INCLUS DANS VOTRE ACHAT
VOTRE OUVRAGE ACCESSIBLE EN LIGNE

sur **www.rfedition.com**

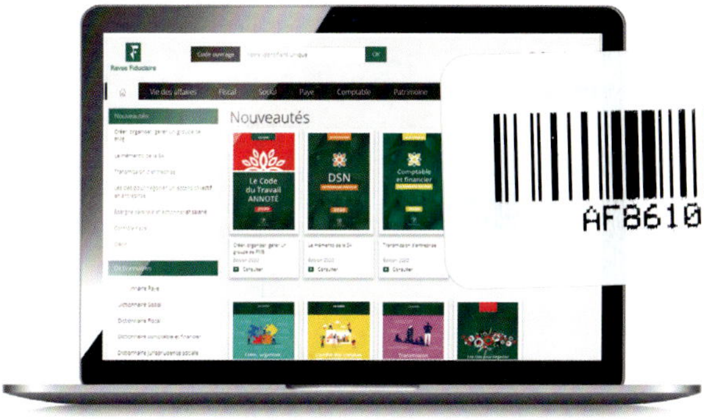

AF861018

> **Accédez à la dernière version** à jour de la réglementation

> **Consultez votre ouvrage** où que vous soyez

> **Recherchez rapidement** par mots clés

> Retrouvez **l'ensemble de vos éditions**

① SCANNEZ ce QR Code

OU

① ENTREZ CE CODE UNIQUE sur le site

IDENTIFIANT UNIQUE

0022-8E45-4E68-84B9-95B8

② REMPLISSEZ LE FORMULAIRE et recevez vos identifiants* par e-mail

* Vos identifiants sont uniques et personnels. Tout partage et reproduction sont strictement interdits et soumis au droit d'auteur. ** Jusqu'à la sortie d'une nouvelle édition.

Revue Fiduciaire

3201950012

LES DICTIONNAIRES

Social

DICTIONNAIRE PRATIQUE

— 41e édition —

Réalisé sous la direction
d'Yves de La Villeguérin

Coordination éditoriale : Nathalie Ribert

Karine Aflalo, Manon Bouvier, Christine Couriot, Marianne Deniau,
Julien Ducomte, Virginie Esnault, Stéphane Guillaumin, Anne-Sophie Jouanneau,
Nicolas Raymond, Frédérique Roseau, Marie Sautier, Catherine Sebbah,
Florence Vasseur, François Vélot, Sandrine Vincent

Groupe Revue Fiduciaire
100, rue La Fayette - 75485 Paris Cedex 10
www.revue-fiduciaire.com

Attention

la photocopie tue le livre

Nous alertons nos lecteurs sur la menace que représente pour l'avenir de l'écrit, tout particulièrement dans les domaines du droit et de la gestion, le développement massif du « photocopillage ».

Le code de la propriété intellectuelle interdit en effet, expressément, la photocopie à usage collectif sans autorisation des ayants droit. Or, cette pratique s'est développée dans de nombreux cabinets, entreprises, administrations, organisations professionnelles et établissements d'enseignement, provoquant une baisse notable des achats de livres et de revues au point que la possibilité même de créer des œuvres nouvelles et de les faire éditer est aujourd'hui menacée.

IMPRIM'VERT Votre imprimeur agit pour l'environnement

© Groupe Revue Fiduciaire - 2022
100 rue La Fayette - 75485 Paris CEDEX 10
Dépôt légal avril 2022 - ISBN 978-2-7579-0776-4

PEFC 10-31-1291

Achevé d'imprimer sur les presses du Groupe Prenant, 157 boulevard Stalingrad - 94400 Vitry-sur-Seine - mars 2022

Dictionnaire Social

Ce dictionnaire constitue votre premier recours pour résoudre toute question relative au droit du travail, de l'emploi ou de la sécurité sociale. Il présente, grâce à plus de 1 300 mots-clés, toute la réglementation sociale actuellement en vigueur. Rédigé dans un langage clair, précis et accessible, il facilite la prise de décision et vous fait gagner du temps.

À jour au 1er janvier 2022, il contient des conseils pratiques, des tableaux synthétiques, des modèles, des chiffres et toutes les références pour se reporter aux textes d'origine.

***Le Dictionnaire Social 2022** intègre notamment les lois de financement de la sécurité sociale et de finances, les mesures « covid-19 » encore en vigueur (loi renforçant les outils de gestion de la crise sanitaire, etc.), la loi visant à accélérer l'égalité économique et professionnelle, la loi santé au travail, la loi climat et résilience, etc.*

Il comporte 10 études consacrées au « droit du covid-19 » que le lecteur trouvera à la lettre C : Covid-19, Covid-19 (aides à l'embauche), etc.

Vous y trouverez aussi toutes les nouveautés et les apports de la jurisprudence.

Pour vous aider, le Dictionnaire comporte également de nombreux modèles (lettres de licenciement, contrats de travail, etc.).

Le contenu du Dictionnaire Social 2022 est **mis à jour régulièrement sur Internet** *(www.rfsocial.com et www.rfedition.com).*

**L'ACHAT DE CET OUVRAGE
COMPREND LA VERSION EN LIGNE
MISE À JOUR RÉGULIÈREMENT.**

Pour bénéficier de ce service complémentaire,
rendez-vous sur votre espace personnel
sur **www.rfsocial.com** si vous y êtes abonné
ou remplissez le formulaire sur **www.rfedition.com**
avec le code unique imprimé en première page.

Sigles et abréviations

ACOSS .... Agence centrale des organismes de sécurité sociale
Agefiph .... Association chargée de la gestion du fonds de développement pour l'insertion professionnelle des personnes handicapées
AGIRC-ARRCO ... Association générale des institutions de retraite des cadres/Association pour le régime de retraite complémentaire des salariés
AGS .... Association pour la gestion du régime d'assurance des créances des salariés
ANI .... Accord national interprofessionnel
APEC .... Association pour l'emploi des cadres
Assédic .... Association pour l'emploi dans l'industrie et le commerce
BC V .... Bulletin des arrêts de la Cour de cassation, chambre sociale
B. crim. .... Bulletin des arrêts de la Cour de cassation, chambre criminelle
CARSAT .... Caisse d'assurance retraite et de santé au travail
CASF .... Code de l'action sociale et des familles
Cass. ass. plén. ...... Cour de cassation, assemblée plénière
Cass. crim. .... Cour de cassation, chambre criminelle
Cass. soc. .... Cour de cassation, chambre sociale
CSE .... Comité social et économique
C. civ. .... Code civil
C. com. .... Code de commerce
CCN .... Convention collective nationale
CDD .... Contrat de travail à durée déterminée
CDI .... Contrat de travail à durée indéterminée
CE .... (selon le contexte) Conseil d'État, Communauté européenne
CESEDA .... Code de l'entrée et du séjour des étrangers et du droit d'asile
CFA .... Centre de formation d'apprentis
CGI .... Code général des impôts
CPF .... Compte personnel de formation
Circ. min. .... Circulaire ministérielle
CNIL .... Commission nationale informatique et libertés
C. pén. .... Code pénal
C. séc. soc. .... Code de la sécurité sociale
C. trav. .... Code du travail
DREETS .... Directions régionales de l'économie, de l'emploi, du travail et des solidarités
ETT .... Entreprise de travail temporaire
FNE .... Fonds national de l'emploi
FPSPP .... Fonds paritaire de sécurisation des parcours professionnels
JO............................ Journal officiel, édition des lois et décrets
JOUE .... Journal officiel de l'Union Européenne
OFII .... Office français de l'immigration et de l'intégration
OPCO .... Opérateurs de compétences
OPPBTP .... Organisme professionnel de prévention du bâtiment et des travaux publics
SMIC .... Salaire minimum interprofessionnel de croissance
Unédic .... Union nationale pour l'emploi dans l'industrie et le commerce
URSSAF .... Union pour le recouvrement des cotisations de sécurité sociale et d'allocations familiales
VRP .... Voyageurs, représentants, placiers

A

À travail égal, salaire égal

☛ *Salaire (à travail égal, salaire égal).*

Abandon de poste

L'abandon de poste désigne le fait, pour un salarié, de quitter son poste de travail sans autorisation, mais aussi, de ne plus se rendre au travail sans justifier de son absence. Il peut fonder une sanction disciplinaire et en particulier un *licenciement pour faute**, si les circonstances le justifient. En revanche, il ne peut pas, à lui seul, être assimilé à une *démission** (cass. soc. 10 juillet 2002, n° 00-45566, BC V n° 240 ; cass. soc. 17 juin 2015, n° 14-18372 D).

Mise en demeure préalable

Avant d'envisager la mise en œuvre d'une procédure disciplinaire, il est conseillé à l'employeur d'adresser un courrier au salarié le mettant en demeure de reprendre son poste ou de fournir un justificatif de son absence dans les plus brefs délais. Une absence sans autorisation peut effectivement avoir un motif légitime (ex. : maladie). C'est dans un second temps uniquement que l'employeur pourra décider d'engager une procédure disciplinaire en l'absence de réponse à son courrier ou de justificatif satisfaisant (cass. soc. 3 décembre 2014, n° 13-24704 D).

▶ À noter... L'employeur a la possibilité de ne pas adresser de courrier mettant en demeure le salarié de s'expliquer et de décider de suspendre le versement de sa rémunération si l'absence se prolonge. Cependant, une telle attitude permissive rendra difficile à justifier une procédure disciplinaire engagée ultérieurement, dans la mesure où l'absence du salarié ne paraît pas préjudiciable au fonctionnement de l'entreprise (cass. soc. 15 janvier 2003, n° 01-40939 D).

Salarié quittant son poste

Droit de retrait - Face à une situation de travail dangereuse pour sa santé ou sa sécurité, tout salarié a le droit de quitter son poste sans encourir de sanction (c. trav. art. L. 4131-3) (voir *Droit d'alerte et de retrait en cas de danger**).

Raisons de santé - Le fait de quitter son poste de travail en raison de son état de santé afin de consulter un médecin ne constitue pas, en soi, une faute de nature à justifier une sanction disciplinaire, a fortiori lorsque le salarié est placé le jour même en arrêt de travail. En effet, aucune personne ne peut être sanctionnée en raison de son état de santé (c. trav. art. L. 1132-1 ; cass. soc. 3 juillet 2001, n° 99-41738, BC V n° 244 ; cass. soc. 22 mars 2017, n° 15-20980 D) (voir *Discriminations**).

▶ À noter... L'absence pour maladie n'est pas un motif de licenciement en soi. De plus, il ne peut pas être reproché un abandon de poste à un salarié en arrêt maladie (cass. soc.13 mars 2019, n° 17-27015 D). Toutefois, si une absence pour maladie se prolonge ou se répète, l'employeur pourra licencier le salarié au motif que son absence perturbe gravement le fonctionnement de l'entreprise et que son remplacement définitif est nécessaire [voir *Maladie (absences prolongées et répétées)**].

Faute disciplinaire - La sortie non autorisée ou non justifiée au cours du travail peut, selon le contexte, constituer un motif de sanction pouvant aller jusqu'à un *licenciement pour faute**.

▶ À noter... Le cas échéant, la procédure de licenciement doit être engagée dans les 2 mois suivant la sortie non autorisée car, lorsqu'une faute présente un caractère instantané, elle ne peut pas donner lieu à des poursuites au-delà du délai de 2 mois (cass. soc. 29 janvier 2003, n° 01-40036 D) [voir *Prescription (droit disciplinaire)**].

En cas de contentieux, les juges prennent en compte les circonstances pour apprécier l'existence d'une faute et sa gravité (cass. soc. 28 mai 2014, n° 12-28457 D ; cass. soc. 17 septembre 2014, n° 13-16756 D).

Une sortie non autorisée peut constituer une faute grave au regard de la nature des fonctions exercées par le salarié.

Exemple

Il en a été jugé ainsi concernant une salariée chargée de la surveillance d'enfants lourdement handicapés, qui, au mépris du règlement intérieur, avait quitté son poste de travail sans en avertir son employeur et s'était fait remplacer par un agent non qualifié (cass. soc. 26 octobre 1994, n° 93-40749 D), ou d'un agent de surveillance qui avait quitté son poste avant la fin de son service, sans autorisation et dans un contexte de forte activité (cass. soc. 9 mars 2011, n° 09-43520 D).

Salarié absent

Faute disciplinaire - L'absence non autorisée ou non justifiée du salarié peut constituer un motif de sanction pouvant aller jusqu'à un licenciement disciplinaire, selon le contexte. En cas de contentieux, les juges prennent en compte les circonstances pour apprécier l'existence d'une faute et sa gravité. Pour des exemples, voir le tableau reproduit dans cette étude.

Pour constituer une faute grave, l'absence du salarié doit, en principe, perturber le fonctionnement de l'entreprise (cass. soc. 1er mars 1995, n° 91-43718 D), à moins que l'absence constitue en elle-même un acte d'insubordination, comme cela peut être le cas lorsqu'un salarié prend ses congés payés en dépit du refus de son employeur (cass. soc. 19 juin 2008, n° 07-41352 D ; cass. soc. 23 mars 2004, n° 01-45225 D). En tout état de cause, les faits reprochés au salarié doivent rendre la poursuite du contrat de travail impossible pour être qualifiés de faute grave (voir *Licenciement pour faute**).

Si l'absence injustifiée n'est pas « grave », elle peut néanmoins justifier le licenciement du salarié pour faute simple. Tel était le cas d'un salarié qui avait pris un congé pour événement familial indu, validé par erreur par son supérieur, mais annulé ensuite par l'employeur (cass. soc. 9 octobre 2019, n° 18-15030 D).

▶ À noter… La procédure de licenciement peut être engagée plus de 2 mois suivant le début de l'absence, car lorsqu'une faute présente un caractère continu, le délai de 2 mois pour engager les poursuites ne commence alors à courir que lorsque la faute cesse (cass. soc. 13 janvier 2004, n° 01-46592, BC V n° 6) [voir *Prescription (droit disciplinaire)**].

Absence de faute - Le comportement de l'employeur dans l'exécution du contrat de travail peut constituer une circonstance atténuante exonérant le salarié de toute faute. Il en va ainsi, par exemple, lorsque l'employeur manque à ses obligations contractuelles *(voir ci-après)* (cass. soc. 27 mai 2003, n° 01-40532 D) ou fait preuve de déloyauté dans l'exécution du contrat de travail (cass. soc. 2 mars 2011, n° 09-43509 D).

Non-reprise du travail après un arrêt maladie - Une absence non justifiée à l'issue d'un arrêt de travail ne constitue pas une faute en cas de manquement de l'employeur. Tel est le cas lorsque les juges constatent que le salarié souffrait de problèmes de santé depuis plusieurs mois et que l'employeur avait déjà pris la décision de rompre le contrat au retour de l'arrêt maladie. Le licenciement pour faute grave a été jugé discriminatoire car fondé sur l'état de santé du salarié (cass. soc. 21 mars 2018, n° 16-22568 D).

Absences non autorisées caractérisant une faute grave (exemples)	
Absence sans motif pendant plus de 1 mois, malgré la mise en demeure de l'employeur de reprendre le travail (cass. soc. 21 juin 2011, n° 09-42980 D).	Oui
Absence sans motif pendant 4 semaines, malgré deux mises en demeure de son employeur, d'un salarié occupant un poste à responsabilités (cass. soc. 9 juillet 2008, n° 07-41483 D).	Oui
Absence prolongée de plus de 2 ans, sans aucune justification (cass. soc. 24 octobre 2000, n° 98-42847 D).	Oui
Salarié ayant cessé de justifier, après un arrêt de travail, de ses prolongations ultérieures et persisté à ne pas répondre à cinq mises en demeure de son employeur, chacune d'elles étant accompagnée d'une convocation à se présenter à une visite de reprise auprès du médecin du travail (cass. soc. 29 novembre 2006, n° 04-47302, BC V n° 361).	Oui
Absence de 2 jours d'un salarié pendant une période de forte activité, sans aucune justification (cass. soc. 2 février 1999, n° 97-40822 D).	Oui
Absence de 3 jours, sans motif, à la veille de la fermeture annuelle de l'établissement, et sans avoir terminé un travail urgent (cass. soc. 19 avril 2000, n° 98-42186 D).	Oui
Salarié occupant un poste de cadre et bénéficiant d'une relative liberté dans l'organisation de son horaire de travail, s'étant absenté une journée sans autorisation (cass. soc. 8 juin 1999, n° 97-41101 D).	Non
Employeur n'ayant pas invité le salarié à reprendre son poste et ayant attendu plusieurs semaines avant d'engager la procédure de licenciement (cass. soc. 15 janvier 2003, n° 01-40939 D).	Non
Salarié, déclaré apte après un arrêt de travail, s'absentant pendant 6 semaines sans prévenir et sans fournir de justificatif, en dépit des mises en demeure de l'employeur. Mais il rencontrait de nombreuses difficultés personnelles et de santé connues de l'employeur, avait plus de 20 ans d'ancienneté et son absence n'avait pas perturbé le service (cass. soc. 26 septembre 2018, 17-17563 D).	Non

N'est pas justifié le licenciement pour faute grave du salarié qui n'a pas repris son travail à l'issue de son arrêt alors que l'employeur n'a pas organisé la visite de reprise [voir *Visite médicale (reprise)**]. En effet, dans ce cas, le contrat est toujours suspendu, de sorte que seuls des manquements à l'obligation de loyauté peuvent être reprochés au salarié (cass. soc. 9 novembre 2017, n° 16-16948 D ; cass. soc. 20 février 2019, n° 17-18912 FSPB). Il peut ainsi être reproché au salarié de ne pas justifier son absence par des certificats médicaux et de ne pas répondre aux demandes de l'employeur ; dans ce cas le licenciement pour faute grave, au terme d'une absence injustifiée d'un mois, est justifié (cass. soc. 29 juin 2017, n° 15-22856 D).

Refus d'une mutation temporaire - La mutation temporaire d'un salarié en dehors de son secteur géographique de travail habituel ou des limites prévues par sa clause de mobilité est possible, sans son accord, sous certaines conditions [voir *Modification du contrat de travail (lieu de travail)**]. Le salarié doit notamment avoir été informé au préalable, dans un délai raisonnable, du caractère temporaire de l'affectation et de sa durée prévisible. À défaut, l'employeur ne peut pas reprocher un abandon de poste au salarié qui refuse de se rendre sur le nouveau site (cass. soc. 29 mars 2017, n° 16-14048 D).

Absence d'un salarié faisant suite à son incarcération - Voir *Incarcération**.

☞ *Sanctions disciplinaires ; Licenciement pour faute.*

Abattements sur salaire

☞ *Salaire (abattements).*

Absence

Retenues sur salaire

En cas d'absence - Le salaire étant la contrepartie de la prestation de travail, l'employeur peut, en cas d'absence et sauf disposition légale ou conventionnelle contraire, opérer une retenue sur *salaire**. L'employeur doit opérer sur le salaire une retenue exactement proportionnelle à la durée de l'absence.

Formules synthétiques de calcul des retenues
Méthode validée par la jurisprudence (horaire mensuel réel)
R = (salaire mensuel × heures d'absence) horaire réel de travail du mois
Méthodes fondées sur des moyennes mensuelles
Horaire mensuel : R = (salaire mensuel × heures d'absence) horaire mensuel moyen (a)
Jours ouvrés : R = (salaire mensuel × jours ouvrés d'absence) 21,67 (b)
Jours ouvrables : R = (salaire mensuel × jours ouvrables d'absence)/26
Jours calendaires : R = (salaire mensuel × jours calendaires d'absence)/30
Autres méthodes réelles (décomptes par journée)
Jours ouvrés : R = (salaire mensuel × jours ouvrés d'absence) nombre de jours ouvrés du mois
Jours ouvrables : R = (salaire mensuel × jours ouvrables d'absence) nombre de jours ouvrables du mois
Jours calendaires : R = (salaire mensuel × jours calendaires d'absence) nombre de jours calendaires du mois

R = Retenue.
(a) À 35 h par semaine correspond une moyenne de 151,67 h par mois.
(b) Montant non arrondi pour une durée du travail répartie sur 5 jours travaillés (5 × 52/12). Si l'horaire est réparti sur 6 jours ouvrables, un mois moyen comporte 26 jours ouvrés.

Méthodes de décompte - Plusieurs méthodes peuvent être utilisées : déduction à l'heure, en jours ouvrables, en jours ouvrés, en fractions de mois.

Absence : montant de la retenue (base 35 h)

Nombre de jours ou d'heures travaillés dans le mois concerné (1)		Montant de la retenue	
Jours	Heures	Par jour d'absence	Par heure d'absence (2)
20	140 h	1/20	1/140
21	147 h	1/21	1/147
22	154 h	1/22	1/154
23	161 h	1/23	1/161

(1) Répartition sur 5 jours à raison de 7 h par jour.
(2) Les minutes sont converties en centièmes d'heure pour faire un calcul direct.

La Cour de cassation n'a validé que la méthode de l'horaire réel de travail. Cette méthode consiste à faire le rapport entre la rémunération mensuelle et le nombre d'heures effectives de travail pour le mois considéré, sans tenir compte du nombre d'heures mensualisées, et à multiplier par ce rapport le nombre d'heures d'absence (cass. soc. 11 février 1982, n° 80-40359, BC V n° 90). Il faut donc rechercher le nombre d'heures ou de jours travaillés du mois pendant lesquels le salarié a été absent ainsi que le salaire horaire ou journalier moyen de ce mois.

Sur le cas particulier des salariés en forfait annuel en jours, voir *Convention de forfait (annuel)**.

Pour aller plus sur les questions de paie, voir Dictionnaire RF Paye.

Autres incidences des absences

Primes - Lorsque certaines primes se calculent en fonction du travail effectif du salarié, elles devront être réduites au prorata de la durée de l'absence du salarié (*prime d'assiduité**, prime de vacances, *prime de fin d'année ou de treizième mois**, etc.).

Il faudra, en revanche, tenir compte des absences qui sont assimilées à du *temps de travail effectif**.

Titres-restaurant - Les salariés absents (ex. : maladie, congés payés) ne bénéficient pas des titres-restaurant (voir *Titre-restaurant**).

Congés payés - Voir *Congés payés** et *Congés payés (acquisition)**.

Ancienneté - Voir *Ancienneté**.

Absence injustifiée et abandon de poste

Voir *Abandon de poste** et *Licenciement pour faute**.

Abstention

☞ *Élections professionnelles (résultat du scrutin).*

Abus de droit (rectification pour)

Les URSSAF peuvent fonder des redressements de cotisations sociales sur des actes ou des montages juridiques constitutifs d'un abus de droit.

Actes constitutifs d'un abus de droit

Afin d'en restituer le véritable caractère, les URSSAF sont en droit d'écarter, comme ne leur étant pas opposables, les actes constitutifs d'un abus de droit (c. séc. soc. art. L. 243-7-2) :

- soit que ces actes aient un caractère fictif ;
- soit que, recherchant le bénéfice d'une application littérale des textes à l'encontre des objectifs poursuivis par leurs auteurs, ils n'aient pu être inspirés par aucun autre motif que celui d'éluder ou d'atténuer les contributions et cotisations sociales (d'origine légale ou conventionnelle) auxquelles l'employeur est tenu au titre de la législation sociale ou qu'il aurait normalement supportées, eu égard à sa situation ou à ses activités réelles, s'il n'avait pas passé ces actes.

La procédure pour abus de droit n'est pas applicable aux actes pour lesquels l'employeur a préalablement fait usage du *rescrit social** ou de l'arbitrage de l'ACOSS [voir *Organismes de sécurité sociale (salariés)**], en fournissant aux organismes concernés tous éléments utiles pour apprécier la portée véritable de ces actes, et lorsque ces organismes n'ont pas répondu dans les délais requis (c. séc. soc. art. L. 243-6-1, L. 243-6-3 et L. 243-7-2).

▶ À noter… La divergence d'appréciation sur les règles d'assiette des cotisations n'est pas une contestation susceptible de donner lieu à la procédure d'abus de droit (cass. civ. 2e ch., 12 octobre 2017, n° 16-21469, BC II n° 193).

Procédure

Décision du directeur de l'URSSAF - La décision de mettre en œuvre la procédure d'abus de droit est prise par le directeur de l'URSSAF, qui contresigne à cet effet la lettre d'observations (voir *Contrôle URSSAF**), laquelle mentionne la possibilité de saisir le comité des abus de droit et les délais impartis à la personne contrôlée pour ce faire (c. séc. soc. art. R. 243-60-3).

Saisine du comité des abus de droit - En cas de désaccord sur les rectifications notifiées sur le fondement des abus de droit, le litige est soumis, à la demande de l'employeur, à l'avis du comité des abus de droit (c. séc. soc. art. R. 243-60-3). Les URSSAF peuvent également (sur autorisation de l'ACOSS) soumettre le litige à l'avis du comité (c. séc. soc. art. L. 243-7-2).

L'employeur dispose d'un délai de 30 jours à compter de la réception de la lettre d'observations pour demander à la Mission nationale de contrôle et d'audit des organismes de sécurité sociale que le litige soit soumis à l'avis du comité des abus de droit (c. séc. soc. art. R. 155-1). Si l'employeur formule dans ce délai des observations à la lettre d'observations, il dispose à nouveau d'un délai de 30 jours à compter de la réception de la réponse de l'organisme de recouvrement à ces observations (c. séc. soc. art. R. 243-60-3).

Dans un délai de 30 jours, la Mission nationale de contrôle et d'audit des organismes de sécurité sociale saisit le comité des demandes recevables et avertit l'URSSAF (c. séc. soc. art. R. 243-60-3).

Instruction de la demande - L'URSSAF et l'employeur sont invités à produire leurs observations dans un délai de 30 jours. Ils reçoivent communication des observations produites par l'autre partie. Le président du comité peut en outre recueillir auprès du cotisant et de l'organisme tout renseignement complémentaire utile à l'instruction du dossier (c. séc. soc. art. R. 243-60-3).

▶ À noter… Si l'employeur a formé, devant la commission de recours amiable, une réclamation portant sur une décision de redressement prise dans le cadre de la même procédure que celle qui a donné lieu à la saisine du comité des abus de droit, la commission diffère son avis ou sa décision dans l'attente de l'avis du comité (c. séc. soc. art. R. 243-60-3).

Notification - Le président communique l'avis du comité à l'employeur et à l'organisme de recouvrement. Celui-ci notifie sa décision à l'employeur et, en cas de modification du redressement, lui adresse une mise en demeure rectificative dans un délai de 30 jours (c. séc. soc. art. R. 243-60-3).

Si l'URSSAF ne se conforme pas à l'avis du comité, elle doit apporter la preuve du bien-fondé de sa rectification. En cas d'avis du comité favorable aux URSSAF, la charge de la preuve devant le juge revient à l'organisme de recouvrement, depuis le 1.01.2019 (c. séc. soc. art. L. 243-7-2).

Sanction

L'abus de droit est sanctionné par une pénalité égale à 20 % des cotisations et contributions dues (c. séc. soc. art. L. 243-7-2).

☛ *Contrôle URSSAF.*

Accident de mission

L'accident de mission survient lorsque le salarié effectue un déplacement d'ordre professionnel et pour le compte de son employeur.

Régime de l'accident de mission

Présomption d'accident du travail - L'accident survenu au salarié pendant que celui-ci effectue une mission est présumé être un *accident du travail**, à moins que l'employeur ou la CPAM n'apporte la preuve que le salarié a interrompu sa mission pour un motif « purement personnel » (cass. soc. 19 juillet 2001, n°s 99-20603 et 99-21536, BC V n° 285).

Statut du salarié - Le salarié accidenté durant sa mission bénéficie d'une protection renforcée :
- pour l'application du droit du travail (ex. : assimilation à du travail effectif pour les droits liés à l'ancienneté ou à l'acquisition des congés payés, protection contre le licenciement) ;
- pour la prise en charge et l'indemnisation par la sécurité sociale.

Accident du travail durant toute la mission

À l'occasion d'un acte professionnel ou de la vie courante - Il importe peu que l'accident survienne à l'occasion d'un acte professionnel ou d'un acte de la vie courante, dès lors qu'il intervient durant le temps de la mission (trajet compris) (cass. civ., 2e ch., 5 avril 2007, n° 06-12580 D).

Exemples

C'est le cas pour un salarié en mission, victime d'un accident mortel de la circulation vers 2 h du matin, alors qu'il venait de quitter son domicile pour parcourir 600 kilomètres afin d'être, dès 9 h, sur le site où il devait exercer ses fonctions (cass. civ., 2e ch., 12 mai 2003, n° 01-20968, BC II n° 142).

La solution est identique pour :
- un salarié en mission hors de sa résidence ayant eu un malaise pendant une nuit passée à Avignon avant la reprise du travail (cass. civ., 2e ch., 16 septembre 2003, n° 02-30009, BC II n° 267) ;
- un salarié décédé dans une chambre d'hôtel alors qu'il effectuait une mission (cass. soc. 3 juin 2010, n° 09-65552 D) ;
- un salarié en mission en Chine qui s'est blessé à la main en dansant en discothèque à 3 heures du matin (cass. civ., 2e ch., 12 octobre 2017, n° 16-22481 FPB).

L'accident qui survient durant le trajet aller ou retour de la mission est donc, en principe, considéré comme un *accident du travail** et non comme un *accident de trajet**.

Interruption pour motif personnel - L'accident qui est intervenu à un moment où le salarié a interrompu sa mission pour un motif personnel est un accident « ordinaire » (cass. civ., 2e ch., 20 septembre 2005, n° 04-30332, BC II n° 227).

☛ *Accident du travail ; Accident du travail (déclaration).*

Accident de trajet

Définition

On considère comme un accident de trajet, l'accident qui survient à un salarié pendant le trajet d'aller ou de retour entre (c. séc. soc. art. L. 411-2) :
- la résidence principale, une résidence secondaire présentant un caractère de stabilité ou tout autre lieu où le salarié se rend de façon habituelle pour des motifs d'ordre familial et le lieu de travail ;
- le lieu de travail et le restaurant, la *cantine** ou, d'une manière plus générale, le lieu où le salarié prend habituellement ses repas.

En revanche, l'accident survenu à un salarié entre le lieu de déroulement de sa formation et son lieu de travail est un *accident du travail** (cass. civ., 2e ch., 16 septembre 2003, n° 02-30396 D).

Accident de trajet

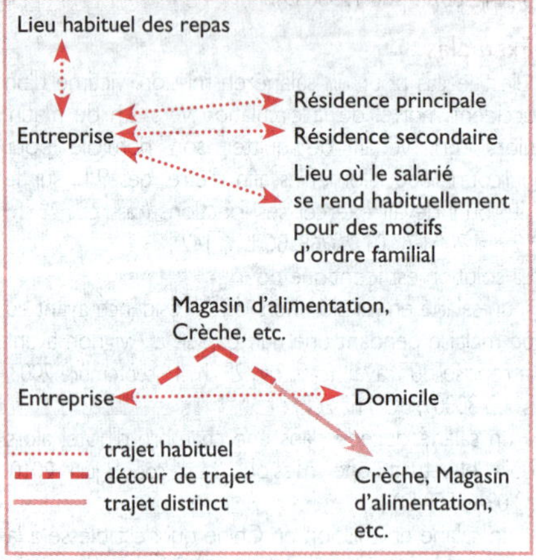

Délimitation du trajet

Lieu de travail - Le lieu du travail s'entend de l'ensemble de l'établissement : accès, ateliers, dépendances.

Lieu de résidence - La résidence, point de départ du trajet vers le lieu de travail, constitue la limite du parcours obligatoire, à laquelle sont rattachées les dépendances immédiates, tels que l'escalier, le jardin ou un garage situé au sous-sol de la maison d'un salarié (cass. soc. 23 mai 1997, n° 95-20433 D).

▶ Attention… Les accidents se produisant dans les limites de l'habitation proprement dite, ou dans ses dépendances, ne sont pas des accidents de trajet (cass. soc. 23 mai 1997, n° 95-20433 D). Le trajet commence lorsque le salarié a quitté sa résidence, dépendances comprises (ex. : escalier d'un immeuble collectif ou limite de la propriété pour une maison individuelle) et inversement, le trajet se termine dès que le salarié en franchit les limites (cass. soc. 18 décembre 1997, n° 96-12630, BC V n° 463).

Par extension, la résidence secondaire présentant un caractère de stabilité ainsi que tout lieu fréquenté habituellement pour des motifs d'ordre familial sont assimilés à la résidence principale (c. séc. soc. art. L. 411-2). En revanche, l'accident survenu entre deux résidences du salarié ne peut être qualifié d'accident de trajet.

Lieu des repas - Le lieu des repas comprend le restaurant, la cantine et de façon générale, tout lieu où le salarié prend habituellement (voire périodiquement) ses repas.

Il y a accident de trajet même si le salarié interrompt son chemin pour retirer de l'argent à un distributeur automatique de billets et se trouve blessé à cette occasion (cass. civ., 2e ch., 4 juillet 2007, n° 06-16759 D).

Lieu d'une formation professionnelle - En principe, un accident survenant sur le trajet entre le domicile du salarié et le lieu d'un stage de formation professionnelle est un accident de trajet (cass. crim. 16 juin 1987, n° 86-94516, B. crim. n° 252 ; cass. soc. 5 octobre 1989, n° 86-16198, BC V n° 570).

Temps du trajet - L'accident doit survenir pendant le temps normal du trajet, compte tenu :
- de l'horaire habituel de l'entreprise ou du salarié ;
- des horaires du salarié en cas d'horaires variables (rép. Kalinsky n° 30195, JO 28 août 1976, AN quest. p. 5881).

Détours

Trajet direct sauf covoiturage régulier - Le trajet entre la résidence du salarié et son lieu de travail peut ne pas être le plus direct lorsque le détour effectué est rendu nécessaire dans le cadre d'un covoiturage régulier (c. séc. soc. art. L. 411-2).

Autres détours et interruptions - Le détour (hors covoiturage régulier) ou l'interruption du

Comparatif : accident du travail et accident de trajet		
	Accident du travail	**Accident de trajet**
Incidences sur les cotisations	Les accidents du travail ont pour effet d'élever le montant des cotisations en cas de : - tarification individuelle ou mixte ; - tarification collective : depuis le 1.01.2022, majoration forfaitaire applicable au-delà d'une certaine fréquence d'accidents du travail (entreprises de 10 salariés et plus) (voir Cotisations d'accidents du travail*).	Le risque d'accident de trajet est couvert par une cotisation forfaitaire.
Recours du salarié contre son employeur	Il ne peut pas saisir les tribunaux pour demander la réparation intégrale de son préjudice, sauf faute intentionnelle. En cas de faute inexcusable de l'employeur, le salarié a droit à une majoration de la rente. Par ailleurs, pour certains accidents de la circulation, le salarié peut exercer un recours dans les conditions de droit commun (c. séc. soc. art. L. 455-1-1).	L'employeur peut faire l'objet d'une action en responsabilité devant les tribunaux et être condamné à indemniser le salarié.
Protection de l'emploi	Pendant l'arrêt de travail, il est interdit de licencier le salarié, sauf faute grave ou impossibilité de maintenir le contrat pour un motif étranger à l'accident. Attention cependant, l'existence d'une cause économique de licenciement ne constitue pas une telle impossibilité (cass. soc. 21 novembre 2000, n° 98-42509, BC V n° 381).	Le contrat est suspendu pendant l'arrêt de travail comme en cas de maladie. Il n'y a pas d'interdiction de licencier, mais le licenciement ne peut pas être justifié par la seule incapacité temporaire du salarié d'accomplir son travail ou une discrimination liée à son état de santé.
Indemnisation par la sécurité sociale (c. séc. soc. art. L. 433-1)	Il n'existe pas de délai de carence pour le versement des indemnités journalières, ni de ticket modérateur.	L'indemnisation est la même qu'en cas d'accident du travail.
Indemnisation par l'employeur (1) (c. trav. art. L. 1226-1 et D. 1226-3)	L'indemnisation patronale complémentaire est versée sans délai de carence.	L'indemnisation patronale complémentaire est versée, comme en cas de maladie, après un délai de carence.
Recours du salarié contre un tiers responsable	Le salarié peut demander la réparation de son entier dommage au tiers, même si celui-ci en partage la responsabilité avec l'employeur.	Le salarié peut demander la réparation de son préjudice au tiers.

(1) Il peut exister un dispositif conventionnel plus avantageux.

trajet peuvent entraîner l'application de la protection lorsqu'ils répondent aux « nécessités essentielles de la vie courante ou de l'emploi » et non au seul intérêt personnel (c. séc. soc. art. L. 411-2).

Exemple

Les détours en vue d'effectuer certaines courses de la vie courante (cass. civ., 2e ch., 24 mai 2005, n° 04-30007 D), de conduire un enfant à la crèche ou bien l'arrêt motivé par l'assistance à une personne en danger sont protégés.

En revanche, l'accident qui survient sur un « trajet distinct » est un accident de droit commun. Il y a trajet distinct et non simple détour lorsque le salarié, quel que soit l'objet de cette démarche, emprunte en sortant de son travail (ou de son domicile) une direction exactement opposée à celle de son domicile (ou de son travail). Toutefois, au cas par cas, les juges peuvent qualifier l'accident d'accident de trajet.

De même, l'accident survenu pendant l'interruption est de droit commun.

Preuve

Il appartient à la victime d'apporter la preuve que l'accident s'est produit dans les conditions légales (trajet, temps de trajet) (c. séc. soc. art. L. 411-2).

Sur la contestation du caractère professionnel de l'accident, voir *Accident du travail**.

Formalités

Les formalités à accomplir sont celles de l'accident du travail [voir *Accident du travail (déclaration)**].

Indemnisation et protection

Indemnisation - Voir *Accident du travail**.

Incidences sur le contrat de travail et inaptitude consécutive à un accident de trajet - L'accident de trajet a les mêmes incidences légales que la *maladie**. Les règles protectrices de l'emploi prévues en cas d'*accident du travail** ne s'appliquent pas (c. trav. art. L. 1226-7). Des dispositions conventionnelles peuvent se montrer plus avantageuses pour le salarié.

▶ À noter... Lorsqu'un accident dont a été victime un salarié est qualifié d'accident de trajet (et non d'accident du travail), il n'y a pas lieu de rechercher la faute inexcusable de l'employeur (cass. soc. 10 décembre 2008, n° 07-19626 D ; cass. civ., 2e ch., 8 juillet 2010, n° 09-16180, BC II n° 140) [voir *Faute inexcusable (accident du travail ou maladie professionnelle)**].

Incidences sur les congés payés - Les arrêts de travail pour accident de trajet doivent être assimilés à du temps de travail effectif pour l'acquisition des *congés payés*. Sur l'effet de l'absence pour accident de trajet sur la prise des congés payés, voir *Congés payés (prise et report)**.

☞ *Accident du travail ; Accident du travail (déclaration).*

Accident du travail

L'accident du travail est celui qui survient, quelle qu'en soit la cause, par le travail ou à l'occasion du travail, à toute personne salariée ou travaillant, à quelque titre ou en quelque lieu que ce soit, pour un ou plusieurs employeurs (c. séc. soc. art. L. 411-1). Pour les juges, cela implique que le fait soit accidentel et lié au travail.

Sur l'enquête que peuvent mener les représentants du personnel, voir *Comité social et économique** et *Comité social et économique (santé, sécurité et conditions de travail)**.

Fait accidentel

Lésion corporelle ou psychologique - Constitue un accident du travail un événement ou une série d'événements survenus à des dates certaines par le fait ou à l'occasion du travail, dont il est résulté :

- une lésion corporelle, quelle que soit sa date d'apparition (cass. soc. 2 avril 2003, n° 00-21768, BC V n° 132) ;
- ou une lésion psychologique.

Exemples

Il peut s'agir d'une dépression nerveuse soudaine suite à l'annonce d'une rétrogradation lors d'un entretien annuel d'évaluation (cass. civ., 2e ch., 1er juillet 2003, n° 02-30576, BC II n° 218), de troubles psychologiques, conséquences d'un choc émotionnel provoqué par une agression sur le lieu de travail (cass. civ., 2e ch., 15 juin 2004, n° 02-31194, BC II n° 298).

Un syndrome dépressif diagnostiqué chez un salarié le lendemain d'une altercation avec son responsable hiérarchique peut être considéré comme un accident du travail quand bien même le salarié serait à l'origine du différend (cass. civ., 2e ch., 28 janvier 2021, n° 19-25722 FPI).

Soudaineté de la lésion - L'un des critères essentiels de la définition de l'accident du travail est la soudaineté de la lésion (cass. civ. 18 octobre 2005, n° 04-30352, BC II n° 253). Ainsi, à défaut d'être lié à un événement soudain, l'état dépressif consécutif à un *harcèlement moral** ne peut pas être pris en charge à titre professionnel (cass. civ., 2e ch., 24 mai 2005, n° 03-30480, BC II n° 132).

La lésion corporelle peut être due soit à une cause extérieure (ex. : coupure, brûlure), soit à une cause interne provoquant une douleur soudaine ou un brusque malaise (ex. : infarctus).

Affection résultant d'une vaccination - L'affection résultant d'une vaccination imposée par l'employeur a le caractère d'un accident du travail (cass. soc. 2 avril 2003, n° 00-21768, BC V n° 132). Il en est de même pour l'affection résultant d'un vaccin recommandé par la médecine du travail dans la mesure où, bien que pratiquée en dehors du temps et du lieu de travail, la vaccination s'inscrivait dans une perspective professionnelle (cass. civ., 2e ch., 25 mai 2004, n° 02-30981, BC II n° 237).

Malaise cardiaque - L'accident survenu au temps et au lieu du travail est présumé être un accident du travail *(voir ci-après)*, sauf à établir que la lésion a une cause totalement étrangère au travail. Par conséquent, un malaise cardiaque survenu au temps et au lieu de travail est présumé être un accident du travail (cass. civ., 2e ch., 11 juillet 2019, n° 18-19160 FPBI).

Caractère professionnel

Accident au temps et au lieu de travail - Il faut que l'accident survienne au lieu et au temps de travail, c'est-à-dire lorsque le salarié est sous l'autorité et la surveillance de l'employeur : accident dans l'escalier de l'entreprise, au cours de la pause de midi dans la cour de l'usine, à l'occasion de déplacements ou de missions pour le compte de l'employeur, etc.

Exemples

Un salarié victime d'un malaise dans les locaux des services de la médecine du travail, en attendant de passer un examen périodique, bénéficie de la présomption d'imputabilité pour la reconnaissance d'un accident du travail, étant considéré dans l'exécution de son contrat de travail (cass. civ., 2e ch., 6 juillet 2017, n° 16-20119 FPB).

Il en est de même du salarié travaillant à la réfection de la toiture d'une résidence et qui, chahutant au retour de la pause déjeuner, a été blessé par un collègue qui avait tiré une flèche avec un arc trouvé dans la grange de cette résidence. En effet, les juges ont estimé que l'assureur du salarié (qui invoquait la responsabilité civile de l'employeur) n'avait ni renversé la présomption selon laquelle l'accident intervenu sur le lieu et dans le temps de travail est un AT, ni démontré que le salarié s'était soustrait à l'autorité de l'employeur, ni prouvé que l'accident avait une cause entièrement étrangère au travail (cass. crim. 5 mars 2019, n° 17-86984 D).

La qualification d'accident du travail peut être également retenue dans le cas où un état pathologique préexistant s'est aggravé, ou révélé, par l'effet du travail.

Exemple

Il en a été jugé ainsi pour des hernies (cass. soc. 9 avril 1970, BC V n° 237) ou un infarctus (cass. soc. 12 octobre 1983, BC V n° 489 ; cass. soc. 6 avril 1995, n° 93-15063 D).

La circonstance que l'employeur soit reconnu coupable du délit de travail dissimulé n'a pas d'incidence sur le droit de la victime à la protection de la législation sur les accidents du travail (cass. crim. 11 février 2003, n° 02-81729, B. crim. n° 30).

▶ **À noter...** Le caractère professionnel de l'accident est apprécié souverainement par les juges du fond (cass. soc. 20 décembre 2001, n° 00-13002, BC V n° 397).

Les accidents se produisant après la rupture du contrat de travail ne relèvent pas des accidents du travail.

Accident des télétravailleurs - L'accident survenu sur le lieu et au temps du *télétravail** est présumé être un accident de travail (c. trav. art. L. 1222-9 ; c. séc. soc. art. L. 411-1). **Le domicile ou le tiers lieu (ex. : espace de coworking) où le télétravail s'exerce est assimilé aux locaux de l'entreprise. La présomption concerne le télétravail régulier ou occasionnel.**

Accident survenu pendant le temps du repas - Il est possible qu'un accident survenu au temps du repas soit qualifié d'accident de travail puisque :

- **le lieu de travail comprend les locaux servant à la restauration situés à l'intérieur de l'entreprise, qu'il s'agisse d'un local mis à la disposition des salariés** (cass. soc. 5 janvier 1995, n° 93-11500 D) **ou d'un restaurant interentreprises et leurs voies d'accès** (cass. soc. 27 avril 1988, n° 86-12425 D), **même lorsque ce restaurant est géré par le comité social et économique (à l'époque des faits, le comité d'entreprise)** (cass. soc. 20 novembre 1980, n° 79-12454, BC V n° 842) ;
- **est considéré comme « temps de travail », au sens de la législation sur les accidents du travail, celui consacré au travail ou passé dans l'entreprise à l'occasion du travail, ce qui est le cas de la pause repas prise dans l'entreprise.**

Exemple

Un accident de travail a été reconnu pour une salariée mangeant à son bureau pour des raisons professionnelles (cass. soc. 15 juin 1983, n° 81-15395, BC V n° 333).

Accident survenu lors d'une formation professionnelle - L'accident survenu pendant une formation professionnelle, y compris lors d'une action se déroulant hors temps de travail, est un accident de travail (c. trav. art. L. 6321-8 ; c. séc. soc. art. L. 412-8). **Il en est de même pour ceux ayant eu lieu sur le lieu d'hébergement du salarié** (cass. soc. 19 juillet 2001, n° 99-21536, BC V n° 285).

▶ **À noter...** L'accident survenu sur le trajet lieu de travail-lieu de stage relève du régime de l'accident du travail (rép. Hardy n° 27299, JO 22 juin 1976, AN quest. p. 4525). Pour les autres trajets liés à la formation, voir *Accident de trajet**.

Circonstances non professionnelles - L'accident du travail est inhérent au travail du salarié (c. séc. soc. art. L. 411-1). **Cependant, bien que survenu au lieu et au temps du travail, le caractère d'accident de travail peut être écarté si cet accident est totalement étranger au travail.**

Exemples

La tentative de suicide intervenue au temps et au lieu du travail ne constitue pas un accident du travail dès lors que cette tentative, qui revêt un caractère volontaire, a son origine dans des difficultés privées et personnelles et non dans l'activité professionnelle du salarié (cass. civ., 2e ch., 18 octobre 2005, n° 04-30205 D).

Il en est de même d'un meurtre commis par deux individus non identifiés. Selon l'enquête pénale, ce meurtre, survenu au lieu et au temps de travail, n'était dû qu'à la seule activité politique de la victime

et les conditions de travail n'avaient joué aucun rôle dans la survenance du décès (cass. soc. 1er juillet 1999, n° 97-18990 D).
Dans le même ordre d'idée, la qualification d'accident du travail reconnue par la CPAM à un salarié heurté par la fourche d'un chariot élévateur dans l'enceinte de son entreprise, alors qu'il effectuait un arrêt prolongé auprès de son cyclomoteur pour le réparer, est inopposable à l'employeur dans la mesure où il s'agit d'un acte étranger à l'exécution de son travail, pendant lequel le salarié n'était plus sous la subordination de l'employeur (cass. civ., 2e ch., 3 avril 2003, n° 01-20974, BC II n° 100).

Accident hors temps et lieu de travail - La suspension du contrat n'exclut pas la qualification d'accident du travail.

Exemple

La tentative de suicide d'un salarié durant un arrêt de maladie a pu constituer un accident du travail. En l'espèce, le salarié était depuis plusieurs semaines en arrêt maladie pour un syndrome dépressif qui avait un lien avec son activité professionnelle (cass. civ., 2e ch., 22 février 2007, n° 05-13771, BC V II n° 54).

Accident durant une mission - Voir *Accident de mission**.

Preuve de l'accident

Tout accident qui se produit au temps et au lieu de travail est présumé accident du travail. La victime doit seulement établir par tous moyens la preuve de la matérialité de la lésion pour obtenir le bénéfice de la réparation au titre de la législation sur les accidents du travail (cass. civ., 2e ch., 4 juillet 2007, n° 06-17005 D).

Il s'agit d'une présomption simple qui peut être écartée dans un certain nombre de cas, notamment :
- lorsque la lésion invoquée n'est pas immédiatement consécutive à l'accident ;
- lorsque l'affection est due uniquement à un état pathologique préexistant non aggravé par les conditions de travail ;
- lorsque l'accident résulte d'une cause totalement étrangère au travail ;
- en cas de refus d'autopsie par un *ayant droit.**

Il s'agit alors de prouver que l'accident est étranger au travail.

▶ À noter… En cas de décès consécutif à un accident du travail, une autopsie peut être sollicitée par les ayants droit de la victime ou être requise par la caisse de sécurité sociale afin de recueillir un avis médical sur la cause du décès (c. séc. soc. art. L. 442-4). Les ayants droit peuvent s'opposer à l'autopsie ; ils perdent alors le bénéfice de la présomption d'imputabilité et doivent prouver le lien de causalité entre le décès et l'accident.

Déclaration

Voir *Accident du travail (déclaration)**.

Salaire et indemnisation

Voir *Accident du travail (indemnisation)**.

Effets sur le contrat de travail

Suspension du contrat de travail - **Le contrat de travail du salarié victime d'un accident du travail est suspendu pendant toute la durée de l'arrêt de travail. À son retour dans l'entreprise, le salarié retrouve son emploi ou un emploi similaire assorti d'une rémunération au moins équivalente. Il ne doit subir aucun retard de promotion ou d'avancement du fait de l'accident** (c. trav. art. L. 1226-8).

Calcul de l'ancienneté - **Par dérogation à la règle générale, la période de suspension par suite d'un accident du travail est prise en compte dans le calcul de l'*ancienneté** servant à déterminer certains avantages légaux et conventionnels** (c. trav. art. L. 1226-7) : ***indemnité de licenciement**, *préavis**, *prime d'ancienneté**, etc. Peu importe que la convention collective prévoit ou non la prise en compte de cette période pour calculer l'ancienneté** (cass. soc. 22 mars 2018, n° 16-20186 D).

Accident en cours de préavis - **Lorsqu'un salarié est victime d'un accident du travail, le *préavis** est suspendu pendant la durée de l'arrêt de travail** (cass. soc. 18 juillet 1996, n° 93-43581, BC V n° 299). **À l'issue de l'arrêt de travail, le salarié finit d'exécuter son préavis.**

▶ À noter… Le contrat de travail prend fin au terme du préavis, peu importe qu'un accident du travail se soit produit dans l'intervalle, notamment lorsque le salarié avait, avant l'accident, démissionné de manière non équivoque (cass. soc. 15 février 2006, n° 04-42822, BC V n° 68).

Droits aux congés payés - **Le salarié en arrêt pour accident du travail acquiert des congés payés pendant 1 an** (c. trav. art. L. 3141-5 ; cass. soc. 23 janvier 2001, n° 98-40651, BC V n° 22) **[voir *Congés payés (acquisition)**].**

Lorsque le salarié en arrêt pour accident du travail (ou maladie professionnelle) n'a pas pu prendre ses congés payés annuels sur la période prévue par la loi ou la convention collective, les congés acquis sont à reporter après la date de reprise du travail [voir *Congés payés (prise et report)**]. L'employeur qui refuse ce report doit verser des dommages-intérêts au salarié auquel il cause ainsi un préjudice (cass. soc. 27 septembre 2007, n° 05-42293, BC V n° 147).

Lorsque le salarié rechute après la reprise de son travail, sans avoir eu le temps de prendre l'intégralité des congés payés reportés une première fois, ces congés sont à nouveau reportés (cass. soc. 16 février 2012, n° 10-21300, BC V n° 75).

Droit à la formation - Le salarié peut demander à suivre des actions de formation pendant son arrêt de travail et à percevoir les indemnités journalières de sécurité sociale (c. séc. soc. art. L. 412-8 et L. 433-1) [voir *Accident du travail (indemnisation)**]. Par ailleurs, les arrêts pour accident du travail sont pris en compte pour l'acquisition des heures créditant le compte personnel de formation (c. trav. art. L. 6323-12) [voir *Formation professionnelle (compte personnel de)**].

Interdiction de rompre le contrat

Protection du salarié - Pendant la période de suspension du contrat, il est interdit de licencier le salarié sauf faute grave ou impossibilité de maintenir le contrat pour un motif étranger à l'accident. Un tel licenciement est nul (c. trav. art. L. 1226-9).

La protection s'applique dès que l'employeur connaît l'origine professionnelle de l'accident (cass. soc. 10 juillet 2002, n° 00-40436, BC V n° 237). Peu importe qu'il ait été informé, au jour du licenciement, d'un refus de prise en charge par la CPAM (cass. soc. 29 juin 2011, n° 10-11699, BC V n° 169).

Cette protection s'applique aussi durant la période d'essai (cass. soc. 25 janvier 2006, n° 03-47517, BC V n° 27) et durant la rechute d'un accident de travail initial (cass. soc. 13 mars 2019, n° 17-31805 D).

▶ **À noter…** L'employeur licenciant un salarié dont le contrat de travail est suspendu à la suite d'un accident du travail, doit préciser, dans la lettre de licenciement, les motifs qui rendent impossible le maintien du contrat du salarié (cass. soc. 17 février 2010, n° 08-45360 D). Le cas échéant, le courrier doit expressément spécifier qu'il s'agit d'un licenciement pour faute grave (cass. soc. 20 décembre 2017, n° 16-17199, BC V n° 224 ; cass. soc. 20 novembre 2019, n° 18-16715 D).

De même, le licenciement notifié après le délai d'un mois prévu en cas de *licenciement pour faute** et prononcé pendant la période de suspension du contrat de travail pour accident du travail est nul (c. trav. art. L. 1226-9 ; cass. soc. 21 novembre 2007, n° 06-44993, BC V n° 193).

Il est également impossible de mettre le salarié à la retraite au cours de la période de suspension consécutive à un accident du travail. Cette rupture est nulle, même si elle fait suite à une demande du salarié (cass. soc. 7 mars 2007, n° 05-42279, BC V n° 42).

Conséquences d'un licenciement nul - Le licenciement prononcé pendant la période de suspension du contrat de travail en dehors des cas autorisés (faute grave ou impossibilité de maintenir le contrat ; *voir ci-avant*) est nul. Si le salarié ne demande pas sa réintégration, il a droit (cass. soc. 30 novembre 2010, n° 09-66210, BC V n° 272) :

- aux indemnités de rupture (préavis, congés payés, licenciement, etc.) ;
- et à une indemnité qui ne peut pas être inférieure au salaire des 6 derniers mois (c. trav. art. L. 1226-13 et L. 1235-3-1).

En revanche, il n'a pas droit à l'indemnité spéciale due en cas de licenciement pour impossibilité de reclassement d'un salarié déclaré inapte *(voir ci-après)*.

▶ **À noter…** Sur l'indemnisation du salarié qui accepte sa réintégration, voir *Licenciement nul**.

Rechute d'un accident antérieur - Le salarié n'a pas droit au régime protecteur lié à l'accident du travail lorsqu'une rechute survient alors qu'il travaille pour un nouvel employeur (cass. soc. 27 octobre 1993, n° 89-44348, BC V n° 254). Cependant cette limite ne s'applique pas lorsque le salarié établit le lien de causalité existant entre la rechute de l'accident du travail initial et les conditions de travail du salarié, ou tout autre événement inhérent à ses fonctions au service du nouvel employeur (cass. soc. 16 février 1999, n° 97-42903, BC V n° 71 ; cass. soc. 28 mars 2007, n° 06-41375, BC V n° 60 ; cass. soc. 6 mai 2015, n° 13-24035 D).

Licenciement d'un représentant du personnel accidenté - Le salarié représentant du personnel et en arrêt pour cause d'accident de travail bénéficie à la fois de la protection accordée aux représentants du personnel et de celle due aux victimes d'accident du travail ou d'une maladie professionnelle (voir *Licenciement des représentants du personnel**). Il a donc droit à la réparation du préjudice subi résultant de l'inobservation par l'employeur des règles protectrices qui lui sont applicables à ce double titre (cass. soc. 19 septembre 2007, nos 06-41227 et 06-41238, BC V n° 130).

Rupture conventionnelle - Sur la possibilité de conclure une rupture conventionnelle avec un salarié accidenté du travail, voir *Rupture conventionnelle**.

Fin d'un contrat à durée déterminée - Sur l'incidence d'une suspension du contrat liée à un accident du travail sur le terme d'un contrat à durée déterminée, voir *Contrat de travail à durée déterminée (durée)**. Dans le cas où le CDD a été requalifié en CDI, voir *Contrat de travail à durée déterminée (requalification en CDI)**.

Accident de la circulation

Le salarié victime d'un accident et ses ayants droit peuvent demander, en plus de la réparation forfaitaire de la sécurité sociale, la réparation de leur préjudice conformément aux règles de droit commun lorsque l'accident implique un véhicule conduit par l'employeur, un préposé ou une personne appartenant à la même entreprise que lui (voir *Ayant droit**) (c. séc. soc. art. L. 411-1 et L. 455-1-1).

Reprise du travail

Toute absence d'au moins 30 jours liée à un accident du travail nécessite une visite médicale de reprise (c. trav. art. R. 4624-31).

▶ Attention... Ce délai de 30 jours pourrait être modifié à compter du 31.03.2022 [voir *Visite médicale (reprise)**].

Le salarié doit retrouver son emploi ou un emploi similaire, assorti d'une rémunération équivalente (cass. soc. 24 mars 2010, n° 09-40339, BC V n° 72). Les conséquences de l'accident du travail ne peuvent entraîner aucun retard de promotion ou d'avancement (c. trav. art. L. 1226-8). En cas d'inaptitude, *voir ci-après*.

En cas de licenciement en violation de ces dispositions, le juge peut proposer la réintégration du salarié.

Reclassement du salarié inapte

Si le salarié est déclaré inapte, l'employeur doit chercher à le reclasser [voir *Inaptitude physique (reclassement)**]. S'il n'y parvient pas, un licenciement pour inaptitude est envisageable [voir *Inaptitude physique (licenciement)**].

☛ *Accident du travail (déclaration) ; Accident du travail (indemnisation) ; Consolidation de la blessure ; Cotisations d'accidents du travail ; Faute inexcusable (accident du travail ou maladie professionnelle) ; Rente d'incapacité permanente.*

Accident du travail (déclaration)

La procédure de déclaration et d'instruction des accidents du travail a été réformée pour les accidents du travail déclarés à compter du 1.12.2019 (décret 2019-356 du 23 avril 2019, JO du 25). Les développements de cette étude qui s'y rapportent (réserves de l'employeur, instruction par la CPAM, rechutes) sont celles issues de cette réforme.

Déclaration par l'employeur

Modalités - L'employeur, ou un de ses préposés, doit déclarer l'accident dont il a eu connaissance dans les 48 h (hors dimanches et *jours fériés**) à la caisse primaire d'assurance maladie (CPAM) (c. séc. soc. art. L. 441-2 et R. 441-3), qu'il s'agisse d'un *accident du travail**, d'un *accident de trajet** ou d'un *accident de mission**. Cette déclaration peut être assortie de réserves *(voir ci-après)*.

La déclaration d'accident peut être saisie en ligne (www.net-entreprises.fr). Elle peut aussi être faite à l'aide d'un imprimé (cerfa n° 14463*03) fourni par les caisses primaires ou disponible sur le site Internet de l'assurance maladie (www.ameli.fr). Le formulaire permet de différencier « accident du travail » et « accident de trajet ».

▶ À noter... L'utilisation de l'imprimé réglementaire ne semble pas impérative. Les juges ont admis qu'un courrier de la victime demandant la prise en charge de son affection est une déclaration valable (cass. civ., 2e ch., 4 juillet 2007, n° 06-17453 D).

Les déclarations des accidents peuvent être adressées par tout moyen donnant une date certaine à leur réception (ex : lettre recommandée avec demande d'avis de réception) (c. séc. soc. art. R. 441-3).

Dans le cas où l'employeur ne déclare pas l'accident du travail, la déclaration peut être effectuée par la victime ou ses représentants, qui disposent alors d'un délai de 2 ans suivant l'accident (c. séc. soc. art. L. 441-2). Dans ce cas, la CPAM en transmet un double à l'employeur par tout moyen conférant date certaine à sa réception (c. séc. soc. art. R. 441-6). Il en va de même en cas de déclaration de rechute (c. séc. soc. art. R. 441-16).

Déclaration obligatoire - L'employeur n'a pas à se faire juge du caractère professionnel de l'accident. Il lui faut déclarer tous les accidents dont il a connaissance, même ceux qui n'entraînent pas d'arrêt de travail ou qui paraissent bénins.

▶ À noter... Pour les accidents bénins ne nécessitant ni arrêt de travail ni soins médicaux, l'employeur peut recourir au *registre des accidents du travail** plutôt que de faire une déclaration (c. séc. soc. art. D. 441-1 à D. 441-4).

Lorsque l'accident survient pendant une formation se déroulant dans un organisme de formation, c'est ce dernier qui fait la déclaration d'accident du travail et qui prévient l'employeur (c. trav. art. R. 6342-3).

Salariés à statuts particuliers - S'agissant de certaines catégories de salariés qui, en raison de leur emploi, ne sont pas sous la surveillance immédiate de l'employeur ou de l'un de ses préposés (ex. : travailleurs à domicile, VRP), le délai de 48 h commence à courir du jour où l'employeur a été informé de l'accident survenu hors des locaux de l'entreprise (c. séc. soc. art. R. 441-3).

▶ À noter... Lorsque l'accident survient à l'occasion d'un détachement à l'étranger, le point de départ du délai de 48 h est constitué par la réception de la lettre recommandée adressée par le salarié ou son représentant (c. séc. soc. art. R. 444-1).

Réserves de l'employeur

Formulation des réserves - Si l'employeur a des doutes sur le caractère professionnel ou la matérialité de l'accident et veut les contester, il peut formuler des réserves dans la déclaration elle-même ou dans un courrier annexe. Ces réserves doivent être motivées (c. séc. soc. art. R. 441-6). En revanche, l'employeur n'est pas tenu d'apporter la preuve du bien-fondé de ses réserves (cass. civ., 2e ch., 23 janvier 2014, n° 12-35003, BC II n° 19 ; cass. civ., 2e ch., 25 novembre 2020, n° 19-20058 FPBI).

Ces réserves ne peuvent porter que sur les circonstances de temps et de lieu de l'accident ou sur l'existence d'une cause totalement étrangère au travail (cass. civ., 2e ch., 10 octobre 2013, n° 12-25782, BC II n° 192).

Exemples

Constituent des réserves motivées les réserves qui mettent expressément en doute le fait que l'accident ait pu se produire au temps et au lieu du travail en relevant l'absence de témoins ainsi que l'absence de déclaration de l'accident par le salarié à l'employeur le jour supposé de sa survenue (cass. civ., 2e ch., 23 janvier 2014, n° 12-35003, BC II n° 19).

À l'inverse, la CPAM n'a pas à tenir compte de la mention « réserves conservatoires », sans explication, que l'employeur a portée sur la déclaration d'accident du travail et annonçant qu'« un courrier suivra » (cass. civ., 2e ch., 10 octobre 2013, n° 12-25782, BC II n° 192).

Délai pour agir - L'employeur a 10 jours francs à compter de la date à laquelle il a effectué la déclaration pour émettre des réserves motivées auprès de la CPAM, ce par tout moyen donnant une date certaine à leur réception (c. séc. soc. art. R. 441-6). Cette date correspond à celle de rédaction de la déclaration (mentionnée sur le formulaire) et non à la date d'envoi de la déclaration (circ. CNAM 2019-28 du 9 août 2019, § 1.1).

Il en est de même lorsque l'entreprise n'accomplit pas son obligation et que c'est la victime ou un de ses représentants qui prend l'initiative d'adresser la déclaration d'accident à la CPAM. L'employeur a alors 10 jours francs, à compter de la date à laquelle il a reçu le double de la déclaration envoyé par la CPAM, pour émettre des réserves motivées auprès de la caisse, par tout moyen donnant une date certaine à leur réception (c. séc. soc. art. R. 441-6).

▶ À noter... Avant le 1.12.2019, il n'y avait pas de délai imposé pour formuler des réserves, l'employeur devait agir avant que la CPAM ait pris sa décision. Ainsi, des réserves formulées dès le lendemain de la déclaration, parvenues à la CPAM alors que celle-ci avait déjà décidé qu'il s'agissait d'un accident du travail, étaient irrecevables (cass. civ., 2e ch., 18 septembre 2014, n° 13-23205, BC II n° 190 ; cass. civ., 2e ch., 18 septembre 2014 n° 13-21617, BC II n° 189).

Réponses de la CPAM - En présence de réserves motivées, avant de prendre sa décision, la CPAM envoie à l'employeur et à la victime de l'accident un questionnaire portant sur les circonstances ou la cause de celui-ci. Elle peut aussi mener une enquête auprès des intéressés *(voir ci-après)* (c. séc. soc. art. R. 441-8).

La décision de prise en charge d'un accident du travail par la CPAM est inopposable à l'employeur si ce dernier a émis des réserves motivées et que la caisse ne l'a pas contacté (cass. civ., 2e ch., 10 mars 2016, n° 15-16669, BC II n° 69) ou n'a procédé à aucune instruction préalable pour déterminer si l'origine de l'accident était bien professionnelle (cass. civ., 2e ch., 25 novembre 2020, n° 19-20058 FPBI). Il en est de même lorsque l'employeur n'a pas reçu le questionnaire pourtant envoyé au salarié (cass. civ., 2e ch., 6 juillet 2017 n° 16-18774, BC II n° 162).

Déclaration par le salarié

Déclaration obligatoire - La victime d'un accident du travail, de trajet ou de mission doit aviser son employeur de l'accident survenu dans la journée ou, au plus tard, dans les 24 h, sauf motif légitime, impossibilité ou cas de *force majeure**. Elle peut envoyer cette déclaration par tout moyen donnant une date certaine à sa réception quand elle n'est pas faite à l'employeur ou à son préposé sur le lieu de l'accident (c. séc. soc. art. L. 441-1 et R. 441-2).

▶ À noter… Les droits de la victime ou de ses ayants droit aux prestations et indemnités dues en cas d'accident du travail se prescrivent par 2 ans à compter du jour de l'accident (c. séc. soc. art. L. 431-2).

Déclaration mensongère - L'employeur qui veut demander en justice des dommages-intérêts contre un ancien salarié pour déclaration mensongère d'accident du travail doit s'adresser au conseil de prud'hommes, même si la déclaration mensongère est intervenue après la rupture du contrat de travail (cass. soc. 30 janvier 2019, n° 17-23851 D ; c. trav. art. L. 1411-1).

Formalités complémentaires

Feuille d'accident - L'employeur délivre à la victime une feuille d'accident (cerfa n° 11383*02) sur laquelle est mentionnée la CPAM à laquelle a été envoyée la déclaration d'accident (c. séc. soc. art. L. 441-5 et R. 441-11).

▶ À noter… Ce document n'entraîne pas de plein droit la prise en charge au titre des accidents du travail (c. séc. soc. art. R. 441-11).

La feuille d'accident permet au salarié de bénéficier du *tiers payant** (dispense d'avance des frais) et de la gratuité des soins, dans la limite des tarifs conventionnels [voir *Accident du travail (indemnisation)**]. Les professionnels de santé (médecin, auxiliaire médical, pharmacien, hôpital, etc.) y mentionnent les soins accomplis. À la fin du traitement, ou dès que la feuille est entièrement utilisée, la victime adresse cette dernière à la caisse qui, s'il y a lieu, lui en délivre une nouvelle (c. séc. soc. art. R. 441-11 et R. 441-12).

▶ Attention… L'employeur qui ne délivre pas la feuille d'accident est passible d'une pénalité financière *(voir ci-après)*.

Attestation de salaire - L'employeur établit une attestation de salaire permettant à la CPAM de calculer le montant des indemnités journalières de sécurité sociale (c. séc. soc. art. R. 441-4) [voir *Accident du travail (indemnisation)**]. Cette formalité est en principe intégrée dans la *déclaration sociale nominative (DSN)** (c. séc. soc. art. R. 133-14, IV, 1°).

▶ À noter… Les rares employeurs qui ne sont pas encore entrés en DSN peuvent télécharger et remplir en ligne le formulaire cerfa 11135*04 sur le site Internet de l'assurance maladie (www.ameli.fr, rubrique « Entreprise », puis « Vos salariés » et « Arrêt de travail d'un salarié »), puis l'adresser par voie postale à la CPAM. Il est également possible de remplir cette attestation sur le site de Net-entreprises (www.net-entreprises.fr).

Instruction de la déclaration par la CPAM

Départ du délai d'instruction - La CPAM est compétente pour reconnaître le caractère professionnel d'un accident.

Pour les accidents déclarés depuis le 1.12.2019, elle dispose d'un délai de 30 jours francs à compter du jour de la réception de la déclaration d'accident du travail et du certificat médical initial pour (c. séc. soc. art. R. 441-7 ; décret 2019-356 du 23 avril 2019, JO du 25) :

- soit statuer sur le caractère professionnel de l'accident ;
- soit engager des investigations, lorsqu'elle l'estime nécessaire ou lorsqu'elle a reçu des réserves motivées émises par l'employeur *(voir ci-avant)*.

Le délai d'instruction ne court qu'à compter de la réception du dossier complet, c'est-à-dire de la déclaration d'accident du travail et du certificat médical initial, avec comme point de départ la date de réception par la CPAM de la seconde des deux pièces. En cas de non-réception de l'une des deux pièces, la caisse réclame une fois, à l'issue d'un délai d'un mois, la seconde des pièces manquante à la victime. Sans réponse au-delà des 30 jours, elle classe le dossier sans suite (circ. CNAM 14/2018 du 12 juillet 2018).

Procédure de reconnaissance des accidents du travail : récapitulatif (*)	
I – Déclaration avec ou sans réserves motivées	
Déclaration d'accident du travail (1).	
Le cas échéant, réserves motivées de l'employeur dans les 10 jours francs de la déclaration.	
II – Instruction du dossier	
Investigations supplémentaires non nécessaires (2)	Investigations supplémentaires nécessaires (2)
Sans objet	- questionnaire envoyé à la victime et à l'employeur dans les 30 jours francs. Le cas échéant, enquête (3) ; - retour à la CPAM du questionnaire dans les 20 jours de sa réception ; - mise à disposition du dossier au plus tard 70 jours francs suivant la déclaration et le certificat médical initial ; - consultation du dossier, observations possibles pendant 10 jours (au-delà, seule consultation possible).
Décision de la CPAM dans les 30 jours francs à compter de la date de la déclaration d'accident du travail et du certificat médical initial (4).	Décision de la CPAM dans les 90 jours francs à compter de la date de la déclaration d'accident du travail et du certificat médical initial (4).

(*) Accidents déclarés depuis le 1.12.2019.
(1) Par tout moyen conférant date certaine à sa réception.
(2) Rien n'interdit à la caisse de procéder à des investigations en l'absence de réserves motivées de l'employeur. Investigations nécessaires si réserves formulées.
(3) Enquête obligatoire en cas de décès de la victime.
(4) À défaut de décision expresse de la CPAM dans le délai, accident reconnu implicitement accident du travail.

▶ À noter... La loi de financement de la sécurité sociale pour 2021 avait prévu de transférer les prescriptions initiales d'arrêt de travail en cas d'accident du travail ou de maladie professionnelle (AT/MP) dans le formulaire d'avis d'arrêt de travail, qui deviendra commun aux arrêts maladie « classiques » et aux AT/MP, alors que, actuellement, le médecin établit la prescription en remplissant un certificat médical initial spécifique aux AT/MP. Il était prévu que cette réforme, qui implique une refonte du certificat médical initial AT/MP et de l'avis d'arrêt de travail « classique », soit applicable à compter du 1.11.2021. Mais les décrets nécessaires à sa mise en œuvre n'étaient toujours pas parus à l'heure où nous rédigions ces lignes (01.01.2022) (c. séc. soc. art. L. 441-6 ; loi 2020-1576 du 14 décembre 2020, art. 100, II, JO du 15).

Enquête de la CPAM - Lorsque la CPAM procède à des investigations, elle a un délai de 90 jours francs (2 mois avant le 1.12.2019) à compter de la date à laquelle elle dispose de la déclaration d'accident et du certificat médical initial pour statuer sur le caractère professionnel de l'accident (c. séc. soc. art. R. 441-8, I).

Elle envoie à l'employeur et à la victime un questionnaire portant sur les circonstances ou la cause de l'accident, par tout moyen donnant une date certaine à sa réception. Ce questionnaire est envoyé dans les 30 jours francs suivant la date à laquelle la caisse dispose de la déclaration d'accident et du certificat médical. Il doit être retourné dans un délai de 20 jours francs à compter de sa date de réception.

Si besoin, la caisse peut aussi recourir à une enquête complémentaire.

Dans tous les cas, la caisse informe la victime (ou ses représentants) ainsi que l'employeur de la date d'expiration du délai de 90 jours lors de l'envoi du questionnaire ou, le cas échéant, lors de l'ouverture de l'enquête.

En cas de décès de la victime, la CPAM procède obligatoirement à une enquête, sans adresser de questionnaire préalable.

▶ À noter... Dans une affaire concernant un accident du travail survenu avant l'entrée en vigueur de la réforme de la procédure d'instruction (1.01.2019), une CPAM avait envoyé un questionnaire au salarié victime de l'accident et procédé à un entretien téléphonique avec l'employeur. La Cour de cassation avait admis que cette différence de procédé selon l'interlocuteur visé était possible (cass. civ., 2e ch., 3 juin 2021, n° 19-25571 FP). Mais attention, depuis la réforme, la rédaction de l'article R. 441-8 du code de la sécurité sociale impose l'envoi d'un questionnaire aux deux parties (*voir ci-avant*).

Communication suite à l'enquête - À l'issue de ses investigations et au plus tard 70 jours francs à compter de la date à laquelle elle dispose de la déclaration d'accident et du certificat médical initial, la CPAM met le dossier qu'elle a constitué à la disposition de la victime (ou de ses représentants) et de l'employeur (c. séc. soc. art. R. 441-8, II).

Ceux-ci ont 10 jours francs pour le consulter et faire connaître leurs observations. Une fois ce délai de 10 jours expiré, la victime ou ses représentants et l'employeur peuvent encore consulter le dossier, mais ne peuvent plus formuler d'observations.

▶ À noter… Avant le 1.12.2019, la caisse ayant procédé à une enquête ou envoyé un questionnaire communiquait à la victime (ou à ses ayants droit) et à l'employeur les informations qu'elle avait recueillies et qui auraient été susceptibles de leur faire grief. Elle n'était pas tenue d'envoyer les pièces du dossier (cass. civ., 2e ch., 15 mars 2018, n° 16-28333, BC II n° 56).

Notification de la décision - La caisse notifie sa décision, qui doit être motivée, par tout moyen permettant de déterminer sa date de réception (c. séc. soc. art. R. 441-18) :
- à la victime (ou à ses représentants) si le caractère professionnel de l'accident ou de la rechute n'est pas reconnu ;
- à l'employeur en cas de reconnaissance du caractère professionnel de l'accident ou de la maladie.

Cette décision est aussi notifiée à la personne à laquelle la décision ne fait pas grief.

▶ À noter… Le fait que l'entreprise ait centralisé sa gestion des accidents du travail n'empêche pas la CPAM d'adresser valablement sa décision de prise en charge à l'établissement d'attache du salarié (cass. civ., 2e ch., 4 avril 2019, n° 18-15886 FPBI). Cette notification de la décision de prise en charge fait courir le délai de contestation de l'employeur *(voir ci-après)*.

L'absence de notification dans les 30 jours francs (ou 90 jours en cas d'investigations) vaut reconnaissance du caractère professionnel de l'accident.

▶ À noter… L'absence de notification de la décision de la caisse permet seulement à l'employeur d'en contester le bien-fondé sans condition de délai. Elle ne rend donc pas la décision de la CPAM inopposable à l'employeur (cass. civ., 2e ch., 24 janvier 2019, n° 17-28208 FPB).

Dès lors qu'elle est notifiée à l'employeur, la décision de refus de prise en charge de la CPAM revêt un caractère définitif à son égard (cass civ., 2e ch., 20 décembre 2018, n° 17-21528 FSPB). Les dépenses afférentes à l'accident ne peuvent donc pas être inscrites sur le compte AT/ MP de l'employeur (voir *Cotisations d'accidents du travail**) et ce, même si le salarié obtient par la suite en justice la reconnaissance du caractère professionnel de l'accident (cass. civ., 2e ch., 8 octobre 2020, n° 19-13730 FPBI).

Rechute d'accident du travail - Une procédure particulière est prévue en cas de rechute.

La CPAM dispose de 60 jours francs à compter de la date à laquelle elle reçoit le certificat médical faisant mention de la rechute pour se prononcer. L'employeur a la possibilité d'effectuer des réserves motivées dans le délai de 10 jours francs à compter de la réception du certificat médical (c. séc. soc. art. R. 441-16).

Si le médecin-conseil de la CPAM l'estime nécessaire, et obligatoirement en cas de réserves motivées de l'employeur, il adresse un questionnaire médical à la victime ou à ses représentants (accompagné le cas échéant des réserves) (c. trav. art. R. 441-16). Le questionnaire doit être retourné dans un délai de 20 francs à compter de sa date de réception.

Si la caisse n'a pas notifié sa décision dans le délai de 60 jours francs, le caractère professionnel de la rechute est établi (c. séc. soc. art. R. 441-18).

Contestation de la décision de la CPAM

Contestation de la décision - La décision de la CPAM peut être contestée par l'employeur et la victime dans un délai de 2 mois à compter sa notification devant la commission de recours amiable de la caisse (c. séc. soc. art. R. 142-1), puis le cas échéant devant le *tribunal judiciaire** (voir *Contentieux de la sécurité sociale**).

L'action de l'employeur aux fins d'inopposabilité de la décision de la CPAM reconnaissant le caractère professionnel d'un accident, d'une maladie ou de la rechute se prescrit par 5 ans (prescription de droit commun) (cass. civ., 2e ch., 18 février 2021, n° 19-25886 FSP et n° 19-25887 FSP).

Action d'une ETT ou de l'entreprise utilisatrice - En cas d'accident du travail d'un intérimaire à l'occasion d'une mission dans une entreprise utilisatrice, seule l'entreprise de travail temporaire (ETT) peut, en tant qu'employeur, contester la prise en charge de l'accident au titre de la législation professionnelle ou la décision fixant le taux d'incapacité permanente du salarié victime d'un accident du travail (ou d'une maladie professionnelle) à l'occasion d'une mission (cass. civ., 2e ch., 15 mars 2018, n° 17-10640, BC II n° 56 ; cass. civ., 2e ch., 15 mars 2018, n° 16-19043, BC II n° 57).

De son côté, l'entreprise utilisatrice peut seulement agir en responsabilité contractuelle contre l'ETT devant les juridictions de droit commun ou contester l'imputation et la répartition de la charge financière de l'accident ou de la maladie devant les juridictions du *contentieux de la sécurité sociale** (cass. civ., 2e ch., 15 mars 2018, n° 17-10640, BC II n° 56).

Défaut de déclaration

Défaut de déclaration ou déclaration tardive - L'employeur qui néglige de déclarer un accident du travail, qui effectue une déclaration tardive, ou encore qui ne délivre pas la feuille d'accident à la victime, est passible d'une pénalité financière prononcée par la CPAM (c. séc. soc. art. L. 114-17-1, II, 9°, R. 147-7 et R. 147-7-1), ainsi que d'une amende prévue pour les contraventions de 4e classe (voir *Amendes pénales**) (c. séc. soc. art. L. 471-1 et R. 471-3).

▶ À noter… Les juges peuvent moduler le montant de la sanction que la CPAM a prononcée à l'encontre de l'employeur qui a déclaré tardivement un accident du travail (cass. civ., 2e ch., 8 avril 2010, n° 09-11232, BC II n° 75).

Par ailleurs, la caisse peut réclamer le remboursement de la totalité des dépenses que lui a occasionnées l'accident non déclaré ou tardivement déclaré (c. séc. soc. art. L. 471-1 ; cass. soc. 10 janvier 2002, n° 00-15703 D).

L'employeur peut aussi être poursuivi par le salarié qui peut demander des dommages-intérêts devant la juridiction civile dès lors que l'omission de déclaration de l'accident par l'employeur a privé le salarié d'une chance de bénéficier des prestations de sécurité sociale prévues par la législation professionnelle (en l'espèce, l'action en reconnaissance du caractère professionnel de l'accident était prescrite) (cass. soc. 15 novembre 2001, n° 99-21638, BC V n° 349).

Défaut de déclaration en cas de travail dissimulé - Lorsque la victime d'un accident du travail se trouve en situation de *travail dissimulé** (par dissimulation d'emploi ou d'activité), l'employeur doit rembourser à la branche « accidents du travail-maladies professionnelles » le montant des frais occasionnés par cet accident (c. séc. soc. art. L. 471-1 ; cass. crim. 8 août 2018, n° 17-84920, B. crim. n° 135).

Si, de plus, l'employeur n'a pas rempli ses obligations de déclaration d'accident du travail ou de remise de la feuille d'accident du travail au salarié, il est aussi passible de la pénalité financière en cas de fraude à l'assurance maladie-accidents du travail *(voir ci-avant)*.

Fausse déclaration

Les personnes qui procèdent à de fausses déclarations sur le lieu ou les circonstances d'un accident du travail ou de trajet peuvent faire l'objet d'une pénalité financière. Cette pénalité vise aussi bien les fausses déclarations portées par l'employeur sur la déclaration d'accident du travail que celles inscrites directement par la victime quand c'est elle qui procède à cette déclaration (c. séc. soc. art. L. 114-17-1, II, 9° et R. 147-6, 1°).

Les employeurs qui ont porté de fausses allégations sur cette déclaration, dans le but de minorer le montant des cotisations dues au titre des accidents et des maladies professionnelles (ex. : déclaration d'un accident dans un autre établissement que celui où il a eu lieu), peuvent aussi être pénalisés (c. séc. soc. art. R. 147-7, 5°).

Par ailleurs, l'établissement ou l'usage de faux à partir d'une déclaration d'accident du travail dans le but d'obtenir notamment des prestations de la sécurité sociale constitue une fraude également sanctionnée par une pénalité financière (c. séc. soc art. R. 147-11, 1°).

☞ *Accident du travail.*

➲ Formulaire de Droit Social, « Déclaration d'accident du travail ».

Accident du travail (indemnisation)

Indemnités journalières de sécurité sociale

Si un salarié est contraint d'interrompre son travail à la suite d'un *accident du travail** (AT) ou d'une maladie professionnelle (voir *Maladies professionnelles**), la caisse primaire d'assurance maladie (CPAM) lui verse des *indemnités journalières de sécurité sociale d'accident du travail** pour compenser la perte de salaire liée à son incapacité temporaire de travailler.

L'indemnité journalière peut être versée en cas de *temps partiel thérapeutique** ou lorsque la victime demande à accéder, pendant son arrêt de travail et avec l'accord de son médecin traitant, à des actions de formation ou à des actions d'évaluation, d'accompagnement, d'information et de conseil (c. séc. soc. art. L. 433-1, al. 3 et 4).

Accident du travail (indemnisation)

Maintien du salaire à charge de l'employeur

Journée de l'accident - La journée au cours de laquelle intervient l'AT est rémunérée en totalité par l'employeur (c. séc. soc. art. L. 433-1, al. 1).

Indemnités complémentaires - Dans de nombreux cas, l'employeur maintient tout ou partie de son salaire à la victime de l'AT, en application du contrat de travail, de la convention collective, d'un usage ou du code du travail.

L'indemnisation légale minimale est identique à celle prévue par le code du travail en cas de maladie (c. trav. art. L. 1226-1, D. 1226-1 et D. 1226-2) [voir *Maladie (indemnisation)**]. Elle est mise en œuvre dans les mêmes conditions, sous une réserve : le délai de carence de 7 jours s'applique uniquement en cas d'*accident de trajet**, mais pas en cas d'*accident du travail** ou de *maladies professionnelles** (c. trav. art. D. 1226-3).

Autres prestations de sécurité sociale

Soins - Qu'il y ait ou non interruption de travail, le salarié a droit à la prise en charge de divers frais, tels que les frais médicaux, chirurgicaux, pharmaceutiques et accessoires (c. séc. soc. art. L. 431-1, 1°).

Le salarié ne supporte pas de *ticket modérateur**, n'a pas à faire l'avance des frais (système du *tiers payant**), n'est pas soumis au forfait hospitalier, pas plus qu'à la participation forfaitaire pour « actes lourds » (24 €). En revanche, il est redevable des franchises médicales et de la participation forfaitaire de 1 €, ainsi que des éventuels dépassements d'honoraires pratiqués par les professionnels de santé [voir *Maladie (remboursement de)**].

Réinsertion professionnelle - Le salarié a aussi droit à la prise en charge des frais de réadaptation fonctionnelle, de rééducation professionnelle, de reclassement et de reconversion professionnelle (c. séc. soc. art. L. 431-1,1°).

En effet, si à la suite d'un accident du travail ou d'une maladie professionnelle un salarié devient inapte à exercer sa profession, ou ne peut le faire qu'après une réadaptation, il bénéficie d'un traitement spécial en vue de sa réadaptation fonctionnelle, et peut bénéficier d'action en vue de sa rééducation professionnelle (stage de rééducation professionnelle, prime de fin de rééducation, voire prêt d'honneur en vue de l'aménagement ou de l'installation d'une entreprise artisanale ou agricole) (c. séc. soc. art. L. 432-6 à L. 432-11, R. 432-6 à R. 432-9-1, R. 432-10 et D. 432-1 à D. 432-14).

En outre, les victimes dont le taux d'incapacité permanente d'au moins 10 % est notifié à compter du 1.01.2019 bénéficient, à leur demande, d'un abondement de leur *compte personnel de formation** de 7 500 € pour financer tout ou partie d'une formation (c. séc. soc. art. L. 432-12, R. 432-9-2 à R. 432-9-6 et D. 432-15).

Frais funéraires en cas de décès de la victime - En cas de décès dû à un accident du travail, la personne proche de la victime (famille ou non) peut être remboursée par la CPAM, sur justificatifs, et dans une certaine limite, des frais funéraires et, s'il y a lieu, de transport de la victime jusqu'au lieu de sépulture en France (c. séc. soc. art. L. 435-1 et L. 435-2).

Rente ou indemnité en capital - Le salarié accidenté a droit à une indemnité en capital lorsque le taux d'incapacité permanente est inférieur à 10 % (c. séc. soc. art. L. 431-1, L. 434-1, R. 431-1 et R. 434-1). Cette indemnité en capital est fonction du taux d'incapacité de la victime et son montant est déterminé par un barème forfaitaire, revalorisé chaque année au 1er avril (c. séc. soc. art. L. 434-1).

Lorsque le taux d'incapacité permanente est égal ou supérieur à 10 %, le salarié bénéficie d'une rente viagère jusqu'à son décès. La *rente d'incapacité permanente** est calculée sur la base du salaire annuel de référence de la victime multiplié par le taux d'incapacité, qui est réduit ou augmenté en fonction de la gravité de l'incapacité (c. séc. soc. art. L. 434-2, R. 434-1 et R. 434-2).

Sous conditions, le bénéficiaire d'une rente peut en demander la conversion partielle, en cas de décès, en rente viagère réversible pour moitié au plus sur la tête de son conjoint, concubin ou partenaire pacsé (c. séc. soc. art. L. 434-3 et R. 434-5).

▶ **À noter...** Depuis le 1.01.2020, la rente ne peut plus être partiellement convertie en capital. Cette conversion reste toutefois possible pour les demandes effectuées avant le 1.01.2020 et pour lesquelles aucune décision définitive n'a été rendue à cette date (loi 2019-1446 du 24 décembre 2019, art. 83, I, 3° et II, JO du 27).

En cas de décès, des rentes sont aussi dues aux ayants droit de la victime (voir *Rente d'ayant droit**).

Prestation complémentaire pour recours à tierce personne - Lorsque le taux d'incapacité permanente est au moins égal à 80 % et oblige la victime à avoir recours à l'assistance d'une tierce personne pour effectuer les actes ordinaires de la vie, la victime a droit à la prestation complémentaire pour recours à tierce personne (PCRTP) (c. séc. soc. art. L. 434-2, al. 3, R. 434-3 et D. 434-2 ; circ. DSS/2C 2013-236 du 12 juin 2013) (voir *Rente d'incapacité permanente**).

Faute inexcusable ou intentionnelle de l'employeur - La faute inexcusable et la faute intentionnelle de l'employeur ou du salarié influent sur le montant de la réparation des accidents du travail [voir *Faute inexcusable (accident du travail ou maladie professionnelle)** et *Faute intentionnelle (accident du travail ou maladie professionnelle)**].

Indemnité temporaire d'inaptitude

Le salarié dont l'inaptitude physique est consécutive à un *accident du travail** ou à une maladie professionnelle peut prétendre à une indemnité journalière spécifique dénommée indemnité temporaire d'inaptitude (ITI) [voir *Inaptitude physique (indemnité temporaire d'inaptitude)**].

Tribunal compétent

Les contestations des décisions des CPAM sur l'indemnisation d'un AT ou d'une maladie professionnelle doivent, tout d'abord, être soumises à la commission de recours amiable de la caisse (c. séc. soc. art. R. 142-1) puis, en première instance, au *tribunal judiciaire** (c. org. jud. art. L. 211-16, 1°) (voir *Contentieux de la sécurité sociale**).

Par ailleurs, le *conseil de prud'hommes** est seul compétent en cas de litige relatif à l'indemnisation d'un préjudice consécutif à la rupture d'un contrat de travail, et ceci même lorsque le salarié licencié est victime d'un accident du travail ou d'une maladie professionnelle. L'indemnisation est alors circonscrite aux conséquences de la rupture abusive ou illicite du contrat de travail.

En revanche, l'indemnisation des dommages résultant d'un accident du travail, qu'il soit ou non la conséquence d'un manquement de l'employeur à son obligation de sécurité, relève de la compétence exclusive du *tribunal judiciaire** (cass. soc. 29 mai 2013, n° 11-20074, BC V n° 139 ; cass. soc. 3 mai 2018, n° 16-26850 FSPBRI et n° 17-10306 FSPBRI). Cette règle vaut y compris pour une demande d'indemnisation consécutive à une inaptitude ayant pour origine une faute inexcusable de l'employeur (cass. soc. 6 octobre 2015, n° 13-26052, BC V n° 187).

☛ *Accident de trajet ; Accident du travail ; Maladies professionnelles.*

Accord atypique

Définition

En principe, un accord collectif n'est valable que s'il a été conclu avec un délégué syndical ou, en l'absence d'un tel délégué, avec les représentants du personnel ou un salarié mandaté [voir *Accord collectif d'entreprise (conclusion avec délégué syndical)** et *Accord collectif d'entreprise (conclusion sans délégué syndical)**]. Dans les TPE dépourvues de toute représentation du personnel, il est également possible de faire approuver un projet d'accord directement par le personnel.

Un accord est en conséquence qualifié d'atypique dès lors qu'il est conclu selon d'autres modalités que celles prévues par la loi (cass. soc. 14 janvier 2014, n° 12-19412, BC V n° 10). En pratique, il s'agit, par exemple :

- d'un texte validé par les salariés, par un référendum, en dehors des cas dans lesquels le code du travail autorise exceptionnellement ce mode de conclusion des accords [voir *Accord collectif d'entreprise (conclusion sans délégué syndical)**] ;
- d'un accord négocié avec les représentants élus du personnel, en dehors des circonstances et des procédures prévues par le code du travail [voir *Accord collectif d'entreprise (conclusion sans délégué syndical)**] ;
- d'un accord négocié avec une délégation ad hoc de salariés.

Effets

Valeur d'engagement unilatéral - Un accord atypique constitue un *engagement unilatéral de l'employeur** et a donc une valeur contraignante. L'entreprise doit accorder aux salariés les avantages prévus par un tel accord (cass. soc. 18 mars 2009, n° 08-40154 D). Elle ne peut cesser de l'appliquer qu'après l'avoir régulièrement dénoncé (*voir ci-après*).

Effets par rapport aux autres accords - Ayant la valeur d'un simple engagement unilatéral, un accord atypique ne peut ni remettre en question les avantages accordés par un précédent accord collectif (cass. soc. 22 avril 1992, n° 88-40921, BC V n° 296), ni imposer aux salariés une obligation que ne prévoient pas les accords collectifs applicables à l'entreprise (cass. soc. 15 juillet 1998, n° 96-41118, BC V n° 378).

En pratique, les accords atypiques ont donc vocation à créer au profit des salariés des avantages plus favorables que ceux qui résultent des accords collectifs (ex. : jours de congé supplémentaires, prime spécifique, indemnité de licenciement plus avantageuse que l'indemnité prévue par la convention collective ou par accord collectif d'entreprise, etc.).

Effets par rapport aux contrats de travail - Un accord atypique ne peut pas modifier ou remettre en cause des clauses du contrat de travail. Il est interdit, par exemple, de prévoir par accord atypique la suppression des clauses contractuelles de non-concurrence (cass. soc. 25 février 1998, n° 95-45171, BC V n° 104).

Pas de renonciation - Une clause du contrat de travail qui prévoirait que le salarié a renoncé à un avantage prévu par un accord atypique n'aurait aucun effet (cass. soc. 27 mars 2001, n° 98-44292, BC V n° 106 ; cass. soc. 26 novembre 2003, n° 01-45088 D).

Pas de condition - Un employeur ne peut pas soumettre à condition le bénéfice d'un accord atypique, par exemple en le réservant aux salariés qui accepteraient de renoncer par transaction à toute réclamation à l'encontre de l'entreprise (cass. soc. 5 juin 2019, n° 17-28377 FSPB).

Dénonciation

L'employeur qui souhaite revenir sur son engagement unilatéral doit le dénoncer, selon les mêmes modalités que s'il souhaitait remettre en cause un *usage**. Cette procédure nécessite :
- d'informer les représentants du personnel ;
- de prévenir individuellement les salariés ;
- de respecter un délai de prévenance avant la dénonciation effective, dont la durée dépend des circonstances.

À défaut d'une dénonciation régulière, l'engagement unilatéral demeure obligatoire pour l'employeur (cass. soc. 8 janvier 2003, n° 01-40582 D).

Accord collectif

Accord collectif de branche ; Accord collectif d'entreprise (conclusion avec délégué syndical) ; Accord collectif d'entreprise (conclusion sans délégué syndical) ; Accord collectif d'entreprise (contenu) ; Accord collectif d'entreprise (dépôt) ; Accord collectif d'entreprise (mise en cause) ; Accord collectif d'entreprise (publicité) ; Accord collectif d'entreprise (révision, dénonciation et renouvellement) ; Accord collectif de groupe ; Accord collectif interentreprises ; Accord national interprofessionnel ; Convention collective (application) ; Convention collective (conclusion) ; Convention collective (contenu) ; Négociation obligatoire dans la branche professionnelle ; Négociations obligatoires dans l'entreprise.

Accord collectif de branche

Conditions de validité

Pour être valable, un accord ou une convention de branche doit avoir été conclu par une ou plusieurs organisations syndicales représentatives de salariés totalisant dans la branche au moins 30 % des suffrages exprimés (c. trav. art. L. 2232-6) [voir *Syndicats (représentativité)** et *Syndicats (représentativité dans les TPE)**].

En outre, il ne doit pas avoir fait l'objet d'une opposition par une ou plusieurs organisations syndicales représentatives ayant recueilli dans la branche la majorité des suffrages exprimés. L'opposition doit être exprimée, dans les 15 jours suivant la notification de l'accord, à l'ensemble des organisations représentatives.

Droit d'opposition des organisations patronales

Les conventions et accords de branche peuvent faire l'objet d'une opposition par certaines organisations patronales (c. trav. art. L. 2261-19). Cette opposition n'invalide pas la convention ou l'accord, mais elle fait obstacle à son extension [voir *Convention collective (application)**].

Pour que l'opposition produise effet, elle doit émaner d'organisations représentatives au niveau de la branche et dont les entreprises adhérentes emploient plus de 50 % de l'ensemble des salariés des entreprises adhérant aux organisations représentatives dans la branche.

L'opposition est écrite et motivée. Il faut la notifier à l'ensemble des organisations représentatives et la déposer dans un délai d'un mois à compter de la publication de l'avis d'extension de l'accord de branche au JO. Elle fait en outre l'objet d'un dépôt auprès du ministère du Travail.

Articulation avec les accords d'entreprise

Sur l'articulation entre les accords de branche et les accords d'entreprise, Voir *Accord collectif d'entreprise (contenu)**.

Conclusion des conventions de branche et des accords professionnels

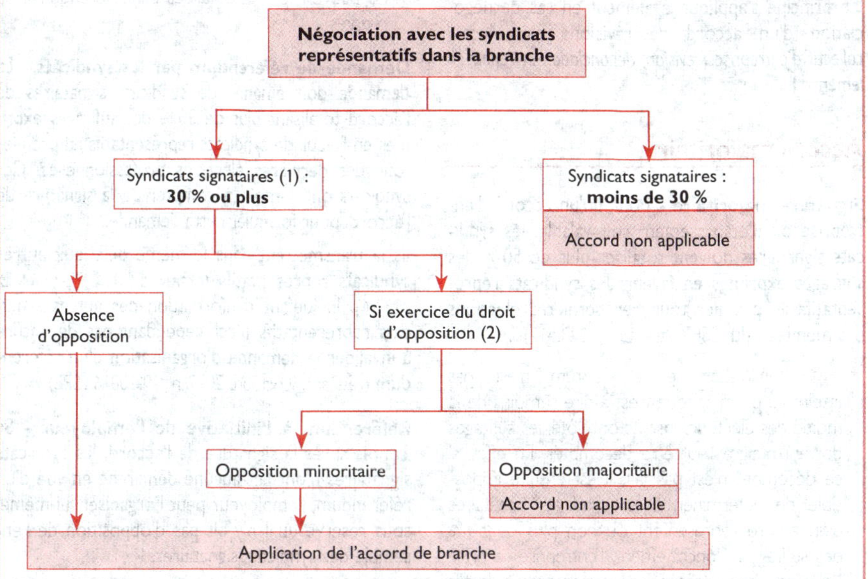

(1) Les organisations syndicales représentatives signataires doivent totaliser au moins 30 % des suffrages exprimés dans la branche aux élections professionnelles et au scrutin de représentativité dans les TPE.
(2) Les organisations syndicales représentatives qui s'opposent à l'accord doivent avoir recueilli la majorité des suffrages exprimés dans la branche aux élections professionnelles et au scrutin de représentativité dans les TPE.

☛ *Convention collective ; Négociation obligatoire dans la branche professionnelle.*

Accord collectif d'entreprise (conclusion avec délégué syndical)

Avec un syndicat

Interlocuteur de l'employeur - Les conventions et accords d'entreprise sont négociés entre l'employeur et les syndicats représentatifs dans l'entreprise, chaque syndicat étant représenté par un *délégué syndical** (DS). Le cas échéant, l'employeur négocie avec le *conseil d'entreprise** dans les entreprises ayant opté pour ce mode de représentation du personnel (c. trav. art. L. 2321-1).

Les accords collectifs sont conclus au niveau d'un établissement ou d'un groupe d'établissements dans les mêmes conditions (c. trav. art. L. 2232-16).

Délégué syndical - La délégation de chacun des syndicats participant aux négociations *(voir ci-avant)* comprend obligatoirement son DS dans l'entreprise ou, en cas de pluralité de délégués, au moins deux DS (c. trav. art. L. 2232-17).

▶ Attention... Même si un DS fait l'objet d'une *mise à pied conservatoire**, l'employeur doit le convoquer aux négociations. À défaut, il commet un délit d'entrave (cass. crim. 30 octobre 2006, n° 05-86380, B. crim. n° 260).

Ce n'est qu'en l'absence de DS dans l'entreprise qu'un accord collectif peut être conclu selon des modalités différentes [voir *Accord collectif d'entreprise (conclusion sans délégué syndical)**].

Invitation de tous les syndicats représentatifs - Un accord collectif d'entreprise n'est valablement conclu que lorsque tous les syndicats représentatifs, catégoriels comme intercatégoriels, ont été invités à participer à sa négociation (cass. soc. 26 mars 2002, n° 00-17231, BC V n° 107) [voir *Syndicats (représentativité)**]. À ce titre, peu importe qu'un syndicat représentatif n'ait pas de DS : il doit malgré tout être invité à la négociation (cass. soc. 8 juillet 2009, n° 08-41507, BC V n° 177).

Ce principe s'applique également en cas de négociation d'un accord de révision [voir *Accord collectif d'entreprise (révision, dénonciation et renouvellement)**].

Accord majoritaire

Signature majoritaire - Pour qu'un accord d'entreprise ou d'établissement soit valable, les syndicats signataires doivent totaliser plus de 50 % des suffrages exprimés en faveur des syndicats représentatifs au premier tour des dernières élections des membres du CSE (c. trav. art. L. 2232-12).

▶ Attention... Lorsque le quorum n'est pas atteint au premier tour, c'est-à-dire si moins de la moitié des électeurs inscrits ont voté, les suffrages doivent malgré tout être décomptés. En effet, si ce décompte n'est pas fait, il est ensuite impossible de déterminer si les syndicats signataires d'un accord représentent ou non plus de 50 % des suffrages. Concrètement, l'entreprise se prive de la possibilité de conclure des accords collectifs valables.

Notification de l'accord - Le syndicat signataire le plus diligent notifie l'accord à l'ensemble des organisations représentatives à l'issue de la procédure de signature (c. trav. art. L. 2231-5).

Cette notification marque le point de départ du délai de 2 mois dont disposent les syndicats de l'entreprise pour intenter une action en nullité de l'accord [voir *Accord collectif d'entreprise (contenu)**] (c. trav. art. L. 2262-14). Pour cette raison, il paraît préférable de notifier également l'accord aux syndicats non représentatifs. À défaut, ces syndicats ne peuvent pas se voir opposer le délai de 2 mois (C. constit., décision 2018-761 DC du 21 mars 2018, § 34).

Conditions de recours au référendum - Si les syndicats signataires ne représentent pas plus de 50 %, l'accord est inapplicable. Deux situations doivent néanmoins être distinguées :

- si les syndicats signataires ne représentent pas plus de 30 % des suffrages exprimés au premier tour en faveur des syndicats représentatifs, l'accord ne peut en aucun cas s'appliquer ;
- si les syndicats signataires représentent plus de 30 % des suffrages exprimés au premier tour en faveur des syndicats représentatifs, il est possible de faire valider l'accord directement par le personnel.

▶ À noter... Par exception, certains accords collectifs sont obligatoirement majoritaires. Ils ne peuvent pas être validés par référendum *(voir ci-après)*.

Demande de référendum par les syndicats - La demande doit émaner de syndicats signataires de l'accord totalisant plus de 30 % des suffrages exprimés en faveur de syndicats représentatifs au premier tour des dernières élections professionnelles. Ces syndicats ont 1 mois, à compter de la signature de l'accord, pour formuler cette demande.

Ils la transmettent dans le même délai aux autres syndicats représentatifs (c. trav. art. L. 2232-12 et D. 2232-6). Le défaut d'information des autres syndicats représentatifs n'est cependant pas de nature à invalider la demande d'organisation d'un référendum (cass. soc. 9 octobre 2019, n° 19-10816 FSPB).

Référendum à l'initiative de l'employeur - Si, 1 mois après la signature de l'accord, les syndicats signataires n'ont fait aucune démarche en vue d'un référendum, l'employeur peut l'organiser lui-même, sous réserve qu'il n'y ait pas d'opposition de l'ensemble des syndicats signataires.

Délai de réflexion de huit jours - La demande de référendum par les syndicats ou l'initiative de l'employeur entraîne l'ouverture d'un délai de réflexion de 8 jours, durant lequel les syndicats non signataires peuvent éventuellement revenir sur leur décision et signer l'accord. Si, à l'issue de ce délai, il n'y a pas eu de nouvelles signatures permettant de dépasser le seuil de 50 %, l'employeur organise la consultation.

Négociation du protocole - Le référendum doit avoir lieu dans un délai de 2 mois, à compter de l'expiration du délai de réflexion de 8 jours (c. trav. art. L. 2232-12).

L'employeur négocie avec les syndicats représentatifs (signataires comme non signataires de l'accord collectif) un protocole pour fixer les modalités d'organisation de la consultation, à savoir (c. trav. art. D. 2232-3) :

- les modalités d'information des salariés sur le texte de l'accord ;
- le lieu, la date et l'heure du scrutin ;
- les modalités d'organisation et de déroulement du vote ;
- le texte de la question soumise au vote des salariés.

La consultation peut avoir lieu au scrutin secret sous enveloppe ou par voie électronique (c. trav. art. D. 2232-2).

Pour que le protocole soit valable, les syndicats signataires doivent représenter plus de 30 % des suffrages exprimés en faveur d'organisations représentatives au premier tour des dernières élections professionnelles (c. trav. art. L. 2232-12).

À notre sens, l'employeur est en mesure de fixer lui-même les modalités d'organisation de la consultation s'il ne parvient pas à un accord avec les syndicats représentatifs.

Au plus tard 15 jours avant la consultation, les salariés doivent être informés de la date et de l'heure du scrutin, du contenu de l'accord et du texte de la question sur laquelle ils auront à se prononcer (c. trav. art. D. 2232-4).

Contestation du protocole - Un syndicat représentatif dans l'entreprise ou l'établissement qui entend contester les modalités d'organisation de la consultation doit saisir le *tribunal judiciaire** dans les 8 jours suivant la notification de ces modalités au personnel. À défaut de saisine dans le délai imparti, ce sont les modalités d'organisation fixées unilatéralement par l'employeur qui s'appliquent.

Le tribunal statue en urgence (procédure accélérée au fond) et en dernier ressort (pas d'appel possible, pourvoi en cassation uniquement) (c. trav. art. D. 2232-7).

Organisation du référendum - La consultation se déroule pendant le temps de travail, dans le respect des principes généraux du droit électoral (égalité entre les électeurs, liberté des candidatures, secret et sincérité du scrutin) (c. trav. art. L. 2232-12 et D. 2232-2).

Les votants doivent être électeurs au sens des élections des représentants du personnel [voir *Élections professionnelles (électorat)**].

La consultation doit être ouverte à tout le personnel du ou des établissements couverts par l'accord, y inclus, le cas échéant, les salariés qui n'entrent pas dans le champ d'application de l'accord. Par exception, dans le cas d'un accord catégoriel (ex. : accord visant exclusivement les cadres), la consultation peut se limiter aux salariés de la catégorie professionnelle concernée (c. trav. art. L. 2232-13 ; cass. soc. 9 octobre 2019, n° 19-10816 FSPB ; cass. soc. 5 janvier 2022, n° 20-60270 FB).

Résultats de la consultation - Le référendum donne lieu à un procès-verbal (P-V), qui doit être porté à la connaissance des salariés par tout moyen (c. trav. art. D. 2232-2).

L'accord doit être approuvé par les salariés à la majorité des suffrages exprimés. Il est alors valide et peut faire l'objet des formalités de dépôt auprès de l'administration et du conseil de prud'hommes, accompagné du P-V officialisant le résultat de la consultation [voir *Accord collectif d'entreprise (dépôt)**].

À défaut d'approbation à la majorité des suffrages exprimés, l'accord est réputé non écrit (c. trav. art. L. 2232-12).

Contestation du résultat de la consultation. - En cas de litige sur la liste des salariés ou la régularité des élections, il faut saisir le *tribunal judiciaire** dans les 15 jours suivant la proclamation des résultats du scrutin (c. trav. art. R. 2232-13 et R. 2314-24). Peu importe que l'accord ait commencé à recevoir application : dès lors que le délai de 15 jours n'est pas écoulé, il est possible d'agir en justice (cass. soc. 5 janvier 2022, n° 20-60270 FB). Le tribunal judiciaire statue en dernier ressort (pas d'appel possible, pourvoi en cassation uniquement).

Cas des accords majoritaires sans référendum - Certains accords collectifs doivent impérativement être signés par des syndicats majoritaires, sans possibilité de validation par référendum :
- plan de sauvegarde de l'emploi (PSE) négocié (c. trav. art. L. 1233-24-1) [voir *Licenciement économique collectif (10 salariés ou plus dans une entreprise d'au moins 50 salariés)**] ;
- mise en place d'un *conseil d'entreprise** (c. trav. art. L. 2321-2) ;
- définition des compétences respectives du CSE central et des CSE d'établissement en matière d'activité sociales et culturelles (c. trav. art. L. 2316-23) [voir *Comité social et économique (établissement)**] ;
- création de commissions supplémentaires pour le CSE (c. trav. art. L. 2315-45) [voir *Comité social et économique (commissions)**].

D'autres accords relatifs au CSE excluent également le référendum, mais peuvent être négociés directement avec le comité :
- modalités des consultations récurrentes et des consultations ponctuelles (c. trav. art. L. 2312-19 et L. 2312-55) [voir *Comité social et économique (informations-consultations périodiques)** et *Comité social et économique (informations-consultations ponctuelles)**] ;
- organisation, contenu et fonctionnement de la *base de données économiques, sociales et environnementales (BDESE)** (c. trav. art. L. 2312-21) ;
- nombre et périmètre des établissements distincts (c. trav. art. L. 2313-2, L. 2313-3, L. 2313-6 et L. 2313-8) [voir *Comité social et économique (établissement)**].

Accord collectif d'entreprise (conclusion avec délégué syndical)

Conditions de validité des accords d'entreprise conclus avec des délégués syndicaux

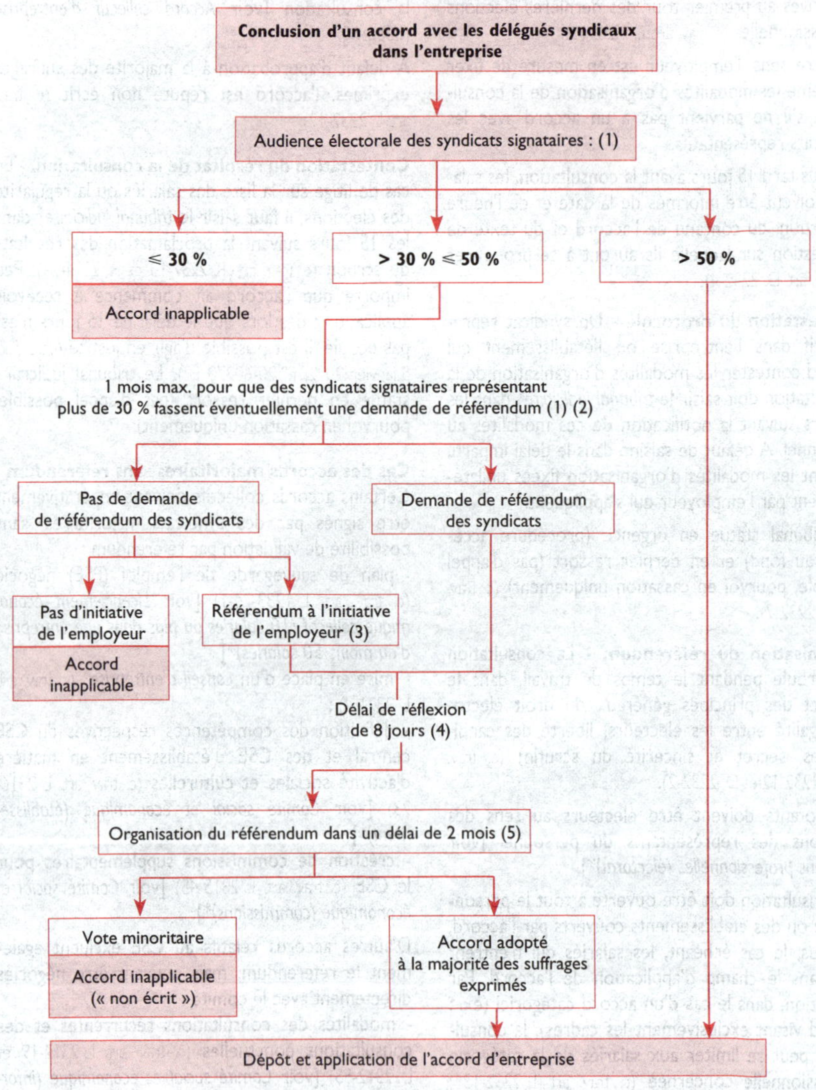

(1) L'audience électorale des organisations syndicales se mesure par rapport aux suffrages exprimés en faveur des syndicats représentatifs au premier tour des dernières élections professionnelles, quel que soit le nombre de votants (c. trav. art. L. 2232-12).

(2) Le délai d'un mois court à compter de la signature de l'accord (c. trav. art. D. 2232-6).

(3) Initiative possible une fois expiré le délai d'un mois. Sous réserve de l'absence d'opposition de l'ensemble des syndicats signataires.

(4) Ce délai de réflexion offre aux syndicats non signataires la possibilité de revenir sur leur décision et de signer l'accord.

(5) Le délai de 2 mois laissé à l'employeur pour organiser le référendum court à l'expiration du délai de réflexion de 8 jours.

Accord de méthode

Portée - Un accord conclu au niveau de la branche ou de l'entreprise peut fixer les conditions dans lesquelles l'employeur et les syndicats négocient, « dans des conditions de loyauté et de confiance mutuelle entre les parties » (c. trav. art. L. 2222-3-1). Les entreprises qui n'ont pas conclu leur propre accord de méthode sont censées appliquer l'accord de branche (c. trav. art. L. 2222-3-2).

Contenu - L'accord de méthode :
- précise la nature des informations partagées entre les négociateurs, notamment, au niveau de l'entreprise, en s'appuyant sur la *base de données économiques, sociales et environnementales (BDESE)** ;
- définit les principales étapes du déroulement des négociations ;
- prévoit éventuellement les moyens supplémentaires ou spécifiques dont peuvent bénéficier les négociateurs, s'agissant notamment du volume de crédits d'heures des représentants syndicaux ou des modalités de recours à l'expertise.

Sauf stipulation contraire, la méconnaissance de l'accord de méthode n'est pas de nature à entraîner la nullité des accords conclus, dès lors que le principe de loyauté entre les parties est respecté.

Accord et syndicats catégoriels

Conclusion d'un accord catégoriel - Un accord catégoriel est un accord qui n'intéresse qu'une catégorie professionnelle déterminée relevant d'un collège électoral (ex. : les cadres) (voir *Avantage catégoriel**). Il est soumis aux mêmes conditions de validité que tout accord d'entreprise *(voir ci-avant)*, étant précisé que l'audience électorale des syndicats signataires s'apprécie dans le collège concerné (c. trav. art. L. 2232-13).

Rôle des syndicats catégoriels - Les syndicats catégoriels représentatifs ont vocation à signer des accords catégoriels *(voir ci-avant)*, mais ils sont également habilités à signer des accords qui concernent l'ensemble du personnel. Pour évaluer la valeur de leur signature, il convient de rapporter leur audience électorale à l'ensemble des collèges électoraux (cass. soc. 31 mai 2011, n° 10-14391, BC V n° 134).

Exemple

Une entreprise emploie 90 ouvriers ou employés et 10 cadres. À l'issue des élections professionnelles, un syndicat de l'encadrement remporte tous les suffrages chez les cadres, soit un score de 100 % dans l'encadrement, mais de seulement 10 %, tous collèges confondus. Si ce syndicat signe un accord qui concerne toutes les catégories de personnel, sa signature représente donc 10 % des suffrages.

En revanche, la signature d'un syndicat catégoriel ne suffit pas, à elle seule, à valider un accord collectif applicable à l'ensemble des salariés, même si ce syndicat totalise suffisamment de voix, tous collèges confondus. Il faut la signature d'un syndicat généraliste (cass. soc. 2 juillet 2014, n° 13-14622, BC V n° 170).

Rémunération et crédit d'heures

Le temps passé à la négociation est payé comme temps de travail (c. trav. art. L. 2232-18). En outre, chaque *section syndicale** dispose, au profit de son ou ses DS et des salariés de l'entreprise appelés à négocier la convention ou l'accord d'entreprise, d'un crédit global supplémentaire, en vue de la préparation de la négociation de cette convention ou de cet accord. Ce crédit est plafonné à 12 h par an dans les entreprises d'au moins 500 salariés et à 18 h par an dans celles d'au moins 1 000 salariés (c. trav. art. L. 2143-16).

Le crédit est confié à la section syndicale, à charge pour ses membres de le répartir et d'en informer l'employeur. Il est alloué globalement et annuellement quel que soit le nombre d'accords conclus dans l'entreprise au cours de la même année (cass. soc. 2 juin 2004, n° 01-44474, BC V n° 160).

L'employeur qui entend contester l'utilisation faite des heures de délégation saisit le juge judiciaire (c. trav. art. L. 2143-17).

Dépôt et publicité

Voir *Accord collectif d'entreprise (dépôt)** et *Accord collectif d'entreprise (publicité)**.

☛ *Accord collectif d'entreprise (conclusion sans délégué syndical).*

Accord collectif d'entreprise (conclusion sans délégué syndical)

En l'absence de *délégué syndical** (DS) ou de *conseil d'entreprise**, l'employeur peut négocier avec les élus du *comité social et économique** CSE (mandatés ou non) ou avec un ou plusieurs salariés mandatés. Par exception, dans les TPE, l'employeur peut directement soumettre au personnel un projet d'accord qu'il a lui-même élaboré.

Rien n'interdit de négocier avec les élus du CSE en dehors du cadre prévu par la loi, mais le texte ainsi conclu ne peut alors acquérir la qualité d'accord collectif : il s'agit d'un *accord atypique**.

Les règles qui suivent s'appliquent aussi bien aux accords d'entreprise qu'aux accords d'établissement.

Entreprises de moins de 11 salariés

Application d'un accord de branche type - Certains accords de branche mettent à la disposition des entreprises de moins de 50 salariés des accords « clés en main », comportant un certain nombre d'options, donc le contenu est prédéfini. Il suffit à l'employeur de cocher les options retenues (sans possibilité de les adapter), sous la forme d'un document unilatéral. Une fois qu'il a informé le CSE (s'il existe) et les salariés des choix effectués, l'employeur peut appliquer cet accord type (c. trav. art. L. 2232-10-1 et D. 2232-1-6).

Référendum ratifié à la majorité des deux tiers - Les entreprises dépourvues de DS et dont l'effectif habituel est inférieur à 11 salariés peuvent se doter d'accords collectifs par la voie du référendum (c. trav. art. L. 2232-21 et L. 2232-22).

▶ À noter… Le ministère du Travail considère que l'effectif « habituel » s'entend de « l'effectif stable de l'entreprise en dehors des variations ponctuelles » (QR 27, négociation collective, questions/réponses du ministère du Travail, juillet 2020).

L'employeur rédige seul un projet d'accord collectif. Ce texte peut porter sur tout sujet ouvert à la négociation collective. Il le soumet ensuite au personnel. Le texte acquiert la valeur d'un accord collectif si les salariés l'approuvent à la majorité des deux tiers.

▶ À noter… Par exception, en l'absence de DS, les entreprises dont l'effectif habituel est de 11 à 20 salariés peuvent également recourir au référendum lorsqu'elles n'ont pas de CSE (c. trav. art. L. 2232-23).

Organisation du référendum - L'employeur définit au préalable (c. trav. art. R. 2232-11) :
- les modalités de transmission aux salariés du texte de l'accord ;
- le lieu, la date et l'heure du scrutin ;
- l'organisation et le déroulement de la consultation ;
- le texte de la question soumise à la consultation (qui porte naturellement sur l'approbation de l'accord).

La consultation intervient au plus tôt 15 jours après la communication à chaque salarié du projet d'accord et des modalités d'organisation du vote (c. trav. art. L. 2232-21 et R. 2232-12). Son organisation matérielle incombe à l'employeur. Elle a lieu pendant le temps de travail, « par tout moyen », selon des modalités qui garantissent le caractère personnel et secret du vote et en l'absence de l'employeur (c. trav. art. R. 2232-10).

À notre sens, et par analogie avec le principe posé pour le référendum de validation d'un accord minoritaire, tous les salariés de l'établissement couverts par l'accord doivent être consultés [voir *Accord collectif d'entreprise (conclusion avec délégué syndical)**].

Publicité des résultats - Le résultat de la consultation est porté à la connaissance du personnel et fait l'objet d'un procès-verbal dont l'employeur assure la publicité par tout moyen (affichage, courriel, remise en main propre, etc.). Le P-V est annexé à l'accord en vue de son dépôt auprès de l'administration [voir *Accord collectif d'entreprise (dépôt)**].

Contestation devant le tribunal judiciaire - En cas de désaccord, il faut saisir le *tribunal judiciaire** (c. trav. art. R. 2232-13) :
- dans les 3 jours suivant la publication de la liste électorale pour les contestations relatives à la liste des salariés consultés ;
- dans les 15 jours suivant le référendum pour les contestations relatives à la régularité de la consultation.

Le tribunal statue en dernier ressort ; il n'y a pas d'appel possible, seul le pourvoi en cassation est admis.

Entreprises de 11 à moins de 50 salariés

Application d'un accord de branche type – Sur le mécanisme des accords type, applicable jusqu'à 50 salariés, voir ci-avant, « Entreprises de moins de 11 salariés ».

Négociation avec les élus ou des salariés mandatés - Les entreprises dont l'effectif habituel est compris entre 11 et moins de 50 salariés et qui n'ont pas de DS peuvent conclure des accords collectifs avec (c. trav. art. L. 2232-23-1) :
- des élus du CSE titulaires, mandatés par des syndicats représentatifs ;

- ou des élus du CSE titulaires non mandatés ;
- ou des salariés mandatés.

L'employeur détermine librement ses interlocuteurs à la négociation.

▶ À noter... Par exception, les entreprises dont l'effectif habituel est de 11 à 20 salariés et qui n'ont pas d'élus du personnel peuvent faire ratifier un projet d'accord directement par le personnel, à la majorité des deux tiers, comme dans les entreprises de moins de 11 salariés *(voir ci-avant)*. C'est une possibilité, pas une obligation : ces entreprises peuvent négocier avec un salarié mandaté si elles préfèrent cette solution (CE 1er avril 2019, n° 417652).

Pas de restriction dans les thèmes de négociation. - L'accord peut porter sur tout thème ouvert à la négociation, quel que soit l'interlocuteur de l'employeur, sous réserve, bien entendu, des spécificités de certains accords collectifs. Ainsi, un accord de *plan de sauvegarde de l'emploi** ne peut être négocié qu'avec des délégués syndicaux (DS). De même, certains accords relatifs aux attributions du CSE peuvent se négocier avec les DS ou, en l'absence de DS, avec les élus du CSE, mais pas avec des salariés mandatés [voir *Comité social et économique (informations-consultations)**].

Processus de mandatement - Pour obtenir le mandatement d'un élu du personnel titulaire ou d'un salarié non élu, il faut solliciter les syndicats représentatifs dans la branche dont relève l'entreprise. À défaut de syndicat représentatif dans la branche, il convient de se tourner vers les syndicats représentatifs au niveau national et interprofessionnel. Il est conseillé de le faire par lettre recommandée avec accusé de réception. Une même organisation ne peut mandater qu'un seul salarié.

▶ Attention... Les salariés qui, en raison des pouvoirs qu'ils détiennent, peuvent être assimilés à l'employeur ainsi que les salariés apparentés au chef d'entreprise ne peuvent pas être mandatés (c. trav. art. L. 2232-28).

Documents à communiquer - L'employeur détermine avec ses interlocuteurs à la négociation, par accord, les informations qui leur seront communiquées préalablement à l'ouverture des discussions (c. trav. art. L. 2232-29).

Crédit d'heures - L'élu du CSE, qu'il soit mandaté ou non, et le salarié mandaté bénéficient, pour préparer la négociation, d'un crédit d'heures de 10 h par mois. Ces heures sont de plein droit considérées comme temps de travail et payés à l'échéance normale. Ce crédit ne peut être dépassé qu'en cas de circonstances exceptionnelles (c. trav. art. L. 2232-27).

Le temps consacré aux négociations elles-mêmes est considéré comme du temps de travail. S'agissant des élus du CSE, ce temps ne peut pas s'imputer sur les *heures de délégation**.

Déroulement des discussions - La négociation entre l'employeur et les élus du CSE ou les salariés mandatés se déroule dans le respect des règles suivantes (c. trav. art. L. 2232-29) :
- indépendance des négociateurs vis-à-vis de l'employeur ;
- élaboration conjointe du projet d'accord par les négociateurs ;
- concertation avec les salariés ;
- faculté de prendre l'attache des organisations syndicales représentatives dans la branche.

Signature majoritaire pour un accord négocié avec des élus - Si l'accord a été négocié avec des élus du CSE titulaires, mandatés comme non mandatés, leur signature doit représenter la majorité des suffrages exprimés lors des dernières élections professionnelles pour que l'accord soit valide (c. trav. art. L. 2232-23-1).

Lorsque l'accord est conclu par des membres du CSE central, il faut, par un mécanisme de pondération, évaluer le poids électoral de chaque élu titulaire au regard des suffrages exprimés en faveur de l'ensemble des titulaires composant la délégation au CSE central.

Exemple

Les suffrages recueillis par les élus titulaires du CSE central représentent, au total, 300 voix. Un élu qui a obtenu 25 suffrages dans son établissement « pèse » donc, au niveau du CSE central, 25/300 = 8 %. En cas de conclusion d'un accord collectif, sa signature vaut donc 8 %.

Référendum pour un accord conclu avec des salariés mandatés - Si l'accord a été négocié avec des salariés mandatés (par hypothèse non élus), il faut ensuite le faire approuver par le personnel à la majorité des suffrages exprimés (c. trav. art. L. 2232-23-1). L'employeur dispose d'un délai de 2 mois pour organiser la consultation (c. trav. art. D. 2232-8).

L'employeur détermine les modalités d'organisation de la consultation après consultation des salariés mandatés. Il peut opter pour un scrutin par voie électronique (c. trav. art. D. 2232-2).

Accord collectif d'entreprise (conclusion sans délégué syndical)

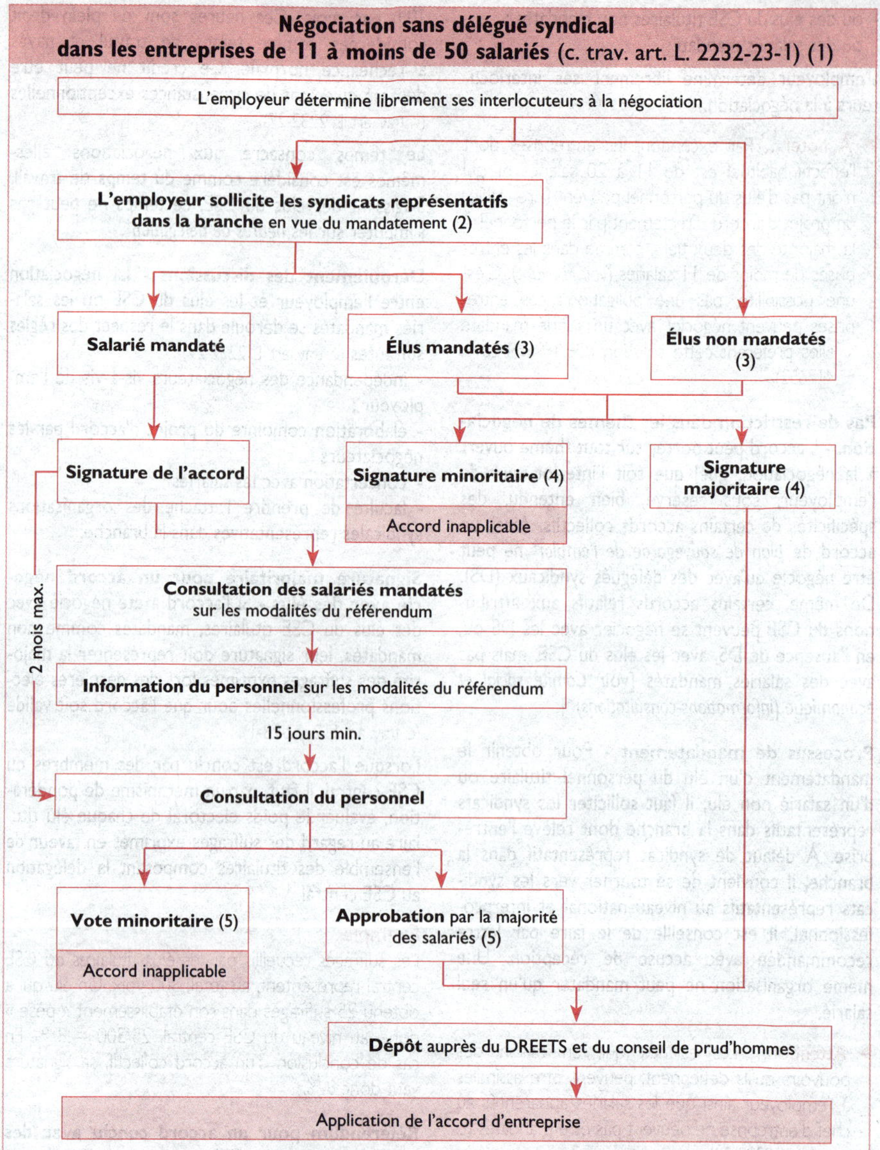

(1) Par exception, les entreprises de 11 à 20 salariés sans élus du personnel peuvent conclure des accords collectifs par référendum, comme dans les entreprises de moins de 11 salariés (c. trav. art. L. 2232-23).
(2) À défaut de syndicats représentatifs dans la branche, l'employeur sollicite les syndicats représentatifs au niveau national et interprofessionnel (c. trav. art. L. 2232-23-1).
(3) Membres titulaires du comité social et économique (CSE)
(4) L'accord doit être signé par des élus du personnel titulaires représentant la majorité des suffrages exprimés lors des dernières élections professionnelles (c. trav. art. L. 2232-23-1).
(5) L'accord conclu avec un salarié mandaté non élu doit être approuvé par les salariés à la majorité des suffrages exprimés (c. trav. art. L. 2232-23-1, D. 2232-2 et D. 2232-8).

À compter du moment où ils ont été informés des modalités d'organisation du référendum, en cas de désaccord, les salariés mandatés ont 8 jours pour éventuellement saisi le *tribunal judiciaire**. Celui-ci statue en urgence et en dernier ressort : il n'y a pas d'appel possible, seul le pourvoi en cassation est admis (c. trav. art. D. 2232-9).

L'employeur informe le personnel des modalités d'organisation du scrutin au plus tard 15 jours avant la consultation, par tout moyen. Les salariés doivent connaître la date et l'heure du scrutin, le contenu de l'accord et le texte de la question sur laquelle ils devront se prononcer (c. trav. art. D. 2232-4 et D. 2232-8).

Le résultat du scrutin est diffusé au sein de l'entreprise, par tout moyen (affichage, courriel, etc.). Il donne lieu à un procès-verbal, qui doit être joint à l'accord en vue de son dépôt et adressé à l'organisation mandante (c. trav. art. D. 2232-2).

Faute d'approbation à la majorité des suffrages exprimés, l'accord n'est pas applicable.

Protection du salarié mandaté - Le salarié mandaté pour signer un accord collectif bénéficie de la protection applicable à un DS dès que l'employeur a connaissance de l'imminence de sa désignation. L'employeur ne peut donc licencier l'intéressé qu'avec l'autorisation préalable de l'inspecteur du travail.

La procédure d'autorisation administrative est applicable au licenciement des anciens salariés mandatés pendant une période de 12 mois à compter de la date à laquelle leur mandat a pris fin. En l'absence d'accord, le délai de protection court à partir de la fin de la négociation, matérialisée par un procès-verbal de désaccord (c. trav. art. L. 2411-4) (voir *Licenciement des représentants du personnel**).

Entreprises d'au moins 50 salariés

Négociation en priorité avec les élus - Dans les entreprises dont l'effectif habituel est au moins égal à 50 salariés, en l'absence de DS, l'employeur peut négocier un accord collectif avec les élus du CSE, mandatés ou non par des syndicats représentatifs (c. trav. art. L. 2232-24 et L. 2232-25). Ce n'est qu'en l'absence d'élu ou si aucun élu ne s'est manifesté pour négocier que l'employeur peut se tourner vers des salariés mandatés (c. trav. art. L. 2232-26).

Champ de négociation variable - La négociation avec un élu du personnel mandaté ou un salarié mandaté peut porter sur n'importe quel sujet, sous réserve des spécificités de certains accords collectifs.

En revanche, dans les entreprises d'au moins 50 salariés, avec un élu non mandaté, la négociation reste cantonnée aux sujets dont la mise en œuvre nécessite un accord collectif : *aménagement du temps de travail**, *travail de nuit**, *équipes de fin de semaine**, etc. (c. trav. art. L. 2232-25). Par exception, il est interdit de négocier un accord relatif aux modalités d'information et de consultation du CSE en cas de licenciement pour motif économique de 10 salariés ou plus (c. trav. art. L. 1233-21).

Sollicitation des élus - L'employeur informe les élus du CSE de son intention d'engager des négociations, par tout moyen permettant de conférer une date certaine à cette information (c. trav. art. L. 2232-25-1).

En parallèle, s'il entend recourir au mandatement, l'employeur informe également les syndicats représentatifs dans la branche ou, à défaut, au niveau national et interprofessionnel (c. trav. art. L. 2232-24). Le processus de mandatement est rigoureusement identique à celui applicable dans les entreprises de 11 à moins de 50 salariés *(voir ci-avant)*.

Une fois informés, les élus du CSE qui sont intéressés ont un mois pour se faire connaître auprès de l'employeur et lui indiquer, le cas échéant, s'ils sont mandatés.

▶ À noter... Si aucun élu ne parvient à obtenir de mandatement, l'employeur peut malgré tout négocier avec les représentants du personnel, mais l'accord ne pourra porter que sur une mesure pour laquelle la loi exige un accord collectif.

Mandatement de salariés - Si l'entreprise ne comporte pas d'élus du CSE ou si aucun élu ne s'est manifesté, l'employeur peut chercher à négocier avec un salarié mandaté (c. trav. art. L. 2232-26). À cette fin, l'employeur informe les syndicats représentatifs dans la branche ou, à défaut, au niveau national et interprofessionnel de son intention d'engager des négociations. Le processus de mandatement est rigoureusement identique à celui applicable dans les entreprises de 11 à moins de 50 salariés. Le salarié mandaté bénéficie de la même protection *(voir ci-avant)*.

Modalités de négociation et moyens des négociateurs - Qu'elle ait lieu avec des élus titulaires (mandatés ou non) ou des salariés mandatés, la négociation se déroule exactement dans les mêmes conditions que dans les entreprises de 11 à moins de 50 salariés *(voir ci-avant)* :

- l'employeur et les négociateurs déterminent au préalable les documents à communiquer ;

Accord collectif d'entreprise (conclusion sans délégué syndical)

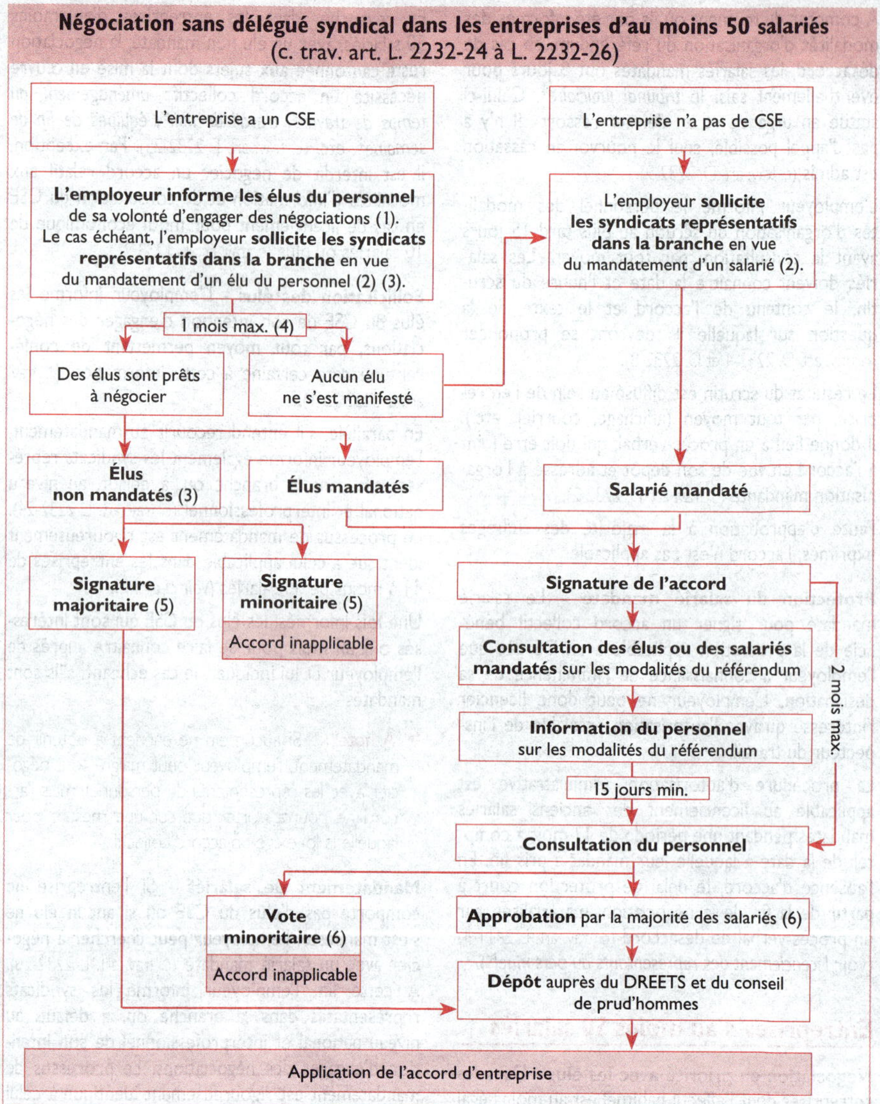

(1) Information par tout moyen permettant de lui conférer date certaine (ex. : LRAR, lettre remise en main propre contre décharge...).
(2) À défaut de syndicats représentatifs dans la branche, l'employeur sollicite les syndicats représentatifs au niveau national et interprofessionnel.
(3) S'il n'est pas mandaté, un élu du personnel ne peut négocier que sur des sujets dont la mise en œuvre nécessite un accord collectif. Par exception, il ne peut pas conclure un accord collectif relatif aux modalités de consultation du CSE en cas de « grand » licenciement pour motif économique (c. trav. art. L. 2232-25).
(4) C. trav. art. L. 2232-25-1.
(5) L'accord doit être signé par des élus du CSE titulaires représentant la majorité des suffrages exprimés lors des dernières élections professionnelles (c. trav. art. L. 2232-25).
(6) L'accord conclu avec un salarié mandaté ou un élu titulaire mandaté doit être approuvé par les salariés à la majorité des suffrages exprimés (c. trav. art. L. 2232-24, L. 2232-26, D. 2232-2 et D. 2232-8).

- les élus du personnel comme les salariés mandatés bénéficient d'un crédit d'heures de 10 h par mois pour préparer les séances de négociation ;
- les discussions se déroulent dans le respect d'un certain nombre de principes (indépendance des négociateurs, élaboration conjointe du projet d'accord, etc.).

Signature majoritaire pour un accord négocié avec des élus non mandatés - En l'absence de mandatement, l'accord négocié avec des élus titulaires n'est valable que si les élus qui le signent représentent la majorité des suffrages exprimés lors des dernières élections professionnelles (c. trav. art. L. 2232-25). Si l'employeur a négocié avec le CSE central, le poids électoral des signataires doit être apprécié au regard de la totalité des suffrages exprimés dans l'entreprise, selon le même processus que dans les entreprises de 11 à moins de 50 salariés *(voir ci-avant)*.

Référendum en cas de mandatement - Si l'accord a été négocié avec des élus ou des salariés mandatés (par hypothèse non élus), il faut le

Conditions de validité des accords collectifs dans les entreprises sans DS

Effectif		Référendum (1)	Interlocuteurs de l'employeur		
			Élu du CSE mandaté (2) (3)	Élu du CSE non mandaté (2)	Salarié mandaté (3)
Moins de 11 salariés (c. trav. art. L. 2232-21 et L. 2232-22)		Texte approuvé par le personnel à la majorité des 2/3.	-	-	-
11 à 20 salariés	**sans CSE** (c. trav. art. L. 2232-23)	Texte approuvé par le personnel à la majorité des 2/3.	-		Texte approuvé par le personnel à la majorité des suffrages exprimés (4).
	avec CSE (c. trav. art. L. 2232-23-1) (5)	-	Signature par des élus titulaires représentant la majorité des suffrages exprimés lors des dernières élections professionnelles.		Texte approuvé par le personnel à la majorité des suffrages exprimés.
Plus de 20 à moins de 50 salariés (c. trav. art. L. 2232-23-1) (5)		-			
Au moins 50 salariés (c. trav. art. L. 2232-24 à L. 2232-26) (6)		-	Texte approuvé par le personnel à la majorité des suffrages exprimés.	Signature par des élus titulaires représentant la majorité des suffrages exprimés lors des dernières élections professionnelles. Attention : le champ de la négociation est limité (7).	Texte approuvé par le personnel à la majorité des suffrages exprimés.

(1) Dans cette hypothèse, l'employeur n'a pas à proprement parler d'interlocuteur à la négociation. Il élabore unilatéralement un « accord » et le soumet au personnel pour approbation.
(2) Négociation avec des élus titulaires.
(3) Mandatement par un syndicat représentatif dans la branche ou, à défaut, par un syndicat représentatif au niveau national et interprofessionnel.
(4) La négociation avec un salarié mandaté dans une entreprise de 11 à moins de 50 salariés dépourvue de CSE est juridiquement possible. Cependant, en pratique, certains employeurs privilégieront le référendum, qui leur laisse plus de liberté.
(5) L'employeur décide librement de son interlocuteur à la négociation (élu mandaté, élu non mandaté ou salarié mandaté).
(6) Dès lors que l'entreprise comporte un CSE, l'employeur doit en premier lieu solliciter les élus du personnel, selon une procédure déterminée (c. trav. art. L. 2232-25-1). Ce n'est que si aucun élu titulaire ne s'est manifesté qu'il peut se tourner vers un salarié mandaté (c. trav. art. L 2232-26).
(7) Dans les entreprises d'au moins 50 salariés, les élus du CSE non mandatés ne peuvent négocier que sur des mesures dont la mise en œuvre est subordonnée par la loi à un accord collectif. Par exception, ils ne peuvent pas conclure d'accord collectif relatif aux modalités de consultation du CSE en cas de « grand » licenciement économique (c. trav. art. L. 2232-25).

faire approuver par le personnel à la majorité des suffrages exprimés (c. trav. art. L. 2232-24 et L. 2232-26). Les modalités d'organisation de ce référendum sont rigoureusement identiques à celles applicables dans les entreprises de 11 à moins de 50 salariés *(voir ci-avant)*.

Dépôt et publicité des accords collectifs

Dépôt - Pour entrer en application, l'accord collectif conclu sans DS doit être déposé auprès de l'administration, par l'intermédiaire de la plate-forme « TéléAccords », selon les formalités applicables à tout accord collectif (c. trav. art. L. 2232-28 et L. 2232-29-1) [voir *Accord collectif d'entreprise (dépôt)**]. Le cas échéant, le procès-verbal rendant compte de l'approbation du texte par les salariés est annexé à l'accord.

Publicité au niveau national - Une fois déposé, l'accord est publié dans une base de données nationale, consultable sur Internet, comme tout accord collectif [voir *Accord collectif d'entreprise (publicité)**]. Par exception au régime de droit commun, il ne semble pas possible de faire une demande de publication partielle, cette procédure supposant que l'accord ait été conclu avec des DS.

Publicité au niveau de la branche - Si l'accord porte sur la durée du travail, les repos ou les congés, il faut le transmettre à la commission paritaire permanente de négociation et d'interprétation de la branche [voir *Accord collectif d'entreprise (publicité)**].

Capacité de révision et de dénonciation

L'employeur peut réviser un accord avec les élus, mandatés ou non, et des salariés mandatés, peu important les modalités selon lesquelles cet accord a été conclu.

Des élus ou des salariés mandatés peuvent également dénoncer un accord collectif. La dénonciation d'un accord conclu par référendum dans une TPE obéit à des règles particulières [voir *Accord collectif d'entreprise (révision, dénonciation et renouvellement)**].

☛ *Accord collectif ; Accord collectif d'entreprise (conclusion avec délégué syndical).*

Accord collectif d'entreprise (contenu)

Clauses obligatoires

Champ d'application - Tout accord collectif doit en principe préciser son champ d'application territorial et professionnel (c. trav. art. L. 2222-1). En réalité, cette mention n'a de sens que pour les conventions collectives et les accords de branche.

S'agissant des accords d'entreprise, ceux-ci doivent préciser s'ils s'appliquent à l'entreprise dans son ensemble, à un établissement en particulier ou, le cas échéant, à un groupe d'établissements.

Préambule - Tout accord collectif doit comporter un préambule présentant de manière succincte ses objectifs et son contenu. Toutefois, l'absence de préambule n'est pas de nature à entraîner la nullité de l'accord (c. trav. art. L. 2222-3-3).

Modalités de suivi - Tout accord collectif définit ses conditions de suivi et comporte des clauses de rendez-vous. Toutefois, l'absence de ces éléments n'est pas de nature à entraîner la nullité de l'accord (c. trav. art. L. 2222-5-1).

Durée d'application - L'accord indique s'il est à durée indéterminée ou déterminée. Pour les accords conclus à compter du 10.08.2016, en l'absence de précision, l'accord est considéré comme à durée déterminée et applicable 5 ans (c. trav. art. L. 2222-4).

Un accord à durée déterminée qui arrive à expiration cesse automatiquement de produire effet.

Renouvellement, révision et dénonciation - Tout accord collectif doit indiquer la forme sous laquelle et l'époque à laquelle il pourra être révisé. Si l'accord est à durée indéterminée, il faut, en outre, indiquer les conditions de sa dénonciation, notamment la durée du préavis qui doit précéder la dénonciation. Si l'accord est à durée déterminée, les modalités de renouvellement doivent être précisées (c. trav. art. L. 2222-5 et L. 2222-6) [voir *Accord collectif d'entreprise (révision, dénonciation et renouvellement)**].

Clauses interdites

Clauses « couperet » - Voir *Départ volontaire à la retraite** et *Mise à la retraite**.

Indexations sur le SMIC - Voir *Indexation des salaires**.

Clauses contraires à la liberté syndicale - Tout accord ou disposition tendant à obliger l'employeur à n'engager ou à ne conserver à son service que les adhérents d'un syndicat est nul et de nul effet (c. trav. art. L. 2134-2).

Clauses discriminatoires - Toute clause d'un accord collectif qui comporte des mesures discriminatoires est nulle, sauf si elle répond à une exigence professionnelle essentielle et déterminante et pour autant que l'objectif soit légitime et l'exigence proportionnée (c. trav. art. L. 1132-4). Par exception, certaines disparités de traitement sont expressément admises lorsqu'elles visent à corriger des inégalités (c. trav. art. L. 1133-2 à L. 1133-6) (voir *Discriminations**).

Différences de traitement fondées sur le sexe. - Aucune clause réservant le bénéfice d'une mesure quelconque à un ou des salariés en considération de leur sexe ne peut, à peine de nullité, être insérée dans une convention ou un accord collectif de travail, à moins que cette clause n'ait pour objet l'application des dispositions légales relatives (c. trav. art. L. 1142-3) [voir *Égalité professionnelle** et *Maternité (protection)**] :
- à la protection de la grossesse et de la maternité ;
- à l'interdiction d'emploi prénatal et postnatal ;
- à l'allaitement ;
- au congé de paternité et d'accueil de l'enfant et au congé d'adoption.

Toute disposition d'une convention ou d'un accord collectif qui prévoit, pour un ou des salariés de l'un des deux sexes, une rémunération inférieure à celle des salariés de l'autre sexe pour un même travail ou un travail de valeur égale, est nulle de plein droit. La rémunération plus élevée dont bénéficient ces derniers est substituée de plein droit à celle que comportait la disposition entachée de nullité (c. trav. art. L. 3221-7).

L'interdiction des différences de traitement fondées sur le sexe ne fait pas obstacle à des mesures temporaires prises au seul bénéfice des femmes avec pour objectif d'établir l'égalité des chances entre les hommes et les femmes, en particulier en remédiant aux inégalités de fait qui défavorisent les femmes. Ces mesures peuvent notamment résulter d'un accord pour l'égalité professionnelle (c. trav. art. L. 1142-4).

Différences de traitement selon le statut ou la situation - Un accord collectif ne peut pas instituer des différences de salaire entre salariés en CDI et salariés en CDD ou entre salariés à temps complet et intérimaires (c. trav. art. L. 1242-15 et L. 1251-18). Quant aux salariés à temps partiel, ils doivent bénéficier des droits reconnus aux salariés à temps complet, sous réserve des mesures spécifiques, inhérentes au statut des salariés (c. trav. art. L. 3123-5).

De même, un accord collectif ne peut pas exclure des salariés d'un avantage conventionnel sur la seule base de leur date d'embauche ou de départ, par rapport à la date d'entrée en vigueur de l'accord [voir *Salaire (à travail égal, salaire égal)**].

Différences de traitement présumées justifiées - Les juges considèrent que certaines différences de traitement résultant d'un accord collectif négocié et signé par les syndicats représentatifs sont présumées justifiées. Ainsi, un accord collectif peut par exemple instituer une différence de traitement entre des salariés selon leur catégorie professionnelle, les fonctions qu'ils exercent ou l'établissement ou le site au sein duquel ils travaillent [voir *Avantage catégoriel** et *Salaire (à travail égal, salaire égal)**].

▶ À noter... Il n'est pas certain que la présomption de justification des différences de traitement concerne les accords collectifs adoptés par référendum ou conclus par des représentants du personnel ou des salariés mandatés. Ce point nécessite une clarification par les juges [voir *Accord collectif d'entreprise (conclusion sans délégué syndical)**].

Concours avec les lois et règlements

Accord plus favorable et respect de l'ordre public - La convention ou l'accord collectif peut comporter des dispositions plus favorables aux salariés que celles des lois et règlements.

En revanche, il ne peut pas déroger aux dispositions d'ordre public des lois et règlements (c. trav. art. L. 2251-1).

Espaces réservés à la négociation - Par exception, dans de nombreux domaines, les entreprises sont expressément invitées à s'emparer des sujets en question et à en préciser les différents aspects. Cette tendance concerne plus particulièrement l'*aménagement du temps de travail**, les repos et les congés. La loi définit alors les points à aborder et les limites à ne pas dépasser (ordre public). Pour certains mécanismes, un accord d'entreprise suffit (ex. : conventions de forfait en heures ou en jours sur l'année), tandis que, pour d'autres, il faut un accord de branche, étendu de surcroît (ex. : mise en place d'un régime d'équivalences).

Parfois, essentiellement dans le domaine de la durée du travail, le code du travail prévoit des règles supplétives, applicables en l'absence d'accord collectif.

Concours avec les accords de branche et les ANI

En fonction du thème traité - L'articulation entre les accords d'entreprise (et d'établissement) et les accords de niveau supérieur (convention collective, accord de branche, accord national interprofessionnel) dépend du thème abordé. Ces règles sont développées ci-après et synthétisées dans le tableau reproduit dans cette étude.

Bloc 1 : l'accord de niveau supérieur prévaut - La convention de branche ou l'ANI qui traite de l'un des thèmes énumérés dans le premier bloc est impératif (verrouillage obligatoire). Les accords d'entreprise ne peuvent pas y déroger dans un sens défavorable aux salariés, qu'ils soient antérieurs ou postérieurs à la convention de branche ou à l'ANI. Ils ne peuvent prévoir que des garanties au moins équivalentes.

Cette équivalence de garanties s'apprécie par ensemble de garanties se rapportant à la même matière (c. trav. art. L. 2253-1). Selon le ministère du Travail, chaque alinéa de l'article L. 2253-3 constitue une matière. Pour chaque matière, l'appréciation se fait par rapport à la collectivité des salariés (Q/R 5, négociation collective, questions/réponses du ministère du Travail, juillet 2020).

Bloc 2 : l'accord de niveau supérieur indique s'il prévaut - Pour les thèmes relevant du deuxième bloc, c'est à la convention de branche ou à l'ANI de décider s'il est impératif ou non (verrouillage facultatif). En cas de verrouillage, les accords d'entreprise postérieurs ne peuvent pas être moins favorables. Ils peuvent éventuellement prévoir des garanties au moins équivalentes. Cette équivalence de garanties s'apprécie par ensemble de garanties se rapportant à la même matière (c. trav. art. L. 2253-2).

Bloc 3 : l'accord d'entreprise prévaut - Pour tous les thèmes qui ne figurent ni dans le premier ni dans le deuxième bloc, l'accord d'entreprise est la norme de référence. Quelle que soit sa date de conclusion, il prévaut sur la convention de branche et sur l'ANI, même s'il est moins favorable pour les salariés. La convention de branche ou l'ANI ne s'applique qu'en l'absence d'accord d'entreprise (c. trav. art. L. 2253-3).

▶ **À noter…** Par exception, dans le secteur des transports routiers, l'accord de branche prime sur l'accord d'entreprise ou d'établissement dans les domaines du taux de majoration des heures supplémentaires et de l'indemnisation de l'amplitude de travail, des coupures et des vacations, sauf si l'accord d'entreprise ou d'établissement offre des garanties au moins équivalentes (loi 2019-1428 du 24 décembre 2019, art. 166, I, JO du 26 ; c. transports art. L. 1321-2, D. 3312-2-1 et D. 3312-47-1).

Concours avec les accords de groupe, interentreprises et d'établissement

C'est à l'accord de niveau supérieur d'indiquer, le cas échéant, qu'il se substitue aux clauses des accords de niveau inférieur ayant le même objet (c. trav. art. L. 2253-5 à L. 2253-7).

Lorsque l'accord de niveau supérieur indique qu'il prévaut, la règle vaut pour le passé (accords de niveau inférieur conclus antérieurement) et pour l'avenir (accords de niveau inférieur conclus postérieurement).

▶ **À noter…** Si l'accord de niveau supérieur ne précise pas sa portée par rapport aux accords de niveau inférieur ayant le même objet, c'est à notre sens le principe de faveur qui s'applique : les salariés bénéficient de la clause la plus favorable (cass. ass. plén. 18 mars 1988, n° 84-40083, B. ass. plén. n° 3 ; cass. soc. 8 janvier 2020, n° 18-17708 FPB).

Contentieux

Respect de l'accord collectif - En cas de litige relatif à l'application ou à l'interprétation d'un accord collectif, les actions sont les mêmes que celles prévues pour faire respecter une convention collective [voir *Convention collective (application)**]. Les *syndicats** peuvent donc saisir le tribunal judiciaire en invoquant le préjudice porté à l'intérêt collectif de la profession (c. trav. art. L. 2132-3). S'ils sont signataires de l'accord, ils peuvent agir sur le fondement du respect des engagements contractés (c. trav. art. L. 2262-11). L'action doit être exercée dans un délai de 5 ans (c. civ. art. 2224).

Le salarié a aussi la possibilité de saisir le juge pour obtenir le respect de certaines clauses de l'accord collectif. Sauf circonstances particulières, il doit s'adresser au *conseil de prud'hommes**, dans la mesure où il s'agit d'un litige individuel. À notre sens, si le litige porte sur un élément de salaire conventionnel, le délai de prescription applicable est de 3 ans [voir

Domaines de primauté de l'accord de branche
Bloc 1 : matières dans lesquelles l'accord de branche prime d'office (verrouillage de droit) (1) (c. trav. art. L. 2253-1)
• salaires minima hiérarchiques • classifications • mutualisation des fonds de la formation professionnelle • garanties collectives de protection sociale complémentaire • égalité professionnelle entre les femmes et les hommes • aménagement du temps de travail : possibilité d'aménager le temps de travail par accord d'entreprise sur une période supérieure à l'année et pouvant aller jusqu'à 3 ans (c. trav. art. L. 3121-44, 1°) **(2)** • création d'une durée d'équivalences (c. trav. art. L. 3121-14) • définition du nombre d'heures minimal entraînant la qualification de travailleur de nuit (c. trav. art. L. 3122-16) temps partiel : durée minimale (c. trav. art. L. 3123-19, 1er alinéa), taux de majoration des heures complémentaires (c. trav. art. L. 3123-21), recours aux avenants de complément d'heures (c. trav. art. L. 3123-22) • conditions et durée de renouvellement de la période d'essai (c. trav. art. L. 1221-21) • transfert conventionnel des contrats de travail • CDD et intérim : durée totale du CDD ou de la mission (c. trav. art. L. 1242-8 et L. 1251-12), nombre maximal de renouvellements (c. trav. art. L. 1243-13 et L. 1251-35), modalités de calcul du délai de carence entre deux contrats (c. trav. art. L. 1244-3 et L. 1251-36), cas de non-application du délai de carence (c. trav. art. L. 1244-4 et L. 1251-37) conditions de recours au CDI de chantier ou d'opération (c. trav. art. L. 1223-8 et L. 1223-9) • intérim : modalités particulières visant à favoriser le recrutement de personnes rencontrant des difficultés particulières d'accès à l'emploi ou pour assurer un complément de formation professionnelle (c. trav. art. L. 1251-7, 1° et 2°) • portage salarial : rémunération minimale du salarié porté et montant de l'indemnité d'apport d'affaires (c. trav. art. L. 1254-2 et L. 1254-9)
Bloc 2 : matières dans lesquelles les partenaires sociaux peuvent donner primauté à l'accord de branche (verrouillage facultatif) (3) (c. trav. art. L. 2253-2)
• prévention des effets de l'exposition à certains facteurs de risques professionnels (c. trav. art. L. 4161-1) • insertion professionnelle et maintien dans l'emploi des personnes handicapées • effectif à partir duquel les délégués syndicaux peuvent être désignés, leur nombre et la valorisation de leur parcours syndical • primes pour travaux dangereux ou insalubres (4)
Bloc 3 : matières dans lesquelles l'accord d'entreprise ou d'établissement prime sur l'accord de branche (c. trav. art. L. 2253-3)
Dans les domaines qui ne relèvent ni du bloc 1 ni du bloc 2, l'accord d'entreprise ou d'établissement prime sur l'accord de branche. Il faut respecter les règles d'ordre public du code du travail.
(1) La convention de branche ou l'accord couvrant un champ territorial ou professionnel plus large (accord national interprofessionnel, essentiellement) prévaut sur l'accord d'entreprise, qu'il soit antérieur ou postérieur à l'entrée en vigueur de l'accord de niveau supérieur. Néanmoins, l'accord d'entreprise s'applique lorsqu'il assure des garanties au moins équivalentes. (2) Il est possible d'aménager le temps de travail par accord d'entreprise ou d'établissement sur une période supérieure à l'année et au plus égale à 3 ans, mais uniquement si un accord de branche l'autorise (voir Aménagement du temps de travail*). (3) Si les signataires de la convention de branche le prévoient expressément, il prime sur l'accord d'entreprise ou d'établissement. À défaut d'une telle mention, l'accord d'entreprise ou d'établissement prévaut. (4) Les autres primes conventionnelles relèvent d'office de la primauté de l'accord d'entreprise, qui peut donc être moins favorable aux salariés.

*Prescription (salaires)**]. Si le litige porte sur d'autres points, voir *Prescription (contentieux)**.

Action en nullité - L'action en nullité de tout ou partie d'une convention ou d'un accord collectif doit être intentée dans un délai de 2 mois (c. trav. art. L. 2262-14).

▶ À noter… Par exception, pour les accords déterminant les modalités d'information et de consultation du CSE en matière de « grand » licenciement économique [voir *Licenciement économique collectif (10 salariés ou plus dans une entreprise d'au moins 50 salariés)**], le délai de contestation est de 3 mois (c. trav. art. L. 1233-24).

Lorsque l'action est intentée par un syndicat de l'entreprise qui a reçu notification de l'accord, le délai court à compter de cette notification [voir *Accord collectif d'entreprise (conclusion avec délégué syndical)**].

Dans toutes les autres hypothèses (action intentée par un salarié, une union locale, une fédération, etc.), le délai court à compter de la publication de l'accord collectif dans la base de données nationale [voir *Accord collectif d'entreprise (publicité)**].

Par exception, pour les clauses dont les signataires ont demandé la non-publication, le délai de 2 mois ne court pas tant que les clauses en question n'ont

Principaux points ouverts à la négociation (1)
Durée du travail et heures supplémentaires
• Définition de la semaine civile pour le décompte du temps de travail (c. trav. art. L. 3121-32). • Taux de majoration des heures supplémentaires, avec un minimum de 10 % (c. trav. art. L. 3121-33, § I). • Remplacement de tout ou partie des heures supplémentaires et de leurs majorations par un repos compensateur équivalent (c. trav. art. L. 3121-33, § II). • Détermination du contingent annuel d'heures supplémentaires (c. trav. art. L. 3121-33, § I). • Caractéristiques et conditions de prise de la contrepartie obligatoire en repos pour les heures supplémentaires hors contingent (c. trav. art. L. 3121-33, § I). • Dans les branches d'activité à caractère saisonnier, détermination de la période de référence pour le décompte des heures supplémentaires et des repos compensateurs (c. trav. art. L. 3121-34).
Durées maximales et repos
• Dépassement de la durée quotidienne maximale (10 h), dans la limite de 12 h (c. trav. art. L. 3121-19). • Dépassement de la durée hebdomadaire maximale moyenne (44 h sur 12 semaines), dans la limite de 46 h (c. trav. art. L. 3121-23). • Diminution du repos quotidien en deçà de 11 h, dans la limite de 9 h (c. trav. art. L. 3131-2 et D. 3131-4 à D. 3131-6) (2). • Diminution du temps de repos hebdomadaire des jeunes travailleurs libérés de l'obligation scolaire (2 jours consécutifs), dans la limite de 36 heures consécutives et uniquement si les caractéristiques particulières de l'activité le justifient (c. trav. art. L. 3164-2).
Travail à temps partiel
• Fixation de la durée minimale de travail (en l'absence d'accord, durée fixée à 24 h par semaine) (c. trav. art. L. 3123-19) (3). • En cas de modification des horaires, réduction du délai de prévenance en deçà de 7 jours ouvrés, dans la limite de 3 jours ouvrés, moyennant certaines garanties (c. trav. art. L. 3123-24 et L. 3123-25) (4) (5). • En cas de réduction, par convention ou accord de branche étendu, de la durée minimale en dessous du seuil légal de 24 h hebdomadaires ou équivalent, garanties quant à la mise en œuvre d'horaires réguliers ou garanties permettant au salarié de cumuler plusieurs activités (c. trav. art. L. 3123-19, 1er alinéa) (3). • En cas de réduction, par convention ou accord de branche étendu, de la durée minimale en dessous du seuil légal de 24 h hebdomadaires ou équivalent, modalités selon lesquelles les horaires de travail des salariés concernés sont regroupés sur des journées ou des demi-journées régulières ou complètes (c. trav. art. L. 3123-19, 2e alinéa) (4). • Augmentation du volume d'heures complémentaires, dans la limite du tiers de la durée prévue au contrat, moyennant certaines garanties (c. trav. art. L. 3123-20 et L. 3123-25) (4) (5). • Conclusion d'avenants de compléments d'heures pour augmenter temporairement l'horaire contractuel de travail (c. trav. art. L. 3123-22) (3). • Majoration applicable aux heures complémentaires, dans les limites suivantes (3) : - au moins 10 % pour les heures accomplies au-delà de 1/10 de la durée contractuelle de travail (c. trav. art. L. 3123-21) ; - au moins 25 % pour les heures accomplies au-delà de la durée de travail fixée par avenant, en cas de complément d'heures (c. trav. art. L. 3123-22). • Plus d'une interruption par jour ou interruption supérieure à 2 h, moyennant des contreparties spécifiques et en tenant compte des exigences propres à l'activité exercées (c. trav. art. L. 3123-23) (6). • Possibilité de proposer au salarié à temps partiel un emploi à temps complet ne ressortissant pas à sa catégorie professionnelle ou un emploi à temps complet non équivalent (et vice-versa) (c. trav. art. L. 3123-3 et L. 3123-18) (4).
Congés payés
• Fixation du début de la période de référence pour l'acquisition des congés (c. trav. art. L. 3141-10). • Majoration de la durée du congé en raison de l'âge, de l'ancienneté ou du handicap (c. trav. art. L. 3141-10). Fixation de la période de prise des congés, de l'ordre des départs pendant cette période et des délais à respecter en cas de modification de l'ordre et des dates de départ (c. trav. art. L. 3141-15). • Période pendant laquelle la fraction continue d'au moins 12 jours ouvrable est attribuée et règles de fractionnement du congé au-delà du 12e jour (c. trav. art. L. 3141-21). • Pour les salariés dont la durée de travail est décomptée à l'année, report des congés ouverts au titre de l'année de référence (c. trav. art. L. 3141-22).
Congés divers
• Modalités des congés d'articulation entre la vie professionnelle et la vie personnelle et familiale : congés pour événements familiaux, congé de solidarité familiale, congé de proche aidant (7), congé sabbatique (c. trav. art. L. 3142-4, L. 3142-14, L. 3142-26, L. 3142-32 et L. 3142-33). • Modalités des congés pour engagement associatif, politique ou militant : congé mutualiste de formation, congé pour catastrophe naturelle, congé de solidarité internationale, etc. (c. trav. art. L. 3142-40, L. 3142-46, L. 3142-52, L. 3142-58, L. 3142-58-1, L. 3142-65, L. 3142-73 et L. 3142-77). • Modalités du congé ou création ou reprise d'entreprise (c. trav. art. L. 3142-117 et L. 3142-118).

Principaux points ouverts à la négociation (1)
Travail de nuit
• **Dépassement de la durée quotidienne maximale des travailleurs de nuit (8 h)** (c. trav. art. L. 3122-6, L. 3122-17, R. 3122-7 et R. 3122-8) **(8).** • **Dépassement de la durée hebdomadaire maximale moyenne (40 h sur 12 semaines), sous réserve que les caractéristiques propres au secteur d'activité le justifient et dans la limite de 44 h sur 12 semaines** (c. trav. art. L. 3122-7 et L. 3122-18).
Durées du travail : dérogations et aménagements divers
• **Rémunération du temps de restauration et du temps de pause** (c. trav. art. L. 3121-6). • **Contreparties accordées au titre d'un temps de déplacement professionnel qui excède le temps normal de trajet entre le domicile et le lieu habituel de travail** (c. trav. art. L. 3121-4 et L. 3121-7). • **Temps d'habillage et de déshabillage : contreparties ou assimilation à du temps de travail effectif** (c. trav. art. L. 3121-3 et L. 3121-7). • **Mise en place d'astreintes (mode d'organisation, modalités d'information, délais de prévenance et nature de la compensation accordée aux salariés)** (c. trav. art. L. 3121-11). • **Modalités de récupération des heures perdues** (c. trav. art. L. 3122-51). • **En cas d'horaires individualisés, limites et modalités du report d'heures d'une semaine sur l'autre** (c. trav. art. L. 3122-51). • **Travail des jeunes travailleurs un jour férié, uniquement dans les secteurs énumérés par décret** (c. trav. art. L. 3164-8 et R. 3163-1).
Contrats à durée déterminée
• **Durée totale du CDD** (c. trav. art. L. 1242-8) **(3).** • **Nombre maximal de renouvellements** (c. trav. art. L. 1243-13) **(3).** • **Modalités de calcul du délai de carence entre deux CDD** (c. trav. art. L. 1244-3) **(3).** • **Cas de non-application du délai de carence entre deux CDD** (c. trav. art. L. 1244-4) **(3).** • **Réduction du taux de l'indemnité de fin de contrat (10 %), dans la limite de 6 %, moyennant un accès privilégié à la formation professionnelle** (c. trav. art. L. 1243-9) **(9).**
Travail temporaire
• **Durée totale de la mission** (c. trav. art. L. 1251-12) **(10).** • **Nombre maximal de renouvellements** (c. trav. art. L. 1251-35) **(10).** • **Modalités de calcul du délai de carence entre deux missions** (c. trav. art. L. 1251-36) **(10).** • **Cas de non-application du délai de carence entre deux missions** (c. trav. art. L. 1251-37) **(10).** • **Fixation de la durée de la période d'essai** (c. trav. art. L. 1251-14) **(9).** • **Suppression de l'indemnité de fin de mission pour les emplois à caractère saisonnier ou pour les emplois pour lesquels il est d'usage de ne pas recourir au CDI** (c. trav. art. L. 1251-33) **(11).** • **Conditions dans lesquelles certaines actions de formation en lien avec l'activité professionnelle peuvent être assimilées à des missions** (c. trav. art. L. 1251-57) **(9).**
Formation
• **Modalités d'alimentation du compte personnel de formation (CPF) plus favorables que les modalités légales** (c. trav. art. L. 6323-11) **(12).** • **Définition des actions de formations éligibles au CPF pour lesquelles l'entreprise s'engage à abonder le CPF des salariés** (c. trav. art. L. 6323-11) **(13).**
Représentants du personnel et négociation collective
• **Réduction de la durée du mandat des membres du comité social et économique (CSE) (4 ans), dans la limite de 2 ans** (c. trav. art. L. 2314-34) **(14).** • **Aménagement des consultations et informations récurrentes du CSE (contenu, périodicité, délai pour formuler les avis, etc.)** (c. trav. art. L. 2312-16 et L. 2312-19 à L. 2312-21) **(15).** • **Aménagement des consultations et informations ponctuelles du CSE (contenu, délai pour formuler les avis, etc.)** (c. trav. art. L. 2312-16, L. 2312-55 et L. 2312-56) **(15).** • **Aménagement des règles d'information et de consultation du CSE en cas de licenciement économique avec plan de sauvegarde de l'emploi** (c. trav. art. L. 1233-21) **(14).** • **Modification des modalités de la négociation obligatoire (périodicité, contenu de la négociation, etc.)** (c. trav. art. L. 2242-10) **(16).**

Principaux points ouverts à la négociation (1)

(1) Sauf précision contraire, l'accord d'entreprise prime sur l'accord de branche (c. trav. art. L. 2253-3).
(2) Uniquement pour certaines activités ou en cas de surcroît d'activité.
(3) Convention ou accord de branche étendu exclusivement.
(4) Accord d'entreprise ou d'établissement ou, à défaut, convention ou accord de branche étendu.
(5) En cas de réduction du délai de prévenance ou d'augmentation du volume d'heures complémentaires, les garanties prévues par l'accord doivent porter sur les points suivants : mise en œuvre, pour les salariés à temps partiel, des droits reconnus aux salariés à temps complet ; fixation d'une période minimale de travail continue ; limitation du nombre des interruptions d'activité au cours d'une même journée (c. trav. art. L. 3123-25).
(6) Convention ou accord de branche étendu ou agréé (établissements et services sociaux et médico-sociaux) ou accord d'entreprise ou d'établissement.
(7) Les modalités des congés d'articulation entre la vie professionnelle et la vie personnelle et familiale sont déterminées par accord d'entreprise ou, à défaut, par accord de branche. Par exception, les modalités du congé de proche aidant sont définies par accord de branche ou, à défaut, par accord d'entreprise (c. trav. art. L. 3142-26).
(8) Dérogation limitée aux salariés exerçant certaines activités : garde, surveillance, nécessité d'assurer la continuité du service, etc.
(9) Convention ou accord de branche étendu ou accord d'entreprise ou d'établissement.
(10) Convention ou accord de branche étendu de l'entreprise utilisatrice.
(11) Accord étendu dans la branche de l'intérim ou accord au sein d'entreprises ou d'établissements appartenant à la branche de l'intérim.
(12) Accord d'entreprise, accord de groupe ou, à défaut, accord de branche.
(13) Accord d'entreprise ou accord de groupe.
(14) Accord de branche, accord de groupe ou accord d'entreprise.
(15) Accord d'entreprise ou accord avec le CSE.
(16) Accord de groupe, d'entreprise ou d'établissement.

pas été portées à la connaissance des personnes susceptibles d'en invoquer la nullité (C. constit., décision 2018-761 DC du 21 mars 2018, § 35).

En tout état de cause, une fois passé le délai de 2 mois, un salarié aura toujours la possibilité de faire valoir qu'une clause ne lui est pas applicable parce qu'elle est nulle (exception de nullité) (QR 33, négociation collective, questions/réponses du ministère du Travail, juillet 2020).

Effets de la nullité - Le juge se prononce dans un délai maximal de 6 mois (c. trav. art. L. 2262-14-1). S'il conclut à la nullité, sa décision est rétroactive : l'accord n'a jamais existé. Toutefois, le juge peut décider que l'annulation ne produit effet que pour l'avenir ou moduler les effets de sa décision dans le temps s'il estime que l'annulation rétroactive serait trop lourde de conséquences (c. trav. art. L. 2262-15).

Ce mécanisme de modulation des effets de l'annulation, qui est entré en vigueur le 24.09.2017, s'applique quelle que soit la date de conclusion de l'accord (cass. soc. 13 janvier 2021, n° 19-13977 FSPBRI).

Exemple
Le juge qui conclut à la nullité de la clause conventionnelle déterminant les conditions de rémunération d'une certaine catégorie de salariés peut décider de différer de 8 mois les effets de cette annulation afin de laisser aux partenaires sociaux le temps de négocier un texte de substitution. En effet, l'annulation rétroactive de cette clause aurait nécessité de reconstituer la rémunération de très nombreux salariés sur une période de 10 ans. En outre, la clause litigieuse ne portait que modérément préjudice à ces salariés (cass. soc. 13 janvier 2021, n° 19-13977 FSPBRI).

Cas des accords validés ou homologués - Il est impossible d'exercer une action en nullité classique contre les accords qui font l'objet d'une validation ou d'une homologation administrative. Dans ce cas, c'est la décision de l'administration elle-même qu'il convient d'attaquer (QR 32, négociation collective, questions/réponses du ministère du Travail, juillet 2020). Cela concerne, selon l'administration, les « accords PSE » et les accords de rupture conventionnelle collective [voir *Licenciement économique collectif (10 salariés ou plus dans une entreprise d'au moins 50 salariés)** et *Rupture conventionnelle collective**]. À notre sens, on peut ajouter les accords d'*activité partielle de longue durée**.

☛ *Accord collectif d'entreprise (conclusion avec délégué syndical) ; Accord collectif d'entreprise (conclusion sans délégué syndical) ; Négociations obligatoires dans l'entreprise.*

Accord collectif d'entreprise (dépôt)

Dépositaires

Administration - Les conventions ou accords d'entreprise ou d'établissement doivent être déposés auprès de l'administration, sous forme dématérialisée (c. trav. art. L. 2231-6).

▶ À noter… Les conventions de branche et les accords professionnels ou interprofessionnels sont déposés auprès des services centraux du ministère du Travail (c. trav. art. D. 2231-3).

Conseil de prud'hommes - Un exemplaire de l'accord ou de la convention est également déposé au greffe du conseil de prud'hommes du lieu de conclusion (c. trav. art. D. 2231-2).

Modalités de dépôt

Auteur du dépôt - Le dépôt est effectué par le représentant légal du groupe, de l'entreprise ou de l'établissement ou, pour un accord interentreprises, par les représentants légaux de ces entreprises (c. trav. art. D. 2231-2).

Principaux dispositifs nécessitant la conclusion d'un accord collectif (1)

Dispositifs visés	En l'absence d'accord
Durée du travail	
Aménagement du temps de travail sur une période supérieure à la semaine et au plus égale à l'année. Possibilité d'aménager le temps de travail sur plus d'un an, dans la limite de 3 ans, mais exclusivement en application d'un accord de branche (c. trav. art. L. 3121-41 et L. 3121-44).	Dispositif supplétif d'aménagement du temps de travail sur au plus 9 semaines pour les entreprises de moins de 50 salariés et au plus 4 semaines pour les entreprises de 50 salariés et plus (c. trav. art. L. 3121-45, D. 3121-27 et D. 3121-28).
Conclusion de conventions individuelles de forfait annuel en heures ou en jours (c. trav. art. L. 3121-63).	Pas de possibilité de conclure des conventions de forfait annuel en heures ou en jours.
Travail de nuit (c. trav. art. L. 3122-15).	Sur autorisation de l'inspecteur du travail, sous réserve notamment d'avoir engagé sérieusement et loyalement des négociations (c. trav. art. L. 3122-21 et R. 3122-9).
Travail en soirée (entre 21 h et minuit) dans les zones touristiques internationales (c. trav. art. L. 3122-19) **(2)**.	Pas de possibilité de recourir au travail en soirée.
Travail le dimanche sur la base d'un critère géographique : dans une zone commerciale, une zone touristique, une zone touristique internationale ou l'emprise d'une gare d'affluence exceptionnelle (c. trav. art. L. 3132-24, L. 3132-25, L. 3132-25-1, L. 3132-25-3 et L. 3132-25-6).	Impossible de faire travailler les salariés le dimanche. Toutefois, il existe d'autres dispositifs de dérogation au repos dominical, dont certains ne nécessitent pas un accord collectif : équipes de suppléance, autorisation préfectorale, dimanches du maire, etc.
Équipes de suppléance (c. trav. art. L. 3132-16) **(3)**.	Sur autorisation de l'inspecteur du travail (c. trav. art. L. 3132-18 et R. 3132-10).
Travail en continu (c. trav. art. L. 3132-14) **(3)**.	Sur autorisation de l'inspecteur du travail (c. trav. art. L. 3132-14 et R. 3132-9).
Travail intermittent (c. trav. art. L. 3123-33 et L. 3123-38) **(3)**.	Uniquement dans les entreprises adaptées, avec un travailleur handicapé bénéficiaire de l'obligation d'emploi (c. trav. art. L. 3123-37).
Heures d'équivalence (c. trav. art. L. 3121-14) **(4)**.	Par décret (c. trav. art. L. 3121-15).
Astreintes (c. trav. art. L. 3121-11).	Après information de l'inspecteur du travail et, dans les entreprises d'au moins 50 salariés, avis du CSE, s'il existe (c. trav. art. L. 3121-12) **(5)**.
Contrat de travail	
Recours au CDD à objet défini (c. trav. art. L. 1242-2) **(6)**.	Pas de possibilité de recourir au CDD à objet défini.
Recours au CDI de chantier ou d'opération (c. trav. art. L. 1223-8 et L. 1223-9) **(4)**.	Pas de possibilité de recourir au CDI de chantier ou d'opération, sauf dans les secteurs où son usage est habituel et conforme à l'exercice régulier de la profession qui y recourait au 1.012017.
Modalités de renouvellement de la période d'essai (c. trav. art. L. 1221-21) **(4)**.	Pas de possibilité de renouveler la période d'essai.

(1) Sauf précision contraire, l'accord d'entreprise prime sur l'accord de branche (c. trav. art. L. 2253-3).
(2) Accord d'entreprise ou d'établissement (ou, à défaut, accord de branche) ou accord conclu à un niveau territorial.
(3) Accord d'entreprise ou d'établissement ou, à défaut, convention ou accord de branche étendu.
(4) Convention ou accord de branche étendu exclusivement.
(5) Le code du travail impose de recueillir l'avis du CSE, sans préciser l'effectif de l'entreprise. Néanmoins, avant la réforme des institutions représentatives du personnel, la législation visait clairement les entreprises d'au moins 50 salariés, puisqu'elle évoquait l'avis « du comité d'entreprise ou, à défaut, des délégués du personnel, s'ils existent ». La réforme ayant été faite à droit constant, à notre sens, l'obligation de consultation pèse sur les entreprises d'au moins 50 salariés uniquement.
(6) Accord de branche étendu ou, à défaut, accord d'entreprise.

Téléprocédure - Le dépôt auprès de l'administration s'effectue exclusivement sur la plateforme « TéléAccords », sous forme dématérialisée (www.teleaccords.travail-emploi.gouv.fr) (c. trav. art. D. 2231-4).

L'entreprise dépose en ligne une version de l'accord au format « pdf ». Il s'agit du texte intégral de l'accord, signé par les parties. Cette version est réservée à l'administration.

Pour les accords soumis à l'obligation de publicité – tout accord d'entreprise, à l'exception des accords d'intéressement ou de participation, des plans d'épargne, des accords de plan de sauvegarde de l'emploi et des accords de performance collective –, l'entreprise dépose également une version en « docx ». Il s'agit de la version qui sera rendue publique, sur internet. L'administration n'admet aucun autre format que le docx.

Cette dernière version étant obligatoirement anonyme, l'employeur doit veiller à supprimer dans le fichier toute mention de nom, prénom, paraphe ou signature d'une personne physique. En cas de demande de publication partielle par les parties signataires, l'employeur efface également du fichier les éléments qui doivent rester confidentiels [voir *Accord collectif d'entreprise (publicité)**].

L'administration délivre ensuite à l'entreprise un récépissé de dépôt.

Pièces à joindre

Pour tout accord collectif - Dès lors qu'il a été négocié avec des délégués syndicaux, l'accord ou la convention doit être accompagné d'une copie du courrier, du courriel, du récépissé de remise en main propre contre décharge ou d'un accusé de réception daté de notification du texte à l'ensemble des syndicats représentatifs à l'issue de la procédure de signature (c. trav. art. D. 2231-7).

Accord d'entreprise ou d'établissement - Lorsque l'accord collectif est signé au niveau de l'entreprise ou de l'établissement, le texte déposé s'accompagne en outre des éléments suivants (c. trav. art. D. 2231-7) :

- lorsque l'accord s'applique à des établissements ayant des implantations distinctes, la liste de ces établissements et leur adresse (c. trav. art. D. 2231-6) ;
- lorsque l'accord a été conclu par référendum dans une entreprise de moins de 11 salariés ou dans une entreprise de 11 à 20 salariés sans élus du personnel, le P-V rendant compte de l'approbation du texte par les salariés à la majorité des deux tiers [voir *Accord collectif d'entreprise (conclusion sans délégué syndical)**] (c. trav. art. R. 2232-10) ;
- le cas échéant, le procès-verbal d'approbation de l'accord par le personnel dans les diverses autres hypothèses de référendum prévues par le code du travail [voir *Accord collectif d'entreprise (conclusion avec délégué syndical)** et *Accord collectif d'entreprise (conclusion sans délégué syndical)**] (c. trav. art. D. 2232-2 et R. 2232-10) ;
- le cas échéant, l'acte signé par lequel les parties à l'accord demandent que certaines clauses ne soient pas publiées (c. trav. art. R. 2231-1-1) [voir *Accord collectif d'entreprise (publicité)**].

Format des documents joints - L'arrêté qui était censé préciser le format des documents joints (c. trav. art. D. 2231-7) n'est jamais paru. La plateforme « TéléAccords » (rubrique FAQ) invite les entreprises à privilégier le format pdf, tout en acceptant les formats odt, doc, docx, txt, ppt, xls, xlsx et zip. Le format rtf est expressément exclu.

Accord sur les salaires - L'accord sur les salaires conclu dans le cadre de la négociation annuelle sur la rémunération, le temps de travail et le partage de la valeur ajoutée doit être déposé avec le P-V d'ouverture des négociations portant sur la résorption des écarts de rémunération entre les femmes et les hommes, consignant les propositions respectives des parties (c. trav. art. L. 2242-7) (voir *Égalité professionnelle**).

Effets du dépôt

Date d'entrée en vigueur - Sauf clause contraire, un accord collectif entre en vigueur le lendemain de son dépôt (c. trav. art. L. 2261-1).

À défaut de dépôt - Sauf exception, le dépôt n'est pas une condition de validité des accords collectifs. Par conséquent, un accord entre en vigueur même s'il n'a pas été déposé (cass. soc. 22 avril 1985, n° 84-11024, BC V n° 249 ; cass. soc. 18 octobre 2006, n° 04-40493, BC V n° 315). Cependant, si les signataires ont expressément subordonné l'entrée en vigueur de l'accord collectif à son dépôt, le texte négocié ne peut pas s'appliquer tant que cette formalité n'a pas été accomplie (cass. soc. 28 septembre 2011, n° 11-60028, BC V n° 203).

▶ **Attention…** Dans certains cas, le dépôt est impératif. Cela concerne, par exemple, les accords de participation et d'intéressement ou encore ceux mettant en place un plan d'épargne d'entreprise. À défaut de dépôt, les sommes versées en application de ces accords n'ouvrent droit à aucune exonération de cotisations [voir

*Intéressement des salariés**, *Participation des salariés aux résultats de l'entreprise (accord de)** et *Plan d'épargne d'entreprise (PEE)**]. Par ailleurs, un accord collectif d'entreprise négocié sans délégué syndical ne peut entrer en application qu'après avoir été déposé [voir *Accord collectif d'entreprise (conclusion sans délégué syndical)**].

☞ *Accord collectif.*

Accord collectif d'entreprise (mise en cause)

Cas de mise en cause

Modification de la situation juridique de l'employeur - Il y a mise en cause de la convention collective et des accords collectifs lorsque survient un événement qui rend cette convention et ces accords inapplicables dans l'entreprise. L'événement en question peut consister en une fusion, une cession, une scission ou un changement d'activité (c. trav. art. L. 2261-14). Cette liste n'est pas limitative (cass. soc. 31 janvier 2001, n° 99-60378, BC V n° 31) (voir *Modification de la situation juridique de l'employeur**).

Disparition des organisations signataires - La mise en cause peut aussi résulter de la disparition des organisations signataires de la convention ou de l'accord collectif (cass. soc. 16 mars 1995, n° 91-40210, BC V n° 91).

▶ À noter… La règle selon laquelle la disparition des organisations signataires est un cas de mise en cause a été posée dans une affaire relative à une convention collective nationale. Il n'est pas certain qu'elle soit transposable aux accords collectifs d'entreprise.

Le fait que la totalité des organisations signataires aient perdu leur représentativité n'entraîne pas la mise en cause de la convention ou des accords (c. trav. art. L. 2261-14-1) [voir *Syndicats (représentativité)**].

Distinguer mise en cause et caducité - Un accord collectif peut également devenir caduc, à la suite de la disparition de l'un de ses éléments essentiels. Cette notion, qui trouve origine dans le droit civil (c. civ. art. 1186), est, à notre connaissance, rarement invoquée en droit du travail. Elle a par exemple trouvé à s'appliquer à un accord destiné à favoriser la création d'emplois grâce à la réduction du temps de travail, devenu caduque à la suite de la cession de l'entreprise, confrontée à des graves difficultés économiques (cass. soc. 17 juin 2003, n° 01-15710, BC V n° 198).

▶ Attention… Attention, dans l'hypothèse d'un accord conclu pour mettre en œuvre un dispositif législatif (en l'occurrence la « prime dividendes », créée en 2011 et abrogée en 2015), la disparition de ce dispositif n'entraîne pas automatiquement la caducité de l'accord, notamment lorsque celui-ci est à durée déterminée, précise les conditions de sa dénonciation et ne conditionne pas son application au maintien de la législation (cass. soc. 26 juin 2019, n° 18-10953 FSPBRI).

En toute hypothèse, la caducité n'obéit pas au même régime juridique que la mise en cause. Elle n'entraîne pas le déclenchement d'un délai de survie ni l'obligation de négocier un accord de substitution.

Conséquences de la mise en cause

Pas de formalités - La mise en cause est la conséquence logique de l'événement qui rend la convention ou l'accord collectif inapplicable. L'employeur n'a donc pas à la notifier aux représentants du personnel ou aux salariés (cass. soc. 20 janvier 1998, n° 95-41575, BC V n° 23).

Survie pendant quinze mois - Comme en matière de dénonciation, la convention et les accords collectifs mis en cause continuent à produire effet pendant une durée totale de 15 mois [voir *Accord collectif d'entreprise (révision, dénonciation et renouvellement)**]. Cette durée résulte de l'addition :

- du délai de préavis qui s'élève à 3 mois en l'absence de clause conventionnelle prévoyant un délai différent ;
- du délai de survie, qui s'élève à 1 an, sauf si la clause conventionnelle prévoit un délai supérieur.

▶ À noter… L'obligation de respecter un préavis résulte de la transposition des règles de la dénonciation. Dans un premier temps, un délai de 3 mois doit donc s'écouler mais, dans les faits, il ne s'agit pas à proprement parler d'un préavis, dans la mesure où l'employeur n'a pas nécessairement la maîtrise des événements qui conduisent à la mise en cause (cass. soc. 22 juin 1993, n° 91-41983, BC V n° 176).

Le délai de survie permet de préserver temporairement les droits des salariés, le temps que la négociation d'un accord de substitution ou d'adaptation aboutisse (*voir ci-après*).

Application des clauses plus favorables - Pendant le délai de survie, les salariés continuent à bénéficier des avantages prévus par la convention et les accords collectifs mis en cause. Dans certains cas (ex. : fusion, absorption, etc.), le personnel passe au service d'un nouvel employeur, qui applique un autre statut collectif. Les salariés sont alors immédiatement soumis à la convention et aux accords collectifs du nouvel employeur, tout en bénéficiant des clauses plus favorables prévues par leur ancien statut collectif (cass. soc. 10 février 2010, n° 08-44454, BC V n° 36 ; cass. soc. 30 juin 2010, n° 08-45600 D).

Négociation pendant le délai de survie

Objectif de la négociation - Une négociation doit s'engager dans les 3 mois suivant la mise en cause, à la demande d'une des parties intéressées (nouvel employeur, syndicats). Cette négociation vise :
- soit à adapter les textes initiaux aux nouvelles dispositions conventionnelles (accord d'adaptation) ;
- soit à élaborer de nouvelles dispositions conventionnelles (accord de substitution).

▶ Attention... Même si un nouveau statut collectif a vocation à s'appliquer à l'issue du délai de survie (ex. : absorption par une entreprise couverte par une convention collective), l'employeur ne peut pas se borner à attendre l'expiration de ce délai. Il doit engager des négociations pour organiser la transition (cass. soc. 31 janvier 1995, n° 91-41965 D ; cass. soc. 19 octobre 1999, n° 97-45907, BC V n° 386).

Les négociations ont généralement lieu pendant le délai de survie. Cependant, rien n'interdit de signer un accord d'adaptation ou de substitution avant que survienne l'événement qui mettra en cause le statut collectif. Cet accord conclu par anticipation est valable, à condition que les syndicats représentatifs soient les mêmes après la mise en cause. Dans le cas contraire, l'employeur devra reprendre les négociations (cass. soc. 13 octobre 2010, n° 09-13109, BC V n° 230).

Si un accord est conclu - Si un accord d'adaptation ou de substitution est conclu, il s'applique immédiatement aux salariés, qui ne peuvent alors plus revendiquer le bénéfice de la convention et des accords mis en cause (cass. soc. 3 mars 1998, n° 96-11115, BC V n° 115 ; cass. soc. 27 juin 2000, n° 99-41135, BC V n° 247).

En l'absence d'accord - Si, au terme du délai de survie, aucun accord n'a été conclu, les salariés se trouvent automatiquement soumis à la convention et aux accords collectifs appliqués par le nouvel employeur. Cependant, ils bénéficient du mécanisme de garantie de rémunération prévu dans un tel cas *(voir ci-après)*.

Le nouvel employeur peut décider d'écarter le mécanisme légal et de continuer à appliquer certains accords de l'ancien statut collectif ou certaines clauses de ces accords, mais cela doit être plus favorable aux salariés (cass. soc. 24 mars 2021, n° 19-15920 FSPBI).

Négociation par anticipation

Accord limité aux salariés transférés - Il est possible de négocier en amont de l'événement qui conduira à la mise en cause. Une première possibilité consiste à conclure un accord collectif limité aux salariés transférés.

L'accord est négocié entre les employeurs des entreprises concernées et les syndicats représentatifs dans l'entreprise qui emploie les salariés dont le transfert est envisagé. Il a pour but de rapprocher le statut collectif de ces salariés du statut collectif en vigueur dans l'entité d'accueil. C'est un accord de substitution, semblable à celui conclu pendant le délai de survie (c. trav. art. L. 2261-14-2).

L'accord est conclu selon les modalités de droit commun [voir *Accord collectif d'entreprise (conclusion avec délégué syndical)**]. Le poids électoral des signataires s'apprécie dans le périmètre de l'entreprise ou de l'établissement employant les salariés dont le contrat de travail est transféré. En cas de référendum pour valider un accord minoritaire, la consultation s'effectue dans le même périmètre (c. trav. art. L. 2261-14-4).

L'accord entre en vigueur à la date de réalisation de l'événement ayant entraîné la mise en cause. Il s'applique aux salariés transférés, à l'exclusion des stipulations portant sur le même objet des conventions et accords applicables dans l'entreprise dans laquelle les contrats de travail sont transférés.

La durée de l'accord de transition est d'au plus 3 ans. Une fois que celui-ci cesse de produire effet, les salariés se trouvent soumis au statut collectif applicable à l'entité au sein de laquelle ils ont été transférés.

Accord étendu à toute la collectivité - Un tel accord est négocié entre les employeurs et les syndicats représentatifs dans les entreprises ou établissements concernés. Il vise à créer un statut collectif commun à l'ensemble des salariés. Il s'agit donc à la fois d'un accord de substitution, puisqu'il remplace les accords collectifs mis en cause, et d'un accord de révision, puisqu'il modifie les accords applicables dans l'entité d'accueil (c. trav. art. L. 2261-14-3).

L'accord est conclu selon les modalités de droit commun [voir *Accord collectif d'entreprise (conclusion avec délégué syndical)**]. Le poids électoral des signataires s'apprécie dans le périmètre de chaque entreprise ou établissement concerné. En cas de référendum pour valider un accord minoritaire, la consultation s'effectue dans le même périmètre (c. trav. art. L. 2261-14-4).

L'accord entre en vigueur à la date de réalisation de l'événement ayant entraîné la mise en cause. Il peut être à durée déterminée ou indéterminée.

Garantie de rémunération

En l'absence d'accord de substitution - Si, au terme du délai de survie *(voir ci-avant)*, il n'y a pas eu d'accord de substitution, les salariés des entreprises concernées conservent une rémunération, en application de la convention ou de l'accord mis en cause, dont le montant annuel, pour une durée de travail équivalente à celle prévue par leur contrat de travail, ne peut pas être inférieur à la rémunération versée lors des 12 derniers mois. Cette garantie de rémunération peut être assurée par le versement d'une indemnité différentielle (c. trav. art. L. 2261-14).

Mise en cause d'un accord à durée déterminée - Dans l'hypothèse où l'accord mis en cause est un accord à durée déterminée, le mécanisme de garantie de rémunération ne peut avoir pour conséquence de prolonger artificiellement les effets de l'accord collectif. Par conséquent, si le terme de l'accord est postérieur à la date à laquelle s'achève le délai de survie, la garantie de rémunération joue jusqu'au terme de l'accord. En revanche, si ce terme est antérieur, le mécanisme de garantie de rémunération ne trouve pas à s'appliquer (c. trav. art. L. 2261-14).

Intéressement et participation

La mise en cause des accords d'intéressement et de participation obéit à des règles spécifiques [voir *Intéressement des salariés** et *Participation des salariés aux résultats de l'entreprise (accord de)**].

Accord collectif d'entreprise (publicité)

Dépôt

Tout accord collectif doit être déposé auprès de l'administration du travail [voir *Accord collectif d'entreprise (dépôt)**].

Publication dans une base de données nationale

Accords disponibles sur Internet - Tout accord collectif, quelle qu'en soit la nature (accord d'entreprise, de groupe, de branche, etc.), est consultable sur le site internet Légifrance. La version publiée ne comporte pas les noms et prénoms des négociateurs et des signataires (c. trav. art. L. 2231-5-1).

Accords exclus - Par exception, ne donnent pas lieu à publication :
- l'accord d'intéressement ou de participation, ainsi que le plan d'épargne d'entreprise ou interentreprises, le plan d'épargne pour la retraite collectif et le plan d'épargne retraite d'entreprise collectif ;
- l'accord mettant en place un *plan de sauvegarde de l'emploi** ;
- l'*accord de performance collective**.

Demande conjointe de publication partielle - Dans le cas d'un accord de groupe, interentreprises, d'entreprise ou d'établissement, les parties signataires peuvent s'opposer à la publication d'une partie de l'accord, en en faisant la demande dans un acte écrit.

Pour être valable, l'acte demandant la publication partielle doit être signé, d'une part, par la majorité des syndicats signataires et, d'autre part (c. trav. art. R. 2231-1-1) :
- pour un accord de groupe, d'entreprise ou d'établissement, par le représentant légal de l'entreprise ou de l'établissement ;
- pour un accord interentreprises, par les représentants légaux des entreprises concernées.

Cet acte est joint à l'accord au moment de son dépôt et indique les raisons pour lesquelles le texte négocié ne doit pas faire l'objet d'une publication intégrale. L'accord est déposé en deux versions : une version intégrale (pdf) et une version expurgée (docx), qui est celle qui sera publiée [voir *Accord collectif d'entreprise (dépôt)**].

Retrait unilatéral des informations stratégiques - L'employeur a par ailleurs la possibilité d'occulter de sa propre initiative les éléments de l'accord collectif portant atteinte aux intérêts stratégiques de l'entreprise (c. trav. art. L. 2231-5-1).

Point de départ du délai de contestation - La publication de l'accord dans la base de données marque le point de départ du délai de 2 mois pour exercer une action en nullité, par exemple à l'initiative d'une fédération de syndicats ou d'un salarié (c. trav. art. L. 2262-14). Attention, par exception, lorsque l'action est intentée par un syndicat représentatif, le délai de 2 mois court à partir de la notification de l'accord aux syndicats représentatifs [voir *Accord collectif d'entreprise (conclusion avec délégué syndical)**].

Transmission à la branche

Les entreprises doivent transmettre à la commission paritaire permanente de négociation et d'interprétation de la branche les accords qu'elles concluent dans les domaines de la durée du travail, de la répartition et de l'aménagement des horaires, du repos quotidien, des jours fériés, des congés et du compte épargne-temps (c. trav. art. L. 2232-9, D. 2232-1-1 et D. 2232-1-2).

La partie la plus diligente (l'employeur ou le syndicat ou, le cas échéant, les élus ou les salariés mandatés pour la négociation) transmet l'accord d'entreprise à la commission après avoir supprimé les noms et prénoms des négociateurs et des signataires. Elle informe les autres signataires de cette transmission. La commission paritaire accuse réception de l'accord

L'accord de branche mettant en place la commission paritaire permanente de négociation et d'interprétation indique l'adresse numérique ou postale à laquelle envoyer les accords d'entreprise. Les adresses des commissions sont disponibles sur le site Internet du ministère du Travail, rubrique « Dialogue social », puis « Négociation collective ».

Accord collectif d'entreprise (révision, dénonciation et renouvellement)

Révision

Selon les modalités prévues par l'accord - La convention ou l'accord détermine les conditions de sa révision (c. trav. art. L. 2222-5). Il convient de respecter ces conditions (cass. soc. 27 octobre 2004, n° 03-14264, BC V n° 277 ; cass. soc. 1er mars 2017, n° 14-22269, BC V n° 31). Néanmoins, un accord qui ne prévoit pas de procédure de révision peut être modifié, selon les modalités décrites ci-après.

Engagement du processus de révision - L'employeur peut à tout moment engager des négociations en vue de réviser un accord collectif.

Les syndicats peuvent également prendre l'initiative. Deux situations doivent être distinguées (c. trav. art. L. 2261-7-1) :

- jusqu'à la fin du cycle électoral au cours duquel l'accord initial a été conclu, seuls les syndicats représentatifs dans le champ d'application de l'accord et signataires ou adhérents à cet accord peuvent engager la procédure de révision ;
- à l'issue de cette période, cette faculté est ouverte à tout syndicat représentatif dans le champ d'application de l'accord.

Avenant négocié avec les syndicats - Dès lors que l'entreprise comporte des délégués syndicaux (DS), c'est avec eux que l'employeur doit négocier tout avenant de révision, même si l'accord initial n'a pas été signé par des DS, mais par des élus du personnel ou des salariés mandatés ou ratifié par référendum (c. trav. art. L. 2232-16).

L'employeur doit convier à la négociation de l'avenant de révision tout syndicat représentatif ayant un *délégué syndical** dans l'entreprise. À défaut, il s'expose à une action en délit d'entrave (cass. crim. 28 octobre 2008, n° 07-82799 D). Par ailleurs, l'avenant négocié avec une partie seulement des syndicats représentatifs est nul (cass. soc. 17 septembre 2003, n° 01-10706, BC V n° 240 ; cass. soc. 26 mars 2002, n° 00-17231, BC V n° 107).

En l'absence de DS, l'employeur négocie, selon le cas, avec les représentants élus du personnel ou avec des salariés mandatés. Dans les entreprises de moins de 11 salariés, l'avenant de révision peut être adopté par référendum *(voir ci-après)*.

Substitution à l'accord modifié - Dès lors que l'avenant de révision a été déposé, il se substitue de plein droit aux stipulations de la convention ou de l'accord qu'il modifie. Il est alors opposable à l'ensemble des salariés (c. trav. art. L. 2261-8) [voir *Accord collectif d'entreprise (dépôt)**].

L'avenant de révision ne vaut que pour l'avenir (cass. soc. 12 juin 2014, n° 13-15416, BC V n° 143). L'avenant d'interprétation fait exception à la règle, puisqu'il entre en vigueur avec effet rétroactif [voir *Convention collective (application)**].

Particularité des accords de branche - L'avenant modificatif n'est pas opposable aux syndicats employeurs qui ne l'ont pas signé. Si, sous réserve de l'exercice du droit d'opposition, l'avenant portant révision de tout ou partie de la convention ou de l'accord collectif, signé par une ou plusieurs organisations syndicales de salariés représentatives, se substitue de plein droit aux stipulations de la convention ou de l'accord qu'il modifie, cet avenant n'est opposable, parmi les employeurs liés par la convention ou l'accord modifié, qu'à ceux qui l'ont signé ou qui sont membres d'un groupement partie à l'accord (cass. soc. 29 mai 1996, n° 94-43888, BC V n° 212 ; cass. soc. 10 juin 1998, n° 96-43111, BC V n° 316).

Dénonciation pendant la révision - Il peut arriver que, en raison du blocage des négociations, l'employeur décide de dénoncer l'accord. Dans ce cas, conformément aux règles relatives à la dénonciation *(voir ci-après)*, l'employeur doit convoquer l'ensemble des syndicats représentatifs pour engager de nouvelles négociations en vue de la conclusion d'un accord de substitution (cass. soc. 9 février 2000, n° 97-22619, BC V n° 59).

Révision en l'absence de DS - Si l'entreprise n'a pas de DS, selon son effectif, l'employeur peut conclure l'avenant de révision par référendum ou avec des élus du personnel ou des salariés mandatés, conformément aux modalités prévues dans une telle situation (c. trav. art. L. 2232-21 à L. 2232-26) [voir *Accord collectif d'entreprise (conclusion sans délégué syndical)**]. Peu importent les modalités selon lesquelles a été conclu l'accord initial.

Renouvellement

Accords susceptibles de renouvellement - Le renouvellement ne concerne, par hypothèse, que les accords collectifs à durée déterminée. Il permet de reconduire l'accord initial, toujours pour une durée déterminée.

Modalités de renouvellement - L'accord à durée déterminée doit prévoir les formes dans lesquelles il pourra être renouvelé et le délai au terme duquel le renouvellement est possible (c. trav. art. L. 2222-5). Toutefois, par analogie avec les règles relatives à la révision *(voir ci-avant)*, le fait qu'un accord n'aborde pas ces différents points ne fait pas obstacle, à notre sens, à son renouvellement.

En l'absence de renouvellement, l'accord cesse de produire effet au terme prévu (c. trav. art. L. 2222-4).

Dénonciation

Accords susceptibles de dénonciation - La dénonciation ne peut porter que sur une convention ou un accord collectif conclu pour une durée indéterminée (c. trav. art. L. 2261-9).

Dénonciation en totalité - Il est impossible de ne dénoncer que certaines clauses d'un accord collectif. La dénonciation porte nécessairement sur l'accord dans son ensemble (cass. soc. 16 octobre 1974, n° 73-11562, BC V n° 478 ; cass. soc. 16 mars 1995, n° 93-13371, BC V n° 92).

Selon le type d'accord - En pratique, la dénonciation émane le plus souvent de l'employeur (pour le cas particulier de la dénonciation par les représentants des salariés, voir ci-après).

Pour un accord d'entreprise ou d'établissement, la dénonciation ne pose pas de difficultés particulières : l'employeur notifie son intention de dénoncer l'accord aux autres signataires, dans les conditions prévues par l'accord et en respectant la procédure prévue par le code du travail *(voir ci-après)*.

La dénonciation d'un *accord collectif de groupe** ou d'un *accord collectif interentreprises** est plus complexe, car il y a plusieurs signataires employeurs (c. trav. art. L. 2261-10 et L. 2261-11) :

- si tous les signataires employeurs dénoncent l'accord, celui-ci cesse de produire effet ;
- si la dénonciation n'émane que d'une partie d'entre eux, l'accord reste en vigueur vis-à-vis des autres signataires employeurs.

Procédure - L'employeur respecte un préavis qui, en l'absence de stipulation expresse, est de 3 mois (c. trav. art. L. 2261-9).

La dénonciation doit être :

- notifiée par son auteur aux autres signataires (c. trav. art. L. 2261-9, al. 3) ;
- déposée auprès de l'administration et auprès du conseil de prud'hommes dans les mêmes conditions qu'une convention ou un accord collectif (c. trav. art. D. 2231-8) [voir *Accord collectif d'entreprise (dépôt)**].

Délais de préavis et de survie - L'accord dénoncé ne cesse pas immédiatement de produire effet : il doit continuer d'être appliqué jusqu'à l'entrée en vigueur du texte qui lui est substitué ou, à défaut, en principe pendant une durée d'au moins 15 mois.

Cette durée de 15 mois correspond à l'addition de 2 périodes :

- la durée légale du préavis qui précède la prise d'effet de la dénonciation, soit 3 mois, sauf clause prévoyant une durée différente (c. trav. art. L. 2261-9) ;

- le délai de survie minimal de l'accord collectif, soit 12 mois, sauf clause prévoyant une durée supérieure (c. trav. art. L. 2261-10).

Obligation de négociation - Une nouvelle négociation doit s'engager, à la demande d'une des parties intéressées, dans les 3 mois qui suivent le début du préavis (c. trav. art. L. 2261-10). Toutes les organisations syndicales représentatives doivent être invitées à négocier l'accord de substitution (cass. soc. 9 février 2000, n° 97-22619, BC V n° 59).

▶ À noter… Le principe de loyauté interdit à l'employeur de prendre pendant les discussions une mesure unilatérale qui entrerait dans le champ de la négociation. Néanmoins, le fait que l'employeur ait annoncé son intention de continuer à faire bénéficier les salariés des clauses conventionnelles dénoncées dans l'hypothèse où aucun accord substitution n'aurait été conclu n'est pas en soi déloyal, sous réserve qu'une telle décision ne soit pas un moyen de court-circuiter la négociation. L'engagement unilatéral de l'employeur doit avoir pour seul objectif de combler un éventuel vide juridique. Cela signifie notamment que l'employeur doit expressément indiquer que cette mesure de maintien des droits cessera de s'appliquer dès qu'aura été conclu un accord de substitution (cass. soc. 10 novembre 2021, n° 21-17717 FSB).

Conclusion d'un accord de substitution - L'accord de substitution s'applique immédiatement et évite ainsi que les salariés se trouvent sans statut collectif. Il peut entrer en vigueur avant l'expiration du préavis (c. trav. art. L. 2261-10).

Si l'accord est signé après l'expiration du délai légal de survie, il ne s'agit plus d'un accord de substitution mais d'un accord « classique ». Par conséquent, les salariés conservent le bénéficie, à notre sens, du mécanisme de garantie de rémunération qui s'est mis en place à l'issue du préavis, par analogie avec la solution applicable sous l'empire du régime des avantages individuels acquis (cass. soc. 31 janvier 2007, n° 05-17216 D) *(voir ci-après)*.

Garantie de rémunération en l'absence d'accord - Si, un an après l'expiration du délai de préavis, il n'y a pas eu d'accord de substitution, les salariés des entreprises concernées bénéficient d'une garantie de rémunération, dont le montant annuel, pour une durée de travail équivalente à celle prévue par leur contrat de travail, ne peut pas être inférieur à la rémunération versée, en application de la convention ou de l'accord dénoncé et du contrat de travail, lors des 12 derniers mois. Cette garantie de rémunération peut être assurée par le versement d'une indemnité différentielle (c. trav. art. L. 2261-13).

Dénonciation par les délégués syndicaux ou les représentants des salariés - Un accord collectif peut-être dénoncé par l'ensemble des syndicats signataires ou par un ou plusieurs syndicats majoritaires (c. trav. art. L. 2232-16 et L. 2261-9). Le ministère du Travail semble établir une hiérarchie entre ces deux modes de dénonciation : ce n'est apparemment que si un syndicat signataire perd sa qualité de syndicat représentatif (ce qui rend impossible toute dénonciation valable par les syndicats signataires) que la dénonciation peut émaner de syndicats majoritaires (Q/R 30, négociation collective, questions/réponses du ministère du Travail, juillet 2020).

En l'absence de délégués syndicaux, des élus du personnel ou des salariés mandatés peuvent également dénoncer un accord collectif, même s'ils n'en sont pas les signataires (c. trav. art. L. 2232-23-1, L. 2232-24, L. 2232-25, L. 2261-10 et L. 2261-11).

▶ À noter… Bien qu'envisagée par le code du travail, la dénonciation d'un accord par les représentants des salariés est, à notre connaissance, rarissime. En pratique, ces règles paraissent difficilement applicables, d'une part, parce qu'elles ont plutôt été conçues pour la dénonciation des accords de branche ou des accords interprofessionnels (c. trav. art. L. 2261-10 et L. 2261-11) et, d'autre part, parce qu'elles sont en décalage avec les évolutions intervenues ces dernières années, notamment la généralisation de la signature majoritaire [voir *Accord collectif d'entreprise (conclusion avec délégué syndical)**].

Dénonciation par les salariés d'un « accord-référendum » - Les entreprises de moins de 11 salariés (et celles de 11 à moins de 50 salariés sans élus du personnel) peuvent conclure un « accord » collectif, sous la forme d'un texte élaboré par l'employeur et adopté par le personnel à la majorité des deux tiers [voir *Accord collectif d'entreprise (conclusion sans délégué syndical)**].

La dénonciation d'un tel accord par les salariés obéit à des règles spécifiques. Pour produire effet, elle doit émaner des deux tiers du personnel. Il faut la notifier collectivement et par écrit à l'employeur. La dénonciation n'est possible qu'une fois par an, dans le mois qui précède la date anniversaire de l'accord (c. trav. art. L. 2232-22).

Accord collectif de groupe

Un accord collectif peut être conclu au niveau d'un groupe d'entreprises. Il appartient à la catégorie des « conventions d'entreprise », au même titre que l'accord d'entreprise et l'accord d'établissement (c. trav. art. L. 2232-11).

Conclusion

Définition du groupe - Pour l'administration, le groupe, comme périmètre de négociation, correspond à l'entité formée par une entreprise dominante et par des entreprises qu'elle contrôle ou sur lesquelles elle exerce une influence dominante, au sens du *comité de groupe** (circ. DRT 2004-9 du 22 septembre 2004, JO 31 octobre).

Champ d'application - La convention ou l'accord de groupe fixe son champ d'application, lequel peut être constitué de tout ou partie des entreprises constitutives du groupe (c. trav. art. L. 2232-30). À défaut d'une telle mention, l'accord collectif ne peut pas s'appliquer à l'échelle du groupe (cass. soc. 21 mars 2018, n° 16-21741, BC V n° 43).

Thèmes de négociation - Un accord de groupe peut porter sur les mêmes sujets qu'un accord d'entreprise (c. trav. art. L. 2232-33). Il peut notamment traiter des thèmes qui relèvent de la négociation obligatoire et ainsi se substituer, sous certaines conditions, à la négociation d'entreprise (voir *Négociations obligatoires dans l'entreprise**).

Parties à la négociation - L'accord de groupe est négocié entre (c. trav. art. L. 2232-31) :

- d'une part, l'employeur de l'entreprise dominante ou un ou plusieurs représentants, mandatés à cet effet, des employeurs des entreprises concernées par le champ d'application de la convention ou de l'accord collectif ;
- et, d'autre part, les syndicats représentatifs au niveau du groupe ou de l'ensemble des entreprises concernées par le champ de la convention ou de l'accord.

Les employeurs doivent préalablement informer les syndicats représentatifs dans chacune des entreprises entrant dans le périmètre du futur accord de l'ouverture d'une négociation dans ce périmètre (c. trav. art. L. 2232-32).

Détermination des syndicats représentatifs - La représentativité des syndicats au niveau de tout ou partie du groupe est appréciée suivant les mêmes modalités que la représentativité syndicale au niveau de l'entreprise, par addition de l'ensemble des suffrages obtenus dans les entreprises ou établissements concernés (c. trav. art. L. 2122-4) [voir *Syndicats (représentativité)**].

Coordinateurs syndicaux - Les syndicats représentatifs peuvent désigner un ou des coordonnateurs syndicaux choisis parmi les délégués syndicaux du groupe et habilités à négocier et à signer la convention ou l'accord de groupe (c. trav. art. L. 2232-32).

Conditions de validité

Les conditions de validité d'un accord de groupe sont identiques à celles d'un accord collectif d'entreprise : il s'agit donc d'un accord majoritaire, qui peut faire l'objet d'un référendum si les signataires représentent moins de 50 % mais au moins 30 % des voix exprimées en faveur des syndicats représentatifs au premier tour des dernières élections professionnelles (c. trav. art. L. 2232-34) [voir *Accord collectif d'entreprise (conclusion avec délégué syndical)**].

Les taux de 50 et de 30 % s'apprécient à l'échelle de l'ensemble des entreprises ou établissements compris dans le périmètre de l'accord. La consultation des salariés, le cas échéant, s'effectue également dans ce périmètre.

Valeur des accords de groupe

Articulation avec la branche - Les accords de groupe ont exactement la même valeur que les accords d'entreprise. Ils peuvent donc déroger aux accords de niveau supérieur (*accord collectif de branche** et *accord national interprofessionnel**), sauf dans les domaines verrouillés [voir *Accord collectif d'entreprise (contenu)**].

Articulation avec les accords d'entreprise ou d'établissement - Il revient aux accords de groupe de préciser si leurs stipulations se substituent aux clauses ayant le même objet des accords conclus antérieurement ou postérieurement dans les entreprises ou les établissements compris dans le périmètre de cet accord (c. trav. art. L. 2253-5).

Si l'accord de groupe n'apporte pas cette précision, en cas de conflit avec un accord d'entreprise ou d'établissement, il convient à notre sens d'appliquer le principe de faveur [voir *Accord collectif d'entreprise (contenu)**].

☛ *Accord collectif de branche ; Accord collectif d'entreprise (conclusion avec délégué syndical) ; Convention collective.*

Accord collectif interentreprises

Définition

L'accord interentreprises est un accord collectif couvrant plusieurs entreprises, conclu entre les employeurs et les syndicats représentatifs à l'échelle de ces entreprises (c. trav. art. L. 2232-36).

▶ À noter… Par hypothèse, il n'y a pas d'entreprise dominante qui exercerait son emprise sur les autres entreprises incluses dans le champ d'application de l'accord interentreprises. En effet, l'accord conclu dans une telle configuration est, a priori, un *accord collectif de groupe**.

Conclusion

Syndicats représentatifs - L'accord interentreprises est négocié avec les syndicats représentatifs dans le périmètre de l'accord, c'est-à-dire totalisant au moins 10 % des suffrages exprimés au premier tour des dernières élections professionnelles [voir *Syndicats (représentativité)**]. Le poids électoral des syndicats s'obtient par addition de l'ensemble des suffrages obtenus dans les entreprises ou établissements concernés lors des dernières élections précédant l'ouverture de la première réunion de négociation (c. trav. art. L. 2232-37).

▶ À noter… Le code du travail ne donne pas d'autre précision sur l'appréciation de la représentativité syndicale au niveau interentreprises, mais il serait, à notre sens, assez logique de transposer les règles applicables au groupe (voir *Accord collectif de groupe**).

Conditions de validité - Les conditions de validité d'un accord collectif interentreprises sont identiques à celles d'un accord collectif d'entreprise. Il faut donc que les signataires soient majoritaires. Toutefois, si les syndicats signataires sont minoritaires, mais représentent plus de 30 % des suffrages, il est possible de soumettre l'accord à référendum [voir *Accord collectif d'entreprise (conclusion avec délégué syndical)**].

Les taux de 50 et de 30 % s'apprécient à l'échelle de l'ensemble des entreprises comprises dans le périmètre de l'accord. La consultation des salariés, le cas échéant, s'effectue également dans ce périmètre (c. trav. art. L. 2232-38).

Valeur par rapport aux autres accords

Articulation avec la branche - L'accord collectif interentreprises a, à notre sens, la même portée qu'un accord collectif d'entreprise. Il peut donc déroger aux accords de niveau supérieur (*accord collectif de branche** et *accord national interprofessionnel**), sauf dans les domaines verrouillés [voir *Accord collectif d'entreprise (contenu)**].

Articulation avec les accords d'entreprise ou d'établissement - Il revient à l'accord interentreprises de préciser si ses stipulations se substituent aux clauses ayant le même objet des accords conclus antérieurement ou postérieurement dans les entreprises ou les établissements compris dans le périmètre de cet accord (c. trav. art. L. 2253-7).

Si l'accord interentreprises n'apporte pas cette précision, en cas de conflit avec un accord d'entreprise ou d'établissement, il convient à notre sens d'appliquer le principe de faveur [voir *Accord collectif d'entreprise (contenu)**].

Accord national interprofessionnel

Un accord national interprofessionnel (ANI) couvre plusieurs activités économiques et professionnelles (voire tous les secteurs d'activité) sur l'ensemble du territoire. Ce type d'accord est régi par la législation applicable aux conventions collectives.

Caractéristiques principales

Contenu - Un ANI porte sur un thème particulier concernant plusieurs professions (ex. : sécurité de l'emploi, conditions de travail, formation professionnelle). Il définit un cadre général de règles minimales obligatoires. Notre tableau reproduit dans cette étude présente les principaux accords conclus.

Signataires - Les signataires au niveau des confédérations sont les représentants des employeurs et des organisations syndicales représentatives au plan national (c. trav. art. L. 2231-1).

Conditions de validité - Pour être valable, un ANI doit satisfaire à deux conditions cumulatives (c. trav. art. L. 2232-2) :

- avoir été signé par des syndicats représentatifs justifiant d'une audience électorale d'au moins 30 % ;

Principaux accords interprofessionnels		
Contenu des accords	**Dates des accords**	**Extension/Agrément**
Amélioration des conditions de travail	**accord du 17 mars 1975**	JO 23 janvier 1996
Aménagement du temps de travail	**accord du 21 mars 1989**	-
Cadres	**accord du 28 février 2020**	-
Contrat de sécurisation professionnelle	**accord du 8 décembre 2014** **convention du 26 janvier 2015** (1)	agrément JO 9 novembre 2019
Contrats de travail à durée déterminée et travail temporaire	**accord du 24 mars 1990**	JO 14 octobre 1990
Création du fonds national de gestion paritaire de la formation professionnelle continue	**accord du 19 novembre 1996**	NON
Diversité dans l'entreprise	**accord du 11 octobre 2006**	JO 1er mars 2008
Égalité professionnelle entre les hommes et les femmes	**accord du 1er mars 2004**	JO 5 mai 2005
Emploi	**accord du 31 octobre 1995**	NON
Emploi des seniors	**accord du 9 mars 2006**	JO 22 juillet 2006 ; JO 2 août 2006 ; JO 27 décembre 2006
Gestion prévisionnelle des emplois et des compétences	**accord du 14 novembre 2008**	NON
Harcèlement et violence au travail	**accord du 26 mars 2010**	JO 31 juillet 2010
Insertion professionnelle des jeunes	**accord du 23 juin 1995**	NON
Mensualisation	**accord du 10 décembre 1977**	JO 20 janvier 1978
Modernisation du marché du travail	**accord du 11 janvier 2008** (2)	JO 25 juillet 2008
	avenant n° 3 du 18 mai 2009 (portabilité de la prévoyance)	JO 15 octobre 2009
	avenant n° 4 du 18 mai 2009 (rupture conventionnelle)	JO 27 novembre 2009
Mutations technologiques	**accord du 23 septembre 1988**	NON
Retraites complémentaires AGIRC et ARRCO (régime unifié)	**accord du 17 novembre 2017**	JO 28 avril 2018
Santé au travail	**accord du 9 décembre 2020**	-
Sécurisation de l'emploi	**accord du 11 janvier 2013** (3)	-
Stress au travail	**accord du 2 juillet 2008**	JO 6 mai 2009
Sécurité de l'emploi	**accord du 10 février 1969**	JO 21 avril 1972
Télétravail	**accord du 19 juillet 2005** (4)	JO 9 juin 2006
	accord du 26 novembre 2020	JO 13 avril 2021
VRP (accord national interprofessionnel)	**accord du 3 octobre 1975**	JO 26 juillet 1977
VRP (sécurité de l'emploi)	**accord du 22 juin 1970** ; avenant du 20 mars 1975	NON
VRP (portabilité de la prévoyance)	**accord du 21 décembre 2009**	NON

(1) La convention du 26.01.2015 devait expirer le 31.12.2015, mais a été prolongée à plusieurs reprises. Selon le dernier avenant négocié par les partenaires sociaux, le CSP produit effet jusqu'au 31.12.2022 (avenant n° 5 du 28 juin 2021 ; agréé par arrêté du 24 septembre 2021, JO du 26, texte 10).
(2) Accord partiellement transposé dans la loi portant modernisation du marché du travail (loi 2008-596 du 25 juin 2008, JO du 26).
(3) Accord partiellement transposé dans la loi de sécurisation de l'emploi du 14 juin 2013 (loi 2013-504 du 14 juin 2013, JO du 16).
(4) Accord partiellement transposé dans la loi de simplification du 22 mars 2012 (loi 2012-387 du 22 mars 2012, JO du 23).

- ne pas faire l'objet de d'une opposition par des syndicats représentatifs ayant une audience électorale d'au moins 50 %.

L'opposition doit être notifiée dans un délai de 15 jours à compter de la date de notification de l'accord.

Champ d'application

Entreprises adhérentes aux groupements patronaux signataires - À défaut d'extension, un ANI s'applique à l'ensemble du territoire et à toutes les entreprises comprises dans son champ d'application territorial et professionnel, sous réserve que l'employeur ait adhéré à l'une des organisations patronales signataires.

Exemple

Un accord interprofessionnel signé par le Medef et non étendu ne va s'imposer dans une entreprise que si l'employeur a adhéré au Medef ou à une organisation patronale adhérente au Medef.

Conséquences de l'extension - S'il a fait l'objet d'un arrêté d'extension, l'ANI s'applique à l'ensemble du territoire et à toutes les entreprises comprises dans son champ d'application territorial et professionnel. Toutefois, même étendu, un ANI ne s'applique dans une branche donnée que si une organisation patronale représentative dans cette branche a signé l'accord en question (ou a adhéré une organisation patronale signataire) (CE 30 juin 2003, n° 248347 ; cass. soc. 16 mars 2005, n° 03-16616, BC V n° 97 ; cass. soc. 21 novembre 2006, n° 05-13601, BC V n° 351 ; cass. soc. 26 février 2013, n° 11-26541 D).

Cependant, un employeur qui estime qu'un ANI ne lui est pas applicable ne peut pas contester devant le juge judiciaire l'absence de représentativité, dans son secteur d'activité, d'une organisation patronale signataire. En effet, la question de la représentativité des syndicats signataires dans le cadre de la procédure d'extension est en principe du ressort du juge administratif. Le juge judiciaire ne peut donc pas s'en emparer (cass. civ. 2e ch., 12 mars 2020, n° 18-14382 FPBI).

L'employeur ne peut donc se soustraire à un ANI que s'il démontre que son activité n'entre pas dans le champ d'application de cet accord.

▶ À noter… Les ANI concernant l'assurance chômage sont soumis à une procédure d'agrément. En revanche, pour les ANI de retraite complémentaire et de prévoyance, la procédure d'extension s'applique (c. séc. soc. art. L. 911-1 à L. 911-5).

Faculté d'opposition patronale - Les ANI peuvent faire l'objet d'une opposition par certaines organisations patronales (c. trav. art. L. 2261-19). Cette opposition n'invalide pas la convention ou l'accord, mais elle fait obstacle à son extension [voir *Convention collective (application)**].

Pour que l'opposition produise effet, elle doit émaner d'une ou de plusieurs organisations représentatives au niveau interprofessionnel et dont les entreprises adhérentes emploient plus de 50 % de l'ensemble des salariés des entreprises adhérant aux organisations représentatives dans la branche.

▶ À noter… Du 21.11.2021 au 20.11.2025, les organisations patronales reconnues représentatives au niveau national et inteprofessionnel sont le Medef (66,33 %), la CPME (28,64 %) et l'U2P (5,03 %) (arrêté du 18 novembre 2021, JO du 20 novembre 2021, texte 15).

L'opposition est écrite et motivée. Il faut la notifier à l'ensemble des organisations représentatives et la déposer dans un délai d'un mois à compter de la publication de l'avis d'extension de l'accord de branche au JO. Elle fait en outre l'objet d'un dépôt auprès du ministère du Travail.

Articulation avec les accords de niveau inférieur

Accords professionnels ou de branche - Ces accords peuvent contenir des dispositions moins favorables aux salariés que celles qui figurent dans l'ANI applicable, à la condition, toutefois, que ce dernier n'en dispose pas autrement. L'accord interprofessionnel peut en effet interdire toute dérogation par les accords de niveau inférieur. Il peut également imposer l'adaptation des clauses des accords de niveau inférieur qui seraient moins favorables aux salariés (c. trav. art. L. 2252-1).

Accords d'entreprise - Sur l'articulation entre les ANI et les accords d'entreprise, voir *Accord collectif d'entreprise (contenu)**.

Accord de performance collective

Cas de recours et objet

Cas de recours - L'accord de performance collective (APC) peut être mobilisé par l'employeur pour (c. trav. art. L. 2254-2, I) :

- préserver ou développer l'emploi ;

- répondre aux nécessités liées au fonctionnement de l'entreprise (cette hypothèse est très large et permet à notre sens d'englober de nombreuses situations, comme une réorganisation de l'entreprise ou un déménagement).

L'entreprise qui conclut un APC peut faire face à des difficultés économiques mais ce n'est pas une condition obligatoire pour y recourir. L'objectif de cet accord est de permettre à l'entreprise de conserver ou d'améliorer sa compétitivité et donc l'emploi (questions-réponses du ministère du Travail du 23 juillet 2020, Q/R n° 3).

Exemples

Le ministère du Travail donne plusieurs exemples de situations où la négociation d'un APC présente un intérêt (Q/R n° 2) :
- faire face à un surcroît durable d'activité en majorant le temps de travail hebdomadaire au-delà de 35 heures (ou de 1 607 heures), dans le respect des dispositions relatives aux *heures supplémentaires** ;
- rationaliser la gestion du personnel en harmonisant les règles de rémunération et en prévoyant une modification de la structure des rémunérations (salaire de base, treizième mois, primes et gratifications) ;
- répondre à la nécessité de redéployer du personnel sur les sites de production en prévoyant une mobilité géographique des salariés même si leur contrat de travail ne prévoit pas de *clause de mobilité**.

Par contre, l'accord ne peut pas être utilisé pour la fermeture définitive d'un site ou d'un établissement, lorsque cette fermeture entraîne un déménagement de l'intégralité des postes et fonctions et que les conditions de reclassement proposées présentent des caractéristiques telles qu'un refus de la très grande majorité des salariés concernés peut être anticipé avec un degré de certitude élevé (ex : déménagement d'un site à plusieurs centaines de kilomètres entraînant une nécessaire mobilité géographique des salariés).

Objet de l'accord - L'APC peut procéder aux aménagements suivants (c. trav. art. L. 2254-2, I).

Aménager la durée du travail des salariés, ses modalités d'organisation et de répartition sachant que, le cas échéant, les règles applicables :
- à l'*aménagement du temps de travail** sur plusieurs semaines doivent être respectées si l'accord met en place ou modifie un tel dispositif (à l'exception de la disposition relative au refus du salarié, cette situation donnant lieu à l'application des règles propres à l'APC) ;
- aux conventions de forfaits annuels doivent être respectées. Toutefois, en cas de simple modification de conventions de forfait déjà existantes, les dispositions exigeant l'accord du salarié formalisé dans une convention écrite ne s'appliquent pas. Ainsi, un APC peut modifier une *convention de forfait** annuel sans qu'il soit nécessaire d'obtenir l'accord du salarié et de le formaliser par écrit.

Aménager la rémunération des salariés (salaire de base et tous les autres avantages et accessoires payés, directement ou indirectement, au salarié en raison de son emploi), dans le respect du *SMIC** et des salaires minima hiérarchiques conventionnels.

Déterminer les conditions de la mobilité professionnelle ou géographique interne à l'entreprise.

L'accord peut porter sur l'un de ces trois sujets ou plusieurs d'entre eux, voire les trois à la fois.

▶ À noter… Compte tenu de la primauté de l'accord d'entreprise sur la convention de branche (c. trav. art. L. 2253-3), un APC peut diminuer voire supprimer une prime d'origine conventionnelle, les primes ne faisant pas partie des domaines « réservés » à la branche [voir *Accord collectif d'entreprise (contenu)**].

Exemples d'aménagements - Le tableau reproduit dans cette étude fournit des exemples d'aménagements que peut prévoir un APC. Ces exemples sont issus du questions-réponses publié par le ministère du Travail (Q/R n° 11 à 17).

Caractéristiques et contenu

Périmètre de l'accord - L'APC peut être conclu au niveau de l'entreprise (c. trav. art. L. 2254-2, I), au niveau d'un établissement et au niveau du groupe (c. trav. art. L. 2232-11 et L. 2232-33).

Il peut ne concerner qu'une catégorie de salariés (ex : cadres) ou qu'un établissement d'une entreprise pluri-établissements (Q/R n° 19).

Préambule obligatoire et clauses facultatives - L'accord comprend impérativement un préambule qui définit ses objectifs (c. trav. art. L. 2254-2, II).

L'accord peut par ailleurs préciser :
- les modalités d'information des salariés sur son application et son suivi pendant toute sa durée, ainsi que, le cas échéant, l'examen de la situation des salariés au terme de l'accord ;
- les conditions dans lesquelles les dirigeants salariés, les mandataires sociaux et les actionnaires fournissent des efforts proportionnés à ceux demandés aux salariés pendant toute sa durée ;
- les modalités selon lesquelles sont conciliées la vie professionnelle et la vie personnelle et familiale des salariés ;

- les modalités d'accompagnement des salariés licenciés car refusant l'application de l'accord et un abondement du *compte personnel de formation** supérieur au minimum réglementaire *(voir ci-après)*.

Ces clauses sont facultatives (Q/R n° 8).

Durée de l'accord - L'APC peut, conformément au droit commun, être conclu pour une durée indéterminée ou une durée déterminée. À défaut de stipulation de l'accord sur sa durée, celui-ci est conclu pour 5 ans (c. trav. art. L. 2222-4).

Conditions de validité

Dans les entreprises avec délégué syndical (DS), l'APC est soumis aux conditions de validité des accords majoritaires (c. trav. art. L. 2232-12) [voir *Accord collectif d'entreprise (conclusion avec délégué syndical)**].

▶ **À noter…** Dans les entreprises d'au moins 50 salariés, le *comité social et économique** (CSE) peut mandater un expert-comptable pour assister les syndicats dans la négociation de l'accord (c. trav. art. L. 2315-92, II).

Dans les entreprises sans DS, l'accord peut être conclu suivant les règles de négociation spécifiques prévues à cet effet [voir *Accord collectif d'entreprise (conclusion sans délégué syndical)**].

Une fois conclu, l'accord est déposé auprès de l'administration sur la plateforme « TéléAccords » (c. trav. art. D. 2231-4). Cependant, compte tenu des informations confidentielles qu'il est susceptible de comporter, il n'est pas rendu public [voir *Accord collectif d'entreprise (dépôt)**].

Modification du contrat ou licenciement

Substitution aux clauses du contrat de travail - L'accord se substitue de plein droit aux clauses contraires et incompatibles du contrat de travail, y compris en matière de rémunération, de durée du travail et de mobilité professionnelle ou géographique interne (c. trav. art. L. 2254-2, III).

Information puis réponse du salarié - L'employeur doit informer les salariés, par tout moyen donnant date certaine et précise, de l'existence et du contenu de l'accord, ainsi que du droit de chacun d'eux d'accepter ou de refuser l'application de l'accord à son contrat de travail (c. trav. art. L. 2254-2, IV).

Le salarié peut refuser la modification de son contrat de travail résultant de l'application de l'accord. Il dispose d'un mois pour adresser, par écrit, son refus à l'employeur. Ce délai court à compter de la date à laquelle l'employeur a informé les salariés sur l'accord (c. trav. art. L. 2254-2, III et IV). En cas de refus, le salarié peut être licencié *(voir ci-après)*.

Le salarié peut également accepter la modification de son contrat de travail. Aucune précision n'est donnée sur la formalisation de cette acceptation. À notre sens et sous réserve de précisions ultérieures, à défaut d'être expresse, elle pourrait résulter d'une absence de refus dans le délai d'un mois (sauf si l'accord met en place un dispositif de forfait annuel, lequel requiert l'acceptation expresse du salarié par signature d'une convention individuelle de forfait).

Rupture du contrat de travail

Motif de licenciement - L'employeur peut licencier le salarié ayant refusé l'application de l'APC. Ce licenciement ne repose ni sur un motif personnel ni sur un motif économique : il a son propre motif, en l'occurrence le refus que l'APC modifie le contrat de travail. Ce motif constitue en lui-même une cause réelle et sérieuse de licenciement (c. trav. art. L. 2254-2, V). Cela n'empêche pas le salarié de contester son licenciement sur d'autres fondements (ex. : licenciement discriminatoire) ou pour non-respect des règles de procédure spécifiques à l'APC (c. constit, décision 2017-665 QPC du 20 octobre 2017 ; CE 7 décembre 2017, n° 408379 ; c. constit., décision 2018-761 DC du 21 mars 2018).

Le refus du salarié n'entraîne pas pour autant son licenciement de manière automatique. L'employeur peut décider de ne pas licencier le salarié. Mais le refus n'étant pas constitutif d'une faute, il ne peut pas, en l'absence de licenciement, sanctionner le salarié (Q/R n° 6).

▶ **Attention…** Plusieurs décisions de la Cour de cassation rendues à propos de l'ancien accord de mobilité interne pourraient, à notre sens, être reprises au sujet de l'APC :

- la protection contre le licenciement liée à la maternité doit s'appliquer le cas échéant [voir *Maternité (protection)**]. En cas de refus émanant d'une salariée enceinte, l'employeur doit justifier, pour la licencier, de l'impossibilité de maintenir son contrat de travail pour un motif étranger à la grossesse. Le refus de la salariée ne caractérise pas, par lui-même, une telle impossibilité (cass. soc. 4 mars 2020, n° 18-19189 FSPB) ;

- le caractère réel et sérieux du motif du licenciement consécutif au refus du salarié est contrôlé par le juge au regard de la conformité de l'accord aux dispositions légales le régissant et de sa justification par l'existence des nécessités du fonctionnement de l'entreprise (cass. soc. 2 décembre 2020, n° 19-11986 FSPBRI).

Procédure applicable - L'employeur dispose d'un délai de 2 mois à compter de la notification du refus du salarié pour engager une procédure de licenciement. Il doit suivre la procédure de licenciement pour motif personnel (c. trav. art. L. 2254-2, V) : entretien préalable au licenciement et assistance du salarié, notification du licenciement (c. trav. art. L. 1232-2 à L. 1232-14) [voir *Licenciement personnel (procédure)**].

Les dispositions légales relatives au *préavis** de licenciement et à l'indemnité compensatrice, à l'*indemnité de licenciement**, au *certificat de travail** et au *reçu pour solde de tout compte** sont également applicables (c. trav. art. L. 1234-1 à L. 1234-11, L. 1234-14, L. 1234-18, L. 1234-19 et L. 1234-20).

Abondement du CPF - L'employeur doit abonder le *compte personnel de formation** (CPF) du salarié licencié, à hauteur de 3 000 € minimum (c. trav. art. L. 2254-2, VI et R. 6323-3-2, I).

L'APC peut prévoir un abondement plus important *(voir ci-avant)*. Cet abondement n'est pas pris en compte pour le calcul des droits crédités chaque année sur le compte, ni pour le calcul du plafond du compte (c. trav. art. L. 2254-2, VI).

L'employeur verse à la Caisse des dépôts et consignations (CDC) la somme correspondant à l'abondement. Il doit, dans les 15 jours suivant la notification du licenciement, adresser à la CDC les informations nécessaires à l'abondement (nom du salarié, données permettant son identification, montant de l'abondement). Le CPF du salarié est abondé dès réception de la somme (c. trav. art. R. 6323-3-2, II et III).

Autorisation de l'inspecteur du travail pour le licenciement d'un salarié protégé. - Le licenciement d'un salarié protégé au titre d'un mandat,

Accord de performance collective (APC) : exemples d'aménagements

Aménagements relatifs à la durée du travail, aux jours fériés et congés	
Horaires de travail	Prévoir une durée du travail* maximale quotidienne de 12 heures par jour, sous réserve du respect des règles relatives aux durées maximales hebdomadaires de travail et aux heures supplémentaires*. Répartir le temps de travail sur six jours au lieu de cinq, sous réserve du respect des règles relatives au repos hebdomadaire* et au repos dominical.
Congés payés, jours fériés	Supprimer ou diminuer le nombre de congés conventionnels, sous réserve du respect des cinq semaines de congés payés*. Décider de ne plus faire chômer les jours fériés*, à l'exception du Premier Mai*.
Aménagement du temps de travail	Mise en place ou modification d'un aménagement du temps de travail* pluri-hebdomadaire, sous réserve du respect des règles relatives à ce dispositif : clauses obligatoires de l'accord, période de référence, modalités de décompte des heures supplémentaires. Attention : l'aménagement du temps de travail mis en place par APC suppose l'accord du salarié, contrairement à une mise en place par accord d'entreprise de droit commun.
Dispositif de forfait annuel en jours ou en heures	Mise en place d'un dispositif de forfait annuel en heures ou en jours, sous réserve du respect des règles relatives à ce dispositif : salariés éligibles, clauses obligatoires de l'accord, période de référence, plafond d'heures ou de jours [voir Convention de forfait (annuel)*]. Attention : nécessité de signer une convention individuelle de forfait. L'acceptation par le salarié de l'APC n'entraîne pas d'office l'acceptation du forfait pour sa propre situation. En cas de modification d'un dispositif de forfait annuel en heures ou en jours déjà existant : les stipulations de l'accord se substituent aux clauses de la convention individuelle de forfait qui leur sont contraires et incompatibles. Le salarié n'a pas à signer de nouvelle convention individuelle de forfait. Son acceptation de l'accord vaut acceptation de la modification de sa convention individuelle.
Aménagements relatifs à la rémunération	
Salaire de base	Diminution du salaire horaire, sous réserve du respect du SMIC* et des minima conventionnels hiérarchiques. Possibilité de prévoir une augmentation parallèle du temps de travail, afin de garantir aux salariés le maintien de leur salaire mensuel.
Rémunération des heures supplémentaires	Réduction du taux de majoration des heures supplémentaires*, sous réserve de respecter la limite basse de 10 %.

qui a refusé l'application de l'APC à son contrat, est soumis à l'autorisation de l'inspection du travail, selon les règles habituelles (Q/R n° 22) [voir *Licenciement des représentants du personnel (procédure)**].

L'inspecteur du travail vérifie notamment (Guide DGT relatif aux décisions administratives en matière de rupture ou de transfert du contrat des salariés protégés, septembre 2019) :

- les conditions de validité de l'accord : modalités de conclusion (accord majoritaire, etc.), contenu de l'accord (en particulier en cas de mise en place d'un dispositif d'aménagement du temps de travail) ;
- le respect de la procédure propre à l'APC (délai de réponse du salarié d'1 mois, délai pour licencier de 2 mois, etc.).

Pas de rupture anticipée pour un CDD - L'employeur ne peut pas rompre le contrat d'un salarié en contrat à durée déterminé (CDD) qui refuse l'application de l'APC. Ce motif ne figure pas parmi les cas autorisés de rupture anticipée d'un CDD (Q/R n° 23).

Accord préélectoral

☛ *Élections professionnelles (protocole d'accord préélectoral).*

Accueil et aide à domicile

Exonération de cotisations : principes

La rémunération d'une aide à domicile peut ouvrir droit à une exonération de cotisations patronales. Cette exonération diffère selon que l'aide à domicile est employée directement par un particulier employeur (c. séc. soc. art. L. 241-10, I) ou par une structure d'aide à domicile (c. séc. soc. art. L. 241-10, III).

Par ailleurs, les accueillants familiaux de personnes âgées ou handicapées adultes peuvent également ouvrir droit à exonération de cotisations (c. séc. soc. art. L. 241-10, II).

▶ À noter... Les mesures d'exonération de cotisations sociales peuvent faire l'objet d'un *rescrit social**.

Particuliers employeurs

Public ayant droit à exonération - Sont susceptibles d'ouvrir droit à l'exonération les personnes (c. séc. soc. art. L. 241-10, I et D. 241-5) :

- âgées d'au moins 70 ans ;
- ayant à charge un enfant ouvrant droit au complément de l'allocation d'éducation de l'enfant handicapé ou à la prestation de compensation du handicap (PCH) ;
- titulaires soit de l'élément « aides humaines » de la PCH, soit d'une majoration pour tierce personne servie au titre de l'assurance invalidité, soit d'une prestation complémentaire pour recours à tierce personne servie au titre de la législation des accidents du travail ;
- ayant dépassé 60 ans et qui sont dans l'obligation de recourir à l'assistance d'une tierce personne ;
- remplissant la condition de perte d'autonomie requise pour percevoir l'allocation personnalisée d'autonomie.

L'aide à domicile doit être employée effectivement au service personnel du particulier, à son domicile ou chez des membres de sa famille (c. séc. soc. art. L. 241-10, I).

Montant de l'exonération - L'exonération est totale sur les cotisations patronales de sécurité sociale, exceptée la cotisation d'accidents du travail.

Toutefois, pour les personnes d'au moins 70 ans non dépendantes, l'exonération s'applique dans la limite d'une rémunération mensuelle égale à 65 fois le *SMIC** horaire en vigueur au premier jour du mois (c. séc. soc. art. L. 241-10, I et D. 241-5 ; lettre-circ. ACOSS 2002-97 du 5 avril 2002).

▶ À noter... Pour les périodes courant depuis le 1.12.2015, les particuliers employeurs autres que ceux énoncés ci-dessus bénéficient, pour chaque heure de travail effectuée par les salariés travaillant à leur domicile, d'une déduction forfaitaire patronale des cotisations de sécurité sociale égale à 2 €. Dans les départements d'outre-mer, à Saint-Barthélemy, à Saint-Martin et à Saint-Pierre-et-Miquelon, s'applique une déduction forfaitaire patronale des cotisations et contributions sociales d'origine légale et conventionnelle de 3,70 € par heure de travail effectuée. Ces déductions ne sont pas cumulables avec une autre exonération de cotisations sociales, l'application de taux ou d'assiettes spécifiques ou de montants forfaitaires de cotisations (c. séc. soc. art. L. 241-10, I bis).

Organismes privés d'aide à domicile

Structures ouvrant droit à l'exonération - Les associations et entreprises déclarées auprès de la *DREETS** pour leurs activités dites de services à la personne (c. trav. art. L. 7232-1-1) ainsi que les organismes privés habilités au titre de l'aide sociale ou ayant passé une convention avec un organisme de sécurité sociale (ex : service d'aide et d'accompagnement à domicile) ouvrent droit à une exonération de cotisations patronales de sécurité sociale pour les aides à domicile qu'ils emploient (c. séc. soc. art. L. 241-10, III). Pour cela, ils sont tenus à un certain nombre de formalités (c. séc. soc. art. D. 241-5-5).

Salariés et activités éligibles - L'exonération s'applique au titre des aides à domicile employées en CDI ou bien en CDD pour remplacer des salariés absents ou dont le contrat de travail est suspendu (c. séc. soc. art. L. 241-10, III).

Elle porte sur la fraction des rémunérations versée en contrepartie des heures de travail effectuées au domicile à usage privatif des personnes dites « fragiles », à savoir (c. séc. soc. art. L. 241-10, III et D. 241-5-3) :

- les personnes susceptibles d'être des « particuliers employeurs » *(voir ci-avant)* ;
- les bénéficiaires de prestations d'aide ménagère aux personnes âgées ou handicapées au titre de l'aide sociale légale ou d'une convention conclue entre la structure et un organisme de sécurité sociale ;
- les bénéficiaires de prestations d'aide et d'accompagnement aux familles dans le cadre de l'aide sociale à l'enfance ou d'une convention conclue entre la structure et un organisme de sécurité sociale.

L'exonération n'est applicable qu'au titre des interventions effectuées au domicile à usage privatif des bénéficiaires concernés. Le domicile doit être situé en France. Il est constitué par le lieu de résidence habituelle et effective, principale ou secondaire, quel que soit le mode de jouissance du logement. Dès lors que le bénéficiaire réside dans une structure collective dont la nature des prestations implique qu'il n'est plus autonome, la condition du domicile à usage privatif n'est pas remplie (BOSS, Exonérations aide à domicile, § 170, 01/02/2022 ; cass. civ., 2e ch., 22 septembre 2011, n° 10-19954, BC II n° 173).

Exemple

La situation des pensionnaires des maisons de retraite ou des établissements pour personnes âgées dépendantes (EPHAD) diffère selon qu'ils ont ou non la disposition privative de leur logement. L'occupation est considérée comme privative lorsque la réglementation de l'établissement n'oblige pas les personnes valides à prendre leurs repas en commun, ne limite pas les heures de visite et n'autorise pas le personnel ou le gestionnaire à accéder librement aux chambres des pensionnaires (BOSS, Exonérations aide à domicile, § 170, 01/02/2022).

L'exonération ne s'applique pas aux activités effectuées par des personnes employées par certains établissements et services sociaux et médico-sociaux (ex. : établissements et services accueillant des personnes âgées ou leur apportant à domicile une assistance dans les actes quotidiens de la vie, des prestations de soins ou une aide à l'insertion sociale) et correspondant à des prestations financées par une dotation de l'assurance maladie (c. séc. soc. art. L. 241-10, III ; CASF art. L. 312-1, I, 2°, 3°, 5° b, 6°, 7°, 11° et 12°).

Réduction dégressive annualisée - Pour les cotisations et contributions dues au titre des périodes courant à compter du 1.01.2019, les structures privées d'aide à domicile bénéficient d'une réduction dégressive annualisée, sur le modèle de la *réduction générale de cotisations patronales** (c. séc. soc. art. L. 241-10, III).

▶ **À noter...** Pour les périodes antérieures au 1.01.2019, ces structures bénéficiaient d'une exonération spécifique, toujours applicable aux structures d'aide à domicile qui ne constituent pas des employeurs de droit privé *(voir ci-après)*.

Cotisations concernées - L'exonération porte sur les cotisations patronales d'assurances sociales (maladie, vieillesse, allocations familiales), le FNAL, la contribution solidarité autonomie, les cotisations AGIRC-ARRCO (hors contribution d'équilibre technique), une fraction du taux de cotisation AT/MP (0,59 point en 2022) et les contributions d'assurance chômage (c. séc. soc. art. L. 241-10, III).

▶ **À noter...** L'exonération sur les contributions d'assurance chômage se fait à hauteur d'un taux ne tenant pas compte de l'application du bonus-malus, qui s'appliquera à compter du 1.09.2022 [voir *Cotisation d'assurance chômage (bonus-malus)**]. Ainsi, elle porte sur le taux de droit commun, soit 4,05 % (c. séc. soc. art. L. 241-10, III).

Assiette de l'exonération - Elle correspond à la rémunération afférente aux heures d'aide à domicile. La rémunération afférente aux autres activités du salarié, telles que les tâches administratives, ne bénéficie pas de l'exonération. Les rémunérations afférentes aux activités ou aux périodes pour lesquelles il n'est pas possible d'établir un lien avec l'aide à domicile car elles ne correspondent ni à des heures de travail effectuées auprès des bénéficiaires de l'aide à domicile, ni à des heures effectuées au profit de personnes non éligibles (temps de formations, de réunions, des congés payés, de représentations syndicales et de déplacements) ouvrent droit à l'exonération, à proportion de la part que représente l'activité d'aide à domicile effectuée auprès des publics dits « fragiles » dans l'activité totale du salarié auprès de l'ensemble des publics au cours de l'année (BOSS, Exonérations aide à domicile, § 210, 01/02/2022).

L'exonération est donc applicable à la rémunération déterminée comme suit (BOSS, Exonérations aide à domicile, § 220, 01/02/2022) **:**

Total des revenus d'activité x (nbre d'heures d'aide à domicile effectuées auprès d'un public dit « fragile »/nombre total d'heures d'aide à domicile effectuées).

Exemple

Un salarié travaille à temps plein au sein d'une entreprise de services à domicile où il exerce des activités d'aide à domicile et de secrétariat. Il perçoit une rémunération annuelle de 21 000 € bruts et effectue 1607 heures ainsi réparties :

- 500 heures de secrétariat, pour lesquelles il perçoit une rémunération de 6 500 € bruts ;
- 1 000 heures d'aide à domicile, dont 500 auprès de publics dits « fragiles » et 500 auprès de publics dits « non fragiles », pour lesquelles il perçoit une rémunération de 13 000 € bruts ;
- 107 heures de formations et de trajet au titre de l'aide à domicile, pour lesquelles il perçoit une rémunération de 1 500 € bruts.

L'exonération est applicable à la part de ces revenus d'activité, hors heures de secrétariat, entrant dans le champ de l'exonération et correspondant aux heures travaillées auprès de publics dits « fragiles » : (13 000 + 1 500) × 500 ÷ 1000 = 7 250. L'exonération doit donc être calculée sur la base d'une assiette égale à 7 250 € bruts (BOSS, Exonérations aide à domicile, § 220, 01/02/2022).

Toutefois, pour les aides à domicile intervenant chez des personnes âgées d'au moins 70 ans et non dépendantes, la fraction de rémunération exonérée est limitée à 65 fois la valeur du *SMIC horaire en vigueur au premier jour du mois concerné** (c. séc. soc. art. L. 241-10, III et D. 241-5).

Pour respecter cette limite, il convient de déterminer la part des rémunérations donnant lieu à exonération (BOSS, Exonérations aide à domicile, § 240, 01/02/2022) **:**

- pour les heures effectuées auprès de personnes âgées d'au moins 70 ans, en appliquant à la rémunération totale versée à l'aide à domicile le rapport entre le nombre d'heures effectuées chez la personne âgée d'au moins 70 ans et le total des heures d'aide à domicile effectuées, et en limitant la somme ainsi obtenue au plafond de 65 fois le SMIC horaire par mois ;

- pour les heures effectuées auprès des autres bénéficiaires dits « fragiles », en appliquant à la rémunération totale versée à l'aide à domicile le rapport entre le nombre d'heures effectuées chez ces autres particuliers et le total des heures d'aide à domicile effectuées.

Exemple

Une aide à domicile travaille 100 heures sur le mois réparties comme suit :

- 80 heures auprès de publics dits « fragiles » (dont 30 auprès d'une personne âgée de plus de 70 ans non dépendante) ;
- et 20 heures après de publics « non fragiles ».

Au cours de ce mois, elle perçoit 1 500 € bruts de revenus d'activité. L'exonération est applicable à la part de ces revenus correspondant aux heures travaillées auprès de publics dits « fragiles » ainsi déterminée :

- pour les heures effectuées auprès de la personne âgée d'au moins 70 ans non dépendante : 1 500 × 30 ÷ 100 = 450 ;
- pour les heures effectuées auprès des autres publics dits « fragiles » : 1 500 × 50 ÷ 100 = 750.

L'exonération « aide à domicile » doit donc être calculée sur la base d'une rémunération mensuelle égale à 1 200 € bruts (450 + 750) (BOSS, Exonérations aide à domicile, § 240, 01/02/2022).

Calcul de l'exonération - L'exonération est totale pour les salaires inférieurs à 1,2 SMIC (c. séc. soc. art. L. 241-10, III).

Lorsque le salaire annuel brut de l'aide à domicile est supérieur ou égal à 1,2 SMIC, l'exonération est dégressive jusqu'à devenir nulle au niveau de 1,6 SMIC (c. séc. soc. art. L. 241-10, III). **Elle est alors égale à : Rémunération annuelle brute versée au salarié × Coefficient (C)** (c. séc. soc. art. D. 241-5-2, II).

Le coefficient « C » est égal à : 1,2 × T / 0,4 × [(1,6 × SMIC calculé pour un an / rémunération annuelle brute) – 1].

Les paramètres « T » et « SMIC » sont ceux retenus pour le calcul de la *réduction générale de cotisations patronales** (c. séc. soc. art. D. 241-7).

Pour les salariés en contrat à durée déterminée (CDD) auprès d'un même employeur, le coefficient

« C » est déterminé pour chaque contrat (c. séc. soc. art. D. 241-5-2, III), dans le cadre de l'année civile.

La réduction est calculée pour chaque salarié sur la base de la rémunération due au titre de la période d'emploi correspondant à une année civile. Elle peut cependant être appliquée par anticipation chaque mois et faire l'objet d'une régularisation progressive, à chaque exigibilité, ou d'une seule régularisation annuelle le dernier mois de l'année (BOSS, Exonérations aide à domicile, §§ 250 et 260, 01/02/2022).

Règles de cumul - Les employeurs dont les salariés sont amenés à intervenir alternativement, au cours d'un même mois, auprès d'un public dit « fragile » et auprès d'un public « non fragile » (ex. : pour la garde d'enfants) peuvent bénéficier de l'exonération « aide à domicile » décrite ci-avant pour la part de rémunération éligible à celle-ci et de la *réduction générale de cotisations patronales** pour le reste de la rémunération. En revanche, les deux dispositifs ne sont pas cumulables au titre d'une même partie de la rémunération (BOSS, Exonérations aide à domicile, § 180, 01/02/2022 ; lettre-circ. ACOSS 2011-38 du 29 mars 2011 ; circ. AGIRC-ARRCO 2021-5 DRJ du 21 juillet 2021, fiche 4, § IV. 1.2).

La mise en œuvre du cumul de ces deux mesures d'exonération suppose que soient précisées, pour chaque prestation d'aide à domicile effectuée par le salarié au cours d'un mois civil (lettre DSS du 27 janvier 2011 diffusée par lettre-circ. ACOSS 2011-38 du 29 mars 2011) :
- l'identité et la qualité de la personne auprès de laquelle elle a été exercée ;
- la nature et la date du service rendu ;
- ainsi que ses heures de début et de fin.

De plus, les associations et entreprises concernées doivent tenir à la disposition des URSSAF tous les documents de nature à justifier, salarié par salarié, les décomptes d'heures permettant le calcul des exonérations.

Par ailleurs, l'exonération « aide à domicile » est cumulable avec toute autre mesure d'exonération à la condition que celle-ci ne fasse pas l'objet elle-même d'une règle de non-cumul. Elle est cumulable avec la réduction du taux de la cotisation d'assurance maladie (voir *Cotisations d'assurance maladie-maternité-invalidité**) ou du taux de la *cotisation d'allocations familiales** (BOSS, Exonérations aide à domicile, § 190, 01/02/2022).

Exemple

Une aide à domicile rémunérée à hauteur de 1,2 SMIC qui exerce son activité auprès de publics fragiles et de publics non fragiles bénéficie de l'exonération « aide à domicile » pour la part de la rémunération correspondant aux heures effectuées auprès de publics fragiles et de la réduction générale de cotisations patronales pour la part de la rémunération correspondant aux heures effectuées auprès de publics non fragiles, ainsi que des réductions du taux des cotisations maladie et allocations familiales sur l'ensemble de la rémunération (BOSS, Exonérations aide à domicile, § 190, 01/02/2022).

Organismes publics d'aide à domicile

Structures ouvrant droit à l'exonération - Peuvent bénéficier de l'exonération « aide à domicile » les structures d'aide à domicile relevant du secteur public, à savoir (c. séc. soc. art. L. 241-10, III) :
- les centres communaux et intercommunaux d'action sociale (CCAS et CIAS) ;
- les organismes publics habilités au titre de l'aide sociale ou ayant passé une convention avec un organisme de sécurité sociale.

Salariés et activités éligibles - Comme dans le secteur privé *(voir plus haut)*, l'exonération s'applique au titre des aides à domicile employées en CDI ou bien en CDD pour remplacer des salariés absents ou dont le contrat de travail est suspendu (pour les CCAS et CIAS, il peut s'agir d'aides à domicile recrutés de façon temporaire en qualité d'agents non titulaires). Elle porte sur la fraction des rémunérations versée en contrepartie des heures de travail effectuées au domicile à usage privatif des personnes dites « fragiles » (c. séc. soc. art. L. 241-10, III et D. 241-5-3 ; www.urssaf.fr).

Montant de l'exonération - L'exonération porte sur les cotisations patronales de sécurité sociale dans leur totalité, à l'exception de la cotisation d'accidents du travail, quel que soit le niveau de rémunération de l'aide à domicile (c. séc. soc. art. L. 241 10, III ; BOSS, Exonérations aide à domicile, § 430, 01/02/2022).

Dans les CCAS et CIAS, les rémunérations des aides à domicile ayant la qualité d'agent titulaire relevant du cadre d'emplois des agents sociaux territoriaux bénéficient d'une exonération de 100 % de la cotisation d'assurance vieillesse due à la CNRACL (c. séc. soc. art. L. 241-10, III).

L'exonération est applicable aux rémunérations correspondant au nombre d'heures d'aide à domicile réalisées chez les personnes dites « fragiles » au cours du mois civil (BOSS, Exonérations aide à domicile, § 390, 01/02/2022).

Pour les aides à domicile intervenant chez des personnes âgées d'au moins 70 ans et non dépendantes, la fraction de rémunération exonérée est limitée à 65 fois la valeur du *SMIC** horaire en vigueur au premier jour du mois concerné (c. séc. soc. art. L. 241-10, III et D. 241-5). La part de rémunération exonérée est déterminée selon les mêmes modalités que pour les employeurs du secteur privé *(voir plus haut)* (BOSS, Exonérations aide à domicile, § 400, 01/02/2022).

Personnes hébergées chez des accueillants familiaux

La personne âgée ou handicapée accueillie à titre onéreux par des particuliers à leur domicile (accueillants familiaux) bénéficie, dans certaines conditions (agrément de l'accueillant par le président du conseil départemental, conclusion d'un contrat d'accueil écrit...), d'une exonération des cotisations patronales de sécurité sociale dues sur la rémunération qu'elle verse à ces particuliers, exceptée la cotisation d'accidents du travail (c. séc. soc. art. L. 241-10, II).

▶ À noter… La personne hébergée est considérée comme l'employeur de l'accueillant familial et, à ce titre, certaines obligations sont à sa charge telles que la rémunération de l'accueillant familial et le paiement des cotisations sociales et de retraite complémentaire afférentes aux rémunérations versées. Il est à noter qu'aucune contribution d'assurance chômage n'est due.

L'exonération bénéficie également, sous certaines conditions, aux personnes morales de droit privé et de droit public qui emploient des accueillants familiaux (c. séc. soc. art. L. 241-10, II).

Acomptes

L'acompte consiste à verser à un salarié la rémunération d'une période de travail déjà effectuée avant son échéance normale.

Salariés concernés

Un acompte mensuel est obligatoirement versé :

- aux salariés mensualisés qui le demandent (c. trav. art. L. 3242-1) ;
- aux salariés aux pièces dont l'exécution du travail doit durer plus de 15 jours, qui sont par ailleurs intégralement payés dans la quinzaine qui suit la livraison de l'ouvrage (c. trav. art. L. 3242-4) ;
- aux VRP en fonction des commissions effectivement dues au titre du trimestre en cours (ANI du 3 octobre 1975, avenant n° 4 du 12 janvier 1982, art. 5).

▶ À noter… Les travailleurs à domicile, les saisonniers, les intermittents et les travailleurs temporaires ne bénéficient pas du droit à un acompte prévu par le code du travail (c. trav. art. L. 3242-1). Il faut donc se référer aux accords collectifs et aux usages d'entreprise qui leur sont applicables. En l'absence de précision, l'employeur est libre d'accepter ou de refuser de verser un acompte entre deux paies. Ces salariés doivent être payés au moins deux fois par mois, à 16 jours au plus d'intervalle (c. trav. art. L. 3242-3). Il ne s'agit pas ici d'un acompte, mais du paiement d'un salaire avec remise d'un bulletin de paie.

Versement de l'acompte

Montant - Le montant de l'acompte n'excède pas la rémunération acquise à la date de la demande, sauf accord plus favorable (ex. : versement le 15 janvier du salaire des 15 premiers jours du mois, au lieu de la fin du mois).

Pour les salariés mensualisés, un acompte correspondant à la moitié de la rémunération mensuelle doit obligatoirement être versé sur leur simple demande (c. trav. art. L. 3242-1).

Paiement - Les acomptes doivent être payés par chèque ou virement dès lors que les éléments permanents du *salaire**dépassent 1 500 € par mois (c. trav. art. L. 3241-1 ; décret 85-1073 du 7 octobre 1985, art. 2, modifié par décret 2001-96 du 2 février 2001).

La retenue pour acompte doit être mentionnée sur le *bulletin de paie** du mois. Toutefois, malgré la délivrance de celui-ci, l'employeur doit prouver le paiement du salaire (cass. soc. 2 février 1999, n° 96-44798, BC V n° 48), la seule mention du règlement d'un acompte sur le bulletin de paie ne permettant pas à l'employeur de se libérer de son obligation (cass. soc. 19 mai 1999, n° 96-45415 D).

L'employeur peut faire signer au salarié un reçu lors du versement de l'acompte.

Compensation - Les acomptes sur salaire se compensent avec le salaire dans leur totalité : l'employeur se rembourse intégralement lors de l'échéance de la paie (cass. soc. 1er décembre 2009, n° 08-41874 D).

Les acomptes ne sont pas considérés comme des avances sur salaire, l'employeur n'est donc pas tenu d'appliquer la règle du dixième à retenir (c. trav. art. L. 3251-3) [voir *Salaire (avances sur)**]. Cependant, l'acompte qui ne serait pas retenu sur la prochaine échéance de paie peut devenir une avance sur salaire, avec des règles plus contraignantes pour l'entreprise qui s'appliquent.

En revanche, un crédit ouvert à un salarié pour l'achat de marchandises au sein du magasin où il travaille, constitue un prêt, qui ne peut être remboursé que par compensation dans la limite de la fraction saisissable du salaire (cass. soc. 15 janvier 2014, n° 12-19739 D).

Charges sociales - En principe, les acomptes sur salaire ne donnent pas lieu à cotisations. En pratique, c'est à l'occasion du paiement du reliquat de salaire que les cotisations dues sur l'ensemble de la rémunération sont précomptées, sauf en cas de modification de la périodicité de la paie.

☞ *Salaire.*

➲ Formulaire de Droit Social, « Demande et reçu d'acompte sur salaire ».

ACOSS (Agence centrale des organismes de sécurité sociale)

☞ *Non-salarié (sécurité sociale) ; Organismes de sécurité sociale (salariés).*

ACRE (aide aux créateurs et repreneurs d'entreprise)

☞ *Création d'entreprise (aides).*

Action de formation préalable au recrutement (AFPR)

@ Cette étude est détaillée dans la version en ligne de ce Dictionnaire (voir www.rfsocial.com et www.rfeditions.com).

Action de groupe

☞ *Discriminations (contentieux).*

Actionnariat des salariés

Stock-options

Voir *Stock-options**.

Augmentations de capital

Augmentations réservées aux adhérents d'un PEE - Les sociétés peuvent procéder à des augmentations de capital réservées aux adhérents (salariés en activité ou anciens salariés) d'un *plan d'épargne d'entreprise (PEE)** (c. trav. art. L. 3332-18 et s.).

Le prix de souscription des titres ne peut alors être supérieur au prix d'admission sur le marché ni lorsqu'il s'agit de titres déjà cotés sur un marché réglementé, à la moyenne des cours cotés aux 20 séances de bourse précédant le jour de la décision fixant la date d'ouverture de la souscription. Il ne peut pas non plus être inférieur de plus de 30 % à ce prix d'admission ou à cette moyenne (40 % si la durée d'indisponibilité du plan ou du compartiment du plan dans lequel sont inscrites les actions est au moins égale à 10 ans) (c. trav. art. L. 3332-19 et L. 3332-20).

Mécanisme de rendez-vous obligatoires - Lors de toute décision d'augmentation du capital, l'assemblée générale extraordinaire (AGE) doit se prononcer sur un projet de résolution tendant à réaliser une augmentation de capital réservée aux adhérents du PEE (c. com. art. L. 225-129-6 renvoyant à c. trav. art. L. 3332-18 et s.).

Attribution d'actions gratuites

Entreprises et personnes concernées - Dans les sociétés par actions, cotées ou non (SA, SAS et SCA), les salariés et, sous certaines conditions, les dirigeants peuvent bénéficier d'un mécanisme d'attribution d'actions gratuites.

Limites au nombre d'actions distribuées - Le volume d'actions distribuées est plafonné à 10 % du capital social existant au jour de la délibération de l'assemblée générale extraordinaire (AGE). Par exception, ce plafond est porté à 15 % dans les PME dont les titres ne sont pas admis aux négociations sur un marché réglementé ou sur un système multilatéral de négociation (PME non cotées), sous réserve que les statuts de la société le prévoient (c. com. art. L. 225-197-1 et L. 22-10-59).

▶ À noter... Par « PME », il faut entendre une entreprise de moins de 250 salariés, dont le chiffre d'affaires annuel n'excède pas 50 millions d'euros ou dont le total du bilan annuel n'excède pas 43 millions d'euros (recommandation 2003/361/CE du 6 mai 2003, JOUE L. 124 du 20 mai 2003, p. 36).

Dans un cas comme dans l'autre (sociétés par actions ou PME non cotées), il est possible d'aller jusqu'à 30 % du capital social lorsque l'attribution d'actions gratuites bénéficie à l'ensemble des membres du personnel salarié de la société.

Limites dans la répartition - Au-delà du pourcentage de 10 % ou de 15 %, l'écart du nombre d'actions distribuées entre chaque salarié est plafonné. Il ne peut pas excéder un rapport de 1 à 5 (c. com. art. L. 225-197-1, I).

Exemple

S'il est prévu de limiter à 10 le nombre d'actions gratuites attribuées à chaque membre d'une catégorie de personnel, le nombre d'actions gratuites attribuées à une autre catégorie ne peut pas excéder 50 actions par salarié.

Période d'acquisition - Le bénéficiaire d'une attribution d'actions gratuites ne devient définitivement propriétaire des titres correspondants qu'au terme d'une période d'acquisition. Cette période est fixée par l'AGE sans pouvoir être inférieure à 1 an pour les actions gratuites dont l'attribution est autorisée par une décision de l'AGE postérieure au 7.08.2015 (2 ans avant cette date) (c. com. art. L. 225-197-1).

Période de conservation - Une fois écoulée la période d'acquisition, le bénéficiaire ne peut disposer des actions qu'après une autre période d'indisponibilité, dite « de conservation », définie par l'AGE (c. com. art. L. 225-197-1).

▶ À noter... Par exception, à l'issue de la période d'acquisition, il est possible, sous certaines conditions, de placer les actions sur un *plan d'épargne d'entreprise (PEE)** (c. trav. art. L. 3332-14).

Pour les actions gratuites dont l'attribution a été autorisée par une décision de l'AGE postérieure au 7.08.2015, la durée cumulée de la période d'acquisition et de la période conservation ne peut pas être inférieure à 2 ans. Cela signifie que si la période d'acquisition a été fixée à 2 ans, l'AGE n'a plus à fixer de durée minimale de conservation. Le bénéficiaire peut disposer de ses actions sans délai.

Pour les décisions de l'AGE prises avant cette date, la période de conservation était d'au moins 2 ans, avec une possibilité de réduire ou de supprimer cette période si la durée d'acquisition était d'au moins 4 ans.

Régimes social et fiscal - Voir Dictionnaire RF Paye, « Attribution gratuite d'actions aux salariés ».

Actions de formation

Champ de la formation professionnelle continue

La formation professionnelle continue a pour objet de favoriser l'insertion ou la réinsertion professionnelle des travailleurs, de permettre leur maintien dans l'emploi, de favoriser le développement de leurs compétences et l'accès aux différents niveaux de la qualification professionnelle, de contribuer au développement économique et culturel, à la sécurisation des parcours professionnels et à leur promotion sociale.

Elle a également pour objet de permettre le retour à l'emploi des personnes qui ont interrompu leur activité professionnelle pour s'occuper de leurs enfants ou de leur conjoint ou ascendants en situation de dépendance (c. trav. art. L. 6311-1).

Actions concourant au développement des compétences

L'action de formation est une catégorie parmi d'autres dans les actions concourant au développement des compétences, lesquelles comprennent également le *bilan de compétences**, les actions de *validation des acquis de l'expérience** et les actions de formation par *apprentissage** (c. trav. art. L. 6313-1).

L'accès des salariés à des actions de formation professionnelle est assuré (c. trav. art. L. 6312-1) :
- à l'initiative de l'employeur, le cas échéant, dans le cadre d'un *plan de développement des compétences** ;
- à l'initiative du salarié, notamment par la mobilisation du *compte personnel de formation** ;
- dans le cadre du *contrat de professionnalisation**.

▶ À noter... Certaines formations sont certifiantes [voir *Formation professionnelle (certifications professionnelles)**]. Les autres formations peuvent faire l'objet d'une attestation dont le titulaire peut se prévaloir.

Parcours pédagogique permettant d'atteindre un objectif professionnel

Définition - L'action de formation est « un parcours pédagogique permettant d'atteindre un objectif professionnel » (c. trav. art. L. 6313-2). Sont ainsi

prises en compte les modalités de mise en œuvre des actions de formation autres que la formation en présentiel, à savoir les actions de formation réalisées :
- en tout ou partie à distance (FOAD) ;
- en situation de travail (FEST).

▶ À noter... Avec la digitalisation de la formation (« Digital Learning »), sont notamment pratiqués :
- les MOOC (Massive Online Open Course) : formation certifiante en ligne sur plusieurs semaines avec mise à disposition d'un contenu pédagogique pouvant être complété par des vidéos et des quizz ;
- les COOC (Corporate Online Open Course) : cours en ligne dispensé par une entreprise s'adressant prioritairement à des salariés ou à des fournisseurs, des clients en lien avec la structure formatrice (travail collaboratif, travail distanciel, gamification) ;
- les SPOC (Small Private Online Courses) : formation en ligne avec un nombre d'accès volontairement limité ;
- les blended learning : compilation de deux formations (distanciel et présentiel) ; le distanciel pour la théorie et la mise en pratique et le présentiel pour l'accompagnement et l'approfondissement.

Objectifs - Les actions de formation ont pour objet (c. trav. art. L. 6313-3) :
- de permettre à toute personne sans qualification professionnelle ou sans contrat de travail d'accéder dans les meilleures conditions à un emploi ;
- de favoriser l'adaptation des travailleurs à leur poste de travail, à l'évolution des emplois ainsi que leur maintien dans l'emploi et de participer au développement de leurs compétences en lien ou non avec leur poste de travail. Elles peuvent permettre à des travailleurs d'acquérir une qualification plus élevée ;
- de réduire, pour les travailleurs dont l'emploi est menacé, les risques résultant d'une qualification inadaptée à l'évolution des techniques et des structures des entreprises, en les préparant à une mutation d'activité soit dans le cadre, soit en dehors de leur entreprise. Elles peuvent permettre à des salariés dont le contrat de travail est rompu d'accéder à des emplois exigeant une qualification différente, ou à des non-salariés d'accéder à de nouvelles activités professionnelles ;
- de favoriser la mobilité professionnelle.

Organisation - Le parcours pédagogique peut être organisé selon différentes modalités de formation (sous forme de stages en présentiel, de FOAD, de FEST) permettant d'acquérir des compétences (c. trav. art. R. 6313-1).

Les conditions de prise en charge des actions de formation par les financeurs (employeurs, fonds publics ou fonds mutualisés) peuvent être différenciées selon les modalités de formation, les moyens humains et techniques ainsi que les ressources pédagogiques mobilisées (c. trav. art. R. 6313-1).

Les informations relatives à l'organisation de l'action de formation doivent être communiquées par le dispensateur de l'action, par tout moyen (ex. : courrier papier ou mail), aux bénéficiaires et aux financeurs concernés (c. trav. art. R. 6313-2).

Le dispensateur de l'action de formation doit justifier de la réalisation de l'action de formation par « tout élément probant ». À notre sens, il pourra aussi bien s'agir de moyens de preuve classiques qu'électroniques (c. trav. art. R. 6313-3).

▶ À noter... L'obligation pour le prestataire de formation de remettre au salarié une attestation de fin de formation mentionnant les objectifs, la nature et la durée de l'action et les résultats de l'évaluation des acquis de la formation n'existe plus (c. trav. art. L. 6353-1 et R. 6313-3). Le prestataire de formation doit seulement prouver par tout moyen que l'action de formation a été réalisée. Un certificat de réalisation doit par ailleurs être établi en vue du contrôle dit de « service fait » par les *opérateurs de compétences (OPCO)**. Mais juridiquement, aucun document obligatoire ne semble devoir être remis au salarié à l'issue de la formation à la lecture des textes.

Mise en œuvre de la FOAD - Une action de formation en tout ou partie à distance nécessite (c. trav. art. D. 6313-3-1) :
- une assistance technique et pédagogique appropriée pour accompagner le bénéficiaire dans le déroulement de son parcours ;
- une information du bénéficiaire sur les activités pédagogiques à effectuer à distance et leur durée moyenne estimée ;
- des évaluations qui jalonnent ou concluent l'action de formation.

Mise en œuvre de la FEST - L'action de formation en situation de travail nécessite (c. trav. art. D. 6313-3-2) :
- l'analyse de l'activité de travail pour, le cas échéant, l'adapter à des fins pédagogiques ;
- la désignation préalable d'un formateur pouvant exercer une fonction tutorale ;
- la mise en place de phases réflexives distinctes des mises en situation de travail et destinées à utili-

ser à des fins pédagogiques les enseignements tirés de la situation de travail (l'objectif est de consolider et expliciter les apprentissages après analyse des écarts entre les attendus, les réalisations et les acquis de chaque mise en situation) ;
- des évaluations spécifiques des acquis de la formation qui jalonnent ou concluent l'action.

Convention de formation

Pour la réalisation des actions de formation, et plus largement de toutes les actions de développement des compétences, une convention doit être conclue entre l'acheteur (l'entreprise) et l'organisme qui les dispense (c. trav. art. L. 6353-1) [voir *Formation professionnelle (convention)**].

Qualité des actions de formation

Contrôle qualité - Les organismes qui financent une action de formation doivent s'assurer de la capacité du prestataire auquel ils ont recours à dispenser une formation de qualité (c. trav. art. L. 6316-1, L. 6332-1-1, 4°, et L. 6333-3). Cette obligation de vérification concerne :
- les OPCO (c. trav. art. L. 6332-1) ;
- les commissions paritaires interprofessionnelles régionales (c. trav. art. L. 6323-17-6) ;
- le fonds de développement pour l'insertion professionnelle des handicapés (AGEFIPH) (c. trav. art. L. 5214-1) ;
- l'État, les régions et Pôle Emploi.

Critères de qualité - L'organisme financeur doit vérifier (c. trav. art. R. 6316-1 ; Questions-Réponses « Certification qualité des prestataires d'actions concourant au développement des compétences », septembre 2020) :
- l'identification précise des objectifs de la formation et son adaptation au public formé ;
- l'adaptation des dispositifs d'accueil, de suivi pédagogique et d'évaluation aux publics de stagiaires ;
- l'adéquation des moyens pédagogiques, techniques et d'encadrement à l'offre de formation ;
- la qualification professionnelle et la formation continue des personnels chargés des formations ;
- les conditions d'information du public sur l'offre de formation, ses délais d'accès et les résultats obtenus ;
- la prise en compte des appréciations rendues par les stagiaires.

L'organisme financeur s'assure en outre du respect par le prestataire des obligations suivantes :
- établissement d'un règlement intérieur (c. trav. art. L. 6352-3 à L. 6352-5) ;
- conclusion d'une convention entre l'acheteur et l'organisme qui dispense l'action de formation (c. trav. art. L. 6353-1) ;
- remise au stagiaire des diverses informations obligatoires (objectifs, liste des formateurs, horaires, etc.) (c. trav. art. L. 6353-8) ;
- informations demandées au candidat à un stage de formation ou à la personne formée uniquement destinées à apprécier la capacité de l'intéressé à suivre l'action de formation (c. trav. art. L. 6353-9).

Adéquation entre la formation et son prix - En parallèle des critères réglementaires de qualité, les organismes financeurs doivent veiller à « l'adéquation financière » des prestations achetées aux besoins de formation, à l'ingénierie pédagogique déployée par le prestataire, à l'innovation des moyens mobilisés et aux tarifs pratiqués dans des conditions d'exploitation comparables pour des prestations analogues (c. trav. art. R. 6316-4). En d'autres termes, il leur faut vérifier que le coût de la formation est en rapport avec la prestation proposée.

Modalités de vérification - Une première possibilité consiste pour les organismes financeurs à procéder eux-mêmes aux évaluations (c. trav. art. R. 6316-2). Dans un souci de transparence, ils doivent mettre à la disposition des organismes de formation, des entreprises et du public des informations relatives aux outils méthodologiques et aux indicateurs qui leur permettent d'apprécier la qualité des formations dispensées (c. trav. art. R. 6316-5).

Les prestataires de formation peuvent par ailleurs prendre l'initiative de décrocher une certification ou un label de qualité. C'est à la commission nationale de la négociation collective, de l'emploi et de la formation professionnelle qu'il incombe de dresser la liste des certifications et des labels conformes aux critères réglementaires de qualité, selon des modalités qu'elle détermine. Cette liste est mise à la disposition du public (c. trav. art. R. 6316-3).

Certification qualiopi - La certification qualité « Qualiopi » vise à :
- attester de la qualité du processus mis en œuvre par les prestataires d'actions concourant au développement des compétences ;
- permettre une plus grande lisibilité de l'offre de formation auprès des entreprises et des usagers.

Depuis le 1.01.2022, les prestataires de formation doivent être certifiés sur la base de critères définis réglementairement (c. trav. art. L. 6316-1, modifié par ord. 2020-387 du 1er avril 2020, art. 1, I, 1°, et R. 6316-1 à R. 6316-9 ; décret 2021-1851 du 28 décembre 2021). **Un référentiel national fixe les indicateurs d'appréciation des critères et des arrêtés définissent les modalités de certification** (c. trav. art. L. 6316-3 et D. 6316-1-1 ; arrêté du 6 juin 2019 JO du 6, texte n° 17, modifié par arrêtés du 24 juillet 2020, JO du 29 et du 7 décembre 2020, JO du 13 ; arrêté du 6 juin 2019, JO du 8, texte n° 18, modifié par arrêtés du 24 juillet 2020, JO du 29 et du 7 décembre 2020, JO du 13 ; arrêté du 1er février 2021, JO du 9, texte n° 17).

▶ À noter… Les organismes qui ont obtenu cette certification avant le 1.01.2022, sont réputés satisfaire aux critères prévus à l'article R. 6316-1 dans sa rédaction en vigueur jusqu'au 31.12.2021. Cette certification a une validité de 4 ans (décret 2019-565 du 6 juin 2019, art. 2, modifié par décret 2020-894 du 22 juillet 2020, art. 2, JO 23).

☞ *Bilan de compétences ; Compte personnel de formation ; Contrat de formation professionnelle ; Contrat de professionnalisation ; Formation en alternance ; Formation dans l'entreprise ; Formation hors temps de travail ; Formation professionnelle (certifications professionnelles) ; Formation professionnelle (convention) ; Formation professionnelle (discipline des stagiaires) ; France compétences ; Opérateurs de compétences (OPCO) ; Participation à la formation professionnelle continue ; Plan de développement des compétences ; Validation des acquis de l'expérience.*

Activité partielle

Les mesures pérennes et provisoires mises en place dans le contexte de la crise sanitaire existant depuis le mois de mars 2020 ici présentées sont celles en vigueur en l'état des textes publiés au 1.01.2022. Les lecteurs pourront suivre l'actualité de ce dispositif, très régulièrement modifié et adapté dans le cadre de la crise du covid-19, dans la revue RF Social et son fil quotidien d'actualité sur www.rfsocial.com. Concernant les questions/réponses du Ministère du Travail, ces dernières, à l'heure où nous rédigeons (1.01.2022) sont celles publiées dans leur dernier état au 8.11.2021.

Sur l'APLD, voir *Activité partielle de longue durée**.

Définition et forme de l'activité partielle

Réduction d'horaire ou fermeture temporaire - Il y a activité partielle lorsque les salariés, tout en restant liés à leur employeur par un contrat de travail, subissent une perte de salaire du fait (c. trav. art. L. 5122-1) :

- soit de la fermeture temporaire de tout ou partie de l'établissement ;
- soit de la réduction temporaire de l'horaire de travail habituellement pratiqué dans l'établissement dès lors que cet horaire se trouve en deçà de la *durée du travail** légale (ou, si elle est inférieure, de la durée de travail fixée par un horaire collectif ou contractuel).

Les réductions d'horaires ou les fermetures pratiquées dans une partie d'établissement, une unité de production, un service, un atelier seulement sont également prises en compte (c. trav. art. L. 5122-1).

Activité partielle individualisée (mesure temporaire covid-19) - En principe, l'activité partielle est conçue comme un dispositif collectif (entreprise, établissement ou partie d'établissement, service, etc.).

Une possibilité d'individualiser le placement en activité partielle des salariés, sous certaines conditions, avait été ouverte à titre temporaire dans le cadre de la crise du covid-19. Les accords (ou décisions avec avis conforme du CSE) d'activité partielle individualisée ont cessé de produire leurs effets au **31.12.2021** (ord. 2020-346 du 27 mars 2020, art. 12 modifié par ord. 2020-1639 du 21 décembre 2020, art. 1 ; décret 2020-794 du 26 juin 2020, art. 2 modifié par décret 2020-1681 du 24 décembre 2020, art. 1). **Ce dispositif n'a pas été prolongé.**

▶ À noter… Pour un descriptif détaillé de cet ancien dispositif, le lecteur est invité à se reporter à l'édition 2021 du Dictionnaire Social.

Grève dans l'établissement - Le dispositif d'activité partielle ne peut pas être mobilisé lorsque la réduction ou la suspension de l'activité est provoquée par un différend collectif de travail intéressant l'établissement dans lequel les salariés sont employés (c. trav. art. R. 5122-8).

Toutefois, en cas de fermeture de l'entreprise ou d'un service décidée par l'employeur suite à une *grève**, le versement des allocations et des indemnités peut être autorisé par décision du ministre chargé de l'emploi, si la fermeture se prolonge plus de 3 jours.

Demande d'information - L'employeur qui souhaite connaître l'application à sa situation des dispositions relatives à l'activité partielle peut demander des informations à l'URSSAF via la procédure de *rescrit social**.

Salariés concernés

Principe : tous les salariés - Tous les salariés peuvent, en principe, bénéficier de l'*activité partielle**, y compris ceux à temps partiel (c. trav. art. R. 5122-8).

Certaines catégories de salariés n'y sont en principe pas éligibles, dont notamment les salariés non soumis à la durée du travail. Toutefois, pour soutenir l'emploi pendant la crise sanitaire, les pouvoirs publics ont élargi le champ du dispositif, provisoirement ou de manière pérenne (loi 2021-1900 du 30 décembre 2021, JO du 31).

Forfait annuel en heures ou en jours - Les salariés en convention de forfait en heures ou en jours sur l'année peuvent bénéficier de l'activité partielle y inclus, depuis le 1.03.2020, lorsque l'activité partielle se traduit par une réduction de l'horaire de travail (c. trav. art. R. 5122-8, 2° supprimé ; décret 2020-325 du 25 mars 2020, art. 1, JO du 26).

Cadres dirigeants - En principe, les *cadres dirigeants** ne peuvent pas bénéficier de l'activité partielle puisqu'ils ne sont pas soumis aux dispositions légales et conventionnelles relatives à la durée du travail (c. trav. art. L. 3111-2). Toutefois, depuis le 12.03.2020, il est possible de les placer en activité partielle, mais uniquement si cette période se traduit par une fermeture temporaire de leur établissement ou partie d'établissement. Ce principe, d'abord provisoire, a été pérennisé par la loi de finances pour 2022 (loi 2021-1900 du 30 décembre 2021, JO du 31). A contrario, les intéressés ne peuvent pas être placés en activité partielle lorsque celle-ci se traduit par une réduction de l'horaire de travail.

VRP et autres catégories particulières - Un décret a fixé les modalités de calcul du nombre d'heures indemnisables, de l'indemnité d'activité partielle due à certaines catégories de salariés et de l'allocation remboursée à l'employeur pour ces catégories : VRP, journalistes pigistes, intermittents du spectacle, travailleurs à domiciles, marins rémunérés à la part, etc. *(voir ci-après)*.

Salariés portés en CDI - Du 12.03.2020 jusqu'au 31.12.2021, les salariés portés titulaires d'un contrat à durée indéterminée (CDI) pouvaient être placés en activité partielle au cours des périodes sans prestation à une entreprise cliente (ord. 2020-346 du 27 mars 2020, art. 8 bis et 12 ; ord. 2020-1639 du 21 décembre 2020, art. 1). Ce dispositif n'a pas été prolongé.

Salariés travaillant à l'étranger - En principe, pour bénéficier de l'activité partielle, un établissement doit être soumis au code du travail, notamment à la législation sur la durée du temps de travail, et entretenir avec les salariés pour lesquels il sollicite le bénéfice de l'activité partielle des relations contractuelles soumises aux dispositions du code du travail (circ. DGEFP 2013-12 du 12 juillet 2013, annexe révisée 2015, fiche 2, § 2.2). Néanmoins, l'administration a précisé sa doctrine dans le contexte de la crise sanitaire (rép. De Rugy n° 28770, JO 12 mai 2020, AN quest. p. 3380).

Les salariés possédant un contrat de travail de droit français travaillant sur des sites localisés dans des pays tiers ne sont pas éligibles à l'activité partielle, dans la mesure où il n'est pas possible à l'autorité administrative de vérifier la baisse d'activité pour des sites à l'étranger. Une exception est possible dans le seul cas où l'entreprise démontrerait qu'elle ne peut pas rapatrier ses salariés compte tenu des mesures sanitaires.

Pour les salariés expatriés qui sont sous contrat local avec l'entreprise étrangère et qui sont rapatriés en France, les conditions d'éligibilité à l'activité partielle sont les suivantes :
- si le salarié est reclassé sur un poste au sein de la société en France et que les salariés au sein du même service sont placés en activité partielle, le salarié peut bénéficier de l'activité partielle au même titre que ses collègues ;
- si le salarié n'est pas reclassé immédiatement par la société en France, l'entreprise peut demander le placement en activité partielle jusqu'à son reclassement effectif sur un autre poste, ou jusqu'à ce qu'il puisse repartir à l'étranger. Il y a cependant une réserve : les clauses de reclassement restent prioritaires sur le placement en activité partielle. L'entreprise doit ainsi justifier du fait qu'elle n'était pas en mesure de répondre à son obligation de reclassement telle que résultant de ses obligations contractuelles ou conventionnelles.

Salariés protégés - En principe, la mise en activité partielle ne peut pas être imposée à un salarié protégé (représentant du personnel, délégué syndical, etc.). En cas de refus, l'employeur doit verser au salarié concerné la partie de salaire perdue du fait de l'*activité partielle**. Pour éviter cette situation pendant la crise sanitaire, il est prévu que, du 12.03.2020 jusqu'à une date fixée par décret, et au plus tard jusqu'au 31.12.2022, la mise en activité partielle s'impose aux salariés protégés, sans que les employeurs aient à recueillir leur accord, dès lors qu'elle affecte, dans la même mesure, tous les salariés de l'entreprise, de l'établissement, du service ou de l'atelier auquel est affecté ou rattaché l'intéressé (ord. 2021-1214 du 22 septembre 2021, art. 2, JO du 23).

Salariés d'entreprises étrangères sans établissement en France - Du 12.03.2020 et jusqu'à une date fixée par décret et au plus tard le 31.12.2022, le dispositif d'activité partielle est ouvert aux entreprises étrangères ne comportant pas d'établissement en France et qui emploient au moins un salarié travaillant sur le territoire national (ord. 2020-346 du 27 mars 2020, art. 12 modifié ; loi 2021-1900 du 30 décembre 2021, JO du 31).

Le bénéfice de l'activité partielle est ouvert aux salariés pour lesquels l'employeur est soumis aux contributions et cotisations sociales d'origine légale ou conventionnelle et à l'obligation d'affiliation à l'assurance chômage au titre de la législation française.

La demande d'activité partielle est instruite par l'unité départementale du Bas-Rhin (6, rue Gustave Adolphe Hirn 67085 Strasbourg Cedex). L'entreprise doit joindre à sa demande tout document démontrant la nécessité de recours à l'activité partielle en lien avec la crise sanitaire du covid-19 (réduction d'activité, etc.), un document justifiant de l'adresse de l'entreprise à l'étranger, un RIB français et les informations requises à l'article R. 5122-2 du code du travail (période prévisible de sous-activité, nombre de salariés concernés) (questions/réponses « Dispositif exceptionnel d'activité partielle », mis à jour le 8 novembre 2021, fiche « Les salariés employés par une entreprise étrangère n'ayant pas d'établissement en France »).

Cas de recours

Motif à l'origine de la sous-activité - L'activité partielle peut être mobilisée lorsque la réduction ou la suspension de l'activité de l'entreprise est due à (c. trav. art. R. 5122-1) :
- la conjoncture économique ;
- des difficultés d'approvisionnement en matières premières ou en énergie ;
- un sinistre ou des intempéries de caractère exceptionnel *(voir ci-après)* ;
- la transformation, la restructuration ou la modernisation de l'entreprise ;
- ou toute autre circonstance de caractère exceptionnel.

Intempéries de caractère exceptionnel - Les intempéries de caractère exceptionnel doivent être reconnues dans le cadre d'un arrêté de catastrophe naturelle qui en précise la nature, la période ainsi que les zones touchées. Le bénéfice de l'activité partielle est alors ouvert aux établissements situés sur les communes mentionnées dans l'arrêté qui en font la demande.

Cependant, tous les épisodes climatiques (périodes de grand froid, épisodes neigeux très importants) ne donnent pas lieu à un arrêté de catastrophe naturelle tout en possédant un caractère exceptionnel. Dans ce cas, l'administration apprécie les difficultés rencontrées par les entreprises suite à ces intempéries pour décider si le recours à l'activité partielle, pour ce motif, est justifié (circ. DGEFP 2013-12 du 12 juillet 2013, fiche 2, mise à jour en juillet 2015).

Fermeture de l'entreprise pour congés payés - Lorsqu'une entreprise ferme pour les *congés payés**, les salariés qui ne disposent pas de suffisamment de jours de congés pour couvrir toute la période de fermeture ne reçoivent ni rémunération ni indemnité d'activité partielle [voir *Congés payés (fermeture)**].

Salariés vulnérables ou parents contraints de garder leurs enfants

Dispositif applicable - Depuis le 1.05.2020, certains salariés contraints de rester chez eux et dans l'impossibilité de (télé)travailler relèvent du régime d'activité partielle. Ces modalités particulières d'activité partielle sont applicables jusqu'au 31.07.2022 au plus tard (loi 2021-1465 du 10 novembre 2021, art. 10, JO du 11, II ; loi 2020-473 du 25 avril 2020, art. 20, III modifié).

Ce dispositif concerne les personnes vulnérables présentant un risque de développer une forme grave d'infection au virus SARS-CoV-2 et les salariés parents d'un enfant de moins de 16 ans ou d'une personne en situation de handicap faisant l'objet d'une mesure d'isolement, d'éviction ou de maintien à domicile.

▶ À noter... Les salariés partageant le même domicile qu'une personne vulnérable ne bénéficient plus de l'activité partielle pour ce motif depuis le 1.09.2020 (décret 2020-1098 du 29 août 2020, art. 1, JO du 30).

Liste des personnes vulnérables - L'activité partielle « personnes vulnérables » a été recentrée sur les personnes justifiant d'une situation particulière de risque (décret 2021-1162 du 8 septembre 2021, JO du 9). Ainsi, pour les personnes vulnérables qui ne sont ni atteintes d'une immunodépression sévère, ni avec une contre-indication vaccinale, le

placement en activité partielle n'est possible que sous 3 conditions cumulatives (décret 2021-1162 du 8 septembre 2021, art. 1, I) :
- être dans une situation médicale listée par le décret (voir tableau I reproduit dans cette étude) ;
- être affecté à un poste de travail susceptible de les exposer à de fortes densités virales (ex. : services hospitaliers de 1re ligne ou secteurs dédiés à la prise en charge du covid-19, du fait d'une exposition systématique et répétée à des personnes infectées par le covid-19) ;
- ne pouvoir ni recourir totalement au télétravail, ni bénéficier des mesures de protection renforcées (voir tableau II).

Concernant la condition d'affectation à un poste de travail susceptible d'exposer les salariés à de fortes densités virales, s'il est possible de travailler en présentiel sous protection renforcée ou à distance, il ne peut pas y avoir de placement en activité partielle.

En l'absence de mise en place des mesures de protection renforcée (voir tableau pour le détail), le salarié « vulnérable » affecté à un poste susceptible de l'exposer à de fortes densités virales peut saisir le médecin du travail qui se prononcera sur la possibilité de poursuite ou de reprise du travail en présentiel. De son côté, l'employeur peut lui aussi, lorsqu'il estime que le poste de travail ne remplit pas les conditions d'exposition à de fortes densités virales, saisir le médecin du travail, qui se prononcera sur le respect de ce critère et vérifiera la mise en œuvre des mesures de protection renforcées dont bénéficie ce salarié. Dans ces deux situations, le salarié devra être placé en position d'activité partielle dans l'attente de l'avis du médecin du travail.

Salariés sévèrement immunodéprimés - Pour le cas particulier des salariés sévèrement immunodéprimés, les conditions de placement en activité partielle reposent sur deux critères (décret 2021-1162 du 8 septembre 2021, art. 1, II, JO du 9). Le premier critère est de se trouver dans une des situations médicales listées par le décret précité :
- avoir reçu une transplantation d'organe ou de cellules souches hématopoïétiques ;
- être sous chimiothérapie lymphopéniante ;
- être traité par des médicaments immunosuppresseurs forts, comme les antimétabolites (cellcept, myfortic, mycophénolate mofétil, imurel, azathioprine) et les AntiCD20 (rituximab : Mabthera, Rixathon, Truxima) ;
- être dialysé chronique ;
- au cas par cas, être sous immunosuppresseurs sans relever des catégories susmentionnées, ou être porteur d'un déficit immunitaire primitif.

Le second critère est de ne pas pouvoir recourir totalement au télétravail.

Contre-indication à la vaccination - Les salariés vulnérables justifiant d'un certificat médical de contre-indication à la vaccination peuvent être placés en position d'activité partielle en cas d'impossibilité de recourir totalement au télétravail, au cas par cas (décret 2021-1162 du 8 septembre 2021, art. 1, III, JO du 9).

Activité partielle garde d'enfant - Les salariés parents d'un enfant de moins de 16 ans ou d'une personne en situation de handicap faisant l'objet d'une mesure d'isolement, d'éviction ou de maintien à domicile et qui sont dans l'impossibilité de travailler doivent être placés en activité partielle (loi 2020-473 du 25 avril 2020, art. 20, JO du 26).

Ce dispositif permet aux parents qui n'ont pas d'autre choix que de s'arrêter de travailler pour garder leurs enfants en raison de la fermeture de leur crèche, école ou collège, ou encore lorsque leurs enfants sont identifiés par l'Assurance maladie comme étant cas contact de personnes infectées, et qui se trouvent dans l'impossibilité de télétravailler ou de bénéficier d'un revenu de remplacement. Cette indemnisation peut bénéficier à un parent par foyer, en cas d'impossibilité de télétravail des deux parents.

Justificatifs - Les personnes relevant de l'une des 3 catégories de salariés vulnérables (poste exposant à de fortes densités virales, salariés sévèrement immunodéprimés ou contre-indication à la vaccination) peuvent demander à bénéficier d'un certificat d'isolement à leur médecin (de ville, du travail, qui peuvent par ailleurs être amenés à échanger pour apprécier plus finement les conditions de travail). Le communiqué de presse du ministère du Travail du 9.09.2021 précise que lorsque ces personnes ont déjà fait l'objet d'un certificat d'isolement entre mai 2020 et septembre 2021, un nouveau justificatif est nécessaire. Pour les salariés, ce certificat est à présenter à leur employeur afin d'être placé en activité partielle.

Depuis le 1.09.2020 et la réactivation du dispositif pour les salariés parents contraints de garder un enfant de moins de 16 ans ou handicapé maintenu au domicile et dans l'impossibilité de (télé)travailler, il faut produire un justificatif attestant soit de la fermeture de la classe, soit de la situation de cas-contact de l'enfant (questions/réponses ministère du ministère du Travail sur l'activité partielle, mise à jour du 8 novembre 2021).

Activité partielle « salariés vulnérables »
Tableau I - Critères médicaux généraux de vulnérabilité
• Être âgé de 65 ans et plus • Avoir des antécédents (ATCD) cardio-vasculaires : hypertension artérielle compliquée (avec complications cardiaques, rénales et vasculo-cérébrales), ATCD d'accident vasculaire cérébral ou de coronaropathie, de chirurgie cardiaque, insuffisance cardiaque stade NYHA III ou IV • Avoir un diabète non équilibré ou présentant des complications • Présenter une pathologie chronique respiratoire susceptible de décompenser lors d'une infection virale : (broncho-pneumopathie obstructive, asthme sévère, fibrose pulmonaire, syndrome d'apnées du sommeil, mucoviscidose notamment) • Présenter une insuffisance rénale chronique sévère • Être atteint de cancer évolutif sous traitement (hors hormonothérapie) • Présenter une obésité (indice de masse corporelle (IMC) > 30 kgm2) • Être atteint d'une immunodépression congénitale ou acquise, non sévère : - médicamenteuse : chimiothérapie anticancéreuse, traitement immunosuppresseur, biothérapie et/ou corticothérapie à dose immunosuppressive ; - infection à VIH non contrôlée ou avec des CD4 200/mm^3 ; - consécutive à une greffe d'organe solide ou de cellules souches hématopoïétiques ; - liée à une hémopathie maligne en cours de traitement. • Être atteint de cirrhose au stade B du score de Child Pugh au moins • Présenter un syndrome drépanocytaire majeur ou ayant un antécédent de splénectomie • Être au troisième trimestre de la grossesse • Être atteint d'une maladie du motoneurone, d'une myasthénie grave, de sclérose en plaques, de la maladie de Parkinson, de paralysie cérébrale, de quadriplégie ou hémiplégie, d'une tumeur maligne primitive cérébrale, d'une maladie cérébelleuse progressive ou d'une maladie rare • Être atteint de trisomie 21

Activité partielle « salariés vulnérables »
Tableau II - Mesures de protection renforcée du travail en présentiel
Isolement du poste de travail, notamment par la mise à disposition d'un bureau individuel ou, à défaut, son aménagement, pour limiter au maximum le risque d'exposition, en particulier par l'adaptation des horaires ou la mise en place de protections matérielles
Respect, sur le lieu de travail et en tout lieu fréquenté par la personne à l'occasion de son activité professionnelle, de gestes barrières renforcés : hygiène des mains renforcée, port systématique d'un masque de type chirurgical lorsque la distanciation physique ne peut être respectée ou en milieu clos, avec changement de ce masque au moins toutes les 4 h et avant ce délai s'il est mouillé ou humide
Absence ou limitation du partage du poste de travail
Nettoyage et désinfection du poste de travail et des surfaces touchées par la personne au moins en début et en fin de poste, en particulier lorsque ce poste est partagé
Adaptation des horaires d'arrivée et de départ et des éventuels autres déplacements professionnels, compte tenu des moyens de transport utilisés par la personne, afin d'y éviter les heures d'affluence
Mise à disposition par l'employeur de masques de type chirurgical en nombre suffisant pour couvrir les trajets entre le domicile et le lieu de travail lorsque la personne recourt à des moyens de transport collectifs

Le ministère du Travail, dans la fiche « Délivrance et indemnisation des arrêts de travail pour garde d'enfant dans le cadre du covid-19 », indique que le justificatif doit :

- attester de la fermeture d'établissement d'accueil, de la classe ou de la section de l'enfant selon les cas (message général reçu de l'établissement ou, le cas échéant, de la municipalité informant de la non-ouverture ou du fait que l'enfant ne sera pas accueilli compte tenu des mesures sanitaires décidées ou une attestation fournie par l'établissement) ;
- ou se présenter sous la forme d'un document de l'assurance maladie attestant que l'enfant est identifié comme cas contact à risque et doit donc respecter une mesure d'isolement.

Il est souligné que ces documents doivent être conservés par l'employeur et peuvent être demandés par l'administration en cas de contrôle. Le salarié doit également remettre à son employeur une attestation sur l'honneur indiquant qu'il est le seul des deux parents demandant à bénéficier d'un arrêt de travail au titre de la garde de son enfant contraint de demeurer à domicile pour les jours concernés.

Placement en activité partielle de droit - L'employeur ne peut pas refuser de placer ces salariés en activité partielle dès lors qu'ils ont les justificatifs requis.

Pas de consultation du CSE - Pour ces las de recours à l'activité partielle décrits ci-avant, la consultation du CSE n'est pas requise (questions/réponses ministère du ministère du Travail sur l'activité partielle, mise à jour du 8 novembre 2021).

Indemnisation et allocation - Pour les heures chômées depuis le 1.04.2021, des règles spécifiques ont été fixées, afin que les niveaux d'indemnisation ne varient pas selon les secteurs (décret 2020-1786 du 30 décembre 2020, art. 9 modifié ; décret 2021-435 du 13 avril 2021, JO du 14).

Le taux de l'allocation remboursée à l'employeur est de 70 % quel que soit le secteur d'activité, avec hors cas particuliers un taux horaire minimum de 8,37 € depuis le 1.01.2022 (décret 2021-1878 du 29 décembre 2021, art. 2, 2° ; décret 2020-1786 du 30 décembre 2020, art. 9 modifié).

L'indemnité due au salarié est calculée au taux de 70 % de la rémunération horaire de référence retenue dans la limite de 4,5 SMIC avec, sauf cas particuliers (apprentis, contrats de professionnalisation et certains jeunes, lorsqu'ils sont rémunérés en pourcentage du SMIC), un taux minimum de 8,37 € depuis le 1.01.2022 (hors Mayotte).

Consultation et information du CSE

Employeurs concernés - Le recours à l'activité partielle doit être précédé, dans les entreprises de 50 salariés et plus, de la consultation du *comité social et économique** [CSE ; voir *Comité social et économique (informations-consultations ponctuelles)**] (c. trav. art. L. 2312-8, L. 2312-17 et R. 5122-2).

Dans les entreprises de moins de 50 salariés, il n'y a pas d'obligation de consultation.

▶ À noter… En l'absence de représentants du personnel, l'administration recommande à l'employeur d'informer les salariés de sa décision de recourir à l'activité partielle, en précisant la durée prévisionnelle envisagée ainsi que le nombre de salariés concernés (circ. DGEFP 2013-12 du 12 juillet 2013, fiche 8, mise à jour en juillet 2015).

Moment de la consultation - La consultation du CSE doit en principe être préalable à la demande d'autorisation de placement en activité partielle. Il faut d'ailleurs joindre l'avis rendu par le CSE à la demande (c. trav. art. R. 5122-2 ; décret 2020-325 du 25 mars 2020, JO du 26).

Par dérogation, l'employeur n'est pas tenu de consulter le CSE en amont dans deux cas de figure :

- en cas de sinistre ou d'intempéries de caractère exceptionnel ;
- en cas de circonstance de caractère exceptionnel.

Dans ces deux situations, le CSE peut être consulté a posteriori. L'employeur dispose de 2 mois à compter de la demande d'autorisation d'activité partielle pour adresser l'avis rendu par le CSE (c. trav. art. R. 5122-2). Ces règles s'appliquent aux demandes d'indemnisation adressées par les employeurs au titre du placement en activité partielle de salariés depuis le 1.03.2020 (décret 2020-325 du 25 mars 2020, art. 2, JO du 26). Si l'avis du CSE n'est pas envoyé dans le délai imparti, l'administration peut suspendre le versement de l'allocation d'activité partielle à l'employeur, le temps que la situation soit régularisée (questions/réponses ministère du ministère du Travail sur l'activité partielle, mise à jour du 8 novembre 2021).

Information du CSE à échéance de chaque autorisation - Depuis le 1.11.2020, dans les entreprises d'au moins 50 salariés, l'employeur est tenu d'informer le CSE, à l'échéance de chaque autorisation, des conditions dans lesquelles l'activité partielle a été mise en œuvre (c. trav. art. R. 5122-2 ; décret 2020-1316 du 30 octobre 2020, art. 1, 1°, JO du 31).

Demande d'autorisation d'activité partielle

Principe : avant le placement en activité partielle - L'employeur doit adresser au préfet du département où est implanté l'établissement concerné une demande préalable d'autorisation d'activité partielle (c. trav. art. R. 5122-2).

Pour les salariés placés en activité partielle depuis le 12.03.2020, lorsqu'une demande d'autorisation préalable d'activité partielle et, le cas échéant, une demande de renouvellement d'autorisation portent sur au moins 50 établissements implantés dans plusieurs départements, pour le même motif et la même période, l'employeur peut déposer une demande unique pour l'ensemble de ces établissements auprès d'un seul préfet de département (n'importe lequel parmi ceux où au moins établissement est implanté) (c. trav. art. R. 5122-2).

Possibilité de demande a posteriori dans deux cas - L'employeur peut déroger à la règle de la demande préalable dans deux cas de recours à l'activité partielle (c. trav. art. R. 5122-3) :

- suspension d'activité liée à un sinistre ou à des intempéries de caractère exceptionnel, sachant

qu'il doit s'agir d'une suspension d'activité, et non d'une simple réduction d'activité (circ. DGEFP 2013-12 du 12 juillet 2013, fiche 8, § 8.1) ;
- depuis le 1.03.2020, circonstances de caractère exceptionnel.

L'employeur dispose dans ce cas de 30 jours à compter du placement des salariés en activité partielle pour adresser sa demande, par tout moyen conférant date certaine (c. trav. art. R. 5122-3).

Contenu et modalités de la demande - La demande de l'employeur doit préciser (c. trav. art. R. 5122-2) :
- les motifs justifiant le recours à l'activité partielle ;
- la période prévisible de sous-activité ;
- le nombre de salariés concernés.

Dans les entreprises de 50 salariés et plus, la demande doit être accompagnée de l'avis rendu par le CSE, sauf lorsque celui-ci peut être transmis par la suite dans certains cas de recours à l'activité partielle (sinistre ou intempéries de caractère exceptionnel, autre circonstance de caractère exceptionnel) *(voir plus haut)*.

Lorsque l'employeur dépose une demande d'autorisation alors qu'il a déjà placé ses salariés en activité partielle au cours des 36 mois précédents, ou en cas de demande de renouvellement, il doit mentionner dans sa demande les engagements qu'il se propose de souscrire *(voir ci-après)*.

La demande d'autorisation doit être adressée par voie dématérialisée (c. trav. art. R. 5122-2 ; arrêté du 24 juillet 2014, JO 1er août ; circ. DGEFP 2013-12 du 12 juillet 2013, fiche 8). L'employeur remplit sa demande en ligne sur Internet (http ://activitepartielle.emploi.gouv.fr). Cette demande donne lieu à délivrance d'un récépissé électronique de dépôt (c. trav. art. R. 5122-26).

Délai de réponse de l'administration - En principe, la décision d'autorisation ou de refus, signée par le préfet, est notifiée à l'employeur par voie dématérialisée dans un délai de 15 jours à compter de la date de réception de la demande d'autorisation (c. trav. art. R. 5122-4 ; arrêté du 24 juillet 2014, JO 1er août ; circ. DGEFP 2013-12 du 12 juillet 2013, fiche 8). L'employeur doit informer le CSE de la décision. Toute décision de refus doit être motivée. L'absence de réponse de l'administration dans le délai imparti vaut acceptation tacite de la demande.

Durée de l'autorisation - Pour les demandes adressées à l'administration depuis le 1.07.2021, la durée maximale d'autorisation d'activité partielle est de 3 mois, renouvelable dans la limite de 6 mois, consécutifs ou non, sur une période de référence de 12 mois consécutifs (c. trav. art. R. 5122-9, I).

Les employeurs ayant bénéficié d'une autorisation d'activité partielle avant le 1.07.2021 ne tiennent pas compte de cette période pour le calcul de la durée maximale.

Pour les entreprises déposant des demandes d'autorisation préalables de placement en activité partielle de leurs salariés entre le 1.01 et le 31.03.2022, il n'est pas tenu compte des périodes d'activité partielle intervenues entre le 1.07 et le 31.12.2021 pour le calcul de la durée maximale d'autorisation. Les situations couvertes sont toutes celles imposant une durée maximale de 3 mois renouvelable (conjoncture économique ; difficultés d'approvisionnement en matières premières ou en énergie ; transformation, restructuration ou modernisation de l'entreprise et toute autre circonstance de caractère exceptionnel) et donc pas le placement en activité partielle au titre d'un sinistre ou d'intempéries de caractère exceptionnel, qui lui est d'office couvert par une durée maximale de 6 mois, renouvelable.

Par dérogation, le placement en activité partielle au titre d'un sinistre ou d'intempéries de caractère exceptionnel pourra être autorisé pour une durée maximale de 6 mois, renouvelable. Le renouvellement d'une demande d'activité partielle supposera toujours que l'employeur prenne des engagements *(voir ci-dessous)*.

Engagements de l'employeur

Situations nécessitant des engagements - L'employeur doit prendre des engagements particuliers lorsqu'il dépose (c. trav. art. R. 5122-9) :
- soit une demande de renouvellement ;
- soit une demande d'autorisation d'activité partielle, alors qu'il a déjà placé des salariés en activité partielle durant les 36 derniers mois.

Cette période de 36 mois se calcule en se référant au dernier jour de la dernière période ayant donné lieu à une indemnisation au titre de l'activité partielle (circ. DGEFP 2013-12 du 12 juillet 2013, fiche 8).

Nature et mention des engagements - L'employeur mentionne dans sa demande d'autorisation d'activité partielle les engagements qu'il se propose de prendre. Ceux-ci peuvent « notamment » porter sur (c. trav. art. R. 5122-9, II) :
- le maintien dans l'emploi des salariés pendant une durée pouvant atteindre le double de la période d'autorisation d'activité partielle ;

- des actions spécifiques de formation pour les salariés en activité partielle ;
- des actions en matière de gestion prévisionnelle des emplois et des compétences (GPEC) ;
- des actions visant à rétablir la situation économique de l'entreprise.

Au-delà de ces 4 catégories, l'administration peut définir avec l'entreprise, le cas échéant, d'autres types d'engagement (ex. : des investissements sur le site, la reprise du site, la cession d'une partie du capital à un potentiel repreneur) (circ. DGEFP 2013-12 du 12 juillet 2013, fiche 3).

Fixation et suivi des engagements - C'est l'autorité administrative qui détermine les engagements que l'employeur devra respecter. Elle les notifie dans sa décision d'autorisation (c. trav. art. R. 5122-9, III). Les engagements sont déterminés en tenant compte de la situation de l'entreprise, de l'existence d'un éventuel accord collectif sur les conditions du recours à l'activité partielle ou, à défaut, des propositions figurant dans la demande d'autorisation ainsi que de la récurrence du recours à l'activité partielle dans l'établissement (c. trav. art. L. 5122-1 et R. 5122-9).

L'administration est chargée d'assurer le respect des engagements (c. trav. art. R. 5122-9, IV). S'il apparaît que l'employeur ne les respecte pas sans motif légitime, elle demande le remboursement des sommes versées à l'employeur au titre de l'allocation d'activité partielle. Cependant, le remboursement peut ne pas être exigé lorsqu'il est incompatible avec la situation économique de l'entreprise (c. trav. art. R. 5122-10).

Contreparties au plan de relance - Dans son document questions/réponses relatif à l'activité partielle, l'administration indique que depuis le 1.01.2021, les entreprises de 50 salariés et plus qui ont bénéficié de l'activité partielle ou de l'*activité partielle de longue durée** au titre de l'année 2021, et ayant bénéficié des crédits ouverts au titre de l'activité partielle ou de l'APLD ont de nouvelles obligations en lien avec les « contreparties sociales et environnementales » au « plan de relance », issues de la loi de finances pour 2021.

Selon ces dispositions, les entreprises qui bénéficient des crédits ouverts par la loi de finances pour 2021 au titre de la mission « Plan de relance » sont tenues de mettre en œuvre un certain nombre de mesures depuis le 1.01.2022 et avant le 31.12.2022 (loi 2020-1721 du 29 décembre 2020, art. 244, JO du 30). Ainsi, les employeurs concernés par cette obligation sont tenus :

- d'établir un bilan simplifié de leurs émissions de gaz à effet de serre ;
- de publier le résultat obtenu à chacun des indicateurs composant l'index de l'égalité professionnelle, sur le site du ministère du Travail ;
- de communiquer au CSE le montant, la nature et l'utilisation des aides dont ils bénéficient au titre des crédits de la mission « Plan de relance », dans le cadre de la consultation annuelle sur les orientations stratégiques de l'entreprise.

D'autres conditions sont posées par la loi de finances pour 2021 (ex. : effectif). Un éventuel non-respect de ces obligations par l'employeur n'est pas un point de contrôle de l'administration, notamment pour la validation/homologation d'un accord ou d'un document unilatéral d'APLD, et n'entraînera ni demande de remboursement des allocations d'activité partielle ou d'APLD, ni suspension du versement de ces allocations.

▶ À noter… Pour aller plus loin, voir Dictionnaire Paye, « Activité partielle » (édition 2022 ou sur www.rfpaye.com).

Heures indemnisables

Règle générale - Seules sont indemnisables les heures perdues en dessous de la durée légale du travail, ou de la durée conventionnelle ou contractuelle du travail inférieure (c. trav. art. L. 5122-1 et R. 5122-19).

Pour l'application des dispositions relatives à l'indemnisation, la durée légale du travail et la durée contractuelle sont définies sur la période considérée en tenant compte du nombre de mois entiers, du nombre de semaines entières et du nombre de jours ouvrés (c. trav. art. R. 5122-19).

Organisation de type « modulation » ou « cycle » - Selon l'administration, dans un mode d'aménagement du temps de travail du type « modulation », seules sont indemnisables les heures perdues en dessous de la durée légale du travail (35 h hebdomadaires) ou, lorsqu'elle est inférieure, en dessous de la durée collective du travail ou de la durée contractuelle sur la période considérée (circ. DGEFP 2013-12 du 12 juillet 2013, annexe révisée 2015, fiche 5, § 5.3, D).

La période considérée est celle qui correspond à la demande d'indemnisation. Si l'employeur fait une demande mensuelle, la période correspond au mois travaillé. Si l'employeur fait une demande d'indemnisation annuelle, la période considérée est soit l'année, soit la somme des périodes d'autorisation au cours de l'année.

Heures d'équivalence - En principe, en cas d'activité partielle, seules les heures de travail perdues sous la durée légale (35 h) sont indemnisables (c. trav. art. L. 5122-1 et R. 5122-19). Traditionnellement, les *heures d'équivalences** perdues n'étaient donc pas considérées comme indemnisables au titre de l'activité partielle. Néanmoins, le gouvernement a pris une mesure dérogatoire, temporaire au départ, puis pérennisée ensuite par la loi de finances pour 2022, pour aider les secteurs concernés à faire face à la crise sanitaire. Ainsi, depuis le 12.03.2020, les heures d'équivalence « rémunérées » sont indemnisables au titre de l'activité partielle (ord. 2020-346 du 27 mars 2020, art. 1 et 12 modifié par ord. 2020-1639 du 21 décembre 2020, art. 1 ; loi 2021-1900 du 30 décembre 2021, JO du 31).

Forfait en heures ou en jours sur l'année - Si la durée du travail d'un salarié est fixée par convention de forfait en heures ou en jours sur l'année, c'est la durée légale correspondant aux jours de fermeture de l'établissement ou aux jours de réduction de l'horaire de travail pratiquée dans l'établissement, qui doit être prise en compte (c. trav. art. R. 5122-19).

Depuis la loi de finances pour 2022 qui a pérennisé les règles de détermination du nombre d'heures indemnisables, un décret du 27 décembre 2021 en fixe les règles, ainsi que l'indemnité d'activité partielle et l'allocation remboursée à l'employeur, en tenant compte du nombre d'heures ou de jours ou de demi-journées (le cas échéant ouvrés) non travaillés par le salarié au titre de la période d'activité partielle, convertis en heures selon des modalités spécifiques (décret 2021-1918 du 30 décembre 2021, JO du 31).

Heures supplémentaires et complémentaires « perdues » - Hors période de crise sanitaire, les heures « perdues » au-delà de la durée légale du travail ou, lorsqu'elle est inférieure, au-delà de la durée conventionnelle ou contractuelle du travail, étaient chômées, mais ne donnaient pas lieu au versement de l'allocation d'activité partielle. L'employeur n'avait pas à rémunérer le salarié et, en tout état de cause, il ne recevait aucune allocation d'activité partielle en remboursement à ce titre (c. trav. art. R. 5122-11).

Ainsi, par exemple, les *heures supplémentaires** structurelles, liées à la pratique de durées collectives du travail supérieures à 35 heures hebdomadaire ou de conventions de forfait supérieures à la durée légale, et qui n'étaient pas travaillées du fait d'une situation d'activité partielle, n'étaient pas indemnisables. De son côté, l'employeur n'était légalement pas tenu de les rémunérer.

Dans le contexte de la crise du covid-19, les pouvoirs publics ont rendu indemnisables les heures de travail au-delà de la durée légale ou collective du travail, dès lors qu'elles sont prévues par une stipulation conventionnelle ou une stipulation contractuelle conclue avant le 24.04.2020 (ord. 2020-346 du 27 mars 2020, art. 1 bis modifié par ord. 2020-460 du 22 avril 2020, art. 7).

Cette règle dérogatoire s'applique depuis le 12.03.2020 et a été pérennisée par la loi de finances pour 2022 (loi 2021-1900 du 30 décembre 2021, JO du 31). Sont ainsi indemnisables les heures supplémentaires perdues comprises dans le volume de travail prévu par :

- des conventions individuelles de forfait écrites établies sur la semaine (ex. : forfait de 37 h ou 39 h par semaine), le mois (ex. : forfait de 169 h par mois) ou l'année (c. trav. art. L. 3121-56 et L. 3121-57) ;
- ou des durées collectives de travail supérieures à la durée légale prévues par des conventions ou accords collectifs de travail (ex. : de branche, d'entreprise).

Dans les autres situations, la règle de base s'applique : les heures supplémentaires ne sont pas indemnisables. Par exemple, ne sont pas indemnisables des heures supplémentaires structurelles liées à une durée collective du travail de 39 heures appliquée sur décision de l'employeur sans base conventionnelle.

Catégories particulières de salariés - Un décret a fixé les modalités de calcul du nombre d'heures indemnisables, de l'indemnité d'activité partielle due au salarié et de l'allocation remboursée à l'employeur pour un certain nombre de catégories particulières de salariés en reprenant les règles de calcul auparavant fixées dans le cadre du régime exceptionnel d'activité partielle « covid-19 » (c. trav. art. D. 5122-15 ; décret 2021-1918 du 30 décembre 2021, JO du 31) :

- cadres dirigeants ;
- VRP ;
- travailleurs à domiciles ;
- journalistes pigistes en collaboration régulière ;
- artistes, techniciens et ouvriers du spectacle vivant, les mannequins et professions de la production cinématographique, audiovisuel ou spectacle ;

Ces règles s'appliquent au titre des salariés placés en activité partielle depuis le 12.03.2020, les règles ayant été pérennisées par la loi de finances pour 2022 (loi 2021-1900 du 30 décembre 2021, JO du 31).

▶ À noter... Pour aller plus loin, voir Dictionnaire Paye, « Activité partielle » (édition 2022 ou sur www.rfpaye.com).

Régime social - Sur le régime social, voir Dictionnaire Paye, « Activité partielle » (édition 2022 ou sur www.rfpaye.com).

Contingent d'heures indemnisables

Volume annuel du contingent - L'allocation d'activité partielle est attribuée dans la limite d'un contingent d'heures indemnisables fixé par arrêté (c. trav. art. R. 5122-6).

Avant la crise du covid-19, le contingent était de 1 000 heures par an et par salarié (arrêté du 26 août 2013, art. 1, JO 6 septembre, texte 20).

Pour les années 2020 et 2021, le contingent a été augmenté à 1 607 heures par an et par salarié (arrêté du 31 mars 2020, JO 3 avril, texte 12 ; arrêté du 10 mai 2021, JO du 13, texte 25).

Si la situation particulière de l'entreprise le justifie, le plafond peut être dépassé sur décision conjointe du ministre de l'Emploi et du ministre du Budget (c. trav. art. R. 5122-6).

Transformation, restructuration ou modernisation de l'entreprise - Au sein de ce contingent, il existe un sous-contingent en cas d'activité partielle liée à la transformation, restructuration ou modernisation de l'entreprise (100 heures) (c. trav. art. R. 5122-7 ; arrêté du 26 août 2013, art. 2, JO 6 septembre, texte 20). Cette limite peut être dépassée sur autorisation conjointe du préfet de département et du directeur départemental des finances publiques.

Catégories d'entreprises à distinguer pour l'indemnisation

Contexte - Depuis le 1.06.2020, le remboursement aux employeurs est modulé selon qu'il appartient ou non à un secteur protégé.

La loi Vigilance sanitaire a ouvert au gouvernement la possibilité de maintenir des taux majorés d'indemnisation jusqu'au 31.07.2022 pour certains secteurs d'activité et certaines entreprises, si un rebond de l'épidémie de covid-19 le nécessite (loi 2021-1465 du 10 novembre 2021, art. 10, I, JO du 11 ; ord. 2020-770 du 24 juin 2020, art. 1 et 2 modifiés). Restera ensuite à prendre les décrets nécessaires, si les pouvoirs publics décident de maintenir des taux majorés en 2022.

Cas général - Par « cas général », on désigne toute entreprise ne relevant pas d'un cas particulier défini ci-après.

Secteurs protégés et connexes - Par « secteurs protégés et connexes », on désigne les employeurs exerçant leur activité leur activité principale :
- dans les secteurs relevant du tourisme, de l'hôtellerie, de la restauration, du sport, de la culture, du transport de personnes et de l'événementiel, et ce sans condition de perte de chiffre d'affaires (liste « annexe 1 » du décret 2020-810 du 29 juin 2020 modifié, voir tableau reproduit dans cette étude) ;
- dans les secteurs dits « connexes » dont l'activité dépend de celle des secteurs précités : dans ce cas, l'employeur doit avoir subi 80 % de perte de chiffre d'affaires entre le 15 mars 2020 et le 15 mai 2020 (liste « annexe 2 » du décret 2020-810 du 29 juin 2020 modifié, voir tableau reproduit dans cette étude).

La liste des secteurs protégés et connexes a été modifiée à plusieurs reprises (voir tableau reproduit dans cette étude). Dans certains des secteurs de l'annexe 2, les employeurs ne sont éligibles à l'activité partielle renforcée que s'ils réalisent au moins 50 % du chiffre d'affaires avec certaines activités [ces secteurs sont identifiés par un astérisque (*) dans le tableau ci-après]. Les employeurs concernés doivent accompagner leurs demandes d'indemnisation d'une déclaration sur l'honneur indiquant que l'entreprise dispose du document établi par un expert-comptable, tiers de confiance, attestant que l'entreprise remplit cette proportion de 50 % de chiffre d'affaires.

▶ À noter… L'attestation ci-dessus mentionnée est délivrée à la suite d'une mission d'assurance « de niveau raisonnable » de l'expert-comptable, devant porter, selon la date de création de l'entreprise :
- sur le chiffre d'affaires (CA) de l'année 2019 ;
- ou, pour les entreprises créées entre le 1er juin 2019 et le 31 janvier 2020, sur le CA réalisé sur la période comprise entre la date de création de l'entreprise et le 29 février 2020 ;
- ou, pour les entreprises créées entre le 1er février 2020 et le 29 février 2020, sur le CA réalisé en février 2020 et ramené sur un mois ;
- ou, pour les entreprises créées après le 1er mars 2020, le CA mensuel moyen réalisé entre le 1er juillet 2020, ou à défaut la date de création de l'entreprise, et le 30 septembre 2020.

Entreprises les plus affectées des secteurs protégés et connexes - Ce régime concerne les entreprises des secteurs protégés et connexes (voir ci-dessus) qui subissent une perte de chiffre d'affaires (CA) d'au moins 65 % depuis le 1.12.2021 (80 % antérieurement), appréciée, au choix de

l'employeur, pour chaque mois de prise en charge (décret 2021-1817 du 27 décembre 2021, art. 1, I ; décret 2020-1786 du 30 décembre 2020, art. 6 bis modifié) :
- soit par rapport au CA constaté au titre du même mois en 2019 ou 2020 ;
- soit en comparant le CA réalisé au cours des 6 mois précédents et le CA de la même période en 2019 ;
- soit par rapport au CA mensuel moyen réalisé en 2019 ;
- soit pour les entreprises créées après le 30 juin 2020, par rapport au CA mensuel moyen réalisé entre la date de création de l'entreprise et le 30 juin 2021.

Entreprises fermées totalement ou partiellement - Il s'agit ici des entreprises dont l'activité principale implique l'accueil du public et qui font l'objet d'une fermeture administrative, totale ou partielle, dans le cadre de la lutte contre l'épidémie (hors fermetures volontaires) (décret 2020-1316 du 30 octobre 2020 modifié ; décret 2020-1786 du 30 décembre 2020, art. 8, I modifié ; décrets 2021-671 et 2021-674 du 28 mai 2021, JO du 29).

Entreprises situées dans des zones de restrictions sanitaires territoriales - Cette catégorie d'entreprises est constituée sur la base d'un critère géographique (restrictions sanitaires territoriales) combiné à une baisse du chiffre d'affaires (décret 2020-1786 du 30 décembre 2020, art. 5).

Il s'agit des entreprises situées dans un territoire soumis à des restrictions particulières des conditions d'exercice de l'activité économique et de circulation des personnes prises dans le cadre de l'état d'urgence sanitaire (reconfinement local) et subissant une baisse d'au moins 60 % de chiffre d'affaires (CA). La baisse de chiffre d'affaires est appréciée, au choix de l'employeur, pour chaque mois de la période d'application de ces mesures :
- soit par rapport au CA constaté au cours du mois qui précède la mise en œuvre de ces mesures ;
- soit par rapport au CA constaté au titre du même mois de 2019.

Zones de chalandise d'une station de ski - Sous réserve de répondre aux conditions requises chaque mois, les établissements situés dans la zone de chalandise d'une station de ski sont éligibles aux taux majorés d'indemnisation, durant la période de fermeture administrative des remontées mécaniques, sous condition de baisse de 50 % de leur chiffre d'affaires (décret 2020-1316 du 30 octobre 2020 modifié ; décret 2020-1786 du 30 décembre 2020, art. 8, III modifié). Sont ici visés les établissements (décret 2020-1786 du 30 décembre 2020, art. 6) :
- implantés dans une commune support d'une station de ski, ou dans une commune située en zone de montagne appartenant à un établissement public de coopération intercommunale lui-même support d'une station de ski et située dans une unité urbaine de moins de 50 000 habitants ;
- mettant à disposition des biens et des services ;
- et subissant une baisse de chiffre d'affaires (CA) d'au moins 50 % pendant la période de fermeture des téléphériques et des remontées mécaniques.

La baisse de CA est appréciée, au choix de l'employeur, pour chaque mois d'interruption d'activité des téléphériques et des remontées mécaniques soit par rapport au CA constaté durant le mois qui précède l'interruption ou soit par rapport au CA constaté au titre du même mois en 2019.

Liste des activités relevant des secteurs protégés et connexes au 1.01.2022 (décret 2020-810 du 29 juin 2020, JO du 30, modifié)
Secteurs du tourisme, de l'hôtellerie, de la restauration, du sport, de la culture, du transport aérien et de l'événementiel
1 Téléphériques et remontées mécaniques
2 Hôtels et hébergement similaire
3 Hébergement touristique et autre hébergement de courte durée
4 Terrains de camping et parcs pour caravanes ou véhicules de loisirs
5 Restauration traditionnelle
6 Cafétérias et autres libres-services
7 Restauration de type rapide
8 Services de restauration collective sous contrat, de cantines et restaurants d'entreprise
9 Services des traiteurs
10 Débits de boissons
11 Projection de films cinématographiques et autres industries techniques du cinéma et de l'image animée
12 Post-production de films cinématographiques, de vidéo et de programmes de télévision
13 Distribution de films cinématographiques
14 Conseil et assistance opérationnelle apportés aux entreprises et autres organisations de distribution de films cinématographiques en matière de relations publiques et de communication
15 Location et location-bail d'articles de loisirs et de sport

Liste des activités relevant des secteurs protégés et connexes au 1.01.2022 (décret 2020-810 du 29 juin 2020, JO du 30, modifié)
16 Activités des agences de voyage
17 Activités des voyagistes
18 Autres services de réservation et activités connexes
19 Organisation de foires, événements publics ou privés, salons ou séminaires professionnels, congrès
20 Agences de mannequins
21 Entreprises de détaxe et bureaux de change (changeurs manuels)
22 Enseignement de disciplines sportives et d'activités de loisirs
23 Arts du spectacle vivant, cirques
24 Activités de soutien au spectacle vivant
25 Création artistique relevant des arts plastiques
26 Galeries d'art
27 Gestion de salles de spectacles et production de spectacles
28 Gestion des musées
29 Guides conférenciers
30 Gestion des sites et monuments historiques et des attractions touristiques similaires
31 Gestion des jardins botaniques et zoologiques et des réserves naturelles
32 Gestion d'installations sportives
33 Activités de clubs de sports
34 Activité des centres de culture physique
35 Autres activités liées au sport
36 Activités des parcs d'attractions et parcs à thèmes et fêtes foraines
37 Autres activités récréatives et de loisirs
38 Exploitations de casinos
39 Entretien corporel
40 Trains et chemins de fer touristiques
41 Transport transmanche
42 Transport aérien de passagers
43 Transport de passagers sur les fleuves, les canaux, les lacs, location de bateaux de plaisance
44 Transports routiers réguliers de voyageurs
45 Autres transports routiers de voyageurs. Cars et bus touristiques
46 Transport maritime et côtier de passagers
47 Production de films et de programmes pour la télévision
48 Production de films institutionnels et publicitaires
49 Production de films pour le cinéma
50 Activités photographiques
51 Enseignement culturel
52 Traducteurs-interprètes
53 Prestation et location de chapiteaux, tentes, structures, sonorisation, photographie, lumière et pyrotechnie
54 Transports de voyageurs par taxis et véhicules de tourisme avec chauffeur
55 Location de courte durée de voitures et de véhicules automobiles légers
56 Fabrication de structures métalliques et de parties de structures
57 Régie publicitaire de médias
58 Accueils collectifs de mineurs en hébergement touristique
59 Agences artistiques de cinéma
60 Fabrication et distribution de matériels scéniques, audiovisuels et évènementiels
61 Exportateurs de films
62 Commissaires d'exposition
63 Scénographes d'exposition
64 Magasins de souvenirs et de piété
65 Entreprises de covoiturage
66 Entreprises de transport ferroviaire international de voyageurs
Secteurs connexes avec baisse du chiffre d'affaires (CA) d'au moins 80 % entre le 15/03 et le 15/05/2020 (1)
1 Culture de plantes à boissons
2 Culture de la vigne
3 Pêche en mer
4 Pêche en eau douce
5 Aquaculture en mer
6 Aquaculture en eau douce
7 Production de boissons alcooliques distillées
8 Fabrication de vins effervescents
9 Vinification

Liste des activités relevant des secteurs protégés et connexes au 1.01.2022 (décret 2020-810 du 29 juin 2020, JO du 30, modifié)
10 Fabrication de cidre et de vins de fruits
11 Production d'autres boissons fermentées non distillées
12 Fabrication de bière
13 Production de fromages sous AOP/IGP
14 Fabrication de malt
15 Centrales d'achat alimentaire
16 Autres intermédiaires du commerce en denrées et boissons
17 Commerce de gros de fruits et légumes
18 Herboristerie/horticulture/commerce de gros de fleurs et plans
19 Commerce de gros de produits laitiers, œufs, huiles et matières grasses comestibles
20 Commerce de gros de boissons
21 Mareyage et commerce de gros de poisson, coquillage, crustacés
22 Commerce de gros alimentaire spécialisé divers
23 Commerce de gros de produits surgelés
24 Commerce de gros alimentaire
25 Commerce de gros non spécialisé
26 Commerce de gros textiles
27 Intermédiaires spécialisés dans le commerce d'autres produits spécifiques
28 Commerce de gros d'habillement et de chaussures
29 Commerce de gros d'autres biens domestiques
30 Commerce de gros de vaisselle, verrerie et produits d'entretien
31 Commerce de gros de fournitures et équipements divers pour le commerce et les services
32 Commerce de détail en magasin situé dans une zone touristique internationale mentionnée à l'article L. 3132-24 du code du travail, à l'exception du commerce alimentaire ou à prédominance alimentaire (hors commerce de boissons en magasin spécialisé), du commerce d'automobiles, de motocycles, de carburants, de charbons et combustibles, d'équipements du foyer, d'articles médicaux et orthopédiques et de fleurs, plantes, graines, engrais, animaux de compagnie et aliments pour ces animaux
33 Blanchisserie-teinturerie de gros
34 Stations-service
35 Enregistrement sonore et édition musicale
36 Éditeurs de livres
37 Services auxiliaires des transports aériens
38 Services auxiliaires de transport par eau
39 Boutique des galeries marchandes et des aéroports
40 Autres métiers d'art
41 Paris sportifs
42 Activités liées à la production de matrices sonores originales, sur bandes, cassettes, CD, la mise à disposition des enregistrements, leur promotion et leur distribution
43 Tourisme de savoir-faire : entreprises réalisant des ventes directement sur leur site de production, aux visiteurs et qui ont obtenu le label : "entreprise du patrimoine vivant" en application du décret n° 2006-595 du 23 mai 2006 relatif à l'attribution du label "entreprise du patrimoine vivant" ou qui sont titulaires de la marque d'État "Qualité TourismeTM" au titre de la visite d'entreprise ou qui utilisent des savoirs faire inscrits sur la liste représentative du patrimoine culturel immatériel de l'humanité prévue par la convention pour la sauvegarde du patrimoine culturel immatériel adoptée à Paris le 17 octobre 2003, dans la catégorie des "savoir-faire liés à l'artisanat traditionnel"
44 Activités de sécurité privée
45 Nettoyage courant des bâtiments
46 Autres activités de nettoyage des bâtiments et nettoyage industriel
47 Fabrication de foie gras
48 Préparation à caractère artisanal de produits de charcuterie
49 Pâtisserie
50 Commerce de détail de viandes et de produits à base de viande en magasin spécialisé
51 Commerce de détail de viande, produits à base de viandes sur éventaires et marchés
52 Fabrication de vêtements de travail
53 Reproduction d'enregistrements
54 Fabrication de verre creux
55 Fabrication d'articles céramiques à usage domestique ou ornemental
56 Fabrication de coutellerie
57 Fabrication d'articles métalliques ménagers
58 Fabrication d'appareils ménagers non électriques
59 Fabrication d'appareils d'éclairage électrique
60 Travaux d'installation électrique dans tous locaux

Liste des activités relevant des secteurs protégés et connexes au 1.01.2022 (décret 2020-810 du 29 juin 2020, JO du 30, modifié)

61 Aménagement de lieux de vente
62 Commerce de détail de fleurs, en pot ou coupées, de compositions florales, de plantes et de graines
63 Commerce de détail de livres sur éventaires et marchés
64 Courtier en assurance voyage
65 Location et exploitation d'immeubles non résidentiels de réception
66 Conseil en relations publiques et communication
67 Activités des agences de publicité
68 Activités spécialisées de design
69 Activités spécialisées, scientifiques et techniques diverses
70 Services administratifs d'assistance à la demande de visas
71 Autre création artistique
72 Blanchisserie-teinturerie de détail
73 Construction de maisons mobiles pour les terrains de camping
74 Fabrication de vêtements de cérémonie, d'accessoires de ganterie et de chapellerie et de costumes pour les grands évènements
75 Vente par automate
76 Commerce de gros de viandes et de produits à base de viande
77 Garde d'animaux de compagnie avec ou sans hébergement
78 Fabrication de dentelle et broderie
79 Couturiers
80 Écoles de français langue étrangère
81 Commerce des vêtements de cérémonie, d'accessoires de ganterie et de chapellerie et de costumes pour les grands évènements
82 Articles pour fêtes et divertissements, panoplies et déguisements
83 Commerce de gros de vêtements de travail
84 Antiquaires
85 Équipementiers de salles de projection cinématographiques
86 Édition et diffusion de programmes radios à audience locale, éditions de chaînes de télévision à audience locale
87 Correspondants locaux de presse
88 Fabrication de skis, fixations et bâtons pour skis, chaussures de ski
89 Réparation de chaussures et d'articles en cuir
90 Fabrication de bidons de bière métalliques, tonnelets de bière métalliques, fûts de bière métalliques
91 Entreprises artisanales et commerçants réalisant au moins 50 % de leur chiffre d'affaires par la vente de leurs produits ou services sur les foires et salons (*)
92 Métiers graphiques, métiers d'édition spécifique, de communication et de conception de stands et d'espaces éphémères réalisant au moins 50 % de leur chiffre d'affaires avec une ou des entreprises du secteur de l'organisation de foires, d'évènements publics ou privés, de salons ou séminaires professionnels ou de congrès (*)
93 Prestation de services spécialisés dans l'aménagement et l'agencement des stands, hôtels, restaurants et lieux lorsqu'au moins 50 % du chiffre d'affaires est réalisé avec une ou des entreprises du secteur de la production de spectacles, l'organisation de foires, d'évènements publics ou privés, de salons ou séminaires professionnels ou de congrès, de l'hôtellerie et de la restauration (*)
94 Activités immobilières, lorsqu'au moins 50 % du chiffre d'affaires est réalisé avec une ou des entreprises du secteur de l'organisation de foires, d'évènements publics ou privés, de salons ou séminaires professionnels ou de congrès (*)
95 Entreprises de transport réalisant au moins 50 % de leur chiffre d'affaires avec une ou des entreprises du secteur de l'organisation de foires, d'évènements publics ou privés, de salons ou séminaires professionnels ou de congrès (*)
96 Entreprises du numérique réalisant au moins 50 % de leur chiffre d'affaires avec une ou des entreprises du secteur de l'organisation de foires, d'évènements publics ou privés, de salons ou séminaires professionnels ou de congrès (*)
97 Fabrication de linge de lit et de table lorsqu'au moins 50 % du chiffre d'affaires est réalisé avec une ou des entreprises du secteur de l'hôtellerie et de la restauration (*)
98 Fabrication de produits alimentaires lorsqu'au moins 50 % du chiffre d'affaires est réalisé avec une ou des entreprises des secteurs de l'évènementiel, de l'hôtellerie ou de la restauration (*)
99 Fabrication d'équipements de cuisines lorsqu'au moins 50 % du chiffre d'affaires est réalisé avec une ou des entreprises du secteur de la restauration (*)
100 Installation et maintenance de cuisines lorsqu'au moins 50 % du chiffre d'affaires est réalisé avec une ou des entreprises du secteur de la restauration (*)
103 Prestataires d'organisation de mariage lorsqu'au moins 50 % du chiffre d'affaires est réalisé avec une ou des entreprises du secteur de l'événementiel ou de la restauration (*)
104 Location de vaisselle lorsqu'au moins 50 % du chiffre d'affaires est réalisé avec une ou des entreprises du secteur de l'organisation de foires, d'évènements publics ou privés, de salons ou séminaires professionnels ou de congrès (*)

Liste des activités relevant des secteurs protégés et connexes au 1.01.2022 (décret 2020-810 du 29 juin 2020, JO du 30, modifié)
105 Fabrication des nappes et serviettes de fibres de cellulose lorsqu'au moins 50 % du chiffre d'affaires est réalisé avec une ou des entreprises du secteur de la restauration (*)
106 Collecte des déchets non dangereux lorsqu'au moins 50 % du chiffre d'affaires est réalisé avec une ou des entreprises du secteur de la restauration (*)
107 Exploitations agricoles des filières dites festives lorsqu'au moins 50 % du chiffre d'affaires est réalisé avec une ou des entreprises du secteur de la restauration ou de la chasse (*)
108 Entreprises de transformation et conservation de poisson, de crustacés et de mollusques des filières dites festives lorsqu'au moins 50 % du chiffre d'affaires est réalisé avec une ou des entreprises du secteur de la restauration (*)
109 Activités des agences de presse lorsqu'au moins 50 % du chiffre d'affaires est réalisé avec une ou des entreprises du secteur de l'événementiel, du tourisme, du sport ou de la culture (*)
110 Édition de journaux, éditions de revues et périodiques lorsqu'au moins 50 % du chiffre d'affaires est réalisé avec une ou des entreprises du secteur de l'évènementiel, du tourisme, du sport ou de la culture (*)
111 Entreprises de conseil spécialisées lorsqu'au moins 50 % du chiffre d'affaires est réalisé avec une ou des entreprises du secteur de l'évènementiel, du tourisme, du sport ou de la culture (*)
112 Commerce de gros (commerce interentreprises) de matériel électrique lorsqu'au moins 50 % du chiffre d'affaires est réalisé avec une ou des entreprises du secteur de l'évènementiel, du tourisme, du sport ou de la culture (*)
113 Activités des agents et courtiers d'assurance lorsqu'au moins 50 % du chiffre d'affaires est réalisé avec une ou des entreprises du secteur de l'évènementiel, du tourisme, du sport ou de la culture (*)
114 Conseils pour les affaires et autres conseils de gestion lorsqu'au moins 50 % du chiffre d'affaires est réalisé avec une ou des entreprises du secteur de l'évènementiel, du tourisme, du sport ou de la culture (*)
115 Études de marchés et sondages lorsqu'au moins 50 % du chiffre d'affaires est réalisé avec une ou des entreprises de l'évènementiel, du tourisme, du sport ou de la culture (*)
116 Activités des agences de placement de main-d'œuvre lorsqu'au moins 50 % du chiffre d'affaires est réalisé avec une ou des entreprises du secteur de l'événementiel, de l'hôtellerie ou de la restauration (*)
117 Activités des agences de travail temporaire lorsqu'au moins 50 % du chiffre d'affaires est réalisé avec une ou des entreprises du secteur de l'événementiel, de l'hôtellerie ou de la restauration (*)
118 Autres mises à disposition de ressources humaines lorsqu'au moins 50 % du chiffre d'affaires est réalisé avec une ou des entreprises du secteur de l'événementiel, de l'hôtellerie ou de la restauration (*)
119 Fabrication de meubles de bureau et de magasin lorsqu'au moins 50 % du chiffre d'affaires est réalisé avec une ou des entreprises du secteur de l'hôtellerie ou de la restauration (*)
120 Commerce de détail d'articles de sport en magasin spécialisé lorsqu'au moins 50 % du chiffre d'affaires est réalisé dans la vente au détail de skis et de chaussures de ski (*)
121 Fabrication de matériel de levage et de manutention lorsqu'au moins 50 % du chiffre d'affaires est réalisé avec une personne morale qui exploite des remontées mécaniques au sens de l'article L. 342-7 du code du tourisme ou des entreprises du secteur des domaines skiables (*)
122 Fabrication de charpentes et autres menuiseries lorsqu'au moins 50 % du chiffre d'affaires est réalisé avec une personne morale qui exploite des remontées mécaniques au sens de l'article L. 342-7 du code du tourisme ou des entreprises du secteur des domaines skiables (*)
123 Services d'architecture lorsqu'au moins 50 % du chiffre d'affaires est réalisé avec une personne morale qui exploite des remontées mécaniques au sens de l'article L. 342-7 du code du tourisme ou des entreprises du secteur des domaines skiables (*)
124 Activités d'ingénierie lorsqu'au moins 50 % du chiffre d'affaires est réalisé avec une personne morale qui exploite des remontées mécaniques au sens de l'article L. 342-7 du code du tourisme ou des entreprises du secteur des domaines skiables (*)
125 Fabrication d'autres articles en caoutchouc lorsqu'au moins 50 % du chiffre d'affaires est réalisé avec une personne morale qui exploite des remontées mécaniques au sens de l'article L. 342-7 du code du tourisme ou des entreprises du secteur des domaines skiables (*)
126 Réparation de machines et équipements mécaniques lorsqu'au moins 50 % du chiffre d'affaires est réalisé avec une personne morale qui exploite des remontées mécaniques au sens de l'article L. 342-7 du code du tourisme ou des entreprises du secteur des domaines skiables (*)
127 Fabrication d'autres machines d'usage général lorsqu'au moins 50 % du chiffre d'affaires est réalisé avec une personne morale qui exploite des remontées mécaniques au sens de l'article L. 342-7 du code du tourisme ou des entreprises du secteur des domaines skiables (*)
128 Installation de machines et équipements mécaniques lorsqu'au moins 50 % du chiffre d'affaires est réalisé avec une personne morale qui exploite des remontées mécaniques au sens de l'article L. 342-7 du code du tourisme ou des entreprises du secteur des domaines skiables (*)
129 Commerce de gros de café, thé, cacao et épices lorsqu'au moins 50 % du chiffre d'affaires est réalisé avec une ou des entreprises du secteur de l'hôtellerie ou de la restauration (*)
130 Intermédiaire du commerce en vins ayant la qualité d'entrepositaire agréé en application de l'article 302 G du code général des impôts

Liste des activités relevant des secteurs protégés et connexes au 1.01.2022 (décret 2020-810 du 29 juin 2020, JO du 30, modifié)
131 Commerçant de gros en vins ayant la qualité d'entrepositaire agréé en application de l'article 302 G du code général des impôts
132 Intermédiaire du commerce en spiritueux exerçant une activité de distillation
133 Commerçant de gros en spiritueux exerçant une activité de distillation
134 Fabricants de vêtements de dessus et fabrication de vêtements de dessous ; Fabrication d'articles à mailles
Autres secteurs
Dans les autres secteurs que ceux précités et dont l'activité principale impliquant l'accueil du public est interrompue du fait de l'épidémie de covid-19 en application d'une obligation légale ou réglementaire ou d'une décision administrative (donc hors fermetures volontaires), voir ci-après.
(1) Baisse de CA de 80 % appréciée : - soit par rapport au CA constaté entre le 15 mars et le 15 mai 2019 ; - soit, si l'employeur le souhaite, par rapport au CA mensuel moyen de l'année 2019 ramené sur deux mois. Pour les entreprises créées après le 15 mars 2019, la baisse de CA est appréciée par rapport au CA mensuel moyen entre la date de création et le 15 mars 2020 ramené sur deux mois. (*) Pour ces secteurs, les employeurs devront accompagner leurs demandes d'indemnisation d'une déclaration sur l'honneur indiquant que l'entreprise dispose du document établi par un expert-comptable, tiers de confiance, attestant que l'entreprise remplit cette proportion de 50 % de chiffre d'affaires.

Indemnité d'activité partielle versée au salarié

Montant de principe (cas général) - Pour les heures chômées depuis le 1.07.2021, le taux de l'indemnité horaire d'activité partielle due par l'employeur au salarié est de 60 % de la rémunération horaire brute de référence, retenue dans la limite de 4,5 SMIC (soit un maximum de 28,54 € sur la base du SMIC au 1er janvier 2022) (c. trav. art. R. 5122-18 ; décret 2020-1316 du 30 octobre 2020, art. 4 modifié par décret 2021-671 du 28 mai 2021).

Secteurs « protégés » et « connexes » - Dans les secteurs protégés et connexes, le taux de l'indemnité due au salarié est, depuis le 1.09.2021, de 60 % de la rémunération horaire de référence retenue dans la limite de 4,5 SMIC (soit un maximum de 28,54 € sur la base du SMIC au 1.01.2022) (décret 2020-1681 du 24 décembre 2020, art. 2, 3° ; décret 2020-1316 du 30 octobre 2020, art. 4 modifié par décret 2021-671 du 28 mai 2021).

Entreprises les plus en difficulté des secteurs protégés et connexes - Pour les salariés des entreprises les plus en difficulté des secteurs protégés et connexes (ord. 2020-770 du 24 juin 2020 modifiée par ord. 2021-136 du 10 février 2021 ; décret 2020-1316 du 30 octobre 2020, art. 4, VI modifié par décret 2021-1816 du 27 décembre 2021, art. 1), l'évolution du taux d'indemnisation est programmée comme suit :

- de juillet 2021 à janvier 2022 : taux de 70 % de la rémunération de référence retenue dans la limite de 4,5 SMIC (soit un maximum de 33,30 € sur la base du SMIC au 1er janvier 2022), pour chaque mois au titre duquel la condition de baisse de CA est remplie ;
- à partir du 1er février 2022, retour au cas général, avec un taux de 60 % de la rémunération horaire de référence retenue dans la limite de 4,5 SMIC (soit un maximum de 28,54 € sur la base du SMIC au 1er janvier 2022).

Entreprises fermées, restrictions sanitaires territoriales et zones de chalandises - Par dérogation, l'indemnité d'activité partielle est également maintenue à 70 % de la rémunération horaire de référence retenue dans la limite de 4,5 SMIC (soit un maximum de 33,30 € sur la base du SMIC au 1.01.2022), et ce jusqu'au 31.01.2021, pour les salariés en activité partielle relevant des 2 catégories d'entreprises suivantes (décret 2020-1681 du 24 décembre 2020, art. 2, 3° ; décret 2020-1316 du 30 octobre 2020, art. 4, VI modifié par décret 2021-1816 du 27 décembre 2021, art. 1) :

- entreprises dont l'activité principale implique l'accueil du public faisant l'objet d'une fermeture administrative, totale ou partielle, dans le cadre des mesures de lutte contre la propagation de l'épidémie de covid-19 ;
- entreprises frappées par une forte baisse de chiffre d'affaires situées dans des circonscriptions territoriales soumises à des restrictions particulières des conditions d'exercice de l'activité économique et de circulation des personnes prises afin de faire face à l'épidémie de covid-19 (ex. : entreprise affectée par un reconfinement local) ;

Ces salariés basculent dans le cas général, avec une indemnité de 60 % de la rémunération horaire de référence retenue dans la limite de 4,5 SMIC (soit un maximum de 28,54 € sur la base du SMIC au

1er janvier 2022), pour les heures chômées à partir du 1.02.2022.

En revanche, concernant les entreprises situées dans une zone de chalandise subissant une forte baisse de chiffres d'affaires car spécifiquement affectée par l'interruption d'activité d'une ou plusieurs entreprises dont l'activité principale implique l'accueil du public (zones de chalandise des stations de ski frappées par la fermeture des remontées mécaniques), ces dernières ont basculé dans le cas général (indemnité de 60 %) au 1.01.2022.

Plafonnement au net habituel - La règle selon laquelle l'indemnité nette versée par l'employeur ne peut pas dépasser la rémunération nette horaire habituelle du salarié est applicable depuis le 1.07.2021 (c. trav. art. R. 5122-18 au 1.05.2021, décret 2021-671 du 28 mai 2021, JO du 29 modifiant décret 2020-1316 du 30 octobre 2020, art. 4). Elle s'applique à tous les cas d'indemnisation (taux de 60 % du cas général ou taux majoré de 70 % pour les salariés des entreprises concernées).

Assiette de calcul - L'assiette de calcul est déterminée par référence à la rémunération brute servant d'assiette au calcul de l'indemnité de congés payés [voir *Congés payés (indemnité)**] calculée selon la règle du maintien du salaire (et non du 1/10), ramenée à un montant horaire sur la base de la durée légale de travail ou, si elle est inférieure, de la durée collective du travail ou de celle mentionnée dans le contrat de travail.

Pour les salariés ayant des éléments de rémunération variables ou versés selon une périodicité non mensuelle, le salaire de référence servant au calcul de l'indemnité et de l'allocation d'activité partielle tient compte de la moyenne de ces éléments perçus au cours des 12 mois civils, ou sur la totalité des mois travaillés si le salarié a travaillé moins de 12 mois civils, précédant le premier jour de placement en activité partielle de l'entreprise (c. trav. art. R. 5122-18).

Indemnité majorée en cas de formation : règle temporairement suspendue - En principe, l'indemnité horaire est portée à 100 % de la rémunération nette antérieure si le salarié suit, pendant les heures chômées, des actions de formations (c. trav. art. L. 6313-1) ou des formations permettant de progresser au cours de la vie professionnelle (c. trav. art. L. 6314-1) réalisées notamment dans le cadre du *plan de développement des compétences** (c. trav. art. L. 5122-2 et R. 5122-18).

Cette règle est suspendue pour les formations accordées par l'employeur après le 28.03.2020 jusqu'à une date fixée par décret, et au plus tard jusqu'au 31.12.2022 (ord. 2020-346 du 27 mars 2020, art. 5 et 12 ; ord. 2021-1214 du 22 septembre 2021, art. 2, JO du 23). Les intéressés sont indemnisés dans les conditions de droit commun *(voir ci-avant)*.

Apprentis et contrat de professionnalisation - Le gouvernement a précisé les règles applicables aux salariés en contrat d'apprentissage ou de professionnalisation, d'abord pour la période allant du 12.03.2020 jusqu'à une date fixée par décret, et au plus tard jusqu'au 31.12.2021 (ord. 2020-1255 du 14 octobre 2020, art. 3 ; ord. 2020-1639 du 21 décembre 2020, art. 5), puis en pérennisant ces règles via la loi de finances pour 2022 (loi 2021-1900 du 30 décembre 2021, JO du 31).

Pour ceux de ces salariés dont la rémunération est inférieure au SMIC (ex. : 70 % du SMIC), l'indemnité horaire d'activité partielle est d'un montant égal au pourcentage du SMIC qui leur est applicable au titre des dispositions du code du travail et, s'il y a lieu, des dispositions conventionnelles applicables à l'entreprise (ord. 2020-346 du 27 mars 2020, art. 4). Ainsi, l'indemnisation versée, égale à la rémunération antérieure, couvre à la fois le salaire applicable au titre des dispositions légales et la part conventionnelle, si par exemple la convention collective prévoit un pourcentage du SMIC plus élevé.

Pour les apprentis et salariés dont la rémunération est supérieure ou égale au SMIC, l'indemnité horaire d'activité partielle se calcule dans les conditions de droit commun.

Indemnité minimale due au salarié - La règle de la *rémunération mensuelle minimale** intervient pour les salariés à temps plein, lorsque le cumul de rémunération nette d'activité et des indemnités nettes d'activité partielle est inférieur à la RMM, à savoir en substance au SMIC net (c. trav. art. L. 3232-3 et L. 3232-5). L'employeur doit alors verser au salarié une allocation complémentaire égale à la différence entre la RMM (SMIC net) et le cumul du salaire net et des allocations nettes. Elle est versée en même temps que le salaire et les indemnités d'activité partielle.

Dans le contexte de la crise du covid-19, l'administration considère de façon plus générale que le montant de la RMM, et donc de l'indemnité minimale d'activité partielle, est de 8,37 € depuis le 1.01.2022 (changement de taux du SMIC). À Mayotte, le minimum a été fixé 7,27 € au 1.01.2022. Ces minima ne s'appliquent pas aux cas particuliers des salariés avec une rémunération inférieure au SMIC (certains apprentis et contrats de professionnalisation, certains jeunes de moins de 18 ans).

▶ **À noter…** Le bénéfice de la RMM a été étendu aux salariés à temps partiel et aux travailleurs temporaires des entreprises d'intérim du 12 mars 2020 jusqu'à une date fixée par décret, et au plus tard jusqu'au 31.12.2022 (ord. 2020-346 du 27 mars 2020, art. 3, 8 ter nouveau et 12 modifié ; ord. 2020-428 du 15 avril 2020, art. 6 ; ord. 2020-1639 du 21 décembre 2020, JO du 23 ; ord. 2021-1214 du 22 septembre 2021, JO du 23).

Régime social - Sur le régime social, voir Dictionnaire Paye, « Activité partielle » (édition 2022 ou sur www.rfpaye.com).

Allocation remboursée à l'employeur

Demande d'indemnisation - Une fois muni d'une autorisation d'activité partielle (décision expresse ou décision tacite), l'employeur adresse à l'Agence de services et de paiement une demande d'indemnisation au titre de l'allocation d'activité partielle (c. trav. art. R. 5122-5). Celle-ci est effectuée sous forme dématérialisée sur Internet (https ://activite-partielle.emploi.gouv.fr) (c. trav. art. R. 5122-5 ; arrêté du 24 juillet 2014, JO 1er août ; circ. DGEFP 2013-12 du 12 juillet 2013, fiche 8).

La demande doit comporter :
- des informations relatives à l'identité de l'employeur ;
- la liste nominative des salariés concernés ainsi que leur numéro de sécurité sociale ;
- les états nominatifs précisant notamment le nombre d'heures chômées par salarié.

Pour les établissements appliquant un accord d'aménagement du temps de travail sur une période supérieure à la semaine, l'employeur doit y joindre, dans le cas où il ne souhaite pas un remboursement à la fin de la période, une demande de remboursement mensuel. Après vérification, l'Agence de services et de paiement liquide l'allocation d'activité partielle, qui est versée mensuellement à l'employeur (c. trav. art. R. 5122-14).

Remboursement mensuel - L'Agence de services et de paiement verse à l'employeur l'allocation d'activité partielle mensuellement (c. trav. art. R. 5122-14, al. 1).

Prescription des demandes d'indemnisation des employeurs - Depuis le 1.01.2021, un employeur a 6 mois (contre 12 mois auparavant) pour solliciter le paiement de son allocation après le terme de la période couverte par l'autorisation d'activité partielle. Au-delà, la demande est prescrite (c. trav. art. L. 5122-1 ; loi 2020-1721 du 29 décembre 2020, art. 210, JO du 30).

▶ **À noter…** Les entreprises appliquant un dispositif d'aménagement de leur temps de travail sur une période supérieure à 6 mois disposent d'un délai de 6 mois supplémentaire.

Cas général - Le taux horaire de l'allocation d'activité partielle remboursé aux entreprises est, depuis le 1er juillet 2021, de 36 % de la rémunération horaire brute de référence retenue dans la limite de 4,5 SMIC (soit un maximum de 17,12 € sur la base du SMIC au 1er janvier 2022) (c. trav. art. D. 5122-13 ; décret 2020-810 du 29 juin 2020, art. 1 modifié ; décret 2020-1319 du 30 octobre 2020, art. 3 modifié ; décret 2021-674 du 28 mai 2021).

Le taux horaire minimum est de 7,53 € (à Mayotte, 6,54 €) (décret 2021-1878 du 29 décembre 2021, art. 1 ; c. trav. art. D. 5122-13 modifié).

Secteurs protégés et connexes - Pour les heures chômées par les salariés depuis le 1.09.2021, l'allocation est de 36 % de la rémunération horaire brute de référence retenue dans la limite de 4,5 SMIC (soit un maximum de 17,12 € sur la base du SMIC au 1.01.2022) pour les employeurs exerçant leur activité principale dans les secteurs protégés et connexes (décret 2020-1786 du 30 décembre 2020, art. 7 modifié par décret 2021-674 du 28 mai 2021, JO du 29).

Le montant de l'allocation plancher est de 7,53 € (décret 2021-1878 du 29 décembre 2021, art. 1) (à Mayotte, 6,54 € selon un décret à paraître), hors cas particuliers de certains apprentis, contrats de professionnalisation et jeunes de moins de 18 ans payés en pourcentage du SMIC.

Entreprises les plus en difficulté des secteurs protégés et connexes - Pour les entreprises les plus en difficulté des secteurs protégés, l'évolution est programmée comme suit (décret 2020-1786 du 30 décembre 2020, art. 7, IV modifié par décret 2021-1817 du 27 décembre 2021) :
- jusqu'au 31.01.2021 : taux de 70 % de la rémunération horaire de référence retenue dans la limite de 4,5 SMIC, soit un maximum de 33,30 € depuis le 1er janvier 2022 hors Mayotte ;
- à partir du 1.02.2022 : retour au cas général, soit un taux de 36 % de la rémunération horaire de référence retenue dans la limite de 4,5 SMIC (soit un maximum de 17,12 € sur la base du SMIC au 1.01.2022).

Le montant de l'allocation plancher est de 8,37 € (à Mayotte, 7,27 € selon un décret à paraître) depuis le 1.01.022, puis de 7,53 € (à Mayotte, 6,54 €) à partir du 1.02.2022, hors cas particuliers de certains apprentis, contrats de professionnalisation et jeunes de moins de 18 ans payés en pourcentage du SMIC (décret 2021-1878 du 29 décembre 2021, art. 2, 1° ; décret 2020-1786 du 30 décembre 2020, art. 8, I, II et IV modifiés).

Entreprises fermées ou situées dans certaines zones - Par dérogation, l'allocation d'activité partielle remboursée aux employeurs est également maintenue à 70 % de la rémunération horaire de référence retenue dans la limite de 4,5 SMIC, soit un maximum de 33,30 € depuis le 1.01.2022 hors Mayotte, et ce jusqu'au 31.01.2022, pour les entreprises ressortant des 2 catégories suivantes (décret 2020-1786 du 30 décembre 2020 modifié par décret 2021-1817 du 27 décembre 2021) :

- entreprises dont l'activité principale implique l'accueil du public et faisant l'objet d'une fermeture administrative, totale ou partielle, dans le cadre des mesures de lutte contre l'épidémie de covid-19 ;
- entreprises frappées par une forte baisse de chiffre d'affaires situées dans les circonscriptions territoriales soumises à des restrictions particulières.

Hors cas particuliers (ex. : apprentis en pourcentage du SMIC), le montant de l'allocation plancher associé au taux de 70 % est de 8,37 € (à Mayotte, 7,27 € selon un décret à paraître) depuis le 1.01.2022 (décret 2021-1878 du 29 décembre 2021, art. 2, 1° ; décret 2020-1786 du 30 décembre 2020, art. 8, I, II et IV modifiés). Ces employeurs basculeront dans le cas général pour les heures chômées à partir du 1.02.2022, avec une allocation de 36 % de la rémunération horaire de référence retenue dans la limite de 4,5 SMIC (soit un maximum de 17,12 € sur la base du SMIC au 1.01.2022). Hors cas particuliers (ex. : apprentis en pourcentage du SMIC), le montant de l'allocation plancher sera de 7,53 € (à Mayotte, 6,54 €).

Pour les entreprises situées dans une zone de chalandise des stations de ski frappées par la fermeture des remontées mécaniques subissant une forte baisse de chiffres d'affaires, en revanche, le taux est de 36 % de la rémunération horaire de référence retenue dans la limite de 4,5 SMIC depuis le 1.01.2022.

Apprentis, contrats de professionnalisation et jeunes en pourcentage du SMIC - Les taux minima d'allocation d'activité partielle ne sont pas applicables aux salariés en contrat d'apprentissage ou de professionnalisation rémunérés en pourcentage du SMIC, pour lesquels l'allocation remboursée à l'employeur ne peut pas être supérieure à l'indemnité versée au salarié (c. trav. art. D. 5122-13). Pour les intéressés, l'allocation est égale au montant de l'indemnité qui leur est légalement due. Il en va de même pour les jeunes de moins de 18 ans n'ayant pas 6 mois de pratique professionnelle dans la branche et qui ont une rémunération inférieure au SMIC.

Cas de paiement direct aux salariés - En cas de difficultés financières de l'employeur ou si l'entreprise est en procédure de sauvegarde, de redressement ou de liquidation judiciaires, le préfet, ou sur délégation le DREETS, peut demander à l'agence de services et de paiement de verser l'allocation d'activité partielle directement aux salariés. Cette procédure de paiement direct peut aussi être utilisée pour l'indemnisation des travailleurs à domicile ayant plusieurs employeurs (c. trav. art. R. 5122-16).

Remboursement volontaire - Certaines entreprises ayant eu recours à l'activité partielle ont pu avoir des résultats économiques et financiers meilleurs que prévus. Ces dernières, dans une démarche de civisme, peuvent souhaiter rembourser volontairement tout ou partie des allocations d'activité partielle qu'elles ont perçues (questions/réponses sur l'activité partielle, dans sa version au 8 novembre 2021).

S'agissant de la part des allocations d'activité partielle financée par l'État (soit 67 % du total), les entreprises sont invitées à adresser un courrier à l'attention du délégué général à l'emploi et à la formation professionnelle (DGEFP). Dans son courrier, l'entreprise doit :

- formaliser son souhait de rembourser à l'État un montant de x € (il convient d'indiquer 67 % du montant total perçu/à rembourser) d'allocations d'activité partielle perçu pendant une période donnée ;
- indiquer la raison de ce remboursement.

Ce courrier doit être envoyé par voie postale à l'adresse suivante : Ministère du Travail, DGEFP – 14, avenue Duquesne 75350 Paris 07 SP. Le Ministère souligne qu'afin d'accélérer la suite de la procédure, il est possible d'adresser une copie du courrier signé par mail à l'adresse suivante : dgefp.covid-19@emploi.gouv.fr. En retour, la DGEFP confirmera l'acceptation du remboursement et le virement de remboursement pourra être effectué sur le compte de l'État.

S'agissant de la part des allocations d'activité partielle financée par l'UNEDIC (soit 33 % du total), c'est à l'attention de M. le Directeur général de l'UNEDIC que le courrier doit être adressé. Ce courrier doit :

- expliquer la démarche de remboursement ;

- et mentionner la somme à rembourser (il faut indiquer 33 % du montant total perçu/à rembourser).

Le courrier est envoyé par voie postale à : M. le Directeur général de l'UNEDIC, 4 rue Traversière, 75012 Paris. Là encore, une copie du courrier signé peut également être transmise par mail à dgefp.covid-19@emploi.gouv.fr. Dès la confirmation par l'UNEDIC de la réception de ce courrier, le virement de remboursement pourra être effectué sur le compte de l'UNEDIC.

Lutte contre la fraude - Le Gouvernement a lancé un plan de contrôle des entreprises, avec pour objectif de distinguer les entreprises qui, de bonne foi, ont fait des erreurs dans leur demande d'indemnisation, et celles qui ont fraudé.

Dans le premier cas, la doctrine est de permettre aux entreprises de régulariser des demandes d'indemnisation mal renseignées, en application du principe du *droit à l'erreur** (CRPA art. L. 123-1). Il pourra y avoir des régularisations en faveur ou en défaveur des entreprises.

Dans le second cas, en cas de fraude avérée (travail ou télétravail pendant des heures de chômage partiel, salarié fictif, etc.), les entreprises encourent des sanctions administratives et pénales.

Sur le plan pénal, le fait de bénéficier ou de tenter de bénéficier frauduleusement, ou le fait de faire obtenir frauduleusement ou de tenter de faire obtenir frauduleusement l'allocation d'activité partielle, est passible de 2 ans d'emprisonnement et de 30 000 € d'amende (c. trav. art. L. 5124-1 ; c. pén. art. 441-6).

Sur le plan des sanctions administratives, l'employeur qui recourt frauduleusement à l'activité partielle encourt les sanctions prévues en cas de travail illégal (c. trav. art. L. 8211-1). Dans ce cadre, plusieurs sanctions administratives peuvent être prononcées (c. trav. art. L. 8272-1 et D. 8272-1) :
- exclusion pour durée maximale de 5 ans, de l'accès à certaines aides publiques en matière d'emploi et de formation professionnelle, dont l'aide demandée au titre de l'activité partielle ;
- remboursement des aides accordées dans les 12 mois précédant l'établissement du procès-verbal constatant la fraude.

Un contrôle a posteriori des autorisations d'activité partielle sera également conduit et le DREETS pourra être amené à revenir sur son autorisation si elle a été accordée par erreur ou après un examen sommaire (du fait de l'afflux des demandes et de la validation automatique au bout de 48 h). Ce retrait n'est possible que si la décision d'autorisation est illégale (ex. : autorisation accordée à une structure non éligible à l'activité partielle) et doit intervenir dans les 4 mois suivant la décision d'autorisation (CRPA art. L. 242-1). Le retrait implique le remboursement par l'employeur des sommes déjà perçues sur le fondement de cette autorisation.

Incidences de l'activité partielle sur la relation de travail

Contrat de travail - La mise en activité partielle d'un salarié pour une période où il est indemnisé ne constitue pas une *modification du contrat de travail** (cass. soc. 9 mars 1999, n° 96-43718, BC V n° 103).

▶ Attention… Un manquement de l'employeur à ses obligations, notamment celle de payer les indemnités d'activité partielle, pourrait, à notre sens et selon le contexte, justifier une *prise d'acte de la rupture** de son contrat de travail par le salarié lésé (cass. soc. 30 mai 2000, n° 98-40085, BC V n° 210).

Par ailleurs, le contrat de travail des salariés placés en activité partielle est considéré comme suspendu pendant les périodes où ils ne sont pas en activité (c. trav. art. L. 5122-1, II, al. 2).

Salarié protégé - Hors période de crise sanitaire, aucun changement de ses conditions de travail ne peut être imposé à un salarié protégé (ex. : un représentant du personnel) sans son accord (cass. soc. 18 juin 1996, n° 94-44653, BC V n° 248 rectifié par cass. soc. 16 juillet 1996, n° 96-43396 D).

Si le salarié protégé refuse la mise en activité partielle, l'employeur doit lui verser la partie du salaire perdue du fait de la mesure d'activité partielle (cass. soc. 19 janvier 2011, n° 09-43194 D). L'employeur peut saisir l'inspecteur du travail d'une demande d'autorisation de licenciement en cas de refus de l'activité partielle par le salarié protégé (voir *Licenciement des représentants du personnel**).

▶ À noter… Dans le cadre de la réglementation temporaire dérogatoire liée à la crise du covid-19, les salariés protégés ne peuvent pas, en principe, refuser d'être placés en activité partielle (*voir ci-avant*).

Travail pour un autre employeur - Un salarié en activité partielle peut travailler pour un autre employeur ou pour son propre compte, si son contrat de travail ne comporte pas de clause d'exclusivité licite et sous réserve des principes de loyauté et de non-concurrence. Ceci implique qu'il

Indemnisation de l'activité partielle au 1.01.2022

Entreprises	Période d'indemnisation		Niveaux d'indemnisation (en % age de la rémunération de référence limitée à 4,5 SMIC)
Cas général	Depuis le 1er juillet 2021		• Salarié : indemnité de 60 % (1) • Employeur : allocation de 36 % (2)
Secteurs protégés et connexes	Principe	Depuis le 1er septembre 2021	• Salarié : indemnité de 60 % (1) • Employeur : allocation de 36 % (2)
	Perte de CA d'au moins 65 % (3)	À partir du 1er février 2022	• Salarié : indemnité de 60 % (1) • Employeur : allocation de 36 % (2)
Entreprises fermées totalement ou partiellement	Jusqu'au 31 janvier 2022		• Salarié : indemnité de 70 % (1) • Employeur : allocation de 70 % (1)
	À partir du 1erfévrier 2022 (retour au cas général)		• Salarié : indemnité de 60 % (1) • Employeur : allocation de 36 % (2)
Établissements dans la zone de chalandise d'une station de ski (4)	Du 1er décembre 2020 au 31 décembre 2021		• Salarié : indemnité de 70 % (1) • Employeur : allocation de 70 % (1)
	Depuis le 1er janvier 2022 (retour au cas général)		• Salarié : indemnité de 60 % (1) • Employeur : allocation de 36 % (2)
Entreprises soumises à des restrictions sanitaires territoriales spécifiques (5)	Jusqu'au 31 janvier 2022		• Salarié : indemnité de 70 % (1) • Employeur : allocation de 70 % (1)
	À partir du 1er février 2022 (retour au cas général)		• Salarié : indemnité de 60 % (1) • Employeur : allocation de 36 % (2)
Personnes vulnérables et garde d'enfant	Depuis le 1er avril 2021 (6)		Salarié : indemnité de 70 % (1) Employeur : allocation de 70 % quel que soit le secteur d'activité (1)

(1) Taux minimum de 8,37 €, sauf cas particuliers (ex. : apprentis ou contrats de professionnalisation rémunérés en pourcentage du SMIC).
(2) Taux minimum de 7,53 €, sauf cas particuliers (ex. : apprentis ou contrats de professionnalisation rémunérés en pourcentage du SMIC).
(3) Cette sous-catégorie vise à permettre aux entreprises les plus affectées des secteurs protégés et connexes, et à leurs salariés, de continuer à bénéficier des taux majorés de 70 % de juillet 2021 à janvier 2022.
(4) Taux majoré possible de décembre 2020 à décembre 2021 sous des conditions spécifiques, dont un critère de baisse de CA d'au moins 50 % apprécié mensuellement (décret 2020-1786 du 30 décembre 2020, art. 6 et 8, III).
(5) Entreprises situées dans un territoire soumis à des restrictions particulières des conditions d'exercice de l'activité économique et de circulation des personnes prises dans le cadre de l'état d'urgence sanitaire (ex. : reconfinement local). Taux majoré possible de janvier 2021 à janvier 2022 sous condition de baisse de CA d'au moins 60 % apprécié mensuellement (décret 2020-1786 du 30 décembre 2020, art. 5 et 8, II).
(6) Reste à charge nul pour l'employeur, quel que soit le secteur d'activité de l'entreprise (décret 2021-435 du 13 avril 2021, JO du 14).

ne doit pas travailler pour le compte d'un autre employeur concurrent ou pour son propre compte en concurrençant son employeur (circ. DGEFP 2013-12 du 12 juillet 2013, fiche 5).

Dans tous les cas, il convient de respecter les règles relatives à la durée maximale du travail (voir *Durée du travail**), en tenant compte des deux emplois. Aucun salarié et aucun employeur ne peuvent enfreindre ces dispositions.

Selon l'administration, le salarié doit informer son employeur de sa décision d'exercer une activité professionnelle chez un autre employeur pendant la suspension de son contrat de travail en précisant le nom de l'employeur et la durée prévisionnelle de travail. Il percevra de manière concomitante l'indemnité due au titre de l'activité partielle et la rémunération afférente à son autre emploi. À l'issue de la période d'activité partielle, si le salarié ne peut pas cumuler les deux emplois, il lui appartiendra soit de rester chez son employeur principal (il doit alors rompre le contrat de travail qui le lie à l'autre employeur), soit démissionner de son emploi initial.

Primes - Les allocations d'activité partielle, se substituant aux salaires, doivent être prises en compte pour le calcul des primes et gratifications. Elles sont donc incluses dans l'assiette des rémunérations servant au calcul d'une prime de 13e mois (cass. soc. 26 novembre 1996, n° 94-40266, BC V n° 403) ou d'une prime d'ancienneté calculée sur les appointements réels (cass. soc. 16 janvier 1992, n° 88-43631, BC V n° 13).

Congés payés - Les périodes d'activité partielle sont intégralement prises en compte pour l'acquisition des droits à congés payés (c. trav. art. R. 5122-11) [voir *Congés payés (acquisition)**].

▶ À noter… La Cour de justice de l'Union européenne a admis que pendant son congé annuel minimal, un travailleur avait droit à sa rémunération normale malgré des périodes antérieures d'activité partielle (CJUE 13 décembre 2018, aff. C-385/17).

Maladie - Le maintien de salaire d'un salarié malade au cours d'une période d'activité partielle se fait sur la base de l'horaire réduit appliqué dans l'entreprise pendant sa maladie. L'indemnisation doit donc être calculée en fonction de l'horaire pratiqué durant cette période et des indemnités d'activité partielle que le salarié aurait perçues s'il avait été en activité. En outre, un salarié en arrêt de travail pour maladie, alors que son établissement est placé en activité partielle, ne peut bénéficier que de la seule indemnisation due au titre de son arrêt maladie (circ. DGEFP 2013-12 du 12 juillet 2013, annexe 2, mise à jour en juillet 2015) [voir *Maladie (indemnisation)**].

Incidence d'un jour férié sur l'indemnisation - Les salariés ne peuvent pas être placés en position d'activité partielle durant des jours fériés habituellement chômés. En conséquence, les heures correspondantes ne peuvent pas être indemnisées au titre de l'activité partielle (circ. DGEFP 2013-12 du 12 juillet 2013, fiche 5, mise à jour en juillet 2015). L'employeur doit assurer le paiement des *jours fériés** chômés autres que le 1er Mai en versant le salaire habituel aux salariés totalisant au moins 3 mois d'ancienneté au sein de l'entreprise (c. trav. art. L. 3133-3). Les conventions collectives ou les usages sont parfois moins exigeants sur l'ancienneté. Les mêmes principes valent a fortiori pour le 1er Mai chômé, qui est payé sans condition d'ancienneté.

▶ À noter… À propos de jours fériés autres que le 1er Mai, la jurisprudence a par le passé admis que l'employeur pouvait rémunérer un jour férié chômé au taux de l'activité partielle, selon une interprétation rendue sous l'ancien régime du chômage partiel (cass. soc. 12 juillet 1989, n° 89-40526 D ; cass. soc. 17 février 1993, n° 89-44002 D).

En revanche, en cas d'activité partielle pendant un jour férié travaillé, l'employeur n'a pas à rémunérer le jour férié au taux habituel, mais au taux de l'activité partielle.

Il en va de même pour la *journée de solidarité**, qui est une journée supplémentaire de travail non rémunérée par l'employeur pour les salariés mensualisés. Elle ne peut donc pas faire l'objet d'un revenu de remplacement au titre de l'allocation d'activité partielle. Il n'est donc pas possible de recourir à l'activité partielle pendant la journée de solidarité.

Indemnité compensatrice de préavis - En cas d'inexécution totale ou partielle du préavis résultant soit de la fermeture temporaire ou définitive de l'établissement, soit de la réduction de l'horaire de travail habituellement pratiqué dans l'établissement en deçà de la durée légale, il convient de se référer à la durée habituelle de travail du salarié (durée légale, durée conventionnelle ou durée contractuelle) pour calculer l'indemnité compensatrice de préavis due par l'employeur (c. trav. art. L. 1234-6). La jurisprudence applique cette règle en cas d'activité partielle (cass. soc. 26 novembre 1997, n° 95-40993 D) [voir *Préavis (indemnité compensatrice)**].

Indemnités de rupture - La rémunération servant de base au calcul de l'*indemnité de licenciement** doit être déterminée à partir de celle qu'aurait perçue le salarié s'il n'avait pas été en activité partielle (cass. soc. 9 mars 1999, n° 96-44439, BC V n° 110).

Cette solution, rendue à propos d'une indemnité de licenciement, peut à notre sens être transposée aux autres hypothèses de rupture (mise à la retraite, etc.).

Retraite de base et complémentaire - Afin de préserver les droits sociaux des assurés dans le contexte de crise sanitaire liée à l'épidémie de covid-19, il avait été prévu, à titre exceptionnel, la prise en compte des périodes d'activité partielle comprises entre le 1.03 et le 31.12.2020 pour l'acquisition de droits à retraite dans les régimes obligatoires de base prenant effet à compter du 12.03.2020 (loi 2020-734 du 17 juin 2020, art. 11, I, JO du 18).

Le dispositif a été pérennisé avec la prise en compte des périodes d'activité partielle dans les droits à la retraite au-delà du 31.12.2020 (loi 2020-1576 du 14 décembre 2020, art. 8, I, 6°, et VIII, JO du 15 ; décret 2021-570 du 10 mai 2021, JO du 12 ; c. séc. soc. art. L. 351-3). Une circulaire de la CNAV a précisé les modalités de prise en compte des périodes d'activité partielle depuis le 1.03.2020 pour les retraites personnelles ayant pris effet depuis le 1.04.2020 (circ. CNAV 2021-17 du 11 mai 2021).

Les salariés bénéficiaires du dispositif d'activité partielle peuvent aussi obtenir des points de retraite AGIRC-ARRCO sans contrepartie de cotisations, qui viennent compléter ceux acquis par cotisations sur les salaires versés dans la période annuelle d'emploi (ANI AGIRC-ARRCO du 17 novembre 2017, art. 67 ; c. trav. art. L. 5122-1).

Un décret a organisé la prise en compte des périodes d'activité partielle pour les droits à retraite des assurés éligibles au dispositif de retraite anticipée pour carrière longue (décret 2021-593 du 14 mai 2021, JO du 15).

Protection complémentaire d'entreprise

Mesures temporaires et rétroactives au 12 mars 2020 - La deuxième loi portant mesures d'urgence face à l'épidémie de Covid-19 organise le maintien de la protection sociale complémentaire d'entreprise pendant la crise sanitaire (loi 2020-734 du 17 juin 2020, art. 12, JO du 18). Ce mécanisme a été prolongé par la loi de prorogation de l'état d'urgence sanitaire (loi 2020-1379 du 14 novembre 2020, art. 8 JO du 15).

Si l'ACOSS avait préconisé le maintien des garanties de prévoyance complémentaire il y a quelques années (lettre-circ. ACOSS 2011-36 du 24 mars 2011, Q/R 48), les modalités concrètes de ce maintien posent difficulté. En effet, les cotisations et primes, et même les garanties, sont généralement calculées sur la base des rémunérations soumises à cotisations sociales, alors que l'indemnité d'activité partielle, elle, n'est par définition pas soumise à cotisations.

Aussi, via une mesure temporaire, cette loi d'urgence vise à sécuriser la question du maintien des garanties au profit des salariés placés en activité partielle et de son financement.

L'obligation de maintien des garanties de protection sociale complémentaire s'applique aussi bien aux salariés en activité partielle de droit commun qu'à ceux en *activité partielle de longue durée**, ainsi que le cas échéant à leurs ayants droit (instr. DSS/3C/5B 2020-197 du 16 novembre 2020).

Maintien des garanties et règles d'assiette - Du 12.03.2020 jusqu'au 30.06.2021, les employeurs ont été tenus de maintenir au profit des salariés et, le cas échéant, de leurs ayants droit les garanties collectives de prévoyance complémentaire (garanties frais de santé, prévoyance, inaptitude, invalidité, etc.), mais aussi les avantages sous forme d'indemnités ou primes de départ en retraite ou de fin de carrière. En revanche, la retraite supplémentaire n'est pas concernée. Cette obligation s'est appliquée même en présence d'une clause contraire des accords collectifs ou des décisions unilatérales et des contrats collectifs d'assurance pris pour leur application.

Par ailleurs, le texte fixe une règle d'assiette des contributions, primes et prestations de prévoyance complémentaire pour les salariés placés en activité partielle. Cette assiette est reconstituée, a minima, en tenant compte de l'indemnité brute d'activité partielle effectivement perçue par le salarié, à la place des revenus d'activité mentionnés dans les contrats d'assurance. Il est possible de retenir une assiette supérieure à ce minimum, à condition que ce soit formellement prévu (convention collective, accord collectif, décision unilatérale du chef d'entreprise, et avenant au contrat collectif d'assurance souscrit par l'employeur ou au règlement auquel il a adhéré). Notons que le complément à l'indemnité brute mensuelle d'activité partielle versé par l'employeur peut être intégré aux assiettes précitées.

Par la suite, l'administration en a maintenu le principe, en l'intégrant aux critères d'appréciation du caractère collectif d'un régime en cas de suspension du contrat de travail indemnisée par l'employeur. De fait, ces règles sont devenues, depuis le 1.07.2021, une condition du régime social de faveur attaché aux régimes de prévoyance à caractère collectif et obligatoire (instr. DSS/3C/5B 2021-127 du 17 juin 2021) [voir *Contributions de retraite et de prévoyance (régimes collectifs et obligatoires)**].

☛ *Activité partielle de longue durée.*

Activité partielle de longue durée

La crise sanitaire liée au covid-19 a conduit les pouvoirs publics à renforcer le dispositif d'*activité partielle** et à poser les bases d'un nouveau mécanisme d'activité partielle, dit « activité partielle de longue durée » (APLD). Pour suivre l'actualité sur ce dispositif, le Gouvernement le modifiant très régulièrement, voir le fil quotidien sur www.rfsocial.com et la Revue d'actualité RF Social.

Cadre général

Mécanisme temporaire - Le mécanisme d' « activité réduite pour le maintien en emploi » (ARME), également désigné sous le terme d' « activité partielle de longue durée » (APLD), est entré en vigueur le 31.07.2020. Il s'applique aux accords collectifs et aux documents élaborés par l'employeur transmis à l'administration pour extension, validation ou homologation au plus tard le **30.06.2022** (loi 2020-734 du 17 juin 2020, art. 53, JO du 18 ; décret 2020-926 du 28 juillet 2020, art. 10, JO du 30).

Toutefois, la loi de finances pour 2022 (loi 2021-1900 du 30 décembre 2021, JO du 31) **habilite le gouvernement, jusqu'au 31.07.2022, à légiférer par ordonnance afin d'adapter les dispositions relatives à l'APLD. Le contenu concret d'une éventuelle ordonnance reste à préciser. Néanmoins, le gouvernement souhaiterait, a minima, permettre aux entreprises qui ont un accord validé ou un document unilatéral homologué d'APLD de pouvoir établir des avenants aux accords ou des modifications aux documents unilatéraux au-delà du 30.06.2022 (date butoir fixée pour transmettre à l'administration un accord collectif ou un document unilatéral d'APLD).**

▶ À noter… Le ministère du Travail a mis en ligne sur son site internet un document questions-réponses « Activité partielle de longue durée (APLD) », régulièrement actualisé (www.travail-emploi.gouv.fr). Les précisions issues de ce document, indiquées dans cette étude, sont celles publiées dans la version mise à jour au 8.11.2021.

Principes du dispositif - Ce dispositif est destiné à assurer le maintien dans l'emploi pour les entreprises confrontées à une réduction d'activité durable qui n'est pas de nature à compromettre leur pérennité. L'APLD est donc réservée aux employeurs ne dépassant pas un certain volume de réduction d'activité sur la période de recours au dispositif *(voir plus loin)*.

L'APLD est mise en place soit par accord collectif (d'établissement, d'entreprise ou de groupe), soit par décision unilatérale de l'employeur prise sur la base d'un accord de branche d'APLD étendu. L'accord collectif doit être validé par l'administration, tandis qu'une décision unilatérale doit être homologuée.

L'employeur doit prendre des engagements, notamment en termes de maintien dans l'emploi.

À terme, le système d'indemnisation a vocation à être plus favorable que l'activité partielle classique, tant pour le salarié que pour l'employeur. Depuis le 1.11.2020, dans les cas où l'employeur serait mieux remboursé en activité partielle qu'en APLD, l'allocation d'APLD qui lui est versée est alignée sur celle de l'activité partielle « classique ».

Articulation avec l'activité partielle « classique » - L'employeur ne peut pas mobiliser en même temps pour un même salarié l'APLD et l'*activité partielle** de droit commun.

Sous cette réserve, l'employeur qui utilise l'APLD peut concomitamment recourir à l'activité partielle de droit commun mais seulement pour un motif non lié avec la conjoncture économique (ex : difficultés d'approvisionnement en matières premières ou en énergie, sinistre ou intempéries de caractère exceptionnel) (décret 2020-926 du 28 juillet 2020, art. 9, I, JO du 30).

▶ À noter… Il n'est pas possible de recourir de manière individualisée à l'APLD, comme cela était autorisé jusqu'au 31.12. 2021 pour l'*activité partielle** de droit commun. Cela étant, comme pour le dispositif de droit commun (c. trav. art. L. 5122-1, I, al. 4), le ministère du Travail indique qu'il est possible de prévoir que les salariés soient placés en position d'APLD individuellement et alternativement, selon un système de « roulement », au sein d'une même unité de production, d'un atelier, d'un service, etc.

Articulation avec un plan de sauvegarde de l'emploi - Le ministère du Travail a précisé qu'il était possible de négocier un accord APLD en même temps qu'un *plan de sauvegarde de l'emploi** (PSE).

Néanmoins, le remboursement des allocations perçues peut être exigé si les salariés ayant bénéficié du dispositif sont licenciés pendant la période d'application de l'accord APLD, sous réserve des cas d'inexigibilité *(voir plus loin)*.

Par ailleurs, en cas de mise en œuvre simultanée de l'APLD et d'un PSE, l'employeur n'est pas contraint de préciser les catégories professionnelles concernées par l'APLD, alors qu'il y est tenu en cas de PSE.

Articulation avec l'activité partielle « garde d'enfant » ou « personnes vulnérables » - Le ministère du Travail a précisé que le dispositif ad hoc d'activité partielle pour les salariés vulnérables ou parent d'un enfant de moins de 16 ans ou d'une personne en situation de handicap faisant l'objet d'une mesure d'isolement, d'éviction ou de maintien à domicile (voir *Activité partielle**) est indépendant du dispositif d'APLD. Dès lors, un salarié qui n'est pas inclus dans le périmètre de l'APLD peut être placé en « activité partielle garde d'enfant/personnes vulnérables ». À l'inverse, si un salarié inclus dans le périmètre de l'APLD est placé en activité partielle « garde d'enfant/personnes vulnérables », la durée de son placement dans ce dispositif n'est pas comptabilisée dans le décompte de la réduction maximale d'activité autorisée.

Durée d'application de l'APLD

24 mois maximum sur 36 mois - L'APLD peut être mobilisée par les entreprises pour une durée pouvant aller jusqu'à 24 mois, consécutifs ou non, sur 36 mois consécutifs (décret 2020-926 du 28 juillet 2020, art. 3, JO du 30).

Le ministère du Travail précise que le décompte est réalisé en mois civils : un mois durant lequel l'entreprise recourt à APLD compte pour un mois entier. Il n'est pas nécessaire de préciser dans l'accord ou le document le planning prévisionnel de recours au dispositif. Seule doit être indiquée la durée totale de recours envisagée.

Date d'effet la plus précoce possible - La date à partir de laquelle l'employeur demande à bénéficier de l'APLD au titre d'un accord collectif ou d'un document unilatéral *(voir ci-après)* ne peut pas être antérieure au premier jour du mois civil au cours duquel la demande de validation ou d'homologation est transmise à la DREETS (décret 2020-926 du 28 juillet 2020, art. 10, JO du 30).

Exemple

Pour une demande envoyée le 12.01.2022, le placement de salariés en APLD peut s'effectuer à partir du 1.01.2022. Ainsi, l'employeur peut mettre ses salariés en APLD puis envoyer dans le mois civil sa demande de validation ou d'homologation. En cas d'autorisation, expresse ou tacite, celle-ci produira effet rétroactivement. En revanche, en l'absence d'autorisation, l'employeur devrait, à notre sens, verser leur rémunération habituelle aux salariés dont l'activité a été réduite.

Neutralisation des périodes de restriction d'activité liée à l'épidémie de covid-19 - Les périodes de restriction de l'activité économique décidées par les pouvoirs publics afin de limiter la propagation du covid-19 ont été neutralisées dans le décompte de la durée de recours à l'APLD.

Ainsi, n'a pas été prise en compte dans le décompte des mois de recours au dispositif la période allant du 1.11.2020 jusqu'au 30.06.2021 (décret 2020-926 du 28 juillet 2020, art. 9, V modifié par décret 2021-361 du 31 mars 2021, JO du 1er avril ; arrêté du 9 avril 2021, JO du 13, texte 12).

Cela signifie, pour les employeurs concernés, que le dispositif d'APLD pourra être mobilisé au-delà de la durée maximale de 24 mois, pour un temps supplémentaire correspondant à la période neutralisée.

Ces mesures de neutralisation s'appliquent aux accords collectifs et aux documents unilatéraux d'APLD validés ou homologués à compter du 16.12.2020.

Les employeurs couverts par un accord collectif ou un document unilatéral d'APLD validé ou homologué avant cette date doivent faire homologuer un avenant à l'accord ou valider une modification du document unilatéral, afin d'exclure la période neutralisée des décomptes. Cette exigence n'est toutefois pas requise pour les employeurs dont l'activité principale implique l'accueil du public et qui ont dû faire face à une fermeture administrative, partielle ou totale, du fait de la propagation de l'épidémie de covid-19.

Mise en place dans l'entreprise

Conditions de recours - Pour recourir à l'APLD, l'employeur doit être couvert :

- soit par un accord collectif d'établissement, d'entreprise ou de groupe (ci-après nommé « accord collectif d'entreprise »), qui fixe les modalités de mise en œuvre de l'activité réduite ;
- soit par un accord collectif de branche étendu, lequel permet à l'employeur de mettre en place l'activité réduite par document unilatéral élaboré après consultation du comité social et économique (CSE) lorsqu'il existe.

L'accord collectif d'entreprise ou de branche doit définir sa durée d'application, les activités et les salariés concernés par l'activité réduite, les réductions de l'horaire de travail pouvant donner lieu à indemnisation et les engagements spécifiquement souscrits en contrepartie, notamment pour le maintien de l'emploi (loi 2020-734, art. 53, I).

Un décret du 28 juillet 2020 a précisé le contenu de l'accord *(voir tableau reproduit dans cette étude)* (décret 2020-926 du 28 juillet 2020, art. 1, I et II, JO du 30).

Le ministère du Travail a précisé que si l'entreprise est couverte par un accord de branche étendu d'APLD, l'employeur n'est pas tenu d'engager des négociations en vue de signer un accord. Il peut s'engager directement dans la voie du document unilatéral. Cependant, rien ne l'empêche de conclure malgré tout un accord au niveau de l'entreprise ou de l'établissement et dans ce cas, l'accord d'entreprise ou d'établissement peut déroger à l'accord de branche.

Quant au document unilatéral élaboré par l'employeur, celui-ci doit être conforme aux stipulations de l'accord de branche et définir les engagements spécifiques en matière d'emploi. Les conditions d'application du document ont également été précisées par le décret du 28 juillet 2020 *(voir tableau reproduit dans cette étude)* (décret 2020-926 du 28 juillet 2020, art. 1, III, JO du 30).

APLD : contenu de l'accord collectif et du document unilatéral de l'employeur
Accord collectif d'établissement, d'entreprise, de groupe ou de branche
Préambule : diagnostic sur la situation économique et perspectives d'activité. **Mentions obligatoires :** - activités et salariés concernés (1) (2) ; - date de début et durée d'application de l'APLD ; - réduction maximale de l'horaire de travail en deçà de la durée légale ; - engagements en termes d'emploi et de formation professionnelle ; - modalités d'information des organisations syndicales signataires et du CSE sur la mise en œuvre de l'accord. **Mentions facultatives :** - efforts des dirigeants salariés, des mandataires sociaux et des actionnaires, proportionnés à ceux des salariés ; - mobilisation des congés payés et du CPF, avant ou pendant la mise en œuvre de l'APLD ; - moyens de suivi de l'accord par les organisations syndicales.
Document unilatéral de l'employeur
Mêmes mentions obligatoires que pour l'accord collectif, en particulier les engagements spécifiques souscrits en matière d'emploi. Diagnostic sur la situation économique de l'établissement ou de l'entreprise et perspectives d'activité. Précisions sur les conditions de mise en œuvre, au niveau de l'entreprise ou de l'établissement, des stipulations de l'accord de branche étendu.
(1) Selon le ministère du Travail, il n'est pas nécessaire de désigner nommément les salariés concernés par l'accord ou le document unilatéral de l'employeur. En revanche, les activités et secteurs concernés doivent être identifiés. Un accord ou un document ne faisant référence qu'à un pourcentage de salariés serait contraire à la réglementation. À l'instar de l'activité partielle de droit commun, la réduction d'activité peut être prévue au niveau de l'entreprise, tout ou partie de l'établissement, unité de production, atelier, services, etc. (2) Selon le ministère du Travail, les salariés en contrat court (CDDU, contrats saisonniers) ne peuvent pas être couverts par le dispositif d'APLD. En revanche, ils pourront être couverts par le dispositif d'activité partielle de droit commun, si les conditions de recours sont remplies.

Validation ou homologation par l'administration - L'accord collectif d'établissement, d'entreprise ou de groupe doit être validé par l'administration. Le document unilatéral de l'employeur doit quant à lui être homologué par l'administration (loi 2020-734 du 17 juin 2020, art. 53, III).

▶ À noter... Les accords de branche sont soumis à la procédure légale d'extension (c. trav. art. L. 2261-15).

L'employeur doit adresser sa demande de validation ou d'homologation au préfet du département d'implantation de l'établissement concerné en y joignant l'accord ou le document accompagné de l'avis du CSE, par voie dématérialisée (https ://activitepartielle.emploi.gouv.fr) (décret 2020-926 du 28 juillet 2020, art. 5 et 6).

▶ À noter... L'accord doit également être déposé sur la plateforme TéléAccords (https ://www.teleaccords.travail-emploi.gouv.fr/PortailTeleprocedures/).

Si l'accord ou le document porte sur des établissements implantés dans plusieurs départements, le préfet compétent est celui, parmi ceux de ces départements, auquel l'employeur adresse sa demande de validation ou d'homologation.

La DREETS valide l'accord collectif d'établissement, d'entreprise ou de groupe après avoir contrôlé (loi 2020-734 du 17 juin 2020, art. 53, IV) :

- les conditions de validité et la régularité de la procédure de négociation ;
- la présence dans l'accord de l'ensemble des mentions obligatoires *(voir tableau reproduit dans cette étude)*.

Concernant le document unilatéral de l'employeur, la DREETS l'homologue après avoir vérifié (loi 2020-734 du 17 juin 2020, art. 53, V) :

- la régularité de la procédure d'information et de consultation du CSE, lorsqu'il existe ;
- la présence de l'ensemble des mentions obligatoires *(voir tableau reproduit dans cette étude)* ;
- la conformité aux stipulations de l'accord de branche étendu ;
- la présence d'engagements spécifiques en matière d'emploi.

Cette procédure de validation ou d'homologation doit être renouvelée en cas de révision de l'accord collectif ou de reconduction ou d'adaptation du document unilatéral.

Cas particuliers : groupe et entreprise pluri-établissements - Le ministère du Travail a précisé la procédure de dépôt d'un accord de groupe. Ainsi, il revient à un établissement de l'une des entreprises du groupe (ex. : le siège de la société mère) de déposer l'accord de groupe pour validation par l'administration. La validation de l'accord de groupe vaut autorisation pour l'ensemble du périmètre couvert par l'accord : il n'y a donc qu'une décision de validation rendue par la DREETS pour toutes les entités relevant de l'accord de groupe. Chaque entreprise couverte par l'accord de groupe doit ensuite déposer une demande d'autorisation préalable d'activité partielle intégrant l'accord de groupe et la décision de validation. Les demandes d'autorisation préalable seront systématiquement acceptées dans la limite du plafond de 6 mois d'autorisation et sous réserve de la vérification de leur cohérence avec l'accord de groupe (date de début et durée, salariés concernés, réduction maximale de l'horaire, etc.).

Concernant les entreprises pluri-établissements, il revient à un des établissements de l'entreprise (ex. : le siège) de déposer l'accord ou le document unilatéral pour validation ou homologation par l'administration. La validation de l'accord ou l'homologation du document vaut autorisation pour l'ensemble du périmètre couvert : il n'y a donc qu'une décision de validation ou d'homologation rendue par la DREETS pour tous les établissements. L'entreprise peut ensuite choisir l'une des deux procédures suivantes :

- soit chaque établissement couvert par l'accord ou le document unique dépose une demande d'autorisation préalable d'activité partielle afin de bénéficier lui-même du versement des allocations d'activité partielle ;
- soit l'entreprise décide de charger les SIRET des établissements couverts par l'accord ou le document unique sur sa propre demande d'autorisation préalable.

Dans ce cas, c'est l'entreprise qui bénéficiera du versement des allocations d'activité partielle au titre de l'ensemble des établissements. Les demandes d'autorisation préalable seront systématiquement acceptées dans la limite du plafond de 6 mois d'autorisation et sous réserve de la vérification de leur cohérence avec l'accord d'entreprise ou le document unilatéral (date de début et durée, salariés concernés, réduction maximale de l'horaire, etc.).

Délai de réponse et décision de l'administration - La DREETS dispose de 15 jours pour valider l'accord et de 21 jours pour homologuer le document unilatéral. Son absence de réponse à l'issue de ces délais vaut décision de validation ou d'homologation (loi 2020-734 du 17 juin 2020, art. 53, VI).

La décision d'homologation ou de validation est notifiée par voie dématérialisée à l'employeur. Elle est également notifiée, par tout moyen, au CSE s'il existe et, si elle porte sur un accord collectif, aux organisations syndicales signataires (décret 2020-926 du 28 juillet 2020, art. 5).

Si l'homologation ou la validation a été obtenue de manière tacite, l'employeur transmet une copie de la demande de validation ou d'homologation, accompagnée de son accusé de réception par l'administration, au CSE lorsqu'il existe et, si elle porte sur un accord collectif, aux organisations syndicales représentatives signataires (loi 2020-734 du 17 juin 2020, art. 53, VI).

La décision de validation ou d'homologation ou, à défaut, la copie de la demande et son accusé de réception, ainsi que les voies et délais de recours sont portés à la connaissance des salariés par voie d'affichage sur leurs lieux de travail ou par tout autre moyen permettant de donner une date certaine à cette information (loi 2020-734 du 17 juin 2020, art. 53, VI).

Durée de l'autorisation et renouvellement - La décision de validation ou d'homologation vaut autorisation d'APLD pour une durée de 6 mois.

L'autorisation est renouvelée par période de 6 mois, au vu du bilan adressé par l'employeur *(voir ci-après)* (décret 2020-926 du 28 juillet 2020, art. 5, JO du 30).

Révision d'un accord d'APLD, reconduction ou adaptation d'un document unilatéral - La procédure de validation ou d'homologation doit être réitérée en cas de conclusion d'un avenant de révision de l'accord collectif ou en cas de reconduction ou d'adaptation du document unilatéral (loi 2020-734 du 17 juin 2020, art. 53, IV et V).

Réduction d'activité

Au plus 40 % de réduction d'activité - La réduction de l'horaire de travail pratiquée par l'employeur qui mobilise l'APLD ne peut pas dépasser 40 % de la durée légale de travail (l'entreprise doit donc conserver une activité minimale d'au moins 60 %) (décret 2020-926 du 28 juillet 2020, art. 4, JO du 30).

Jusqu'à 50 % sur dérogation - Dans des cas exceptionnels résultant de la situation particulière de l'entreprise, et dans les conditions prévues par l'accord collectif, l'administration peut autoriser une réduction de l'horaire de travail jusqu'à 50 % de la durée légale (décret 2020-926 du 28 juillet 2020, art. 4, JO du 30).

Le document questions/réponses du ministère du Travail précise également que pour apprécier l'opportunité de dépasser la limite de 40 %, il pourra être tenu compte des difficultés particulières de l'entreprise, pouvant être liées notamment à l'ampleur et à la durée prévisibles de la dégradation de ses perspectives d'activité, ou à l'impact d'éléments exogènes (fluctuation significative du coût des matières premières, liquidation judiciaire d'un client important entraînant une chute du carnet de commandes, etc.).

Le ministère du Travail signale également que, si le volume de la réduction d'activité (40 % ou 50 %) est atteint avant la fin de la durée de recours au dispositif, il ne sera plus possible de recourir à l'APLD, le volume d'heures maximum pouvant donner lieu à placement des salariés en APLD ayant été atteint. L'administration recommande donc de tenir à jour un compteur permettant d'apprécier la réduction d'activité des salariés : cela est notamment nécessaire pour identifier les heures dites chômées ouvrant droit à une indemnité et les heures travaillées qui doivent être rémunérées normalement. Par ailleurs, ce document pourra être demandé en cas de contrôle par l'administration lors de la vérification des conditions de placement en APLD des salariés.

Période d'appréciation du volume de la réduction d'activité - Le volume de la réduction d'activité (au plus 40 %, voire 50 % sur dérogation) s'apprécie salarié par salarié sur la durée d'application du dispositif prévue par l'accord collectif ou le document unilatéral (décret 2020-926 du 28 juillet 2020, art. 4, JO du 30). L'application de la réduction de l'horaire de travail peut donc conduire à la suspension temporaire de l'activité de l'entreprise à certaines périodes.

Le ministère du Travail a ainsi précisé que l'employeur peut alterner des périodes de faible réduction d'activité et des périodes de forte réduction, voire de suspension temporaire de l'activité, dans le respect du plafond de 40 % sur la durée d'application du dispositif (24 mois maximum sur 36 mois). Pour limiter l'impact de cette modulation du taux de réduction horaire de travail sur la rémunération mensuelle des salariés, un lissage du montant de l'indemnité d'APLD et de la rémunération versée au salarié est envisageable, comme dans le dispositif d'aménagement du temps de travail.

Salariés à temps partiel - Concernant les salariés à temps partiel, le ministère du Travail a précisé qu'en l'absence de stipulation prévoyant la proratisation de la durée du travail de ces salariés, la réduction de l'horaire s'applique de manière identique aux salariés à temps plein et à temps partiel. Toutefois, l'accord APLD peut prévoir une clause prévoyant d'aménager la réduction maximale de l'horaire de travail du salarié à temps partiel au prorata de sa quotité de travail initiale.

Cadres dirigeants - Le ministère du Travail a précisé que les cadres dirigeants peuvent être intégrés dans les accords d'APLD, mais uniquement pour les suspensions temporaires totales de l'activité.

Heures d'équivalence, heures supplémentaires structurelles indemnisables - Pour les salariés auxquels s'appliquent les articles 1 et 1 bis de l'ordonnance 2020-346 du 27.03.2020 modifiée (régimes d'équivalence, heures supplémentaires issues d'une convention de forfait ou d'une durée collective conventionnelle supérieure à la durée légale), le nombre d'heures chômées susceptible d'être indemnisé correspond à 40 % de la durée d'équivalence ou de la durée stipulée au contrat pour les conventions individuelles de forfait ou de la durée collective du travail conventionnellement prévue, et non la durée légale mensuelle de 151,67 heures (ord. 2020-346 du 27 mars 2020, art. 12 ; ord. 2020-1639 du 21 décembre 2020, art. 1 ; décret 2020-1681 du 24 décembre 2020, JO du 26).

Si l'employeur a été autorisé sur dérogation à aller jusqu'à 50 % de réduction d'activité, on tient compte du taux de 50 %.

Neutralisation des périodes de restriction d'activité liée à l'épidémie de covid-19 - Les périodes de restriction de l'activité économique décidées par les pouvoirs publics afin de limiter la propagation du covid-19 ont été neutralisées dans le décompte du volume de la réduction de l'horaire de travail autorisée (40 % ou 50 % par dérogation). Ainsi, n'a pas été prise en compte dans le calcul de la réduction de l'horaire de travail la période allant du 1.11.2020 jusqu'au 30.06.2021 (décret 2020-926 du 28 juillet 2020, art. 9, V modifié par décret 2021-361 du 31 mars 2021, JO du 1er avril ; arrêté du 9 avril 2021, JO du 13, texte 12).

Les employeurs n'auront pas à intégrer les réductions d'activité appliquées pendant la période neutralisée quand ils vérifieront le volume de réduction d'activité de chaque salarié sur la période de recours à l'APLD.

Ces mesures de neutralisation s'appliquent aux accords collectifs et aux documents unilatéraux d'APLD validés ou homologués à compter du 16.12.2020.

Les employeurs couverts par un accord collectif ou un document unilatéral d'APLD validé ou homologué avant cette date doivent faire homologuer un avenant à l'accord ou valider une modification du document unilatéral, afin d'exclure la période neutralisée des décomptes. Cette exigence n'est toutefois pas requise pour les employeurs dont l'activité principale implique l'accueil du public et qui ont dû faire face à une fermeture administrative, partielle ou totale, du fait de la propagation de l'épidémie de covid-19.

Information des salariés - Le ministère du Travail a précisé qu'en l'absence de modalités d'information prévues par les textes, l'accord d'entreprise, de groupe ou d'établissement ou le document unilatéral pris en application de l'accord de branche (si ce dernier le précise), peut prévoir des modalités particulières d'information des salariés et des représentants du personnel ainsi que des délais de prévenance de placement ou de fin de placement des salariés en APLD.

À titre d'exemple, l'employeur peut indiquer dans l'accord ou le document unique que les modifications de planning (temps travaillé et non travaillé) ne peuvent être imposées au salarié dans un délai inférieur à 48 heures.

Le délai de prévenance de placement des salariés en APLD doit s'entendre d'un délai raisonnable permettant de concilier les nécessités d'organisation de l'entreprise et les impératifs de la vie personnelle du salarié.

Engagements de l'employeur

Périmètre des engagements - Pour bénéficier du dispositif d'APLD, l'employeur doit prendre des engagements en termes d'emplois. Ceux-ci doivent porter sur l'intégralité des emplois de l'établissement ou de l'entreprise, sauf stipulation contraire de l'accord collectif d'établissement, d'entreprise ou de groupe validé par l'autorité administrative ou de l'accord collectif de branche étendu autorisant un champ d'application plus restreint (décret 2020-926 du 28 juillet 2020, art. 1 IV, JO du 30).

En l'absence de mention contraire dans l'accord de branche, les engagements en matière d'emploi figurant dans le document unilatéral porteront sur l'intégralité des emplois de l'établissement ou de l'entreprise.

L'employeur doit également prendre des engagements en matière de formation professionnelle. Selon le ministère du Travail, les périodes chômées peuvent être mises à profit pour conduire des actions de formation ou de validation des acquis de l'expérience, et pour maintenir et développer les compétences des salariés. À cet effet, l'employeur peut notamment renforcer son *plan de développement des compétences** ou abonder le compte personnel de formation du salarié [voir *Compte personnel de formation (mise en place et alimentation)**]. Le ministère rappelle que l'employeur peut aussi mobiliser les opérateurs de compétences (OPCO), le FNE-formation [voir *Fonds national de l'emploi (FNE)**] ou le Fonds social européen (FSE) pour le financement des coûts de formation engagés pour faire face aux difficultés économiques conjoncturelles.

Contreparties supplémentaires liées au Plan de relance - La loi de finances pour 2021 impose plusieurs contreparties sociales aux personnes morales de droit privé de plus de 50 salariés qui bénéficient des crédits du Plan de relance (loi 2020-1721 du 29 décembre 2020, art. 244, JO du 30).

Le ministère du Travail a précisé que ces contreparties s'appliquent aux crédits du Plan de relance ouverts au titre de l'APLD. Ainsi, les employeurs de droit privé employant plus de 50 salariés et qui ont bénéficié de l'APLD au titre de l'année 2021 doivent mettre en œuvre ces contreparties *(voir tableau ci-après)*.

Le ministère ajoute que le non-respect de ces obligations par l'employeur n'est pas un point de contrôle de l'administration pour la validation ou l'homologation d'un accord collectif ou d'un document unilatéral d'APLD. Il n'entraînera pas non plus de demande de remboursement des allocations d'APLD, ni de suspension du versement de ces allocations.

Contrôle des engagements - L'employeur doit transmettre à la DREETS de manière périodique, avant l'échéance de chaque période de 6 mois d'APLD, un bilan portant sur le respect des engagements en matière d'emploi et de formation professionnelle et en matière d'information des organisations syndicales et du CSE sur la mise en œuvre de l'accord (décret 2020-926 du 28 juillet 2020, art. 2, JO du 30).

Ce bilan est accompagné d'un diagnostic actualisé de la situation économique et des perspectives d'activité de l'établissement, de l'entreprise ou du groupe, ainsi que du procès-verbal de la dernière réunion au cours de laquelle le CSE, s'il existe, a été informé sur la mise en œuvre de l'APLD. C'est au regard de ce bilan que la DREETS décide de renouveler son autorisation d'APLD pour une nouvelle période de six mois (décret 2020-926, art. 5).

Sanction en cas de non-respect des engagements - En cas de non-respect des engagements, l'employeur doit rembourser les sommes perçues au titre de l'allocation pour chaque salarié placé en

Contreparties sociales au plan de relance (1)	
Ces contreparties visent à inciter les entreprises à s'engager dans une démarche d'amélioration de leur performance extra-financière en matière d'écologie, de parité et de gouvernance.	
Employeurs concernés et délai	Les personnes morales de droit privé qui bénéficient des crédits ouverts par la loi de finances pour 2021 au titre de la mission « Plan de relance » sont tenues de mettre en œuvre un certain nombre de mesures avant le 31 décembre 2022.
Seuil d'effectif	Employeurs de 50 salariés et plus. Le franchissement à la hausse d'un seuil d'effectif salarié est pris en compte lorsque ce seuil a été atteint ou dépassé pendant 5 années civiles consécutives, selon les modalités prévues à l'article L. 130-1 du code de la sécurité sociale (voir Effectif sécurité sociale*).
Parité (obligations liées à l'Index de l'égalité) (2)	En plus de l'obligation existante de publication de la note globale à l'Index de l'égalité, publication du résultat obtenu à chacun des indicateurs de l'Index : pour 2021, publication le 1er juin au plus tard, à partir de 2022, publication à la date de référence du 1er mars. En cas de note globale inférieure à 75/100, des objectifs de progression doivent être fixés pour chaque indicateur pour lequel la note maximale n'a pas été atteinte (dans le cadre de la négociation collective ou à défaut d'un plan d'action unilatéral). Ces objectifs, ainsi que les mesures correctives et de rattrapage, devront être publiés au même endroit que la note globale obtenue à l'Index, pour la publication 2022 de l'Index égalité (entreprises qui n'auront pas atteint en 2022 une note de 75/100 au titre de l'année 2021). La publication pourra avoir lieu jusqu'au 1er mai 2022.
Gouvernance (obligation envers le CSE)	Consultation du CSE sur le montant, la nature et l'utilisation des aides versées à l'entreprise au titre des crédits du « Plan de relance », dans le cadre de la consultation annuelle sur les orientations stratégiques de l'entreprise (formulation d'un avis distinct).
Environnement	Pour les employeurs non soumis à l'obligation prévue à l'article L. 229-25 du code de l'environnement (3), élaboration d'un bilan simplifié de leurs émissions de gaz à effet de serre. Par dérogation, pour ceux employant entre 51 et 250 salariés, élaboration du bilan simplifié avant le 31 décembre 2023 (au lieu du 31 décembre 2022).

(1) Loi 2020-1721 du 29 décembre 2020, art. 244, JO du 30

(2) Décret 2021-265 du 10 mars 2021, JO du 11. En cas de non-respect de ces dispositions, l'employeur se verra appliquer une pénalité financière dans les conditions prévues au deuxième alinéa de l'article L. 2242-8 du code du travail.

(3) Le code de l'environnement prévoit qu'un certain nombre d'employeurs doivent établir un bilan des émissions de gaz à effet de serre (personnes morales de droit privé employant plus de 500 personnes, règle particulière pour les DOM, etc.). Le bilan simplifié prévu par le Plan de relance concerne dont, a contrario, uniquement les employeurs de 50 salariés et plus qui ne sont pas assujettis à cette obligation.

APLD et dont le contrat de travail est rompu pour motif économique, pendant la durée de recours au dispositif (décret 2020-926 du 28 juillet 2020, art. 2, JO du 30).

Si l'employeur licencie pour motif économique un salarié qui n'était pas placé en APLD mais qu'il s'était engagé à maintenir dans l'emploi, le remboursement est égal, pour chaque licenciement concerné, au montant total des sommes versées à l'employeur au titre de l'APLD divisé par le nombre de salariés placés en APLD.

Le remboursement n'est exigé qu'en cas de licenciement économique. Le ministère du Travail indique qu'il n'est pas demandé en cas de départs volontaires dans le cadre d'un plan de sauvegarde de l'emploi (PSE) ou de ruptures du contrat de travail d'un commun accord (ruptures conventionnelles individuelles ou collectives).

Le remboursement de tout ou partie des sommes dues par l'employeur peut ne pas être exigé notamment s'il est incompatible avec la situation économique et financière de l'établissement, de l'entreprise ou du groupe. L'administration peut également suspendre le paiement de l'allocation lorsqu'elle constate que les engagements en matière d'emploi et de formation professionnelle ne sont pas respectés durant la période de recours au dispositif.

Depuis le 1.10.2020, ce remboursement n'est pas exigible si les perspectives d'activité se sont dégradées par rapport à celles prévues dans l'accord collectif ou le document de l'employeur qui a mis en place l'APLD (décret 2020-926 du 28 juillet 2020, art. 2 ; décret 2020-1188 du 29 septembre 2020, art. 1, JO du 30).

Depuis le 1.11.2020, l'employeur qui demande à bénéficier de ces dispositions doit informer le CSE et, le cas échéant les syndicats signataires de l'accord d'APLD (décret 2020-926 du 28 juillet 2020, art. 2 ; décret 2020-1316 du 30 octobre 2020, art. 2, 1°) :

- lorsqu'il dépose auprès de l'administration une demande tendant à bénéficier de ces dispositions ;
- en cas de réponse positive, lorsque l'administration le dispense de tout ou partie du remboursement.

Indemnisation des salariés et de l'entreprise

Indemnité due au salarié - Pour chaque heure indemnisable, l'employeur doit verser au salarié placé en APLD une indemnité horaire d'activité partielle correspondant à 70 % de la rémunération horaire brute de référence, retenue à hauteur de 4,5 SMIC maximum, avec un minimum de 8,37 € depuis le 1.01.2022 (à Mayotte, 7,27 €).

Ces minima ne s'appliquent pas aux salariés avec une rémunération inférieure au SMIC (certains apprentis et contrats de professionnalisation, certains jeunes de moins de 18 ans). Pour les intéressés, l'indemnité est égale à leur rémunération horaire

La rémunération de référence est la rémunération brute servant d'assiette au calcul de l'indemnité de congés payés calculée selon la règle du maintien du salaire (et non du 1/10), ramenée à un montant horaire sur la base de la durée légale de travail ou, si elle est inférieure, de la durée collective du travail ou de celle mentionnée dans le contrat de travail.

L'indemnité se calcule sur la même base que pour les salariés en *activité partielle** « classique ».

Allocation versée à l'employeur - Pour chaque heure indemnisable, l'employeur perçoit en remboursement une allocation d'activité partielle égale à 60 % de la rémunération horaire brute de référence, retenue dans la limite de 4,5 SMIC (décret 2020-926 du 28 juillet 2020, art. 7, JO du 30 ; décret 2020-1188 du 29 septembre 2020, art. 1, JO du 30).

Le taux horaire minimum de l'allocation est d'au moins 8,37 € (décret 2021-1878 du 29 décembre 2021, art. 3 ; décret 2020-926 du 28 juillet 2020, art. 7 modifié). Ce minimum n'est pas applicable aux salariés en contrat d'apprentissage ou de professionnalisation.

À Mayotte, le taux horaire minimum de l'allocation est de 7,27 € (décret à paraître).

Depuis le 1.11.2020, le remboursement à l'employeur est au moins égal à celui de l'*activité partielle** de droit commun, si ce dispositif est plus favorable, ce qui peut être le cas dans les secteurs les plus touchés par la crise (décret 2020-926 du 28 juillet 2020, art. 7 ; décret 2020-1316 du 30 octobre 2020, art. 2, 2° b). Cette disposition vise à éviter que l'APLD ne soit moins favorable que l'activité partielle « classique » pour les secteurs et employeurs qui bénéficieraient dans ce cadre d'un taux de remboursement plus favorable.

Catégories particulières de salariés - Les modalités de calcul de l'indemnité et de l'allocation d'activité partielle prévues pour certaines catégories de salariés (salariés en forfait annuel en heures ou en jours, soumis à des heures supplémentaires structurelles ou en régime d'équivalence, VRP, travailleurs à domicile, journalistes pigistes, intermittents, etc. ; voir *Activité partielle**) sont applicables à l'APLD dans les mêmes conditions (décret 2020-926 du 28 juillet 2020, art. 9, III, JO du 30 ; décret 2020-435 du 16 avril 2020, JO du 17 ; décret 2020-794 du 26 juin 2020, JO du 28 ; ord. 2020-1639 du 21 décembre 2020, JO du 23, texte 40).

Les cadres dirigeants peuvent être intégrés dans les accords ou documents unilatéraux APLD pour les périodes de suspension temporaire totale d'activité. En effet, les périodes de simples réductions horaires ne peuvent pas donner lieu à APLD pour les cadres dirigeants (questions/réponses du ministère du Travail, dans sa version mise à jour le 8 novembre 2021).

▶ À noter… Sur le régime social des indemnités d'APLD, voir Dictionnaire Paye, « Activité partielle de longue durée » (édition 2022 ou www.rfpaye.com).

Droits à retraite - Les périodes pendant lesquelles un salarié a été indemnisé au titre de l'APLD sont prises en compte pour l'ouverture des droits à pension de retraite. Pour valider un trimestre de retraite, le salarié doit avoir été indemnisé 220 h.

En outre, les périodes d'indemnisation au titre de l'APLD permettent, au-delà de la 60e heure indemnisée, d'obtenir des points de retraite complémentaire AGIRC-ARRCO.

☛ *Activité partielle.*

Activités sociales et culturelles

Définition

Objet - Les activités sociales et culturelles (ASC) sont destinées à améliorer les conditions de vie, de travail et d'emploi des salariés dans l'entreprise.

La notion d'ASC, non définie par le code du travail, est déterminante pour les attributions du *comité social et économique** (CSE) dans une entreprise d'au moins 50 salariés (c. trav. art. L. 2312-78) [voir *Activités sociales et culturelles (gestion des)** et *Comité social et économique (ressources)**].

▶ À noter… Compte tenu de la similitude des textes en la matière, la jurisprudence et les réponses administratives rendues à propos des IRP précédemment en place gardent, à notre avis, toute leur valeur. Les arrêts et réponses indiqués dans nos développements ci-après sont donc, en toute vraisemblance, transposables au CSE.

Énumération indicative du code du travail - Le code du travail énumère les ASC, sans exhaustivité. Classées selon leur objet, ces activités sont les suivantes (c. trav. art. R. 2312-35) :
- les institutions sociales de prévoyance et d'entraide (institutions de retraite, sociétés de secours mutuels, etc.) ;
- les ASC tendant à l'amélioration des conditions de bien-être (cantine, coopérative de consommation, logement, jardin ouvrier, crèche, colonie de vacances, etc.) ;
- les ASC ayant pour objet l'utilisation des loisirs et l'organisation sportive ;
- les institutions d'ordre professionnel ou éducatif attachées à l'entreprise ou dépendant d'elle (centre d'apprentissage et de formation professionnelle, bibliothèque, cercle d'études, etc.).

Constituent aussi des ASC, les services sociaux chargés :
- de veiller au bien-être du travailleur dans l'entreprise, de faciliter son adaptation à son poste de travail et de collaborer avec le service de santé au travail de l'entreprise (c'est-à-dire le service médical) ;
- de coordonner et de promouvoir les réalisations sociales décidées par le CSE et par l'employeur ;
- le service de santé au travail institué dans l'entreprise.

Définition des juges - Une ASC doit être (cass. soc. 13 novembre 1975, n° 73-14848, BC V n° 533) :
- facultative et non rémunératoire ;
- non discriminatoire ;
- exercée principalement au bénéfice du personnel de l'entreprise ;
- destinée à améliorer les conditions de vie, de travail et d'emploi des salariés au sein de l'entreprise.

Peu importe sa dénomination, la date de sa création et son mode de financement.

Caractéristiques d'une ASC

Activité facultative - Seules les activités facultatives peuvent être classées parmi les ASC. Une activité dont la mise en œuvre dans l'entreprise est imposée à l'employeur en vertu d'une loi, d'un décret ou d'un arrêté ne peut pas être qualifiée d'« activité sociale et culturelle ».

Lorsque l'employeur accorde un avantage en vertu d'une convention ou d'un accord collectif qui s'impose à lui, cet avantage ne peut pas non plus être qualifié d'ASC et sa gestion ne peut donc pas être transférée au CSE (cass. soc. 22 juin 1993, n° 91-17686, BC V n° 178 ; cass. soc. 1er octobre 2003, n° 02-30337 D).

Toute activité facultative n'est pas pour autant une ASC.

Exemple

Une soirée festive organisée par l'employeur, en dehors des horaires de travail et hors toute obligation légale ou réglementaire, n'est pas une ASC lorsqu'elle constitue pour l'employeur un élément de gestion du personnel (cass. soc. 9 juillet 2014, n° 13-18577, BC V n° 188). Elle avait pour objet de présenter le bilan annuel et les perspectives et d'assurer une cohésion au sein de l'entreprise.

Activité non rémunératoire - L'activité ne doit pas être la contrepartie d'un travail, ni se substituer à du salaire (cass. soc. 13 novembre 1975, n° 73-14848, BC V n° 533).

La notion de salaire est celle retenue en droit du travail et non pas celle retenue par la sécurité sociale.

Activité non discriminatoire - Les ASC du CSE ne doivent pas être attribuées de façon ou sur la base de critères discriminatoires. L'ensemble du personnel doit, en effet, pouvoir bénéficier des ASC, sans discrimination ni exclusion. Le comité ne peut pas s'appuyer sur des critères par natures discriminatoires comme l'âge, le sexe, l'origine, l'appartenance à une religion ou un syndicat pour faire varier le montant de sa participation à une activité (c. trav. art. L. 1132-1 ; c. pén. art. 225-1). Il ne peut pas davantage exclure une catégorie du personnel du bénéfice d'une activité.

Exemple

Conditionner la prise en charge des frais engagés par les salariés dans le cadre de leur congé de formation syndicale à leur appartenance ou à leur choix syndicaux est une pratique discriminatoire interdite (cass. soc. 16 avril 2008, n° 06-44839, BC V n° 93).

Le respect de cette obligation n'interdit pas, toutefois, au comité de moduler les prestations en fonction de la situation des bénéficiaires et de conditionner l'attribution d'un avantage au respect d'un ou de plusieurs critères combinés tels que les revenus du salarié, sa situation familiale, le nombre d'enfants à sa charge, son quotient familial ou des critères professionnels. En tout état de cause, l'interdiction des *discriminations** doit être respectée.

La notion d'« enfant à charge » correspond au fait d'assurer les frais d'entretien ainsi que la responsabilité éducative et affective d'un enfant. Elle ne s'applique pas seulement aux enfants dont le lien de filiation a été établi (délib. HALDE 2009-131 du 16 mars 2009).

▶ À noter… Le *Défenseur des droits** a remplacé la HALDE. Pour autant, les délibérations de la HALDE demeurent des références valables.

Amélioration des conditions de vie et de travail - L'activité doit avoir pour but d'améliorer les conditions de vie, de travail et d'emploi des salariés. Sa finalité est généralement entendue souplement et, sauf exception, l'appartenance aux activités sociales les plus couramment gérées par le comité n'est pas litigieuse.

Exemples

Les actions syndicales ne sont pas des ASC. Par conséquent, l'utilisation du budget social pour financer des activités syndicales telles que le déplacement de salariés à un congrès est impossible (cass. soc. 7 mai 1980, n° 78-15803, BC V n° 387).

Une soirée festive organisée par l'employeur, en dehors des horaires de travail et hors de toute obligation légale ou réglementaire, n'est pas une ASC lorsqu'elle a pour objet de présenter le bilan annuel et les perspectives et d'assurer une cohésion au sein de l'entreprise (cass. soc. 9 juillet 2014, n° 13-18577, BC V n° 188).

Bénéficiaires

Public prioritaire : les salariés et leur famille - Les ASC doivent être prioritairement réservées aux salariés ou à leur famille (c. trav. art. L. 2312-78 et R. 2312-35).

Tous les salariés doivent pouvoir en bénéficier quelles que soient la nature de leur contrat de travail (CDI, CDD, contrats aidés) et la durée de travail à laquelle ils sont soumis (temps partiel, temps complet). Les salariés en période d'essai, en préavis, ou dont le contrat est suspendu (congés de maladie, de maternité, etc.) doivent également pouvoir bénéficier des ASC.

La notion de « famille », non définie par le code du travail, peut être entendue largement par le comité, sans distinction de degré ou, au contraire, restrictivement en limitant son champ d'intervention à certains membres de la famille et en subordonnant le bénéfice d'une activité à certaines conditions limitatives. Il peut également adopter une notion différente pour chaque type d'activité.

La notion de « conjoint » comprend également le concubin ainsi que le partenaire d'un Pacs (délib. HALDE 2009-132 du 30 mars 2009). La notion de conjoint a été étendue aux couples homosexuels (loi 2013-404 du 17 mai 2013, JO du 18).

Stagiaires - Les stagiaires, qui ne sont pas, par définition, salariés de l'entreprise, peuvent bénéficier des ASC dans les mêmes conditions que les salariés (c. trav. art. L. 2312-78 ; c. éduc. art. L. 124-16) (voir *Stages en entreprise**).

Dirigeants d'entreprise - Il convient de distinguer deux situations :
- le dirigeant cumule un mandat social et un contrat de travail (voir *Dirigeants de sociétés**) ; il doit, dans ce cas, bénéficier des ASC ;
- le dirigeant ne cumule pas un mandat social et un contrat de travail ; même si le droit de la sécurité sociale l'affilie au régime général de la sécurité sociale des salariés, il ne peut pas bénéficier des ASC.

Anciens salariés - Le bénéfice des ASC peut être ouvert aux anciens salariés de l'entreprise. Il peut s'agir de retraités (cass. soc. 13 novembre 1975, n° 73-14848, BC V n° 533), de préretraités ou de salariés licenciés pour motif économique (cass. soc. 26 janvier 1999, n° 97-10522, BC V n° 41).

Personnes extérieures à l'entreprise - Les personnes qui travaillent dans l'entreprise sans en être salariées (ex. : salariés de prestataires) bénéficient, en principe, des prestations du CSE de leur entreprise d'origine et non de celle où ils effectuent leur prestation.

▶ À noter… Les intérimaires et les salariés mis à disposition par un groupement d'employeurs peuvent bénéficier des ASC relatives aux équipements collectifs de l'entreprise utilisatrice (ex. : moyens de transport collectif, installations collectives notamment de restauration). Les dépenses supplémentaires incombant au comité du fait de prestations servies aux salariés temporaires lui sont remboursées selon des modalités définies par le contrat de mise à disposition (c. trav. art. L. 1251-24 et L. 1253-14).

Associations humanitaires - Voir *Comité social et économique (ressources)**.

☛ *Activités sociales et culturelles (gestion des).*

Activités sociales et culturelles (gestion des)

Gestion directe

Dans une structure simple - La gestion des activités sociales et culturelles (ASC) relève des attributions du *comité social et économique** (CSE) dans une entreprise d'au moins 50 salariés.

Le CSE dispose du monopole de gestion. Il assure, en effet, la gestion directe des ASC qui n'ont pas la personnalité civile, à l'exception des centres d'apprentissage et de formation professionnelle (c. trav. art. L. 2312-78 et R. 2312-36). Il est libre de créer une nouvelle activité, de modifier une activité, voire de la supprimer.

En tant que non professionnel, le CSE bénéficie de la protection du code de la consommation pour ses contrats à tacite reconduction (cass. civ. 1re ch. 5 juillet 2017, n° 16-20748 FPB).

▶ À noter… Compte tenu de la similitude des textes en la matière, la jurisprudence et les réponses administratives rendues à propos des IRP précédemment en place gardent, à notre avis, toute leur valeur. Les arrêts et réponses indiqués dans nos développements ci-après sont donc, en toute vraisemblance, transposables au CSE.

Dans une structure complexe - Lorsque l'entreprise comporte plusieurs établissements, la gestion des ASC est assurée par chaque CSE d'établissement. Lorsque des activités sont communes à plusieurs comités, leur gestion peut être confiée au CSE central (c. trav. art. L. 2316-23) [voir *Comité social et économique (établissement)**].

En l'absence de CSE - En l'absence de CSE dans une entreprise de 50 salariés et plus (P-V de carence de candidatures aux élections du CSE), l'employeur peut gérer directement des ASC, sachant qu'il n'a pas, à notre avis, dans cette hypothèse, d'obligation en la matière.

Gestion des ASC sans personnalité civile

Le CSE peut assurer la gestion des ASC selon plusieurs modalités (c. trav. art. L. 2312-78 et R. 2312-36) :
- directement par lui-même ;
- par recours à des commissions spécialisées du CSE [voir *Comité social et économique (commissions)**] ;
- par délégation expresse à des personnes désignées par le CSE (personnel de l'entreprise, personnel du comité, personnes extérieures) ou à des organismes créés par lui (associations, sociétés spécialisées) (cass. civ., 2e ch., du 12 février 2015, n° 13-27267 D).

Le CSE a la qualité d'employeur vis-à-vis du personnel qu'il engage pour les ASC qu'il gère directement, avec toutes les prérogatives qui y sont attachées.

Gestion des ASC avec personnalité civile

Activités concernées - Le CSE participe à la gestion des ASC qui ont la personnalité civile (c. trav. art. R. 2312-37).

Modalités de participation - Pour organiser la participation à la gestion des ASC concernées, les conseils d'administration ou, à défaut, les organismes de direction des institutions sociales, ainsi que les commissions de contrôle ou de surveillance de ces institutions, s'il en existe, doivent être composées, au moins pour moitié, de membres représentant le CSE (c. trav. art. R. 2312-39).

Contrôle de la gestion de certaines institutions sociales

Institutions visées - Le CSE contrôle la gestion des sociétés mutualistes, des activités sociales ayant pour objet d'assurer au personnel des logements et des centres d'apprentissage et de formation professionnelle (c. trav. art. R. 2312-37).

Modalités de contrôle - Le CSE est représenté auprès des conseils d'administration, des organismes de sécurité sociale ou des mutuelles, des commissions de contrôle de ces institutions, des conseils d'administration des activités de logement et de jardins ouvriers. Cette représentation est assurée par 2 délégués désignés par lui et choisis de préférence parmi les participants de ces institutions (c. trav. art. R. 2312-41).

Gestion assurée par un comité des ASC interentreprises

Lorsque plusieurs entreprises possèdent ou envisagent de créer certaines institutions sociales communes (cantine, colonies de vacances, etc.), les CSE intéressés peuvent constituer un comité des ASC interentreprises investi des mêmes attributions que les comités eux-mêmes dans la mesure nécessaire à l'organisation et au fonctionnement de ces institutions communes (c. trav. art. R. 2312-43 à R. 2312-48 et R. 2312-53 à R. 2312-58).

Utilisation du budget ASC

Le budget des ASC ne peut être utilisé à des fins personnelles par un membre du CSE (ex. : un membre du comité assurant la présidence de la commission « voyages ») sous peine de condamnation pénale (cass. crim. 7 mars 2012, n° 11-82070 D).

Responsabilité du CSE

L'organisation de certaines ASC nécessite pour le CSE le respect des règles de sécurité et des droits d'auteur. Le comité, doté de la personnalité civile, peut voir sa responsabilité civile contractuelle, délictuelle ou quasi-délictuelle engagée (c. trav. art. L. 2315-23 ; c. civ. art. 1231-1 et 1240).

Ainsi, une assurance est incontournable pour l'organisation d'un voyage. Si le CSE s'est immatriculé comme opérateur de voyages [c'est-à-dire comme un vendeur direct à l'égard de ses membres (les salariés)] et non comme un mandataire transparent des salariés, les sommes versées par le comité lors de l'organisation d'un voyage des salariés ne sont pas garanties par l'Association Professionnelle de Solidarité du Tourisme (APST) (cass. civ., 1re ch., 22 janvier 2020, n° 18-21155 FSPBI).

Par ailleurs, en tant que personne morale, la responsabilité pénale peut aussi être engagée (c. pén. art. 121-2).

☞ *Activités sociales et culturelles ; Comité social et économique (rapport annuel d'activités) ; Comité social et économique (ressources).*

Adaptation

L'employeur doit assurer l'adaptation des salariés à leur poste de travail. Il doit veiller au maintien de leur capacité à occuper un emploi, au regard, notamment, de l'évolution des emplois, des technologies et des organisations (c. trav. art. L. 6321-1 ; cass. soc. 5 juin 2013, n° 11-21255, BC V n° 146 ; cass. soc. 19 mai 2021, n° 19-24412 D). On parle d'une obligation « générale » d'adaptation.

Comme l'indique le code du travail, il ne s'agit pas uniquement de faire en sorte que le salarié reste compétent sur son poste. La responsabilité de l'employeur va, théoriquement, plus loin : il doit veiller à l'« employabilité » de ses salariés, c'est-à-dire à préserver leur capacité à se maintenir dans leur emploi ou à en trouver un autre, dans ou à l'extérieur de l'entreprise. Il n'y a pas de « fréquence » de formation imposée, mais la jurisprudence semble se montrer assez exigeante.

Maintien de la capacité à occuper un emploi

Obligation de l'employeur - L'obligation de l'employeur d'assurer l'adaptation des salariés à leur poste de travail et de veiller au maintien de leur capacité à occuper un emploi (c. trav. art. L. 6321-1) implique d'assurer au salarié une formation professionnelle continue *(voir ci-après)*. Assurer une reconversion professionnelle n'est pas une adaptation au poste de travail (cass. soc. 20 septembre 2017, n° 16-10567 D).

▶ À noter... L'employeur est considéré avoir satisfait à son obligation lorsque le salarié refuse toute proposition de formation (cass. soc. 13 février 2008, n° 06-43844 D) ou lorsqu'il a mis en œuvre pendant plusieurs années des formations au bénéfice des salariés (cass. soc. 3 novembre 2011, n° 10-21794 D).

Il s'agit là d'une obligation légale qui engage la responsabilité de l'employeur s'il ne la respecte pas (cass. soc. 23 octobre 2007, n° 06-40950, BC V n° 171).

Réparation du préjudice subi en l'absence d'adaptation - Si l'absence de formation cause un préjudice au salarié, il peut demander des dommages-intérêts avant même toute procédure de licenciement à son encontre *(voir ci-après)*.

L'inobservation par l'employeur de son obligation de formation n'emporte pas sa condamnation automatique à verser des dommages-intérêts au salarié. Ce dernier doit apporter la preuve du préjudice qu'il estime avoir subi (cass. soc. 3 mai 2018, 16-26796 D ; cass. soc. 15 janvier 2020, n° 18-26061 D).

Le salarié n'a pas à justifier de demandes de formation auprès de son employeur pour que soit caractérisé un manquement de celui-ci (cass. soc. 18 juin 2014 n° 13-14916, BC V n° 148), ni de mise en demeure de son employeur de lui délivrer une formation (cass. soc. 5 octobre 2011, n° 08-42909 D). Il suffit que le salarié soutienne qu'il n'a bénéficié d'aucune formation durant sa très longue présence dans l'entreprise (cass. 8 juillet 2020, n° 19-12105 D).

Exemple

Un salarié peut bénéficier de dommages-intérêts pour violation de l'obligation de formation lorsque :

- en 7 ans (cass. soc. 7 mai 2014, n° 13-14749 D), 16 ans (cass. soc. 5 juin 2013, n° 11-21255, BC V n° 146), en 30 ou 33 ans (cass. soc. 30 novembre 2016, n° 15-15162 D ; cass. soc. 8 juillet 2020, n° 19-12105 D), il n'a suivi aucune formation ;
- il n'a suivi que deux formations en 8 ans (cass. soc. 5 octobre 2016, n° 15-13594 D), qu'une seule formation en 26 ans (cass. soc. 24 juin 2015, n° 13-28784 D) ou deux en 30 ans, peu important que cette carence de l'employeur n'ait pas eue d'incidence sur l'exercice par le salarié de ses fonctions dès lors qu'il avait accédé au poste d'adjoint au directeur d'exploitation (cass. soc. 12 septembre 2018, n° 16-24152 D).

Adaptation via la formation

Action de formation - Adapter, c'est d'abord former (cass. soc. 11 avril 2012, n° 11-12847 D ; cass. soc. 5 juin 2013, n° 11-21255, BC V n° 146). **L'adaptation du salarié à son poste de travail est une obligation légale incombant à l'employeur pendant toute la durée de la relation de travail** (cass. soc. 13 décembre 2011, n° 10-21855 D ; cass. soc, 21 avril 2017, n° 15-28640 D).

Les *actions de formation mises en œuvre aux fins d'adaptation sont prévues, le cas échéant, par le *plan de développement des compétences** (c. trav. art. L. 6321-1).

En matière de formation professionnelle, la notion d'adaptation peut être déclinée de plusieurs manières : adaptation « au poste de travail » ou adaptation « à l'évolution de l'emploi » (c. trav. art. L. 6313-3, 2°).

Sur ce dernier point, la jurisprudence est conforme au libellé de l'article L. 6313-3 du code du travail. Elle impose en effet de façon constante, depuis de nombreuses années, à l'employeur d'adapter les salariés « à l'évolution de leur emploi » (cass. soc. 25 février 1992, n° 89-41634, BC V n° 122). **Un salarié proche de l'âge de départ en retraite doit également être formé même si cela est moins « rentable » pour l'employeur** (cass. soc. 18 février 2014, n° 13-10294, BC V n° 55).

Exemple

Les 17 formations suivies par un salarié avaient été de courte durée, toutes correspondantes au métier déjà exercé par le salarié. En outre, malgré les appréciations favorables de sa hiérarchie relatives à sa capacité à évoluer vers un poste d'encadrement, ses demandes de participation à des formations permettant d'accéder à un niveau supérieur avaient toutes été refusées. Les juges ont pu en déduire le manquement de l'employeur à son obligation de formation (cass. soc. 5 juillet 2018, n° 16-19895 D).

En fait, il convient de considérer que la notion d'adaptation au poste de travail est une illustration de la notion plus large d'adaptation à l'évolution de l'emploi. Dans la pratique, l'adaptation au poste de travail doit permettre au salarié de pouvoir accomplir sa prestation de travail. Certes, la distinction ne va pas de soi. Néanmoins, la notion d'adaptation au poste de travail semble plus facile à cerner que celle d'adaptation à l'évolution de l'emploi.

▶ À noter... En cas de contentieux, il appartient à l'employeur de démontrer qu'il a rempli ses obligations en matière de formation vis-à-vis des salariés (cass. soc. 13 juin 2019, n° 17-31295 D) et notamment que les formations suivies par les salariés sont en adéquation avec leur poste de travail (cass. soc. 6 mars 2019, n° 17-20886 D ; cass. soc. 15 janvier 2020, n° 18-13676 D).

Distinction entre actions de formation et actions d'information - Un poste de travail est un espace aménagé et équipé en vue de l'exécution d'une tâche. Les actions d'information ou de transmissions de consignes sur les conditions d'ergonomie, de sécurité, les directives transmises à travers les chaînes hiérarchiques, fonctionnelles ou organisationnelles, etc., nécessaires à l'occupation d'un poste de travail, ne peuvent pas être considérées en elles-mêmes comme des *actions de formation, y compris en cas de changement de poste ou de modification des conditions de travail au poste, à la suite d'un changement de matériel par exemple** (circ. DGEFP 2006-35 du 14 novembre 2006, fiche A4).

▶ À noter... La circulaire précitée n'est pas diffusée sur le site « circulaires.legifrance.gouv.fr » et n'est donc pas « opposable » (CRPA art. L. 312-3). L'employeur ne peut donc pas s'en prévaloir auprès de l'administration. Cela étant, elle a été publiée au bulletin officiel du ministère du Travail et ne peut donc pas, à notre sens, être « réputée abrogée » (décret 2018-1047 du 28 novembre 2018, art. 7 ; CRPA art. L. 312-2 et s. et R. 312-3). Selon nous, elle conserve une valeur illustrative. Cela sous réserve de la position des juges qui peut parfois différer des interprétations adoptées par l'administration.

Défaut d'adaptation et licenciement pour motif personnel

Préjudice distinct de celui résultant de la rupture du contrat de travail - L'employeur qui n'assure pas l'adaptation des salariés à leur poste de travail et ne veille pas au maintien de leur capacité à occuper un emploi ne remplit pas ses obligations vis-à-vis d'eux. Cela entraîne un préjudice distinct de celui résultant du licenciement pour le salarié, qui peut justifier le versement de dommages-intérêts *(voir ci-avant)* (cass. soc. 23 octobre 2007, n° 06-40950, BC V n° 171).

Licenciement sans cause réelle et sérieuse - Ne pas avoir assuré l'adaptation d'un salarié à son poste de travail peut, dans certains cas, rendre un *licenciement sans cause réelle et sérieuse** (cass. soc. 29 novembre 2007, n° 05-42004 D). Il en est ainsi lorsque l'employeur :
- a promu un salarié comme chef de service sans qu'il bénéficie de la formation nécessaire pour diriger un service (cass. soc. 12 mars 1992, n° 90-46029 D) ;
- ne forme pas un salarié lors de la mise en place d'un nouveau logiciel ou système informatique (cass. soc. 6 juillet 1993, n° 91-41239 D ; cass. soc. 21 octobre 1998, n° 96-44109 D) ;
- demande à un salarié, engagé comme assistant comptable titulaire d'un brevet de technicien, d'assurer seul la fonction de comptable en ne lui attribuant qu'une formation de 15 jours (cass. soc. 29 novembre 2007, n° 05-42004 D).

Refus du salarié de suivre une formation - Le refus d'un salarié, sans motif légitime, de suivre une formation décidée par l'employeur dans l'intérêt de l'entreprise présente un caractère fautif et justifie son licenciement pour cause réelle et sérieuse (cass. soc. 22 octobre 1991, n° 90-43412 D ; cass. soc. 5 décembre 2007, n° 06-42904 D). Il en est ainsi lorsqu'un salarié refuse de suivre une formation destinée à adapter l'intéressé aux évolutions technologiques de son emploi (cass. soc. 3 décembre 2008, n° 07-42196 D).

▶ **À noter…** La non-acquisition des connaissances par le salarié suite à une formation peut caractériser une insuffisance professionnelle permettant le prononcé d'un licenciement non disciplinaire (cass. soc. 16 mai 2018, n° 16-25552 D).

Défaut d'adaptation et licenciement pour motif économique

L'obligation d'adaptation, aux larges contours, prend tout son sens à l'occasion d'un projet de licenciement pour motif économique, amenant l'employeur à examiner les éventuelles possibilités de reclassement du salarié. Le licenciement pour motif économique d'un salarié ne peut intervenir que lorsque tous les efforts de formation et d'adaptation ont été réalisés par l'employeur pour éviter la rupture du contrat de travail (c. trav. art. L. 1233-4). Il s'agit ici de contraindre l'employeur à faire les efforts de formation et d'adaptation nécessaires pour que le salarié puisse occuper les postes éventuellement disponibles au titre du reclassement [Voir *Licenciement économique (obligation de reclassement)**].

Limites à l'obligation de l'employeur

Si l'employeur doit assurer l'adaptation des salariés à leur emploi par une formation complémentaire, il n'a pas à leur assurer la formation initiale qui leur fait défaut (cass. soc. 3 avril 2001, n° 99-42190, BC V n° 114 ; cass. soc. 5 juillet 2018, n° 16-19895 D).

Dans le cadre d'un licenciement économique, il n'a pas davantage à former un salarié afin que celui-ci acquière une qualification nouvelle lui permettant d'accéder à un poste disponible de catégorie supérieure (cass. soc. 17 mai 2006, n° 04-43022 D), ni à proposer une formation qualifiante au salarié si celui-ci n'a pas les compétences requises pour occuper un des postes disponibles dans l'entreprise (cass. soc. 7 juillet 1999, n° 97-42194 D ; cass. soc. 21 septembre 2011, n° 10-19836 D).

Dans le même ordre d'idées, le licenciement d'un salarié est justifié lorsque l'employeur a tenté en vain un effort d'adaptation, le salarié n'ayant pas la qualification requise (cass. soc. 9 juillet 1997, n° 94-43709, BC V n° 262 ; cass. soc. 26 janvier 2010, n° 08-45240 D).

Exemple

Une secrétaire de direction ne peut pas reprocher à son employeur de ne pas lui avoir proposé de poste de pharmacien ni de préparateur en pharmacie (cass. soc. 2 juillet 2014, n° 13-13876, BC V n° 165).

Enfin, rien ne pourra être reproché à l'employeur si le salarié refuse toute proposition de formation (cass. soc. 13 février 2008, n° 06-43844 D), à condition d'être en mesure de prouver ces refus.

GPEC

Un plan de *gestion prévisionnelle de l'emploi et des compétences** (GPEC), comprenant notamment des actions de formation destinées à assurer l'adaptation des salariés à l'évolution de leur emploi, peut être élaboré par l'entreprise. Le but est d'anticiper les écarts entre les besoins et les ressources humaines effectives de l'entreprise. Sa négociation ne constitue toutefois pas un préalable à la procédure de licenciement pour motif économique (cass. soc. 30 septembre 2009, n° 07-20525, BC V n° 217).

☛ *Actions de formation ; Licenciement économique (obligation de reclassement) ; Plan de développement des compétences.*

Adhésion à une convention collective

☛ *Convention collective (application).*

Administrateurs élus par les salariés (sociétés anonymes)

☛ *Conseil d'administration ou de surveillance (administrateurs élus par les salariés).*

Administrateurs des organismes de sécurité sociale

Mandat exercé hors de l'entreprise

Le salarié qui exerce à l'extérieur de l'entreprise des fonctions de membre du conseil ou du conseil d'administration d'un organisme de sécurité sociale (ex. : caisse primaire d'assurance maladie, caisse d'allocations familiales, URSSAF) est en droit de s'absenter pour exercer son mandat et bénéficie d'une protection en cas de rupture de son contrat de travail (c. séc. soc. art. L. 231-9 à L. 231-12).

Autorisations d'absence

Séances plénières du conseil - Les employeurs sont tenus de laisser aux salariés, membres d'un conseil ou d'un conseil d'administration d'un organisme de sécurité sociale, le temps nécessaire pour se rendre et participer aux séances plénières de ce conseil ou des commissions qui en dépendent (c. séc. soc. art. L. 231-9).

Les conseils ou les conseils d'administration des caisses se réunissent au moins une fois tous les 3 mois, sachant que ces réunions peuvent avoir lieu chaque fois que les besoins du service l'exigent (c. séc. soc. art. R. 231-1). Ainsi, le nombre annuel de jours d'absences auxquels ont droit ces salariés pour l'exercice de leur mandat n'est pas limité.

Temps de travail effectif - Le temps passé hors de l'entreprise pendant les heures de travail par les membres du conseil ou les administrateurs salariés, pour l'exercice de leurs fonctions, est assimilé à du temps de travail effectif pour la détermination (c. séc. soc. art. L. 231-9) :
- de la durée des *congés payés** ;
- du droit aux prestations d'assurances sociales et aux prestations familiales ;
- de tous les droits liés à l'*ancienneté**.

Notamment, ces absences ne doivent entraîner aucune restriction des droits aux jours de RTT (cass. soc. 31 janvier 2006, n° 04-43569, BC V n° 48).

Maintien de la rémunération - Les absences de l'entreprise des salariés membres d'un conseil ou d'un conseil d'administration, justifiées par l'exercice de leurs fonctions, n'entraînent aucune diminution de leurs rémunérations ni des avantages y afférents (c. séc. soc. art. L. 231-9).

Les organismes de sécurité sociale remboursent aux employeurs des membres du conseil ou des administrateurs salariés, les éléments de rémunération maintenus, ainsi que les charges sociales correspondantes (c. séc. soc. art. L. 231-12). Les administrateurs ayant la qualité de travailleur indépendant peuvent percevoir des indemnités forfaitaires pour perte de gain.

▶ À noter… Les organismes de sécurité sociale ne versent aucune rémunération aux salariés en congé de représentation. Ils leur remboursent, en revanche, leurs frais de déplacement (c. séc. soc. art. L. 231-12).

Contrôle des absences - Si l'employeur peut demander à être informé des absences du salarié qui entend utiliser les heures nécessaires à l'exécution de son mandat, il ne peut pas exercer un contrôle a priori de l'usage qu'en fait le salarié. Il peut seulement lui demander d'indiquer a posteriori l'emploi qu'il a fait de ce temps d'absence. Il ne peut le sanctionner que s'il établit que ce temps n'a pas été utilisé conformément à son objet (cass. soc. 13 mai 2003, n° 01-42728, BC V n° 160).

Sessions de formation - Les employeurs sont tenus d'accorder aux salariés membres d'un conseil, ou aux administrateurs qui en font la demande, des autorisations d'absence pour leur permettre d'assister aux sessions de formation organisées pour l'exercice de leurs fonctions (c. séc. soc. art. L. 231-10).

Aménagements d'horaires

Les administrateurs salariés en situation de travail posté, continu ou discontinu, ont droit à un aménagement d'horaires de façon à leur garantir un temps de repos minimal (c. séc. soc. art. L. 231-9).

Salarié protégé

Cause de rupture prohibée - L'exercice du mandat de membre du conseil ou d'administrateur ne peut pas être une cause de rupture du contrat de travail par l'employeur, sous peine de dommages et intérêts au profit au salarié (c. séc. soc. art. L. 231-11). Cette protection perdure 6 mois après la fin du mandat.

Les candidats aux fonctions de membre du conseil ou d'administrateur sont protégés pendant 3 mois à compter de la publication des candidatures.

Cette protection ne s'applique pas au salarié élu représentant du personnel auprès du conseil d'administration de l'URSSAF (cass. soc. 1er juin 2016 n° 14-26928 FSPB).

Autorisation administrative de rupture - S'il envisage de licencier un salarié détenant un tel mandat ou ayant cessé son mandat depuis moins de 6 mois, l'employeur doit, s'il est au courant de l'existence du mandat *(voir ci-après)*, respecter la procédure spéciale applicable au licenciement d'un délégué syndical. Ainsi, il doit demander à l'inspecteur du travail d'autoriser la rupture du contrat [voir *Licenciement des représentants du personnel (procédure)**]. Il en est de même pour les candidats à de tels mandats dès la publication des candidatures et pendant une durée de 3 mois (c. séc. soc. art. L. 231-11 ; c. trav. art. L. 2411-18).

Lorsque de tels salariés sont en CDD, la rupture de ce contrat, à son terme ou avant, doit aussi être validée par l'inspecteur du travail (c. séc. soc. art. L. 231-11 ; c. trav. art. L.2421-7 et L. 2421-8) [voir *Contrat de travail à durée déterminée (salariés protégés)**].

Condition d'application de la protection - Un salarié ne peut se prévaloir de la protection attachée aux mandats extérieurs à l'entreprise que s'il en a informé son employeur (ou s'il prouve que ce dernier en avait connaissance) au plus tard lors de l'entretien préalable au licenciement ou, s'il s'agit d'une rupture ne nécessitant pas un entretien préalable (ex. : mise à la retraite, « grand » licenciement économique avec consultation des représentants du personnel), au plus tard avant la notification de l'acte de rupture (voir *Licenciement des représentants du personnel**).

Adoption

Dans le cadre de l'adoption d'un ou de plusieurs enfants, un salarié peut bénéficier de différents congés, indemnisés ou non. Ces congés sont ouverts aux stagiaires (voir *Stages en entreprise**).

Congé d'adoption

Droit au congé - Le salarié à qui un ou plusieurs enfants sont confiés en vue de leur adoption a le droit de bénéficier d'un congé d'adoption (c. trav. art. L. 1225-37). Lorsque les deux conjoints travaillent, le congé peut être réparti entre les deux parents (c. trav. art. L. 1225-40).

▶ Attention... Toute disposition figurant dans une convention ou un accord collectif de travail et comportant en faveur des salariées en congé de maternité un avantage lié à la naissance est de plein droit applicable aux salarié (e)s en congé d'adoption (c. trav. art. L. 1225-45).

Gestation pour autrui - Pour la Cour de Justice de l'Union européenne, le droit de l'Union n'exige pas qu'une mère dite « commanditaire » bénéficie d'un congé maternité ni d'un congé d'adoption. En France, où la gestation pour autrui est interdite et où le code du travail ne prévoit pas un tel droit à congé, la personne qui aurait conclu une convention de mère porteuse à l'étranger, ne pourrait pas revendiquer le droit au congé de maternité ou d'adoption (CJUE, 18 mars 2014, aff. C-167/12 et C-363/12 ; communiqué de presse n° 36/14).

Durée du congé - Depuis le 1.07.2021, le congé d'adoption est de 16 semaines au plus (c. trav. art. L. 1225-37 ; circ. CNAM 13-2021 du 5 juillet 2021 ; loi 2020-1576 du 14 décembre 2020, JO du 15). Auparavant, il était de 10 semaines.

Le congé débute à la date fixée par le salarié, au plus tôt dans les 7 jours consécutifs précédant l'arrivée de l'enfant au foyer.

La durée du congé est portée à (c. trav. art. L. 1225-37) :
- 18 semaines si l'adoption porte à 3 ou plus le nombre d'enfants dont le salarié assure la charge ;
- 22 semaines en cas d'adoptions multiples et ce, quel que soit le nombre d'enfants du foyer.

Les parents adoptants ne bénéficient pas du *congé de paternité et d'accueil de l'enfant**, mais d'une prolongation équivalente du congé d'adoption lorsqu'ils sont tous les deux salariés et qu'ils se partagent le congé. Ainsi, chaque parent adoptant et salarié bénéficie, simultanément ou non mais sans possibilité de la fractionner, d'une prolongation de son congé d'adoption de 25 jours supplémentaires ou de 32 jours en cas d'adoptions multiples (c. trav. art. L. 1225-40 ; circ. CNAM 13-2021 du 5 juillet 2021).

Si des dispositions conventionnelles (ex. : convention collective, accord d'entreprise) applicables à l'entreprise prévoient des durées plus longues, elles doivent être respectées.

Formalités - Le (ou la) salarié (e) qui désire bénéficier du congé d'adoption doit aviser son employeur du motif de son absence et de la date de sa reprise d'activité. Cette information n'a pas nécessairement à être réalisée par LRAR ou lettre remise contre récépissé (c. trav. art. L. 1225-42 et R. 1225-11 ; décret 2021-428 du 12 avril 2021, JO du 13).

Ancienneté - La durée du congé est assimilée à une période de travail effectif pour la détermination des droits liés à l'*ancienneté** (c. trav. art. L. 1225-42). Par exemple, le salarié ne perd pas de droits à *congés payés** (c. trav. art. L. 3141-5).

Indemnisation du congé - Sauf disposition conventionnelle, contractuelle ou usage plus favorables *(voir ci-après)*, le salarié bénéficiaire du congé perçoit, pendant la durée de son congé, seulement les *indemnités journalières de sécurité sociale**, d'un montant identique à l'indemnité journalière maternité, sous réserve de remplir des conditions précisément définies (c. séc. soc. art. L. 161-6, L. 331-7 et R. 331-7).

En effet, durant le congé, le contrat de travail est suspendu (c. trav. art. L. 1225-38). Le salarié n'est donc pas rémunéré par l'employeur, sauf disposition conventionnelle, contractuelle ou usage plus avantageux pour le salarié.

En revanche, le salarié bénéficie de tous les avantages conventionnels prévus pour le congé maternité (c. trav. art. L. 1225-45). En conséquence, si l'employeur doit pratiquer un complément de salaire pour la maternité en application d'une disposition conventionnelle, il doit également l'appliquer pour l'adoption [voir *Maternité (congé de)**].

Protection contre le licenciement - En principe, il est interdit de licencier les salariés en congé d'adoption. Cette protection comprend la durée du congé, les congés payés pris immédiatement après ou pendant le congé (c. trav. art. L. 1225-38).

▶ Attention… Toute convention contraire aux dispositions relatives aux congés d'adoption est nulle, à savoir inapplicable. De plus, l'inobservation par l'employeur de ces dispositions peut donner lieu, au profit du salarié, à l'attribution d'une indemnité déterminée conformément aux règles applicables à un *licenciement nul** (c. trav. art. L. 1235-3-1, L. 1225-70 et L. 1225-71).

Par exception, l'employeur peut procéder à un licenciement s'il justifie d'une faute grave non liée à l'adoption ou de l'impossibilité de maintenir le contrat de travail pour un motif étranger à l'adoption. Dans ce cas, le licenciement ne peut pas prendre effet pendant la période de suspension du contrat (c. trav. art. L. 1225-39).

Si le licenciement est notifié avant l'arrivée à son foyer d'un enfant en vue d'une adoption, le (ou la) salarié (e) peut, dans un délai de 15 jours après la notification du licenciement, en annuler les effets en adressant à son employeur une attestation du service qui a procédé au placement, par LRAR justifiant l'arrivée de l'enfant dans les 15 jours (c. trav. art. L. 1225-39 et R. 1225-11).

Ces dispositions ne font pas obstacle à l'échéance d'un contrat de travail à durée déterminée (CDD) [voir *Maternité (protection)**] (c. trav. art. L. 1225-38). En d'autres termes, si le CDD arrive à expiration durant le congé d'adoption, l'employeur peut se séparer du salarié et n'est pas obligé de prolonger son CDD.

Cumul avec le congé pour événement familial - Le cas échéant, le salarié qui prend un congé d'adoption peut le cumuler avec le *congé pour événement familial** de 3 jours auquel il a droit pour l'arrivée d'un enfant placé en vue de son adoption.

Compte personnel de formation - Les périodes d'absence du salarié due à un congé d'adoption sont intégralement prises en compte pour le calcul de la durée du travail effectuée au titre du *compte personnel de formation** (c. trav. art. L. 6323-12).

Retour de congé - Au terme du congé d'adoption, le (ou la) salarié(e) retrouve son emploi antérieur ou un emploi similaire assorti d'une rémunération au moins équivalente (c. trav. art. L. 1225-43).

Il ou elle a la garantie légale de bénéficier des mêmes augmentations salariales que celles accordées à ses collègues durant son absence (voir *Égalité professionnelle**), à défaut de dispositions conventionnelles de branche ou d'entreprise plus favorables (c. trav. art. L. 1225-44).

▶ **À noter…** Il (elle) peut bénéficier d'un *congé parental d'éducation** ou poser sa *démission pour élever un enfant** sans être tenu de respecter un préavis et en bénéficiant d'une priorité de réembauche dans l'année suivant la rupture de son contrat.

Congé en vue d'une adoption internationale ou extra-métropolitaine

Droit au congé - Tout salarié titulaire de l'agrément délivré par le service de l'aide sociale à l'enfance a le droit de bénéficier d'un congé d'adoption internationale ou extra-métropolitaine quand il se rend à l'étranger ou dans une collectivité régie par l'article 73 ou l'article 74 de la Constitution ou en Nouvelle-Calédonie, depuis un département métropolitain, une autre collectivité régie par l'article 73 de la Constitution ou depuis Saint-Barthélemy, Saint-Martin ou Saint-Pierre-et-Miquelon, dans le but d'adopter un ou plusieurs enfants (c. trav. art. L. 1225-46).

Durée du congé - Le congé est d'une durée maximale de 6 semaines par agrément délivré (c. trav. art. L. 1225-46).

Formalités - Le salarié doit informer son employeur de la date de départ et de la durée envisagée de congé au moins 2 semaines avant le départ (c. trav. art. L. 1225-46 et R. 1225-11). Cette information ne doit plus nécessairement être réalisée par LRAR ou lettre remise en main propre contre récépissé (décret 2021-428 du 12 avril 2021, JO du 13).

Effets sur le contrat de travail - L'employeur n'est pas tenu de rémunérer le salarié durant son absence (c. trav. art. L. 1225-46), sauf disposition conventionnelle, contractuelle ou usage plus favorables pour le salarié.

Le salarié a le droit de reprendre son activité dans le cas où il a interrompu son congé avant la date prévue (c. trav. art. L. 1225-46).

À l'issue du congé, le salarié retrouve son précédent emploi ou un emploi similaire, assorti d'une rémunération au moins équivalente (c. trav. art. L. 1225-46).

Entretien professionnel

L'employeur doit systématiquement proposer l'*entretien professionnel** aux salariés qui reprennent leur activité initiale à l'issue du congé d'adoption (c. trav. art. L. 1225-46-1 et L. 6315-1).

▶ **À noter…** Le fait que l'absence d'organisation d'entretien professionnel de retour de congé de maternité ne constitue pas une cause de nullité d'un licenciement prononcé (cass. avis 7 juillet 2021, n° 21-70011, B. avis n° 15010) est transposable selon nous à l'absence d'organisation d'entretien professionnel après un congé d'adoption.

Allocation d'adoption

Voir *Prestations familiales (enfance)**.

Affections de longue durée

@ Cette étude est détaillée dans la version en ligne de ce Dictionnaire (voir www.rfsocial.com et www.rfeditions.com).

Affichage et informations

L'employeur est tenu de procéder à un certain nombre d'affichages ou d'informations « par tout moyen ». Le cas échéant, l'employeur peut afficher les documents en question ou opter pour une diffusion via les technologies de l'information et de la communication (ex. : intranet, e-mailing, etc.) *(voir tableau récapitulatif reproduit dans cette étude)*.

Le CSE et la section syndicale disposent de *panneaux d'affichage**.

☞ *Panneaux d'affichage.*

Affiliation

☞ *Immatriculation des salariés.*

Principaux affichages dans l'entreprise (ou information par tout moyen dans certains cas)*

Objet et entreprises concernées	Nature et contenu de l'affichage*	Lieux et modalités d'affichage*
Aménagement du temps de travail sur une période supérieure à une semaine et au plus égale à l'année (c. trav. art. L. 3121-41, D. 3171-2 et D. 3171-5) Toutes les entreprises	À défaut de précision conventionnelle, l'affichage indique : - le nombre de semaines que la période de référence comporte ; - pour chaque semaine, l'horaire de travail et la répartition de la durée du travail.	Affichage en caractères lisibles et de façon apparente dans chacun des lieux de travail auxquels l'horaire s'applique ou, en cas de personnel occupé au dehors, dans l'établissement auquel le personnel intéressé est attaché.
Cadres dirigeants et instances dirigeantes (à compter du 1.03.2022) Écarts de représentation entre les femmes et les hommes [voir Cadres dirigeants (écarts de répartition entre les femmes et les hommes)*] (loi 2021-1774 du 24 décembre 2021, art. 14, JO du 26 ; c. trav. art. L. 1142-11 à L. 1142-13) Entreprises qui, pour le troisième exercice consécutif, emploient au moins 1000 salariés	À compter du 1.03.2022, l'employeur doit publier chaque année les écarts éventuels de représentation entre les femmes et les hommes parmi les deux ensemble distincts suivants (c. trav. art. L. 1142-11) : - les cadres dirigeants* au sens du code du travail (c. trav. art. L. 3111-2) ; - les membres des instances dirigeantes définies par le code du commerce (c. com. art. L. 23-12-1). À compter du 1.03.2030, si la proportion de femmes parmi, d'une part, les cadres dirigeants et, d'autre part, les instances dirigeantes est inférieure à 40 %, publication des objectifs de progression et des mesures de corrections retenues.	Non précisée par la loi (décret d'application en attente de parution au 1.01.2022)
Caisse de congés payés Employeurs devant s'affilier à ces caisses du fait de leur secteur d'activité (BTP, transport, spectacle, etc.) (c. trav. art. L. 3141-30 et L. 3141-32)	Mention de la raison sociale et de l'adresse de la caisse d'affiliation des salariés (c. trav. art. D. 3141-28 et D. 7121-45 ; code des transports art. D. 1325-9).	Communication par tout moyen aux salariés.
Chômage-intempéries (c. trav. art. D. 5424-21) Entreprises du bâtiment et des travaux publics	Date de reprise du travail pour les salariés mis en chômage par suite d'intempéries.	Avis affiché au siège ou au bureau de l'entreprise, ou à l'entrée du chantier.
Comité social et économique Entreprises d'au moins 11 salariés (voir aussi ci-après « **Élections des représentants du personnel** au comité social et économique (CSE) »)	Les élus du CSE peuvent faire afficher les renseignements qu'ils ont pour rôle de porter à la connaissance du personnel.	Sur les emplacements obligatoirement prévus et destinés aux communications syndicales mais sur des panneaux distincts (c. trav. art. L. 2142-3). Aux portes d'entrée des lieux de travail.
Consignes d'incendie (c. trav. art. R. 4227-34, R. 4227-37, R. 4227-38 et R. 4227-39)	La consigne de sécurité incendie indique : - le matériel d'extinction et de secours qui se trouve dans le local ou à ses abords ; - les personnes chargées de mettre ce matériel en action ; - pour chaque local, les personnes chargées de diriger l'évacuation des travailleurs et éventuellement du public ; - les mesures spécifiques liées, le cas échéant, à la présence de handicapés et notamment le nombre et la localisation des espaces d'attentes sécurisés ou des espaces équivalents ;	Affichage d'une manière très apparente notamment : - dans chaque local, pour les locaux dont l'effectif est supérieur à 5 personnes et pour les locaux où des substances inflammables sont entreposées ou manipulées ;

Principaux affichages dans l'entreprise (ou information par tout moyen dans certains cas)*		
Objet et entreprises concernées	**Nature et contenu de l'affichage***	**Lieux et modalités d'affichage***
Établissements où peuvent se trouver occupées ou réunies habituellement plus de 50 personnes ainsi que ceux, quelle que soit leur importance, où certaines matières inflammables sont manipulées et mises en œuvre (dans les autres établissements, des instructions permettant d'assurer l'évacuation rapide des personnes occupées ou réunies dans ces locaux sont établies)	- les moyens d'alerte ; - les personnes chargées d'aviser les sapeurs-pompiers dès le début d'un incendie ; - l'adresse et le numéro d'appel téléphonique du service de secours de premier appel, en caractères apparents ; - le devoir, pour toute personne apercevant un début d'incendie, de donner l'alarme et de mettre en œuvre les moyens de premiers secours, sans attendre l'arrivée des travailleurs spécialement désignés. La consigne de sécurité incendie prévoit des essais et visites périodiques du matériel et des exercices au cours desquels les travailleurs apprennent à reconnaître les caractéristiques du signal sonore d'alarme générale, à localiser et à utiliser les espaces d'attente sécurisés ou les espaces équivalents à se servir des moyens de premier secours et à exécuter les diverses manœuvres nécessaires.	- dans chaque local ou dans chaque dégagement desservant un groupe de locaux dans les autres cas.
Consignes d'hygiène et de sécurité (c. trav. art. L. 4141-1, R. 4141-2 et R. 4141-3-1) Toutes les entreprises	**Obligation générale :** l'employeur doit informer les travailleurs sur les risques pour la santé et la sécurité ainsi que sur les mesures prises pour y remédier. **Covid-19 :** divers affichages peuvent être faits dans l'entreprise dans le cadre des mesures de prévention des risques liés au covid-19 [voir Covid-19 (hygiène et sécurité)*].	Affiches, consignes d'hygiène et de sécurité*, livrets de sécurité, etc.
Convention ou accord collectif Toutes les entreprises	Procès-verbal faisant état du résultat du vote des salariés à propos d'un **accord collectif soumis à référendum** (accord négocié avec des salariés ou des élus mandatés ou négocié avec des délégués syndicaux, mais minoritaire).	Publicité, par tout moyen, dans l'entreprise (c. trav. art. D. 2232-2)
	Convention ou accord collectif applicables (c. trav. art. L. 2262-5, R. 2262-3 et R. 2262-5) Les conditions d'information des salariés et des représentants du personnel sur le droit conventionnel applicable dans l'entreprise et l'établissement sont définies par convention de branche ou accord professionnel sinon, les modalités d'information relatives aux textes conventionnels applicables sont les suivantes. Avis comportant l'intitulé des conventions et des accords collectifs applicables dans l'établissement, la mention générique « Accords nationaux interprofessionnels » pouvant toutefois être substituée à l'intitulé des accords de cette catégorie. L'avis précise l'endroit où les textes sont tenus à la disposition du personnel ainsi que les modalités lui permettant de les consulter, pendant son temps de présence. Les modifications ou compléments à apporter sur l'avis ou le document qui en tient lieu doivent l'être dans un délai de 1 mois au plus tard à compter de leur date d'effet.	Avis communiqué par tout moyen au personnel (c. trav. art. R. 2262-3). À défaut d'autres modalités conventionnelles, l'entreprise qui est dotée d'un intranet met, sur ce dernier, un exemplaire à jour de la convention ou de l'accord collectif de travail par lequel elle est liée (c. trav. art. R. 2262-1).
Délégués syndicaux (c. trav. art. L. 2143-7) Entreprises dotées de délégués syndicaux	Noms du ou des délégués syndicaux.	Panneaux réservés aux communications syndicales.

Principaux affichages dans l'entreprise (ou information par tout moyen dans certains cas)*		
Objet et entreprises concernées	**Nature et contenu de l'affichage***	**Lieux et modalités d'affichage***
Départ en congés payés (c. trav. art. D. 3141-5, D. 3141-6) Toutes les entreprises	La période ordinaire des vacances. L'ordre des départs.	Portée à la connaissance du personnel au moins 2 mois avant l'ouverture de cette période. Communication par tout moyen, à chaque salarié un mois avant son départ.
Discriminations Toutes les entreprises	Information des candidats à l'embauche ou à un stage ainsi que des salariés des dispositions du code pénal relatives aux discriminations interdites (c. trav. art. L. 1142-6 ; c. pén. art. 225-1 à 225-4).	Par tout moyen dans les lieux de travail ainsi que dans les locaux ou à la porte des locaux où se fait l'embauche.
	Affichage du numéro du service d'accueil téléphonique concourant à la prévention et à la lutte contre les discriminations (loi 2001-1066 du 16 novembre 2001, art. 9). Numéro d'appel du Défenseur des droits : 09 69 39 00 00	Lieu de travail.
Document unique d'évaluation des risques (c. trav. art. R. 4121-4) Toutes les entreprises	Avis indiquant les modalités d'accès des travailleurs au document unique d'évaluation des risques professionnels*.	Affichage à une place convenable et aisément accessible dans les lieux de travail. Dans les entreprises ou établissements dotés d'un règlement intérieur, affichage au même emplacement que celui réservé à ce dernier.
Égalité de rémunération entre les femmes et les hommes (c. trav. art. R. 3221-2)	Textes des articles L. 3221-1 à L. 3221-7 du code du travail et des dispositions réglementaires prises pour leur application (c. trav. art. R. 3221-1 à R. 3222-3).	Communication, par tout moyen, aux personnes ayant accès aux lieux de travail et aux candidats à l'embauche.
Égalité professionnelle entre les femmes et les hommes : indicateurs relatifs aux écarts de rémunération et aux actions mises en œuvre pour les supprimer (c. trav. art. L. 1142-8, L. 1142-9 et D. 1142-4 ; décret 2021-265 du 10 mars 2021, JO du 11 ; loi 2021-1774 du 24 décembre 2021, JO du 26) Entreprises d'au moins 50 salariés	L'employeur publie chaque année le résultat obtenu pour chaque indicateur en même temps que la note globale (index), le 1er mars (pour l'index 2021 publié en 2022). Le cas échéant, publication des mesures de corrections et des objectifs de progression de chacun des indicateurs suivant des modalités restant à définir par décret. Pour aller plus loin sur les nouveautés applicables depuis le 1.03.2022, voir Rémunération (écarts entre les femmes et les hommes)*.	Sur le site Internet de l'entreprise. À défaut, porté à la connaissance des salariés par tout moyen.
Égalité professionnelle entre les femmes et les hommes : écarts de représentation entre les femmes et les hommes parmi les cadres dirigeants et les membres des instances dirigeantes	voir ci-avant dans le tableau : Cadres dirigeants et instances dirigeantes.	

Principaux affichages dans l'entreprise (ou information par tout moyen dans certains cas)*		
Objet et entreprises concernées	**Nature et contenu de l'affichage***	**Lieux et modalités d'affichage***
Élections des représentants du personnel au comité social et économique* (CSE)	**Information du personnel : organisation des élections** Dès lors que les effectifs requis sont atteints (au moins 11 salariés), l'employeur informe tous les 4 ans le personnel de l'organisation des élections, avec indication de la date du premier tour (c. trav. art. L. 2314-4). Cette information a lieu également en l'absence de CSE à la demande d'un salarié ou d'un syndicat (c. trav. art. L. 2314-8).	Information par tout moyen permettant de donner date certaine à cette information.
	Information du personnel : modalités des élections L'employeur affiche : - les listes électorales, une par collège (c. trav. art. R. 2314-24) ; - les candidatures (absence d'obligation légale, affichage prévu par le protocole d'accord préélectoral)	Mode de publicité généralement prévu par le protocole d'accord préélectoral (ex. : affichage sur les panneaux réservés à la Direction).
	L'employeur porte à la connaissance des salariés la **proportion de femmes et d'hommes composant chaque collège électoral** (c. trav. art. L. 2314-13 et L. 2314-31).	Par tout moyen permettant de donner une date certaine à cette information.
	Information des syndicats de l'organisation des élections, invitation à négocier le protocole d'accord préélectoral et à établir les listes de leurs candidats Les syndicats sont ceux légalement constitués depuis au moins 2 ans, satisfaisant aux critères de respect des valeurs républicaines et d'indépendance, ayant un champ professionnel et géographique qui couvre l'entreprise ou l'établissement concerné (critères cumulatifs) (c. trav. art. L. 2314-5).	Information par tout moyen.
	• **Information, à l'issue des élections, des syndicats ayant présenté des listes de candidats** Après la proclamation des résultats, l'employeur transmet, dans les meilleurs délais, une copie des P-V aux syndicats qui ont présenté des listes de candidats aux scrutins concernés ainsi qu'à ceux ayant participé à la négociation du protocole d'accord préélectoral (c. trav. art. L. 2314-29).	Information par tout moyen.
	Information du personnel : P-V de carence quand le CSE n'a pas été mis en place ou renouvelé (c. trav. art. l. 2314-9).	Information par tout moyen permettant de lui donner date certaine.
	Affichage des noms des membres du CSE et des commissions Après les élections, la liste nominative des membres de chaque CSE doit être affichée et indiquer l'emplacement de travail habituel des membres du comité ainsi que, le cas échéant, leur participation à une ou plusieurs commissions du comité (c. trav. art. R. 2314-22).	Affichage dans les locaux affectés au travail.

Principaux affichages dans l'entreprise (ou information par tout moyen dans certains cas)*		
Objet et entreprises concernées	**Nature et contenu de l'affichage***	**Lieux et modalités d'affichage***
Harcèlement sexuel et moral, agissements sexistes (c. trav. art. L. 1153-5 et L. 1152-4) Toutes les entreprises	• **Harcèlement sexuel** Information des candidats à un recrutement, des personnes en formation ou en stage ainsi que des salariés (c. trav. art. L. 1153-5) : - des textes du code pénal qui sanctionnent le harcèlement sexuel (c. pén. art. 222-33) ; - des actions contentieuses civiles et pénales ouvertes en matière de harcèlement sexuel ; - des coordonnées du médecin du travail ou du service de santé au travail compétent pour l'établissement, de l'inspection du travail compétente, en indiquant le nom de l'inspecteur compétent, du Défenseur des droits, du référent désigné dans les entreprises d'au moins 250 salariés pour orienter, informer et accompagner les salariés en matière de lutte contre le harcèlement sexuel et les agissements sexistes et du référent en matière de lutte contre le harcèlement sexuel et les agissements sexistes désigné par le CSE parmi ses membres (c. trav. art. L. 1153-5-1, L. 2314-1 et D. 1151-1). **Harcèlement moral** Information des personnes en formation ou en stage ainsi que des salariés des textes du code pénal qui sanctionnent le harcèlement moral (c. pén. art. 222-33-2).	**Harcèlement sexuel :** par tout moyen, dans les lieux de travail, dans les locaux ou à la porte des locaux où se fait l'embauche (c. trav. art. L. 1153-5). **Harcèlement moral :** par tout moyen, lieu non précisé (c. trav. art. L. 1152-4).
Horaires collectifs de travail (c. trav. art. L. 3171-1, D. 3171-1 à D. 3171-7) Toutes les entreprises	Heures auxquelles commence et finit le travail ainsi que les heures et la durée des repos. L'horaire est daté et signé par l'employeur ou, sous sa responsabilité, par la personne à laquelle il aura délégué ses pouvoirs. Toute modification de l'horaire collectif donne lieu, avant sa mise en service, à une rectification affichée dans les mêmes conditions.	Affichage en caractères lisibles et de façon apparente dans chacun des lieux de travail auxquels l'horaire s'applique ou, en cas de personnel occupé au-dehors, dans l'établissement auquel le personnel intéressé est attaché.
Interdiction de fumer (c. santépub. art. R. 3512-2 et R. 3512-7 ; arrêté du 1er décembre 2010, JO du 11 décembre) Toutes les entreprises	Interdiction de fumer dans les lieux affectés à un usage collectif s'appliquant dans tous les lieux fermés et couverts accueillant du public ou qui constituent des lieux de travail. Une signalisation particulière est prévue dans les locaux où sont entreposées ou manipulées des substances explosives ou inflammables (c. trav. art. R. 4227-22 et R. 4227-23).	Signalisation apparente pour rappeler le principe de l'interdiction de fumer et indication des emplacements mis à la disposition des fumeurs.
Interdiction de vapoter (c. santépub. art. L. 3513-6, R. 3513-2 et R. 3513-3)	Interdiction de vapoter dans les lieux de travail fermés et couverts à usage collectif, à savoir les locaux recevant des postes de travail situés ou non dans les bâtiments de l'établissement, fermés et couverts, et affectés à un usage collectif (ex. : salles de réunion, open spaces), à l'exception des locaux qui accueillent du public.	Signalisation apparente rappelant le principe de l'interdiction de vapoter et, le cas échéant, ses conditions d'application.
Lanceur d'alerte (procédure de recueil des signalements) (décret 2017-564 du 19 avril 2017, art. 6, JO du 20)	Procédure de recueil des signalements élaboré par l'employeur dans les entreprises de 50 salariés et plus.	Affichage ou publication par exemple sur le site Internet de l'entreprise, notification, communication par voie électronique, etc. L'information doit être accessible aux salariés et aux collaborateurs extérieurs ou occasionnels.

Principaux affichages dans l'entreprise (ou information par tout moyen dans certains cas)*		
Objet et entreprises concernées	**Nature et contenu de l'affichage***	**Lieux et modalités d'affichage***
Local dédié à l'allaitement (c. trav. art. R. 4152-23) Établissements occupant plus de 100 salariées	Règlement intérieur signé par le médecin du travail.	Entrée du local dédié à l'allaitement.
Lutte contre le marchandage (c. trav. art. D. 8232-1 et R. 8234-1) Toutes les entreprises	L'entrepreneur qui a conclu un contrat avec un chef d'entreprise sans être propriétaire d'un fonds de commerce ou d'un fonds artisanal et qui fait effectuer des travaux dans les ateliers, magasins ou chantiers autres que ceux de l'entrepreneur principal qui lui a confié ces travaux doit apposer une affiche indiquant le nom et l'adresse de la personne de laquelle il tient les travaux.	Affichage dans chacun des ateliers, magasins ou chantiers.
Lutte contre le travail dissimulé (c. trav. art. R. 8221-1 et R. 8224-1) Entreprises du bâtiment	Tout entrepreneur travaillant sur un chantier ayant donné lieu à la délivrance d'un permis de construire doit, pendant la durée de l'affichage du permis, indiquer son nom, sa raison ou sa dénomination sociale ainsi que son adresse.	Panneau dont les indications sont lisibles de la voie publique.
Participation (c. trav. art. D. 3323-12) Toute entreprise dotée d'un accord de participation	Information du personnel de l'existence et du contenu de l'accord de participation.	Information par tout moyen prévu par l'accord et, à défaut, par voie d'affichage.
Plan de sauvegarde de l'emploi (PSE) (c. trav. art. L. 1233-49 et L. 1233-57-4)	En l'absence de CSE, le PSE est porté à la connaissance des salariés.	Par tout moyen sur les lieux de travail.
	Décision de validation (accord collectif) ou d'homologation (document unilatéral) du PSE par la DREETS, ainsi que voies et délais de recours.	Choix entre affichage ou tout moyen permettant de conférer une date certaine à l'information.
Prévention et coordination lors des opérations de bâtiment ou de génie civil (c. trav. art. L. 4532-1) Entreprises du bâtiment	Texte de la déclaration préalable éventuellement requise à l'autorité administrative, à l'organisme professionnel de santé, de sécurité et des conditions de travail compétent ainsi qu'aux organismes de sécurité sociale.	Sur le chantier.
Règlement intérieur (2) (c. trav. art. L. 1311-2 et R. 1321-1) Entreprises ou établissements concernés	Texte intégral du règlement intérieur (obligatoire dans les entreprises ou établissements où sont employés habituellement au moins 50 salariés).	Porté, par tout moyen, à la connaissance des personnes ayant accès aux lieux de travail ou aux locaux où se fait l'embauche.
Repos hebdomadaire (c. trav. art. R. 3172-1, R. 3172-6 et R. 3172-9) Entreprises et établissements concernés	Jours et heures du repos collectif lorsque le repos est donné à la totalité ou à une partie du personnel un autre jour que le dimanche (c. trav. art. R. 3172-1). Information de l'administration en cas de suspension du repos hebdomadaire (ex. : travaux urgents, industries de matières périssables) (c. trav. art. L. 3132-4, L. 3132-5 et L. 3132-7, R. 3172- 6 et R. 3172-9).	Communication par tout moyen aux salariés et communication préalable à l'inspecteur du travail de cette information et des modalités de la communication aux salariés. Communication par tout moyen, aux salariés, de la copie de l'information transmise à l'inspecteur du travail.
Repos quotidien (c. trav. art. D. 3131-3) Entreprises où les salariés ne sont pas occupés selon un horaire collectif	Pour assurer le respect du repos quotidien de 11 h consécutives, l'employeur peut fixer, pour l'établissement, l'atelier, le service ou l'équipe, une période quotidienne correspondant au moins à la durée de ce repos.	Affichage dans l'entreprise des heures auxquelles commence et finit la période.

Principaux affichages dans l'entreprise (ou information par tout moyen dans certains cas)*		
Objet et entreprises concernées	**Nature et contenu de l'affichage***	**Lieux et modalités d'affichage***
Rupture conventionnelle collective (c. trav. art. L. 1237-19-4)	Décision de validation par l'administration de l'accord collectif déterminant le contenu d'une rupture conventionnelle collective.	Affichage sur les lieux de travail ou tout autre moyen permettant de conférer date certaine à l'information.
Santé et sécurité au travail (c. trav. art. D. 4711-1 et R. 4741-3) Toutes les entreprises	Adresse et numéro d'appel : - **du médecin du travail** ou du service de prévention et de santé au travail compétent pour l'établissement ; - **des services de secours d'urgence** (pompiers et SAMU) ; - **de l'inspection du travail** compétente ainsi que le nom de l'inspecteur compétent.	Locaux normalement accessibles aux salariés.
Section syndicale (c. trav. art. L. 2142-3) Entreprises où est présente une section syndicale*	Communications syndicales.	Mise à disposition de panneaux réservés, distincts de ceux affectés aux communications du CSE, suivant des modalités fixées par accord avec l'employeur.
Signalisations de sécurité (c. trav. art. R. 4227-13 et R. 4227-33) Toutes les entreprises	Les entreprises sont soumises à une signalisation permettant d'assurer la sécurité et la santé au travail (installation d'extincteurs, etc.). Elle doit être conforme à la réglementation en vigueur (arrêté du 4 novembre 1993, JO du 17 décembre). S'agissant du risque incendie, une signalisation indique la sortie la plus proche ainsi que le chemin vers l'espace d'attente sécurisé ou l'espace équivalent le plus proche. Une autre signalisation identifie ces espaces. Les sorties de secours sont signalées. Les signalisations d'extinction font l'objet d'une signalisation durable.	Endroits appropriés.
Syndicats (adresse des syndicats représentatifs dans la branche) (c. trav. art. L. 2141-7-1) Toutes les entreprises	L'employeur doit informer, chaque année, les salariés, de la disponibilité des adresses des syndicats de salariés représentatifs dans la branche dont l'entreprise relève sur le site Internet du ministère du travail.	Information par tout moyen.
Travailleurs à domicile (c. trav. art. R. 7422-12) Toutes les entreprises concernées	Les temps d'exécution des travaux à domicile, les prix de façon ou les salaires applicables à ces travaux, les frais d'atelier et les frais accessoires.	Sauf exception, affichage en permanence par le donneur d'ouvrage dans les locaux d'attente ainsi que dans ceux où la remise au travailleur des matières premières ou objets et la réception des articles après exécution sont réalisées.

*Le cas échéant, il peut s'agir d'un affichage ou d'une information par exemple via l'intranet de l'entreprise.

(1) Suspension en cas de travaux urgents (c. trav. art. R. 3172-6), surcroît extraordinaire de travail dans les industries traitant des matières périssables (c. trav. art. L. 3132-5 et R. 3172-7), dans les activités saisonnières dans certaines hypothèses (c. trav. art. L. 3132-7, L. 3132-10 et R. 3132-8).

(2) Les mêmes mesures de publicité sont à respecter pour les notes de service et chartes (ex. : charte informatique) dont le contenu s'apparente à celui du règlement intérieur et auxquelles l'entreprise souhaite donner la même valeur juridique que celui-ci.

Agent commercial

Statut applicable

Mandataire non salarié - L'agent commercial est un mandataire qui, à titre de profession indépendante, et sans être lié par un contrat de louage de services, est chargé, de façon permanente, de négocier et, éventuellement, de conclure des contrats de vente, d'achat, de location ou de prestation de services, au nom et pour le compte de producteurs, d'industriels, de commerçants ou d'autres agents commerciaux. Il s'agit d'une personne physique ou d'une personne morale (c. com. art. L. 134-1).

▶ À noter... L'agent commercial se distingue du *VRP** en ce sens que :
- il n'a pas de lien de subordination avec son mandant. Il est libre dans l'organisation de son travail (cass. soc. 5 janvier 1990, n° 87-10070, BC V n° 7) ;
- il peut réaliser des affaires pour son compte personnel (cass. com. 22 mai 1967, BC IV n° 199), ce que ne peut pas faire le VRP (cass. soc. 10 mai 1979, n° 77-40069, BC V n° 412) ;
- il peut utiliser des représentants ou des sous-agents rémunérés par lui.

Statut d'ordre public - L'agent commercial bénéficie d'un statut d'ordre public (c. com. art. L. 134-1 à L. 134-17). Les contrats conclus avec les agents commerciaux ne peuvent donc pas prévoir des clauses moins favorables aux dispositions impératives de ce statut (c. com. art. L. 134-16).

Lorsque l'activité de l'agent correspond à la définition légale d'un agent commercial, l'agent considéré peut prétendre au bénéfice du statut d'agent commercial (cass. com. 29 octobre 2002, n° 99-18796 D). Inversement, si l'activité d'une personne ne correspond pas à la définition légale de celle d'un agent commercial, il lui est impossible de bénéficier de ce statut, peu importe que :
- l'agent et son mandant se soient mis d'accord pour qu'il bénéficie du statut ;
- le contrat mentionne expressément qu'il s'agit d'un contrat d'agent commercial (cass. com. 10 décembre 2003, n° 01-11923, BC IV n° 198).

▶ À noter... L'agent commercial, ne pouvant pas être affilié au régime général de la sécurité sociale, doit s'immatriculer en son nom propre et régler lui-même ses cotisations sociales (rép. Bailly, JO 21 avril 2005, Sén. quest. p. 1157).

Indemnité en cas de cessation des relations avec le mandant - Dans le cadre de son statut, l'agent commercial a droit, sauf cas énumérés par le code de commerce, à une indemnité compensatrice en réparation du préjudice subi en cas de cessation des relations avec le mandant (c. com. art. L. 134-12 et L. 134-13).

Secteurs d'activités exclus ou spécifiques - Le statut d'agent commercial n'est pas applicable aux agents dont la mission de représentation s'exerce dans le cadre d'activités économiques qui font l'objet de dispositions législatives particulières (c. com. art. L. 134-1, al. 2). Il en est ainsi des commerciaux des établissements de crédit (c. mon. fin. art. L. 519-1 à L. 519-5 ; cass. com. 18 février 2004, n° 02-14768, BC IV n° 32), des agents d'assurances (c. ass. art. R. 511-2), des agents de voyages (loi 92-645 du 13 juillet 1992, JO 14 juillet) et des publicitaires (loi 93-122 du 29 janvier 1993, JO du 30).

▶ À noter... Les agents immobiliers relèvent de dispositions particulières (loi 70-9 du 2 janvier 1970, JO du 4).

Registre spécial

Avant de commencer l'exercice de son activité, l'agent commercial doit se faire immatriculer sur le registre spécial des agents commerciaux du greffe du tribunal de commerce de son lieu de domiciliation, sous peine d'une amende. Par dérogation, dans les départements du Bas-Rhin, du Haut-Rhin et de la Moselle, l'immatriculation au registre spécial doit être effectuée au greffe des tribunaux judiciaires de Colmar, Metz, Mulhouse, Sarreguemines, Saverne, Strasbourg et Thionville (c. com. art. R. 134-6 et R. 134-15).

L'obligation de déclaration n'est pas applicable aux agents commerciaux qui, étant domiciliés à l'étranger et ne disposant en France d'aucun établissement, n'exercent que de façon temporaire et occasionnelle leur activité sur le territoire national (c. com. art. R. 134-6 et R. 134-15).

▶ À noter... Les différents registres (dont le registre spécial des agents commerciaux) seront réunis, à compter du 1.01.2023, dans un registre général dématérialisé (c. com. art. L. 123-36, dans sa version en vigueur le 1.01.2023 ; ord. 2021-1189 du 15 septembre 2021, JO du 16).

AGFF

☞ *Contributions de retraite et de prévoyance.*

AGIRC

☛ *Contributions de retraite et de prévoyance ; Retraite complémentaire.*

Agissements sexistes

Interdiction

Nul ne doit subir d'agissement sexiste, défini comme tout agissement lié au sexe d'une personne, ayant pour objet ou pour effet de porter atteinte à sa dignité ou de créer un environnement intimidant, hostile, dégradant, humiliant ou offensant (c. trav. art. L. 1142-2-1), sachant que le *règlement intérieur** doit rappeler les dispositions du code du travail en la matière (c. trav. art. L. 1321-2). Ce type d'agissement relève aussi des *discriminations** interdites (loi 2008-496 du 27 mai 2008, art. 1 et 2, JO du 28).

Le licenciement d'un salarié faisant suite à une action en justice engagée par l'intéressé ou en sa faveur sur le fondement des dispositions relatives à l'égalité professionnelle entre les femmes et les hommes est nul lorsqu'il est établi que le licenciement n'a pas de cause réelle et sérieuse et constitue en réalité une mesure prise par l'employeur en raison de cette action en justice (c. trav. art. L. 1144-3) (voir *Licenciement nul**). Il peut s'agir d'une action en justice engagée au nom des dispositions du code du travail relatives aux agissements sexistes.

Prévention

Les risques liés aux agissements sexistes doivent être pris en compte dans la politique de prévention de l'entreprise (c. trav. art. L. 4121-2) [voir *Hygiène et sécurité (obligations de l'employeur)**].

Les représentants du personnel au CSE peuvent proposer des actions de prévention dans ce domaine (c. trav. art. L. 2312-19) [voir *Comité social et économique (santé, sécurité et conditions de travail)**].

À propos du référent en matière de lutte contre le harcèlement sexuel et les agissements sexistes, voir *Harcèlement sexuel**.

AGS

L'association pour la gestion du régime d'assurance des créances des salariés (AGS) (voir *Garantie des créances de salaires**) garantit le paiement des créances salariales résultant du contrat de travail en cas de redressement ou de liquidation judiciaires de l'entreprise, ou encore, sous certaines conditions, en procédure de sauvegarde. La garantie intervient, à la demande des mandataires de justice, sous forme d'avances aux salariés (salaires, préavis, indemnités de rupture, etc.), celles-ci étant remboursées par récupération sur le patrimoine de l'employeur (c. trav. art. L. 3253-6 et L. 3253-14 à L. 3253-17).

Ce régime est fondé sur la solidarité interprofessionnelle des employeurs. Il est donc financé exclusivement par leurs cotisations. La cotisation AGS, dont le recouvrement est assuré par les URSSAF, est calculée sur les rémunérations servant de base au calcul de la *cotisation d'assurance chômage** (c. trav. art. L. 3253-18). La cotisation est prélevée au taux de 0,15 % depuis le 1.07.2017 (CA AGS du 9 décembre 2021). Elle est due dans la limite de 4 plafonds de la sécurité sociale, soit 13 712 € par mois en 2022.

Il convient d'appliquer le taux des cotisations AGS en vigueur au titre de la période d'emploi et non plus le taux en vigueur à la date de versement des rémunérations (circ. Unédic 2017-19 du 21 juillet 2017).

La gestion opérationnelle du régime de garantie des salaires est confiée à la délégation Unédic-AGS. Celle-ci est organisée autour d'une délégation nationale, de délégations régionales et de centres de gestion et d'étude AGS. La liste des différentes coordonnées figure sur le site Internet de l'AGS (www.ags-garantie-salaires.org).

☛ *Garantie des créances de salaires ; Privilège ; Procédure de sauvegarde, de redressement et de liquidation judiciaires ; Superprivilège.*

Aide au conseil RH

Créée en 2016, la prestation d'aide au conseil en ressources humaines (PCRH) propose un accompagnement aux petites et moyennes entreprises en matière de gestion des ressources humaines. Une aide de l'État est versée aux entreprises bénéficiaires. Cette prestation a été renforcée en 2020 dans le contexte de la crise liée au covid-19, afin d'aider les TPE-PME à reprendre leur activité économique (instr. DGEFP/MADEC/2020/90 du 4 juin 2020). Cette mesure a été reconduite en 2021 (instr. DGEFP/MADEC/2021/70 du 23 mars 2021), puis jusqu'au 30.06.2022 (instr. DGEFP/MADEC/2022/22 du 19 janvier 2022).

Objectif de la prestation

L'objectif principal de la prestation est de proposer un accompagnement personnalisé aux TPE-PME pour répondre à leurs besoins en matière de gestion des RH.

Les entreprises peuvent également la mobiliser pour trouver l'appui et les conseils nécessaires pour structurer et professionnaliser leur fonction RH ou pour organiser une mutualisation de certaines compétences, notamment RH, avec d'autres entreprises.

La prestation vise aussi à induire un changement au sein de l'entreprise se concrétisant par des actions relatives à des aides à la décision pour sa stratégie, son organisation, sa gestion des ressources humaines en faveur de la consolidation de l'emploi.

Dans le contexte de la crise sanitaire liée au covid-19, la prestation doit notamment permettre :
- de contribuer au maintien et au développement de l'emploi et des compétences dans la période de crise et de reprise économique, notamment pour les entreprises dont les salariés ont été indemnisés au titre de l'activité partielle ou qui ont bénéficié d'une convention de FNE formation ;
- d'aider l'entreprise à adapter son organisation du travail et sa gestion des RH au contexte de crise et de reprise progressive, en lien avec sa situation financière et sa stratégie de développement économique ;
- de co-construire des outils et un plan d'actions partagé par les acteurs de l'entreprise (direction-salariés-représentants des salariés lorsqu'ils existent) sur des thématiques spécifiques identifiées avec l'entreprise.

Champ d'application

Entreprises concernées - Sont éligibles à la PCRH les entreprises de moins de 250 salariés n'appartenant pas à un groupe de 250 salariés ou plus.

Toutefois, la prestation s'adresse en priorité aux PME de moins de 50 salariés et aux TPE de moins de 10 salariés qui ne disposent pas de moyens en ingénierie sociale (absence de service RH, moyens financiers insuffisants). Une approche collective associant plusieurs entreprises ou une approche sectorielle avec une branche professionnelle est d'ailleurs privilégiée afin de mutualiser des moyens mais également contribuer, le cas échéant, à la structuration d'un réseau, d'un secteur ou d'une filière.

Les entreprises adhérentes d'un groupement d'employeurs, elles aussi, sont éligibles à la prestation.

Les auto-entrepreneurs sont exclus du dispositif.

Thématiques d'intervention - La PCRH vise la sensibilisation, l'accompagnement, la professionnalisation et l'outillage de la TPE-PME en matière de RH.

Les thématiques d'intervention des prestataires ont été élargies pour tenir compte de la situation liée à la crise sanitaire :
- accompagnement à la reprise de l'activité économique dans le contexte de la crise liée au covid-19 ;
- recrutement et intégration des salariés ;
- organisation du travail ;
- gestion prévisionnelle des emplois et des compétences ;
- amélioration du dialogue social ;
- professionnalisation de la fonction RH dans l'entreprise.

▶ À noter… La prestation ne peut pas se traduire par une simple mise aux normes réglementaires des entreprises. De plus, elle n'a pas vocation à financer les coûts pédagogiques et salariaux afférents à des actions de formation.

Formalités à respecter

Dépôt d'une candidature - L'entreprise adresse une demande exposant les motivations de son projet à la DREETS, précisant notamment une description prévisionnelle du projet et ses dates de début et de fin, le montant prévisionnel des coûts et de la subvention estimée nécessaire.

Les entreprises adhérentes d'un groupement d'employeurs peuvent présenter leur demande en propre ou via le groupement.

Choix d'un prestataire - La demande doit indiquer le nom du prestataire qui réalise l'intervention. Si l'entreprise n'a pas fait son choix, la DREETS pourra lui faire une proposition ou l'orienter vers un OPCO qui la conseillera.

Conclusion d'une convention tripartite - Une fois la demande acceptée, une convention est conclue entre la DREETS, l'entreprise ou le collectif d'entreprises et le prestataire. Elle détermine les conditions d'intervention du prestataire, l'engagement de l'entreprise (ou du collectif d'entreprises) fixe les axes thématiques retenus, la durée et le coût de l'accompagnement, le montant de la participation financière de l'État et les modalités de versement de la subvention.

Contenu de la prestation

Deux niveaux de prestation - L'intervention comporte deux niveaux de prestation :
- un accompagnement court de 1 à 10 jours d'intervention qui propose un plan d'actions opérationnel et immédiatement mobilisable ;

- un accompagnement approfondi de 10 à 20 jours qui permet d'approfondir l'accompagnement sur des thèmes spécifiques ou lorsque la problématique de l'entreprise est complexe (ex. : professionnalisation de la fonction RH).

Les deux niveaux peuvent être complémentaires ou dissociés.

Accompagnement individuel ou collectif - La prestation peut s'effectuer dans le cadre d'un accompagnement individuel d'une entreprise.

Il peut aussi s'agir de l'accompagnement d'un collectif d'entreprises issues d'une même branche ou d'une même filière, d'un même territoire ou partageant des problématiques communes ou connexes (ex. : constitution de filières, besoin d'une mutualisation de compétences). Cette seconde modalité est encouragée car elle organise des échanges entre les entreprises accompagnées et favorise le partage de bonnes pratiques dans la durée.

Ces deux types d'accompagnement sont modulables en fonction de la problématique (ex. : un accompagnement collectif peut être suivi d'une prestation individuelle personnalisée pour mettre en œuvre des actions).

Durée maximale de la prestation - La durée maximale d'intervention est fixée par la DREETS. Elle est de 30 jours au total pour une même entreprise ou pour un collectif d'entreprises.

Les journées d'intervention pourront être échelonnées dans le temps sans dépasser une durée totale d'accompagnement de 12 mois pour une même entreprise.

Financement de la prestation

Montant de l'aide - Le coût de la prestation peut être pris en charge par des fonds publics à hauteur de 50 % maximum de son coût total hors taxe. Le taux de prise en charge est modulé en fonction notamment de la taille de l'entreprise, de sa situation financière, du projet et du coût journalier et global de la prestation proposée.

La part prise en charge par l'État est au maximum de 15000 € hors taxes, qu'il s'agisse d'un accompagnement individuel ou pour un collectif d'entreprises.

Coût à la charge de l'entreprise - Une partie du coût de la prestation reste en principe à la charge de l'entreprise ou du collectif d'entreprises. Afin de diminuer ce reste à charge, des cofinancements peuvent être recherchés auprès de partenaires locaux (ex. : OPCO).

Paiement en plusieurs versements - Le paiement de l'aide de l'État donne lieu à deux ou trois versements :

- une avance d'au maximum 30 % du montant prévisionnel de l'aide totale à l'issue de la phase de diagnostic ;
- un éventuel paiement intermédiaire de 30 % sur présentation par le prestataire d'un rapport d'étape ;
- le solde après réalisation du projet et après présentation et acceptation par l'État d'un compte rendu final et d'un document indiquant les préconisations et le plan d'actions co-construit avec l'entreprise.

Modalités dérogatoires covid-19 - Dans le contexte économique créé par l'épidémie de covid-19, les modalités de financement et de cofinancement de la PCRH sont modifiées afin d'accompagner le plus grand nombre de TPE-PME.

La prise en charge par des fonds publics peut dépasser le plafond de 50 % et couvrir la totalité de la prestation. Mais la part de l'État reste plafonnée à un maximum de 15000 € HT.

Les cofinancements, notamment avec les OPCO, sont encouragés afin de minimiser au maximum ce qui reste à la charge des entreprises touchées par la crise.

Ces modalités s'appliquent :

- aux conventions conclues jusqu'au 31.12.2020 (et avenants aux conventions en cours signés avant le 31.12.2020), les prestations ayant dû être réalisées avant le 31.12.2021 ;
- aux conventions conclues jusqu'au 31.12.2021 (et avenants aux conventions en cours signés avant le 31.12.2021). Les prestations devront avoir été réalisées avant le 31.12.2022 ;
- aux conventions conclues jusqu'au 30.06.2022 (et avenants aux conventions en cours signés avant le 30.06.2022). Les prestations devront avoir été réalisées avant le 30.06.2023.

Les prestations peuvent concerner toutes les thématiques visées par la PCRH.

Aide aux créateurs ou repreneurs d'entreprise (ACRE)

☛ *Chômage (activité réduite) ; Création d'entreprise ; Création d'entreprise (aides).*

Aide à l'embauche (secteur de l'économie sociale et solidaire)

@ Cette étude est détaillée dans la version en ligne de ce Dictionnaire (voir www.rfsocial.com et www.rfeditions.com).

Alcootest

☛ *Boissons ; Charte d'éthique ; Règlement intérieur ; Surveillance des salariés.*

Alertes

☛ *Droit d'alerte (CSE) ; Droit d'alerte et de retrait en cas de danger ; Droit d'alerte (risque pour la santé et l'environnement) ; Lanceur d'alerte.*

Allaitement

Pause

À compter du jour de la naissance, et pendant une année, les mères allaitant leurs enfants disposent à cet effet d'une pause de 1 heure par jour durant les heures de travail (une demi-heure le matin, l'autre l'après-midi) (c. trav. art. L. 1225-30). La période où le travail est arrêté pour l'allaitement est déterminée par accord entre la salariée et l'employeur. À défaut d'accord, cette période est placée au milieu de chaque demi-journée de travail (c. trav. art. R. 1225-5).

Sauf disposition conventionnelle, cette pause n'est pas rémunérée.

Local dédié à l'allaitement

Les conditions dans lesquelles le local où la mère est admise à allaiter son enfant doit être aménagé sont précisément définies (c. trav. art. R. 4152-13 à R. 4152-28). Il est notamment prévu que ce local doit être (c. trav. art. R. 4152-13) :
- séparé de tout local de travail ;
- aéré et muni de fenêtres ou autres ouvrants à châssis mobiles donnant directement sur l'extérieur ;
- pourvu d'un mode de renouvellement d'air continu ;
- convenablement éclairé ;
- pourvu d'eau en quantité suffisante ou à proximité d'un lavabo ;
- pourvu de sièges convenables pour l'allaitement ;
- tenu en état constant de propreté (nettoyage quotidien et réalisé hors de la présence des enfants) ;
- maintenu à une température convenable dans les conditions hygiéniques.

Le local dédié à l'allaitement est surveillé par un médecin que désigne l'employeur (c. trav. art. R. 4152-23).

Par ailleurs, l'employeur occupant plus de 100 salariées peut être mis en demeure par l'*inspection du travail** (et non par un syndicat) d'installer un local dédié à l'allaitement dans l'établissement ou à proximité (c. trav. art. L. 1225-32 ; cass. soc. 25 novembre 2020, n° 19-19996 FSPB).

Poste à risques

Voir *Maternité (protection)**.

Allocation aux adultes handicapés (AAH)

☛ *Prestations familiales (handicap).*

Allocation de chômage

☛ *Chômage ; Chômage (activité réduite) ; Chômage (allocation d'aide au retour à l'emploi) ; Chômage (allocation de solidarité spécifique) ; Chômage (assurance chômage) ; Chômage (salaire de référence) ; Chômage (allocation des travailleurs indépendants).*

Allocation de solidarité aux personnes âgées

@ Cette étude est détaillée dans la version en ligne de ce Dictionnaire (voir www.rfsocial.com et www.rfeditions.com).

Allocation temporaire dégressive du FNE

@ Cette étude est détaillée dans la version en ligne de ce Dictionnaire (voir www.rfsocial.com et www.rfeditions.com).

Allocation de veuvage

@ Cette étude est détaillée dans la version en ligne de ce Dictionnaire (voir www.rfsocial.com et www.rfeditions.com).

Aménagement du temps de travail

L'aménagement du temps de travail permet aux entreprises d'ajuster la durée du travail aux variations de la charge de travail.

Période supérieure à la semaine

Durée du travail adaptée à l'activité de l'entreprise - Un employeur peut mettre en place un mécanisme d'aménagement du temps de travail sur une période supérieure à la semaine, selon les modalités qui lui paraissent les plus adaptées à l'entreprise. Il peut, par exemple, prévoir une organisation du travail par cycles ou par octroi de jours de RTT ou encore une modulation du temps de travail.

Période de référence plafonnée à trois ans - Le temps de travail est aménagé sur une période maximale d'un an. Il est possible d'aller jusqu'à 3 ans, sous réserve qu'un accord de branche l'autorise (c. trav. art. L. 3121-44).

Mise en place

Nécessité d'un accord collectif - La mise en œuvre d'un mécanisme d'aménagement du temps de travail sur une période supérieure à la semaine et au plus égale à l'année résulte d'un accord collectif d'entreprise, d'établissement ou, à défaut, d'une convention ou d'un accord de branche (c. trav. art. L. 3121-44). La convention ou l'accord de branche ne s'applique qu'en l'absence d'accord d'entreprise ou d'établissement [voir *Accord collectif d'entreprise (conclusion avec délégué syndical)**, *Accord collectif d'entreprise (conclusion sans délégué syndical)**, *Accord collectif de branche** et *Convention collective**].

La mise en œuvre d'un mécanisme d'aménagement du temps de travail sur une période supérieure à l'année et au plus égale à 3 ans nécessite un accord de branche. À notre sens, cet accord peut être d'application directe ou fixer un cadre général, à adapter ensuite par accord d'entreprise ou d'établissement.

Lorsqu'il est conclu au niveau de l'entreprise ou de l'établissement, l'accord d'aménagement du temps de travail doit être non seulement déposé auprès de l'administration et du greffe du conseil de prud'hommes, comme tout accord collectif [voir *Accord collectif d'entreprise (dépôt)**], mais également transmis à la commission paritaire permanente de négociation et d'interprétation de la branche [voir *Accord collectif d'entreprise (publicité)**].

▶ À noter... L'entreprise peut aussi mettre en place un mécanisme d'aménagement du travail en concluant un *accord de performance collective** (c. trav. art. L. 2254-2). À la différence de l'accord d'aménagement du temps de travail stricto sensu, l'accord de performance collective permet aussi de modifier la rémunération et les conditions de mobilité des salariés. Surtout, l'impact sur le contrat de travail n'est pas le même *(voir ci-après)*.

Contenu de l'accord collectif - L'accord d'aménagement du temps de travail prévoit (c. trav. art. L. 3121-44) :
- la période de référence, qui ne peut excéder un an ou, si un accord de branche l'autorise, 3 ans ;
- les conditions et délais de prévenance des changements de durée ou d'horaire de travail ;
- la limite hebdomadaire pour le décompte des heures supplémentaires (clause obligatoire en cas d'aménagement sur une période supérieure à l'année, facultative en cas d'aménagement sur une période inférieure ou égale à l'année) ;
- éventuellement, en cas d'aménagement sur l'année, une limite annuelle de décompte des heures supplémentaires inférieure à 1 607 heures ;
- les conditions de prise en compte, pour la rémunération des salariés, des absences ainsi que des arrivées et départs en cours de période ;
- lorsque l'accord s'applique aux salariés à temps partiel, les modalités de communication et de modification de la répartition de la durée du travail et des horaires de travail des intéressés [voir *Travail à temps partiel (sur tout ou partie de l'année)**].

Sauf stipulations contraires, le délai de prévenance pour changer la durée du travail ou les horaires est de 7 jours (c. trav. art. L. 3121-47).

▶ À noter... En l'absence de précision, il s'agirait, à notre sens, de 7 jours calendaires.

Incidence sur le contrat de travail - La mise en place d'un dispositif d'aménagement du temps de travail sur une période supérieure à la semaine ne constitue pas une *modification du contrat de travail** pour les salariés à temps complet (c. trav. art. L. 3121-43). L'employeur est donc en droit de licencier les salariés qui refusent la nouvelle organisation en suivant les règles applicables en cas de refus par un salarié d'un changement de ses conditions de travail.

▶ Attention... Par exception, pour les dispositifs mis en place avant le 24.03.2012, l'employeur est censé avoir recueilli l'accord de chaque salarié. À défaut, il s'expose à des actions en rappels de salaire, au titre d'heures supplémentaires (cass. soc. 3 décembre 2014, n° 13-18378 D ; cass. soc. 6 octobre 2015, n° 13-26071 D).

Si l'entreprise aménage le temps de travail au moyen d'un *accord de performance collective**, les règles ne sont pas les mêmes : il y a cette fois modification du contrat de travail, mais les salariés qui refusent peuvent être licenciés, tout en bénéficiant de modalités d'accompagnement spécifiques.

Possibilité d'aménagement sans accord collectif - À défaut d'accord collectif, les employeurs peuvent mettre en place un dispositif d'aménagement du temps de travail dans les conditions fixées par décret [voir *Aménagement du temps de travail (régime supplétif)**].

Entreprises fonctionnant en continu - Par dérogation à la règle de l'accord collectif préalable, les entreprises fonctionnant en continu peuvent organiser unilatéralement le temps de travail sur plusieurs semaines (c. trav. art. L. 3121-46).

Lissage de la rémunération

L'accord collectif qui organise le temps de travail sur une période supérieure à la semaine peut prévoir une rémunération lissée, c'est-à-dire indépendante de l'horaire réel effectué au cours de chaque mois. Dans cette hypothèse, la rémunération est calculée en fonction de l'horaire mensuel moyen (c. trav. art. L. 3121-44).

Les heures supplémentaires effectuées au-delà des limites fixées par l'accord ne peuvent pas faire l'objet d'un lissage : elles doivent être payées au mois le mois.

Double décompte des heures supplémentaires

Décompte hebdomadaire - L'accord collectif qui aménage le temps de travail sur une période au plus égale à l'année peut prévoir une limite haute hebdomadaire, supérieure à 35 heures, au-delà de laquelle les heures effectuées sont des heures supplémentaires. En cas d'aménagement sur une période supérieure à l'année, la fixation d'une limite hebdomadaire de décompte des heures supplémentaires devient obligatoire (c. trav. art. L. 32121-44).

Ces heures supplémentaires sont payées au mois le mois, sans attendre la fin de la période de référence, et déduites des heures supplémentaires décomptées en fin de période *(voir ci-après)*.

Décompte sur la période de référence - L'entreprise doit en outre effectuer un décompte des heures supplémentaires en fin de période de référence.

En cas d'aménagement du temps de travail sur l'année, les heures supplémentaires sont celles accomplies au-delà de 1 607 heures ou, le cas échéant, de la limite inférieure fixée par l'accord collectif (c. trav. art. L. 3121-41 et L. 3121-44). Attention, la fixation d'une limite inférieure à 1 607 heures nécessite une clause explicite (cass. soc. 13 novembre 2014, n° 13-10721, BC V n° 263).

▶ Attention... L'accord collectif ne peut en aucun cas fixer un seuil annuel supérieur à 1 607 heures, même si l'entreprise applique un système d'équivalences, avec des temps d'inaction (cass. soc. 26 septembre 2012, n° 11-14083, BC V n° 251) ou si le salarié n'a pas acquis l'intégralité de ses droits à congés payés au titre de la période de référence prévue par l'accord (cass. soc. 14 novembre 2013, n° 11-17644, BC V n° 270 ; cass. soc. 11 mai 2016, n° 14-29512, BC V n° 96). Toutefois, la fixation d'un seuil supérieur à 1 607 heures n'a pas pour effet d'invalider l'accord (cass. soc. 17 décembre 2014, n° 13-13502, BC V n° 305).

En cas d'aménagement sur une période différente de l'année, les heures supplémentaires sont celles accomplies au-delà d'une durée hebdomadaire moyenne de 35 heures, calculée sur la période de référence (c. trav. art. L. 3121-41).

Quelle que soit la période de référence (aménagement sur l'année ou sur une durée différente), il faut déduire de ces heures supplémentaires celles qui ont déjà été décomptées et payées dans le cadre du décompte hebdomadaire *(voir ci-avant)*.

Traitement des absences - L'accord collectif doit préciser l'impact des absences sur les heures supplémentaires. À défaut de clause sur ce point, les absences qui ne sont pas assimilées à du temps de travail effectif doivent être neutralisées, de façon à ne pas générer artificiellement des heures supplémentaires (cass. soc. 9 février 2011, n° 09-42939, BC V n° 46).

À titre d'exemple, si le décompte réalisé en fin de période fait apparaître 30 h supplémentaires dans une situation où 7 h correspondent à 1 jour de congé sans solde, il faut considérer que le salarié a, en réalité, accompli 23 h supplémentaires. Seules ces 23 h seront rémunérées au taux majoré.

▶ À noter… Cette solution, préconisée par les juges, se distingue d'une précédente décision spécifique aux absences pour maladie en période haute. Dans ce cas précis, les juges ont estimé qu'il fallait comptabiliser les absences sur la base de la durée hebdomadaire moyenne de modulation (cass. soc. 13 juillet 2010, n° 08-44550, BC V n° 177).

Gestion des JRTT

Modalités de prise des JRTT - En cas d'aménagement du temps de travail avec attribution de jours de réduction du temps de travail (JRTT), il est recommandé de prévoir dans l'accord les modalités de prise de ces jours (formalisation de la demande, conditions de refus de l'employeur, etc.). L'accord peut également fixer, pour chaque exercice, une date limite de prise des JRTT, afin d'éviter d'éventuels reliquats. Il faut alors préciser ce qu'il advient des JRTT qui n'auraient malgré tout pas été pris *(voir ci-après)*.

Certains accords précisent qu'une partie des JRTT est prise au choix du salarié et qu'une autre partie est posée à l'initiative de l'employeur. Pour rappel, les accords conclus avant le 21.08.2008 prévoient obligatoirement une répartition des jours entre le salarié et l'entreprise (c. trav. art. L. 3122-20, abrogé). Dans une telle hypothèse, l'employeur ne peut pas disposer des jours qui étaient en principe laissés à la disposition du salarié, sauf accord exprès de l'intéressé (cass. soc. 18 mars 2015, n° 13-19206, BC V n° 54).

En l'absence de clause particulière de l'accord collectif sur ce point, la prise des JRTT ne doit entraîner aucune baisse de rémunération. Le cas échéant, l'employeur doit donc ajouter au salaire toute prime qui serait étroitement liée à l'activité du salarié et à ses performances (cass. soc. 28 mars 2018, n° 16-27641, BC V n° 57).

Traitement des JRTT non pris - Il est recommandé de préciser le sort des JRTT non pris. L'accord peut ainsi poser pour principe que ces JRTT sont indemnisés, éventuellement dans certaines limites. À l'inverse, il peut décider que les JRTT non pris sont perdus. Toutefois, si cette situation est imputable à l'employeur, celui-ci devra malgré tout indemniser le salarié.

Enfin, si l'accord ne prévoit rien, le salarié perd ses JRTT. Il ne peut prétendre à l'indemnisation des JRTT non pris que si cette situation est imputable à l'employeur (cass. soc. 18 mars 2015, n° 13-16369 BC V n° 55).

▶ À noter… Le principe selon lequel le salarié ne peut prétendre à l'indemnisation des JRTT non pris que si cette situation est imputable à l'employeur rappelle la règle applicable en matière de congés payés [voir *Congés payés (indemnité compensatrice)**]. Reste à savoir si les solutions retenues pour les congés payés sont intégralement transposables aux JRTT. On peut, par exemple, se demander si un salarié qui n'a pas pu poser ses JRTT en raison d'une maladie non professionnelle serait en droit de demander le report de ces JRTT (ou leur indemnisation si son contrat a été rompu).

Articulation avec les congés - Les JRTT ne se confondent pas avec les jours de congés payés, les jours de congés supplémentaires d'origine conventionnelle ou les jours fériés chômés (cass. soc. 23 mars 2007, n° 05-43045, BC V n° 56 ; cass. soc. 11 juillet 2007, n° 06-41575, BC V n° 124 ; cass. ass. plén. 24 octobre 2008, n° 07-42799, B. ass. plén. n° 4).

La logique est différente lorsque l'aménagement du temps de travail prend la forme d'un cycle, avec un ou plusieurs jours non travaillés fixes. Si le salarié est en congé lors d'un jour non travaillé, ce jour est considéré comme un jour de congé (cass. soc. 29 janvier 2020, n° 18-13604 FSPB).

Annexes au bulletin de paie

Lorsque les salariés d'un atelier, d'un service ou d'une équipe ne travaillent pas selon le même horaire collectif (ex. : travail par roulement) et si le système d'aménagement du temps de travail prévoit des journées ou des demi-journées de repos, chaque *bulletin de paie** doit comporter une annexe indiquant notamment le nombre de journées ou demi-journées prises au cours du mois par le salarié (c. trav. art. D. 3171-12).

Un deuxième document annexé au bulletin de paie indique le total des heures de travail accomplies au titre de la période de référence écoulée (c. trav. art. D. 3171-13).

Affichage

Lorsque la durée du travail est organisée dans le cadre d'un dispositif d'aménagement du temps de travail, l'affichage indique le nombre de semaines que comporte la période de référence et, pour chaque semaine incluse dans cette période de référence, l'horaire de travail et la répartition de la durée du travail (c. trav. art. L. 3171-1 et D. 3171-5) (voir *Affichage et informations**). Toute modification de la durée ou des horaires de travail doit aussi être affichée, dans le respect du délai de prévenance de 7 jours ou de celui fixé par l'accord collectif.

L'horaire collectif est communiqué à l'inspecteur du travail, de même que les modifications qui y sont éventuellement apportées (c. trav. art. D. 3171-4).

Période de référence des congés payés

En matière de congés payés, un accord d'entreprise ou d'établissement ou, à défaut, une convention ou un accord de branche peut fixer une période de référence différente de la période légale « 1er juin-31 mai » (c. trav. art. L. 3141-10). Ainsi, les entreprises qui appliquent un dispositif d'aménagement du temps de travail sur une période supérieure à la semaine et au plus égale à l'année ont la possibilité d'aligner la période de référence sur la période des congés payés sur la période d'aménagement du temps de travail.

Dispositifs antérieurs au 21 août 2008

L'actuel mécanisme d'aménagement du temps de travail a remplacé les anciens dispositifs, en l'occurrence la modulation, le cycle, les JRTT et le temps partiel modulé sur l'année. Cependant, les conventions et les accords qui ont mis en place ces dispositifs restent valables dès lors qu'ils ont été conclus avant le 21.08.2008 (loi 2008-789 du 20 août 2008, art. 20-V, JO du 21). L'entreprise peut donc continuer à les appliquer. Elle peut également conclure à tout moment un accord collectif qui la fera basculer dans les nouvelles règles. Rappelons que, dans ce domaine, l'accord d'entreprise prime sur l'accord de branche [voir *Accord collectif d'entreprise (contenu)**].

☛ *Aménagement du temps de travail (régime supplétif).*

Aménagement du temps de travail (régime supplétif)

À défaut d'accord collectif mettant en place un *aménagement du temps de travail** sur une période supérieure à la semaine et au plus égale à l'année, l'entreprise peut organiser la *durée du travail** sur une période d'au plus 4 semaines, voire 9 semaines pour les entreprises de moins de 50 salariés, selon des modalités fixées par le code du travail.

Mise en place

Décision unilatérale - En l'absence d'accord collectif, la durée du travail peut être aménagée sur une période de 2 à 9 semaines, selon l'effectif de l'entreprise (c. trav. art. D. 3122-7-1). L'employeur met en place cette organisation par décision unilatérale (cass. soc. 16 décembre 2014, n° 13-14558, BC V n° 294). Cette mesure ne constitue pas une modification du contrat de travail à laquelle le personnel pourrait s'opposer : l'aménagement du temps de travail par décision unilatérale de l'employeur s'impose aux salariés (cass. soc. 11 mai 2016, n° 15-10025, BC V n° 97).

Organisation plafonnée à 4 ou 9 semaines - La période de référence pour l'aménagement du temps de travail ne peut pas excéder (c. trav. art. L. 3121-45) :
- 4 semaines pour les entreprises de 50 salariés ou plus ;
- 9 semaines pour les entreprises de moins de 50 salariés.

Modalités d'organisation - Le régime supplétif d'aménagement du temps de travail consiste en une sorte de cycle comportant des semaines hautes, moyennes ou basses, selon l'activité de l'entreprise. Il est possible de prévoir, notamment en période basse, des journées ou des demi-journées de repos.

▶ À noter… Selon nous, rien n'interdit de prévoir un horaire hebdomadaire moyen supérieur à 35 h. Toutefois, une telle durée de travail implique le paiement systématique d'*heures supplémentaires**, à un taux majoré. Rappelons que, dans un tel cas, les heures supplémentaires peuvent être mensualisées pour le calcul de la rémunération (c. trav. art. L. 3121-31).

Programme indicatif - Le régime supplétif d'aménagement du temps de travail nécessite d'établir au préalable un programme indicatif de la variation de la durée du travail. Ce programme indique le nombre de semaines que la période de référence comporte et, pour chaque semaine, l'horaire de travail et la répartition de la durée du travail (c. trav. art. D. 3121-27 et D. 3171-5).

Le programme indicatif est soumis pour avis au *comité social et économique** (CSE). L'employeur transmet également le programme à l'inspecteur du travail (c. trav. art. D. 3121-27 et D. 3171-4).

Par la suite, l'employeur communique chaque année au CSE un bilan de la mise en œuvre du programme indicatif (c. trav. art. D. 3121-27).

Affichage et annexe au bulletin de paie - Les règles relatives à l'affichage des horaires et l'établissement des annexes au bulletin de paie sont identiques à celles prévues en cas d'*aménagement du temps de travail** par accord collectif.

Modification des horaires

Formalités - Toute modification de la durée ou des horaires de travail doit être préalablement soumise au CSE pour consultation, affichée, puis transmise à l'inspecteur du travail (c. trav. art. D. 3121-27 et D. 3171-4).

Délai de prévenance - Les salariés doivent être informés du nouvel horaire au moins 7 jours ouvrés à l'avance. L'horaire modifié doit être affiché dans le même délai (c. trav. art. L. 3121-47, D. 3121-27 et D. 3171-5) (voir *Affichage et informations**).

Décompte des heures supplémentaires

Le régime supplétif d'aménagement du temps de travail impose de procéder à un double décompte des *heures supplémentaires** (c. trav. art. D. 3121-25) :

- sur la semaine, les heures supplémentaires sont celles accomplies au-delà de 39 h ;
- sur la période, les heures supplémentaires sont celles qui excèdent la durée moyenne de 35 h hebdomadaires, après déduction des heures supplémentaires déjà décomptées dans le cadre de la semaine.

Exemple

Si, une semaine donnée, les salariés travaillent 40 h, ils ont effectué une heure supplémentaire, qui doit être décomptée et payée à la fin du mois, quelle que soit la durée de travail sur la période. Par ailleurs, si l'on part du principe que la période comporte 4 semaines et que, en fin de période, il apparaît que les salariés ont travaillé 155 h (soit 15 h de plus que l'application, sur 4 semaines, de la durée légale du travail), le nombre d'heures supplémentaires sur la période s'établit à 14 h (15 h, moins l'heure supplémentaire déjà décomptée lors de la semaine à 40 h).

Les modalités de décompte des heures supplémentaires obéissent à des règles particulières en cas d'arrivée ou de départ en cours de période *(voir ci-après)*.

Lissage du salaire

La rémunération doit être lissée, c'est-à-dire indépendante de l'horaire réel effectué au cours de chaque mois. Elle est calculée sur la base de 35 h hebdomadaires (c. trav. art. D. 3121-28).

▶ À noter... Bien que la loi semble imposer de calculer la rémunération sur la base de 35 h, cela suppose, à notre sens, que l'entreprise applique effectivement un horaire hebdomadaire moyen de 35 h. En revanche, si elle applique un horaire différent, la rémunération doit vraisemblablement être calculée sur la base de cet horaire, et non sur la base de 35 h.

Les heures supplémentaires effectuées au-delà de 39 h une semaine donnée ne peuvent pas faire l'objet d'un lissage : elles doivent être payées au mois le mois.

Traitement des incidents

Absences - Les absences rémunérées ou indemnisées ne peuvent donner lieu à récupération. Les absences rémunérées sont valorisées sur la base du temps qui aurait été travaillé si le salarié avait été présent, heures supplémentaires comprises (c. trav. art. D. 3121-5).

▶ À noter... Le code du travail n'indique pas comment valoriser les autres absences. Néanmoins, en cas de maladie, l'employeur peut à notre sens s'inspirer de la solution imposée par les juges dans le cadre de l'aménagement par accord collectif, qui consiste à valoriser l'absence sur la base de la durée moyenne de travail sur la période (voir *Aménagement du temps de travail**).

Période incomplète - Si un salarié est embauché ou quitte l'entreprise en cours de période, toute heure travaillée au-delà de 35 h constitue une heure supplémentaire. Par ailleurs, si, une semaine

Aménagement du temps de travail (régime supplétif)

Exemple de répartition sur 4 semaines

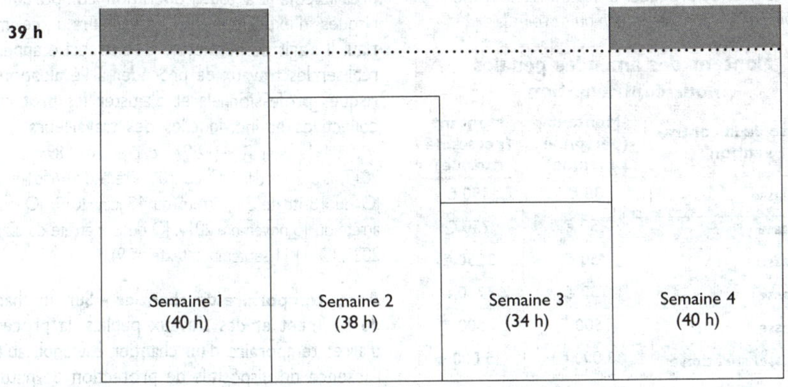

Durée légale (théorique) sur la période : 140 h (35 h × 4 semaines).
Durée pratiquée dans l'entreprise : 152 h (soit 12 h de plus que la durée légale).
Nombre d'heures supplémentaires sur la période : 10 h (12 h moins les 2 h effectuées au-delà de 39 h en semaine 1 et en semaine 4).

donnée, la durée de travail est inférieure à 35 h, le salaire reste calculé sur la base de 35 h (c. trav. art. D. 3121-5).

☞ *Aménagement du temps de travail.*

Amendes administratives

☞ *Inspection du travail.*

Amendes disciplinaires

☞ *Sanctions disciplinaires ; Sanctions pécuniaires.*

Amendes pénales

Beaucoup d'obligations légales sont assorties d'amendes pénales. L'employeur qui méconnaît ces obligations encourt la condamnation à leur paiement. C'est notamment le cas des dispositions sur :
- l'hygiène et la sécurité [voir *Hygiène et sécurité (obligations de l'employeur)**] ;
- la *durée du travail** ;
- le *SMIC** ;
- l'interdiction des discriminations [voir *Discriminations (sanctions)**] ;
- le *règlement intérieur** ;
- le non-paiement des *cotisations de sécurité sociale** ;
- l'emploi irrégulier de *travailleurs étrangers** ;
- le travail illégal [voir *Travail illégal (répression)**].

Lorsque l'infraction commise est de nature contraventionnelle, le code pénal fixe le montant maximal de l'amende selon la classe de la contravention à laquelle elle s'applique (c. pén. art. 131-13). Ce montant varie selon que c'est la responsabilité pénale d'une personne physique ou celle d'une personne morale qui est engagée. Le taux maximal de l'amende applicable aux personnes morales est égal au quintuple de celui prévu pour les personnes physiques (voir le tableau reproduit dans cette étude) (c. pén. art. 131-38). Cette échelle des amendes ne prévoit pas de minimum. Elle laisse donc au juge toute latitude pour en fixer le montant, dans la limite du maximum seulement de chaque classe de contravention.

Lorsque l'infraction commise est de nature délictuelle, le montant de l'amende encourue – sachant qu'une peine d'emprisonnement peut aussi être prononcée – est compris entre un minimum de 3 750 € (c. proc. pén. art. 381) et un maximum déterminé par le texte d'incrimination.

▶ À noter… La DREETS a la possibilité de prononcer des amendes administratives en l'absence de poursuites pénales (voir *Inspection du travail**) et de procéder à des transactions pénales [voir *Transaction (inspection du travail)**].

Montant des amendes pénales pour contravention		
Classe de la contravention	**Montant (personne physique)**	**Montant (personne morale)**
1re classe	38 €	190 €
2e classe	150 €	750 €
3e classe	450 €	2 250 €
4e classe	750 €	3 750 €
5e classe	1 500 €	7 500 €
5e classe, si récidive	3 000 €	15 000 €

☛ *Sanctions pénales.*

Amiante

Protection des salariés

Réglementation spécifique - Une réglementation spécifique fixe les conditions dans lesquelles la protection des travailleurs doit être organisée notamment pour les activités de confinement et de retrait de l'amiante (c. trav. art. R. 4412-94 et s.).

▶ À noter… Indépendamment de l'obligation générale de *formation à la sécurité**, les employeurs ont des obligations particulières de formation à la prévention des risques liés à l'amiante (arrêté du 23 février 2012, JO 7 mars).

Les valeurs limites d'exposition professionnelle sont précisément définies (c. trav. art. R. 4412-100 et s.).

▶ Attention… Ne pas respecter les textes relatifs à l'amiante expose notamment à une condamnation pénale pour mise en danger de la vie d'autrui (cass. crim. 19 avril 2017, n° 16-80695, B. crim. n° 107) [voir *Hygiène et sécurité (obligations de l'employeur)**].

Interdiction pour les jeunes de moins de 18 ans - Il est interdit d'affecter des jeunes de moins de 18 ans à des opérations susceptibles de générer une exposition à certains niveaux d'empoussièrement de fibres d'amiante, sauf dérogation soumise à conditions (c. trav. art. D. 4153-18 ; CE 18 décembre 2015, n° 373968) [voir *Jeunes (emploi des)**].

Repérage avant travaux - Une obligation de rechercher la présence d'amiante pèse notamment sur les donneurs d'ordre et maîtres d'ouvrage préalablement à toute opération comportant des risques d'exposition des travailleurs à ce matériau. Il s'agit de permettre à l'entreprise appelée à réaliser les travaux de procéder à l'évaluation des risques professionnels et d'ajuster les protections collectives et individuelles des travailleurs (c. trav. art. L. 4412-2 et R. 4412-97 ; décret 2017-899 du 9 mai 2017, art. 2 modifié, JO du 10 ; arrêté du 16 juillet 2019, JO du 18, texte 34 ; arrêté du 19 juin 2019, JO du 27 ; arrêté du 13 novembre 2019, JO du 21 ; arrêté du 22 juillet 2021, JO du 11 septembre, texte n° 9).

Arrêt temporaire de chantier - Sur un chantier du bâtiment et des travaux publics, la procédure d'arrêt temporaire d'un chantier est applicable en l'absence de dispositifs de protection de nature à éviter les risques liés aux opérations de confinement et de retrait de l'amiante (c. trav. art. L. 4731-1).

Maladie, indemnisation et préretraite

Les victimes d'une maladie liée à l'amiante, constatée entre le 1.01.1947 et le 28.12.1998, ne peuvent se voir opposer aucun délai de prescription (loi 98-1194 du 23 décembre 1998, art. 40 modifié). Par ailleurs, les victimes peuvent exercer une action en reconnaissance de la faute inexcusable de l'employeur [voir *Faute inexcusable (accident du travail ou maladie professionnelle)**].

Les personnes victimes de l'amiante et leurs ayants droit peuvent obtenir du fonds d'indemnisation (FIVA) la réparation intégrale de leurs préjudices (loi 2000-1257 du 23 décembre 2000, art. 53 modifié).

Sur la *Préretraite amiante**, voir l'étude correspondante.

Réparation du préjudice d'anxiété

Voir *Préjudice d'anxiété**.

Amnistie

Principe

Une « loi d'amnistie » peut contraindre les entreprises à amnistier toutes les fautes commises avant une certaine date qui sont passibles de *sanctions disciplinaires** ou professionnelles (loi 81-736 du 4 août 1981, JO du 5). Peu importe que la sanction ait été prise avant ou après cette date (circ. DRT 2002-17 du 16 septembre 2002, art. 2.3.2). Toutefois, une loi d'amnistie ne remet pas en cause le licenciement pour faute notifié au salarié avant son entrée en vigueur (cass. soc. 1er décembre 2005, n° 04-42163, BC V n° 350).

▶ À noter… Aucune loi d'amnistie n'a été promulguée depuis 2002 (loi 2002-1062 du 6 août 2002, JO du 9).

Effets de l'amnistie

En cas d'amnistie des sanctions disciplinaires ou professionnelles, l'employeur doit supprimer les écrits correspondants des dossiers des salariés concernés (loi 2002-1062 du 6 août 2002, art. 12, JO du 9). De plus, il ne peut pas faire référence à ces sanctions, par exemple, dans le cadre d'une lettre notifiant une sanction ou un licenciement (cass. soc. 20 février 2013, n° 11-29022 D). Le fait, pour l'employeur, de ne pas tenir compte de cette interdiction de mentionner les sanctions amnistiées, est sanctionné pénalement (amende de 5000 € par infraction) (loi 2002-1062 du 6 août 2002, art. 15, JO du 9).

Cependant, les lois d'amnistie n'interdisent pas à l'employeur de faire référence devant une juridiction à des faits ayant motivé une sanction disciplinaire amnistiée lorsque cela est « strictement nécessaire » à l'exercice de ses droits à la défense (cass. soc. 4 juin 2014, nos 12-28740 à 12-28742, BC V n° 132 ; cass. soc. 6 mai 2014, n° 13-10197 D).

Par ailleurs, l'amnistie de sanctions disciplinaires ou professionnelles dont un salarié bénéficie ne peut pas avoir pour effet de l'empêcher d'invoquer ces sanctions au soutien d'une demande tendant à établir qu'il a été victime de faits de *harcèlement moral** ou de *discriminations** syndicales. Dès lors, le juge saisi ne peut pas refuser de rechercher si ces sanctions sont de nature à caractériser les faits allégués par le salarié (cass. avis 21 décembre 2006, n° 06-00014, BC avis n° 12).

Amplitude de la journée de travail

L'amplitude de la journée de travail correspond au laps de temps maximal qui peut s'écouler entre le début et la fin de la journée de travail, heures consacrées aux pauses comprises. Elle doit donc être distinguée de la durée quotidienne de travail qui correspond au *temps de travail effectif**.

Chaque salarié doit bénéficier d'un *repos quotidien** minimal de 11 h consécutives, sachant que des dérogations sont possibles : soit par un accord d'entreprise ou d'établissement (ou, à défaut, un accord de branche) ; à défaut d'accord collectif, sur autorisation administrative en cas de surcroît exceptionnel d'activité ; dans tous les cas, s'il y a urgence, dans les conditions prévues par décret (c. trav. art. L. 3131-1, L. 3131-2, L. 3131-3 et D. 3131-1 et s.). En conséquence, sous réserve de ces cas particuliers, l'amplitude maximale de la journée de travail est de 13 h (24 h - 11 h).

▶ À noter… Sur les incidences des systèmes d'équivalence sur l'amplitude journalière, voir *Heures d'équivalence**.

L'amplitude du travail doit être appréciée sur une même journée de 0 à 24 h (cass. soc. 18 décembre 2001, n° 99-43351, BC V n° 392). Ainsi, lorsque le travail a débuté à 6 h du matin, il doit cesser au plus tard à 19 h, même si le salarié a bénéficié entre-temps d'une pause de 2 h. Toutefois, en cas de travail de nuit, la période de référence ne peut être 0-24 h. L'amplitude de la journée de travail peut donc s'apprécier sur une période de 2 jours. Ici, le salarié prenait son service à 20 h jusqu'à 14 h le lendemain et dépassait donc l'amplitude journalière autorisée (cass. soc. 23 septembre 2009, n° 07-44226, BC V n° 202).

Le dépassement de l'amplitude journalière de travail peut causer un préjudice au salarié et lui ouvrir droit à des dommages-intérêts. En revanche, il ne donne pas lieu à rappel de salaire (cass. soc. 25 septembre 2013, n° 12-13267, BC V n° 220 ; cass. soc. 4 décembre 2019, n° 17-22039 D).

Sur l'exercice du droit d'alerte et de retrait en cas de non-respect de l'amplitude journalière maximale, voir *Droit d'alerte et de retrait en cas de danger**.

Sur le respect de l'amplitude journalière de travail pour les salariés soumis à une convention de forfait annuel en jours, voir *Convention de forfait (annuel)**.

☞ *Durée du travail.*

Analyse d'impact des données

L'employeur doit respecter les règles relatives à la protection des données personnelles pour tous les traitements qu'il met en œuvre et qui l'amènent à gérer des données personnelles notamment des salariés. Ces règles sont issues du règlement européen relatif à la protection des personnes physiques à l'égard du traitement des données à caractère personnel (*RGPD**), de la loi « informatique et libertés » et de ses textes d'application (règlt UE 2016/679 du 27 avril 2016, JOUE 4 mai 2018 ; loi 78-17 du 6 janvier 1978, modifiée). Au nombre de ces règles, figurent celles qui imposent à l'employeur de procéder à une analyse d'impact relative à la protection des données (AIPD) dans certains cas.

Traitements RH relevant d'une AIPD

Principes généraux - Un traitement peut engendrer un risque élevé pour les droits et libertés des personnes physiques du fait de sa nature,

AIPD des traitements RH : exemples (1)	
AIPD requise : exemples	
Traitements : - établissant des profils de personnes physiques à des fins de gestion des ressources humaines ; - ayant pour finalité de surveiller de manière constante l'activité des salariés concernés ; - ayant pour finalité la gestion des alertes et des signalements en matière professionnelle ; - de données biométriques aux fins de reconnaissance des salariés (ex. : dispositif biométrique de contrôle individuel de l'accès aux locaux de l'entreprise) (« L'accès aux locaux et le contrôle des horaires sur le lieu de travail », éd. 2018, www.cnil.fr) ; - mis en œuvre pour l'identification des conducteurs ayant commis ou susceptibles d'avoir commis une infraction routière* dans une entreprise de 250 salariés et plus (2).	
AIPD non requise : exemples	
Gestion RH dans les entreprises de moins de 250 salariés Traitements, mis en œuvre uniquement à des fins de ressources humaines et dans les conditions prévues par les textes applicables, pour la seule gestion du personnel des organismes qui emploient moins de 250 personnes, à l'exception du recours au profilage (Ndlr : algorithmes appliqués à des données personnelles en vue de prendre des décisions tels que le recrutement, soumis à des règles restrictives par le RGPD).	Les traitements permettant : - la gestion de la paie, l'émission des bulletins de salaire ; - la gestion des formations ; - la gestion du restaurant d'entreprise, la délivrance des chèques repas ; - le remboursement des frais professionnels ; - le contrôle du temps de travail ; - le suivi des entretiens annuels d'évaluation ; - la tenue des registres obligatoires ; - l'utilisation d'outils de communication (messagerie électronique, téléphonie, vidéoconférences, outils collaboratifs en ligne), sans recours au profilage ni à la biométrie ; - le contrôle du temps de travail (sans dispositif biométrique, sans données sensibles ni à caractère hautement personnel).
CSE Traitements destinés à la gestion des activités des CSE (comité social et économique d'entreprise et CSE d'établissement)	Les traitements permettant : - de gérer les programmes socio-culturels de l'entreprise, communication interne ; - la formation des élus ; - l'exercice du droit d'alerte en cas d'atteinte aux droits des personnes (c. trav. art. L. 2312-59) ; - la gestion des agendas et réunions ; - la gestion de leurs membres.
Gestion des contrôles d'accès physiques et des horaires Traitements mis en œuvre aux seules fins de gestion des contrôles d'accès physiques et des horaires pour le calcul du temps de travail, en dehors de tout dispositif biométrique (Ndlr : ADN, empreintes digitales, etc. dont la mise en place est soumise à des règles restrictives). À l'exclusion des traitements des données qui révèlent des données sensibles ou à caractère hautement personnel.	Les traitements ayant pour finalité : - la mise en place d'un dispositif par badge sans biométrie pour entrer dans les locaux d'un organisme à des fins de sécurité ; - la mise en place d'un dispositif de contrôle du temps de travail effectué par les salariés, à l'exclusion de toute autre finalité.
Éthylotests pour les activités de transport Traitements relatifs aux éthylotests, strictement encadrés par un texte et mis en œuvre dans le cadre d'activités de transport aux seules fins d'empêcher les conducteurs de conduire un véhicule sous l'influence de l'alcool ou de stupéfiants.	Les traitements ayant pour finalité la mise en place d'éthylotests « anti-démarrage » dans des camions de transport.

(1) www.cnil.fr (délib. CNIL 2018-327 du 11 octobre 2018, JO du 6 ; délib. CNIL 2019-118 du 12 septembre 2019, JO 22 octobre ; information du 22 octobre 2019).
(2) Délib. CNIL 2021-043 du 12 avril 2021.

de sa portée, de son contexte et de ses finalités, en particulier en cas de recours à des nouvelles technologies. Si tel est le cas, le responsable du traitement doit faire une analyse d'impact relative à la protection des données (AIPD) avant sa mise en œuvre (règlt UE 2016/679 du 27 avril 2016, art. 35 ; décret 2018-687 du 1er août 2018, JO du 3 ; « Ce qu'il faut savoir sur l'analyse d'impact relative à la protection des données », www.cnil.fr).

Traitements devant faire l'objet d'une AIPD - Pour la CNIL, un traitement qui réunit au moins deux des critères ci-après doit faire l'objet d'une AIPD (délib. CNIL 2018-326 du 11 octobre 2018, JO du 6).

- *Données traitées à grande échelle.*
- *Données sensibles (ex. : appartenance syndicale, données biométriques) ou données à caractère hautement personnel (ex. : données de localisation).*
- *Données concernant des personnes vulnérables.* Pour le comité européen à la protection des données (CEPD), les salariés peuvent être considérés comme des personnes « vulnérables ». En effet, ce critère est rempli dans les cas où un déséquilibre des pouvoirs accru existe entre les personnes concernées et le responsable du traitement. « Ce qui signifie que les premières peuvent se trouver dans l'incapacité de consentir, ou de s'opposer, aisément au traitement de leurs données ou d'exercer leurs droits » (Lignes directrices du groupe de travail « article 29 » (G29), reprises par le CEPD).
- *Croisement ou combinaison de données.*
- Évaluation/scoring (y compris le profilage).
- *Prise de décision automatisée avec un effet juridique ou similaire.*
- *Surveillance systématique de personnes.*
- *Traitement pouvant exclure du bénéfice d'un droit, d'un service ou d'un contrat.*
- *Utilisation innovante ou application de nouvelles solutions technologiques ou organisationnelles.*

La CNIL souligne qu'il est possible de s'écarter de cette recommandation dans certains cas de figure. Un responsable qui estime que son traitement, bien que réunissant deux des critères mentionnés ci-dessus, ne présente en réalité pas de « risque élevé », doit néanmoins expliquer et documenter sa décision de ne pas procéder à une AIPD en incluant, s'il a été désigné, l'avis du *délégué à la protection des données** (DPO).

À l'inverse, un responsable peut estimer que son traitement présente un risque élevé bien qu'il ne satisfasse qu'à un seul des critères ci-dessus. En conséquence, il réalise une AIPD.

Selon la CNIL, une AIPD devrait de toute façon être effectuée en cas de doute.

Une AIPD n'est pas requise pour tous les traitements et notamment pour ceux répondant au respect d'une obligation légale à laquelle le responsable de traitement est soumis.

Application aux RH - La CNIL a listé les traitements pour lesquels une AIPD est requise ou pas, sachant que ces listes ne sont pas exhaustives et feront l'objet de mises à jour (délib. CNIL 2018-327 du 11 octobre 2018, JO du 6 ; délib. CNIL 2019-118 du 12 septembre 2019, JO 22 octobre).

Réalisation de l'AIPD - L'AIPD doit être préalable à la mise en œuvre du traitement concerné et celle-ci doit être revue régulièrement (au moins tous les 3 ans).

Une seule et même AIPD peut porter sur un ensemble d'opérations de traitement similaires en termes de nature, périmètre, contexte, finalité et risques présentés pour les droits et libertés des personnes concernées (délib. CNIL 2018-326 du 11 octobre 2018, JO du 6).

Transmission à la CNIL - Une AIPD faisant apparaître des risques résiduels élevés malgré les mesures envisagées par l'employeur doit être transmise à la *CNIL** dans les conditions prévues par le RGPD (règlt UE 2016/679 du 27 avril 2016, art. 36).

Ancienneté

Calcul de l'ancienneté

Date d'appréciation - L'ancienneté se calcule, en principe, à partir de l'entrée du salarié dans l'entreprise, *période d'essai** incluse.

Incidence des absences - Les absences du salarié suspendent généralement son ancienneté : l'employeur doit donc déduire de l'ancienneté totale les périodes de suspension du contrat de travail (voir tableau d'exemples reproduit dans cette étude). Toutefois, la loi ou la convention collective assimilent parfois certaines absences à du *temps de travail effectif** pour les droits liés à l'ancienneté.

Droit au préavis et calcul - Voir *Préavis**.

Droit à l'indemnité de licenciement et calcul - Voir *Indemnité de licenciement**.

Prise en compte dans l'ancienneté des absences (exemples)	
Nature de l'absence (1)	**Assimilée à du temps de travail effectif pour l'ancienneté**
Absences pour examens médicaux des femmes enceintes [voir Maternité (protection)*]	Oui
Absences au titre du compte épargne-temps*	Oui - Non (2)
Accident du travail* ou maladies professionnelles*	Oui
Astreinte*	Voir cette étude.
Congé pour convenances personnelles*	Non
Congé pour création d'entreprise*	Non
Congé de formation économique, sociale et environnementale ou syndicale*	Oui
Congé pour les jurés* et témoins*	Non
Congés payés*	Oui
Contrepartie obligatoire en repos*	Oui
Grève*	Non
Heures d'assistance ou de représentation devant les prud'hommes [voir Conseil de prud'hommes (conseillers prud'hommes)*]	Oui
Heures de délégation* des représentants du personnel	Oui
Heures passées pour l'exercice de la mission de conseiller du salarié [voir Conseiller du salarié (entretien préalable au licenciement)*]	Oui
Jours fériés* chômés	Oui
Jours de RTT (voir Réduction de la durée du travail*)	Oui
Maladie*	Non
Repos compensateur de remplacement*	Oui

(1) Pour les divers congés familiaux*, voir cette étude.
(2) Selon la nature de l'absence justifiant la prise des jours du compte épargne-temps.

Indemnisation pendant une maladie - Voir *Maladie (indemnisation)**.

Salariés à temps partiel - L'ancienneté des salariés à temps partiel se calcule de la même façon que pour les autres salariés : les périodes d'inactivité liées au temps partiel et à la répartition du temps de travail sont considérées comme des périodes de travail (c. trav. art. L. 3123-12) [voir *Travail à temps partiel (statut)**].

Reprise d'ancienneté - Un contrat de travail peut contenir une clause de reprise d'ancienneté. Dans ce cas, l'ancienneté du salarié est calculée en tenant compte de tout ou partie de l'ancienneté acquise avant l'entrée du salarié dans l'entreprise. Le cas échéant, la clause peut restreindre la reprise d'ancienneté à certains droits.

Salarié en CDD embauché en CDI - Voir *Contrat de travail à durée déterminée**.

Apprenti embauché en CDI ou CDD - Voir *Apprentissage (contrat)**.

Embauche d'un stagiaire - Voir *Stages en entreprise**.

Embauche d'un intérimaire - Voir *Travail temporaire (statut)**.

Montant du salaire

L'ancienneté peut justifier une différence de rémunération dans certains cas [voir *Salaire (à travail égal, salaire égal)**].

Mention sur le bulletin de paie

Voir *Bulletin de paie**.

Prime d'ancienneté

Voir *Prime d'ancienneté**.

Animateur pour la jeunesse

☞ *Congé de formation de cadres et d'animateurs pour la jeunesse.*

Annonce d'un handicap, d'une pathologie chronique ou d'un cancer chez un enfant

☞ *Congé pour événement familial.*

Annualisation du temps de travail

☞ *Aménagement du temps de travail ; Aménagement du temps de travail (régime supplétif) ; Congés payés (acquisition) ; Congés payés (prise et report) ; Contrat de travail intermittent ; Convention de forfait (annuel) ; Réduction de la durée du travail ; Travail à temps partiel (annualisé).*

APEC

Cotisations employeurs et salariés

L'Association pour l'emploi des cadres (APEC) est une association loi de 1901 financée par les cotisations des *cadres** et des entreprises.

Depuis le 1.01.2011, le taux de la cotisation APEC est fixé à 0,06 % (0,036 % à la charge de l'employeur et 0,024 % à la charge du salarié). Elle est due sur la fraction de rémunération allant de 0 à 4 fois le *plafond de sécurité sociale**.

La cotisation APEC est appelée pour tous les participants affiliés au régime AGIRC-ARRCO au titre des articles 4 et 4 bis de la Convention collective nationale du 14.03.1947 (les définitions des cadres ont été reprises par l'accord national interprofessionnel du 17 novembre 2017 sur la prévoyance des cadres).

▶ À noter… L'ANI du 28 février 2020 portant diverses orientations pour les cadres a sécurisé la cotisation APEC en prévoyant que celui relatif à l'APEC du 12 juillet 2011 demeurait en vigueur.

La cotisation APEC est versée à la caisse AGIRC-ARRCO dont dépend l'employeur selon la même périodicité que les cotisations de retraite complémentaire.

Rôle auprès des demandeurs d'emploi

L'APEC accompagne et conseille les cadres tout au long de leur parcours professionnel afin d'anticiper et préparer leur évolution. Elle assiste également les jeunes issus de l'enseignement supérieur pour préparer la recherche de leur 1er emploi. Elle propose enfin aux entreprises des services pour optimiser leurs recrutements et la gestion des compétences internes. Observatoire du marché de l'emploi des cadres, l'APEC apporte analyses et repères sur les grandes tendances.

Bien que cela ne soit pas obligatoire, les cadres au chômage ont la possibilité de s'inscrire à l'APEC, qui les met en relation avec les entreprises.

☞ *Cadres ; Offres et demandes d'emploi ; Pôle emploi.*

Appel sous les drapeaux

L'appel sous les drapeaux et plus largement les dispositions du livre II du code du service national ont été suspendus pour tous les Français nés après le 31.12.1978 et ceux rattachés aux mêmes classes de recensement (loi 97-1019 du 28 octobre 1997, art. 2 ; c. serv. nat. art. L. 112-2).

Toutefois, l'appel sous les drapeaux peut être rétabli à tout moment dès lors que les conditions de la défense de la Nation l'exigent ou que les objectifs assignés aux armées le nécessitent (c. serv. nat. art. L. 112-2). Dans ce cas, le code du travail définit les effets sur le contrat de travail (à savoir, la suspension du contrat de travail, la protection contre le licenciement et l'acquisition de droits) et les règles encadrant le retour du salarié (c. trav. art. L. 3141-5, L. 3142-95, L. 3142-98, L. 3142-99, D. 3141-3 et D. 3142-63).

☞ *Congé des réservistes ; Journée défense et citoyenneté.*

Apprentissage

L'apprentissage permet, notamment à des travailleurs ayant satisfait à l'obligation scolaire, d'acquérir une formation générale, théorique et pratique, en vue d'obtenir une qualification professionnelle sanctionnée par un diplôme ou un titre à finalité professionnelle enregistré au répertoire national des certifications professionnelles (c. trav. art. L. 6211-1).

Il s'agit d'une forme d'éducation alternée associant :
- une formation dans une ou plusieurs entreprises, fondée sur l'exercice d'activités professionnelles en relation directe avec la qualification visée par le contrat entre l'apprenti et l'employeur ;
- et des enseignements dispensés pendant le temps de travail dans un centre de formation d'apprentis ou une section d'apprentissage, dont tout ou partie peut être effectué à distance (c. trav. art. L. 6211-2).

Les employeurs d'apprentis peuvent être soumis à un contrôle pédagogique particulier (c. éduc. L. 241-9 et R. 241-19 ; c. trav. art. L. 6211-2 et R. 6251-1 à R. 6251-4).

Le ministère du Travail publie sur son site internet un « Précis de l'apprentissage » dont l'objectif est notamment d'harmoniser les pratiques des acteurs de l'apprentissage (https//travail-emploi.gouv.fr).

☛ *Apprentissage (activités saisonnières) ; Apprentissage (aides et exonérations) ; Apprentissage (apprentis) ; Apprentissage (contrat) ; Apprentissage (formation) ; Apprentissage (maître d') ; Apprentissage (résiliation) ; Apprentissage (taxe) ; Apprentissage (travail temporaire) ; Congé examen.*

Apprentissage (activités saisonnières)

Contrat et convention tripartites

Contrat conclu par deux employeurs - Pour l'exercice d'activités saisonnières, deux employeurs peuvent conclure conjointement un contrat d'apprentissage avec un même apprenti.

Ce contrat peut permettre de préparer deux qualifications professionnelles, chacune correspondant à un diplôme ou à un titre à finalité professionnelle enregistré au répertoire national des certifications professionnelles (c. trav. art. L. 6222-5-1).

▶ À noter… Dans ce cadre, les candidats titulaires d'un tel contrat d'apprentissage peuvent s'inscrire à deux spécialités de certificat d'aptitude professionnelle (CAP) ou à deux spécialités de baccalauréat professionnel au titre de la même session d'examen (c. éduc. art. D. 337-21 et D. 337-90).

Convention tripartite - Les deux employeurs concernés et le salarié doivent signer une convention tripartite annexée au contrat d'apprentissage [voir *Apprentissage (contrat)**]. Cette convention précise (c. trav. art. L. 6222-5-1) :
- l'affectation de l'apprenti entre les deux entreprises au cours du contrat selon un calendrier prédéfini, ainsi que le nombre d'heures effectuées dans chaque entreprise ;
- les conditions de mise en place du tutorat entre les deux entreprises ;
- la désignation de l'employeur tenu de verser la rémunération due au titre de chaque période de formation dispensée dans les centres de formation d'apprentis et les sections d'apprentissage.

Maître d'apprentissage

L'apprenti doit bénéficier d'un maître d'apprentissage auprès de chaque employeur (c. trav. art. L. 6222-5-1) [voir *Apprentissage (maître d')**].

Rupture du contrat

L'apprenti ou chaque employeur peut librement mettre fin au contrat d'apprentissage jusqu'à l'échéance des 45 premiers jours, consécutifs ou non, de formation pratique en entreprise (c. trav. art. L. 6222-5-1 et L. 6222-18).

Passé ce délai, le contrat d'apprentissage peut être rompu dans les conditions prévues pour le contrat d'apprentissage [voir *Apprentissage (résiliation)**].

S'il est rompu par un seul des deux employeurs, seul ce dernier supporterait les conséquences financières de la rupture si elle était prononcée à ses torts (c. trav. art. L. 6222-5-1).

☛ *Apprentissage.*

Apprentissage (aides et exonérations)

Aide unique à l'apprentissage

Pour les contrats conclus depuis le 1er janvier 2019 - La loi Avenir professionnel a supprimé diverses primes d'apprentissage et primes pour l'emploi d'apprentis reconnus travailleurs handicapés versées aux employeurs pour les remplacer par une aide unique à l'apprentissage pour les contrats conclus depuis le 1.01.2019 (loi 2018-771 du 5 septembre 2018, JO du 6 ; décret 2018-1163 du 17 décembre 2018, JO du 19).

▶ À noter… À titre dérogatoire, l'aide TPE jeune apprenti continue de s'appliquer aux contrats d'apprentissage conclus avant le 1.01.2019 (décret 2018-1348 du 28 décembre 2018, art. 3-II). Il en est de même pour la prime à l'apprentissage (loi 2018-771 du 5 septembre 2018, art. 27-I, B ; décret 2018-1163 du 17 décembre 2018, art. 2, JO du 19).

Employeurs et contrats éligibles à l'aide unique - L'aide unique à l'apprentissage est réservée aux entreprises de moins de 250 salariés, pour l'embauche d'apprentis visant un diplôme ou un titre à finalité professionnelle équivalant au plus au baccalauréat (c. trav. art. L. 6243-1).

▶ À noter… Le bénéfice de l'aide unique à l'apprentissage s'applique dans les collectivités d'outre-mer, à Saint-Barthélemy, Saint-Martin et Saint-Pierre-et-Miquelon pour les entreprises de moins de 250 salariés qui recrutent des apprentis engagés dans des formations de niveau 5 (ancien niveau III), soit l'équivalent d'un BAC + 2 (ex. : BTS) (c. trav. art. L. 6522-4).

L'effectif de l'entreprise est apprécié au titre de l'année civile précédant la date de conclusion du contrat, tous établissements confondus, sur la base de l'*effectif sécurité sociale** (c. trav. art. D. 6243-1).

Montant de l'aide unique et modalités de versement - L'aide est fixée à (c. trav. art. D. 6243-2, I) :

- 4 125 € maximum pour la 1re année d'exécution du contrat d'apprentissage ;
- 2 000 € maximum pour la 2e année ;
- 1 200 € maximum pour la 3e année.

▶ Attention… Par dérogation, pour les contrats d'apprentissage conclus entre le 1.03.2021 et le 30.06.2022, l'aide unique aux employeurs d'apprentis est attribuée pour la première année d'exécution du contrat d'apprentissage à hauteur de (décret 2021-223 du 26 février 2021, JO du 27, modifié par décret 2021-363 du 31 mars 2021, art. 3, JO 1er avril 2021 et décret 2021-1468 du 10 novembre 2021, JO du 11) :

- 5 000 € maximum pour un apprenti de moins de dix-huit ans ;
- 8 000 euros maximum pour un apprenti d'au moins dix-huit ans

Ce montant s'applique à compter du premier jour du mois suivant le jour où l'apprenti atteint dix-huit ans.

Lorsque la durée du contrat d'apprentissage excède 3 ans (apprenti reconnu travailleur handicapé ou sportif de haut niveau, échec à l'obtention du diplôme), le montant maximal prévu pour la 3e année, soit 1 200 €, s'applique également pour la 4e année d'exécution du contrat (c. trav. art. D. 6243-2, II).

L'aide est versée dès le début du contrat d'apprentissage et mensuellement, par anticipation de la rémunération à verser l'apprenti, dans l'attente de la transmission par l'employeur des données dans la *déclaration sociale nominative (DSN)**. Si les données ne sont pas transmises, le versement de l'aide est suspendu le mois suivant (c. trav. art. D. 6243-2, III).

L'aide n'est pas due lors des périodes de suspension du contrat d'apprentissage, pour chaque mois au titre duquel l'employeur ne verse pas de rémunération à l'apprenti (c. trav. art. D. 6243-2, IV).

En cas de rupture anticipée du contrat d'apprentissage, l'aide cesse d'être due au titre du mois suivant la date de fin de contrat et les sommes indûment perçues doivent être remboursées (c. trav. art. D. 6243-2, IV et V).

Formalités - Le bénéfice de l'aide est subordonné au dépôt du contrat d'apprentissage par l'opérateur de compétences (OPCO) auprès du ministre chargé de la formation professionnelle [voir *Opérateurs de compétences (OPCO)**] (c. trav. art. D. 6243-3).

En retour, le ministère transmet à l'Agence de services et de paiement (ASP) les informations nécessaires au versement de l'aide, ce qui vaut décision d'attribution. L'ASP notifie aux employeurs la décision d'attribution de l'aide, les informe de ses modalités de versement, verse mensuellement l'aide et recouvre, le cas échéant, les sommes indûment perçues (c. trav. art. D. 6243-4). Elle gère et traite les réclamations et recours relatifs à l'aide. Elle peut demander à l'employeur et à l'OPCO toute information nécessaire au paiement de l'aide, afin de vérifier, compléter ou corriger les informations qui lui ont été fournies.

Aide « covid-19 » à l'embauche d'apprentis

Voir *Covid-19 (aides à l'embauche)**.

Cotisations sociales

Exonération de cotisations salariales - La rémunération des apprentis est exonérée de la totalité des cotisations salariales d'origine légale ou conventionnelle pour la part de rémunération inférieure ou égale à 79 % du SMIC en vigueur au cours du mois considéré (c. trav. art. L. 6243-2 et D. 6243-5). La fraction excédentaire est assujettie aux cotisations sociales sur leur rémunération réelle.

La limite de 79 % du SMIC s'apprécie mensuellement (instr. intermin. DSS/5B 2019-141 du 19 juin 2019, Q/R n° 3.8 ; circ. AGIRC-ARRCO 2021-05 du 21 juillet 2021, fiche 2). Aucune précision n'est apportée sur le volume horaire pris en compte, mais à notre sens, il serait logique de prendre pour base la durée légale du travail sur le mois (151,67 h).

En cas d'absence de l'apprenti et/ou en cas de temps partiel, il n'y a pas lieu de procéder à une proratisation du plafond d'exonération précité. En revanche, le plafond d'exonération des cotisations salariales doit être proratisé en cas d'embauche ou de fin de contrat de l'apprenti en cours de mois (instr. intermin. DSS/5B 2019-141 du 19 juin 2019, Q/R n° 3.9 ; circ. AGIRC-ARRCO 2021-05 du 21 juillet 2021, fiche 2).

Le salaire des apprentis reste exonéré de CSG/CRDS en totalité (c. séc. soc. art. L. 136-1-1, III, 1° a).

▶ À noter… Cette exonération vise uniquement la rémunération. Dès lors, l'intéressement et la participation aux résultats versés à un apprenti sont soumis à CSG et à CRDS (cass. soc. 26 avril 2001, n° 99-18773, BC V n° 135 ; lettre-circ. ACOSS 2014-32 du 18 août 2014). Il en va de même pour l'abondement de l'employeur à un plan d'épargne salariale (lettre-circ. ACOSS 2014-32 du 18 août 2014 ; lettre-circ. ACOSS 2015-47 du 20 octobre 2015, § III).

Par simplification, il est admis que la CSG et la CRDS ne sont pas dues sur les contributions patronales de prévoyance complémentaire et de retraite supplémentaire versées au profit des apprentis, même si juridiquement ces dernières ne constituent pas du salaire (lettre-circ. ACOSS 97-7 du 17 janvier 1997 ; lettre-circ. ACOSS 2014-32 du 18 août 2014 ; lettre-circ. ACOSS 2015-47 du 20 octobre 2015, § IV).

Pour l'AGIRC-ARRCO, l'exonération des cotisations salariales porte sur l'ensemble des cotisations de retraite complémentaire, y compris la contribution d'équilibre général (CEG) et, le cas échéant, la contribution d'équilibre technique (CET). Cette exonération s'applique aussi aux cotisations de retraite complémentaire supportées par l'apprenti, y compris en présence d'une prise en charge salariale supérieure à 40 % (circ. AGIRC-ARRCO 2021-05 du 21 juillet 2021, fiche 2).

Auparavant, la prise en charge des cotisations salariales AGIRC-ARRCO par l'État (part patronale et part salariale) ne s'appliquait qu'aux seules cotisations correspondant au taux obligatoire, les employeurs restant tenus de s'acquitter des cotisations salariales dues sur la base d'un taux supérieur au taux obligatoire. Depuis le 1.01.2021, la prise en charge par l'État est étendue à l'intégralité des cotisations salariales AGIRC-ARRCO, y compris celles résultant de l'application d'un taux supérieur au taux obligatoire (circ. AGIRC-ARRCO 2021-05 du 21 juillet 2021, fiche 2).

▶ À noter… Les cotisations APEC des apprentis cadres ne bénéficient pas de l'exonération (circ. AGIRC-ARRCO 2021-05 du 21 juillet 2021, fiche 2).

Cotisations patronales - Pour les périodes d'emploi courant depuis le 1.01.2019, y compris pour les contrats conclus avant cette date, les employeurs concernés peuvent appliquer la *réduction générale de cotisations patronales** (c. séc. soc. art. L. 241-13, II ; instr. intermin. DSS/5B 2019-141 du 19 juin 2019 ; circ. AGIRC-ARRCO 2021-05 du 21 juillet 2021, fiche 2), sur la rémunération des apprentis du secteur privé, quelles que soient la taille et la nature de l'entreprise.

▶ À noter… Des exonérations et des aides au paiement ont été mises en place par les pouvoirs publics en soutien aux entreprises les plus touchées par la crise sanitaire [voir *Covid-19 (exonérations et aides au paiement des cotisations)**].

Assiette des cotisations - Les cotisations et contributions salariales et patronales qui, une fois appliqués les dispositifs d'exonération, restent dues sur la rémunération des apprentis sont calculées sur la rémunération réelle des intéressés (c. trav. art. L. 6243-2).

Forfait social - Le fait que les salaires versés aux apprentis soient exonérés de CSG/CRDS ne permet pas d'exclure les apprentis du forfait social (circ. DSS/5B 2012-319 du 18 août 2012, Q/R n° 14) [voir *Forfait social (contribution patronale)**]. En conséquence, l'employeur est redevable du forfait social lorsqu'un apprenti bénéficie d'avantages entrant dans son champ d'application. Il en va ainsi, par exemple :

- des sommes attribuées au titre de l'intéressement, de la participation aux résultats, d'un abondement de l'employeur à un plan d'épargne salariale, pour leurs fractions exonérées de cotisations de sécurité sociale mais assujetties à CSG (lettre-circ. ACOSS 2014-32 du 18 août 2014) ; toutefois, l'employeur peut bénéficier d'une exonération de forfait social sur ces avantages à raison de son effectif, comme pour les autres salariés ;
- dans les entreprises de 11 salariés et plus, pour les contributions patronales versées au profit des apprentis au titre d'un régime de prévoyance complémentaire répondant aux conditions d'exclusion de l'assiette des cotisations (régime collectif, obligatoire, etc.) (lettre-circ. ACOSS 2014-32 du 18 août 2014 ; lettre-circ. ACOSS 2015-47 du 20 octobre 2015, § IV) ;
- dans toutes les entreprises, pour les contributions patronales versées au profit des apprentis au titre d'un régime de retraite supplémentaire répondant aux conditions d'exclusion d'assiette (caractère collectif, obligatoire, etc.).

Réduction d'impôt

Voir *Apprentissage (taxe)**.

➡ *Apprentissage.*

Apprentissage (apprentis)

L'apprenti est un salarié titulaire d'un contrat d'apprentissage. Lorsqu'il est sous contrat d'apprentissage à durée limitée, il a le statut d'apprenti pendant toute la durée du contrat. En revanche, lorsqu'il bénéficie d'un contrat d'apprentissage à durée indéterminée, il est apprenti pendant la période d'apprentissage qui dure le temps du cycle de formation suivi et non au-delà [voir *Apprentissage (contrat)**].

Le contrat d'apprentissage implique (c. trav. art. L. 6221-1) :

- une formation professionnelle assurée par l'employeur et dispensée pour partie en centre de formation d'apprentis (CFA) ;
- l'engagement, pour l'apprenti, de travailler pour l'employeur moyennant le versement d'un salaire et le suivi de la formation.

Pour l'accueil des jeunes sans contrat d'apprentissage par les CFA, voir *Apprentissage (formation)**. Sur la *Troisième prépa-métiers** des jeunes de 15 ans sous statut scolaire, voir cette étude.

Âge des apprentis

Jeunes de 16 ans à 29 ans révolus - L'âge minimal d'entrée en apprentissage est de 16 ans et l'âge maximal de 29 ans révolus au début de l'apprentissage (c. trav. art. L. 6222-1 et L. 6222-2).

Selon le ministère du Travail, l'âge s'apprécie à la date de la conclusion du contrat d'apprentissage (Précis de l'apprentissage, septembre 2021, https://travail-emploi.gouv.fr).

▶ À noter… Une autorisation de travail est accordée de droit aux étrangers autorisés à séjourner en France pour la conclusion d'un contrat d'apprentissage à durée déterminée. Cette dérogation s'applique à tous ceux qui en remplissent les conditions, y compris aux mineurs étrangers et confiés au service de l'aide sociale à l'enfance (CE 15 février 2017, n° 407355). Cependant, elle peut être retirée si l'étranger ne s'est pas fait délivrer un certificat médical dans les 3 mois suivant la délivrance de cette autorisation (c. trav. art. L. 5221-5).

Exceptions à l'âge minimum - Les jeunes d'au moins 15 ans peuvent être apprentis s'ils ont effectué leur scolarité jusqu'à la classe de 3e incluse (c. trav. art. L. 6222-1). Par ailleurs, les jeunes qui atteignent l'âge de 15 ans avant la fin de l'année civile et qui ont effectué leur scolarité jusqu'à la classe de 3e incluse, peuvent être inscrits, sous statut scolaire, dans un CFA ou un lycée professionnel pour débuter leur formation (c. trav. art. L. 6222-1 et R. 6222-1-1).

▶ À noter… Les élèves bénéficiant de la *troisième prépa-métiers** peuvent suivre une formation dans un CFA dès l'âge de 15 ans, mais ils ne sont pas apprentis.

Exception à l'âge maximum - Par dérogation, il est possible d'entrer en apprentissage après 29 ans révolus, dans les cas suivants (c. trav. art. L. 6222-2 et D. 6222-1) :

- un nouveau contrat ou période d'apprentissage est proposé à la suite d'un premier apprentissage, afin d'acquérir un niveau de qualification supérieur à celui obtenu grâce au premier apprentissage, l'âge de l'apprenti lors de la conclusion du contrat est alors fixé à 35 ans au plus ;
- en cas de rupture d'un premier contrat d'apprentissage pour des causes indépendantes de la volonté de l'apprenti (cessation d'activité de l'employeur, faute de l'employeur ou manquement répété à ses obligations, suspension administrative du contrat en cas de risque d'atteinte à la santé ou à l'intégrité physique ou morale de l'apprenti) ou suite à son inaptitude physique temporaire, l'âge est là aussi de 35 ans au plus ;
- lorsque le contrat est conclu par une personne, peu important son âge, à laquelle la qualité de travailleur handicapé a été reconnue ;
- lorsque le bénéficiaire du contrat d'apprentissage a un projet de création ou de reprise d'entreprise et que la réalisation de ce projet est subordonnée à l'obtention du diplôme ou du titre sanctionnant la formation poursuivie ;
- lorsque le contrat d'apprentissage est souscrit par une personne inscrite en tant que *sportif professionnel** de haut niveau (c. sport. art. L. 221-2).

Par ailleurs, l'âge de l'apprenti ne fait pas obstacle à la conclusion d'un nouveau contrat d'apprentissage lorsque, en cas d'échec à l'obtention du diplôme ou du titre professionnel visé, l'apprentissage est prolongé pour une durée d'un an au plus par conclusion d'un nouveau contrat avec un autre employeur (c. trav. art. D. 6222-1-2).

Droits et obligations des apprentis

Dispositions légales et réglementaires applicables - Les apprentis bénéficient de l'ensemble de la législation sociale applicable aux salariés, sauf si elle est contraire à leur statut de jeune travailleur en formation (c. trav. art. L. 6222-23). Ainsi, ils sont électeurs et éligibles aux élections professionnelles [voir *Élections professionnelles (électorat)** et *Élections professionnelles (candidats)**] et peuvent adhérer à un syndicat dans les mêmes conditions que les autres salariés. Ils ont droit aux *congés payés** comme l'ensemble des jeunes salariés et bénéficient en outre d'un *congé examen**.

▶ À noter... Sur les travaux dangereux, interdits ou réglementés, voir *Jeunes (travaux interdits et réglementés)**.

Le code du travail prévoit également des règles particulières pour les apprentis [voir ci-après et *Apprentissage (résiliation)**]. Tous les apprentis bénéficient de ces règles, qu'ils soient en contrat à durée limitée ou en CDI (c. trav. art. L. 6222-7).

Application des conventions et accords collectifs - Les apprentis ne peuvent pas être exclus par une disposition générale, du fait de leur qualité, du champ d'application d'une convention d'entreprise ou d'un *accord collectif**, d'un *usage** ou d'un *engagement unilatéral de l'employeur**. Toutefois, ils ne peuvent pas réclamer le bénéfice des dispositions incompatibles avec leur situation de jeunes salariés en formation (c. trav. art. L. 6222-23), ni de celles qui réservent un avantage déterminé à une catégorie particulière de salariés, avantage pour lequel les apprentis ne remplissent pas les conditions objectives d'attribution.

Exemples

Lorsqu'une prime de vacances profite, selon les dispositions d'une convention collective, à l'ensemble des salariés, cette prime est due à un apprenti (cass. soc. 12 juillet 1999, n° 97-43400, BC V n° 342).

Lorsqu'un règlement du personnel prévoit que, pendant la période en entreprise, un apprenti perçoit des allocations de déplacement dans les mêmes conditions que le personnel contractuel, il en bénéficie pendant tout le temps de sa formation (pratique et théorique). Peu importe que la formation théorique s'exécute en dehors de l'entreprise (cass. soc. 24 juin 2009, n° 08-40207 D).

Carte « Étudiant des métiers » - Les organismes assurant la formation des apprentis, dont les CFA, délivrent une carte « Étudiant des métiers » aux apprentis dans les 30 jours qui suivent leur inscription par le CFA. Cette carte permet aux apprentis de faire valoir sur l'ensemble du territoire national la spécificité de leur statut auprès des tiers, notamment en vue d'accéder à des réductions tarifaires identiques à celles des étudiants de l'enseignement supérieur (c. trav. art. L. 6222-36-1, D. 6222-42 et D. 6222-43).

▶ À noter... En cas de rupture du contrat d'apprentissage, les apprentis rendent leur carte à l'établissement de formation, qui assure sa destruction (c. trav. art. D. 6222-42).

Suspension d'un CDI pour suivre un apprentissage - Par accord entre le salarié et l'employeur, il est possible de suspendre un contrat de travail à durée indéterminée (CDI) pour conclure un contrat d'apprentissage avec le même employeur (c. trav. art. L. 6222-13). Cette conclusion ne met pas un terme au CDI qui est seulement suspendu pendant la durée de la formation nécessaire à l'obtention de la qualification professionnelle recherchée (cass. soc. 3 mars 2009, n° 07-45202 D).

Formation - L'apprenti s'oblige, en vue de sa formation :

- à travailler pour l'employeur dans la limite de l'horaire de travail applicable dans l'entreprise, temps de formation en CFA déduit. Il doit effectuer le travail qui lui est confié par l'employeur, travail qui doit être nécessairement en relation directe avec la formation prévue au contrat (c. trav. art. L. 6221-1 et L. 6222-24) ;
- à suivre la formation dispensée en CFA et en entreprise [voir *Apprentissage (formation)**] ;
- à se présenter aux épreuves du diplôme ou du titre prévu par le contrat d'apprentissage.

Sur un changement d'orientation, voir *Apprentissage (contrat)**.

Visite médicale - L'apprenti bénéficie d'une visite d'information et de prévention auprès des services de santé au travail (SST) (c. trav. art. L. 4624-1) [voir *Visite médicale (information et prévention)**].

L'employeur sollicite le SST à la date d'embauche ou avant si l'apprenti est mineur (c. trav. art. R. 4624-18 et R. 6222-36).

Horaire et durée du travail

Horaire de travail - L'apprenti est employé dans l'entreprise selon l'horaire de travail en vigueur dans l'entreprise (c. trav. art. L. 6222-24, al. 2). Lorsqu'il a le statut de travailleur handicapé, le médecin du travail peut proposer un aménagement de son temps de travail (c. trav. art. R. 6222-49-1).

Durée du travail des mineurs - La durée du travail effectif d'un apprenti mineur ne peut pas excéder 8 h par jour et 35 h par semaine (c. trav. art. L. 6222-25 et L. 3162-1).

Toutefois, lorsque l'organisation du travail le justifie dans les secteurs d'activité des chantiers du bâtiment, de travaux publics et de création, d'aménagement et d'entretien sur les chantiers d'espaces paysagers, il peut être dérogé (c. trav. art. L. 3162-1 et R. 3162-1) :

- à la durée de 35 h dans la limite de 5 h par semaine, les heures supplémentaires éventuelles, ainsi que leurs majorations, donnent lieu à un repos compensateur équivalent ;
- et à la durée de 8 h dans la limite de 2 h par jour, des périodes de repos d'une durée au moins équivalente au nombre d'heures accomplies au-delà de la durée quotidienne de 8 heures doivent alors être attribuées.

Pour les autres secteurs d'activité, l'inspecteur du travail peut, à titre exceptionnel, accorder des dérogations aux règles relatives à la durée du travail des apprentis mineurs dans la limite de 5 h par semaine et après avis conforme du médecin du travail (c. trav. art. L. 6222-25 et L. 3162-1). Le silence gardé par l'administration pendant 30 jours vaut acceptation de la demande (décret 2014-1290 du 23 octobre 2014, JO 1er novembre, annexe) (voir *Décision de l'administration**).

Travail de nuit des mineurs – Le *travail de nuit** entre 22 h et 6 h du matin (ou entre 20 h et 6 h pour les moins de 16 ans) est interdit aux apprentis de moins de 18 ans. Toutefois dans certains secteurs (notamment établissements commerciaux, spectacle) l'inspecteur du travail peut, à titre exceptionnel, accorder des dérogations (c. trav. art. L. 6222-26 et L. 3163-2).

Repos hebdomadaire - Voir *Repos hebdomadaire**.

Rémunération de l'apprenti

Grilles de rémunération - L'apprenti perçoit une rémunération dont le montant varie en fonction de son âge et de sa progression dans le ou les cycles de formation faisant l'objet de l'apprentissage. Le montant est déterminé en pourcentage du *SMIC** ou, pour les apprentis de 21 ans et plus, en pourcentage du salaire minimum conventionnel, s'il est supérieur (c. trav. art. L. 6222-27 et D. 6222-26).

Si l'apprenti effectue des *heures supplémentaires**, celles-ci sont rémunérées dans les mêmes conditions que pour le personnel de l'entreprise (c. trav. art. L. 6222-28).

Lorsqu'un contrat d'apprentissage est conclu pour une durée inférieure ou égale à 1 an afin de préparer un diplôme ou titre de même niveau que celui précédemment obtenu et si la nouvelle qualification

Barème de rémunération minimale des apprentis : contrats conclus depuis le 1.01.2019 (1)

Âge (2)	1re année % SMIC	2e année % SMIC	3e année % SMIC
Moins de 18 ans	27 %	39 %	55 %
18 à 20 ans	43 %	51 %	67 %
21 à 25 ans	53 % (3)	61 % (3)	78 % (3)
26 ans et plus	100 % du SMIC (3), quelle que soit l'année d'apprentissage		

(1) Barème applicable aux contrats conclus depuis le 1.01.2019 (c. trav. art. D. 6222-26 à D. 6222-32).
(2) Lorsque le jeune atteint une nouvelle tranche d'âge, le montant de la rémunération est modifié à partir du 1er jour du mois qui suit le jour où l'apprenti atteint 18 ou 21 ans ou 26 ans (c. trav. art. D. 6222-31).
(3) Ou du pourcentage du salaire minimum conventionnel correspondant à l'emploi occupé, s'il est supérieur (c. trav. art. D. 6222-26).

Barème de rémunération minimale des apprentis : contrats conclus avant le 1.01.2019 (1)

Âge (2)	1re année % SMIC	2e année % SMIC	3e année % SMIC
Moins de 18 ans	25 %	37 %	53 %
18 à 20 ans	41 %	49 %	65 %
21 ans et + (3)	53 % (4)	61 % (4)	78 % (4)

(1) Barème applicable aux contrats conclus jusqu'au 31.12.2018 (c. trav. art. D. 6222-26 à D. 6222-35).
(2) Lorsque le jeune atteint une nouvelle tranche d'âge, le montant de la rémunération est modifié à partir du 1er jour du mois qui suit le jour où l'apprenti atteint 18 ou 21 ans (c. trav. art. D. 6222-34).
(3) Aucune majoration n'est prévue pour les plus de 25 ans (ex. : ceux porteurs d'un projet de création ou de reprise d'entreprise) (circ. DGEFP-DGT 2007-4 du 24 janvier 2007).
(4) Ou du pourcentage du salaire minimum conventionnel correspondant à l'emploi occupé, s'il est supérieur (c. trav. art. D. 6222-26).

recherchée est en rapport direct avec le diplôme ou le titre déjà obtenu, il faut appliquer une majoration de 15 points de la rémunération minimale réglementaire à laquelle peut prétendre l'apprenti [c. trav. art. D. 6222-30 ; questions/réponses (Q/R) n° 3, min. trav., 21 août 2019, www.travail-emploi.gouv.fr]. Ces majorations ne peuvent conduire l'apprenti à percevoir un salaire supérieur à 100 % du SMIC, sous réserve de dispositions contractuelles ou conventionnelles plus favorables (c. trav. art. D. 6222-31).

La rémunération conventionnelle, qui doit être appliquée si elle est plus favorable à l'apprenti, n'est pas concernée par cette majoration.

Cas particuliers - En cas de réduction de la durée du contrat ou de la période d'apprentissage par rapport à la durée du cycle de formation, l'apprenti est considéré pour sa rémunération minimale comme ayant déjà accompli une durée d'apprentissage égale à ce cycle de formation (c. trav. art. D. 6222-28-1).

Lorsqu'à l'inverse la durée du contrat ou de la période d'apprentissage est supérieure à celle du cycle de formation préparant à la qualification qui fait l'objet du contrat, le salaire minimum applicable pendant la prolongation est celui correspondant à la dernière année d'exécution du contrat précédant cette prolongation (c. trav. art. D. 6222-28-2).

Les apprentis préparant une licence professionnelle (en un an) perçoivent une rémunération équivalente à une 2e année d'exécution du contrat d'apprentissage (c. trav. art. D. 6222-32).

▶ À noter... Le ministère du Travail a apporté un certain nombre de précisions sur ce point dans le « Précis de l'apprentissage » publié sur son site internet en septembre 2021 (https ://travail-emploi.gouv.fr).

Succession de contrats avec le même employeur - Lorsqu'un apprenti conclut un nouveau contrat d'apprentissage avec le même employeur, sa rémunération doit être au moins égale à celle qu'il percevait lors de la dernière année d'exécution du contrat précédent, sauf si l'application des conditions de rémunération liées à l'âge lui est plus favorable (c. trav. art. D. 6222-29).

Cette règle ne s'applique que si l'apprenti a obtenu les diplômes ou le titre préparé lors du précédent contrat.

L'administration précise qu'il faut maintenir la rémunération contractuelle, conventionnelle ou réglementaire la plus favorable pour l'apprenti (Q/R n° 2, min. trav., 21 août 2019, www.travail-emploi.gouv.fr).

Succession de contrats avec un employeur différent - Si l'apprenti conclut un nouveau contrat d'apprentissage avec un autre employeur, sa rémunération doit être au moins égale à la rémunération minimale à laquelle il pouvait prétendre lors de la dernière année d'exécution du contrat précédent, sauf si l'application des conditions de rémunération liées à l'âge lui est plus favorable (c. trav. art. D. 6222-29).

Cette règle ne s'applique que si l'apprenti a obtenu les diplômes ou le titre préparé lors du précédent contrat.

Selon l'administration, il faut maintenir la rémunération conventionnelle si la nouvelle entreprise applique la même convention collective que l'employeur précédent. À défaut, c'est la rémunération réglementaire qui est maintenue (Q/R n° 2, min. trav., 21 août 2019, www.travail-emploi.gouv.fr).

Rémunération en cas de changement d'orientation - Voir *Apprentissage (contrat)**.

Examen

Sur la possibilité de bénéficier d'un congé pour passer l'examen, voir *Congé examen**.

En cas d'obtention du diplôme ou du titre préparé, l'apprenti peut, sous condition, résilier le contrat avant son terme (c. trav. art. L. 6222-19 et R. 6222-23) [voir *Apprentissage (résiliation)**].

Protection des apprentis

En cas de non-respect des obligations de l'employeur - Si l'employeur méconnaît les obligations mises à sa charge, le préfet peut s'opposer à l'engagement de nouveaux apprentis et décider que le contrat en cours ne sera pas exécuté jusqu'à son terme. Dans ce dernier cas, le contrat est rompu à la date de notification de la décision aux parties. L'employeur doit néanmoins verser à l'apprenti les sommes dont il aurait été redevable si le contrat s'était poursuivi jusqu'à son terme (c. trav. art. L. 6225-1 à L. 6225-3 et R. 6225-4 à R. 6225-8).

Le CFA où est inscrit l'apprenti, dont le contrat est rompu par décision du préfet à la suite des manquements de l'employeur, doit faire le nécessaire pour permettre à l'apprenti de suivre sa formation théorique pendant 6 mois et contribuer à lui trouver un nouvel employeur pour lui permettre d'achever son cycle de formation (c. trav. art. L. 6225-3-1).

En cas de risque sérieux - En cas de risque sérieux d'atteinte à la santé ou à l'intégrité physique ou morale de l'apprenti, le contrat peut être suspendu puis rompu par une décision DREETS. La rupture prend effet à la date de la notification de la décision du DREETS aux parties. L'employeur doit alors verser à l'apprenti les sommes dont il aurait été redevable si le contrat s'était poursuivi jusqu'à son terme ou jusqu'au terme de la période d'apprentissage (c. trav. art. L. 6225-4 et L. 6225-5 ; circ. DGEFP 2002-37 du 19 juillet 2002).

Le CFA prend les dispositions nécessaires pour permettre à l'apprenti de suivre provisoirement sa formation et de trouver un nouvel employeur afin d'achever sa formation (c. trav. art. L. 6225-7).

La décision du DREETS peut s'accompagner, le cas échéant, d'une interdiction faite à l'employeur de recruter de nouveaux apprentis pour une durée qu'elle détermine (c. trav. art. L. 6225-6).

Protection à l'égard du maître d'apprentissage - Voir *Apprentissage (maître d')**.

Médiation

Dans les entreprises ressortissant d'une chambre consulaire, un médiateur consulaire désigné par cette dernière peut être sollicité pour résoudre les litiges entre les employeurs et les apprentis (leur famille, s'ils sont mineurs), tant en ce qui concerne l'exécution que la rupture d'un contrat d'apprentissage (c. trav. art. L. 6222-39).

Effectif de l'entreprise

Les apprentis ne doivent pas être pris en compte dans le calcul de l'*effectif** de l'entreprise pour l'application des dispositions légales se référant à une condition d'effectif minimal de salariés, exception faite de celles qui concernent la *tarification des risques d'accidents du travail** et des *maladies professionnelles** (c. trav. art. L. 1111-3 ; c. séc. soc. art. R. 130-1, III).

▶ À noter... Le fait d'exclure une catégorie déterminée de personnes des effectifs est contraire au droit européen, mais cette irrégularité ne peut pas être invoquée dans un litige entre particuliers. En pratique, les employeurs peuvent donc continuer à exclure les apprentis du calcul des effectifs (CJUE 15 janvier 2014, aff. C-176/12 ; cass. soc. 9 juillet 2014, n° 11-21609, BC V n° 193).

Sanctions pénales

L'employeur qui ne respecte pas ses obligations encourt des sanctions pénales (c. trav. art. R. 6227-1 à R. 6227-9). Ainsi, par exemple, il encourt l'amende prévue pour les contraventions de la 5e classe de 1 500 à 3 000 € lorsqu'il (c. pén. art. 131-13) :

- n'accorde pas un congé supplémentaire de 5 jours à l'apprenti pour lui permettre de préparer les épreuves dans un CFA (c. trav. art. R. 6227-7) ;
- emploie un apprenti à des travaux dangereux pour sa santé ou sa sécurité, en méconnaissance des dispositions légales (c. trav. art. R. 6227-5) [voir *Jeunes (travaux interdits et réglementés)**] ;
- emploie un apprenti de moins de 18 ans à un travail de nuit en méconnaissance des dispositions légales (c. trav. art. R. 6227-3) ;
- verse à l'apprenti un salaire inférieur au minimum légal propre aux apprentis (c. trav. art. R. 6227-4).

Dans d'autres cas (ex. : lorsqu'il emploie un apprenti mineur à un travail effectif excédant 8 h par jour), l'employeur encourt l'amende prévue pour les contraventions de la 4e classe (c. trav. art. R. 6227-1 et R. 6227-2).

☞ *Apprentissage.*

Apprentissage (contrat)

Contrat de travail particulier

Formations théoriques et pratiques associées - Le contrat d'*apprentissage** est un contrat de travail de type particulier qui associe une formation pratique effectuée en entreprise et des enseignements théoriques dispensés pendant le temps de travail dans un centre de formation d'apprentis (CFA) ou dans une section d'apprentissage (c. trav. art. L. 6211-1) [voir *Apprentissage (formation)**].

Sur l'accueil des jeunes sans contrat d'apprentissage par les CFA, voir aussi *Apprentissage (formation)**.

Engagements réciproques de l'employeur et de l'apprenti - L'employeur s'engage, outre le versement d'un salaire, à assurer à l'apprenti une formation professionnelle complète, dispensée pour partie en entreprise et pour partie en CFA ou section d'apprentissage. L'apprenti s'oblige, en retour, à travailler pour cet employeur et à suivre cette formation (c. trav. art. L. 6221-1) [voir *Apprentissage (formation)**].

Suspension d'un CDI pour suivre un apprentissage - Voir *Apprentissage (apprentis)**.

Contrat entre un employeur et un apprenti

Employeurs concernés - Tout employeur du secteur privé peut signer un contrat d'apprentissage s'il respecte les formalités et les conditions requises, notamment s'il effectue la déclaration d'apprentissage (c. trav. art. L. 6223-1) *(voir ci-après)*.

Cependant, sauf dérogation, un employeur ne peut pas accueillir de nouvel apprenti lorsqu'il occupe déjà simultanément deux apprentis par maître d'apprentissage (c. trav. art. R. 6223-6 et R. 6223-7) [voir *Apprentissage (maître d')**].

Par ailleurs, un employeur ne peut pas embaucher d'apprenti lorsque le préfet de département a pris, à son encontre, une décision d'opposition à l'embauche d'apprentis pour non-respect de ses obligations (c. trav. art. L. 6225-1). Il en va de même si l'employeur est sous le coup d'une interdiction de recrutement d'apprentis prise par le DREETS (c. trav. art. L. 6225-6) [voir *Apprentissage (apprentis)**].

Activités saisonnières - Voir *Apprentissage (activités saisonnières)**.

Entreprise de travail temporaire - Voir *Apprentissage (travail temporaire)**.

Groupement d'employeurs - Voir *Groupement d'employeurs**.

Jeunes concernés - Voir *Apprentissage (apprentis)**.

Représentant légal du mineur - Voir ci-après.

Conclusion et contenu du contrat

Contrat écrit et signé par l'employeur et l'apprenti - Le contrat d'apprentissage doit être écrit et signé par l'employeur et par l'apprenti (et, si celui-ci est mineur, son représentant légal) avant l'emploi de ce dernier (c. trav. art. L. 6222-4 et R. 6222-2).

Selon les informations indiquées sur le site du ministère du Travail, 3 exemplaires originaux seraient signés, un pour l'employeur, un pour l'apprenti et un autre pour OPCO.

▶ À noter… Lorsque l'apprenti mineur est employé par un ascendant, le contrat d'apprentissage est remplacé par une déclaration de l'employeur soumise à des modalités particulières (c. trav. art. L. 6222-5 et R. 6224-8).

Sanction du défaut de contrat écrit - À défaut d'écrit, le contrat est nul. L'apprenti est alors considéré comme un jeune travailleur devant percevoir une rémunération au moins égale au SMIC ou au minimum conventionnel avec application des abattements d'âge [voir *Jeunes (emploi des)**] pour la période où le contrat a été exécuté ainsi qu'à l'indemnisation du préjudice résultant de la rupture éventuelle des relations de travail (cass. soc. 28 mars 1996, n° 93-41139 D ; cass. soc. 22 mars 2016, n° 15-10530 D).

Clauses du contrat - Le contrat doit notamment préciser les points suivants (c. trav. art. L. 6222-12, R. 6222-3 et R. 6222-4).

La date du début de l'exécution du contrat d'apprentissage, de la période de formation pratique chez l'employeur et de la période de formation en CFA sachant que la date de début de la formation pratique chez l'employeur et la date de début de la période de formation en CFA ne peuvent être postérieures de plus de 3 mois au début d'exécution du contrat [voir *Apprentissage (formation)**].

▶ À noter… L'employeur n'a pas à insérer de période d'essai dans le contrat d'apprentissage. En effet, l'équivalent d'une telle période existe car le contrat peut être librement rompu par l'employeur ou par l'apprenti jusqu'à l'échéance des 45 premiers jours, consécutifs ou non, de formation pratique en entreprise effectuée par l'apprenti (c. trav. art. L. 6222-18) [voir *Apprentissage (résiliation)**].

Le salaire de l'apprenti, pour chaque année d'apprentissage et éventuellement les avantages en nature déduits de ce salaire [voir *Apprentissage (apprentis)**].

Les nom, prénoms et date de naissance du maître d'apprentissage et l'attestation de l'employeur précisant que le maître d'apprentissage remplit les conditions de compétence professionnelle déterminée par la branche [voir *Apprentissage (maître d')**].

Les nom et prénoms de l'employeur ou la dénomination de l'entreprise.

Le nombre de salariés de l'entreprise (calculé selon les règles prévues par l'article L. 130-1 du code de la sécurité sociale, voir *Effectif sécurité sociale**).

• Le diplôme ou le titre préparés par l'apprenti.

▶ Attention… Les mentions indiquées ci-dessus sont applicables depuis le 1.04.2020 (décret 2020-372 du 30 mars 2020, JO du 31).

En cas de modification d'un élément essentiel du contrat, l'employeur transmet l'avenant à l'OPCO *(voir ci-après)*.

▶ À noter… Le formulaire Cerfa de contrat d'apprentissage, accompagné d'une notice explicative, est en ligne (Cerfa n° 10103*07, voir https :// www.service-public.fr/particuliers/vosdroits/R1319).

Avenant au contrat en cas de changement d'orientation - Lorsqu'un contrat d'apprentissage a été conclu pour l'obtention d'un bac professionnel, l'apprenti peut, à sa demande ou à celle de son employeur, au terme de la première année du contrat, poursuivre sa formation en vue d'obtenir un CAP, un CAP agricole ou un brevet professionnel agricole. Lorsque la spécialité du nouveau diplôme appartient au même domaine professionnel que celui du bac professionnel initialement visé, la durée du contrat ou de la période d'apprentissage est réduite d'une année (c. trav. art. L. 6222-22-1).

Ce changement d'orientation doit être matérialisé par un avenant au contrat d'apprentissage transmis à l'OPCO (c. trav. art. D. 6224-5).

Déclaration d'apprentissage

L'employeur qui souhaite engager un apprenti pour la première fois doit remplir une déclaration relative à l'apprentissage où il doit, notamment, déclarer qu'il prend les mesures nécessaires à l'organisation de l'apprentissage. Il doit aussi garantir que l'équipement de l'entreprise, les techniques utilisées, les conditions de travail, de santé et de sécurité, les compétences professionnelles et pédagogiques ainsi que la moralité des personnes responsables de la formation sont de nature à permettre une formation satisfaisante (c. trav. art. L. 6223-1).

Cette déclaration est intégrée dans le modèle Cerfa du contrat d'apprentissage.

▶ À noter… La déclaration devient caduque si l'entreprise n'a pas conclu de contrat d'apprentissage dans la période de 5 ans écoulée à compter de sa notification (c. trav. art. L. 6223-1).

L'employeur doit être en mesure de fournir à l'inspection du travail, à l'OPCO ou à la mission chargée du contrôle pédagogique un certain nombre de pièces à leur demande (c. trav. art. R. 6223-1).

Dépôt

Dépôt depuis le 1er janvier 2020 - Depuis le 1.01.2020, la procédure d'enregistrement des contrats d'apprentissage par les chambres consulaires a été remplacée par une obligation de transmission du contrat à l'opérateur de compétence (OPCO) afin qu'il procède à son dépôt (c. trav. art. L. 6224-1, D. 6224-1 à D. 6224-8 ; décret 2019-1489 du 27 décembre 2019, JO du 29).

Transmission des documents à l'OPCO - Au plus tard dans les 5 jours ouvrables qui suivent le début de l'exécution d'un contrat d'apprentissage, l'employeur transmet à l'OPCO (c. trav. art. D. 6224-1) :
- le contrat d'apprentissage ;
- la convention de formation (c. trav. art. L. 6353-1) [voir *Formation professionnelle (convention)**] ;
- et, le cas échéant, de la convention tripartite de réduction ou d'allongement de la durée *(voir ci-dessous)* (c. trav. art. L. 6222-7-1).

Lorsque la formation de l'apprenti est confiée à un CFA interne à l'entreprise, l'employeur doit aussi transmettre à l'OPCO une annexe pédagogique et financière précisant divers points relatifs à la formation (intitulé, objectif et contenu de l'action de formation, moyens prévus, durée et période de réalisation, modalités de déroulement, de suivi et de sanction de l'action, prix) (c. trav. art. D. 6241-30).

▶ À noter… Lorsque l'apprenti mineur est employé par un ascendant, le contrat d'apprentissage est remplacé par une déclaration de l'employeur qui doit être transmise à l'OPCO en vue de son dépôt (c. trav. art. R. 6224-8).

Ces transmissions peuvent être faites par voie dématérialisée.

Le dépôt du contrat d'apprentissage ne donne lieu à aucun frais (c. trav. art. D. 6224-7).

Vérifications de l'OPCO - À réception du contrat, l'OPCO se prononce sur la prise en charge financière [voir *Apprentissage (aides et exonérations)**]. Il vérifie à cet effet que le contrat satisfait aux conditions relatives (c. trav. art. D. 6224-2) :
- aux formations éligibles à l'apprentissage (c. trav. art. L. 6211-1) (voir *Apprentissage**) ;
- à l'âge de l'apprenti (c. trav. art. L. 6222-1 à L. 6222-3) [voir *Apprentissage (apprentis)**] ;
- au maître d'apprentissage (c. trav. art. L. 6223-8-1) [voir *Apprentissage (maître d')**] ;
- à la rémunération des apprentis (c. trav. art. D. 6222-26) [voir *Apprentissage (apprentis)**].

L'OPCO statue sur la prise en charge financière dans un délai de 20 jours à compter de la réception de l'ensemble des documents transmis par l'employeur (c. trav. art. R. 6224-3). Au terme de ce délai, son silence vaut décision implicite de refus de prise en charge.

S'il constate le non-respect d'une ou plusieurs de ces conditions, l'OPCO refuse la prise en charge financière du contrat par une décision motivée qu'il notifie aux parties ainsi qu'au CFA. Il peut effectuer cette notification par voie dématérialisée (c. trav. art. D. 6224-2).

Décision de l'OPCO et dépôt du contrat - L'OPCO dépose le contrat, par voie dématérialisée, auprès des services du ministre en charge de la formation professionnelle. Le cas échéant, il informe simultanément ces services de son refus de prise en charge financière, ainsi que des motifs de ce refus (c. trav. art. D. 6224-4).

Modification d'un élément essentiel - Toute modification d'un élément essentiel du contrat fait l'objet d'un avenant transmis par l'employeur à l'OPCO dans les mêmes conditions que le dépôt (c. trav. art. D. 6224-5). À réception de l'avenant, l'OPCO statue sur la prise en charge financière, s'il l'avait refusée initialement ou sur le maintien de cette prise en charge.

Lorsque le contrat d'apprentissage est rompu avant son terme, l'employeur notifie sans délai la rupture à l'OPCO [voir *Apprentissage (résiliation)**].

Coût de l'apprentissage

La formation est gratuite pour l'apprenti et pour son représentant légal (c. trav. art. L. 6211-1). Aucune contrepartie financière ne peut être demandée à l'apprenti à l'occasion de la conclusion, du dépôt ou de la rupture du contrat d'apprentissage, ni à l'employeur à l'occasion du dépôt du contrat d'apprentissage (c. trav. art. L. 6221-2).

Les employeurs d'apprentis bénéficient de certaines aides et d'exonérations de cotisations sociales [voir *Apprentissage (aides et exonérations)**]. Le financement de l'apprentissage est assuré par la taxe d'apprentissage [voir *Apprentissage (taxe)**].

Durée de l'apprentissage

Contrat à durée limitée ou à durée indéterminée - Le contrat d'apprentissage peut être conclu pour une durée limitée ou pour une durée indéterminée.

▶ À noter... Les entreprises peuvent librement choisir entre un contrat d'apprentissage à durée limitée ou à durée indéterminée.

Lorsqu'il est conclu pour une durée indéterminée, le contrat débute par une période d'apprentissage. Pendant celle-ci, l'ensemble de la réglementation spécifique aux apprentis s'applique. Une fois cette période terminée, le contrat se poursuit comme tout contrat de travail à durée indéterminée (CDI) (c. trav. art. L. 6222-7).

Durée applicable aux contrats conclus depuis le 1er janvier 2019 - Pour les contrats conclus depuis le 1.01.2019, la durée du contrat d'apprentissage conclu pour une durée limitée (ou la durée de la période d'apprentissage lorsque le contrat est conclu pour une durée indéterminée) varie entre 6 mois et 3 ans. Elle est égale à celle du cycle de formation préparant à la qualification qui fait l'objet du contrat (c. trav. art. L. 6222-7-1 et R. 6222-6 à R. 6222-10).

▶ À noter... Sur les durées applicables aux contrats conclus avant le 1er janvier 2019, voir Dictionnaire Social 2021.

Durée du contrat réduite ou allongée dans certains cas - La durée du contrat d'apprentissage peut être inférieure (depuis le 1.01.2019) ou supérieure (depuis le 23.08.2019) au cycle de formation afin de prendre en compte le niveau initial de connaissances de chaque apprenti sans pouvoir être inférieure à 6 mois ou supérieure à 3 ans.

Cela peut être également le cas pour prendre en compte les compétences acquises par l'apprenti, le cas échéant, lors :

- d'une mobilité à l'étranger ;
- d'une activité militaire dans la réserve opérationnelle ;
- d'un service civique ;
- d'un volontariat militaire ;
- d'un engagement comme sapeur-pompier volontaire.

Depuis le 1.04.2020 (décret 2020-373 du 30 mars 2020, JO du 31) :

- la possibilité d'allonger la durée du contrat par une convention tripartie est aussi ouverte lorsque le contrat se trouve suspendu pour une raison indépendante de la volonté de l'apprenti. La durée du contrat est alors prolongée jusqu'à l'expiration du cycle de formation suivant (c. trav. art. R. 6222-10) ;
- lorsqu'un nouveau contrat d'apprentissage est signé après la rupture anticipée d'un premier contrat, il peut être dérogé à la durée minimale du contrat d'apprentissage et à la durée minimale de formation en CFA et la signature de la convention de réduction de durée est alors inutile (c. trav. art. R. 6222-23-1).

Convention tripartite en cas de durée aménagée - La durée du contrat ou de la période d'apprentissage, réduite ou allongée, est fixée par une convention tripartite signée par le centre de formation, l'employeur et l'apprenti ou son représentant légal, annexée au contrat d'apprentissage (c. trav. art. R. 6222-7). Le modèle de cette convention tripartite est fixé par arrêté ministériel (arrêté du 14 septembre 2020, JO du 25).

Toutefois la conclusion d'une convention tripartite n'est plus exigée depuis le 1.04.2020 en cas de prolongation de l'apprentissage du fait de l'échec à l'obtention du diplôme (c. trav. art. L. 6222-11) ou pour l'allongement de la durée d'apprentissage en faveur des personnes handicapées (c. trav. art. L. 6222-37, 2° et R. 6222-9).

Apprenti handicapé - La durée de l'apprentissage peut être portée à 4 ans lorsque l'apprenti a la qualité de travailleur handicapé (c. trav. art. R. 6222-46).

Changement d'orientation - En cas de changement d'orientation, la durée du contrat ou de la période d'apprentissage peut être également réduite *(voir ci-avant)*.

Échec à l'examen - En cas d'échec à l'obtention du diplôme ou du titre professionnel, l'apprentissage peut être prolongé pour une durée de 1 an au plus (c. trav. art. L. 6222-11).

Suspension du contrat prolongeant l'apprentissage - En cas de suspension du contrat pour une raison indépendante de la volonté de l'apprenti (ex. : maladie), la durée du contrat ou de la période d'apprentissage est prolongée jusqu'à l'expiration du cycle de formation suivant [voir *Apprentissage (formation)**] (c. trav. art. R. 6222-10 ; cass. soc. 1er juillet 1998, n° 96-41014, BC V n° 353).

Fin de l'apprentissage - Le contrat ou la période d'apprentissage prennent normalement fin à l'expiration de la durée prévue. En cas de rupture avant cette date, voir *Apprentissage (résiliation)**.

▶ Attention… Pendant le cycle de formation, le contrat d'apprentissage, même conclu à durée indéterminée, ne peut être rompu qu'en respectant les règles de rupture spécifiques au contrat d'apprentissage [voir *Apprentissage (résiliation)**].

Issue de l'apprentissage

Contrat à durée indéterminée : poursuite de la relation de travail - Lorsque le contrat d'apprentissage est conclu pour une durée indéterminée, la période d'apprentissage cesse à l'expiration de la durée du cycle de formation prévue et le contrat se poursuit comme tout CDI (c. trav. art. L. 6222-7). L'employeur ne peut toutefois pas fixer une période d'essai à l'issue de la période d'apprentissage (c. trav. art. L. 6222-7 et L. 1221-19).

Contrat à durée limitée : fin de l'apprentissage et embauche éventuelle - Lorsque le contrat d'apprentissage est conclu pour une durée limitée, la relation de travail prend fin à l'expiration du contrat. L'employeur peut embaucher l'apprenti en *contrat de travail à durée indéterminée**, en *contrat de travail à durée déterminée** ou en *contrat de travail temporaire** (c. trav. art. L. 6222-16). L'employeur ne peut alors imposer aucune *période d'essai** au salarié, sauf dispositions conventionnelles contraires (c. trav. art. L. 6222-16).

Par ailleurs, il doit prendre en compte la durée de l'apprentissage pour le calcul de la rémunération et de l'ancienneté du salarié (c. trav. art. L. 6222-16). Une convention collective ne peut pas en disposer autrement (cass. soc. 27 mars 2013, n° 11-23967, BC V n° 90).

Contrats d'apprentissage successifs - Des contrats d'apprentissage successifs peuvent être conclus sans condition de délai entre chaque contrat pour préparer des titres et des diplômes sanctionnant des qualifications différentes.

Toutefois, lorsque l'apprenti a déjà conclu deux contrats successifs de même niveau et souhaite en conclure un troisième de même niveau, il doit obtenir au préalable l'autorisation du directeur du dernier CFA qu'il a fréquenté (c. trav. art. L. 6222-15).

Requalification en contrat de travail à durée indéterminée - L'employeur qui ne remplit pas son obligation de formation de l'apprenti détourne le contrat d'apprentissage de son objet. En cas de litige, il risque notamment de voir le contrat d'apprentissage à durée limitée requalifié en CDI. Tel est le cas lorsque le salarié était dans l'impossibilité matérielle de recevoir une formation professionnelle sérieuse (cass. soc. 12 février 2013, n° 11-27525 D).

Consultation du CSE

L'apprentissage est abordé dans le cadre de la consultation périodique du *comité social et économique** (CSE) sur la politique sociale de l'entreprise, les conditions de travail et l'emploi, sous réserve d'un accord sur les consultations périodiques [voir *Comité social et économique (informations-consultations périodiques)**] (c. trav. art. L. 2312-26).

Les informations nécessaires sont fournies dans la *base de données économiques, sociales et environnementales (BDESE)** laquelle intègre le cas échéant, le *bilan social** (c. trav. art. L. 2312-21, L. 2312-28 et L. 2312-36).

La décision d'opposition à l'engagement d'apprentis *(voir ci-dessus)* est communiquée au CSE (ainsi qu'à l'inspecteur du travail, à l'OPCO, etc.) (c. trav. art. R. 6225-5).

☛ *Apprentissage.*

➲ Formulaire de Droit Social, « Contrat d'apprentissage ».

Apprentissage (formation)

L'apprentissage associe un enseignement dispensé pendant le temps de travail par un centre de formation d'apprentis (CFA) avec une formation pratique dans une ou plusieurs entreprises.

La date du début du contrat d'apprentissage, indiquée sur le contrat d'apprentissage, ne peut être éloignée de plus de 3 mois de celle du début de la formation pratique chez l'employeur, ni de celle du début de la formation en CFA. Aucune dérogation n'est possible (c. trav. art. L. 6222-12).

Diplôme ou titre professionnel préparés

Voir *Apprentissage**. Sur le changement d'orientation, voir *Apprentissage (contrat)**.

Formation en CFA

CFA, établissements d'enseignement et de formation - L'enseignement est normalement assuré par les CFA ou les sections d'apprentissage (c. trav. art. L. 6232-6).

Ils dispensent aux jeunes travailleurs titulaires d'un contrat d'apprentissage ainsi qu'aux apprentis originaires de l'Union européenne en mobilité en France un enseignement général qui, associé à une formation technologique et pratique, complète la formation reçue en entreprise (c. trav. art. L. 6231-2).

▶ À noter... Les organismes assurant la formation des apprentis leur délivrent une carte d'étudiant des métiers [voir *Apprentissage (apprentis)**].

La formation dispensée par le CFA peut être effectuée en tout ou partie à distance, à charge pour ceux-ci d'assurer le suivi et l'accompagnement des apprentis (c. trav. art. L. 6211-2, 2° et L. 6231-2).

Par dérogation, une partie des formations technologiques et pratiques, normalement dispensées par le CFA, peut être assurée par une ou plusieurs entreprises ayant passé une convention avec le CFA (c. trav. art. L. 6232-1). De même, un CFA peut passer une convention avec d'autres types d'établissement d'enseignement afin qu'ils assurent tout ou partie des enseignements que le CFA dispense normalement et qu'ils mettent à disposition des équipements pédagogiques ou d'hébergement (c. trav. art. L. 6227-5). Dans les deux cas, le CFA conserve la responsabilité administrative et pédagogique des enseignements dispensés.

Durée de la formation en CFA - La durée de la formation dispensée par le CFA tient compte des exigences propres à chaque niveau de qualification et des orientations prévues par les conventions ou les accords de branches. Sous réserve de dérogations, elle ne peut être inférieure à 25 % de la durée totale du contrat (c. trav. art. L. 6211-2).

Accueil par les CFA de jeunes sans contrat d'apprentissage - Un jeune âgé de 16 à 29 ans révolus (ou ayant au moins 15 ans et justifiant avoir accompli la scolarité du premier cycle de l'enseignement secondaire) peut, à sa demande, s'il n'a pas été embauché par un employeur, débuter sa formation en apprentissage dans la limite d'une durée de 3 mois (c. trav. art. L. 6222-12-1).

Pendant cette période, le CFA doit l'aider à trouver un employeur. Dans l'attente, le jeune bénéficie du statut de stagiaire de la formation professionnelle. L'opérateur de compétences prend en charge les coûts de formation selon des modalités définies par décret (décret 2020-1086 du 24 août 2020, JO du 25).

À tout moment, le jeune peut signer un contrat d'apprentissage. Dans ce cas, la durée du contrat ou de la période d'apprentissage est réduite du nombre de mois écoulés depuis le début du cycle de formation (c. trav. art. L. 6222-12-1) [voir *Apprentissage (contrat)**].

Formation en entreprise

Formation pratique - La formation pratique, fondée sur l'exercice d'une ou de plusieurs activités professionnelles en relation avec la qualification objet du contrat, peut être assurée dans une ou plusieurs entreprises (c. trav. art. L. 6211-2).

Accueil dans plusieurs entreprises - Afin de permettre à l'apprenti de compléter sa formation, une partie de sa formation pratique peut être dispensée dans d'autres entreprises que celle qui l'emploie, notamment pour recourir à des équipements ou des techniques qui ne sont pas utilisés dans celle-ci (c. trav. art. R. 6223-10). Une convention, avec des mentions obligatoires, doit alors être conclue entre l'employeur, l'entreprise d'accueil et l'apprenti (c. trav. art. R. 6223-11). L'employeur adresse cette convention au directeur du CFA, à l'OPCO ainsi que, le cas échéant, à la mission chargée du contrôle pédagogique (c. trav. art. R. 6223-12).

L'accueil de l'apprenti dans d'autres entreprises que celle qui l'emploie ne peut pas excéder la moitié du temps de formation en entreprise prévu par le contrat d'apprentissage. Le nombre d'entreprises d'accueil autres que celle qui l'emploie est limité à deux au cours de l'exécution d'un même contrat d'apprentissage (c. trav. art. R. 6223-10).

L'entreprise d'accueil :
- désigne un maître d'apprentissage et prend en compte l'apprenti accueilli dans le calcul du nombre maximal d'apprentis par maître d'apprentissage ;
- est responsable du respect des dispositions relatives à la durée du travail ainsi qu'à la santé et la sécurité au travail (c. trav. art. R. 6223-15), et notamment de celles relatives au travail de nuit, sous la responsabilité, le cas échéant, du maître d'apprentissage (c. trav. art. L. 6222-26 et R. 6223-10).

Mobilité internationale et européenne des apprentis

Union européenne ou tout autre État - Un employeur peut faire effectuer temporairement une partie de la formation dans une entreprise (ou plusieurs) située dans un État membre de l'Union européenne autre que la France ou hors de l'Union européenne (c. trav. art. L. 6222-42 à L. 6222-44).

Le contrat d'apprentissage peut ainsi être exécuté en partie à l'étranger pour une durée déterminée maximum d'1 an, il doit toutefois être exécuté en France pendant au moins 6 mois (c. trav. art. L. 6222-42).

Convention - Une convention est conclue entre l'apprenti et ses représentants légaux pour les mineurs, l'employeur en France, l'employeur à l'étranger, le CFA en France et, le cas échéant, le centre de formation à l'étranger pour la mise en œuvre de cette mobilité dans ou hors de l'Union européenne (c. trav. art. L. 6222-42 et L. 6222-44). Pour les périodes n'excédant pas 4 semaines, il s'agit d'une convention de mise à disposition.

Le contenu de la convention ainsi que deux modèles de convention ont été fixés (période à l'étranger n'excédant pas 4 semaines ou période supérieure à 4 semaines) (c. trav. art. R. 6222-66 à R. 6222-69). Dès sa conclusion, la convention doit être adressée par l'organisme de formation ou par l'employeur à l'OPCO.

Prise en charge des coûts - Les opérateurs de compétences peuvent prendre en charge tout ou partie de la rémunération et des frais générés par la mobilité internationale des apprentis (c. trav. art. L. 6332-14). Pour cela, avant toute signature, le projet de convention doit être adressé à l'OPCO de l'employeur en France, accompagné d'une demande de prise en charge des frais générés par la mobilité hors du territoire (c. trav. art. R. 6222-68 et R. 6222-69). C'est l'organisme de formation ou le CFA, ou l'employeur en cas de convention de mise à disposition pour une mobilité ne dépassant pas 4 semaines, qui s'occupe de cette transmission.

Modalités de la mobilité - Pendant la mobilité à l'étranger, l'apprenti relève de la seule responsabilité de l'entreprise ou du centre de formation du pays d'accueil, notamment en matière de rémunération, de durée du travail, de santé et de sécurité au travail, de repos hebdomadaire et jours fériés, selon les règles applicables dans le pays d'accueil. Il relève de la sécurité sociale de l'État d'accueil. Toutefois s'il ne bénéficie pas du statut de salarié ou assimilé dans cet État, il reste couvert par la sécurité sociale française pour les risques maladie, vieillesse, accidents du travail et maladies professionnelles et invalidité (c. trav. art. L. 6222-42 ; c. séc. soc. art. D. 412-3).

Accueil d'apprentis étrangers - Les apprentis originaires d'un État membre de l'Union européenne effectuant une période de mobilité en France bénéficient des dispositions du code du travail sur l'apprentissage (c. trav. art. L. 6222-43). Sont toutefois exclues les règles faisant obstacle à leur venue en France, telles que celles portant sur la finalité du contrat d'apprentissage (c. trav. art. L. 6211-1), sur la durée ou les conditions d'entrée en apprentissage (c. trav. art. L. 6222-7-1 et L. 6222-1, al. 2) ou sur la durée de la formation (c. trav. art. L. 6211-2).

Non-respect de la formation

L'employeur qui ne satisfait pas à son obligation de formation détourne le contrat d'apprentissage de son objet. En cas de litige, il risque de voir le contrat d'apprentissage à durée limitée requalifié en contrat de travail à durée indéterminée de droit commun et de se voir condamner au paiement de dommages-intérêts. Tel est le cas lorsque le salarié était dans l'impossibilité matérielle de recevoir une formation professionnelle sérieuse (cass. soc. 12 février 2013, n° 11-27525 D).

Contrôle de la formation

Voir *Apprentissage**.

Congé examen

Voir *Congé examen**.

☛ *Apprentissage*.

Apprentissage (maître d')

Le maître d'apprentissage est la personne directement responsable de la formation de l'apprenti et qui assume les fonctions de tuteur [voir *Apprentissage (formation)**].

Salarié ou employeur

La fonction de maître d'apprentissage est exercée par un salarié de l'entreprise, volontaire, majeur et offrant toutes les garanties de moralité ou, le cas échéant, par l'employeur ou son conjoint collaborateur.

Elle peut être partagée entre plusieurs salariés constituant une équipe tutorale au sein de laquelle un maître d'apprentissage est désigné référent. Celui-ci assure la coordination de l'équipe et la liaison avec le CFA.

Par ailleurs, lorsque l'apprenti est recruté par un *groupement d'employeurs**, les dispositions relatives au maître d'apprentissage sont appréciées au niveau de l'entreprise utilisatrice membre de ce groupement (c. trav. art. L. 6223-5, L. 6223-6, L. 6223-8-1 et R. 6223-23).

Toute modification d'un élément essentiel du contrat d'apprentissage, dont le changement de maître d'apprentissage selon le ministère du Travail, doit faire l'objet d'un avenant transmis à l'OPCO (c. trav. art. D. 6224-5 ; Précis de l'apprentissage, septembre 2021, https///travail-emploi.gouv.fr) [voir *Apprentissage (contrat)**].

Conditions

Les conditions de compétences exigées du maître d'apprentissage sont fixées par la branche professionnelle (c. trav. art. L. 6223-8-1).

À défaut de convention ou d'accord collectif de branche, le maître d'apprentissage doit :

- détenir le diplôme ou titre correspondant à la finalité du diplôme ou du titre préparé par l'apprenti et d'un niveau au moins équivalent, et justifier d'une année d'exercice d'une activité professionnelle en rapport avec la qualification préparée par l'apprenti ;
- ou justifier de 2 ans d'exercice d'une activité professionnelle en rapport avec la qualification préparée par l'apprenti.

Les stages et les périodes de formation effectués en milieu professionnel, dans le cadre d'une formation initiale ou continue qualifiante, ne sont pas comptabilisés dans le décompte de la durée d'expérience requise (c. trav. art. R. 6223-22).

Sur les mentions du contrat d'apprentissage relatives au maître d'apprentissage, voir *Apprentissage (contrat)**.

Mission

Le maître d'apprentissage doit contribuer à l'acquisition dans l'entreprise des compétences correspondant à la qualification recherchée et au titre ou diplôme préparé par l'apprenti, en liaison avec le CFA (c. trav. art. L. 6223-5).

L'employeur doit permettre aux maîtres d'apprentissage de dégager sur leur temps de travail les disponibilités nécessaires à l'accompagnement de l'apprenti et aux relations avec le CFA (c. trav. art. L. 6223-7).

▶ **À noter…** L'activité de maître d'apprentissage permet d'acquérir des droits inscrits sur le *compte personnel de formation** (c. trav. art. L. 5151-9).

Nombre d'apprentis par maître

Le nombre maximal d'apprentis (ou d'élèves se préparant à l'apprentissage) pouvant être accueillis simultanément dans une entreprise ou un établissement est fixé à 2 pour chaque maître d'apprentissage (c. trav. art. R. 6223-6). Des dérogations peuvent être apportées à cette règle (c. trav. art. R. 6223-7 et R. 6223-8).

En outre, un maître d'apprentissage peut prendre en charge un apprenti supplémentaire dont la formation a été prolongée suite à un échec à l'examen (c. trav. art. R. 6223-6).

Contrôle

Lorsqu'il est constaté, par exemple à l'occasion d'un contrôle, qu'un maître d'apprentissage, salarié ou non, méconnaît les obligations mises à sa charge par le contrat d'apprentissage ou qu'il ne présente plus les garanties de moralité requises, l'employeur est mis en demeure de remédier à la situation en désignant un autre maître d'apprentissage et en informant l'OPCO chargé du dépôt du contrat (c. trav. art. R. 6225-2 et R. 6225-3).

▶ **À noter…** Le préfet peut s'opposer à l'engagement d'apprentis lorsqu'il est établi que l'employeur méconnaît les obligations mises à sa charge (c. trav. art. L. 6225-1 et R. 6225-4).

Formation

L'employeur doit veiller à ce que les maîtres d'apprentissage bénéficient de formations leur permettant d'exercer correctement leur mission et de suivre l'évolution du contenu des formations de l'apprenti et des diplômes les validant. Les modalités de mise en œuvre et de prise en charge de ces formations peuvent être déterminées par accord collectif d'entreprise ou de branche (c. trav. art. L. 6223-8).

Les organismes paritaires collecteurs (OPCO) peuvent prendre en charge tout ou partie des dépenses engagées par l'entreprise pour la formation des maîtres d'apprentissage (c. trav. art. L. 6332-14, 4°).

▶ À noter… Le maître d'apprentissage qui a formé au moins trois apprentis ayant obtenu leur certification est automatiquement dispensé de justifier du diplôme habituellement requis pour préparer la VAE (c. éduc. art. L. 335-5, III).

☛ *Apprentissage.*

Apprentissage (résiliation)

Pendant le cycle de formation, le contrat d'apprentissage, qu'il soit conclu pour une durée limitée ou pour une durée indéterminée [voir *Apprentissage (contrat)**], ne peut être rompu qu'en respectant certaines conditions.

Les règles de rupture des contrats d'apprentissage signés depuis le 1.01.2019, que nous exposons dans cette étude, ont été considérablement assouplies par la loi « Avenir professionnel » (loi 2018-771 du 5 septembre 2018, JO du 6 ; décret 2020-372 du 30 mars 2020, JO du 31 ; décret 2020-373 du 30 mars 2020, JO du 31).

▶ À noter… Sur les règles applicables aux contrats signés avant le 1.01.2019, nos lecteurs peuvent se reporter au Dictionnaire Social 2021.

À l'issue de la période de formation, le contrat d'apprentissage à durée limitée prend fin, sans préavis ni indemnité, tandis que le contrat d'apprentissage à durée indéterminée se poursuit mais peut, dès lors, être rompu selon les règles du droit commun (*démission**, *licenciement**, *rupture conventionnelle**, etc.).

Formalisation de la rupture

Lorsque le contrat d'apprentissage est rompu avant son terme, l'employeur notifie sans délai la rupture à l'opérateur de compétences (OPCO), qui informe les services du ministre chargé de la formation professionnelle. La notification peut être faite par voie dématérialisée (c. trav. art. D. 6224-6).

La rupture du contrat d'apprentissage, impérativement écrite, doit également être notifiée au directeur du CFA (c. trav. art. R. 6222-21).

« Période d'essai » de 45 jours

À l'initiative de l'employeur ou de l'apprenti - L'employeur ou l'apprenti (ou, si celui-ci est mineur, son représentant légal) peut rompre le contrat d'apprentissage pendant les 45 premiers jours, consécutifs ou non, de formation pratique en entreprise effectués par l'apprenti (c. trav. art. L. 6222-18). En pratique, cette période constitue la « période d'essai » du contrat d'apprentissage. Sauf stipulation contraire dans le contrat d'apprentissage, l'apprenti n'a droit à aucune indemnité de rupture si elle est prononcée pendant cette période (c. trav. art. L. 6222-21).

Sur le statut de l'apprenti dont le contrat a été rompu par l'employeur, voir *Apprentissage (apprentis)**.

Suspension de la « période d'essai » en cas de maladie ou d'accident - La « période d'essai », pendant laquelle le contrat d'apprentissage peut être rompu par l'employeur ou l'apprenti, est suspendue par la maladie de l'apprenti et en cas d'accident du travail (cass. soc. 16 mars 2004, n° 01-44456, BC V n° 86 ; cass. soc. 31 mai 2006, n° 04-41528 D). Cette suspension prolonge d'autant la période au cours de laquelle le contrat peut être résilié de façon unilatérale.

▶ À noter… Pendant un arrêt de travail consécutif à un accident du travail ou à une maladie professionnelle, le contrat d'apprentissage, conclu pour une durée limitée, ne peut pas être résilié de façon unilatérale pendant la période d'essai. En effet, ce sont les règles de rupture protectrices des accidentés du travail en contrat à durée déterminée, qui doivent s'appliquer, faute de quoi la rupture est nulle (c. trav. art. L. 1226-18 ; cass. soc. 31 mai 2006, n° 04-41528 D ; cass. soc. 6 mai 2014, n° 12-22881 D). Si le contrat d'apprentissage est conclu pour une durée indéterminée, ce sont, à notre sens, les règles de rupture similaires mais protectrices des accidentés du travail ou victimes de maladies professionnelles en contrat à durée indéterminée qui s'appliquent (c. trav. art. L. 1226-9) (voir *Accident du travail** et *Maladies professionnelles**).

Notification à l'autre partie - Pour être effective, la décision unilatérale de rompre le contrat d'apprentissage, pendant la période d'essai, doit être notifiée par écrit à l'autre partie (ex. : l'employeur notifie par écrit sa décision de rompre unilatéralement le contrat avec l'apprenti) et ce, dans le délai de résiliation (c. trav. art. R. 6222-21 ; cass. soc. 29 septembre 2014, n° 11-26453, BC V n° 212).

La date de rupture du contrat d'apprentissage est appréciée au moment de l'envoi de cette lettre de rupture (cass. soc. 29 janvier 2008, n° 06-43906, BC V n° 25).

Notification à l'administration - La rupture unilatérale du contrat d'apprentissage, pendant la période d'essai, est notifiée au directeur du centre de formation d'apprentis (CFA) et à l'organisme qui a effectué le dépôt du contrat [voir *Apprentissage (contrat)**] (c. trav. art. R. 6222-21).

Obtention du diplôme

L'apprenti peut rompre son contrat avant le terme initialement fixé, en cas d'obtention du diplôme ou du titre de l'enseignement préparé (c. trav. art. L. 6222-19).

Il doit en informer, par écrit, son employeur en précisant le motif de la rupture et la date d'effet de la résiliation du contrat (c. trav. art. R. 6222-23). La résiliation doit également être notifiée au directeur du CFA ainsi qu'à l'organisme qui a effectué le dépôt du contrat (ou son enregistrement avant le 1.01.2020) (c. trav. art. R. 6222-21 et R. 6222-22).

L'information doit être faite au moins 1 mois avant la fin du contrat (au lieu de 2 mois avant le 1.04.2020) (c. trav. art. R. 6222-23 ; décret 2020-373 du 30 mars 2020, JO du 31).

▶ Attention… La loi 2014-288 du 5.03.2014 qui a créé le contrat d'apprentissage à durée indéterminée (CDI) n'a pas adapté la rédaction de l'article L. 6222-19 du code du travail qui continue à se référer au « terme » du contrat d'apprentissage, si bien que l'on peut se demander si cet article s'applique au CDI [voir *Apprentissage (contrat)**]. En tout état de cause, le titulaire d'un contrat d'apprentissage à durée indéterminée peut rompre son contrat selon les règles du droit commun à l'issue de la période d'apprentissage.

Accord employeur/apprenti

Accord spécifique - Passée la « période d'essai » de 45 jours *(voir ci-avant)*, le contrat d'apprentissage peut être rompu, pendant le cycle de formation, par accord exprès et bilatéral entre l'employeur et l'apprenti (et, si celui-ci est mineur, son représentant légal) (c. trav. art. L. 6222-18). Cette rupture d'un commun accord doit être constatée par un écrit signé des deux parties (cass. soc. 2 juillet 2014, n° 13-13527 D).

Dès lors que l'employeur et son apprenti signent un acte de résiliation du contrat d'apprentissage, le motif de la rupture (ex. : la démission) importe peu. En effet, dans ce cas, la rupture est effectivement expresse et bilatérale (cass. soc. 5 juillet 2011, n° 10-11659 D).

La preuve, par l'apprenti, que son consentement a été vicié pourrait lui permettre de revenir sur l'accord écrit de rupture de son contrat d'apprentissage (cass. soc. 15 décembre 2010, n° 09-42783 D).

Rupture conventionnelle - Employeur et apprenti ne peuvent pas convenir d'une *rupture conventionnelle** homologuée pour rompre le contrat d'apprentissage, celui-ci n'étant pas un contrat à durée indéterminée (circ. DGT 2009-4 du 17 mars 2009).

▶ À noter… Cette règle a été posée par l'administration avant la création du contrat d'apprentissage à durée indéterminée [voir *Apprentissage (contrat)**]. Passé le cycle de formation, le contrat d'apprentissage à durée indéterminée se poursuit mais pourrait, dès lors, être rompu, selon nous, via une *rupture conventionnelle**.

Démission

L'apprenti peut rompre son contrat de travail lorsque la période de 45 premiers jours de formation pratique en entreprise, consécutifs ou non, est dépassée (c. trav. art. L. 6222-18 et D. 6222-21-1). Cela constitue en pratique une possibilité de « démissionner » de son contrat d'apprentissage.

L'apprenti qui entend rompre son contrat doit en premier lieu saisir le médiateur consulaire.

▶ À noter… Le rôle du médiateur consulaire n'est pas encadré, toutefois selon l'exposé des motifs qui avait accompagné la diffusion du projet de décret aux partenaires sociaux (décret 2018-1231 du 24 décembre 2018, JO du 26), il pourrait être à la fois un facilitateur du dialogue entre l'apprenti et l'employeur et un tiers vérifiant la volonté de démissionner de l'apprenti.

L'apprenti doit ensuite informer son employeur de sa volonté de rompre son contrat, par tout moyen donnant date certaine, en respectant un délai d'au moins 5 jours calendaires après la saisine du médiateur consulaire.

Par ailleurs, l'apprenti est tenu de respecter un préavis minimal : la rupture du contrat d'apprentissage ne peut en effet intervenir qu'après un délai qui ne peut être inférieur à 7 jours calendaires après la date à laquelle l'employeur a été informé de l'intention de l'apprenti de rompre son contrat.

Une copie de l'acte de rupture doit être envoyée au CFA pour information.

▶ À noter... Si l'apprenti est mineur, l'acte de rupture doit être conjointement signé par l'apprenti et son représentant légal.

Rupture par l'employeur

Le contrat peut être rompu par l'employeur sans passer devant le conseil de prud'hommes, en cas (c. trav. art. L. 6222-18) :
- de force majeure ;
- de faute grave de l'apprenti ;
- d'inaptitude constatée par le médecin du travail, sans que l'employeur n'ait d'obligation de rechercher un reclassement ;
- de décès d'un employeur maître d'apprentissage dans le cadre d'une entreprise unipersonnelle.

La rupture suit les règles d'un licenciement pour motif personnel : convocation à un entretien préalable, possibilité pour l'apprenti de se faire assister par une personne de son choix appartenant à l'entreprise ou par un conseiller, notification de la rupture par lettre comportant l'énoncé du ou des motifs invoqués par l'employeur et envoyée en recommandé avec avis de réception au plus tôt 2 jours ouvrables après la date de l'entretien (c. trav. art. L. 1232-2 à L. 1232-6) [voir *Licenciement personnel (procédure)**].

En cas de faute grave, l'employeur respecte la procédure disciplinaire : notification de la sanction au plus tôt 2 jours ouvrables et au plus tard 1 mois après le jour fixé pour l'entretien, faute prescrite au bout de 2 mois, interdiction d'invoquer une sanction antérieure de plus de 3 ans (c. trav. art. L. 1332-3 à L. 1332-5) [voir *Sanctions disciplinaires (procédure)**].

Liquidation judiciaire

En cas de liquidation judiciaire sans maintien de l'activité ou lorsqu'il est mis fin au maintien de l'activité et qu'il doit être mis fin au contrat d'apprentissage, le liquidateur notifie la rupture du contrat à l'apprenti.

Cette rupture ouvre droit pour l'apprenti aux dommages et intérêts prévus en cas de rupture anticipée du contrat à durée déterminée en dehors des cas autorisés (c. trav. art. L. 6222-18 et L. 1243-4) [voir *Contrat de travail à durée déterminée (rupture anticipée)**]. Ces dommages et intérêts sont au moins égaux aux rémunérations qui auraient été perçues jusqu'au terme du contrat, étant précisé que l'apprenti ne peut pas prétendre à l'indemnité de précarité [voir *Contrat de travail à durée déterminée (indemnité de fin de contrat)**].

▶ Attention... Ces textes n'envisagent pas le cas du contrat d'apprentissage à durée indéterminée. Il convient, à notre avis, de considérer que l'apprenti en CDI aurait néanmoins droit à des dommages-intérêts correspondant aux rémunérations qu'il aurait perçues jusqu'à la fin de la période d'apprentissage. Une clarification des textes serait toutefois souhaitable.

Rôle du CFA

En cas de rupture du contrat d'apprentissage dans les cas évoqués ci-dessus (ex. : rupture à l'initiative de l'employeur) (c. trav. art. L. 6222-18), le CFA dans lequel est inscrit l'apprenti doit prendre les dispositions nécessaires pour lui permettre de suivre sa formation théorique pendant 6 mois et contribuer à lui trouver un nouvel employeur susceptible de lui permettre d'achever son cycle de formation. L'apprenti bénéficie pendant cette période du statut de stagiaire de la formation professionnelle (c. trav. art. L. 6222-18-2).

Exclusion de l'apprenti par le CFA

L'exclusion définitive de l'apprenti par le CFA constitue une cause réelle et sérieuse de licenciement (c. trav. art. L. 6222-18-1).

L'employeur peut rompre le contrat de travail de l'apprenti en suivant les règles du licenciement pour motif personnel (non disciplinaire) : convocation à un entretien préalable, possibilité pour l'apprenti de se faire assister, notification motivée du licenciement au plus tôt 2 jours après la date prévue pour l'entretien, etc. (c. trav. art. L. 1232-1 à L. 1232-14).

La rupture du contrat d'apprentissage n'est pas une obligation immédiate pour l'employeur. En effet, le contrat d'apprentissage peut se poursuivre avec l'employeur si l'apprenti est inscrit dans un nouveau CFA dans les 2 mois de son exclusion définitive.

À défaut, le contrat d'apprentissage doit être rompu. Le maintien du salarié apprenti dans l'entreprise est alors subordonné à la conclusion soit d'un contrat de travail dans les conditions du droit commun, soit d'un avenant mettant fin à la période d'apprentissage lorsque le contrat d'apprentissage est conclu pour une durée indéterminée.

Rupture en cas de non-respect de ses obligations par l'employeur

Si l'employeur méconnaît les obligations mises à sa charge ou en cas de risque sérieux d'atteinte à la santé ou à l'intégrité physique ou morale de l'apprenti, le contrat peut être rompu à l'initiative de l'administration. L'employeur doit alors verser à l'apprenti les sommes dont il aurait été redevable si contrat s'était poursuivi jusqu'à son terme ou jusqu'au terme de la période d'apprentissage [voir *Apprentissage (apprentis)**].

☛ *Apprentissage.*

Apprentissage (taxe)

La taxe d'apprentissage est destinée principalement au financement de l'*apprentissage** proprement dit, mais aussi à la mise en œuvre d'autres premières formations technologiques et professionnelles.

S'y ajoute, pour les employeurs de 250 salariés et plus n'ayant pas suffisamment d'alternants à l'effectif, une contribution supplémentaire à l'apprentissage (CSA).

Les développements ci-après présentent les règles applicables dans le cadre du recouvrement URSSAF de la taxe d'apprentissage, entré en vigueur au 1.01.2022.

Règles applicables à partir de 2022

Transfert aux URSSAF - Sont ici présentées les règles applicables dans le cadre du recouvrement URSSAF de la taxe d'apprentissage.

Le principe du transfert aux URSSAF du recouvrement de la taxe d'apprentissage remonte à la loi Avenir professionnel du 5 septembre 2018. Au niveau légal, les modalités essentielles de recouvrement sont issues d'une ordonnance de juin 2021 (ord. 2021-797 du 23 juin 2021, JO du 24). La loi de finances pour 2022 a apporté des précisions techniques (loi 2021-1900 du 30 décembre 2021, art. 121 et 127, JO du 31). Deux décrets ont adapté la partie réglementaire du code du travail (décrets 2021-1916 et 2021-1917 du 30 décembre 2021, JO du 31).

La réforme s'applique aux sommes dues au titre des périodes d'emploi accomplies à compter du 1.01.2022, à savoir à partir de la taxe d'apprentissage et de la contribution supplémentaire à l'apprentissage (CSA) 2022.

Rappels sur la taxe 2021- La taxe d'apprentissage et la contribution supplémentaire à l'apprentissage dues au titre des rémunérations 2021 sont les dernières dont la collecte était assurée par les opérateurs de compétences (OPCO), selon les règles antérieures à 2022 (voir Dictionnaire Social, éd. 2021).

Les employeurs devaient effectuer s'acquitter auprès des OPCO, avant le 1.03.2022, de la part principale de taxe d'apprentissage (87 % de la taxe de 0,68 % dans le cas général, totalité de la taxe de 0,44 % pour les établissements d'Alsace-Moselle) et, pour les employeurs concernés, de la taxe d'apprentissage. Les employeurs qui ne s'acquittent pas de la totalité des montants dont ils sont redevables devront effectuer un versement régularisateur majoré de l'insuffisance constaté auprès du service des impôts des entreprises, au plus tard le 30.04.2022, accompagné du bordereau 2485.

Hors Alsace-Moselle, les dépenses libératoires au titre de la fraction solde de la taxe d'apprentissage (13 % de la taxe de 0,68 %) devaient être réalisées avant le 1.06.2021.

Employeurs redevables

Employeurs assujettis - La taxe d'apprentissage est due par les employeurs passibles de l'impôt sur les sociétés, de plein droit ou sur option, ainsi que par les personnes physiques et par les sociétés ayant opté pour le régime fiscal des sociétés de personnes, lorsque ces personnes et sociétés exercent une activité industrielle, commerciale ou artisanale (c. trav. art. L. 6241-1, I).

Ne sont pas assujettis à la taxe (c. trav. art. L. 6131-1, II) :

- les employeurs sans établissement en France immatriculés auprès du Centre national des firmes étrangères (CNFE) ;
- les établissements publics de santé, sociaux et médico-sociaux relevant de la fonction publique hospitalière, les groupements de coopération sanitaire (c. santépub. art. L. 6133-1 et L. 6133-4) et les groupements de coopération sociale et médico-sociale (CASF art. L. 312-7) ;
- l'État ;
- les collectivités territoriales et leurs établissements publics administratifs.

Employeurs non redevables de la taxe d'apprentissage (c. trav. art. L. 6241-1, III)
• Ne sont pas redevables de la taxe d'apprentissage (c. trav. art. L. 6241-1, III) : - les sociétés et personnes morales ayant pour objet exclusif les enseignements maternel, primaire, secondaire, supérieur, technique agricole, industriel, commercial et technologique, ainsi que l'enseignement de l'ensemble des disciplines médicales et paramédicales placées sous l'autorité du ministère en charge de la santé ; - les groupements d'employeurs agricoles constitués conformément à l'article L. 1253-1 et suivants du code du travail ; - les mutuelles régies par les livres Ier et III du code de la mutualité ; - les associations, organismes fondations, fonds de dotation, congrégations, syndicats à activités non lucratives mentionnés au 1 bis de l'article 206 du code général des impôts et aux 5°, 5° bis et 11° de l'article 207 du même code ; - les sociétés coopératives agricoles d'approvisionnement et d'achat ainsi que les unions de sociétés coopératives agricoles d'approvisionnement et d'achat ; - les sociétés coopératives de production, transformation, conservation et vente de produits agricoles ainsi que leurs unions (CGI art. 207, 1, 3°) ; - les coopératives et unions artisanales, maritimes, de transport fluvial et d'entreprises de transport (CGI art. 207, 3 bis) ; - les organismes d'habitations à loyer modéré mentionnés à l'article L. 411-2 du code de la construction et de l'habitation, les sociétés anonymes de crédit immobilier qui exercent uniquement les activités prévues au I et au II de l'article L. 422-4 du même code ainsi que les unions d'économie sociale ; - les sociétés coopératives de construction désignées à l'article L. 432-2 du code de la construction et de l'habitation. • La réalisation d'activités commerciales accessoires par ces employeurs non redevables de la taxe d'apprentissage ne remet pas en cause le bénéfice de l'exonération.

Employeurs non redevables - Certaines structures ne sont pas redevables de la taxe (sociétés et personnes morales ayant pour objet exclusif les divers ordres d'enseignement, groupements d'employeurs agricoles, mutuelles, associations à activités non lucratives, etc.) (c. trav. art. L. 6241-1, III). Le tableau ci-après reprend la liste de ces employeurs spécifiquement exonérés.

La réalisation d'activités commerciales « accessoires » par ces employeurs ne remet pas en cause le bénéfice de l'exonération (c. trav. art. L. 6241-1, III).

Exonération possible pour les employeurs d'apprentis - Pour les périodes d'emploi accomplies depuis le 1.01.2022, cette exonération est mise en œuvre mensuellement (et non plus annuellement).

Les entreprises occupant un ou plusieurs apprentis sont exonérées mensuellement de taxe d'apprentissage lorsque la masse salariale (en termes d'assiette des cotisations de sécurité sociale) est inférieure ou égale à 6 fois le SMIC mensuel en vigueur au cours de la période d'emploi au titre de laquelle les rémunérations sont dues (c. trav. art. L. 6241-1, IV).

L'exonération est mise en œuvre mois par mois, au regard des critères d'exonération appréciés sur le mois qui précède. Ainsi, pour savoir si un employeur est exonéré de taxe au titre de la période d'emploi correspondant à un mois donné (mois M), les deux critères de l'exonération (emploi d'au moins un apprenti, masse salariale inférieure ou égale à 6 SMIC mensuels) sont appréciés sur le mois précédent, c'est-à-dire le mois M – 1 (c. trav. art. D. 6241-8).

L'exonération est déclarée en DSN, sous un code de cotisation spécifique.

Taux et assiette de la taxe d'apprentissage

Taux - La taxe d'apprentissage proprement dite se calcule à un taux de 0,68 % dans le cas général (c. trav. art. L. 6241-1-1, II).

Par dérogations, le taux de la taxe est de 0,44 % pour les établissements situés en Alsace-Moselle (départements du Bas-Rhin, du Haut-Rhin et de la Moselle), quel que soit le lieu du siège du principal établissement de l'entreprise.

Assiette - L'assiette de la taxe d'apprentissage est alignée sur celle des cotisations de sécurité sociale (c. trav. art. L. 6241-1-1, I).

Les rémunérations des apprentis sont exonérées de taxe pour les employeurs de moins de 11 salariés (au sens de l'effectif « sécurité sociale ») (c. trav. art. L. 6241-1-1, I al. 2).

Pour les salariés des entreprises du BTP, de transport et de dockers dont les congés payés sont indemnisés par des caisses de congés payés, les salaires à déclarer pour les intéressés sont ceux effectivement payés par l'entreprise, majorés d'un taux forfaitaire de 11,50 % (c. séc. soc. art. L. 243-1-3 et D. 243-0-2, 1°).

Apprentissage (taxe)

La rémunération à déclarer pour les intermittents du spectacle est à majorer de 10 %, au titre des versements effectués à la caisse des congés du spectacle (c. séc. soc. art. L. 243-1-3 et D. 243-0-2, 2°).

Les ports autonomes maritimes et fluviaux mentionnés à l'article L. 5311-1 du code des transports, ainsi que le port autonome de Strasbourg, qui ne procèdent pas à des distinctions dans leurs déclarations sociales entre la masse salariale de leurs effectifs attachés à leurs missions administratives et celle des effectifs engagés dans des activités industrielles et commerciales, peuvent appliquer un abattement forfaitaire de 50 % sur l'assiette de la taxe calculée sur la masse salariale globale de l'établissement (loi 2021-1900 du 30 décembre 2021, art. 121, VIII).

Par ailleurs, les textes prévoient toujours deux exonérations spécifiques :

- exonération des rémunérations versées aux salariés en contrat d'accompagnement dans l'emploi (c. trav. art. L. 5134-31, 3°) ;
- dans les ateliers et chantiers d'insertion, exonération dans la limite du SMIC pour les salariés en contrat à durée déterminée d'insertion ouvrant droit à l'aide au poste (loi 2013-1203 du 23 décembre 2013, art. 20, IV, A).

Composantes de la taxe : part principale et solde

Cas général - En dehors de l'Alsace-Moselle, la taxe d'apprentissage de 0,68 % recouvre deux composantes (c. trav. art. L. 6241-2) :

- une part « principale » de 0,59 % (soit environ 87 % de la taxe) ;
- une fraction « solde » de 0,09 % (soit environ 13 % de la taxe).

Cette distinction entre « part principale » et fraction « solde » est fondamentale en termes de règles de recouvrement URSSAF et de possibilité de déduction de certaines dépenses.

▶ À noter... Les sommes collectées au titre de la part « principale » sont destinées au financement des formations par apprentissage. Le « solde » est pour sa part orienté vers le financement des formations initiales technologiques et professionnelles (hors apprentissage) et l'insertion professionnelle.

Alsace-Moselle - En Alsace-Moselle, l'intégralité de la taxe de 0,44 % relève en totalité du régime de la part « principale » (c. trav. art. L. 6261-2 et R. 6261-13).

Il n'y a donc pas de fraction « solde ».

Recouvrement de la part « principale »

Déclaration et recouvrement périodiques - La part principale de taxe d'apprentissage (0,59 % dans le cas général ; totalité de la taxe de 0,44 % en Alsace-Moselle) doit être déclarée mensuellement en DSN.

Elle est versée aux URSSAF aux mêmes échéances périodiques que les cotisations de sécurité sociale (c. trav. art. L. 6241-2, I renvoyant à L. 6131-3), à savoir mensuellement ou, pour les rares TPE concernées, trimestriellement *(voir tableau reproduit dans cette étude)*.

La taxe d'apprentissage en recouvrement URSSAF

Contribution	Déclaration en DSN	Paiement
Taxe d'apprentissage (part principale) (1)	• Mensuelle (5 ou 15 du mois suivant la période d'emploi) • Première déclaration en DSN : 5 ou 15 février 2022 (mois de janvier 2022)	• Mensuel ou, pour les TPE concernées, trimestriel • Premier paiement aux URSSAF : - 5 ou 15 février 2022 (au titre de janvier 2022) pour les « mensuels » ; - 15 avril 2022 (au titre des mois de janvier à mars 2022) pour les TPE « trimestrielles »
Solde de taxe d'apprentissage de 0,09 % (hors Alsace-Moselle uniquement)	• Annuelle (5 ou 15 mai de l'année suivante) • Première déclaration en DSN : 5 ou 15 mai 2023 (solde dû au titre de 2022)	• Annuel (5 ou 15 mai de l'année suivante) Premier paiement aux URSSAF : 5 ou 15 mai 2023 (solde dû au titre de 2022)
Contribution supplémentaire à l'apprentissage (CSA) (2)	• Annuelle (5 ou 15 avril de l'année suivante) • Première déclaration en DSN : 5 ou 15 avril 2023 (CSA due au titre de 2022)	• Annuel (5 ou 15 avril de l'année suivante) Premier paiement aux URSSAF : 5 ou 15 avril 2023 (CSA due au titre de 2022)

(1) Hors Alsace-Moselle, la fraction principale correspond à 0,59 % (soit 87 % de la taxe de 0,68 %). En Alsace-Moselle, la fraction principale correspond à la totalité de la taxe de 0,44 %.
(2) Employeurs de 250 salariés et plus n'ayant pas suffisamment d'alternants à l'effectif (voir nos développements).

Possibilité de déduire deux catégories de dépenses - Il est possible de déduire deux catégories de dépenses de cette fraction de 87 %, afférentes soit à un centre de formation d'apprentis (CFA) d'entreprise dont disposerait l'employeur, soit en faveur d'offres de formation innovantes (c. trav. art. L. 6241-2, I).

Dépenses afférentes à un CFA d'entreprise formant les apprentis de l'employeur - La première catégorie de dépenses déductibles est constituée par les dépenses des investissements destinés au financement des équipements et matériels nécessaires à la réalisation de la formation d'un ou plusieurs apprentis de l'entreprise au sein d'un CFA dont elle dispose (c. trav. art. D. 6241-29, 1°).

Le CFA doit répondre à l'une des quatre conditions suivantes (c. trav. art. D. 6241-30) :
- être interne à l'entreprise ;
- être détenu par l'entreprise à hauteur de plus de la moitié du capital (au sens de l'article L. 233-1 du code de commerce) ou des voix au sein de l'organe de gouvernance du CFA ;
- être constitué par un groupe d'entreprises (au sens de l'article L. 1233-4, al. 2, du code du travail) ;
- être constitué par plusieurs entreprises partageant des perspectives communes d'évolution des métiers ou qui interviennent dans des secteurs d'activité complémentaires.

Dépenses afférentes à des formations innovantes - La seconde catégorie de dépenses déductibles, ce sont les versements concourant aux investissements destinés au financement des équipements et matériels nécessaires à la mise en place par un CFA d'une « offre nouvelle de formation par apprentissage », lorsque celle-ci sert à former un ou plusieurs apprentis de l'entreprise (c. trav. art. D. 6241-29, 2°).

Par « offre nouvelle de formation par apprentissage », on entend celle qui n'a jamais été dispensée sur le territoire national avant l'ouverture de la session de formation au titre de laquelle les versements sont effectués (c. trav. art. D. 6241-31).

Calcul et application des déductions - Les dépenses « CFA d'entreprise » et « formations innovantes » pouvant être déduites de la taxe de l'année N se calculent en fonction de celles effectivement payées par l'entreprise au cours de l'année précédant la déduction (N – 1), dans la limite de 10 % de la part principale de taxe de cette année N – 1 (c. trav. art. D. 6241-32).

Exemple

Le droit à déduction sur 2022 est déterminé au regard des dépenses effectuées en 2021, dans la limite de 10 % de la part principale de la taxe 2021.

Le droit à déduction ainsi calculé est déclaré et appliqué sur la taxe de l'année N au mois le mois, jusqu'à épuisement, à compter de la période d'emploi du mois de janvier et dans la limite de la part principale de taxe due au titre de chaque période d'emploi.

Ces déductions sont déclarées en DSN, sous des codes de cotisation et des codes types de personnel (CTP) spécifiques.

Exemple

Un employeur ayant déclaré en année N – 1 une part principale de taxe d'apprentissage de 2 000 € pourra déduire, au titre de ces deux catégories de dépenses qu'il aurait effectivement engagées en N – 1, jusqu'à 200 € de la part principale de la taxe d'apprentissage de l'année N.
Si la part principale de taxe d'apprentissage due au titre du mois de janvier de l'année N est de 90 €, l'employeur pourra déduire 90 €.
Le solde de 110 € de dépenses déductibles pour être imputé sur la part principale de taxe de la période d'emploi de février, et ainsi de suite jusqu'à épuisement.

Recouvrement de la fraction « solde »

Déclaration et paiement annuels - La fraction « solde » de taxe d'apprentissage de 0,09 % (hors Alsace-Moselle uniquement ; *voir plus haut*) doit être versée annuellement aux URSSAF.

Elle est payée et déclarée à la même échéance que les cotisations de sécurité sociale du mois d'avril de l'année suivant celle au titre de laquelle la taxe est due (c. trav. art. L. 6241-2, II).

Concrètement, le solde de taxe d'apprentissage de l'année N doit être payé en mai de l'année N + 1, à l'occasion de la DSN d'avril à souscrire pour le 5 ou 15 mai.

Cette contribution solde est déclarée en DSN sous un code type de personnel (CTP) spécifique.

Exemple

Le solde de 0,09 % dû au titre des salaires 2022 sera exigible et déclaré aux URSSAF le 5 ou le 15 mai 2023 (DSN d'avril 2023).

Cette fraction « solde » est désormais calculée sur la même assiette que la part principale de taxe, à savoir les rémunérations de l'année au titre de laquelle la taxe est due (ex. : salaires 2022 pour le solde de taxe 2022 à payer en mai 2023) (c. trav. art. R. 6241-19).

Dépenses déductibles au titre des subventions en nature aux CFA - La réforme du recouvrement a maintenu la possibilité, pour l'employeur, de déduire du solde de taxe d'apprentissage de 0,09 % les subventions versées en nature directement aux CFA sous forme d'équipements et de matériels conformes aux besoins des formations dispensées (c. trav. art. L. 6241-4, 2° et R. 6241-20, 1°).

Ainsi, il est possible de déduire les subventions versées au cours de l'année au titre de laquelle la taxe est due (c. trav. art. R. 6241-24). L'employeur pourra déduire du solde de taxe de l'année N à verser en mai de l'année N + 1 les subventions versées au cours de l'année N.

Une règle dérogatoire est toutefois prévue pour la première collecte URSSAF, à savoir le solde de 0,09 % de la taxe 2022 à échéance du 5 ou du 15 mai 2023 : les employeurs pourront déduire les subventions versées du 1er juin au 31 décembre 2022 (décret 2021-1916 du 30 décembre 2021, art. 4, 2°).

▶ À noter... Les subventions en nature aux CFA réalisées du 1.06.2021 au 31.05.2022 seront en effet déductibles du solde exceptionnel de 0,09 % dû au titre de la masse salariale 2021 *(voir plus loin)*.

Cette déduction est déclarée en DSN, sous un code de cotisation et un code type de personnel (CTP) spécifiques.

Valorisation des subventions en nature aux CFA - La valorisation de la déduction au titre des subventions aux CFA sous forme d'équipements et de matériels conformes aux besoins des formations dispensée repose sur un reçu que les CFA transmettent à l'entreprise. Ce reçu, daté du jour de livraison des matériels et équipements, indique l'intérêt pédagogique de ces biens ainsi que la valeur comptable justifiée par l'entreprise (c. trav. art. R. 6241-24)

Les subventions sont valorisées comme suit (arrêté du 27 décembre 2019, JO du 29, texte 50) :
- pour le matériel neuf : sur la base du prix de revient ;
- pour les produits en stock : sur la base de la valeur d'inventaire ;
- pour le matériel d'occasion : sur la base de la valeur résiduelle comptable.

Dans tous les cas, cette valorisation est déterminée toutes taxes comprises (TTC).

Déduction au titre de la créance alternants - Les entreprises de 250 salariés et plus dans le champ de la contribution supplémentaire à l'apprentissage pourront déduire du « solde » de 0,09 % la créance dont ils bénéficient s'ils dépassent le quota de 5 % d'alternants à l'effectif *(voir plus loin)* (c. trav. art. R. 6241-20, 2° et L. 6241-2, II).

Cette déduction est déclarée en DSN, sous un code de cotisation et un code type de personnel (CTP) spécifiques.

Service de fléchage pour les subventions aux premières formations initiales et à l'insertion - La réforme du recouvrement a maintenu le principe selon lequel, hors Alsace-Moselle, les employeurs pourront toujours réaliser, au titre du « solde » de 0,09 %, des dépenses en faveur de formations initiales technologiques et professionnelles (hors apprentissage) et de l'insertion professionnelle (c. trav. art. L. 6241-4, 1°).

Néanmoins, les modalités de réalisation de ces dépenses changent radicalement sous le régime du recouvrement URSSAF.

Il n'y a plus de versement direct des entreprises aux formations, écoles et établissements bénéficiaires, puisque les employeurs paieront la fraction « solde » de 0,09 % aux URSSAF.

En revanche, les entreprises pourront désigner des établissements bénéficiaires via un service dématérialisé de fléchage, dont les modalités restent à préciser par décret, et qui sera mis en œuvre par la Caisse des dépôts et consignations. La Caisse des dépôts, qui sera destinataire des fonds collectés par l'URSSAF, procédera ensuite aux versements aux établissements désignés par les employeurs.

Le code du travail dresse la liste des catégories d'établissements habilités à percevoir des versements au titre du 0,09 % (c. trav. art. L. 6241-5). La liste des formations et d'établissements habilités à recevoir des versements est déterminée par des listes régionales et une liste nationale :
- dans chaque région, deux listes sont publiées chaque année par le préfet, au plus tard le 31 décembre de l'année précédant celle au titre de laquelle la taxe est due (c. trav. art. L. 6241-5, 1° à 12°, R. 6241-21 et R. 6241-22) ;
- la liste nationale est établie par arrêté, étant précisé que le montant fléché vers ces organismes ne peut pas dépasser 30 % de la fraction « solde » de 0,09 % (c. trav. art. L. 6241-5, 13°).

▶ À noter... La liste nationale résulte en dernier lieu d'un arrêté publié fin 2021 qui identifie les organismes habilités pour 3 ans au titre, selon les cas, des années 2020 à 2022, 2021 à 2023 ou 2022 à 2024 (arrêté du 30 décembre 2019, JO 5 janvier 2020, texte 13, modifié en dernier lieu par arrêté du 30 décembre 2021, JO du 31, texte 79).

Contribution supplémentaire à l'apprentissage

Employeurs assujettis - Les employeurs de 250 salariés et plus redevables de la taxe d'apprentissage doivent également s'acquitter d'une contribution supplémentaire à l'apprentissage (CSA) s'ils n'ont pas employé, au cours de l'année, de salariés en contrat d'apprentissage ou de professionnalisation ou de doctorants bénéficiant d'une convention industrielle de formation par la recherche (CIFRE), à hauteur de 5 % de l'effectif annuel moyen (c. trav. art. L. 6242-1).

Pour le calcul de leur proportion d'alternants, les entreprises peuvent aussi comptabiliser, pendant l'année suivant la date de fin de leur contrat de professionnalisation ou d'apprentissage, des salariés embauchés en CDI par l'entreprise à l'issue dudit contrat.

Par ailleurs, mêmes s'ils n'atteignent pas le quota de 5 %, les employeurs dont l'effectif de salariés employés au titre des seuls contrats d'apprentissage et de professionnalisation est supérieur ou égal à 3 % de l'effectif annuel global sont également exonérés de la contribution supplémentaire s'ils justifient d'une hausse de l'effectif de salariés en contrat d'apprentissage et de professionnalisation d'au moins 10 % par rapport à l'année précédente.

Calcul des effectifs - L'assujettissement de l'employeur au titre d'une année N dépend de son effectif sur cette même année N, calculé selon les modalités prévues par le code de la sécurité sociale (c. trav. art. L. 6242-1, V ; c. séc. soc. art. L. 130-1 et R. 130-1).

▶ À noter... Les règles d'*effectif sécurité sociale** devraient conduire à se référer à l'effectif de l'année précédente (N - 1). C'est par dérogation qu'il est expressément prévu qu'on se réfère à l'effectif de l'année au titre de laquelle la taxe est due (c. trav. art. L. 6242-1, V).

Lorsqu'un employeur atteint ou franchit le seuil de 250 salariés à la hausse, le franchissement n'est pris en compte que si ce seuil est atteint ou franchi pendant 5 années civiles consécutives (c. séc. soc. art. L. 130-1, II). Si l'effectif repasse en deçà du seuil au cours de cette période, l'entreprise qui repasse par la suite au-dessus du seuil bénéficiera d'un nouveau délai de 5 ans.

L'effectif d'assujettissement des entreprises de travail temporaire (ETT) s'apprécie en tenant compte de leurs salariés permanents, mais aussi de leurs salariés temporaires mis à disposition, selon les règles d'effectif « sécurité sociale » habituelles (c. séc. soc. art. L. 130-1 et R. 130-1). En revanche, les ETT calculent leur proportion d'alternants sur leurs seuls salariés permanents, sans tenir compte des salariés temporaires mis à disposition des entreprises utilisatrices : on ne tient donc compte que des alternants « permanents », dont la proportion s'apprécie par rapport à l'effectif annuel des salariés « permanents » de l'entreprise (c. trav. art. L. 6242-1, V).

Taux - Si l'employeur est redevable de la contribution, celle-ci est due à un taux variant selon la proportion d'alternants à l'effectif *(voir tableau reproduit dans cette étude)* (c. trav. art. L. 6242-1, IV et VI).

On notera que lorsque la proportion d'alternants à l'effectif est inférieure à 1 %, le taux applicable varie selon que l'effectif de l'entreprise est supérieur ou non à 2000 salariés *(voir tableau)*. À partir de la contribution due au titre de l'année 2022, l'employeur peut appliquer à ce seuil les règles de limitation des effets de seuil du code de la sécurité sociale (condition de 5 années consécutives en cas de franchissement à la hausse) (c. trav. art. L. 6242-1, V). Ainsi, le franchissement du seuil de 2000 salariés à la hausse n'est pris en compte que si ce seuil est atteint ou franchi pendant 5 années civiles consécutives (c. séc. soc. art. L. 130-1, II).

Assiette - L'assiette de la contribution est déterminée comme pour la taxe d'apprentissage *(voir plus haut)* (c. trav. art. L. 6242-1, III).

Pour les entreprises de travail temporaire, la contribution n'est pas due sur les rémunérations versées aux salariés temporaires sous contrat de mission (c. trav. art. L. 6242-1, V).

Déclaration et paiement annuels - Pour les employeurs redevables, la CSA sera versée annuellement aux URSSAF. La contribution de l'année N sera exigible et déclarée en avril N + 1, à l'occasion de la DSN de mars à échéance du 5 ou du 15 avril (c. trav. art. L. 6242-1, VIII). La première CSA versée aux URSSAF sera celle due au titre de l'année 2022, à verser aux URSSAF en avril 2023.

Cette contribution est déclarée en DSN, sous un CTP spécifique.

Créance alternants pour les employeurs qui dépassent 5 % d'alternants - Les employeurs de 250 salariés et plus entrant dans le champ de la contribution supplémentaire et dépassant le quota de 5 % bénéficient d'une créance, imputable sur la fraction « solde » de la taxe d'apprentissage *(voir plus haut)* (c. trav. art. L. 6241-2, II). Un éventuel excédent non imputé n'est ni reporté, ni restitué.

Contribution supplémentaire à la taxe d'apprentissage			
Proportion d'alternants (1), de VIE et de CIFRE à l'effectif		Taux hors Alsace-Moselle	Taux en Alsace-Moselle
Moins de 1 %	Entreprises jusqu'à 2 000 salariés	0,40 %	0,208 %
	Entreprises de plus de 2 000 salariés	0,60 %	0,312 %
De 1 % à moins de 2 %		0,20 %	0,104 %
De 2 % à moins de 3 %		0,10 %	0,052 %
De 3 % à moins de 5 % (2)		0,05 %	0,026 %

(1) Apprentis, salariés en contrat de professionnalisation, doctorants en convention industrielle de formation par la recherche et, pendant l'année suivant la fin d'un contrat de professionnalisation ou d'apprentissage, salariés embauchés en CDI à l'issue d'un tel contrat.
(2) Les employeurs ayant au moins 3 % d'apprentis et de contrats de professionnalisation peuvent, sous condition de progression du nombre de ces salariés, échapper à la contribution.

La créance est calculée est calculée en fonction du nombre d'alternants compris entre 5 % et 7 % de l'effectif de référence. Son montant est égal au pourcentage de dépassement, retenu dans la limite de 2 points, multiplié par l'effectif annuel moyen de l'entreprise, puis par un montant de 4 € (arrêté du 3 janvier 2020, JO du 8, texte 11).

Exemple

Un employeur de 300 salariés a 6,5 % d'alternants. Il est donc 1,5 point au-dessus du quota de 5 %. Sa créance est de 1,5 × 300 × 4 € = 1 800 € (on peut arriver au même résultat via un autre calcul : 1,5 % × 300 × 400 €).

La créance ne pouvant s'imputer que sur le « solde » de taxe d'apprentissage, elle n'est pas déductible de la taxe de 0,44 % applicable aux établissements situés en Alsace-Moselle (il n'y a pas de fraction « solde » ; *voir plus haut*).

Un 0,09 % exceptionnel sur les salaires 2021

Fraction solde exceptionnelle « rétablie » par la loi de finances - En application de la loi de finances pour 2022, hors Alsace-Moselle, les employeurs assujettis à la taxe d'apprentissage en application des règles antérieures au transfert du recouvrement aux URSSAF sont redevables d'une fraction solde de 0,09 % exceptionnelle au titre de la masse salariale 2021 (loi 2021-1900 du 30 décembre 2021, art. 127).

Cette règle dérogatoire vise à sécuriser les financements des formations technologiques et professionnelles. Elle conduit en quelque sorte à « rétablir » une imposition au titre de la fraction « solde » sur les salaires 2021 qui, sans cela, y auraient échappés.

Sans cette mesure, la mécanique des textes aurait conduit aux solutions suivantes :

- la fraction solde due sur les rémunérations 2020 (au titre de la taxe 2021) a été acquittée au plus tard le 31 mai 2021 sous forme de dépenses libératoires directes en application des règles antérieures au transfert du recouvrement de la taxe d'apprentissage aux URSSAF (c. trav. art. R. 6241-20 et R. 6241-24 dans leur rédaction antérieure à 2022) ;
- la fraction solde due sur les rémunérations 2022 au titre de la taxe 2022 sera versée aux URSSAF le 5 ou le 15 mai 2023 dans le cadre des nouvelles modalités de recouvrement *(voir plus haut)* ;
- sans la mesure de la loi de finances 2022, il n'y aurait pas eu de fraction solde au titre des rémunérations 2021 (le législateur a donc fait le nécessaire pour éviter cette année blanche).

Réalisation - Cette somme sera à réaliser au plus tard le 31.05.2022 sous forme de dépenses libératoires directement auprès des formations, structures et établissements bénéficiaires.

Sous réserve de confirmation par décret à paraître, les dépenses libératoires directes doivent être effectuées selon les anciennes modalités. Elles ne passeront donc pas par les URSSAF et la paye ni par la nouvelle procédure dématérialisée de fléchage.

Rappelons qu'il peut s'agir de subventions versées en nature directement aux CFA sous forme d'équipements et de matériels conformes ou de subventions directes aux formations, écoles et établissements habilités à recevoir des versements au titre du solde d'apprentissage (listes fixées par les préfets de région + liste nationale) *(voir plus haut)*.

☛ *Apprentissage.*

Apprentissage (travail temporaire)

Les entreprises de *travail temporaire** (ETT) peuvent conclure des contrats d'apprentissage. Les salariés concernés bénéficient d'une formation dispensée pour partie dans l'entreprise utilisatrice, dans le cadre de missions de travail temporaire, et pour partie en centre de formation des apprentis (CFA) ou en section d'apprentissage (c. trav. art. L. 1251-7, 3° et L. 6226-1).

La mise à disposition d'un apprenti par une ETT suppose la conclusion de trois types de contrats :
- un contrat d'apprentissage entre l'apprenti et l'ETT ;
- un contrat de mise à disposition de l'apprenti entre l'ETT et l'entreprise utilisatrice (ou des contrats successifs avec une ou plusieurs entreprises utilisatrices) ;
- et un contrat de mission entre l'apprenti et l'ETT (ou des contrats successifs pour différentes missions).

Trois types de contrats

Contrat d'apprentissage - Le contrat d'apprentissage conclu entre l'apprenti et l'ETT précise notamment le nom du maître d'apprentissage nommé dans cette dernière et la durée de son expérience en ETT (c. trav. art. R. 6226-1).

Contrat de mise à disposition - Le contrat de mise à disposition de l'apprenti au sein de l'entreprise utilisatrice mentionne (c. trav. art. R. 6226-2) :
- le titre ou diplôme préparé par l'apprenti ;
- la nature des travaux confiés à l'apprenti, qui sont en lien direct avec la formation professionnelle prévue au contrat d'apprentissage ;
- le nom du maître d'apprentissage désigné au sein de l'ETT ;
- le nom du maître d'apprentissage désigné au sein de l'entreprise utilisatrice, ainsi que les informations attestant du respect des conditions de compétence professionnelle exigées (c. trav. art. L. 6223-8-1) ;
- les modalités selon lesquelles l'entreprise utilisatrice informe l'ETT du déroulement de la formation professionnelle de l'apprenti en son sein ;
- les modalités selon lesquelles la liaison entre les maîtres d'apprentissage et le CFA est organisée.

Contrat de mission - Le contrat de mission conclu entre l'ETT et l'apprenti doit comporter (c. trav. art. L. 1251-16) :
- la reproduction des clauses et mentions du contrat de mise à disposition ;
- la qualification professionnelle de l'apprenti ;
- les modalités de la rémunération due à l'apprenti, y compris l'indemnité de fin de mission ;
- la durée de l'éventuelle période d'essai ;
- le nom et l'adresse de la caisse de retraite complémentaire et de l'organisme de prévoyance dont relève l'ETT ;
- la mention selon laquelle l'embauche du salarié par l'entreprise utilisatrice à l'issue de la mission n'est pas interdite ;
- une clause de rapatriement de l'apprenti à la charge de l'ETT lorsque la mission s'effectue hors du territoire métropolitain.

▶ À noter... À propos de la période d'essai en cas d'embauche en contrat de travail temporaire faisant suite à un contrat d'apprentissage avec la même entreprise, voir *Apprentissage (contrat)** (c. trav. art. L. 6222-16).

Transmission du contrat de mission - L'ETT adresse le contrat de mission de l'apprenti, dès sa conclusion, au directeur du CFA. Elle l'informe de tout changement concernant le maître d'apprentissage désigné au sein de l'entreprise utilisatrice (c. trav. art. R. 6226-3).

Suspension ou rupture en cas d'atteinte à la santé - En cas de risque sérieux d'atteinte à la santé ou à l'intégrité physique ou morale de l'apprenti, le contrat d'apprentissage peut être suspendu par l'agent de contrôle de l'inspection du travail. Cette suspension emporte la suspension du contrat de mission de l'apprenti (c. trav. art. L. 6225-4 et R. 6226-3). Si le DREETS refuse la reprise de l'exécution du contrat d'apprentissage, celui-ci est rompu et l'employeur doit verser à l'apprenti les sommes qu'il aurait dues si le contrat ou l'apprentissage s'était poursuivi jusqu'à son terme. Cette rupture emporte la rupture du contrat d'apprentissage (c. trav. art. L. 6225-5 et R. 6226-3).

Durée des missions et du contrat de mission - Chaque mission de travail temporaire effectuée dans le cadre de l'apprentissage doit avoir une durée minimale de 6 mois. Cette durée est appréciée en tenant compte du temps passé en CFA ou en section d'apprentissage au titre de ces missions (c. trav. art. L. 6226-1).

La durée totale des contrats de mission peut être fixée par la convention ou l'accord de branche étendu dont relève l'entreprise utilisatrice, elle ne peut avoir pour objet ou effet de pourvoir durablement un emploi lié à l'activité normale de l'entreprise (c. trav. art. L. 1251-12). À défaut, l'employeur doit appliquer les règles supplétives qui fixent à 36 mois la durée maximale des contrats de mission afin d'être égales à celle du cycle de formation effectué en apprentissage (c. trav. art. L. 1251-12-1).

Maîtres d'apprentissage

Obligation - L'ETT et chaque entreprise utilisatrice au titre des missions effectuées en apprentissage sont tenues de désigner un maître d'apprentissage (c. trav. art. L. 6226-1) [voir *Apprentissage (maître d')**].

Maître d'apprentissage désigné dans l'ETT - Le maître d'apprentissage désigné au sein de l'ETT doit avoir au moins 2 ans d'expérience professionnelle dans ce type d'entreprise. Il assure le suivi de l'apprenti tout au long de sa formation et veille à sa progression (c. trav. art. R. 6226-5).

Le nombre maximal d'apprentis pouvant être accueillis simultanément dans une ETT est fixé à 5 par maître d'apprentissage (c. trav. art. R. 6226-5).

Maître d'apprentissage nommé dans l'entreprise utilisatrice - Le maître d'apprentissage nommé au sein de l'entreprise utilisatrice contribue à l'acquisition par l'apprenti des compétences correspondant à la qualification recherchée et au titre ou diplôme préparé. En outre, si le travail de nuit a été autorisé, il est accompli sous sa responsabilité (c. trav. art. R. 6226-6).

Ce maître d'apprentissage ne peut suivre que 2 apprentis, sachant que l'apprenti mis à disposition par une ETT est pris en compte dans ce nombre maximal (c. trav. art. R. 6226-6 et R. 6223-6).

Relations entre les maîtres d'apprentissage et le CFA - Le maître d'apprentissage désigné au sein de l'ETT assure sa mission en liaison avec le maître d'apprentissage nommé dans l'entreprise utilisatrice (et inversement) et le CFA (c. trav. art. R. 6226-5 et R. 6226-6).

☛ *Apprentissage.*

Aptitude

Rôle du médecin du travail

Voir *Visite médicale (information et prévention)**, *Visite médicale (reprise)** et *Visites médicales (périodiques)**.

Obligations de l'employeur

Obligations distinctes en cas d'inaptitude ou en cas d'aptitude - Les obligations de l'employeur vis-à-vis d'un salarié apte diffèrent de celles qu'il a à l'égard d'un salarié déclaré inapte [voir *Inaptitude physique (licenciement)** et *Inaptitude physique (reclassement)**].

Obligations en cas d'aptitude - À l'issue d'une période de suspension du contrat de travail due à une maladie ou à un accident d'origine non professionnelle ou professionnelle, l'employeur doit réintégrer le salarié qui n'a pas été déclaré inapte dans son emploi ou un emploi similaire assorti d'une rémunération équivalente, à savoir un emploi sans *modification du contrat de travail** (c. trav. art. L. 1226-8 ; cass. soc. 25 février 1997, n° 94-41351, BC V n° 81 ; cass. soc. 26 mai 2010, n° 08-43152, BC V n° 111).

Le cas échéant, l'employeur est tenu de prendre en considération les propositions de mesures individuelles du médecin du travail (ex. : mutations ou transformations de postes) justifiées par des considérations relatives notamment à l'âge, à la résistance physique ou à l'état de santé physique et mentale des travailleurs. Il y va du respect de son obligation légale de sécurité [voir *Hygiène et sécurité (obligations de l'employeur)** et *Médecin du travail**] (c. trav. art. L. 4624-3). Si le cas se présente, l'employeur doit donc réintégrer le salarié concerné conformément aux préconisations du médecin du travail, mais sans modification du contrat de travail, à moins qu'il ne puisse justifier de son impossibilité à réintégrer le salarié dans l'emploi précédent ou un emploi similaire (cass. soc. 6 février 2013, n° 11-28038, BC V n° 28).

▶ Attention… L'employeur qui ne réintégrerait pas le salarié, alors qu'il n'a pas été déclaré inapte, pourrait avoir à faire face à une *prise d'acte de la rupture** du contrat de travail (cass. soc. 27 février 2013, n° 11-21358 D).

En revanche, l'employeur n'a pas à rechercher un reclassement ni à licencier l'intéressé qui refuserait de réintégrer son poste. En effet, s'agissant d'un salarié « apte », l'employeur n'a pas d'obligation de reclassement, ou à défaut, de reprise de paiement du salaire en l'absence de licenciement, dans un délai d'un mois (cass. soc. 13 avril 2016, n° 15-10400, BC V n° 75).

▶ À noter… Le salarié apte, ou apte mais sous réserve des mesures préconisées par le médecin du travail, qui refuserait de reprendre son précédent poste ou un poste compatible avec les préconisations du médecin du travail pourrait de ce fait être licencié, sans qu'une discrimination puisse être reprochée à l'employeur (cass. soc. 6 novembre 2011, n° 99-40241 D ; cass. soc. 26 avril 2017, n° 14-29089, BC V n° 67).

Règles applicables en cas d'aptitude avec réserves - Un avis d'aptitude avec réserves n'était pas considéré comme étant un avis d'inaptitude (cass. soc. 10 novembre 2009, n° 08-42674, BC V n° 253). Les règles propres à l'inaptitude n'étaient donc pas applicables (cass. soc. 8 juin 2011, n° 09-42261, BC V n° 145). Aujourd'hui, le terme d'« avis d'aptitude avec réserves » est inapproprié. Cela étant, le salarié qui n'est pas déclaré inapte mais pour lequel le médecin fait des préconisations (c. trav. art. L. 4624-3), demeure « apte ».

L'employeur a alors les mêmes obligations que celles évoquées ci-avant.

☛ *Inaptitude physique (licenciement) ; Inaptitude physique (reclassement).*

ARRCO

☛ *Retraite complémentaire.*

Arrêt temporaire des travaux

Situations pouvant déclencher l'arrêt des travaux

L'inspecteur du travail peut prescrire l'arrêt temporaire de travaux ou activités en cas de danger grave et imminent résultant (c. trav. art. L. 4731-1) :

- d'un défaut de protection contre les chutes de hauteur ;
- de l'absence de dispositifs de nature à éviter les risques d'ensevelissement ;
- de l'absence de dispositifs de protection de nature à éviter les risques liés à l'amiante ;
- de l'utilisation d'équipements de travail dépourvus de protecteurs, de dispositifs de protection ou de composants de sécurité appropriés ou sur lesquels ces protecteurs, dispositifs de protection ou composants de sécurité sont inopérants ;
- du risque résultant de travaux ou d'une activité dans l'environnement des lignes électriques aériennes ou souterraines ;
- du risque de contact électrique direct avec des pièces nues sous tension en dehors des opérations sur les installations électriques ou dans leur voisinage (c. trav. art. R. 4544-1 à R. 4544-11).

Une procédure d'arrêt d'activité peut également être déclenchée en présence de certains risques chimiques (c. trav. art. L. 4721-8, L. 4731-2 et R. 4721-6 et s.).

Contestation de la mesure d'arrêt des travaux

Pour contester la mise en demeure consécutive à un risque chimique, l'employeur doit saisir le DREETS (c. trav. art. L. 4723-1).

Par ailleurs, la contestation de l'arrêt temporaire des travaux ou de l'activité doit être portée devant le juge administratif par la voie du référé (c. trav. art. L. 4731-4).

Sanctions administratives ou pénales

Sur le plan pénal, l'employeur qui refuse de se conformer à une mesure d'arrêt temporaire de travaux ou d'activités, quelle que soit son activité, encourt une peine d'emprisonnement d'un an et d'une amende de 3 750 € (c. trav. art. L. 4741-3-1).

L'employeur qui refuse de se conformer à une mesure d'arrêt temporaire de travaux de bâtiment et génie civil s'expose à une amende administrative (voir *Inspection du travail**) (c. trav. art. L. 8115-1).

Arrêt de travail

☛ *Accident du travail ; Avis d'arrêt de travail ; Indemnités journalières de sécurité sociale ; Maladie ; Maladie (absences prolongées et répétées) ; Maladie (contrôle des arrêts de travail) ; Maladie (incidences sur les congés payés) ; Maladie (indemnisation) ; Maladie (reprise du travail) ; Maladies professionnelles ; Visite médicale (reprise).*

Arrêtés Parodi

Les arrêtés Parodi sont des arrêtés ministériels qui, entre 1945 et 1950, fixèrent la structure et le montant des rémunérations des salariés du secteur privé. Ils prévoyaient en particulier, outre un salaire minimum, la répartition des salariés en catégories professionnelles affectées d'un coefficient déterminé permettant de fixer le salaire de base. La loi du 11.02.1950 sur les conventions collectives a substitué à la fixation autoritaire des salaires leur libre négociation dans le cadre de la négociation collective ou du contrat individuel (voir *Négociations obligatoires dans l'entreprise** et *Salaire**).

Incidence des classifications

À défaut de convention collective ou d'accord collectif de salaire liant l'employeur, les classifications d'emploi issues des arrêtés Parodi demeurent applicables (voir *Classification des emplois**).

Incidence du salaire minimum

En l'absence de dispositions conventionnelles prévoyant un mode de calcul différent, la *prime d'ancienneté** doit être calculée sur la base du salaire minimum légal professionnel fixé par l'arrêté de salaire et non sur celle du *SMIC** (cass. soc. 23 septembre 1982, n° 80-40250, BC V n° 520).

Assemblée générale des actionnaires (représentants du personnel)

☞ *Comité social et économique (représentants dans les organes sociaux).*

Assesseurs des juridictions de sécurité sociale et d'aide sociale

Mandat extérieur

Les salariés peuvent exercer, en dehors de l'entreprise, des fonctions judiciaires. Tel est le cas des salariés titulaires, en qualité de représentant des salariés, d'un mandat d'assesseur auprès de certaines juridictions, à savoir (c. org. jud. art. L. 218-1 et L. 312-6-2) :

- les tribunaux judiciaires spécialement désignés pour statuer sur les *contentieux de sécurité sociale** et certains contentieux d'aide sociale (voir *Tribunal judiciaire**) ;
- la cour d'appel d'Amiens, compétente pour les litiges relatifs à la tarification AT/MP.

▶ À noter… La cour d'appel d'Amiens a remplacé, au 1.01.2019, la Cour nationale de l'incapacité et de la tarification de l'assurance des accidents du travail, qui reste toutefois compétente, au plus tard jusqu'au 31.12.2020 voire jusqu'au 31.12.2022 si besoin, pour les litiges dont elle était saisie au 31.12.2018 (c. séc. soc. art. L. 142-8 ; c. org. jud. art. L. 211-16 et L. 311-16 ; loi 2016-1547 du 18 novembre 2016, art. 12 et 114, JO du 19 ; ord. 2018-358 du 16 mai 2018, art. 7-I, 2°, JO du 17 ; loi 2019-222 du 23 mars 2019, art. 95 et 109-XXIII, JO du 24).

Les assesseurs sont des juges non professionnels choisis, pour une durée de 3 ans renouvelable, par le premier président de la cour d'appel, sur une liste dressée par le préfet du département sur proposition des organisations professionnelles intéressées les plus représentatives (c. org. jud. art. L. 218-3, R. 218-1 et R. 218-2).

La formation de jugement du *tribunal judiciaire** et de la cour d'appel d'Amiens est composée d'un magistrat professionnel et de deux assesseurs : un représentant des salariés et un représentant des employeurs et travailleurs indépendants (c. org. jud. art. L. 218-1 et L. 312-6-2).

Des assesseurs suppléants sont désignés concomitamment dans les mêmes formes (c. org. jud. art. L. 218-3 et L. 312-6-2).

▶ À noter… La fonction d'assesseur peut être cumulée avec celle de conseiller prud'homal [voir *Conseil de prud'hommes (conseillers prud'hommes)**] (c. org. jud. art. L. 218-4).

Autorisations d'absence

L'employeur est tenu de laisser aux salariés qui détiennent un mandat d'assesseur le temps nécessaire pour l'exercice de leurs fonctions (c. org. jud. art. L. 218-7). Il ne s'agit que d'une simple autorisation d'absence, de sorte que l'employeur n'est pas tenu de maintenir la rémunération du salarié.

▶ À noter… L'administration verse aux assesseurs une indemnité d'audience et une indemnité pour perte de salaire. Elle les indemnise aussi de leurs frais de déplacement (c. org. jud. art. R. 218-11 et R. 218-12).

Protection

Les salariés assesseurs des juridictions de sécurité sociale et d'aide sociale sont des salariés protégés au même titre que les conseillers prud'hommes [voir *Conseil de prud'hommes (conseillers prud'hommes)**]. Ce statut confère une certaine protection au salarié, notamment en matière de licenciement. Ainsi, l'employeur doit obtenir l'autorisation de l'inspection du travail avant de licencier un salarié assesseur ou qui a cessé ses fonctions d'assesseur depuis moins de 6 mois, sous réserve que l'employeur ait effectivement connaissance de ce mandat extérieur (voir *Licenciement des représentants du personnel**).

En outre, l'exercice des fonctions d'assesseur ne peut être une cause de sanction ou de rupture du contrat de travail (c. org. jud. art. L. 218-7).

Assistance du salarié à l'entretien préalable

Conseiller du salarié (entretien préalable au licenciement) ; Entretien préalable au licenciement (convocation) ; Entretien préalable au licenciement (déroulement) ; Sanctions disciplinaires (procédure).

Association

Les associations occupant du personnel se voient, en principe, appliquer les mêmes règles que les autres catégories d'employeurs, tant pour déterminer les obligations de l'association en matière de droit du travail qu'en matière de droit de la sécurité sociale. Les *bénévoles**, quant à eux, relèvent d'un statut spécifique.

Des congés spécifiques sont prévus pour l'exercice de certaines activités associatives.

Enfin, les associations peuvent bénéficier de certaines aides.

Association familiale ; Association intermédiaire ; Bénévoles ; Chèque-emploi associatif ; Congé pour l'exercice de responsabilités associatives ; Congé de formation de cadres et d'animateurs pour la jeunesse ; Congé de représentation (associations, mutuelles) ; Congé de solidarité internationale ; Contrat aidé ; Formateur occasionnel (cotisations sociales) ; Groupement d'employeurs ; Service emploi-association ; Zone franche urbaine (secteur non marchand) ; Zone de revitalisation rurale (organismes d'intérêt général).

Association familiale

Représentant familial

Désignation d'un salarié - Le salarié qui le souhaite peut être désigné en qualité de représentant des familles par une antenne régionale ou départementale de l'Union nationale des associations familiales (UNAF). Le cas échéant, il exerce, en plus de son travail, des fonctions de représentation extérieures consistant à siéger dans différentes instances instituées par les pouvoirs publics (ex. : CAF, CPAM, Offices HLM, commissions de surendettement des particuliers, centres communaux d'action sociale).

Autorisations d'absence - Les salariés désignés représentants familiaux ont le droit de s'absenter de leur travail pour se rendre et participer aux réunions où ils doivent assurer cette représentation (CASF art. L. 211-13).

Les organismes donnant droit à autorisation d'absence sont listés par arrêté (arrêté du 14 mars 1986, JO 18 ; arrêté du 19 janvier 1989, JO 22 avril ; arrêté du 11 juin 1990, JO du 26).

▶ À noter... Un arrêté du 30 mars 1986 avait prévu une limite de 40 h par an, pour une période transitoire de 2 ans (arrêté du 30 octobre 1986, JO du 19 novembre). Cette disposition n'a jamais été pérennisée.

Refus de l'employeur - L'employeur ne peut refuser une autorisation d'absence que s'il estime, après avis conforme du *comité social et économique** (CSE), que cette absence pourrait avoir des conséquences préjudiciables à la production et à la marche de l'entreprise. Le cas échéant, l'employeur doit motiver son refus. En cas de différend, l'employeur ou le salarié peuvent saisir l'inspecteur du travail à des fins d'arbitrage (CASF art. L. 211-13).

Effets sur le contrat de travail

Temps de travail effectif - Le temps passé par le représentant familial hors de l'entreprise pendant les heures de travail pour l'exercice de ses fonctions est assimilé à du *temps de travail effectif** (CASF art. L. 211-13) :

- pour calculer la durée des *congés payés** ;
- pour la détermination du droit aux prestations d'assurances sociales et aux prestations familiales ;
- au regard de tous les droits qu'il tient du fait de son *ancienneté** dans l'entreprise.

Maintien de la rémunération - La participation aux réunions en question ne doit entraîner aucune diminution de la rémunération.

Les dépenses supportées par l'employeur liées au maintien du salaire lui sont remboursées, selon les cas, par l'Union nationale des associations familiales ou par l'union départementale concernée (CASF art. L. 211-13). Le droit au remboursement ne concerne que les salariés délégués par l'Unaf ou les Udaf et non les salariés qui représentent les mouvements familiaux (rép. Bollengier-Stragier n° 7248, JO du 1er décembre 1986, AN quest. p. 4541).

▶ À noter... L'employeur n'est pas légalement tenu de maintenir la rémunération pendant les temps de formation aux fonctions de représentant.

Pas de statut protecteur - Le mandat de représentant d'une association familiale ne confère aucune protection spécifique, notamment contre la rupture du contrat de travail. L'employeur n'a donc pas à obtenir l'autorisation de l'inspection du travail pour licencier le salarié exerçant par ailleurs un mandat de représentant des familles.

☛ *Association.*

Association intermédiaire

Embauche de publics en difficulté

Les associations intermédiaires sont des associations conventionnées par l'État ayant pour objet l'embauche de personnes sans emploi, rencontrant des difficultés sociales et professionnelles particulières, en vue de faciliter leur insertion professionnelle en les mettant à titre onéreux à la disposition de personnes physiques ou de personnes morales (c. trav. art. L. 5132-7). Elles relèvent des structures d'insertion par l'activité économique (SIAE) (c. trav. art. L. 5132-1 à L. 5132-4).

▶ À noter... Sur la commission d'insertion qu'il est possible de mettre en place à titre expérimental dans les structures d'insertion par l'activité économique à partir du 11e salarié, voir *Comité social et économique (commissions)**.

Elles assurent l'accueil des personnes ainsi que le suivi et l'accompagnement de ses salariés en vue de faciliter leur insertion sociale et de rechercher les conditions d'une insertion professionnelle durable.

La mise à disposition s'effectue à titre onéreux mais l'activité est non lucrative. Cela signifie que l'association peut réclamer à l'utilisateur une somme supérieure à la rémunération versée au salarié mis à disposition, augmentée d'éventuelles charges, pourvu que les excédents de recettes soient affectés intégralement aux actions entrant dans son objet social.

L'activité des associations intermédiaires étant réputée non lucrative, elles signent avec l'État une convention au titre de l'insertion par l'activité économique (IAE) (c. trav. art. R. 5132-11 ; décret 2021-1128 du 30 août 2021, art. 1, JO du 31).

▶ À noter... Les associations intermédiaires peuvent être agréées comme associations de services aux personnes tout en continuant à mettre du personnel à la disposition d'entreprises et d'associations.

Parcours d'insertion par l'activité économique

Pour être embauchées par une SIAE et ouvrir droit aux aides financières, les intéressés doivent être éligibles à un « parcours d'insertion par l'activité économique (IAE) ». Le parcours d'IAE vise à permettre aux personnes sans emploi qui rencontrent des difficultés sociales et professionnelles particulières de bénéficier de contrats de travail ainsi que d'un accueil et d'un accompagnement spécifiques, pouvant comprendre des actions de formation, en vue de faciliter leur insertion professionnelle.

L'appréciation de l'éligibilité des personnes à un parcours d'IAE peut s'opérer au niveau de Pôle Emploi ou d'un autre prescripteur, mais aussi être réalisée directement par les structures d'IAE et inclure notamment des personnes éloignées de l'emploi mais non inscrites sur la liste des demandeurs d'emploi (c. trav. art. 5132-3, R. 5132-1 à R. 5132-1-23 ; décret 2021-1128 du 30 août 2021, art. 1, JO du 31 ; arrêtés du 1er septembre 2021, texte n° 21, JO 2 ; du 22 septembre 2021, texte n° 17, JO 2 octobre ; circ. DGEFP/MIP/METH/2021/42 du 12 février 2021, fiche 2).

Publics pouvant être embauchés

Peut être, notamment, embauché par une association intermédiaire (circ. DGEFP 99-17 du 26 mars 1999, fiche 5) :

- un bénéficiaire du *revenu de solidarité active** ;
- un demandeur d'emploi de longue durée ou chômeur âgé de plus de 50 ans ;
- un bénéficiaire de l'allocation de solidarité spécifique [voir *Chômage (allocation de solidarité spécifique)**] ;
- un travailleur handicapé (voir *Handicapés**) ;
- un jeune de moins de 26 ans en difficulté ;
- une personne prise en charge au titre de l'aide sociale.

Conventions

Association/préfet - Une convention est signée par l'association intermédiaire avec le préfet, après consultation du conseil départemental de l'insertion par l'activité économique et en tenant compte de la qualité du projet d'insertion proposé et de l'offre existante pour assurer un développement équilibré des actions d'insertion. Cette convention peut porter sur tout ou partie des activités d'insertion des associations candidates (c. trav. art. R. 5132-11 à R. 5132-16 ; décret 2021-1128 du 30 août 2021, art. 1, JO 31).

Association/prescripteur du parcours d'IAE - L'association intermédiaire peut conclure une convention de coopération avec l'un des prescripteurs du parcours d'IAE dont l'objet est de définir, notamment, les conditions de recrutement, de mise à disposition et de formation de ses salariés. Cette convention de coopération peut également porter sur l'organisation des fonctions d'accueil, de suivi et d'accompagnement des salariés. Elle peut mettre en œuvre des actions expérimentales d'insertion ou de réinsertion (c. trav. art. L. 5132-8 et R. 5132-17).

Financement et aides

Le financement des associations intermédiaires est principalement assuré par la facturation des mises à disposition.

Par ailleurs, l'embauche des personnes en insertion en contrat à durée déterminée par les associations intermédiaires ouvre droit, dans la limite du nombre de postes d'insertion fixé par la convention, à une aide financière publique (dite « aide au poste »). Cette aide, versée pour le compte de l'État, par l'Agence de services et de paiement (ASP), comprend un montant socle et un montant modulé exprimé en pourcentage du montant socle. Cette aide au poste est indexée sur le SMIC (c. trav. art. R. 5132-23 à R. 5132-26 ; décret 2021-1128 du 30 août 2021 ; instr. DGEFP/SDPAE-MIP/2016-222 du 4 juillet 2016, BO TR 2016/9 du 30 septembre 2016).

Pour 2021, le montant socle de l'aide, pour un salarié à temps plein, était fixé à (arrêté du 26 avril 2021, JO 2 mai) :
- 10751 € pour les entreprises d'insertion ;
- 4341 € pour les entreprises de travail temporaire d'insertion ;
- 1397 € pour les associations intermédiaires ;
- 20642 € pour les ateliers et chantiers d'insertion (voir *Atelier d'insertion**), dont 1044 € au titre des missions d'accompagnement socioprofessionnel et d'encadrement technique.

Le montant de l'aide est réduit à due proportion de l'occupation du poste de travail.

Le montant socle est versé mensuellement par l'ASP. Chaque versement correspond à 1/12 du montant total de l'aide. Ce montant peut être régularisé en fonction du niveau réel d'occupation des postes tout au long de l'année aux 5e, 8e et 11e mois de la période couverte par l'annexe financière à la convention.

La régularisation de fin d'exercice est pour sa part effectuée le mois suivant la fin de la période de référence de l'annexe financière.

Le montant de la part modulée est versé à la structure par l'ASP en une seule fois, sur notification de la décision de l'administration (arrêté du 26 avril 2021 art. 3). Il peut varier de 0 % à 10 % du montant socle en fonction des résultats atteints au regard des critères tels que les caractéristiques des personnes embauchées, les actions et des moyens d'insertion mis en œuvre ou les résultats constatés à la sortie de la structure (c. trav. art. R. 5132-23 ; arrêté du 26 avril 2021 art. 1, 2°).

▶ À noter… Des modalités spécifiques existent pour les structures d'insertion implantées dans les établissements pénitentiaires (c. trav. art. R. 5132-8 et R. 5132-38 ; arrêté du 26 avril 2021, art. 5).

Ces associations peuvent bénéficier d'autres aides de l'État : exonération de charges sociales patronales *(voir ci-après)* et aide au démarrage afin de disposer des moyens de fonctionnement pendant la première année. Elles peuvent également recevoir des subventions des collectivités locales et des financements complémentaires dans le cadre de différents dispositifs.

Mise à disposition des salariés

L'association conclut deux types de contrat :
- un contrat de mise à disposition avec l'utilisateur (entreprise, particulier, association, collectivité locale) ;
- un contrat de travail avec le salarié en insertion.

Contrat de mise à disposition

Conditions de la mise à disposition - L'association intermédiaire effectue un prêt de main-d'œuvre licite en mettant son salarié à la disposition d'un utilisateur (ex. : entreprise). Elle peut effectuer des mises à disposition auprès d'employeurs *(voir ci-avant)* dans les conditions suivantes (c. trav. art. L. 5132-9 et R. 5132-18) :
- la mise à disposition pour l'exécution d'une tâche précise et temporaire ne peut excéder une durée supérieure à 16 h ;
- la durée de l'ensemble des périodes au cours de laquelle un même salarié peut être mis à disposi-

tion d'un ou de plusieurs employeurs ne peut pas excéder 480 h au cours des 24 mois qui suivent la date de la première mise à disposition.

Ces dispositions ne sont pas applicables en cas de mise à disposition auprès de personnes physiques pour des activités ne ressortissant pas à leurs exercices professionnels et de personnes morales de droit privé à but non lucratif.

▶ Attention… Le préfet du département, peut après consultation du conseil départemental de l'insertion par l'activité économique, autoriser une association intermédiaire à déroger à ce plafond, pour une durée maximale de 3 ans renouvelable, en tenant compte des activités exercées par les entreprises de travail temporaire d'insertion installées dans le département et à condition que la qualité des parcours d'insertion soit garantie (bilan d'activité de l'association intermédiaire) (c. trav. art. L. 5132-9 et R. 5132-18-1 ; décret 2021-1129 du 30 août 2021, art. 1).

Contenu du contrat - Le contrat de mise à disposition conclu entre l'association intermédiaire et l'utilisateur est établi par écrit. L'utilisateur est celui qui reçoit le ou les salariés mis à disposition par l'association (c. trav. art. L. 5132-9). Ce contrat précise (c. trav. art. R. 5132-20) :

- le nom du ou des salariés mis à disposition ;
- les tâches à remplir ;
- le lieu d'exécution du contrat ;
- le terme de la mise à disposition ;
- lorsque l'utilisateur est une entreprise, le montant de la rémunération avec ses différentes composantes, y compris les primes et accessoires de salaire que percevrait, après une période d'essai, un salarié de qualification équivalente occupant un même poste de travail ;
- la nature des équipements de protection individuelle que le salarié doit utiliser en précisant, le cas échéant, s'ils sont fournis par l'association intermédiaire.

▶ À noter… L'utilisateur est responsable des conditions d'exécution du travail : il doit veiller au respect des règles relatives à la durée du travail, à l'hygiène et à la sécurité, au repos hebdomadaire, etc.

Cas d'interdiction d'embauche - Un établissement ne peut pas embaucher une personne mise à sa disposition par une association intermédiaire s'il a procédé à un licenciement pour motif économique dans les 6 mois précédant cette mise à disposition. Cette interdiction ne concerne que les emplois équivalents ou de même nature (c. trav. art. L. 5132-7).

Par ailleurs, une personne mise à disposition par une association intermédiaire ne peut, en aucun cas, être embauchée pour effectuer des travaux particulièrement dangereux qui figurent sur une liste établie par arrêté du ministre du Travail ou du ministre de l'Agriculture (c. trav. art. L. 5132-10 et R. 5132-21).

Contrat de travail avec le salarié en insertion

Différents types de contrat - L'association intermédiaire embauche principalement des salariés en contrat à durée déterminée (CDD).

Pour une embauche en CDD, deux formules sont possibles :

- le recrutement peut s'effectuer sous la forme d'un CDD d'usage « classique » (c. trav. art. D. 1242-1, 12°). Dans ce cas, toute la législation de droit commun relative à ce type de contrat s'applique [voir *Contrat de travail à durée déterminée (d'usage)**] ;
- il est aussi possible d'utiliser un CDD spécifique, le contrat à durée déterminée d'insertion (CDDI), lequel relève d'un régime particulier sur certains points *(voir ci-après)*.

Certains *contrats de professionnalisation** peuvent être conclus avec des personnes sans emploi, rencontrant des difficultés sociales et professionnelles particulières ou des salariés dans le cadre du contrat de professionnalisation expérimental.

Par ailleurs, un contrat à durée indéterminée spécifique à destination des publics seniors sans solution à la sortie de l'IAE peut être conclu.

Contrat à durée déterminée d'insertion (CDDI) - Ce type de CDD est ouvert aux entreprises d'insertion, aux associations intermédiaires ainsi qu'aux ateliers d'insertion et chantiers d'insertion (voir *Atelier d'insertion**) pour l'embauche de personnes sans emploi rencontrant des difficultés sociales et professionnelles particulières (c. trav. art. L. 5132-5, L. 5132-11-1, L. 5132-15-1 et D. 5132-26-1 à D. 5132-26-5).

▶ À noter… Ces contrats étant conclus au titre des dispositions légales destinées à favoriser le recrutement de personnes sans emploi (c. trav. art. L. 1243-3), aucune indemnité de fin de contrat n'est due à leur terme (cass. soc. 20 octobre 2010, n° 08-44933, BC V n° 236).

Durée du CDDI - Le contrat doit être conclu pour une durée minimale de 4 mois. Il peut être renouvelé, dans la limite d'une durée totale de 24 mois.

À titre dérogatoire, ces contrats peuvent être prorogés au-delà de la durée maximale prévue, en vue de permettre d'achever une action de formation professionnelle en cours de réalisation à l'échéance du contrat. Dans ce cas, la durée de ce renouvellement ne peut pas excéder le terme de l'action concernée. À titre exceptionnel, lorsque des salariés âgés de 50 ans et plus ou des travailleurs handicapés rencontrent des difficultés particulières qui font obstacle à leur insertion durable dans l'emploi, ce contrat de travail peut être prolongé au-delà de la durée maximale prévue. Cette prolongation peut être accordée par Pôle Emploi (c. trav. art. L. 5132-11-1, al. 6).

▶ À noter… Les personnes ayant fait l'objet d'une condamnation et bénéficiant d'un aménagement de peine relèvent de dispositions spécifiques.

À titre exceptionnel, depuis le 15.12.2021, le contrat de travail peut être prolongé par un prescripteur au-delà de la durée maximale prévue, après examen de la situation du salarié au regard de l'emploi, de la capacité contributive de l'employeur et des actions d'accompagnement et de formation conduites dans le cadre de la durée initialement prévue du contrat (c. trav. art. L. 5132-11-1, al. 6 ; loi 2020-1577 du 14 décembre 2020, art. 8, JO du 15) :

- lorsque des salariés âgés de 50 ans et plus ou des personnes reconnues travailleurs handicapés rencontrent des difficultés particulières qui font obstacle à leur insertion durable dans l'emploi, quel que soit leur statut juridique ;
- lorsque des salariés rencontrent des difficultés particulièrement importantes dont l'absence de prise en charge ferait obstacle à leur insertion professionnelle, par décisions successives d'un an au plus, dans la limite de 60 mois.

Durée du travail des salariés en CDDI - La durée hebdomadaire de travail minimale est de 20 heures pour les personnes embauchées en CDDI, sauf en cas de cumul avec un autre contrat de travail à temps partiel, afin d'atteindre une durée globale d'activité correspondant à un temps plein ou au moins égale à la durée de droit commun d'un temps partiel. Elle peut varier sur tout ou partie de la période couverte par le contrat sans dépasser la durée légale hebdomadaire. Les périodes travaillées permettent de valider des trimestres de cotisations d'assurance vieillesse (c. trav. art. L. 5132-11-1, al. 9).

La dérogation à cette durée hebdomadaire de travail minimale doit être autorisée par le préfet, après examen par la SIAE qui emploie le salarié de la situation du salarié au regard par le préfet de la situation du salarié au regard de l'emploi et des actions d'accompagnement et de formation dont il a bénéficié. Cette dérogation ne peut être accordée que pour 6 mois renouvelables une fois, et après au moins 4 mois en parcours d'IAE. Elle ne peut pas être accordée au titre d'un contrat de travail à temps partiel conclu avec une autre SIAE ou une entreprise adaptée (c. trav. art. D. 5132-26-12 ; décret 2021-1129 du 30 août 2021, art. 1).

▶ À noter… La demande de dérogation, transmise au préfet intervient soit à l'initiative de l'employeur, soit à l'initiative du salarié en accord avec son employeur (c. trav. art. D. 5132-26-13 ; décret 2021-1129 du 30 août 2021, art. 1).

Suspension du CDDI - Le salarié est en droit de suspendre son contrat (c. trav. art. D. 5132-26-1 à D. 5132-26-4 ; arrêté du 13 novembre 2014, JO du 15) :

- à sa demande, pour accomplir une période d'essai afférente à une embauche en CDI ou en CDD d'au moins 6 mois ;
- en accord avec son employeur, pour effectuer une période de mise en situation en milieu professionnel ou une action concourant à son insertion professionnelle.

Si le salarié est embauché à l'issue de la période d'essai, de la période de mise en situation en milieu professionnel ou d'une action concourant à son insertion professionnelle, le contrat est rompu sans préavis.

▶ À noter… Tout salarié en insertion est autorisé à rompre par anticipation son contrat de travail afin de poursuivre une formation qualifiante (c. trav. art. L. 5132-5).

Contrat de professionnalisation - Les SIAE ont la possibilité de conclure un *contrat de professionnalisation** dans le cadre de leur conventionnement, au bénéfice de leurs salariés en parcours d'insertion et d'accompagnement au sein de la structure (c. trav. art. L. 5132-3, 3°). Une aide à l'embauche en contrat de professionnalisation au profit des SIAE a été instituée pour certains contrats conclus à compter du 1.01.2021 (décret 2020-1741 du 29 décembre 2020, JO du 30). Elle concerne :

- soit des personnes sans emploi, rencontrant des difficultés sociales et professionnelles particulières, éligibles à un parcours d'IAE ;
- soit des salariés dans le cadre du *contrat de professionnalisation** expérimental (loi 2018-771 du 5 septembre 2018, art. 28-VI modifié, JO du 6).

Le montant de l'aide est fixé à 4000 € pour un même salarié en contrat de professionnalisation conclu à temps plein. Il est proratisé en fonction de la durée effective du contrat de travail s'il est interrompu en cours d'année civile, de la quotité de temps de travail du salarié lorsqu'elle est inférieure à un temps plein et des périodes d'absence du salarié qui n'ont pas donné lieu au maintien de la rémunération.

Un premier versement, correspondant à la moitié du montant de l'aide, est dû à l'issue du troisième mois d'exécution du contrat. Le solde de l'aide est dû à l'issue du sixième mois d'exécution. Lorsque le montant proratisé dû à l'employeur au titre de l'une des deux échéances de versement est inférieur à 100 €, Pôle emploi, qui gère l'aide pour le compte de l'État, ne procède pas à son versement.

Le bénéfice de l'aide est subordonné :
- au dépôt du contrat de professionnalisation par l'OPCO [voir *Opérateurs de compétences (OPCO)**] auprès du DREETS ;
- à la transmission par l'employeur à Pôle Emploi d'une demande dans les 3 mois suivant la conclusion du contrat (demande avec une copie du contrat accompagnée, le cas échéant, de la décision de prise en charge financière de l'OPCO, ou, à défaut, de la preuve de dépôt du contrat auprès de cet organisme) ;
- à l'envoi par l'employeur à Pôle emploi, dans les 3 mois suivant chacune des échéances (3e mois et 6e mois), d'une déclaration attestant que le contrat de professionnalisation est en cours d'exécution.

De plus, l'employeur doit être à jour de ses obligations déclaratives et de paiement en matière de contributions sociales et d'assurance chômage. Cette obligation est considérée comme remplie lorsque l'employeur a souscrit et respecte un plan d'apurement des cotisations restant dues. Lorsque cette condition n'est pas remplie, le versement de l'aide est suspendu jusqu'à ce que l'employeur se soit mis en conformité. Il dispose à cet effet d'un délai de 15 mois suivant la date du début de l'exécution du contrat. Au-delà, l'aide n'est plus due.

L'aide est exclue si l'employeur a procédé à un licenciement économique sur le poste pourvu par le contrat de professionnalisation dans les 6 mois précédant l'embauche. Par ailleurs, l'aide ne peut pas être cumulée pour un même poste avec une autre aide de l'État ou de Pôle Emploi [dont notamment l'aide *emploi francs**], les aides financières aux SIAE, l'aide exceptionnelle aux contrats de professionnalisation ouverte dans le cadre de la crise sanitaire liée au covid-19 [voir *Covid-19 (aides à l'embauche)**].

▶ À noter... Afin de faciliter le recours au contrat de professionnalisation par les associations intermédiaires, le bénéfice du système de « double tutorat » leur est ouvert. Ce système de tutorat adapté au cadre de la mise à disposition est déjà prévu dans le cadre d'un *contrat de professionnalisation** conclu avec une entreprise de travail temporaire ou un groupement d'employeurs. Il permet la désignation de deux tuteurs, l'un désigné par l'entreprise utilisatrice et l'autre par l'entreprise d'origine (c. trav. art. D. 6325-10).

CDI d'inclusion pour les seniors - Depuis le 1.07.2021, les associations intermédiaires peuvent conclure des CDI à destination des publics seniors sans solution à l'issue d'un délai minimal de 12 mois après le début de leur parcours IAE (c. trav. art. L. 5132-14-1, D. 5132-26-9 à D. 5132-26-11 ; décret 2021-1129 du 30 août 2021, art. 1).

Ces contrats peuvent être conclus avec les personnes âgées d'au moins 57 ans rencontrant des difficultés sociales et professionnelles.

La conclusion d'un CDI d'inclusion n'est autorisée qu'après examen par la SIAE de la situation de ces personnes au regard de l'emploi et des actions d'accompagnement et de formation conduites dans le cadre de leur contrat d'insertion.

Ces embauches en CDI d'inclusion ne peuvent représenter plus de 20 % des postes à temps plein en insertion, cette limite pouvant être fixée à 30 % par le préfet si la situation de la SIAE le justifie.

Elles ouvrent droit, dans la limite du nombre de postes d'insertion fixé par la convention, à une aide financière (c. trav. art. R. 5132-24-1 ; décret 2021-1128 du 30 août 2021, art. 1). Elle est versée à l'association intermédiaire pour chaque poste de travail occupé à temps plein. Le cas échéant, le montant de l'aide est réduit à due proportion de l'occupation des postes. Son montant est égal à (c. trav. art. R. 5132-24-2 ; décret 2021-1128 du 30 août 2021, art. 1) :
- 100 % du montant socle pour la première année d'exécution du contrat (voir montant ci-avant) ;
- 70 % de ce même montant socle, à partir de la seconde année d'exécution du contrat, sans limitation de durée.

Statut des salariés mis à disposition

Salariés de l'association - Les salariés mis à disposition sont salariés de l'association intermédiaire. Ils sont pris en compte dans l'*effectif** de la structure utilisatrice selon les mêmes conditions que celles prévues pour les salariés mis à disposition par les groupements d'employeurs.

Ancienneté du salarié - Elle est appréciée à compter du premier jour de sa mise à disposition chez l'utilisateur. Cette ancienneté est prise en compte pour le calcul de la *période d'essai** éventuellement prévue.

Rémunération - Elle est versée aux salariés par l'association intermédiaire et calculée soit sur la base d'un nombre d'heures forfaitaire déterminé dans le contrat, soit sur la base du nombre d'heures effectivement travaillées chez l'utilisateur.

Elle ne peut être inférieure à celle que percevrait dans l'entreprise concernée, après période d'essai, un salarié de qualification équivalente occupant le même poste. En tout état de cause, elle ne peut pas être inférieure au SMIC, ni au minimum conventionnel (c. trav. art. L. 5132-11).

Formation professionnelle - Les salariés des associations intermédiaires ont droit à la formation professionnelle continue, que ce soit à l'initiative de l'employeur, dans le cadre du *plan de développement des compétences** de l'association ou des *actions de formation** en alternance ou que ce soit à l'initiative du salarié, dans le cadre du *compte personnel de formation** (c. trav. art. L. 5132-13).

Suivi de l'état de santé - L'association intermédiaire assure le suivi de l'état de santé des personnes mises à la disposition d'un utilisateur, par un service de santé au travail interentreprises (c. trav. art. R. 5132-26-6 et s.).

Accueil, suivi et accompagnement

L'association accueille les personnes sans emploi et les aide dans leurs démarches (ex. : de recherche d'emploi), les informe sur leurs droits au regard de leur situation personnelle, sur les formations, les actions d'orientation, etc. (c. trav. art. L. 5132-7).

Les salariés en insertion de l'association intermédiaire bénéficient d'un suivi et d'un accompagnement en vue de faciliter leur insertion sociale et de rechercher les conditions d'une insertion professionnelle durable (c. trav. art. L. 5132-7).

▶ À noter... L'obligation d'assurer le suivi et l'accompagnement du salarié mis à disposition est l'une des conditions du dispositif d'insertion par l'activité professionnelle à défaut de laquelle la relation de travail est requalifiée en contrat de travail de droit commun à durée indéterminée (cass. soc. 23 mai 2013, n° 12-14027, BC V n° 129 ; cass. soc. 5 juin 2019, n° 17-30984 FSPB).

Périodes de mise en situation en milieu professionnel

Les périodes de mise en situation en milieu professionnel (PMSMP) ont pour objet de permettre à un salarié, privé ou non d'emploi, ou à un demandeur d'emploi (c. trav. art. L. 5135-1 à L. 5135-8 et D. 5135-1 à D. 5135-8 ; circ. DGEFP 2015-1 du 14 janvier 2015, questions-réponses n° 3 mises à jour le 11.02.2016) :

- de découvrir un métier ou un secteur d'activité ;
- de confirmer un projet professionnel ;
- ou d'initier une démarche de recrutement.

Les entreprises d'insertion, les associations intermédiaires ainsi que les ateliers et chantiers d'insertion peuvent mettre en place des PMSMP pour certains de leurs salariés (c. trav. art. D. 5132-10-1 à D. 5132-10-5, D. 5132-26-1 à D. 5132-26-5, D. 5132-43-1 à D. 5132-43-5 ; circ. DGEFP 2005-1 du 14 janvier 2015, questions-réponses n° 3 mises à jour le 11.02.2016).

▶ À noter... La circulaire du 14.01.05 est complétée par un document comportant des questions/réponses (durée, condition de travail, convention, démarche administrative, couverture risque AT-MP, etc.) et du modèle Cerfa n° 13912*02. Elle est disponible sur Internet, notamment via le site Internet de l'Union nationale des missions locales (UNML) (www.unml.info).

Cotisations sociales

Les employeurs concernés peuvent appliquer la *réduction générale de cotisations patronales** (c. séc. soc. art. L. 241-13).

Assujettissement

@ Cette étude est détaillée dans la version en ligne de ce Dictionnaire (voir www.rfsocial.com et www.rfeditions.com).

Assurance maladie

@ Cette étude est détaillée dans la version en ligne de ce Dictionnaire (voir www.rfsocial.com et www.rfeditions.com).

Assurance maternité

@ Cette étude est détaillée dans la version en ligne de ce Dictionnaire (voir www.rfsocial.com et www.rfeditions.com).

Assurance veuvage

☛ *Allocation de veuvage.*

Assurance vieillesse

@ Cette étude est détaillée dans la version en ligne de ce Dictionnaire (voir www.rfsocial.com et www.rfeditions.com).

Assurances sociales

Les assurances sociales du régime général de sécurité sociale assurent le versement des prestations en espèces liées aux risques ou charges de maladie, d'invalidité, de vieillesse, de décès et de veuvage, de maternité, ainsi que de paternité (c. séc. soc. art. L. 311-1 à L. 311-7, et L. 311-11).

Bénéficient des assurances sociales :

- les assurés obligatoirement affiliés qui acquittent des cotisations (salariés et personnes travaillant à quelque titre que ce soit pour un ou plusieurs employeurs) ;
- les chômeurs indemnisés et, pour certaines prestations, les personnes ayant épuisé leurs droits aux revenus de remplacement tout en étant à la recherche d'un emploi (voir *Chômage**) ;
- pour certains risques, d'autres catégories de personnes ne payant pas de cotisation : titulaires d'allocations diverses, bénéficiaires d'un *congé de proche aidant**, personnes ayant à leur charge un enfant ou un adulte lourdement handicapé, etc.

Les remboursements de frais de santé (prestations en nature), de maladie ou de maternité, sont assurés pour toute personne salariée ou résidant en France de façon stable et régulière dans le cadre de la *protection universelle maladie**.

Certaines prestations sont dues non seulement aux assurés eux-mêmes, mais aussi aux membres de leur famille et autres ayants droit (voir *Ayant droit**).

☛ *Assurance maladie ; Assurance maternité ; Assurance vieillesse.*

Assurances volontaires

@ Cette étude est détaillée dans la version en ligne de ce Dictionnaire (voir www.rfsocial.com et www.rfeditions.com).

Astreinte

Une période d'astreinte est celle pendant laquelle le salarié, sans être sur son lieu de travail et sans être à la disposition permanente et immédiate de l'employeur, doit être en mesure d'intervenir pour accomplir un travail au service de l'entreprise (c. trav. art. L. 3121-9).

Mise en place des astreintes

Par convention ou accord collectif - Une convention ou un accord d'entreprise ou d'établissement ou, à défaut, une convention ou un accord de branche peut mettre en place les astreintes (c. trav. art. L. 3121-11). Cette convention ou cet accord fixe :

- le mode d'organisation des astreintes ;
- les modalités d'information et les délais de prévenance des salariés concernés ;
- la compensation sous forme financière ou sous forme de repos à laquelle elles donnent lieu.

Le cas échéant, l'accord d'entreprise ou d'établissement prime sur l'accord de branche. En tout état de cause, les règles d'ordre public en la matière doivent être respectées *(voir tableau reproduit dans cette étude)*.

▶ Attention... La modification de l'organisation des astreintes mises en place par accord collectif ne peut pas être décidée unilatéralement (cass. soc. 1er mars 2017, n° 14-22269, BC V n° 31). Dans le cas où la négociation d'une telle modification n'aboutirait pas, l'employeur n'a pas d'autre issue que de dénoncer l'accord initial pour ensuite chercher à négocier un accord de substitution, pendant le délai de survie de 15 mois. Ce n'est qu'en cas d'échec des négociations que l'employeur pourra finalement redéfinir unilatéralement l'organisation des astreintes [voir *Accord collectif d'entreprise (révision, dénonciation et renouvellement)**].

Par l'employeur - À défaut d'accord collectif, l'employeur fixe, après avis du *comité social et économique** (CSE), s'il existe, et après information de l'inspecteur du travail, le mode d'organisation des astreintes et leur compensation (c. trav. art. L. 3121-12), sous réserve de respecter les règles d'ordre public en la matière *(voir tableau reproduit dans cette étude)*.

L'absence de CSE dans l'entreprise ne fait pas obstacle à la mise en place des astreintes (circ. MES/CAB 2000-3 du 3 mars 2000, fiche 4).

L'accord collectif ou la décision unilatérale de l'employeur précédée de la consultation du CSE sont les seules voies pour instaurer des astreintes (cass. soc. 23 mai 2017, n° 15-24507, BC V n° 93). En d'autres termes, une clause du contrat de travail est inopérante en l'absence d'accord collectif ou de décision unilatérale régulièrement prise (cass. soc. 23 mai 2017, n° 15-24507 FPPB).

▶ À noter… La décision de l'employeur de mettre en œuvre le régime des astreintes prévu par une convention ou un accord collectif n'entraîne aucune *modification du contrat de travail**. Elle s'impose donc au salarié (cass. soc. 16 décembre 1998, n° 96-42102, BC V n° 556 ; cass. soc. 13 février 2002, n° 00-40387 D). En revanche, la mise en place d'un régime d'astreintes, non prévu par l'accord collectif ou le contrat de travail, constitue une modification du contrat de travail (cass. soc. 22 octobre 2008, n° 07-43435 D).

Réduction ou suppression de l'astreinte - Il n'existe pas de droit acquis à l'exécution d'astreintes (cass. soc. 10 octobre 2012, n° 11-10454, BC V n° 258). **À notre sens, sauf engagement de l'employeur vis-à-vis du salarié à en assurer l'exécution d'un certain nombre, la réduction ou la suppression des astreintes s'impose donc au salarié. En d'autres termes, il n'y a pas de *modification du contrat de travail**.**

Pas de mise en place par les salariés - Des astreintes ne peuvent pas être mises en place à l'initiative des salariés. Le cas échéant, ceux-ci ne peuvent pas réclamer d'indemnités d'astreintes quand bien même l'employeur aurait eu connaissance de la situation de fait créée par les salariés (cass. soc. 8 septembre 2016, n° 14-26825, BC V n° 158).

Astreintes et travail effectif

La période d'astreinte n'est pas du temps de travail effectif - La période d'astreinte, à savoir celle pendant laquelle le salarié doit être en mesure d'intervenir pour accomplir un travail au service de l'entreprise mais sans être sur son lieu de travail ni à la disposition permanente et immédiate de l'employeur (c. trav. art. art. L. 3121-9), **n'est pas du temps de travail effectif.**

Exemple

Un salarié s'engageait, en contrepartie d'une durée minimale annuelle de travail garantie, à réserver un certain nombre de jours de disponibilité sur l'année afin de répondre aux besoins de l'entreprise. Alors même que ce dernier avait la possibilité de déterminer, modifier voire annuler les jours de disponibilité et que l'employeur ne lui imposait pas de demeurer à domicile, il s'agissait là d'astreintes. En effet, l'obligation pour le salarié de se rendre disponible certains jours afin d'être joint pour répondre aux besoins de l'entreprise caractérisait l'existence d'astreintes, les contraintes imposées au salarié étant telles que la souplesse d'organisation ne pouvait pas faire disparaître la qualification d'astreinte. Les critères à prendre en compte sont ici la disponibilité du salarié et le fait que le salarié demeure joignable au cours de ces périodes (cass. soc. 20 janvier 2021, n° 19-10956 FSPI).

Tout dépend cependant du degré de sujétion imposé au salarié car, si l'intéressé ne peut plus vaquer librement à des occupations personnelles, l'astreinte n'en est plus une et devient du *temps de travail effectif** (c. trav. art. L. 3121-1).

Régime des astreintes	
Ordre public	Définition de l'astreinte (c. trav. art. L. 3121-9). Principe d'une contrepartie (repos ou sous forme financière) (c. trav. art. L. 3121-9). Principe d'information des salariés de la programmation des astreintes dans un délai raisonnable (c. trav. art. L. 3121-9). Prise en compte de l'astreinte pour le calcul des repos quotidiens et hebdomadaires minimaux (c. trav. art. L. 3121-10). Temps d'intervention = temps de travail (c. trav. art. L. 3121-9).
Champ de la négociation collective (c. trav. art. L. 3121-11)	L'accord d'entreprise ou d'établissement ou, à défaut, l'accord de branche met en place les astreintes, fixe leur mode d'organisation, les modalités d'information et délais de prévenance des salariés et les contreparties.
Règles supplétives (c. trav. art. L. 3121-12)	Mode d'organisation des astreintes et contreparties fixés par l'employeur (1). Modalités d'information des salariés fixés par décret (2). Programmation individuelle des astreintes portées à la connaissance des salariés concernés en respectant un délai de prévenance au moins 15 jours à l'avance (3).

(1) Après avis du CSE et après information de l'inspection du travail. (2) Document récapitulatif des astreintes et compensations remis en fin de mois (c. trav. art. R. 3121-2). (3) En cas de circonstances exceptionnelles, le délai peut être inférieur, avec un minimum d'un jour franc à l'avance.

Exemples

Pour une salariée logée à proximité d'une résidence pour personnes âgées, il convenait de distinguer les tâches consistant à effectuer des rondes et interventions auprès des résidents, qui constituaient un travail effectif, de son obligation de rester en permanence à son domicile pour répondre à un éventuel appel tout en pouvant librement vaquer à ses occupations personnelles, qui constituait une astreinte (cass. soc. 5 novembre 2003, n° 01-44822 D).

Pour un gardien d'immeuble, le temps passé à assurer des permanences téléphoniques le soir et la nuit, dans son logement de fonction, aurait dû être qualifié de temps de travail effectif. En effet, l'employeur, en l'espèce une société de distribution de gaz, avait l'obligation d'assurer une permanence téléphonique continue de sécurité 7 jours sur 7 et 24 heures sur 24. De plus, le jour, cette permanence était assurée par un autre salarié, spécialement affecté à cette tâche (cass. soc. 9 novembre 2010, n° 08-40535, BC V n° 255).

Pour un salarié tenu de rester dans l'enceinte du musée afin de pouvoir répondre aux situations d'urgence, celui-ci aurait dû être considéré comme étant en temps travail effectif. De plus, il ne pouvait en sortir que sur autorisation de l'employeur (cass. soc. 17 septembre 2015, n° 14-11940 D).

Un travailleur qui avait l'obligation de rester physiquement présent sur le lieu déterminé par l'employeur, à son domicile, avec l'obligation de répondre aux appels de celui-ci pour se rendre sur le lieu d'exécution de la prestation dans un délai de 8 minutes, restreignant très significativement la possibilité d'avoir d'autres activités, est en situation de travail effectif (CJUE, 21 février 2018, aff. C-518/15).

Distinguer astreinte et permanence - Les permanences dans l'entreprise pendant la durée normale du travail constituent du temps de travail effectif et non des périodes d'astreinte (cass. soc. 6 février 2001, n° 98-44875, BC V n° 42). **Il importe peu que le salarié puisse dormir en chambre et qu'il ne soit appelé à intervenir que très ponctuellement** (cass. soc. 16 mai 2000, n° 98-42928 D ; CJCE 9 septembre 2003, C 151-02).

Le temps d'intervention est du travail effectif - Les périodes d'intervention, lorsque le salarié est appelé pendant une période d'astreinte, constituent du temps de travail effectif (c. trav. art. L. 3121-9).

Temps de déplacement - Le temps de déplacement accompli lors de périodes d'astreinte fait partie intégrante de l'intervention et représente aussi du temps de travail effectif (cass. soc. 31 octobre 2007, n° 06-43834, BC V n° 183).

Astreintes et repos

Astreintes sans intervention et repos hebdomadaire et quotidien - La période d'astreinte est prise en compte pour le calcul de la durée minimale de *repos quotidien** et des durées de *repos hebdomadaire** (c. trav. art. L. 3121-10).

Salarié amené à intervenir - L'administration avait précisé dans une ancienne circulaire que, lorsqu'une intervention avait lieu pendant la période d'astreinte, le repos intégral devait être donné à compter de la fin de l'intervention, sauf si le salarié avait déjà bénéficié entièrement, avant le début de son intervention, de la durée minimale de repos continu prévue par le code du travail (circ. DRT 2003-6 du 14 avril 2003). À notre sens, cette précision est toujours pertinente.

Intervention liée à des travaux urgents - Dans le cas où l'intervention faite au cours de l'astreinte répond aux besoins de *travaux urgents**, le repos hebdomadaire peut être suspendu et il peut être dérogé au repos quotidien.

Compensation et rémunération

Compensation des astreintes - Les périodes d'astreinte doivent donner lieu à des contreparties financières ou sous forme de repos. Celles-ci sont définies (c. trav. art. L. 3121-9, L. 3121-10 et L. 3121-12) :

- par l'accord collectif, sachant que l'accord d'entreprise ou d'établissement prime sur l'accord de branche *(voir ci-avant)* ;
- à défaut d'accord collectif, par l'employeur *(voir ci-avant)*.

▶ À noter… L'indemnité d'astreinte étant destinée à compenser une servitude permanente de l'emploi, elle constitue un élément de salaire. Le salarié a donc droit à l'indemnité de congés payés correspondante (cass. soc. 2 mars 2016 n° 14-14919 D).

La compensation du temps d'astreinte peut prendre la forme d'un logement de fonction mis gratuitement à la disposition du salarié. Cette modalité doit être prévue de façon claire et précise. Il doit être mentionné expressément que cette mise à disposition constitue la contrepartie de l'astreinte, par exemple, dans la convention collective (cass. soc. 12 juillet 2006, n° 04-47622, BC V n° 261). À défaut, l'employeur peut être condamné au versement d'une compensation financière (cass. soc. 12 mars 2008, n° 06-44928 D).

Récapitulatif des astreintes prévues par accord collectif ou par l'employeur

Mois............. Année 2022	Nombre d'heures	Compensation financière		Compensation en repos	
Date		Taux	Montant	Taux	Durée
.... 2022 Temps d'astreinte Temps d'intervention					
.... 2022 Temps d'astreinte Temps d'intervention					
.... 2022 Temps d'astreinte Temps d'intervention					
.... 2022 Temps d'astreinte Temps d'intervention					
.... 2022 Temps d'astreinte Temps d'intervention					
Total des astreintes					
Total du temps d'intervention					

Ce document doit être conservé pendant au moins 1 an.

▶ Attention... L'employeur qui n'accorde pas de contreparties est passible de sanctions pénales (c. trav. art. R. 3124-4).

En l'absence de dispositions conventionnelles ou contractuelles sur la rémunération des heures d'astreinte, le juge du fond apprécie le montant de la rémunération revenant au salarié (cass. soc. 10 mars 2004, n° 01-46369, BC V n° 77).

Rémunération du temps d'intervention - Le temps d'intervention, quand le salarié est appelé pendant les périodes d'astreinte, est du temps de travail effectif (c. trav. art. L. 3121-9). Il doit être traité, et donc rémunéré, comme tel. La rémunération du temps d'intervention est du salaire (cass. soc. 6 octobre 2017, n° 16-12743, BC V n° 176).

Organisation des astreintes

Programmation - Les salariés concernés par des périodes d'astreinte sont informés de leur programmation individuelle dans un délai raisonnable (c. trav. art. L. 3121-9).

Dans le respect de cette réserve, l'accord collectif instituant les astreintes *(voir ci-avant)* fixe les modalités d'information et les délais de prévenance des salariés concernés (c. trav. art. L. 3121-11).

À défaut d'un tel accord, l'employeur communique, par tout moyen donnant une date certaine, aux salariés concernés la programmation individuelle des périodes d'astreinte au moins 15 jours à l'avance, sauf circonstances exceptionnelles et sous réserve qu'ils en soient avertis au moins un jour franc à l'avance (c. trav. art. L. 3121-12 et R. 3121-3).

Document récapitulatif - En fin de mois, l'employeur doit remettre à chaque salarié concerné un document récapitulant (c. trav. art. R. 3121-2) :

- le nombre d'heures d'astreinte effectuées par celui-ci au cours du mois écoulé ;
- ainsi que la compensation correspondante.

Ce document, qui est tenu à la disposition de l'inspection du travail, est conservé pendant une durée de 1 an (c. trav. art. D. 3171-16).

Le non-respect de ces obligations est pénalement sanctionné (c. trav. art. R. 3124-4).

Application aux cadres - L'astreinte concerne tous les salariés, à l'exception toutefois des *cadres dirigeants**, quel que soit leur niveau de responsabilité dans l'entreprise (cass. soc. 4 mai 1999, n° 96-45453, BC V n° 189 ; cass. soc. 28 octobre 2008, n° 07-42487, BC V n° 203). En conséquence, s'il n'est pas contesté que, par ses fonctions d'encadrement, un salarié se trouve soumis à une astreinte, il doit percevoir une rémunération.

Astreinte et égalité de traitement - Un employeur respecte le principe d'égalité de traitement même s'il n'explique par aucune raison objective l'exclusion d'un salarié du tour des astreintes lorsque ni l'existence d'un engagement de l'employeur sur le nombre d'astreintes, ni l'abus dans l'exercice de son pouvoir de direction ne sont caractérisés. En effet, il n'existe pas de droit acquis à l'exécution d'astreintes, sauf engagement de l'employeur vis-à-vis du salarié à en assurer l'exécution d'un certain nombre. À défaut d'un tel engagement, seul un abus de l'employeur dans l'exercice de son pouvoir de direction peut ouvrir droit à indemnisation (cass. soc. 10 octobre 2012, n° 11-10454, BC V n° 258).

Accident du travail - Lorsqu'un accident survient au cours de la période d'astreinte, la présomption d'imputabilité au travail n'est pas applicable (cass. soc. 2 avril 2003, n° 01-20765, BC V n° 133) (voir *Accident du travail**).

En revanche, elle est applicable lorsqu'une astreinte est effectuée dans un local imposé par l'employeur. Peu importe que l'accident se soit produit à l'occasion d'un acte professionnel ou d'un acte de la vie courante, sauf si l'employeur ou la caisse peuvent démontrer que l'intéressé s'était temporairement soustrait aux obligations résultant de l'astreinte pour des motifs personnels (cass. civ., 2e ch., 2 novembre 2004, n° 02-31098, BC II n° 479).

▶ Attention… La présomption d'imputabilité de l'accident au travail s'applique à nouveau si l'accident survient :
- pendant une intervention, puisque cette période est de plein droit considérée comme du temps de travail effectif ;
- pendant le trajet entre le domicile et le lieu de travail, effectué en vue de réaliser l'intervention demandée.

En effet, il y a lieu de considérer comme du travail effectif tout l'intervalle de temps qui s'écoule entre l'appel et le retour du salarié à son domicile. Il y a donc bien là un accident du travail (cass. soc. 10 mars 2004, n° 01-46367 D ; cass. soc. 31 octobre 2007, n° 06-43834, BC V n° 183).

Atelier d'insertion

Recrutement de personnes sans emploi

CDD d'insertion - Les ateliers et chantiers d'insertion (ACI) relèvent des structures d'insertion par l'activité économique (SIAE) autorisées à recruter des personnes sans emploi rencontrant des difficultés sociales et professionnelles particulières en contrat de travail à durée déterminée (CDD) d'insertion (c. trav. art. L. 1242-3, L. 5132-15, L. 5132-15-1-1 et R. 5132-27 à R. 5132-43-15 ; décrets 2021-1128 et 2021-1129 du 30 août 2021, JO 31).

▶ À noter… Pour être embauchées par les ACI et ouvrir droit aux aides financières, les intéressés doivent être éligibles à un « parcours d'insertion par l'activité économique (IAE) ». Le parcours d'IAE vise à permettre aux personnes sans emploi qui rencontrent des difficultés sociales et professionnelles particulières de bénéficier de contrats de travail ainsi que d'un accueil et d'un accompagnement spécifiques, pouvant comprendre des actions de formation, en vue de faciliter leur insertion professionnelle. L'appréciation de l'éligibilité des personnes à un parcours d'IAE peut s'opérer au niveau de Pôle Emploi ou d'un autre prescripteur, mais aussi être réalisée directement par les structures d'IAE et inclure notamment des personnes éloignées de l'emploi mais non inscrites sur la liste des demandeurs d'emploi (c. trav. art. 5132-3 et R. 5132-1 à R. 5132-1-23 ; décret 2021-1128 du 30 août 2021, art. 1er, JO du 31 ; arrêtés du 1er septembre 2021, texte n° 21, JO du 2 et du 22 septembre 2021, texte n° 17, JO 2 octobre).

Aides, réductions et exonérations - Les CDD d'insertion conclus par des ateliers et chantiers d'insertion ouvrent droit à la *réduction générale de cotisations patronales**. En outre, les ACI bénéficient de l'exonération de taxe d'apprentissage, de taxe sur les salaires et de participation à l'effort de construction (loi 2013-1203 du 23 décembre 2013, art. 20-IV, modifié par loi 2018-1203 du 22 décembre 2018, JO du 23).

Par ailleurs, l'embauche d'une personne en insertion ouvre droit à une aide financière publique dite « aide au poste ».

Sur les modalités du CDD d'insertion et de cette aide ainsi que sur l'aide à l'embauche en *contrat de professionnalisation** au profit des SIAE pour les contrats conclus depuis le 1.01.2021, voir *Association intermédiaire**.

CDI d'inclusion - Les ACI peuvent aussi conclure des contrats à durée indéterminée avec des personnes âgées d'au moins 57 ans rencontrant des difficultés sociales et professionnelles particulières, à l'issue d'un délai minimal de 12 mois après le début de leur parcours d'IAE (CDI d'inclusion) (c. trav. art. L. 5132-15-1-1 et R. 5132-43-11 à R. 5132-43-13 ; décret 2021-1129 du 30 août 2021, JO du 31). Une aide financière est associée à la conclusion des CDI d'inclusion. Il s'agit d'une aide accordée au titre

de chaque poste occupé à temps plein, dont le montant forfaitaire est de :
- 100 % du montant socle fixé pour chaque SIAE pour la première année d'exécution du contrat (voir *Association intermédiaire**).
- 70 % de ce même montant socle, à partir de la seconde année d'exécution du contrat, sans limitation de durée.

Contrat passerelle

Jusqu'au 15.12.2023, une expérimentation dénommée « contrat passerelle » vise à faciliter le recrutement par les entreprises de droit commun de personnes en fin de parcours d'insertion. Elle permet à un ou plusieurs salariés engagés dans un parcours d'IAE depuis au moins 4 mois dans une entreprise d'insertion (EI) (c. trav. art. 5132-5) ou dans un ACI d'être mis à disposition d'une entreprise utilisatrice de droit commun, pour une durée de 3 mois renouvelable une fois, dans les conditions prévues pour les opérations de prêt de main-d'œuvre à but non lucratif (c. trav. art. L. 8241-2).

À l'issue de la mise à disposition, le salarié réintégrera la structure d'insertion. Mais si à l'issue de la période de mise à disposition, l'entreprise utilisatrice embauche le salarié dans un emploi en correspondance avec les activités qui lui avaient été confiées, il est dispensé de toute période d'essai (loi 2020-1577 du 14 décembre 2020, art. 5, JO du 15 ; décret 2021-1129 du 30 août 2021, art. 2, JO du 31).

L'aide financière associée au contrat passerelle est versée à l'entreprise prêteuse au titre de l'accompagnement socio-professionnel individualisé du salarié placé en contrat passerelle et s'applique aux EI et aux ACI. Depuis le 1.09.2021, le montant de l'aide est fixé à 2 050 € pour chaque poste occupé à temps plein sur six mois. Le montant de l'aide applicable à Mayotte est fixé à 1 548 € pour chaque poste occupé à temps plein sur six mois (arrêté du 10 décembre 2021, texte n° 37, JO du 16).

Attestation d'assurance chômage

Formalité obligatoire

Pour tout employeur - L'employeur est tenu, au moment de l'expiration ou de la rupture du contrat de travail, de délivrer au salarié l'attestation, dite attestation Pôle Emploi, laquelle lui permet d'exercer ses droits à l'assurance chômage (c. trav. art. R. 1234-9 et R. 1234-10). Cette attestation doit être délivrée en même temps que le *certificat de travail** et le dernier bulletin de salaire.

▶ À noter… L'attestation est délivrée par le liquidateur judiciaire en cas de liquidation judiciaire de l'employeur (cass. soc. 23 septembre 2009, n° 08-41929, BC V n° 196).

Pour toutes les ruptures de contrat de travail - Toutes les ruptures (y compris en cas de fin de contrat d'apprentissage, rupture conventionnelle, de démission, de prise d'acte de la rupture, de licenciement pour faute grave ou lourde ou même de mise à la retraite) et tous les salariés [contrats à durée déterminée (CDD), à durée indéterminée, contrats d'été avec des étudiants, activités saisonnières, etc.] sont concernés (cass. soc. 4 juin 2008, n° 06-45757, BC V n° 122 ; cass. soc. 15 mars 2017, n° 15-21232, BC V n° 50).

En revanche, la rupture du contrat de travail d'un travailleur étranger embauché irrégulièrement ne donne pas lieu à la délivrance par l'employeur de l'attestation Pôle Emploi (cass. soc. 8 décembre 2009, n° 08-42100 D).

Dérogations pour les ETT et les associations intermédiaires - Des dérogations sont applicables aux entreprises de travail temporaire (ETT) pour leurs salariés en contrat de travail temporaire ainsi qu'aux associations intermédiaires pour leurs salariés en CDD et mis à disposition. Les attestations peuvent n'être remises que sur demande du salarié, à la condition que le contrat de travail mentionne le droit de les obtenir dès l'expiration du contrat (c. trav. art. R. 1234-11 et R. 1234-12).

Aménagement pour les personnes engagées par contrat d'engagement à servir dans la réserve opérationnelle (CESR) - L'attestation est aménagée afin de tenir compte des spécificités liées au CESR (circ. Unédic 2017-22 du 15 septembre 2017).

Transmission via la DSN

La *déclaration sociale nominative (DSN)** mensuelle et le signalement de l'événement « fin de contrat de travail » se substituent à l'envoi de l'attestation à Pôle Emploi, mais pas à sa remise au salarié. L'employeur rempli ainsi ses obligations (c. séc. soc. R. 133-14, IV, 2° ; circ. Unédic 2021-13 du 19 octobre 2021, fiche 13, § 1.2.2).

Après l'envoi du signalement « fin de contrat de travail », l'employeur reçoit en retour l'attestation d'emploi rematérialisé (AER), soit sur son « tableau de bord » soit directement dans son logiciel de paye si ce dernier est paramétré pour, dont il remet un exemplaire au salarié.

Si l'AER n'apparaît pas dans le tableau de bord de la DSN, cela signifie que la qualité des données antérieures n'est pas suffisante pour la produire et que l'employeur doit, en conséquence, utiliser la procédure « classique », hors DSN pour établir l'attestation employeur dématérialisée (AED).

Envoi en l'absence de DSN

Obligation de transmission à Pôle Emploi - Les rares employeurs non encore passés à la DSN doivent respecter l'obligation de transmettre un exemplaire de l'attestation au Pôle Emploi.

▶ À noter... Le GIP-MDS précise que les employeurs ayant des populations ne relevant pas, pour la transmission de l'attestation employeur, du périmètre de la DSN (ex : agents publics titulaires et non titulaires, intermittents du spectacle, expatriés, dockers, personnels navigants de la marine marchande, marins-pêcheurs, etc.), doivent uniquement transmettre, pour ces populations, leurs attestations employeur par le formulaire dématérialisé, disponible dans « l'Espace employeur » sur le site de pole-emploi.fr ou accessible via net-entreprises.fr en choisissant « l'attestation employeur par saisie » (www.net-entreprises.fr, information du 4.01.2022).

Effectif d'au moins 11 salariés - Les employeurs dont l'effectif est d'au moins 11 salariés doivent transmettre les données de l'attestation directement à Pôle Emploi par voie électronique (www.net-entreprise.fr ou www.pole-emploi.fr), sauf impossibilité pour une cause qui leur est étrangère (c. trav. art. R. 1234-9 ; arrêté du 14 juin 2011, JO du 22 ; circ. Unédic 2021-13 du 19 octobre 2021, fiche 1 § 6 et 13, § 1.2.2).

▶ À noter... L'effectif salarié et les règles de franchissement de ce seuil sont déterminés selon les modalités prévues à l'article L. 130-1 du code de la sécurité sociale (c. trav. art. R. 1234-5-1) (voir *Effectif sécurité sociale**).

Effectif inférieur à 11 salariés - Les employeurs dont l'effectif est inférieur à 11 salariés peuvent faire un envoi électronique ou continuer d'envoyer à Pôle Emploi un exemplaire de l'attestation papier (c. trav. art. R. 1234-9 ; circ. Unédic 2011-9 du 15 février 2011 ; circ. Unédic 2021-13 du 19 octobre 2021, fiche 13, § 1.2.2). Cette attestation peut alors être adressée au Centre de traitement – BP 80069 – 77213 Avon Cedex (c. trav. art. R. 1234-9 ; circ. Unédic 2011-9 du 15 février 2011 ; circ. Unédic 2021-13 du 19 octobre 2021, fiche 13, §§ 1.2.2). Cette boîte postale permet de centraliser toutes les attestations des employeurs situés sur le territoire métropolitain ou dans les DOM, quel que soit le Pôle Emploi auprès duquel l'employeur est affilié (circ. Unédic 2006-10 du 18 mai 2006).

Entreprises de travail temporaire - Ces entreprises ne sont pas visées par l'obligation de transmission dématérialisée, concernant leur personnel intérimaire (c. trav. art. R. 1234-12 ; circ. Unédic 2011-27 du 1er août 2011 ; circ. Unédic 2021-13 du 19 octobre 2021, fiche 13, §§ 1.2.2).

▶ À noter... Pour les entreprises de travail temporaire (www.net-entreprises.fr, information du 4.01.2022) :
- l'obligation de remettre une version signée de l'attestation employeur concerne uniquement le personnel permanent et les intérimaires qui sont en contrat de travail à durée indéterminée (CDI) ;
- pour les intérimaires en contrat de mission, en revanche, la transmission par le biais des restitutions mensuelles de missions (RMM) suffit. L'employeur ne doit remettre une version de ces restitutions que si l'intérimaire en fait la demande.

Attestation en cours de validité

Depuis le 1.06.2021, seuls les modèles d'attestation employeur en cours de validité peuvent être utilisés par les employeurs (www.pole-emploi.fr). Les anciens modèles d'attestations employeurs ne sont donc plus acceptés par Pôle Emploi depuis ce jour. Les employeurs peuvent, afin d'être sûrs d'utiliser un modèle à jour, passer :
- soit par leur logiciel de paie lorsqu'ils sont dans le périmètre de la DSN ;
- soit par leur « Espace employeur » sur www.pole-emploi.fr s'ils sont hors périmètre de la DSN.

Dans les deux cas, ces attestations dématérialisées sont transmises automatiquement à Pôle Emploi.

À compter du 1.01.2022, la seule modalité déclarative acceptée en DSN pour l'attestation employeur sera la transmission du signalement de « fin de contrat de travail unique » (FCTU), véhiculé par la DSN. Depuis le 31.12.2021, il n'est plus possible de produire les attestations employeur ni par le canal de l'AE dématérialisée (AED), ni par le signalement de fin de contrat de travail (FCT) de la DSN (www.net-entreprises.fr, information du 4.01.2022).

Date de la remise au salarié

L'attestation doit être délivrée au salarié au moment de l'expiration ou de la rupture du contrat de travail (à l'issue du préavis, effectué ou non).

Il convient donc de ne pas la remettre avant la rupture du contrat de travail, le risque étant une condamnation pour licenciement sans cause réelle et sérieuse. C'est en effet ce qui a été jugé dans des cas où l'attestation avait été remise avant la notification du licenciement ou avant l'homologation de la rupture conventionnelle (cass. soc. 23 janvier 2007, n° 05-43428 D ; cass. soc. 6 juillet 2016, n° 14-80323 D). Même si, dans une affaire similaire, la Cour de cassation a estimé que l'envoi de l'attestation d'assurance chômage avant la lettre de licenciement pouvait n'être qu'une erreur matérielle sans conséquence (cass. soc. 28 mars 2007, n° 05-44119 D), la logique et la prudence commandent de ne pas délivrer l'attestation d'assurance chômage avant la rupture du contrat de travail.

L'obligation pesant sur l'employeur est « quérable » (cass. soc. 5 octobre 2004, n° 02-44487 D) : sauf abus, l'employeur peut simplement indiquer au salarié que le document est à sa disposition en l'invitant à venir le retirer. Cette indication peut, par exemple, figurer dans la lettre de licenciement. En revanche, l'employeur condamné sous astreinte à remettre l'attestation d'assurance chômage doit la faire parvenir au salarié *(voir ci-après)*.

Contenu de l'attestation

Mentions requises - L'attestation comporte notamment :
- le motif de la rupture (licenciement pour motif personnel, économique, démission, rupture conventionnelle, etc.) ;
- le montant des rémunérations brutes soumises à cotisations (ainsi que les primes et gratifications avec mention de leur périodicité de versement) ;
- le montant des indemnités de rupture (y compris, s'il y a lieu, celui de l'indemnité transactionnelle) ;
- le nom et la qualité du signataire ;
- le cachet de l'employeur.

La caisse de retraite complémentaire à laquelle le salarié a été affilié est également indiquée (circ. Unédic 2021-13 du 19 octobre 2021, fiche 13, § 1.2.2).

▶ À noter... Le cas échéant, l'attestation destinée à Pôle emploi doit intégrer, pour chacun des douze derniers mois, la quote-part de rappel de salaires correspondant à ces mois ; la détermination des montants devant figurer à ce titre relève de l'appréciation souveraine des juges du fond (cass. soc. 26 septembre 2018, n° 17-18632 D).

Précisions sur le motif de la rupture - En cas de rupture pour motif personnel, l'attestation ne peut pas expliciter le ou les motifs qui sont à l'origine de la rupture du contrat de travail (cass. soc. 14 novembre 2001, n° 99-41457 D). Ainsi, une attestation mentionnant « licenciement pour abandon de clientèle sans raison valable » justifie l'obtention de dommages et intérêts par le salarié (cass. soc. 8 octobre 1992, n° 91-43638 D).

Par ailleurs, l'employeur ne peut pas déclarer que le salarié a démissionné alors que ce dernier a pris acte de la rupture du contrat de travail. Dans ce cas, l'employeur doit faire figurer sur l'attestation le motif exact de la rupture du contrat de travail, tel qu'il ressort de la *prise d'acte de la rupture** du salarié (cass. soc. 27 septembre 2006, n° 05-40414, BC V n° 290).

L'attestation ne doit pas non plus contenir de mention équivoque (ex. : « démission et abandon de poste ») (cass. soc. 19 avril 2000, n° 98-41205 D). De telles mentions sont, en effet, susceptibles de faire obstacle au versement des allocations de chômage.

A fortiori, l'employeur ne saurait y mentionner un motif inexact (cass. soc. 27 septembre 2006, n° 05-40414, BC V n° 290).

Portée de l'attestation

L'attestation d'assurance chômage n'est pas un document créateur de droit. Ainsi, elle n'est pas un élément de preuve suffisant pour établir le droit au paiement des sommes qui y figurent (cass. soc. 19 mars 2003, n° 01-40013 D). En cas de contestation du salarié, il incombe donc à l'employeur de démontrer le paiement des sommes dues (ex. : salaire, indemnité de licenciement) (cass. soc. 3 octobre 2018, n° 17-14172 D).

Par ailleurs, la seule absence de remise de cette attestation à l'échéance d'un CDD ne signifie pas que la relation contractuelle s'est poursuivie au-delà du terme (cass. soc. 7 novembre 2001, n° 00-40323 D).

Procédure contraignant l'employeur à remettre l'attestation

Si l'employeur n'a pas remis l'attestation, le bureau de conciliation et d'orientation (BCO) du conseil de prud'hommes peut lui en ordonner la délivrance, le cas échéant sous peine d'astreinte (c. trav. art. R. 1454-14).

▶ À noter… Quand l'employeur est condamné, sous astreinte, à remettre au salarié un *certificat de travail** et une attestation d'assurance chômage, il doit, en l'absence de précisions quant aux modalités d'exécution de cette décision, faire parvenir les documents à l'intéressé. L'employeur ne peut plus invoquer le caractère quérable et non portable de ces documents (cass. soc. 10 mai 1995, n° 92-42569 D).

En outre, le BCO peut prendre une décision provisoire palliant l'absence de délivrance par l'employeur de l'attestation Pôle Emploi (c. trav. art. R. 1454-14). **Cette décision récapitule les éléments permettant au salarié d'exercer ses droits aux prestations d'assurance chômage. Elle ne libère pas l'employeur de remettre l'attestation.**

▶ À noter… Le BCO n'a pas vocation à rectifier, interpréter ou compléter une attestation d'employeur existante mais à pallier le manquement de l'employeur à son obligation de délivrer de ce document. Le salarié ne peut donc pas le saisir pour contester les éléments figurant sur l'attestation (circ. Unédic 2021-13 du 19 octobre 2021, fiche 13, § 1.2.2).

Modification ultérieure

Complément d'information - L'employeur peut verser, après avoir remis le solde de tout compte, de nouveaux éléments de salaire (ex. : prime de bilan au montant inconnu au moment du solde de tout compte, contrepartie à l'obligation de non-concurrence échelonnée sur plusieurs mois). À notre sens, il doit alors établir une attestation complémentaire.

Décision de justice - Si des éléments de l'attestation sont modifiés par jugement, l'employeur n'a pas l'obligation de remettre une nouvelle attestation (le salarié dépose à Pôle Emploi la copie du jugement pour obtenir la régularisation de ses droits), sauf si le jugement condamne l'employeur à produire une attestation rectificative.

Sanctions

Si l'attestation comporte de fausses indications, le salarié peut prétendre à des dommages-intérêts, mais à condition qu'il puisse justifier d'un préjudice (cass. soc. 22 mars 2017, n° 16-12930 D).

En cas de défaut de remise ou de remise tardive, l'employeur peut être condamné à verser des dommages-intérêts au salarié si ce dernier a réussi à prouver son préjudice (cass. soc. 16 juin 2016, n° 15-15982 D).

Par ailleurs, la non-remise de l'attestation est pénalement sanctionnée (amende prévue pour les contraventions de la 5e classe, pouvant aller jusqu'à 1 500 €) (c. trav. art. R. 1238-7).

☛ *Chômage (allocation d'aide au retour à l'emploi).*

Attestation de salaire

☛ *Accident du travail (déclaration) ; Déclaration sociale nominative (DSN) ; Indemnités journalières de sécurité sociale de maladie ; Indemnités journalières de sécurité sociale de maternité ; Maladies professionnelles ; Maternité (congé de).*

Attestation de témoignage

☛ *Preuve.*

Attestation de vigilance

☛ *Sous-traitance ; Travail dissimulé.*

Augmentations de salaire

☛ *Égalité professionnelle ; Négociations obligatoires dans l'entreprise ; Salaire (à travail égal, salaire égal) ; Salaire (augmentations de).*

Auto-entrepreneur

☛ *Micro-entrepreneur*

Autorisation de licenciement

☛ *Licenciement des délégués syndicaux ; Licenciement des représentants du personnel ; Licenciement des représentants du personnel (procédure) ; Protection des représentants du personnel.*

Autorisation de travail (étranger)

☞ *Office français de l'immigration et de l'intégration ; Travailleurs étrangers (recrutement de).*

Avances sur salaire

☞ *Salaire (avances sur).*

Avantage catégoriel

Avantage catégoriel conventionnel

Différences entre catégories professionnelles - En principe, la seule différence de catégorie professionnelle ne justifie pas en elle-même, pour l'attribution d'un avantage, une différence de traitement entre les salariés placés dans une situation identique au regard de cet avantage (généralement entre des *cadres** et des non-cadres). Cette différence doit reposer sur des raisons objectives dont le juge contrôle concrètement la réalité et la pertinence.

Toutefois, les différences de traitement entre catégories professionnelles prévues par des conventions ou accords collectifs, négociés et signés par des syndicats représentatifs, sont présumées justifiées (ex. : jours de congés payés supplémentaires, préavis plus longs, indemnités de licenciement plus élevées). Dès lors, ce n'est pas à l'employeur de démontrer que l'inégalité en cause repose sur une raison objective, mais aux salariés ou aux syndicats de prouver qu'elle est étrangère à toute considération de nature professionnelle (cass. soc. 27 janvier 2015, n° 13-25437, BC V n° 10 ; cass. soc. 27 janvier 2015, n° 13-22179, BC V n° 9 ; cass. soc. 27 janvier 2015, n° 13-14773, BC V n° 8).

▶ À noter... Les catégories professionnelles visées ici sont celles ayant un support légal et entre lesquelles le législateur lui-même opère des différences (ex. : cadres/non-cadres) [communiqué de la Cour de cassation relatif à l'arrêt n° 120 (13-22179) de la chambre sociale du 27 janvier 2015 ; www.courdecassation.fr].

Par ailleurs, il a été jugé que, un avenant « non-cadres » ne pouvant être appliqué par l'employeur pour cette catégorie de salariés parce qu'un syndicat avait fait jouer son droit d'opposition, la différence de traitement par rapport aux cadres, qui bénéficiaient des mêmes avantages par un accord distinct, était justifiée par un élément objectif et pertinent (cass. soc. 30 mai 2018, n° 16-16484, BC V n° 98).

▶ À noter... Pour mémoire, les accords frappés d'opposition majoritaire étaient réputés non écrits, c'est-à-dire étaient censés n'avoir jamais existé. Depuis le 1.05.2018, le mécanisme de l'accord majoritaire, avec possibilité de « rattrapage » par référendum, a remplacé le mécanisme des « 30 % avec droit d'opposition majoritaire » (c. trav. art. L. 2232-12) [voir *Accord collectif d'entreprise (conclusion avec délégué syndical)**]. Néanmoins, la solution de la Cour de cassation devrait, selon nous, être la même lorsque, par exemple, une entreprise parvient à conclure un accord majoritaire concernant les salariés cadres, mais échoue à faire valider un accord concernant les salariés non-cadres.

Différences au sein d'une même catégorie professionnelle - Les différences de traitement entre des salariés exerçant des fonctions distinctes, au sein d'une même catégorie professionnelle, sont présumées justifiées dès lors qu'elles résultent de conventions ou accords collectifs négociés et signés par des syndicats représentatifs (cass. soc. 8 juin 2016, n° 15-11324, BC V n° 130).

Avantage catégoriel institué par l'employeur

Preuve à la charge de l'employeur - Une différence de traitement entre des salariés, relevant de catégories professionnelles différentes (ex. : cadres ou non-cadres), mais placés dans une situation identique au regard d'un avantage, est justifiée si elle repose sur des raisons objectives dont le juge contrôle concrètement la réalité et la pertinence. Tel est effectivement le cas lorsque cette différence de traitement a pour objet ou pour but de prendre en compte les spécificités de la situation des salariés relevant d'une catégorie déterminée, tenant notamment [communiqué de la Cour de cassation relatif à l'arrêt n° 120 (13-22.179) de la chambre sociale du 27 janvier 2015 ; www.courdecassation.fr] :
- aux conditions d'exercice des fonctions ;
- à l'évolution de carrière ;
- ou aux modalités de rémunération.

Les différences de traitement, entre des salariés de catégories professionnelles différentes, résultant d'une décision de l'employeur, d'un engagement unilatéral ou d'un usage d'entreprise ne sont pas justifiées a priori, contrairement aux avantages catégoriels institués par voie conventionnelle *(voir ci-avant)*. En cas de contentieux, il appartient à l'employeur de prouver que la différence de traitement existant, par exemple entre les cadres et les non-cadres, repose sur des raisons objectives.

Exemple

Une différence de traitement peut résulter de l'octroi aux uns de titres-restaurant et pas aux autres (cass. soc. 20 février 2008, n° 05-45601, BC V n° 39).

Dans ce cadre, la seule différence de statut juridique ne constitue pas une raison objective (cass. soc. 27 janvier 2015, n° 13-17622, BC V n° 6).

Règle différente pour une prime de fin d'année - L'employeur peut mettre en place une *prime de fin d'année ou de treizième mois** réservée aux seuls cadres sans avoir à justifier la différence de traitement avec les non-cadres. En effet, une prime de 13e mois, sans objet spécifique étranger au travail accompli ou destiné à compenser une sujétion particulière, fait partie de la rémunération annuelle, au même titre que le salaire de base, quelles que soient les modalités de son versement. Une telle prime est donc la contrepartie du travail, au regard duquel les salariés cadres et non-cadres ne sont pas placés dans une situation identique. Et faute de situation identique, l'employeur n'a donc pas à justifier la différence de traitement (cass. soc. 26 septembre 2018, n° 17-15101 FSPB).

☛ *Salaire (à travail égal, salaire égal).*

Avantage en nature

Définition

L'avantage en nature consiste dans la fourniture ou la mise à disposition par l'employeur d'un bien ou service permettant au salarié de faire l'économie de frais qu'il aurait dû normalement supporter (BOSS, Avantages en nature, § 10, 01/01/2022). Peu importe qu'il soit octroyé par l'intermédiaire d'un tiers, dès lors que cet octroi est opéré en considération de l'appartenance du salarié à l'entreprise concernée (BOSS, Avantages en nature, § 30, 01/01/2022).

Les exemples d'avantages en nature sont nombreux. Au-delà de la nourriture, du logement et de la mise à disposition d'un véhicule, on peut citer : les biens ou services de l'entreprise vendus à tarifs préférentiels ou accordés gratuitement aux salariés, les vêtements qui sont octroyés aux salariés dès lors qu'ils ne peuvent pas être assimilés à des *frais professionnels**, les bons d'achat, les cadeaux, etc.

▶ Attention... Il ne faut pas confondre avantages en nature et *frais professionnels** (voir cette étude).

Détermination du SMIC

Vérification du SMIC - Pour savoir si le *SMIC** est atteint, les avantages en nature sont pris en compte, selon les modalités indiquées ci-après.

Avantage en nature nourriture - À défaut de dispositions conventionnelles, l'avantage en nature nourriture est évalué par journée à deux fois le *minimum garanti** ou, pour un seul repas, à une fois ce minimum (c. trav. art. D. 3231-10).

Logement - À défaut de dispositions conventionnelles, le logement est évalué à 0,02 € par jour (c. trav. art. D. 3231-11).

Autres avantages - Pour évaluer les autres avantages en nature, on tient compte de leur valeur réelle (c. trav. art. D. 3231-12).

Prise en compte dans l'assiette des cotisations

Les avantages en nature font partie des éléments de salaire soumis aux *cotisations de sécurité sociale** (BOSS, Avantages en nature, § 20, 01/01/2022).

Ils peuvent être évalués en fonction de leur valeur réelle ou forfaitairement *(voir ci-après)* (BOSS, Avantages en nature, § 50, 01/01/2022).

L'avantage en nature doit obligatoirement figurer sur le *bulletin de paie** (BOSS, Avantages en nature, § 20, 01/01/2022). Dans la mesure où il est soumis à cotisations mais n'a pas à être versé en espèces, il est indiqué :

- en positif, au niveau du salaire brut pour être soumis à cotisations ;
- en négatif, et pour le même montant, après le net imposable pour être déduit du salaire net à verser au salarié.

Prise en compte pour le calcul de certaines indemnités

Les avantages en nature perçus par un salarié entrent en compte pour calculer l'indemnité de congés payés [voir *Congés payés (indemnité)**], l'indemnité compensatrice de préavis [voir *Préavis (indemnité compensatrice)**] et l'*indemnité de licenciement**.

Règles d'évaluation (assiette des cotisations)

Évaluation forfaitaire - Le recours à l'évaluation forfaitaire d'un avantage est possible pour (arrêté du 10 décembre 2002 modifié, art. 1 à 4) :
- la nourriture ;
- le logement ;
- le véhicule ;
- les outils issus des technologies de l'information et de la communication (TIC).

Le montant des forfaits est prévu par arrêté. Il constitue une valeur minimale, à défaut de stipulations de montants supérieurs prévues par convention ou accord collectif, ou bien par le contrat de travail (arrêté du 10 décembre 2002 modifié, art. 5). Si la convention collective ou le contrat de travail prévoit un montant moindre, l'avantage sera tout de même retenu pour le montant de l'évaluation forfaitaire prévu par arrêté. À l'inverse, si la convention ou le contrat de travail prévoit un montant supérieur, celui-ci a vocation à s'appliquer (BOSS, Avantages en nature, § 60, 01/01/2022).

▶ À noter... Les évaluations forfaitaires sont revalorisées au 1er janvier de chaque année en fonction de la prévision d'inflation figurant dans le rapport sur la situation et les perspectives économiques, sociales et financières de la Nation annexé au projet de loi de finances, la nouvelle valeur étant arrondie à la dizaine de centimes d'euro la plus proche (arrêté du 10 décembre 2002 modifié, art. 5).

Évaluation sur une base réelle - Tous les avantages en nature autres que ceux pour lesquels une évaluation forfaitaire est prévue *(voir ci-avant)* doivent être évalués d'après leur valeur réelle, arrondie à la dizaine de centimes d'euro la plus proche (arrêté du 10 décembre 2002 modifié, art. 6).

Si l'avantage pour lequel une évaluation forfaitaire est possible est estimé sur une base réelle, celle-ci peut être inférieure à l'évaluation forfaitaire, sous réserve de produire des justificatifs (BOSS, Avantages en nature, § 60, 01/01/2022).

Mandataires sociaux - Les gérants minoritaires de sociétés à responsabilité limitée et de sociétés d'exercice libéral à responsabilité limitée, les présidents de conseil d'administration, les directeurs généraux et les directeurs généraux délégués de société anonyme ainsi que les présidents et dirigeants de société par actions simplifiée ne bénéficient pas de l'évaluation forfaitaire prévue pour le logement lorsque celui-ci est attribué au titre de leur mandat. Les frais sont alors évalués d'après leur valeur réelle (arrêté du 10 décembre 2002 modifié, art. 5). A contrario, si le dirigeant cumule son mandat avec un contrat de travail et perçoit, au titre de son contrat, une rémunération distincte, il peut alors bénéficier de l'évaluation forfaitaire si le logement est attribué au titre du contrat. Dans ce cas, seule la rémunération brute versée au titre de ce contrat de travail doit être prise en compte pour déterminer le forfait (BOSS, Avantages en nature, § 330, 01/01/2022).

Pour les contributions et cotisations sociales dues au titre des périodes d'activité courant à compter du 1.01.2020, l'avantage en nature nourriture peut être évalué de façon forfaitaire pour ces dirigeants sociaux (arrêté du 10 décembre 2002 modifié, art. 1 ; arrêté du 23 décembre 2019, art. 1, JO du 28 ; BOSS, Avantages en nature, § 120, 01/01/2022).

▶ À noter... Pour les contributions et cotisations sociales dues au titre des périodes d'activité antérieures au 1.01.2020, l'avantage en nature nourriture devait obligatoirement être évalué pour sa valeur réelle (sauf en cas de cumul du mandat avec un contrat de travail, et uniquement pour la partie de l'avantage afférente au contrat).

Participation du salarié - Si l'employeur demande une participation financière au salarié, la valeur de l'avantage en est diminuée d'autant (BOSS, Avantages en nature, § 70, 01/01/2022).

Évaluation particulière de certains avantages - Lorsque les modalités d'évaluation d'un avantage en nature ne sont pas prévues par la réglementation, il revient aux employeurs de procéder à cette évaluation. Afin de faciliter et de sécuriser l'évaluation de manière homogène pour l'ensemble d'un secteur sur des questions spécifiques, il est possible pour les représentants des branches professionnelles ou les employeurs de vérifier auprès de l'*ACOSS** (pour les branches professionnelles) ou de l'*URSSAF** territorialement compétente (pour les employeurs) les modalités d'évaluation de l'avantage en nature dans le cadre d'une procédure de rescrit (voir *Rescrit de branche** et *Rescrit social**) (BOSS, Avantages en nature, § 1080, 01/01/2022).

L'évaluation prend en compte :
- la durée de mise à disposition du bien ou service (permanente ou non) ainsi que sa fréquence d'utilisation évaluée ou estimée, afin d'en évaluer forfaitairement la part privative d'utilisation ;
- et un tarif de référence pour ce bien ou service.

L'avantage en nature lié à l'utilisation privative de ce bien ou service est alors déterminé comme suit : part de l'utilisation privée x tarif de référence (BOSS, Avantages en nature, § 1090, 01/01/2022).

Prise en charge des contraventions - Comme la Cour de cassation (cass. civ., 2e ch., 9 mars 2017, n° 15-27538, BC II n° 48), l'administration considère que la prise en charge par l'employeur des amendes infligées au salarié pour contraventions au code de la route constitue un avantage en nature soumis à cotisations et contributions sociales dès lors qu'il s'agit d'amendes infligées pour des infractions qui mettent directement en cause un comportement du salarié (ex : excès de vitesse, conduite en état d'ivresse, défaut de ceinture de sécurité, dépassement non autorisé, stationnement irrégulier…) (BOSS, Frais professionnels, §§ 440 et 450, 201/01/2022). En revanche, les amendes résultant du mauvais fonctionnement du véhicule (défaut de feu stop, absence de contrôle technique...) relèvent de la responsabilité du titulaire du certificat d'immatriculation (carte grise), c'est-à-dire l'entreprise lorsqu'il s'agit d'un véhicule de société mis à disposition du salarié (BOSS, Frais professionnels, §§ 460 et 470, 01/01/2022). Leur prise en charge par l'entreprise ne constitue donc pas un avantage en nature.

Relations avec l'administration

L'employeur peut, dans le cadre du dispositif du *rescrit social** ou du *droit au contrôle**, demander à l'URSSAF sa position explicite quant à l'application qu'il fait de la réglementation sur les avantages en nature (c. séc. soc. art. L. 243-6-3).

Par ailleurs, depuis le 1.04.2021, c'est le *Bulletin officiel de la sécurité sociale (BOSS)** qui présente la doctrine de la direction de la sécurité sociale en matière d'avantages en nature et de frais professionnels. Les différentes circulaires sur le sujet ont été abrogées à cette date (circ. DSS 2003-7 du 7 janvier 2003, circ. DSS 2005-376 du 4 août 2005, circ. DSS 2005-389 du 19 août 2005 et circ. DSS 2005-523 du 24 novembre 2003, abrogées au 1.04.2021). En cas de redressement, l'employeur peut opposer le contenu du BOSS à l'organisme de recouvrement.

Pas de retrait pendant la suspension du contrat de travail ou le préavis

Suspension du contrat de travail - Les avantages en nature dont le salarié conserve l'usage dans sa vie personnelle ne peuvent pas lui être retirés durant une période de suspension du contrat de travail.

Il est donc impossible de retirer sa voiture de fonction à un salarié malade, sauf disposition contractuelle contraire (cass. soc. 24 mars 2010, n° 08-43996, BC V n° 71 ; cass. soc. 2 avril 2014, n° 13-10569 D). L'employeur doit ainsi maintenir au salarié absent pour maladie son véhicule de fonction tout en continuant à cotiser à ce titre.

De même, le logement attribué gratuitement à un salarié pour l'exercice de ses fonctions, qui est l'accessoire de son contrat de travail et dont il bénéficie dans sa vie personnelle, ne peut ni être retiré ni donner lieu au versement d'un loyer pendant une période de suspension du contrat de travail pour maladie (cass. soc. 26 janvier 2011, n° 09-43193, BC V n° 32). Notons qu'ici, les juges ne posent aucune restriction et ne semblent pas ouvrir la possibilité de stipuler une clause prévoyant le retrait de l'avantage en nature, comme cela a été admis pour un véhicule de fonction.

Préavis - Il est impossible de retirer les avantages en nature pendant le préavis. Ainsi, un salarié démissionnaire dispensé d'exécuter son préavis n'a pas à restituer l'avantage en nature résultant de la mise à disposition d'un véhicule de fonction pour un usage professionnel et personnel (cass. soc. 11 juillet 2012, n° 11-15649, BC V n° 219 ; cass. soc. 9 avril 2014, n° 12-24019 D).

Si l'employeur supprime l'avantage au salarié, il peut être condamné, en cas de litige, à lui verser une indemnité compensant la privation de cet avantage (cass. soc. 4 mars 1998, n° 95-42858, BC V n° 177 ; cass. soc. 25 octobre 2007, n° 06-43201 D).

☛ *Avantage en nature (crèche) ; Avantage en nature (logement) ; Avantage en nature (nourriture) ; Avantage en nature (réductions tarifaires) ; Avantage en nature (TIC) ; Avantage en nature (véhicule).*

Avantage en nature (crèche)

Trois situations envisagées à compter du 1er janvier 2022

L'employeur peut attribuer des subventions ou des aides financières au profit des salariés ayant recours à une solution de garde en crèche ou micro-crèche. Il peut le faire de trois façons :

- versement d'une subvention à une crèche pour réserver de manière collective des places au profit des salariés de l'entreprise ;

- versement d'une indemnité directement au salarié afin de réduire les frais de crèche qu'il supporte par rapport à la tarification de droit commun ;
- versement d'une subvention à la crèche afin de réduire le coût pour le salarié (tarif négocié).

Le *Bulletin officiel de la sécurité sociale (BOSS)** a précisé les règles d'exonération de cotisations sociales applicables, à compter du 1.01.2022, à ces subventions ou aides financières.

Réservation collective de places de crèche

Subvention de réservation - Les employeurs peuvent verser aux crèches ou micro-crèches des subventions dans l'objectif de réserver des places aux salariés, sans obligation réelle de leur attribuer ces places (l'on parle communément de réservation de « berceaux ») (BOSS, Avantages en nature, § 1130, 01/01/2022).

Divergences entre l'ACOSS et la Cour de cassation - Par tolérance, l'*ACOSS** (ou URSSAF Caisse nationale) avait estimé que ces subventions, qui donnent ainsi aux entreprises un droit potentiel de réservation non individualisé, n'avaient pas à être requalifiées en rémunération et n'entraient donc pas dans l'assiette des cotisations et contributions sociales (lettre-circ. ACOSS 2007-1 du 8 janvier 2007). Mais la Cour de cassation avait récemment adopté une position contraire. Selon elle, la subvention de réservation de places de crèche ne pouvait pas être exonérée de cotisations car il ne s'agissait pas de frais de crèches individualisables par salarié au sens des articles L. 7233-4 et D. 7233-8 du code du travail (cass. civ., 2e ch., 8 octobre 2020, n° 19-16898 FPBI).

Le BOSS a clos le débat.

Selon le BOSS, avantage en nature non soumis à cotisation - La subvention versée par l'employeur à une crèche ou micro-crèche, dans le but de réserver pour ses salariés, de manière collective, un nombre déterminé de « berceaux », sans obligation de les attribuer à un salarié nommément et préalablement désigné, constitue un avantage en nature dans la mesure où elle permet aux salariés de disposer d'une plus grande facilité d'accès à une place en crèche ou micro-crèche (BOSS, Avantages en nature, § 1130, 01/01/2022).

Toutefois, cette subvention, dont la valeur pour chaque salarié ne peut être déterminée, n'a pas à être prise en compte dans l'assiette des cotisations et contributions sociales, dès lors qu'elle permet seulement de réserver des places et n'a aucun lien avec un avantage tarifaire pour le salarié (BOSS, Avantages en nature, § 1140, 201/01/2022.

Lorsque la subvention de réservation entraîne en outre un avantage tarifaire pour le salarié, seul cet avantage doit entrer dans l'assiette des cotisations et contributions sociales, selon des modalités spécifiques *(voir plus loin « Tarif négocié avec une crèche »)* (BOSS, Avantages en nature, §§ 1150 et 1180,01/01/2022).

Versement direct d'une aide aux salariés

Si le salarié verse à la crèche ou à la micro-crèche une participation correspondant au barème normal défini par le gestionnaire de l'établissement mais que son employeur lui attribue par ailleurs une indemnité mensuelle dans le but de réduire le coût supporté, la part de cette indemnité qui excède 1 830 € par an et par salarié doit être réintégrée dans l'assiette des cotisations et contributions sociales (BOSS, Avantages en nature, § 1160, 01/01/2022).

Tarif négocié avec une crèche

Exonération plafonnée - Lorsque le salarié bénéficie d'un tarif négocié par son employeur ou son comité social et économique (CSE), dont le montant est inférieur au barème défini par le gestionnaire de la crèche pour les parents ne bénéficiant pas d'une place réservée par leur employeur ou leur CSE, il s'agit d'une aide financière assimilable à un élément de rémunération. L'avantage individualisé qui en résulte (qui correspond à la fraction de la subvention couvrant la différence entre le tarif normalement appliqué par la crèche ou micro-crèche et le tarif dont bénéficie le salarié de l'entreprise réservataire), est exclu de l'assiette de cotisations et contributions sociales dans la limite de 1830 € par an et par salarié. La fraction de l'avantage qui excède cette limite doit être réintégrée dans l'assiette de cotisations et contributions sociales (BOSS, Avantages en nature, § 1180, 01/01/2022).

Exemple

Un employeur verse à une micro-crèche une subvention annuelle de réservation de 60 000 € pour disposer 5 jours par semaine (10 heures par jour) de l'accès à 4 places. Il a aussi négocié un tarif horaire préférentiel de 5,42 € (le tarif normal étant de 9 €). Au cours d'une année, un salarié demande à occuper un berceau 5 jours par semaine durant un an (hors congés). L'employeur doit procéder à l'individualisation de l'avantage pour vérifier s'il peut bénéficier de l'exclusion d'assiette, soit (10 h × 5 jours × 43 semaines × 9 €) – (10 h × 5 jours × 43 semaines × 5,42 €) = 7 697 € d'avantage en nature. L'avantage est exclu de l'assiette sociale pour la fraction qui n'excède pas 1 830 €. L'employeur doit donc réintégrer 5 867 € dans l'assiette des cotisations.

Justificatifs - Le contrat signé entre l'employeur et la crèche ou micro-crèche doit indiquer (BOSS, Avantages en nature, § 1180, 01/01/2022) :
- le montant annuel de la subvention versée par l'employeur au titre de la réservation de berceaux ;
- le barème défini par le gestionnaire de crèche pour les parents ne bénéficiant pas d'une place réservée par leur employeur ou leur CSE ;
- et, le cas échéant, le barème défini par le gestionnaire de crèche pour les parents bénéficiant d'une place réservée par leur employeur ou leur CSE.

Par ailleurs, afin de connaître le montant des avantages accordés au cours d'une année par un employeur à son salarié, la crèche ou micro-crèche (ou le cas échéant le réseau de crèches ou micro-crèches) ayant perçu la subvention de réservation doit renseigner en fin d'année une attestation à destination de l'employeur faisant apparaître le montant de l'avantage individualisé accordé durant l'année au salarié (BOSS, Avantages en nature, § 1190, 01/01/2022).

☛ *Avantage en nature.*

Avantage en nature (logement)

Définition

Il y a avantage en nature logement dès lors que le salarié est logé par l'employeur gratuitement ou pour un prix modique (non assimilable à un loyer) (BOSS, Avantages en nature, § 230, 01/101/2022).

▶ À noter… Sur la prise en compte de l'avantage en nature logement pour la détermination du SMIC, voir *Avantage en nature**.

Lorsque le loyer du salarié est pris en charge par l'employeur, cet avantage doit être considéré comme un avantage en nature si l'employeur est titulaire du bail locatif et loge gratuitement le salarié. Si le bail est au nom du salarié, c'est un avantage en espèces assujetti aux cotisations qui doit être décompté, peu important que l'employeur règle directement le loyer auprès du bailleur ou rembourse le salarié (BOSS, Avantages en nature, § 250, 01/01/2022).

▶ À noter… L'intérêt de distinguer entre avantage en nature et avantage en espèces est, d'après nous, de pouvoir appliquer, ou non, le barème forfaitaire prévu pour l'avantage en nature logement *(voir ci-après)*.

Évaluation : règles générales

Forfait - Pour l'assiette des cotisations, l'avantage en nature logement est, en principe, évalué forfaitairement. Le barème est établi en fonction de la rémunération brute du salarié et du nombre de pièces principales du logement (arrêté du 10 décembre 2002, art. 2, JO du 27 ; BOSS, Avantages en nature, § 270, 01/01/2022).

▶ À noter… Pour être qualifiées de pièces principales, les pièces doivent être pourvues d'un ouvrant et de surfaces transparentes donnant sur l'extérieur. Ne constituent des pièces principales que celles destinées au sommeil et au séjour. Les pièces dites de service telles que cuisine et salle d'eau ne sont pas prises en compte (BOSS, Avantages en nature, § 280, 01/01/2022).

Les avantages accessoires (eau, gaz, électricité, chauffage et garage) sont compris dans le forfait (arrêté du 10 décembre 2002, art. 2, JO du 27 ; BOSS, Avantages en nature, § 270, 01/01/2022).

Les montants du barème évoluent conformément au taux prévisionnel d'évolution en moyenne annuelle des prix à la consommation hors tabac prévu pour l'année civile considérée dans le rapport annexé au projet de loi de finances. Ils sont arrondis à la dizaine de centimes d'euro la plus proche (arrêté du 10 décembre 2002, art. 7, JO du 27).

L'évaluation forfaitaire n'est pas autorisée pour l'évaluation de l'avantage en nature octroyé en contrepartie du mandat social d'un dirigeant (voir *Avantage en nature**).

Valeur locative - Sur option de l'employeur, l'évaluation peut également être calculée (arrêté du 10 décembre 2002, art. 2, JO du 27 ; BOSS, Avantages en nature, § 240, 201/01/2022) :
- en fonction de la valeur locative servant à l'établissement de la taxe d'habitation dans les conditions prévues aux articles 1496 et 1516 du code général des impôts ;
- et, pour les avantages accessoires (eau, gaz, électricité, chauffage et garage), d'après la valeur réelle.

Évaluation 2022 de l'avantage en nature logement (montant forfaitaire mensuel)		
Rémunération mensuelle brute	**Logement comportant une pièce principale (1)**	**Logement comportant plusieurs pièces principales (1)**
Moins de 1714 €	72,30 €	38,70 € par pièce principale
De 1714 € à 2056,79 €	84,40 €	54,20 € par pièce principale
De 2056,80 € à 2399,59 €	96,30 €	72,30 € par pièce principale
De 2399,60 € à 3085,19 €	108,30 €	90,20 € par pièce principale
De 3085,20 € à 3770,79 €	132,70 €	114,40 € par pièce principale
De 3770,80 € à 4456,39 €	156,60 €	138,20 € par pièce principale
De 4456,40 € à 5141,99 €	180,80 €	168,50 € par pièce principale
À partir de 5 142 €	204,70 €	192,60 € par pièce principale

(1) Ces évaluations s'entendent pour un mois complet. L'évaluation par semaine est égale au quart du montant mensuel, arrondi à la dizaine de centimes d'euro la plus proche. En cas de mois incomplet, c'est le nombre de semaines qui est pris en compte, dans la limite de 4 (arrêté du 10 décembre 2002, art. 2, JO du 27 ; BOSS, Avantages en nature, § 290, 01/01/2022).

▶ À noter… D'autres types de charges liées au logement (taxe d'habitation, assurances...), dont le paiement incombe normalement à l'occupant du logement, constituent un avantage en espèces soumis à cotisations pour leur montant réel lorsqu'elles sont acquittées par l'employeur (BOSS, Avantages en nature, § 340, 201/01/2022).

Lorsque, par exception, la valeur locative servant à l'établissement de la taxe d'habitation n'est pas évaluée, l'avantage en nature doit être calculé d'après la valeur locative réelle du logement (i.e le taux des loyers pratiqués dans la commune pour un logement de surface comparable) et d'après la valeur réelle des avantages accessoires (arrêté du 10 décembre 2002, art. 2, JO du 27 ; BOSS, Avantages en nature, § 340, 01/01/2022).

Lorsque ni la valeur locative servant à l'établissement de la taxe d'habitation, ni la valeur locative réelle du logement ne peuvent être évaluées, l'estimation de l'avantage en nature doit être calculée forfaitairement.

Cas particuliers d'évaluation

Redevance ou loyer payé par le salarié - Lorsque le salarié verse en échange du logement fourni par l'employeur une redevance ou un loyer, ce montant est déduit de l'évaluation de l'avantage en nature (BOSS, Avantages en nature, § 360, 01/01/2022).

▶ À noter… Quelle que soit l'évaluation retenue (forfaitaire ou valeur locative), lorsque la valeur mensuelle de l'avantage en nature est inférieure à la première tranche du barème forfaitaire pour un logement comptant une pièce (soit 72,30 € par mois en 2022), l'avantage en nature logement peut être négligé (BOSS, Avantages en nature, § 360, 01/01/2022).

Lorsque la redevance ou le loyer est inférieur, selon l'option choisie, au forfait ou à la valeur locative, l'avantage est évalué par différence entre ces deux montants (BOSS, Avantages en nature, §§ 370 et 380, 01/01/2022).

Lorsque la redevance est égale ou supérieure au forfait ou à la valeur locative, il n'y a pas d'avantage en nature.

Si l'employeur opte pour la valeur locative, les avantages accessoires au logement (eau, gaz, électricité, garage, chauffage) sont, le cas échéant, calculés d'après leur valeur réelle établie à partir des factures.

Usage mixte du logement - En cas d'usage à la fois professionnel et privé du logement, l'avantage en nature se limite à la partie utilisée à titre privé, à condition toutefois que le contrat de mise à disposition du logement indique le nombre de pièces réservées pour l'usage privé et le nombre de pièces réservées pour l'usage professionnel (BOSS, Avantages en nature, §§ 230 et 300, 01/01/2022).

Lorsque l'employeur opte pour le forfait, l'avantage doit être évalué selon le nombre de pièces réservées pour un usage privé (BOSS, Avantages en nature, §§ 300 et 350, 01/01/2022).

Lorsque l'employeur opte pour une évaluation selon la valeur locative, l'avantage doit être évalué selon le rapport de la superficie dévolue à un usage privé à la superficie totale. Le même rapport est appliqué pour l'évaluation des avantages accessoires.

Salariés logés par nécessité de service - Certaines personnes, pour accomplir leur service, sont tenues d'être logées dans les locaux où elles exercent leur fonction (ex. : personnel de sécurité ou de gardiennage). Dans ce cas, l'avantage en nature dont elles bénéficient est diminué d'un abattement pour sujétion professionnelle spéciale de 30 %, appliqué sur la valeur locative servant à établir la taxe d'habitation ou sur la valeur forfaitaire de l'avantage, selon le mode d'évaluation choisi par l'employeur. Ces sujétions, qui peuvent consister en des astreintes, doivent apparaître dans le contrat de travail (BOSS, Avantages en nature, § 470, 01/01/2022).

Conjoints exerçant dans la même entreprise - Lorsque le logement est occupé par deux salariés conjoints (pacsés ou concubins) travaillant dans la même entreprise et que le contrat de travail d'un seul conjoint prévoit l'attribution du logement, l'avantage en nature est réintégré dans l'assiette des cotisations et contributions sociales de ce dernier.

Si les deux contrats de travail prévoient l'attribution d'un logement ou si aucun d'eux ne le prévoit, l'avantage en nature est évalué sur le salaire de chacun des conjoints : la moitié de la valeur de l'avantage en nature applicable à chacun d'eux s'ajoute à leur rémunération respective (BOSS, Avantages en nature, § 390, 01/01/2022).

Partage du logement entre plusieurs salariés - Lorsque le logement est occupé par deux ou plusieurs salariés (hors cas des salariés conjoints, pacsés ou concubins), l'avantage en nature logement peut être évalué forfaitairement. Il tient compte alors de trois paramètres : la rémunération du salarié, le nombre de pièces principales mises à sa disposition et l'occupation seul ou avec un autre salarié de la pièce destinée au sommeil. Lorsque cette pièce destinée au sommeil est également occupée par un autre salarié, seule la moitié de l'avantage ainsi évalué doit être ajoutée à la rémunération (BOSS, Avantages en nature, §§ 410 et 420, 01/01/2022).

▶ À noter... L'occupation de la pièce destinée au sommeil par plus de deux salariés conduit à la qualification de dortoir. Dans ce cas, l'avantage en nature est négligé (BOSS, Avantages en nature, § 420, 01/01/2022).

En cas d'évaluation d'après la valeur locative du logement, l'avantage en nature est égal au rapport entre (BOSS, Avantages en nature, § 430, 01/01/2022) :

- d'une part, la somme de la valeur locative du logement, à laquelle s'ajoute la valeur réelle des charges afférentes au logement ;
- et, d'autre part, le nombre de salariés occupant le logement.

Ce montant représente la valeur réelle que doit verser chaque salarié en échange du logement fourni.

☞ *Avantage en nature.*

Avantage en nature (nourriture)

Définition

Il y a avantage en nature nourriture dès lors que le salarié est nourri gratuitement ou pour un prix modique par l'employeur, hors situation de déplacement professionnel (BOSS, Avantages en nature, §§ 100 et 110, 01/01/2022). Cet avantage doit être réintégré dans l'assiette des cotisations (voir *Avantage en nature**).

Il n'y a pas d'avantage en nature pour les personnels qui, par nécessité de service, sont tenus de prendre leur repas avec les personnes dont ils ont la charge éducative, sociale ou psychologique, dès lors que leur présence au moment des repas résulte d'une obligation professionnelle figurant soit dans le projet pédagogique ou éducatif de l'établissement, soit dans un document de nature contractuelle (contrat de travail, convention) (BOSS, Avantages en nature, §§ 190, 01/01/2022).

Méthodes d'évaluation

Évaluation forfaitaire - L'avantage en nature nourriture est évalué forfaitairement à 10 € par journée, soit 5 € par repas (valeurs 2022), pour les salariés et assimilés auxquels l'employeur fournit la nourriture (arrêté du 10 décembre 2002 modifié, art. 1er, JO du 27).

Cette évaluation est une évaluation minimale, à défaut de stipulations supérieures fixées par convention ou accord collectif, ou convenues d'un commun accord entre les salariés et leurs employeurs (arrêté du 10 décembre 2002 modifié, art. 5, JO du 27).

▶ À noter... Depuis le 1.01.2020, l'évaluation forfaitaire de l'avantage en nature nourriture peut être utilisée pour certains dirigeants titulaires d'un mandat social (voir *Avantage en nature**).

Cantine d'entreprise - Le repas pris à la *cantine** de l'établissement constitue un avantage en nature, le montant à réintégrer dans l'assiette des cotisations correspondant à la différence entre le forfait (soit 5 € en 2022) et le montant de la participation du salarié (BOSS, Avantages en nature, § 160, 01/01/2022).

Si cette dernière est au moins égale à la moitié du forfait (soit 2,50 € en 2022), l'avantage peut être négligé (BOSS, Avantages en nature, § 170, 01/01/2022). Pour apprécier cette limite de 50 % de l'évaluation forfaitaire, il convient de retenir l'alimentation à la fois solide et liquide, mais l'hydratation retenue doit être comprise comme celle de la seule consommation d'eau du robinet gratuite. Ainsi, les suppléments acquittés en plus du « repas en cantine » (tels que café, eau minérale etc.) n'entrent pas dans le montant de la participation du salarié au prix du repas (cass. civ., 2e ch., 12 mars 2015, n° 14-10744, BC II n° 53).

▶ À noter... Cette tolérance de non-assujettissement de l'avantage en nature aux cotisations sociales bénéficie également aux personnels des centres commerciaux prenant leur repas dans la cafétéria ouverte au public et dont la participation est au moins égale à la moitié du forfait (soit 2,50 € en 2022). En revanche, la tolérance ne joue pas pour les salariés qui profitent du service de repas que l'association qui les emploie a mis en place non à leur intention, mais pour la restauration des personnes qu'elle héberge ou accueille dans des structures collectives, même s'il s'agit des mêmes menus provenant des mêmes cuisines et des mêmes approvisionnements (BOSS, Avantages en nature, § 180, 01/01/2022 ; cass. civ. 2e ch., 10 mai 2012, n° 11-16074 D).

Titres-restaurant - Si l'employeur participe à l'acquisition d'un *titre-restaurant**, sa contribution est exonérée (dans la limite de 5,69 € en 2022), à condition qu'elle soit comprise entre 50 et 60 % de la valeur du titre. Si cette participation excède la limite de 60 % de la valeur du titre, seule la fraction excédentaire est réintégrée dans l'assiette des cotisations, sauf mauvaise foi de l'employeur ou agissements répétés de sa part. Dans ce cas, en effet, la totalité de la participation patronale est réintégrée dans l'assiette des cotisations (c. séc. soc. art. L. 133-4-3, L. 136-1-1, III, 4° et L. 242-1 ; CGI art. 81, 19° ; BOSS, Avantages en nature, § 130, 01/01/2022).

Évaluation au réel - L'avantage nourriture peut aussi être évalué « au réel », en pratique sur la base de justificatifs.

Détermination du SMIC - Voir *Avantage en nature**.

Repas d'affaires - Voir *Frais professionnels (repas)**

Hôtels, cafés et restaurants

Employeurs concernés - Dans les hôtels, cafés et restaurants, l'avantage en nature est évalué de façon spécifique (arrêté du 28 avril 2003, JO du 23 mai 2003).

Sont concernés les employeurs relevant des conventions collectives :
- des hôtels, cafés et restaurants ;
- de la restauration des collectivités ;
- de la restauration rapide ;
- des chaînes de cafétérias et assimilées ;
- des casinos.

Évaluation de l'avantage - Pour les salariés relevant des secteurs d'activité précités, pour lesquels les accords collectifs ou les usages imposent à l'employeur de les nourrir gratuitement, en totalité ou en partie, dans l'établissement, la valeur de l'avantage en nature est évaluée à (c. trav. art. D. 3231-10 ; arrêté du 28 avril 2003, JO du 23 mai 2003) :
- un minimum garanti par repas (3,76 € au 1.01.2022) ;
- deux minimums garantis par jour (7,52 € au 1.01.2022).

Ces montants constituent des évaluations minimales à défaut de stipulations supérieures fixées par convention ou accord collectif, ou convenues d'un commun accord entre les salariés et leurs employeurs (arrêté du 10 décembre 2002 modifié, art.5, JO du 27).

☛ *Avantage en nature ; Titre-restaurant.*

Avantage en nature (réductions tarifaires)

Fourniture gratuite ou vente à tarif préférentiel

Réduction 30 % - L'administration admet que la fourniture de produits et services réalisés par l'entreprise à des conditions préférentielles ne constitue pas un avantage en nature si les réductions tarifaires n'excèdent pas 30 % du prix de vente public normal, toutes taxes comprises (TTC). L'évaluation est réalisée par référence au prix de vente TTC pratiqué par l'employeur pour le même produit ou le même service proposé à un consommateur qui n'est pas salarié de l'entreprise (BOSS, Avantages en nature, §§ 1000 et 1010, 201/01/2022).

Exemple

Cas d'un employeur qui produit ou fournit des outils issus des technologies de l'information et de la communication. Prix public TTC de l'outil = 100 €. La réduction tarifaire est de 20 €, représentant 20 % du prix public TTC. L'avantage en nature est négligé.

Si une entreprise vend uniquement à des détaillants, le prix TTC le plus bas pratiqué dans l'année aux détaillants doit être retenu. Si le produit est habituellement commercialisé par des détaillants, c'est le prix TTC le plus bas pratiqué dans l'année par l'employeur pour la vente du même produit au détail à la clientèle. En cas de solde, c'est donc le prix soldé qui doit être pris en compte (BOSS, Avantages en nature, § 1020, 201/01/2022).

▶ À noter... Lorsque l'employeur propose aux salariés des tarifs « bradés » sur des produits défectueux, la jurisprudence admet que l'importance de la remise ne s'apprécie pas par rapport aux prix publics d'origine, mais aux prix auxquels ils auraient été revendus à des soldeurs (cass. civ., 2e ch., 16 décembre 2011, n° 10-26878, BC II n° 232).

Réduction > 30 % ou fourniture gratuite - Lorsque la fourniture du produit ou du service est gratuite ou si la réduction tarifaire dépasse les 30 % du prix de vente public normal, la totalité de l'avantage en nature doit être réintégrée dans l'assiette des cotisations (BOSS, Avantages en nature, § 1000, 01/01/2022).

Exemple

Cas d'un constructeur, concessionnaire ou agent de marques de voitures. Prix public TTC du véhicule : 30 000 €. S'il y a fourniture gratuite, l'avantage en nature équivalant à 30 000 € doit être réintégré dans l'assiette des cotisations. S'il y a vente avec réduction tarifaire de 15 000 €, soit 50 % du prix public TTC, l'avantage en nature est donc évalué 30 000 – 15 000 = 15 000 €. Cette somme doit être réintégrée dans l'assiette de cotisations.

Interprétation stricte des tolérances administratives - La tolérance de l'administration, consistant à ne pas considérer comme avantage en nature une réduction de 30 % sur les produits et services réalisés par l'entreprise, est d'interprétation stricte. Elle ne couvre pas les réductions consenties au salarié sur les produits et services proposés par une société du groupe auquel il appartient mais qui n'est pas son employeur (BOSS, Avantages en nature, § 1040, 01/01/2022). De même, les réductions tarifaires accordées à des salariés ou anciens salariés par une entreprise, autre que leur employeur et appartenant à un groupe d'entreprises auquel leur employeur a cessé d'appartenir, constituent aussi des avantages en nature assujettis à cotisations et contributions sociales (BOSS, Avantages en nature, § 1050, 01/01/2022).

La tolérance administrative est en outre réservée aux produits ou services réalisés par l'entreprise. Elle exclut ceux acquis par l'entreprise auprès d'un fournisseur ou d'une autre entreprise. Ainsi, le rabais obtenu par l'employeur, en raison de l'achat de biens en grosse quantité auprès d'un fournisseur, constitue un avantage en nature (BOSS, Avantages en nature, § 1030, 01/01/2022).

Cas particulier des invendus non alimentaires

Depuis le 1.01.2021, les réductions tarifaires accordés aux salariés sur les produits non alimentaires invendus sont admises dans la limite de 50 % du prix de vente public normal TTC, à condition que la limite du seuil de vente à perte défini à l'article L. 442-5 du code du commerce soit respectée (c. séc. soc. art. L. 136-1-1, III, 8° ; BOSS, Avantages en nature, § 1070, 01/01/2022). La réduction accordée ne constitue alors pas un avantage en nature et est donc exonérée de cotisations et contributions (y inclus CSG/CRDS).

Ces produits doivent avoir été initialement destinés à la vente mais ne peuvent pas ou ne peuvent plus être vendus par l'entreprise, ou par toute entreprise du groupe (au sens de l'article L. 2331-1 du code du travail) auquel appartiennent les salariés bénéficiaires des réductions tarifaires.

Pour apprécier la notion d'invendu, il est fait référence à la fin de mise à disposition du produit sur le marché. Les produits dont la fin de mise à disposition a été ordonnée par une autorité publique ne peuvent cependant pas être considérés comme invendus.

☛ *Avantage en nature.*

Avantage en nature (TIC)

Définition

Les technologies de l'information et de la communication (TIC) prennent diverses formes : Internet, ordinateur, téléphone portable, modem, progiciels, etc.

Un avantage en nature est décompté dès lors que l'employeur met un outil TIC à la disposition permanente du salarié et que les circonstances de fait lui permettent de l'utiliser à des fins privées en dehors du temps de travail. La réalité de l'usage privé résulte soit d'un document écrit (ex. : contrat de travail, courrier de la direction), soit de factures détaillées (BOSS, Avantages en nature, §§ 820 à 840, 01/01/2022).

Évaluation

L'avantage en nature constitué par l'utilisation privée des TIC est évalué, sur option de l'employeur (arrêté du 10 décembre 2002 modifié, art. 4 et 7, JO du 27) :

- soit sur la base des dépenses réellement engagées ;

- soit sur la base d'un forfait annuel estimé à 10 % de son coût d'achat ou, le cas échéant, de l'abonnement, toutes taxes comprises. Le forfait est arrondi à la dizaine de centimes d'euro la plus proche.

Si le salarié participe au financement de l'avantage en nature, l'évaluation de celui-ci tient compte de cette participation (BOSS, Avantages en nature, § 890, 01/01/2022).

Si l'employeur souhaite évaluer l'avantage compte tenu des dépenses réellement engagées, la présentation des factures justifiant le temps passé pour l'utilisation privée est nécessaire. À défaut de justification possible, c'est l'évaluation forfaitaire qui doit être utilisée (BOSS, Avantages en nature, § 900, 01/01/2022).

Quel que soit le mode d'évaluation choisi (forfait ou réel), si l'employeur fabrique ou fournit lui-même le produit ou service mis à la disposition du salarié, il doit tenir compte de la remise dont aurait pu, le cas échéant, bénéficié le salarié si l'entreprise lui avait vendu le produit, dans la limite de 30 % du prix public TTC appliqué pour le même produit ou service à un consommateur non salarié de l'entreprise [voir *Avantages en nature (réductions tarifaires)**]. Si le salarié verse une participation ou une redevance, le montant de celle-ci doit être déduit de la valeur de l'avantage en nature (BOSS, Avantages en nature, § 920 et 970 à 990, 01/01/2022).

▶ À noter… Dans le cas d'un usage totalement privé et extérieur à l'activité professionnelle du salarié, il convient de réintégrer la totalité de l'avantage en nature dans l'assiette des cotisations, à partir des dépenses réellement engagées par l'employeur. De même, lorsque cette mise à disposition permanente s'analyse en fait comme une cession définitive, et si en particulier le salarié ne restitue pas l'outil TIC lors de son départ de l'entreprise, il convient d'analyser cet avantage comme une fourniture gratuite, et donc de réintégrer la totalité de l'avantage en nature dans l'assiette des cotisations. Dans ces deux cas, le forfait annuel de 10 % ne peut pas être appliqué (BOSS, Avantages en nature, §§ 910, 950 et 960 01/01/2022).

Avantage en nature négligé

Par tolérance, l'administration considère qu'il n'y a pas d'avantage en nature dans certaines hypothèses.

Il en va ainsi lorsque l'usage privé se limite à une utilisation raisonnable pour les besoins ordinaires de la vie quotidienne professionnelle et familiale (ex. : courtes durées d'appel au domicile, brèves consultations de serveurs pratiques sur Internet) (BOSS, Avantages en nature, § 850, 01/01/2022).

L'avantage peut aussi être négligé dans les conditions suivantes (BOSS, Avantages en nature, § 860, 01/01/2022) :

- si un document écrit (ex : contrat de travail, accord d'entreprise, convention collective, règlement intérieur) mentionne que les matériels, logiciels, abonnements et temps de connexion consentis par l'employeur sont destinés à l'usage professionnel ;
- à défaut, lorsque l'utilisation de TIC par le salarié découle d'obligations ou de sujétions professionnelles (notamment, possibilité d'être joint à tout moment, de recevoir ou d'émettre des informations à tout moment pendant l'exécution du contrat de travail).

Vente ou cession à un salarié

En cas de vente à prix minime ou de cession gratuite à un salarié d'un outil TIC, il y a avantage en nature à réintégrer dans l'assiette des cotisations pour sa valeur réelle. Le régime de faveur qui était applicable en cas de don de matériels informatiques et de logiciels amortis a en effet été supprimé au 1.01.2019 (c. séc. soc. art. L. 136-1-1, III, 4°, f) abrogé).

En cas de vente à tarif préférentiel accordé à un salarié sur un outil TIC produit ou fourni par l'employeur, voir *Avantages en nature (réductions tarifaires)**.

☛ *Avantage en nature ; Avantages en nature (réductions tarifaires).*

Avantage en nature (véhicule)

Définition

L'utilisation privée par un salarié d'un véhicule mis à sa disposition de façon permanente par son employeur constitue un avantage en nature soumis à cotisations (BOSS, Avantages en nature, § 560 et 600, 01/01/2022).

En pratique, il y a avantage en nature dès que les circonstances permettent au salarié d'utiliser un véhicule professionnel à titre privé, en dehors du temps de travail. On considère qu'il y a mise à disposition permanente lorsque le salarié n'est pas tenu de restituer le véhicule en dehors de ses périodes de travail, notamment en fin de semaine (samedi et dimanche) ou pendant ses périodes de congés (BOSS, Avantages en nature, § 570, 01/01/2022).

Évaluation

Option de l'employeur - L'avantage en nature constitué par l'utilisation privée du véhicule est évalué, sur option de l'employeur (arrêté du 10 décembre 2002 modifié, art. 3, JO du 27) :

- sur la base des dépenses réellement engagées, qui sont évaluées différemment selon que le véhicule est acheté ou loué, ou en location avec option d'achat ;

- ou bien sur la base d'un forfait annuel estimé en pourcentage du coût d'achat du véhicule ou du coût global annuel comprenant la location, l'entretien et l'assurance du véhicule en location (ou en location avec option d'achat), toutes taxes comprises *(voir tableau ci-après)*.

Le forfait est arrondi à la dizaine de centimes d'euro la plus proche (arrêté du 10 décembre 2002 modifié, art. 7, JO du 27).

Évaluation de l'avantage en nature pour un véhicule thermique ou hybride (1) : forfait ou réel

	Véhicule acheté		Véhicule en location ou en location avec option d'achat
	5 ans et moins	Plus de 5 ans	
Forfait annuel (2) • L'employeur ne prend pas en charge le carburant	9 % du coût d'achat (prix TTC réglé par l'entreprise)	6 % du coût d'achat (prix TTC réglé par l'entreprise)	30 % du coût global annuel pour la location (location, entretien, assurance) Cette évaluation est plafonnée à un certain montant (3)
Forfait annuel (2) • L'employeur prend en charge le carburant	9 % du coût d'achat (prix TTC réglé par l'entreprise) plus les frais réels (sur factures) de carburant utilisé à des fins personnelles	6 % du coût d'achat (prix TTC réglé par l'entreprise) plus les frais réels (sur factures) de carburant utilisé à des fins personnelles	30 % du coût global annuel pour la location (location, entretien, assurance) plus frais réels (sur factures) de carburant utilisé à des fins personnelles
	ou		
	12 % du coût d'achat (prix TTC réglé par l'entreprise)	9 % du coût d'achat (prix TTC réglé par l'entreprise)	40 % du coût global annuel pour la location (location, entretien, assurance et coût global du carburant utilisé à des fins professionnelles et personnelles) Dans les deux cas, cette évaluation est plafonnée à un certain montant (3)
Dépenses réelles (évaluation annuelle) • L'employeur ne prend pas en charge le carburant	20 % du coût d'achat (prix TTC réglé par l'entreprise) L'assurance Les frais d'entretien	10 % du coût d'achat (prix TTC réglé par l'entreprise) L'assurance Les frais d'entretien	Coût global annuel de la location L'entretien L'assurance
	Pour évaluer l'avantage en nature (Résultat obtenu en additionnant les trois valeurs listées ci-dessus x nbre de km parcourus à titre privé)/ Total de km parcourus par le véhicule pour la même période		
Dépenses réelles (évaluation annuelle) • L'employeur prend en charge le carburant	Ajouter, le cas échéant, les frais réels de carburant utilisé pour un usage personnel		

(1) Pour les véhicules électriques, les dépenses présentées dans ce tableau (amortissement de l'achat du véhicule, assurance et frais d'entretien ou coût global annuel de la location, etc.) ne doivent pas tenir compte des frais d'électricité engagés par l'employeur pour la recharge du véhicule et sont évaluées après application d'un abattement de 50 % dans la limite de 1800 € par an (arrêté du 10 décembre 2002, art. 3 modifié par arrêté du 21 mai 2019, JO 12 juin).

(2) À proratiser en cas d'année incomplète par rapport au nombre de mois, tout mois entamé étant décompté comme mois entier (BOSS, Avantages en nature, § 750, 01/01/2022).

(3) L'évaluation ainsi obtenue est, en tout état de cause, plafonnée à celle qui résulte de la règle applicable en cas de véhicule acheté, le prix de référence du véhicule étant le prix d'achat TTC du véhicule par le loueur, rabais compris dans la limite de 30 % du prix conseillé par le constructeur pour la vente du véhicule au jour du début du contrat.

Lorsque le véhicule mis à la disposition du salarié est prêté à l'entreprise dans le cadre d'un contrat de partenariat ou de sponsoring, l'employeur doit évaluer l'avantage en nature sur la base du prix d'achat TTC conseillé par le constructeur pour la vente du véhicule au jour du prêt du véhicule (BOSS, Avantages en nature, § 801, 01/01/2022).

Évaluation spécifique pour les véhicules électriques. Pour les véhicules fonctionnant exclusivement à l'énergie électrique mis à disposition par l'employeur entre le 1.01.2020 et le 31.12.2022, les dépenses prises en compte pour calculer l'avantage en nature (amortissement de l'achat du véhicule, assurance et frais d'entretien, ou coût global de la location, etc.), que ce soit sur une base réelle ou une base forfaitaire (arrêté du 10 décembre 2002, art. 3 modifié ; arrêté du 21 mai 2019, JO 12 juin, texte 9) :

- ne doivent pas tenir compte des frais d'électricité engagés par l'employeur pour la recharge du véhicule ;
- et sont évaluées après application d'un abattement de 50 %, dans la limite de 1 800 € par an.

Exemple

Un véhicule électrique est loué (avec ou sans option d'achat) pour un coût global annuel (location, entretien et assurance) de 12 000 € par an. L'employeur choisit l'évaluation forfaitaire.

Le forfait appliqué est de 30 % du coût global annuel : 12 000 € x 30 % = 3 600 €.

Application de l'abattement de 50 % : 3 600 € x 50 % = 1 800 €.

La valeur de l'avantage en nature est de 3 600 € - 1 800 € = 1 800 €.

Les frais d'électricité ne sont pas pris en compte.

Le cas échéant, un nouvel arrêté fixera la valeur de cet abattement pour les véhicules mis à disposition à compter du 1.01.2023, en prenant en compte la différence de coût entre un véhicule électrique et un véhicule thermique (essence ou diesel) équivalent à cette date (arrêté du 21 mai 2019, art. 3, JO 12 juin).

En outre, lorsque l'employeur met à la disposition du salarié, durant une période comprise entre le 1.01.2019 et le 31.12.2022, une borne de recharge pour véhicule électrique (y compris s'il appartient au salarié), l'avantage en nature résultant de l'utilisation de cette borne par le salarié à titre privé doit être évalué pour un montant nul (arrêté du 10 décembre 2002 modifié, art. 3 bis ; arrêté du 21 mai 2019, JO 12 juin, texte 9 ; BOSS, Avantages en nature, § 800, 01/01/2022).

Redevance payée par le salarié - Quelle que soit l'évaluation retenue (forfaitaire ou réelle), lorsque le salarié verse une redevance dont le montant est inférieur à la valeur du forfait ou à la valeur réelle, l'avantage en nature est évalué par différence à ces deux valeurs. Dans le cas contraire, il n'y a pas d'avantage en nature (BOSS, Avantages en nature, § 815, 01/01/2022).

Véhicule non utilisé pendant les repos : pas d'avantage en nature

Il n'y a pas d'avantage en nature lorsque le salarié est tenu de restituer à l'employeur le véhicule de l'entreprise lors de chaque repos hebdomadaire et durant les périodes de congés (BOSS, Avantages en nature, § 570, 01/01/2022).

De même, lorsque le salarié dispose en permanence d'un véhicule mais a l'interdiction de l'utiliser pendant le repos hebdomadaire et durant les périodes de congés payés, sans toutefois devoir le restituer, il n'y a pas lieu de procéder à l'évaluation d'un avantage en nature. Toutefois, cette interdiction doit être notifiée par écrit (règlement intérieur, circulaire professionnelle, courrier papier ou électronique de la direction). Si tel est le cas, l'employeur n'a pas non plus à comptabiliser un avantage en nature au regard de la carte de carburant de l'entreprise (BOSS, Avantages en nature, § 570, 01/01/2022).

Lorsque le salarié est tenu de restituer le véhicule durant le repos hebdomadaire et les congés mais qu'il dispose néanmoins d'un véhicule de l'entreprise pour effectuer les trajets entre son domicile et son lieu de travail, il n'y a pas lieu de considérer qu'il y a un avantage en nature lorsqu'il est démontré que l'utilisation du véhicule est nécessaire à l'activité professionnelle. Par ailleurs, l'employeur doit démontrer que le salarié ne peut pas utiliser les transports en commun soit parce que le trajet domicile-lieu de travail n'est pas desservi ou est mal desservi, soit en raison de conditions ou d'horaires particuliers de travail (BOSS, Avantages en nature, § 580, 01/01/2022).

▶ À noter… Ces hypothèses pourraient, à notre sens, concerner les véhicules utilitaires, même si le *Bulletin officiel de la sécurité sociale (BOSS)** ne les vise pas spécifiquement. Avant l'entrée en vigueur du BOSS, une circulaire de 2005 prévoyait en effet expressément que si l'employeur mettait un véhicule utilitaire à la disposition du salarié, l'avantage que ce dernier en retirait pouvait être négligé à condition que l'employeur indique sur un document (règlement intérieur, circulaire professionnelle, courrier papier ou électronique…) que ce véhicule était utilisé pour un usage uniquement professionnel (circ. DSS 2005-389 du 19 août 2005, question 34, abrogée au 1.04.2021).

☛ *Avantage en nature.*

Avertissement

☛ *Sanctions disciplinaires ; Sanctions disciplinaires (procédure).*

Avis d'aptitude ou d'inaptitude

☛ *Aptitude ; Inaptitude physique.*

Avis d'arrêt de travail

Obligation

Pour bénéficier des *indemnités journalières de sécurité sociale, le salarié en arrêt de travail pour *maladie** doit, dans les 2 jours de l'interruption, adresser à sa caisse primaire d'assurance maladie (CPAM) un avis d'arrêt de travail au moyen d'un formulaire homologué, qui doit être signé par le médecin** (c. séc. soc. art. L. 321-2 et R. 321-2). **Il adresse également un duplicata de l'avis d'arrêt de travail à son employeur pour justifier son absence.**

En pratique, explique l'Assurance maladie, l'avis d'arrêt de travail est composé d'un volet 1 destiné au service médical de la CPAM, un volet 2 destiné aux services administratifs de la caisse et d'un volet 3 destiné à l'employeur. Dans le cas le plus fréquent, avec l'accord du salarié malade, le médecin se charge de transmettre par voie dématérialisée les volets 1 et 2 à la CPAM, et ne remet à l'assuré que le volet 3 qu'il devra envoyer à son employeur. Dans les autres cas, le médecin remet les trois volets de l'avis d'arrêt de travail au salarié, à charge pour ce dernier d'envoyer les deux premiers à la CPAM et le troisième à son employeur (www.ameli.fr).

▶ À noter... La loi relative à l'organisation et à la transformation du système de santé avait prévu qu'au 31.12. 2021 au plus tard, les arrêts de travail seraient prescrits, sauf exception, de manière dématérialisée par l'intermédiaire d'un service mis à la disposition des professionnels de santé par les organismes d'assurance maladie. Les modalités de mise en œuvre de cette dématérialisation devaient être fixées par des conventions nationales conclues entre les organismes de sécurité sociale et les médecins ou, à défaut, par un arrêté (c. séc. soc. art. L. 161-35 ; loi 2019-774 du 24 juillet 2019, art. 55, JO du 26). Toutefois, il semble que cette obligation de dématérialisation des arrêts de travail ne soit pas encore effective à l'heure où nous rédigeons ces lignes (1.01.2022), l'Assurance maladie n'évoquant sur son site Internet qu'une possibilité de dématérialisation, avec l'accord de l'assuré.

En cas de prolongation d'arrêt de travail, la même formalité doit être accomplie dans les 2 jours qui suivent (c. séc. soc. art. R. 321-2).

Sanction

En cas d'envoi tardif de l'avis d'arrêt de travail à la CPAM, la caisse informe l'assuré du retard et de la sanction à laquelle il s'expose dans l'hypothèse d'un nouvel envoi tardif dans les 2 ans qui suivent la date de prescription de l'arrêt de travail (c. séc. soc. art. D. 323-2).

Si un nouvel envoi tardif survient dans les 2 ans, et sauf hospitalisation ou impossibilité d'envoyer l'avis d'arrêt de travail en temps utile, le montant des indemnités journalières se rapportant à la période comprise entre la date de prescription de l'arrêt et la date d'envoi est réduit de 50 % (c. séc. soc. art. D. 323-2).

La sanction est prise par le directeur de la caisse (c. séc. soc. art. L. 321-2).

▶ À noter... En toute logique, ces dispositions ne trouvent à s'appliquer que dans le cas où l'avis d'arrêt de travail n'est pas transmis par le médecin prescripteur à la CPAM de façon dématérialisée.

☛ *Maladie ; Maladie (indemnisation).*

Avis du CSE

☛ *Comité social et économique ; Comité social et économique (délais et procédure de consultation) ; Comité social et économique (délibération) ; Comité social et économique (informations-consultations) ; Comité social et économique (réunions).*

Ayant droit

@ Cette étude est détaillée dans la version en ligne de ce Dictionnaire (voir www.rfsocial.com et www.rfeditions.com).

B

Badgeuse

☞ *Pointage des salariés ; Surveillance des salariés.*

Barème Macron

☞ *Licenciement sans cause réelle et sérieuse.*

Base de données économiques, sociales et environnementales (BDESE)

La base de données économiques, sociales et environnementales (BDESE) rassemble l'ensemble des informations nécessaires aux consultations et informations récurrentes que l'employeur met à disposition du *comité social et économique** (c. trav. art. L. 2312-18).

Son organisation, son architecture et son contenu sont définis par accord collectif d'entreprise majoritaire (sans possibilité de référendum) ou, en l'absence de DS, par un accord entre l'employeur et le CSE (c. trav. art. L. 2312-21). À défaut d'accord, les dispositions du code du travail dites « supplétives » s'appliquent (c. trav. art. L. 2312-17 à L. 2312-23 et L. 2312-36).

En tout état de cause, les dispositions dites d'« ordre public » doivent être respectées (c. trav. art. L. 2312-17 et s.).

Entreprises d'au moins 50 salariés

Base obligatoire - La BDESE n'est obligatoire que dans le cadre des attributions du CSE des entreprises d'au moins 50 salariés (c. trav. art. L. 2312-18 et L. 2312-36).

▶ À noter... Les entreprises ayant un effectif compris entre 11 et 49 salariés sont tenues de mettre en place un CSE mais pas une BDESE.

En l'absence d'accord, la BDESE est constituée au niveau de l'entreprise.

Le cas échéant, l'accord définit, dans les entreprises avec des établissements distincts, les modalités de fonctionnement de la BDESE, notamment les droits d'accès et le niveau de mise en place de la base (ex. : l'établissement peut être retenu comme niveau de mise en place), son support, ses modalités de consultation et d'utilisation (c. trav. art. L. 2312-21).

▶ À noter... Un accord de groupe peut prévoir une BDESE au niveau du groupe. Dans ce cas, cet accord doit notamment déterminer les personnes ayant accès à cette base ainsi que les modalités d'accès, de consultation et d'utilisation. Le cas échéant, la BDESE du groupe ne remplace pas les BDESE des entreprises de ce groupe (c. trav. art. R. 2312-15).

Transition CE/CSE - Tant que l'employeur n'avait pas mis en place de CSE, on ne pouvait pas lui imposer de mettre à la disposition du CE les éléments prévus par la BDES dans sa version CSE (cass. soc. 10 novembre 2021, n° 19-20123 FSPB).

Contenu d'ordre public de la BDESE

Informations nécessaires aux consultations récurrentes - La BDESE doit rassembler les informations nécessaires aux trois consultations récurrentes portant sur (c. trav. art. L. 2312-18) :
- les orientations stratégiques ;
- la situation économique et financière ;
- la politique sociale de l'entreprise.

Conséquences environnementales - Le CSE est informé au cours de ces consultations des conséquences environnementales de l'activité de l'entreprise (c. trav. art. L. 2312-17). La BDESE comporte en conséquence des informations sur « les conséquences environnementales de l'activité de l'entreprise », qu'elle soit négociée ou qu'elle découle du régime supplétif prévu par le code du travail (c. trav. art. L. 2312-18, L. 2312-21, L. 2312-23 et L. 2312-36).

Égalité professionnelle - Les informations contenues dans la BDESE doivent comporter des indicateurs relatifs à l'égalité professionnelle femmes/hommes, notamment sur les écarts de rémunération et indiquer la méthodologie et le contenu des indicateurs (c. trav. art. L. 2312-18).

▶ À noter... Sur l'obligation des entreprises d'au moins 50 salariés de publier chaque année des indicateurs relatifs aux écarts de rémunération femmes/hommes et aux actions mises en œuvre pour les supprimer, voir *Négociations obligatoires dans l'entreprise** et *Rémunération (écarts entre les femmes et les hommes)** (c. trav. art. L. 1142-8).

Depuis le 27.12.2021, la BDESE doit également comporter les indicateurs sur les écarts de répartition entre les femmes et les hommes parmi les cadres dirigeants et les membres des instances dirigeantes (c. trav. art. L. 2312-18 ; loi 2021-1774 du 24 décembre 2021, JO du 26).

Contenu dans une entreprise avec un CSE central - Dans les entreprises dotées d'un CSE central, la BDESE doit comprendre les informations que l'employeur met à disposition du CSE central (c. trav. art. R. 2312-11) [voir *Comité social et économique (central)**].

Communication des rapports et informations au CSE - La mise à disposition de la BDESE vaut communication des rapports et informations au CSE et, le cas échéant, transmission à l'administration (lorsque des dispositions du code du travail le prévoient) (c. trav. art. L. 2312-18).

Contenu de la BDESE ouvert à la négociation

Accord majoritaire ou avec le CSE - Un accord en vue d'aménager la BDESE peut être négocié (c. trav. art. L. 2312-21 ; Q/R 72, CSE, 117 questions/réponses du ministère du Travail, janvier 2020) :
- dans une entreprise avec un ou des délégués syndicaux (DS), entre l'employeur et le ou les DS. Il doit s'agir d'un accord collectif d'entreprise majoritaire sans possibilité de référendum [voir *Accord collectif d'entreprise (conclusion avec délégué syndical)**] ;
- en l'absence de DS, entre l'employeur et le CSE. Il doit être adopté à la majorité des élus titulaires du CSE.

Le cas échéant, l'employeur négocie avec le *conseil d'entreprise** dans les entreprises ayant opté pour ce mode de représentation du personnel.

▶ À noter… Dans les entreprises de moins de 300 salariés, un accord de branche, à défaut d'accord majoritaire sans référendum (ou d'accord conclu avec le CSE), peut définir l'organisation, l'architecture, le contenu et les modalités de fonctionnement de la BDESE (c. trav. art. L. 2312-21).

Thèmes de négociation - La BDESE peut être aménagée sur les points suivants (c. trav. art. L. 2312-21) :
- son organisation, son architecture et son contenu ;
- ses modalités de fonctionnement, notamment les droits d'accès et le niveau de mise en place de la base dans les entreprises avec des établissements distincts, son support, ses modalités de consultation et d'utilisation.

Rubriques obligatoires de la BDESS négociée - La BDESE doit comprendre différentes rubriques portant au minimum sur les thèmes suivants (c. trav. art. L. 2312-21) :
- l'investissement social,
- l'investissement matériel et immatériel,
- l'égalité professionnelle femmes/hommes au sein de l'entreprise,
- les fonds propres,
- l'endettement,
- l'ensemble des éléments de la rémunération des salariés et dirigeants,
- les activités sociales et culturelles,
- la rémunération des financeurs,
- les flux financiers à destination de l'entreprise ;
- les conséquences environnementales de l'activité de l'entreprise (c. trav. art. L. 2312-21).

L'accord peut également intégrer dans la BDESE les informations nécessaires (c. trav. art. L. 2312-21) :
- à certaines négociations obligatoires (sur la rémunération, sur l'égalité professionnelle femmes/hommes, sur la gestion des emplois et des parcours professionnels) ;
- ainsi qu'aux consultations ponctuelles du CSE.

En tout état de cause, l'organisation, l'architecture, le contenu et les modalités de fonctionnement de la BDESE doivent permettre au CSE et, le cas échéant, aux DS d'exercer utilement leurs compétences (c. trav. art. L. 2312-21).

Contenu de la BDESE en l'absence d'accord

Application des règles supplétives - Lorsqu'aucun accord n'a été conclu, les règles supplétives sont applicables. Dans ce cas, la BDESE rassemble les informations portant sur les thèmes suivants (c. trav. art. L. 2312-23 et L. 2312-36 ; Q/R 72, CSE, 117 questions/réponses du ministère du Travail, janvier 2020).

• *Investissements :*
- social : emploi, évolution et répartition des contrats précaires, des stages et des emplois à temps partiel, formation professionnelle, évolution professionnelle et conditions de travail ;
- matériel et immatériel ;
- informations en matière environnementale pour les entreprises relevant de l'article L. 225-102-1, 6e du code du commerce.

▶ À noter… Les élus du CSE doivent avoir connaissance, au titre de « l'investissement social », de l'évolution des effectifs par type de contrat. Il faut donner l'évolution des effectifs par âge et par ancienneté (c. trav. art. R. 2312-8). Lorsque la BDESE indique l'évolution du nombre de stagiaires, il s'agit uniquement des stagiaires de plus de 16 ans. Ainsi, il n'y a pas à prendre en considération les « visites d'information » en entreprise des jeunes de moins de 16 ans, ni les stages d'initiation ou d'application et les périodes de formation dispensés aux élèves qui suivent un enseignement alterné ou un enseignement professionnel durant les deux dernières années de leur scolarité obligatoire (c. trav. art. L. 4153-1, 2° ; c. éduc. art. D. 331-1 à D. 331-15).

• *Égalité professionnelle femmes/hommes au sein de l'entreprise :*

- diagnostic et analyse de la situation comparée femmes/hommes pour chacune des catégories professionnelles de l'entreprise en matière d'embauche, de formation, de promotion professionnelle, de qualification, de classification, de conditions de travail, de sécurité et de santé au travail, de rémunération effective et d'articulation activité professionnelle/vie personnelle et familiale ;
- analyse des écarts de salaire et de déroulement de carrière en fonction de l'âge, de la qualification et de l'ancienneté
- évolution des taux de promotion respectifs femmes/hommes par métiers dans l'entreprise ;
- part des femmes et des hommes dans le conseil d'administration.

▶ À noter… S'agissant du volet « égalité professionnelle » de la consultation sur la politique sociale, les conditions de travail et l'emploi, les diverses informations à présenter sont généralement ventilées par « catégorie professionnelle ». Dans les entreprises d'au moins 300 salariés, la BDESE peut s'en tenir aux catégories professionnelles classiques (ouvriers, employés, etc.) ou raisonner sur la base des catégories d'emplois définies par la classification. La BDESE permet plus généralement de retenir « toute catégorie pertinente au sein de l'entreprise » (c. trav. art. R. 2312-9).

• *Fonds propres et endettement.*

• *Ensemble des éléments de la rémunération des salariés et dirigeants.*

• *Activités sociales et culturelles (ASC).*

• *Rémunérations des financeurs.*

• *Flux financiers à destination de l'entreprise (ex. : aides publiques et crédit d'impôts).*

• *Sous-traitance.*

▶ À noter… Par « sous-traitance », il faut comprendre une notion, plus large, de « partenariats ». La BDESE doit ainsi présenter (c. trav. art. L. 2312-36, R. 2312-8 et R. 2312-9) :
- les partenariats conclus pour produire des services ou des produits pour une autre entreprise ;
- les partenariats conclus pour bénéficier des services ou des produits d'une autre entreprise.

Le cas échéant, transferts commerciaux et financiers entre les entités du groupe.

Les conséquences environnementales de l'activité de l'entreprise (ce thème a été ajouté par la loi « Climat ») (c. trav. art. L. 2312-36).

Informations portant sur six exercices - Les informations figurant dans la BDESE portent, en l'absence d'accord, sur 3 ans, à savoir l'année en cours et les 2 années précédentes. Les informations intègrent aussi les perspectives futures des 3 années suivant l'année en cours, telles que l'employeur peut les envisager (c. trav. art. R. 2312-10).

Les informations sont présentées sous forme de données chiffrées ou à défaut, pour les années suivantes, sous forme de grandes tendances.

L'employeur indique, pour ces années, les informations qui, eu égard à leur nature ou aux circonstances, ne peuvent pas faire l'objet de données chiffrées ou de grandes tendances, pour les raisons qu'il précise (c. trav. art. R. 2312-10).

▶ À noter… Les informations relatives aux entreprises absorbées portant sur les années visées par le code du travail *(voir ci-avant)* doivent figurer dans la BDESE, c'est-à-dire y compris si elles portent sur une période antérieure à la fusion-absorption (cass. soc. 27 novembre 2019, n° 18-22532 FPB).

Données à faire figurer dans une BDESE réglementaire

Entreprises de moins de 300 salariés - L'ensemble des données que doit comprendre la BDESE dans les entreprises de moins de 300 salariés en l'absence d'accord a été fixé par voie réglementaire (c. trav. art. R. 2312-8).

▶ Attention… Les informations liées aux conséquences environnementales de l'activité de l'entreprise, à la suite de l'ajout de ce thème par la loi « Climat » (loi 2021-1104 du 22 août 2021, art. 41, JO du 24) doivent être précisées par un décret non paru à la date de mise à jour de cette étude. Pour suivre l'actualité sur ce sujet, voir www.rfsocial.com.

BDESE réglementaire d'un CSE dans les entreprises de moins de 300 salariés (1)	
1° Investissements :	
A - Investissement social (2) :	a) Évolution des effectifs par type de contrat, par âge, par ancienneté ; évolution des effectifs retracée mois par mois ; - nombre de salariés titulaires d'un CDI ; - nombre de salariés titulaires d'un CDD ; - nombre de salariés temporaires ; - nombre de salariés appartenant à une entreprise extérieure ; - nombre des journées de travail réalisées au cours des 12 derniers mois par les salariés temporaires ; - nombre de contrats d'insertion et de formation en alternance ouverts aux jeunes de moins de 26 ans ; - motifs ayant conduit l'entreprise à recourir aux CDD, aux contrats de travail temporaire, aux contrats de travail à temps partiel, ainsi qu'à des salariés appartenant à une entreprise extérieure ;
	b) Évolution des emplois par catégorie professionnelle ; - répartition des effectifs par sexe et par qualification ; - indication des actions de prévention et de formation que l'employeur envisage de mettre en œuvre, notamment au bénéfice des salariés âgés, peu qualifiés ou présentant des difficultés sociales particulières ;
	c) Évolution de l'emploi des personnes handicapées et mesures prises pour le développer ; i - Actions entreprises ou projetées en matière d'embauche, d'adaptation, de réadaptation ou de formation professionnelle ; ii - La déclaration annuelle prévue à l'article L. 5212-5 à l'exclusion des informations mentionnées à l'article D. 5212-4.
	d) Évolution du nombre de stagiaires de plus de 16 ans ;
	e) Formation professionnelle : investissements en formation, publics concernés ; - les orientations de la formation professionnelle dans l'entreprise telles qu'elles résultent de la consultation prévue à l'article L. 2312-24 ; - le résultat éventuel des négociations prévues à l'article L. 2241-6 ; - les informations relatives aux modalités d'accès à la formation professionnelle des salariés transmises par l'employeur à l'autorité administrative en application de l'article L. 6331-32 ; - les conclusions éventuelles des services de contrôle faisant suite aux vérifications effectuées en application de l'article L. 6361-4 ; - le bilan des actions comprises dans le plan de formation de l'entreprise (1) (3) pour l'année antérieure et pour l'année en cours comportant la liste des actions de formation, des bilans de compétences et des validations des acquis de l'expérience réalisés, rapportés aux effectifs concernés répartis par catégorie socioprofessionnelle et par sexe ; - les informations (3), pour l'année antérieure et l'année en cours, relatives aux congés individuels de formation, aux congés de bilan de compétences, aux congés de validation des acquis de l'expérience et aux congés pour enseignement accordés ; notamment leur objet, leur durée et leur coût, aux conditions dans lesquelles ces congés ont été accordés ou reportés ainsi qu'aux résultats obtenus ; - le nombre des salariés bénéficiaires de l'abondement mentionné au dernier alinéa du II de l'article L. 6315-1 ainsi que les sommes versées à ce titre ; - le nombre des salariés bénéficiaires de l'entretien professionnel mentionné au I de l'article L. 6315-1. Le bilan, pour l'année antérieure et l'année en cours, des conditions de mise en œuvre des contrats d'alternance : - les emplois occupés pendant et à l'issue de leur action ou de leur période de professionnalisation (1) ; - les effectifs intéressés par âge, sexe et niveau initial de formation (D. 2323-6) ; - les résultats obtenus en fin d'action ou de période de professionnalisation ainsi que les conditions d'appréciation et de validation. Le bilan de la mise en œuvre du compte personnel de formation.
	f) Conditions de travail : durée du travail dont travail à temps partiel et aménagement du temps de travail ; Données sur le travail à temps partiel : - nombre, sexe et qualification des salariés travaillant à temps partiel ; - horaires de travail à temps partiel pratiqués dans l'entreprise.

BDESE réglementaire d'un CSE dans les entreprises de moins de 300 salariés (1)	
A - Investissement social (2) : *(suite)*	Le programme annuel de prévention des risques professionnels et d'amélioration des conditions de travail prévu au 2° de l'article L. 2312-27 établi à partir des analyses mentionnées à l'article L. 4612-2 et fixant la liste détaillée des mesures devant être prises au cours de l'année à venir dans les mêmes domaines afin de satisfaire, notamment : i - Aux principes généraux de prévention prévus aux articles L. 4121-1 à L. 4121-5 et L. 4221-1 ; ii - À l'information et à la formation des travailleurs prévues aux articles L. 4141-1 à L. 4143-1 ; iii - À l'information et à la formation des salariés titulaires d'un contrat de travail à durée déterminée et des salariés temporaires prévues aux articles L. 4154-2 et L. 4154-4 ; iv - À la coordination de la prévention prévue aux articles L. 4522-1 et L. 4522-2.
B - Investissement matériel et immatériel :	a) Évolution des actifs nets d'amortissement et de dépréciations éventuelles (immobilisations) ;
	b) Le cas échéant, dépenses de recherche et développement ;
	c) Mesures envisagées en ce qui concerne l'amélioration, le renouvellement ou la transformation des méthodes de production et d'exploitation ; et incidences de ces mesures sur les conditions de travail et l'emploi.
2° Égalité professionnelle entre les femmes et les hommes au sein de l'entreprise (4) :	
A - Analyse des données chiffrées :	Analyse des données chiffrées par catégorie professionnelle de la situation respective des femmes et des hommes en matière d'embauche, de formation, de promotion professionnelle, de qualification, de classification, de conditions de travail, de santé et de sécurité au travail, de rémunération effective et d'articulation entre l'activité professionnelle et l'exercice de la responsabilité familiale analyse des écarts de salaires et de déroulement de carrière en fonction de leur âge, de leur qualification et de leur ancienneté ; description de l'évolution des taux de promotion respectifs des femmes et des hommes par métiers dans l'entreprise.
B - Stratégie d'action :	À partir de l'analyse des données chiffrées mentionnées au A du 2°, la stratégie comprend les éléments suivants : - mesures prises au cours de l'année écoulée en vue d'assurer l'égalité professionnelle. Bilan des actions de l'année écoulée et, le cas échéant, de l'année précédente. Évaluation du niveau de réalisation des objectifs sur la base des indicateurs retenus (4). Explications sur les actions prévues non réalisées ; - objectifs de progression pour l'année à venir et indicateurs associés. Définition qualitative et quantitative des mesures permettant de les atteindre conformément à l'article R. 2242-2. Évaluation de leur coût. Échéancier des mesures prévues.
3° Fonds propres, endettement et impôts :	
	a) Capitaux propres de l'entreprise ;
	b) Emprunts et dettes financières dont échéances et charges financières ;
	c) Impôts et taxes.
4° Rémunération des salariés et dirigeants, dans l'ensemble de leurs éléments :	
A - Évolution des rémunérations salariales :	a) Frais de personnel y compris cotisations sociales, évolutions salariales par catégorie et par sexe, salaire de base minimum, salaire moyen ou médian, par sexe et par catégorie professionnelle ;
	b) Pour les entreprises soumises aux dispositions de l'article L. 225-115 du code de commerce, montant global des rémunérations visées au 4° de cet article ;
	c) Épargne salariale : intéressement, participation.
5° Activités sociales et culturelles (ASC) : montant de la contribution aux activités sociales et culturelles du CSE, mécénat	
6° Rémunération des financeurs, en dehors des éléments mentionnés au 4° :	
A - Rémunération des actionnaires (revenus distribués)	
B - Rémunération de l'actionnariat salarié (montant des actions détenues dans le cadre de l'épargne salariale, part dans le capital, dividendes reçus)	
7° Flux financiers à destination de l'entreprise :	
A - Aides publiques :	Aides ou avantages financiers consentis à l'entreprise par l'Union européenne, l'État, une collectivité territoriale, un de leurs établissements publics ou un organisme privé chargé d'une mission de service public, et leur utilisation. Pour chacune de ces aides, il est indiqué la nature de l'aide, son objet, son montant, les conditions de versement et d'emploi fixées, le cas échéant, par la personne publique qui l'attribue et son emploi.

BDESE réglementaire d'un CSE dans les entreprises de moins de 300 salariés (1)	
B - Réductions d'impôts	
C - Exonérations et réductions de cotisations sociales	
D - Crédits d'impôts	
E - Mécénat	
F - Résultats financiers :	a) Chiffre d'affaires, bénéfices ou pertes constatés ; b) Résultats d'activité en valeur et en volume ; c) Affectation des bénéfices réalisés.
8° Partenariats :	
A - Partenariats conclus pour produire des services ou des produits pour une autre entreprise	
B - Partenariats conclus pour bénéficier des services ou des produits d'une autre entreprise	
9° Pour les entreprises appartenant à un groupe, transferts commerciaux et financiers entre les entités du groupe :	
A - Transferts de capitaux tels qu'ils figurent dans les comptes individuels des sociétés du groupe lorsqu'ils présentent une importance significative, notamment transferts de capitaux importants entre la société mère et les filiales	
B - Cessions, fusions, et acquisitions réalisées	

(1) Par rapport à la base de données antérieure au CSE, l'employeur n'a plus à intégrer à la BDESE, en prévision de la consultation sur la situation économique et financière de l'entreprise (c. trav. art. R. 2323-8, dans sa version antérieure au 1er janvier 2018) :
- les perspectives économiques de l'entreprise pour l'année à venir ;
- les mesures envisagées pour l'amélioration, le renouvellement ou la transformation des équipements.

S'agissant de la consultation sur la politique sociale, les conditions de travail et l'emploi, elle ne nécessite plus de renseigner (c. trav. art. R. 2323-9, dans sa version antérieure au 1er janvier 2018) :
- l'évolution de la structure et du montant des salaires ;
- les prévisions chiffrées en matière d'emploi ;
- ainsi que les explications de l'employeur sur les écarts éventuellement constatés entre les prévisions et l'évolution effective de l'emploi, ainsi que sur les conditions d'exécution des actions prévues au titre de l'année écoulée.

(2) Les représentants du personnel doivent avoir connaissance, au titre de « l'investissement social », de l'évolution des effectifs par type de contrat. Comme dans les entreprises d'au moins 300 salariés, il faut donner l'évolution des effectifs par âge et par ancienneté (c. trav. art. R. 2312-8).

Toujours dans les données relatives à « l'investissement social », lorsque la BDESE indique l'évolution du nombre de stagiaires, il s'agit uniquement des stagiaires de plus de 16 ans. En d'autres termes, il n'y a pas à prendre en considération les « visites d'information » en entreprise des jeunes de moins de 16 ans ni les stages d'initiation ou d'application et les périodes de formation dispensés aux élèves qui suivent un enseignement alterné ou un enseignement professionnel durant les deux dernières années de leur scolarité obligatoire (c. trav. art. L. 4153-1, 2° ; c. éduc. art. D. 331-1 à D. 331-15).

(3) Ces textes n'ont pas tous été mis en conformité avec les modifications apportées par la loi Avenir professionnel qui a apporté de nombreuses modifications notamment en matière de formation professionnelle (loi 2018-771 du 5 septembre 2018, JO du 6). À notre avis, l'employeur peut adapter ses obligations d'information en fonction des nouvelles règles qui sont applicables pour la plupart depuis le 1.01.2019. Par exemple, il doit fournir des informations non pas sur le plan de formation mais sur le plan de développement des compétences institué par la loi et il n'a plus à y distinguer les actions d'adaptation ou de développement des compétences, dans la mesure où cette distinction n'est plus en vigueur dans les nouveaux textes. Il n'a pas non plus à fournir d'informations sur les congés individuels de formation (CIF), congés de bilans de compétences et autres congés supprimés par la loi Avenir professionnel mais doit informer le CSE sur le CPF de transition professionnelle qui a vocation à intégrer ces dispositifs (c. trav. art. L. 6323-17-1, L. 6323-17-2, D. 6323-9, D. 6323-18-1 à D. 6323-18-4).

(4) Voir Rémunération (écarts entre les femmes et les hommes)*.

Entreprises d'au moins 300 salariés - L'ensemble des données que doit comprendre la BDESE dans les entreprises d'au moins 300 salariés en l'absence d'accord a été fixé par voie réglementaire (c. trav. art. R. 2312-9).

▶ Attention… Les informations liées aux conséquences environnementales de l'activité de l'entreprise, à la suite de l'ajout de ce thème par la loi « Climat » (loi 2021-1104 du 22 août 2021, art. 41, JO du 24) doivent être précisées par décret (non paru à la date de mise à jour de cette étude). Pour suivre l'actualité sur ce sujet, voir www.rfsocial.com.

BDESE d'un CSE dans les entreprises d'au moins 300 salariés	
1° Investissements :	
A - Investissement social :	a) Évolution des effectifs par type de contrat, par âge, par ancienneté ; i - Effectif : Effectif total au 31/12 (1) (I) ; Effectif permanent (2) (I) ; Nombre de salariés titulaires d'un contrat de travail à durée déterminée au 31/12 (I) ; Effectif mensuel moyen de l'année considérée (3) (I) ; Répartition par sexe de l'effectif total au 31/12 (I) ; Répartition par âge de l'effectif total au 31/12 (4) (I) ; Répartition de l'effectif total au 31/12 selon l'ancienneté (5) (I) ; Répartition de l'effectif total au 31/12 selon la nationalité (I) : français/étrangers ; Répartition de l'effectif total au 31/12 selon une structure de qualification détaillée (II) ; ii – Travailleurs extérieurs : Nombre de salariés appartenant à une entreprise extérieure (6) ; Nombre de stagiaires (écoles, universités, etc.) (7) ; Nombre moyen mensuel de salariés temporaires (8) ; Durée moyenne des contrats de travail temporaire ; Nombre de salariés de l'entreprise détachés ; Nombre de salariés détachés accueillis.
	b) Évolution des emplois, notamment, par catégorie professionnelle ; i - Embauches : Nombre d'embauches par CDI ; Nombre d'embauches par CDD (dont Nombre de contrats de travailleurs saisonniers) (I) ; Nombre d'embauches de salariés de moins de 25 ans ; ii - Départs : Total des départs (I) ; Nombre de démissions (I) ; Nombre de licenciements pour motif économique, dont départs en retraite et préretraite (I) ; Nombre de licenciements pour d'autres causes (I) ; Nombre de fins de CDD (I) ; Nombre de départs au cours de la période d'essai (9) (I) ; Nombre de mutations d'un établissement à un autre (I) ; Nombre de départs volontaires en retraite et préretraite (10) (I) ; Nombre de décès (I) ; iii - Promotions : Nombre de salariés promus dans l'année dans une catégorie supérieure (11) ; iv - Chômage : Nombre de salariés mis en chômage partiel pendant l'année considérée (I) ; Nombre total d'heures de chômage partiel pendant l'année considérée (12) (I) : - indemnisées ; - non indemnisées ; Nombre de salariés mis en chômage intempéries pendant l'année considérée (I) ; Nombre total d'heures de chômage intempéries pendant l'année considérée (I) : - indemnisées ; - non indemnisées.
	c) Évolution de l'emploi des personnes handicapées et mesures prises pour le développer ; Nombre de travailleurs handicapés au 31 mars de l'année considérée (13) ; Nombre de travailleurs handicapés à la suite d'accidents du travail intervenus dans l'entreprise, employés au 31 mars de l'année considérée ;
	d) Évolution du nombre de stagiaires ;
	e) Formation professionnelle : investissements en formation, publics concernés ; i - Formation professionnelle continue : Pourcentage de la masse salariale afférent à la formation continue ; Montant consacré à la formation continue : Formation interne ; formation effectuée en application de conventions ; versement à des fonds assurance formation ; versement auprès d'organismes agréés ; Trésor et autres ; total ; Nombre de stagiaires (II) ; Nombre d'heures de stage (II) : - rémunérées ; - non rémunérées. Décomposition par type de stages à titre d'exemple : adaptation, formation professionnelle, entretien ou perfectionnement des connaissances ; ii - Congés formation : Nombre de salariés ayant bénéficié d'un congé formation rémunéré ; Nombre de salariés ayant bénéficié d'un congé formation non rémunéré ; Nombre de salariés auxquels a été refusé un congé formation ; iii - Apprentissage : Nombre de contrats d'apprentissage conclus dans l'année.
	f) Conditions de travail : durée du travail dont travail à temps partiel et aménagement du temps de travail, les données sur l'exposition aux risques et aux facteurs de pénibilité, (accidents du travail, maladies professionnelles, absentéisme, dépenses en matière de sécurité) ; i - Accidents du travail et de trajet : Taux de fréquence des accidents du travail (I) ; Nombre d'accidents avec arrêts de travail ; Nombre d'heures travaillées ; Nombre d'accidents de travail avec arrêt × 106 ; Nombre d'heures travaillées ; Taux de gravité des accidents du travail (I) ; Nombre des journées perdues ; Nombre d'heures travaillées ; Nombre des journées perdues × 10^3 ; Nombre d'heures travaillées ; Nombre d'incapacités permanentes (partielles et totales) notifiées à l'entreprise au cours de l'année considérée (distinguer français et étrangers) ; Nombre d'accidents mortels : de travail, de trajet ; Nombre d'accidents de trajet ayant entraîné un arrêt de travail ; Nombre d'accidents dont sont victimes les salariés temporaires ou de prestations de services dans l'entreprise ; Taux et montant de la cotisation sécurité sociale d'accidents de travail ;

BDESE d'un CSE dans les entreprises d'au moins 300 salariés	
A - Investissement social *(suite)* :	ii - Répartition des accidents par éléments matériels (28) : Nombre d'accidents liés à l'existence de risques graves - codes 32 à 40 ; Nombre d'accidents liés à des chutes avec dénivellation - code 02 ; Nombre d'accidents occasionnés par des machines (à l'exception de ceux liés aux risques ci-dessus) - codes 09 à 30 ; Nombre d'accidents de circulation-manutention - stockage - codes 01, 03, 04 et 06, 07, 08 ; Nombre d'accidents occasionnés par des objets, masses, particules en mouvement accidentel - code 05 ; Autres cas ; iii - Maladies professionnelles : Nombre et dénomination des maladies professionnelles déclarées à la sécurité sociale au cours de l'année ; Nombre de salariés atteints par des affections pathologiques à caractère professionnel et caractérisation de celles-ci ; Nombre de déclarations par l'employeur de procédés de travail susceptibles de provoquer des maladies professionnelles (29) ; iv - Dépenses en matière de sécurité : Effectif formé à la sécurité dans l'année ; Montant des dépenses de formation à la sécurité réalisées dans l'entreprise ; Taux de réalisation du programme de sécurité présenté l'année précédente ; Existence et nombre de plans spécifiques de sécurité ; v - Durée et aménagement du temps de travail : Horaire hebdomadaire moyen affiché des ouvriers et employés ou catégories assimilées (30) (I) ; Nombre de salariés ayant bénéficié d'un repos compensateur (I) : - au titre du présent code (31) ; - au titre d'un régime conventionnel (I) ; Nombre de salariés bénéficiant d'un système d'horaires individualisés (32) (I) ; Nombre de salariés employés à temps partiel (I) : - entre 20 et 30 heures (33) ; - autres formes de temps partiel ; Nombre de salariés ayant bénéficié tout au long de l'année considérée de deux jours de repos hebdomadaire consécutifs (I) ; Nombre moyen de jours de congés annuels (non compris le repos compensateur) (34) (I) ; Nombre de jours fériés payés (35) (I) ; vi - Absentéisme : Nombre de journées d'absence (15) (I) ; Nombre de journées théoriques travaillées ; Nombre de journées d'absence pour maladie (I) ; Répartition des absences pour maladie selon leur durée (16) (I) ; Nombre de journées d'absence pour accidents du travail et de trajet ou maladies professionnelles (I) ; Nombre de journées d'absence pour maternité (I) ; Nombre de journées d'absence pour congés autorisés (événements familiaux, congés spéciaux pour les femmes…) (I) ; Nombre de journées d'absence imputables à d'autres causes (I) ; vii - Organisation et contenu du travail : Nombre de personnes occupant des emplois à horaires alternant ou de nuit ; Nombre de personnes occupant des emplois à horaires alternant ou de nuit de plus de 50 ans ; Salarié affecté à des tâches répétitives au sens de la définition du travail à la chaîne résultant du décret 76-404 du 10 mai 1976 (36) (distinguer femmes-hommes) ; viii - Conditions physiques de travail : Nombre de personnes exposées de façon habituelle et régulière à plus de 85 dbs à leur poste de travail ; Réaliser une carte du son par atelier (37) ; Nombre de salariés exposés à la chaleur au sens de la définition contenue dans le décret 76-404 du 10 mai 1976 (38) ; Nombre de salariés travaillant aux intempéries de façon habituelle et régulière, au sens de la définition contenue dans le décret 76-404 du 10 mai 1976 (39) ; Nombre de prélèvements, d'analyses de produits toxiques et mesures (40) ; ix - Transformation de l'organisation du travail : Expériences de transformation de l'organisation du travail en vue d'en améliorer le contenu (41) ; x - Dépenses d'amélioration de conditions de travail : Montant des dépenses consacrées à l'amélioration des conditions de travail dans l'entreprise (42) ; Taux de réalisation du programme d'amélioration des conditions de travail dans l'entreprise l'année précédente ; xi - Médecine du travail (43) : Nombre d'examens cliniques (distinguer les travailleurs soumis à surveillance médicale et les autres) ; Nombre d'examens complémentaires (distinguer les travailleurs soumis à surveillance et les autres) ; Part du temps consacré par le médecin du travail à l'analyse et à l'intervention en milieu de travail ; xii - Travailleurs inaptes : Nombre de salariés déclarés définitivement inaptes à leur emploi par le médecin du travail ; Nombre de salariés reclassés dans l'entreprise à la suite d'une inaptitude.
B - Investissement matériel et immatériel :	a) Évolution des actifs nets d'amortissement et de dépréciations éventuelles (immobilisations) ;
	b) Le cas échéant, dépenses de recherche et développement ;
	c) L'évolution de la productivité et le taux d'utilisation des capacités de production, lorsque ces éléments sont mesurables dans l'entreprise.

BDESE d'un CSE dans les entreprises d'au moins 300 salariés	
C - Pour les entreprises soumises aux dispositions du cinquième alinéa de l'article L. 225-102-1 du code de commerce, informations environnementales présentées en application de cet alinéa et mentionnées au 2° du I de l'article R. 225-105-1 de ce code	
2° Égalité professionnelle entre les femmes et les hommes au sein de l'entreprise :	
I. Indicateurs sur la situation comparée des femmes et des hommes dans l'entreprise :	
A - Conditions générales d'emploi :	a) Effectifs : Données chiffrées par sexe : - répartition par catégorie professionnelle selon les différents contrats de travail (CDI ou CDD).
	b) Durée et organisation du travail : Données chiffrées par sexe : - répartition des effectifs selon la durée du travail : temps complet, temps partiel (compris entre 20 et 30 heures et autres formes de temps partiel) ; - répartition des effectifs selon l'organisation du travail : travail posté, travail de nuit, horaires variables, travail atypique dont travail durant le week-end.
	c) Données sur les congés : Données chiffrées par sexe : - répartition par catégorie professionnelle ; - selon le nombre et le type de congés dont la durée est supérieure à six mois : compte épargne-temps, congé parental, congé sabbatique.
	d) Données sur les embauches et les départs : Données chiffrées par sexe : - répartition des embauches par catégorie professionnelle et type de contrat de travail ; - répartition des départs par catégorie professionnelle et motifs : retraite, démission, fin de CDD, licenciement.
	e) Positionnement dans l'entreprise : Données chiffrées par sexe : - répartition des effectifs par catégorie professionnelle ; - répartition des effectifs par niveau ou coefficient hiérarchique.
B - Rémunérations et déroulement de carrière :	a) Promotion : Données chiffrées par sexe : - nombre et taux de promotions par catégorie professionnelle ; - durée moyenne entre deux promotions.
	b) Ancienneté : Données chiffrées par sexe : - ancienneté moyenne par catégorie professionnelle ; - ancienneté moyenne dans la catégorie professionnelle ; - ancienneté moyenne par niveau ou coefficient hiérarchique ; - ancienneté moyenne dans le niveau ou le coefficient hiérarchique.
	c) Âge : Données chiffrées par sexe : - âge moyen par catégorie professionnelle ; - âge moyen par niveau ou coefficient hiérarchique ;
	d) Rémunérations : Données chiffrées par sexe : - rémunération moyenne ou médiane mensuelle par catégorie professionnelle ; - rémunération moyenne ou médiane mensuelle par niveau ou coefficient hiérarchique. Cet indicateur n'a pas à être renseigné lorsque sa mention est de nature à porter atteinte à la confidentialité des données correspondantes, compte tenu notamment du nombre réduit d'individus dans un niveau ou coefficient hiérarchique ; - rémunération moyenne ou médiane mensuelle par tranche d'âge ; - nombre de femmes dans les 10 plus hautes rémunérations.
C - Formation :	Données chiffrées par sexe : Répartition par catégorie professionnelle selon : - le nombre moyen d'heures d'actions de formation par salarié et par an ; - la répartition par type d'action : adaptation au poste, maintien dans l'emploi, développement des compétences.
D - Conditions de travail, santé et sécurité au travail :	Données générales par sexe : Répartition par poste de travail selon : - l'exposition à des risques professionnels ; - la pénibilité, dont le caractère répétitif des tâches ; Données chiffrées par sexe : Accidents de travail, accidents de trajet et maladies professionnelles : - nombre d'accidents de travail ayant entraîné un arrêt de travail ; - nombre d'accidents de trajet ayant entraîné un arrêt de travail ; - répartition des accidents par éléments matériels selon les modalités définies au 3.2 de l'article R. 2323-17 ; - nombre et dénomination des maladies professionnelles déclarées à la Sécurité sociale au cours de l'année ; - nombre de journées d'absence pour accidents de travail, accidents de trajet ou maladies professionnelles ;

Base de données économiques, sociales et environnementales (BDESE)

BDESE d'un CSE dans les entreprises d'au moins 300 salariés	
D - Conditions de travail, santé et sécurité au travail *(suite)* :	Maladies : - nombre d'arrêts de travail ; - nombre de journées d'absence ; Maladies ayant donné lieu à un examen de reprise du travail en application du 3° (e) l'article R. 4624-22 : - nombre d'arrêts de travail ; - nombre de journées d'absence.
II. Indicateurs relatifs à l'articulation entre l'activité professionnelle et l'exercice de la responsabilité familiale :	
A - Congés :	a) Existence d'un complément de salaire versé par l'employeur pour le congé de paternité, le congé de maternité, le congé d'adoption ;
	b) Données chiffrées par catégorie professionnelle : - nombre de jours de congés de paternité pris par le salarié par rapport au nombre de jours de congés théoriques.
B - Organisation du temps de travail dans l'entreprise :	a) Existence de formules d'organisation du travail facilitant l'articulation de la vie familiale et de la vie professionnelle ;
	b) Données chiffrées par sexe et par catégorie professionnelle : - nombre de salariés ayant accédé au temps partiel choisi ; - nombre de salariés à temps partiel choisi ayant repris un travail à temps plein.
	c) Services de proximité : - participation de l'entreprise et du CSE aux modes d'accueil de la petite enfance ; - évolution des dépenses éligibles au crédit d'impôt famille.
Concernant la notion de catégorie professionnelle, il peut s'agir de fournir des données distinguant : a) Les ouvriers, les employés, techniciens, agents de maîtrise et les cadres ; b) Ou les catégories d'emplois définies par la classification ; c) Ou toute catégorie pertinente au sein de l'entreprise. Toutefois, l'indicateur relatif à la rémunération moyenne ou médiane mensuelle comprend au moins 2 niveaux de comparaison dont celui mentionné au a ci-avant.	
III. Stratégie d'action :	À partir de l'analyse des indicateurs mentionnés aux I et II, la stratégie d'action comprend les éléments suivants : - mesures prises au cours de l'année écoulée en vue d'assurer l'égalité professionnelle. Bilan des actions de l'année écoulée et, le cas échéant, de l'année précédente. Évaluation du niveau de réalisation des objectifs sur la base des indicateurs retenus. Explications sur les actions prévues non réalisées ; - objectifs de progression pour l'année à venir et indicateurs associés. Définition qualitative et quantitative des mesures permettant de les atteindre conformément à l'article R. 2242-2. Évaluation de leur coût. Échéancier des mesures prévues.
3° Fonds propres, endettement et impôts :	
	a) Capitaux propres de l'entreprise
	b) Emprunts et dettes financières dont échéances et charges financières
	c) Impôts et taxes
4° Rémunération des salariés et dirigeants, dans l'ensemble de leurs éléments :	
A - Évolution des rémunérations salariales :	a) Frais de personnel (24) y compris cotisations sociales, évolutions salariales par catégorie et par sexe, salaire de base minimum, salaire moyen ou médian, par sexe et par catégorie professionnelle ; i - Montant des rémunérations : Choix de 2 indicateurs dans l'un des groupes suivants : - rapport entre la masse salariale annuelle [illegible] (II) et l'effectif mensuel moyen ; - rémunération moyenne du mois de décembre (effectif permanent) hors primes à périodicité non mensuelle – base 35 heures (II) ; OU - rémunération mensuelle moyenne (19) (II) ; - part des primes à périodicité non mensuelle dans la déclaration de salaire (II) ; - grille des rémunérations (20) ; ii - Hiérarchie des rémunérations : Choix d'un des deux indicateurs suivants : - rapport entre la moyenne des rémunérations des 10 % des salariés touchant les rémunérations les plus élevées et celle correspondant au 10 % des salariés touchant les rémunérations les moins élevées ;

BDESE d'un CSE dans les entreprises d'au moins 300 salariés	
A - Évolution des rémunérations salariales *(suite)* :	OU - rapport entre la moyenne des rémunérations des cadres ou assimilés (y compris cadres supérieurs et dirigeants) et la moyenne des rémunérations des ouvriers non qualifiés ou assimilés (21) ; - montant global des 10 rémunérations les plus élevées. iii - Mode de calcul des rémunérations : Pourcentage des salariés dont le salaire dépend, en tout ou partie, du rendement (22). Pourcentage des ouvriers et employés payés au mois sur la base de l'horaire affiché. iv - Charge salariale globale.
	b) Pour les entreprises soumises aux dispositions de l'article L. 225-115 du code de commerce, montant global des rémunérations visées au 4° de cet article.
B - Épargne salariale : intéressement, participation :	Montant global de la réserve de participation (25) ; Montant moyen de la participation et/ou de l'intéressement par salarié bénéficiaire (26) (I) ; Part du capital détenu par les salariés (27) grâce à un système de participation (participation aux résultats, intéressement, actionnariat, etc.).
C - Rémunérations accessoires : primes par sexe et par catégorie professionnelle, avantages en nature, régimes de prévoyance et de retraite complémentaire :	Avantages sociaux dans l'entreprise : pour chaque avantage préciser le niveau de garantie pour les catégories retenues pour les effectifs (I).
D - Rémunération des dirigeants mandataires sociaux telles que présentées dans le rapport de gestion en application des trois premiers alinéas de l'article L. 225-102-1 du code de commerce, pour les entreprises soumises à l'obligation de présenter le rapport visé à l'article L. 225-102 du même code.	
5° Représentation du personnel et Activités sociales et culturelles : montant de la contribution aux ASC du CSE, mécénat :	
A - Représentation du personnel :	a) Représentants du personnel et délégués syndicaux : Composition des CSE et/ou CSE d'établissement avec indication, s'il y a lieu, de l'appartenance syndicale ; Participation aux élections (par collège) par catégories de représentants du personnel ; Volume global des crédits d'heures utilisés pendant l'année considérée ; Nombre de réunions avec les représentants du personnel et les délégués syndicaux pendant l'année considérée ; Dates et signatures et objet des accords conclus dans l'entreprise pendant l'année considérée ; Nombre de personnes bénéficiaires d'un congé d'éducation ouvrière (45) ; b) Information et communication : Nombre d'heures consacrées aux différentes formes de réunion du personnel (46) ; Éléments caractéristiques du système d'accueil ; Éléments caractéristiques du système d'information ascendante ou descendante et niveau d'application ; Éléments caractéristiques du système d'entretiens individuels (47) ; c) Différends concernant l'application du droit du travail (48).
B - Activités sociales et culturelles (ASC) :	a) Activités sociales : Contributions au financement, le cas échéant, du CSE et des CSE d'établissement ; Autres dépenses directement supportées par l'entreprise : logement, transport, restauration, loisirs, vacances, divers, total (49) ; b) Autres charges sociales : Coût pour l'entreprise des prestations complémentaires (maladie, décès) (50) ; Coût pour l'entreprise des prestations complémentaires (vieillesse) (51) ; Équipements réalisés par l'entreprise et touchant aux conditions de vie des salariés à l'occasion de l'exécution du travail.
6° Rémunération des financeurs, en dehors des éléments mentionnés au 4° :	
A - Rémunération des actionnaires (revenus distribués)	
B - Rémunération de l'actionnariat salarié (montant des actions détenues dans le cadre de l'épargne salariale, part dans le capital, dividendes reçus)	

BDESE d'un CSE dans les entreprises d'au moins 300 salariés	
7° Flux financiers à destination de l'entreprise :	
A - Aides publiques :	Les aides ou avantages financiers consentis à l'entreprise par l'Union européenne, l'État, une collectivité territoriale, un de leurs établissements publics ou un organisme privé chargé d'une mission de service public, et leur utilisation ; Pour chacune des aides mentionnées au 8° qui entre dans le champ d'application de la procédure décrite à l'article R. 2312-28, l'employeur indique la nature de l'aide, son objet, son montant, les conditions de versement et d'emploi fixées, le cas échéant, par la personne publique qui l'attribue et son utilisation.
B - Réductions d'impôts	
C - Exonérations et réductions de cotisations sociales	
D - Crédits d'impôts	
E - Mécénat	
F - Résultats financiers (création de rubrique pour intégrer infos du R. 2323-11) :	a) Le chiffre d'affaires ; b) Les bénéfices ou pertes constatés ; c) Les résultats globaux de la production en valeur et en volume ; d) L'affectation des bénéfices réalisés.
8° Partenariats :	
A - Partenariats conclus pour produire des services ou des produits pour une autre entreprise	
B - Partenariats conclus pour bénéficier des services ou des produits d'une autre entreprise	
9° Pour les entreprises appartenant à un groupe, transferts commerciaux et financiers entre les entités du groupe :	
A - Transferts de capitaux tels qu'ils figurent dans les comptes individuels des sociétés du groupe lorsqu'ils présentent une importance significative	
B - Cessions, fusions, et acquisitions réalisées	

I.- Une structure de qualification détaillée, en trois ou quatre postes minimum, est requise. Il est souhaitable de faire référence à la classification de la convention collective, de l'accord d'entreprise et aux pratiques habituellement retenues dans l'entreprise.
À titre d'exemple la répartition suivante peut être retenue : cadres ; employés, techniciens et agents de maîtrise (ETAM) ; et ouvriers.
II. - Une structure de qualification détaillée en cinq ou six postes minimum est requise. Il est souhaitable de faire référence à la classification de la convention collective, de l'accord d'entreprise et aux pratiques habituellement retenues dans l'entreprise.
À titre d'exemple, la répartition suivante des postes peut être retenue : cadres ; techniciens ; agents de maîtrise ; employés qualifiés ; employés non qualifiés ; ouvriers qualifiés ; ouvriers non qualifiés.
Doivent en outre être distinguées les catégories femmes et hommes.
(1) Effectif total : tout salarié inscrit à l'effectif au 31/12 quelle que soit la nature de son contrat de travail.
(2) Effectif permanent : les salariés à temps plein, inscrits à l'effectif pendant toute l'année considérée et titulaires d'un contrat de travail à durée indéterminée.
(3) Somme des effectifs totaux mensuels : 12 (on entend par effectif total tout salarié inscrit à l'effectif au dernier jour du mois considéré).
(4) La répartition retenue est celle habituellement utilisée dans l'entreprise à condition de distinguer au moins quatre catégories, dont les jeunes de moins de vingt-cinq ans.
(5) La répartition selon l'ancienneté est celle habituellement retenue dans l'entreprise.
(6) Il s'agit des catégories de travailleurs extérieurs dont l'entreprise connaît le nombre, soit parce qu'il figure dans le contrat signé avec l'entreprise extérieure, soit parce que ces travailleurs sont inscrits aux effectifs. Exemples : démonstrateurs dans le commerce…
(7) Stages supérieurs à une semaine.
(8) Est considérée comme salarié temporaire toute personne mise à la disposition de l'entreprise, par une entreprise de travail temporaire.
(9) À [illegible] que si ces départs sont comptabilisés dans le total des départs.
(10) Distinguer les différents systèmes légaux et conventionnels de toute nature.
(11) Utiliser les catégories de la nomenclature détaillée II.
(12) Y compris les heures indemnisées au titre du chômage total en cas d'arrêt de plus de quatre semaines consécutives.
(13) Tel qu'il résulte de la déclaration obligatoire prévue à l'article L. 5212-5.
(14) Possibilités de comptabiliser tous les indicateurs de la rubrique absentéisme, au choix, en journées, 1/2 journées ou heures.
(15) Ne sont pas comptés parmi les absences : les diverses sortes de congés, les conflits et le service national.
(16) Les tranches choisies sont laissées au choix des entreprises.
(17) On entend par rémunération la somme des salaires effectivement perçus pendant l'année par le salarié (au sens de la déclaration annuelle des salaires).
(18) Masse salariale annuelle totale, au sens de la déclaration annuelle de salaire.

BDESE d'un CSE dans les entreprises d'au moins 300 salariés

(19) Rémunération mensuelle moyenne :
1/2 Σ (masse salariale du mois i)
(effectif du mois i).
(20) Faire une grille des rémunérations en distinguant au moins six tranches.
(21) Pour être prises en compte, les catégories concernées doivent comporter au minimum dix salariés.
(22) Distinguer les primes individuelles et les primes collectives.
(23) Prestataires de services, régies…
(24) Frais de personnel : ensemble des rémunérations et des cotisations sociales mises légalement ou conventionnellement à la charge de l'entreprise.
(25) Le montant global de la réserve de participation est le montant de la réserve dégagée ou de la provision constituée au titre de la participation sur les résultats de l'exercice considéré.
(26) La participation est envisagée ici au sens du titre II du livre III de la partie III.
(27) Non compris les dirigeants.
(28) Faire référence aux codes de classification des éléments matériels des accidents (arrêté du 10 octobre 1974).
(29) En application de l'article L. 461-4 du code de la sécurité sociale.
(30) Il est possible de remplacer cet indicateur par la somme des heures travaillées durant l'année.
(31) Au sens des dispositions du présent code et du code rural et de la pêche maritime instituant un repos compensateur en matière d'heures supplémentaires.
(32) Au sens de l'article L. 3121-48.
(33) Au sens de l'article L. 3123-1.
(34) Cet indicateur peut être calculé sur la dernière période de référence.
(35) Préciser, le cas échéant, les conditions restrictives.
(36) Sont considérés comme travaux à la chaîne (décret du 29 décembre 1945 article 70-3 c) :
- les travaux effectués dans une organisation comportant un dispositif automatique d'avancement à cadence constante des pièces en cours de fabrication ou de montage en vue de la réalisation d'opérations élémentaires et successives aux différents postes de travail ;
- les travaux effectués sur des postes de travail indépendants consistant en la conduite ou l'approvisionnement de machines à cycle automatique et à cadence préréglée en vue de la réalisation d'opérations élémentaires et successives aux différents postes de travail ;
- les travaux effectués sur des postes indépendants sans dispositif automatique d'avancement des pièces où la cadence est imposée par le mode de rémunération ou le temps alloué pour chaque opération élémentaire.

(37) Cette carte n'est à réaliser que par les établissements qui ont une réponse non nulle à l'indicateur précédent.
(38) Sont considérés comme travaux au four, les travaux exposant de façon habituelle et régulière à une forte chaleur ambiante ou rayonnante résultant de l'utilisation d'un traitement thermique, d'un processus de cuisson, de la transformation de produits en état de fusion, d'ignition ou d'incandescence ou de la production d'énergie thermique (décret du 29 décembre 1945, article 70-3 d).
(39) Sont considérés comme travaux exposant aux intempéries sur les chantiers, les travaux soumis au régime d'indemnisation définie aux articles L. 5424-11 et suivants du code du travail ainsi que les travaux effectués de façon habituelle et régulière sur les chantiers souterrains ou subaquatiques, ou en plein air sur les constructions et ouvrages, les aires de stockage et de manutention (décret du 29 décembre 1945, article 70-3 e).
(40) Renseignements tirés du rapport annuel du médecin du travail (arrêté du 10 décembre 1971).
(41) Pour l'explication de ces expériences d'amélioration du contenu du travail, donner le nombre de salariés concernés.
(42) Non compris l'évaluation des dépenses en matière de santé et de sécurité.
(43) Renseignements tirés du rapport annuel du médecin du travail (arrêté du 10 décembre 1971).
(44) (...)
(45) Au sens des articles L. 2145-5 et suivants.
(46) On entend par réunion du personnel, les réunions régulières de concertation, concernant les relations et conditions de travail organisées par l'entreprise.
(47) Préciser leur périodicité.
(48) Avec indication de la nature du différend et, le cas échéant, de la solution qui y a mis fin.
(49) Dépenses consolidées de l'entreprise. La répartition est indiquée ici à titre d'exemple.
(50) (51) Versements directs ou par l'intermédiaire d'assurances.

Support de la BDESE, accès et autres modalités

Support papier ou informatique - En l'absence d'accord, la règle applicable varie selon l'effectif de l'entreprise (c. trav. art. R. 2312-12) :
- les entreprises dont l'effectif est inférieur à 300 salariés peuvent choisir entre support informatique et support papier ;
- les entreprises d'au moins 300 salariés doivent tenir leur BDESE sous une forme informatique.

Accès des élus et délégués syndicaux - La BDESE est, en l'absence d'accord, accessible (c. trav. art. L. 2312-36 et R. 2312-12) :
- aux membres du CSE ;
- aux membres du CSE central ;
- ainsi qu'aux DS.

Le représentant syndical au CSE (en tant que membre du CSE) a également accès à la BDESE (c. trav. art. L. 2143-2).

▶ À noter… Dans l'attente d'un éclaircissement de la Cour de cassation, il nous semble que l'inspecteur du travail et le médecin du travail ne sont pas destinataires de la BDESE, n'étant pas des membres du CSE, et ce, même s'ils sont parfois invités aux réunions. L'inspecteur du travail peut toutefois se faire présenter, au cours de ses visites, l'ensemble des documents rendus obligatoires par le code du travail ou par une autre disposition légale relative au régime du travail (c. trav. art. L. 8113-4), au nombre desquels la BDESE. S'agissant en particulier du *bilan social**, voir l'étude correspondante.

Conditions d'accès - Un accord collectif peut définir les conditions d'accès (c. trav. art. L. 2312-21).

À défaut d'accord, la BDESE doit être accessible en permanence aux élus du CSE et aux DS *(voir ci-avant)* (c. trav. art. L. 2312-36).

La condition d'accès permanent est remplie dès lors que la BDESE est accessible soit par informatique pendant les heures de travail et à partir des ordinateurs de l'entreprise, soit sur support papier sur demande (cass. soc. 25 septembre 2019, n° 18-15504 D).

Obligation de discrétion - L'ensemble des membres du CSE est tenu à une obligation de discrétion pour toutes les informations contenues dans la BDESE revêtant un caractère confidentiel et présentées comme telles par l'employeur (c. trav. art. L. 2312-36 et R. 2312-13).

Mise à jour - L'employeur doit prévoir l'actualisation de la BDESE et informer les personnes concernées afin que celles-ci puissent exercer utilement leurs compétences. La mise à jour de la BDESE doit, en conséquence, respecter les périodicités prévues par le code du travail (c. trav. art. R. 2312-11 et R. 2312-12).

Saisine du tribunal judiciaire en cas d'informations manquantes - Le CSE peut saisir le président du tribunal judiciaire selon la procédure accélérée au fond s'il s'estime insuffisamment informé (c. trav. art. L. 2312-15), peu important que cette demande soit faite en dehors d'une procédure d'information-consultation (cass. soc. 24 novembre 2021, n° 20-13904 FB). Cette procédure peut être déclenchée en cas d'informations manquantes dans la BDESE *(voir ci-après)*.

Absence de BDESE

Suspension du délai de consultation - Lorsque la loi ou l'accord collectif prévoit la communication ou la mise à disposition de certains documents, le délai de consultation ne court qu'à compter de cette communication (c. trav. art. R. 2312-5 et R. 2312-7).

Sachant que la BDESE est, en principe, le support des consultations du CSE, le délai imparti au CSE pour rendre un avis consultatif ne court donc pas en l'absence de BDESE (cass. soc. 28 mars 2018, n° 17-13081, BC V n° 49).

Par contre, le CSE qui a eu des documents mis à disposition dans la BDESE mais estime que l'employeur ne lui a pas communiqué les éléments qui lui permettraient de donner un avis en toute connaissance de cause doit saisir le juge avant l'expiration du délai de consultation. Il ne peut pas soutenir que ce délai n'a jamais commencé à courir au motif que les informations fournies initialement étaient insuffisantes (cass. soc. 27 mai 2020, n° 18-26483 FPB).

Délit d'entrave - Le fait pour un employeur de ne pas mettre en place une BDESE ou de ne pas la mettre à jour l'expose au *délit d'entrave** (c. trav. art. L. 2317-1 et L. 2146-1).

☛ *Comité social et économique.*

Base de données nationale

☛ *Accord collectif d'entreprise (publicité).*

Bassin d'emploi

☛ *Bassin d'emploi à redynamiser ; Licenciement économique (équilibre du bassin d'emploi).*

Bassin d'emploi à redynamiser

Les employeurs peuvent bénéficier d'une exonération de cotisations sur les rémunérations versées aux salariés employés par un établissement implanté dans un bassin d'emploi à redynamiser (BER) entre le 1.01.2007 et le 31.12.2023, celui-ci se caractérisant par un taux de chômage élevé et une déperdition de population et d'emplois (loi 2006-1771 du 30 décembre 2006, art. 130, JO du 31, art. 66 modifié en dernier lieu par loi 2021-1900 du

30 décembre 2021, art. 68, II, JO du 31 ; décret 2007-648 du 30 avril 2007, modifié par décret 2018-551 du 29 juin 2018, JO du 2 mai ; lettre-circ. ACOSS 2007-93 du 4 juillet 2007). Cette mesure peut donner lieu à une décision de *rescrit social**.

Entreprises concernées

Activités visées - L'exonération peut être accordée à l'établissement d'une entreprise, quel que soit son effectif, exerçant une activité industrielle, commerciale, artisanale ou libérale, à l'exception des opérations de crédit-bail mobilier et de location d'immeubles à usage d'habitation (CGI art. 44 octies-1, al. 2 ; BOSS, Exonérations zonées, § 810, 01/04/2021).

Implantation - L'établissement de l'entreprise demandant l'exonération doit présenter une réalité économique caractérisée par une implantation ou une création réelle dans un BER et par la présence des éléments d'exploitation ou de stocks nécessaires à la réalisation, en son sein, d'une activité économique effective (décret 2007-648 du 30 avril 2007, art. 1, JO du 2 mai). L'activité économique effective des entreprises ayant une activité non sédentaire est présumée dès lors que l'établissement emploie un salarié sédentaire en équivalent temps plein effectuant la totalité de son temps de travail dans ledit local. Une simple adresse de domiciliation dans le BER ne suffit pas à satisfaire la condition d'implantation dans le BER (BOSS, Exonérations zonées, § 850, 01/04/2021).

La liste des communes des BER, institués en Région Grand Est (zone d'emploi de la Vallée de la Meuse) et en Occitanie (zone d'emploi de Lavelanet), initialement fixée en 2007, a été actualisée du code officiel géographique des communes, avec effet à compter du 1er juillet 2018 (décret 2007-228 du 20 février 2007, modifié par décret 2018-550 du 29 juin 2018, JO du 30 ; BOSS, Exonérations zonées, § 840, 01/04/2021).

À jour des cotisations sociales - L'employeur doit être à jour de ses cotisations sociales ou avoir souscrit un engagement d'apurement progressif de ses dettes. Sont prises en compte les cotisations de sécurité sociale et contributions à la charge de l'employeur et du salarié, les cotisations FNAL ainsi que le versement mobilité (ex versement de transport) (BOSS, Exonérations zonées, § 980, 01/04/2021) :

- échues à la date de l'implantation ou de la création de l'entreprise, tous établissements confondus, dans le BER ou à la date d'effet de l'extension de l'établissement ;
- dues à chaque exigibilité, uniquement pour le ou les établissements implantés dans la zone.

Ne sont pas prises en compte les dettes de cotisations patronales, de FNAL et de versement mobilité exigibles au cours des trois mois civils précédant la date à laquelle la condition doit être remplie (BOSS, Exonérations zonées, § 980, 01/04/2021).

En cas de non-respect de la condition d'être à jour des cotisations, ou d'avoir souscrit un plan, l'exonération n'est pas applicable aux gains et rémunérations dus à compter du premier jour du mois suivant la date à laquelle la condition n'est pas remplie. Lorsque l'établissement est à nouveau à jour du paiement de ses cotisations et contributions sociales, l'exonération est à nouveau applicable à compter du premier jour du mois suivant celui au cours duquel les cotisations, contributions, majorations et pénalités ont été réglées. En cas de paiement des dettes à une date ne correspondant pas à une date d'exigibilité, le droit à exonération reprendra de la même manière à compter du premier jour du mois suivant (BOSS, Exonérations zonées, § 990, 01/04/2021).

Salariés concernés

Activité dans le BER - Afin d'ouvrir droit à exonération, le salarié doit exercer une activité réelle, régulière et indispensable à l'exécution du contrat de travail en tout ou partie dans le BER (loi 2006-1771 du 30 décembre 2006, art. 130-VII). L'activité du salarié doit s'exercer selon l'une des modalités suivantes (BOSS, Exonérations zonées, § 880, 01/04/2021) :

- exclusivement dans l'établissement implanté dans le BER ;
- en partie dans l'établissement soit parce que l'exécution de son contrat de travail rend indispensable l'utilisation régulière des éléments d'exploitation ou de stocks présents dans l'établissement, soit, à défaut, lorsque son activité dans cet établissement est réelle, régulière et indispensable à l'exécution du contrat de travail ;
- en dehors de cet établissement lorsque son activité dans le BER est réelle, régulière et indispensable à l'exécution de son contrat de travail.

Activité hors BER - Lorsque le salarié n'exerce pas son activité exclusivement dans l'établissement situé dans le BER, la preuve de la régularité de son activité incombe à l'employeur. Cette condition est réputée remplie si les deux éléments suivants sont réunis (décret 2007-648 du 30 avril 2007, art. 2, JO du 2 mai ; BOSS, Exonérations zonées, § 880, 01/04/2021) :

- le salarié est présent, chaque mois, dans l'établissement ou dans un BER pendant une durée au

moins égale à la moitié de la durée de travail figurant à son contrat ;
- cette présence est indispensable à l'exécution de son contrat de travail.

▶ À noter... Des conditions supplémentaires sont exigées en cas d'extension d'établissement *(voir ci-après)*.

Exonération

Cotisations visées - Comme dans les zones franches urbaines (secteur marchand) [voir *Zone franche urbaine (secteur marchand)**], l'exonération porte sur les cotisations patronales d'assurance maladie, d'assurance vieillesse, d'allocations familiales, de FNAL et de versement mobilité sur la fraction de rémunération limitée à 140 % du SMIC rapportée au nombre d'heures rémunérées (BOSS, Exonérations zonées, §§ 1010 à 1040, 01/04/2021).

Nombre d'heures à prendre en compte - Lorsque la rémunération n'est pas établie selon un nombre d'heures (ex. : VRP, travailleurs à domicile), le nombre d'heures pris en compte est égal à la durée collective du travail applicable dans l'établissement ou la partie de l'établissement où travaille le salarié.
Lorsque la période d'emploi rémunérée couvre une partie du mois civil, le nombre d'heures à prendre en compte est égal au produit du nombre de jours calendaires compris dans la période par un trentième du nombre d'heures correspondant à la durée collective du travail applicable dans l'établissement.

En cas de suspension du contrat de travail, le nombre d'heures pris en compte au titre de ces périodes est égal au produit de la durée de travail que le salarié aurait effectuée s'il avait continué à travailler par le pourcentage de la rémunération demeuré à la charge de l'employeur et soumis à cotisations (décret 2007-648 du 30 avril 2007, art. 2, JO du 2 mai ; BOSS, Exonérations zonées, § 1040, 01/04/2021).

Limitation dans le temps - Si l'implantation dans un BER a eu lieu avant le 1.01.2014, l'exonération est applicable pendant une période de 7 ans (BOSS, Exonérations zonées, § 1050, 01/04/2021) :
- à compter de la date d'implantation ou de création en BER pour les salariés déjà employés à cette date ;
- à compter de la date d'effet du contrat de travail pour les salariés embauchés dans les conditions requises pendant les 7 années suivant la date de l'implantation ou de la création en BER.

Si l'implantation dans un BER a eu lieu depuis le 1.01.2014, la durée d'exonération est limitée à 5 ans, décomptés à partir de la date :
- d'implantation ou de création en BER pour les salariés déjà employés à cette date ;
- d'effet du contrat de travail pour les salariés embauchés dans les conditions requises pendant les 5 années suivant la date de l'implantation ou de la création en BER.

▶ Attention... L'exonération cesse d'être applicable à compter du premier jour du mois suivant (décret 2007-648 du 30 avril 2007, JO du 2 mai) :
- la date de dépassement de la limite du montant total des aides de même catégorie pouvant être accordées aux entreprises, en vertu de règlements européens ;
- celui au cours duquel le salarié a cessé d'être employé dans un établissement situé dans le BER en cas de poursuite du contrat de travail dans un établissement situé hors du BER ;
- la date à laquelle la condition d'être à jour de ses cotisations n'est pas remplie et jusqu'à la date du premier jour du mois suivant celui au cours duquel cette condition est à nouveau remplie.

Non-cumul - Le bénéfice de l'exonération ne peut pas être cumulé, pour l'emploi d'un même salarié, avec celui d'une aide de l'État à l'emploi ou d'une autre exonération totale ou partielle de cotisations patronales de sécurité sociale, à l'exception de la déduction forfaitaire de cotisations patronales au titre des heures supplémentaires. Il ne se cumule pas non plus avec l'application de taux spécifiques, d'assiettes ou de montants forfaitaires de cotisations.

Transfert ou extension d'activité

Transfert d'entreprise - En cas de modification dans la situation juridique de l'employeur (c. trav. art. L. 1224-1, L. 1234-7, L. 1234-10 et L. 1234-12), le nouvel employeur reprend le (ou les) droit (s) à l'exonération dont a ou aurait pu bénéficier le précédent employeur, pour la durée d'application de l'exonération restant à courir (décret 2007-648 du 30 avril 2007, art. 1-IV, JO du 2 mai ; BOSS, Exonérations zonées, § 1060, 01/04/2021).

Transfert d'emploi - Si un emploi existant antérieurement est transféré dans l'entreprise située dans le BER, ce transfert n'ouvre pas droit à exonération si l'employeur a déjà bénéficié pour cet emploi, au titre d'une ou de plusieurs des 5 années précédentes (BOSS, Exonérations zonées, § 940, 01/04/2021) :

- de l'exonération applicable pour l'embauche de 1 à 50 salariés dans les anciennes zones de redynamisation urbaine (ZRU) (voir *Zone défavorisée**) ou les zones de revitalisation rurale (ZRR) ;
- du versement de la prime d'aménagement du territoire.

La période de 5 années est décomptée de date à date, à partir de la date du versement de la prime ou du premier jour du mois au titre duquel est appliquée l'exonération jusqu'à la date du transfert de l'emploi dans un BER (décret 2007-648 du 30 avril 2007, art. 4, JO du 2 mai).

Extension d'établissement - L'employeur peut profiter de l'exonération sur les rémunérations des salariés recrutés à l'occasion d'une extension d'établissement ouvrant droit à l'exonération foncière des entreprises (CFE) (CGI art. L. 1447), dans les conditions suivantes (BOSS, Exonérations zonées, §§ 910 à 930, 01/04/2021) :
- la notion de salariés recrutés s'entend des salariés embauchés, sous CDI ou sous CDD d'au moins 12 mois, dans un délai de 12 mois suivant la date d'effet de l'extension de l'établissement ;
- l'employeur ne doit pas avoir procédé à un licenciement pour motif économique dans les 12 mois précédant la même date d'effet.

L'exonération n'est plus applicable dès lors que l'effectif de l'établissement devient inférieur à celui du dernier jour du mois précédant la date de l'extension (décret 2007-648 du 30 avril 2007, art. 3, JO du 2 mai).

Document à transmettre à l'URSSAF

Pour bénéficier de l'exonération, l'employeur doit adresser à l'URSSAF un document conforme à un modèle établi par l'administration comportant les éléments nécessaires à la vérification du respect des conditions et limites prévues par les règlements européens pour les aides dites de minimis. Ce document est à transmettre au plus tard le 30 avril de l'année suivant la dernière année civile de la période sur laquelle il porte (décret 2007-648 du 30 avril 2007, art. 8-II, modifié par décret 2021-39 du 19 janvier 2021, JO du 20).

☛ *Zone défavorisée.*

Bâtiment et travaux publics

Dans le bâtiment et les travaux publics (BTP), des dispositions spécifiques adaptent la législation du travail aux conditions particulières d'exercice de l'activité professionnelle. Il en est ainsi notamment en matière de congés payés (voir *Caisses de congés payés**) et de *chômage-intempéries**.

Chantier

Caractère temporaire - Les entreprises des secteurs du BTP exercent leur activité sur des chantiers qui présentent un caractère temporaire. Les règles relatives à l'hygiène et à la sécurité concernent les chefs d'établissement mais également les maîtres d'ouvrage, les maîtres d'œuvre et les coordonnateurs en matière de sécurité et de protection de la santé (c. trav. art. L. 4531-1).

Affichage - Tout entrepreneur travaillant sur un chantier ayant donné lieu à la délivrance d'un permis de construire doit afficher sur ce chantier ses nom, adresse et raison ou dénomination sociale pendant la durée d'affichage du permis (c. trav. art. R. 8221-1). Sur certains gros chantiers, le maître d'ouvrage est soumis à une obligation d'affichage à destination des salariés détachés afin de les informer sur la réglementation qui leur est applicable (c. trav. art. L. 1262-4-5 et D. 1263-21) [voir *Détachement international (statut du salarié)**].

Renseignements à la disposition de l'inspection du travail - La liste des chantiers et autres lieux de travail à caractère temporaire doit être tenue à la disposition de l'*inspection du travail** au siège social de l'entreprise (c. trav. art. R. 8113-1).

Déclarations - Les opérations de bâtiment et de génie civil pour lesquelles l'effectif prévisible doit notamment dépasser 20 travailleurs à un moment quelconque des travaux et dont la durée doit excéder 30 jours ouvrés, ainsi que celles dont le volume prévu des travaux doit être supérieur à « 500 hommes/jour » sont soumises à une déclaration préalable (c. trav. art. L. 4532-1 et R. 4532-2).

Contrat de chantier - Voir *Contrat de chantier ou d'opération**.

Hygiène et sécurité

Règles particulières - Les règles applicables en matière d'hygiène et de sécurité varient selon :
- les effectifs occupés ;
- les risques.

À titre d'exemple, des dispositions spécifiques sont prévues pour protéger les salariés exposés à des conditions climatiques particulières (c. trav. art. R. 4534-142-1).

Des dispositions spéciales précisent également les conditions de logement des travailleurs déplacés ou vivant en collectivité sur les chantiers (locaux affectés au couchage, réfectoires et cuisines, locaux affectés aux loisirs, infirmerie, etc.).

Collège interentreprises de sécurité, de santé et des conditions de travail (CISSCT) - La constitution d'un CISSCT est obligatoire sur un chantier lorsque le nombre d'entreprises, de travailleurs indépendants et d'entreprises sous-traitantes inclus, ainsi que l'effectif des travailleurs, dépassent des seuils fixés réglementairement (c. trav. art. R. 4532-77).

Plan général de coordination - Lorsque plusieurs entreprises sont appelées à intervenir sur un chantier qui soit fait l'objet d'une déclaration préalable, soit nécessite l'exécution d'un ou de plusieurs des travaux comportant des risques particuliers (travaux inscrits sur une liste fixée par arrêté), le maître d'ouvrage fait établir un plan général de coordination en matière de sécurité et de protection de la santé. Celui-ci est rédigé dès la phase de conception, d'étude et d'élaboration du projet et est tenu à jour pendant toute la durée des travaux (c. trav. art. L. 4532-8).

▶ Attention… L'obligation de déclarer les opérations d'une certaine importance, la désignation d'un coordonnateur et l'établissement d'un plan de sécurité ne s'appliquent pas aux travaux d'extrême urgence dont l'exécution immédiate est nécessaire pour prévenir des accidents graves et imminents ou organiser des mesures de sauvetage (c. trav. art. L. 4532-17).

Pour certaines opérations, un plan général simplifié de coordination doit être élaboré.

Plan particulier de sécurité - Avant le début des travaux, un plan particulier de sécurité et de protection de la santé est adressé (c. trav. art. L. 4532-9 et R. 4532-57) :
- au coordonnateur, par chacune des entreprises appelées à intervenir sur le chantier ;
- au maître d'ouvrage, par toute entreprise appelée à exécuter seule des travaux d'une certaine importance : durée supérieure à 1 an, nécessitant l'emploi de plus de 50 salariés pendant plus de 10 jours ouvrés consécutifs.

Visite du chantier - Un chantier peut recevoir la visite du délégué de l'*OPPBTP**, de l'inspecteur (ou du contrôleur) du travail et de l'agent de sécurité des caisses régionales d'assurance maladie.

Arrêt d'un chantier dangereux - Voir *Arrêt temporaire des travaux**.

Carte professionnelle et information des salariés détachés

Carte d'identification - Une carte d'identification professionnelle est délivrée par l'association « Congés intempéries BTP-Union de caisses de France » à chaque salarié effectuant des travaux de BTP pour le compte d'une entreprise établie en France ou pour le compte d'une entreprise établie hors de France en cas de détachement (y compris les intérimaires).

Elle est demandée par l'entreprise au moment de l'embauche (sur le site www.cartebtp.fr pour les entreprises établies en France) moyennant le paiement d'une redevance forfaitaire à sa charge (9,80 € par carte).

▶ À noter… Un employeur peut demander à la DREETS de se prononcer sur l'application à sa situation des dispositions du code du travail relatives à la carte des salariés du BTP (c. trav. art. L. 8291-3 et R. 8291-1-1).

Elle comporte les informations relatives au salarié, à son employeur, le cas échéant à l'entreprise utilisatrice, ainsi qu'à l'organisme ayant délivré la carte.

L'entreprise qui ne remplirait pas cette formalité encourt une amende administrative pouvant aller jusqu'à 4000 € par salarié (et 8000 € en cas de récidive dans un délai de 2 ans à compter du jour de la notification de la première amende).

Une fois en possession de la carte le salarié doit notamment la présenter à la demande de certains agents de contrôle (ex. : inspecteur du travail) (c. trav. art. L. 8291-1, R. 8291-1 et R. 8293-1 et s.).

Information des salariés détachés - S'agissant d'un salarié détaché en France par une entreprise prestataire de services établie à l'étranger en vue de réaliser des travaux de bâtiment ou des travaux publics, la carte est accompagnée d'un document écrit remis par l'employeur afin de l'informer notamment de la réglementation française de droit du travail qui lui est applicable (c. trav. art. R. 8294-8 ; arrêté du 22 décembre 2020, JO du 12 janvier 2021). Ce document, rédigé dans la langue que le salarié détaché comprend, est téléchargeable sur le site internet de l'Union des caisses de France (https ://www.cibtp.fr/).

☛ *Amiante ; Arrêt temporaire des travaux ; Caisses de congés payés ; Chômage-intempéries ; Contrat de chantier ou d'opération ; Déclaration des chantiers temporaires ; Frais professionnels (déplacement BTP, ETT, tôlerie) ; Frais professionnels (transport au lieu de travail) ; OPPBTP ; Registre des chantiers temporaires.*

Bénévoles

@ Cette étude est détaillée dans la version en ligne de ce Dictionnaire (voir www.rfsocial.com et www.rfeditions.com).

Bilan de compétences

Initiative du salarié ou de l'employeur

Un bilan de compétences peut être réalisé à l'initiative du salarié via son *compte personnel de formation** [voir *Compte personnel de formation (utilisation)**].

Il peut aussi être réalisé à l'initiative de l'employeur dans le cadre du *plan de développement des compétences** avec l'accord du salarié (c. trav. art. L. 6312-1 et L. 6313-4) ou lors d'un *congé de reclassement** (c. trav. art. L. 1233-71). Il doit alors faire l'objet d'une convention tripartite écrite conclue entre l'employeur, le salarié et l'organisme prestataire (c. trav. art. R. 6313-8). En effet, l'employeur ne peut pas réaliser lui-même des bilans de compétences pour ses salariés, ils doivent être réalisés par des organismes prestataires (c. trav. art. R. 6313-5 et R. 6313-6).

La convention précise l'intitulé, l'objectif et le contenu de l'action, les moyens prévus, la durée et la période de réalisation, les modalités de déroulement et de suivi du bilan, ainsi que les modalités de remise des résultats détaillés et du document de synthèse. Elle comporte aussi le prix et les modalités de règlement. Le salarié a 10 jours à compter de la transmission par son employeur du projet de convention pour faire connaître son acceptation en apposant sa signature. L'absence de réponse au terme de ce délai vaut refus de conclure la convention (c. trav. art. R. 6313-8).

▶ À noter... Le refus du salarié d'accéder à la demande de l'employeur de suivre un bilan de compétences ne constitue ni une faute, ni un motif de licenciement (c. trav. art. L. 6313-4).

Objet et déroulement du bilan de compétences

Le bilan de compétences permet à tout salarié au cours de sa vie professionnelle d'analyser ses compétences professionnelles et personnelles ainsi que ses aptitudes et ses motivations afin de définir un projet professionnel et, le cas échéant, un projet de formation. La durée du bilan de compétences ne peut excéder **24 heures** par bilan (ex. : 3 jours de 8 h) (c. trav. art. L. 6313-4).

Il se déroule nécessairement en trois phases qui débouchent sur l'élaboration de résultats détaillés et d'un document de synthèse à destination du salarié (c. trav. art. R. 6313-4). Ces documents ne peuvent être remis à toute autre personne ou institution qu'avec le consentement du salarié (c. trav. art. L. 6313-4).

Les 3 phases du bilan de compétences
Phase préliminaire : Analyser la demande et le besoin du bénéficiaire Déterminer le format le plus adapté à la situation et au besoin Définir conjointement les modalités de déroulement du bilan
Phase d'investigation : Permettre au bénéficiaire : - soit de construire son projet professionnel et d'en vérifier la pertinence ; - soit d'élaborer une ou plusieurs alternatives.
Phase de conclusions : Par voie d'entretiens personnalisés, permettre au bénéficiaire : - de s'approprier les résultats détaillés de la phase d'investigation ; - de recenser les conditions et moyens favorisant la réalisation du ou des projets professionnels ; - de prévoir les principales modalités et étapes du ou des projets professionnels, dont la possibilité de bénéficier d'un entretien de suivi avec le prestataire de bilan de compétences.

Au terme du bilan, l'organisme prestataire doit détruire les documents élaborés pour la réalisation du bilan. Toutefois, peuvent être conservés pendant un an (c. trav. art. R. 6313-7) :
- le document de synthèse lorsqu'il doit être communiqué à la demande du salarié à l'opérateur du *conseil en évolution professionnelle**, ou à toute autre personne ou institution ;
- les documents faisant l'objet d'un accord écrit du salarié fondé sur la nécessité d'un suivi de sa situation.

☛ *Compte personnel de formation ; Compte personnel de formation (utilisation) ; Plan de développement des compétences.*

Bilan social

Dans les entreprises d'au moins 300 salariés, le bilan social récapitule les principales données chiffrées permettant d'apprécier la situation de l'entreprise dans le domaine social, d'enregistrer les réalisations effectuées et de mesurer les changements intervenus au cours de l'année échue et des deux années précédentes. Il est intégré dans la *base de données économiques, sociales et environnementales (BDESE)**.

Entreprises d'au moins 300 salariés

Informations comprises dans la BDES - Dans le cadre de la consultation récurrente du *comité social et économique** (CSE) sur la politique sociale de l'entreprise, les conditions de travail et l'emploi, l'employeur doit préalablement communiquer au comité un certain nombre d'informations.

En l'absence d'accord, cette consultation est annuelle et les informations à transmettre au CSE sont définies par le code du travail [voir *Comité social et économique (informations-consultations périodiques)**]. Dans ce cas, le bilan social fait partie des informations à communiquer au CSE dans les entreprises d'au moins 300 salariés, celles-ci étant directement intégrées dans la BDESE.

Dans les entreprises comportant des établissements distincts, le CSE d'établissement est consulté sur le bilan social particulier à chaque établissement dont l'effectif habituel est d'au moins 300 salariés (c. trav. art. L. 2312-28).

Appréciation du seuil des 300 salariés - Le seuil de 300 salariés est réputé franchi lorsque l'effectif de l'entreprise dépasse ce seuil pendant 12 mois consécutifs (c. trav. art. L. 2312-34).

Lorsque l'effectif de l'entreprise ou de l'établissement atteint 300 salariés, l'employeur a 1 an à compter du franchissement de ce seuil pour se conformer complètement aux obligations d'information et de consultation du CSE. Le premier bilan social de l'entreprise ou de l'établissement porte sur l'année suivant celle au cours de laquelle le seuil a été atteint. Ce premier bilan social peut ne concerner que l'année écoulée. Le deuxième bilan peut être consacré seulement aux 2 dernières années écoulées (c. trav. art. L. 2312-29).

▶ **À noter…** Lorsque l'effectif de l'entreprise ou de l'établissement devient inférieur au seuil d'assujettissement de 300 salariés, un bilan social est néanmoins présenté pour l'année en cours.

Contenu du bilan social

Le bilan social permet d'apprécier la situation sociale de l'entreprise sur 3 ans en regroupant des données chiffrées sur l'entreprise sur cette période et en permettant de visualiser les réalisations effectuées et les changements intervenus au cours de l'année civile écoulée et des 2 années précédentes (c. trav. art. L. 2312-30).

Il comporte des informations sur l'emploi, les rémunérations et charges accessoires, la santé et la sécurité au travail, les autres conditions de travail, la formation, les relations professionnelles, les autres conditions de vie relevant de l'entreprise. Il récapitule les principales données chiffrées permettant d'apprécier la situation de l'entreprise dans le domaine social (c. trav. art. R. 2312-9 et R. 2312-10).

Sur le contenu de la BDESE des entreprises de 300 salariés et plus, voir *Base de données économiques, sociales et environnementales (BDESE)**.

▶ **À noter…** Certaines branches d'activité pourront être dotées, par arrêté, de bilans sociaux spécifiques (c. trav. art. L. 2312-35).

Communication du bilan social

Les informations du bilan social (c. trav. art. L. 2312-31 et L. 2312-32) :
- sont mises à la disposition de l'agent de contrôle de l'inspection du travail, avec l'avis du CSE, dans les 15 jours à compter de la réunion du comité ;
- mises à la disposition de tout salarié qui en fait la demande ;
- et adressées, accompagné de l'avis du CSE, aux actionnaires ou mises à leur disposition dans les mêmes conditions que les documents prévus aux articles L. 225-108 et L. 225-115 du code de commerce.

☛ *Base de données économiques, sociales et environnementales (BDESE).*

Billet de congé annuel SNCF

Les salariés en *congés payés** et les demandeurs d'emploi indemnisés peuvent obtenir, une fois par an, pour un voyage annuel sur les lignes de la SNCF un billet avec une réduction de 25 %.

Cette réduction est portée à 50 % lorsque le bénéficiaire règle au moins la moitié du montant du billet au moyen de *chèques-vacances** et qu'il voyage en dehors des périodes de fort trafic.

La réduction est applicable sur certains trains (www.service-public.fr et www.sncf.com).

Le minimum de parcours est de 200 km, retour compris. Le trajet retour doit être effectué dans les 2 mois suivant la date du trajet aller.

Les membres de la famille proche bénéficient des mêmes avantages s'ils sont inscrits sur le billet du titulaire pour le même voyage. Ils doivent résider sous le même toit que le titulaire du billet (conjoint, enfant de moins de 21 ans - sans limitation d'âge si l'enfant est handicapé - non marié et à la charge de ses parents, père et/ou mère du célibataire).

▶ À noter... Des formulaires de demande sont à la disposition des salariés dans les gares SNCF et très souvent dans les services du personnel des entreprises. L'employeur est tenu de remplir une attestation où figurent notamment les dates de congés, la signature et le timbre de l'entreprise.

Biométrie

☛ *Surveillance des salariés.*

Blâme

☛ *Sanctions disciplinaires ; Sanctions disciplinaires (procédure).*

Boissons

Boissons non alcoolisées

Conditions de travail - Lorsque les travailleurs sont soumis à des conditions particulières de travail les conduisant à se désaltérer fréquemment, l'employeur est tenu de mettre gratuitement à leur disposition au moins une boisson non alcoolisée [voir *Hygiène et sécurité (obligations de l'employeur)**].

La liste des postes de travail concernés est établie par l'employeur, après avis du médecin du travail et du CSE [Voir *Comité social et économique (santé, sécurité et conditions de travail)**]. Les boissons et les aromatisants mis à disposition sont choisis en tenant compte des souhaits exprimés par les salariés et après avis du médecin du travail (c. trav. art. R. 4225-3).

Eau potable - L'employeur doit mettre de l'eau potable et fraîche à la disposition des travailleurs (c. trav. art. R. 4225-2).

Caractéristiques du local de restauration - Voir *Local de restauration**.

Boissons alcoolisées

Tolérance - Il est interdit d'introduire ou de laisser distribuer dans l'établissement, pour être consommées par le personnel, toutes boissons alcoolisées autres que le vin, la bière, le cidre et le poiré (c. trav. art. R. 4228-20).

▶ À noter... Les distributeurs automatiques de boissons ne peuvent débiter que des boissons sans alcool (c. santépub. art. L. 3322-8).

Interdiction totale - Lorsque la consommation des boissons alcoolisées, en principe autorisées *(voir ci-avant)*, est susceptible de porter atteinte à la sécurité et la santé physique et mentale des travailleurs, l'employeur prévoit dans le *règlement intérieur** ou, à défaut, par note de service, les mesures permettant de protéger la santé et la sécurité des travailleurs et de prévenir tout risque d'accident. Ces mesures, qui peuvent notamment prendre la forme d'une limitation voire d'une interdiction de cette consommation, doivent être proportionnées au but recherché (c. trav. art. L. 4121-1 et R. 4228-20).

En cas de contrôle de l'inspection du travail ou en cas contentieux, l'employeur qui interdit toute consommation d'alcool doit être en mesure d'établir que cette mesure est justifiée par la nature de la tâche à accomplir et proportionnée au but recherché. Cela étant, le règlement intérieur n'a pas à recenser très précisément les salariés concernés par cette interdiction. Il est possible d'identifier ces salariés par référence au type de poste qu'ils occupent. Il n'est pas non plus nécessaire que le règlement intérieur comporte lui-même la justification de l'interdiction de consommer toute forme d'alcool au travail. Cette justification peut résulter du *document unique d'évaluation des risques professionnels** (CE 8 juillet 2019, n° 420434).

Personnes en état d'ivresse et contrôle de l'alcoolémie

Il est interdit de laisser entrer ou séjourner dans les lieux de travail des personnes en état d'ivresse (c. trav. art. R. 4228-21).

Sur les modalités à suivre pour inscrire dans le règlement intérieur une clause qui permet à l'employeur de soumettre les salariés à un alcootest, voir *Surveillance des salariés**.

Sanctions disciplinaires

Le salarié, qui ne respecte pas les interdictions liées à l'introduction, la consommation ou l'état d'ivresse sur les lieux de travail *(voir ci-avant)*, peut être sanctionné à ce titre (voir *Licenciement pour faute** et *Sanctions disciplinaires**).

La gravité de la sanction dépend des circonstances.

Exemples

La consommation une seule fois d'une faible quantité d'alcool avant la prise du travail, l'employeur admettant l'introduction et la consommation d'alcool au temps et au lieu du travail à l'occasion de fêtes et d'anniversaires, ne permet pas de licencier le salarié pour faute grave (cass. soc. 20 juin 2012, n° 11-19914 D).

Si compte tenu de la nature du travail confié à un salarié, un état d'ébriété est de nature à exposer les personnes ou les biens à un danger, ce salarié peut le cas échéant être licencié pour faute grave (cass. soc. 22 mai 2002, n° 99-45878, BC V n° 176).

➡ *Hygiène et sécurité (obligations de l'employeur)* ; *Règlement intérieur*.

Bon d'achat

Pratique des CSE

Lors de certains événements, notamment à l'occasion de Noël, les comités sociaux et économiques (CSE) peuvent remettre aux salariés des bons d'achat ou des chèques-cadeaux (lettre-circ. ACOSS 96-94 du 3 décembre 1996) (voir *Activités sociales et culturelles**).

Cotisations sociales

Position restrictive de la jurisprudence et tolérances de l'administration - Selon la Cour de cassation, seules les sommes ayant le caractère de secours ne sont pas soumises à cotisations (cass. soc. 17 avril 1996, n° 94-17315 D). Les bons d'achat n'ayant pas le caractère de secours doivent donc être soumis à cotisations (cass. soc. 27 janvier 1977, n° 75-14797, BC V n° 72 ; cass. soc. 23 mars 1995, n° 92-11833, BC V n° 108).

Le ministère du Travail et l'URSSAF Caisse nationale (ou ACOSS) ont une position beaucoup moins stricte que celle de la Cour de cassation [voir *Comité social et économique (avantages servis par le)**]. Il est ainsi admis que, sous certaines conditions, ce type d'avantages soit exonéré du paiement des cotisations et contributions de sécurité sociale.

Ces tolérances s'appliquent aux avantages servis par les CSE ainsi qu'à ceux attribués directement par l'employeur en l'absence de CSE gérant des activités sociales et culturelles (entreprises de moins de 50 salariés ou P-V de carence).

▶ Attention… Une tolérance résultant d'une simple lettre-circulaire ACOSS ne lie ni l'URSSAF ni les tribunaux. L'URSSAF peut, par exemple, ne pas suivre les préconisations de l'URSSAF caisse nationale (ou ACOSS). Elle peut donc tout à fait réintégrer dans l'assiette des cotisations et contributions sociales les bons d'achat et cadeaux en nature attribués par une association à ses salariés à l'occasion des fêtes de Noël. Peu importe que l'instruction ministérielle du 17.04.1985 ou une circulaire ACOSS (lettre-circ. ACOSS 2011-24 du 21 mars 2011), dépourvues de portée normative, ne tolèrent le contraire (cass. civ., 2e ch., 30 mars 2017, n° 15-25453, BC II n° 67).

En effet, seules les circulaires et les instructions émanant des services de l'État et régulièrement publiées sur des sites Internet désignés par décret sont opposables aux organismes de recouvrement ce qui n'est pas le cas de ces textes [voir *Circulaires (opposabilité)**].

Seuil de 5 % du plafond de la sécurité sociale - Si le CSE délivre à chacun des salariés des bons d'achat ou des chèques-cadeaux au cours d'une année civile dont le montant total par bénéficiaire n'excède pas 5 % du plafond mensuel de la sécurité sociale en vigueur (171 € par an au 1.01.2022), ces bons n'ont pas à être assujettis à cotisations, selon l'URSSAF Caisse nationale (ou ACOSS). Ils sont

exonérés de cotisations quels que soient les événements auxquels ils se rattachent.

▶ À noter… À titre exceptionnel, en raison « des conditions particulières rencontrées pendant l'année 2021 » et notamment de la prolongation des mesures sanitaires qui ont à nouveau affecté l'activité des entreprises durant l'année, le plafond d'exonération des chèques-cadeaux et bons d'achats pour 2021 est relevé à 250 € (au lieu de 171 €) (Ministère de l'Économie, communiqué de presse du 24 novembre 2021).

Pour bénéficier de cette mesure, ces derniers doivent être remis aux salariés au plus tard le 31.12.2021. Toutefois, par tolérance pour les CSE et les employeurs qui n'auraient pas été en mesure de les remettre avant cette date, le plafond d'exonération de 250 € peut s'appliquer aux bons d'achat, chèques cadeaux et cadeaux en nature de l'année 2021 remis au plus tard au 31.01.2022 (www.urssaf.fr, actualité du 20 décembre 2021).

Au-delà, exonération sous conditions - En revanche, si l'ensemble des bons d'achat ou des chèques-cadeaux délivrés dépasse, pour l'année civile, le seuil de 5 % du plafond mensuel de la sécurité sociale en vigueur, ces bons d'achat n'échappent aux cotisations de sécurité sociale, à la CSG et à la CRDS que si leur valeur est conforme aux usages (c'est-à-dire d'un montant non disproportionné à l'événement) et si, distribués à une catégorie de personnel en relation avec un événement précis, ils permettent d'acquérir un bien déterminé.

Si ces 3 conditions ne sont pas remplies, le bon d'achat est soumis aux cotisations sociales dès le premier euro.

Événements concernés - Lorsque le montant total des bons d'achat dépasse le seuil de 5 %, l'attribution du bon doit être en lien avec un événement précis. Les événements permettant l'attribution de bons d'achat et de cadeaux en nature sont : le mariage, le Pacs, les naissances et adoptions, le départ à la retraite, les fêtes des pères et des mères, la Sainte-Catherine, la Saint-Nicolas, le Noël des salariés et des enfants (jusqu'à 16 ans révolus dans l'année civile) et la rentrée scolaire pour les salariés ayant des enfants âgés de moins de 26 ans dans l'année d'attribution du bon d'achat sous réserve de la justification du suivi de scolarité (par « rentrée scolaire », il faut entendre toute rentrée de début d'année scolaire, universitaire… peu important la nature de l'établissement : établissement scolaire, lycée professionnel, centre d'apprentissage...).

L'URSSAF considère que l'exonération des bons d'achat attribués à l'occasion de la Saint-Nicolas se limite aux bons d'achat destinés aux hommes non mariés qui fêtent leur 30e anniversaire et ceux attribués pour la Sainte-Catherine aux femmes non mariées qui fêtent leur 25e anniversaire. En revanche, l'attribution à l'occasion de la Saint-Nicolas de bons d'achat et de cadeaux en nature aux enfants et aux écoliers dans l'Est et le Nord de la France (à l'instar des fêtes de Noël) ou de toute autre pratique résultant d'usages locaux (Sainte-Barbe…) ne peut être exonérée de cotisations et contributions sociales au risque d'introduire une discrimination entre les salariés selon les « coutumes locales » en vigueur dans leur région (www.urssaf.fr).

Bons d'achat remis pour une utilisation déterminée - Le bon d'achat doit être attribué pour une utilisation déterminée, en relation avec l'événement à l'occasion duquel il est attribué (lettre-circ. ACOSS 2010-11 du 21 janvier 2010). Il doit donc mentionner soit la nature du bien qu'il permet d'acquérir, soit un ou plusieurs rayons d'un grand magasin, soit le nom d'un ou de plusieurs magasins. Il n'est pas échangeable contre des produits alimentaires ou du carburant. En revanche, l'URSSAF Caisse nationale admet l'exonération pour les bons d'achat affectés à l'utilisation de produits alimentaires non courants, dits « de luxe », dont le caractère festif est avéré.

Pour les événements concernant les enfants (rentrée scolaire et Noël des enfants), le bon d'achat doit permettre l'achat de biens destinés aux enfants et en relation avec cet événement.

Selon l'événement concerné, le bon d'achat doit permettre l'achat dans des enseignes ou rayons commercialisant notamment des produits en lien avec la rentrée scolaire (papeterie, livres, cartables, vêtements enfants, micro-informatique, etc.) ou bien permettre l'accès à des biens en rapport avec Noël (jouets, livres, disques, vêtements, équipements de loisirs ou sportifs, etc.).

Par exemple, un bon d'achat « rentrée scolaire » délivré en décembre pour une rentrée scolaire intervenue en septembre ne peut plus être considéré comme étant en relation avec l'événement « rentrée scolaire ». Dans ce cas, le bon d'achat doit être assujetti aux cotisations de sécurité sociale. En effet, la délivrance tardive du bon d'achat a pour effet de faire correspondre le bon d'achat à la scolarité et non plus à l'événement que constitue la rentrée scolaire.

Montant conforme aux usages - Le seuil de valeur conforme aux usages équivaut à 5 % du plafond mensuel de la sécurité sociale par événement et par année civile, étant précisé que :
- lorsque les conjoints travaillent dans la même entreprise, ce seuil est fixé pour chacun d'eux ;
- à Noël, ce seuil s'entend par enfant et par salarié ;
- pour une rentrée scolaire, le seuil est de 5 % par enfant.

Dans l'hypothèse d'un salarié percevant, pour le même événement, un bon d'achat et un cadeau en nature, leurs montants doivent être cumulés afin d'apprécier le seuil de valeur conforme aux usages.

▶ À noter... Les CSE (ou à défaut les employeurs) peuvent accorder des bons d'achat et chèques-cadeaux selon différents critères permettant de les réserver à certains ou de les moduler. Une réponse ministérielle indique que les critères retenus ne doivent pas être discriminatoires. La différence de traitement entre les salariés au regard d'un même avantage doit être fondée sur des raisons objectives et pertinentes. Ainsi, il est interdit de prendre exclusivement en considération l'ancienneté ou la présence effective des salariés dans l'entreprise. De tels critères sont, en effet, discriminatoires, ce qui, sous réserve de l'appréciation des tribunaux, légitime la décision des URSSAF de réintégrer la valeur de ces avantages dans l'assiette des cotisations de sécurité sociale, même si leur montant n'excède pas 5 % du plafond mensuel de la sécurité sociale (rép. Pellois n° 43931, JO 6 mai 2014, AN quest. p. 3688). Rappelons que les réponses ministérielles ne bénéficient pas de l'opposabilité attachée aux circulaires et instructions ministérielles émanant du ministère chargé de la sécurité sociale et publiées.

Chèques-lire, chèques-disques et chèques-culture - Les « chèques-lire » (chèques-cadeaux permettant l'achat de livres en librairie) ne s'analysent pas comme des bons d'achat mais comme une modalité financière particulière de prise en charge par le CSE d'une activité culturelle par essence, conformément aux termes de l'instruction ministérielle du 17.04.1985. À ce titre, ils sont exonérés de cotisations sociales, de CSG et de CRDS sans autre condition que celle d'être attribués par les CSE (ou à défaut par l'employeur) (lettre-circ. ACOSS 2002-059 du 26 février 2002). Il en va de même pour les « chèques-disques » et les « chèques-culture » (lettre-circ. ACOSS 2004-144 du 27 octobre 2004).

Toutefois, pour que l'exonération des chèques-culture puisse jouer, des conditions d'attribution et d'utilisation doivent être respectées (lettre-circ. ACOSS 2006-124 du 14 décembre 2006). Ainsi, le chèque-culture doit financer des biens ou prestations de nature culturelle (places de spectacles, de cinéma, livres...) et être utilisé conformément à son objet. Ce sera le cas s'il est échangé dans des enseignes commercialisant de tels biens ou prestations de façon exclusive. Dans les enseignes commercialisant également d'autres produits, il faut, pour que l'exonération puisse jouer, que le chèque comporte de manière apparente une restriction d'utilisation aux seuls biens ou prestations culturels. En revanche, l'exonération ne peut pas s'appliquer si le chèque est utilisé dans des enseignes ne commercialisant aucun produit à caractère culturel.

Selon le réseau des URSSAF, la participation financière du CSE destinée à financer l'accès à des produits culturels via Internet (téléchargement de musiques en ligne, abonnement musical en ligne) n'est pas soumise aux cotisations et contributions sociales. En revanche, ne sont concernés par la tolérance ni le chèque-culture échangeable contre des équipements qui permettent la lecture des supports musicaux ou audiovisuels (lecteur DVD...) ni la prise en charge par le CSE du coût de l'abonnement Internet, télévision et téléphone des salariés ou de l'acquisition d'un de ces matériels (ordinateur, portable...).

☛ *Comité social et économique (avantages servis par le).*

Bon de délégation

Suivi des heures de délégation

Le bon de délégation délivré aux élus du *comité social et économique** (CSE) ou au *délégué syndical** est destiné à permettre une meilleure comptabilisation des *heures de délégation** utilisées. Le bon comprend souvent les rubriques suivantes : heure de départ et heure effective de retour (inscrite au retour), durée prévisible de l'absence, etc.

Le support peut être papier ou informatique.

Mise en place

La mise en place d'un tel système résulte soit de la convention collective applicable à l'entreprise (ou d'un accord d'entreprise), soit du règlement intérieur, soit d'une décision de l'employeur après consultation des représentants du personnel concernés (cass. crim. 12 avril 1988, n° 87-84148, B. crim. n° 155). Le défaut de consultation des représentants du personnel peut être constitutif du *délit d'entrave**.

Licéité

La mise en place de bons de délégation est licite, à condition de ne pas constituer un moyen de contrôle a priori de l'activité du salarié concerné dans le cadre de son mandat.

Cette pratique a pour seul effet d'informer l'employeur de l'absence et non de lui en faire connaître le motif précis (cass. soc. 10 décembre 2003, n° 01-41658, BC V n° 315). Le bon de délégation est une simple notification du départ du salarié concerné au chef direct. Il ne doit pas permettre de soumettre le déplacement à un agrément d'un membre de la hiérarchie ou de l'employeur (cass. crim. 4 février 1986, n° 84-95402, B. crim. n° 46).

Les modalités ne doivent pas être telles qu'elles constituent un moyen dissuasif (ou un frein), donc une entrave à l'exercice normal des fonctions et des missions des représentants du personnel ou des syndicats.

Même approuvé par le CSE, l'employeur ne peut pas étendre la pratique des bons de délégation prévus par l'accord d'entreprise à un cas qui ne l'est pas. Ainsi, il n'est pas possible de demander des bons à l'occasion des conversations téléphoniques entre représentants du personnel (cass. soc. 10 mai 2006, n° 05-40802, BC V n° 174).

Effet sur le paiement des heures de délégation

Contestation par l'employeur toujours possible - La délivrance de bons de délégation n'implique pas la reconnaissance par l'employeur de l'utilisation des *heures de délégation** conformément à leur objet (cass. soc. 13 janvier 1999, n° 96-43678 D). Il peut toujours contester l'utilisation des heures de délégation comptabilisées par les bons de délégation, s'il les estime non conformes à leur objet. De fait, les dispositions qui imposent à l'employeur de payer à l'échéance normale le temps alloué aux représentants du personnel, ne dispensent pas ces derniers de donner des précisions sur les activités exercées pendant lesdites heures lorsque l'employeur le demande, au besoin par la voie judiciaire (cass. soc. 11 février 2015, n° 13-22973 D ; cass. soc. 23 mars 2016, n° 14-20059 D).

Sanction en cas de refus d'utilisation des bons de délégation - Si le salarié avertit verbalement son supérieur direct de son départ et de son retour, l'employeur ne peut pas refuser de payer les heures de délégation en invoquant seulement le défaut d'utilisation des bons (cass. soc. 4 octobre 1979, n° 78-40270, BC V n° 701 ; cass. crim. 25 mai 1982, n° 81-93443, B. crim. n° 135). Mais lorsque les conditions de validité sont remplies, le refus du salarié d'utiliser les bons de délégation malgré des mises en garde répétées peut, compte tenu des circonstances, donner lieu à sanction disciplinaire (CE 8 août 2002, n° 109749) (voir *Sanctions disciplinaires**).

Bon de délégation

Nom et prénoms :...

Service :...

Date :...

Heure de départ : ...h

Durée estimée : ...h

Heure de retour : ...h (1)

Durée effective : ...h

En qualité de :

° Membre du comité social et économique

° Délégué syndical

° Représentant de la section syndicale

° Autres crédits d'heures ...

Visa du responsable de service Visa du salarié

(1) Information à renseigner, en principe, au retour.

Heures de délégation.

Bonus-malus

Cotisation d'assurance chômage (bonus-malus).

Budget du CSE

Comité social et économique (ressources).

Bulletin officiel de la sécurité sociale (BOSS)

Le bulletin officiel de la sécurité sociale (BOSS) a vocation à rassembler la doctrine administrative en matière de cotisations et contributions sociales. Il est opposable aux organismes de recouvrement depuis le 1.04.2021.

Objet

Le Bulletin officiel de la sécurité sociale (BOSS), qui peut être consulté depuis le site internet https://boss.gouv.fr, a vocation :
- à rassembler la doctrine administrative en matière de cotisations et contributions sociales ;
- à rendre celle-ci opposable [voir *Circulaires (opposabilité)**] (arrêté du 30 mars 2021, JO du 31, texte 1).

Les directives, instructions, circulaires, notes de service et commentaires de l'administration en la matière ne seront plus publiés au Bulletin officiel « Santé » (BO Santé), papier ou électronique.

Celles déjà publiées au BO Santé restent néanmoins en vigueur, jusqu'à la publication au BOSS des commentaires de l'administration ayant le même objet.

Il revient au BOSS de préciser les circulaires qui sont abrogées lors des mises à jour (arrêté du 31 mars 2021, JO 1er avril, texte 51). Il l'a fait pour une première série dans une actualité du 30.03.2021. Plus d'une vingtaine d'instructions ou circulaires ont ainsi été abrogées à partir du 1.04.2021.

▶ À noter… Dans sa première version, le BOSS comporte un lot de fiches correspondant aux questions estimées les plus fréquentes (assiette et assujettissement, avantages en nature, frais professionnels, indemnités de rupture, allégements généraux de cotisations, exonérations zonées). De nouvelles fiches, non publiées au 01.01.2022 doivent venir compléter ce premier lot (ex. : régime des contributions patronales finançant des garanties de protection sociale complémentaire, exonérations attachées aux heures supplémentaires).

Entrée en vigueur

Les cotisants peuvent se saisir du BOSS depuis le 1.04.2021. Sur le principe, ses dispositions sont opposables aux URSSAF à partir de cette date.

Toutefois, pour un certain nombre d'évolutions de doctrine administrative, le BOSS prévoit une entrée en vigueur aménagée (voir actualité du BOSS du 30 mars 2021), qu'il convient de vérifier au cas par cas.

Bulletin de paie

Obligation de délivrance

Bulletin « classique » - Lors du paiement de leur rémunération, l'employeur doit remettre aux salariés, y compris aux apprentis [voir *Apprentissage (apprentis)**], une pièce justificative, dite « bulletin de paie », qui comporte des mentions obligatoires, mais qui n'est soumise à aucune forme particulière (c. trav. art. L. 3243-2 ; cass. soc. 24 novembre 1993, n° 89-41331 D). À défaut d'avoir remis le bulletin au salarié, l'employeur doit le lui faire parvenir par tout moyen (cass. soc. 19 mai 1998, n° 97-41814, BC V n° 266).

Bulletin électronique - L'employeur peut remettre au salarié un bulletin électronique sauf opposition de sa part. Le cas échéant, la remise sous forme électronique doit s'effectuer dans des conditions de nature à garantir l'intégrité, la disponibilité et la confidentialité des données.

Les bulletins électroniques sont alors consultables sur la plate-forme de service en ligne du *compte personnel d'activité** (CPA) (c. trav. art. L. 3243-2, L. 5151-6, II et R. 3243-9). Cette accessibilité via le CPA ne se confond pas avec le service de mise à disposition des bulletins : les bulletins de paie dématérialisés ne sont pas stockés sur le CPA, ils y sont simplement affichés lorsque le titulaire du compte en fait la demande.

L'employeur arrête les conditions dans lesquelles il garantit la disponibilité pour le salarié du bulletin dématérialisé, soit pendant une durée de 50 ans, soit jusqu'à ce que le salarié ait atteint l'âge de 75 ans (c. trav. art. D. 3243-8).

L'employeur doit informer chaque salarié par tout moyen donnant date certaine au moins un mois avant la première dématérialisation, de son droit de s'y opposer. Les salariés recrutés par la suite sont informés de leur droit d'opposition au moment de leur embauche (c. trav. art. D. 3243-7).

Le salarié peut s'opposer à la dématérialisation à tout moment, y compris après la première remise d'un bulletin sous forme électronique. Il notifie son opposition à l'employeur par tout moyen lui donnant une date certaine.

L'employeur doit tenir compte de ce refus dans les meilleurs délais et au plus tard 3 mois après la notification du refus du salarié. Cela l'oblige à délivrer les bulletins de ce salarié sous forme papier. L'employeur ne peut donc pas seulement mettre à la disposition du salarié un système d'impression du bulletin de paie sur le lieu de travail, il doit lui délivrer un bulletin sous forme papier (CA Paris 25 octobre 2018, 2e ch., n° 18/03280).

Absence de paie - Si le salarié ne bénéficie d'aucune rémunération pendant la période d'emploi, il semble possible de ne pas délivrer de bulletin de paie. Ceci ne vaut que si aucune cotisation salariale ne reste due (or, souvent la cotisation à une mutuelle ou une caisse de prévoyance persiste). Ainsi, le ministère du Travail a précisé qu'en cas de *congé parental d'éducation** à temps plein, c'est-à-dire avec suspension du contrat de travail, l'employeur qui ne verse aucune rémunération n'est pas obligé de délivrer un bulletin de paie (rép. Masson n° 16350, JO 5 mai 2005, Sén. quest. p. 1302 ; rép. Zimmermann n° 59364, JO 7 juin 2005, AN quest. p. 5997).

Action en délivrance - Le salarié peut saisir les juges pour que l'employeur qui ne lui remettrait pas ses bulletins de paie soit astreint à le faire (c. trav. art. R. 1454-14).

▶ À noter... À notre sens, le délai de prescription applicable à une action en délivrance du bulletin de paie est de 2 ans, délai applicable à une action portant sur l'exécution du contrat de travail (et non de 3 ans, délai applicable à une action en paiement du salaire) (c. trav. art. L.1471-1 et L. 3245-1) [voir *Prescription (contentieux)** et *Prescription (salaires)**].

Pour obtenir la condamnation de l'employeur à lui payer des dommages-intérêts pour non-remise ou remise tardive des bulletins, le salarié doit prouver son préjudice (cass. soc. 13 avril 2016, n° 14-28293, BC V n° 72).

Par ailleurs, l'employeur qui se soustrait intentionnellement à son obligation de délivrance du bulletin se rend coupable de *travail dissimulé** (c. trav. art. L. 8221-5).

CDD saisonniers et CDD d'usage - Lorsqu'un contrat à durée déterminée (CDD) saisonnier ou un CDD d'usage est inférieur à un mois mais est à cheval sur deux mois distincts, l'employeur peut remettre un seul bulletin de paie pour l'ensemble de ce contrat (et non un bulletin de salaire pour chaque mois) (c. trav. art. L. 1242-2).

Mentions

Mentions obligatoires - Le bulletin de paie comporte des mentions légales obligatoires (c. trav. art. R. 3243-1 à R. 3243-5), les conventions collectives pouvant en imposer d'autres.

Doivent être indiqués sur le bulletin de paie (c. trav. art. R. 3243-1 et R. 3243-5) :

- l'identification de l'employeur ;
- le numéro de la nomenclature des activités économiques (code NAF) ainsi que le numéro d'inscription de l'employeur au répertoire national des entreprises et des établissements (numéro SIRET) ;
- la mention de la convention collective [sur les conséquences de la mention d'une convention collective sur les bulletins de paie, voir *Convention collective (application)**] ; s'il n'en existe pas, l'indication de la référence aux articles du code du travail sur les durées des congés payés et du préavis ;
- le nom du salarié ;
- l'emploi du salarié ;
- la position du salarié dans la classification conventionnelle ;
- les périodes et le nombre d'heures de travail en distinguant, s'il y a lieu, les heures payées au taux normal et celles qui comportent une majoration pour heures supplémentaires (avec la nature et le volume du forfait auquel se rapporte le salaire des salariés dont la rémunération est déterminée sur la base d'un forfait hebdomadaire ou mensuel en heures, d'un forfait annuel en heures ou en jours ; ou l'indication de la nature de la base de calcul du salaire lorsque, par exception, cette base de calcul n'est pas la durée du travail) ;
- les accessoires de salaire soumis à cotisations sociales (ex. : primes) ;
- la rémunération brute ;
- le montant et l'assiette des cotisations et contributions d'origine légale et conventionnelle à la charge de l'employeur et du salarié avant déduction des exonérations et exemptions ainsi que, pour les cotisations et contributions salariés d'origine légale et conventionnelle, leurs taux ;
- la nature et le montant des versements et retenues autres que celles mentionnées ci-dessus effectués sur la période, notamment au titre de la prise en charge des frais de transport public ou de frais de transports personnels ;
- l'assiette, le taux et le montant de la retenue à la source opérée au titre du prélèvement à la source (PAS) ainsi que la somme qui aurait été versée au salarié en l'absence de retenue à la source, à distinguer de la somme effectivement versée au salarié après retenue à la source (le montant des retenues effectuées au titre du PAS en cumul annuel doit également figurer sur le bulletin) ;

- le montant de la somme effectivement reçue par le salarié (net à payer) ainsi que la date de paiement de cette somme ;
- les dates de congé et le montant de l'indemnité correspondante, lorsqu'une période de congé annuel est comprise dans la période de paie considérée ;
- le montant total des exonérations et exemptions de cotisations et contributions sociales ;
- le montant total versé par l'employeur, c'est-à-dire la somme de la rémunération et des cotisations et contributions à la charge de l'employeur, déduction faite des exonérations et exemptions des mêmes cotisations et contributions ;
- la mention de la rubrique dédiée au bulletin de paie sur le portail www.service-public.fr ;
- éventuellement, une mention incitant le salarié à conserver le bulletin de paie sans limitation de durée.

▶ Attention… La mention, de manière intentionnelle, sur un bulletin de salaire, d'un nombre d'heures de travail inférieur à celui réellement effectué constitue l'infraction de *travail dissimulé** par dissimulation d'emploi salarié (c. trav. art. L. 8221-5).

Activité partielle - Depuis le 26.03.2020, l'employeur doit remettre un bulletin de paie avec, le cas échéant, une ligne spécifique *activité partielle**, indiquant le nombre d'heures indemnisées, le taux appliqué pour le calcul de l'indemnité horaire reçue par le salarié et les sommes versées au titre de la période considérée (c. trav. art. R. 3243-1 et R. 5122-17 ; décret 2020-325 du 25 mars 2020, JO du 26).

Bulletin unique cadres/non-cadres - Dans le cadre du régime unifié de retraite complémentaire AGIRC-ARRCO, il n'y a plus de distinction entre les cadres et les non-cadres sur le plan de la retraite complémentaire. Il n'y a donc plus qu'une trame de bulletin de paie *(voir modèle ci-dessous)*. La ligne consacrée à la cotisation APEC n'apparaît donc que sur le bulletin de paie des salariés qui en relèvent (les cadres au sens de l'article 2 de l'ANI relatif à la prévoyance des cadres du 17 novembre 2017).

Éléments du salaire minimum conventionnel - Dans le cadre d'une convention collective nationale prévoyant des salaires minima assortis de majorations en fonction du diplôme dont est titulaire le salarié, cette majoration s'ajoute non pas au salaire réel mais au salaire minimum conventionnel. En conséquence, la preuve de son paiement résulte du fait que les salaires figurant sur les bulletins de paie sont plus élevés que les salaires minima conventionnels tenant compte de la majoration pour diplôme. En outre, cette majoration n'a pas la nature d'un accessoire du salaire et n'a donc pas à figurer de manière distincte sur le bulletin de paie, ni en application du code du travail (c. trav. art. R. 3243-1), ni en application de la convention collective faute de stipulation expresse en ce sens (cass. soc. 22 juin 2011, n° 09-67264, BC V n° 162).

▶ À noter… Cette solution, rendue à propos d'une disposition conventionnelle analysée comme une majoration du salaire minimum conventionnel, ne peut pas être transposée à un élément qui s'analyse en accessoire de salaire (prime, etc.). Les accessoires de salaire soumis à cotisations font en effet partie des mentions obligatoires du bulletin de paie (c. trav. art. R. 3243-1, 6°) *(voir ci-avant)*.

Rappels de salaire - Les rappels de salaire figurent sur le bulletin de paie de façon distincte. Lorsque le rappel est versé après le départ du salarié, l'employeur doit émettre un bulletin spécifique établi lors du paiement. Toutefois, l'employeur ne peut pas être contraint de délivrer autant de bulletins de paie rectifiés que de mois concernés par des sommes payées tardivement (cass. soc. 30 novembre 2010, n° 09-41065, BC V n° 277 ; cass. soc. 4 mars 2020, n° 18-11790 D).

Mentions interdites - Les mentions relatives à l'activité de représentation (ex. : activité des représentants du personnel, des conseillers prud'homaux) ou à l'exercice du droit de grève sont interdites (c. trav. art. R. 3243-4 ; circ. DRT 189 du 30 mars 1989). La circulaire précitée est réputée abrogée [voir *Circulaires (opposabilité)**], mais elle garde à notre sens sa valeur indicative pour les praticiens.

Exemple

Un employeur a été condamné sous astreinte à rectifier les bulletins de plusieurs représentants du personnel. Il établissait sur leurs bulletins une distinction entre les heures rémunérées et les heures de présence. De telles mentions sont en effet illicites dans la mesure où elles permettent d'identifier les heures de délégation (cass. soc. 18 février 2004, n° 01-46565 à 01-46571, BC V n° 55).

Maquettes officielles

Un arrêté fixe les libellés à respecter, l'ordre et le regroupement des informations relatives aux cotisations et contributions, aux allégements et au coût total supporté par l'employeur (c. trav. art. R. 3243-2 ;

arrêté du 9 mai 2018, JO du 12, texte 34). Des règles de présentation impératives pour certaines zones du bulletin de paie sont ainsi fixées.

Depuis le 1.01.2022, les mentions « Net à payer avant impôt sur le revenu » et « Net à payer au salarié », ainsi que les montant associés, doivent apparaître d'une manière qui en facilite la lisibilité par rapport aux autres lignes, mais sans qu'une taille de police de caractères ait été imposée (arrêté rectificatif du 23 décembre 2021, JO 22 janvier 2022, texte 9).

▶ À noter… Avant le 1.01.2022, la rubrique « Net à payer avant impôt sur le revenu » et la valeur associée devaient être affichées dans une police dont le corps de caractère est au moins égal à 1,5 fois celui utilisé pour la composition des intitulés des autres lignes du bulletin de paye.

Pour les autres rubriques du bulletin de paie, la présentation est libre.

Par ailleurs, depuis le 13.05.2018, une rubrique en bas de bulletin intitulée « dont évolution de la rémunération liée à la suppression des cotisations chômage et maladie » doit faire apparaître l'avantage que représentent pour le salarié les mesures de baisse des cotisations salariales mises en place dans le cadre de la loi de financement de la sécurité sociale (LFSS) pour 2018 (arrêté du 9 mai 2018, JO du 12, texte 34a).

Enfin, depuis le 1.01.2022, de nouvelles mentions fiscales sont obligatoirement présentes sur le bulletin de paie. Ces nouvelles mentions visent à indiquer, tant pour la paie concernée qu'en cumul annuel (arrêté rectificatif du 23 décembre 2021, JO 22 janvier 2022, texte 9) :

- le montant net imposable (y inclus, si nécessaire, la part imposable des contributions patronales de protection sociale complémentaire comme la part patronale « frais de santé ») ;
- le montant net imposable des heures supplémentaires et complémentaires exonérées d'impôt sur le revenu.

▶ À noter… Pour aller plus loin, voir Dictionnaire RF Paye, « Bulletin de paye (mentions obligatoires) » (www.rfpaye.com).

Fiches annexées

Repos compensateur de remplacement et contrepartie obligatoire en repos - À défaut de précision conventionnelle contraire, les salariés sont informés du nombre d'heures de *repos compensateur de remplacement** et de *contrepartie obligatoire en repos** porté à leur crédit par un document annexé au bulletin de paie. Dès que ce nombre atteint 7 h, ce document comporte une mention notifiant l'ouverture du droit à repos et l'obligation de le prendre dans un délai maximal de 2 mois après son ouverture (c. trav. art. D. 3171-11).

Travail par relais, roulement, équipes successives - Lorsque les salariés d'un atelier, d'un service ou d'une équipe ne sont pas occupés selon le même horaire collectif de travail affiché, un document mensuel, dont le double est annexé au bulletin de paie, est établi pour chaque salarié. Ce document comporte, en plus des mentions indiquées ci-dessus, les mentions suivantes (c. trav. art. D. 3171-12) :

- le cumul des heures supplémentaires effectuées depuis le début de l'année ;
- le repos compensateur de remplacement acquis et le nombre d'heures effectivement prises au cours du mois ;
- le nombre de jours de repos effectivement pris au cours du mois quand une réduction du temps de travail s'applique par attribution de journées ou de demi-journées de repos.

Heures de délégation - La nature et le montant des *heures de délégation** auxquelles ont droit les représentants du personnel doivent figurer sur une fiche annexée au bulletin de paie (c. trav. art. R. 3243-4).

Astreintes - L'employeur qui recourt aux astreintes remet, à la fin de chaque mois, aux salariés concernés un récapitulatif (c. trav. art. R. 3121-2). Le document indique le nombre d'heures d'*astreinte** que le salarié a effectuées ainsi que la compensation financière lui revenant.

Autres annexes - Pour les autres fiches annexées au bulletin de paie, voir Dictionnaire Paye, « Annexes au bulletin de paye » (www.rfpaye.com).

Valeur du bulletin

L'acceptation sans protestation ni réserve d'un bulletin de paie ne fait pas obstacle à ce que le salarié formule une réclamation ou intente une action en paiement de sommes qu'il estimerait lui être dues (c. trav. art. L. 3243-3). La seule mention d'un règlement en espèces sur le bulletin ne permet pas à l'employeur de se libérer de son obligation (cass. soc. 6 avril 1999, n° 96-44981 D).

En cas de contentieux et malgré la délivrance d'un bulletin de paie, l'employeur doit prouver le paiement du salaire ainsi que des cotisations et contributions sociales, notamment par la production de pièces comptables (cass. soc. 2 février 1999, n° 96-44798, BC V n° 48 ; cass. soc. 22 septembre 2010, n° 09-42289 D ; cass. civ., 2e ch., 8 octobre 2020, n° 19-16898 FPBI).

Face à un désaccord sur l'*ancienneté** d'un salarié, les juges peuvent tenir compte de celle figurant sur le bulletin. En effet, le bulletin vaut présomption de reprise de l'ancienneté, sauf preuve contraire rapportée par l'employeur (cass. soc. 21 septembre 2011, n° 09-72054, BC V n° 191 ; cass. soc. 3 avril 2019 n° 17-19381 D).

Par ailleurs, la mention sur un bulletin de paie des jours de RTT n'a qu'une valeur informative, la charge de la preuve de leur octroi effectif incombant (en cas de contestation) à l'employeur (cass. soc. 9 juin 2010, n° 09-40544 D).

Erreurs sur le bulletin

Absence de conséquence sur le contrat - Le bulletin délivré avec des erreurs n'engage pas l'employeur pour l'avenir et ne permet pas au salarié de s'en prévaloir pour faire cesser le contrat (cass. soc. 17 juillet 2007, n° 06-43521 D).

Mauvaise présentation - L'employeur doit remettre au salarié des bulletins de paie distinguant les heures supplémentaires majorées s'il y a lieu. À défaut, et si cette présentation a empêché le salarié de bénéficier des exonérations de cotisations salariales prévues par l'ancienne loi TEPA, il engage sa responsabilité (cass. soc. 3 octobre 2018, n° 16-24705 D). Cette décision est à notre sens applicable à une éventuelle mauvaise présentation des heures supplémentaires majorées en cas de perte, depuis le 1.01.2019, du bénéfice de la réduction de cotisations salariales sur les heures supplémentaires (c. séc. soc. art. L. 241-17).

Erreur de taux horaire - La mention sur les bulletins de salaire pendant quelques mois d'un taux horaire augmenté, conséquence d'une simple erreur, ne permet pas au salarié de prétendre à un rappel de salaire fondé sur l'application d'un taux erroné (cass. soc. 16 octobre 2019, n° 18-13602 D).

Convention collective - Voir *Convention collective (application)**.

Travail dissimulé - Si la mention, de manière intentionnelle, sur un bulletin de paie, d'un nombre d'heures de travail inférieur à celui réellement effectué constitue l'infraction de *travail dissimulé** par dissimulation d'emploi salarié (c. trav. art. L. 8221-5), il en est autrement de la seule absence de mention des heures supplémentaires sur le bulletin, qui peut être liée à une erreur. Il en va de même en cas d'application erronée d'un taux de majoration d'heures supplémentaires (cass. soc. 1er février 2017, n° 15-23039 D).

Il revient au salarié de prouver le caractère intentionnel de la mention d'un nombre d'heures de travail inférieur à celui réellement effectué (cass. soc. 12 janvier 2011, n° 09-41139 D ; cass. soc. 23 mai 2012, n° 11-20638 D). Cet élément intentionnel peut être établi :

- en cas de refus de l'employeur de tenir compte de la réclamation d'un salarié alors même que l'inspecteur du travail avait constaté des dépassements d'horaire (cass. soc. 6 avril 2005, n° 03-42082 D) ;
- en cas d'application au salarié d'un système de forfait-jours sans avoir conclu de convention de forfait et sans mention sur les bulletins de toutes les heures accomplies au-delà de la durée légale par un cadre travaillant régulièrement plus de 10 heures par jour (cass. soc. 28 février 2012, n° 10-27839 D) [voir *Convention de forfait (annuel)**] ;
- lorsque l'employeur n'a mentionné aucune heure supplémentaire sur les bulletins de paie en l'absence de *convention de forfait** (cass. soc. 27 novembre 2013, n° 12-20904 D).

Utilisation comme preuve

Les bulletins de paie contiennent les données personnelles des salariés (âge, adresse personnelle, domiciliation bancaire, etc.). Dans le cadre d'un litige relatif à l'appartenance de salariés à certains collèges électoraux et opposant l'employeur à des syndicats et des salariés, il a été jugé que l'employeur ne peut utiliser les bulletins de paie comme *preuve** qu'avec l'accord préalable des salariés, sous peine d'être condamné pour atteinte à leur vie privée. Cependant, il est possible de dissimuler ces mentions pour ne conserver que celles utiles au litige (ex. : classification, coefficient, etc.) (cass. soc. 7 novembre 2018, n° 17-16799 D).

Aide à l'élaboration du bulletin de paie

Voir *Titre emploi-service entreprise**.

Conservation du bulletin de paie

Voir *Bulletin de paie (conservation)**.

☛ *Bulletin de paie (conservation)* ; *Salaire* ; *Titre emploi-service entreprise.*

Trame de bulletin de paie au 1.01.2022

Cotisations et contributions sociales	Base	Taux salarial	Part salarié	Part employeur
SANTÉ				
Sécurité sociale - Maladie Maternité Invalidité Décès	Valeur	(1)	(1)	Valeur
Complémentaire Santé	Valeur	Valeur	Valeur	Valeur
Complémentaire Incapacité Invalidité Décès	Valeur	Valeur	Valeur	Valeur
ACCIDENTS DU TRAVAIL - MALADIES PROFESSIONNELLES	Valeur			Valeur
RETRAITE				
Sécurité Sociale plafonnée	Valeur	Valeur	Valeur	Valeur
Sécurité Sociale déplafonnée	Valeur	Valeur	Valeur	Valeur
Complémentaire Tranche 1	Valeur	Valeur	Valeur	Valeur
Complémentaire Tranche 2	Valeur	Valeur	Valeur	Valeur
Supplémentaire	Valeur	Valeur	Valeur	Valeur
FAMILLE	Valeur			Valeur
ASSURANCE CHÔMAGE	Valeur	(2)	(2)	Valeur
APEC (3)	Valeur (3)	Valeur (3)	Valeur (3)	Valeur (3)
AUTRES CONTRIBUTIONS DUES PAR L'EMPLOYEUR				Valeur
COTISATIONS STATUTAIRES OU PRÉVUES PAR LA CONVENTION COLLECTIVE				
CSG déductible de l'impôt sur le revenu	Valeur	Valeur	Valeur	
CSG/CRDS non déductible de l'impôt sur le revenu	Valeur	Valeur	Valeur	
EXONÉRATIONS, ÉCRÊTEMENT ET ALLÉGEMENTS DE COTISATIONS			Valeur (4)	Valeur
TOTAL DES COTISATIONS ET CONTRIBUTIONS			Valeur	Valeur
NET À PAYER AVANT IMPÔT SUR LE REVENU (5)				**Valeur** (5)
dont évolution de la rémunération liée à la suppression des cotisations chômage et maladie				**Valeur**

Impôt sur le revenu	Base	Taux	Montant	Cumul annuel
Montant net imposable			Valeur	Valeur
Impôt sur le revenu prélevé à la source	Valeur	Valeur	Valeur	Valeur
Montant net des heures compl/suppl exonérées			Valeur	Valeur

NET À PAYER AU SALARIÉ (en euros) (5)	**Valeur** (5)
Allégement de cotisations employeur (6)	Valeur (6)
Total versé par l'employeur	Valeur

Notes de la rédaction :

(1) Pas de taux ni de valeur, sauf si le salarié relève du régime local d'Alsace-Moselle (cotisation spécifique), à Mayotte ou, à notre sens, si le salarié est fiscalement domicilié à l'étranger (non assujetti à CSG/CRDS, mais cotisation salariale maladie spécifique).

(2) Pas de taux sauf cas des intermittents du spectacle.

(3) Ligne uniquement pour les salariés cadres.

(4) Valeur non obligatoire en 2022 selon nos informations. Néanmoins, on peut par exemple indiquer dans cette rubrique la réduction de cotisations salariales attachée à la rémunération des heures supplémentaires et complémentaires.

(5) À faire apparaître de manière à en faciliter la lisibilité (il n'est plus exigé de corps de caractère au moins égal à 1,5 fois le corps de caractère des autres lignes du bulletin de paie).

(6) Ligne rétablie par l'arrêté rectificatif publié au journal officiel du 22 janvier 2022 et qui, par erreur n'apparaissait pas dans la version publiée au JO du 30 décembre 2021. Pour mémoire, elle correspond au total des allégements « employeurs » de la ligne relative aux exonérations de cotisations, augmenté de l'avantage correspondant à la réduction du taux de cotisations d'allocations familiales de cotisation patronale d'assurance maladie pour les salariés dont la rémunération y ouvre droit.

Bulletin de paie (conservation)

Durée de conservation

L'employeur est tenu de conserver pendant 5 ans un double des bulletins de paie (incluant ceux remis aux salariés sous forme électronique) (c. trav. art. L. 3243-4).

Sur l'archivage des bulletins de paie au regard du *RGPD**, voir *Données personnelles**.

Support « papier » ou informatique

Moyens de conservation - L'employeur peut conserver un double des bulletins de paie soit sur support matérialisé de type « papier », soit sur support informatique sous réserve, dans ce cas, du maintien des garanties de contrôle équivalentes (c. trav. art. L. 3243-5 et L. 8113-6).

Le support informatique est conçu et tenu de façon à obtenir, sans difficulté d'utilisation et de compréhension et sans risque d'altération, toutes les mentions obligatoires. Il est présenté dans les mêmes conditions et conservé pendant le même délai que les bulletins papier auquel il se substitue (c. trav. art. D. 8113-2).

En cas d'externalisation de la paie - En cas d'externalisation des opérations liées à la paie, les doubles des bulletins de paie doivent être détenus par l'entreprise (c. trav. art. L. 3171-2, L. 3171-3, L. 8113-4 et L. 8113-5).

Contrôles

L'administration avait précisé dans une ancienne circulaire que les doubles des bulletins de paie (circ. DRT 1998-9 du 2 novembre 1998) :

- doivent pouvoir être présentés à tout moment (ex. : à un agent de contrôle de l'*inspection du travail**) (c. trav. art. L. 8113-4) ;
- ne doivent pas être conservés dans tous les lieux de travail susceptibles de faire l'objet d'un contrôle, mais ils doivent être présents dans les entreprises ainsi que dans les établissements distincts comportant un représentant de l'employeur ayant le pouvoir de recruter du personnel.

À notre sens, ces précisions restent pertinentes aujourd'hui.

Sanctions

En l'absence de conservation des doubles des bulletins de paie, l'employeur s'expose au paiement d'une amende prévue pour les contraventions de 3e classe (c. trav. art. R. 3246-2) (voir *Amendes pénales**).

☛ *Bulletin de paie.*

Bulletin de vote

☛ *Élections professionnelles (matériel de vote).*

Bureau de vote

☛ *Élections professionnelles (déroulement du vote).*

C

Cadres

Il n'y a pas, à proprement parler, « une » définition des cadres. Or, il est important de savoir qui sont les cadres car certaines règles leur sont spécifiquement applicables. Il peut s'agir de règles inscrites dans le code du travail, comme celles relatives à la *période d'essai** ou aux collèges électoraux (c. trav. art. L. 1221-19 et L. 2314-11), ou de dispositions conventionnelles applicables à l'entreprise (ex. : la convention collective prévoit un préavis plus long pour les cadres).

S'agissant de la protection sociale, voir *Cotisations de retraite complémentaire** et *Retraite complémentaire**.

Définition

Absence de définition légale - Le code du travail ne donne pas une définition générale et uniforme des cadres, mais il définit les *cadres dirigeants**.

Il liste les salariés qui relèvent de la section de l'encadrement du *conseil de prud'hommes** (c. trav. art. L. 1423-1-2). Ainsi, quand un salarié est aux prud'hommes, l'affaire est tranchée par cette section s'il relève de l'une des catégories suivantes :
- les ingénieurs et les salariés qui, même s'ils n'exercent pas de commandement, ont une formation équivalente constatée ou non par un diplôme ;
- les salariés qui, ayant acquis une formation technique, administrative, juridique, commerciale ou financière, exercent un commandement par délégation de l'employeur ;
- les agents de maîtrise qui ont une délégation écrite de commandement ;
- les VRP.

Arrêtés Parodi - L'arrêté du 31.01.1946 (JO du 2 février) définit les ingénieurs et cadres (voir *Arrêtés Parodi**).

▶ Attention... Ce n'est qu'en l'absence d'une convention collective ou d'un accord collectif prévoyant une classification, applicable à l'entreprise, que ces arrêtés sont susceptibles de servir de référence.

Conventions et accords collectifs de branche - La plupart de ces conventions ou accords contiennent des classifications visant notamment les cadres, ces dispositions étant souvent regroupées dans un avenant ou une annexe. La *qualification professionnelle** de cadre est déterminante en matière, notamment, d'embauche et de rupture du contrat (voir *Période d'essai** et *Indemnité de licenciement**).

En cas de doute, ce sont les fonctions réellement exercées qui doivent être prises en compte (cass. soc. 21 juin 1989, n° 86-43209, BC V n° 456).

Accord national interprofessionnel (ANI) du 28 février 2020 - L'ANI du 28.02.2020 donne pour rôle aux branches professionnelles de définir ce qu'est un cadre selon leurs propres critères dans le contexte sectoriel qui est le leur (accord national interprofessionnel du 28 février 2020 portant diverses orientations pour les cadres, étendu par arrêté du 17 septembre 2021, JO du 29).

Cela étant, selon l'ANI, le cadre est ou non en situation de responsabilité et d'animation d'une équipe et présente les caractéristiques suivantes :
- aptitude à des fonctions à caractère intellectuel prédominant, comportant l'application à un haut degré des facultés de jugement résultant de connaissances, savoirs et savoir-faire théoriques, techniques ou professionnels constatés (soit par un diplôme ou une certification d'enseignement supérieur, soit à travers une expérience reconnue, acquise au fil du parcours professionnel et/ou par la formation professionnelle) ;
- des fonctions conditionnant ou induisant la réflexion et/ou l'action d'autres salariés et, par là même, influant significativement dans les domaines économiques, sociaux, sociétaux et/ou environnementaux ;
- marge suffisante d'initiative et/ou d'autonomie dont l'amplitude dépend des responsabilités et/ou de la délégation de pouvoir qui lui sont confiées ;
- responsabilité effective contribuant à la marche et au développement de l'entreprise (soit d'animation, de coordination ou d'encadrement d'un groupe plus ou moins important de salariés ; soit d'études, de recherches, de conception ou d'autres activités).

Aux termes de cet accord, « le personnel d'encadrement est constitué, d'une part, par les ingénieurs et cadres, d'autre part, par les salariés, tels que les agents de maîtrise, les techniciens et les VRP, dont la compétence, la qualification et les responsabilités le justifient, selon des critères déterminés au sein de chaque branche professionnelle ».

Critères appliqués par les juges - En cas de contentieux et en l'absence de dispositions conventionnelles *(voir ci-avant)*, les juges retiennent essentiellement deux critères déterminants : les connaissances professionnelles et les fonctions exercées.

Les connaissances professionnelles peuvent résulter soit des diplômes détenus par l'intéressé, soit de son expérience professionnelle.

S'agissant du second critère, le salarié ne peut avoir la qualification de cadre que si les fonctions qu'il exerce présentent les caractéristiques décrites par la convention collective applicable à l'entreprise. À défaut, les juges vérifient si le salarié a des fonctions exigeant la mise en œuvre d'une technicité et lui laissant une marge d'initiative et de responsabilité ou s'il a une fonction d'encadrement (cass. soc. 6 octobre 1977, n° 76-40868, BC n° 516 ; cass. soc. 26 octobre 2011, n° 09-43521 D).

Certains indices renforcent la qualification de cadre mais ne sont pas suffisants, à eux seuls, pour la prouver si au moins l'un de ces critères déterminants manque.

Montant du salaire. Peu importe le montant du salaire, la qualification d'un salarié est celle qui correspond aux fonctions qu'il exerce réellement (cass. soc. 28 avril 1994, n° 89-45516 D). Ainsi, un salaire élevé ne suffit pas pour être cadre (cass. soc. 29 avril 1981, n° 79-41260 D).

Titre, qualification ou coefficient. Sauf dans le cas où un salarié est « surclassé », peu importe le titre, la qualification ou encore le coefficient attribué, seules comptent les fonctions réellement exercées (cass. soc. 13 octobre 1992, n° 89-43714, BC V n° 510).

Fonctions de commandement. L'existence d'un personnel aux ordres n'est pas une condition de la reconnaissance de la qualité de cadre (cass. soc. 6 avril 1999, n° 97-40710 D).

Inscription à une caisse de retraite de cadres. Le seul fait d'avoir été inscrit à une caisse de retraite de cadres en tant que cadre assimilé ne suffisait pas à attribuer à l'intéressé la position de cadre dans son entreprise (cass. soc. 21 mai 1981, n° 79-40372, BC V n° 438).

Reconnaissance par l'employeur - L'employeur et le salarié peuvent convenir expressément, par exemple dans le contrat de travail, de conférer au salarié la qualification de cadre alors même que les conditions exigées par la convention collective ou la jurisprudence ne sont pas remplies. Dans ce cas, l'employeur ne peut pas ensuite refuser au salarié le statut de cadre (cass. soc. 21 novembre 2012, n° 11-10829, BC V n° 303).

Par ailleurs, si l'employeur a exprimé la volonté de reconnaître à un salarié les droits attachés à la qualité de cadre, il doit en tirer toutes les conséquences en matière notamment de droits conventionnels spécifiques aux cadres.

Exemple

Les bulletins de paie du salarié établis par l'employeur portaient la mention de son appartenance à la catégorie « assimilé cadre ». Selon les juges, l'employeur avait ainsi exprimé la volonté de reconnaître au salarié les droits attachés à la qualité de cadre. Celui-ci était donc fondé à revendiquer l'application de la convention des ingénieurs et cadres de la métallurgie pour le calcul de l'indemnité de licenciement (cass. soc. 19 mai 2010, n° 08-45469 D).

Statut de cadre

Embauche - L'employeur qui souhaite embaucher un cadre peut utilement s'adresser à l'*APEC**.

Contrat de travail - Le *contrat de travail** des cadres relève des mêmes règles que celles concernant les autres salariés, sous réserve de dispositions conventionnelles spécifiques et des dispositions relatives à la *période d'essai** dont la durée est fixée en fonction des catégories de personnel.

▶ Attention… L'accord national interprofessionnel du 11.01.2008 sur la modernisation du marché du travail impose, pour le personnel d'encadrement, que leur contrat de travail précise les conditions de mise en œuvre d'une *clause de non-concurrence** ou d'une *clause de mobilité** (ANI 11 janvier 2008, art. 10, étendu par arrêté du 23 juillet 2008, JO du 25).

Un contrat à durée déterminée est réservé aux ingénieurs et cadres [voir *Contrat de travail à durée déterminée (à objet défini)**].

Délégation de pouvoirs - L'ANI du 28.02.2020 rappelle qu'une *délégation de pouvoirs** peut concerner le respect des règles d'hygiène et de sécurité, de représentation du personnel, de gestion du personnel, ou encore de gestion de projet, de gestion budgétaire ou d'engagements vis-à-vis de la clientèle ou de tiers (ANI, § 1.2). Il encourage les employeurs dans la mesure du possible, à proposer aide et assistance à leurs cadres en cas de poursuites pénales exercées à leur encontre et dont l'objet est lié à la délégation de pouvoirs qu'ils ont reçue.

Durée du travail - Au regard de la réglementation relative à la durée du travail *(voir ci-après)*, une distinction est établie entre les cadres et les *cadres dirigeants**.

Les dispositions relatives à la durée du travail (ex. : en matière d'*heures supplémentaires**) s'appliquent aux cadres, sous réserve des règles spécifiques applicables à ceux ayant signé une *convention de forfait** [voir aussi *Convention de forfait (annuel)** et *Convention de forfait (hebdomadaire ou mensuel)**].

Avantages réservés aux cadres - Voir *Avantage catégoriel**. S'agissant des syndicats catégoriels, voir *Syndicats (représentativité)** et *Syndicats (représentativité dans les TPE)**.

Élections professionnelles - Sur les règles spécifiques aux cadres en matière d'éligibilité et d'électorat, voir *Élections professionnelles (candidats)** et *Élections professionnelles (électorat)**.

Sur les collèges électoraux dont un comprend notamment les cadres, voir *Élections professionnelles (collèges électoraux)**.

Droit d'expression - L'accord d'entreprise définissant les modalités du *droit d'expression** comporte des stipulations concernant les conditions spécifiques du droit à l'expression dont bénéficient les cadres ayant des responsabilités hiérarchiques (c. trav. art. L. 2281-11).

Rupture du contrat de travail - Sous réserve de dispositions conventionnelles spécifiques aux cadres, les règles applicables sont identiques à celles dont relèvent les autres catégories de salariés. Il existe toutefois une spécificité s'agissant du délai de notification de la lettre de licenciement individuel pour motif économique d'un cadre [voir *Licenciement économique (procédure du licenciement individuel)**].

Sur la possibilité pour les cadres, et en particulier pour les cadres dirigeants, de bénéficier d'une indemnité de licenciement conventionnelle plus avantageuse que les autres salariés, voir *Avantage catégoriel**.

☛ *Cadres dirigeants.*

Cadres dirigeants

Définition

Critères légaux - Sont considérés comme cadres dirigeants les salariés (c. trav. art. L. 3111-2) :

- assumant des responsabilités dont l'importance implique une « grande indépendance » dans l'organisation de leur emploi du temps ;
- détenant le pouvoir de prendre des décisions de façon « largement autonome » ;
- bénéficiant d'une rémunération se situant dans les niveaux les plus élevés des systèmes de rémunération en vigueur dans l'entreprise ou établissement.

Ces critères légaux sont cumulatifs et non alternatifs.

Ces trois critères impliquent que seuls les cadres « participant à la direction de l'entreprise » relèvent de la catégorie des cadres dirigeants (cass. soc. 2 juillet 2014, n° 12-19759, BC V n° 174). Toutefois, la participation à la direction de l'entreprise n'est pas un critère autonome et distinct se substituant aux critères légaux. En cas de contentieux, il appartient donc au juge d'examiner la situation du salarié au regard des trois critères en question (cass. soc. 22 juin 2016, n° 14-29246, BC V n° 137).

Exemples

N'ont pas été reconnus comme cadre dirigeant :

- un salarié qui se définissait lui-même comme directeur d'agence et était reconnu comme tel par ses collaborateurs et ses clients. Il avait un salaire parmi les plus élevés de la société et il était identifié comme « directeur » sur l'organigramme. Son positionnement dans la classification de la convention collective impliquait de très larges initiatives et responsabilités en matière notamment de recrutement. En l'absence de directives relatives à ses horaires, il disposait de la plus large autonomie dans l'organisation de son temps. Toutefois, il ne participait pas à la direction de l'entreprise (cass. soc. 4 février 2016, n° 14-23663 D) ;
- un salarié qui ne jouissait pas d'une réelle autonomie de son emploi du temps car il devait être présent au siège aux heures de présence des autres salariés (cass. soc. 3 février 2021, n° 18-20812 D) ;
- un salarié dont la rémunération ne se situait pas parmi les plus élevées de l'entreprise (cass. soc. 5 mai 2021, n° 19-22209 D).

À l'inverse, a été retenu comme cadre dirigeant le salarié nommé directeur de société qui (cass. soc. 27 mai 2021, n° 19-21999 D) :

- percevait une des rémunérations les plus élevées ;
- exerçait des fonctions revêtant une grande importance pour son employeur puisque, outre la direction de la société au Maroc, sa mission s'étendait au continent africain et que, compte tenu de son isolement par rapport à la société mère, située en Europe, et du périmètre de sa mission de travail, à savoir pour partie le continent africain, il disposait d'une large autonomie dans sa prise de décision et d'une grande indépendance dans l'organisation de son travail ;

- siégeait au comité de direction de la société mère et exerçait des mandats d'administrateur de sociétés membres du groupe, concourant à ce titre à la prise de décision au plus haut niveau de la société.

En revanche, la qualité de cadre dirigeant au sens du code du travail ne requiert (cass. soc. 30 novembre 2011, n° 09-67798, BC V n° 281) **:**

- ni l'existence d'un accord particulier entre l'employeur et le salarié ;

- ni que ce dernier se situe au niveau hiérarchique le plus élevé de la classification conventionnelle.

Appréciation des fonctions réellement exercées - En cas de contentieux, le juge examine la fonction que le salarié occupe réellement au regard de chacun des critères légaux de la qualification de cadre dirigeant pour l'accorder ou la refuser à un salarié. Les définitions des cadres dirigeants et autres cadres données par la convention collective applicable à l'entreprise ne sont donc pas nécessairement prises en compte (cass. soc. 13 janvier 2009, n° 06-46208, BC V n° 12). **Aussi, il ne suffit pas qu'un salarié relève de la catégorie des cadres dirigeants au sens d'un accord collectif pour que cette qualification lui soit reconnue par les juges** (cass. soc. 4 février 2015, n° 13-22892 D).

▶ Attention... Lorsqu'un salarié relève d'une convention de forfait-jours (ou d'une autre *convention de forfait**) en vertu de son contrat de travail, l'employeur ne peut pas ensuite soutenir qu'il est cadre dirigeant pour éviter le paiement des heures supplémentaires en cas de nullité de la convention de forfait-jours. Dans ce cas, les juges n'ont pas à rechercher la qualité de cadre dirigeant en examinant les fonctions réellement exercées puisque le salarié en a été exclu en étant soumis à une convention de forfait-jours dans son contrat (cass. soc. 7 septembre 2017, n° 15-24725, BC V n° 132).

Critères supplémentaires imposés par la convention collective - Une convention ou un accord collectif ne peut pas retenir une définition des cadres dirigeants moins exigeante que la définition légale (cass. soc. 13 janvier 2009, n° 06-46208, BC V n° 12 ; cass. soc. 19 janvier 2012, n° 10-21969 D).

En revanche, la convention collective applicable à l'entreprise peut conditionner l'application du statut de cadre dirigeant à des conditions venant s'ajouter à celles imposées par le code du travail (en l'espèce, exigence d'un contrat écrit mentionnant les modalités d'exercice des responsabilités justifiant ce statut). Si ces exigences ne sont pas remplies (en l'espèce, absence d'un contrat écrit), le salarié concerné n'est pas cadre dirigeant. Les dispositions relatives à la durée du travail et notamment aux heures supplémentaires doivent donc lui être appliquées (cass. soc. 6 avril 2011, n° 07-42935, BC V n° 90) ***(voir ci-après).***

▶ Attention... La convention collective nationale des cabinets d'experts-comptables et de commissaires aux comptes du 9 décembre 1974 (étendue par arrêté du 30 mai 1975, JO du 12 juin 1975) ne subordonne pas la qualité de cadre dirigeant à l'existence d'une clause écrite du contrat de travail (cass. soc. 30 mai 2018, n° 16-25557 FSPB).

Statut

Dispositions non applicables - Les dispositions des titres II et III du livre Ier de la troisième partie du code du travail ne sont pas applicables aux cadres dirigeants (c. trav. art. L. 3111-2). **Dès lors, les règles concernant la durée du travail, la répartition et l'aménagement des horaires (*durée du travail** légale et *heures supplémentaires**, durées maximales du travail, *astreinte**, *travail de nuit**, etc.) ainsi que celles relatives aux *repos quotidien** et au *repos hebdomadaire** et aux *jours fériés** ne sont pas applicables aux cadres dirigeants.**

Exemples

Un salarié réclame le paiement d'heures supplémentaires. Il n'obtient pas gain de cause s'il a la qualité de cadre dirigeant (cass. soc. 3 juillet 2008, n° 07-40213 D) ou, à l'inverse, a droit au paiement de ces heures, s'il n'a pas la qualité de cadre dirigeant compte tenu de ses fonctions (cass. soc. 13 avril 2010, n° 09-40003 D).

Un cadre dirigeant ne saurait prétendre à la rémunération de l'*astreinte**, sauf dispositions contractuelles ou conventionnelles plus favorables (cass. soc. 28 octobre 2008, n° 07-42487, BC V n° 203).

Dispositions applicables - L'employeur reste, en revanche, tenu d'appliquer toutes les autres dispositions du code du travail et notamment celles relatives aux *congés payés ou aux congés pour événements familiaux (voir *Congé pour événement familial**) ou non rémunérés, ainsi que les dispositions sur l'hygiène, la sécurité et la médecine du travail [voir *Hygiène et sécurité (obligations de l'employeur)**]. Il doit également respecter le repos minimal accordé aux femmes enceintes ou ayant accouché [voir *Maternité (protection)**].**

Indemnité de licenciement conventionnelle plus favorable - Voir *Avantage catégoriel.**

☛ *Cadres.*

Cadres dirigeants
(écarts de répartition entre les femmes et les hommes)

Des nouvelles dispositions ont été ajoutées au code du travail en vue d'assurer une répartition équilibrée de chaque sexe parmi les cadres dirigeants et les membres des instances dirigeantes dans les entreprises d'au moins 1000 salariés (loi 2021-1774 du 24 décembre 2021, art. 14, JO du 26 ; c. trav. art. L. 1142-11 à L. 1142-13).

Représentation des femmes et des hommes

À compter du 1.03.2022, dans les entreprises qui, pour le troisième exercice consécutif, emploient au moins 1000 salariés, l'employeur devra publier chaque année les écarts éventuels de représentation entre les femmes et les hommes parmi (c. trav. art. L. 1142-11) :

- les *cadres dirigeants** au sens du code du travail (c. trav. art. L. 3111-2) ;
- les membres des instances dirigeantes définies par le code du commerce (c. com. art. L. 23-12-1).

Il s'agit là de deux ensembles distincts (rapport CMP).

Les écarts de représentation seront rendus publics sur le site internet du ministère du Travail le 1.03.2023, les conditions de cette publication restant toutefois à définir par décret.

Quota à respecter

Quota de 30 % puis de 40 % - À compter du 1.03.2026, dans les entreprises qui, pour le troisième exercice consécutif, emploient au moins 1000 salariés, la proportion de femmes et d'hommes au sein des cadres dirigeants et des membres des instances dirigeantes ne pourra être inférieure à 30 %, étant entendu que ce quota s'entend pour chacun de ces ensembles (c. trav. art. L. 1142-11).

À compter du 1.03.2029, le taux de 30 % passera à 40 %.

Obligation de négocier en cas de non-respect du quota - À compter du 1.03.2026, si une entreprise visée par le quota de 30 % (puis à compter du 1.03.2029, celui de 40 %) ne s'y conforme pas, la négociation sur l'égalité professionnelle portera également sur les mesures adéquates et pertinentes de correction (voir *Négociations obligatoires dans l'entreprise**) (c. trav. art. L. 2242-1, 2° et L. 1142-13).

En l'absence d'accord prévoyant de telles mesures, il appartiendra à l'employeur de les adopter, après consultation du comité social et économique (CSE). Il les déposera auprès de l'administration du travail, dans les mêmes conditions que le plan d'action annuel destiné à assurer l'égalité professionnelle entre les femmes et les hommes (c. trav. art. L. 2242-3).

▶ À noter... Ce plan est adopté en l'absence d'accord relatif à l'égalité professionnelle entre

Proportion femmes/hommes au sein des cadres dirigeants et des membres des instances dirigeantes dans les entreprises d'au moins 1000 salariés (1) : calendrier d'entrée en vigueur

1er mars 2022	Publication par les entreprises des écarts de représentation entre les femmes et les hommes parmi, d'une part, les cadres dirigeants et, d'autre part, les membres des instances dirigeantes
1er mars 2023	Publication sur le site internet du ministère du Travail des écarts de représentation mesurés par les entreprises
1er mars 2026	Proportion femmes/hommes au sein des cadres dirigeants et des membres des instances dirigeantes : au moins 30 % Non-respect du quota : obligation de négociation ou d'adoption unilatérale de mesures adéquates et pertinentes de correction
1er mars 2029	Proportion femmes/hommes au sein des cadres dirigeants et des membres des instances dirigeantes : au moins 40 % Non-respect du quota : obligation de négociation ou d'adoption unilatérale de mesures adéquates et pertinentes de correction
1er mars 2030	Non-respect du quota de 40 % : publication des objectifs de progression et des mesures de correction retenues (2)
1er mars 2031	Non-respect du quota de 40 % : application d'une pénalité financière (3)

(1) Sont visées les entreprises qui, pour le 3e exercice consécutif, emploient au moins 1000 salariés.
(2) Selon des modalités restant à définir par décret.
(3) Le montant est fixé par l'administration du travail, dans des conditions restant à prévoir par décret.

les femmes et les hommes dans les entreprises soumises à la négociation obligatoire (voir *Négociations obligatoires dans l'entreprise**).

L'administration pourra présenter des observations sur les mesures prévues par l'accord ou la décision de l'employeur, qui seront présentées à l'organe chargé de l'administration ou de la surveillance de l'entreprise ainsi qu'au CSE.

Mise en conformité sous peine d'une pénalité financière - À compter du 1.03.2029, si une entreprise visée par le quota de 40 % ne s'y conforme pas, elle disposera d'un délai de 2 ans pour se mettre en conformité.

L'employeur devra, au bout d'un an, publier des objectifs de progression et les mesures de correction retenues, selon des modalités restant à définir par décret.

À l'expiration de ce délai, si les résultats obtenus restent en deçà du quota fixé, l'employeur pourra se voir appliquer une pénalité financière (c. trav. art. L. 1142-12).

Pour un calendrier récapitulant l'entrée en vigueur progressive de ce dispositif, voir le tableau reproduit dans cette étude.

Montant de la pénalité financière - Le montant maximal de la pénalité est fixé à 1 % des rémunérations et gains versés aux travailleurs salariés ou assimilés au cours de l'année civile précédant l'expiration du délai de 2 ans de mise en conformité visé ci-avant (c. trav. art. L. 1142-12). Sont ainsi pris en compte les revenus d'activité pour la détermination de l'assiette des cotisations de sécurité sociale (c. séc. soc. art. L. 242-1, I ; c. rur. et pêche maritime art. L. 741-10).

Le montant sera fixé par l'administration du travail, dans des conditions restant à prévoir par décret, en fonction de :
- la situation initiale de l'entreprise ;
- des efforts constatés dans l'entreprise en matière de représentation des femmes et des hommes ;
- des motifs de sa défaillance.

☞ *Égalité professionnelle ; Négociations obligatoires dans l'entreprise.*

Caisses de congés payés

Les caisses de congés payés sont des organismes qui, dans certains secteurs d'activité et pour certaines professions, se substituent à l'employeur pour le paiement des indemnités de congés payés.

Entreprises concernées

Secteurs d'activité visés - L'affiliation à une caisse de congés payés est obligatoire pour (c. trav. art. L. 3141-32) :
- les professions du bâtiment et des travaux publics (c. trav. art. D. 3141-12 à D. 3141-37) ;
- le personnel intermittent des entreprises du spectacle (c. trav. art. D. 7121-38 à D. 7121-49) ;
- les entreprises de manutention des ports et les dockers (c. trav. art. D. 743-1 à D. 743-8 anciens) ;
- le personnel intermittent des entreprises de transport (c. transports art. D. 1325-1 et s.).

▶ À noter… Bien qu'elles n'aient pas été recodifiées, les dispositions relatives aux ports et aux entreprises de transport sont toujours applicables (décret 2008-244 du 7 mars 2008, art. 10, JO du 12).

Activité accessoire - En principe, une entreprise qui n'exerce qu'à titre accessoire une activité entrant dans le champ d'application d'une caisse de congés payés doit s'affilier à cette caisse pour l'activité concernée (cass. soc. 21 janvier 2009, n° 07-12411, BC V n° 14).

Par exception, les entreprises qui exercent accessoirement une activité relevant du bâtiment et des travaux publics ne sont pas nécessairement tenues de s'affilier à une caisse de congés payés du BTP. Elles peuvent en effet servir elles-mêmes les congés payés si les deux conditions suivantes sont réunies (c. trav. art. D. 3141-12 et D. 3141-15) :
- leur activité principale (celle pour laquelle elles emploient le plus grand nombre de salariés) ne relève pas d'une convention collective nationale du BTP ;
- dans leur branche, les partenaires sociaux ont conclu avec la caisse de surcompensation du BTP un accord permettant de ne pas s'affilier à une caisse de congés payés du bâtiment et des travaux publics.

Obligations des employeurs

Les employeurs doivent s'affilier à la caisse des congés payés créée pour leur activité, dans leur région, verser les cotisations dont le montant est fixé par la caisse en pourcentage des salaires, fournir aux salariés les attestations de travail leur permettant de toucher auprès de la caisse compétente leurs indemnités et communiquer par tout moyen aux salariés le nom et l'adresse de la caisse d'affiliation (c. trav. art. D. 3141-28 et D. 7121-45).

L'employeur ne peut pas se substituer à la caisse pour verser directement les indemnités de congés payés. Cela interdit à l'employeur de déduire de ses cotisations à la caisse les indemnités de congés payés qu'il aurait versées irrégulièrement directement aux salariés (cass. civ., 1re ch., 6 mai 1997, n° 95-12001, BC I n° 151 ; cass. soc. 12 février 1987, n° 85-11975, BC V n° 74).

Lorsque le défaut de versement des indemnités de congés payés a pour origine un manquement de l'employeur à ses obligations légales, le salarié doit agir contre la caisse. L'intéressé peut solliciter de l'employeur la réparation du préjudice subi, mais pas les indemnités de congés payés dont il a été privé (cass. soc. 24 novembre 1993, 89-43437 D ; cass. soc. 7 mai 1997, n° 95-42498 D ; cass. soc. 28 mars 2018, n° 16-25429 D).

Sur l'obligation de l'employer en matière de prise des congés, voir ci-après.

Rôle des caisses de congés payés

Recouvrement des cotisations et indemnisation des congés payés - Les caisses de congés payés assurent le recouvrement des cotisations imposées aux employeurs adhérents et le versement aux salariés bénéficiaires des indemnités de congés auxquelles ils ont droit. Dans le bâtiment et les travaux publics, elles sont aussi chargées de recouvrer les cotisations de *chômage-intempéries** et de rembourser partiellement aux employeurs les indemnités versées (c. trav. art. D. 5424-32 à D. 5424-42).

Les caisses de congés payés du BTP paient les cotisations d'assurance chômage et d'AGS aux échéances de droit commun pour les indemnités de congés payés (lettre-circ. ACOSS 2012-90 du 18 septembre 2012).

FNAL et versement mobilité - Les employeurs payent le FNAL et le versement mobilité dus sur les indemnités de congés payés qu'elles versent. Chaque employeur s'en acquitte auprès de son organisme de recouvrement habituel, sous la forme d'une majoration de 11,50 % du *Fonds national d'aide au logement (FNAL)** et du *versement mobilité** dont il est redevable sur les rémunérations versées à ses salariés (c. séc. soc. art. L. 243-1-3).

Cotisations dues sur les indemnités de congés payés - Les caisses de congés payés s'acquittent des cotisations de sécurité sociale, de la contribution solidarité autonomie et de la CSG/CRDS dues sur les indemnités de congés payés auprès des organismes de recouvrement avant la fin du mois au cours duquel elles encaissent les cotisations des employeurs (c. séc. soc. art. L. 243-1-3, 2°). Pour aller plus loin sur ce point, voir Dictionnaire RF Paye, « Caisse de congés payés ».

Droits à congés

La substitution d'une caisse de congés payés à l'employeur n'a pas pour effet de modifier, en principe, les droits à congés payés des salariés concernés ; sous réserve de règles d'équivalence particulières à chaque profession, les salariés des professions à travail discontinu ont les mêmes avantages que ceux relevant du régime général des congés. Toutefois, la période de référence permettant de déterminer le droit au congé est différente. Elle court en effet du 1er avril au 31 mars et non du 1er juin au 31 mai, sans possibilité d'aménagement par accord collectif (c. trav. art. R. 3141-4).

En règle générale, l'employeur doit faire en sorte que le salarié puisse prendre ses congés payés [voir *Congés payés (prise et report)**]. S'agissant d'un employeur relevant d'une caisse de congés payés, il doit prendre les mesures propres à assurer au salarié la possibilité de bénéficier effectivement de son droit à congé auprès de la caisse de congés payés et, en cas de contestation, de justifier qu'il a accompli, à cette fin, les diligences qui lui incombent légalement. Seule l'exécution de cette obligation entraîne la substitution de l'employeur par la caisse pour le paiement de l'indemnité de congés payés (cass. soc. 22 septembre 2021, n° 19-17046 FPBR).

Congés payés.

Campagne électorale

Élections professionnelles (campagne électorale).

Candidats aux élections du CSE

Élections professionnelles ; Élections professionnelles (candidats).

Candidats ou élus au Parlement

Les salariés qui décident de se porter candidats au mandat de député ou de sénateur peuvent s'absenter pour préparer la campagne électorale. Les salariés élus à l'Assemblée nationale ou au Sénat peuvent suspendre leur contrat de travail pendant la durée de leur mandat.

Salariés candidats

Autorisations d'absence - Le candidat à un mandat parlementaire a le droit de s'absenter dans la limite de 20 jours ouvrables pour participer à la campagne électorale (c. trav. art. L. 3142-79).

▶ À noter… Le même droit est accordé au candidat au Parlement européen et à l'Assemblée de Corse, mais dans la limite de 10 jours ouvrables (c. trav. art. L. 3142-79).

Demande du salarié - Le salarié doit utiliser ce crédit d'heures au minimum par demi-journée entière et avertir l'employeur 24 heures au moins avant le début de chaque absence, sans formalités particulières (c. trav. art. L. 3142-80).

Réponse de l'employeur - Aucun motif de refus n'est prévu par le code du travail. À notre avis, dès lors que le salarié satisfait aux conditions pour bénéficier de ces absences, l'employeur ne peut pas s'y opposer.

Absence de rémunération - L'employeur n'est pas légalement tenu de rémunérer le salarié durant ces absences. La perte de salaire peut toutefois être évitée, ou du moins limitée :

- si des dispositions conventionnelles ou contractuelles (convention collective, accord collectif, contrat de travail) le prévoient, ou si l'employeur donne son accord ;
- si le salarié demande que la durée de ces absences soit imputée sur celle de son congé payé annuel, dans la limite des droits acquis à la date du premier tour du scrutin (c. trav. art. L. 3142-81, al. 1) ;
- si le salarié demande que la durée de ces absences donne lieu à récupération, en accord avec l'employeur (c. trav. art. L. 3142-81, al. 2) ;
- si le salarié choisit d'utiliser les droits acquis sur son *compte épargne-temps** (c. trav. art. L. 3151-2).

Période de travail effectif - La durée des absences est assimilée à une période de travail effectif pour la détermination des droits à *congés payés** et des droits légaux ou conventionnels liés à l'*ancienneté** (c. trav. art. L. 3142-82).

Salariés élus

Suspension du contrat de travail - Le salarié élu à l'Assemblée nationale ou au Sénat, ayant au moins 1 an d'ancienneté à la date de son entrée en fonction, peut obtenir la suspension de son contrat de travail jusqu'à l'expiration de son mandat (c. trav. art. L. 3142-83).

Demande du salarié - Pour cela, le salarié doit avertir l'employeur de son élection par LRAR. La suspension du contrat de travail prend effet 15 jours après la notification (c. trav. art. D. 3142-59).

Réponse de l'employeur - Aucun motif de refus n'est prévu par le code du travail. À notre avis, dès lors que le salarié remplit les conditions pour bénéficier de ce congé, l'employeur ne peut pas le refuser.

Absence de rémunération - Pendant la suspension de son contrat de travail, le salarié n'est pas rémunéré (sauf dispositions contractuelles ou conventionnelles contraires).

Réintégration dans l'entreprise - À l'expiration de son mandat, le salarié doit retrouver son précédent emploi, ou un emploi analogue assorti d'une rémunération équivalente, dans les 2 mois suivant la date à laquelle il a avisé son employeur de son intention de reprendre cet emploi (c. trav. art. L. 3142-84).

Pour exercer ce droit, le salarié doit adresser à l'employeur une LRAR, au plus tard dans les 2 mois suivant l'expiration de son mandat (c. trav. art. D. 3142-60).

▶ Attention… Une fois de retour dans l'entreprise, le salarié doit bénéficier de tous les avantages acquis par les salariés de sa catégorie durant l'exercice de son mandat. Il doit par ailleurs bénéficier, en tant que de besoin, d'une réadaptation professionnelle en cas de changement de techniques ou de méthodes de travail (c. trav. art. L. 3142-84).

Rupture du contrat de travail - Dès lors que la durée du premier mandat est au moins égale à 5 ans, le contrat de travail est rompu lorsque (c. trav. art. L. 3142-85) :

- le mandat est renouvelé, en d'autres termes lorsque le salarié est réélu ;
- le salarié élu à l'Assemblée nationale est élu au Sénat et vice versa.

Priorité de réembauche - Le salarié dont le contrat de travail est rompu peut solliciter sa réembauche par LRAR au plus tard dans les 2 mois qui suivent l'expiration de son mandat (c. trav. art. L. 3142-85 et D. 3142-61).

Il bénéficie alors d'une *priorité de réembauche** dans les emplois auxquels sa qualification lui permet de prétendre. En cas de réembauche, l'employeur doit lui accorder le bénéfice de tous les avantages qu'il avait acquis au moment de son départ (c. trav. art. L. 3142-85).

Cantine

La cantine est un local dans lequel desrepas sont préparés ou apportés et servis aux salariés qui en paient tout ou partie. Sur les règles dérogatoires et exceptionnelles applicables pendant la crise sanitaire, voir *Covid-19 (hygiène et sécurité)**.

Installation

La mise en place d'une cantine n'est pas obligatoire pour l'employeur. Le *comité social et économique** (CSE) peut décider de sa création dans le cadre de ses *activités sociales et culturelles** (c. trav. art. R. 2312-35).

Toutefois, l'installation d'un *local de restauration** s'impose à l'employeur dans les établissements d'au moins 50 salariés (c. trav. art. R. 4228-22).

Gestion de la cantine

Par l'employeur ou le CSE - La cantine est gérée soit par l'employeur, soit par le CSE [voir *Activités sociales et culturelles (gestion des)**].

▶ À noter... Le gestionnaire peut confier le soin de la préparation des repas et, éventuellement, du service à une entreprise spécialisée sous-traitante.

Personnel de cantine - Le personnel peut être salarié de l'entreprise, du CSE ou de la société sous-traitante.

Accident de trajet - L'accident survenu à un salarié entre le lieu de travail et la cantine est un *accident de trajet** (c. séc. soc. art. L. 411-2).

Hygiène - Il existe des règles d'hygiène concernant les locaux et le personnel de cuisine. Le local où sont servis les repas obéit aux mêmes règles d'hygiène et de propreté que le *local de restauration**.

Interdiction de fumer - Dans les cantines, l'*interdiction de fumer** est la règle.

Incidences des repas fournis

Voir *Avantage en nature (nourriture)** et *Frais professionnels (repas)**.

☛ *Local de*

Carte de séjour et de travail

☛ *Office français de l'immigration et de l'intégration ; Travailleurs étrangers.*

Casier judiciaire

☛ *Questionnaire d'embauche.*

Cause réelle et sérieuse

☛ *Licenciement ; Licenciement économique (cause économique) ; Licenciement sans cause réelle et sérieuse ; Licenciement non disciplinaire ; Licenciement pour faute.*

Cellule d'accompagnement des démarches de recherche d'emploi

La cellule d'accompagnement des démarches de recherche d'emploi a pour mission d'accueillir, d'informer et d'appuyer le salarié, qui a accepté un *congé de reclassement** (lequel concerne les entreprises d'au moins 1 000 salariés), dans sa démarche de recherche d'emploi et de reclassement professionnel, en assurant un suivi individualisé et régulier (c. trav. art. L. 1233-71 ; circ. DGEFP DSS 2002-1 du 5 mai 2002, BO trav. n° 2002-11).

Prestations

Pour la durée du congé de reclassement - Pendant le *congé de reclassement**, le salarié bénéficie des prestations d'une cellule d'accompagnement des démarches de recherche d'emploi (c. trav. art. R. 1233-23).

Organisme extérieur - Ces prestations d'accompagnement peuvent être réalisées par un organisme extérieur à l'entreprise (c. trav. art. R. 1233-25). Les représentants du personnel doivent être informés et consultés sur la désignation de cet organisme dans le cadre des réunions sur les conditions de mise en œuvre du *congé de reclassement** (c. trav. art. R. 1233-17). Certains salariés de l'entreprise peuvent apporter leur concours à ce prestataire après accord de l'employeur (c. trav. art. R. 1233-26).

Prestations en interne - Ces prestations peuvent être également assurées par des salariés de l'entreprise désignés par l'employeur (c. trav. art. R. 1233-25). Il peut en être ainsi lorsqu'un faible nombre de licenciements est envisagé.

Fonctions de la cellule

Entretien d'évaluation et d'orientation - Lorsque le salarié accepte le bénéfice du congé de reclassement, un entretien d'évaluation et d'orientation est conduit par la cellule d'accompagnement. Cet entretien a pour objet de déterminer le projet professionnel de reclassement du salarié ainsi que ses modalités de mise en œuvre (c. trav. art. R. 1233-27).

Élaboration d'un document sur les actions à mener favorisant le reclassement du salarié - À l'issue de cet entretien, la cellule d'accompagnement remet à l'employeur et au salarié un document précisant le contenu et la durée des actions nécessaires en vue de favoriser le reclassement.

Lorsque cet entretien n'a pas permis de définir un projet professionnel de reclassement, la cellule d'accompagnement informe le salarié qu'il peut bénéficier d'un *bilan de compétences**. Ce bilan a pour objet d'aider le salarié à déterminer et approfondir son projet professionnel de reclassement et prévoit, en tant que de besoin, les actions de formation nécessaires à la réalisation de ce projet ainsi que celles permettant au salarié de faire valider les acquis de son expérience.

Lorsque de telles actions sont proposées, l'organisme chargé de les réaliser communique à la cellule d'accompagnement les informations relatives à leur nature, leur durée et leur mise en œuvre. Au vu de ces informations, elle établit le document précisant le contenu et la durée des actions nécessaires en vue de favoriser le reclassement (c. trav. art. R. 1233-27).

Accompagnement du salarié licencié - Afin de favoriser la recherche d'emploi et d'accroître les chances de reclassement du salarié licencié pour motif économique, la cellule d'accompagnement des démarches de recherche d'emploi doit assurer les fonctions suivantes (c. trav. art. R. 1233-24) :

- accueil et suivi régulier et individualisé des salariés, aide à la recherche d'emploi (aide à la rédaction de curriculum vitae, préparation aux entretiens professionnels, conseil, information, orientation) ;
- réalisation de l'entretien d'évaluation et d'orientation, aide dans la détermination du projet professionnel ;
- prospection des offres d'emploi ciblées sur les qualifications et les savoir-faire précisément identifiés des salariés et évaluation éventuelle des écarts pouvant exister au regard de l'offre d'emploi telle qu'elle se présente localement, puis proposition de ces offres d'emploi aux salariés.

La cellule d'accompagnement peut également établir un diagnostic préalable des capacités du bassin d'emploi concerné (prise en considération du taux de chômage, des activités en déclin ou en développement) afin d'orienter au mieux les salariés dans leur recherche d'emploi. Elle peut aussi réaliser un bilan des métiers existant dans l'entreprise afin de déterminer les potentiels de reclassement de chaque métier.

☛ *Congé de reclassement.*

Centre de formalités des entreprises

@ Cette étude est détaillée dans la version en ligne de ce Dictionnaire (voir www.rfsocial.com et www.rfeditions.com).

Certificat médical

☛ *Maladie ; Maladie (indemnisation) ; Maladie (reprise du travail) ; Maternité (congé de) ; Maternité (protection) ; Temps partiel thérapeutique.*

Certificat de travail

Pour toute rupture de tout contrat de travail

À l'expiration du contrat, l'employeur est tenu de délivrer un certificat de travail au salarié (c. trav. art. L. 1234-19). Cette obligation s'applique quel que soit le type de contrat de travail (ex. : un contrat de travail à durée in[illegible] ou à durée déter-

minée), quelle que soit la cause de la cessation du contrat et quel que soit le mode de rupture.

En cas de *prise d'acte de la rupture par le salarié, son employeur doit lui délivrer immédiatement son certificat de travail, car cette prise d'acte entraîne la cessation immédiate du contrat de travail** (cass. soc. 4 juin 2008, n° 06-45757, BC V n° 122).

▶ À noter… Par exception, l'employeur qui utilise un *titre emploi-service entreprise** (TESE) est dispensé de délivrer un certificat de travail lors de la rupture du contrat (c. trav. art. L. 1273-5).

Mentions obligatoires

Le certificat de travail doit préciser (c. trav. art. D. 1234-6) **:**

- la date d'entrée du salarié dans l'entreprise, c'est-à-dire celle à laquelle le salarié a effectivement pris ses fonctions, *période d'essai incluse ;**

- la date de sortie du salarié, c'est-à-dire celle à laquelle le *préavis, effectué ou non, prend fin ;**

- la nature de l'emploi, ou des emplois successivement occupés, c'est-à-dire la qualification exacte des fonctions remplies par le salarié ;

- les périodes pendant lesquelles ces emplois ont été tenus.

L'employeur doit également signaler le maintien des garanties liées à la prévoyance dans le certificat de travail (c. séc. soc. art. L. 911-8) **[voir *Prévoyance (portabilité)**].**

▶ À noter… Aucune mention n'est imposée au titre du *compte personnel de formation**, le titulaire pouvant consulter ses droits sur son compte dématérialisé.

Mentions facultatives

Si l'employeur et le salarié sont d'accord, d'autres mentions peuvent figurer sur le certificat de travail, telles que des mentions élogieuses ou la formule « libre de tout engagement ».

▶ Attention… La formule « libre de tout engagement » n'a qu'une portée relative. Ainsi, lorsqu'une *clause de non-concurrence** a été prévue au contrat, la formule « libre de tout engagement » n'a pas pour effet de libérer le salarié de son obligation de respecter la clause, ni l'ancien employeur de ses obligations en matière de contrepartie pécuniaire. Elle ne vaut pas non plus dispense de préavis ou renonciation à une *clause de dédit-formation** (cass. soc. 4 juillet 2001, n° 99-43520 D).

Mentions prohibées

Toutes les mentions susceptibles d'être préjudiciables au salarié ou précisant les motifs de résiliation du contrat ainsi que les mentions discriminatoires sont interdites (cass. crim. 14 octobre 1986, n° 85-96369, B. crim. n° 287).

Modèle de certificat de travail

Je soussigné, M…., agissant en qualité de…, certifie que M…. demeurant à…

a travaillé dans l'entreprise… du… au… en qualité de…

En application de l'article L. 911-8 du code de la sécurité sociale, en cas de rupture du contrat de travail non consécutive à une faute lourde ouvrant droit à prise en charge par l'assurance chômage, M.... bénéficie de la portabilité des garanties de santé et de prévoyance au titre des risques portant atteinte à l'intégrité physique de la personne ou liés à la maternité et au titre des risques liés au décès, à l'incapacité de travail et à l'invalidité (1).

Le maintien de ces garanties est applicable à compter de la date de cessation du contrat de travail, pendant une durée égale à la période d'indemnisation par l'assurance chômage, et dans la limite de... (2). Le bénéfice de ces dispositions s'entend sous réserve pour M.... de justifier auprès de l'organisme assureur, à l'ouverture et au cours de la période de maintien des garanties, des conditions requises par l'article L. 911-8 du code de la sécurité sociale.

Les garanties maintenues sont celles en vigueur dans l'entreprise. Le maintien des garanties est applicable dans les mêmes conditions aux ayants droit de M.... qui bénéficient effectivement des garanties ci-dessus mentionnées à la date de cessation du contrat de travail.

M…. nous quitte ce jour, libre de tout engagement.

Fait à…, le…

Signature de l'employeur

(1) L'employeur doit signaler le maintien des garanties de santé et de prévoyance dans le certificat de travail (c. séc. soc. art. L. 911-8).

(2) Sous réserve d'éventuelles précisions administratives, deux solutions semblent possibles. La première serait de préciser, compte tenu de la durée du dernier contrat de travail (ou des derniers contrats successifs chez l'employeur), le nombre de mois de la durée maximale de maintien des garanties « frais de santé » (ex. : « ... et dans la limite de 6 mois »). L'employeur doit alors veiller à la durée mentionnée, sous peine d'engager, le cas échéant, sa responsa-

bilité. Il serait également possible d'indiquer : « ... et dans la limite d'une durée maximale égale à la durée du dernier contrat de travail ou, le cas échéant, des derniers contrats de travail successifs dans notre entreprise. Cette durée maximale est appréciée en mois, le cas échéant arrondie au nombre supérieur, sans pouvoir excéder 12 mois ».

Délivrance au salarié

Le certificat de travail est quérable et non portable : la seule obligation de l'employeur est de tenir le certificat à la disposition du salarié et de l'en informer (cass. soc. 5 octobre 2004, n° 02-44487 D).

▶ À noter... En cas de dispense de préavis, il est possible de délivrer au salarié une attestation précisant la date de la fin légale du préavis non effectué et mentionnant la liberté laissée au salarié d'occuper entre-temps un nouvel emploi [voir *Préavis (dispense)**].

Le certificat de travail ne vaut pas *transaction, ni accord du salarié à une rupture anticipée de son contrat de travail à durée déterminée** (cass. soc. 11 juillet 2000, n° 98-45046 D).

Sanctions

Si l'employeur ne remet pas le certificat de travail, il est passible de l'amende prévue pour les contraventions de la 4e classe (c. trav. art. R. 1238-3) **(voir *Amendes pénales**).**

Le bureau de conciliation et d'orientation du *conseil de prud'hommes peut ordonner à l'employeur, à la demande du salarié, de lui remettre sous astreinte le certificat de travail** (c. trav. art. R. 1454-14). **Dans ce cas, l'employeur n'a plus seulement à tenir le certificat à la disposition du salarié, il doit le lui faire parvenir** (cass. soc. 10 mai 1995, n° 92-42569 D).

En revanche, l'employeur ne sera condamné au versement de dommages-intérêts que si le défaut de remise du certificat de travail (avec d'autres documents, comme les bulletins de paie, ou pas) a causé un préjudice au salarié, que ce dernier devra prouver (cass. soc. 13 avril 2016, n° 14-28293, BC V n° 72 ; cass. soc. 22 mars 2017, n° 16-12930 D).

▶ À noter... Toute action portant sur la rupture du contrat de travail, et donc sur la délivrance du certificat de travail, se prescrit par 12 mois à compter de la notification de la rupture [voir *Prescription (contentieux)**] (c. trav. art. L. 1471-1).

Contrat de travail à durée déterminée (rupture anticipée) ; Démission ; Licenciement ; Période d'essai (rupture) ; Préavis ; Prise d'acte de la rupture ; Résiliation judiciaire du contrat de travail ; Rupture conventionnelle.

Cessation d'activité

Cession d'entreprise aux salariés ; Fermeture d'établissement ; Licenciement économique (cause économique) ; Procédure de sauvegarde, de redressement et de liquidation judiciaires.

Cession d'entreprise aux salariés

Vente de l'entreprise aux salariés.

Cession de rémunération

Le créancier d'un salarié peut obtenir paiement de sa créance en se faisant verser le salaire dû à son débiteur alors même que ce salaire se trouve entre les mains de l'employeur du débiteur. Lorsque ce paiement s'effectue avec le consentement du salarié, on dit qu'il y a cession de rémunération.

Procédure

Quel qu'en soit le montant, la cession du salaire ne peut être consentie que par une déclaration du salarié au greffe du tribunal judiciaire de sa résidence, auprès duquel est tenu un registre spécial commun aux cessions et aux saisies (c. trav. art. R. 3252-45).

Le cessionnaire (le créancier) se voit remettre ou notifier une copie de cette déclaration.

À la demande du cessionnaire, le greffier notifie la cession à l'employeur. La cession qui n'est pas notifiée dans le délai d'un an est périmée (c. trav. art. R. 3252-46).

À compter de cette notification, l'employeur verse directement au cessionnaire le montant des sommes cédées dans la limite de la fraction saisissable (c. trav. art. L. 3252-2, R. 3252-2 et R. 3252-47).

Rémunération cessible

Les règles relatives à la quotité saisissable [illegible] mêmes qu'en [illegible] *saisie des rémunérations**.

Intervention d'une saisie

Si une saisie des rémunérations intervient en cours d'exécution de la cession, le cessionnaire vient en concurrence avec le tiers saisissant. L'employeur doit alors procéder comme en matière de pluralité de saisies des rémunérations, et est informé par le greffier que les versements seront désormais effectués à l'ordre du régisseur (c. trav. art. R. 3252-48). Si la saisie prend fin avant la cession, le cessionnaire retrouve les droits qu'il tenait de l'acte de cession. Le greffier en avise l'employeur et l'informe que les sommes cédées doivent à nouveau être versées directement au cessionnaire. Il en avise également ce dernier (c. trav. art. R. 3252-49).

En cas de pluralité de saisies, les créances les plus faibles, prises dans l'ordre croissant de leur montant, doivent être favorisées. Ainsi, le montant maximal des créances résiduelles payées prioritairement est fixé à 500 € (c. trav. art. L. 3252-8 et D. 3252-34-1).

Bulletin de paie

Les mentions du montant de la retenue et de sa nature (saisie ou cession) sont obligatoires sur le bulletin de paie (c. trav. art. R. 3243-1).

☛ *Saisie des rémunérations.*

Chantier d'insertion

Les chantiers d'insertion font partie des structures d'insertion par l'activité économique (SIAE) autorisées à recruter des salariés en contrat de travail à durée déterminée d'insertion (c. trav. art. L. 5132-15 et 5132-15-1). Sur les modalités de ce contrat et l'aide à laquelle il ouvre droit, voir *Atelier d'insertion**.

Charte d'éthique

Le régime juridique d'une charte d'éthique varie selon que ses dispositions relèvent ou non du champ du *règlement intérieur**.

Dispositions relevant du champ du règlement intérieur

Dispositions relevant du champ du règlement intérieur - Les codes de conduite et les dispositions ou les annexes de chartes d'éthique comportant des règles de conduite peuvent contenir des dispositions relevant du champ légal du *règlement intérieur** (à savoir, notamment, des règles générales et permanentes relatives à la discipline) (c. trav. art. L. 1321-1, 3°).

Par exemple, une clause de neutralité relève impérativement du champ du règlement intérieur (voir *Religion**). Pour d'autres exemples, voir le tableau reproduit dans cette étude.

Application des formalités d'adoption du règlement intérieur - Si la charte d'éthique (ou le code de déontologie) comporte des dispositions relevant du champ du règlement intérieur *(voir ci-avant)*, les règles relatives au *règlement intérieur** s'appliquent : à savoir, notamment, la consultation préalable du *comité social et économique** et le contrôle de l'inspection du travail (circ. DGT 2008-22 du 19 novembre 2008). Sinon, les dispositions en question sont inopposables aux salariés.

Quand toutes les formalités requises pour adopter le règlement intérieur ont été respectées, il n'est pas nécessaire que la charte (ou le code de déontologie) soit formellement annexée au règlement intérieur pour être opposable aux salariés (cass. soc. 5 mai 2021, n° 19-25699 FSP).

Cas d'une charte rappelant le règlement intérieur - Si la charte n'est que le rappel du règlement intérieur, aucune procédure n'est à respecter, si ce n'est la diffuser (cass. soc. 28 mai 2008, n° 07-15744, BC V n° 120).

Dispositions étrangères au champ du règlement intérieur

Consultation des représentants du personnel - Si le document éthique est constitué de dispositions qui sont étrangères au champ du règlement intérieur, il peut être conçu par l'employeur comme un outil de communication (circ. DGT 2008-22 du 19 novembre 2008). Dans ce cas, l'information et la consultation du *comité social et économique** sont requises lorsque la charte est présentée comme un instrument de gestion de l'entreprise (c. trav. art. L. 2312-8) [voir *Comité social et économique (informations-consultations ponctuelles)**].

▶ **À noter…** Une charte d'éthique peut aussi contenir des engagements de l'employeur vis-à-vis des salariés. Il s'agit alors d'un *engagement unilatéral de l'employeur** valable dont les salariés peuvent revendiquer l'application à leur profit.

Chartes d'éthique (1)			
Thèmes	Exemples	Champ du règlement intérieur (c. trav. art. L. 1321-1)	Clauses légales ou illégales (c. trav. art. L. 1321-4)
Principes et valeurs	« Chaque salarié veille à se comporter conformément aux lois et aux règlements, éventuellement aux usages, dans tous les pays où il intervient, avec un souci de responsabilité, d'intégrité et de professionnalisme » (par exemple conventions OIT et principes OCDE, directives communautaires, normes environnementales)	**Non** (simples rappels des lois et règlements)	-
	« Nous fournissons un cadre de travail respectueux des Droits de l'Homme, de la législation sociale et répondant aux lois et réglementations en matière d'environnement, d'hygiène et de sécurité. Nous ne tolérons ni discrimination, ni intimidation, ni harcèlement sur le lieu de travail. Nous n'avons recours ni au travail des enfants ni au travail forcé. Nous encourageons la libre expression des collaborateurs de l'entreprise. Nous encourageons le dialogue et respectons l'exercice des libertés syndicales dans le cadre des différentes législations nationales applicables. »	**Non** (expression des valeurs de l'entreprise)	-
	« Les conséquences d'un manquement au respect des règles fixées par la présente charte dépendent de la réglementation et des règles en vigueur dans la société du groupe dans laquelle le salarié travaille. »	**Non** (renvoi à la règle)	-
Harcèlement et respect des personnes	Respecter les droits de la personne et favoriser une communication directe.	**Non**	-
	N'opérer aucune discrimination pour quelque cause que ce soit dans les relations de travail.	**Oui** (c. trav. art. L. 1321-2)	**Clause légale** (c. trav. art. L. 1132-1 à L. 1132-3)
	Faire preuve de tolérance et rechercher à tout moment l'équité.	**Non**	-
	Proscrire les attitudes de mépris, d'exclusion, les comportements racistes, antisyndicaux et antiféministes.	**Oui** (c. trav. art. L. 1321-2)	**Clause légale**
	Tout salarié doit veiller à ce que ses actes ne soient pas de nature à porter atteinte aux droits et à la dignité de ses collègues, à altérer leur santé physique ou mentale ou à compromettre leur avenir professionnel.	**Oui** (c. trav. art. L. 1321-2)	**Clause légale**
	Chaque collaborateur fait preuve de loyauté, veille à la qualité de ses relations avec ses collègues et s'abstient de toute discrimination.	**Oui** (c. trav. art. L. 1321-2)	**Clause légale**
Traitement de l'information par le salarié (confidentialité)	Veiller à ce que les informations confidentielles ne soient ni diffusées à l'extérieur, ni même communiquées à des personnes au sein de l'entreprise qui n'en ont pas l'utilisation dans leur fonction.	**Oui**	**Clause légale**
	Transmettre à sa hiérarchie les informations importantes dont il dispose.	**Non**	**Clause légale**

Chartes d'éthique (1)			
Thèmes	**Exemples**	**Champ du règlement intérieur** (c. trav. art. L. 1321-1)	**Clauses légales ou illégales** (c. trav. art. L. 1321-4)
Traitement de l'information par le salarié (confidentialité)	Tout salarié doit veiller à la protection des informations dont il a connaissance dans l'exercice, ou à l'occasion de l'exercice de ses activités professionnelles. Il lui appartient notamment de respecter les règles internes de protection en vigueur dans l'entreprise, applicables en la matière tant au stade de leur circulation que de leur conservation.	**Oui**	**Clause légale**
	Chaque collaborateur prend les mesures nécessaires pour protéger la confidentialité des informations dont il dispose en raison de son activité professionnelle. Il doit respecter l'obligation de ne divulguer par voie orale, écrite ou électronique aucune information professionnelle à caractère confidentiel, sauf délégation ou autorisation expresse de sa hiérarchie. Il doit également respecter les règles de la propriété intellectuelle et industrielle. Ces obligations subsistent même après son départ de l'entreprise.	**Oui**	**Clause légale**
	Les offres de fournisseurs et le contenu des contrats signés sont strictement confidentiels. Ces informations ne peuvent être diffusées à l'extérieur de l'entreprise, sauf approbation préalable du responsable hiérarchique.	**Oui**	**Clause légale**
Pratique professionnelle	Tout collaborateur est tenu de se familiariser avec le dispositif d'alerte professionnelle et de s'y conformer.	**Non**	L'employeur ne peut imposer aucune obligation de signalement sauf en matière d'accident du travail.
Corruption	Tout salarié qui s'efforce d'amener un tiers à contracter avec une entité de l'entreprise ne doit pas avoir recours à des actes de corruption active ou passive.	**Oui**	**Clause légale**
	Tout salarié s'interdit de solliciter ou d'accepter un avantage quelconque d'un tiers en échange de l'exécution d'un acte entrant dans ses fonctions ou facilité par ses fonctions, ou de l'usage abusif de son influence, réelle ou supposée.	**Oui**	**Clause légale**
	Les collaborateurs ne sont pas autorisés à contraindre, manipuler, tromper ou influencer frauduleusement tout commissaire aux comptes engagé dans la conduite d'un audit de la société.	**Oui**	**Clause légale**
Offre et réception de cadeaux	Accepter ou offrir des cadeaux s'accompagne de principes de limitation et de transparence (les cadeaux doivent être d'usage courant et d'une valeur jugée raisonnable, sinon il faut en référer à la hiérarchie).	**Oui**	**Clause légale**
	Chaque salarié est tenu de n'accepter, ni de solliciter aucun cadeau, aucune faveur ou invitation ainsi qu'aucun autre avantage pour lui-même ou quiconque, venant de personnes ou d'organisations avec lesquelles le salarié a (ou a eu) des relations d'affaires, qui peuvent influer	**Oui**	**Clause légale**

Chartes d'éthique (1)			
Thèmes	**Exemples**	**Champ du règlement intérieur** (c. trav. art. L. 1321-1)	**Clauses légales ou illégales** (c. trav. art. L. 1321-4)
Offre et réception de cadeaux *(suite)*	(ou paraître influer) sur l'impartialité avec laquelle il exerce ses fonctions ou constituer (ou paraître constituer) une récompense en rapport avec ses activités.	**Oui**	**Clause légale**
Santé et sécurité au travail	Chaque collaborateur a la responsabilité de veiller à ce que les activités de l'entreprise qui dépendent de lui soient exercées en conformité avec les règles existant dans l'entreprise en matière de protection de la santé, de la sécurité et de l'environnement.	**Oui**	**Clause légale**
	Les collaborateurs ont le devoir de respecter les instructions et les procédures de sécurité et de santé au travail émises dans ce domaine.	**Oui**	**Clause légale**
	L'usage détourné de certains médicaments, l'usage et la possession de drogues dans les locaux de l'entreprise sont strictement interdits et peuvent conduire à des mesures disciplinaires. La consommation des boissons alcoolisées suivantes est autorisée exclusivement au cours des repas dans les locaux affectés à cet effet : vin, bière, cidre, poiré, hydromel. L'abus d'alcool constaté par alcootest, ou le refus de se soumettre à un contrôle, pourra conduire à des mesures disciplinaires.	**Oui**	Clause à compléter par les modalités de pratique de l'alcootest (possibilité de contre-expertise, justification compte tenu de la nature des tâches à accomplir), ou renvoi au paragraphe du règlement intérieur existant prévoyant déjà ces modalités (voir Surveillance des salariés*).
Équité en matière d'emploi	Assurer l'égalité des chances au niveau des emplois.	**Non** (affirmation d'un principe de l'entreprise)	-
Utilisation des biens à des fins personnelles	Protéger les biens qui appartiennent au patrimoine de l'entreprise.	**Non**	Disposition trop générale
	Chaque salarié doit veiller à utiliser les actifs de l'entreprise uniquement à des fins professionnelles.	**Oui**	**Clause légale.** Attention à la proportionnalité, s'agissant des moyens informatiques : tolérance d'usage à titre personnel (voir Informatique*)
	Les ressources informatiques et de communication de l'entreprise sont destinées à une utilisation professionnelle. Un usage raisonnable pour des motifs privés peut être accepté, dans le respect des lois et réglementations applicables.	**Oui**	**Clause légale**
Protection de l'environnement	La société attend que chaque salarié se conforme strictement aux prescriptions légales et aux consignes particulières qui sont données en ce domaine par la société.	**Non**	-
Conflits d'intérêts	Le salarié déclare à l'employeur s'il entretient des liens matrimoniaux ou familiaux avec d'autres salariés de l'entreprise.	**Non**	**Hors champ** du règlement intérieur et **atteinte disproportionnée** à la vie privée.

(1) Circulaire DGT 2008-22 du 19 novembre 2008, BO trav. 2008/12 **(extrait).**

Contrôle de l'inspecteur du travail - L'inspection du travail, dans le cadre de sa compétence générale, peut exercer un contrôle sur les dispositions étrangères au champ du règlement intérieur d'une charte d'éthique au regard de la règle de proportionnalité et de l'interdiction des *discriminations** (c. trav. art. L. 1121-1 et L. 1132-1).

Exemple

La validité d'une clause d'un document éthique interdisant une activité politique pourrait être contestée si, par exemple, elle ne se limite pas à interdire l'usage du nom de la société employant le salarié dans le cadre de cet engagement ou si elle induit une discrimination à l'encontre des salariés engagés dans de telles activités.

Contrôle des juges

Dans le cadre d'un contentieux sur une charte d'éthique ou un code de conduite (ex. : contentieux entre une entreprise et un syndicat), les juges ont, à l'instar de l'inspecteur du travail *(voir ci-avant)*, un pouvoir de contrôle sur les codes de conduite mis en place dans les entreprises au regard notamment de la *liberté d'expression** et du *droit d'expression**.

En effet, si un tel code peut limiter la liberté d'expression c'est à la condition que les restrictions ainsi apportées soient justifiées par la nature de la tâche à accomplir et proportionnées au but recherché (c. trav. art. L. 1121-1).

Par ailleurs, le droit d'expression collective sur le contenu, les conditions d'exercice et l'organisation du travail ne peut pas, quant à lui, être soumis à une quelconque autorisation préalable par un code de conduite (cass. soc. 8 décembre 2009, n° 08-17191, BC V n° 276).

Document comportant des obligations pour le salarié

Si le document comporte des obligations pour le salarié, il doit être rédigé en *langue française** (circ. DGT 2008-22 du 19 novembre 2008).

☛ *Lanceur d'alerte ; Règlement intérieur ; Surveillance des salariés.*

Charte informatique

Une charte informatique contribue notamment à la préservation de la sécurité du système d'information de l'entreprise en attirant l'attention des salariés, utilisateurs des outils, sur leur rôle en la matière. Elle est aussi un des outils à la disposition de l'employeur pour protéger les *données personnelles** et démontrer qu'il respecte les règles en la matière (Charte d'utilisation des moyens informatiques et des outils numériques, www.ssi.gouv.fr ; Guide de la sécurité des données personnelles, www.cnil.fr).

Adoption indispensable au regard du RGPD

L'employeur doit assurer la sécurité et préserver la confidentialité des *données personnelles**, en particulier celles des salariés. S'agissant des traitements courants de gestion du personnel (CNIL, référentiel gestion du personnel, § 10 ; Guide de la sécurité des données personnelles, www.cnil.fr) :

- soit l'employeur adopte les mesures préconisées par la CNIL dans le référentiel qu'elle a adopté en matière de gestion du personnel (pour consulter la liste de ces mesures, voir *Données personnelles**),
- soit il justifie de leur équivalence ou du fait de ne pas avoir besoin ou de ne pas pouvoir y recourir.

Parmi les mesures de sécurité, la CNIL préconise de rédiger une charte informatique et de lui donner une force contraignante afin de sensibiliser les utilisateurs. Pour donner cette force contraignante à la charte informatique, l'employeur doit suivre la même procédure d'adoption que pour le *règlement intérieur**, à savoir notamment consulter le comité social et économique sur le projet de charte, l'avis du CSE étant consultatif comme pour le règlement intérieur (c. trav. art. L. 1321-4 ; référentiel gestion du personnel, § 10). Ainsi, les règles posées par la charte s'imposeront aux salariés comme celles édictées par le règlement intérieur. L'employeur pourra prononcer des *sanctions disciplinaires** à l'encontre des salariés qui ne les respecteraient pas *(voir ci-après)*.

Contenu de la charte

La charte informatique peut contenir les éléments suivants (Charte d'utilisation des moyens informatiques et des outils numériques, www.ssi.gouv.fr ; Guide de la sécurité des données personnelles, www.cnil.fr).

Les usages permis des moyens informatiques mis à la disposition des salariés et leurs modalités d'utilisation (poste de travail, internet, messagerie électronique, téléphonie, etc.) (voir *Informatique**).

Le rappel des règles de protection des *données personnelles** ainsi que l'information des salariés en application de ces règles.

▶ **À noter...** Dans la mesure où l'employeur doit être en mesure de démontrer qu'il respecte toutes les règles de sécurité des données personnelles (en application du RGPD), la CNIL recommande d'intégrer dans la charte informatique des clauses rappelant les règles en la matière (Guide de la sécurité des données personnelles, www.cnil.fr).

L'obligation de confidentialité des salariés qui ont accès à des données personnelles (l'employeur pourra préférer inscrire cette obligation dans le contrat de travail des salariés concernés) (voir « Formulaire de droit Social », sur « fds.grouperf.com »).

▶ **À noter...** Le Conseil d'État a admis que le règlement intérieur puisse contenir des dispositions relatives à l'obligation de confidentialité des salariés à l'égard des informations confidentielles de l'entreprise (CE 26 septembre 1990, n° 108279). À notre sens, il peut s'agir aussi de la charte informatique.

Les règles de sécurité auxquelles les salariés doivent se conformer. Par exemple :
- l'obligation de signaler au service informatique interne toute violation ou tentative de violation suspectée de son compte informatique et de manière générale tout dysfonctionnement ;
- l'interdiction de confier son identifiant/mot de passe à un tiers ;
- l'interdiction d'installer, copier, modifier, détruire des logiciels sans autorisation (et/ou toutes autres données d'origine extérieure) ;
- l'obligation de verrouiller son ordinateur dès que l'on quitte son poste de travail ;
- l'interdiction d'accéder, tenter d'accéder, ou de supprimer des informations si cela ne relève pas des tâches incombant à l'utilisateur ;
- l'obligation de respecter les procédures définies par l'entreprise pour la copie de données sur des supports amovibles (ex. : accord préalable du supérieur hiérarchique et règles de sécurité).

La méthode à utiliser pour différencier les mails professionnels des mails personnels (ex. : qualification par l'objet, création d'un répertoire spécifique dédié au contenu privé, etc.), les fichiers professionnels des fichiers personnels (voir *Informatique).**

Les mesures de contrôle prises par l'employeur (ex. : modalités d'accès de l'employeur aux données stockées sur l'environnement informatique d'un salarié absent, notamment quand cela n'est pas spécifié dans le règlement intérieur).

Les conditions d'administration du système d'information voire l'existence de systèmes automatiques de filtrage, systèmes automatiques de traçabilité et gestion du poste de travail.

Les modalités d'intervention des équipes chargées de la gestion des ressources informatiques de l'entreprise.

Les moyens d'authentification utilisés par l'entreprise.

Les sanctions encourues par les salariés s'ils ne respectent pas les règles édictées (notamment de sécurité et de protection des données personnelles).

Les règles applicables aux salariés en *télétravail. La CNIL recommande en effet aux employeurs d'adopter une « charte de sécurité dans le cadre du télétravail » ou, dans le contexte actuel de la crise sanitaire, de prendre au moins un socle de règles minimales à respecter, et de communiquer ce document aux collaborateurs selon les mêmes modalités que le règlement intérieur** (« Les conseils de la CNIL pour mettre en place du télétravail », www.cnil.fr). **À notre sens, l'employeur peut élaborer cette charte en la distinguant de sa charte informatique ou choisir de l'incorporer à celle-ci.**

Sanction disciplinaire

L'employeur qui a inscrit les différentes règles relatives à l'utilisation des outils informatiques dans un document, quelle que soit sa dénomination, adopté en suivant la procédure applicable au règlement intérieur peut sanctionner le salarié du seul fait qu'il ne le respecte pas (cass. soc. 15 décembre 2010, n° 09-42691 D) **(voir *Sanctions disciplinaires**). La CNIL préconise d'ailleurs cette adoption au titre des mesures visant à assurer la sécurité des données personnelles *(voir ci-avant)*.**

Faute d'un tel document, l'employeur peut néanmoins sanctionner le salarié qui contrevient à ces règles mais, en cas de contentieux, il doit être en mesure de prouver que le travail a été affecté par un usage abusif de l'ordinateur ou encore que les fichiers en cause sont illicites, faute de quoi la sanction est injustifiée (cass. soc. 8 décembre 2009, n° 08-42097 D ; cass. soc. 16 mai 2007, n° 05-43455 D).

Exemples

La seule conservation sur son poste informatique de fichiers contenant des photos à caractère pornographique sans caractère délictueux ne constitue pas, en l'absence de constatation d'un usage abusif affectant son travail, un manquement du salarié aux obligations résultant de son contrat susceptible de justifier son licenciement (cass. soc. 8 décembre 2009, n° 08-42097 D).

En revanche, si la charte informatique, intégrée au règlement intérieur, interdit aux salariés de conserver sur leur ordinateur des fichiers à caractère pornographique, l'employeur peut sanctionner le salarié qui contrevient à cette interdiction. En l'espèce, le licenciement pour faute grave du salarié fautif a été jugé valable (cass. soc. 15 décembre 2010, n° 09-42691 D).

Pour des exemples de faits justifiants, ou pas, une sanction disciplinaire, voir le tableau d'exemples dans *Informatique.**

☛ *Données personnelles ; Informatique ; Règlement intérieur.*

Chèque-emploi associatif

Le chèque-emploi associatif (CEA) est ouvert aux associations à but non lucratif. Il s'agit d'un dispositif simplifié de déclaration et de paiement des cotisations et contributions sociales ainsi que, depuis le 1.01.2019, de la retenue à la source de l'impôt sur le revenu (c. trav. art. L. 1272-4 ; c. séc. soc. art. L. 133-5-6).

Les salariés relevant du Guichet unique du spectacle occasionnel ne peuvent pas être rémunérés au moyen de ce chèque (c. trav. art. D. 1272-3) **[voir *Guichet unique (artistes et techniciens du spectacle)**].**

Associations concernées

Le CEA s'adresse aux associations à but non lucratif, aux fondations dotées de la personnalité morale ainsi qu'aux associations de financement électoral (c. élec. art. L. 52-5), **quel que soit leur effectif depuis le 1.01.2019** (c. séc. soc. art. L. 133-5-6, 2°).

▶ À noter… Certaines situations particulières ne peuvent pas être gérées dans le CEA. Sont notamment visés les artistes et mannequins bénéficiant de taux réduits et déduction forfaitaire spécifique, les stagiaires dont la rémunération est supérieure à la franchise ou encore les journalistes et colporteurs de presse (www.cea.urssaf.fr).

Les associations relevant du régime obligatoire de protection sociale des salariés agricoles ne peuvent pas utiliser le CEA. Ces employeurs doivent passer par le titre emploi-service agricole.

L'employeur qui souhaite adhérer au CEA, doit utiliser exclusivement ce dispositif pour l'ensemble de ses salariés.

Cette règle sera toutefois supprimée à compter du 1.01.2024 (loi 2021-1754 du 23 décembre 2021, art. 13, I, 6° et IV, JO du 24). **À cette date, il sera donc possible d'utiliser ces titres simplifiés pour une partie du personnel seulement.**

Adhésion au dispositif

L'employeur adhère au CEA par voie dématérialisée (www.cea.urssaf.fr) **au moyen d'un formulaire qui comporte les mentions suivantes** (c. séc. soc. art. L. 133-5-8 et D. 133-13) :

- **l'identification de l'association (raison et dénomination sociale, adresse du siège social, numéro d'identité de l'établissement employeur) ;**
- **le cas échéant, une autorisation de prélèvement automatique sur un compte bancaire.**

Le non-respect de l'obligation de procéder par voie dématérialisée entraîne l'application de la pénalité prévue en cas de défaut de production de la *déclaration sociale nominative (DSN), c'est-à-dire une pénalité égale, par salarié concerné, à 1,50 % du plafond mensuel de la sécurité sociale** (c. séc. soc. art. L. 133-5-8 et R. 133-14, III).

▶ À noter… Depuis le 1.01.2019, le CEA peut être géré par un ou plusieurs organismes désignés par arrêté (c. séc. soc. art. L. 133-5-10). C'est l'URSSAF Nord-Pas-de-Calais qui est désignée pour assurer l'adhésion des associations au dispositif, la réception des déclarations sociales, le calcul des cotisations, contributions sociales et de la retenue à la source de l'impôt sur le revenu, ainsi que l'émission du bulletin de paie et du décompte des cotisations, contributions sociales et retenue à la source.

Le recouvrement des cotisations, contributions sociales et de la retenue à la source est, quant à lui, de la compétence de l'URSSAF (ou de la CGSS dans les DOM) dont relève territorialement l'association (arrêté du 9 septembre 2019, JO du 15, texte 13).

Déclaration d'identification du salarié

Avant toute transmission de la première déclaration d'activité, les associations utilisant le CEA doivent transmettre à l'organisme gestionnaire, une déclaration d'identification du salarié (c. séc. soc. art. D. 133-13-1). **Cette déclaration comporte les mentions relatives au salarié (au titre de la déclaration préalable à l'embauche), à l'emploi ainsi que la signature de l'employeur et du salarié** (c. trav. art. D. 1272-1). **Le non-respect de cette obligation est sanctionné par la pénalité correspondant à 300 fois le taux horaire du minimum garanti (1 128 € en 2022)** (c. trav. art. L. 1221-11).

Une copie de ce volet d'identification du salarié est transmise à ce dernier par l'association. Si lors de

l'embauche, un contrat de travail a été signé, les clauses contenues dans ce contrat s'appliquent en lieu et place des mentions de la déclaration d'identification du salarié (c. trav. art. D. 1272-4).

Déclaration d'activité du salarié

L'association doit renseigner en ligne une déclaration d'activité du salarié comprenant, outre les mentions relatives au salarié et à la période d'activité (qui ne peut couvrir une période excédant le mois civil), des informations relatives à l'activité exercée et aux rémunérations (notamment nombre de jours et d'heures rémunérées et application éventuelle d'une base forfaitaire) (c. séc. soc. art. D. 133-13-2 et D. 133-13-5).

Cette déclaration doit être transmise au plus tard le 5e jour suivant la période d'activité (c. séc. soc. art. D. 133-13-6).

Les employeurs doivent, le cas échéant, déclarer le début et la fin de l'arrêt de travail pour cause d'accident ou de maladie d'origine professionnelle ou non professionnelle, de congé de maternité, d'adoption ou de paternité et d'accueil de l'enfant de leur salarié ou encore la fin du contrat de travail (c. séc. soc. art. D. 133-13-4).

En cas de défaut, d'omission ou d'inexactitude des déclarations de rémunérations et, le cas échéant, de modification de la déclaration dans le mois suivant, l'employeur est redevable des mêmes pénalités que celles prévues pour la DSN (c. séc. soc. art. R. 133-15, I, R. 243-12 à R. 243-14).

À quoi sert le chèque-emploi associatif ?

Formalités liées à l'embauche et à l'emploi - L'association est considérée comme ayant satisfait à l'ensemble des formalités liées à l'embauche et à l'emploi de ses salariés (immatriculation de l'association en tant qu'employeur, déclaration du salarié, etc.), y compris celles relatives à l'établissement par écrit du contrat à durée déterminée ou du contrat à temps partiel, à la déclaration préalable à l'embauche (DPAE), aux déclarations au titre de la médecine du travail ou du régime d'assurance chômage, ou encore à l'inscription des salariés sur un registre unique du personnel (c. séc. soc. art. L. 133-5-7, 2° ; c. trav. art. L. 1272-4 et D. 1272-2 ; cass. soc. 4 mars 2020, n° 18-22778, FSPB).

Calcul et paiement des cotisations. - Le CEA permet aux associations de déclarer et de payer les cotisations et contributions sociales d'origine légale ou conventionnelle prévues par la loi (URSSAF, chômage, retraite complémentaire, etc.), ainsi que, le cas échéant et dans des conditions fixées par convention, d'autres cotisations et contributions sociales (c. séc. soc. art. L. 133-5-7, 1°).

L'utilisation du CEA vaut accomplissement des déclarations de cotisations auprès des organismes concernés.

▶ À noter... Le centre de gestion du chèque emploi associatif compétent est chargé, pour le compte des employeurs, d'établir les formalités et déclarations auxquelles la déclaration sociale nominative se substitue (c. séc. soc. art. L. 133-5-9).

Sur la base des déclarations de l'employeur, l'organisme gestionnaire du CEA calcule les cotisations et contributions dues au titre de l'emploi du salarié.

Les associations doivent ensuite s'acquitter de l'intégralité des cotisations et contributions sociales et du reversement de la retenue à la source auprès de l'URSSAF compétente (CGSS en outre-mer), au cours du 2e mois qui suit celui de la période d'activité déclarée du salarié (c. séc. soc. art. D. 133-13-6).

▶ À noter... Selon le site www.cea.urssaf.fr, le paiement intervient le 15 du mois suivant l'envoi du décompte de cotisations.

En cas de paiement hors délai, des majorations de retard sont appliquées (c. séc. soc. art. R. 243-16).

Si l'employeur a effectué sa déclaration après la fin du 1er mois suivant la période d'activité, le paiement doit être effectué « sans délai » (c. séc. soc. art. D. 133-13-6).

Les associations de moins de 11 salariés qui utilisent le CEA ne peuvent pas opter pour le versement trimestriel des cotisations (c. séc. soc. art. R. 243-6-1).

Prélèvement à la source de l'impôt sur le revenu - Depuis le 1.01.2019, le CEA permet de déclarer et de reverser le montant du prélèvement à la source de l'impôt sur le revenu (c. séc. soc. art. L. 133-5-7). L'organisme gestionnaire du CEA calcule le montant de l'impôt sur le revenu pour le prélèvement à la source à partir du taux transmis par l'administration fiscale.

L'employeur s'acquitte des sommes dues à ce titre avec les cotisations sociales. L'organisme gestionnaire du CEA s'occupe, pour le compte de l'employeur, des déclarations et du reversement à effectuer auprès de l'administration fiscale (c. séc. soc. art. L. 133-5-10 et L. 133-5-11 ; CGI art. 87-0 A ; www.cea.urssaf.fr).

L'employeur reçoit une attestation fiscale par voie dématérialisée (c. séc. soc. art. L. 133-5-8).

Bulletin de paie - Sur la base des informations communiquées par les employeurs, l'organisme gestionnaire établit, pour le compte de ceux-ci, au maximum 4 jours après la réception de la déclaration d'activité, un bulletin de paie mis à disposition de l'employeur et du salarié, sauf certaines exceptions, et qui comporte les mentions obligatoires prévues à l'article R. 3243-1 du code du travail. Il est accompagné, pour l'employeur, d'un relevé global des sommes dont il est redevable (c. séc. soc. art. L. 133-5-8 et D. 133-13-3).

Paiement du salaire - Les employeurs peuvent rémunérer leur salarié par tout moyen de paiement : virement, chèque bancaire, etc., conformément aux règles en vigueur.

Congés payés - L'association ne doit pas intégrer à chaque rémunération la majoration de 10 % versée au titre des congés payés (loi 2011-525 du 17 mai 2011, art. 43, JO du 18). Le salarié relève, en effet, du droit commun. La période de congés est donc rémunérée en fonction des droits acquis durant la période de référence selon l'un des deux modes de calcul suivants :
- 1/10 du total des rémunérations perçues durant la période de référence ;
- ou maintien de salaire, calculé en fonction du dernier salaire perçu.

La solution la plus avantageuse pour le salarié doit être retenue.

En pratique, l'association verse une rémunération chaque mois au salarié, y compris durant les périodes de congés. En conséquence, elle effectue 12 déclarations (volets sociaux) et reçoit, ainsi que le salarié, 12 attestations d'emploi éditées par le centre de gestion.

☛ *Association.*

Chèque emploi-service universel (CESU)

@ Cette étude est détaillée dans la version en ligne de ce Dictionnaire (voir www.rfsocial.com et www.rfeditions.com).

Chèque-Restaurant

☛ *Titre-restaurant.*

Chèque santé

☛ *Prévoyance (couverture minimale frais de santé).*

Chèques-vacances

Titre de paiement nominatif, le chèque-vacances permet de s'acquitter de certaines dépenses de vacances auprès de collectivités publiques ou de prestataires ayant signé une convention avec l'Agence nationale des chèques-vacances (c. tourisme art. L. 411-1 à L. 411-12 et R. 411-1 à R. 411-8).

La participation de l'employeur à l'acquisition de ces chèques est soumise à cotisations sociales, sauf dans certains cas.

Bénéficiaires

Peuvent bénéficier de chèques-vacances (c. tourisme art. L. 411-1 ; lettre-circ. ACOSS 2011-35 du 24 mars 2011) :
- les salariés des entreprises soumises à la législation sur les congés payés et ceux des entreprises ou organismes du secteur public assurés contre le risque chômage par l'employeur ;
- les chefs d'entreprise de moins de 50 salariés ;
- les artistes non salariés ;
- les salariés des particuliers employeurs.

Le conjoint, concubin ou partenaire lié par un Pacs ainsi que les personnes à charge des bénéficiaires cités ci-dessus peuvent aussi prétendre aux chèques-vacances (c. tourisme art. L. 411-1).

▶ Attention... Les artistes non salariés, leur conjoint, concubin, partenaire lié par un Pacs et personnes à charge ont la possibilité d'acquérir des chèques-vacances, mais n'entrent pas dans le champ de l'exonération *(voir ci-après)*. Il en va de même des chefs d'entreprise de moins de 50 salariés. Les mandataires sociaux doivent donc être titulaires d'un contrat de travail en plus de leur mandat social pour ouvrir droit à l'exonération (lettre-circ. ACOSS 2011-35 du 24 mars 2011).

Consultation des représentants du personnel

L'employeur, après consultation du *comité social et économique** (CSE), définit les modalités d'attribution du chèque, sous réserve de l'existence d'un accord collectif fixant le montant et les modalités d'attribution de sa contribution *(voir ci-après)* (c. tourisme art. L. 411-8).

Chèques-vacances

Avantages fiscaux

Exonération d'impôt pour les salariés - Pour les salariés, le montant de l'avantage résultant de la contribution de l'employeur à l'acquisition des chèques-vacances est exonéré d'impôt sur le revenu dans la limite du SMIC (base mensuelle) (c. tourisme art. L. 411-5).

Chèques versés par le CSE - Si elle complète la contribution de l'employeur, la participation financière du CSE est exonérée d'impôt entre les mains du salarié bénéficiaire. Si le total formé par la contribution de l'employeur et la participation financière du CSE excède la limite d'exonération, le surplus est soumis à l'impôt sur le revenu entre les mains du bénéficiaire (BOI-RSA-CHAMP-20-50-30-§§ 360 et 430-26/06/2020).

Taxe sur les salaires - La contribution patronale est exonérée de la taxe sur les salaires, dans les mêmes conditions et limites que celles applicables à l'exonération de cotisations *(voir ci-après)* (c. tourisme art. L. 411-6).

Régime social

Assujettissement à cotisations et contributions sociales - La contribution de l'employeur à l'acquisition de chèques-vacances est en principe soumise à cotisations et contributions sociales.

Exonération ciblée - Sous certaines conditions, la contribution patronale à l'acquisition de ces chèques est exonérée de cotisations sociales.

Peuvent bénéficier de cette exonération les entreprises de moins de 50 salariés dépourvues de CSE et ne relevant pas d'un organisme paritaire de gestion des activités sociales.

À notre sens, l'exonération concerne aussi les entreprises de moins de 50 salariés dotées d'un CSE dont les attributions sont limitées à celles anciennement dévolues aux délégués du personnel. Ces entreprises ne doivent pas non plus relever d'un organisme paritaire de gestion des activités sociales.

Sont en revanche exclues du bénéfice de l'exonération :

- les entreprises de 50 salariés et plus ;
- les entreprises de moins de 50 salariés dotées d'un CSE exerçant les attributions anciennement dévolues au comité d'entreprise (CE) ;
- les entreprises relevant d'un organisme paritaire de gestion des activités sociales.

Dans les entreprises d'au moins 50 salariés, deux situations sont à envisager :

- les chèques-vacances sont acquis et attribués par l'employeur : sa participation, y compris dans les cas où le CSE y participe, constitue un élément de rémunération assujetti à toutes les cotisations et contributions sociales ;
- les chèques-vacances sont intégralement acquis par le CSE sans participation de l'employeur : la participation du CSE s'inscrit dans le cadre de ses activités sociales et ne présente pas de caractère de rémunération. Il y a donc exonération totale de cotisations (lettre-circ. ACOSS 2011-35 du 24 mars 2011).

▶ À noter… Le seuil d'effectif de 50 salariés est apprécié selon les règles de l'*effectif sécurité sociale**.

Conditions d'obtention - L'exonération est applicable si (c. tourisme art. L. 411-10) :

- l'abondement de l'employeur est plus élevé pour les salariés ayant les rémunérations les plus faibles ;
- le montant de la contribution de l'employeur et ses modalités d'attribution ont fait l'objet d'un accord collectif (de branche ou d'entreprise) ou, en l'absence de représentation syndicale et d'accord de branche, d'une proposition du chef d'entreprise soumise à l'ensemble des salariés ;
- la contribution de l'employeur ne se substitue à aucun élément faisant partie de la rémunération versée, ou prévu pour l'avenir par des stipulations contractuelles individuelles ou collectives.

Cette contribution ne peut pas dépasser un pourcentage de la valeur libératoire des chèques-vacances égal à (c. tourisme art. L. 411-11 et D. 411-6-1) :

- 80 % si la rémunération moyenne des bénéficiaires au cours des 3 derniers mois précédant l'attribution est inférieure au plafond mensuel de la sécurité sociale (3 428 € au 1.01.2022) ;
- 50 % si la rémunération moyenne des bénéficiaires au cours des 3 derniers mois précédant l'attribution est supérieure au plafond mensuel de la sécurité sociale.

Ces pourcentages sont « majorés » de 5 % par enfant à charge et de 10 % par enfant handicapé titulaire de la carte « mobilité inclusion », dans la limite de 15 % (c. tourisme art. D. 411-6-1).

En outre, la contribution annuelle globale de l'employeur à l'acquisition de chèques-vacances ne peut être supérieure à la moitié du produit, évalué au 1er janvier de l'année en cours, du nombre total de ses salariés par le SMIC apprécié sur une base mensuelle, charges sociales comprises (c. tourisme art. L. 411-11).

Modalités d'application - L'exonération porte sur les cotisations et contributions sociales prévues par la législation du travail et de la sécurité sociale. Restent dus la CSG et la CRDS, sans abattement d'assiette, ainsi que le *versement mobilité** (lettre-circ. ACOSS 2011-35 du 24 mars 2011 et 2012-32 du 19 mars 2012).

La contribution de l'employeur est également exonérée du forfait social de 20 % (c. séc. soc. art. L. 137-15, 4°) [voir *Forfait social (contribution patronale)**].

Montant maximal de l'exonération - La participation de l'employeur à l'acquisition des chèques-vacances est exonérée des cotisations sociales dans la limite, par salarié et par an, de 30 % du SMIC mensuel.

En cas de mauvaise application de l'exonération, le redressement ne porte que sur la fraction des cotisations et contributions indûment exonérées ou réduites, sauf mauvaise foi ou agissements répétés du cotisant (c. tourisme art. L. 411-9).

Émission des titres

Agence nationale pour les chèques-vacances, l'ANCV dispose du monopole de l'émission et du remboursement des titres, et constitue l'interlocuteur unique des employeurs, des organismes sociaux et des prestataires de services.

Les chèques-vacances peuvent être émis sous forme papier classique (« chèques-vacances classic »), sous forme papier utilisable exclusivement sur Internet (« e-chèques-vacances ») ou encore sous forme dématérialisée (« chèques-vacances connect »).

▶ À noter… Les chèques-vacances sont valables jusqu'au 31 décembre de la seconde année suivant l'année d'émission, les titres non utilisés pouvant être échangés dans les 3 mois suivant le terme de cette période (c. tourisme art. L. 411-12).

☛ *Cotisations de sécurité sociale.*

Chômage

@ Les études relatives à l'assurance chômage sont détaillées dans la version en ligne de ce Dictionnaire (voir www.rfsocial.com et www.rfedition.com).

Chômage-intempéries

Intempéries dans le BTP

Bénéficiaires - Les travailleurs du bâtiment et des travaux publics (BTP) bénéficient d'un régime particulier d'indemnisation des arrêts de travail dus aux conditions atmosphériques (c. trav. art. L. 5424-6).

Notion d'intempéries - La notion d'intempéries ne se réduit pas à la durée des conditions atmosphériques anormales telles que le gel ou la pluie (cass. soc. 8 juillet 1997, n° 95-12870, BC V n° 258). Sont en effet considérées comme intempéries, les conditions atmosphériques et les inondations lorsqu'elles rendent l'accomplissement du travail dangereux ou impossible eu égard soit à la santé ou à la sécurité des salariés, soit à la nature ou à la technique du travail à accomplir (c. trav. art. L. 5424-8).

Assurance chômage

Ce régime s'apparente à un système d'assurance : en contrepartie d'une cotisation patronale spéciale versée à la caisse de congés payés dont ils relèvent, les employeurs des professions concernées sont partiellement remboursés des indemnités versées (voir *Caisses de congés payés**).

L'entreprise est tenue de déclarer l'arrêt de travail et de demander le remboursement des indemnités versées aux salariés à la caisse des congés payés (c. trav. art. D. 5424-28). Elle fait cette demande sur un bordereau unique comportant les éléments nécessaires au calcul des indemnités versées aux salariés et à la détermination des montants des remboursements demandés (décret 2003-577 du 27 juin 2003, JO du 29 ; arrêté du 18 février 2003, JO du 21, modifié par arrêté du 27 juin 2003, JO du 29).

▶ À noter… L'entreprise doit transmettre aux élus du *comité social et économique**, à leur demande, les informations du bordereau relatives au nombre des heures perdues pour cause d'intempéries et à leurs dates (c. trav. art. D. 5424-28).

Versement des indemnités

Salariés concernés - Bénéficient de l'indemnisation pour intempéries les salariés et les apprentis des entreprises du BTP, quels que soient le montant et la nature de leur rémunération, à condition qu'ils justifient avoir accompli au moins 200 h de travail au cours des 2 mois précédant l'arrêt de travail (c. trav. art. L. 5424-10, L. 5424-11 et D. 5424-11).

Durée d'indemnisation - Une indemnité journalière est due pour chaque heure perdue à partir de la deuxième au cours d'une même semaine ou au cours d'une période continue d'arrêt (c. trav. art. L. 5424-12 et D. 5424-12). Ainsi, la première heure d'arrêt de travail n'est pas indemnisée (heure de carence). La durée d'indemnisation comporte deux limites (c. trav. art. D. 5424-13 et D. 5424-14) :

- le nombre maximal d'heures de travail indemnisables est fixé à 9 h par jour, dans la limite de 45 h par semaine ;
- le nombre maximal de jours indemnisables au cours d'une année civile est fixé à 55.

Ainsi, le nombre maximal d'heures de travail indemnisables sur l'année civile est de 495 heures (55 × 9).

Montant - Pour chaque heure indemnisée, l'indemnité à verser est égale à 75 % du salaire brut horaire du salarié (dans la limite de 120 % du plafond de la sécurité sociale) (c. trav. art. D. 5424-13 et D. 5424-16).

▶ **À noter…** L'indemnité est versée par l'employeur dans les mêmes conditions de lieu et de temps que le salaire (c. trav. art. L. 5424-13).

Non-paiement de l'indemnisation - L'indemnisation n'est pas due au salarié momentanément inapte. Elle reste exclusive de toute indemnité de chômage, et cesse d'être due dans le cas où le salarié exerce une autre activité salariée pendant la période d'arrêt du travail (c. trav. art. L. 5424-13).

Non-cumul - L'indemnité journalière d'intempéries ne se cumule pas avec les indemnités journalières d'accident du travail, de maladie, des assurances sociales et de congés payés (c. trav. art. L. 5424-13).

Cotisation

La cotisation chômage-intempéries pour la campagne allant du 1.04.2021 au 31.03.2022 est fixée à (arrêté du 7 décembre 2021, JO du 18, texte 108) :

- 0,68 % du montant des salaires à prendre en compte, déduction faite de l'abattement, pour les entreprises appartenant à la catégorie du gros œuvre et des travaux publics ;
- 0,13 % du montant des salaires pris en compte après déduction de l'abattement pour les entreprises entrant dans la catégorie du second œuvre.

Le montant de l'abattement à défalquer du total des salaires servant de base au calcul de la cotisation due par les employeurs aux caisses de congés payés est de 82 000 €.

☛ *Bâtiment et travaux publics ; Caisses de congés payés.*

Chômage partiel

☛ *Activité partielle.*

Cigarette

☛ *Interdiction de fumer.*

Cinquième semaine

☛ *Congés payés (cinquième semaine).*

Circulaires (opposabilité)

Publication des circulaires

Règles générales de publication - Les instructions et circulaires sont réputées abrogées si elles ne sont pas publiées sur un support déterminé (CRPA, art. L. 312-2). Ce dernier varie selon l'administration dont émanent les instructions ou circulaires. Par exemple, les instructions, circulaires, notes et réponses ministérielles émanant des administrations centrales de l'État sont publiées dans des bulletins officiels ayant une périodicité au moins trimestrielle (CRPA, art. R. 312-3-1). Quant aux instructions et circulaires émanant des établissements publics, des autres personnes de droit public et des personnes de droit privé chargées de la gestion d'un service public, elles sont publiées soit dans un bulletin officiel au moins trimestriel, soit dans les 3 mois sur un registre tenu à la disposition du public (CRPA, art. R. 312-6).

Dans tous les cas, la publication peut intervenir par voie électronique.

▶ **À noter…** Les circulaires et instructions signées avant le 1.01.2019 sont réputées abrogées au 1.05.2019 si elles n'ont pas, à cette dernière date, été publiées sur le support dédié (décret 2018-1047 du 28 novembre 2018, art. 7, JO du 30).

Règles spécifiques - Les circulaires et instructions adressées par les ministres aux services et établissements de l'État doivent être publiées sur le site www.circulaires.gouv.fr (CRPA, art. R. 312-8).

Un arrêté peut prévoir que les circulaires et instructions intervenant dans certains domaines marqués par un besoin régulier de mise à jour (comme en matière fiscale avec le BOFiP) sont publiées sur un site Internet dédié autre que celui-ci.

Défaut de publication - Les instructions et circulaires qui n'ont pas été publiées sur l'un de ces supports énoncés ci-dessus ne sont pas applicables et leurs auteurs ne peuvent s'en prévaloir à l'égard des administrés (CRPA art. R. 312-7).

À défaut de publication dans un délai de 4 mois à compter de leur signature, elles sont réputées abrogées (CRPA art. R. 312-7).

▶ À noter… Une entreprise ne peut pas obtenir de l'URSSAF le paiement de dommages-intérêts au motif qu'elle n'a pas publié certaines lettres ministérielles ou circulaires, dès lors que cette publication incombe, non pas à l'organisme de recouvrement, mais aux administrations centrales et aux établissements publics dont elles émanent (cass. civ., 2e ch., 31 mars 2016, n° 15-17060, BC II n° 1147).

Opposabilité des circulaires et instructions émanant de l'État

Principe - Toute personne peut se prévaloir des instructions et circulaires émanant des services de l'État et publiés sur des sites Internet désignés.

Sauf exceptions liées notamment au droit des tiers, toute personne (physique ou morale) peut se prévaloir de l'interprétation d'une règle, même erronée, figurant dans ces documents, tant que cette interprétation n'aura pas été modifiée (CRPA, art. L. 312-3).

Sont concernées les circulaires, instructions, notes et réponses ministérielles répondant aux conditions cumulatives suivantes (CRPA, art. L. 312-2 et L. 312-3) :
- émaner des administrations centrales et déconcentrées de l'État ;
- comporter une interprétation du droit positif ou une description des procédures administratives ;
- être publiées sur des sites Internet désignés par décret.

La liste des sites Internet sur lesquels doivent être publiées les circulaires et instructions émanant des services de l'État pour être opposables est fixée par décret. Il s'agit, en particulier de (CRPA, art. D. 312-11) :
- www.bulletin-officiel.developpement-durable.gouv.fr ;
- www.culture.gouv.fr ;
- www.defense.gouv.fr/sga ;
- www.diplomatie.gouv.fr ;
- www.economie.gouv.fr ;
- www.education.gouv.fr ;
- www.enseignementsup-recherche.gouv.fr ;
- www.fonction-publique.gouv.fr ;
- https ://info.agriculture.gouv.fr ;
- www.interieur.gouv.fr ;
- www.solidarites-sante.gouv.fr ;
- www.sports.gouv.fr ;
- www.textes.justice.gouv.fr ;
- www.travail-emploi.gouv.fr

Lorsque la page à laquelle renvoient les adresses mentionnées ci-dessus ne donne pas directement accès à la liste des instructions et circulaires, elle doit comporter un lien direct vers cette liste, identifié par la mention « Documents opposables ».

Ces sites Internet doivent préciser la date de dernière mise à jour de la page donnant accès à ces documents ainsi que la date à laquelle chaque document a été publié sur le site (CRPA, art. R. 312-10).

Les circulaires et instructions adressées par les ministres aux services et établissements de l'État sont publiées sur les sites ci-dessus mentionnés au moyen d'un lien vers le document mis en ligne sur www.circulaires.gouv.fr

Application subsidiaire - Ces dispositions s'appliquent en l'absence de dispositions spéciales (CRPA, art. L. 100-1), comme c'est le cas pour l'opposabilité de certaines circulaires à l'URSSAF *(voir ci-après)*.

Opposabilité à l'URSSAF de certaines circulaires

Bénéficiaires - L'opposabilité des circulaires et instructions ministérielles bénéficie aux cotisants du régime (circ. DSS/5 C 2006-72 du 21 février 2006) :
- général relevant des URSSAF (ou des CGSS dans les DOM), y compris pour les travailleurs indépendants (professions libérales relevant de la CNAVPL et de la CNBF incluses) ;
- agricole relevant des caisses de la Mutualité sociale agricole (MSA).

Circulaires et instructions concernées - Cette opposabilité ne vaut que pour certaines circulaires. En effet, seules les circulaires et instructions interprétatives du ministère chargé de la sécurité sociale ou du ministère de l'Agriculture publiées sont concernées par cette mesure. Pour ce qui concerne les salariés relevant du régime général et les travailleurs non salariés non agricoles, la circulaire, ou l'instruction, doit être publiée au bulletin officiel du ministère de la Santé, sous forme papier ou sous forme électronique (www.solidarites-sante.gouv.fr, sous-rubrique Ministère et Documentation et publications officielles).

▶ Attention… Les circulaires émanant de l'ACOSS ne sont pas opposables et ne lient pas les juges (par ex. : cass. civ., 2e ch., 30 mars 2017, n° 15-25453, BC II n° 67).

Publication au BOSS de certaines circulaires et instructions - Depuis le 1.04.2021, les directives, instructions, circulaires, notes de service et commentaires de l'administration en matière de cotisations et contributions sociales ne sont plus publiées au Bulletin officiel « Santé » (BO Santé), papier ou électronique, mais au *Bulletin officiel de la sécurité sociale (BOSS)**, avec la même opposabilité *(voir ci-dessous)*. Le BOSS a vocation à rassembler l'ensemble des instructions et circulaires relatives à la législation applicable en matière d'allégements et de réductions de cotisations et contributions sociales mises à disposition des cotisants (c. séc. soc. art. L. 243-6-2, III).

Effets de l'opposabilité - Les URSSAF, l'ACOSS et les CGSS dans les DOM ne peuvent procéder à aucun redressement de cotisations et contributions sociales pour la période pendant laquelle le cotisant aura appliqué une circulaire ou une instruction interprétative alors en vigueur, peu important que cette interprétation diffère de celle admise par l'organisme de contrôle (c. séc. soc. art. L. 243-6-2).

Depuis le 1.01.2019, l'opposabilité des circulaires a été étendue à la législation relative à la *réduction générale de cotisations patronales**, à la réduction dont bénéficient les structures d'aide à domicile (voir *Accueil et aide à domicile**) pour l'exonération « services à la personne » (c. séc. soc. art. L. 241-10) et aux exonérations spécifiques dont bénéficient les employeurs en outre-mer (c. séc. soc. art. L. 752-3-2), ou à tout point de droit dont l'application est susceptible d'avoir une incidence sur les allégements portant sur les cotisations à la charge de l'employeur dues au titre des régimes de retraite complémentaire légalement obligatoires (ex. : AGIRC-ARRCO) (c. séc. soc. art. L. 243-6-2).

▶ À noter… À compter du 1.01.2023 en principe, les cotisations AGIRC-ARRCO seront recouvrées par les URSSAF (c. séc. soc. art. L. 213-1 et c. séc. soc. art. L. 243-6-2, II applicables au 1.01.2023 ; décret 2021-1532 du 26 novembre 2021, JO du 28) et, par cohérence, ces règles d'opposabilité aux caisses AGIRC-ARRCO n'auront plus lieu d'être.

Classification des emplois

La classification des emplois est établie par la *convention collective**. Elle est généralement définie dans les avenants concernant les diverses catégories de personnel (ouvriers, employés, techniciens, agents de maîtrise, cadres). Elle figure obligatoirement sur le *bulletin de paie** (c. trav. art. R. 3243-1).

Définition des emplois

La classification des emplois énumère les qualifications professionnelles des salariés assorties, le cas échéant, d'un *coefficient hiérarchique**.

À chaque *qualification professionnelle** correspond une définition ou une description des tâches qui peuvent être demandées au salarié.

Égalité de traitement

Temps complet/temps partiel - Quand une classification conventionnelle s'obtient compte tenu d'un nombre défini d'années de pratique professionnelle et que la convention collective ne fait pas référence à une notion de temps plein, cette durée se décompte de la même façon, que les salariés soient à temps complet ou à temps partiel (cass. soc. 7 mai 2008, n° 07-40289, BC V n° 100).

Interdiction des discriminations - Un salarié ne doit pas faire l'objet de mesures discriminatoires, directes ou indirectes, en matière de qualification et de classification en raison, notamment, de son origine, de son sexe, de ses mœurs, de son orientation sexuelle, de son âge ou de sa situation de famille (c. trav. art. L. 1132-1) (voir *Discriminations**).

Possibilité de surclasser un salarié

Lorsqu'il est convenu contractuellement d'accorder au salarié une classification supérieure à celle correspondant aux fonctions effectivement exercées, afin de lui faire bénéficier du statut cadre, l'employeur est tenu de verser la rémunération minimale conventionnelle correspondant à la classification de l'intéressé (cass. soc. 3 février 2010, n° 08-41441 D) (voir *Cadres**).

Nouvelle classification

Effet vis-à-vis des salariés - Lorsque la qualification professionnelle ne résulte pas du contrat de travail mais des dispositions d'un accord collectif, la nouvelle classification résultant d'un avenant à cet accord s'impose aux salariés concernés (cass. soc. 16 novembre 1993, n° 90-43233, BC V n° 273).

▶ À noter… Lorsque la qualification résulte du contrat de travail, voir *Modification du contrat de travail (fonctions et qualification)**.

Les salariés embauchés après l'entrée en vigueur du nouveau barème peuvent pour l'avenir avoir une évolution de carrière plus rapide que celle des salariés embauchés avant, mais à la condition qu'ils ne bénéficient à aucun moment d'une classification ou d'une rémunération plus élevée que celle des salariés embauchés avant son entrée en vigueur et placés dans une situation identique ou similaire (cass. soc. 7 décembre 2017, n° 16-14235, BC V n° 212). Il s'agit ainsi d'assurer l'égalité de traitement entre des salariés embauchés avant ou après l'entrée en vigueur d'un nouveau barème conventionnel [voir *Salaire (à travail égal, salaire égal)**].

Consultation du comité social et économique - La mise en œuvre d'une nouvelle classification résultant d'un accord collectif étendu et susceptible d'affecter la structure des effectifs doit être soumise, dans les entreprises d'au moins 50 salariés, à la consultation préalable du *comité social et économique** dans le cadre de sa compétence générale [voir *Comité social et économique (entreprises d'au moins 50 salariés)**]. En l'espèce, la nouvelle grille conventionnelle avait pour effet de réduire des deux tiers le nombre des intitulés d'emplois et de regrouper certains emplois sous un même intitulé, de sorte que les tâches exercées par certains salariés pouvaient s'en trouver modifiées (cass. soc. 21 novembre 2012, n° 11-10625, BC V n° 302).

Contentieux - L'absence de contestation par le salarié de sa nouvelle classification dans les formes et délais prévus par la convention collective et de saisine de la commission paritaire de conciliation ne vaut pas renonciation de sa part à contester judiciairement sa nouvelle classification professionnelle. Il ne peut pas être privé du droit de soumettre cette contestation à une juridiction (cass. soc. 19 mars 2014, n° 13-10021, BC V n° 82).

La durée de la prescription de cette action est en principe de 2 ans (c. trav. art. L. 1471-1). Toutefois si la demande de requalification du contrat et du poste occupé est accompagnée d'une demande de rappel de salaire, la prescription applicable est déterminée par la nature de la créance invoquée, à savoir une créance salariale. Elle est donc de 3 ans (cass. soc. 30 juin 2021, n° 19-10161 FSB ; c. trav. art. L. 3245-1) [voir *Prescription (salaires)**].

☛ *Coefficient hiérarchique ; Qualification professionnelle.*

➲ Formulaire de Droit Social, « Notification d'une promotion ».

Clause attributive de juridiction

Contrat de travail de droit interne

La clause du contrat de travail qui attribue la compétence à une autre juridiction que le *conseil de prud'hommes** (CPH), pour trancher un litige relatif à l'exécution ou la rupture de ce contrat opposant un employeur et un salarié, est nulle et donc inapplicable (c. trav. art. L. 1221-5).

Une clause du contrat qui déroge directement ou indirectement aux règles relatives à la compétence territoriale des CPH est également nulle (c. trav. art. R. 1412-4).

Contrat de travail international

Espace judiciaire extra-européen - Seul un *contrat de travail international** peut déroger à l'interdiction des clauses attributives de juridiction dès lors que (cass. soc. 30 janvier 1991, n° 87-42086, BC V n° 41 ; cass. soc. 21 janvier 2004, n° 01-44215, BC V n° 24) :
- le travail est exécuté en dehors de l'Union européenne ;
- le contrat présente toutes les caractéristiques d'un contrat de travail international ;
- le salarié y a expressément consenti.

Espace judiciaire de l'Union européenne - Des règles spécifiques de compétence juridictionnelle s'appliquent (règlt UE 1215/2012 du 12 décembre 2012, JOUE L 351 du 20 décembre 2012). Dans ce cadre, il peut être dérogé aux dispositions fixant les conditions de détermination de la juridiction compétente via une clause attributive de juridiction, notamment si celle-ci est postérieure à la naissance du différend.

Compétence du conseil de prud'hommes en cas de travail en France - Lorsqu'un contrat de travail international est exécuté en France, le CPH reste compétent malgré la clause attributive de juridiction. Il s'agit de celui dans le ressort duquel est situé l'établissement où est accompli le travail (règlement (UE) 1215/2012 du 12 décembre 2012, art. 21 ; c. civ. art. 14 et 15 ; c. trav. art. R. 1412-1 ; cass. soc. 29 septembre 2010, n° 09-40688, BC V n° 204 ; cass. soc. 5 décembre 2018, n° 17-19935 FPB).

▶ À noter… En l'absence de définition légale de l'« établissement » où est accompli le travail et compte tenu du droit européen qui se réfère au lieu où le travailleur accomplit habituellement son travail *(voir ci-avant)*, il est admis qu'il s'agit de celui où le salarié effectue la plus grande partie de son travail (cass. soc. 28 septembre 2016, n° 15-17288 P ; cass. soc. 5 décembre 2018, n° 17-19935 FPB).

Travail hors établissement

En présence d'une clause attribuant, dans un contrat de travail devant s'effectuer hors de France, compétence à une juridiction française, les dispositions de l'article R. 1412-1 du code du travail relatives à la compétence du conseil de prud'hommes du domicile du salarié doivent recevoir application lorsque le travail s'effectue en dehors de tout établissement (cass. soc. 16 mars 2004, n° 02-40388, BC V n° 88).

Contrat de travail ; Contrat de travail international.

Clause de bonne fin

Clause de variation du salaire.

Clause de changement de direction

Il s'agit d'une clause du contrat de travail qui permet au salarié de rompre son contrat, ladite rupture étant imputable à l'employeur, en cas de changement de direction, de contrôle, de fusion-absorption ou de changement significatif d'actionnariat entraînant une modification importante de l'équipe de direction.

Sur la *clause de conscience** dont peut bénéficier un journaliste, voir cette étude.

Conditions de validité

Une clause de changement de direction est licite dès lors (cass. soc. 26 janvier 2011, n° 09-71271, BC V n° 35 ; cass. soc. 10 avril 2013, n° 11-25841, BC V n° 97) :

- qu'elle est justifiée par les fonctions du salarié au sein de l'entreprise (en pratique, il s'agit de *cadres dirigeants**) ;
- qu'elle ne fait pas échec à la faculté de résiliation unilatérale du contrat par l'employeur ou le salarié.

Indemnité à verser au salarié

La clause de changement de direction peut prévoir le versement d'une indemnité au salarié qui, en application de celle-ci, rompt son contrat de travail. Prévoir une telle indemnité est en effet licite (cass. soc. 10 avril 2013, n° 11-25841, BC V n° 97).

Au regard du droit des contrats, l'obligation pour l'employeur de verser cette indemnité a bien une cause. En effet, cette clause est convenue en raison des avantages que l'entreprise tire du recrutement du salarié et de l'importance des fonctions qui lui sont attribuées (cass. soc. 10 avril 2013, n° 11-25841, BC V n° 97).

Par ailleurs, au regard du droit des sociétés, la clause de changement de direction prévoyant une indemnité de départ n'est pas soumise au régime des conventions réglementées.

En effet, cette clause, contenue dans un contrat de travail conclu régulièrement et sans fraude à une date à laquelle le bénéficiaire n'était pas encore mandataire social n'est pas soumise à la procédure spéciale d'autorisation des conventions conclues entre une société et l'un des membres du directoire (cass. soc. 10 avril 2013, n° 11-25841, BC V n° 97).

Contrat de travail.

Clause compromissoire

Il s'agit de la clause par laquelle les parties conviennent à l'avance de soumettre à un arbitrage extrajudiciaire les litiges qui naîtront éventuellement dans l'exécution de leurs engagements.

Interdiction de principe

Sous réserve des dispositions législatives particulières, la clause compromissoire est valable dans les contrats conclus à raison d'une activité professionnelle (c. civ. art. 2061).

Ce texte ne permet cependant pas d'exclure dans un contrat de travail les attributions du *conseil de prud'hommes** (CPH). En effet, les CPH sont légalement seuls compétents pour connaître des différends qui peuvent s'élever à l'occasion de tout contrat de travail (c. trav. art. L. 1411-1).

Dès lors, toute clause compromissoire pour les contestations se rapportant au contrat de travail est nulle (c. trav. art. L. 1411-4 ; cass. soc. 30 novembre 2011, n° 11-12905, BC V n° 277).

▶ À noter... Sur les modes amiables de règlement des conflits entre un employeur et un salarié, voir *Médiation** et *Procédure participative**.

Exception pour un contrat de travail international

Une clause compromissoire peut être inscrite dans un *contrat de travail international**. Toutefois, cette clause n'est pas opposable au salarié qui a saisi régulièrement le CPH en vertu des règles applicables, peu important la loi régissant le contrat de travail (cass. soc. 16 février 1999, n° 96-40643, BC V n° 78 ; cass. soc. 12 mars 2008, n° 01-44654 D).

☛ *Contrat de travail.*

Clause de conciliation préalable

Une clause de conciliation préalable peut être inscrite dans un *contrat de travail**. Elle prévoit une phase préalable de conciliation obligatoire en cas de litige entre l'employeur et le salarié avant la saisine du *conseil de prud'hommes**.

Cette clause n'empêche cependant pas les parties de saisir directement le juge prud'homal de leur différend (cass. soc. 5 décembre 2012, n° 11-20004, BC V n° 326).

Sur les modes amiables de règlement des conflits entre un employeur et un salarié, voir *Médiation** et *Procédure participative**.

☛ *Contrat de travail.*

Clause de confidentialité

Licéité

Dans le cadre de leur obligation de loyauté, et indépendamment de toute clause inscrite dans le contrat de travail, tous les salariés sont tenus à une obligation de discrétion concernant les informations dont ils ont connaissance du fait de leurs fonctions et dont la divulgation à des tiers serait préjudiciable à l'entreprise.

▶ À noter... L'obligation d'exécuter le contrat de travail de bonne foi implique notamment que le salarié soit loyal envers son employeur (c. trav. art. L. 1222-1).

L'employeur peut cependant souhaiter insérer une clause de confidentialité (également dénommée clause de discrétion) dans le *contrat de travail** des salariés dont les fonctions impliquent la connaissance d'informations stratégiques.

Une telle clause est licite si elle est justifiée par la nature de la tâche à accomplir et proportionnée au but recherché (c. trav. art. L. 1121-1).

Elle n'a pas à prévoir une contrepartie financière pour être valable (cass. soc. 15 octobre 2014, n° 13-11524, BC V n° 240), à la différence d'une *clause de non-concurrence**.

▶ Attention... Seule une clause de non-concurrence peut interdire au salarié de s'engager au service d'une entreprise concurrente après avoir quitté l'entreprise (cass. soc. 2 octobre 2001, n° 99-42942, BC V n° 291).

Application

Pendant et après le contrat - Une clause de confidentialité a vocation à s'appliquer pendant le contrat de travail.

Toutefois, une clause de confidentialité destinée à protéger le savoir-faire propre à l'entreprise peut valablement prévoir (cass. soc. 19 mars 2008, n° 06-45322 D ; cass. soc. 12 février 2014, n° 11-27899 D) :
- qu'elle s'appliquera après la fin du contrat de travail ;
- et que l'inexécution par le salarié de son obligation de confidentialité postérieurement à son départ de l'entreprise le rend responsable du préjudice qui en résulte pour celle-ci, même en l'absence de faute lourde.

Conséquences du non-respect de la clause - Un salarié qui ne respecte pas la clause de confidentialité pendant son contrat de travail peut être, selon les circonstances, licencié pour ce motif (cass. soc. 3 mars 2009, n° 07-43222 D).

▶ Attention… Une clause de confidentialité ne peut pas priver le salarié du droit de se procurer des documents en vue d'assurer sa défense lors d'un contentieux (voir *Preuve**). Le licenciement d'un salarié pour avoir diffusé ces documents en violation de la clause de confidentialité est donc sans cause réelle et sérieuse si les éléments communiqués sont strictement nécessaires à la défense de l'intéressé (cass. soc. 19 mars 2008, n° 06-45434 D ; cass. soc. 16 septembre 2015, n° 13-26949 D).

Le salarié qui ne respecte pas la clause de confidentialité qui était inscrite dans son contrat de travail après la rupture de celui-ci encourt une condamnation à verser des dommages-intérêts à son ancien employeur. Ce dernier peut obtenir du juge des référés une provision sur dommages et intérêts (c. trav. art. R. 1455-7 ; cass. soc. 12 février 2014, n° 11-27899 D).

☛ *Contrat de travail.*

Clause de conscience

Cadres

Voir *Clause de changement de direction**.

Journalistes

L'indemnité de licenciement est due au journaliste professionnel qui démissionne pour l'une des circonstances suivantes (c. trav. art. L. 7112-3 et L. 7112-5) :

- cession du journal ou du périodique ;
- cessation de la publication du journal ou périodique pour quelque cause que ce soit ;
- changement notable dans le caractère ou l'orientation du journal ou périodique si ce changement crée, pour le salarié, une situation de nature à porter atteinte à son honneur, à sa réputation ou, d'une manière générale, à ses intérêts moraux.

Dans ce dernier cas, le salarié qui rompt le contrat n'est pas tenu d'observer un préavis (c. trav. art. L. 7112-2 et L. 7112-5).

☛ *Contrat de travail ; Journalistes.*

Clause couperet

☛ *Départ volontaire à la retraite ; Mise à la retraite.*

Clause de dédit-formation

La clause de dédit-formation permet à l'employeur de s'assurer du bénéfice des formations financées par lui, en dissuadant les salariés de quitter l'entreprise avant que les dépenses de formation soient « amorties ». Elle prévoit le remboursement par le salarié des frais de la formation dont il a bénéficié quand la rupture de son contrat de travail lui est imputable (ex. : démission) et si cette rupture est intervenue avant un certain délai.

Conditions de validité

Conditions à respecter sous peine de nullité de la clause - La clause de dédit-formation doit, pour être valable, faire l'objet d'une convention particulière conclue, entre l'employeur et le salarié, avant le début de la formation qui précise (cass. soc. 4 février 2004, n° 01-43651, BC V n° 40) :

- la date, la nature et la durée de la formation ;
- le coût réel pour l'employeur, celui-ci devant être supérieur aux dépenses imposées par la loi ou la convention collective ;
- le montant et les modalités du remboursement à la charge du salarié, étant entendu que le montant de l'indemnité de dédit doit être proportionné aux frais de formation engagés et que la clause ne peut pas prévoir le remboursement des rémunérations qui ont été obligatoirement maintenues par l'employeur pendant la formation (cass. soc. 23 octobre 2013, n° 11-16032, BC V n° 247).

Enfin, une telle clause de dédit-formation ne doit pas avoir pour effet de priver le salarié de la faculté de démissionner (cass. soc. 21 mai 2002, n° 00-42909, BC V n° 169).

Si une de ces conditions manque, la clause est nulle.

▶ Attention… Compte tenu des réformes successives (loi relative à la formation professionnelle, à l'emploi et à la démocratie sociale du 5.03.2014 et loi Avenir professionnel du 5.09.2018), la position des juges quant aux actions de formation qui pourraient justifier une convention de dédit-formation n'est pas connue à la date de mise à jour de cette étude.

Comme pour toute autre clause particulière du *contrat de travail**, il convient de se conformer, le cas échéant, à la convention et aux accords collectifs applicables à l'entreprise.

Convention particulière à signer avant le début de la formation - La signature de la convention de dédit-formation avant le début de la formation est l'une des conditions de validité de la convention. Ainsi, quand la clause de dédit-formation est signée après la formation suivie par un salarié démissionnaire, l'employeur ne peut pas obtenir des juges la mise en œuvre de cette clause (cass. soc. 16 mars 2005, n° 02-47007 D).

Mention du coût réel pour l'entreprise - L'identification des frais de l'entreprise est une autre des conditions de validité de la clause de dédit-formation (cass. soc. 16 mai 2007, n° 05-16647 D). L'employeur doit les définir clairement et les chiffrer de façon précise dans la clause. Il ne peut pas se contenter d'indiquer un montant forfaitaire de dépenses (cass. soc. 18 mars 1970, n° 69-40189, BC V n° 207). Dans le même ordre d'idées, le coût de la formation fixé par référence à un coût moyen pratiqué dans la profession n'est pas considéré comme étant une information sur le coût réel (cass. soc. 31 octobre 2007, n° 06-15696 D ; cass. soc. 16 mai 2007, n° 05-16647 D). Enfin, les frais de formation doivent être effectivement supportés par l'employeur (cass. soc. 19 novembre 1997, n° 94-43195 D).

Possibilité d'insérer d'autres clauses - Il est possible d'insérer dans le même contrat de travail une clause de dédit-formation et une *clause de non-concurrence** (cass. soc. 21 mai 2002, n° 00-42909, BC V n° 169).

Indemnité de dédit

Montant proportionnel aux frais engagés - Le montant de l'indemnité de dédit doit être proportionnel aux frais de formation réellement engagés (cass. soc. 21 mai 2002, n° 00-42909, BC V n° 169). Donc, si le juge constate que l'indemnité prévue ne répond pas à cette condition, la clause devrait être annulée.

Pas de remboursement du salaire maintenu pendant la formation - La clause de dédit-formation ne peut pas inclure dans l'indemnité de dédit le remboursement des rémunérations qui ont été obligatoirement maintenues par l'employeur pendant la formation. À défaut de respecter cette limite, une telle clause est nulle, de sorte que l'employeur ne peut pas la faire jouer et ne peut obtenir aucun remboursement.

Lorsque le salarié a droit au maintien de son salaire, la clause de dédit-formation peut donc seulement prévoir le remboursement des frais de formation en tant que tels (coût payé à l'organisme de formation et, le cas échéant, frais annexes divers tels que le transport) (cass. soc. 23 octobre 2013, n° 11-16032, BC V n° 247).

Cas d'interdiction

Une clause de dédit-formation ne peut pas être insérée dans un *contrat de professionnalisation**. Une telle clause serait nulle (c. trav. art. L. 6325-15).

Application

Une clause de dédit-formation ne peut être mise en œuvre que lorsque la rupture du contrat de travail est imputable au salarié. Le salarié ne doit donc pas verser l'indemnité de dédit lorsque la rupture de son contrat de travail est imputable à l'employeur (cass. soc. 11 janvier 2012, n° 10-15481, BC V n° 14). Ainsi, il ne doit pas payer l'indemnité de dédit en cas de licenciement et ce, y compris en cas de licenciement pour faute grave (cass. soc. 10 mai 2012, n° 11-10571 D).

La démission est l'hypothèse normale d'application d'une clause de dédit-formation ; encore faut-il que cette démission n'ait pas pour cause une faute de l'employeur lui-même (ex. : non-paiement des salaires) (cass. soc. 4 juillet 1990, n° 87-43787 D).

Il a été admis que si le salarié rompt sa période d'essai, la clause de dédit s'applique si la formation prévue a effectivement été suivie (cass. soc. 5 juin 2002, n° 00-44327, BC V n° 196).

En cas de *prise d'acte de la rupture** de son contrat de travail par le salarié, celui-ci ne doit pas verser l'indemnité de dédit si cette prise d'acte est imputable à l'employeur et produit les effets d'un licenciement sans cause réelle et sérieuse (cass. soc. 11 janvier 2012, n° 10-15481, BC V n° 14). À l'inverse, l'indemnité est due si la prise d'acte n'est pas imputable à l'employeur et a les effets d'une démission.

▶ À noter... L'employeur peut prélever directement sur le salaire la somme due au titre de la violation d'une clause de dédit-formation mais uniquement sur la fraction saisissable du salaire (cass. soc. 21 mars 2000, n° 99-40003, BC V n° 118).

Renonciation à la clause

La renonciation de l'employeur à la clause ne se présume pas. Elle ne peut pas résulter de la simple mention « libre de tout engagement » apposée sur le *certificat de travail** délivré au salarié (cass. soc. 4 juillet 2001, n° 99-43520 D).

Contrat de travail.

➲ Formulaire de Droit Social, « Convention de dédit-formation ».

Clause de domicile (ou de résidence)

Changement de domicile

Clause de mobilité prévoyant un changement de domicile - Chacun dispose de la liberté de choisir son domicile. Par ailleurs, les restrictions apportées aux droits des personnes et aux libertés individuelles et collectives doivent être justifiées par la nature de la tâche à accomplir et proportionnées au but recherché (Convention européenne de sauvegarde des droits de l'homme, art. 8 ; c. trav. art. L. 1121-1).

Dès lors, l'atteinte portée au droit du salarié au libre choix de son domicile par une *clause de mobilité** prévoyant aussi un changement de domicile doit être indispensable à la protection des intérêts légitimes de l'entreprise et proportionnée, compte tenu de l'emploi occupé et du travail demandé, au but recherché. Sinon, cette clause est nulle (cass. soc. 12 janvier 1999, n° 96-40755, BC V n° 7 ; cass. soc. 28 février 2012, n° 10-18308, BC V n° 78).

Exemples

La clause imposant à des salariés engagés en qualité d'employés d'immeubles de résider sur place dans l'ensemble immobilier est nulle, dès lors qu'ils peuvent exécuter les tâches qui leur sont confiées tout en résidant à l'extérieur des lieux de travail (cass. soc. 13 avril 2005, n° 03-42965, BC V n° 134 ; cass. soc. 12 novembre 2008, n° 07-42601 D).

La clause imposant à un avocat salarié de fixer son domicile au lieu d'implantation du cabinet, fondée sur la seule nécessité d'une « bonne intégration de l'avocat dans l'environnement local », ne poursuit pas un objectif pouvant justifier l'atteinte portée à la liberté individuelle de l'avocat (cass. soc. 12 juillet 2005, n° 04-13342, BC V n° 241 ; cass. soc. 7 mars 2007, n° 05-21017 D).

Clause de mobilité ne prévoyant pas un changement de domicile - Voir *Clause de mobilité**.

Respect de la convention collective - Certaines conventions collectives prévoient la nécessité d'un accord préalable des salariés en cas de mutation rendant obligatoire un changement de domicile (cass. soc. 3 mars 2004, n° 02-41750 D).

Changement de domicile en l'absence d'une clause dans le contrat de travail - Voir *Domicile**.

Changement de résidence

Une *clause de mobilité** peut prévoir l'établissement temporaire de la résidence du salarié sur le lieu de ses missions. Ce type de clause porte atteinte au droit du salarié à une vie personnelle et familiale. Or, une telle atteinte doit être justifiée par la tâche à accomplir et proportionnée au but recherché. Si tel n'est pas le cas, le salarié peut refuser de se soumettre au changement de résidence et l'employeur ne peut pas le licencier pour ce motif (cass. soc. 14 octobre 2008, n° 07-40523, BC V n° 192).

Contrat de travail.

Clause ducroire

Représentants de commerce.

Clause d'exclusivité

Pendant le contrat de travail, le salarié a une obligation de loyauté, découlant de celle d'exécuter le contrat de travail de bonne foi (c. trav. art. L. 1222-1), qui lui interdit de travailler pour un concurrent de son employeur. La clause d'exclusivité renforce cette obligation puisque, en général, elle interdit au salarié d'exercer toute autre activité, que ce soit pour son propre compte ou pour tout autre employeur.

Conditions de validité

Conditions cumulatives - La clause par laquelle un salarié s'engage à consacrer l'exclusivité de son activité à un employeur porte atteinte à la liberté du travail (cass. soc. 11 juillet 2000, n° 98-40143, BC V n° 276). Elle n'est donc valable que si elle remplit les conditions de validité indiquées dans le tableau reproduit dans cette étude.

Ajouter une clause d'exclusivité caractérise une *modification du contrat de travail**. L'employeur doit donc obtenir l'accord préalable du salarié concerné (cass. soc. 7 juin 2005, n° 03-42080, BC V n° 189).

Clause distincte de la clause de non-concurrence
Une clause d'exclusivité se distingue de la *clause de non-concurrence**, cette dernière ne prenant effet qu'à compter de la rupture du contrat de travail (cass. soc. 2 octobre 2001, n° 99-42942, BC V n° 291).

De plus, la validité d'une clause d'exclusivité, qui ne s'applique que pour la durée du contrat de travail et dont le salarié est libéré dès la rupture de celui-ci, n'est pas soumise à l'existence d'une contrepartie financière (cass. soc. 5 novembre 2014, n° 13-17831 D ; cass. soc. 29 septembre 2016 n° 14-24296 D).

Salarié à temps partiel

Application des conditions de validité - La clause par laquelle un salarié à temps partiel se voit interdire toute autre activité professionnelle soit pour son compte, soit pour le compte d'un tiers, porte atteinte au principe fondamental de libre exercice d'une activité professionnelle.

Dès lors, elle n'est valable que si les conditions de validité décrites ci-dessus sont réunies (cass. soc. 25 février 2004, n° 01-43392, BC V n° 64) (voir *Travail à temps partiel**). En pratique, ces conditions de validité sont rarement remplies. Si le salarié conteste la validité de cette clause devant le juge, il appartient à l'employeur de prouver que cette clause est valable (cass. soc. 22 septembre 2016, n° 15-16724 D).

▶ Attention… La clause par laquelle l'employeur soumet l'exercice, par le salarié engagé à temps partiel, d'une autre activité professionnelle à une autorisation préalable s'apparente à une clause d'exclusivité. Elle doit donc répondre aux mêmes conditions de validité. À défaut, elle est nulle (cass. soc. 16 septembre 2009, n° 07-45346, BC V n° 184).

Conséquence de la nullité de la clause - Le cas échéant, la nullité de la clause ne remplissant pas les conditions de validité n'entraîne pas la requalification du contrat de travail à temps partiel en contrat de travail à temps complet.

Elle permet toutefois au salarié concerné d'obtenir des dommages-intérêts en réparation du préjudice résultant pour lui de cette clause illicite (cass. soc. 25 février 2004, n° 01-43392, BC V n° 64 ; cass. soc. 24 mars 2021, n° 19-16418 FSP), s'il parvient à prouver l'existence de ce préjudice.

Salarié créateur d'entreprise

Suspension de la clause pendant un an - Aucune clause d'exclusivité ne peut être opposée par son employeur au salarié qui crée ou reprend une entreprise, pendant une durée de 1 an à compter

Clause d'exclusivité : quatre conditions de validité

Conditions de validité (1) (2)	Exemples
1. Être indispensable à la protection des intérêts légitimes de l'entreprise	Il peut être nécessaire de protéger un savoir-faire ou des informations commerciales stratégiques
2. Être justifiée par la nature de la tâche à accomplir	La clause peut être inscrite dans le contrat de travail d'un commercial ou d'un ingénieur qui maîtrisent ou ont accès au savoir-faire ou aux informations stratégiques pour l'entreprise
3. Être proportionnée au but recherché	Une interdiction absolue d'exercer une autre activité professionnelle n'est pas recommandée. Il est préférable de prévoir une obligation d'informer et de recueillir l'accord de l'employeur avant d'exercer une autre activité. Ce type de clause, inscrite dans le contrat de travail d'un comptable qui avait accès à des éléments essentiels et confidentiels de la vie de la société, a été jugé valable (cass. soc. 29 septembre 2016, n° 14-24296 D)
4. Préciser les contours de l'activité complémentaire qui serait envisagée par le salarié (activité bénévole ou lucrative, professionnelle ou de loisirs) (3)	La clause rédigée en termes généraux et imprécis n'est pas valable dans la mesure où son champ d'application n'est pas limité et sa rédaction ne permet pas de vérifier si la restriction à la liberté du travail est justifiée et proportionnée. La clause ainsi rédigée « M. … s'engage expressément à demander l'autorisation de la société pour toute activité complémentaire qu'il souhaiterait occuper » n'est donc pas valable

(1) c. trav. art. L. 1121-1 ; cass. soc. 11 juillet 2000, n° 98-40143, BC V n° 276 ; cass. soc. 16 mai 2018, n° 16-25272 D. **(2) La clause d'exclusivité n'a pas à prévoir une contrepartie financière** (cass. soc. 5 novembre 2014, n° 13-17831 D). **(3)** (cass. soc. 16 mai 2018, n° 16-25272 D).

soit de son inscription au registre du commerce et des sociétés ou au répertoire des métiers, soit de sa déclaration de début d'activité professionnelle agricole ou indépendante.

Toute stipulation contractuelle ou conventionnelle contraire serait inopérante, sauf s'il s'agit de la clause d'exclusivité inscrite dans le contrat de travail des VRP (c. trav. art. L. 1222-5, L. 7313-6 et D. 1222-1).

La durée de cette période de non-opposabilité est, le cas échéant, allongée jusqu'au terme de la prolongation du congé pour la création ou la reprise d'entreprise (voir *Congé pour création d'entreprise** et *Création d'entreprise**).

Application de l'obligation de loyauté - Afin de prévenir toute concurrence déloyale, le salarié créateur ou repreneur d'entreprise reste néanmoins soumis à l'obligation de loyauté à l'égard de son employeur pendant toute cette période de 1 an éventuellement prolongée (c. trav. art. L. 1222-5). Ainsi, le salarié créateur ou repreneur d'entreprise n'est délié de la clause d'exclusivité que pour les activités non concurrentes de celles de l'entreprise. Pour celles qui le sont, l'obligation de loyauté, qui se traduit par une obligation de non-concurrence pendant toute la durée du contrat de travail, continue de s'imposer.

Non-respect de la clause d'exclusivité

La violation de la clause est une faute pouvant justifier, selon les circonstances, le licenciement du salarié (cass. soc. 21 mai 1986, n° 82-43839, BC V n° 240).

Exemple

Un salarié avait, en violation d'une clause d'exclusivité et en concertation avec un autre salarié et alors qu'il était encore au service de son employeur, eu recours à un montage juridique permettant de dissimuler la création d'une entreprise dont l'activité était concurrente de celle de son employeur et avait débuté avant la rupture de leurs relations contractuelles. En outre, le salarié avait détourné de la clientèle et débauché un salarié de l'employeur. Ce salarié pouvait être licencié pour faute lourde car l'intention de nuire était caractérisée (cass. soc. 15 mai 2019, n° 17-28943 D).

Dans le cas d'un salarié qui avait exercé une activité pendant un arrêt maladie mais sans concurrencer l'entreprise, il a été jugé que l'employeur ne pouvait pas invoquer la violation de la clause d'exclusivité telle qu'inscrite dans son contrat de travail car il n'avait pas prouvé que le salarié avait perçu une rémunération grâce à cette activité. Le licenciement pour faute grave a été jugé sans cause réelle et sérieuse (cass. soc. 21 novembre 2018, n° 16-28513 D).

☛ *Contrat de travail.*

Clause de garantie d'emploi

Conditions de validité

Limitation du droit de licencier mais sans le rendre impossible - L'employeur peut s'interdire, via une clause du *contrat de travail**, de rompre celui-ci, pendant une période déterminée, sauf accord avec le salarié, faute grave, faute lourde ou force majeure.

Exemple

La lettre, qui précise à un salarié qu'un poste lui est proposé pour une période minimale de 2 ans et que dans le cas où l'employeur déciderait, à l'issue de cette période, de ne pas renouveler la période d'emploi, le salarié pourrait prétendre à des dommages-intérêts correspondant à 1 an de salaire, primes incluses, est une clause de garantie d'emploi (cass. soc. 13 novembre 2008, n° 07-42640, BC V n° 215).

Toutefois, cette clause qui limite le droit de l'employeur de rompre le contrat de travail à durée indéterminée (CDI) n'est licite que si elle ne rend pas impossible la rupture du contrat de travail (cass. soc. 10 juillet 2002, n° 00-41496, BC V n° 236).

▶ Attention… Il ne faut pas confondre un CDI comportant une clause de garantie d'emploi avec un *contrat de travail à durée déterminée**. Chacun de ces contrats obéit à ses propres règles en matière, notamment, de rupture des relations contractuelles (cass. soc. 6 mai 1997, n° 94-40660, BC V n° 164).

Garantie d'emploi pour une durée limitée - La mention d'une durée limitée de garantie d'emploi était une condition de validité de la clause puisque l'engagement à vie était interdit (c. trav. art. L. 121-4 non repris dans la nouvelle codification). À notre sens, cette condition est toujours applicable. À titre d'exemple, la clause du contrat garantissant à un salarié la stabilité de son emploi pendant une période de 5 années était licite (cass. soc. 23 octobre 2007, n° 06-42994, BC V n° 172).

Mentions des cas de rupture restant possibles - La clause peut ne pas mentionner les cas de rupture qui restent possibles pendant la période de garantie. Dans ce cas, l'employeur peut toujours rompre le contrat pour faute grave, faute lourde ou force majeure pendant la période de garantie (cass. soc. 30 mai 2000, n° 97-43191 D). Par ailleurs, le contrat peut toujours être rompu d'un commun accord dans le cadre d'une *rupture conventionnelle**.

Non-respect de la garantie

Paiement d'une indemnité forfaitaire - Employeur et salarié peuvent convenir que le non-respect de la garantie d'emploi donnera lieu au paiement d'une indemnité définie dans la clause.

Par exemple, un contrat de travail pouvait contenir une clause ainsi rédigée : « La (société) s'engage, sous réserve que la période d'essai se révèle satisfaisante, à vous garantir la stabilité de votre emploi pendant une période de 8 ans courant à compter de votre entrée dans la société ; toutefois, au cas où le présent contrat viendrait à être rompu par la (société) et pour quelque cause que ce soit à l'exception d'une faute lourde qui vous serait imputable (...) la (société) s'obligerait à vous verser, outre votre indemnité conventionnelle de licenciement, une indemnité contractuelle d'un montant net correspondant à celui des salaires bruts restant à percevoir jusqu'au terme de la période de garantie d'emploi stipulée ci-dessus (...) ».

En l'espèce, l'employeur avait licencié le salarié pour inaptitude et impossibilité de reclassement, comme le code du travail le lui permet. Il considérait donc qu'il n'avait pas à payer l'indemnité prévue par la clause de garantie d'emploi. À tort. Pour la Cour de cassation, cette indemnité contractuelle doit être versée en cas de licenciement pour inaptitude lorsque celle-ci trouve son origine dans la situation de *harcèlement moral** dont le salarié avait été victime (cass. soc. 15 avril 2015, n° 13-21306, BC V n° 78).

▶ Attention... La clause qui prévoit une indemnité dont elle fixe forfaitairement le montant, quelle que soit la date de la rupture en cas de survenance de celle-ci avant une date déterminée, est une clause indemnisant la rupture survenue avant la date considérée et non une clause de garantie d'emploi (cass. soc. 18 juin 2003, n° 01-42298 D).

Indemnité forfaitaire constituant une clause pénale - L'indemnité forfaitaire prévue par la clause en cas de non-respect par l'employeur de la garantie d'emploi peut être qualifiée de clause pénale par les juges (cass. soc. 15 avril 2015, n° 13-21306, BC V n° 78). Le cas échéant, elle peut être réduite par les juges si elle présente un caractère manifestement excessif (c. civ. art. 1231-5).

Régime social de l'indemnité forfaitaire - L'indemnité due en cas de non-respect de la garantie d'emploi est assujettie aux cotisations de sécurité sociale ainsi qu'à celles ayant une assiette identique (cass. civ., 2e ch., 13 mars 2014, n° 13-12381 D) [voir *Indemnités de rupture (régimes social et fiscal)**].

Dommages-intérêts à défaut d'une indemnité prévue dans la clause - L'employeur qui rompt un CDI comportant une période de garantie d'emploi, avant l'expiration de cette période, méconnaît ses obligations contractuelles. Il est donc condamné à payer au salarié des dommages-intérêts dont le montant, à défaut d'une somme contractuellement définie, représente le solde des salaires jusqu'au terme de la période de garantie (cass. soc. 27 octobre 1998, n° 95-43308, BC V n° 455).

Paiement par le nouvel employeur - S'il y a une *modification de la situation juridique de l'employeur** (ex. : en cas de fusion), les contrats de travail sont maintenus avec le nouvel employeur (c. trav. art. L. 1224-1). Dès lors, si le contrat de travail d'un salarié contient une clause de garantie d'emploi, le nouvel employeur doit la respecter, sinon, celui-ci peut être condamné à verser au salarié concerné l'indemnité prévue par la clause ou des dommages et intérêts (cass. soc. 8 février 2006, n° 03-44481 D ; cass. soc. 23 octobre 2007, n° 06-42994, BC V n° 172).

Non-cumul avec les indemnités de chômage - Les dommages et intérêts dus en cas de violation de la clause de garantie d'emploi ne se cumulent pas avec les indemnités de chômage versées au titre de cette période (cass. ass. plén. 13 décembre 2002, n° 00-17143, B. ass. plén. n° 3 ; cass. soc. 28 février 2006, n° 04-41380, BC V n° 86) [voir *Chômage (allocation d'aide au retour à l'emploi)**].

Or, ce principe n'a vocation à s'appliquer que dans les rapports entre le salarié et l'organisme d'assurance chômage. L'employeur ne peut donc pas déduire le montant de ces indemnités de la somme qu'il doit au salarié du fait de la violation de la clause de garantie d'emploi (cass. soc. 23 octobre 2007, n° 06-42994, BC V n° 172).

Cumul avec l'indemnité de préavis - En cas de violation de la clause de garantie d'emploi, le salarié a droit à l'indemnité de *préavis** en plus des dommages et intérêts dus au titre de cette violation. L'employeur ne peut donc pas déduire le montant de l'indemnité de préavis de la somme qu'il doit au salarié parce qu'il n'a pas respecté la clause de garantie d'emploi (cass. soc. 23 octobre 2007, n° 06-42994, BC V n° 172).

Cumul avec l'indemnité de licenciement - L'indemnité due en cas de violation de l'engagement contractuel de garantie d'emploi répare un préjudice distinct de celui couvert par l'indemnité légale de licenciement et se cumule avec elle (cass. soc. 4 mars 2008, n° 06-45221, BC V n° 44) (voir *Indemnité de licenciement**).

S'il est avéré que le licenciement est sans cause réelle et sérieuse, l'indemnité due en cas de violation de l'engagement contractuel de garantie d'emploi se cumule avec l'indemnité de *licenciement sans cause réelle et sérieuse**. En effet, la violation par l'employeur de la clause de garantie d'emploi ne dispense pas le juge d'examiner la cause du licenciement. Il appartient donc à ce dernier d'apprécier le caractère réel et sérieux des motifs invoqués par l'employeur dans la lettre de licenciement (cass. soc. 13 novembre 2008, n° 07-42640, BC V n° 215).

Rupture à l'initiative du salarié - Une clause de garantie d'emploi n'a vocation à s'appliquer que dans le cas d'une rupture imputable à l'employeur. Un salarié, dont le contrat de travail contient une telle garantie d'emploi, ne peut donc pas obtenir de l'employeur le paiement des salaires qui restent dus jusqu'au terme de cette garantie, s'il démissionne avant ce terme (cass. soc. 30 novembre 2005, n° 04-41709 D).

Il faut toutefois réserver l'hypothèse où la *démission** serait en fait imputable à l'employeur (ex. : un salarié démissionne sous la contrainte de l'employeur) et devrait donc être analysée en un licenciement sans cause réelle et sérieuse. À notre sens, la clause de garantie d'emploi serait, à notre sens, applicable.

☛ *Contrat de travail.*

Clause illicite

Clauses à bannir d'un contrat de travail

Sont illicites et donc inapplicables, les clauses d'un *contrat de travail** :

- expressément interdites par la loi (ex. : *clause d'indexation**, *clause couperet** ou clause prévoyant une rémunération inférieure au *SMIC**) ;
- portant une atteinte aux droits et libertés des salariés injustifiée au regard de la nature de la tâche à accomplir et disproportionnée au but recherché (c. trav. art. L. 1121-1) ;
- discriminatoires (c. trav. art. L. 1132-4) (voir *Discriminations**) ;
- dérogeant dans un sens moins favorable au salarié aux dispositions légales ou conventionnelles.

Sur les clauses du contrat de travail relatives aux frais professionnels, voir *Clause de remboursement (frais professionnels)**.

Enfin, une clause du contrat de travail ne peut pas prévoir qu'une circonstance quelconque constituera, en elle-même, une cause de licenciement (ex. : retrait du permis de conduire pour un commercial). Elle n'est pas valable. Un licenciement fondé sur cette seule clause est sans cause réelle et sérieuse (cass. soc. 12 février 2014, n° 12-11554, BC V n° 49).

Effet sur le contrat de travail

Si la clause illicite n'est pas déterminante pour la conclusion du contrat, la clause sera dépourvue d'effet ou remplacée, par exemple, par les dispositions légales auxquelles elle contrevenait : par exemple, un salaire fixé contractuellement à un niveau inférieur au SMIC sera automatiquement porté à ce niveau.

À l'inverse, si la clause illicite a été déterminante pour la formation du contrat (c'est-à-dire, si celle-ci n'y avait pas figuré, l'employeur et le salarié n'auraient pas signé le contrat), celui-ci peut être totalement annulé par le juge.

☛ *Contrat de travail.*

Clause d'indexation

☛ *Indexation des salaires.*

Clause de mobilité

Il s'agit de la clause d'un contrat de travail par laquelle le salarié accepte à l'avance une modification de son lieu de travail que l'employeur pourrait décider.

Sur la modification du lieu de travail en l'absence de clause de mobilité ou au-delà des limites prévues par cette clause, voir *Modification du contrat de travail (lieu de travail).**

Attention, un *accord de performance collective peut notamment déterminer les conditions de la mobilité professionnelle ou géographique interne à l'entreprise** (c. trav. art. L. 2254-2). **Il se substitue de plein droit aux clauses contraires et incompatibles du contrat de travail notamment en matière de mobilité professionnelle ou géographique interne.**

Conditions de validité

Zone géographique d'application précise - Une clause de mobilité doit définir de façon précise sa zone géographique d'application (pour des exemples, voir le tableau reproduit dans cette étude) (cass. soc. 7 juin 2006, n° 04-45846, BC V n° 209 ; cass. soc. 12 juillet 2006, n° 04-45396, BC V n° 241). **À défaut, elle est nulle** (cass. soc. 19 mai 2004, n° 02-43252 D ; cass. soc. 16 juin 2009, n° 08-40020 D).

En présence d'une clause de mobilité sans définition de la zone géographique d'application, le fait que le salarié ait précédemment souhaité être muté ne permet pas à l'employeur de lui imposer une modification de son contrat de travail (cass. soc. 18 septembre 2019, n° 18-12603 D).

▶ À noter... La seule insertion dans le contrat de travail d'une clause de mobilité nulle, que l'employeur n'a pas appliqué, ne cause aucun préjudice au salarié. Si le salarié ne prouve pas un tel préjudice, il n'obtiendra pas des juges la condamnation de l'employeur à lui verser des dommages-intérêts (cass. soc. 9 juillet 2014, n° 13-17206 D).

Pas de modification unilatérale de la zone géographique - L'employeur ne peut pas se réserver, dans la clause de mobilité, la possibilité d'étendre unilatéralement l'étendue géographique de l'obligation de mobilité du salarié concerné. Une telle précision est inopérante.

Exemples

La clause par laquelle le salarié prenait « l'engagement d'accepter tout changement d'affectation dans une autre agence qui serait nécessaire par l'intérêt du fonctionnement de l'entreprise et ce sur l'ensemble des régions où la société exerce ou exercera ses activités » aurait dû être déclarée nulle car une clause de mobilité ne peut pas donner à l'employeur le pouvoir d'en étendre unilatéralement la portée (cass. soc. 13 mai 2015, n° 14-12698 D).

Une clause prévoyait que le salarié, visiteur médical, exerçait ses fonctions dans les départements 22, 29, 35, 44, 49, 50, 53, 56 et précisait que cette affectation pouvait être modifiée en fonction des nécessités de l'organisation ou des résultats enregistrés. Elle n'était pas valable car elle réservait à l'employeur une possibilité de modifier unilatéralement le lieu d'activité du salarié, sans limitation géographique (cass. soc. 18 mars 2020, n° 18-25096 D).

Une clause de mobilité prévoyait que la société se réservait le droit, à tout moment, et selon sa propre initiative, d'élargir, réduire ou modifier le secteur préalablement défini. Elle n'était pas valable et l'employeur ne pouvait donc pas imposer une telle modification au salarié en arguant que la mobilité était inhérente à ses fonctions (cass. soc. 2 octobre 2019, n° 18-20353 D).

En conséquence, un employeur qui souhaiterait étendre le champ géographique d'une telle clause doit d'abord obtenir l'accord du salarié. Le régime de la *modification du contrat de travail s'applique** (cass. soc. 7 juin 2006, n° 04-45846, BC V n° 209 ; cass. soc. 14 octobre 2008, n° 07-42352, BC V n° 191).

Pas de rupture automatique du contrat - Une clause de mobilité ne peut pas stipuler que tout refus du salarié emporte la rupture du contrat de travail. Si tel est le cas, la sanction est la nullité de cette clause (cass. soc. 19 mai 2004, n° 02-43252 D).

Pas de changement d'employeur anticipé - L'accord préalable du salarié est indispensable s'il est transféré d'un employeur à un autre sans que la situation juridique de l'entreprise soit modifiée (cass. soc. 10 octobre 2006, n° 04-46134, BC V n° 294) **(voir *Modification de la situation juridique de l'employeur**). Une clause de mobilité ne permet pas d'anticiper cet accord.**

En effet, la clause par laquelle un salarié accepte par avance toute mutation dans une autre société est nulle, quand bien même cette société appartiendrait au même groupe ou à la même unité économique et sociale que son employeur (cass. soc. 23 septembre 2009, n° 07-44200, BC V n° 191 ; cass. soc. 19 mai 2016, n° 14-26556, BC V n° 108).

Respect de la convention collective - La convention collective applicable à l'entreprise peut prévoir que la modification du lieu de travail est subordonnée à l'accord du salarié. Dans ce cas, une clause de mobilité inscrite au contrat de travail serait inopérante, car moins favorable que la convention collective applicable (cass. soc. 4 février 2003, n° 01-40384, BC V n° 40).

Clause de mobilité : définition de la zone géographique d'application (exemples)
Clauses valables
• Une clause était ainsi rédigée : « M. X... est embauché pour travailler sur les sites dépendant de l'établissement de Rennes Explo » et « étant embauché dans une société de prestation de services, il sera appelé à changer de lieu de travail à l'intérieur de la zone géographique couverte par son établissement de rattachement ». Cette clause était valable, car elle donnait bien une définition de sa zone géographique d'application qui la rendait déterminable pour le salarié (cass. soc. 25 janvier 2011, n° 09-66431 D).
• La clause de mobilité d'un consultant embauché pour exercer des fonctions d'administrateur informatique portait sur l'ensemble du territoire national. Cette clause claire et précise était licite et s'imposait au salarié, qui n'ignorait pas qu'il serait amené, compte tenu de ses fonctions de consultant et de son secteur d'activité, à s'éloigner de son domicile (cass. soc. 13 mars 2013, n° 11-28916 D).
• La clause inscrite dans le contrat de travail de salariés « coordinateurs des opérations France », dans une entreprise de transport ferroviaire de marchandises, prévoyant une mobilité « dans la limite géographique du territoire français ». La seule référence au territoire français est suffisamment précise, y compris en l'absence de précision sur les DOM-TOM (cass. soc. 9 juillet 2014, n° 13-11906, BC V n° 183).
• Une clause était ainsi rédigée : « il est convenu que la société (...) peut être amenée à modifier le lieu de travail de (...) pour des raisons touchant à la nature de l'activité, à l'organisation et au bon fonctionnement de l'entreprise ou à l'évolution de son activité. (...) pourrait ainsi être muté dans l'un de nos établissements actuels et/ou futurs en France (Belfort, Bourges, Colomiers, Figeac, Rennes, Paris, Saint-Nazaire...) ». Elle était valable car elle comportait une définition précise de la zone géographique d'application (cass. soc. 14 février 2018, n° 16-23042 D).
• Une clause était ainsi rédigée : « compte tenu de la nature de ses fonctions (salarié coordinateur « direction commerciale » sur l'ensemble du territoire français), M.... prend l'engagement d'accepter tout changement de lieu de travail nécessité par l'intérêt du fonctionnement de l'entreprise et ce, sur l'ensemble du territoire français ». Clause était valable même si elle n'indiquait pas le lieu d'implantation des sites potentiels de travail du salarié (cass. soc. 5 avril 2018, n° 16-25242 D).
• Une clause faisait référence à la zone d'activité de l'employeur sur tout le territoire national français. Elle est valable même si elle ne précise pas ce qu'il faut entendre par territoire national : métropole et/ou territoires et départements d'outre-mer (cass. soc. 22 mai 2019, n° 18-15752 D).
Clauses nulles
• Une clause de mobilité prévoyait « (...) changement de lieu habituel de rattachement nécessité par l'organisation du service et la bonne marche de l'entreprise (...) » (cass. soc. 10 février 2016, n° 14-14325 D).
• Un contrat de travail prévoyait que le salarié exercerait ses fonctions sur l'ensemble du territoire national mais également dans tous les pays (cass. soc. 26 mai 2010, n° 09-40422 D).
• La clause de mobilité inscrite dans le contrat de travail d'un conducteur de bus scolaire prévoyait qu'il pouvait être affecté « aux différentes tournées honorées par la société » (cass. soc. 6 octobre 2010, n° 08-45324 D).
• Une clause de mobilité stipulait que « compte tenu de la nature des activités de la société, le salarié pourra être appelé à exercer ses fonctions dans les installations de ses entreprises clientes » (cass. soc. 17 mars 2010, n° 08-43368 D).

Prévue par le contrat de travail

Au moment de la signature ou en cours de contrat - La clause de mobilité peut être insérée dans le contrat de travail dès sa signature. Elle peut également l'être en cours d'exécution du contrat, sous réserve de recueillir l'accord préalable du salarié concerné. L'insertion d'une telle clause constitue, en effet, une *modification du contrat de travail** (cass. soc. 24 novembre 1999, n° 97-45202, BC V n° 456).

Domaine strict du contrat de travail - Une disposition relative au changement de lieu de travail insérée dans le *règlement intérieur** signé par le salarié lui est inopposable (cass. soc. 2 octobre 1997, n° 95-43086 D).

Prévue par la convention collective

Conditions pour une application directe - La mobilité peut être prévue par une convention collective. L'employeur peut imposer à un salarié de respecter cette clause, sans que celle-ci soit reprise dans le contrat de travail, si :

- cette disposition se suffit à elle-même et définit précisément sa zone géographique d'application (cass. soc. 24 janvier 2008, n° 06-45088, BC V n° 23) ;
- le salarié a été informé de l'existence de cette convention au moment de son engagement et mis en mesure d'en prendre connaissance (cass. soc. 30 novembre 2005, n° 03-46530 D).

Si l'une de ces conditions manque, l'employeur ne peut pas imposer l'application de la clause de

mobilité conventionnelle. S'il le faisait, le licenciement du salarié refusant de la respecter serait sans cause réelle et sérieuse (cass. soc. 24 janvier 2008, n° 06-45088, BC V n° 23).

Quand l'employeur veut appliquer une clause conventionnelle qui ne définit pas de zone géographique, il doit compléter le contrat de travail en y insérant une clause définissant cette zone.

▶ Attention… S'agissant, en particulier, des *cadres**, les contrats de travail doivent préciser les conditions de mise en œuvre des clauses de mobilité (ANI du 11 janvier 2008 sur la modernisation du marché du travail, art. 10, étendu par arrêté du 23 juillet 2008, JO du 25). Est-ce à dire que le renvoi dans le contrat de travail à la convention collective applicable, fixant le régime de la clause de mobilité, n'est pas suffisant ? En attendant une éventuelle réponse des juges sur ce point, la prudence s'impose.

Embauche antérieure à l'entrée en vigueur de la convention collective - Dans le cas où l'engagement du salarié est antérieur à la convention collective, son accord préalable est requis car dans cette situation son contrat de travail est modifié (cass. soc. 27 juin 2002, n° 00-42646, BC V n° 222).

Conditions d'application de la clause

Attention à l'abus - L'employeur qui met en œuvre une clause de mobilité ne doit pas abuser du droit qu'il tient de celle-ci. Cet abus peut résulter :
- du comportement de l'employeur, s'il ne respecte pas le délai de prévenance ou, de façon générale, s'il applique la clause pour des raisons étrangères à l'intérêt de l'entreprise ou dans des circonstances exclusives de la bonne foi contractuelle *(voir ci-après)* ;
- ou encore des incidences sur la situation personnelle du salarié *(voir ci-après)*.

▶ Attention… La mise en œuvre abusive d'une clause de mobilité peut justifier une *prise d'acte de la rupture** du contrat de travail aux torts de l'employeur (cass. soc. 20 octobre 2015, n° 14-17596 D).

La mise en œuvre d'une clause de mobilité à l'égard d'un salarié pour un motif qui ne lui est pas imputable ne suffit pas à caractériser un abus de droit de l'employeur (cass. soc. 21 janvier 2004, n° 01-46788 D).

Délai de prévenance du salarié - Même si la clause de mobilité est silencieuse sur ce point, l'employeur est tenu de respecter un délai de prévenance suffisant avant son application. À défaut, il peut être considéré comme ayant abusé de son droit, le salarié étant alors fondé à refuser le déplacement prévu (cass. soc. 18 septembre 2002, n° 99-46136, BC V n° 273). **En pratique, il est pertinent d'inscrire ce délai de prévenance dans la clause de mobilité** (cass. soc. 22 février 2006, n° 04-43167 D). **Certaines conventions collectives prévoient d'ailleurs un tel délai qu'il convient alors de respecter** (cass. soc. 4 mars 2020, n° 18-24329 D).

Exemples

Un délai de 4 jours, alors que le salarié concerné a un enfant en bas âge, est insuffisant (cass. soc. 19 mars 2003, n° 01-40128 D).

Un employeur avait mis en œuvre abusivement une clause de mobilité, car il avait muté une salariée, mère de 4 jeunes enfants, à son retour de congé parental, en ne l'informant de sa nouvelle affectation que 3 semaines avant son retour dans l'entreprise alors que le nouveau poste était libre depuis 2 mois (cass. soc. 14 octobre 2008, n° 07-43071 D).

Un employeur avait pris une décision exclusive de la bonne foi contractuelle en imposant à une salariée, malgré sa situation familiale, une mutation rapide et sans explication (cass. soc. 12 juillet 2010, n° 08-45516 D).

Un employeur avait laissé 7 jours à un salarié pour rejoindre son nouveau lieu de travail (de Feytiat en Haute-Vienne à Villefranche-d'Allier). Ce délai était insuffisant compte tenu des perturbations que cette mutation entraînait pour le salarié et sa famille alors que celui-ci avait continué à travailler durant les 7 jours impartis (cass. soc. 25 janvier 2011, n° 09-42307 D).

Mutation justifiée par un motif objectif - La clause de mobilité ne peut être mise en œuvre que dans l'intérêt de l'entreprise. Si la mutation n'est pas justifiée par un motif objectif, le licenciement du salarié ayant refusé sa mutation est sans cause réelle et sérieuse (cass. soc. 23 janvier 2002, n° 99-44845 D).

▶ Attention… La bonne foi contractuelle de l'employeur est présumée. Le cas échéant, c'est donc au salarié de prouver que la décision de l'employeur d'appliquer la clause de mobilité a été prise pour des raisons étrangères à l'intérêt de l'entreprise ou dans des conditions exclusives de la bonne foi contractuelle (cass. soc. 23 février 2005, n° 03-42018, BC V n° 64 ; cass. soc. 23 juin 2010, n° 08-40581 D).

À l'inverse, si le salarié refuse l'application de la clause de mobilité, mise en œuvre de bonne foi par l'employeur, il peut être licencié pour cause réelle et sérieuse. En l'espèce, l'employeur avait décidé la mutation du salarié pour répondre à l'augmentation de la charge de travail de l'établissement auquel il avait décidé de l'affecter (cass. soc. 23 juin 2010, n° 08-42972 D).

Respect de la vie personnelle et familiale - Un salarié pourrait légitimement refuser d'appliquer une clause de mobilité si sa mise en œuvre devait porter une atteinte disproportionnée et injustifiée à son droit à une vie personnelle et familiale. L'employeur est donc invité à être vigilant dans certaines situations (ex. : mutation d'une salariée d'un site à un autre alors qu'elle était mère de deux enfants, dont un nouveau-né et l'autre dont elle assurait la résidence alternée) (cass. soc. 18 mai 1999, n° 96-44315, BC V n° 219 ; cass. soc. 13 janvier 2009, n° 06-45562, BC V n° 4 ; cass. soc. 10 février 2016, n° 14-17576 D).

À l'inverse, le licenciement du salarié qui refuse d'appliquer une clause de mobilité licite et mise en œuvre dans l'intérêt de l'entreprise et sans atteinte disproportionnée à sa vie personnelle et familiale a une cause réelle et sérieuse.

Exemple

Un employeur avait souhaité muter une salariée de la région de La Rochelle (Puilboreau) à celle de Toulouse (Colomiers), distante d'environ 400 km, en application de la clause de mobilité inscrite dans son contrat de travail. La mise en œuvre de cette clause était bien dictée par l'intérêt de l'entreprise, dans la mesure où l'activité à laquelle était affectée la salariée avait connu une baisse considérable et durable, consécutive à la perte d'un marché avec un client important. En outre, compte tenu de cette baisse d'activité, les juges ont considéré que, après examen de la situation de la salariée (mère de deux enfants âgés respectivement de 12 et 17 ans et dont l'époux travaillait à La Rochelle), l'atteinte portée à sa vie personnelle et familiale était justifiée et proportionnée au but recherché (cass. soc. 14 février 2018, n° 16-23042 D).

Retour d'un congé parental d'éducation - L'application d'une clause de mobilité ne permet pas de contourner la règle selon laquelle la réintégration du salarié rentrant de *congé parental d'éducation** doit se faire en priorité sur son précédent emploi (cass. soc. 19 juin 2013, n° 12-12758, BC V n° 157).

Respect de la convention collective - La convention collective applicable à l'entreprise peut prévoir des conditions spécifiques encadrant la mise en œuvre d'une clause de mobilité (ex. : mise en œuvre de la clause de mobilité possible uniquement pour de sérieuses nécessités de service ; procédure de concertation à appliquer au préalable). Si l'employeur ne respecte pas ces dispositions, il ne peut pas imposer la mutation. Un licenciement qui serait fondé sur un refus du salarié d'accepter sa mobilité dans ces circonstances serait sans cause réelle et sérieuse (cass. soc. 13 octobre 2004, n° 02-42271, BC V n° 260).

Incidences sur le contrat de travail

En principe, pas de modification du contrat - En présence d'une clause de mobilité, le salarié ne peut pas invoquer la *modification du contrat de travail** pour refuser la mutation décidée par l'employeur. Il est tenu d'accepter la mutation, sauf à se rendre coupable d'un manquement à ses obligations contractuelles et à risquer un licenciement pour cause réelle et sérieuse, sous réserve, cependant, de l'abus de droit de l'employeur *(voir ci-avant)* (cass. soc. 11 mai 2005, n° 03-41753, BC V n° 156). Ce manquement du salarié ne caractérise pas, à lui seul, une faute grave (cass. soc. 23 janvier 2008, n° 07-40522, BC V n° 19).

▶ À noter… Lorsque le contrat de travail de salariés contient une clause de mobilité dont la validité n'est pas mise en cause, la demande faite aux salariés de rejoindre leur nouveau lieu de travail ne constitue pas un trouble manifestement illicite. Dès lors, une demande des salariés, devant le juge des référés, tendant à faire interdiction sous astreinte à la société de mettre en œuvre la clause de mobilité contractuelle peut être rejetée (cass. soc. 10 juin 2015, n° 14-11031 D).

Exception, si un autre élément essentiel du contrat est modifié - Si la clause de mobilité permet de modifier le lieu de travail du salarié sans que celui-ci puisse, en principe, s'y opposer, toute modification d'un autre élément essentiel du contrat induite par l'application de cette clause nécessite l'accord de l'intéressé (cass. soc. 15 décembre 2004, n° 02-44714, BC V n° 336).

Tel est le cas, notamment, quand l'application d'une clause de mobilité s'accompagne du passage d'un horaire de nuit à un horaire de jour (ou l'inverse), ou implique la modification de la rémunération *(voir ci-après)* ou une rétrogradation (cass. soc. 16 septembre 2009, n° 08-43019 D).

Passage à un horaire de nuit - Si l'application d'une clause de mobilité s'accompagne du passage d'un horaire de nuit à un horaire de jour (ou l'inverse), l'employeur doit obtenir l'accord préalable du salarié sur ce point. Il ne pourrait pas se dispenser de cet accord via une clause du contrat de travail ou d'un accord collectif. De telles clauses seraient inefficaces (cass. soc. 14 octobre 2008, n° 07-40092, BC V n° 190).

Modification de la rémunération - Si la mise en œuvre de la clause de mobilité implique une modification de tout ou partie de la rémunération ou de sa structure, l'employeur doit s'assurer de l'accord préalable du salarié sur cette modification et ce, peu important une clause contraire (cass. soc. 14 octobre 2008, n° 07-41454 D ; cass. soc. 1er février 2011, n° 10-11717 D).

Exemple

L'employeur doit d'abord obtenir l'accord du salarié, rémunéré en fonction du chiffre d'affaires, avant d'appliquer sa clause de mobilité, si cette mutation se fait dans un établissement moins performant et entraîne, en conséquence, une baisse de sa rémunération (cass. soc. 15 février 2006, n° 04-45584 D).

Changement de domicile ou résidence - Voir ci-après.

Mise en œuvre de la mutation

Mutation dans le cadre strict de la clause - Le salarié ne peut être muté en application de la clause de mobilité que dans le cadre géographique prévu par cette clause.

Exemple

Si la clause prévoit seulement la possibilité d'un changement de lieu de travail en France, une mutation à l'étranger constitue une modification du contrat de travail que le salarié peut légitimement refuser.

Par ailleurs, la clause de mobilité ne devant s'apprécier qu'au jour de la conclusion du contrat de travail, elle ne concerne pas des territoires non visés à cette date (cass. soc. 12 mai 2004, n° 02-42018 D). En pratique, la clause de mobilité doit donc être rédigée avec la plus grande vigilance quant à son étendue géographique.

Impossible d'imposer un partage du temps de travail entre plusieurs établissements - La clause de mobilité ne permet pas à l'employeur d'imposer à un salarié un partage de son temps de travail entre plusieurs établissements (cass. soc. 20 décembre 2006, n° 05-42224, BC V n° 393).

Impossible d'imposer un retour dans l'entreprise au salarié à domicile - La clause de mobilité inscrite dans le contrat de travail d'un salarié qui travaille à temps partiel ou à temps complet à son domicile ne permet pas à l'employeur d'imposer à ce salarié de revenir travailler dans l'entreprise. Il doit, dans ce cas, solliciter son accord préalable malgré la clause de mobilité (cass. soc. 31 mai 2006, n° 04-43592, BC V n° 196 ; cass. soc. 31 octobre 2006, n° 05-41836 D) [voir *Modification du contrat de travail (lieu de travail)**].

Procédure spéciale pour les salariés protégés - Quand l'employeur souhaite appliquer la clause de mobilité inscrite dans le contrat de travail d'un salarié protégé (ex. : un représentant du personnel), il doit obtenir son accord préalable (cass. soc. 28 janvier 1988, n° 85-43400, BC V n° 81). En effet, aucun changement de ses conditions de travail ne peut être imposé à un salarié protégé [voir *Modification du contrat de travail (salariés protégés)**].

Procédure disciplinaire en cas de mise en œuvre à titre de sanction - Si l'employeur décide de muter un salarié en raison du comportement de celui-ci, qu'il estime fautif, la clause de mobilité prévue au contrat ne suffit pas à elle seule ; encore faudra-t-il que le fait fautif existe et que la sanction soit proportionnée à la gravité de la faute (cass. soc. 15 janvier 2002, n° 99-45979, BC V n° 12). La procédure disciplinaire doit être suivie (cass. soc. 26 novembre 2008, n° 07-43780 D ; cass. soc. 16 septembre 2009, n° 07-45725 D) [voir *Sanctions disciplinaires (procédure)**].

À défaut, l'usage abusif de la clause de mobilité par l'employeur est caractérisé *(voir ci-avant)*.

Refus du salarié d'appliquer la clause de mobilité - Le refus, par le salarié dont le contrat de travail contient une clause de mobilité valable, du changement de son lieu de travail constitue, sauf abus de l'employeur, un manquement à ses obligations contractuelles mais ne caractérise pas, à lui seul, une faute grave *(voir ci-avant)* (cass. soc. 4 février 2003, n° 01-40476, BC V n° 37 ; cass. soc. 23 janvier 2008, n° 07-40522, BC V n° 19).

▶ À noter... Le salarié licencié parce qu'il a refusé d'appliquer une clause de mobilité peut se voir imposer d'effectuer le préavis dans le nouveau lieu de travail (ex. : à Asnières alors que l'ancien était à Antibes). S'il s'y oppose, l'employeur est libéré du paiement des indemnités compensatrices de préavis et de congés payés correspondants et ce, sans avoir à justifier d'un obstacle au maintien du salarié dans son ancien lieu de travail (cass. soc. 31 mars 2016, n° 14-19711, BC V n° 62 ; cass. soc. 4 mars 2020, n° 18-10636 FSPB).

Les circonstances qui « entourent » le refus du salarié peuvent justifier un *licenciement pour faute** grave (ex. : un salarié a pu être licencié pour faute grave suite à ses absences injustifiées « procédant de son refus d'accepter ses nouvelles affectations ») (cass. soc. 12 janvier 2016, n° 14-23290, BC V n° 5). En tout état de cause, un licenciement pour faute grave suppose que le salarié ait refusé de façon délibérée d'appliquer la clause de mobilité inscrite dans son contrat de travail (cass. soc. 16 septembre 2015, n° 14-10894 D).

Renonciation à une clause de mobilité

La renonciation de l'employeur à son droit de mettre en œuvre une clause de mobilité doit résulter d'une manifestation de sa volonté claire et non équivoque (cass. soc. 9 décembre 2010, n° 09-40517 D).

Changement de domicile ou de résidence

Clause prévoyant un changement de domicile ou de résidence - Voir *Clause de domicile (ou de résidence)**.

Clause ne prévoyant pas un changement de domicile ou de résidence - Une clause de mobilité ne permet pas d'imposer au salarié un changement de domicile ou de résidence. Un tel changement constitue une modification du contrat de travail nécessitant l'accord exprès du salarié (cass. soc. 15 mai 2007, n° 06-41277, BC V n° 74 ; cass. soc. 4 juin 2008, n° 07-40612 D).

Modèle de clause de mobilité

M.... exercera ses fonctions à ...

Toutefois, la société ... se réserve la possibilité de le muter dans tout autre établissement situé ..., pour les besoins de l'entreprise ... ; M. ... disposera d'un délai de ... pour rejoindre sa nouvelle affectation.

☞ *Contrat de travail.*

Clause de neutralité

☞ *Règlement intérieur ; Religion.*

Clause de non-concurrence

La clause de non-concurrence interdit au salarié, à l'expiration de son contrat de travail, d'exercer certaines activités professionnelles susceptibles de nuire à son ancien employeur.

Conditions de validité

Conditions cumulatives - La clause de non-concurrence doit répondre à quatre conditions de validité cumulatives. Si une seule d'entre elles manque, la clause est nulle et donc inefficace *(voir le tableau reproduit dans cette étude)*.

Une clause de non-concurrence inscrite dans un pacte d'actionnaires conclu entre un employeur et un salarié à l'occasion d'une cession d'actions de la société à ce dernier obéit aux mêmes conditions de validité (cass. com. 15 mars 2011, n° 10-13824, BC IV n° 39).

Nullité en cas de non-respect de l'une des conditions de validité - Les conditions de validité sont cumulatives. Si une seule de ces conditions n'est pas respectée, la clause est nulle. Elle est donc réputée n'avoir jamais existé.

Seul le salarié peut se prévaloir de la nullité de la clause de non-concurrence inscrite dans son contrat de travail (cass. soc. 25 janvier 2006, n° 04-43646, BC V n° 25). L'employeur ne peut donc pas s'en prévaloir. Le nouvel employeur ne peut pas non plus invoquer la nullité de la clause de non-concurrence qui liait un salarié à son précédent employeur (cass. soc. 2 février 2006, n° 04-41004, BC V n° 56).

Le salarié peut être indemnisé en cas de clause de non-concurrence nulle *(voir ci-après)*.

Clause prévue par le contrat de travail ou la convention collective - Lorsque le *contrat de travail** n'a pas prévu de clause de non-concurrence, celle-ci ne peut pas être imposée par un accord collectif postérieur à l'embauche (cass. soc. 17 octobre 2000, n° 98-42018, BC V n° 334).

En revanche, si le contrat de travail est postérieur à l'entrée en vigueur de la convention collective, les dispositions conventionnelles imposant une clause de non-concurrence s'appliquent directement si le contrat de travail mentionne ladite convention (ou, à défaut, si le salarié concerné a effectivement été informé de l'existence de cette convention au moment de son engagement et mis en mesure d'en prendre connaissance) (cass. soc. 8 janvier 1997, n° 93-44009, BC V n° 8).

▶ **Attention...** S'agissant, en particulier, des *cadres**, les contrats de travail doivent notamment préciser les conditions de mise en œuvre des clauses de non-concurrence (limites dans l'espace et dans le temps, contrepartie financière, modalités du droit de renonciation de l'employeur) (ANI du 11 janvier 2008 sur la modernisation du marché

Clause de non-concurrence : 4 conditions de validité (1)
1. Être indispensable à la protection des intérêts légitimes de l'entreprise Pour être indispensable à la protection des intérêts légitimes de l'entreprise, les fonctions exercées par le salarié doivent être telles que son embauche par un concurrent représenterait un **risque réel pour l'entreprise** (ex. : un serveur en contact avec la clientèle, un directeur d'agence de voyages) (cass. soc. 1er mars 1995, n° 93-42754 D ; cass. soc. 20 juin 1995, n° 93-40287 D). Tel n'est pas le cas d'un salarié dont les fonctions sont limitées à des tâches subalternes (ex. : un laveur de vitres, une assistante commerciale d'une agence d'intérim sans contact avec la clientèle) (cass. soc. 14 mai 1992, n° 89-45300, BC V n° 309 ; cass. soc. 9 avril 2008, n° 07-41289 D) Cette condition n'implique pas que les risques concurrentiels encourus soient mentionnés dans la clause (cass. soc. 15 décembre 2021, n° 20-18144 D)
2. Être limitée à la fois dans le temps et dans l'espace La **durée de l'interdiction de concurrence** est à définir compte tenu notamment des fonctions exercées par le salarié (cass. soc. 7 mai 1991, n° 87-43470 D). Le **périmètre géographique de l'interdiction de concurrence** doit être clairement et précisément défini, sinon la clause peut être annulée (cass. soc. 13 mars 2019, n° 17-11197 D ; cass. soc. 13 mars 2019, n° 17-11197 D ; cass. soc. 8 janvier 2020, n° 18-16667 D). Il doit être limité aux zones dans lesquelles l'activité de l'ancien salarié peut effectivement concurrencer l'entreprise, mais il peut s'étendre à toute la France (cass. soc. 15 décembre 2009, n° 08-44847 D) ou être très étendu géographiquement (ex. : Europe, Asie et États du Pacifique) (cass. soc. 3 juillet 2019, n° 18-16134 D), pourvu que l'ancien salarié puisse continuer à exercer une activité professionnelle (voir ci-dessous). Attention, une clause qui vise le monde entier n'est pas délimitée dans l'espace, elle est donc illicite (cass. soc. 8 avril 2021 n° 19-22097 D)
3. Tenir compte des spécificités de l'emploi du salarié La clause de non-concurrence doit laisser au salarié la **possibilité d'exercer une activité professionnelle** compte tenu notamment de sa formation et de son expérience professionnelle (cass. soc. 20 juin 1995, n° 93-40287 D)
4. Prévoir une contrepartie financière Si la clause de non-concurrence ne prévoit pas de contrepartie financière mais que la convention collective applicable à l'entreprise en impose une (ex. : CCN des cabinets d'experts-comptables et de commissaires aux comptes, art. 8.5.1 ; ANI des VRP du 7 avril 1975, art. 17), la clause est valable même sans mention renvoyant aux dispositions de la convention collective [voir Clause de non-concurrence (indemnité)*] (cass. soc. 6 octobre 2016, n° 15-17227 D ; cass. soc. 13 mars 2019, n° 17-24804 D)
(1) Ces conditions sont cumulatives (cass. soc. 10 juillet 2002, n° 00-45135, BC V n° 239).

du travail, art. 10, étendu par arrêté du 23 juillet 2008, JO du 25). Est-ce à dire que le renvoi dans le contrat de travail à la convention collective applicable, fixant le régime de la clause de non-concurrence, serait insuffisant ? Dans l'attente d'une éventuelle réponse des juges, la prudence est de mise.

Nullité des clauses « en sommeil » - La clause incluse dans un contrat de travail réservant à l'employeur la faculté d'imposer une obligation de non-concurrence après la rupture du contrat de travail est nulle (cass. soc. 12 février 2002, n° 00-41765, BC V n° 62).

Requalification des clauses de « clientèle » ou de « non-démarchage » - Les clauses de « clientèle » ou de « non-démarchage » qui interdisent au salarié, en cas de rupture du contrat de travail, de traiter avec des clients de l'employeur sont requalifiées en clauses de non-concurrence (cass. soc. 27 octobre 2009, n° 08-41501, BC V n° 232).

La clause qui, quelle que soit sa dénomination, est en réalité une clause de non-concurrence est nulle et donc inefficace si elle ne prévoit pas de contrepartie financière, ou encore si l'interdiction de concurrence faite au salarié n'est pas limitée dans le temps ou dans l'espace.

À distinguer d'une clause relative aux droits de propriété intellectuelle - N'est pas une clause de non-concurrence la clause du contrat de travail qui (cass. soc. 3 mai 2018, n° 16-25067 FSPB) :

- d'une part, interdit au salarié (ex. : un ingénieur recherche et développement) pendant la durée du contrat et pendant une durée déterminée (ex. : 5 ans) suivant sa rupture de procéder en son nom ou au nom d'un tiers, sauf accord de la société, à tout dépôt ou formalités auprès des registres de marques, dessins et modèles, brevets pour des créations inventées pendant l'exécution de son contrat ;
- d'autre part, interdit pendant un certain délai (ex. : 3 ans) de publier des articles scientifiques et de diffuser des informations commerciales et des renseignements techniques relatifs à la société.

Juge compétent - Le litige relatif à la validité d'une clause de non-concurrence, opposant un employeur et un salarié, doit être porté devant le *conseil de prud'hommes**. Toutefois, quand la juridiction prud'homale n'a pas été saisie par les parties au contrat de travail, l'absence de décision de cette juridiction sur la validité ou la nullité d'une clause de non-concurrence et sur la violation par le salarié concerné de son obligation de non-concurrence n'empêche pas la juridiction commerciale de trancher cette question lors de l'instance opposant les employeurs successifs (cass. com. 14 mai 2013, n° 12-19351, BC IV n° 75).

Indemnité de non-concurrence

Voir *Clause de non-concurrence (indemnité)**.

Indemnisation en cas de clause nulle

Preuve du préjudice - Le salarié (ou un gérant non salarié d'une succursale de maison d'alimentation de détail) doit prouver son préjudice s'il veut obtenir des juges la condamnation de l'employeur à lui verser des dommages-intérêts en présence d'une clause de non-concurrence nulle (ex. : en cas de clause sans contrepartie financière) (cass. soc. 25 mai 2016, n° 14-20578, BC V n° 114 ; cass. soc. 5 octobre 2016, n° 15-22730, BC V n° 185).

Salarié réintégré dans l'entreprise suite à un licenciement nul - Un salarié dont le licenciement a été annulé et qui demande sa réintégration dans l'entreprise ne peut pas prétendre à l'indemnisation du préjudice lié au respect, après la rupture de son contrat de travail, d'une clause de non-concurrence dépourvue de contrepartie financière (cass. soc. 26 mars 2013, n° 11-27964, BC V n° 83).

Clause illicite du fait de paiement anticipé de la contrepartie financière - La clause de non-concurrence qui organise le paiement de la contrepartie financière pendant l'exécution du contrat de travail est nulle [voir *Clause de non-concurrence (indemnité)**].

Le paiement, pendant la période d'exécution du contrat de travail, de la contrepartie financière prévue par une clause de non-concurrence nulle n'est pas dénué de cause. Il s'agit d'un complément de salaire. L'employeur ne peut donc pas obtenir le remboursement des sommes ainsi versées au titre d'une clause nulle (cass. soc. 17 novembre 2010, n° 09-42389, BC V n° 263).

Cas d'application

Après tous les cas de rupture - Employeur et salarié peuvent convenir dans la clause de non-concurrence que l'interdiction de concurrence qu'elle prescrit s'applique après tous les cas de rupture du contrat de travail. Et ce, y compris en cas de rupture de la *période d'essai** si telle est leur volonté (cass. soc. 15 novembre 2005, n° 03-47546, BC V n° 321).

Exemple

Quand le contrat de travail mentionne que la clause de non-concurrence s'applique « en cas de cessation du contrat, quelle que soit l'époque de la cessation » ou « en cas de résiliation de son contrat (...) à quelque époque qu'elle intervienne et pour quelque raison que ce soit (...) », les juges estiment que la commune intention de l'employeur et du salarié est d'appliquer cette clause en cas de rupture du contrat pendant la période d'essai (cass. soc. 24 mars 2010, n° 09-40748 D ; cass. soc. 10 juillet 2013, n° 12-17921 D).

Limitation à certains cas de rupture - L'application de l'interdiction de concurrence peut être limitée à certains cas de rupture du contrat de travail (cass. soc. 6 janvier 2010, n° 08-41357 D).

Contrepartie financière due - Quand l'interdiction de non-concurrence s'applique, la contrepartie financière est due [voir *Clause de non-concurrence (indemnité)**].

Mobilité intra-groupe - La clause interdisant, avant l'expiration d'un certain délai, au salarié quittant une entreprise d'entrer dans une autre entreprise exerçant une activité similaire ne s'applique pas lorsque les deux entreprises ne sont pas en situation réelle de concurrence mais appartiennent au même groupe économique, et que le passage du salarié de l'une à l'autre est le résultat d'une entente entre lui et ses deux employeurs successifs. En principe, la clause reprend ses effets normaux à partir du jour où le contrat de travail avec le second employeur est rompu. Toutefois, le délai d'interdiction de concurrence n'est ni reporté, ni allongé. Compte tenu de la durée de l'interdiction de concurrence, celle-ci peut avoir expirée à la date de la rupture avec le second employeur. Dans ce cas, le salarié ne peut pas prétendre à la contrepartie financière (cass. soc. 29 janvier 2014, n° 12-22116, BC V n° 35 ; cass. soc. 12 septembre 2018, n° 17-10853 FSPB).

Exemple

Un salarié avait été embauché comme directeur commercial dans une société S dans le cadre d'un contrat de travail comportant une clause de non-concurrence avec une période d'interdiction de concurrence de 2 ans. Son contrat avec cette société avait été rompu par un protocole d'accord du 30.06.2007 afin que le salarié soit engagé le 1.07.2007 par la société T appartenant au même groupe. La société S ne l'avait pas délié de son obligation de non-concurrence. Une rupture conventionnelle était ensuite intervenue début 2010 entre le salarié et la société T. Le salarié n'avait pas droit à l'indemnité de non-concurrence inhérente à la clause de non-concurrence prévue au contrat qui le liait à la société S car il avait pris fin en juin 2007 (cass. soc. 12 septembre 2018, n° 17-10853 FSPB).

Changement d'employeur - En cas de *modification de la situation juridique de l'employeur**, la clause de non-concurrence souscrite par un salarié antérieurement au transfert de l'entité économique est transmise au nouvel employeur (cass. soc. 15 septembre 2015, n° 14-10422 D).

Limitation des effets de la clause

Limitation pour préserver la liberté du salarié - Même en présence d'une clause valable *(voir ci-avant)*, le juge peut en réduire la portée pour préserver la liberté de travailler du salarié. Il en sera ainsi dès lors que cette clause ne permet pas au salarié d'exercer une activité conforme à sa formation et à son expérience professionnelle (cass. soc. 18 septembre 2002, n° 00-42904, BC V n° 272).

Limitation au secteur géographique défini par la convention collective - Si le secteur géographique visé par une clause de non-concurrence a un champ d'application plus étendu que celui prescrit par la convention collective applicable, le salarié concerné a une option (cass. soc. 22 octobre 2008, n° 07-42035, BC V n° 201 ; cass. soc. 12 octobre 2011, n° 09-43155, BC V n° 233) :

- soit il saisit les juges pour obtenir la nullité de la clause de non-concurrence inscrite dans son contrat de travail ;
- soit il leur demande de réduire le champ d'application géographique de cette clause pour le ramener aux limites fixées par la convention collective.

Modification d'une clause existante

La modification d'une clause de non-concurrence est une *modification du contrat de travail** du salarié concerné. L'accord préalable de ce salarié est donc indispensable (cass. soc. 5 avril 2006, n° 04-45205 D).

Par ailleurs, aucune disposition légale ou conventionnelle n'interdit à l'employeur et au salarié de convenir, lors de la rupture du contrat de travail, et dans le cadre d'un accord transactionnel constaté par un procès-verbal de conciliation, de l'application d'une clause de non-concurrence distincte, selon certaines de ses modalités, de celle qui était insérée au contrat de travail (cass. soc. 24 janvier 2007, n° 04-43121 D).

Point de départ de l'interdiction de concurrence

En cas de licenciement ou de démission du salarié avec dispense d'exécution de son préavis, la date de départ de l'obligation de non-concurrence et la date d'exigibilité de la contrepartie financière sont celles du départ effectif du salarié de l'entreprise (cass. soc. 15 juillet 1998, n° 96-40866, BC V n° 382 ; cass. soc. 22 juin 2011, n° 09-68762, BC V n° 160 ; cass. soc. 11 mars 2015, n° 13-23866 D).

Violation de la clause par le salarié

Actes de concurrence - Les actes reprochés à l'ancien salarié doivent constituer des actes effectifs de concurrence relevant du champ des interdictions prescrites par la clause de non-concurrence compte tenu de l'activité réelle de l'entreprise (et non par rapport à la définition statutaire de son objet social) (cass. soc. 10 juin 2008, n° 07-43076 D).

Exemples

Le seul fait pour un salarié de solliciter un emploi similaire à son ancien poste auprès d'une société concurrente ne caractérise pas la violation de la clause de non-concurrence inscrite dans son contrat de travail (cass. soc. 12 mai 2004, n° 02-40490, BC V n° 133).
Le salarié qui organise une future activité concurrentielle ne méconnaît pas forcément sa clause de non-concurrence (cass. soc. 17 janvier 2006, n° 04-41038, BC V n° 15).

Il suffit que l'activité à laquelle se livre le salarié soit en infraction avec la clause de non-concurrence pour que l'employeur soit dispensé de verser la contrepartie financière. Peu importe donc que l'activité concurrente ait été exercée brièvement dans le cadre d'un *portage salarial** (cass. soc. 30 mars 2011, n° 09-68986 D).

Par ailleurs, il ne suffit pas qu'un salarié soit embauché dans une entreprise appartenant à un même réseau de distribution que son précédent employeur pour que la clause de non-concurrence soit respectée. L'absence de concurrence entre les deux magasins concernés doit être concrètement vérifiée (cass. soc. 16 mai 2012, n° 11-10712, BC V n° 152).

Preuve à apporter par l'employeur - En cas de contentieux relatif au non-paiement de la contrepartie financière suite à une violation de la clause de non-concurrence, c'est à l'employeur de prouver la violation de la clause de non-concurrence.

Clause de non-concurrence

La clause du contrat de travail qui impose au salarié de prouver qu'il respecte l'interdiction de non-concurrence pour se voir verser la contrepartie financière est inopérante, car cela revient à inverser la charge de la preuve (cass. soc. 25 mars 2009, n° 07-41894, BC V n° 85).

Incidences sur la contrepartie financière - Deux hypothèses doivent être distinguées : soit le salarié a commencé à respecter la clause de non-concurrence, puis ne la respecte plus, soit il ne l'a jamais respectée.

Dans la première hypothèse, l'employeur qui sait que son ancien salarié ne respecte plus la clause de non-concurrence est en droit d'interrompre pour l'avenir le versement de la contrepartie financière. Il doit néanmoins verser au salarié la fraction de cette contrepartie correspondant à la période pendant laquelle celui-ci a respecté son obligation. À défaut, il peut être condamné à verser des dommages-intérêts (cass. soc. 25 février 2003, n° 00-46263, BC V n° 65). Cette période commence à la date de notification de la rupture pour se terminer à celle à laquelle le salarié a cessé de respecter son obligation de non-concurrence, à savoir, à titre d'exemple, celle de son embauche chez un concurrent (cass. soc. 18 février 2003, n° 01-40194 D). L'employeur peut aussi demander la restitution des sommes versées au titre de la contrepartie financière de la clause de non-concurrence depuis la date de sa violation (cass. soc. 9 avril 2008, n° 06-46523 D).

Dans la seconde hypothèse, si le salarié ne respecte pas l'interdiction de concurrence alors même qu'il est encore en préavis, l'employeur est fondé à ne pas lui verser la contrepartie financière et à saisir les juges pour obtenir des dommages-intérêts pour violation de cette clause (cass. soc. 5 mai 2004, n° 01-46261, BC V n° 124).

Dommages-intérêts au profit de l'employeur - Si le salarié ne respecte pas l'interdiction de concurrence, il peut être condamné à verser à son ancien employeur des dommages-intérêts correspondant au préjudice subi par celui-ci (cass. soc. 18 septembre 2019, n° 16-13392 D). Le montant de ces dommages-intérêts peut être prédéterminé par une *clause pénale**. Dans ce cas, la sanction est automatique, sans qu'il soit besoin de saisir les juges.

▶ À noter... Le juge peut modérer le montant d'une clause pénale manifestement excessive (c. civ. art. 1231-5).

Exécution forcée de l'interdiction - L'ancien employeur peut demander au juge, statuant en référé, l'exécution forcée de l'interdiction (ex. : le juge ordonne la cessation de l'activité de l'entreprise créée en violation de la clause ou au salarié de cesser de rentrer en contact avec les clients de son ancien employeur) (cass. soc. 16 mai 2007, n° 05-46046 D ; cass. soc. 14 juin 2007, n° 05-45683 D ; cass. soc. 6 mars 2019, n° 18-10406 D). Le juge compétent est le conseil de prud'hommes [voir *Conseil de prud'hommes (référé prud'homal)**].

Le juge des référés ne peut cependant pas directement ordonner la résiliation du contrat de travail liant l'ancien salarié à son nouvel employeur (cass. soc. 13 mai 2003, n° 01-17452, BC V n° 161).

Action en concurrence déloyale - En cas de nullité de la clause de non-concurrence, l'employeur garde la possibilité, le cas échéant, d'agir en concurrence déloyale contre un ancien salarié. Pour ce faire, il doit démontrer que ce dernier s'est livré à des actes de concurrence déloyale à son égard (cass. soc. 28 janvier 2005, n° 02-47527, BC V n° 36 ; cass. soc. 14 décembre 2005, n° 04-40561, BC V n° 363). Il a aussi la possibilité de se retourner contre le nouvel employeur. Les deux actions peuvent être menées concomitamment, l'une ne faisant pas obstacle à l'autre (cass. soc. 24 mai 2005, n° 03-43471 D).

Responsabilité du nouvel employeur

Rôle respectif du conseil de prud'hommes et du juge commercial - L'employeur doit saisir le conseil de prud'hommes lorsqu'il attaque en justice son ancien salarié pour violation de la clause de non-concurrence qui les lie *(voir ci-avant)* (cass. soc. 22 février 2000, n° 97-42070 D).

Si l'employeur attaque son concurrent parce qu'il a embauché son ancien salarié, alors que celui-ci lui est lié par une clause de non-concurrence, c'est la juridiction commerciale qui doit être saisie.

Dans le cas où seul le juge commercial est saisi d'une action en concurrence déloyale pour complicité de violation d'une clause de non-concurrence opposant les employeurs successifs d'un salarié, il est compétent pour trancher la question de la validité ou de la nullité de la clause de non-concurrence et de sa violation par le salarié (cass. com. 14 mai 2013, n° 12-19351, BC IV n° 75).

Dans le cas où le conseil de prud'hommes et le juge commercial sont tous les deux saisis, le juge commercial doit « attendre » la décision du conseil de prud'hommes. En effet, l'action fondée sur la complicité dans la violation d'une clause de non-concurrence, qui relève de la compétence de la juridiction commerciale, suppose que soit tranchée la question préalable de la violation de cette clause par le salarié. Or, celle-ci relève de la compétence exclusive de la juridiction prud'homale (cass. com. 26 octobre 2010, n° 09-71313 FD).

Attention toutefois, le juge des référés commercial n'a quant à lui pas à attendre les juges prud'homaux dans la mesure où sa décision a un caractère provisoire et ne tranche pas le fond du litige (cass. com. 9 juin 2021, n° 19-14485 FP). Il peut donc, sans attendre la décision au fond du conseil de prud'hommes, ordonner au concurrent de cesser toute relation de travail avec l'ancien salarié, sous astreinte, et de payer à l'ancien employeur une provision à valoir sur l'indemnisation de son préjudice.

Dommages-intérêts au profit de l'ancien employeur - L'ancien employeur peut obtenir des dommages-intérêts du nouvel employeur qui s'est rendu complice de la violation de la clause de non-concurrence. Pour cela, il doit prouver que ce nouvel employeur avait connaissance de cette clause au moment de l'embauche. Si tel n'est pas le cas, il doit établir que le nouvel employeur aurait dû vérifier l'existence d'une telle clause parce que celui-ci a embauché un salarié à fort potentiel venant d'une société directement concurrente (cass. com. 11 juillet 2000, n° 95-21888 D). Le nouvel employeur ne peut cependant pas être poursuivi si les juges ont, par ailleurs, refusé de condamner l'ancien salarié au motif que la violation de la clause n'était pas établie (cass. com. 6 mai 2003, n° 01-15743 D).

Connaissance tardive de la clause de non-concurrence - Si le nouvel employeur n'a connaissance de la clause de non-concurrence que postérieurement à l'embauche, il doit se séparer immédiatement du salarié (cass. soc. 10 mai 1983, n°s 81-15075 et81-41844, BC V n° 251).

Cas de la clause nulle - Si la clause est jugée nulle, l'intervention de l'ancien employeur auprès du nouvel employeur entraînant la rupture du nouveau contrat de travail peut être constitutive d'une faute, et l'ancien employeur peut être condamné à verser des dommages-intérêts au salarié (cass. soc. 13 janvier 1998, n° 95-41480, BC V n° 6).

Renonciation de l'employeur

Voir *Clause de non-concurrence (renonciation)**.

Modèle de clause de non-concurrence (1)

Compte tenu de la spécificité des fonctions de M. … (2) et pour préserver les intérêts de la société …, en cas de rupture du contrat de travail, pour quelque motif que ce soit intervenant à compter du …, M. … s'engage à ne pas entrer au service d'une entreprise concurrente ni à collaborer directement ou indirectement à toute fabrication, tout commerce ou toutes autres activités pouvant concurrencer les articles ou produits fabriqués ou les activités de la société. Les activités interdites à M.... sont les suivantes... (3).

Les activités susmentionnées ne pourront pas être exercées, pendant une durée de … à compter de la date de rupture effective du contrat, sur le territoire suivant … (4).

En contrepartie de cette obligation de non-concurrence, M. … percevra, pendant toute la durée de l'interdiction, une indemnité égale à … (5).

La société se réserve le droit de libérer M. … de l'interdiction de concurrence, sans que celui-ci puisse prétendre au paiement d'une quelconque indemnité. Elle devra, dans ce cas, notifier sa décision de renonciation à l'application de la présente clause par lettre recommandée avec accusé de réception (6) :

- à tout moment pendant l'exécution du contrat de travail ;
- ou dans les... jours de la notification de la rupture, quel qu'en soit l'auteur.

Toute infraction aux dispositions de la présente clause donnera lieu, au profit de l'employeur, au versement de dommages-intérêts dont le montant est fixé forfaitairement, à titre de clause pénale, à … € (7).

Le paiement de cette indemnité ne porte pas atteinte au droit de la société … de poursuivre M. … en justice en vue d'obtenir des dommages-intérêts et de faire cesser l'activité concurrentielle exercée par celui-ci.

(1) Avant de rédiger cette clause, vérifier la convention collective. La clause de non-concurrence doit être conforme aux dispositions de celle-ci.

(2) Préciser en quoi la clause est nécessaire pour protéger les intérêts de l'entreprise.

(3) Préciser la nature de l'activité interdite.

(4) Préciser la durée de l'interdiction et la zone géographique où elle s'applique.

(5) Obligatoire, même dans le silence de la convention collective [voir *Clause de non-concurrence (indemnité)**].

(6) Facultatif [voir *Clause de non-concurrence (renonciation)**].

(7) Facultatif.

☞ *Clause de non-concurrence (indemnité) ; Clause de non-concurrence (renonciation).*

Clause de non-concurrence (indemnité)

Obligatoire

Sous peine de nullité de la clause - Une *clause de non-concurrence** doit être assortie d'une contrepartie pécuniaire, appelée « indemnité de non-concurrence » (versement par l'employeur au salarié d'une indemnité en contrepartie de l'interdiction de concurrence) (cass. soc. 10 juillet 2002, n° 00-45135, BC V n° 239).

Une clause de non-concurrence inscrite dans le contrat d'un gérant non salarié de succursale de maison d'alimentation de détail doit également comporter l'obligation, pour la société de distribution, de verser au gérant une contrepartie financière (cass. soc. 28 septembre 2011, n° 10-21294, BC V n° 210).

Si une clause de non-concurrence ne comporte pas de contrepartie financière, elle est nulle. Le salarié a aussi la possibilité de saisir le juge des référés pour qu'il déclare que cette clause lui est inopposable (cass. soc. 25 mai 2005, n° 04-45794, BC V n° 180).

▶ À noter… En cas d'application d'une *clause de non-sollicitation**, le salarié doit aussi être indemnisé.

Indemnité prévue par la convention collective - Si la clause de non-concurrence ne prévoit pas de contrepartie financière mais que la convention collective applicable à l'entreprise en impose une (ex. : CCN des VRP et CCN de la métallurgie, CCN des cabinets d'experts-comptables et de commissaires aux comptes), la clause est valable. Le fait que le contrat de travail ne fasse pas expressément référence à la contrepartie financière prévue par la convention collective n'invalide pas la clause de non-concurrence (cass. soc. 5 mai 2010, n° 09-40710 D ; cass. soc. 6 octobre 2016, n° 15-17227 D). En outre, le salarié a droit à la contrepartie financière prévue par la convention collective, même si le contrat de travail est rompu par une rupture conventionnelle et que ce type de rupture ne fait pas partie de ceux visés par la convention collective (cass. soc. 18 janvier 2018, n° 15-24002, BC V n° 6).

▶ Attention… Une convention collective intervenue postérieurement au contrat de travail ne peut pas avoir pour effet de couvrir la nullité qui affecte une clause de non-concurrence. En effet, la validité d'une clause de non-concurrence s'apprécie à la date de sa conclusion. À ce titre, si l'indemnité financière prévue par la clause de non-concurrence n'est pas régulière, un avenant à la convention collective à laquelle renvoie le contrat de travail ne régularise pas la situation s'il a été conclu après la signature du contrat (cass. soc. 28 septembre 2011, n° 09-68537, BC V n° 196).

Interdiction de non-concurrence applicable, indemnité due

Si l'interdiction de concurrence joue, l'indemnité est due - Le salarié lié par une clause de non-concurrence devant bénéficier d'une contrepartie financière, il n'est pas possible de dissocier, dans cette clause, les conditions d'ouverture de l'obligation de non-concurrence de celles de son indemnisation (cass. soc. 28 juin 2006, n° 05-40990, BC V n° 231). Il est donc impossible de prévoir que la clause puisse jouer sans que l'indemnité soit versée.

Pas d'exclusion en cas de rupture à l'initiative de l'employeur ou du salarié - Une clause de non-concurrence ne peut pas prévoir que la contrepartie pécuniaire n'est due qu'en cas de rupture du contrat de travail à l'initiative de l'employeur, si l'interdiction de concurrence s'applique aussi en cas de démission. Une telle clause est nulle (cass. soc. 31 mai 2006, n° 04-44598, BC V n° 198). La contrepartie financière est donc due, même si le salarié démissionne.

Il est également impossible d'envisager le versement d'une contrepartie pécuniaire seulement en cas de rupture du contrat de travail à l'initiative du salarié, quand l'interdiction de concurrence s'applique aussi après une rupture à l'initiative de l'employeur. Une telle clause est nulle (cass. soc. 27 février 2007, n° 05-44984, BC V n° 32).

Pas d'exclusion en cas de licenciement pour faute grave - Il n'est pas non plus permis d'inscrire dans la clause de non-concurrence que la contrepartie financière ne sera pas due en cas de licenciement pour faute grave du salarié concerné, si l'interdiction de concurrence s'applique après ce cas de rupture du contrat. Si une clause de non-concurrence comporte une telle exclusion, le salarié est en droit d'obtenir, devant les juges, le paiement de la contrepartie, même s'il est licencié pour faute grave (cass. soc. 28 juin 2006, n° 05-40990, BC V n° 231 ; cass. soc. 10 décembre 2008, n° 07-41791 D).

Les dispositions d'une convention collective qui dispenseraient l'employeur de verser la contrepartie financière à un salarié au motif que celui-ci a commis une faute grave ne doivent pas être appliquées car elles dérogent à des dispositions d'ordre public (ici, la liberté fondamentale d'exercer une activité professionnelle) (cass. soc. 4 juin 2008, n° 04-40609, BC V n° 123).

▶ À noter... Les dispositions du code de commerce local applicable en Alsace-Moselle prévoyant que la contrepartie financière à la clause de non-concurrence n'est pas due en cas de faute grave ne doivent pas être appliquées (cass. soc. 16 décembre 2008, n° 05-40876, BC V n° 251).

Montant de l'indemnité

Compte tenu de l'interdiction de concurrence - Le montant de la contrepartie doit être proportionnel à l'étendue géographique et à la durée de l'obligation de non-concurrence, compte tenu de la nature des fonctions exercées et des revenus professionnels du salarié (cass. soc. 4 novembre 2020, n° 19-12279 FPB).
Sur une indemnité d'un montant dérisoire ou excessif, voir ci-après.

En fonction de l'ancienneté et d'autres critères - Le montant de la contrepartie peut être fixé en prenant en compte l'ancienneté du salarié, mais ce critère ne doit pas être le seul pris en compte, sinon la clause serait nulle (cass. soc. 7 mars 2007, n° 05-45511, BC V n° 44).

▶ À noter... Si la convention collective applicable à l'entreprise prévoit que la contrepartie financière à la clause de non-concurrence est calculée en fonction de l'indemnité de licenciement, la contrepartie doit être calculée sur la même base que l'indemnité de licenciement, à savoir sur celle de la rémunération brute (cass. soc. 24 septembre 2008, n° 07-41616 D).

Interdiction de minorer la contrepartie en fonction de la rupture - Si le salarié est soumis à l'interdiction de concurrence, la contrepartie financière lui est due sans pouvoir être minorée selon le type de rupture du contrat de travail (ex. : licenciement pour faute grave, démission ou rupture conventionnelle) (cass. soc. 20 février 2013, n° 11-17941 D ; cass. soc. 9 avril 2015, n° 13-25847, BC V n° 71) et ce, même si la convention collective le prévoit (cass. soc. 14 avril 2016, n° 14-29679, BC V n° 76).

Une clause de non-concurrence qui prévoit une telle minoration reste applicable, à savoir : le salarié reste tenu par l'interdiction de concurrence. En effet, seules les dispositions de cette clause minorant la contrepartie sont réputées non écrites ou, en d'autres termes, sont inapplicables. Dans ce cas, le salarié a droit à l'intégralité de la contrepartie financière et ce, même s'il est licencié pour faute grave, s'il a démissionné ou encore, s'il a conclu une rupture conventionnelle, pourvu qu'il respecte l'interdiction de concurrence (cass. soc. 8 avril 2010, n° 08-43056, BC V n° 92 ; cass. soc. 25 janvier 2012, n° 10-11590, BC V n° 20 ; cass. soc. 9 avril 2015, n° 13-25847, BC V n° 71).

Indemnité dérisoire - Une contrepartie financière d'un montant dérisoire équivaut à une absence de contrepartie. La clause de non-concurrence en cause est donc nulle (cass. soc. 15 novembre 2006, n° 04-46721, BC V n° 341 ; cass. soc. 23 juin 2010, n° 08-44160 D).

Exemples

Une indemnité mensuelle de 100 €, pour un cadre lié par une interdiction de concurrence pendant 2 ans, est dérisoire (cass. soc. 27 novembre 2013, n° 12-23740 D).
À l'inverse, une indemnité correspondant à 1 mois de salaire d'un expert-comptable stagiaire, par mois d'exécution de l'obligation de non-concurrence, est valable (cass. soc. 26 octobre 2011, n° 09-43518 D).

Si la clause de non-concurrence prévoit que l'indemnité de non-concurrence est versée, pour partie, pendant l'exécution du contrat de travail et, pour partie, après la rupture du contrat, seule l'indemnité de non-concurrence versée après la rupture du contrat doit être retenue pour apprécier si le montant de l'indemnité n'est pas dérisoire (cass. soc. 22 juin 2011, n° 09-71567, BC V n° 159). En effet, le paiement de la contrepartie financière ne peut pas intervenir avant la rupture du contrat. La contrepartie ne peut être versée qu'après cette rupture, sous peine de nullité de la clause *(voir ci-après)*.

▶ À noter... Sous couvert de l'appréciation du caractère dérisoire de la contrepartie pécuniaire invoqué par un salarié, un juge ne peut pas définir le montant de cette contrepartie et ainsi se substituer à l'employeur et au salarié. Il ne peut pas non plus accorder au salarié la contrepartie qu'il estime justifiée après avoir annulé la clause (cass. soc. 16 mai 2012, n° 11-10760, BC V n° 153).

Indemnité excessive - S'il s'avère que l'indemnité de non-concurrence est excessive, le juge peut décider que la clause de non-concurrence est sans effet à l'égard de l'employeur et que le salarié n'a pas droit à son paiement. Tel a été le cas dans une affaire où l'entreprise rencontrait des difficultés financières. En l'espèce, plusieurs clauses de non-concurrence allouaient aux salariés une indemnité de non-concurrence d'un montant disproportionné au regard des sujétions imposées. Elles imposaient le paiement des indemnités en un seul versement, sans faculté pour l'employeur de lever la clause. En outre, la pénalité prévue en cas de violation de l'interdiction de concurrence par les salariés était dérisoire au regard de ces indemnités de non-concurrence (cass. soc. 4 novembre 2020, n° 19-12279 FPB).

Paiement de l'indemnité

Obligation - L'obligation de paiement de l'indemnité compensatrice de non-concurrence est liée à la cessation d'activité du salarié, au respect de la clause de non-concurrence et à l'absence de renonciation de l'employeur [voir *Clause de non-concurrence (renonciation)**].

Le salarié est donc en droit de prétendre à ce paiement, même :
- s'il a retrouvé un emploi, dès lors qu'il a bien respecté l'interdiction de concurrence (cass. soc. 10 mars 2004, n° 01-47350 D) ;
- s'il a été déclaré inapte (cass. soc. 13 juillet 2005, n° 03-44975 D) ;
- s'il a pris sa retraite (cass. soc. 24 septembre 2008, n° 07-40098, BC V n° 176) ;
- si l'entreprise cesse son activité volontairement ou est en liquidation judiciaire (cass. soc. 5 avril 2005, n° 02-45540, BC V n° 118 ; cass. soc. 21 janvier 2015, n° 13-26374, BC V n° 2).

En revanche, le salarié qui, au lendemain de la fin de son contrat de travail, viole la clause de non-concurrence n'a pas droit au versement de l'indemnité de non-concurrence. Le fait qu'il perde rapidement son nouvel emploi, et ne concurrence donc plus son ancien employeur, ne lui redonne pas droit à cette indemnité (cass. soc. 5 mai 2021, n° 20-10092 D).

La contrepartie financière de la clause de non-concurrence n'est pas due non plus en cas de décès du salarié. Les héritiers ne peuvent donc pas prétendre au paiement de la contrepartie financière (cass. soc. 29 octobre 2008, n° 07-43093, BC V n° 207).

▶ Attention… Une clause ne peut pas prévoir que la contrepartie financière sera consignée par l'employeur sur un compte bloqué et qu'elle n'est due au salarié qu'à la fin de la période de non-concurrence (cass. soc. 2 mars 2005, n° 03-42321 D).

Versement après la rupture du contrat de travail - Le paiement de la contrepartie financière ne peut pas intervenir avant la rupture du contrat. L'indemnité de non-concurrence ne peut donc pas être incluse dans la rémunération du salarié, même individualisée clairement dans le contrat de travail ou le bulletin de paie, sous peine de nullité de la clause (cass. soc. 7 mars 2007, n° 05-45511, BC V n° 44 ; cass. soc. 17 novembre 2010, n° 09-42389, BC V n° 263 ; cass. soc. 15 janvier 2014, n° 12-19472, BC V n° 15).

Si la clause de non-concurrence prévoit que l'indemnité de non-concurrence est versée, pour partie, pendant l'exécution du contrat de travail et, pour partie, après la rupture du contrat, la clause reste valable. Toutefois, seule l'indemnité de non-concurrence versée après la rupture du contrat est retenue pour apprécier si le montant de l'indemnité n'est pas dérisoire *(voir ci-avant)*.

Date d'exigibilité de la contrepartie - En cas de licenciement ou de démission du salarié avec dispense d'exécution de son préavis, la date de départ de l'obligation de non-concurrence et la date d'exigibilité de la contrepartie financière sont celles du départ effectif du salarié de l'entreprise (cass. soc. 22 juin 2011, n° 09-68762, BC V n° 160 ; cass. soc. 11 mars 2015, n° 13-23866 D).

Conséquence d'un retard de paiement - Quand seulement quelques jours s'écoulent entre le départ du salarié de l'entreprise et la décision de l'employeur de ne pas verser la contrepartie financière suite à son embauche chez un concurrent, ce délai ne suffit pas à libérer le salarié de son obligation, qu'il avait aussitôt méconnue en passant au service d'une entreprise concurrente. En l'espèce, la condamnation du salarié à payer 120 000 € de dommages-intérêts à son ancien employeur pour violation de la clause de non-concurrence a été confirmée (cass. soc. 20 novembre 2013, n° 12-20074, BC V n° 275).

En revanche, un salarié est libéré de son obligation de non-concurrence lorsque l'employeur ne lui a pas payé la contrepartie financière pendant plusieurs mois après son départ effectif de l'entreprise (cass. soc. 4 décembre 2013, n° 12-27239 D).

Paiement après une mobilité intra-groupe - Voir *Clause de non-concurrence**.

Incidence d'une transaction - Lorsque l'employeur et le salarié ont rédigé une *transaction** en termes généraux, l'employeur est délié du paiement de l'indemnité de non-concurrence, et le salarié est libéré de l'interdiction de concurrence (cass. soc. 17 février 2021, n° 19-20635 FSPI).

Régimes social et fiscal

La contrepartie financière n'est pas une *clause pénale**. Elle ne peut donc être ni modérée ni augmentée par le juge (cass. soc. 26 mai 1988, n° 85-45074, BC V n° 318 ; cass. soc. 13 octobre 2021, n° 20-12059 FSB).

La contrepartie financière a la nature de salaire. Il en résulte notamment :
- que son action en paiement se prescrit par 3 ans [voir *Prescription (salaires)**] ;
- qu'elle doit être prise en compte dans le calcul de l'indemnité de congés payés (cass. soc. 17 mai 2006, n° 04-47597, BC V n° 177 ; cass. soc. 23 juin 2010, n° 08-70233, BC V n° 145).

La contrepartie financière est garantie par l'AGS (cass. soc. 20 juin 2006, n° 04-48523, BC V n° 218).

Voir aussi *Indemnités de rupture (régimes social et fiscal)**.

☞ *Clause de non-concurrence ; Clause de non-concurrence (renonciation).*

Clause de non-concurrence (renonciation)

Décision de l'employeur

Effet de la renonciation - La renonciation de l'employeur à l'application de la *clause de non-concurrence** libère le salarié de l'interdiction de concurrence et l'employeur de son obligation de verser l'indemnité de non-concurrence prévue.

▶ Attention… Si au cours des entretiens précédant une *rupture conventionnelle**, l'employeur s'engage à verser la contrepartie financière à la clause de non-concurrence puis renonce ultérieurement à l'application de cette clause (à savoir, il ne respecte pas son engagement), les juges peuvent invalider cette rupture conventionnelle pour vice du consentement (cass. soc. 9 juin 2015, n° 14-10192 D).

Prévoir la possibilité de la renonciation - L'employeur ne peut renoncer à l'application de la clause de non-concurrence que si cette possibilité est expressément prévue par (cass. soc. 4 juin 1998, n° 95-41832, BC V n° 299 ; cass. soc. 22 février 2006, n° 04-45406 D).
- le contrat de travail ;
- ou la convention collective applicable à l'entreprise sous réserve que le contrat se réfère à cette convention. Il suffit alors d'avoir dans le contrat une clause générale ainsi rédigée : « Le présent contrat est régi par les dispositions de la convention (…) applicable à l'entreprise » (cass. soc. 28 mars 2007, n° 06-40293 D).

▶ Attention… Si le contrat de travail ou la convention collective ne prévoit pas la possibilité pour l'employeur de renoncer unilatéralement à la clause de non-concurrence, il peut néanmoins y renoncer mais l'accord du salarié est alors impératif (cass. soc. 29 mars 2017, n° 15-27078 D).

Sur l'effet d'une transaction rédigée en termes généraux, voir ci-après.

Respect de la convention collective - La renonciation doit se faire, le cas échéant, dans le respect des dispositions conventionnelles applicables.

Renonciation expresse, claire et sans équivoque - L'employeur doit libérer expressément, clairement et sans équivoque le salarié de son interdiction de concurrence. En effet, la renonciation à un droit ne se présume pas (cass. soc. 12 juillet 1989, n° 86-41668, BC V n° 519). La renonciation à la clause de non-concurrence ne peut donc pas se déduire :
- du seul comportement de l'employeur ou du salarié (cass. soc. 10 mai 2006, n° 04-43837 D) ;
- de la mention « libre de tout engagement » portée sur le *certificat de travail** (cass. soc. 26 février 1970, n° 69-40191, BC V n° 149) ;
- d'une mention « générale » dans une convention de *rupture conventionnelle** (cass. soc. 6 février 2019, n° 17-27188 D).

Exemple

La convention de rupture conclue entre un employeur et un salarié indiquait que le salarié « déclar[ait] avoir été réglé de toutes sommes, y compris et sans limitation, toute rémunération fixe, variable ou complément de rémunération éventuel, indemnité de quelque nature que ce soit, remboursements de frais et autres sommes qui lui étaient dues par la société au titre de l'exécution du contrat de travail ou du fait de la rupture conventionnelle de celle-ci, et plus généralement de toute relation de fait ou de droit ayant existé entre les parties, ou entre [le salarié] et toute autre société du groupe auquel la société appartient ». Pour l'employeur cette formule impliquait nécessairement la renonciation à la clause de non-concurrence inscrite ans le contrat de travail. Mais le salarié a réclamé devant les juges le paiement de l'indemnité de non-concurrence et il a obtenu gain de cause (cass. soc. 6 février 2019, n° 17-27188 D).

L'employeur qui ne lève pas clairement l'obligation de non-concurrence doit verser l'indemnité prévue au salarié.

Renonciation dans les formes prévues par le contrat - Si le contrat de travail prévoit que la renonciation doit être faite par lettre recommandée avec avis de réception, l'employeur ne peut pas remplacer cette formalité par une autre (ex. : un mail), sinon la renonciation est inefficace (cass. soc. 21 octobre 2020, n° 19-18399 FD). À notre sens, la solution serait la même si la formalité de la LRAR est imposée par la convention collective applicable à l'entreprise.

▶ À noter… À partir du moment où l'employeur envoie la LRAR de renonciation dans le délai requis, et respecte ainsi le contrat de travail, ce n'est pas à lui de démontrer que le salarié a reçu cette lettre, ou qu'elle lui a été présentée et qu'il en a été avisé (cass. soc. 3 février 2021, n° 19-16695 FD). En d'autres termes, c'est l'envoi de la lettre de renonciation, dans la forme et le délai prévus, qui compte. Ainsi, un employeur ne pouvait pas être condamné à payer l'indemnité de non-concurrence alors qu'il avait bien envoyé au salarié une LRAR de renonciation dans le délai imposé. Il importait peu en l'espèce que l'accusé de réception comporte une autre signature que celle du salarié (cass. soc. 20 février 2013, n° 11-21975 FD).

Renonciation dans la lettre de licenciement - Si le contrat de travail ou la convention collective n'impose pas à l'employeur de renoncer à la clause de non-concurrence par un courrier distinct de la lettre de licenciement (en LRAR, par précaution), il délie valablement le salarié de l'obligation de non-concurrence dans la lettre de licenciement envoyée en recommandé (cass. soc. 24 avril 2013, n° 11-26007, BC V n° 111).

▶ À noter… Quand un licenciement est nul de plein droit (ex. : licenciement d'une femme enceinte), l'employeur ne peut pas se prévaloir des termes de la lettre de licenciement informant le salarié qu'il était libéré de la clause de non-concurrence. Cette renonciation est donc inopérante (cass. soc. 3 février 2010, n° 08-45105 D).

Renonciation individuelle - L'employeur doit notifier individuellement la renonciation aux salariés intéressés. En effet, sans cette formalité, il ne peut pas se prévaloir, à l'encontre des salariés concernés, de l'engagement pris, dans le cadre d'un plan de sauvegarde de l'emploi, de renoncer à l'application des clauses de non-concurrence insérées dans les contrats de travail des salariés licenciés (cass. soc. 21 octobre 2009, n° 08-40828, BC V n° 228).

Renonciation en cours de contrat

L'employeur peut renoncer à la clause à tout moment en cours de contrat, si cela est expressément prévu, sinon la renonciation ne peut intervenir qu'à compter de la rupture du contrat, pour autant que celle-ci soit prévue (cass. soc. 11 mars 2015, n° 13-22257, BC V n° 44 ; cass. soc. 2 décembre 2015, n° 14-19029, BC V n° 242).

Renonciation à la date de la rupture ou à compter de la rupture

Délai prévu par la convention collective ou le contrat de travail - La clause par laquelle l'employeur se réserve la faculté, après la rupture du contrat de travail, de renoncer à la clause de non-concurrence à tout moment au cours de l'exécution de celle-ci n'est pas valable car le salarié ne peut pas être laissé dans l'incertitude quant à l'étendue de sa liberté de travailler (cass. soc. 13 juillet 2010, n° 09-41626, BC V n° 174). Cette clause est nulle « dans son ensemble » et ce, y compris dans le cas où elle envisage une possibilité de renonciation, pendant le contrat, ce qui est admis *(voir ci-avant)* (cass. soc. 2 décembre 2015, n° 14-19029, BC V n° 242).

Un délai précis et, à notre sens, raisonnable de renonciation après la rupture du contrat de travail doit donc être inscrit dans la clause pour que cette mention soit valable et donc effective. Le cas échéant, l'employeur doit respecter le délai de renonciation prévu par le contrat de travail ou la convention collective. À défaut de quoi, celle-ci est inopérante (cass. soc. 25 novembre 2009, n° 08-41219, BC V n° 266).

Calcul du délai de renonciation - Le contrat de travail ou la convention collective peut prévoir que la renonciation doit intervenir dans un certain

délai suivant la rupture du contrat de travail ou au moment de celle-ci, sachant que :

- le délai de renonciation se calcule de date à date, sans qu'il y ait à déduire les samedis, dimanches et jours fériés (cass. soc. 29 juin 2005, n° 03-43956 D) ;

- le point de départ de ce délai est à apprécier selon le type de rupture du contrat de travail.

Exemples

Quand la convention collective prévoit que la renonciation doit intervenir « au moment de la notification de la rupture » et en cas de licenciement, c'est la date de notification du licenciement qui doit être prise en compte (cass. soc. 19 juillet 2000, n° 98-42290 D).

S'agissant d'une démission, lorsque le contrat de travail précise que l'employeur peut délier le salarié de son obligation de non-concurrence « au plus tard avant l'expiration d'un délai de 8 jours commençant à courir au jour de la réception, par la société ..., de la lettre de démission », c'est la date de réception de la lettre de démission par l'employeur qui doit être prise en compte. Il ne s'agit donc pas du jour où ce courrier est lu par l'employeur (cass. soc. 12 juin 2014, n° 13-14621 D). Faute d'une telle précision, c'est la date de notification de la démission qui constitue le point de départ du délai (cass. soc. 27 février 2001, n° 99-40436 D).

Quand la convention collective prévoit que la renonciation peut être faite dans un certain délai suivant « la notification par l'une ou l'autre des parties de la rupture » et en cas de prise d'acte de la rupture, le point de départ du délai de renonciation est la date de réception par l'employeur de la lettre de prise d'acte de la rupture (cass. soc. 8 juin 2005, n° 03-43321, BC V n° 194).

Quand le contrat de travail prévoit que la renonciation peut être faite dans un certain délai suivant « la notification du préavis ou en cas de non-observation du préavis dans le mois qui suit la rupture effective du contrat de travail » et en cas de résiliation judiciaire, le délai de renonciation court à compter du prononcé du jugement (cass. soc. 6 mai 2009, n° 07-44692, BC V n° 122).

Le respect du délai de renonciation s'apprécie à la date d'envoi de la lettre de renonciation (et non à celle de la réception de cette lettre par le salarié) (cass. soc. 30 mars 2011, n° 09-41583, BC V n° 85).

Renonciation au moment de la rupture, faute de délai conventionnel ou contractuel - Le délai de renonciation peut être valablement fixé dans le contrat de travail ou la convention collective *(voir ci-avant)*.

En l'absence de telles dispositions, l'employeur ne peut être dispensé de verser la contrepartie financière de cette clause que s'il libère le salarié de son obligation de non-concurrence au moment où il rompt le contrat de travail. Dans ce contexte, si l'employeur ne renonce au bénéfice de la clause de non-concurrence qu'après la rupture (ex. : après le licenciement), il reste donc tenu au paiement de la contrepartie financière (cass. soc. 13 juillet 2010, n° 09-41626, BC V n° 174 ; cass. soc. 10 avril 2013, n° 12-12717 D). **Cela signifie que la renonciation n'est pas effective.**

Date de la renonciation en cas de rupture conventionnelle individuelle - Si la renonciation par l'employeur à la clause de non-concurrence est prévue, l'employeur qui souhaite utiliser cette possibilité doit renoncer à l'application de la clause au plus tard à la date de la rupture fixée par la convention de *rupture conventionnelle, quelles que soient les stipulations ou dispositions contraires** (cass. soc. 26 janvier 2022, n° 20-15755 FSB). **La règle devrait être la même quand la rupture conventionnelle vaut renonciation à un licenciement notifié précédemment** (cass. soc. 3 mars 2015, n° 13-20549, BC V n° 35).

Date de la renonciation en cas de dispense de préavis - L'employeur qui dispense le salarié d'exécuter le préavis doit, s'il entend renoncer à l'application de la clause de non-concurrence, le faire au plus tard à la date du départ effectif de l'intéressé de l'entreprise et ce, peu important des stipulations ou dispositions contraires (cass. soc. 13 mars 2013, n° 11-21150, BC V n° 72 ; cass. soc. 21 janvier 2015, n° 13-24471, BC V n° 3). **Si l'employeur ne renonce au bénéfice de la clause de non-concurrence qu'après cette date, il reste tenu au paiement de la contrepartie financière.**

Date de la renonciation en cas d'inexécution du préavis par le salarié - Quand un contrat de travail prévoit que « la société se réserve le droit de libérer le salarié de l'interdiction de concurrence ou d'en réduire la durée en informant par écrit le salarié dans le délai maximal de 30 jours qui suivra la fin effective du travail (fin du préavis effectué ou début du préavis non effectué) », comment se décompte le délai de renonciation quand le salarié écourte son préavis sans l'accord de l'employeur (ou ne l'effectue pas) ?

Dans ce cas, il n'y a pas lieu de tenir compte de la date du départ du salarié de l'entreprise mais de prendre en compte la date de fin du préavis comme prévu au contrat (cass. soc. 21 mars 2018, n° 16-21021 FSPB).

▶ À noter... Si l'employeur accepte que le préavis soit raccourci, sans doute faut-il raisonner comme en matière de dispense totale de préavis *(voir ci-avant)* dans l'attente d'une position des juges sur cette question précise.

Date de la renonciation en cas d'adhésion à un CSP - L'adhésion au *contrat de sécurisation professionnelle** entraînant la rupture du contrat de travail sans préavis, la renonciation doit intervenir au plus tard à la date du départ effectif du salarié et ce, peu important des stipulations ou dispositions contraires (cass. soc. 2 mars 2017, n° 15-15405 D).

Envoi de la renonciation à l'adresse connue du salarié - Quand l'employeur connaît le changement d'adresse du salarié, c'est à la nouvelle adresse qu'il doit notifier à l'intéressé sa renonciation à l'application de la clause de non-concurrence et ce, même si le salarié ne l'avait pas, en fait, avisé de sa nouvelle adresse (cass. soc. 25 mars 2009, n° 07-41894, BC V n° 85).

Renonciation tardive - En cas de non-respect du délai de renonciation, celle-ci est inopérante. L'employeur reste redevable de l'intégralité de la contrepartie financière (cass. soc. 25 juin 1981, n° 79-41963, BC V n° 598 ; cass. soc. 27 mars 2008, n° 07-40195 D). L'accord entre l'employeur et le salarié, intervenu hors délai de renonciation devant le conseil de prud'hommes, pour renoncer réciproquement à l'application de la clause est sans incidence sur le montant dû (cass. soc. 13 octobre 2021, n° 20-10718 D).

Toutefois, l'employeur ne doit au salarié que la fraction de cette contrepartie correspondant à la période pendant laquelle celui-ci a effectivement respecté l'interdiction de concurrence qui lui était faite (cass. soc. 13 septembre 2005, n° 02-46795, BC V n° 251).

Réception de la lettre de renonciation par le salarié

La renonciation, acte unilatéral de l'employeur, produit son effet dès sa manifestation dès lors qu'elle intervient dans les formes et délais prescrits. Le fait que la renonciation n'ait pas été reçue par le salarié est sans incidence. L'employeur n'a pas à s'assurer de la réception par le salarié de sa renonciation pour qu'elle produise effet. Il en irait cependant autrement si le contrat de travail ou la convention collective imposait la réception par le salarié comme condition de validité de la renonciation (cass. soc. 10 juillet 2013, n° 12-14080, BC V n° 183).

Effet d'une transaction rédigée en termes généraux

Lorsque l'employeur et le salarié ont rédigé une *transaction** en termes généraux, l'employeur est délié du paiement de l'indemnité de non-concurrence, et le salarié est libéré de l'interdiction de concurrence (cass. soc. 17 février 2021, n° 19-20635 FSPI). Ainsi, la transaction qui remplit les critères suivants englobe la clause de non-concurrence. Il s'agit d'une transaction aux termes de laquelle l'employeur et le salarié :

- reconnaissent que leurs concessions réciproques sont réalisées à titre transactionnel, forfaitaire et définitif, ceci afin de les remplir de tous leurs droits et pour mettre fin à tout différend né ou à naître des rapports de droit ou de fait ayant pu exister entre eux,
- et déclarent être totalement remplies de leurs droits respectifs et renoncer réciproquement à toute action en vue de réclamer quelque somme que ce soit.

▶ À noter… En pratique, cela signifie à notre sens qu'une transaction rédigée en termes généraux dispense en quelque sorte l'employeur de procéder à une renonciation expresse. Plus que cela, elle lui permet, à notre sens, de renoncer à cette clause, même si cette renonciation n'était pas prévue par le contrat de travail ou la convention collective, contrairement à ce qui est exigé dans le cadre d'une renonciation hors transaction *(voir ci-avant)*.

☛ *Clause de non-concurrence ; Clause de non-concurrence (indemnité).*

Clause de non-sollicitation

Une clause de non-sollicitation lie des entreprises qui s'engagent les unes envers les autres à ne pas embaucher leurs salariés respectifs. Une telle clause peut par exemple être prévue dans le cadre d'une cession de sociétés ou dans un contrat de prestation de services (cass. com. 11 juillet 2006, n° 04-20438 D ; cass. com. 10 mai 2006, n° 04-10149, BC IV n° 116).

Elle porte atteinte aux libertés du travail et d'entreprendre et n'est donc licite que si elle est proportionnée aux intérêts légitimes à protéger compte tenu de l'objet du contrat (cass. com. 27 mai 2021, n° 18-23261 et 18-23699 FSP).

▶ À noter... À la différence de la *clause de non-concurrence**, qui fait partie du contrat de travail, la clause de non-sollicitation lie deux entreprises. Les salariés concernés ne sont donc pas parties prenantes à cet accord. Une clause de non-sollicitation n'est « ni une variante, ni une précision » d'une clause de non-concurrence (cass. com. 11 juillet 2006, n° 04-20438 D). Une clause de non-sollicitation n'obéit donc pas aux conditions de validité d'une clause de non-concurrence.

Le salarié qui, en exécution de la clause de non-sollicitation conclue entre son employeur et une autre société, n'a pas pu être engagé par cette dernière doit être indemnisé par son employeur du préjudice qu'il a subi du fait de l'atteinte à sa liberté de travailler (cass. soc. 2 mars 2011, n° 09-40547 D).

▶ À noter... Seul le salarié peut se prévaloir du trouble que peut lui causer une clause de non-sollicitation ne comportant pas d'indemnisation (cass. com. 10 mai 2006, n° 04-10149, BC IV n° 116).

☞ *Contrat de travail.*

Clause d'objectifs

Sauf disposition conventionnelle contraire, il est possible d'insérer dans un contrat de travail une clause fixant des objectifs ou des quotas à atteindre par le salarié. Il peut s'agir d'un chiffre d'affaires minimal ou d'un quota de ventes à réaliser sur une période considérée. La clause d'objectifs peut être couplée à une *clause de variation du salaire.**

Conditions de validité

Objectifs raisonnables et réalistes - **Pour être valable, une telle clause doit fixer des objectifs raisonnables et compatibles avec le marché dans le sens où ils doivent être réalistes et réalisables, compte tenu de la situation économique du secteur professionnel dans lequel intervient le salarié** (cass. soc. 13 mars 2001, n° 99-41812, BC V n° 86).

Objectifs rédigés en français - Tout document qui comporte des obligations pour le salarié ou des dispositions qu'il lui faut comprendre pour exécuter son travail est obligatoirement rédigé en *langue française**. **Le document qui définit les objectifs qui servent à déterminer le montant de la rémunération variable doit donc être rédigé en français, sinon il n'est pas opposable au salarié. Il incombe alors au juge de fixer le montant de la rémunération variable due au salarié** (c. trav. art. L. 1221-3 ; cass. soc. 29 juin 2011, n° 09-67492, BC V n° 167 ; cass. soc. 2 avril 2014, n° 12-30191 D).

Toutefois, l'employeur peut notifier au salarié ses objectifs en anglais s'il en diffuse peu après une traduction française (ex. : sur le site intranet de l'entreprise) (cass. soc. 21 septembre 2017, n° 16-20426, BC V n° 147).

Enfin, l'obligation de rédiger le document en cause en français ne s'applique pas aux documents reçus de l'étranger ou destinés à des étrangers (c. trav. art. L. 1321-6). **À titre d'exemple, une clause d'objectifs rédigée en anglais s'appliquant à une salariée citoyenne américaine était valable** (cass. soc. 24 juin 2015, n° 14-13829, BC V n° 128). **À l'inverse, le caractère international de l'activité de l'entreprise n'autorise pas à communiquer les objectifs uniquement en anglais** (cass. soc. 3 mai 2018, n° 16-13736 D).

Instauration d'un quota - L'instauration par l'employeur d'un quota non prévu au contrat de travail susceptible d'avoir une incidence sur la rémunération du salarié constitue une *modification du contrat de travail** (cass. soc. 18 juillet 2000, n° 98-41222, BC V n° 288).

Révision négociée des objectifs

Révision des objectifs inscrite dans la clause - Pour tenir compte de la situation économique, la renégociation des objectifs par l'employeur et le salarié peut être prévue soit selon une périodicité prédéfinie dans la clause (ex. : annuelle), soit à l'occasion de certaines circonstances (ex. : nouveaux produits, pertes de l'entreprise, etc.).

Sanctions du défaut de négociation sur les objectifs - **Lorsque le contrat de travail prévoit qu'une partie de la rémunération varie en fonction d'objectifs fixés annuellement (ou selon une autre périodicité) d'un commun accord, l'employeur doit engager chaque année (ou selon la périodicité fixée) des négociations avec le salarié en vue de fixer ces objectifs. En cas de contentieux, l'employeur doit prouver ces négociations.**

Faute de négociations, l'entreprise est redevable des primes d'objectifs pour toutes les années au cours desquelles la négociation aurait dû avoir lieu. Peu importe que leur montant n'ait pas été fixé par accord entre l'employeur et le salarié : ce sont les juges eux-mêmes qui le détermineront (cass. soc. 13 juillet 2004, n° 02-14140, BC V n° 208 ; cass. soc. 4 juillet 2007, n° 05-42616 D). **Toutefois, lorsque la situation économique de l'entreprise le justifie, le juge**

peut décider du non-paiement de la prime d'objectifs (cass. soc. 12 février 2015, n° 13-22098 D).

Par ailleurs, quand l'employeur n'établit pas avoir engagé périodiquement les négociations avec le salarié en vue de fixer d'un commun accord avec lui les objectifs dont dépend la partie variable de sa rémunération, les juges peuvent prononcer, à la demande du salarié, la *résiliation judiciaire du contrat de travail** aux torts de l'employeur compte tenu, en l'espèce, de l'importance des sommes en litige (cass. soc. 19 novembre 2014, n° 13-22686 D). À notre sens, une *prise d'acte de la rupture** pourrait également être justifiée si les manquements reprochés à l'employeur sont suffisamment graves pour empêcher la poursuite du contrat de travail.

Définition et révision unilatérale des objectifs

Fixation et modification unilatérale des objectifs par l'employeur - Il peut être prévu dans le contrat de travail que les objectifs sont fixés unilatéralement par l'employeur dans le cadre de son pouvoir de direction (cass. soc. 22 mai 2001, n° 99-41838, BC V n° 180 ; cass. soc. 2 mars 2011, n° 08-44977, BC V n° 55).

Dans ce cas, l'employeur peut modifier ces objectifs dès lors qu'ils sont réalisables et qu'ils ont été portés à la connaissance du salarié en début d'exercice. L'employeur n'a pas à obtenir l'accord préalable du salarié même si cette modification a un impact sur sa rémunération (cass. soc. 2 mars 2011, n° 08-44977, BC V n° 55 ; cass. soc. 9 mai 2019, n° 17-20767 D). Pour autant, si l'employeur va au-delà de la révision des objectifs, par exemple, en réduisant le périmètre de prospection d'un salarié, la *modification du contrat de travail** est caractérisée du fait de l'impact sur la rémunération d'une telle modification (cass. soc. 12 février 2015, n° 13-19309 D).

Attention, si l'employeur peut modifier les objectifs en début d'exercice *(voir ci-avant)*, il ne peut pas les modifier en cours d'exercice. Et ce, peu important que les objectifs aient été fixés trop bas (cass. soc. 8 avril 2021, n° 19-15432 D). Si besoin, il ne peut les revoir qu'au début de l'exercice suivant.

Sanction d'un défaut de fixation des objectifs - Lorsque le contrat de travail prévoit que la rémunération variable dépend d'objectifs fixés périodiquement (ex. : annuellement) par l'employeur, le défaut de fixation de ces objectifs pourrait, selon la gravité de ce manquement, justifier une *prise d'acte de la rupture** par le salarié ou une demande en *résiliation judiciaire du contrat de travail**.

Sanction d'un retard dans la définition des objectifs - Selon le contexte et la rédaction de la clause d'objectifs, l'employeur qui doit fixer unilatéralement les objectifs d'un salarié, ceux-ci conditionnant le montant de sa part variable de rémunération, devra la payer intégralement, à hauteur du bonus maximal, s'il fixe ses objectifs au salarié très tardivement. En l'espèce, les objectifs n'étaient pas complètement arrêtés fin novembre alors qu'ils étaient censés lui être communiqués avant le 31 mai de chaque année (cass. soc. 25 novembre 2020, n° 19-17246 D).

Toutefois, un retard dans la communication des objectifs n'est pas condamnable quand les circonstances (ex. : rachat de l'entreprise, difficultés en raison de la réorganisation de l'entreprise) ont rendu impossible la fixation des objectifs en début d'exercice (cass. soc. 21 septembre 2017, n° 16-20426 PB ; cass. soc. 3 mai 2018, n° 16-13736 D).

Sanction d'une fixation d'objectifs inatteignables - Le fait de fixer des objectifs inatteignables qui privent le salarié de la partie variable de sa rémunération peut, selon les circonstances, justifier une *prise d'acte de la rupture** (cass. soc. 13 juin 2012, n° 11-10391 D) ou une *résiliation judiciaire du contrat de travail** (cass. soc. 12 février 2016, n° 14-27024 D).

Bonus fixé discrétionnairement - Quand le contrat de travail prévoit qu'à la fin de chaque année fiscale, le salarié reçoit un bonus en considération de ses performances en plus de son salaire de base, il faut considérer que le montant de ce bonus est fixé discrétionnairement chaque année par l'employeur. En conséquence de quoi, l'employeur n'a pas à démontrer une dégradation de la performance du salarié en cas de baisse du montant du bonus par rapport à celui versé les années précédentes. Les juges ne peuvent pas prononcer la résiliation judiciaire du contrat de travail et ordonner un rappel de salaire au motif de la réduction du montant du bonus même si celui-ci avait été constant pendant plusieurs années (cass. soc. 16 mai 2018, n° 16-20640 D).

Acquisition au prorata du temps de présence

Lorsqu'une prime d'objectifs (ex. : semestrielle) constitue la partie variable de la rémunération versée à un salarié, en contrepartie de son activité, elle s'acquiert au prorata du temps de présence du salarié dans l'entreprise au cours de l'exercice. Dès lors, si le salarié quitte l'entreprise en cours d'exercice (ex. : avant la fin d'un semestre), cette prime doit lui être versée prorata temporis. Il n'est pas nécessaire pour cela qu'une disposition conventionnelle ou contractuelle ou encore un usage prévoit un tel paiement prorata temporis. Cela signifie qu'il ne peut pas être exigé que le salarié soit sous contrat de travail au terme de la période de référence pour obtenir le paiement de la prime en question (cass. soc. 5 novembre 2014, n° 13-20131 D ; cass. soc. 29 septembre 2021, n° 13-25549 D).

Non-respect d'une clause d'objectifs

Pas de cause de rupture - Une clause d'objectifs ne peut pas prévoir que le seul fait de ne pas atteindre les résultats contractuels constitue une cause réelle et sérieuse de licenciement. Une telle mention n'est pas valable. Seul le juge a en effet le pouvoir de décider si le fait incriminé dans la lettre de licenciement constitue ou non une cause réelle et sérieuse de licenciement (cass. soc. 14 novembre 2000, n° 98-42371, BC V n° 367).

L'insuffisance de résultats n'est pas, à elle seule, une cause de licenciement - La simple comparaison des objectifs contractuels et des résultats obtenus ne suffit pas à justifier la rupture du contrat de travail. La non-exécution de l'obligation contractuelle, consistant dans la non-atteinte des objectifs fixés, ne justifie donc pas à elle seule le licenciement du salarié (cass. soc. 30 mars 1999, n° 97-41028, BC V n° 143).

L'insuffisance de résultats ne peut justifier un licenciement que :

- si les objectifs fixés étaient raisonnables *(voir ci-avant)* ;
- et si le fait pour le salarié de ne pas les avoir atteints résulte d'une insuffisance professionnelle ou d'une faute qui lui est imputable (cass. soc. 12 février 2002, n° 99-42878, BC V n° 65 ; cass. soc. 13 janvier 2004, n° 01-45931 et 01-45932, BC V n° 3).

Sur l'insuffisance professionnelle, voir *Licenciement non disciplinaire**.

Responsabilité de l'employeur - Lorsque l'employeur est lui-même responsable du non-respect par le salarié de sa clause de quotas, il n'est pas fondé à s'en prévaloir pour licencier un salarié (cass. soc. 23 février 2000, n° 98-40482 D).

☛ *Contrat de travail.*

➲ Formulaire de Droit social, « Clause d'objectifs (objectifs définis par l'employeur) » et « Clause d'objectifs (objectifs négociés entre l'employeur et le salarié) ».

Clause pénale

La clause pénale insérée dans le contrat de travail fixe de manière forfaitaire et préalable le montant des dommages-intérêts dus par l'employeur ou le salarié en cas de non-respect de ses engagements (ex. : violation par le salarié d'une *clause de non-concurrence**, violation par l'employeur d'une *clause de garantie d'emploi**, rupture anticipée du fait de l'employeur ou du salarié d'un *contrat de travail à durée déterminée**, etc.).

Le juge a la faculté de modérer ou d'augmenter la peine convenue, si elle est manifestement excessive ou dérisoire, toute stipulation contraire étant réputée non écrite (c. civ. art. 1231-5). Le juge n'a pas à motiver sa décision (cass. soc. 4 avril 2012, n° 10-17181 D).

☛ *Contrat de travail.*

Clause de quotas

☛ *Clause d'objectifs.*

Clause relative aux congés payés

☛ *Contrat de travail ; Congés payés (indemnité).*

Clause de remboursement (frais professionnels)

En principe, les frais qu'un salarié justifie avoir exposés pour les besoins de son activité professionnelle et dans l'intérêt de l'employeur, doivent être remboursés sans qu'ils puissent être imputés sur la rémunération qui lui est due (voir *Frais professionnels**).

Toutefois, une clause du contrat de travail peut prévoir que le salarié en conserve la charge moyennant le versement d'une somme fixée à l'avance de manière forfaitaire et à la double condition (cass. soc. 25 mars 2010, n° 08-43156, BC V n° 76 ; cass. soc. 20 juin 2013, n° 11-23071, BC V n° 162 ; cass. soc. 20 juin 2013, n° 11-19663, BC V n° 162) :

- d'une part, que cette somme forfaitaire ne soit pas manifestement disproportionnée au regard du montant réel des frais engagés ;
- d'autre part, que la rémunération proprement dite du travail reste chaque mois au moins égale au SMIC.

Une clause qui subordonne le remboursement de frais exposés par le salarié, pour les besoins de son activité professionnelle et dans l'intérêt de l'employeur, à la réalisation d'objectifs, est nulle car il s'agit d'une sanction pécuniaire interdite (voir *Sanctions disciplinaires**). Il en va de même de la clause qui fait dépendre le montant du remboursement d'un élément sans rapport avec le montant des frais exposés par le salarié pour les besoins de son activité professionnelle (cass. soc. 19 septembre 2013, n° 12-15996 D).

Même si la clause de remboursement de frais est inopposable au salarié, encore faut-il que celui-ci prouve l'existence des frais professionnels allégués pour obtenir la condamnation de l'employeur à lui verser un complément de remboursement de frais (cass. soc. 20 juin 2013, n° 11-19663, BC V n° 162).

☛ *Contrat de travail.*

Clause de rupture du contrat de travail

☛ *Clause illicite.*

Clause de variation du salaire

Conditions de validité

Trois conditions de validité - Une clause du contrat de travail peut prévoir une variation du *salaire** si les trois conditions suivantes sont réunies (cass. soc. 2 juillet 2002, n° 00-13111, BC V n° 229) :
- elle doit être fondée sur des éléments objectifs indépendants de la volonté de l'employeur ;
- elle ne doit pas faire porter le risque d'entreprise sur le salarié ;
- elle ne doit pas avoir pour effet de réduire la rémunération en dessous des minima légaux et conventionnels.

Exemple

Lorsque les honoraires servant de base de calcul à la rémunération variable sont ceux retenus par la direction générale à laquelle était rattaché le salarié pour l'établissement du compte d'exploitation, la variation de la rémunération dépend de la seule volonté de l'employeur. La clause concernée aurait donc due être jugée illicite (cass. soc. 9 mai 2019, n° 17-27448 FSPB).

Possibilité d'exclure les cotisations sociales patronales de l'assiette de calcul - En application de l'article L. 241-8 du code de la sécurité sociale, les cotisations sociales dues par l'employeur restent exclusivement à sa charge (c. séc. soc. art. L. 241-8). Une clause du contrat de travail mettant des cotisations patronales à la charge du salarié est donc nulle de plein droit (c. séc. soc. art. L. 241-8 ; cass. soc. 23 avril 2013, n° 12-12411, BC V n° 106).

En matière de rémunération variable, il convient de distinguer l'assiette de la rémunération variable du paiement à proprement parler des cotisations sociales. Ainsi, « la prohibition de l'article L. 241-8 du code de la sécurité sociale ne [porte] que sur les modalités de paiement de la rémunération et pas sur sa détermination ». Une clause du contrat de travail peut donc exclure les cotisations sociales patronales de l'assiette de calcul de la rémunération variable. À l'employeur et au salarié de négocier cette clause selon les « raisons qui leur appartiennent au regard de l'objet qu'ils fixent à la rémunération variable ». Cela ne remet pas en cause le paiement par l'employeur des cotisations patronales dues sur le montant de la rémunération revenant effectivement au salarié. Selon la Cour de cassation, l'assiette de calcul doit être reliée aux autres éléments de détermination de la rémunération variable, comme le taux éventuellement appliqué. Or, ce dernier peut corriger les effets d'assiette dans les conditions que les parties estiment pertinentes. Quoi qu'il en soit, l'employeur reste tenu de payer les cotisations sociales sur le montant résultant de l'application de la clause de rémunération variable (cass. soc. 27 janvier 2021, n° 17-31046 FPPRI, 3e moyen ; « Note explicative relative à l'arrêt n° 138 du 27 janvier 2021 (17-31.046) - chambre sociale », www.courdecassation.fr).

Conditions d'application

Moyens du salarié pour réaliser le chiffre d'affaires convenu - Le contrat de travail peut prévoir une rémunération qui varie en fonction d'un chiffre d'affaires à atteindre. Encore faut-il que le salarié ait les moyens de réaliser le chiffre d'affaires convenu. Si celui-ci estime que tel n'est pas le cas, ce n'est pas à lui de le prouver. C'est à l'employeur de justifier qu'il lui avait bien donné les moyens d'accomplir son travail (cass. soc. 10 février 2004, n° 01-45216, BC V n° 44).

Obligation d'information de l'employeur - Le salarié doit pouvoir vérifier que le calcul de sa rémunération a été effectué conformément aux modalités prévues par le contrat de travail (ex. : rémunération sur la base de commissions calculées, selon une annexe au contrat, en pourcentage sur un chiffre d'affaires) (cass. soc. 18 juin 2008, n° 07-41910, BC V n° 134).

L'employeur doit donc communiquer au salarié l'ensemble des bases de calcul lui permettant de vérifier la justesse de sa rémunération. À défaut de quoi, il peut se retrouver face à une *prise d'acte de la rupture** de son contrat de travail par le salarié, celle-ci produisant les effets d'un licenciement sans cause réelle et sérieuse si les manquements qui lui sont reprochés sont suffisamment graves pour rendre impossible la poursuite du contrat de travail.

Rôle du juge à défaut d'accord entre l'employeur et le salarié - Lorsque le droit à une rémunération variable résulte du contrat de travail et, à défaut d'un accord entre l'employeur et le salarié sur le montant de cette rémunération, il incombe au juge de la déterminer en fonction des critères visés au contrat et des accords conclus les années précédentes.

Il en résulte que, si l'objectif de résultats dont le contrat de travail fait dépendre la rémunération variable n'a pas été déterminé, il appartient au juge de le fixer par référence aux années antérieures (cass. soc. 4 juin 2009, n° 07-43198, BC V n° 145 ; cass. soc. 5 mai 2010, n° 08-44404 D) (voir *Clause d'objectifs**).

Rémunération des représentants du personnel - Être représentant du personnel ne doit avoir aucune incidence défavorable sur la rémunération du salarié. Cette règle s'applique au cas d'une prime variable subordonnée à la réalisation d'objectifs fixés en termes de nombre d'entretiens commerciaux réalisés par les salariés avec une clientèle qu'ils sont chargés de suivre.

Ainsi, pour éviter toute discrimination, un représentant du personnel a le droit de percevoir, au titre de cette prime, une somme fixée en tenant compte (cass. soc. 6 juillet 2010, n° 09-41354, BC V n° 157) :

- pour la partie de son activité correspondant à ses mandats, du montant moyen de cette prime versée, pour un temps équivalent, aux autres salariés ;
- et, pour la partie correspondant à son temps de production, d'une somme calculée sur la base d'objectifs réduits à la mesure de ce temps.

Modification de la clause

La modification de la clause (ex. : modification des critères de la part variable de la rémunération) constitue une modification du contrat de travail, nécessitant l'accord préalable du salarié [voir *Modification du contrat de travail (rémunération)**].

Clause de bonne fin

Conditions de validité - En cas de rupture du contrat de travail, il peut être prévu dans le contrat du salarié (ex. : un cadre commercial) que les commandes non menées à bonne fin n'ouvrent pas droit à commissions.

Ce type de clause est valable à condition que l'employeur ne soit pas fautif et que le salarié ne soit pas privé des commissions qui lui étaient dues sur des contrats effectivement réalisés (cass. soc. 9 février 2011, n° 09-41145 D).

En d'autres termes, les clauses dites « de bonne fin » sont licites si elles ne privent le salarié que d'un droit éventuel et non d'un droit acquis au paiement d'une rémunération (cass. soc. 30 novembre 2011, n° 09-43183, BC V n° 282).

Conséquence en cas de rupture du contrat de travail - Quand des contrats, initialement conclus par des salariés avec leurs clients, évoluent ensuite du fait d'autres commerciaux ou d'interventions de tiers, les résultats positifs se traduisant par une facturation et un encaissement du chiffre d'affaires par la société, les intéressés ne peuvent pas prétendre, conformément à la clause contractuelle applicable, au versement de commissions au-delà de la cessation du contrat de travail.

Le salarié, qui ne peut, du fait de son licenciement sans cause réelle et sérieuse, réaliser et encaisser de chiffres d'affaires au titre des conventions qu'il a signées, a droit seulement à la réparation du préjudice qui en résulte pour lui (cass. soc. 30 novembre 2011, n° 09-43183, BC V n° 282).

☞ *Contrat de travail.*

CNIL

La Commission nationale de l'informatique et des libertés (CNIL ; www.cnil.fr) informe les personnes concernées et les responsables des traitements de leurs droits et obligations. Elle veille à ce que les traitements de *données personnelles** soient mis en œuvre conformément aux règles de protection des données personnelles issues pour l'essentiel de la loi dite « informatique et libertés » et du *RGPD** (loi 78-17 du 6 janvier 1978, JO du 21 ; règlt UE 2016/679 du 27 avril 2016, JOUE 4 mai 2016, appelé « RGPD »).

Contrôles de la CNIL

Vérification du respect du RGPD - La CNIL a la possibilité de procéder à des contrôles afin de vérifier que l'employeur, ou son sous-traitant, applique les règles de protection des données personnelles (loi 78-17 du 6 janvier 1978, art. 19, JO du 21 ; décret 2019-536 du 29 mai 2019, art. 25 et s., art. 33 et s., JO du 30 ; règlt UE 2016/679 du 27 avril 2016, art. 4, JOUE 4 mai 2016 ; Charte des contrôles de la CNIL, § 1).

À la suite d'une plainte notamment - Un contrôle effectué par la CNIL peut avoir des origines différentes et notamment être déclenché (Charte des contrôles de la CNIL, § 1) :
- à la suite de réclamations et de plaintes ;
- dans le cadre du programme de contrôle défini annuellement par la CNIL.

Quatre types de contrôle - La CNIL peut décider :
- un contrôle sur place : les agents de la CNIL se rendent dans l'entreprise ou chez le sous-traitant ;
- une audition sur convocation : un courrier est adressé au responsable de traitement ou au sous-traitant afin que des représentants de l'entreprise se présentent, à une date donnée, dans les locaux de la CNIL pour y être interrogés ;
- un contrôle en ligne ;
- un contrôle sur pièces : la CNIL adresse un courrier accompagné d'un questionnaire au responsable de traitement ou au sous-traitant, lequel doit répondre à la CNIL dans un délai déterminé en y joignant tout document utile permettant de se justifier.

Ces modalités de contrôle peuvent être utilisées de manière complémentaire.

Pouvoirs des agents de la CNIL - Les agents de la CNIL ont notamment la possibilité :
- d'accéder à tous lieux, locaux, enceintes, installations ou établissements servant à la mise en œuvre d'un traitement de données personnelle (loi 78-17 du 6 janvier 1978, art. 19 ; RGPD, art. 58) ;
- de se faire communiquer tous renseignements ou documents utiles.

Les agents de la CNIL ont aussi des obligations : respect du secret professionnel, de principes de bonne conduite, etc. (Charte des contrôles de la CNIL, §§ 2 et 6).

Droits et obligations des entreprises contrôlées - La charte de la CNIL rappelle les droits et obligations de l'entreprise contrôlée et rappelle notamment que l'employeur (Charte des contrôles de la CNIL, § 3 ; loi 78-17 du 6 janvier 1978, art. 19) :
- ne peut pas refuser un contrôle mais qu'il a la possibilité, dans le cadre d'un contrôle sur place, de s'opposer à la visite de ses locaux par la CNIL, sauf si cette visite a été autorisée par un juge des libertés et de la détention ;
- peut se faire assister par tout conseil de son choix (ex. : un avocat) lors d'un contrôle sur place ou d'une audition sur convocation.

Déroulement du contrôle sur place - Généralement, l'employeur n'est pas prévenu du contrôle (Charte des contrôles de la CNIL, § 4). Un contrôle sur place se déroule suivant les étapes suivantes :
- entretiens destinés à recueillir des informations relatives à l'entreprise et aux traitements mis en œuvre ;
- constats et recueils des pièces permettant d'apprécier la conformité des traitements de données mis en œuvre aux règles de protection des données personnelles ;
- établissement d'un procès-verbal, indiquant notamment les informations communiquées et les constatations opérées, que l'employeur signera en y formulant le cas échéant des observations. Une copie du PV lui est remise en mains propres à la fin du contrôle.

Pendant la phase d'instruction, qui peut se dérouler sur plusieurs mois, un échange s'instaure entre la CNIL et le responsable du traitement (ex. : la CNIL demande des informations complémentaires, le responsable peut lui en adresser).

Issue du contrôle - La procédure est close :
- si aucun manquement n'est établi ;
- si des manquements sans gravité sont constatés, la présidente de la CNIL faisant alors des recommandations à l'entreprise pour qu'elle y remédie (Charte des contrôles de la CNIL, § 5).

Si un ou des manquements sont constatés, la présidente de la CNIL peut mettre en demeure l'employeur de se conformer aux règles de protection des données personnelles. S'il ne s'y prête pas dans le délai imparti (entre 24 h et 6 mois), la procédure peut déboucher sur une sanction administrative *(voir ci-après)*.

Quoi qu'il en soit, un nouveau contrôle est toujours possible.

Sanctions prononcées par la CNIL

En cas de violation des dispositions relatives à la protection des données à caractère personnel, la CNIL peut prononcer différentes sanctions directement ou après une procédure de mise en demeure si cette voie n'a pas permis d'obtenir la mise en conformité (loi 78-17 du 6 janvier 1978, art. 20).

Elle peut notamment prendre les sanctions administratives suivantes (règlt UE 2016/679 du 27 avril 2016, art. 83 ; loi 78-17 du 6 janvier 1978, art. 20) :

- un rappel à l'ordre ;
- une injonction de mettre en conformité le traitement ou de satisfaire aux demandes présentées par les personnes concernées (ex. : les salariés) en vue d'exercer leurs droits, injonction qui peut parfois être assortie d'une astreinte pouvant aller jusqu'à 100 000 € par jour de retard ;
- la limitation temporaire ou définitive du traitement, son interdiction ou le retrait d'une autorisation accordée ;
- une amende administrative d'un montant maximal de 10 millions d'euros pouvant être porté, dans le cas d'une entreprise, jusqu'à 2 % du chiffre d'affaires annuel mondial total de l'exercice précédent ;
- dans certains cas, le montant de l'amende peut atteindre 20 millions d'euros pouvant être porté, dans le cas d'une entreprise, jusqu'à 4 % du chiffre d'affaires annuel mondial total de l'exercice précédent.

Quelle que soit la sanction retenue, la CNIL peut décider de la rendre publique, voire ordonner son insertion dans des publications, journaux et supports qu'elle désigne, aux frais des personnes sanctionnées (loi 78-17 du 6 janvier 1978, art. 22).

Ces sanctions administratives peuvent faire l'objet d'un recours devant le Conseil d'État dans un délai de 2 mois (c. justice adm. art. R. 421-1). Si le juge administratif réforme une mesure rendue publique, la CNIL doit alors procéder à la publication de la décision de réformation de la sanction sur son site internet (CE 17 avril 2019, n° 422575).

☛ *Données personnelles ; Informatique ; Surveillance des salariés.*

Code APE

☛ *Convention collective (application).*

Code de déontologie

☛ *Charte d'éthique.*

Coefficient hiérarchique

Définition

Déterminé par la *convention collective**, le coefficient hiérarchique fixe la place de chaque *qualification professionnelle** dans la *classification des emplois** établie par la convention. Le coefficient de base est souvent égal à 100. Il sert à déterminer la rémunération minimale des salariés en fonction des taux minimaux de *salaire** définis par les accords collectifs de salaires.

Sur l'égalité de traitement entre les salariés selon qu'ils ont été embauchés avant ou après l'entrée en vigueur d'un nouveau barème conventionnel, voir *Classification des emplois**.

Impact sur le salaire

Bulletin de paie - Le coefficient hiérarchique doit figurer sur le *bulletin de paie** de chaque salarié (c. trav. art. R. 3243-1).

Respect du SMIC - Les taux de salaire minimaux définis par voie conventionnelle ne pouvant être inférieurs au taux du *SMIC**, le salaire des intéressés doit être obligatoirement réajusté sur le SMIC à chaque fois que le calcul résultant de la multiplication du taux conventionnel du point par le coefficient hiérarchique aboutit à un salaire inférieur.

Conséquence de l'attribution par le juge d'un coefficient supérieur - En cas de contentieux, dans l'hypothèse de l'attribution par le juge d'un coefficient hiérarchique supérieur à un salarié, l'employeur est tenu au paiement d'un rappel de salaire, mais correspondant strictement au minimum conventionnel de rémunération afférent à ce coefficient (cass. soc. 4 septembre 2019, n° 18-11319 D). Mais si, pour la période en cause, la rémunération versée au salarié était supérieure au minimum conventionnel correspondant au coefficient attribué par le juge, l'employeur ne doit alors aucun rappel de salaire (cass. soc. 1er juillet 2009, n° 07-42691, BC V n° 169).

Impact sur le statut du salarié

La convention collective applicable à l'entreprise fixe, le cas échéant, les catégories de salariés pouvant signer une *convention de forfait** en jours au regard de leur coefficient hiérarchique. Le fait de signer ce type de forfait avec un salarié ne remplissant pas la condition requise ne lui confère pas le coefficient exigé (cass. soc. 3 novembre 2011, n° 10-14637, BC V n° 250).

☛ *Salaire.*

Coemployeurs

☛ *Contrat de travail ; Démonstrateurs ; Licenciement économique (obligation de reclassement).*

Collèges électoraux

☛ *Élections professionnelles (collèges électoraux).*

Comité d'entreprise européen (CEE)

Entreprise ou groupe de dimension communautaire

Un comité d'entreprise européen (CEE), ou une procédure d'information ou de consultation, doit être créé dans les entreprises ou groupes d'entreprises de dimension communautaire dont le siège social ou celui de l'entreprise dominante est en France (c. trav. art. L. 2341-3, 1° et L. 2341-4).

La mise en place d'un CEE peut également concerner des entreprises ou des groupes de dimension communautaire dont le siège social est situé hors de France s'ils remplissent l'une ou l'autre des conditions suivantes (c. trav. art. L. 2341-3, 2° et 3°) :

- soit ils ont désigné un représentant en France pour l'application de la législation sur le CEE ;
- soit ils n'ont pas désigné de représentant mais l'établissement ou l'entreprise qui emploie le plus grand nombre de salariés est situé en France.

Conditions d'effectif

Un CEE doit être mis en place dans les entreprises et les groupes de dimension communautaire qui emploient au moins 1 000 salariés dans les États membres de l'*Union européenne (UE)** et qui comportent au moins un établissement ou une entreprise employant 150 salariés et plus dans au moins deux de ces États (c. trav. art. L. 2341-1, L. 2341-2 et L. 2341-3).

Les effectifs doivent avoir été atteints en moyenne sur l'ensemble des 2 années précédant la mise en place (c. trav. art. L. 2342-3). Les modalités de calcul des effectifs sont les mêmes que celles qui sont applicables à la mise en place d'un *comité social et économique**.

Mise en place d'un CEE

Priorité au CEE négocié - Lorsque les conditions sont remplies, l'employeur doit engager une procédure de constitution d'un groupe spécial de négociation (c. trav. art. L. 2342-1 et L. 2342-3).

Le groupe spécial de négociation est composé de représentants de l'ensemble des salariés des différentes entreprises concernées (c. trav. art. L. 2342-1). Pour chacun des États membres, le nombre de sièges au groupe spécial de négociation est fixé en fonction du nombre de salariés dans chaque État membre, à savoir un siège par tranche de 10 % de l'effectif global de l'entreprise dans l'ensemble des États de l'Espace économique européen (c. trav. art. L. 2344-1 et R. 2344-1).

Les membres du groupe spécial de négociation et les représentants des salariés au CEE des établissements ou des entreprises implantés en France sont désignés par les organisations syndicales de salariés, parmi leurs élus au *comité social et économique**, ou parmi leurs représentants syndicaux dans l'entreprise ou le groupe, sur la base des résultats des dernières élections (c. trav. art. L. 2341-10 et L. 2344-2).

Une fois celui-ci constitué, deux issues sont possibles (c. trav. art. L. 2342-8, L. 2342-9 et L. 2342-11) :

- soit avec la conclusion par le groupe spécial de négociation d'un accord avec l'employeur sur la mise en place d'un CEE ;
- soit avec la mise en place d'une procédure de consultation et d'information des représentants des salariés.

L'employeur est tenu de communiquer aux salariés et à leurs représentants les informations indispensables à l'ouverture des négociations, en particulier celles relatives à la structure de l'entreprise (ou du groupe) et à ses effectifs (c. trav. art. L. 2342-3).

▶ À noter… En l'absence d'initiative de l'employeur, la procédure de constitution du groupe spécial de négociation peut être engagée à la demande écrite de 100 salariés ou de leurs représentants relevant d'au moins deux entreprises ou établissements situés dans au moins deux États différents (c. trav. art. L. 2342-4).

Mise en place d'un CEE légal en l'absence d'accord avec le groupe spécial de négociation - En l'absence de conclusion d'un accord avec le groupe spécial de négociation, il y a lieu de mettre en place un CEE conforme aux règles légales prévues par défaut (c. trav. art. L. 2343-1).

La composition du CEE légal est la même que celle du groupe spécial de négociation *(voir ci-avant)*.

Durée du mandat des membres du CEE

Les membres du CEE sont désignés pour 4 ans (c. trav. art. L. 2343-18 et L. 2344-2). La composition du CEE ne peut donc pas être modifiée en fonction d'élections postérieures à sa mise en place (cass. soc. 21 janvier 2009, n° 08-60426, BC V n° 21).

▶ À noter… Un changement d'affiliation syndicale n'autorise pas nécessairement le syndicat à révoquer le mandat de ses représentants au CEE, les juges estimant que le mandat des représentants du personnel est davantage électif que syndical (cass. soc. 17 avril 2019, n° 17-17986 FSPB), à l'image de ce qui est prévu pour les représentants du personnel au *comité de groupe**. Cette solution ne vaut qu'en l'absence d'accord relatif au CEE, qui peut prévoir une telle disposition lorsqu'il fixe la durée des mandats.

Attributions du CEE négocié ou légal

Domaine de compétence : les questions transnationales - Quel que soit le mode de mise en place, la compétence du CEE porte sur toutes les questions transnationales (c. trav. art. L. 2341-4 et L. 2341-8).

Celles-ci concernent (c. trav. art. L. 2341-8) :
- soit l'ensemble de l'entreprise ou du groupe d'entreprises de dimension communautaire ;
- soit au moins deux entreprises ou établissements de l'entreprise ou du groupe situés dans deux États membres.

Information et consultation des représentants des salariés - Pour le chef d'entreprise de dimension communautaire (ou de l'entreprise du groupe de dimension communautaire) ou tout autre niveau de direction plus approprié :
- l'information consiste à transmettre des données aux représentants des salariés afin de leur permettre de prendre connaissance du sujet traité et de l'examiner (c. trav. art. L. 2341-7) ;
- la consultation consiste à organiser un échange de vues et à établir un dialogue avec les représentants des salariés à un moment, d'une façon et avec un contenu adéquat (c. trav. art. L. 2341-6).

▶ À noter… L'information et la consultation du CEE doivent, sauf hypothèse d'un lancement d'une offre publique d'acquisition (OPA), être préalable au projet envisagé [voir *Offre publique d'acquisition (consultation du CSE)**].

Articulation des compétences du CEE avec les instances nationales - L'information et la consultation du CEE sont articulées avec celles des institutions nationales représentatives du personnel en fonction de leurs compétences et de leurs domaines d'intervention respectifs (c. trav. art. L. 2341-9).

Les instances nationales françaises concernées sont le *comité social et économique** ou le *conseil d'entreprise** (c. trav. art. L. 2341-9 et L. 2342-9).

En présence d'un CEE négocié, l'accord instituant le CEE détermine les modalités d'articulation entre les différentes instances représentatives du personnel (c. trav. art. L. 2341-9).

En l'absence de précisions dans l'accord ou en présence d'un CEE légal, le processus d'information et de consultation est mené au niveau du CEE ainsi qu'à celui des institutions représentatives du personnel nationales. Cette double consultation est obligatoire pour toute décision susceptible d'entraîner des modifications importantes dans l'organisation du travail ou dans les contrats de travail (c. trav. art. L. 2341-9).

▶ À noter… Dans tous les cas, les membres d'un CEE doivent informer les représentants du personnel des entreprises concernées (ou, à défaut, les salariés) du contenu et des résultats de la procédure d'information et de consultation (c. trav. art. L. 2342-10-1).

Sort du comité de groupe - Le CEE peut être amené à exercer les compétences du *comité de* *groupe**. En effet, lorsqu'un groupe a mis en place un comité de groupe européen, un accord passé au sein du groupe peut décider d'un aménagement des conditions de fonctionnement ou, le cas échéant, de la suppression du comité de groupe avec transfert de ses attributions au CEE (c. trav. art. L. 2345-2).

Réunions, moyens et obligations du CEE

Réunions du CEE - Lorsque le CEE est mis en place par accord, celui-ci définit le lieu, la fréquence ainsi que la durée des réunions (c. trav. art. L. 2342-9). Le CEE légal doit, quant à lui, se réunir au moins une fois par an (c. trav. art. L. 2343-3).

Le recours à la visioconférence peut être autorisé par accord entre l'employeur et les représentants du personnel siégeant au CEE. En l'absence d'accord, il est limité à 3 réunions par année civile (c. trav. art. L. 2341-12). Le dispositif de visioconférence mis en place doit garantir l'identification des membres du comité et leur participation effective (c. trav. art. D. 2341-1).

Crédit d'heures - Les membres d'un CEE mis en place par accord, ne bénéficient pas, sauf disposition plus favorable, d'un crédit d'heures spécifique. En revanche, le secrétaire et les membres du bureau du CEE légal doivent bénéficier du temps nécessaire pour exercer leurs fonctions dans la limite de 120 h annuelles pour chacun d'entre eux (c. trav. art. L. 2343-15).

Recours à l'expertise - Le CEE légal et son bureau peuvent être assistés d'experts de leur choix quand cela est nécessaire à l'accomplissement de leurs tâches. L'entreprise dominante du groupe d'entreprises de dimension communautaire prend en charge les frais afférents à l'intervention d'un expert (c. trav. art. L. 2343-13).

Le CEE mis en place par accord peut également recourir à des experts. Il appartient à l'accord d'en définir les modalités de recours et de prise en charge des frais occasionnés (c. trav. art. L. 2342-9 et L. 2342-10).

Formation - Les membres du CEE bénéficient, sans perte de salaire, des formations nécessaires à l'exercice de leur mandat (c. trav. art. L. 2342-10-2 et L. 2344-9) :
- dans les conditions définies par l'accord pour les CEE mis en place via un accord ;
- sans condition dans le cas contraire.

Obligation de discrétion et secret professionnel - Les membres du CEE, mis en place par accord, sont tenus au secret professionnel pour toute question relative aux procédés de fabrication ainsi qu'à une obligation de discrétion pour toute information présentant un caractère confidentiel et données comme telles par l'employeur (c. trav. art. L. 2342-10 et L. 2342-10-1 ; cass. soc. 12 juillet 2006, n° 04-47558, BC V n° 256).

➡ *Comité de groupe ; Comité social et économique.*

Comité de groupe

Groupes concernés

Obligation - Un comité de groupe doit être constitué au sein d'un ensemble formé par une entreprise, dite « dominante » (dont le siège social est situé sur le territoire français), et les entreprises qu'elle contrôle ou sur lesquelles elle exerce une influence dominante (dont le siège social est également situé sur le territoire français ; voir ci-après) (c. trav. art. L. 2331-1).

Cette obligation s'applique quel que soit l'effectif des entreprises concernées (c. trav. art. L. 2331-6). Un groupe composé d'entreprises de moins de 50 salariés (y compris une holding) peut être tenu de mettre en place un comité de groupe. Peu importe donc que l'entreprise ait ou non un *comité social et économique** (CSE).

Entreprise dominante - Une entreprise est « dominante » (c. trav. art. L. 2331-1) :
- lorsqu'elle possède plus de la moitié du capital d'une autre société, laquelle est alors considérée comme sa filiale (c. com. art. L. 233-1). Les sociétés dont l'entreprise dominante détient, directement ou indirectement (c'est-à-dire par l'intermédiaire de ses filiales), plus de 50 % du capital sont ainsi incluses automatiquement dans le périmètre du comité de groupe ;
- lorsqu'elle contrôle, au sens du code de commerce, une ou plusieurs autres entreprises (c. com. art. L. 233-3) ;
- lorsqu'elle exerce sur une ou plusieurs autres sociétés un contrôle exclusif, ce qui constitue le critère de l'obligation de publication des comptes consolidés (c. com. art. L. 233-16).

Notion de contrôle - Une société est considérée comme en contrôlant une autre lorsqu'elle (c. com. art. L. 233-3) :

- détient, directement ou indirectement, une fraction du capital lui conférant la majorité des droits de vote dans les assemblées générales de cette société ;
- dispose seule de la majorité des droits de vote dans cette société en vertu d'un accord conclu avec d'autres associés ou actionnaires et qui n'est pas contraire à l'intérêt de la société ;
- détermine en fait, par les droits de vote dont elle dispose, les décisions dans les assemblées générales de cette société ;
- est associée ou actionnaire de cette société et dispose du pouvoir de nommer ou de révoquer la majorité des membres des organes d'administration, de direction ou de surveillance de cette société ;
- dispose, directement ou indirectement, d'une fraction des droits de vote supérieure à 40 % et qu'aucun autre associé ou actionnaire de la société ne détient une fraction supérieure à la sienne.

Notion d'influence dominante - Une entreprise qui exerce une « influence dominante » sur une autre entreprise, dont elle détient au moins 10 % du capital, est également considérée comme une entreprise dominante. Il en est ainsi lorsque la permanence et l'importance des relations de ces entreprises établissent l'appartenance de l'une et l'autre de ces entreprises à un même ensemble économique (c. trav. art. L. 2331-1).

L'existence d'une influence dominante est présumée établie lorsqu'une entreprise, directement ou indirectement (c. trav. art. L. 2331-1) :
- peut nommer plus de la moitié des membres des organes d'administration, de direction ou de surveillance d'une autre entreprise ;
- ou dispose de la majorité des voix attachées aux parts émises par une autre entreprise ;
- ou détient la majorité du capital souscrit d'une autre entreprise.

Lorsque plusieurs entreprises satisfont, à l'égard d'une même entreprise dominée, à un ou plusieurs des critères susmentionnés, celle qui peut nommer plus de la moitié des membres des organes de direction, d'administration ou de surveillance de l'entreprise dominée est considérée comme étant l'entreprise dominante, sans préjudice de la preuve qu'une autre entreprise puisse exercer une telle influence (c. trav. art. L. 2331-1).

Siège social des entreprises du groupe en France - En raison du principe de territorialité des lois, le groupe comprend les seules entreprises dont le siège social est situé en France.

Pour qu'un comité de groupe soit institué, l'entreprise dominante doit avoir son siège social en France, peu importe qu'elle soit elle-même contrôlée par une société domiciliée à l'étranger (c. trav. art. L. 2331-1 ; cass. soc. 14 novembre 2019, n° 18-21723 FSPB).

De même, les entreprises dominées (filiales ou entreprises contrôlées) doivent avoir leur siège social en France. Celles ayant leur siège à l'étranger ne sont pas incluses dans le groupe. Dans ce cas, la représentation du personnel peut s'exercer via le *comité d'entreprise européen (CEE)**.

Configuration du groupe

Avant de procéder à la constitution du comité de groupe, il convient d'établir la configuration du groupe. Celle-ci se définit (c. trav. art. L. 2333-5 et R. 2331-2) :
- par accord des parties intéressées ;
- ou, à défaut, par décision de justice.

Le *comité social et économique** (CSE) d'une entreprise contrôlée, ou sur laquelle s'exerce une influence dominante, peut présenter une demande d'inclusion dans le groupe si celle-ci n'y a pas été spontanément intégrée. Cette demande d'intégration dans le groupe nécessite le suivi d'une procédure spécifique dont fait partie l'adoption d'une résolution par le comité à la majorité des membres présents (c. trav. art. L. 2331-2 et R. 2331-2).

Si les conditions légales sont remplies, le chef de l'entreprise dominante ne peut pas rejeter la demande dont il est saisi (c. trav. art. L. 2331-2 et R. 2331-1).

L'entrée dans le groupe n'est prise en compte, pour la nouvelle constitution du comité de groupe, que lors du renouvellement de l'institution. En revanche, la société qui sort du groupe cesse immédiatement d'être prise en compte pour la composition du comité de groupe (c. trav. art. L. 2331-2).

Mise en place et composition du comité de groupe

Mise en place - La reconnaissance d'un groupe entraîne la constitution d'un comité de groupe. Celui-ci doit être mis en place à l'initiative de la société dominante au plus tard dans les 6 mois suivant la conclusion de l'accord ou l'intervention de la décision de justice (c. trav. art. L. 2333-5 ; cass. crim. 11 juin 2002, n° 01-81365, B. crim. n° 133).

▶ À noter… Un accord sur la mise en place d'un comité de groupe reste applicable, quand bien même il prévoit une désignation de ses membres par les syndicats représentatifs parmi les élus aux comités d'entreprise (CE), d'établissement entrant dans la composition du comité de groupe. La référence aux anciens CE doit simplement se lire comme une référence au *comité social et économique** (CSE). Par conséquent, une révision de l'accord n'est pas nécessaire (cass. soc. 27 janvier 2021, n° 19-24400 FPI).

Membres - Le comité de groupe est composé (c. trav. art. L. 2333-1) :
- du chef de l'entreprise dominante ou de son représentant, assisté de deux personnes de son choix ayant voix consultative ;
- et de représentants du personnel des entreprises constituant le groupe.

La représentation du personnel comprend au maximum 30 membres. Cette limite est abaissée lorsque le nombre d'entreprises dotées d'un CSE implanté dans des entreprises d'au moins 50 salariés est inférieur à 15. Dans ce cas, le nombre de membres du comité de groupe ne peut pas être supérieur au double du nombre de ces entreprises (c. trav. art. L. 2333-1 et D. 2332-2).

Exemple

Lorsque 6 entreprises sont dotées d'un CSE, le nombre de représentants du personnel au comité de groupe ne peut être supérieur à 12.

Le nombre exact de sièges doit, en principe, être fixé par accord collectif. À défaut d'accord collectif, le nombre de représentants est fixé par l'employeur. La seule obligation incombant à l'employeur est de respecter les maxima fixés par le code du travail.

Désignation des représentants du personnel

Par les syndicats - Les représentants du personnel au comité de groupe sont désignés par les organisations syndicales de salariés parmi leurs élus aux CSE ou CSE d'établissement de l'ensemble des sociétés du groupe et sur la base des résultats des dernières élections (c. trav. art. L. 2333-2 à L. 2333-4).

Un syndicat ne peut désigner au comité de groupe qu'un représentant du personnel ayant été élu sur sa propre liste (cass. soc. 31 mars 2009, n° 08-60482, BC V n° 97).

Le *tribunal judiciaire** du siège de la société dominante est compétent en cas de litige sur la désignation des représentants au comité de groupe (c. trav. art. R. 2331-3).

Par ailleurs, toute entrave apportée à la désignation est passible de sanctions pénales (c. trav. art. L. 2335-1).

▶ À noter… Le changement d'affiliation d'un élu au CSE, désigné par son syndicat d'appartenance d'origine pour siéger au comité de groupe, n'autorise pas ce syndicat à mettre fin au mandat de l'intéressé au sein du comité de groupe en cours d'exercice (cass. soc. 9 juillet 2014, n° 13-20614, BC V n° 187).

Durée du mandat - Les représentants du personnel au comité de groupe sont désignés pour 4 ans. Un accord collectif de branche ou de groupe peut toutefois fixer une autre durée de mandat, comprise obligatoirement entre 2 et 4 ans (c. trav. art. L. 2333-3).

Remplacement en cours de mandat - Lorsqu'un représentant au comité de groupe cesse ses fonctions, un nouveau représentant doit être désigné pour le remplacer soit par les syndicats, soit par la DREETS (c. trav. art. L. 2333-6). Le remplaçant est désigné pour la durée du mandat restant à courir.

Attributions

Informations sur l'activité économique, la situation financière et l'emploi - Le comité de groupe reçoit des informations portant sur l'activité économique, la situation financière, l'évolution et les prévisions d'emploi annuelles ou pluriannuelles ainsi que les actions éventuelles de prévention envisagées compte tenu de ces prévisions dans le groupe et dans chacune des entreprises qui le composent (c. trav. art. L. 2332-1).

Dans ces différents domaines, il doit être également informé des perspectives économiques du groupe pour l'année à venir (c. trav. art. L. 2332-1).

Lorsque ceux-ci existent, le comité de groupe reçoit communication des comptes et du bilan consolidés ainsi que du rapport du commissaire aux comptes correspondant (c. trav. art. L. 2332-1).

En cas d'annonce d'offre publique d'acquisition (OPA) portant sur l'entreprise dominante d'un groupe, le chef de cette entreprise est tenu d'en informer le seul comité de groupe. Les CSE du groupe concerné ne sont donc pas dans ce cas informés directement (c. trav. art. L. 2332-2) [voir *Offre publique d'acquisition (consultation du CSE)**].

▶ À noter… En l'absence de représentants syndicaux, la nature et les pouvoirs du comité de groupe ne permettent pas de lui accorder de compétence en matière de négociation des accords collectifs (circ. DRT n° 2004-9 du 22 septembre 2004, fiche 6, JO du 31 octobre 2004) [voir *Accord collectif d'entreprise (conclusion sans délégué syndical)**].

Consultation sur les orientations stratégiques - La consultation sur les orientations stratégiques est, en principe, menée au niveau du CSE et avec lui (c. trav. art. L. 2312-17) [voir *Comité social et économique (informations-consultations périodiques)**].

Un accord de groupe peut toutefois prévoir que cette consultation est effectuée au niveau du comité de groupe. Dans ce cas, le comité de groupe devient l'instance consultative principale (c. trav. art. L. 2312-20). L'accord collectif doit alors prévoir les modalités de transmission de l'avis du comité de groupe :

- à chaque CSE du groupe qui reste consulté sur les conséquences de ces orientations stratégiques au niveau de l'entreprise ;
- ainsi qu'à l'organe administratif de l'entreprise dominante du groupe.

Consultation ponctuelle - Les consultations ponctuelles sont, en principe, menées au niveau du CSE de l'entreprise considérée (c. trav. art. L. 2312-55). Toutefois, un accord de groupe peut situer l'ensemble des consultations ponctuelles au niveau du comité de groupe. Dans cette hypothèse, le comité de groupe devient l'instance consultative principale. L'accord collectif doit alors fixer les modalités de transmission de l'avis du comité de groupe (c. trav. art. L. 2312-56) :

- à chaque CSE du groupe qui reste consulté sur les conséquences des projets au niveau de l'entreprise ;
- ainsi qu'à l'organe administratif de l'entreprise dominante du groupe.

Base de données économiques et sociales - La *base de données économiques, sociales et environnementales (BDESE)** est mise en placeau niveau de l'entreprise (c. trav. art. L. 2312-18 et L. 2312-36). Toutefois, un accord de groupe peut prévoir la constitution d'une BDESE au niveau du groupe. Dans ce cas, cet accord doit déterminer les personnes ayant accès à cette base ainsi que les modalités d'accès, de consultation et d'utilisation de cette base (c. trav. art. R. 2312-15).

Fonctionnement du comité de groupe

Accord collectif sur les modalités de fonctionnement du comité de groupe - Le code du travail prévoit peu de règles sur les modalités de fonctionnement du comité de groupe. En pratique, la solution pour compléter ces points est de recourir aux règles applicables au CSE ou de conclure un accord collectif. Ainsi, l'accord négocié pour la mise en place d'un comité de groupe peut comprendre différents points traitant aussi du fonctionnement d'un tel comité.

Réunions - Le comité de groupe se réunit au moins une fois par an sur convocation de son président, qui est le chef de l'entreprise dominante, ou son représentant. L'ordre du jour est arrêté par le président et le secrétaire et communiqué aux membres 15 jours au moins avant la séance. Le temps passé par les représentants du personnel aux réunions est payé comme temps de travail effectif (c. trav. art. L. 2334-2).

La première réunion doit être organisée à l'initiative de la société dominante au plus tard dans les 6 mois suivant la mise en place de ce comité (c. trav. art. L. 2334-3).

Le recours à la visioconférence peut être autorisé par accord entre l'employeur et les représentants du personnel. En l'absence d'accord, ce recours est limité à 3 réunions par année civile (c. trav. art. L. 2334-2). Les garanties sont identiques à celles applicables au CSE (c. trav. art. D. 2315-1 et D. 2333-2) [voir *Comité social et économique (réunions)**].

Ni budget, ni crédit d'heures - Sauf dispositions plus favorables, le comité de groupe ne dispose ni d'un budget, ni d'un crédit d'heures pour ses membres.

Le temps passé par les représentants du personnel aux séances du comité de groupe est, en revanche, payé comme temps de travail (c. trav. art. L. 2334-2).

Expert comptable - Le comité de groupe peut se faire assister par un *expert comptable**, rémunéré par l'entreprise dominante (c. trav. art. L. 2334-4). Pour opérer toute vérification ou tout contrôle qui entre dans l'exercice de ses missions, l'expert-comptable du comité de groupe doit avoir accès aux éléments concernant l'ensemble des entreprises françaises et étrangères comprises dans l'établissement des comptes consolidés (cass. soc. 6 décembre 1994, n° 92-21437, BC V n° 327 ; rép. Hollande n° 8852, JO 25 septembre 1989, AN quest. p. 4295).

▶ À noter... L'employeur peut contester la rémunération de l'expert-comptable mandaté par le comité de groupe devant le tribunal judiciaire statuant en la forme des référés à l'époque des faits (aujourd'hui, suivant la procédure accélérée au fond) (cass. soc. 6 juin 2018, n° 16-27291 FSPB).

Lorsque, dans un contexte de difficultés économiques, une procédure de mandat ad hoc est engagée, le comité de groupe et son expert-comptable n'ont aucun accès aux documents issus de cette procédure. Ce principe de confidentialité vise tout autant la requête en désignation du mandataire que les documents ayant trait à la procédure mise en œuvre et notamment à la cession envisagée (cass. soc. 9 octobre 2019, n° 18-15305 FSPB).

Entrave - Toute entrave apportée au fonctionnement régulier du comité de groupe est passible de sanctions pénales (c. trav. art. L. 2335-1).

Relations avec l'UES

Périmètres de l'UES et du comité de groupe - Si un comité de groupe existe déjà entre plusieurs sociétés, la reconnaissance d'une *unité économique et sociale** (UES) est impossible au même niveau. Ces deux notions sont incompatibles (cass. soc. 20 octobre 1999, n° 98-60398, BC V n° 391). Ainsi, aucune des institutions liées à la reconnaissance d'une UES ne pourra être mise en place au niveau du groupe de sociétés où un comité de groupe a été mis en place.

En revanche, comité de groupe et UES peuvent coexister au sein d'un même groupe à la condition de se situer à des niveaux différents (cass. soc. 30 mai 2001, n° 00-60111, BC V n° 191). Une UES peut donc être constatée au niveau de deux sociétés, les contraignant à mettre en place un CSE commun, alors même qu'un comité de groupe couvre l'ensemble des sociétés du groupe dont ces deux sociétés font partie.

Compétence du juge judiciaire - Pour apprécier si une UES peut être valablement reconnue entre différentes sociétés faisant déjà partie d'un groupe doté d'un comité, le *tribunal judiciaire** doit vérifier si, lors de sa saisine, les évolutions de la composition du groupe, depuis sa mise en place, n'ont pas eu pour effet de faire coïncider les périmètres de ce groupe et celui de l'UES revendiquée (cass. soc. 25 janvier 2006, n° 04-60234, BC V n° 34).

Une UES ne saurait être reconnue au sein d'un groupe comportant un comité de groupe si le périmètre revendiqué pour cette unité a uniquement pour but de faire échec à l'incompatibilité entre comité de groupe et UES (cass. soc. 16 avril 2008, n° 07-60348 D).

☞ *Comité social et économique.*

Comité social et économique

Le comité social et économique (CSE) a remplacé les délégués du personnel (DP), le comité d'entreprise (CE) et le CHSCT (le cas échéant, l'instance unique ou la délégation unique du personnel), depuis le 1.01.2020 (ord. 2017-1386 du 22 septembre 2017, JO du 23).

Compte tenu de la similitude des textes en la matière, la jurisprudence et les réponses administratives rendues à propos des institutions représentatives précédemment en place gardent, à notre avis, toute leur valeur. Les arrêts et réponses indiqués dans nos développements ci-après sont donc, en toute vraisemblance, transposables au CSE.

Champ d'application du CSE

Employeurs concernés - Les employeurs du secteur privé ainsi que certains établissements publics dont les activités sont implantées en France doivent mettre en place un CSE dès lors qu'ils en remplissent les conditions d'effectif (c. trav. art. L. 2311-1) *(voir ci-après)*.

Seuil d'effectif - Le CSE doit être mis en place dans les entreprises d'au moins 11 salariés si cet effectif a été atteint pendant 12 mois consécutifs (c. trav. art. L. 2311-2).

L'*effectif** est calculé suivant les règles fixées par le code du travail (c. trav. art. L. 1111-2, L. 1251-54 et L. 2311-2).

▶ À noter… Les règles relatives à l'*effectif sécurité sociale** ne sont pas ici applicables (c. séc. soc. art. L. 130-1).

Le cadre à retenir pour l'appréciation de l'effectif est l'entreprise ou le cas échéant, l'unité économique et sociale (UES) (c. trav. art. L. 2313-1 et L. 2313-8) [voir *Comité social et économique (unité économique et sociale)**].

Absence de CSE - Sur les incidences en cas d'absence de CSE, voir *Élections professionnelles**.

Élection du CSE

Voir *Élections professionnelles**.

Composition du CSE

Employeur et délégation du personnel - Un CSE comprend l'employeur et une délégation du personnel qui est composée de titulaires et de suppléants en nombre égal (c. trav. art. L. 2314-1).

Le nombre de membres du CSE est déterminé en fonction du nombre de salariés [voir *Comité social et économique (nombre d'élus)**]. Il peut être modifié par accord entre l'employeur et les organisations syndicales intéressées, conclu selon les modalités du protocole d'accord préélectoral (ainsi que le volume des *heures de délégation**) [voir *Élections professionnelles (protocole d'accord préélectoral)**] (c. trav. art. L. 2314-1 et R. 2314-1).

Personnalités occasionnelles - Sur la participation de ces personnalités aux réunions « santé, sécurité et conditions de travail » du CSE, voir *Comité social et économique (santé, sécurité et conditions de travail)**.

Représentant syndical - Voir *Représentant syndical auprès du CSE**.

Bureau du CSE

Président du CSE - Le CSE d'une entreprise d'au moins 50 salariés est présidé par l'employeur (ou son représentant). Celui-ci peut être assisté de 3 collaborateurs ayant chacun une voix consultative (c'est-à-dire qu'ils peuvent s'exprimer au cours des réunions sans pouvoir toutefois prendre part aux votes) (c. trav. art. L. 2315-23).

En principe, la personne à laquelle l'employeur délègue la présidence du CSE doit être un salarié de l'entreprise. Il a cependant été admis que, dans le cadre d'un groupe de sociétés, le président de la société dominante puisse déléguer ses pouvoirs à un membre d'une société filiale placé sous son autorité hiérarchique (cass. crim. 26 mai 1994, n° 93-83179, B. crim. n° 208).

▶ À noter… Le fait d'être mis à disposition par une entreprise extérieure n'exclut pas la possibilité de présider une instance représentative du personnel dans l'entreprise utilisatrice, dès lors que les conditions de validité et d'efficacité de la délégation formalisée sont remplies (cass. soc. 25 novembre 2020, n° 19-18681 FSPB). Ainsi, un salarié mis à disposition peut être président du CSE de l'entreprise utilisatrice.

Le délégataire doit être pourvu de la compétence, de l'autorité et des moyens nécessaires à l'accomplissement de sa mission, à savoir, notamment, la connaissance juridique, le pouvoir de donner des ordres, les moyens humains, matériels et financiers (ex. : responsable RH, directeur adjoint, etc.). En effet, l'employeur ne peut pas désigner un représentant dont les pouvoirs se limitent à entendre les questions des représentants du personnel et à les lui transmettre (cass. crim. 20 février 1996, n° 94-85863, B. crim. n° 81).

Secrétaire et trésorier - Le CSE d'une entreprise d'au moins 50 salariés doit désigner un secrétaire et un trésorier choisis parmi ses membres titulaires (c. trav. art. L. 2315-23). Par désignation, il faut entendre élection interne (cass. soc. 7 octobre 1982, n° 81-15525, BC V n° 535) effectuée à la majorité des voix valablement exprimées au sein du CSE.

L'élection a lieu à la majorité des membres présents, a décidé la Cour de cassation à propos du CE dans une affaire où une partie des titulaires avait volontairement quitté la salle sans exercer leur droit de vote (cass. soc. 5 janvier 2005, n° 02-19080 D). Cette solution devrait rester similaire dans le cadre d'un CSE.

▶ À noter… Le président du CSE, en tant que membre du CSE, vote lors de cette élection sans avoir toutefois une voix prépondérante (cass. soc. 25 septembre 2013, n° 12-14489).

Personnalité civile

Le CSE mis en place dans une entreprise d'au moins 50 salariés est doté de la personnalité civile (c. trav. art. L. 2315-23). Celle-ci lui permet notamment d'agir en justice pour défendre l'ensemble de ses attributions à condition d'avoir un intérêt personnel direct et actuel à cette action (cass. soc. 14 mars 2007, n° 06-41647, BC V n° 51 ; CE 9 mars 2021, n° 433214).

Le CSE ne peut être représenté en justice que par un de ses membres encore en fonction et régulièrement mandaté à cet effet (cass. crim. 9 septembre 2020, n° 19-83139 FPBI).

Suppression du CSE

Le CSE est supprimé à l'issue du mandat des membres de la délégation du personnel si l'effectif est resté en dessous de 11 salariés pendant au moins 12 mois consécutifs (c. trav. art. L. 2313-10). À notre avis, ces 12 mois sont ceux qui précèdent la fin du mandat étant donné que le CSE doit à nouveau être mis en place si ce seuil est encore une fois atteint pendant 12 mois consécutifs.

La suppression est automatique. L'employeur n'a donc aucune formalité spécifique à accomplir (Q/R 22, 117 questions/réponses du ministère du Travail, janvier 2020).

▶ À noter… Le CSE peut aussi être supprimé lorsque l'entreprise perd son autonomie juridique lors d'une *modification de la situation juridique de l'employeur**.

☛ *Base de données économiques, sociales et environnementales (BDESE) ; Comité social et économique (comptabilité) ; Comité social et économique (négocié) ; Comité social et économique (délais et procédure de consultation) ; Comité social et économique (délibération) ; Comité social et économique (déplacement) ; Comité social et économique (entreprises de moins de 50 salariés) ; Comité social et économique (entreprises d'au moins 50 salariés) ; Comité social et économique (formation) ; Comité social et économique (informations-consultations) ; Comité social et économique (informations-consultations périodiques) ; Comité social et économique (informations-consultations ponctuelles) ; Comité social et économique (informations trimestrielles) ; Comité social et économique (interentreprises) ; Comité social et économique (mandat) ; Comité social et économique (nombre d'élus) ; Comité social et économique (rapport annuel d'activités) ; Comité social et économique (règlement intérieur) ; Comité social et économique (remplacement) ; Comité social et économique (ressources) ; Comité social et économique (réunions) ; Comité social et économique (représentants dans les organes sociaux) ; Comité social et économique (santé, sécurité et conditions de travail) ; Comité social et économique (unité économique et sociale).*

Comité social et économique
(avantages servis par le)

Régime social

Assujettissement à cotisations ou exonérations - Toutes les prestations en espèces ou en nature servies par le *comité social et économique** (CSE) ne suivent pas le même régime social. Si la plupart d'entre elles sont soumises à cotisations, ce principe connaît toutefois de nombreuses exceptions.

Lorsque des exonérations ont été appliquées, il peut arriver que des avantages octroyés par le CSE soient réintégrés dans l'assiette des cotisations suite à un *contrôle URSSAF**. Pour vérifier si l'avantage en cause est ou non soumis à cotisations, il convient de rechercher la source juridique applicable pour, le cas échéant, justifier de l'exonération et contester le redressement.

Situations possibles - Plusieurs situations sont possibles, selon la source juridique à laquelle se rattache l'exonération.

L'exonération est juridiquement sécurisée lorsqu'elle peut se rattacher à une disposition légale ou réglementaire, à une circulaire opposable de la direction de la sécurité sociale [voir *Circulaires (opposabilité)**], au Bulletin officiel de la sécurité sociale (BOSS) ou encore à certaines solutions jurisprudentielles comme pour les secours *(voir ci-après)*.

De nombreuses exonérations se fondent sur de simples « tolérances », issues de circulaires dépourvues de force juridique obligatoire, faute de remplir les conditions exigées. Le risque de redressement est alors grand en cas de contrôle.

Exonérations juridiquement opposables

Exonérations légales ou réglementaires - Certaines exonérations s'appuient sur des dispositions légales ou réglementaires. En cas de redressement, il est alors possible de les opposer à l'URSSAF.

On peut citer, à titre d'exemple, l'exonération des aides attribuées aux salariés pour financer des services à la personne, dans une limite annuelle de 1830 € (c. trav. art. L. 7233-4 et D. 7233-8). En revanche, dépasser cette limite peut constituer, pour les salariés bénéficiaires, un avantage en nature soumis à cotisations (cass. civ., 2e ch., 29 mai 2019, n° 18-11436 FPBI).

Exonérations sécurisées par des circulaires opposables ou le BOSS - Lorsque l'administration a fait connaître sa position par circulaire ou instruction ministérielle publiée au Bulletin officiel du ministère des solidarités et de la santé ou par le *bulletin officiel de la sécurité sociale (BOSS)** (https ://boss.gouv.fr), cette position est opposable aux URSSAF [voir *Circulaires (opposabilité)**].

Cette opposabilité permet au comité qui a suivi la position prise par l'administration de ne pas faire l'objet d'un redressement sur la base d'une interprétation différente, pour la période au cours de laquelle la circulaire ou l'instruction ministérielle en question s'applique (lettre-circ. ACOSS 2006-57 du 29 mars 2006). Il en va de même pour l'opposabilité des textes issus du BOSS.

Entrent, par exemple, dans cette catégorie :

- le régime d'exonération applicable à la participation du CSE à une cantine, lorsque le salarié parti-

cipe au prix du repas au moins à hauteur de 50 % de la valeur de l'avantage en nature nourriture (BOSS, Avantages en nature, § 170, 22/10/2021) ;
- sous certaines conditions, la participation du CSE au financement de régimes de retraite supplémentaire et de prévoyance complémentaire collectifs et obligatoires mis en place par l'employeur (circ. DSS/5B 2009-32 du 30 janvier 2009, fiche 5, § IV-E actualisée par circ. DSS/SD5B/2013-344 du 25 septembre 2013).

Jurisprudence stricte

Assujettissement à cotisations - La jurisprudence est très stricte pour toutes les exonérations qui résultent de simples tolérances, lorsqu'il est impossible de rattacher une exonération à une disposition ayant une valeur légale ou réglementaire, à une circulaire opposable ou au BOSS.

Ainsi, la majeure partie des avantages versés par le CSE constitue des rémunérations attribuées aux intéressés en raison de leur appartenance à l'entreprise et à l'occasion du travail accompli. Ils doivent, en conséquence, être soumis à cotisations. Il s'agit d'une jurisprudence constante qui ne laisse aucun doute quant à l'issue d'un litige porté devant une juridiction (cass. ass. plén. 28 janvier 1972, n° 70-13261, BC ass. plén. n° 1 ; cass. soc. 11 mai 1988, n° 85-18557, BC V n° 287 ; cass. soc. 1er avril 1993, n° 90-15009, BC V n° 108 ; cass. soc. 13 mai 1993, n° 91-14362, BC V n° 141 ; cass. soc. 5 mai 1995, n° 92-19024, BC V n° 144), sous réserve de quelques exceptions.

Secours - Les juges admettent que les secours sont exonérés de cotisations sociales, dès lors qu'ils sont attribués de manière exceptionnelle dans des situations dignes d'intérêt et pour un montant modulé en fonction des besoins à satisfaire (cass. soc. 11 mai 1988, n° 86-18667, BC V n° 287).

Par exemple, les allocations versées par le comité pour des enfants handicapés remplissent ces conditions : leur attribution est fonction de situations individuelles exceptionnelles particulièrement dignes d'intérêt (cass. soc. 17 avril 1996, n° 94-17315 D).

En revanche, ne présentent pas le caractère de secours la participation aux frais d'envoi des enfants du personnel en vacances, attribuée par l'intermédiaire d'une société mutualiste, même si elle est versée en fonction des ressources familiales des salariés (cass. civ., 2e ch., 9 février 2006, n° 04-30549, BC II n° 47) ou encore les sommes versées par une association au bénéfice des enfants des salariés au titre, d'une part, de bourses d'études, d'autre part, de comptes bancaires (dit « compte dotal ») pouvant être débloqués à leur majorité, peu importe que ces sommes soient versées non pas au salarié mais à son enfant (cass. civ. 2e ch., 16 juin 2016, n° 15-18079, BC II n° 158).

▶ À noter… Le fait que ce soit l'employeur (et non le CSE) qui verse des prêts à titre de secours par exemple importe peu, dès lors que ces prêts répondent à une situation individuelle nécessitant leur attribution (cass. civ., 2e ch., 12 mars 2020, n° 19-13341 FPBI). L'employeur peut donc également bénéficier de l'exonération de cotisations attachée aux secours dès lors que ceux-ci sont attribués « en considération de situations individuelles particulièrement dignes d'intérêt ».

Dommages et intérêts - Les sommes versées par le CSE ayant le caractère de dommages et intérêts doivent être exclues de l'assiette des cotisations (cass. soc. 9 juin 1992, n° 89-13410 D). Tel est le cas des indemnités de départ versées par le comité aux salariés quittant l'entreprise dans le cadre d'une convention passée en application d'un plan de sauvegarde de l'emploi. Cependant, cette jurisprudence est antérieure à la réforme du régime social des indemnités de rupture. Il n'est pas certain qu'il en irait de même aujourd'hui.

Position administrative plus souple

Selon l'administration, à moins qu'une mesure législative ou réglementaire n'en dispose autrement, il n'y a pas lieu de soumettre à cotisations les prestations en espèces ou en nature versées à des salariés ou d'anciens salariés de l'établissement lorsqu'elles se rattachent directement aux *activités sociales et culturelles** du CSE (instr. min. du 17 avril 1985).

En revanche sont soumises à cotisations sociales, même si elles transitent par le comité :
- les prestations versées en application d'une obligation légale ou contractuelle de l'employeur ;
- les sommes qui présentent, quelle que soit leur appellation, le caractère d'un complément de rémunération.

L'URSSAF propose sur son site Internet (www.urssaf.fr, rubrique « employeurs » puis « entreprise », « calculer les cotisations », « Les éléments à prendre en compte », « Les prestations liées aux activités sociales et culturelles ») un récapitulatif des différentes catégories de prestations pouvant être servies par un comité, classées selon qu'elles sont soumises à cotisations ou non. Nous vous proposons ci-dessous un tableau de synthèse reprenant ces différentes catégories de prestations.

Comité social et économique (avantages servis par le)

Régime social des avantages servis par le CSE (synthèse)	
Nature des prestations	**Cotisations dues**
Aide financière en faveur des services à la personne et des gardes d'enfants (c. trav. art. L. 7233-4).	oui/non (1)
Allocations complémentaires aux indemnités journalières de sécurité sociale.	oui
Anniversaire de l'entreprise : primes allouées à cette occasion.	oui
Bonifications d'intérêts : remboursées aux salariés qui contractent un emprunt pour accéder à la propriété.	oui
Bons d'achat :	
Le montant global des bons et cadeaux en nature attribués à un salarié pour l'année civile n'excède pas 5 % du plafond mensuel de la sécurité sociale (6).	non
Si ce seuil est dépassé et que le bon répond à 3 conditions : - avoir une utilisation déterminée ; - être attribué en relation avec un événement déterminé (2) (le salarié doit être concerné par celui-ci) ; - être d'un montant conforme aux usages.	non
Lorsque ces conditions ne sont pas simultanément remplies.	oui
Cadeaux en nature : voir « Bons d'achat ».	oui/non
Cantine : participations au financement de la cantine conjointe ou non à celle de l'employeur :	
- si la participation salariale est supérieure ou égale à 50 % de l'avantage en nature repas (3) ;	non
- si la participation salariale est inférieure à 50 % de la valeur de l'avantage en nature repas.	oui (sur la différence entre le montant du forfait repas et la participation du salarié).
Chèques-lire, disque ou culture : les chèques sont exonérés de cotisations sociales sans condition (lettre-circ. ACOSS 2004-144 du 27 octobre 2004 ; lettre-circ. ACOSS 2006-124 du 27 octobre 2006).	non (voir Bon d'achat*).
Chèques-vacances (lettre-circ. ACOSS 84-59 du 31 octobre 1984 ; instr. min. du 17 avril 1985) **:** dans les entreprises de 50 salariés et plus, deux situations doivent être distinguées :	
- si le CSE participe conjointement avec l'employeur au financement des chèques vacances, la contribution du CSE est analysée comme un complément de salaire ;	oui
- si les chèques vacances sont acquis par le seul CSE qui les attribue en fonction de critères qu'il détermine librement et sans intervention de l'employeur, ces aides s'intègrent dans les activités sociales du comité. Dans les autres entreprises (voir Chèques-vacances*).	non
« Classe verte, classe neige » : participation au financement des classes.	non
Colonie de vacances (centre aéré...) : participations favorisant le départ des enfants en colonie de vacances (sous réserve d'attestations d'inscription).	non
Congés de formation économique, sociale ou syndicale Indemnités accordées à l'occasion des congés :	
- si elles sont destinées à couvrir les frais supportés par les salariés à cette occasion ;	non
- si elles sont accordées pour compenser les pertes de salaires (a priori, de telles allocations n'ont plus lieu d'être puisque depuis le 1.01.2018, l'employeur a l'obligation de maintenir la rémunération du salarié en congé de formation économique, sociale et syndicale).	oui
Cours de langues/Permis de conduire/BAFA Participation financière à des cours de langues et prise en charge des frais de permis de conduire ou de formation BAFA	oui
Crèche - Nourrice - Garde d'enfants Aide accordée aux salariés : - qui emploient des personnes à leur service particulier ;	oui/non (1)
- qui ont recours à des associations ou entreprises agréées dont les activités concernent les tâches ménagères ou familiales, la garde d'enfants, l'assistance aux personnes âgées ou handicapées... ;	
- qui ont recours à une assistante maternelle agréée, une crèche, halte-garderie, accueil de loisirs du mercredi pour les enfants de moins de 6 ans...	

Régime social des avantages servis par le CSE (synthèse)	
Nature des prestations	Cotisations dues
Décès : la somme allouée à l'occasion du décès d'un membre de la famille du salarié est assimilée à un secours exceptionnel si elle est d'un montant raisonnable (montant inférieur ou égal à 5 % du plafond mensuel de la sécurité sociale). Au-delà de ce montant, la preuve du secours doit être apportée et il convient d'analyser individuellement chaque situation.	non
Études : primes d'études allouées par le CSE.	oui
Fête patronale : primes allouées à l'occasion de la fête patronale de l'entreprise.	oui
Grève : maintien en tout ou partie du salaire en cas de grève (4).	oui
Jouets : offerts aux enfants à l'occasion des fêtes de Noël (voir « Bons d'achat »).	oui/non
Logement : primes de logement allouées par le CSE.	oui
Mariage : primes allouées à l'occasion du mariage des salariés (cependant, voir « Cadeaux » et « Bons d'achat »).	oui
Maternité : allocations de maternité allouées par le CSE.	oui
Médaille du travail : prime versée à l'occasion de l'attribution de la médaille officielle du travail (conjointe ou non à celle de l'employeur) :	
- si la prime globale est inférieure ou égale au salaire mensuel de base du bénéficiaire ;	non
- si la prime globale est supérieure au salaire mensuel de base du bénéficiaire (réintégration de la fraction excédentaire).	oui
Les primes versées à l'occasion de l'attribution d'une médaille d'entreprise sont soumises à cotisations.	oui
Mères : primes allouées à l'occasion de la fête des Mères (cependant, voir « Cadeaux » et « Bons d'achat »).	oui
Naissance : primes allouées à cette occasion (cependant, voir « Cadeaux » et « Bons d'achat »).	oui
Noël : primes attribuées à l'occasion des fêtes de Noël (cependant, voir « Cadeaux » et « Bons d'achat »).	oui
Pères : primes attribuées à l'occasion de la fête des Pères (cependant, voir « Cadeaux » et « Bons d'achat »).	oui
Perte de salaire : toutes les sommes destinées à compenser une perte de salaire.	oui
Préretraite : primes allouées par le comité :	
- à l'occasion du départ en préretraite des salariés (cotisations de droit commun) ;	oui
- secours ou avantages divers alloués pendant la préretraite.	non
Prévoyance complémentaire et retraite supplémentaire (lettre-circ. ACOSS 2014-2 du 4 février 2014, Q/R 19) :	
- régimes à caractère collectif et obligatoire : la participation du CSE peut, sous certaines conditions, être exonérée de cotisations en tant que contribution patronale ;	non
- régimes à caractère individuel ou à adhésion facultative : la participation du CSE est assimilée à un complément de rémunération et est soumise à cotisations et à CSG-CRDS [voir Contributions de retraite et de prévoyance (régimes collectifs et obligatoires)*]. Selon l'URSSAF Caisse nationale (ou ACOSS), le comité est susceptible d'intervenir en exonération de cotisations sociales dans le cadre de ses prestations de « secours »	oui
Prix en nature (voyages d'agrément, cadeaux…) :	
- prix en nature gagnés par les salariés dans le cadre de tombolas, loteries, et concours sans relation directe et réelle avec le travail accompli au profit de l'employeur, alloués par ce dernier ou par le CSE, dès lors qu'ils présentent un caractère aléatoire et exceptionnel.	non
- prix attribués par le CSE ou l'employeur en récompense des performances professionnelles du salarié.	oui
Rentrée scolaire : primes de rentrée scolaire (cependant voir « Cadeaux » et « Bons d'achats »).	oui
Retraite :	
Prise en charge de la participation salariale au financement des régimes de retraites complémentaire ou supplémentaire [voir Contributions de retraite et de prévoyance (régimes collectifs et obligatoires)*].	oui/non

Comité social et économique (avantages servis par le)

Régime social des avantages servis par le CSE (synthèse)	
Nature des prestations	**Cotisations dues**
Primes de départ en retraite allouées à l'occasion du départ de l'entreprise.	oui
Aides accordées, au cours de leur retraite, aux anciens salariés et à leur famille :	
- sous forme de versements échelonnés et réguliers assimilables à un supplément de retraite, soumis au précompte maladie ;	oui
- sous forme de secours ou d'avantages divers.	non
Secours : attribution extraordinaire d'une somme d'argent en raison d'une situation sociale particulièrement digne d'intérêt ou pour un montant modulé en fonction même des besoins à satisfaire d'urgence.	non
Scolarité : primes de scolarité.	oui
Séjour linguistique des enfants à l'étranger :	
- participation au financement du séjour à condition que les cours ne constituent pas une part prépondérante du séjour.	non
- financement de stages de perfectionnement en langue ou bourses d'études ou d'éloignement (ex : année scolaire à l'étranger)	oui
Spectacles : réductions tarifaires accordées à l'occasion de spectacles :	
- réductions directement supportées par le CSE ;	non
- remboursement total ou partiel des sommes payées par le salarié.	non
Sports (5) : réductions tarifaires accordées pour pratiques sportives :	
- directement supportées par le CSE ;	non
- remboursement total ou partiel des sommes payées par le salarié.	non
Titres-restaurant : participation du CSE à l'acquisition des titres-restaurant jointe à la participation éventuelle de l'employeur :	
- si la participation globale (celle du CSE, cumulée avec celle de l'employeur) est comprise entre 50 % et 60 % de la valeur nominale du titre-restaurant, elle est exonérée de cotisations dans une certaine limite (voir Titre-restaurant*) ;	non
- si ces conditions et limites ne sont pas respectées, la participation du comité est soumise à cotisations.	oui
Vacances :	
- participations favorisant le départ en vacances de la famille ou des enfants seuls, même si elles ne sont pas modulées en fonction des ressources familiales (sous réserve de justifications de dépenses de vacances) ;	non
- primes de vacances allouées indistinctement à tous les salariés ou sans aucune justification des dépenses engagées.	oui
Voyages : réductions tarifaires accordées à l'occasion de voyages touristiques :	
- directement supportées par le CSE ;	non
- remboursement total ou partiel des sommes payées par le salarié.	non

(1) L'aide peut, dans certains cas, être exonérée de cotisations de sécurité sociale et des charges ayant la même assiette, de CSG et de CRDS à hauteur d'un maximum de 1 830 € par an et par bénéficiaire. S'il y a lieu, l'exonération est limitée au montant du coût effectivement supporté par le bénéficiaire de l'aide (lettre-circ. ACOSS 2007-28 du 5 février 2007, § 3.2). L'éventuelle fraction excédentaire est assujettie à cotisations, à CSG et à CRDS (c. trav. art. D. 7233-8). Pour apprécier ce seuil, il convient de cumuler la participation du comité avec celle de l'employeur.
(2) Naissance, mariage, retraite, fête des Mères et fête des Pères, Sainte-Catherine et Saint-Nicolas, Noël, rentrée scolaire pour les salariés ayant des enfants jusqu'à 25 ans révolus dans l'année civile (voir Bon d'achat*).
(3) Soit 2,50 € (5 € × 50 %) pour 2022 (BOSS, Avantages en nature, § 170, 22/10/2021).
(4) Le maintien de tout ou partie du salaire en cas de grève est soumis à cotisations mais rien n'interdit au CSE de porter secours aux familles de grévistes, dans la mesure où ce secours ne compense pas systématiquement la perte de salaire liée à la grève. La participation à la grève ne doit pas constituer une condition d'accès au versement du secours (cass. soc. 8 juin 1977, n° 75-13681, BC V n° 380).
(5) Les avantages que représente pour ses salariés la mise à disposition par l'employeur d'équipements sportifs à usage collectif et le financement de prestations sportives ne constituent pas un avantage soumis à cotisations et contributions sociales, dans des conditions et limites fixées par décret (c. séc. soc. art. L. 136-1-1, III, 4° f) (voir Sport*).
(6) Seuil relevé à 250 €, à titre exceptionnel et sous certaines conditions, pour 2021 (voir Bon d'achat*).

▶ À noter… Dans un souci d'équité, ces tolérances s'appliquent également, selon l'URSSAF Caisse nationale (ou ACOSS), aux employeurs qui gèrent eux-mêmes les activités sociales et culturelles en l'absence de CSE (moins de 50 salariés ou procès-verbal de carence).

Rappelons qu'il s'agit là de simples tolérances résultant de circulaires dépourvues de force juridique obligatoire. Celles-ci ne lient ni les URSSAF ni les tribunaux. Une URSSAF peut donc tout à fait réintégrer dans l'assiette des cotisations et contributions sociales les bons d'achat et cadeaux en nature attribués par une association à ses salariés à l'occasion des fêtes de Noël, peu importe que l'instruction ministérielle du 17.04.1985 ou une circulaire ACOSS (lettre-circ. ACOSS 2011-24 du 21 mars 2011), dépourvues de portée normative, ne tolèrent le contraire (cass. civ., 2e ch., 30 mars 2017, n° 15-25453, BC II n° 67) (voir *Bon d'achat**).

Cotisations dues

Lorsque l'avantage versé par le CSE est soumis à cotisations de sécurité sociale, il est également assujetti à la CSG et à la CRDS (avec abattement de 1,75 %), aux cotisations de retraite complémentaire AGIRC-ARRCO, aux contributions d'assurance chômage et à toute cotisation sur l'assiette dite « alignée ».

Paiement des cotisations

Paiement obligatoirement assuré par l'employeur - Le paiement des cotisations sociales dues sur les prestations servies par le CSE incombe à l'employeur (c. séc. soc. art. R. 243-6).

▶ À noter… Les prestations du CSE ainsi que les cotisations salariales et patronales afférentes doivent figurer sur le *bulletin de paie**.

Les URSSAF ne peuvent pas s'adresser au comité pour le recouvrement des cotisations (cass. soc. 11 mai 1988, n° 86-18667, BC V n° 287). L'employeur est leur seul interlocuteur.

▶ À noter… Le comité doit communiquer à l'employeur toutes les informations nécessaires à la déclaration et au calcul des cotisations assises sur les avantages qu'il distribue (cass. soc. 3 octobre 1984, n° 83-10569, BC V n° 343). Le cas échéant, il doit transmettre à l'employeur les justificatifs qui lui permettent de ne pas tenir compte de l'avantage dans l'assiette des cotisations. Il doit également tenir à la disposition de l'employeur tous les documents comptables nécessaires à un contrôle administratif.

Possibilité d'en demander le remboursement au CSE - S'il doit assumer leur versement, l'employeur n'a pas toujours à supporter la charge définitive des cotisations afférentes aux avantages versés par le comité. Il peut en demander le remboursement à deux conditions :
- il n'est pas à l'origine de l'activité qui a généré les cotisations sociales (cass. soc. 11 mai 1988, n° 85-18557, BC V n° 287) ;
- et l'activité génératrice de cotisations sociales ne figure pas dans l'énumération réglementaire des activités sociales et culturelles du comité (c. trav. art. R. 2312-35 ; cass. soc. 9 juin 1992, n° 89-18539, BC V n° 373).

Ce remboursement peut être fait par diminution de la dotation. Le remboursement peut aussi se faire sur la base d'une demande de paiement détaillée.

☛ *Activités sociales et culturelles ; Bon d'achat ; Cantine ; Contributions de retraite et de prévoyance ; Médaille d'honneur du travail ; Prestations familiales (extra-légales).*

Comité social et économique (budgets)

☛ *Comité social et économique (ressources).*

Comité social et économique (central)

Dans les entreprises d'au moins 50 salariés qui comportent des établissements distincts, un *comité social et économique** (CSE) central d'entreprise et des CSE d'établissement sont mis en place [voir *Comité social et économique (établissement)**] (c. trav. art. L. 2313-1).

Mise en place

Nombre et périmètre des établissements - Voir *Comité social et économique (établissement)**.

Composition - Le CSE central est composé (c. trav. art. L. 2316-4) :
- de l'employeur ou de son représentant ;
- d'un nombre égal de délégués titulaires et de suppléants élus, pour chaque établissement, par le CSE d'établissement parmi ses membres *(voir ci-après)*.

Répartition des compétences entre le CSE central et les CSE d'établissement	
Consultation du seul CSE central (c. trav. art. L. 2316-1)	Projets décidés au niveau de l'entreprise qui ne comportent pas de mesures d'adaptation spécifiques à un ou plusieurs établissements. Projets et consultations récurrentes décidés au niveau de l'entreprise lorsque leurs éventuelles mesures de mise en œuvre ne sont pas encore définies. Mesures d'adaptation communes à plusieurs établissements des projets d'introduction de nouvelles technologies et des projets d'aménagement important modifiant les conditions de santé et de sécurité ou les conditions de travail.
Consultation du seul CSE d'établissement (c. trav. art. L. 2316-20)	Projet ne concernant que l'établissement et dont la décision émane du chef d'établissement.
Consultation conjointe du CSE central et des CSE d'établissement (c. trav. art. L. 2312-22, L. 2316-1 et L. 2316-20)	Projet décidé au niveau de l'entreprise et comportant des mesures d'adaptation spécifiques à l'établissement et qui relèvent de la compétence du chef d'établissement. Consultation annuelle (1) sur la politique sociale de l'entreprise, les conditions de travail et l'emploi lorsque les mesures d'adaptation spécifiques aux établissements sont prévues.

(1) En l'absence d'accord définissant le contenu, la périodicité et les modalités des consultations récurrentes du comité social et économique (c. trav. art. L. 2312-19 et L. 2312-22).

▶ À noter… Seul l'employeur (ou son représentant) et les élus ont voix délibérative.

Chaque syndicat représentatif dans l'entreprise désigne un représentant au CSE central d'entreprise qu'il choisit parmi ses représentants aux CSE d'établissement ou parmi les membres élus de ces comités. Il assiste aux séances du CSE central avec voix consultative (c. trav. art. L. 2313-7).

Nombre de délégués du CSE central - Le nombre de délégués du CSE central est limité à 25 titulaires et 25 suppléants, sauf accord conclu entre l'employeur et l'ensemble des syndicats représentatifs (c. trav. art. R. 2316-1).

En l'absence d'accord organisant la représentation des CSE d'établissement au CSE central, chaque établissement peut être représenté au CSE central (c. trav. art. R. 2316-1) :
- soit par 1 seul délégué, titulaire ou suppléant ;
- soit par 1 ou 2 délégués titulaires et 1 ou 2 délégués suppléants.

Faute d'accord, le DREETS est compétent pour répartir les sièges entre les différents établissements. Il rend sa décision dans un délai de 2 mois à compter de sa saisine, laquelle peut faire l'objet d'un recours devant le *tribunal judiciaire** dans un délai de 15 jours suivant sa notification. Si le DREETS ne répond pas dans le délai de 2 mois, cela vaut décision implicite de rejet laquelle peut être contestée dans un délai de 15 jours devant le tribunal judiciaire (c. trav. art. R. 2316-2).

Secrétaire et trésorier - Le secrétaire, le secrétaire adjoint et le trésorier du CSE central sont désignés parmi ses membres titulaires (c. trav. art. R. 2316-3).

Mandat - En principe, l'élection a lieu tous les 4 ans, après l'élection des membres des CSE d'établissement (c. trav. art. L. 2316-10). Par dérogation, un accord de branche, un accord de groupe ou un accord d'entreprise peut fixer une durée du mandat des représentants du personnel au CSE central d'entreprise comprise entre 2 et 4 ans (c. trav. art. L. 2316-11).

En cas de modification dans la situation juridique de l'employeur (ex. : vente, fusion), le CSE central de l'entreprise absorbée demeure en fonction si l'entreprise conserve son autonomie juridique (c. trav. art. L. 2316-12).

Lorsque cette entreprise devient un établissement distinct de l'entreprise d'accueil, son CSE d'établissement désigne parmi ses membres 2 représentants titulaires et suppléants au CSE central de l'entreprise absorbante. Lorsque la modification porte sur un ou plusieurs établissements distincts et qui le restent, ces établissements sont représentés au CSE central de l'entreprise d'accueil par leurs représentants au CSE de l'entreprise dont ils faisaient partie.

Dans ces deux hypothèses, la représentation est assurée dans ces conditions pendant un délai d'un an au plus. Elle peut entraîner le dépassement du nombre maximal de représentants au CSE de l'entreprise d'accueil.

Modification dans la situation juridique de l'entreprise - Voir *Modification de la situation juridique de l'employeur**.

Élections

Périodicité - Sauf dérogation, l'élection a lieu tous les 4 ans, après l'élection des membres des CSE d'établissement *(voir ci-avant)*.

Répartition des sièges - Dans chaque entreprise, un accord entre l'employeur et les organisations syndicales intéressées répartit les sièges entre les différents établissements et les différents collèges (c. trav. art. L. 2316-8). Cet accord doit être signé par la majorité des organisations syndicales ayant participé à sa négociation en respectant la règle de la double majorité (c. trav. art. L. 2314-6) [voir *Élections professionnelles (protocole d'accord préélectoral)**].

En cas de désaccord sur la répartition des sièges, le DREETS du siège de l'entreprise fixe cette répartition dans un délai 2 mois à compter de sa saisine (notification par LRAR portant mention des voies et délais de recours). Cette décision peut seulement faire l'objet d'un recours devant le tribunal judiciaire, dans un délai de 15 jours suivant sa notification. Le tribunal statue en dernier ressort dans les 10 jours de sa saisine (c. trav. art. R. 2316-2, R. 2316-9, R. 2314-24 et R. 2314-25).

▶ À noter… La saisine du DREETS suspend le processus électoral jusqu'à la décision administrative et entraîne la prorogation des mandats en cours des élus concernés jusqu'à la proclamation des résultats du scrutin.

Même si elles interviennent alors que le mandat de certains membres n'est pas expiré, la détermination du nombre d'établissements distincts [voir *Comité social et économique (établissement)**], ainsi que la répartition des sièges entre les établissements et les différentes catégories, sont appliquées sans qu'il y ait à attendre la date normale de renouvellement de toutes les délégations des CSE d'établissement ou de certaines d'entre elles (c. trav. art. L. 2316-8).

Collèges électoraux - Lorsqu'un ou plusieurs établissements de l'entreprise constituent 3 collèges électoraux, un délégué titulaire et un délégué suppléant au moins au CSE central appartient à la catégorie des ingénieurs, chefs de service et cadres administratifs, commerciaux ou techniques assimilés sur le plan de la classification (c. trav. art. L. 2316-5).

Lorsqu'aucun établissement de l'entreprise ne constitue 3 collèges électoraux mais que plusieurs établissements distincts groupent ensemble au moins 501 salariés, ou au moins 25 membres du personnel appartenant à la catégorie des ingénieurs, chefs de service et cadres administratifs, commerciaux ou techniques assimilés sur le plan de la classification, au moins un délégué titulaire au CSE central appartient à cette catégorie (c. trav. art. L. 2316-6).

Contestations - Les contestations relatives à l'électorat, à la régularité des opérations électorales et à la désignation des représentants syndicaux sont de la compétence du tribunal judiciaire (c. trav. art. L. 2316-9 et R. 2316-10).

Attributions

Attributions générales - Le CSE central exerce les attributions économiques qui concernent la marche générale de l'entreprise et qui excèdent les limites des pouvoirs des chefs d'établissement (c. trav. art. L. 2316-1).

Il est informé et consulté sur les projets importants concernant l'entreprise en matière économique et financière, ainsi qu'en matière de santé, de sécurité et des conditions de travail (c. trav. art. L. 2316-2).

▶ À noter… Lorsque les projets en matière de santé, de sécurité et des conditions de travail nécessitent l'intervention d'un expert « qualité du travail et de l'emploi », le CSE central le désigne (c. trav. art. L. 2316-3 et L. 2315-96).

Consultation CSE central et/ou CSE d'établissement - Le CSE central peut être consulté soit en plus des CSE d'établissements, soit seul en fonction de la teneur des projets *(voir tableau reproduit dans cette étude)*.

Un accord collectif fixe les règles d'articulation entre les consultations récurrentes des CSE d'établissement et du CSEC sur les orientations stratégiques, la situation économique et financière et la situation sociale (c. trav. art. L. 2312-22 et L. 2312-19).

Faute d'accord, les consultations récurrentes sur les orientations stratégiques de l'entreprise et la situation financière sont menées au niveau central, sauf si l'employeur en décide autrement. Il y a alors double consultation, les CSE d'établissement conservant leurs attributions consultatives en ce qui concerne les impacts sur l'établissement du projet présenté au CSE central.

La consultation récurrente sur la politique sociale de l'entreprise a lieu au niveau central et au niveau de l'établissement lorsque des mesures d'adaptation spécifiques à ces établissements sont prévues. En l'absence de mesures de ce type, la consultation a lieu au niveau de l'entreprise (c. trav. art. L. 2312-22).

Un accord peut déterminer les modalités des consultations ponctuelles (c. trav. art. L. 2312-55).

En l'absence d'accord, l'articulation des consultations entre le niveau central et l'établissement est réglée par les dispositions générales relatives aux attributions du CSE central. Ainsi, le CSE central est seul consulté sur « les projets décidés au niveau de l'entreprise qui ne comportent pas de mesures d'adaptation spécifiques à un ou plusieurs établissements » (c. trav. art. L. 2316-1).

Enfin, il y a lieu de consulter à la fois le CSE central et un ou plusieurs CSE d'établissement lorsque des projets sont arrêtés au niveau de l'entreprise mais qu'ils comportent des mesures d'adaptation spécifiques à un ou plusieurs établissements (sur les délais, *voir ci-après*). Un accord peut alors définir l'ordre et les délais dans lesquels le CSE central et le ou les CSE d'établissement rendent et transmettent leurs avis (c. trav. art. L. 2316-22 ; cass. soc. 21 septembre 2016, n° 15-13364, BC V n° 178).

▶ À noter… Les jurisprudences concernant le comité d'entreprise citées ici nous paraissent transposables au CSE.

Activités sociales et culturelles - Sur la répartition des compétences avec les CSE d'établissements, voir *Comité social et économique (établissement)**.

Fonctionnement

Président et secrétaire - Le CSE central est présidé par l'employeur ou son représentant, qui peut être assisté de 2 collaborateurs ayant voix consultative (c. trav. art. L. 2316-13).

Le comité désigne un secrétaire et un secrétaire adjoint qui est en charge des attributions en matière de santé, sécurité et des conditions de travail [voir *Comité social et économique (santé, sécurité et conditions de travail)**].

▶ À noter… Un règlement intérieur fixe les modalités du fonctionnement du CSE central et de ses rapports avec les salariés de l'entreprise (c. trav. art. L. 2316-14).

Réunions - Le CSE central se réunit au moins une fois tous les 6 mois au siège de l'entreprise sur convocation de l'employeur qui a établi l'ordre du jour avec le secrétaire. Il peut également tenir des réunions exceptionnelles à la demande de la majorité de ses membres (c. trav. art. L. 2316-15).

L'ordre du jour est arrêté conjointement par le président du CSE central (l'employeur) et le secrétaire du comité. Les consultations rendues obligatoires par le code du travail ou par un accord collectif de travail y sont inscrites de plein droit par le président ou le secrétaire. L'ordre du jour est communiqué aux membres 8 jours au moins avant la réunion (c. trav. art. L. 2316-17).

▶ À noter… Sur les participants aux réunions « santé, sécurité et conditions de travail », voir *Comité social et économique (santé, sécurité et conditions de travail)**.

Les décisions du CSE central sur ses modalités de fonctionnement et l'organisation de ses travaux, ainsi que ses résolutions, sont prises à la majorité des membres présents (c. trav. art. L. 2316-14).

Un accord entre l'employeur et les membres élus du CSE central peut prévoir le recours à la visioconférence pour réunir le CSE central. En l'absence d'accord, ce recours est limité à 3 réunions par année civile (c. trav. art. L. 2316-16).

▶ À noter… Les réunions par visioconférence du CSE central se déroulent dans les mêmes conditions que celles du CSE (c. trav. art. D. 2316-8, D. 2315-1 et D. 2315-2).

Consultation du CSE central et des CSE d'établissement - En cas de consultation conjointe du CSE central et d'un ou plusieurs comité d'établissement, le comité central est réputé avoir été consulté et avoir rendu un avis négatif dans un délai de (c. trav. art. R. 2312-5 et R. 2312-6) :
- 1 mois dans le cas général ;
- 2 mois en cas d'intervention d'un expert ;
- 3 mois si la consultation s'accompagne d'une ou de plusieurs expertises.

Les comités d'établissement rendent et transmettent leur avis au CSE central au plus tard 7 jours avant la date à laquelle ce dernier doit se prononcer. À défaut, l'avis du comité d'établissement est réputé négatif.

▶ À noter… Ces délais s'appliquent en l'absence d'accord entre l'employeur et le comité sur cette question et sauf délai fixé par la loi (ex. : consultation relative au plan de sauvegarde de l'emploi) [voir Licenciement économique collectif (10 salariés ou plus dans une entreprise d'au moins 50 salariés)*].

Commissions - Une *commission santé, sécurité et conditions de travail** centrale est mise en place dans les entreprises d'au moins 300 salariés (c. trav. art. L. 2316-18, L. 2315-36 à L. 2315-44).

Les CSE centraux sont tenus de mettre en place une commission des marchés, dans les mêmes conditions que le CSE (c. trav. art. L. 15-44-1) [voir *Comité social et économique (commissions)**].

Personnalité civile - Le CSE central est doté de la personnalité civile (c. trav. art. L. 2316-13).

Protection - Voir *Licenciement des représentants du personnel** et *Protection des représentants du personnel**.

Budgets du CSE central

Subvention de fonctionnement - Le budget de fonctionnement du CSE central est déterminé par accord entre le comité central et les comités d'établissement (c. trav. art. L. 2315-62).

En l'absence d'un tel accord et faute de stipulations dans la convention collective de branche, le *tribunal judiciaire** fixe le montant de la subvention de fonctionnement que chaque comité d'établissement doit rétrocéder au CSE central afin de constituer le budget de fonctionnement de ce dernier (c. trav. art. R. 2315-32).

On notera que concernant le comité d'entreprise central, il avait été jugé qu'en présence de plusieurs comités d'établissement, la répartition de ce budget était la suivante (cass. soc. 15 mai 2001, n° 99-10127, BC V n° 172) :
- la subvention de fonctionnement devait être versée par l'employeur aux comités d'établissement ;
- le CCE ayant des frais de fonctionnement, les comités d'établissement devaient lui rétrocéder une partie de leur subvention ;
- une négociation devait avoir lieu entre le CCE et les comités d'établissement afin que chacun d'eux puisse faire face à ses dépenses respectives ;
- en l'absence d'accord, le juge judiciaire fixait le montant de la rétrocession.

Il avait aussi été jugé qu'un accord portant sur une répartition de la contribution patronale aux ASC de l'entreprise entre le CCE et les comités d'établissement et sur les conditions dans lesquelles une partie des subventions de fonctionnement allouées aux comités d'établissement pourrait être reversée au CCE devait opérer une distinction entre les sommes allouées au titre de la contribution aux ASC et celles allouées au titre de la subvention de fonctionnement (cass. soc. 9 novembre 2005, n° 04-15464, BC V n° 319).

Budget des activités sociales et culturelles (ASC) - Le code du travail ne prévoit pas de dotation financière spécifique pour les ASC du CSE central.

Dans les entreprises comportant des établissements distincts, le montant global de la contribution patronale au financement des ASC doit être calculé dans le cadre de l'entreprise et non au niveau des établissements (c. trav. art. L. 2312-83).

La gestion des ASC revenant aux comités d'établissement, chacun d'entre eux doit disposer d'un budget propre. Une convention entre le CSE d'établissement et le comité central peut néanmoins organiser le transfert de la gestion d'activité ou des activités au comité central. Cette convention prévoit alors le financement du transfert pour chaque année d'exécution de la convention (c. trav. art. D. 2316-7).

▶ **À noter...** Concernant le comité d'entreprise, il avait été jugé qu'un accord collectif ne pouvait priver un comité d'établissement ni du droit de gérer ses ASC ni de celui de percevoir directement la contribution patronale calculée sur la masse salariale de l'établissement (cass. soc. 30 juin 1993, n° 90-14895, BC V n° 191).

Obligations comptables - Le CSE central a les mêmes obligations comptables que le CSE (c. trav. art. L. 2315-19), sous réserve de règles spécifiques :
- pour évaluer le montant des ressources du CSE central et ainsi vérifier dans quelle catégorie il se situe, il faut prendre en compte la somme des ressources versées par les comités d'établissement et des ressources que le comité central reçoit en propre (c. trav. art. D. 2316-4) ;
- le rapport d'activité et de gestion doit être communiqué au plus tard 8 jours avant la réunion du CSE central ayant pour objet l'approbation des comptes (c. trav. art. D. 2316-5) ;
- le CSE central prend en charge le coût de la certification des comptes annuels, ou le coût de la mission de présentation des comptes par l'expert, sur les sommes versées par les comités d'établissement au titre de son fonctionnement (c. trav. art. D. 2316-6).

Les dispositions légales relatives à la transparence des comptes prévues pour le CSE s'appliquent au CSE central [voir *Comité social et économique (comptabilité)**] (c. trav. art. L. 2316-19, D. 2316-4 et D. 2316-5).

☞ *Comité social et économique (établissement).*

Comité social et économique (commissions)

Dans les entreprises d'au moins 50 salariés, différentes commissions peuvent aider le *comité social et économique** (CSE) pour l'examen de problèmes particuliers. Elles sont instaurées de façon conventionnelle ou en appliquant les règles supplétives du code du travail en l'absence d'accord d'entreprise.

Mise en place par accord collectif

Le nombre et le rôle des commissions du CSE, autres que la *commission santé, sécurité et condi-*

*tions de travail** CSSCT ou que la commission des marchés *(voir ci-après)*, sont déterminés par un accord d'entreprise ou, à notre avis, dans le cadre d'un accord d'établissement en cas de mise en place de CSE d'établissement.

L'accord collectif doit être majoritaire (sans possibilité de le faire valider un accord minoritaire par référendum) [voir *Accord collectif d'entreprise (conclusion avec délégué syndical)**] (c. trav. art. L. 2315-45 et L. 2232-12, al. 1).

Il fixe :
- les commissions à créer et leur composition, sachant que l'employeur peut leur adjoindre des experts et des techniciens appartenant à l'entreprise, choisis en dehors du CSE et qui doivent respecter le secret professionnel et l'obligation de discrétion (c. trav. art. L. 2315-45) ;
- les modalités de fonctionnement des commissions (nombre, seuil d'effectif éventuel, rôle, moyens, nombre de réunions, paiement des heures passées en réunions, nombre de membres, etc.), sachant que les rapports des commissions sont soumis à la délibération du CSE (c. trav. art. L. 2315-45).

Commission des marchés

Obligatoire pour les grands CSE - Une commission des marchés doit être mise en place par les CSE qui dépassent, pour au moins deux des trois critères, les seuils suivants (c. trav. art. L. 2315-44-1 à L. 2315-44-4 et D. 2315-29) :
- 50 salariés à la clôture d'un exercice ;
- 3 100 000 € de ressources annuelles ;
- le montant de 1 550 000 € pour le total du bilan, celui-ci étant égal à la somme des montants nets des éléments d'actif.

Ces CSE doivent par ailleurs respecter les obligations comptables de droit commun [voir *Comité social et économique (ressources)** et *Comité social et économique (comptabilité)**].

Les membres de la commission des marchés sont désignés par le CSE parmi ses élus titulaires. Les modalités de son fonctionnement, le nombre de ses membres, les modalités de leur désignation et la durée de leur mandat sont fixés par le règlement intérieur du CSE (c. trav. art. L. 2315-44-3).

Rôle - Pour les marchés dont le montant est supérieur à 30 000 € (c. trav. art. L. 2315-44-2 et D. 2315-29) :
- le CSE détermine, sur proposition de la commission des marchés, les critères retenus pour le choix de ses fournisseurs et de ses prestataires, ainsi que pour la procédure des achats de fournitures, de services et de travaux ;
- la commission des marchés choisit les fournisseurs et les prestataires du CSE.

La commission rend compte de ces choix, au moins une fois par an, au CSE, selon des modalités déterminées par le règlement intérieur de ce dernier.

Rapport d'activité annuel - La commission des marchés établit un rapport d'activité annuel, joint en annexe au rapport d'activité et de gestion du CSE (c. trav. art. L 2315-44-4 et L. 2315-69).

Commission santé, sécurité et conditions de travail

Voir *Commission santé, sécurité et conditions de travail**.

Autres commissions : règles applicables à défaut d'accord

Quatre commissions - À défaut d'accord collectif, des dispositions supplétives sont appliquées. Quatre commissions doivent alors être mises en place en fonction des effectifs :
- commission de la formation dans les entreprises d'au moins 300 salariés (c. trav. art. L. 2315-49, R. 2315-28, R. 2315-30, R. 2315-31) ;
- commission d'information et d'aide au logement dans les entreprises d'au moins 300 salariés, celle-ci pouvant aussi être constituée par des entreprises de moins de 300 salariés se regroupant entre elles pour la former (c. trav. art. L. 2315-50 à L. 2315-55, R. 2315-28) ;
- commission de l'égalité professionnelle dans les entreprises d'au moins 300 salariés (c. trav. art. L. 2315-56 et R. 2315-28) ;
- commission économique dans les entreprises d'au moins 1 000 salariés (c. trav. art. L. 2315-46 à L. 2315-48 et R. 2315-28).

S'agissant des seuils de 300 salariés et de 1 000 salariés, ils sont réputés franchis lorsque l'effectif de l'entreprise les dépasse pendant 12 mois consécutifs.

Selon le ministère du Travail, l'employeur a alors un an à compter de ce franchissement pour mettre en place la commission de la formation, la commission d'information et d'aide au logement et la commission de l'égalité professionnelle (« Comité social et économique : 117 questions-réponses »).

Pour ce qui concerne le franchissement du seuil de 1 000 salariés, l'employeur est tenu, selon le ministère du Travail, de mettre en place immédiatement la commission économique (« Comité social et économique : 117 questions-réponses »).

Membres et présidence des commissions - Les membres des commissions peuvent être choisis parmi les salariés de l'entreprise appartenant ou non au CSE (c. trav. art. R. 2315-28). Elles sont présidées par un membre du CSE (c. trav. art. R. 2315-28).

Toutefois par exception, la commission économique est obligatoirement composée de membres élus au CSE et doit être présidée par l'employeur ou son représentant (c. trav. art. L. 2315-47).

Commission de la formation (entreprises d'au moins 300 salariés) - La commission est chargée (c. trav. art. L. 2315-49) :
- de préparer les délibérations du CSE dans les domaines relevant de sa compétence, dans le cadre des consultations sur les orientations stratégiques et sur la politique sociale de l'entreprise ;
- d'étudier les moyens permettant de favoriser l'expression des salariés en matière de formation et de participer à leur information dans ce domaine ;
- d'étudier les problèmes spécifiques concernant l'emploi et le travail des jeunes et des handicapés.

Elle est notamment consultée sur les problèmes généraux relatifs à la mise en œuvre des dispositifs de formation professionnelle continue et de la validation des acquis de l'expérience. Elle est informée des possibilités de congé qui ont été accordées aux salariés, des conditions dans lesquelles ces congés ont été accordés ainsi que des résultats obtenus (c. trav. art. R. 2315-30 et R. 2315-31).

Le nombre de membres de la commission n'est pas fixé par les textes.

Commission d'information et d'aide au logement (entreprises d'au moins 300 salariés) - La commission facilite le logement et l'accession des salariés à la propriété et à la location des locaux d'habitation (c. trav. art. L. 2315-51). À ce titre elle recherche les possibilités d'offre de logements correspondant aux besoins des salariés, en liaison avec les organismes habilités à collecter la participation des employeurs à l'effort de construction. Elle les informe sur leurs conditions d'accès à la propriété ou à la location d'un logement et les assiste dans les démarches nécessaires pour l'obtention des aides financières auxquelles ils peuvent prétendre.

La commission comprend un nombre de membres fixés en fonction de l'effectif de l'entreprise *(voir tableau ci-après)* (décret 76-1292 du 30 décembre 1976, JO du 1er janvier 1977).

Commission d'aide au logement

Nombre de salariés	Nombre de membres de la commission
300 à 500 salariés	3 membres
501 à 1 000 salariés	4 membres
1 001 à 2 000 salariés	5 membres
Plus de 2 000 salariés	6 membres

Commission de l'égalité professionnelle (entreprises d'au moins 300 salariés) - La commission est chargée de préparer les délibérations du CSE dans les domaines relevant de sa compétence, dans le cadre de la consultation sur la politique sociale de l'entreprise, les conditions de travail et l'emploi (c. trav. art. L. 2315-56).

Le nombre de membres de la commission n'est pas fixé par les textes.

Commission économique (entreprises d'au moins 1 000 salariés) - La commission est chargée d'étudier les documents économiques et financiers recueillis par le CSE et toute question que ce dernier lui soumet (c. trav. art. L. 2315-46). Elle se réunit au moins deux fois par an et peut demander à entendre tout cadre supérieur ou dirigeant de l'entreprise après accord de l'employeur. Elle peut aussi se faire assister par l'expert-comptable qui assiste le CSE et par les experts choisis par le CSE (c. trav. art. L. 2315-48).

La commission économique comprend au maximum 5 membres élus du CSE dont l'un doit représenter les cadres (c. trav. art. L. 2315-47).

Temps passé en réunion de commissions - À défaut d'accord d'entreprise, le temps passé par les membres du CSE dans ces commissions n'est pas déduit de leurs heures de délégation et est payé comme du temps de travail effectif dans la limite d'une durée annuelle globale fixée :
- par accord d'entreprise ;
- ou, à défaut d'accord, à 30 h pour les entreprises de 300 salariés à 1000 salariés et à 60 h pour les entreprises d'au moins 1000 salariés (c. trav. art. L. 2315-11, 2° et R. 2315-7).

L'effectif est apprécié une fois par an, sur les 12 mois précédents, à compter du premier mois suivant celui au cours duquel a été élu le CSE (ex. : si le CSE est élu en décembre 2021, l'effectif est apprécié de février 2021 à janvier 2022).

En outre, les limites de durée annuelle indiquées ci-dessus s'apprécient, selon le ministère du

Travail, chaque année à la date d'anniversaire de la proclamation des résultats (« Comité social et économique : 117 questions-réponses »).

Au-delà de ces plafonds, le temps passé par chaque membre de la délégation du personnel à ces réunions est déduit de ses heures de délégation.

▶ À noter… Les textes n'accordent pas de crédit d'heures spécifique pour les membres des commissions. Il pourrait être prévu par accord avec l'employeur ou par usage (c. trav. art. L. 2312-4). Attention, les règles sont différentes pour la *commission santé, sécurité et conditions de travail**.

Par ailleurs, le temps passé par les représentants syndicaux (RS) aux réunions des commissions du comité avec l'employeur est rémunéré comme du temps de travail. Il n'est pas déduit des *heures de délégation** dans les entreprises d'au moins 501 salariés (en dessous de 501 salariés les RS au CSE n'ont pas d'heures de délégation, sauf accord plus favorable) (c. trav. art. L. 2315-12, L. 2315-7 et R. 2315-4).

L'accord d'entreprise définissant, le cas échéant, les moyens alloués aux membres des commissions pour l'exercice de la mission peut prévoir des moyens spécifiques pour les membres non élus (« Comité social et économique : 117 questions-réponses »).

Commission insertion à titre expérimental

Les CSE des structures d'insertion par l'activité économique (entreprises d'insertion, entreprises de travail temporaire d'insertion, associations intermédiaires, ateliers et chantiers d'insertion) comprenant au moins 11 salariés peuvent depuis le 15.12.2020 et pour une durée expérimentale de 3 ans, mettre en place une commission insertion (loi 2020-1577 du 14 décembre 2020, art. 18, JO du 15 ; c. trav. art. L. 5132-4).

La composition et les modalités de fonctionnement de cette commission sont fixées par un accord collectif majoritaire (sans possibilité de le faire valider un accord minoritaire par référendum) [voir *Accord collectif d'entreprise (conclusion avec délégué syndical)**] (c. trav. art. L. 2232-12, al. 1). En l'absence d'accord ces modalités sont définies par le règlement intérieur du CSE dans les entreprises d'au moins 50 salariés ou par un accord entre l'employeur et les représentants du personnel dans celles de moins de 50 salariés.

La commission est chargée de préparer les réunions et les délibérations du CSE sur les questions d'insertion. Elle contribue également à promouvoir les dispositions légales et stipulations conventionnelles applicables aux salariés en parcours d'insertion. Elle débat sur les conditions de travail de ces salariés ainsi que sur la qualité des parcours proposés par la structure en matière d'insertion.

Protection

Les membres des commissions choisis parmi les élus du CSE (ex. : les membres de la commission économique et de la commission des marchés), ou qui exercent un autre mandat leur conférant une protection, bénéficient du statut protecteur applicable notamment en cas de licenciement (voir *Licenciement des représentants du personnel**). Les autres membres ne bénéficient pas de la protection des représentants du personnel.

☞ *Comité social et économique ; Commission santé, sécurité et conditions de travail.*

Comité social et économique (comptabilité)

Trois types de comptabilité

Le *comité social et économique** (CSE) est soumis à des obligations comptables renforcées, avec notamment l'obligation d'établir des comptes annuels. Il est ainsi soumis aux obligations comptables des commerçants (c. com. art. L. 123-12 ; c. trav. art. L. 2315-64).

▶ À noter… Sur les obligations comptables du CSE central, voir *Comité social et économique (central)**.

Les conditions d'établissement et de présentation des comptes du CSE varient toutefois en fonction de critères de ressources, de nombre de salariés du CSE et de montant total du bilan annuel.

Selon les cas, il s'agit de respecter :

- pour les « petits » CSE, une comptabilité ultra-simplifiée (ressources annuelles n'excédant pas 153 000 €) (c. trav. art. L. 2315-65 ; c. com. art. D. 612-5) ;
- pour les CSE « moyens », une comptabilité simplifiée pour les CSE qui ne dépassent pas plus d'1 des 3 critères suivants : employer 50 salariés ou avoir 3,1 M€ de ressources annuelles ou avoir 1,55 M€ de total du bilan (c. trav. art. L. 2315-64 ; c. com. art. R. 612-1) ;
- pour les « grands » CSE, une comptabilité de droit commun pour les CSE qui dépassent au moins 2 des 3 critères précités (c. trav. art. L. 2315-67).

Pour apprécier l'effectif salarié du CSE, il faut se positionner à la clôture d'un exercice (c. trav. art. D. 2315-40).

Le contenu et les modalités de présentation des comptes des CSE sont précisés dans des règlements édictés par l'Autorité des normes comptables (ANC) (règlements 2021-05, 2021-06 et 2021-07 du 3 septembre 2021, JO du 4).

Calcul des ressources annuelles

Le niveau des ressources annuelles de chaque CSE se calcule en prenant en compte (c. trav. art. L. 2315-77, D. 2315-34 et D. 2315-36) :

- le montant du budget AEP, à savoir le budget de fonctionnement également appelé budget « activités économiques et professionnelles » (AEP) (c. trav. art. L. 2315-61) [voir *Comité social et économique (ressources)**] ;
- et le montant du budget ASC (budget des activités sociales et culturelles), à l'exception des produits de cession d'immeubles (c. trav. art. R. 2312-50) ;
- après déduction, le cas échéant, du montant versé au CSE central ou au comité des ASC interentreprises en application d'une convention de transfert de gestion des ASC (c. trav. art. L. 2316-16-7 et R. 2312-43).

Pour les petits CSE, il faut également déduire des ressources les cotisations facultatives des salariés et les recettes procurées par les manifestations organisées par le CSE (c. trav. art. D. 2315-36 et R. 2312-49).

Arrêté et approbation des comptes

Par des élus du CSE - Les comptes annuels du CSE (ou l'état de synthèse simplifié) doivent être arrêtés suivant des modalités prévues par leur règlement intérieur.

Ces comptes sont arrêtés par des membres élus du CSE désignés par lui (c. trav. art. L. 2315-68). Ceux-ci doivent communiquer les comptes annuels (ou la comptabilité simplifiée pour les petits CSE) et le rapport d'activités et de gestion aux autres membres du CSE, au plus tard 3 jours avant la réunion d'approbation des comptes (c. trav. art. L. 2315-71).

Les comptes annuels arrêtés doivent être approuvés en réunion plénière. L'approbation des comptes devant être le seul sujet de cette réunion, celle-ci fait l'objet réunion extraordinaire suivie d'un procès-verbal spécifique (c. trav. art. L. 2315-68). Lors de cette réunion, le rapport d'activités et de gestion est présenté aux membres élus (c. trav. art. L. 2315-69) [voir *Comité social et économique (rapport annuel d'activités)**]. Le trésorier du CSE (ou, le cas échéant, le commissaire aux comptes) doit également présenter un rapport sur les conventions passées, directement, indirectement ou par personne interposée, entre le CSE et l'un de ses membres (c. trav. art. L. 2315-70).

Délai à respecter - L'approbation des comptes doit intervenir dans un délai de 6 mois à compter de la clôture de l'exercice. Ce délai peut toutefois être prolongé à la demande du CSE par ordonnance du président du *tribunal judiciaire** statuant sur requête (c. trav. art. R. 2315-37).

Le CSE doit porter, par tout moyen, à la connaissance des salariés de l'entreprise le rapport d'activités et de gestion et ses comptes annuels (ou la comptabilité simplifiée pour les petits CSE) (c. trav. art. L. 2315-72).

Réaffectation des biens du CSE

Voir *Comité social et économique (ressources)**.

Comité social et économique (délais et procédure de consultation)

Dans une entreprise d'au moins 50 salariés, l'employeur ou son représentant doit consulter le *comité social et économique** (CSE) sur un certain nombre de points [voir *Comité social et économique (informations-consultations)**, *Comité social et économique (informations-consultations périodiques)** et *Comité social et économique (informations-consultations ponctuelles)**]. Pour ce faire, la procédure et les délais suivants doivent être respectés.

Procédure à suivre

Consultation préalable à la décision - La consultation du CSE doit précéder la décision de l'employeur (c. trav. art. L. 2312-14), excepté en cas de lancement d'une offre publique d'acquisition (OPA) [voir *Offre publique d'acquisition (consultation du CSE)**]. La consultation doit par conséquent porter sur un projet et non sur une mesure qui resterait simplement à mettre en œuvre.

Informations préalables - L'employeur doit fournir, préalablement à toute consultation, aux membres du CSE « des informations précises et écrites » sur la question dont il est saisi afin qu'ils puissent émettre un avis en toute connaissance de cause. Les informations transmises par l'employeur peuvent être, le cas échéant, mises à disposition dans le cadre de la *base de données économiques, sociales et environnementales (BDESE)** (c. trav. art. L. 2312-15).

Informations complémentaires en saisissant le juge - Si le CSE estime qu'il n'est pas suffisamment informé et, qu'en conséquence, il n'est pas en mesure de donner un avis sur l'opération pour laquelle il est consulté, il peut saisir le président du *tribunal judiciaire** via la procédure accélérée au fond.

Cette saisine du juge n'a pas d'effet suspensif, c'est-à-dire qu'elle ne prolonge pas, en principe, le délai imparti au CSE pour rendre son avis, sauf décision, au cas par cas, du juge en fonction des difficultés particulières d'accès à l'information (c. trav. art. L. 2312-15).

Sous réserve qu'il ait été saisi avant l'expiration des délais de consultation du comité (cass. soc. 27 mai 2020, n° 18-26483 FPB) *(voir ci-après)*, le juge qui retient que les informations nécessaires au CSE et demandées par celui-ci pour formuler un avis motivé n'ont pas été transmises ou mises à disposition par l'employeur doit ordonner la production des éléments d'information complémentaires et, en conséquence, prolonger ou fixer le délai de consultation avec pour point de départ la communication de ces éléments complémentaires (cass. soc. 26 février 2020, n° 18-22759 FSPBRI).

Il convient de distinguer deux situations (note explicative de l'arrêt du 26 février 2020 précité, www.courdecassation.fr) :

- si la demande n'est pas fondée (le comité a été correctement informé et pouvait formuler un avis motivé en toute connaissance de cause), le délai de consultation prend fin à la date initialement prévue, de sorte que le comité est réputé avoir été consulté et avoir rendu un avis négatif (c. trav. art. L. 2312-16) ;
- si la demande est fondée (le comité n'avait pas les informations nécessaires pour formuler un avis motivé), le juge prolonge ou fixe un nouveau délai de consultation, en retenant une durée conforme à celle fixée par le code du travail (c. trav. art. R. 2312-6).

Dans tous les cas, le juge doit examiner la demande formulée par le comité.

Délai de consultation expiré - Le CSE qui estime que l'employeur ne lui a pas communiqué les éléments qui lui permettraient de donner un avis en toute connaissance de cause doit saisir le juge avant l'expiration du délai de consultation. Il ne peut pas soutenir que ce délai n'a jamais commencé à courir au motif que les informations fournies initialement étaient insuffisantes (cass. soc. 27 mai 2020, n° 18-26483 FPB).

Consultation conjointe CSE/CSE d'établissement - Voir *Comité social et économique (central)**.

Obligation de discrétion - Sur l'obligation de discrétion à laquelle les élus du CSE sont tenus vis-à-vis des informations transmises par l'employeur, voir *Discrétion (obligation de)**.

Délai d'examen suffisant - En l'absence de délais prédéfinis *(voir ci-après)*, le temps dont dispose le CSE pour examiner le projet qui lui est soumis est à définir au cas par cas, en lui laissant un délai d'examen suffisant (c. trav. art. L. 2312-15). Il en est ainsi pour les consultations relatives aux modalités d'accomplissement de la *journée de solidarité** (c. trav. art. L. 3133-8), en cas d'introduction ou de modification du *règlement intérieur** (c. trav. art. L. 1321-4) ou encore pour la consultation relative aux périodes d'*astreinte** (c. trav. art. L. 3121-7).

Délais laissés au CSE pour rendre ses avis

Délais légaux - Dès lors que la consultation fait l'objet de « dispositions législatives spéciales », le délai de consultation fixé par le code du travail s'impose (c. trav. art. L. 2312-16). Il en va ainsi pour la consultation relative à une offre publique d'acquisition (c. trav. art. L. 2312-46) et celle à mener en cas de projet de licenciement pour motif économique d'au moins 10 salariés en 30 jours (c. trav. art. L. 1233-29 et L. 1233-30) [voir *Licenciement économique collectif (10 salariés ou plus dans une entreprise de moins de 50 salariés)**, *Licenciement économique collectif (10 salariés ou plus dans une entreprise d'au moins 50 salariés)** et *Offre publique d'acquisition (consultation du CSE)**].

Délais négociés - Sauf dispositions législatives spéciales, le délai, qui doit être suffisant, peut être négocié (c. trav. art. L. 2232-12, L. 2312-16 et L. 2312-19) :

- par accord collectif d'entreprise majoritaire dans les entreprises dotées d'au moins un délégué syndical (DS), sans possibilité de faire valider un accord minoritaire par référendum [voir *Accord collectif d'entreprise (conclusion avec délégué syndical)**] ;

- ou, en l'absence de DS, par accord avec le CSE (le cas échéant, le CSE central), lequel doit être adopté à la majorité des membres titulaires élus.

▶ À noter... L'employeur et les élus du personnel peuvent aménager les délais dans lesquels l'*expert** doit rendre son rapport et le CSE émettre son avis, sans passer par un accord en bonne et due forme (ex. : le commun accord des élus et de l'employeur est formalisé dans l'ordre du jour d'une réunion) (cass. soc. 8 juillet 2020, n° 19-10987 FSPBI). Cela étant, il est conseillé aux employeurs et aux élus de privilégier la voie légale, c'est-à-dire l'accord avec les DS ou, en l'absence de DS, l'accord avec la majorité des élus titulaires. Il s'agit de la solution la plus sûre juridiquement.

L'ensemble des consultations du CSE est, sauf exceptions, concerné.

À l'expiration de ce délai, le CSE (ou, le cas échéant, le CSE central), est réputé avoir été consulté et avoir rendu un avis négatif.

▶ À noter... Le délai antérieur de 15 jours minimum, applicable auparavant en présence d'un CE (c. trav. art. L. 2323-3 abrogé), n'a pas été repris. À notre sens, il pourrait donc être négocié que le CSE rende son avis dans un délai inférieur à 15 jours sous réserve toutefois que ce délai négocié permette au CSE d'exercer utilement sa compétence, en fonction de la nature et de l'importance des questions qui lui sont soumises (c. trav. art. L. 2312-16).

Délais d'expertise négociés - voir *Expert**.

Délais préfix en l'absence d'accord - En l'absence d'accord sur les délais de consultation, et sauf délai spécifique fixé par le code du travail *(voir ci-avant)*, le CSE est réputé avoir été consulté et avoir rendu un avis négatif à l'expiration d'un délai de (c. trav. art. L. 2312-16, R. 2312-5 et R. 2312-6, I ; Q/R 71, CSE, 117 questions/réponses du ministère du Travail, janvier 2020) :

- 1 mois en principe ;
- 2 mois en cas d'intervention d'un *expert**.

Dans les entreprises à établissements distincts, en cas de consultation conjointe du CSE central et d'un ou plusieurs CSE d'établissement, voir *Comité social et économique (central)**.

Point de départ des délais négociés ou réglementaires - Sauf dispositions spécifiques, le délai fixé par accord collectif ou, à défaut, par le code du travail, que doit respecter le CSE pour rendre un avis court à compter de (c. trav. art. R. 2312-5) :

- la communication par l'employeur des informations prévues par le code du travail pour la consultation ;
- ou de l'information par l'employeur de leur mise à disposition dans la BDESE.

Le délai imparti au CSE pour rendre son avis ne court donc pas en l'absence de BDESE (cass. soc. 28 mars 2018, n° 17-13081, BC V n ° 49). Le CSE peut alors agir en justice pour obtenir les informations nécessaires *(voir ci-avant)*.

☛ *Base de données économiques, sociales et environnementales (BDESE) ; Comité social et économique (informations-consultations) ; Comité social et économique (informations-consultations périodiques) ; Comité social et économique (informations-consultations ponctuelles).*

Comité social et économique (délibération)

Les réunions du *comité social et économique** (CSE) donnent lieu à des délibérations sur les questions portées à l'ordre du jour [voir *Comité social et économique (réunions)**]. Elles aboutissent, selon les matières traitées, à des avis ou à des décisions.

Modalités du vote

Voix délibératives pour certains membres - Seuls les membres titulaires du CSE ou les membres suppléants remplaçant des titulaires absents peuvent voter pour donner un avis ou prendre une décision. Les représentants syndicaux au comité et les éventuels assistants de l'employeur n'ont, en effet, pas voix délibérative (cass. soc. 5 décembre 2006, n° 05-21641, BC V n° 371).

▶ À noter... Compte tenu de la similitude des textes en la matière, la jurisprudence et les réponses administratives rendues à propos des institutions représentatives du personnel (IRP) précédemment en place gardent, à notre avis, toute leur valeur. Les arrêts et réponses indiqués dans nos développements ci-après sont donc, en toute vraisemblance, transposables au CSE.

Vote à main levée ou à bulletins secrets - Le secret du vote n'est pas obligatoire. Sauf disposition contraire du règlement intérieur du CSE [voir *Comité social et économique (règlement intérieur)**], le vote à main levée est la règle. Le vote à bulletins secrets ne s'impose, que dans les cas où l'avis du CSE est sollicité sur le projet de licenciement de l'un de ses membres, d'un représentant syndical ou d'un salarié assimilé (c. trav. art. R. 2421-9), ou sur le recrutement et le licenciement du médecin du travail (c. trav. art. R. 4623-19).

Sur les garanties techniques à adopter en cas de visioconférence, voir *Comité social et économique (réunions)**.

Quorum non exigé - L'adoption d'une résolution, d'une décision ou d'un avis du CSE ne nécessite pas d'atteindre un quelconque quorum. La délibération prise par un seul des membres du comité à la suite du départ des autres membres est par conséquent régulière (cass. soc. 30 septembre 2009, n° 07-20525, BC V n° 217).

Vote de l'employeur - L'employeur, président du comité, ne vote pas lorsqu'il consulte les membres élus du CSE en tant que délégation du personnel (ex. : sur un projet de modification de l'organisation économique ou juridique de l'entreprise, choix de l'expert comptable) (c. trav. art. L. 2315-32).

En revanche, il peut participer au vote pour la désignation des élus ayant une fonction particulière (ex. : élection du secrétaire du comité, du trésorier) (cass. soc. 2 février 1978, n° 77-60653, BC V n° 87 ; cass. soc. 5 janvier 2005, n° 02-19080 D). Le règlement intérieur du CSE ne peut pas le lui interdire.

▶ À noter… L'employeur qui n'avait pas pris part au vote par le passé peut y participer lors de l'élection suivante. Le fait de s'être abstenu durant un certain laps de temps (en l'espèce, « plusieurs années ») ne constitue pas, en effet, un usage que l'employeur devrait dénoncer (cass. soc. 25 septembre 2013, n° 12-14489 D).

Décompte des voix

Deux modes de comptabilisation - Pour déterminer les modalités de vote applicables, il est nécessaire de distinguer les « résolutions » des autres décisions du comité. En effet, les unes et les autres ne requièrent pas d'être prises à la même majorité.

Adoption des résolutions à la majorité des présents - Les « résolutions » du CSE doivent être prises à la majorité des membres présents (c. trav. art. L. 2315-32). Il faut donc prendre en compte le vote de tous les présents, y compris les abstentions et les votes blancs ou nuls. En l'absence de définition légale, on entend par résolution toutes les prises de position du comité sur une question donnée (ex. : avis sur un projet de l'employeur, décision d'émettre un vœu dans l'un des domaines qui entrent dans la compétence du comité, etc.) et, par extension, les décisions qu'il lui paraît opportun de prendre au préalable afin d'adopter cette résolution en toute connaissance de cause (ex. : décision de recourir à un expert comptable en cas de projet de licenciement collectif de 10 salariés ou plus).

Adoption des autres décisions à la majorité des voix - Les décisions du CSE, autres que les « résolutions », doivent être prises à la majorité des suffrages exprimés. Il ne faut donc pas décompter les votes blancs, nuls ou abstentionnistes. Globalement, cette règle de majorité s'applique pour les délibérations relatives au fonctionnement interne du CSE, et notamment, pour l'élection des différents organes du comité (ex. : secrétaire, trésorier, membres des commissions, etc.).

Partage des voix - L'employeur ne bénéficie d'aucune voix prépondérante en cas de partage des voix. S'il s'agit de l'adoption d'une résolution et sauf disposition spécifique du règlement intérieur du CSE, le partage des voix entraîne de fait une situation de blocage, à défaut de précision dans le règlement du comité. Le départage peut se faire à l'amiable.

Information de l'administration

Le CSE peut décider que certaines de ses délibérations sont transmises au DREETS (c. trav. art. L. 2315-33 et R. 2315-24).

▶ À noter… Dans certaines situations, l'employeur doit transmettre à l'administration une copie des délibérations du CSE. Par exemple, il en est ainsi en cas de projet de licenciement d'un représentant du personnel ou cas de projet de licenciement collectif pour motif économique d'au moins 10 salariés sur 30 jours [voir *Licenciement des représentants du personnel (procédure)** et *Licenciement économique collectif (10 salariés ou plus dans une entreprise d'au moins 50 salariés)**].

Contestations des décisions du CSE

En cas de litige relatif à l'adoption d'une délibération du CSE, le *tribunal judiciaire** est compétent. Son contrôle se limite à celui de la légalité de la délibération en question et de sa régularité (ex. : vote de l'employeur non autorisé). Les membres du comité et l'employeur, en sa double qualité de président et de membre du comité, peuvent demander l'annulation des décisions. Si le juge annule la décision du CSE, celle-ci perd tout effet.

☞ *Comité social et économique (délais et procédure de consultation) ; Comité social et économique (informations-consultations) ; Comité social et économique (réunions).*

Comité social et économique (déplacement)

La crise sanitaire due au covid-19 n'a rien enlevé à la liberté de circulation des représentants du personnel à l'intérieur des entreprises dont l'activité n'est pas interrompue, même si les modalités de circulation ont dû être adaptées à cette situation exceptionnelle (respect des gestes barrières et des procédures mises en place dans l'entreprise) [voir *Covid-19 (CSE et représentants syndicaux)].**

Déplacement dans l'entreprise

Droit de circuler dans l'entreprise - Pour l'exercice de leurs fonctions, les élus du *comité social et économique** (CSE) et les représentants syndicaux au comité peuvent, tant durant les *heures de délégation** qu'en dehors de leurs heures habituelles de travail, circuler librement dans l'entreprise (c. trav. art. L. 2315-14).

▶ À noter… Compte tenu de la similarité entre certaines dispositions qui étaient applicables aux anciennes institutions représentatives du personnel (IRP ; à savoir notamment, les délégués du personnel, le comité d'entreprise et le CHSCT) et celles aujourd'hui en vigueur pour le CSE, les précisions apportées par les juges et l'administration à propos des anciennes IRP demeurent à notre sens valables pour le CSE.

En principe, l'employeur n'a pas le droit de restreindre leur liberté de circulation que ce soit par une note de service ou une décision unilatérale (c. trav. art. L. 2141-10 et L. 2143-20), ou par le biais du règlement intérieur de l'entreprise (cass. crim. 8 mai 1973, n° 72-92386, B. crim. n° 212).

▶ À noter… Ces précisions apportées à propos d'un *délégué syndical**, lequel peut également circuler librement dans l'entreprise (c. trav. art. L. 2141-10 et L. 2143-20), valent aussi, à notre sens, pour les élus du CSE et les représentants syndicaux au CSE.

Toutefois, des impératifs de sécurité *(voir ci-après)* peuvent justifier des restrictions à cette liberté mais celles-ci doivent être proportionnées au but recherché (cass. soc. 26 février 2020, n° 18-24758 D). Une gêne dans l'accomplissement du travail des salariés *(voir ci-après)* pourrait également justifier une telle restriction. En l'absence de justification particulière, l'employeur ne peut donc pas, par exemple, retirer à un représentant du personnel son badge d'accès « jour/nuit » aux locaux de l'entreprise sans risquer des poursuites pour délit d'entrave (cass. crim. 12 avril 2016, n° 15-80772 D).

▶ À noter… Un représentant du personnel peut saisir le juge des référés en cas de défaut de paiement par l'employeur, notamment des temps de déplacement (cass. soc. 21 octobre 2009, n° 08-42548 D).

Pas d'autorisation préalable - L'employeur ne peut pas exiger que le représentant du personnel obtienne une autorisation préalable, notamment de son supérieur hiérarchique (cass. crim. 4 octobre 1977, n° 76-91922, B. crim. n° 287). En pratique, le représentant du personnel informe simplement sa hiérarchie de son départ, et ultérieurement, il devra être en mesure de donner des précisions sur l'utilisation de son temps de délégation (voir *Bon de délégation** et *Heures de délégation**).

Restrictions imposées par sécurité - L'employeur peut demander aux représentants du personnel de justifier de leur qualité pendant leurs déplacements pour assurer la sécurité de l'entreprise. Il peut leur demander de se servir de leur bon de délégation comme titre de circulation par exemple (cass. crim. 10 janvier 1989, n° 87-80048, BC V n° 10), à condition qu'il ne s'agisse pas d'un moyen de contrôle de l'activité représentative de ces salariés (cass. soc. 10 décembre 2003, n° 01-41658, BC V n° 315).

L'employeur, en tant que garant de la sécurité de tous, peut aussi imposer des procédures d'accès particulières à certains lieux de travail, lesquelles s'appliquent aux représentants du personnel comme à n'importe quel autre salarié (cass. soc. 9 octobre 2019, n° 18-13914 D).

Déplacement en lien avec le mandat - Le déplacement du représentant du personnel doit avoir un lien direct avec l'exercice de son mandat (cass. soc. 13 décembre 1988, n° 86-40765, BC V n° 657).

Les représentants du personnel ont accès à l'ensemble des locaux de l'entreprise dans lesquels des salariés travaillent et qui correspondent au périmètre d'exercice de leur mandat, notamment lorsque l'entreprise a plusieurs établissements. L'élu a alors une liberté de déplacement dans les établissements où il a été élu, tout en ayant la possibilité de se rendre au siège de l'entreprise pour les besoins de son mandat.

La liberté de circulation peut s'exercer (circ. DRT 1983-13 du 25 octobre 1983, §§ 4-3-1 et 4-3-2) :
- durant les heures de délégation, prises pendant et en dehors du temps de travail ;

- en dehors des heures de délégation, mais, dans ce cas, en dehors des heures habituelles de travail du salarié dès lors que l'entreprise est ouverte.

Prise de contact sans gêne importante des salariés - Les représentants du personnel peuvent prendre tous les contacts nécessaires à l'accomplissement de leur mission, notamment auprès d'un salarié à son poste de travail. Ces contacts ne doivent, toutefois, pas apporter de gêne importante à l'accomplissement du travail des salariés afin de garantir la bonne marche de l'entreprise (c. trav. art. L. 2315-14). En l'absence de définition précise de la notion de « gène importante », il semble possible de prendre deux éléments en considération (circ. DRT 1983-13 du 25 octobre 1983, § 4-3-3) :
- la nature du travail effectué ;
- la durée de l'entretien, notamment lorsque le salarié est en contact avec la clientèle ou le public et que le service concerné est à une heure d'affluence.

L'employeur peut, par exemple, à l'occasion d'une grève affectant un hôtel de luxe, restreindre la liberté de circulation des élus dans l'hôtel en cas d'abus. Tel est le cas lorsque les salariés utilisent un mégaphone, crient, distribuent des tracts aux clients et intimident les salariés non-grévistes (cass. soc. 10 février 2021, n° 19-14021 FSPI).

Déplacement hors de l'entreprise

Pour l'exercice de leurs fonctions, les membres élus de la délégation du personnel du CSE et les représentants syndicaux au comité peuvent, durant les *heures de délégation**, se déplacer hors de l'entreprise (c. trav. art. L. 2315-14). Ils peuvent, par exemple, aller contrôler les conditions de travail des salariés de l'entreprise qui travaillent dans les locaux d'une entreprise utilisatrice avec l'accord de cette dernière.

▶ À noter... Un *délégué syndical** peut aussi, durant les heures de délégation, se déplacer hors de l'entreprise (c. trav. art. L. 2141-10 et L. 2143-20).

Ces déplacements sont libres et ne nécessitent aucune autorisation préalable de l'employeur. Ainsi, le fait de subordonner ces déplacements à des ordres de mission signés par la direction constitue un délit d'entrave (cass. crim. 5 mars 2013, n° 11-83984, B. crim. n° 59).

Lorsqu'un représentant est amené à se déplacer, pendant ses heures de travail, pour des raisons liées à son mandat (ex. : déplacements dans différents magasins de l'entreprise pour effectuer une enquête à la suite d'un accident du travail), ce temps de trajet se déduit de son crédit d'heures de délégation. Un usage ou un engagement unilatéral de l'employeur peut néanmoins prévoir que ce temps de trajet est payé comme temps de travail effectif, sans imputation sur le crédit d'heures (cass. soc. 9 décembre 2014, n° 13-22212, BC V n° 281).

☛ *Bon de délégation ; Heures de délégation.*

Comité social et économique (entreprises de moins de 50 salariés)

Le *comité social et économique** (CSE) doit être mis en place dans les entreprises d'au moins 11 salariés si cet *effectif** a été atteint pendant 12 mois consécutifs (voir *Élections professionnelles**) (c. trav. art. L. 2311-2).

Les attributions du CSE et les modalités à respecter concernant ses réunions avec l'employeur varient selon que l'entreprise compte plus ou moins de 50 salariés [voir *Comité social et économique (entreprises d'au moins 50 salariés)**], sachant que des dispositions plus favorables peuvent être définies par accord collectif ou par usage (c. trav. art. L. 2312-4 et L. 21315-2).

Certaines précisions apportées par les juges et l'administration à propos des délégués du personnel (DP), et citées dans cette étude, demeurent à notre sens vraies pour le CSE d'une entreprise de moins de 50 salariés, compte tenu de la similarité de certaines dispositions applicables aux anciens DP et au CSE.

Attributions du CSE

Salariés et travailleurs concernés - Les attributions du CSE s'exercent au profit des salariés, mais aussi (c. trav. art. L. 2312-6) :
- des travailleurs au sens de l'article L. 4111-5 du code du travail en matière de santé, sécurité et conditions de travail [voir *Comité social et économique (santé, sécurité et conditions de travail)**] ;
- des salariés d'entreprises extérieures qui, dans l'exercice de leur activité, ne se trouvent pas placés sous la subordination directe de l'entreprise utilisatrice, pour leurs réclamations individuelles et collectives, intéressant les conditions d'exécution du travail qui relèvent du chef d'établissement utilisateur ;

- des salariés temporaires pour leurs réclamations en matière de rémunération, de conditions de travail, d'accès aux moyens de transport collectifs et aux installations collectives.

Prérogatives générales - Dans les entreprises d'au moins 11 salariés et de moins de 50 salariés, le CSE présente à l'employeur les réclamations individuelles ou collectives relatives aux salaires, à l'application du code du travail et des autres dispositions légales concernant notamment la protection sociale, ainsi que des conventions et accords applicables dans l'entreprise (c. trav. art. L. 2312-5).

▶ À noter… Assister un salarié qui a pris l'initiative de demander un entretien avec son directeur pour contester son évaluation professionnelle ne relève pas de la mission de présentation d'une réclamation individuelle. En notifiant au salarié qu'il le recevrait seul, le directeur ne commet pas de délit d'entrave (cass. crim. 11 février 2003, n° 01-88014, B. crim. n° 32).

Dans une société anonyme, lorsque les élus du CSE présentent des réclamations auxquelles il ne pourrait être donné suite qu'après délibération du conseil d'administration, ils sont reçus par celui-ci, sur leur demande, en présence du directeur ou de son représentant ayant connaissance des réclamations présentées (c. trav. art. L. 2312-5).

En outre, le CSE peut saisir l'inspection du travail des plaintes et observations relatives à l'application du droit du travail et en accompagnant l'agent de contrôle dans ses visites (c. trav. art. L. 2312-5). En revanche, le CSE ne peut pas accompagner l'inspecteur au cours d'une visite de l'entreprise, cette règle n'étant prévue que dans les entreprises de 50 salariés et plus.

Attributions santé, sécurité et conditions de travail - Voir *Comité social et économique (santé, sécurité et conditions de travail)**.

Licenciement économique - Le CSE d'une entreprise de moins de 50 salariés est consulté en cas de projet de licenciement collectif pour motif économique (c. trav. art. L. 1233-8 et L. 1233-28) [voir *Licenciement économique collectif (moins de 10 salariés)** et *Licenciement économique collectif (10 salariés ou plus dans une entreprise de moins de 50 salariés)**]. Il doit aussi être consulté sur la fixation de l'*ordre des licenciements** (c. trav. art. L. 1233-5).

Alertes - Voir *Comité social et économique (santé, sécurité et conditions de travail)** et *Droit d'alerte (CSE)**.

Congés payés - La période des congés payés et l'ordre des départs sont fixés, en principe, par un accord d'entreprise ou d'établissement ou, à défaut, une convention ou un accord de branche. À défaut d'accord collectif, l'employeur fixe unilatéralement la période, après avis du CSE (c. trav. art. L. 3141-15 et L. 3141-16).

Reclassement d'un salarié inapte - Voir *Inaptitude physique (reclassement)**.

Assistance des salariés - Les élus au CSE peuvent assister le salarié lors de son entretien préalable à un licenciement ou à une sanction disciplinaire. Ils peuvent également l'assister lors des entretiens préalables obligatoires précédant la signature d'une rupture conventionnelle du contrat (c. trav. art. L. 1332-2, L. 1232-4, L. 1237-12).

Accords de participation - Dans les entreprises de moins de 50 salariés, les élus au CSE sont consultés avant que l'employeur ne mette en place unilatéralement un régime de participation en l'absence d'accord collectif en la matière [voir *Participation des salariés aux résultats de l'entreprise (accord de)**] (c. trav. art. L. 3323-6).

Réunions

Fréquence - L'employeur doit recevoir au moins une fois par mois les élus du CSE (c. trav. art. L. 2315-21).

▶ À noter… La réunion mensuelle doit avoir lieu même si l'entreprise ne comporte qu'un seul élu au CSE (cass. crim. 25 septembre 2007, n° 06-84599, B. crim. n° 222).

Entre deux réunions ordinaires, l'employeur doit recevoir collectivement les élus lorsque ceux-ci en font la demande, mais uniquement en cas d'urgence, c'est-à-dire lorsque la solution du problème qui se pose demande une prise de décision ou une mesure immédiate qui ne peut pas attendre d'être discutée à la prochaine réunion mensuelle (ex. : conflit collectif).

Les élus sont également reçus par l'employeur, sur leur demande, soit individuellement (ex. : pour transmettre une réclamation urgente d'un salarié), soit par catégorie professionnelle (ingénieurs et cadres, agents de maîtrise, employés, ouvriers), soit par atelier, service ou spécialité professionnelle selon les questions qu'ils ont à traiter. Si ces réunions ne supposent pas l'urgence, elles impliquent toutefois que la réponse à la question posée ne puisse pas attendre la tenue de la réunion mensuelle suivante.

Formalités préparatoires de l'employeur - L'employeur doit fixer la date de la réunion mensuelle suffisamment à l'avance pour que les élus puissent lui remettre à temps la note écrite *(voir ci-après)* contenant la liste de leurs réclamations (cass. crim. 9 mars 1977, n° 76-90631, B. crim. n° 90).

La réunion se tient pendant les heures de travail des salariés. En cas d'horaires variables, les réunions ne doivent pas impérativement se tenir durant les plages fixes de travail (circ. DRT 1994-4 du 21 avril 1994).

L'employeur doit adresser une convocation aux élus et aux représentants syndicaux au CSE qui ont été éventuellement désignés, y compris si leur contrat de travail est suspendu (ex. : maladie, maternité) ou s'ils sont absents le jour de la réunion (ex. : temps partiel, formation).

À notre sens, même si les élus suppléants n'assistent pas aux réunions (sauf si le titulaire est absent), il est préférable de leur envoyer la convocation en leur rappelant qu'ils ne peuvent assister à la réunion qu'en l'absence du titulaire. C'est ce qu'a indiqué le ministère du Travail concernant l'ordre du jour à envoyer aux élus dans les entreprises d'au moins 50 salariés (« Comité social et économique : questions-réponses », www.travail.gouv.fr).

Aucune forme n'étant exigée pour la convocation, il peut donc s'agir d'une lettre simple, d'une lettre remise en main propre contre décharge ou d'une lettre envoyée en recommandé. Il peut aussi s'agir d'un courrier électronique (cass. soc. 23 mai 2017, n° 15-24713, BC V n° 88).

Par ailleurs, l'employeur fixe librement le lieu de la réunion, cette prérogative étant inhérente à son pouvoir de convocation. Toutefois, en cas d'abus, le juge peut fixer le lieu des réunions à titre temporaire (cass. soc. 3 avril 2019, n° 17-31304 FPP).

Note écrite des élus - Les élus doivent adresser une note écrite à l'employeur exposant l'objet des demandes présentées, 2 jours ouvrables avant la date à laquelle ils doivent être reçus (c. trav. art. L. 2315-22). Aucune condition de forme n'est imposée aux élus concernant la présentation de cette note écrite. Ils peuvent écrire chaque note sur une feuille à part ou bien sur un cahier prévu à cet effet, par exemple.

L'absence de question écrite ne permet pas de justifier le défaut de réunion mensuelle mais, le délai à respecter étant un délai minimal, l'employeur peut refuser de répondre aux réclamations verbales qui n'ont pas été précédées d'une note écrite (cass. crim. 22 octobre 1975, n° 74-93478, B. crim. n° 223). En revanche, l'employeur ne peut pas imposer aux élus de respecter un délai plus long (ex. : 6 jours) sans porter atteinte à l'exercice régulier de leurs fonctions (cass. crim. 9 avril 1975, n° 74-91981, B. crim. n° 88).

L'employeur répond par écrit à ces demandes, au plus tard dans les 6 jours ouvrables suivant la réunion (c. trav. art. L. 2315-22).

Les demandes des élus et les réponses motivées de l'employeur sont, soit transcrites sur un registre spécial, soit annexées à ce registre (c. trav. art. L. 2315-22). Aucun modèle officiel de registre n'est imposé ; il convient cependant de choisir un type de registre offrant un maximum de garantie et de clarté dans le contenu des informations. Le défaut de tenue du registre, quelle qu'en soit la cause (négligence, ignorance ou autre), constitue en lui-même une atteinte au fonctionnement régulier de l'institution (cass. crim. 15 mai 2007, n° 06-86896 D).

▶ **À noter…** Ce registre, ainsi que les documents annexés, sont tenus à la disposition des salariés de l'entreprise désirant en prendre connaissance, pendant 1 jour ouvrable par 15e et en dehors de leur temps de travail. Ils sont également tenus à la disposition de l'agent de contrôle de l'inspection du travail et des élus du CSE (c. trav. art. L. 2315-22).

Personnes présentes - Les élus sont reçus par l'employeur lequel peut aussi choisir de donner une *délégation de pouvoirs** à l'un de ses collaborateurs pour que ce dernier conduise la réunion à sa place (ex. : DRH, directeur administratif et financier).

L'employeur peut se faire assister par des collaborateurs mais, ensemble, ils ne peuvent être en nombre supérieur à celui des élus titulaires, ce qui exclut toute assistance dans les entreprises de 11 à 24 salariés où seul un titulaire est élu (c. trav. art. L. 2315-21). À défaut, il y a délit d'entrave (cass. crim. 25 septembre 2007, n° 06-84599, B. crim. n° 222). Les collaborateurs sont en principe salariés de l'entreprise, mais ils peuvent aussi être salariés du groupe auquel l'entreprise appartient (circ. DGT 1994-9 du 21 juin 1994, § 1-4 ; rép. Loos n° 22508, JO 1er avril 1996, AN quest. p. 1810).

Du côté des élus au CSE, seuls les titulaires assistent aux réunions. Les suppléants sont absents, sauf s'ils doivent remplacer un titulaire (c. trav. art. L. 2314-1). Mais, il est toujours possible de prévoir une règle plus favorable par accord collectif.

▶ **À noter…** Les syndicats représentatifs peuvent désigner un *représentant syndical auprès du CSE** quelle que soit la taille de l'entreprise. Ce dernier a voix consultative aux réunions (c. trav. art. L. 2314-2).

Déroulement des réunions - La durée de la réunion n'est pas précisée par les textes. En pratique, elle va dépendre de la taille de l'établissement, du nombre de questions à traiter, etc. L'employeur qui impose un minutage excessif empêchant que l'ensemble des questions mises à l'ordre du jour soit traité dans des conditions normales porte atteinte à l'exercice régulier des fonctions d'élu au CSE (cass. crim. 29 mars 1977, n° 76-91342, B. crim. n° 117).

Les élus doivent pouvoir s'exprimer librement à propos des questions inscrites à l'ordre du jour. L'employeur ne peut pas exclure des réunions mensuelles un élu au motif qu'il est impossible de discuter calmement avec lui. En agissant de la sorte, il risque des poursuites pour délit d'entrave (cass. crim. 17 décembre 2013, n° 12-85617 D).

Le recours à la visioconférence pour réunir le CSE peut être autorisé par accord entre l'employeur et les élus au CSE (c. trav. art. L. 2315-4, D. 2315-1 et D. 2315-2).

Temps passé en réunion et heures de délégation - Voir *Heures de délégation**.

Droit d'information

Registre du personnel - Le *registre du personnel** doit être tenu à la disposition des élus au CSE (c. trav. art. L. 1221-15). L'employeur doit également les consulter avant de mettre en place un support de substitution (c. trav. art. L. 2315-5).

Conventions et accords collectifs - L'employeur doit communiquer au CSE un exemplaire des conventions ou accords collectifs auxquels il est lié (c. trav. art. R. 2262-2) et, chaque année, la liste des modifications apportées aux conventions et accords collectifs de travail applicables dans l'entreprise (c. trav. art. L. 2262-6).

Durée du travail - Les élus au CSE ont accès à la composition nominative de chaque équipe en cas d'organisation du travail par relais, par roulement ou par équipes successives (c. trav. art. L. 3171-2). Ils doivent également avoir accès aux documents de décompte individuel de la durée du travail mis en place pour les salariés d'un atelier, d'un service ou d'une équipe qui travaillent par relais, par roulement ou par équipes successives (c. trav. art. D. 3171-7).

Santé et sécurité - Voir *Comité social et économique (santé, sécurité et conditions de travail)**.

Document unique d'évaluation des risques - Le *document unique d'évaluation des risques professionnels** est tenu à la disposition des élus au CSE (c. trav. art. R. 4121-1 et R. 4121-4).

Droit d'expression - S'il existe un accord dans l'entreprise sur le droit d'expression des salariés, celui-ci doit comporter une clause indiquant la manière dont les élus au CSE pourront prendre connaissance des demandes, avis et propositions des groupes d'expression, ainsi que des suites qui leur sont données (c. trav. art. L. 2241-1, L. 2281-10 et L. 2281-11) [voir *Expression (droit d')**].

Fonctionnement

Panneaux d'affichage et local - Voir *Local du CSE** et *Panneaux d'affichage**.

Personnalité civile - Le CSE d'une entreprise de moins de 50 salariés n'a pas la personnalité civile (par exemple, il ne peut pas saisir le juge) (c. trav. art. L. 2315-19).

Formation - Sur la formation nécessaire à l'exercice des missions en matière de santé, de sécurité et de conditions de travail, voir *Comité social et économique (santé, sécurité et conditions de travail)**.

Les élus peuvent bénéficier d'un *Congé de formation économique, sociale et syndicale**.

Heures de délégation et autres moyens

Voir *Comité social et économique (déplacement)** et *Heures de délégation**.

Protection

Les élus au CSE, titulaires et suppléants, les anciens élus et les candidats à ces fonctions bénéficient d'un statut protecteur (voir *Licenciement des représentants du personnel** et *Protection des représentants du personnel**) (c. trav. art. L. 2411-5 à L. 2411-7).

Entretien avec l'employeur

Voir *Entretien avec les représentants du personnel**.

☞ *Comité social et économique (entreprises d'au moins 50 salariés).*

Comité social et économique (entreprises d'au moins 50 salariés)

Selon que l'entreprise a ou non atteint le seuil de 50 salariés, le *comité social et économique** (CSE) a des attributions différentes (c. trav. art. L. 2312-1, L. 2312-2 et L. 2312-8).

En dessous de 50 salariés, voir *Comité social et économique (entreprises de moins de 50 salariés)**.

Des dispositions plus favorables concernant le fonctionnement et les attributions du CSE peuvent être prévues par accord collectif ou par usage [voir *Comité social et économique (négocié)**] (c. trav. art. L. 2312-4).

Seuil de 50 salariés

Période de référence - Le seuil de 50 salariés est réputé atteint dès lors que l'entreprise l'atteint ou le dépasse pendant 12 mois consécutifs (c. trav. art. L. 2312-2).

Cadre de référence - Les attributions du CSE sont définies en fonction de l'effectif de « l'entreprise » (par opposition à « l'établissement ») (c. trav. art. L. 2312-1).

▶ À noter… Dans une entreprise d'au moins 50 salariés comportant des établissements distincts, les CSE d'établissement disposent des attributions accordées à partir de 50 salariés, qu'ils soient implantés dans des établissements distincts d'au moins 50 salariés ou de moins de 50 salariés [voir *Comité social et économique (établissement)**] (c. trav. art. L. 2316-20).

Franchissement du seuil de 50 salariés et délai d'adaptation - Lorsqu'après la mise en place du CSE (à partir de 11 salariés), l'entreprise franchit le seuil de 50 salariés pendant 12 mois consécutifs le CSE élu doit adopter le fonctionnement d'un CSE d'au moins 50 salariés. Il a donc la personnalité juridique, il doit élire un secrétaire, un trésorier, se réunir en suivant les règles du CSE d'au moins 50 salariés, bénéficier des budgets du CSE, exercer les attributions du CSE d'au moins 50 salariés, etc.

S'agissant des obligations récurrentes d'information et de consultation du CSE, l'entreprise dispose d'un délai de 12 mois pour se conformer à cette obligation (c. trav. art. L. 2312-2 ; Q/R 64, 117 questions/réponses du ministère du Travail, 17 janvier 2020) [voir *Comité social et économique (informations-consultations périodiques)**].

▶ À noter… Les 12 mois ont pour point de départ la date à laquelle le seuil de 50 salariés a été atteint pendant 12 mois consécutifs.

Si à l'expiration du délai de 12 mois, le mandat restant à courir est inférieur à un an, ce délai d'adaptation court à compter du renouvellement du CSE.

Dans le cas où le seuil de 50 salariés pendant 12 mois consécutifs est atteint dans une entreprise qui n'est pas encore dotée d'un CSE, celui qui est alors mis en place n'exercera les attributions récurrentes visées ci-avant qu'un an après sa mise en place (c. trav. art. L. 2312-2).

Baisse en dessous du seuil de 50 salariés - Lorsque lors du renouvellement du CSE le seuil de 50 salariés n'a pas été atteint pendant les 12 mois précédant ce renouvellement, le CSE nouvellement élu n'exerce que les attributions d'un CSE d'une entreprise de 11 à moins de 50 salariés (c. trav. art. L. 2312-3). En d'autres termes, ce n'est qu'à l'occasion du renouvellement du CSE, si l'effectif de 50 salariés n'a pas été atteint sur les 12 mois précédents, que le comité cessera d'exercer les attributions réservées aux CSE des « 50 salariés et plus ».

Fonctionnement du CSE

Le CSE d'une entreprise de 50 salariés et plus se voit doter de la personnalité juridique, d'un bureau (secrétaire et trésorier), de deux budgets et de tous les moyens nécessaires à son fonctionnement [voir *Comité social et économique**, *Comité social et économique (ressources)** et *Comité social et économique (réunions)**].

Attributions du CSE

Attributions générales - Dans une entreprise d'au moins 50 salariés, le CSE exerce les attributions du CSE des entreprises de 11 à moins de 50 salariés [voir *Comité social et économique (entreprises de moins de 50 salariés)**].

Le CSE a également pour mission d'assurer une expression collective des salariés permettant la prise en compte permanente de leurs intérêts dans les décisions relatives à la gestion et à l'évolution économique et financière de l'entreprise, à l'organisation du travail, à la formation professionnelle et aux techniques de production, notamment au regard des conséquences environnementales de ces décisions (c. trav. art. L. 2312-8).

Le CSE est informé et consulté sur les décisions de l'employeur intéressant l'organisation, la gestion et la marche générale de l'entreprise, notamment sur (c. trav. art. L. 2312-8) [voir *Comité social et économique (informations-consultations ponctuelles)**] :

- les mesures pouvant avoir un impact sur les effectifs (volume ou structure) ;
- la modification de l'organisation économique ou juridique de l'entreprise,
- les conditions d'emploi, les conditions de travail (notamment la durée du travail et la formation professionnelle),
- l'introduction de nouvelles technologies,
- tout aménagement important modifiant les conditions de santé et de sécurité ou les conditions de travail
- les mesures prises en vue de faciliter la mise, la remise ou le maintien au travail des accidentés du travail, des invalides de guerre, des invalides civils, des personnes atteintes de maladies chroniques évolutives et des travailleurs handicapés, notamment sur l'aménagement des postes de travail.

Sur les informations-consultations périodiques, voir *Comité social et économique (informations-consultations périodiques)**.

Attributions environnementales - Depuis le 25.08.2021, le CSE d'une entreprise d'au moins 50 salariés doit assurer ses missions « notamment au regard des conséquences environnementales » des décisions prises par l'entreprise (c. trav. art. L. 2312-8 ; loi 2021-1104 du 22 août 2021, art. 40, JO du 24). À ce titre, il doit être informé et consulté sur les conséquences environnementales des décisions prises par l'employeur en matière d'organisation, de gestion et de marche générale de l'entreprise (c. trav. art. L. 2312-17 et L. 2312-22). Cette règle d'ordre public s'applique que les règles d'informations-consultations découlent d'un accord collectif ou du régime supplétif prévu par le code du travail (en l'absence d'accord).

Attributions santé, sécurité et conditions de travail - Voir *Comité social et économique (santé, sécurité et conditions de travail)**.

Gestion des activités sociales et culturelles (ASC) – Voir *Activités sociales et culturelles (gestion des)**.

Aménagement par accord d'entreprise - Voir *Comité social et économique (négocié)**.

☞ *Comité social et économique (entreprises de moins de 50 salariés).*

Comité social et économique (établissement)

Dans certaines entreprises, il convient de mettre en place des comités sociaux et économiques au niveau des établissements.

Existence d'établissements

Entreprises multi-établissement - Dans les entreprises d'au moins 50 salariés qui comportent au moins deux établissements distincts, sont mis en place des CSE d'établissement et un CSE central d'entreprise [voir *Comité social et économique (central)**] (c. trav. art. L. 2313-1).

▶ Attention… Le fait qu'une entreprise dispose d'un seul site géographique ne fait pas obstacle à la reconnaissance d'un ou plusieurs établissement (s) distinct (s) (« Comité social et économique : 117 questions-réponses », Q/R 32).

Lorsque les établissements de l'entreprise n'ont pas la qualité d'établissement distinct, le CSE est mis en place au niveau de l'entreprise et assure la représentation de l'ensemble des salariés des établissements de l'entreprise (« Comité social et économique : 117 questions-réponses », Q/R 24).

Critères de l'établissement distinct selon le ministère du Travail - Le ministère du Travail précise que l'établissement distinct correspond à un cadre approprié à l'exercice des missions du CSE. Celui-ci ne correspond pas nécessairement à un établissement physique et peut regrouper plusieurs établissements au sens de l'INSEE (SIRET). Le découpage de l'entreprise en établissements distincts doit permettre d'assurer la représentation de tous les salariés de l'entreprise (« Comité social et économique : 117 questions-réponses », Q/R 25).

Pour des exemples, voir le tableau reproduit dans cette étude.

Critères de l'établissement distinct dans le cadre d'un accord - Lorsque le périmètre des établissements distincts est négocié par accord avec un délégué syndical ou le CSE (*voir ci-après*), la loi n'impose pas la prise en compte de critères spécifiques (art. L. 2313-2 et L. 2313-3 ; « Comité social et économique : 117 questions-réponses », Q/R 29). Les partenaires sociaux peuvent les fixer librement, mais ils doivent à notre sens rester cohérents vis-à-vis du bon fonctionnement du CSE.

CSE : établissements distincts ou pas (exemples)
Établissements distincts reconnus
Une société d'avitaillement et de stockage de carburants d'aviation comportait 6 « stations avions » disposant d'une implantation géographique distincte. S'agissant de l'autonomie budgétaire, chacune de ces stations disposait d'un budget spécifique décidé par le siège sur proposition du chef de station, lequel, au regard de sa fiche de poste, participait à « l'élaboration des budgets de fonctionnement et d'investissement de la station avec le siège ». Quant à l'autonomie en matière de gestion du personnel, le chef de station disposait d'une compétence de « management du personnel social », était garant du respect du règlement intérieur, menait des entretiens individuels de carrière et des entretiens préalables à une éventuelle sanction et pouvait prononcer des avertissements. En outre, il présidait le CHSCT et animait les réunions des délégués du personnel (instances alors en vigueur). Même si certaines compétences en matière budgétaire et de gestion du personnel étaient centralisées au niveau du siège, les 6 stations avions constituaient chacune un établissement distinct (cass. soc. 22 janvier 2020, n° 19-12011 FSPB).
Des établissements présentaient une autonomie certaine en matière de procédure budgétaire, d'organisation de leurs activités, d'embauche et de licenciement du personnel local. Les directeurs des établissements disposaient, en effet, de l'intégralité des pouvoirs de décision en matière d'embauche, de licenciement et de promotion des salariés. Ces établissements avaient donc le caractère d'établissements distincts même si les conditions de travail et de rémunération étaient définies au niveau du groupe et que la gestion des cadres de direction relevait de la direction générale de l'entreprise (1) (CE 12 juin 1995, n° 110044).
L'établissement doté d'un chef d'établissement et d'un service du personnel procédant aux embauches et aux licenciements et disposant de l'essentiel des outils de gestion dont la comptabilité analytique et le contrôle de qualité et de la gestion des stocks était un établissement distinct (CE 11 décembre 1991, n° 92935).
Établissements distincts non reconnus
Le responsable d'un site n'avait qu'une autonomie très partielle en matière de recrutement et de pouvoir disciplinaire. S'il pouvait organiser le travail des salariés rattachés à son site, il ne signait pas les accords collectifs ni les P-V établis suite aux négociations collectives. Il n'avait pas non plus le pouvoir de signer les contrats de travail ou d'y mettre fin, mais il participait aux entretiens préalables à des sanctions disciplinaires. Il n'avait pas non plus de compétence à l'égard de la gestion comptable, financière et économique. Par ailleurs, il ne mettait pas en œuvre la prévention des risques professionnels, sachant que le site en question n'avait pas son propre document unique d'évaluation des risques. Aucun établissement distinct n'a donc pu être reconnu (TI Caen, 5 juillet 2019, n° 11-19-000706).
La particularité d'une profession ne peut pas être un critère de constitution d'un comité d'établissement. En l'espèce, le syndicat qui revendiquait la création d'un comité d'établissement dédié aux pilotes, au sein d'une compagnie aérienne, a été débouté de sa demande (CA Paris, 18 février 2021 n° 19/14084).
L'établissement dont la politique du personnel et la gestion des dépenses étaient centralisées par la direction générale de la société n'avait pas le caractère d'établissement distinct (1) (CE 4 juin 2003, n° 252276).
(1) Le critère de l'établissement distinct retenu par la jurisprudence pour la mise en place des CSE est proche de celui dégagé par les juges à propos du comité d'entreprise. Les solutions rendues à l'époque nous paraissent conserver tout leur intérêt.

▶ À noter… Le nombre et le périmètre des établissements distincts peuvent être révisés pendant l'application de l'accord, notamment en cas d'évolution de l'organisation de l'entreprise selon les règles de révision applicables à la révision d'un accord collectif (c. trav. art. L. 2261-7-1). Le ministère du Travail indique que le nouveau découpage concernera les prochaines élections, au moment du renouvellement du CSE (« Comité social et économique : 117 questions-réponses », Q/R 30).

Critères de l'établissement distinct en cas décision de l'employeur - Lorsque l'employeur décide unilatéralement de ce périmètre *(voir ci-après)*, il doit le faire en tenant compte de l'autonomie de gestion des chefs d'établissements notamment en matière de gestion du personnel (c. trav. art. L. 2313-4).

Un établissement est distinct quand il présente une autonomie suffisante en matière de gestion du personnel et d'exécution du service du fait notamment de l'étendue des délégations de compétence dont dispose son responsable (cass. soc. 19 décembre 2018, n° 18-23655 FSPBRI).

▶ À noter… Par « exécution du service », il faut comprendre à notre sens la gestion économique de l'établissement.

En outre, l'autonomie du responsable d'établissement doit être effective et permettre l'exercice effectif des prérogatives du CSE (cass. soc. 9 juin 2021, n° 19-23153 FSPR).

Répartition des rôles entre le siège et les établissements - La centralisation de fonctions support ou l'existence de procédures de gestion

définies au niveau du siège n'excluent pas en elles-mêmes l'autonomie de gestion des responsables d'établissement (cass. soc. 11 décembre 2019, n° 19-17298 FPB).

Exemples

L'autonomie de gestion est caractérisée lorsque des délégations de pouvoirs dans des domaines de compétence variés (entretien d'embauche, choix du candidat à recruter, identification des besoins de formation, promotion, mobilité, relations avec les représentants du personnel, exercice du pouvoir disciplinaire, gestion quotidienne du site, engagement de dépenses) existent et que les chefs d'établissement signent les accords d'établissement. Le fait que les chefs d'établissement devaient respecter des procédures définies au niveau central et utiliser des fonctions supports regroupées au siège (rédaction standardisée des contrats de travail, exigence d'une étroite collaboration avec le directeur de pôle dans l'exercice de leur pouvoir disciplinaire, procédure d'encadrement des dépenses dans le respect de l'enveloppe attribuée, etc.) était sans incidence (cass. soc. 11 décembre 2019, n° 19-17298 FPB).

De même, des établissements distincts ont pu être reconnus alors que certaines compétences en matière budgétaire et de gestion du personnel étaient centralisées au niveau du siège. En l'espèce, les chefs de site présidaient auparavant le CHSCT et animaient les réunions des délégués du personnel (cass. soc. 22 janvier 2020, n° 19-12011 FSPB).

Modification de la situation juridique de l'entreprise - Voir *Modification de la situation juridique de l'employeur**.

Mise en place

Nombre et périmètre des établissements : accord d'entreprise - Un accord collectif d'entreprise majoritaire détermine le nombre et le périmètre des établissements distinct (sans possibilité de référendum en cas d'accord minoritaire) [voir *Accord collectif d'entreprise (conclusion avec délégué syndical)**] (c. trav. art. L. 2313-2 et L. 2232-12).

Lorsque l'entreprise compte un délégué syndical (DS), l'employeur doit négocier avec lui l'accord qui déterminera le nombre et le périmètre des établissements distincts. La négociation d'un accord avec le CSE est alors impossible, même en cas d'échec des négociations avec le DS (« Comité social et économique : 117 questions-réponses », Q/R 28).

▶ À noter… Même si elles interviennent alors que le mandat de certains membres n'est pas expiré, la détermination du nombre d'établissements distincts et la répartition des sièges entre les établissements et les différentes catégories [voir *Comité social et économique (central)**] sont appliquées sans qu'il y ait lieu d'attendre la date normale de renouvellement de toutes les délégations des CSE d'établissement ou de certaines d'entre elles (c. trav. art. L. 2316-8).

Nombre et périmètre des établissements : accord avec le CSE - En l'absence d'accord d'entreprise, et en l'absence de délégué syndical, un accord entre l'employeur et le CSE adopté à la majorité de ses membres élus titulaires définit le nombre et le périmètre des établissements distincts (c. trav. art. L. 2313-3 ; « Comité social et économique : 117 questions-réponses », Q/R 27).

Nombre et périmètre des établissements : décision de l'employeur - Faute d'accord d'entreprise ou d'accord avec le CSE, c'est une décision unilatérale de l'employeur qui définit le nombre et le périmètre des établissements distincts. Cette décision ne vaut que pour l'élection à venir, l'employeur doit engager une nouvelle négociation à l'issue de chaque cycle (« Comité social et économique : 117 questions-réponses », Q/R 27 et Q/R 28).

La négociation sur le nombre et le périmètre des établissements distincts est un préalable obligatoire à une décision unilatérale (cass. soc. 17 avril 2019, n° 18-22948 PBRI). Seuls le refus manifeste de négocier des syndicats, le désaccord manifeste ou l'absence de signature d'un accord dans le délai imparti autorisent l'employeur à décider seul.

Sur les critères de l'établissement distinct que l'employeur doit prendre en compte pour adopter sa décision, *voir ci-avant*.

L'employeur doit porter sa décision à la connaissance de chaque syndicat représentatif dans l'entreprise et de chaque syndicat y ayant constitué une section syndicale, par tout moyen permettant de donner date certaine à cette information. Si les négociations ont eu lieu avec le CSE, sans aboutir, l'employeur réunit le CSE afin de l'informer de sa décision (c. trav. art. R. 2313-1).

▶ Attention… Faute d'avoir assuré cette information spécifique, le délai de 15 jours pour saisir le DREETS ne court pas *(voir ci-après)* (cass. soc. 17 avril 2019, n° 18-22948 PBRI).

Contestation de la décision de l'employeur devant le DREETS - La décision de l'employeur peut être contestée devant le DREETS du siège de l'entreprise. Les syndicats représentatifs dans l'entreprise et les organisations syndicales y ayant constitué une section syndicale, ou le CSE lorsque les négociations se sont déroulées avec lui, peuvent saisir le DREETS dans le délai de 15 jours à compter de la date à laquelle ils ont été informés de la décision de l'employeur (c. trav. art. R. 2313-1 ; « Comité social et économique : 117 questions-réponses », Q/R 31).

▶ À noter… La contestation de la décision unilatérale de l'employeur est ouverte aux syndicats représentatifs ou ayant constitué une section syndicale dans l'entreprise. Elle aussi est ouverte au CSE si l'employeur a tenté de négocier avec le comité. Mais elle n'est pas ouverte aux salariés (cass. soc. 20 octobre 2021, n° 20-60258 FB).

Lorsqu'elle intervient dans le cadre d'un processus électoral global, la saisine du DREETS suspend ce processus jusqu'à la décision administrative et entraîne la prorogation des mandats des élus en cours jusqu'à la proclamation des résultats du scrutin (c. trav. art. L. 2313-5). Attention donc, si l'employeur poursuit l'organisation des élections, alors que le DREETS n'a pas statué sur la contestation du nombre et du périmètre des établissements distincts, celles-ci pourront être annulées (cass. soc. 17 avril 2019, n° 18-22948 PBRI).

Le DREETS prend sa décision dans un délai 2 mois à compter de la réception de la contestation. Il la notifie par lettre recommandée avec demande d'avis de réception (LRAR). Si le DREETS n'a rendu aucune décision expresse dans le délai de 2 mois, il s'agit alors d'une décision implicite de rejet.

Recours contre la décision du DREETS devant le tribunal judiciaire (procédure) - La décision du DREETS - expresse ou implicite - peut faire l'objet d'un recours devant le *tribunal judiciaire** par les syndicats représentatifs dans l'entreprise ou les syndicats y ayant constitué une section syndicale ou, lorsque les négociations se sont déroulées avec lui, par le CSE, dans un délai de 15 jours suivant sa notification ou suivant la décision implicite de rejet de la demande (c. trav. art. L. 2313-5, R. 2313-2 et R. 2313-5).

Le tribunal judiciaire est saisi des contestations par voie de déclaration au greffe. Il statue dans les 10 jours de sa saisine, sans frais ni forme de procédure, et sur avertissement qu'il donne 3 jours à l'avance à toutes les parties intéressées. Sa décision est susceptible d'un pourvoi en cassation dans un délai de 10 jours (c. trav. art. R. 2313-3).

Recours contre la décision du DREETS devant le tribunal judiciaire (contrôle opéré) - La compétence du tribunal judiciaire porte sur l'ensemble de la décision administrative. Le juge judiciaire peut proposer un autre découpage de l'entreprise en établissements distincts (cass. soc. 19 décembre 2018, n° 18-23655 FSPBRI).

Lorsqu'ils sont saisis d'un recours dirigé contre la décision unilatérale de l'employeur, le DREETS et le tribunal judiciaire se fondent sur les documents relatifs à l'organisation interne de l'entreprise que l'employeur fournit, et sur les documents remis par les syndicats à l'appui de leur contestation de la décision unilatérale de ce dernier. Ainsi, la preuve est partagée (cass. soc. 22 janvier 2020, n° 19-12011 FSPB).

Le juge judiciaire doit notamment s'assurer que les directeurs d'établissement sont suffisamment autonomes en recherchant s'ils ont « effectivement une autonomie de décision suffisante en ce qui concerne la gestion du personnel et l'exécution du service » :

- en prenant en compte les éléments produits par l'employeur et ceux fournis par les syndicats (cass. soc. 9 juin 2021, n° 19-23745 FSPR) ;
- et si la reconnaissance au niveau concerné d'établissements distincts est de nature à permettre l'exercice effectif des prérogatives du CSE (cass. soc. 9 juin 2021, n° 19-23153 FSPR).

▶ À noter… Il est possible qu'entre la date d'engagement des négociations entre l'employeur et les syndicats, la date où l'employeur a pris une décision unilatérale contestée en justice et la date où le juge statue sur le découpage de l'entreprise en établissements distincts, celle-ci ait connu des modifications dans son organisation et notamment sur l'autonomie de gestion des chefs d'établissements. Le juge doit alors se prononcer en fonction des faits existants à la date où il statue (cass. soc. 8 juillet 2020, n° 19-11918 et n° 19-60107 FSPBR).

Lorsque le juge annule la décision du DREETS (DIRECCTE à l'époque des faits) parce que les organisations qui l'avaient saisi ne disposaient pas du droit d'agir, il ne peut pas proposer un nouveau découpage (cass. soc. 3 mars 2021, n° 19-21086 FP).

Représentants de proximité - L'accord déterminant le nombre et le périmètre des établissements distincts précité peut prévoir la mise en place de représentants de proximité [voir *Comité social et économique (représentants de proximité)**].

Perte de la qualité d'établissement distinct

Effet - La perte de la qualité d'établissement distinct cause la cessation des fonctions des membres élus du

CSE de l'établissement concerné (c. trav. art. L. 2313-6). Un accord entre l'employeur et les syndicats représentatifs peut aussi fixer les conditions dans lesquelles les élus terminent leur mandat. Faute d'accord d'entreprise, un accord entre l'employeur et le CSE concerné peut les prévoir.

Accord ou décision unilatérale - La perte du caractère distinct d'un établissement obéit aux mêmes règles que celle de la reconnaissance de la qualité d'établissement distinct (cass. soc. 20 octobre 2021, n° 20-60258 FB). Elle se fait par un accord collectif d'entreprise majoritaire, ou un accord conclu avec le CSE. À défaut, la décision appartient à l'employeur *(voir ci-avant)*.

▶ À noter... La contestation de la décision unilatérale de l'employeur est ouverte aux syndicats représentatifs ou ayant constitué une section syndicale dans l'entreprise. Elle aussi est ouverte au CSE si l'employeur a tenté de négocier avec le comité. Mais elle n'est pas ouverte aux salariés (cass. soc. 20 octobre 2021, n° 20-60258 FB).

Attributions

Attributions générales et spécifiques - Le CSE d'établissement a les attributions du CSE d'entreprise, dans la limite des pouvoirs confiés au chef de cet établissement. En particulier, il est consulté sur les mesures d'adaptation des décisions arrêtées au niveau de l'entreprise spécifiques à l'établissement et qui relèvent de la compétence du chef de cet établissement (c. trav. art. L. 2316-20).

▶ À noter... Le CSE d'établissement peut recourir à un *expert** dans le cadre de ses attributions (c. trav. art. L. 2316-21).

Coordination avec le CSE central d'entreprise - Sur la répartition des compétences entre le CSE central et les CSE d'établissement, l'ordre et les délais dans lesquels ces différentes instances rendent et transmettent leurs avis, voir *Comité social et économique (central)**.

Lorsque l'employeur doit consulter le CSE central d'entreprise et un ou plusieurs CSE d'établissement, un accord peut définir l'ordre et les délais dans lesquels ces différentes instances rendent et transmettent leurs avis.

Activités sociales et culturelles - Les CSE d'établissement assurent et contrôlent la gestion de toutes les *activités sociales et culturelles** (ASC). Ils peuvent néanmoins confier au CSE central la gestion d'activités commune (c. trav. art. L. 2316-23).

Un accord collectif d'entreprise majoritaire entre l'employeur et un ou plusieurs syndicats représentatifs dans l'entreprise peut définir les compétences respectives du CSE central et des CSE d'établissement (sans possibilité de référendum en cas d'accord minoritaire) [voir *Accord collectif d'entreprise (conclusion avec délégué syndical)**].

En cas de transfert au CSE central de la gestion d'ASC, ce transfert fait l'objet d'une convention entre les CSE d'établissement et le CSE central, laquelle doit notamment comporter (c. trav. art. D. 2316-7) :

- la description de l'activité ou des activités dont la gestion est transférée au CSE central ;
- le financement du transfert pour chaque année d'exécution de la convention ;
- la liste des biens, moyens matériels et humains mis à la disposition du CSE central pour chaque année d'exécution de la convention, si nécessaire ;
- les modalités de financement de ce transfert pour chaque année d'exécution de la convention ;
- les modalités d'accès à l'activité ou aux activités transférées par les salariés des établissements concernés ;
- la durée de la convention et sa date d'entrée en vigueur ;
- les modalités de révision et de dénonciation de la convention.

Budget des ASC - Lorsqu'une entreprise compte plusieurs établissements distincts, le montant global de la contribution patronale au financement des ASC est calculé dans le cadre de l'entreprise et non au niveau des établissements (c. trav. art. L. 2312-82). La répartition de la contribution patronale entre les comités d'établissement peut être fixée par un accord collectif d'entreprise au prorata des effectifs des établissements ou de leur masse salariale ou de ces deux critères combinés. À défaut d'accord, la répartition est effectuée au prorata de la masse salariale de chaque établissement.

▶ À noter... Concernant des comités d'établissements, il avait été jugé que la contribution perçue par chaque établissement ne devait pas être inférieure au minimum légal, c'est-à-dire à la contribution qui aurait été perçue si la répartition avait été opérée par application du taux légal à la masse salariale de chaque établissement (cass. soc. 12 novembre 2015, n° 14-12830, BC V n° 231). Cette solution nous paraît applicable au CSE d'établissement.

Composition et fonctionnement

La composition et le fonctionnement des CSE d'établissement sont identiques à celle du *comité* *social et économique** d'entreprise [voir aussi *Comité social et économique (réunions)**] (c. trav. art. L. 2316-24 et L. 2316-26).

Dans les entreprises d'au moins 50 salariés, les CSE d'établissement sont dotés de la personnalité civile (c. trav. art. L. 2316-25).

Comité social et économique (central).

Comité social et économique (formation)

Formation économique

Droit à une formation - Dans les entreprises d'au moins 50 salariés, les membres titulaires du *comité social et économique** (CSE) élus pour la première fois bénéficient d'un stage de formation économique d'une durée maximale de 5 jours. Cette formation peut notamment porter sur les conséquences environnementales de l'activité des entreprises (c. trav. art. L. 2315-63).

Lorsque les élus ont exercé leur mandat pendant 4 années, consécutives ou non, la formation est renouvelée (c. trav. art. L. 2315-17).

Modalités - Les modalités de ce stage sont identiques à celles du *congé de formation économique, sociale, environnementale et syndicale** (demande du salarié, réponse de l'employeur, etc.) (c. trav. art. L. 2315-63 et L. 2145-11).

Le financement de la formation est pris en charge par le CSE (c. trav. art. L. 2315-63).

Statut du salarié - La formation se déroule sur le temps de travail et est rémunérée comme du temps de travail. Elle n'est pas déduite des *heures de délégation** (c. trav. art. L. 2315-16).

Concernant la formation des élus du comité d'entreprise, il avait été jugé que si un salarié à temps partiel participait à une telle formation, il ne pouvait pas prétendre à une rémunération supérieure à celle qu'il aurait perçue s'il ne l'avait pas suivie. L'employeur n'était donc pas tenu de payer des heures complémentaires générées par cette formation (cass. soc. 15 juin 2010, n° 09-65180, BC V n° 138). Cette solution nous semble transposable à la formation économique des élus du CSE.

Par analogie, on peut penser qu'un salarié à temps complet assistant à la formation au-delà de son horaire habituel, n'aurait pas (à notre sens) droit au paiement d'heures supplémentaires.

Formation santé, sécurité et conditions de travail

Voir *Comité social et économique (santé, sécurité et conditions de travail)**.

Comité social et économique (informations-consultations)

Informations et consultations

Trois grandes consultations d'ordre public - Voir *Comité social et économique (informations-consultations périodiques)**.

Consultations ponctuelles - Sur les informations-consultations ponctuelles, liés à un événement ou projet particulier relevant du champ de compétence du CSE, voir *Comité social et économique (informations-consultations ponctuelles)**.

Les projets d'accord collectif, leur révision ou leur dénonciation ne sont pas soumis à la consultation du CSE. Les entreprises d'au moins 50 salariés ayant conclu un accord collectif en matière de *gestion prévisionnelle de l'emploi et des compétences** ne sont pas tenues de consulter le CSE dans ce domaine (c. trav. art. L. 2312-14). Toutefois, la mise en œuvre des conséquences de l'accord (dès lors qu'elles concernent les missions du CSE) nécessite, à notre sens, une consultation du comité.

▶ À noter... Compte tenu de la similitude des textes en la matière, la jurisprudence et les réponses administratives rendues à propos des institutions représentatives du personnel (IRP) précédemment en place gardent, à notre avis, toute leur valeur. Les arrêts et réponses indiqués dans nos développements ci-après sont donc, en toute vraisemblance, transposables au CSE.

Informations trimestrielles - Sur les informations trimestrielles, voir *Comité social et économique (informations trimestrielles)**.

Procédure et délais

Voir *Comité social et économique (délais et procédure de consultation)**.

Avis du CSE

Avis consultatif sauf exceptions - L'avis du CSE est, en principe, simplement consultatif : il ne lie pas l'employeur (c. trav. art. L. 2312-15).

Il existe toutefois quelques exceptions :

- la nomination du médecin du travail requiert l'accord du CSE. À défaut d'accord, le médecin du travail est nommé sur autorisation de l'inspecteur du travail prise après avis du médecin inspecteur du travail (c. trav. art. R. 4623-5 et R. 4623-8) ;
- lorsque l'employeur a le choix entre créer un service de santé autonome et adhérer à un service interentreprises (c. trav. art. D. 4622-2), l'opposition du comité devant être motivée et l'employeur pouvant, dans ce cas, saisir le DREETS ;
- la mise en place d'*horaires individualisés** dans une entreprise nécessite l'absence d'opposition du CSE (c. trav. art. L. 3121-48) ;
- lorsque l'employeur, dans les entreprises d'au moins 50 salariés, propose des mesures de reclassement interne avant l'expiration du délai de consultation du CSE en cas de procédure de licenciement économique de 10 salariés et plus, l'avis doit être favorable (c. trav. art. L. 1233-45-1) ;
- la mise en œuvre de divers congés de formation, qui ne peuvent être refusés que sur avis conforme du CSE (ex. : le *congé de formation économique, sociale, environnementale et syndicale**) (c. trav. art. L. 2145-11).

Réponse de l'employeur - L'employeur est tenu de répondre aux avis et vœux du CSE et ce, de façon motivée. Il doit le faire lors de la réunion qui suit la transmission du P-V de la réunion précédente (c. trav. art. L. 2312-15 et L. 2315-34) [voir *Comité social et économique (réunions)**].

Transmission à l'administration - Dans certaines hypothèses, l'employeur doit transmettre l'avis du CSE. Par exemple :

- à l'inspection du travail (ex. : lorsque le licenciement d'un représentant élu du personnel est envisagé) (c. trav. art. R. 2421-10) ;
- à la DREETS (ex. : en cas de projet de licenciement pour motif économique de 10 salariés ou plus dans une période de 30 jours) (c. trav. art. L. 1233-48).

Sanctions du défaut de consultation

Conséquences sur le projet de l'employeur - Le défaut de consultation du CSE sur un projet de l'employeur relevant de ses attributions générales ou d'une disposition spécifique du code du travail (ex. : celle imposant la consultation du CSE sur le projet de règlement intérieur) peut entraîner la suspension de la décision de l'employeur, voire son annulation.

Exemple

L'absence de consultation du comité peut rendre inopposables aux salariés certaines décisions de l'employeur, en particulier celles relatives au règlement intérieur (c. trav. art. L. 1321-4 ; cass. soc. 4 juin 1969, BC IV n° 367 ; cass. soc. 9 mai 2012, n° 11-13687, BC V n° 134).

Conséquences en cas d'accord collectif - Lorsque la décision de l'employeur s'inscrit dans le cadre d'une mesure de mise en œuvre d'un accord collectif nécessitant la consultation du CSE au titre de sa compétence périodique, l'absence de consultation du CSE ne rend pas inopposable l'accord collectif à l'ensemble des salariés soumis au régime de cet accord (cass. soc. 18 septembre 2019, n° 17-31274 FSPB). Dans cette affaire, le défaut de consultation annuelle du comité sur les décisions de l'employeur portant sur l'aménagement du temps de travail lors de sa consultation sur la politique sociale de l'entreprise, n'a donc pas eu pour effet d'entraîner l'inopposabilité d'un accord de modulation aux salariés. Dans ce cas, la sanction encourue relève des règles qui régissent le fonctionnement du CSE, à savoir demande de dommages et intérêts et/ou délit d'entrave *(voir ci-après)*.

Il en de même si l'employeur ne respecte pas les conditions prévues par accord collectif pour recourir au forfait jours et qu'il ne consulte pas le CSE sur ce point. Cela n'annule pas les conventions individuelles de forfait en jours signés sur cette base. Et, le salarié ne peut pas obtenir des dommages et intérêts pour « absence de validité » de la convention de forfait (cass. soc. 22 juin 2016, n° 14-15171, BC V n° 136).

Dans le même sens, le défaut de consultation du CSE d'établissement préalablement à la conclusion d'un accord collectif portant sur l'une des questions soumises à l'avis de ce comité n'a pas pour effet d'entraîner la nullité ou l'inopposabilité d'un accord collectif dont la validité et la force obligatoire demeurent soumises aux règles qui lui sont propres (cass. soc. 5 février 2020, n° 18-17925 D).

Dommages et intérêts - L'employeur peut être condamné à verser des dommages et intérêts au CSE. À titre d'exemple, un employeur qui a procédé à un licenciement collectif pour motif économique sur 30 jours sans consulter les représentants du personnel peut être condamné à verser à chacun des salariés concernés une indemnité calculée en fonction du préjudice subi (c. trav. art. L. 1235-12) [voir *Licenciement économique (contentieux individuel)**].

Délit d'entrave - Le défaut de consultation du CSE est constitutif du *délit d'entrave**(c. trav. art. L. 2317-1).

L'employeur peut s'exonérer de sa responsabilité pénale en invoquant une *délégation de pouvoirs**, à la condition de ne pas avoir participé personnellement à la réalisation de l'infraction (ex. : le dirigeant a volontairement pris la décision de ne pas consulter le comité) (cass. crim. 20 mai 2003, n° 02-84307, B. crim. n° 101). Mais, même s'il confie à un représentant le soin de présider le comité, l'employeur doit, lorsqu'il prend une mesure qui relève de sa compétence et non de celle de son représentant, s'assurer de la consultation du comité sans pouvoir opposer l'argument pris d'une délégation de pouvoirs. Cela ne signifie pas que l'employeur doit, dans ce cas, présider lui-même le comité mais qu'il peut être condamné pour délit d'entrave si son délégataire n'a pas procédé à la consultation requise (cass. crim. 3 mars 1998, n° 96-85098, B. crim. n° 81).

☛ *Comité social et économique (informations-consultations périodiques) ; Comité social et économique (informations-consultations ponctuelles).*

Comité social et économique (informations-consultations périodiques)

Trois grandes consultations

Informations-consultations récurrentes - Dans les entreprises d'au moins 50 salariés, les consultations récurrentes (également appelées « périodiques ») du *comité social et économique** (CSE) doivent être organisées autour de trois grandes consultations, concernant respectivement (c. trav. art. L. 2312-17) :

- les orientations stratégiques de l'entreprise ;
- la situation économique et financière de l'entreprise ;
- la politique sociale de l'entreprise, les conditions de travail et l'emploi.

Transition écologique - Dans le cadre de la transition écologique, le CSE d'une entreprise d'au moins 50 salariés doit assurer, depuis le 25.08.2021, sa mission notamment au regard des conséquences environnementales des décisions prises par l'entreprise (c. trav. art. 2312-8 ; loi 2021-1104 du 22 août 2021, art. 40, JO du 24). À ce titre, au cours de chacune des consultations récurrentes, il doit être informé et consulté sur les conséquences environnementales de l'activité de l'entreprise. Il s'agit là d'une disposition d'ordre public à laquelle un accord sur les modalités des consultations périodiques *(voir ci-après)* ne peut pas déroger (c. trav. art. L. 2312-17 et L. 2312-22).

Consultation au titre du plan de relance - Les personnes morales de droit privé qui bénéficient des crédits ouverts par la loi de finances pour 2021 au titre de la mission « Plan de relance » (lié au Covid-19) sont tenues de mettre en œuvre un certain nombre de mesures avant le 31.12.2022 (loi 2020-1721 du 29 décembre 2020, art. 244, JO du 30). À ce titre, dans le cadre de la consultation périodique sur les orientations stratégiques de l'entreprise, les employeurs de 50 salariés et plus doivent communiquer au CSE le montant, la nature et l'utilisation des crédits de la mission « plan de relance » (c. trav. art. L. 2312-24). Le CSE doit formuler un avis distinct sur l'utilisation de ces crédits ouverts au titre de la mission « plan de relance ».

Conditions définies par accord - Un accord collectif d'entreprise majoritaire conclu entre l'employeur et les syndicats représentatifs (sans possibilité de référendum en cas d'accord minoritaire), ou, en l'absence de délégué syndical, un accord entre l'employeur et le CSE adopté à la majorité des membres titulaires, peut notamment définir [voir *Accord collectif d'entreprise (conclusion avec délégué syndical)**, *Comité social et économique (informations-consultations)** et *Comité social et économique (négocié)**] (c. trav. art. L. 2312-19) :

- le contenu, la périodicité (laquelle ne peut être supérieure à 3 ans) et les modalités de ces 3 consultations récurrentes ;
- la liste et le contenu des informations nécessaires à ces consultations ;
- les niveaux auxquels les consultations sont conduites et, le cas échéant, leur articulation.

Cet accord peut également prévoir la possibilité pour le CSE d'émettre un avis unique portant sur tout ou partie des 3 thèmes consultations récurrentes.

Sur la transition écologique, voir ci-avant.

Règles supplétives applicables en l'absence d'accord - À défaut d'accord, le CSE doit être consulté chaque année en appliquant les dispositions supplétives indiquées ci-après (c. trav. art. L. 2312-22).

▶ À noter… Si les thématiques listées ci-avant font l'objet de consultations selon la périodicité définie par accord (ou annuelle en l'absence d'accord), elles peuvent aussi donner lieu à une information-consultation ponctuelle en cas de question circonstanciée n'ayant pas fait l'objet de la consultation récurrente dédiée [voir *Comité social et économique (informations-consultations ponctuelles)**].

Avis du CSE - Dans l'exercice de ses attributions consultatives, le CSE émet des avis et des vœux (c. trav. art. L. 2312-15) [voir *Comité social et économique (informations-consultations)**].

Orientations stratégiques de l'entreprise

Thèmes de la consultation - À défaut d'accord, la consultation sur les orientations stratégiques est annuelle et porte sur (c. trav. art. L. 2312-24) :
- les orientations stratégiques, définies par l'organe chargé de l'administration ou de la surveillance de l'entreprise, et leurs conséquences sur l'activité, l'emploi, l'évolution des métiers et des compétences, l'organisation du travail, le recours à la sous-traitance, à l'intérim, à des contrats temporaires et à des stages ;
- la gestion prévisionnelle des emplois et des compétences ;
- les orientations de la formation professionnelle et le *plan de développement des compétences**.

Informations préalables - La *base de données économiques, sociales et environnementales (BDESE)** est le support de préparation de la consultation sur les orientations stratégiques (c. trav. art. L. 2312-18). Il appartient à l'employeur de mettre à disposition du CSE, via la BDESE, les informations nécessaires à cette consultation.

▶ À noter… Le CSE peut recourir à un *expert comptable** (c. trav. art. L. 2315-87).

Niveau de la consultation - La consultation sur les orientations stratégiques est, en principe, menée au niveau du CSE de l'entreprise, sauf si l'employeur en décide autrement (c. trav. art. L. 2312-22). En d'autres termes, lorsqu'une entreprise est pourvue d'un CSE central et de CSE d'établissements, seul le CSE central sera consulté.

S'agissant d'un groupe d'entreprises, sous réserve de la conclusion d'un accord de groupe, la consultation sur les orientations stratégiques peut également être effectuée au niveau du comité de groupe (c. trav. art. L. 2312-20). Dans ce cas, l'accord de groupe doit préciser les modalités de transmission de l'avis du comité de groupe :
- à chaque CSE du groupe, qui reste consulté sur les conséquences de ces orientations stratégiques ;
- à l'organe chargé de l'administration de l'entreprise dominante de ce groupe.

Avis du CSE - Le CSE émet un avis sur les orientations stratégiques et peut proposer des orientations alternatives. Cet avis est transmis au conseil d'administration (ou au conseil de surveillance) de l'entreprise considérée, à charge pour le conseil d'administration de rédiger une réponse argumentée au CSE (auquel celui-ci pourra répondre) (c. trav. art. L. 2312-24).

Délais de consultation - Voir *Comité social et économique (délais et procédure de consultation)**.

Situation économique et financière de l'entreprise

Thèmes de la consultation - À défaut d'accord, la consultation sur la situation économique et financière de l'entreprise est annuelle et comporte les points essentiels suivants (c. trav. art. L. 2312-25) :
- la situation économique et financière de l'entreprise ;
- la politique de recherche et de développement technologique de l'entreprise ;
- l'utilisation du crédit d'impôt pour les dépenses de recherche.

▶ Attention… Si la consultation sur la situation économique et financière n'a pas été menée, les aides publiques en faveur des activités de recherche et de développement technologique sont suspendues (c. trav. art. L. 2312-68).

Informations préalables -*La base de données économiques, sociales et environnementales (BDESE)** est le support de préparation de la consultation sur la situation économique et financière, sachant que certaines données diffèrent en l'absence d'accord en fonction de l'effectif de l'entreprise (entreprises de moins de 300/entreprises d'au moins 300 salariés) (c. trav. art. L. 2312-18, R. 2312-16 et R. 2312-17).

Niveau de la consultation - La consultation sur la situation économique et financière de l'entreprise est conduite au niveau de l'entreprise sauf si l'employeur en décide autrement (c. trav. art. L. 2312-22). Cela signifie que, lorsque les entreprises sont pourvues d'un CSE central et de CSE d'établissements, seul le CSE central est consulté, sauf décision contraire de l'employeur.

Avis du CSE - Pour formuler son avis et ses vœux, le CSE a la possibilité :
- de se faire assister par un *expert comptable** (c. trav. art. L. 2315-88) ;
- de convoquer le commissaire aux comptes pour recevoir des explications, cette possibilité n'étant ouverte que dans les sociétés commerciales (c. trav. art. L. 2312-25).

Délais de consultation - Voir *Comité social et économique (délais et procédure de consultation)**.

Politique sociale, conditions de travail et d'emploi

Thèmes de la consultation - À défaut d'accord, la consultation sur la politique sociale de l'entreprise, les conditions de travail et l'emploi est annuelle et porte sur les points suivants (c. trav. art. L. 2312-26) :
- l'évolution de l'emploi ;
- les qualifications ;
- le programme pluriannuel de formation ;
- les actions de formation envisagées par l'employeur (voir *Plan de développement des compétences**) ;
- l'apprentissage ;
- les conditions d'accueil en stage ;
- les actions de prévention en matière de santé et de sécurité [voir *Comité social et économique (santé, sécurité et conditions de travail)**] ;
- les conditions de travail ;
- les congés et l'aménagement du temps de travail ;
- la durée du travail ;
- l'égalité professionnelle femmes/hommes ;
- les modalités d'exercice du droit d'expression des salariés dans les entreprises non couvertes par un accord sur l'égalité professionnelle et la qualité de vie au travail contenant des dispositions sur ce droit.

Dans les entreprises d'au moins 300 salariés, la consultation annuelle sur la politique sociale de l'entreprise porte en outre sur le *bilan social** (c. trav. art. L. 2312-28).

Informations préalables - La *base de données économiques, sociales et environnementales (BDESE)** est le support de préparation de la consultation sur la situation sociale, sachant que certaines données diffèrent en l'absence d'accord en fonction de l'effectif de l'entreprise (entreprises de moins de 300/entreprises d'au moins 300 salariés) (c. trav. art. L. 2312-18, L. 2312-26, L. 2312-27, R. 2312-8, R. 2312-9, R. 2312-18, R. 2312-19 et R. 2312-20).

Niveau de la consultation - La consultation sur la politique sociale, les conditions de travail et d'emploi est conduite à la fois au niveau central et au niveau des établissements lorsque des mesures d'adaptation spécifiques à ces établissements sont prévues (c. trav. art. L. 2312-22). En conséquence, à défaut de mesures d'adaptation spécifiques aux établissements, seul le CSE central est consulté sur la politique sociale.

Avis du CSE - Le CSE peut se prononcer par un avis unique portant sur l'ensemble des thèmes listés ou par des avis séparés au cours de consultations propres à chacun de ces thèmes (c. trav. art. L. 2312-26). Compte tenu de l'ampleur des sujets traités lors de cette consultation, la tenue de plusieurs réunions peut, en effet, être envisagée, éventuellement en répartissant les thèmes abordés selon les réunions.

Délais de consultation - Voir *Comité social et économique (délais et procédure de consultation)**.

☛ *Base de données économiques, sociales et environnementales (BDESE) ; Comité social et économique (informations-consultations) ; Comité social et économique (négocié).*

Comité social et économique (informations-consultations ponctuelles)

Informations-consultations ponctuelles

Informations-consultations spécifiques - Dans les entreprises d'au moins 50 salariés, l'employeur doit consulter ponctuellement le *comité social et économique** (CSE). À ce titre, il doit lui fournir un certain nombre d'informations circonstanciées en vue d'une consultation donnée.

Le CSE doit ainsi être préalablement consulté dans les cas suivants (c. trav. art. L. 2312-8 et L. 2312-37).

Mise en œuvre des moyens ou techniques de contrôle de l'activité des salariés (c. trav. art. L. 2312-38).

Cette consultation est obligatoire même si le contrôle des salariés n'est pas l'objectif premier et exclusif du dispositif. À défaut, la preuve issue du dispositif de contrôle est illicite, mais pas nécessairement irrecevable (cass. soc. 11 décembre 2019, n° 18-11792 FSPB ; cass. soc. 10 novembre 2021, n° 20-12263 FSB) (voir *Preuve** et *Surveillance des salariés**). L'employeur qui ne consulte pas le CSE encourt aussi un risque de condamnation au pénal pour *délit d'entrave**

Utilisation de méthodes ou techniques d'aide au recrutement.

• Introduction et modification de traitements automatisés de gestion du personnel.

Restructuration et compression des effectifs (c. trav. art. L. 2312-39), excepté lorsqu'il s'agit d'accords de *rupture conventionnelle collective**.

Projet de licenciement collectif pour motif économique (c. trav. art. L. 2312-40).

Projet de grande opération de concentration (c. trav. art. L. 2312-41).

Offre publique d'acquisition (c. trav. art. L. 2312-42 à L. 2312-52).

Procédures de sauvegarde, de redressement et de liquidation judiciaire (c. trav. art. L. 2312-53 et L. 2312-54).

Informations-consultations liées aux attributions générales du CSE - Ces informations-consultations ponctuelles s'ajoutent aux informations-consultations relevant des attributions générales du CSE (ex. : questions intéressant l'organisation, la gestion et la marche générale de l'entreprise) et aux 3 grandes informations-consultations périodiques [voir *Comité social et économique (entreprises d'au moins 50 salariés)**, *Comité social et économique (informations-consultations périodiques)** et *Comité social et économique (informations trimestrielles)**].

S'agissant des 3 grandes informations-consultations périodiques, le CSE doit être consulté de façon ponctuelle dès lors que se présente un projet spécifique dans les domaines concernés qui n'a pas déjà fait l'objet de l'une de ces consultations. Selon nous, lorsque des problèmes spécifiques et ponctuels interviennent sur des points compris dans le champ de ces consultations :

- soit la consultation périodique couvrant ce thème est en cours ou prochaine, l'employeur peut alors consulter le CSE sur ces points spécifiques lors de cette consultation, quitte à décaler et à adapter le changement éventuellement envisagé afin de recueillir l'avis le CSE ;

- soit cette consultation a déjà eu lieu pour la période en cours (annuelle en l'absence d'accord) ou elle est prévue dans un délai lointain et l'employeur doit alors procéder sans attendre à une consultation ponctuelle du CSE.

Conséquences environnementales - Depuis le 25.08.2021, lorsque l'employeur saisit le CSE dans le cadre de l'obligation générale d'information-consultation sur les questions intéressant l'organisation, la gestion et la marche générale de l'entreprise, il doit aussi l'informer et le consulter les conséquences environnementales de ses décisions (c. trav. art. L. 2312-8 ; loi 2021-1104 du 22 août 2021, JO du 24). Il s'agit là d'une disposition d'ordre public à laquelle un accord organisant les consultations du CSE *(voir ci-après)* ne peut pas déroger.

▶ À noter… La prise en compte des conséquences environnementales des décisions de l'employeur s'impose également dans le cadre des consultations périodiques du CSE [voir *Comité social et économique (informations-consultations périodiques)**].

Modalités définies par accord

Un accord collectif d'entreprise majoritaire [sans possibilité de référendum en cas d'accord minoritaire ; voir *Accord collectif d'entreprise (conclusion avec délégué syndical)**] ou, en l'absence de délégué syndical, un accord entre l'employeur et le CSE adopté à la majorité des membres titulaires peut définir (c. trav. art. L. 2312-55) :

- le contenu des consultations et informations ponctuelles du CSE, relevant tant des informations-consultations ponctuelles proprement dites que de ses attributions générales [voir *Comité social et économique (entreprises d'au moins 50 salariés)**], en respectant les dispositions d'ordre public posées par le code du travail ;

▶ À noter… À notre sens, les modalités d'informations-consultations en cas de projet spécifique relevant des thèmes des 3 grandes informations-consultations périodiques *(voir ci-avant)* peuvent aussi être définies par accord.

- les modalités de ces consultations ponctuelles, notamment le nombre de réunions ;

- les délais dans lesquels le CSE rend ses avis, sachant que les délais négociés ne s'appliquent qu'en l'absence de dispositions légales spéciales imposant des délais spécifiques [Voir *Comité social et économique (délais et procédure de consultation)**].

Règles supplétives applicables en l'absence d'accord

À défaut d'accord encadrant la consultation du CSE, l'employeur est tenu de respecter les règles suivantes :

- l'employeur doit communiquer au CSE un mois après chaque élection, une documentation économique et financière sur la situation de l'entreprise (c. trav. art. L. 2312-57) ;
- lorsqu'un projet de restructuration et de compression des effectifs soumis au CSE est de nature à affecter l'activité ou l'emploi d'une entreprise sous-traitante, l'entreprise donneuse d'ordre doit en informer immédiatement l'entreprise sous-traitante. Le CSE de cette dernière en est immédiatement informé (c. trav. art. L. 2312-58).

☞ *Comité social et économique (informations-consultations).*

Comité social et économique (informations trimestrielles)

Entreprises d'au moins 300 salariés

Si l'on excepte les informations à fournir au CSE dans le cadre des trois grandes consultations récurrentes (consultations annuelles en l'absence d'accord définissant une autre périodicité) [voir *Comité social et économique (informations-consultations périodiques)**], la périodicité des autres informations économiques et professionnelles devant être communiquées au *comité social et économique** (CSE) est trimestrielle.

Cette information périodique ne concerne que les CSE des entreprises d'au moins 300 salariés (c. trav. art. L. 2312-69).

Informations à communiquer

Chaque trimestre, dans les entreprises d'au moins 300 salariés, l'employeur doit informer le CSE sur (c. trav. art. L. 2312-69) :

- l'évolution générale des commandes ;
- l'exécution des programmes de production ;
- les éventuels retards dans le paiement, par l'entreprise, des cotisations de sécurité sociale ;
- l'évolution des effectifs et de la qualification des salariés par sexe.

Les informations trimestrielles relatives à ce dernier point doivent retracer leur évolution mois par mois en faisant apparaître le nombre (c. trav. art. R. 2312-21) :

- de salariés en contrat de travail à durée indéterminée ;
- de salariés en contrat de travail à durée déterminée (CDD) ;
- de salariés à temps partiel ;
- de salariés temporaires ;
- de salariés appartenant à une entreprise extérieure ;
- des contrats de professionnalisation.

L'employeur doit indiquer au CSE les motifs l'ayant conduit à recourir à des CDD, des salariés à temps partiel, des salariés temporaires, des salariés appartenant à une entreprise extérieure, etc. (c. trav. art. R. 2312-21).

▶ À noter… L'employeur met les informations trimestrielles à la disposition du CSE via la *base de données économiques, sociales et environnementales (BDESE)** (c. trav. art. L. 2312-69).

☞ *Comité social et économique (informations-consultations).*

Comité social et économique (interentreprises)

Objet du CSE interentreprises

Le CSE interentreprises peut être mis en place lorsque la nature et l'importance de problèmes communs aux entreprises d'un même site ou d'une même zone le justifient (c. trav. art. L. 2313-9).

Le CSE interentreprises peut cohabiter avec d'éventuels CSE mis en place au niveau des entreprises du site ou de la zone qu'il couvre.

Accord collectif interentreprises

La mise en place d'un CSE interentreprises est subordonnée à la conclusion d'un accord collectif interentreprises, signé entre les employeurs des différentes entreprises et des syndicats représentatifs soit au niveau national interprofessionnel, soit au niveau départemental (c. trav. art. L. 2313-9).

Le nombre de membres, leurs modalités d'élection ou de désignation, les attributions et les modalités de fonctionnement du CSE interentreprises sont définis par cet accord.

☛ *Comité social et économique.*

Comité social et économique (mandat)

Durée du mandat

Les membres de la délégation du personnel du *comité social et économique** (CSE) sont, en principe, élus pour 4 ans (c. trav. art. L. 2314-33).

Par dérogation, un accord de branche, de groupe ou d'entreprise, selon le cas, peut fixer une durée de mandat comprise entre 2 et 4 ans (c. trav. art. L. 2314-34 ; cass. soc. 7 décembre 2016, n° 15-60227, BC V n° 233).

Un protocole d'accord préélectoral (PAP) ne peut prévoir une dérogation à la durée légale des mandats dans des conditions autres que celles prévues par la loi (cass. soc. 24 mai 2006, n° 05-60351, BC V n° 187).

▶ À noter... Compte tenu de la similarité entre certaines dispositions légales qui étaient applicables aux anciennes institutions représentatives du personnel (IRP ; à savoir notamment, les délégués du personnel, le comité d'entreprise et le CHSCT) et celles aujourd'hui en vigueur pour le CSE, les précisions apportées par les juges et l'administration à propos des anciennes IRP demeurent à notre sens valables pour le CSE.

Point de départ du mandat

S'il s'agit d'une première mise en place du CSE, les élus entrent en fonction dès la proclamation des résultats.

S'il s'agit d'un renouvellement, le mandat des nouveaux élus ne commence à courir qu'à l'expiration du mandat des anciens membres (ou membres sortants).

Exercice du mandat

Exercice pendant un arrêt de travail - Le mandat d'élu au CSE n'est pas suspendu par l'arrêt de travail dû à une maladie ou un accident du travail. Pour autant, l'exercice de son mandat par le représentant du personnel ne peut ouvrir droit à indemnisation par la sécurité sociale que s'il a été préalablement autorisé par le médecin traitant. En conséquence de quoi, le paiement des heures de délégation est subordonné à cette autorisation préalable (cass. ch. mixte 21 mars 2014, n° 12-20002 et 12-20003, bull. ch. mixte n° 2) [voir *Maladie (indemnisation)**].

Exercice pendant la crise sanitaire - Voir *Covid-19 (CSE et représentants syndicaux)**.

Entretiens - voir *Entretien avec les représentants du personnel**.

Sanction disciplinaire ou licenciement - voir *Licenciement des représentants du personnel** et *Sanctions disciplinaires**.

Mandats successifs

En principe, le nombre de mandats successifs des membres du CSE est limité à 3 (c. trav. art. L. 2314-33).

Toutefois, le nombre de mandats successifs n'est pas limité :

- dans les entreprises de moins de 50 salariés, étant précisé que le protocole d'accord préélectoral (PAP) conclu dans ces entreprises ne peut pas déroger à cette règle en fixant tout de même une limite au nombre de mandats successifs (Rép. Mouiller n° 03267, JO 17 janvier 2019, Sénat quest. p. 338) ;
- dans les entreprises dont l'effectif est compris entre 50 et 300 salariés, si le PAP le prévoit. Dans ce cas, la clause du protocole est à durée indéterminée sauf précision contraire. Si le protocole est muet sur la durée de la dérogation, celle-ci s'applique tant qu'un nouveau protocole ne la remet pas en cause. Cette mesure s'applique aux protocoles conclus depuis le 1.01.2019 (c. trav. art. R. 2314-26).

À partir de 300 salariés, le PAP ne peut pas déroger à la règle limitant le nombre de mandats.

▶ À noter... Les règles relatives à la limitation des mandats s'appliquent aux membres du CSE central et des CSE d'établissements, avec les mêmes exceptions que celles prévues pour le CSE (c. trav. art. L. 2314-33).

Fin du mandat

Le mandat prend fin à sa date d'expiration.

Mettent notamment fin prématurément au mandat : la démission du représentant, le décès, le licenciement, la perte des conditions requises pour l'éligibilité [voir *Élections professionnelles (candi-*

*dats)**], la mutation acceptée d'un établissement à un autre au sein de la même entreprise, la révocation *(voir ci-après)* (c. trav. art. L. 2314-33).

En revanche, les représentants du personnel conservent leur mandat en cas de changement de catégorie professionnelle (c. trav. art. L. 2314-33 ; CE 10 juillet 2019, n° 416273).

En principe, la suspension du contrat de travail (ex. : maladie, mise à pied conservatoire, grève) n'est pas un cas de cessation des fonctions de représentant du personnel.

Révocation

Les membres du CSE peuvent être révoqués en cours de mandat sur proposition faite par l'organisation syndicale qui les a présentés avec l'accord obtenu au scrutin secret par la majorité du collège électoral auquel ils appartiennent (c. trav. art. L. 2314-36).

▶ Attention… L'employeur ne peut, en aucun cas, prendre l'initiative de la révocation.

Sur le cas particulier d'un délégué syndical, voir *Délégué syndical (désignation)**.

Prorogation du mandat

En cas de *modification de la situation juridique de l'employeur** (ex. : lorsqu'une entreprise ou un établissement est absorbé par une autre entreprise), la durée des mandats des représentants élus du personnel transférés peut être réduite ou prorogée par un accord collectif d'entreprise de droit commun, afin d'harmoniser la date d'expiration de l'ensemble des mandats (cass. soc. 17 décembre 2014, n° 14-14917, BC V n° 300). Cet accord n'a donc pas à être conclu à l'unanimité des syndicats représentatifs dans l'entreprise [voir *Accord collectif d'entreprise (conclusion avec délégué syndical)**].

▶ À noter… Lorsque le protocole d'accord préélectoral n'est pas conclu à la double majorité et que le DREETS est saisi afin de fixer la répartition des électeurs ou des sièges dans les collèges, ou encore de déterminer les établissements distincts, le processus électoral est suspendu jusqu'à la décision administrative. Les mandats en cours sont prorogés de plein droit jusqu'à l'organisation régulière du scrutin et la proclamation des résultats du premier tour (cass. soc. 26 septembre 2012, n° 11-60231, BC V n° 241).

Si l'employeur entend contester la prorogation des mandats, il doit le faire au cours d'une procédure concernant directement cette prorogation. Il ne peut donc pas le faire au cours d'une procédure concernant un autre litige (cass. soc. 4 février 2014, n° 11-27134, BC V n° 46).

Cumul de mandats

Voir *Cumul de mandats**.

☛ *Comité social et économique (remplacement).*

Comité social et économique (négocié)

Négociations d'entreprise

Les employeurs disposent d'une certaine marge de manœuvre pour définir les attributions et les modalités de fonctionnement de leur CSE. Selon le cas, la règle à déterminer pour façonner le CSE est issue :

- de la négociation collective « classique », ce qui fait en principe intervenir le ou les délégués syndicaux (sur les conditions de validité des accords suivant les thèmes de négociation, voir le tableau ci-après) ;
- de la négociation du protocole d'accord préélectoral [voir *Élections professionnelles (protocole d'accord préélectoral)**].

Lorsque les règles ouvertes à la négociation ont pu être déterminées de la sorte, le CSE mis en place peut être qualifié de « conventionnel » (ou de « sur-mesure »).

▶ Attention… Lorsque cela est précisé par le code du travail, les règles d'ordre public doivent dans tous les cas être respectées.

En cas d'échec de la négociation, selon le cas, la règle est décidée :

- par accord entre l'employeur et les élus en place ;
- par l'employeur seul, éventuellement après consultation des élus en place.

Enfin, dans certains cas, si la négociation n'a pas abouti, on applique les règles prévues par le code du travail (règles « supplétives » ou « minimales »).

Règles négociables

Principales négociations pour un CSE « sur-mesure » dans une entreprise de moins de

Principales négociations pour un CSE « sur-mesure » dans une entreprise de moins de 50 salariés	
Thèmes	**Modalités de négociation**
Attributions du CSE : - extension des attributions générales - droit d'alerte - extension du droit d'information Voir Comité social et économique (entreprises de moins de 50 salariés)*	Accords collectifs de travail (1) OU usages
Réunions du CSE : - possibilité pour les suppléants d'y assister sur leur temps de travail - remise d'une note écrite Voir Comité social et économique (réunions)*	Accords collectifs de travail (1) OU usages
Fonctionnement du CSE : - fixation d'un crédit d'heures supérieur au minimum légal - déplacements des membres du CSE et circulation dans l'entreprise - affichage et local - formation Voir Comité social et économique (entreprises de moins de 50 salariés)*, Heures de délégation*, Comité social et économique (déplacement)*	Accords collectifs de travail (1) OU usages
Augmentation du nombre de membres du CSE ou du volume des heures individuelles de délégation	Accord signé selon les modalités du protocole d'accord préélectoral (2)

(1) Pour être valable, l'accord doit être conclu selon des règles de majorité précises (c. trav. art. L. 2232-12).
(2) Clause soumise à une condition de double majorité, en nombre et en voix (c. trav. art. L. 2314-6).

50 salariés - Le législateur a laissé la possibilité aux partenaires sociaux de conclure un accord collectif de travail prévoyant des dispositions plus favorables relatives aux attributions (ex. : attributions élargies), au fonctionnement et aux pouvoirs du CSE (c. trav. art. L. 2312-4 et L. 2315-2).

▶ À noter... Des usages peuvent également aménager les prérogatives du CSE, toujours dans un sens plus favorable (c. trav. art. L. 2312-4 et L. 2315-2).

Le tableau reproduit dans cette étude présente les principales négociations qu'il est possible de mener lors de la mise en place du CSE d'une entreprise de moins de 50 salariés.

Principales négociations pour un CSE « sur-mesure » dans une entreprise d'au moins 50 salariés - Le législateur a laissé la possibilité aux partenaires sociaux de conclure un accord collectif de travail prévoyant des dispositions plus favorables relatives aux attributions, au fonctionnement et aux pouvoirs du CSE (c. trav. art. L. 2312-4, L. 2315-5 et L. 2312-19 à L. 2312-21).

▶ À noter... Des usages peuvent également aménager les prérogatives du CSE, toujours dans un sens plus favorable (c. trav. art. L. 2315-2).

Le tableau ci-après présente les principales négociations qu'il est possible de mener lors de la mise en place du CSE d'une entreprise d'au moins 50 salariés.

☛ *Comité social et économique.*

Principales négociations pour un CSE « sur-mesure » dans une entreprise d'au moins 50 salariés	
Thèmes	**Modalités de négociation**
Fonctionnement (2) et moyens du CSE	
Réunions annuelles : nombre (plancher de 6/an et au moins 4 par an sur la santé et sécurité) Voir Comité social et économique (entreprises d'au moins 50 salariés)*, Comité social et économique (réunions)*	Accord d'entreprise conclu avec les DS (1) Ou En l'absence de DS, accord entre l'employeur et le CSE adopté à la majorité des membres élus titulaires du CSE
BUDGET ASC (activités sociales et culturelles) : - montant - répartition du budget ASC entre CSE d'établissement Voir Comité social et économique (ressources)*	Accord d'entreprise Accord d'entreprise fixant la répartition au prorata des effectifs des établissements ou de leur masse salariale ou de ces deux critères combinés
Membres du CSE et heures de délégation : augmentation	Accord signé selon les modalités du protocole d'accord préélectoral

Comité social et économique (négocié)

Principales négociations pour un CSE « sur-mesure » dans une entreprise d'au moins 50 salariés	
Thèmes	**Modalités de négociation**
Commission santé, sécurité et conditions de travail* (CSSCT) : modalités de mise en place voir Commission santé, sécurité et conditions de travail*	Accord d'entreprise conclu avec les DS (1) Ou En l'absence de DS, accord conclu avec le CSE adopté à la majorité des membres titulaires élus
Autres commissions du CSE : mise en place Voir Comité social et économique (commissions)*	Accord d'entreprise conclu avec les DS (1)
Réunions internes (CSE et commissions) : fixation de la limite globale du temps passé par les membres du CSE pouvant être payé comme temps de travail effectif	Accord d'entreprise
Consultations et attributions (2) du CSE	
Experts : nombre d'expertises dans le cadre des 3 consultations récurrentes Voir Expert*	Accord d'entreprise Ou À défaut, accord conclu entre l'employeur et le CSE, adopté à la majorité des membres titulaires élus
Avis : délais à respecter pour que le CSE rende son avis lors de sa consultation (délai nécessairement suffisant) Voir Comité social et économique (délais et procédure de consultation)*	Accord d'entreprise conclu avec les DS (1) Ou En l'absence de DS, accord entre l'employeur et le CSE adopté à la majorité des membres élus titulaires du CSE
Consultations récurrentes du CSE (3) : - contenu, périodicité et modalités de ces consultations, ; - liste et contenu des informations nécessaires à ces consultations ; - possibilité de rendre un avis unique sur tout ou partie de ces consultations Voir Comité social et économique (informations-consultations périodiques)*	Accord d'entreprise conclu avec les DS (1) Ou En l'absence de DS, accord entre l'employeur et le CSE adopté à la majorité des membres élus titulaires du CSE
Consultations ponctuelles du CSE (3) : - contenu des consultations et informations ; - modalités de ces consultations dont le nombre de réunions ; - délais dans lesquels le CSE rend ses avis Voir Comité social et économique (informations-consultations ponctuelles)*	Accord d'entreprise conclu avec les DS (1) Ou En l'absence de DS, accord entre l'employeur et le CSE adopté à la majorité des membres élus titulaires du CSE
Niveaux auxquelles les consultations du CSE doivent être menées (3)	Accord d'entreprise conclu avec les DS (1) Ou En l'absence de DS, accord entre l'employeur et le CSE adopté à la majorité des membres élus titulaires du CSE
BDESE (3) : - organisation, architecture et contenu ; - modalités de fonctionnement Voir Base de données économiques, sociales et environnementales (BDESE)*	Accord d'entreprise conclu avec les DS (1) Ou En l'absence de DS, accord entre l'employeur et le CSE adopté à la majorité des membres élus titulaires du CSE
Comité de groupe : consultations ponctuelles menées au niveau du comité de groupe au lieu du CSE et modalités de transmission de l'avis du comité de groupe aux différents CSE des entreprises du groupe Voir Comité de groupe*	Accord de groupe

(1) L'accord doit être conclu avec les délégués syndicaux selon des règles de majorité précises, sans possibilité de faire valider un accord minoritaire par référendum.
(2) Un accord collectif ou un usage peut fixer des dispositions plus favorables concernant le fonctionnement du CSE et ses attributions (c. trav. art. L. 2312-4 et L. 2315-2).
(3) La possibilité de négocier des accords sur les consultations récurrentes du CSE, les consultations ponctuelles et la BDESE, est ouverte depuis le 23.09.2017. Les accords ainsi négociés s'appliquent aux instances représentatives en place lors de leur conclusion.

Comité social et économique (nombre d'élus)

CSE

Le nombre d'élus du *comité social et économique** (CSE) fixé par le code du travail dépend de l'effectif de l'entreprise considérée et varie de 1 à 35 élus (titulaires et suppléants). La délégation du personnel comporte un nombre égal de titulaires et de suppléants (c. trav. art. L. 2314-1 et R. 2314-1).

L'effectif permettant de déterminer le nombre de représentants à élire au CSE est apprécié à la date du premier tour de scrutin, qu'il s'agisse d'une première mise en place ou d'un renouvellement (Q/R 41, CSE, 117 questions/réponses du ministère du Travail, janvier 2020 ; cass. soc. 21 juillet 1986, n° 85-60475, BC V n° 409 ; cass. soc. 5 février 2020, n° 19-13550 D).

Le nombre d'élus peut toutefois être différent en présence d'une disposition négociée dans le protocole d'accord préélectoral (PAP), celui-ci pouvant modifier le nombre de sièges (c. trav. art. L. 2314-1, L. 2314-7 et R. 2314-1 ; Q/R 40, CSE, 117 questions/réponses du ministère du Travail, janvier 2020) [voir *Élections professionnelles (protocole d'accord préélectoral)**].

Comité social et économique (CSE) : nombre d'élus

Effectif des salariés (1)	Nombre de titulaires	Nombre de suppléants (2)	Effectif des salariés (1)	Nombre de titulaires	Nombre de suppléants (2)
11 à 24	1	1	4 250 à 4 499	27	27
25 à 49	2	2	4 500 à 4 749	27	27
50 à 74	4	4	4 750 à 4 999	28	28
75 à 99	5	5	5 000 à 5 249	29	29
100 à 124	6	6	5 250 à 5 499	29	29
125 à 149	7	7	5 500 à 5 749	29	29
150 à 174	8	8	5 750 à 5 999	30	30
175 à 199	9	9	6 000 à 6 249	31	31
200 à 249	10	10	6 250 à 6 499	31	31
250 à 299	11	11	6 500 à 6 749	31	31
300 à 399	11	11	6 750 à 6 999	31	31
400 à 499	12	12	7 000 à 7 249	32	32
500 à 599	13	13	7 250 à 7 499	32	32
600 à 699	14	14	7 500 à 7 749	32	32
700 à 799	14	14	7 750 à 7 999	32	32
800 à 899	15	15	8 000 à 8 249	32	32
900 à 999	16	16	8 250 à 8 499	33	33
1 000 à 1 249	17	17	8 500 à 8 749	33	33
1 250 à 1 499	18	18	8 750 à 8 999	33	33
1 500 à 1 749	20	20	9 000 à 9 249	34	34
1 750 à 1 999	21	21	9 250 à 9 499	34	34
2 000 à 2 249	22	22	9 500 à 9 749	34	34
2 250 à 2 499	23	23	9 750 à 9 999	34	34
2 500 à 2 749	24	24	10 000	35	35
2 750 à 2 999	24	24	**Comité social et économique central (CSE central)**		
3 000 à 3 249	25	25	Entreprises comportant au minimum deux CSE d'établissement	Sauf accord, au plus 25 en fonction du nombre d'établissements	Sauf accord, au plus 25 en fonction du nombre d'établissements
3 250 à 3 499	25	25			
3 500 à 3 749	26	26			
3 750 à 3 999	26	26			
4 000 à 4 249	26	26			

(1) Les effectifs s'apprécient dans le cadre de l'entreprise ou dans le cadre de chaque établissement distinct.
(2) La délégation du personnel au CSE comporte un nombre égal de titulaires et de suppléants

CSE central

Sauf accord conclu entre l'employeur et l'ensemble des syndicats représentatifs, la délégation élue du CSE central est composée d'un nombre égal de titulaires et de suppléants dans la limite de 25 titulaires et 25 suppléants (c. trav. art. R. 2316-1).

☛ *Comité social et économique ; Élections professionnelles ; Élections professionnelles (résultat du scrutin).*

Comité social et économique (rapport annuel d'activités)

Rapport annuel d'activités et de gestion financière

Obligatoire dans les entreprises d'au moins 50 salariés - Dans les entreprises d'au moins 50 salariés, chaque *comité social et économique** (CSE) est tenu d'établir un rapport de gestion d'activités et de gestion financière.

Ce rapport présente des informations qualitatives sur les activités du CSE et sur sa gestion financière, de nature à éclairer l'analyse de ses comptes par les élus et les salariés (c. trav. art. L. 2315-68 et L. 2315-69).

Modalités d'élaboration et contenu - Ce rapport est élaboré selon des modalités prévues par le règlement intérieur du CSE (ex. : par le trésorier) [voir *Comité social et économique (règlement intérieur)**].

Il doit comprendre diverses informations qui varient en fonction de la taille du CSE (c. trav. art. L. 2315-69 et D. 2315-38).

Lorsque le CSE établit des comptes consolidés, le rapport porte sur l'ensemble constitué par le CSE et les entités qu'il contrôle (c. trav. art. L. 2315-69).

▶ À noter… Il n'existe pas de modèle officiel de rapport annuel d'activité et de gestion.

Liste des informations du rapport annuel d'activité et de gestion financière des petits CSE (1) (2)
1° l'organisation du CSE : nombre de sièges légal ou conventionnel, nombre d'élus, et, le cas échéant, effectif de salariés du comité, nombre et nature des commissions du comité, organigramme des services du comité **2° l'utilisation du budget AEP** (attributions économiques et professionnelles également désigné budget de fonctionnement) : - les activités d'expertise et les missions économiques : honoraires des experts rémunérés par le comité, rémunération des salariés du comité, frais de déplacement, frais de documentation ; - les dépenses relatives à la formation économique des élus : frais de formation, de transport et d'hébergement ; - les dépenses de communication avec les salariés de l'entreprise ; - les autres frais de fonctionnement ; - le montant éventuellement versé au comité social et économique central. **3° l'utilisation du budget ASC** (activités sociales et culturelles), les données afférentes aux diverses prestations proposées au titre des activités et à leurs bénéficiaires **4° l'état de synthèse simplifié de ses ressources et dépenses** reprenant les informations figurant dans le modèle établi par l'Autorité des normes comptables (ANC) (arrêté du 2 juin 2015, JO du 11) **5° l'état de synthèse simplifié relatif à son patrimoine et à ses engagements** défini par le règlement de l'ANC (arrêté du 2 juin 2015, JO du 11) **6° les informations relatives aux transactions significatives effectuées**
Liste des informations du rapport annuel d'activité et de gestion financière des autres CSE (3)
1° l'organisation du comité : nombre de sièges légal ou conventionnel, nombre d'élus, et, le cas échéant, effectif de salariés du comité, nombre et nature des commissions du comité, organigramme des services du comité **2° l'utilisation du budget AEP (budget de fonctionnement)** : - les activités d'expertise et les missions économiques : honoraires des experts rémunérés par le comité, rémunération des salariés du comité, frais de déplacement, frais de documentation ; - les dépenses relatives à la formation économique des élus : frais de formation, de transport et d'hébergement ; - les dépenses de communication avec les salariés de l'entreprise ; - les autres frais de fonctionnement ; - le montant éventuellement versé au comité central d'entreprise. **3° l'utilisation du budget ASC (activités sociales et culturelles)** : - le descriptif et lieu de réalisation de ces activités en distinguant, le cas échéant, celles gérées directement par le comité, celles à la gestion desquelles il participe, et celles dont il a délégué la gestion (dans ces deux derniers cas, sont précisés le montant délégué par le comité et le prestataire auquel il a été fait appel) ; - les éléments d'analyse portant sur les écarts entre le budget prévisionnel et le budget réalisé ; - les données afférentes aux diverses prestations proposées au titre des activités et à leurs bénéficiaires. **4° la description et l'évaluation du patrimoine** **5° les engagements en cours et les transactions significatives**
(1) Les « petits » CSE se distinguent des « grands » en tenant compte de leurs ressources [voir Comité social et économique (comptabilité)*]. **(2)** c. trav. art. D. 2315-38, II. **(3)** c. trav. art. D. 2315-38, I.

Présentation - Le rapport annuel d'activités et de gestion financière est présenté aux membres élus du CSE lors de la réunion en séance plénière d'approbation des comptes annuels (c. trav. art. L. 2315-68) [voir *Comité social et économique (comptabilité)**].

Les CSE concernés doivent joindre à ce rapport celui rendu par la commission des marchés (c. trav. art. L. 2315-44-4) [voir *Comité social et économique (commissions)**].

Transmission aux membres du CSE

Le rapport d'activité et de gestion doit être communiqué aux membres du CSE au plus tard 3 jours avant la réunion du CSE ayant pour objet l'approbation des comptes (c. trav. art. L. 2315-71).

☛ *Comité social et économique (ressources).*

Comité social et économique (règlement intérieur)

CSE concernés

Dans les entreprises d'au moins 50 salariés, le *comité social et économique** (CSE) doit adopter un règlement intérieur pour arrêter ses modalités de fonctionnement (c. trav. art. L. 2315-24). Il en est de même pour le CSE central (c. trav. art. L. 2316-14) [voir *Comité social et économique (central)**].

▶ À noter... Aucune sanction, ni civile ni pénale, n'est prévue en cas d'absence de règlement intérieur.

Dans les entreprises de moins de 50 salariés, le CSE n'est pas tenu de rédiger un règlement intérieur. Toutefois, l'employeur et les élus peuvent trouver judicieux d'en adopter un en vue d'arrêter certaines modalités de fonctionnement du comité.

Contenu

Modalités de fonctionnement et celles des rapports avec les salariés - Pour exercer toutes ses missions, le CSE doit définir dans le règlement intérieur les modalités (c. trav. art. L. 2315-24) :
- de son fonctionnement ;
- de ses rapports avec les salariés de l'entreprise.

Les règles de fonctionnement du CSE pouvant faire l'objet de négociation [voir *Comité social et économique (négocié)**], le projet de règlement intérieur doit, en conséquence, être conforme aux éventuelles règles négociées.

▶ À noter... Chaque CSE est confronté à des difficultés propres, d'où l'intérêt d'établir un règlement intérieur sur mesure.

Clauses obligatoires - Le règlement intérieur du CSE doit prévoir les clauses suivantes :
- les modalités de vote, d'affichage ou de diffusion des P-V des réunions (c. trav. art. L. 2315-35) ;
- en l'absence d'accord collectif ou d'accord avec le CSE, les modalités de fonctionnement de la *commission santé, sécurité et conditions de travail** (CSSCT) (c. trav. art. L. 2315-36 et L. 2315-44) ;
- lorsque la commission des marchés est obligatoire, les modalités de son fonctionnement, le nombre de ses membres, les modalités de leur désignation et la durée de leur mandat [voir *Comité social et économique (commissions)**] (c. trav. art. L. 2315-44-3, L. 2315-58 et L. 2315-59) ;
- les modalités d'arrêté des comptes annuels du CSE (c. trav. art. L. 2315-68) ;
- les modalités d'établissement du rapport présentant les informations qualitatives sur ses activités et sur sa gestion financière (c. trav. art. L. 2315-69).

Clauses facultatives - Le règlement intérieur du CSE peut, par exemple, comporter des clauses relatives :
- aux attributions du secrétaire et, éventuellement, celles du secrétaire adjoint ;
- aux attributions du trésorier et, éventuellement, celles du trésorier adjoint (dont les règles applicables en cas de partage des voix au moment de son élection) avec la délimitation des missions du trésorier (engagement des dépenses, signature des chèques, fonctionnement des comptes bancaires) ;
- aux modalités de la suppléance [voir *Comité social et économique (réunions)**] (c. trav. art. L. 2314-1 et L. 2314-37 ; Q/R 87, CSE, 117 questions/réponses du ministère du Travail, janvier 2020) ;
- aux questions concernant les réunions (convocation, établissement de l'ordre du jour, suspension de séance, délai de communication des documents, modalités de vote, détermination de la majorité pour les réunions supplémentaires) ;
- aux questions relatives aux procès-verbaux (conditions d'établissement, délais de transmission, publicité ou diffusion) ;
- aux règles applicables en cas de vote et d'élection interne ;
- aux questions concernant le local, le matériel, les frais de déplacement, l'accès Internet/intranet ;
- à l'exercice du droit de circulation des élus du CSE dans l'entreprise ;

- à la fréquence des permanences ;
- à l'organisation de réunions d'information.

Clauses imposant de nouvelles obligations à l'employeur et nécessitant son accord - Sauf accord de l'employeur, un règlement intérieur ne peut comporter des clauses lui imposant des obligations ne résultant pas de dispositions légales. Le cas échéant, cet accord est un engagement unilatéral que l'employeur peut dénoncer à l'issue d'un délai raisonnable et après en avoir informé les élus du CSE (c. trav. art. L. 2315-24).

Par accord de l'employeur, il faut comprendre un engagement unilatéral qu'il peut dénoncer en respectant deux règles (c. trav. L. 2315-24) :
- le respect d'un délai raisonnable ;
- et l'information préalable des membres élus du CSE.

Exemple

Sauf accord de l'employeur, un règlement intérieur ne peut pas :
- proroger automatiquement le mandat des élus sortants (cass. soc. 13 juin 1990, n° 89-60974 D) ;
- soumettre la validité des délibérations du comité à l'atteinte d'un quorum, telle leur approbation par les 2/3 de ses membres (cass. soc. 30 novembre 1994, n° 93-12843 D) ;
- imposer les dates de réunion du comité (cass. soc. 15 janvier 2013, n° 11-28324, BC V n° 9) ;
- interdire au président du comité de voter lors de la désignation du secrétaire et du trésorier (cass. soc. 25 septembre 2013, n° 12-14489 D).

Clauses respectant les droits des salariés - Le règlement intérieur ne peut pas porter atteinte aux droits des salariés. Ainsi, un règlement intérieur ne peut pas plafonner les frais de déplacement engagés pour assister un collègue à un entretien préalable (cass. soc. 11 avril 2012, n° 11-14476, BC V n° 121).

Adoption et entrée en vigueur

Le projet de règlement intérieur doit être inscrit à l'ordre du jour d'une réunion du CSE. À l'issue d'échanges et de débats en séance, il doit être adopté à la majorité des membres présents (c. trav. art. L. 2315-32 et L. 2316-14). **L'employeur est, à notre sens, autorisé à participer au vote dans la mesure où il s'agit d'une question d'organisation interne** (rép. Savy n° 17698, JO 16 février 1987, AN quest. p. 835).

Le règlement entre en vigueur dès lors qu'il a été adopté par un vote régulier.

▶ À noter... L'employeur comme les membres du CSE n'ont pas à transmettre le règlement intérieur du CSE à l'inspecteur du travail. Ce dernier n'exerce, en effet, aucun contrôle de droit sur le règlement.

En l'absence de précision du code du travail sur la durée de validité des règlements intérieurs des CSE, les dispositions de ces règlements sont, en conséquence, applicables tant qu'elles n'ont pas fait l'objet d'une modification ou d'une abrogation.

▶ Attention... Toute modification du règlement du règlement intérieur nécessite la même procédure que son adoption *(voir ci-avant)*.

Force obligatoire

Régulièrement adopté, le règlement constitue la loi du CSE. Il s'impose à tous ses membres, y compris à l'employeur, en tant que président du CSE.

Les clauses du règlement intérieur par lesquelles l'employeur a accepté d'accorder des avantages supplémentaires aux membres du CSE ont valeur d'engagement unilatéral que l'employeur peut dénoncer à l'issue d'un délai raisonnable et après en avoir informé les membres de la délégation du personnel du CSE *(voir ci-avant)*.

▶ À noter... En cas de contentieux, le contrôle du règlement intérieur est opéré par le *tribunal judiciaire**. Le juge peut annuler une disposition du règlement si elle est contraire aux lois ou aux principes généraux du droit.

Règlement intérieur d'un CSE

En présence des membres titulaires (MM. ...) (1), éventuellement des membres suppléants (MM. ...) appelés à remplacer les titulaires suivants (MM. ...) et des représentants syndicaux (MM. ...), le comité social et économique de la société ... a adopté, en date du ..., sous la présidence de (M. ... qualité), le règlement intérieur suivant :

BUREAU DU CSE ET DÉSIGNATIONS DIVERSES

Article 1 - Présidence

Le comité social et économique (CSE) est présidé par l'employeur ou son représentant muni d'une délégation de pouvoirs.

Article 2 - Bureau et attributions des membres du bureau

Bureau du CSE

Le bureau du CSE est constitué d'un :
- secrétaire ;
- trésorier ;
- secrétaire-adjoint ;
- et d'un trésorier-adjoint.

Le secrétaire et le trésorier doivent être choisis parmi les membres élus titulaires du CSE (2). Leur désignation doit s'effectuer selon les modalités des élections internes prévues à l'article 9.

Le CSE peut désigner un secrétaire adjoint et/ou un trésorier adjoint, choisis parmi les membres élus et chargés de remplacer le secrétaire et/ou le trésorier en vue d'intervenir en cas d'absence ponctuelle ou définitive du secrétaire et/ou trésorier. Ces désignations s'effectueront selon les modalités prévues à l'article 9.

Attributions des membres du bureau du CSE

Le **secrétaire** établit l'ordre du jour avec l'employeur. Il établit seul les comptes rendus des délibérations du CSE (c. trav. art. L. 2315-34 et R. 2315-25). Il procède (ou fait procéder) également à l'affichage ou à la diffusion dans l'entreprise du procès-verbal (P-V), une fois que ce dernier a été adopté, selon les modalités du règlement intérieur (voir ci-après).

Le secrétaire doit assurer la gestion quotidienne du CSE. À ce titre, il doit notamment effectuer, en dehors des réunions, le suivi des délibérations prises par le CSE, conserver les archives, (compléter...). Il doit d'ailleurs rendre compte périodiquement de son activité au comité. Il s'occupe de la correspondance du comité, pour laquelle il est protégé par le secret de la correspondance (c. pén. art. 226-15).

Le secrétaire s'occupe du règlement des factures et de la tenue des comptes du CSE en cas d'absence du trésorier et faute d'un trésorier adjoint.

En raison du rôle prééminent du secrétaire, le CSE peut décider de désigner un secrétaire adjoint, chargé d'assister le secrétaire dans l'exercice quotidien de ses tâches. Il peut le remplacer en cas d'absence temporaire. Une nouvelle élection du secrétaire doit avoir lieu en cas d'absence définitive.

Le **secrétaire adjoint** remplacera immédiatement le secrétaire en cas d'empêchement ou de démission de celui-ci jusqu'à son retour ou jusqu'à l'élection d'un nouveau secrétaire.

Le **trésorier** est chargé d'ouvrir, au nom du CSE, un compte bancaire ou postal. Il est également habilité à régler les factures du comité. À ce titre, il bénéficie comme le secrétaire du pouvoir de signature.

Le trésorier est responsable de la tenue des comptes et de la comptabilité en respectant les règles légales.

Sous réserve de la fixation de l'étendue de sa mission (à préciser...), il a compétence notamment pour recevoir les budgets versés par l'employeur [le budget AEP (attributions économiques et professionnelles, également désigné budget de fonctionnement) et le budget ASC (activités sociales et culturelles)], gérer le patrimoine du comité et établir les projets de budgets AEP et ASC.

Le trésorier conserve l'ensemble des documents comptables. En effet, ceux-ci sont essentiels à l'établissement de la comptabilité. De plus, ils peuvent être réclamés par les membres du CSE à des fins de vérification de l'accomplissement de la mission du trésorier.

Le trésorier, responsable de l'utilisation des fonds, doit, au nom du comité, communiquer à tout membre qui en fait la demande les archives et les documents comptables.

Le **trésorier adjoint** remplacera immédiatement le trésorier en cas d'empêchement ou de démission de celui-ci jusqu'à son retour ou jusqu'à l'élection d'un nouveau trésorier.

CONSTITUTION DE COMMISSIONS

Article 3 - Commissions santé, sécurité et conditions de travail (CSSCT) (clause à prévoir en l'absence d'accord collectif ou avec le CSE) [voir *Commission santé, sécurité et conditions de travail**]

En l'absence d'accord (collectif ou avec le CSE) définissant les modalités de mise en place et de fonctionnement de la CSSCT (lorsque cette commission est mise en place soit à titre obligatoire, soit à titre facultatif), le règlement intérieur doit préciser les modalités de fonctionnement de cette commission (c. trav. art. L. 2315-36 et L. 2315-44).

La commission est présidée par l'employeur ou son représentant. Elle est composée de... membres représentants du personnel (dont au moins un du second collège ou, le cas échéant, du 3e collège).

Le médecin du travail, le responsable interne du service de sécurité et des conditions de travail, l'inspecteur du travail ainsi que les agents des services de prévention des organismes de sécurité sociale sont invités aux réunions de la commission.

En matière de santé, de sécurité et de conditions de travail, le CSE délègue à la commission les compétences suivantes :... (préciser les missions déléguées). Ce faisant, le CSE conserve sa compétence consultative dans les domaines cités.

La CSSCT se réunit tous les...

Le cas échéant, pour effectuer leurs missions, les membres de la commission bénéficient du crédit d'heure supplémentaire suivant :...

Le cas échéant, ils peuvent bénéficier d'une formation en santé, sécurité et conditions de travail selon les modalités suivantes :... (préciser la durée et la prise en charge maximales). Une formation spécifique correspondant aux risques ou facteurs de risques particuliers, en rapport avec l'activité de l'entreprise peut être dispensée aux membres de la commission.

Article 4 - Commission des marchés (en cas de dépassement de certains seuils)

Créée par le CSE, la commission des marchés est composée de... membres et d'un président. Les membres de cette commission doivent être choisis parmi les membres élus titulaires du CSE. Ils sont désignés selon les modalités suivantes prévues à l'article 9 pour une durée de...

La commission est chargée de :... (préciser son rôle).

RÉUNIONS DU CSE

Article 5 - Convocation et ordre du jour

Sauf exception, l'ordre du jour est arrêté conjointement par le secrétaire et l'employeur. Les membres du CSE qui souhaitent demander l'inscription d'une question à l'ordre du jour sont tenus d'en informer le secrétaire … jours avant la réunion.

L'ordre du jour est annexé à la convocation à la réunion, l'ensemble étant envoyé par l'employeur … jours au moins (au minimum 3 jours calendaires) avant la réunion à chacun des membres titulaires et aux membres suppléants (3), aux représentants syndicaux au CSE, à l'inspecteur du travail et aux personnes éventuellement invitées aux réunions (3).

Cette convocation est adressée par...

Un calendrier prévisionnel des réunions du CSE est mis en place en début de chaque année civile. Il doit indiquer les réunions consacrées aux sujets relevant de la santé, de la sécurité ou des conditions de travail. Il doit être communiqué à l'inspecteur du travail, au médecin du travail et à l'agent des services de prévention des organismes de sécurité sociale. La date des réunions en la matière leur sera confirmée par écrit au moins... avant la date prévue.

Article 6 - Élus suppléants

Les élus suppléants ne peuvent assister aux réunions du CSE qu'en l'absence des élus titulaires (c. trav. art. L. 2314-1) (1).

Option Les élus suppléants peuvent assister à toutes les réunions du CSE (ou à... réunions/an), indistinctement de la présence ou non des élus titulaires.

Article 7 - Assistance par des personnes extérieures

Indépendamment de la possibilité légale d'être assisté par 3 collaborateurs appartenant à la société, l'employeur peut inviter, sous réserve de l'accord à la majorité des membres du CSE, une personne extérieure au CSE à participer à tout ou partie de la réunion.

De même, indépendamment de la possibilité légale d'être assisté par des experts, les membres du CSE peuvent inviter, sous réserve de l'accord à la majorité des membres du CSE, une personne extérieure au CSE à participer à tout ou partie de la réunion.

Les personnes dont la présence est rendue obligatoire par le code du travail sont convoquées aux réunions sans nécessité d'un accord des membres du CSE.

Article 8 - Incidents et suspension de séance

L'employeur doit veiller à ce que l'ensemble des points de l'ordre du jour soit librement débattu par chacun. La séance peut toutefois être suspendue en cas de perturbations sérieuses des débats. En l'absence de règlement de l'incident, le P-V en fera mention.

En cours de séance, les élus peuvent solliciter une suspension de séance à des fins de consultation et/ou de concertation ; l'heure de reprise de la séance est fixée à la majorité des membres du CSE.

Article 9 - Délibérations et désignations

Les membres élus titulaires sont les seuls membres du CSE qui votent.

Les votes prévus dans ce règlement intérieur se font à main levée. Toutefois, les votes s'effectuent à bulletins secrets :

- en cas de dispositions du code du travail le prévoyant (4) ;
- si un membre élu délibérant le demande ;
- pour les élections et les désignations.

En cas de vote à bulletins secrets, le dépouillement des bulletins de vote a lieu devant les membres présents et est effectué par... (ex. : par le plus jeune et le plus âgé des élus).

L'adoption des désignations et élections auxquelles doit procéder le CSE (ex. : bureau) s'effectue à la majorité des voix valablement exprimées.

En cas de partage des voix, il est procédé à un second tour de scrutin. Si le partage des voix perdure lors de ce second scrutin, sera considéré comme élu... (ex. : le plus âgé des candidats en départage).

L'adoption des décisions simples s'effectue à la majorité des suffrages exprimés (c'est-à-dire à la moitié des voix plus 1 ou plus de voix que les autres choix. Les abstentions, les votes blancs et nuls ne sont pas pris en compte).

L'adoption des résolutions s'effectue à la majorité des votants présents (les abstentions, les votes blancs et nuls sont assimilés à des votes contre).

En cas de partage des voix, il est procédé à un second tour de scrutin, le vote s'effectuant alors à bulletins secrets. Si le partage des voix perdure lors de ce second scrutin, la décision ou la résolution sera considérée comme rejetée.

Les votes ne sont pas soumis à un quorum, en conséquence les votes sont valables quel que soit le nombre de membres présents lors de la réunion.

Article 10 - Rédaction du procès-verbal

Conformément à l'accord du... (date) signé par l'employeur et la majorité des membres élus titulaires du CSE, le procès-verbal des réunions est rédigé par le secrétaire dans le délai de... jours à l'issue de la réunion.

À défaut d'accord signé portant sur le délai de rédaction du P-V : Le P-V des réunions est rédigé par le secrétaire dans un délai de 15 jours suivant la réunion à laquelle il se rapporte OU, si une nouvelle réunion est prévue dans ce délai de 15 jours, avant cette réunion.

Sous réserve de l'accord du CSE, le secrétaire peut, sous son entière responsabilité, se faire assister par une personne qui doit pouvoir assister aux réunions du CSE.

Les débats peuvent être enregistrés dès que la majorité du CSE est d'accord ou si l'employeur le décide. Les frais liés à cet enregistrement sont imputés sur le budget AEP (attributions économiques et professionnelles, également désigné budget de fonctionnement) du CSE si le choix émane de ses membres et à celle de l'employeur si la décision émane de sa décision unilatérale.

Article 11 - Modalités de diffusion du procès-verbal

Dès son approbation, le P-V des réunions est signé par le secrétaire et/ou le président. Le P-V est diffusé dans un délai de … (jours suivant la réunion), selon les modalités suivantes... (affichage, mise en ligne sur le site intranet, etc.).

MOYENS DU CSE

Article 12 - Crédit d'heures

Élus titulaires

Le secrétaire dispose d'un crédit de … heures supplémentaires par mois pour l'exercice de ses fonctions.

Le trésorier dispose d'un crédit de … heures supplémentaires par mois pour l'exercice de ses fonctions.

Les élus titulaires du CSE peuvent, chaque mois, répartir entre eux et avec les membres suppléants le crédit d'heures dont ils disposent dès lors qu'ils ne dépassent pas au cours d'un mois une fois et demie ou plus leur crédit mensuel (c. trav. art. L. 2315-9 et R. 2315-5).

Élus suppléants

Afin de permettre aux élus suppléants de rester associés aux travaux du CSE, il est convenu d'accorder aux membres suppléants un crédit de … heures de délégation par mois.

Comme pour les élus titulaires, les élus suppléants peuvent utiliser leur crédit sur l'année dès lors qu'ils ne dépassent pas au cours d'un mois une fois et demie ou plus leur crédit mensuel.

Option Ils peuvent également mutualiser ces heures entre eux ou avec les élus titulaires.

Article 13 - Budgets et modalités de versement

Budget AEP (attributions économiques et professionnelles, également désigné budget de fonctionnement)

Le budget AEP (5) est versée au CSE en … (une ou plusieurs) fois par an.

Budget ASC (budget « activité sociale et culturelle »)

Lorsqu'il est dû, son montant est de … % de la masse salariale brute (ou de … € par an). Le budget ASC (6) est versé en … (une ou plusieurs) fois par an.

Article 14 - Frais de déplacement

Les frais de déplacement des membres du CSE, afférents aux réunions préparatoires décidées par le comité, sont pris en charge … (totalement ou partiellement) par l'entreprise. Ils sont remboursés par le trésorier sur production de justificatifs.

Article 15 - Moyens matériels

L'entreprise met à la disposition du CSE :
- un local pour ses activités (à l'adresse ou à l'endroit suivant …) ;
- le matériel de bureau nécessaire ;
- … armoire (s) fermant à clé ;
- téléphone, accès Internet/intranet, etc.

Article 16 - Représentation en justice

Le CSE est doté de la personnalité civile. Il est représenté en justice par … (nom et prénom) (6).

Article 17 – Salariés du CSE (le cas échéant)

Les salariés du CSE sont sous la responsabilité hiérarchique du secrétaire du comité ou, en cas d'absence de ce dernier, du trésorier du comité.

OBLIGATIONS COMPTABLES DU CSE

Article 18- Obligations comptables (7)

Le rapport d'activité et de gestion financière du CSE est établi selon les modalités suivantes :...

Les comptes annuels du CSE sont arrêtés selon les modalités suivantes :...

Article 19 - Commission des marchés (le cas échéant) (voir art. 4)

La commission des marchés rend compte chaque année au CSE des choix des prestataires et fournisseurs du comité. Ce compte rendu indique pour chaque prestataire et fournisseur : la date de l'appel d'offres et son contenu, les modalités de sa diffusion, le nombre de réponses, les devis reçus et les critères de choix.

RÉFÉRENT HARCÈLEMENT SEXUEL ET AGISSEMENTS SEXISTES

Article 20 - Désignation

Un référent en matière de lutte contre le harcèlement sexuel et les agissements sexiste doit être désigné par le CSE parmi ses membres. Ce référent est chargé d'orienter, d'informer et d'accompagner les salariés en matière de lutte contre le harcèlement sexuel et les agissements sexistes.

Le référent est désigné pour la durée de son mandat d'élu au CSE.

DURÉE DU RÈGLEMENT INTÉRIEUR

Article 21 - Durée du règlement

Le présent règlement est conclu pour... (une durée indéterminée ou la durée du mandat du comité).

Article 22 - Modification du règlement

Le règlement peut être modifié. La modification prévue à l'ordre du jour d'une réunion du CSE doit être approuvée comme une résolution selon les modalités prévues à l'article 9.

Le présent règlement intérieur ne saurait imposer à l'entreprise, sauf à obtenir son accord, des charges nouvelles, au-delà de ses obligations légales et conventionnelles en la matière.

Fait à … (lieu), le … (date)

M. … (nom) M. … (nom)

Le secrétaire Le président du CSE

... (signatures)

(1) Voir *Comité social et économique (nombre d'élus)**.
(2) Voir *Comité social et économique**.
(3) Voir *Comité social et économique (réunions)**.
(4) (c. trav. art. R. 2421-9).
(5) Voir *Comité social et économique (ressources)**.
(6) L'employeur, le secrétaire et le trésorier sont, en principe, les seuls habilités à représenter le CSE. Sauf disposition contraire, la désignation du mandataire est faite pour une durée indéterminée. Toutefois, le CSE peut, à tout moment, changer de mandataire par vote majoritaire.
(7) (c. trav. art. L. 2315-69).

☛ *Comité social et économique.*

Comité social et économique (remplacement)

Le code du travail a fixé des règles relatives au seul remplacement des élus titulaires du *comité social et économique (CSE) en cas de cessation de leurs fonctions ou d'absence momentanée.**

À défaut de stipulation négociée (accord d'entreprise ou protocole d'accord préélectoral), les sièges des élus suppléants ayant cessé leurs fonctions restent vacants (cass. soc. 3 octobre 2018, n° 17-21836 FPB ; cass. soc. 29 mai 2019, n° 17-31029 D) **[voir *Comité social et économique (négocié)**].**

Cas de remplacement

Un représentant du personnel peut être remplacé par un membre suppléant lorsqu'il est momentanément absent pour une cause quelconque ou lorsqu'il cesse ses fonctions pour l'un des motifs suivants : décès, démission, fin du contrat de travail, perte des conditions requises pour l'éligibilité, révocation [voir *Élections professionnelles (candidats) et *Comité social et économique (mandat)**]** (c. trav. art. L. 2314-37).

▶ **À noter...** Le *tribunal judiciaire** est compétent pour connaître des litiges relatifs au remplacement des élus titulaires (cass. soc. 7 novembre 1984, n° 84-60372, BC V n° 4).

Modalités du remplacement

Comité social et économique (CSE) - Lorsqu'un élu CSE titulaire cesse ses fonctions ou est momentanément absent, on fait appel à un autre salarié présenté par le même syndicat dans l'ordre suivant et par défaut (c. trav. art. L. 2314-37) **:**

- élu suppléant du même syndicat et de la même catégorie professionnelle ;

- élu suppléant du même syndicat, d'une autre catégorie professionnelle appartenant au même collège ;
- élu suppléant du même syndicat, d'un collège différent ;
- candidat non élu présenté par le même syndicat (le candidat à retenir est celui qui vient sur la liste juste après le dernier élu titulaire ou, à défaut, le dernier élu suppléant) ;
- élu suppléant (d'un syndicat différent de celui du titulaire) de la même catégorie professionnelle et ayant obtenu le plus grand nombre de voix.

Si la recherche d'un suppléant s'avère impossible, le siège reste vacant.

Le suppléant devient titulaire jusqu'au retour de celui qu'il remplace ou jusqu'au renouvellement du CSE.

Comité social et économique central - En l'absence de règle posée par le code du travail, le remplacement d'un élu titulaire au CSE central ne peut être régi que par le protocole d'accord préélectoral. À défaut, le siège demeure vacant (cass. soc. 29 mai 2019, n° 17-31029 D).

Durée de la suppléance - Le suppléant devient titulaire jusqu'au retour de celui qu'il remplace ou jusqu'au renouvellement du CSE (c. trav. art. L. 2314-37).

☞ *Comité social et économique ; Comité social et économique (mandat).*

Comité social et économique (représentants dans les organes sociaux)

Le *comité social et économique** (CSE) mis en place dans les entreprises de 50 salariés au moins a des représentants dans les organes de direction de l'entreprise.

Conseil d'administration ou de surveillance

Nombre de représentants du CSE - Dans les sociétés dotées d'un conseil d'administration ou d'un conseil de surveillance, le CSE peut désigner, en principe, 2 représentants (l'un devant appartenir aux catégories cadres, techniciens et agents de maîtrise, l'autre aux catégories ouvriers et employés).

Cependant, dans les sociétés où doivent être constitués 3 collèges électoraux pour l'élection des membres du CSE, le comité désigne 4 membres (2 appartenant à la catégorie des ouvriers et employés, 1 à la catégorie de la maîtrise et 1 à la catégorie des ingénieurs, chefs de service et cadres administratifs, commerciaux ou techniques) (c. trav. art. L. 2312-72).

Par exception, la représentation du CSE est assurée par un seul membre titulaire dans les sociétés anonymes (SA) et les sociétés en commandite par action (SCA) dont le conseil d'administration ou de surveillance comprend déjà au moins un administrateur ou un membre élu ou désigné par les salariés pour les représenter conformément au code de commerce (c. trav. art. L. 2312-75) [voir *Conseil d'administration ou de surveillance (administrateurs élus par les salariés)** et *Conseil d'administration ou de surveillance (représentants des salariés)**] :
- soit en application d'un dispositif facultatif prévu par les statuts (c. com. art. L. 225-27 et L. 225-79) ;
- soit en application d'un dispositif obligatoire dans les très grandes entreprises (c. com. art. L. 225-27-1, L. 225-79-2 et L. 226-5-1).

▶ À noter... Dans les sociétés par actions simplifiées (SAS), les statuts de la société doivent préciser l'organe social auprès duquel le CSE désigne ses représentants et les modalités selon lesquelles il exerce ses droits (c. trav. art. L. 2312-76).

Désignation - Les représentants au conseil d'administration ou de surveillance sont « délégués » par le CSE. Cette délégation résulte d'une élection pour laquelle la majorité des voix suffit. Seuls les élus titulaires participent au scrutin ; les suppléants ne votent qu'en l'absence des titulaires. Quant à l'employeur, il doit s'abstenir de prendre part au scrutin (cass. soc. 5 mai 1983, n° 81-16787, BC V n° 235).

▶ À noter... Compte tenu de la similitude des textes en la matière, la jurisprudence et les réponses administratives rendues à propos des institutions représentatives du personnel précédemment en place gardent, à notre avis, toute leur valeur. Les arrêts et réponses indiqués dans nos développements ci-après sont donc, en toute vraisemblance, transposables au CSE.

En l'absence de précision du code du travail, la durée du mandat doit, à notre sens, coïncider avec la durée pour laquelle les membres du comité ont été élus.

Rôle - Les représentants du CSE doivent être convoqués à participer à toutes les séances de ces conseils selon les mêmes modalités et dans les mêmes délais que les membres proprement dits du conseil d'administration ou de surveillance (c. trav. art. L. 2312-72).

Ils assistent, avec voix consultative, aux séances du conseil d'administration ou du conseil de surveillance, selon le cas. En revanche, ils ne sauraient prendre part au vote lorsque le conseil est amené à prendre des décisions.

Ils peuvent soumettre les vœux du comité au conseil d'administration ou au conseil de surveillance, lequel doit donner un avis motivé sur ces vœux.

Ils ont droit aux mêmes documents que ceux adressés ou remis aux membres du conseil d'administration ou du conseil de surveillance à l'occasion de leurs réunions (c. trav. art. L. 2312-73 ; c. com. art. L. 225-35).

Assemblée générale des actionnaires

Nombre de représentants du CSE - Dans les sociétés commerciales, le CSE peut désigner 2 membres afin de le représenter lors des assemblées générales des actionnaires (AG). L'un doit appartenir à la catégorie des cadres, techniciens et agents de maîtrise et l'autre doit appartenir à la catégorie des employés et ouvriers (c. trav. art. L. 2312-77).

Dans les SA et les SCA dans lesquelles le conseil d'administration ou de surveillance comprend au moins un administrateur ou un membre élu ou désigné par les salariés, un seul membre titulaire du CSE peut assister aux AG (c. trav. art. L. 2312-75).

Rôle - La délégation du CSE à l'AG des actionnaires ne dispose pas d'un droit de vote à cette assemblée. Les représentants du CSE peuvent être entendus, s'ils en font la demande, lors de toutes les délibérations requérant l'unanimité des associés (par exemple, lors d'un changement de statuts comme une transformation en société en commandite simple) (c. com. art. L. 225-7 ; c. trav. art. L. 2312-77).

Sur les informations auxquelles ont accès les élus du CSE notamment dans les sociétés commerciales, voir *Base de données économiques, sociales et environnementales (BDESE)**.

Demande de convocation d'une AG en cas d'urgence - Le CSE peut demander, au président du tribunal de commerce statuant en référé, la désignation en justice d'un mandataire chargé de convoquer l'AG des actionnaires en cas d'urgence (c. trav. art. L. 2312-77 et R. 2312-31).

Demande d'inscription de projets de résolution - Le CSE dans son ensemble peut demander l'inscription de projets de résolution (c'est-à-dire toute proposition soumise au vote) à l'ordre du jour des assemblées (c. trav. art. L. 2312-77). Les projets de résolution du CSE doivent être déposés selon les mêmes formes que celles autorisées aux actionnaires (c. trav. art. R. 2312-32, R. 2312-33 et R. 2312-34).

▶ À noter… Dans les SAS, les statuts fixent les règles relatives aux modalités d'examen des demandes d'inscription des projets de résolution adressées par le CSE (c. trav. art. R. 2312-34).

Comité social et économique
(représentants de proximité)

Mise en place

Mise en place facultative - La mise en place de représentants de proximité dans l'entreprise est facultative. Le ministère du Travail souligne qu'elle doit correspondre aux besoins de l'entreprise (c. trav. art. L. 2313-7 ; « Comité social et économique : 117 questions-réponses », Q/R 34).

Mise en place par accord d'entreprise - L'accord d'entreprise qui établit le nombre et le périmètre des établissements distincts dans l'entreprise, pour permettre la mise en place des CSE d'établissement [voir *Comité social et économique (établissement)**], peut organiser la mise en place de représentants de proximité (c. trav. art. L. 2313-7).

Le ministère du Travail indique que le périmètre retenu pour fixer les établissements distincts peut se situer à un niveau de proximité suffisant rendant inutile la mise en place de représentants de proximité. Au contraire, toujours selon le ministère du Travail, l'accord d'entreprise qui fixe le nombre et le périmètre des établissements distincts peut instaurer des représentants de proximité afin d'éviter une centralisation excessive de la représentation du personnel au niveau de l'entreprise (« Comité social et économique : 117 questions-réponses », Q/R 33).

Rôle et statut

Rôle - Le ministère du Travail souligne que les représentants de proximité interviennent dans un champ de compétence plus restreint que celui du

CSE d'établissement ou que celui du CSE qui les a désignés (« Comité social et économique : 117 questions-réponses », Q/R 33).

Compte tenu des besoins identifiés dans l'entreprise, l'accord d'entreprise définit (c. trav. art. L. 2313-7 ; « Comité social et économique : 117 questions-réponses », Q/R 33) :
- le nombre de représentants de proximité ;
- leurs attributions, notamment en matière de santé, de sécurité et de conditions de travail ;
- les modalités de leur désignation ;
- leurs modalités de fonctionnement, notamment le nombre d'heures de délégation dont ils bénéficient pour l'exercice de leurs attributions.

Exemple

Le représentant de proximité peut être chargé de jouer un rôle en matière de présentation des réclamations individuelles ou collectives dans les différents sites géographiques de l'entreprise lorsque le périmètre des établissements distincts de l'entreprise retenu se situe à un niveau plus centralisé (« Comité social et économique : 117 questions-réponses », Q/R 33).

Qualité - L'accord qui institue les représentants de proximité définit les modalités de leur désignation. Ces représentants sont membres du CSE ou désignés par lui pour une durée qui prend fin avec celle du mandat des élus du comité (c. trav. art. L. 2313-7).

Cet accord ne peut prévoir ni que les représentants de proximité sont désignés par les syndicats représentatifs parmi les salariés de l'entreprise, ni qu'ils sont élus par les salariés du périmètre d'implantation concerné (« Comité social et économique : 117 questions-réponses », Q/R 36).

Moyens - Lorsque les représentants de proximité sont des élus du CSE, ils disposent des moyens des membres du comité. L'accord qui les institue peut leur octroyer des *heures de délégation** supplémentaires (c. trav. art. L. 2313-7). À défaut, ils utilisent leurs heures de délégation de membre du CSE pour exercer leur fonction de représentants de proximité (« Comité social et économique : 117 questions réponses », Q/R 37).

Lorsque les représentants de proximité ne sont pas membres du CSE, le ministère du Travail souligne qu'ils ne bénéficient pas « de plein droit » des droits reconnus à ces élus. C'est à l'accord collectif de prévoir leurs moyens et leurs droits (c. trav. art. L. 2313-7), notamment concernant leur participation aux réunions du CSE (« Comité social et économique : 117 questions-réponses », Q/R 37).

Formation - Par une délibération, le CSE peut décider de consacrer une partie de son budget de fonctionnement à la formation des représentants de proximité (c. trav. art. L. 2315-61).

Protection - Les représentants de proximité sont des salariés protégés, qu'ils soient des élus du CSE ou non (« Comité social et économique : 117 questions-réponses », Q/R 38). Le licenciement d'un représentant de proximité ou d'un candidat aux fonctions de représentant de proximité nécessite donc l'autorisation préalable de l'inspecteur du travail (c. trav. art. L. 2411-1, 4°, L. 2411-8 et L. 2411-9) (voir *Licenciement des représentants du personnel**).

Comité social et économique ; Comité social et économique (établissement).

Comité social et économique (ressources)

Deux budgets

Le *comité social et économique** (CSE) d'une entreprise d'au moins 50 salariés bénéficie :
- d'un budget AEP (pour les attributions économiques et professionnelles du comité, couramment dénommé budget de fonctionnement) ;
- et d'un budget ASC (pour les activités sociales et culturelles).

Par principe, ces deux budgets sont versés, gérés et dépensés séparément sachant qu'il existe des exceptions à ce principe *(voir ci-après)*.

À noter... Compte tenu de la similitude des textes en la matière, la jurisprudence et les réponses administratives rendues à propos des institutions représentatives du personnel précédemment en place gardent, à notre avis, toute leur valeur. Les arrêts et réponses indiqués dans nos développements ci-après sont donc, en toute vraisemblance, transposables au CSE.

Budget AEP

Budget obligatoire - Dans une entreprise occupant au moins 50 salariés, l'employeur doit verser un budget AEP (budget de fonctionnement) (c. trav. art. L. 2315-61) :
- à tout CSE lorsque l'entreprise comporte un seul comité ;
- aux CSE d'établissement en présence d'établissements distincts [voir *Comité social et économique (central)** et *Comité social et économique (établissement)**].

Les modalités de la détermination de la quote-part du budget attribué au CSE central sont déterminées par accord entre le CSE central et les CSE d'établissement (c. trav. art. L. 2315-62). À défaut d'accord, les comités doivent appliquer les éventuelles stipulations prévues dans la convention collective de branche. À défaut de telles stipulations, c'est le *tribunal judiciaire** qui fixe le montant du budget AEP que chaque CSE d'établissement doit rétrocéder au CSE central pour lui permettre d'avoir son propre budget (c. trav. art. R. 2315-32).

Les CSE mis en place dans le cadre d'une *unité économique et sociale** (UES) disposent également d'un budget de fonctionnement.

▶ À noter… Sauf dispositions conventionnelles ou usages plus favorables, l'employeur n'a pas, en revanche, d'obligation à l'égard des autres institutions représentatives du personnel (CSE d'une entreprise de moins de 50 salariés, CSE central, comité de groupe).

En cas de carence du CSE - La carence de CSE n'exonère pas l'employeur de son obligation (ex. : carence suite à l'annulation des élections ou P-V de carence de candidatures aux élections) (cass. soc. 13 septembre 2005, n° 04-10961, BC V n° 256 ; cass. soc. 22 novembre 2017, n° 16-12952 D). L'employeur devra verser cette somme au CSE une fois mis en place.

▶ Attention… Un CSE créé tardivement suite à une absence d'organisation des élections par l'employeur ne peut pas prétendre à des budgets pour les années antérieures à sa création (cass. soc. 27 mars 2012, n° 11-11176, BC V n° 110).

Taux minimum légal - L'employeur doit verser au CSE un budget AEP d'un montant minimal annuel équivalant à (c. trav. art. L. 2315-61) :

- 0,20 % de la masse salariale brute dans les entreprises de 50 à moins de 2000 salariés ;
- 0,22 % de la masse salariale brute dans les entreprises d'au moins 2000 salariés.

Un accord ne peut pas diminuer ces taux mais il peut les augmenter (c. trav. art. L. 2312-4 ; cass. soc. 26 septembre 1989, n° 87-20096, BC V n° 538).

Masse salariale à retenir - L'assiette à retenir pour calculer le montant du budget AEP est la masse salariale brute versée au niveau de l'entreprise correspondant à (c. trav. art. L. 2315-61) :

- l'ensemble des gains et rémunérations soumis à cotisations de sécurité sociale en application de l'article L. 242-1 du code de la sécurité sociale (ex. : salaires, indemnités de congés payés, primes, avantages en nature, etc.) ;
- à l'exception des indemnités versées à l'occasion de la rupture d'un contrat de travail à durée indéterminée (CDI).

Les sommes distribuées en application d'un accord d'intéressement ou de participation ne sont pas incluses dans la masse salariale brute (Q/R 94, CSE, 117 questions/réponses du ministère du Travail, janvier 2020).

La rémunération versée aux salariés mis à disposition n'a pas à être incluse dans la masse salariale brute de l'entreprise utilisatrice servant de base du budget AEP (cass. soc. 7 février 2018, n° 16-24231, BC V n° 231 ; cass. soc. 16 janvier 2019, n° 17-26993 FPB).

▶ À noter… L'employeur peut retenir une assiette plus large que l'assiette applicable en application d'un engagement plus favorable (cass. soc. 9 juillet 2014, n° 13-17470, BC V n° 189).

La masse salariale à prendre en considération est celle versée pour l'année en cours. Toutefois, comme il n'est pas toujours possible d'en connaître avec exactitude le montant avant la fin de l'année, le budget AEP du CSE peut, à notre avis, être calculé sur la base de la masse salariale de l'année précédente. Dans ce cas, il sera nécessaire de procéder à la fin de l'année à un réajustement (circ. DRT 1983-3 du 6 mai 1983, § 2-1).

▶ À noter… Sous peine de délit d'entrave, l'employeur doit communiquer au CSE le montant de la masse salariale annuelle brute servant au calcul du budget AEP (cass. crim. 11 février 2003, n° 01-88650, B. crim. n° 31).

Indemnités d'activité partielle - Les indemnités légales d'*activité partielle** versées par l'employeur aux salariés placés en activité partielle ne sont pas soumises à cotisations sociales (c. trav. art. L. 5122-4). Elles sont donc exclues de la masse salariale à prendre en compte pour le calcul du budget AEP.

Élection du CSE en cours d'année - Sauf dispositions conventionnelles plus favorables, le budget doit, à notre sens, être calculé au prorata du nombre de mois entre l'élection du comité et la fin de l'année civile.

Versement annuel - Le budget AEP doit être versé annuellement (c. trav. art. L. 2315-61). L'employeur peut verser en début d'année civile le montant total du budget, voire effectuer plusieurs versements étalés dans le temps, sous réserve qu'ils permettent d'assurer un fonctionnement normal du comité (circ. DRT 1983-3 du 6 mai 1983, § 2-1).

▶ Attention… L'employeur qui déclare à un inspecteur du travail avoir versé le budget AEP au

CSE alors qu'en réalité il n'a pas régularisé la situation, peut être condamné pour obstacle aux fonctions de l'inspecteur du travail et encourt alors un an d'emprisonnement et une amende de 37 500 € (c. trav. art. L. 8114-1).

Dispense en cas de versement d'une somme ou de moyens en personnel équivalents - L'employeur est dispensé de versement du budget AEP s'il fait déjà bénéficier le CSE d'une somme, ou de moyens en personnel, qui atteint le montant du budget légal (c. trav. art. L. 2315-61). L'employeur n'a pas à obtenir l'accord exprès des élus CSE pour imputer ces dépenses sur le budget AEP (cass. soc. 25 octobre 2017, n° 16-10573 D).

Si les moyens en question n'atteignent pas un montant total de 0,20 % (ou, selon le cas, 0,22 %) de la masse salariale brute, l'employeur doit logiquement verser la différence.

▶ À noter… En cas de contentieux, l'employeur doit prouver que les sommes ou moyens mis à la disposition du comité équivalent au montant du budget légal (cass. crim. 26 novembre 1991, n° 90-84546 D).

Prescription quinquennale - Le délai de prescription applicable au budget AEP est de 5 ans (c. civ. art. 2224). Ce délai court à compter du moment où l'employeur communique au CSE les éléments nécessaires à l'appréciation de sa créance (cass. soc. 1er février 2011, n° 10-30160, BC V n° 44), à savoir, à compter du jour où le comité a eu connaissance de la masse salariale ayant servi de base de calcul du budget (cass. soc. 31 mai 2016, n° 14-25042, BC V n° 120).

Utilisation du budget AEP - Le budget AEP sert, par définition, à financer les frais liés à l'activité du comité (à savoir à son fonctionnement et ses activités économiques). Le CSE peut donc prendre en charge sur ce budget :

- les moyens de fonctionnement administratif du comité tels que l'emploi du personnel recruté pour faciliter l'exercice des attributions économiques et professionnelles du comité, par exemple pour assurer le secrétariat des réunions du comité (cass. soc. 23 octobre 1991, n° 90-11105 D), effectuer des études (ex. : recrutement d'un économiste) ou en vue des frais courants de fonctionnement (ex. : documentation, papeterie, frais d'abonnement et de communications téléphoniques) ;
- les frais de déplacement éventuellement engagés par les membres du comité dans le cadre de leur mission, à l'exception de ceux pour se rendre aux réunions du comité qui sont obligatoirement pris en charge par l'employeur (cass. soc. 26 septembre 1990, n° 87-45554, BC V n° 401 ; cass. soc. 22 mai 2002, n° 99-43990, BC V n° 174) ;
- le financement de la formation économique des membres du CSE (frais d'inscription, de formation et, éventuellement, de déplacement) [voir *Comité social et économique (formation)**] ;
- le financement de la formation des délégués syndicaux (DS) et des représentants de proximité sous réserve d'une délibération du CSE en ce sens (c. trav. art. L. 2315-61) ;
- les frais d'*expert** non pris en charge par l'employeur.

▶ À noter… Le CSE ne peut pas décider de prendre en charge sur le budget AEP des formations ou des publications sans lien avec les attributions économiques du comité (ex. : prestations se rattachant à l'exercice de fonctions de nature syndicale et dont le bénéfice est en partie étendu à des représentants syndicaux extérieurs au comité (cass. soc. 27 mars 2012, n° 11-10825, BC V n° 109).

Budget non utilisé et transfert du reliquat vers le budget ASC - Le budget AEP versé au CSE est destiné à son fonctionnement *(voir ci-avant)*. Pour autant, le CSE peut, par une délibération, décider de transférer une partie du montant de l'excédent annuel du budget AEP vers le budget destinée aux ASC (c. trav. art. L. 2315-61). Ce transfert est limité : seul 10 % de l'excédent annuel du budget AEP peut être transféré aux ASC (c. trav. art. R. 2315-31-1).

En cas de transfert du reliquat du budget AEP vers le budget ASC, la somme en question et ses modalités d'utilisation doivent être inscrites (c. trav. art. L. 2315-61) :

- dans les comptes annuels du CSE ou, le cas échéant, dans son livre de comptes (c. trav. art. L. 2315-65) ;
- dans le rapport annuel d'activité du CSE [voir *Comité social et économique (rapport annuel d'activités)**] (c. trav. art. L. 2315-69 et D. 2315-38).

Utilisation illicite du budget de fonctionnement - Deux types d'action en justice peuvent être intentés par tout membre du CSE devant le *tribunal judiciaire** :

- une action en annulation de la délibération du CSE affectant une part du budget AEP à une ASC ;
- ou une action en réintégration des sommes litigieuses engagées (cass. soc. 12 février 2003, n° 00-19341, BC V n° 53).

Budget ASC

Budget fixé par accord d'entreprise - La contribution versée chaque année par l'employeur dans les entreprises d'au moins 50 salariés pour financer les *activités sociales et culturelles** (ASC) est fixée par accord d'entreprise (c. trav. art. L. 2312-81), sachant que cet accord peut être dénoncé sous réserve de respecter les règles du code du travail [voir *Accord collectif d'entreprise (révision, dénonciation et renouvellement)**].

Montant plancher en l'absence d'accord - À défaut d'accord d'entreprise, le rapport de la contribution aux ASC à la masse salariale brute ne peut être inférieur au même rapport existant pour l'année précédente (c. trav. art. L. 2312-81). Ainsi, le rapport de la contribution à la masse salariale brute pour l'année N ne peut être inférieur au même rapport existant pour l'année N – 1. Concrètement, il s'agit d'un minimum calculé en pourcentage de la masse salariale.

Le budget de l'employeur au financement des ASC n'est obligatoire que pour les entreprises pourvues de telles activités au moment de l'institution du CSE (c. trav. art. L. 2312-81 ; cass. soc. 9 juillet 1997, n° 95-21462, BC V n° 265). Elle n'est pas exigée dans les entreprises nouvellement créées dotées d'un CSE, ni dans les entreprises qui n'ont pas eu d'ASC avant la mise en place du CSE. Dans ces hypothèses, le versement d'un budget pour le financement d'ASC peut être prévu par accord collectif (Q/R 96, CSE, 117 questions/réponses du ministère du Travail, janvier 2020).

Base de calcul - La base de calcul de la contribution comprend les sommes consacrées par l'employeur aux ASC qu'il gérait, directement ou indirectement, avant la prise en charge de ces activités par le CSE (et non après).

Le montant de la contribution consacrée aux ASC du CSE doit être fixé en tenant compte de la totalité des dépenses sociales de la période de référence, y compris celles dont le CSE n'assure pas directement la gestion (cass. soc. 30 mars 2010, n° 09-12074, BC V n° 81). Autrement dit, le fait, pour l'employeur, de gérer directement une partie des ASC (en l'espèce, la cantine de l'entreprise) et de réaliser des économies ne lui permet pas de réduire le montant de sa contribution aux ASC.

Masse salariale à retenir - La masse salariale à retenir pour calculer le budget ASC est la même que pour le budget AEP, à savoir la masse salariale brute versée au niveau de l'entreprise (c. trav. art. L. 2312-83) *(voir ci-avant)*.

Versement annuel - Le budget ASC doit être versé chaque année (c. trav. art. L. 2312-81). Toutefois, l'employeur peut, comme pour le budget AEP, procéder au versement en plusieurs fois *(voir ci-avant)*.

Pluralité d'établissements - Dans les entreprises comportant des CSE d'établissements, le montant global de la contribution patronale au financement des ASC doit être calculé dans le cadre de l'entreprise et non au niveau des établissements (c. trav. art. L. 2312-82).

La répartition de la contribution entre les CSE d'établissement est fixée par accord d'entreprise au prorata des effectifs des établissements ou de leur masse salariale, voire de ces deux critères combinés. À défaut d'accord, la répartition est effectuée au prorata de la masse salariale de chaque établissement (c. trav. art. L. 2312-82).

Prescription quinquennale - La règle applicable pour le budget AEP s'applique au budget ASC *(voir ci-avant)*.

Budget non utilisé et transfert du reliquat vers le budget AEP - Le CSE peut décider, par une délibération, d'opérer un transfert de l'excédent annuel de son budget ASC vers le budget AEP (c. trav. art. L. 2312-84).

▶ Attention… Le transfert est limité : seul 10 % de l'excédent annuel du budget ASC peut être transféré au budget AEP (c. trav. art. R. 2312-51).

La somme transférée du budget ASC vers le budget AEP ainsi que ses modalités d'utilisation doivent être inscrites (c. trav. art. R. 2312-51) :
- dans les comptes annuels du CSE ou, le cas échéant, dans son livre de comptes (c. trav. art. L. 2315-65) ;
- dans le rapport d'activité du CSE présentant des informations qualitatives sur ses activités et sa gestion financière (c. trav. art. L. 2315-69 et D. 2315-38).

Possibilité de transfert du reliquat vers une association - Le CSE peut décider, par une délibération, de transférer une partie du montant de l'excédent annuel du budget ASC à des associations dans la limite de 10 % de cet excédent (c. trav. art. L. 2312-84 et R. 2312-51).

▶ À noter… Toutes les formes d'associations peuvent bénéficier de ce transfert.

La délibération du CSE doit préciser les destinataires des sommes et, le cas échéant, la répartition des sommes transférées lorsqu'il s'agit d'associations humanitaires reconnues d'utilité publique afin de favoriser les actions locales ou régionales de lutte contre l'exclusion ou des actions de réinsertion sociale (c. trav. art. R. 2312-51).

▶ Attention... La limite de 10 % s'applique globalement, c'est-à-dire que seul 10 % de l'excédent annuel du budget ASC peut être transféré au budget AEP ou à des associations.

Maintien du budget en cas de transfert d'entreprise - En cas de *modification de la situation juridique de l'employeur** (ex : scission, cession, etc.), les mandats des élus du CSE subsistent lorsque l'entreprise conserve son autonomie (c. trav. art. L. 2314-35). Dans ce cas, le montant du budget qui avait été fixé dans la société d'origine à un montant supérieur au budget légal est maintenu au bénéfice du CSE de la nouvelle entreprise (cass. soc. 13 mai 2009, n° 08-12514, BC V n° 132).

Si la restructuration n'a pas pour effet de remettre en cause le CSE existant, le nouvel employeur doit maintenir la contribution aux ASC du CSE que versait l'ancien employeur et ce, même si l'institution concernée change de dénomination (par exemple, si le CSE d'entreprise devient un CSE d'établissement) (cass. soc. 30 novembre 2004, n° 02-13837, BC V n° 311).

▶ À noter... En cas de transfert partiel d'activité, laissant subsister le CSE au sein de la société cédante, l'entité transférée ne conserve pas son autonomie. Par conséquent, le CSE de l'entreprise cessionnaire ne peut pas revendiquer le montant du budget ASC en usage au sein de la société cédante (cass. soc. 13 mai 2009, n° 08-12514, BC V n° 132).

Fusion-absorption - L'opération de fusion-absorption entraîne la disparition de l'autonomie juridique de l'entreprise absorbée et, par voie de conséquence, celle du CSE, excepté si l'entreprise absorbée devient un établissement de la nouvelle entité (dans ce dernier cas, le CSE devient CSE d'établissement).

Quelles seront les incidences budgétaires pour le CSE de l'entreprise absorbante ? Une seule certitude : l'augmentation du nombre de bénéficiaires potentiels des ASC.

Si la société absorbée avait un CSE, le budget ASC dont il disposait doit être reversé, en tout ou partie (en fonction de la date de la fusion) au comité de la société absorbante. En l'absence de CSE dans la société absorbée, l'employeur doit réajuster sa contribution en fonction de la nouvelle masse salariale.

En cas de cessation définitive de l'activité de l'entreprise, le CSE décide de l'affectation des biens dont il dispose *(voir ci-après)*.

Autres ressources du CSE

Le CSE peut recevoir d'autres types de financement pour les ASC. À titre d'exemples, ces ressources peuvent provenir (c. trav. art. R. 2312-49) :
- des sommes versées par l'employeur pour le fonctionnement des institutions sociales de l'entreprise qui ne sont pas légalement à sa charge, à l'exclusion des sommes affectées aux retraités ;
- des sommes précédemment versées par l'employeur aux caisses d'allocations familiales et organismes analogues, pour les institutions financées par ces caisses et qui fonctionnent au sein de l'entreprise ;
- du remboursement obligatoire par l'employeur des primes d'assurances dues par le comité pour couvrir sa responsabilité civile ;
- des cotisations facultatives des salariés de l'entreprise dont le comité fixe éventuellement les conditions de perception et les effets ;
- des subventions accordées par les collectivités publiques ou les syndicats ;
- des dons et legs ;
- des recettes procurées par les manifestations organisées par le comité ;
- des revenus des biens meubles et immeubles du comité ;
- de tout ou partie du montant de l'excédent annuel du budget de fonctionnement versé par l'employeur, après délibération du CSE *(voir ci-avant)*.

Réaffectation des biens du comité

Procédure applicable en cas de cessation définitive de l'activité de l'entreprise - En cas de cessation définitive de l'activité de l'entreprise, le CSE décide de l'affectation de ses biens, sous la surveillance du DREETS (c. trav. art. R. 2312-52). Le CSE conserve sa personnalité civile le temps nécessaire aux opérations de gestion et de liquidation de son patrimoine (cass. soc. 23 mai 2007, n° 06-17321 D).

La dévolution des biens du CSE doit faire l'objet d'une réunion. Au cours de celle-ci, le comité peut désigner l'un de ses membres comme liquidateur. Il doit entériner ses décisions à la majorité des présents

La désignation des donataires est faite au profit d'un autre CSE ou d'institutions sociales d'intérêt général dont la désignation doit être, autant que possible, conforme aux vœux exprimés par le personnel intéressé. L'institution sélectionnée doit être d'intérêt général et avoir la capacité de recevoir des dons : il peut s'agir d'une association, d'une mutuelle ou d'une fondation (c. trav. art. R. 2312-52).

▶ Attention… Les biens du CSE ne peuvent être répartis ni entre les membres du CSE, ni entre ceux du personnel (c. trav. art. R. 2312-52).

Situations exclues - La procédure de dévolution des biens du CSE ne s'applique que dans le seul cas de cessation de l'entreprise. Elle ne s'applique pas dans le cas d'une fermeture d'établissement s'accompagnant d'un transfert des salariés dans d'autres sociétés du même groupe. Dans ce cas, les biens du CSE d'établissement doivent être affectés aux CSE ou CSE d'établissement des sociétés appartenant au même groupe dans lesquelles les salariés ont été transférés (cass. soc. 23 janvier 1996, n° 93-16799, BC V n° 25 ; cass. soc. 10 juin 1998, n° 96-20112, BC V n° 317).

La procédure de dévolution des biens du CSE ne s'applique pas non plus en cas de fusion-absorption. Celle-ci n'entraîne pas en effet la cessation totale et définitive de l'activité des sociétés absorbées. Le CSE de l'entreprise absorbée et dont les salariés ont été transférés au sein de l'entreprise absorbante peut par conséquent décider la dévolution de son patrimoine au CSE de l'entreprise absorbante. Ce faisant, le CSE dissous peut transférer ses créances au CSE de l'entreprise absorbante (ex. : transfert de l'action tendant au paiement d'un rappel de subvention et de contribution dû par l'employeur au titre des années antérieures à la fusion-absorption du CSE d'origine) (cass. soc. 16 janvier 2019, n° 17-26993 FPB).

Transfert des biens des anciennes IRP vers le CSE - Dans le cadre du passage des anciennes instances représentatives du personnel (IRP) au CSE au 1.01.2020 au plus tard, la loi avait prévu que les biens, droits et obligations, créances et dettes des instances représentatives du personnel (IRP) existant au 23.09.2017 – qu'il s'agisse du comité d'entreprise (CE), du ou des comités d'établissement, du comité central d'entreprise (CCE), de la délégation unique du personnel (DUP), du ou des CHSCT ou de l'instance unique – étaient transférés de plein droit, à titre gratuit, et en pleine propriété au CSE. Pour ce faire, les anciennes IRP devaient décider, au cours de leur dernière réunion, de l'affectation des biens de toute nature dont elles disposaient à destination du futur CSE et, le cas échéant, les conditions de transfert des droits et obligations, créances et dettes relatifs aux activités transférées. Lors de sa première réunion, le CSE devait décider, à la majorité de ses membres, soit d'accepter les affectations prévues par les anciennes instances, soit de fixer des affectations différentes (ord. 2017-1718 du 20 décembre 2017, art. 3, JO du 21).

Dans le cas où le CSE n'a pas été installé au 1.01.2020, les budgets de l'ancien CE ont été bloqués dans l'attente de l'élection du CSE. Le budget AEP et la contribution pour le financement des ASC ont continué à être versées par l'employeur (« CSE : Quelles conséquences en cas d'absence de mise en place ? », site du ministère du Travail).

☛ *Activités sociales et culturelles.*

Comité social et économique (réunions)

Les modalités à respecter pour les réunions du *comité social et économique** (CSE) avec l'employeur varient selon la taille de l'entreprise.

Entreprises de moins de 50 salariés

Voir *Comité social et économique (entreprises de moins de 50 salariés)**.

Entreprises d'au moins 50 salariés

Personnes présentes - L'employeur (ou son représentant) assiste aux réunions en tant que président du CSE. Il peut être assisté de 3 collaborateurs (c. trav. art. L. 2315-23).

Seuls les élus titulaires sont présents. Les suppléants n'assistent aux réunions qu'en remplacement d'un titulaire (c. trav. art. L. 2314-1).

▶ À noter… À notre sens, un accord d'entreprise plus favorable pourrait autoriser la présence des suppléants aux réunions en même temps que les titulaires (ou le règlement intérieur du CSE, mais pour ce type de clause, avec l'accord de l'employeur) (c. trav. art. L. 2315-24). Ce point n'est pas officiellement tranché. Le ministère du Travail a seulement indiqué que les modalités de la suppléance peuvent être aménagées dans le règlement intérieur du CSE [voir *Comité social et économique (règlement intérieur)**] (« Comité social et économique : 117 questions-réponses », Q/R 87, www.travail.gouv.fr).

Principales réunions du CSE		
Formalités préalables	**Périodicité minimale et déroulement**	**Formalités postérieures**
Entreprises de 11 à 49 salariés (c. trav. art. L. 2315-21 et L. 2315-22)		
Préalablement à la réunion, les élus doivent adresser une note écrite à l'employeur exposant l'objet des demandes présentées, 2 jours ouvrables avant la date à laquelle ils doivent être reçus.	**Au moins une fois par mois** En cas d'urgence, ils sont reçus sur leur demande.	L'employeur répond par écrit à ces demandes, au plus tard dans les 6 jours ouvrables suivant la réunion. Les demandes des élus et les réponses motivées de l'employeur sont, soit transcrites sur un registre spécial, soit annexées à ce registre.
Entreprises d'au moins 50 salariés (c. trav. art. L. 2312-19, L. 2315-27 à L. 2315-35)		
L'ordre du jour est arrêté par le président et le secrétaire. Si l'élaboration conjointe est impossible, les consultations obligatoires sont inscrites de plein droit par l'un ou l'autre. L'ordre du jour est communiqué aux membres 3 jours au moins avant la séance.	**Nombre de réunions fixé par un accord** (collectif d'entreprise majoritaire ou avec le CSE) : au moins 6 réunions annuelles. **En l'absence d'accord** : - au moins une réunion tous les 2 mois dans les entreprises de moins de 300 salariés ; - au moins une réunion par mois dans les entreprises d'au moins 300 salariés. **À la demande de la majorité des membres du CSE**, celui-ci peut tenir une seconde réunion, sur ces mêmes périodes. **Attention : au moins 4 des réunions annuelles du CSE doivent porter sur les questions « santé, sécurité et conditions de travail »** [voir Comité social et économique (santé, sécurité et conditions de travail)*].	Les délibérations des CSE sont consignées dans des P-V établis par le secrétaire et communiqués à l'employeur ainsi qu'aux membres du comité. Le P-V, après avoir été adopté, peut être affiché ou diffusé dans l'entreprise par le secrétaire.
CSE central (c. trav. art. L. 2316-15 et L. 2316-17)		
L'ordre du jour est arrêté par le président et le secrétaire. Les consultations obligatoires sont inscrites de plein droit par l'un ou l'autre. L'ordre du jour est communiqué aux membres au moins 8 jours avant la séance.	**1 fois au moins tous les 6 mois** au siège de l'entreprise. Il peut, en outre, tenir des réunions exceptionnelles à la demande de la majorité de ses membres.	Voir Comité social et économique (central)*.
Comité de groupe (c. trav. art. L. 2334-2 et L. 2334-3)		
L'ordre du jour est arrêté par le président et le secrétaire et communiqué aux membres 15 jours au moins avant la séance.	**Au moins 1 fois par an** sur convocation de son président.	voir Comité de groupe*.

Commissions du CSE (entreprises d'au moins 50 salariés)			
Commission	**Formalités préalables**	**Périodicité**	**Formalités postérieures**
Commission économique 1 000 salariés (c. trav. art. L. 2315-46 à L. 2315-48 et R. 2315-28)	Les réunions ont lieu sur convocation du président de la commission ou sur demande du CSE.	**Au moins 2 fois par an.** Chaque membre dispose de 40 h par an pour tenir les réunions (c. trav. art. L. 2325-25).	Selon accord avec le CSE [voir Comité social et économique (commissions)*].

Comité social et économique (réunions)

Principales réunions du CSE			
Commission de l'égalité professionnelle 300 salariés (c. trav. art. L. 2315-56 et R. 2315-28)		**Pas de minimum légal.** Cette question est réglée par accord.	
Commission formation 300 salariés (c. trav. art. L. 2315-49, R. 2315-28, R. 2315-30, R. 2315-31)			
Commission d'information et aide au logement 300 salariés (c. trav. art. L. 2315-50 à L. 2315-55 ; c. trav. art. R. 2315-28)		**Pas de minimum légal.** Chaque membre dispose d'un crédit annuel de 20 h payées pour participer aux séances.	
Commission des marchés (c. trav. art. L. 2315-44-1, L. 2315-64, R. 2315-28 et D. 2315-29)	Commission mise en place [voir Comité social et économique (comptabilité)*] si le CSE dépasse, pour au moins deux des trois critères, les seuils suivants : - le nombre de 50 salariés à la clôture d'un exercice ; - le montant prévu au 2° de l'article R. 612-1 du code de commerce de ressources annuelles définies à l'article D. 2325-10 du code du travail ; - le montant du total du bilan prévu au 3° de l'article R. 612-1 du code de commerce.	**Pas de minimum légal.** Les modalités du fonctionnement de cette commission sont fixées par le règlement intérieur du CSE.	
Commission santé, sécurité et conditions de travail (c. trav. art. L. 2315-36)	Mise en place obligatoire notamment dans les entreprises d'au moins 300 salariés. C'est le CSE qui émet un avis (c. trav. art. L. 2315-38).	Voir Commission santé, sécurité et conditions de travail*.	-
Représentants syndicaux CSE et CSE central 50 salariés (c. trav. art. L. 2143-22 et L. 2314-2)	Dans les mêmes conditions que l'instance concernée (voir Représentant syndical auprès du CSE*).	Voir CSE et CSE central.	Voir CSE et CSE central.

Le cas échéant, le *représentant syndical auprès du CSE** a voix consultative aux réunions (c. trav. art. L. 2314-2).

Participants extérieurs - L'employeur qui souhaite avoir à ses côtés une personne extérieure à l'entreprise ne peut l'inviter qu'avec l'accord de la majorité des membres élus du CSE (cass. soc. 22 novembre 1988, n° 86-13368, BC V n° 613). Cet accord peut être implicite et se déduire du comportement des élus à l'égard de ces personnes (cass. soc. 8 juillet 2014, n° 13-15470, BC V n° 179).

▶ À noter… Les règles posées par les juges à propos des réunions du comité d'entreprise (CE) sont à notre sens transposable aux réunions du CSE, compte de leur similarité en la matière.

Les élus peuvent également inviter une personne extérieure si l'employeur en est d'accord (cass. soc. 22 novembre 1988, n° 86-13368, BC V n° 613).

À notre sens, un accord collectif ou un accord négocié avec le CSE [voir *Comité social et économique (négocié)**] peut organiser la possibilité pour l'employeur ou les élus d'inviter une personne extérieure.

▶ À noter… Sur les participants aux réunions « santé, sécurité et conditions de travail », voir *Comité social et économique (santé, sécurité et conditions de travail)**.

Nombre de réunions - Le nombre de réunions annuelles du comité dans les entreprises d'au moins 50 salariés peut être fixé par un accord collectif d'entreprise majoritaire conclu entre l'employeur et les syndicats représentatifs (sans possibilité de référendum) ou, en l'absence de délégué syndical, un accord entre l'employeur et le CSE adopté à la majorité des membres titulaires. L'accord ne peut pas prévoir un nombre de réunions annuelles inférieur à 6 (c. trav. art. L. 2312-19).

En l'absence d'accord, il faut se référer aux dispositions supplétives du code du travail qui prévoient (c. trav. art. L. 2315-28) :
- dans les entreprises de moins de 300 salariés, au moins une réunion tous les 2 mois, ce qui revient à 6 réunions par an ;
- dans les entreprises d'au moins 300 salariés, au moins une réunion par mois, ce qui revient à 12 réunions par an.

▶ À noter… Pour le ministère du Travail, le seuil de 300 salariés est réputé franchi lorsque l'effectif de l'entreprise dépasse ce seuil pendant 12 mois « consécutifs ». Il indique aussi que l'employeur dispose d'un délai d'un an à compter du franchissement de ce seuil pour se conformer complètement aux obligations en matière de réunion qui en découlent (c. trav. art. L. 2312-34 ; « Comité social et économique : 117 questions-réponses », Q/R 84, www.travail.gouv.fr).

Le comité peut aussi tenir une seconde réunion, sur ces mêmes périodes, à la demande de la majorité de ses membres. Pour vérifier si une demande de réunion extraordinaire émane bien de la majorité de ses membres, seuls les élus ayant voix délibérative sont pris en considération (cass. soc. 13 février 2019, n° 17-27889 FSPB).

▶ À noter… Pour le ministère du Travail, dans les entreprises à établissements multiples, le nombre annuel de réunions des CSE d'établissements est déterminé en fonction des effectifs de l'entreprise, et non de l'établissement (« Comité social et économique : 117 questions-réponses », Q/R 84, www.travail.gouv.fr).

Réunions santé, sécurité et conditions de travail - Voir *Comité social et économique (santé, sécurité et conditions de travail)**.

Convocation - Le CSE se réunit sur convocation de l'employeur ou de son représentant (c. trav. art. L. 2315-28). C'est donc lui qui fixe la date de la réunion. À cet égard, le règlement intérieur du CSE ne peut pas fixer la date des réunions périodiques du CSE en prévoyant, par exemple, que les séances ont systématiquement lieu le troisième jeudi de chaque mois à 9 h 00 (cass. soc. 15 janvier 2013, n° 11-28324, BC V n° 9).

Lorsque l'employeur est défaillant, le CSE peut être convoqué par l'inspecteur du travail et siéger sous sa présidence lorsqu'au moins la moitié des membres du CSE en fait la demande (c. trav. art. L. 2315-27).

L'employeur doit convoquer les membres du CSE aux réunions, y compris ceux qui sont temporairement absents [ex. : élu en congé sans solde (cass. soc. 27 mai 2009, n° 08-42555, BC V n° 136)].

Même si les élus suppléants n'assistent pas aux réunions (sauf si le titulaire est absent), il est préférable de leur envoyer la convocation en leur rappelant qu'ils ne peuvent assister à la réunion qu'en l'absence du titulaire (« Comité social et économique : 117 questions-réponses », Q/R 91, www.travail.gouv.fr).

Établissement de l'ordre du jour - L'ordre du jour est établi par le président et le secrétaire sachant que les consultations obligatoires sont inscrites de plein droit à l'ordre du jour (c. trav. art. L. 2315-29).

▶ À noter… Bien que le code du travail prévoie une inscription de plein droit de ces consultations à l'ordre du jour, le président doit les soumettre préalablement au secrétaire et ne les inscrire lui-même qu'en cas de désaccord (ce qui vaut aussi pour le secrétaire) (cass. soc. 12 juillet 2010, n° 08-40821, BC V n° 169).

Lorsque le CSE est réuni à la demande de la majorité de ses membres, les questions jointes à la demande de convocation sont inscrites à l'ordre du jour (c. trav. art. L. 2315-31).

Communication de l'ordre du jour - L'ordre du jour des réunions est communiqué par le président aux membres du CSE (titulaires et suppléants), y compris ceux qui sont en congé, arrêtés ou suspendus à titre disciplinaire, à l'inspecteur du travail ainsi qu'à l'agent des services de prévention des organismes de sécurité sociale 3 jours au moins avant la réunion (c. trav. art. L. 2315-30).

▶ À noter… Le cas échéant, il est envoyé au conseiller du travail qui assiste de droit, avec voix consultative, à toutes les réunions du CSE consacrées à des questions sociales (c. trav. art. D. 4632-4).

Selon le ministère du Travail, un accord collectif ou un accord conclu avec la majorité des membres titulaires du CSE peut prévoir que la communication de l'ordre du jour aux suppléants vaut convocation de ces derniers aux réunions du comité (« Comité social et économique : 117 questions-réponses », Q/R 91, www.travail.gouv.fr).

▶ À noter... Sur les participants aux réunions consacrées à la santé, la sécurité et les conditions de travail, voir *Comité social et économique (santé, sécurité et conditions de travail)**.

Contenu de l'ordre du jour - En pratique, l'ordre du jour du CSE prévoit, généralement, trois types de rubriques.

Rubrique 1 : approbation du procès-verbal de la précédente réunion. Il est possible d'y attacher certaines questions abordées lors de la réunion précédente et auxquelles l'employeur devait apporter des informations complémentaires. En revanche, il est impossible de réinscrire seul à l'ordre du jour une question qui n'avait pas été traitée lors de la réunion précédente faute de temps. Même les questions restées en suspens lors d'une précédente réunion doivent donc être inscrites conjointement à l'ordre du jour de la réunion suivante par le président et le secrétaire du CSE (cass. soc. 25 juin 2003, n° 01-12990, BC V n° 210).

Rubrique 2 : nouvelles questions à débattre. Il s'agit en particulier des points devant obligatoirement être soumis à l'avis, ou à l'information du CSE.

Rubrique 3 : questions diverses. Cette rubrique peut permettre d'aborder des points de faible importance mais, à notre sens, les points devant y être abordés doivent être précisément listés. En effet, l'ordre du jour doit être transmis aux intéressés avant la réunion afin qu'ils puissent la préparer en toute connaissance de cause, ce qui exclut à notre avis des intitulés trop imprécis.

▶ Attention... L'employeur ou les membres du CSE peuvent refuser de se prononcer sur une question n'ayant pas été inscrite à l'ordre du jour (cass. soc. 9 juillet 1996, n° 94-17628, BC V n° 271). De plus, une délibération portant sur une question non inscrite à l'ordre du jour peut être annulée (cass. crim. 5 septembre 2006, n° 05-85895, B. crim. n° 206 ; cass. soc. 15 janvier 2014, n° 12-25468 D).

Heure et lieu des réunions - Le code du travail ne prévoit rien concernant l'heure et le lieu des réunions du CSE.

En pratique, les réunions se tiennent généralement pendant les heures de travail. Elles peuvent cependant se dérouler en dehors des heures de travail, ou bien se poursuivre au-delà des heures de travail (sur le paiement du temps passé en réunion, voir ci-après).

Concernant le lieu, elles peuvent se dérouler dans le *local du CSE**, dans une salle de réunion de l'entreprise, voire dans la salle du conseil d'administration. En pratique, les réunions ont lieu au siège de l'entreprise ou de l'établissement. C'est l'employeur qui détermine le lieu mais il peut, le cas échéant, avoir à répondre devant les juges d'un abus dans l'exercice de cette prérogative (cass. soc. 3 avril 2019, n° 17-31304 FPB).

Exemple
Malgré l'opposition des élus, les réunions du comité étaient organisées en région parisienne alors qu'aucun salarié de la société n'y travaillait, que le temps de transport pour s'y rendre était particulièrement élevé et de nature à décourager les vocations des candidats à l'élection, que ce choix était de nature à avoir des incidences sur la qualité des délibérations rendues par le comité. En outre, aucunes solutions alternatives n'avaient pas été véritablement recherchées. En conséquence de quoi, l'employeur avait commis un abus dans le choix du lieu des réunions (cass. soc. 3 avril 2019, n° 17-31304 FPB).

Recours à la visioconférence - Le recours à la visioconférence peut être autorisé par accord entre l'employeur et les membres élus du CSE.

En l'absence d'accord, ce recours est limité à trois réunions par année civile.

Le dispositif mis en place doit garantir l'identification des membres du CSE et leur participation effective, en assurant la retransmission continue et simultanée du son et de l'image des délibérations. Les suspensions de séance restent possibles.

Préalablement à l'engagement des délibérations, il faut vérifier que, pour chaque membre, les moyens techniques mis à leur disposition sont conformes aux prescriptions réglementaires.

Le vote doit avoir lieu de manière simultanée, ce qui signifie que les participants disposent d'une durée identique pour voter à compter de l'ouverture des opérations de vote indiquée par le président du comité (c. trav. art. L. 2315-4, D. 2315-1 et D. 2315-2).

▶ À noter... En cas de vote à bulletin secret, le dispositif retenu doit faire en sorte que l'identité de l'électeur ne puisse à aucun moment être mise en relation avec l'expression de son vote. Lorsque le vote est organisé par voie électronique, le système retenu doit assurer la confidentialité des données transmises, ainsi que la sécurité de l'adressage des moyens d'authentification, de l'émargement, de l'enregistrement et du dépouillement des votes (c. trav. art. D. 2315-1).

Déroulement des réunions - Après approbation du procès-verbal (P-V) de la réunion précédente, les points à l'ordre du jour sont abordés successivement et font l'objet d'une délibération.

L'employeur ou la délégation du personnel du CSE peut décider de recourir à l'enregistrement ou à la sténographie des séances du comité. Le président du comité ne peut s'opposer à la décision des élus sauf lorsque les délibérations portent sur des informations revêtant un caractère confidentiel et qu'il les a présentées comme telles (c. trav. art. L. 2315-34 et D. 2315-27).

Si ce sont les élus qui décident de recourir à l'enregistrement ou à la sténographie, le comité doit financer la prestation sur son budget de fonctionnement. À l'inverse, au cas où le président du comité prendrait une telle décision, les frais seraient, sauf accord contraire, à sa charge.

▶ À noter... Lorsqu'il est fait appel à une personne extérieure pour sténographier les séances du comité, celle-ci est tenue à la même obligation de discrétion que les membres du comité social et économique (c. trav. art. D. 2315-27).

Le code du travail n'encadre pas les suspensions de séance et la jurisprudence ne s'est, à notre connaissance, pas encore prononcée sur la question. Le règlement intérieur du CSE peut les prévoir. À défaut, le bon sens veut que les suspensions soient admises, y compris au cours d'une réunion en visioconférence, en respectant les principes élémentaires de loyauté et bonne foi.

Liberté d'expression des participants - Le président doit permettre le plus large échange de vues entre les participants. La liberté d'expression n'autorise toutefois pas des propos injurieux ou diffamatoires qui pourraient justifier une sanction disciplinaire pouvant aller jusqu'au licenciement (cass. soc. 27 février 2013, n° 11-27474 D ; cass. soc. 2 juillet 2015, n° 14-15829 D) et/ou engager la responsabilité civile, voire pénale, de leur auteur.

Vote et délibération - Voir *Comité social et économique (délibération)**.

Procès-verbal - Les délibérations doivent être consignées dans un procès-verbal (P-V).

Le délai et les modalités d'établissement du P-V, y compris son contenu, sont définis par un accord collectif majoritaire hors référendum, ou en l'absence de délégué syndical, par accord conclu entre l'employeur et le CSE. L'accord peut prévoir un délai inférieur ou supérieur au délai réglementaire (c. trav. art. L. 2315-34).

À défaut d'accord, le P-V doit contenir, a minima, le résumé des délibérations (avis, votes, désignation d'expert). Il peut aussi reprendre l'ensemble des propos tenus par les uns et les autres, en anonymisant ou non les interventions. Il doit également contenir le cas échéant la décision motivée du président du comité sur les propositions faites lors de la précédente réunion (c. trav. art. D. 2315-26).

À défaut d'accord, le secrétaire dispose d'un délai de 15 jours à compter de la réunion pour établir le P-V et le transmettre à l'employeur et aux élus. Aucune sanction n'est prévue en cas de non-respect du délai. Dans l'hypothèse où une nouvelle réunion est prévue dans le délai de 15 jours, le P-V doit alors être transmis avant la réunion (c. trav. art. R. 2315-25 et D. 2315-26).

À l'issue de ce délai, le P-V est transmis à l'employeur, qui fera connaître lors de la réunion du comité suivant cette transmission sa décision motivée sur les propositions qui lui ont été soumises. Les déclarations sont consignées dans le P-V (c. trav. art. L. 2315-34, R. 2315-25, D. 2315-26 et D. 2315-27).

Le P-V peut être affiché ou diffusé par le secrétaire dans l'entreprise, le président du comité ne pouvant pas s'opposer à cette publicité. Les modalités de diffusion du P-V doivent être prévues par le règlement intérieur du comité (c. trav. art. L. 2315-35). Le CSE peut aussi décider de transmettre au DREETS certaines de ses délibérations (c. trav. art. L. 2315-33 et R. 2315-24).

▶ À noter... il n'est pas prévu que l'inspection du travail puisse demander à prendre connaissance à tout moment des délibérations du CSE, comme c'était le cas avec le CE (c. trav. art. L. 2325-19, dans sa version antérieure au 1er janvier 2018). Cela étant, les agents de contrôle de l'inspection du travail peuvent se faire présenter, au cours de leurs visites, l'ensemble des documents rendus obligatoires par le code du travail, au nombre desquels les P-V des réunions du CSE (c. trav. art. L. 8113-4).

Temps passé aux réunions - Le temps passé aux réunions internes du CSE (ex. : réunion dites préparatoires) n'est pas payé comme temps de travail effectif, sauf pour les membres du CSE à utiliser leurs *heures de délégation**.

▶ À noter... Sur le temps passé en commission, voir *Comité social et économique (commissions)** et *Commission santé, sécurité et conditions de travail**.

Le temps passé aux réunions avec l'employeur n'est pas déduit du crédit d'*heures de délégation** et doit être payé comme temps de travail effectif.

Temps de trajet et frais de déplacement - Les temps de trajet pour se rendre aux réunions du

CSE ou en revenir ne donnent pas lieu à une retenue sur salaire s'ils sont compris dans l'horaire normal de travail du représentant du personnel (c. trav. art. L. 3121-4 ; cass. soc. 20 février 2002, n° 99-44760 D ; CE 30 décembre 2003, n° 252545). Si le temps nécessaire pour se rendre à une réunion est pris en dehors de l'horaire normal de travail et qu'il excède le temps de trajet ordinaire entre le domicile et le lieu de travail de l'intéressé, le supplément de temps doit être rémunéré (cass. soc. 5 novembre 2003, n° 01-43109, BC V n° 275 ; cass. soc. 12 juin 2013, n° 12-15064, BC V n° 154).

Les frais de déplacement pour participer aux réunions organisées à l'initiative de l'employeur ou à la demande de la majorité des membres du CSE sont à la charge de l'employeur (cass. soc. 22 mai 2002, n° 99-43990, BC V n° 174). Pour autant, un accord collectif peut limiter les solutions de transport autorisées, sauf sujétion particulière injustifiée (cass. soc. 11 septembre 2019, n° 17-14623 D). À défaut d'accord ou de dispositions conventionnelles applicables, dès lors que la solution retenue par un salarié pour se rendre aux réunions du CSE est exempte d'abus, les frais engagés doivent être remboursés par l'employeur (cass. soc. 20 février 2002, n° 99-44760 D).

▶ Attention… Les frais de déplacement pour assister aux réunions n'entrent pas dans les dépenses de fonctionnement du CSE (cass. soc. 26 septembre 1990, n° 87-45554, BC V n° 401).

Réunions d'information - Le CSE peut organiser, dans le local mis à sa disposition (voir *Local du CSE**), des réunions d'information, internes au personnel, portant notamment sur des problèmes d'actualité. Ces réunions ont lieu en dehors du temps de travail des participants. Toutefois, les élus du CSE peuvent se réunir sur leur temps de délégation (c. trav. art. L. 2315-26).

☛ *Comité social et économique.*

Comité social et économique (santé, sécurité et conditions de travail)

Attributions santé, sécurité et conditions de travail

Travailleurs couverts - Dans son champ de compétences « santé, sécurité et conditions de travail », le CSE joue son rôle au profit des salariés, des intérimaires, des stagiaires ainsi que des personnes placées sous l'autorité de l'employeur (c. trav. art. L. 2312-6).

CSE central/CSE d'établissement - Sur la répartition des rôles entre le CSE central et les CSE d'établissement, voir *Comité social et économique (central)** et *Comité social et économique (établissement)**.

Le cas échéant, un secrétaire adjoint en charge des questions santé, sécurité et conditions de travail est désigné au sein du CSE central (c. trav. art. L. 2313-1 et L. 2316-13).

Commission santé, sécurité et conditions de travail - En présence d'une *commission santé, sécurité et conditions de travail** (CSSCT), le CSE lui délègue tout ou partie de ses attributions « santé, sécurité et conditions de travail » (c. trav. art. L. 2315-36 et L. 2315-38).

Attributions dans une entreprise d'au moins 11 salariés à moins de 50 salariés

Promotion de la santé, la sécurité et l'amélioration des conditions de travail - Les élus du CSE ont pour mission de promouvoir la santé, la sécurité et l'amélioration des conditions de travail dans l'entreprise (c. trav. art. L. 2312-5).

À notre sens, la santé s'entend de la santé physique et mentale.

Par conditions de travail, il faut comprendre l'organisation matérielle du travail (ex. : charge de travail), l'environnement physique du travail (ex. : température, éclairage, bruit), l'aménagement des postes de travail, la durée, les horaires de travail et l'aménagement du temps de travail (circ. DRT 93-15 du 25 mars 1993, BOMT 93/10).

▶ À noter… Compte tenu de la similarité entre certaines dispositions légales qui étaient applicables au CHSCT et celles aujourd'hui en vigueur pour le CSE, les précisions apportées par les juges et l'administration à propos du CHSCT demeurent à notre sens valables pour le CSE.

Présentation par l'employeur de la liste des actions de prévention à compter du 31 mars 2022 - L'employeur devra présenter aux CSE des entreprises de moins de 50 salariés la liste des actions de prévention des risques et de protection des salariés consignées dans le *docu-*

*ment unique d'évaluation des risques professionnels** à compter du **31.03.2022** (loi 2021-1018 du 2 août 2021, art. 3, 1° ; c. trav. art. L. 2312-5, dans sa version en vigueur à compter du 31 mars 2022).

Réclamations - La santé et la sécurité font partie des thèmes pouvant donner lieu à la présentation de réclamations à l'employeur (c. trav. art. L. 2312-5) [voir *Comité social et économique (entreprises de moins de 50 salariés)**].

Enquêtes - Le CSE peut mener des enquêtes en matière d'accidents du travail ou de maladies professionnelles ou à caractère professionnel. L'enquête est conduite par une délégation comprenant l'employeur (ou un représentant désigné par lui) et un élu du CSE.

Un arrêté détermine la nature des renseignements que le CSE fournit à l'administration (restant à paraître au 1.01.2022) (c. trav. art. L. 2315-11 et R. 2312-2).

▶ **À noter…** Le temps passé aux enquêtes menées après un accident du travail grave ou des incidents répétés ayant révélé un risque grave ou une maladie professionnelle ou à caractère professionnel grave est payé comme du temps de travail effectif et n'est pas déduit des *heures de délégation** (c. trav. art. L. 2315-11).

Saisine de l'inspection du travail - Les élus du CSE peuvent saisir l'inspection du travail de toutes les plaintes et observations relatives à l'application des dispositions légales dont elle est chargée d'assurer le contrôle, en particulier de celles concernant la santé, la sécurité au travail et les conditions de travail (c. trav. art. L. 2312-5, L. 4111-1 et s. et L. 8112-1).

Alertes - Le CSE peut exercer son droit d'alerte (c. trav. art. L. 2312-5) [voir *Droit d'alerte (CSE)**] :
- en cas d'atteinte aux droits des personnes (c. trav. art. L. 2312-59) ;
- en cas de danger grave et imminent (c. trav. art. L. 2312-60).

Documents santé et sécurité - L'employeur informe le CSE de la réception des attestations, consignes, résultats et rapports relatifs aux vérifications et contrôles mis à sa charge au titre de la santé et de la sécurité au travail (c. trav. art. R. 2312-1).

Le CSE peut se faire communiquer ces documents, ainsi que tous les livres, registres et documents nominatifs que l'employeur doit établir en matière de santé et de sécurité.

Le *document unique d'évaluation des risques professionnels** est tenu à sa disposition (c. trav. art. R. 2312-3 et R. 4121-4) [voir aussi *Base de données économiques, sociales et environnementales (BDESE)**].

Consultation préalable en cas d'inaptitude - Voir *Inaptitude physique (reclassement)**.

Licenciement économique - Voir *Licenciement économique collectif (moins de 10 salariés)** et *Licenciement économique collectif (10 salariés ou plus dans une entreprise de moins de 50 salariés)**.

Attributions dans une entreprise d'au moins 50 salariés

Le CSE présent dans une entreprise d'au moins 50 salariés exerce :
- les attributions dévolues au CSE dans une entreprise d'au moins 11 salariés et de moins de 50 salariés *(voir ci-avant)*,
- et celles propres à la tranche d'effectif d'au moins 50 salariés *(voir ci-après)* (c. trav. art. L. 2312-8).

Informations-consultations ponctuelles - Le CSE est informé et consulté sur les questions intéressant l'organisation, la gestion et la marche générale de l'entreprise et notamment sur l'introduction de nouvelles technologies ainsi que tout aménagement important modifiant les conditions de santé et de sécurité ou les conditions de travail [voir *Comité social et économique (entreprises d'au moins 50 salariés)**] (c. trav. art. L. 2312-8).

L'employeur consulte le CSE au stade de ses projets. Un projet est important quand il concerne un nombre significatif de salariés et conduit, sur le plan qualitatif, à un changement déterminant notamment de leurs conditions de travail (circ. DRT 93-15 du 25 mars 1993, BOMT 93/10).

Enfin, des technologies sont nouvelles quand elles ne sont pas déjà utilisées dans l'entreprise (cass. soc. 4 mai 2011, n° 09-67476 D ; circ. DRT 84-12 du 30 novembre 1984).

Informations-consultations périodiques - En l'absence d'accord d'entreprise, la consultation sur la politique sociale de l'entreprise, les conditions de travail et l'emploi est annuelle et porte sur divers points, au nombre desquels les actions de prévention en matière de santé et de sécurité ainsi que les conditions de travail (c. trav. art. L. 2312-17 et L. 2312-26) [voir *Comité social et économique (informations-consultations périodiques)**].

L'employeur informe préalablement le CSE en lui présentant notamment (c. trav. art. L. 2312-27) :
- un rapport annuel « santé, sécurité et conditions de travail » *(voir ci-après)* ;

- un programme annuel de prévention des risques professionnels et d'amélioration des conditions de travail (PAPRIPACT) *(voir ci-après)*.

Rapport annuel - Le rapport annuel remis dans le cadre de la consultation annuelle sur la politique sociale de l'entreprise (sous réserve d'un accord d'entreprise ; voir ci-avant) est impérativement écrit. Il établit le bilan (c. trav. art. L. 2312-27) :

- de la situation générale de la santé, de la sécurité et des conditions de travail dans l'entreprise ;
- et des actions menées au cours de l'année écoulée (N – 1) dans ces domaines.

Les questions du travail de nuit et de prévention des effets de l'exposition à certains facteurs de risques professionnels sont traitées spécifiquement (ex. : contrainte physique marquée comme la manutention manuelle de charge) (c. trav. art. L. 2312-27 et L. 4161-1).

▶ À noter… Pour rédiger le rapport et le programme, l'employeur s'appuie sur le *document unique d'évaluation des risques professionnels** (DUER) (c. trav. art. R. 4121-2 et R. 4121-3).

Lorsque certaines des mesures prévues par l'employeur, ou demandées par le CSE, n'ont pas été prises au cours de l'année concernée par le programme annuel *(voir ci-après)*, l'employeur donne les motifs de cette inexécution en annexe du rapport annuel (c. trav. art. L. 2312-27).

▶ À noter… À l'époque du comité d'entreprise, un arrêté avait défini le modèle de ce qu'il convenait alors d'appeler le bilan général de l'hygiène, de la sécurité et des conditions de travail (arrêté du 12 décembre 1985, JO du 16 janvier 1986). Faute d'un nouveau texte, l'employeur peut à notre sens toujours s'y reporter.

Programme annuel - Le programme annuel (PAPRIPACT) est remis dans le cadre de la consultation annuelle sur la politique sociale de l'entreprise (sous réserve d'un accord d'entreprise ; voir ci-avant). Il a le contenu suivant (c. trav. art. L. 2312-27) :

- il fixe la liste détaillée des mesures devant être prises au cours de l'année à venir (N + 1), au nombre desquelles les mesures de prévention des effets de l'exposition à certains facteurs de risques professionnels (c. trav. art. L. 4161-1) ;
- il définit, pour chaque mesure, ses conditions d'exécution, par exemple en précisant les délais de mise en œuvre et les personnes chargées des actions à mener (circ. DRT du 25 mars 1993, BO TR 93/10), et l'estimation de son coût ;
- à compter du 31.03.2022, il identifiera les ressources de l'entreprise pouvant être mobilisées (loi 2021-1018 du 2 août 2021, art. 3, 2° ; c. trav. art. L. 2312-27 et L. 4121-3-1, dans leur version en vigueur au 31 mars 2022) ;
- à compter du 31 mars 2022, il comprendra un calendrier de mise en œuvre ;

▶ Attention… L'employeur élabore ce programme à partir du *document unique d'évaluation des risques professionnels**. Attention, le programme est rendu obligatoire pour toutes les entreprises d'au moins 50 salariés à compter du 31.03.2022.

À l'occasion de son avis sur le rapport et le programme annuels de prévention, le CSE peut proposer un ordre de priorité et l'adoption d'autres mesures de prévention (c. trav. art. L. 2312-27).

Le PAPRIPACT est impérativement écrit (c. trav. art. L. 2312-27), mais il n'existe pas de modèle officiel. Il est intégré à la *base de données économiques, sociales et environnementales (BDESE)** des entreprises d'au moins 300 salariés en l'absence d'accord définissant le contenu de cette base (c. trav. art. R. 2312-8).

Contribution à l'analyse des risques professionnels à compter du 31 mars 2022 - À compter du 31.03.2022, dans le cadre du dialogue social, le CSE d'une entreprise d'au moins 50 salariés et sa commission santé, sécurité et conditions de travail (CSSCT), quand ils existent, apporteront « leur contribution à l'analyse des risques professionnels dans l'entreprise » (loi 2021-1018 du 2 août 2021, art. 3, 3° ; c. trav. art. L. 4121-3, dans sa version en vigueur au 31 mars 2022). Il s'agira ici de la suite logique de l'analyse des risques à laquelle procède le CSE *(voir ci-après)* (c. trav. art. L. 2312-9).

Information et consultation sur le DUER à compter du 31 mars 2022 - À compter de cette date, le CSE présent dans une entreprise d'au moins 50 salariés devra être consulté sur le *document unique d'évaluation des risques professionnels** et ses mises à jour (loi 2021-1018 du 2 août 2021, art. 3, 3° ; c. trav. art. L. 4121-3, dans sa version en vigueur à compter du 31 mars 2022).

Autres attributions spécifiques - Dans une entreprise d'au moins 50 salariés et dans le champ de la santé, de la sécurité et des conditions de travail, le CSE (c. trav. art. L. 2312-9) :

- analyse des risques professionnels auxquels peuvent être exposés les travailleurs, notamment les femmes enceintes, ainsi que des effets de l'exposition à certains facteurs de risques professionnels [voir *Prévention des risques professionnels (pénibilité)**] ;

- contribue notamment à faciliter l'accès des femmes à tous les emplois, à la résolution des problèmes liés à la maternité, l'adaptation et à l'aménagement des postes de travail afin de faciliter l'accès et le maintien des personnes handicapées à tous les emplois au cours de leur vie professionnelle ;
- peut susciter toute initiative qu'il estime utile et proposer notamment des actions de prévention du *harcèlement moral**, du *harcèlement sexuel** et des *agissements sexistes** sachant que, le cas échéant, le refus de l'employeur est motivé.

Enquêtes et inspections du CSE - Les enquêtes peuvent être conduites en cas d'accidents du travail ou de maladies professionnelles ou à caractère professionnel par un CSE présent dans une entreprise d'au moins 11 salariés et de moins de 50 salariés ainsi que par un CSE présent dans une entreprise d'au moins 50 salariés *(voir ci-avant)*.

Dans les entreprises d'au moins 50 salariés, le CSE conduit des inspections à intervalles réguliers en matière de santé, de sécurité et de conditions de travail et au moins 4 fois par an, à savoir suivant la même fréquence que les réunions portant sur ces thèmes *(voir ci-après)* (c. trav. art. L. 2312-13 et R. 2312-4).

Visites et observations de l'inspection du travail - Dans une entreprise d'au moins 50 salariés, l'employeur informe le CSE de la présence de l'inspecteur du travail. Les élus du CSE peuvent lui présenter leurs observations. Un élu peut l'accompagner dans sa visite (c. trav. art. L. 2312-10).

Par ailleurs, le président informe le CSE des observations de l'inspecteur du travail, du médecin inspecteur du travail et des agents des services de prévention des organismes de sécurité sociale au cours de la réunion qui suit leur intervention (c. trav. art. R. 2315-23).

Documents santé et sécurité - Le CSE d'une entreprise d'au moins 50 salariés se voit présenter les attestations, consignes, résultats et rapports relatifs aux vérifications et contrôles mis à la charge de l'employeur au titre de la santé et de la sécurité au travail au cours de la réunion qui suit leur réception par l'employeur. Chaque membre du comité peut à tout moment demander la transmission de ces documents (c. trav. art. L. 4711-1 et R. 2315-23) (voir aussi *Base de données économiques, sociales et environnementales (BDESE)** et *Document unique d'évaluation des risques professionnels**).

Audition du chef d'un établissement voisin - Dans les entreprises d'au moins 50 salariés, le CSE peut demander à entendre le chef d'une entreprise voisine dont l'activité expose les travailleurs de son ressort à des nuisances particulières. Il est informé des suites réservées à ses observations (c. trav. art. L. 2312-13).

Licenciement économique - Voir *Licenciement économique collectif (moins de 10 salariés)** et *Licenciement économique collectif (10 salariés ou plus dans une entreprise d'au moins 50 salariés)**.

Réunions

En dessous de 50 salariés : réunions mensuelles - En dessous de 50 salariés, les réunions du CSE sont mensuelles (c. trav. art. L. 2315-21).

▶ À noter... Sur la rémunération du temps passé en réunion, voir *Heures de délégation** (c. trav. art. R. 2315-7).

À partir de 50 salariés : réunions ordinaires - À partir de 50 salariés, au moins 4 des réunions annuelles du CSE doivent porter en tout ou partie sur les questions « santé, sécurité et conditions de travail » (c. trav. art. L. 2315-27) [voir *Comité social et économique (réunions)**].

▶ Attention... Un accord collectif ou conclu avec le CSE ne peut pas déroger à cette règle.

Sur les modalités de l'information-consultation du CSE (ex. : délais), voir *Comité social et économique (informations-consultations)**.

À partir de 50 salariés : réunions extraordinaires - Le CSE doit aussi être réuni (c. trav. art. L. 2315-27) :
- à la suite de tout accident ayant entraîné ou ayant pu entraîner des conséquences graves ou d'événement grave lié à l'activité de l'entreprise, ayant porté atteinte ou ayant pu porter atteinte à la santé publique ou à l'environnement ;
- ou à la demande motivée de 2 de ses élus, sur les sujets relevant de la santé, la sécurité ou des conditions de travail.

▶ Attention... Un accord collectif ou conclu avec le CSE ne peut pas déroger à ces règles.

S'agissant des réunions « à la demande », l'employeur ne peut pas se faire juge du bien-fondé des motifs de cette demande. Il ne peut donc pas refuser de les organiser dès lors que la demande est motivée (cass. crim. 4 janvier 1990, n° 88-83311, B. crim. n° 11 ; cass. soc. 26 juin 2013, n° 12-13599, BC V n° 175), sauf à notre sens obstacle insurmontable.

Invitation des participants extérieurs aux réunions « santé, sécurité et conditions de travail » - L'employeur doit informer annuellement l'inspection du travail, le médecin du travail et l'agent des services de prévention des organismes de sécurité sociale du calendrier retenu pour les réunions consacrées aux sujets « santé, sécurité ou conditions de travail » puisqu'ils peuvent y assister.

▶ À noter… Le médecin du travail peut donner délégation à un membre de l'équipe pluridisciplinaire du service de santé au travail ayant les compétences nécessaires pour participer à ces réunions (c. trav. art. L. 2314-3).

L'employeur doit confirmer par écrit au moins 15 jours à l'avance la tenue de ces réunions (c. trav. art. L. 2314-3 et L. 2315-27).

L'agent de contrôle de l'inspection du travail et celui des services de prévention des organismes de sécurité sociale peuvent aussi être invités à la demande de la majorité de la délégation du personnel du CSE. Ils doivent être invités aux réunions du CSE consécutives à un accident de travail ayant entraîné un arrêt de travail d'au moins 8 jours ou à une maladie professionnelle ou à caractère professionnel (c. trav. art. L. 2314-3).

Enfin, le responsable interne du service de sécurité et des conditions de travail ou, à défaut, l'agent chargé de la sécurité et des conditions de travail assiste aussi aux réunions du CSE.

▶ À noter… Sur les réunions de la *commission santé, sécurité et conditions de travail**, voir cette étude.

Invitation de personnes extérieures - Dans le cadre de ses attributions « santé, sécurité et conditions de travail », le CSE présent dans une entreprise d'au moins 50 salariés peut (c. trav. art. L. 2312-13) :
- faire appel à titre consultatif et occasionnel au concours de toute personne de l'entreprise qui lui paraîtrait qualifiée ;
- demander à entendre le chef d'une entreprise voisine dont l'activité expose les travailleurs de son ressort à des nuisances particulières (il est informé des suites réservées à ses observations).

▶ À noter… S'agissant de l'invitation d'une personne qualifiée de l'entreprise à participer ponctuellement à une réunion du CSE et à titre consultatif, l'employeur participe à la décision de l'inviter sans avoir toutefois la possibilité de s'opposer à une décision majoritaire des élus (circ. DRT 93-15 du 25 mars 1993, BOMT 93/10 ; cass. crim. 23 avril 1981, n° 80-92095, B. crim. n° 119).

Expertise

Voir *Expert habilité**.

Référent

Voir *Harcèlement sexuel** et *Agissements sexistes**.

Formation

Formation initiale - Quel que soit l'effectif de l'entreprise, les élus du CSE bénéficient d'une formation en santé, sécurité et conditions de travail (y compris le référent « *harcèlement sexuel** » (c. trav. art. L. 2315-18).

Elle est dispensée dès la première élection des élus du CSE selon un programme théorique et pratique préétabli qui tient compte notamment des spécificités de l'entreprise (c. trav. art. R. 2315-10).

Cette première formation a pour objet de développer leur aptitude à déceler et à mesurer les risques professionnels et leur capacité d'analyse des conditions de travail et de les initier aux méthodes et procédés à mettre en œuvre pour prévenir les risques professionnels et améliorer les conditions de travail (c. trav. art. R. 2315-9).

▶ À noter… La formation est dispensée soit par des organismes figurant sur une liste arrêtée par le ministre chargé du travail, soit par des organismes agréés par le préfet de région (c. trav. art. R. 2315-12 à R. 2315-16).

Formation renouvelée - La formation en santé, sécurité et conditions de travail est renouvelée lorsque les représentants ont exercé leur mandat pendant 4 ans, consécutifs ou non, afin de leur permettre d'actualiser leurs connaissances et de se perfectionner. À cet effet, le programme établi par l'organisme de formation a un caractère plus spécialisé. Il est adapté aux demandes particulières du stagiaire et tient compte notamment des changements technologiques et d'organisation affectant l'entreprise, l'établissement ou la branche d'activité (c. trav. art. L. 2315-17 et R. 2315-11).

Durée de la formation (dispositions applicables avant le 31 mars 2022) - La durée minimale de la formation est fixée uniquement pour les membres de la *commission santé, sécurité et conditions de travail** (CSSCT) (c. trav. art. L. 2315-18 et L. 2315-40), alors qu'en principe l'ensemble des élus du CSE bénéficie de la formation santé, sécurité et conditions de travail y compris lorsqu'une CSSCT est en place (« Comité social et économique : 117 questions-réponses », Q/R 83).

Cette durée minimale est de :
- 5 jours dans les entreprises d'au moins 300 salariés ;
- 3 jours dans les entreprises de moins de 300 salariés.

Dans ses questions/réponses sur le CSE, le ministère du Travail « encourage » une formation similaire pour les élus non-membres de la CSSCT, notamment lorsqu'il n'y a pas de CSSCT (Q/R 83).

Durée de la formation (dispositions applicables à compter du 31 mars 2022) - À compter du 31.03.2022, tous les élus du CSE, quelle soit la taille de l'entreprise et qu'ils soient ou non membres d'une CSSCT, bénéficieront d'une durée minimale de formation (loi 2021-1018 du 2 août 2021, art. 39 ; c. trav. art. L. 2315-18 dans sa version en vigueur au 31 mars 2022 et art. L. 2315-40 abrogé à compter de cette date).

La formation sera d'au moins 5 jours lors du premier mandat des élus (ces 5 jours valent aussi à notre sens pour le référent « harcèlement sexuel »).

En cas de renouvellement du mandat, la durée de la formation sera :
- d'au moins 3 jours pour chaque élu, quelle que soit la taille de l'entreprise ;
- d'au moins 5 jours pour les membres de la CSSCT dans les entreprises d'au moins 300 salariés.

Demande de l'élu et réponse de l'employeur - L'élu du CSE formule sa demande à l'employeur au moins 30 jours avant le début du stage en précisant (c. trav. art. R. 2315-17) :
- la date à laquelle il souhaite prendre son congé de formation ;
- la durée de celui-ci ;
- le prix du stage ;
- le nom de l'organisme chargé de l'assurer.

▶ Attention... La demande est imputée, à sa date de présentation, par priorité sur les contingents du *congé de formation économique, sociale, environnementale et syndicale** (c. trav. art. L. 2145-8 et R. 2315-17).

L'employeur peut refuser la demande s'il estime que l'absence du salarié pourrait avoir des conséquences préjudiciables à la production et à la bonne marche de l'entreprise. Il notifie son refus à l'intéressé dans un délai de 8 jours à compter de la réception de la demande. Dans ce cas, le congé formation peut être reporté dans la limite de 6 mois (c. trav. art. R. 2315-19). Le congé de formation d'un représentant du personnel au CSE est réputé accepté si l'employeur n'a donné aucune réponse dans ce délai (cass. soc. 9 février 2012, n° 10-21820 D).

Prise du congé - Le congé de formation est pris en une seule fois à moins que l'élu et l'employeur ne se mettent d'accord pour qu'il soit pris en deux fois (c. trav. art. R. 2315-18).

Il est pris sur le temps de travail et est rémunéré comme tel sans être déduit des heures de délégation (c. trav. art. L. 2315-16).

▶ À noter... Un salarié participant, sur sa demande, à une telle formation ne peut pas prétendre à une rémunération supérieure à celle qu'il aurait perçue s'il ne l'avait pas suivie. Ainsi, s'agissant d'un salarié à temps partiel, la rémunération du temps consacré à cette formation excédant la durée hebdomadaire n'a pas à être prise en charge par l'employeur (cass. soc. 15 juin 2010, n° 09-65180, BC V n° 138).

L'organisme de formation délivre, à la fin du stage, une attestation d'assiduité que l'intéressé remet à son employeur lorsqu'il reprend son travail (c. trav. art. R. 2315-15).

Dépenses de formation - L'employeur prend en charge (c. trav. art. R. 2315-20 et R. 2315-21) :
- les frais de déplacement au titre de la formation à hauteur du tarif de seconde classe des chemins de fer applicable au trajet le plus direct depuis le siège de l'établissement jusqu'au lieu de dispense de la formation ;
- les frais de séjour sont pris en charge à hauteur du montant de l'indemnité de mission fixée en application de la réglementation applicable aux déplacements temporaires des fonctionnaires ;
- la rémunération des organismes de formation, à concurrence d'un montant qui ne peut dépasser, par jour et par stagiaire, l'équivalent de 36 fois le montant horaire du SMIC.

Attention, à compter du 31.03.2022 et pour les entreprises de moins de 50 salariés, la formation à la sécurité des élus du CSE pourra être financée par les opérateurs de compétences (OPCO), selon des modalités à préciser par un décret restant à paraître (loi 2021-1018 du 2 août 2021, art. 39 ; c. trav. art. L. 2315-22-1, L. 6332-1 et L. 6332-1-3 dans leur version en vigueur au 31 mars 2022). Ainsi, à compter de cette date :
- dans les entreprises de moins de 50 salariés, les OPCO pourront financer la formation en santé et sécurité ;
- dans celles d'au moins 50 salariés, cette formation restera à la charge de l'employeur.

☞ *Comité social et économique ; Commission santé, sécurité et conditions de travail.*

Comité social et économique (unité économique et sociale)

Mise en place obligatoire

Lorsque des entreprises juridiquement distinctes présentent des liens étroits entre elles, *l'unité économique et sociale** (UES) constitue l'entité au niveau de laquelle la représentation du personnel est organisée. En présence d'une UES regroupant au moins 11 salariés, un *comité social et économique** (CSE) commun est mis en place à ce niveau (c. trav. art. L. 2313-8).

Sur la reconnaissance de l'UES, voir *Unité économique et sociale**.

Des CSE d'établissement et un CSE central sont constitués dans les UES qui comptent au moins deux établissements.

Périmètre de mise en place

Définition par accord ou, à défaut, par l'employeur - La détermination du nombre et du périmètre des établissements distincts se fait (c. trav. art. L. 2313-8) :

- par accord collectif d'entreprise majoritaire conclu avec les syndicats représentatifs au niveau de l'UES (sans possibilité de validation par référendum en cas d'accord minoritaire) [voir *Accord collectif d'entreprise (conclusion avec délégué syndical)**] (c. trav. art. L. 2232-12) ;
- en l'absence d'un tel accord, et en l'absence de délégué syndical désigné au niveau de l'UES, par un accord signé entre les entreprises regroupées au sein de l'UES et le CSE, adopté à la majorité des membres titulaires élus de la délégation du personnel du comité ;
- en l'absence d'accord d'entreprise ou d'accord conclu avec le CSE, par décision de l'un des employeurs mandatés de l'UES.

Dans cette dernière hypothèse, l'un des employeurs mandatés par les autres fixe le nombre et le périmètre des établissements distincts, compte tenu de l'autonomie de gestion du responsable de l'établissement, notamment en matière de gestion du personnel. Il porte celle-ci à la connaissance de chaque syndicat représentatif dans l'UES et de chaque syndicat qui y a constitué une section syndicale. Il procède par tout moyen donnant une date certaine à cette information (c. trav. art. R. 2313-4).

Lorsque des négociations ont eu lieu avec le CSE, l'employeur mandaté par les autres réunit le CSE afin de l'informer de sa décision.

> ▶ Attention… L'accord déterminant les établissements distincts pour la mise en place du CE, des délégués du personnel et du CHSCT dans le cadre d'une unité économique et sociale (UES) ne peut être maintenu lors de l'élection du CSE (cass. soc. 25 mars 2020, n° 18-18401 FSPB). En effet, les stipulations des accords d'entreprise, de branche ou couvrant un champ territorial ou professionnel plus large relatives aux anciennes institutions représentatives du personnel ont cessé de produire leurs effets depuis la date du premier tour des élections du CSE (ord. 2017-1386 du 22 septembre 2017, art. 9, VII).

Contestation - Les syndicats représentatifs dans l'UES et les syndicats y ayant constitué une section syndicale peuvent, dans le délai de 15 jours à compter de la date à laquelle ils en ont été informés, contester la décision de l'employeur devant le DREETS (c. trav. art. R. 2313-4). Lorsque les négociations ont eu lieu avec le CSE, le comité peut saisir le DREETS.

Le DREETS prend sa décision dans un délai 2 mois à compter de la réception de la contestation et la notifie par LRAR (courrier mentionnant les voies et délais de recours). Cette décision peut faire l'objet d'un recours devant le *tribunal judiciaire** dans les 15 jours suivant sa notification.

> ▶ À noter… Un accord collectif sur le découpage de l'UES, conclu en cours de procédure judiciaire et reprenant les termes de la décision du DREETS (DIRECCTE à l'époque des faits), rend caduque la décision du DREETS. Cet accord met fin à la procédure judiciaire (cass. soc. 17 mars 2021, n° 19-21057 FP).

En cas de décision implicite de rejet du DREETS, les syndicats représentatifs dans l'UES (le CSE quand des négociations se sont déroulées avec lui), peuvent saisir, dans un délai de 15 jours, le tribunal judiciaire afin qu'il statue sur la contestation (c. trav. art. R. 2313-5 et R. 2313-6).

Le tribunal judiciaire statue dans les 10 jours de sa saisine. Sa décision est susceptible d'un pourvoi en cassation dans un délai de 10 jours.

☞ *Unité économique et sociale.*

Commissaires aux comptes (convocation par le CSE)

Dans les sociétés commerciales et préalablement à la consultation récurrente (annuelle en l'absence d'accord définissant une autre périodicité) du comité social et économique (CSE) sur la situation économique et financière de l'entreprise [voir *Comité social et économique (informations-consultations périodiques)**], le CSE, éventuellement assisté d'un *expert comptable**, peut convoquer les commissaires aux comptes pour recevoir leurs explications sur (c. trav. art. L. 2312-25) :

- les différents postes des documents comptables qui lui sont communiqués par l'employeur ;
- la situation financière de l'entreprise.

Le CSE peut demander en justice la récusation des commissaires aux comptes désignés par l'assemblée générale. Il peut également demander une révocation, par décision de justice, en cas de faute ou d'empêchement du commissaire aux comptes (c. com. art. L. 823-6 et L. 823-7).

Dans le cadre du contrôle des comptes de certains CSE, le commissaire aux comptes peut mettre en œuvre la procédure d'alerte, s'il constate, dans le cadre de sa mission, des faits de nature à compromettre la continuité de l'exploitation. Les réponses, rapports et délibérations qui interviennent dans ce contexte doivent, à notre avis, être communiqués au CSE même si les textes du code du commerce indiquant cette option pour le comité d'entreprise n'ont pas été mis à jour (c. com. art. L. 234-1 et L. 234-2).

☞ *Comité social et économique.*

Commission paritaire régionale interprofessionnelle

Afin de développer le dialogue social au sein des très petites entreprises (TPE), des commissions paritaires régionales interprofessionnelles (CPRI) ont été créées pour représenter les entreprises de moins de 11 salariés (c. trav. art. L. 23-111-1).

Désignation des membres

Vingt membres - Chaque commission est instituée au niveau régional et composée de salariés et d'employeurs, issus de TPE. Elle comporte 20 membres, 10 sièges « salariés » et 10 sièges « employeurs de TPE », désignés pour 4 ans renouvelables respectivement par les syndicats représentatifs de salariés et par les organisations professionnelles d'employeurs représentatives (c. trav. art. L. 23-111-1 et L. 23-112-3).

La répartition des sièges de membres entre les organisations syndicales et patronales pour les 12 régions métropolitaines, la Corse et 7 DROM-COM a été fixée pour le mandat 2021-2025 (arrêté du 10 décembre 2021, JO du 14). La composition des CPRI est publiée par les DREETS au recueil des actes administratifs et sur leur site Internet (c. trav. art. R. 23-112-14 ; arrêté du 30 mai 2017, JO 8 juin).

Parité femmes/hommes - Les sièges doivent être attribués en respectant la parité femmes/hommes. Quand les sièges à pourvoir sont en nombre impair, l'écart entre le nombre de femmes et le nombre d'hommes ne peut être supérieur à un (c. trav. art. L. 23-112-1).

Propagande électorale - Les syndicats peuvent, à l'occasion du scrutin organisé dans les TPE tous les 4 ans, mentionner sur leur propagande électorale l'identité des salariés qu'ils envisagent de désigner dans les CPRI, et ce, dans la limite de 10 salariés par organisation. Cette propagande peut être différenciée par région.

Les noms des salariés dont l'identité est amenée à figurer sur la propagande électorale et les noms des salariés de la commission sont notifiés à l'employeur par les syndicats (c. trav. art. L. 23-112-2).

Les modalités de la présentation des salariés sur la propagande électorale ainsi que celles relatives à la notification aux employeurs desdits salariés seront précisées ultérieurement par décret (c. trav. art. L. 23-115-1).

Contentieux - Les contestations relatives à la désignation de membres des CPRI peuvent être portées devant le *tribunal judiciaire** dans les 15 jours suivant cette publication. Le tribunal statue en dernier ressort dans un délai de 10 jours (c. trav. art. R. 23-112-15 et R. 23-112-16).

Suppléance et remplacement - La désignation d'un suppléant au sein d'une CPRI n'a pas été prévue par le code du travail. Aussi, en cas de démission d'un représentant salarié, il est recommandé que le syndicat en informe l'administration et l'employeur. Elle transmet à la DREETS la lettre de démission et peut désigner un nouveau représentant selon les modalités légales.

En cas de décès d'un représentant, le syndicat peut procéder à son remplacement en informant la DREETS. La désignation du nouveau représentant s'effectue selon les modalités légales.

Dans les deux cas, la désignation comme nouveau membre de la CPRI vaut pour la durée du mandat restant à courir. Il n'est pas possible de procéder à une nouvelle désignation moins de 6 mois avant la fin du mandat (c. trav. art. R. 23-112-19).

Rôle des commissions

Les CPRI sont dédiées au conseil et à l'information des salariés et des employeurs à propos des dispositions légales ou conventionnelles applicables et peuvent faire des propositions en matière d'activités sociales et culturelles.

Elles jouent un rôle de conseil et de débat sur les problématiques spécifiques aux entreprises de moins de 11 salariés et à leurs salariés, notamment en matière d'emploi, de formation, de gestion prévisionnelle des emplois et des compétences, de conditions de travail, de santé au travail, d'égalité professionnelle, de lutte contre le harcèlement sexuel et les agissements sexistes, de travail à temps partiel et de mixité des emplois.

Elles peuvent être médiatrices dans le cadre de conflits individuels ou collectifs sous réserve du respect des deux conditions suivantes (c. trav. art. L. 23-113-1) :

- conflit n'ayant pas donné lieu à saisine du juge ;
- accord des parties concernées.

▶ À noter… Sur les autres modes amiables de règlement des conflits, voir *Médiation** et *Procédure participative**.

Représentants salariés

Crédit d'heures - Sauf circonstances exceptionnelles, chaque membre de la commission bénéficie d'un crédit mensuel plafonné à 5 h de délégation. Ce temps de délégation peut être utilisé cumulativement sur une année civile sans que cela conduise un membre à disposer de plus de 7 h 30 sur un mois. Il peut aussi être mutualisé entre les membres de la CPRI dans la limite de 7 h 30 min par mois pour un représentant et sous réserve d'en informer l'employeur.

Le salarié informe son employeur de l'utilisation de son crédit d'heures au plus tard 8 jours avant la date prévue pour leur utilisation (c. trav. art. L. 23-114-1).

▶ À noter… Le temps de trajet pour se rendre aux réunions de la commission n'est pas imputé sur le crédit d'heures (c. trav. art. L. 23-114-1).

Temps consacré à la mission - Le temps passé par le représentant salarié à l'exercice de sa mission, y compris le temps passé aux séances de la commission, est considéré comme du temps de travail et payé à l'échéance normale. Il est assimilé à du temps de travail effectif pour la détermination des droits que le salarié tient de son contrat de travail, des dispositions légales et des stipulations conventionnelles. L'employeur se fait rembourser le salaire maintenu par le syndicat qui a désigné le salarié. En cas de non-remboursement, il peut procéder à une retenue sur salaire du salarié concerné (c. trav. art. R. 23-113-2 et R. 23-113-3).

Accès aux locaux - Les représentants salariés peuvent entrer dans les locaux des entreprises s'ils y sont autorisés par l'employeur (c. trav. art. L. 23-113-2).

Statut protecteur - Les représentants salariés relèvent d'un statut protecteur impliquant notamment pour l'employeur de suivre la procédure d'autorisation préalable auprès de l'inspecteur du travail en cas de rupture de leur contrat de travail (c. trav. art. L. 2411-1, L. 2411-25, L. 2412-16 et L. 2421-2 ; circ. DGT/RT2 2017-191 du 1er juin 2017).

Représentants employeurs

Les représentants employeurs sont indemnisés par leur organisation professionnelle, pour le temps passé en commission, par une vacation horaire égale à l'allocation perçue par un conseiller prud'homme employeur. À la date d'actualisation de cette étude, cette allocation s'élève à 16,80 € par heure pour toute activité comprise entre 8 h et 18 h et 8,40 € par heure après 18 h (c. trav. art. D. 1423-56 et D. 1423-57).

Fonctionnement des commissions

Règlement intérieur - Chaque CPRI doit déterminer, dans un règlement intérieur, les modalités de son fonctionnement (ex. : modalités de la justification de la présence des membres et des frais engagés, rappel des obligations de discrétion professionnelle) (circ. DGT/RT2 2017-191 du 1er juin 2017).

Financement - Les frais de fonctionnement des CPRI, la participation de leurs membres aux réunions et la formation de ceux-ci, ainsi que l'indemnisation des représentants salariés et employeurs sont exclusivement financés par les crédits versés par le fonds paritaire de financement du paritarisme aux organisations syndicales et patronales (circ. DGT/RT2 2017-191 du 1er juin 2017).

Commission santé, sécurité et conditions de travail

Dans certains cas, une commission santé, sécurité et conditions de travail (CSSCT) doit être créée au sein du *comité social et économique** (CSE).

Effectif et cadre de mise en place

Entreprises ou établissements distincts d'au moins 300 salariés : obligatoire - Une CSSCT doit être créée au sein du CSE dans les entreprises et établissements distincts d'au moins 300 salariés (c. trav. art. L. 2315-36).

▶ À noter… Pour le ministère du Travail, ce seuil est réputé franchi s'il a été atteint pendant 12 mois consécutifs. Il précise qu'un délai d'un an est accordé à compter du franchissement du seuil pour se conformer à l'obligation de mettre en place la CSSCT (« Comité social et économique : 117 questions-réponses », Q/R 98).

La disposition du code du travail relative à l'obligation de mise en place d'une CSSCT est une disposition d'ordre public, à laquelle ni un accord (collectif ou avec le CSE), ni l'employeur ne peuvent déroger. Cela étant, cette disposition est un « minimum » qui peut être « amélioré » par accord (collectif ou avec le CSE) ou décision unilatérale de l'employeur. Ainsi, plusieurs CSSCT au lieu d'une seule peuvent être créées, leur périmètre de mise en place étant défini par la même voie.

▶ Attention… Une CSSCT doit être créée au sein du CSE, sans condition d'effectif, des sites « Seveso 2 » et des sites nucléaires de base.

En outre, une CSSCT centrale doit être mise en place dans les entreprises d'au moins 300 salariés. Le ministère du Travail précise qu'il s'agit d'entreprises comportant au moins 2 établissements distincts, que l'effectif de ces établissements soit inférieur, égal ou supérieur à 300 salariés (c. trav. art. L. 2316-18 ; « Comité social et économique : 117 questions-réponses », Q/R 99).

Effectif inférieur à 300 salariés : décision de l'inspecteur du travail - Dans les entreprises et établissements distincts de moins de 300 salariés, l'inspecteur du travail peut imposer la création d'une CSSCT lorsque cette mesure est nécessaire, notamment en raison de la nature des activités, de l'agencement ou de l'équipement des locaux.

▶ À noter… Le ministère du Travail indique que si l'inspecteur du travail peut imposer la mise en place d'une CSSCT au sein d'un établissement de moins de 50 salariés appartenant à une entreprise d'au moins 50 salariés, en revanche il n'est pas en mesure de l'imposer dans une entreprise de moins de 50 salariés (« Comité social et économique : 117 questions-réponses », Q/R 100).

La décision de l'inspecteur du travail peut être contestée devant le DREETS (c. trav. art. L. 2315-37).

Effectif inférieur à 300 salariés : par accord ou décision de l'employeur - Dans les entreprises et établissements distincts de moins de 300 salariés, une (ou des) CSSCT peut être mise en place par :
- un accord collectif d'entreprise majoritaire (sans possibilité de validation par référendum en cas d'accord minoritaire) ;
- ou, en l'absence de délégué syndical (DS), par un accord conclu avec le CSE *(voir ci-après)*.

Le cas échéant, l'accord fixe le nombre et le périmètre de mise en place de la ou des CSSCT et définit ses modalités de mise en place (c. trav. art. L. 2315-43).

En l'absence d'accord, l'employeur peut fixer le nombre de CSSCT et leur périmètre tandis que le règlement intérieur du CSE définit, le cas échéant, leurs modalités de mise en place telles que décrites ci-après (c. trav. art. L. 2315-44).

▶ À noter… En fonction de la nature et de la technicité des risques, l'accord national interprofessionnel (ANI) « pour une prévention renforcée et une offre renouvelée en matière de santé au travail et conditions de travail » indique que les entreprises de moins de 300 salariés peuvent avoir intérêt à mettre en place une CSSCT au sein du CSE.

Modalités négociées de mise en place

Accord collectif d'entreprise majoritaire - Un accord collectif d'entreprise majoritaire (sans possibilité de validation d'un accord minoritaire par référendum) fixe les modalités de mise en place de la ou des CSSCT en respectant les moda-

Mise en place d'une CSSCT au sein du CSE : récapitulatif		
Entreprise ou établissement distinct	**Obligatoire ou facultative ?**	**Modalités**
< 300 salariés	Obligatoire	• Décision de l'inspecteur du travail, lorsque cette mesure est nécessaire, notamment en raison de la nature des activités, de l'agencement ou de l'équipement des locaux (1) (c. trav. art. L. 2315-37).
< 300 salariés	Facultative	• Par accord collectif majoritaire (sans possibilité de validation par référendum en cas d'accord minoritaire), qui fixe le nombre et le périmètre de mise en place de la ou des CSSCT et définit ses modalités de mise en place (c. trav. art. L. 2315-42). • Par accord conclu avec le CSE, en l'absence de DS. L'accord fixe le nombre et le périmètre de mise en place de la ou des CSSCT et définit ses modalités de mise en place (c. trav. art. L. 2315-42). • En l'absence d'accord, l'employeur peut fixer le nombre de CSSCT et leur périmètre tandis que le règlement intérieur du CSE définit, le cas échéant, leurs modalités de mise en place (c. trav. art. L. 2315-44).
≥ 300 salariés (2)	Obligatoire	• Un accord collectif d'entreprise majoritaire (sans possibilité de validation par référendum en cas d'accord minoritaire) fixe les modalités de mise en place de la ou des CSSCT (c. trav. art. L. 2313-2 et L. 2232-12 et L. 2315-41). • En l'absence de DS, un accord avec le CSE fixe les modalités de mise en place de la ou des CSSCT (c. trav. art. L. 2315-42). • En l'absence d'accord collectif d'entreprise et d'accord conclu avec le CSE, le règlement intérieur du CSE définit les modalités de mise en place de la ou des CSSCT (c. trav. art. L. 2315-44).
Sites Seveso 2 et sites nucléaires de base	Obligatoire	-

(1) Le ministère du Travail indique que si l'inspecteur du travail peut imposer la mise en place d'une CSSCT au sein d'un établissement de moins de 50 salariés appartenant à une entreprise d'au moins 50 salariés, en revanche il n'est pas en mesure de l'imposer dans une entreprise de moins de 50 salariés (« Comité social et économique : 117 questions-réponses », Q/R 100).
(2) En outre, une CSSCT centrale est mise en place dans les entreprises d'au moins 300 salariés comportant au moins 2 établissements distincts, que l'effectif de ces établissements soit inférieur, égal ou supérieur à 300 salariés (c. trav. art. L. 2316-18 ; « Comité social et économique : 117 questions-réponses », Q/R 99).

lités d'ordre public *(voir ci-après)*. Il définit (c. trav. art. L. 2315-41) :
- le nombre de membres de la ou des commissions, sachant qu'elle est impérativement présidée par l'employeur ou son représentant et qu'un nombre minimum de membres est imposé *(voir ci-après)* ;
- les missions déléguées à la ou les commissions par le CSE et leurs modalités d'exercice, sous réserve des modalités d'ordre public *(voir ci-après)* ;
- leurs modalités de fonctionnement, notamment le nombre d'*heures de délégation**, étant précisé qu'un nombre minimal d'heures de délégation est imposé ;
- les modalités de leur formation en santé, sécurité et conditions de travail *(voir ci-après)* ;
- le cas échéant, les moyens qui leur sont alloués (ex. : modalités de déplacement des membres de la CSSCT, attribution d'un local dédié et aménagement de ce local, accès à une documentation technique).

À notre sens, l'accord peut également définir les conditions et modalités suivant lesquelles une formation spécifique correspondant aux risques ou facteurs de risques particuliers, en rapport avec l'activité de l'entreprise peut être dispensée aux membres de la commission.

Modalités définies par accord avec le CSE - En l'absence de DS, un accord entre l'employeur et le CSE, adopté à la majorité des membres titulaires élus de la délégation du personnel du comité, fixe les modalités de mise en place de la ou des CSSCT en respectant les modalités d'ordre public *(voir ci-après)* (c. trav. art. L. 2315-42).

Modalités applicables en l'absence d'accord - Dans les entreprises et établissements distincts d'au moins 300 salariés, en l'absence d'accord collectif d'entreprise et d'accord conclu avec le CSE, la CSSCT doit être créée puisqu'elle est obligatoire à ce niveau-là d'effectif. Le règlement intérieur du CSE en définit les modalités de mise en place en respectant les modalités d'ordre public *(voir ci-après)* (c. trav. art. L. 2315-44).

▶ Attention… Le règlement intérieur du CSE ne peut, sauf accord de l'employeur, comporter des clauses lui imposant des obligations ne résultant pas de dispositions légales (c. trav. art. L. 2315-24) [voir *Comité social et économique (règlement intérieur)**]. Le cas échéant, l'accord de l'employeur constitue un engagement unilatéral de l'employeur que celui-ci peut dénoncer à l'issue d'un délai raisonnable et après en avoir informé les membres de la délégation du personnel du CSE.

Dans les entreprises et établissements distincts de moins de 300 salariés, en l'absence d'accord, l'employeur peut fixer le nombre de CSSCT et leur périmètre. Dans ce cas, le règlement intérieur du CSE définit leurs modalités de mise en place en respectant les modalités d'ordre public *(voir ci-après)* (c. trav. art. L. 2315-44).

Modalités d'ordre public

Attributions - La CSSCT peut se voir confier, par délégation du CSE, tout ou partie des attributions du comité relatives à la santé, à la sécurité et aux conditions de travail, à l'exception (c. trav. art. L. 2315-38) **:**

- **du recours à un expert ;**
- **des attributions consultatives du comité.**

Ces dispositions sont d'ordre public.

Exemple

Peuvent faire l'objet d'une telle délégation :
- la gestion des procédures d'alerte en cas de danger grave et imminent [voir *Droit d'alerte (CSE)**] ;
- les inspections et enquêtes [voir *Comité social et économique (santé, sécurité et conditions de travail)**] ;
- la préparation des réunions et délibérations du CSE sur les questions de santé, de sécurité et de conditions de travail (« Comité social et économique : 117 questions-réponses », Q/R 101). Par exemple, l'accord collectif ou conclu avec le CSE (ou le règlement intérieur, en l'absence d'accord) peut prévoir que la CSSCT fait des propositions et suggestions d'avis lors des différentes consultations après que le CSE lui ait demandé son « éclairage ». Attention toutefois : ce n'est pas la CSSCT qui émet l'avis mais le CSE *(voir ci-après)*.

En matière d'expertise, la CSSCT peut proposer au CSE de recourir à un expert habilité (c. trav. art. L. 2315-78) **mais la décision ne lui appartient pas. Elle relève du CSE.**

S'agissant des attributions consultatives, la CSSCT n'émet pas d'avis. Cette prérogative appartient au CSE.

Désignation - Les membres de la CSSCT sont désignés par le CSE en respectant les règles suivantes, lesquelles sont d'ordre public, ce qui signifie qu'elles ne peuvent pas être aménagées notamment par accord d'entreprise (c. trav. art. L. 2315-32 et L. 2315-39).

Les membres de la CSSCT sont désignés parmi les membres (titulaires ou suppléants) du CSE. Le ministère du Travail précise que les *représentants de proximité peuvent, dès lors qu'ils sont membres du CSE, être désignés membres des différentes commissions du CSE** (« Comité social et économique : 117 questions-réponses », Q/R 106).

Les membres de la CSSCT sont désignés par une délibération adoptée à la majorité des membres présents et ce, que la mise en place de la CSSCT soit obligatoire ou conventionnelle. Une résolution du CSE, préalable au vote et fixant les modalités de l'élection, est inutile puisque celles-ci sont définies par le code du travail (cass. soc. 27 novembre 2019, n° 19-14224 FPB).

▶ **À noter...** Ni l'administration ni les juges n'ont pris position sur le point de savoir si l'employeur participe à ce vote. Les avis des experts et praticiens sur la question divergent. De façon générale, le code du travail précise que le président du CSE ne participe pas au vote lorsqu'il consulte ses élus en tant que délégation du personnel (c. trav. art. L. 2315-32).

Les membres de la CSSCT sont désignés pour une durée qui prend fin avec celle du mandat des élus du CSE.

▶ **Attention...** L'affichage de la liste nominative des élus du CSE, dans les locaux affectés au travail, indique notamment leur participation à une ou plusieurs commissions [voir *Élections professionnelles (résultat du scrutin)**] (c. trav. art. R. 2314-22).

Présidence et assistance de l'employeur - L'employeur ou son représentant préside la CSSCT (c. trav. art. L. 2315-39). **Il peut se faire assister par des collaborateurs appartenant à l'entreprise et choisis en dehors du comité. Ensemble, ils ne peuvent pas être en nombre supérieur à celui des représentants du personnel titulaires.**

Ces collaborateurs sont tenus au secret professionnel pour toutes les questions relatives aux procédés de fabrication et à une obligation de discrétion à l'égard des informations ayant un caractère confidentiel et présentées comme telles par l'employeur (c. trav. art. L. 2315-3 et L. 2315-39).

Il s'agit là de dispositions d'ordre public.

Nombre de membres - La CSSCT comprend au minimum 3 membres représentants du person-

nel, dont au moins 1 représentant du 2e collège (ingénieurs, chefs de service, techniciens, agents de maîtrise et assimilés), ou le cas échéant du 3e collège (ingénieurs, chefs de service et cadres administratifs, commerciaux ou techniques assimilés).

Il s'agit là de dispositions d'ordre public (c. trav. art. L. 2315-39).

▶ À noter… L'accord collectif d'entreprise majoritaire ou l'accord conclu avec le CSE peut augmenter le nombre de membres de la CSSCT mais pas le diminuer.

Heures de délégation - Un nombre minimal d'*heures de délégation** est imposé. Par dérogation aux règles applicables au temps passé aux réunions des autres commissions, le temps passé aux réunions de la CSSCT est rémunéré comme du temps de travail. Il n'est pas déduit des heures de délégation prévues pour les membres titulaires de la délégation du personnel du CSE (c. trav. art. R. 2315-7).

Participants aux réunions - Lorsque l'accord confie tout ou partie des attributions du CSE à la CSSCT, assistent aux réunions de la commission avec voix consultative (c. trav. art. L. 2314-3 et L. 2315-39) :

- le médecin du travail, qui peut donner délégation à un membre de l'équipe pluridisciplinaire du service de santé au travail ayant compétence en matière de santé au travail ou de conditions de travail ;
- le responsable interne du service de sécurité et des conditions de travail ou, à défaut, l'agent chargé de la sécurité et des conditions de travail.

Sont également invités aux réunions :

- l'agent de contrôle de l'inspection du travail ;
- les agents des services de prévention des organismes de sécurité sociale.

Ces dispositions sont d'ordre public.

Formation - Les membres de la CSSCT reçoivent la formation nécessaire à l'exercice de leurs missions en matière de santé, sécurité et conditions de travail (c. trav. art. L. 2315-18). Ces dispositions sont d'ordre public. Sur la durée de formation, voir *Comité social et économique (santé, sécurité et conditions de travail)**.

En outre, les membres de la CSSCT peuvent, le cas échéant, bénéficier d'une formation spécifique correspondant aux risques ou facteurs de risques particuliers, en rapport avec l'activité de l'entreprise, les conditions et les modalités de cette formation étant définies par accord d'entreprise majoritaire ou, en l'absence de délégué syndical, par accord entre l'employeur et le CSE, ou à défaut d'accord par le règlement intérieur du CSE (c. trav. art. L. 2315-41).

▶ Attention… L'accord collectif d'entreprise majoritaire ou l'accord conclu avec le CSE peut augmenter le nombre de jours de formation des membres de la CSSCT prévus par le code du travail mais pas le diminuer.

Absence de personnalité juridique

La CSSCT n'a pas de personnalité morale distincte de celle du CSE (« Comité social et économique : 117 questions-réponses », Q/R 101). En l'état actuel du code du travail et de la jurisprudence, la CSSCT n'ayant pas la personnalité juridique, elle ne peut pas agir en justice. C'est le CSE qui peut saisir le juge. Par exemple, lorsqu'il estime ne pas disposer d'informations suffisantes, le CSE peut saisir le président du *tribunal judiciaire** statuant en la forme des référés, pour qu'il ordonne la communication par l'employeur des éléments manquants (c. trav. art. L. 2312-15).

☛ *Comité social et économique (santé, sécurité et conditions de travail).*

Compensation

La compensation est l'extinction simultanée d'obligations réciproques entre deux personnes. Elle s'opère, sous réserve d'être invoquée, à due concurrence, à la date où ses conditions se trouvent réunies (c. civ. art. 1347 ; cass. soc. 17 novembre 2010, n° 09-65081, BC V n° 262). Le code du travail a cependant posé certaines interdictions et limites à la compensation entre le salaire et certaines créances de l'employeur.

Compensation avec le salaire et autres sommes

Seule la compensation avec le salaire est limitée. En revanche, l'interdiction et la limitation de compensation ne jouent pas avec des sommes auxquelles les juges ne reconnaissent pas le caractère de salaires : indemnité de licenciement (cass. soc. 23 juin 1988, n° 85-44158, BC V n° 383), dommages-intérêts pour rupture abusive, indemnité de clientèle des VRP, etc.

Compensation pour fournitures diverses

Interdiction de principe - La compensation entre le salaire et les dettes du salarié pour « fournitures diverses » de l'employeur est en principe interdite (c. trav. art. L. 3251-1).

▶ À noter... L'employeur peut retenir la participation du salarié aux titres-restaurant sur son salaire. En effet, le *titre-restaurant**, qui constitue un avantage en nature payé par l'employeur entrant dans la rémunération du salarié, ne constitue pas une fourniture diverse. L'interdiction de compensation correspondante ne joue pas (cass. soc. 1er mars 2017, n° 15-18333, BC V n° 36).

La compensation est exceptionnellement admise, mais elle est alors soumise à deux conditions cumulatives *(voir ci-après)* :

- elle ne peut porter que sur certains éléments dus par le salarié ;
- elle ne peut être appliquée qu'en cas de licenciement pour faute lourde.

Exceptions admises - À titre d'exception, la compensation est permise s'il s'agit (c. trav. art. L. 3251-2) :

- des outils et instruments nécessaires au travail ;
- des matières ou matériaux dont le salarié a la charge et l'usage (cass. soc. 24 mars 1993, n° 90-44491, BC V n° 96) ;
- des sommes avancées pour l'acquisition de ces mêmes objets.

Compensation uniquement en cas de faute lourde - Seule la faute lourde du salarié peut engager sa responsabilité pécuniaire et ce, y compris en cas de droit à compensation pour fournitures diverses (cass. soc. 20 avril 2005, n° 03-40069, BC V n° 148). Cette condition est exigée même si le contrat de travail prévoit une clause de responsabilité pécuniaire dans certaines circonstances (cass. soc. 6 mai 2009, n° 07-44485, BC V n° 126) ou si le salarié a signé des reconnaissances de dettes (cass. soc. 2 juin 2017, n° 15-28496 D).

Exemples

Un employeur avait à tort procédé à une retenue sur salaire pour un badge détérioré par le salarié : il ne pouvait pas y avoir compensation en l'absence de faute lourde du salarié (cass. soc. 20 avril 2005, n° 03-40069, BC V n° 148).

La non-restitution de la clé des locaux de l'entreprise par un salarié, en dépit de plusieurs demandes, ne permet pas à un employeur, en l'absence de faute lourde, de déduire de la prime d'intéressement le montant de la facture de remplacement de la serrure de ces locaux (cass. soc. 5 novembre 2014, n° 13-17204 D).

Sur la définition de la faute lourde, voir *Licenciement pour faute**.

Limite des sommes prélevées - Quand elle est autorisée, la compensation est limitée à la fraction saisissable calculée conformément au barème de *saisie des rémunérations** (cass. soc. 21 mars 2000, n° 99-40003, BC V n° 118).

▶ À noter... Les retenues sur salaire dans le but de récupérer des commissions indûment perçues par un VRP peuvent être effectuées dans la limite du 1/10e du salaire net, dans la mesure où ces commissions s'analysent comme une avance sur salaire (cass. soc. 23 juin 2015, n° 14-11315 D).

Toutefois, cette limite ne concerne que les seuls salaires et sommes assimilées (indemnité de congés payés, indemnités compensatrices de congés payés et de préavis, etc.). L'interdiction et la limitation des compensations pour fournitures diverses ne s'appliquent pas aux sommes n'ayant pas le caractère de salaire, comme l'indemnité de licenciement (cass. soc. 23 juin 1988, n° 85-44158, BC V n° 383).

Autres compensations

Cas de compensation autorisés - Le code du travail ne contient des dispositions qu'en ce qui concerne les compensations pour fournitures diverses. Dans les autres cas, les juges se prononcent au cas par cas.

À titre d'illustration, l'employeur peut prélever directement sur le salaire les sommes suivantes :

- un trop-perçu accordé au titre d'un arrêt de travail consécutif à un accident du travail, l'employeur ayant versé par erreur le complément de salaire prévu en cas de maladie (cass. soc. 7 mars 2000, n° 97-44101 D) ;
- un trop-perçu versé au titre du maintien de la rémunération pour des repos compensateurs accordés par erreur (cass. soc. 5 avril 2018, n° 16-26712 D) ;
- des cotisations salariales que l'employeur a oublié de précompter (cass. soc. 10 janvier 1974, n° 73-40116, BC V n° 34) ;
- la créance résultant d'un acompte versé au salarié sous la forme d'un crédit ouvert pour l'achat de marchandises au sein du magasin où il travaille (cass. soc. 15 janvier 2014, n° 12-19739 D) ;
- la somme due au titre de la violation d'une *clause de dédit-formation** ; le salarié ayant quitté

l'entreprise avant que l'employeur ait pu « amortir » le coût de la formation (cass. soc. 21 mars 2000, n° 99-40003, BC V n° 118), seul le coût de la formation pouvant faire l'objet d'une compensation, et non la rémunération perçue par le salarié pendant la formation (cass. soc. 23 octobre 2013, n° 11-16032, BC V n° 247) ;

- le montant de l'indemnité de préavis en cas de non-respect du préavis par le salarié (cass. soc. 27 février 2001, n° 99-40774 D).

Lorsque la compensation est possible, elle ne peut s'effectuer que dans la limite de la quotité saisissable du barème de *saisie des rémunérations**, s'agissant des sommes ayant le caractère de salaire, et en totalité avec les sommes représentatives de dommages-intérêts (indemnité de licenciement, etc.).

De plus, pour être compensable, une créance ne doit pas être définitivement prescrite [voir *Prescription (salaires)**] (cass. soc. 23 octobre 2014, n° 13-17010 D).

Cas particulier d'une régularisation annuelle sur le salaire - Dans le cadre de dispositifs d'*aménagement du temps de travail** avec lissage de la rémunération, il peut arriver que l'employeur ait à récupérer un trop perçu par le salarié. Dans ce cadre, les juges considèrent que ce trop versé par l'employeur constitue une avance à récupérer comme telle (cass. soc. 3 novembre 2011, n° 10-16660, BC V n° 252). En conséquence, l'employeur peut procéder par des retenues successives au plus égales au 1/10 du salaire net exigible [voir *Salaire (avances sur)**].

Cas de compensation interdits - L'employeur ne peut pas, par exemple, prélever directement sur le salaire :

- les loyers dus par le salarié au titre d'un logement loué à l'employeur dans le cadre d'un contrat de location (cass. soc. 7 décembre 1994, n° 91-43037 D) ;
- les recettes perdues du fait de la négligence du salarié (cass. soc. 21 octobre 2008, n° 07-40809, BC V n° 197) ;
- les contraventions dues à la suite d'infractions commises par le salarié avec un véhicule professionnel même si cela est prévu par le contrat de travail (cass. soc. 11 janvier 2006, n° 03-43587, BC V n° 7 ; cass. soc. 17 avril 2013, n° 11-27550 D).

Plus généralement, il est interdit à l'employeur de prélever sur le salaire une somme qui correspondrait à un dédommagement consécutif à une faute du salarié. En effet, dans un tel cas, l'employeur doit passer par l'action en responsabilité pécuniaire du salarié, celle-ci ne pouvant être intentée devant les juges que si le salarié a commis une faute lourde (cass. soc. 17 avril 2013, n° 11-27550 D) (voir *Licenciement pour faute**).

Avances en espèces

L'employeur peut compenser les avances en espèces avec le salaire, mais il ne peut se rembourser qu'au moyen de retenues successives et limitées [voir *Salaire (avances sur)**].

▶ À noter… Les sommes versées par l'employeur condamné à tort ne constituent pas des avances en espèces obligeant ce dernier à opérer des retenues successives et limitées. La compensation peut s'opérer dans la limite de la fraction saisissable du salaire (cass. soc. 19 octobre 2017, n° 16-11617, BC V n° 187).

Acomptes

Les *acomptes** peuvent être compensés en totalité avec les salaires dus.

☞ *Salaire.*

Complément d'heures

☞ *Travail à temps partiel (avenant pour complément d'heures).*

Complémentaire santé solidaire

@ Cette étude est détaillée dans la version en ligne de ce Dictionnaire (voir www.rfsocial.com et www.rfeditions.com).

Comptabilité

☞ *Base de données économiques, sociales et environnementales (BDESE) ; Comité social et économique (comptabilité) ; Contrôle URSSAF (entreprises de moins de onze salariés) ; Contrôle URSSAF (taxation forfaitaire) ; Expert comptable.*

Compte d'engagement citoyen

Le compte engagement citoyen (CEC) permet de valoriser l'engagement dans l'exercice de responsabilités associatives d'utilité publique, civiques ou citoyennes importantes dans le cadre du bénévolat et du volontariat (c. trav. art. L. 5151-7 à L. 5151-12, D. 5151-11 à D. 5151-19).

Recensement des activités bénévoles ou de volontariat

Acquisition de droits sur le CPF ou de jours de congés - Le CEC recense l'ensemble des activités bénévoles ou de volontariat de la personne, ce qui lui permet d'acquérir des droits au titre du *compte personnel de formation** (CPF) ou de bénéficier de jours de congés destinés à l'exercice de ces activités (c. trav. art. L. 5151-7).

Alimentation du CEC - Les activités bénévoles ou de volontariat permettant d'acquérir des droits comptabilisés en euros inscrits sur le CPF sont les suivantes (c. trav. art. L. 5151-9, loi 2021-1520 du 25 novembre 2021, art. 34, II, 1°, JO du 26 ; loi 2022-52 du 24 janvier 2022, art. 12, VI, JO du 25) :

Le service civique (c. serv. nat. art. L. 120-1) ;

La réserve militaire opérationnelle (c. défense art. L. 4211-1) :

Le volontariat de la réserve opérationnelle de la police nationale (c. sécurité intérieure art. L. 411-7, 3° et 4°) ;

La réserve civique (loi 2017-86 du 27 janvier 2017, art. 1, JO du 28) ;

La réserve sanitaire (c. santépub. art. L. 3132-1) ;

L'activité de maître d'apprentissage (c. trav. art. L. 6223-5) ;

Les activités de bénévolat associatif à condition que l'association, régie par la loi 1901 relative au contrat d'association ou inscrite au registre des associations en application du code civil local applicable dans les départements du Bas-Rhin, du Haut-Rhin et de la Moselle et déclarée depuis 3 ans au moins, soit éligible à la réduction d'impôt pour les dons prévue par l'article 200 du code général des impôts et que le bénévole siège dans l'organe d'administration ou de direction de l'association ou participe à l'encadrement d'autres bénévoles, dans des conditions, notamment de durée, fixées par décret [deux téléservices nationaux ont été mis en place pour gérer l'inscription de droits dans le CPF : « Le Compte Bénévole » (https ://lecomptebenevole.associations.gouv.fr/login) et « Le Compte Asso » (https :// lecompteasso.associations.gouv.fr/login] (c. trav. art. R. 5151-16, R. 5151-17 et R. 5151-19) ;

L'aide apportée à une personne en situation de handicap ou à une personne âgée en perte d'autonomie (c. act. soc. art. L. 113-1). Pour ce faire, deux conditions doivent être remplies :

- un accord collectif de branche doit déterminer les modalités permettant d'acquérir les droits à la formation ;
- les droits à la formation acquis à ce titre doivent faire l'objet d'une prise en charge mutualisée par les employeurs de la branche professionnelle concernée ;

Le volontariat dans les corps de sapeurs-pompiers volontaires (c. séc. int. art. L. 723-3 à L. 726-21 ; loi 96-370 du 3 mai 1996).

Les activités mentionnées ci-dessus ne permettent pas d'acquérir des droits inscrits sur le CPF lorsqu'elles sont effectuées dans le cadre des formations secondaires mentionnées au code de l'éducation.

Recensement des activités - Les activités bénévoles ou de volontariat sont recensées dans le cadre du traitement de données à caractère personnel du CPF (c. trav. art. L. 5151-8 et L. 6323-8, II). Le titulaire du compte décide des activités qu'il souhaite y recenser.

Droits acquis en fonction de la durée d'activité - Pour que les activités de bénévolat et de volontariat inscrites sur le CEC soient créditées à hauteur de 240 € de droits sur le CPF, le titulaire doit avoir exercé ces activités durant une certaine durée, spécifique à chacune d'elle (c. trav. art. L. 5151-10 et D. 5151-14). Le montant total des droits acquis au titre du CEC est plafonné à 720 € (c. trav. art. D. 5151 14, III).

Utilisation des droits acquis au titre de l'engagement citoyen - Les droits acquis au titre de l'engagement citoyen sont mobilisés après utilisation des droits inscrits sur le CPF (c. trav. art. D. 5151-11).

▶ À noter... Par exception, concernant les formations permettant aux bénévoles et aux volontaires en service civique d'acquérir les compétences nécessaires à l'exercice de leurs missions, seuls les droits acquis au titre du CEC peuvent les financer (c. trav. art. L. 6323-6, II, 5°).

Durées minimales nécessaires à l'acquisition de 240 € sur le CPF (1)		
Service civique	6 mois continus	Durée appréciée sur l'année civile écoulée et sur l'année précédente Déclaration à l'issue de l'année civile au cours de laquelle le contrat d'engagement a été signé
Réserve militaire opérationnelle	90 jours d'activités	Durée appréciée sur l'année civile écoulée Déclaration à l'issue de cette année civile
Réserve citoyenne de défense et de sécurité	Engagement continu de 5 ans	Durée est appréciée au terme d'une durée continue de 5 ans d'engagement Déclaration au début de l'année civile suivante
Réserve communale de sécurité civile	Engagement de 5 ans	Durée appréciée au vu du contrat d'engagement signé par le réserviste Déclaration à l'issue de l'année civile au cours de laquelle le contrat d'engagement a été signé
Réserve sanitaire	Emploi de 30 jours	Durée appréciée sur l'année civile écoulée Déclaration à l'issue de cette année civile
Activité de maître d'apprentissage	Durée de 6 mois, quel que soit le nombre d'apprentis accompagnés	Durée appréciée sur l'année civile écoulée et sur l'année précédente Déclaration à l'issue de l'année civile écoulée
Activités de bénévolat associatif	Durée de 200 h, réalisées dans une ou plusieurs associations, dont au moins 100 h dans une même association	Durée appréciée sur l'année civile écoulée Déclaration à l'issue de cette année civile (2)
Réserve citoyenne de l'éducation nationale	Engagement continu d'un an ayant donné lieu à au moins 25 interventions	Durée appréciée sur l'année civile écoulée et sur l'année précédente Déclaration à l'issue de l'année civile écoulée
Activité de sapeur-pompier volontaire	Signature de l'engagement de 5 ans	Durée appréciée au vu de la signature de l'engagement du sapeur-pompier volontaire Déclaration à l'issue de l'année civile au cours de laquelle l'arrêté de nomination a été notifié au sapeur-pompier volontaire
Réservistes de la réserve civile de la police nationale (3)	Engagement continu de 3 ans ayant donné lieu à la réalisation de 75 vacations par an	Durée appréciée au terme d'une durée continue de 3 ans d'engagement ayant donné lieu à la réalisation de 75 vacations par an Déclaration au début de l'année civile suivante
Réserve citoyenne de la police nationale	Engagement continu de 3 ans ayant donné lieu à la réalisation de 350 h par an	Durée appréciée au terme d'une durée continue de 3 ans d'engagement ayant donné lieu à la réalisation de 350 heures par an Déclaration au début de l'année civile suivante
Réserve civique et ses réserves thématiques (4)	Activité annuelle d'au moins 80 h	Durée appréciée sur l'année civile écoulée et sur l'année précédente Déclaration à l'issue de l'année civile écoulée

(1) c. trav. art. D. 5151-14. Ces règles sont applicables aux activités réalisées depuis le 1.01.2017. Par dérogation, elles sont applicables aux activités réalisées depuis le 1.01.2018 pour les activités de réserve civique, de réserve citoyenne de la police nationale et de réserve citoyenne de l'éducation nationale (décret 2017-1058 du 10 mai 2017, art. 5, JO du 11).

(2) Le titulaire du compte personnel d'activité* (CPA) souhaitant acquérir des droits inscrits sur son CPF doit déclarer à la Caisse des dépôts et consignations le nombre d'heures qu'il a réalisées au cours de l'année civile précédente en tant que bénévole siégeant dans l'organe d'administration ou de direction de l'association ou participant à l'encadrement d'autres bénévoles. Cette déclaration doit être effectuée au plus tard le 30 juin de chaque année (c. trav. art. R. 5151-16). Une des personnes chargées de l'administration ou de la direction de l'association est tenu d'attester auprès de la Caisse des dépôts et consignations que les données figurant dans la déclaration sont exactes. Cette attestation doit intervenir au plus tard le 31 décembre de l'année au cours de laquelle la déclaration a été effectuée (c. trav. art. R. 5151-17). Le CPF ne peut pas être crédité des heures d'activité d'engagement associatif déclarées ou attestées au-delà des dates limites (c. trav. art. R. 5151-18). La transmission de la déclaration à la Caisse des dépôts et consignation doit être effectuée via le téléservice national dénommé « Le Compte Bénévole » (c. trav. art. R. 5151-19).

(3) Mentionnés aux 2° et 3° de l'article L. 411-7 du code de la sécurité intérieure.

(4) À l'exception de la réserve citoyenne de défense et de sécurité, de la réserve communale de sécurité civile, de la réserve citoyenne de l'éducation nationale, de la réserve citoyenne de la police nationale.

Financement des droits acquis - Selon les activités bénévoles ou de volontariat, la mobilisation des droits acquis au titre du CEC est financée par :
- l'État,
- la commune pour ceux acquis au titre de la réserve communale de sécurité civile,
- par l'établissement public chargé de la gestion de la réserve sanitaire (établissement de préparation et de réponse aux urgences sanitaires – EPRUS) au titre de la réserve sanitaire.

La mobilisation des droits acquis dans le cadre d'une activité de volontariat dans les corps de sapeurs-pompiers et de réserviste citoyen des services d'incendie et de secours est financée par l'autorité de gestion du sapeur-pompier volontaire, soit l'État, le service d'incendie et de secours, la commune ou l'établissement public de coopération intercommunale (c. trav. art. L. 5151-11, loi 2021-1520 du 25 novembre 2021, art. 47, IV, JO du 26).

Prise en charge des actions financées par les droits acquis - L'action financée en tout ou partie par les droits acquis par l'intéressé via le CEC se fait dans les conditions des droits à CPF. Par exception, des règles particulières sont fixées pour les personnes ayant fait valoir l'ensemble de leurs droits à la retraite : un organisme désigné par arrêté du ministre chargé de la formation professionnelle assure cette prise en charge (c. trav. art. D. 5151-12).

Lorsque plusieurs personnes morales financent les droits mobilisés au titre de l'engagement citoyen, elles versent leur financement à l'organisme qui assure la prise en charge par ordre d'antériorité de la date de déclaration des activités ayant ouvert ces droits à la Caisse des dépôts et consignations (c. trav. art. D. 5151-13).

Jours de congé

L'employeur peut accorder des jours de congés payés consacrés à l'exercice d'activités bénévoles ou de volontariat. Ces jours de congés peuvent être retracés sur le CEC (c. trav. art. L. 5151-12).

☞ *Compte personnel d'activité ; Compte personnel de formation.*

Compte épargne-temps

Le compte épargne-temps est un mécanisme institué par accord collectif qui permet au salarié d'accumuler des droits à congé rémunéré ou de bénéficier d'une rémunération, immédiate ou différée, en contrepartie des périodes de congé ou de repos non pris ou des sommes qu'il y a affectées (c. trav. art. L. 3151-1).

Accord collectif

Le compte épargne-temps (CET) ne peut pas être mis en place unilatéralement. Il nécessite une convention ou un accord collectif d'entreprise ou d'établissement ou, à défaut, une convention ou un accord de branche (c. trav. art. L. 3151-1) [voir *Accord collectif d'entreprise (conclusion avec délégué syndical)** et *Accord collectif d'entreprise (conclusion sans délégué syndical)**].

Un CET peut également être mis en place par un *accord collectif de groupe** (c. trav. art. L. 2232-33).

Alimentation en temps ou en argent

Règles prévues dans l'accord collectif - Les partenaires sociaux définissent, dans l'accord collectif, les conditions et limites dans lesquelles les salariés et l'employeur peuvent alimenter le CET (c. trav. art. L. 3152-1). L'administration a apporté des illustrations sur ce qui peut être prévu, tout en soulignant les règles d'ordre public à respecter (circ. DGT 2008-20 du 13 novembre 2008) *(voir ci-après)*.

Alimentation en temps à l'initiative du salarié - Dans les conditions fixées par l'accord collectif, les salariés peuvent stocker dans le compte autant de jours de congé ou de repos qu'ils le souhaitent (c. trav. art. L. 3152-1). Selon les termes de l'accord collectif et dans les proportions qu'il autorise, il peut notamment s'agir :
- d'heures de repos compensateur liées à l'accomplissement d'*heures supplémentaires**, au titre de la *contrepartie obligatoire en repos** ou du *repos compensateur de remplacement** ;
- de jours de repos (RTT) et de congés accordés dans le cadre d'un dispositif d'*aménagement du temps de travail** sur une période supérieure à la semaine et au plus égale à l'année ;
- de jours de repos accordés aux salariés soumis à une convention de forfait annuel en jours, dans le respect de la limite du nombre maximal de jours travaillés fixée par l'accord collectif (ou, à défaut, de la limite légale de 235 jours) [voir *Convention de forfait (annuel)**] ;
- d'heures de travail effectuées par un salarié au-delà de la durée prévue par une convention individuelle de forfait d'heures supplémentaires (forfait hebdomadaire, mensuel ou annuel) ;

- de jours de *congés payés**, mais uniquement pour la fraction acquise au-delà de 4 semaines (c. trav. art. L. 3151-2, al. 2) ;
- de jours de congés payés supplémentaires pour fractionnement ;
- de jours de congés conventionnels.

En revanche, les repos prévus par la loi pour des raisons de protection de la santé et de la sécurité du salarié ne peuvent pas être stockés sur un CET (ex. : repos quotidien et hebdomadaire, contreparties en repos au travail de nuit) (circ. DGT 2008-20 du 13 novembre 2008).

▶ Attention… L'initiative de l'alimentation appartient au salarié, dans le cadre de l'accord collectif. L'employeur ne peut pas imposer l'affectation de jours de repos sur le CET. Inversement, il ne peut pas obliger les salariés à prendre tous leurs jours de repos sans pouvoir alimenter le CET, si l'accord le leur permet (cass. soc. 8 juin 2011, n° 10-11979, BC V n° 151).

Alimentation en temps à l'initiative de l'employeur - Si l'accord collectif le prévoit, l'employeur peut à son initiative alimenter le CET pour les heures effectuées au-delà de la durée collective du travail (c. trav. art. L. 3152-1) *(voir ci-après)*.

Il peut en être ainsi notamment lorsque les caractéristiques des variations de l'activité le justifient (circ. DGT 2008-20 du 13 novembre 2008).

Lorsque les heures qui dépassent la durée collective sont des *heures supplémentaires**, c'est-à-dire effectuées au-delà de la durée légale, la valeur des heures portées au CET doit tenir compte des majorations correspondantes.

Alimentation en argent par le salarié - Le CET permet au salarié d'accumuler les sommes qu'il y a affectées. Il appartient à l'accord collectif instituant le CET de préciser ces sources d'alimentation. L'accord collectif peut prévoir la possibilité pour le salarié d'affecter sur le CET tout élément monétaire, tel que (circ. DGT 2008-20 du 13 novembre 2008) :
- les majorations accompagnant les heures supplémentaires ou complémentaires ;
- les augmentations ou compléments de salaire de base ;
- des sommes perçues au titre de l'intéressement ou, au terme de leur période d'indisponibilité, d'avoirs issus de la participation ou d'un plan d'épargne d'entreprise ;
- des primes et indemnités conventionnelles, etc.

Abondement de l'employeur - L'accord collectif peut mettre en place un mécanisme d'alimentation en argent par l'employeur, sous forme d'abondement. Il s'agit d'un versement de l'employeur ne correspondant pas à des sommes qui seraient, en tout état de cause, dues au salarié (circ. DGT 2008-20 du 13 novembre 2008).

Ainsi, un employeur ne peut pas affecter d'autorité au CET des augmentations de salaire ou compléments de salaire de base. Seul le salarié peut le faire, si l'accord de CET le permet *(voir ci-avant)*.

Modalités d'utilisation

À prévoir dans l'accord collectif, sauf exception - L'accord collectif détermine les conditions d'utilisation du CET (c. trav. art. L. 3152-2). Les droits épargnés sur le compte peuvent être pris :
- pour indemniser des temps non travaillés (congés, cessation d'activité, etc.) ;
- sous forme monétaire, via le versement d'un complément de rémunération immédiate ou sous forme de rémunération différée par l'alimentation d'un plan d'épargne salariale, le financement d'un régime de retraite supplémentaire collectif et obligatoire ou le rachat de cotisations vieillesse (circ. DGT 2008-20 du 13 novembre 2008).

Deux exceptions permettent à un salarié, en accord avec son employeur, d'utiliser un CET pour des possibilités qui ne seraient pas prévues dans l'accord collectif : cessation progressive d'activité et complément de rémunération *(voir ci-après)*.

Utilisation à l'initiative du salarié, sauf exception - Le CET ne peut être utilisé qu'à l'initiative du salarié. Par exemple, un employeur ne peut pas prendre la décision d'utiliser les droits à repos compensateurs accumulés par le salarié sur le CET sans son accord (cass. soc. 18 mars 2015, n° 13-19206, BC V n° 54).

Il existe une exception concernant l'utilisation des heures effectuées au-delà de la durée légale du travail et affectées par l'employeur sur le CET, lorsque l'accord le lui permet *(voir ci-dessous)*.

Utilisation pour indemniser des temps non travaillés

À l'initiative du salarié - L'accord collectif instituant le CET détermine les types de congés pour lesquels le salarié peut mobiliser le CET pour indemniser des périodes non travaillées. Selon les termes de l'accord, le CET peut ainsi être utilisé pour indemniser :
- un congé (notamment *congé parental d'éducation**, *congé pour création d'entreprise** ou reprise d'entre-

prise, *congé sabbatique**, *congé de solidarité internationale**, *congé sans solde**) ;

- une période de formation en dehors du temps de travail ;
- un passage à temps partiel ;
- une cessation progressive d'activité ;
- une cessation totale d'activité.

Par ailleurs, quel que soit le contenu de l'accord collectif, le salarié peut, avec l'accord de son employeur, utiliser les droits inscrits sur le CET pour cesser de manière progressive son activité (c. trav. art. L. 3151-3). Ainsi, un salarié peut toujours demander à mobiliser son CET pour financer une cessation progressive d'activité, même si l'accord ne prévoit rien en la matière. En revanche, il est impossible d'utiliser un CET pour indemniser une cessation totale d'activité si l'accord ne le permet pas.

À l'initiative de l'employeur lorsque l'accord le permet - Lorsque l'accord collectif prévoit une affectation collective des heures de travail sur le CET à l'initiative de l'employeur *(voir ci-avant)*, il doit préciser les conditions d'utilisation de ces droits.

Suivant les options retenues par l'accord collectif, le dispositif peut être utilisé comme un mécanisme d'aménagement du temps de travail pour adapter les horaires de travail aux fluctuations d'activité. L'utilisation de ces heures peut ainsi permettre à l'entreprise de faire face à des périodes de baisse d'activité en lui évitant de recourir éventuellement à l'*activité partielle**.

En revanche, les jours affectés individuellement par le salarié sur le CET *(voir ci-avant)* ne peuvent pas faire l'objet d'une utilisation collective.

▶ Attention... L'exception qui permettait à l'employeur faisant face à des difficultés économiques liées au covid-19 d'imposer des jours de repos pris sur le CET a pris fin depuis le 30.06.2021.

Utilisation sous forme monétaire

Complément immédiat de rémunération - L'accord de CET peut prévoir des conditions de monétarisation qu'il faut alors respecter.

Cela étant, quel que soit le contenu de l'accord, le salarié peut, sur sa demande et en accord avec l'employeur, utiliser les droits épargnés sur le CET pour compléter sa rémunération (c. trav. art. L. 3151-3). Ainsi, le salarié peut toujours faire une demande de monétarisation du CET, même si l'accord de CET ne le prévoit pas. L'administration a précisé les principes à suivre en ce cas (circ. DGT 2008-20 du 13 novembre 2008).

Les jours de repos affectés sur un CET qui font l'objet d'une monétarisation sont rémunérés au salarié sur la base de la valeur de la journée de repos calculée au moment de cette « liquidation partielle » du compte, en tenant compte des modalités de gestion des droits prévues par l'accord collectif (en effet, ce dernier peut prévoir des modalités particulières de valorisation). En l'absence d'accord collectif prévoyant les modalités de valorisation de la journée, la valeur de cette dernière est appréciée à la date du paiement.

Si l'accord de CET prévoit les conditions de monétarisation du CET, la demande de rachat doit être effectuée dans le respect des règles prévues par l'accord de CET. Lorsque l'accord de CET ne prévoit rien, aucun formalisme n'est imposé et le salarié peut faire sa demande par tout moyen.

▶ À noter... Les modalités de monétarisation n'étant pas précisées par le code du travail, elles sont le plus souvent fixées par l'accord de CET. À cet égard, lorsque la rémunération annuelle est payée sur 13 mois et que l'accord précise que l'indemnisation des droits inscrits au CET a lieu « sur la base de la rémunération fixe brute (rémunération de base annuelle brute) et, le cas échéant, de la prime de spécialité », il y a lieu de tenir compte du 13e mois dans la détermination du taux horaire (cass. soc. 25 septembre 2013, n° 12-10037, BC V n° 213). Dans cette affaire, la cour d'appel a pu décider que le taux horaire correspondait à la rémunération annuelle brute (13e mois compris), divisée par 1 607 h.

Limite à la monétarisation des congés payés - Les possibilités de monétarisation des congés payés affectés sur un CET sont limitées. Seuls les droits à congés payés excédant le minimum légal de 5 semaines peuvent être utilisés sous forme de complément de rémunération (c. trav. art. L. 3151-3 ; circ. DGT 2008-20 du 13 novembre 2008).

Il en résulte que si les jours épargnés au titre de la 5e semaine peuvent être affectés sur le CET *(voir ci-avant)*, ils ne peuvent ni être utilisés sous forme de complément de rémunération (y compris en cas de liquidation monétaire partielle ou totale du CET), ni donner lieu à un versement dans un plan d'épargne salariale ou d'épargne retraite. Ils doivent être pris sous forme de congés, sauf en cas de rupture du contrat de travail entraînant une liquidation monétaire totale du CET (circ. DGT 2008-20 du 13 novembre 2008).

En revanche, il est possible de convertir en argent les jours de congés annuels accordés, le cas échéant, en vertu d'un accord collectif plus favorable, au-delà des 5 semaines obligatoires, comme les jours supplémentaires de congés pour fractionnement.

Alimentation de l'épargne salariale et de l'épargne retraite - Les droits affectés au CET peuvent être utilisés pour alimenter un *plan d'épargne d'entreprise (PEE)**, un *plan d'épargne interentreprises (PEI)**, un *plan d'épargne pour la retraite collectif (PERCO)** ou un *plan d'épargne retraite d'entreprise collectif (PERE-CO)**.

Des avantages sociaux et fiscaux sont prévus lorsqu'il s'agit d'alimenter un PERCO ou un PERE-CO.

Lorsque l'accord collectif prévoit que tout ou partie des droits affectés sur le CET est utilisé pour effectuer des versements sur un ou plusieurs PERCO ou sur un PERE-CO, ceux de ces droits qui correspondent à un abondement en temps ou en argent de l'employeur sont assimilés à un abondement direct de l'employeur au PERCO ou au PERE-CO (c. trav. art. L. 3152-4, 2°). Dès lors, ils sont exonérés de cotisations et d'impôt sur le revenu dans la limite du plafond d'abondement du PERCO ou du PERE-CO, qui est égal à 16 % du plafond annuel de sécurité sociale (c. trav. art. L. 3332-11, L. 3332-27 et R. 3334-2 ; c. mon. et fin. art. D. 224-10).

En revanche, la CSG et la CRDS sont dues. Sur l'application du forfait social, voir *Forfait social (contribution patronale)**.

Par ailleurs, à notre sens, l'assimilation à un abondement direct au PERCO ou au PERE-CO fait que ces mêmes sommes viennent en déduction de la limite au-delà de laquelle les contributions de retraite supplémentaire (régime « article 83 » ou plan d'épargne retraite d'entreprise obligatoire dit PERE-OB) sont assujetties aux cotisations de sécurité sociale ou cessent d'être déductibles du revenu imposable (c. séc. soc. art. L. 242-1, II, 4° a ; CGI art. 83, 2°).

Lorsque les droits affectés à l'initiative du salarié au PERCO ou au PERE-CO ne proviennent pas d'un abondement de l'employeur au CET, ces droits sont exonérés, dans la limite de 10 jours par an (c. trav. art. L. 3152-4, al. 4 à 6) :

- d'impôt sur le revenu (CGI art. 81, 18°) ;
- des cotisations salariales et patronales d'assurance maladie, d'assurance vieillesse et d'allocations familiales (c. séc. soc. art. L. 242-4-3) (l'ensemble des autres charges reste dû : FNAL, versement mobilité, contribution solidarité autonomie, CSG/CRDS, cotisation accidents du travail, assurance chômage, retraite complémentaire, etc.).

Financement d'un régime de retraite collectif et obligatoire - Le salarié peut décider d'utiliser son CET pour contribuer au financement de prestations de *retraite supplémentaire** à caractère collectif et obligatoire (régime « article 83 » ou plan d'épargne retraite d'entreprise obligatoire dit PERE-OB) (c. trav. art. L. 3334-8).

Lorsque l'accord collectif prévoit que tout ou partie des droits affectés sur le CET est utilisé pour financer des prestations de retraite à caractère collectif et obligatoire, ceux de ces droits qui correspondent à un abondement en temps ou en argent de l'employeur au CET bénéficient du régime social et fiscal de faveur attaché aux contributions de retraite supplémentaire (c. trav. art. L. 3152-4, 1°). Elles sont donc exonérées de cotisations sociales ou déductibles du revenu imposable dans les mêmes limites (c. séc. soc. art. L. 242-1, II, 4° a ; CGI art. 83, 2°).

Les sommes qui ne sont pas issues d'un abondement de l'employeur au CET bénéficient d'un régime de faveur, puisqu'elles sont, dans la limite de 10 jours par an (c. trav. art. L. 3152-4, al. 4 à 6) :

- exonérées des cotisations salariales et patronales d'assurances sociales (maladie, vieillesse) et d'allocations familiales (c. séc. soc. art. L. 242-4-3), l'ensemble des autres charges restant dû (FNAL, versement mobilité, contribution solidarité autonomie, CSG/CRDS, cotisation accidents du travail, assurance chômage, retraite complémentaire, etc.).
- assimilées à des contributions patronales finançant un régime de retraite supplémentaire collectif et obligatoire et, par conséquent, déductibles du revenu imposable dans les limites prévues par la législation fiscale (CGI art. 83, 2°).

Rachat des cotisations d'assurance vieillesse - Si l'accord collectif le prévoit, le CET peut également permettre de racheter des annuités manquantes pour le calcul de la pension de vieillesse, correspondant aux années d'études ou à des années incomplètes (c. séc. soc. art. L. 351-14-1).

Gestion et garantie du CET

Gestion - Les partenaires sociaux négocient librement les modalités de gestion du CET, dans le cadre de l'accord de CET (c. trav. art. L. 3152-2). C'est ce dernier qui définit les modalités de valorisation en temps et en argent des éléments affectés au CET ainsi que les modalités de revalorisation des sommes présentes sur le compte.

Garantie - En cas de défaillance de l'entreprise, les droits acquis via un CET sont couverts par le mécanisme de *garantie des créances de salaires** de l'AGS (c. trav. art. L. 3151-4), dans la limite des plafonds applicables.

Toutefois, pour éviter que les salariés ne courent trop de risques en épargnant des droits sur un CET, il est prévu qu'un salarié ne puisse pas épargner de droits dans un CET au-delà de 6 fois le plafond mensuel retenu pour le calcul des contributions d'assurance chômage, soit 24 fois le plafond mensuel de la sécurité sociale, sauf si une convention ou un accord collectif de travail a prévu un dispositif d'assurance ou de garantie financière couvrant les sommes supplémentaires épargnées (c. trav. art. D. 3154-1 et D. 3154-2).

En l'absence de convention ou d'accord collectifs, le dispositif de garantie financière est mis en place par l'employeur (c. trav. art. D. 3154-2).

Tant qu'un dispositif de garantie n'a pas été mis en place, les droits acquis qui excèdent le plafond sont liquidés et versés au salarié sous forme d'indemnité (c. trav. art. L. 3153-1 et D. 3154-1).

Départ, transferts des droits et décès

Options ouvertes - La convention ou l'accord collectifs détermine les conditions de transfert des droits d'un employeur à un autre (c. trav. art. L. 3152-2).

À défaut de dispositions conventionnelles, le salarié peut (c. trav. art. L. 3153-2) :

- soit percevoir, en cas de rupture du contrat de travail (démission, licenciement, départ à la retraite, etc.), une indemnité correspondant à la conversion monétaire de l'ensemble des droits acquis ;
- soit demander, en accord avec l'employeur, la consignation auprès d'un organisme tiers de l'ensemble des droits, convertis en unités monétaires, qu'il a acquis.

En cas de demande de consignation - Si le salarié demande, en accord avec son employeur, la consignation de l'ensemble des droits acquis sur son CET, convertis en unités monétaires, l'employeur doit transférer ces sommes à la Caisse des dépôts et consignations. Le transfert est accompagné de la demande écrite du salarié et d'une déclaration de consignation renseignée par l'employeur. De son côté, la Caisse des dépôts remet un récépissé de la déclaration de consignation à l'employeur, qui en informe le salarié (c. trav. art. D. 3154-5).

Le déblocage des droits consignés peut intervenir (c. trav. art. D. 3154-6) :

- à la demande du salarié bénéficiaire, par le transfert de tout ou partie des sommes consignées dans le CET, sur le plan d'épargne d'entreprise, le plan d'épargne interentreprises ou le plan d'épargne pour la retraite collectif ou le plan d'épargne retraite d'entreprise collectif mis en place par son nouvel employeur (ce transfert doit s'effectuer dans les conditions prévues par l'accord collectif mettant en place le CET ou par les règlements des plans d'épargne salariale) ;
- à la demande du salarié bénéficiaire ou de ses ayants droit, par le paiement, à tout moment, de tout ou partie des sommes consignées.

Décès du salarié - Les droits épargnés dans le CET sont dus aux ayants droit du salarié décédé au même titre que le versement des salaires arriérés ou encore les droits à repos compensateurs.

Prescription

L'action relative à l'utilisation des droits affectés sur un CET, acquis en contrepartie du travail, a une nature salariale. Il faut donc appliquer la prescription relative aux salaires (cass. soc. 30 juin 2021 n° 19-14543 FSB ; c. trav. art. L. 3245-1) [voir *Prescription (salaires)**].

Compte personnel d'activité

Le compte personnel d'activité (CPA) est un compte ouvert pour chaque personne et rassemblant, dès son entrée sur le marché du travail et tout au long de sa vie professionnelle, les droits sociaux personnels utiles pour sécuriser son parcours professionnel indépendamment de son statut (c. trav. art. L. 5151-1 à L. 5151-6, R. 5151-1 à R. 5151-10).

Objectifs du CPA

Le CPA a pour objectifs de renforcer l'autonomie et la liberté d'action de son titulaire et de sécuriser son parcours professionnel en supprimant les obstacles à la mobilité. Il contribue au droit à la qualification professionnelle et permet la reconnaissance de l'engagement citoyen (c. trav. art. L. 5151-1 et L. 6314-1).

Le titulaire du CPA a droit à un accompagnement global et personnalisé destiné à l'aider à exercer ses droits pour la mise en œuvre de son projet professionnel. Cet accompagnement est fourni notamment dans le cadre du *conseil en évolution professionnelle** (c. trav. art. L. 5151-1 et L. 6111-6).

Ouverture du CPA

Un CPA est ouvert pour toute personne âgée d'au moins 16 ans se trouvant dans l'une des situations suivantes (c. trav. art. L. 5151-2) :
- personne occupant un emploi, y compris lorsqu'elle est titulaire d'un contrat de travail de droit français et qu'elle exerce son activité à l'étranger ;
- personne à la recherche d'un emploi ou accompagnée dans un projet d'orientation et d'insertion professionnelles ;
- personne accueillie dans un établissement et service d'aide par le travail (ESAT) (CASF art. L. 312-1) ;
- personne ayant fait valoir l'ensemble de ses droits à la retraite.

Par dérogation un CPA est ouvert dès l'âge de 15 ans pour le jeune qui signe un contrat d'apprentissage [voir *Apprentissage (contrat)**].

Les personnes âgées d'au moins 16 ans mais ne relevant pas d'une des situations précédemment indiquées peuvent ouvrir un CPA afin de bénéficier du *compte d'engagement citoyen** et d'accéder aux services en ligne *(voir ci-après)*.

▶ À noter… Le CPA des travailleurs indépendants, des membres des professions libérales, des professions non salariées, de leurs conjoints collaborateurs et des artistes auteurs relève de dispositions réglementaires spécifiques (c. trav. art. D. 5151-10-1). La mise en œuvre du CPA pour différentes catégories d'agents des chambres d'agriculture, des chambres de commerce et des chambres de métiers et de l'artisanat relèvent aussi des règles particulières (ord. 2017-43 du 19 janvier 2017, JO du 20).

Par ailleurs, les dispositions législatives relatives au CPA sont applicables à Mayotte depuis le 1.01.2019 (ord. 2017-1491 du 25 octobre 2017, art. 33, 1°, JO du 26).

Contenu multiple et conversion des droits

Le CPA comprend trois comptes personnels (c. trav. art. L. 5151-5) :
- le *compte personnel de formation** (CPF) ;
- le *compte professionnel de prévention** (C2P) ;
- le *compte d'engagement citoyen** (CEC).

Ces trois comptes sont ainsi liés. Le CPA organise la conversion des droits selon les modalités prévues par chacun des comptes le constituant.

Fermeture et fin d'alimentation du CPA

Le CPA est fermé à la date du décès de la personne titulaire du compte (c. trav. art. L. 5151-2).

Lorsque son titulaire remplit l'une des conditions de cessation du versement de l'allocation de chômage [âge déterminé pour l'ouverture à une pension de retraite et justifiant du nombre de trimestres permettant d'obtenir une pension à taux plein ou cet âge augmenté de 5 ans ou bénéficiaire d'une retraite anticipée au sens de l'assurance vieillesse ; voir *Chômage (allocation d'aide au retour à l'emploi)**], le CPF cesse d'être alimenté, sauf en cas d'activités bénévoles ou de volontariat dont les heures sont inscrites sur le CPF au titre du *compte d'engagement citoyen** (c. trav. art. L. 5151-2).

Droits librement utilisables

Le titulaire du CPA décide librement de l'utilisation de ses droits (c. trav. art. L. 5151-1).

Les droits inscrits sur le CPA, y compris en cas de départ du titulaire à l'étranger, lui demeurent acquis jusqu'à leur utilisation ou à la fermeture du compte (c. trav. art. L. 5151-3).

Services en ligne associés

Chaque titulaire est informé des droits inscrits sur son CPA, peut les consulter et les utiliser via un service en ligne gratuit : www.moncompteactivite.gouv.fr (c. trav. art. L. 5151-6, R. 5151-1 à R. 5151-10). Il a ainsi accès à :
- une information sur ses droits sociaux et la possibilité de les simuler ;
- un service de consultation de ses bulletins de paie électroniques (c. trav. art. L. 3243-2 et R. 3243-9) ;
- des services utiles à la sécurisation des parcours professionnels et à la mobilité géographique et professionnelle. Le salarié pourra aussi y obtenir des suggestions personnalisées en termes de métiers et de formations s'il remplit son profil sur son CPA.

☞ *Compte d'engagement citoyen ; Compte personnel de formation ; Compte professionnel de prévention.*

Compte personnel de formation

Dès son entrée sur le marché du travail, et quel que soit son statut, toute personne peut ouvrir son compte personnel de formation (CPF). Ce compte est exprimé en euro, les sommes acquises étant intégralement transférables au cours des évolutions de la vie professionnelle (ex. : changement d'employeur, chômage).

Le compte est intégré au *compte personnel d'activité** (c. trav. art. L. 6111-1) et consultable sur une plateforme Internet officielle (www.moncompteformation.gouv.fr).

Sur la mise en place du CPF et son alimentation, voir *Compte personnel de formation (mise en place et alimentation)**. Sur l'utilisation du CPF par le salarié titulaire du compte, voir *Compte personnel de formation (utilisation)**. S'agissant de son financement et de la rémunération du salarié en formation dans le cadre de son CPF, voir *Compte personnel de formation (financement)**.

Le service public de l'orientation tout au long de la vie est organisé pour assurer l'information, le conseil et l'accompagnement des personnes qui envisagent de mobiliser leur CPF, et plus largement, qui souhaitent s'engager dans un projet de transition professionnelle. Dans ce cadre, le *conseil en évolution professionnelle** a pour objectif de favoriser l'évolution et la sécurisation des parcours professionnels (c. trav. art. L. 6111-6).

☛ *Compte personnel de formation (financement) ; Compte personnel de formation (mise en place et alimentation) ; Compte personnel de formation (transition professionnelle) ; Compte personnel de formation (utilisation).*

Compte personnel de formation (financement)

Rémunération du salarié en formation

Formations pendant le temps de travail - Les heures consacrées à la formation pendant le temps de travail constituent du temps de travail effectif et ouvrent droit au maintien de la rémunération du salarié (c. trav. art. L. 6323-18).

Un accord d'entreprise ou de groupe peut définir les actions de formations éligibles au CPF pour lesquelles l'entreprise s'engage à abonder le CPF des salariés. Dans ce cas, l'entreprise peut prendre en charge l'ensemble des frais de formation et demander le remboursement des sommes engagées à la Caisse des dépôts et consignations, dans la limite des droits inscrits sur le CPF de chaque salarié concerné (c. trav. art. L. 6323-11).

Formations hors temps de travail - L'employeur n'a pas d'allocation de formation à verser (ni de rémunération) pour les formations « CPF » se déroulant en dehors du temps de travail.

Prise en charge des frais

Frais pris en charge - Il s'agit des frais pédagogiques des actions de formation suivies par les salariés dans le cadre du CPF, durant ou hors temps de travail (c. trav. art. L. 6323-20). Les frais liés à la validation des compétences et des connaissances afférents à la formation, sont également pris en compte.

En cas de formation dans le cadre d'une transition professionnelle, voir *Compte personnel de formation (transition professionnelle)**.

Modalités de prise en charge - La gestion technique et financière du CPF est confiée à la Caisse des dépôts et consignations (CDC), qui assure la prise en charge des frais (c. trav. art. L. 6333-1 et D. 6323-5).

Salariés de droit privé employé par une personne publique - Il existe des règles de financement spécifiques pour un salarié de droit privé qui mobilise son CPF alors qu'il est employé par une personne publique (c. trav. art. L. 6323-20-1).

☛ *Compte personnel de formation ; Compte personnel de formation (utilisation) ; Compte personnel de formation (transition professionnelle).*

Compte personnel de formation (mise en place et alimentation)

Titulaires du CPF

Intégration au CPA - Le CPF est ouvert et fermé dans les mêmes conditions que le *compte personnel d'activité** (CPA) (c. trav. art. L. 6323-1).

Salariés et demandeurs d'emploi - Un CPF peut être ouvert par (c. trav. art. L. 5151-2 et L. 6323-1) :
- toute personne d'au moins 16 ans en emploi (y compris en contrat de professionnalisation) ou à la recherche d'un emploi (inscrite ou non à Pôle Emploi), ou accompagnée dans un projet d'orientation et d'insertion professionnelles ;
- tout jeune dès 15 ans qui signe un contrat d'apprentissage après avoir accompli la scolarité du collège (c. trav. art. L. 6222-1) ;
- les salariés intermittents du spectacle et les artistes auteurs (c. trav. art. L. 6331-55 et L. 6331-65) ;
- les personnes handicapées accueillies dans un établissement et service d'aide par le travail (ESAT), dès 16 ans (c. trav. art. L. 6323-1) ;
- les salariés ayant fait valoir l'ensemble de leurs droits à la retraite.

Par ailleurs, le CPF s'articule avec le droit à la formation initiale différée dont bénéficie tout jeune sorti du système éducatif sans diplôme (c. éduc. art. L. 122-2).

Portabilité - Les droits inscrits sur le CPF restent acquis en cas de changement de situation professionnelle ou de perte d'emploi (c. trav. art. L. 6323-3 et L. 6111-1). Le CPF suit son titulaire tout au long de sa vie professionnelle, jusqu'à la retraite, voire plus tard en cas d'exercice d'activités bénévoles et de volontariat (voir *Compte d'engagement citoyen**). Peu importe son statut, salarié ou demandeur d'emploi. En effet, les droits sont acquis pour une durée indéterminée et utilisables sans limite de délai, au cours d'un contrat de travail ou d'une période de recherche d'emploi [voir *Compte personnel de formation (utilisation)**].

Personnes handicapées accueillies dans un ESAT - Une mise en œuvre spécifique du CPF est prévue pour les personnes handicapées accueillies dans un ESAT (c. trav. art. L. 6323-33 à L. 6323-41 ; CASF art. L. 243-6).

S'agissant de l'alimentation du compte, voir ci-après. Pour l'utilisation des heures et le financement d'un projet de formation, voir *Compte personnel de formation (utilisation)** et *Compte personnel de formation (financement)**.

Salariés de droit privé employés par une personne publique - Un salarié de droit privé peut mobiliser son CPF alors qu'il est employé par une personne publique (c. trav. art. L. 6323-20-1).

Indépendants, professions libérales, non-salariés, artistes auteurs - Le CPF est ouvert aux travailleurs indépendants, membres des professions libérales ou professions non salariées, à leurs conjoints collaborateurs et aux artistes auteurs (c. trav. art. L. 6323-25).

Fonctionnaire et contractuels de la fonction publique - Le CPF est ouvert aux fonctionnaires et aux contractuels de la fonction publique (ord. 2017-53 du 19 janvier 2017, JO du 20 ; décret 2017-928 du 6 mai 2017, JO du 10 ; circ. NOR : RDFF1713973C du 10 mai 2017).

Gestion du CPF

Espace personnel sur Internet - Le titulaire consulte son CPF sur la plateforme officielle qui lui est dédiée (www.moncompteformation.gouv.fr). Cet espace personnel en ligne lui permet (c. trav. art. L. 6323-8) :
- de connaître ses droits acquis, les formations éligibles, ainsi que les abondements complémentaires pouvant être sollicités ;
- d'élaborer et d'actualiser un passeport d'orientation, de formation et de compétences *(voir ci-après)*.
- de s'inscrire et payer une formation.

La consultation du « passeport » est réservée au titulaire du compte. Ce passeport recense les formations suivies et les qualifications obtenues dans le cadre de sa formation initiale ou continue, ainsi que les acquis de l'expérience professionnelle. Il permet ainsi d'enregistrer les différentes étapes de la vie professionnelle et des compétences acquises, illustrant le parcours professionnel (c. trav. art. R. 6323-15).

Utilisation d'une application numérique - Une application numérique gratuite « MonCompteFormation », dédiée au CPF, permet au salarié de connaître en temps réel le montant de ses droits acquis et les dates des sessions des formations éligibles.

Il peut accéder à des renseignements sur les formations proposées, solliciter des abondements, s'inscrire, payer une formation (mêmes fonctionnalités que le site internet).

Gestion par la Caisse des dépôts et consignations - L'employeur n'a pas à comptabiliser les droits inscrits au CPF de chaque salarié, ni à communiquer ponctuellement le solde du CPF aux salariés ou à l'administration. Le système d'information sur lequel repose le CPF est géré par la Caisse des dépôts et consignations (CDC) (c. trav. art. L. 6323-8 et R. 6323-1).

Les droits sont calculés à partir des données déclarées par les employeurs dans la *déclaration* *sociale nominative (DSN)** (c. séc. soc. art. R. 133-14, IV, 10°) ou, pour les employeurs qui seraient encore concernés, dans la DADS, à titre résiduel. Un arrêté doit fixer les modalités selon lesquelles la caisse procède à ce calcul et à cette alimentation lorsqu'elle ne reçoit pas ces données et lorsque les données qu'elle reçoit sont incomplètes ou erronées.

▶ À noter… La CDC gère le CPF sur le plan financier et technique pour l'ensemble des actifs. Elle reçoit et mutualise l'ensemble des fonds « CPF » collectés, sauf pour la part « CPF transition professionnelle » (c. trav. art. L. 6323-9).

Monétisation du CPF

Le CPF est crédité en euros (c. trav. art. L. 6323-2 et L. 6323-11).

▶ À noter… Les heures inscrites sur le CPF au 31.12.2018 (y compris celles correspondants au droit individuel à la formation) ont été converties en euros à raison de 15 € par heure (décret 2018-1153 du 14 décembre 2018, JO du 15). Le titulaire du CPF a eu jusqu'au 30.06.2021 pour inscrire sur son compte le montant des droits correspondant au solde des heures du droit individuel à la formation (DIF) non utilisées au 31.12.2014 (loi 2020-1379 du 14 novembre 2020, art. 13, JO du 15 ; ord. 2019-861 du 21 août 2019, art. 8-II, JO du 22 ; loi 2014-288 du 5 mars 2014, art. 1, V abrogé). Les droits correspondant aux heures de DIF sont pris en compte pour le calcul du plafond de droits pouvant être cumulé sur le CPF *(voir ci-après)*.

Règles d'alimentation générale

Cas général : 500 € par an - Un salarié effectuant une durée de travail supérieure ou égale à la moitié de la durée légale ou conventionnelle de travail sur l'ensemble de l'année, voit créditer son CPF de 500 € par année de travail. Ce crédit s'opère dans la limite d'un plafond total de 5 000 € (c. trav. art. R. 6323-1, I). Un salarié ayant travaillé à temps plein ou un salarié à temps partiel occupé au moins à mi-temps sur cette durée obtient donc des droits complets.

L'année à temps plein se définit ainsi (c. trav. art. R. 6323-1, II, al. 2 et 3) :

- lorsque la durée de travail à temps plein est fixée par un accord collectif d'entreprise ou de branche, cette durée conventionnelle constitue la durée de travail de référence ;
- en l'absence de durée conventionnelle de travail, le nombre d'heures de travail de référence pour le calcul de l'alimentation du CPF est 1 607 h.

▶ À noter… L'absence du salarié pour un congé de maternité, de paternité et d'accueil de l'enfant, d'adoption, de présence parentale, de proche aidant ou un congé parental d'éducation ou pour une maladie professionnelle ou un accident du travail est intégralement prise en compte pour le calcul de la durée du travail pour l'acquisition de droits à CPF (c. trav. art. L. 6323-12).

Temps de travail inférieur à un mi-temps - Pour les salariés à temps partiel travaillant moins qu'un mi-temps ou ceux travaillant sur l'année moins de la moitié de la durée à temps plein, les droits sont proratisés en fonction de la durée de travail effectuée. Lorsque le calcul de ses droits aboutit à un montant en euros comportant des décimales, ce montant est arrondi à la deuxième décimale, au centime d'euro supérieur (c. trav. art. R. 6323-1, II).

Exemple

Un salarié ayant une durée de travail annuelle est de 600 h (soit en dessous de la moitié de 1 607 h), voit son CPF crédité de (600/1 607) × 500 € = 186,69 €.

Le plafond maximal d'acquisition des droits n'est pas proratisé et reste de 5 000 €.

Salariés en forfait annuel en jours - Les salariés titulaires d'une convention de forfait annuel en jours, ont un nombre de jours de travail de référence pour le calcul de l'alimentation du CPF. Ce nombre est égal au nombre de jours de leur forfait fixé par l'accord collectif instaurant le forfait annuel, dans la limite de 218 jours (c. trav. art. R. 6323-1, II, al. 4).

▶ À noter… Reste à savoir si les droits de ces salariés seront proratisés s'ils totalisent sur l'année un nombre de jours travaillés sur l'année inférieur à 50 % du volume maximal autorisé par l'accord collectif de forfait jours du fait, par exemple, d'une entrée en cours d'année ou d'un arrêt maladie.

Salariés ayant une rémunération déconnectée d'un horaire de travail - Pour ces salariés (ex. : cadres dirigeants, pigistes), le calcul des droits crédités sur le CPF est effectué sur la base de leur rémunération annuelle, rapportée à un montant de référence fixé à 2 080 fois le *SMIC** horaire (c. trav. art. R. 6323-1, II, al. 5 et 6).

Salariés saisonniers - Un accord ou une décision unilatérale de l'employeur peut accorder des droits majorés aux salariés saisonniers (c. trav. art. L. 1242-2, 3° et L. 6323-11).

Règles d'alimentation pour les salariés peu qualifiés

Droits renforcés - Les salariés ayant un niveau de diplôme inférieur au CAP-BEP, bénéficient de droits renforcés à hauteur de 1,6 fois le CPF de droit commun (c. trav. art. L. 6323-11-1).

Pour les salariés effectuant au moins un mi-temps, le montant crédité au CPF est de 800 € par année de travail et le plafond à 8000 € (c. trav. art. R. 6323-3-1, I).

En cas de travail à temps partiel inférieur à un mi-temps, les droits acquis chaque année devraient être proratisés, conformément aux règles de droit commun (c. trav. art. L. 6323-11, al. 2).

Modalités - Pour bénéficier de cette majoration, le salarié (ou à sa demande, son conseiller en évolution professionnelle) doit déclarer remplir les conditions de niveau de diplôme prévues par la loi, par l'intermédiaire du service dématérialisé du CPF (c. trav. art. R. 6323-3-1, II).

La majoration est effective à compter de l'année au cours de laquelle la déclaration a été effectuée. Par exemple, pour une déclaration en juillet 2021, le salarié bénéficie de la majoration pour l'ensemble des droits acquis sur 2021 et pour les années suivantes. Cette majoration ne s'applique pas aux droits déjà acquis.

Lorsque le salarié ne remplit plus les conditions de niveau de diplôme exigées, il doit le déclarer de la même manière. Il cesse de bénéficier de la majoration à compter de l'année civile suivante (c. trav. art. R. 6323-3-1, III).

Fraude ou erreur - En cas de déclaration frauduleuse ou erronée, les droits inscrits sur le CPF sont recalculés. Le cas échéant, le salarié rembourse les sommes indûment utilisées. Il encourt les sanctions pénales prévues pour tentative d'escroquerie et déclaration mensongère en vue d'une prestation indue (c. trav. art. R. 6323-3-1, III).

Règles d'alimentation pour les personnes handicapées

Travailleurs handicapés - Un crédit majoré est prévu pour les travailleurs handicapés bénéficiaires de l'obligation d'emploi (c. trav. art. L. 6323-11). Une majoration de 300 € s'ajoute au montant annuel alimentant le CPF dans la limite d'un plafond de 8000 € (décret 2019-566 du 7 juin 2019, JO du 8 ; ord. 2019-861 du 21 août 2019, JO du 22).

Personnes accueillies dans un ESAT - Le crédit porté au CPF des personnes accueillies dans un établissement ou service d'aide par le travail est majoré, à hauteur de 800 € par année d'admission à temps plein ou à temps partiel, dans la limite d'un plafond total de 8000 € (c. trav. art. R. 6323-29).

Il n'y a pas de proratisation des droits en cas de temps partiel inférieur à un mi-temps.

Règles d'alimentation pour les professions non salariées et pluriactifs

Travailleurs indépendants, professions libérales, professions non salariées - Pour ces personnes, le CPF est crédité de 500 € par année de travail, dans la limite d'un plafond total de 5000 € (c. trav. art. R. 6323-22).

Lorsque le travailleur n'a pas exercé son activité au titre d'une année entière, ses droits sont proratisés à proportion du temps d'exercice de l'activité pendant l'année. Si le calcul aboutit à un montant en euros comportant des décimales, ce montant est arrondi à la deuxième décimale, au centime d'euro supérieur.

Pluriactifs - Pour les personnes qui relèvent de statuts différents au cours d'une même année conduisant à une alimentation différente du CPF, le crédit annuel et le plafond les plus favorables sont retenus (c. trav. art. R. 6323-27).

Abondement dans le cadre d'un accord de gestion interne du CPF

Un accord d'entreprise ou de groupe peut définir des actions de formations éligibles au CPF pour lesquelles l'entreprise s'engage à abonder le CPF des salariés (c. trav. art. L. 6323-11, al. 4).

L'employeur calcule annuellement, pour chacun des salariés concernés, les droits venant abonder le CPF (c. trav. art. R. 6323-2). Il s'acquitte de cet abondement (information « Mon Compte Formation » du 28 août 2020) :

- en renseignant en ligne les informations nécessaires dans l'espace des Employeurs et des Financeurs (EDEF) (nom du salarié concerné, numéro de sécurité sociale, montant à attribuer) (https ://www.financeurs.moncompteformation.gouv.fr/employeurs) ;
- en payant les sommes dues par virement bancaire à la CDC.

Une fois le paiement réceptionné, ces montants sont inscrits sur le compte formation de chaque salarié concerné qui peut en bénéficier directement, en complément de ses autres droits, pour financer une formation, en se connectant sur www.moncompteformation.gouv.fr.

Sur le financement des formations, voir *Compte personnel de formation (financement)**.

Abondements complémentaires du CPF

Cas général - Lorsque la durée de la formation souhaitée par le salarié ou le demandeur d'emploi est supérieure au nombre d'heures inscrites sur son compte, le titulaire du CPF peut demander un abondement de ses droits pour assurer le financement de cette formation. Ce financement complémentaire peut être assuré par (c. trav. art. L. 6323-4, II) :

- le titulaire du CPF lui-même ;
- l'employeur (si le titulaire du CPF est un salarié) ;
- le Pôle Emploi (s'il est demandeur d'emploi) ;
- un OPCO [voir *Opérateurs de compétences (OPCO)**] ;
- la CNAMTS, pour les titulaires mobilisant leur CPF dans le cadre du *compte professionnel de prévention** ;
- les organismes chargés de la gestion de la branche des AT-MP du régime général et des régimes agricoles (c. séc. soc. art. L. 432-12) *(voir ci-après)* ;
- l'AGEFIPH ;
- l'État ;
- les régions ;
- un fonds d'assurance-formation de non-salariés (c. trav. art. L. 6332-9 ; code rural et de la pêche maritime art. L. 718-2-1) ;
- une chambre régionale de métiers et de l'artisanat ou une chambre de métiers et de l'artisanat de région ;
- une autre collectivité territoriale ;
- l'établissement public chargé de la gestion de la réserve sanitaire (c. santépublique art. L. 1413-1) ;
- l'UNEDIC.

Ces financeurs peuvent directement alimenter le CPF du titulaire (c. trav. art. L. 6323-4, III).

▶ À noter... Pour sa part, l'employeur s'acquitte des formalités propres à cet abondement en ligne sur l'espace des Employeurs et des Financeurs (EDEF) *(voir ci-avant)*.

Personnes handicapées accueillies en ESAT - Les personnes handicapées accueillies dans un établissement ou service d'aide par le travail (ESAT) peuvent bénéficier d'abondements complémentaires lorsque le coût de la formation est supérieur aux droits inscrits sur le CPF. Ces abondements peuvent être financés par les entreprises dans le cadre d'une mise à disposition par l'ESAT (c. trav. art. L. 6323-37).

Abondement dans le cadre d'un accord de gestion interne - Un accord d'entreprise ou de groupe peut définir les actions de formations éligibles au CPF pour lesquelles l'entreprise s'engage à abonder le CPF des salariés (c. trav. art. L. 6323-11, al. 4). L'employeur calcule chaque année, pour chaque salarié concerné, les droits venant abonder le CPF (c. trav. art. R. 6323-2). Puis il s'acquitte des formalités propres à cet abondement en ligne sur l'espace des Employeurs et des Financeurs (EDEF) *(voir ci-avant)*.

Abondements prévus par accord collectif - Un accord collectif d'entreprise ou de groupe (à défaut, un accord de branche) peut prévoir une alimentation du CPF plus importante, dès lors qu'elle est assortie d'un financement spécifique à cet effet (c. trav. art. L. 6323-11, al. 5).

L'entreprise peut alors prendre en charge l'ensemble des frais et peut demander le remboursement à la Caisse des dépôts et consignations des sommes correspondantes dans la limite des droits inscrits sur le CPF de chaque salarié concerné.

Abondements conventionnels visant des publics particuliers - Un accord d'entreprise ou de groupe, un accord de branche ou un accord conclu par les organisations syndicales de salariés et d'employeurs gestionnaires d'un OPCO, portant notamment sur la définition des formations éligibles et les salariés prioritaires peut prévoir un abondement du CPF (c. trav. art. L. 6323-14).

Ces publics prioritaires sont, en particulier :

- les salariés les moins qualifiés ;
- les salariés exposés à des facteurs de risques professionnels mentionnés à l'article L. 4161-1 du code du travail (c. trav. art. L. 4161-1) ;
- les salariés occupant des emplois menacés par les évolutions économiques ou technologiques ;
- les salariés à temps partiel et les salariés absents pour diverses causes (congé de maternité, de paternité et d'accueil de l'enfant, d'adoption, de présence parentale, de proche aidant ou un congé parental d'éducation ou pour une maladie professionnelle ou un accident du travail) (c. trav. art. L. 6323-12).

Abondement en cas de défaut d'entretien professionnel (règle définitive) - Dans les entreprises d'au moins 50 salariés, l'employeur qui ne respecte pas ses obligations en matière d'*entretien professionnel** doit abonder le CPF du salarié concerné.

Un tel abondement s'impose s'il apparaît, lors de l'entretien professionnel d'état des lieux organisé tous les 6 ans, que le salarié n'a pas bénéficié des entretiens prévus (bisannuels et au retour d'une absence) et d'une formation non obligatoire (c. trav. art. L. 6323-13). Cet abondement est de 3 000 € (c. trav. art. R. 6323-3).

▶ À noter… Cet abondement devait se présenter pour la première fois à l'horizon du 6.03.2020, date limite du premier entretien « état des lieux » sexennal pour les salariés qui étaient déjà à l'effectif le 7.03.2014 (entrée en vigueur de la loi « formation » du 5 mars 2014). Mais les dispositions prévoyant l'abondement correctif ont été suspendues compte tenu de la crise causée par le covid-19 *(voir ci-après)*.

L'employeur s'acquitte de cet abondement en ligne sur l'espace des Employeurs et des Financeurs (EDEF) *(voir ci-avant)*.

La transmission des informations nécessaires (nom du salarié concerné, numéro de sécurité sociale, montant à attribuer) et le versement de cet abondement sont à effectuer au plus tard le dernier jour du trimestre civil qui suit la date de l'entretien sexennal (décret 2021-1916 du 30 décembre 2021, art. 1, 13°, JO du 31).

Exemple

Pour un entretien sexennal tenu le 19.03.2022, la date limite de transmission des infos nécessaires à l'abondement correctif et de paiement sera le 30.06.2022.

Abondement en cas de défaut d'entretien professionnel (règle transitoire) - La règle transitoire, prévue jusqu'au 31.12.2020, a été décalée au 30.06.2021 pour tenir compte de la crise sanitaire causée par le covid-19 *(voir ci-après)*.

Le ministère du Travail a indiqué que l'employeur avait jusqu'au 30.09.2021 pour réaliser les entretiens d'état des lieux qui n'avaient pas pu avoir lieu avant le 30.06.2021, sans risquer de sanction. Mais il s'agissait là d'une simple tolérance pour les entreprises qui auraient des difficultés à respecter le calendrier légal, la date officielle de tenue de ces entretiens étant restées le 30.06.2021 (Questions/Réponses sur l'entretien professionnel mises à jour le 21.06.2021).

Jusqu'à cette date l'employeur a eu un droit d'option entre deux régimes pour échapper à l'abondement correctif, il pouvait (ord. 2019-861 du 21 août 2019, art. 7, 1°, JO du 22 ; loi 2018-771 du 5 septembre 2018, art. 1, XIII, modifié ; loi 2021-689 du 31 mai 2021, art. 8, XIX, JO 1er juin ; Q/R sur l'entretien professionnel précitées).

- appliquer la règle décrite ci-dessus,
- ou prendre en compte les règles antérieures à la loi Avenir professionnel pour éviter l'abondement correctif du CPF.

Dans la seconde hypothèse, pour échapper à l'abondement correctif, il faut :

- que l'employeur ait réalisé sur les 6 dernières années les entretiens professionnels obligatoires ;
- et que le salarié ait bénéficié de 2 actions parmi les 3 suivantes : avoir suivi au moins une action de formation (obligatoire ou non obligatoire, sans distinction), avoir acquis des éléments de certification par la formation ou par une validation des acquis de son expérience et enfin avoir eu une progression salariale ou professionnelle.

Abondement en cas de défaut d'entretien professionnel (adaptation liée au covid-19) - La date limite de tenue de l'*entretien professionnel** sexennal a été repoussée au 30.06.2021 et par tolérance au 30.09.2021 *(voir ci-avant)*. En conséquence, pour les employeurs de 50 salariés et plus, l'application de l'abondement correctif au CPF a été décalée d'autant (ord. 2020-1501 du 2 décembre 2020, JO du 3).

Le mécanisme de sanction, qui devait s'appliquer à compter du 1.07.2021, a été suspendu jusqu'au 30.09.2021 et s'est appliqué à partir du 1.10.2021 (loi 2021-689 du 31 mai 2021, art. 8, XIX, JO 1er juin ; Q/R sur l'entretien professionnel précitées).

Par dérogation, la transmission des informations et le paiement de l'abondement dû, pour les entretiens d'état des lieux réalisés au plus tard le 30.09.2021, doivent avoir lieu à partir du 1.10.2021 et jusqu'au 31.03.2022 (décret 2021-1916 du 30 décembre 2021, art. 4, JO du 31).

▶ À noter… Les agents des services régionaux de contrôle de la formation professionnelle des *DREETS** peuvent s'assurer du respect de cette obligation.

En l'absence de versement ou en cas de versement insuffisant, l'employeur est mis en demeure de régulariser sa situation. À défaut, il doit au Trésor public un montant équivalent à l'insuffisance constatée, majorée de 100 % (c. trav. art. L. 6323-13).

Abondement en cas de licenciement pour refus d'un accord de performance collective - Un abondement est prévu lorsqu'un salarié est licencié pour avoir refusé une modification de son contrat de travail résultant d'un *accord de performance collective** (c. trav. art. L. 2252-4). Le CPF du salarié licencié est abondé d'au moins 3 000 € (c. trav. art. D. 6323-3-2).

L'employeur s'acquitte des formalités propres à cet abondement en ligne sur l'espace des Employeurs et des Financeurs (EDEF) *(voir ci-avant)*.

Victime atteinte d'une incapacité permanente suite à un AT ou à une maladie professionnelle - Les victimes d'AT-MP atteintes d'une incapacité permanente d'au moins 10 % bénéficient, au titre de leur reconversion professionnelle, d'un droit à une formation qualifiante sous forme d'un abondement de leur CPF (c. trav. art. L. 6323-4 ; c. séc. soc. art. L. 432-12 et D. 432-15). Cet abondement s'élève à 7 500 € (c. séc. soc. art. R. 432-9-3).

Incidence sur le plafond de 5 000 € - Certains abondements supplémentaires s'ajoutant à l'acquisition annuelle de droits ne sont pris en compte ni pour le rythme d'acquisition des droits sur le CPF (ex. : 500 €) ni pour l'appréciation du plafond de 5 000 € (c. trav. art. L. 6323-15).

Compte professionnel de prévention

Les points inscrits au *compte professionnel de prévention** convertis en euros constituent un abondement du CPF (c. trav. art. L. 4162-7, L. 4162-8 et R. 4163-21) [voir *Compte professionnel de prévention (utilisation)**].

Compte d'engagement citoyen

Voir *Compte d'engagement citoyen**.

Rôle du CSE et négociations

La consultation récurrente (de périodicité annuelle, à défaut d'accord collectif fixant une autre périodicité) du *comité social et économique** sur la politique sociale de l'entreprise, les conditions de travail et l'emploi porte notamment sur le programme pluriannuel de formation ainsi que sur les actions de formation envisagées par l'employeur [voir *Comité social et économique (informations-consultations périodiques)**] (c. trav. art. L. 2312-18 et L. 2312-26).

En vue de cette consultation, l'employeur met notamment à la disposition du comité les informations sur la mise en œuvre du CPF via la *base de données économiques, sociales et environnementales (BDESE)**.

Voir aussi *Gestion prévisionnelle de l'emploi et des compétences** et *Négociations obligatoires dans l'entreprise**.

Compte d'engagement citoyen ; Compte personnel d'activité ; Compte personnel de formation ; Compte professionnel de prévention (utilisation).

Compte personnel de formation (transition professionnelle)

Objectif du CPF de transition professionnelle

Le compte personnel de formation (CPF) de transition professionnelle est une modalité particulière d'utilisation du *compte personnel de formation** qui a pour objectif de faciliter, dans le cadre d'un projet de transition professionnelle, les changements de métier ou de profession.

▶ À noter… Le CPF de transition professionnelle a remplacé le congé individuel de formation (CIF).

À cette fin, tout salarié peut mobiliser les droits inscrits sur son CPF pour financer une action de formation certifiante (c. trav. art. L. 6323-17-1).

Le salarié bénéficie d'un congé spécifique lorsqu'il suit cette action de formation sur son temps de travail *(voir ci-après)*.

▶ À noter… Les intérimaires et les salariés intermittents du spectacle ont accès au CPF de transition dans des conditions spécifiques d'ouverture et de prise en charge (c. trav. art. L. 6323-17-1, R. 6323-9-1, R. 6323-10, R. 6323-11-2 et R. 6323-18-2-1).

Conditions d'accès

Condition d'ancienneté - Le salarié souhaitant bénéficier d'un projet de transition professionnelle doit justifier (c. trav. art. D. 6323-9, I) :

- soit d'une ancienneté d'au moins 24 mois, consécutifs ou non, en qualité de salarié, dont 12 mois dans l'entreprise, quelle qu'ait été la nature des contrats de travail successifs ;
- soit d'une ancienneté d'au moins 24, consécutifs ou non, en qualité de salarié, quelle qu'ait été la nature des contrats successifs, au cours des 5 dernières années, dont 4 mois, consécutifs ou non, en CDD au cours des 12 derniers mois.

S'agissant des CDD, certains contrats sont exclus du calcul des 4 mois de CDD : contrats d'accompagnement dans l'emploi, d'apprentissage, de professionnalisation, contrat conclu avec un jeune au cours de son cursus scolaire ou universitaire ou encore CDD qui se poursuit par un CDI (c. trav. art. D. 6323-9, II).

S'agissant des salariés titulaires d'un contrat de travail conclu avec une entreprise de travail temporaire (intérimaires), ils doivent justifier d'une ancienneté de 1600 h travaillées dans la branche, dont 600 h dans l'entreprise de travail temporaire (ETT). L'ancienneté s'apprécie, toutes missions confondues, sur une période de référence de 18 mois. Pour le salarié titulaire d'un CDI, les périodes sans exécution de mission sont prises en compte pour le calcul de l'ancienneté (c. trav. art. R. 6323-9-1).

▶ À noter… Les intermittents du spectacle doivent remplir des conditions d'ancienneté spécifiques (c. trav. art. R. 6323-9-1, I).

Pas de condition d'ancienneté pour certains salariés - Par exception, aucune condition d'ancienneté minimale n'est exigée pour les catégories de salariés suivantes (c. trav. art. L. 6323-17-2, I).

Les travailleurs handicapés bénéficiaires de l'obligation d'emploi.

Les salariés ayant changé d'emploi à la suite d'un licenciement pour motif économique ou pour inaptitude et qui n'ont pas suivi d'action de formation entre leur licenciement et leur réemploi.

Les salariés qui, dans les 24 mois précédant leur demande de projet de transition professionnelle, ont été en arrêt de travail (loi 2021-1018 du 2 août 2021, JO du 3 ; c. trav. art. L. 6323-17-2, dans sa version en vigueur au 31 mars 2022) :
- soit pour maladie professionnelle ;
- soit pour accident du travail, maladie ou accident non-professionnel d'une durée supérieure à une durée restant à fixer par un décret à paraître (pour suivre l'actualité, voir le fil quotidien d'actualités sur www.rfsocial.com, sachant que ministère du Travail envisagerait une durée de 3 mois) (Sénat, rapport n° 706, p. 137).

Délai de carence entre deux congés - Le salarié ayant bénéficié d'un congé de transition professionnelle ne peut prétendre, dans la même entreprise, au bénéfice d'un nouveau congé de transition professionnelle avant un délai, exprimé en mois, égal à 10 fois la durée du projet de transition professionnelle précédemment effectué, exprimée en mois. Ce délai ne peut être inférieur à 6 mois ni supérieur à 6 ans (c. trav. art. R. 6323-10-3).

Durée du projet de transition

La durée du projet de transition professionnelle correspond à la durée de l'action de formation (c. trav. art. L. 6323-17-3), éventuellement adaptée compte tenu des acquis du salarié. Elle ne peut pas être imputée sur les congés payés (c. trav. art. L. 6323-17-4).

En outre, le projet de transition professionnelle est assimilé à une période de travail (c. trav. art. L. 6323-17-4) :
- pour la détermination des droits à congés payés ;
- pour les droits que le salarié tient de son ancienneté dans l'entreprise.

Congé de transition professionnelle

Congé spécifique - Le CPF est adossé à un congé spécifique, dont bénéficie le salarié si la formation est effectuée en tout ou partie durant le temps de travail (c. trav. art. L. 6323-17-1, I).

Demande du salarié - La demande de congé doit indiquer la date du début de l'action de formation, la désignation et la durée de celle-ci ainsi que le nom de l'organisme qui en est responsable, l'intitulé et la date de l'examen concerné (c. trav. art. R. 6323-10, II).

Le salarié doit adresser sa demande à l'employeur par écrit et au plus tard (c. trav. art. R. 6323-10, I) :
- 120 jours à l'avance, lorsque la formation envisagée comporte une interruption continue du travail d'au moins 6 mois ;
- 60 jours à l'avance, lorsque la formation prévue entraîne une interruption continue du travail de moins de 6 mois ou lorsqu'elle est réalisée à temps partiel.

S'agissant d'un intérimaire, il dépose sa demande de congé de transition professionnelle à l'ETT dans les mêmes délais (c. trav. art. R. 6323-10, I).

▶ À noter… Les intermittents du spectacle relèvent de règles spécifiques (c. trav. art. R. 6323-11-2).

Réponse de l'employeur - L'employeur doit faire connaître sa réponse au salarié, par écrit, dans les 30 jours suivant la réception de la demande. En l'absence de réponse dans ce délai, le congé est considéré comme accepté (c. trav. art. R. 6323-10, III).

L'employeur peut refuser le congé si le salarié formule sa demande hors délai, si cette demande ne comporte pas les informations obligatoires ou si le salarié ne remplit pas les conditions d'ancienneté exigées (c. trav. art. R. 6323-10, IV).

L'employeur peut différer le congé pour une durée d'au plus 9 mois, s'il estime que cette absence pourrait avoir des conséquences préjudiciables à la production et à la marche de l'entreprise, après avis du *comité social et économique** (CSE) lorsque celui-ci existe (c. trav. art. R. 6323-10-1, I, 1°).

Le congé peut être reporté compte tenu du nombre de salariés pouvant être simultanément absents au titre de ce congé (c. trav. art. R. 6323-10-1, I, 2°) :

- dans les établissements de moins de 100 salariés, l'autorisation accordée à la demande de congé peut être différée lorsqu'elle aboutit à l'absence simultanée, au titre d'un congé de transition professionnelle, d'au moins 2 salariés ;
- dans les établissements d'au moins 100 salariés, le report est possible si plus de 2 % de l'effectif risquent d'être simultanément absents au titre d'un congé de transition professionnelle.

S'agissant d'un salarié intérimaire, L'ETT peut reporter le congé lorsque la demande de congé et le début de l'action de formation interviennent au cours d'une même mission, avec toutefois certaines exceptions (formation > 1 200 heures ; formation visant une qualification dans un secteur d'activité différent) (c. trav. art. R. 6323-10-1, III).

Qu'il s'agisse d'un refus ou d'un report de congé, l'employeur doit motiver sa décision (c. trav. art. R. 6323-10, IV et R. 6323-10-1, II).

Demande de prise en charge auprès de la CPIR

Pour mobiliser son compte, le salarié doit faire valider son projet de transition professionnelle par la commission paritaire interprofessionnelle régionale (CPIR) (c. trav. art. L. 6323-17-2 et L. 6323-17-6). Celle-ci apprécie la pertinence du projet et du positionnement préalable (c. trav. art. R. 6323-14 et s.).

Le salarié doit transmettre les pièces listées par un arrêté en vue de la constitution de son dossier (arrêté du 17 mars 2021, JO du 1er avril). Cet arrêté mentionne également les documents à fournir pour les salariés en CDD, pour les intermittents du spectacle et les intérimaires, afin de vérifier qu'ils remplissent la condition d'ancienneté.

▶ À noter... Les 18 CPIR, baptisées associations « Transition Pro » (ATpro) ont été agréées en métropole et en outre-mer par une série de 18 arrêtés du 16.12.2019. La liste de ces ATpro figure sur le site du ministère du Travail (www.travail.gouv.fr).

Le salarié doit, au préalable, avoir obtenu l'accord de l'employeur pour bénéficier du congé de transition professionnelle *(voir ci-avant)* et avoir pris contact avec l'organisme de formation qui lui propose un parcours de formation individualisé (c. trav. art. R. 6323-11 et R. 6323-12).

La CPIR instruit la demande de prise en charge financière et décide ou non d'autoriser et de financer le projet. Cette décision est motivée et notifiée au salarié (c. trav. art. R. 6323-14 et s.). La CPIR conserve la possibilité de demander au salarié tout document complémentaire nécessaire pour s'assurer de la réalité de l'action qu'il finance et de sa conformité aux dispositions légales et réglementaires (arrêté du 17 mars 2021, JO du 1er avril 2021).

La demande de prise en charge d'un projet de transition professionnelle intervient après la réalisation d'une action de positionnement préalable, laquelle est réalisée à titre gratuit par le prestataire de formation contacté en vue de suivre l'action de formation. Celle-ci vise à identifier les acquis professionnels pour adapter, le cas échéant, la durée du parcours de formation proposé (c. trav. art. L. 6323-17-1, I et R. 6323-12).

Le projet de transition professionnelle du salarié peut faire l'objet d'un accompagnement par l'un des opérateurs du *conseil en évolution professionnelle** (CEP). Cet opérateur informe, oriente et aide le salarié à formaliser son projet. Il propose un plan de financement (c. trav. art. L. 6323-17-2, II).

Rémunération du salarié en congé de transition professionnelle

Salaire de référence (SR)	Durée de la formation	
	1 an ou 1 200 h	> 1 an ou 1 200 h
Inférieur ou égal à 2 SMIC	100 % du salaire moyen de référence	
Supérieur à 2 SMIC	- 90 % du salaire moyen de référence (contre 80 % pour le CIF hors action prioritaire) - montant minimum : 2 SMIC	- 1re année ou 1200 h : 90 % du salaire moyen de référence - années suivantes ou à partir de 1201 h : 60 % du salaire moyen de référence - montant minimum : 2 SMIC

▶ **À noter...** Le salarié demandeur du financement doit informer dans les meilleurs délais et par tout moyen la CPIR de la survenance de tout événement pouvant avoir des conséquences sur la validité des informations et pièces transmises initialement, le suivi de l'action de formation ou du stage en entreprise ou la prise en charge accordée (arrêté du 17 mars 2021, JO du 1er avril 2021).

Rémunération du salarié en congé

Montant de la rémunération versée au salarié en congé - Durant son congé et en cas d'acceptation du projet de transition professionnelle par la CPIR, le salarié a droit à une rémunération, sous réserve d'une certaine assiduité (c. trav. art. D. 6323-18-1, I). Cette rémunération est égale à un pourcentage du salaire moyen du bénéficiaire du projet, déterminé en fonction des salaires perçus au cours d'une période de référence.

Le salaire moyen de référence du salarié est calculé sur la base des salaires perçus (c. trav. art. D. 6323-18-3) :

- au cours des 12 mois précédant la formation pour le salarié qui justifie d'une ancienneté d'au moins 24 mois consécutifs ou non dont 12 mois dans l'entreprise ;
- au cours des 4 derniers mois en CDD pour le salarié qui relève de la seconde condition d'ancienneté, sans tenir compte de la rémunération des contrats exclus du calcul de l'ancienneté *(voir ci-avant)* (c. trav. art. D. 6323-9, I, 2°).

Le pourcentage du salaire varie selon que le salaire moyen de référence pris en compte est supérieur ou non à 2 SMIC *(voir tableau reproduit dans cette étude)* (c. trav. art. D. 6323-18-4).

Versement par l'employeur - Quel que soit l'effectif de l'entreprise, la rémunération du salarié et les cotisations sociales sont versées mensuellement par l'employeur.

L'employeur est ensuite remboursé par la CPIR dans le délai maximum d'un mois à compter de la réception d'une copie du bulletin de paie, des justificatifs prouvant l'assiduité du salarié à l'action de formation et, le cas échéant, des justificatifs relatifs aux cotisations sociales (c. trav. art. D. 6323-18-1).

Dans le cas particulier d'un intérimaire, l'ETT doit établir un contrat de mission ou une lettre de mission (CDI intérimaire) avec le salarié intérimaire, qui reste donc salarié de l'ETT durant son congé (la formation est assimilée à une mission). L'ETT verse la rémunération et les cotisations sociales légales et conventionnelles (c. trav. art. R. 6323-18-2-1, II et III).

▶ **À noter...** Les intermittents du spectacle relèvent de règles spécifiques (c. trav. art. R. 6323-18-2-1, I).

Salariés en CDD réalisant leur projet après la fin de leur contrat - Les salariés en CDD, dont le projet de transition professionnelle est réalisé après le terme de leur contrat, sont directement rémunérés par la CPIR, quel que soit l'effectif de l'entreprise (c. trav. art. D. 6323-18-2).

Avances aux entreprises de moins de 50 salariés

Possibilité de demande d'avances - Les entreprises de moins de 50 salariés ont la possibilité de demander à la CPIR des avances de trésorerie sur les remboursements de rémunération à percevoir (c. trav. art. L. 6323-17-5 et D. 6323-18-1, III).

Le seuil de 50 salariés est apprécié en appliquant les règles de calcul de l'*effectif sécurité sociale** sans gel des effets de seuil (c. séc. soc. art. L. 130-1 et R. 130-1).

La CPIR verse à l'employeur la première avance au plus tard 30 jours après la réception de la facture émise par l'employeur. Le solde est payé, après la réception des justificatifs, à la fin du projet de transition professionnelle (c. trav. art. D. 6323-18-1).

Taux et conditions de versement par accord employeur/CPIR - Le taux et les conditions de versement sont définis conjointement par la CPIR et l'employeur (c. trav. art. D. 6323-18-1).

Taux et conditions de versement à défaut d'accord employeur/CPIR - En l'absence d'accord entre l'employeur et la CPIR avant le début du projet de transition professionnelle, il convient d'appliquer les modalités réglementaires suivantes (arrêté du 26 février 2020, art. 1, JO du 29, texte 27) :

- le montant de l'avance mensuelle est égal à 90 % du montant total de la rémunération mensuelle et des cotisations sociales légales et conventionnelles assises sur la rémunération due par l'employeur au titre du projet de transition professionnelle ;
- les avances sont versées mensuellement à l'employeur, au plus tard le 20 de chaque mois.

L'employeur adresse les justificatifs mentionnés ci-après à la CPIR au plus tard le 10 du mois suivant le versement de chaque avance (arrêté du 26 février 2020, art. 2, JO du 29 ; c. trav. art. D. 6323-18-1) :

- la copie du bulletin de paie ;
- le ou les justificatifs prouvant l'assiduité du bénéficiaire à l'action de formation ou au stage en entreprise ;
- le cas échéant, les justificatifs relatifs aux cotisations sociales légales et conventionnelles à sa charge assises sur les rémunérations dans l'entreprise concernée.

L'envoi des justificatifs doit être fait par tout moyen donnant date certaine à leur réception. Si l'employeur n'envoie pas les documents, la CPIR suspend le versement des avances pour le projet de transition professionnelle concerné. L'employeur peut néanmoins demander la reprise du versement des avances, une fois qu'il a transmis les justificatifs transmis à CPIR dans le délai de 10 jours précité (arrêté du 26 février 2020, art. 2, JO du 29).

Effets en cas d'événements divers - En cas d'abandon du projet de transition professionnelle par le salarié ou d'absence supérieure à un mois, le paiement est réalisé au prorata temporis (c. trav. art. D. 6323-18-1, III).

S'il y a lieu, l'employeur doit informer la CPIR de tout événement pouvant avoir des conséquences sur le suivi par le salarié de l'action de formation ou le montant de la rémunération et des cotisations. Il lui faut alors adresser les justificatifs avant le versement de l'avance suivante ou du solde. Le versement des avances est suspendu lorsque l'employeur ne transmet pas les justificatifs requis à la CPIR.

▶ Attention… En cas de trop-perçu, l'employeur doit rembourser la CPIR au plus tard 30 jours après la constatation du trop-perçu par la commission.

Suivi de la formation

Le salarié en congé doit remettre à l'employeur des justificatifs, établis par l'organisme de formation, prouvant son assiduité à l'action de formation à la fin de chaque mois et lorsqu'il reprend son poste de travail (c. trav. art. R. 6323-10-4).

Par dérogation, dans les entreprises de moins de 50 salariés, le salarié remet les justificatifs prouvant son assiduité à la CPIR qui assure la prise en charge financière de son projet de transition professionnelle.

☛ *Compte personnel de formation.*

Compte personnel de formation (utilisation)

Mobilisation par le titulaire du compte

Par les salariés et les demandeurs d'emploi - Hors abondements spécifiques s'ajoutant à l'acquisition annuelle, seules les périodes de travail effectif permettent d'acquérir des droits exprimés en euros cumulables sur le compte personnel de formation (CPF) [voir *Compte personnel de formation (mise en place et alimentation)**].

En revanche, les droits crédités sur le CPF peuvent être utilisés au cours d'un contrat de travail ou pendant une période de chômage (c. trav. art. L. 6323-2).

Initiative et accord exprès du titulaire du compte - Le titulaire du CPF prend l'initiative de mobiliser son compte. Le CPF ne peut être mobilisé qu'avec son accord exprès, son refus éventuel ne constituant pas une faute (c. trav. art. L. 6323-2).

Mobilisation du compte via le site ou l'application dédiés - Le site www.moncompteformation.gouv.fr permet au salarié de connaître, en temps réel, le montant de ses droits acquis et les dates des sessions des formations éligibles. Le salarié peut notamment y créer crée son dossier de demande de formation, s'inscrire, payer sa formation et avoir accès à des renseignements sur les actions de formations proposées.

L'application « MonCompteFormation », téléchargeable sur un téléphone portable, peut également être utilisée (c. trav. art. L. 6323-8).

Lorsque l'employeur n'est pas associé au projet de formation, le salarié fait sa demande de formation sur le site et il s'inscrit. Ce dernier peut être accompagné dans ses démarches par le *conseil en évolution professionnelle** et les *opérateurs de compétences (OPCO)**.

Lorsque l'employeur cofinance le projet de formation du salarié, ce dernier sélectionne sa formation et sa session de formation sur « Mon Compte Formation » puis il télécharge le PDF de son dossier de formation et le fournit à l'employeur. Celui-ci lui attribue alors des droits directement sur www.financeurs.moncompteformation.gouv.fr. Le salarié utilise ces nouveaux droits pour financer sa formation et s'inscrire à la session.

Dans les deux cas, s'il reste une somme à payer pour accéder à la formation, le salarié la règle pour finaliser son dossier.

Compte personnel de formation (utilisation)

Formations éligibles

Sont éligibles au CPF, directement et sans autre condition, les actions de formation sanctionnées par (c. trav. art. L. 6323-6, I) :

- un diplôme ou un titre enregistré au répertoire national des certifications professionnelles [voir *Formation professionnelle (certifications professionnelles)**] (c. trav. art. L. 6113-1) ;
- une certification ou une habilitation inscrite au répertoire spécifique comprenant notamment la certification relative au socle de connaissances et de compétences professionnelles (c. trav. art. L. 6113-6) ;
- une attestation de validation de blocs de compétences (c. trav. art. L. 6113-1).

Sont également éligibles au CPF, dans des conditions fixées par décret (c. trav. art. L. 6323-6, II) :

- les actions de *validation des acquis de l'expérience** (VAE) ;
- un *bilan de compétences** ;
- la préparation de l'épreuve théorique du code de la route et de l'épreuve pratique du permis de conduire des véhicules du groupe léger et du groupe lourd (c. trav. art. D. 6323-8) ;
- les actions de formation d'accompagnement et de conseil dispensées aux créateurs ou repreneurs d'entreprises ayant pour objet de réaliser leur projet de création ou de reprise d'entreprise et de pérenniser celle-ci ;
- les actions de formation destinées à permettre aux bénévoles et aux volontaires en *service civique** d'acquérir les compétences nécessaires à l'exercice de leurs missions (seuls les droits acquis au titre du *compte d'engagement citoyen** peuvent financer ces actions).

Formations se déroulant durant le temps de travail

Information de l'employeur - Le salarié qui souhaite utiliser son CPF en tout ou partie pendant le temps de travail doit adresser une demande d'autorisation d'absence à l'employeur (c. trav. art. D. 6323-4) :

- au moins 60 jours avant le début de la formation si celle-ci dure moins de 6 mois ;
- au moins 120 jours avant le début de la formation si celle-ci dure au moins 6 mois.

Réponse de l'employeur - À compter de la réception de la demande, l'employeur dispose de 30 jours calendaires pour notifier sa réponse. Passé ce délai, l'absence de réponse vaut acceptation (c. trav. art. D. 6323-4).

Personnes handicapées accueillies dans un ESAT - Le travailleur accueilli dans un établissement ou service d'aide par le travail (ESAT) doit lui demander son accord préalable lorsque la formation est suivie pendant le temps d'exercice d'une activité à caractère professionnel au sein de l'établissement. Une fois l'accord obtenu, il bénéficie, pendant la durée de la formation, du maintien de sa rémunération garantie et du régime de sécurité sociale relatif à la protection en matière d'accidents du travail et de maladies professionnelles (c. trav. art. L. 6323-39 et L. 6323-40).

CPF et compte professionnel de prévention

Le salarié titulaire d'un *compte professionnel de prévention** (C2P) peut utiliser les points acquis sur son compte afin de suivre une action de formation professionnelle lui permettant d'accéder à un emploi non exposé ou moins exposé aux facteurs de risques professionnels (c. trav. art. L. 4163-7, I-1°).

Un point « formation » du C2P ouvre droit à un abondement du CPF de 375 € (c. trav. art. R. 4163-11). Les 20 premiers points inscrits sur le C2P étant obligatoirement réservés pour la formation (c. trav. art. R. 4163-13), cette réserve permet donc de financer une formation à hauteur de 7 500 € [voir *Compte professionnel de prévention (utilisation)**].

▶ À noter… Lorsque le titulaire du C2P veut ainsi abonder son CPF, il joint à sa demande de formation un document précisant le montant qu'il souhaite consacrer à sa formation au titre des droits inscrits sur le C2P (c. trav. art. R. 4163-18).

C'est l'opérateur du conseil en évolution professionnelle qui vérifie l'éligibilité de la formation demandée par le titulaire du C2P. Il remet une attestation au salarié, qui la transmet à la CARSAT lors de sa demande d'utilisation de points de C2P (c. trav. art. R. 4163-19 et R. 4163-20).

CPF et contrat de sécurisation professionnelle

Le salarié dont le contrat est rompu pour motif économique peut mobiliser son CPF après avoir adhéré au *contrat de sécurisation professionnelle** (c. trav. art. L. 1233-67). Le bénéficiaire du CSP peut accéder aux formations éligibles au CPF, sous réserve que la formation soit en accord avec son projet de reclassement (convention du 26 janvier 2015 relative au contrat de sécurisation professionnelle, art. 11).

Couverture AT-MP

Pendant la durée de la formation (y compris hors temps de travail), le salarié bénéficie du régime de sécurité sociale relatif à la protection en matière d'accidents du travail et de maladies professionnelles (c. trav. art. L. 6323-19).

☞ *Compte personnel de formation ; Compte personnel de formation (mise en place et alimentation).*

Compte professionnel de prévention

Le compte professionnel de prévention (C2P) permet à un salarié exposé à certains facteurs de risques professionnels d'accumuler des points, notamment pour financer une formation en vue d'un emploi moins exposé ou une majoration de sa durée d'assurance et partir en retraite avant l'âge légal. Sur l'utilisation du C2P, voir *Compte professionnel de prévention (utilisation)** et *Départ anticipé à la retraite**. Sur les contrôles et litiges, voir *Compte professionnel de prévention (contrôles et litiges)**. Le C2P est financé par la branche accidents du travail-maladies professionnelles de la sécurité sociale (c. trav. art. L. 4163-21).

Entreprises et salariés concernés

Entreprises visées - Ce dispositif est applicable à tous les employeurs de droit privé (entreprises, associations, etc.) ainsi qu'au personnel des entreprises publiques employé dans les conditions du droit privé (c. trav. art. L. 4163-4).

Salariés exposés au-delà de certains seuils - Les travailleurs concernés sont ceux exposés à un ou plusieurs facteurs de risques professionnels au-delà de certains seuils, appréciés après prise en compte des mesures de protection collective et individuelle *(voir ci-après)* (c. trav. art. L. 4163-1, L. 4163-5 et D. 4163-2).

Intérimaires - Les intérimaires acquièrent des droits au titre du C2P [voir *Travail temporaire (entreprise de)**].

Apprentis et salariés en contrat de professionnalisation - Les apprentis et les salariés en contrat de professionnalisation relèvent du C2P (instr. DGT/DSS/SAFSL 2016-178 du 20 juin 2016, à propos du C3P et transposable selon nous au C2P).

Travailleurs détachés en France - Les travailleurs détachés en France n'entrent pas dans le champ d'application du C2P (instr. DGT/DSS/SAFSL 2016-178 du 20 juin 2016, à propos du C3P et transposable selon nous au C2P). Une fiche individuelle de suivi doit être établie pour eux *(voir ci-après)*.

Salariés affiliés à un régime spécial de retraite - Les salariés affiliés à un régime spécial de retraite comportant un dispositif spécifique de reconnaissance et de compensation des effets de l'exposition à certains risques professionnels sont exclus du C2P (ex. : régimes applicables aux salariés de la SNCF ou de l'Opéra national de Paris) (c. trav. art. L. 4163-4 ; décret 2014-1617 du 24 décembre 2014, JO du 27). Une fiche individuelle de suivi doit être établie pour eux *(voir ci-après)*.

Exclusion des contrats inférieurs à un mois - Par exception, les salariés employés dans le cadre de contrats de travail de moins d'un mois n'acquièrent pas de points sur le C2P. Le suivi des expositions ne concerne donc pas ces salariés (c. trav. art. R. 4163-8 et R. 4163-9).

Exclusion des salariés du particulier employeur - Les salariés du particulier employeur ne sont pas éligibles au C2P (c. trav. art. L. 7221-2 ; instr. DGT/DSS/SAFSL 2016-178 du 20 juin 2016, à propos du C3P et transposable selon nous au C2P).

Facteurs de risques et seuils d'exposition

Six facteurs de risques sont inclus dans le champ du C2P *(voir tableau reproduit dans cette étude)* (c. trav. art. D. 4163-2).

▶ À noter... 4 autres facteurs de risques qui auparavant relevaient de l'ancien compte personnel de prévention de la pénibilité (C3P), mais qui ont été exclus du C2P, sont traités via le dispositif de retraite anticipée pour incapacité permanente liée à la pénibilité (voir *Départ anticipé à la retraite**).

Pour chacun des 6 facteurs de risques inclus dans le C2P, le seuil d'exposition repose sur le croisement de deux critères :
- un seuil d'intensité (mesurée en décibels pour le bruit, en tranche d'horaire de nuit, en degrés pour les températures extrêmes, etc.) ;
- et une notion temporelle, mesurée par une durée ou une fréquence.

Les deux critères doivent être réunis pour que le seuil d'exposition soit considéré comme atteint ou dépassé.

Facteurs de risques professionnels et seuils d'exposition pris en compte dans le C2P

Facteurs de risques professionnels	Seuils d'exposition		
	Action ou situation	**Intensité minimale**	**Durée minimale**
Facteurs liés à certains rythmes de travail			
Travail de nuit (c. trav. art. L. 3122-2 à L. 3122-5, L. 3122-15 et L. 3122-20) **(1)**	Une heure de travail entre minuit et 5 h du matin		120 nuits par an
Travail en équipes successives alternantes	Travail en équipes successives alternantes impliquant au minimum une heure de travail entre minuit et 5 h du matin		50 nuits par an
Travail répétitif caractérisé par la réalisation de travaux impliquant l'exécution de mouvements répétés, sollicitant tout ou partie du membre supérieur, à une fréquence élevée et sous cadence contrainte	Temps de cycle inférieur ou égal à 30 secondes : 15 actions techniques ou plus		900 heures par an (2)
	Temps de cycle supérieur à 30 secondes, temps de cycle variable ou absence de temps de cycle : 30 actions techniques ou plus par minute		
Facteurs liés à un environnement physique agressif			
Activités exercées en milieu hyperbare (c. trav. art. R. 4461-1)	Interventions ou travaux	1 200 hectopascals	60 interventions ou travaux par an
Températures extrêmes	Température inférieure ou égale à 5 degrés Celsius ou au moins égale à 30 degrés Celsius		900 heures par an (2)
Bruit (c. trav. art. R. 4431-1) **(3)**	Niveau d'exposition au bruit rapporté à une période de référence de 8 heures d'au moins 81 décibels (A)		600 heures par an (2)
	Exposition à un niveau de pression acoustique de crête au moins égal à 135 décibels (C)		120 fois par an

(1) Lorsque l'employeur apprécie l'exposition d'un salarié au travail de nuit, il ne prend pas en compte les nuits effectuées en équipes successives alternantes (c. trav. art. D. 4163-5).
(2) Le dépassement du seuil est apprécié en cumulant les durées pendant lesquelles se déroule chacune des actions ou pendant lesquelles chacune des situations est constatée (c. trav. art. D. 4163-5).
(3) Les différents paramètres de calcul de l'exposition au bruit (niveau de pression acoustique de crête, niveau d'exposition quotidienne, etc.) ainsi que les conditions de mesurage des niveaux de bruit ont été précisés par arrêté (arrêté du 11 décembre 2015, JO du 31, texte n° 154).

Appréciation de l'exposition (référentiel de branche)

Accord de branche étendu - Un accord de branche étendu portant sur la prévention des expositions aux facteurs de risques professionnels peut déterminer l'exposition des salariés à un ou plusieurs facteurs de risques au-delà des seuils fixés ci-dessus à partir de situations types, en faisant notamment référence aux postes, métiers ou situations de travail occupés et aux mesures de protection collective et individuelle appliquées (c. trav. art. L. 4163-2).

▶ Attention… L'employeur qui a développé son propre système d'évaluation avant la conclusion de l'accord de branche peut continuer à l'appliquer s'il n'entre pas en contradiction avec l'accord collectif (instr. DGT/DSS/SAFSL 2016-178 du 20 juin 2016, à propos du C3P et transposable selon nous au C2P).

Référentiel professionnel de branche - En l'absence d'accord de branche étendu, des référentiels professionnels de branche peuvent être homologués par arrêté ministériel (c. trav. art. L. 4163-2). Il ne peut y avoir qu'un référentiel par branche ou par champ d'activité d'une branche (au sein d'une branche, il peut y avoir plusieurs champs d'activité). Selon la même logique, une entreprise ne peut pas utiliser d'autre référentiel que celui correspondant à sa branche ou, le cas échéant, à son champ d'activité (c. trav. art. D. 4163-6). Toutefois, par exception, l'employeur peut utiliser un autre référentiel, éventuellement établi par une autre branche, pour des postes, métiers ou situations de travail qui ne seraient pas identifiés dans son référentiel professionnel (instr. DGT/DSS/SAFSL 2016-178 du 20 juin 2016, à propos du C3P et transposable selon nous au C2P).

▶ À noter… Les grilles prévues par accord de branche étendu s'imposent aux entreprises, tandis que le référentiel homologué est une aide que l'employeur est libre d'utiliser ou non (instr. DGT/DSS/SAFSL 2016-178 du 20 juin 2016, à propos du C3P et transposable selon nous au C2P).

Des référentiels professionnels de branche ont été homologués dans les secteurs relevant des organisations professionnelles suivantes (arrêtés du 30 novembre 2016, JO du 2 décembre, textes 39, 40, 41 et 42 ; arrêtés du 2 mai 2017, JO du 5, textes 101 et 102 ; JO du 7, textes 96 à 102 ; arrêté du 12 avril 2018, JO du 21, texte 19 ; arrêtés du 18 juillet 2018, JO du 28, textes 23 et 24 ; arrêté du 5 février 2019, JO du 9, texte 9 ; arrêté du 5 février 2019, JO du 14, texte 27 ; arrêté du 21 novembre 2019, JO du 30, texte 27 ; arrêté du 23 novembre 2020, JO du 3 décembre, texte 34) :

- Confédération française du commerce de gros et international (CGI),
- Confédération nationale des poissonniers écaillers de France (CNPEF),
- Fédération du négoce de bois et des matériaux de construction (FNBM),
- Observatoire des métiers et des qualifications dans la distribution, location, maintenance des matériels agricoles, de travaux publics, de manutention et de parcs et jardins (observatoire SDLM, machinisme agricole),
- Union nationale des entreprises de coiffure (UNEC) et Conseil national des entreprises de coiffure (CNEC),
- Chambre syndicale de la désinfection, désinsectisation et dératisation (CS3D),
- Union sport et cycle (USC),
- Union syndicale des employeurs de la branche de l'aide à domicile (USB-Domicile),
- Fédération professionnelle des entreprises de l'eau (FP2E),
- Fédération des entreprises de la beauté (FEBEA),
- Fédération des services énergie environnement (FEDENE),
- Union professionnelle des entreprises du commerce à distance (UPECAD),
- Union nationale des entreprises du paysage (UNEP),
- Union des fédérations et syndicats nationaux d'employeurs du secteur sanitaire, social, médico-social privé à but non lucratif (UNIFED) et organisation professionnelle des employeurs associatifs du secteur social, médico-social et sanitaire (NEXEM),
- Confédération nationale des syndicats dentaires (CNSD) et Fédération nationale indépendante des syndicats des prothésistes, assistants et assistantes dentaires (FNISPAD),
- Confédération nationale des charcutiers traiteurs (CNCT) ;
- Fédération nationale des travaux publics (FNTP) ;
- Commission mixte paritaire de la branche des métiers de l'esthétique ;
- Confédération nationale des artisans pâtissiers chocolatiers confiseurs glaciers traiteurs ;
- Confédération des chocolatiers et confiseurs de France.

Garanties pour l'employeur - L'utilisation d'une grille établie par accord de branche étendu ou par référentiel de branche homologué facilite la déclaration par l'employeur de l'exposition des salariés aux facteurs de risques professionnels *(voir ci-après)* (c. trav. art. D. 4163-3). Il peut donc déclarer tout salarié qui occupe un poste qualifié comme « exposé » par l'accord ou le référentiel de branche.

L'employeur qui applique une grille fixée par accord ou par référentiel de branche pour déterminer et déclarer l'exposition d'un salarié est présumé de bonne foi. Il ne peut pas se voir appliquer la pénalité prévue en cas de déclaration inexacte (c. trav. art. L. 4163-2).

Appréciation de l'exposition (par l'employeur)

Rôle de l'employeur - En l'absence d'accord de branche étendu ou de référentiel professionnel de branche homologué *(voir ci-avant)*, l'employeur doit évaluer l'exposition des salariés au regard des « conditions habituelles de travail » caractérisant le poste occupé, en moyenne annuelle (c. trav. art. D. 4163-3), en s'appuyant notamment sur le *document unique d'évaluation des risques professionnels** (c. trav. art. R. 4121-1-1).

L'exposition est appréciée après prise en compte des mesures de protection collective et individuelle (ex. : casque pour le bruit) (c. trav. art. D. 4163-5). Si des mesures de prévention font « passer » un salarié en dessous du seuil, l'intéressé n'est plus considéré comme exposé pour l'acquisition de points (instr. DGT/DSS/SAFSL 2016-178 du 20 juin 2016, à propos du C3P et transposable selon nous au C2P).

▶ **À noter…** L'administration a détaillé les modalités d'appréciation des différents facteurs de risques professionnels (instr. DGT/DSS/SAFSL 2016-178 du 20 juin 2016, à propos du C3P et transposable selon nous au C2P).

Prise en compte des périodes d'absence - Les périodes d'absences sont prises en compte pour apprécier l'exposition du salarié lorsqu'elles remettent manifestement en cause cette exposition au-delà des seuils caractérisant le poste occupé. Sont ainsi visées les longues périodes d'absence, telles que les congés pour longue maladie, les congés de formation et les congés sabbatiques (instr. DGT/DSS/SAFSL 2016-178 du 20 juin 2016, à propos du C3P et transposable selon nous au C2P).

Salarié occupant plusieurs postes sur une année - Lorsqu'un travailleur est affecté à plusieurs postes au cours de la même année, l'employeur détermine son exposition en moyenne annuelle en prenant en compte l'ensemble des expositions subies par ce dernier sur l'ensemble de ces postes (instr. DGT/DSS/SAFSL 2016-178 du 20 juin 2016, à propos du C3P et transposable selon nous au C2P).

Salarié présent moins d'un an - Lorsqu'un salarié est présent moins d'un an dans l'entreprise – mais au moins un mois *(voir ci-avant)* –, l'employeur évalue en principe son exposition aux facteurs de risques au regard des conditions habituelles de travail du poste occupé appréciées en moyenne sur l'année.

Cependant, il convient de distinguer les salariés qui sont affectés à des postes permanents (pour lesquels l'exposition s'apprécie en fonction des conditions habituelles de travail sur l'année, indépendamment d'éventuels creux ou pics d'exposition) et ceux qui occupent des postes non permanents (ex. : salariés saisonniers, salariés recrutés pour faire face à un besoin présentant un caractère exceptionnel au regard de l'activité de l'entreprise). Dans ce dernier cas, l'employeur doit apprécier l'exposition en extrapolant les conditions de travail constatées au cours du contrat sur une période de 12 mois, en les rapportant aux seuils annuels (instr. DGT/DSS/SAFSL 2016-178 du 20 juin 2016, à propos du C3P et transposable selon nous au C2P).

Déclaration des expositions

Durée des contrats concernés - Les règles d'acquisition impliquent que les contrats d'une durée inférieure à 1 mois ne permettent d'acquérir aucun point, quelle que soit l'intensité de l'exposition *(voir ci-après)*. L'employeur n'a donc pas à déclarer les salariés employés moins d'un mois (c. trav. art. R. 4163-8).

Déclaration via la DSN - L'employeur déclare les salariés exposés au-delà des seuils réglementaires via la *déclaration sociale nominative (DSN)** (c. trav. art. L. 4163-1 et R. 4163-8 ; c. séc. soc. art. R. 133-14, IV).

Modalités de déclaration - Pour les salariés dont le contrat de travail est en cours à la fin de l'année civile, la déclaration s'effectue au terme de l'année en question et au plus tard au titre de la paie du mois de décembre (c. trav. art. R. 4163-8, I).

Pour les salariés dont le contrat de travail s'achève au cours de l'année civile, la déclaration s'effectue au plus tard lors de la paie effectuée au titre de la fin du contrat de travail (sous réserve, que les intéressés aient travaillé au moins 1 mois) (c. trav. art. R. 4163-8, II).

Pour les cotisants qui utilisent un des dispositifs simplifiés de déclaration et de recouvrement des cotisations sociales (chèque-emploi associatif, titre emploi-service entreprise, chèque emploi-service universel, etc.), la déclaration s'effectue dans les mêmes conditions, auprès de l'organisme de recouvrement et de contrôle compétent (c. trav. art. R. 4163-8, III).

▶ À noter... Les informations contenues dans la déclaration sont confidentielles et ne peuvent être communiquées à aucun autre employeur, auprès duquel un salarié sollicite un emploi (c. trav. art. L. 4163-1).

Rectification d'une déclaration - L'employeur peut rectifier sa déclaration des facteurs de risques professionnels :
- jusqu'au 5 ou au 15 avril de l'année qui suit celle au titre de laquelle la déclaration a été effectuée, selon l'échéance de transmission de la déclaration applicable à l'entreprise (c. trav. art. R. 4163-8, IV, 1°) ;
- par exception, lorsque la rectification est faite en faveur du salarié, pendant la même période que le délai de reprise des cotisations URSSAF (3 ans + l'année civile en cours) (c. trav. art. R. 4163-8, IV, 2° ; c. séc. soc. art. L. 244-3).

Contrôle par la CARSAT - Voir *Compte professionnel de prévention (contrôles et litiges)**.

Fiche de suivi pour certains salariés

Salariés concernés - Certains salariés ne peuvent pas acquérir de droits au titre du C2P, alors qu'ils sont exposés aux facteurs de risques professionnels, au-delà des seuils réglementaires (c. trav. art. L. 4163-1, V, 2°). Il est imposé d'établir, pour chacun de ces salariés, une « fiche individuelle de suivi » (c. trav. art. D. 4163-4).

Sont concernés les travailleurs détachés en France et les salariés affiliés à un régime spécial de retraite comportant un dispositif spécifique de reconnaissance et de compensation de la pénibilité, dont la liste est fixée par décret *(voir ci-avant)* (c. trav. art. L. 4163-4 ; décret 2014-1617 du 24 décembre 2014). Par exception, dans cette dernière catégorie, il n'y a pas à établir de fiche suivi pour les salariés soumis à un suivi des effets de l'exposition aux facteurs de risques professionnels approuvé par arrêté. Les salariés en question sont ceux affiliés au régime spécial des industries électriques et gazières (arrêté du 4 mai 2015, JO du 27, texte n° 17 ; instr. DGT/DSS/SAFSL 2016-178 du 20 juin 2016, à propos du C3P et transposable selon nous au C2P).

▶ À noter… Il n'y a pas de fiche de suivi à établir pour les salariés titulaires d'un contrat de moins d'1 mois, ni pour les salariés des particuliers employeurs (instr. DGT/DSS/SAFSL 2016-178 du 20 juin 2016, à propos du C3P et transposable selon nous au C2P).

Obligations de l'employeur - La fiche indique les facteurs de risques auxquels le salarié est exposé au-delà des seuils réglementaires. L'employeur la remet à l'intéressé au terme de chaque année civile, ainsi qu'en cas de rupture de la relation de travail, au plus tard le dernier jour du mois suivant la date de fin du contrat (c. trav. art. D. 4163-4).

L'entreprise doit conserver la fiche pendant 5 ans après l'année à laquelle elle se rapporte.

L'employeur qui ne remplit pas la fiche de suivi ou qui ne l'actualise pas s'expose à l'amende prévue pour les contraventions de la 5e classe, appliquée autant de fois qu'il y a de salariés concernés par l'infraction (c. trav. art. R. 4741-1-1).

Le membre de l'équipe pluridisciplinaire de santé au travail peut demander la communication de la fiche, dans le cadre du suivi individuel de l'état de santé des salariés (c. trav. art. D. 4163-4).

Inscription des points

Gestion par la CNAM et les CARSAT - Les C2P sont gérés par la Caisse nationale d'assurance maladie (CNAM) et le réseau des organismes de la branche accidents du travail et maladies professionnelles du régime général (CARSAT).

Les points sont enregistrés sur les comptes par la CNAM, en fonction des expositions déclarées par les employeurs (c. trav. art. L. 4163-14 et D. 4163-31).

Barème d'acquisition - Les salariés titulaires d'un contrat d'une durée supérieure ou égale à l'année civile acquièrent (c. trav. art. R. 4163-9, I) :

- 4 points par an s'ils ont été exposés à un facteur de risques ;
- 8 points en cas d'exposition à deux facteurs de risques ou plus.

Les salariés titulaires d'un contrat d'une durée supérieure ou égale à 1 mois acquièrent, en cas d'entrée/sortie en cours d'année (c. trav. art. R. 4163-9, II) :

- 1 point par période de 3 mois d'exposition s'ils ont été exposés à un facteur de risques ;
- 2 points par période de 3 mois en cas d'exposition à deux facteurs de risques ou plus.

La CNAM agrège les déclarations que les différents employeurs peuvent avoir transmises.

Pour les salariés nés avant le 1.07.1956, les points sont doublés (c. trav. art. R. 4163-10).

Dans tous les cas, un salarié ne peut pas accumuler plus de 100 points sur l'ensemble de sa carrière (c. trav. art. R. 4163-9, III). À titre d'illustration, il faut 25 années complètes d'exposition à un facteur de risques pour arriver aux 100 points et 12,5 années en cas de polyexposition.

Information du salarié - Chaque titulaire a accès à son compte via le site « www.compteprofessionnelprevention.fr » qui lui permet de connaître les points acquis chaque année, les points consommés, le nombre total de points inscrits sur le compte et leur utilisation possible (c. trav. art. L. 4163-15).

Chaque année, au plus tard le 30 juin, la CARSAT dans la circonscription de laquelle se trouve l'établissement où travaille le salarié (la CRAM en Île-de-France) indique à l'intéressé que l'information correspondante aux points inscrits sur son compte au titre de l'année précédente est disponible sur le site Internet dédié. À cette fin, elle envoie à l'intéressé un courrier électronique ou, à défaut, une lettre simple (c. trav. art. D. 4163-31).

En outre, les organismes gestionnaires du compte portent annuellement à la connaissance du salarié les points acquis au titre de l'année écoulée, dans un relevé précisant (c. trav. art. L. 4163-15) :

- chaque contrat de travail ayant donné lieu à déclaration ;
- les facteurs d'exposition concernés ;
- les modalités de contestation dont il dispose.

▶ À noter… Les pouvoirs publics ont mis à la disposition des employeurs et des salariés un numéro de téléphone (3682).

Relevé de points en ligne - Le titulaire du compte accède via son espace sur « www.compteprofessionnelprevention.fr » à un relevé de points lui permettant de connaître le nombre de points disponibles pour les utilisations souhaitées [voir

Barème d'acquisition des points		
	Monoexposition	**Polyexposition**
Contrat d'une durée égale ou supérieure à l'année civile	4 points par année d'exposition	8 points par année d'exposition
Contrat d'au moins 1 mois, débutant ou prenant fin en cours d'année	1 point par période d'exposition de 3 mois	2 points par période d'exposition de 3 mois
Salariés nés avant le 1er juillet 1956	Doublement des points	

*Compte professionnel de prévention (utilisation)**] et d'en éditer un justificatif (c. trav. art. R. 4163-14).

Portabilité - Les bénéficiaires conservent les points acquis au gré de leurs changements d'employeur ou de leur période de chômage, jusqu'à leur admission à la retraite (c. trav. art. L. 4163-5).

☛ *Compte professionnel de prévention (contrôles et litiges) ; Compte professionnel de prévention (utilisation) ; Prévention des risques professionnels (pénibilité).*

Compte professionnel de prévention (contrôles et litiges)

Contentieux relatifs à l'obligation de sécurité

Les employeurs ont une obligation légale de sécurité à l'égard de leurs salariés [voir *Hygiène et sécurité (obligations de l'employeur)**]. Le seul fait de déclarer l'exposition d'un salarié aux facteurs de risques professionnels (voir *Compte professionnel de prévention**) ne constitue pas une présomption de manquement à cette obligation (c. trav. art. L. 4163-3).

Contrôles de la CARSAT

Objet des contrôles - Les agents des CARSAT sont habilités à contrôler ou faire contrôler (c. trav. art. L. 4163-16, I) :
- l'effectivité ou l'ampleur de l'exposition des salariés aux facteurs de risques professionnels (voir *Compte professionnel de prévention**), sauf si un salarié a, au préalable, saisi la caisse d'une réclamation relative à l'ouverture de son compte ou au nombre de points qui y sont enregistrés et que le directeur de la caisse a déjà pris une décision (*voir ci-après*) (c. trav. art. D. 4163-32, III) ;
- l'exhaustivité des données déclarées par l'employeur (voir *Compte professionnel de prévention**).

À ce titre, les employeurs doivent leur remettre tout document qu'ils demandent et leur permettre d'accéder aux locaux de l'entreprise (c. trav. art. D. 4163-32, I).

▶ À noter... Les agents de la CARSAT agissent dans le respect des secrets de fabrication et des procédés d'exploitation dont ils pourraient prendre connaissance dans l'exercice de leurs fonctions (c. trav. art. D. 4163-32, I).

Contrôle sur pièces - En cas de contrôle sur pièces, un avis de contrôle est transmis à l'employeur par tout moyen permettant d'en attester la date de réception. Cet avis mentionne (c. trav. art. D. 4163-32, I) :
- l'objet du contrôle ;
- la date de début du contrôle ;
- la liste des documents et informations nécessaires à l'exercice du contrôle ;
- la date limite de transmission des documents réclamés à la CARSAT.

Contrôle dans les locaux de l'entreprise - En cas de contrôle sur place, la CARSAT adresse à l'employeur un avis de passage. Cet avis, transmis par tout moyen permettant d'en attester la date de réception, doit parvenir à l'employeur au moins 15 jours avant la date de la première visite. Il mentionne (c. trav. art. D. 4163-32, I) :
- la date et l'heure du contrôle ;
- l'objet du contrôle ;
- la possibilité pour l'employeur de se faire assister des conseils de son choix pendant le contrôle.

Constat de la CARSAT - À l'issue du contrôle, si la CARSAT n'a aucune observation à formuler, elle en informe l'employeur et chacun des salariés concernés (c. trav. art. D. 4163-32, II).

Si la CARSAT a constaté certaines anomalies, elle notifie à l'employeur les modifications qu'elle souhaite apporter aux éléments ayant conduit à la détermination du nombre de points. Cette notification est adressée à l'employeur par tout moyen permettant d'en attester la date de réception (c. trav. art. D. 4163-32, II). L'employeur a un délai d'un mois pour présenter ses observations.

Une fois ce délai écoulé, la CARSAT notifie sa décision à l'employeur, par tout moyen permettant d'en attester la date de réception. Ce courrier mentionne (c. trav. art. D. 4163-32, II) :
- les périodes concernées par la décision ;
- les modifications apportées aux déclarations de l'employeur ;
- les voies et les délais de recours dont dispose l'employeur.

▶ À noter… Les agents de la CARSAT ont qualité pour dresser des procès-verbaux faisant foi jusqu'à preuve du contraire en cas d'infraction (c. trav. art. R. 4163-44).

Modification des points inscrits au compte - La notification de la décision de la caisse est aussi adressée au salarié, par tout moyen permettant d'en attester la date de réception. Elle mentionne (c. trav. art. D. 4163-32, II) :
- le nombre de points inscrits sur son C2P au titre des périodes concernées ;
- les voies et les délais de recours dont le salarié dispose.

La CARSAT corrige, le cas échéant, le nombre de points inscrits sur le C2P du salarié concerné si les points n'ont pas déjà été utilisés (c. trav. art. D. 4163-32, II). Ce « redressement » ne peut intervenir qu'au cours des 3 années civiles suivant la fin de l'année au titre de laquelle des points ont été ou auraient dû être inscrits au compte (c. trav. art. L. 4163-16, I).

Pénalité encourue - En cas de déclaration inexacte, l'employeur peut faire l'objet d'une pénalité prononcée par le directeur de la caisse dans la limite de 50 % du plafond mensuel de la sécurité sociale, au titre de chaque salarié ou assimilé pour lequel l'inexactitude est constatée (c. trav. art. L. 4163-16, II).

Réclamation du salarié auprès de l'employeur

Objet de la réclamation - Le salarié peut effectuer une réclamation auprès de son employeur dans deux cas de figure (c. trav. art. R. 4163-34, I) :
- soit lorsqu'il n'est pas d'accord sur le nombre de points qui lui a été communiqué par la caisse à partir des données déclarées par l'employeur ;
- soit lorsqu'il n'a reçu aucune information concernant son compte de la part de la caisse, au plus tard le 30 juin, et que cette situation résulte d'un différend avec son employeur sur l'exposition aux facteurs de risques professionnels.

Cette réclamation auprès de l'employeur est un préalable impératif à une éventuelle saisine de la CARSAT par le salarié *(voir ci-après)*. Une telle réclamation est exclue si la période en cause a déjà fait l'objet d'un contrôle par les agents de la CARSAT *(voir ci-avant)* (c. trav. art. R. 4163-34, IV).

Délai pour demander l'attribution de points - L'action du salarié en vue de l'attribution de points ne peut intervenir qu'au cours des 2 années civiles suivant la fin de l'année au titre de laquelle des points ont été ou auraient dû être portés à son compte (c. trav. art. L. 4163-20).

Contenu de la réclamation - La réclamation doit être adressée à l'employeur par tout moyen permettant d'en attester la date de réception. Le salarié doit y joindre, le cas échéant, une copie de l'information liée à son compte que lui a adressée la CARSAT (c. trav. art. R. 4163-34, I).

Réponse de l'employeur - Dès réception de la réclamation, l'employeur doit indiquer au salarié qu'à défaut de réponse de sa part dans le délai de 2 mois à compter de sa réception, celle-ci sera réputée rejetée. Il doit également lui indiquer que sa réclamation est susceptible d'être portée devant la caisse dans un délai de 2 mois à compter de l'expiration du délai précédent (c. trav. art. R. 4163-34, II).

L'employeur qui décide de rejeter la réclamation effectuée par le salarié n'est pas obligé de l'en informer expressément. Tout silence de sa part, passé les 2 mois suivant la réception de la réclamation, vaut décision de rejet. S'il prend explicitement une décision de rejet, celle-ci doit être notifiée au salarié par tout moyen permettant d'en attester la date de réception. La notification doit rappeler au salarié son droit de saisir la caisse dans les 2 mois (c. trav. art. R. 4163-34, II).

L'employeur qui fait droit à la réclamation du salarié en informe celui-ci ainsi que la CARSAT, par tout moyen permettant d'en attester la date de réception. Il corrige les données dans la *déclaration sociale nominative (DSN)** (c. trav. art. R. 4163-35).

Saisine de la CARSAT par le salarié

Délai et documents fournis - Le salarié a 2 mois après la décision expresse ou implicite de rejet de l'employeur pour porter sa réclamation devant la CARSAT, par tout moyen permettant d'en attester la date de réception (c. trav. art. R. 4163-34, III).

En cas de décision de rejet explicite de l'employeur, le salarié produit devant la CARSAT une copie de cette décision.

En cas de rejet implicite par l'employeur, le salarié transmet une copie du justificatif attestant de la réception de sa réclamation par l'employeur (c. trav. art. R. 4163-36).

Enquête de la CARSAT - Si elle l'estime nécessaire, la caisse peut demander au salarié et à l'employeur de lui fournir tout document ou toutes informations utiles à l'instruction du dossier. Elle peut aussi procéder ou faire procéder à un contrôle sur place de l'effectivité de l'exposition du salarié ou de son ampleur. Elle doit solliciter l'avis motivé d'une commission qui statue au vu d'un dossier constitué par la caisse (c. trav. art. R. 4163-37 à R. 4163-40).

Délai de réponse de la CARSAT - La CARSAT a, en principe, un délai de 6 mois pour se prononcer à compter de la réception de la réclamation du salarié. Ce délai est porté à 9 mois lorsque la caisse estime nécessaire de procéder à un contrôle sur place de l'effectivité ou de l'ampleur de l'exposition. La caisse en informe alors le salarié par tout moyen permettant d'en attester la date de réception (c. trav. art. R. 4163-36).

Décision de la CARSAT - L'absence de réponse de la CARSAT dans le délai imparti vaut décision implicite de rejet (c. trav. art. R. 4163-36).

La caisse peut aussi rendre une décision explicite qui sera soit une décision de rejet, soit une décision favorable. Le directeur de la caisse notifie cette décision au salarié et à l'employeur avec mention des voies et délais de recours, par tout moyen permettant d'en attester la date de réception (c. trav. art. R. 4163-41).

Contenu des notifications adressées à l'employeur et au salarié - La notification adressée à l'employeur par la caisse mentionne notamment les périodes concernées.

La notification adressée au salarié mentionne notamment le nombre de points inscrits sur son compte, au titre des périodes concernées (c. trav. art. R. 4163-41).

Effet sur le compte - En fonction de sa décision, la caisse procède à l'ouverture du C2P ou modifie celui-ci en conséquence (c. trav. art. R. 4163-41).

Pénalité encourue - L'employeur peut faire l'objet d'une pénalité pour déclaration inexacte, prononcée par le directeur de la caisse, dans la limite de 50 % du plafond mensuel de la sécurité sociale (c. trav. art. L. 4163-16).

Recours devant le tribunal judiciaire - Le salarié a 2 mois suivant la notification de la décision de rejet explicite de la caisse ou la date de la décision implicite de rejet pour saisir le *tribunal judiciaire** spécialement désigné (c. trav. art. R. 4163-36).

Si l'employeur ou le salarié saisit le juge à propos d'une décision de la caisse, ils deviennent l'un et l'autre parties au contentieux. Le salarié et l'employeur peuvent être assistés ou représentés notamment par un avocat ou un représentant syndical (c. trav. art. D. 4163-46 renvoyant à c. séc. soc. art. L. 144-3 abrogé devenu L. 142-9).

☛ *Compte professionnel de prévention ; Compte professionnel de prévention (utilisation) ; Prévention des risques professionnels (pénibilité).*

Compte professionnel de prévention (utilisation)

Le compte professionnel de prévention (C2P) permet à un salarié exposé à certains facteurs de risques professionnels durant sa carrière d'accumuler des points, qu'il pourra utiliser de différentes manières afin de compenser cette exposition.

Consommation des points acquis

Différentes modalités - Le salarié titulaire du C2P peut « dépenser » les points acquis pour (c. trav. art. L. 4163-7, I) :

- bénéficier d'actions de formation et ainsi accéder à des emplois non exposés ou moins exposés aux facteurs de risques professionnels (*voir ci-après*) ;
- compléter sa rémunération dans le cadre d'une réduction de sa durée de travail ;
- financer une majoration de sa durée d'assurance vieillesse et ainsi partir avant l'âge légal de départ à la retraite sachant que, dans ce cas, la liquidation des points acquis, sous réserve d'un nombre suffisant, peut intervenir à partir de 55 ans (voir *Départ anticipé à la retraite**).

Ces différentes modalités d'utilisation du compte peuvent être combinées (c. trav. art. L. 4163-7, I), sachant toutefois que :

- le salarié doit utiliser son compte par tranche de 10 points, sauf pour la formation, pour laquelle les points peuvent être consommés à l'unité (c. trav. art. R. 4163-12) ;
- les 20 premiers points inscrits sur le C2P peuvent uniquement être utilisés pour suivre des actions de formation (c. trav. art. R. 4163-13).

Pour les assurés nés en 1960, 1961 ou 1962, seuls les 10 premiers points inscrits sur le C2P sont réservés à la formation. Pour les assurés nés avant 1960, il n'y a pas de « réserve » formation. Les intéressés peuvent utiliser leurs points comme ils le souhaitent.

Barème d'utilisation - Les points inscrits sur le compte sont utilisés selon le barème indiqué dans le tableau reproduit dans cette étude (c. trav. art. R. 4163-11).

Demande d'utilisation de points - Le titulaire d'un C2P peut demander à utiliser des points une fois ceux-ci inscrits sur son compte (c. trav. art. R. 4163-15).

▶ Attention… Lorsqu'une demande est effectuée, les points correspondants sont bloqués et ne peuvent pas être sollicités pour une autre utilisation, jusqu'à la décision de la caisse (c. trav. art. R. 4163-17).

En principe, il doit effectuer une demande en ligne, via son espace personnel sur le site www.compteprofessionnelprevention.fr (c. trav. art. R. 4163-15). Il est aussi possible d'adresser la demande à la CARSAT dans le ressort de laquelle se trouve sa résidence ou, en cas de résidence à l'étranger, son dernier lieu de travail en France. La demande adressée à une caisse autre que celle de la résidence de l'assuré est transmise à cette dernière.

▶ À noter… La demande d'utilisation est établie selon un formulaire homologué (arrêté du 30 décembre 2015, JO du 31, texte n° 140, modifié par arrêté du 29 décembre 2017, JO du 31, texte n° 82). Des formulaires Cerfa sont prévus pour chacune des modalités d'utilisation des points (Cerfa 15512*04 pour une réduction du temps de travail, Cerfa 15519*04 pour une action de formation, Cerfa 15511*03 pour une majoration de durée d'assurance retraite).

Chaque demande donne lieu à la remise d'un récépissé.

Dans l'hypothèse où la caisse garde le silence pendant plus de 4 mois, cela équivaut à une décision de rejet (c. trav. art. R. 4163-16).

L'acceptation par la caisse permet l'utilisation des points et le règlement des sommes prévues pour chaque modalité d'utilisation (c. trav. art. R. 4163-17).

Formation et reconversion

Bénéficiaires - Le titulaire d'un C2P peut, à tout moment de sa carrière, utiliser ses droits pour bénéficier d'une action de formation en vue d'accéder à un emploi moins exposé ou non exposé. Seule limite : il doit, à la date de sa demande, relever des bénéficiaires du dispositif, c'est-à-dire être salarié de droit privé ou agent d'un employeur public dans les conditions du droit privé (voir *Compte professionnel de prévention**) (c. trav. art. L. 4163-7, I et II). Un salarié passé indépendant ou fonctionnaire ne peut donc pas utiliser ses droits durant cette période non-salariée.

Abondement - Lorsque le salarié décide d'utiliser son compte pour se former, les points mobilisés sont convertis en euros pour abonder son *compte personnel de formation** (CPF) (c. trav. art. L. 4163-8 et R. 4163-21). Il doit joindre à sa demande de formation un document précisant le montant qu'il souhaite consacrer à sa formation au titre des points inscrits sur son C2P ainsi que le poste qu'il occupe (c. trav. art. R. 4163-18).

Compte professionnel de prévention : barème d'utilisation des points

Modalités d'utilisation	Condition d'âge	Nombre de points	Conversion des points consommés
Formation (1)	-	1 point (2)	375 € de prise en charge de tout ou partie des frais d'une action de formation en vue d'accéder à un emploi non exposé ou moins exposé (4)
Réduction du temps de travail (1)	-	10 points (3)	Complément de rémunération correspondant à la compensation pendant 3 mois d'une réduction du temps de travail égale à un mi-temps
Retraite	55 ans minimum	10 points (3)	Un trimestre de majoration de durée d'assurance vieillesse

(1) Pour ces deux utilisations, un salarié doit, à la date de sa demande, entrer dans le champ des bénéficiaires potentiels du dispositif.
(2) Le compte peut être utilisé point par point.
(3) Le compte doit être utilisé par tranche de 10 points.
(4) Avec la « réserve » formation de 20 points, le salarié peut financer une formation à hauteur de 7 500 €.

Formations éligibles - La formation est reconnue éligible par l'opérateur du *conseil en évolution professionnelle** (CEP) si elle permet d'accéder à un emploi non exposé ou moins exposé aux facteurs de risques professionnels (c. trav. art. R. 4163-19). L'opérateur fournit une attestation au salarié, qui la transmet à la CARSAT dans le cadre de sa demande d'utilisation de points *(voir ci-avant)* (c. trav. art. R. 4163-20).

▶ À noter… Le salarié doit au préalable consulter l'opérateur du CEP, lequel s'assure de l'éligibilité de son projet de formation au CPF. Il doit ensuite formuler sa demande de formation en mobilisant son CPF et formuler sa demande d'utilisation de points inscrits sur son C2P pour abonder son CPF.

Passage à temps partiel

Financement d'un complément de rémunération - Un salarié peut à tout moment utiliser son C2P pour bénéficier d'une réduction de son temps de travail si, à la date de la demande, il entre effectivement dans le champ des bénéficiaires potentiels du dispositif *(voir ci-avant)* (c. trav. art. L. 4163-7, I et II).

Le C2P permet de financer un complément de rémunération ainsi que les cotisations et contributions légales et conventionnelles correspondantes, en vue de compenser la baisse de salaire liée à la réduction du temps de travail (c. trav. art. L. 4163-7, I, 2°).

Demande du salarié - Le salarié doit effectuer une demande de réduction du temps de travail auprès de son employeur (c. trav. art. L. 4163-10 et D. 4163-25).

Lorsque l'employeur est couvert par un accord d'entreprise ou d'établissement ou, à défaut, un accord de branche étendu sur la mise en place du *travail à temps partiel** à la demande des salariés, le salarié doit effectuer sa demande selon les modalités prévues par cet accord (c. trav. art. L. 3123-17).

En l'absence d'accord collectif, le salarié doit faire une demande par LRAR au moins 6 mois à l'avance, en précisant la durée du travail souhaitée et la date envisagée pour la mise en œuvre du nouvel horaire (c. trav. art. L. 3123-26 et D. 3123-3).

Dans tous les cas, le salarié doit (c. trav. art. D. 4163-25) :

- préciser sa demande de réduction du temps de travail (la durée de travail demandée doit être comprise dans une fourchette allant de 20 % à 80 % de la durée du travail applicable dans l'établissement) ;
- joindre à sa demande le relevé de points de son compte.

Réponse de l'employeur - Lorsque l'employeur est couvert par un accord collectif *(voir ci-avant)*, il répond dans le délai prévu par cet accord (c. trav. art. L. 3123-17). En l'absence d'accord collectif, il a 3 mois, à compter de la réception de la lettre du salarié, pour répondre par LRAR (c. trav. art. L. 3123-26 et D. 3123-3).

L'employeur peut opposer un refus, obligatoirement motivé, si la demande s'avère incompatible avec l'activité économique de l'entreprise (c. trav. art. L. 4163-10).

En cas d'accord de l'employeur, le salarié formule sa demande de mobilisation du C2P (c. trav. art. D. 4163-27). Par ailleurs, comme pour tout passage à temps partiel, un avenant au contrat de travail comportant les mentions requises doit être signé par l'employeur et le salarié [voir *Travail à temps partiel (contrat de travail)**].

▶ À noter… En cas de différend consécutif à un refus de l'employeur, le salarié peut saisir le conseil de prud'hommes, qui tranchera le litige (c. trav. art. L. 4163-11).

Durée du complément de rémunération - Le nombre de jours pris en charge au titre du complément de rémunération est égal au produit suivant : (nbre de points du compte utilisés/10) × (45 / coefficient de réduction de la durée du travail).
Le résultat est arrondi au jour entier le plus proche (c. trav. art. D. 4163-26).

Le coefficient de réduction de la durée du travail est fixé en fonction du rapport de la durée sollicitée à la durée antérieure de travail. Il est arrondi à deux décimales, au centième le plus proche.

Exemples

Pour un salarié à temps plein de 35 h hebdomadaires souhaitant passer à 28 h, le coefficient est de 1 – (28 / 35) = 0,20. Si le salarié souhaite mobiliser 10 points, le nombre de jours pris en charge au titre du complément de rémunération est de (10 points/10) × (45 / 0,20) = 225 jours.
Pour un salarié à temps plein de 35 h souhaitant passer à 17,5 h, le coefficient est de 17,5/35 = 0,5. Si le salarié souhaite mobiliser 10 points, le nombre de jours pris en charge au titre du complément de rémunération est de (10 points/10) × (45 / 0,5) = 90 jours.
Pour un salarié à temps partiel de 32 h souhaitant passer à 21 h, le coefficient est de 1 – (21 / 32) = 0,34. Si le salarié souhaite mobiliser 10 points, le nombre de jours pris en charge au titre du complément de rémunération est de (10 points/10) × (45 / 0,34) = 132 jours.

Montant du complément de rémunération - Le montant du complément de rémunération est déterminé en appliquant le coefficient de réduction de la durée du travail aux revenus d'activité, pris en compte dans l'assiette des cotisations sociales, qui seraient perçus par le salarié s'il ne bénéficiait pas de cette réduction du temps de travail (c. trav. art. D. 4163-29).

Pendant la période prise en charge, l'employeur verse la rémunération du travail ainsi que le complément de rémunération financé au titre du C2P. Le complément est assujetti à l'ensemble des cotisations et contributions sociales légales et conventionnelles, selon les modalités en vigueur à la date de son versement (c. trav. art. L. 4163-12).

Remboursement à l'employeur - L'employeur doit transmettre, par tout moyen, à la CARSAT compétente une copie de l'avenant au contrat de travail ainsi que les éléments nécessaires au remboursement du complément de rémunération et des cotisations et contributions sociales légales et conventionnelle correspondantes (c. trav. art. D. 4163-28). À ce titre, un mois avant l'entrée en vigueur de l'avenant de passage à temps partiel, l'employeur communique à la CARSAT (la CRAM pour l'Île-de-France), par tout moyen (arrêté du 30 décembre 2015, JO du 31, texte n° 142, modifié par arrêté du 29 décembre 2017, JO du 31, texte n° 83) :
- une copie de l'avenant au contrat de travail du salarié bénéficiant de la réduction de son temps de travail ;
- une copie des trois derniers bulletins de salaire de ce salarié ;
- le relevé d'identité bancaire de l'employeur.

Une fois ces éléments reçus, la caisse rembourse à l'employeur le complément de rémunération ainsi que les cotisations et contributions correspondantes, versés par l'employeur au titre des jours pris en charge.

Départ anticipé à la retraite

Voir *Départ anticipé à la retraite**.

Compte professionnel de prévention.

Concentration (consultation du CSE)

Toutes concentrations

Toute opération de concentration constitue une « modification de l'organisation économique ou juridique de l'entreprise » sur laquelle le *comité social et économique** (CSE) doit être préalablement informé et consulté (c. trav. art. L. 2312-8) [voir *Comité social et économique (informations-consultations ponctuelles)**]. Cette consultation est obligatoire au stade du projet, indépendamment des formalités spécifiques aux grandes concentrations *(voir ci-après)*.

Procédure pour certaines concentrations

Opération visée par code du commerce - Lorsqu'une entreprise est partie à une opération de concentration entrant dans le champ visé par le code du commerce (c. com. art. L. 430-1), les modalités d'information-consultation relèvent d'une procédure spécifique liée à l'intervention de l'Autorité de la concurrence ou de la Commission européenne (c. trav. art. L. 2312-37). Pour rappel, sont visées les opérations de concentration (c. com. art. L. 430-1) :
- par fusion ;
- par acquisition du contrôle de l'ensemble ou de parties d'une ou de plusieurs autres entreprises ;
- ou par création d'une entreprise commune accomplissant de manière durable toutes les fonctions d'une entité économique autonome.

L'ensemble des entités économiques qui sont affectées, directement ou indirectement, par la prise de contrôle (ex. : sociétés filiales) doivent être considérées comme parties à l'opération de concentration. Les CSE de ces entités doivent donc être saisis (cass. soc. 26 octobre 2010, n° 09-65565, BC V n° 248).

Réunion du CSE - L'employeur de chaque entreprise partie à l'opération doit réunir le CSE au plus tard dans les 3 jours suivant la publication du communiqué relatif à la notification du projet de concentration, émanant soit de l'autorité de la concurrence (c. com. art. L. 430-3), soit de la Commission européenne (règlt CE 139/2004 du 20 janvier 2004 ; c. trav. art. L. 2312-41). L'objet de ce communiqué est de faire état de la notification du projet d'opération de concentration en vue de l'obtention de l'accord de l'autorité de la concurrence ou du ministre de l'économie, selon le type d'opération, nécessaire à la réalisation de cette opération (c. com. art. L. 430-4).

▶ **À noter...** En cas de nécessité particulière dûment motivée, les parties qui ont procédé à la notification peuvent demander à l'autorité de la concurrence une dérogation (le cas échéant, sous conditions) leur permettant de procéder à la réalisation effective de tout ou partie de la concentration sans attendre sa décision. Attention, la dérogation cesse d'être valable si, dans un délai de 3 mois à compter de la réalisation effective de l'opération, l'autorité de la concurrence n'a pas reçu la notification complète de l'opération (c. com. art. L. 430-4).

Recours à un expert - Au cours de cette réunion, le CSE (ou la commission économique) se prononce sur le recours à un *expert comptable** (c. trav. art. L. 2312-41). Dans ce cas, une seconde réunion aura lieu afin d'entendre les résultats des travaux de l'expert (c. trav. art. L. 2312-41).

Audition du CSE par l'Autorité de la concurrence - Le CSE peut demander à être entendu par l'Autorité de la concurrence (c. com. art. L 430-6). Il a également qualité pour agir contre la décision de l'Autorité de la concurrence autorisant une opération de concentration. Cette action suppose toutefois que soit démontrée une erreur de procédure ou d'analyse de l'opération en cause, conformément aux fonctions et prérogatives dont dispose l'Autorité de la concurrence. Tel n'est pas le cas d'une irrégularité en matière de consultation préalable du CSE qui ne fait pas partie des prérogatives de l'Autorité de la concurrence (CE 9 mars 2021, n° 433214).

☛ *Comité social et économique.*

Concurrence

Au moment de l'embauche

Voir *Débauchage**.

Pendant l'exécution du contrat

Interdiction - Tout salarié doit exécuter loyalement son contrat de travail (c. trav. art. L. 1222-1). Même en l'absence de *clause d'exclusivité**, il ne peut, sans commettre de faute, concurrencer son employeur soit directement, soit indirectement, pendant l'exécution du contrat, y compris pendant la durée du *préavis**, sauf cas de dispense *(voir ci-après)*.

Pour déterminer si un salarié a concurrencé son employeur avant ou après la fin de son contrat de travail, les juges s'attachent à la date de début de l'activité concurrente du salarié. Aussi, le dépôt de statut d'une entreprise concurrente ou encore, les seuls actes préparatoires à la création d'une société concurrente, pendant l'exécution du contrat de travail, ne sont pas jugés comme étant des actes de concurrence tant qu'il n'y a pas une réelle activité professionnelle (cass. soc. 6 janvier 2011, n° 09-65158 D ; cass. soc. 11 février 2015, n° 13-26843 D). Il en est de même si la société constituée par le salarié a été immatriculée pendant le cours du préavis, mais que son exploitation n'a débuté que postérieurement à celui-ci (cass. soc. 23 septembre 2020, n° 19-15513 FSPB).

Dispense de préavis - Un salarié dispensé de préavis a la faculté, pendant sa durée, d'entrer au service d'une entreprise, fût-elle concurrente (cass. soc. 21 janvier 1987, n° 84-40673 D ; cass. soc. 1er octobre 1996, n° 93-44978 D).

Concurrence directe ou indirecte - Pendant le contrat de travail, le salarié ne doit pas concurrencer son employeur en :

- créant une entreprise concurrente (cass. soc. 25 novembre 1997, n° 94-45437 D) ;
- exerçant une activité pour le compte d'une entreprise concurrente ou une activité concurrentielle pour son propre compte ;
- détournant à son profit et au préjudice de l'employeur sa clientèle (cass. soc. 25 janvier 1995, n° 93-43682 D) ;
- effectuant une formation au sein d'une société concurrente de son employeur (cass. soc. 10 mai 2001, n° 99-40584, BC V n° 159).

▶ Attention… L'activité concurrente exercée par un membre de la famille ou de l'entourage du salarié ne peut pas être reprochée à l'intéressé s'il n'y a pas lui-même participé (cass. soc. 20 mars 2007, n° 05-42635 D).

En revanche, il n'y a pas de manquement à l'obligation de loyauté lorsqu'un salarié participe à une réunion relative à un appel d'offres à la demande d'une entreprise concurrente de l'employeur au sein de laquelle il postule, sans en avoir informé son employeur, alors qu'il ignorait au moment de cette réunion que son employeur concourait à l'appel d'offres (cass. soc. 26 janvier 2010, n° 08-44972 FD). De même, un salarié est en droit de chercher un nouvel emploi sans informer son employeur, même chez un concurrent, pourvu qu'il n'y ait pas d'acte de concurrence en tant que tel (cass. soc. 3 mars 2021, n° 18-20649 D).

Sanctions en cas de concurrence - Selon les circonstances, un manquement à l'obligation de fidélité est susceptible de justifier un *licenciement pour faute** (cass. soc. 22 septembre 2011, n° 10-12201 D). En tout état de cause, s'agissant d'un licenciement disciplinaire, les règles relatives à la prescription des fautes doivent être respectées (cass. soc. 5 mai 2011, n° 10-10114 D) [voir *Prescription (droit disciplinaire)**].

Compétence du conseil de prud'hommes - Des faits qualifiés de concurrence déloyale commis au préjudice de l'employeur pendant l'exécution du contrat de travail relèvent de la compétence du conseil de prud'hommes (cass. soc. 16 janvier 2008, n° 05-21757 D).

Le juge n'a pas le pouvoir d'ordonner la rupture d'un contrat de travail - Dans le cadre d'une action en concurrence déloyale, le juge n'a pas le pouvoir, à la demande de l'ancien employeur, d'ordonner la résiliation d'un contrat de travail ni de prendre une mesure entraînant la rupture de celui-ci par le nouvel employeur (cass. soc. 18 novembre 2009, n° 08-19419, BC V n° 258).

Pendant la suspension du contrat

Pendant les périodes de suspension de son contrat de travail, le salarié reste tenu d'une obligation de loyauté envers son employeur (ex. : pendant un arrêt *maladie**). Ainsi, les pratiques prohibées de démarchage, de détournement de clientèle et de concurrence déloyale constituent des manquements à l'obligation de loyauté pouvant justifier, selon les circonstances, un *licenciement pour faute** (cass. soc. 30 mars 2005, n° 03-16167, BC V n° 110). À titre d'exemple, un salarié qui a travaillé pour un concurrent, qui intervenait non seulement dans le même secteur d'activité, mais aussi dans la même zone géographique, pendant ses *congés payés** a pu être licencié pour faute grave car étant chef d'équipe, il avait une fonction de référent à l'égard de ses collègues (cass. soc. 5 juillet 2017, n° 16-15623, BC V n° 114).

Après la cessation du contrat

Sauf s'il est lié par une *clause de non-concurrence**, le salarié retrouve en principe sa liberté à l'expiration du contrat : le fait de s'établir à son compte pour exercer une activité similaire à celle de son ancien employeur n'est pas fautif. En revanche, les manœuvres constituant une concurrence déloyale sont interdites : dénigrement de l'ancien employeur, volonté de créer une confusion avec celui-ci, etc. (cass. com. 6 novembre 1990, n° 88-15117, BC IV n° 262). L'acte déloyal doit être caractérisé ; s'il ne l'est pas, on ne peut condamner un salarié à indemniser son ancien employeur alors même qu'embauché chez un nouvel employeur, il a travaillé pour des clients de son ancienne entreprise, clients que cette dernière a ainsi perdus (cass. com. 24 septembre 2013, n° 12-20046 D).

S'il peut démontrer qu'un ancien salarié se livre à de telles manœuvres, l'employeur peut engager contre lui une action en responsabilité. La nullité de la clause de non-concurrence ne fait pas obstacle à une telle action (cass. soc. 28 janvier 2005, n° 02-47527, BC V n° 36). La responsabilité du nouvel employeur peut aussi être engagée dans le cadre d'une action en concurrence déloyale (c. trav. art. L. 1237-3).

Condamnation pénale (motif de licenciement)

Mise à pied conservatoire

Lorsque les faits reprochés au salarié donnent lieu à des poursuites pénales, l'employeur peut, sans engager immédiatement une procédure de licenciement, prendre une mesure de *mise à pied conservatoire** si les faits le justifient. L'employeur peut attendre l'issue du procès pénal pour le convoquer à l'entretien préalable à son licenciement pour faute (cass. soc. 4 décembre 2012, n° 11-27508, BC V n° 313). La mise à pied peut ainsi durer plusieurs semaines, voire plusieurs mois, sous réserve que les circonstances le justifient (ex. : complexité des investigations diligentées dans le cadre d'une enquête pénale) (cass. soc. 6 octobre 2016, n° 15-15465 D).

Licenciement pour faute ou non disciplinaire

Infractions commises dans l'entreprise - La condamnation pénale d'un salarié pour des infractions commises à l'intérieur de l'entreprise peut justifier un *licenciement pour faute**. Pour autant, l'employeur peut licencier l'intéressé sans attendre l'issue de la procédure pénale (cass. soc. 28 janvier 2012, n° 11-10479 D). En pratique, il agira ainsi lorsqu'il n'a aucun doute sur la réalité des faits.

En cas de relaxe décidée par le juge pénal, deux situations sont possibles. Si la relaxe est prononcée car il manque un élément constitutif de l'infraction (ex. : l'intention frauduleuse) mais que les faits sont établis, l'employeur peut alors retenir les faits contre le salarié et en tirer les conséquences sur la poursuite du contrat de travail. Si la relaxe est prononcée car l'existence des faits n'est pas établie, l'employeur ne peut alors pas invoquer ces faits pour prendre une sanction ou une mesure de licenciement.

▶ Attention… Le salarié ne peut pas toujours s'abriter derrière une relaxe au pénal comme l'illustre une affaire où une salariée avait été relaxée au pénal pour des faits de complicité d'escroqueries. L'employeur l'avait licenciée en lui reprochant, non pas ces faits, mais de graves négligences et manquements répétés aux règles élémentaires s'appliquant dans ses fonctions. Le licenciement était donc valable (cass. soc. 30 novembre 2017, n° 16-20803 D).

Si, en amont de tout procès pénal, le procureur de la République classe sans suite une plainte déposée par l'employeur, cela n'empêche pas le juge prud'homal de constater que les faits reprochés au salarié (ex. : vol) sont avérés et justifiaient son licenciement pour faute grave. Cela s'explique par le fait qu'un classement sans suite constitue un acte dépourvu de l'autorité de la chose jugée (cass. soc. 19 février 2014, n° 13-14247 D). De même, lorsqu'un salarié est impliqué dans une affaire pénale pour des faits commis dans le cadre de son travail, l'employeur peut le licencier pour ces faits alors que le salarié n'a finalement pas fait l'objet de poursuites pénales. Dans ces circonstances, il ne peut pas être reproché à l'employeur d'avoir violé le droit à la présomption d'innocence du salarié en agissant sur le fondement de pièces du dossier pénal auquel il a eu légitimement accès (cass. soc. 13 décembre 2017, n° 16-17193, BC V n° 216).

▶ À noter… Une simple mise en garde judiciaire d'un salarié assortie d'un non-lieu ne prouve pas les faits qui lui sont reprochés. L'employeur doit donc démontrer la réalité des faits en cause pour justifier, en cas de contentieux, le licenciement de ce salarié (cass. soc. 25 septembre 2013, n° 11-25942 D).

Faits étrangers au travail - Si la condamnation pénale est fondée sur des faits étrangers au travail, il s'agit d'un fait de la vie personnelle (sur cette notion, voir *Licenciement pour faute**). Or, un motif tiré de la vie personnelle du salarié ne peut, en principe, justifier un licenciement disciplinaire, sauf s'il constitue un manquement de l'intéressé à une obligation découlant de son contrat de travail (cass. soc. 3 mai 2011, n° 09-67464, BC V n° 105).

Si le fait relevant de la vie personnelle ne se rattache pas à la vie professionnelle, l'employeur ne peut licencier le salarié que si le fait en question crée un trouble objectif dans le fonctionnement de l'entreprise. Il ne peut alors s'agir que d'un licenciement non disciplinaire (cass. ch. mixte, 18 mai 2007, n° 05-40803, BC n° 3).

▶ À noter… Le conseil de prud'hommes n'est pas tenu d'attendre la décision du juge pénal pour se prononcer sur le caractère réel et sérieux du licenciement d'un salarié motivé par les mêmes faits que ceux faisant l'objet du contentieux pénal (c. proc. pén. art. 4).

☛ *Incarcération ; Licenciement pour faute ; Licenciement non disciplinaire.*

Conditions de travail

Changement des conditions de travail

Sur la distinction entre changement des conditions de travail et modification du contrat de travail et leurs incidences respectives, voir *Modification du contrat de travail**.

Rôle de l'employeur et des représentants du personnel

Sur le rôle du *comité social et économique**, voir *Comité social et économique (santé, sécurité et conditions de travail)** et *Commission santé, sécurité et conditions de travail**.

Sur les obligations de l'employeur en la matière, voir *Hygiène et sécurité (obligations de l'employeur)**.

Conditions indignes

Le fait de soumettre une personne, dont la vulnérabilité ou l'état de dépendance sont apparents, ou connus de l'auteur, à des conditions de travail ou d'hébergement incompatibles avec la dignité humaine est notamment puni de 5 ans d'emprisonnement et de 150 000 € d'amende (c. pén. art. 225-14 et 225-15).

Congé pour acquisition de la nationalité

Les salariés devenant français ainsi que leur conjoint peuvent bénéficier, sur justification, d'un congé pour assister à leur cérémonie d'accueil dans la citoyenneté française (c. trav. art. L. 3142-75). À titre de justificatif, l'intéressé ou son conjoint peut présenter à l'employeur l'invitation du préfet (c. civ. art. 21-28).

Un accord collectif peut fixer la durée de ce congé (c. trav. art. L. 3142-77). À défaut de dispositions conventionnelles, la durée du congé est d'une demi-journée (c. trav. art. L. 3142-78).

L'employeur n'est pas légalement tenu de maintenir la rémunération du salarié pendant le congé, dans la mesure où aucune disposition du code du travail ne le prévoit (une convention, un accord collectif ou un usage pourrait le prévoir).

La durée de ce congé ne peut pas être imputée sur celle du congé payé annuel (c. trav. art. L. 3142-75).

En cas de différend, le refus de l'employeur peut être directement contesté par le salarié devant le conseil de prud'hommes, statuant selon la procédure accélérée au fond et en dernier ressort (c. trav. art. L. 3142-76 et R. 3142-58) [voir *Conseil de prud'hommes (référé prud'homal)**].

Congé d'adoption

☞ *Adoption*.

Congé pour aider les victimes de catastrophes naturelles

Autorisation d'absence sous conditions

Bénéficiaire - Le salarié résidant ou habituellement employé dans une zone touchée par une catastrophe naturelle peut bénéficier d'un congé pour participer aux activités d'organismes apportant une aide aux victimes de catastrophes naturelles. Aucune condition d'âge ou d'ancienneté n'est exigée (c. trav. art. L. 3142-48).

Durée du congé - La durée maximale du congé est déterminée par une convention ou un accord collectif d'entreprise ou, à défaut, une convention ou un accord de branche (c. trav. art. L. 3142-52).

▶ Attention… Le cas échéant, les dispositions de l'accord ou de la convention collective d'entreprise en la matière priment sur celles de l'accord de branche (c. trav. art. L. 3142-52).

À défaut de dispositions conventionnelles, cette durée est de 20 jours par an (c. trav. art. L. 3142-53).

Dans tous les cas, le salarié peut utiliser son « crédit » de jours en une ou plusieurs fois (c. trav. art. L. 3142-48).

Délai de prévenance - Les délais dans lesquels le salarié adresse sa demande de congé sont déterminés par une convention ou un accord collectif d'entreprise ou, à défaut, une convention ou un accord de branche (c. trav. art. L. 3142-52).

À défaut de dispositions conventionnelles, le salarié informe l'employeur par tout moyen donnant date certaine, au moins 48 h avant le début du congé, de sa volonté de bénéficier de ce congé (c. trav. art. L. 3142-53 et D. 3142-35).

En cas d'urgence, ce congé peut être pris sous 24 heures (c. trav. art. L. 3142-49).

Refus de l'employeur - L'employeur peut opposer son refus s'il estime que le congé aura des conséquences préjudiciables à la bonne marche de l'entreprise. Ce refus doit être motivé et ne peut intervenir qu'après avis du *comité social et économique** (c. trav. art. L. 3142-51).

Le refus de l'employeur est notifié par tout moyen conférant une date certaine au salarié (c. trav. art. R. 3142-33).

En cas de différend, ce refus peut être directement contesté devant le conseil de prud'hommes, statuant selon la procédure accélérée au fond (c. trav. art. R. 3142-34).

Effets sur le contrat de travail

Le congé entraîne la suspension du contrat de travail. Sauf *accord collectif**, *usage** ou décision contraire de l'employeur, ce congé n'est pas rémunéré.

▶ À noter… Le salarié peut, le cas échéant, utiliser les droits acquis sur son *compte épargne-temps**.

Aucune disposition du code du travail n'assimile la durée de ce congé à une période de temps de travail effectif, notamment pour la détermination des droits à *congés payés** ou des droits liés à l'*ancienneté**.

La durée du congé ne peut être imputée sur la durée du congé payé annuel (c. trav. art. L. 3142-50).

Congé pour convenances personnelles

Activité en dehors de l'entreprise

Indépendamment des cas de congés expressément prévus par la loi ou les dispositions conventionnelles (ex. : *administrateurs des organismes de sécurité sociale**, *association familiale**, *congé mutualiste de formation**, *congé sabbatique**, etc.), le salarié est libre de solliciter une autorisation d'absence pour convenances personnelles, mais l'employeur n'est pas tenu de la lui accorder *(voir ci-après)*.

Il peut s'agir d'une absence de courte durée (une journée, une demi-journée). Par exemple, le salarié peut avoir besoin d'un congé pour convenances personnelles afin d'effectuer une démarche administrative. S'agissant d'absences plus longues, le salarié qui aurait épuisé ses droits à *congés payés** peut également solliciter ce type de congé (on parle communément de « *congé sans solde** »).

Droit de refus de l'employeur

L'employeur est libre d'accepter ou de refuser cette demande. Il répond de préférence par écrit, pour se réserver une preuve.

L'absence d'un salarié sans autorisation préalable ou malgré l'interdiction de l'employeur peut s'analyser en un *abandon de poste** pouvant donner lieu à des *sanctions disciplinaires** et même justifier un *licenciement**, voire un *licenciement pour faute**.

Si la renonciation du salarié à un congé sans solde intervient avant la réception de l'accord de l'employeur, celui-ci doit la prendre en compte (cass. soc. 29 janvier 2020, n° 18-19313 D).

Effets sur le contrat de travail

Sauf disposition conventionnelle plus favorable (ex. : convention collective applicable à l'entreprise) ou accord de l'employeur, le congé pour convenances personnelles n'est pas rémunéré (il s'agit d'un « *congé sans solde** »). Mais le salarié peut bénéficier de revenus s'il a alimenté un *compte épargne-temps** : sa rémunération correspond alors aux droits à congés rémunérés qu'il a pu capitaliser.

Sauf dispositions conventionnelles ou usages plus favorables ou accord de l'employeur, ce congé ne donne pas droit à *congés payés** et n'est pas pris en compte dans le calcul de l'*ancienneté**.

➲ Formulaire de Droit Social, « Congé pour convenances personnelles ».

Congé de conversion

Reclassement avant un licenciement économique

Les entreprises envisageant de procéder à des licenciements économiques peuvent conclure avec l'État des conventions permettant à certains salariés de bénéficier d'un congé de conversion. Ces conventions concernent particulièrement les entreprises non soumises à l'obligation de proposition d'un *congé de reclassement** (c. trav. art. L. 1233-71 ; circ. DGEFP-DRT-DSS 2002-1 du 5 mai 2002, BO trav. n° 2002/11). Ce congé apporte aux salariés, dont le licenciement économique est envisagé, un appui pour leur reclassement à l'extérieur de l'entreprise.

Statut du salarié

Pendant le congé - Pendant tout le congé (4 mois au minimum, 10 mois au maximum), le contrat de travail est suspendu, le salarié perçoit des allocations et bénéficie d'actions de formation pour favoriser son reclassement (c. trav. art. L. 5123-2 et R. 5123-2 ; cass. soc. 24 juin 2009, n° 08-40629 D).

Allocations de conversion - Le montant minimal de l'allocation est de 65 % de la rémunération brute moyenne des 12 mois précédant l'entrée en congé, sans pouvoir être inférieur à 85 % du SMIC (c. trav. art. R. 5123-2).

Lorsqu'au cours de ces 12 mois le salarié a exercé son emploi à temps partiel dans le cadre d'un *congé parental d'éducation**, d'un *congé de proche aidant**, d'un *congé de présence parentale pour enfant malade** ou d'un *congé de solidarité familiale**, il est tenu compte, pour le calcul de la rémunération brute moyenne, du salaire qui aurait été le sien s'il avait exercé son activité à temps plein sur l'ensemble de la période (c. trav. art. R. 5123-2 ; décret 2021-626 du 19 mai 2021, JO du 21).

Les allocations sont imposables, cessibles et saisissables mais ne constituent pas un salaire et ne sont donc soumises qu'à la CSG et à la CRDS due sur les revenus de remplacement (c. séc. soc. art. L. 136-1). Les contributions des employeurs à l'allocation sont exonérées de cotisations de sécurité sociale et de taxe sur les salaires (c. trav. art. L. 5123-5 ; cass. soc. 18 juillet 1997, n° 95-21276 D).

▶ À noter… Au minimum, le montant de l'allocation doit atteindre 8,63 € par heure, à multiplier par la durée collective de travail fixée dans l'entreprise.

Protection sociale - Les salariés bénéficient des prestations en nature et en espèces des assurances maladie, maternité, invalidité et décès ainsi que de la couverture « accidents du travail » pour les accidents survenus par le fait ou à l'occasion des actions favorisant leur reclassement (c. séc. soc. art. L. 160-1, L. 161-3 et L. 412-8, 2° d ; circ. CNAMTS 1810-85 du 24 septembre 1985). La durée du congé de conversion est validée au titre de l'assurance vieillesse (c. séc. soc. L. 351-3, 2°).

À l'issue du congé, le salarié retrouve éventuellement un emploi ou fait l'objet d'un licenciement avec tous les droits qui y sont attachés : indemnités de préavis et de licenciement.

Participation de l'État

L'État participe pendant 10 mois au plus au paiement des allocations de conversion, selon un taux maximal de 50 %, et, le cas échéant, finance des actions de formation, pour un taux maximal de 50 %.

☞ *Licenciement économique collectif (procédure applicable) ; Licenciement économique (obligation de reclassement).*

Congé pour création d'entreprise

Le congé pour création d'entreprise est une absence non rémunérée, à laquelle ont droit les salariés qui souhaitent créer ou reprendre une entreprise, ou exercer des responsabilités de direction au sein d'une jeune entreprise innovante (JEI). En lieu et place d'un congé à temps plein, les salariés peuvent opter pour un passage temporaire à temps partiel (voir *Création d'entreprise**) (c. trav. art. L. 3142-105 à L. 3142-124, D. 3142-65 à D. 3142-76).

Durée du congé

Congé initial - La durée maximale du congé est déterminée par une convention ou un accord collectif d'entreprise ou, à défaut, une convention ou un accord de branche (c. trav. art. L. 3142-117).

▶ Attention... Le cas échéant, les dispositions de la convention ou de l'accord collectif en la matière priment sur celles de la convention ou de l'accord de branche (c. trav. art. L. 3142-117).

À défaut de dispositions conventionnelles applicables à l'entreprise, cette durée maximale est de 1 an (c. trav. art. L. 3142-119).

Renouvellement - Le nombre de renouvellements possibles de ce congé est déterminé par une convention ou un accord collectif d'entreprise ou, à défaut, une convention ou un accord de branche (c. trav. art. L. 3142-117). À défaut de dispositions conventionnelles, le congé peut être prolongé au plus de 1 an (c. trav. art. L. 3142-119).

Les conditions et délais de la demande de prolongation de ce congé sont déterminés conventionnellement (c. trav. art. L. 3142-117). À défaut de dispositions conventionnelles, le délai de préavis est de 2 mois et les modalités de demande sont les mêmes que pour une demande initiale *(voir ci-après)* (c. trav. art. D. 3142-74).

Droit au congé

Ancienneté minimale - Le droit au congé pour création ou d'entreprise est ouvert au salarié qui, à la date du départ en congé, a une ancienneté minimale, dans l'entreprise ou dans une autre entreprise du même groupe (c. trav. art. L. 3142-105 et L. 3142-106).

L'ancienneté requise est déterminée par une convention ou un accord collectif d'entreprise ou, à défaut, une convention ou un accord de branche (c. trav. art. L. 3142-117). À défaut de dispositions conventionnelles, elle est de 24 mois, consécutifs ou non, dans l'entreprise (c. trav. art. L. 3142-119).

Demande à l'employeur - Le délai dans lequel le salarié informe l'employeur de la date à laquelle il souhaite partir en congé ainsi que de la durée envisagée de ce congé est déterminé par une convention ou un accord collectif d'entreprise ou, à défaut, une convention ou un accord de branche (c. trav. art. L. 3142-117).

À défaut de dispositions conventionnelles, le salarié informe son employeur par tout moyen donnant date certaine, au moins 2 mois à l'avance, de sa volonté de bénéficier du congé ou de la période à temps partiel. Il précise l'activité de l'entreprise qu'il prévoit de créer ou de reprendre ou de l'entreprise répondant aux critères de JEI dans laquelle il prévoit d'exercer des responsabilités de direction. Il indique également la durée du congé ou de la réduction souhaitée de son temps de travail (c. trav. art. L. 3142-119 et D. 3142-73).

Délai de carence entre deux congés - Si le salarié entend de nouveau bénéficier d'un congé pour création d'entreprise, il doit attendre 3 ans à compter de la fin du précédent congé (c. trav. art. L. 3142-113).

Réponse de l'employeur

Procédure - L'employeur informe le salarié de sa décision relative à la date de départ choisie par ce dernier (c. trav. art. L. 3142-116). Il a 30 jours pour donner sa réponse par tout moyen donnant date certaine, à compter de la présentation de la demande (initiale ou de renouvellement). À défaut, son accord est réputé acquis (c. trav. art. D. 3142-65 et D. 3142-72).

Refus du congé - Dans les entreprises de moins de 300 salariés, l'employeur peut refuser le congé (c. trav. art. L. 3142-113) :

- s'il estime, après avis du *comité social et économique** (quand il est en place), que ce congé aura des conséquences préjudiciables à la bonne marche de l'entreprise ;
- si le salarié demande ce congé moins de 3 ans après une précédente création ou reprise d'entreprise ou après le début de l'exercice de précédentes responsabilités de direction au sein d'une JEI.

L'employeur pourra difficilement invoquer des conséquences préjudiciables pour refuser le congé, s'il a la possibilité de remplacer le salarié par un autre, disposant du diplôme et de l'expérience nécessaire (cass. soc. 11 mars 2009, n° 07-44414 D).

Quel que soit l'effectif, l'employeur peut également opposer le fait que :

- les conditions d'éligibilité aux dispositifs ne sont pas remplies (ex. : ancienneté insuffisante) ;
- la demande n'a pas été adressée dans le délai requis ou le formalisme exigé (ex. : activité de l'entreprise en cause non indiquée) ;
- l'activité de l'entreprise en question concurrence directement la sienne.

Le refus motivé est notifié au salarié par tout moyen donnant date certaine (c. trav. art. D. 3142-69).

Accorder un congé à temps plein à un salarié qui a formulé une demande de passage à temps partiel pour création d'entreprise (voir *Création d'entreprise**) revient à refuser la demande (cass. soc. 24 septembre 2008, n° 06-44939, BC V n° 188)

▶ Attention… Ce refus peut être contesté par le salarié directement devant le conseil de prud'hommes, statuant selon la procédure accélérée au fond, et en dernier ressort, dans les 15 jours à compter de la notification du refus (c. trav. art. L. 3142-113, D. 3142-70 et R. 3142-71).

Report du congé - Quel que soit l'effectif de l'entreprise, l'employeur a la faculté de différer le départ en congé, dans la limite de 6 mois, à compter de la réception de la demande du salarié, ceci sans avoir à justifier sa décision. Il en informe le salarié par tout moyen donnant date certaine (c. trav. art. L. 3142-107 et D. 3142-66).

L'employeur peut également différer le départ en congé lorsque ce départ aurait pour effet de porter l'effectif des salariés simultanément absents ou le nombre de jours d'absence au titre de ce congé et au titre du *congé sabbatique** à un niveau excessif au regard, respectivement, de l'effectif total et du nombre de jours travaillés dans l'entreprise (c. trav. art. L. 3142-114).

Ces plafonds ou niveaux sont déterminés par une convention ou un accord collectif d'entreprise ou, à défaut, une convention ou un accord de branche (c. trav. art. L. 3142-117). À défaut de dispositions conventionnelles, l'employeur peut différer le départ en congé de telle sorte (c. trav. art. L. 3142-119 et D. 3142-75) :

- que le pourcentage des salariés simultanément absents de l'entreprise au titre du congé pour la création d'entreprise, pour l'exercice de responsabilités de direction au sein d'une entreprise répondant aux critères de JEI et au titre du congé sabbatique ne dépasse pas 2 % de l'effectif de cette entreprise, jusqu'à la date à laquelle cette condition de taux est remplie ;
- ou que le nombre de jours d'absence prévu au titre de ces congés ne dépasse pas 2 % du nombre total des jours de travail effectués dans les 12 mois précédant le départ en congé (pour permettre le départ en congé d'un salarié, cette période de 12 mois est prolongée dans la limite de 48 mois).

À défaut de dispositions conventionnelles, le début de la période de travail à temps partiel peut également être reporté de telle façon que le pourcentage de salariés de l'entreprise passant simultanément à temps partiel au titre du congé ne dépasse pas 2 % de l'effectif de l'entreprise, jusqu'à la date à laquelle cette condition de taux est remplie (c. trav. art. D. 3142-76).

Statut du salarié durant le congé

Congé non rémunéré - Pendant le congé, le contrat de travail est suspendu. Sauf disposition conventionnelle, contractuelle ou usage contraires, le salarié ne reçoit aucune rémunération. Le salarié peut exercer une activité salariée, au cours de ce congé, s'il respecte les obligations de loyauté et de non-concurrence à l'égard de son employeur (cass. soc. 27 novembre 1991, n° 88-43161, BC V n° 537).

▶ À noter… La *clause d'exclusivité** éventuellement inscrite au contrat de travail est inopposable au salarié pendant la durée du congé pour création d'entreprise (c. trav. art. L. 1222-5 et D. 1222-1).

Report des congés payés - La convention ou l'accord collectif d'entreprise ou, à défaut, la convention ou l'accord de branche mettant en œuvre ce congé détermine les modalités de report des congés payés dus au salarié qui bénéficie du congé, afin que celui-ci puisse « indemniser » cette période (c. trav. art. L. 3142-118 et L. 3142-121).

À défaut de stipulation dans la convention ou l'accord, les congés payés annuels dus au salarié en plus de 24 jours ouvrables peuvent être reportés, à sa demande, jusqu'au départ en congé. Le cumul de ces congés payés porte au maximum sur 6 années (c. trav. art. L. 3142-120) [voir *Congés payés (acquisition)**].

▶ À noter… Si le salarié renonce à son congé pour création d'entreprise, les congés payés reportés viennent s'ajouter aux congés payés des années qui suivent la renonciation, par fractions de 6 jours ouvrables par année qui suit, jusqu'à épuisement (c. trav. art. L. 3142-122).

En cas de rupture du contrat de travail, le salarié perçoit une indemnité compensatrice pour les droits à congés payés reportés (c. trav. art. L. 3142-123).

Autres ressources mobilisables - En dehors d'un éventuel maintien de salaire ou encore du report des congés payés *(voir ci-avant)*, le salarié peut financer son congé par :

- l'utilisation de ses éventuels droits cumulés sur son *compte épargne-temps**, si l'accord instituant le CET le permet (c. trav. art. L. 3151-1) ;
- le déblocage anticipé de ses droits acquis au titre de la *participation des salariés aux résultats de l'entreprise** ainsi que ceux cumulés dans le cadre d'un *plan d'épargne d'entreprise (PEE)** (c. trav. art. R. 3324-22).

Lien avec l'entreprise - Les conditions permettant le maintien d'un lien entre l'entreprise et le salarié pendant la durée du congé sont déterminées par une convention ou un accord collectif d'entreprise ou, à défaut, une convention ou un accord de branche (c. trav. art. L. 3142-117).

Retour anticipé dans l'entreprise - Le salarié ne peut invoquer aucun droit à être réemployé avant l'expiration du congé (c. trav. art. L. 3142-108).

Statut du salarié à l'issue du congé

Délai de prévenance - Le salarié informe son employeur de son intention (c. trav. art. L. 3142-108 et L. 3142-109) :

- soit d'être réemployé, l'employeur devant alors le réintégrer dans son précédent emploi ou un emploi similaire assorti d'une rémunération au moins équivalente ;
- soit de rompre son contrat de travail dans les conditions prévues par celui-ci, à l'exception, toutefois, de celles relatives au préavis et sans avoir, de ce fait, à payer une indemnité de rupture.

Les conditions dans lesquelles le salarié informe l'employeur de son intention de poursuivre ou de rompre son contrat de travail à l'issue de son congé sont déterminées par la convention ou l'accord collectif d'entreprise ou, à défaut, la convention ou l'accord de branche (c. trav. art. L. 3142-117). À défaut de dispositions conventionnelles, le salarié informe son employeur au moins 3 mois avant la fin de son congé, par tout moyen donnant date certaine (c. trav. art. L. 3142-119 et D. 3142-67).

▶ Attention… L'inobservation du délai de prévenance n'implique pas la démission du salarié (cass. soc. 23 octobre 1991, n° 88-43819, BC V n° 438). Il incombe à l'employeur de prouver que le retard du salarié à manifester son intention constitue un empêchement à sa réintégration (cass. soc. 2 juin 1992, n° 91-42791, BC V n° 360 ; cass. soc. 13 décembre 1995, n° 92-42687 D).

Pas d'autres conditions à la réintégration - L'employeur ne peut pas subordonner la réintégration du salarié dans l'entreprise à la justification par celui-ci du respect de la finalité du congé (cass. soc. 1er décembre 2005, n° 04-41394, BC V n° 351) ou à l'abandon de son projet personnel ayant fait l'objet du congé (cass. soc. 13 février 2013, n° 11-27261 D).

Sanctions de la non-réintégration - En cas de suppression du poste du salarié, l'employeur doit chercher à le réintégrer en lui faisant des propositions. En l'absence de recherche ou de proposition d'emploi similaire de la part de l'employeur, les juges considèrent qu'il n'a pas respecté son obligation de réemploi et qu'il doit réparer le préjudice du salarié (cass. soc. 4 avril 2007, n° 05-45117 D).

Formation - Le salarié qui reprend son activité dans l'entreprise à l'issue du congé a droit à une réadaptation professionnelle en tant que de besoin, notamment en cas de changement de techniques ou de méthodes de travail (c. trav. art. L. 3142-110).

Pour mémoire, l'employeur a l'obligation générale de veiller à l'« employabilité » de ses salariés (voir *Adaptation**).

Les modalités d'accompagnement et de réadaptation professionnelle au retour du salarié sont déterminées par la convention ou l'accord collectif d'entreprise ou, à défaut, la convention ou l'accord de branche (c. trav. art. L. 3142-117).

☞ *Création d'entreprise.*

➲ Formulaire de Droit Social, « Congé pour création d'entreprise ».

Congé de deuil

Décès d'un enfant ou d'une personne à charge de moins de 25 ans

En cas de décès d'un enfant, le salarié bénéficie d'un congé pour décès rémunéré de 5 à 7 jours (en cas de décès notamment d'un enfant de moins de 25 ans, voir *Congé pour événement familial**).

Le salarié a également droit à un congé supplémentaire, appelé « congé de deuil », en cas de décès (c. trav. art. L. 3142-1-1 ; circ. CNAMTS 2020-31 du 15 décembre 2020) :

- d'un enfant de moins de 25 ans y compris lorsque l'enfant n'est pas né vivant mais a atteint le seuil de viabilité fixé par l'OMS (naissance après 22 semaines d'aménorrhée ou un poids du fœtus de 500 g) ;
- ou d'une personne de moins de 25 ans à sa charge effective et permanente.

Le congé de décès et le congé de deuil sont cumulables.

▶ À noter… Les travailleurs indépendants bénéficient aussi de ce congé selon des modalités particulières.

Modalités du congé de deuil

Salariés concernés - Le congé de deuil est ouvert à l'un ou l'autre des deux parents ou aux deux parents de l'enfant de moins de 25 ans (ou de la personne de moins de 25 ans à sa charge effective et permanente) décédé.

Il concerne également les personnes, quel que soit leur sexe, qui avaient la charge effective et permanente d'une personne âgée de moins de 25 ans. Dans ce cas, la personne à charge décédée peut être l'enfant du conjoint, ou du concubin, le petit enfant, le concubin ou le conjoint lui-même ou toute personne à charge effective et permanente de moins de 25 ans, sans lien de filiation.

Il est ouvert pour chaque enfant qui décède, y compris s'il s'agissait de jumeaux (circ. CNAMTS 2020-31 du 15 décembre 2020).

Durée et prise du congé de deuil - Le congé de deuil est d'une durée de 8 jours ouvrables et peut être pris dans l'année suivant le décès (c. trav. art. L. 3142-1-1).

Il peut être fractionné en deux périodes maximum. Chacune de ces périodes doit être d'une durée au moins égale à une journée (c. trav. art. D. 3142-1-1).

▶ À noter… Sur la protection contre le licenciement pendant les 13 semaines suivant le décès de l'enfant (ou de la personne à charge) de moins de 25 ans, voir *Congé pour événement familial**.

Congé sur justificatif et après information de l'employeur - Le congé de deuil est un congé de droit qui ne peut être refusé par l'employeur. Le salarié doit (c. trav. art. L. 3142-1-1) :

- fournir une justification, à savoir en pratique, un acte de décès ;
- et informer l'employeur 24 heures au moins avant le début de chaque période d'absence, ce qui suppose en pratique que le salarié indique dans sa demande la date à laquelle il entend prendre son congé.

Si le salarié est multi-employeurs, il peut solliciter un congé de deuil auprès de chacun de ses employeurs, ou auprès d'un seul, à des périodes identiques ou différentes, dans le délai d'un an à compter du décès (circ. CNAMTS 2020-31 du 15 décembre 2020).

Maintien de salaire et IJSS - Le salarié voit son salaire maintenu par l'employeur, compte tenu le cas échéant des indemnités versées par la sécurité sociale (c. trav. art. L. 3142-2).

▶ À noter… Lorsque le salarié fractionne son congé de deuil, l'indemnisation est elle aussi fractionnée selon les mêmes modalités, à savoir en deux périodes maximum (c. séc. soc. art. D. 331-7).

Le congé est en effet pris en charge pour partie par la sécurité sociale, puisqu'il donne droit, selon les mêmes conditions de liquidation et de versement, à des IJSS calculées comme en matière de maternité (soit environ 79 % du salaire brut, dans la limite de 89,03 € bruts par jour en 2022) (voir *Indemnités* *journalières de sécurité sociale de maternité**). Cette indemnisation sécurité sociale est versée sans vérification des conditions d'ouverture de droit habituellement requises pour les IJSS maternité (circ. CNAMTS 2020-31 du 15 décembre 2020).

Un dispositif de subrogation de plein droit permet à l'employeur de percevoir les IJSS (c. séc. soc. art. L. 331-9).

▶ À noter... Pour le premier arrêt maladie lié à ce décès et survenant pendant les 13 semaines suivant le décès d'un enfant (ou d'une personne à charge) de moins de 25 ans, le délai de carence de 3 jours normalement applicable au versement des IJSS maladie est supprimé (voir *Indemnités journalières de sécurité sociale de maladie**) (c. séc. soc. art. L. 323-1-1).

Acquisition et durée des congés payés - Le congé de deuil est assimilé à du temps de travail effectif pour l'acquisition des congés payés [voir *Congés payés (acquisition)**]. En outre, la durée de ce congé ne peut pas être imputée sur celle du congé payé annuel (c. trav. art. L. 3142-2).

Participation et intéressement - Le congé de deuil est assimilé à une période de présence pour la répartition de l'intéressement de la participation (c. trav. art. L. 3314-5, L. 3324-6 et D. 3324-11).

▶ À noter... Cette disposition implique aussi, à notre sens, que si la répartition est proportionnelle au salaire, il faut tenir compte du salaire brut « normal » du salarié, sans déduction des IJSS versées par la sécurité sociale au titre du congé.

Don de jours de repos

Sur le don de jours de repos au salarié dont l'enfant de moins de 25 ans ou la personne à charge de moins de 25 ans est décédé, voir *Don de jours de repos**.

☛ *Congé pour événement familial ; Don de jours de repos.*

Congé pour don d'ovocytes

Lorsqu'une salariée décide de pratiquer un don d'ovocytes, elle bénéficie d'une autorisation d'absence pour (c. santépub. art. L. 1244-5) :
- se rendre aux examens ;
- se soumettre aux interventions nécessaires à la stimulation ovarienne et au prélèvement ovocytaire.

Cette absence n'entraîne aucune diminution de la rémunération. Elle est assimilée à une période de travail effectif pour la détermination de la durée des *congés payés** ainsi que pour les droits légaux ou conventionnels acquis par la salariée au titre de son *ancienneté** dans l'entreprise (c. trav. art. L. 1225-16).

Congé pour élever un enfant

☛ *Démission pour élever un enfant.*

Congé pour enfant malade

Congé non rémunéré

En cas de maladie ou d'accident d'un enfant à charge - Tout salarié a le droit de bénéficier d'un congé non rémunéré en cas de maladie ou d'accident, constaté par un certificat médical, d'un enfant de moins de 16 ans dont il assume la charge (c. trav. art. L. 1225-61).

▶ Attention... Toute convention contraire à ces dispositions est nulle, à savoir inapplicable. De plus, l'inobservation par l'employeur de ces dispositions peut donner lieu, au profit du salarié, à l'attribution d'une indemnité déterminée conformément aux règles applicables à un *licenciement nul** (c. trav. art. L. 1235-3-1, L. 1225-70 et L. 1225-71).

Des dispositions conventionnelles, contractuelles ou des usages peuvent toutefois prévoir la rémunération d'une absence causée par la maladie de l'enfant.

Définition de l'enfant à charge - La charge de l'enfant doit s'apprécier comme en matière de droit de la sécurité sociale et en tenant compte des faits plus que des liens de parenté. Supporte ainsi la charge d'un enfant le salarié qui assume, de manière permanente, les obligations alimentaires (frais d'entretien), les devoirs de garde, de surveillance et d'éducation de ce dernier, peu important son lien de parenté avec lui. Un salarié beau-parent d'un enfant peut donc bénéficier d'un congé pour enfant malade s'il en a la « charge » (rép. Lagarde n° 20649, JO 24 juin 2008, AN quest. p. 5496 ; c. séc. soc. art. L. 513-1).

▶ À noter… Un employeur peut à notre sens demander aux salariés bénéficiant d'un tel congé de justifier (ou d'attester) qu'ils assument la charge du ou des enfants malades. Le seul livret de famille ou avis d'imposition ne permettrait pas de justifier que le salarié assume réellement la charge de l'enfant, compte tenu de la définition de l'enfant à charge (CA Paris, 30 janvier 2013, n° 09/02424). D'autres justificatifs peuvent être fournis par les salariés.

Alsace-Moselle - Dès lors que le droit local d'Alsace-Moselle trouve à s'appliquer, l'employeur doit rémunérer l'absence justifiée par la maladie d'un enfant (rép. Jung n° 21775, JO 29 octobre 2013, AN quest. p. 11443 ; cass. soc. 19 juin 2002, n° 00-41736, BC V n° 206 ; cass. soc. 16 février 2011, n° 09-42677 D).

Durée du congé

Le congé est, au maximum, de 3 jours par an. La durée est portée à 5 jours si l'enfant est âgé de moins de 1 an ou si le salarié assume la charge de trois enfants ou plus, âgés de moins de 16 ans (c. trav. art. L. 1225-61).

Le nombre de jours n'est pas octroyé par enfant. Ainsi, le fait d'avoir deux enfants ne double pas le nombre légal de jours d'absence.

Le congé est accordé sans condition d'ancienneté dans toutes les entreprises, quel que soit leur effectif.

▶ Attention… Des dispositions conventionnelles, contractuelles ou des usages peuvent prévoir des mesures plus favorables que la loi (ex. : rémunération ou congé plus long).

Pour la mère et pour le père

Qu'il s'agisse du congé légal, conventionnel ou résultant d'un *usage**, la mère mais aussi le père doivent pouvoir en bénéficier, sous peine pour l'entreprise de se voir reprocher une discrimination interdite (voir *Discriminations**). En effet, le congé n'est pas réservé à l'un ou à l'autre et ce, quelles que soient les dispositions conventionnelles ou quels que soient les usages en cause.

Cependant, une disposition conventionnelle, prévoyant en l'espèce un congé plus long que le congé légal, peut exclure le droit à congé pour enfant malade d'un salarié parent, si l'autre parent salarié bénéficie déjà d'un congé lui permettant de donner des soins à l'enfant malade (cass. soc. 7 décembre 1994, n° 90-43234, BC V n° 332).

Justificatif en cas de contentieux

Les éléments délivrés par le médecin pour l'obtention d'un congé pour enfant malade se limitent à la date et à la durée du congé. Ces informations ne sont pas couvertes par le secret médical. Le certificat obtenu par l'employeur auprès du médecin peut donc être produit devant le juge pour justifier le licenciement d'un salarié qui, en l'espèce, avait falsifié l'avis d'arrêt de travail pour gagner 1 jour d'absence (cass. soc. 12 mai 2010, n° 09-40997 D).

Autres congés liés à la maladie d'un enfant

Le salarié parent d'un enfant atteint d'une maladie ou d'un handicap grave peut bénéficier d'autres congés : le *congé de présence parentale pour enfant malade**, le *congé de solidarité familiale** et le *congé de proche aidant**. Il peut aussi bénéficier d'un *don de jours de repos**.

➲ Formulaire de Droit Social, « Congé pour enfant malade : information de l'employeur ».

Congé d'enseignement ou de recherche

Le congé d'enseignement ou de recherche permet au salarié ayant l'ancienneté requise de bénéficier d'un congé à temps plein ou d'une période de temps partiel pour :
- enseigner (c. trav. art. L. 3142-125) ;
- ou exercer une activité de recherche et d'innovation (c. trav. art. L. 3142-126).

Modalités du congé

Ancienneté requise - L'accord collectif mettant en œuvre le droit à congé dans l'entreprise définit la condition d'ancienneté requise pour bénéficier du dispositif.

En l'absence d'un tel accord, le congé est ouvert dès lors que le salarié dispose d'une ancienneté (c. trav. art. L. 3142-129 et L. 3142-130) :
- d'un an en cas d'accord de l'employeur ;
- de 24 mois, consécutifs ou non, dans l'entreprise en cas de désaccord de ce dernier.

Modalités de demande et d'information - L'accord collectif relatif au congé fixe (c. trav. art. L. 3142-129) :
- les délais dans lesquels le salarié informe l'employeur de la date à laquelle il souhaite partir en

congé ou, en cas de passage à temps partiel, de la date de début de la période de travail à temps partiel et de l'amplitude de la réduction souhaitée de son temps de travail, ainsi que de la durée envisagée de ce congé ou de cette période ;
- les conditions et délais de la demande de prolongation de ce congé ou de cette période de travail à temps partiel.

En l'absence d'un tel accord, le salarié informe l'employeur de sa volonté de bénéficier du congé, par tout moyen conférant date certaine, au moins 3 mois avant le début du congé ou de la période à temps partiel. Il l'informe aussi de la durée du congé ou de l'amplitude de la réduction souhaitée de son temps de travail (c. trav. art. L. 3142-130 et D. 3142-77 ; décret 2021-1332 du 12 octobre 2021, JO du 14).

Refus du congé - L'employeur peut refuser le congé de recherche (ou la période à temps partiel) s'il établit que l'exercice de ce droit par le salarié compromet directement la politique de recherche, d'innovation et de développement technologique de l'entreprise (c. trav. art. L. 3142-126). Il s'agit là d'une disposition d'ordre public. Ainsi, le droit de l'employeur de refuser le congé ne peut pas lui être retiré par voie d'accord collectif.

Durée - L'accord collectif relatif au congé détermine la durée maximale du congé ou de la période de travail à temps partiel ainsi que le nombre de renouvellements possibles (c. trav. art. L. 3142-129).

En l'absence d'un tel accord, la durée maximale du congé est d'un an.

Elle peut être prolongée à la demande du salarié et avec l'accord de son employeur et de l'entreprise ou l'organisme d'accueil (c. trav. art. L. 3142-130). Le salarié doit adresser la demande de prolongation à l'employeur, en précisant la durée ou l'amplitude de la réduction souhaitée de son temps de travail, par tout moyen conférant date certaine (c. trav. art. D. 3142-78 et D. 3142-77) :
- 3 mois avant son terme si le congé ou la période de travail à temps partiel est de 6 mois ou plus ;
- ou au moins 2 mois avant son terme lorsque cette durée est de moins de 6 mois.

Report - Le congé ou la période de temps partiel peuvent être reportés (c. trav. art. L. 3142-127, L. 3142-128 et L. 3142-130) :
- dans les entreprises de 300 salariés et plus, si un pourcentage de salariés simultanément absents atteint un niveau excessif au regard de l'effectif total de l'entreprise ;
- dans les entreprises de moins de 300 salariés, le report est permis quand le nombre d'heures de congé atteint un niveau excessif au regard du nombre total d'heures travaillées dans l'année. Toutefois, le nombre d'heures de congé auquel un salarié a droit peut être, à sa demande, reporté d'une année sur l'autre, sans que le cumul des reports puisse dépasser 4 ans.

Ces droits à report accordés à l'employeur et au salarié sont d'ordre public, ils ne peuvent donc pas leur être retirés par accord collectif.

Cela étant, c'est l'accord collectif relatif au congé qui fixe le pourcentage de salariés simultanément absents ou le nombre d'heures de congé mentionnés ci-avant.

En l'absence d'un tel accord, la possibilité de report est ouverte (c. trav. art. L. 3142-130, D. 3142-80 et D. 3142-81) :
- dans les entreprises de 300 salariés et plus, si le nombre de salariés simultanément absents au titre de ce congé atteint 2 % de l'effectif total de l'entreprise ;
- dans les entreprises de moins de 300 salariés, quand le nombre d'heures de congé atteint 2 % du nombre total d'heures travaillées dans l'année.

Toutefois, le nombre d'heures de congé auquel un salarié a droit peut être, à sa demande, reporté d'une année sur l'autre, sans que le cumul des reports puisse dépasser 4 ans.

Déroulement et issue du congé

Rémunération - Le congé à temps plein n'est pas rémunéré par l'employeur initial sauf dispositions conventionnelles, contractuelles ou usages plus favorables.

Le congé pris sous forme d'une période de travail à temps partiel est rémunéré pour le temps travaillé.

Ancienneté et congés payés - La durée du congé n'est pas considérée comme du travail effectif ni pour les congés payés, ni pour l'ancienneté, sauf dispositions conventionnelles, contractuelles ou usages plus favorables.

En cas de période de travail à temps partiel, le salarié acquiert des congés payés et l'ensemble des droits liés à l'ancienneté dans les conditions habituelles [voir *Travail à temps partiel (statut)**].

Maintien du lien pendant le congé - L'accord collectif relatif au congé détermine les conditions permettant le maintien d'un lien entre l'entreprise et le salarié pendant le congé et, le cas échéant, les modalités d'accompagnement et de réadaptation professionnelle à son retour (c. trav. art. L. 3142-129) :

Issue du congé - L'accord collectif relatif au congé détermine les conditions dans lesquelles le salarié informe l'employeur de son intention de poursuivre ou de rompre son contrat de travail à l'issue de son congé ou de sa période de travail à temps partiel (c. trav. art. L. 3142-129).

En l'absence d'accord, le salarié informe l'employeur, par tout moyen conférant date certaine, 3 mois avant son terme lorsque la durée du congé ou de la période de travail à temps partiel est de 6 mois ou plus et au moins 2 mois avant ce terme lorsque cette durée est de moins de 6 mois (c. trav. art. D. 3142-79).

Congé pour événement familial

Une autorisation d'absence est accordée aux salariés, sans réduction de rémunération, à l'occasion de certains événements familiaux (c. trav. art. L. 3142-1).

Événements concernés

Les congés pour événement familial sont accordés par le code du travail, sans condition d'ancienneté, pour les événements suivants (c. trav. art. L. 3142-1, L. 3142-4 et L. 3142-5).

Le mariage du salarié ou la conclusion d'un pacte civil de solidarité (Pacs) : 4 *jours ouvrables**.

Le mariage d'un enfant : 1 jour ouvrable.

La naissance : 3 jours ouvrables, étant précisé que ce congé se cumule avec le *congé de paternité et d'accueil de l'enfant**. Depuis le 1.07.2021, la référence à une naissance au « foyer » du salarié a été supprimée pour le congé de naissance. Le congé bénéficie donc non seulement au père de l'enfant même séparé de la mère mais aussi, le cas échéant, au conjoint, au concubin ou au partenaire pacsé de la mère (loi 2020-1576 du 14 décembre 2020, art. 73, I, 5°, JO du 15 ; c. trav. art. L. 3142-1 au 1.07.2021).

L'arrivée d'un enfant en vue de son adoption : 3 jours ouvrables ;

Le décès d'un enfant : 5 jours ouvrables ou 7 *jours ouvrés** lorsque l'enfant est âgé de moins de 25 ans et quel que soit son âge si l'enfant décédé était lui-même parent ou en cas de décès d'une personne âgée de moins de 25 ans à la charge effective et permanente du salarié (étant précisé que ce congé se cumule avec le *congé de deuil**) (loi 2020-692 du 8 juin 2020, art. 1, JO du 9) ;

Le décès du conjoint, du concubin ou du partenaire lié par un pacte civil de solidarité (Pacs), du père, de la mère, du beau-père, de la belle-mère, d'un frère ou d'une sœur : 3 jours ouvrables ;

• L'annonce de la survenue d'un handicap chez un enfant et, depuis le 19.12.2021 (loi 2021-1678 du 17 décembre 2021, JO du 18), d'une pathologie chronique nécessitant un apprentissage thérapeutique ou d'un cancer chez un enfant : 2 jours ouvrables.

▶ À noter... Un décret à paraître précisera la liste des pathologies chroniques concernées par ce nouveau motif de congé (loi 2021-1678 du 17 décembre 2021, JO du 18).

Les couples de même sexe bénéficient des congés familiaux comme les couples de personnes de sexe différent (c. civ. art. 6-1).

Un accord collectif, un usage ou le contrat de travail peut ajouter d'autres motifs de congé pour événement familial, mais pas en retirer, et prévoir des durées de congé supérieures mais pas inférieures (c. trav. art. L. 3142-4 et L. 3142-5).

▶ À noter... Lorsqu'une convention collective accorde 3 jours ouvrables consécutifs pour un événement sans opérer de distinction entre les jours ouvrables travaillés et les jours ouvrables non travaillés pour les salariés en poste, le samedi est inclus (cass. soc. 19 mai 1999, n° 98-40983 D).

Modalités d'application

Prise du congé - Le congé accordé doit être pris dans une « période raisonnable » autour de l'événement, mais pas nécessairement le jour de l'événement le justifiant (sous réserve du congé de naissance obéissant à une règle spécifique, voir ci-après) (cass. soc. 16 décembre 1998, n° 96-43323, BC V n° 569).

Les congés pour événements familiaux ne sont pas légalement dus lorsque le salarié est déjà absent pour une raison quelconque : maladie, congés payés, etc. (cass. soc. 20 juin 1984, n° 81-40286, BC V n° 256 ; cass. soc. 11 octobre 1994, n° 93-42310 D ; CJUE 4 juin 2020, aff. C-588-18).

▶ Attention... Le salarié qui prend un congé pour événement familial, tout en sachant qu'il n'y a pas droit et malgré le refus de l'employeur, est en absence injustifiée justifiant son licenciement pour faute (cass. soc. 9 octobre 2019, n° 18-15030 D).

Spécificité du congé de naissance - Depuis le 1.07.2021, le congé de naissance suit un régime spécifique. Les 3 jours doivent être pris, au choix du salarié, le jour de la naissance de l'enfant ou le premier jour ouvrable qui suit et être en principe immédiatement suivis des 4 jours obligatoires de *congé de paternité et d'accueil de l'enfant** (c. trav. art. L. 3142-4). Pendant ces 7 jours l'employeur a interdiction d'employer le salarié. Si la naissance de l'enfant intervient alors que le salarié a pris des congés payés ou un autre congé pour événement familial, cette interdiction - et donc le congé de naissance - commence à courir à l'issue de cette période de congés (c. trav. art. L. 1225-35-1).

Protection en cas de décès d'un enfant de moins de 25 ans - Le salarié bénéficie d'une protection contre le licenciement pendant les 13 semaines suivant le décès de son enfant (ou de la personne à charge) de moins de 25 ans (c. trav. art. L. 1225-4). L'employeur ne peut pas pendant cette période rompre son contrat de travail, sauf faute grave du salarié ou impossibilité de maintenir le contrat pour un motif étranger au décès de l'enfant.

Rémunération - Les jours d'absence pour congé pour événement familial n'entraînent pas de réduction de la rémunération (c. trav. art. L. 3142-2). Il s'agit aussi bien de la rémunération prévue légalement que celle imposée conventionnellement ou contractuellement. Ainsi, une prime de présence trimestrielle prévue par une convention collective ne peut pas être réduite du fait de la prise d'un congé pour événement familial (cass. soc. 10 décembre 1997, n° 94-44887 D).

Assimilation à du travail effectif - Les congés légaux pour événements familiaux sont assimilés à des jours de travail effectif pour la détermination de la durée des congés payés [voir *congés payés (acquisition)**] et le décompte des *heures supplémentaires**.

En revanche, selon l'administration, les congés pour événements familiaux ne sont pas assimilés à du travail effectif pour l'acquisition de jours de RTT (c. trav. art. L. 3141-3 et L. 3142-2 ; circ. DRT 2000-7 du 6 décembre 2000).

Contestation du refus de l'employeur - Le salarié peut contester le refus de l'employeur d'accorder un congé pour événement familial devant le conseil de prud'hommes qui statue sur le fond de l'affaire en dernier ressort selon la procédure accélérée au fond (c. trav. art. L. 3142-3, R. 3142-1 et R. 1455-12) [voir *conseil de prud'hommes (référé prud'homal)**].

Le juge prud'homal doit trancher l'affaire sur le fond, il ne peut pas refuser d'apprécier le délai dans lequel peut être pris le congé et dire qu'il n'y a pas lieu à référé (cass. soc. 23 janvier 2019, n° 17-28330 FSPB).

☞ *Congé de deuil ; Congés familiaux.*

Congé examen

Congé examen des étudiants

Un étudiant justifiant d'une inscription valide et en cours au sein d'un établissement d'enseignement supérieur a droit à un congé supplémentaire de 5 jours ouvrables par tranche de 60 jours ouvrables travaillés prévus par son contrat de travail pour la préparation directe d'un examen. Le congé doit être pris dans le mois qui précède les examens (loi 2015-990 du 6 août 2015, art. 296, JO du 7).

Ce congé n'est pas rémunéré. De plus, en l'absence d'indication contraire, il n'est pas assimilé à du travail effectif pour les droits du salarié (congés payés, ancienneté, etc.).

Ce congé s'ajoute aux congés payés dont bénéficie le salarié et, s'il y a lieu, au congé annuel garanti pour les salariés de moins de 21 ans (c. trav. art. L. 3141-1 et L. 3164-9).

Congé examen des apprentis

Pour la préparation directe des épreuves du diplôme ou du titre prévu par le contrat d'*apprentissage**, l'apprenti a droit, pendant le mois qui les précède, à un congé supplémentaire de 5 jours ouvrables. Ce congé est rémunéré (c. trav. art. L. 6222-35).

Il bénéficie de ce congé même en l'absence d'enseignements spécifiques le préparant à ces épreuves. Cependant, si ceux-ci sont dispensés, l'apprenti doit les suivre (c. trav. art. L. 6222-35).

Ce congé s'ajoute aux *congés payés** légaux et à ceux prévus par le code du travail pour les salariés de moins de 21 ans (c. trav. art. L. 3141-1 et L. 3164-9). Sa durée ne s'impute pas sur la durée de formation en centre de formation des apprentis fixée par le contrat (c. trav. art. L. 6222-35).

Congé pour l'exercice de responsabilités associatives

Bénéficiaires et associations donnant droit au congé

Un congé peut être accordé chaque année, à sa demande, sans condition d'âge (c. trav. art. L. 3142-54-1) :

- à tout salarié désigné pour siéger à titre bénévole dans l'organe d'administration ou de direction de certaines associations *(voir ci-après)* ou y exerçant bénévolement des fonctions de direction ou d'encadrement ;
- à tout salarié membre d'un conseil citoyen, pour siéger dans ses instances internes et participer aux instances de pilotage du contrat de ville ;
- à toute personne, non-administrateur, apportant à une mutuelle, union ou fédération, en dehors de tout contrat de travail, un concours personnel et bénévole, dans le cadre d'un mandat pour lequel elle a été statutairement désignée ou élue.

Sont concernées les associations « loi 1901 » déclarées depuis au moins 3 ans et éligibles au b du 1 de l'article 200 du code général des impôts (caractère éducatif, social humanitaire, etc.) et ayant un caractère « d'intérêt général » au sens fiscal.

Modalités du congé

Modalités conventionnelles - Le congé relève des mêmes modalités que celles applicables au *congé de formation de cadres et d'animateurs pour la jeunesse** (c. trav. art. L. 3142-54).

Une convention ou un accord collectif d'entreprise peut préciser (c. trav. art. L. 3142-58 et L. 3142-58-1) :

- la durée totale maximale du congé ;
- les conditions de son cumul avec le congé de formation économique, sociale, environnementale et syndicale ;
- le délai dans lequel le salarié adresse sa demande à l'employeur ;
- le nombre maximal de salariés susceptibles de bénéficier de ce congé par établissement et au cours d'une année ;
- les conditions de maintien de la rémunération pendant le congé.

En l'absence de dispositions conventionnelles, le congé obéit aux règles suivantes, applicables au congé de formation de cadres et d'animateurs pour la jeunesse (c. trav. art. L. 3142-59) :

- il est limité à 6 jours ouvrables par an ;
- il ne se cumule avec le congé de formation économique, sociale, environnementale et syndicale qu'à concurrence de 12 jours ouvrables pour une même année ;
- le salarié adresse sa demande à l'employeur, par tout moyen lui donnant une date certaine, au moins 30 jours avant le début de son congé (c. trav. art. D. 3142-43) ;
- le nombre maximal de salariés susceptibles de bénéficier de ce congé est celui fixé réglementairement (c. trav. art. R. 3142-44).

Fractionnement - Le congé peut être fractionné en demi-journées, sachant qu'un accord collectif ne peut pas déroger à cette règle (c. trav. art. L. 3142-54-1).

Travail effectif - La durée du congé ne s'impute pas sur les droits à congés payés du salarié et est assimilée à une période de travail effectif pour l'acquisition des congés payés, ainsi que pour l'ensemble des autres droits que le salarié tient de son contrat de travail, sachant qu'un accord collectif ne peut pas déroger à ces règles (c. trav. art. L. 3142-55).

Refus de l'employeur - Les conditions de refus de l'employeur sont identiques à celles applicables au *congé de formation de cadres et d'animateurs pour la jeunesse** : si les nécessités particulières à l'entreprise ou à son exploitation s'y opposent ou si le nombre maximal de salariés bénéficiaires de ce congé pendant l'année est atteint (c. trav. art. R. 3142-36 et R. 3142-44).

Congé de formation de cadres et d'animateurs pour la jeunesse

Le congé de formation de cadres et d'animateurs pour la jeunesse est un congé non rémunéré dont peuvent bénéficier les salariés de moins de 25 ans souhaitant participer aux activités des organisations de jeunesse et d'éducation populaire et des fédérations et associations sportives agréées par le ministère de la Jeunesse et des Sports, destinées à favoriser la préparation et la formation ou le perfectionnement de cadres et animateurs (c. trav. art. L. 3142-54). À titre exceptionnel, les salariés de plus de 25 ans peuvent bénéficier de ce congé selon des dispositions spécifiques (c. trav. art. R. 3142-40).

Prise du congé

Durée du congé - Un accord collectif peut fixer la durée totale maximale du congé et déterminer les conditions de son cumul avec le *congé de formation économique, sociale, environnementale et syndicale** (c. trav. art. L. 3142-58).

À défaut, la durée du congé est de 6 jours ouvrables par an et il ne peut se cumuler avec le congé de formation économique, sociale et syndicale qu'à concurrence de 12 jours ouvrables par an (c. trav. art. L. 3142-59).

Le congé peut être pris en une ou deux fois à la demande du bénéficiaire (c. trav. art. L. 3142-54).

Formalités - Un accord collectif peut fixer le délai dans lequel le salarié adresse sa demande de congé à l'employeur (c. trav. art. L. 3142-58).

À défaut, le salarié doit informer l'employeur de son départ en congé par tout moyen conférant date certaine au moins 30 jours à l'avance en indiquant dans sa demande (c. trav. art. D. 3142-43) :
- la date et la durée de l'absence ;
- le nom de l'organisme responsable du stage ou de la session.

Possibilités de refus du congé

Refus motivé - Si l'employeur refuse le congé, il notifie sa décision au salarié par tout moyen donnant date certaine, en la motivant dans les 8 jours à compter de la réception de la demande (c. trav. art. D. 3142-37). Deux motifs de refus sont possibles :
- le dépassement du nombre de salariés ayant bénéficié du congé pendant l'année en cours (c. trav. art. R. 3142-44) *(voir ci-après)* ;
- des nécessités particulières à l'entreprise ou à son exploitation après consultation du *comité social et économique** (c. trav. art. R. 3142-36).

Si le salarié renouvelle sa demande après 4 mois, un nouveau report ne peut pas lui être opposé, sauf dépassement du nombre de bénéficiaires (c. trav. art. R. 3142-36).

▶ À noter… En cas de différend, le refus de l'employeur peut être directement contesté par le salarié devant le conseil de prud'hommes, statuant selon la procédure accélérée au fond et en dernier ressort [voir *Conseil de prud'hommes (référé prud'homal)**] (c. trav. art. L. 3142-57 et R. 3142-42).

Dépassement du nombre de bénéficiaires - Un accord collectif peut déterminer les règles selon lesquelles le nombre maximal de salariés susceptibles de bénéficier de ce congé au cours d'une année est déterminé par établissement (c. trav. art. L. 3142-58).

À défaut de dispositions conventionnelles, l'employeur peut refuser le bénéfice du congé si le nombre de salariés par établissement ayant déjà bénéficié du congé pendant l'année en cours a atteint la proportion suivante selon les effectifs de l'établissement (c. trav. art. R. 3142-44) :
- moins de 50 salariés : 1 ;
- de 50 à 99 salariés : 2 ;
- de 100 à 199 salariés : 3 ;
- de 200 à 499 salariés : 4 ;
- de 500 à 999 salariés : 5 ;
- de 1 000 à 1 999 salariés : 6 ;
- à partir de 2 000 salariés : un bénéficiaire de plus par tranche supplémentaire de 1 000 salariés.

Ces limitations en fonction de l'effectif ne sont pas applicables aux salariés de plus de 25 ans (c. trav. art. R. 3142-40).

Incidences du congé

L'employeur n'est pas légalement tenu de maintenir la rémunération du salarié pendant le congé, toutefois des dispositions conventionnelles pourraient le prévoir.

La durée du congé ne peut pas être imputée sur la durée des *congés payés** annuels et est assimilée à une période de travail effectif pour la détermination des droits à congés payés ainsi que pour l'ensemble des autres droits résultant pour l'intéressé de son contrat de travail (c. trav. art. L. 3142-55).

Congé de formation économique, sociale, environnementale et syndicale

Objet du congé

Un congé est accordé aux salariés pour participer à des stages ou sessions de formation économique, sociale, environnementale et syndicale organisés

Congé de formation économique, sociale, environnementale et syndicale

Congés syndicaux					
Nombre de salariés dans l'établissement	Nombre de jours au maximum	Nombre de salariés dans l'établissement	Nombre de jours au maximum	Nombre de salariés dans l'établissement	Nombre de jours au maximum
1 à 24	12 (a)	750 à 799	312	3 000 à 3 099	612
25 à 49	24	800 à 849	324	3 100 à 3 199	624
50 à 74	36	850 à 899	336	3 200 à 3 299	636
75 à 99	48	900 à 949	348	3 300 à 3 399	648
100 à 124	60	950 à 999	360	3 400 à 3 499	660
125 à 149	72	1 000 à 1 099	372	3 500 à 3 599	672
150 à 174	84	1 100 à 1 199	384	3 600 à 3 699	684
175 à 199	96	1 200 à 1 299	396	3 700 à 3 799	696
200 à 224	108	1 300 à 1 399	408	3 800 à 3 899	708
225 à 249	120	1 400 à 1 499	420	3 900 à 3 999	720
250 à 274	132	1 500 à 1 599	432	4 000 à 4 099	732
275 à 299	144	1 600 à 1 699	444	4 100 à 4 199	744
300 à 324	156	1 700 à 1 799	456	4 200 à 4 299	756
325 à 349	168	1 800 à 1 899	468	4 300 à 4 399	768
350 à 374	180	1 900 à 1 999	480	4 400 à 4 499	780
375 à 399	192	2 000 à 2 099	492	4 500 à 4 599	792
400 à 424	204	2 100 à 2 199	504	4 600 à 4 699	804
425 à 449	216	2 200 à 2 299	516	4 700 à 4 799	816
450 à 474	228	2 300 à 2 399	528	4 800 à 4 899	828
475 à 499	240	2 400 à 2 499	540	4 900 à 4 999	840
500 à 549	252	2 500 à 2 599	552	5 000 à 5 199	852
550 à 599	264	2 600 à 2 699	564	Par 200 en plus ou fraction de 200	+ 12 jours
600 à 649	276	2 700 à 2 799	576		
650 à 699	288	2 800 à 2 899	588		
700 à 749	300	2 900 à 2 999	600		

(a) Dans les établissements de 1 à 24 salariés, le nombre maximal de jours est porté à 18 pour les animateurs et les salariés appelés à exercer des responsabilités syndicales (circ. DRT 87-11 du 3 novembre 1987, BOMT n° 87-25). **Dans les établissements de plus de 49 salariés, ils ne peuvent pas prendre plus de 50 % de l'ensemble des jours de formation syndicale** (arrêté du 7 mars 1986, JO du 14).

par des centres rattachés à des syndicats représentatifs au niveau national, soit par des instituts spécialisés (c. trav. art. L. 2145-5 ; loi 2021-1104 du 22 août 2021, JO du 24).

▶ **À noter…** La notion « environnementale » a été ajoutée par la loi 2021-1104 du 22 août 2021 dite loi Climat (loi 2021-1104 du 22 août 2021, JO du 24). Il s'agit de permettre à ce congé de porter également sur des sujets liés à la gestion des conséquences environnementales de l'activité de l'entreprise.

Prise du congé

Durée - Le congé est de 12 jours ouvrés par an et par salarié (18 jours pour les animateurs de stages et sessions et pour les salariés appelés à exercer des responsabilités syndicales) (c. trav. art. L. 2145-7).

Le congé peut être pris en plusieurs fois, à la condition qu'aucune des absences ne soit inférieure à 0,5 jour.

Nombre maximal de jours de congé - Le nombre maximal de jours de congé susceptibles d'être pris au cours d'une année civile par l'ensemble des salariés d'un établissement est fixé par arrêté ministériel *(voir le tableau reproduit dans cette étude)*.

La limite mentionnée dans le tableau s'applique globalement (c. trav. art. L. 2145-8) et concerne également, le congé de formation économique des membres élus du *comité social et économique** (CSE) (c. trav. art. L. 2315-63) dont la durée vient s'imputer sur celle du congé de formation économique, sociale, environnementale et syndicale.

Demande du salarié - La demande de congé doit être présentée à l'employeur au moins 30 jours à l'avance et préciser la date et la durée de l'absence sollicitée ainsi que le nom de l'organisme responsable du stage ou de la session (c. trav. art. R. 2145-4).

Report du congé - L'employeur peut différer le départ en congé (arrêté du 7 mars 1986, JO du 14) :
- dans les établissements de moins de 25 salariés, lorsqu'un salarié est absent au titre de ce congé ;
- dans les établissements de 25 à 99 salariés, lorsque deux salariés sont simultanément absents au titre de ce congé ;
- dans les établissements de plus de 99 salariés, lorsque le pourcentage de salariés simultanément absents au titre de ce congé atteint 2 %.

Les demandes à satisfaire en priorité sont celles ayant déjà fait l'objet d'un report.

Refus du congé - L'employeur peut refuser la demande de congé s'il estime, après avis conforme du *comité social et économique**, que l'absence pourrait avoir des conséquences préjudiciables à la production et à la bonne marche de l'entreprise (c. trav. art. L. 2145-11).

Le refus du congé par l'employeur doit être motivé et notifié à l'intéressé dans un délai de 8 jours à compter de la réception de la demande (c. trav. art. R. 2145-5).

En cas de différend, il peut être directement contesté devant le bureau de jugement du conseil des prud'hommes, qui statue en dernier ressort, selon la procédure accélérée au fond [voir *Conseil de prud'hommes (référé prud'homal)**].

Attestation de présence - Lorsque le salarié reprend son travail, il remet à son employeur l'attestation de présence délivrée par l'organisme responsable de la formation suivie (c. trav. art. R. 2145-6).

Organismes dispensant la formation - La liste des organismes habilités à accueillir des stages ou sessions fait l'objet d'un arrêté publié au Journal officiel (arrêté du 25 janvier 2021, JO du 30).

Rémunération

L'employeur maintient la rémunération du salarié en congé de formation économique, sociale, environnementale et syndicale et s'acquitte des cotisations et contributions correspondantes, indépendamment de toute demande d'un syndicat (c. trav. art. L. 2145-6).

Les textes ne prévoient pas de règles sur le financement des frais de formation. Ce point peut être réglé par accord collectif ainsi que le code du travail le préconise (c. trav. art. L. 2145-12, 3°).

Incidences du congé

Assimilation à une période de travail effectif - La durée du congé ne peut pas être imputée sur les congés payés [voir *Congés payés (prise et report)**]. Elle est assimilée à une durée de travail effectif pour la détermination de la durée des congés payés [voir *Congés payés (acquisition)**], du droit aux prestations d'assurances sociales et aux *prestations familiales**, ainsi que pour l'ensemble des autres droits résultant, pour le salarié, de son contrat (c. trav. art. L. 2145-10).

Accident du travail - Le salarié en congé de formation économique, sociale, environnementale et syndicale bénéficie de la protection applicable en cas d'*accident du travail** pour les accidents survenus au cours du stage ou pendant le trajet pour s'y rendre (c. séc. soc. art. L. 412-8). Il en est de même pour les membres du CSE en congé de formation économique.

➲ Formulaire de Droit Social, « Congé de formation économique, sociale, environnementale et syndicale ».

Congé des jeunes parents

Des congés payés supplémentaires sont accordés aux jeunes parents. Ils concernent non seulement les jeunes mères mais aussi les jeunes pères de famille (c. trav. art. L. 3141-8).

Congés supplémentaires

Jeunes salariés de moins de vingt et un ans - Les jeunes salariés âgés de moins de 21 ans au 30 avril de l'année précédente ont droit à 2 jours de *congés payés** supplémentaires par enfant à charge [voir *Jeunes (emploi des)**].

Ce congé supplémentaire est réduit à 1 jour si le congé légal n'excède pas 6 jours (c. trav. art. L. 3141-8).

Jeunes salariés de vingt et un ans au moins - Les salariés de 21 ans au moins au 30 avril de l'année précédente bénéficient de 2 jours de *congés payés** supplémentaires par enfant à charge, sans que le cumul du nombre des jours de congé supplémentaires et de congé annuel ne puisse excéder la durée maximale de 30 jours ouvrables du congé annuel (c. trav. art. L. 3141-8).

Congé conventionnel - Le salarié ne peut cumuler ces congés supplémentaires légaux et les congés supplémentaires conventionnels lorsque la convention collective prévoit un nombre de jours de congés supplémentaires plus élevé que celui du régime légal tout en excluant leur cumul (cass. soc. 21 octobre 1982, n° 80-41317, BC V n° 574).

Notion d'enfant à charge

Pour être considéré comme enfant à charge, il faut d'une part que l'enfant vive au foyer et, d'autre part, qu'il soit âgé de moins de 15 ans au 30 avril de l'année en cours ou qu'il soit en situation de handicap (c. trav. art. L. 3141-8). Peu importe que le salarié concerné soit marié ou célibataire, ou qu'un lien de parenté existe entre lui et l'enfant. Seul est retenu le fait qu'il assume dans son foyer la charge effective et permanente de l'enfant.

Congé de maternité

☛ *Maternité (congé de).*

Congé de mobilité

Le congé de mobilité permet d'organiser des départs volontaires, sur la base d'accords collectifs et hors contexte de difficultés économiques (c. trav. art. L. 1237-17).

Guichets de départs volontaires dans un cadre collectif

Le congé de mobilité a pour objet de favoriser la recherche d'un nouvel emploi par des mesures d'accompagnement, des actions de formation et des périodes de travail sur un autre poste (c. trav. art. L. 1237-18-1).

Il peut être mobilisé par les employeurs même en l'absence de difficultés économiques et sans condition d'effectif. Toutefois, il ne peut être proposé que par un employeur ayant conclu soit un accord collectif relatif à la *gestion prévisionnelle de l'emploi et des compétences**, soit un accord portant *rupture conventionnelle collective** (c. trav. art. L. 1237-17 et L. 1237-18). Pour rappel, en cas d'accord collectif sur ces thèmes, le CSE n'a pas à être consulté au titre d'un projet de restructuration et de compression des effectifs (c. trav. art. L. 2312-39) [voir *Comité social et économique (informations-consultations ponctuelles)**].

▶ À noter… Les congés de mobilité conclus en application d'un accord collectif relatif à la *gestion prévisionnelle de l'emploi* et des *compétences** (GPEC) et acceptés par les salariés avant le 23.12.2017 continuent à produire leurs effets jusqu'à leur terme dans les conditions applicables antérieurement à cette date (ord 2017-1387 du 22 septembre 2017, art. 40, IV ; décret 2017-1724 du 20 décembre 2017, JO du 22).

Conclusion d'un accord de GPEC ou de RCC

L'accord collectif qui autorise l'employeur à proposer ce congé *(voir ci-avant)* doit déterminer un certain nombre de dispositions (c. trav. art. L. 1237-18-2) :

- la durée du congé ;
- les conditions que doit remplir le salarié pour en bénéficier ;
- les modalités d'adhésion du salarié à la proposition de l'employeur, comprenant les conditions d'expression de son consentement écrit, et les engagements des parties ;
- l'organisation des périodes de travail, les conditions auxquelles il est mis fin au congé et les modalités d'accompagnement des actions de formation envisagées ;
- le niveau de la rémunération versée pendant la période du congé de mobilité ;
- les conditions d'information des représentants du personnel ;
- les indemnités de rupture garanties au salarié, qui ne peuvent être inférieures aux indemnités légales dues en cas de licenciement pour motif économique *(voir ci-après)*.

Salariés adhérents

L'accord collectif mettant en place le congé de mobilité détermine les salariés potentiellement bénéficiaires. Il peut s'agir de tous les salariés ou seulement de certains emplois, certaines catégories professionnelles ou certaines entreprises du groupe (c. trav. art. L. 1237-18-2).

La limitation du champ du congé doit se faire dans le respect du principe de non-discrimination.

Rupture du contrat d'un commun accord

Les ruptures du contrat dans le cadre du congé de mobilité en application d'un accord collectif portant GPEC ou rupture conventionnelle collective sont exclusives du licenciement ou de la démission et ne peuvent être imposées ni par l'employeur, ni par le salarié (c. trav. art. L. 1237-17).

L'acceptation par le salarié de la proposition de congé emporte rupture du contrat de travail d'un commun accord à l'issue du congé (c. trav. art. L. 1237-18-4). Les salariés protégés – élus du personnel, délégués syndicaux, etc. – peuvent bénéficier du congé de mobilité, sous réserve d'obtenir l'autorisation de l'inspecteur du travail. Dans ce cas, la rupture du contrat de travail ne pourra intervenir que le lendemain du jour de l'autorisation administrative.

Pour les médecins du travail, la rupture du contrat est soumise à l'autorisation de l'inspecteur du travail, après avis du médecin inspecteur du travail.

▶ À noter… Si à l'issue de sa période de congé de mobilité, le bénéficiaire se retrouve en situation de recherche d'emploi, il peut bénéficier d'une ouverture de droit aux allocations d'assurance chômage dans les conditions de droit commun (c. trav. art. L. 5421-1). La rupture d'un commun accord du contrat de travail dans le cadre d'un congé de mobilité est en effet considérée comme involontaire au sens de la réglementation d'assurance chômage, permettant une ouverture de droits à indemnisation si les autres conditions sont réunies [voir *Chômage (allocation d'aide au retour à l'emploi)**].

Information des DREETS sur les ruptures

Dans tous les cas (salariés protégés ou pas), l'employeur doit informer le DREETS des ruptures prononcées dans le cadre du congé de mobilité (c. trav. art. L. 1237-18-5).

Tous les 6 mois à compter du dépôt de l'accord, l'employeur doit transmettre un document d'information au DREETS du siège social de l'entreprise concernée par l'accord (c. trav. art. D. 1237-4). Ce document précise un certain nombre de points, dont notamment (c. trav. art. D. 1237-5) :

- les « bénéficiaires » de l'accord selon la tranche d'âge à laquelle ils appartiennent (moins de 35 ans, 36 à 45 ans, 46 à 57 ans et 57 ans et plus) ;
- le nombre de ruptures de contrat de travail intervenues à la suite d'un congé de mobilité ;
- les mesures de reclassement et d'accompagnement mises en place, avec le nombre de salariés concernés ;
- la situation des salariés au regard de l'emploi à l'issue du congé de mobilité.

Ces informations sont transmises par voie dématérialisée sur le système d'information RUPCO (https ://ruptures-collectives.emploi.gouv.fr), ou, en cas de dysfonctionnement de ce système, par tout autre moyen permettant de conférer une date certaine (arrêté du 21 octobre 2019, JO du 25).

Indemnisation et rémunération du salarié

Pendant les périodes non travaillées du congé - Pendant le congé, le salarié bénéficie de la rémunération prévue par l'accord collectif, étant entendu que celle-ci doit être au moins égale à l'allocation versée en *congé de conversion** (c. trav. art. L. 5123-2), soit 65 % de la rémunération brute moyenne des 12 mois précédant l'entrée en congé, avec un plancher égal à 85 % du SMIC.

Depuis le 1.07.2021, si au cours de ces 12 derniers mois, le salarié a été à temps partiel du fait d'un *congé parental d'éducation**, d'un *congé de proche aidant**, d'un *congé de présence parentale** ou d'un *congé de solidarité familiale**, c'est la rémunération brute moyenne à temps plein qui est prise en compte (c. trav. art. R. 1233-32 ; décret 2021-626 du 19 mai 2021, JO du 21).

Régime social - Cette rémunération est soumise, dans la limite des 12 premiers mois du congé (durée pouvant être prolongée jusqu'à 24 mois en cas de formation de reconversion professionnelle), au même régime social que l'allocation versée pendant un *congé de reclassement** (exonération de cotisations, assujettissement à CSG/CRDS au titre des revenus de remplacement : CSG à 6,20 % et CRDS à 0,50 % après abattement d'assiette de 1,75 % pour frais professionnels) (c. trav. art. L. 1237-18-3).

Depuis le 1.01.2021, il n'y a plus de possibilité d'exonération de CSG/CRDS ou de taux réduit de CSG en fonction du revenu fiscal de référence (c. trav. art. L. 1233-72).

S'il y a lieu, l'employeur doit appliquer à ces contributions le mécanisme d'écrêtement prévu par le code de la sécurité sociale. Cette règle dite « d'écrêtement » pose pour principe que le prélèvement de la CSG/CRDS due au titre des revenus de remplacement ne peut pas avoir pour effet de ramener le montant net cumulé de cette rémunération et de la rémunération d'activité en dessous du SMIC brut

(c. séc. soc. art. L. 136-1-2, II, 4° al. 2). En pratique, ce mécanisme peut conduire à ne pas prélever la CSG/CRDS « revenus de remplacement », ou à ne prélever ces contributions que partiellement.

L'employeur doit remettre mensuellement au salarié un bulletin précisant les modalités de calcul et le montant de cette rémunération.

Pendant les périodes travaillées du congé - Le salarié peut effectuer des périodes de travail pendant son congé, au sein ou en dehors de l'entreprise qui lui a proposé le congé, dans le cadre d'un contrat à durée indéterminée ou d'un contrat à durée déterminée (CDD) conclu au titre de la politique de l'emploi, dans la limite fixée par l'accord collectif. En cas de CDD, le cours du congé est suspendu pendant la durée du contrat et reprend à l'issue pour la durée du congé restant à courir (c. trav. art. L. 1237-18-1).

Au terme d'un CDD, l'indemnité de précarité ne doit pas être versée, sauf dispositions conventionnelles plus favorables (c. trav. art. L. 1243-10).

Indemnités de rupture du contrat - L'accord collectif détermine les indemnités de rupture garanties aux salariés. Elles ne peuvent pas être inférieures aux indemnités légales afférentes au licenciement pour motif économique (c. trav. art. L. 1237-18-2).

Le régime de l'indemnité de rupture est aligné sur celui des indemnités versées dans le cadre d'un plan de sauvegarde de l'emploi (PSE) pour l'impôt sur le revenu, les cotisations de sécurité sociale et la CSG/CRDS (BOSS, Indemnités de rupture, § 820, 01/01/2022). Cette indemnité de rupture est donc exonérée d'impôt sur le revenu, sans limitation de montant (CGI art. 80 duodecies) et de cotisations sociales, dans la limite de 2 plafonds annuels de la sécurité sociale. Les indemnités de rupture du contrat de travail intervenant à la suite d'un congé de mobilité ne sont pas soumises au forfait social [voir *Indemnités de rupture (régimes social et fiscal)**].

☛ Gestion prévisionnelle de l'emploi et des compétences ; Rupture conventionnelle collective.

Congé mutualiste de formation

Autorisation d'absence

Bénéficiaires - Le salarié titulaire d'un mandat d'administrateur d'une mutuelle, d'une union ou d'une fédération, au sens de l'article L. 114-16 du code de la mutualité, a droit, chaque année, à un congé de formation (c. trav. art. L. 3142-36).

Durée du congé - La durée totale maximale du congé est déterminée par une convention ou un accord collectif d'entreprise ou, à défaut, une convention ou un accord de branche (c. trav. art. L. 3142-40).

▶ Attention... Le cas échéant, la convention ou l'accord collectif d'entreprise prime sur la convention ou l'accord de branche (c. trav. art. L. 3142-40).

À défaut de dispositions conventionnelles, le nombre maximal de jours pouvant être pris au titre du congé est de 9 jours ouvrables par an (c. mutualité art. L. 114-16 ; c. trav. art. L. 3142-41).

Organismes agréés - Pour pouvoir prétendre au congé, le salarié doit choisir une formation dispensée par un organisme agréé figurant sur la liste établie par arrêté du ministre chargé de la mutualité (c. trav. art. R. 3142-22).

Demande à l'employeur - Le délai dans lequel le salarié informe l'employeur de sa demande de congé est déterminé par une convention ou un accord collectif d'entreprise ou, à défaut, une convention ou un accord de branche (c. trav. art. L. 3142-40).

À défaut de dispositions conventionnelles, le salarié doit informer l'employeur par tout moyen donnant date certaine, au moins 30 jours avant le début du congé, de sa volonté de bénéficier de ce congé. Il doit préciser la date et la durée de l'absence envisagée et désigner l'organisme responsable du stage ou de la session (c. trav. art. L. 3142-41 et R. 3142-28).

Report et refus du congé - L'employeur peut refuser le congé en raison de nécessités particulières à son entreprise ou à l'exploitation de celle-ci. Au préalable, il doit consulter le *comité social et économique** s'il existe.

Si le salarié renouvelle sa demande après 4 mois, un nouveau report ne peut pas lui être opposé, sauf en cas de dépassement du nombre maximal de salariés pouvant bénéficier du congé durant l'année en cours et dans l'établissement (c. trav. art. L. 3142-38 et R. 3142-23).

Ce quota est défini par une convention ou un accord collectif d'entreprise ou, à défaut, une convention ou un accord de branche (c. trav. art. L. 3142-40). À défaut de dispositions conventionnelles, le bénéfice du congé peut être refusé par l'employeur s'il établit que le nombre de salariés, par établissement, ayant bénéficié du congé durant l'année en cours atteint la proportion suivante (c. trav. art. L. 3142-41 et R. 3142-29) :

- moins de 50 salariés : 1 bénéficiaire ;
- 50 à 99 salariés : 2 bénéficiaires ;
- 100 à 199 salariés : 3 bénéficiaires ;
- 200 à 499 salariés : 4 bénéficiaires ;
- 500 à 999 salariés : 5 bénéficiaires ;
- 1 000 à 1 999 salariés : 6 bénéficiaires ;
- à partir de 2 000 salariés : 1 bénéficiaire de plus par tranche supplémentaire de 1 000 salariés.

Le refus ou le report du congé est motivé et notifié par tout moyen donnant date certaine à l'intéressé dans les 8 jours à compter de la réception de sa demande (c. trav. art. R. 3142-24).

▶ À noter... En cas de différend, le refus de l'employeur peut être directement contesté par le salarié devant le conseil de prud'hommes, statuant selon la procédure accélérée au fond et en dernier ressort (c. trav. art. L. 3142-39 et R. 3142-27).

Priorité d'accès après refus - Le salarié dont la demande de congé mutualiste de formation n'a pas été satisfaite bénéficie d'une priorité pour l'octroi ultérieur de ce congé (c. trav. art. R. 3142-25).

Effets sur le contrat de travail

Congé non rémunéré - L'employeur n'est pas tenu de rémunérer le salarié durant son congé, sauf dispositions conventionnelles, contractuelles ou usages plus favorables.

Assimilé à du travail effectif - La durée du congé est assimilée à une période de *temps de travail effectif** pour la détermination de la durée des *congés payés** ainsi que pour l'ensemble des autres droits résultant, pour l'intéressé, de son contrat (c. trav. art. L. 3142-37).

Pas d'imputation sur les congés payés - La durée du congé ne peut pas être imputée sur la durée du congé payé annuel (c. trav. art. L. 3142-37) [voir *Congés payés (prise et report)**].

Issue du congé

L'organisme chargé des stages ou sessions dispensés délivre au salarié une attestation constatant la fréquentation effective de celui-ci. L'intéressé doit la remettre à l'employeur au moment de la reprise du travail (c. trav. art. R. 3142-26).

Amende pénale

Le fait de méconnaître les dispositions relatives au congé est puni de l'amende prévue pour les contraventions de la 3e classe (450 € au maximum) (c. trav. art. R. 3143-2-1).

Congé parental d'éducation

Pendant la période qui suit l'expiration du congé de maternité ou du congé d'adoption, le salarié (l'un ou l'autre des parents) peut prendre un congé parental pour élever son enfant ou occuper un travail à temps partiel (c. trav. art. L. 1225-47 et s.) [voir *Maternité (congé de)** et *Adoption**].

Le droit au congé parental est ouvert au père ou à la mère, quelle que soit leur situation. L'attribution du congé ne peut dépendre notamment de la situation du conjoint. Ainsi, « une réglementation nationale ne peut priver du droit à congé parental un fonctionnaire dans la situation où son épouse ne travaille pas ou n'exerce aucune profession » (CJUE, 16 juillet 2015, C-222/14).

Conditions et modalités de prise du congé

Condition d'ancienneté - Peut bénéficier d'un congé parental le salarié ayant au moins 1 an d'*ancienneté** à la date de la naissance de l'enfant ou de l'arrivée au foyer d'un enfant de moins de 16 ans en vue de son adoption (c. trav. art. L. 1225-47).

Formalités et délai de prévenance - Un mois au moins avant l'expiration du congé de maternité ou d'adoption, ou 2 mois avant le début du congé parental si celui-ci n'est pas pris immédiatement à l'issue du congé de maternité ou d'adoption, le salarié doit informer son employeur, par lettre recommandée avec demande d'avis de réception (LRAR) ou par lettre remise en main propre contre récépissé, du point de départ et de la durée du congé dont il entend bénéficier (c. trav. art. L. 1225-50 et R. 1225-13).

▶ À noter... Il est également envisageable d'envoyer une lettre recommandée électronique dont la valeur juridique est identique à une lettre recommandée « papier » (code des postes et des communications électroniques, art. L. 100).

Le bénéfice du congé est soumis à l'information préalable de l'employeur, mais ne requiert pas son autorisation pour sa validation (cass. civ., 2e ch., 10 juillet 2014, n° 13-20372, BC II n° 169).

Non-respect des formalités et du délai de prévenance - L'employeur ne peut pas se prévaloir du non-respect par le salarié de la forme légale d'information. Pour les juges, l'obligation de présenter la demande de congé par LRAR n'est qu'un moyen de preuve de l'information de l'employeur. En aucun cas, cette formalité ne peut être considérée comme une condition d'ouverture du droit du salarié (cass. soc. 12 mars 2002, n° 99-43501, BC V n° 91).

Exemple

Un employeur avait licencié une salariée qui n'avait pas repris son travail à l'issue de son congé maternité. L'intéressée contestait son licenciement, en invoquant un congé parental d'éducation. De son côté, l'employeur estimait qu'elle ne pouvait pas prétendre au congé parental pour la période suivant immédiatement son congé maternité : la salariée avait fait sa demande 6 jours après, et, de ce fait, ne l'avait pas informé au moins 1 mois avant le terme dudit congé. Les juges ont donné tort à l'employeur et l'ont condamné pour licenciement sans cause réelle et sérieuse (cass. soc. 25 janvier 2012, n° 10-16369 D) :
- d'une part, la salariée réunissait les conditions requises pour bénéficier d'un congé parental (ancienneté d'un an à la naissance de l'enfant) ;
- d'autre part, avant même d'avoir été informé par LRAR, l'employeur avait connaissance du motif de l'absence de la salariée.

Toutefois, même sans respecter la procédure officielle, le salarié doit justifier avoir informé l'employeur de sa décision de prolonger son congé parental. À défaut, le salarié qui n'informe pas son employeur de la prolongation de ce congé et ne répond pas à ses mises en demeure lui demandant des explications sur son absence, commet une faute grave justifiant son licenciement (cass. soc. 3 mai 2016, n° 14-29190, BC V n° 1283).

Le non-respect du délai de prévenance ne peut être assorti d'aucune sanction disciplinaire (cass. soc. 25 janvier 2012, n° 10-16369 D).

Durée du congé (hors naissances multiples) - La durée initiale maximale du congé est de 1 an. Le congé peut être renouvelé 2 fois et prend fin au plus tard lorsque l'enfant atteint son 3e anniversaire ou, en cas d'adoption d'un enfant de moins de 3 ans, au 3e anniversaire de l'arrivée de l'enfant au foyer. Lorsque l'enfant adopté a plus de 3 ans et moins de 16 ans, le congé ne peut excéder 1 année à compter de l'arrivée au foyer (il n'y a pas de renouvellement possible) (c. trav. art. L. 1225-48).

À l'issue de cette première année, le salarié peut reprendre son activité initiale. Il peut aussi soit prolonger son congé parental d'éducation, soit demander à passer à temps partiel. Il doit en avertir son employeur au moins 1 mois avant le terme initialement prévu et l'informer de son intention, par LRAR ou lettre remise contre récépissé (c. trav. art. L. 1225-48, L. 1225-51 et R. 1225-13).

Durée du congé (naissances multiples) - En cas de naissances multiples, le congé parental d'éducation peut être prolongé jusqu'à l'entrée à l'école maternelle des enfants (c. trav. art. L. 1225-48). Par ailleurs, pour les naissances multiples d'au moins 3 enfants (triplés, quadruplés, etc.) ou les arrivées simultanées d'au moins 3 enfants adoptés ou confiés en vue d'adoption, le congé peut être prolongé cinq fois (et non pas deux) pour prendre fin au plus tard au 6e anniversaire des enfants (c. trav. art. L. 1225-48).

Congé écourté - La durée du congé peut être écourtée en cas de décès de l'enfant ou de diminution importante des ressources du ménage. Le salarié peut également reprendre son activité, mais à temps partiel, dans la limite de la durée de son activité initiale (c. trav. art. L. 1225-52). Il doit prouver que la diminution importante de ressources est réelle au moment de sa demande (cass. soc. 29 janvier 2008, n° 06-44751 D). Il adresse une demande motivée à l'employeur 1 mois au moins avant la date à laquelle il entend bénéficier de ces dispositions, par LRAR ou lettre remise contre récépissé (c. trav. art. L. 1225-52 et R. 1225-13).

Congé allongé - En cas de maladie, d'accident ou de handicap graves de l'enfant, le congé parental prend fin au plus tard 1 année après les dates limites définies ci-dessus (c. trav. art. L. 1225-49). La gravité de la maladie ou de l'accident est constatée par un certificat médical qui atteste également que l'état de l'enfant rend nécessaire la présence d'une personne auprès de lui pendant une période déterminée. Quant au handicap grave de l'enfant, il est établi dès lors que ce handicap ouvre droit à l'allocation d'éducation de l'enfant handicapé (c. trav. art. R. 1225-12 ; c. séc. soc. art. L. 541-1).

▶ À noter… L'employeur et le salarié peuvent, par accord, prolonger la durée du congé parental d'éducation au-delà du 3e anniversaire de l'enfant (cass. soc. 11 février 2004, n° 01-43574, BC V n° 47). Dans cette situation, le salarié ne peut mettre unilatéralement un terme à la prolongation du congé parental. Une reprise prématurée du travail n'est possible qu'avec l'accord de l'employeur.

Incidences sur le contrat de travail

Suspension du contrat de travail - Le congé parental suspend le contrat de travail (c. trav. art. L. 1225-47).

Congés payés - Le congé parental n'est pas assimilé à une période de travail effectif ouvrant droit à *congés payés**, sauf dispositions conventionnelles ou contractuelles ou encore usages plus favorables (c. trav. art. L. 3141-5).

Cette disposition du droit français est conforme au droit de l'Union européenne (CJUE, 4 octobre 2018, aff. C- 12/17).

Ancienneté - La durée du congé parental est prise en compte, pour moitié, pour la détermination des avantages liés à l'ancienneté (c. trav. art. L. 1225-54). En conséquence, en cas de licenciement, l'ancienneté correspondant à ce congé parental doit être intégrée dans la base de calcul de l'indemnité conventionnelle de licenciement (cass. soc. 23 juin 2010, n° 08-44587 D).

Amiante - Les périodes de congé parental d'éducation ne peuvent pas être comptabilisées dans le calcul de la durée du travail entrant en compte pour l'attribution de l'allocation de cessation anticipée d'activité des travailleurs de l'amiante, l'intéressée n'étant pas exposée professionnellement à l'amiante pendant ces périodes (cass. civ., 2e ch., 18 septembre 2014, n° 13-20081 D).

Rémunération - Le congé parental d'éducation n'est pas rémunéré, sauf dispositions conventionnelles, contractuelles ou usages plus favorables. Mais le salarié peut percevoir, à titre de revenus, les droits qu'il a capitalisés dans le cadre d'un *compte épargne-temps**.

En l'absence de rémunération du salarié, l'établissement d'un bulletin de paie n'est pas nécessaire (rép. Masson, JO 5 mai 2005, Sén. quest. p. 1302).

Le salarié peut, sous certaines conditions, prétendre à une indemnité versée par la caisse d'allocations familiales : la prestation partagée d'éducation de l'enfant [voir *Prestations familiales (enfance)**].

Formation professionnelle - Au cours du congé parental d'éducation, le salarié a le droit de suivre, à son initiative, un bilan de compétences. Pendant cette période, il n'est pas rémunéré, mais il bénéficie de la législation de sécurité sociale relative à la protection en matière d'accidents du travail et de maladies professionnelles prévue pour les stagiaires de la formation professionnelle (c. trav. art. L. 1225-56).

La période d'absence du salarié en congé parental d'éducation est prise en compte pour le calcul de la durée du travail effectuée inscrite dans le cadre du *compte personnel de formation** (c. trav. art. L. 6323-12).

Cotisations de retraite complémentaire - Le salarié a la possibilité, dans le cadre d'un accord conclu au sein de l'entreprise, de verser des cotisations de retraite complémentaire avec inscription de points en cas de congé parental d'éducation, ces cotisations étant alors calculées comme s'il avait poursuivi son activité dans des conditions normales. Ce versement de cotisations intervient en principe pendant toute la durée du congé mais peut être limité à une certaine durée, fixée au minimum à 6 mois (sauf congé plus court par nature), par l'accord d'entreprise (ANI AGIRC-ARRCO du 17 novembre 2017, art. 78 ; c. séc. soc. art. L. 241-3-1).

Aucune activité pendant le congé - Pendant le congé parental, le salarié ne peut exercer aucune activité si ce n'est celle d'assistant maternel (c. trav. art. L. 1225-53).

Licenciement pour un motif indépendant du congé - L'employeur peut prononcer la rupture du contrat pour un motif indépendant du congé parental (ex. : motif économique), même pendant la suspension du contrat de travail. Il n'est pas tenu d'attendre le terme du congé pour prononcer la rupture de ce contrat, contrairement aux règles applicables en cas de congé maternité (cass. soc. 12 février 1997, n° 93-42510, BC V n° 59).

▶ Attention... L'inobservation par l'employeur des dispositions relatives au congé parental d'éducation peut donner lieu à l'attribution de dommages et intérêts au profit du bénéficiaire, en plus de l'indemnité de licenciement. Lorsque le licenciement est nul, l'employeur verse le montant du salaire qui aurait été perçu pendant la période couverte par la nullité (c. trav. art. L. 1225-71).

Par ailleurs, l'employeur encourt une amende de 5e classe (c. trav. art. R. 1227-5). Et toute convention contraire aux dispositions du code du travail relatives au congé parental d'éducation est nulle de plein droit (c. trav. art. L. 1225-70).

En principe, le salarié en congé parental ne peut pas prétendre à l'indemnité compensatrice de préavis si ce congé et la période de préavis se superposent (cass. soc. 9 mars 1989, n° 86-45457, BC V n° 117). En effet, sauf disposition conventionnelle contraire (cass. soc. 11 février 2004, n° 01-42976, BC V n° 51), le salarié n'a pas droit à l'indemnité compensatrice de préavis lorsqu'il n'est pas en mesure de l'accomplir (cass. soc. 23 novembre 2005, n° 04-47653, BC V n° 335).

Protection de la salariée enceinte pendant le congé parental - Lorsqu'une grossesse survient durant le congé parental d'éducation d'une salariée, le bénéfice de ce congé ne fait pas obstacle aux règles protectrices de la maternité. En cas de chevauchement d'un congé parental d'éducation et d'un congé de maternité, la protection attachée à ce dernier prime (cass. soc. 11 février 2004, n° 01-43574, BC V n° 47) [voir *Maternité (congé de)** et *Maternité (protection)**].

Conclusion d'une rupture conventionnelle - L'employeur peut conclure une *rupture conventionnelle** avec un salarié dont le contrat de travail est suspendu pour cause de congé parental d'éducation (c. trav. art. L. 1237-11 ; circ. DGT 2009-4 du 17 mars 2009), à condition que le consentement du salarié soit libre et éclairé (cass. soc. 30 septembre 2013, n° 12-19711 D).

Couverture sociale des bénéficiaires

Dans le cadre de la *protection universelle maladie**, les salariés en congé parental à temps plein bénéficient du maintien de leurs droits à la prise en charge de leurs frais de santé en cas de maladie ou de maternité pendant toute la durée du congé (c. séc. soc. art. L. 160-1).

En cas de reprise du travail à l'issue du congé parental, ils peuvent bénéficier pendant 12 mois d'indemnités journalières maladie-maternité et invalidité-décès en fonction des droits qui leur étaient ouverts avant le début du congé (voir *Indemnités journalières de sécurité sociale de maladie** et *Indemnités journalières de sécurité sociale de maternité**) (c. séc. soc. art. L. 161-9 et D. 161-2).

En cas de non-reprise du travail à l'issue du congé parental d'éducation, en raison d'une maladie ou d'une nouvelle maternité, les personnes retrouvent également leurs droits aux indemnités journalières maladie-maternité pendant la durée de l'arrêt de travail pour cause de maladie ou du congé légal de maternité postérieur au congé parental (c. séc. soc. art. L. 161-9 al. 2).

Pour refuser de verser des indemnités journalières maternité à l'issue d'un congé parental, une caisse primaire d'assurance maladie ne peut retenir la carence de la salariée à produire l'autorisation de son employeur à la prise de ce congé, la législation ne prévoyant que son information préalable (cass. civ., 2e ch., 10 juillet 2014, n° 13-20372, BC II n° 169).

En matière de retraite, la durée effective du congé parental est prise en compte dans le décompte des trimestres d'assurance servant au calcul de la pension [voir *Retraite de base (calcul de la pension)**]. Toutefois, les trimestres décomptés au titre du congé parental ne se cumulent pas avec ceux obtenus au titre de la majoration pour enfant. Seul est retenu le nombre de trimestres le plus élevé au titre de l'une ou l'autre de ces majorations (circ. CNAV 2012-17 du 14 février 2012).

▶ À noter… La *prime d'activité** n'est pas attribuée si l'intéressé est en congé parental d'éducation, sauf s'il perçoit des revenus professionnels (c. séc. soc. art. L. 842-2).

Réintégration du salarié à l'issue du congé

Réintégration dans le précédent emploi - En principe, à l'issue d'un congé parental d'éducation, le salarié doit retrouver son précédent emploi ou, si celui-ci n'est pas disponible, un emploi similaire assorti d'une rémunération au moins équivalente (c. trav. art. L. 1225-55 ; cass. soc. 27 octobre 1993, n° 90-40226, BC V n° 253).

▶ À noter… Une directive européenne relative au congé parental d'éducation, adoptée le 8.03.2010, aurait dû être transposée en droit français, au 8.03.2012 au plus tard (directive 2010/18/UE, 8 mars 2010 JOUE du 18). Si la législation en France est conforme à la plupart des dispositions de ce texte européen, il est toutefois nécessaire d'en adopter de nouvelles telles que, par exemple, le droit à un aménagement d'horaire ou du rythme de travail au retour du bénéficiaire d'un congé parental d'éducation pendant une durée déterminée.

La notion d'emploi similaire est liée notamment à la qualification du salarié et à son expérience professionnelle. En outre, si le salarié exerce plusieurs fonctions, la similarité de poste s'apprécie au regard de ce que constitue sa fonction principale (cass. soc. 12 mars 2002, n° 99-43138, BC V n° 92).

Exemples

Une salariée qui était employée en qualité de lingère avant son départ en congé ne peut pas se voir proposer un emploi de garde-malade à son retour (cass. soc. 26 mars 2002, n° 98-45176, BC V n° 109).

De même, une salariée engagée en qualité de caissière-gondolière ne peut être affectée à un poste de gondolière excluant toute activité de caisse (cass. soc. 12 mars 2002, n° 99-43138, BC V n° 92).

Par ailleurs, lorsque le poste de travail antérieur d'une salariée n'existe plus, ne peut être considéré comme similaire le nouveau poste proposé dès lors qu'il comporte des fonctions moins valorisantes que les précédentes, qu'il ne correspond pas à sa classification conventionnelle et que la salariée doit exercer son activité sous le contrôle d'une personne d'un statut inférieur au sien (cass. soc. 17 mars 2010, n° 08-44127 D). Il n'y a pas non plus « emploi similaire » lorsqu'une salariée, qui était, avant son congé parental, responsable d'un département comprenant quatre services, se retrouve, à son retour, en charge d'un seul service (cass. soc. 20 décembre 2006, n° 05-43964 D) ou lorsqu'on lui propose un nouvel emploi d'aide-laboratoire emportant une perte de points d'indice et de revenus (cass. soc. 19 janvier 2012, n° 10-10863 D).

Par ailleurs, l'employeur ne peut fonder un licenciement sur l'engagement d'un salarié à démissionner à l'issue de son congé parental d'éducation lorsque cet engagement a été pris avant le commencement de ce congé et ne peut considérer que ce salarié a renoncé à l'avance à se prévaloir du droit de retrouver son précédent emploi ou un emploi similaire. Toute transaction fondée sur ce principe est nulle également (cass. soc. 22 octobre 2015, n° 14-15768/14-16350 D).

Inapplicabilité d'une clause de mobilité - La réintégration du salarié rentrant de congé parental doit se faire en priorité sur son précédent emploi (c. trav. art. L. 1225-55). L'application d'une *clause de mobilité** inscrite dans le contrat de travail du salarié ne peut pas faire échec à cette obligation légale quand le précédent emploi est disponible (cass. soc. 19 juin 2013, n° 12-12758, BC V n° 157).

Sanction en cas de non-réintégration dans l'emploi précédent - Quand l'emploi précédent est disponible et que l'employeur n'y réintègre pas le salarié, ce dernier peut prendre acte de la rupture de son contrat de travail sachant que cette *prise d'acte de la rupture** a les effets d'un licenciement sans cause réelle et sérieuse (cass. soc. 19 juin 2013, n° 12-12758, BC V n° 157).

▶ À noter... L'employeur qui ne propose pas à un salarié de poste similaire au précédent poste occupé peut être condamné en référé à le réintégrer dans un tel poste, sous astreinte (ex. : de 200 € par jour de retard) (CA Paris, Pôle 6, ch. 2, du 12 janvier 2012, n° 11/02972).

L'employeur qui licencierait le salarié au motif de son refus d'autres postes que celui qu'il occupait avant de partir en congé parental, alors que son poste précédent est toujours disponible, s'expose à verser les indemnités pour *licenciement sans cause réelle et sérieuse** (cass. soc. 27 octobre 1993, n° 90-40226, BC V n° 253).

Enfin, un employeur qui affecte un travailleur à l'issue de son congé parental sur un autre poste de travail, sans justifier être dans l'impossibilité de lui faire retrouver son précédent poste et sans lui proposer un travail similaire ou équivalent, ne peut ensuite le licencier en raison de la suppression de ce nouveau poste, en particulier s'il savait, en proposant ce poste, qu'il était susceptible d'être supprimé (CJUE, 20 juin 2013, aff. C-7/12).

Tout salarié peut obtenir la condamnation de son employeur ayant manqué à son obligation légale de réemploi au versement de dommages-intérêts pour exécution déloyale du contrat de travail (c. trav. art. L. 1222-1).

La salariée non réintégrée a également le droit d'obtenir réparation sur le fondement d'une discrimination liée à sa grossesse (c. trav. art. L. 1132-1). En effet, « eu égard au nombre considérablement plus élevé de femmes que d'hommes qui choisissent de bénéficier d'un congé parental, la décision de l'employeur de ne confier à la salariée, au retour de son congé parental, que des tâches d'administration et de secrétariat sans rapport avec ses fonctions antérieures de comptable » est susceptible de constituer une discrimination indirecte en raison du sexe, à charge pour l'employeur de rapporter la preuve contraire (cass. soc. 14 novembre 2019, n° 18-15682 FSPB).

Cas d'un passage à temps partiel à l'issue d'un congé parental total - Si un salarié, après avoir effectué une première partie de son congé parental sous forme de congé total, décide de le renouveler sous forme d'un passage à temps partiel comme la loi le lui permet (c. trav. art. L. 1225-51), l'employeur doit lui proposer l'emploi précédemment occupé. Il ne peut s'en dispenser que s'il démontre que l'emploi occupé avant le congé parental n'est plus disponible ou, s'il l'est au moment où la salariée a fait sa demande de reprise de son activité à temps partiel, qu'il est incompatible avec une réduction de durée du travail. À défaut, le refus du salarié de se voir imposer la reprise d'activité à temps partiel dans un autre emploi n'est pas fautif et le licenciement est sans cause réelle et sérieuse (cass. soc. 10 décembre 2014, n° 13-22135, BC V n° 285).

Formation dans certains cas - Le salarié réintégré bénéficie, notamment en cas de changement de techniques ou de méthodes de travail, d'une action de formation professionnelle et d'un bilan de compétences (c. trav. art. L. 1225-58 et L. 1225-59).

La formation proposée à l'issue du congé parental doit être adaptée, c'est-à-dire correspondre au précédent emploi ou à l'emploi équivalent dans lequel le salarié est réintégré. On ne peut pas proposer, par exemple, une formation de guichetière à une salariée qui était conseillère financière chargée d'agence avant de partir en congé (cass. soc. 11 mars 2009, n° 07-41821, BC V n° 72).

Le licenciement prononcé pour insuffisance professionnelle alors que le salarié n'a pas bénéficié de cette formation à l'issue d'un congé parental d'éducation n'est pas nul car le droit à la formation ne peut être considéré comme une liberté fondamentale des salariés dont la violation entraîne la nullité du licenciement (cass. soc. 5 mars 2014, n° 11-14426, BC V n° 69). À notre sens, il pourrait être jugé sans cause réelle et sérieuse (voir *Licenciement non disciplinaire**).

▶ À noter... Les juges vérifient si l'employeur a rempli son obligation de formation avant de se prononcer sur un licenciement pour insuffisance professionnelle (cass. soc. 29 octobre 2002, n° 00-40630 D).

Par ailleurs, le manquement de l'employeur à son obligation de formation à l'issue d'un congé parental d'éducation ne constitue pas, à lui seul, une discrimination illicite (cass. soc. 5 mars 2014, n° 12-27701, BC V n° 67).

Entretien avec l'employeur - Le salarié qui reprend son activité initiale à l'issue d'un congé parental a droit à un *entretien professionnel**, qui doit systématiquement lui être proposé à l'issue de son congé. L'entretien est, en principe, organisé à la fin du congé. Toutefois, à la demande du salarié, il peut avoir lieu avant la fin du congé. Au cours de cet entretien, l'employeur et le salarié organisent le retour à l'emploi du salarié. Ils déterminent les besoins de formation du salarié et examinent les conséquences éventuelles du congé sur sa rémunération et l'évolution de sa carrière. Cet entretien donne lieu à la rédaction d'un document dont une copie est remise au salarié (c. trav. art. L. 1225-57 et L. 6315-1).

Passage à temps partiel

Conditions et durée - Pendant la période qui suit un congé de maternité ou d'adoption, le père ou la mère peut choisir de travailler à temps partiel pour une durée hebdomadaire qui ne peut être inférieure à 16 h (c. trav. art. L. 1225-47) (voir *Travail à temps partiel**).

Ce droit est ouvert aux salariés ayant au moins 1 an d'ancienneté au jour de la naissance ou de l'arrivée au foyer de l'enfant (c. trav. art. L. 1225-47).

La durée initiale de la période de travail à temps partiel est de 1 an maximum. Elle peut être renouvelée deux fois, mais prend fin au plus tard aux 3 ans de l'enfant ou, en cas d'adoption d'un enfant de moins de 3 ans, 3 ans après son arrivée au foyer. Si l'enfant adopté a plus de 3 ans et moins de 16 ans, le parent peut également choisir de travailler à temps partiel mais pour une durée de 1 an au maximum (c. trav. art. L. 1225-48).

En cas de maladie, d'accident ou de handicap graves, la fin de la période d'activité à temps partiel peut être reportée au 4e anniversaire de l'enfant ou 4 ans après l'arrivée au foyer en cas d'adoption d'un enfant de moins de 3 ans (c. trav. art. L. 1225-49).

À l'occasion des renouvellements, le salarié peut transformer sa période de travail à temps partiel en congé parental total (c. trav. art. L. 1225-51).

En cas de décès de l'enfant ou de diminution importante des ressources du ménage, le salarié peut, sans attendre, reprendre son activité initiale ou prendre une activité réduite sous un horaire différent avec l'accord de son employeur (c. trav. art. L. 1225-52).

Formalités et délai de prévenance - Le salarié doit informer son employeur de son intention de travailler à temps partiel par LRAR (ou par lettre remise en main propre contre décharge) dans le délai de (c. trav. art. L. 1225-50 et R. 1225-13) :

- 1 mois avant le terme du congé de maternité ou d'adoption, lorsque le travail à temps partiel y fait suite immédiatement ;
- 2 mois au moins avant le début du travail à temps partiel, si celui-ci n'est pas pris immédiatement à l'issue du congé de maternité ou d'adoption.

Le salarié doit indiquer le point de départ et la durée pendant laquelle il souhaite bénéficier de cette mesure (c. trav. art. L. 1225-50).

Lorsque le salarié entend prolonger ou modifier sa période d'activité à temps partiel en congé parental total, il en avertit l'employeur au moins 1 mois avant le terme initialement prévu (c. trav. art. L. 1225-51).

▶ Attention... Pendant la période d'activité à temps partiel ou à l'occasion de la prolongation de celle-ci, le salarié ne peut pas modifier la durée du travail initialement choisie, sauf accord de l'employeur ou lorsqu'un accord collectif le prévoit (c. trav. art. L. 1225-51).

En cas de décès de l'enfant ou de diminution importante des ressources du ménage, le salarié qui veut reprendre son activité initiale ou prendre une activité réduite sous un horaire différent doit adresser une demande motivée à l'employeur 1 mois au moins avant la date à laquelle il entend le faire (c. trav. art. L. 1225-52).

Fixation de l'horaire de travail - Si l'employeur et le salarié ne parviennent pas à se mettre d'accord, il revient à l'employeur de fixer les horaires de travail de l'intéressé (cass. soc. 4 juin 2002, n° 00-42262, BC V n° 189). Le salarié n'est donc pas libre de choisir ses nouveaux horaires.

En conséquence, en l'absence d'abus de droit de la part de l'employeur, le refus du salarié de se conformer à ces horaires constitue, compte tenu des circonstances, une cause réelle et sérieuse de licenciement (cass. soc. 23 septembre 2009, n° 08-41641 D).

En revanche, le refus du salarié d'accepter les horaires proposés n'est pas constitutif d'une faute grave dès lors que la proposition de l'employeur s'avère incompatible avec des obligations familiales impérieuses. Il appartient au salarié d'apporter la preuve des contraintes qui lui sont imposées et justifiant son refus (cass. soc. 1er avril 2003, n° 00-41873, BC V n° 125).

Ancienneté et congés payés - En cas de passage à temps partiel, le salarié acquiert normalement son ancienneté et ses congés payés.

Rémunération - Le salarié est rémunéré normalement pour son activité à temps partiel. En parallèle, il peut prétendre, sous certaines conditions, à une indemnisation versée par la caisse d'allocations familiales : la prestation partagée d'éducation de l'enfant [voir *Prestations familiales (enfance)**].

Formation professionnelle - Au cours d'une période d'activité à temps partiel pour élever un enfant, le salarié a le droit de suivre, à son initiative, un bilan de compétences. Cette période de bilan de compétences n'est pas rémunérée, mais le salarié bénéficie de la législation de sécurité sociale relative à la protection en matière d'accidents du travail et de maladies professionnelles prévue pour les stagiaires de la formation professionnelle (c. trav. art. L. 1225-56).

Droits à la reprise à temps complet - À l'issue de la période d'activité à temps partiel, le salarié retrouve son emploi précédent ou un emploi similaire assorti d'une rémunération équivalente, ceci sous peine, pour l'employeur, des sanctions prévues en cas de rupture abusive du contrat (c. trav. art. L. 1225-55 et L. 1225-71).

Le salarié a droit, notamment en cas de changement de techniques ou de méthodes de travail, à une action de formation professionnelle. Il peut également bénéficier de ce droit avant la fin de la période d'activité à temps partiel, mais dans ce cas, il est mis fin à cette période de temps partiel (c. trav. art. L. 1225-59).

Enfin, le salarié a droit à l'*entretien professionnel** suivant les mêmes modalités qu'un salarié qui reprend le travail après un congé parental *(voir ci-avant)* (c. trav. art. L. 1225-57).

Indemnité de licenciement du salarié en congé à temps partiel - Lorsqu'un salarié embauché à temps plein est licencié pendant son congé parental d'éducation à temps partiel, son indemnité de licenciement est calculée en tout ou partie sur la base de sa rémunération à temps partiel (c. trav. art. L. 3123-5).

Pour la Cour de justice de l'Union européenne, ces dispositions du code du travail sont incompatibles avec l'accord-cadre européen sur le congé parental, dans la mesure où leur application conduit le salarié en congé parental à temps partiel à voir le montant de son indemnité de licenciement réduit. Elle a posé pour principe que l'indemnité versée au salarié embauché à temps plein et licencié pendant son congé parental à temps partiel doit être déterminée entièrement sur la base de la rémunération correspondant à son temps plein (cass. soc. 11 juillet 2018, n° 16-27825 FSPB ; CJUE, 8 mai 2019, aff. C-486/18).

La Cour de cassation a tiré les conséquences de cet arrêt de la CJUE en reconnaissant que les dispositions du code du travail instaurent une discrimination indirecte au détriment des salariés ayant bénéficié d'un congé parental à temps partiel. Elle a ainsi décidé qu'une salariée à temps plein qui passe à temps partiel dans le cadre d'un congé parental d'éducation doit bénéficier d'une indemnité de licenciement calculée sur la base de sa rémunération à temps plein (cass. soc. 18 mars 2020, n° 16-27825 FPB). Les juges du fond ne peuvent donc pas déterminer le montant de l'indemnité de licenciement en se fondant sur la rémunération au titre d'un temps partiel et doivent rechercher si, à la date à laquelle la salariée a bénéficié d'un congé parental à temps partiel, celle-ci n'était pas engagée dans le cadre d'un contrat de travail à temps plein (cass. soc. 14 avril 2021, n° 19-21508 D).

☞ *Adoption ; Maternité (congé de) ; Prestations familiales (enfance).*

Congé de participation aux instances d'emploi et de formation ou à un jury d'examen

Autorisations d'absence

Participation aux réunions de certaines instances - Lorsqu'un salarié est désigné pour siéger dans une commission, un conseil, un comité administratif ou paritaire ou une instance de gestion traitant des problèmes d'emploi et de formation, l'employeur lui accorde le temps nécessaire pour participer aux réunions de ces instances (c. trav. art. L. 3142-42).

▶ À noter… La liste de ces instances est fixée par arrêté (arrêté du 15 juin 2021, JO du 18 juin 2021, actualisant l'arrêté du 20 mai 1980).

Les suppléants bénéficient des mêmes autorisations d'absence lorsque leur présence est prévue par les statuts ou règlements intérieurs des instances visées ci-avant.

Participation à un jury d'examen ou de VAE - Lorsqu'un salarié est désigné pour participer à un jury d'examen ou de *validation des acquis de l'expérience** (VAE), l'employeur lui accorde une autorisation d'absence pour participer à ce jury (c. trav. art. L. 3142-42).

Préavis de demande - Les délais dans lesquels le salarié adresse sa demande de congé sont déterminés par des dispositions conventionnelles sachant que, dans cette situation la convention ou l'accord collectif d'entreprise prime sur la convention ou l'accord de branche (c. trav. art. L. 3142-46 et L. 3142-47).

À défaut de dispositions conventionnelles, le salarié informe l'employeur de sa volonté de bénéficier de ce congé, par tout moyen donnant date certaine, dans un délai au moins égal à 15 jours calendaires avant le début de la session ou de sa participation à l'instance d'emploi et de formation professionnelle. Il joint à sa demande une copie de la convocation à participer à un jury d'examen ou de VAE ou à une instance d'emploi et de formation professionnelle (c. trav. art. D. 3142-32).

Refus de l'employeur

L'employeur peut refuser le congé s'il estime que cette absence est susceptible d'avoir des conséquences préjudiciables à la bonne marche de l'entreprise et ce, après avis du *comité social et économique**, s'il existe. Son refus doit être motivé et notifié au salarié, par tout moyen donnant date certaine (c. trav. art. L. 3142-45 et R. 3142-30).

Le salarié peut contester ce refus devant le conseil de prud'hommes, statuant selon la procédure accélérée au fond et en dernier ressort (c. trav. art. R. 3142-31) [voir *Conseil de prud'hommes (référé prud'homal)**].

Effets sur le contrat de travail

L'employeur doit maintenir la rémunération du salarié qui participe aux instances et aux jurys mentionnés ci-avant et rembourser les frais de déplacement.

La durée des congés correspondants ne peut être imputée sur celle du congé payé annuel (c. trav. art. L. 3142-43), mais l'employeur n'est pas tenu d'assimiler ces temps d'activité à du *temps de travail effectif**.

Les dépenses liées au maintien de salaire et aux frais de déplacement du salarié sont ensuite remboursées à l'employeur par l'administration compétente mais les organismes paritaires, où le salarié a siégé, peuvent aussi décider d'en financer tout ou partie (c. trav. art. L. 3142-44 et L. 6331-1 ; décret 1979-251 du 27 mars 1979, JO du 30).

Congé de paternité et d'accueil de l'enfant

Le congé de paternité et d'accueil de l'enfant a été modifié depuis le 1.07.2021 (durée augmentée, congé partiellement obligatoire, délai de prise de congé, formalités, etc.).

Ces changements s'appliquent aux enfants nés depuis cette date ainsi qu'aux enfants nés avant cette date, mais dont la naissance était supposée intervenir à compter de cette date (loi 2020-1576 du 14 décembre 2020, art. 73, IV, JO du 15 ; décret 2021-574 du 10 mai 2021, JO du 12 ; circ. CNAM 14/2021 du 1er juillet 2021 et circ. CNAM 15/2021 du 1er juillet 2021).

Nous exposons ces nouvelles règles dans cette étude (sur les anciennes règles, nos lecteurs peuvent se reporter au Dictionnaire Social 2021).

Bénéficiaires

Salariés - Peuvent bénéficier du congé (c. trav. art. L. 1225-35) :
- le père salarié ;
- le conjoint ou concubin salarié de la mère ;
- la personne salariée liée à la mère par un pacte civil de solidarité (Pacs).

Le congé est attribué au salarié après la naissance de l'enfant, sans condition d'ancienneté et ce, même s'il s'agit d'un enfant mort-né (c. trav. art. L. 1225-35 ; arrêté du 3 mai 2013, JO du 23).

Le congé de paternité peut être cumulé avec le *congé de deuil** en cas de décès de l'enfant (c. trav. art. L. 3142-1-1) lorsque l'enfant est né mort mais viable, ou décède après la naissance alors qu'il avait atteint le seuil de viabilité défini par l'Organisation Mondiale de la Santé, soit une naissance après 22 semaines d'aménorrhées ou un poids du fœtus de 500 grammes. Les deux congés peuvent donc être pris, mais ils ne peuvent pas être cumulés sur la même période (circ. CNAM 14/2021 du 1er juillet 2021).

Sur le congé dont bénéficie un salarié adoptant, voir *Adoption**.

▶ Attention… Toute convention contraire à ces dispositions est nulle, à savoir inapplicable. De plus, l'inobservation par l'employeur de ces dispositions peut donner lieu, au profit du salarié, à l'attribution d'une indemnité déterminée conformément aux règles applicables à un *licenciement nul** (c. trav. art. L. 1235-3-1, L. 1225-70 et L. 1225-71).

Autres bénéficiaires - Peuvent également bénéficier d'un congé paternité et d'accueil de l'enfant dans les conditions prévues pour les salariés, les :
- demandeurs d'emploi (c. séc. soc. art. L. 311-5) ;
- stagiaires en entreprise (c. éduc. art. L. 124-13) ;
- stagiaires de la formation professionnelle, ceux-ci étant obligatoirement affiliés à un régime de protection sociale (c. séc. soc. art. L. 311-5, R. 373-1 et R. 373-2).

▶ À noter… Les travailleurs indépendants et les collaborateurs des professions libérales bénéficient aussi du congé paternité (loi 2020-1576 du 14 décembre 2020, art. 73 ; décret 2021-574 du 10 mai 2021 ; loi 2005-882 du 2 août 2005, art. 18, III bis, al. 2, modifié par loi 2021-1754 du 23 décembre 2021, JO du 24).

Autorisation d'absence pour se rendre aux examens médicaux obligatoires liés à la grossesse - Voir *Congés familiaux**.

Prise du congé

Délai de prise du congé - Le congé est pris dans un délai de 6 mois à compter de la naissance de l'enfant (c. trav. art. D. 1225-8). Toutefois la première période de congé paternité (de 4 jours) doit être prise immédiatement après le congé de naissance qui commence immédiatement après la naissance de l'enfant (sauf exception, *voir ci-dessous*).

Report du congé - Le congé peut être reporté au-delà de ces 6 mois :
- en cas d'hospitalisation de l'enfant, le congé de paternité doit être pris dans les 6 mois qui suivent la fin de l'hospitalisation de l'enfant (circ. CNAM 15/2021 du 1er juillet 2021) ;
- en cas de décès de la mère, le congé de paternité peut être pris dans les 6 mois qui suivent la fin du congé accordé au père en cas de décès de la mère [voir *Maternité (congé de)**] (c. trav. art. L. 1225-28).

En cas de décès de la mère lorsque le père de l'enfant n'exerce pas son droit à congé, le bénéfice de celui-ci est accordé au conjoint salarié de la mère ou à la personne liée à elle par un Pacs ou vivant maritalement avec elle (c. trav. art. L. 1225-28).

En cas de report au-delà du délai de 6 mois, non prévu légalement, le salarié perd son droit à indemnités journalières (IJ). Un report du congé pour un autre motif, même en cas de force majeure (ex. : importants problèmes de planning suite à un manque de personnel dans l'entreprise), n'ouvre donc pas droit aux IJ (cass. civ., 2e ch., 10 novembre 2009, n° 08-19510, BC V n° 265).

Durée du congé - Le congé de paternité et d'accueil de l'enfant est de 25 jours calendaires.

En cas de naissances multiples, le congé est fixé à 32 jours calendaires (c. trav. art. L. 1225-35).

Il est composé de deux périodes.

Première période. La première période obligatoire, qui est associée à une interdiction d'emploi, correspond à 4 jours de congé consécutifs et faisant immédiatement suite au congé de naissance (qui est de 3 jours, sauf durée plus élevée fixée notamment par accord collectif ; voir *Congé pour événement familial**) (c. trav. art. L. 1225-35 et L. 3142-4).

Le congé de naissance doit être pris, au choix du salarié, le jour de la naissance de l'enfant ou le premier jour ouvrable qui suit (c. trav. art. L. 3142-4).

Si la naissance de l'enfant intervient alors que le salarié est en congés payés ou en congé pour évènement familial, l'interdiction d'emploi débute à l'issue de la période de congé. Dans ces conditions, le congé de naissance et la première période de congé de paternité et d'accueil de l'enfant sont décalés d'autant par rapport à la date de naissance ou au jour ouvrable qui suit (circ. CNAM 14/2021 du 1er juillet 2021).

Au total, il y a donc 7 jours obligatoires de congé correspondant au congé de naissance et au congé de paternité. Toutefois, la période de 4 jours ne s'appliquera pas aux salariés ne remplissant pas les conditions d'ouverture du droit aux IJSS de paternité *(voir ci-dessous)*.

La période de 4 jours peut être prolongée à la demande du salarié en cas d'hospitalisation de l'enfant immédiatement après la naissance, dans une unité de soins spécialisée, pendant la période d'hospitalisation mais dans la limite maximale de 30 jours consécutifs (c. trav. art. L. 1225-35 et D. 1225-8-1 ; circ. CNAM 15/2021 du 1er juillet 2021). Le salarié en informe son employeur sans délai en transmettant un document justifiant de l'hospitalisation (c. trav. art. D. 1225-8-1).

Seconde période. La seconde période de congé de paternité (solde de 21 jours ou de 28 jours en cas de naissances multiples) peut être prise à la suite ou plus tard, le cas échéant en la fractionnant en deux périodes d'une durée minimale de 5 jours chacune (c. trav. art. D. 1225-8).

Interdiction d'emploi pour l'employeur - L'employeur a l'interdiction d'employer le salarié pendant le congé de naissance de 3 jours et le congé de paternité de 4 jours qui lui fait immédiatement suite, soit une période d'interdiction totale de 7 jours et ce, même lorsque l'intéressé ne respecte pas le délai de prévenance (c. trav. art. L. 1225-35-1).

Si la naissance de l'enfant intervient alors que le salarié a pris des congés payés ou un congé pour un autre événement familial, l'interdiction d'emploi débute à l'issue de cette période de congés (c. trav. art. L. 1225-35-1).

L'interdiction d'emploi correspondant aux 4 jours obligatoires de congé de paternité ne s'applique pas :

- aux salariés ne remplissant pas les conditions d'ouverture du droit aux IJSS de paternité. Dans ce cas, le salarié reste libre d'utiliser ou pas son droit à congé de paternité, la loi lui reconnaissant le droit de ne pas prendre ces 4 jours de congé de paternité (c. trav. art. L. 1225-35-1) ;
- pendant la prolongation éventuelle lorsque l'état de santé de l'enfant nécessite son hospitalisation immédiate après la naissance dans une unité de soins spécialisée *(voir ci-avant)* ;
- si le salarié n'informe pas son employeur de la naissance de l'enfant (circ. CNAM 14/2021 du 1er juillet 2021).

Formalités - Le salarié doit informer son employeur (c. trav. art. L. 1225-35 et D. 1225-8) :

- de la date prévisionnelle de l'accouchement au moins 1 mois avant celle-ci ;
- des dates de prise et des durées de la ou des périodes de congés (en cas de fractionnement) au moins 1 mois avant le début de chacune des périodes.

En cas de naissance de l'enfant avant la date prévisionnelle d'accouchement et lorsque le salarié souhaite débuter la ou les périodes de congé au cours du mois suivant la naissance, il en informe sans délai son employeur (c. trav. art. D. 1225-8).

Congés de paternité et de naissance (*)

	Congé de naissance (pour un salarié bénéficiant de la durée légale)	Congé de paternité et d'accueil de l'enfant
Durée	3 jours ouvrables (1)	25 jours calendaires 32 jours calendaires en cas de naissances multiples
Indemnisation	Paiement intégral par l'employeur	IJSS paternité (2) Le cas échéant, si le contrat de travail, un accord collectif ou un usage le prévoit, indemnisation complémentaire employeur
Fraction obligatoire (interdiction d'emploi)	7 jours (3 jours de congé de naissance puis 4 jours de congé de paternité) (3)	

(*) Hors hospitalisation de l'enfant.
(1) À prendre au choix du salarié à compter du jour de la naissance de l'enfant ou du premier jour ouvrable qui suit. La convention collective peut prévoir une durée de congé supérieure.
(2) Si les conditions d'ouverture du droit sont remplies.
(3) Les 4 jours de congé de paternité et d'accueil de l'enfant ne sont pas obligatoires si le salarié ne peut pas bénéficier des IJSS.

▶ À noter… Aucune forme particulière n'est imposée au salarié pour avertir son employeur. En pratique, pour des questions de preuve, il lui est recommandé de procéder par LRAR ou par lettre remise en main propre contre récépissé.

Par ailleurs, les textes prévoient seulement qu'il fournisse des documents à la CPAM pour percevoir les indemnités journalières (c. séc. soc. art. D. 331-4 ; arrêté du 3 mai 2013, JO du 23, texte 8). À notre sens, l'employeur peut demander les mêmes justificatifs. D'ailleurs, le site Ameli prévoit qu'il donne à l'employeur une copie intégrale de l'acte de naissance de l'enfant et la copie du Pacs ou un certificat de vie commune ou de concubinage datant de moins d'un an (à défaut, une attestation sur l'honneur de vie maritale cosignée par la mère de l'enfant) (https ://www.ameli.fr).

L'employeur informé dans le délai de prévenance imparti ne peut ni refuser la prise de congé, ni en exiger le report, quels que soient les éventuels motifs qu'il estimerait « légitimes » (charge de travail, difficultés d'organisation de l'entreprise, etc.). Aussi, un salarié qui remplit les conditions prévues par le code du travail (en particulier, l'obligation d'informer son employeur) et qui part en congé à la date choisie malgré l'opposition de son employeur, ne commet aucune faute (cass. soc. 31 mai 2012, n° 11-10282, BC V n° 163).

Indemnités journalières

Montant - Une indemnité journalière (IJ) forfaitaire est servie par la caisse primaire d'assurance maladie (CPAM) pendant le congé (c. séc. soc. art. L. 331-8 et D. 331-4). L'indemnité est équivalente aux prestations dues au titre du congé de maternité (voir *Indemnités journalières de sécurité sociale**).

Conditions - Le salarié doit justifier d'une durée d'immatriculation de 10 mois auprès de la CPAM à la date présumée de l'accouchement ou à la date de la prise du congé de paternité et d'accueil de l'enfant.

Pour les salariés ayant droit à ces IJSS, la prise des 4 jours obligatoires de congé de paternité est une condition de l'indemnisation par la sécurité sociale de ce congé (c. séc. soc. art. L. 331-8).

Le bénéficiaire doit attester de la cessation de son activité professionnelle durant ce congé et adresser un certain nombre de justificatifs à la CPAM (c. séc. soc. art. D. 331-4 ; arrêté du 3 mai 2013, JO du 23). Si l'assuré est le père de l'enfant, il doit fournir l'une des pièces suivantes :

- la copie intégrale de l'acte de naissance de l'enfant ;
- ou la copie du livret de famille mis à jour ;
- ou la copie de l'acte de reconnaissance de l'enfant par le père ;
- ou la copie de l'acte d'enfant sans vie et un certificat médical d'accouchement d'un enfant né mort et viable.

Si l'assuré n'est pas le père de l'enfant, il doit fournir les pièces suivantes :

- la copie intégrale de l'acte de naissance de l'enfant (ou de l'acte d'enfant sans vie et un certificat médical d'accouchement d'un enfant né mort et viable) ;
- ainsi qu'un justificatif attestant de son lien avec la mère (extrait d'acte de mariage, copie du pacte civil de solidarité, certificat de vie commune ou de concubinage de moins d'un an ou, à défaut, attestation sur l'honneur de vie maritale cosignée par la mère de l'enfant).

Si l'assuré a droit à la prolongation du congé à la suite de l'hospitalisation du nouveau-né, il doit fournir un bulletin justifiant de l'hospitalisation de l'enfant dans une unité de soins spécialisée et une attestation de cessation de son activité professionnelle pendant la période d'hospitalisation de l'enfant dans la limite de 30 jours (c. séc. soc. art. D. 331-4 et D. 331-6). Le bulletin d'hospitalisation doit être renouvelé tous les 15 jours (circ. CNAM 2019-25 du 31 juillet 2019).

▶ À noter… Le salarié qui a deux employeurs et qui prend un congé paternité auprès de l'un de ces employeurs tout en poursuivant son activité chez l'autre n'a pas droit aux indemnités journalières. La CPAM peut alors réclamer à l'intéressé le remboursement des sommes versées (cass. civ., 2e ch., 17 janvier 2007, n° 06-10372 D).

Non-cumul - Les IJ ne sont pas cumulables avec l'allocation parentale d'éducation, l'allocation de présence parentale, l'indemnité de congés payés ou d'accidents du travail, ni avec l'indemnisation de l'assurance chômage ou du régime de solidarité (c. séc. soc. art. L. 331-8).

En cas de décès de l'enfant - Lorsque l'enfant est né sans vie ou décède à la naissance, les IJ du congé de paternité et d'accueil de l'enfant sont dues si l'enfant avait atteint le seuil de viabilité défini par l'Organisation Mondiale de la Santé (soit une naissance après 22 semaines d'aménorrhées ou un poids du fœtus de 500 grammes) (circ. CNAM 14/2021 du 1er juillet 2021).

En cas de décès de la mère - Lorsque la mère décède entre la naissance de l'enfant et la fin de la période d'indemnisation au titre du régime d'assurance maternité quel que soit le motif du décès (ex. : fait de l'accouchement, accident, maladie), le salarié, père de l'enfant, peut suspendre son contrat de travail pour la durée du congé de maternité qui restait à courir et percevoir les IJSS maternité [voir *Maternité (congé de)**]. Dans ce cas, la période de congé ainsi accordée s'ajoute au congé de paternité, après la première période obligatoire de 4 jours, et avant ou après les périodes suivantes (circ. CNAM 14/2021 du 1er juillet 2021).

Attestation de salaire - Dès le début du congé, l'employeur doit compléter la même attestation que celle prévue pour les arrêts maladie (c. séc. soc. art. R. 323-10 ; imprimé Cerfa 11135*04). Il la transmet via la *déclaration sociale nominative (DSN)**.

▶ Attention… L'employeur qui porte des indications erronées sur les attestations de salaires ayant pour conséquence la majoration du montant des IJ servies encourt des pénalités financières (c. séc. soc. art. L. 114-17-1, R. 147-2, R. 147-5 III, R. 147-7 et R. 147-7-1).

Incidences sur le contrat de travail

Suspension du contrat de travail - Le contrat de travail est suspendu pendant toute la durée du congé de paternité et d'accueil de l'enfant (c. trav. art. L. 1225-35). Le salarié continue à faire partie de l'effectif de l'entreprise. L'employeur n'est pas légalement tenu de verser un complément de salaire, mais une convention collective voire un usage peut imposer un maintien de salaire, sous déduction des IJ. Enfin, le congé est assimilé à du temps de travail effectif pour l'acquisition des congés payés (c. trav. art. L. 3141-5) [voir *Congés payés (acquisition)**] et pour les droits acquis au titre du *compte personnel de formation** (c. trav. art. L. 6323-12).

▶ À noter… Sur la protection du père contre un licenciement, voir *Paternité (protection)**.

Retour de congé - À l'issue de ce congé, le salarié retrouve son précédent emploi, ou un emploi similaire, assorti d'une rémunération au moins équivalente (c. trav. art. L. 1225-36).

☛ *Congés familiaux ; Paternité (protection).*

➲ Formulaire de Droit Social, « Congé de paternité et d'accueil de l'enfant : information de l'employeur » et « Congé de paternité et d'accueil de l'enfant : réponse de l'employeur ».

Congé pathologique

☛ *Maternité (congé de).*

Congé PMA

La salariée bénéficiant d'une assistance médicale à la procréation (PMA) bénéficie d'une autorisation d'absence pour les actes médicaux nécessaires (c. trav. art. L. 1225-16).

Le conjoint salarié de la femme bénéficiant d'une PMA ou la personne salariée liée à elle par un pacte civil de solidarité ou vivant maritalement avec elle bénéficie également d'une autorisation d'absence pour se rendre à trois de ces examens médicaux nécessaires pour chaque protocole du parcours d'assistance médicale au maximum.

Ces absences n'entraînent aucune diminution de la rémunération et sont assimilées à une période de travail effectif pour la détermination de la durée des congés payés ainsi que pour les droits légaux ou conventionnels acquis par la salariée au titre de son ancienneté dans l'entreprise.

Les salariées bénéficiant d'une PMA bénéficient de la même protection qu'une salariée enceinte en matière d'embauche, de mutation et de licenciement (c. trav. art. L. 1225-3-1) [voir *Maternité (protection)**].

Congé de présence parentale pour enfant malade

Un salarié dont l'enfant est malade peut, à certaines conditions, bénéficier d'un congé de présence parentale. Ce congé a été réformé afin notamment de permettre une prise fractionnée par demi-journée à compter du 30.09.2020 (loi 2019-1446 du 24 décembre 2019, JO du 27, art. 69, II ; décret 2020-470 du 23 avril 2020, JO du 25 ; décret 2020-1208 du 1er octobre 2020, JO du 2). Nous exposons ci-dessous les règles applicables depuis cette date (sur les dispositions antérieures, voir Dictionnaire Social, éd. 2020).

Modalités du congé

Droit au congé - Tout salarié, quelle que soit son ancienneté, dont l'enfant à charge (d'au plus 16 ans,

20 ans dans certains cas) est atteint d'une maladie, d'un handicap ou est victime d'un accident d'une particulière gravité rendant indispensables une présence soutenue et des soins contraignants, a le droit de bénéficier d'un congé de présence parentale. Ce congé est assorti d'une allocation journalière (c. trav. art. L. 1225-62).

▶ Attention… Toute convention contraire à ces dispositions est nulle, à savoir inapplicable. De plus, l'inobservation par l'employeur de ces dispositions peut donner lieu, au profit du salarié, à l'attribution d'une indemnité déterminée conformément aux règles applicables à un *licenciement nul** (c. trav. art. L. 1235-3-1, L. 1225-70 et L. 1225-71).

Durée et prise du congé - Le nombre de jours dont peut bénéficier le salarié au titre de ce congé est fixé à 310 jours ouvrés maximum, pris de manière continue ou discontinue (c. trav. art. L. 1225-62).

Le congé peut, en accord avec l'employeur, être pris en jours fractionnés (par demi-journée, jour ou périodes de plusieurs jours) ou être transformé en période d'activité à temps partiel (c. trav. art. L. 1225-62).

La période maximale pendant laquelle un salarié peut, pour un même enfant et pour une maladie, un accident ou en raison d'un handicap, bénéficier des jours de congé de présence parentale est fixée à 3 ans (c. trav. art. D. 1225-16).

Le salarié peut à nouveau bénéficier d'un congé de présence parentale, notamment en cas de rechute de la pathologie de l'enfant *(voir ci-après)*.

Durée précisée par le certificat médical - La durée initiale du congé de présence parentale est celle définie dans le certificat médical établi par le médecin qui suit l'enfant malade, handicapé ou accidenté (c. trav. art. L. 1225-62).

Ce certificat précise la durée prévisible du traitement de l'enfant. Lorsque le médecin le prévoit, la durée du traitement fait l'objet d'un réexamen à l'échéance qu'il a fixée. Il doit avoir lieu au plus tôt 6 mois et au plus tard 1 an après le début du traitement.

Lorsque la durée prévisible du traitement dépasse 1 an, elle est réexaminée à cette échéance (c. séc. soc. art. L. 544-2).

Le réexamen peut être sollicité auprès du médecin à tout moment à compter du mois précédant la fin de la durée prévue pour le traitement ou la fin de l'année suivant le début du traitement (si la durée prévue pour le traitement est supérieure à une année) (c. trav. art. D. 1225-17 ; c. séc. soc. art. D. 544-2).

Délai de prévenance de l'employeur - Le salarié doit envoyer à l'employeur, au moins 15 jours avant le début du congé (ou en cas de prolongation du congé), une lettre recommandée avec avis de réception ou lui remettre en main propre une lettre contre décharge l'informant de sa volonté de bénéficier de ce congé. Il doit y joindre le certificat médical établi par le médecin de l'enfant (c. trav. art. L. 1225-63, R. 1225-14 et D. 1225-17).

Par ailleurs, le salarié informe l'employeur au moins 48 h à l'avance, avant chaque absence, c'est-à-dire chaque fois qu'il souhaite prendre une demi-journée, un jour ou plusieurs jours de congé.

Le salarié peut prendre les jours de congé immédiatement, sans délai à respecter, en cas de dégradation soudaine de l'état de santé de l'enfant ou en cas de situation de crise nécessitant une présence sans délai du salarié (c. trav. art. L. 1225-63).

Impossibilité de refuser le congé - L'employeur ne peut pas refuser le congé si le salarié en remplit les conditions d'ouverture (circ. DSS/B 2006-189 du 27 avril 2006).

Cumul avec d'autres congés - Le congé de présence parentale n'est pas cumulable avec un autre congé tel que le congé de paternité et d'accueil de l'enfant, de maternité, d'adoption, ou encore le congé parental d'éducation (circ. DSS/B 2006-189 du 27 avril 2006).

Décès de l'enfant ou diminution des ressources - En cas de décès de l'enfant ou de diminution importante des ressources du ménage, le salarié retrouve son emploi, ou un emploi similaire assorti d'une rémunération au moins équivalente, s'il a adressé à son employeur une demande de reprise d'activité dûment motivée, par lettre recommandée avec demande d'avis de réception ou par lettre remise contre récépissé, au moins 1 mois avant la date souhaitée de reprise du travail (c. trav. art. L. 1225-52, L. 1225-64 et R. 1225-13).

Droits aux prestations sociales - Le salarié en congé de présence parentale pour enfant malade bénéficie d'allocations journalières de présence parentale servies par les caisses d'allocations familiales (c. séc. soc. art. L. 544-1) [voir *Prestations familiales (handicap)**].

Les bénéficiaires de l'allocation de présence parentale sont affiliés à l'assurance vieillesse des parents au foyer, sans condition de ressources (c. séc. soc. art. L. 381-1).

Par ailleurs, la période de congé de présence parentale étant assimilée à du travail salarié, l'intéressé conserve les prestations en nature et en espèces de l'assurance maladie et maternité (c. séc. soc. art. R. 313-8).

Renouvellement du congé

Pendant la période de 3 ans - Depuis le 17.11.2021, le salarié ayant atteint le nombre maximal de 310 jours de congé avant l'expiration de la période de 3 ans peut, à titre exceptionnel et par dérogation, bénéficier d'un renouvellement de son congé au titre de la même maladie, du même handicap ou du même accident dont l'enfant a été victime avant le terme de la période de 3 ans (c. trav. art. L. 1225-62 ; loi 2021-1484 du 15 novembre 2021, JO du 16).

Le salarié peut alors bénéficier, avant le terme de la période initiale de 3 ans, d'un nouveau crédit de 310 jours de congé maximum, à prendre au cours d'une nouvelle période de 3 ans.

Il s'agit ainsi de répondre aux difficultés liées à des situations médicales impliquant un accompagnement long et continu de l'enfant au-delà de 310 jours pendant les 3 premières années de la maladie. Le congé assorti de l'allocation journalière de présence parentale (c. séc. soc. art. L. 544-3) pourra ainsi atteindre jusqu'à 620 jours ouvrés maximum sur les 3 premières années.

▶ **À noter...** À titre indicatif, sachant que le nombre d'allocations journalières versées par la CAF est plafonné à 22 jours par mois, les 620 jours représentent une durée totale maximale d'environ 28 mois, renouvellement compris.

Ce renouvellement ne peut intervenir qu'une seule fois. Il est subordonné à la présentation d'un nouveau certificat médical établi par le médecin qui suit l'enfant, attestant du caractère indispensable, au regard de la pathologie ou du besoin d'accompagnement de l'enfant, de la poursuite des soins contraignants et d'une présence soutenue, et doit être confirmé par l'accord explicite du service du contrôle médical de la CPAM.

À l'expiration de la période de 3 ans - Au-delà de la période de 3 ans pendant laquelle un congé de présence parentale peut être pris, le salarié peut bénéficier à nouveau d'un congé de présence parentale, en cas de rechute ou de récidive de la pathologie de l'enfant pour laquelle le premier congé a été accordé ou lorsque la gravité de la pathologie de l'enfant nécessite toujours une présence soutenue et des soins contraignants (c. trav. art. L. 1225-62 ; c. séc. soc. art. L. 544-3). Le droit à l'allocation versée par la sécurité sociale est également renouvelé (c. séc. soc. art. D. 544-3, al. 2).

Ce congé renouvelé suit les mêmes modalités que le premier congé. Le salarié doit notamment informer son employeur au moins 15 jours avant le début du renouvellement du congé *(voir ci-avant)* (c. trav. art. L. 1225-63 et R. 1225-14).

Situation du salarié

Pendant le congé - Le contrat de travail du salarié est suspendu et, sauf disposition conventionnelle (ou usage) plus favorable, celui-ci ne perçoit aucune rémunération. En revanche, il a droit au versement d'une allocation journalière de présence parentale *(voir ci-avant)*.

La durée du congé est prise en compte en totalité pour la détermination des droits liés à l'ancienneté (c. trav. art. L. 1225-65).

La période d'absence du salarié pour un congé de présence parentale est intégralement prise en compte pour le calcul des droits acquis dans le *compte personnel de formation** (CPF) (c. trav. art. L. 6323-12). En outre, le CPF du salarié ayant pris un congé de présence parentale peut faire l'objet d'un abondement supplémentaire conventionnel (c. trav. art. L. 6323-14).

Le salarié a la possibilité, dans le cadre d'un accord conclu au sein de l'entreprise, de verser des cotisations de retraite complémentaire avec inscription de points en cas de congé de présence parentale, ces cotisations étant alors calculées comme s'il avait poursuivi son activité dans des conditions normales. Ce versement de cotisations intervient en principe pendant toute la durée du congé mais peut être limité à une certaine durée, fixée au minimum à 6 mois (sauf congé plus court par nature), par l'accord d'entreprise (circ. AGIRC-ARRCO 2009-28 du 16 novembre 2009).

À l'issue du congé - Le salarié retrouve son précédent emploi ou un emploi similaire assorti d'une rémunération au moins équivalente (c. trav. art. L. 1225-64).

Autres congés liés à la maladie d'un enfant

Le salarié parent d'un enfant malade peut bénéficier d'autres congés : le *congé pour enfant malade**, le *congé de solidarité familiale** et le *congé de proche aidant**.

Il peut aussi bénéficier d'un *don de jours de repos**.

Congé de proche aidant

Congé ouvert aux salariés

Pour s'occuper d'un proche dépendant - Le congé de proche aidant permet au salarié de prendre un congé pour s'occuper de l'une des personnes citée dans la liste ci-après et présentant un handicap ou une perte d'autonomie d'une particulière gravité (c. trav. art. L. 3142-16).

▶ Attention... La loi de financement de sécurité sociale (LFSS) pour 2022 a supprimé la référence à la « particulière gravité » du handicap ou de la perte d'autonomie de la personne aidée, permettant ainsi élargir le champ des bénéficiaires potentiels du congé (loi 2021-1754 du 23 décembre 2021, art. 54, II, 1°, JO du 24 ; c. trav. art. L. 3142-16 et L. 3142-24, dans leur version à venir au plus tard au 1er janvier 2023). Cette mesure devrait entrer en vigueur à une date fixée par décret et au plus tard le 1.01.2023 (LFSS art. 54, VI). Pour suivre l'actualité sur ce sujet, voir le fil quotidien d'actualités sur www.rfsocial.com et la Revue d'actualité RF Social.

La personne aidée peut-être :
- le conjoint, le concubin ou la personne avec laquelle il a conclu un pacte civil de solidarité (Pacs) ;
- un ascendant ou descendant ;
- un enfant dont il a la charge ;
- un collatéral jusqu'au quatrième degré ;
- un ascendant, un descendant ou un collatéral jusqu'au quatrième degré du conjoint, concubin ou partenaire pacsé ;
- la personne âgée ou la personne handicapée avec laquelle il réside ou entretient des liens étroits et stables, à qui il vient en aide de manière régulière et fréquente à titre non professionnel pour accomplir tout ou partie des actes ou des activités de la vie quotidienne.

Condition de résidence en France mais pas d'ancienneté - La personne aidée doit résider en France de façon stable et régulière (c. trav. art. L. 3142-17).

Le congé de proche aidant est ouvert sans condition d'ancienneté (c. trav. art. L. 3142-16).

Durée du congé - Le congé débute ou est renouvelé à l'initiative du salarié. Il ne peut pas excéder, renouvellement compris, la durée d'un an pour l'ensemble de la carrière (c. trav. art. L. 3142-19).

Dans cette limite, sa durée maximale est définie par accord collectif de branche ou, à défaut, par accord collectif d'entreprise (c. trav. art. L. 3142-26).

À défaut de dispositions conventionnelles, la durée maximale du congé est de 3 mois renouvelable dans la limite de 1 an (c. trav. art. L. 3142-27).

▶ À noter... Le salarié proche aidant peut bénéficier de jours de repos donnés par un ou plusieurs autres salariés de l'entreprise (c. trav. art. L. 3142-25-1). Ce *don de jours de repos** peut par exemple intervenir lorsque congé de proche aidant a atteint son terme.

Délais et formalités pour informer l'employeur - Pour les délais et formalités à respecter par le salarié pour informer l'employeur de la prise du congé, de son passage à temps partiel au titre de ce congé *(voir ci-après)*, de son fractionnement *(voir ci-après)*, de son renouvellement *(voir ci-après)*, de son retour anticipé ou encore de sa renonciation au congé, voir le tableau reproduit dans cette étude.

Le congé débute ou peut être renouvelé sans délai dans certains cas (voir le tableau reproduit dans cette étude) (c. trav. art. L. 3142-19 et L. 3142-20).

Documents à fournir - La demande de congé de proche aidant est accompagnée des pièces suivantes (c. trav. art. D. 3142-8) :
- une déclaration sur l'honneur du lien familial du demandeur avec la personne aidée ou de l'aide apportée à une personne âgée ou handicapée avec laquelle il réside ou entretient des liens étroits et stables ;
- une déclaration sur l'honneur du demandeur précisant qu'il n'a pas eu précédemment recours, au long de sa carrière, à un congé de proche aidant ou, le cas échéant, la durée pendant laquelle il a, au cours de sa carrière, bénéficié d'un tel congé ;
- une copie de la décision prise en application de la législation de sécurité sociale ou d'aide sociale subordonnée à la justification d'un taux d'incapacité permanente au moins égal à 80 % lorsque la personne aidée est un enfant handicapé à la charge du salarié ou un adulte handicapé ;
- une copie de la décision d'attribution de l'allocation personnalisée d'autonomie (APA) au titre d'un classement dans les groupes Iso-Ressources (GIR) 1, 2 et 3 lorsque la personne aidée souffre d'une perte d'autonomie.

Contestation d'un refus - En cas de différend, le refus de l'employeur peut être directement contesté par le salarié devant le conseil de prud'hommes, statuant selon la procédure accélérée au fond et en dernier ressort (c. trav. art. L. 3142-25 et R. 3142-10).

Congé de proche aidant : formalités et délais

Prise du congé

• Délai conventionnel (1).
En l'absence de délai conventionnel, le salarié informe l'employeur (2) au moins 1 mois avant le début du congé de proche aidant :
- de sa volonté de prendre le congé (3) ;
- de la date de son départ.
• Aucun délai à respecter en cas de dégradation soudaine de l'état de santé de la personne aidée, de situation de crise nécessitant une action urgente du proche aidant ou de cessation brutale de l'hébergement en établissement dont bénéficiait la personne aidée (4) (c. trav. art. L. 3142-19).

Renouvellement du congé (ou du temps partiel)

• Délai conventionnel (1).
• En l'absence de délai conventionnel, en cas de renouvellement successif, le salarié avertit l'employeur de la prolongation au moins 15 jours avant le terme initialement prévu (2).
• En l'absence de délai conventionnel, en cas de renouvellement non successif, le salarié informe l'employeur au moins 1 mois avant le début du congé de sa volonté de prendre le congé et de la date de son départ (2).
• Aucun délai à respecter en cas de dégradation soudaine de l'état de santé de la personne aidée, de situation de crise nécessitant une action urgente du proche aidant ou de cessation brutale de l'hébergement en établissement dont bénéficiait la personne aidée (4) (c. trav. art. L. 3142-19 et L. 3142-20).

Retour anticipé du salarié ou renonciation au congé

• Le salarié peut mettre fin de façon anticipée au congé ou y renoncer dans les cas suivants (c. trav. art. L. 3142-19) :
- décès de la personne aidée ;
- admission dans un établissement de la personne aidée ;
- diminution importante des ressources du salarié ;
- recours à un service d'aide à domicile pour assister la personne aidée ;
- congé de proche aidant pris par un autre membre de la famille.
• Préavis fixé conventionnellement (1).
• En l'absence de délai conventionnel, le salarié adresse une demande motivée à l'employeur au moins 1 mois avant la date à laquelle il entend revenir de façon anticipée ou renoncer au congé (2). En cas de décès de la personne aidée, ce délai est de 2 semaines.

Fractionnement du congé

• Délai conventionnel (1).
• En l'absence de délai conventionnel, le salarié informe l'employeur (2) au moins 1 mois avant le début du congé de proche aidant :
- de sa demande d'un congé fractionné (3) ;
- de la date de son départ.
• En cas de fractionnement, le salarié doit avertir son employeur au moins 48 h avant la date à laquelle il entend prendre chaque période de congé.
Le fractionnement est accordé sans délai en cas de dégradation soudaine de l'état de santé de la personne aidée, de situation de crise nécessitant une action urgente du proche aidant ou de cessation brutale de l'hébergement en établissement dont bénéficiait la personne aidée (4) (c. trav. art. L. 3142-19 et L. 3142-20).

Passage à temps partiel au titre du congé

• Délai conventionnel (1).
• En l'absence de délai conventionnel, le salarié informe l'employeur (2) au moins 1 mois avant le début du temps partiel :
- de sa demande de passage à temps partiel au titre du congé (3) ;
- de la date du passage à temps partiel.
Aucun délai à respecter en cas de dégradation soudaine de l'état de santé de la personne aidée, de situation de crise nécessitant une action urgente du proche aidant ou de cessation brutale de l'hébergement en établissement dont bénéficiait la personne aidée (4) (c. trav. art. L. 3142-19 et L. 3142-20).

(1) Défini par accord collectif de branche ou, à défaut, par accord collectif d'entreprise (c. trav. art. L. 3142-27).
(2) Par tout moyen donnant date certaine (c. trav. art. L. 3142-27, D. 3142-11, D. 3142-12 et D. 3142-13).
(3) Le salarié joint à sa demande des documents dont la liste est définie par le code du travail (c. trav. art. D. 3142-8) (voir ci-avant).
(4) Un écrit est imposé pour constater ces situations. Selon les cas, il s'agit d'un écrit (c. trav. art. D. 3142-7) :
- du médecin établissant par certificat médical la dégradation soudaine de l'état de santé de la personne aidée ou la situation de crise nécessitant une action urgente du proche aidant ;
- du responsable d'établissement attestant la cessation brutale de l'hébergement dans cet établissement.

Passage à temps partiel - Le congé de proche aidant peut, avec l'accord de l'employeur, être transformé en période d'activité à temps partiel (c. trav. art. L. 3142-20, L. 3142-26 et L. 3142-27). Sur les délais et formalités à respecter par le salarié, voir le tableau reproduit dans cette étude.

Fractionnement - Le congé peut être fractionné avec l'accord de l'employeur (c. trav. art. L. 3142-20, L. 3142-26 et L. 3142-27). Sur les délais et formalités à respecter par le salarié, voir le tableau reproduit dans cette étude.

La durée minimale de chaque période de congé est d'une demi-journée (c. trav. art. D. 3142-9).

Renouvellement - Le congé à temps plein ou à temps partiel est renouvelé à l'initiative du salarié (c. trav. art. L. 3142-19). Lorsqu'un accord collectif fixe la durée maximale du congé *(voir ci-avant)*, il détermine également le nombre de renouvellements possibles (c. trav. art. L. 3142-26). À défaut d'accord, le congé est renouvelable dans la limite d'une durée maximale d'1 an (c. trav. art. L. 3142-27).

Sur les délais et formalités à respecter par le salarié, voir le tableau reproduit dans cette étude.

Retour dans l'entreprise - À l'issue du congé de proche aidant ou de la période d'activité à temps partiel, le salarié retrouve son emploi ou un emploi similaire assorti d'une rémunération au moins équivalente (c. trav. art. L. 3142-22).

Retour anticipé - Le salarié peut mettre fin de façon anticipée au congé de proche aidant ou y renoncer dans certains cas (c. trav. art. L. 3142-19). Sur les délais et formalités à respecter, voir tableau reproduit dans cette étude.

Effets sur le contrat de travail

Rémunération par l'employeur - Le congé de proche aidant « total » n'est pas rémunéré, sauf usage ou accord collectif plus avantageux. En cas de période de travail à temps partiel, le salarié reçoit une rémunération proportionnelle au temps de travail effectué.

Indemnisation de la sécurité sociale - La personne bénéficiaire du congé peut percevoir une allocation de la part de la sécurité sociale *(voir ci-après)*.

Interdiction de travailler pendant le congé - Le salarié en congé de proche aidant ne peut exercer aucune autre activité professionnelle.

Toutefois, il peut être employé par la personne aidée sous certaines conditions (c. trav. art. L. 3142-18).

▶ À noter... Pour pouvoir employer le salarié bénéficiaire du congé, la personne aidée doit :
- soit bénéficier de l'allocation personnalisée d'autonomie : elle peut alors employer un ou plusieurs membres de sa famille, à l'exception de son conjoint ou de son concubin, ou de la personne avec laquelle elle a conclu un Pacs (Code de l'action sociale et des familles art. L. 232-7) ;
- soit être handicapée et percevoir la prestation de compensation du handicap : elle peut alors employer un ou plusieurs membres de sa famille, y compris son conjoint, son concubin ou la personne avec qui elle a conclu un Pacs (Code de l'action sociale et des familles art. L. 245-12).

Ancienneté et avantages acquis - La durée du congé est intégralement prise en compte pour la détermination des avantages liés à l'ancienneté. Le salarié conserve le bénéfice de tous les avantages qu'il avait acquis avant le début du congé (c. trav. art. L. 3142-21).

Congés payés - La durée du congé ne peut pas être imputée sur celle du congé payé annuel (c. trav. art. L. 3142-21). En revanche, le congé n'est pas assimilé à du travail effectif pour l'acquisition des droits à congés payés.

Droits à formation - La durée du congé est intégralement prise en compte pour le calcul des droits acquis dans le *compte personnel de formation** (CPF) (c. trav. art. L. 6323-12).

En outre, le CPF du salarié ayant pris un congé de proche aidant peut faire l'objet d'un abondement supplémentaire conventionnel [voir *Compte personnel de formation (mise en place et alimentation)**] (c. trav. art. L. 6323-14).

Entretien professionnel - Le salarié a droit à l'*entretien professionnel** avant et après son congé (c. trav. art. L. 3142-23).

Allocation de proche aidant

L'allocation journalière de proche aidant (AJPA) peut être versée par les organismes de prestations familiales aux salariés en congé de proche aidant pour les périodes de congé ou de cessation d'activité [voir *Prestations familiales (handicap)**].

Protection sociale

Droits à l'assurance vieillesse - Le salarié bénéficiaire de l'AJPA durant son congé est affilié à l'assurance vieillesse du régime général, via l'assurance vieillesse des parents au foyer (c. séc. soc. art. L. 381-1). Depuis le 16.12.2020, cette affiliation ne peut excéder une durée totale d'1 an sur l'ensemble de la carrière (c. séc. soc. art. L. 381-1 ; loi 2020-1576 du 14 décembre 2020, art. 105, JO du 15).

Le salarié y est également obligatoirement affilié pour les périodes de congé non indemnisées au titre de l'AJPA (c. séc. soc. art. L. 381-1), sous réserve de fournir une attestation de l'employeur indiquant les dates de prise du congé (c. séc. soc. art. D. 381-2-2). Cette attestation n'est pas nécessaire si la personne a bénéficié dans les 2 dernières années de l'allocation journalière (loi 2020-1576 du 14 décembre 2020, art. 105, JO du 15 ; c. séc. soc. art. L. 381-1).

Cotisations de retraite complémentaire - Le salarié a la possibilité, dans le cadre d'un accord conclu au sein de l'entreprise, de verser des cotisations de retraite complémentaire avec inscription de points en cas de congé de proche aidant, ces cotisations étant alors calculées comme s'il avait poursuivi son activité dans des conditions normales. Ce versement de cotisations intervient en principe pendant toute la durée du congé mais peut être limité à une certaine durée, fixée au minimum à 6 mois (sauf congé plus court par nature), par l'accord d'entreprise (circ. AGIRC-ARRCO 2009-28 du 16 novembre 2009).

Prestations de sécurité sociale - Le salarié qui reprend son activité à l'issue du congé de proche aidant peut bénéficier des prestations en espèces de l'assurance maladie et invalidité, sous réserve du respect de certaines conditions (c. séc. soc. art. L. 378-1). Les prestations en nature de l'assurance maladie sont assurées, pendant toute la durée du congé, sous le régime du maintien des droits (voir *Prestations de sécurité sociale**).

Congé de reclassement

Dans les entreprises d'au moins 1000 salariés, l'employeur qui envisage de prononcer un *licenciement économique** est tenu de proposer à chaque salarié concerné un congé de reclassement.

Dans les entreprises de moins de 1000 salariés, le *contrat de sécurisation professionnelle** constitue l'équivalent du congé de reclassement.

Champ d'application

Sont concernés par cette obligation :

- les entreprises ou les établissements occupant au moins 1000 salariés (c. trav. art. L. 1233-71) ;
- les UES, dès lors que l'effectif des entreprises constituant l'*unité économique et sociale** représente au moins 1000 salariés. Toutefois, lorsque les licenciements économiques sont prononcés dans l'une seulement des entités, le congé de reclassement n'est obligatoire que si la décision de licencier a été prise au niveau global de l'UES (cass. soc. 26 janvier 2012, n° 10-23324 D) ;
- les groupes dont l'ensemble des entreprises emploie au moins 1000 salariés, étant précisé que le groupe est entendu dans le cadre des dispositions relatives au *comité de groupe** (c. trav. art. L. 2331-1) ;
- les entreprises soumises à l'obligation de constitution d'un *comité d'entreprise européen (CEE)** (c. trav. art. L. 2341-1 et L. 2341-2).

En revanche, les entreprises en redressement ou liquidation judiciaires ne sont pas concernées par cette obligation mais sont tenues de proposer le bénéfice d'un *contrat de sécurisation professionnelle** (c. trav. art. L. 1233-66 et L. 1233-75).

Procédure préalable

Information et consultation du CSE - L'employeur est tenu d'informer et de consulter le *comité social et économique** sur les conditions de mise en œuvre du congé de reclassement (durée, nature des prestations) lors des réunions de consultation relatives au projet de licenciement (c. trav. art. R. 1233-17).

Lorsque l'employeur est tenu de mettre en place un *plan de sauvegarde de l'emploi**, les conditions de mise en œuvre du congé sont définies dans ce plan (c. trav. art. R. 1233-18) [voir *Licenciement économique collectif (procédure applicable)**].

Information des salariés - L'employeur doit informer les salariés sur les conditions de mise en œuvre du congé soit lors de l'*entretien préalable au licenciement**, soit à l'issue de la dernière réunion du CSE (licenciement économique collectif d'au moins 10 personnes) (c. trav. art. R. 1233-19).

Obligation de proposition du congé de reclassement - La proposition du congé doit figurer dans la lettre de licenciement.

L'absence de réponse, dans un délai de 8 jours à compter de la date de notification de cette lettre, est assimilée à un refus (c. trav. art. R. 1233-20 et R. 1233-21).

▶ **À noter...** Dès lors que l'entreprise remplit les conditions exposées ci-dessus, le congé de

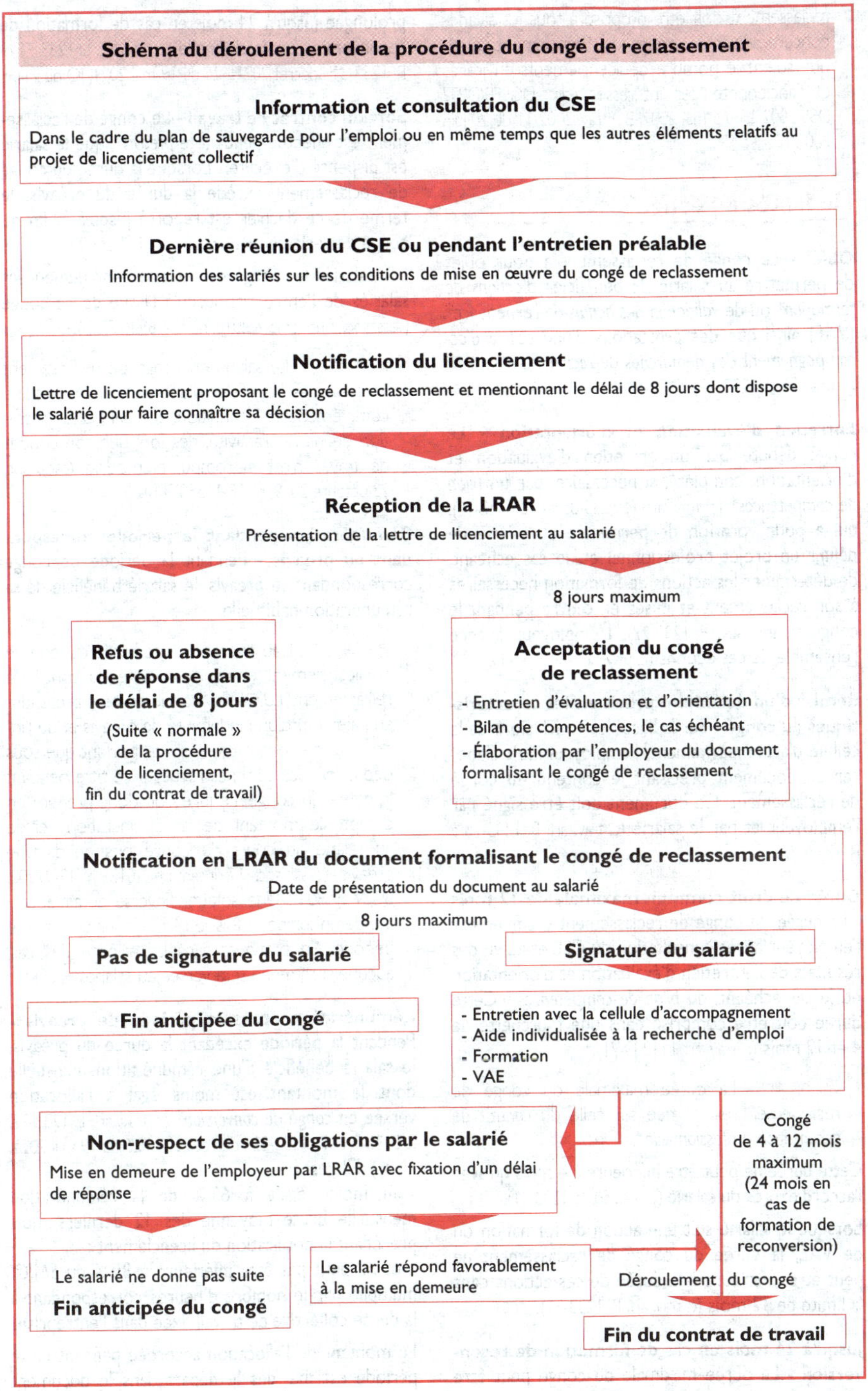

Schéma du déroulement de la procédure du congé de reclassement

reclassement doit être proposé à tous les salariés concernés par le projet de licenciement, quels que soient le nombre de licenciements envisagés et l'ancienneté des intéressés (circ. DGEFP/DRT/DSS 2002/1 du 5 mai 2002, BO trav. 2002/11 du 20 juin 2002).

Modalités du congé

Objet - Le congé de reclassement a pour objet de permettre au salarié de bénéficier d'*actions de formation** ou de *validation des acquis de l'expérience** (VAE) ainsi que des prestations d'une *cellule d'accompagnement des démarches de recherche d'emploi** (c. trav. art. R. 1233-23).

Entretien d'évaluation et d'orientation - Le congé débute par un entretien d'évaluation et d'orientation, complété, si nécessaire, par un *bilan de compétences** (c. trav. art. R. 1233-35 et R. 6322-32), qui a pour vocation de permettre au salarié de définir un projet professionnel et, le cas échéant, de déterminer les actions de formation nécessaires à son reclassement et mises en œuvre pendant le congé (c. trav. art. R. 1233-27). L'employeur finance l'ensemble de ces actions (c. trav. art. L. 1233-71).

Remise d'un document précisant les caractéristiques du congé - Sur la base des conclusions de la cellule d'accompagnement, l'employeur doit élaborer un document précisant le contenu du congé de reclassement. Ce document doit être signé par l'employeur et par le salarié (c. trav. art. R. 1233-28 à R. 1233-30).

Durée de droit commun maximale de 12 mois - La durée du congé de reclassement est fixée par l'employeur après consultation du CSE et au vu des résultats de l'entretien d'évaluation et d'orientation et, le cas échéant, du *bilan de compétences**. Cette durée doit être comprise dans une fourchette de 4 et 12 mois (c. trav. art. L. 1233-71).

▶ À noter… La durée maximale du congé de reclassement est alignée sur celle du *contrat de sécurisation professionnelle**.

Cette durée ne peut être inférieure à 4 mois qu'avec l'accord exprès du salarié (c. trav. art. R. 1233-31).

Lorsque le salarié suit une action de formation ou de VAE, la durée du congé de reclassement ne peut être inférieure à la durée de ces actions dans la limite de 12 mois (c. trav. art. R. 1233-31).

Jusqu'à 24 mois en cas de formation de reconversion - La durée maximale du congé peut être prolongée jusqu'à 24 mois en cas de formation de reconversion professionnelle (c. trav. art. L. 1233-71 et R. 1233-31 ; décret 2021-626 du 19 mai 2021, JO du 21).

Sort du contrat de travail - Le congé de reclassement est effectué pendant le *préavis**, que le salarié est dispensé d'exécuter. Lorsque la durée du congé de reclassement excède la durée du préavis, le terme de ce dernier est reporté jusqu'à la fin du congé de reclassement (c. trav. art. L. 1233-72).

Les salariés en congé de reclassement demeurent salariés de l'entreprise jusqu'à l'issue de ce congé (cass. soc. 7 novembre 2018, n° 17-18936 FSPB).

▶ À noter… Le salarié en congé de reclassement ne peut pas bénéficier d'une pension de retraite complémentaire conditionnée par une cessation définitive d'activité, dès lors que son contrat de travail n'est ni rompu, ni modifié (cass. soc. 23 octobre 2019, n° 18-15550 FPB).

Rémunération pendant la période correspondant au préavis - Pendant la période de congé correspondant au préavis, le salarié bénéficie de sa rémunération habituelle.

▶ À noter… L'absence de cause réelle et sérieuse du licenciement entraîne la nullité du congé de reclassement. Le salarié licencié ne peut prétendre au paiement d'une indemnité de préavis et de l'indemnité de congés payés s'y rapportant que sous déduction des sommes reçues à ce titre pendant la durée du congé. Le juge doit donc prendre en compte le montant de la rémunération versée au salarié au cours du congé pris pendant le préavis (cass. soc. 17 décembre 2013, n° 12-27202, BC V n° 304). Une solution inverse aurait abouti à indemniser deux fois le salarié pour une même période. En pratique, dans la majorité des cas, aucune somme ne sera versée au salarié.

Rémunération après la période de préavis - Pendant la période excédant la durée du préavis, le salarié bénéficie d'une rémunération mensuelle dont le montant est moins égal à l'allocation versée en *congé de conversion** (c. trav. art. L. 1233-72, L. 5123-2 et R. 1233-32 ; décret 2021-626 du 19 mai 2021, JO 21). Elle est :

- au moins égale à 65 % de la rémunération mensuelle brute moyenne des 12 derniers mois précédant la notification du licenciement ;
- et ne peut pas être inférieure à 85 % du *SMIC** multiplié par le nombre d'heures correspondant à la durée collective de travail fixée dans l'entreprise.

Le montant de l'allocation accordée pendant cette période est fixé dès le départ dans le document signé par l'employeur et par le salarié. L'employeur doit remettre, chaque mois, au salarié un bulletin précisant le montant et les modalités de calcul de cette rémunération.

Base de calcul de la rémunération - Lorsqu'au cours de ces 12 mois le salarié a exercé son emploi à temps partiel dans le cadre d'un *congé parental d'éducation**, d'un *congé de proche aidant**, d'un *congé de présence parentale** ou d'un *congé de solidarité familiale**, il est tenu compte, pour le calcul de la rémunération brute moyenne, du salaire qui aurait été le sien s'il avait exercé son activité à temps plein sur l'ensemble de la période.

Le cas échéant, les sommes issues de la monétisation du *compte épargne-temps** (CET) sont exclues de la base de calcul. En revanche, la prime contractuelle versée en contrepartie de l'engagement du salarié à demeurer au service de l'entreprise pendant une période déterminée doit, en raison de sa nature salariale, être prise en compte dans la rémunération de référence (cass. soc. 22 juin 2016, n° 14-18675, BC V n° 132).

▶ À noter… Les salariés en congé de reclassement, qui demeurent salariés de l'entreprise jusqu'à l'issue de ce congé, bénéficient de la participation [voir *Participation des salariés aux résultats de l'entreprise (accord de)**], même lorsque leur rémunération n'est pas prise en compte pour le calcul de la réserve spéciale de participation, ni pour sa répartition (cass. soc. 7 novembre 2018, n° 17-18936 FSPB).

Cotisations sociales - Le régime social de l'allocation mensuelle, qui constitue un revenu de remplacement, est identique à celui de l'*activité partielle**, à savoir (c. trav. art. L. 1233-72 et L. 5123-5) :
- exonération de cotisations ;
- CSG/CRDS au titre des revenus de remplacement (6,20 % et 0,50 % après abattement d'assiette de 1,75 %), avec s'il y a lieu écrêtement.

En revanche, depuis le 1.01.2021, il n'y a plus de possibilité d'exonération de CSG/CRDS ou de taux réduit de CSG en fonction du revenu fiscal de référence.

Congés payés - Le salarié peut prendre ses *congés payés** avant d'entrer dans le congé de reclassement ou en obtenir le paiement, sous forme d'indemnité compensatrice. Cette indemnité est alors versée au plus tard à la fin de la période de référence ou, en tout état de cause, à la fin du contrat de travail.

Pour l'administration, le salarié n'acquiert pas de congés payés lors de la période qui excède la durée du préavis (circ. DGEFP/DRT/DSS 2002/1 du 5 mai 2002).

Périodes de travail « intercalaires » - Le salarié en congé de reclassement a la possibilité de travailler ponctuellement pour d'autres employeurs (à l'exception d'un particulier), dans le cadre de contrats de travail à durée déterminée (CDD) renouvelables une fois ou de contrats de travail temporaire (c. trav. art. L. 1233-72-1).

▶ À noter… Le CDD est conclu dans le cadre des dispositions « destinées à favoriser le recrutement de certaines catégories de personnes sans emploi » (c. trav. art. L. 1243-2). L'employeur n'a donc pas à verser d'indemnité de précarité au terme du contrat (c. trav. art. L. 1243-10).

Pendant ces périodes d'activité professionnelle, le congé de reclassement est suspendu. Au terme de ces périodes, le congé de reclassement reprend. L'employeur peut prévoir un report du terme initial du congé à due concurrence des périodes de travail effectuées (c. trav. art. L. 1233-72-1).

Couvertures sociale et complémentaire - Pendant la période du congé de reclassement excédant la durée du préavis, le salarié conserve la qualité d'assuré social et continue de bénéficier des prestations en nature et en espèces au titre de l'*assurance maladie**, de l'*assurance maternité**, de l'assurance *invalidité** et de l'assurance *décès** du régime obligatoire dont il relevait antérieurement.

De même, la couverture au titre d'un *accident du travail** intervenu dans le cadre des actions du congé de reclassement est assurée.

Pour la détermination des droits à pension de retraite de l'assurance vieillesse, la période de congé de reclassement est assimilée à une période de travail.

▶ À noter… L'employeur doit mentionner, dans le document formalisant les composantes individuelles de ce congé, les avantages, notamment de protection sociale complémentaire (retraite, prévoyance), qu'il entend maintenir pendant la durée de ce dernier.

Fin du congé

À la date prévue ou de façon anticipée - Le congé prend fin :
- soit à la date initialement prévue (c. trav. art. R. 1233-31) ;
- soit de manière anticipée si le salarié s'abstient, malgré une mise en demeure de l'employeur, de suivre les actions prévues (c. trav. art. R. 1233-34) ou si l'intéressé retrouve un emploi (c. trav. art. R. 1233-36).

Si le salarié ne respecte pas ses engagements, l'employeur ne peut pas cesser brutalement de lui verser son allocation (cass. soc. 29 mars 2017, n° 16-10251 D). L'employeur doit respecter, au préalable, la procédure de rupture du congé de reclassement prévue par le code du travail. Celle-ci est articulée en deux temps (c. trav. art. R. 1233-34) :

- notification par l'employeur d'une mise en demeure de suivre les actions de formation ou de donner suite aux convocations (LRAR ou lettre remise contre récépissé), avec indication dans ce courrier que le congé sera rompu en l'absence de suite donnée à la mise en en demeure au-delà du délai qu'elle précise ;
- en l'absence de suite donnée à la mise en demeure au terme de ce délai, notification de la fin du congé de reclassement par LRAR.

Indemnités de rupture - À la fin du congé, l'employeur doit verser au salarié les indemnités de rupture, et notamment une indemnité compensatrice de congés payés si le salarié n'a pas pris l'intégralité de ses congés ainsi que l'indemnité de licenciement. Toutefois, la période du congé de reclassement excédant la durée du préavis n'ouvre pas droit à congés payés et n'est pas prise en compte dans la détermination de l'ancienneté servant de base de calcul à l'indemnité de licenciement (circ. DGEFP/DRT/DSS 2002/1 du 5 mai 2002).

▶ À noter… Le régime social des sommes versées (indemnité de licenciement et maintien des allocations au-delà de la période de douze mois ou 24 mois en cas de formation de reconversion professionnelle) dépend de la procédure de licenciement mise en œuvre. Si les sommes allouées s'inscrivent dans le cadre d'un plan de sauvegarde de l'emploi (PSE), le régime fiscal et social est celui applicable aux indemnités de rupture versées dans le cadre d'un PSE. Pour apprécier les limites d'exonération, il est fait masse des indemnités de licenciement et des sommes versées à compter de la fin du congé de reclassement. Si les sommes versées ne s'inscrivent pas dans le cadre d'un PSE, le régime fiscal et social des indemnités versées est celui applicable aux indemnités versées hors PSE (BOSS, Indemnités de rupture, § 780, 01/01/2022) [voir *Indemnités de rupture (régimes social et fiscal)**].

Priorité de réembauche - Le salarié en congé de reclassement peut demander à bénéficier, au terme de celui-ci, de la *priorité de réembauche**.

▶ À noter… La date de rupture du contrat de travail correspondant, à la date du terme effectif du congé de reclassement, peu important que le licenciement du salarié soit jugé sans cause réelle et sérieuse. C'est donc à cette date que débute le délai d'un an durant lequel le salarié bénéficie de la priorité de réembauche (circ. DGEFP/DRT/DSS 2002-1 du 5 mai 2002, § III, 5 ; cass. soc. 11 décembre 2019, n° 18-18653 FPB).

☛ *Contrat de sécurisation professionnelle.*

Congé de représentation (associations, mutuelles)

Présentation

Le congé de représentation permet à un salarié qui est désigné représentant d'une association (régie par la loi de 1901, ou inscrite au registre des associations en Alsace ou en Moselle) ou d'une mutuelle (au sens du code de la mutualité), de siéger dans une instance, consultative ou non, instituée par une disposition légale ou réglementaire auprès d'une autorité de l'État ou d'une collectivité territoriale (c. trav. art. L. 3142-60). Il est aussi ouvert aux salariés représentants des parents d'élèves et siégeant aux conseils départementaux ou régionaux, académiques et nationaux (c. éduc. art. L. 236-1 et R. 236-1).

▶ À noter… La liste des instances concernées est établie et tenue à jour par arrêtés selon les ministères (c. trav. art. R. 3142-51) (par ex. : arrêté du ministre chargé du sport du 14 mai 2009, JO du 26 mai 2009). Les représentants d'organisations non gouvernementales qui siègent dans les organisations internationales ne sont pas concernés par le congé de représentation (rép. QE 30943, JO AN 19 mars 2001, p. 1677).

Prise du congé

Durée et fractionnement - L'employeur doit accorder à l'intéressé le temps nécessaire pour participer aux réunions de l'instance (c. trav. art. L. 3142-60).

La durée totale maximale de ce congé peut être fixée accord collectif (c. trav. art. L. 3142-65). À défaut, la durée totale maximale du congé est fixée à 9 jours ouvrables par an (c. trav. art. L. 3142-66).

Le congé peut être fractionné en demi-journées (c. trav. art. L. 3142-62).

Absence non rémunérée - L'employeur n'est pas tenu de rémunérer ce congé.

Si le salarié subit une diminution de rémunération, il reçoit de l'État ou de la collectivité territoriale une indemnité compensant, en totalité ou partiellement, le cas échéant sous forme forfaitaire, cette diminution. Le montant de cette indemnité est égal à la vacation perçue par les conseillers prud'hommes (c. trav. art. L. 3142-61 et R. 3142-50).

L'employeur peut décider de maintenir la rémunération, en totalité ou en partie, au-delà de l'indemnité compensatrice. Dans ce cas, les sommes versées peuvent faire l'objet d'une déduction fiscale (c. trav. art. L. 3142-61).

S'il ne maintient pas le salaire ou s'il le maintient partiellement, l'employeur remet au salarié une attestation indiquant le montant des heures non rémunérées (c. trav. art. R. 3142-49).

Demande du salarié - Un accord collectif peut fixer le délai dans lequel le salarié doit formuler sa demande de congé (c. trav. art. L. 3142-65). À défaut, le salarié doit informer l'employeur, par tout moyen donnant date certaine, au moins 15 jours à l'avance, en indiquant la date, la durée de l'absence envisagée ainsi que l'instance au sein de laquelle il est appelé à siéger (c. trav. art. L. 3142-66 et R. 3142-52). Ce délai est de 8 jours en cas de représentation de parents d'élèves (c. éduc. art. R. 236-3).

Remise d'une attestation - À l'issue de la réunion de l'instance au titre de laquelle le congé de représentation est accordé, le service responsable de la convocation des membres de cette instance doit délivrer aux salariés une attestation constatant leur présence effective. Cette attestation est remise à l'employeur au moment de la reprise du travail (c. trav. art. R. 3142-48).

Incidences - La durée du congé est assimilée à une période de travail effectif pour la détermination de la durée des *congés payés** ainsi que pour l'ensemble des autres droits résultant, pour l'intéressé, de son contrat de travail et ne peut pas être imputée sur la durée du congé payé annuel (c. trav. art. L. 3142-62).

▶ À noter… Au cours de l'exercice de leur mission, les salariés bénéficient de la protection relative aux accidents du travail (c. séc. soc. art. L. 412-8, 12°).

Possibilités de refus

En cas de conséquences préjudiciables - Le bénéfice du congé peut être refusé par l'employeur s'il estime, après avis du *comité social et économique**, que cette absence est susceptible d'avoir des conséquences préjudiciables à la bonne marche de l'entreprise (c. trav. art. L. 3142-63).

Dépassement du nombre de bénéficiaires - Un accord collectif peut déterminer le nombre maximal par établissement de salariés susceptibles de bénéficier du congé au cours d'une année (c. trav. art. L. 3142-65). À défaut de dispositions conventionnelles, le bénéfice du congé de représentation peut être refusé par l'employeur s'il établit que le nombre de salariés ayant bénéficié de ce congé, durant l'année en cours, atteint la proportion ci-après dans l'établissement (c. trav. art. R. 3142-53) :

- moins de 50 salariés : 1 bénéficiaire ;
- de 50 à 99 salariés : 2 bénéficiaires ;
- de 100 à 199 salariés : 3 bénéficiaires ;
- de 200 à 499 salariés : 8 bénéficiaires ;
- de 500 à 999 salariés : 10 bénéficiaires ;
- de 1 000 à 1 999 salariés : 12 bénéficiaires ;
- à partir de 2 000 salariés : 2 bénéficiaires de plus par tranche supplémentaire de 1 000 salariés.

Refus motivé - Le refus doit être motivé et fondé sur les conséquences préjudiciables à la bonne marche de l'entreprise ou sur les limitations en fonction de l'effectif. Il doit être notifié à l'intéressé par tout moyen donnant date certaine dans les 4 jours qui suivent la réception de la demande (c. trav. art. L. 3142-63 et R. 3142-45).

En cas de différend, il peut être directement contesté devant le bureau de jugement du conseil de prud'hommes qui statue en dernier ressort selon la procédure accélérée au fond (c. trav. art. L. 3142-63 et R. 3142-46) [voir *Conseil de prud'hommes (référé prud'homal)**].

▶ Attention… Le salarié dont la demande n'aurait pas été satisfaite bénéficie d'une priorité pour l'octroi ultérieur d'un congé (c. trav. art. R. 3142-47).

➲ Formulaire de Droit Social, « Congé de représentation ».

Congé des réservistes

Réservistes opérationnels

Réserve opérationnelle - Il s'agit des personnes ayant choisi d'être volontaires pour intégrer les forces armées afin d'y effectuer des opérations militaires, en cas de nécessité.

Autorisation d'absence - Les salariés ayant souscrit un engagement pour servir dans la réserve opérationnelle bénéficient d'une autorisation d'absence, en principe, de 8 jours ouvrés par année civile au titre de leurs activités dans la réserve (c. trav. art. L. 3142-89).

Dans les entreprises de moins de 250 salariés, l'employeur peut décider de limiter l'autorisation d'absence à 5 jours « afin de conserver le bon fonctionnement de l'entreprise » (c. trav. art. L. 3142-89).

Procédure d'accès au congé - Le salarié fait sa demande à l'employeur par écrit au moins 1 mois à l'avance, en indiquant la date et la durée de l'absence.

Pour une absence supérieure à 5 jours, il doit obtenir l'accord de son employeur, avec un délai de prévenance d'au moins 1 mois (c. trav. art. L. 3142-90 ; code de la défense art. L. 4221-4).

▶ À noter… Ce délai peut être réduit sous certaines conditions (c. trav. art. L. 3142-90).

En cas de refus d'autoriser une absence supérieure à 5 jours, l'employeur doit motiver sa décision et la notifier dans les 15 jours à compter de la réception de la demande au salarié et à l'autorité militaire (c. trav. art. L. 3142-94 et D. 3142-62 ; code de la défense art. L. 4221-4).

▶ À noter… Le salarié qui ne ferait pas sa demande par écrit ne permettrait pas à l'employeur de refuser son absence. Dans ces circonstances, s'il s'absentait pour exercer son activité dans la réserve, il pourrait se voir reprocher une faute pouvant selon le contexte justifier un licenciement (cass. soc. 23 juin 2021, n° 19-18835 D).

Effets sur le contrat de travail - Le code du travail n'impose aucune obligation de rémunération par l'employeur. Les périodes d'activité dans la réserve opérationnelle sont considérées comme des périodes de travail effectif pour la détermination des avantages légaux et conventionnels en matière d'*ancienneté**, d'avancement, de *congés payés** et de droits aux prestations sociales (c. trav. art. L. 3142-91).

Périodes de protection - L'employeur ne peut pas rompre le contrat de travail du salarié réserviste en raison des absences dues à son engagement à servir dans la réserve ou pour celles dues à l'obligation de disponibilité (c. trav. art. L. 3142-92). De plus, la rupture du contrat de travail ne peut être notifiée ni prendre effet pendant l'accomplissement d'une période d'activité dans la réserve opérationnelle (c. trav. art. L. 3142-93).

Retour dans l'entreprise - Au retour dans l'entreprise, le salarié doit retrouver son précédent emploi (c. trav. art. L. 3142-92).

Don de jours de repos au bénéfice des réservistes opérationnels - Un salarié peut céder tout ou partie de ses jours de repos non pris (à l'exclusion de la fraction des congés payés correspondant à 24 jours ouvrables), qu'ils aient été affectés ou non sur un compte épargne temps, au bénéfice d'un salarié ayant souscrit un engagement à servir dans la réserve opérationnelle, pour lui permettre d'effectuer une période d'activité dans la réserve (c. trav. art. L. 3142-94-1).

Peuvent ainsi être donnés : tout ou partie de la 5e semaine de congés payés, des congés conventionnels, des jours de RTT et d'autres jours de repos non pris.

Le don doit être anonyme et sans contrepartie, et suppose l'accord préalable de l'employeur.

Pendant sa période d'absence, le salarié réserviste bénéficie du maintien de sa rémunération et conserve tous les avantages qu'il avait acquis antérieurement. La période d'absence est assimilée à une période de travail effectif pour la détermination des droits liés à l'ancienneté dans l'entreprise.

Réservistes dans la police nationale

Réserve opérationnelle de la police nationale - Cette réserve est destinée à effectuer des missions de soutien aux forces de sécurité intérieure et des missions de solidarité, en France et à l'étranger, à l'exception des missions de maintien et de rétablissement de l'ordre public (c. séc. int. art. L. 411-7 ; loi 2022-52 du 24 janvier 2022, JO du 25, art. 12).

Les réservistes volontaires dans la police nationale (c'est-à-dire les réservistes qui n'ont jamais été membres de la police nationale) souscrivent un contrat d'engagement, sachant qu'ils doivent répondre à diverses conditions (être âgé de 18 à 67 ans et de nationalité française, pas de peine criminelle ni correctionnelle au bulletin n° 2 du casier judiciaire, etc.). Ce contrat précise la durée maximale de l'affectation (c. séc. int. art. L. 411-9 et L. 411-11 ; loi 2022-52 du 24 janvier 2022, JO du 25, art. 12).

Autorisation d'absence - Le réserviste est en droit de s'absenter de son travail pour suivre une période d'emploi ou de formation au titre de la réserve civile de la police nationale pendant son temps de travail. Au-delà de 10 jours ouvrés par année civile, l'absence est soumise à l'accord de l'employeur sauf s'il s'agit de suivre une formation concourant au développement des compétences au titre de l'article L. 6313-1 du code du travail, sous réserve de dispositions plus favorables (clauses du contrat de travail, dispositions conventionnelles ou conventions conclues entre le ministre de l'Intérieur et l'employeur) (c. séc. int. art. L. 411-13 ; loi 2022-52 du 24 janvier 2022, JO du 25, art. 12).

Effets sur le contrat de travail - Pendant ces périodes, le contrat de travail est suspendu, de sorte que l'employeur n'est pas tenu de rémunérer le salarié pendant ces absences, sauf dispositions conventionnelles contraires. Toutefois, elles sont assimilées à du travail effectif pour les avantages légaux et conventionnels en matière d'*ancienneté**, d'avancement, de *congés payés** et de droits aux prestations sociales (c. séc. int. art. L. 411-13).

Les réservistes sont indemnisés par les pouvoirs publics (c. séc. int. art. L. 411-12).

Périodes de protection - Aucun licenciement ou déclassement professionnel ni aucune sanction disciplinaire ne peuvent être prononcés à l'encontre du réserviste de la police nationale en raison des absences résultant de ses activités dans la réserve (c. séc. int. art. L. 411-13).

Réserve citoyenne de la police nationale - Les salariés peuvent exercer, sous conditions, des périodes d'activité dans le cadre de la réserve citoyenne de la police nationale. Les périodes d'emploi au titre de la réserve citoyenne de la police nationale n'ouvrent droit à aucune indemnité ou allocation (c. séc. int. art. L. 411-18 à L. 411-21).

Réserve de sécurité nationale

Activée par le Premier ministre en cas de crise majeure (ex. : catastrophes naturelles ou technologiques), via un décret, la réserve « de sécurité nationale » permet de mobiliser rapidement, selon des règles communes, plusieurs corps de réservistes confondus : les réservistes de la réserve opérationnelle militaire, de la réserve civile de la police nationale, de la réserve sanitaire, de la réserve civile pénitentiaire et des réserves de sécurité civile (code de la défense art. L. 2171-1).

La durée de mobilisation est fixée par le décret du premier ministre, dans la limite de 30 jours consécutifs, voire plus dans des circonstances exceptionnelles (code de la défense art. L. 2171-2 et R. 2171-1).

Dans ce cadre, le réserviste doit rejoindre son affectation avec un délai minimal de préavis d'un jour franc (code de la défense art. L. 2171-6 et R. 2171-2).

L'employeur ne peut infliger aucune sanction au salarié réserviste, qui ne fait que se conformer à ses obligations (code de la défense art. L. 2171-5).

Sous certaines conditions, les réservistes peuvent être dégagés de leurs obligations (code de la défense art. L. 2171-6 et R. 2171-3).

Autres réservistes

Les salariés membres de la réserve de sécurité civile ou de la réserve sanitaire bénéficient de garanties et notamment d'autorisations d'absence (c. trav. art. L. 3142-102 et L. 3142-104 ; c. séc. int. art. L. 724-7 et s. ; c. santépub. art. L. 3133-1 et s.).

Compte d'engagement citoyen

Certaines activités bénévoles ou de volontariat permettent d'acquérir des droits sur le *compte personnel de formation** et sont recensées sur le *compte d'engagement citoyen** (c. trav. art. L. 5151-7 et L. 5151-9).

Congé sabbatique

Le congé sabbatique est une absence non rémunérée à laquelle les salariés peuvent prétendre, sous certaines conditions, pour se consacrer aux activités de leur choix (c. trav. art. L. 3142-28 à L. 3142-35).

Autorisation d'absence sous conditions

Ancienneté - Le droit à ce congé est ouvert au salarié justifiant, à la date de départ en congé, d'une ancienneté minimale dans l'entreprise, cumulée, le cas échéant, sur plusieurs périodes non consécutives, ainsi que de 6 années d'activité professionnelle. L'ancienneté acquise dans toute autre entreprise du même groupe est prise en compte au titre de l'ancienneté dans l'entreprise (c. trav. art. L. 3142-28).

L'ancienneté requise dans l'entreprise est déterminée par une convention ou un accord collectif d'entreprise ou, à défaut, une convention ou un accord de branche (c. trav. art. L. 3142-32).

▶ À noter… Le cas échéant, les dispositions de la convention ou l'accord d'entreprise en la matière priment sur celles de la convention ou de l'accord de branche (c. trav. art. L. 3142-32).

À défaut de dispositions conventionnelles, le salarié doit avoir au moins 36 mois d'ancienneté dans l'entreprise, consécutifs ou non, à la date de départ en congé (c. trav. art. L. 3142-34).

Articulation avec d'autres congés - Il ne faut pas avoir bénéficié, depuis une durée minimale, dans la même entreprise, d'un congé sabbatique, d'un *congé pour création d'entreprise** ou d'un congé de transition professionnelle d'une durée d'au moins 6 mois (c. trav. art. L. 3142-28) [voir *Compte personnel de formation (transition professionnelle)**].

Cette durée minimale est déterminée par une convention ou un accord collectif d'entreprise ou, à défaut, une convention ou un accord de branche (c. trav. art. L. 3142-32). À défaut de dispositions conventionnelles, elle est de 6 mois (c. trav. art. L. 3142-34).

Durée du congé

Les durées minimale et maximale du congé sabbatique et le nombre de renouvellements possibles sont déterminés par une convention ou un accord collectif d'entreprise ou, à défaut, une convention ou un accord de branche (c. trav. art. L. 3142-32).

À défaut de dispositions conventionnelles, la durée minimale est de 6 mois et la durée maximale de 11 mois (c. trav. art. L. 3142-34).

Demande du salarié

Les conditions et délais d'information de l'employeur par le salarié sur sa demande de congé, sur la date de son départ et sur la durée envisagée de ce congé sont déterminés par une convention ou un accord collectif d'entreprise ou, à défaut, une convention ou un accord de branche (c. trav. art. L. 3142-32).

À défaut de dispositions conventionnelles, le salarié informe l'employeur, par tout moyen donnant date certaine, au moins 3 mois à l'avance, de la date de départ choisie, en précisant la durée envisagée (c. trav. art. L. 3142-34 et D. 3142-19). Il n'est pas tenu de préciser la teneur de son projet personnel.

Si le salarié ne fait pas sa demande dans le respect du délai de prévenance qui s'impose, l'employeur peut légitimement reporter la prise du congé (cass. soc. 19 avril 1989, n° 86-41744, BC V n° 297 ; cass. soc. 12 mars 2008, n° 06-43866, BC V n° 61).

Réponse de l'employeur

Procédure - L'employeur informe le salarié soit de son accord sur la date de départ choisie par l'intéressé, soit du report de cette date, soit de son refus par tout moyen donnant date certaine.

L'accord de l'employeur est réputé acquis à défaut de réponse dans un délai de 30 jours à compter de la présentation de la demande du salarié, sachant que cette règle est d'ordre public (c. trav. art. L. 3142-30 et D. 3142-18).

Le fait que le salarié informe tardivement son employeur, soit moins de 3 mois avant, de la date de son départ en congé sabbatique ne dispense pas ce dernier de lui répondre dans le délai légal imparti. À défaut de réponse dans les 30 jours, son silence vaut acceptation tacite (cass. soc. 12 mars 2008, n° 06-43.866, BC V n° 61 ; cass. soc. 14 décembre 2017, n° 16-24027 D).

Durée du report selon le seuil des 300 salariés - La durée maximale du report est de 6 mois dans les entreprises de 300 salariés ou plus, et de 9 mois dans celle de moins de 300 salariés sachant que ces délais courent à compter de la présentation de la demande du salarié (c. trav. art. L. 3142-29 et D. 3142-14).

Il revient à un accord collectif (accord d'entreprise ou, à défaut, accord de branche) de définir à partir de quel seuil (pourcentage de salariés simultanément absents ou proportion de jours d'absence) l'employeur peut différer le départ en congé (c. trav. art. L. 3142-32). À défaut de dispositions conventionnelles, l'employeur applique les dispositions réglementaires du code du travail, qui prévoit deux motifs de report *(voir ci-après)*.

Report en fonction des seuls congés sabbatiques - En l'absence de dispositions conventionnelles, l'employeur peut reporter le départ en congé sabbatique (c. trav. art. D. 3142-20) :

- tant que le nombre de salariés simultanément absents au titre de ce congé sabbatique dépasse 1,5 % ;
- ou tant que le nombre de jours d'absence au titre de ce congé sabbatique dépasse 1,5 % du nombre de jours de travail effectués dans les 12 mois précédant le départ en congé (pour permettre le départ en congé d'un salarié, cette période de 12 mois est prolongée, dans la limite de 48 mois).

Report en fonction des congés sabbatiques et des congés pour création d'entreprise - Le second cas de report prend en compte les congés sabbatiques, mais aussi les éventuels congés pour création d'entreprise et pour l'exercice de responsabilités de direction au sein d'une entreprise répondant aux critères de jeune entreprise innovante (voir *Congé pour création d'entreprise**). En l'absence de dispositions conventionnelles fixant des seuils différents *(voir ci-avant)*, l'employeur peut reporter le départ en congé sabbatique (c. trav. D. 3141-21 et D. 3142-75) :

- tant que la somme de ces congés dépasse 2 % de l'effectif de l'entreprise ;
- ou tant que le nombre de jours d'absence prévu au titre de ces congés dépasse 2 % du nombre total des jours de travail effectués dans les 12 mois précédant le départ en congé (pour permettre le départ en congé d'un salarié, cette période de 12 mois est prolongée, dans la limite de 48 mois).

▶ Attention… Dans le cas d'un report, l'employeur n'est pas « tenu d'énoncer un motif, ni de se référer à certains pourcentages de salariés simultanément absents ou de jours d'absence » (cass. soc. 29 septembre 2021, n° 20-13969 D). Attention toutefois, en cas de contentieux, l'employeur doit pouvoir justifier que sa décision repose sur les motifs prévus par le code du travail.

En revanche, dans le cas d'un refus, le code du travail fait expressément obligation à l'employeur de motiver sa décision et de la porter à la connaissance du salarié *(voir ci-après)*.

Refus du congé - Dans les entreprises de moins de 300 salariés, l'employeur peut refuser le congé sabbatique s'il estime, après avis du *comité social et économique** s'il existe, que ce congé aura des conséquences préjudiciables à la bonne marche de l'entreprise. L'employeur précise le motif de son refus et le porte à la connaissance du salarié. Il lui notifie sa décision par tout moyen donnant une date certaine (c. trav. art. L. 3142-29, L. 3142-113 et D. 3142-15).

Le salarié peut contester le refus de l'employeur dans les 15 jours à compter de la notification (c. trav. art. D. 3142-16). Il agit directement devant le conseil de prud'hommes, statuant en suivant la procédure accélérée au fond et en dernier ressort (c. trav. art. L. 3142-29 et R. 3142-17).

Le juge peut prononcer la nullité du refus de l'employeur lorsque celui-ci est injustifié en raison de l'absence d'effet préjudiciable pour l'entreprise (cass. soc. 2 février 1999, n° 96-41812, BC V n° 54).

Statut du salarié durant le congé

Suspension du contrat de travail - Pendant le congé sabbatique, le contrat de travail est suspendu. Au cours de ce congé, le salarié peut donc avoir une activité salariée ou non s'il respecte les obligations de loyauté et de non-concurrence à l'égard de son employeur (cass. soc. 27 novembre 1991, n° 88-43161, BC V n° 537 ; cass. soc. 9 mai 2006, n° 04-44929 D).

▶ Attention… L'employeur doit prendre garde à ne pas remettre les documents de fin de contrat au salarié qui part en congé sabbatique, au risque de devoir indemniser le salarié pour licenciement sans cause réelle et sérieuse (cass. soc. 7 avril 2009, n° 07-45709 D).

Congé non rémunéré - L'employeur n'est pas tenu de rémunérer le salarié en congé sabbatique, sauf dispositions conventionnelles, contractuelles ou usages contraires.

Report de congés payés - Les modalités de report des congés payés dus au salarié qui bénéficie du congé sabbatique sont déterminées par une convention ou un accord collectif d'entreprise ou, à défaut, une convention ou un accord de branche (c. trav. art. L. 3142-33).

À défaut de dispositions conventionnelles, les règles légales du *congé pour création d'entreprise** s'appliquent (c. trav. art. L. 3142-35, L. 3142-120 à L. 3142-124).

Autres ressources mobilisables - Le salarié peut percevoir, pendant son congé, les droits qu'il a capitalisés au titre du *compte épargne-temps**. En revanche, il n'a aucun droit à déblocage de la participation ou du plan d'épargne d'entreprise (voir *Réserve spéciale de participation**).

Protection sociale - Pendant un congé sabbatique, le contrat de travail n'est pas rompu, mais simplement suspendu. Aussi, l'intéressé ne peut pas prétendre au dispositif de maintien des droits à l'*assurance maladie** pour le bénéfice des prestations en espèces (c. séc. soc. art. L. 161-8). Pendant la durée de son congé sabbatique, aucune indemnité journalière d'assurance maladie (prestations en espèces) ne peut lui être versée. À l'issue de son congé, ses droits à indemnités journalières sont regardés selon les conditions de droit commun (circ. DSS/SD2/2015-179 du 26 mai 2015).

S'agissant du droit aux prestations en nature (remboursement des frais de santé), l'assuré peut toujours y prétendre, dans le cadre de la *protection universelle maladie**.

Pas de droit à un retour anticipé - Le salarié ne peut pas exiger d'être réemployé avant l'expiration du congé (c. trav. art. L. 3142-31).

Licenciement - Le salarié licencié alors qu'il est en congé sabbatique n'a pas droit à l'*indemnité compensatrice de préavis** (cass. soc. 22 septembre 2016, n° 14-26359 D). Cette règle est une application du principe selon lequel, sauf exceptions, le salarié licencié ne peut pas prétendre à la rémunération d'un préavis qu'il est dans l'incapacité d'exécuter (arrêt maladie, congé parental, congé sabbatique, etc.).

Réintégration en fin de congé

Précédent emploi ou emploi similaire - À l'issue du congé sabbatique, le salarié retrouve son précédent emploi ou un emploi similaire assorti d'une rémunération au moins équivalente (c. trav. art. L. 3142-31).

Cependant, ce n'est que si le poste occupé par le salarié avant son congé n'est plus disponible que l'employeur peut proposer un emploi similaire avec une rémunération au moins équivalente. En effet, pour les juges, le salarié doit retrouver son précédent emploi ou « à défaut » un emploi similaire. Pour autant, il semble que la Cour de cassation n'impose pas à l'employeur de réserver le poste initial du salarié en prévision de son retour, de sorte qu'il peut pourvoir ce poste définitivement par un recrutement en CDI durant l'absence du salarié en congé. Dans cette hypothèse, si le poste n'est plus disponible car pourvu définitivement, la seule obligation de l'employeur est de proposer un emploi similaire avec une rémunération au moins équivalente (cass. soc. 3 juin 2015, n° 14-12245, BC V n° 112).

Pas de délai de réintégration - L'employeur doit réintégrer le salarié dès la fin de son congé sabbatique. La pratique consistant à envoyer un courrier au salarié l'autorisant à ne pas revenir à son emploi avant un certain délai (même de l'ordre d'une semaine) afin que l'employeur puisse lui trouver une solution de réintégration dans l'entreprise est à éviter : le salarié peut prendre acte de la rupture de son contrat et l'employeur risque d'être condamné à l'indemniser pour licenciement sans cause réelle et sérieuse (cass. soc. 4 février 2009, n° 07-43984 D) (voir *Prise d'acte de la rupture**).

Entretien professionnel - À l'issue du congé sabbatique, le salarié bénéficie de l'*entretien professionnel** (c. trav. art. L. 3142-31).

▶ À noter… L'absence d'organisation de l'entretien professionnel de retour de congé de maternité ne constitue pas, à elle seule, une cause de nullité du licenciement prononcé ensuite (cass. avis 7 juillet 2021, n° 21-70011, B. avis n° 15010). Cette position est transposable, selon nous, au licenciement prononcé alors que le salarié n'a pas bénéficié de l'entretien professionnel après un congé sabbatique.

➲ Formulaire de Droit Social, « Congé sabbatique ».

Congé sans solde

☛ *Congé pour convenances personnelles ; Congé sabbatique.*

Congé de solidarité familiale

Le congé de solidarité familiale permet au salarié de s'absenter de son travail pour accompagner une personne en fin de vie. Il se distingue du *congé de proche aidant**.

Bénéficiaires

Le congé est ouvert à tout salarié, quel que soit son ancienneté ou l'effectif de l'entreprise, dont un ascendant, un descendant, un frère, une sœur ou une personne partageant le même domicile souffre d'une pathologie mettant en jeu le pronostic vital, ou est en phase avancée ou terminale d'une affection grave et incurable (c. trav. art. L. 3142-6).

La personne ayant été désignée comme « personne de confiance » peut aussi bénéficier de ce congé (c. trav. art. L. 3142-6 ; c. santépub. art. L. 1111-6). Il s'agit de la personne préalablement désignée par le malade (parent, proche, médecin traitant) pour être consultée au cas où lui-même serait hors d'état d'exprimer sa volonté.

Information ou demande à l'employeur

Préavis - Les délais d'information de l'employeur par le salarié sur la prise du congé et sa durée prévisible sont déterminés par une convention ou un accord collectif d'entreprise ou, à défaut, une convention ou un accord de branche (c. trav. art. L. 3142-14).

▶ Attention... Le cas échéant, la convention ou l'accord collectif d'entreprise prime sur la convention ou l'accord de branche (c. trav. art. L. 3142-14).

À défaut de dispositions conventionnelles, le salarié informe l'employeur par tout moyen donnant date certaine, au moins 15 jours avant le début du congé, de sa volonté de suspendre son contrat de travail à ce titre, de la date de son départ en congé et, le cas échéant, de sa demande de fractionnement ou de transformation en temps partiel de celui-ci (c. trav. art. L. 3142-15 et D. 3142-5).

Certificat médical - Le salarié doit adresser à son employeur un certificat médical, établi par le médecin traitant de la personne qu'il souhaite assister, attestant que celle-ci souffre d'une pathologie mettant en jeu le pronostic vital ou est en phase avancée ou terminale d'une affection grave et incurable (c. trav. art. D. 3142-5).

Date prévisible du retour - Au moment de la demande de congé, par tout moyen donnant date certaine, le salarié informe l'employeur de la date prévisible de son retour (c. trav. art. D. 3142-3).

Réponse de l'employeur - En cas de congé pris en une seule fois, à temps plein, l'employeur ne peut ni refuser ni reporter la date de départ en congé. En revanche, il n'est pas tenu d'accepter une demande de congé pris à temps partiel *(voir ci-après)*.

Contestation d'un refus - En cas de différend, le refus de l'employeur peut être directement contesté par le salarié devant le conseil de prud'hommes, statuant selon la procédure accélérée au fond et en dernier ressort (c. trav. art. L. 3142-13 et R. 3142-4) [voir *Conseil de prud'hommes (référé prud'homal)**].

Congé total, fractionné ou à temps partiel

Le congé est pris à temps complet ou à temps partiel. Dans ce dernier cas, le salarié doit en faire la demande à l'employeur qui peut s'y opposer (c. trav. art. L. 3142-8). En cas de refus de l'employeur, seul un congé à temps plein est possible.

L'accord de l'employeur est également nécessaire si le salarié souhaite fractionner son congé (c. trav. art. L. 3142-8).

Les conditions et modalités de fractionnement du congé ou de sa transformation en période d'activité à temps partiel sont déterminées par une convention ou un accord collectif d'entreprise ou, à défaut, une convention ou un accord de branche (c. trav. art. L. 3142-14 et L. 3142-15). À défaut de dispositions conventionnelles, voir ci-avant sur le préavis à respecter par le salarié.

En tout état de cause, en cas de fractionnement du congé, la durée minimale de chaque période de congé est d'une journée (c. trav. art. D. 3142-2).

Durée du congé

Limite de la durée maximale - Qu'il soit pris en une seule fois, à temps partiel ou par fractionnement, la durée du congé est fixée par le salarié, dans la limite prévue par la convention ou l'accord collectif d'entreprise ou, à défaut, la convention ou l'accord de branche.

À défaut de dispositions conventionnelles, la durée maximale du congé est de trois mois, renouvelable dans la limite d'un an pour l'ensemble de la carrière (c. trav. art. L. 3142-7, L. 3142-14 et L. 3142-15).

Renouvellement - Le nombre de renouvellements possibles et les délais d'information de l'employeur par le salarié sur le renouvellement sont déterminés par la convention ou l'accord collectif d'entreprise ou, à défaut, la convention ou l'accord de branche (c. trav. art. L. 3142-14).

À défaut d'accord, le congé est renouvelable une fois et le salarié doit informer l'employeur du renouvellement de son congé ou de son activité à temps partiel, par tout moyen donnant date certaine, au moins 15 jours avant le terme initialement prévu (c. trav. art. L. 3142-15 et D. 3142-6).

Lien avec l'entreprise pendant le congé

Les mesures permettant le maintien d'un lien entre l'entreprise et le salarié pendant la durée du congé sont déterminées par accord collectif (convention ou accord d'entreprise ou, à défaut, convention ou un accord de branche) (c. trav. art. L. 3142-14).

Effets sur le contrat de travail

Rémunération par l'employeur - Le congé de solidarité familiale total n'est pas rémunéré sauf disposition contractuelle, conventionnelle ou usage plus avantageux. En cas de période de travail à temps partiel, le salarié reçoit la rémunération proportionnelle au temps de travail effectué.

Indemnisation de la sécurité sociale - La personne bénéficiaire du congé peut percevoir une allocation de la part de la sécurité sociale *(voir ci-après)*.

Pas d'autre activité - Le salarié en congé de solidarité familiale ou qui travaille à temps partiel ou de façon fractionnée dans le cadre de ce congé ne peut exercer aucune autre activité professionnelle (c. trav. art. L. 3142-9).

Ancienneté et avantages acquis - La durée du congé est prise en compte pour la détermination des avantages liés à l'ancienneté. Le salarié conserve le bénéfice de tous les avantages qu'il avait acquis avant le début du congé (c. trav. art. L. 3142-12).

Congés annuels - Il est interdit d'imputer la durée du congé sur celle des congés payés annuels (c. trav. art. L. 3142-12).

Allocation d'accompagnement

Cas d'octroi - Les bénéficiaires du congé de solidarité familiale (à temps complet ou à temps partiel) perçoivent une allocation journalière d'accompagnement d'une personne en fin de vie quand elles accompagnent à domicile une personne en phase avancée ou terminale d'une affection grave et incurable, quelle qu'en soit la cause (c. séc. soc. art. L. 168-1).

Les demandeurs d'emploi peuvent également bénéficier de cette allocation *(voir ci-après)*.

Formalités de demande d'allocation - Pour bénéficier de l'allocation, il faut remplir un formulaire intitulé « Demande d'allocation journalière d'accompagnement à domicile d'une personne en fin de vie » (Cerfa 14555*01) (arrêté du 16 décembre 2011, JO du 28), téléchargeable sur www.service-public.fr ou sur www.ameli.fr.

L'accompagnant doit produire divers documents et attestations (c. séc. soc. art. L. 168-5), et, notamment, une attestation de l'employeur précisant que le demandeur bénéficie d'un congé de solidarité familiale ou qu'il l'a transformé en période d'activité à temps partiel (c. séc. soc. art. D. 168-1).

Par ailleurs, la sécurité sociale ne peut lui verser l'allocation qu'une fois obtenu l'accord du régime d'assurance maladie dont relève l'accompagné (c. séc. soc. art. L. 168-6). L'accompagnant adresse sa demande d'allocation à la CPAM dont il relève, en cas de maladie, pour le versement des prestations en espèces ou le maintien de tout ou partie de la rémunération. Cet organisme informe, dans les 48 h à compter de la date de réception de la demande, celui dont relève la personne accompagnée pour le service des prestations en nature de l'assurance maladie. Le silence gardé pendant plus de 7 jours à compter de la date à laquelle l'organisme reçoit la demande vaut accord (c. séc. soc. art. D. 168-4).

▶ À noter... Pour les assurés du régime général, le dossier doit être adressé au centre national de gestion de l'allocation journalière des accompagnants de personnes en fin de vie (CNAJAP), rue Marcel Brunet BP 109, 23014 GUÉRET Cedex (www.ameli.fr).

Modalités de versement de l'allocation - La demande d'allocation comporte l'indication, par l'accompagnant, du nombre de journées d'allocation demandées dans la limite maximale fixée, selon qu'il suspend ou réduit son activité professionnelle (c. séc. soc. art. D. 168-3).

L'allocation est versée pendant une durée maximale de 21 jours, ouvrables ou non, y compris si, à un moment donné, l'accompagnant doit être hospitalisé. Le versement cesse le lendemain du jour suivant le décès (c. séc. soc. art. L. 168-4).

Le nombre maximal d'allocations journalières est de 42 si le demandeur réduit son activité professionnelle (c. séc. soc. art. D. 168-8).

L'allocation est due à compter de la date de réception de la demande par l'organisme d'assurance maladie du bénéficiaire, dès lors que les conditions sont réunies à cette date (c. séc. soc. art. D. 168-5).

L'allocation peut être fractionnée entre plusieurs bénéficiaires accompagnant la personne en fin de vie. Elle ne pourra pas excéder toutefois le nombre maximal d'allocations précité (c. séc. soc. art. D. 168-10).

Montant de l'allocation - Depuis le 1.04.2021, le montant de l'allocation est fixé à :

- 56,33 € par jour lorsque le demandeur suspend son activité professionnelle (c. séc. soc. art. D. 168-6) ;
- 28,17 € lorsque le demandeur réduit son activité professionnelle (c. séc. soc. art. D. 168-8).

Le montant de l'allocation est revalorisé à la même date et selon le même taux que l'allocation journalière prévue dans le cadre du *congé de présence parentale pour enfant malade** (c. séc. soc. art. D. 168-6).

Régimes social et fiscal - L'allocation d'accompagnement n'est pas soumise à cotisations sociales. Elle est en revanche assujettie à la CSG, à la CRDS et est soumise à l'impôt sur le revenu. Elle n'ouvre pas de droit à retraite (circ. DSS/2A 2011-117 du 24 mars 2011).

Maintien de la protection sociale de l'accompagnant - Le bénéficiaire du congé conserve ses droits aux prestations en nature et en espèces d'assurance maladie, maternité, invalidité et décès aussi bien durant le congé qu'à l'issue de celui-ci (c. séc. soc. art. L. 161-9-3).

Lorsque le congé prend fin, les périodes pendant lesquelles les bénéficiaires du congé de solidarité familiale conservent leurs droits sont fixées comme suit (c. séc. soc. art. D. 161-2-1-1-1) :
- 12 mois à compter de la reprise du travail à l'issue de ce congé ;
- la durée de l'interruption de travail pour cause de maladie ou de maternité en cas de non-reprise du travail à l'issue de ce congé ;
- 12 mois à compter de la reprise du travail à l'issue du congé de maladie ou de maternité susmentionné.

Demandeurs d'emploi indemnisés - Les demandeurs d'emploi peuvent bénéficier de l'allocation d'accompagnement dès lors qu'ils sont ascendants, descendant, frère, sœur ou personne de confiance de la personne accompagnée ou partagent le même domicile que celle-ci. Ils doivent joindre au formulaire de demande une déclaration sur l'honneur de cessation de recherche active d'emploi pour accompagner à domicile une personne en fin de vie.

Le versement de l'allocation ne se cumule pas avec l'indemnisation chômage, du fait de la cessation de recherche active d'emploi. L'allocation-chômage est suspendue pendant les jours de versement de l'allocation d'accompagnement et reprend à l'issue de la période de versement de l'allocation d'accompagnement. Le demandeur d'emploi doit informer le Pôle Emploi dans un délai de 72 heures (circ. Unedic 2019-12, fiche 5, § 2-2).

Issue du congé

Date de retour - Le congé prend fin à l'expiration de la durée prévue initialement ou dans les 3 jours qui suivent le décès ou à une date antérieure choisie par le salarié (c. trav. art. L. 3142-7).

▶ À noter... Le salarié peut, en cas de décès, bénéficier du *congé pour événement familial** (c. trav. art. L. 3142-7).

La convention ou l'accord collectif d'entreprise ou, à défaut, la convention ou l'accord de branche détermine la durée du préavis en cas de retour du salarié avant le terme prévu du congé, lequel est d'au moins 3 jours (c. trav. art. L. 3142-14 et D. 3142-3).

En l'absence de dispositions conventionnelles, le salarié en informe l'employeur au moins 3 jours avant son retour (c. trav. art. L. 3142-15 et D. 3142-3).

Précédent emploi ou emploi similaire - À l'issue du congé, le salarié retrouve son emploi ou un emploi similaire, assorti d'une rémunération au moins équivalente (c. trav. art. L. 3142-10).

▶ Attention... Le salarié a droit à l'*entretien professionnel** avant et après son congé (c. trav. art. L. 3142-11).

➲ Formulaire de Droit Social, « Congé de solidarité familiale : information de l'employeur » ; « Refus d'un congé de solidarité familiale à temps partiel ».

Congé de solidarité internationale

Droit au congé

Le salarié qui a l'ancienneté requise par la convention ou l'accord d'entreprise ou, à défaut, la convention ou l'accord de branche a droit à un congé de solidarité internationale pour participer à une mission (c. trav. art. L. 3142-67, L. 3142-73 et L. 3142-74) :
- se déroulant hors de France ;
- pour le compte d'une association à but humanitaire ou d'une organisation internationale dont la France est membre.

▶ Attention... Le cas échéant, la convention ou l'accord d'entreprise prime sur la convention ou l'accord de branche (c. trav. art. L. 3142-73).

En l'absence de dispositions conventionnelles, l'ancienneté requise est de 12 mois, consécutifs ou non.

La liste des organismes agréés au titre du congé de solidarité internationale est fixée par arrêté (arrêté du 16 juillet 1996, JO du 30 juillet 1996).

▶ Attention... Le congé de solidarité internationale se distingue de l'engagement de *service civique** et du volontariat associatif.

Durée et modalités du congé

Durée conventionnelle ou légale - La durée maximale du congé de solidarité internationale est déterminée par convention ou accord collectif d'entreprise ou, à défaut, convention ou accord de branche (c. trav. art. L. 3142-73).

À défaut de dispositions conventionnelles, la durée maximale du congé est de 6 mois ou de 6 semaines en cas d'urgence (c. trav. art. L. 3142-74).

Demande du salarié - La convention ou l'accord collectif d'entreprise ou, à défaut, la convention ou l'accord de branche définit les délais dans lesquels le salarié adresse sa demande de congé à son employeur (c. trav. art. L. 3142-73).

À défaut de dispositions conventionnelles, le salarié informe l'employeur par tout moyen donnant date certaine, au moins 30 jours à l'avance ou 48 h en cas d'urgence, de la date de départ en congé et de la durée de l'absence envisagée, en précisant le nom de l'association pour le compte de laquelle la mission sera effectuée (c. trav. art. L. 3142-74 et D. 3142-56).

Refus du congé - Dans les cas où un refus est possible, l'employeur doit au préalable recueillir l'avis du *comité social et économique** (c. trav. art. L. 3142-69).

Le congé peut être refusé par l'employeur :
- s'il estime qu'il aura des conséquences préjudiciables à la bonne marche de l'entreprise (c. trav. art. L. 3142-69) ;
- lorsque le nombre de salariés bénéficiant simultanément du congé atteint les proportions définies, en fonction de l'effectif de l'établissement, par la convention ou l'accord collectif d'entreprise (ou, à défaut, la convention ou l'accord de branche) ;
- ou, en l'absence de dispositions conventionnelles, lorsque le nombre de salariés bénéficiant déjà du congé à la date de départ atteint les proportions suivantes (c. trav. art. L. 3142-73 et D. 3142-57) : établissement occupant moins de 50 salariés : 1 bénéficiaire ; de 50 à 99 salariés : 2 bénéficiaires ; de 100 à 199 salariés : 3 bénéficiaires ; de 200 à 499 salariés : 4 bénéficiaires ; de 500 à 999 salariés : 5 bénéficiaires ; de 1 000 à 1 999 salariés : 6 bénéficiaires ; à partir de 2 000 salariés : 1 bénéficiaire de plus par tranche supplémentaire de 1 000 salariés.

Notification du refus - Le refus du congé, qui doit être motivé, est notifié au salarié, par tout moyen donnant date certaine, dans un délai de 15 jours, ou dans un délai de 24 h en cas d'urgence, à compter de la réception de la demande.

À défaut de réponse de l'employeur dans le délai de 15 jours, son accord est réputé acquis (c. trav. art. L. 3142-69 et D. 3142-54). Toutefois, en cas d'urgence, le silence de l'employeur vaut refus qui n'a donc pas à être motivé (c. trav. art. L. 3142-70).

▶ À noter… Le refus de l'employeur peut être contesté devant le conseil de prud'hommes, statuant selon la procédure accélérée au fond en dernier ressort (c. trav. art. L. 3142-69 et R. 3142-55) [voir *Conseil de prud'hommes (référé prud'homal)**].

Effets sur le contrat de travail

Sauf disposition contractuelle, conventionnelle ou usage plus favorables, le congé n'est pas rémunéré.

La durée du congé est assimilée à une période de travail effectif pour la détermination des avantages légaux et conventionnels liés à l'*ancienneté**. Elle ne peut pas être imputée sur celle du congé payé annuel (c. trav. art. L. 3142-68) [voir *Congés payés (prise et report)**].

Issue du congé

À l'issue du congé, ou à l'occasion de son interruption pour un motif de force majeure, le salarié retrouve son précédent emploi, ou un emploi similaire, assorti d'une rémunération au moins équivalente (c. trav. art. L. 3142-71).

Le salarié remet à l'employeur, à l'issue du congé, une attestation constatant l'accomplissement de la mission et délivrée par l'association concernée (c. trav. art. L. 3142-72).

La convention ou l'accord d'entreprise ou, à défaut, la convention ou l'accord de branche détermine les mesures permettant le maintien d'un lien entre l'entreprise et le salarié pendant la durée du congé et, le cas échéant, les modalités d'accompagnement du salarié à son retour (c. trav. art. L. 3142-73).

Congés familiaux

Voir ci-après le tableau récapitulatif des principaux congés familiaux. Voir aussi : *Adoption**, *Congé d'adoption**, *Congé de deuil**, *Congé pour don d'ovocytes**, *Congé pour enfant malade**, *Congé pour événement familial**, *Congé des jeunes parents**, *Congé parental d'éducation**, *Congé de paternité et d'accueil de l'enfant**, *Congé pathologique**, *Congé PMA**, *Congé de présence parentale pour enfant malade**, *Congé de proche aidant**, *Congé de solidarité familiale** et *Maternité (congé de)**.

Le mariage ou la filiation adoptive entraîne les mêmes effets, droits et obligations reconnus par les lois, que les époux ou parents soient de sexes différents ou de même sexe (c. civ. art. 6-1). En

Principaux congés familiaux

Congés	Bénéficiaires	Durée du congé	Ancienneté exigée	Rémunération ou indemnisation	Assimilation à du travail effectif	
					Congés payés	Ancienneté
Adoption						
Congé principal d'adoption (c. trav. art. L. 1225-37)	Salarié à qui l'autorité administrative ou tout organisme désigné par voie réglementaire confie un enfant en vue de son adoption	16 semaines au plus à dater de l'arrivée de l'enfant au foyer (6) Le congé peut précéder de 7 jours consécutifs, au plus, l'arrivée de l'enfant au foyer. 18 semaines lorsque l'adoption porte à 3 ou plus le nombre d'enfants dont le salarié ou le foyer assume la charge 22 semaines en cas d'adoptions	aucune	OUI, par la sécurité sociale et, le cas échéant, maintien de salaire par l'employeur	OUI	OUI (3)
Congé supplémentaire d'adoption (c. trav. art. L. 1225-40)	répartition entre parents	- 11 jours pour une adoption ; - 18 jours en cas d'adoptions multiples	aucune	OUI, par la sécurité sociale et, le cas échéant, maintien de salaire par l'employeur	OUI	OUI
Congé d'adoption au moment de l'arrivée d'un enfant (c. trav. art. L. 3142-1)	un des parents	3 jours	aucune	OUI, par l'employeur	OUI	(1)
Don d'ovocytes						
Autorisation d'absence (c. santépub. art. L. 1244-5)	salariée	examens et interventions nécessaires à la stimulation ovarienne et au prélèvement ovocytaire	aucune	OUI, par l'employeur	OUI	OUI
Procréation médicalement assistée						
Autorisation d'absence (c. trav. art. L. 1225-16)	- femme - conjoint ou partenaire dans le cadre du Pacs ou de la vie maritale	Pour les actes médicaux nécessaires à chaque protocole du parcours d'assistance médicale	aucune	OUI, par l'employeur	OUI	OUI

Principaux congés familiaux

Congés	Bénéficiaires	Durée du congé	Ancienneté exigée	Rémunération ou indemnisation	Assimilation à du travail effectif	
					Congés payés	Ancienneté
		Naissance				
Autorisation d'absence pour se rendre aux examens médicaux obligatoires liés à la grossesse (c. trav. art. L. 1225-16)	- femme enceinte - conjoint ou partenaire dans le cadre du Pacs ou de la vie maritale	- pour la femme enceinte : examen médical dans les 3 premiers mois, puis un au cours de chacun des 6 mois suivants - conjoint de la femme enceinte ou personne liée à elle par un Pacs ou vivant maritalement avec elle : autorisations d'absence pour se rendre à 3 des examens médicaux obligatoires au maximum	aucune	OUI, par l'employeur	OUI	OUI
Congé de maternité prénatal (c. trav. art. L. 1225-17 à L. 1225-21)	mère	- naissance unique du 1er ou du 2e enfant : 6 semaines - naissance du 3e enfant ou plus : 8 semaines - naissance de jumeaux : 12 semaines - naissance de triplés : 24 semaines - état pathologique : 2 semaines	aucune	OUI, par la sécurité sociale et, le cas échéant, maintien de salaire par l'employeur	OUI	OUI
Congé de maternité postnatal (c. trav. art. L. 1225-17 à L. 1225-21)	mère	- naissance unique du 1er ou du 2e enfant : 10 semaines - naissance unique du 3e enfant : 18 semaines - naissances multiples : 22 semaines - état pathologique : 4 semaines	aucune	OUI, par la sécurité sociale et, le cas échéant, maintien de salaire par l'employeur	OUI	OUI (3)
Congé en cas de décès de la mère (c. trav. art. L. 1225-28)	père et, si le père n'exerce pas son droit, le conjoint salarié de la mère, ou la personne pacsée ou vivant maritalement avec elle	reste du congé postnatal de la mère	aucune	OUI, par la sécurité sociale et, le cas échéant, maintien de salaire par l'employeur	OUI	OUI
Congé de paternité et d'accueil de l'enfant (c. trav. art. L. 1225-35)	père et, le cas échéant, personne vivant maritalement avec la mère (conjoint, partenaire ayant conclu un Pacs, concubin, etc.), *indépendamment de son lien de filiation avec l'enfant qui vient de naître*	- 25 jours, ou 28 jours en cas de naissances multiples, avec une obligation de congé de 4 jours consécutifs adossés au congé de naissance et une possibilité de fractionnement pour le reste des jours en 2 périodes d'une durée minimale de 5 jours chacune (c. trav. art. D. 1225-8) (7) - pour les naissances d'un l'enfant dont l'état nécessite son hospitalisation immédiate, la période initiale de 4 jours de congé est prolongée de droit, à la demande du salarié, dans la limite de 30 jours (c. trav. art. L. 1225-35 et D. 1225-8-1)	aucune	OUI, par la sécurité sociale et, le cas échéant, par l'employeur	OUI	NON (3)

Principaux congés familiaux

Congés	Bénéficiaires	Durée du congé	Ancien-neté exigée	Rémunération ou indemnisation	Assimilation à du travail effectif	
					Congés payés	Ancienneté
Congé de naissance (c. trav. art. L. 3142-1)	père de l'enfant et, le cas échéant, le conjoint ou le concubin de la mère ou la personne liée à elle par un pacs	3 jours	aucune	OUI, par l'employeur	OUI	(1)
Éducation de l'enfant						
Congé parental d'éducation (CPE) (c. trav. art. L. 1225-47 à L. 1225-60)	parents	- enfant de moins de 3 ans : 1 an au plus, renouvelable 2 fois jusqu'aux 3 ans de l'enfant - possibilité, en cas de naissance multiple, de prolonger le CPE jusqu'à l'entrée à l'école maternelle des enfants - s'agissant des naissances multiples d'au moins 3 enfants ou des arrivées simultanées d'au moins 3 enfants adoptés ou confiés en vue d'adoption, le CPE peut être prolongé 5 fois pour prendre fin au plus tard au 6e anniversaire des enfants - enfant adopté de moins de 3 ans : 1 an au plus, renouvelable 2 fois jusqu'au 3e anniversaire de son arrivée au foyer - enfant adopté de plus de 3 ans et de moins de 16 ans : 1 an au plus, non renouvelable	1 an	Éventuellement par la sécurité sociale (2) OUI, par l'employeur si temps partiel pour le salaire correspondant	NON	OUI pour moitié pour les avantages liés à l'ancienneté (3) OUI en totalité si temps partiel
Handicap						
Congé pour événement familial (c. trav. art. L. 3142-1)	salarié informé d'un handicap chez son enfant, d'une pathologie chronique nécessitant un apprentissage thérapeutique ou d'un cancer chez un enfant	2 jours	aucune	Oui, par l'employeur	OUI	OUI
Décès						
Congé pour événement familial (c. trav. art. L. 3142-1)	salarié dont un parent décède	- enfant : 5 jours (congé pour événement familial) - enfant (ou personne à charge effective et permanente) de moins de 25 ans : 7 jours ouvrés - enfant lui-même parent : 7 jours ouvrés - conjoint, concubin, partenaire pacsé, père, mère, beau-père, belle-mère, frère, sœur : 3 jours	aucune	OUI, par l'employeur	OUI	(1)

Principaux congés familiaux

Congés	Bénéficiaires	Durée du congé	Ancienneté exigée	Rémunération ou indemnisation	Assimilation à du travail effectif : Congés payés	Assimilation à du travail effectif : Ancienneté
Congé de deuil (c. trav. art. L. 3142-1-1 et D. 3142-1-1 c. séc. soc. art. L. 331-9 et D. 331-6)	salarié dont un enfant (ou une personne à sa charge effective et permanente) de moins de 25 ans décède	8 jours ouvrables, fractionnables	aucune	OUI, par l'employeur, compte tenu des IJSS	OUI	(1)
Mariage et Pacs						
Congé pour événement familial (c. trav. art. L. 3142-1)	salarié se mariant ou se pacsant	4 jours	aucune	OUI, par l'employeur	OUI	(1)
	salarié dont un enfant se marie	1 jour				
Maladie						
Congé pour enfant malade (c. trav. art. L. 1225-61)	parents (4)	3 à 5 jours par an selon l'âge de l'enfant	aucune	OUI (allocation versée par la CAF)	NON possibilité de passage à temps partiel et acquisition de congé payés dans ce cas	OUI pour moitié (3) possibilité de passage à temps partiel et acquisition d'ancienneté comme un temps plein dans ce cas
Congé de présence parentale (pour un enfant à charge victime d'une maladie, d'un accident ou d'un handicap grave) (c. trav. art. L. 1225-62 à L. 1225-65)	parents	310 jours ouvrés maximum sur 3 ans maximum ; possibilité de : - transformer le congé en temps partiel ou de le fractionner - renouveler le congé (8)	aucune	OUI (allocation versée par la CAF)	NON et possibilité de passage à temps partiel et acquisition de congé payés dans ce cas	OUI pour moitié (3) et possibilité de passage à temps partiel et acquisition d'ancienneté comme un temps plein dans ce cas

Principaux congés familiaux

Congés	Bénéficiaires	Durée du congé	Ancienneté exigée	Rémunération ou indemnisation	Assimilation à du travail effectif : Congés payés	Assimilation à du travail effectif : Ancienneté
Solidarité familiale						
Congé pour accompagner une personne souffrant d'une pathologie mettant en jeu le pronostic vital ou en phase avancée ou terminale d'une affection grave et incurable (c. trav. art. L. 3142-6 et s.)	(5)	- 3 mois, renouvelable une fois - temps partiel	aucune	OUI, indemnisation par la sécurité sociale OUI, rémunération par l'employeur si temps partiel	NON OUI si temps partiel	OUI
Proche aidant						
Congé pour s'occuper d'un proche présentant un handicap ou une perte d'autonomie d'une particulière gravité (9) (c. trav. art. L. 3142-16 et s.)	ouvert à tout salarié	3 mois, renouvelable (maximum : 1 an pour l'ensemble de la carrière) Possibilité de passage à temps partiel ou de fractionner le congé	aucune	Possibilité de bénéficier de dons de jours de repos Indemnisation par la sécurité sociale pour une durée maximum de 3 mois	NON	OUI (3)

(1) Les textes sont silencieux sur la question de l'assimilation de ce congé à du travail effectif pour le calcul de l'ancienneté. Toutefois, il ne doit pas entraîner de réduction de la rémunération (c. trav. art. L. 3142-2).
(2) Une partie de la « Prestation partagée d'éducation de l'enfant » est réservée à l'autre parent (sauf familles monoparentales) (c. séc. soc. art. L. 531-4) [voir Prestations familiales (enfance)*].
(3) Assimilation à du travail effectif à 100 % pour le compte personnel de formation [voir Compte personnel de formation (mise en place et alimentation)*].
(4) Le beau-parent peut bénéficier de ce congé à condition d'avoir la charge de l'enfant, au sens de la sécurité sociale (c. séc. soc. art. L. 513-1 ; rép. Lagarde n° 20649, JO 24 juin 2008 AN quest. p. 5496). Le salarié doit ainsi assumer, de manière effective et permanente à l'égard de l'enfant, les frais d'entretien (obligations alimentaires), ainsi que les devoirs de garde, de surveillance et d'éducation.
(5) Salarié dont un ascendant, un descendant, un frère, une sœur ou une personne partageant le domicile souffre d'une pathologie mettant en jeu le pronostic vital, ou est en phase avancée ou terminale d'une affection grave et incurable. Congé également ouvert à la « personne de confiance » préalablement désignée par le malade pour être consultée au cas où il ne serait plus en état de manifester sa volonté.
(6) Depuis le 1.07.2021, la durée du congé est passée de 10 à 16 semaines au plus à dater de l'arrivée de l'enfant au foyer. Chaque parent adoptant et salarié bénéficie, simultanément ou non, mais sans possibilité de la fractionner, d'une prolongation de leur congé d'adoption de 25 jours supplémentaires ou de 32 jours en cas d'adoptions multiples (loi 2020-1576 du 14 décembre 2020, JO du 15 ; c. trav. art. L. 1225-37 et L. 1225-40).
(7) Ces modalités visent les congés de paternité liés aux naissances intervenant à partir du 1.07.2021 ou survenues avant, mais censées intervenir à compter du 1.07.2021 (loi 2020-1576 du 14 décembre 2020, JO du 15 ; c. trav. art. L. 1225-35).
(8) Depuis le 17.11.2021, le salarié ayant atteint le nombre maximal de 310 jours avant l'expiration de la période de 3 ans peut bénéficier d'un renouvellement de son congé au titre de la même maladie, du même handicap ou du même accident dont l'enfant a été victime avant le terme de la période de 3 ans. Il doit présenter un certificat médical établi par le médecin traitant, attestant le caractère indispensable, au regard de la pathologie ou du besoin d'accompagnement de l'enfant, de la poursuite des soins contraignants et d'une présence soutenue, et confirmé par l'accord explicite du service du contrôle médical de la CPAM (loi 2021-1484 du 15 novembre 2021, JO du 16 ; c. trav. art. L. 1225-62).
(9) La loi de financement de sécurité sociale (LFSS) pour 2022 a supprimé la référence à la « particulière gravité » du handicap ou de la perte d'autonomie de la personne aidée, permettant ainsi élargir le champ des bénéficiaires potentiels du congé (loi 2021-1754 du 23 décembre 2021, art. 54, II, 1°, JO du 24 ; c. trav. art. L. 3142-16 et L. 3142-24, dans leur version à venir au plus tard au 1er janvier 2023). Cette mesure devrait entrer en vigueur à une date fixée par décret et au plus tard le 1.01.2023 (LFSS art. 54, VI). Pour suivre l'actualité sur ce sujet, voir le fil quotidien d'actualités sur www.rfsocial.com et la Revue d'actualité RF Social.

conséquence, pour les congés familiaux, toutes les dispositions législatives faisant référence aux père et mère ou aux conjoints de sexe différent sont applicables aux parents ou conjoints de même sexe.

▶ À noter... Des dispositions particulières sont applicables aux départements de la Moselle, du Bas-Rhin et du Haut-Rhin. Dans ce cadre, il est notamment prévu que le salarié dont le contrat de travail est suspendu pour une cause personnelle indépendante de sa volonté et pour une durée « relativement sans importance » a droit au maintien de son salaire, sous déduction des indemnités journalières de sécurité sociale (c. trav. art. L. 1226-23). À titre d'exemple, il peut s'agir d'un salarié qui s'absente pour rester au chevet de son concubin malade (en l'espèce, 10 jours) ou pour s'occuper de son enfant (en l'espèce, 2 jours) (cass. soc. 19 juin 2002, n° 00-41736, BC V n° 206 ; cass. soc. 15 mars 2017, n° 15-16676, BC V n° 48).

Congés payés

Les salariés ont droit à un congé annuel payé de 2,5 jours ouvrables par mois de travail effectif accompli chez le même employeur entre le 1er juin de l'année précédente et le 31 mai de l'année en cours (sauf certains secteurs d'activité).

☞ *Congés payés (acquisition) ; Congés payés (anticipés) ; Congés payés (cinquième semaine) ; Congés payés (fermeture) ; Congés payés (fractionnement) ; Congés payés (indemnité) ; Congés payés (indemnité compensatrice) ; Congés payés (prise et report).*

Congés payés (acquisition)

Les salariés acquièrent des droits à congés payés sur une période de référence en fonction de leur temps de travail effectif, ou assimilé au titre des congés payés.

Acquisition par mois de travail effectif

Droit à l'acquisition de congés - Les salariés ont droit à un congé annuel payé de 2,5 *jours ouvrables** par mois de travail effectif accompli chez le même employeur sur une période de référence (c. trav. art. L. 3141-3).

Un accord collectif d'entreprise ou d'établissement (à défaut, une convention ou un accord de branche) peut fixer la date de début de la période de référence pour l'acquisition des congés payés (ex. : sur l'année civile) et/ou majorer la durée de congé dans certains cas *(voir ci-après)*, sauf pour les secteurs relevant de caisses de congés payés. Le cas échéant, l'accord collectif d'entreprise prime sur l'accord de branche [voir *Accord collectif d'entreprise (contenu)**] (c. trav. art. L. 3141-10).

À défaut d'un tel accord collectif, la période de référence d'acquisition des congés payés va du 1er juin de l'année N au 31 mai de l'année N + 1 (sauf certains secteurs d'activité, comme le BTP, dans lesquels les congés sont gérés par une *caisse decongés payés**) (c. trav. art. R. 3141-4).

L'acquisition est identique que le salarié soit à temps complet ou à temps partiel.

Calcul par assimilation - Les périodes suivantes sont considérées comme équivalant à 1 mois de travail (c. trav. art. L. 3141-4 ; cass. soc. 19 juillet 1994, n° 90-43147, BC V n° 249) :
- 4 semaines ;
- 20 jours travaillés pour un horaire réparti sur 5 jours ;
- 22 jours travaillés pour un horaire réparti sur 5,5 jours ;
- 24 jours travaillés pour un horaire réparti sur 6 jours.

L'absence du salarié au cours de la période de référence ne peut pas avoir pour effet d'entraîner une réduction de ses droits à congés plus que proportionnelle à la durée de cette absence (c. trav. art. L. 3141-6).

Périodes prises en compte - Certaines absences sont assimilées à des périodes de travail effectif pour le calcul de la durée du congé auquel un salarié a droit *(voir tableau reproduit dans cette étude)*. Toutes les autres absences sont exclues, sauf dispositions plus favorables de la convention collective, d'un accord collectif ou d'un usage (c. trav. art. L. 3141-5).

Absence pour maladie professionnelle, accident du travail ou de trajet - La Cour de cassation a saisi la Cour de justice de l'Union européenne afin qu'elle se prononce sur les règles d'acquisition des congés payés au regard des arrêts de travail (cass. soc. 2 juin 2010, n° 08-44834 D). En l'état de la réglementation en vigueur en France, les arrêts liés à un accident du travail ou à une maladie professionnelle sont assimilés à du travail effectif pour l'acquisition des congés payés. Ce n'est pas le cas de ceux liés à un accident ou à une maladie non professionnels (c. trav. art. L. 3141-5).

Périodes d'absence assimilées à un temps de travail effectif pour l'acquisition des congés payés (exemples)
Congés de formation
Congé de formation de cadres et d'animateurs pour la jeunesse (c. trav. art. L. 3142-55)
Congé de formation économique, sociale, environnementale et syndicale (c. trav. art. L. 2145-10)
Congé de formation des salariés administrateurs de mutuelle (c. trav. art. L. 3142-37)
Stages de formation des conseillers prud'hommes salariés (c. trav. art. L. 1442-2) (le temps passé hors de l'entreprise pour l'exercice des fonctions est également assimilé à une période de travail effectif) (c. trav. art. L. 1442-6)
Formation économique suivie par les élus titulaires du comité social et économique* (c. trav. art. L. 2315-63).
Formation en santé, sécurité et conditions de travail suivies par les élus du comité social et économique* (c. trav. art. L. 2315-18) [voir Comité social et économique (santé, sécurité et conditions de travail)*].
Projet de transition professionnelle (c. trav. art. L. 6323-17-4) [voir Compte personnel de formation (transition professionnelle)*]
Congés légaux
Congés d'adoption principal et supplémentaire (c. trav. art. L. 3141-5)
Congé de maternité (1) (c. trav. art. L. 3141-5)
Congé de deuil (c. trav. art. L. 3142-2)
Congé de paternité et d'accueil de l'enfant (c. trav. art. L. 3141-5)
Congé de naissance du père, conjoint, concubin de la mère ou de la personne liée à elle par un pacs (c. trav. art. L. 3142-2)
Congés pour événements familiaux (c. trav. art. L. 3142-2)
Congés de représentation des membres des associations et des mutuelles (c. trav. art. L. 3142-62)
Maladie professionnelle, accident du travail et accident de trajet
Périodes limitées à une durée ininterrompue d'un an, pendant lesquelles l'exécution du contrat de travail est suspendue pour cause d'accident du travail ou de maladie professionnelle (sauf en cas de rechute) (c. trav. art. L. 3141-5) (2) Arrêts de travail pour accident de trajet dans la limite d'une année ininterrompue (cass. soc. 3 juillet 2012, n° 08-44834, BC V n° 204) (3)
Périodes de repos
Périodes de congés payés de l'année précédente (c. trav. art. L. 3141-5)
Contreparties obligatoires en repos accordées au titre des heures supplémentaires (c. trav. art. L. 3141-5)
Jours de repos accordés dans le cadre d'un aménagement du temps de travail (c. trav. art. L. 3141-5)
Représentants du personnel, syndicaux et défenseurs syndicaux
Heures de délégation des représentants du personnel
Heures accordées aux défenseurs syndicaux pour se former et exercer leurs missions devant les juridictions prud'homales (c. trav. art. L. 1453-6 et L. 1453-7)
Temps passé hors de l'entreprise pendant les heures de travail par le conseiller du salarié pour l'exercice de sa mission (c. trav. art. L. 1232-9)
Temps passé par les conseillers prud'hommes du collège « salariés » et des administrateurs salariés des organismes de sécurité sociale hors de l'entreprise pour l'exercice de leurs fonctions (c. trav. art. L. 1442-2 et L. 2145-10 ; c. séc. soc. art. L. 231-9)
Réserves, service national, etc.
Absences liées aux missions opérationnelles et aux actions de formation des sapeurs-pompiers volontaires (c. sécurité intérieure art. L. 723-14)
Congé des réservistes de la réserve opérationnelle (c. trav. art. L. 3142-91)
Congé des réservistes de la police nationale (c. sécurité intérieure art. L. 411-13)
Congé des réservistes de la réserve sanitaire (c. santépub. art. L. 3133-4)
Congé des réservistes de la sécurité civile (c. séc. int. art. L. 724-9)
Périodes de maintien ou de rappel au service national (c. trav. art. L. 3141-5)
Périodes d'absence pour participer à l'appel de préparation à la défense (journée défense et citoyenneté) (c. trav. art. L. 3142-97)

Périodes d'absence assimilées à un temps de travail effectif pour l'acquisition des congés payés (exemples)
Autres absences
Absences pour les examens médicaux (c. trav. art. L. 1225-16) : - des femmes enceintes et les absences (3 maximum) de leur conjoint salarié ou de la personne liée à elle par un PACS ou vivant maritalement avec elle pour se rendre à ces examens ; - des femmes dans le cadre d'un protocole de « procréation médicale assistée » (PMA) (ou « Congé PMA* ») et les absences (3 maximum) de leur conjoint salarié ou de la personne liée à elle par un PACS ou vivant maritalement avec elle pour se rendre à ces examens ; - d'une salariée décidant de pratiquer un don d'ovocytes (ou « Congé pour don d'ovocytes* »).
Activité partielle (c. trav. art. R. 5122-11) : - périodes d'activité partielle sous forme de réduction d'horaires ; - périodes d'activité partielle « totale ».
Temps d'absence accordé aux maires, maires-adjoints, conseillers municipaux, membres du conseil de la communauté de communes, conseillers départementaux et conseillers régionaux (c. gén. collect. terr. art. L. 2123-7, L. 3123-5, L. 4135-5 et L. 5214-8).
Congé spécial accordé aux salariés candidats au Parlement européen, à l'Assemblée nationale ou au Sénat, aux conseils régionaux, départementaux et municipaux, à l'assemblée de Corse et au conseil de la métropole de Lyon pour participer à la campagne électorale (c. trav. art. L. 3142-79 et L. 3142-82) Temps passé en réunion par les salariés qui sont membres de certains organismes représentatifs d'immigrés (loi 85-772 du 25 juillet 1985)
(1) Pour les autres congés familiaux*, voir l'étude correspondante. (2) Les juges ont abandonné la condition relative au caractère ininterrompu de l'arrêt pour accident du travail ou maladie professionnelle (cass. soc. 23 janvier 2001, n° 98-40651 et 99-41923, BC V n° 22 ; cass. soc. 4 décembre 2001, n° 99-45911, BC V n° 374 ; cass. soc. 10 juillet 2002, n° 00-43759 D). (3) Sous réserve des accords collectifs et des usages plus favorables aux salariés.

En réponse à la question de la Cour de cassation, la CJUE a relevé que la directive du 4.11.2003 n'opère aucune distinction entre les travailleurs absents pendant la période de référence en vertu d'un congé de maladie et ceux qui ont effectivement travaillé au cours de cette période (dir. 2003/88/CE du 4 novembre 2003). Elle met l'accent sur deux points.

La CJUE souligne que tout salarié, qu'il soit en congé de maladie pendant la période de référence à la suite d'un accident survenu sur le lieu du travail ou ailleurs, ou à la suite d'une maladie de quelque nature ou origine qu'elle soit, ne peut pas voir affecter son droit au congé annuel payé pour sa fraction égale à 4 semaines. Le code du travail, qui opère une distinction en fonction de l'origine de l'absence, n'est donc pas conforme à la directive européenne.

Concernant les absences liées à un accident de trajet, la CJUE demande à la Cour de cassation de vérifier s'il est possible d'assimiler ces absences à des périodes de travail effectif pour l'acquisition des congés payés soit en application du code du travail français, soit sur la base d'une application directe de la directive européenne (dans ce dernier cas, cela reviendrait à neutraliser l'effet de l'absence pour la fraction des congés payés égale à 4 semaines). À défaut, le salarié pourrait prétendre à obtenir réparation du préjudice subi.

▶ À noter... Le législateur français est appelé à intervenir afin de mettre le droit national en conformité avec la réglementation européenne communautaire (CJUE 24 janvier 2012, aff. C 282/10).

La Cour de cassation se conforme à cette jurisprudence européenne et estime que les arrêts de travail pour accident de trajet doivent être assimilés à du temps de travail effectif pour l'acquisition des congés payés, dans la limite d'une année ininterrompue (cass. soc. 3 juillet 2012, n° 08-44834, BC V n° 204). L'arrêt de travail dû à un accident de trajet ne pénalise donc pas le salarié, qui continue d'acquérir des congés durant cette période. La Cour reprend ici la règle appliquée aux accidents de travail (c. trav. art. L. 3141-5 ; cass. soc. 23 janvier 2001, n° 98-40651, BC V n° 22).

▶ À noter... La Cour de cassation ne précise pas si l'assimilation de l'absence due à un accident de trajet n'est applicable qu'à hauteur de 4 semaines de congés ou si elle concerne l'acquisition des 5 semaines de congés payés légaux.

Absence pour maladie non professionnelle - Pour ce qui concerne les arrêts de travail pour maladie non professionnelle, la Cour de cassation s'en tient au code du travail qui ne cite pas la maladie dans les périodes considérées comme travail effectif pour la détermination de la durée du congé (c. trav. art. L. 3141-5). Bien que cela ne

soit pas conforme avec l'article 7 de la directive européenne sur le temps de travail (dir. 2003/88/CE du 4 novembre 2003, art. 7, JOUE du 18)**, la Cour de cassation refuse à celle-ci un effet direct permettant de considérer que les salariés acquièrent des congés payés durant leurs arrêts de travail pour maladie non professionnelle** (cass. soc. 13 mars 2013, n° 11-22285, BC V n° 73).

Si le salarié ne peut pas exiger de l'employeur le bénéfice de la directive européenne, il peut engager la responsabilité de l'État pour ne pas avoir mis le droit national en conformité et obtenir réparation du préjudice subi (CJCE, 19 novembre 1991, aff. C-6/90 et C-9/90).

Exemple

Un salarié a ainsi obtenu 485 € pour les 6,5 jours de congés payés qui lui manquaient, du fait de son arrêt maladie, pour arriver au minimum posé par la directive européenne (tribunal administratif de Clermont-Ferrand, 6 avril 2016, n° 1500608). Mais il s'agit d'une décision susceptible de recours.

Par exception, un employeur délégataire d'un service public n'est pas un « particulier », il doit donc se conformer à la directive européenne et accorder des congés payés en cas d'absence pour maladie non professionnelle, à hauteur de 4 semaines de congés par an (cass. soc. 22 juin 2016, n° 15-20111, BC V n° 138).

▶ À noter… Lorsque des dispositions conventionnelles encadrent l'acquisition de droit à congés payés pendant un arrêt de travail (en l'espèce, convention collective nationale des organismes de sécurité sociale), la Cour de cassation interprète ces dispositions, lorsque cela est possible, d'une manière à donner un plein effet à la finalité assignée par la directive européenne aux congés payés (cass. soc. 15 septembre 2021, n° 20-16010 FSB).

Absence pour congé parental d'éducation - Le *congé parental d'éducation pris sous forme de congé total n'est pas assimilé à du travail effectif pour l'acquisition de droit à congés payés, sauf dispositions conventionnelles ou contractuelles plus favorables** (c. trav. art. L. 3141-5). **Cette disposition est conforme au droit européen** (CJUE, 4 octobre 2018, aff. C- 12/17).

▶ À noter… Un salarié prenant un congé parental sous la forme de période de travail à temps partiel acquiert des droits à congés payés dans les conditions habituelles.

Réintégration après un licenciement nul - Le salarié peut prétendre à ses droits à congés payés - au titre de la période d'éviction comprise entre la date du *licenciement nul et celle de la réintégration dans son emploi - à condition de ne pas avoir occupé un autre emploi durant la période d'éviction** (cass. soc. 1er décembre 2021, n° 19-24766 FB).

▶ À noter… La Cour de cassation opère ici un revirement de jurisprudence puisque, jusqu'alors, elle estimait que la période comprise entre la date du licenciement nul et la date de réintégration ouvrait droit à une indemnité d'éviction, mais ne permettait pas d'acquérir des congés payés (cass. soc. 11 mai 2017, n° 15-19731, BC V n° 73). Elle s'aligne sur la jurisprudence européenne (CJUE 25 juin 2020, aff. C-762/18 et C-37/19).

Durée du congé

Nombre de jours acquis - Le congé principal est déterminé à raison de 2,5 jours par mois de travail effectif, sans que la durée totale du congé exigible puisse dépasser 30 jours ouvrables (c. trav. art. L. 3141-3).

Si le nombre de jours ouvrables n'est pas un nombre entier, la durée du congé est portée au nombre immédiatement supérieur (c. trav. art. L. 3141-7).

Exemple

Neuf mois de travail dans l'entreprise donnent droit à 22 jours et demi de congé, arrondis à 23 jours.

Des jours supplémentaires s'ajoutent éventuellement à ce congé principal en cas de fractionnement des congés payés [voir *Congés payés (fractionnement)*]*.

Un accord collectif d'entreprise ou d'établissement (à défaut, une convention ou un accord de branche) peut majorer la durée du congé en raison de l'âge, de l'ancienneté ou du handicap, sauf pour les entreprises affiliées à des caisses de congés payés. Le cas échéant, l'accord collectif d'entreprise prime sur l'accord de branche [voir *Accord collectif d'entreprise (contenu)]** (c. trav. art. L. 3141-10).

Nombre de jours pris - En principe, la durée des congés pouvant être pris en une seule fois ne peut pas excéder 24 jours ouvrables. Ces jours peuvent être pris en une ou plusieurs fois, en accord avec l'employeur [voir *Congés payés (fractionnement) et *Congés payés (prise et report)**].**

Par dérogation, les salariés justifiants de contraintes géographiques particulières et ceux justifiant de la présence au sein du foyer d'un enfant ou d'un adulte handicapé ou d'une personne âgée en perte d'autonomie, peuvent prendre d'affilée les 5 semaines de congé (c. trav. art. L. 3141-17).

Jeunes travailleurs - Les jeunes travailleurs et apprentis âgés de moins de 21 ans au 30 avril de l'année précédente, auxquels l'ancienneté dans l'entreprise ne donne pas droit à 30 jours de congé, peuvent quand même prendre 30 jours de vacances [voir *Apprentissage (apprentis)** et *Jeunes (emploi des)**]. Mais aucune indemnité n'est due pour les jours de vacances auxquels leur temps de travail ne leur a pas donné droit (c. trav. art. L. 3164-9).

Mères et pères de famille - Voir *Congé des jeunes parents**.

Congés conventionnels supplémentaires - Certaines conventions collectives ou certains accords collectifs prévoient des jours de congés payés supplémentaires pour certaines catégories de salariés. La validité de tels avantages est soumise à conditions (voir *Avantage catégoriel**).

☛ *Congés payés.*

Congés payés (anticipés)

Congés pris dès l'embauche

Les congés payés peuvent être pris dès l'embauche (c. trav. art. L. 3141-12). Cette possibilité permet aux salariés nouvellement embauchés de prendre des congés sans attendre le début de la période de prise. Il ne s'agit pas exactement de congés « anticipés ».

Exemple

Un salarié embauché en juin 2021 peut prendre des congés (qu'il a acquis) avant mai 2022 (début de la période légale de prise), si l'employeur les lui accorde.

Les dispositions relatives à la détermination de la période des congés, de l'ordre des départs et celles relatives au fractionnement doivent néanmoins être respectées [voir *Congés payés (prise et report)** et *Congés payés (fractionnement)**].

Congés pris avant acquisition

Demande du salarié - Le salarié peut demander à bénéficier de jours de congés payés avant de les avoir acquis. L'employeur est libre d'accepter ou non ce départ en congé par anticipation (voir modèle reproduit dans cette étude). Aucune disposition légale n'existe en la matière mais des dispositions conventionnelles ou des usages peuvent se montrer plus avantageux pour le salarié.

En revanche, l'employeur ne peut pas imposer au salarié de prendre des congés payés par anticipation (cass. soc. 7 février 2006, n° 04-41558 D ; cass. soc. 30 avril 2003, n° 01-40853 D).

Remboursement en cas de résiliation du contrat - Le salarié dont le contrat de travail prend fin et qui, par suite de l'ordre fixé pour les départs en congé, a pris un congé correspondant à une indemnité d'un montant supérieur à celle à laquelle il aurait pu prétendre à l'issue de son contrat, doit rembourser le trop-perçu à l'employeur. Le remboursement n'est pas dû si c'est une faute lourde de l'employeur qui provoque la résiliation du contrat de travail (c. trav. art. L. 3141-29).

Les employeurs peuvent prendre des précautions en ce domaine. Ils peuvent notamment préciser expressément, dans une lettre signée avec le salarié, qu'un congé donné avant son acquisition n'est pas un congé supplémentaire bénévole et qu'il s'impute sur le droit à congé au titre de la période de référence, en cas de résiliation du contrat de travail.

Modèle de réponse de l'employeur

Entreprise … A …, le… 20…

Salarié… M. …

Nous vous accordons les congés avant acquisition que vous nous avez demandés pour la période du … au… 20….

Cependant, nous vous signalons que ces congés, non acquis actuellement, seront à valoir sur les congés acquis au cours de la période de référence suivante….

Nous vous prions d'agréer, M. …, l'expression de nos sentiments les meilleurs.

Date et signature du salarié

Signature pour l'entreprise

☛ *Congés payés.*

Congés payés (cinquième semaine)

Aucune disposition légale n'impose de période particulière pour la prise de la 5e semaine de congés payés.

Période de prise de la 5e semaine

En l'absence de stipulation particulière d'un accord collectif d'entreprise ou d'établissement (à défaut, d'un accord de branche), l'employeur fixe lui-même la période au cours de laquelle la 5e semaine doit être prise (c. trav. art. L. 3141-15 et L. 3141-23) [voir *Congés payés (prise et report)**]. En cas de conflit d'accords, l'accord d'entreprise ou d'établissement prime sur l'accord de branche.

La prise de la 5e semaine peut, ou non, se situer à l'intérieur de la période légale du congé principal (1er mai-31 octobre). Ainsi, contrairement à ses appellations courantes, la 5e semaine n'est pas nécessairement une semaine d'hiver ou de fin d'année.

Un impératif cependant : la 5e semaine ne peut pas être accolée aux 4 autres semaines sauf dérogation (ex. : contraintes géographiques) [c. trav. art. L. 3141-17 ; voir *Congés payés (acquisition)**].

▶ À noter... Les formalités prévues pour la fixation de la période du congé principal doivent être également observées pour la 5e semaine.

Dans une entreprise sans accord collectif sur le sujet, l'employeur serait tenu de respecter un *usage** existant en la matière, à moins de le dénoncer. En effet, les salariés peuvent se prévaloir d'un usage de l'entreprise fixant la période de prise de la 5e semaine (cass. soc. 16 mai 2000, n° 98-40499, BC V n° 187).

Fixation des dates

Un accord d'entreprise ou d'établissement (à défaut, une convention ou un accord de branche) fixe l'ordre des départs pendant la période de congés payés. Le cas échéant, l'accord collectif d'entreprise ou d'établissement prime sur l'accord de branche (c. trav. art. L. 3141-15). À notre sens, il peut également poser des règles pour la 5e semaine.

À défaut de stipulation d'un tel accord collectif, l'employeur définit les règles et dates de prise de la 5e semaine en tenant compte de certains critères (ex. : ancienneté, situation de famille) (c. trav. art. L. 3141-16). Il le fait après avis du *comité social et économique**.

En pratique, la 5e semaine de congés payés peut être prise par roulement ou dans le cadre de la fermeture de l'entreprise [voir *Congés payés (fermeture)**]. En cas de fractionnement, elle ne donne pas droit à des jours supplémentaires [voir *Congés payés (fractionnement)**].

☛ *Congés payés.*

Congés payés (fermeture)

Décision de l'employeur

Pour le congé principal - L'employeur peut décider la fermeture de l'entreprise pour une période au plus égale à 24 *jours ouvrables** de congé. Il doit préalablement consulter le comité social et économique [voir *Comité social et économique (informations-consultations ponctuelles)**].

L'accord du salarié, en principe requis pour le fractionnement du congé principal d'une durée supérieure à 12 jours ouvrables, n'est pas nécessaire quand l'entreprise ferme pour les congés payés (c. trav. art. L. 3141-19). Mais une des périodes de fermeture doit au moins correspondre à la fraction de 12 jours ouvrables que tout salarié doit prendre en continu.

Pour la cinquième semaine - Une fermeture de l'entreprise peut être prévue pour tout ou partie de la 5e semaine. Le fractionnement est possible sans avis des représentants du personnel (RP) ou sans l'accord des salariés en l'absence de RP (cass. ch. mixte 10 décembre 1993, n° 87-45188, B. ch. mixte n° 1 ; cass. soc. 7 décembre 1994, n° 91-41852 D).

Incidence d'un jour férié - Si un jour férié tombe un samedi (ex. : 15 août), le congé doit être prolongé d'une journée sinon le salarié ne bénéficie que de 23 jours ouvrables (cass. soc. 20 octobre 1998, n° 96-17652, BC V n° 438). Peu importe que les congés payés aient donné lieu à la fermeture de l'entreprise.

Durée de fermeture supérieure à celle des congés

Lorsqu'un établissement ferme pendant un nombre de jours dépassant la durée fixée pour la durée des congés légaux annuels (30 jours), l'employeur verse à son personnel une indemnité au moins égale à l'indemnité journalière de congés payés, pour chacun des jours ouvrables de fermeture excédant cette durée légale (c. trav. art. L. 3141-31). Cette règle s'applique y compris :

- au salarié qui n'a pas acquis la totalité de ses congés légaux (cass. soc. 8 novembre 1979, n° 78-40773, BC V n° 842) ;
- et au salarié à temps partiel (cass. soc. 16 décembre 2005, n° 03-43281 D).

▶ À noter… Cette règle s'impose en l'absence de convention expresse de forfait incluant cette indemnité [voir *Congés payés (indemnité)**].

Cette indemnité ne se confond pas avec l'indemnité de congés.

☛ *Congés payés.*

Congés payés (fractionnement)

Fractionnement du congé principal

Modalités de fractionnement - L'employeur peut, avec l'accord du salarié, fractionner le congé principal d'une durée supérieure à 12 *jours ouvrables** et au plus égale à 24 jours. Une fraction d'au moins 12 jours ouvrables doit être prise, en continu, entre le 1er mai et le 31 octobre et ce sont les jours du congé principal restant dus qui peuvent donner lieu à des jours de congés supplémentaires (c. trav. art. L. 3141-19 et L. 3141-23).

Un accord d'entreprise ou d'établissement (à défaut, un accord de branche) peut fixer la période pendant laquelle la fraction continue d'au moins 12 jours ouvrables est attribuée ainsi que les règles de fractionnement du congé au-delà du 12e jour. Le cas échéant, l'accord collectif d'entreprise prime sur l'accord de branche [voir *Accord collectif d'entreprise (contenu)**] (c. trav. art. L. 3141-21).

Le fractionnement ne peut pas être imposé au salarié (cass. soc. 19 avril 2000, n° 98-40790 D). Il faut l'accord du salarié sauf si le congé a lieu pendant la période de fermeture de l'établissement (c. trav. art. L. 3141-19) [voir *Congés payés (fermeture)**].

Exemple

Une entreprise imposait la prise de 6 jours ouvrables de congés en fin d'année pour cause de fermeture de la société. Pour elle, il s'agissait de la 5e semaine de congés et pour le syndicat, ces 6 jours faisaient partie du congé principal et ils ouvraient droit aux jours de fractionnement. La Cour de cassation estime que pour bénéficier des jours de congés liés au fractionnement, il fallait démontrer que l'employeur empêchait les salariés de prendre 24 jours de congés entre le 1er mai et le 31 octobre. Le seul fait d'imposer la fermeture de l'entreprise en fin d'année et la prise de 6 jours ouvrables de congés payés en conséquence n'était pas un argument suffisant (cass. soc. 12 septembre 2018, n° 17-15060 FSPB).

Droit du salarié - Le salarié ne peut pas renoncer par avance au bénéfice d'un droit qu'il tient de dispositions d'ordre public avant que ce droit ne soit né. Il ne peut donc pas renoncer dans son contrat de travail à ses droits en matière de fractionnement du congé principal (cass. soc. 5 mai 2021, n° 20-14390 FSP). Une telle clause insérée dans le contrat de travail serait sans effet.

▶ Attention… À notre sens, cette jurisprudence ne remet pas en cause la possibilité pour l'employeur de subordonner une demande de prise de congé d'été de façon fractionnée à une renonciation du salarié aux jours de fractionnement *(voir ci-après)*.

Cas du report des congés - Le salarié dont les congés payés ont été reportés, en raison de la maladie ou de la maternité, a droit à 1 ou 2 jours de fractionnement en plus dès lors que les conditions posées par le code du travail sont remplies (jours de congés pris hors période légale, etc.) (rép. Le Fur n° 74829, JO 19 octobre 2010, AN quest. p. 11475).

Durée des congés supplémentaires

Faute de dispositions prévues dans un accord d'entreprise ou d'établissement (à défaut, dans un accord de branche), le code du travail prévoit des jours de congés de fractionnement lorsque le salarié a pris au moins 12 jours ouvrables en continu, entre le 1er mai et le 31 octobre, et qu'il prend au moins 3 jours de congés en dehors de cette période. Le salarié a alors droit à (c. trav. art. L. 3141-23) :

- 1 jour supplémentaire s'il prend entre 3 et 5 jours ;
- 2 jours supplémentaires s'il prend au moins 6 jours.

Les jours de congé principal dus en sus de 24 jours ouvrables, c'est-à-dire la 5e semaine de congés payés, ne sont pas pris en compte pour l'ouverture du droit à ce supplément.

▶ Attention… En cas de fractionnement, le retard mis par l'employeur pour accorder le reliquat de congé principal peut justifier des dommages-intérêts (cass. soc. 17 mai 2000, n° 98-41561 D).

Les salariés dont le droit à congés payés est incomplet peuvent bénéficier des jours supplémentaires si toutes les conditions sont remplies. En pratique, il leur faut a minima un droit initial d'au moins 15 jours ouvrables pour que 12 jours ouvrables puissent être pris en continu pendant la période légale, puis 3 en dehors de cette période.

Modalités d'application

Droit aux jours supplémentaires - Le droit aux jours supplémentaires naît du fractionnement, qu'il soit à l'initiative du salarié ou de l'employeur, même si une convention collective réserve les jours supplémentaires au fractionnement à l'initiative de l'employeur (cass. soc. 19 juin 2002, n° 99-45837, BC V n° 207 ; cass. soc. 15 juin 2018, n° 17-14957 D ; cass. soc. 5 mai 2021, n° 20-14390 FSP).

Lorsque le salarié demande à fractionner ses congés, l'accord de l'employeur est requis et ce dernier peut subordonner son accord à la renonciation du salarié aux jours supplémentaires de congé *(voir ci-après)* (cass. soc. 6 octobre 2015, n° 14-21168 D).

Lorsque l'employeur prend l'initiative du fractionnement, l'accord du salarié est nécessaire sauf si les congés correspondent à une période de fermeture de l'entreprise (c. trav. art. L. 3141-19).

Renonciation individuelle - La renonciation au droit aux jours de fractionnement ne se présume pas (cass. soc. 19 juin 2002, n° 99-45872, BC V n° 207). Elle doit être expresse (cass. soc. 19 juin 2002, n°s 99-45837 et 99-45872, BC V n° 207). Une déclaration écrite de renonciation est donc indispensable (voir modèle reproduit dans cette étude) (cass. soc. 10 juillet 1986, n° 83-45402, BC V n° 381).

Par exemple, elle peut résulter d'une mention du formulaire de demande de prise de congés payés (cass. soc. 30 septembre 2014, n° 13-13315 D). En revanche, une note de service ou une information par voie informatique sont insuffisantes (cass. soc. 17 décembre 1987, n° 85-41979, BC V n° 770 ; cass. soc. 1er décembre 2005, n° 04-40811, BC V n° 354).

▶ Attention... Le salarié ne pouvant pas renoncer par avance au bénéfice de son droit au fractionnement de ses congés *(voir ci-avant)*, une clause de son contrat de travail ne peut pas prévoir qu'il renonce aux jours de fractionnement auxquels il pourrait prétendre dans le futur (cass. soc. 5 mai 2021, n° 20-14390 FSP).

Renonciation collective - Une convention collective ou un accord d'entreprise ou d'établissement (à défaut, un accord de branche) peut écarter les jours de fractionnement sans que l'accord individuel du salarié soit nécessaire (c. trav. art. L. 3141-21 ; cass. soc. 1er décembre 2005, n° 04-40811, BC V n° 354). Mais il faut que cette dérogation conventionnelle soit expresse (cass. soc. 10 octobre 2018, n° 17-17890 FSPB).

Une renonciation, ainsi prévue conventionnellement, peut être gérée via l'outil informatique (cass. soc. 23 novembre 2011, n° 10-21973 D).

▶ À noter... Le fait que le droit à congé conventionnel initial soit supérieur au droit à un congé légal n'entraîne pas, sauf disposition contraire, la suppression des jours supplémentaires pour fractionnement (cass. soc. 2 décembre 1981, n°s 79-41399 et 79-41400, BC V n° 932).

Fractionnement de la cinquième semaine - L'employeur peut fractionner la 5e semaine de congés payés [voir *Congés payés (fermeture)**].

Mentions sur le bulletin de paie - La date des congés payés apparaît sur le *bulletin de paie** pour chaque fraction de congé comprise dans la période de paie traitée. Le montant de l'indemnité correspondante figure également sur le bulletin [voir *Congés payés (indemnité)**].

Modèle de renonciation aux jours pour fractionnement

Nom...

À ..., le ... 20...

M. ... (ex. : Directeur, DRH)

Je sollicite la prise de mes congés payés, en dehors de la période du 1er mai au 31 octobre, aux dates suivantes : ...

Je renonce à l'obtention des jours de congés supplémentaires pour fractionnement du congé principal prévus par l'article L. 3141-23 du code du travail.

Veuillez agréer, M. ... (ex. : Directeur, DRH), mes salutations distinguées.

Signature du salarié

☛ *Congés payés.*

Congés payés (indemnité)

Calcul de l'indemnité

Deux méthodes de calcul - L'indemnité de congés payés compense la perte de salaire consécutive à l'absence du salarié pendant le congé annuel. Elle est calculée (c. trav. art. L. 3141-24) :
- soit sur la base du dixième de la rémunération totale perçue par le salarié entre le 1er juin de l'année précédente et le 31 mai de l'année en cours

(période durant laquelle les congés payés ont été acquis) ;
- soit sur la base de la rémunération qui aurait été perçue pendant le congé si le salarié avait continué à travailler.

L'employeur doit retenir la solution la plus avantageuse pour le salarié.

▶ À noter… Pour plus de détails sur les éléments à prendre en compte pour le calcul de l'indemnité de congés payés, voir tableau reproduit dans cette étude et Dictionnaire Paye, « Indemnité de congés payés ».

Comparaison entre les deux méthodes de calcul - La comparaison entre les deux méthodes doit se faire dans le cadre de l'indemnité totale et non pour chaque fraction de congé. La vérification sera souvent effectuée lorsque le salarié aura pris la totalité de son congé.

Règles conventionnelles - Des règles conventionnelles ou des usages peuvent exister en matière d'indemnisation des congés payés. L'employeur doit les respecter dès lors qu'elles sont plus favorables aux salariés que les dispositions légales (c. trav. art. L. 3141-28) ou lorsqu'elles n'ont pas le même objet.

Exemple

L'employeur doit verser aux salariés la majoration des congés payés prévue par la convention collective attribuée en fonction de l'ancienneté du salarié, cet avantage n'ayant pas le même objet que la 5e semaine de congés payés (cass. soc. 6 octobre 2010, n° 09-42769, BC V n° 220).

À défaut, les dispositions de l'article L. 3141-24 du code du travail, qui déterminent le mode de calcul de l'indemnité de congés payés, sont d'ordre public et s'appliquent aux congés supplémentaires d'origine conventionnelle (cass. soc. 26 février 1997, n° 93-46579, BC V n° 85 ; cass. soc. 21 septembre 2017, n° 16-18109 D).

Forfait - Une clause du contrat de travail peut prévoir que l'indemnité de congés payés soit

Salaire de référence de l'indemnité de congés payés (récapitulatif)

Éléments à inclure	Éléments à exclure (4)
• Salaire brut, commissions et pourboires • Majorations pour heures supplémentaires, travail de nuit ou le dimanche • Indemnité de congés payés de l'année précédente Avantages en nature dont le salarié est privé durant ses congés (ex. : voiture de fonction parquée à l'entreprise durant les congés) • Primes de sujétion ou de servitude inhérentes à l'emploi (exemples) : - prime de salissure (1) - prime de soirée - prime de nuit - prime de froid • Autres primes ayant la nature de complément de salaire (exemples) (2) : - prime d'ancienneté (cass. soc. 7 septembre 2017, n° 16-16643, BC V n° 126) - prime de rendement - prime de production - prime d'assiduité si elle est versée chaque mois - prime d'objectif liée à des résultats personnels (3) • Salaires fictifs des absences assimilées à du travail effectif pour l'acquisition des congés payés par la loi ou la convention collective (ex. : accident du travail, maladie professionnelle pour une durée de 1 an) • Le salaire versé au salarié déclaré inapte en l'absence de reclassement ou de licenciement un mois après la reconnaissance de son inaptitude (cass. soc. 4 avril 2012, n° 10-10701, BC V n° 115) • Sommes faussement qualifiées de remboursement de frais mais correspondant en réalité à un élément de rémunération	• Indemnité compensatrice de congés payés • Avantages en nature dont le salarié continue à bénéficier durant les congés payés (ex. : logement) • Primes allouées globalement sur l'année, périodes de travail et de congé confondues (exemples) (5) : - 13e mois - prime de vacances - prime d'assiduité - primes exceptionnelles, etc. • Gratifications facultatives ou bénévoles • Primes d'intéressement ou de résultats calculées sur le résultat global de l'entreprise quel que soit le travail du salarié Indemnité d'activité partielle (anciennement « chômage partiel »), de chômage-intempéries • Primes compensant un risque ou une sujétion exceptionnels • Revenus de substitution des absences non assimilées à du travail effectif (indemnités journalières maladie, etc.) Sommes versées au titre de la participation et de l'intéressement • Remboursements de frais professionnels (6) • Remboursement patronal au titre des frais de transport domicile-lieu de travail (ex. : Pass Navigo en région parisienne)

(1) sauf si elle correspond à des frais d'entreprise. (2) Sauf si elles sont versées périodes de travail et de congés confondues. (3) La part variable complémentaire assise sur des résultats produits par le travail personnel de l'intéressé doit être prise en compte dans le calcul de l'indemnité de congés payés même si elle est payée à l'année (cass. soc. 24 septembre 2014, n° 12-28965, BC V n° 202). (4) Un accord collectif, une convention collective, un usage voire le contrat de travail peuvent se montrer plus avantageux. (5) Peu importe que le versement de la prime soit annuel ou réparti par trimestre ou semestre. Si la prime est octroyée seulement en contrepartie du travail, et non périodes de travail et de congés confondues, elle entre dans la base de calcul de l'indemnité de congés payés. (6) Ou prime correspondant en réalité à des remboursements de frais professionnels (cass. soc. 17 décembre 2014, n° 13-14855, BC V n° 303), y compris les remboursements de frais forfaitaires sans justificatif (cass. soc. 11 janvier 2017, n° 15-23341, BC V n° 8).

comprise dans un salaire forfaitaire. Cette convention doit être expresse (cass. soc. 2 avril 1997, n° 95-42320, BC V n° 135 ; cass. soc. 6 mai 2009, n° 07-43559 D). Encore faut-il que des « conditions particulières » le justifient et que cette clause soit transparente et compréhensible, ce qui suppose (cass. soc. 14 novembre 2013, n° 12-14070, BC V n° 272 ; cass. soc. 22 mai 2019, n° 17-31517 FPB) :

- de clairement distinguer la part de rémunération qui correspond au travail et celle qui correspond aux congés ;
- de préciser l'imputation de ces sommes sur un congé déterminé, lequel doit être effectivement pris.

La clause qui prévoit l'inclusion de l'indemnité de congés payés dans la seule part variable de la rémunération du salarié (dans les commissions sur objectifs) doit opérer la distinction entre la part de rémunération qui correspond au travail et celle qui correspond aux congés. À défaut, elle n'est ni transparente ni compréhensible et elle devient inopérante (cass. soc. 13 octobre 2021, n° 19-19407 FSB).

▶ Attention… Pour un VRP payé à la commission, il faut en outre qu'une majoration du taux des commissions soit prévue (cass. soc. 20 janvier 2021, n° 19-20072 D).

Entreprises relevant de caisses de congés payés - Voir *Caisses de congés payés**.

Règle du dixième

L'indemnité est calculée sur la base du dixième de la rémunération totale perçue au cours de la période de référence.

Il faut prendre en compte la rémunération totale brute effectivement perçue entre le 1er juin de l'année précédente et le 31 mai de l'année en cours (tous les compléments ayant le caractère d'une rémunération entrent en compte) (c. trav. art. L. 3141-24 et s.). Sont exclues les primes ou gratifications et participations au chiffre d'affaires ayant un caractère annuel (et dont le montant n'est pas affecté par les congés du salarié), les libéralités, les primes assises sur la rémunération des périodes de travail et de congés payés confondues (cass. soc. 1er juillet 1998, n° 96-40421, BC V n° 361), les primes d'assiduité et de ponctualité (cass. soc. 26 mai 1999, nos 97-43681 à 97-43684 D), les sommes distribuées au titre de l'*intéressement des salariés** ou de la *participation des salariés aux résultats de l'entreprise**, les indemnités représentatives de frais professionnels.

Puis, il convient d'ajouter éventuellement le salaire fictif brut correspondant aux périodes d'absence assimilées à des périodes de travail effectif.

Si le congé est d'une durée normale (2,5 jours par mois de travail effectif), la somme obtenue est divisée par 10. Toutefois, le congé principal ne pouvant excéder 24 jours ouvrables, l'indemnité correspondante sera égale à la rémunération totale annuelle divisée par 10 et multipliée par 24/30. L'indemnité due pour les 6 jours ouvrables restants sera versée lors de la prise ultérieure du congé.

Si le congé est d'une durée inférieure à 30 jours, la règle du dixième s'applique toujours sur la période travaillée dans l'année (sauf période assimilée).

Règle du maintien de salaire

Salaire qui aurait été perçu - L'indemnité est égale au montant de la rémunération qui aurait été perçue pendant la période de congés si le salarié avait travaillé. Cette rémunération est calculée à partir des éléments suivants :

- salaire proprement dit : taux applicable à la période précédant le congé (cass. soc. 23 janvier 2001, n° 98-45725 D), mais éventuellement majoré s'il y a eu relèvement des salaires (par exemple du *SMIC**) portant sur tout ou partie de la période de congés payés ;
- durée du travail : l'horaire retenu doit être celui de la période de congés payés, à l'exception des allongements exceptionnels de l'horaire intervenant au cours de cette période du fait, précisément, de départs en congé (cass. soc. 21 octobre 1970, n° 69-40611, BC V n° 544) ;
- temps de pause rémunéré (cass. soc. 27 septembre 2006, n° 05-41505 D) ;
- compléments de salaire : les mêmes éléments que pour l'application de la règle du dixième sont, en principe, à retenir *(voir ci-avant)*.

Paiement de l'indemnité

Paiement - L'indemnité de congés payés est due lors de la prise des congés. Elle est soumise aux mêmes charges sociales et fiscales que le salaire.

Elle se cumule avec les indemnités versées au titre de la sécurité sociale (maladie, accident) et avec les indemnités conventionnelles versées au titre des jours fériés.

Bulletin de paie - Lorsqu'une période de congé annuel est comprise dans la période de paie, les dates de début et de fin de congé ainsi que l'indemnité correspondante doivent figurer sur le *bulletin de paie**

☛ *Congés payés.*

Congés payés (indemnité compensatrice)

L'indemnité compensatrice de congés payés indemnise le salarié de ses congés non pris, à certaines conditions.

Rupture du contrat de travail

Toute rupture de contrat - Le salarié a droit à une indemnité compensatrice de congés payés en cas de rupture de son contrat de travail (c. trav. art. L. 3141-28). L'indemnité correspond aux congés payés qu'il a acquis et qu'il n'a pas pris à la date de cette rupture. Lorsqu'il a soldé la totalité de ses congés payés à cette date, aucune indemnité compensatrice ne lui est due.

▶ Attention... Le licenciement pour faute lourde ne prive plus le salarié de l'indemnité compensatrice de congés payés depuis le 4.03.2016 (c. constit., décision 2015-523 QPC du 2 mars 2016, JO du 4 ; loi 2016-1088 du 8 août 2016, art. 8, JO du 9).

La nature de la rupture du contrat de travail n'a pas d'incidence sur le droit à l'indemnité compensatrice de congés payés. Peu importe qu'il s'agisse d'une rupture de période d'essai, d'un licenciement (quel que soit son motif), d'une démission, d'un départ à la retraite, d'une rupture conventionnelle, etc.

▶ À noter... Lorsqu'un employeur a pris l'initiative de dispenser un salarié d'exécuter son préavis, le contrat de travail expire à la fin du préavis théorique. Les congés payés acquis sont alors déterminés en prenant en compte la durée du préavis non exécuté [voir *Préavis (dispense)**].

Rupture anticipée d'un CDD - Voir *Contrat de travail à durée déterminée (rupture anticipée)**.

Impossibilité de prendre les congés due à l'employeur

Tant que le contrat de travail n'a pas été rompu, un salarié peut prétendre à une indemnité compensatrice pour des congés non pris seulement si l'employeur l'a mis dans l'impossibilité de prendre ses congés payés. Si l'impossibilité n'est pas imputable à l'employeur, les congés sont perdus sans indemnité compensatrice.

▶ Attention... L'employeur doit adopter les mesures permettant au salarié de prendre ses congés payés, leur prise ne pouvant pas être remplacée par une indemnité compensatrice. En cas de contestation, l'employeur devra justifier qu'il a accompli à cette fin les diligences qui lui incombent légalement (c. trav. art. D. 3141-5) [voir *Congés payés (prise et report)**].

Congés reportés

Report de congés payés - Il arrive que des congés payés soient reportés sur une période ultérieure, en accord avec l'employeur. En cas de rupture du contrat de travail, le salarié conserve son droit à une indemnité compensatrice pour les congés payés correspondant à une période antérieure et reportés sur la période de référence en cours avec l'accord de l'employeur (cass. soc. 27 septembre 2007, n° 06-41744, BC V n° 145).

Maladie non professionnelle - Lorsque la période de référence est expirée, le salarié dans l'impossibilité de prendre ses congés pour maladie peut prétendre à leur report ou, si son contrat de travail est rompu, à l'indemnité compensatrice de congés payés (CJCE, 20 janvier 2009, aff. C-350/06 et C-520/06 ; cass. soc. 24 février 2009, n° 07-44488, BC V n° 49) [voir *Maladie (incidences sur les congés payés)**].

Le salarié malade qui n'a pas pu prendre ses congés payés, et dont le contrat est rompu, peut prétendre à une indemnité compensatrice de congés payés.

A priori les mêmes règles s'appliquent en cas d'*accident de trajet**.

Accident du travail et maladie professionnelle - Un salarié ne perd pas ses droits à congés payés lorsque son arrêt de travail pour *accident du travail** s'achève après la clôture de la période de prise des congés payés. Il conserve ses congés qui sont reportés (cass. soc. 27 septembre 2007, n° 05-42293, BC V n° 147). Il en est de même si le salarié rechute après la reprise de son travail, suite à un accident de travail, sans avoir eu le temps de prendre l'intégralité des congés payés reportés une première fois (cass. soc. 16 février 2012, n° 10-21300, BC V n° 75).

En conséquence, hors l'hypothèse d'une rupture du contrat de travail, la question de l'indemnité compensatrice ne devrait pas se poser, puisque l'employeur ne peut pas considérer que le salarié a perdu ses congés payés.

Congé de maternité ou d'adoption - Les salariés de retour de congé de maternité ou d'adoption ont droit à leur congé payé annuel, quelle que soit la période de prise des congés retenue dans l'entreprise [voir *Maternité (congé de)**] (c. trav. art. L. 3141-2). Ainsi, une salariée qui reviendrait de son congé maternité alors que la période de prise des congés payés a expiré durant son congé de maternité a le droit de prendre les congés qu'elle avait acquis. L'employeur ne peut pas lui opposer la clôture de la période de prise des congés payés.

En conséquence, hors l'hypothèse d'une rupture du contrat de travail avant que le salarié ait soldé ses congés payés, la question de l'indemnité compensatrice de congés payés ne devrait pas se poser. Bien entendu, si l'employeur empêche le salarié de bénéficier des congés reportés, le salarié pourra prétendre à une indemnité compensatrice et, le cas échéant, à des dommages et intérêts.

Montant de l'indemnité

Calcul - L'indemnité compensatrice se calcule de la même façon que l'indemnité de congés payés, à proportion de la fraction de congé dont le salarié n'a pas bénéficié à la date de fin de son contrat (c. trav. art. L. 3141-29) [voir *Congés payés (indemnité)**]. En cas de dispense de préavis [voir *Préavis (dispense)**], le salarié a droit à une indemnité compensatrice de congés payés pour la période de préavis non effectuée (c. trav. art. L. 1234-5).

Enfin, quand les congés de l'année de référence antérieure n'ont pas été pris, ou s'il en reste un reliquat, l'indemnité de congés payés de l'année précédente n'est pas à inclure dans la rémunération servant de base au calcul de l'indemnité due pour l'année suivante (cass. soc. 17 février 1993, n° 89-44825 D).

▶ Attention… Les créances de dommages-intérêts ne sont pas prises en compte pour le calcul de l'indemnité (cass. soc. 21 mai 2002, n° 99-15890, BC V n° 170). En revanche, la contrepartie financière de la clause de non-concurrence ouvre droit à l'indemnité de congés payés (cass. soc. 17 mai 2006, n° 04-47597, BC V n° 177 ; cass. soc. 23 juin 2010, n° 08-70233, BC V n° 145).

L'indemnité compensatrice de congés payés peut être due même si le salarié perçoit une rémunération forfaitaire incluant l'indemnité de congés payés (cass. soc.14 novembre 2013, n° 12-14070, BC V n° 272) [voir *Congés payés (indemnité)**].

Paiement - L'indemnité est payée au moment du solde de tout compte.

Dans les professions soumises à l'obligation de s'affilier à une caisse de congés payés, des règles particulières s'appliquent (voir *Caisses de congés payés**).

Régime juridique

L'indemnité compensatrice de congés payés a le caractère d'un salaire. Elle est imposable et soumise aux *cotisations de sécurité sociale**, d'assurance chômage et de retraite complémentaire. Elle est saisissable et cessible dans les mêmes limites que le salaire (voir *Cession de rémunération** et *Saisie des rémunérations**) et bénéficie du *privilège** et du *superprivilège**. Elle suit les délais de prescription des salaires à savoir 3 ans [voir *Prescription (salaires)**].

☛ *Congés payés.*

Congés payés (prise et report)

La prise des congés payés acquis par le salarié obéit à des règles précises. Les congés non pris en fin de période peuvent être reportés à certaines conditions.

Période et ordre des départs en congé

Période de congé - Un accord d'entreprise ou d'établissement (à défaut, une convention ou un accord de branche) fixe la période de prise des congés et l'ordre des départs pendant cette période. Le cas échéant, l'accord d'entreprise ou d'établissement prime sur l'accord de branche.

À défaut d'accord collectif la prévoyant, l'employeur définit la période de prise des congés et l'ordre des congés après avis, s'il existe, du *comité social et économique**. Dans tous les cas, la période de prise doit comprendre la période du 1er mai au 31 octobre de chaque année (c. trav. art. L. 3141-13, L. 3141-15 et L. 3141-16).

Il existe des dispositions particulières en cas d'*aménagement du temps de travail** et d'affiliation aux *caisses de congés payés**.

L'employeur porte la période ordinaire des vacances à la connaissance du personnel au moins 2 mois avant l'ouverture (c. trav. art. D. 3141-5).

▶ À noter… Cette règle concerne également les congés annuels qui ont été reportés du fait d'un arrêt de travail (en l'espèce consécutif à un accident du travail) (cass. soc. 8 juillet 2020, n° 18-21681 FSPB).

Prise des congés dès l'embauche - Le salarié peut prendre ses congés payés dès l'embauche (c. trav. art. L. 3141-12) [voir *Congés payés (anticipés)**].

Communication des dates par tout moyen - L'ordre des départs fixé par l'employeur est communiqué, par tout moyen, à chaque salarié un mois avant son départ (c. trav. art. D. 3141-6). Il peut être modifié à certaines conditions *(voir ci-après)*.

Cette règle vaut aussi pour des congés reportés du fait d'un arrêt de travail (en l'espèce consécutif à un accident du travail) (cass. soc. 8 juillet 2020, n° 18-21681 FSPB).

Dates de départ en congé

Fixer les dates de départ - Un accord d'entreprise ou d'établissement (à défaut, une convention ou un accord de branche) fixe l'ordre des départs en congés (c. trav. art. L. 3141-15).

À défaut d'accord collectif sur ce point, l'employeur définit l'ordre des départs, après avis du

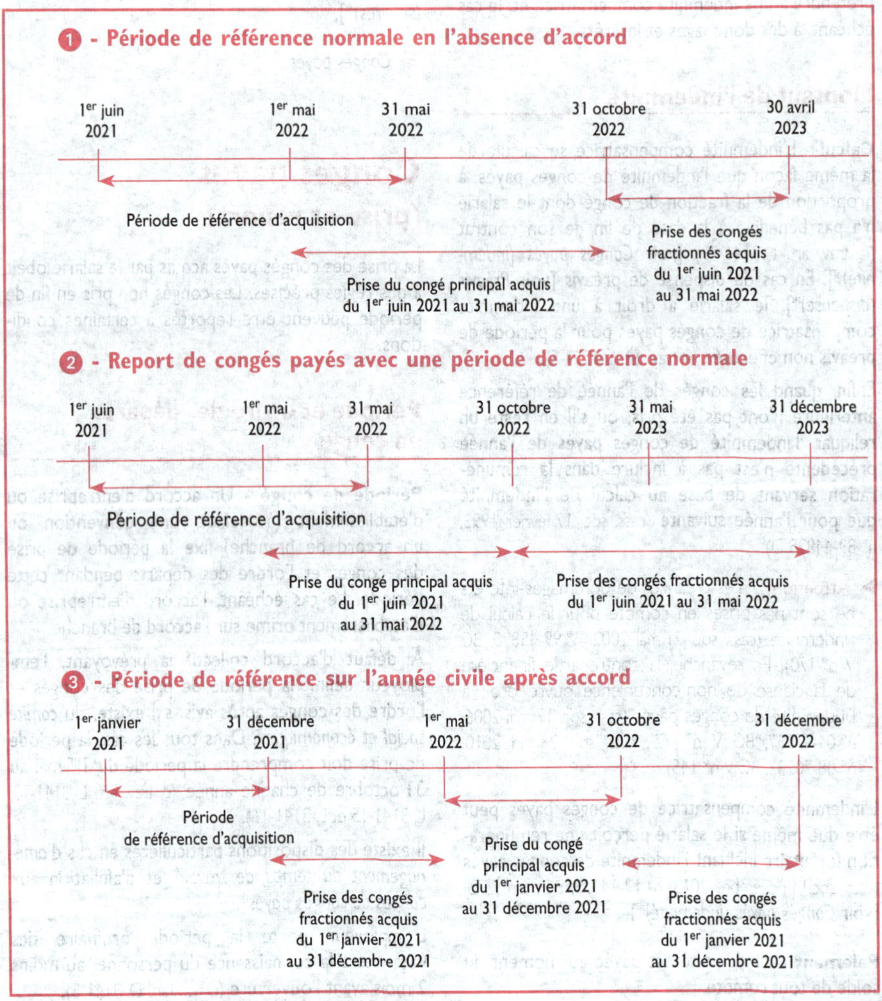

CSE, en tenant compte des critères suivants (c. trav. art. L. 3141-16) :

- la situation de famille des salariés, notamment les possibilités de congé (secteur privé ou fonction publique), du conjoint ou du partenaire lié par un Pacs, ainsi que la présence au sein du foyer d'un enfant ou d'un adulte handicapé ou d'une personne âgée en perte d'autonomie ;
- la durée de leurs services chez l'employeur ;
- leur activité chez un ou plusieurs autres employeurs.

Les conjoints et partenaires liés par un Pacs travaillant dans une même entreprise ont droit à un congé simultané (c. trav. art. L. 3141-15 ; cass. soc. 26 février 2013, n° 11-26934 D).

Le tableau reproduit dans cette étude résume les étapes à respecter dans l'entreprise.

Absence de réponse de l'employeur - Lorsqu'un salarié demande l'autorisation de prendre ses congés, en l'absence de réponse de l'employeur avant la date indiquée, il peut penser que sa demande est acceptée (cass. soc. 14 novembre 2001, n° 99-43454 D).

Nous vous proposons dans cette étude un modèle de demande de congés annuels.

Respect des dates par le salarié - Les dates de congés payés régulièrement fixées par l'employeur s'imposent au salarié. Un départ anticipé ou un retour tardif peuvent constituer une faute qui cause une perturbation au bon fonctionnement de l'entreprise. Selon les circonstances, une sanction disciplinaire pouvant aller jusqu'au licenciement (éventuellement pour faute grave) peut être justifiée (cass. soc. 19 janvier 2005, n° 02-46418 D).

Il en est de même lorsque le salarié fixe unilatéralement ses dates de départ et de retour sans en avoir l'autorisation (cass. soc. 16 juin 2010, n° 09-40599 D). En revanche, l'employeur ne peut :

- ni conclure que le salarié a démissionné (cass. soc. 19 février 1997, n° 94-41610 D) ;
- ni prendre acte de la rupture du contrat (cass. soc. 30 octobre 2002, n° 00-45763 D).

Modifier les dates de congés - L'ordre et les dates de départ fixés par l'employeur ne peuvent être modifiés que dans le délai fixé par accord collectif d'entreprise ou d'établissement (à défaut, par accord de branche) (c. trav. art. L. 3141-15).

En l'absence d'un tel accord, l'employeur ne peut pas modifier l'ordre et les dates de congés moins d'un 1 mois avant la date prévue du départ, sauf circonstances exceptionnelles (c. trav. art. L. 3141-16).

▶ Attention… Pour apprécier ce délai, c'est la date de remise de la notification de la modification au salarié qui est prise en compte, et non celle de l'expédition de la notification (cass. soc. 4 mars 2003, n° 00-45410 D).

Lorsque la modification des dates de congés intervient dans les conditions légales, un salarié commettrait une faute en partant à la date initialement prévue. En revanche, le départ en congé d'un salarié le jour prévu, alors que cette date est remise en question par l'employeur 3 semaines avant sans motif valable, ne constitue pas une cause réelle et sérieuse de licenciement (cass. soc. 30 mai 1990, n° 87-42605, BC V n° 256).

Définition des circonstances exceptionnelles - Les circonstances exceptionnelles peuvent être justifiées par la force majeure ou une nécessité impérieuse de service dans des circonstances contraignantes (ex. : fabrication et livraison urgentes).

Lorsque le salarié refuse de reporter ses congés, les juges vérifient si des circonstances exceptionnelles justifient que l'employeur rétracte l'autorisation de congé initialement donnée, moins de 1 mois avant la date de départ. Si c'est le cas, la sanction de ce salarié est justifiée (cass. soc. 12 novembre 2002, n° 00-45138 D).

Incidence de la maladie - Voir *Maladie (incidences sur les congés payés)**.

Congés non pris

Principe : pas de congés non pris - L'organisation des congés payés relevant du pouvoir de direction de l'employeur, tous les congés devraient être pris en fin de période, hors absences imprévues, alimentation d'un *compte épargne-temps** ou congé spécifique à venir (ex. : *congé pour création d'entreprise**) *(voir ci-après)*.

Il a été admis que le salarié qui n'a pas été empêché de prendre ses congés et n'en a pas demandé le report les perdait (cass. soc. 7 avril 2009, n° 07-45525 D). Pour autant, à notre sens, la responsabilité de l'employeur dans l'organisation des congés lui impose de veiller à ce que les congés soient pris. Les juges exigent d'ailleurs que l'employeur prouve qu'il a tout mis en œuvre pour que le salarié prenne ses congés (cass. soc. 21 octobre 2014, n° 13-15467 D ; cass. soc. 21 septembre 2017, n° 16-18898, BC V n° 159 ; cass. soc. 31 mai 2018, n° 17-14107 D). **Même affilié à une caisse de congés payés, c'est à l'employeur de justifier qu'il a fait le nécessaire pour la prise des congés** (cass. soc. 22 septembre 2021, n° 19-17046 FPBR).

Exemple

L'employeur n'apporte pas la preuve qu'il a rempli toutes ces obligations pour que le salarié bénéficie de ses congés lorsque les bulletins de paie ne mentionnent pas de date de prise de congés payés annuels, comme les textes l'exigent (c. trav. art. R. 3243-1, 11°), mais se bornent à attester du versement de la majoration de 10 % correspondant au paiement de l'indemnité de congés payés (c. trav. art. L. 3141-24 ; cass. soc. 13 juin 2012, n° 11-10929, BC V n° 187).

Ce n'est pas au salarié de démontrer que son employeur lui a refusé tout congé pour une année (cass. soc. 31 mai 2018, n° 17-14107 D) **ou qu'il n'a pas pris ses congés payés** (cass. soc. 29 septembre 2021, n° 19-19223 D).

Ce régime de preuve concerne les 4 semaines principales des congés payés légaux ainsi que, sauf dispositions contraires, les congés d'origine légale (5e semaine) ou conventionnelle, qui s'ajoutent aux 4 semaines garanties par le droit de l'Union européenne (cass. soc. 21 septembre 2017, n° 16-18898, BC V n° 159).

Pas d'indemnité de remplacement - L'employeur ne peut pas remplacer la prise des congés payés par le paiement d'une indemnité (cass. soc. 13 juin 2012, n° 11-10929, BC V n° 187). **Le salarié ne peut pas non plus exiger un tel paiement, sauf s'il n'a pas pu prendre ses congés du fait de l'employeur** (cass. soc. 10 juin 1997, n° 94-42388 D ; cass. soc. 26 mars 2014, n° 12-29324 D).

Calendrier des congés en 2022

Dates à retenir	Formalités en l'absence d'accord collectif traitant des congés payés (1)
1er janvier	Un accord collectif d'entreprise ou d'établissement (à défaut, une convention ou un accord de branche) peut fixer la date de début de la période de référence pour l'acquisition des congés payés (ex. : sur l'année civile) (c. trav. art. L. 3141-10). Cette possibilité ne concerne pas les secteurs relevant de caisses de congés payés. Par exemple, la période de référence peut alors débuter le 1er janvier pour correspondre à l'année civile.
1er mars	Le personnel doit être informé de la période des vacances retenue dans l'entreprise au moins 2 mois avant l'ouverture de cette période (c. trav. art. D. 3141-5).
31 mars	Fin d'acquisition des congés payés pour la période du 1.04.2021 au 31.03.2022 dans le BTP, le spectacle, etc. (c. trav. art. R. 3141-4).
1er avril	Début de la période de référence (1.04.2022 au 31.03.2023) pour le calcul des congés dans le BTP, le spectacle, etc. (c. trav. art. R. 3141-4).
30 avril	Fin de la période ouvrant droit à des jours supplémentaires pour fractionnement pour les congés acquis sur la période du 1.06.2020 au 31.05.2021 (c. trav. art. L. 3141-23).
1er mai	Ouverture de la période légale de prise des congés payés pour ceux acquis au cours de la période d'acquisition du 1.06.2021 au 31.05.2022 (1). À défaut d'accord collectif d'entreprise ou d'établissement (à défaut, d'accord de branche), la période est fixée par l'employeur, après avis, le cas échéant, du CSE (c. trav. art. L. 3141-16). Une fraction d'au moins 12 jours ouvrables continus compris entre 2 jours de repos hebdomadaire doit être prise entre le 1er mai et le 31 octobre (c. trav. art. L. 3141-19).
31 mai	Fin d'acquisition des congés payés pour la période du 1.06.2021 au 31.05.2022 (c. trav. art. R. 3141-4).
1er juin	L'ordre des départs en congé est communiqué, par tout moyen, à chaque salarié partant en juillet. En effet, il est transmis 1 mois avant son départ (c. trav. art. D. 3141-6). Début d'acquisition des congés payés pour la période du 1.06.2022 au 31.05.2023 (c. trav. art. R. 3141-4).
1er juillet	L'ordre des départs en congé est communiqué, par tout moyen, à chaque salarié partant en août (c. trav. art. D. 3141-6).
31 octobre	Fin de la période légale de prise des congés payés acquis pour la période d'acquisition du 1.06.2021 au 31.05.2022 (c. trav. art. L. 3141-13).
1er novembre	En l'absence de règles conventionnelles spécifiques, le congé principal fractionné pendant la période du 1.11.2022 au 30.04.2023 ouvre droit à des jours supplémentaires (c. trav. art. L. 3141-23).

(1) Accord d'entreprise ou d'établissement (à défaut, accord de branche). Les congés payés peuvent être pris dès l'embauche (c. trav. art. L. 3141-12).

Modèle de demande de congés annuels

Demande de congés en 2022

Nom : ....

Prénom : ....

Nombre total de jours ouvrés de congés acquis
pour la période du 1er juin 2021 au 31 mai 2022 :

	Période souhaitée	Total
Premier jour de congé		
Dernier jour de congé		
Nombre de jours ouvrés		
Date de reprise du travail		

Signature de l'intéressé(e)	Accord du chef de service	Accord de la direction
Le	Le	Le ....

▶ À noter… Un salarié ne peut pas refuser de prendre ses congés payés, malgré les avertissements de son employeur, pour se constituer un capital et en réclamer le paiement au bout de 20 années passées dans l'entreprise (cass. soc. 15 janvier 2020, n° 18-13341 D).

Le salarié dont le contrat n'est pas rompu et qui, pour un motif ne résultant pas du fait de l'employeur, n'a pas pris ses congés avant l'expiration de la période des congés ne peut pas prétendre à une indemnité compensatrice de congés payés (cass. soc. 28 janvier 2004, n° 01-46314, BC V n° 32 ; cass. soc. 3 décembre 2003, n° 01-45528 D).

Dans certaines entreprises, le report des congés payés est accepté, même si le salarié n'a pas été absent *(voir ci-après)*. Une date butoir est parfois imposée et l'employeur doit veiller à ce que les congés soient soldés à cette échéance. En cas de rupture du contrat de travail, le salarié perçoit une indemnité compensatrice pour tous les congés reportés avec l'accord de l'employeur (cass. soc. 27 septembre 2007, n° 06-41744, BC V n° 145).

Pas de « renonciation » écrite au report de congés - Le fait qu'un salarié signe un document dans lequel il reconnaît avoir soldé ses congés payés ne lui ôte pas le droit au report de ceux-ci s'il a été dans l'impossibilité de les prendre du fait, notamment, d'arrêts pour accident du travail (cass. soc. 28 mai 2014, n° 12-28082, BC V n° 129).

Report des congés payés

Congé maternité ou d'adoption - Les salariés de retour d'un congé de maternité ou d'adoption ont droit à leurs congés payés annuels, quelle que soit la période de congés payés retenue par un accord collectif ou par l'employeur (c. trav. art. L. 3141-2) [voir *Adoption** et *Maternité (congé de)**].

Exemple

Une salariée qui revient de congé maternité, alors que la période de prise des congés payés est expirée, car son congé coïncidait avec cette période, peut prendre les congés payés qu'elle avait acquis. L'employeur ne peut pas s'y opposer.

Congé parental d'éducation - Lorsqu'un salarié prend un *congé parental d'éducation** sous forme de congé total (et non de période de travail à temps partiel), il perd les congés payés acquis avant le congé parental, s'il revient après la clôture de la période de prise des congés payés (cass. soc. 28 janvier 2004, n° 01-46314, BC V n° 32).

▶ À noter… Des dispositions conventionnelles, contractuelles ou des usages peuvent lui assurer le bénéfice de ces jours à son retour.

Cette règle pourrait changer car la Cour de justice de l'Union européenne (CJUE) estime que les salariés de retour de congé parental peuvent bénéficier des congés annuels payés qu'ils ont acquis avant leur départ (CJUE 22 avril 2010, aff. C-486/08).

Maladie - Lorsque la période de prise est expirée, le salarié dans l'impossibilité de prendre ses congés payés du fait de sa maladie peut prétendre au report de ses congés ou, si son contrat de travail est rompu, à l'indemnité compensatrice de congés payés (CJCE 20 janvier 2009, aff. C-350/06 et C-520/06 ; cass. soc. 24 février 2009, n° 07-44488, BC V n° 49 ; cass. soc. 16 février 2012, n° 10-21300, BC V n° 75).

La législation ou une convention collective peut néanmoins limiter ce report dans le temps, sachant que cette période doit avoir une durée supérieure à celle de la période de référence pour laquelle elle est accordée. Par exemple, il peut s'agir d'une période de report de **15 mois** (CJUE 22 novembre 2011, aff. C-214/10), mais pas de **9 mois** (CJUE 3 mai 2012, aff. C-337/10).

Pour la Cour de cassation, des dispositions ou pratiques nationales peuvent limiter le report des congés payés d'un salarié en incapacité de travail pendant plusieurs périodes de référence consécutives au moyen d'une période de report à l'expiration de laquelle le droit au congé payé est perdu, dès lors que cette période de report « dépasse substantiellement » la durée de la période de référence. Elle précise que les juges ne peuvent pas se substituer à l'employeur pour fixer cette période de report (cass. soc. 21 septembre 2017, n° 16-24022, BC V n° 144).

En l'absence de limite au report de ces congés non pris, la notice explicative jointe à cette décision renvoie à l'application du délai de prescription de 3 ans à compter de l'expiration de la période légale ou conventionnelle au cours de laquelle les congés auraient pu être pris (cass. soc. 4 décembre 1996, n° 93-46408, BC V n° 416), sous réserve des causes d'interruption ou de suspension.

Accident du travail - Lorsque le salarié en arrêt pour accident du travail ou maladie professionnelle n'a pas pu prendre ses congés payés annuels sur l'année prévus par la loi ou la convention collective, les congés acquis sont reportés après la date de reprise du travail (cass. soc. 27 septembre 2007, n° 05-42293, BC V n° 147).

Cette règle s'applique également si le salarié a été arrêté, a repris son travail puis a de nouveau été en arrêt de travail du fait d'une rechute (cass. soc. 16 février 2012, n° 10-21300, BC V n° 75). L'employeur qui refuserait devrait au salarié une indemnité compensatrice de congés payés (cass. soc. 21 septembre 2010, n° 08-44368 D).

Congé pour création d'entreprise ou congé sabbatique - Les salariés ont la possibilité de reporter sur 6 années maximum le congé qui leur est dû au-delà de 24 jours ouvrables, s'ils souhaitent prendre un *congé pour création d'entreprise**, un congé pour l'exercice de responsabilités de direction au sein d'une jeune entreprise innovante ou un *congé sabbatique** (c. trav. art. L. 3142-29 et L. 3142-120).

Compte épargne-temps - L'accord collectif créant un *compte épargne-temps** au profit des salariés, peut prévoir qu'ils affectent au CET les jours de congés payés excédant les 24 *jours ouvrables** et les jours de fractionnement (c. trav. art. L. 3151-2).

Report prévu par accord collectif - Lorsque la durée du travail d'un salarié est décomptée à l'année, en vertu d'une disposition légale (ex. : convention de forfait en heures sur l'année, aménagement du temps de travail sur l'année), un accord collectif d'entreprise ou d'établissement (à défaut, un accord de branche), peut prévoir que les droits à congés ouverts au titre de l'année de référence peuvent faire l'objet de reports. Ces reports peuvent être effectués jusqu'au 31 décembre de l'année suivant celle pendant laquelle la période de prise de ces congés a débuté. L'accord doit préciser (c. trav. art. L. 3141-22) :
- les modalités de rémunération des congés payés reportés ;
- les cas précis et exceptionnels de report ;
- les conditions dans lesquelles ces reports peuvent être effectués, à la demande du salarié et après accord de l'employeur ;
- les conséquences de ces reports sur le respect de certains seuils annuels.

Ce report ne doit pas avoir pour effet de majorer ces seuils dans une proportion plus importante que celle correspondant à la durée ainsi reportée.

Report de congés payés accepté - Hormis les cas où la loi ou la jurisprudence admettent le report des congés payés *(voir ci-avant)*, un salarié ne bénéficie d'aucun droit au report de ses congés payés sans autorisation expresse de la hiérarchie.

Dans certaines entreprises, le report des congés payés est accepté, même si le salarié n'a pas été absent. Une date butoir est parfois imposée et l'employeur doit veiller à ce que les congés soient soldés à cette échéance (cass. soc. 27 septembre 2007, n° 06-41744, BC V n° 145).

La mention du report des congés payés acquis au titre de la période antérieure à la période de référence en cours sur le bulletin de paie peut servir à établir l'accord de l'employeur (cass. soc. 9 juillet 2015, n° 14-10051 D). Pour rappel, c'est à l'employeur de faire en sorte que le salarié puisse exercer effectivement son droit à congé, et, en cas de contentieux, de prouver qu'il a accompli à cette fin toutes les diligences requises *(voir ci-avant)*. S'il fait état d'une erreur sur un bulletin de paie pour s'exonérer de son obligation de payer les congés mentionnés comme reportés, il lui appartient donc de prouver que les congés ont bien été pris. C'est à cette condition que la mention sur le bulletin de paye peut être considérée comme une erreur (cass. soc. 9 décembre 2020, n° 19-12739 D).

Décompte des congés

Le décompte des jours de congés payés s'effectue légalement en *jours ouvrables**. Il peut être réalisé en *jours ouvrés** si ce mode n'est pas défavorable au salarié. Sur l'incidence des *jours fériés**, voir cette étude.

▶ À noter… Pour les salariés à temps partiel, le décompte des congés payés en jours ouvrés se fait sur les jours habituellement ouvrés dans l'établissement, et non sur les seuls jours ouvrés qui auraient été travaillés par le salarié du fait de son horaire [voir *Travail à temps partiel (statut)**]. Par dérogation, les juges admettent qu'un accord collectif puisse prévoir, sans discrimination, un autre mode d'acquisition et de décompte des droits à congés payés en jours ouvrés (cass. soc. 12 mai 2015, n° 14-10509, BC V n° 93).

Incidences d'une rupture

Rupture du contrat avant le départ en congé - En principe, les périodes de *préavis** et de congés payés ne se confondent pas. Le préavis est suspendu pendant toute la durée du congé et reprend à l'expiration du congé.

Toutefois, un accord entre l'employeur et le salarié sur la prise de congés pendant la période de préavis est possible.

Démission ou licenciement pendant les congés - Le *préavis** ne commence à courir qu'à l'expiration du congé.

☞ *Congés payés.*

Conjoint

☛ *Ayant droit.*

Conjoint du non-salarié (statut)

@ Cette étude est détaillée dans la version en ligne de ce Dictionnaire (voir www.rfsocial.com et www.rfeditions.com).

Conseil d'administration ou de surveillance (administrateurs élus par les salariés)

Dispositif facultatif

Les statuts des sociétés anonymes (SA) peuvent prévoir que le conseil d'administration ou de surveillance comprend notamment des salariés élus :

- soit par le personnel de la société ;
- soit par le personnel de la société et celui de ses filiales, directes ou indirectes, dont le siège social est fixé sur le territoire français.

Ces administrateurs élus siègent avec voix délibérative au conseil (c. com. art. L. 225-27 et L. 225-79).

La durée du mandat est déterminée par les statuts, sans pouvoir excéder 6 ans (c. com. art. L. 225-29 et L. 225-79).

▶ À noter… Lorsque les statuts de la SA prévoient expressément la présence de ces administrateurs élus par les salariés qui siègent avec voix délibérative au conseil d'administration ou de surveillance, la représentation du comité social et économique (CSE) au sein de ces organes de gouvernance (voie consultative) est réduite à un seul membre [voir *Comité social et économique (représentants dans les organes sociaux)**].

Distinction avec les dispositifs obligatoires

Représentation des salariés - Voir *Conseil d'administration ou de surveillance (représentants des salariés)**.

Représentation des salariés actionnaires - Dans les sociétés au sein desquelles le personnel (ainsi que le personnel des sociétés qui leur sont liées) détient plus de 3 % du capital, l'assemblée générale des actionnaires doit nommer un ou plusieurs administrateurs ou membres du conseil de surveillance parmi les salariés actionnaires ou, le cas échéant, parmi les salariés membres du conseil de surveillance d'un fonds de commerce de placement d'entreprise (FCPE) détenant des actions de la société (c. com. art. L. 225-23 et L. 225-71).

Statut des administrateurs ou membres du conseil de surveillance

Incidences sur le contrat de travail - Les administrateurs élus par les salariés (ou membres du conseil de surveillance élus par les salariés) ne perdent pas le bénéfice de leur contrat de travail et leur rémunération en tant que salariés ne peut pas être réduite du fait de l'exercice de leur mandat (c. com. art. L. 225-31 et L. 225-80).

La rupture du contrat de travail met fin à leur mandat. Ils ne peuvent être révoqués que pour faute dans l'exercice de leur mandat, par décision du président du tribunal judiciaire, selon la procédure accélérée au fond, à la demande de la majorité des membres du conseil d'administration. La décision est exécutoire par provision (c. com. art. L. 225-32 et L. 225-80).

Incompatibilités - Le mandat d'administrateur (ou de membre du conseil de surveillance) élu par les salariés est incompatible avec tout mandat de membre du *comité social et économique** (CSE). L'administrateur qui, lors de son élection, est titulaire d'un ou de plusieurs de ces mandats doit s'en démettre dans les 8 jours. À défaut, il est démissionnaire de son mandat d'administrateur (c. com. art. L. 225-30 et L. 225-80).

Crédit d'heures - Les salariés titulaires d'un tel mandat disposent du temps nécessaire pour exercer utilement leur mandat (c. com. art. L. 225-30-1, L. 225-80 et R. 225-34-2 et s.).

Temps de préparation des réunions - Les administrateurs salariés et les représentants des salariés actionnaires (c. com. art. R. 225-34-2 et R. 225-60-2) disposent d'un temps de préparation, qui ne peut être inférieur à 15 h, ni supérieur à 75,83 h, pour chaque réunion du conseil d'administration ou de surveillance. Ce temps est considéré comme du temps de travail effectif et rémunéré comme tel à l'échéance normale (décret 2019-1308 du 6 décembre 2019, JO du 8).

Formation - Les administrateurs élus par les salariés bénéficient à leur demande d'une formation adaptée à l'exercice de leur mandat, de 40 h par an minimum au cours du mandat, à la charge de la société. Ce temps de formation n'est pas imputable sur le crédit d'heures (c. com. art. L. 225-30-2, L. 225-80, R. 225-34-3, R. 225-34-4 et R. 225-60-2). Ce temps est pris sur le temps de travail effectif et rémunéré comme tel à l'échéance normale.

Cette formation est également prévue pour les représentants des salariés actionnaires (c. trav. art. L. 3341-2).

Par ailleurs, ils peuvent prétendre à un stage de formation économique, financière et juridique d'une durée minimum de 3 jours. Le stage est accordé ou, le cas échéant, refusé dans les mêmes conditions que le *congé de formation économique, sociale, environnementale et syndicale**. Il est imputé sur la durée de ce congé. Le temps consacré à cette formation est pris sur le temps de travail et il est rémunéré comme tel (c. trav. art. L. 3341-2 et L. 3341-3).

Conseil d'administration ou de surveillance (représentants du CSE)

Comité social et économique (représentants dans les organes sociaux).

Conseil d'administration ou de surveillance (représentants des salariés)

Entreprises visées

L'obligation de désigner des administrateurs représentants des salariés concerne les sociétés anonymes (SA) dotées d'un conseil d'administration ou d'un conseil de surveillance et les sociétés en commandite par actions (c. com. art. L. 225-27-1 et L. 225-79-2) :

- ayant leur siège social en France et qui emploient, à la clôture de deux exercices consécutifs, au moins 1 000 salariés en France ;
- les entreprises ayant leur siège social en France et à l'étranger et qui occupent, à la clôture de deux exercices consécutifs, au moins 5 000 salariés dans le monde.

▶ À noter… Une société dont l'activité principale est d'acquérir et de gérer des filiales et participations peut ne pas désigner des représentants des salariés si elle détient une ou plusieurs filiales respectant cette obligation. Toutefois, cette dispense ne s'applique que si l'entreprise n'est pas soumise à l'obligation de mettre en place un *comité social et économique** (c. com. art. L. 225-27-1 ; c. trav. art. L. 2311-2).

Nombre de représentants des salariés

Le nombre d'administrateurs représentant des salariés varie selon le nombre d'administrateurs de l'entreprise considérée (c. com. art. L. 225-27-1 et L. 225-79-2).

Si celle-ci comprend plus de 8 administrateurs non salariés, elle est tenue d'en désigner au moins 2.

Pour un conseil comportant au plus 8 administrateurs non-salariés, il n'y a qu'un administrateur salarié.

▶ À noter… Une holding peut ne pas mettre en œuvre cette obligation si elle remplit les obligations cumulatives suivantes (c. com. art. L. 225-27-1 et L. 225-79-2) :
- elle n'est pas soumise à l'obligation de mettre en place un *comité social et économique** (CSE) ;
- elle détient une ou plusieurs filiales, directes ou indirectes, soumises à l'obligation d'élire des administrateurs salariés ;
- ses actions ne sont pas cotées ou moins de 20 % de ses actions sont cotées (les 80 % restantes sont détenues, directement ou indirectement, par une personne physique ou morale agissant seule ou de concert).

Élection ou désignation

Modification des statuts de l'entreprise - La désignation des administrateurs salariés nécessite une modification des statuts de l'entreprise (c. com. art. L. 225-27-1 et L. 226-5-1).

Élection ou désignation - Quatre modalités sont envisageables :
- soit une élection des salariés de la société et de ses filiales situées sur le territoire français ;

- soit une désignation par le comité de groupe, le CSE central ou le comité social et économique (CSE) ;
- soit une désignation par l'organisation ou les deux organisations syndicales arrivées en tête au premier tour des élections professionnelles ;
- soit une désignation par le comité d'entreprise européen.

Qu'il s'agisse d'une élection ou d'une désignation, la parité femmes/hommes doit être respectée (c. com. art. L. 225-27-1, L. 225-28 et L. 225-79-2).

Conditions d'éligibilité ou de désignation - Les salariés éligibles à la fonction d'administrateur doivent être titulaires d'un contrat de travail avec la société ou l'une de ses filiales directes ou indirectes, et ce, depuis au moins 2 ans par rapport à la date de désignation. Toutefois, cette condition d'ancienneté n'est pas requise lorsqu'au jour de la nomination la société est constituée depuis moins de 2 ans (c. com. art. L. 225-28 et L. 225-80).

Délai d'élection ou de désignation - La modification des statuts via une délibération de l'assemblée générale extraordinaire doit intervenir dans les 6 mois suivant la clôture du second des deux exercices concernés, après avis, selon le cas, du comité de groupe et du CSE (c. com. art. L. 225-27-1 et L. 225-79-2). L'élection ou la désignation des administrateurs représentant les salariés doit avoir lieu dans les 6 mois suivant la modification des statuts (c. com. art. L. 225-27-1). En l'absence de décision pour l'une ou l'autre de ces modalités, il faudra retenir la première option, à savoir l'élection par les salariés (c. com. art. L. 225-27-1 et L. 225-79-2).

L'entrée en fonction des administrateurs et des membres du conseil de surveillance représentant les salariés doit intervenir au plus tard 6 mois après la tenue de l'AG qui a procédé aux modifications nécessaires dans les statuts. Dans les sociétés qui gèrent des participations financières, et dont les filiales ont des représentants de salariés les dispensant d'en avoir elles-mêmes le cas échéant, l'entrée en fonction des administrateurs et des membres du conseil de surveillance représentant les salariés doit intervenir au plus tard au terme des mandats exercés dans les filiales par les représentants des salariés.

Protection contre la rupture du contrat de travail - Les salariés administrateurs bénéficient de la même protection contre la rupture de leur contrat de travail que les représentants du personnel (c. trav. art. L. 2411-1) (voir *Protection des représentants du personnel**).

Formation

Les administrateurs salariés bénéficient d'une formation adaptée à l'exercice de leur mandat de 40 h par an minimum au cours du mandat (c. com. art. L. 225-30-2 ; décret 2019-1308 du 6 décembre 2019, JO du 8). Ce temps est pris sur le temps de travail effectif et rémunéré comme tel à l'échéance normale. Le coût de la formation, y compris les frais de déplacement, est à la charge de la société.

Préparation des réunions

Pour chaque réunion du conseil d'administration ou de surveillance, les administrateurs salariés disposent d'un temps de préparation qui ne peut être inférieur à 15 h, ni supérieur à 75,83 h (moitié de la durée légale mensuelle de travail) (c. com. art. R. 225-34-2).

Ce temps est considéré comme du temps de travail effectif et rémunéré comme tel à l'échéance normale.

Conseil d'entreprise

Un conseil d'entreprise peut être institué dans les entreprises avec ou sans délégué syndical (DS) ainsi que dans les entreprises appartenant à une unité économique et sociale (UES). Le conseil d'entreprise étant un dérivé du *comité social et économique** (CSE), il ne peut être créé qu'une fois le CSE opérationnel.

À la différence du CSE, le conseil d'entreprise a la capacité de négocier un accord collectif.

Accord de mise en place

Entreprises avec délégué syndical - Dans les entreprises avec DS, le conseil d'entreprise peut être mis en place par un accord collectif d'entreprise majoritaire et à durée indéterminée (sans possibilité de faire valider un accord minoritaire par référendum) (c. trav. art. L. 2321-2).

▶ À noter... Le ministère du Travail a souligné que les règles relatives à la dénonciation d'un accord collectif d'entreprise à durée indéterminée s'appliquent à l'accord collectif instituant le conseil d'entreprise [voir *Accord collectif d'entreprise (révision, dénonciation et renouvellement)**]. La dénonciation par une partie des signataires ne remet pas en cause la validité de l'accord. Celui-ci continuera de produire effet jusqu'à l'entrée en vigueur de la convention ou de l'accord qui lui est substitué et ce, dans un délai d'un an suivant le délai de 3 mois de préavis (c. trav. art. L. 2261-11). Si aucun accord de substitution n'est conclu, la représentation du personnel de l'entreprise rebascule dans le système de droit commun et continue à produire ses effets avec un CSE d'une part et des DS d'autre part, chacun exerçant les attributions qui leur sont habituellement dévolues (« Comité social et économique : 117 questions-réponses », Q/R n° 117).

Entreprises sans délégué syndical - Dans les entreprises sans DS, le conseil d'entreprise peut être installé en application d'un accord de branche étendu (c. trav. art. L. 2321-2).

En présence d'une UES - Le conseil d'entreprise peut être mis en place dans les entreprises appartenant à une *unité économique et sociale** (UES) (c. trav. art. L. 2321-10 ; « Comité social et économique : 117 questions-réponses », Q/R n° 115). Dans ce cas, l'accord collectif majoritaire doit être conclu :
- soit au niveau d'une ou de plusieurs entreprises composant l'UES ;
- soit au niveau de l'UES, les règles de validité de l'accord devant être appréciées en tenant compte des suffrages valablement exprimés dans l'ensemble des entreprises.

Contenu de l'accord

Clauses obligatoires - L'accord de mise en place doit comprendre un certain nombre de clauses (c. trav. art. L. 2321-2, L. 2321-3, L. 2321-4 et L. 2321-6) :
- les modalités selon lesquelles les négociations se déroulent au niveau des établissements ;
- la liste des thèmes (ex. : égalité professionnelle) soumis à l'avis conforme du conseil d'entreprise (à savoir, ceux pour lesquels l'employeur est tenu d'obtenir son accord), sachant que la formation doit en faire partie ;
- le nombre d'*heures de délégation** dont bénéficient les élus participant aux négociations qui ne peut pas, sauf circonstances exceptionnelles, être inférieur au nombre d'heures réglementaire, sachant que le temps passé aux séances de négociation elles-mêmes est du temps de travail effectif ;
- les modalités d'indemnisation des frais de déplacement.

Clauses facultatives - L'accord de mise peut contenir d'autres clauses comme (c. trav. art. L. 2321-7 et L. 2321-8) :
- la composition de la délégation négociatrice ;
- la périodicité de tout ou partie des thèmes de négociation du conseil d'entreprise.

Attributions du conseil d'entreprise

Rôle identique au CSE - Le conseil d'entreprise se substitue au CSE [voir *Comité social et économique (entreprises de moins de 50 salariés)** et *Comité social et économique (entreprises d'au moins 50 salariés)**]. En conséquence, il exerce l'ensemble des attributions dévolues au CSE et suit ses règles de fonctionnement (c. trav. art. L. 2321-1).

Capacité de conclure et négocier un accord collectif - En présence d'un conseil d'entreprise, il est le seul compétent pour négocier, conclure et réviser les conventions et accords d'entreprise ou d'établissement (c. trav. art. L. 2321-1).

▶ À noter... Le ministère du Travail a souligné que la mise en place du conseil d'entreprise ne fait pas disparaître le mandat des DS. Ceux-ci perdent en revanche la prérogative de négocier, conclure et réviser les conventions et accords dans l'entreprise ou l'établissement (« Comité social et économique : 117 questions-réponses », Q/R n° 116).

Le conseil d'entreprise peut également négocier des « accords soumis à des règles spécifiques » tels que (c. trav. art. L. 2321-1) :
- des accords portants sur un plan de sauvegarde (PSE) (c. trav. art. L. 1233-24-1) ;
- le protocole d'accord préélectoral (PAP) (c. trav. art. L. 2314-6) ;
- l'accord modifiant le nombre et la composition des collèges électoraux (c. trav. art. L. 2314-12) ;
- l'accord prévoyant que le scrutin a lieu hors temps de travail (c. trav. art. L. 2314-27) ;
- etc.

Validité des accords conclus par le conseil d'entreprise - Pour être valable, l'accord conclu avec un conseil d'entreprise doit être signé par la majorité des membres titulaires élus du conseil d'entreprise ou par un ou plusieurs membres titulaires ayant obtenu la majorité des suffrages exprimés (plus de 50 %) lors des dernières élections professionnelles (c. trav. art. L. 2321-9). Cela signifie que l'accord requiert soit une majorité en nombre des membres du conseil, soit une majorité en suffrages exprimés.

▶ À noter... Par « majorité en suffrages exprimés », il faut tenir compte des suffrages recueillis lors du premier tour des élections pour les élus au premier tour de scrutin, et de ceux recueillis lors du second tour pour les élus au second tour de scrutin.

Heures de négociation considérées comme du temps de travail - Le temps passé à la négociation est de plein droit considéré comme temps de travail et payé à l'échéance normale (c. trav. art. L. 2321-5).

☛ *Comité social et économique.*

Conseil en évolution professionnelle

Accompagnement professionnel facultatif et gratuit

Toute personne active (hors agent public) peut bénéficier tout au long de sa vie professionnelle d'un conseil en évolution professionnelle (CEP), dont l'objectif est de favoriser l'évolution et la sécurisation de son parcours professionnel (c. trav. art. L. 6111-6).

Le CEP est un processus d'appui à tout actif pour faire le point sur sa situation professionnelle, et, le cas échéant, élaborer, formaliser et mettre en œuvre une stratégie visant l'évolution professionnelle, l'insertion, le développement des compétences, la certification professionnelle, la mobilité interne ou externe, la reconversion, la transition professionnelle, la reprise ou création d'activité, etc. (arrêté du 29 mars 2019, annexe § 1.1, JO du 30).

Il prend la forme d'une offre de services gratuite, accessible à tout actif indépendamment de son âge, de son secteur d'activité, de son statut et de sa qualification (ex. : personnes en recherche d'emploi, salariés du secteur privé, étudiants et retraités) (arrêté du 29 mars 2019, annexe § 1.2 et § 3).

Le CEP (c. trav. art. L. 6111-6) :
- facilite l'accès à la formation, en identifiant les compétences de la personne, les qualifications et les formations répondant aux besoins qu'elle exprime ainsi que les financements disponibles ;
- accompagne, en amont, les salariés dans le cadre de leurs projets de transition professionnelle [voir *Compte personnel de formation (transition professionnelle)**].

Notons qu'un salarié doit obligatoirement faire l'objet d'un accompagnement par un opérateur du CEP pour pouvoir suivre un parcours de *transitions collectives**.

L'employeur doit évoquer le CEP durant l'*entretien professionnel** bisannuel afin de renforcer la connaissance du dispositif par les salariés (c. trav. art. L. 6315-1).

▶ **À noter…** Le salarié qui souhaite démissionner et bénéficier d'une prise en charge par l'assurance chômage doit justifier d'un projet de reconversion professionnelle nécessitant le suivi d'une formation ou d'un projet de création ou de reprise d'entreprise [voir *Chômage (démission pour reconversion professionnelle)**]. L'intéressé doit au préalable demander un CEP en vue d'être accompagné dans la préparation de son projet de reconversion professionnelle (c. trav. art. L. 5422-1-1 ; circ. Unédic 2021-13 du 19 octobre 2021, fiche 2 bis, § 1.1.2.1).

Offre de service en deux temps

Le CEP s'organise en deux niveaux facultatifs (arrêté du 29 mars 2019, annexe § 2) :
- un premier niveau de conseil (accueil individualisé et adapté au besoin de la personne), qui doit permettre au bénéficiaire de disposer d'un état des lieux partagé avec le conseiller de sa demande et de son besoin. Cet état des lieux permet d'éclairer le bénéficiaire sur les suites à donner à sa démarche et éventuellement d'assurer une continuité entre le premier et le second niveau ;
- un second niveau de conseil (accompagnement personnalisé), qui doit permettre au bénéficiaire de clarifier sa demande, de caractériser et préciser ses besoins et ses priorités en matière d'évolution professionnelle ainsi que d'être accompagné et soutenu dans la formalisation et la mise en œuvre de son projet en fonction des demandes et besoins qu'il a exprimés.

La mise en œuvre du CEP ne remet pas en cause les droits et obligations liés au statut du bénéficiaire (arrêté du 29 mars 2019, annexe § 2).

▶ **À noter…** Les principes et les modalités de mise en œuvre du CEP sont définis par le cahier des charges publié par l'arrêté du 29.03.2019 (annexe § 3).

Opérateurs assurant le CEP

Le CEP est délivré dans le cadre du service public régional de l'orientation (c. trav. art. L. 6111-3 et L. 6111-6). Les opérateurs assurant ce service sont (c. trav. art. D. 6111-6 et D. 6111-7 ; arrêté du 29 mars 2019, annexe 3 § 2) :
- Pôle Emploi, les missions locales (pour les jeunes), Cap emploi (pour les personnes handicapées), l'APEC ;
- les opérateurs régionaux qui sont désignés par *France compétences** (voir « www.francecompetences.fr » ou « www.mon-cep.org »).

▶ À noter… Chaque personne peut connaître ses interlocuteurs « CEP », selon sa propre situation (ex. : salarié ou demandeur d'emploi), en se rendant sur son *compte personnel de formation**, sur son *compte personnel d'activité** ou sur « www.mon-cep.org ».

☞ *Compte personnel de formation (transition professionnelle) ; Transitions collectives*

Conseil de prud'hommes

Le conseil de prud'hommes (CPH) est une juridiction spécialisée chargée de concilier et, à défaut, de juger les litiges nés de la conclusion, de l'exécution et de la rupture du contrat de travail. Il s'agit d'une juridiction paritaire composée d'un nombre égal de salariés et d'employeurs (c. trav. art. L. 1421-1).

Avant de saisir le juge, employeur et salarié peuvent tenter de régler leur différend à l'amiable (voir *Médiation** et *Procédure participative**).

Composition

Au sein de chaque section, la procédure contentieuse se déroule devant un bureau de conciliation et d'orientation, puis éventuellement un bureau de jugement [voir *Conseil de prud'hommes (procédure prud'homale)**].

Le bureau de jugement se compose de deux conseillers prud'hommes employeurs et de deux conseillers prud'hommes salariés, incluant le président ou le vice-président siégeant alternativement (c. trav. art. L. 1423-12). Dans sa formation restreinte, le bureau de jugement se compose d'un conseiller prud'homme employeur et d'un conseiller prud'homme salarié (c. trav. art. L. 1423-13).

Le bureau de conciliation et d'orientation [voir *Conseil de prud'hommes (conciliation)**] et la formation de référé se composent d'un conseiller prud'homal employeur et d'un conseiller prud'homal salarié (c. trav. art. L. 1423-13).

▶ À noter… Lorsqu'un CPH a son siège dans la même commune que le siège d'un *tribunal judiciaire** ou de l'une de ses chambres de proximité, le greffe du tribunal judiciaire comprend, d'une part, les services de greffe de cette juridiction et, d'autre part, le service de greffe du CPH (c. org. jud. art. L. 123-1 ; c. trav. art. R. 1423-36 et s.).

Délais pour saisir le juge

Voir *Prescription (contentieux)**.

Compétences

Compétence d'attribution - Le CPH peut traiter de tout litige (c. trav. art. L. 1411-1 et s.) :
- d'ordre individuel opposant l'employeur à un ou plusieurs de ses salariés ou opposant des salariés entre eux ;
- né à l'occasion du contrat de travail.

▶ À noter… Une demande en réparation du préjudice moral, économique et d'anxiété entraîné par la crainte de déclarer un jour ou l'autre une maladie liée à l'amiante relève de la compétence du CPH (cass. soc. 17 novembre 2010, n° 08-45647, BC V n° 264 ; cass. soc. 28 mai 2014, n° 12-12949, BC V n° 127).

Sur la possibilité d'inscrire dans un contrat de travail une *clause attributive de juridiction** ou une *clause compromissoire**, voir ces études.

Compétence territoriale - Le conseil compétent pour un salarié travaillant dans un établissement est celui dans le ressort duquel est situé cet établissement (c. trav. art. R. 1412-1).

Le conseil compétent pour un salarié travaillant hors de tout établissement est celui dans le ressort duquel le salarié est domicilié.

▶ À noter… Le salarié peut toujours saisir le CPH du lieu où l'engagement a été contracté ou le CPH du lieu où l'employeur est établi (c. trav. art. R. 1412-1).

S'il y a plusieurs défendeurs, le demandeur saisit, à son choix, la juridiction du lieu où demeure l'un d'eux (c. proc. civ. art. 42). La question peut se poser, par exemple, lorsque le salarié conteste le transfert de son contrat de travail à un autre employeur. En vertu de ce principe, l'intéressé peut donc saisir le CPH dans le ressort duquel l'ancien employeur a son siège social comme il peut saisir le conseil correspondant au siège social de son nouvel employeur (cass. soc. 16 février 2011, n° 10-16423, BC V n° 48).

Sur le tribunal compétent en cas de *contrat de travail international**, voir cette étude.

Dépaysement - La règle de compétence territoriale connaît des exceptions. Ainsi, lorsque l'employeur est également conseiller prud'homal, le salarié peut demander le « dépaysement », c'est-à-dire le renvoi de l'affaire devant un CPH limitrophe de celui dans le ressort duquel son employeur exerce ses fonctions de conseiller prud'hommes (c. proc. civ. art. 47).

Cette règle ne s'applique qu'à l'employeur (ou au représentant légal de la société employeur, partie

au procès). Elle ne joue pas lorsque le conseiller prud'homal est :
- le directeur des ressources humaines (DRH) de l'entreprise, sans avoir la qualité de représentant légal de celle-ci (cass. soc. 20 mars 1997, n° 95-42755, BC V n° 121) ;
- le directeur financier, pour la même raison (cass. soc. 19 juillet 1994, n° 90-46074, BC V n° 246).

Toutefois, un salarié peut obtenir le dépaysement de l'affaire en se fondant sur le principe d'impartialité posé par la Convention de sauvegarde des droits de l'homme et des libertés fondamentales (art. 6 § 1) : « Toute personne a droit à ce que sa cause soit entendue équitablement (...) ».

Exemple
Le responsable des ressources humaines (RRH) qui avait signé la lettre de licenciement d'un salarié était aussi conseiller prud'hommes au CPH de Thionville. En se fondant sur le principe d'impartialité, les juges ont estimé que ce salarié pouvait revendiquer la compétence du CPH de Metz (cass. soc. 19 décembre 2018, n° 17-26376 FSPB).

Compétence des sections - Les CPH sont divisés en cinq sections (et une formation commune de référé) [voir *Conseil de prud'hommes (référé prud'homal)**], dont les compétences sont les suivantes (c. trav. art. L. 1423-1, L. 1423-1-2 et R. 1423-1) :
- section de l'industrie (ouvriers et employés de l'industrie) ;
- section du commerce et des services commerciaux (ouvriers et employés du commerce et des services commerciaux) ;
- section de l'agriculture (ouvriers et employés des professions agricoles) ;
- section des activités diverses (ouvriers et employés des secteurs autres que ceux visés ci-dessus ainsi que les employés de maison, concierges et gardiens d'immeubles à usage d'habitation) ;
- section de l'encadrement (cadres et VRP statutaires, agents de maîtrise ayant une délégation écrite de commandement).

Licenciement économique - Voir *Licenciement économique (contentieux individuel)**.

Rupture conventionnelle - Le CPH a compétence exclusive pour trancher tout litige relatif à une convention de rupture amiable du contrat de travail ou à l'homologation de cette rupture conventionnelle par l'administration du travail (c. trav. art. L. 1237-14) [voir *Rupture conventionnelle (contentieux)**].

▶ À noter... S'agissant de la *rupture conventionnelle collective** (RCC), toute contestation de la décision de validation doit être soumise au tribunal administratif.

Contestation de l'avis du médecin du travail - Le CPH est compétent pour statuer sur les litiges relatifs aux avis, propositions, conclusions écrites et indications émis par le médecin du travail (c. trav. art. L. 4624-7). Il statue selon la procédure accélérée au fond, c'est-à-dire qu'il statue sur le fond mais en urgence [voir *Inaptitude physique** et *Conseil de prud'hommes (référé prud'homal)**].

Clause de conciliation préalable - Voir *Clause de conciliation préalable**.

Litiges survenus après la rupture du contrat de travail - Les litiges survenus après la rupture du contrat relèvent de la compétence du CPH dès lors qu'ils sont nés à l'occasion du contrat de travail (cass. soc. 31 octobre 2000, n° 98-44122, BC V n° 356).

Contestation de la constitutionnalité d'une loi - Tout justiciable peut soutenir « qu'une disposition législative porte atteinte aux droits et libertés que la Constitution garantit » à l'occasion d'une instance en cours (la saisine directe du Conseil constitutionnel est exclue). La question de la constitutionnalité d'une loi peut être soulevée devant le CPH (loi 2009-1523 du 10 décembre 2009 ; décret 2010-148 du 16 février 2010 ; circ. DACS/DACG/CIV 2010-4 du 24 février 2010).

Interprétation des conventions collectives - Les juridictions de l'ordre judiciaire peuvent, par une décision non susceptible de recours, solliciter l'avis de la Cour de cassation avant de statuer sur l'interprétation d'une convention ou d'un accord collectif présentant une difficulté sérieuse et se posant dans de nombreux litiges (c. org. Judiciaire, art. L. 441-1 et R. 441-1).

Litiges individuels en matière de participation et d'intéressement - Sauf exception, les litiges relatifs à la participation des salariés aux résultats de l'entreprise sont du ressort du *tribunal judiciaire** (c. trav. art. L. 3326-1 et R. 3326-1). Toutefois, les litiges individuels opposant un ou plusieurs salariés à leur employeur en matière de participation ou d'intéressement relèvent de la compétence des CPH. Tel est le cas d'un litige individuel relatif au paiement des intérêts de retard dus au titre de la participation (cass. soc. 28 février 2018, n° 16-13682 FSPB).

Litiges liés à un accident du travail - Lorsque le salarié réclame une indemnisation des dommages résultant de son accident du travail, sa demande relève du *tribunal judiciaire**, que l'accident soit ou non la conséquence d'un manquement de l'employeur à son obligation légale de sécurité [voir *Accident du travail (indemnisation)**].

Si le salarié conteste le bien-fondé de son licenciement et réclame une indemnisation pour licenciement sans cause réelle et sérieuse, sa demande relève alors du CPH, qui est seul compétent pour statuer sur le bien-fondé de la rupture du contrat de travail (cass. soc. 3 mai 2018, n° 16-26850 et 17-10306 FSPBRI).

De même, la demande de dommages-intérêts de l'employeur contre un ancien salarié pour déclaration mensongère d'accident du travail doit être portée devant le CPH, même si cette déclaration mensongère a été faite après la rupture du contrat de travail (cass. soc. 30 janvier 2019, n° 17-23851 D).

Action en responsabilité extracontractuelle - Le CPH n'est pas compétent pour juger d'une action en responsabilité extracontractuelle, en l'absence de contrat de travail entre les salariés et l'entreprise attaquée. Ainsi, des salariés licenciés à la suite de la liquidation de leur entreprise qui demandent réparation, en invoquant la responsabilité du fonds d'investissement actionnaire de la société-mère, doivent saisir le *tribunal judiciaire** et non le conseil de prud'hommes (cass. soc. 13 juin 2018, n° 16-25873 FSPB). Toutefois, il semble que l'action en responsabilité extracontractuelle puisse être examinée par le CPH lorsqu'elle est associée à une action en reconnaissance d'une situation de coemploi.

Taux de compétence

Les CPH statuent en dernier ressort lorsque le chiffre de la demande n'excède pas un certain montant (« taux de compétence »), ou lorsque la demande porte sur la délivrance du *certificat de travail**, du *bulletin de paie** ou de tout autre document que l'employeur est tenu de délivrer (c. trav. art. R. 1462-1).

Ce taux est fixé à 5 000 € pour les instances introduites devant le conseil de prud'hommes depuis le 1.09.2020 (c. trav. art. D. 1462-3) [voir *Conseil de prud'hommes (voies de recours)**].

☞ *Conseil de prud'hommes (assistance et représentation) ; Conseil de prud'hommes (conciliation) ; Conseil de prud'hommes (conseillers prud'hommes) ; Conseil de prud'hommes (indemnité de licenciement) ; Conseil de prud'hommes (jugement) ; Conseil de prud'hommes (procédure prud'homale) ; Conseil de prud'hommes (référé prud'homal) ; Conseil de prud'hommes (voies de recours) ; Prescription (contentieux).*

Conseil de prud'hommes (assistance et représentation)

Pour l'employeur et pour le salarié

En cas de contentieux, le salarié comme l'employeur ont la possibilité de se faire assister ou représenter devant le conseil de prud'hommes (CPH) par des personnes habilitées *(voir ci-après)*. Cette mission peut notamment être assurée par un *défenseur syndical**.

Comparution

Comparution personnelle ou représentation - L'employeur et le salarié peuvent se présenter en personne devant le juge prud'homal ou choisir d'être représenté, sans avoir à justifier d'un motif légitime d'absence pour ce faire (c. trav. art. R. 1453-1).

En appel, les parties doivent être représentées par un avocat ou un défenseur syndical (c. trav. art. R. 1461-1 et R. 1461-2).

Personnes habilitées à représenter les parties - Peuvent représenter l'employeur ou le salarié (c. trav. art. L. 1453-1-A) :

- des salariés ou les employeurs appartenant à la même branche d'activité ;
- un *défenseur syndical** ;
- le conjoint, du partenaire lié par un pacte civil de solidarité ou du concubin ;
- les avocats.

L'employeur peut également se faire assister ou représenter par un membre de l'entreprise ou de l'établissement fondé de pouvoir ou habilité à cet effet.

Il s'agit d'une liste limitative. Aucune autre personne ne peut exercer ce mandat (cass. soc. 11 mai 1993, n° 88-44230 D ; cass. soc. 23 juin 1988, n° 86-45322 D).

▶ Attention… Les personnes habilitées à assister ou à représenter les parties en matière prud'homale, si elles sont par ailleurs conseillers prud'hommes, ne peuvent pas exercer une mission d'assistance ou un mandat de représentation devant le CPH auquel elles appartiennent (c. trav. art. L. 1453-2).

Mandat écrit nécessaire sauf pour les avocats - Le représentant d'une partie, s'il n'est pas avocat, doit justifier d'un pouvoir spécial. Devant le bureau de conciliation et d'orientation [voir *Conseil de* *prud'hommes (conciliation)**], cet écrit doit l'autoriser à concilier au nom et pour le compte de la partie qu'il représente (le « mandant »), et à prendre part aux mesures d'orientation (c. trav. art. R. 1453-2).

Assistance

L'employeur comme le salarié peuvent se faire assister. Les personnes habilitées à assister les parties sont les mêmes que celles habilitées à les représenter. Il s'agit d'une faculté.

☛ *Conseil de prud'hommes.*

Conseil de prud'hommes (conciliation)

Préalable obligatoire

Sauf exceptions, la conciliation est la première étape obligatoire d'un procès prud'homal (c. trav. art. L. 1411-1). Elle relève du bureau de « conciliation et d'orientation » (BCO) (c. trav. art. L. 1235-1).

Ce n'est qu'en cas d'échec de la conciliation que les conseillers prud'homaux jugent (c. trav. art. L. 1411-1 et R. 1454-1) [voir *Conseil de prud'hommes (jugement)**].

À titre d'exception, certains litiges doivent être portés directement devant le bureau de jugement. À titre d'exemples, l'affaire est portée directement devant le bureau de jugement :

- quand un salarié demande la requalification de son CDD ou de sa mission d'intérim en un CDI [voir *Contrat de travail à durée déterminée (requalification en CDI)**], le bureau de jugement devant alors statuer au fond dans le délai de 1 mois à compter de sa saisine (c. trav. art. L. 1245-2 et L. 1251-41) ;
- quand un salarié ayant pris acte de la rupture de son contrat de travail demande la requalification de la rupture en un licenciement (voir *Prise d'acte de la rupture**), le bureau de jugement statuant au fond dans un délai de 1 mois suivant sa saisine (c. trav. art. L. 1451-1). Cela s'applique également au salarié qui, après une démission, demande la requalification de cette démission en prise d'acte (cass. soc. 18 septembre 2019, n° 18-15765 FSPB).

Missions

Conciliation des parties - Le rôle du BCO est de concilier les parties, c'est-à-dire d'amener l'employeur et le salarié à se mettre d'accord pour régler leur conflit. Il peut entendre chacune des parties séparément et dans la confidentialité (c. trav. art. L. 1454-1).

Mise en état de l'affaire - Le BCO assure la mise en état des affaires. Cela signifie qu'il fait procéder aux débats contradictoires et échanges de pièces et de conclusions entre les parties.

En cas d'échec de la conciliation, il assure la mise en état de l'affaire jusqu'à la première date utile pour l'audience de jugement (c. trav. art. R. 1454-1 et R. 1454-2).

Par ailleurs, un ou deux conseillers rapporteurs peuvent être désignés pour que l'affaire soit mise en état d'être jugée. Ils prescrivent toutes mesures nécessaires à cet effet et peuvent demander aux agents de contrôle du travail illégal (ex. : inspecteurs du travail ; voir *Inspection du travail**) des renseignements et documents relatifs, par exemple, au travail dissimulé (c. trav. art. L. 1454-1-2, R. 1454-3 et R. 1454-4).

Clôture de l'instruction - Le BCO ainsi que les conseillers rapporteurs désignés par lui (ou le bureau de jugement) peuvent fixer la clôture de l'instruction par ordonnance, dont copie est remise aux parties ou à leur conseil. Ainsi, la phase d'instruction prend fin et l'affaire est prête à être jugée. L'ordonnance ainsi prise constitue une mesure d'administration judiciaire (c. trav. art. L. 1454-1-2). Elle ne peut donc pas faire l'objet d'un recours.

À ce stade, aucune conclusion ne peut plus être déposée ni aucune pièce produite aux débats. Par exception, certaines demandes sont encore recevables. Il s'agit (c. trav. art. R. 1454-19-3) :

- des demandes en intervention volontaire ;
- des conclusions relatives aux rémunérations échues postérieurement à l'ordonnance de clôture, si leur décompte ne peut faire l'objet d'aucune contestation sérieuse ;
- des conclusions qui tendent à la reprise de l'instance en l'état où celle-ci se trouvait au moment de son interruption ;
- des demandes de révocation de l'ordonnance de clôture.

▶ À noter... Une révocation de l'ordonnance de clôture par le bureau de jugement n'est possible que dans certaines circonstances. Il faut qu'une cause « grave » se révèle, ce qui n'est pas le cas du choix par l'employeur ou le salarié de se faire assister ou représenter par une personne habilitée après la clôture (c. trav. art. R. 1454-19-4). Enfin, si une demande en intervention volontaire est formée après la clôture de l'instruction, l'ordonnance de clôture n'est révoquée que si le bureau de jugement ne peut pas immédiatement statuer sur le tout.

Mesures provisoires - Le BCO peut prendre des décisions exécutoires par provision et cela, même si le défendeur ne comparaît pas ou ne se fait pas représenter [voir *Conseil de prud'hommes (procédure prud'homale)**].

Absence d'une partie sans motif légitime

Absence du demandeur - Si le demandeur (ou son représentant) ne se présente pas le jour fixé pour la tentative de conciliation en ayant un motif légitime d'absence, la date est reportée. S'il n'a pas justifié d'un motif légitime avant la date prévue, le BCO a trois possibilités (c. trav. art. L. 1454-1-3 et R. 1454-12 ; c. proc. civ. art. 468) :
- juger l'affaire, si le défendeur le demande et à condition que celui-ci ait déjà transmis tous les éléments requis au demandeur ;
- renvoyer l'affaire devant le bureau de jugement à une date ultérieure ;
- mettre fin à l'instance (le BCO déclare la « caducité »), sachant toutefois que le demandeur peut justifier d'un motif légitime d'absence qu'il n'aurait pas été en mesure d'invoquer en temps utile.

Absence du défendeur - Si le défendeur (ou son représentant) ne se présente pas le jour fixé pour la tentative de conciliation avec un motif légitime, la date est décalée. Si lui (ou son représentant) est absent alors qu'il a bien été convoqué à la date prévue et qu'il n'a pas de motif légitime, le BCO a deux possibilités (c. trav. art. L. 1454-1-3 et R. 1454-13) :
- juger l'affaire, si le demandeur a déjà transmis tous les éléments requis au défendeur ;
- renvoyer l'affaire devant le bureau de jugement à une date ultérieure, si le demandeur n'a pas encore transmis tous les éléments requis au défendeur.

Conciliation totale ou partielle

Si les parties parviennent à s'entendre devant le BCO, cet accord est formalisé par un procès-verbal (P-V) de conciliation (c. trav. art. R. 1454-10), auquel une *transaction** peut être annexée.

▶ À noter... Les parties peuvent saisir la juridiction prud'homale d'une action en contestation d'une transaction, quand bien même elle aurait été constatée dans un procès-verbal dressé par le BCO (cass. soc. 29 septembre 2010, n° 09-42084, BC V n° 207). Par ailleurs, le désistement d'une procédure prud'homale résultant d'une transaction, constatée par un P-V de conciliation, ne fait pas obstacle à une nouvelle action ayant pour objet de contester cette transaction (cass. soc. 29 septembre 2010, n° 08-43084, BC V n° 207).

En cas de conciliation totale, le contentieux prend fin. Lorsqu'il n'a pas été possible d'aboutir à une conciliation totale, le BCO renvoie le dossier devant le bureau de jugement *(voir ci-après)*.

Indemnité forfaitaire de conciliation

Au stade de la conciliation, l'employeur et le salarié peuvent mettre fin à un litige relatif à la rupture du contrat de travail en prévoyant le versement d'une indemnité forfaitaire, sur la base d'un barème fixé par décret [voir *Conseil de prud'hommes (indemnité de licenciement)**].

Renvoi devant le bureau de jugement

En cas d'échec de la conciliation - Si les parties ne parviennent pas à un accord, l'audience se solde par la rédaction d'un procès-verbal de non-conciliation. L'affaire est alors portée devant le bureau de jugement suivant les modalités décrites ci-après. Le cas échéant, il prend l'une ou l'autre de ces options « par simple mesure d'administration judiciaire » (c. trav. art. L. 1454-1-1), ce qui signifie que sa décision ne peut pas faire l'objet d'un recours.

Une fois la décision d'orientation prise, le greffier avise par tous moyens les parties qui ne l'auraient pas été verbalement de la date d'audience. Lorsque l'affaire est en état d'être immédiatement jugée et si l'organisation des audiences le permet, l'audience du bureau de jugement peut avoir lieu sur le champ (c. trav. art. R. 1454-18).

La formation saisie traite l'ensemble des demandes des parties, y compris des demandes additionnelles ou reconventionnelles (c. trav. art. L. 1454-1-1).

▶ À noter... En cas d'échec de la conciliation, le BCO peut adopter des mesures provisoires après avoir orienté l'affaire [voir *Conseil de prud'hommes (procédure prud'homale)**].

Renvoi devant le bureau de jugement restreint - Si le litige porte sur un licenciement ou une demande de résiliation judiciaire du contrat de travail, le BCO peut renvoyer les parties, avec leur accord, devant le bureau de jugement dans sa composition restreinte. Cette formation restreinte doit alors statuer dans un délai de 3 mois (c. trav. art. L. 1454-1-1). Si les parties ne sont pas d'accord, l'affaire est jugée par le bureau de jugement dans sa composition habituelle.

Renvoi devant le bureau de jugement présidé par un juge professionnel - Le BCO peut renvoyer les parties, si elles le demandent ou si la nature du litige le justifie, devant le bureau de jugement, réuni au complet et présidé par le juge départiteur (juge du tribunal judiciaire). Dans ce cas, le juge départiteur ne peut pas statuer seul en cas d'absence d'un conseiller (c. trav. art. L. 1454-1-1).

Renvoi « classique » devant le bureau de jugement - Si l'une ou l'autre de ces deux voies procédurales *(voir ci-avant)* n'est pas utilisée, l'affaire est renvoyée devant le bureau de jugement réuni au complet (c. trav. art. L. 1454-1-1).

Renvoi devant la formation de départage du bureau de jugement - En cas de partage devant le BCO, l'affaire est renvoyée devant la formation de départage du bureau de jugement, et ce jusqu'à la résolution de l'affaire. L'audience se tient dans le mois du renvoi (c. trav. art. L. 1454-2 et R. 1454-9).

☛ *Conseil de prud'hommes.*

Conseil de prud'hommes (conseillers prud'hommes)

Les conseillers prud'hommes sont les juges siégeant au *conseil de prud'hommes** (CPH).

Désignation

Les conseillers prud'hommes sont désignés tous les 4 ans, par les organisations syndicales patronales et salariales en fonction de leur représentativité appréciée au niveau du département (c. trav. art. L. 1441-4).

La nomination des conseillers prud'hommes est officialisée par arrêté du ministre du Travail et celui de la Justice (c. trav. art. L. 1441-1).

Candidature

Collège salariés - Les conditions requises des candidats sont les suivantes (c. trav. art. L. 1441-7 et R. 1441-14) :

- être de nationalité française ;
- ne pas avoir au bulletin n° 2 du casier judiciaire de mentions incompatibles avec l'exercice des fonctions prud'homales et n'être l'objet d'aucune interdiction, déchéance ou incapacité relative à leurs droits civiques ;
- être âgés de 21 ans au moins ;
- avoir exercé une activité professionnelle de deux ans ou justifier d'un mandat prud'homal, dans les 10 ans précédant la candidature.

Collège employeurs - Les candidats doivent notamment employer pour leur compte ou pour le compte d'autrui un ou plusieurs salariés. Relèvent également du collège employeurs les associés en nom collectif, les présidents des conseils d'administration, les directeurs généraux et directeurs, ainsi que les cadres détenant sur un service, un département ou un établissement de l'entreprise une délégation particulière d'autorité, établie par écrit, permettant de les assimiler à un employeur (c. trav. art. L. 1441-14). La délégation peut prendre la forme d'un document spécifique ou figurer dans le contrat de travail. À défaut d'une telle délégation, les cadres ne peuvent être candidats que dans la section de l'encadrement du collège salarié.

Dépôt des listes - Le mandataire du syndicat auquel ont été attribués des sièges, dépose la ou les listes pour chaque CPH du département au titre duquel il est mandaté (c. trav. art. R. 1441-18). Il doit notifier à l'employeur de chacun des salariés candidats le nom du salarié de son entreprise qu'il entend présenter sur sa liste de candidats, à compter de la date d'ouverture du dépôt des candidatures et par tout moyen lui donnant une date certaine. Les informations sont simultanément communiquées à l'inspection du travail (c. trav. art. R. 1441-19).

Chaque liste de candidats doit préciser le nom de l'organisation, ainsi que le CPH, le collège et la section au titre desquels les candidats de la liste sont présentés (c. trav. art. R. 1441-20).

Le mandataire doit également contrôler et attester que la liste est conforme et joindre à la liste des candidats, les déclarations individuelles de candidature de chacun des candidats de la liste (c. trav. art. R. 1441-21).

Chaque candidat doit donner mandat pour être présenté par l'organisation qui le présente. Il doit déclarer sur l'honneur n'être l'objet d'aucune interdiction, déchéance ou incapacité relatives à ses droits civiques, et ne pas exercer de fonctions incompatibles avec l'exercice de la fonction de conseiller prud'homme, documents à l'appui (c. trav. art. R. 1441-22).

Un arrêté détermine les dates d'ouverture et de clôture du dépôt des candidatures (c. trav. art. R. 1441-13).

Obligations

Déontologie - Les conseillers prud'hommes exercent leurs fonctions en toute indépendance, impartialité, dignité et probité et se comportent de façon à exclure tout doute légitime à cet égard. Ils s'abstiennent, notamment, de tout acte ou comportement public incompatible avec leurs fonctions. Ils sont également tenus au secret des délibérations et ont l'interdiction d'accepter un mandat impératif (c. trav. art. L. 1421-2 et L. 1442-11) [voir *Conseil de prud'hommes (procédure prud'homale)**].

Discipline - En cas de manquement à leurs devoirs dans l'exercice de leurs fonctions, les conseillers prud'hommes sont soumis à une procédure disciplinaire comparable à celle des juges professionnels (c. trav. art. L. 1442-11 et s. ; circ. JUSB1821882C du 7 août 2018).

Exercice des fonctions

Absences - Les employeurs doivent laisser aux salariés conseillers prud'hommes le temps nécessaire pour se rendre et participer aux activités prud'homales, à savoir (c. trav. art. L. 1442-5 et R. 1423-55) :
- les activités liées à la fonction prud'homale (prestation de serment, participation aux assemblées générales du CPH, etc.) ;
- les activités juridictionnelles (étude préparatoire d'un dossier, rédaction du jugement, etc.) ;
- les activités administratives des présidents et des vice-présidents du CPH, de section ou de chambre ;
- le suivi de la formation initiale obligatoire (c. trav. art. L. 1442-1) ;
- la présence à l'entretien de rappel aux obligations (c. trav. art. L. 1442-13-1) ;
- et la présence des conseillers prud'hommes dans le cadre de la procédure de comparution devant la commission nationale de discipline des conseillers prud'hommes (CND-CPH).

Ces absences ne peuvent pas être une cause de rupture du contrat.

Le temps passé hors de l'entreprise pendant les heures de travail par les conseillers prud'hommes du collège salarié pour l'exercice de leurs fonctions est assimilé à un temps de travail effectif (c. trav. art. L. 1442-6).

Le salarié membre d'un CPH, travaillant en service continu ou discontinu posté, a droit à un aménagement d'horaires de son travail de façon à lui garantir un temps de repos minimal (c. trav. art. L. 1442-7).

Le temps de trajet nécessaire au salarié pour se rendre de son domicile au CPH ne doit pas être pris sur ce temps de repos (cass. soc. 8 avril 2009, n° 08-40278, BC V n° 108).

Indemnisation - Les absences de l'entreprise des salariés conseillers prud'hommes justifiées par l'exercice de leurs fonctions ne doivent entraîner aucune diminution de leur rémunération et des avantages correspondants mais l'employeur est remboursé des salaires maintenus. Pour ce faire, il doit adresser au greffe du CPH une demande de remboursement au plus tard dans l'année qui suit une absence via un formulaire Cerfa (n° 13705*01) (c. trav. art. L. 1442-6 et D. 1423-59).

Lorsque le conseiller prud'hommes exerce ses activités en dehors des heures de travail, l'indemnisation de celles-ci et les frais de déplacement correspondants sont à la charge de l'État (c. trav. art. L. 1423-15 et R. 1423-51). Cette indemnisation s'effectue sous certaines limites, qui varient en fonction du type d'activité (c. trav. art. D. 1423-56 à D. 1423-68).

Formation

Formation initiale - Une formation initiale est imposée aux conseillers prud'hommes, sous peine d'être considérés comme démissionnaires, celle-ci venant s'ajouter à la formation continue (c. trav. art. L. 1442-1). Elle est réservée aux conseillers prud'hommes nouvellement désignés n'ayant jamais exercé de mandat prud'homal (c. trav. art. D. 1442-10-1).

Le conseiller prud'homme doit suivre la formation initiale dans les 15 mois suivants le premier jour du deuxième mois suivant sa nomination. Il doit avoir commencé à suivre la formation initiale pour suivre la formation continue *(voir ci-après)* (c. trav. art. D. 1442-10-1).

Depuis le 9 mai 2021, la formation initiale est étendue aux conseillers prud'hommes qui ne l'auraient pas suivie lors d'un précédent mandat. Les conseillers visés par cette situation sont tenus de la suivre même s'ils sont en cours de leur deuxième mandat prud'homal (décret 2021-562 du 6 mai 2021, art. 1, 1°, JO du 8).

La formation initiale est organisée par l'École nationale de la magistrature (ENM) (c. trav. art. D. 1442-

10-2), sachant que le contenu des programmes de formation a été déterminé par arrêté (arrêté du 28 avril 2017, JO du 30).

À l'issue de la formation, l'ENM remet au conseiller prud'homme une attestation individuelle de formation, s'il a été assidu à la formation. Le conseiller la remet au président du CPH et, le cas échéant, à l'employeur (c. trav. art. D. 1442-10-4).

▶ À noter… À titre exceptionnel, compte tenu de la crise sanitaire liée au covid-19, les conseillers prud'hommes bénéficient de délais supplémentaires pour satisfaire à leur obligation de formation initiale (décret 2020-482 du 27 avril 2020, JO du 29) :
- les conseillers nommés par arrêté du 30 octobre 2019 et n'ayant pas suivi leur formation initiale à la date du 28 février 2021 disposent, à compter de cette date, d'un délai supplémentaire exceptionnel de 1 an pour remplir leur obligation ;
- les conseillers ayant déposé leur candidature entre le 22 janvier 2020 à 12 heures et le 24 février 2020 à 12 heures, suivent leur formation initiale dans un délai de 15 mois à compter du premier jour du huitième mois suivant leur nomination.

Les conseillers bénéficiant de ces reports de délai peuvent, à titre dérogatoire, commencer leur formation continue auprès des divers organismes habilités avant le début de leur formation initiale (c. trav. art. D. 1442-10, al. 2 ; arrêté du 30 mars 2018, JO 4 avril).

Autorisation d'absence pour suivre la formation initiale - L'employeur doit accorder aux salariés membres d'un CPH des autorisations d'absence, qui peuvent être fractionnées, dans la limite de 5 jours par mandat, au titre de la formation initiale (c. trav. art. L. 1442-2).

Le conseiller prud'homme informe son employeur de son absence pour la formation initiale, en précisant la date, la durée et les horaires du stage ainsi que le nom de l'organisme responsable, par tout moyen donnant une date certaine à sa demande (c. trav. art. D. 1442-10-3) :
- au moins 30 jours à l'avance, en cas de durée d'absence égale ou supérieure à 3 journées de travail consécutives ;
- au moins 15 jours à l'avance dans les autres cas.

Formation continue - Le salarié conseiller prud'hommes peut, dès sa nomination, s'absenter pour participer à des stages de formation, dans la limite de 6 semaines par mandat (formation dite « continue »). L'absence peut être fractionnée. Elle ne peut pas dépasser 2 semaines au cours d'une même année (c. trav. art. L. 1442-2 et D. 1442-7).

▶ À noter… La liste des organismes dédiés à la formation continue des conseillers prud'homaux et agréés pour 4 ans a été fixée par arrêté (2018-2021) (arrêté du 30 mars 2018, JO du 4 avril).

Le conseiller prud'homme informe son employeur de son absence pour la formation continue en précisant la date, la durée et les horaires du stage ainsi que le nom de l'organisme responsable, par tout moyen donnant une date certaine à sa demande (c. trav. art. D. 1442-7) :
- au moins 30 jours à l'avance, en cas de durée d'absence égale ou supérieure à 3 journées de travail consécutives ;
- au moins 15 jours à l'avance dans les autres cas.

Régime des absences au titre de la formation initiale ou continue - Ces absences sont rémunérées par l'employeur, ne peuvent pas être imputées sur les congés payés et sont assimilées à une durée de travail effectif pour la détermination de la durée des congés payés, du droit aux prestations d'assurances sociales et aux prestations familiales ainsi que pour l'ensemble des autres droits résultant pour l'intéressé de son contrat de travail (c. trav. art. L. 1442-2).

Rupture du contrat de travail

Autorisation de l'inspecteur du travail - La rupture du contrat de travail, imputable à l'employeur, d'un salarié conseiller prud'hommes ou ayant cessé ses fonctions depuis moins de 6 mois ne peut intervenir qu'avec l'autorisation de l'inspecteur du travail.

Le candidat aux fonctions de conseiller prud'hommes également est protégé (guide DGT, septembre 2019, fiche 4, p. 36 ; c. trav. art. L. 2411-22) :
- dès que sa candidature a été notifiée à son employeur par le mandataire de la liste de candidats sur laquelle son nom figure (c. trav. art. L. 1441-22) ;
- ou lorsqu'il fait la preuve que l'employeur a eu connaissance de l'imminence de celle-ci.

Cette protection est acquise au candidat jusqu'à l'expiration d'un délai de 3 mois suivant la date de signature de l'arrêté de nomination des conseillers prud'hommes.

Protection subordonnée à l'information de l'employeur - Les règles applicables au salarié conseiller prud'hommes sont identiques à celles dont relève un conseiller du salarié [voir *Conseiller du salarié (entretien préalable au licenciement)**] (cass. soc. 14 septembre 2012, n° 11-21307, BC V n° 230).

▶ **À noter...** Le salarié conseiller prud'homal qui ne revendique pas sa qualité de salarié protégé lors de la procédure de licenciement ne se rend pas coupable, au plan pénal, de l'usage d'une « fausse qualité » constitutive du délit d'escroquerie (cass. crim. 14 avril 2015, n° 14-81188, B. crim. n° 82).

Indemnisation - L'indemnité pour violation du statut protecteur des conseillers prud'homaux est limitée à la durée de protection accordée aux représentants du personnel (cass. soc. 26 mars 2002, n° 01-42397, BC V n° 101), à savoir 30 mois (cass. soc. 23 mars 2011, n° 09-69467 D) [voir *Licenciement des représentants du personnel (contentieux)**]. La règle est identique en cas de résiliation judiciaire du contrat de travail (cass. soc. 3 février 2016, n° 14-17000, BC V n° 20).

Fin de contrat à durée déterminée

Le conseiller prud'hommes ou l'ancien conseiller prud'hommes en contrat à durée déterminée (CDD) bénéficie du statut protecteur (c. trav. art. L. 2412-13) [voir *Contrat de travail à durée déterminée (salariés protégés)**].

Démission

Lorsque le conseiller prud'hommes met fin à son mandat, cette démission n'est définitive qu'un mois après l'envoi de la lettre au président du conseil (c. trav. art. D. 1442-17). Ce n'est qu'à l'expiration de ce délai que le délai de protection de 6 mois commence à courir. En pratique, le conseiller qui renonce à son mandat est donc protégé pendant 7 mois à compter de l'envoi de sa lettre de démission (cass. crim. 6 mai 2008, n° 07-80530, B. crim. n° 106).

☛ *Conseil de prud'hommes.*

Conseil de prud'hommes (indemnité de licenciement)

Indemnité forfaitaire de conciliation

Conciliation en cas de litige portant sur un licenciement - Il peut être mis fin à un litige relatif au caractère réel et sérieux d'un licenciement et aux irrégularités de la procédure de licenciement moyennant le versement d'une indemnité forfaitaire (c. trav. art. L. 1235-1).

Le montant de cette indemnité est fixé suivant un barème qui ne s'impose ni à l'employeur ni au salarié, mais a vocation à les guider pour qu'ils conviennent de ce montant. Un accord peut aussi être trouvé en dehors du barème (rapport AN n° 847, p. 390).

Barème tenant compte de l'ancienneté du salarié - Le barème indemnitaire est lié à l'ancienneté du salarié. Il est fixé comme suit (c. trav. art. D. 1235-21) :
- ancienneté inférieure à 1 an : 2 mois de salaire ;
- ancienneté au moins égale à 1 an : 3 mois de salaire, + 1 mois de salaire par année supplémentaire jusqu'à 8 ans d'ancienneté ;
- ancienneté comprise entre 8 ans et moins de 12 ans : 10 mois de salaire ;
- ancienneté comprise entre 12 ans et moins de 15 ans : 12 mois de salaire ;
- ancienneté comprise entre 15 ans et moins de 19 ans : 14 mois de salaire ;
- ancienneté comprise entre 19 ans et moins de 23 ans : 16 mois de salaire ;
- ancienneté comprise entre 23 ans et moins de 26 ans : 18 mois de salaire ;
- ancienneté comprise entre 26 ans et moins de 30 ans : 20 mois de salaire ;
- ancienneté au moins égale à 30 ans : 24 mois de salaire.

Procès-verbal de conciliation - En cas d'accord, un procès-verbal de conciliation est rédigé. Il vaut renonciation à toutes réclamations et indemnités relatives au licenciement (c. trav. art. L. 1235-1).

Indemnités couvertes par l'indemnité forfaitaire - L'indemnité inclut toutes les indemnités qui concernent la procédure et la cause réelle et sérieuse des licenciements pour motifs personnels ou économiques (c. trav. art. L. 1235-1).

À l'inverse, l'indemnité forfaitaire n'inclut pas les autres indemnités :
- légales, conventionnelles ou contractuelles (ex. : de licenciement) ;
- liées à l'exécution du contrat de travail ;
- liées au licenciement pour inaptitude.

Régimes social et fiscal - L'indemnité forfaitaire de conciliation prud'homale est exonérée d'impôt sur le revenu (CGI art. 80 duodecies, 1, 1°), dans la limite du barème fixé selon l'ancienneté du salarié (BOFiP-RSA-CHAMP-20-40-10-30-§§ 13 et 15-29/02/2017).

En termes de cotisations sociales, de CSG et de CRDS, faute de précision particulière en la matière, il convient de se référer aux principes généraux [voir *Indemnités de rupture (régimes social et fiscal)**].

Barème d'indemnisation du licenciement sans cause réelle et sérieuse

À défaut d'accord entre l'employeur et le salarié lors de la phase de conciliation [voir *Conseil de prud'hommes (conciliation)**], le bureau de jugement (c. trav. art. L. 1235-1) :

- apprécie la régularité de la procédure suivie et le caractère réel et sérieux des motifs de licenciement invoqués par l'employeur ;
- fixe, le cas échéant, les dommages-intérêts à allouer au salarié.

Sur le barème applicable (dit « barème Macron »), voir *Licenciement sans cause réelle et sérieuse** (c. trav. art. L. 1235-3).

☞ *Conseil de prud'hommes.*

Conseil de prud'hommes (jugement)

La procédure prud'homale comporte, sauf exception, deux phases : une phase de conciliation devant le bureau de conciliation et d'orientation (BCO) puis un jugement devant le bureau de jugement si la conciliation a échoué [voir *Conseil de prud'hommes (conciliation)** et *Conseil de prud'hommes (procédure prud'homale)**] (c. trav. art. R. 1423-12 et R. 1423-13).

Mise en état de l'affaire

Par principe, le BCO assure la mise en l'état de l'affaire. Toutefois, dans certains cas, le bureau de jugement peut avoir à la faire (ex. : l'affaire relève d'un cas de saisine directe du bureau de jugement). Le bureau de jugement a alors les mêmes pouvoirs de mise en l'état que le BCO (c. trav. art. L. 1454-1-2, al. 2 et R. 1454-19).

Ainsi, il fixe les délais et les conditions de communication des prétentions, moyens et pièces par les parties, sachant que si elles ne les respectent pas, il peut rappeler l'affaire pour la juger ou la radier. En début d'audience, il vérifie que ce calendrier a été respecté et sinon, il écarte des débats les prétentions, moyens et pièces communiqués sans motif légitime après la date fixée pour les échanges et dont la tardiveté porterait atteinte aux droits de la défense. Comme le BCO, le bureau de jugement peut désigner des conseillers rapporteurs et ordonner toutes les mesures d'instructions utiles (c. trav. art. R. 1454-19-1).

Enfin, il peut, à l'instar du BCO, fixer la clôture de l'audience par ordonnance (c. trav. art. L. 1454-1-2) [voir *Conseil de prud'hommes (conciliation)**].

Comparution

Dispense de comparution - Le bureau de jugement peut dispenser une partie qui en fait la demande de se présenter à une audience ultérieure. Dans ce cas, la communication entre les parties s'effectue par LRAR ou par notification entre avocats et il en est justifié auprès du bureau de jugement dans les délais qu'il a fixé (c. trav. art. R. 1454-19-2 ; c. proc. civ. art. 446-1).

Défaut de comparution - En cas de non-comparution du demandeur devant le bureau de jugement, la procédure peut suivre deux voies.

Une première voie procédurale consiste pour le défendeur à demander un jugement sur le fond mais à la condition que ses prétentions aient été préalablement notifiées au demandeur (c. trav. art. R. 1454-21 ; c. proc. civ. art. 468).

La seconde voie consiste pour le bureau de jugement à déclarer, « même d'office », caduque la requête ou la citation. Le demandeur peut toutefois renouveler sa demande s'il fait connaître au greffe dans un délai de 15 jours un motif légitime d'absence qu'il n'aurait pas été en mesure d'invoquer en temps utile. Dans ce cas, le demandeur est avisé par tous moyens et le défendeur convoqué par LRAR.

Lorsque le défendeur ne se présente pas le jour du jugement, l'affaire est quand même tranchée sur le fond sauf s'il a justifié en temps utile d'un motif légitime. Le cas échéant, il est avisé « par tous moyens » de la prochaine audience du bureau de jugement (c. trav. art. R. 1454-20).

Délibéré

Le délibéré est une étape obligatoire sans laquelle le jugement rendu est annulé (cass. soc. 3 juillet 1991, n° 88-43872, BC V n° 344). Au cours du délibéré, les juges sont seuls.

Après le jugement, le secret du délibéré doit aussi être préservé (c. proc. civ. art. 448). Si le secret du délibéré n'est pas respecté, le jugement rendu est nul. En d'autres termes, la procédure doit être recommencée.

À l'issue des débats et si la décision n'est pas immédiatement rendue, le président indique aux parties la date à laquelle le jugement sera prononcé, le cas échéant par sa mise à disposition au greffe de la juridiction. S'il décide de renvoyer le prononcé du jugement à une date ultérieure, le président en avise les parties par tous moyens. Cet avis comporte les motifs de la prorogation ainsi que la nouvelle date à laquelle la décision sera rendue (c. trav. art. R. 1454-25).

Jugement

Adoption du jugement - Les décisions du bureau de jugement sont prises à la majorité absolue des voix (c. trav. art. R. 1454-23). Si, à l'issue du délibéré, les conseillers prud'hommes n'arrivent pas à une position unanime ou majoritaire (« partage des voix »), une nouvelle audience présidée par un juge professionnel (appartenant au tribunal judiciaire) est nécessaire pour départager les conseillers (c. trav. art. L. 1454-2).

L'audience de départage a lieu dans un délai d'un mois à partir du renvoi (c. trav. art. L. 1454-2 et R. 1454-29). Toutefois, le non-respect de ce délai n'entraîne pas la nullité de la procédure (cass. soc. 6 octobre 1977, n° 76-40783, BC V n° 519).

Prononcé en audience publique - Le jugement prud'homal est prononcé en audience publique, c'est-à-dire en présence notamment des parties, par un des juges ayant délibéré (c. proc. civ. art. 451 et 452). Le juge peut se contenter de lire l'énoncé de la décision (c. proc. civ. art. 452).

Motivation du jugement - Les jugements des CPH doivent être motivés, sous peine de nullité (c. proc. civ. art. 455 et 458 ; Convention européenne de sauvegarde des droits de l'homme et des libertés fondamentale (CESDH), art. 6 § 1).

L'obligation de motivation impose au juge d'expliquer et de justifier sa décision. Le jugement du CPH ne peut donc pas rejeter la demande d'une des parties en se bornant, au titre de sa motivation, à reproduire les conclusions de la partie adverse, qu'il s'agisse des conclusions de l'employeur (cass. soc. 3 juillet 2019, n° 17-28770 D, n° 17-28774 D et n° 17-28769 D) ou de celles du salarié (cass. soc. 13 juin 2018, n° 17-15004 D).

Par ailleurs, le CPH doit justifier, dans le jugement, le montant des indemnités qu'il a octroyées au titre d'un licenciement irrégulier ou d'un *licenciement sans cause réelle et sérieuse** (c. trav. art. L. 1235-1).

Notification du jugement - Les décisions du conseil de prud'hommes (CPH) sont notifiées aux parties par lettre recommandée avec avis de réception. Les parties ont la possibilité de les faire signifier par acte d'huissier de justice (c. trav. art. R. 1454-26).

La notification du jugement doit indiquer le délai de recours (appel ou opposition) ainsi que ses modalités [voir *Conseil de prud'hommes (voies de recours)**]. Il faut notamment préciser le lieu de la juridiction à saisir : cours d'appel de Paris, de Versailles, etc. (cass. soc. 29 mai 2013, n° 12-13357, BC V n° 140). Si ces conditions ne sont pas remplies, le délai ne court pas (c. proc. civ. art. 680).

Exécution du jugement - En principe, le jugement du CPH n'est exécutoire qu'une fois expirés les délais d'exercice des différentes voies de recours [voir *Conseil de prud'hommes (voies de recours)**]. Ce principe connaît néanmoins des exceptions [voir *Conseil de prud'hommes (procédure prud'homale)**].

☛ *Conseil de prud'hommes.*

Conseil de prud'hommes (procédure prud'homale)

Sauf exceptions, la procédure prud'homale comporte deux phases : une phase de conciliation devant le bureau de conciliation et d'orientation (BCO) puis un jugement devant le bureau de jugement si la conciliation a échoué (c. trav. art. L. 1411-1), sachant que les litiges en matière de licenciement pour motif économique relèvent de dispositions spécifiques [voir *Licenciement économique (contentieux collectif)** et *Licenciement économique (contentieux individuel)**] (c. trav. art. R. 1456-1 et s.).

Saisine du conseil de prud'hommes

Par requête - Le conseil de prud'hommes (CPH) ne peut être saisi que par une requête (c. trav. art. R. 1452-1).

La requête est faite, remise ou adressée au greffe du CPH (c. trav. art. R. 1452-2). Un formulaire Cerfa est mis à disposition des justiciables.

Elle doit comporter toute une série de mentions, fixées par le code de procédure civile, sous peine de nullité (c. proc. civ. art. 54 et 57 ; c. trav. art. R. 1452-1).

La requête peut être faite par le demandeur seul, sans que la partie adverse en ait été préalablement informée, mais elle peut aussi être remise ou adressée conjointement par les parties (c. proc. civ. art. 54 et 57).

Lorsqu'elle est formée par une seule partie (ex. : le salarié ou l'employeur), elle est datée, signée et contient les éléments suivants.

• *Identité du défendeur* : nom, prénoms et domicile de la personne contre laquelle la demande est formée ou s'il s'agit d'une personne morale, de sa dénomination et de son siège social.

• *Identité du demandeur*, sachant que, lorsqu'elle est formée par voie électronique, la demande comporte également l'adresse électronique et le numéro de téléphone mobile du demandeur (s'il a consenti à la dématérialisation) ou de son avocat. Elle peut également comporter l'adresse électronique et le numéro de téléphone du défendeur.

• *Indication de la juridiction* devant laquelle la demande est portée (CPH).

• *Objet de la demande et indication des pièces sur lesquelles la demande est fondée* (lorsqu'elle la requête est conjointe, elle indique également les prétentions respectives des parties, les points sur lesquels elles sont en désaccord ainsi que leurs moyens respectifs).

• *Recherches de solutions amiables préalables* : en procédure civile, il est imposé, dans certains cas, aux parties de tenter de régler leur litige via une conciliation, une *médiation** ou une *procédure participative** avant de saisir le juge. Le cas échéant, la requête devra mentionner les diligences entreprises en vue d'une résolution amiable du litige ou la justification de la dispense d'une telle tentative.

▶ À noter… S'agissant de la procédure prud'homale, la question peut se poser de savoir si l'obligation de justifier de tentatives de règlements amiables s'applique car en matière prud'homale, la phase de conciliation est la première étape obligatoire de la procédure prud'homale devant le BCO. En d'autres termes, la tentative préalable d'un règlement amiable conditionne-t-elle validité de la requête devant le CPH ? En attendant d'avoir une réponse officielle sur ce point, il pourra être prudent de mentionner dans la requête les démarches entreprises pour trouver une solution amiable.

Indication des modalités de comparution devant la juridiction et précision que, faute pour le défendeur de comparaître, il s'expose à ce qu'un jugement soit rendu contre lui sur les seuls éléments fournis par son adversaire.

Enfin, la requête doit être accompagnée des pièces que le demandeur souhaite invoquer à l'appui de ses prétentions, celles-ci étant énumérées sur un bordereau qui lui est annexé (c. trav. art. R. 1452-2). La requête et le bordereau sont établis en autant d'exemplaires qu'il existe de défendeurs, en plus de l'exemplaire destiné au CPH.

Une demande, une instance - Le demandeur peut saisir le CPH autant de fois qu'il a de demandes sachant que le droit commun de la recevabilité des demandes nouvelles s'applique à la procédure prud'homale, y compris en appel (c. proc. civ. art. 70 et 564) [voir *Conseil de prud'hommes (voies de recours)**]. Cela signifie notamment que des demandes additionnelles ne peuvent être présentées que si elles se rattachent aux prétentions originaires par un lien suffisant sinon, la demande en question doit faire l'objet d'une autre instance sous réserve toutefois des règles de prescription.

Affaires portées directement devant le bureau de jugement - À titre d'exceptions, certains litiges doivent être portés directement devant le bureau de jugement, sans conciliation préalable [voir *Conseil de prud'hommes (conciliation)**].

Convocation devant le conseil de prud'hommes

Devant le bureau de conciliation et d'orientation - Les parties sont avisées du lieu, du jour et de l'heure de la séance selon les modalités suivantes (c. trav. art. R. 1452-3 et R. 1452-4 ; c. proc. civ. art. 748-8) :

- le demandeur : « par tous moyens » de la séance devant le BCO ou de l'audience devant le bureau de jugement (ex. : convocation verbale, lettre simple, télécopie, mail si le destinataire en est d'accord). Il lui est demandé d'adresser ses pièces au défendeur avant la séance ou l'audience précitée. Il est informé qu'en cas de non-comparution sans motif légitime, le juge pourra trancher l'affaire compte tenu seulement des pièces et moyens transmis par l'autre partie ;
- le défendeur : par lettre recommandée (avec demande d'avis de réception). Il est notamment informé que s'il ne se présente pas devant le juge, sans motif légitime, l'affaire pourra être jugée à la vue uniquement des pièces et moyens transmis par l'autre partie. Il est invité à déposer ou à adresser au greffe les pièces qu'il entend produire et à les communiquer au demandeur. Il a, avec sa convocation, un exemplaire de la requête et du bordereau énumérant les pièces adressées par le demandeur.

Procédure devant les conseils de prud'hommes

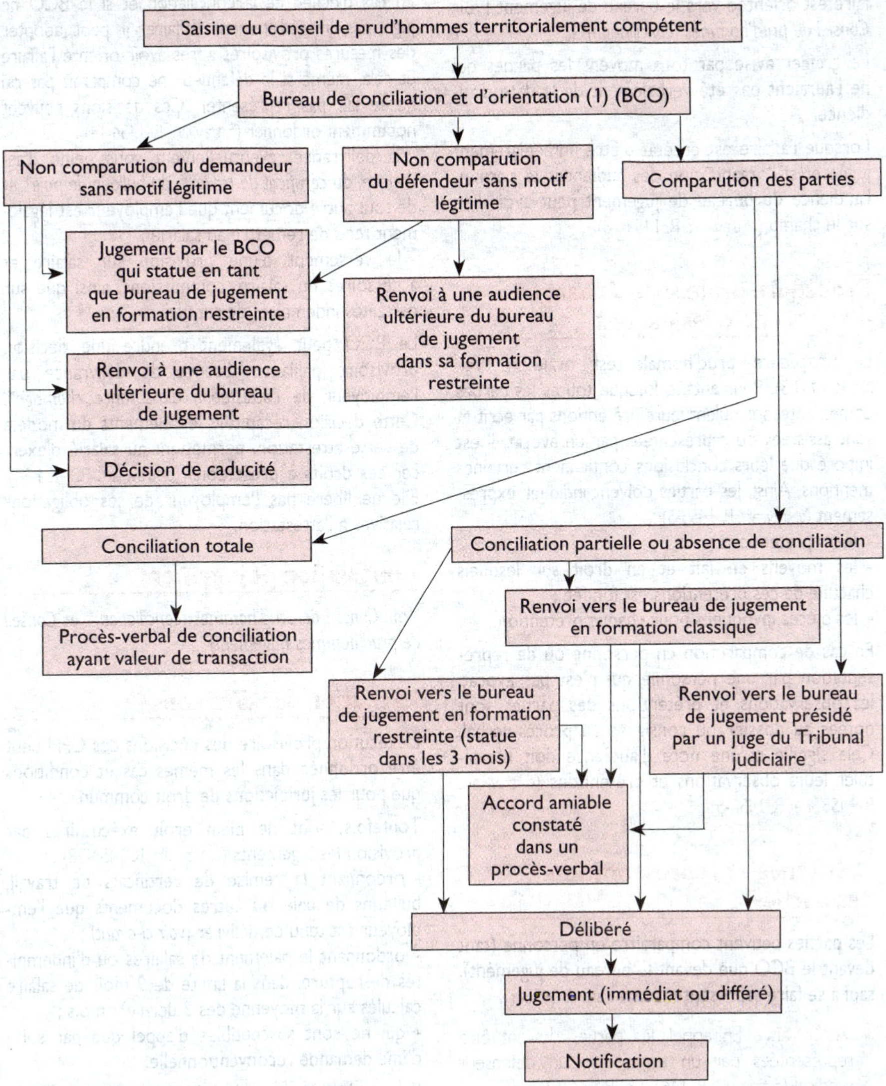

(1) Il n'y a pas de phase de conciliation notamment :
- lorsque le salarié demande la requalification de son CDD ou de sa mission d'intérim en CDI (c. trav. art. L. 1245-2 et L. 1251-41) ;
- lorsque le salarié a pris acte de la rupture du contrat de travail aux torts de l'employeur et a saisi le conseil de prud'hommes pour qu'il fasse produire à cette prise d'acte les effets d'un licenciement sans cause réelle et sérieuse ou d'un licenciement nul (c. trav. art. L. 1451-1).

Conseil de prud'hommes (procédure prud'homale)

Devant le bureau de jugement - En l'absence de conciliation ou en cas de conciliation partielle, l'affaire est orientée vers le bureau de jugement [voir *Conseil de prud'hommes (conciliation)**].

Le greffier avise par tous moyens les parties qui ne l'auraient pas été verbalement de la date d'audience.

Lorsque l'affaire est en état d'être immédiatement jugée et si l'organisation des audiences le permet, l'audience du bureau de jugement peut avoir lieu sur le champ (c. trav. art. R. 1454-18).

Procédure orale mais échanges d'écrits entre les parties

La procédure prud'homale est orale (c. trav. art. R. 1453-3). Pour autant, lorsque toutes les parties comparantes formulent leurs prétentions par écrit et sont assistées ou représentées par un avocat, il est imposé que leurs conclusions contiennent certaines mentions. Ainsi, les parties doivent indiquer expressément (c. trav. art. R. 1453-5) :
- leurs prétentions ;
- les moyens en fait et en droit sur lesquels chacune de ces prétentions est fondée ;
- les pièces invoquées pour chaque prétention.

En cas de comparution en personne ou de représentation par une personne qui n'est pas avocat, les observations et prétentions des parties sont notées au dossier ou consignés au procès-verbal. Cela signifie qu'une note d'audience doit récapituler leurs observations et prétentions (c. trav. art. R. 1453-4 et R. 1453-5).

Assistance et représentation des parties

Les parties peuvent comparaître en personne (tant devant le BCO que devant le bureau de jugement), sauf à se faire représenter (c. trav. art. R. 1453-1).

▶ Attention... En appel, les parties doivent être représentées par un avocat ou un défenseur syndical (c. trav. art. R. 1461-1 et R. 1461-2).

Les parties peuvent également se faire assister (c. trav. art. R. 1453-1) [voir *Conseil de prud'hommes (assistance et représentation)**].

Comparution à l'audience de conciliation ou de jugement

Voir *Conseil de prud'hommes (conciliation)** et *Conseil de prud'hommes (jugement)**.

Mesures provisoires

En cas d'échec de la conciliation et si le BCO ne juge pas immédiatement l'affaire, il peut adopter des mesures provisoires après avoir orienté l'affaire et cela, même si le défendeur ne comparaît pas ou ne se fait pas représenter. Ces décisions peuvent notamment ordonner (c. trav. art. R. 1454-14) :
- la délivrance, éventuellement sous peine d'astreinte, du *certificat de travail**, du *bulletin de paie** et de tout autre document que l'employeur est légalement tenu de remettre au salarié ;
- le versement d'une provision sur salaire et accessoires du salaire, commissions, ainsi que sur certaines indemnités de rupture.

Le BCO peut également prendre une décision provisoire palliant l'absence de délivrance par l'employeur de l'*attestation d'assurance chômage**. Cette décision récapitule les éléments du modèle de cette attestation, permettant au salarié d'exercer ses droits à prestations (c. trav. art. R. 1454-14). Elle ne libère pas l'employeur de ses obligations relatives à l'attestation.

Conciliation et jugement

Voir *Conseil de prud'hommes (conciliation)** et *Conseil de prud'hommes (jugement)**.

Exécution des décisions

L'exécution provisoire des décisions des CPH peut être ordonnée dans les mêmes cas et conditions que pour les juridictions de droit commun.

Toutefois, sont de plein droit exécutoires par provision les jugements (c. trav. art. R. 1454-28) :
- ordonnant la remise de certificats de travail, bulletins de paie ou autres documents que l'employeur est tenu de délivrer *(voir ci-avant)* ;
- ordonnant le paiement de salaires ou d'indemnités de rupture, dans la limite de 9 mois de salaire calculés sur la moyenne des 3 derniers mois ;
- qui ne sont susceptibles d'appel que par suite d'une demande reconventionnelle.

En cas de litige avec le salarié sur l'exécution du jugement, l'employeur ne doit pas utiliser son pouvoir disciplinaire pour lui imposer les conditions de règlement du procès (cass. soc. 9 octobre 2013, n° 12-17882, BC V n° 226).

Voies de recours

Voir *Conseil de prud'hommes (voies de recours)**.

☛ *Conseil de prud'hommes.*

Conseil de prud'hommes (référé prud'homal)

Référé « classique »

Compétence - Dans chaque *conseil de prud'hommes** (CPH), il existe une formation de référé commune à l'ensemble des sections de ce conseil. Cette formation est composée d'un conseiller prud'homme salarié et d'un conseiller prud'homme employeur (c. trav. art. R. 1455-1). La formation de référé peut, dans tous les cas d'urgence, ordonner toutes les mesures qui ne se heurtent à aucune contestation sérieuse ou que justifie l'existence d'un différend (c. trav. art. R. 1455-5).

La formation de référé peut aussi prescrire les mesures conservatoires ou de remise en état qui s'imposent soit pour prévenir un dommage imminent, soit pour faire cesser un trouble manifestement illicite. Ces dispositions peuvent être prises même en présence d'une contestation sérieuse (c. trav. art. R. 1455-6).

Le juge des référés peut accorder une provision au créancier ou ordonner l'exécution de l'obligation même s'il s'agit d'une obligation de faire, dans le cas où l'existence de l'obligation n'est pas sérieusement contestable (c. trav. art. R. 1455-7).

Exemples

Une réclamation portant sur l'interprétation d'un accord d'entreprise ou d'une convention collective peut faire l'objet d'une procédure de référé (cass. soc. 14 novembre 2013, n° 12-14688, BC V n° 265).

Le licenciement d'un salarié ayant pour seule cause une réclamation, qui n'était pas abusive et qui avait été présentée sans faire usage de termes excessifs ou diffamatoires, constitue un trouble manifestement illicite et relève ainsi de la procédure de référé (cass. soc. 18 février 2014, n° 13-10876 D).

Un salarié qui a dénoncé des faits de *harcèlement moral** ou de *harcèlement sexuel** de mauvaise foi peut être sanctionné, voire licencié. Le juge des référés est compétent pour vérifier si le salarié a fait preuve ou non de mauvaise foi et donc pour déterminer si son licenciement constitue un trouble manifestement illicite (cass. soc. 25 novembre 2015, n° 14-17551, BC V n° 235).

La formation de référé qui relève que le comité social et économique a constaté un danger grave et imminent d'exposition des travailleurs à l'amiante, alors que le recours de l'employeur devant le *tribunal judiciaire** sur la validité de la procédure initiée par ce comité n'a toujours pas abouti, peut allouer aux salariés une provision sur le salaire qui leur a été retenu suite à l'exercice de leur droit de retrait (cass. soc. 31 mars 2016, n° 14-25237, BC V n° 63) (voir *Droit d'alerte et de retrait en cas de danger**).

Un salarié peut obtenir en référé la poursuite de son CDD après son terme, jusqu'à ce que le CPH statue au fond sur la demande de requalification en CDI. S'il obtient la requalification, le salarié peut poursuivre son contrat avec son employeur (cass. soc. 8 mars 2017, n° 15-18560 D).

S'il apparaît que la demande formée excède les pouvoirs de la formation de référé, et lorsque cette demande présente une particulière urgence, elle peut renvoyer l'affaire devant le bureau de jugement à deux conditions (c. trav. art. R 1455-8) :

- l'accord de toutes les parties est nécessaire ;
- la formation de référé doit avoir procédé à une tentative de conciliation en audience non publique (c. trav. art. R. 1454-10).

Demande en référé - Elle est introduite, au choix du demandeur, soit par acte d'huissier de justice, soit dans les conditions générales de saisine (c. trav. art. R. 1455-9) [voir *Conseil de prud'hommes (procédure prud'homale)**].

Le référé prud'homal n'est pas soumis à une tentative de conciliation préalable. De ce fait, l'affaire introduite en référé n'est pas subordonnée au passage devant le bureau de conciliation (cass. soc. 6 mars 1991, n° 87-44935 D).

Les parties comparaissent devant la formation de référé selon les règles applicables à la procédure prud'homale, c'est-à-dire en personne ou en se faisant représenter [voir *Conseil de prud'hommes (assistance et représentation)**]. Elles peuvent également se faire assister.

Portée du référé - En tant que mesure provisoire, une ordonnance de référé n'a pas autorité de la chose jugée. Le juge du fond qui intervient par la suite conserve sa liberté d'appréciation et n'est pas lié par l'ordonnance. Sa décision se substitue donc à la décision prise en référé.

Exemple

Si un CPH ordonne en référé la réintégration d'un salarié protégé, mais que, par la suite, les juges du fond valident le licenciement, le contrat de travail est censé avoir été valablement rompu dès l'origine. L'employeur n'a donc pas à mener une nouvelle procédure de licenciement (cass. soc. 1er avril 2008, n° 07-40114, BC V n° 79).

Procédure accélérée au fond

Dans le cadre de la procédure accélérée au fond, le CPH statue en urgence, mais contrairement au référé « classique », il tranche le litige sur le fond (c. trav. art. R. 1455-12 ; cass. soc. 23 janvier 2019, n° 17-28330 FSPB).

Cette procédure concerne notamment les litiges suivants :
- contestation des avis et mesures émis par le médecin du travail (c. trav. art. L. 4624-17 et R. 4624-45) (voir *Inaptitude physique**) ;
- désaccord entre l'employeur et les syndicats sur les modalités d'organisation du référendum destiné à valider un accord collectif non majoritaire (c. trav. art. L. 2232-12 et D. 2232-7) ;
- désaccord entre l'employeur et le comité social et économique sur les modalités d'organisation du référendum destiné à valider un accord collectif négocié en l'absence de délégué syndical (c. trav. art. L. 2232-23-1, L. 2232-24, L. 2232-26 et D. 2232-9) ;
- désaccord sur les modalités d'organisation et de déroulement des opérations électorales (c. trav. art. L. 2314-28 et R. 2314-2) ;
- différend relatif au refus de certains congés (c. trav. art. L. 3142-3 et L. 3142-13).

▶ **À noter…** Lorsque les parties ont recouru à tort à cette procédure, l'affaire peut être renvoyée devant le bureau de jugement [voir *Conseil de prud'hommes (jugement)**].

☛ *Conseil de prud'hommes (procédure prud'homale).*

Conseil de prud'hommes (voies de recours)

Les jugements du *conseil de prud'hommes** (CPH) peuvent être attaqués par voie d'opposition, d'appel ou de pourvoi en cassation.

Opposition

L'opposition est une voie de recours ouverte au défendeur qui n'a pas comparu et demande la révision du jugement rendu par défaut.

Elle doit être formée dans le délai de 1 mois à compter de la notification du jugement rendu par défaut.

Elle est portée directement devant le bureau de jugement. Elle est caduque si la partie qui l'a faite ne se présente pas et elle ne peut être réitérée (c. trav. art. R. 1463-1).

Appel

Taux de compétence en dernier ressort - Le jugement est susceptible d'appel si un des chefs de demande excède le taux de compétence en dernier ressort du conseil de prud'hommes, à savoir 5 000 € (c. trav. art. D. 1462-3).

Toutefois, le jugement n'est pas susceptible d'appel si la seule demande reconventionnelle en dommages-intérêts, fondée exclusivement sur la demande initiale, dépasse le taux de compétence en dernier ressort (c. trav. art. R. 1462-2).

▶ **À noter…** Les jugements qui ne sont pas susceptibles d'appel sont dits « jugements rendus en dernier ressort ». Ils peuvent faire l'objet d'un pourvoi en cassation.

Procédure - L'appel est porté devant la cour d'appel (chambre sociale). Il est formé par une déclaration que l'appelant, ou tout mandataire, fait ou adresse (par lettre recommandée) au greffe du CPH dans un délai de 1 mois suivant la notification du jugement (c. trav. art. R. 1461-1).

En cas de jugement de référé prud'homal [voir *Conseil de prud'hommes (référé prud'homal)**], le délai d'appel n'est que de 15 jours.

▶ **À noter…** L'appel est suspensif (c. proc. civ. art. 539). En d'autres termes, la décision du CPH ne peut pas être exécutée tant que dure le recours, sauf exécution provisoire.

Représentation obligatoire - Les parties doivent être représentées par un avocat ou un *défenseur syndical** (c. trav. art. R. 1461-1 et R. 1461-2). Le cas échéant, le défenseur syndical accomplit les mêmes actes de procédure que ceux mis à la charge d'un avocat. Toutefois, à la différence d'un avocat, il peut les établir sur papier et les communiquer par voie de notification et non par la voie électronique (c. proc. civ. art. 930-2).

▶ **À noter…** Le droit (timbre fiscal) de 225 € à acquitter en cas d'appel avec constitution d'avocat obligatoire ne s'applique pas aux appels formés en matière prud'homale (CGI art. 1635 bis P ; dépêche du ministère de la Justice du 5 juillet 2016, n° C3/12.2016 G/1.5.4.4).

Pourvoi en cassation

Les jugements du CPH et les ordonnances de la formation de référé rendus en dernier ressort ainsi que les arrêts de la cour d'appel sont susceptibles de pourvoi en cassation.

Le ministère d'un avocat est, sauf exception, obligatoire pour former un pourvoi en cassation (c. proc. civ. art. 973).

Conseil de prud'hommes : voies de recours				
Jugement de conseils de prud'hommes	Possibilité de recours		Délais de recours	
	Appel	Cassation	Appel	Cassation
Jusqu'à 5 000 €	NON	OUI	-	2 mois à compter de la notification du jugement ou de l'arrêt
Au-dessus de 5 000 €	OUI	OUI	1 mois après la notification du jugement	

Les pourvois doivent être formés dans le délai de 2 mois à compter de la notification du jugement, et, pour les jugements par défaut, dans les 2 mois suivant celui où le pourvoi n'est plus recevable (c. proc. civ. art. 612 et 613).

Le pourvoi en cassation n'est pas suspensif (c. proc. civ. art. 579).

☛ *Conseil de prud'hommes.*

Conseiller des Français de l'étranger

Missions

Auprès de chaque ambassade pourvue d'une circonscription consulaire et de chaque poste consulaire, un conseiller des Français à l'étranger (ex-conseiller consulaire) est chargé de formuler des avis sur les questions consulaires ou d'intérêt général, notamment culturel, éducatif, économique et social, concernant les Français établis dans la circonscription.

Il peut être consulté sur toute question concernant les Français établis dans la circonscription et relative à la protection sociale et à l'action sociale, à l'emploi, à la formation professionnelle et à l'apprentissage, à l'enseignement français à l'étranger et à la sécurité.

Il peut également être consulté sur les conditions d'exercice du mandat de conseiller des Français de l'étranger (loi 2013-659 du 22 juillet 2013, art. 3, JO du 23 ; loi 2019-1461 du 27 décembre 2019, art. 111, JO du 28).

Autorisations d'absence

Réunions du conseil consulaire et des assemblées délibérantes - Les employeurs des salariés conseillers des Français de l'étranger sont tenus de leur laisser le temps nécessaire pour se rendre et participer aux réunions du conseil consulaire et des assemblées délibérantes et des bureaux des organismes au sein desquels ils représentent le conseil consulaire (ex. : Assemblée des Français de l'étranger) (loi 2020-760 du 22 juin 2020, art. 15, JO du 23 ; loi 2013-659 du 22 juillet 2013, art. 4-1, JO du 23 ; décret 2021-1472 du 12 novembre 2021, JO du 13).

▶ À noter… Un décret doit fixer les modalités selon lesquelles le conseiller des Français de l'étranger informe son employeur de la date de la réunion dès qu'il en a connaissance.

Absences non rémunérées - L'employeur n'est pas tenu de payer comme temps de travail le temps passé par le conseiller des Français de l'étranger à ces réunions (loi 2020-760 du 22 juin 2020, art. 15, JO du 23 ; loi 2013-659 du 22 juillet 2013, art. 4-1, JO du 23).

Prise en compte du temps d'absence pour certains droits - Le temps d'absence est assimilé à une durée de travail effective pour la détermination de la durée des congés payés et du droit aux prestations sociales, ainsi qu'au regard de tous les droits découlant de l'ancienneté (loi 2020-760 du 22 juin 2020, art. 15, JO du 23 ; loi 2013-659 du 22 juillet 2013, art. 4-1, JO du 23).

Protections

Modifications contractuelles - Aucune modification de la durée et des horaires de travail ne peut être effectuée en raison des absences intervenues sans l'accord du conseiller des Français de l'étranger (loi 2020-760 du 22 juin 2020, art. 15, JO du 23 ; loi 2013-659 du 22 juillet 2013, art. 4-1, II nouveau, JO du 23).

Licenciement et sanctions disciplinaires - Aucun licenciement ou sanction disciplinaire ne peut être prononcé en raison des absences aux réunions évoquées ci-avant sous peine de nullité et de dommages et intérêts au profit du conseiller des Français de l'étranger. Le licenciement ou la sanction motivée par l'absence serait nulle. En cas de *licenciement nul**, la réintégration dans l'emploi est de droit.

Discriminations - L'exercice d'un mandat électif est un critère de discrimination prohibé, ce qui permet d'inclure le mandat exercé par les conseillers élus par les Français de l'étranger (c. trav. art. L. 1132-1 ; loi 2019-1461 du 27 décembre 2019, JO du 28 ; loi 2020-760 du 22 juin 2020, art. 15, JO du 23) (voir *Discriminations**).

Télétravail et VAE

Sous réserve de la compatibilité de leur poste de travail, les conseillers des Français de l'étranger sont réputés relever de la catégorie de personnes qui disposent, le cas échéant, de l'accès le plus favorable au *télétravail** dans l'exercice de leur emploi (loi 2020-760 du 22 juin 2020, art. 15, JO du 23 ; loi 2013-659 du 22 juillet 2013, art. 4-1, II, JO du 23).

Les acquis liés à l'exercice du mandat de conseiller des Français de l'étranger peuvent faire l'objet d'une *validation des acquis de l'expérience** (VAE) (loi 2020-760 du 22 juin 2020, art. 105, JO du 23 ; c. éduc. art. L. 613-5).

Conseiller du salarié (entretien préalable au licenciement)

Assistance lors de l'entretien préalable

Droit de tout salarié d'être assisté - Tout salarié, y compris le salarié protégé, peut être assisté d'un conseiller lors de l'entretien préalable à son licenciement [voir *Entretien préalable au licenciement (déroulement)**]. Il peut faire appel à une personne de son choix parmi les salariés de l'entreprise, mais ce choix peut être élargi à d'autres personnes selon les cas.

▶ À noter… Avant de décider de licencier un salarié pour motif personnel, l'employeur peut mener une enquête interne, en dehors de toute procédure disciplinaire. Le salarié qui est entendu dans ce cadre sans être accompagné d'un conseiller n'est victime ni d'un vice de procédure ni d'une procédure vexatoire, puisque, sauf règles conventionnelles plus protectrices, le droit du salarié d'être assisté concerne uniquement l'entretien préalable au licenciement (cass. soc. 29 septembre 2010, n° 09-42459 D).

Mission d'assistance et covid-19 - Dans les établissements soumis à l'obligation vaccinale, le conseiller du salarié n'est pas tenu de se soumettre à l'obligation vaccinale, ni à la présentation du pass sanitaire. Il est recommandé de tenir l'entretien dans un lieu sans contact avec le public.

S'agissant des établissements soumis au pass sanitaire, le conseiller du salarié doit présenter un pass pour y accéder, sauf s'il intervient dans des espaces non accessibles au public ou en dehors des horaires d'ouverture au public (questions-réponses du ministère du Travail, « Obligation de vaccination ou de détenir un pass sanitaire pour certaines professions », version du 18.10.2021).

Mention dans la convocation à l'entretien préalable - La lettre de convocation à l'entretien préalable à un licenciement doit mentionner la faculté pour le salarié de se faire assister lors de son entretien (c. trav. art. L. 1232-4, L. 1233-13, R. 1232-1 et D. 1232-5). Deux hypothèses sont à dissocier.

Présence de représentants du personnel - Lorsqu'il existe des représentants du personnel dans l'entreprise ou dans l'*unité économique et sociale** (UES) dont l'employeur relève, la convocation mentionne la faculté, pour le salarié, de se faire assister par une personne de son choix appartenant au personnel de l'entreprise ou de l'une des entités de l'UES (cass. soc. 8 juin 2011, n° 10-14650, BC V n° 140).

En pratique, le salarié peut choisir un représentant du personnel ou tout autre salarié de l'entreprise (ex. : salarié d'un autre établissement) ou de l'UES dont l'employeur relève (dénommé ci-après « conseiller interne »).

Absence de représentants du personnel - Lorsqu'il n'existe pas de représentants du personnel dans l'entreprise ou dans l'UES à laquelle l'entreprise appartient (cass. soc. 21 septembre 2005, n° 03-44810, BC V n° 263), la convocation mentionne à la fois (cass. soc. 6 février 2001, n° 98-43597, BC V n° 44) :

- la faculté pour le salarié de se faire assister par une personne de son choix appartenant au personnel de l'entreprise ou de l'une des entités de l'UES, le cas échéant ;
- la possibilité, pour le salarié, de se faire assister par un conseiller de son choix extérieur à l'entreprise, qu'il choisit sur une liste établie par le préfet (dénommé ci-après « conseiller externe »).

La convocation doit également mentionner l'adresse des services (inspection du travail et mairie) où cette liste est tenue à la disposition des salariés (cass. soc. 30 novembre 2010, n° 09-40695 D). L'administration a indiqué dans une ancienne circulaire que la convocation mentionne à la fois l'adresse de la section de l'inspection du travail compétente et celle de la mairie du domicile du salarié si celui-ci demeure dans le département où est situé l'établissement ou sinon, celle du lieu de travail (circ. DRT 1992-15 du 4 août 1992). À notre sens, cette précision reste pertinente aujourd'hui.

L'omission de l'une de ces adresses constitue une irrégularité de procédure *(voir ci-après)*.

▶ Attention... La seule présence d'un délégué syndical dans l'entreprise suffit à écarter la possibilité du recours à un conseiller externe (cass. soc. 19 février 2002, n° 00-40657, BC V n° 68). En revanche, lorsque le salarié licencié est le seul représentant du personnel dans l'entreprise, il faut considérer que l'entreprise est dépourvue de représentant du personnel. Dans ce cas, la convocation doit mentionner la possibilité de se faire assister par un conseiller du salarié externe (CAA Paris, 9 décembre 2013, n° 13PA01670 ; Guide DGT « décisions administratives en matière de rupture ou de transfert du contrat des salariés protégés », septembre 2019).

Désignation d'un conseiller externe

Choix du salarié - Dans une entreprise ou une UES sans représentant du personnel, le salarié peut choisir un conseiller extérieur à l'entreprise figurant sur une liste arrêtée par le préfet du département où se déroule l'entretien, qui n'est pas nécessairement le même que son lieu de travail (c. trav. art. D. 1232-5 ; rép. Beauchaud n° 8824, JO 21 février 1994, AN quest. p. 938).

La liste est tenue à la disposition des salariés dans chaque section d'*inspection du travail** et dans chaque mairie (c. trav. art. D. 1232-5).

Liste des conseillers et attestation individuelle - Les conseillers extérieurs sont choisis en fonction de leur expérience des relations professionnelles et de leurs connaissances du droit social (c. trav. art. D. 1232-4). La liste des conseillers ne peut pas comporter de conseillers prud'hommes en activité (c. trav. art. L. 1232-7). Révisée tous les 3 ans et complétée à tout moment si nécessaire, elle comporte notamment leur nom, leur adresse, leur profession ainsi que leur appartenance syndicale éventuelle (c. trav. art. L. 1232-7 et D. 1232-6).

Tout conseiller du salarié a une attestation individuelle de « conseiller du salarié », sur laquelle figure une photo de l'intéressé, délivrée par la DREETS. Celle-ci lui adresse aussi une copie de l'arrêté préfectoral. Ces documents lui permettent de justifier de sa qualité auprès de l'employeur du salarié assisté.

Formalités consécutives au choix - Le salarié qui souhaite se faire assister, lors de l'entretien préalable à son licenciement, communique à la personne qu'il a choisie la date, l'heure et le lieu de l'entretien. La personne sollicitée confirme sa venue au salarié ou lui fait connaître immédiatement et par tout moyen son empêchement (c. trav. art. R. 1232-2 et R. 1232-3).

Dans ce dernier cas, le salarié peut choisir une autre personne. Cette circonstance ne peut pas avoir pour effet de différer la date de l'entretien préalable, sauf accord de l'employeur (cass. soc. 24 juin 2009, n° 08-41681 FD).

Une fois son conseiller choisi, le salarié doit informer l'employeur de sa démarche (c. trav. art. R. 1232-2).

▶ À noter... L'employeur n'est pas tenu de reporter l'entretien si, le jour de l'entretien, le conseiller arrive en retard (cass. soc. 26 janvier 2010, n° 08-40333 D).

Exercice des fonctions du conseiller externe

Justification de la qualité auprès de l'employeur - Si le conseiller du salarié n'est pas en mesure de justifier de sa qualité, l'employeur est en droit de refuser sa présence à l'entretien préalable (cass. soc. 25 septembre 2012, n° 11-10684, BC V n° 231). Il présente son attestation individuelle de « conseiller du salarié » *(voir ci-avant)*.

Crédit d'heures - Dans les établissements d'au moins 11 salariés, les salariés ont le droit de s'absenter pour exercer leur mission de conseiller du salarié et ce, dans la limite de 15 h par mois (c. trav. art. L. 1232-8).

▶ À noter... L'administration a précisé dans d'anciennes circulaires que l'autorisation d'absence est limitée au strict cadre de l'entretien préalable (incluant la durée de l'entretien et le temps de déplacement) et ne peut être utilisée pour des rencontres préparatoires, sauf si la rencontre préparatoire intervient immédiatement avant la tenue de l'entretien (circ. DRT 91-16 du 5 septembre 1991, § 1.2.2 ; circ. DRT 92-15 du 4 août 1992, § 3).

En revanche, dans les établissements de moins de 11 salariés, l'employeur n'a pas l'obligation de laisser au salarié le temps nécessaire à l'exercice de cette mission. Cependant, s'il le lui accorde, il doit le rémunérer pour le temps passé à ce titre hors de l'entreprise (les rémunérations et charges sociales sont remboursées par l'État) (c. trav. art. L. 1232-9) *(voir ci-après)*.

Assimilation des heures de mission à du travail effectif - Lorsque le conseiller a une activité salariée, le temps passé hors de l'entreprise pendant les heures de travail pour l'exercice de sa mission est assimilé à une durée de travail effectif pour la détermination de la durée des *congés payés**, du droit aux prestations d'assurances sociales et aux prestations familiales ainsi qu'au regard de tous les droits que le salarié tient du fait de son *ancienneté** dans l'entreprise (c. trav. art. L. 1232-9).

Rémunération et indemnisation - L'employeur maintient la rémunération du conseiller du salarié qui exerce ses fonctions hors de l'entreprise pendant les heures de travail. En effet, ces absences ne doivent entraîner aucune diminution des rémunérations et avantages correspondants (c. trav. art. L. 1232-9). Le versement de la rémunération est toutefois conditionné par la remise à l'employeur des attestations des salariés assistés (cass. soc. 23 juin 2021, n° 19-23847 FB).

L'employeur est ensuite remboursé par l'État des salaires maintenus, ainsi que des avantages et des charges sociales correspondants (c. trav. art. L. 1232-11 et D. 1232-9 à D. 1232-11).

Par ailleurs, le conseiller qui a effectué au moins quatre interventions au cours de l'année civile peut bénéficier d'une indemnité forfaitaire annuelle versée par l'État (c. trav. art. D. 1232-8).

Frais de transport et de repas - Le conseiller du salarié peut bénéficier du remboursement par l'État des frais de déplacement et de repas engagés dans sa mission d'assistance lors de l'entretien préalable au licenciement (www.travail-emploi.gouv.fr).

Formation - L'employeur est tenu d'accorder au salarié inscrit sur une liste de conseillers des salariés, sur sa demande et pour les besoins de sa formation, des autorisations d'absence dans la limite de 2 semaines par période de 3 ans suivant la publication de la liste préfectorale (c. trav. L. 1232-12). Ces absences sont soumises aux dispositions régissant le *congé de formation économique, sociale, environnementale et syndicale**, sauf exception.

Secret professionnel et obligation de discrétion - Sous peine d'être radié de la liste, le conseiller du salarié est tenu au secret professionnel pour toutes les questions relatives aux procédés de fabrication. En outre, il est tenu à une obligation de discrétion à l'égard des informations présentant un caractère confidentiel et des données présentées comme telles par l'employeur (c. trav. art. L. 1232-13) [voir *Discrétion (obligation de)**].

Valeur d'une attestation établie par le conseiller - Parfois, le conseiller du salarié établit un compte rendu de l'entretien préalable au licenciement, afin que le salarié licencié puisse le produire, le cas échéant, en justice. L'appréciation de la valeur et de la portée de cette attestation revient au juge (cass. soc. 27 mars 2001, n° 98-44666, BC V n° 108 ; cass. soc. 30 octobre 2002, n° 00-46314 D). Le salarié peut lui-même contester le contenu du compte rendu établi par son conseiller à l'issue de l'entretien (cass. soc. 1er février 2017, n° 15-26145 D).

▶ À noter… Un conseiller qui établit une fausse attestation engage sa responsabilité pénale (c. pén. art. 441-7 ; cass. crim. 26 mars 2002, n° 01-84215 D).

Accident de trajet - Le conseiller a droit à une protection sociale en cas d'accident de trajet survenu à l'occasion de l'exercice de sa mission (www.travail-emploi.gouv.fr).

Exercice des fonctions du conseiller interne

Maintien de la rémunération - Le salarié de l'entreprise qui assiste un autre salarié lors de l'entretien préalable au licenciement ne doit subir aucune perte de rémunération du fait de sa mission (cass. soc. 12 février 1991, n° 87-45259, BC V n° 61 ; cass. soc. 26 mars 2013, n° 11-22148 D).

Frais de transport et de repas - Le cas échéant, l'employeur doit rembourser à l'assistant du salarié les frais de transport et de repas qu'il engage pour se rendre à l'entretien préalable (cass. soc. 25 octobre 2000, n° 98-42260 D ; cass. soc. 3 mars 2004, n° 01-43579 D). Peu importe que le règlement intérieur du *comité social et économique** limite la prise en charge des frais de transport des personnes qui assistent un salarié à un entretien préalable. Si tel devait être le cas, un salarié serait recevable à soulever l'illégalité du règlement intérieur du comité et à réclamer une indemnité pour non-respect de la procédure de licenciement dès lors qu'il a été privé de la possibilité de se faire assister (cass. soc. 11 avril 2012, n° 11-14476, BC V n° 121) [voir *Comité social et économique (règlement intérieur)**].

Statut protecteur du conseiller externe

Motif de rupture - L'exercice, par le conseiller, de sa mission ne saurait être une cause de rupture de son contrat de travail (c. trav. art. L. 1232-14).

Autorisation préalable de rupture du contrat de travail - Le conseiller du salarié bénéficie d'une protection contre la rupture du contrat de travail identique à celle des délégués syndicaux (c. trav. art. L. 1232-14, L. 2411-3 et L. 2411-21 ; cass. soc. 27 janvier 2010, n° 08-44376, BC V n° 22) (voir *Licenciement des délégués syndicaux**). Peu importe qu'il n'ait jamais exercé effectivement sa mission (cass. soc. 14 janvier 2003, n° 00-45883, BC V n° 4). Toute rupture du contrat de travail par l'employeur ne peut intervenir qu'après l'autorisation préalable de l'inspecteur du travail. En cas d'annulation de cette autorisation, le salarié bénéficie d'un droit à réintégration (cass. soc. 17 mai 2017, n° 16-14979, BC V n° 86).

Application du statut protecteur au conseiller en CDD - Compte tenu du principe de recodification du code du travail à droit constant, le conseiller du salarié en CDD (sans clause de renouvellement) bénéficie du statut protecteur prévu par l'article L. 2421-8 (dans son ancienne version antérieure à la loi 2018-217 du 29.03.2018), imposant la saisine de l'inspection du travail avant l'arrivée du terme du CDD, bien qu'il ne cite plus le conseiller du salarié parmi les bénéficiaires de la protection (cass. soc. 7 juillet 2021, n° 19-23989 FB).

Par prudence, il convient d'appliquer cette solution à l'actuelle version de l'article L. 2421-8 issue de la loi du 29.03.2018, même si à sa stricte rédaction la saisine de l'inspecteur du travail ne semble pas requise (c. trav. art. L. 2421-8). L'administration fait d'ailleurs toujours état de cette protection pour les salariés en CDD sans clause de renouvellement dans son guide relatif aux décisions administratives en matière de rupture du contrat de travail des salariés protégés (guide DGT, fiche 13a, septembre 2019).

Point de départ et durée de la protection - La protection s'applique, en principe, à compter du jour où le préfet a arrêté la liste des conseillers du département. Il importe peu que celle-ci ait été publiée au recueil des actes administratifs du département (cass. soc. 22 septembre 2010, n° 08-45227, BC V n° 190 ; cass. soc. 22 septembre 2010, n° 09-41173, BC V n° 192).

Cette protection court aussi avant l'inscription sur la liste des conseillers du salarié dès lors que le salarié prouve que l'employeur connaissait l'imminence de son inscription au moment de l'envoi de la convocation à l'entretien préalable (cass. soc. 19 janvier 2011, n° 10-13972 D ; cass. soc. 13 janvier 2021, n° 19-17489 FSPI).

La protection est applicable pendant la durée de l'exercice des fonctions de conseiller du salarié (sachant que la liste est révisée tous les 3 ans), ainsi que pendant les 12 mois suivant la cessation de leurs fonctions lorsque celles-ci ont été exercées pendant 1 an au moins (cass. soc. 19 juin 2007, n° 05-46017, BC V n° 106 ; cass. soc. 27 janvier 2010, n° 08-44376, BC V n° 22).

Protection subordonnée à l'information de l'employeur - Un salarié ne peut se prévaloir de la protection attachée à un mandat extérieur à l'entreprise que s'il en a informé son employeur (ou s'il prouve que ce dernier en avait connaissance) au plus tard lors de l'entretien préalable au licenciement (ou au moment de l'envoi de la convocation à l'entretien préalable si la désignation est imminente mais pas encore actée).

S'il s'agit d'une rupture ne nécessitant pas un entretien préalable (ex. : rupture de période d'essai, mise à la retraite, rupture conventionnelle), l'information doit avoir lieu au plus tard avant la notification de l'acte de rupture (cass. soc. 30 juin 2016, n° 15-12982, BC V n° 143 ; cass. soc. 16 janvier 2019, n° 17-27685 FSPB). Le cas échéant, c'est le liquidateur judiciaire qui doit être informé (cass. soc. 1er juin 2017, n° 16-12221, BC V n° 102).

Le fait de n'informer l'employeur de son mandat extérieur qu'au moment où le salarié a estimé nécessaire de bénéficier de la protection qui y est attachée constitue une fraude qui peut le priver de la protection (cass. soc. 12 juillet 2017, n° 15-27286, BC V n° 119).

En cas de modification de la situation juridique de l'employeur, le nouvel employeur doit être au courant de l'existence du mandat pour que la protection perdure. Le salarié doit donc renouveler l'information auprès du nouvel employeur ou s'assurer que celui-ci est au courant de l'existence de ce mandat (c. trav. art. L. 1224-1 ; cass. soc. 15 avril 2015, n° 13-25283, BC V n° 88 ; cass. soc. 30 janvier 2019, n° 17-24821 D).

À défaut, le salarié ne peut pas reprocher à l'employeur de l'avoir licencié sans autorisation (circ. DGT 2012-7 du 30 juillet 2012, fiche 4, § 2.3 ; Conseil constitutionnel, décision 2012-242 QPC du 14 mai 2012, JO du 15).

▶ **Attention…** Un conseiller du salarié bénéficie de la protection attachée à un premier mandat dès lors que celle-ci était toujours en cours à la date de l'entretien préalable et que l'employeur avait eu connaissance de ce premier mandat, peu important qu'il n'ait pas informé l'employeur d'un second mandat (cass. soc. 30 juin 2016, n° 15-12982, BC V n° 143).

Sanctions

Irrégularité de procédure - Lorsque l'employeur n'informe pas le salarié de la possibilité de se faire assister par un conseiller de son choix, il commet une irrégularité de procédure.

En cas de licenciement avec cause réelle et sérieuse, cette irrégularité est sanctionnée par le versement d'une indemnité d'au plus 1 mois de salaire et ce, quels que soient l'ancienneté du salarié et l'effectif habituel de l'entreprise (c. trav. art. L. 1235-2 ; cass. soc. 5 février 2003, n° 01-01672, BC V n° 41 ; cass. soc. 10 juin 2003, n° 01-40808, BC V n° 191). Il s'agit des situations dans lesquelles :

- la convocation à l'entretien préalable ne mentionne pas la faculté, pour le salarié, de se faire assister par un conseiller de son choix ;
- le salarié n'a pas été convoqué à l'entretien préalable (cass. soc. 23 juin 1999, n° 97-42242 D ; cass. soc. 12 décembre 2001, n° 99-45921 D) ;
- l'employeur omet de mentionner une des deux adresses obligatoires (mairie et inspection du travail) en cas d'absence de représentant du personnel dans l'entreprise (cass. soc. 19 mai 2009, n° 07-44025 D ; cass. soc. 29 avril 2003, n° 01-41364, BC V n° 145), alors même que le salarié a été assisté par un conseiller lors de l'entretien (cass. soc. 21 janvier 2009, n° 07-42985, BC V n° 16) ou encore, a adhéré à une convention de reclassement personnalisé (cass. soc. 16 mai 2013, n° 11-28494, BC V n° 126).

▶ À noter... L'arrivée tardive du conseiller extérieur sollicité par le salarié pour l'assister lors de l'entretien préalable à son licenciement ne rend pas la procédure de licenciement irrégulière (cass. soc. 26 janvier 2010, n° 08-40333 D).

En cas de *licenciement sans cause réelle et sérieuse**, voir cette étude.

Absence d'autorisation de licencier un salarié protégé - S'agissant d'un licenciement soumis à l'autorisation de l'inspection du travail, l'absence de mention des modalités d'assistance du salarié dans la convocation préalable au licenciement constitue un vice de procédure. L'inspecteur du travail peut refuser le licenciement du salarié (Guide DGT, septembre 2019).

Néanmoins, lorsque l'entreprise appartient à une UES, l'absence de mention de la possibilité de se faire assister par un salarié d'une autre entreprise de l'UES ne rend pas la procédure irrégulière, si l'employeur établit que le salarié a été pleinement informé, en temps utile (soit au moins 5 jours ouvrables à l'avance), des modalités d'assistance auxquelles il avait droit (CE 12 juin 2019, n° 408970). En outre, si le salarié s'est fait assister par un salarié d'une autre entreprise de l'UES, la procédure peut être regardée comme régulière (CAA Bordeaux, 29 févr. 2016, n° 13BX01456 ; Guide DGT, septembre 2019).

▶ À noter... Ces décisions ont été rendues à propos du licenciement de salariés protégés au sein d'une UES. Par prudence, il convient, à notre sens, de limiter leur application à cette hypothèse. S'agissant de salariés non protégés, la Cour de cassation est plus sévère que le Conseil d'État, puisqu'elle sanctionne tout défaut d'information sur l'assistance du salarié dans la convocation à l'entretien préalable *(voir ci-avant)*.

Délit d'entrave - L'employeur qui porte ou tente de porter atteinte à l'exercice régulier des fonctions de conseiller, notamment en ne respectant pas les garanties prévues en sa faveur, est passible d'une peine d'emprisonnement de 1 an et d'amende de 3 750 € (c. trav. art. L. 1238-1).

☛ *Entretien préalable au licenciement (déroulement).*

Conseillers municipaux, départementaux et régionaux

☛ *Élus locaux.*

Conseillers prud'hommes

☛ *Conseil de prud'hommes (conseillers prud'hommes).*

Consignes d'hygiène et de sécurité

Sur les mesures à mettre en œuvre pour faire face à la crise sanitaire, voir *Covid-19 (hygiène et sécurité)**.

Contenu

L'employeur doit donner les instructions appropriées aux travailleurs (c. trav. art. L. 4121-2).

▶ À noter… Sur la notion de « travailleur » en matière d'*hygiène et sécurité**, voir cette étude.

Ces instructions précisent, en particulier lorsque la nature des risques le justifie, les conditions d'utilisation des équipements de travail, des moyens de protection, des substances et préparations dangereuses. Elles sont adaptées à la nature des tâches à accomplir (c. trav. art. L. 4122-1). Plus généralement, les consignes de sécurité ont pour but d'informer les salariés, de rappeler l'existence de risques concernant la sécurité et la santé et de donner les instructions appropriées sur le comportement à avoir afin de prévenir les risques professionnels et d'assurer sa propre sécurité, et, le cas échéant, celle des autres [voir *Hygiène et sécurité (obligations des salariés)**].

Procédure d'adoption

Les consignes de sécurité sont établies et diffusées selon les mêmes modalités que le *règlement intérieur** (c. trav. art. L. 1321-1 et L. 1321-5).

▶ Attention… Lorsque l'urgence le justifie, les prescriptions relatives à l'hygiène et à la sécurité peuvent recevoir une application immédiate. Dans ce cas, ces prescriptions doivent immédiatement et simultanément être communiquées au secrétaire du *comité social et économique** et à l'inspection du travail (c. trav. art. L. 1321-5) [voir *Comité social et économique (santé, sécurité et conditions de travail)**].

Toutefois, si un document interne se borne à rappeler les dispositions législatives et réglementaires applicables dans l'entreprise en matière de sécurité, il ne crée pas de nouvelles obligations générales et permanentes s'imposant aux salariés. De ce fait, il ne constitue pas une adjonction au règlement intérieur, et ne nécessite donc pas d'être adopté suivant les mêmes modalités que le règlement intérieur (cass. soc. 23 juin 2021, n° 19-15737 FSP).

Consignes d'urgence

Les consignes d'urgence rappellent la conduite à tenir en cas d'incident : appel éventuel du service médical, noms, fonctions et lieux de travail des sauveteurs secouristes du travail, numéros des secours extérieurs à contacter (15 ou 18), localisation des trousses ou du local de premiers secours, transport et évacuation des blessés, etc. (c. trav. art. R. 4224-16 ; « Organisation des secours », www.inrs.fr). Celles-ci doivent être regroupées dans un endroit précis, bien signalées et aisément accessibles, notamment aux secouristes (arrêté du 12 janvier 1984, art. 5, JO du 21). Sur l'organisation des premiers secours par l'employeur, voir *Hygiène et sécurité (obligations de l'employeur)**.

Signalisation et consignes incendie

Signalisation des installations de prévention et de lutte contre les incendies - Les installations destinées à prévenir et lutter contre l'incendie doivent faire l'objet d'une signalisation durable, apposée aux endroits appropriés (c. trav. art. R. 4227-33).

Consignes de sécurité incendie - Dans les établissements où plus de 50 personnes peuvent se trouver occupées ou réunies habituellement, ainsi que dans ceux où, quel que soit leur effectif, des matières inflammables sont manipulées et mises en œuvre, une consigne est établie et affichée de manière apparente (c. trav. art. R. 4227-37) :
- dans chaque local, pour les locaux dont l'effectif est supérieur à 5 personnes et pour ceux où des substances ou préparations classées, notamment, explosives sont manipulées ou entreposées ;
- dans chaque local, ou dans chaque dégagement desservant un groupe de locaux, dans les autres cas.

Dans les autres établissements, des instructions sont établies, permettant d'assurer l'évacuation rapide de la totalité des occupants ou leur évacuation différée, lorsque celle-ci est rendue nécessaire, dans des conditions de sécurité maximale (c. trav. art. R. 4227-37 et R. 4216-2).

Contenu de la consigne de sécurité incendie - La consigne de sécurité incendie indique, notamment, que toute personne apercevant un début d'incendie doit donner l'alarme et mettre en œuvre les moyens de premiers secours, sans attendre l'arrivée du personnel spécialement désigné (c. trav. art. R. 4227-38).

Information des salariés

L'employeur doit informer les salariés sur les risques pour leur santé et leur sécurité, sur les risques que peuvent faire peser sur la santé publique ou l'environnement les produits ou procédés de fabrication utilisés ou mis en œuvre par l'établissement ainsi que sur les mesures prises pour y remédier (c. trav. art. L. 4141-1).

Cette information porte, notamment, sur les consignes de sécurité, les consignes incendie, les instructions d'évacuation et l'identité des personnes chargées de la mise en œuvre des consignes incendie (c. trav. art. R. 4141-3-1).

Sur la *formation à la sécurité**, voir cette étude.

Respect des consignes par les salariés

Voir *Hygiène et sécurité (obligations des salariés)**.

☞ *Hygiène et sécurité (obligations de l'employeur) ; Hygiène et sécurité (obligations des salariés).*

Consolidation de la blessure

La consolidation n'est pas définie par le code de la sécurité sociale. Elle s'entend de l'état de la victime d'un *accident du travail** ou d'un *accident de trajet** lorsque, à la suite d'une période de soins, la lésion s'est stabilisée définitivement, sous réserve de rechutes éventuelles (cass. soc. 14 février 1974, n° 73-11167, BC V n° 114). Aucun traitement n'est alors plus nécessaire et il est possible d'apprécier un certain degré d'incapacité permanente consécutif à l'accident (lettre min. du 23 avril 1951, Bull. Jur. UCANSS 51-36).

La date de consolidation est fixée par la caisse primaire d'assurance maladie d'après l'avis du médecin traitant (c. séc. soc. art. L. 442-6). La caisse notifie sa décision à la victime (c. séc. soc. art. R. 442-4).

Le droit aux indemnités journalières d'accident du travail est interrompu. Le salarié doit, en principe, reprendre son activité professionnelle s'il est déclaré apte. Dans le cas contraire, l'employeur doit lui proposer un emploi approprié à ses aptitudes [voir *Inaptitude physique (reclassement)**].

La prise en charge des soins, au titre de la législation sur les accidents du travail, reste possible si ces soins sont imputables aux séquelles de l'accident ou de la maladie (circ. DSS/AT 1995-41 du 4 mai 1995 modifiée par circ. DSS/AT 2000-178 du 31 mars 2000).

☞ *Accident du travail (indemnisation) ; Contentieux de la sécurité sociale.*

Contentieux de la sécurité sociale

Réformes récentes : brefs rappels

Plus de distinction contentieux général/contentieux technique - La loi de réforme pour la justice du 23 mars 2019 et un décret d'application ont mis fin, à compter du 1.01.2020, à la distinction entre le contentieux général de la sécurité sociale et le contentieux technique de la sécurité sociale (loi 2019-222 du 23 mars 2019, art. 96, JO du 24 ; décret 2019-1506 du 30 décembre 2019, JO du 31).

Cette modification avait été amorcée par la loi de modernisation de la justice du XXIe siècle (loi 2016-1547 du 18 novembre 2016, art. 12 et 114, JO du 19). Celle-ci a remplacé, à partir du 1.01.2019, les juridictions compétentes en première instance pour le contentieux général (tribunaux des affaires de sécurité sociale) et pour le contentieux technique (tribunaux du contentieux de l'incapacité) par des juridictions communes aux deux types de contentieux, à savoir les tribunaux de grande instance (TGI) spécialement désignés. Ceux-ci ont ensuite été remplacés, au 1.01.2020, par les tribunaux judiciaires (TJ) spécialement désignés (voir *Tribunal judiciaire**) (loi 2019-222 du 23 mars 2019, art. 95 et 109, XXIII, JO du 24 ; ord. 2019-964 du 18 septembre 2019, JO du 19 ; décret 2018-772 du 4 septembre 2018, JO du 6, modifié par décret 2019-966 du 18 septembre 2019, JO du 19)

La distinction entre le contentieux général et le contentieux technique étant fondée sur l'existence de juridictions compétentes différentes, elle était donc devenue obsolète.

Suppression du contentieux de l'expertise médicale - Depuis le 1.01.2022, toutes les contestations d'ordre médical relatives à l'état du malade ou à l'état de la victime, notamment à la date de consolidation en cas d'accident du travail et de maladie professionnelle (AT/MP), et celles relatives à leur prise en charge thérapeutique, ne donnent plus lieu à une procédure d'expertise médicale spécifique, mais font l'objet, dans le cadre du contentieux de la sécurité sociale « classique » décrit ci-après, d'un recours préalable devant la commission médicale de recours amiable (CMRA) de la caisse puis, le cas échéant, d'un recours devant le tribunal judiciaire (c. séc. soc. art. L. 141-1 à L. 141-3 abrogés au 1.01.2022 ; loi 2019-1446 du 24 décembre 2019, art. 87, 1, 1°, b, JO du 27 ; décret 2019-1506 du 30 décembre 2019, art. 9, V et VII, JO du 31). Ce basculement du contentieux de l'expertise médicale vers le contentieux de la sécurité sociale s'est fait en deux temps : au 1.09.2020 pour les contestations engagées par les employeurs, et au 1.01.2022 pour les autres contestations.

Rappelons que n'étaient pas concernées par la procédure d'expertise médicale les contestations relatives (c. séc. soc. art. L. 141-1 abrogé au 1.01.2022) :

- à l'état ou au degré d'invalidité, en cas d'accident ou de maladie non professionnels, et à l'état d'inaptitude au travail (c. séc. soc. art. L. 142-1, 4° et 6°) ;

- à l'état d'incapacité permanente de travail, notamment au taux de cette incapacité, en cas d'AT/MP (c. séc. soc. art. L. 142-1, 5° et 6°).

Ces contestations relevaient déjà, depuis le 1.01.2019, du contentieux de la sécurité sociale.

Champ du contentieux de la sécurité sociale

Le contentieux de la sécurité sociale comprend les litiges auxquels donne lieu l'application des législations et réglementations de sécurité sociale (c. séc. soc. art. L. 142-1, 1°). Sont concernés, notamment, les litiges relatifs :

- à l'assujettissement à un régime légal et obligatoire de sécurité sociale ;
- à l'assiette et au paiement des cotisations de sécurité sociale et des contributions sociales ;
- aux prestations servies par les régimes légaux de sécurité sociale (ex. : *indemnités journalières de sécurité sociale** ; *prestations familiales** ; pensions de retraite) ;
- à la qualification juridique des accidents du travail et des maladies professionnelles, notamment pour les différencier des accidents de trajet ou des maladies et accidents non professionnels, et à la faute inexcusable de l'employeur ;
- à l'état du malade ou de la victime d'un AT/MP et à sa prise en charge thérapeutique (hors litiges relatifs à l'état ou au degré d'invalidité, à l'état d'inaptitude au travail et à l'état d'incapacité permanente de travail) ;

Relèvent aussi du contentieux de la sécurité sociale les litiges relatifs :

- au recouvrement des *cotisations d'assurance chômage** et d'*AGS** (sauf pour les salariés employés à Saint-Pierre-et-Miquelon) (c. séc. soc. art. L. 142-1, 2° et 3° ; c. trav. art. L. 5422-12 et L. 5422-16) ;
- au recouvrement de la contribution Agefiph [voir *Handicapés (contribution Agefiph)**] (c. séc. soc. art. L. 142-1, 3° ; c. trav. art. L. 5212-9)
- à l'état ou au degré d'invalidité, en cas d'accident ou de maladie non professionnels, et à l'état d'inaptitude au travail (c. séc. soc. art. L. 142-1, 4° et 6°) ;
- à l'état d'incapacité permanente de travail, notamment au taux de cette incapacité, en cas AT/MP (c. séc. soc. art. L. 142-1, 5° et 6°) ;
- aux décisions des caisses d'assurance retraite et de la santé au travail (CARSAT) concernant, en matière d'accidents du travail, la fixation du taux de cotisations, l'octroi de ristournes, l'imposition de cotisations supplémentaires et la détermination de la contribution qui alimente le fonds commun des accidents du travail (c. séc. soc. art. L. 142-1, 7°) ;
- à la répartition de la charge financière de l'accident du travail ou de la maladie professionnelle entre l'entreprise de travail temporaire et l'entreprise utilisatrice (c. séc. soc. art. R. 242-6-3) ;
- au compte professionnel de prévention (c. trav. art. L. 4163-17 et R. 4163-36).

▶ À noter… Le contentieux de la sécurité sociale comprend également les litiges concernant :
- certaines décisions de la commission des droits et de l'autonomie des personnes handicapées (c. séc. soc. art. L. 142-1, 8°) ;
- les décisions du président du conseil départemental relatives à l'attribution des mentions « invalidité » et « priorité » de la carte mobilité inclusion (c. séc. soc. art. L. 142-1, 9°).

Organisation du contentieux de la sécurité sociale

Cas général - Toutes les réclamations contre les décisions prises par les organismes de sécurité sociale, à l'exception de celles relatives à la tarification AT/MP *(voir ci-après)*, doivent faire l'objet d'un recours préalable devant une commission de recours amiable constituée au sein de chaque organisme ou, pour certaines contestations de nature médicale (ex : état du malade ou de la victime d'un AT/MP, état d'invalidité, d'incapacité et d'inaptitude), devant une commission médicale de recours amiable (c. séc. soc. art. L. 142-4 et R. 142-1 et R. 142-8).

▶ À noter… Le recours préalable est exercé auprès de la maison départementale des personnes handicapées pour les décisions de la commission des droits et de l'autonomie des personnes handicapées (c. séc. soc. art. R. 142-9, al. 1), et auprès du président du conseil départemental pour les décisions prises par ce dernier en matière de carte mobilité inclusion (c. séc. soc. art. R. 142-9, al. 2).

Les litiges peuvent ensuite être portés, en première instance, devant le pôle social de l'un des tribunaux judiciaires spécialement désignés (voir *Tribunal judiciaire**) (c. séc. soc. art. L. 142-8, 1° ; c. org. jud. art. L. 211-16).

En appel, les recours sont formés auprès de la chambre sociale de l'une des cours d'appel spécialement désignées (c. org. jud. art. L. 311-15).

Enfin, un recours devant la Cour de cassation est possible.

Hors contestations relatives à la tarification AT/MP *(voir ci-après)*, l'organisation du contentieux de la sécurité sociale comporte donc un recours amiable obligatoire et trois degrés de juridiction :

- la commission de recours amiable (CRA) ou, pour les différends de nature médicale, la commission médicale de recours amiable (CMRA) ;
- le pôle social du tribunal judiciaire ;
- la chambre sociale de la cour d'appel ;
- la Cour de cassation.

▶ À noter… Avant le 1.01.2019, les contestations en appel relatives à l'existence et au degré d'une incapacité permanente de travail ou d'une invalidité relevaient de la Cour nationale de l'incapacité et de la tarification de l'assurance des accidents du travail (CNITAAT). Cette cour reste compétente pour connaître des affaires dont elle a été saisie avant le 1.01.2019, et ce jusqu'au 31.12.2022 (loi 2016-1547 du 18 novembre 2016, art. 114, I ; ord. 2018-358 du 16 mai 2018, art. 7, I, 2°, JO du 17 ; décret 2020-155 du 24 février 2020, JO du 26).

Contentieux de la tarification AT/MP - Les contestations relatives aux décisions des CARSAT en matière de tarification AT/MP (fixation du taux de cotisation, octroi de ristournes, imposition de cotisations supplémentaires ou encore détermination de la contribution qui alimente le fonds commun des accidents du travail) relèvent de la compétence d'une cour d'appel spécialement désignée, la cour d'appel d'Amiens (c. org. jud. art. L. 311-16 et D. 311-12).

Elles ne font pas l'objet d'un recours préalable obligatoire devant la CRA (c. séc. soc. art. L. 142-4). Toutefois, le cotisant qui conteste une décision de la CARSAT peut toujours exercer auprès d'elle un recours gracieux avant de saisir la justice.

Le recours devant la cour d'appel d'Amiens est introduit dans le délai de 2 mois à compter de la notification de la décision contestée (c. séc. soc. art. R. 142-1-A, III).

Il est formé par voie d'assignation à une audience préalablement indiquée par le premier président de la cour. Une copie de la décision attaquée doit être jointe à l'assignation. À peine de caducité du recours, une copie de l'assignation doit être déposée au greffe de la cour d'appel avant la date fixée pour l'audience (c. séc. soc. art. R. 142-13-1).

La cour statue en premier et dernier ressort (seul un pourvoi en cassation est possible). Sa décision est notifiée aux parties par lettre recommandée avec demande d'avis de réception (c. séc. soc. art. R. 142-13-5).

▶ À noter… Avant le 1.01.2019, les contestations relatives aux décisions des CARSAT en matière de tarification AT/MP relevaient de la Cour nationale de l'incapacité et de la tarification de l'assurance des accidents du travail (CNITAAT), qui statuait aussi en premier et dernier ressort. Cette cour reste compétente pour connaître des affaires dont elle a été saisie avant le 1.01.2019, et ce jusqu'au 31.12.2022 (loi 2016-1547 du 18 novembre 2016, art. 114, I ; ord. 2018-358 du 16 mai 2018, art. 7, I, 2°, JO du 17 ; décret 2020-155 du 24 février 2020, JO du 26). Au 1.01.2023, les procédures sur lesquelles la CNITAAT n'aura pas pu statuer seront transférées en l'état à la cour d'appel d'Amiens.

Assistance d'un avocat - L'assistance d'un avocat n'est obligatoire que devant la Cour de cassation (c. séc. soc. art. R. 142-15). Devant la CRA ou la CMRA, le tribunal judiciaire et la cour d'appel, les parties peuvent donc comparaître personnellement, ou bien se faire représenter par un avocat ou une autre personne (conjoint, représentant d'une organisation syndicale…) (c. séc. soc. art. L. 142-9 et R. 142-11).

Frais de justice - La procédure est gratuite uniquement devant la CRA et la CMRA.

En première instance et en appel, les dépens (frais engendrés par la procédure) sont pris en charge par la partie perdante, à moins que le juge, par décision motivée, n'en mette la totalité ou une fraction à la charge d'une autre partie (c. séc. soc. art. R. 142-1-A, II ; c. proc. civ. art. 696).

▶ À noter… Pour les contestations d'ordre médical, les frais résultant des consultations et expertises ordonnées par les juridictions compétentes sont pris en charge par la CNAM (c. séc. soc. art. L. 142-11).

Commission de recours amiable

Missions - La commission de recours amiable (CRA) est compétente pour les réclamations formées contre les décisions prises par les organismes de sécurité sociale et de la mutualité sociale agricole en matière (c. séc. soc. art. L. 142-4 et R. 142-1) :

- d'application des législations et réglementations de sécurité sociale et de mutualité sociale agricole (ex : litiges concernant un refus d'affiliation, un refus de versement d'une prestation ou le calcul de cotisations) *(voir ci-avant)* ;
- de recouvrement des *cotisations d'assurance chômage** et d'*AGS** ;
- de recouvrement de la contribution Agefiph [voir *Handicapés (contribution Agefiph)**]

Certaines contestations ne sont toutefois pas soumises à la procédure gracieuse devant la CRA. Il en est ainsi, notamment (c. séc. soc. art. R. 142-7) :

- des contestations relatives à la tarification AT/MP (c. séc. soc. art. L. 142-4) ;
- des contestations relatives à la prise en charge du coût des AT/MPdes intérimaires (c. séc. soc. art. L. 241-5-1, al. 1 et 2) ;
- des contestations d'ordre médical soumises à la commission médicale de recours amiable *(voir plus loin dans l'étude)*.

Délai de recours - La commission de recours amiable doit être saisie dans le délai de 2 mois à compter de la notification de la décision contre laquelle les intéressés entendent former une réclamation (c. séc. soc. art. R. 142-1-A, II).

Ce délai n'est opposable que s'il a été mentionné, ainsi que les voies et délais de recours, dans la notification de la décision contestée ou, en cas de décision implicite, dans l'accusé de réception de la demande (c. séc. soc. art. R. 142-1-A, III).

▶ À noter... Les articles 668 et 669 du code de procédure civile, selon lesquels la date de réception d'une notification faite par lettre recommandée avec demande d'avis de réception est celle qui est apposée par La Poste lors de la remise de la lettre à son destinataire, ne sont pas applicables aux décisions des organismes de sécurité sociale prises avant la saisine de la CRA, ces décisions n'étant pas de nature contentieuse. Il revient donc à l'organisme de sécurité sociale d'établir par tous moyens la date à laquelle l'intéressé a été informé de la décision qu'il entend contester (cass. avis. 21 janvier 2002, n° 00200001 P, BICC 551 du 1er mars 2002, n° 1).

Modalités pratiques du recours - La réclamation peut être adressée à la CRA par simple courrier, le cachet de La Poste faisant foi (c. séc. soc. art. R. 142-1-A, I; CRPA art. L. 112-1). Afin de pouvoir prouver, si nécessaire, que la CRA a bien été saisie dans le délai de 2 mois, il est conseillé d'adresser sa réclamation par lettre recommandée.

Lorsque la réclamation porte sur un redressement opéré à la suite d'un *contrôle URSSAF**, la CRA peut être saisie par tout moyen donnant date certaine à la réception de la demande (c. séc. soc. art. R. 243-59-9).

La demande portée devant la CRA doit faire l'objet d'un accusé de réception comportant notamment la date de réception de la demande et la date à laquelle, à défaut d'une décision expresse, celle-ci sera réputée acceptée ou rejetée, ainsi que, le cas échéant, les documents manquants. L'accusé de réception mentionne aussi les délais et voies de recours à l'encontre de la décision (CRPA art. L. 112-3 et R. 112-5). À défaut, les délais de recours ne sont pas opposables à l'auteur de la demande (c. séc. soc. art. R. 142-1-A, III ; CRPA art. L. 112-6).

Décision de la CRA - Selon les cas, la commission de recours amiable statue elle-même sur la réclamation ou bien donne son avis au conseil d'administration de la caisse, qui notifie sa décision aux intéressés en la motivant (c. séc. soc. art. R. 142-4).

La décision est notifiée par tout moyen conférant date certaine à la notification (c. séc. soc. art. R. 142-1-A, I).

▶ À noter... Dans le cas d'un redressement suite à un contrôle URSSAF ou une vérification des déclarations, la décision de la CRA doit détailler, par motif de redressement, les montants qui sont annulés et ceux dont le cotisant reste redevable au titre de la mise en demeure qu'il a reçue. Les délais et voies de recours doivent être indiqués (c. séc. soc. art. R. 142-4).

Si l'assuré ou l'employeur ne reçoit pas de réponse dans le délai de 2 mois suivant la réception de sa réclamation par l'organisme de sécurité sociale, ce silence équivaut à un rejet de sa demande (c. séc. soc. art. R. 142-6).

Le délai de 2 mois court à compter de la réception de la réclamation par l'organisme de sécurité sociale. Toutefois, si des documents sont produits par le réclamant après le dépôt de la réclamation, le délai de 2 mois ne court qu'à dater de la réception de ces documents.

Par ailleurs, dans le cadre d'un redressement URSSAF, si le comité des abus de droit a été saisi d'une demande relative au même litige que celui qui a donné lieu à la réclamation [voir *Abus de droit (rectification pour)**], le délai de 2 mois ne court qu'à dater de la réception de l'avis du comité par l'organisme de recouvrement.

À l'issue du délai de 2 mois, l'intéressé peut saisir le tribunal judiciaire pour contester la décision implicite de rejet de la CRA *(voir plus loin)*. Il peut également attendre la décision explicite de l'organisme.

▶ À noter... En ce qui concerne les prestations de retraite, la CNAV précise que le délai d'instruction des contestations peut s'avérer supérieur au délai de 2 mois. Elle invite donc ses assurés à attendre la notification de la décision de la CRA avant d'engager un recours contentieux devant le tribunal judiciaire (circ. CNAV 2019-29 du 27 novembre 2019).

Litige relevant à la fois de la CRA et de la CRMA - Lorsqu'un litige relève à la fois de la compétence de la CRA et de la CMRA, la commission de recours amiable doit surseoir à statuer jusqu'à ce que la commission médicale de recours amiable ait statué sur la contestation d'ordre médical (c. séc. soc. art. R. 142-9-1).

L'avis de la CMRA s'impose à la CRA.

La commission de recours amiable statue ensuite sur l'ensemble du recours.

L'absence de décision de la CRA dans le délai de 6 mois à compter de l'introduction du recours préalable vaut rejet de la demande.

Commission médicale de recours amiable (CMRA)

Missions - Composée d'un praticien-conseil et d'un médecin expert (c. séc. soc. art. R. 142-8-1), la commission médicale de recours amiable (CMRA) est obligatoirement saisie des réclamations formées contre les décisions prises par les organismes de sécurité sociale et de la mutualité sociale agricole relatives (c. séc. soc. art. R. 142-8) :
- à l'état du malade ou de la victime d'AT/MP et à sa prise en charge thérapeutique (contestations d'ordre médical autres que celles énumérées ci-après) (c. séc. soc. art. L. 142-1, 1°) ;
- à l'état ou au degré d'invalidité, en cas d'accident ou de maladie non professionnels, et à l'état d'inaptitude au travail (c. séc. soc. art. L. 142-1, 4° et 6°) ;
- à l'état d'incapacité permanente de travail, notamment au taux de cette incapacité, en cas d'accident du travail ou de maladie professionnelle (c. séc. soc. art. L. 142-1, 5° et 6°).

Délai de recours auprès de la CMRA - La commission médicale de recours amiable doit être saisie dans le délai de 2 mois à compter de la notification de la décision contestée. Ce délai n'est opposable qu'à la condition d'avoir été mentionné dans cette notification (c. séc. soc. art. R. 142-1-A, II).

▶ À noter… La CMRA examine les recours préalables formés contre les décisions des organismes dont le siège est situé dans son ressort. Son ressort géographique est celui de l'échelon régional du contrôle médical du régime intéressé ou, à défaut d'échelons régionaux, de l'échelon national. Toutefois, l'organisme national compétent (ex : CNAM ou CNAV pour le régime général) peut prévoir qu'une commission couvre plusieurs échelons régionaux (c. séc. soc. art. R. 142-8 ; circ. CNAV 2019-29 du 27 novembre 2019 ; circ. CNAM 24/2020 du 11 août 2020).

Modalités pratiques du recours - La commission médicale de recours amiable peut être saisie par tout moyen lui conférant date certaine (ex : LRAR) (c. séc. soc. art. R. 142-8).

Décision de la CMRA - La commission médicale de recours amiable statue sur dossier. Toutefois, lorsque le recours est exercé par un assuré, elle peut, d'office ou la demande de ce dernier, décider de procéder à son examen médical. En cas d'impossibilité de déplacement lié à l'éloignement géographique de l'intéressé ou si elle l'estime nécessaire, la CMRA peut désigner un médecin en vue de réaliser cet examen médical ou une expertise sur pièces (c. séc. soc. art. R. 142-8-2 à R. 142-8-4).

La CMRA rend un avis, qui s'impose à l'organisme de sécurité sociale.

Ce dernier est chargé de notifier sa décision au requérant, par tout moyen conférant date certaine à sa notification (c. séc. soc. art. R. 142-1-A, I et R. 142-8-5).

L'absence de décision de l'organisme dans le délai de 4 mois à compter de l'introduction du recours préalable devant la CMRA vaut rejet de la demande (c. séc. soc. art. R. 142-8-5). Passé ce délai, l'intéressé peut saisir le *tribunal judiciaire* (voir ci-après)*.

Tribunal judiciaire spécialement désigné

Délai et modalités de saisine - Lorsque la caisse de sécurité sociale a rejeté la réclamation, que ce soit expressément ou implicitement, l'assuré peut saisir le pôle social du *tribunal judiciaire** spécialement désigné (c. séc. soc. art. R. 142-1-A, II, c. org. jud. art. L. 211-16, 1°).

Le TJ est saisi par requête remise ou adressée au greffe par lettre recommandée avec avis de réception (c. séc. soc. art. R. 142-10-1).

▶ À noter… Le tribunal judiciaire territorialement compétent est celui dans le ressort duquel demeure le demandeur. Lorsque le demandeur demeure à l'étranger, le tribunal compétent est celui dans le ressort duquel se trouve le siège de l'organisme de sécurité sociale, de l'autorité administrative ou de la maison départementale des personnes handicapées qui a pris la décision. Lorsque le demandeur est une entreprise multi-établissements qui applique, de façon facultative ou obligatoire, le dispositif du versement en un lieu unique (VLU) des cotisations, le tribunal judiciaire territorialement compétent est celui dans le ressort duquel se trouve le siège de l'organisme de recouvrement auprès duquel l'employeur verse ses cotisations et contributions sociales (c. séc. soc. art. R. 142-10).

Le délai de recours contentieux est de 2 mois (c. séc. soc. art. R. 142-1-A, II) :

- à compter de la notification de la décision contestée ;

- ou, en l'absence de réponse explicite, à compter de l'expiration du délai de 2 mois laissé à la CRA pour répondre (4 mois s'il s'agit de la CMRA, 6 mois en cas de contestation relevant à la fois de la CRA et de la CMRA).

Ces délais ne sont opposables qu'à la condition d'avoir été mentionnés, ainsi que les voies de recours, dans la notification de la décision contestée ou, en cas de décision implicite, dans l'accusé de réception de la demande (c. séc. soc. art. R. 142-1-A, II).

Le délai de recours débute à compter de la date à laquelle l'intéressé a eu connaissance de la décision de l'organisme. Le recours d'un assuré ne peut donc être déclaré hors délai au motif que la notification de la décision adressée par LRAR a été retournée à l'expéditeur avec la mention « non réclamée - retour à l'envoyeur » et que l'intéressé n'établit pas avoir été dans l'impossibilité de réceptionner ladite lettre (cass. soc. 6 juillet 2000, n° 98-22261, BC V n° 269).

La forclusion tirée de l'expiration du délai de recours ne peut être opposée au demandeur ayant contesté une décision implicite de rejet au seul motif quil n'a pas saisi le tribunal pour contester la décision explicite de rejet intervenue en cours d'instance (c. séc. soc. art. R. 142-10-1).

▶ À noter... L'absence de recours devant le tribunal compétent dans les 2 mois contre la décision de la CRA, saisie à la suite de la notification d'une mise en demeure, interdit la contestation ultérieure du bien fondé du redressement par la voie de l'opposition à contrainte (cass. civ., 2e ch., 4 avril 2019, n° 18-12014 FPBI).

Décision du tribunal judiciaire - La décision du tribunal est notifiée à chacune des parties par le greffe (c. séc. soc. art. R. 142-10-7).

Pour les instances introduites à compter du 1.01.2020, la décision du TJ est susceptible d'appel pour les litiges supérieurs à 5 000 € (contre 4 000 € auparavant) ou d'un montant indéterminé (c. org. jud. art. R. 211-3-25 ; c. proc. civ. art. 40).

Toutefois, quel que soit le montant du litige, le tribunal judiciaire statue toujours à charge d'appel en matière :

- de CSG et de CRDS (c. séc. soc. art. L. 136-5, IV ; ord. 96-50 du 24 janvier 1996, art. 14, III, JO du 25) ;

- de contribution sur les retraites à prestations définies ou « retraites chapeaux » (c. séc. soc. art. L. 137-4 et L. 137-11 ; cass. civ., 2e ch., 22 janvier 2015, n° 13-28279 à 13-28306, BC II n° 16) ;

- de contribution sur les préretraites d'entreprise (c. séc. soc. art. L. 137-4 et L. 137-10) ;

- de forfait social (c. séc. soc. art. L. 137-4 et L. 137-15) ;

- de contribution sur les indemnités de mise à la retraite (c. séc. soc. art. L. 137-4 et L. 137-12) ;

- de contribution patronale due en cas d'attribution gratuite d'actions aux salariés ou de stock-options (c. séc. soc. art. L. 137-4 et L. 137-13).

La décision du tribunal judiciaire est, en revanche, rendue en dernier ressort, et peut uniquement faire l'objet d'un pourvoi en cassation lorsque :

- le montant du litige est inférieur ou égal à 5 000 € (c. org. jud. art. R. 211-3-25) ;

- quelle que soit la valeur du litige, le recours concerne une demande gracieuse de remise de majorations et pénalités de retard URSSAF (c. séc. soc. art. R. 244-2).

▶ À noter... Le tribunal judiciaire peut ordonner l'exécution provisoire de toutes ses décisions (c. séc. soc. art. R. 142-10-6).

Modèle d'imprimé de recours auprès du tribunal judiciaire

Pôle social du Tribunal judiciaire de...

Secrétariat

n° du recours...

(à rappeler dans toute correspondance)

À remplir par l'intéressé ou son mandataire

Déclaration de recours

Je soussigné (e) (1)

(2) agissant en mon nom personnel

(2) agissant au nom et comme mandataire de (3)... en vertu du pouvoir spécial que celui-ci m'a donné suivant acte du... ci-annexé.

Déclare saisir le pôle social du tribunal judiciaire d'un recours contre une décision de la commission de recours amiable de... (organisme) de... (localité) rendue le... (référence de la décision) dans un différend en matière de (4)... (précisez au verso l'objet de la réclamation).

À ...., le ....

Signature du requérant

Contentieux de la sécurité sociale au 1.01.2022			
	Cas général (c. séc. soc. art. L. 142-1, 1° à 6°)	**Tarification AT/MP** (c. séc. soc. art. L. 142-1, 7°)	**Contentieux du contrôle technique** (c. séc. soc. art. L. 145-1)
Nature des litiges	Contestations auxquelles donne lieu l'application des législations et réglementations de la sécurité sociale (ex : assujettissement, assiette et paiement des cotisations, octroi de prestations de sécurité sociale, etc.), y compris les contestations d'ordre médical relatives à l'état du malade et à sa prise en charge thérapeutique (hors contestations relatives à l'état d'invalidité, d'incapacité ou d'inaptitude). Contestations d'ordre médical relatives à l'état ou au degré d'invalidité en cas de maladie ou d'accident non professionnels, à l'état d'inaptitude et à l'état d'incapacité permanente en cas d'AT/MP. Contestations relatives au recouvrement des cotisations d'assurance chômage et d'AGS. Contestations relatives au recouvrement de la contribution Agefiph.	Contestations des décisions des CARSAT relatives : - à la fixation du taux AT/MP ; - à l'octroi de ristournes ; - aux cotisations supplémentaires ; - à la contribution alimentant le fonds commun des accidents du travail.	Contentieux disciplinaire des professions médicales (fautes, abus, fraudes, dépassement d'honoraires, attestations de complaisance).
Auprès de qui s'exerce le recours ?	Recours préalable obligatoire devant : - la commission de recours amiable (CRA) de l'organisme de sécurité sociale (c. séc. soc. art. R. 142-1) (1) ; - la commission médicale de recours amiable (CMRA) de l'organisme de sécurité sociale pour toutes contestations d'ordre médical (état du malade et sa prise en charge thérapeutique, état d'invalidité, d'incapacité ou d'inaptitude) (c. séc. soc. art. R. 142-8).	Recours gracieux facultatif auprès de la CARSAT. Cour d'appel d'Amiens, qui statue en premier et dernier ressort (2) (c. org. jud. art. L. 311-6 et D. 311-12 ; c. séc. soc. art. R. 142-13-5).	Section des assurances sociales de la chambre disciplinaire de première instance de l'ordre des médecins, des chirurgiens-dentistes, des sages-femmes, des masseurs-kinésithérapeutes, des infirmiers et des pédicures-podologues Sections des assurances sociales des conseils régionaux ou centraux des sections D, G et H de l'ordre des pharmaciens (c. séc. soc. art. L. 145-1 et L. 145-5-1).
Dans quel délai ?	2 mois à compter de la notification de la décision de l'organisme (c. séc. soc. art. R. 142-1-A, II).	Saisine de la cour d'appel d'Amiens dans le délai de 2 mois de la décision de la CARSAT (c. séc. soc. art. R. 142-1-A, II).	3 ans à compter de la date des faits (c. séc. soc. art. R. 145-22).
Voies de recours	Recours devant le pôle social du tribunal judiciaire dans le délai de 2 mois à compter de la notification de la décision de la CRA ou de la CMRA ou, en l'absence de décision explicite, à compter de l'expiration du délai laissé à la CRA (2 mois) ou à la CMRA (4 mois) pour répondre (c. séc. soc. art. R. 142-1-A, II et R. 142-8-5) ;	Pourvoi devant la Cour de cassation dans les 2 mois (c. séc. soc. art. R. 142-15).	Appel devant la section des assurances sociales du conseil national de l'ordre intéressé dans le délai de 2 mois à compter de la notification de la décision attaquée (c. séc. soc. art. R. 145-59).

Contentieux de la sécurité sociale au 1.01.2022			
	Cas général (c. séc. soc. art. L. 142-1, 1° à 6°)	**Tarification AT/MP** (c. séc. soc. art. L. 142-1, 7°)	**Contentieux du contrôle technique** (c. séc. soc. art. L. 145-1)
Voies de recours	Si affaire > 5 000 € ou d'un montant indéterminé, ou si, quel que soit le montant en jeu, concerne certains litiges (3), appel devant la chambre sociale de la cour d'appel (4) dans le délai de 1 mois (c. séc. soc. art. 142-1-A, II ; c. proc. civ. art. 40 et 538 ; c. org. jud. art. R. 211-3-25). Puis pourvoi devant la Cour de cassation dans les 2 mois (c. séc. soc. art. R. 142-15). Si affaire 5 000 € ou concerne une demande de remise gracieuse de majorations et pénalités de retard URSSAF, pourvoi devant la Cour de cassation dans les 2 mois (c. séc. soc. art. R. 142-15).	Pourvoi devant la Cour de cassation dans les 2 mois (c. séc. soc. art. R. 142-15).	Saisine directe du Conseil national si absence de réponse de la chambre disciplinaire de première instance de l'ordre intéressé ou de la section des assurances sociales du conseil régional ou central de la section D, G ou H de l'ordre des pharmaciens dans les 12 mois de la plainte (c. séc. soc. art. R. 145-19). Pourvoi devant le Conseil d'État dans les 2 mois (c. séc. soc. art. L. 145-5 et R. 145-63).

(1) Le recours préalable est exercé auprès de la maison départementale des personnes handicapées pour les décisions de la commission des droits et de l'autonomie des personnes handicapées (c. séc. soc. art. R. 142-9, al. 1), **et auprès du président du conseil départemental pour les décisions prises par ce dernier en matière de carte « mobilité inclusion »** (c. séc. soc. art. R. 142-9, al. 2).
(2) La Cour nationale de l'incapacité et de la tarification de l'assurance des accidents du travail (CNITAAT) reste toutefois compétente jusqu'au 31.12.2022 pour connaître des affaires dont elle aura été saisie avant le 1.01.2019.
(3) Par exemple, en matière de CSG-CRDS ou de forfait social (voir ci-avant).
(4) Pour les litiges relatifs à l'état d'invalidité, d'incapacité ou d'inaptitude, la CNITAAT reste toutefois compétente pour connaître des affaires dont elle a été saisie en appel avant le 1.01.2019, et ce jusqu'au 31.12.2022 (loi 2016-1547 du 18 novembre 2016, art. 114, I ; ord. 2018-358 du 16 mai 2018, art. 7, I, 2°, JO du 17 ; décret 2020-155 du 24 février 2020, JO du 26).

(1) Nom, prénoms, profession, nationalité, date et lieu de naissance et adresse lorsque le requérant est une personne physique. Forme, raison sociale, siège social et représentant légal lorsque le demandeur est une personne morale.

(2) Rayer la mention inutile.

(3) Nom, prénoms, profession et adresse de l'intéressé.

(4) Le cas échéant, préciser le nom et l'adresse de l'employeur ou du salarié.

Cour d'appel spécialement désignée

L'appel est porté devant l'une des 28 cours d'appel spécialement désignées (c. org. jud. art. L. 311-15).

L'assuré doit la saisir par LRAR adressée au greffe, dans le délai de 1 mois à compter de la notification de la décision du tribunal judiciaire (c. séc. soc. art. R. 142-1-A, II ; c. proc. civ. art. 538).

La procédure d'appel est sans représentation obligatoire (c. séc. soc. art. R. 142-11).

Lorsque la cour a rendu son arrêt, le greffier le notifie à l'assuré (c. séc. soc. art. R. 142-12).

Cour de cassation

Les décisions rendues en dernier ressort par le tribunal judiciaire et les arrêts des cours d'appel peuvent faire l'objet d'un recours devant la Cour de cassation, dans le délai de 2 mois à compter de leur notification. L'assistance d'un avocat est nécessaire (c. séc. soc. art. R. 142-15).

☛ *Médiation.*

Contentieux du travail

☛ *Conseil de prud'hommes ; Délégué syndical (contentieux) ; Discriminations (contentieux) ; Élections professionnelles ; Licenciement (précision des motifs) ; Licenciement économique (contentieux collectif) ; Licenciement économique (contentieux individuel) ; Licenciement des représentants du personnel (contentieux) ; Médiation ; Prescription (contentieux) ; Preuve ; Procédure participative ; Rupture conventionnelle (contentieux) ; Rupture conventionnelle collective ; Syndicats ; Tribunal judiciaire.*

Contingent annuel d'heures supplémentaires

☛ *Contrepartie obligatoire en repos ; Heures supplémentaires ; Repos compensateur de remplacement.*

Contrat d'accompagnement dans l'emploi

@ Cette étude est détaillée dans la version en ligne de ce Dictionnaire (voir www.rfsocial.com et www.rfeditions.com).

Contrat aidé

Les contrats aidés permettent à l'employeur de bénéficier d'exonérations ou d'aides directes, moyennant le recrutement de certaines personnes en difficultés sur le marché de l'emploi.

Le contrat aidé « classique » est celui qui ouvre droit à des exonérations et qui permet, le cas échéant, de rémunérer le salarié en dessous du SMIC.

D'autres dispositifs reposent sur une aide directe versée à l'employeur.

Les contrats aidés sont à distinguer d'autres mécanismes qui dépendent des niveaux de rémunération (voir *Réduction générale de cotisations patronales**) ou qui sont liés à l'implantation de l'entreprise dans certaines zones (voir *Zone défavorisée**).

Depuis le 1.01.2019, la plupart des exonérations spécifiques de cotisations patronales liées à certains de ces contrats ont été supprimées.

Contrat unique d'insertion

Le *contrat unique d'insertion** (CUI) regroupe les contrats aidés qui ne sont pas des contrats en alternance. Le CUI a pour objet de faciliter l'insertion professionnelle des personnes sans emploi rencontrant des difficultés sociales et professionnelles particulières d'accès à l'emploi (c. trav. art. L. 5134-19-3). Ce dispositif prend deux formes :
- pour les employeurs du secteur non marchand, le *contrat d'accompagnement dans l'emploi** (CAE) ;
- pour les employeurs du secteur marchand, le *contrat initiative-emploi (CIE)**.

Les *emplois d'avenir** s'inscrivent dans le cadre juridique du CUI et sont conclus sous la forme d'un CUI-CAE ou d'un CUI-CIE.

Parcours emploi compétence

Présentation du dispositif - Une circulaire du ministère du Travail du 11.01.2018 a transformé les contrats aidés en « parcours emploi compétences » (PEC), nouvel outil d'insertion qui s'appuie sur une logique de parcours pour l'individu et sur une sélection des employeurs (circ. DGEFP/SDPAE/MIP/MPP 2018-11 du 11 janvier 2018 ; questions-réponses DGEFP relatives à la mise en œuvre de la circ. du 11 janvier 2018).

Dans ce cadre, les contrats aidés reposent sur une mise en situation professionnelle et un accès facilité à la formation et à l'acquisition de compétences auprès d'employeurs de droit commun (circ. DGEFP/MIP/METH/MPP/2022/29 du 7 février 2022, fiche 1).

Dans le secteur non marchand, le PEC renvoie au cadre juridique du contrat d'accompagnement dans l'emploi (CAE) ; il est recentré sur les publics les plus éloignés du marché du travail, avec une attention particulière accordée à certains publics (travailleurs handicapés, résidents des quartiers prioritaires de la ville, jeunes). Quant à la sélection des employeurs, elle se fait autour de certains critères (capacité d'accompagnement, formation, etc.).

Dans le secteur marchand, la prescription de contrat initiative emploi (CIE) est fermée sauf pour l'année 2022, dans trois cas dérogatoires ainsi que pour les jeunes âgés de moins de 26 ans, à l'exception des bénéficiaires en situation de handicap, pour lesquels la limite d'âge est portée à 30 ans (CIE « Jeunes ») (circ. DGEFP/MIP/METH/MPP/2022/29 du 7 février 2022, fiche 6).

Les prescriptions d'emplois d'avenir ne sont plus autorisées depuis le 1.01.2018, y compris pour les renouvellements. Les contrats en cours iront à leur terme.

PEC Jeunes - Pour répondre aux difficultés sur le marché du travail des jeunes liées à la crise sanitaire du covid-19, le plan « un jeune, une solution » a notamment prévu, la mobilisation de contrats aidés en faveur des jeunes. Un PEC réservés aux jeunes (PEC Jeunes) a été créé, qui s'adresse aux publics âgés de moins de 26 ans, à l'exception des bénéficiaires en situation de handicap, pour lesquels la limite d'âge est portée à 30 ans. Ces contrats, confirmés pour l'année 2022, bénéficient d'un taux de prise en charge de l'État plus élevé que le taux de prise en charge moyen appliqué aux PEC « tous publics » (circ. DGEFP/MIP/METH/MPP/2022/29 du 7 février 2022, fiches 1 et 6).

Différentes catégories de contrats aidés

Les contrats aidés peuvent être classés suivant les grandes catégories suivantes :
- contrats offrant une rémunération minimale dérogatoire et une exonération de cotisations (contrat d'apprentissage, contrat de professionnalisation jusqu'au 31.12.2018 lorsqu'il a été conclu avec un jeune de moins de 26 ans) ;
- contrats sans exonération de cotisations mais avec une aide directe (contrat initiative emploi, y compris lorsqu'il était conclu dans le cadre des emplois d'avenir) ;
- contrats offrant à la fois une exonération de charges (jusqu'au 31.12.2018 dans le secteur privé) et une aide directe (contrat d'accompagnement dans l'emploi, y compris lorsqu'il était conclu dans le cadre des emplois d'avenir, contrat de professionnalisation lorsqu'il était conclu avec un demandeur d'emploi d'au moins de 45 ans).

Sur l'aide allouée dans le cadre du dispositif des *emplois francs**, voir l'étude correspondante.

▶ Attention… Pour certains contrats (contrats en alternance, comme le *contrat de professionnalisation**, contrats aidés non marchands, structures de l'IAE), les employeurs peuvent appliquer la *réduction générale de cotisations patronales**, sauf pour ceux non visés par l'obligation d'adhésion au régime d'assurance chômage, notamment les employeurs publics du secteur non industriel et commercial, pour lesquels le dispositif spécifique est maintenu (instr. intermin. DSS/5B 2019-141 du 19 juin 2019, Q/R 2.7).

☞ *Apprentissage (contrat) ; Contrat d'accompagnement dans l'emploi ; Contrat initiative-emploi (CIE) ; Contrat de professionnalisation ; Contrat unique d'insertion ; Emplois d'avenir.*

Contrat d'apprentissage

☞ *Apprentissage (contrat).*

Contrat d'appui au projet d'entreprise

Destiné à sécuriser la pratique des « couveuses » d'entreprises ou de coopératives d'activités et à favoriser la transition entre le statut de salarié et celui d'entrepreneur, le contrat d'appui au projet d'entreprise pour la création ou la reprise d'entreprise (CAPE) impose un cadre juridique précis aux entreprises hébergeant des projets de création ou de reprise d'entreprises.

Structure accompagnante

Caractéristiques du contrat - L'appui au projet de la création ou de la reprise d'une activité économique est défini par un contrat écrit de 1 an, renouvelable deux fois (par écrit), par lequel une personne morale s'oblige à fournir, par les moyens dont elle dispose, une aide particulière et continue à une personne physique, non salariée à temps complet, qui s'engage à suivre un programme de préparation à la création ou à la reprise et à la gestion d'une activité économique (c. com. art. L. 127-1 et R. 127-2). L'aide doit se traduire matériellement (fournitures de locaux et de matériels ainsi que de moyens financiers) et par des prestations intellectuelles (fournitures d'informations administratives, préparation à la gestion), le tout selon les modalités du programme défini au contrat.

Contenu - Ce contrat doit déterminer (c. com. art. R. 127-1) :
- le programme de préparation à la création ou à la reprise et à la gestion d'une activité économique ainsi que les engagements respectifs des parties contractantes en distinguant d'une part les stipulations prévues jusqu'au début de l'activité économique et, d'autre part, les stipulations applicables après le début de cette activité ;
- la nature, le montant et les conditions d'utilisation des moyens mis à la disposition du bénéficiaire par la personne morale responsable de l'appui ainsi que leur évolution éventuelle au cours de l'exécution du contrat ;
- le cas échéant, les modalités de calcul ou le montant forfaitaire de la rétribution de la personne morale responsable de l'appui ainsi que leur évolution éventuelle au cours de l'exécution du contrat ;
- la nature, le montant maximal et les conditions des engagements pris par le bénéficiaire à l'égard des tiers au cours de l'exécution du contrat ainsi que la partie qui en assume la charge financière à titre définitif ;
- après le début d'une activité économique, les modalités et la périodicité selon lesquelles la personne responsable de l'appui est informée des données comptables du bénéficiaire ;
- les modalités de rupture anticipée.

Il peut également prévoir, avant le début d'une activité économique, une rémunération du bénéficiaire

Principaux contrats		
Apprentissage	Contrat de professionnalisation	Contrat initiative-emploi (hors emplois d'avenir)
Salariés concernés		
• Les jeunes n'ayant pas 15 ans à la rentrée, mais qui atteindront cet âge avant la fin de l'année civile pourront être inscrits, sous statut scolaire, dans un CFA pour débuter leur formation (c. trav. art. L. 6222-1 et R. 6222-1-1) • Jeunes de 16 à 29 ans révolus, parfois dès 15 ans (1) Parfois après 29 ans, à titre dérogatoire (2).	• Jeunes de 16 à 25 ans révolus pour compléter leur formation initiale • Demandeurs d'emploi de 26 ans et plus • Bénéficiaires du RSA, de l'allocation aux adultes handicapés, de l'allocation de solidarité spécifique • Personnes ayant bénéficié d'un contrat unique d'insertion	• L'administration n'autorise plus la conclusion de ce type de contrat sauf en 2022 (4) : - dans 3 cas - et pour les jeunes de moins de 26 ans et ceux en situation de handicap, pour lesquels la limite d'âge est portée à 30 ans (CIE Jeunes) • Personnes sans emploi rencontrant des difficultés sociales et professionnelles d'accès à l'emploi (liste précise fixée chaque année par arrêté du préfet de région) CIE Jeunes : jeunes sans emploi pour lesquels la formation seule ainsi que les mesures « jeunes » d'accompagnement intensif ne constituent pas des outils adaptés. • Raisons de l'éloignement de l'emploi ne relevant pas de freins périphériques lourds justifiant un parcours dans une structure dédiée à l'insertion
Conditions employeur		
• Être assujetti à l'obligation de contribuer au financement de la formation professionnelle Avis favorable de l'opérateur de compétences (OPCO) sur la prise en charge financière • Convention de formation (le cas échéant, de la convention tripartite de réduction ou d'allongement de la durée)	• Être assujetti à l'obligation de contribuer au financement de la formation professionnelle • Avis favorable de l'opérateur de compétences (OPCO) sur la prise en charge financière • Convention avec l'organisme de formation	• Employeur du secteur marchand Pas de licenciement économique sur les 6 derniers mois L'embauche ne doit ni résulter ni entraîner le licenciement d'un salarié en CDI • Être à jour du versement des cotisations • Certaines filières, et notamment les filières stratégiques identifiées dans le plan France Relance, feront l'objet d'une attention particulière pour le CIE Jeunes : le secteur social et médico-social, la transition écologique, la transition numérique, la culture, le sport

aidés au 7.07.2022		
Contrat d'accompagnement dans l'emploi (hors emplois d'avenir)	**Contrat initiative-emploi (emplois d'avenir)**	**Contrat d'accompagnement dans l'emploi (emplois d'avenir)**
	Salariés concernés	
• Depuis le 1.01.2018, les nouveaux contrats sont recentrés sur les publics les plus éloignés du marché du travail (6) • Personnes sans emploi rencontrant des difficultés sociales et professionnelles particulières d'accès à l'emploi (liste précise fixée chaque année par le préfet de région) • PEC Jeunes pour les jeunes de moins de 26 ans et ceux en situation de handicap, pour lesquels la limite d'âge est portée à 30 ans (6)	• Les prescriptions d'emplois d'avenir ne sont plus autorisées depuis le 1.01.2018 (8) • Jeunes sans emploi, peu qualifiés ou sans qualification rencontrant des difficultés particulières d'accès à l'emploi	• Les prescriptions d'emplois d'avenir ne sont plus autorisées depuis le 1.01.2018 (8) • Jeunes sans emploi, peu qualifiés ou sans qualification rencontrant des difficultés particulières d'accès à l'emploi
	Conditions employeur	
• Sélection des employeurs pouvant bénéficier du CAE est resserrée autour de critères, notamment, de capacité d'accompagnement et de formation (7) • Employeurs du secteur non marchand • Embauche ne devant pas viser à remplacer un salarié licencié pour un motif autre qu'une faute grave ou lourde, ni entraîner le licenciement d'autre salarié. • Être à jour du versement des cotisations	• Employeur du secteur marchand • Pas de licenciement économique sur les 6 derniers mois • L'embauche ne doit ni résulter (sauf faute grave ou lourde) ni entraîner le licenciement d'un autre salarié • Être à jour du versement des cotisations	• Employeurs du secteur non marchand • L'embauche ne doit ni résulter (sauf faute grave ou lourde) ni entraîner le licenciement d'un autre salarié • Être à jour du versement des cotisations

Principaux contrats		
Apprentissage	**Contrat de professionnalisation**	**Contrat initiative-emploi (hors emplois d'avenir)**
Nature du contrat et formalités		
• Contrat écrit à durée limitée ou à durée indéterminée • Durée entre 6 mois et 3 ans au moins égale à la durée du cycle de formation sauf dérogation avec possibilité de prévoir aussi une durée de contrat supérieure • Transmission au plus tard dans les 5 jours ouvrables suivant le début du contrat à l'OPCO pour dépôt, avis sur le contrat et décision sur la prise en charge financière • Décision de l'OPCO dans un délai de 20 jours à compter de la réception de l'ensemble des documents exigés. • Au terme de ce délai, le silence vaut décision implicite de refus de prise en charge. • Dépôt du contrat à la DREETS par l'OPCO • Téléservice (portail de l'alternance : www.alternance.emploi.gouv.fr)	• CDD de 6 à 12 mois, voire 24 mois ou 36 mois dans certains cas • CDI avec une action de professionnalisation de 6 à 12 mois (voire 24 ou 36 mois dans certains cas) • Possibilité d'exécuter le contrat en partie à l'étranger pendant un an au maximum. La durée du contrat pourra être portée à 24 mois, l'exécution du contrat en France devant être au minimum de 6 mois (3) • Transmission au plus tard dans les 5 jours suivant le début du contrat à l'OPCO pour avis sur le contrat et décision sur la prise en charge financière • Décision de l'OPCO dans un délai maximal de 20 jours. Le défaut de notification de réponse dans ce délai vaut réponse positive de l'OPCO • Dépôt du contrat à la DREETS par l'OPCO • Pour chaque salarié, l'employeur doit choisir un tuteur parmi les salariés qualifiés de l'entreprise • Téléservice (portail de l'alternance : www.alternance.emploi.gouv.fr)	• Demande préalable d'obtention de l'aide financière (durée maximale de 24 mois, portée à 60 mois pour certains bénéficiaires) • CDD d'au moins 6 mois ou CDI Durée du travail : au moins 20 h hebdomadaires (sauf cas particuliers) CIE Jeunes : durée moyenne des contrats de 9,5 mois et durée moyenne hebdomadaire de 30 h (modulables par arrêté préfectoral) • Téléservice (portail Sylaé : https ://sylae.asp-public.fr)
Rémunération minimale		
En pourcentage du SMIC selon l'âge, l'ancienneté et la progression dans le cycle de la formation	En pourcentage du SMIC pour les moins de 26 ans SMIC ou, si plus élevé, 85 % du minimum conventionnel pour les plus de 26 ans	Minimum conventionnel ou SMIC
Cotis. patronales d'ass. maladie, d'ass. vieillesse et d'alloc. familiales		
Dues sauf pour les collectivités territoriales et personnes morales de droit public (c. trav. art. L. 6227-8-1)	Due	Dues
Cotis. accidents du travail (9)		
Due	Due	Due
FNAL, versement mobilité, contribution solidarité autonomie et contribution au dialogue social (9)		
Dus sauf pour les collectivités territoriales et personnes morales de droit public	Dus	Dus
Cotis. patronales de retraite complémentaire (9)		
Dues	Dues	Dues
Cotis. patronales chômage et AGS (9)		
Dues sauf pour les collectivités territoriales et personnes morales de droit public	Dues	Dues

aidés au 7.07.2022

Contrat d'accompagnement dans l'emploi (hors emplois d'avenir)	Contrat initiative-emploi (emplois d'avenir)	Contrat d'accompagnement dans l'emploi (emplois d'avenir)
Nature du contrat et formalités		
• Objectif de durée d'un parcours emploi compétences (PEC) : 12 mois (les conventions initiales ne peuvent être inférieures à 9 mois) (7). • Demande préalable d'obtention de l'aide financière (durée maximale de 24 mois, portée à 60 mois pour certains bénéficiaires) • CDD d'au moins 6 mois ou CDI • Durée du travail : au moins 20 h hebdomadaires (sauf cas particuliers) • PEC Jeunes : durée moyenne des contrats de 11 mois et durée moyenne hebdomadaire de 26 h • Téléservice (portail Sylaé : https ://sylae.asp-public.fr)	• Demande préalable d'obtention de l'aide financière (durée maximale de 36 mois, portée à 60 mois pour certains bénéficiaires) • CDD d'au moins 12 mois ou CDI Durée du travail : temps plein sauf dérogation • Téléservice (portail Sylaé : https :// sylae.asp-public.fr)	• Demande préalable d'obtention de l'aide financière (durée maximale de 36 mois, portée à 60 mois pour certains bénéficiaires) • CDD d'au moins 12 mois ou CDI • Durée du travail : temps plein sauf dérogation • Téléservice (portail Sylaé : https :// sylae.asp-public.fr)
Rémunération minimale		
Minimum conventionnel ou SMIC	Minimum conventionnel ou SMIC	Minimum conventionnel ou SMIC
Cotis. patronales d'ass. maladie, d'ass. vieillesse et d'alloc. familiales		
Dues pour le secteur privé Pour les employeurs publics : exonération dans la limite du SMIC rapporté au nombre d'heures	Dues	Dues pour le secteur privé Pour les employeurs publics : exonération dans la limite du SMIC rapporté au nombre d'heures
Cotis. accidents du travail (9)		
Due	Due	Due
FNAL, versement mobilité, contribution solidarité autonomie et contribution au dialogue social (9)		
Dus	Dus	Dus
Cotis. patronales de retraite complémentaire (9)		
Dues	Dues	Dues
Cotis. patronales chômage et AGS (9)		
Dues	Dues	Dues

Principaux contrats		
Apprentissage	**Contrat de professionnalisation**	**Contrat initiative-emploi (hors emplois d'avenir)**
Cotis. salariales, CSG et CRDS		
Exo. (pour la part de rémunération à 79 % du SMIC pour cotis. sal. et totale pour la CSG/CRDS) (10)	Dues	Dues
Réduction générale de cotisations patronales (9)		
Oui si conditions réunies (sauf collectivités territoriales et les personnes morales de droit public)	Oui, si conditions réunies	Oui (sous conditions)
Aides forfaitaires versées à l'employeur		
• Aide unique à l'apprentissage pour les entreprises de moins de 250 salariés pour l'embauche d'apprentis visant un diplôme ou un titre à finalité professionnelle équivalent au plus au baccalauréat • Aide exceptionnelle à l'embauche en apprentissage pour les contrats d'apprentissage conclus entre le 1.07.2020 et le 30.06.2022 (11)	• Aide de Pôle Emploi ou de l'État en cas d'embauche de certains demandeurs d'emploi • Aides spécifiques pour les groupements d'employeurs • Aide exceptionnelle à la conclusion de contrats de professionnalisation conclus entre le 1.07.2020 et le 30.06.2022 (12) • Aide aux contrats conclus par des structures d'insertion • Aide à l'embauche d'un chômeur de longue durée Entre le 1.11.2021 et le 31.12.2022 (13)	• Aide à l'insertion professionnelle fixée chaque année par le préfet de région dans la limite de 47 % du taux brut du SMIC par heure travaillée • Pour le CIE-Jeunes, 47 % du taux brut du SMIC par heure travaillée
Actions de formation liées au contrat		
• Actions de formation pratique en entreprise • Actions de formation en CFA (au moins 25 % de la durée totale du contrat sauf dérogation) • Possibilité de suivre à distance la formation en CFA	• Action de formation obligatoire • Formation gratuite pour le salarié • Actions d'évaluation, de positionnement, d'accompagnement et de formation 15 à 25 % (au-delà dans certains cas) de la durée du CDD ou de la période de professionnalisation du CDI • Minimum 150 heures Périodes d'acquisition d'un savoir-faire possibles dans plusieurs entreprises	• Actions d'accompagnement professionnel • Possibilité d'actions de formation nécessaires à la réalisation du projet professionnel
Autres aides		
• Réduction d'impôt pour certains employeurs (imputable sur la taxe d'apprentissage) • Aide à la formation du maître d'apprentissage (OPCO)	• Aide à la formation, à défaut d'accord collectif : 9,15 €/ heure (15 €/heure pour certains publics prioritaires). D'autres montants et modalités de calcul des coûts et de forfait spécifiques peuvent être déterminés par les partenaires sociaux de branche • Aides au tutorat (désignation obligatoire d'un tuteur) : formation du tuteur et exercice du tutorat • Réduction d'impôt pour certains employeurs (imputable sur la taxe d'apprentissage) • Aides de l'AGEFIPH	-

aidés au 7.07.2022		
Contrat d'accompagnement dans l'emploi (hors emplois d'avenir)	**Contrat initiative-emploi (emplois d'avenir)**	**Contrat d'accompagnement dans l'emploi (emplois d'avenir)**
	Cotis. salariales, CSG et CRDS	
Dues	Dues	Dues
	Réduction générale de cotisations patronales (9)	
Oui pour le secteur privé, si conditions réunies Non pour les employeurs publics	Oui (sous conditions)	Oui pour le secteur privé (sous conditions) Non pour les employeurs publics
	Aides forfaitaires versées à l'employeur	
• Aide à l'insertion professionnelle fixée chaque année par le préfet de région, dans la limite de 95 % du taux brut du SMIC par heure travaillée • Dans le cadre du PEC, le montant de l'aide accordée aux employeurs, exprimé en pourcentage du SMIC brut, pourra être modulé entre 30 % et 60 %, dans la limite des enveloppes financières. Le taux de prise en charge est fixé par arrêté du préfet • Pour le PCE Jeunes : 50 % du taux brut du SMIC par heure travaillée, 80 % aux Antilles	• Aide à l'insertion professionnelle de 35 % du taux brut du SMIC par heure travaillée (47 % du taux brut du SMIC par heure travaillée pour les embauches effectuées par les groupements d'employeurs pour l'insertion et la qualification ainsi que pour les entreprises d'insertion)	• Aide à l'insertion professionnelle fixée chaque année par le préfet de région dans la limite de 75 % du taux brut du SMIC par heure travaillée
	Actions de formation liées au contrat	
• Actions d'accompagnement professionnel • Actions de formation professionnelle et de validation des acquis de l'expérience nécessaires à la réalisation du projet professionnel	Actions de formation professionnelle visant à l'acquisition d'une qualification	Actions de formation professionnelle visant à l'acquisition d'une qualification
	Autres aides	
Exo. de taxe sur les salaires, de taxe d'apprentissage et de participation à la construction pour les employeurs publics	Possibilité de mobiliser les aides de l'AGEFIPH ou certaines aides de Pôle Emploi	• Exo. de taxe sur les salaires, de taxe d'apprentissage et de participation à la construction pour les employeurs publics • Possibilité de mobiliser les aides de l'AGEFIPH ou certaines aides de Pôle Emploi

Principaux contrats		
Apprentissage	**Contrat de professionnalisation**	**Contrat initiative-emploi (hors emplois d'avenir)**
Prise en compte dans l'effectif		
Non (sauf tarification AT) pendant tout le CDD ou la durée de la période d'apprentissage en cas de CDI	Non (sauf tarification AT) pendant tout le CDD ou l'action de professionnalisation en cas de CDI	Non pendant la durée de l'aide Sauf pour le calcul des effectifs de l'entreprise enregistrés pour l'application des dispositions relatives aux institutions représentatives du personnel (ex. : seuil de mise en place d'un comité social et économique) (5) Sauf tarification AT

(1) Les jeunes d'au moins 15 ans peuvent être apprentis s'ils ont effectué leur scolarité jusqu'à la classe de 3e incluse (c. trav. art. L. 6222-1).
(2) c. trav. art. L. 6222-2 et D. 6222-1.
(3) Possibilité également pour les salariés titulaires de contrats de professionnalisation résidant depuis au moins 2 ans dans les départements ou
cueil). Cette faculté est expérimentée jusqu'au 5.09.2021 (loi 2018-771 du 5 septembre 2018, art. 28-IV).
(4) Les pouvoirs publics n'autorisent plus de nouveau contrat initiative emploi (CUI-CIE), sauf, en 2022, dans 4 cas : contrats prescrits dans les D
moyens (sous réserve que le coût soit nul pour l'État et que les conseils départementaux s'engagent à cofinancer à bon niveau ces contrats), sur
et 2021 aux publics âgés de moins de 26 ans, à l'exception des bénéficiaires en situation de handicap, pour lesquels la limite d'âge est portée à 30 a
(5) c. trav. art. L. 2301-1.
(6) Depuis le 1.01.2018, le gouvernement a décidé de mettre en œuvre une nouvelle approche, dite du « parcours emploi compétences », destin
2018-11 du 11 janvier 2018, fiche 1 ; circ. DGEFP/MIP/METH/MPP/2022/29 du 7 février 2022 fiche 1).
(7) Durée moyenne de 11 mois (circ. DGEFP/MIP/METH/MPP/2022/29 du 7 février 2022, fiche 6).
(8) Le recours aux emplois d'avenir n'est plus autorisé depuis le 1.01.2018, y compris pour les renouvellements. Les contrats en cours iront à leur
(9) Sous conditions, les employeurs peuvent bénéficier de la réduction générale de cotisations patronales au titre des salariés dont la rémunéra
réduction porte sur les cotisations patronales suivantes : assurances sociales (maladie, vieillesse), allocations familiales, FNAL, contribution de soli
d'équilibre général et contributions d'assurance chômage hors AGS (instr. intermin. DSS/5B/2019-141 du 19 juin 2019).
(10) Depuis le 1.01.2019, l'apprenti est exonéré des cotisations salariales d'origine légale et conventionnelle, sur la part de rémunération inférieure
DSS/5B/2019-141 du 19 juin 2019, Q/R n° 3.8). En cas d'absence de l'apprenti et/ou de en cas de temps partiel, il n'y a pas lieu de procéder à une prorati
de l'apprenti en cours de mois (instr. précitée, Q/R n° 3.9).
(11) L'aide est accordée pour l'embauche des apprentis préparant un diplôme ou un titre à finalité professionnelle équivalant, au plus, au niveau
compris ceux de 250 salariés et plus, mais pour ces derniers sous condition d'avoir un quota minimum d'alternants à l'effectif. L'aide s'élève à 5
26 février 2021, JO du 27 ; décret 2021-363 du 31 mars 2021, JO 1er avril ; décret 2021-1468 du 10 novembre 2021, JO du 11).
(12) L'aide est accordée pour les salariés de moins de 30 ans en contrat de professionnalisation préparant un diplôme ou un titre à finalité profess
la préparation d'un certificat de qualification professionnelle et pour les contrats de professionnalisation expérimentaux prévus par la loi Avenir p
un quota minimum d'alternants à l'effectif. L'aide est de 5 000 € pour un salarié mineur (moins de 18 ans) et de 8 000 € pour un salarié majeur au
27 ; décret 2021-363 du 31 mars 2021, JO 1er avril et décret 2021-1468 du 10 novembre 2021, JO du 11) [voir Covid-19 (aides à l'embauche)*].
(13) Une aide est accordée aux employeurs qui embauchent en contrat de professionnalisation entre le 1.11.2021 et le 31.12.2022 un demandeur
diplôme ou d'un titre à finalité professionnelle équivalant au plus au niveau 7 (bac + 5 : master, diplôme d'ingénieur… ou la préparation d'un cer
771 du 5 septembre 2018, art. 28, VI).[voir Covid-19 (aides à l'embauche)*].

du contrat ainsi que, le cas échéant, les modalités de calcul et de versement de cette rémunération ainsi que son montant. Après le début de l'activité économique, peuvent être prévues les conditions dans lesquelles le bénéficiaire du contrat s'acquitte, auprès de la personne morale responsable de l'appui du règlement, des sommes correspondant au montant des cotisations et contributions sociales versées par celle-ci pour son compte.

Champ d'application - L'accompagnateur peut être une personne morale de droit privé ou de droit public (entreprise, association, collectivité territoriale, coopérative, etc.). En ce qui concerne le bénéficiaire, c'est une personne physique, à l'exclusion des salariés à temps complet. Il peut être soit un salarié à temps partiel, soit à la recherche d'un emploi, soit être bénéficiaire de minima sociaux (à ce titre, il peut obtenir les aides allouées en cas de création d'entreprise par des demandeurs d'emploi) [voir *Création d'entreprise (aides)**] (circ. DGEFP 2006-28 du 5 septembre 2006, fiche 1-1).

▶ À noter… Ce contrat peut aussi être conclu entre une personne morale et le dirigeant associé unique d'une personne morale, c'est-à-dire au profit d'un associé unique d'une entreprise unipersonnelle à responsabilité limitée (EURL) ou d'une société par actions simplifiée unipersonnelle (SASU).

Absence de lien de subordination

Pendant l'exécution de son CAPE, le bénéficiaire n'est pas présumé être lié par un contrat de travail à la personne morale responsable de l'appui. Le fait, pour cette dernière, de mettre à la disposition du bénéficiaire du CAPE les moyens nécessaires à la préparation de son projet d'entreprise et à la gestion de l'activité économique qui en découle n'emporte pas, en lui-même, présomption d'un lien de subordination (c. com. art. L. 127-3, al. 1er).

Toutefois, le fait de conclure un tel contrat ne peut avoir pour effet ou pour objet d'enfreindre les

aidés au 7.07.2022		
Contrat d'accompagnement dans l'emploi (hors emplois d'avenir)	**Contrat initiative-emploi (emplois d'avenir)**	**Contrat d'accompagnement dans l'emploi (emplois d'avenir)**
Prise en compte dans l'effectif		
Non pendant la durée de l'aide Sauf pour le calcul des effectifs de l'entreprise enregistrés pour l'application des dispositions relatives aux institutions représentatives du personnel (ex. : seuil de mise en place d'un comité social et économique) (5) Sauf tarification AT	Non pendant la durée de l'aide Sauf pour le calcul des effectifs de l'entreprise enregistrés pour l'application des dispositions relatives aux institutions représentatives du personnel (ex. : seuil de mise en place d'un comité social et économique) (5) Sauf tarification AT	Non pendant la durée de l'aide Sauf pour le calcul des effectifs de l'entreprise enregistrés pour l'application des dispositions relatives aux institutions représentatives du personnel (ex. : seuil de mise en place d'un comité social et économique) (5) Sauf tarification AT

re-mer d'exécuter une partie de leur contrat à l'étranger, dans leurs bassins régionaux (sous réserve d'un accord entre la France et le pays d'ac-

:e de l'enveloppe budgétaire prévue), contrats prescrits par les conseils départementaux dans le cadre des conventions annuelles d'objectifs et de
élimités, à des fins expérimentales dans les départements du Nord et des Pyrénées-Orientales et CIE Jeunes (ces contrats s'adressaient en 2020
P/METH/MPP/2022/29 du 7 février 2022, fiche 6).

plus éloignés du marché du travail (ex. : travailleurs handicapés, résidents des quartiers prioritaires de la ville, jeunes) (circ. DGEFP/SDPAE/MIP/MPP

P/SDPAE/MIP/MPP 2018-11 du 11 janvier 2018, fiche 3, § 1.1).
re à 1,6 SMIC et dont l'emploi entraîne l'obligation d'assurance contre le chômage, indépendamment de la nature de leur contrat de travail. La
nomie, une fraction de la cotisation accidents du travail/maladies professionnelles (AT/MP), cotisations AGIRC-ARRCO y compris la contribution

du SMIC (c. trav. art. L. 6243-2 et D. 6243-5). La limite d'exonération des cotisations salariales à 79 % du SMIC s'apprécie mensuellement (instr. intermin.
d'exonération précité. En revanche, le plafond d'exonération des cotisations salariales doit être proratisé en cas d'embauche ou de fin de contrat

onal des certifications professionnelles (soit le niveau Bac + 5 : master, etc.). Tous les employeurs peuvent prétendre à l'aide exceptionnelle, y
:i a moins de 18 ans ou à 8000 € pour un majeur (loi 2020-935 du 30 juillet 2020, art. 76, JO du 31 ; décret 2020-1085 du 24 août 2020 ; décret 2021-224 du

nt, au plus, au niveau 7 du cadre national des certifications professionnelles (soit le niveau Bac + 5 : master, etc.). Elle est également ouverte pour
s les employeurs peuvent prétendre à l'aide exceptionnelle, y compris ceux de 250 salariés et plus, mais pour ces derniers sous condition d'avoir
re année d'exécution du contrat (loi 2020-935 du 30 juillet 2020, art. 76, JO du 31 ; décret 2020-1084 du 24 août 2020 ; décret 2021-224 du 26 février 2021, JO du

ue durée (décret 2021-1404 du 29 octobre 2021, JO du 30). Elle est versée au titre des contrats de professionnalisation conclus pour la préparation d'un
:ion professionnelle (CQP). L'aide concerne également les contrats de professionnalisation expérimentaux de la loi Avenir professionnel (loi 2018-

dispositions réprimant l'interdiction de marchandage (c. trav. art. L. 8241-2), du travail dissimulé (c. trav. art. L. 8221-1 à L. 8221-6-1) ou du prêt de main-d'œuvre illicite (c. trav. art. L. 8241-1 et L. 8241-2).

▶ À noter… Avant toute immatriculation ou lorsque l'activité économique n'en requiert pas, le bénéficiaire du contrat doit indiquer sur les factures, notes de commande, documents publicitaires ainsi que sur toute correspondance et tout récépissé concernant son activité et signés par lui en son nom, et plus généralement sur ses papiers d'affaires, qu'il bénéficie d'un CAPE. Il doit également mentionner sur ces documents la dénomination sociale, le lieu du siège social et le numéro d'identification de la personne morale responsable de l'appui, ainsi que le terme du contrat (c. com. art. R. 127-3).

Protection sociale du bénéficiaire

Couverture sociale - La personne physique bénéficiaire d'un CAPE a droit à une protection sociale. Ainsi, elle se voit attribuer le bénéfice (c. trav. art. L. 5142-1) :

- des dispositions du code du travail relatives à l'*hygiène et sécurité** et aux conditions de travail ;
- des dispositions du code du travail relatives au service de santé au travail ;
- des dispositions du code du travail relatives aux travailleurs privés d'emploi (ainsi, les bénéficiaires d'un CAPE, lorsqu'ils sont rémunérés, sont obligatoirement assujettis au régime d'assurance chômage et pourront percevoir l'allocation d'aide au retour à l'emploi s'ils se retrouvent en situation de recherche d'emploi) [voir *Chômage (assurance chômage)** et *Chômage (allocation d'aide au retour à l'emploi)**] ;
- de l'affiliation obligatoire aux assurances sociales du régime général de la sécurité sociale (c. séc. soc. art. L. 311-3, 25°) ;
- ainsi que de la protection contre les risques « accidents du travail » et « maladies professionnelles » (c. séc. soc. art. L. 412-8, 14° et D. 412-99 à D. 412-99-2) (voir *Accident du travail**).

▶ À noter… Le « Capé », bénéficiaire de l'allocation d'aide au retour à l'emploi ou de l'allocation spécifique de solidarité peut, selon sa situation et dans les mêmes conditions que les autres créateurs ou repreneurs d'entreprise, cumuler son allocation de chômage avec ses revenus (circ. Unédic 2007-06 du 16 avril 2007) [voir *Chômage (allocation d'aide au retour à l'emploi)** et *Chômage (allocation de solidarité spécifique)**]. En régle générale, la période passée en CAPE constitue l'exercice d'une activité professionnelle non salariée, pouvant donner lieu à la perception éventuelle de rémunérations (circ. Unédic 2021-13 du 19 octobre 2021, annexes aux fiches 7 et 8, § 3-2). Quand la période passée en CAPE donne lieu à la conclusion d'un contrat de travail, les règles applicables sont celles du cumul avec une rémunération salariée (circ. Unédic 2021-13 du 19 octobre 2021, fiche 7) [voir *Chômage (activité réduite)**].

Obligations sociales - La personne morale responsable de l'appui ayant conclu un CAPE est tenue de remplir les obligations sociales mises ordinairement à la charge des employeurs en ce qui concerne les dispositions du code du travail et du code de la sécurité sociale applicables au bénéficiaire (c. trav. art. L. 5142-1). **Sont concernées les cotisations patronales d'*assurance maladie**, d'*assurance vieillesse**, d'*accident du travail** ainsi que les contributions patronales d'assurance chômage.**

▶ À noter… Dès la conclusion du CAPE, l'accompagnateur doit informer l'*URSSAF** ou la caisse générale de sécurité sociale (CGSS) et *Pôle Emploi** de la conclusion du CAPE, du terme prévu et, le cas échéant, de ses renouvellements ou de sa rupture anticipée (c. trav. art. R. 5142-1).

Cotisations sociales - Pour la détermination de l'assiette des cotisations sociales, sont considérés comme rémunérations les revenus correspondant aux recettes hors taxes dégagées par l'activité du bénéficiaire et la rémunération éventuellement prévue avant le début d'activité, déduction faite des frais liés à l'exercice de l'activité du bénéficiaire et des frais engagés par l'entreprise responsable (c. trav. art. R. 5142-3). **Les taux de droit commun sont applicables aux cotisations dues sur les rémunérations ou les recettes du bénéficiaire du contrat** (circ. DSS/DGEFP 2008-7 du 24 avril 2008, ann. 2).

▶ À noter… L'allocation d'aide au retour à l'emploi (ARE) et les cotisations d'assurance chômage sont également calculées sur cette base (circ. Unédic 2007-06 du 16 avril 2007) En cas d'admission ou de réadmission à l'ARE, les périodes correspondantes au CAPE sont retenues comme jours d'affiliation à l'assurance chômage (circ. Unédic 2007-06 du 16 avril 2007, fiche II-1, § 1-3, p. 30) [voir *Chômage (allocation d'aide au retour à l'emploi)**].

Si aucune rémunération n'est versée, les cotisations ne sont pas dues, à l'exception de la cotisation accidents du travail-maladies professionnelles.

En l'absence de rémunération versée au bénéficiaire du CAPE, la cotisation AT/MP due par la structure d'appui est calculée sur une assiette forfaitaire identique à celle servant de base au calcul de la cotisation AT/MP des stagiaires de la formation professionnelle continue (c. séc. soc. art. D. 412-99 ; arrêté du 24 décembre 2014, JO du 31, lettre-circ. ACOSS 2015-13 du 4 mars 2015). **Ce montant doit être multiplié par le taux AT applicable à la structure d'appui** (lettre-circ. ACOSS 2008-66 du 28 juillet 2008). **Les bénéficiaires d'un CAPE sont réputés accomplir la durée mensuelle légale du travail et tout mois commencé est considéré comme entièrement accompli** (arrêté du 18 février 2008, JO du 27 février 2008).

▶ À noter… Cette base horaire s'élève à 1,74 € au 1.01.2022. L'assiette forfaitaire mensuelle s'élève donc pour 2022 à 1,74 € × 151,67 heures soit 264 €. Le taux de la cotisation accidents du travail-maladies professionnelles applicable à cette assiette est celui de la structure d'appui.

Les cotisations et les contributions de sécurité sociale dues à raison des rémunérations payées au cours d'un trimestre civil sont versées par la personne morale responsable de l'appui, pour le compte du bénéficiaire du CAPE, dans les 15 premiers jours du trimestre civil suivant à l'URSSAF dont elle relève (c. trav. art. R. 5142-4).

▶ À noter… Le bénéficiaire du CAPE peut bénéficier, sous certaines conditions, de l'aide aux créateurs ou repreneurs d'entreprise (ACRE) et notamment de l'exonération de cotisations de sécurité sociale qui lui est attachée (c. trav. art. L. 5141-1, 7° et R. 5141-7). Lorsqu'il se trouve hors du champ de l'ACRE, le bénéficiaire d'un CAPE peut demander le report et l'étalement du paiement de ses cotisations sociales dues au titre des 12 premiers mois d'activité [voir *Création d'entreprise** et *Création d'entreprise (aides)** (c. séc. soc. art. L. 311-3, 25°)].

☛ ***Création d'entreprise.***

Contrat de chantier ou d'opération

Le contrat de chantier ou d'opération est conclu pour une durée indéterminée (c. trav. art. L. 1223-8).

Modalités conventionnelles ou légales

Modalités conventionnelles - Une convention ou un accord collectif de branche étendu peut fixer les conditions dans lesquelles il est possible de recourir à un contrat conclu pour la durée d'un chantier ou d'une opération (c. trav. art. L. 1223-8). Cette convention ou cet accord collectif définit (c. trav. art. L. 1223-9) :

- la taille des entreprises concernées ;
- les activités concernées ;
- les mesures d'information du salarié sur la nature de son contrat ;
- les contreparties en termes de rémunération et d'indemnité de licenciement accordées aux salariés ;
- les garanties en termes de formation pour les salariés concernés ;
- les modalités adaptées de rupture de ce contrat dans l'hypothèse où le chantier ou l'opération pour lequel ce contrat a été conclu ne peut pas se réaliser ou se termine de manière anticipée ;
- le cas échéant, la durée et les modalités de la priorité de réembauche (*voir ci-après*).

Modalités légales - À défaut d'une convention ou d'un accord collectif de branche étendu, ce contrat peut être conclu dans les secteurs où son usage était habituel et conforme à l'exercice régulier de la profession au 1.01.2017 (c. trav. art. L. 1223-8).

▶ À noter… Il avait été admis qu'un contrat de travail à durée indéterminée conclu pour la durée d'un chantier puisse succéder à un contrat à durée déterminée conclu pour faire face à un accroissement temporaire d'activité sur le même chantier (cass. soc. 21 novembre 2012, n° 10-27429, BC V n° 298). Compte tenu du nouveau régime du contrat de chantier et d'opération issu de l'ordonnance 2017-1387 du 22.09.2017, reste à savoir si cette jurisprudence perdurera.

Licenciement pour fin de chantier ou d'opération

La rupture du contrat de travail qui intervient à la fin du chantier ou une fois l'opération réalisée repose sur une cause réelle et sérieuse.

▶ Attention… La résiliation du contrat de la mission confiée à l'employeur par son client ne constitue pas la fin de chantier permettant de justifier la rupture du contrat de chantier (cass. soc. 9 mai 2019, n° 17-27493 FSPB).

Cette rupture est soumise aux règles de procédure en matière de licenciement pour motif personnel relatives à l'entretien préalable et à la notification du licenciement [voir *Entretien préalable au licenciement** et *Licenciement (notification)**] (c. trav. art. L. 1232-2 à L. 1232-6 et L. 1236-8). Si le salarié concerné est un salarié protégé (ex. : un représentant du personnel), la procédure spéciale de licenciement doit être respectée.

▶ À noter… Dans le cadre légal applicable avant l'ordonnance 2017-1387 du 22.09.2017, qui a intégré le contrat de chantier dans le code du travail, il avait été jugé que la validité du licenciement prononcé en raison de la fin d'un chantier nécessitait que le contrat de travail ou la lettre d'embauche indique que le contrat était conclu pour un ou plusieurs chantiers déterminés (cass. soc. 29 octobre 2014, n° 13-20298 D). Par ailleurs, le fait que le salarié soit en arrêt de travail suite à un accident du travail ou une maladie professionnelle n'empêchait pas l'employeur de le licencier pour fin de chantier (cass. soc. 8 avril 2009, n° 07-42942, BC V n° 103).

Si la convention ou l'accord le prévoit (*voir ci-avant*), le salarié licencié à l'issue d'un contrat de chantier ou d'opération peut bénéficier d'une priorité de réembauche en CDI dans le délai et selon les modalités fixés par la convention ou l'accord (c. trav. art. L. 1236-9).

Contrat doctoral de droit privé

Le contrat doctoral de droit privé est un *contrat de travail à durée déterminée** qui peut être conclu avec un salarié inscrit dans un établissement d'enseignement supérieur français en vue d'obtenir un doctorat et qui se voit confier des activités de recherche, en lien avec son sujet de thèse de doctorat (loi 2020-1674 du 24 décembre 2020, art. 6, JO du 26 ; c. trav. art. L. 1242-3, 3° ; c. recherche art. L. 412-3).

Sur le *contrat à objet défini de recherche** pouvant être conclu avec un salarié chercheur titulaire du diplôme de doctorat, voir l'étude correspondante.

Contrat doctoral de droit privé

Recrutement et conclusion du contrat

Offre d'emploi - L'employeur qui souhaite recruter un salarié doctorant par un contrat doctoral de droit privé doit définir un projet de recherche et diffuser une offre d'emploi aux écoles doctorales intéressées au moins un mois avant la date limite de dépôt des candidatures, sauf urgence. L'offre d'emploi doit notamment préciser (décret 2021-1233 du 25 septembre 2021, JO du 26) :
- le sujet du projet doctoral ;
- la nature des activités de recherche et des activités complémentaires confiées au salarié doctorant ;
- les compétences attendues ;
- les conditions de réalisation de la thèse ;
- la rémunération envisagée.

Conditions requises - La conclusion de ce contrat suppose que l'employeur :
- confie des activités de recherche à un salarié inscrit dans un établissement d'enseignement supérieur français en vue d'obtenir un doctorat ;
- participe à la formation du salarié doctorant à la recherche et par la recherche (c. recherche art. L. 412-1) ;
- garantisse que la durée totale des activités complémentaires aux activités de recherche confiées au doctorant n'excède pas 1/6e de la durée annuelle de travail effectif.

La conclusion du contrat requiert l'avis préalable du directeur de thèse, sollicité par le directeur de l'école doctorale dans laquelle est inscrit le doctorant ainsi que l'accord du directeur de l'école doctorale.

Le renouvellement du contrat intervient dans les mêmes conditions, sur demande motivée du salarié doctorant (décret 2021-1233 du 25 septembre 2021, JO du 26).

▶ À noter… L'employeur peut assurer la prise en charge des frais d'inscription du doctorant à l'école doctorale (décret 2021-1233 du 25 septembre 2021, JO du 26).

Durée du contrat - Il s'agit d'un CDD à terme précis fixé dès sa conclusion en référence à une durée de contrat ou une date de fin de contrat pour une durée initiale qui ne peut excéder 3 ans. Il est renouvelable deux fois, pour une durée maximale d'un an à chaque renouvellement et dans la limite d'une durée totale de 5 ans (c. recherche art. L. 412-3, II).

En cas de suspension du contrat pour une durée d'au moins 3 mois et pour un motif lié à la maternité, à la maladie ou à un accident du travail, il peut être prolongé par avenant, pour une durée égale à la durée de la suspension, dans la limite de 9 mois. Dans ce cas, la durée de la prolongation et le nombre de renouvellements sont ajoutés aux limites maximales (sur les conditions d'un renouvellement, voir ci-avant).

Convention de collaboration - Une convention de collaboration est conclue entre l'employeur, le salarié doctorant, l'établissement d'inscription et, le cas échéant, l'établissement hébergeant l'unité de recherche d'accueil du salarié doctorant. Elle est signée par toutes les parties, au plus tard au moment de la conclusion du contrat de travail, et est annexée à celui-ci.

La convention définit notamment les modalités suivant lesquelles les parties collaborent afin de garantir l'encadrement scientifique du salarié doctorant, sa formation ainsi que la réalisation et le suivi du projet de recherche.

Elle mentionne différents points (sujet de thèse, nom du ou des directeurs de thèse, nom et la qualité du référent, etc.) (décret 2021-1233 du 25 septembre 2021, JO du 26).

Exécution du contrat

Désignation d'un référent - L'employeur doit désigner un référent chargé d'accompagner le salarié doctorant dans la conduite de ses travaux de recherche au sein de l'entreprise. Il doit laisser au référent le temps nécessaire pour exercer ses fonctions et, le cas échéant, se former (décret 2021-1233 du 25 septembre 2021, JO du 26).

Le référent doit justifier de compétences professionnelles en rapport avec l'activité de recherche confiée au salarié doctorant. Il est notamment chargé de :
- accueillir, aider, informer et guider le salarié doctorant dans son environnement professionnel ;
- contribuer à l'acquisition de savoir-faire professionnels, en lien avec l'activité de recherche ;
- assurer le suivi technique et scientifique de l'activité de recherche au sein de l'entreprise ou de l'établissement en collaboration avec le directeur de thèse.

Attestation d'inscription en doctorat - Le salarié doit remettre chaque année à l'employeur une attestation d'inscription en doctorat, au plus tard le 31 décembre (décret 2021-1233 du 25 septembre 2021, JO du 26).

En cas de non-renouvellement de son inscription par son établissement d'origine, le salarié doctorant qui souhaite poursuivre son contrat doctoral doit s'inscrire dans un nouvel établissement et transmettre à l'employeur une attestation d'inscription au plus tard 3 mois à compter de la notification de la décision de non-renouvellement de son inscription par son établissement d'origine.

Lieu de réalisation - Les travaux de recherche confiés au salarié doctorant sont réalisés dans une unité ou une équipe de recherche rattachée à l'école doctorale ou dans une unité de recherche de l'employeur (décret 2021-1233 du 25 septembre 2021, JO du 26).

Obligations de l'employeur - L'employeur et l'établissement d'inscription veillent, en collaboration avec l'unité de recherche d'accueil du salarié doctorant, à adapter les conditions de rédaction de la thèse pour garantir le bon déroulement des travaux de recherche et de préparation de la thèse du doctorant (décret 2021-1233 du 25 septembre 2021, JO du 26).

L'employeur et l'établissement d'inscription s'assurent que le salarié doctorant bénéficie :

- du temps de travail nécessaire à la rédaction de la thèse ;
- d'un accès aux ressources numériques ;
- d'un environnement de travail adapté à la rédaction de la thèse ;
- d'un calendrier prévisionnel de rédaction comportant des points d'étape réguliers avec le directeur de thèse et le référent.

▶ À noter… Si le doctorant crée une œuvre protégée par le droit d'auteur ou la propriété industrielle, les règles applicables en matière de propriété des résultats sont celles prévues par le code de la propriété intellectuelle (décret 2021-1233 du 25 septembre 2021, JO du 26 ; c. propr. intell., art. L. 111-1, L. 113-9, L. 611-7 et s.).

Rupture et terme du contrat

Outre les cas de rupture anticipée du CDD [voir *Contrat de travail à durée déterminée (rupture anticipée)**], l'employeur peut rompre de manière anticipée le contrat de travail lorsque l'inscription du salarié en vue d'obtenir la délivrance du doctorat n'est pas renouvelée. Dans ce cas, aucune indemnité de rupture ni dommages-intérêts ne sont dus par l'employeur (c. trav. art. L. 1243-1, L. 1243-3 et L. 1243-8). L'employeur doit informer immédiatement l'école doctorale (décret 2021-1233 du 25 septembre 2021, JO du 26).

L'indemnité de fin de contrat n'est pas due au terme du contrat (c. trav. art. L. 1242-3 et L. 1243-10, 1°).

☛ *Contrat de travail à durée déterminée.*

Contrat d'engagement jeune

En vue de renforcer l'accompagnement des jeunes en risque d'exclusion professionnelle dans leur parcours d'insertion, le contrat d'engagement jeune est mis en œuvre à compter du 1.03.2022 en remplacement de la « garantie jeune ».

Objet

Le contrat d'engagement jeune a pour objectif de renforcer l'accompagnement des jeunes en risque d'exclusion professionnelle dans leur parcours d'insertion mis en œuvre par le service public de l'emploi.

Ce dispositif ne concerne donc pas directement les employeurs (ce n'est pas un contrat de travail), hors les périodes d'immersion ou de formation qui s'y dérouleraient.

Il entre en vigueur le 1.03.2022 en remplacement de la « garantie jeunes », sous réserve de la parution des textes d'application nécessaires à sa mise en œuvre, non parus au 1.01.2022 (c. trav. art. L. 5131-6 en vigueur au 1er mars 2022).

▶ À noter… Pour suivre l'actualité sur ce dispositif, voir le fil quotidien d'actualités sur www.rfsocial.com et la Revue d'actualité RF Social.

Régime juridique

Bénéficiaires - Le contrat d'engagement jeune est ouvert aux jeunes de 16 à 25 ans révolus (29 ans révolus pour les travailleurs handicapés) ni étudiants ni en formation, qui rencontrent des difficultés d'accès à l'emploi « durable » (mais pas forcément sans emploi).

Pour accéder au dispositif, les intéressés doivent répondre à des exigences d'engagement, d'assiduité et de motivation, qu'un décret, non paru au 1.01.2022, doit préciser.

Conditions de mise en œuvre - Le contrat d'engagement jeune est mis en œuvre par les missions locales, par Pôle emploi ou, dans des conditions à préciser par décret, par tout organisme public ou privé fournissant des services relatifs au placement, à l'insertion, à la formation, à l'accompagnement et au maintien dans l'emploi des personnes en recherche d'emploi.

Le but du dispositif sera de fournir un accompagnement intensif au jeune, en fonction de ses besoins identifiés lors d'un diagnostic.

▶ À noter… Selon les débats parlementaires, la durée du contrat serait de 6 à 12 mois. L'accompagnement proposé aux jeunes serait individualisé et d'une intensité minimale de 15 à 20 h par semaine tout au long du contrat, avec une mise en activité systématique et régulière visant à orienter le jeune vers l'emploi ou l'alternance le plus rapidement possible (rapport AN n° 4709 relatif à la loi de finances pour 2022, vol. I, p. 535).

Allocation mensuelle

À partir de la signature du contrat, une allocation mensuelle dégressive en fonction des ressources est attribuée aux jeunes vivant soit hors du foyer de leurs parents, soit au sein du foyer de leurs parents mais sans recevoir de soutien financier, ou en ne percevant qu'un soutien financier limité de leur part.

Le montant de l'allocation sera fixé par décret, non paru au 1.01.2022, en fonction des ressources du jeune, de son âge, de sa situation et du soutien financier de ses parents (c. trav. art. L. 5131-6 au 1.03.2022).

L'allocation, qui pourrait aller jusqu'à environ 500 € maximum, est incessible et insaisissable. Elle n'est ni imposable, ni soumise à cotisations ou à la CSG/CRDS.

Contrat de formation professionnelle

Lorsqu'une personne entreprend une formation à titre individuel et à ses frais, un contrat de formation doit être conclu entre cette personne et le dispensateur de formation. Ce contrat est conclu avant l'inscription définitive du stagiaire et tout règlement de frais (c. trav. art. L. 6353-3). Un délai de rétractation de 10 jours à compter de la signature est prévu en faveur de l'intéressé, par lettre recommandée avec avis de réception (c. trav. art. L. 6353-5).

Clauses obligatoires

Ce contrat doit, à peine de nullité, préciser (c. trav. art. L. 6353-4) :

- la nature, la durée, le programme et l'objet des actions de formation qu'il prévoit ainsi que les effectifs qu'elles concernent ;
- le niveau de connaissances préalables requis pour suivre la formation et obtenir les qualifications auxquelles elle prépare ;
- les conditions dans lesquelles la formation est donnée aux stagiaires, y compris en cas de formation à distance, notamment les moyens pédagogiques et techniques mis en œuvre ainsi que les modalités de contrôle des connaissances et la nature de la sanction éventuelle de la formation ;
- les diplômes, titres ou références des personnes chargées de la formation prévue par le contrat ;
- les modalités de paiement ainsi que les conditions financières prévues en cas de cessation anticipée de la formation ou d'abandon en cours de stage.

Obligations vis-à-vis du stagiaire

Avant son inscription définitive à l'action de formation, le futur stagiaire doit avoir à sa disposition (c. trav. art. L. 6353-8) :

- les objectifs et le contenu de la formation ;
- la liste des formateurs et des enseignants ;
- les horaires ;
- les modalités d'évaluation ;
- les coordonnées de la personne chargée des relations avec les stagiaires ou les apprentis par l'entité commanditaire de la formation ;
- le règlement intérieur applicable à la formation.

Paiement de la formation

Aucune somme ne peut être exigée du stagiaire avant l'expiration du délai de rétractation de 10 jours. Il ne peut être payé, lorsque ce délai a expiré, une somme supérieure à 30 % du prix convenu. Le solde donne lieu à échelonnement des paiements au fur et à mesure du déroulement de l'action de formation (c. trav. art. L. 6353-6).

☛ *Actions de formation ; Compte personnel de formation ; Formation professionnelle continue.*

Contrat initiative-emploi (CIE)

Le contrat initiative-emploi (CIE) est destiné à permettre un retour rapide à l'emploi durable de personnes rencontrant des difficultés importantes d'accès à l'emploi. Il constitue la forme du *contrat unique d'insertion (CUI) pour les employeurs du secteur marchand** (c. trav. art. L. 5134-19-1 ; circ. DGEFP 2009-42 du 5 novembre 2009). **Depuis le 1.01.2018, les CUI sont transformés en « parcours emploi compétences » (voir *Contrat aidé**).**

Public visé

Certaines personnes sans emploi - Le CIE concerne les « personnes sans emploi rencontrant des difficultés sociales et professionnelles d'accès à l'emploi », afin de faciliter leur insertion professionnelle (c. trav. art. L. 5134-65).

▶ À noter... Chaque année, le préfet de région arrête les catégories de personnes éligibles au CIE.

Accès restreint - Pour les publics âgés de plus de 26 ans, l'accès au CUI-contrat initiative emploi (CUI-CIE) était limité à quatre cas en 2022 (circ. DGEFP/MIP/METH/MPP/2022/29 du 7 février 2022, fiche 5) :

- les contrats prescrits par les conseils départementaux dans le cadre des conventions annuelles d'objectifs et de moyens (CAOM), sous réserve que le coût soit nul pour l'État et que les conseils départementaux s'engagent à cofinancer à bon niveau ces contrats ;
- les contrats prescrits dans les départements d'outre-mer, dans la limite de l'enveloppe budgétaire allouée par une circulaire annuelle au titre des parcours emplois compétences (PEC) ;
- les contrats conclus dans le cadre du plan « un jeune, une solution » et de la mobilisation de contrats aidés en faveur des jeunes (CIE Jeunes). Ces contrats s'adressent aux publics âgés de moins de 26 ans, à l'exception des bénéficiaires en situation de handicap, pour lesquels la limite d'âge est portée à 30 ans ;
- les contrats prescrits sur des territoires délimités, à des fins expérimentales dans les départements du Nord et des Pyrénées-Orientales.

▶ À noter... Selon les questions-réponses de la DGEFP relatives à la mise en œuvre de la circulaire du 11.01.2018 (circ. DGEFP/SDPAE/MIP/MPP 2018-11 du 11 janvier 2018), l'esprit et les objectifs du PEC peuvent être étendus aux CUI-CIE pour lesquels des actions d'accompagnement professionnel doivent être prévues *(voir ci-après)*. Dans un objectif d'insertion professionnelle des publics éloignés de l'emploi, les grands principes de l'accompagnement développés au profit des contrats aidés dans le secteur non-marchand (PEC) s'appliquent aux contrats aidés dans le secteur marchand (voir *Contrat d'accompagnement dans l'emploi**) : une mise en situation professionnelle, un accompagnement, et un accès facilité à l'acquisition de compétences auprès d'employeurs de droit commun (circ. DGEFP/MIP/METH/MPP/2022/29 du 7 février 2022, fiche 1).

Employeurs concernés

Il s'agit (c. trav. art. L. 5134-66) :

- des employeurs du secteur privé (secteur marchand ou secteur non lucratif) ;
- des entreprises publiques, sociétés d'économie mixte ;
- des employeurs de pêche maritime ;
- des groupements d'employeurs qui organisent des parcours d'insertion et de qualification (c. trav. art. L. 1253-1).

La possibilité de conclure un CIE est subordonnée aux conditions suivantes (c. trav. art. L. 5134-68) :

- ne pas avoir procédé dans l'établissement à un licenciement économique dans les 6 mois précédant la date d'embauche ;
- ne pas embaucher en CIE pour remplacer un salarié licencié pour un motif autre que la faute grave ou lourde ;
- être à jour du versement de ses cotisations et contributions sociales.

S'il apparaît que l'embauche a eu pour conséquence le licenciement d'un autre salarié, l'État ou le président du conseil général peut retirer sa décision d'attribution de l'aide. Dans ce cas, l'employeur doit rembourser l'intégralité des sommes perçues au titre de l'aide à l'insertion professionnelle.

▶ À noter... Les particuliers employeurs sont exclus du dispositif (c. trav. art. L. 5134-67).

Conclusion du contrat de travail

CDD ou CDI - Le CIE ne peut être signé qu'après que l'organisme prescripteur a pris sa décision d'attribution de l'aide (voir *Contrat unique d'insertion**) (c. trav. art. R. 5134-51).

Contrat initiative-emploi (CIE)

Il peut prendre la forme d'un contrat de travail à durée déterminée (CDD) ou d'un contrat de travail à durée indéterminée (CDI).

Un CIE conclu en CDD peut être renouvelé sans que l'employeur ait à respecter un délai de carence (c. trav. art. L. 5134-69).

▶ À noter… Le terme du CDD ouvre droit à l'allocation d'assurance chômage [voir *Chômage (allocation d'aide au retour à l'emploi)**]. Le salarié est considéré comme involontairement privé même s'il a refusé le renouvellement du CDD (cass. soc. 16 janvier 2019, n° 17-11975 FSPB).

Durée minimale du CDD -La durée minimale du CIE est de 6 mois en règle générale et de 3 mois pour les personnes ayant fait l'objet d'une condamnation ou bénéficiant d'un aménagement de peine (c. trav. art. L. 5134-69-2).

Durée minimale du travail - Le CIE peut être à temps complet ou à temps partiel, sous réserve que la durée du travail soit d'au moins 20 h par semaine (c. trav. art. L. 5134-70-1).

La décision d'attribution de l'aide peut prévoir une durée de travail à temps partiel inférieure à 20 h/semaine pour répondre aux besoins d'un salarié âgé de 60 ans ou plus et éligible à un dispositif d'intéressement à la reprise d'activité des bénéficiaires des allocations du régime de solidarité (ASS, RSA, etc.) (c. trav. art. L. 5134-70-1).

▶ À noter… La durée de travail d'un salarié à temps partiel ne peut pas, en principe, être inférieure à la durée minimale de travail hebdomadaire [voir *Travail à temps partiel (contrat de travail)**]. Le ministère du Travail a précisé que cette durée minimale ne s'applique pas en présence d'une disposition spécifique prévoyant une autre durée (rép. Rousset n° 50900, JO 27 mai 2014, AN quest. p. 4376). Tel est le cas, notamment, du CIE qui est soumis à une durée plancher de 20 h par semaine, selon des dispositions qui lui sont propres (c. trav. art. L. 5134-70-1).

Rémunération - Les salariés en CIE sont rémunérés conformément aux dispositions conventionnelles applicables dans l'entreprise ou l'établissement et au moins au niveau du SMIC (circ. DGEFP 2009-42 du 5 novembre 2009).

Attestation d'expérience professionnelle en fin de contrat - Pour tout CIE, l'employeur doit établir, à l'approche de la fin du contrat, une attestation d'expérience professionnelle qui sera remise au salarié à sa demande ou, au plus tard, 1 mois avant la fin du contrat (c. trav. art. L. 5134-70-2).

Mesures d'accompagnement

Accompagnement professionnel - Le CIE comporte des actions d'accompagnement professionnel (c. trav. art. L. 5134-65).

▶ À noter… Selon les questions-réponses de la DGEFP relatives à la mise en œuvre de la circulaire du 11.01.2018 précitée, l'esprit et les objectifs du PEC peuvent être étendus aux CUI-CIE pour lesquels des actions d'accompagnement professionnel doivent être prévues. La formation n'étant toutefois pas une obligation juridique pour les CIE (c. trav. art. L. 5134-65), une souplesse doit être appliquée aux employeurs de CIE, notamment en cas d'embauche en CDI.

En Guadeloupe, en Guyane, en Martinique, à La Réunion, à Mayotte, à Saint-Barthélemy, à Saint-Martin et à Saint-Pierre-et-Miquelon, lorsque le CIE associe l'exercice d'une activité professionnelle et le bénéfice d'une formation liée à cette activité et dispensée pendant le temps de travail, l'État peut prendre en charge tout ou partie des frais engagés pour dispenser cette formation, sous certaines conditions (c. trav. art. L. 5522-2-2, R. 5522-12 à D. 5522-16).

Référent externe - Pour tout CIE, l'autorité signataire désigne un référent, en son sein ou auprès de l'organisme chargé de l'accompagnement et de l'insertion du salarié. Son nom est indiqué dans la convention individuelle. Ce référent est chargé d'assurer le suivi du parcours d'insertion professionnelle du salarié (c. trav. art. R. 5134-60).

▶ À noter… Les salariés bénéficiant du RSA ont déjà un référent (CASF art. L. 262-27). Celui-ci peut donc être désigné comme référent dans le cadre du CIE.

Mise en situation en milieu professionnel auprès d'un autre employeur - Les périodes de mise en situation en milieu professionnel, prescrites par certains organismes (ex. : Pôle Emploi, missions locales pour l'insertion professionnelle et sociale des jeunes, organismes de placement spécialisés dans l'insertion professionnelle des personnes handicapées), sont ouvertes aux personnes en CIE (c. trav. art. L. 5135-1 à L. 5135-8, D. 5134-71-1 à D. 5134-71-3).

Il s'agit d'immerger une personne dans un environnement de travail afin de lui faire découvrir un métier ou un secteur d'activité, de confirmer un projet professionnel ou d'initier une démarche de recrutement (c. trav. art. D. 5134-50-1 à D. 5134-50-8).

Une convention entre le bénéficiaire, la structure d'accueil, l'organisme prescripteur et la structure d'accompagnement, lorsqu'elle est distincte de l'organisme prescripteur doit être conclue (c. trav. art. L. 5135-4 et D. 5135-1). Elle comporte des indications relatives notamment à la durée de la période de mise en situation et aux tâches confiées au bénéficiaire (c. trav. art. D. 5135-2 ; arrêté du 13 novembre 2014, JO du 15). Elle est conclue pour une durée ne pouvant excéder un mois de date à date, que la présence du bénéficiaire au sein de la structure d'accueil soit continue ou discontinue mais elle peut être renouvelée (c. trav. art. D. 5135-3).

La structure d'accueil n'a pas à rémunérer le bénéficiaire, car celui-ci conserve le régime d'indemnisation et le statut qui étaient les siens avant la période d'immersion (c. trav. art. L. 5135-3). En revanche, elle doit veiller à ce que la personne mise en situation en milieu professionnel ait accès aux moyens de transport collectif et aux installations collectives dont bénéficient les salariés (c. trav. art. L. 5135-3). Par ailleurs, cette personne suit les règles applicables aux salariés de la structure d'accueil en ce qui concerne (c. trav. art. L. 5135-6 et D. 5135-5) : l'observation du règlement intérieur, les durées quotidienne et hebdomadaire de présence, la présence de nuit, le repos quotidien, le repos hebdomadaire et les jours fériés, la santé et la sécurité au travail. Si le bénéficiaire salarié est victime d'un accident pendant la période de mise en situation en milieu professionnel, son employeur procède à la déclaration d'accident du travail (c. trav. art. D. 5135-5).

Le bénéficiaire d'une période de mise en situation en milieu professionnel ne doit pas être amené à effectuer une tâche régulière, correspondant à un poste de travail permanent (c. trav. art. L. 5135-7). La convention de mise en situation ne doit pas non plus être conclue pour faire face à un accroissement temporaire de l'activité de la structure d'accueil, pour occuper un emploi saisonnier, pour remplacer un salarié absent ou dont le contrat de travail est suspendu.

▶ À noter… La DGEFP a fait le point sur la mise en œuvre des périodes de mise en situation en milieu professionnel en diffusant une circulaire axée sur les modalités opérationnelles du dispositif, complétée d'un document questions/réponses et d'un modèle cerfa (circ. DGEFP 2015-1 du 14 janvier 2015).

Tuteur - Pour tout CIE, dès la transmission de la demande d'aide à l'insertion professionnelle, l'employeur doit attribuer un tuteur au salarié et indiquer son nom et ses fonctions (c. trav. art. R. 5134-61 et R. 5134-62). Ce tuteur appartient au personnel de l'entreprise et justifie d'une expérience professionnelle d'au moins 2 ans. Il doit s'agir d'un salarié volontaire pour exercer des fonctions de tutorat. Chaque tuteur peut encadrer, au maximum, 3 salariés en CIE. Le tuteur a pour tâches de :

- participer à l'accueil, aider, informer et guider le salarié en CIE ;
- contribuer à l'acquisition des savoir-faire professionnels ;
- assurer la liaison avec le référent du salarié ;
- participer à l'établissement de l'attestation d'expérience professionnelle avec le salarié concerné et l'employeur.

▶ À noter… L'employeur peut, à titre exceptionnel, endosser le rôle de tuteur, sur autorisation de l'autorité signataire de la convention individuelle. Cette tolérance vise, à notre sens, l'hypothèse dans laquelle aucun salarié ne serait volontaire pour exercer des fonctions de tutorat.

Exonérations et aide à l'insertion professionnelle

Exonérations - Le CIE ne permet pas de bénéficier d'une exonération de cotisations sociales (c. trav. art. L. 5134-65 ; lettre-circ. ACOSS 2008-80 du 22 juillet 2010). L'employeur peut cependant bénéficier des allégements de droit commun, comme la *réduction générale de cotisations patronales**.

Les exonérations applicables en zone franches urbaines, en zones de revitalisation rurale ou en zones de redynamisation urbaine n'étant cumulables avec aucune autre aide à l'emploi, l'employeur doit opter soit pour l'une de ces exonérations particulières, soit pour l'aide liée au CIE (lettre-circ. ACOSS 2010-80 du 22 juillet 2010).

Pour un récapitulatif du dispositif, voir *Contrat aidé**. Pour les règles spécifiques aux CIE qui étaient conclus au titre des emplois d'avenir, voir *Emplois d'avenir**.

Demande d'aide - L'aide à l'insertion professionnelle attachée au CIE suppose d'obtenir l'accord préalable d'un organisme prescripteur, matérialisé par une décision administrative d'attribution (c. trav. art. L. 5134-19-1). L'embauche ne peut avoir lieu avant l'attribution de l'aide. La procédure d'attribution de l'aide est commune à l'ensemble des dispositifs relevant du dispositif du *contrat unique d'insertion**.

Contrat initiative-emploi (CIE)

Montant de l'aide - Cette aide correspond à la prise en charge d'une partie du SMIC horaire brut multiplié par le nombre d'heures effectuées dans la limite de la durée légale hebdomadaire du travail.

Le taux de prise en charge est fixé par arrêté du préfet de région, en fonction d'un certain nombre de critères tenant notamment au secteur d'activité de l'employeur, à la situation économique locale et aux difficultés d'accès à l'emploi du bénéficiaire du contrat (c. trav. art. L. 5134-72 et R. 5134-65).

L'aide ne peut pas dépasser 47 % du taux brut du SMIC par heure travaillée, dans la limite de la durée légale hebdomadaire du travail (c. trav. art. L. 5134-72-1).

Lorsque le salarié embauché est un allocataire du RSA, le département participe au financement de l'aide (c. trav. art. L. 5134-72-2). Sa contribution mensuelle s'élève à 88 % du montant forfaitaire entrant dans le calcul du revenu garanti, dans la limite de l'aide effectivement versée (c. trav. art. D. 5134-64 ; CASF art. L. 262-2, 2).

Si, dans la convention annuelle d'objectifs et de moyens qu'il conclut avec l'État, le département décide de majorer les taux de prise en charge, le surcoût induit par cette majoration sera entièrement à sa charge (c. trav. art. R. 5134-66).

Versement mensuel - L'aide est versée mensuellement par (c. trav. art. R. 5134-63) :
- l'Agence de services et de paiement (ASP) pour le compte de l'État ;
- le département ou tout organisme mandaté à cet effet lorsque le salarié bénéficie du RSA financé par le département.

L'employeur doit communiquer chaque trimestre les justificatifs attestant de l'effectivité de l'activité du salarié.

Non-respect par l'employeur de ses obligations - L'employeur qui ne respecte pas les engagements mis à sa charge dans la décision d'attribution de l'aide s'expose au remboursement des sommes perçues (c. trav. art. R. 5134-54). L'organisme prescripteur informe l'employeur de son intention de procéder à la récupération de l'aide. L'employeur dispose de 7 jours francs pour faire connaître ses observations. Le remboursement porte sur la totalité des aides perçues.

Prolongation de l'aide - Que la prolongation reste dans la limite de 24 mois ou qu'elle conduise à dépasser cette durée maximale, elle n'est accordée qu'après évaluation des actions réalisées au cours du contrat en vue de favoriser l'insertion durable du salarié (c. trav. art. L. 5134-67-2). L'employeur doit adresser à l'autorité signataire une demande préalable motivée et accompagnée (c. trav. art. R. 5134-56) :
- d'un bilan des actions réalisées en matière d'accompagnement et de formation, notamment des actions d'aide à la prise de poste, de remise à niveau, d'acquisition de nouvelles compétences et de formation qualifiante ;
- d'un document répertoriant les actions d'accompagnement et de formation qu'il envisage de mettre en œuvre pendant la période de prolongation.

Cependant, lorsqu'il s'agit d'une prolongation au-delà de la durée maximale de 24 mois visant à permettre au salarié de terminer sa formation, l'employeur doit joindre à sa demande (c. trav. art. R. 5134-57) :
- tout justificatif visant à établir que l'action de formation est en cours de réalisation et qu'elle prendra fin après le terme de la convention ;
- des éléments d'organisation des actions de formation permettant de s'assurer que ces actions pourront être réalisées durant la période de prolongation.

Si le salarié est en CIE à durée déterminée, son contrat de travail est prolongé dans les mêmes conditions (c. trav. art. L. 5134-69-1).

Durée maximale de 24 mois - L'aide à l'insertion professionnelle attachée au contrat ne peut pas excéder le terme du contrat de travail (c. trav. art. L. 5134-67-1).

Prolongation dans la limite de 24 mois -L'aide ainsi que le contrat de travail s'il est à durée déterminée peuvent être prolongés, mais sans excéder une durée totale de 24 mois (c. trav. art. L. 5134-69-1).

Dérogations à la durée maximale - L'employeur peut demander, dans certains cas, à prolonger le versement de l'aide au-delà de 24 mois (c. trav. art. L. 5134-67-1). L'aide peut être prolongée :
- lorsqu'elle concerne un salarié âgé de 50 ans et plus rencontrant des difficultés particulières qui font obstacle à leur insertion durable dans l'emploi ;
- lorsqu'elle concerne une personne reconnue travailleur handicapé ;
- pour permettre d'achever une action de formation professionnelle en cours de réalisation et définie dans la convention initiale.

La durée maximale totale du versement de l'aide est alors fixée à 60 mois, soit 5 ans (c. trav. art. R. 5134-57 et R. 5134-58). Lorsque la prolongation vise à achever une action de formation, elle ne peut excéder la durée de la formation restant à courir.

Suspension du contrat de travail

Formalités - L'employeur doit signaler toute suspension dans un délai de 7 jours francs (c. trav. art. R. 5134-53) :
- à l'autorité signataire de la convention individuelle ;
- ou à l'organisme chargé du versement des aides [en pratique, l'Agence de services et de paiement (ASP) ou, pour un bénéficiaire du RSA, le département ou l'organisme mandaté à cet effet].

À cette fin, l'employeur doit établir une « fiche de signalement », dont le modèle est établi par arrêté (arrêté du 1er mars 2010, JO du 19). Il s'agit du modèle Cerfa n° 14008*01 dont les imprimés sont délivrés par l'ASP (www.asp-public.fr).

Incidence sur le versement de l'aide - Dès lors que le contrat est suspendu sans maintien de salaire, l'aide liée au contrat n'est pas due pour la période de suspension. En revanche, si le salaire est maintenu, que ce soit en totalité ou partiellement (ex. : arrêt maladie avec maintien de salaire sous déduction des IJSS), l'employeur continue à percevoir l'aide, mais au prorata de la rémunération effectivement versée (c. trav. art. R. 5134-67).

Droit pour le salarié de suspendre son contrat - Le CIE peut aussi être suspendu, à la demande du salarié, dans deux cas particuliers (c. trav. art. L. 5134-71) :
- pour accomplir une période d'essai en vue d'occuper un emploi à durée indéterminée ou un emploi à durée déterminée d'au moins 6 mois ;
- ou pour effectuer une évaluation en milieu de travail prescrite par le Pôle Emploi ou une action concourant à son insertion professionnelle, sous réserve de l'accord de l'employeur.

En cas d'embauche à l'issue de la période d'essai ou de l'évaluation en milieu de travail, le contrat est rompu sans préavis.

Rupture du CIE

Rupture anticipée du CIE à durée déterminée - Comme tout CDD, le CIE à durée déterminée peut être rompu avant son terme en cas de faute grave ou de force majeure ou lorsque le salarié justifie d'une embauche en CDI (c. trav. art. L. 1243-1 et L. 1243-2) [voir *Contrat de travail à durée déterminée (rupture anticipée)**].

Toutefois, par exception aux règles de droit commun, le salarié peut aussi rompre le contrat de manière anticipée lorsque cette rupture a pour objet de lui permettre (c. trav. art. L. 5134-70) :
- d'être embauché en CDI ;
- d'être embauché en CDD pour une durée d'au moins 6 mois ;
- de suivre une formation conduisant à une qualification reconnue (c. trav. art. L. 6314-1).

Cette possibilité de rupture anticipée à l'initiative du salarié est maintenue sans modification.

Initiative de l'employeur avant la fin de la convention - En principe, la rupture du CIE à l'initiative de l'employeur avant la fin avant la fin de l'aide à l'insertion professionnelle entraîne l'obligation pour l'employeur de reverser l'intégralité des aides déjà perçues (c. trav. art. R. 5134-68).

L'employeur n'aura pas à rembourser les aides lorsque, pour un CDI, la rupture intervient avant le terme initial du versement de l'aide, mais dans l'une des circonstances suivantes (c. trav. art. R. 5134-69) :
- licenciement pour faute grave ;
- licenciement pour force majeure ;
- licenciement pour inaptitude médicalement constatée ;
- licenciement pour motif économique notifié dans le cadre d'une procédure de redressement ou de liquidation judiciaires ;
- rupture en cours de période d'essai ;
- rupture conventionnelle homologuée.

De même en cas de CDD, l'employeur n'aura pas à rembourser les aides lorsque la rupture intervient avant le terme du versement de l'aide, mais dans l'un des cas de rupture anticipée suivant (c. trav. art. R. 5134-70) :
- par commun accord, résultant de la volonté claire et non équivoque des parties ;
- pour faute grave ;
- pour force majeure.

CIE Jeunes

Plan « un jeune, une solution » - Pour répondre aux difficultés sur le marché du travail des jeunes liées à la crise sanitaire du covid-19, le plan « un jeune, une solution » présenté le 23.07.2020 a notamment prévu la mobilisation de contrats aidés en faveur des jeunes, notamment avec le dispositif CIE Jeunes.

Jeunes visés - Ces contrats s'adressent aux publics âgés de moins de 26 ans, à l'exception des bénéficiaires en situation de handicap, pour lesquels la limite d'âge a été portée à 30 ans (circ. DGEFP/MIP/MPP/2020/163 du 28 septembre 2020 ; circ. DGEFP/MIP/METH/MPP/2022/29 du 7 février 2022, fiches 1 et 6).

La prescription du CIE Jeunes est centrée sur les publics éloignés du marché du travail au sens des personnes sans emploi rencontrant des difficultés sociales et professionnelles particulières d'accès à l'emploi pour lesquelles :
- la formation, seule (le frein à l'accès à l'emploi ne relève pas d'un défaut de qualification mais plutôt d'expérience et de savoir-être professionnels, d'une rupture trop forte avec le monde de l'école et de la formation etc.), ainsi que les mesures spécifiquement dédiées aux jeunes à travers un accompagnement intensif ou bien encore l'alternance (apprentissage, contrat de professionnalisation) ne constituent pas des outils adaptés ;
- les raisons de l'éloignement de l'emploi ne relèvent pas de freins périphériques lourds justifiant d'un parcours dans une structure dédiée à l'insertion (type structure d'insertion par l'activité économique, entreprise adaptée).

Modalités du CIE Jeunes - Les modalités du CIE Jeunes sont les suivantes (circ. DGEFP/MIP/METH/MPP/2022/29 du 7 février 2022, fiche 6) :
- durée moyenne hebdomadaire de 30 heures ;
- durée moyenne des contrats de 9,5 mois ;
- le taux de prise en charge par l'État de ces CIE Jeunes est unique et s'élève à 47 % sur l'ensemble du territoire, en France métropolitaine et dans les DOM.

Les renouvellements des contrats CIE jeunes initiés en 2020 et 2021 sont autorisés même si le bénéficiaire a dépassé l'âge limite autorisé pour un contrat initial.

☞ *Contrat aidé ; Contrat unique d'insertion.*

Contrat de mise à disposition

☞ *Groupement d'employeurs ; Travail temporaire (contrat de mise à disposition) ; Travail temporaire (contrat de travail).*

Contrat de mission

☞ *Travail temporaire (contrat de travail).*

Contrat de mission à l'exportation

Ce *contrat de travail** spécifique à durée indéterminée permet à un salarié de réaliser une mission à l'exportation effectuée en majeure partie hors du territoire national. Sa mise en œuvre nécessite un accord collectif de branche ou d'entreprise devant comporter un certain nombre de clauses obligatoires et notamment (c. trav. art. L. 1223-5 et L. 1223-6) :
- les catégories de salariés concernés ;
- la nature des missions à l'exportation concernées ainsi que leur durée minimale, qui ne pourra pas être inférieure à 6 mois ;
- les contreparties en termes de rémunération et d'indemnité de licenciement accordées aux salariés, sans que cette dernière puisse être inférieure au montant de l'indemnité légale de licenciement attribuée prorata temporis sans condition d'ancienneté et quel que soit l'effectif de l'entreprise ;
- les garanties en termes de formation pour les salariés concernés ;
- les mesures indispensables au reclassement des salariés ;
- la taille et le type d'entreprises concernées (s'il s'agit d'un accord collectif de branche).

La rupture du contrat de travail en fin de mission à l'initiative de l'employeur n'est pas soumise aux dispositions relatives au licenciement économique (c. trav. art. L. 1223-5). Elle relève donc de la procédure du licenciement individuel pour motif personnel [voir *Licenciement économique (procédure du licenciement individuel)**].

Les salariés bénéficient des dispositions en matière de protection sociale de la branche ou de l'entreprise (c. trav. art. L. 1223-7).

☞ *Contrat de travail.*

Contrat pour la mixité des emplois et l'égalité professionnelle entre les femmes et les hommes

Entreprises bénéficiaires

Le dispositif est ouvert à l'ensemble des employeurs de droit privé. Il est applicable aux organisations professionnelles en tant qu'employeur, pour leurs salariés.

Il s'applique également aux personnes publiques employant du personnel dans les conditions de droit privé ; toutefois, le secteur privé constitue la cible privilégiée du dispositif (c. trav. art. D. 1143-7 ; circ. DGCS/SDFE/B3/2012/77 du 17 février 2012, www.travail.gouv.fr).

Contrat entre l'entreprise et l'État

Consultation préalable du CSE - L'employeur doit, au préalable, consulter le *comité social et économique** (CSE) sur le projet de contrat et recueillir l'avis des organisations syndicales de salariés représentatives au plan national implantées dans l'entreprise, si elles existent (c. trav. art. D. 1143-7 ; circ. DGCS/SDFE/B3/2012/77 du 17 février 2012).

Signature avec un représentant de l'État - Le contrat pour la mixité des emplois et l'égalité professionnelle entre les femmes et les hommes est conclu entre une entreprise et l'État (représenté par le préfet de région ou, si le champ d'application du contrat excède le cadre régional, par le ministre chargé des droits des femmes) (c. trav. art. D. 1143-11).

Accord, plan ou mesures préalables

Conditions pour bénéficier de l'aide - Une entreprise ne peut bénéficier du dispositif d'aides que si elle a (c. trav. art. D. 1143-8) :
- conclu un accord collectif comportant des actions exemplaires en faveur de l'*égalité professionnelle** femmes/hommes ;
- ou adopté un *plan pour l'égalité professionnelle** ;
- ou encore, adopté une ou plusieurs mesures en faveur de la mixité des emplois.

Contenu du contrat - Le contrat pour la mixité des emplois et l'égalité professionnelle entre les femmes et les hommes précise (c. trav. art. D. 1143-9) :
- l'objet et la nature des engagements souscrits par l'employeur ;
- le montant de l'aide et ses modalités de versement ;
- les modalités d'évaluation et de contrôle de la réalisation des engagements souscrits.

Engagements souscrits par l'employeur - Les engagements souscrits par l'employeur doivent avoir pour but de contribuer (c. trav. art. D. 1143-10) :
- significativement à la mise en place de l'égalité professionnelle entre les femmes et les hommes dans l'entreprise ou l'établissement ;
- ou à développer la mixité des emplois.

Pour ce faire, l'entreprise adopte des mesures de sensibilisation, d'embauche, de formation (actions d'adaptation à la prise de poste ou actions de formation qualifiante), de promotion et d'amélioration des conditions de travail (ex. : achat de matériel permettant de réduire les charges physiques de travail tel du matériel de levage, outils de travail plus maniables).

Il doit s'agir d'actions exemplaires. Les actions éligibles à l'aide sont très diverses : il peut s'agir d'actions individuelles ou collectives, portant sur une thématique précise de l'égalité professionnelle ou sur plusieurs, qu'il s'agisse de favoriser la diversification des emplois occupés par les femmes ou leur promotion dans l'entreprise (circ. DGCS/SDFE/B3/2012/77 du 17 février 2012).

Bénéficiaires des actions - Seules des femmes peuvent bénéficier des actions éligibles. Cependant les actions de sensibilisation peuvent s'adresser également aux hommes. La ou les femmes directement concernées par des actions éligibles peuvent être demandeuses d'emploi ou déjà salariées de l'entreprise, quels que soient leur âge et leur niveau de qualification (circ. DGCS/SDFE/B3/2012/77 du 17 février 2012).

Modalités de l'aide - La participation financière de l'État aux dépenses directement imputables à la réalisation des engagements de l'entreprise est calculée dans la limite maximale d'un pourcentage variable selon la nature et le contenu des actions, déduction faite de la TVA, à savoir (c. trav. art. D. 1143-12) :
- 50 % du coût d'investissement en matériel lié à la modification de l'organisation et des conditions de travail ;
- 30 % des dépenses de rémunération exposées par l'employeur pour les salariés bénéficiant d'actions de formation au titre et pendant la durée de la réalisation du plan (les augmentations de rémunérations, quelles qu'en soient les modalités, acquises par les salariés du fait de la réalisation du plan, sont exclues de l'aide éventuelle) ;
- 50 % des autres coûts.

Pour le bénéfice de l'aide financière, les actions en faveur des salariées en contrat à durée déterminée et des salariées intérimaires sont prises en compte lorsque leur contrat, ou la durée de leur mission, est d'une durée supérieure ou égale à 6 mois (c. trav. art. D. 1143-13).

Les actions conduites par l'entreprise peuvent prendre plusieurs formes et sont cumulables : il est donc possible par exemple de financer à la fois une action de formation, un aménagement du poste de travail et une action de sensibilisation destinée au personnel de l'entreprise (circ. DGCS/SDFE/B3/2012/77 du 17 février 2012).

En cas de non-respect du contrat, l'entreprise doit rembourser l'aide (c. trav. art. D. 1143-15).

Règle de cumul avec d'autres aides - L'aide n'est cumulable avec aucune autre aide publique ayant un objet identique (c. trav. art. D. 1143-14).

Il n'est donc pas possible de cumuler le contrat pour la mixité avec un contrat aidé qui se traduit déjà par une aide publique à la formation. En revanche, le contrat pour la mixité est cumulable avec un contrat aidé pour le financement de mesures d'aménagement des locaux ou du poste de travail et des actions internes d'information, de sensibilisation et de formation sur l'égalité professionnelle entre les femmes et les hommes (circ. DGCS/SDFE/B3/2012/77 du 17 février 2012).

Exemple
Un contrat d'apprentissage peut bénéficier d'une aide du contrat pour la mixité des emplois et l'égalité professionnelle entre les femmes et les hommes au titre de l'aménagement des locaux ou du poste de travail (circ. DGCS/SDFE/B3/2012/77 du 17 février 2012).

Suivi du contrat

Suivi par les représentants du personnel - Le *comité social et économique** est régulièrement informé de l'exécution des engagements souscrits par l'employeur dans le contrat pour la mixité des emplois et l'égalité professionnelle (c. trav. art. D. 1143-16).

Suivi par le DREETS - Le compte rendu de l'exécution des engagements souscrits par l'employeur dans ce contrat est adressé au DREETS et au chargé de mission départemental aux droits des femmes et à l'égalité (c. trav. art. D. 1143-17).

Au terme du contrat, l'employeur réalise une évaluation des engagements souscrits et des mesures concrètes mises en œuvre qu'il transmet au DREETS et au chargé de mission départemental aux droits des femmes et à l'égalité (c. trav. art. D. 1143-18).

☛ *Égalité professionnelle.*

Contrat à objet défini de recherche

Le contrat à objet défini de recherche est un *contrat de travail à durée déterminée** (CDD) à objet défini. Il peut être conclu entre un salarié chercheur titulaire du diplôme de doctorat et différents types de structures employeurs.

▶ À noter… Sur le *contrat doctoral de droit privé** qui peut être conclu avec un salarié inscrit dans un établissement d'enseignement supérieur français en vue d'obtenir un doctorat, voir l'étude correspondante.

Il doit être conclu au plus tard 3 ans après la date d'obtention du diplôme de doctorat par le salarié. L'activité de recherche proposée doit « fournir au salarié une expérience professionnelle complémentaire au doctorat » (loi 2020-1674 du 24 décembre 2020, art. 7, JO du 26 ; c. trav. art. L. 1242-3, 4° ; c. recherche art. L. 431-5).

Les structures pouvant recourir ce type de contrat sont :
- les entreprises de droit privé ayant une activité de recherche et développement ;
- les établissements publics de recherche à caractère industriel et commercial ;
- les fondations reconnues d'utilité publique ayant pour activité principale la recherche publique ;
- les établissements d'enseignement supérieur privés d'intérêt général dans le cadre de leurs activités de recherche.

La liste des établissements et des fondations concernés sera fixée par un décret, restant à paraître au 1.01.2022 (c. recherche art. L. 431-5, I).

Le contrat est conclu pour réaliser des activités de recherche dans le cadre d'un projet retenu au titre d'un appel à projets international ou national ou défini par l'établissement (c. recherche art. L. 431-5, II).

▶ À noter… Le contrat peut également être de droit public.

Le contrat comporte les mentions obligatoires du *contrat de travail à durée déterminée** ainsi que des mentions spécifiques, au nombre desquelles (c. trav. art. L. 1242-12 ; c. recherche art. L. 431-5, V) :
- la mention « contrat à objet défini de recherche » ;
- une clause descriptive du projet et la mention de sa durée prévisible ;
- la définition des tâches pour lesquelles le contrat est conclu ;
- l'événement ou le résultat objectif déterminant la fin de la relation contractuelle ;
- lorsque le contrat n'a pas de terme précis, le délai de prévenance de l'arrivée au terme du contrat et, le cas échéant, de la proposition de poursuite de la relation de travail en contrat à durée indéterminée (CDI).

Le contrat a une durée d'un an au minimum et de 4 ans au maximum, renouvellements compris (c. recherche art. L. 431-5, III).

En cas de suspension du contrat pour une durée d'au moins 3 mois et pour un motif lié à la maternité, à la maladie ou à un accident du travail, le contrat peut être prolongé par avenant, pour une durée égale à la durée de la suspension, dans la limite de 9 mois. Dans ce cas, la durée de la prolongation et le nombre de renouvellements sont ajoutés aux limites autorisées.

Le CDD peut être conclu avec un terme précis, fixé dès sa conclusion en référence à une durée de contrat ou une date de fin de contrat. Dans ce cas, le contrat est renouvelable pour une année à deux reprises et dans la limite de la durée maximale de 4 ans (c. recherche art. L. 431-5, IV).

En cas de terme imprécis, le CDD est conclu pour une durée minimale et a pour terme la réalisation de l'événement pour lequel il a été conclu.

Si, à la fin du contrat, les relations contractuelles de travail ne se poursuivent pas par un CDI avec le même employeur, un autre employeur public ou privé ou un recrutement dans un corps de la fonction publique, l'indemnité de fin de contrat est due à titre dérogatoire (c. trav. art. L. 1243-8 ; c. recherche art. L. 431-5, VI).

☞ *Contrat de travail à durée déterminée.*

Contrat de partage des plus-values

Les actionnaires ont la possibilité de conclure un « contrat de partage des plus-values » aux termes duquel ils s'engagent à rétrocéder aux salariés de l'entreprise une partie des plus-values qu'ils pourront réaliser au moment de la cession ou du rachat de tout ou partie de leurs titres (c. com. art. L. 23-11-1 à L. 23-11-4).

Rétrocession des plus-values

Conclusion du contrat de partage - L'engagement de rétrocéder une partie des plus-values aux salariés de l'entreprise se concrétise par la signature d'un contrat entre le ou les détenteurs de titres et la société concernée. Il peut y avoir un contrat commun à plusieurs détenteurs de titres ou des contrats distincts.

Le contrat de partage des plus-values comporte un certain nombre de mentions obligatoires, parmi lesquelles la période pour laquelle il est conclu (avec une durée plancher fixée à 5 ans), la durée minimale entre la date de conclusion du contrat et la date de cession des titres, l'ancienneté exigée des salariés pour bénéficier du dispositif (entre 3 mois et 2 ans) ou encore les modalités de calcul des sommes versées (c. com. art. L. 23-11-2).

La durée minimale entre la date de conclusion du contrat et la date de cession des titres est fixée à 3 ans. Par exception, depuis le 1.01.2021, pour les contrats conclus avant le 24.05.2021, cette durée minimale est de 1 an, dès lors que le détenteur détient l'ensemble des titres concernés par l'engagement de partage depuis au moins 2 ans à la date de signature du contrat (loi 2019-1479 du 28 décembre 2019, art. 109, JO du 29).

Répartition des plus-values - Les plus-values sont obligatoirement réparties entre l'ensemble des salariés présents pendant tout ou partie de la période comprise entre la date de signature du contrat et la date de cession des titres. Cette répartition peut s'effectuer :

- de manière uniforme ;
- proportionnellement à la durée de présence dans l'entreprise au cours de la période écoulée entre la signature du contrat et la cession des titres ;
- ou proportionnellement au salaire.

Il est également possible de combiner les modalités de répartition (c. com. art. L. 23-11-3 ; c. trav. art. D. 3332-8-2).

Les sommes réparties ne peuvent pas excéder 30 % du plafond annuel de sécurité sociale.

Versement dans le PEE - Une fois que le ou les cessionnaires ont rétrocédé les sommes convenues, l'employeur les répartit entre les salariés dans un délai de 90 jours, après prélèvement des charges sociales et fiscales induites. Ces sommes vont obligatoirement alimenter le *plan d'épargne d'entreprise (PEE)** (c. com. art. L. 23-11-4).

Régime social et fiscal

Régime social - Pour le bénéficiaire du contrat de partage, les sommes versées sur le PEE obéissent au même régime social que l'abondement de l'employeur au PEE, sous réserve qu'elles ne dépassent pas 30 % du plafond annuel de la sécurité sociale (c. trav. art. L. 3332-11).

La fraction excédant ce seuil de 30 % est versée directement au salarié bénéficiaire et constitue un revenu d'activité soumis à cotisations et contributions sociales.

Les sommes versées dans le PEE en application d'un contrat de partage ne sont pas prises en compte pour l'appréciation du respect du plafond légal d'abondement, soit à 8 % du montant annuel du plafond de la sécurité sociale dans la limite du triple de la contribution du bénéficiaire dans le cas général [voir *Plan d'épargne d'entreprise (PEE)**].

Régime fiscal - Pour le bénéficiaire, les sommes versées sur le PEE dans le cadre du contrat de partage sont exonérées d'impôt sur le revenu dans la limite du plafond de 30 % du plafond annuel de la sécurité sociale (CGI art. 80 sexdecies).

Pour l'associé cédant, la fraction de plus-value due dans le cadre du contrat de partage est exonérée d'impôt sur le revenu (CGI art. 150-0 A, II. 7).

☛ *Plan d'épargne d'entreprise (PEE).*

Contrat passerelle

☛ *Atelier d'insertion.*

Contrat de professionnalisation

Le contrat de professionnalisation est un contrat de formation en alternance qui s'inscrit dans le cadre de la formation continue (c. trav. art. L. 6325-1 à L. 6325-24, D. 6325-1 à D. 6325-28, R. 6325-20 à R. 6325-22 ; circ. DGEFP 2012-15 du 19 juillet 2012, BO MT 2012-08).

Sur les aides à l'embauche en contrat de professionnalisation mises en place dans le cadre de la crise sanitaire, voir *Covid-19 (aides à l'embauche)**.

Public éligible

Jeunes et demandeurs d'emploi - Le contrat de professionnalisation a pour objet de permettre aux salariés qui le signent d'acquérir une qualification et de favoriser leur insertion ou leur réinsertion professionnelle. Il s'adresse (c. trav. art. L. 6325-1) :

- aux personnes âgées de 16 à 25 ans révolus en vue de compléter leur formation initiale ;
- aux demandeurs d'emploi âgés de 26 ans et plus.

Peuvent en bénéficier (c. trav. art. L. 6325-1, 3° et 4°) :

- les bénéficiaires du *revenu de solidarité active** (RSA) ;
- les bénéficiaires de l'allocation de solidarité spécifique [voir *Chômage (allocation de solidarité spécifique)**] ;
- les bénéficiaires de l'allocation pour les adultes handicapés [voir *Prestations familiales (handicap)**] ;
- les personnes ayant bénéficié d'un *contrat unique d'insertion** (CUI).

Publics prioritaires - Certaines personnes éligibles sont considérées comme particulièrement éloignées de l'emploi et doivent, à ce titre, bénéficier d'un accompagnement renforcé. Ce régime spécifique concerne (c. trav. art. L. 6325-1-1) :

- les jeunes âgés de 16 à 25 ans qui n'ont pas validé un second cycle de l'enseignement secondaire et qui ne sont pas titulaires d'un diplôme de l'enseignement technologique ou professionnel ;
- les bénéficiaires de minima sociaux (RSA, allocation de solidarité spécifique et allocation aux adultes handicapés) ;
- les personnes ayant bénéficié d'un CUI ;
- les jeunes de 16 à 25 ans révolus complétant leur formation initiale ;
- les demandeurs d'emploi de 26 ans et plus, dès lors qu'ils sont inscrits depuis plus d'un an sur la liste des demandeurs d'emploi.

▶ À noter… S'agissant de ces deux dernières catégories de bénéficiaires, la mesure baptisée contrat de professionnalisation « nouvelle chance » par les pouvoirs publics se matérialise sur le plan juridique par la simple extension des publics prioritaires du contrat de professionnalisation, et non à proprement parler par la création d'un nouveau contrat.

Employeurs concernés

Employeurs visés : règles de droit commun - Peuvent conclure des contrats de professionnalisation (circ. DGEFP 2012-15 du 19 juillet 2012) :

- tous les employeurs assujettis au financement de la formation professionnelle continue, à l'exception de l'État, des collectivités territoriales et de leurs établissements publics à caractère administratif ;
- les établissements publics industriels et commerciaux ainsi que les entreprises d'armement maritime (décret 2005-146 du 16 février 2005, JO du 19) ;
- les groupements d'employeurs (c. trav. art. D. 6325-22 à 6325-28).

Les structures de l'insertion par l'activité économique (SIAE) ont la possibilité de conclure un contrat de professionnalisation, dans le cadre de leur conventionnement, au bénéfice de leurs salariés en parcours d'insertion et d'accompagnement au sein de la structure (*association intermédiaire**, entreprises d'insertion, *atelier d'insertion** et chantiers d'insertion, entreprises de travail temporaire d'insertion) (c. trav. art. L. 5132-3, 3°). Sur l'aide à l'embauche en contrat de professionnalisation au profit des SIAE pour les contrats conclus à compter du 1.01.2021, voir *Association intermédiaire**.

Expérimentation : ouverture aux entreprises de portage salarial - À titre expérimental pour une durée de 3 ans à compter du 1.01.2021 (jusqu'au 31.12.2023), les entreprises de *portage salarial** peuvent conclure, lorsqu'ils sont à durée déterminée, des contrats de professionnalisation (c. trav. art. L. 1242-3).

Ce contrat de professionnalisation a pour objet de permettre d'acquérir une des qualifications enregistrées dans le répertoire national des certifications professionnelles (RNCP) ou d'ouvrir droit à un certificat de qualification professionnelle de branche ou interbranche (c. trav. art. L. 6314-1, 1° et 3°) et de favoriser l'insertion ou la réinsertion professionnelle.

L'entreprise de portage salarial s'engage à assurer une formation au salarié porté lui permettant d'acquérir une qualification professionnelle en lien avec l'objet du contrat et le développement de son activité professionnelle.

Le salarié porté s'engage à suivre la formation prévue au contrat.

L'entreprise de portage salarial et le salarié porté désignent conjointement sur proposition de l'entreprise de portage salarial un tuteur, chargé d'accompagner le salarié porté. Ce tuteur est choisi parmi les salariés volontaires, qualifiés de l'entreprise de portage salarial. Il ne peut exercer simultanément ses fonctions à l'égard de plus de 5 salariés bénéficiaires de contrats de professionnalisation en portage salarial.

L'action de professionnalisation d'un contrat de professionnalisation à durée déterminée ou qui se situe au début d'un contrat de professionnalisation à durée indéterminée (CDI) est d'une durée minimale comprise entre 6 mois et 24 mois. Dans le cadre du contrat de professionnalisation à durée déterminée ou d'actions de professionnalisation engagées dans le cadre de CDI, les actions de positionnement, d'évaluation et d'accompagnement ainsi que les enseignements généraux, professionnels et technologiques sont mis en œuvre par un organisme de formation ou, lorsqu'elle dispose d'un service de formation, par l'entreprise de portage salarial elle-même. Ils sont d'une durée minimale comprise entre 15 %, sans être inférieure à soixante heures, et 25 % de la durée totale du contrat (loi 2020-1577 du 14 décembre 2020, art. 16, JO du 15).

CDD ou CDI

Formalités - Le contrat de professionnalisation peut prendre la forme d'un contrat à durée déterminée (CDD) ou à durée indéterminée (CDI). Il peut être conclu sous la forme d'un contrat à temps partiel (c. trav. art. L. 6325-5). Il doit être établi sur un formulaire Cerfa (www.travail.gouv.fr rubrique formulaires). Un document précisant les objectifs, le programme et les modalités d'organisation, d'évaluation et de sanction de la formation doit être annexé au contrat (c. trav. art. D. 6325-11).

▶ À noter… L'employeur remplit directement en ligne (www.alternance.emploi.gouv.fr) le formulaire Cerfa puis l'imprime, le signe et le fait signer au salarié, en 3 exemplaires (un pour le salarié, un pour l'employeur, un pour l'opérateur de compétences (OPCO). Avant de commencer cette démarche en ligne, l'employeur doit être en possession de la convention de formation.

Durée de l'action de professionnalisation et lien avec le contrat - S'il s'agit d'un CDD, le contrat est conclu pour une durée minimale comprise entre 6 et 12 mois (durée de l'action de professionnalisation). S'il s'agit d'un CDI, l'action de professionnalisation se situe au début du contrat pour une durée comprise entre 6 et 12 mois minimum.

La durée minimale peut être portée à 36 mois pour les bénéficiaires des minima sociaux, les personnes ayant bénéficié d'un *contrat unique d'insertion**, les jeunes de 16 à 25 ans qui n'ont pas validé un second cycle de l'enseignement secondaire et n'ont pas de diplôme de l'enseignement technologique ou professionnel, ainsi que les jeunes de 16 à 25 ans révolus complétant leur formation initiale et aux demandeurs d'emploi de 26 ans et plus, dès lors qu'ils sont inscrits depuis plus d'un an sur la liste des demandeurs d'emploi (c. trav. art. L. 6325-11).

▶ À noter… Le but de cette mesure est de permettre aux intéressés de préparer, par la voie du contrat de professionnalisation, des qualifications plus longues comme la licence professionnelle et le baccalauréat professionnel.

La durée minimale peut être portée à 24 mois pour d'autres bénéficiaires ou pour certaines qualifications, définis par accord collectif de branche (c. trav. art. L. 6325-12).

▶ À noter… Ces bénéficiaires ainsi que la nature des qualifications en cause sont définis par convention ou accord collectif de branche ou, à défaut, par accord collectif signé entre les organisations syndicales, patronales et salariales signataires d'un accord constitutif d'un organisme collecteur paritaire interprofessionnel des fonds de la formation professionnelle continue. La nature de ces qualifications peut être définie par un accord conclu aux niveaux national et interprofessionnel.

Renouvellement du CDD - Les CDD peuvent être renouvelés une fois si le salarié n'a pas pu obtenir la qualification envisagée en raison de l'échec aux épreuves d'évaluation de la formation suivie, de la maternité, de la maladie, d'un accident du travail ou de la défaillance de l'organisme de formation (c. trav. art. L. 6325-7).

Le renouvellement est également possible si, après avoir obtenu la qualification visée, le salarié souhaite préparer une qualification supérieure ou complémentaire (c. trav. art. L. 6325-7).

Contrat conclu conjointement par deux employeurs « saisonniers » - Pour l'exercice d'activités saisonnières (c. trav. art. L. 1242-2, 3°), deux employeurs peuvent conclure conjointement un contrat de professionnalisation sous forme de CDD avec un jeune de 16 à 25 ans, en vue de l'acquisition d'une ou de deux qualifications (c. trav. art. L. 6325-4-1 ; c. éduc. art. D. 337-21 et D. 377-90).

Les deux employeurs et le salarié signent une convention tripartite qui est annexée au contrat de professionnalisation.

Autorisation de travail des étrangers en contrat de professionnalisation - Des règles spécifiques sont prévues, en matière de titre de séjour et d'autorisation de travail, pour les ressortissants d'un État tiers à l'Union européenne, à la Confédération helvétique ou non partie à l'Espace économique européen (EEE). L'autorisation de travail est accordée de droit aux étrangers autorisés à séjourner en France pour la conclusion d'un contrat de professionnalisation conclu sous forme de CDD. Par exception, un étranger titulaire d'une carte de séjour « étudiant » peut avoir accès, à l'issue de la première année de séjour, au contrat de professionnalisation, et ce, sans condition de diplôme. Une autorisation de travail lui est, dans ce cas, délivrée de plein droit (c. trav. art. L. 5221-5 et R. 5221- 7 ; circ. DGEFP 2012-15 du 19 juillet 2012, § 1.4.4 ; circ. INTV1631686J. du 2 novembre 2016, I, § 2-2 C). La dérogation est également applicable aux mineurs étrangers, âgés de 16 à 18 ans, confiés au service de l'aide sociale à l'enfance (CE 15 février 2017, n° 407355).

▶ À noter… La dérogation est également applicable aux mineurs étrangers, âgés de 16 à 18 ans, confiés au service de l'aide sociale à l'enfance (CE 15 février 2017, n° 407355).

Salariés mineurs - La réglementation protégeant les mineurs s'applique aux salariés en contrat de professionnalisation [voir *Jeunes (travaux interdits et réglementés)**].

Conclusion du contrat

Transmission du contrat à l'OPCO - L'employeur adresse le contrat de professionnalisation à l'opérateur de compétences (OPCO) au plus tard dans les 5 jours qui suivent le début du contrat [voir *Opérateurs de compétences (OPCO)**]. Il doit accompagner cet envoi du document qui y est annexé en y précisant les objectifs, le programme et les modalités d'organisation, d'évaluation et de sanction de la formation (c. trav. art. D. 6325-1 et D. 6325-11 ; circ. DGEFP 2012-15 du 19 juillet 2012).

▶ À noter… Cette transmission s'effectue sous forme dématérialisée via le portail Internet de l'alternance (www.alternance.emploi.gouv.fr) (c. trav. art. D. 6325-1).

L'OPCO émet un avis sur le contrat et décide de la prise en charge des dépenses de formation dans un délai de 20 jours à compter de la réception du contrat. Passé ce délai, le défaut de notification de la réponse de l'OPCO vaut décision d'acceptation, la prise en charge est réputée acceptée et le contrat déposé (c. trav. art. D. 6325-1 et D. 6325-2). Si l'OPCO refuse la prise en charge financière au motif que les stipulations du contrat sont contraires à une disposition légale ou conventionnelle, il doit motiver sa décision et la notifier à l'employeur et au salarié titulaire du contrat (c. trav. art. D. 6325-2).

Les décisions d'accords ou de refus de prise en charge de l'OPCO sont notifiées à l'employeur par le biais du service dématérialisé www.alternance.emploi.gouv.fr. L'OPCO transmet ces décisions au DREETS de la même façon (c. trav. art. D. 6325-2). Il est toutefois conseillé de se rapprocher de son OPCO pour connaître les modalités de communication pratiquées par ce dernier.

Dépôt auprès du DREETS - L'OPCO dépose le contrat, accompagné de sa décision, auprès du DREETS du lieu d'exécution du contrat, sous une forme dématérialisée (c. trav. art. D. 6325-2).

Dans les 2 mois qui suivent le début du contrat, l'employeur examine avec le titulaire du contrat l'adéquation du programme de formation au regard des acquis du salarié. En cas d'inadéquation, l'employeur et le salarié peuvent conclure un avenant au contrat de professionnalisation, dans les limites de la durée de ce contrat. Cet avenant est transmis à l'OPCO agréé, puis déposé à la DREETS (c. trav. art. D. 6325-13).

Convention avec l'organisme de formation

Les actions d'accompagnement ainsi que les enseignements généraux, professionnels et technologiques mis en place dans le cadre d'un contrat de professionnalisation par un organisme de formation ou un établissement d'enseignement donnent lieu à la signature, entre l'entreprise et l'organisme de formation ou l'établissement d'enseignement, d'une convention précisant les objectifs, le programme et les modalités d'organisation, d'évaluation et de sanction de la formation (c. trav. art. D. 6325-12). Ces informations doivent être annexées au contrat.

▶ **À noter...** Les périodes en entreprise effectuées au titre de la formation initiale des jeunes sous statut scolaire ou universitaire ne peuvent pas donner lieu à la conclusion de contrats de professionnalisation (c. trav. art. D. 6325-4).

Mobilité européenne et internationale

Le contrat de professionnalisation peut être exécuté à l'étranger pour une durée maximale d'un an. La durée du contrat peut aller jusqu'à 24 mois pour permettre cette mobilité (c. trav. art. L. 6325-25, I). Le contrat doit en tout état de cause être exécuté au moins 6 mois en France. Lorsque l'exécution a lieu à l'étranger, la durée minimale de formation dans un organisme d'enseignement ne s'applique pas (c. trav. art. L. 6325-25, I, al. 3).

Pendant la mobilité à l'étranger (dans ou hors Union européenne), l'entreprise ou l'organisme d'accueil est seul responsable des conditions d'exécution du contrat de travail dans le respect des normes du pays d'accueil, notamment en matière de santé et de sécurité au travail, de rémunération, de durée du travail ou de repos hebdomadaire et de jours fériés (c. trav. art. L. 6325-25, II). Le bénéficiaire du contrat est affilié à la sécurité sociale du pays d'accueil pendant sa mobilité, sauf lorsqu'il ne bénéficie pas du statut de salarié ou assimilé dans cet État (c. trav. art. L. 6325-25, II).

▶ **À noter...** Dans ce cas, sa couverture sociale est régie par le code de la sécurité sociale pour ce qui concerne les risques maladie, vieillesse, maternité, accidents du travail et maladies professionnelles et invalidité. Cette couverture est assurée en dehors de l'Union européenne, sous réserve des dispositions des règlements européens et des conventions internationales de sécurité sociale, par une adhésion à une assurance volontaire (c. trav. art. L. 6325-25, II).

Une convention peut être conclue entre les parties prenantes (salarié, employeur en France, entreprise étrangère, organisme de formation en France et, le cas échéant à l'étranger) pour prévoir les conditions de cette mobilité. Un arrêté fixe le modèle de cette convention (c. trav. art. L. 6325-25, I et R. 6325-33). Pour les périodes de mobilité n'excédant pas 4 semaines, une convention organisant la mise à disposition du salarié en contrat de professionnalisation peut être conclue entre le bénéficiaire, l'employeur en France, l'organisme de formation en France et l'organisme de formation à l'étranger ainsi que, le cas échéant, l'employeur à l'étranger (c. trav. art. L. 6325-25, III et R. 6325-34).

Formation en alternance

Actions de formation obligatoires - L'employeur qui recrute une personne sous contrat de professionnalisation s'engage à lui fournir une formation lui permettant d'acquérir une qualification professionnelle et un emploi en relation avec cet objectif pendant la durée du CDD ou de l'action de professionnalisation du CDI.

Le contrat doit permettre au salarié d'acquérir une qualification inscrite dans le répertoire national des certifications professionnelles [voir *Formation professionnelle (certification professionnelle)**], reconnue dans la classification d'une convention collective nationale de branche ou ouvrant droit à un certificat de qualification professionnelle (c. trav. art. L. 6314-1 et L. 6325-1).

Expérimentation en vue d'acquérir des compétences définies par l'employeur et l'OPCO - La loi Avenir professionnel a mis en place une expérimentation en ouvrant la possibilité de conclure un contrat de professionnalisation en vue d'acquérir des compétences définies par l'employeur et l'opérateur de compétences [voir *Opérateurs de compétences (OPCO)**], en accord avec le salarié (loi 2018-771 du 5 septembre 2018, art. 28-III, 2° et 46, JO du 6 ; décret 2018-1263 du 26 décembre 2018, JO du 28).

Cette expérimentation est également ouverte aux structures d'insertion par l'activité économique (SIAE : associations intermédiaires, entreprises d'insertion, etc.) (c. trav. art. L. 5132-4). Sur l'aide à l'embauche en contrat de professionnalisation au profit des SIAE pour les contrats conclus à compter du 1.01.2021, voir *Association intermédiaire**.

La conclusion de ces contrats de professionnalisation « expérimentaux » peut avoir lieu sur l'ensemble du territoire national, pour une durée qui ne peut pas excéder 5 ans à compter du **28.12.2018** (loi 2018-771 du 5 septembre 2018 art. 28-VI modifié par loi 2020-1577 du 14 décembre 2020, art. 17 ; décret 2018-1263 du 26 décembre 2018, art. 1).

Les compétences à acquérir sont définies par l'employeur et le salarié, avec l'appui de l'OPCO (décret 2018-1263 du 26 décembre 2018, art. 2). L'OPCO établit le parcours de formation, en veillant à la répartition et à l'articulation entre la formation théorique et la formation pratique en entreprise. Il assure le suivi du parcours de formation du salarié durant l'exécution du contrat. Le cas échéant, en lien avec l'employeur, il peut proposer des adaptations au contenu de la formation afin de mieux répondre aux besoins de l'entreprise et du salarié. Les compétences à acquérir peuvent notamment correspondre à un ou plusieurs blocs de compétence des certifications professionnelles (c. trav. art. L. 6113-1).

Enseignements généraux, professionnels et technologiques - Le contrat de professionnalisation associe des enseignements généraux, professionnels et technologiques dispensés dans des organismes publics ou privés de formation ou, lorsqu'elle dispose d'un service de formation (locaux identifiés pour délivrer des actions d'évaluation, d'accompagnement et des enseignements généraux, professionnels et technologiques, moyens pédagogiques et un ou plusieurs formateurs qui consacrent tout ou partie de leur temps à la formation), par l'entreprise, et l'acquisition d'un savoir-faire par l'exercice en entreprise d'une ou plusieurs activités professionnelles en relation avec les qualifications recherchées (c. trav. art. L. 6325-2).

▶ À noter… Un salarié en contrat de professionnalisation peut suivre sa formation « pratique » dans plusieurs entreprises. Une convention est conclue à cet effet entre l'employeur, les entreprises d'accueil et le salarié en contrat de professionnalisation (c. trav. art. L. 6325-2 et D. 6325-30 à D. 6325-32).

Le salarié s'engage à travailler pour le compte de son employeur et à suivre la formation prévue au contrat (c. trav. art. D. 6325-11 à D. 6325-13).

▶ À noter… L'obligation de formation constitue une des conditions d'existence du contrat de formation en alternance à durée déterminée, à défaut de laquelle le contrat doit être requalifié en CDI (cass. soc. 28 juin 2006, n° 04-42815, BC V n° 233 ; cass. soc. 23 octobre 2013, n° 12-20760 D). En présence d'un contrat de professionnalisation à durée indéterminée, le défaut de formation justifie sa résiliation judiciaire (cass. soc. 12 avril 2012, n° 11-13182 D). Par contre, une différence d'intitulé de qualification ne rend pas illicite le contrat mais entraîne un préjudice que les juges du fond évaluent souverainement (cass. soc. 10 novembre 2016, n° 14-26804 D).

Modalités de réalisations - Dans le cadre du contrat de professionnalisation à durée déterminée ou d'actions de professionnalisation engagées dans le cadre de CDI, la formation recouvre les actions de positionnement, d'évaluation et d'accompagnement ainsi que les enseignements généraux, professionnels et technologiques. Elles sont mises en œuvre par un organisme de formation ou, lorsqu'elle dispose d'un service de formation, par l'entreprise elle-même (c. trav. art. L. 6325-13).

▶ À noter… Une action de positionnement peut permettre, par exemple, de mesurer l'écart de compétences entre le niveau de l'intéressé et le niveau visé, au regard notamment d'un référentiel, d'identifier ses compétences (savoirs, savoir-faire) et les aptitudes professionnelles et personnelles.

À l'inverse, les périodes de travail en entreprise visant l'acquisition d'un savoir-faire ne sont pas décomptées comme des périodes de formation (c. trav. art. L. 6325-2 ; circ. DGEFP 2012-15 du 19 juillet 2012).

Durée de la formation - La durée minimale de la formation est comprise entre 15 %, sans être inférieure à 150 h, et 25 % de la durée totale du CDD ou de la période de professionnalisation du CDI. Ces actions d'évaluation et d'accompagnement ainsi que d'enseignements généraux, professionnels et technologiques peuvent être portées au-delà de 25 % du temps de travail si un accord de branche ou interprofessionnel le prévoit pour certaines catégories de bénéficiaires sans qualification (c. trav. art. L. 6325-13).

▶ À noter… Pour certains bénéficiaires (notamment ceux pouvant prétendre à un accompagnement renforcé visés à l'article L. 6325-1-1 du code du travail, voir ci-avant) ou certaines formations diplômantes, un accord de branche peut étendre la durée des actions de formation au-delà de 25 % (c. trav. art. L. 6325-14 ; circ. DGEFP 2012-15 du 19 juillet 2012).

Déroulement de la formation - La formation doit être dispensée par un organisme de formation, ou éventuellement par l'entreprise elle-même, mais à la condition expresse qu'elle dispose d'un service de formation interne clairement identifié (locaux identifiés pour délivrer des actions d'évaluation, d'accompagnement et des enseignements généraux professionnels et technologiques, moyens pédagogiques et un ou plusieurs formateurs qui consacrent tout ou partie de leur temps à la formation).

Les entreprises de travail temporaire peuvent également utiliser le contrat de professionnalisation, mais uniquement sous le régime du CDD. Les activités professionnelles en relation avec les enseignements reçus sont alors exercées dans le cadre de missions ayant pour objet la professionnalisation des salariés intérimaires ou l'amélioration de leur insertion professionnelle.

Gratuité pour le salarié - Les organismes publics ou privés de formation ne peuvent pas conditionner l'inscription d'un salarié en contrat de professionnalisation au versement par ce dernier d'une contribution financière de quelque nature qu'elle soit (c. trav. art. L. 6325-2-1).

Rupture anticipée

Lorsque le contrat de professionnalisation (ou, s'il a été conclu sous forme de CDI, l'action de professionnalisation) est rompu avant son terme, l'employeur doit signaler cette rupture à la DREETS, à l'OPCO et à l'URSSAF dans les 30 jours qui suivent (c. trav. art. D. 6325-5).

▶ À noter… Les signalements à l'OPCO et à la DREETS doivent se faire via le portail Internet de l'alternance (www.alternance.emploi.gouv.fr) (c. trav. art. D. 6325-5).

Lorsqu'il prend la forme d'un CDD (c. trav. art. L. 6325-5), le contrat de professionnalisation, comme tout autre CDD, ne peut être rompu unilatéralement par l'employeur qu'en cas de faute grave du salarié, de force majeure ou d'inaptitude constatée par le médecin du travail (c. trav. art. L. 1243-1).

Exemple

Le contrat de professionnalisation d'un salarié absent sans justification et ayant agressé verbalement successivement la secrétaire de l'entreprise, son propre tuteur et l'employeur peut être rompu pour faute grave (cass. soc. 17 octobre 2012, n° 10-27083 D).

Un salarié, dont le contrat de professionnalisation prévoyant une action de professionnalisation d'au moins 12 mois est rompu avant son terme, peut poursuivre sa formation (c. trav. art. L. 6325-14-1). Cette possibilité doit être prévue par un accord de branche ou un accord collectif conclu entre les organisations syndicales de salariés et d'employeurs signataires de l'accord constitutif d'un OPCO interprofessionnel. L'accord de branche ou l'accord collectif définit les modalités de continuation et de financement des actions dans la limite de 6 mois maximum après la rupture du contrat. Dans cette situation, le salarié ne doit pas avoir été à l'origine de la rupture.

▶ À noter… Le seul fait qu'un salarié soit exclu du centre de formation, en l'espèce seul organisme pouvant dispenser la formation qu'il avait choisie, ne caractérise pas un cas de force majeure autorisant l'employeur à rompre le CDD de professionnalisation (cass. soc. 31 octobre 2012, n° 11-21734, BC V n° 283).

Rémunération minimale

La rémunération minimale est fixée en pourcentage du *SMIC** en fonction de l'âge et de la formation de l'intéressé pour les moins de 26 ans recrutés sous contrat de professionnalisation, sauf dispositions conventionnelles ou contractuelles plus favorables.

Les éventuelles revalorisations liées à l'âge du jeune sont appliquées à compter du premier jour du mois suivant le jour où l'intéressé atteint l'âge indiqué (c. trav. art. D. 6325-14 à D. 6325-18).

Pour les demandeurs d'emploi de 26 ans et plus, la rémunération minimale ne peut être inférieure au SMIC ou à 85 % du minimum conventionnel (retenir le plus favorable pour le salarié).

Contrat de professionnalisation : salaire minimum légal

	Au moins bac pro (1)	Autre salarié
< 21 ans	65 % du SMIC	55 % du SMIC
De 21 ans à 25 ans	80 % du SMIC	70 % du SMIC
26 ans et plus	SMIC ou 85 % du minimum conventionnel (2)	

(1) Titulaire d'une qualification au moins égale à celle d'un baccalauréat professionnel ou d'un titre ou diplôme à finalité professionnelle de même niveau.
(2) Retenir le montant le plus élevé.

Réduction générale de cotisations

Les employeurs peuvent bénéficier de la *réduction générale de cotisations patronales** (Instr. intermin. DSS/5B 2019-141 du 19 juin 2019, Q/R 2.7).

Statut des salariés

Dispositions applicables à tous les salariés - Les salariés en contrat de professionnalisation relèvent de l'ensemble des dispositions applicables aux autres salariés de l'entreprise dans la mesure où elles ne sont pas incompatibles avec les exigences de leur formation (c. trav. art. L. 6325-6). Ainsi, le titulaire d'un contrat de professionnalisation doit se voir appliquer la réglementation relative à la sécurité et à la santé des travailleurs. Par exemple, il bénéficie d'une visite d'information et de prévention dans les 3 mois qui suivent la prise effective du poste (cass. soc. 4 novembre 2016, n° 15-14281 D) [voir *Visite médicale (information et prévention)**].

Pas de clause de dédit-formation - Une *clause de dédit-formation** inscrite dans un contrat de professionnalisation et prévoyant le remboursement à l'employeur des dépenses de formation en cas de départ du salarié est nulle (c. trav. art. L. 6325-15).

Exclusion des effectifs - Pendant toute la durée de l'action de professionnalisation, le salarié est exclu du décompte des effectifs, sauf en ce qui concerne la tarification de la cotisation accidents du travail (c. trav. art. L. 1111-3). Cette exclusion s'applique soit pendant la durée du CDD, soit pendant la durée de l'action de professionnalisation si le contrat a été conclu sous la forme d'un CDI.

▶ **À noter...** Cette disposition a été validée par le Conseil constitutionnel (décision 2011-122, QPC du 29 avril 2011, JO du 30). Par ailleurs, le fait d'exclure les contrats aidés des effectifs a été jugé contraire au droit européen, mais cette irrégularité ne peut pas être invoquée dans un litige entre particuliers (CJUE 15 janvier 2014, aff. C-176/12). En pratique, les employeurs peuvent donc continuer à exclure des effectifs les titulaires de contrats aidés ou en alternance (cass. soc. 9 juillet 2014, n° 11-21609, BC V n° 193). Cette irrégularité ne peut être invoquée que si l'employeur gère un service public (cass. soc. 22 juin 2016, n° 15-20111, BC V n° 138).

Depuis le 1.01.2019, les titulaires d'un contrat de professionnalisation ne sont pas non plus à comptabiliser pour le calcul du nombre de salariés simultanément absents au titre de congés dans le cadre du CPF de transition professionnelle [voir *Compte personnel de formation (transition professionnelle)**] (c. trav. art. L. 6325-4).

Carte d'étudiant des métiers - Une carte d'étudiant des métiers est délivrée gratuitement aux salariés âgés de 16 à 25 ans en contrat de professionnalisation ayant pour objet d'acquérir une qualification enregistrée dans le répertoire national des certifications professionnelles et comportant une action de professionnalisation d'une durée minimale de 12 mois. Elle permet notamment à son titulaire de bénéficier de réductions tarifaires (c. éduc. art. L. 335-6 ; c. trav. art. L. 6222-36-1 et L. 6325-6-2 ; arrêté du 30 décembre 2011, JO du 31).

Durée du travail

La durée du travail du salarié, temps de formation compris, ne peut pas excéder la durée hebdomadaire de travail pratiquée dans l'entreprise ni 10 h par jour (c. trav. art. L. 3121-34 et L. 6325-10). Le salarié doit bénéficier de la législation relative au repos hebdomadaire.

Dépenses de formation

Financement par les OPCO - Les parcours d'actions de positionnement, d'évaluation, d'accompagnement et les enseignements généraux, professionnels et technologiques sont financés par les *opérateurs de compétences (OPCO)** au titre de l'alternance sur la base de forfaits déterminés par convention ou accord collectif de branche ou, à défaut, par un accord collectif conclu entre les organisations représentatives d'employeurs et de salariés signataires d'un accord constitutif d'un OPCO interprofessionnel gestionnaires des fonds de la formation professionnelle continue (c. trav. art. L. 6332-14 et D. 6332-85).

Le niveau de prise en charge correspond à un montant forfaitaire par contrat versé par l'OPCO. Il couvre tout ou partie des frais pédagogiques, des rémunérations et charges sociales légales et conventionnelles des stagiaires, ainsi que des frais de transport et d'hébergement. Ce montant est communiqué à *France compétences** par l'OPCO (c. trav. art. D. 6332-85).

Néanmoins, en l'absence de dispositions conventionnelles, la prise en charge des actions visées ci-dessus se fait sur la base (c. trav. art. D. 6332-86) :
- de 9,15 € par heure ;
- de 15 € par heure pour les bénéficiaires des minima sociaux, les demandeurs d'emplois inscrits

depuis plus d'un an et les jeunes de 16 à 25 ans qui n'ont pas validé un second cycle de l'enseignement secondaire et n'ont pas de diplôme de l'enseignement technologique ou professionnel.

Lorsque les dépenses exposées par les employeurs de moins de 50 salariés sont supérieures aux montants forfaitaires, les excédents peuvent être financés par l'OPCO au titre des fonds affectés au *plan de développement des compétences** (c. trav. art. D. 6332-88).

Financement par Pôle Emploi - *Pôle Emploi** peut prendre en charge, pour le compte de l'*Unédic**, directement ou par l'intermédiaire des OPCO, les dépenses correspondantes aux contrats de professionnalisation des demandeurs d'emploi âgés de 26 et plus et ce, dans la limite des forfaits déterminés ci-dessus (c. trav. art. L. 6332-15 et D. 6332-87).

Tutorat

Tutorat obligatoire - L'employeur doit désigner un tuteur parmi les salariés qualifiés de l'entreprise pour chaque salarié en contrat de professionnalisation (c. trav. art. L. 6325-3-1 et D. 6325-6 à D. 6325-10).

L'employeur peut assurer lui-même le tutorat s'il en remplit les conditions de qualification et d'expérience et lorsqu'il n'y a plus de salarié susceptible d'assurer une fonction de tutorat (c. trav. art. D. 6325-6).

▶ À noter… Dans le cadre d'un contrat de travail temporaire, il y a 2 tuteurs, l'un désigné par l'entreprise utilisatrice et l'autre par l'entreprise de travail temporaire. Le premier se charge des missions de tutorat au sens strict (accueil, information, organisation de l'activité, respect de l'emploi du temps, etc.), tandis que le second assure la liaison avec l'organisme ou le service chargé des actions d'évaluation, de formation et d'accompagnement à l'extérieur de l'entreprise. Il participe également à l'évaluation du suivi de la formation. Ce système de « double tutorat » s'applique de la même manière dans le cadre d'un contrat de professionnalisation conclu avec un *groupement d'employeurs** ou avec une *association intermédiaire** (c. trav. art. D. 6325-10).

Dépenses de formation du tuteur - Les OPCO peuvent prendre en charge les dépenses exposées pour chaque salarié ou pour tout employeur de moins de 11 salariés qui bénéficie d'une action de formation en qualité de tuteur (c. trav. art. L. 6332-14), dans la limite d'un plafond de 15 € par heure de formation et d'une durée maximale de 40 h (c. trav. art. D. 6332-92). Ces dépenses comprennent les frais pédagogiques, les rémunérations, les cotisations et contributions sociales légales et conventionnelles, ainsi que les frais de transport et d'hébergement.

Dépenses liées à l'exercice du tutorat - Les OPCO peuvent également participer au financement des dépenses liées à l'exercice de la fonction de tuteur, dans la limite d'un plafond de 230 € par mois et par bénéficiaire, pour une durée maximale de 6 mois (c. trav. art. L. 6332-14 et D. 6332-93).

Cette prise en charge couvre alors les rémunérations, cotisations et contributions légales et conventionnelles, ainsi que les frais de transport.

▶ À noter… Le plafond mensuel est porté de 230 à 345 € lorsque le tuteur est âgé de 45 ans ou plus ou accompagne un bénéficiaire des minima sociaux, une personne ayant bénéficié d'un *contrat unique d'insertion** ou un jeune de 16 à 25 ans n'ayant pas validé un second cycle de l'enseignement secondaire et n'ayant pas de diplôme de l'enseignement technologique ou professionnel (c. trav. art. D. 6332-93). Ces deux cas de majoration de la prise en charge de la fonction tutorale (au titre d'un accompagnement renforcé ou d'un tutorat seniors) ne sont pas cumulables (circ. DGEFP 2012-15 du 19 juillet 2012).

Tutorat externe - Il est possible de recourir à un tuteur externe, pour les personnes les plus éloignées de l'emploi (bénéficiaires des minima sociaux, personnes ayant bénéficié d'un *contrat unique d'insertion** et jeunes de 16 à 25 ans qui n'ont pas validé de second cycle de l'enseignement secondaire et pas obtenu de diplôme de l'enseignement technologique ou professionnel).

Les OPCO peuvent prendre en charge, dans les mêmes conditions que pour les tuteurs internes, une partie des dépenses de tutorat externe engagées pour (c. trav. art. L. 6332-14, II 2°) :

- les bénéficiaires des minima sociaux, les personnes ayant bénéficié d'un *contrat unique d'insertion**, les jeunes de 16 à 25 ans n'ayant pas validé un second cycle de l'enseignement secondaire et n'ayant pas de diplôme de l'enseignement technologique ou professionnel ;
- les personnes qui ont été suivies par un référent avant la signature du contrat de professionnalisation ;
- les personnes qui n'ont exercé aucune activité professionnelle à plein-temps et en CDI au cours des trois années précédant la signature du contrat de professionnalisation.

▶ À noter… La prise en charge financière de l'OPCO s'effectue dans les mêmes conditions qu'en matière de tutorat interne à l'entreprise (circ. DGEFP 2012-15 du 19 juillet 2012) :

- la demande émane de l'employeur ;
- le plafond de prise en charge, la durée maximale ainsi que les possibilités de majoration s'appliquent ;
- les modalités de mise en œuvre sont déterminées par les branches professionnelles et leur OPCA (nombre de versements, forfait, etc.).

Aide à l'embauche de chômeurs d'au moins 26 ans

Embauche d'un demandeur d'emploi d'au moins 26 ans - L'employeur qui embauche un demandeur d'emploi d'au moins 26 ans, ayant des difficultés d'insertion dans un emploi durable, dans le cadre d'un contrat de professionnalisation peut obtenir le versement d'une aide forfaitaire par Pôle Emploi dans la limite de la durée de l'action de professionnalisation (délib. Pôle Emploi 2011-18 du 24 mai 2011, BO Pôle Emploi 2011-50 du 1er juin 2011 ; instr. Pôle Emploi 2019-29 du 10 octobre 2019, BO Pôle Emploi 2019-83 du 21 octobre 2019).

Employeurs visés - Peuvent bénéficier de cette aide forfaitaire les employeurs affiliés au régime d'assurance chômage, sous réserve qu'ils soient à jour de leurs contributions d'assurance chômage au moment de l'embauche du salarié et qu'ils n'aient pas procédé à un licenciement pour motif économique au cours des 6 mois précédant l'embauche en contrat de professionnalisation.

▶ À noter… L'aide ne peut pas être versée si le titulaire du contrat de professionnalisation a fait partie de l'entreprise au cours des 6 derniers mois précédant la date de début du contrat.

Formalités - La demande d'aide doit être effectuée auprès de Pôle Emploi services au plus tard 3 mois après l'embauche. Une convention spécifique doit être conclue entre l'employeur et Pôle Emploi services (TSA 40101 - 92891 Nanterre cedex 9).

Quel que soit le lieu d'implantation de l'entreprise, Pôle Emploi services est compétent pour instruire les demandes d'aides et répondre à toute sollicitation de l'employeur liée à ces dispositifs, notifier les décisions d'acceptation, de rejet et les différents courriers de demandes de pièces complémentaires, examiner les recours formés par l'employeur et procéder au versement des aides.

Versement par Pôle Emploi services - Le montant de l'aide forfaitaire à l'employeur est plafonné à 2 000 €. L'aide fait l'objet de deux versements par Pôle Emploi services.

Le premier, d'un montant de 1 000 €, est dû à l'issue du mois d'exécution de l'action de professionnalisation du contrat.

Le second, du même montant, est dû, le cas échéant, à l'issue du 10e mois d'exécution de l'action de professionnalisation.

Le versement s'effectue sous réserve que le contrat de travail soit toujours en cours et que l'employeur soit à jour du versement de ses contributions d'assurance chômage et AGS.

Pôle Emploi services doit également recevoir une attestation trimestrielle d'emploi retournée par l'employeur. À défaut, l'aide ne pourra plus être versée et il recevra un avis de non-paiement.

En cas de modification de la durée de travail du salarié (ex. : lorsque le contrat de professionnalisation initialement conclu à temps partiel est modifié en contrat à temps plein), les copies de l'avenant signé par les parties et de la décision de l'OPCO devront être jointes à la déclaration d'actualisation.

Le versement de l'aide cesse en cas de rupture du contrat de travail ou de fin de l'action de professionnalisation.

▶ À noter… L'aide forfaitaire à l'employeur est exclue de l'assiette des cotisations de sécurité sociale, de la CSG et de la CRDS. Elle ne peut être cumulée avec une autre aide à l'emploi mais elle peut l'être avec une exonération de cotisations de sécurité sociale et avec l'aide de l'État pour l'embauche de demandeur d'emploi de 45 ans et plus en contrat de professionnalisation *(voir ci-après)* et celle attribuée dans le cadre du dispositif « *Emplois francs** » (décret 2019-1471 du 26 décembre 2019, art. 5, JO du 28 ; délib. Pôle Emploi 2020-7 du 21 janvier 2020, BO Pôle Emploi 2020-7 du 27 janvier 2020). Cette aide est également cumulable avec l'aide à l'embauche en contrats de professionnalisation conclus entre le 1.07.2020 et le 28.02.2021 avec un jeune de moins de 30 ans [voir *Covid-19 (aides à l'embauche)**] (délib. Pôle Emploi 2020-58 du 27 octobre 2020, BO Pôle Emploi 2020-85 du 28 octobre 2020).

Aide à l'embauche de chômeurs d'au moins 45 ans

Embauche de demandeurs d'emploi de 45 ans et plus - Tout employeur peut bénéficier d'une aide de l'État en contrepartie de l'embauche d'un demandeur d'emploi âgé de 45 ans et plus en contrat de professionnalisation. Le bénéfice de cette aide est subordonné au respect de plusieurs conditions (décret 2011-524 du 16 mai 2011, JO du 17). La gestion de cette aide de l'État a été confiée à Pôle Emploi (instr. Pôle Emploi 2019-29 du 10 octobre 2019 ; BO Pôle Emploi 2019-83 du 21 octobre 2019).

Conditions d'octroi - L'employeur ne doit pas avoir procédé, dans les 6 mois qui précèdent l'embauche, à un licenciement économique sur le poste pourvu par le recrutement.

Enfin, la personne recrutée ne doit pas avoir appartenu à l'effectif de l'entreprise au cours des 6 derniers mois précédant la date de début du contrat.

▶ À noter… Cette aide est cumulable avec les aides déjà existantes pour l'embauche de salariés âgés de 26 ans et plus en contrat de professionnalisation (instr. Pôle Emploi 2019-29 du 10 octobre 2019 ; BO Pôle Emploi 2019-83 du 21 octobre 2019). Elle est également cumulable avec l'aide attribuée dans le cadre du dispositif « *Emplois francs** » (décret 2019-1471 du 26 décembre 2019, art. 5, JO du 28 ; délib. Pôle Emploi 2020-7 du 21 janvier 2020, BO Pôle Emploi 2020-7 du 27 janvier 2020).

Aide de 2 000 € versée en deux fois - Le montant de cette aide est de 2 000 €, sachant qu'un 1er versement de 1 000 € interviendra au terme du 3e mois d'exécution du contrat de professionnalisation. Le solde est versé à l'issue du 10e mois du contrat de professionnalisation. Pour les salariés à temps partiel, le montant de l'aide est proratisé.

Cette aide, gérée par Pôle Emploi services, implique que l'employeur soit à jour de ses obligations déclaratives et de paiement de ses cotisations ou qu'il ait souscrit et respecte un plan d'apurement des cotisations restant dues.

Formalités - L'employeur doit adresser, afin de percevoir l'aide, une demande à Pôle Emploi services dans les 3 mois suivant le début de l'exécution du contrat de professionnalisation (TSA 40101 - 92891 Nanterre cedex 9). Quel que soit le lieu d'implantation de l'entreprise, Pôle Emploi services est compétent pour instruire les demandes d'aides et répondre à toute sollicitation de l'employeur liée à ces dispositifs, notifier les décisions d'acceptation, de rejet et les différents courriers de demandes de pièces complémentaires, examiner les recours formés par l'employeur et procéder au versement des aides.

Aide de l'État aux groupements d'employeurs

Aide pour l'accompagnement personnalisé vers l'emploi - Les groupements d'employeurs qui organisent, dans le cadre du contrat de professionnalisation, des parcours d'insertion et de qualification au profit de jeunes de 16 à 25 ans sortis du système scolaire sans qualification ou rencontrant des difficultés particulières d'accès à l'emploi ou de demandeurs d'emploi de 45 ans et plus, peuvent bénéficier d'une aide de l'État pour l'accompagnement personnalisé vers l'emploi de ces publics (c. trav. art. D. 6325-23).

Convention préalable - Afin de bénéficier de cette aide, les groupements d'employeurs doivent conclure une convention avec le représentant de l'État dans le département. Celle-ci a un contenu précisément défini (c. trav. art. D. 6325-24).

Les groupements d'employeurs bénéficiaires de l'aide sont tenus d'établir annuellement un bilan d'exécution de la convention.

Montant et versement - L'aide de l'État est attribuée chaque année, en fonction du nombre d'accompagnements prévu par le groupement d'employeurs (c. trav. art. D. 6325-26).

Elle est calculée sur une base forfaitaire par accompagnement et par an, dont le montant est fixé par arrêté (arrêté du 17 novembre 2006, JO du 29 ; arrêtés du 9 mars 2005, JO du 31). Cette aide est fixée à 814 € par accompagnement et en année pleine (arrêté du 17 août 2015, JO du 18). Elle est cumulable avec l'exonération de cotisations patronales de sécurité sociale attachée au contrat de professionnalisation.

75 % du montant prévisionnel de l'aide sont versés à la conclusion de la convention (c. trav. art. D. 6325-27). Le paiement du solde de l'aide s'opère après examen par la DREETS du bilan d'exécution de la convention.

▶ À noter… S'il en ressort que le nombre d'accompagnements réalisés est inférieur à celui prévu par la convention ou que le contenu et les modalités de mise en œuvre ne sont pas conformes à ce qui était initialement prévu par la convention, les sommes correspondantes sont déduites du solde de l'aide restant à verser et, le cas échéant, reversées au Trésor public pour la part excédant le montant du solde.

Aide aux contrats conclus par des structures d'insertion

Certains contrats de professionnalisation conclus par des structures d'insertion (SIAE) (voir *Association* *intermédiaire** et *Atelier d'insertion**), avec des personnes sans emploi, rencontrant des difficultés sociales et professionnelles particulières ou des salariés dans le cadre du contrat de professionnalisation expérimental *(voir ci-avant)* ouvrent droit à une aide spécifique (loi 2020-1577 du 14 décembre 2020, JO du 15, art. 17 ; décret 2020-1741 du 29 décembre 2020, JO du 30). Sur les modalités de l'aide à l'embauche en contrat de professionnalisation au profit des SIAE pour les contrats conclus depuis le 1.01.2021, voir *Association intermédiaire**.

Aides de l'Agefiph

L'employeur peut percevoir une aide lors de la signature d'un contrat de professionnalisation avec une personne handicapée, pour une durée de 6 mois au minimum, et avec au moins 24 heures de travail hebdomadaire. Le montant maximum de l'aide est de 4000 €. Son montant est proratisé en fonction de la durée du contrat de travail et à compter du 6e mois. Il s'agit ainsi d'inciter les entreprises à recruter et à pérenniser l'emploi à l'issue de la période de formation (https ://www.agefiph.fr/aides-handicap/aide-lembauche-en-contrat-de-professionnalisation) [voir *Handicapés (aides à l'emploi)**].

☛ *Formation en alternance ; Opérateurs de compétences (OPCO).*

Contrat de sécurisation professionnelle

Le contrat de sécurisation professionnelle (CSP) est un dispositif d'accompagnement renforcé de 12 mois destiné aux salariés licenciés économiques des entreprises de moins de 1000 salariés et des entreprises en redressement ou liquidation judiciaires. Il comprend plusieurs mesures visant à accélérer le retour vers l'emploi (accompagnement personnalisé et renforcé, droit d'accès à la formation, indemnisation) et des mesures d'incitation à la reprise d'emploi, le cas échéant, au moyen d'une reconversion ou d'une création ou reprise d'entreprise (c. trav. art. L. 1233-65 à L. 1233-70).

Convention du 26 janvier 2015

La convention du 26.01.2015 est la transposition juridique des dispositions de l'accord national interprofessionnel (ANI) du 8.12.2014 relatif au CSP. Elle est entrée en vigueur le 1.02.2015 et produira ses effets jusqu'au 31.12.2022 (conv. du 26 janvier 2015 relative au CSP ; avenant 5 du 28 juin 2021, arrêté du 24 septembre 2021, JO du 26).

Une convention du 17.07.2018 prévoit les caractéristiques du CSP et de sa mise en œuvre à Mayotte (CSP-M). Elle a également été prolongée jusqu'au 30.06.2021 (conv. du 17 juillet 2018 relative au CSP ; avenant 5 du 28 juin 2021, arrêté du 24 septembre 2021, JO du 26 ; instr. PE 2019-12 du 13 février 2019, BOPE 2019-18 du 28 février 2019).

Deux avenants à ces conventions ont été modifiés et prolongent l'application du dispositif jusqu'au 31.12.2022 (avenant 5, art. 16 et avenant 2, art. 1). Ils reprennent, tout en le complétant, le contenu des avenants conclus le 8.01.2020 mais qui n'avaient pas pu faire l'objet d'une procédure d'agrément dans le contexte du Covid-19. Les mesures issues de ces avenants s'appliquent aux salariés visés par des procédures de licenciement engagées depuis le 1.07.2021 (avenant 5, art. 17). Par date d'engagement de la procédure de licenciement pour motif économique, il y a lieu d'entendre, soit la date de l'entretien préalable (c. trav. art. L. 1233-11), soit la date de présentation de la lettre de convocation à la première réunion du comité social et économique (c. trav. art. L. 1233-28 à L. 1233-30).

Entreprises concernées

Les entreprises qui envisagent de procéder à un ou plusieurs licenciement pour motif économique, dont l'effectif est de moins de 1000 salariés sont concernées par le CSP (circ. Unédic 2016-09 du 27 janvier 2016, titre 1, § 1.1).

Celles de ces entreprises qui font partie d'un groupe dont l'effectif cumulé est de 1000 salariés ou plus ou qui entrent dans le champ des dispositions légales sur le comité d'entreprise européen relèvent des règles applicables aux entreprises de taille supérieure et sont donc tenues de proposer un *congé de reclassement** aux salariés concernés (c. trav. art. L. 1233-71).

Dans les entreprises soumises à l'obligation de proposer un congé de reclassement, l'employeur n'a pas à proposer de CSP aux salariés qui refuseraient le congé de reclassement (c. trav. art. L. 1233-66).

▶ À noter… L'obligation de proposer un CSP s'impose aussi aux entreprises en redressement ou en liquidation judiciaires, même lorsqu'elles emploient plus de 1000 salariés, dans la mesure où le congé de reclassement n'est pas applicable aux entreprises « en difficultés » (c. trav. art. L. 1233-75).

Salariés concernés

Salariés en CDI dont le licenciement économique est envisagé - Les salariés auxquels l'employeur doit proposer un CSP sont ceux qu'il envisage de licencier pour un motif économique (c. trav. art. L. 1233-66 ; conv. du 26 janvier 2015 relative au CSP, art. 1). Le salarié exerçant plusieurs emplois, et visé par une procédure de licenciement pour motif économique pour l'un ou plusieurs d'entre eux, est éligible au CSP.

Pour bénéficier du CSP, le salarié doit être lié à son employeur par un contrat de travail. Cela écarte les personnes titulaires d'un mandat social à l'exclusion de tout contrat de travail (circ. Unédic 2016-09 du 27 janvier 2016, titre 1, § 1.2).

▶ À noter… Le CSP doit aussi être proposé aux salariés détachés ou expatriés, ressortissants d'un État membre de l'Union européenne, d'un autre État partie à l'accord sur l'Espace économique européen ou de la Confédération suisse, dès lors qu'ils sont employés par des entreprises entrant dans le champ d'application territorial de la convention d'assurance chômage.

Salariés en CDD - En principe, le CSP ne doit pas être proposé aux salariés en contrat à durée déterminée (CDD). Toutefois, à titre expérimental, sur des bassins d'emploi donnés, les demandeurs d'emploi en fin de CDD d'au moins 6 mois pourraient bénéficier du CSP. Les conditions d'accès doivent être fixées par le comité de pilotage national du CSP (conv. du 26 janvier 2015 relative au CSP, art. 3 et 29).

Conditions à remplir - Pour bénéficier d'un CSP, les salariés privés d'emploi doivent les conditions suivantes (conv. du 26 janvier 2015 relative au CSP, art. 2 ; avenant 5 du 28 juin 2021, art. 1).

Justifier d'une durée d'affiliation de 4 mois d'affiliation (88 jours ou 610 heures) sur les 24 derniers mois ou 36 derniers mois, pour les bénéficiaires âgés d'au moins 53 ans.

▶ À noter… Le bénéfice de l'allocation d'aide au retour à l'emploi (ARE) est subordonné à une condition d'affiliation d'au moins 6 mois sur les 24 ou 36 derniers mois [voir *Chômage (allocation d'aide au retour à l'emploi)**]. En contrepoint, l'avenant 5 maintient le bénéfice du CSP et de l'ASP aux salariés licenciés, qui comptabilisent 4 mois d'affiliation (88 jours ou 610 heures) sur les 24 derniers mois ou 36 derniers mois, pour les bénéficiaires âgés d'au moins 53 ans (avenant 5, art. 1er). Ces conditions d'accès sont donc plus favorables que celles de l'allocation d'assurance chômage.

Ne pas avoir atteint l'âge déterminé pour l'ouverture du droit à une pension de retraite.

▶ À noter… La perception d'une pension d'invalidité ne fait pas obstacle à l'adhésion au CSP. Le montant de l'allocation de sécurisation professionnelle servie au bénéficiaire est susceptible de varier selon la situation de l'intéressé (conv. du 26 janvier 2015 relative au CSP, art. 15, I, § 4 et II § 4 ; avenant 5 du 28 juin 2021, art. 8).

Être physiquement apte à l'exercice d'un emploi.

Résider sur le territoire relevant du champ d'application du régime d'assurance chômage.

Information du salarié et délai de réflexion

Information sur la possibilité de bénéficier du CSP et sur son contenu - Chaque salarié concerné doit être informé, par l'employeur, individuellement et par écrit, du contenu du CSP et de la possibilité qu'il a d'en bénéficier (c. trav. art. L. 1233-66 ; conv. du 26 janvier 2015 relative au CSP, art. 4 ; circ. Unédic 2016-09 du 27 janvier 2016, titre 1, § 2.1). Pour ce faire, l'employeur qui envisage d'engager une procédure de licenciement pour motif économique doit retirer auprès de Pôle Emploi un dossier de CSP en précisant le nombre de salariés potentiellement visés par la procédure (circ. Unédic 2016-09 du 27 janvier 2016, titre 1, § 2.4).

L'information ne peut pas prendre la forme d'une lettre collective, adressée à l'ensemble du personnel avant même qu'ait été engagée la procédure de licenciement (cass. soc. 30 novembre 2017, n° 16-23496 D).

▶ À noter… Si la non-remise du formulaire relatif au CSP par l'employeur au salarié crée un préjudice pour le salarié, il doit être réparé (cass. soc. 7 mars 2017, n° 15-23038, BC V n° 41).

Délai de réflexion de vingt et un jours - Le salarié dispose d'un délai de réflexion de 21 jours pour accepter ou refuser à partir de la date de la remise du document proposant le CSP.

Pour les salariés dont le licenciement est soumis à autorisation, ce délai de réflexion est prolongé jusqu'au lendemain de la date de notification à l'employeur de la décision de l'inspecteur du travail (conv. du 26 janvier 2015 relative au CSP, art. 4 § 1 ; circ. Unédic 2016-09 du 27 janvier 2016, titre 1, § 2.2.2).

Le document remis par l'employeur au salarié porte mention du délai de 21 jours imparti au salarié pour donner sa réponse et de la date à partir de laquelle, en cas d'acceptation, son contrat de travail est rompu. Il comporte également un volet bulletin « d'acceptation détachable », à compléter par le salarié, s'il demande à bénéficier du CSP, et à remettre à son employeur. Au cours du délai de réflexion, le salarié bénéficie d'un entretien d'information réalisé par Pôle Emploi, destiné à l'éclairer dans son choix.

▶ À noter... Le délai de réflexion commence à courir à compter du lendemain du jour de la remise au salarié du document d'information du CSP par l'employeur ou, le cas échéant, par le conseiller de Pôle Emploi. S'il expire un samedi, un dimanche, ou un jour férié ou chômé, le délai est prorogé jusqu'au premier jour ouvrable suivant (c. proc. civ. art. 642).

Délai de réflexion courant encore à la date d'envoi des lettres de licenciement - Lorsque le délai de réflexion de 21 jours n'a pas expiré à la date prévue pour l'envoi des lettres de licenciement (c. trav. art. L. 1233-15, L. 1233-39 et L. 1233-40), l'employeur adresse aux salariés concernés une lettre recommandée avec demande d'avis de réception (conv. du 26 janvier 2015 relative au CSP, art. 4, § 2 ; circ. Unédic 2016-09 du 27 janvier 2016, titre 1, § 2.2) :

- rappelant, d'une part, la date d'expiration du délai de 21 jours ;
- précisant, d'autre part, qu'en cas de refus du CSP, cette lettre constituera la notification de leur licenciement.

Date de proposition du CSP

Pour un licenciement concernant moins de 10 salariés dans une même période de 30 jours, l'employeur qui envisage de licencier un salarié doit, avant toute décision, convoquer l'intéressé par lettre recommandée ou par lettre remise en main propre contre décharge à un entretien préalable, en lui indiquant l'objet de la convocation à cet entretien (c. trav. art. L. 1233-11 ; conv. du 26 janvier 2015 relative au CSP, art. 4 § 2) [voir *Licenciement économique collectif (moins de 10 salariés)**]. L'employeur est tenu de proposer, lors de cet entretien préalable, le bénéfice du CSP (c. trav. art. L. 1233-66 ; circ. Unédic 2016-09 du 27 janvier 2016, titre 1, § 2.1.2.1).

S'agissant d'un projet de licenciement concernant 10 salariés ou plus dans une même période de 30 jours, dans une entreprise de moins de 50 salariés avec des représentants du personnel, ce projet doit être soumis à la procédure d'information et de consultation du comité social et économique (CSE) (c. trav. art. L. 1233-28 à L. 1233-30) [voir *Licenciement économique collectif (10 salariés ou plus dans une entreprise de moins de 50 salariés)**]. Le document d'information du CSP est remis à chaque salarié concerné, contre récépissé, à l'issue de la dernière réunion de consultation du CSE (c. trav. art. L. 1233-66 ; circ. Unédic 2016-09 du 27 janvier 2016, titre 1, § 2.1.2.2 et 3).

Dans le cadre d'un licenciement pour motif économique donnant lieu à un plan de sauvegarde de l'emploi (PSE), le document écrit d'information est remis à chaque salarié, contre récépissé, après la notification par le DREETS de sa décision de validation ou d'homologation du PSE (c. trav. art. L. 1233-24-2 à L. 1233-24-4 et L. 1233-66 ; circ. Unédic 2016-09 du 27 janvier 2016, titre 1, § 2.1.2.3) [voir *Licenciement économique collectif (10 salariés ou plus dans une entreprise d'au moins 50 salariés)**].

▶ À noter... Le document d'information relatif au CSP peut être remis par l'employeur aux salariées en congé de maternité au plus tard, le lendemain de la fin de la période de protection liée à ce congé (circ. Unédic 2016-09 du 27 janvier 2016, titre 1, § 2.1.2.4).

Proposition faite par Pôle Emploi

Si l'employeur, tenu de le faire, ne propose pas de CSP au salarié, le conseiller de Pôle Emploi prend le relais et propose le CSP, en lieu et place de l'employeur, au salarié licencié pour motif économique lorsque celui-ci s'inscrit comme demandeur d'emploi. Le délai de réflexion de 21 jours court à compter du lendemain de cette remise (c. trav. art. L. 1233-66 ; conv. du 26 janvier 2015 relative au CSP, art. 7 ; avenant 5, du 28 juin 2021, art. 4 ; circ. Unédic 2016-09 du 27 janvier 2016, titre 1, § 2.1.2.5). L'employeur qui n'a pas proposé le CSP devra verser une contribution spécifique *(voir ci-après)*.

Énonciation du motif économique du licenciement

Lors de la procédure d'adhésion au CSP - Par analogie avec la jurisprudence applicable à la convention de reclassement personnalisé (CRP) ou au contrat de transition professionnelle (CTP) (cass. soc. 12 décembre 2012, n° 11-23421, BC V n° 333), l'employeur doit énoncer le motif économique de la rupture lors de la procédure d'adhésion au CSP (cass. soc. 17 mars 2015, n° 13-26941, BC V n° 51 ; cass. soc. 16 novembre 2016, n° 15-12293, BC V n° 219).

En effet, la rupture du contrat de travail résultant de l'acceptation par le salarié d'une CRP ou d'un

CSP doit avoir une cause économique réelle et sérieuse. L'appréciation de cette cause ne peut résulter que des motifs énoncés par l'employeur (cass. soc. 24 septembre 2014, n° 13-18105 D ; cass. soc. 17 mars 2015, n° 13-26941, BC V n° 51 pour un CSP). Ainsi, lorsque l'employeur n'adresse pas de document écrit énonçant le motif économique de la rupture au salarié, le licenciement est jugé sans cause réelle et sérieuse avec les conséquences financières que cela implique (cass. soc. 27 mai 2009, n° 08-43137, BC V n° 139). Dans une telle hypothèse, l'employeur doit verser au salarié la totalité des sommes correspondant au préavis (y inclus l'indemnité compensatrice de congés payés s'y rapportant), après déduction des éventuelles sommes déjà versées, à ce titre, à l'intéressé (cass. soc. 10 mai 2016, n° 14-27953 BC V n° 89 ; cass. soc., 30 novembre 2017, n° 16-24227 D).

Par ailleurs, l'employeur est tenu de rembourser les allocations de chômage éventuellement versées au salarié, sous déduction de la contribution pour le financement du CSP versée à Pôle Emploi (cass. soc. 5 décembre 2018, 17-28034 D ; cass. soc. 10 février 2021, n° 20-14259 D ; cass. soc.12 mai 2021, n° 19-21066 D).

Diverses modalités d'information - Compte tenu des spécificités de la procédure d'adhésion au CSP, l'employeur peut recourir à diverses modalités d'information permettant d'énoncer le motif de licenciement (cass. soc. 17 mars 2015, n° 13-26941, BC V n° 51, cass. soc. 22 septembre 2015, n° 14-16218, BC V n° 171 ; cass. soc. 16 novembre 2016, n° 15-12293, BC V n° 219).

Un écrit, énonçant le motif économique, remis ou adressé au salarié au cours de la procédure de licenciement économique et avant son acceptation du CSP doit lui être remis (cass. soc. 30 novembre 2017, n° 16-23496 D). Toutefois, cet écrit ne peut pas être adressé au salarié avant même que la procédure de licenciement économique ne soit engagée : en pratique l'employeur doit énoncer le motif économique pendant la procédure de licenciement, pas avant, et au plus tard au moment de l'acceptation du CSP par le salarié (cass. soc. 27 mai 2020, n° 18-24531 FPB ; cass. soc. 9 juin 2021, n° 19-14904 D).

Exemple

Dans la décision rendue le 9.06.2021, l'employeur aurait dû anticiper la possibilité d'acceptation immédiate du salarié, dès l'entretien, et l'informer par écrit des motifs au plus tard ce jour-là. Ainsi, dès lors qu'aucun texte n'interdit au salarié d'accepter le CSP le jour même de sa proposition, le licenciement est dépourvu de cause réelle et sérieuse si le motif économique de la rupture est notifié au salarié plus de 15 jours après cette date.

L'employeur peut énoncer le motif économique en début de procédure soit dans la convocation à l'entretien préalable au licenciement, soit dans le document d'information sur le CSP remis au salarié (cass. soc. 17 mars 2015, n° 13-26941, BC V n° 51 ; cass. soc. 22 septembre 2015, n° 14-16218 BC V n° 171).

Des mentions peuvent également figurer en complément de l'énonciation du motif économique de la rupture comme :
- l'impossibilité de procéder au reclassement préalable du salarié (cass. soc. 12 mars 2014, n° 12-2901 D pour un CTP) ;
- la priorité de réembauche (cass. soc. 30 novembre 2011, n° 09-43183 et 10-21678, BC V n° 276 pour une CRP).

Par ailleurs, dans le cadre de la CRP, dès lors que les délais, à partir desquels il était possible de notifier le licenciement, étaient expirés, l'employeur avait la possibilité d'envoyer au salarié une lettre « conditionnelle » de licenciement, dans l'attente du terme du délai de réflexion de 21 jours. Cette notification ne s'appliquait que si, à l'issue de ce délai, le salarié refusait finalement d'adhérer à la CRP. Ce courrier indiquant nécessairement le motif de la rupture, le salarié était, dès lors, valablement informé.

Toutefois, l'employeur n'a pas nécessairement à donner ce motif au moyen du document d'information relatif au CSP ou de la lettre conditionnelle de licenciement. L'employeur peut aussi informer le salarié du motif économique de la rupture par « tout autre document écrit remis ou adressé à celui-ci au plus tard au moment de son acceptation » (cass. soc. 22 septembre 2015, n° 14-16218, BC V n° 171), par exemple au moyen d'un « protocole d'accord » (pour une CRP) (cass. soc. 14 avril 2010, n° 09-40987, BC V n° 90). Une proposition de reclassement peut aussi constituer un support valable pour donner le motif de licenciement (cass. soc. 16 novembre 2016, n° 15-12293, BC V n° 219). Par ailleurs, les juges ont admis qu'un courrier électronique transmettant le compte rendu d'une réunion avec les représentants du personnel à tous les salariés pouvait avoir une valeur d'information individuelle des intéressés quant au motif économique du licenciement, s'il comportait l'énoncé des difficultés économiques et des postes supprimés (dont celui de l'intéressé dans le cas spécifique à cette affaire) (cass. soc. 13 juin 2018, n° 16-17865 FSPB).

Attention, sauf fraude, le seul refus du salarié, auquel il est proposé d'accepter un CSP, de se faire remettre en mains propres le document de notification du motif économique de la rupture du contrat de travail ne permet pas de considérer que l'employeur a satisfait à son obligation de notifier ces motifs avant toute acceptation par le salarié du contrat de sécurisation professionnelle (cass. soc. 31 mai 2017, n° 16-11096 D).

Adhésion du salarié au CSP

Effet d'une réponse ou d'un défaut de réponse du salarié - L'acceptation du salarié doit être expresse : il doit manifester sa volonté de bénéficier du CSP, dans le délai de réflexion de 21 jours, en remettant à l'employeur le bulletin d'acceptation dûment complété et signé, accompagné d'une copie de sa pièce d'identité ou du titre en tenant lieu (conv. du 26 janvier 2015 relative au CSP, art. 5 ; avenant 5 du 28 juin 2021, art. 2).

L'absence de réponse dans le délai prévu équivaut au refus du CSP par le salarié (conv. du 26 janvier 2015 relative au CSP, art. 5, § 1 ; avenant 5 du 28 juin 2021, art. 2).

Rupture d'un commun accord - En cas d'acceptation du salarié, le contrat de travail est réputé rompu d'un commun accord des parties, à la date d'expiration du délai de réflexion de 21 jours. Cette rupture intervient dans le cadre d'une procédure de licenciement pour motif économique (conv. du 26 janvier 2015 relative au CSP, art. 5, § 1 ; avenant 5 du 28 juin 2021, art. 2). C'est cette date qui sert de référence pour le solde de tout compte et la régularisation des cotisations. Dès le lendemain de la rupture du contrat, le salarié bénéficie du statut attaché au CSP. Il s'agit du statut de stagiaire de la formation professionnelle (c. trav. art. L. 1233-67 ; conv. du 26 janvier 2015 relative au CSP, art. 5, § 1 ; avenant 5 du 28 juin 2021, art. 2).

▶ À noter… Les litiges auxquels peut donner lieu la mise en œuvre de la CRP, y compris ceux qui concernent les prestations d'accompagnement réalisées par Pôle Emploi, relèvent de la compétence de la juridiction judiciaire et non administrative (trib. des conflits 3 juillet 2017, n° C 4088). À notre sens, cette position est applicable à une convention CSP.

Absence de préavis - Cette rupture ne comporte ni préavis, ni indemnité de préavis. S'il y a lieu, l'employeur doit verser, dès la rupture du contrat de travail, au salarié le différentiel entre la somme représentant le préavis contractuel ou conventionnel auquel l'intéressé aurait eu droit en cas de licenciement et le montant du préavis versé à Pôle Emploi au titre du financement du CSP (conv. du 26 janvier 2015 relative au CSP, art. 21 ; circ. Unédic 2016-09 du 27 janvier 2016, titre 1, § 2.3). En pratique, cette situation ne peut se présenter que pour des salariés dont le préavis aurait représenté, en cas de refus du CSP, plus de 3 mois.

▶ À noter… L'annulation de la décision administrative ayant procédé à la validation ou à l'homologation du PSE ne prive pas les licenciements économiques intervenus à la suite de cette décision de cause réelle et sérieuse. Ainsi, une cour d'appel a, à bon droit, débouté les salariés de leur demande en paiement d'une indemnité compensatrice de préavis et congés payés afférents fondée sur l'absence de cause réelle et sérieuse de la rupture de leur contrat de travail, intervenue à la suite de leur acceptation d'un CSP (cass. soc. 25 mars 2020, n°s 18-23692, 18-23698, 18-23700 et 18-23702 FSPB).

Indemnités de rupture - L'employeur doit verser au salarié l'indemnité légale ou conventionnelle de licenciement (c. trav. art. L. 1233-67 ; circ. Unédic 2016-09 du 27 janvier 2016, titre 1, § 2.3 ; BOSS, Indemnités de rupture, § 690, 01/01/2022). L'adhésion à un CSP constituant une modalité du licenciement pour motif économique, son acceptation ne prive pas le salarié de son droit à bénéficier de la garantie de salaire prévue par le contrat de travail en cas de licenciement, en sus du paiement de l'indemnité légale ou conventionnelle de licenciement (cass. soc. 31 mai 2017, n° 16-11096 D).

▶ À noter… L'indemnité de préavis due aux salariés justifiant d'une ancienneté inférieure à une année dans l'entreprise et acceptant le CSP leur est versée dès la rupture du contrat de travail (c. trav. art. L. 1234-1 1° et 2° ; conv. du 26 janvier 2015 relative au CSP, art. 21 ; circ. Unédic 2016-09 du 27 janvier 2016, titre 2, § 5.2.2).

Formalités relatives à l'adhésion du salarié - Dès l'acceptation du CSP par le salarié, l'employeur transmet à Pôle Emploi dans le ressort duquel le salarié est domicilié, le bulletin d'acceptation complété par lui et le salarié, accompagné de la copie de la pièce d'identité de ce dernier ou du titre en tenant lieu.

Au plus tard à la rupture du contrat de travail, l'employeur complète son précédent envoi en adressant à ce Pôle Emploi l'ensemble des documents nécessaires à l'examen des droits du salarié et au paiement des sommes dues par l'employeur, notamment l'attestation employeur, la demande d'allocation de sécurisation professionnelle complétée et signée par le salarié, la copie de la carte d'assurance maladie (carte Vitale) (conv. du 26 janvier 2015 relative au CSP, art. 5 § 2).

Le salarié adhérant à un CSP bénéficie de la *priorité de réembauche**, comme tout salarié dont la rupture a un motif économique.

Renonciation à la clause de non-concurrence - Peu importe le délai de renonciation prévu par le contrat de travail ou la convention collective : lorsque le salarié adhère au contrat de sécurisation professionnelle, le contrat prend fin sans préavis à la date d'expiration du délai de réflexion, de sorte que la renonciation à la *clause de non-concurrence** doit intervenir au plus tard à cette même date (cass. soc. 2 mars 2017, n° 15-15405 D).

Protection du salarié accidenté du travail - La signature d'un CSP n'empêche pas la victime d'un *accident du travail** d'être protégée en matière de licenciement. Les juges ont ainsi pu estimer que (cass. soc. 14 décembre 2016, n° 15-25981, BC V n° 249) :

- d'une part, le salarié qui est en arrêt de travail d'origine professionnelle à la date d'expiration du délai de réflexion dont il dispose pour adhérer ou non au CSP bénéficie de la protection qui lui est due en tant qu'accidenté du travail ;
- d'autre part, l'adhésion à ce contrat, qui constitue une modalité du licenciement pour motif économique, ne caractérise pas l'impossibilité pour l'employeur de maintenir le contrat de travail pour un motif étranger à l'accident du travail.

La protection dont bénéficie l'accidenté du travail doit être appréciée à l'expiration du délai de 21 jours laissé pour accepter la proposition de CSP et non à la date à laquelle la proposition a été faite.

Contentieux relatif à la rupture du contrat - Le salarié a 12 mois, à partir de son adhésion au CSP, pour contester la procédure de licenciement préalable à l'acceptation du CSP, la rupture de son contrat de travail ou son motif [voir *Prescription (contentieux)**] (cass. soc. 17 décembre 2013, n° 12-23726, BC V n° 305 ; cass. soc. 17 mars 2015, n° 13-26941, BC V n° 51). De même, par analogie entre la CRP et le CSP, l'adhésion à une CRP ne prive pas le salarié du droit d'obtenir l'indemnisation du préjudice que lui a causé l'irrégularité de la lettre de convocation à l'entretien préalable (cass. soc. 16 mai 2013, n° 11-28494, BC V n° 126).

Ce délai restreint ne lui est opposable que s'il en a été fait mention dans la proposition de CSP (c. trav. art. L. 1233-67). La remise par l'employeur au salarié, lors de la proposition du CSP, d'un document d'information édité par les services de l'Unédic mentionnant le délai de prescription applicable en cas d'acceptation du CSP, constitue une modalité d'information suffisante du salarié quant au délai de recours qui lui est ouvert pour contester la rupture du contrat de travail ou son motif (cass. soc. 11 décembre 2019, n° 18-23388 FPB ; cass. soc. 11 décembre 2019, n° 18-23388 D).

▶ À noter… Ce délai de contestation de 12 mois a longtemps été un délai spécifique au licenciement économique, dérogatoire au délai de droit commun de 2 ans. C'est la raison pour laquelle il devait être mentionné dans la notification de la rupture ou dans la proposition de CSP. À défaut, la prescription raccourcie de 12 mois ne jouait pas. Cependant, le délai de 12 mois a été généralisé à toutes les contestations de la rupture du contrat de travail (ord. 2017-1387 du 22 septembre 2017, art. 6, JO du 23 ; c. trav. art. L. 1471-1) [voir *Prescription (contentieux)**]. Il n'y a dès lors plus de raison de signaler ce délai dans la notification du licenciement économique. Cette mention a donc été supprimée (c. trav. art. L. 1235-7). À notre sens, par analogie, il convient de raisonner de la même manière pour la proposition de CSP, même si l'article L. 1233-67 du code du travail n'a pas été modifié sur ce point. L'absence de cette mention ne devrait pas avoir d'incidence, car, en tout état de cause, le délai de prescription est, depuis, fixé à 12 mois pour toutes les ruptures du contrat de travail.

Application du délai de prescription de 12 mois - La règle selon laquelle la prescription ne court pas contre celui qui est empêché d'agir ne s'applique pas lorsque le titulaire de l'action (en l'espèce, le salarié qui avait adhéré au CSP et qui contestait la rupture de son contrat de travail) dispose encore, à la cessation de l'empêchement, du temps nécessaire pour agir avant l'expiration du délai de prescription (cass. soc. 13 janvier 2021, n° 19-16564 FPB).

Contentieux relatif à l'ordre des licenciements - Le délai de 12 mois ouvert au salarié pour agir, une fois qu'il a adhéré au CSP, concerne non seulement la contestation de la procédure de licenciement préalable à l'acceptation du CSP, la rupture de son contrat de travail ou son motif, mais aussi le respect des critères d'ordre du licenciement (cass. soc. 16 décembre 2020, n° 19-18322 FPB).

Contentieux relatif à l'obligation de reclassement - L'adhésion du salarié à un CSP ne le prive pas du droit de contester le respect par l'employeur de son obligation de reclassement mais entraîne nécessairement de sa part renonciation à la proposition de reclassement qui lui a été faite (cass. soc. 17 mars 2015, n° 13-26941, BC V n° 51).

Adhésion à un CSP et demande de résiliation judiciaire du contrat - Lorsqu'un salarié demande la résiliation judiciaire de son contrat de travail en raison de faits qu'il reproche à son employeur, tout en continuant à travailler à son service, et que ce dernier le licencie par la suite pour motif économique ou que le salarié adhère à une CRP, le juge doit d'abord rechercher si la demande de résiliation judiciaire du contrat de travail est justifiée. Aussi, la rupture du contrat de travail consécutive à cette adhésion du salarié ne rend pas sans objet la demande antérieure de résiliation judiciaire (cass. soc. 12 juin 2012, n° 11-19641, BC V n° 177). À notre sens, cette décision serait transposable en cas d'adhésion à un CSP postérieurement à une action en résiliation judiciaire du contrat de la part du salarié.

Refus du salarié

En cas de refus du salarié, il y a licenciement pour motif économique. Dans l'hypothèse où il n'a toujours pas fait part de son intention d'accepter ou de refuser le CSP à la date à laquelle l'employeur est tenu de notifier le licenciement, le salarié recevra une lettre lui indiquant la fin du délai de 21 jours et lui précisant que cette lettre constituera la notification de son licenciement en cas de refus ou d'absence de réponse.

Allocation de sécurisation professionnelle

Durée du CSP - Le CSP est conclu pour une durée de 12 mois et prend effet dès le lendemain de la fin du contrat de travail.

Cas de prolongation - Cette durée est allongée des possibles périodes d'activités professionnelles effectuées en CDD ou en contrat de travail temporaire d'au moins 3 jours, intervenues après la fin du 6e mois du CSP, dans la limite de 3 mois supplémentaires. La durée du CSP ne peut pas excéder 15 mois de date à date (c. trav. art. L. 1233-67 ; conv. du 26 janvier 2015 relative au CSP, art. 6 ; circ. Unédic 2016-09 du 27 janvier 2016, titre 3).

▶ À noter… Au cours de son CSP, le bénéficiaire peut réaliser autant de périodes de travail rémunérées qu'il le souhaite, sous forme de CDD ou de contrat d'intérim d'une durée minimum de 3 jours, sans que leur durée totale cumulée ne puisse excéder 6 mois. Ces périodes de travail sont validées préalablement par le conseiller référent du bénéficiaire afin d'en vérifier la cohérence avec le projet de reclassement du bénéficiaire. Pendant ces périodes, le bénéficiaire est salarié de l'entreprise où il exerce et son CSP est suspendu (c. trav. art. L. 1233-67 et L. 1233-68, 3° ; conv. du 26 janvier 2015 relative au CSP, art. 12 ; circ. Unédic 2016-09 du 27 janvier 2016, titre II, § 1.4.2.).

La durée est également allongée (conv. du 26 janvier 2015 relative au CSP, art. 6) :
- des périodes ayant donné lieu, ou susceptibles d'avoir donné lieu, au service des prestations en espèce de l'assurance maladie, dans la limite de 4 mois supplémentaires ;
- des périodes de congé de maternité ayant donné lieu à suspension du CSP, dans la limite de la durée légale de ce congé [voir *Maternité (congé de)**] ;
- des périodes de *congé de paternité et d'accueil de l'enfant** à hauteur des périodes de suspension dans la limite de la durée légale de congé qui est de 25 jours (avenant 5 du 28 juin 2021, art. 3) ;
- des périodes de congé d'*adoption** à hauteur des périodes de suspension dans la limite de la durée légale de ce congé qui est de 16 semaines, 18 semaines quand il s'agit d'un troisième enfant, 22 semaines en cas d'adoptions multiples (avenant 5 du 28 juin 2021, art. 3) ;
- des périodes de *congé de proche aidant** à hauteur des périodes de suspension dans la limite de la durée légale du congé qui est de 1 an pour l'ensemble de la carrière (avenant 5 du 28 juin 2021, art. 3).

Allocation perçue pendant le CSP - Pendant la durée du CSP, les bénéficiaires justifiant au moment de leur licenciement de 1 an d'ancienneté dans l'entreprise perçoivent une allocation de sécurisation professionnelle (ASP) égale à 75 % de leur salaire journalier moyen de référence (conv. du 26 janvier 2015 relative au CSP, art. 15 § 1 ; avenant 5 du 28 juin 2021, art. 8).

Les salariés ayant de 1 à 2 ans d'ancienneté qui adhèrent au CSP relèvent, pour le montant de l'ASP, du régime applicable aux salariés ayant 2 ans d'ancienneté et plus et bénéficient d'une allocation à hauteur de 75 % de leur salaire journalier de référence (conv. du 26 janvier 2015 relative au CSP, art. 31, § 3 ; circ. Unédic 2016-09 du 27 janvier 2016, titre II, § 2.2).

▶ À noter… Seuls les bénéficiaires ayant moins de 1 an d'ancienneté perçoivent l'allocation d'aide au retour à l'emploi (ARE) comme les demandeurs d'emploi de droit commun [voir *Chômage (allocation d'aide au retour à l'emploi)**]. La durée de versement de l'allocation de ces salariés ne peut en aucun cas excéder celle à laquelle les intéressés auraient pu prétendre au titre de l'ARE (conv. du 26 janvier 2015 relative au CSP, art. 16, § 2, ; avenant 5 du 28 juin 2021, art. 9). Pour ces bénéficiaires qui ne justifient pas des conditions d'affiliation requises pour une ouverture de droits à l'ARE, la durée de versement de l'allocation de sécurisation professionnelle est égale au nombre de jours travaillés décomptés dans la période de référence affiliation de la convention CSP affecté du coefficient de 1, 4 afin de déterminer cette durée sur une base calendaire (conv. du 26 janvier 2015 relative au CSP, art. 16, § 3 ; avenant 5 du 28 juin 2021, art. 9).

Pour les salariés ayant eu une procédure de licenciement économique engagée depuis le 1.10.2021, le calcul de référence s'effectue à partir des rémunérations perçues dans la limite de 24 ou de 36 derniers mois, selon que l'allocataire ait moins de 53 ans ou non. Seules les rémunérations versées dans le cadre du contrat de travail ayant donné lieu à l'adhésion au CSP sont prises en compte. Le salaire journalier de référence correspond alors au salaire de référence divisé par le nombre de jours calendaires compris entre le premier et le dernier jour du même contrat de travail (conv. du 26 janvier 2015 relative au CSP, art. 15, avenant 5 du 28 juin 2021, art. 8). **Dans ce mode calcul, les périodes d'inactivité ne sont pas prises en compte.**

▶ À noter… L'avenant 5 du 28 juin 2021 a défini le calcul du salaire de référence selon deux modalités déterminées au regard de la date d'entrée en vigueur de la réforme des règles de calcul des allocations de chômage [voir *Chômage (salaire de référence)**] (avenant 5, art. 8 et 17). Pour les salariés ayant eu une procédure de licenciement économique engagée du 1.07.2021 au 30.09.2021, ces modalités correspondent aux dispositions prévues par la convention d'assurance chômage du 14.04.2017.

Le coefficient de dégressivité prévue par le règlement d'assurance chômage ne peut s'appliquer à l'allocation de sécurisation professionnelle, quelles qu'en soient les modalités de calcul [voir *Chômage (allocation d'aide au retour à l'emploi)]** (conv. du 26 janvier 2015 relative au CSP, art. 15 § 3 ; avenant 5 du 28 juin 2021, art. 8).

Financement du CSP

Contribution patronale au titre du préavis - L'employeur contribue au financement du CSP en s'acquittant auprès de Pôle Emploi d'une somme correspondant à l'indemnité de préavis que le salarié aurait perçue s'il n'avait pas bénéficié du dispositif et qui est au moins égale à l'indemnité légale (c. trav. art. L. 1233-68 et L. 1233-69 ; conv. du 26 janvier 2015 relative au CSP, art. 21 ; circ. Unédic 2016-09 du 27 janvier 2016, titre 1, § 5.2).

Dans le cas où l'indemnité de préavis que le salarié aurait perçue s'il n'avait pas bénéficié du CSP est supérieure à 3 mois de salaire, l'employeur verse la fraction excédant ce montant à l'intéressé dès la rupture de son contrat de travail.

Financement par les fonds de la formation professionnelle - Outre la contribution de l'employeur, les *opérateurs de compétences (OPCO)** affectent aux mesures de formation du CSP une part des ressources destinées aux actions de professionnalisation et au *compte personnel de formation** (voir *Participation à la formation professionnelle continue**) (c. trav. art. L. 1233-69).

Les régions peuvent contribuer au financement de ces mesures (c. trav. art. L. 1233-69).

L'État peut contribuer également au financement des dépenses engagées dans le cadre du CSP (c. trav. art. L. 1233-69).

Contribution sanction en l'absence de proposition de CSP

En cas de non-respect de son obligation de proposer le CSP, l'employeur est redevable à Pôle Emploi d'une contribution spécifique correspondant à 2 mois de salaire brut, portée à 3 mois de salaire comprenant l'ensemble des charges patronales et salariales lorsque l'ancien salarié adhère par la suite au CSP sur proposition de Pôle Emploi (c. trav. art. L. 1233-66).

La contribution spécifique est calculée en fonction du salaire journalier moyen ayant servi au calcul des allocations. Elle correspond à soixante fois le salaire journalier de référence servant au calcul des allocations (décret 2019-797 du 26 juillet 2019 modifié, annexe A ; règlt ass. chôm. art. 56, JO du 28).

Le recouvrement de cette contribution est assuré par Pôle Emploi, pour le compte de l'Unédic (loi 2012-1189 du 26 octobre 2012, art. 9 ; décret 2013-639 du 17 juillet 2013, art. 1 ; conv. du 26 janvier 2015 relative au CSP, art. 7, 22 et 25 ; circ. Unédic 2016-09 du 27 janvier 2016, titre 2, § 6.2).

▶ À noter… Par analogie avec la jurisprudence relative à l'ancien dispositif de la CRP (cass. soc. 1er décembre 2010, n° 09-41950 D), c'est à l'employeur de démontrer qu'il a proposé le CSP en cas de litige.

Prime incitative à la reprise d'emploi

Dans le cas où, avant la fin du 10e mois de son CSP, le bénéficiaire retrouve un emploi durable sous la forme d'un contrat à durée indéterminée (CDI), d'un contrat à durée déterminée (CDD) ou d'un contrat d'intérim de 6 mois ou plus, une prime au reclassement équivalente à 50 % du reliquat de ses droits à l'ASP peut lui être versée. Le versement se fait en deux temps : un premier versement à la signature du contrat, le second à l'issue du 3e mois si le bénéficiaire est toujours en emploi. Cette prime n'est pas cumulable avec l'indemnité différentielle de reclassement (IDR) (conv. du 26 janvier 2015 relative au CSP, art. 14 ; circ. Unédic 2016-09 du 27 janvier 2016, titre 2, § 1.6).

Favoriser la reprise d'activité en cours du CSP

Au cours de son CSP, le bénéficiaire peut réaliser autant de périodes de travail rémunérées qu'il le souhaite, sous forme de CDD ou de contrat d'intérim d'une durée minimum de 3 jours, sans que leur durée totale cumulée ne puisse excéder 6 mois. Ces périodes de travail sont validées préalablement par le conseiller référent du bénéficiaire afin d'en vérifier la cohérence avec le projet de reclassement du bénéficiaire. Pendant ces périodes, le bénéficiaire est salarié de l'entreprise où il exerce et son CSP est suspendu (c. trav. art. L. 1233-67 et L. 1233-68, 3° ; conv. du 26 janvier 2015 relative au CSP, art. 12).

Par ailleurs, en cas de reprise d'un emploi temporaire dans les 6 derniers mois du CSP, la durée du CSP est allongée jusqu'à 3 mois supplémentaires (conv. du 26 janvier 2015 relative au CSP, art. 6 ; circ. Unédic 2016-09 du 27 janvier 2016, titre 2, § 1.4).

Indemnité différentielle de reclassement

En cas de reprise d'un emploi dont la rémunération est, pour une même durée de travail, inférieure à la rémunération de son emploi précédent, l'intéressé perçoit une indemnité différentielle de reclassement. Cette indemnité lui est versée mensuellement pour une durée qui ne peut excéder 12 mois et dans la limite d'un montant total plafonné à 50 % de ses droits résiduels à l'allocation de sécurisation professionnelle (conv. du 26 janvier 2015 relative au CSP, art. 13 ; circ. Unédic 2016-09 du 27 janvier 2016, titre 2, § 1.5).

Dans le cas où, avant la fin du 10e mois de son CSP, le bénéficiaire retrouve un emploi durable sous la forme d'un CDI, ou d'un CDD ou d'un contrat de travail temporaire de 6 mois ou plus, une prime au reclassement équivalant à 50 % du reliquat de ses droits à l'allocation de sécurisation professionnelle lui sera « versée ». Le versement se fait en deux temps : un premier versement a lieu au lendemain de la date de reprise d'emploi, le second à l'issue du 3e mois suivant la reprise d'emploi. Cette prime n'est pas cumulable avec l'indemnité différentielle de reclassement (conv. du 26 janvier 2015 relative au CSP, art. 14 ; circ. Unédic 2016-09 du 27 janvier 2016, titre II, § 1.6).

Actions de formation pendant le CSP

Pendant le CSP, le bénéficiaire peut suivre des formations (conv. du 26 janvier 2015 relative au CSP, art. 11 ; avenant 4 du 12 juin 2019, art. 5 ; circ. Unédic 2016-09 du 27 janvier 2016, titre 2, § 1.3). Le bénéficiaire du CSP accède à toutes les formations éligibles au *compte personnel de formation** (CPF), sous réserve que la formation retenue corresponde à son projet de reclassement.

Lorsque l'action de formation, notamment s'il s'agit d'une action de requalification, n'est pas achevée au terme du CSP, celle-ci se poursuit dans le cadre du projet personnalisé d'accès à l'emploi, dans la mesure où le bénéficiaire s'inscrit comme demandeur d'emploi au terme du CSP.

Terme du CSP

Le versement de l'ASP s'interrompt si le bénéficiaire retrouve un emploi ou terme de son CSP. S'il s'inscrit à la fin du CSP comme demandeur d'emploi, l'ARE prend le relais, sans délai d'attente ni différé d'indemnisation, soit au titre d'une reprise de droits [voir *Chômage (reprise des droits)**], soit au titre du droit auquel il aurait pu prétendre [voir *Chômage (allocation d'aide au retour à l'emploi)**] s'il n'avait pas accepté le CSP, pour une durée de prise en charge au titre de l'assurance chômage réduite du nombre de jours indemnisés au titre de l'ASP (c. trav. art. R. 5422-1 ; conv. du 26 janvier 2015 relative au CSP, art. 27 ; avenant 5 du 28 juin 2021, art. 15 ; circ. Unédic 2021-13 du 19 octobre 2021, fiche § 4.2).

☛ *Congé de reclassement ; Licenciement économique collectif (procédure applicable) ; Licenciement économique (procédure du licenciement individuel) ; Licenciement (notification).*

Contrat de sous-traitance

☞ *Marchandage (délit) ; Prêt de main-d'œuvre ; Sous-traitance ; Travail dissimulé.*

Contrat de travail

Définition

Contrat employeur-salarié - Le contrat de travail est une convention par laquelle une personne, appelée salarié, s'engage à mettre son activité à la disposition d'une autre, appelée employeur, sous la subordination de laquelle elle se place, moyennant une rémunération.

Il importe peu que les parties aient conclu un autre type de contrat. L'existence d'une relation de travail ne dépend ni de la volonté exprimée par les contractants ni de la dénomination qu'ils ont donnée à leur convention mais des conditions de fait dans lesquelles l'activité des travailleurs est exercée (cass. soc. 25 juin 2013, n° 12-13968, BC V n° 165).

▶ Attention… Seule la personne qui se prétend salariée peut demander la reconnaissance de l'existence d'un contrat de travail à son bénéfice. Ce droit ne peut être exercé ni par ses créanciers ni par les organes d'une procédure collective (cass. soc. 13 juillet 2004, n° 02-43444, BC V n° 217).

Lien de subordination - C'est le lien de subordination qui caractérise le contrat de travail et entraîne l'*assujettissement** au régime général de la sécurité sociale. À titre d'exemple, il peut être recherché par les juges dans le cadre d'une action relative au *travail dissimulé** (en l'espèce, s'agissant de l'application du statut de *micro-entrepreneur** à des personnes qui en réalité avaient un contrat de travail) (cass. crim. 15 décembre 2015, n° 14-85638, B. crim. n° 302).

« Le lien de subordination est caractérisé par l'exécution d'un travail sous l'autorité d'un employeur qui a le pouvoir de donner des ordres et des directives, d'en contrôler l'exécution et de sanctionner le manquement de son subordonné » (cass. soc. 1er juillet 1997, n° 94-45102, BC V n° 240). L'existence d'un lien de subordination n'est pas incompatible avec une indépendance technique dans l'exécution de la prestation, notamment pour les salariés qui ont un haut niveau de qualification (cass. soc. 29 mars 1994, n° 90-40832, BC V n° 108).

Éléments caractérisant un contrat de travail - Pour apprécier l'existence d'une relation de travail, les juges appliquent la méthode dite « du faisceau d'indices » : ils se déterminent au vu d'un ensemble d'éléments. Les critères pris en compte dépendent des spécificités de l'activité du travailleur intéressé ; toutefois, certains reviennent souvent. Les juges cherchent ainsi traditionnellement à déterminer si le travail est effectué sous le contrôle et la direction de l'entreprise ou dans le cadre d'un service organisé (cass. soc. 3 juin 2009, n° 08-40981, BC V n° 141). Le fait que le lieu de travail ou les horaires sont imposés et que le matériel est fourni au travailleur entrent également en considération. Les modalités de rémunération sont également examinées.

Travailleur à domicile et VRP - L'existence du lien de subordination n'est pas requise pour que la qualité de travailleur à domicile ou celle de VRP statutaire soit reconnue [voir *Travail à domicile** et *VRP (contrat)**].

Dirigeants - Sur le cumul contrat de travail/mandat social, voir *Dirigeants de sociétés**.

Membres d'associations à caractère caritatif ou religieux - La participation à la vie communautaire est exclusive de tout lien de subordination (cass. soc. 9 mai 2001, n° 98-46158, BC V n° 155).

Indépendamment de la nature spirituelle d'un engagement auprès d'une association, un contrat de travail peut exister compte tenu des conditions d'exercice de l'activité en cause (cass. soc. 29 octobre 2008, n° 07-44766, BC V n° 206). Si aucun contrat de travail n'est caractérisé, le conseil de prud'hommes n'est pas compétent pour trancher le litige entre, par exemple, une association cultuelle et un pasteur (cass. soc. 28 avril 2011, n° 09-72721 D).

En tout état de cause, l'engagement religieux d'une personne n'est susceptible d'exclure l'existence d'un contrat de travail que pour les activités qu'elle accomplit pour le compte et au bénéfice d'une congrégation ou d'une association cultuelle légalement établie (cass. soc. 20 janvier 2010, n° 08-42207, BC V n° 15).

Sur la question de l'assujettissement des sommes ou avantages en nature versés à des *bénévoles** travaillant dans des associations à caractère caritatif, voir *Assujettissement**.

Mise à disposition d'un fonctionnaire auprès d'une entreprise privée - Le fonctionnaire mis à la disposition d'un organisme de droit privé pour accomplir un travail pour son compte et sous sa direction est lié à cet organisme par un contrat de travail (cass. soc. 15 juin 2010, n° 09-69453, BC V n° 139). En l'espèce, le contentieux relevait donc de la compétence du *conseil de prud'hommes**.

Travailleurs des plates-formes numériques - La Cour de cassation a statué sur la qualification du contrat liant un livreur à une plate-forme numérique. En l'espèce, l'application était dotée d'un système de géolocalisation permettant le suivi en temps réel par la société de la position du coursier et la comptabilisation du nombre total de km parcourus, de sorte que le rôle de la plate-forme ne se limitait pas à la mise en relation du restaurateur, du client et du coursier. De plus, la société disposait d'un pouvoir de sanction à l'égard du coursier. Il y avait donc là un pouvoir de direction et de contrôle de l'exécution de la prestation du livreur caractérisant un lien de subordination. Le contrat liant le livreur à la plate-forme numérique aurait dû être qualifié de contrat de travail (cass. soc. 28 novembre 2018, n° 17-20079 FPPBRI ; cass. soc. 24 juin 2020, n° 18-26088 D).

À propos des travailleurs indépendants recourant, pour l'exercice de leur activité professionnelle, à une ou plusieurs plateformes de mise en relation par voie électronique, voir *Plateforme collaborative (travailleurs indépendants)**.

Délai de prescription applicable à l'action en requalification en contrat de travail - Toute action en justice portant sur l'exécution du contrat de travail se prescrit par 2 ans à compter du jour où celui qui l'exerce a connu ou aurait dû connaître les faits lui permettant d'exercer son droit (c. trav. art. L. 1471-1) [voir *Prescription (contentieux)**].

Professions du spectacle, de la publicité, de la mode et métiers d'art - Ces professions et métiers relèvent de dispositions spécifiques (c. trav. art. L. 7121-1 et s.). Une présomption de salariat s'applique dans certains cas (c. trav. art. L. 7121-3).

Présomption de non-salariat - Sont présumés ne pas être liés avec le donneur d'ordre par un contrat de travail dans l'exécution de l'activité donnant lieu à immatriculation ou inscription (c. trav. art. L. 8221-6) :

- les personnes physiques immatriculées au registre du commerce et des sociétés, au répertoire des métiers, au registre des agents commerciaux ou auprès des URSSAF pour le recouvrement des cotisations d'allocations familiales ;
- les personnes physiques inscrites au registre des entreprises de transport routier de personnes, qui exercent une activité de transport scolaire ou de transport à la demande ;
- les dirigeants des personnes morales immatriculées au registre du commerce et des sociétés ainsi que leurs salariés ;

L'existence d'un contrat de travail peut toutefois être établie lorsque ces personnes fournissent, directement ou par personne interposée, des prestations à un donneur d'ordres dans des conditions qui les placent dans un lien de subordination juridique permanente à l'égard de celui-ci (c. trav. art. L. 8221-6).

▶ À noter... Il n'y a dissimulation d'emploi salarié que s'il est établi que le donneur d'ordres s'est soustrait intentionnellement à l'accomplissement de certaines formalités : déclaration préalable à l'embauche, délivrance du bulletin de paie, etc. (c. trav. art. L. 8221-6) (voir *Travail dissimulé**).

La personne dont les conditions de travail sont définies exclusivement par elle-même ou par le contrat les définissant avec son donneur d'ordres est présumée travailleur indépendant (c. trav. art. L. 8221-6-1).

Différentes catégories

Le contrat de travail de droit commun est le *contrat de travail à durée indéterminée** (c. trav. art. L. 1221-2). Mais il existe d'autres types de contrat de travail :

- le *contrat de travail à durée déterminée** ;
- le contrat de *travail temporaire** ;
- le *contrat de travail intermittent** ;
- le contrat d'apprentissage [voir *Apprentissage (contrat)**] ;
- le *contrat de professionnalisation**.

Le contrat peut être à temps plein ou à temps partiel (voir *Travail à temps partiel**).

Sur les différents types de contrat aidé qui peuvent être conclus par un employeur, voir *Contrat aidé**.

Parties au contrat

Employeur et salarié - L'employeur peut être une personne physique ou morale. Le contrat peut ne pas être conclu personnellement par le chef d'entreprise, mais par son représentant qualifié. Une délégation de pouvoir pour conclure un contrat de travail peut être tacite et découler des fonctions du salarié signataire du contrat pour le compte de l'employeur (ex. : le responsable des ressources humaines dans une SAS) (cass. soc. 15 décembre 2010, n° 09-42642 D).

Le salarié doit être une personne physique.

▶ À noter... Le mineur émancipé (employeur ou salarié) a pleine capacité pour conclure seul un contrat de travail [voir *Jeunes (emploi des)**].

Qualité de coemployeur - Dans un rapport de coemploi, deux sociétés deviennent solidairement responsables des obligations contractuelles liées à la qualité d'employeur. Ainsi :

- le coemployeur a les mêmes obligations vis-à-vis des salariés que l'employeur avec lequel les contrats de travail ont été conclus (ex. : quand le juge lui reconnaît la qualité de coemployeur, la société mère peut être condamnée à indemniser, avec la filiale, les salariés licenciés sans cause réelle et sérieuse) ;
- si l'employeur est « défaillant », c'est au coemployeur d'assumer les conséquences de ces manquements.

Une société faisant partie d'un groupe ne peut être qualifiée de coemployeur du personnel employé par une autre (ex. : une société mère à l'égard des salariés d'une filiale) que si les deux conditions suivantes sont réunies (cass. soc. 25 novembre 2020, n° 18-13769 FPPBRI) :

- elle s'immisce de façon permanente dans la gestion économique et sociale de la société employeur. Cette immixtion doit aller au-delà de la nécessaire coordination des actions économiques entre les sociétés appartenant à un même groupe et de l'état de domination économique que cette appartenance peut engendrer ;
- cette immixtion conduit à la perte totale d'autonomie d'action de la société employeur.

Ainsi, « c'est la perte d'autonomie d'action de la filiale, qui ne dispose pas du pouvoir réel de conduire ses affaires dans le domaine de la gestion économique et sociale, qui est déterminante dans la caractérisation d'une immixtion permanente anormale de la société-mère, constitutive d'un coemploi » (note explicative de cass. soc. 25 novembre 2020, n° 18-13769 FPPBRI, www.courdecassation.fr).

Exemple

La filiale d'un groupe avait perdu progressivement une bonne part de son autonomie :

- dans toutes les initiatives que le directeur de la filiale avait prises (rapports et projets sur la situation de la filiale, gestion de litiges commerciaux, signature de lettres d'embauche, d'avertissement ou de rupture, acceptation des congés, conclusion d'un accord salarial), il agissait avant tout en qualité de représentant de la société mère ;
- la filiale avait confié la gestion de ses ressources humaines à la société mère, laquelle lui facturait ce service ;
- une autre filiale du groupe avait pris en charge sa gestion administrative contre rétribution ;
- sa trésorerie était gérée par la société mère ;
- la filiale était contrainte de traiter diverses commandes, rarement rentables, pour d'autres sociétés du groupe ;
- la filiale était parfois amenée à prêter ses machines à d'autres sociétés du groupe.

La société avait finalement été fermée, puis mise en liquidation. Plusieurs salariés avaient contesté le caractère réel et sérieux de leur licenciement pour motif économique, tout en cherchant à faire reconnaître la qualité de coemployeur de la société mère pour que celle-ci soit condamnée in solidum à payer les dommages et intérêts. Les juges d'appel leur ont donné gain de cause mais la Cour de cassation a censuré leur décision.

Pour la Cour de cassation, les éléments constitutifs du coemploi n'ont pas été recensés par les juges d'appel. Une autre cour d'appel réexaminera les faits à la lumière de la grille d'analyse imposée par la Cour de cassation (cass. soc. 25 novembre 2020, n° 18-13769 FPPBRI).

Les salariés peuvent aussi tenter de faire reconnaître qu'il existe un lien de subordination entre la société mère et les salariés de la filiale. C'est une autre approche du coemploi, basée sur les éléments constitutifs de toute relation de travail *(voir ci-avant)* (cass. soc. 1er juillet 1997, n° 94-45102, BC V n° 240).

Consentement - Les consentements de l'employeur et du salarié au contrat de travail peuvent être donnés verbalement ou par écrit. L'accord peut être tacite et résulter simplement du comportement des parties, mais il doit y avoir volonté réelle de s'engager.

Une personne qui connaît une information dont l'importance est déterminante pour le consentement de celle avec laquelle elle est en train de négocier un contrat, par exemple un contrat de travail, doit l'en informer dès lors que, légitimement, cette dernière ignore cette information ou fait confiance à son cocontractant (c. civ. art. 1112-1). Dissimuler intentionnellement cette information peut conduire à la nullité du contrat (c. civ. art. 1137).

Les vices du consentement (erreur, violence ou dol) sont également des causes de nullité du contrat (c. civ. art. 1120, 1128 et 1130 et s.).

Contrat écrit

Obligatoire dans certains cas - Un écrit est obligatoire pour certains types de contrat. Sont notamment concernés :

- le *contrat de travail à durée déterminée** ;
- le contrat de travail à temps partiel [voir *Travail à temps partiel (contrat de travail)**] ;

- le contrat passé avec des travailleurs à domicile (voir *Travail à domicile**) ;
- le contrat du *médecin du travail** ;
- le contrat d'apprentissage [voir *Apprentissage (contrat)**] ;
- le *contrat de travail intermittent** ;
- le *contrat de professionnalisation**.

Sur les modalités de conclusion d'un *contrat aidé**, voir cette étude.

Recommandé pour le CDI - En ce qui concerne le *contrat de travail à durée indéterminée**, le code du travail indique qu'il peut être constaté dans les formes qu'il convient à l'employeur et au salarié d'adopter (c. trav. art. L. 1221-1). Pourtant, une directive CEE du 14.10.1991 impose aux entreprises de remettre aux salariés dans les 2 mois suivant leur embauche un ou plusieurs documents écrits comportant des informations sur les éléments essentiels du contrat de travail : identité des parties, lieu de travail, qualification, rémunération, date de début du contrat, durée du travail, mention de la convention collective, durées des congés payés et du préavis (dir. europ. 91-533 du 14 octobre 1991). Mais, selon le ministre du Travail, la loi française est en conformité avec la directive, bien qu'elle n'impose pas expressément la rédaction d'un contrat de travail écrit, puisqu'elle prévoit les remises au salarié de la copie de la *déclaration préalable à l'embauche** ainsi que de bulletins de paie comportant de nombreuses mentions. En pratique, il est conseillé de conclure un contrat écrit pour limiter les litiges ultérieurs. La convention collective peut imposer un contrat écrit.

▶ Attention... La directive 2019/1152 du 20 juin 2019 relative à des conditions de travail transparentes et prévisibles dans l'Union Européenne (UE) abroge la directive 91/533/CEE du 14.10.1991 précitée à compter du 1.08.2022. Les États membres ont jusqu'au 1.08.2022 pour transposer cette nouvelle directive (dir. (UE) 2019/1152 du 20 juin 2019, art. 21 et 24, JOUE L. 186 du 11 juillet 2019).

Rédaction en français - Le contrat établi par écrit doit être, en principe, rédigé en *langue française** (c. trav. art. L. 1221-3).

Conclusion et signature électroniques - Un contrat peut être conclu par voie électronique, sous réserve de respecter certaines conditions et modalités (c. civ. art. 1125 et s.). Sa signature peut également être électronique. Une copie fiable (ex. : électronique) a la même valeur que l'original (c. civ. art. 1379).

Clauses d'un contrat de travail

Voir *Contrat de travail à durée indéterminée**, *Contrat de travail à durée déterminée**, *Contrat de travail intermittent**, *Travail temporaire (contrat de travail)** et *Travail à temps partiel (contrat de travail)**.

Sur les clauses spécifiques pouvant être inscrites dans un contrat de travail, voir *Clause attributive de juridiction**, *Clause de changement de direction**, *Clause compromissoire**, *Clause de conciliation préalable**, *Clause de confidentialité**, *Clause de conscience**, *Clause couperet**, *Clause de dédit-formation**, *Clause de domicile (ou de résidence)**, *Clause d'exclusivité**, *Clause de garantie d'emploi**, *Clause d'indexation**, *Clause de mobilité**, *Clause de non-concurrence**, *Clause d'objectifs**, *Clause pénale**, *Clause de quotas**, *Clause relative aux congés payés**, *Clause de remboursement (frais professionnels)** et *Clause de variation du salaire**.

Modification du contrat de travail

Voir *Modification du contrat de travail**.

Nullité

La nullité est la sanction qui frappe un contrat ou une clause n'étant pas valablement rédigé.

En droit du travail, les cas de nullité se rattachent à la fois au droit commun des contrats (incapacité, vices du consentement, objet illicite ou immoral) et à la législation du travail (voir *Clause illicite** et *Discriminations**).

▶ À noter... En cas de nullité d'un contrat, le code civil permet à une partie d'interroger l'autre sur sa volonté de maintenir ce contrat ou de saisir le juge pour le faire annuler. Les parties peuvent aussi constater elles-mêmes la nullité d'un contrat (c. civ. 1178 et 1183). En théorie, ces possibilités offertes aux parties à un contrat peuvent être utilisées par un employeur et un salarié. Reste à savoir si elles pourront être appliquées, par exemple, en cas de nullité d'une clause de non-concurrence. Aux conseils de prud'hommes de répondre.

La conséquence immédiate de l'annulation d'un contrat de travail ou d'une de ses clauses est la remise en état des choses dans leur situation antérieure, car ce qui est déclaré nul ne doit pas produire aucun effet.

Toutefois, en droit du travail, l'annulation n'entraîne pas entièrement l'anéantissement rétroactif du contrat de travail. Les rémunérations perçues dans le cadre d'un contrat nul sont conservées, ou dues dans le cas contraire.

La nullité d'une clause n'emportera pas nécessairement celle de l'ensemble du contrat, mais seulement celle de la clause litigieuse.

Contrat de travail à durée déterminée

Un contrat de travail à durée déterminée (CDD) ne peut être conclu que pour l'exécution d'une tâche précise et temporaire, et seulement dans certaines hypothèses [voir *Contrat de travail à durée déterminée (cas de recours)**].

Embauche en CDD

En embauchant un salarié en CDD, toutes les formalités liées à une *embauche** doivent être remplies.

▶ À noter... Sur le suivi des salariés en CDD par le médecin du travail, voir *Visite médicale (information et prévention)**.

L'employeur peut bénéficier d'une aide de Pôle emploi pour former le salarié [voir *Action de formation préalable au recrutement (AFPR)**].

▶ À noter... En cas de contentieux et en présence d'un contrat de travail dont la nature juridique est imprécise, il appartient au juge de le qualifier de contrat à durée déterminée ou à durée indéterminée (cass. soc. 13 mars 2013, n° 11-26343 D).

Conclusion

Écrit - Quel que soit le motif pour lequel il est conclu, le CDD doit être écrit.

À défaut, il est réputé conclu pour une durée indéterminée (c. trav. art. L. 1242-12). L'employeur ne peut pas écarter cette présomption légale. Seul le salarié peut prouver que le contrat conclu verbalement est à durée déterminée (cass. soc. 10 juillet 2002, n° 00-44534, BC V n° 235 ; cass. soc. 12 décembre 2012, n° 11-14823, BC V n° 335).

▶ À noter... La date de conclusion du contrat n'est pas une mention obligatoire, même si elle est recommandée en pratique (cass. soc. 20 décembre 2017, n° 16-25251, BC V n° 220).

Signatures - Le défaut de signature du salarié est assimilé à l'absence d'écrit. Un contrat qui ne comporte pas la signature du salarié est donc réputé à durée indéterminée, sauf si le salarié a délibérément refusé de signer le contrat de mauvaise foi ou dans une intention frauduleuse (cass. soc. 7 mars 2012, n° 10-12091, BC V n° 85).

▶ À noter... Dans une affaire où un salarié avait travaillé environ 3 semaines en CDD, il avait sollicité la requalification de son contrat en CDI pour défaut de signature du contrat. La cour d'appel avait rejeté sa demande en considérant que le refus du salarié de signer le CDD était délibéré parce qu'il n'avait pas contesté avoir commencé à travailler tout en connaissant le motif de recours et le terme du CDD, mentionnés dans sa promesse d'embauche. Or, ces considérations ne suffisaient pas à caractériser la mauvaise foi ou l'intention frauduleuse du salarié, seuls éléments de nature à faire obstacle à une demande de requalification fondée sur la non-signature du CDD (cass. soc. 10 avril 2019, n° 18-10614 D).

L'absence de signature du CDD par l'employeur est également assimilée à un défaut de contrat écrit et entraîne donc la requalification en CDI (cass. soc. 14 novembre 2018, n° 16-19038 FSPB).

Mention du motif de recours - Le CDD doit comporter la définition précise de son motif et ce, quel que soit le cas de recours, y compris un CDD d'usage ou un contrat conclu pour favoriser l'embauche de certaines personnes (c. trav. art. L. 1242-12 ; cass. soc. 7 mars 2012, n° 10-19073, BC V n° 86 ; cass. soc. 13 juin 2012, n° 11-10198, BC V n° 180) [voir *Contrat de travail à durée déterminée (cas de recours)**].

Le CDD ne doit comporter qu'un seul motif. S'il comporte, par exemple, deux motifs distincts, il est requalifié en CDI (cass. soc. 23 janvier 2008, n° 06-41536, BC V n° 17).

S'agissant d'un CDD d'usage, un ordre de mission de l'employeur ne comportant pas la signature du salarié ne peut pas être assimilé à un contrat de travail écrit comportant la définition précise de son motif (cass. soc. 31 mai 2006, n° 04-47656, BC V n° 195).

Pour un CDD conclu pour accroissement temporaire de l'activité de l'entreprise, la mention « il est conclu pour faire face à un accroissement temporaire d'activité » constitue par exemple un motif précis (cass. soc. 28 septembre 2005, n° 04-44823, BC V n° 271).

▶ À noter... À notre sens, il est possible, voire recommandé, de préciser les raisons de ce surcroît temporaire de travail.

La mention « surcroît d'activité lié à l'augmentation de la couverture téléphonique client » a également pu suffire pour un CDD (cass. soc. 9 juin 2017, n° 15-28599 D).

En revanche, la seule mention dans un contrat qu'il est souscrit pour « surcroît » ne constitue pas le motif précis requis (cass. soc. 22 mars 2011, n° 09-71051 D) comme l'indication « pour faire face à une mission ponctuelle » (cass. soc. 19 janvier 2012, n° 10-15756 D). De même, la mention que le CDD avait été conclu pour « une opération de télé vente et permanence téléphonique », pour « la réorganisation du service transport » ou « la réorganisation du service commercial » ne constituent pas l'énonciation d'un motif précis (cass. soc. 9 juin 2017, n° 15-28599 D ; cass. soc. 15 septembre 2021, n° 19-23909 D).

Autres mentions - Le CDD doit aussi comporter les mentions suivantes (c. trav. art. L. 1242-12).

Lorsqu'il est conclu pour remplacer un salarié absent, le nom et la qualification du salarié remplacé (cass. soc. 26 octobre 1999, n° 97-40894, BC V n° 402 ; cass. soc. 6 mai 1997, n° 94-41940, BC V n° 160 ; cass. soc. 18 mars 2020, n° 19-21535 FSPB). Attention, la mention d'une catégorie professionnelle comportant diverses qualifications n'est pas suffisamment précise et entraîne la requalification en CDI *(voir ci-après)*.

Lorsqu'il comporte un terme précis, la date d'échéance du terme et, le cas échéant, une clause de renouvellement [voir *Contrat de travail à durée déterminée (durée)**].

Lorsqu'il ne comporte pas de terme précis, la durée minimale pour laquelle il est conclu [voir *Contrat de travail à durée déterminée (durée)**].

La désignation du poste de travail ou de l'emploi occupé.

L'intitulé de la convention collective applicable [voir *Convention collective (application)**].

Le montant de la rémunération et de ses accessoires.

Le nom et l'adresse de la caisse de retraite complémentaire et de l'organisme de prévoyance.

La durée de la *période d'essai** éventuellement prévue.

Lorsqu'il s'agit d'un contrat par lequel l'employeur s'engage à assurer au salarié un complément de formation professionnelle, le contrat doit préciser la nature des activités auxquelles participe le stagiaire durant son séjour en entreprise.

Sur les mentions spécifiques du *Contrat de travail à durée déterminée (à objet défini)**, voir l'étude correspondante.

Sanctions en cas d'omission ou de falsification du motif de recours - L'absence de définition précise du motif du contrat entraîne la requalification du contrat en CDI (cass. soc. 12 juillet 2007, n° 06-43414 D). Il en est de même si le motif énoncé est faux (cass. soc. 17 mars 2010, n° 08-42963 D).

▶ Attention… L'employeur encourt des sanctions pénales (c. trav. art. L. 1248-6).

Sanction en cas d'omission d'une autre mention - Le code du travail ne prévoit pas de sanction en cas d'omission d'une mention autre que celle de la définition précise du motif. Les juges fixent cette sanction en distinguant selon que l'omission concerne une mention déterminante du caractère temporaire du contrat, permettant de s'assurer que la conclusion du CDD l'a été dans l'un des cas limitativement énumérés par le législateur ou une simple mention informative.

Le contrat est réputé conclu pour une durée indéterminée s'il ne comporte pas les mentions suivantes.

Le nom du salarié remplacé et sa qualification. L'absence de cette mention entraîne la requalification en un CDI (cass. soc. 6 mai 1997, n° 94-41940, BC V n° 16 ; cass. soc. 18 mars 2020, n° 19-21535 FSPB).

Toutefois, si le CDD contient une mention relative à la fonction du salarié remplacé et que celle-ci renvoie à une qualification professionnelle précisément définie par la grille de classification de la convention collective applicable à l'entreprise, le contrat est conforme aux exigences légales et ne doit pas être requalifié en CDI à ce titre (cass. soc. 3 mai 2018, n° 16-20636 FSPB).

En revanche, la seule mention de la catégorie professionnelle, qui englobe plusieurs qualifications, est insuffisante (cass. soc. 20 janvier 2021, n° 19-21535 FSPI).

Exemple

Une entreprise du secteur du transport aérien a été condamnée au titre de plusieurs CDD conclus pour remplacer des membres du « personnel navigant commercial » (PNC). La mention de cette catégorie professionnelle n'était pas suffisamment précise, car elle comportait diverses qualifications (hôtesses et stewards, chefs de cabine, chefs de cabine principaux), avec des fonctions et des rémunérations différentes (cass. soc. 20 janvier 2021, n° 19-21535 FSPI).

La désignation du poste occupé par le salarié (cass. soc. 19 avril 2000, n° 98-45688 D), sauf s'il s'agit d'un CDD d'usage, une erreur dans la désignation du poste, ou son absence, n'entraînant pas dans ce cas la requalification si l'emploi réellement occupé est par nature temporaire (cass. soc. 21 septembre 2017, n° 16-17241, BC V n° 145).

Un terme fixé avec précision dès sa conclusion (cass. soc. 23 novembre 2005, n° 03-47370 D).

La durée minimale du contrat conclu sans terme précis (cass. soc. 29 octobre 1996, n° 92-44837, BC V n° 356).

À l'inverse, une mention non essentielle destinée à donner une information au salarié est considérée comme une mention secondaire. Ainsi, s'il doit être fait mention de la convention collective applicable dans le contrat de travail, l'omission de cette mention n'entraîne pas pour autant la requalification en CDI (cass. soc. 26 octobre 1999, n° 97-42255, BC V n° 399). La solution est identique quand le contrat n'indique pas :

- la caisse de retraite et de prévoyance dont le salarié relève (cass. soc. 28 février 2001, n° 98-45096 D) ;
- le montant de la rémunération et de ses différentes composantes (cass. soc. 16 février 2011, n° 09-67607 D).

Enfin, le défaut de mention de la date de conclusion du CDD n'entraîne pas la requalification en CDI car il ne s'agit pas d'une mention obligatoire (cass. soc. 20 décembre 2017, n° 16-25251, BC V n° 220), même si elle est recommandée en pratique.

Condition suspensive - Un CDD peut contenir une condition suspensive, à savoir : si la condition prévue ne se réalise pas (ex. : pour un sportif professionnel, enregistrement du contrat à sa fédération et passage obligatoire d'un examen médical dans un délai imparti), le contrat ne prend pas effet sous réserve toutefois qu'il n'ait pas commencé à être exécuté (cass. soc. 15 mars 2017, n° 15-24028, BC V n° 49).

Transmission au salarié - Le CDD, écrit et signé, doit être transmis au salarié au plus tard dans les 2 jours ouvrables suivant l'embauche (c. trav. art. L. 1242-13 ; circ. DRT 92-14 du 29 août 1992).

▶ Attention… Ce délai ne peut pas être allongé par convention ou accord collectif (cass. soc. 2 avril 2014, n° 11-25442, BC V n° 96).

Il en résulte que l'employeur doit disposer d'un délai de 2 jours pleins pour accomplir cette formalité. Dès lors, ni le jour de l'embauche ni le dimanche, qui n'est pas un jour ouvrable, ne comptent dans ce délai (cass. soc. 29 octobre 2008, n° 07-41842, BC V n° 204).

Une transmission tardive n'entraîne pas à elle seule la requalification en CDI. En revanche, elle ouvre droit, pour le salarié, à une indemnité, à la charge de l'employeur, qui ne peut être supérieure à un mois de salaire (c. trav. art. L. 1245-1).

Période d'essai

Durée - Le CDD peut comporter une *période d'essai**. À défaut d'usages ou de dispositions conventionnelles prévoyant des durées moindres, cette période d'essai ne peut excéder une durée calculée à raison de 1 jour par semaine, dans la limite de (c. trav. art. L. 1242-10) :

- 2 semaines lorsque la durée initialement prévue du contrat est au plus égale à 6 mois ;
- 1 mois dans les autres cas.

Lorsque le contrat ne comporte pas de terme précis, la période d'essai est calculée par rapport à la durée minimale du contrat.

▶ Attention… Faute de comporter la signature du salarié, le CDD ne peut pas être considéré comme ayant été établi par écrit. Il est donc requalifié en CDI *(voir ci-avant)*. Dans cette situation, la période d'essai inscrite dans ce contrat n'est pas valable. L'employeur ne peut alors pas s'en prévaloir pour rompre le contrat sans préavis, ni indemnité (cass. soc. 28 septembre 2011, n° 10-10958 D).

Décompte - La période d'essai se décompte de manière calendaire, qu'elle soit exprimée en jours, en semaines ou en mois, sauf disposition conventionnelle ou contractuelle contraire (cass. soc. 28 avril 2011, n° 09-40464, BC V n° 101 ; cass. soc. 28 avril 2011, n° 09-72165, BC V n° 101).

Période d'essai en cas de CDD successifs - En cas de CDD successifs sur des postes similaires [voir *Contrat de travail à durée déterminée (succession)**], la durée des CDD précédents est déduite de la période d'essai du nouveau contrat puisque l'employeur a déjà pu apprécier les capacités professionnelles du salarié (cass. soc. 13 juin 2012, n° 10-28286 D).

Période d'essai en cas de CDI faisant suite à un CDD - En cas de CDI faisant suite à un ou à des CDD conclus avec le même salarié, l'employeur peut prévoir une période d'essai dans le CDI faisant suite au (x) CDD, même si le salarié avait occupé un emploi identique lors de ces contrats de travail successifs (cass. soc. 9 octobre 2013, n° 12-12113, BC V n° 228).

Toutefois, lorsqu'un salarié a été, à la fin de son CDD, engagé en CDI, la durée du ou des CDD est déduite de la période d'essai éventuellement prévue dans le nouveau contrat de travail (c. trav. art. L. 1243-11 ; cass. soc. 9 octobre 2013, n° 12-12113, BC V n° 228). Lorsqu'un salarié a exécuté des CDD successifs, il convient de déduire de la période d'essai du nouveau contrat la durée totale de ces CDD et pas uniquement la durée du dernier CDD.

▶ À noter... L'employeur n'est tenu d'appliquer la règle de la déduction de la durée du CDD que si l'embauche en CDI porte sur un emploi requérant les mêmes qualités et compétences (circ. DRT 1992-14 du 29 août 1992, question n° 72, BOMT n° 92-21).

Rupture pendant la période d'essai - En cas de rupture du CDD durant la *période d'essai**, l'indemnité de fin de contrat n'est pas due (c. trav. art. L. 1242-11) [voir *Contrat de travail à durée déterminée (indemnité de fin de contrat)**].

L'employeur doit respecter un délai de prévenance lorsque la période d'essai est d'au moins une semaine [voir *Période d'essai (rupture)**]. Dans la mesure où la période d'essai d'un salarié en CDD est plafonnée à un mois *(voir ci-avant)*, l'employeur doit l'avertir (c. trav. art. L. 1221-25) :

- 24 heures à l'avance, s'il a été présent dans l'entreprise moins de 8 jours ;
- 48 heures à l'avance, s'il a été présent dans l'entreprise entre 8 jours et 1 mois.

La convention collective applicable à l'entreprise, des usages ou le contrat de travail peuvent être plus favorables au salarié. En outre, un écrit est recommandé, s'il n'est pas déjà imposé par des dispositions conventionnelles ou contractuelles.

▶ Attention... Pour l'administration, le salarié en CDD qui met fin à l'essai doit également respecter un délai de prévenance en considérant que cette obligation, même si elle figure dans les dispositions relatives au CDI (c. trav. art. L. 1221-26), vaut également pour le CDD (circ. DGT 2009-5 du 17 mars 2009).

Documents à remettre à l'issue du CDD

Voir *Contrat de travail à durée déterminée (durée)**.

Embauche en CDI

Lorsque la relation contractuelle se poursuit à l'issue du CDD, le salarié conserve l'ancienneté acquise au terme de ce contrat (c. trav. art. L. 1243-11). Cependant, la reprise de l'ancienneté n'est possible que si le nouveau contrat fait suite, de façon continue, au CDD (circ. DRT 1992-14 du 29 août 1992).

Sur la durée de la période d'essai, voir ci-avant.

Requalification en CDI

Un CDD conclu en dehors des règles spécifiques à ce type de contrat est requalifié en CDI [voir *Contrat de travail à durée déterminée (requalification en CDI)**].

☞ *Contrat de travail à durée déterminée (cas de recours) ; Contrat de travail à durée déterminée (durée) ; Contrat de travail à durée déterminée (exécution) ; Contrat de travail à durée déterminée (indemnité de fin de contrat) ; Contrat de travail à durée déterminée (d'insertion) ; Contrat de travail à durée déterminée (à objet défini) ; Contrat de travail à durée déterminée (requalification en CDI) ; Contrat de travail à durée déterminée (rupture anticipée) ; Contrat de travail à durée déterminée (senior) ; Contrat de travail à durée déterminée (d'usage).*

➲ Formulaire de Droit Social, « Contrat de travail à durée déterminée ».

Contrat de travail à durée déterminée (cas de recours)

Cas de recours au CDD

Liste limitative - Un contrat de travail à durée déterminée (CDD) ne peut être conclu, en principe, que pour l'exécution d'une tâche précise et temporaire et dans des cas limitativement énumérés *(voir ci-après)* (c. trav. art. L. 1242-2).

Il ne peut avoir pour objet ou pour effet de pourvoir durablement un emploi lié à l'activité normale et permanente de l'entreprise (c. trav. art. L. 1242-1 et L. 1242-2). L'employeur ne peut donc pas employer des salariés en CDD pour faire face à un besoin structurel de main-d'œuvre, la sanction étant la requalification en contrat de travail à durée indéterminée (CDI) (cass. soc. 2 juin 2010, n° 08-44630 D) [voir *Contrat de travail à durée déterminée (requalification en CDI)**].

Dérogation conventionnelle impossible - Une convention collective ne peut pas déroger, de façon défavorable pour le salarié, aux dispositions d'ordre public relatives aux conditions de recours au CDD (cass. soc. 2 avril 2014, n° 11-25442, BC V n° 96). Le cas échéant, une telle disposition conventionnelle est illicite et ne doit donc pas être appliquée dans l'entreprise.

Contentieux - Les termes du contrat fixent les limites du litige quand la qualification du contrat est contestée. Cela signifie que le juge ne peut pas se référer à un motif de recours autre que celui indiqué dans le contrat (cass. soc. 27 février 2001, n° 98-45428, BC V n° 58).

Par ailleurs, quand un salarié demande aux juges de requalifier son CDD en CDI parce qu'il estime que le motif de recours indiqué dans son contrat a un caractère mensonger, c'est à l'employeur d'en prouver l'exactitude. La charge de la preuve pèse donc sur l'employeur et non pas sur le salarié (cass. soc. 15 septembre 2010, n° 09-40473, BC V n° 179) [voir *Contrat de travail à durée déterminée (requalification en CDI)**].

Mention du contrat - Voir *Contrat de travail à durée déterminée**.

Durée du CDD - Sur la possibilité de conclure un contrat à terme précis ou à terme imprécis, voir *Contrat de travail à durée déterminée (durée)**.

Alerte en cas de recours abusif - Voir *Droit d'alerte (CSE)**.

Remplacements

Cas de remplacement - Un CDD peut être conclu en vue du remplacement d'un salarié en cas (c. trav. art. L. 1242-2) :
- d'absence ;
- de passage provisoire à temps partiel, conclu par avenant à son contrat de travail ou par échange écrit entre ce salarié et son employeur ;
- de suspension de son contrat de travail ;
- de départ définitif précédant la suppression de son poste de travail ayant fait l'objet d'une saisine *comité social et économique** ;
- ou en cas d'attente de l'entrée en service effective du salarié recruté en CDI appelé à le remplacer, mais non disponible immédiatement (cass. soc. 9 mars 2005, n° 03-40386 BC V n° 80).

Remplacement d'un salarié absent de l'entreprise ou de son poste de travail - L'employeur a la possibilité de signer un CDD pour remplacer un salarié aussi bien absent de l'entreprise que de son poste habituel de travail (cass. soc. 13 juillet 2010, n° 09-40600, BC V n° 171 ; circ. DRT 1992-14 du 29 août 1992, BO MT 92-21).

Absence du poste pour remplacer un salarié absent de l'entreprise - Un salarié absent de l'entreprise peut être remplacé par un collègue de travail, lui-même remplacé par une personne engagée en CDD ; on parle alors de remplacement « en cascade », lequel doit être mentionné dans le contrat (circ. DRT 1990-18 du 30 octobre 1990, BOMT n° 90-24 ; circ. DRT 92-14 du 29 août 1992, BO MT 92-21).

À titre d'exemple, la clause en question peut être rédigée suivant la formule suivante : « La Société… engage, à compter du… M… pour assurer le remplacement provisoire de M… employé en qualité de… (indiquer la qualification), temporairement chargé de remplacer M… actuellement absent de son poste pour cause de maladie ».

> ▶ Attention… Le replacement en cascade est autorisé s'il a effectivement pour origine l'absence d'un salarié de l'entreprise (circ. DRT 1990-18 du 30 octobre 1990). De plus, ces « glissements internes ne doivent pas avoir pour effet de faire occuper durablement par l'intéressé un emploi permanent de l'entreprise » (cass. soc. 24 février 1998, n° 95-41420, BC V n° 98).

Absence du poste pour faire face à une surcharge de travail - L'employeur peut temporairement affecter un salarié sur un poste autre que son poste habituel pour faire face à une surcharge de travail. Il peut alors embaucher en CDD un autre salarié pour le remplacer sur son poste habituel (cass. soc. 13 juillet 2010, n° 09-40600, BC V n° 171).

Le motif de recours au CDD est bien le remplacement d'un salarié absent de son poste de travail et non un surcroît temporaire d'activité.

Autres cas d'absence - Un salarié peut aussi être absent de son poste de travail parce qu'il a été temporairement affecté sur un autre poste, par exemple :
- pour raisons médicales ;
- du fait d'une mutation provisoire ;
- du fait d'une promotion conditionnée à une *période probatoire**.

Dans toutes ces hypothèses, l'employeur peut signer un CDD de remplacement pour faire face à cette absence (circ. DRT 1992-14 du 29 août 1992).

Remplacement d'un seul salarié - En cas d'absence, le CDD ne peut être conclu que pour le remplacement d'un seul salarié, déterminé et nommément désigné dans le contrat. Dès lors, il est impossible de recruter un salarié en CDD en remplacement simultané de plusieurs salariés absents, par exemple, pour cause de congés payés. Dans ce cas, le CDD est requalifié en CDI (cass. soc. 28 juin 2006, n° 04-40455, BC V n° 228 ; cass. soc. 11 juillet 2012, n° 11-12243, BC V n° 216).

Un employeur ne peut pas non plus embaucher une personne en CDD pour remplacer successivement plusieurs salariés (cass. soc. 18 janvier 2012, n° 10-16926, BC V n° 17). Il ne peut donc pas prévoir, dans un seul CDD, le remplacement de tel salarié de telle date à telle date, puis d'un autre salarié à telle période et ainsi de suite. Il faut conclure un CDD par remplacement.

Remplacement d'un salarié gréviste - Voir ci-après.

Remplacement du chef d'entreprise - Un CDD peut aussi être conclu pour remplacer un chef d'entreprise artisanale, industrielle ou commerciale, une personne exerçant une profession libérale, son conjoint participant effectivement à l'activité de l'entreprise à titre professionnel et habituel ou un associé non salarié d'une société civile professionnelle, d'une société civile de moyens ou d'une société d'exercice libéral ou de toute autre personne morale exerçant une profession libérale.

Le remplacement d'un chef d'exploitation agricole ou de certaines entreprises agricoles, d'un aide familial, d'un associé d'exploitation, ou de leur conjoint, dès lors qu'il participe effectivement à l'activité de l'entreprise ou de l'exploitation agricole, peut aussi être assuré via un CDD (c. trav. art. L. 1242-2).

▶ À noter... Qu'il s'agisse du remplacement d'un salarié ou de celui d'un chef d'entreprise, un remplacement partiel est admis (*voir ci-après*).

Accroissement temporaire d'activité

Quatre situations - Un CDD peut être conclu pour faire face à un accroissement temporaire de l'activité de l'entreprise (c. trav. art. L. 1242-2), lequel peut correspondre aux situations suivantes (circ. min. DRT 1990-18 du 30 octobre 1990 ; accord national interprofessionnel du 24 mars 1990 étendu par arrêté du 9 octobre 1990, JO du 14) :

- augmentation temporaire de l'activité habituelle de l'entreprise ;
- exécution d'une tâche occasionnelle précisément définie et non durable ;
- survenance d'une commande exceptionnelle à l'exportation ;
- exécution de travaux urgents.

La réalité du surcroît d'activité s'apprécie à la date de conclusion du CDD (cass. soc. 16 novembre 2004, n° 02-47459 D). En cas de contentieux, c'est à l'employeur de le prouver (cass. soc. 27 mars 2008, n° 07-40878 D).

Augmentation temporaire de l'activité habituelle de l'entreprise - L'accroissement temporaire d'activité peut être lié à une augmentation temporaire de l'activité habituelle de l'entreprise, celle-ci pouvant par exemple être liée à une production supplémentaire saisonnière (cass. soc. 25 mars 2015, n° 13-27695, BC V n° 57). Il n'est pas nécessaire que cet accroissement présente un caractère exceptionnel (cass. soc. 21 janvier 2004, n° 03-42754, BC V n° 27 ; Cass. soc. 13 décembre 2006, n° 05-4458, BC V n° 373 ; cass. soc. 3 février 2021, n° 18-24793 FD), sachant que cette précision a été apportée par les juges à propos de travail temporaire mais qu'elle est selon nous transposable au CDD compte de la similarité des cas de recours à l'intérim ou au CDD.

Exemples

Un recrutement en CDD ne pouvait pas intervenir pour l'exécution du courant normal de commandes. En revanche, le CDD aurait été justifié s'il avait été signé pour faire face à des commandes supplémentaires (cass. soc. 1er février 2012, n° 10-26647, BC V n° 48).

Le surcroît d'activité entraîné par le rachat d'un magasin dont l'employeur entendait vérifier la rentabilité, qui s'inscrivait dans le cadre de l'activité normale et permanente de l'entreprise, n'était pas temporaire. Par conséquent, l'employeur qui recourt au CDD pour un tel motif s'expose à la requalification du contrat en CDI (cass. soc. 13 janvier 2009, n° 07-43388, BC V n° 2).

Le seul lancement de nouveaux produits qui relève de l'activité normale de l'entreprise ne suffit pas à caractériser un accroissement temporaire de l'activité de l'entreprise propre à justifier le recours au CDD (cass. soc. 5 mai 2009, n° 07-43482 D).

Exécution d'une tâche occasionnelle précisément définie et non durable - Il s'agit de l'exécution d'une tâche ponctuelle qui ne relève pas de l'activité normale de l'entreprise mais qui peut se reproduire (c. trav. art. L. 1242-2).

Exemple

L'informatisation d'un service, l'action de formation d'une catégorie de salariés ou un audit justifient le recours au CDD (circ. min. DRT 1990-18 du 30 octobre 1990).

Commande exceptionnelle à l'exportation - L'employeur peut embaucher en CDD pour faire face à la survenance dans l'entreprise, qu'il s'agisse de l'entrepreneur principal ou d'un sous-traitant, d'une commande exceptionnelle à l'exportation dont l'importance nécessite la mise en œuvre de moyens quantitativement ou qualitativement exorbitants comparés à ceux que l'entreprise utilise ordinairement (c. trav. art. L. 1242-8-1 ; circ. min. DRT 1990-18 du 30 octobre 1990).

▶ Attention… Préalablement au recrutement envisagé en CDD, l'employeur doit consulter le *comité social et économique** (CSE), s'il existe (c. trav. art. L. 1242-8-1).

Travaux urgents pour des mesures de sécurité - Des travaux urgents dont l'exécution immédiate est nécessaire pour prévenir les accidents imminents, organiser les mesures de sauvetage ou réparer les insuffisances du matériel, des installations ou des bâtiments de l'entreprise présentant un danger pour les personnes justifient le recours au CDD (c. trav. art. L. 1242-8).

Recours interdit dans certains cas - Voir ci-après.

Emplois à caractère saisonnier ou d'usage

Voir *Contrat de travail à durée déterminée (d'usage)** et *Saisonnier**.

CDD à objet défini

Voir *Contrat de travail à durée déterminée (à objet défini)**.

CDD d'insertion

Voir *Contrat de travail à durée déterminée (d'insertion)**.

Contrat vendanges

Voir *Contrat vendanges**.

Senior et salarié agricole âgé

Voir *Contrat de travail à durée déterminée (senior)** et *Contrat de travail à durée déterminée (salarié agricole âgé)**.

Sportif ou entraîneur professionnel

Voir *Sportif professionnel**.

Joueurs professionnels de jeux vidéo

Les joueurs professionnels de jeu vidéo compétitif relèvent d'un CDD aux modalités spécifiques (loi 2016-1321 du 7 octobre 2016, art. 102, JO du 8).

CDD recherche

Voir *Contrat doctoral de droit privé** et *Contrat à objet défini de recherche**.

Affectation du salarié en CDD

CDD de remplacement - En cas de conclusion d'un CDD en vue du remplacement d'un salarié absent, l'employeur n'est pas tenu d'affecter le remplaçant au poste occupé par la personne absente. Il peut opter pour le remplacement « en cascade » *(voir ci-avant)* mais aussi affecter le remplaçant à d'autres tâches, suivant l'évolution de l'organisation de l'entreprise pendant le remplacement (cass. soc. 16 juillet 1997, n° 94-42398, BC V n° 270 ; cass. soc. 30 avril 2003, n° 01-40937, BC V n° 149).

Le remplacement partiel est aussi possible. Dans ce cas, l'employeur ne confie au salarié engagé en CDD qu'une partie des tâches assumées par le salarié remplacé. Le remplacement partiel est aussi possible dans le cadre d'un CDD conclu pour remplacer un chef d'entreprise (cass. soc. 15 octobre 2002, n° 00-40623, BC V n° 305 ; cass. soc. 26 novembre 2008, n° 07-41751, BC V n° 229).

CDD pour surcroît d'activité - Dans le cas d'un CDD conclu pour surcroît d'activité, l'employeur peut affecter le salarié à des tâches qui ne sont pas directement liées à ce surcroît d'activité (cass. soc. 18 février 2003, n° 01-40470, BC V n° 57).

Recours interdit

Un CDD ne peut pas être conclu pour remplacer un salarié dont le contrat est suspendu par suite d'une *grève** ou pour effectuer des *travaux dangereux**, qui figurent sur une liste fixée par le code du travail (c. trav. art. D. 4154-1).

▶ À noter… L'employeur qui ne respecte pas l'interdiction d'affecter un salarié en CDD à des travaux dangereux manque à son obligation légale de sécurité et ce, même si la mise en danger n'est que potentielle. Dans ce cas, le salarié peut prétendre à l'indemnisation de son préjudice moral (cass. soc. 23 octobre 2013, n° 12-20760 D).

Il n'est pas non plus possible de recourir à un CDD pour le motif d'accroissement temporaire de l'activité (y compris pour l'exécution d'une tâche occasionnelle, précisément définie et non durable) dès lors que, dans les 6 mois précédents, il a été procédé, dans l'établissement, à un *licenciement économique**. Cette interdiction s'applique aux postes concernés par le licenciement.

Elle n'a pas lieu d'être lorsque le CDD contrat n'est pas renouvelable et n'excède pas 3 mois ou lorsque le contrat est lié à la survenance, dans l'entreprise, d'une commande exceptionnelle à l'exportation. Dans ce dernier cas, le CSE doit être préalablement informé et consulté. Enfin, dans l'un et l'autre cas, l'employeur doit respecter la *priorité de réembauche** (c. trav. art. L. 1242-5).

☛ *Contrat de travail à durée déterminée.*

Contrat de travail à durée déterminée (durée)

Selon le motif pour lequel l'employeur recourt à un contrat à durée déterminée (CDD), celui-ci doit comporter un terme précis ou peut être signé pour un terme imprécis.

Seul un contrat à terme précis peut être renouvelé [voir *Contrat de travail à durée déterminée (renouvellement)**].

Sur la possibilité de faire se succéder des CDD, voir *Contrat de travail à durée déterminée (succession)**.

Contrats à terme précis

CDD concernés - Sauf dans les cas où il peut être conclu pour un terme imprécis *(voir ci-après)*, le CDD doit comporter un terme fixé avec précision dès sa conclusion (c. trav. art. L. 1242-7). Doivent comporter un terme précis les CDD conclus pour les motifs suivants :

- accroissement temporaire d'activité (étant précisé que sont ainsi visés les quatre types de recours : l'augmentation temporaire de l'activité habituelle de l'entreprise, l'exécution d'une tâche occasionnelle précisément définie et non durable, la commande exceptionnelle à l'exportation, les travaux urgents) [voir *Contrat de travail à durée déterminée (cas de recours)**] ;
- départ définitif du salarié précédant la suppression de son poste de travail.

Tout contrat conclu en méconnaissance de cette obligation est réputé à durée indéterminée (c. trav. art. L. 1245-1).

Durées maximales - Une convention ou un accord de branche étendu peut fixer la durée totale du CDD (c. trav. art. L. 1242-8), à l'exception des CDD à objet défini (c. trav. art. L. 1242-2, 6°), de ceux conclus dans le cadre de la politique de l'emploi ou pour assurer un complément de formation professionnelle (c. trav. art. L. 1242-3). En la matière, la convention ou l'accord de branche étendu prévaut obligatoirement sur l'accord d'entreprise (c. trav. art. L. 2253-1) [voir *Accord collectif d'entreprise (contenu)**].

Faute de convention ou d'accord de branche étendu, l'employeur applique les règles légales en matière de durées maximales des CDD (c. trav. art. L. 1242-8-1 et L. 1242-8-2) : la durée maximale du contrat est de 18 mois *(voir tableau reproduit dans cette étude)*, compte tenu, le cas échéant, du ou des renouvellements (autorisés par convention ou accord de branche étendu ou, à défaut, par le code du travail). Elle est ramenée à une durée inférieure dans certaines hypothèses ou, au contraire, est fixée à 24 mois ou à 36 mois pour certains cas de recours.

Renouvellement - Voir *Contrat de travail à durée déterminée (renouvellement)**.

Contrats sans terme précis

CDD concernés - Le CDD peut être conclu à terme imprécis lorsqu'il est conclu pour (c. trav. art. L. 1242-7) :

- remplacer un salarié temporairement absent ou dont le contrat est suspendu, ou encore dans l'attente de l'entrée en service d'un salarié recruté en CDI ;
- remplacer, notamment, un chef d'entreprise ;
- des emplois à caractère saisonnier ;
- des emplois pour lesquels il est d'usage constant de ne pas recourir au CDI en raison de la nature de l'activité exercée et du caractère, par nature, temporaire de ces emplois *(voir ci-après)*.

Sur la durée spécifique du CDD à objet défini, voir *Contrat de travail à durée déterminée (à objet défini)**.

Durée minimale - Le contrat conclu sans terme précis doit comporter une durée minimale, laissée aux choix de l'employeur et du salarié, sauf dans certains cas *(voir tableau reproduit dans cette étude)*.

Un contrat sans terme précis et ne comportant pas de durée minimale est requalifié en CDI [voir *Contrat de travail à durée déterminée (requalification en CDI)**].

Exemple

Des CDD qui devaient se terminer « à la fin » de certains travaux et « au plus tard » à une certaine date ont été requalifiés en CDI (cass. soc. 30 septembre 2014, n° 13-13522, BC V n° 218).

Pas de durée maximale, sauf exceptions - En principe, aucune durée maximale n'est imposée pour les contrats conclus sans terme précis, sauf exceptions *(voir tableau reproduit dans cette étude)*.

Ainsi, le CDD conclu, sans terme précis, dans l'attente de l'arrivée d'un salarié recruté en CDI ne peut avoir une durée supérieure à 9 mois (c. trav. art. L. 1242-8-1).

S'agissant des contrats saisonniers, voir *Saisonnier**.

Enfin, le *contrat vendanges** a une durée maximale de 1 mois, y compris quand il est conclu à terme imprécis.

CDD d'usage - Dans le cas d'un CDD d'usage (c. trav. art. L. 1242-2), la durée maximale de 18 mois est inapplicable (cass. soc. 4 février 2009, n° 08-40184, BC V n° 31).

Contrats courts et travail à temps partiel

Le seul fait qu'un CDD dure moins d'une semaine ne suffit pas à en faire un contrat *travail à temps partiel**. Par exemple, un salarié embauché pour un CDD d'une journée de 7 heures de travail dans une entreprise où l'on travaille habituellement 7 heures par jour est à temps complet. En cas de contentieux sur la question de savoir si le contrat est à temps complet ou à temps partiel, les juges doivent se référer non pas à la durée du contrat de travail, mais à la durée de travail du salarié concerné (cass. soc. 9 décembre 2020, n° 19-16138 FSPB ; cass. soc. 9 décembre 2020, n° 19-20319 FSPB).

Contrat conclu pour remplacement

Début du contrat anticipé - Qu'il comporte un terme précis ou un terme imprécis, le contrat peut prendre effet avant l'absence du salarié (ou du chef d'entreprise quand cela est permis) à remplacer (c. trav. art. L. 1242-9).

▶ À noter… Cette souplesse ne doit pas être utilisée au-delà du temps nécessaire à la transmission des instructions et à la mise au courant du remplaçant (circ. DRT 1990-18 du 30 octobre 1990, BOMT n° 90-24).

Fin de contrat reportée - Le terme du contrat initialement fixé peut être reporté jusqu'au surlendemain du jour où la personne remplacée retrouve son emploi (c. trav. art. L. 1243-7).

Arrivée du terme

Contrat avec un terme précis - Le CDD conclu avec un terme précis cesse de plein droit à la date prévue (c. trav. art. L. 1243-5).

Contrat sans terme précis - Le CDD conclu sans terme précis a pour terme la fin de l'absence de la personne remplacée ou la réalisation de l'objet pour lequel il a été conclu (c. trav. art. L. 1242-7).

▶ Attention… Si la relation contractuelle de travail se poursuit après l'échéance du terme du CDD, celui-ci devient un CDI [voir *Contrat de travail à durée déterminée (requalification en CDI)**].

Contrat sans terme précis pour remplacement - Un CDD conclu sans terme précis pour remplacement a pour terme la fin de l'absence de la personne remplacée (c. trav. art. L. 1242-7), mais il convient d'être vigilant à la rédaction du contrat.

La clause relative au terme du contrat peut être ainsi rédigée : « Il prendra fin à l'issue de … de M. … » [ex. : « (…) du congé maternité de Madame … »]. Cette formulation implique que le CDD ne se poursuivra pas si l'absence se prolonge pour un autre motif (ex. : congé parental d'éducation faisant suite à un congé maternité) (cass. soc. 28 octobre 1992, n° 89-44388, BC V n° 523). Un nouveau CDD pourra néanmoins être conclu [voir *Contrat de travail à durée déterminée (succession)**].

La clause relative au terme du contrat peut être rédigée d'une autre manière : « Il prendra fin au retour effectif de M. … dans l'entreprise ». Il peut aussi être prévu que le CDD a pour terme « le retour de M.... de son congé... » (ex. : de son congé parental d'éducation). Ces formulations impliquent que le CDD se poursuivra pendant la totalité de l'absence, même si celle-ci se prolonge pour un autre motif (ex. : maladie suivie d'un congé maternité, congé sabbatique faisant suite à un congé parental d'éducation) (cass. soc. 16 novembre 2005, n° 03-44957, BC V n° 322 ; cass. soc. 10 avril 2013, n° 12-13282 D). L'employeur a alors l'obligation de garder le salarié en CDD de remplacement durant toute l'absence du salarié remplacé. À défaut, il rompt le CDD de façon anticipée pour un motif injustifié [voir *Contrat de travail à durée déterminée (rupture anticipée)**].

Exemple

Un CDD prévoyait que le contrat se poursuivrait en cas de prolongation de l'absence pour congé maternité de la salariée remplacée : « le présent contrat prend effet le (...) et prendra fin le (...), si toutefois l'absence de Madame... se prolongeait, celle-ci déterminera la durée envisagée par le présent contrat, celui-ci se poursuivra jusqu'au surlendemain du retour de Madame..., qui constituerait alors le terme automatique du contrat ». Ainsi, dès lors que l'absence de la salariée s'était prolongée après son congé de maternité, par la prise d'un congé parental, le contrat ne pouvait pas être rompu à l'issue du congé maternité (cass. soc. 6 novembre 2019, n° 18-10799 D).

Dans le cas d'un CDD conclu sans terme précis pour remplacer un salarié passé provisoirement en *temps partiel thérapeutique**, le CDD a pour terme la fin du temps partiel thérapeutique et ce, peu important que le salarié remplacé ait signé, à sa demande, un nouvel avenant pour passer sous le régime d'un temps partiel classique (cass. soc. 23 novembre 2016, n° 14-10652, BC V n° 220).

Lorsqu'un CDD a été conclu sans terme précis pour remplacer un salarié absent, il appartient à l'employeur, en cas de contentieux, de prouver l'événement constitutif du terme et de sa date (cass. soc. 13 mai 2003, n° 01-40809, BC V n° 158).

Contrat sans terme précis en cas de remplacement en cascade - Un CDD de remplacement, sans terme précis, ne peut prendre fin qu'au retour du salarié dont l'absence a constitué le motif de recours à un tel contrat, peu important le remplacement par glissement effectué par l'employeur. Cela signifie que le CDD du salarié embauché pour remplacer un salarié absent de l'entreprise, mais affecté au poste d'un autre salarié, lui-même remplaçant le salarié absent de l'entreprise, ne prend fin qu'au retour de ce dernier. Une rupture qui interviendrait avant serait injustifiée (cass. soc. 24 juin 2015, n° 14-12610, BC V n° 125).

Départ définitif du salarié remplacé - Si le contrat du salarié remplacé est rompu, le CDD conclu sans terme précis a pour terme la fin de la durée minimale si cette rupture est antérieure.

Passé cette période minimale, le CDD a pour terme la date de la rupture du contrat de travail du salarié remplacé (ex. : en cas de licenciement économique) (cass. soc. 20 avril 2005, n° 03-41490, BC V n° 146).

Différentes durées légales des CDD : récapitulatif (1)

Durées minimales	
4 mois	CDD d'insertion.
6 mois	Cas d'une commande exceptionnelle à l'exportation.
18 mois	CDD à objet défini.
À déterminer	Cas du remplacement d'un salarié absent.
Durées maximales	
1 mois	Contrat de vendanges : un salarié peut exécuter plusieurs contrats de vendanges successifs, dans la limite d'une durée maximale de 2 mois, sur une période de 12 mois.
3 mois	Accroissement temporaire d'activité après un licenciement économique.
9 mois	En cas d'attente de l'entrée en service d'un salarié recruté par CDI. Pour la réalisation de travaux urgents nécessités par des mesures de sécurité.
18 mois	Durée maximale de principe des CDD à terme précis, renouvellement (s) compris.
24 mois	Cas du remplacement d'un salarié dont le départ définitif précède la suppression de son poste. Cas d'une commande exceptionnelle à l'exportation. Pour tout contrat exécuté à l'étranger.
36 mois	Cas du CDD senior. CDD à objet défini.
4 ans	Contrat à objet défini de recherche (renouvellement compris).
5 ans	Contrat doctoral de droit privé (renouvellement compris).

(1) Les durées légales sont applicables en l'absence de convention ou d'accord de branche étendu en fixant d'autres (c. trav. art. L. 1242-8), à l'exception des CDD à objet défini (c. trav. art. L. 1242-2, 6°), de ceux conclus dans le cadre de la politique de l'emploi ou pour assurer un complément de formation professionnelle (c. trav. art. L. 1242-3).

Le décès du salarié remplacé met un terme au CDD de remplacement. Pour rompre le contrat, l'employeur doit informer le salarié remplaçant de ce décès dès qu'il en a connaissance (cass. soc. 13 novembre 1990, n° 88-40154 D). Si tel n'est pas le cas, le CDD est requalifié en CDI dans la mesure où la relation contractuelle s'est poursuivie après l'échéance du terme du contrat. Toutefois, quand l'employeur respecte un délai raisonnable pour procéder à cette information (ex. : 6 jours ouvrables), le CDD n'est pas requalifié en CDI (cass. soc. 4 février 2009, n° 07-42954, BC V n° 30). À notre sens, cette solution rendue au sujet du décès du salarié remplacé est applicable aux autres hypothèses de rupture du contrat du salarié remplacé. Il s'agit vraisemblablement de cas de rupture sans préavis puisqu'en cas de rupture avec préavis, l'employeur a le temps du préavis pour prévenir le remplaçant.

Salariés protégés (ex. : représentants du personnel) - Voir *Contrat de travail à durée déterminée (salariés protégés)**.

Femmes enceintes - La protection dont bénéficient les femmes enceintes contre la rupture de leur contrat de travail n'empêche pas l'échéance du CDD (c. trav. art. L. 1225-6) [voir *Maternité (protection)**].

Salariés accidentés du travail - Les périodes de suspension du contrat de travail consécutives à un *accident du travail** ou à une maladie professionnelle n'empêchent pas l'échéance du CDD (c. trav. art. L. 1226-19).

Sommes dues - Dans certains cas, une indemnité de fin de contrat est due [voir *Contrat de travail à durée déterminée (indemnité de fin de contrat)**]. Le salarié a également droit à une indemnité compensatrice de congés payés, quelle que soit la durée du contrat (c. trav. art. L. 1242-16) [voir *Congés payés (indemnité compensatrice)**].

Notification de la fin du CDD - Quand un CDD de remplacement à terme imprécis s'achève « naturellement » avec la fin de l'absence du salarié remplacé, l'employeur n'a pas à remettre une lettre de fin de CDD au remplaçant (cass. soc. 18 septembre 2019, n° 18-12446 FSPB). En théorie, une simple information orale devrait suffire pour notifier au salarié la fin de son CDD de remplacement, mais en cas de contentieux l'employeur devra être en mesure de prouver que cette information a été faite avant ou concomitamment à la fin de l'absence du salarié remplacé au risque de voir le contrat requalifié en CDI. En pratique, un écrit est donc recommandé.

Fin du CDD en lien avec une action en requalification - La fin de la relation de travail doit intervenir par le seul effet du terme du CDD et ne doit pas être une mesure de rétorsion de l'employeur à l'égard du salarié qui a saisi les juges pour demander la requalification en CDI. Si le salarié entend faire valoir une telle mesure de rétorsion, il lui appartient de prouver que la fin de la relation de travail intervenue par le seul effet du terme du CDD résulte de la volonté de l'employeur de porter atteinte à son droit d'obtenir en justice la requalification en CDI. La solution serait autre dans le cas d'une rupture du CDD pour un motif illicite, sans que la Cour de cassation ne précise laquelle (cass. soc. 9 décembre 2020, n° 19-20319 FSPB).

Documents de fin de contrat - L'employeur doit remettre au salarié le *certificat de travail**, l'*attestation d'assurance chômage** et le *reçu pour solde de tout compte**.

Renouvellement du CDD

Voir *Contrat de travail à durée déterminée (renouvellement)**.

CDD successifs

Voir *Contrat de travail à durée déterminée (succession)**.

Rupture anticipée du CDD

Voir *Contrat de travail à durée déterminée (rupture anticipée)**.

☛ *Contrat de travail à durée déterminée.*

Contrat de travail à durée déterminée (exécution)

Égalité de traitement

Salarié en CDD/Salarié en CDI - Le salarié en contrat de travail à durée déterminée (CDD) bénéficie en principe des mêmes droits et obligations que le salarié en contrat de travail à durée indéterminée (CDI). Sa rémunération ne peut pas être inférieure à celle que percevrait un salarié en CDI de qualification équivalente et occupant les mêmes fonctions. L'égalité de rémunération doit être assurée dès le premier jour de la période d'essai (cass. soc. 17 décembre 1996, n°s 94-41460 et 94-41461, BC V n° 444).

▶ À noter... Quand un salarié a une qualification inférieure à celle du salarié qu'il remplace et n'exerce qu'une partie des tâches de ce dernier, l'employeur peut lui verser une rémunération inférieure à celle du salarié remplacé (cass. soc. 15 octobre 2002, n° 00-40623, BC V n° 305). L'ancienneté respective des salariés peut aussi justifier une différence de traitement lorsqu'elle n'est pas prise en compte par une prime d'ancienneté distincte du salaire de base (cass. soc. 17 mars 2010, n° 08-43135 D).

Salarié en CDI/Salarié en CDD - Un salarié en CDI doit avoir une rémunération égale à celle des salariés en CDD de qualification équivalente et occupant les mêmes fonctions, en application du principe général « à travail égal, salaire égal ». Toutefois, un employeur qui justifie par des raisons objectives et matériellement vérifiables la différence de rémunération entre des salariés effectuant un même travail ou un travail de valeur égale respecte le principe « à travail égal, salaire égal » (cass. soc. 21 juin 2005, n° 02-42658, BC V n° 206) [voir *Salaire (à travail égal, salaire égal)**].

Formations

Voir *Compte personnel de formation** et *Formation à la sécurité**.

Ancienneté

Même si les motifs de CDD diffèrent, quand la relation contractuelle se poursuit, à l'issue de plusieurs CDD successifs, en un CDI, le salarié conserve l'*ancienneté** acquise au titre de chacun de ces contrats (cass. soc. 31 octobre 2006, n° 05-40740 D).

Inaptitude

Voir *Inaptitude physique (contrat à durée déterminée)**.

Prise en compte dans l'effectif

Voir *Effectif** et *Effectif sécurité sociale**.

☛ *Contrat de travail à durée déterminée.*

Contrat de travail à durée déterminée (indemnité de fin de contrat)

L'indemnité de fin de contrat à verser, dans certains cas, à l'issue d'un *contrat de travail à durée déterminée** (CDD) est également dénommée indemnité de précarité.

Versement

Cas de versement - L'indemnité est, en principe, due au salarié lorsque les relations contractuelles ne se poursuivent pas par un contrat à durée indéterminée (CDI) à l'issue du CDD (c. trav. art. L. 1243-8).

L'indemnité doit aussi être versée lorsque les relations contractuelles se poursuivent sous la forme d'un nouveau CDD, dans la mesure où cette possibilité est permise par la réglementation (circ. DRT 1990-18 du 30 octobre 1990, BOMT n° 90-24).

En cas de CDD à terme précis [voir *Contrat de travail à durée déterminée (durée)**], l'indemnité de fin de contrat est due même si le salarié refuse un renouvellement de son contrat, à moins que le contrat n'ait prévu dès l'origine les modalités de son renouvellement (ex. : durée) (circ. DRT 1992-14 du 29 août 1992, question/réponse 50, BOMT n° 92-21).

En cas de CDD à terme imprécis [voir *Contrat de travail à durée déterminée (durée)**], l'indemnité de fin de contrat est due au salarié lorsque ce dernier refuse la prolongation de la relation contractuelle au-delà de la période minimale (circ. DRT 1992-14 du 29 août 1992, question/réponse 49).

Pour un récapitulatif des cas de versement ou de non-versement de l'indemnité de fin de contrat et sur les incidences d'un renouvellement ou de la succession de contrats, voir le tableau reproduit dans cette étude.

Sur l'indemnité due à l'issue d'un CDD à objet défini, voir *Contrat de travail à durée déterminée (à objet défini)**.

Cas de non-versement liés à la nature du CDD - L'indemnité de fin de contrat n'est pas due si le CDD était (c. trav. art. L. 1243-10) :
- un contrat saisonnier ou d'usage [voir *Contrat de travail à durée déterminée (cas de recours)**] ;
- un contrat visant l'embauche de certains demandeurs d'emploi ou destiné à assurer un complément de formation professionnelle (ex. : un CDD d'insertion) (cass. soc. 20 octobre 2010, n° 08-44933,

BC V n° 236), sauf dans le cas du CDD senior [voir *Contrat de travail à durée déterminée (senior)** et *Contrat de travail à durée déterminée (salarié agricole âgé)**] ;
- un contrat conclu avec des jeunes pour une période comprise dans leurs vacances scolaires ou universitaires [voir *Jeunes (emploi des)**] ;
- un *contrat doctoral de droit privé**.

▶ À noter... L'indemnité de fin de contrat n'est pas due au terme de certains CDD *(voir ci-avant)*. Cette exclusion est constitutionnelle (c. constit., décision 2014-401 QPC du 13 juin 2014 ; c. constit., décision 2014-402 QPC du 13 juin 2014). Par ailleurs, la règle excluant de l'indemnité de fin de contrat les CDD conclus avec des jeunes pour une période comprise pendant leurs vacances scolaires a été jugée conforme au droit européen (CJUE 1er octobre 2015, aff. C-432/14).

Cas de non-versement liés à la rupture anticipée du CDD - L'indemnité n'a pas à être versée en cas de rupture anticipée du CDD (c. trav. art. L. 1243-10) [voir *Contrat de travail à durée déterminée (rupture anticipée)**] :
- en raison de l'embauche du salarié en CDI chez un autre employeur ;
- due à la faute grave du salarié ;
- due à un cas de force majeure, y compris lorsque cette rupture intervient en raison d'un sinistre présentant les caractéristiques de la force majeure (circ. DRT 2002-8 du 2 mai 2002) ;
- pendant la période d'essai (c. trav. art. L. 1242-11).

L'indemnité n'est pas due quand cette rupture anticipée intervient pendant la période initiale ou pendant une période de renouvellement (circ. DRT 1990-18 du 30 octobre 1990 ; circ. DRT 1992-14 du 29 août 1992).

En cas de rupture d'un commun accord, voir ci-après.

▶ À noter... Depuis la recodification du code du travail, la rédaction d'un article laisse à penser que l'indemnité de fin de contrat est due lorsque le salarié a interrompu de façon anticipée son CDD en justifiant d'une embauche en CDI par un autre employeur (c. trav. art. L. 1243-2 et D. 1243-1). Il s'agit, à notre sens, d'une erreur de recodification, puisque la disposition d'origine de l'ancien code visait un cas de rupture anticipée du CDD par l'employeur (c. trav. art. D. 121-3 ancien). La recodification s'étant effectuée à droit constant, on doit considérer, à notre sens, que la règle n'a pas été modifiée et que l'employeur n'est pas redevable de l'indemnité de fin de contrat, ainsi que le précise la circulaire de 2002 commentant cette disposition (circ. DRT 2002-8 du 2 mai 2002, BO TR 2002-11 du 20 juin 2002).

Cas de non-versement lié au refus d'une embauche en CDI - L'indemnité n'a pas à être versée en cas de refus du salarié d'être embauché en CDI pour occuper le même emploi ou un emploi similaire, assorti d'une rémunération au moins équivalente (c. trav. art. L. 1243-10). L'emploi identique ou similaire s'entend d'un CDI sans modification par rapport au CDD (circ. DRT 1992-14 du 29 août 1992) (voir *Modification du contrat de travail**).

Cas de la rupture d'un commun accord - L'employeur et le salarié qui rompent le CDD d'un commun accord ne peuvent pas [voir *Contrat de travail à durée déterminée (rupture anticipée)**], en principe, prévoir le non-versement de l'indemnité de précarité dans la convention de rupture. En effet, la rupture d'un commun accord n'est pas une transaction et ne peut pas avoir pour effet de priver le salarié des droits nés de l'exécution de ce contrat (cass. soc. 6 octobre 2015, n° 14-19126 D).

Toutefois, compte tenu de l'article L. 1243-10 du code du travail qui prévoit que l'indemnité de fin de contrat n'est pas due si la rupture anticipée est à l'initiative du salarié (c. trav. art. L. 1243-10), l'accord de rupture anticipée d'un commun accord pourrait préciser qui est à l'initiative de la rupture, l'employeur ou le salarié. Si c'est le salarié, cela permettrait de considérer que l'indemnité de précarité n'est pas due. Attention cependant, cette solution n'est, à notre connaissance, pas validée par les juges.

Requalification en CDI - Sur la question de savoir s'il faut verser l'indemnité de fin de contrat en cas de requalification en CDI, voir *Contrat de travail à durée déterminée (requalification en CDI)**.

Montant

Indemnité fixée à 10 % de la rémunération - L'indemnité de fin de contrat est égale à 10 % de la rémunération totale brute versée au salarié (c. trav. art. L. 1243-8 ; circ. DRT 2002-08 du 2 mai 2002).

Attention, si l'employeur rompt le CDD de façon anticipée et en dehors des cas autorisés [voir *Contrat de travail à durée déterminée (rupture anticipée)**], il doit calculer l'indemnité de fin de contrat sur la base de la rémunération déjà perçue et de celle qu'il aurait perçue jusqu'au terme du contrat (cass. soc. 3 mai 2018, n° 16-22455 FSD).

Indemnité de fin de contrat à durée déterminée	
Situations	**Paiement de l'indemnité (1)**
En fonction de l'objet du contrat	
Remplacer un salarié absent, un salarié qui a quitté définitivement l'entreprise et dont le poste va être supprimé, recruter un salarié dans l'attente de l'arrivée du titulaire du poste. Accroissement temporaire d'activité (augmentation temporaire de l'activité habituelle de l'entreprise, tâches occasionnelles, commande exceptionnelle à l'exportation, travaux urgents)	Oui, sauf jeune pendant les vacances
Emploi saisonnier ou d'usage	Non
Contrat conclu pour assurer un complément de formation	Non
Contrat conclu dans le cadre de la politique de l'emploi	Non
CDD senior	Oui
Contrat doctoral de droit privé	Non
Contrat à objet défini de recherche	Oui
En fonction des cas de rupture anticipée du contrat	
Au cours ou à l'issue de la période d'essai	Non
À la fin de la période minimale (contrat sans terme précis)	Oui
Accord commun des parties	Oui
Par l'employeur pour faute grave du salarié ou force majeure	Non (2)
Par l'employeur pour tout motif hors faute grave du salarié et force majeure	Oui (3)
Par le salarié pour faute de l'employeur	Oui
Par le salarié en cas d'embauche sous CDI dans une autre entreprise	Non (6)
Par le salarié dans toutes autres hypothèses	Non (4)
En fonction des suites données au contrat (hors contentieux)	
Fin de chaque CDD y ouvrant droit	Oui (5)
CDD suivi d'une embauche immédiate sous CDI	Non (6)
Refus d'un CDI proposé pour l'emploi précédemment occupé ou pour un emploi similaire, assorti d'une rémunération au moins équivalente	Non (6)

(1) C. trav. art. L. 1243-8 à L. 1243-10 ; circ. DRT 1990-18 du 30 octobre 1990 ; circ. DRT 1992-14 du 29 août 1992.
(2) Si la faute grave du salarié a été commise ou découverte au cours de la période de renouvellement du contrat, il perd l'indemnité de fin de contrat correspondant à la période du renouvellement mais conserve celle due pour la période initiale du contrat (cass. soc. 9 avril 2002, n° 00-43521 D).
(3) L'indemnité reste due par l'employeur qui a rompu le CDD de manière anticipée et de façon abusive, même si le salarié n'avait pas commencé à travailler. En l'espèce, il n'avait effectué qu'une journée de formation préalable (cass. soc. 30 novembre 2011, n° 10-11639 D).
(4) Lorsque le salarié est à l'initiative de la rupture du CDD et que celle-ci se produit au cours de la période de renouvellement, il perd son droit à l'indemnité de fin de contrat, y compris pour la période correspondant au contrat initial (circ. DRT 1992-14 du 29 août 1992). Cette règle ne vaut toutefois qu'en l'absence de faute de l'employeur.
(5) En cas de renouvellement du contrat, l'indemnité est due à la fin du contrat renouvellement inclus.
(6) L'indemnité reste due pour les CDD précédant le dernier contrat (cass. soc. 21 juillet 1993, n° 90-40393 D ; cass. soc. 23 février 1994, n° 90-45641 D).

Réduction à 6 % - En vue d'améliorer la formation professionnelle des salariés en CDD, une convention, un accord collectif de branche étendu ou un accord d'entreprise (ou d'établissement) peut réduire l'indemnité de fin de contrat à 6 % dès lors que des contreparties sont offertes à ces salariés, notamment sous la forme d'un accès privilégié à la formation professionnelle. Dans ce cas, la convention ou l'accord peut prévoir les conditions dans lesquelles ces salariés peuvent suivre, en dehors du temps de travail effectif, un *bilan de compétences** réalisé dans le cadre du *plan de développement des compétences** (c. trav. art. L. 1243-9).

L'employeur doit effectivement proposer au salarié concerné un accès à la formation professionnelle. Faute de quoi, il ne peut pas bénéficier de la réduction de l'indemnité de précarité à 6 % (cass. soc. 11 juillet 2007, n° 06-41765, BC V n° 118 ; cass. soc. 23 janvier 2008, n° 06-44190, BC V n° 21).

Le rappel, dans le contrat de travail, du dispositif général dans lequel peut s'inscrire une formation demandée par le salarié ne constitue pas une offre de formation effective. Dans ce cas, l'indemnité de fin de contrat à verser est celle de 10 % et non celle réduite à 6 % (cass. soc. 3 juillet 2012, n° 11-16269, BC V n° 203).

Paiement

L'indemnité de fin de contrat s'ajoute à la rémunération totale brute due au salarié. Elle est versée à l'issue du contrat en même temps que le dernier salaire et figure sur le *bulletin de paie** correspondant (c. trav. art. L. 1243-8).

Régime juridique

L'indemnité de fin de contrat a le caractère d'un salaire (circ. DRT 90/18 du 30 octobre 1990, § 4.2.2). Elle est soumise à *cotisations de sécurité sociale**, d'assurance chômage et de retraite complémentaire et doit être prise en compte pour calculer l'indemnité de congés payés [voir *Congés payés (indemnité)**]. Elle entre dans l'assiette de la CSG et de la CRDS [voir *Indemnités de rupture (régimes social et fiscal)**]. Elle relève des règles sur la *cession de rémunération** et la *saisie des rémunérations**, et bénéficie du *privilège** et du *superprivilège**. Elle se prescrit par 3 ans [voir *Prescription (salaires)**].

☛ *Contrat de travail à durée déterminée.*

Contrat de travail à durée déterminée (d'insertion)

☛ *Atelier d'insertion ; Chantier d'insertion ; Association intermédiaire.*

Contrat de travail à durée déterminée (à objet défini)

Le contrat de travail à durée déterminée (CDD) à objet défini relève de la législation applicable aux CDD de droit commun, sous réserve des dispositions spécifiques qui le régissent.

Conclusion

Accord collectif préalable indispensable - Le recours au CDD à objet défini est subordonné à la conclusion d'un accord de branche étendu ou, à défaut, d'un accord d'entreprise (c. trav. art. L. 1242-2).

L'accord collectif doit indiquer :

- les nécessités économiques auxquelles ces contrats sont susceptibles d'apporter une réponse adaptée ;
- les garanties offertes aux salariés (reclassement, validation des acquis de l'expérience, priorité de réembauche, accès à la formation professionnelle continue, organisation de la suite de leur parcours professionnel au cours du délai de prévenance) ;
- les conditions dans lesquelles les salariés ont une priorité d'accès aux emplois en contrat à durée indéterminée (CDI) dans l'entreprise.

CDD de 18 à 36 mois avec des ingénieurs et des cadres - Les employeurs peuvent conclure, si un accord collectif le permet (*voir ci-avant*), avec des ingénieurs et des cadres, au sens des conventions collectives, un CDD de 18 à 36 mois maximum dans le but de réaliser un objet défini (c. trav. art. L. 1242-8-2).

CDD à terme imprécis, sans possibilité de renouvellement - Le CDD à objet défini est à terme imprécis. Il vise la réalisation d'un objet défini, qui doit intervenir dans un délai minimal de 18 mois et un délai maximal de 36 mois après sa conclusion. L'employeur ne peut pas le renouveler (c. trav. art. L. 1242-8-1).

Il y a donc une garantie d'emploi minimale de 18 mois. Ainsi, en cas d'abandon du projet ou de réalisation plus rapide que prévu, l'employeur doit poursuivre le contrat jusqu'aux 18 mois de sa conclusion ou payer le salarié jusqu'à cette date (ministre du Travail, Sén. 2e séance, 16 avril 2008).

Clauses spécifiques du contrat - Le contrat, à établir par écrit, doit comporter, en plus des clauses obligatoires pour tout *contrat de travail à durée déterminée**, certaines informations particulières (c. trav. art. L. 1242-12-1) :

- sa désignation en tant que « contrat à durée déterminée à objet défini » ;
- l'intitulé et les références de l'accord collectif en application duquel il est signé ;
- un descriptif du projet et de sa durée prévisible ;
- la définition des tâches pour lesquelles il est conclu ;
- l'événement ou le résultat objectif déterminant la fin de la relation contractuelle ;
- le délai de prévenance de son arrivée au terme et, le cas échéant, de la proposition de poursuite de la relation de travail en CDI ;
- le rappel de la possibilité de le rompre à sa date anniversaire (*voir ci-après*), ainsi que le droit, dans le cas d'une rupture par l'employeur, à une indemnité de rupture égale à 10 % de la rémunération totale brute du salarié.

Fin du contrat

Cas de rupture anticipée spécifique - Indépendamment des cas de rupture anticipée habituels des CDD [voir *Contrat de travail à durée déterminée (rupture anticipée)**], le CDD à objet défini peut prendre fin (c. trav. art. L. 1243-5 ; circ. DGT 2009-5 du 17 mars 2009) :

- soit avec la réalisation de son objet, après un délai de prévenance d'au moins 2 mois ;
- soit en cas de rupture par l'employeur ou le salarié pour un motif réel et sérieux, au bout de 18 mois, puis à la date anniversaire de sa conclusion (à savoir 24 mois après sa conclusion).

En dehors des cas de rupture anticipée autorisés pour ce type de CDD (motif réel et sérieux ou une des causes habituelles de rupture), la rupture du CDD pour objet défini est abusive lorsqu'elle intervient avant la réalisation de l'objet pour lequel il a été conclu (cass. soc. 4 mars 2020, n° 19-10130 FSPB).

Exemple

Une salariée avait été embauchée en CDD à objet défini pour mener à bien les opérations foncières destinées à permettre la réalisation d'une liaison entre deux villes, puis l'employeur avait rompu son CDD. L'article intitulé fin du contrat prévoyait que « la réalisation de toutes les opérations relatives à l'aspect foncier de la liaison (...) déterminera de droit la fin de la relation contractuelle ». Or, selon la lettre de rupture, les opérations de libération foncière liées à la réalisation de cette liaison étaient « sur le point de prendre fin ». L'objet pour lequel le CDD avait été conclu n'ayant pas réalisé, la rupture était abusive (cass. soc. 4 mars 2020, n° 19-10130 FSPB).

Indemnité de fin de contrat - En cas de rupture par l'employeur à la date anniversaire de la conclusion du contrat, pour un motif réel et sérieux, le salarié a droit à une indemnité égale à 10 % de sa rémunération totale brute (c. trav. art. L. 1242-12-1). Cette indemnité est soumise aux cotisations et contributions sociales (lettre-circ. ACOSS 2008-81 du 16 octobre 2008).

Sur les autres cas de versement de l'indemnité de fin de contrat, voir *Contrat de travail à durée déterminée (indemnité de fin de contrat)**.

Contrat de travail à durée déterminée.

Contrat de travail à durée déterminée (portage salarial)

Portage salarial.

Contrat de travail à durée déterminée (renouvellement)

Pour les CDD à terme précis

Renouvellements prévus par des dispositions conventionnelles - Une convention ou un accord de branche étendu peut définir le nombre maximal de renouvellements possibles pour un CDD, sachant toutefois que les CDD conclus dans le cadre de la politique de l'emploi ou pour assurer un complément de formation professionnelle sont exclus de cette possibilité (c. trav. art. L. 1242-3 et L. 1243-13). En la matière, la convention ou l'accord de branche étendu prévaut obligatoirement sur l'accord d'entreprise (ord. 2017-1718 du 20 décembre 2017, JO du 21 ; c. trav. art. L. 2253-1) [voir *Accord collectif d'entreprise (contenu)**].

Renouvellements prévus par le code du travail - Faute de convention ou d'accord de branche étendu, les règles légales sont applicables au renouvellement d'un CDD (c. trav. art. L. 1243-13-1). Dans ce cas, un CDD peut être renouvelé deux fois pour une durée déterminée dans la limite de la durée maximale, laquelle peut être définie par convention ou accord de branche étendu [voir *Contrat de travail à durée déterminée (durée)**].

▶ **Attention...** Quand les règles légales s'appliquent, la durée totale du CDD ne peut pas excéder 18 mois, y compris la période de renouvellement. La fermeture de l'entreprise pour congé annuel ne figure pas au nombre des exceptions, prévues par le code du travail, à cette durée maximale de 18 mois (exemple d'exception : commande exceptionnelle à l'exportation) [voir *Contrat de travail à durée déterminée (durée)**]. Une clause qui prévoit la suspension des effets du contrat de travail pendant la période de fermeture annuelle de l'entreprise ne peut pas avoir pour effet de différer le terme du CDD (cass. soc. 25 février 2004, n° 01-43072, BC V n° 61).

Renouvellement dans le cadre d'un recours autorisé - Si le renouvellement est autorisé, encore faut-il que le motif de recours au CDD soit toujours d'actualité [voir *Contrat de travail à durée déterminée (cas de recours)**], sinon le contrat est requalifié en CDI (cass. soc. 1er février 2000, n° 97-44952, BC V n° 46).

▶ À noter... Lorsqu'un CDD a été conclu avec un terme précis pour remplacer un salarié absent, il peut être renouvelé par voie d'avenant soit pour un terme précis, soit pour un terme imprécis (c. trav. art. L. 1242-7), sachant qu'il n'y a pas de durée maximale en cas de remplacement sans terme précis. Le cas échéant, l'avenant de renouvellement d'un CDD faisant état d'un remplacement pour la durée d'un congé de maternité comporte par là même une durée minimale (cass. soc. 25 juin 2013, n° 11-27390, BC V n° 163).

CDD ne pouvant pas être renouvelés - Par exception, les contrats d'une durée inférieure ou égale à 3 mois conclus pour faire face à un accroissement temporaire d'activité dans un établissement ayant procédé à un licenciement économique ne peuvent pas être renouvelés (c. trav. art. L. 1242-5).

Il est également impossible de renouveler un CDD conclu dans le cadre de la politique de l'emploi ou destiné à assurer un complément de formation professionnelle (c. trav. art. L. 1242-3 et L. 1243-13).

Modalités du renouvellement

En l'absence d'une clause de renouvellement - Si les conditions de renouvellement n'ont pas été stipulées dans le contrat initial, elles doivent faire l'objet d'un avenant soumis au salarié avant le terme initialement prévu, sinon le contrat qui se poursuit est requalifié en CDI (c. trav. art. L. 1243-13).

▶ À noter... L'employeur peut proposer au salarié le renouvellement de son CDD, même si le contrat de travail initial ne le prévoit pas (circ. DRT 90-18 du 30 octobre 1990, § 2.3, BOMT n° 90-24).

Le délai de 2 jours accordé pour transmettre le CDD après l'embauche (c. trav. art. L. 1242-13) ne concerne que le contrat initial et non l'avenant de renouvellement qui doit être soumis au salarié avant le terme de l'expiration du CDD.

Par ailleurs, la seule circonstance que le salarié ait travaillé après le terme du CDD ne permet pas de déduire son accord, antérieurement à ce terme, pour le renouvellement du contrat initial (cass. soc. 5 octobre 2016, n° 15-17458, BC V n° 184).

En présence d'une clause de renouvellement - Un CDD peut prévoir que le renouvellement nécessite la signature d'un avenant avant le terme prévu et des modalités spécifiques pour ce renouvellement (ex. : le renouvellement ne peut pas être proposé moins de 5 jours avant le terme du contrat).

La poursuite de la relation de travail sans avoir respecté les règles contractuelles entraîne la requalification en CDI (cass. soc. 15 janvier 1997, n° 94-42849 D).

Le contrat peut également prévoir un renouvellement automatique, sauf volonté contraire de l'employeur (ou, éventuellement, du salarié).

Une telle clause nécessite la plus grande vigilance de la part de l'employeur : en effet, s'il omet de refuser le renouvellement dans les conditions prévues, la simple poursuite des relations contractuelles suffit à considérer que le CDD a été renouvelé (cass. soc. 10 juin 1992, n° 88-43688 D ; cass. soc. 13 octobre 1994, n° 91-40949 D).

Attention au non-renouvellement

Discriminations interdites - Le non-renouvellement ne doit pas être lié à un motif discriminatoire prohibé, comme l'état de santé (indépendamment de l'inaptitude du salarié en CDD) ou la grossesse de la salariée [voir *Discriminations** et *Inaptitude physique (contrat à durée déterminée)**] (cass. soc. 29 avril 2003, n° 00-45392, BC V n° 142).

Salarié protégé - Sur le non-renouvellement du CDD d'un salarié protégé, voir *Contrat de travail à durée déterminée (salariés protégés)**.

Salarié victime d'un accident du travail - Les périodes de suspension du contrat de travail consécutives à un *accident du travail** ou à une maladie professionnelle ne font pas obstacle à l'échéance du CDD.

Toutefois, lorsque ce contrat comporte une clause de renouvellement, l'employeur ne peut, au cours des périodes de suspension, refuser le renouvellement que s'il justifie d'un motif réel et sérieux, étranger à l'accident ou à la maladie. À défaut, il verse au salarié une indemnité correspondant au préjudice subi, au moins égale au montant des salaires et avantages que le salarié aurait reçus jusqu'au terme de la période de renouvellement prévue au contrat (c. trav. art. L. 1226-19).

☛ *Contrat de travail à durée déterminée.*

Contrat de travail à durée déterminée
(requalification en CDI)

Cas de requalification

Non-respect des règles légales - Le non-respect de certaines règles de fond et de forme spécifiques au contrat de travail à durée déterminée (CDD) entraîne la requalification en un contrat de travail à durée indéterminée (CDI) (c. trav. art. L. 1245-1).

Tel est le cas, par exemple, lorsque :
- un CDD est conclu en dehors des cas de recours autorisés [voir *Contrat de travail à durée déterminée (cas de recours)**] ;
- le *contrat de travail à durée déterminée** n'est pas écrit, pas signé par le salarié ou l'employeur (cass. soc. 26 octobre 1999, n° 97-41992, BC V n° 401 ; cass. soc. 12 décembre 2012, n° 11-14823, BC V n° 335 ; cass. soc. 14 novembre 2018, n° 16-19038 FSPB) et ce, y compris en cas de non-respect des formalités liées au *titre emploi-service entreprise** (cass. soc. 3 mai 2016, n° 14-29317, BC V n° 80) ;
- les mentions obligatoires sont absentes (voir *Contrat de travail à durée déterminée**) ;
- les règles relatives à sa durée ne sont pas respectées [voir *Contrat de travail à durée déterminée (durée)**].

Il s'agit alors d'une « requalification-sanction ».

▶ À noter… L'inobservation de la majorité des règles relatives au CDD peut aussi entraîner des poursuites pénales (c. trav. art. L. 1248-1 à L. 1248-11).

Non-respect des règles conventionnelles - Le non-respect des règles fixées par convention ou accord collectif de branche étendu (ex. : durée totale des CDD) entraîne les mêmes sanctions (requalification en CDI et sanctions pénales) que le non-respect des règles légales applicables en leur absence (c. trav. L. 1245-1, L. 1248-5, L. 1248-10, L. 1248-11, L. 1251-40, L. 1255-7, L. 1255-8 et L. 1255-9).

Défaut de transmission du CDD dans le délai de 2 jours ouvrables - L'employeur qui transmet le CDD en retard ne risque pas de voir le contrat requalifié en CDI pour ce seul motif. En revanche, il peut être condamné à une indemnité d'un montant maximal d'un mois de salaire (c. trav. art. L. 1245-1).

Poursuite au-delà du terme - Si l'employeur continue de faire travailler un salarié en CDD au-delà du terme prévu, ce contrat devient automatiquement un CDI et ce, peu important qu'il ait été conclu dans les règles ou pas (c. trav. art. L. 1243-11 et L. 1245-1 ; Cour de cassation, rapport annuel 2009).

Lorsqu'un CDD devient, du seul fait de la poursuite de la relation contractuelle, un CDI, les règles du licenciement s'appliquent de plein droit. L'employeur n'a donc plus à respecter les règles de rupture anticipée du CDD (cass. soc. 13 décembre 2007, n° 06-44004, BC V n° 207).

Absence d'effet sur les clauses du contrat autres que le terme

La requalification d'un CDD en CDI ne porte que sur le terme du contrat et laisse inchangées les autres clauses du contrat, comme celles relatives à :
- la durée du travail ;
- le nombre de jours travaillés ;
- la rémunération.

Ainsi, un CDD conclu à temps partiel et requalifié en CDI reste à temps partiel sauf accord contraire entre l'employeur et le salarié. Les clauses du contrat relatives aux temps partiel restent donc les mêmes (cass. soc. 7 juillet 1998, n° 95-45209, BC V n° 362 ; cass. soc. 28 mai 2008, n° 06-45572, BC V n° 115 ; cass. soc. 9 octobre 2013, n° 12-17882, BC V n° 226 ; cass. soc. 2 juin 2021, n° 19-16183 FSP).

La règle est identique s'agissant du nombre de jours travaillés ou de la rémunération : les clauses concernées restent inchangées à la suite de la requalification (cass. soc. 5 octobre 2017, n° 16-13581, BC V n° 172 ; cass. soc. 2 juin 2021, n° 19-18080 FSP).

Les différentes indemnités dues au salarié du fait de la requalification *(voir ci-après)* doivent donc être calculées sur la base de la durée du travail et de la rémunération inscrites dans le CDD requalifié en CDI (cass. soc. 2 juin 2021, n° 19-18080 FSP, n° 19-16183 FSP et n° 20-10141 FSP).

Demande de requalification

Par le salarié - Les dispositions relatives au CDD ont été édictées dans un souci de protection du salarié, qui peut seul se prévaloir de leur inobservation. Le juge ne peut pas d'office requalifier le contrat en CDI. Le salarié doit l'avoir demandé (cass. soc. 30 octobre 2002, n° 00-45572, BC V n° 332 ; cass. soc. 20 février 2013, n° 11-12262, BC V n° 45).

▶ Attention… En l'absence de contrat écrit, le salarié garde la possibilité de prouver que l'em-

Cas de requalification automatique d'un CDD en CDI
Conclusion du CDD
• **Pourvoir durablement, par CDD, un emploi lié à l'activité normale et permanente de l'entreprise** (c. trav. art. L. 1242-1), **notamment pour les contrats saisonniers, d'usage ou pour accroissement temporaire d'activité.** • **Conclure un CDD en dehors des cas de recours prévus par la loi** (c. trav. art. L. 1242-2 et L. 1242-3). • **Conclure un CDD après un apprentissage en dehors des cas de recours autorisés par le code du travail** (c. trav. art. L. 1242-4). • **Recourir à un CDD pour remplacer un salarié gréviste** (c. trav. art. L. 1242-6). • **Conclure un CDD pour effectuer des travaux particulièrement dangereux figurant sur une liste établie par arrêté ministériel, sauf cas de dérogation** (c. trav. art. L. 1242-6).
Établissement du contrat
• **Ne pas établir de contrat écrit** (c. trav. art. L. 1242-12 ; cass. soc. 12 décembre 2012, n° 11-14823, BC V n° 335). • **Absence de signature du salarié (sauf refus délibéré de signer le contrat de travail de mauvaise foi ou dans une intention frauduleuse) ou de l'employeur** (cass. soc. 7 mars 2012, n° 10-12091, BC V n° 8 ; cass. soc. 14 novembre 2018, n° 16-19038 FSPB). • **Ne pas indiquer la définition précise du motif dans le contrat** (c. trav. art. L. 1242-12). • **Omettre d'indiquer le nom et la qualification de la personne remplacée dans un CDD pour remplacement, y compris en cascade** (cass. soc. 26 octobre 1999, n° 97-40894, BC V n° 402). • **Ne pas prévoir de terme précis ou de durée minimale pour les contrats à terme imprécis** (c. trav. art. L. 1242-7). • **Ne pas respecter la durée minimale pour un CDD lié à une commande exceptionnelle à l'exportation** (c. trav. art. L. 1242-8-1). • **Dépasser la durée maximale fixée par accord de branche étendu ou, à défaut, par le code du travail** (c. trav. art. L. 1242-8 et L. 1242-8-1).
Renouvellement et poursuite
• **Ne pas respecter le nombre de renouvellement autorisé par accord de branche étendu ou, à défaut, par le code du travail** (c. trav. art. L. 1242-8 et L. 1242-8-1). • **Opérer un renouvellement du CDD ayant pour effet d'en porter la durée totale au-delà de la durée maximale conventionnelle ou, à défaut, légale** (c. trav. art. L. 1242-8 et L. 1242-8-1). • **Omettre, lors du renouvellement, de préciser les conditions de celui-ci dans le contrat ou dans un avenant soumis au salarié avant le terme initialement prévu** (c. trav. art. L. 1243-13). • **Ne pas respecter le délai de carence conventionnel ou, à défaut, légal entre chaque CDD sur le même poste** (c. trav. art. L. 1244-3). • **Poursuivre la relation contractuelle avec le même salarié après l'échéance du terme** (c. trav. art. L. 1243-11).
Consultation des représentants du personnel
• **Omettre de procéder à la consultation préalable du** comité social et économique* **en cas :** - **d'embauche sous CDD de 18 à 24 mois pour commande exceptionnelle à l'exportation** (c. trav. art. L. 1242-8-1) ; - **d'embauche sous CDD pour départ définitif d'un salarié précédant la suppression de son poste sous 24 mois** (c. trav. art. L. 1242-2).

ployeur et lui avaient entendu conclure un CDD (cass. soc. 12 décembre 2012, n° 11-14823, BC V n° 335). L'employeur n'a pas cette possibilité.

La rupture du contrat de travail décidée en rétorsion de l'action en justice du salarié pour demander la requalification de son CDD en CDI est nulle, en raison de l'atteinte portée à la liberté fondamentale d'agir en justice (cass. soc. 6 février 2013, n° 11-11740, BC V n° 27 ; cass. soc. 16 mars 2016, n° 14-23589, BC V n° 50).

Voir aussi ***Contrat de travail à durée déterminée (durée)****, **sur l'éventuel lien entre la fin du CDD à son terme normal et l'action en justice du salarié pour demander la requalification en CDI** (cass. soc. 9 décembre 2020, n° 19-20319 FSPB).

Par les syndicats - Les ***syndicats**** **représentatifs peuvent se substituer à un salarié pour exercer en sa faveur toute action en justice en application de la réglementation sur le CDD. Un mandat de l'intéressé n'est pas requis, mais celui-ci doit avoir été averti et ne pas s'y être opposé** (c. trav. art. L. 1247-1).

Par ailleurs, les syndicats peuvent agir en justice afin que des CDD soient considérés comme des CDI, cette requalification présentant un intérêt notamment en matière d'institutions représentatives du personnel et particulièrement pour la détermination des effectifs de l'entreprise (cass. soc. 17 décembre 2014, n° 14-13712, BC V n° 296).

Le non-respect de dispositions conventionnelles encadrant le recours au CDD constitue une atteinte à l'intérêt collectif de la profession justifiant également l'action en justice du syndicat à l'encontre de l'employeur (cass. soc. 10 février 2016, n° 14-26304, BC V n° 29).

Par l'AGS - L'*AGS** n'est pas recevable, sauf fraude qu'il lui appartient de démontrer, à demander la requalification d'un CDD en CDI. L'absence de définition précise du motif de recours au CDD n'est pas une fraude (cass. soc. 4 décembre 2002, n° 00-43750, BC V n° 367).

Saisine du conseil des prud'hommes - Lorsque le *conseil de prud'hommes** est saisi d'une demande de requalification d'un CDD en CDI, l'affaire est portée directement devant le bureau de jugement sans passage obligé au bureau de conciliation et d'orientation (BCO). Le conseil de prud'hommes doit statuer au fond dans un délai d'un mois suivant sa saisine et la décision est exécutoire de droit à titre provisoire (c. trav. art. L. 1245-2 et R. 1245-1). Cela signifie qu'elle est immédiatement applicable, même s'il y a appel.

Le salarié n'est cependant pas tenu de suivre cette procédure. Il peut porter sa demande devant le BCO sans que cela ait pour effet de le priver de l'indemnité de requalification (cass. soc. 4 février 2003, n° 00-43558, BC V n° 36).

Délai pour agir en justice - L'action en requalification du CDD entre dans la catégorie des actions relatives à l'exécution du contrat (cass. soc. 31 janvier 2018, n° 16-23602 D). La prescription est donc de 2 ans [voir *Prescription (contentieux)**] (c. trav. art. L. 1471-1).

Toutefois, employeur et salarié peuvent convenir d'un délai de prescription plus court ou plus long que le délai légal, sans pouvoir aller en-deçà d'un an ni au-delà de 10 ans. Ainsi, ils peuvent fixer dans le CDD le délai d'une éventuelle action en requalification en CDI et en paiement de l'indemnité de requalification qui en découle (c. trav. art. L. 1471-1 ; c. civ. art. 2254 ; cass. soc. 22 novembre 2017, n° 16-16561, BC V n° 199).

Le délai de prescription de l'action en requalification d'un CDD en CDI :
- fondée sur le motif du recours au CDD, a pour point de départ le terme du contrat ou, en cas de succession de CDD, le terme du dernier contrat (cass. soc. 29 janvier 2020, n° 18-15359 FSPBI) ;
- fondée sur l'absence d'une mention au contrat susceptible d'entraîner sa requalification, a pour point de départ la conclusion de ce contrat (cass. soc. 3 mai 2018, n° 16-26437, BC V n° 68) ;
- fondée sur le non-respect du délai de carence entre deux CDD successifs, a pour point de départ le premier jour d'exécution du second contrat (cass. soc. 5 mai 2021, n° 19-14295 FSPB).

Date de notification du jugement - Si le jugement de requalification d'un CDD en CDI est notifié à l'employeur par le greffe du conseil de prud'hommes avant le terme du CDD, l'employeur ne peut pas notifier au salarié la fin de son contrat, dans la mesure où une décision de requalification d'un CDD en CDI est, en elle-même, exécutoire à titre provisoire (c. trav. art. R. 1245-1). En d'autres termes, l'employeur doit exécuter immédiatement le jugement du conseil de prud'hommes, même si celui-ci est susceptible d'appel (cass. soc. 18 décembre 2013, n° 12-27383, BC V n° 311).

Rupture du contrat requalifié en CDI

Dans le cas général, la rupture du CDD requalifié en CDI est un licenciement entraînant, le cas échéant, l'obligation pour l'employeur de payer les indemnités correspondantes *(voir ci-après)*.

La rupture du CDD requalifié en CDI ne peut être jugée nulle, et donc ouvrir droit pour le salarié à une réintégration dans l'entreprise, que dans les cas suivants (cass. soc. 21 septembre 2017, n° 16-20270, BC V n° 163) :
- si un texte le prévoit (ex. : rupture intervenue pendant que le salarié était en arrêt de travail à la suite d'un accident du travail, sans faute grave ni impossibilité de maintenir le contrat) (c. trav. art. L. 1226-9 et L. 1226-13 ; cass. soc. 14 novembre 2018, n° 17-18891 FSPB) ;
- en cas de violation d'une liberté fondamentale comme celle d'agir en justice (voir ci-avant à propos de l'action en justice du salarié qui demande la requalification. En revanche, le droit à l'emploi n'est pas, pour la Cour de cassation, une liberté fondamentale) (cass. soc. 21 septembre 2017, n° 16-20270, BC V n° 163).

Indemnité de requalification

Montant et régimes social et fiscal - L'indemnité de requalification est au moins égale à 1 mois de salaire (c. trav. art. L. 1245-2), étant précisé que c'est le dernier salaire mensuel perçu avant la saisine du juge et au sein de l'entreprise qui a conclu le CDD qui doit être pris en compte (cass. soc. 26 avril 2017, n° 15-26817, BC V n° 66).

Le cas échéant, l'indemnité doit être calculée en prenant en compte les heures supplémentaires effectuées par le salarié (cass. soc. 10 juin 2003, n° 01-40779, BC V n° 190).

▶ À noter… L'administration avait précisé dans une ancienne circulaire que cette indemnité a le caractère de dommages-intérêts et n'est donc pas soumise aux charges sociales et fiscales (circ. DRT 1992-14 du 29 août 1992, BOMT n° 92-21). Sous réserve d'une nouvelle précision, cette position devrait à notre sens rester identique.

En cas de requalification d'un CDD en CDI, l'employeur peut devoir au salarié l'indemnité de requalification mais aussi celle de précarité *(voir ci-après)*. Dans ce cas, le calcul de l'indemnité de requalification n'intègre pas l'indemnité de précarité (cass. soc. 18 décembre 2013, n° 12-15454 BC V n° 309).

Versement d'office en cas de « requalification-sanction » - L'employeur est condamné d'office à verser l'indemnité de requalification au salarié qui a obtenu des juges la requalification de son CDD irrégulier en un CDI (cass. soc. 10 juin 2003, n° 01-40808, BC V n° 191).

Poursuite au-delà du terme d'un CDD régulier - L'employeur n'est pas condamné à verser l'indemnité de requalification quand le CDD est devenu un CDI du seul fait de sa poursuite au-delà de son terme, c'est-à-dire si ce CDD avait bien été conclu dans les règles (c. trav. art. L. 1243-11 ; cass. soc. 22 mars 2006, n° 04-48264 et 04-45411, BC V n° 118). Toutefois, il risque de se voir condamné à payer cette indemnité s'il propose au salarié un nouveau CDD après la date de l'échéance du CDD initial alors même que celui-ci est devenu un CDI (cass. soc. 30 mars 2005, n° 03-42667, BC V n° 106 ; Cour de cassation, rapport annuel 2006, p. 260).

▶ À noter… Lorsque le CDD régulièrement conclu d'un représentant du personnel, s'est poursuivi après son terme du fait de l'absence de saisine préalable de l'inspecteur du travail permettant la fin du contrat [voir *Contrat de travail à durée déterminée (salariés protégés)**], le CDD devient CDI. Dans cette situation, le salarié ne peut pas prétendre à une indemnité de requalification (cass. soc. 5 juin 2019, n° 17-24193 FSPB).

Poursuite au-delà du terme d'un CDD irrégulier - L'employeur doit verser l'indemnité de requalification quand le CDD initial, ou les contrats qui lui ont fait suite, était irrégulier et ce, même s'il s'est poursuivi après l'arrivée de son terme, devenant donc un CDI (cass. soc. 5 décembre 2007, n° 06-41313, BC V n° 206 ; cass. soc. 29 juin 2011, n° 10-12884, BC V n° 170).

Conclusion d'un CDI après un CDD irrégulier - L'employeur doit verser l'indemnité de requalification dès lors que le CDD est irrégulier (en l'espèce, le contrat n'avait pas été écrit) et ce, même s'il a signé par la suite avec le salarié concerné un CDI (cass. soc. 29 juin 2011, n° 10-12884, BC V n° 170). En d'autres termes, lorsque le CDD irrégulier est devenu un CDI sans qu'il ait été nécessaire de procéder à la requalification du contrat, l'employeur doit quand même l'indemnité de requalification.

En cas de succession de CDD - Quand le salarié obtient la requalification d'une succession de CDD en un CDI, l'employeur ne lui doit qu'une seule indemnité de requalification et non une indemnité pour chaque CDD (cass. soc. 25 mai 2005, n° 03-43214, BC V n° 176 ; cass. soc. 25 mai 2005, n° 03-44942, BC V n° 177).

Versement par le nouvel employeur - En cas de *modification de la situation juridique de l'employeur**, le salarié peut demander au nouvel employeur le paiement de l'indemnité de requalification au titre d'un CDD conclu avec l'ancien employeur, le nouvel employeur pouvant se retourner contre l'ancien (cass. soc. 16 mars 2011, n° 09-69945, BC V n° 75).

Indemnité de précarité

Indemnité non due quand un CDI suit le CDD - L'employeur doit verser une indemnité de précarité au salarié quand le CDD ne se poursuit pas par un CDI (c. trav. art. L. 1243-8), sauf exceptions [voir *Contrat de travail à durée déterminée (indemnité de fin de contrat)**]. Elle n'est donc pas due lorsque la relation contractuelle se poursuit en CDI, notamment en cas de requalification d'un CDD (cass. soc. 7 juillet 2015, n° 13-17195, BC V n° 141). Ainsi, l'employeur n'a pas à verser l'indemnité de précarité quand la relation contractuelle se poursuit en CDI après conclusion d'un contrat écrit mais aussi en l'absence d'un tel écrit.

CDD d'usage - En principe, l'indemnité de précarité n'est pas due à l'issue d'un CDD d'usage [voir *Contrat de travail à durée déterminée (indemnité de fin de contrat)**]. Toutefois, si un CDD d'usage est requalifié au motif qu'il n'a pas été conclu par écrit, l'employeur est redevable de l'indemnité de fin de contrat (cass. soc. 21 septembre 2017, n° 16-17241, BC V n° 145).

Indemnité conservée en cas de requalification ultérieure - Un salarié dont le CDD a pris fin, et qui est ultérieurement requalifié en CDI, conserve l'indemnité de précarité qui avait été versée (cass. soc. 30 mars 2005, n° 03-42667, BC V n° 106). L'employeur ne peut pas en obtenir le remboursement.

Indemnités de rupture du CDI

Indemnités de licenciement légale ou conventionnelle - Lorsque le CDD a été requalifié en CDI, la rupture du contrat décidée par l'employeur est un licenciement (cass. soc. 13 décembre 2007, n° 06-44004, BC V n° 207). Le salarié a donc droit aux indemnités légales ou conventionnelles de licenciement et à l'indemnité de préavis en plus, le cas échéant, de l'indemnité de requalification (cass. soc. 3 juin 2009, n° 08-41037 D).

▶ Attention… Le salarié peut utiliser la procédure accélérée, consistant à saisir directement le bureau de jugement du conseil de prud'hommes, pour demander la requalification de son CDD en CDI, pour faire juger son licenciement sans cause réelle et sérieuse, et obtenir les indemnités de rupture correspondantes (cass. soc. 7 avril 1998, n° 95-43091, BC V n° 199).

Indemnité pour licenciement sans cause réelle et sérieuse - Quand le CDD a été requalifié en CDI, la rupture du contrat s'analyse en un licenciement *(voir ci-avant)*. Ce licenciement est le plus souvent irrégulier et injustifié car l'employeur n'a, de fait, pas respecté la procédure de licenciement ni envoyé de lettre de licenciement avec les incidences financières que cela induit (cass. soc. 11 juillet 2000, n° 98-41798, BC V n° 270 ; cass. soc. 10 juin 2003, n° 01-40808, BC V n° 191).

L'employeur échappe cependant à cette condamnation pour *licenciement sans cause réelle et sérieuse** s'il a envoyé une lettre de non-renouvellement ou de rupture du CDD qui énonçait des griefs matériellement vérifiables et constituant un licenciement. Celle-ci vaut alors lettre de licenciement (cass. soc. 20 octobre 2015, n° 14-23712, BC V n° 197).

Par ailleurs, l'employeur est condamné à verser les indemnités de rupture du CDI même si, en cours d'instance, il a proposé au salarié de le réintégrer alors que ce dernier a refusé cette proposition. En effet, lorsqu'un CDD est requalifié en un CDI, la rupture du contrat par la seule survenance de l'échéance du terme s'analyse en un licenciement abusif. De plus, la rupture étant acquise, le salarié n'est pas tenu d'accepter la proposition de réintégration qui lui est faite (cass. soc. 3 juin 2009, n° 08-41037 D).

Licenciement du salarié remplaçant - Dans le cas où le CDD avait été conclu pour remplacer un salarié absent et dans l'hypothèse où ce CDD est requalifié en CDI, le licenciement du salarié remplaçant est sans cause réelle et sérieuse si l'employeur se fonde sur le retour du salarié remplacé (cass. soc. 8 février 2005, n° 02-46720, BC V n° 48).

Pas de dommages-intérêts pour rupture abusive du ou des CDD - En cas de requalification, si le salarié concerné a droit aux différentes indemnités liées à la rupture du CDI *(voir ci-avant)*, il ne peut pas se voir allouer de dommages-intérêts pour rupture abusive du ou des CDD requalifiés en CDI (cass. soc. 25 mai 2005, n° 03-43146, BC V n° 175).

Autres sommes pouvant être dues en cas de requalification

Rappel de salaires - En cas de requalification de plusieurs CDD en un CDI, le salarié ne peut obtenir un rappel de salaires pour les périodes « inter-contrats » que s'il parvient à prouver qu'il s'était tenu à la disposition de l'employeur pendant ces périodes (cass. soc. 16 septembre 2015, n° 14-16277, BC V n° 156).

Si le salarié a prouvé qu'il s'est tenu à la disposition de l'employeur entre les CDD et lorsque ceux-ci étaient conclus à temps partiel, il obtient un rappel de salaire calculé sur la base de son temps partiel et non d'un temps plein. En effet, quand des CDD à temps partiel sont requalifiés en CDI, le contrat reste, en principe, à temps partiel. Il convient ainsi de tenir compte de la réalité de la situation de chaque période interstitielle telle que résultant de chacun des CDD l'ayant précédée (cass. soc. 10 décembre 2014, n° 13-22422, BC V n° 284 ; cass. soc. 2 juin 2021, n° 19-16183 FSP).

▶ À noter… Les sommes perçues par le salarié au titre du chômage ne doivent pas être déduites des rappels de salaire consécutifs à la requalification de CDD successifs en un CDI et couvrant les périodes non travaillées (cass. soc. 16 mars 2016, n° 15-11396, BC V n° 48).

Prime d'ancienneté - Un salarié est réputé avoir occupé un emploi à durée indéterminée depuis le jour de son engagement par un CDD irrégulier et ce, du fait de la requalification (cass. soc. 29 janvier 2020, n° 18-15359 FSPBI).

À ce titre, le salarié est en droit de se prévaloir d'une ancienneté remontant à cette date. Le fait que les différents contrats soient séparés par une période d'interruption est sans incidence (cass. soc. 6 novembre 2013, n° 12-15953, BC V n° 259 ; cass. soc. 3 mai 2016, n° 15-12256, BC V n° 81).

☛ *Contrat de travail à durée déterminée.*

Contrat de travail à durée déterminée (rupture anticipée)

Cas strictement énumérés

Possibilités de rupture limitées - Un CDD ne peut être rompu avant l'échéance de son terme que dans les cas suivants (c. trav. art. L. 1243-1 et L. 1243-2) *(voir ci-après)* :

- faute grave du salarié ou de l'employeur ;
- force majeure ;
- inaptitude constatée par le médecin du travail [voir *Inaptitude physique (contrat à durée déterminée)**] ;
- le salarié et l'employeur en conviennent à l'amiable ;
- le salarié justifie d'une embauche en CDI.

Sur la rupture anticipée du CDD à objet défini, voir *Contrat de travail à durée déterminée (à objet défini)**.

S'agissant de la rupture anticipée du CDD d'un salarié protégé (ex. : représentant du personnel), voir *Contrat de travail à durée déterminée (salariés protégés)**.

▶ À noter… Lorsque les relations contractuelles sont rompues avant même que le contrat ait commencé à être exécuté, il s'agit d'une rupture anticipée (cass. soc. 12 mars 2002, n° 99-44222, BC V n° 86 ; cass. soc. 30 novembre 2011, n° 10-11639 D). Toutefois, voir *Contrat de travail à durée déterminée** sur l'effet d'une condition suspensive inscrite dans le contrat.

Pas d'autres cas autorisés de rupture anticipée - Les dispositions du code du travail selon lesquelles un CDD ne peut être rompu avant son terme que dans des cas limitativement énumérés *(voir ci-avant)* sont d'ordre public. Ni une convention collective ni le contrat de travail ne peuvent donc y déroger en prévoyant un autre cas de rupture (cass. soc. 1er juillet 2009, n° 08-40023, BC V n° 165), sauf si la convention collective est plus favorable au salarié (cass. soc. 10 février 2016, n° 15-16132, BC V n° 28).

Exemple

Il n'est pas permis d'inscrire dans le CDD une clause d'indivisibilité avec celui du conjoint du salarié car elle pourrait conduire à la rupture du contrat de l'un parce que le contrat de l'autre est rompu. En effet, il ne s'agit pas d'un cas de rupture anticipée autorisé par le code du travail (cass. soc. 5 juillet 2017, n° 16-17690, BC V n° 112).

L'employeur et le salarié ne peuvent pas conclure une *rupture conventionnelle** pour rompre un CDD dans la mesure où il s'agit d'un mode de rupture réservé au CDI (c. trav. art. L. 1237-11).

▶ À noter… Quand l'employeur rompt le CDD en dehors des cas autorisés et immédiatement après que le salarié a saisi le conseil de prud'hommes, il y a a priori violation d'une liberté fondamentale. Dans ces circonstances, l'employeur doit prouver que la rupture anticipée était justifiée par des éléments étrangers à toute volonté de sanctionner l'exercice du droit d'agir en justice. Le cas échéant, le juge des référés peut ordonner la réintégration du salarié (c. trav. art. R. 1455-6 ; cass. soc. 6 février 2013, n° 11-11740, BC V n° 27).

Rupture de la période d'essai - En cas de rupture du CDD pendant la *période d'essai**, les dispositions relatives notamment à la rupture anticipée du contrat et à l'indemnité de fin de contrat ne sont pas applicables. Employeur et salarié peuvent donc rompre librement la période d'essai. L'indemnité de fin de contrat n'est pas due (c. trav. art. L. 1242-11) [voir *Contrat de travail à durée déterminée (indemnité de fin de contrat)**].

Sur l'application d'un délai de prévenance, voir *Contrat de travail à durée déterminée**.

Accord entre l'employeur et le salarié

Accord écrit - L'employeur et le salarié peuvent, d'un commun accord, décider de mettre fin au CDD avant la fin du terme (c. trav. art. L. 1243-1). Dans une ancienne circulaire, l'administration avait indiqué que la rupture anticipée par accord des parties devait s'appuyer sur un écrit (circ. min. DRT 1992-14 du 29 août 1992, BOMT n° 92-21). Aujourd'hui, cette exigence d'un écrit est à notre sens toujours vraie : elle se déduit de la jurisprudence en la matière *(voir ci-après)* et répond en pratique au souci de sécuriser ce type de rupture.

▶ Attention… Il ne peut pas s'agir d'une *rupture conventionnelle** *(voir ci-avant)*.

Manifestation d'une volonté claire et non équivoque - La volonté de l'employeur et celle du salarié de mettre fin au contrat de travail doivent être claires et non équivoques.

Exemple

Un salarié avait cosigné avec le directeur de l'établissement une lettre où il exprimait sa volonté de rompre son CDD. Il avait ensuite fait savoir à son employeur qu'il avait été victime d'abus sexuels de la part de ce directeur. Il en résultait que ce salarié n'avait pas manifesté une volonté claire et non équivoque de mettre fin d'un commun accord au contrat de travail (cass. soc. 20 mai 2009, n° 07-44260 D).

La rupture d'un commun accord ne peut pas résulter de la signature d'un reçu pour solde de tout compte, ni de l'acceptation du certificat de travail (cass. soc. 11 juillet 2000, n° 98-45046 D). En pratique, l'employeur doit donc signer avec le salarié un écrit distinct et spécifique formalisant leur accord pour rompre le CDD et lui remettre par ailleurs le *certificat de travail**, l'*attestation d'assurance chômage**, en lui demandant de signer un *reçu pour solde de tout compte**.

À distinguer d'une transaction - La rupture d'un commun accord du CDD a pour seul objet de mettre fin aux relations contractuelles entre l'employeur et le salarié en CDD. Elle ne constitue pas une *transaction** et ne peut pas avoir pour effet, peu important les termes de l'accord, de priver le salarié des droits nés de l'exécution du contrat de travail (cass. soc. 16 mai 2000, n° 98-40238, BC V n° 179).

Incidences financières - L'indemnité de fin de contrat [voir *Contrat de travail à durée déterminée (indemnité de fin de contrat)**] et l'*indemnité compensatrice de congés payés** sont dues.

▶ **À noter…** Sur le droit à l'allocation d'aide au retour à l'emploi, voir *Chômage (allocation d'aide au retour à l'emploi)**.

Faute grave du salarié

Définition - La notion de faute grave est identique, qu'il s'agisse de la rupture anticipée d'un CDD ou d'un *licenciement pour faute**.

Exemple

Un salarié en CDD dans un supermarché s'était vu notifier une mise à pied conservatoire puis la rupture de son contrat pour faute grave pour avoir mangé un produit laitier dans la chambre froide des yaourts, en cachette de son supérieur hiérarchique. Contestant cette rupture, il faisait notamment valoir la faible valeur du produit consommé et sa proposition de payer le prix du produit soustrait. Toutefois, il avait eu cette attitude alors que, quelques jours plus tôt, un responsable hiérarchique avait enjoint l'ensemble des salariés de cesser ce type de pratiques, sous peine de sanctions. Dès lors, ce comportement s'analysait en un acte d'insubordination délibéré et constituait une faute grave, peu important la faible valeur de l'objet consommé. La rupture anticipée du CDD était donc justifiée (cass. soc. 28 mai 2015, n° 14-12507 D).

Comme pour un salarié en CDI, le refus par un salarié en CDD d'un changement de ses conditions de travail caractérise un manquement à ses obligations contractuelles mais ne constitue pas, à lui seul, une faute grave. Le CDD ne peut donc pas être rompu pour ce seul motif (cass. soc. 20 novembre 2013, n° 12-30100, BC V n° 274 ; cass. soc. 20 novembre 2013, n° 12-16370, BC V n° 273) (voir *Modification du contrat de travail**).

Respect de la procédure disciplinaire - L'employeur qui prend l'initiative de la rupture anticipée pour faute grave doit observer les formalités prévues pour la procédure disciplinaire, à savoir l'organisation de l'entretien préalable ainsi que la notification écrite et motivée de la sanction (cass. soc. 11 avril 1996, n° 93-42632, BC V n° 151 ; cass. soc. 23 janvier 1997, n° 95-40526, BC V n° 32) [voir ci-après sur le délai de notification de la sanction ; voir aussi *Sanctions disciplinaires (procédure)**].

Mise en œuvre de la procédure dans un délai restreint - La faute grave étant celle qui rend impossible le maintien du salarié dans l'entreprise, le déclenchement de la procédure disciplinaire doit intervenir dans un délai restreint après que l'employeur a eu connaissance des faits allégués, dès lors qu'aucune vérification n'est nécessaire (cass. soc. 6 octobre 2010, n° 09-41294, BC V n° 214).

Entretien préalable - La procédure à suivre pour convoquer le salarié à l'entretien préalable est celle applicable en matière de sanctions disciplinaires autres qu'un licenciement. Pour la Cour de cassation, aucun formalisme n'est imposé pour la convocation à cet entretien (c. trav. art. L. 1232-2 ; cass. soc. 20 novembre 2013, n° 12-30100, BC V n° 274). Pour autant, en pratique, il est recommandé de procéder par LRAR ou par lettre remise contre récépissé pour se réserver une preuve de cette convocation.

Le défaut de convocation à l'entretien préalable constitue une irrégularité de procédure mais ne rend pas la rupture abusive. Cela signifie que le bien-fondé de la rupture n'est pas remis en cause, si la faute grave est par ailleurs caractérisée (cass. soc. 14 mai 2014, n° 13-12071, BC V n° 118). Si l'irrégularité de procédure cause un préjudice au salarié, il a droit à des dommages-intérêts. Le cas échéant, si la rupture est irrégulière et infondée, le salarié est indemnisé au titre de l'un et l'autre de ces manquements de l'entreprise (cass. soc. 27 juin 2001, n° 99-42216, BC V n° 236).

▶ Attention… Au cours de l'entretien préalable à l'éventuelle rupture anticipée du CDD pour faute grave, l'employeur peut être assisté d'un autre salarié de l'entreprise, mais d'un seul. Au cours de cet entretien, l'employeur indique le motif de cette rupture et recueille les explications du salarié. Le salarié qui assiste l'employeur peut intervenir (en l'espèce, en une seule occasion) pour confirmer les faits reprochés au salarié en CDD. Dans ce cas, l'entretien est conforme à son objet. En l'espèce, le salarié n'a donc pas obtenu d'indemnisation pour détournement de l'objet de l'entretien préalable (cass. soc. 5 mai 2010, n° 09-40737, BC V n° 110).

Notification écrite et motivée de la rupture - La lettre de rupture anticipée du CDD pour faute grave du salarié doit mentionner le motif de cette rupture ; à défaut, l'employeur encourt une condamnation pour rupture anticipée injustifiée (cass. soc. 23 janvier 1997, n° 95-40526, BC V n° 32).

Délai d'un jour franc pour notifier la sanction - Si les juges peuvent annuler une sanction disciplinaire en raison de l'inobservation du délai d'un jour franc entre la date fixée pour l'entretien et celle du prononcé de la sanction (c. trav. art. L. 1333-2), ils ne disposent pas de cette faculté lorsqu'un CDD est rompu pour faute grave (cass. soc. 12 novembre 2003, n° 01-42130, BC V n° 278). Le salarié a néanmoins droit à des dommages-intérêts en cas de préjudice lié à l'irrégularité de la procédure (cass. soc. 27 juin 2001, n° 99-42216, BC V n° 236 ; cass. soc. 12 novembre 2003, n° 01-42130, BC V n° 278).

Application de la procédure protectrice pour les salariés protégés - S'agissant de salariés protégés (ex. : représentants du personnel), les dispositions protectrices en matière de licenciement sont applicables si l'employeur envisage de rompre le contrat avant l'échéance du terme, en raison d'une faute grave du salarié ou en cas de rupture d'un commun accord [voir *Contrat de travail à durée déterminée (salariés protégés)**].

Pas de double peine - L'employeur ne peut pas sanctionner un salarié deux fois pour la même faute, ce qui interdit de rompre un CDD pour faute grave s'il a déjà sanctionné les mêmes faits, y compris par un simple avertissement. En l'absence d'un nouveau manquement, cette rupture est abusive (cass. soc. 2 novembre 2005, n° 03-44766 D).

Conséquences financières de la faute grave du salarié - Dans ce cas, l'employeur n'a pas à verser l'indemnité de fin de contrat [voir *Contrat de travail à durée déterminée (indemnité de fin de contrat)**] (c. trav. art. L. 1243-10). Il doit, en revanche, verser l'indemnité compensatrice de congés payés [voir *Congés payés (indemnité compensatrice)**].

▶ Attention… Si la faute grave se produit ou est découverte au cours du renouvellement du CDD, l'indemnité de précarité due au titre du contrat initial doit être versée au salarié (cass. soc. 9 avril 2002, n° 00-43521 D).

Faute grave de l'employeur

Rupture à l'initiative du salarié - Le salarié peut rompre le CDD s'il a une faute grave à reprocher à l'employeur. En cas de contentieux, le juge vérifie si les faits invoqués par le salarié à l'encontre de son employeur sont ou non constitutifs d'une faute grave (cass. soc. 23 janvier 2008, n° 05-41070, BC V n° 18 ; cass. soc. 26 mai 2010, n° 08-43097 D).

Exemples

Un employeur qui prive une serveuse de ses pourboires et de ses repos hebdomadaires commet une faute grave justifiant la rupture du CDD (cass. soc. 6 octobre 2004, n° 02-43918 D).

À l'inverse, il n'y a pas de faute grave dans le cas d'une simple erreur de calcul d'une majoration de taux horaire prévue par la convention collective (cass. soc. 30 mai 2007, n° 06-41240, BC V n° 89).

En cas d'inaptitude du salarié en CDD, le manquement de l'employeur à son obligation de reclassement peut constituer une faute grave (cass. soc. 26 novembre 2008, n° 07-40802, BC V n° 230).

Le fait pour un employeur de modifier unilatéralement le CDD est aussi une faute grave (cass. soc. 12 janvier 2010, n° 08-43128 D).

Conséquences financières d'une rupture pour faute grave - Si la faute de l'employeur est effectivement grave, le salarié :

- peut obtenir la condamnation de l'employeur à lui verser des dommages-intérêts au moins égaux aux salaires qu'il aurait perçus jusqu'au terme de son CDD ;
- a droit à l'indemnité de précarité [voir *Contrat de travail à durée déterminée (indemnité de fin de contrat)**].

En revanche, le salarié n'a pas droit à une indemnité compensatrice de congés payés pour la période de travail non effectuée en raison de la rupture anticipée du CDD pour faute grave de l'employeur, celle-ci n'ouvrant pas droit à congés (cass. soc. 6 mai 2015, n° 13-24261 D).

Conséquences financières d'une rupture sans faute grave - Si le salarié rompt son CDD sans reprocher de faute grave à son employeur ou sans que celle-ci ne soit caractérisée, il se place en dehors des cas de rupture autorisée. Il ne peut donc pas prétendre au paiement des dommages-intérêts pour rupture abusive (cass. soc. 29 novembre 2006, n° 04-48655, BC V n° 360 ; cass. soc. 23 janvier 2008, n° 05-41070, BC V n° 18). Il en est de même quand il a donné sa « démission » sans faute grave de son employeur puis s'est rétracté (cass. soc. 30 mai 2007, n°s 06-41180 et 06-41240, BC V n° 89 ; cass. soc. 8 février 2005, n° 03-43304, BC V n° 46). Le salarié peut même être condamné à verser à son employeur des dommages-intérêts si ce dernier les réclame (c. trav. art. L. 1243-3).

▶ À noter… À notre sens, l'indemnité de fin de contrat n'est pas due dans cette hypothèse (c. trav. art. L. 1243-10).

Pris d'acte de la rupture par le salarié valant rupture aux torts de l'employeur - La Cour de cassation a eu l'occasion de se prononcer sur la situation suivante : un salarié saisi le conseil de prud'hommes d'une demande en résiliation de son CDD aux torts de l'employeur, puis il signe un contrat de travail avec un autre employeur et enfin il prend acte de la rupture de son CDD aux torts de son employeur par courrier.

Les juges du fond, approuvés par la Cour de cassation, ont considéré que le CDD a été rompu le jour de la prise d'acte par le salarié et ce, aux torts de l'employeur.

D'une part, le fait que le salarié ait conclu un contrat avec un autre employeur ne caractérisait pas de sa part une volonté claire et non équivoque de prendre l'initiative de rompre son CDD dans la mesure où il avait auparavant saisi les juges d'une demande de résiliation judiciaire aux torts de l'employeur.

D'autre part, il fallait considérer que la prise d'acte par le salarié de la rupture de son CDD aux torts de son employeur constituait en réalité une rupture anticipée du CDD pour faute grave de l'employeur, au regard du code du travail qui liste les cas de rupture anticipée autorisés (c. trav. art. L. 1243-1), compte tenu des manquements invoqués par le salarié tant à l'appui de la demande de résiliation judiciaire devenue sans objet, qu'à l'appui de la prise d'acte, ceux-ci constituant en l'espèce une faute grave (cass. soc. 3 juin 2020, n° 18-13628 FSPB).

Ainsi, la rupture d'un CDD peut être qualifiée de rupture pour faute grave de l'employeur alors même que le salarié n'a pas strictement employé ces termes pour justifier la rupture anticipée de son contrat.

Force majeure

Cas de force majeure - Sur cette notion, voir *Force majeure**.

Exemples

La suppression du poste du salarié remplacé ne constitue pas un cas de force majeure justifiant la rupture anticipée du CDD (cass. soc. 26 mars 2002, n° 00-40652, BC V n° 103), ni le retour anticipé du salarié remplacé (cass. soc. 8 novembre 1995, n° 92-40399, BC V n° 293), ni la fermeture administrative de l'établissement dans lequel le salarié en CDD travaille (cass. soc. 28 juin 2005, n° 03-43192 D).

L'échec à un certificat de formation professionnelle d'un salarié engagé par contrat de qualification à durée déterminée ne constitue pas non plus un cas de force majeure (cass. soc. 29 octobre 2008, n° 07-40066, BC V n° 205).

La décision d'un directeur de thèse d'arrêter d'encadrer la thèse d'un salarié engagé en CDD par une entreprise dans le cadre de ladite thèse, financée par une bourse convention industrielle de formation pour la recherche (CIFRE), ne constitue pas un cas de force majeure pour cette entreprise (c. trav. art. L. 1242-3, 2° et D. 1242-3, 4° ; cass. soc. 4 novembre 2015, n° 14-22851, BC V n° 216).

Pas de procédure particulière - Lorsque la rupture anticipée du CDD est provoquée par la force majeure, aucune procédure n'est à respecter.

Sommes à verser par l'employeur - L'employeur doit verser l'indemnité compensatrice de congés payés mais pas l'indemnité de fin de contrat [voir *Congés payés (indemnité compensatrice)** et *Contrat de travail à durée déterminée (indemnité de fin de contrat)**].

Quand le CDD est rompu avant l'échéance en raison d'un sinistre relevant d'un cas de force majeure, l'employeur doit verser au salarié une indemnité de rupture anticipée compensatrice, dont le montant est égal aux rémunérations que le salarié aurait perçues jusqu'au terme du contrat (c. trav. art. L. 1243-4).

▶ À noter… Ces dispositions ont vocation à s'appliquer pour tout événement relevant de la force majeure (circ. DRT 2002-8 du 2 mai 2002).

Inaptitude du salarié

Voir *Inaptitude physique (contrat à durée déterminée)**.

Embauche du salarié en CDI

Embauche sous CDI à justifier - Le salarié peut rompre le CDD lorsqu'il justifie d'une embauche en CDI (c. trav. art. L. 1243-2). **Il devra fournir à l'employeur tout justificatif de nature à établir la réalité de cette embauche.**

▶ À noter… Une lettre d'engagement comportant une date d'embauche, ou un contrat de travail, peut constituer un justificatif si la durée indéterminée du contrat y figure. Une simple déclaration d'intention, dépourvue de date d'embauche et ne comportant aucun engagement du futur employeur, pourrait, à l'inverse, ne pas être considérée comme un justificatif suffisant (circ. DRT 2002-8 du 2 mai 2002, BO trav. n° 2002/11).

Procédure à respecter - Afin d'éviter toute difficulté, l'administration prévoit que le salarié notifie par écrit la rupture de son CDD à l'employe (circ. DRT 2002-8 du 2 mai 2002, BO trav. n° 2002/11). Sauf accord entre l'employeur et le salarié, ce dernier doit respecter un préavis qui court à compter de cette notification.

Dans le cas d'un contrat à terme précis, le préavis est d'un jour par semaine, compte tenu de la durée totale du contrat, renouvellement inclus. Si le contrat est à terme imprécis, le préavis d'un jour par semaine est décompté en fonction de la période de travail déjà effectuée.

Dans les deux cas, la durée du préavis ne doit pas excéder 2 semaines (c. trav. art. L. 1243-2).

Pas de versement de l'indemnité de fin de contrat - Dans la mesure où la rupture du CDD a lieu à l'initiative du salarié, l'employeur n'a, à notre sens, pas à verser l'indemnité de fin de contrat (circ. DRT 2002-8 du 2 mai 2002, BO trav. n° 2002/11) [voir *Contrat de travail à durée déterminée (indemnité de fin de contrat)**]. Il reste redevable de l'indemnité compensatrice de congés payés.

Indemnité de rupture injustifiée

Du fait de l'employeur - Si l'employeur rompt le contrat en dehors des cas de rupture anticipée autorisés *(voir ci-avant)*, le salarié a droit à des dommages-intérêts d'un montant au moins égal aux rémunérations brutes qu'il aurait perçues jusqu'au terme du contrat, en plus de l'indemnité de fin de contrat et sans déduction des allocations-chômage perçues par le salarié pendant cette période (c. trav. art. L. 1243-4 ; cass. soc. 27 février 2001, n° 98-45140, BC V n° 59).

▶ Attention… Le code du travail fixe un montant minimum de dommages-intérêts. Les juges peuvent donc condamner l'employeur à verser des dommages-intérêts d'un montant supérieur si le salarié a subi un préjudice distinct de la seule perte des salaires et résultant de la rupture illicite (cass. soc. 9 janvier 2008, n° 06-43191 D). Le préjudice distinct peut être d'ordre économique ou moral consécutif à la rupture anticipée illicite (cass. soc. 12 mars 2002, n° 99-44222, BC V n° 86 ; cass. soc. 3 juillet 2019, n° 18-12306 FSPB).

Cette règle s'applique aussi quand l'employeur rompt le contrat avant le début de son exécution (cass. soc. 26 septembre 2002, n° 00-42581, BC V n° 281). **Dans ce dernier cas, on ne peut pas, en effet, considérer que le contrat a été rompu pendant la période d'essai.**

Dans le cas où le CDD est à terme imprécis, les dommages-intérêts sont évalués en fonction de la durée prévisible du contrat (cass. soc. 13 décembre 2006, n° 05-41232, BC V n° 372).

▶ À noter… Ce dispositif d'indemnisation est conforme à la constitution (cass. soc. 8 février 2017, n° 16-40246, BC V n° 23).

Du fait du salarié - La méconnaissance des dispositions relatives à la rupture anticipée du contrat par le salarié ouvre droit, pour l'employeur, à des dommages-intérêts correspondant au préjudice subi (c. trav. art. L. 1243-3 ; cass. soc. 9 février 2011, n° 09-42485 D). Une *clause pénale** insérée dans le contrat peut fixer, au préalable et forfaitairement, le montant de ces dommages-intérêts.

Pas de démission - Le salarié en CDD qui adresse à son employeur une lettre de démission rompt son contrat en dehors des cas de rupture anticipée autorisés (c. trav. art. L. 1243-3). En conséquence, ce salarié n'a pas droit à l'attribution de dommages-intérêts pour rupture abusive (cass. soc. 23 septembre 2003, n° 01-41495, BC V n° 241 ; cass. soc. 8 février 2005, n° 03-43304, BC V n° 46).

Non-renouvellement du CDD en cas d'accident du travail (AT) ou de maladie professionnelle - Voir *Contrat de travail à durée déterminée (renouvellement)**.

Régime social et fiscal - Voir *Indemnités de rupture (régimes social et fiscal)**.

☛ *Contrat de travail à durée déterminée.*

Contrat de travail à durée déterminée
(salarié agricole âgé)

Les employeurs des professions agricoles sont autorisés à conclure des contrats à durée déterminée (CDD) pour recruter des demandeurs d'emploi justifiant manquer d'au maximum 8 trimestres de cotisations d'assurance vieillesse, tous régimes confondus, pour bénéficier d'une retraite à taux plein (c. rural et de la pêche maritime art. D. 718-4).

Ne peuvent toutefois pas bénéficier de ce CDD dérogatoire les (c. rural et de la pêche maritime art. L. 722-20, 5°, 7° et 11°) :
- personnels enseignants des établissements d'enseignement et de formation professionnelle agricoles privés (c. rural et de la pêche maritime art. L. 813-8) ;
- apprentis et stagiaires relevant du régime des assurances sociales agricoles occupés dans les exploitations, entreprises, organismes et groupements agricoles ;
- administrateurs des groupements mutualistes agricoles, dès lors qu'ils perçoivent une indemnité de fonction et ne relèvent pas, à titre obligatoire, d'un régime de sécurité sociale.

Ce CDD portant sur un emploi agricole est limité à une durée maximale de 2 ans et ne peut pas être renouvelé (c. rural et de la pêche maritime art. D. 718-5).

Ce cas de recours au CDD s'inscrit dans le cadre des dispositions destinées à favoriser le recrutement de certaines personnes sans emploi (c. trav. art. L. 1242-3, 1°). L'indemnité de précarité n'est donc pas due au terme du contrat (c. trav. art. L. 1243-10, 1°).

☛ *Contrat de travail à durée déterminée.*

Contrat de travail à durée déterminée
(salariés protégés)

Quand un salarié protégé (ex. : un représentant du personnel) est en contrat de travail à durée déterminée (CDD), la rupture anticipée, le non-renouvellement ou la fin du contrat obéissent à des règles spécifiques.

Bénéficiaires de la protection

Le code du travail liste les bénéficiaires de la protection en cas de rupture de leur contrat de travail quand ils sont en CDD : délégué syndical (DS), élu au comité social et économique (CSE), représentant de proximité, etc. (c. trav. art. L. 2412-1) (voir *Licenciement des représentants du personnel**).

Avant la recodification du code du travail, le conseiller du salarié appartenait à la liste des salariés protégés en CDD. Aujourd'hui, à la lecture stricte du code du travail, le conseiller du salarié ne figure plus dans cette liste alors qu'il est mentionné dans celle des salariés protégés en CDI (c. trav. art. L. 2411-1). Toutefois, la recodification du code du travail étant intervenue à droit constant (loi 2006-1770 du 30 décembre 2006, art. 57), le conseiller du salarié bénéficie toujours de la protection imposant que, lorsque le CDD arrive à son terme, l'inspecteur du travail autorise préalablement la cessation du lien contractuel (c. trav. art. L. 2421-8 ; cass. soc. 7 juillet 2021, n° 19-23989 FB).

Arrivée du terme du CDD

À la lecture stricte du code du travail, la saisine de l'inspecteur du travail n'est pas requise à l'arrivée du terme d'un contrat conclu à terme précis, sans clause de renouvellement, ou d'un CDD à terme imprécis (c. trav. art. L. 2421-8).

▶ **Attention…** Avant le 1.04.2018 (loi 2018-217 du 29 mars 2018, JO du 31), l'inspecteur du travail devait être saisi avant l'arrivée du terme et il devait statuer avant la fin du contrat. Il vérifiait qu'il n'existait aucun lien entre la fin du CDD et les fonctions représentatives. Il n'avait pas à contrôler la tenue d'un entretien préalable ou d'une consultation du *comité social et économique** (CSE), la procédure de licenciement n'étant pas ici applicable (circ. DGT 2012-07 du 30 juillet 2012).

Attention toutefois, dans son guide relatif aux décisions administratives en matière de rupture ou de transfert du contrat de travail des salariés protégés (septembre 2019, fiche 13a), l'administration du travail (DGT), fait toujours état de cette protection. Les employeurs ont à notre sens tout intérêt à faire preuve de la plus grande prudence quand la situation se présente.

Sur le cas particulier des CDD saisonniers, voir ci-après.

Non-renouvellement d'un CDD avec une clause de report

En cas de non-renouvellement d'un contrat conclu à terme précis comportant une clause de report du terme ou de renouvellement, les règles protectrices s'appliquent dans les conditions de droit commun à savoir, l'autorisation préalable de l'inspecteur du travail est requise suivant les mêmes modalités qu'en cas de licenciement (c. trav. art. L. 2412-1) [voir *Licenciement des représentants du personnel (procédure)**].

L'inspecteur du travail vérifie notamment que l'entretien préalable et la consultation du CSE ont effectivement eu lieu, quand le mandat le justifie (c. trav. art. L. 2421-7 ; Guide DGT, relatif aux décisions administratives en matière de rupture ou de transfert du contrat de travail des salariés protégés, septembre 2019, fiche 13a).

▶ À noter… Le juge judiciaire ne peut pas statuer sur une demande de requalification du CDD en un CDI lorsque le non-renouvellement du CDD a fait l'objet d'une autorisation administrative. Et ce, au nom du principe de la séparation des pouvoirs (cass. soc. 9 mai 2018, n° 16-20423 FSPB).

Rupture anticipée du CDD

Cas où l'autorisation est requise - L'autorisation préalable de l'inspecteur du travail est requise en cas de rupture anticipée du CDD pour faute grave du salarié ou en cas de rupture anticipée pour inaptitude du salarié (c. trav. art. L. 1243-1, L. 2412-1 à L. 2412-16) [voir *Contrat de travail à durée déterminée (rupture anticipée)**]. L'inspecteur du travail vérifie les points suivants (guide DGT, septembre 2019, fiche 13a) :

- la tenue de l'entretien préalable et la consultation du CSE, si le mandat le nécessite (c. trav. art. L. 2421-7) [voir *Licenciement des représentants du personnel (procédure)**] ;
- le bien-fondé du motif allégué à l'appui de la demande d'autorisation de la rupture anticipée ;
- le respect de la procédure spécifique en cas d'inaptitude professionnelle (consultation du CSE) [voir *Inaptitude physique (contrat à durée déterminée)**] ;
- l'absence de lien avec le mandat ;
- l'absence de motif général s'opposant à ce que la rupture anticipée soit autorisée.

Cas où l'autorisation n'est pas requise - L'autorisation n'est pas requise dans les cas de rupture anticipée suivants (guide DGT, septembre 2019, fiche 13a) :

- due à un cas de force majeure ;
- à l'initiative du salarié justifiant d'une embauche en CDI (c. trav. art. L. 1243-2) ;
- d'un commun accord entre l'employeur et le salarié.

Spécificités des CDD saisonniers

L'autorisation de l'inspecteur du travail est exigée uniquement dans les situations suivantes (c. trav. art. L. 2412-2, L. 2412-3, L. 2412-4, L. 2412-5, L. 2412-8, L. 2412-9, L. 2412-13 et L. 2421-8) :

- dans certains cas de rupture anticipée du CDD *(voir ci-avant)* ;
- l'employeur envisage de ne pas renouveler le contrat en dépit d'une clause contractuelle ou conventionnelle (accord d'entreprise ou accord de branche) de reconduction ;
- arrivée du terme du contrat saisonnier ne comportant pas une clause de reconduction pour la saison suivante (c. trav. art. L. 2421-8-1).

Non-respect du statut protecteur

Si l'employeur n'a pas respecté la procédure requise auprès de l'inspecteur du travail pour un salarié protégé en CDD, celui-ci est soit réintégré, soit indemnisé [voir *Licenciement des représentants du personnel (contentieux)**]. Dans ce dernier cas, l'employeur doit verser une indemnité forfaitaire égale à la rémunération que le salarié protégé aurait dû percevoir entre la date de son éviction et la fin de la période de protection, dans la limite de la durée de protection accordée aux salariés protégés. La durée maximale légale du CDD est sans incidence sur le montant de cette indemnité (cass. soc. 12 juin 2013, n° 12-17273, BC V n° 153).

☞ *Contrat de travail à durée déterminée.*

Contrat de travail à durée déterminée (senior)

Employeurs et publics visés

Un employeur peut conclure un contrat de travail à durée déterminée (CDD) senior sauf s'il relève des professions agricoles [voir *Contrat de travail à durée déterminée (salarié agricole âgé)**]. Sont notamment visés les professions industrielles et commerciales, les professions libérales, les offices publics et ministériels, les associations (ANI et avenant n° 1 du 9 mars

2006 étendus et élargis par arrêtés des 12 et 26 juillet 2006, JO des 22 juillet et 1er août ; c. trav. art. D. 1242-2).

Ce CDD peut être conclu avec toute personne âgée de plus de 57 ans inscrite depuis plus de 3 mois comme demandeur d'emploi ou bénéficiant d'une convention de reclassement personnalisé (pour mémoire, le dispositif de la convention de reclassement personnalisé est fermé, le *contrat de sécurisation professionnelle** l'ayant remplacé). Ce CDD doit avoir pour objet de faciliter le retour à l'emploi de l'intéressé et de lui permettre d'acquérir des droits supplémentaires en vue de la liquidation de sa retraite à taux plein.

CDD à terme précis

Ce CDD est un contrat à terme précis, qui doit comporter un terme fixé avec précision dès sa conclusion.

Il peut être conclu pour une durée maximale de 18 mois et renouvelé pour une durée déterminée qui, ajoutée à la durée du contrat initial, ne peut pas excéder 36 mois (c. trav. art. D. 1242-7).

Les salariés en CDD senior ont droit, à l'issue de leur contrat, à une indemnité de nature et de montant identiques à l'indemnité de fin de contrat des CDD classiques (ANI et avenant n° 1 du 9 mars 2006 étendus et élargis par arrêtés des 12 et 26 juillet 2006, JO des 22 juillet et 1er août).

☞ *Contrat de travail à durée déterminée ; Seniors.*

Contrat de travail à durée déterminée (succession)

L'employeur peut faire se succéder des contrats à durée déterminée (CDD) sous réserve de respecter un délai de carence entre chaque contrat, sauf exceptions.

CDD successifs sur le même poste

Respect d'un délai de carence - Une convention ou un accord de branche étendu peut fixer la durée du délai de carence qui doit être respecté entre deux CDD (ou entre un CDD et un contrat de mission) conclus pour un même poste (c. trav. art. L. 1244-3).

▶ À noter... En la matière, la convention ou l'accord de branche étendu prévaut obligatoirement sur l'accord d'entreprise (c. trav. art. L. 2253-1) [voir *Accord collectif d'entreprise (contenu)**].

Faute de convention ou d'accord de branche étendu, le délai de carence applicable est le délai légal (c. trav. art. L. 1244-3-1), à savoir :
- le tiers de la durée du contrat, renouvellement(s) inclus, si la durée de ce contrat est au moins égale à 14 jours ;
- la moitié de la durée du contrat, renouvellement(s) inclus, si la durée de ce contrat est inférieure à 14 jours.

Les jours pris en compte pour apprécier le délai conventionnel ou légal devant séparer les deux contrats sont les jours d'ouverture de l'entreprise ou de l'établissement concerné (c. trav. art. L. 1244-3 et L. 1244-3-1).

▶ Attention... Le non-respect du délai de carence conventionnel ou légal est sanctionné par la requalification en contrat à durée indéterminée (CDI) [voir *Contrat de travail à durée déterminée (requalification en CDI)**].

Exceptions - Une convention ou un accord de branche étendu peut prévoir les cas où le délai de carence ne s'applique pas (c. trav. art. L. 1244-4).

Faute de convention ou d'accord de branche étendu, les situations où aucun délai de carence ne s'applique sont celles listées par le code du travail (c. trav. art. L. 1244-4-1), à savoir lorsque :
- le contrat est conclu pour assurer le remplacement d'un salarié temporairement absent ou dont le contrat de travail est suspendu, en cas de nouvelle absence du salarié remplacé (ou du chef d'entreprise ou d'exploitation agricole quand cela est permis) ;
- le contrat est conclu pour travaux urgents nécessités par des mesures de sécurité ;
- le contrat signé est un contrat *saisonnier** ou un CDD d'usage [voir *Contrat de travail à durée déterminée (d'usage)**] ;
- le contrat est conclu dans le cadre de la politique de l'emploi ;
- le salarié est à l'initiative d'une rupture anticipée du contrat ;
- le salarié refuse le renouvellement de son contrat, pour la durée du contrat non renouvelé.

CDD successifs avec le même salarié

Respect d'un délai de carence - En principe, il n'est pas possible de conclure sans interruption des contrats successifs avec le même salarié (c. trav. art. L. 1244-1).

Pour réengager le même salarié en CDD, l'employeur doit donc respecter un délai d'interruption entre chaque contrat :

- dit « de carence » si la succession porte sur le même poste de travail *(voir ci-avant)* ;
- dont la durée n'est pas précisée par la loi si la succession porte sur un poste différent (circ. DRT 1990-18 du 30 octobre 1990 ; circ. DRT 1992-14 du 29 août 1992 ; cass. soc. 6 mai 1998, n° 95-45027, BC V n° 225).

Dans ce dernier cas, afin d'éviter une requalification ultérieure en CDI, le délai d'interruption ne doit pas être trop bref. Le risque étant, si le délai est trop court, que les juges considèrent qu'il y a fraude à la loi (circ. DRT 1990-18 du 30 octobre 1990, BOMT n° 90-24). En pratique, ce délai doit être déterminé en fonction de la durée du contrat initial.

▶ À noter... Cette recommandation inscrite dans une ancienne circulaire reste à notre sens pertinente.

Exceptions - Par exception, il est possible de conclure avec le même salarié des CDD successifs sans qu'il y ait d'interruption quand le contrat est conclu dans l'un des cas suivants (c. trav. art. L. 1244-1) :

- remplacement d'un salarié temporairement absent ou dont le contrat de travail est suspendu, qu'il s'agisse ainsi de remplacer le même salarié de nouveau absent ou des salariés distincts (y compris sur le même poste) (cass. soc. 17 novembre 2021, n° 20-18336 FSB) ;
- remplacement du chef d'entreprise ou d'exploitation agricole quand cela est permis ;
- emplois saisonniers (voir *Saisonnier**) ;
- CDD d'usage (cass. soc. 11 octobre 2006, n° 05-43595, BC V n° 300).

Pour ces cas, la conclusion de CDD successifs avec un même salarié n'est licite qu'à la condition que chacun des contrats en cause soit conclu pour l'un des motifs qui permettent une telle succession (cass. soc. 30 septembre 2014, n° 13-18162, BC V n° 217).

Exemple

Une salariée est embauchée pour remplacer un salarié en congé parental d'éducation par un CDD, immédiatement suivi d'un nouveau contrat de 4 mois pour surcroît exceptionnel d'activité. Ce dernier motif ne permettant pas la conclusion avec le même salarié de contrats successifs, la relation de travail est requalifiée en CDI (cass. soc. 3 juillet 1991, n° 87-44773, BC V n° 338 ; cass. soc. 31 mai 2007, n° 06-42231 D).

Succession de CDD d'usage - S'agissant des CDD d'usage, les juges doivent vérifier, en cas de contentieux, si l'utilisation de CDD successifs était justifiée par des éléments concrets établissant le caractère par nature temporaire des emplois occupés (cass. soc. 23 janvier 2008, n° 06-43040, BC V n° 16 ; cass. soc. 30 novembre 2010, n° 09-68609, BC V n° 269) [voir *Contrat de travail à durée déterminée (d'usage)**].

Succession de CDD saisonniers - Voir *Saisonnier**.

Succession de CDD de remplacement - Lorsqu'un CDD est conclu pour remplacer un salarié absent, il est possible de conclure plusieurs CDD successifs avec le même salarié, peu importe qu'ils comportent un terme précis et que leur durée totale excède 18 mois (ou autre durée maximale prévue par convention ou accord de branche étendu) (cass. soc. 8 février 2006, n° 04-41279, BC V n° 63). Il est donc possible de conclure des CDD de remplacement successifs correspondant à la durée exacte de chaque absence sans être limité à 18 mois pour la durée totale des contrats (ou autre durée maximale prévue par convention ou accord de branche étendu). En tout état de cause, chaque contrat, conclu à terme précis, pris isolément ne peut pas durer plus de 18 mois (ou autre durée maximale prévue par convention ou accord de branche étendu).

Risque de requalification en CDI - Pour rappel, un CDD ne peut avoir pour objet ni pour effet de pourvoir durablement un emploi lié à l'activité normale et permanente de l'entreprise, la sanction étant la requalification en CDI [voir *Contrat de travail à durée déterminée (requalification en CDI)**] (c. trav. art. L. 1242-1).

Cela étant, le seul fait pour l'employeur de recourir à des CDD de remplacement de manière récurrente, voire permanente, ne suffit pas à caractériser un recours systématique aux CDD pour faire face à un besoin structurel de main-d'œuvre et pourvoir ainsi durablement un emploi durable lié à l'activité normale et permanente de l'entreprise.

D'autres éléments doivent être pris en compte comme la nature des emplois successifs occupés par le salarié et la structure des effectifs de l'entreprise (cass. soc. 14 février 2018, n° 16-17966, BC V n° 19).

Période d'essai en cas de contrats successifs - Voir *Contrat de travail à durée déterminée**.

☛ *Contrat de travail à durée déterminée.*

Contrat de travail à durée déterminée (d'usage)

Cas de recours

Parmi les cas de recours possibles au contrat de travail à durée déterminée (CDD), figurent les CDD d'usage (c. trav. art. L. 1242-2) [voir *Contrat de travail à durée déterminée (cas de recours)**].

Pour conclure des CDD d'usage, les conditions suivantes doivent être remplies *(voir ci-après)* :
- les emplois doivent relever de certains secteurs d'activité ;
- l'usage constant de ne pas recourir à un contrat à durée indéterminée (CDI) doit être établi (cass. soc. 26 novembre 2003, n° 01-44263, BC V n° 298 ; cass. soc. 25 mai 2005, n° 04-40169, BC V n° 178) ;
- le caractère par nature temporaire de ces emplois doit être caractérisé par des éléments précis et concrets (cass. soc. 23 janvier 2008, n° 06-43040, BC V n° 16 ; cass. crim. 6 mai 2008, n° 06-82366, B. crim. n° 105 ; cass. soc. 30 novembre 2010, n° 09-68609, BC V n° 269).

Sur les modalités de conclusion d'un CDD d'usage, voir *Contrat de travail à durée déterminée**. Sur la durée d'un CDD d'usage, voir *Contrat de travail à durée déterminée (durée)** et sur la succession de ce type de CDD, voir ci-après.

▶ À noter... Lorsque la durée du CDD est inférieure à 1 mois, un seul *bulletin de paie** est émis par l'employeur (c. trav. art. L. 1242-2).

Limitation à certains secteurs

Liste réglementaire - Les secteurs d'activité où il est d'usage constant de recourir au CDD sont les suivants (c. trav. art. D. 1242-1) :
- les exploitations forestières ;
- la réparation navale ;
- le déménagement ;
- l'hôtellerie et la restauration, les centres de loisirs et de vacances ;
- le sport professionnel (voir *Sportif professionnel**) ;
- les spectacles, l'action culturelle, l'audiovisuel, la production cinématographique, l'édition phonographique ;
- l'enseignement ;
- l'information, les activités d'enquête et de sondage ;
- l'entreposage et le stockage de la viande ;
- le bâtiment et les travaux publics pour les chantiers à l'étranger ;
- les activités de coopération, d'assistance technique, d'ingénierie et de recherche à l'étranger ;
- les activités d'insertion par l'activité économique exercées par les associations intermédiaires prévues à l'article L. 5132-7 du code du travail ;
- le recrutement de travailleurs pour les mettre, à titre onéreux, à la disposition de personnes physiques, dans le cadre du 2° de l'article L. 7232-6 du code du travail ;
- la recherche scientifique réalisée dans le cadre d'une convention internationale, d'un arrangement administratif international pris en application d'une telle convention, ou par des chercheurs étrangers résidant temporairement en France ;
- les activités foraines.

Extension de la liste par accords collectifs étendus - Cette liste peut être complétée par voie de conventions ou d'accords de branche professionnels ou interprofessionnels étendus.

Lorsque la convention collective prévoit le recours au CDD d'usage mais l'exclut pour certains contrats (ex. : la convention collective de la formation réserve le recours au CDD d'usage aux seuls formateurs assurant des missions spécifiques et limitées), le salarié titulaire d'un contrat non conforme à ces limites peut obtenir la requalification de son CDD en CDI (cass. soc. 15 février 2006, n° 04-41015, BC V n° 66).

À l'inverse, les juges ne prononcent pas la requalification en CDI si le contrat est conforme aux dispositions conventionnelles (en l'espèce, la CCN applicable était la convention Syntec et les CDD d'usage en cause étaient ceux d'un enquêteur vacataire) (cass. soc. 18 janvier 2018, n° 16-11504 FSPB).

Liste stricte - La liste réglementaire des secteurs d'activité où des CDD d'usage peuvent être signés est interprétée strictement par les juges.

Exemples

Un GIE qui assure, pour les sociétés de courses de chevaux, la collecte et la gestion des paris dans les hippodromes n'exerce pas une activité énumérée dans cette liste et aucun texte conventionnel ne l'autorise, par ailleurs, à recourir à des CDD d'usage. Il ne peut donc pas conclure ce type de contrat avec des guichetiers (cass. soc. 24 juin 2003, n° 00-42766, BC V n° 203).

Le secteur d'activité du tourisme n'est pas mentionné dans la liste réglementaire et la convention collective nationale de travail des guides accompagnateurs et accompagnateurs au service des agences de voyages et de tourisme du 10.03.1966 n'est pas étendue. L'employeur ne pouvait donc pas conclure de CDD d'usage pour un poste d'accompagnateur (cass. soc. 15 octobre 2014, n° 13-19993, BC V n° 239).

Usage établi

Définition de l'usage - Il est nécessaire que l'usage soit ancien, bien établi et, par conséquent, admis comme tel dans le secteur d'activité visé ci-avant. L'usage invoqué ne pourrait pas résulter d'une simple décision ou d'une simple pratique d'un employeur (circ. DRT 1990-18 du 30 octobre 1990).

Exemple

Si le secteur de l'hôtellerie est bien un secteur où il est permis de conclure des CDD d'usage, il n'est pas pour autant possible d'embaucher un repasseur avec ce type de contrat. En effet, la CCN des hôtels, cafés, restaurants ne prévoit pas le recours au CDD d'usage pour cet emploi. De plus, l'employeur n'avait pas réussi, en l'espèce, à prouver qu'il était d'usage constant dans l'hôtellerie de ne pas recourir à un CDI pour l'emploi concerné (cass. soc. 20 septembre 2006, n° 05-41883, BC V n° 269).

Appréciation au niveau du secteur d'activité - L'existence de l'usage de ne pas recourir au CDI s'apprécie au niveau du secteur d'activité dont relève l'employeur (cass. soc. 25 mai 2005, n° 04-40169, BC V n° 178).

Secteur d'activité correspondant à l'activité principale de l'entreprise - Le secteur d'activité doit correspondre à l'activité principale de l'entreprise et non à celle du salarié concerné.

Exemple

Une banque ne peut pas conclure un contrat d'usage avec un formateur au motif que l'enseignement figure sur la liste (cass. soc. 25 février 1998, n° 95-44048, BC V n° 99).

Emplois temporaires

En cas de contentieux lié à la succession de CDD d'usage, les juges contrôlent le caractère par nature temporaire des emplois pourvus en CDD d'usage (cass. soc. 23 janvier 2008, n° 06-43040, BC V n° 16 ; cass. soc. 30 novembre 2010, n° 09-68609, BC V n° 269 ; cass. soc. 4 décembre 2019, n° 18-11989 FPB).

Contrat de travail à durée déterminée.

Contrat de travail à durée indéterminée

Contrat de droit commun

Le contrat à durée indéterminée (CDI) est le *contrat de travail** de droit commun, conclu sans détermination de durée, c'est-à-dire sans que l'échéance du terme soit fixée par les cocontractants. Il constitue la forme « normale » de la relation de travail.

Toutefois, un contrat de travail peut aussi être conclu à durée déterminée, dans les cas autorisés par le code du travail (c. trav. art. L. 1221-2) (voir *Contrat de travail à durée déterminée**).

Sur la possibilité de conclure un CDI dans le cadre du portage salarial, voir *Portage salarial**, dans le cadre du travail temporaire, voir *Travail temporaire (contrat de travail à durée indéterminée)**.

Clauses générales et particulières

Sur la rédaction d'un écrit et sur le contenu d'un *contrat de travail**, voir cette étude.

Voir aussi *Clause attributive de juridiction**, *Clause de changement de direction**, *Clause compromissoire**, *Clause de conciliation préalable**, *Clause de confidentialité**, *Clause de conscience**, *Clause couperet**, *Clause de dédit-formation**, *Clause de domicile (ou de résidence)**, *Clause d'exclusivité**, *Clause de garantie d'emploi**, *Clause d'indexation**, *Clause de mobilité**, *Clause de non-concurrence**, *Clause d'objectifs**, *Clause pénale**, *Clause de quotas**, *Clause relative aux congés payés**, *Clause de remboursement (frais professionnels)**, *Clause de rupture du contrat de travail** et *Clause de variation du salaire**.

Pour un modèle, voir annexe I de votre Dictionnaire.

Modification du contrat

Voir *Modification du contrat de travail**.

Rupture du contrat

Un CDI peut être résilié unilatéralement soit à l'initiative du salarié, soit à l'initiative de l'employeur (c. trav. art. L. 1231-1).

La rupture du contrat pendant la *période d'essai** obéit à des règles spécifiques.

Une fois passé le temps de la période d'essai, la rupture obéit à des règles particulières selon qu'il s'agit d'une *démission**, d'un *départ volontaire à la* *retraite**, d'un *licenciement**, d'une *mise à la retraite**, d'une *prise d'acte de la rupture** ou encore d'une *résiliation judiciaire du contrat de travail**.

Un CDI peut également être rompu à l'amiable, il s'agit alors d'une *rupture amiable**, d'une *rupture conventionnelle** ou d'une *rupture conventionnelle collective**.

Contrat de travail ; Langue française ; Modification du contrat de travail.

Contrat de travail intermittent

Le contrat de travail intermittent est un *contrat de travail à durée indéterminée (CDI) destiné à pourvoir un emploi permanent comportant par nature une alternance de périodes travaillées et de périodes non travaillées** (c. trav. art. L. 3123-34).

Accord collectif préalable

Convention ou accord collectif d'entreprise ou étendu - La possibilité de conclure un contrat de travail intermittent est subordonnée à la conclusion (c. trav. art. L. 3123-33) :

- d'une convention ou d'un accord collectif d'entreprise ou d'établissement ;
- à défaut, d'une convention ou d'un accord collectif étendu.

Dans les domaines ouverts à la négociation, priorité est ainsi donnée à l'accord collectif d'entreprise, l'accord de branche étendu ayant seulement un rôle supplétif.

▶ À noter… Comme par le passé, la législation actuelle ne fait pas référence à l'accord de groupe. Toutefois, la loi 2016-1088 du 8.08.2016 (JO du 9) a posé pour principe que toutes les négociations prévues au niveau de l'entreprise peuvent être engagées et conclues au niveau du groupe dans les mêmes conditions, sous réserve de certaines adaptations (c. trav. art. L. 2232-33). En vertu de ce principe, depuis le 10.08.2016, le travail intermittent pourrait, à notre sens, également résulter d'un accord de groupe.

Sous l'empire de la législation antérieure au 10.08.2016, il avait été jugé que les employeurs ne pouvaient pas recourir au travail intermittent en application d'un accord de groupe, ce type de contrat étant une forme d'organisation du temps de travail d'un salarié dans le cadre d'un CDI spécifique dérogeant au droit commun dans un sens défavorable (cass. soc. 3 avril 2019, n° 17-19524 FPPB).

Sanction de la conclusion d'un contrat en l'absence d'un accord - En l'absence de convention ou d'accord collectif, l'employeur ne peut pas conclure de contrat de travail intermittent. Faute d'un tel accord, le contrat de travail intermittent conclu est illicite et est requalifié en contrat de travail à temps complet (cass. soc. 8 juin 2011, n° 10-15087, BC V n° 150 ; cass. soc. 19 mars 2014, n° 13-10759, BC V n° 81). **Il en est de même lorsque la convention ou l'accord ne désigne pas précisément les emplois permanents qui peuvent être conclus par contrats de travail intermittent** (cass. soc. 27 juin 2007, n° 06-41818, BC V n° 113).

▶ À noter… Les juges privent de force obligatoire la clause de la convention collective des hôtels, cafés et restaurants (art. 14.2) qui prévoit de requalifier en CDI des CDD saisonniers conclus pendant 3 ans pour toute la période d'ouverture de l'établissement. En effet, une telle clause revient à créer des contrats de travail intermittents, en dehors des prescriptions légales (cass. soc. 24 juin 2015, n° 13-25761, BC V n° 833).

Dérogations - Par dérogation, une *entreprise adaptée peut conclure des contrats de travail intermittent avec des travailleurs handicapés bénéficiaires de l'obligation d'emploi, même en l'absence de convention ou d'accord collectif le prévoyant** (c. trav. art. L. 3123-37) **[voir *Handicapés (obligation d'emploi)**].**

Conclusion d'un contrat de travail

Rédaction d'un CDI - Le contrat de travail intermittent est un contrat à durée indéterminée (CDI) devant être écrit (c. trav. art. L. 3123-34).

▶ Attention… Le contrat de travail intermittent doit être écrit, y compris en cas d'utilisation du *chèque-emploi associatif** (cass. soc. 20 mai 2015, n° 14-13127, BC V n° 102). En effet, la règle légale selon laquelle les associations ou fondations utilisant le chèque emploi associatif sont réputées satisfaire à plusieurs formalités (notamment celle relative à l'établissement d'un contrat écrit) n'est pas applicable en cas de recours à un contrat de travail intermittent (c. trav. art. L. 1272-4).

Le fait d'embaucher un salarié en contrat de travail intermittent sans établir un contrat de travail

écrit mentionnant certains éléments est passible de l'amende prévue pour les contraventions de 5e classe (c. trav. art. R. 3124-5). Les mentions concernées sont celles qui portent sur la durée annuelle minimale de travail, ainsi que sur les périodes de travail et de répartition des heures de travail à l'intérieur de ces périodes, lorsque ces mentions sont obligatoires.

Mentions obligatoires - Le contrat de travail intermittent doit comporter les clauses suivantes (c. trav. art. L. 3123-34 et L. 3123-35) :
- la qualification du salarié ;
- les éléments de la rémunération (un lissage est possible à la condition que la convention, l'accord collectif étendu ou l'accord d'entreprise le prévoie et en définisse les modalités) ;
- la durée annuelle minimale de travail du salarié, étant précisé que les heures dépassant la durée annuelle minimale fixée au contrat ne peuvent pas excéder le tiers de cette durée, sauf accord du salarié ;
- les périodes de travail ;
- la répartition des heures de travail à l'intérieur de ces périodes.

Dans les secteurs (à déterminer par décret) où la nature de l'activité ne permet pas de fixer avec précision les périodes de travail et la répartition des heures de travail au sein de ces périodes, l'accord collectif doit déterminer les adaptations nécessaires et, notamment, les conditions dans lesquelles le salarié peut refuser les dates et les horaires de travail qui lui sont proposés (c. trav. art. L. 3123-38). Par « adaptations », il faut comprendre par exemple le respect d'un délai de prévenance.

Cette dérogation concerne les entreprises enregistrées relevant du spectacle vivant, seul secteur ayant fait l'objet d'un décret (c. trav. art. D. 3123-4).

▶ À noter… Cette dérogation est également applicable aux chargés d'enquête intermittents à garantie annuelle (CEIGA) relevant de l'annexe « enquêteurs » du 16 décembre 1991 à la convention collective des bureaux d'études techniques, des cabinets d'ingénieurs-conseils et des sociétés de conseils du 15 décembre 1987 (Syntec) (cass. soc. 30 septembre 2020, n° 18-24909 FSPB).

Mentions conformes aux dispositions conventionnelles - Le contrat de travail doit être conforme à l'accord collectif prévoyant le recours au travail intermittent. Si, par exemple, l'accord identifie précisément les périodes de travail, le contrat ne peut pas prévoir de faire travailler le salarié en dehors de ces périodes (cass. soc. 12 mars 2008, n° 06-44605 D).

Mentions à distinguer de celles d'un contrat à temps partiel - Les mentions du contrat de travail intermittent ne sont pas celles du contrat à temps partiel. En conséquence, les dispositions qui imposent que le contrat de travail à temps partiel mentionne la durée hebdomadaire ou mensuelle prévue ainsi que la répartition de la durée du travail entre les jours de la semaine ou les semaines du mois, ne concernent pas le contrat de travail intermittent (cass. soc. 30 septembre 2020, n° 18-24909 FSPB).

Cas de requalification - L'absence de définition des périodes travaillées et des périodes non travaillées dans le contrat de travail entraîne sa requalification en CDI de droit commun à temps plein (cass. soc. 25 mai 2016, n° 15-12332, BC V n° 116 ; cass. soc. 5 avril 2018, n° 17-11842 D).

L'absence de mention relative à la durée annuelle minimale de travail et à la répartition des heures de travail à l'intérieur des périodes travaillées laisse présumer que le contrat est à temps complet (cass. soc. 20 février 2013, n° 11-24531 D). L'employeur peut échapper à la requalification en établissant la durée annuelle minimale convenue et en prouvant que le salarié connaissait les jours auxquels il devait travailler et selon quels horaires, et qu'il n'était pas obligé de se tenir constamment à la disposition de l'entreprise.

Il en est de même lorsqu'un accord collectif a adapté le respect du délai de prévenance. L'omission de ce délai de prévenance dans le contrat de travail n'est pas en elle-même une cause de requalification automatique du CDI intermittent en temps complet. À charge pour l'employeur de rapporter la preuve que le salarié n'avait pas à se tenir en permanence à sa disposition (cass. soc. 3 juin 2020, n° 18-24945 FSPB).

Autrement dit, ces omissions créent seulement une présomption simple de travail à temps complet.

Durée du travail

Durée minimale annuelle - L'employeur doit fixer contractuellement la durée annuelle minimale de travail du salarié (c. trav. art. L. 3123-34).

▶ À noter… Même les contrats de travail intermittents conclus entre 1993 et 2000 – période durant lequel le dispositif avait été abrogé – doivent comporter une durée annuelle minimale de travail (cass. soc. 16 décembre 2015, n° 14-18908 FSPB).

Au-delà de la durée minimale - L'employeur peut, en fonction de l'activité de l'entreprise, imposer au salarié sous contrat intermittent des heures de travail au-delà de la durée annuelle minimale fixée au contrat. L'accord du salarié n'est obligatoire que si le nombre d'heures effectuées au-delà du minimum annuel dépasse le tiers de cette durée (c. trav. art. L. 3123-35).

▶ Attention… Le fait d'imposer à un salarié en contrat de travail intermittent, sans son accord, des heures au-delà de la durée annuelle minimale fixée par son contrat, sans respecter la limite maximale légale du tiers, est passible d'une amende de 5e classe (c. trav. art. R. 3124-8).

Répartition des périodes de travail sur l'année - Le travail intermittent implique une alternance de périodes travaillées et de périodes non travaillées. L'organisation de ces périodes établie contractuellement doit être respectée. À défaut, le contrat de travail intermittent peut être requalifié en CDI à temps plein (cass. soc. 10 juillet 2002, n° 00-44519 D ; cass. soc. 18 juin 2008, n° 07-40123 D).

Heures supplémentaires - Le décompte des *heures supplémentaires** doit être effectué dans le cadre hebdomadaire (cass. soc. 16 juin 2010, n° 08-43244, BC V n° 142 ; cass. soc. 28 mai 2014, n° 13-12087, BC V n° 128). En effet, le contrat de travail intermittent ne constitue pas, en soi, une annualisation du temps de travail autorisant l'employeur à ne décompter les heures supplémentaires qu'au-delà de la durée annuelle légale ou conventionnelle.

Statut du salarié

Égalité des droits avec les salariés à temps plein - Les salariés titulaires d'un contrat de travail intermittent bénéficient des droits reconnus aux salariés à temps complet, sous réserve, en ce qui concerne les droits conventionnels, de modalités spécifiques prévues par l'accord collectif (c. trav. art. L. 3123-36).

Ancienneté - Pour la détermination des droits liés à l'*ancienneté**, les périodes non travaillées sont prises en compte en totalité (c. trav. art. L. 3123-36).

▶ À noter… Lorsque le contrat de travail intermittent est requalifié en CDI à temps complet, l'ancienneté du salarié intègre les périodes non travaillées (cass. soc. 23 octobre 2013, n° 12-16349 D).

Prise en compte dans l'effectif - Les travailleurs intermittents sont pris en compte dans l'*effectif** de l'entreprise au prorata de leur temps de présence au cours des 12 mois précédents (c. trav. art. L. 1111-2).

Électorat et éligibilité - Les travailleurs intermittents sont, sous réserve des conditions d'ancienneté, électeurs et éligibles aux élections professionnelles [voir *Élections professionnelles (candidats)** et *Élections professionnelles (électorat)**].

☛ *Contrat de travail.*

➲ Formulaire de Droit Social, « Contrat de travail intermittent ».

Contrat de travail international

Définition

Un *contrat de travail** est international lorsque les relations d'un salarié et d'un employeur présentent des signes d'internationalisation tels que, par exemple :

- un lieu d'exécution du contrat, étranger à la nationalité des parties ;
- un lieu d'embauche, également étranger au lieu d'exécution du contrat de travail ;
- la nationalité étrangère d'une ou des deux parties.

Dans cette hypothèse, plusieurs législations nationales peuvent virtuellement être appliquées, d'où un conflit de loi.

Un règlement européen, remplaçant la convention de Rome du 19 juin 1980, fixe la loi applicable, en cas de conflits de lois, aux obligations contractuelles en matière civile et commerciale, et notamment aux contrats de travail (règlt n° 593/2008 du 17 juin 2008, JOUE L 177 du 4 juillet).

Loi applicable

Choix de l'employeur et du salarié - Le contrat individuel de travail est régi par la loi choisie par l'employeur et le salarié. Ce choix ne doit toutefois pas priver le salarié de la protection que lui assurent les dispositions impératives à savoir, celles auxquelles il ne peut être dérogé par accord en vertu de la loi qui, à défaut de choix, aurait été applicable selon les règles fixées par le règlement européen (ex. : les dispositions du droit français relatives à la durée de la période d'essai, à la durée du travail et à l'entretien préalable au licenciement) (règlt n° 593/2008 du 17 juin 2008, art. 8, JOUE L 177 du 4 juillet ; cass. soc. 26 mars 2013, n° 11-25580, BC V n° 82 ; cass. soc. 28 octobre 2015, n° 14-16269, BC V n° 352 ; cass. soc. 8 décembre 2021, n° 20-14178 FB).

En cas de contentieux, les juges vérifient si les dispositions des lois choisies par les parties sont plus protectrices que les dispositions impératives de la loi française qui aurait été applicable à défaut de ces choix (cass. soc. 9 juillet 2015, n° 14-13497, BC V n° 834).

Par ailleurs, la clause d'un contrat de travail soumettant les relations employeur/salarié à une loi étrangère ne peut être opposée aux organismes d'assurance chômage dans le cas où ceux-ci seraient tenus d'indemniser les salariés licenciés bénéficiant des dispositions impératives et plus favorables de la loi française (cass. soc. 29 septembre 2010, n° 09-68851, BC V n° 200).

Modalités du choix - Employeur et salarié font un choix exprès ou tacite, résultant « de façon certaine des dispositions du contrat ou des circonstances de la cause ».

Ils peuvent :

- désigner la loi applicable à la totalité ou à une partie seulement de leur contrat ;
- modifier leur choix.

En effet, ils peuvent convenir, à tout moment, de faire régir le contrat par une loi autre que celle qui le régissait auparavant soit en vertu d'un choix antérieur, soit en vertu de dispositions du règlement (règlt n° 593/2008 du 17 juin 2008, art. 3, JOUE L 177 du 4 juillet).

Loi applicable à défaut de choix - À défaut de choix exprimé par les parties, le contrat individuel de travail est régi par la loi du pays dans lequel ou, à défaut, à partir duquel le salarié, en exécution du contrat, accomplit habituellement son travail (règlt n° 593/2008 du 17 juin 2008, art. 8, JOUE L 177 du 4 juillet).

À titre d'exemples, le pays dans lequel le travail est habituellement accompli :

- est celui dans lequel le salarié travaillait et avait fixé ses centres d'intérêt de manière stable depuis 35 ans (cass. soc. 3 mars 2015, n° 13-24194, BC V n° 33) ;
- n'est pas celui dans lequel un salarié n'est que temporairement détaché dans le cadre d'une mise à disposition (en l'espèce, une société anglaise d'intérim avait temporairement mis à disposition un salarié d'une entreprise française) (cass. soc. 18 janvier 2011, n° 09-43190, BC V n° 22).

▶ À noter… Le pays dans lequel le travail est habituellement accompli n'est pas réputé changer lorsque le travailleur accomplit son travail de façon temporaire dans un autre pays. La mobilité transnationale est ainsi prise en compte.

Si la loi applicable ne peut pas être déterminée sur la base de ces règles, le contrat est régi par la loi du pays dans lequel est situé l'établissement qui a embauché le salarié.

▶ Attention… S'il résulte de l'ensemble des circonstances que le contrat présente des liens plus étroits avec un autre pays que celui du lieu d'exécution ou du lieu d'embauche, la loi de cet autre pays s'applique. C'est à celui qui prétend écarter la loi du lieu d'accomplissement habituel du travail de prouver que le contrat présente des liens plus étroits avec un autre pays (cass. soc. 29 septembre 2010, n° 09-68851, BC V n° 200 ; cass. soc. 13 octobre 2016, n° 15-16872, BC V n° 188).

Enfin, les lois de police s'appliquent (règlt n° 593/2008 du 17 juin 2008, art. 9, JOUE L 177 du 4 juillet). Il s'agit « d'une disposition impérative dont le respect est jugé crucial par un pays pour la sauvegarde de ses intérêts publics, tels que son organisation politique, sociale ou économique, au point d'en exiger l'application à toute situation entrant dans son champ d'application, quelle que soit par ailleurs la loi applicable au contrat (…) ».

Application des conventions collectives - Quand le droit français s'applique à un contrat de travail, l'employeur doit aussi respecter les conventions et accords collectifs applicables à son activité. En effet, les règles d'application des conventions collectives étant fixées par des normes légales et impératives tendant à protéger les salariés, l'application du droit français emporte celle des conventions qu'il rend obligatoires (cass. soc. 29 septembre 2010, n° 09-68851, BC V n° 200).

Compétence juridictionnelle

Compétence du conseil de prud'hommes - En cas de détachement à l'étranger, le juge prud'homal peut notamment être compétent quand le salarié fait jouer son droit d'option pour saisir le *conseil de prud'hommes** du lieu, situé en France, où l'engagement a été contracté (c. trav. art. R. 1412-1). Le contrat de travail conclu pour une exécution à l'étranger peut, par ailleurs, contenir une *clause attributive de juridiction** ou une *clause compromissoire**.

Autres compétences juridictionnelles - L'application des conventions internationales peut aboutir à une autre compétence juridictionnelle que celle résultant du droit français. L'employeur peut être assigné :

- soit devant les tribunaux de l'État membre où il a son domicile (règlt CE 44-2001 du 22 décembre 2000 ; cass. soc. 28 janvier 2015, n° 13-22994, BC V n° 17) ;

- soit devant le tribunal du lieu où le travailleur accomplit habituellement son travail, sachant qu'en cas de périodes stables de travail dans des lieux successifs différents, le dernier lieu d'activité peut être retenu dès lors que, selon la volonté claire des parties, il a été décidé que le travailleur y exercerait de façon stable et durable ses activités (cass. soc. 31 mars 2009, n° 08-40367, BC V n° 93 ; cass. soc. 25 janvier 2012, n° 10-28155, BC V n° 24 ; cass. soc. 27 novembre 2013, n° 12-20426, BC V n° 293 ; cass. soc. 27 novembre 2013, n° 12-24880, BC V n° 294 ; cass. soc. 28 septembre 2016, n° 15-17288, BC V n° 182) ;
- ou, s'il n'accomplit pas habituellement son travail dans un même pays, devant le tribunal du lieu où se trouve l'établissement qui a embauché le salarié (règlt CE 44-2001 du 22 décembre 2000).

▶ À noter... L'affiliation d'un salarié au régime de sécurité sociale de l'État dans lequel l'employeur a son siège n'a pas d'incidence sur les règles de compétences juridictionnelles (cass. soc. 29 septembre 2014, n° 13-15802, BC V n° 216).

Détachement à l'étranger ; Expatriation (protection sociale).

Contrat de travail saisonnier

Saisonnier.

Contrat de travail temporaire

Travail temporaire ; Travail temporaire (contrat de mise à disposition) ; Travail temporaire (contrat de travail) ; Travail temporaire (entreprise de) ; Travail temporaire (statut).

Contrat de travail à temps partiel

Contrat aidé ; Contrat unique d'insertion ; Heures complémentaires ; Temps de travail (preuve) ; Travail à temps partiel ; Travail à temps partiel (abattement d'assiette) ; Travail à temps partiel (annualisé) ; Travail à temps partiel (avenant pour complément d'heures) ; Travail à temps partiel (contrat de travail) ; Travail à temps partiel (maintien de l'assiette des cotisations) ; Travail à temps partiel (statut) ; Travail à temps partiel (sur tout ou partie de l'année).

Contrat unique d'insertion

Dispositif unique pour le CAE, le CIE et les emplois d'avenir

Transformation en parcours emploi compétences - Depuis le 1.01.2018, les contrats uniques d'insertion ont été transformés en « parcours emploi compétences » (PEC) (voir *Contrat aidé**).

Secteur marchand ou non marchand - Le contrat unique d'insertion (CUI) est le cadre légal unique de référence des dispositifs de contrats aidés (voir *Contrat aidé**).

Pour les employeurs du secteur non marchand (collectivités territoriales, autres personnes morales de droit public, organismes de droit privé à but non lucratif, personnes morales de droit privé chargées de la gestion d'un service public), le CUI prend la forme d'un *contrat d'accompagnement dans l'emploi** (CAE).

Pour les employeurs du secteur marchand (essentiellement les employeurs du secteur privé), le CUI prend la forme d'un *contrat initiative-emploi (CIE)**.

▶ À noter... Pour un récapitulatif du dispositif, voir *Contrat aidé**.

Emplois d'avenir - Les prescriptions d'emplois d'avenir ne sont plus autorisées depuis le 1.01.2018, y compris pour les renouvellements. Les contrats en cours iront à leur terme (circ. DGEFP/SDPAE/MIP/MPP 2018-11 du 11 janvier 2018, fiche 3).

Contrat à durée déterminée (CDD) ou à durée indéterminée (CDI) - Le contrat de travail peut être conclu uniquement après que l'organisme prescripteur *(voir ci-après)* a pris la décision d'attribution de l'aide à l'insertion professionnelle attachée au CUI (c. trav. art. R. 5134-26 et R. 5134-51). Le contrat de travail (CAE ou CIE) peut prendre soit la forme d'un CDD, soit celle d'un CDI (c. trav. art. L. 5134-24 et L. 5134-69). Chaque contrat doit comprendre des actions d'accompagnement professionnel (c. trav. art. L. 5134-20 et L. 5134-65).

▶ À noter... Le terme du CDD ouvre droit à l'allocation d'assurance chômage [voir *Chômage (allocation d'aide au retour à l'emploi)**]. Le salarié est considéré comme involontairement privé d'emploi même s'il a refusé le renouvellement du CDD (cass. soc. 16 janvier 2019, n° 17-11975 FSPB).

Attribution préalable de l'aide à l'insertion professionnelle

Organismes prescripteurs de l'aide - L'obtention des aides attachées au CUI suppose l'accord d'un organisme prescripteur matérialisé par une décision d'attribution d'une aide à l'insertion professionnelle (c. trav. art. L. 5134-19-1 à L. 5134-19-5 et D. 5134-14 à D. 5134-17-1).

Les organismes prescripteurs sont (c. trav. art. L. 5134-19-1) :

- soit Pôle Emploi, les missions locales pour l'insertion des jeunes ou le réseau Cap Emploi, pour le compte de l'État ;
- soit le président du conseil départemental lorsque le contrat concerne un bénéficiaire du RSA financé par le département.

Procédure préalable de demande d'aide - La demande d'aide est établie sur un formulaire réglementaire. L'organisme prescripteur saisit une demande d'aide dans son système d'information. La demande d'aide est imprimée et signée par l'employeur et le salarié. Elle est accompagnée d'une notice d'information relative à leurs obligations respectives dans le cadre de l'exécution du contrat. L'employeur renvoie ensuite sa demande au prescripteur qui procède aux vérifications nécessaires puis prend sa décision. S'il décide d'accorder l'aide, il en informe l'agence de services et de paiement (ASP) (c. trav. art. R. 5134-17-1) en lui adressant, par voie électronique, un document comportant sa signature électronique. L'ASP vérifie les données qui lui ont été communiquées et valide, toujours par la voie électronique, la décision. Le prescripteur notifie ensuite, par courrier, l'attribution de l'aide à l'employeur. L'employeur et le salarié peuvent signer le contrat de travail dès cette notification.

▶ À noter… Dans le cadre du PEC, les engagements de l'employeur en matière d'accompagnement et de formation sont déclinés dans le formulaire Cerfa n° 14818*03 sous la forme de compétences à développer (Q/R DGEFP relatif à la mise en œuvre de la circulaire DGEFP/SDPAE/MIP/MPP 2018-11 du 11 janvier 2018 du 11 janvier 2018 ; circ. DGEFP/MIP/METH/MPP/2022/29 du 7 février 2022, fiche 1).

Durée de l'aide à l'insertion - L'aide à l'insertion professionnelle attachée au contrat ne peut pas excéder le terme du contrat de travail (c. trav. art. L. 5134-23 et L. 5134-67-1). L'aide ainsi que le contrat de travail, s'il est à durée déterminée, peuvent être prolongés, mais sans excéder une durée totale de 24 mois (c. trav. art. L. 5134-69-1). L'employeur peut demander, dans certains cas, à prolonger le versement de l'aide au-delà de 24 mois (c. trav. art. L. 5134-23-1 et L. 5134-67-1).

Que la prolongation reste dans la limite de 24 mois ou qu'elle conduise à dépasser cette durée maximale, elle n'est accordée qu'après évaluation des actions réalisées au cours du contrat en vue de favoriser l'insertion durable du salarié (c. trav. art. L. 5134-23-2 et L. 5134-67-2). L'employeur doit adresser à l'autorité signataire une demande préalable motivée et accompagnée d'un certain nombre de pièces justificatives (c. trav. art. R. 5134-31 et 32 et R. 5134-56 et 57).

Le contrat de travail conclu pour une durée déterminée, associé à l'attribution de l'aide, peut être prolongé dans la limite d'une durée totale de 24 mois, ou de 5 ans pour les salariés âgés de 50 ans et plus rencontrant des difficultés particulières qui font obstacle à leur insertion durable dans l'emploi, ainsi que pour les personnes reconnues travailleurs handicapés (c. trav. art. L. 5134-25-1 et L. 5134-69-1).

Accès à la POE ou à la Pro-A

Les salariés recrutés en CDD ou en CDI conclu dans le cadre d'un CUI ont accès à une *préparation opérationnelle à l'emploi** (c. trav. art. L. 6326-1 et L. 6326-3).

Par ailleurs, la Pro-A est ouverte à quatre catégories de salariés, dont ceux en contrat unique d'insertion conclu à durée indéterminée (CUI-CDI) (c. trav. art. L. 6324-1) (voir *Pro-A, reconversion ou promotion par alternance**).

Consultation du CSE

Dans le cadre de la consultation annuelle (ou une autre périodicité définie par accord d'entreprise) du *comité social et économique** sur la politique sociale de l'entreprise, les conditions de travail et l'emploi, le comité est notamment informé puis consulté sur l'évolution de l'emploi dans l'entreprise (c. trav. art. L. 2312-19, L. 2312-26, R. 2312-8, R. 2312-9) [voir *Comité social et économique (informations-consultations périodiques)**].

Les élus doivent également être informés de la conclusion des contrats eux-mêmes (c. trav. art. R. 5134-35 et R. 5134-59).

Rémunération minimale

Le salarié a au moins droit à une rémunération équivalant au SMIC, sous réserve des dispositions contractuelles ou conventionnelles applicables dans l'entreprise ou l'établissement plus avantageuses pour l'intéressé (circ. DGEFP 2009-42 du 5 novembre 2009).

Calcul des effectifs

Les salariés en CUI sont exclus des effectifs pour la durée de versement de l'aide. Ils ne sont pris en compte que pour le calcul de la tarification « accident du travail » (c. trav. art. L. 1111-3) (voir *Cotisations d'accidents du travail**).

Toutefois, les salariés en CUI sont pris en compte pour l'application des dispositions relatives aux institutions représentatives du personnel (voir *Comité social et économique**) (ex. : seuil de mise en place d'un CSE) (c. trav. art. L. 2301-1). Cette règle vaut qu'il s'agisse d'un CUI sous forme de CIE ou de CAE.

▶ À noter… Pour le Conseil constitutionnel, cette exclusion du calcul des effectifs est constitutionnelle (c. constit., décision 2011-122 QPC du 29 avril 2011, JO du 30). En revanche, pour la CJUE, elle est contraire au droit européen (cass. soc. 11 avril 2012, n° 11-21609, BC V n° 122 ; dir. 2002/14/CE du 11 mars 2002, JOUE du 23). En pratique, cette décision n'a que peu d'impact car, pour la CJUE, il est impossible d'invoquer cette non-conformité du droit français au droit européen dans un litige « entre particuliers » (en l'occurrence, entre un employeur et un syndicat). Même contraire au droit européen, la loi française reste donc applicable (cass. soc. 9 juillet 2014, n° 11-21609, BC V n° 193). Cette irrégularité ne peut être invoquée que si l'employeur gère un service public (cass. soc. 22 juin 2016, n° 15-20111, BC V n° 138). En incluant les CUI dans les effectifs pour les règles de représentation du personnel, la loi Avenir professionnel a mis partiellement le droit français en conformité avec le droit européen (loi 2018-771 du 5 septembre 2018, art. 82, II, JO 6).

Gestion et fin du contrat

Gestion en ligne - Une plateforme « SYLAE » (système de libre accès des employeurs) permet de dématérialiser la gestion du CUI (c. trav. art. R. 5134-18 ; arrêté du 26 novembre 2012 modifié, JO 13 décembre). Ce téléservice permet à l'agence de services et de paiement (ASP) de gérer, contrôler et suivre les CUI, en vue de calculer et payer l'aide allouée à l'employeur. Pour en bénéficier, les employeurs doivent s'inscrire sur le portail dédié à SYLAE (www.asp-public.fr/beneficiaire/sylae).

L'ASP précise sur son site Internet la procédure de connexion (www.asp-public.fr). Dans le cadre de SYLAE, les employeurs déclarent un certain nombre d'informations (noms et prénoms des salariés, dates de début et de fin du contrat prévues et date de fin réelle, nombre d'absences, mois et motifs de suspension, salaire, motif de rupture, coordonnées bancaires pour le versement des aides) (arrêté du 26 novembre 2012, art. 1). S'agissant des justificatifs de l'activité du salarié, l'employeur s'acquitte de cette obligation au moyen d'une déclaration sur l'honneur effectuée mensuellement par voie électronique. Ces documents doivent être tenus à la disposition de l'ASP en cas de besoin (arrêté du 26 novembre 2012, art. 3).

Indemnité de fin de contrat - L'employeur n'est pas redevable de l'indemnité de fin de CDD, à l'issue d'un CUI conclu sous cette forme car il s'agit d'un CDD conclu dans le cadre de la politique de l'emploi (c. trav. art. L. 1243-10, L. 5134-24 et L. 5134-69).

Attestation d'expérience professionnelle - Pour tout CUI, l'employeur doit établir une attestation d'expérience professionnelle à remettre au salarié à sa demande ou, au plus tard, 1 mois avant la fin du contrat (c. trav. art. L. 5134-28-1 et L. 5134-70-2).

☛ *Contrat d'accompagnement dans l'emploi ; Contrat aidé ; Contrat initiative-emploi (CIE) ; Emplois d'avenir.*

Contrat vendanges

Salariés et travaux concernés

Toute personne peut être recrutée en contrat vendanges. Même les salariés et les fonctionnaires peuvent travailler en contrat vendanges pendant leurs *congés payés** tout en conservant le droit à leur indemnité de congés payés. Il est recommandé aux employeurs de demander aux salariés qu'ils embauchent une attestation sur l'honneur certifiant l'accord de leur employeur habituel.

Les travaux concernés sont les travaux de vendanges, ceux-ci étant entendus comme allant des préparatifs de la vendange à sa réalisation jusqu'aux travaux de rangement. Le contrat vendanges ne concerne pas l'ensemble des travaux viticoles et vinicoles, et notamment pas les travaux de taille et de traitement des vignes. A contrario, sont visés les travaux de cueillette du raisin, de portage des hottes et paniers, de préparation ou de rangement, de mise en état et de nettoyage des matériels spécifiques aux vendanges.

Formalités et durée

Formalités - Sur le plan du contrat de travail, il faut respecter la forme habituelle du *contrat de travail à durée déterminée**. S'agissant de l'indication du motif, la mention « contrat vendanges » serait suffisante. Les formalités liées à la *déclaration préalable à l'embauche** et au *bulletin de paie** doivent également être accomplies.

Durée maximale - Le contrat vendanges est un contrat à durée déterminée (CDD) d'une durée maximale de 1 mois, sachant qu'il peut être recouru à des contrats vendanges successifs dans la limite d'une durée cumulée de 2 mois maximum sur 12 mois (c. rural et de la pêche maritime art. L. 718-4 à L. 718-6 ; instruction DRT du 2 août 2002 relative au contrat vendanges, II. 4, NOR : MEST0210145J, BO TE n° 2002-21 du 20 novembre 2002). La durée de 1 mois est un maximum absolu. Si le CDD est à terme précis, ce dernier ne peut pas conduire au dépassement de cette limite.

Si le CDD est à terme imprécis (le terme étant la fin des vendanges), cette limite de 1 mois doit également être respectée : dans ce cas, le terme du contrat est le premier terme qui arrive à échéance (délai de 1 mois ou fin des vendanges). Il doit alors comporter une durée minimale.

Mention dans le contrat - L'employeur doit indiquer dans le contrat la durée pour laquelle il est conclu. À défaut, ce contrat sera réputé établi pour une durée qui court jusqu'à la fin des vendanges (c. rural et de la pêche maritime art. L. 718-5).

Succession de contrats - S'agissant d'un contrat *saisonnier**, il n'y a pas de délai de carence à respecter entre deux contrats successifs. La conclusion de plusieurs contrats vendanges chez un même employeur est donc possible, à condition que le total des périodes de l'ensemble des contrats n'excède pas 2 mois au cours d'une même année civile.

☞ *Contrat de travail à durée déterminée.*

Contre-visite médicale patronale

☞ *Maladie (contrôle des arrêts de travail) ; Maladie (indemnisation).*

Contrepartie obligatoire en repos

La contrepartie obligatoire en repos est attribuée pour des *heures supplémentaires** effectuées au-delà du contingent annuel d'heures supplémentaires.

Attribution de la contrepartie

Heures supplémentaires au-delà du contingent - Une contrepartie obligatoire en repos est due pour les heures supplémentaires effectuées au-delà du *contingent annuel d'heures supplémentaires** (c. trav. art. L. 3121-30).

▶ À noter... Les heures supplémentaires effectuées au-delà du contingent dans le cadre d'accords collectifs conclus en application du dispositif des heures choisies en vigueur avant la réforme de 2008 n'ouvrent pas droit à cette contrepartie en repos.

Il n'y a pas de repos obligatoire à accorder pour les heures supplémentaires effectuées dans la limite du contingent sauf si un accord collectif d'entreprise ou d'établissement (à défaut, un accord de branche) le prévoit (c. trav. art. L. 3121-33-II).

▶ À noter... Le cas échéant, l'accord d'entreprise ou d'établissement prime sur l'accord de branche.

Durée de la contrepartie obligatoire en repos - Une convention ou un accord collectif d'entreprise ou d'établissement (à défaut, une convention ou un accord de branche) détermine les conditions d'accomplissement des heures supplémentaires au-delà du contingent et fixe les caractéristiques et les conditions de prise de la contrepartie obligatoire en repos *(voir ci-après)* (c. trav. art. L. 3121-33).

À défaut de définition par accord collectif, la contrepartie obligatoire en repos est fixée (c. trav. art. L. 3121-38) :
- à 50 % des heures supplémentaires accomplies au-delà du contingent annuel mentionné pour les entreprises de 20 salariés au plus (voir *Effectif sécurité sociale**) ;
- à 100 % de ces mêmes heures pour les entreprises de plus de 20 salariés.

Repos compensateur de remplacement - La contrepartie obligatoire en repos reste due lorsque les heures supplémentaires sont valorisées sous forme d'un *repos compensateur de remplacement** (en tout ou partie).

Modalités de prise conventionnelles

En principe, les modalités de prise de la contrepartie obligatoire en repos sont fixées par un accord collectif d'entreprise ou d'établissement (à défaut, un accord de branche) (c. trav. art. L. 3121-33).

L'accord peut (circ. DGT 2008-20 du 13 novembre 2008, fiche n° 10, § 1.3) :

- prévoir que la contrepartie obligatoire en repos sera prise en dehors d'une période précise qu'il définit ;
- fixer des règles de prise en compte de la demande du salarié, en cas de demandes multiples de prise de repos ;
- fixer le délai maximal pendant lequel l'employeur peut demander le report de la prise de repos.

Modalités de prise réglementaires

Par journée ou demi-journée - En l'absence d'accord collectif, les entreprises appliquent les modalités réglementaires de prise du repos (c. trav. art. L. 3121-39, D. 3121-18 et D. 3121-19) :

- le droit à contrepartie obligatoire en repos est réputé ouvert dès que la durée de ce repos atteint 7 h ;
- le repos est pris par journée ou par demi-journées, cette journée ou demi-journée étant déduite du droit à contrepartie obligatoire en repos à hauteur du nombre d'heures de travail que le salarié aurait travaillé pendant cette période ;
- la période de repos est assimilée à un travail effectif et prise en compte pour le calcul des droits du salarié en matière de congés payés, d'ancienneté, etc.

Demande de prise - Le salarié fait sa demande au moins une semaine à l'avance, en précisant la date et la durée du repos.

L'employeur doit lui répondre dans les 7 jours suivant la réception de la demande. Il peut différer le repos uniquement en raison d'impératifs liés au fonctionnement de l'entreprise. Il doit alors consulter préalablement le *comité social et économique** et proposer au salarié une autre date pour la prise du repos, dans le délai de 2 mois (c. trav. art. D. 3121-20 et D. 3121-22).

Lorsque des impératifs de fonctionnement empêchent des salariés de prendre simultanément leur repos, l'employeur applique un ordre de priorité précis : 1° les demandes déjà différées, 2° la situation de famille, 3° l'ancienneté dans l'entreprise (c. trav. art. D. 3121-21).

Si le salarié ne demande pas à prendre sa contrepartie obligatoire en repos, l'employeur doit lui enjoindre de liquider ses repos dans un délai maximal d'un an (c. trav. art. D. 3121-17). Cette règle s'applique même lorsqu'un accord collectif détermine les modalités de prise de la contrepartie obligatoire en repos.

▶ Attention... En cas de contentieux, l'employeur doit prouver qu'il a informé le salarié et qu'il lui a demandé de prendre son repos (cass. soc. 9 mai 2007, n° 05-46041, BC V n° 69).

Information du salarié - L'employeur informe le salarié du nombre d'heures acquises, au moyen d'un document annexé au *bulletin de paie**. Dès que le crédit du salarié atteint 7 h, ce document signale à l'intéressé que son droit à repos est ouvert et qu'il doit prendre les heures acquises dans les 2 mois (c. trav. art. D. 3171-11).

Indemnisation du salarié - Le salaire est maintenu lorsque le salarié prend sa contrepartie obligatoire en repos. Il ne doit pas avoir de diminution de rémunération par rapport à celle qu'il aurait perçue s'il avait travaillé (c. trav. art. D. 3121-20).

Si le contrat est rompu avant que le salarié ait bénéficié de la contrepartie en repos acquise, ou avant qu'il ait acquis suffisamment de droits, une indemnisation au titre du repos non pris est versée au salarié. En cas de décès du salarié, elle est versée à ses ayants droit (c. trav. art. D. 3121-23).

▶ À noter... Un salarié qui prend ses heures de délégation durant ses prises de contrepartie obligatoire en repos conserve son droit à la contrepartie en repos. Mais il ne peut pas obtenir en référé le paiement de ce repos dans la mesure où il est toujours en poste (cass. soc. 23 mai 2017, n° 15-25250, BC V n° 92).

☞ *Heures supplémentaires ; Repos compensateur de remplacement.*

Contribution 1 % CPF-CDD

☞ *Contribution à la formation professionnelle.*

Contribution additionnelle de solidarité pour l'autonomie (retraite, invalidité et préretraite)

Une contribution au taux de 0,30 %

Une contribution additionnelle de solidarité pour l'autonomie (CASA) est due sur les avantages de retraite et d'invalidité ainsi que sur les allocations de préretraite lorsque ceux-ci ne sont pas déjà assujettis à la contribution de solidarité pour l'autonomie au titre des revenus du patrimoine et des produits de placement. Son taux est fixé à 0,30 % pour les pensions et allocations servies depuis le 1.04.2013 (c. séc. soc. art. L. 137-41).

Les avantages et allocations de retraite, d'invalidité ou de préretraite doivent être perçus par des personnes physiques qui sont à la fois considérées comme fiscalement domiciliées en France et affiliées à un régime obligatoire français d'assurance maladie.

▶ À noter… Si cette contribution est appelée couramment « contribution additionnelle de solidarité pour l'autonomie », elle ne s'additionne toutefois à aucune contribution existante. Il s'agit en fait d'une contribution de solidarité pour l'autonomie « retraite » (lettre-circ. ACOSS 2013-19 du 28 mars 2013).

Pensions et allocations concernées

Avantages de retraite et d'invalidité - De manière générale, sont assujettis les avantages de retraite de base, de retraite complémentaire et supplémentaire, résultant de l'acquisition de droits personnels payables à l'assuré sous toute forme, sous certaines réserves, ainsi que les avantages d'invalidité constituant des droits personnels payables à l'assuré, soit jusqu'à son départ à la retraite, soit jusqu'à son décès, en raison d'une perte de salaire résultant d'une réduction de sa capacité de travail ou de son gain potentiel due à la maladie ou à un accident.

La contribution est, en principe, due sur les :

- pensions de retraite servies par les régimes de sécurité sociale (régime général et régimes spéciaux) et celles versées par les régimes de retraite complémentaire légalement obligatoire (AGIRC-ARRCO, IRCANTEC, CRPNAC, CAVEC, etc.), qu'il s'agisse de droits propres ou dérivés (réversion, rentes temporaires d'orphelin) ;
- avantages versés dans le cadre des régimes de retraite supplémentaire mis en place dans les entreprises, qu'ils soient à cotisations définies ou à prestations définies, individuels ou collectifs, facultatifs ou obligatoires ;
- rentes servies au titre de l'épargne retraite lorsqu'elles sont considérées comme des revenus de remplacement au regard de la CSG (par exemple, PERP, Préfon, contrats Madelin et, sous certaines conditions, PER d'entreprise ou individuel) ;

▶ À noter… L'épargne issue des versements obligatoires dans un PER d'entreprise, laquelle ne peut être, sauf cas de déblocage anticipés autorisés, versée que sous forme de rente, est soumise aux prélèvements sociaux assis sur les pensions de retraite au taux global de 10,10 % (cotisation maladie à 1 %, CSG à 8,30 %, CRDS à 0,50 % et CASA à 0,30 %). Cela vise principalement les plans d'épargne d'entreprise collectif et les plans d'épargne d'entreprise obligatoire.

S'agissant des PER individuels, dans la mesure où ils peuvent recevoir des versements obligatoires, les rentes issues de tels versements sont également soumises au régime social attaché aux rentes issues de versements obligatoires.

Dans les autres cas, les rentes (ou les sorties en capital quand elles sont possibles) et notamment celles versées en contrepartie de versements volontaires sont soumises au prélèvement social de 17,20 % assis sur les revenus du capital (CSG à 9,20 %, CRDS à 0,50 % et prélèvement de solidarité de 7,50 %) et ne sont donc pas soumises à la CASA (c. séc. soc. art. L. 136-1-2 et L. 136-7).

- bonifications et majorations pour enfants perçues à l'occasion de la perception des pensions de retraite ;
- pensions de retraite versées au titre de l'affiliation volontaire à l'assurance vieillesse ;
- rentes temporaires servies jusqu'au départ à la retraite ou au décès au titre de l'invalidité ;
- compléments divers, temporaires ou viagers, destinés à majorer la pension de retraite ;
- pensions d'invalidité (y compris pensions de veuve ou de veuf) ;
- pensions pour invalidité totale, partielle ou définitive ;
- pensions pour incapacité au métier.

▶ À noter… Les compléments de pension d'invalidité servis par l'employeur et qualifiés de compléments de salaire par la jurisprudence sont soumis à la contribution de solidarité pour l'autonomie assise sur les revenus d'activité et sont, de ce fait, exclus du champ de la contribution additionnelle de solidarité (lettre-circ. ACOSS 2013-19 du 28 mars 2013, 2.1).

Allocations de préretraite - Les préretraites d'entreprise ayant donné lieu à une rupture du contrat de travail et à l'attribution d'un revenu de substitution ainsi que les préretraites publiques telles que l'allocation spéciale du Fonds national de l'emploi (AS-FNE), la cessation anticipée d'activité (CATS) ou l'allocation de cessation anticipée (ACAATA) sont assujetties à la contribution, quels que soient leur appellation, la forme sous laquelle elles ont été instituées et le taux de CSG qui leur est applicable [voir *Contribution sociale généralisée (CSG)**].

Personnes exonérées

Personnes ayant un revenu fiscal inférieur à un certain seuil. Les personnes dont le revenu fiscal N – 2 ou N – 3 est inférieur au seuil de revenu à partir duquel s'applique la CSG au taux médian ou normal (soit 14944 € en 2022 pour une personne seule en métropole), ne sont pas redevables de la CASA (c. séc. soc. art. L. 137-41).

La contribution n'est donc pas due par les assurés dont les pensions de retraite et d'invalidité sont soit exonérées de CSG et de CRDS, soit soumises à un taux réduit de CSG (taux de 3,80 %).

Personnes titulaires d'avantages déjà assujettis à la contribution sur les revenus du capital. Les avantages de retraites qui sont déjà assujettis, en tant que revenus du capital, aux prélèvements sociaux applicables à ce type de revenus (CSG, CRDS et prélèvement de solidarité) sont exclus de l'assiette de la CASA (c. séc. soc. art. L. 137-41, I).

La direction de la sécurité sociale a précisé que s'agissant des sorties en capital, les avantages de retraite et d'invalidité sont assujettis à la contribution de 0,30 %, sauf s'ils ont déjà fait l'objet d'un prélèvement de la contribution sur les revenus du capital. Par conséquent, une rente viagère qui est convertie en capital en raison de la faiblesse des sommes et fait l'objet d'un versement forfaitaire unique sera assujettie à la contribution, dans la mesure où elle ne constitue pas un revenu du capital.

Personnes bénéficiant de certaines pensions limitativement énumérées. Sont également exonérées de CASA :

- les pensions servies en vertu des dispositions du code des pensions militaires d'invalidité et des victimes de guerre ainsi que la retraite du combattant (CGI art. 81, 4°, a) ;
- les retraites mutuelles servies aux anciens combattants et victimes de la guerre (c. mutualité art. L. 222-2 ; CGI art. 81, 12°) ;
- les pensions temporaires d'orphelin, à concurrence de l'allocation aux adultes handicapés, lorsqu'elles remplacent cette allocation en tout ou partie du fait de la loi (CGI art. 81, 14° bis) ;
- la fraction des pensions temporaires d'orphelins qui correspond au montant des prestations familiales auxquelles aurait eu droit le parent décédé (CGI art. 81, 14°) ;
- les avantages de vieillesse ou d'invalidité non contributifs attribués sous conditions de ressources, telle que l'allocation de solidarité aux personnes âgées (ASPA) et l'allocation supplémentaire d'invalidité.

L'allocation de veuvage ainsi que la majoration pour tierce personne ne sont pas non plus soumises à la CASA (circ. CNAV 2019-19 du 16 avril 2019 et 2021-35 du 21 décembre 2021).

Les pensions temporaires d'orphelins ne répondant pas aux conditions précédemment énumérées sont en revanche soumises à la CASA.

Recouvrement

La contribution est recouvrée et contrôlée selon les règles, garanties et sanctions applicables au recouvrement de la CSG pour la même catégorie de revenus (c. séc. soc. art. L. 136-5).

☛ *Contribution sociale généralisée (CSG) ; Contribution solidarité autonomie.*

Contribution Agefiph

☛ *Handicapés (contribution Agefiph).*

Contribution au dialogue social

☛ *Syndicats.*

Contribution à la formation professionnelle

Employeurs assujettis

Règles en vigueur à partir de 2022 - Les règles ici exposées sont celles applicables aux contributions dues au titre des périodes d'emploi accomplies à partir du 1.01.2022, les premières dont le recouvrement est assuré par le réseau des URSSAF (CGSS ou CMSA).

Tout employeur en principe - Tout employeur doit concourir au financement de la formation professionnelle, en s'acquittant en particulier de la contribution légale à la formation et du 1 % CPF-CDD, quels que soient son activité, son régime d'imposition ou sa forme juridique (c. trav. art. L. 6131-1).

Employeurs non assujettis - Par exception, certains employeurs ne sont pas assujettis aux contributions à la formation professionnelle (c. trav. art. L. 6131-1, II) :
- les employeurs sans établissement en France immatriculés auprès du Centre national des firmes étrangères (CNFE) ;
- les services de l'État ;
- les collectivités territoriales, ainsi que leurs établissements publics administratifs ;
- les établissements publics de santé, sociaux et médico-sociaux relevant de la fonction publique hospitalière, les groupements de coopération sanitaire (c. santépub. art. L. 6133-1 et L. 6133-4) et les groupements de coopération sociale et médico-sociale (CASF art. L. 312-7).

Organismes chargés de l'organisation en France d'une compétition sportive internationale - Les organismes chargés de l'organisation en France d'une compétition sportive internationale, le cas échéant, leurs filiales au sens de l'article L. 233-1 du code de commerce ne sont pas redevables de la contribution à la formation professionnelle à raison des rémunérations versées à leurs salariés, lorsque les fonctions exercées par ces salariés sont directement liées à l'organisation de la compétition sportive internationale (CGI art. 1655 septies).

Ces exonérations s'appliquent aux compétitions pour lesquelles la décision d'attribution à la France est intervenue avant le 31.12.2017.

En revanche, le 1 % CPF-CDD reste dû au titre des salariés concernés, dans cette contribution n'étant pas visée par l'exonération.

Contribution légale à la formation professionnelle

Taux de 0,55 % ou de 1 % selon l'effectif. - Le taux de la contribution légale à la formation professionnelle des employeurs est fixé comme suit :
- taux de 0,55 % pour les entreprises de moins de 11 salariés (c. trav. art. L. 6331-1) ;
- taux de 1 % pour les entreprises de 11 salariés et plus (c. trav. art. L. 6331-3).

Assiette - L'assiette des contributions légales de formation est alignée sur l'assiette des cotisations de sécurité sociale. Toutefois, les rémunérations des apprentis sont exonérées de contribution pour les employeurs relevant du régime des « moins de 11 salariés » (c. trav. art. L. 6331-1 et L. 6331-3).

Pour les salariés des entreprises de BTP, de transport et de dockers dont les congés payés sont indemnisés par des caisses de congés payés, les salaires à déclarer pour les intéressés sont ceux effectivement payés par l'entreprise, majorés d'un taux forfaitaire de 11,50 % (c. séc. soc. art. L. 243-1-3 et D. 243-0-2).

Les ports autonomes maritimes et fluviaux mentionnés à l'article L. 5311-1 du code des transports, ainsi que le port autonome de Strasbourg, qui ne procèdent pas à des distinctions dans leurs déclarations sociales entre la part de leur masse salariale attachée à leurs missions administratives et celle engagée dans des activités industrielles et commerciales, peuvent appliquer un abattement forfaitaire de 50 % sur l'assiette de la contribution à la formation professionnelle calculée sur la masse salariale globale de l'établissement (loi 2021-1900 du 30 décembre 2021, art. 121, VIII).

Règles d'effectif et de franchissement de seuil à la hausse - La loi PACTE a rendu applicable à la contribution formation les règles de calcul d'effectif et de franchissement de seuil prévues par le code de la sécurité sociale (voir *Effectif sécurité sociale**) (c. trav. art. L. 6331-1 A ; loi 2019-486 du 22 mai 2019, art. 11).

Dans ce système, hors cas des entreprises nouvelles, l'effectif de l'entreprise pris en compte au titre de la contribution due au titre d'une année donnée (N) correspond à l'effectif annuel moyen « sécurité sociale » de l'année civile précédente (N – 1) (c. séc. soc. art. L. 130-1 et R. 130-1).

Le taux légal de contribution formation applicable aux périodes d'emploi 2022 dépend donc de l'effectif annuel moyen « sécurité sociale » 2021 (hors cas des entreprises nouvelles).

▶ À noter… Ces règles sont entrées en vigueur le 1.01.2020 (loi 2019-486 du 22 mai 2019, art. 11, XIV), donc, hors cas des entreprises nouvelles, pour la contribution formation 2020 sur la base de l'effectif annuel moyen « sécurité sociale » 2019.

Le franchissement à la hausse du seuil de 11 salariés et plus n'est pris en compte que si ce seuil est atteint ou dépassé pendant 5 années civiles consécutives (c. séc. soc. art. L. 130-1, II). **De cette règle, il découle que :**

- une entreprise qui atteint ou franchit le seuil pour la contribution due au titre de l'année N (sur la base de l'effectif « sécurité sociale » N – 1) sera soumise à la nouvelle obligation à partir du 1er janvier de l'année N + 5, à supposer qu'elle ne repasse pas sous le seuil d'effectif au titre d'une des années comprises dans l'intervalle ;

- si l'effectif repasse en deçà du seuil sur une des années intercalaires, l'entreprise qui repasse par la suite au-dessus du seuil bénéficiera d'un nouveau délai de 5 ans.

Exemple

Une entreprise qui a atteint ou franchit le seuil de 11 salariés au titre de son effectif « sécurité sociale » calculé sur 2020 reste soumise à la contribution formation des « moins de 11 salariés » sur les années 2021 à 2025 incluses. Elle basculera au taux de 1 % à partir du 1.01.2026, si elle n'est pas repassée sous les 11 salariés au titre d'une des années intercalaires.

Pour assurer la transition entre le nouveau dispositif de gel des effets de seuil et l'ancien, la loi PACTE a prévu une règle transitoire, qui a ensuite été assouplie par loi de finances pour 2021 (loi 2019-486 du 22 mai 2019, art. 11, XIII modifié ; loi 2020-1721 du 29 décembre 2020, art. 159, V du 30) **:**

- un employeur qui, en raison de l'accroissement de son effectif, a atteint ou dépassé pour la première fois le seuil de 11 salariés au titre de la participation de l'année 2018 reste au taux de 0,55 % de 2018 à 2022, avant de basculer au taux de 1 % à partir du 1.01.2023 (si l'effectif « sécurité sociale » de référence calculé sur 2022 est toujours supérieur ou égal à 11 salariés) ;

- si le seuil a été atteint ou dépassé au titre de participation formation 2019, l'entreprise reste à 0,55 % de 2019 à 2023, avant de basculer au taux de 1 % à partir du 1.01.2024 (si l'effectif « sécurité sociale » de référence calculé sur 2023 est toujours supérieur ou égal à 11 salariés).

▶ À noter… Les employeurs qui ont atteint ou dépassé pour la première fois ce seuil d'effectif au titre de la participation formation 2017 ou d'une année antérieure ont continué à appliquer l'ancien dispositif de lissage des effets de seuil jusqu'à son terme (loi 2019-486 du 22 mai 2019, art. 11, XII). Aucun de ces employeurs ne peut encore se trouver dans ce mécanisme sur l'année 2022.

Entreprises de travail temporaire - **Pour les périodes d'emploi accomplies à compter 1.01.2022, le taux de la contribution légale à la formation professionnelle des entreprises de travail temporaire est donc identique à celui des autres employeurs (0,55 % ou 1 % selon l'effectif)** ***(voir plus haut).***

C'est cette contribution de droit commun qui doit être versée aux URSSAF.

La loi de finances (LF) 2022 a en effet supprimé le taux légal de 1,30 % autrefois prévu pour les entreprises de travail temporaire de 11 salariés et plus (loi 2021-1900 du 30 décembre 2021, art. 121, I, 6° ; c. trav. art. L. 6331-5 abrogé au 1er janvier 2022). **Cela étant, ces entreprises ne font pas l'économie du 0,30 %, qui existe toujours, sous la forme d'une contribution supplémentaire versée aux OPCO.**

La LF 2022 a en effet parallèlement créé une contribution minimale conventionnelle due par toutes les ETT (quel que soit leur effectif), dont le taux, au moins égal à 0,30 %, les modalités d'utilisation et les conditions de recouvrement sont fixées par accord de branche étendu (loi 2021-1900 du 30 décembre 2021, art. 121, I, 11° ; c. trav. art. L. 6331-69, al. 1).

À défaut d'accord de branche étendu, les employeurs sont redevables d'une contribution supplémentaire de 0,30 %, à verser à l'opérateur de compétences (OPCO), et non aux URSSAF (c. trav. art. L. 6331-69, al. 2). **Du renvoi à l'article L. 6331-3 pour l'assiette, on peut comprendre que cette contribution supplémentaire « par défaut » concernerait uniquement les « 11 salariés et plus », mais cette partie du texte mériterait à notre sens d'être clarifiée.**

▶ À noter… Rappelons que les employeurs du secteur doivent également tenir compte des contributions conventionnelles prévues par l'accord du 29 novembre 2019 en faveur du développement des compétences des salariés de la branche du travail temporaire (accord du 29 novembre 2019, art. 95 et 96, étendu par arrêté du 16 février 2021, JO 9 mars, texte 50). Seule la contribution légale (0,55 % ou 1 % selon l'effectif) est pour l'heure versée aux URSSAF.

Entreprises de portage salarial - **Pour les entreprises de portage salarial, un accord de branche étendu peut prévoir, pour les salariés portés,**

l'adaptation du montant et de la répartition de leur contribution au financement de la formation professionnelle continue, avec un taux plancher de 1,60 % (ord. 2015-380 du 2 avril 2015, art. 8, JO du 3).

À cet égard, la convention de branche du 22 mars 2017 prévoit un taux de 1,60 % (convention collective des salariés en portage salarial du 22 mars 2017, art. 36, modifié par avenant n° 6 du 18 février 2020 relatif à la contribution conventionnelle à la formation professionnelle, respectivement étendus par arrêté du 28 avril 2017, JO du 30, texte 81 et arrêté du 18 décembre 2020, JO du 24, texte 205).

Intermittents du spectacle - Pour les intermittents du spectacle vivant et enregistré, un système dérogatoire est prévu.

Quel que soit l'effectif de l'entreprise, l'employeur est redevable d'une participation unique, dont le régime est défini par un accord, une convention ou un accord professionnel national étendu, sans que le taux de la contribution puisse être inférieur à 2 % (c. trav. art. L. 6331-55).

Cette contribution est désormais versée aux URSSAF dans la limite du taux minimal légal de 2 % (c. trav. art. R. 6331-73).

Les rémunérations des intermittents étant assujetties à cette contribution spécifique en lieu et place de la contribution de droit commun, elles n'entrent pas dans l'assiette de la contribution générale de 0,55 % ou 1 %.

▶ **À noter…** Un accord interbranche du 25 septembre 2014 sur la formation des intermittents du spectacle prévoit une contribution financière divisée en trois éléments : la contribution légale de 2 % des rémunérations versées à ces salariés, une contribution conventionnelle de 0,10 % et une contribution annuelle de 50 € forfaitaire par entreprise (accord interbranche du 25 septembre 2014, art. 3, étendu par arrêté du 16 mars 2015, art. 11, JO du 24).

Contribution 1 % CPF-CDD

Employeurs redevables - Quel que soit leur effectif, les employeurs assujettis aux contributions formation *(voir plus haut)* employant des salariés en contrat à durée déterminée (CDD) doivent financer le compte personnel de formation (CPF) des intéressés, via une contribution spécifique (c. trav. art. L. 6331-6).

Taux et assiette - Cette contribution est égale à 1 % des rémunérations brutes soumises à cotisations de sécurité sociale versées aux salariés employés en CDD (c. trav. art. L. 6331-6).

Pour le secteur du BTP, du transport et les dockers ainsi que certains ports autonomes, il convient, s'il y a lieu, de tenir compte des mêmes spécificités que pour la contribution légale (majoration d'assiette de 11,50 % pour les premiers, abattement de 50 % pour les seconds ; *voir plus haut*).

Sont exclus du champ de cette contribution :
- les CDD saisonniers (c. trav. art. L. 6331-6, dern. al.).
- les CDD des intermittents du spectacle (c. trav. art. L. 6331-55) ;
- les CDD des sportifs et entraîneurs professionnels (c. sport art. L. 222-4).
- les contrats d'accompagnement dans l'emploi, contrats d'apprentissage et contrats de professionnalisation (c. trav. art. D. 6331-72) ;
- le CDD conclu pour permettre à un salarié en CDD saisonnier, que l'employeur s'engage à reconduire pour la saison suivante en application d'un accord collectif, de participer à une action de formation prévue au plan de développement des compétences de l'entreprise (c. trav. art. D. 6331-72 et L. 6321-9).

Contributions supplémentaires conventionnelles ou volontaires

La loi fixe une contribution légale minimale.

Elle laisse donc la place à des versements supplémentaires, versés soit en application d'un accord professionnel national, soit à titre volontaire par les employeurs.

Recouvrement des contributions formation

Contributions légales - Les employeurs doivent payer aux URSSAF (CGSS ou CMSA) la contribution légale à la formation professionnelle de 0,55 % ou 1 % et la contribution 1 % CPF-CDD pour les périodes d'emploi accomplies à compter du 1.01.2022 (c. trav. art. L. 6131-3).

Il en va de même pour la contribution formation des intermittents, dans la limite du taux minimal de 2 % (c. trav. art. L. 6331-55 et R. 6331-73).

Ces contributions sont déclarées mensuellement en DSN, sous des codes types de personnel (CTP) spécifiques.

Elles sont payées aux URSSAF selon les mêmes règles de recouvrement que les cotisations de sécurité sociale : même périodicité (mensuelle dans le cas général, trimestrielle pour les rares TPE ayant opté pour cette périodicité en URSSAF), mêmes échéances, mêmes sanctions, etc. (c. trav. art. L. 6131-3, L. 6331-1, L. 6331-3, L. 6331-6 et L. 6331-55).

Cotisation au CCCA-BTP - Dans le secteur du BTP, les employeurs relevant du régime des moins de 11 salariés continuent de verser la cotisation due au titre du CCCA-BTP (Comité de concertation et de coordination de l'apprentissage du bâtiment et des travaux public) à la caisse prévoyance du BTP (c. trav. art. L. 6331-40).

En revanche, les employeurs de 11 salariés et plus n'ont plus de versement à effectuer à la caisse BTP Prévoyance. La cotisation au CCCA-BTP restant déductible de la contribution formation de 1 % pour les intéressés, ils doivent simplement verser la contribution de 1 % aux URSSAF, à charge pour France compétences, qui recevra ces sommes, de reverser ensuite au CCCA-BTP la part qui lui revient (c. trav. art. L. 6331-41).

Contributions conventionnelles et volontaires - Les opérateurs de compétences (OPCO) sont habilités à collecter des contributions supplémentaires, versées soit en application d'un accord professionnel national, soit à titre volontaire par les employeurs (c. trav. art. L. 6332-1-2).

À partir de 2024, il sera possible de confier aux URSSAF le recouvrement des contributions conventionnelles supplémentaires prévues par un accord national professionnel (c. trav. art. L. 6131-3 et L. 6332-1-2 modifiés au 1.01.2024 ; ord. 2021-797 du 23 juin 2021, art. 1, 3° et 21°). Il s'agira d'une possibilité ouverte aux partenaires sociaux des branches concernées, et non d'une obligation. Ils pourront donc en rester à une collecte par les OPCO.

En revanche, le recouvrement des contributions volontaires des entreprises ne pourra pas être transféré aux URSSAF. Les employeurs devront donc continuer à les verser aux OPCO, y compris après 2024.

Versements à effectuer aux OPCO au titre des contributions 2021

Dernière collecte intégralement assurée par les OPCO - La collecte des contributions formation dues au titre des rémunérations 2021 était encore assurée, à titre transitoire, par les opérateurs de compétences (OPCO) (loi 2018-771 du 5 septembre 2018, art. 37, III, B modifié ; loi 2019-1479 du 28 décembre 2019, art. 190, IV).

Rappel des échéances - Un calendrier de versement spécifique a été fixé, avec des acomptes qui devaient être versés en cours d'année 2021 (ord. 2021-797 du 23 juin 2021, art. 8, V, JO du 24 ; décret 2020-1739 du 29 décembre 2020, art. 3, JO du 30 ; décret 2021-1173 du 10 septembre 2021, JO du 12).

En cas d'absence ou d'insuffisance de versement au 28.02.2022, l'employeur doit s'acquitter auprès du Trésor public des sommes restant dues, majorées de l'insuffisance constatée, au plus tard pour le 30 avril qui suit l'année de versement des rémunérations (30.04.2022 pour les contributions formation 2021). Ce versement est accompagné du bordereau 2485 (loi 2018-771 du 5 septembre 2018, art. 37, III, B, al. 3 et 4).

☛ *Apprentissage (taxe).*

Contribution à la formation professionnelle continue (non-salariés)

@ Cette étude est détaillée dans la version en ligne de ce Dictionnaire (voir www.rfsocial.com et www.rfeditions.com).

Contribution logement

☛ *Participation à l'effort de construction.*

Contribution sur les régimes de retraite à prestations définies

Une ordonnance du 3.07.2019 a défini un nouveau cadre juridique pour les régimes de retraite à prestations définies qui, depuis le 1.01.2020, sont à droits certains (ord. 2019-697 du 3 juillet 2019, JO du 4).

Régimes à droits certains

Cadre juridique - L'employeur peut mettre en place au profit de ses salariés des régimes à prestations définies qui, obligatoirement depuis le

1.01.2020, ouvrent des droits (c. ass. art. L. 143-0 ; c. mutualité art. L. 222-2-1 ; c. séc. soc. art. L. 932-39-1) :

- payables au plus tôt à la date de liquidation de la pension de retraite de base ou à l'âge légal de départ en retraite ;

- restent acquis au bénéficiaire s'il quitte l'entreprise.

▶ À noter... Si le salarié quitte l'entreprise avant d'avoir acquis ses droits à retraite (ex. : ancienneté non remplie), les cotisations sont remboursées. S'il quitte l'entreprise avant la liquidation de sa retraite, ses droits définitivement acquis sont revalorisés.

Le régime peut prévoir une durée de présence minimale dans l'entreprise de son bénéficiaire. Il peut aussi exiger une durée de cotisations. Mais la somme de ces deux durées ne doit pas excéder 3 ans.

En outre, le régime peut subordonner l'acquisition des droits à retraite à une condition d'âge minimal du bénéficiaire, qui ne peut pas être supérieur à 21 ans.

Enfin, l'organisme assureur est tenu à une obligation d'information du bénéficiaire, au moins tous les ans, notamment sur les conséquences de son départ de l'entreprise.

Contrat de retraite supplémentaire antérieur au 1er janvier 2020 - Le cadre juridique précité s'applique aux contrats de retraite professionnelle en cours au 4.07.2019 au titre des droits afférents aux périodes d'emploi accomplies à compter du 1.01.2020 (ord. 2019-697 du 3 juillet 2019, art. 6, JO du 4).

▶ À noter... Les engagements d'un régime de retraite à prestations définies conditionnant les droits du salarié à l'achèvement de sa carrière dans l'entreprise (dits « à droits aléatoires ») antérieur à la réforme initiée par l'ordonnance du 3.07. 2019 peuvent, dans certaines limites, être transférés par l'employeur sur un contrat à droits certains (ord. 2019-697 du 3 juillet 2019, art. 5, II JO du 4).

En revanche, le nouveau cadre juridique ne s'applique pas aux régimes conditionnant les droits du salarié à l'achèvement de sa carrière dans l'entreprise (dits « à droits aléatoires ») fermés à de nouvelles affiliations depuis au moins le 20.05.2014 (ord. 2019-697 du 3 juillet 2019, JO du 4).

Pour ces régimes, l'employeur est redevable d'une contribution, assise soit à l'entrée (« financement sur le financement patronal »), soit à la sortie (assujettissement sur les rentes), sur option de l'employeur (c. séc. soc. art. L. 137-11 ; circ. DSS/5B/5C 2004-105 du 8 mars 2004 ; instr. intermin. DSS/3C/5B 2020-135 du 27 juillet 2020).

Si elle est calculée à l'entrée, elle est au taux de 24 % ou 48 %, selon que le régime est géré en externe ou en interne. Si elle est calculée à la sortie, elle est au taux de 32 % (retraites liquidées à partir du 1.01.2013) ou 16 % (rentes versées depuis le 1.01.2010, au titre de retraites liquidées avant le 1.01.2013) *(voir tableau)*.

Signalons par ailleurs, que l'entreprise est tenue de garantir le versement des rentes issues des régimes à prestations définies à droits aléatoires (ord. 2015-839 du 9 juillet 2015, JO du 10).

Contribution patronale

Taux - L'employeur est redevable d'une contribution au taux de 29,7 % (c. séc. soc. art. L. 137-11-2).

Contribution sur les régimes de retraite à prestations définies à droit aléatoires fermés à de nouvelles affiliations depuis au moins le 20 mai 2014 (1)

Assiette de la contribution	Taux	Personne en charge du paiement	Date de versement des contributions à l'URSSAF
Assujettissement sur le financement patronal : régime à gestion externe	24 %	L'employeur	Au plus tard à la 1re date d'exigibilité des cotisations dues sur les rémunérations des salariés, suivant la date de versement de la prime à l'organisme payeur de la rente.
Assujettissement sur le financement patronal : régime à gestion interne	48 %	L'employeur	Au plus tard à la 1re date d'exigibilité des cotisations dues sur les rémunérations des salariés, suivant la date de clôture de l'exercice social de l'entreprise.
Assujettissement sur les rentes	32 % 16 %	L'organisme assureur débiteur de la rente	Dans les 15 premiers jours du mois suivant celui au cours duquel est versé l'avantage à l'URSSAF dont relève l'organisme assureur. Le taux de 16 % s'applique aux rentes liquidées avant le 1.01.2013.

(1) source : www.urssaf.fr.

Contribution sur les régimes de retraite à prestations définies

▶ À noter… Sur les aides en soutien aux entreprises pour faire face à la crise sanitaire et ses conséquences économiques, voir *Covid-19 (exonérations et aides au paiement des cotisations)**.

En contrepartie, les contributions patronales finançant les régimes de retraite concernés échappent aux cotisations de sécurité sociale, aux contributions et taxes ayant la même assiette, à la CSG/CRDS et au forfait social (ord. 2019-698 du 3 juillet 2019, art. 2, 1°, JO du 4 ; c. séc. soc. art. L. 136-1-1, III, 2° e).

Assiette - La contribution est assise sur les sommes versées par les employeurs au titre du financement des contrats de retraite à droits certains, respectant l'ensemble des conditions suivantes (c. séc. soc. art. L. 137-11-2) :

- les prestations sont exprimées sous forme de rente (versées, sous déduction, le cas échéant, de celles perçues au titre des différents régimes des retraites obligatoires auxquels le bénéficiaire est affilié) ;

- les droits supplémentaires sont acquis tous les ans (sans possibilité d'acquisition rétroactive au titre d'une année antérieure à celle d'adhésion ou d'affiliation) ;

- ces droits sont exprimés en pourcentage de la rémunération du bénéficiaire soumise à cotisations, au titre de l'année considérée (ce pourcentage ne peut pas dépasser 3 % par an par employeur ; en outre, le cumul des pourcentages appliqués pour un même bénéficiaire, tous employeurs confondus, est plafonné à 30 points) ;

- l'employeur notifie chaque année à un organisme désigné (à fixer par arrêté à paraître), par l'intermédiaire de la *déclaration sociale nominative (DSN), l'identité de ses salariés ou mandataires sociaux bénéficiaires, ainsi que le montant de leurs droits supplémentaires (cette déclaration est effectuée au plus tard le 30 juin de l'année N + 1)** (instr. intermin. DSS/3C/5B 2020-237 du 23 décembre 2020, fiche 3, § 1) ;

- les droits acquis sont revalorisés annuellement par un coefficient (au plus égal à l'évolution du plafond de la sécurité sociale) ;

- tous les salariés de l'entreprise bénéficient d'au moins un des dispositifs d'assurance retraite collectifs suivants : *plan d'épargne pour la retraite collectif (PERCO), régime de retraite supplémentaire à adhésion obligatoire (« art. 83 »), ou plan d'épargne retraite d'entreprise (PERE) instauré par la loi PACTE (PERE-CO ou PERE-OB).**

▶ À noter… Le régime de retraite à droits certains n'étant pas soumis au respect du caractère collectif et obligatoire des régimes de retraite supplémentaire de droit commun [voir *Contributions de retraite et de prévoyance (régimes collectifs et obligatoires)**] les entreprises peuvent en définir librement les bénéficiaires. Mais s'il ne concerne pas la totalité des salariés, l'employeur doit mettre en place pour tous les salariés l'un des dispositifs d'assurance retraite collectifs précités (instr. intermin. DSS/3C/5B 2020-237 du 23 décembre 2020, fiche 2, § 2).

En outre, l'acquisition des droits supplémentaires doit être subordonnée au respect de conditions liées aux performances professionnelles du bénéficiaire lorsqu'il s'agit :

- d'un mandataire social affilié au régime général (salariés) de la sécurité sociale (c. séc. soc. art. L. 311-3, 11°, 12° et 23°) ;

- ou d'un bénéficiaire percevant, au titre de l'année considérée, une rémunération supérieure à 8 fois le plafond de la sécurité sociale (soit 329 088 € en 2022).

L'appréciation de ces conditions est de la seule compétence des employeurs. Elle peut être commune à plusieurs bénéficiaires, et fonction des résultats de l'entreprise. Lors des contrôles, les organismes peuvent demander communication de tout élément en prouvant l'existence (instr. intermin. DSS/3C/5B 2020-237 du 23 décembre 2020, fiche 2, § 2).

▶ À noter… Pour sécuriser les droits acquis ou en cours d'acquisition, les employeurs doivent souscrire un contrat prévoyant un taux de garantie en cas d'insolvabilité de l'employeur au moins égal à 50 % des droits acquis par le bénéficiaire au moment de cette insolvabilité (instr. intermin. DSS/3C/5B 2020-237 du 23 décembre 2020, fiche 1, § 4).

Régime fiscal

Les sommes versées par l'employeur au titre du financement des contrats de retraite à droits certains et assujetties la contribution patronale de 29,7 % sont exonérées d'impôt sur le revenu pour leurs bénéficiaires. Il en va de même de la revalorisation des droits correspondants (ord. art. 4 ; CGI art. 81, 18° ter).

Contribution à la charge du bénéficiaire des rentes

Une contribution à la charge du bénéficiaire des rentes a été créée au 1.01.2011 (c. séc. soc. art. L. 137-11-1). **Son taux varie selon la date de liquidation de la pension et le montant de la rente versée** (loi 2010-1657 du 29 décembre 2010, art. 16 ; BOFiP-RSA-PENS-30-10-10-§ 100-31/05/2017). **Elle est précomptée sur les rentes et versée aux URSSAF par les orga-**

nismes débiteurs des rentes. Elle est recouvrée et contrôlée dans les mêmes conditions que la CSG due sur ces rentes.

Retraite supplémentaire.

Contribution pour le remboursement de la dette sociale (CRDS)

La contribution pour le remboursement de la dette sociale (CRDS) est prélevée sur les revenus d'activité (salariés ou non salariés) et de remplacement des personnes physiques fiscalement domiciliées en France et qui relèvent d'un régime obligatoire français d'assurance maladie (ord. 96-50 du 24 janvier 1996). Son taux est fixé à 0,50 %.

Elle peut également être prélevée sur les revenus du patrimoine, les produits de placement, les ventes de métaux, d'objets précieux, de bijoux, d'objets d'art, etc. ou encore sur le gain des jeux de hasard.

Personnes assujetties

Les personnes assujetties sont les mêmes que celles redevables de la *contribution sociale généralisée (CSG)**, c'est-à-dire (BOSS, Assiette générale, § 300, 01/04/2021) :
- les personnes physiques qui sont à la fois considérées comme domiciliées en France pour l'établissement de l'impôt sur le revenu et à la charge, à quelque titre que ce soit, d'un régime obligatoire français d'assurance maladie ;
- les agents de l'État, des collectivités locales et de leurs établissements publics à caractère administratif qui exercent leurs fonctions ou sont chargés de missions hors de France, dans la mesure où leur rémunération est imposable en France et où ils sont à la charge, à quelque titre que ce soit, d'un régime obligatoire français d'assurance maladie (c. séc. soc. art. L. 136-1).

Assiette

CRDS sur les revenus d'activité - L'assiette de la CRDS est identique à celle de la CSG (BOSS, Assiette générale, § 300, 01/04/2021) [voir *(Contribution sociale généralisée (CSG)]**.

CRDS sur les revenus de remplacement - Les pensions de retraite, d'invalidité, les allocations de chômage et de préretraite sont soumises à la CRDS. Cette dernière est également prélevée sur les indemnités journalières de maladie, maternité ou d'accident du travail (à l'exception des rentes d'accident du travail).

CRDS sur les prestations familiales et l'allocation de logement - Sont assujetties à la CRDS l'aide personnalisée au logement, l'allocation de logement à caractère social ou familial, les prestations familiales versées par les caisses d'allocations familiales, à l'exception notamment de l'allocation d'éducation de l'enfant handicapé et de l'allocation aux adultes handicapés.

Abattement et exonération

Abattement pour frais professionnels - L'assiette de la CRDS prélevée sur les revenus d'activités salariées fait l'objet, comme l'assiette de la CSG, d'un abattement pour *frais professionnels**, sauf en cas d'application d'une assiette forfaitaire des cotisations. Cet abattement vise tous les salariés, qu'ils soient ou non bénéficiaires de déductions supplémentaires.

Il est égal à 1,75 % pour les rémunérations versées depuis le 1.01.2012 (BOSS, Assiette générale, § 320, 01/04/2021).

Plafonnement de l'abattement - L'abattement s'applique sur la seule part de rémunération qui n'excède pas 4 fois le plafond de la sécurité sociale (c. séc. soc. art. L. 136-2). Une fois ce plafond épuisé, la CRDS, comme la CSG, sont calculées directement, sans abattement. L'employeur doit tenir compte de tous les revenus concernés par l'abattement de 1,75 % (salaires, primes et accessoires de salaire, avantages en nature, etc.) (circ. DSS/5B 2011-495 du 30 décembre 2011 ; BOSS, Assiette générale, § 250, 01/04/2021).

Éléments exclus de l'abattement - L'abattement d'assiette n'est pas applicable à certaines sommes qui, bien que faisant partie de la base de la CSG et de la CRDS sur les revenus d'activité, ne constituent pas du salaire proprement dit (c. séc. soc. art. L. 136-2, I) [voir *(Contribution sociale généralisée (CSG)]**.

Exonération - Les revenus de remplacement sont totalement exonérés de CRDS lorsque leurs bénéficiaires ont un « revenu fiscal de référence » qui n'excède pas un seuil déterminé [voir *(Contribution sociale généralisée (CSG)**].

▶ À noter... L'exonération de CRDS ne s'applique ni aux indemnités journalières de sécurité sociale, ni aux allocations de préretraite et de cessation d'activité ayant pris effet à partir du 11.10.2007 sur lesquelles la CRDS est prélevée au taux de 0,50 %, sans abattement d'assiette.

Paiement

Précompte de la CRDS - La CRDS sur les revenus d'activité est versée en même temps que les cotisations de sécurité sociale, à l'URSSAF, pour les salariés.

Les cotisations et contributions sociales doivent être calculées en tenant compte des taux et plafonds en vigueur au cours de la période de travail au titre de laquelle les rémunérations sont dues (c. séc. soc. art. R. 242-1, II). Cette règle s'applique aux périodes d'emploi pour lesquelles la rémunération est versée depuis le 1.01.2018 (décret 2016-1567 du 21 novembre 2016, art. 8-VII modifié par décret 2017-858 du 9 mai 2017, art. 9-III, 2°).

Incidence sur le bulletin de paie - L'employeur doit faire figurer la CRDS sur les bulletins de paie. La CRDS est à la charge du salarié et précomptée par l'employeur (voir *Bulletin de paie**).

La CRDS sur les revenus d'activité est regroupée avec la CSG non déductible au taux global de 2,90 %.

▶ À noter... Sur les aides en soutien aux entreprises pour faire face à la crise sanitaire et ses conséquences économiques, voir *Covid-19 (exonérations et aides au paiement des cotisations)**.

Contentieux

Bien que la CRDS ait la nature juridique d'un impôt, c'est le *contentieux de la sécurité sociale** qui s'applique, comme pour la CSG.

Les règles relatives aux majorations de retard et aux procédures de recouvrement sont les mêmes que pour la CSG et les cotisations versées aux URSSAF.

☞ *Contribution sociale généralisée (CSG).*

Contribution sociale généralisée (CSG)

Personnes concernées

Sont assujettis à la CSG (c. séc. soc. art. L. 136-1) :

- les personnes physiques qui sont à la fois considérées comme domiciliées en France pour l'établissement de l'impôt sur le revenu et à la charge, à quelque titre que ce soit, d'un régime obligatoire d'assurance maladie français ;
- les agents de l'État, des collectivités locales et de leurs établissements publics à caractère administratif qui exercent leurs fonctions ou sont chargés de missions hors de France, dans la mesure où leur rémunération est imposable en France et où ils sont à la charge, à quelque titre que ce soit, d'un régime obligatoire français d'assurance maladie (BOSS, Assiette générale, § 130, 01/04/2021).

Compte tenu des spécificités du régime d'assurance maladie à Mayotte, la CSG n'est pas applicable aux revenus d'activité ou de remplacement perçus dans ce département par les assurés (lettre DSS/SD5B du 2 novembre 2015, diffusée par lettre-circ. ACOSS 2016-2 du 15 janvier 2016).

▶ À noter... Les critères d'assujettissement à la CSG et à la CRDS des titulaires de revenus de remplacement et d'activité sont les mêmes. Les retraités résidant en France qui sont à la charge d'un régime d'assurance maladie d'un autre État membre de l'UE sont ainsi exemptés tant du prélèvement de la CSG que de celui de la CRDS sur les pensions qu'ils perçoivent. De même, s'agissant de revenus d'activité, sont exemptés de la CSG ainsi que de la CRDS :

- les travailleurs domiciliés en France et exerçant leur activité sur le territoire d'un autre État, dès lors qu'ils ne sont pas à la charge, à quelque titre que ce soit, d'un régime obligatoire français d'assurance maladie ;
- les travailleurs détachés, en application du règlement CEE 883/2004 ou d'une convention bilatérale de sécurité sociale à laquelle la France est partie, exerçant leur activité en France et soumis à la législation de sécurité sociale de leur État d'origine, c'est-à-dire celui où est établie l'entreprise qui les occupe habituellement et pour le compte de laquelle ils ont été envoyés en France. Cette exemption ne vaut que pour la période du détachement.

Pour la CJUE, les personnes résidant en France mais qui travaillent dans un autre État membre de la Communauté européenne n'ont pas à acquitter ces contributions (CJCE 15 février 2000, aff. C-34/98 et C-169/98).

Revenus d'activité

Assiette - Sont soumis à la CSG toutes les sommes ainsi que les avantages et accessoires en nature ou en argent qui y sont associés, dus en contrepartie ou à l'occasion d'un travail, d'une activité ou de l'exercice d'un mandat ou d'une fonction élective, quelles qu'en soient la dénomination ainsi que la qualité de celui qui les attribue, que cette attribution soit directe ou indirecte (c. séc. soc. art. L. 136-1-1, I).

▶ À noter… Une ordonnance du 12.06.2018 a réécrit les principaux articles du code de la sécurité sociale définissant l'assiette des cotisations de sécurité sociale et celle de la CSG (ord. 2018-474 du 12 juin 2018, JO du 13). Le texte de référence est celui de la CSG sur les revenus d'activité (c. séc. soc. art. L. 136-1-1, I). Ce texte général est complété par une liste, non exhaustive, qui précise expressément l'assujettissement à CSG de certains revenus particuliers (ex. : sommes versées au titre de la garantie de ressources des travailleurs handicapés travaillant en ESAT) (c. séc. soc. art. L. 136-1-1, II). A contrario, des dispositions spécifiques dressent la liste des revenus exclus de la base CSG (c. séc. soc. art. L. 136-1-1, I, al. 2 et III).

Les assiettes de la CSG et de la CRDS sur les revenus d'activité sont identiques et comprennent donc notamment :
- les salaires et les sommes assimilées, y compris celles perçues par les dirigeants de société assimilés aux salariés ;
- les avantages en nature ou en espèces. Toutefois, lorsque la rémunération est exclusivement composée d'avantages en nature, la CSG et la CRDS ne s'appliquent pas ;
- les sommes allouées au titre de la participation et de l'intéressement, l'abondement de l'employeur à un plan d'épargne d'entreprise, à un plan d'épargne pour la retraite collectif ou à un compte épargne-temps ;
- les contributions patronales de retraite supplémentaire, les versements obligatoires de l'employeur à un PERE-OB ainsi que les contributions patronales de prévoyance complémentaire (dont la cotisation obligatoire d'assurance décès des cadres ou la part patronale aux garanties « frais de santé »), à l'exception des contributions destinées à financer les régimes complémentaires de retraite à affiliation légalement obligatoire et les régimes de retraite supplémentaire entrant dans le champ de la contribution sur les régimes de retraite à prestations définies ;
- les sommes versées à l'occasion de la modification du contrat de travail ;
- les allocations complémentaires versées par l'employeur à un salarié en congé parental d'éducation ;
- tout ou partie de certaines indemnités de rupture du contrat de travail ou de cessation des fonctions des dirigeants et mandataires sociaux [voir *Indemnités de rupture (régimes social et fiscal)**] ;
- les indemnités journalières complémentaires à celles de la sécurité sociale, versées en application d'une obligation légale ou conventionnelle de maintien total ou partiel de salaire ou, pour la partie correspondant au financement par l'employeur, au titre d'un régime de prévoyance complémentaire.

▶ À noter… L'employeur peut être contraint de garantir la rémunération des salariés absents pour maladie ou accident. Pour ce faire, il peut maintenir lui-même les salaires sans faire appel à une personne extérieure ou décider de souscrire une assurance contre ce risque particulier. La prime acquittée par l'employeur dans le cadre d'une assurance souscrite pour garantir le risque d'avoir à financer le maintien de salaire qui lui incombe en application de la loi de mensualisation ou d'un accord collectif ne constitue pas une contribution de prévoyance complémentaire et n'est pas soumise, de ce fait, à la CSG et à la CRDS (cass. civ., 2e ch., 23 novembre 2006, nos 04-30208, 04-30421, 04-30474, 04-30727, 05-11364 et 05-17441, BC II n° 331). L'URSSAF Caisse nationale (ou ACOSS) a toutefois précisé que ce régime ne vaut que lorsque le maintien de salaire a une origine légale ou conventionnelle (lettre-circ. ACOSS 2007-30 du 8 février 2007).

Sont, en revanche, exclus de la base CSG (c. séc. soc. art. L. 136-1-1, III) : le salaire des apprentis, la gratification des jeunes sous convention de stage dans la limite du montant en franchise de cotisations, les contributions patronales finançant les régimes de retraite complémentaire légalement obligatoire (ex. : AGIRC-ARRCO) pour la part prévue par les accords ou les dispositions légales régissant ces régimes, la participation patronale aux titres-restaurant dans la limite prévue par la loi, certaines indemnités de rupture du contrat de travail (licenciement, rupture conventionnelle, etc.) et indemnités de cessation forcée des fonctions des dirigeants et mandataires sociaux dans certaines limites.

La rémunération des apprentis est exclue de l'assiette de la CSG et de la CRDS (c. séc. soc. art. L. 136-1-1, III, 1°). Cependant, cette exclusion est limitée aux seuls salaires et ne s'étend pas aux sommes versées au titre de l'épargne salariale (intéressement, participation, abondements aux plans d'épargne salariale). Sur ces sommes, la CSG (9,20 %) et la CRDS (0,50 %) doivent être calculées sans abattement d'assiette (lettre-circ. ACOSS 2014-32 du 18 août 2014).

Revenus de location-gérance - Entrent dans l'assiette de la CSG les revenus de location-gérance

tirés de l'exploitation d'une entreprise louée (c. séc. soc. art. L 136-1-1, II, 4°) :
- lorsqu'ils sont perçus par une personne qui réalise les actes de commerce au titre de l'entreprise louée ou qui y exerce une activité ;
- et que l'entreprise louée est un fonds de commerce, un établissement artisanal, industriel ou commercial muni du mobilier ou du matériel nécessaires à son exploitation (peu importe que la location comprenne ou non tout ou partie des éléments incorporels du fonds de commerce ou d'industrie).

Taux - Le taux de la CSG est, depuis le 1.01.2018, de 9,20 % sur les revenus d'activité (2,4 points sont non déductibles du revenu imposable et 6,8 points sont déductibles) (c. séc. soc. art. L. 136-8).

▶ **À noter…** Depuis 2018, le fait générateur des cotisations et contributions sociales est constitué par les périodes au titre desquelles les revenus sont attribués (et non plus par le paiement du salaire). Cela signifie que les dispositions qui leur sont applicables (ex. : taux, plafond) sont celles en vigueur au cours de la période d'emploi et non lors du versement du salaire (loi 2016-1827 du 23 décembre 2016, JO du 24).

Abattement d'assiette de 1,75 % - Les déductions supplémentaires pour frais professionnels ne s'appliquent pas à la CSG. En revanche, un abattement forfaitaire représentatif des frais professionnels est effectué sur l'ensemble des revenus d'activité, avant calcul de la CSG (sauf lorsque celle-ci est calculée sur une base forfaitaire) (c. séc. soc. art. L. 136-2, I).

Le taux de cet abattement pour frais professionnels est fixé à 1,75 % depuis le 1.01.2012. Cet abattement est plafonné *(voir ci-après)*.

Éléments inclus dans le champ de l'abattement - Sont inclus dans le champ d'application de l'abattement pour frais professionnels au taux de 1,75 % les revenus suivants :
- salaires (y inclus les avantages en nature) et primes attachées aux salaires ;
- revenus des artistes auteurs assimilés fiscalement à des salaires ;
- allocations de chômage et autres revenus de remplacement suivant le même régime (ex. : allocations d'*activité partielle**).

L'abattement est également applicable à certaines sommes versées à l'occasion de la rupture du contrat de travail, mais qui ne sont pas à proprement parler des indemnités de rupture, telles que les rappels de salaire qui peuvent être versés à l'occasion de la rupture du contrat, les indemnités de fin de CDD, les indemnités de fin de mission, les indemnités compensatrices versées au titre de repos dont le salarié n'a pas pu bénéficier avant son départ (congés payés, jours de RTT, contrepartie obligatoire en repos, repos compensateur de remplacement) ou encore les indemnités compensatrices de préavis (circ. DSS-5B 2011-495 du 30 décembre 2011) [voir *Indemnités de rupture (régimes social et fiscal)**].

Revenus exclus de l'abattement d'assiette
- L'abattement d'assiette n'est pas applicable à certaines sommes qui, bien que faisant partie de la base de la CSG et de la CRDS sur les revenus d'activité, ne constituent pas du salaire proprement dit (c. séc. soc. art. L. 136-2, I).

Sont donc exclus du champ de l'abattement (BOSS, Assiette générale, § 270, 01/04/2021) :
- les sommes versées par l'employeur au titre de l'épargne salariale et de l'actionnariat salarié : intéressement, participation, abondements de l'employeur à un plan d'épargne entreprise, à un plan d'épargne interentreprises et à un plan d'épargne pour la retraite collectif ;
- les contributions patronales destinées au financement de régimes de retraite supplémentaire et de prévoyance complémentaire ;
- les indemnités versées à l'occasion de la modification du contrat de travail ;
- les avantages issus des attributions d'options de souscription ou d'achat d'actions (« stock-options ») et des attributions gratuites d'actions, lorsqu'ils sont soumis à CSG et à CRDS au titre des revenus d'activité ;
- la contribution patronale aux chèques-vacances assujettie à CSG/CRDS mais exonérée de cotisations dans les entreprises de moins de 50 salariés dépourvues de *comité social et économique** et qui ne relèvent pas d'un organisme paritaire (c. tourisme art. L. 411-9) ;
- les indemnités versées à l'occasion de la cessation de leurs fonctions aux dirigeants et mandataires sociaux (cessation forcée ou cessation volontaire) ;
- les indemnités de rupture du contrat de travail.

▶ **À noter…** Est exclu du champ de l'abattement l'ensemble des indemnités de rupture, y compris celles qui par nature ne peuvent pas donner droit à une exonération de cotisations de sécurité sociale. En revanche, les sommes versées à l'occasion de la rupture, mais qui n'ont pas à proprement parler la nature d'une indemnité de rupture, ouvrent droit à l'abattement [voir *Indemnités de rupture (régimes social et fiscal)**].

En outre, sont également exclues du champ de l'abattement les indemnités et rémunérations perçues à l'occasion de certains mandats ou fonctions électives (c. séc. soc. art. L. 136-2, I, 1°).

Les indemnités journalières de sécurité sociale ou les allocations versées par les organismes de sécurité sociale ou, pour leur compte, par les employeurs à l'occasion de la maladie, de la maternité ou de la paternité, des accidents du travail et des maladies professionnelles restent exclues du champ de l'abattement (BOSS, Assiette générale, § 280, 01/04/2021).

Plafonnement de l'abattement - L'abattement pour frais professionnels est plafonné. Il s'applique sur une assiette limitée à 4 plafonds annuels de la sécurité sociale (c. séc. soc. art. L. 136-2). Pour calculer cette limite, on retient le plafond de la sécurité sociale propre au salarié, en fonction de sa situation personnelle : entrée/sortie en cours d'année, travail à temps partiel, etc. (lettre-circ. ACOSS 2011-39 du 29 mars 2011, § 10.1 et 2012-32 du 19 mars 2012).

En cas d'embauche ou de rupture du contrat de travail en cours de mois, le plafond est donc calculé par l'addition d'autant de trentièmes que la période considérée comporte de jours ouvrables ou non ouvrables (c. séc. soc. art. R. 243-11).

Le plafond est également réduit en cas d'abattement sur le plafond pour les salariés à temps partiel. En cas de calcul des cotisations d'assurance vieillesse sur une assiette maintenue à hauteur du salaire à taux plein, ce maintien de plafond vaut également pour la détermination du seuil au-delà duquel il n'est plus pratiqué d'abattement de 1,75 % (lettre-circ. ACOSS 2012-32 du 19 mars 2012, QR 4).

Exemple

1) Pour un salarié à temps plein présent toute l'année 2022, l'assiette de l'abattement est plafonnée à 164 544 € (soit 41 136 × 4), soit un abattement maximal de : 164 544 × 1,75 % = 2 879,52 €.

2) Pour un contrat de travail à temps plein prenant fin au 31.01.2022, l'assiette de l'abattement est plafonnée à 13 712 € (soit 3 428 × 4), soit un abattement maximal de : 13 712 × 1,75 % = 239,96 €.

3) Pour une embauche le 26.09.2022, l'assiette de l'abattement est plafonnée à : (5/30 × 3 428 × 4) + (3 428 × 3 × 4) = 43 421,33 €, soit un abattement maximal de : 43 421,33 × 1,75 % = 759,87 €.

Le plafond à retenir est celui qui correspond à la périodicité de la paie en usage dans l'entreprise. Par exemple, pour une paie versée mensuellement, l'abattement de 1,75 % est appliqué sur la part des rémunérations inférieure à 4 plafonds mensuels (lettre-circ. ACOSS 2012-32 du 19 mars 2012, Q/R 1).

Le seuil s'applique à l'ensemble des rémunérations soumises à CSG et CRDS entrant dans le champ de l'abattement. En cas de cumul des fonctions de salarié et de mandataire social, il est fait masse des sommes perçues au titre de chacune des fonctions (BOSS, Assiette générale, § 290, 01/04/2021).

Une fois le plafond épuisé, la CSG (et la CRDS) sont calculées sur la fraction excédentaire, sans abattement.

Le seuil de 4 plafonds se régularise comme le plafond applicable aux cotisations de sécurité sociale (lettre-circ. ACOSS 2012-32 du 19 mars 2012, Q/R 8).

Revenus de remplacement

Assiette - Une CSG sur les revenus de remplacement est notamment prélevée sur (c. séc. soc. art. L. 136-1-2) :
- les allocations de chômage et assimilées ;
- les allocations d'*activité partielle** et de chômage-intempéries ;
- les pensions de retraite ou d'invalidité ;
- les allocations de préretraite ;
- les allocations versées au titre de la rémunération mensuelle minimale ;
- les allocations versées au titre des périodes non travaillées d'un congé de mobilité ;
- les allocations versées dans le cadre d'un congé de reclassement au titre des périodes non travaillées postérieures au préavis ;
- les allocations versées en cas de congé de conversion ;
- les indemnités journalières versées par la sécurité sociale ou, pour leur compte par les employeurs, à l'occasion de la maladie, la maternité, des accidents du travail et maladies professionnelles.

Abattement d'assiette - L'abattement d'assiette de 1,75 % pour frais professionnels n'est applicable qu'aux revenus de remplacement suivants (c. séc. soc. art. L. 136-2, I, 3°) :
- les allocations de chômage et assimilées ;
- les allocations d'activité partielle et de chômage-intempéries ;
- les allocations versées en cas de congé de conversion ;
- les allocations versées au titre de la rémunération mensuelle minimale.

Cet abattement n'est applicable ni aux indemnités journalières de sécurité sociale, ni aux allocations de préretraite, ni aux pensions de retraite et d'invalidité. Il est plafonné depuis le 1.01.2011.

Contribution sociale généralisée (CSG)

Taux - Le taux de CSG est fixé à (c. séc. soc. art. L. 136-8) :

- 6,20 % (dont 3,80 % déductibles du revenu imposable) sur les allocations de chômage, les indemnités d'activité partielle et revenus de remplacement assimilés (indemnités d'activité partielle de longue durée, allocations de chômage intempéries, allocations versées pendant les périodes non travaillées d'un congé de mobilité ou de reclassement, etc.) ainsi que sur les indemnités journalières de sécurité sociale (c. séc. soc. art. L. 136-8, II, 1°) ;

▶ À noter... Les allocations chômage peuvent toutefois être assujetties à un taux de 3,80 % ou être exonérées selon le revenu fiscal de référence du bénéficiaire (voir ci-après).

- 9,20 % (dont 6,80 % déductibles) sur les allocations de préretraite ou de cessation anticipée d'activité ayant pris effet depuis le 11.10.2007, sans possibilité d'exonération totale ou partielle ;
- 8,30 % (dont 5,90 % déductibles) sur les pensions de retraite et d'invalidité (c. séc. soc. art. L. 136-8, II, 2°).

Un taux « médian » de 6,60 % a été mis en place au 1.01.2019 (dont 4,20 % déductibles), pour les retraités dont le revenu fiscal de référence (RFR) est compris dans certaines limites (c. séc. soc. art. L. 136-8, III bis). Le cas échéant, les bénéficiaires de ces revenus peuvent bénéficier d'un taux réduit de CSG (3,80 %), d'une exonération de CSG ou d'un écrêtement.

Exonération totale ou partielle - Les pensions de retraite et d'invalidité ainsi que les allocations de chômage sont totalement exonérées de CSG/CRDS ou bénéficient d'un taux de CSG réduit (3,80 % au lieu du taux normalement applicable) sous condition de ressources (c. séc. soc. art. L. 136-1-2, II, 1° et 4° al. 1 ; L. 136-2, III et L. 136-8, III ; ord. 96-50 du 14 janvier 1996, art. 14).

En cas d'application d'un taux réduit de CSG à 3,80 %, la CRDS reste due.

La possibilité d'exonération totale de CSG ou de réduction de taux ne concerne pas :
- les indemnités journalières de sécurité sociale ;
- les allocations de préretraite ou de cessation anticipée d'activité ;
- depuis mars 2020, les indemnités d'activité partielle et les allocations versées au titre de la rémunération mensuelle minimale ;
- depuis le 1.01.2021, les allocations versées dans le cadre d'un congé de mobilité ou d'un congé de reclassement.

Par ailleurs, le prélèvement de la CSG ne peut pas ramener le montant de la rémunération d'activité et des allocations de chômage au-dessous du SMIC.

▶ À noter... À Mayotte, la CSG n'est pas applicable aux revenus de remplacement perçus sur ce territoire (circ. CNAV 2021-35 du 21 décembre 2021).

Le taux réduit s'applique si le revenu fiscal de référence est compris entre un montant plancher et un montant plafond, variant selon le nombre de parts de quotient familial auxquels l'intéressé a droit.

Pour les revenus de remplacement éligibles aux allégements de CSG versés en 2022, le taux réduit de CSG de 3,80 % est applicable aux personnes :
- dont le revenu fiscal de référence de l'avant-dernière année excède 11431 €, pour la première part de quotient familial (Guyane : 14 142 € ; autres DOM : 13 525 €) ;
- et dont les revenus perçus l'année N – 2 ou N – 3 sont inférieurs à 14944 €, pour la première part de quotient familial (Guyane : 17 125 € ; autres DOM : 16 349 €).

Ces valeurs sont majorées au-delà de la première part de quotient familial.

▶ Attention... Pour les périodes courant depuis le 1.01.2019, le pensionné (retraité ou invalide) ou le bénéficiaire d'allocations chômage ne bascule du taux réduit de CSG au taux supérieur que s'il dispose d'un « revenu fiscal de référence » au-delà du seuil d'application du taux réduit (3,80 %) pendant deux années civiles consécutives (c. séc. soc. art. L. 136-8). Pour cela, il faut donc retenir non seulement le revenu fiscal de l'avant-dernière année (N – 2), mais aussi celui de l'antépénultième année (N – 3). Tant que le seuil n'est pas dépassé pendant deux années de suite, le taux réduit de 3,80 % continue à s'appliquer.

L'exonération totale de CSG et de CRDS s'applique lorsque le revenu fiscal de référence de l'avant-dernière année est inférieur ou égal, pour la première part de quotient familial, à 11431 € (Guyane : 14 142 € ; autres DOM : 13 525 €), augmenté d'un certain montant au-delà de la première part de quotient familial (c. séc. soc. art. L. 136-8, III).

Les seuils d'assujettissement de la CSG (exonération, taux réduit, médian ou normal) sont revalorisés chaque année, en fonction de l'évolution en moyenne annuelle des prix à la consommation, hors tabac, constatée pour l'avant dernière année (avec arrondi à l'euro le plus proche, 0,50 € étant retenu pour 1 €).

Taux médian des retraités - Une catégorie « intermédiaire » de retraités, avec une CSG calculée au taux 6,60 % a été créée au 1.01.2019. Pour les revenus de remplacements attribués en

CSG sur revenus de remplacement 2022 : seuils de revenu fiscal de référence pour une part de quotient familial (circ. CNAV 2021-35 du 21 décembre 2021) **(1)**			
Dispositif	**France métropolitaine**	**Martinique, Guadeloupe, Réunion**	**Guyane**
Exo. totale de CSG/CRDS	Inférieur ou égal à 11 431 € (2)	Inférieur ou égal à 13 525 € (4)	Inférieur ou égal à 14 142 € (6)
CSG au taux réduit de 3,80 %	Supérieur à 11 431 € (2) et inférieur à 14 944 € (3)	Supérieur à 13 525 € (4) et inférieur à 16 349 € (5)	Supérieur à 14 142 € (6) et inférieur à 17 125 € (7)
CSG au taux médian de 6,60 % pour les pensions de retraite et d'invalidité CSG au taux de 6,20 % pour les allocations chômage	Supérieur à 14 944 € (3) (8) et inférieur à 23 193 € (9)	Supérieur à 16 349 € (5) (8) et inférieur à 23 193 € (9)	Supérieur à 17 125 € (7) (8) et inférieur à 23 193 € (9)
CSG au taux normal de 8,30 % pour les pensions de retraite et d'invalidité CSG au taux de 6,20 % pour les allocations chômage	23 193 € et plus (9)	23 193 € et plus (9)	23 193 € et plus (9)

(1) Pour 2022, le revenu fiscal de référence est celui mentionné sur l'avis d'imposition sur le revenu reçu en 2021 au titre des revenus de 2020. Toutefois, concernant le seuil de passage du taux réduit de CSG (3,80 %) au taux supérieur, il faut retenir, pour les périodes courant depuis le 1.01.2019, non seulement le revenu fiscal N – 2 mais aussi celui de N – 3 (2020 et 2019 pour 2022). Tant que le seuil n'est pas dépassé pendant deux années de suite, le taux réduit de 3,80 % continue à s'appliquer.
(2) + 3 052 € par demi-part supplémentaire ou 1 526 € par quart de part supplémentaire.
(3) + 3 990 € par demi-part supplémentaire ou 1 995 € par quart de part supplémentaire.
(4) + 3 357 € pour la première demi-part supplémentaire ou 1 679 € pour le premier quart de part supplémentaire. Pour chaque demi-part supplémentaire à compter de la 2e, + 3 052 € (ou 1 526 € par quart de part supplémentaire).
(5) + 4 387 € pour la première demi-part supplémentaire ou 2 194 € pour le premier quart de part supplémentaire. Pour chaque demi-part supplémentaire à compter de la 2e, + 3 990 € (ou 1 995 € par quart de part supplémentaire).
(6) + 3 510 € pour la première demi-part supplémentaire ou 1 755 € pour le premier quart de part supplémentaire. Pour chaque demi-part supplémentaire à compter de la 2e, + 3 052 € (ou 1 526 € par quart de part supplémentaire).
(7) + 4 588 € pour la première demi-part supplémentaire ou 2 294 € pour le premier quart de part supplémentaire. Pour chaque demi-part supplémentaire à compter de la 2e, + 3 990 € (ou 1 995 € par quart de part supplémentaire).
(8) CASA au taux de 0,30 % à partir de ce seuil.
(9) + 6 191 € par demi-part supplémentaire ou 3 096 € par quart de part supplémentaire.

2022, elle concerne les personnes dont le revenu fiscal de référence est compris entre 14 944 € et 23 193 € (pour une personne seule correspondant à 1 part en métropole) (c. séc. soc. art. L. 136-8, III bis ; circ. CNAV 2021-35 du 21 décembre 2021 ; lettre min. D 2021-0228198 du 17 décembre 2021).

Revenus du patrimoine et de placements

Au 1.01.2019, la CSG est prélevée au taux de 9,20 % sur les revenus du patrimoine et de placement (c. séc. soc. art. L. 136-8, I, 2°).

Recouvrement

La CSG est recouvrée par les URSSAF en même temps et sous les mêmes conditions que les cotisations habituellement dues pour chaque catégorie de revenus (c. séc. soc. art. L. 136-5).

Par ailleurs, les employeurs doivent la faire figurer sur le *bulletin de paie**, agrégée avec la CRDS (c. trav. art. R. 3243-2), en faisant apparaître la CSG et la CRDS non déductibles, d'une part, et la CSG déductible, d'autre part.

☛ *Contribution pour le remboursement de la dette sociale (CRDS) ; Détachement à l'étranger.*

Contribution sociale de solidarité

Certaines sociétés dont le chiffre d'affaires hors taxes réalisé l'année précédente excède un certain montant (19 millions d'euros pour la C3S due en 2022) sont redevables d'une contribution sociale de solidarité (C3S) dont le taux est fixé à 0,16 % (c. séc. soc. art. L. 137-32).

Sociétés assujetties

Sont assujettis à la contribution sociale de solidarité (c. séc. soc. art. L. 137-30) **:**

- les sociétés anonymes, SELAFA et les sociétés par actions simplifiées (quelles que soient la nature et la répartition de leur capital) ;

- les sociétés à responsabilité limitée et les SELARL, y compris les EURL ayant opté pour le régime fiscal des sociétés de personnes ;

- les sociétés en commandite simple ou par actions et SELCA ;

- les personnes morales de droit public, dans les limites de leur activité concurrentielle ;

- les groupements d'intérêt public (GIP) assujettis à la TVA (sauf ceux assujettis selon les règles prévues à l'article 256 B du CGI) ;

- les personnes morales dont le siège est situé hors de la France métropolitaine ou des départements d'outre-mer (DOM), à raison des affaires réalisées sur ce territoire et les rendant passibles de l'impôt sur les sociétés en France ;

- les sociétés en nom collectif ;

- les groupements d'intérêt économique ;

- les groupements européens d'intérêt économique à raison des affaires réalisées sur le territoire de la France métropolitaine ou des DOM ;

- les établissements et entreprises mentionnés aux I et II de l'article L. 511-1 du code monétaire et financier, tels que les établissements de crédit, les banques mutualistes, les compagnies et sociétés financières, les institutions financières spécialisées (c. mon. et fin. art. L. 511-1 et livre V, titre 1er, chap. I à VII et chap. VIII, section 2) **;**

- les entreprises ou sociétés d'assurances, de capitalisation et de réassurances de toute nature (régies par le code des assurances), les mutuelles et unions de mutuelles relevant du code de la mutualité (livre II) ainsi que les institutions de prévoyance et les unions d'institutions de prévoyance relevant du code de la sécurité sociale (titre III du livre IX) ou du code rural et de la pêche maritime (titre VII du livre VII) ;

- les fonds de retraite professionnelle supplémentaire mentionnés à l'article L. 381-1 du code des assurances, les mutuelles ou unions de retraite professionnelle supplémentaire mentionnées à l'article L. 222-12 du code de la mutualité et les institutions de retraite professionnelle supplémentaire ;

- les sociétés ou organismes non visés précédemment qui exercent leur activité sous la forme d'une coopérative (loi 47-1775 du 10 septembre 1947 portant statut de la coopération), **sauf exceptions** (loi 83-657 du 20 juillet 1983, titre I ; c. rural art. L. 521-1, L. 931-5, L. 931-24 et L. 931-28 ; c. transports art. L. 3441-2 et L. 4431-2) **;**

- les sociétés européennes au sens de l'article L. 229-1 du code de commerce et les sociétés coopératives européennes (règlt CE 2003/1435 du 22 juillet 2003).

Les sociétés ou entreprises énumérées ci-avant doivent exister au 1er janvier de l'année au titre de laquelle les contributions sont dues (c. séc. soc. art. L. 137-32).

▶ À noter… Depuis le 1.01.2015, les coopératives d'artisans et d'entreprises de transport sont exonérées de contribution sociale de solidarité des sociétés (C3S). Sont visées : les sociétés coopératives artisanales et leurs unions (loi 83-657 du 20 juillet 1983, titre I), les sociétés coopératives d'entreprises de transport routier (c. transports art. L. 3441-2), les sociétés coopératives artisanales de transport fluvial (c. transports art. L. 4431-2), les sociétés coopératives maritimes et leurs unions (c. rural, art. L. 931-5 et L. 931-24), les sociétés coopératives d'intérêt maritime (c. rural art. L. 931-28) ainsi que les coopératives agricoles (c. rural art. L. 521-1).

Entreprises exonérées

Sont exonérées de la contribution (c. séc. soc. art. L. 137-31) **:**

- les sociétés d'habitation à loyer modéré et de crédit immobilier régies par les articles L. 411-1 et suivants du code de la construction et de l'habitation, ainsi que les unions de ces sociétés ;

- les sociétés immobilières de copropriété régies par les articles L. 212-1 à L. 212-13 du code de la construction et de l'habitation ;

- les sociétés d'économie mixte de construction ou d'aménagement pour les activités qu'elles réalisent dans le cadre des missions de service d'intérêt général mentionnées aux 11e, 12e et 13e alinéas de l'article L. 411-2 du code de la construction et de l'habitation ;

- les sociétés de rédacteurs de presse ;

- les sociétés ayant pour activité principale la gestion à but non lucratif d'immeubles qu'elles louent ou affectent à des fins charitables, éducatives, sociales, sanitaires, culturelles ou cultuelles ;

- les sociétés d'investissement à capital variable ou à capital fixe (c. mon. et fin. art. L. 214-7 à L. 214-7-4, L. 214-24-29 à L. 214-24-33 et L. 214-127 à L. 214-135) **;**

- les sociétés d'aménagement foncier et d'établissement rural (SAFER) ;

- les SNC et les GIE constitués exclusivement entre des sociétés exonérées pour la réalisation d'opérations que ces sociétés peuvent mettre en œuvre directement avec le bénéfice de l'exonération ;

- les sociétés coopératives maritimes qui ont pour objet exclusif soit l'avitaillement, soit l'armement de leurs associés coopérateurs (loi 83-657 du 20 juillet 1983, titre III, chap. 1). Concernant les autres sociétés coopératives exonérées, voir ci-avant ;
- les sociétés de libre partenariat (c. mon. et fin. art. L. 214-154).

Notons, par ailleurs, que n'étant pas visées par les textes, les associations loi 1901 sont exclues du champ d'application de la contribution.

Toutes les entreprises ayant un chiffre d'affaires 2021 inférieur ou égal à 19 millions d'euros sont exonérées de C3S en 2022.

Assiette et taux

La contribution sociale de solidarité des sociétés est assise sur le chiffre d'affaires hors taxe après application d'un abattement de 19 millions d'euros (c. séc. soc. art. L. 137-32 et L. 137-33). En conséquence, en 2022, les entreprises ayant un chiffre d'affaires hors taxe 2021 inférieur ou égal à ce seuil sont exonérées de C3S. Celles ayant un chiffre d'affaires hors taxe excédant 19 millions d'euros, sont redevables de la contribution sur leur chiffre d'affaires diminué de ce seuil.

Le taux de la C3S est fixé à 0,16 % du chiffre d'affaires hors taxes (c. séc. soc. art. L. 137-32). Il peut être réduit dans certains cas (pour les sociétés de commerce international et intracommunautaire, les sociétés de négoce en gros de combustibles et de commerce de détail de carburants, et les sociétés effectuant des transactions importantes avec les producteurs agricoles sous certaines conditions).

Déclaration et paiement

Modalités de déclaration - La déclaration doit être effectuée par toutes les entreprises assujetties ayant un chiffre d'affaires supérieur à 19 millions d'euros. Elle doit être effectuée, par voie dématérialisée, le 15 mai au plus tard de l'année qui suit celle au titre de laquelle a été réalisé le chiffre d'affaires sur lequel la contribution est assise (www.net-entreprises.fr) (c. séc. soc. art. L. 137-35).

Taxation d'office - Lorsque l'entreprise assujettie n'a pas effectué la déclaration de son chiffre d'affaires selon les modalités ou dans les délais requis, le chiffre d'affaires sur lequel est assise la contribution est fixé d'office par l'organisme de recouvrement à partir des éléments dont il dispose ou des comptes annuels dont il est fait publicité. Lorsque le chiffre d'affaires estimé est supérieur à 19 millions d'euros, les montants dus sont réclamés à titre provisionnel, par voie de mise en demeure (c. séc. soc. art. L. 137-33).

Majoration pour retard ou défaut de déclaration - Le défaut ou le retard de déclaration entraîne l'application d'une majoration fixée dans la limite de 10 % des contributions dues (c. séc. soc. art. L. 137-36, I). Cette majoration s'applique sur le montant dû par le redevable, qu'il résulte :
- de la déclaration produite tardivement ;
- ou de la fixation d'office de la contribution en cas de défaut de déclaration.

Toute déclaration rectificative déposée par le redevable après l'expiration du délai légal est considérée comme tardive et donne lieu, en conséquence, à l'application de la majoration pour retard de déclaration.

Date de paiement - La contribution est due si le chiffre d'affaires de l'entreprise tel que déclaré à l'administration fiscale est supérieur à 19 millions d'euros. La contribution est exigible le 15 mai de l'année qui suit la réalisation du chiffre d'affaires concerné (c. séc. soc. art. L. 137-32 et L. 137-35).

Le recouvrement de la C3S est assuré par le réseau des URSSAF. Les informations relatives à cette contribution sont disponibles sur le site « www.urssaf.fr ». C'est l'URSSAF de la région Provence-Alpes-Côte d'Azur qui assure la gestion de cette contribution (ord. 2018-470 du 12 juin 2018, art. 10, III, JO du 13). En pratique, la déclaration et le paiement sont toujours effectués via le site « net-entreprises.fr. »

Majorations pour retard de paiement - Une majoration fixée dans la limite de 10 % est appliquée de plein droit à la C3S qui n'a pas été acquittée aux dates limites de versement. Toute contribution restée impayée plus de 1 an après ces dates est augmentée d'une nouvelle majoration fixée dans la limite de 4,80 % par année ou par fraction d'année de retard (c. séc. soc. art. L. 137-37).

▶ À noter… Les majorations pour retard de déclaration et de paiement peuvent être modulées par le directeur de l'organisme de recouvrement (c. séc. soc. art. D. 137-33, al. 3).

Remise gracieuse des majorations - Les entreprises peuvent, sous certaines conditions, bénéficier d'une remise totale ou partielle des majorations qui leur sont notifiées. La recevabilité de la demande est soumise aux conditions suivantes (c. séc. soc. art. R. 243-20) :
- le règlement de la totalité de la contribution ayant donné lieu à l'application des majorations,

- ou la souscription d'un plan d'apurement avec l'organisme de recouvrement dont relève l'entreprise.

Paiement dématérialisé - Les sociétés et les entreprises dont le chiffre d'affaires hors taxes est supérieur à 19 millions d'euros sont tenues d'effectuer la déclaration relative à la C3S et son paiement par voie dématérialisée, en utilisant les services de télédéclaration et de télérèglement mis à leur disposition.

Si la déclaration n'a pas été effectuée par voie dématérialisée, une majoration de 0,20 % du montant de la C3S est appliquée à la société ou entreprise redevable. De même, si tout ou partie de la C3S n'a pas été payé par un moyen de paiement dématérialisé, la somme payée selon un moyen « non conforme » est majorée de 0,20 % (c. séc. soc. art. L. 137-35).

Contrôle des déclarations

Modalités de contrôle - La déclaration relative à la C3S peut faire l'objet d'un contrôle auprès (c. séc. soc. art. L. 137-34) :

- de l'administration fiscale qui communique à l'organisme de recouvrement de la C3S les éléments nécessaires à la détermination de l'assiette et du montant de cette contribution (LPF art. L. 152) ;
- des sociétés concernées.

Demande de renseignements - Les sociétés et entreprises redevables de la C3S sont tenues de fournir, à la demande de l'organisme de recouvrement, tous renseignements et documents nécessaires à la détermination de l'assiette de la contribution et de son montant dans un délai de 60 jours (c. séc. soc. art. L. 137-34, II).

Éléments fournis dans les délais- Si les éléments sont fournis dans le délai et qu'ils révèlent une sous-déclaration de l'entreprise (insuffisance dans le chiffre d'affaires), une lettre lui notifiant le montant de la rectification envisagée lui est envoyée par lettre recommandée avec avis de réception. L'entreprise a alors 30 jours pour faire part de sa réponse. Passé ce délai et à défaut de règlement, l'action en recouvrement par voie de mise en demeure pourra être engagée (c. séc. soc. art. L. 137-34, IV).

Éléments non fournis dans les délais - Si aucun élément n'est fourni dans le délai, une lettre adressée en recommandé avec avis de réception notifie à l'entreprise le montant de la rectification envisagée nécessairement estimée. Le redevable a alors 30 jours pour faire part de sa réponse. Passé ce délai et à défaut de règlement, l'action en recouvrement par voie de mise en demeure pourra être engagée (c. séc. soc. art. L. 137-34, IV).

Réponse incomplète - Si la réponse demeure incomplète bien que des éléments soient fournis dans les délais, une mise en demeure est adressée à l'entreprise par lettre recommandée avec avis de réception lui ouvrant un nouveau délai de 30 jours pour produire les pièces manquantes (c. séc. soc. art. L. 137-34 II).

Dans ce cas, lorsque les éléments sont adressés dans le délai et qu'ils révèlent une sous-déclaration initiale de l'entreprise, une lettre notifiant le montant de la rectification envisagée est envoyée par lettre recommandée avec avis de réception. Le redevable aura alors 30 jours pour faire part de sa réponse. Passé ce délai et à défaut de règlement, l'action en recouvrement par voie de mise en demeure pourra être engagée.

Enfin, dès lors qu'aucun élément n'est fourni dans le délai ou que la réponse est incomplète, une lettre recommandée avec avis de réception notifie à l'entreprise le montant de la rectification envisagée nécessairement estimée. Le redevable aura alors 30 jours pour faire part de sa réponse. Passé ce délai et à défaut de règlement, l'action en recouvrement par voie de mise en demeure pourra être engagée (c. séc. soc. art. L. 137-34, IV).

Insuffisance, omission ou dissimulation - En cas d'inexactitude, d'insuffisance, d'omission ou de dissimulation constatées dans les éléments servant au calcul de la contribution, l'organisme de recouvrement notifie au redevable un document mentionnant l'objet des opérations de contrôle, les documents consultés, la période vérifiée, le mode de calcul et le montant des rectifications envisagées (c. séc. soc. art. L. 137-34, IV). Une majoration est alors applicable sur le supplément de contribution mis à la charge du redevable (c. séc. soc. art. L. 137-36, II) *(voir ci-après)*.

Majorations applicables - L'entreprise ou la société qui n'a pas répondu à la demande de l'organisme ou dont la réponse est restée insuffisante malgré l'envoi d'une mise en demeure est redevable d'une majoration fixée dans la limite de 5 % du montant des sommes dues par le redevable (c. séc. soc. art. L. 137-34, III). Cette majoration de 5 % est appliquée en cas de (circ. DSS/5D 2011-316 du 1er août 2011) :

- défaut de réponse, dans un délai de 60 jours, à la demande de renseignements et de documents de l'organisme de recouvrement,

- ou de réponse insuffisante dans le délai de 60 jours à la demande de renseignements et de documents de l'organisme de recouvrement suivie d'une réponse insuffisante dans le délai de 30 jours, à la mise en demeure d'avoir à compléter la réponse,
- ou de réponse insuffisante dans le délai de 60 jours à la demande de renseignements et de documents de l'organisme de recouvrement, et défaut de réponse, dans le délai de 30 jours, à la mise en demeure d'avoir à compléter la réponse des éléments attendus.

En cas d'inexactitude, d'insuffisance, d'omission ou de dissimulation constatées dans les éléments servant au calcul de la contribution, la majoration est fixée dans la limite de 10 % du montant du supplément de contribution mis à la charge du redevable (c. séc. soc. art. L. 137-34, IV et L. 137-36, II).

Ces majorations peuvent faire l'objet de la procédure de remise gracieuse *(voir ci-avant)*.

▶ À noter… Le directeur de l'organisme en charge du recouvrement peut toutefois moduler ces taux (c. séc. soc. art. D. 137-33, al. 3).

Le cas échéant, la modulation des majorations est de la compétence exclusive du directeur de l'organisme de recouvrement. Si l'entreprise exerce un recours, le tribunal ne pourra pas revenir sur la décision « au fond » de cet organisme (cass. civ. 2e ch., 12 mars 2015, n° 14-12820, BC II n° 59), son contrôle se limitera ainsi à vérifier le respect de la procédure.

Recours possible - Les contestations relatives à la C3S relèvent des juridictions du *contentieux de la sécurité sociale**.

Contribution solidarité autonomie

La contribution de solidarité pour l'autonomie (CSA), à la charge de l'employeur, est une imposition de toute nature, destinée au financement de la Caisse nationale de solidarité pour l'autonomie (c. trav. art. L. 3133-7 ; c. séc. soc. art. L. 137-40).

Employeurs assujettis à la CSA

Employeurs redevables de la cotisation maladie - Cette contribution est due par l'ensemble des employeurs (publics et privés) redevables d'une cotisation patronale destinée au financement d'un régime français de base de l'assurance maladie (c. séc. soc. art. L. 137-40).

Les associations, congrégations et collectivités religieuses sont redevables de la contribution pour leur personnel affilié à l'assurance maladie.

Si un salarié change d'employeur en cours d'année, chacun d'eux est redevable de la contribution dès lors que le salarié en question est assujetti au paiement de la cotisation d'assurance maladie.

L'employeur reste redevable de la contribution en cas de détachement du salarié à l'étranger avec maintien à un régime français de sécurité sociale d'assurance maladie. La contribution cesse, en revanche, d'être due en cas d'expatriation et plus généralement à partir du moment où le salarié n'est plus soumis à la législation française de sécurité sociale (circ. DSS/5B 2004-622 du 22 décembre 2004).

Employeurs étrangers - En vertu du principe de territorialité, les employeurs étrangers qui emploient des salariés travaillant en France sont tenus de payer la contribution (circ. DSS/5B 2004-622 du 22 décembre 2004). Il existe cependant 2 exceptions à ce principe :
- lorsque des salariés étrangers détachés en France restent soumis à la législation de sécurité sociale de leur pays d'origine ;
- lorsque des personnes exercent simultanément plusieurs activités salariées dans plusieurs États membres de l'Union européenne : dans ce cas, un seul régime est applicable à l'ensemble des activités (celui de l'État de résidence ou celui où est exercée l'activité). Si le régime français de sécurité sociale est applicable, la cotisation autonomie est à régler tandis que, s'il est fait application d'un régime étranger, le prélèvement n'est pas dû.

Rémunérations et assiette

Rémunérations concernées - La CSA est due sur la rémunération versée aux personnes affiliées au régime d'assurance maladie du régime général de la sécurité sociale (qu'il soit applicable en métropole ou dans les départements d'outre-mer), au régime des salariés agricoles, à l'un des régimes spéciaux visés par l'article L. 711-1 du code de la sécurité sociale ou à l'un des régimes sociaux de l'une des assemblées parlementaires. Elle est calculée sur la même assiette que les cotisations d'assurance maladie.

▶ À noter… Les rémunérations des salariés affiliés à un régime d'assurance maladie étranger ou à un régime de sécurité sociale français autonome (ex. : Nouvelle-Calédonie, Saint-Pierre-et-Miquelon) ne sont pas soumises à cette contribution (circ. DSS/5B 2004-307 du 1er juillet 2004).

Assiette de la contribution - La CSA est assise sur la rémunération brute soumise à cotisations de sécurité sociale (circ. DSS/5B 2004-307 du 1er juillet 2004).

Lorsque les cotisations d'assurance maladie sont calculées sur une base forfaitaire, la contribution est calculée sur cette même base. Si l'employeur et/ou le salarié ont la faculté d'opter pour une assiette forfaitaire ou le salaire réel, une option différente ne pourra pas être choisie pour le calcul de la cotisation d'assurance maladie et pour celui de la contribution solidarité autonomie.

Lorsque le montant des cotisations de sécurité sociale est fixé forfaitairement, le montant de la contribution est considéré comme inclus dans la cotisation forfaitaire à la charge de l'employeur. Le montant des cotisations patronales demeure donc inchangé.

Pour les stagiaires, la contribution est due sur la partie non exonérée de la gratification par l'entreprise d'accueil lorsque celle-ci est redevable de la cotisation patronale d'assurance maladie.

Taux - La CSA est prélevée au taux de 0,30 %. Elle est exclusivement à la charge de l'employeur.

Elle reste due en totalité pour les catégories qui bénéficient d'un abattement de taux (artistes du spectacle, journalistes, professions médicales).

Exonération

L'employeur reste, en principe, redevable de la contribution, même s'il bénéficie par ailleurs d'une exonération de cotisations patronales de sécurité sociale.

Toutefois, depuis le 1.01.2015, elle entre dans le champ de la *réduction générale de cotisations patronales** (c. séc. soc. art. L. 241-13).

Depuis le 1.01.2019, elle est également dans le champ de l'exonération spécifique à certains départements d'outre-mer (Guadeloupe, Guyane, Martinique, La Réunion) et de l'exonération applicable au titre des aides à domicile employés par les structures de services à la personne.

Hors ces cas, le bénéfice d'une exonération de cotisations patronales au titre d'un salarié ne signifie pas qu'il y a exonération de CSA. Une rémunération n'est en effet exonérée de CSA que si l'employeur est exonéré de toutes les cotisations et contributions sociales patronales d'origine légale ou conventionnelle (circ. DSS/5B 2004-307 du 1er juillet 2004).

▶ À noter… Sur les aides en soutien aux entreprises pour faire face à la crise sanitaire et ses conséquences économiques, voir *Covid-19 (exonérations et aides au paiement des cotisations)**.

Recouvrement de la CSA

La CSA est recouvrée dans les mêmes conditions et sous les mêmes garanties que la cotisation d'assurance maladie.

Elle peut être mentionnée sur le bulletin de paie ; cependant, elle ne fait pas partie des mentions obligatoires.

Le montant de la contribution doit, en principe, être porté sur la *déclaration sociale nominative (DSN)**.

☛ *Contribution additionnelle de solidarité pour l'autonomie (retraite, invalidité et préretraite) ; Journée de solidarité.*

Contributions de retraite et de prévoyance

Retraite complémentaire

Assiette des cotisations - L'assiette des cotisations de retraite complémentaire est alignée sur celle des cotisations de sécurité sociale, sous réserve de quelques exceptions (ex. : certaines bases forfaitaires) (ANI AGIRC-ARRCO du 17 novembre 2017, art. 30).

En 2018, l'AGIRC-ARRCO s'est alignée sur les règles de sécurité sociale pour la détermination des taux et plafonds de cotisations applicables (rattachement à la période d'emploi, prorata de plafond etc.) (circ. AGIRC-ARRCO 2017-9 DRJ du 27 octobre 2017).

La déclaration des rémunérations permettant de définir l'assiette des cotisations est réalisée via la *déclaration sociale nominative (DSN)** (ANI AGIRC-ARRCO du 17 novembre 2017, art. 44, 1).

Cotisations - Le régime unifié AGIRC-ARRCO entré en vigueur en 2019 ne fait plus de distinction entre les cadres et les non-cadres. Les cotisations sont dues en principe sur 2 tranches de rémunération :
- tranche 1 : de 0 à 1 plafond de la sécurité sociale ;
- tranche 2 : de 1 à 8 plafonds de la sécurité sociale.

Par dérogation, les entreprises ou secteurs appliquant, au 31.12.2018, des assiettes supérieures en application d'une obligation antérieure au

2.01.1993 (adhésion, accord collectif, convention collective, reprise d'entreprise...) continuent à les appliquer (ANI AGIRC-ARRCO du 17 novembre 2017, art. 32, 2).

Les taux effectifs des cotisations dues par l'employeur et le salarié correspondent aux « taux de calcul des points », multipliés par un pourcentage d'appel. Seuls les montants de cotisations versés au titre des taux de calcul des points permettent d'acquérir des points de retraite. La part des cotisations correspondant au taux d'appel n'est pas génératrice de droits (elle sert à équilibrer le régime AGIRC-ARRCO).

Aux contributions de retraite complémentaire proprement dites, s'ajoute une contribution d'équilibre général en tranches 1 et 2 et, pour les salariés dont le revenu excède le plafond, une contribution d'équilibre technique, également sur tranches 1 et 2.

Dans tous les cas, la répartition entre l'employeur et le salarié est par principe de 60 %/40 % (règle dite des « 60/40 »).

Par dérogation et sous conditions, les employeurs qui appliquaient, au 31.12.2018, des taux et/ou répartitions dérogatoires continuent à les appliquer (ANI AGIRC-ARRCO du 17 novembre 2017, art. 35, 2 et 39).

Sur la cotisation dite au titre de l'assurance décès des cadres, voir *Cotisation d'assurance décès**.

APEC - La cotisation *APEC** est prélevée sur la rémunération des cadres « art. 4 » et « art. 4 bis ». Bien qu'il ne s'agisse pas d'une cotisation de retraite au sens strict, l'APEC est également collectée par les caisses AGIRC-ARRCO.

Paiement mensuel (plus de 9 salariés) - Les entreprises de plus de 9 salariés sont tenues de régler leurs cotisations de retraite complémentaire mensuellement ; celles de moins de 10 salariés peuvent opter, sous certaines conditions, pour ce paiement mensuel.

Les versements de cotisations donnent lieu à une régularisation progressive (c. séc. soc. art. R. 243-10 ; al. 3). Les cotisations doivent être versées dans le délai d'un mois suivant leur date d'exigibilité, laquelle est fixée :

- pour un salaire payé au cours de chaque mois civil : le 1er jour du mois civil suivant ;
- pour un salaire payé au cours de chaque trimestre civil : le 1er jour du trimestre civil suivant.

Concrètement, le versement des cotisations doit être effectif au 25 du mois. Les cotisations qui n'ont pas été acquittées à la date limite de paiement sont affectées de majorations de retard (ANI AGIRC-ARRCO du 17 novembre 2017, art. 44).

Par ailleurs, les entreprises dans le champ de la DSN doivent se conformer à un paiement par établissement ou un paiement par entreprise, sauf exceptions (ex. : entreprises ou établissements concerné (e)s par les compétences catégorielles) (circ. AGIRC-ARRCO 2019-06 DPR du 4 mars 2019).

Régime social (exonération)- Les contributions patronales destinées au financement des régimes de retraite complémentaire légalement obligatoires qui obéissent à un principe de répartition (tels que l'AGIRC-ARRCO) sont exclues de l'assiette des cotisations de sécurité sociale et, par alignement, de celle de la CSG et de la CRDS, comme de celle

Contributions du régime unifié AGIRC-ARRCO 2021 (cas général) (1)

	Tranches	Taux de calcul des points	Taux effectif	Répartition (2)	
				Part salariale (2)	Part patronale (2)
Retraite complémentaire	Tranche 1 (de 0 à 1 PSS)	6,20 %	7,87 % (3)	3,15 %	4,72 %
	Tranche 2 (de 1 à 8 PSS)	17 %	21,59 % (3)	8,64 %	12,95 %
Contribution d'équilibre général (tous salariés)	Tranche 1 (de 0 à 1 PSS)	-	2,15 %	0,86 %	1,29 %
	Tranche 2 (de 1 à 8 PSS)	-	2,70 %	1,08 %	1,62 %
Contribution d'équilibre technique (salariés rémunérés au-delà du plafond)	Tranches 1 + 2 (de 0 à 8 PSS)		0,35 %	0,14 %	0,21 %

PSS = Plafond de la sécurité sociale (3 428 € par mois en 2022).
(1) Hors taux ou règles de répartition dérogatoires.
(2) Pour une répartition « employeur - salarié » de 60 % 40 % (circ. AGIRC-ARRCO 2018-10 DRJ du 26 décembre 2018).
(3) Taux effectif = taux de calcul des points × 127 % (taux d'appel).

des cotisations de retraite complémentaire (c. séc. soc. art. L. 136-1-1, III, 2° b ; L. 242-1, I ; circ. DSS/5B 2006-330 du 21 juillet 2006 ; circ. DSS/5B 2006-36 du 24 juin 2006 ; circ. AGIRC-ARRCO 2006-1 du 8 février 2006).

Cette exclusion d'assiette ne s'applique qu'à hauteur de la part patronale telle qu'elle résulte de la répartition « part salariale/part patronale » de droit commun (circ. AGIRC-ARRCO 2019-1 du 9 janvier 2019, fiche 5).

Allégements - Depuis le 1.01.2019, les contributions patronales AGIRC-ARRCO ont été intégrées au périmètre des cotisations couvertes par la *réduction générale de cotisations patronales** (circ. AGIRC-ARRCO 2019-19 DRJ du 23 décembre 2019) et d'autres allégements calqués sur son modèle, notamment l'exonération « aide à domicile » dont peuvent bénéficier, sous conditions, les structures privées d'*accueil et aide à domicile**.

Recouvrement - Il était prévu que le recouvrement des cotisations AGIRC-ARRCO soit transféré des caisses AGIRC-ARRCO vers les URSSAF au 1.01.2022 (loi 2019-1446 du 24 décembre 2019, art. 18, II, 6°, JO du 27 ; c. séc. soc. art. L. 213-1 au 1.01.2022), sachant que le législateur s'était ménagé la possibilité de reporter ou d'avancer par décret le calendrier de ce transfert (le report ou l'anticipation ne pouvant pas excéder 2 ans par rapport à l'échéance normalement prévue) (loi 2019-1446 du 24 décembre 2019, art. 18, XII, 7°, JO du 27).

Finalement, ce transfert a été décalé aux cotisations dues au titre des périodes d'activité courant à compter du 1.01.2023 (décret 2021-1532 du 26 novembre 2021, JO du 28).

▶ **À noter…** Le transfert du recouvrement des cotisations vers le réseau des URSSAF en 2023 doit aussi s'accompagner de la charge du contrôle des cotisations AGIRC-ARRCO.

Retraite supplémentaire et prévoyance complémentaire

Régimes collectifs et obligatoires - Les contributions des employeurs destinées au financement de prestations de *retraite supplémentaire** et de *prévoyance** complémentaire sont exclues de l'assiette des cotisations de sécurité sociale dans certaines limites, à la condition que les droits à prestations qu'elles financent soient versés par un organisme habilité et qu'il s'agisse d'un régime collectif et obligatoire mis en place selon une procédure déterminée (c. séc. soc. art. L. 242-1, II, 4° ; circ. DSS/5B 2009-32 du 30 janvier 2009 ; lettre-circ. ACOSS 2011-36 du 24 mars 2011). Pour plus de détails, voir *Contributions de retraite et de prévoyance (régimes collectifs et obligatoires)**.

Régimes collectifs à adhésion facultative (dits « art. 82 ») - Les contributions patronales finançant ces régimes de *retraite supplémentaire** sont assujetties à cotisations de sécurité sociale et aux charges ayant la même assiette en intégralité.

Contributions sur certains régimes de retraite à prestations définies

L'employeur est redevable d'une *contribution sur les régimes de retraite à prestations définies** qui, depuis le 1.01.2020, sont à droits certains (c. séc. soc. art. L. 137-11-2). Les régimes à prestations définies conditionnant les droits du salarié à l'achèvement de sa carrière dans l'entreprise (dits « à droits aléatoires ») fermés à de nouvelles affiliations depuis au moins le 20.05.2014 relèvent d'une autre contribution patronale spécifique (c. séc. soc. art. L. 137-11).

☛ *APEC ; Contributions de retraite et de prévoyance (régimes collectifs et obligatoires) ; Contribution sur les régimes de retraite à prestations définies ; Cotisation d'assurance décès ; Prévoyance ; Prévoyance (couverture minimale frais de santé) ; Retraite supplémentaire.*

Contributions de retraite et de prévoyance (régimes collectifs et obligatoires)

Sous certaines conditions et dans certaines limites, les cotisations patronales finançant des régimes de retraite supplémentaire et de prévoyance complémentaire bénéficient d'un régime social de faveur.

Conditions d'exonération (sécurité sociale)

Conditions communes - Les contributions des employeurs destinées au financement de prestations de retraite supplémentaire et de prestations de prévoyance complémentaire versées au bénéfice de leurs salariés, anciens salariés et de leurs ayants droit sont exclues de l'assiette des cotisations de sécurité sociale dans certaines limites *(voir ci-après)*, sous diverses conditions (c. séc. soc. art. L. 242-1, II, 4°) :

- le régime doit être mis en place selon une procédure déterminée : accord collectif de travail, référendum ou décision unilatérale de l'employeur ;

- les prestations financées doivent être versées par un organisme habilité : institutions de prévoyance, mutuelles, assurances, institutions de gestion de retraite supplémentaire ;
- pour les régimes mis en place depuis le 1.01.2005, les contributions patronales ne doivent pas se substituer à des éléments de salaire ;
- il doit s'agir d'un régime collectif *(voir ci-après)* ;
- il doit s'agir d'un régime à adhésion obligatoire *(voir ci-après)*.

▶ À noter… Un volet relatif à la protection sociale complémentaire (non paru au 1.01.2022) doit être intégré au *Bulletin officiel de la sécurité sociale (BOSS)**.

Conditions spécifiques - Les conditions communes précitées se doublent de règles spécifiques aux régimes de retraite supplémentaire et aux régimes de prévoyance complémentaire *(voir ci-après)*.

▶ À noter… Les garanties financées doivent concerner des prestations complémentaires ou supplémentaires à celles servies par les régimes de base de la sécurité sociale. La dépendance est assimilée au nombre des risques de prévoyance et les contributions la finançant sont exclues de la base des cotisations même si elle ne constitue pas un risque de base.

Caractère collectif du régime

Notion - Les garanties de prévoyance complémentaire doivent bénéficier à titre collectif (c. séc. soc. art. R. 242-1-1 ; circ. DSS/SD5B 2013-344 du 25 septembre 2013 ; lettre-circ. ACOSS 2014-2 du 4 février 2014 ; lettre-circ. ACOSS 2015-45 du 12 août 2015) :
- à l'ensemble des salariés ;
- ou à une ou plusieurs catégories de salariés définies à partir de 5 critères objectifs (c. séc. soc. art. L. 242-1, II, 4°).

Catégories visées - Un régime couvrant uniquement une ou plusieurs catégories de salariés n'est pas regardé comme collectif au seul motif que ces catégories ont été définies par rapport aux critères admis. Il faut, au surplus, que la ou les catégories retenues permettent de couvrir tous les salariés que leur activité professionnelle place dans une situation identique au regard des garanties concernées (c. séc. soc. art. R. 242-1-1).

À cet égard, la réglementation établit des présomptions de caractère collectif (c. séc. soc. art. R. 242-1-2). Deux situations sont alors possibles selon la nature des garanties en cause et les critères utilisés pour définir les catégories de personnel auxquelles elles s'appliquent :
- soit il y a une présomption de couverture de l'ensemble des salariés placés dans une situation identique (autrement dit, le régime est présumé couvrir une ou plusieurs catégories objectives et peut être regardé comme collectif) ;
- soit il n'y a pas de présomption, et il appartient à l'employeur de justifier du caractère objectif des catégories instituées.

▶ Attention… À compter du 1.01.2022, le critère d'appartenance à la catégorie de « cadre » et de « non-cadre » (critère 1) se fait par renvoi aux articles 2.1 et 2.2 de l'ANI du 17 novembre 2017 relatif à la prévoyance des cadres, qui reprennent la définition des cadres dits « art. 4 » et « 4 bis » de l'ancienne convention AGIRC de 1947 (c. séc. soc. art. R. 242-1-1, 1°). Certains salariés définis par accord interprofessionnel ou professionnel ou convention de branche pourront aussi intégrer la catégorie des cadres, sous réserve que l'accord ou la convention soit agréé par la commission paritaire rattachée à l'APEC.

Quant au critère d'appartenance à une catégorie objective en référence aux limites des tranches de rémunération (critère 2), il se fait par renvoi à un seuil de rémunération qui peut être égal à 1, 2, 3, 4 ou à 8 fois le plafond annuel de la sécurité sociale, étant précisé qu'une catégorie ne peut pas être constituée en regroupant les seuls salariés dont la rémunération annuelle excède 8 fois le plafond (c. séc. soc. art. R. 242-1-1, 2°).

Jusqu'au 31.12.2024, les régimes dont les contributions patronales bénéficient du régime de faveur au 1.01.2022 peuvent continuer à bénéficier des exonérations en application des anciens critères 1 et 2 par renvoi aux anciens accords ARRCO de 1961 et AGIRC de 1947 s'ils ne sont pas conformes aux nouvelles règles, sous réserve qu'aucune modification des accords, conventions ou décisions unilatérales de l'employeur relative au champ des bénéficiaires des garanties n'intervienne avant cette même date (décret 2021-1002 du 30 juillet 2021, art. 2).

Condition d'ancienneté pour l'accès au régime
- Le régime peut, sans que son caractère collectif soit remis en cause, réserver l'accès aux garanties (c. séc. soc. art. R. 242-1-2) :
- aux salariés de plus de 12 mois d'ancienneté pour les prestations de retraite supplémentaire et les prestations destinées à couvrir des risques d'incapacité de travail, d'invalidité, d'inaptitude ou de

<table>
<tr><th colspan="6">Garanties couvrant une ou plusieurs catégories de salariés : présomptions de caractère collectif</th></tr>
<tr><th>Nature des prestations proposées par le régime</th><th>Critère 1 (catégories cadres/ non-cadres)</th><th>Critère 2 (seuil de rémunération)</th><th>Critère 3 (catégories des conventions collectives)</th><th>Critère 4 (sous-catégories des conventions collectives)</th><th>Critère 5 (catégories issues d'usages dans la profession, catégories spécifiques) (1)</th></tr>
<tr><td>Retraite</td><td colspan="3">Présomption de couverture de l'ensemble des salariés placés dans une situation identique (2)</td><td colspan="2" rowspan="2">Pas de présomption
Quelles que soient la ou les garanties en cause, l'employeur doit être en mesure de justifier que la ou les catégories retenues permettent de couvrir tous les salariés que l'activité professionnelle place dans une situation identique au regard des prestations concernées</td></tr>
<tr><td>Risque incapacité de travail (3)
Risque invalidité
Risque inaptitude
Risque décès (4)</td><td colspan="2">Présomption de couverture de l'ensemble des salariés placés dans une situation identique (2)</td><td>Présomption de couverture de l'ensemble des salariés placés dans une situation identique, à condition que l'ensemble des salariés soit couvert (5)</td></tr>
<tr><td>Prestations « Frais de santé »</td><td colspan="2">Présomption de couverture de l'ensemble des salariés placés dans une situation identique, à condition que l'ensemble des salariés soit couvert (5)</td><td colspan="3">Pas de présomption
Quelles que soient la ou les garanties en cause, l'employeur doit être en mesure de justifier que la ou les catégories retenues permettent de couvrir tous les salariés que l'activité professionnelle place dans une situation identique au regard des prestations concernées</td></tr>
</table>

(1) Appartenance (c. séc. soc. art. R. 242-1-1, 4°) :
- aux catégories définies clairement et de manière non restrictive à partir des usages constants, généraux et fixes en vigueur dans la profession ;
- ou au champ d'application d'un régime légalement ou réglementairement obligatoire assurant la couverture du risque concerné ou à certaines catégories spécifiques de salariés définies par les stipulations d'une convention collective, d'un accord de branche ou d'un accord national interprofessionnel caractérisant des conditions d'emploi ou des activités particulières.

(2) La ou les catégories définies sont présumées couvrir l'ensemble des salariés placés dans une situation identique au regard des garanties. Les catégories de salariés établies pour définir le périmètre du régime sont considérées comme objectives.

(3) Y inclus les garanties destinées à couvrir la perte de revenus en cas de maladie.

(4) La constitution d'une catégorie de salariés par l'utilisation des critères 1, 2 ou 3 ne peut être retenue pour la garantie décès que si ce risque est associé à au moins un des risques incapacité, invalidité, inaptitude. Cette restriction ne s'applique pas pour l'assurance décès obligatoire des cadres prévue par l'ANI du 17 novembre 2017 relatif à la prévoyance des cadres et financée par la contribution patronale de 1,50 % sur les salaires plafonnés.

(5) La ou les catégories définies sont présumées couvrir l'ensemble des salariés placés dans une situation identique au regard des garanties, à une condition : il faut que l'ensemble des salariés ait accès à une garantie de même nature, même s'il ne s'agit pas d'un régime identique. Si cette condition n'est pas remplie, la présomption ne joue pas et l'employeur doit justifier que la ou les catégories retenues sont objectives, à savoir qu'elles permettent de couvrir tous les salariés placés dans une situation identique au regard des garanties concernées.

décès ainsi que, précise l'administration, de dépendance (circ. DSS/SD5B 2013-344 du 25 septembre 2013, fiche 5, § VIII) ;

- aux salariés de plus de 6 mois d'ancienneté pour les garanties « frais de santé ».

Il est interdit de définir des catégories de salariés en fonction du temps de travail, de la nature du contrat, de l'âge ou de l'ancienneté des salariés (c. séc. soc. R. 242-1-1).

▶ À noter... Compte tenu de la généralisation de la couverture frais de santé au 1.01.2016 [voir *Prévoyance (couverture minimale frais de santé)**], aucun salarié ne peut être exclu d'une couverture « santé » au titre d'une condition d'ancienneté prévue par le régime (lettre-circ. ACOSS 2015-45 du 12 août 2015, § 3). Si tel était le cas, un salarié évincé pourrait attaquer son employeur devant le juge prud'homal. En revanche, une URSSAF ne peut pas fonder un redressement sur le fait que l'acte régissant un régime « frais de santé » collectif et obligatoire, conclu avant le 1.01.2016, prévoit une condition d'ancienneté d'au plus 6 mois (questions/réponses DSS du 29 décembre 2015, Q/R 1).

Uniformité de la contribution patronale - En principe, les contributions patronales doivent être fixées à un taux ou à un montant uniforme pour l'ensemble des salariés ou pour tous ceux d'une même catégorie, sauf dans les cas suivants (c. séc. soc. art. R. 242-1-4) :

- prise en charge par l'employeur de l'intégralité des contributions des salariés à temps partiel ou des apprentis dès lors que l'absence d'une telle prise en charge conduirait ces salariés à s'acquitter d'une contribution au moins égale à 10 % de leur rémunération brute ;

- modulation par l'employeur des contributions relatives à la couverture des garanties de prévoyance complémentaire en fonction de la composition du foyer du salarié ;
- en matière de prestations de retraite supplémentaire, d'incapacité de travail, d'invalidité ou d'inaptitude, mise en place de taux croissants en fonction de la rémunération dans la mesure où une progression au moins aussi importante est également appliquée aux contributions des salariés.

Identité des garanties - Les garanties offertes par le régime doivent être les mêmes pour tous les salariés ou pour tous ceux d'une même catégorie. En matière de prévoyance, le fait de prévoir des garanties plus favorables pour certains salariés en fonction des conditions d'exercice de leur activité ne remet pas en cause le caractère collectif de ces garanties (c. séc. soc. art. R. 242-1-3, al. 2). Le caractère collectif du régime n'est pas remis en cause s'il prévoit la possibilité, pour les salariés, de choisir de souscrire pour eux-mêmes ou leurs ayants droit des garanties supplémentaires ou la majoration des contributions patronales en cas de surcotisation effectuée par les salariés au titre de ces garanties supplémentaires. Dans ce dernier cas, la part des contributions de l'employeur aux garanties optionnelles souscrites ne bénéficie pas de l'exclusion de l'assiette et est donc assujettie à cotisations comme n'importe quel élément de rémunération (c. séc. soc. art. R. 242-1-5).

Caractère obligatoire

Adhésion au régime obligatoire - L'adhésion aux régimes de retraite supplémentaire ou de prévoyance complémentaire mis en place doit être obligatoire pour tous les salariés ou pour ceux entrant dans le champ des catégories de personnel couvertes (c. séc. soc. art. R. 242-1-6).

Réserves - Le principe de l'adhésion obligatoire s'entend sous deux réserves :
- l'éventuelle condition d'ancienneté prévue pour l'accès au régime *(voir ci-avant)* qui implique la non-affiliation des salariés n'ayant pas encore atteint le seuil requis ;
- les dispenses d'affiliation à la demande des salariés, lorsqu'elles sont possibles.

Certains cas de dispense sont spécifiques aux régimes frais de santé (ex : salariés déjà couverts par une assurance individuelle « frais de santé », bénéficiaires de la *complémentaire santé solidaire**) mais, d'une façon générale, les cas de dispense sont aussi applicables pour la prévoyance complémentaire entendue au sens large et pour la retraite supplémentaire. Si les dispenses d'affiliation à une complémentaire « frais de santé » ont été revues au 1.01.2016 *(voir tableau reproduit dans cette étude)*, celles plus globales (prévoyance complémentaire au sens large, retraite supplémentaire) devraient l'être pour tenir compte des premières, par décret non paru à l'heure où nous rédigeons cette étude.

▶ À noter… Il faut aussi tenir compte des dispenses ouvertes aux ayants droit (c. séc. soc. art. R. 242-1-6-2°, f) et D. 911-3).

Selon les cas, le salarié peut invoquer une dispense de droit, c'est-à-dire même lorsque le régime ne prévoit pas cette dispense ou, au contraire, sous réserve que le régime l'ait prévue.

Mise en œuvre des dispenses - Le salarié doit formuler sa demande de dispense au moment de l'embauche ou, si elle est postérieure :
- à la date de mise en place de la couverture « frais de santé » de l'entreprise ;
- au moment où prend effet la *complémentaire santé solidaire**, ou une autre couverture collective, pour les personnes intéressées par ces cas de dispense.

Le salarié doit déclarer (questions/réponses DSS du 29 décembre 2015, Q/R 3) :
- le cadre dans lequel la dispense est formulée (ex : bénéfice de la *complémentaire santé solidaire**) ;
- le cas échéant, la date de la fin du droit s'il est borné (ex : échéance du contrat individuel souscrit antérieurement à la mise en place du régime collectif dans l'entreprise).

L'entreprise n'a pas à prévoir la production d'autres pièces ou justificatifs. Une déclaration sur l'honneur du salarié suffit. Un formulaire type de la déclaration sur l'honneur à produire aurait dû être publié en janvier 2016 mais, au 1.01.2022, rien n'est paru.

En tout état de cause, l'employeur doit être en mesure de produire la demande de dispense du salarié (c. séc. soc. art. R. 242-1-6 et D. 911-2).

▶ À noter… En l'état du code de la sécurité sociale à l'heure où nous rédigeons cette étude, une demande de dispense doit comporter la mention selon laquelle le salarié a été préalablement informé par l'employeur des conséquences de son choix (c. séc. soc. art. R. 242-1-6, avant-dern. al.). Cette règle n'a pas été reprise dans l'article D. 911-2 du code de la sécurité sociale mais, à notre sens, elle a vocation à s'appliquer pour tous les cas de dispense, comme antérieurement.

Dispenses d'affiliation aux régimes « frais de santé » au 1er janvier 2022		
	Salariés potentiellement bénéficiaires	**Précisions**
I – Dispenses pouvant être autorisées par le régime (1)		
Cas 1	Apprentis, salariés en CDD, intérimaires titulaires d'un contrat de travail ou de mission d'au moins 12 mois (c. séc. soc. art. D. 911-4 et R. 242-1-6, 2°, a)	Dispense d'affiliation sur justificatif d'une couverture individuelle souscrite par ailleurs pour le même type de garanties (2)
Cas 2	Apprentis, salariés en CDD, intérimaires titulaires d'un contrat de travail ou de mission inférieur à 12 mois (c. séc. soc. art. D. 911-4 et R. 242-1-6, 2, b)	Dispense d'affiliation sur simple demande (2)
Cas 3	Temps partiels et apprentis dont l'adhésion au régime les conduirait à régler une cotisation au moins égale à 10 % de leur rémunération brute (c. séc. soc. art. D. 911-4 et R. 242-1-6,2°, c)	Dispense d'affiliation sur simple demande (2)
Cas 4	Salarié embauché avant la mise en place d'un régime mis en place par DUE* et reposant sur un financement exclusivement patronal (lettre-circ. ACOSS 2015-45 du 12 août 2015, § 2.1 ; document questions/réponses DSS du 29 décembre 2015, Q/R 2)	Dispense d'affiliation sur simple demande (2)
II – Dispenses de droit, même en l'absence de mention dans le régime d'entreprise		
Cas 5	Salarié embauché avant la mise en place d'un régime mis en place par DUE* (loi Évin, régime cofinancé par l'employeur et le salarié) (loi 89-1009 du 31 décembre 1989, art. 11)	Si le régime prévoit une cotisation salariale, dispense d'affiliation possible de droit, sur simple demande, même si l'acte juridique à la base du régime ne le prévoit pas (2)
Cas 6	Salariés bénéficiaires de la complémentaire santé solidaire*(c.séc.soc.art. D. 911-2,1°)	Dispense pouvant jouer jusqu'à ce que le salarié cesse de bénéficier de la complémentaire santé solidaire (2) Avant le 1.01.2016, ce cas de dispense devait être prévu par le régime.
Cas 7	Salariés déjà couverts par une assurance individuelle frais de santé au moment de la mise en place des garanties ou, si elle est postérieure, de leur embauche (c. séc. soc. art. D. 911-22°)	Dispense ne pouvant jouer que jusqu'à l'échéance du contrat individuel (2) Avant le 1.01.2016, ce cas de dispense devait être prévu par le régime.
Cas 8	Salariés bénéficiant, y compris en tant qu'ayants droit, d'une autre couverture pour les mêmes risques au titre des dispositifs suivants (c. séc. soc. art. D. 911-2,3°) : - autre régime santé collectif et obligatoire « exonéré » ; - régime local d'Alsace- Moselle ; - régime complémentaire des industries électriques et gazières (CAMIEG) ; - mutuelles des agents de l'État ou des collectivités territoriales (décret 2007-1373 du 19 septembre 2007 et décret 2011-1474 du 8 novembre 2011) ; - contrats d'assurance groupe, dits Madelin.	Dispense pouvant jouer jusqu'à ce que le salarié cesse de bénéficier de la couverture en cause (2) Avant le 1.01.2016, ce cas de dispense devait être prévu par le régime.
Cas 9	Salarié en CDD ou en contrat de mission dont la durée de la couverture collective et obligatoire dont ils bénéficient en matière de frais de santé est inférieure à 3 mois (c. séc. soc. art. L. 911-7, III, al. 2 et D. 911-6)	Cas de dispense introduit au 1.01.2016. Justifier bénéficier d'une couverture respectant les conditions des contrats responsables (2). Ces salariés peuvent prétendre au versement santé (3)

* DUE = Décision unilatérale de l'employeur.

(1) La dispense doit être prévue par l'acte fondateur du régime (DUE, projet d'accord ratifié par référendum, accord ou convention collective selon les cas). Il peut s'agir de l'acte initial ou d'un avenant à l'acte initial.

(2) L'employeur doit être en mesure de produire la demande de dispense du salarié mentionnant qu'il a été informé des conséquences de son choix (c. séc. soc. art. R. 242-1-6). Un modèle de déclaration sur l'honneur avait été annoncé en 2016, mais n'a pas été publié.

(3) Pour certains salariés, une aide de l'employeur au financement d'une couverture individuelle santé se substitue à la couverture santé de l'entreprise (c. séc. soc. art. L. 911-7-1). Cette aide est parfois dénommée « versement santé », ou chèque santé, voir Prévoyance (couverture minimale frais de santé)*.

Conditions spécifiques à la prévoyance et à la retraite supplémentaire

Prévoyance « santé » : contrat responsable - Les contributions patronales au financement de régimes de prévoyance « Frais de santé » sont celles qui se rapportent à des garanties portant sur le remboursement ou l'indemnisation de frais de soins occasionnés par une maladie, une maternité ou un accident.

Pour ouvrir droit aux exonérations, ces garanties doivent laisser à la charge de l'assuré certaines dépenses et, au contraire, en couvrir d'autres (c. séc. soc. art. L. 242-1 et L. 871-1). C'est ce que l'on appelle les « contrats responsables » (voir *Prévoyance**).

Retraite supplémentaire - Pour bénéficier du régime social de faveur, les contributions patronales doivent financer des régimes de retraite supplémentaires organisés par un contrat d'assurance souscrit par l'employeur (c. séc. soc. art. D. 242-1) :
- auprès d'un organisme précis ;
- prévoyant l'acquisition d'une rente ;
- pouvant prévoir des garanties complémentaires ;
- ne pouvant pas prévoir de possibilités de rachats, sauf cas limitativement énumérés ;
- organisant, le cas échéant, un transfert des droits.

Régime social (prévoyance complémentaire)

Cotisations de sécurité sociale - Les contributions patronales au financement de prestations complémentaires de prévoyance qui remplissent les conditions d'exonération requises sont exclues de l'assiette des cotisations de sécurité sociale, dans une limite égale à la somme de 6 % du plafond de la sécurité sociale (2 468,16 € en 2022) et de 1,5 % de la rémunération soumise à cotisations de sécurité sociale (c. séc. soc. art. D. 242-1).

La rémunération soumise à cotisations de sécurité sociale se détermine comme pour la limite d'exonération des contributions patronales de retraite supplémentaire.

Le total ainsi obtenu ne peut pas excéder 12 % du montant du plafond de la sécurité sociale (4 936,32 € en 2022 pour un salarié à temps plein présent toute l'année).

La fraction de contributions patronales qui dépasse la limite d'exonération doit être réintégrée dans l'assiette des cotisations de sécurité sociale et aux autres charges ayant la même assiette.

Les contributions patronales versées par l'employeur à un organisme assureur pour garantir le risque d'avoir à financer le maintien de salaire qui lui incombe en application de la loi ou d'une disposition d'un accord collectif ayant le même objet n'ont pas à être prises en compte pour apprécier le dépassement de ces limites d'exonération (lettre-circ. ACOSS 2007-30 du 8 février 2007).

Forfait social - Les employeurs de 11 salariés et plus sont redevables du *forfait social (contribution patronale)** sur les contributions patronales de prévoyance complémentaire exclues de l'assiette des cotisations de sécurité sociale mais assujetties à CSG (c. séc. soc. art. L. 137-15).

CSG/CRDS - Les contributions patronales de prévoyance complémentaire sont assujetties à la CSG et à la CRDS, sans abattement d'assiette (c. séc. soc. art. L. 136-1 ; ord. 96-50 du 24 janvier 1996, art. 14).

Régime social (retraite supplémentaire)

Seuil d'exonération - Les contributions patronales aux régimes de retraite supplémentaire, qui remplissent les conditions exigées sont exonérées de cotisations de sécurité sociale dans la limite du montant le plus élevé entre :
- 5 % du plafond de la sécurité sociale (2 056,80 € en 2021 pour un salarié à temps plein présent toute l'année) ;
- et 5 % de la rémunération soumise à cotisations de sécurité sociale du salarié, retenue dans la limite de 5 plafonds de sécurité sociale (c. séc. soc. art. D. 242-1).

La fraction des contributions patronales excédant cette limite doit être intégrée dans l'assiette des cotisations de sécurité sociale et des charges ayant la même assiette.

Dans la rémunération de référence, il ne faut pas tenir compte des éventuelles contributions patronales à des régimes de retraite complémentaire ou de prévoyance qui seraient elles-mêmes soumises à cotisations de sécurité sociale (ex. : contributions patronales à un régime de retraite supplémentaire facultatif).

La fraction des contributions des employeurs excédant la limite doit être intégrée dans l'assiette des cotisations de sécurité sociale et des charges ayant la même assiette.

L'abondement de l'employeur à un plan d'épargne collectif pour la retraite (PERCO) ou à un plan d'épargne retraite d'entreprise collectif (PERE-CO) vient en déduction de la limite d'exonération applicable. Cependant, même si l'abondement excède la limite d'exonération, il ne doit pas être réintégré dans l'assiette des cotisations de sécurité sociale, au moins tant qu'il n'excède pas la limite maximale de l'abondement à un PERCO, ou un PERE-CO.

Par ailleurs, le bénéficiaire d'un compte épargne-temps (CET) peut aussi utiliser le CET pour financer un PERCO ou PERE-CO : dans ce cas, les sommes qui correspondent à un abondement en temps ou en argent de l'employeur sont assimilées à un abondement de l'employeur au PERCO (ou PERE-CO) et viennent donc en déduction de la limite d'exonération. Les sommes issues d'un CET correspondant à un abondement en temps ou en argent de l'employeur et versées à un régime de retraite supplémentaire collectif et obligatoire sont assimilées à des contributions patronales de retraite supplémentaire. Elles sont donc prises en compte dans la comparaison avec la limite d'exonération.

Enfin, le PERE-OB (plan d'épargne retraite d'entreprise obligatoire) peut recevoir, même si le plan n'est pas ouvert à tous les salariés, des droits inscrits au compte épargne-temps (CET) ou, en l'absence de CET dans l'entreprise, des sommes correspondant à 10 jours de repos non pris (c. mon. et fin. art. L. 224-25, 2° et D. 242-9) selon les mêmes modalités que le PERE-CO (voir ci-avant).

CSG et CRDS - Les contributions patronales de retraite supplémentaire sont assujetties à la *contribution sociale généralisée (CSG)** et à la *contribution pour le remboursement de la dette sociale (CRDS)** au titre des revenus d'activité dès le 1er euro (c. séc. soc. art. L. 136-2, I).

Forfait social - Le forfait social s'applique au taux de 20 % sur les contributions patronales destinées au financement des régimes de retraite supplémentaire, pour la fraction qui est exonérée de cotisations de sécurité sociale [voir *Forfait social (contribution patronale)**].

Régime social (suspension du contrat de travail indemnisée)

Contexte - Un dispositif légal de maintien des garanties de prévoyance complémentaire (hors retraite supplémentaire) en cas d'*activité partielle**, assorti de règles de financement, avait été mis en place par la 2e loi d'urgence pour la période allant, après prolongations, du 12.03.2020 au 30.06.2021 (loi 2020-734 du 17 juin 2020, art. 12 modifié ; loi 2020-1379 du 14 novembre 2020, art. 8 ; instr. DSS/3C/5B 2020-197 du 16 novembre 2020).

▶ **À noter…** Ce dispositif légal avait fixé des règles d'assiette de financement des garanties de prévoyance maintenues en cas de recours à l'activité partielle. En effet, si l'administration et l'ACOSS en 2009 et 2011 avaient posé le principe de leur maintien dans ce contexte, sauf à perdre le bénéfice du régime d'exclusion d'assiette applicable aux contributions patronales finançant les garanties concernées (circ. DSS/5 B 2009-32 du 30 janvier 2009, fiche 7, § 1 abrogée ; lettre-circ. ACOSS 2011-36 du 24 mars 2011, Q/R 48), elles n'avaient pas précisé l'assiette de financement.

L'administration en a maintenu le principe, en l'intégrant aux critères d'appréciation du caractère collectif d'un régime en cas de suspension du contrat de travail indemnisée par l'employeur. De fait, ces règles sont devenues, depuis le 1.07.2021, une condition du régime social de faveur attaché aux régimes de prévoyance à caractère collectif et obligatoire.

Au-delà de l'activité partielle, l'administration a rénové plus globalement sa doctrine globale d'obligation de maintien des garanties de protection sociale complémentaire en cas de suspension du contrat de travail indemnisée (instr. DSS/3C/5B 2021-127 du 17 juin 2021).

Période de suspension du contrat de travail indemnisée (principe) - Pour avoir un caractère collectif, les régimes de protection sociale complémentaire doivent prévoir le maintien des garanties durant les périodes de suspension du contrat de travail indemnisées par l'employeur (ex. : arrêts de travail liés à une maladie, un congé de maternité ou un accident, périodes d'activité partielle et d'activité partielle de longue durée), dès lors qu'elles sont indemnisées.

Périodes indemnisées via maintien de salaire ou IJ complémentaires - Le bénéfice des garanties de protection sociale complémentaire est maintenu au profit des salariés dont le contrat de travail est suspendu, et le cas échéant de leurs ayants droit, pour la période au titre de laquelle ils bénéficient (instr. DSS/3C/5B 2021-127 du 17 juin 2021) :

- d'un maintien total ou partiel de salaire ;
- d'indemnités journalières complémentaires financées au moins pour partie par l'employeur (peu importe qu'elles soient versées par l'employeur directement, ou pour son compte par l'intermédiaire d'un tiers).

▶ À noter... Sont visées les garanties de protection sociale complémentaire sans restriction, ce qui englobe donc a priori la retraite supplémentaire.

Revenu de remplacement - Il en va de même (sauf pour la retraite supplémentaire) pour les périodes durant lesquelles le salarié bénéficie d'un revenu de remplacement versé par l'employeur [ex. : périodes d'activité partielle ou d'APLD, période de congé rémunéré par l'employeur (ex. : congé de reclassement, congé de mobilité)] (instr. DSS/3C/5B 2021-127 du 17 juin 2021).

▶ À noter... Les régimes concernés sont libres de prévoir ou non le maintien des garanties de retraite supplémentaire (instr. DSS/3C/5B 2021-127 du 17 juin 2021).

Contributions maintenues - La contribution de l'employeur, calculée selon les règles applicables à la catégorie de personnes dont relève le salarié, doit être maintenue pendant toute la période de suspension du contrat de travail indemnisée (sauf hypothèse d'un maintien de la garantie à titre gratuit). La part salariale est aussi due (sauf hypothèse d'un maintien à titre gratuit).

Une répartition plus favorable aux seuls salariés dont le contrat est suspendu ne remet pas en cause le caractère collectif et obligatoire des régimes de prévoyance (instr. DSS/3C/5B 2021-127 du 17 juin 2021).

Assiette des contributions - Lorsque l'assiette des contributions finançant le régime est déterminée par référence aux revenus d'activité soumis à cotisations ou contributions sociales du salarié, il faut retenir une assiette reconstituée en tenant compte de l'indemnisation versée dans le cadre de la suspension du contrat de travail, en lieu et place du revenu d'activité auquel elle se substitue, augmentée le cas échéant des indemnités complémentaires versées par l'employeur. Un acte de droit du travail (ex. : décision unilatérale de l'employeur, accord collectif) peut néanmoins prévoir d'autres règles :

- soit le maintien des assiettes de cotisations et de prestations applicables avant à la suspension du contrat de travail, dès lors qu'elles permettent d'assurer aux salariés un niveau de prestation plus élevé ;
- soit que les contributions et prestations sont assises sur une reconstitution de la rémunération mensuelle des salariés soumise à cotisations de sécurité sociale (moyenne des 12 derniers mois) (instr. DSS/3C/5B 2021-127 du 17 juin 2021).

▶ À noter... Lorsque le régime prévoit que les cotisations sont forfaitaires (ex. : cotisation calculée en pourcentage du plafond mensuel de la sécurité sociale), la cotisation reste inchangée en cas de période de suspension du contrat de travail indemnisée.

Limites d'exonération des contributions patronales - Pour les périodes de suspension du contrat avec maintien des garanties, les limites d'exonération des contributions patronales de protection sociale complémentaire sont calculées sur l'assiette retenue pour le calcul des cotisations ou primes et prestations (instr. DSS/3C/5B 2021-127 du 17 juin 2021).

Délai de mise en conformité - L'administration a prévu un temps pour permettre aux acteurs d'adapter leur régime de protection sociale complémentaire.

Lorsque l'acte fondateur du régime est un accord collectif (convention collective, accord de branche, accord d'entreprise), ou un accord référendaire, les employeurs et partenaires sociaux ont jusqu'à la fin 2024 pour mettre à jour l'acte fondateur, à condition qu'au 1.01.2022, le contrat collectif souscrit par l'entreprise avec l'organisme assureur soit à jour du maintien des garanties dans les conditions de l'instruction du 17 juin 2021.

Pour les garanties mises en place par décision unilatérale de l'employeur (DUE), celles-ci doivent être mises en conformité au plus tard le 1.07.2022, à condition que le contrat d'assurance soit conforme dès le 1.01.2022.

Par ailleurs, si la modification du contrat collectif d'assurance nécessite, aux termes des statuts de l'organisme d'assurance, une approbation en assemblée générale (AG) et que celle-ci ne pouvait pas se tenir avant le 1.01.2022, le caractère collectif et obligatoire n'est pas remis en cause jusqu'au 30.06.2022, dès lors que l'instruction DSS du 16 novembre 2020 sur le maintien des garanties de prévoyance aux salariés en activité partielle continue d'être appliquée du 1.07.2021 au 30.06.2022.

▶ À noter... Dans une lettre non opposable, la DSS a admis un report au 31.12.2022 de l'obligation d'avoir un contrat d'assurance formellement à jour du maintien des garanties de protection complémentaire en cas de suspension du contrat de travail indemnisée, sous condition d'information des assurés (lettre DSS/SD3/3C du 19 octobre 2021).

Régime social (suspension du contrat de travail non indemnisée)

Pour les périodes de suspension du contrat de travail qui ne sont pas indemnisées par l'employeur, il convient d'appliquer les règles suivantes (instr. DSS/3C/5B 2021-127 du 17 juin 2021) :

- le caractère collectif et obligatoire du régime ne peut pas être remis en cause au motif qu'il n'organiserait pas le maintien des garanties au profit des salariés absents en raison d'une maladie, d'une maternité ou d'un accident et ne bénéficiant d'aucune indemnisation de l'employeur (ex. : absence de maintien de salaire). Pour rappel, les garanties décès doivent inclure une clause de maintien en cas d'incapacité de travail ou d'invalidité (loi 89-1009 du 31 décembre 1989, art. 7-1) ;
- il en va de même pour des absences liées à des raisons autres que médicales ;
- si les garanties et la contribution de l'employeur sont maintenues, pour déterminer la limite d'exonération des contributions patronales, il est admis que la rémunération mensuelle à prendre en compte est le montant moyen des rémunérations perçues au cours des 12 mois précédant, selon le cas, l'arrêt de travail ou le congé.

Régime social (précisions communes)

Le plafond de la sécurité sociale utilisé pour le calcul de la limite d'exonération annuelle est obligatoirement à compter du 1.01.2022 un montant forfaitaire, commun à tous les salariés. Ce montant n'est donc pas proratisé en fonction du nombre de jours effectivement travaillés (BOSS, Assiette générale, §§ 1160 à 1180, 01/04/2021). Ainsi, le plafond de la sécurité sociale n'est plus réduit pour tenir compte des périodes d'absence non rémunérées ou d'employeurs multiples ou, le cas échéant, au titre des abattements du plafond applicables aux salariés occupés à temps partiel. Ce faisant, le BOSS rejoint la doctrine fiscale (le plafond n'est jamais proratisé ou réduit pour calculer les limites fiscales d'exonération).

▶ À noter… Le plafond forfaitaire était opposable aux organismes de recouvrement depuis le 1.04.2021 pour les employeurs qui choisissent d'appliquer ces dispositions aux déclarations sociales faites au titre de l'année 2021.

Rémunération de référence - La rémunération qui sert de référence au calcul de la limite d'exonération est la rémunération brute soumise à cotisations de sécurité sociale (c. séc. soc. art. L. 136-1-1, I et L. 242-1, I).

Toutefois, il ne faut pas tenir compte des éventuelles contributions patronales finançant des prestations complémentaires de retraite et de prévoyance soumises aux cotisations de sécurité sociale (c. séc. soc. art. D. 242-1) comme, par exemple, celles finançant un régime facultatif de retraite supplémentaire ou de prévoyance complémentaire, ou la prise en charge par l'employeur de la part salariale à un régime de retraite complémentaire légalement obligatoire (ex. : AGIRC-ARRCO).

Taxe sur les salaires - Depuis le 1.01.2013, il n'y a pas de réintégration dans la base d'imposition à la taxe sur les salaires, puisque les contributions patronales de prévoyance complémentaire et de retraite supplémentaire y sont déjà soumises en temps normal du fait de l'alignement de l'assiette de la taxe sur celle de la CSG sur les revenus d'activité.

Redressement URSSAF (défaut de caractère collectif et obligatoire)

Principe : redressement intégral - Les redressements opérés dans le cadre d'un *contrôle URSSAF** portant sur l'application des règles liées au caractère obligatoire et collectif des systèmes de prévoyance complémentaire et de retraite supplémentaire couvrent le montant global des contributions versées par les employeurs pour le financement de ces garanties.

▶ Attention… En cas de redressement lié à l'absence de caractère collectif et obligatoire d'un régime de protection sociale complémentaire d'entreprise, les employeurs ne peuvent pas demander aux salariés concernés le remboursement de la part salariale des cotisations redressées (c. séc. soc. art. L. 133-4-8, IV).

Tempéraments - Pour les contrôles engagés depuis 2016, le montant du redressement peut être réduit à hauteur d'un montant calculé sur la seule base des sommes faisant défaut, ou bien excédant les contributions nécessaires pour que la couverture du régime revête bien un caractère collectif et obligatoire. Autrement dit, le redressement peut être calculé sur une assiette correspondant à la situation des seuls salariés dont la couverture ne respecte pas les critères liés au caractère collectif et obligatoire, ou pour lesquels l'employeur n'est pas en mesure d'apporter les justificatifs demandés.

Le redressement réduit suppose que l'employeur reconstitue, de manière probante, les sommes faisant défaut (c. séc. soc. art. L. 133-4-8, II).

Montant du redressement réduit - Le redressement réduit est fixé à hauteur (c. séc. soc. art. L. 133-4-8, II) :

- d'1,5 fois les sommes faisant défaut lorsque le motif du redressement repose sur l'absence de

production d'une demande de dispense ou de tout autre document ou justificatif nécessaire à l'appréciation du caractère obligatoire et collectif ;
- de 3 fois ces sommes dans les autres cas et lorsque le manquement à l'origine du redressement ne révèle pas une méconnaissance d'une particulière gravité de la réglementation.

En tout état de cause, l'agent de contrôle ne peut pas établir un montant de redressement supérieur à celui résultant de l'assujettissement de l'ensemble des contributions patronales au financement du régime.

▶ À noter… Lorsque le manquement à l'origine du redressement révèle une méconnaissance d'une particulière gravité, l'agent chargé du contrôle en informe l'employeur en justifiant sa décision dans le cadre de la procédure contradictoire préalable à la fin du contrôle.

Exclusions - Certaines situations écartent l'application de la réduction du montant du redressement. Il en va ainsi (c. séc. soc. art. L. 133-4-8, III) :
- lorsque le redressement procède d'un cas d'octroi d'un avantage personnel ou d'une mesure discriminatoire ;
- lorsque l'irrégularité en cause a déjà fait l'objet d'une observation à l'occasion d'un précédent contrôle (dans la limite des 5 années civiles précédant l'année où le contrôle est initié) ;
- en cas de situation de travail dissimulé, d'obstacle à contrôle ou d'abus de droit constatée dans les 5 années civiles précédant l'année où le contrôle est initié.

☛ *Contributions de retraite et de prévoyance ; Prévoyance ; Prévoyance (couverture minimale frais de santé) ; Prévoyance (portabilité) ; Retraite supplémentaire.*

Contrôle judiciaire

☛ *Incarcération.*

Contrôle URSSAF

Modes de contrôle

Objet - Les URSSAF vérifient l'assiette, le taux et le calcul des cotisations qu'elles recouvrent au titre des salariés occupés par des employeurs ou, pour les dirigeants, au titre de leurs cotisations personnelles. Ces contrôles peuvent entraîner des redressements de cotisations, dans la limite de 3 ans en plus de l'année en cours (5 ans en cas de travail dissimulé) [voir *Contrôle URSSAF (rétroactivité)**].

Deux modes de contrôle des employeurs coexistent. Les URSSAF peuvent :
- soit mener un véritable contrôle *(voir ci-après)*, un contrôle sur pièces étant organisé pour les employeurs de moins de 11 salariés [voir *Contrôle URSSAF (entreprises de moins de onze salariés)**] ;
- soit se contenter de vérifier l'exactitude et la conformité des informations qui leur sont transmises dans le cadre de la procédure dite « de vérification » [voir *Contrôle URSSAF (vérification des déclarations)**].

Dans tous les cas, le résultat de l'opération peut conduire l'URSSAF à engager une procédure de recouvrement des cotisations, le cas échéant assortie de pénalités et majorations de retard (c. séc. soc. art. L. 243-7 à L. 243-9 ; lettre-circ. ACOSS 2007-107 du 27 juillet 2007).

En outre, les URSSAF sont en droit d'écarter, comme ne leur étant pas opposables, les actes constitutifs d'un abus de droit [voir *Abus de droit (rectification pour)**] (c. séc. soc. art. L. 243-7-2). Celui-ci entraîne l'application d'une pénalité égale à 20 % des cotisations et contributions dues (c. séc. soc. art. L. 243-7-2).

▶ À noter… Une transaction peut être conclue avec l'URSSAF, sous certaines conditions, notamment avant que la commission de recours amiable de l'URSSAF ne soit saisie [voir *Transaction (URSSAF)**].

Droit au contrôle - Un employeur peut demander à l'administration de bénéficier, à sa demande, à faire l'objet d'un contrôle, afin d'obtenir la validation de ses pratiques ou de les corriger (voir *Droit au contrôle**).

▶ À noter… Une demande de *rescrit social** ne peut être formulée si un contrôle URSSAF a été engagé.

Champ de compétence

URSSAF compétente - L'URSSAF apte à réaliser le contrôle est celle compétente pour le recouvrement des cotisations dans sa circonscription géographique (c. séc. soc. art. L. 213-1 et D. 213-1).

▶ À noter… Une URSSAF peut déléguer ses compétences à une autre, pour les entreprises ayant plusieurs établissements, cette délégation prenant la forme d'une convention générale de réciprocité (c. séc. soc. art. L. 213-1, D. 213-1 et D. 213-1-1). Pour des missions de contrôles spécifiques, le directeur de l'ACOSS peut, à son initiative ou sur demande d'une URSSAF, demander à une URSSAF d'exercer les missions de contrôle en lieu et place de celle à laquelle est affiliée la personne contrôlée (c. séc. soc. art. D. 213-1-2).

En cas de versement en un lieu unique (VLU), lequel permet aux entreprises multi-établissements de centraliser auprès d'une seule URSSAF (dite URSSAF de liaison) leurs déclarations et le paiement de leurs cotisations (c. séc. soc. art. R. 243-6 et R. 243-8), l'URSSAF de liaison est compétente pour assurer le contrôle de l'employeur (c. séc. soc. art. L. 213-1 et R. 243-6-3). L'URSSAF de liaison désignée par le protocole VLU (conclu entre l'employeur et l'ACOSS) est compétente à la date d'effet du protocole pour procéder au contrôle et au redressement des cotisations et contributions dues par l'employeur, peu important la période à laquelle celles-ci se rapportent (cass. civ., 2e ch., 21 février 2008, n° 07-11963, BC II n° 47). Si l'ACOSS désigne une nouvelle URSSAF de liaison, l'ancienne reste compétente en matière de recouvrement des cotisations et de contentieux le concernant, dès lors que le contrôle était en cours au moment du transfert (entre les deux URSSAF) et avait été initié par elle (cass. civ., 2e ch., 3 avril 2014, n° 13-16643, BC II n° 94).

Personne contrôlée - Toutes les personnes morales redevables de cotisations auprès de l'URSSAF sont susceptibles d'être contrôlées. En principe, l'employeur est redevable des cotisations tant pour la part patronale que pour la part salariale (c. séc. soc. art. R. 243-6). Si, au cours du contrôle, les inspecteurs du recouvrement peuvent faire état d'éléments motivés permettant, du fait de ce contrôle en cours, qu'une personne morale non inscrite à l'URSSAF verse une rémunération à des salariés de l'entreprise faisant l'objet du contrôle, le champ du contrôle peut être élargi à cette personne morale tierce (c. séc. soc. art. L. 243-7).

Comité social économique - Le *comité social et économique** (CSE), peut être contrôlé en qualité d'employeur dès lors qu'il acquitte des cotisations sur la rémunération de ses salariés.

En revanche, le CSE ne peut pas être contrôlé au titre des avantages qu'il verse aux salariés de l'entreprise. C'est l'employeur qui doit verser les cotisations dues sur ces avantages (cass. soc. 11 mai 1988, n° 85-18557, BC V n° 287). Le CSE a, en revanche, l'obligation de fournir à l'employeur tous les éléments nécessaires à la déclaration et au calcul des cotisations assises sur les avantages qu'il attribue (cass. soc. 3 octobre 1984, n° 83-10569, BC V n° 343). Concrètement, les URSSAF s'adressent à l'employeur pour le recouvrement des cotisations liées aux avantages attribués par le comité. L'employeur peut-il systématiquement se retourner contre le CSE ? La jurisprudence, dans des arrêts relativement anciens, a pu admettre que l'employeur n'avait pas à en supporter définitivement la charge si les avantages assujettis à cotisations avaient été attribués en dehors de toute intervention de sa part, à l'initiative du comité (cass. soc. 11 mai 1988, n° 85-18557, BC V n° 287 ; cass. soc. 11 mai 1988, n° 86-18667, BC V n° 287). Elle a aussi considéré que, de son côté, l'employeur pouvait agir en remboursement des cotisations versées contre le comité lorsque ce dernier avait créé des avantages non compris dans la liste des activités sociales et culturelles (cass. soc. 13 mai 1993, n° 91-14362, BC V n° 141). À notre connaissance, la jurisprudence n'a pas eu à se prononcer pour le cas, plus courant dans la pratique, de redressements URSSAF dus à un dépassement des limites d'exonérations de cotisations sociales attachés aux avantages servis par le CSE (ex : bons d'achat).

Contrôle des cotisations recouvrées - Les URSSAF sont compétentes pour vérifier l'assiette, le taux et le calcul des contributions d'assurance chômage et de la contribution AGS dont elles assurent le recouvrement (y compris les cotisations au titre des VRP multicartes et celles recouvrées par le Pôle Emploi au titre des intermittents du spectacle) (c. trav. art. L. 5422-16 ; c. séc. soc. art. L. 243-7).

▶ **Attention...** La décision de Pôle Emploi sur l'affiliation d'un dirigeant de société au régime d'assurance chômage s'impose à l'URSSAF en cas de contrôle (cass. civ., 2e ch., 12 juillet 2018, n° 17-16547 FPBR).

Le champ du contrôle s'est élargi depuis que le réseau des URSSAF assure le recouvrement de la contribution Agefiph, des contributions légales à la formation et la taxe d'apprentissage.

Le recouvrement des sommes dues suite au contrôle est assuré par les URSSAF. Par exception, les résultats de contrôles concernant les intermittents du spectacle sont transmis au Pôle Emploi, qui se charge du recouvrement (c. séc. soc. art. L. 243-7).

Les règles de droit commun du contrôle URSSAF s'appliquent.

▶ **À noter…** Le champ de recouvrement des cotisations par le réseau des URSSAF est en voie d'extension : les cotisations AGIRC-ARRCO seront recouvrées, en principe, à compter du 1.01.2023, de même que les cotisations de certains régimes spéciaux.

Sources du contrôle - Les différents organes de contrôle communiquent aux URSSAF les P-V de *travail dissimulé***.

Un contrôle peut aussi être initié, notamment, à l'initiative de l'employeur *(voir ci-avant)*, ou à la suite d'une vérification des déclarations de l'employeur [voir *Contrôle URSSAF (vérification des déclarations)**].

Un remboursement de cotisations n'interdit pas à l'URSSAF de procéder, ensuite, à un contrôle pouvant déboucher sur un redressement de cotisations au titre de la même période (cass. civ., 2e ch., 4 avril 2018, n° 17-15599 D).

En tout état de cause, l'URSSAF ne peut fonder un redressement consécutivement à un contrôle qu'à partir des éléments qu'elle a obtenus auprès de l'employeur et non d'un organisme tiers, comme l'Agessa (cass. civ., 2e ch., 31 mars 2016, n° 15-14683 D), ou de l'expert-comptable de l'entreprise contrôlée sans demande préalable auprès de celle-ci (cass. civ., 2e ch., 20 septembre 2018, n° 17-24359 FPB).

▶ **À noter…** Lorsque l'URSSAF est avisée par les services fiscaux qu'une entreprise n'est pas éligible à un statut (en l'espèce, celui de jeune entreprise innovante), elle peut poursuivre le recouvrement des cotisations dues par la société non éligible à la mesure d'exonération sans avoir à procéder à un contrôle pour en déterminer le montant (cass. civ., 2e ch., 13 octobre 2011, n° 10-21558, BC II n° 187). Dans ce cas, les cotisations deviennent, en effet, immédiatement exigibles.

Cela étant, dans le cadre d'une procédure de contrôle, l'URSSAF peut user d'un droit de communication, qui lui permet d'obtenir des informations et des documents auprès d'un certain nombre d'organismes ou d'entreprises, le cas échéant par voie dématérialisée, sans que leur soit opposé le secret professionnel (c. séc. soc. art. L. 114-19, 2° ; circ. DSS 2011-323 du 21 juillet 2011). Si tel est le cas, l'URSSAF doit informer le cotisant contrôlé de la teneur et de l'origine des informations et documents obtenus auprès des tiers sollicités et sur lesquels elle s'est fondée pour prendre sa décision de mise en recouvrement (c. séc. soc. art. L. 114-21). Cette obligation d'information doit être satisfaite avant la mise en recouvrement des cotisations en litige, sous peine d'entraîner la nullité de la procédure de contrôle (cass. civ., 2e ch., 21 juin 2018, n° 17-20227 FPB). Cette obligation est remplie dès lors que cette information apparaît dans la lettre d'observations envoyée par l'URSSAF.

Recours de l'employeur

Si l'employeur conteste le redressement ou les observations, il doit saisir la commission de recours amiable (CRA) de l'URSSAF dans les 2 mois (c. séc. soc. art. R. 142-1). La décision de la CRA sera portée à sa connaissance et indiquera le délai de recours dont il dispose ainsi que ses modalités d'exercice. En conséquence, l'employeur pourra contester la décision devant le tribunal judiciaire dans le délai de 2 mois à compter de sa réception. Au-delà, cette décision sera définitive (voir *Contentieux de la sécurité sociale**).

☛ *Abus de droit (rectification pour) ; Contrôle URSSAF (mise en demeure) ; Contrôle URSSAF (procédure) ; Contrôle URSSAF (rétroactivité) ; Contrôle URSSAF (taxation forfaitaire).*

Contrôle URSSAF (échantillonnage et extrapolation)

La méthode du contrôle par échantillonnage et extrapolation permet à la fois de procéder à un contrôle par l'URSSAF d'un point de législation (ex : frais professionnels) et d'établir éventuellement un redressement d'assiette à partir d'une partie de la population contrôlée. Cette méthode peut être utilisée par la personne chargée du contrôle, sauf opposition de l'employeur.

Remise d'un document explicatif

Au moins 15 jours avant le début de la vérification, la personne chargée du contrôle indique à l'employeur l'adresse électronique à laquelle le document précisant les différentes phases de la mise en œuvre de ces méthodes de vérification par échantillonnage et extrapolation et les formules statistiques utilisées pour leur application sont consultables (c. séc. soc. art. R. 243-59-2, al. 1). Elle lui indique l'adresse électronique à laquelle l'arrêté qui définit les méthodes de la vérification est consultable (arrêté du 11 avril 2007, JO du 13). La personne contrôlée bénéficie de ce délai de 15 jours pour, le cas échéant, informer par écrit l'agent chargé du contrôle de son opposition *(voir ci-après)* à l'utilisation de ces méthodes (c. séc. soc. art. R. 243-59-2, al. 1 et 2).

▶ À noter... Dès que l'URSSAF sollicite de l'employeur des éléments et des pièces nécessaires à la constitution d'une base de sondage, la procédure de vérification par échantillonnage est engagée (cass. civ., 2e ch., 14 mars 2019, n° 18-10409 FPBI).

Acceptation de l'employeur

Méthode - La méthode suit un protocole composé de quatre phases : la constitution d'une base de sondage, le tirage d'un échantillon, la vérification exhaustive de l'échantillon et l'extrapolation à la population ayant servi de base à l'échantillon. L'employeur doit être associé à chacune de ces phases pour que le caractère contradictoire de la procédure soit respecté (arrêté du 11 avril 2007, JO du 13 ; cass. civ., 2e ch., 19 juin 2014, n° 13-19150, BC II n° 149). Lorsque les méthodes de l'échantillonnage et de l'extrapolation sont mises en œuvre, l'inspecteur du recouvrement informe l'employeur des critères utilisés pour définir les populations examinées, le mode de tirage des échantillons, leur contenu et la méthode d'extrapolation envisagée pour chacun d'eux (c. séc. soc. art. R. 243-59-2, al. 4).

L'URSSAF doit mettre en œuvre la procédure d'échantillonnage-extrapolation dans les conditions fixées par le code de la sécurité sociale (c. séc. soc. art. R. 243-59-2). Elle ne peut pas le faire sans suivre le protocole, ou en prenant des « raccourcis » en arguant par exemple que l'entreprise n'ayant pas été en mesure de justifier des frais de déplacement pour 8 salariés, elle n'était donc pas à même de justifier de l'intégralité des frais de déplacement sur deux années consécutives (cass. civ., 2e ch., 9 février 2017, n° 16-10971 D).

▶ À noter... Lors de la constitution de la base de sondage, l'employeur est invité par l'inspecteur du recouvrement à signaler les cas atypiques écartés de la base de la population servant de base au tirage de l'échantillon. En outre, l'employeur doit fournir tous les éléments d'information sur l'entreprise permettant de déterminer des « sous-populations » homogènes si la population de base est caractérisée par une dispersion importante au regard du point de législation examiné (lettre-circ. ACOSS 2007-107 du 28 juillet 2007).

L'employeur peut présenter à l'inspecteur du recouvrement ses observations tout au long de la mise en œuvre des méthodes de vérification par échantillonnage. Ces échanges peuvent être oraux. En cas de désaccord de l'employeur exprimé par écrit, l'inspecteur du recouvrement répond de manière motivée par écrit aux observations de l'intéressé (c. séc. soc. art. R. 243-59-2, al. 5).

Issue du contrôle - À l'issue du contrôle, la lettre d'observations (c. séc. soc. art. R. 243-59) précise les populations faisant l'objet des vérifications, les critères retenus pour procéder au tirage des échantillons, leur contenu, les cas atypiques qui en ont été exclus, les résultats obtenus pour chacun des échantillons, la méthode d'extrapolation appliquée et les résultats obtenus par application de cette méthode aux populations ayant servi de base au tirage de chacun des échantillons. Il mentionne la faculté reconnue au cotisant de procéder lui-même à la régularisation *(voir ci-après)* (c. séc. soc. art. R. 243-59-2, al. 6).

Information par l'employeur de sa décision de régulariser - Dans le délai de 30 jours à compter de la réception de la lettre d'observations *(voir ci-avant)*, la personne contrôlée peut informer l'URSSAF de sa décision de procéder au calcul des sommes dont elle est redevable ou qu'elle a indûment versées pour la totalité des salariés concernés par chacune des anomalies constatées sur chacun des échantillons utilisés (c. séc. soc. art. R. 243-59-2, al. 7). L'engagement de la procédure de recouvrement ne peut intervenir qu'à l'issue d'un délai de 30 jours courant à compter de la réception par l'organisme de recouvrement de la décision de l'employeur. Avant l'expiration de ce délai, la personne contrôlée adresse à l'inspecteur du recouvrement les résultats de ses calculs accompagnés des éléments permettant de s'assurer de leur réalité et de leur exactitude. L'inspecteur peut s'assurer de l'exactitude de ces calculs, notamment en procédant à l'examen d'un nouvel échantillon. La mise en recouvrement des cotisations, des majorations et pénalités faisant l'objet du redressement ne peut intervenir avant l'expiration de ce délai de 30 jours et avant la réponse motivée de l'agent chargé du contrôle aux éventuelles observations de l'employeur. La motivation de la réponse est appréciée par observation (c. séc. soc. art. R. 243-59-2, al. 9).

Absence d'information - Si, au terme du délai de 30 jours à compter de la réception de la lettre d'observations *(voir ci-avant)*, la personne contrôlée n'a pas fait connaître à l'organisme de recouvrement sa décision de procéder au calcul des sommes dont elle est redevable, la mise en recouvrement des cotisations, des majorations et pénalités faisant l'objet du redressement ne peut intervenir avant l'expiration de ce délai et avant la réponse de l'inspecteur du recouvrement aux éventuelles observations de l'employeur (c. séc. soc. art. R. 243-59-2, al. 8).

Procès-verbal de contrôle - L'inspecteur du recouvrement transmet à l'organisme chargé de la mise en recouvrement le procès-verbal (P-V) de contrôle faisant état de ses observations, accompagné, s'il y a lieu, de l'ensemble des courriers et documents transmis par l'employeur et de la réponse de l'inspecteur du recouvrement (c. séc. soc. art. R. 243-59-2, dernier al.).

Opposition de l'employeur à la procédure

Écrit nécessaire - L'employeur peut s'opposer à l'utilisation de la méthode proposée. Il doit en informer l'agent chargé du contrôle par écrit et dans les 15 jours suivant la notification du document expliquant la méthode envisagée *(voir ci-avant)* (c. séc. soc. art. R. 243-59-2, al. 2).

▶ Attention… L'utilisation des méthodes d'échantillonnage et d'extrapolation sans l'accord de l'employeur entraîne l'annulation du redressement dans sa totalité, y compris la partie qui aurait été établie sur des bases réelles (cass. civ., 2e ch., 15 mars 2018, n° 17-11891, BC II n° 58).

Procédure - Dans ce cas, l'inspecteur du recouvrement lui fait connaître le lieu dans lequel les éléments nécessaires au contrôle doivent être réunis. Ce lieu ne peut être extérieur aux locaux de la personne contrôlée qu'avec l'autorisation de cette dernière. L'agent chargé du contrôle lui fait également connaître les critères, conformes aux nécessités du contrôle, selon lesquels ces éléments doivent être présentés et classés (c. séc. soc. art. R. 243-59-2, al. 2). L'employeur dispose de 15 jours après notification de cette information pour faire valoir, le cas échéant, ses observations en réponse. À l'issue de ce délai, l'inspecteur notifie à l'employeur le lieu et les critères qu'il a définitivement retenus. La mise à disposition des éléments ainsi définis doit se faire dans un délai déterminé d'un commun accord entre l'URSSAF et l'employeur, dans la limite de 60 jours (c. séc. soc. art. R. 243-59-2, al. 3). Lorsque ces conditions ne sont pas remplies, l'opposition de l'employeur à l'utilisation des méthodes de vérification par échantillonnage et extrapolation ne peut être prise en compte (c. séc. soc. art. R. 243-59-2, al. 3).

▶ À noter… Les formalités peuvent être réalisées par la personne contrôlée comme par l'URSSAF par tout moyen donnant date certaine à leur réception (c. séc. soc. art. R. 243-59-9).

☞ *Contrôle URSSAF.*

Contrôle URSSAF (entreprises de moins de onze salariés)

Contrôle sur pièces

Procédure spécifique aux très petites entreprises - Un contrôle sur pièces s'applique aux employeurs et travailleurs indépendants occupant moins de 11 salariés (c. séc. soc. art. R. 243-59-3, al. 1). Pour déterminer ce seuil, il faut retenir l'*effectif sécurité sociale**.

Ce contrôle vise notamment les cotisations d'assurance chômage et la contribution AGS (dir. Unédic 2008-24 du 7 octobre 2008).

Modalités de contrôle - Le contrôle porte sur les obligations déclaratives et de paiement des employeurs, à partir des éléments dont dispose l'URSSAF et de ceux qu'elle demande pour le contrôle. Il s'agit donc d'un contrôle sur pièces, réalisé dans les locaux de l'URSSAF, avec tous les moyens d'investigation d'un contrôle (possibilité de demander la comptabilité, audition des salariés possible, etc.).

Ce contrôle peut être mené soit par les inspecteurs du recouvrement, soit par des contrôleurs du recouvrement assermentés.

Depuis 2015, la durée de ce *contrôle URSSAF** ne peut pas dépasser 3 mois entre le début effectif du contrôle (à savoir, la date de début des vérifications indiquée sur l'avis) et la lettre d'observations, sauf demande expresse de prolongation pour 3 mois, ou situations excluant la limitation (ex : travail dissimulé, obstacle à contrôle) (c. séc. soc. art. L. 243-13 ; lettre-circ. ACOSS 2015-19 du 13 avril 2015, § 6.1).

Formalisme - Ce contrôle sur pièces obéit au même formalisme que le contrôle sur place [voir *Contrôle URSSAF (procédure)**]. Ainsi, l'employeur en est informé par un avis de contrôle, se voit remettre une lettre d'observations et dispose d'un délai de 30 jours pour y répondre.

Résultat du contrôle

À l'issue du contrôle, l'employeur se voit remettre un document relatant le contrôle réalisé. Si aucune observation n'y est mentionnée, selon le droit commun, l'employeur peut se prévaloir d'une décision implicite approuvant ses pratiques.

Si, au vu des éléments contrôlés, un redressement s'avère nécessaire, l'URSSAF y procède après le délai de 30 jours imparti à l'employeur pour répondre aux observations qui lui ont été formulées. Sur la possibilité de saisir le médiateur de l'URSSAF, ou de conclure une transaction, voir *Médiation** et *Transaction (URSSAF)**.

Lorsque l'employeur omet de transmettre les éléments demandés par l'URSSAF ou lorsque l'examen des pièces nécessite d'autres investigations, la procédure est clôturée par un document l'informant qu'un contrôle sur place va être engagé, sans que l'URSSAF n'ait, toutefois, à envoyer un avis de contrôle (c. séc. soc. art. R. 243-59-3 dernier al.).

☛ *Contrôle URSSAF.*

Contrôle URSSAF (mise en demeure)

Une mise en demeure, précise et motivée, est le préalable obligatoire à toute action de l'URSSAF auprès de son débiteur. Elle doit permettre à l'intéressé de connaître la nature, la cause et l'étendue de ses obligations (c. séc. soc. art. L. 244-2 ; cass. civ., 2e ch., 16 mars 2004, n° 02-31062, BC II n° 123).

Contenu

Indications obligatoires - La mise en demeure adressée par l'URSSAF doit indiquer, sous peine de nullité (c. séc. soc. art. R. 244-1) :

- la cause, la nature et le montant des cotisations concernées et les majorations et pénalités qui s'y appliquent ;
- la période à laquelle elles se rapportent.

Par exemple, il a pu être jugé que l'indication « absence ou insuffisance de versement » sur une mise en demeure ne renseignait pas sur la cause ou l'origine de la dette et, de ce fait, la mise en demeure pouvait être annulée (cass. civ., 2e ch., 30 juin 2011, n° 10-20416 D).

▶ À noter… Pour être valide, la mise en demeure doit être signée par une personne munie d'une délégation de pouvoir ou de signature, ou par le directeur adjoint en raison de l'empêchement du directeur de la caisse (cass. civ., 2e ch., 20 septembre 2012, n° 11-23609, BC II n° 145).

La mise en demeure doit aussi mentionner :

- au titre des différentes périodes annuelles contrôlées, les montants notifiés par la lettre d'observations corrigés, le cas échéant, à la suite des échanges entre la personne contrôlée et l'agent chargé du contrôle ;
- la référence et les dates de la lettre d'observations et, le cas échéant, du dernier courrier établi par l'agent de l'URSSAF lors des échanges avec l'employeur.

Les montants indiqués tiennent compte des sommes déjà réglées par la personne contrôlée (c. séc. soc. art. R. 244-1).

En outre, la mise en demeure indique aussi les voies et délais de recours dont le débiteur dispose et, sous peine de nullité, le délai d'un mois dont dispose l'employeur pour régulariser sa situation (cass. civ., 2e ch., 19 décembre 2019, n° 18-23623 FPBI).

Si la mise en demeure ne mentionne pas, ou mentionne de façon imprécise, les voies de recours ouvertes au cotisant, cette omission n'entraîne pas son annulation, mais a pour effet de ne pas faire courir le délai de recours (cass. civ., 2e ch., 28 mai 2020, n° 19-12503 FPBI).

Formalisme - La mise en demeure peut être adressée par tout moyen donnant date certaine à sa réception (c. séc. soc. art. L. 244-2, R. 243-59-9 et R. 244-1).

Elle doit être adressée au débiteur de la créance (cass. soc. 24 novembre 1994, n° 92-20508, BC V n° 313). Par conséquent, si l'entreprise appartient à un groupe, elle doit être adressée au siège social de la société contrôlée et non à celui du groupe (cass. civ., 2e ch., 12 novembre 2020, n° 19-19167 FPBI).

Effets

Point de départ des délais - La réception de la mise en demeure constitue le point de départ du délai de 1 mois dont dispose l'employeur pour régulariser sa situation.

▶ Attention… Le cotisant qui ne conteste pas une mise en demeure URSSAF ne peut, par la suite, demander le remboursement des cotisations redressées qu'il considère pourtant comme ayant été versées à tort (cass. civ., 2e ch., 18 février 2021, n° 19-24513 FP).

Si le cotisant entend contester le bien-fondé du redressement dont il fait l'objet suite au contrôle URSSAF, il doit saisir la commission de recours amiable dans un délai de 2 mois à compter de la réception de la mise en demeure notifiant le redressement (ou de la décision confirmant les observations pour l'avenir) (charte du cotisant contrôlé, p. 22).

Sur la possibilité de saisir le médiateur de l'URSSAF, voir *Médiation**.

▶ Attention... Une mise en demeure, même non réclamée, produit effet. N'ayant pas de nature contentieuse, elle n'est pas soumise aux règles du code de procédure civile (c. proc. civ. art. 665 à 670-3). Aussi, le défaut de réception effective par un employeur d'une mise en demeure adressée par LR/AR, et retournée avec la mention « non réclamée, retour à l'envoyeur » n'affecte pas sa validité. Partant, une contrainte qui fait référence à une mise en demeure, valide, ne peut pas être annulée (cass. civ., 2e ch., 11 juillet 2013, n° 12-18034, BC II n° 155).

Il en va de même si le cotisant ne reçoit pas la mise en demeure adressée en LRAR en raison de dysfonctionnements de la Poste (cass. civ., 2e ch., 24 janvier 2019, n° 17-28437 D).

Par ailleurs, le délai de prescription des cotisations est suspendu entre la date de réception de la lettre d'observations et la date d'envoi de la mise en demeure (charte du cotisant contrôlé, p. 20) [voir *Prescription (cotisations)**].

Attestation marchés publics - L'attestation, destinée à un tiers, délivrée par l'URSSAF en application du code des marchés publics et indiquant qu'une société est à jour de ses cotisations ne vaut pas renonciation par l'URSSAF des créances antérieures qui font l'objet d'un recours contentieux (cass. soc. 11 octobre 2001, n° 99-21399, BC V n° 316).

☛ *Contrôle URSSAF.*

Contrôle URSSAF (obstacle à contrôle)

Définition

L'obstacle à contrôle se caractérise par des actions ou omissions ayant pour objet de faire obstacle ou de se soustraire aux opérations de contrôle exercées par les agents URSSAF, et consistant notamment à (c. séc. soc. art. L. 243-12-1) :

- refuser l'accès à des lieux professionnels ;
- refuser de communiquer une information formellement sollicitée, quel qu'en soit le support, y compris dématérialisé ;
- ne pas répondre ou apporter une réponse fausse, incomplète ou abusivement tardive à toute demande de pièce justificative, d'information, d'accès à une information ;
- ne pas répondre à une convocation.

Des dispositions spécifiques s'appliquent en cas de contrpole d'un particulier (c. séc. soc. art. R. 243-59-4-1, III).

Procédure

L'agent qui constate l'obstacle à contrôle en informe par écrit la personne contrôlée. Il lui notifie le délai dans lequel elle peut satisfaire à la demande et l'informe que, à défaut, le directeur de l'URSSAF pourra engager une procédure de sanction (c. séc. soc. art. R. 243-59-4-1, I).

Si le cotisant contrôlé n'a pas satisfait à la demande dans le délai ainsi fixé, l'agent chargé du contrôle constate l'obstacle à contrôle dans un procès-verbal (P-V) qu'il transmet au directeur de l'URSSAF. Ce P-V doit mentionner les raisons pour lesquelles l'obstacle à contrôle est constitué et les actions mises en œuvre par l'agent de contrôle pour obtenir la levée de l'obstacle constaté (c. séc. soc. art. R. 243-59-4-1, II).

Sanctions modulables

Le montant maximum des pénalités pouvant être prononcées par le directeur de l'URSSAF est fixé à 7 500 € par salarié, dans la limite de 750 000 € pour un employeur (c. séc. soc. art. L. 243-12-1).

Le montant plafond de ces pénalités est porté au double en cas de nouveau manquement constaté dans les 5 ans à compter du jour où la pénalité concernant un précédent manquement est devenue définitive.

Pour déterminer le montant de la pénalité, le directeur de l'URSSAF tient compte des circonstances, parmi lesquelles le respect des obligations déclaratives et des versements de cotisations et contributions de sécurité sociale sur la période contrôlée, et de la gravité du manquement constaté (c. séc. soc. art. R. 243-59-4-1, II).

La pénalité envisagée doit être notifiée au cotisant. Cette notification peut intervenir à tout moment de la procédure de contrôle et au plus tard au moment de l'envoi de la mise en demeure de payer.

À compter de la réception de cette notification, la personne contrôlée a 30 jours pour présenter ses observations écrites au directeur de l'URSSAF. Si elle le fait dans ce délai, le directeur de l'URSSAF est tenu de lui répondre avant de notifier sa décision définitive et d'engager la mise en recouvrement.

L'action en recouvrement de la pénalité se prescrit dans le délai de 3 ans à partir de l'expiration du délai imparti dans la mise en demeure (c. séc. soc. art. L. 243-12-1).

☛ *Contrôle URSSAF.*

Contrôle URSSAF (procédure)

La procédure de contrôle URSSAF obéit à un formalisme strict.

Avis de contrôle

Information préalable de l'employeur - Le contrôle doit être précédé d'un avis de contrôle adressé à l'entreprise, au moins 15 jours avant la première visite de l'agent chargé du contrôle, excepté dans le cadre d'un contrôle portant sur le travail dissimulé. Si la recherche d'infractions au travail dissimulé n'a pas permis de constater de telles infractions et que l'URSSAF effectuant le contrôle entend poursuivre le contrôle sur d'autres points de la réglementation, il lui incombe d'envoyer un avis de contrôle (c. séc. soc. art. R. 243-59, I).

▶ À noter... La réglementation impose que l'avis de passage soit envoyé au moins 15 jours avant la première visite de l'agent chargé du contrôle, mais la charte du cotisant contrôlé *(voir ci-après)* applicable depuis le 1.02.2020 prévoit un avis de passage à transmettre au minimum 30 jours avant cette première visite (arrêté du 27 janvier 2020, JO du 1er février, texte 28 et avis relatif à l'arrêté du 27 janvier 2020, JO du 4 février, texte 122).

L'avis doit mentionner la date exacte du contrôle, faute de quoi celui-ci peut être annulé (cass. civ., 2e ch., 25 avril 2013, n° 12-30049, BC II n° 84). Si l'URSSAF réalise le contrôle à une date ultérieure, l'employeur peut en demander l'annulation, car il incombe à l'organisme de prouver qu'une modification de la date de contrôle a été arrêtée avec l'accord du contrôlé (cass. civ., 2e ch., 12 juillet 2012, n° 11-22895 D).

Cela étant, l'URSSAF peut reporter la date de début du contrôle en informant l'employeur par tout moyen, y compris par mail ou entretien téléphonique (cass. civ., 2e ch., 15 mars 2018, n° 17-24359 FPB).

Destinataire de l'avis de contrôle (personne morale) - L'avis de contrôle, si la personne contrôlée est une personne morale, doit être adressé à l'attention de son représentant légal et envoyé à l'adresse du siège social de l'entreprise ou, le cas échéant, à celle de son établissement principal, telles que ces informations ont été préalablement déclarées. Sauf précision contraire, cet avis vaut pour l'ensemble des établissements de la personne contrôlée (c. séc. soc. art. R. 243-59, I).

▶ À noter... Sous réserve d'interprétations contraires du ministère ou de l'ACOSS, la rédaction de l'article R. 243-59 du code de la sécurité sociale applicable aux contrôles engagés depuis le 11.07.2016 concernant le destinataire de l'avis de contrôle ne semble pas remettre en cause la position de la Cour de cassation concernant les groupes de sociétés. Tenant compte du fait que chacune de ces dernières a sa personnalité juridique propre (ex : filiale), la Cour de cassation a pu estimer qu'elles devaient toutes être destinataires d'un avis de passage, le dispositif de versement en un lieu unique (VLU) ne les privant pas de cette information (cass. civ., 2e ch., 2 avril 2015, n° 14-14528, BC II n° 84).

L'avis envoyé à l'adresse de réception de la correspondance (alors qu'il aurait fallu l'envoyer au siège social) rend le contrôle irrégulier (cass. civ., 2e ch., 9 juillet 2015, n° 14-21755, BC II n° 73).

Destinataire de l'avis de contrôle (personne physique) - Lorsque la personne contrôlée est une personne physique, l'avis est adressé à son domicile ou à défaut à son adresse professionnelle, telles que ces informations ont été préalablement déclarées (c. séc. soc. art. R. 243-59, I).

▶ À noter... L'URSSAF peut envoyer un avis de contrôle à une société de fait (cass. civ., 2e ch., 11 février 2016, n° 15-10487, BC II n° 913).

Mentions impératives de l'avis - L'avis de contrôle mentionne que l'employeur, ou le travailleur indépendant, a le droit, pendant le contrôle, de se faire assister du conseil de son choix (c. séc. soc. art. R. 243-59, II) ; l'absence de cette mention emporte la nullité des opérations de contrôle (cass. civ., 2e ch., 18 septembre 2014, n° 13-17084 D).

Depuis que les URSSAF sont habilitées à contrôler les cotisations d'assurance chômage, l'avis de passage doit également l'indiquer.

Depuis le 1.01.2017, les dispositions contenues dans « la charte du cotisant contrôlé » sont opposables à l'URSSAF (c. séc. soc. art. R. 243-59). Ce document présente à la personne contrôlée la procédure de contrôle et les droits dont elle dispose pendant son déroulement et à son issue ; son existence est mentionnée sur l'avis qui précise l'adresse électronique où il peut être consulté et la possibilité pour la personne contrôlée de demander qu'il lui soit adressé.

À l'heure où nous rédigeons ces lignes, la charte du cotisant contrôlée a été actualisée au 1.02.2020 (arrêté du 27 janvier 2020, JO 1er février, texte 28 et avis relatif à l'arrêté du 27 janvier 2020, JO 4 février, texte 122). Elle est accessible aussi depuis le site du réseau des URSSAF.

Les dispositions relatives à la charte s'appliquent dès lors qu'un contrôle a été engagé, peu importe que ce dernier ait conduit à la constatation d'une infraction au travail dissimulé (cass. civ., 2e ch., 9 octobre 2014, n° 10-13699, BC II n° 203).

▶ À noter… L'avis de contrôle n'a pas à être motivé, il peut simplement indiquer, dans des termes généraux, que le contrôle vise à la « vérification de l'application de la législation de la sécurité sociale et d'allocations familiales dans le cadre de la prescription triennale » (cass. civ., 2e ch., 2 octobre 2008, n° 07-17936, BC II n° 204).

Durée du contrôle (TPE)

Les contrôles réalisés dans les entreprises versant des rémunérations à moins de 10 salariés ou auprès des travailleurs indépendants ne peuvent s'étendre sur une période supérieure à 3 mois, comprise entre le début effectif du contrôle (c'est-à-dire la première visite de l'inspecteur) et la lettre d'observations *(voir ci-après)*, pour laquelle il faut retenir la date d'envoi du recommandé (lettre-circ. ACOSS 2015-19 du 13 avril 2015, § 6.1). À la demande expresse de l'employeur contrôlé ou de l'organisme de recouvrement (à formuler par écrit), la durée de 3 mois peut être prorogée une fois, ce qui porte la durée maximale du contrôle à 6 mois (c. séc. soc. art. L. 243-13 ; lettre-circ. ACOSS 2015-19 du 13 avril 2015, § 6.1).

▶ À noter… À titre de tolérance, la durée du contrôle limitée à 3 mois s'applique aux entreprises versant des rémunérations à moins de 11 salariés (arrêté du 27 janvier 2020, JO du 1er février, texte 28 et avis relatif à l'arrêté du 27 janvier 2020, JO du 4 février, texte 122).

La limitation de la durée du contrôle à 3 ou 6 mois ne s'applique pas s'il est établi, au cours de cette même période, que l'employeur se trouve dans l'une des situations suivantes :

- *travail dissimulé** (c. trav. art. L. 8221-3 et L. 8221-5) ;
- obstacle à contrôle (c. séc. soc. art. L. 243-12-1) ;
- abus de droit (c. séc. soc. art. L. 243-7-2) [voir *Abus de droit (rectification pour)**] ;
- constat de comptabilité insuffisante ou de documentation inexploitable.

La limitation de la durée du contrôle n'est pas applicable lorsque la personne contrôlée appartient à un ensemble de personnes entre lesquelles il existe un lien de dépendance ou de contrôle (c. com. art. L. 233-1 et L. 233-3) et que l'effectif de cet ensemble est au moins égal à 10.

▶ À noter… Pour les contrôles engagés à compter du 12.08.2018, la durée du contrôle est limitée à 3 mois, pendant 3 ans, dans les entreprises de moins de 20 salariés. En outre, pendant 4 ans, à compter du 1.12.2018, dans les régions Hauts-de-France et Auvergne-Rhône-Alpes, l'ensemble des contrôles menés par l'administration (contrôles URSSAF, fiscaux, de l'inspection du travail, etc.) à l'encontre d'une entreprise de moins de 250 salariés et dont le chiffre d'affaires annuel n'excède pas 50 millions d'euros ne peut pas dépasser, pour un même établissement, une durée cumulée de 9 mois sur 3 ans (loi 2018-727 du 10 août 2018, art. 32 et 33, JO du 11 ; décret 2018-1019 du 21 novembre 2018, JO du 2).

Si, du fait du dépassement du délai, les opérations de contrôle doivent prendre fin, l'agent chargé du contrôle doit informer la personne contrôlée des manquements qu'il a éventuellement constatés (c. séc. soc. art. R. 243-59-6 et R. 243-59-9). En outre, l'URSSAF ne peut pas procéder une nouvelle fois à un contrôle portant sur tout ou partie de la période antérieure à la date d'envoi de l'avis de contrôle ayant donné lieu à l'information de clôture du contrôle (c. séc. soc. art. R. 243-59-6, II).

Investigations de l'URSSAF

Mise à disposition des documents - La personne contrôlée est tenue de mettre à disposition des agents chargés du contrôle tout document utile à celui-ci (ex : bilans, liasses fiscales, jugements des conseils de prud'hommes, factures des sous-traitants et honoraires) et de leur permettre l'accès à tout support d'information demandé [rappelons que les employeurs déclarent leurs cotisations via *déclaration sociale nominative (DSN)**].

Les agents peuvent lui demander que les documents à consulter leur soient présentés selon un classement nécessaire au contrôle dont ils l'auront informé au préalable (c. séc. soc. art. L. 243-12 et R. 243-59, II).

▶ À noter... Si l'inspecteur du recouvrement, à qui l'employeur n'a pas présenté les justificatifs nécessaires pour permettre le contrôle, peut solliciter de celui-ci la production de documents supplémentaires, il ne peut le faire qu'avant l'envoi de la lettre d'observations (cass. civ., 2e ch., 13 février 2014, n° 13-14132, BC II n° 47).

Depuis le 1.01.2020, l'agent chargé du contrôle est expressément autorisé à emporter ces documents à l'extérieur des locaux de la personne contrôlée, sur autorisation de la personne contrôlée. En l'absence d'une telle autorisation, seules des copies des documents remis peuvent être examinées en dehors des locaux du cotisant contrôlé (c. séc. soc. art. R. 243-59, II).

Sans préjudice de demandes complémentaires ou du recours à la méthode d'évaluation du redressement par échantillonnage et extrapolation [voir *Contrôle URSSAF (échantillonnage et extrapolation)**], et afin de limiter le nombre des documents et données collectées, l'agent chargé du contrôle peut également choisir de ne demander que des données et documents partiels (c. séc. soc. art. R. 243-59, II).

▶ À noter... Depuis le 1.07.2019, la numérisation des documents nécessaires à l'établissement de l'assiette ou au contrôle des cotisations sociales obéit à des règles précises, fixées par arrêté du 23.05.2019 (JO du 20). Si la pièce justificative ou le document n'est pas numérisé selon les modalités prévues, le cotisant doit présenter l'original sous format papier. À défaut, cette situation est assimilée à une absence de documents ou de pièces justificatives nécessaires à l'établissement de l'assiette ou au contrôle des cotisations et contributions sociales, susceptible d'entraîner un redressement par taxation forfaitaire.

Documents dématérialisés - Lorsque les documents et informations demandés par l'inspecteur du recouvrement dans le cadre d'une opération de contrôle sont dématérialisés, leur contrôle peut être opéré en ayant recours au matériel informatique utilisé par la personne contrôlée, sous réserve de son consentement. À la demande de l'agent chargé du contrôle, celle-ci met à disposition un utilisateur habilité pour réaliser les opérations sur son matériel. Si la personne entend s'y opposer, elle dispose, à compter de la date de réception de la demande de l'agent chargé du contrôle, de 15 jours pour le faire, par écrit, et de l'informer de son choix entre :

- la mise à disposition de l'agent de copies des documents, données et traitements nécessaires à l'exercice du contrôle sur fichier informatique ; ces copies doivent répondre aux normes définies par l'agent et sont détruites avant l'engagement de la mise en recouvrement des cotisations faisant suite au contrôle ;
- la prise en charge, par lui-même, de tout ou partie des traitements automatisés (l'agent lui indique alors par écrit les traitements à réaliser, les délais accordés pour les effectuer ainsi que les normes des fichiers des résultats attendus).

Si la personne contrôlée ne répond pas à l'agent chargé du contrôle dans les 15 jours précités, son silence vaut accord et l'agent peut donc procéder aux opérations de contrôle par mise en place de traitements automatisés (c. séc. soc. art. R. 243-59-1).

Audition des salariés ou autres personnes rémunérées - Les agents de contrôle peuvent interroger les salariés de l'entreprise afin d'obtenir les renseignements utiles au contrôle (c. séc. soc. art. R. 243-59, II).

Une personne rémunérée par un prestataire de services de l'entreprise contrôlée ne peut pas être auditionnée par l'agent de contrôle de l'URSSAF (cass. civ., 2e ch., 20 septembre 2018, n° 17-24359, BC II n° 185).

Les auditions ne peuvent être effectuées que dans les locaux de l'entreprise. La Cour de cassation a ainsi annulé un contrôle URSSAF au cours duquel un inspecteur s'était rendu au domicile des salariés pour les interroger et avait, en leur absence, recueilli les déclarations de leurs épouses (cass. soc. 28 novembre 1991, n° 89-11287, BC V n° 548). De même, un redressement opéré en se fondant sur les réponses à des questionnaires relatifs aux horaires de travail que l'URSSAF a adressés aux salariés entraîne la nullité du contrôle (cass. soc. 27 février 2003, n° 01-21149, BC V n° 76).

Enfin, il a été jugé qu'une procédure de contrôle était entachée de nullité lorsque l'agent de contrôle a contacté puis entendu directement un sous-traitant, ce dernier n'ayant donc pas été entendu sur les lieux de l'entreprise ou de son travail (cass. civ. 2e ch., 28 janvier 2021, n° 19-26263 D).

▶ À noter... Si le contrôle est effectué pour rechercher et constater des infractions pour travail dissimulé, il est fait mention au procès-verbal d'audition du consentement de la personne entendue et la signature par celle-ci du procès-verbal d'audition vaut consentement de sa part à l'audition (c. séc. soc. art. R. 243-59, II).

Lettre d'observations

Mentions - À l'issue du contrôle, les inspecteurs du recouvrement communiquent à l'employeur un document (commun à l'URSSAF et au Pôle Emploi) daté et signé mentionnant l'objet du contrôle, les documents consultés, la période vérifiée et la date de fin de contrôle. Ce document mentionne, s'il y a lieu, les observations faites au cours du contrôle, lesquelles doivent être motivées par chef de redressement. À ce titre, elles indiquent (c. séc. soc. art. R. 243-59, III) :

- les considérations de droit et de fait qui constituent leur fondement ;

- le cas échéant, l'indication du montant des assiettes correspondant ;

- ainsi que, pour les cotisations et contributions sociales l'indication du mode de calcul et du montant des redressements et des éventuelles majorations et pénalités envisagées (majoration de 10 % pour absence de mise en conformité, de 25 % pour travail dissimulé, pénalité de 20 % pour abus de droit).

Pour les contrôles engagés depuis le 1.01.2020, les observations adressées par l'URSSAF à la personne contrôlée sont faites au regard des éléments déclarés à la date d'envoi de l'avis de contrôle (c. séc. soc. art. R. 243-59, III).

▶ À noter… En revanche, dans sa réponse à la lettre d'observations, le cotisant peut justifier avoir corrigé, pendant le contrôle, les déclarations afférentes à la période contrôlée, et acquitté les sommes correspondantes pour qu'il en soit tenu compte (c. séc. soc. art. R. 243-59, III, al. 9).

La charte du cotisant contrôlé précise que l'analyse de l'agent chargé du contrôle porte sur les éléments déclarés à la date d'envoi de l'avis de contrôle. Si l'employeur a modifié les déclarations portant sur la période contrôlée après réception de cet avis, il est préférable qu'il en avertisse l'agent chargé du contrôle « au regard de l'impact de ces modifications sur le montant des majorations et pénalités applicables » (arrêté du 27 janvier 2020, JO du 1er février, texte 28 et avis relatif à l'arrêté du 27 janvier 2020, JO du 4 février, texte 122).

La mention du mode de calcul des redressements envisagés est une mention impérative (cass. civ., 2e ch., 18 septembre 2014, n° 13-21682, BC II n° 187).

▶ À noter… La Cour de cassation a estimé que la méconnaissance par l'URSSAF des garanties que l'article R. 243-59 du code de la sécurité sociale prévoit au bénéfice du cotisant n'emporte la nullité de l'ensemble de la procédure de contrôle et de redressement que si l'irrégularité affecte chacun des chefs de redressement envisagés (cass. civ., 2e ch., 8 juillet 2021, n° 20-16846 FB). À notre sens, le non-respect de certaines dispositions de cet article entraîne forcément la nullité de l'ensemble de la procédure de contrôle. C'est le cas, en particulier, de l'absence d'envoi au cotisant contrôlé d'un avis de contrôle préalable (cass. civ., 2e ch., 10 juillet 2008, n° 07-18152, BC II n° 188).

En cas de réitération d'une pratique ayant déjà fait l'objet d'une observation ou d'un redressement lors d'un précédent contrôle, la lettre d'observations précise les éléments caractérisant le constat d'absence de mise en conformité (c. séc. soc. art. L. 243-7-6 et R. 243-59).

La lettre d'observations informe également l'intéressé qu'il a la faculté de se faire assister d'un conseil de son choix (c. séc. soc. art. R. 243-59, III). **Cette information, destinée à garantir l'exercice des droits de la défense, constitue une formalité substantielle dont dépend la validité de la procédure** (cass. civ., 2e ch., 10 octobre 2013, n° 12-26586 D).

Le cotisant peut, pour les mises en demeure émises à compter du 1.04.2020, faire valoir le *droit à l'erreur en cas de redressement suite à un contrôle URSSAF pour échapper à certaines majorations de retard.**

Si une infraction de *travail dissimulé a été constatée, la lettre d'observations doit également faire référence au document constatant le travail dissimulé (le montant des redressements indiqué dans la lettre d'observations peut être différent du montant évalué, le cas échéant, dans le document constatant le travail dissimulé)** (c. séc. soc. art. R. 243-59, III).

▶ Attention… Si le contrôle a été mené par plusieurs inspecteurs du recouvrement, la lettre d'observations doit être signée de chacun des inspecteurs, sous peine de nullité (cass. civ., 2e ch., 6 novembre 2014, n° 13-23990, BC II n° 220).

Délai - L'URSSAF n'est tenue à aucun délai pour l'envoi de cette lettre d'observations (cass. civ., 2e ch., 28 mai 2015, n° 14-17618, BC II n° 129) **; néanmoins, si l'employeur a moins de 10 salariés, son envoi « tardif » ne doit pas conduire à faire durer le contrôle au-delà de 3 mois** ***(voir plus haut)*.**

Période contradictoire - À compter de la réception de la lettre d'observations par la personne contrôlée, une période contradictoire de 30 jours est engagée pour que celle-ci puisse répondre aux observations (c. séc. soc. art. L. 243-7-1 A et R. 243-59, III).

Pour les contrôles engagés à compter du 1.01.2020, le délai de 30 jours peut être porté, à la demande de la personne contrôlée, à 60 jours (c. séc. soc. art. R. 243-59, III). La demande doit être reçue par l'URSSAF avant l'expiration du délai initial de 30 jours (c. séc. soc. art. L. 243-7-1 A). À défaut de réponse de l'organisme de recouvrement, la prolongation du délai est considérée comme étant acceptée (c. séc. soc. art. R. 243-59, III).

Pendant la période contradictoire (c. séc. soc. art. L. 243-7-1 A), le délai de prescription des cotisations, contributions, majorations et pénalités de retard est suspendu (c. séc. soc. art. L. 244-3).

Si la personne contrôlée n'a pas formulé de remarques à la lettre d'observations *(voir plus haut)*, ce délai de prescription est suspendu entre la date de réception de la lettre d'observations et la fin de la période contradictoire de 30 jours (60 jours si prolongation). Si elle a formulé des observations, le délai de prescription est suspendu entre la date de réception de la lettre d'observations et la date d'envoi de la réponse de l'agent chargé du contrôle à ces observations (arrêté du 27 janvier 2020, JO du 1er février, texte 28 ; avis relatif à l'arrêté du 27 janvier 2020, JO du 4 février, texte 122).

▶ À noter… La lettre d'observations n'a pas à mentionner sous peine de nullité le point de départ du délai de 30 jours (cass. civ., 2e ch., 15 mars 2018, n° 17-14755 D).

Réponse à la lettre d'observations - Dans sa réponse, la personne contrôlée peut indiquer toute précision ou tout complément qu'elle juge nécessaire, notamment en proposant des ajouts à la liste des documents consultés (c. séc. soc. art. R. 243-59, III). Si elle répond avant la fin du délai de 30 jours précité (60 jours en cas de prolongation), l'agent chargé du contrôle est tenu de lui répondre en retour.

En l'absence de réponse de la personne contrôlée à la lettre d'observations, la période contradictoire prend fin à l'issue du délai initial de 30 jours (ou à l'issue des 60 jours si elle a demandé sa prolongation) (arrêté du 27 janvier 2020, JO du 1er février, texte 28 ; avis relatif à l'arrêté du 27 janvier 2020, JO du 4 février, texte 122).

Si la personne contrôlée répond aux observations de l'agent chargé du contrôle, elle doit envoyer sa réponse avant la fin du délai imparti (30 ou, le cas échéant, 60 jours) (arrêté du 27 janvier 2020, JO du 1er février, texte 28 ; avis relatif à l'arrêté du 27 janvier 2020, JO du 4 février, texte 122).

Chaque observation exprimée de manière circonstanciée par la personne contrôlée fait l'objet d'une réponse motivée de l'agent chargé du contrôle. Cette réponse détaille, par motif de redressement, les montants qui, le cas échéant, ne sont pas retenus et les redressements qui demeurent envisagés (c. séc. soc. art. R. 243-59, III).

La réponse de l'agent chargé du contrôle marque la fin de la période contradictoire et n'ouvre pas de nouvel échange (arrêté du 27 janvier 2020, JO du 1er février, texte 28 ; avis relatif à l'arrêté du 27 janvier 2020, JO du 4 février, texte 122).

La lettre par laquelle l'inspecteur du recouvrement répond aux observations formulées par le cotisant à la suite de la notification de la lettre d'observations ne constitue pas une nouvelle lettre d'observations. Elle n'est donc pas soumise au formalisme de la lettre d'observations (cass. civ., 2e ch., 7 janvier 2021, n° 19-20230 FPI). Ce courrier de réponse de l'URSSAF aux observations du cotisant n'a pas à comporter les signatures de l'ensemble des agents ayant participé au contrôle (cass. civ., 2e ch., 18 février 2021, n° 20- 12328 FP).

▶ À noter… C'est aussi dans le cadre de la procédure contradictoire préalable à la fin du contrôle que l'URSSAF, lorsqu'elle redresse un employeur pour non-respect du caractère collectif et obligatoire d'une couverture de prévoyance complémentaire et de retraite supplémentaire, informe l'employeur que son manquement révèle une « méconnaissance d'une particulière gravité » de la réglementation (c. séc. soc. art. L. 133-4-8, II, al. 5) [voir *Contributions de retraite et de prévoyance (régimes collectifs et obligatoires)**].

Si l'URSSAF rejette les observations du cotisant, ce dernier ne peut pas engager un contentieux à l'encontre de ce rejet. En effet, seule la mise en demeure que l'URSSAF notifie à l'employeur à l'issue d'un contrôle est susceptible de faire l'objet d'un recours contentieux (cass. civ., 2e ch., 14 février 2019, n° 17-27759 FPB).

▶ À noter… La charte du cotisant contrôlé précise qu'à l'issue de ses investigations, lorsque des observations avec ou sans redressements sont envisagées, l'agent URSSAF propose un entretien à l'employeur afin de présenter le résultat de ses analyses et les suites éventuelles (sauf en cas de constat de travail dissimulé ou d'obstacle à contrôle) (arrêté du 27 janvier 2020, JO du 1er février, texte 28 ; avis relatif à l'arrêté du 27 janvier 2020, JO du 4 février, texte 122).

Opposabilité d'une circulaire - Sous certaines conditions, la personne contrôlée peut, pour se garantir d'un redressement, se prévaloir de l'application d'une circulaire ou d'une instruction précisant l'interprétation de la législation en vigueur [voir *Circulaires (opposabilité)**]. Sa demande est recevable tant que les sommes mises en recouvrement au titre d'une situation couverte par cette circulaire ou instruction n'ont pas un caractère définitif. L'URSSAF doit informer (par tout moyen donnant date certaine à sa réception) la personne contrôlée dans un délai de 2 mois à compter de la réception de la demande, par motif de redressement, des montants qui sont, le cas échéant, annulés ainsi que, par motif de redressement, des montants dont elle reste redevable (c. séc. soc. art. R. 243-59-8 et R. 243-59-9).

Rapport de contrôle

À l'expiration du délai de 30 jours imparti à l'employeur pour répondre à la lettre d'observations, ou de ses échanges avec l'agent chargé du contrôle, ce dernier transmet à l'URSSAF dont il relève le procès-verbal de contrôle (ou le rapport de contrôle) faisant état de ses observations, accompagné, s'il y a lieu, de la réponse de l'intéressé et de son propre courrier en réponse. Le cas échéant, il communique également les observations ne conduisant pas à redressement mais appelant la personne contrôlée à une mise en conformité en vue des périodes postérieures aux exercices contrôlés, et exposant cette personne, si elle n'y procède pas, à la majoration pour absence de mise en conformité (c. séc. soc. art. R. 243-59, IV).

La clôture du rapport de contrôle avant l'expiration du délai dont dispose l'employeur pour répondre aux observations des agents de contrôle constitue une violation de la procédure contradictoire (cass. soc. 5 novembre 1999, n° 96-21843, BC V n° 437 ; cass. civ., 2e ch., 27 janvier 2004, n° 02-30706, BC II n° 29).

Contrôle URSSAF : schéma des procédures

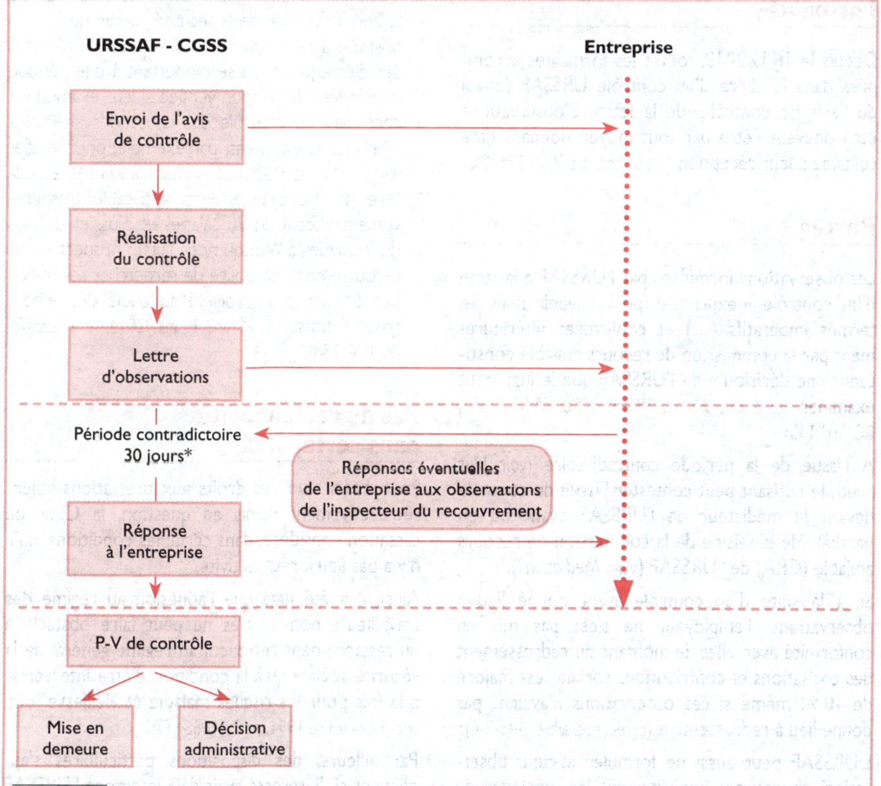

* Demande de prolongation possible sous conditions.

▶ À noter... L'inspecteur du recouvrement n'est pas tenu de communiquer intégralement le rapport de contrôle, du moment que la lettre d'observations permet à l'employeur, indépendamment de ses annexes, de connaître la nature, le mode de calcul et le montant des redressements opérés (cass. civ., 2e ch., 16 février 2012, n° 11-12166, BC II n° 33).

Si un solde créditeur en faveur de la personne contrôlée résulte de l'ensemble des points vérifiés, l'URSSAF le lui notifie et effectue le remboursement dans un délai maximum de 4 mois suivant sa notification (c. séc. soc. art. R. 243-59, IV).

▶ À noter... La charte du cotisant contrôlé prévoit qu'en cas de solde créditeur en faveur du cotisant à l'issue du contrôle, l'URSSAF doit le rembourser dans un délai maximum de 2 mois (arrêté du 27 janvier 2020, JO du 1er février, texte 28 ; avis relatif à l'arrêté du 27 janvier 2020, JO du 4 février, texte 122).

Formalités

Depuis le 16.12.2018, toutes les formalités accomplies dans le cadre d'un contrôle URSSAF (envoi de l'avis de contrôle, de la lettre d'observations etc.) peuvent l'être par tout moyen donnant date certaine à leur réception (c. séc. soc. art. R. 243-59-9).

Portée

Les observations formulées par l'URSSAF à la suite d'un contrôle « exprimées pour l'avenir mais en termes impératifs (...) et confirmées ultérieurement par la commission de recours amiable constituent une décision » de l'URSSAF que le juge peut examiner (cass. civ., 2e ch., 19 juin 2008, n° 07-11571, BC II n° 145).

À l'issue de la période contradictoire *(voir plus haut)*, le cotisant peut contester l'issue du contrôle devant le médiateur de l'URSSAF avant ou en parallèle de la saisine de la commission de recours amiable (CRA) de l'URSSAF (voir *Médiation**).

Si, à la suite d'un contrôle ayant donné lieu à observations, l'employeur ne s'est pas mis en conformité avec elles, le montant du redressement des cotisations et contributions sociales est majoré de 10 %, même si ces observations n'avaient pas donné lieu à redressement (c. séc. soc. art. L. 243-7-6).

L'URSSAF peut aussi ne formuler aucune observation, approuvant implicitement les pratiques de l'entreprise ; elle se trouve alors liée par la position qu'elle a prise, sauf cas de fraude. En tout état de cause, elle ne peut pas revenir sur une période déjà contrôlée [voir *Contrôle URSSAF (rétroactivité)**].

☛ *Contrôle URSSAF.*

Contrôle URSSAF (rétroactivité)

Rétroactivité sur trois ans

Lors d'un contrôle dans une entreprise, l'URSSAF peut être amenée à opérer des redressements sur des sommes qui n'auraient pas été soumises à cotisations, dans la limite du délai de reprise. En effet, les cotisations et contributions sociales se prescrivent par 3 ans (5 ans en cas de travail dissimulé) à compter de la fin de l'année civile au titre de laquelle elles sont dues (c. séc. soc. art. L. 244-3 et L. 311-11) [voir *Prescription (cotisations)**].

▶ Attention... La prescription posée par l'article L. 244-3 du code de la sécurité sociale ne fait pas obstacle à ce qu'un contrôle exercé s'applique à des éléments de fait se rapportant à une période antérieure à la période vérifiée si leur examen est nécessaire au contrôle des cotisations afférentes à celle-ci. C'est le cas, par exemple, pour vérifier les conditions d'assujettissement au FNAL et à la taxe de prévoyance, alors applicable (respectivement effectif de 20 salariés et plus, et de plus de 9 salariés à l'époque des faits) : l'inspecteur du recouvrement est obligé de rechercher l'évolution des effectifs d'une société au cours des années passées (cass. civ., 2e ch., 19 juin 2014, n° 13-20374, BC II n° 138).

Pas de rétroactivité dans certains cas

Pour éviter que des droits aux prestations soient rétroactivement remis en question, la Cour de cassation considère, dans certaines conditions, qu'il n'y a pas lieu à rétroactivité.

Ainsi, il a été jugé que l'adhésion au régime des travailleurs non salariés ne peut faire obstacle à un rattachement rétroactif au régime général de la sécurité sociale qu'à la condition d'être intervenue à la fois pour les risques maladie et vieillesse (cass. soc. 17 octobre 1991, n° 88-10864 D).

Par ailleurs, des dispositions particulières s'appliquent si l'intéressé avait déjà interrogé l'URSSAF sur sa situation.

Toutefois, si la requalification d'une relation intervient dans le cadre du *travail dissimulé**, le donneur d'ordre qui a fait l'objet d'une condamnation pénale pour travail dissimulé est tenu au paiement des cotisations et contributions sociales à la charge des employeurs au titre de la période pour laquelle la dissimulation d'emploi salariée a été établie (c. trav. art. L. 8221-6).

Portée d'un contrôle

Principe - Il ne peut pas être procédé à un contrôle portant, pour une même période, sur les points de la législation applicable ayant déjà fait l'objet d'une vérification, sauf en cas de réponses incomplètes ou inexactes, de fraude, de travail dissimulé ou sur demande de l'autorité judiciaire (c. séc. soc. art. L. 243-12-4).

Décision tacite - En cas de contrôles successifs, la règle de « l'autorité de la chose décidée » s'applique si, lors d'un précédent contrôle, l'URSSAF n'ayant émis aucune critique a pris une décision implicite approuvant la pratique de l'entreprise.

Plus précisément, l'organisme ne peut établir un redressement de cotisations portant sur des éléments qui, ayant fait l'objet d'un précédent contrôle dans la même entreprise ou le même établissement, n'ont pas donné lieu à observations de sa part, dès lors (c. séc. soc. art. R. 243-59-7) :
- qu'il a eu l'occasion, au vu de l'ensemble des documents consultés, de se prononcer en toute connaissance de cause sur ces éléments ;
- que les circonstances de droit et de fait au regard desquelles les éléments ont été examinés sont inchangées.

Il faut une identité de situations. Les pratiques doivent être identiques lors du contrôle et du précédent contrôle, et la législation doit être inchangée (cass. civ., 2e ch., 18 novembre 2003, n° 02-30552 D).

Dans ce cas, l'accord tacite est valable même s'il est fondé sur une appréciation erronée de la législation par l'URSSAF (cass. civ., 2e ch., 8 juillet 2021, n° 20-16046 FB).

Exemple

Un employeur ne peut pas se prévaloir d'un accord tacite de l'URSSAF dès lors que les conditions qui avaient prévalu à l'absence d'observations de l'organisme de recouvrement lors du premier contrôle ne sont plus identiques (cass. civ., 2e ch., 16 février 2012, n° 11-10690 D ; cass. civ. 2e ch., 20 décembre 2018, n° 17-26952 FPB).

Par ailleurs, la décision prise par une URSSAF n'engage pas les autres et ne peut donc leur être opposée (cass. soc. 29 juin 1995, n° 93-11506, BC V n° 225 ; cass. soc. 20 juillet 1995, n° 93-10088, BC V n° 256). Ainsi, la décision prise par une URSSAF à l'égard d'un établissement ne peut être opposée à une autre URSSAF à l'occasion d'un contrôle portant sur un autre établissement (cass. civ., 2e ch., 17 décembre 2009, n° 08-21948 D). Il n'est pas non plus possible pour une société d'opposer à l'URSSAF une décision implicite ayant bénéficié à une autre société dont elle a acquis une partie des actifs (cass. civ., 2e ch., 18 décembre 2014, n° 13-27561 D).

Quant à l'URSSAF de liaison, elle n'est pas tenue par les décisions prises antérieurement à la convention de versement de cotisations en un lieu unique, par une autre URSSAF (cass. civ., 2e ch., 14 février 2007, n° 05-16810, BC II n° 29).

▶ **Attention…** Si l'URSSAF est revenue explicitement sur une position qu'elle avait prise à l'occasion d'un contrôle antérieur, la notification de la décision contraire fait obstacle à ce que l'accord tacite antérieur puisse perdurer (cass. civ., 2e ch., 4 avril 2013, n° 12-15739, BC II n° 74). En revanche, une circulaire dépourvue de toute portée normative ne constitue pas un changement rendant inopposable à l'URSSAF la décision qu'elle a pu prendre auparavant (cass. civ., 2e ch., 9 juillet 2015, n° 14-18686, BC II n° 75).

Preuve - Il revient à l'employeur de prouver l'existence de la décision qu'il invoque (cass. soc. 12 juin 1997, n° 95-21012 D).

La lettre d'observations constitue une pièce décisive en matière de preuve (circ. DSS-5B-99-726 du 30 décembre 1999), de même que la réponse de l'employeur à la lettre d'observations qui peut proposer des ajouts à la liste des documents consultés (c. séc. soc. art. R. 243-59, III avant dernier al.). Le rapport de contrôle aussi peut être invoqué à l'appui d'une demande en vue de bénéficier d'une décision tacite (cass. soc. 17 décembre 1998, n° 97-13180 D). Il n'en reste pas moins que la preuve d'une décision implicite est difficile à apporter.

Exemple

L'existence d'une décision implicite d'exonération de cotisations ne peut résulter du seul fait que, lors d'un précédent contrôle, un salarié attestait avoir présenté à l'agent de l'URSSAF les bulletins de paie de chauffeurs mentionnant « Frais déplacements professionnels ». En effet, si l'agent avait, lors du premier contrôle, effectivement eu connaissance de ces bulletins de paie mentionnant les frais, il n'avait pas nécessairement, de ce seul fait, vérifié que les conditions d'exonération de ces frais étaient bien réunies (cass. civ., 2e ch., 19 avril 2005, n° 03-30718, BC II n° 100).

« Non-recevabilité » de la décision tacite - L'employeur ne peut pas se prévaloir de l'approbation tacite de ses pratiques par l'URSSAF si le précédent contrôle avait donné lieu à un redressement consécutif à un constat de travail dissimulé (cass. civ., 2e ch., 4 avril 2019, n° 18-13786 FPBI).

Par ailleurs, l'employeur ne peut pas se prévaloir d'une décision d'annulation de redressement par la commission de recours amiable (CRA) pour invoquer un tel accord tacite (cass. civ., 2e ch., 9 mai 2019, n° 18-15435 FPBI).

☛ *Contrôle URSSAF.*

Contrôle URSSAF (taxation forfaitaire)

Comptabilité ou documents insuffisants ou inexacts

Dans le cadre d'un contrôle, l'URSSAF recourt à la taxation forfaitaire lorsque :

- la comptabilité de la personne contrôlée ne permet pas d'établir le chiffre exact des rémunérations (ou revenus) servant de base au calcul des cotisations dues ;
- la personne contrôlée ne met pas à disposition les documents ou justificatifs nécessaires à la réalisation du contrôle, ou lorsque leur présentation n'en permet pas l'exploitation (c. séc. soc. art. R. 243-59-4 ; lettre-circ. ACOSS 2007-107 du 22 juillet 2007).

Modalités de calcul

Tout moyen d'estimation probant - La fixation forfaitaire est effectuée par tout moyen d'estimation probant permettant le chiffrage des cotisations et contributions sociales (c. séc. soc. art. R. 243-59-4).

Prise en compte des conventions collectives - Si la comptabilité de l'employeur ne permet pas d'établir le chiffre exact des rémunérations, le montant forfaitaire des cotisations dues est établi compte tenu des conventions collectives en vigueur ou, à défaut, des salaires pratiqués dans la profession ou la région considérée. La durée de l'emploi est déterminée d'après les déclarations des intéressés ou par tout autre moyen de preuve (c. séc. soc. art. R. 243-59-4 ; lettre-circ. ACOSS 2007-107 du 22 juillet 2007).

Vérification par échantillonnage et extrapolation - Lorsque les éléments fournis par l'employeur ne permettent pas à l'URSSAF de déterminer la taxation forfaitaire applicable, ou lorsque l'employeur ne met pas à la disposition de l'inspecteur les documents nécessaires au contrôle, un redressement sur la base de sondages peut être admis (cass. soc. 13 janvier 2000, n° 97-17766, BC V n° 20) [voir *Contrôle URSSAF (échantillonnage et extrapolation)**].

Travail dissimulé - En cas de *travail dissimulé**, à défaut de preuve contraire, le forfait est établi à 25 % du plafond annuel de la sécurité sociale en vigueur au moment du constat du délit (c. séc. soc. art. L. 242-1-2 et R. 243-59-4).

Contestation de l'employeur

L'employeur peut toujours établir l'inexactitude ou le caractère excessif de l'évaluation, même lorsqu'il n'a pas fourni les justificatifs comptables lors du contrôle ou lors de son recours amiable (cass. soc. 19 juin 1997, n° 95-21380 D).

La preuve de l'inexactitude de l'évaluation peut également être apportée par une mesure d'expertise ordonnée par le juge à qui auront été présentés des éléments susceptibles de démontrer l'inexactitude du redressement opéré (cass. soc. 19 février 1986, n° 84-12151, BC V n° 17).

La taxation forfaitaire ne prive pas l'employeur de tout moyen de défense. Il doit donc être invité à présenter ses observations dans les délais impartis (c. séc. soc. art. R. 243-59). L'omission de cette formalité substantielle entraîne la nullité du contrôle et de la procédure subséquente (cass. civ., 2e ch., 27 janvier 2004, n° 02-30706, BC II n° 29).

☛ *Contrôle URSSAF.*

Contrôle URSSAF (vérification des déclarations)

Employeurs visés

Les URSSAF sont autorisées à vérifier l'exactitude et la conformité à la législation en vigueur des déclarations qui leur sont transmises par les employeurs, personnes privées ou publiques. Tous les employeurs et travailleurs indépendants sont concernés, quel que soit leur effectif (c. séc. soc. art. R. 243-43-3).

Modalités de la vérification

La vérification est menée, dans les locaux de l'URSSAF, en interne, par son personnel gestionnaire. Ce dernier ne dispose pas des pouvoirs élargis des inspecteurs de l'URSSAF (possibilité de demander la comptabilité, etc.). Il examine simplement la cohérence des déclarations qui lui sont transmises par l'employeur au regard des informations qui lui sont communiquées.

▶ À noter… L'URSSAF n'est pas tenue de communiquer à l'employeur les informations qui lui ont été transmises par une autre institution (cass. civ., 2e ch., 28 mai 2014, n° 13-18066, BC II n° 119), à l'origine de la procédure de vérification. En l'espèce, il s'agissait d'un bulletin de renseignement que l'administration fiscale lui avait communiqué.

Les URSSAF peuvent demander, par écrit, à la personne contrôlée tout document ou information complémentaire nécessaire pour procéder aux vérifications précitées.

Résultat de la vérification

Si, à l'issue de ces vérifications, l'URSSAF envisage un redressement, elle adresse, par lettre recommandée avec demande d'avis de réception, un courrier à l'employeur ou au travailleur indépendant lui indiquant (c. séc. soc. art. R. 243-43-4) :
- les déclarations et les documents examinés ;
- les périodes auxquelles se rapportent ces déclarations et documents ;
- le motif, le mode de calcul et le montant du redressement envisagé ;
- la faculté dont il dispose de se faire assister d'un conseil de son choix pour répondre aux observations faites, sa réponse devant être notifiée à l'URSSAF dans un délai de 30 jours ;
- le droit pour l'URSSAF d'engager la mise en recouvrement des cotisations en l'absence de réponse de sa part à l'issue de ce même délai de 30 jours.

Lorsque l'employeur a fait part de ses observations dans le délai de 30 jours, l'URSSAF lui confirme par courrier si elle maintient ou non sa décision d'engager la mise en recouvrement pour tout ou partie des sommes en cause (c. séc. soc. art. R. 243-43-4).

▶ À noter… Les formalités exigées par la procédure peuvent être réalisées par tout moyen donnant date certaine à leur réception (c. séc. soc. art. R. 243-59-9).

Sur la possibilité de saisir le médiateur de l'URSSAF, voir *Médiation**.

Mise en recouvrement des cotisations

L'URSSAF peut procéder au recouvrement des cotisations, des majorations et des pénalités de retard faisant l'objet du redressement (c. séc. soc. art. R. 243-43-4) :
- soit à l'issue du délai de 30 jours en l'absence de réponse de l'employeur parvenue dans ce délai à l'organisme ;
- soit après l'envoi par l'URSSAF du courrier par lequel il a été répondu aux observations de l'employeur.

▶ À noter… Comme la procédure de vérification n'est pas un « contrôle » URSSAF au sens strict, l'employeur ne peut pas invoquer les résultats d'un précédent contrôle URSSAF pour contester un redressement établi à la suite d'une vérification (cass. civ., 2e ch., 28 mai 2014, n° 13-18066, BC II n° 119).

Par ailleurs, un employeur qui a été mis en demeure pour n'avoir pas réglé ses cotisations à temps ne peut pas, pour faire annuler la mise en demeure, arguer des garanties attachées à la procédure de vérification des déclarations (cass. civ., 2e ch., 4 mai 2017, n° 16-15762, BC II n° 85).

☛ *Contrôle URSSAF.*

Convention collective

La convention collective est un accord écrit traitant de l'ensemble des conditions de travail et d'emploi et des garanties sociales par branche professionnelle, au niveau national, régional ou local (c. trav. art. L. 2221-2 et L. 2232-5). Elle est conclue entre les organisations syndicales représentatives de salariés et les organisations ou groupements d'employeurs, ou un ou plusieurs employeurs pris séparément. Elle peut également être valablement conclue au niveau d'un groupe de sociétés.

☛ *Accord collectif ; Accord collectif de branche ; Accord collectif d'entreprise (conclusion avec délégué syndical) ; Accord collectif d'entreprise (conclusion avec délégué syndical) ; Accord collectif d'entreprise (contenu) ; Accord collectif d'entreprise (publicité) ; Accord collectif d'entreprise (révision, dénonciation et renouvellement) ; Accord collectif de groupe ; Accord national interprofessionnel ; Convention collective (application) ; Convention collective (conclusion) ; Convention collective (contenu).*

Convention collective (application)

Dès lors qu'une convention collective est étendue, elle s'applique obligatoirement aux entreprises comprises dans son champ d'application territorial et professionnel.

Lorsque la convention collective n'est pas étendue, elle est applicable aux entreprises entrant dans son champ d'application territorial et professionnel, à la condition que l'employeur soit membre du groupement patronal signataire ou qu'il y ait adhéré.

Champ d'application territorial

Application nationale, régionale ou locale - Ce sont les signataires de la convention collective ou de l'accord professionnel qui déterminent son champ d'application territorial. Celui-ci peut être national, régional ou local (c. trav. art. L. 2232-5).

▶ À noter… La plupart des conventions collectives sont nationales (CCN). Cependant, il est possible de compléter ou d'adapter la convention nationale par des conventions et des accords régionaux ou départementaux (c. trav. art. L. 2232-5-2). Cette pratique est courante dans la métallurgie et dans le bâtiment et les travaux publics.

Articulation des niveaux d'application - Par hypothèse, pour un secteur d'activité donné (*voir ci-après*), une convention collective nationale (CCN) a vocation à s'appliquer à toutes les entreprises implantées en France. Selon la même logique, lorsque la convention collective a un champ d'application restreint (région, département), elle ne s'applique qu'aux établissements autonomes situés dans le périmètre en question.

Parfois, l'employeur relève donc de plusieurs textes avec, d'une part, une CCN valable pour toute l'entreprise et, d'autre part, des conventions ou des accords régionaux qui ne s'appliquent qu'à certains établissements, selon leur implantation.

Exemple

Dans une branche donnée, les salariés d'un établissement toulousain ne peuvent pas revendiquer l'application de la convention collective spécifique aux établissements de la région parisienne (cass. soc. 20 novembre 1991, n° 88-43281, BC V n° 516).

Champ d'application professionnel

Définition - Le champ d'application professionnel des conventions et accords collectifs est, tout comme leur champ d'application territorial, déterminé par les parties signataires. Il est défini en termes d'activités économiques (c. trav. art. L. 2222-1).

Parfois, le champ d'application d'une convention collective est déterminé par un accord spécifique, appelé « accord de champ ».

Recherche de l'activité principale réelle de l'entreprise - Le rattachement d'une entreprise à une convention collective de branche s'opère en fonction de son activité économique principale (c. trav. art. L. 2261-2 ; cass. soc. 13 mars 2013, n° 11-27854 D).

Seule l'activité réelle de l'entreprise compte (cass. soc. 16 novembre 1993, n° 90-44807, BC V n° 274 ; cass. soc. 7 décembre 2005, n° 04-15662, BC V n° 361).

Rôle du code NAF/APE - La quasi-totalité des conventions collectives actuellement en vigueur se réfèrent, pour la détermination de leur champ d'application professionnel, à la nomenclature d'activités françaises (NAF) de l'INSEE. En effet, un numéro de code APE (activité principale exercée) est attribué par l'INSEE à chaque entreprise, lors de sa création, en fonction de son activité principale.

C'est la raison pour laquelle il est d'usage de comparer le numéro d'immatriculation attribué par l'INSEE à l'entreprise à ceux figurant dans la convention collective pour déterminer si celle-ci est applicable à l'entreprise.

Cependant, le code APE n'a que la valeur d'une simple présomption (décret 2002-1622 du 31 décembre 2002, art. 4, JO du 1er janvier 2003). Dès lors, l'application d'une convention collective ne peut être déduite du seul indice tiré du code APE de l'employeur (cass. soc. 30 janvier 2002, n° 00-40567 D ; cass. soc. 25 juin 2014, n° 13-12223 D). Seule l'activité réelle de l'entreprise compte.

Entreprise à activités multiples - La convention collective applicable est celle dont relève l'activité principale exercée par l'employeur (c. trav.

art. L. 2261-2, al. 1). Les autres activités de l'entreprise ne sont donc pas prises en considération, pas plus que les fonctions assumées par les salariés, hormis en ce qui concerne les journalistes et les VRP *(voir ci-après)*.

Lorsque l'entreprise exerce des activités commerciales, l'activité principale est en principe celle qui représente le chiffre d'affaires le plus élevé (cass. soc. 25 février 1998, n° 96-40206 D). Lorsqu'il s'agit d'une activité industrielle, l'activité principale est celle qui occupe le plus grand nombre de salariés (cass. soc. 23 avril 2003, n° 01-41196, BC V n° 140). D'autres critères peuvent entrer en considération, selon les circonstances, comme la répartition du temps de travail des salariés, pour une entreprise qui se partage entre prestations d'expertise et prestations de formation (cass. soc. 15 mars 2017, n° 15-19958, BC V n° 52). En tout état de cause, les critères retenus doivent rester pertinents. Ainsi, le juge ne peut pas décider de l'activité principale exercée par l'entreprise au vu des mentions portées sur une carte publicitaire (cass. soc. 17 décembre 2008, n° 07-40906 D).

Centre d'activité autonome - Dans l'hypothèse où des salariés exercent une activité nettement différenciée dans un centre d'activité autonome, une convention collective différente de celle applicable en vertu de l'activité principale peut s'appliquer à ces salariés (cass. soc. 5 octobre 1999, n° 97-16995, BC V n° 369).

▶ À noter… L'existence d'un centre d'activité autonome est rarement reconnue. Il est notamment exigé que la gestion du personnel du centre d'activité autonome soit distincte de celle du reste de l'entreprise (cass. soc. 23 avril 2003, n° 01-41196, BC V n° 140). Par ailleurs, il ne suffit pas de constater que la société exerce deux activités différentes sur un même site (cass. soc. 26 mai 2004, n° 02-41635 D).

Clauses de départage - La clause de départage (également appelée clause d'option, de répartition ou encore d'attribution) permet aux entreprises de choisir, entre deux conventions collectives, celle qui leur convient le mieux. Une telle clause n'est valable que si elle figure dans chacune des conventions collectives concernées (c. trav. art. L. 2261-2).

La clause de départage trouve à s'appliquer lorsque (circ. DRT 2004-9 du 22 septembre 2004, fiche 10, JO 31 octobre 2004) :

- un secteur d'activité est couvert par un nouveau dispositif conventionnel, les entreprises concernées ayant alors la possibilité de continuer à appliquer l'ancien dispositif (clause de statu quo) ;
- un secteur est à la frontière de deux conventions collectives.

La clause de départage encadre généralement le choix de l'entreprise. Celle-ci ne pourra, par exemple, choisir une convention collective plutôt qu'une autre qu'à condition d'employer une certaine proportion de salariés dans une activité déterminée (cass. soc. 18 février 2009, n° 07-45306 D).

Conventions non étendues

Application aux employeurs adhérents - Lorsqu'une convention collective n'a pas été étendue, seuls les employeurs membres d'une des organisations patronales signataires sont tenus de l'appliquer, sous réserve, bien entendu, qu'ils entrent dans son champ d'application territorial et professionnel (c. trav. art. L. 2262-1 ; cass. soc. 16 mai 2007, n° 05-44401 D).

▶ À noter… De fait, dans un secteur d'activité couvert par une convention collective non étendue, certaines entreprises doivent respecter les règles posées par la convention collective, tandis que d'autres n'ont pas à en tenir compte, dans la mesure où elles ne sont pas membres d'une organisation patronale signataire. La procédure d'extension vise justement à éviter ces disparités *(voir ci-après)*.

Effets de l'adhésion - L'employeur peut à tout moment décider d'adhérer à une organisation patronale (ex. : MEDEF, CPME). Il est alors immédiatement lié par la convention collective et par les accords signés par cette organisation et dont le champ d'application couvre l'entreprise (c. trav. art. L. 2262-2).

Par la suite, s'il démissionne de l'organisation signataire, l'employeur demeure lié par la convention et les accords que cette organisation a pu conclure (c. trav. art. L. 2262-3). En revanche, il n'aura pas à appliquer les avenants éventuels à cette convention ou à ces accords, sauf s'il s'agit de textes d'application (cass. soc. 10 février 1999, n° 96-40851, BC V n° 65).

Conventions étendues ou élargies

Effets de l'extension - L'extension est une procédure administrative qui rend les conventions et accords collectifs professionnels obligatoires dans toutes les entreprises de la branche concernée, qu'elles aient ou non adhéré à une organisation patronale signataire. L'extension est officialisée par un arrêté publié au Journal officiel. L'extension permet donc à tous les salariés d'une même branche professionnelle de bénéficier d'un socle conventionnel commun (c. trav. art. L. 2261-15 et L. 2261-19).

Comme pour un *accord national interprofessionnel**, une convention collective ne s'applique à un secteur d'activité donné que si une organisation patronale représentative dans ce secteur a signé la convention en question (ou a adhéré une organisation patronale signataire). Un employeur qui estime qu'une convention collective ne lui est pas applicable doit démontrer que son activité n'entre pas dans le champ d'application de cette convention. En revanche, il ne peut pas contester devant le juge judiciaire l'absence de représentativité, dans son secteur d'activité, d'une organisation patronale signataire, ce point étant du ressort du juge administratif (cass. soc. 27 novembre 2019, n° 17-31442 FPPBRI).

Faculté d'opposition patronale - Les organisations patronales représentatives peuvent s'opposer à une convention collective ou à un accord professionnel [voir *Syndicats d'employeurs (représentativité)**]. Pour produire effet, l'opposition doit émaner d'une ou de plusieurs organisations représentatives dont les entreprises adhérentes emploient plus de 50 % de l'ensemble des salariés des entreprises adhérant aux organisations patronales représentatives dans la branche.

Cette opposition n'invalide pas la convention ou l'accord en question, mais elle fait obstacle à son extension, de sorte que le texte ne peut s'appliquer qu'aux entreprises qui ont adhéré à l'une des organisations patronales signataires (c. trav. art. L. 2261-19).

Effets de l'élargissement - L'élargissement d'un texte conventionnel peut intervenir en cas d'impossibilité persistante de conclure une convention ou un accord dans une branche d'activité ou un secteur territorial déterminé. L'objectif est de permettre aux salariés de ce secteur de bénéficier d'une couverture conventionnelle malgré l'absence de négociation. Le ministre du Travail peut alors, par arrêté ministériel, rendre obligatoire (c. trav. art. L. 2261-17) :

- dans un secteur territorial donné, une convention ou un accord de branche déjà étendu à un secteur territorial différent (élargissement territorial) ;
- ou dans un secteur professionnel donné, une convention ou un accord professionnel déjà étendu à un autre secteur professionnel (élargissement professionnel).

Valeur de la convention de branche

Valeur par rapport à la loi - Une convention de branche comporte en principe des mesures plus favorables que celles prévues par la loi [voir *Accord collectif d'entreprise (contenu)**]. Cependant :

- une convention de branche ne peut en aucun cas déroger, même dans un sens plus favorable aux salariés, aux dispositions légales qui sont d'ordre public ;
- une convention de branche peut déroger dans un sens défavorable aux salariés à certaines dispositions légales, lorsque celles-ci le permettent.

Valeur par rapport aux accords d'entreprise - Une convention collective a la même valeur qu'un accord de branche. Les accords d'entreprises peuvent donc y déroger dans un sens défavorable aux salariés, sauf dans les domaines « verrouillés » [voir *Accord collectif d'entreprise (contenu)**].

Valeur par rapport aux accords de niveau supérieur - Sur l'articulation entre la convention de branche et les accords couvrant un champ territorial ou professionnel plus large, voir *Accord national interprofessionnel**.

Conflit de conventions collectives - Une convention peut déroger, dans un sens défavorable aux salariés, à une convention ayant un champ territorial plus large, sauf si cette dernière l'interdit (c. trav. art. L. 2252-1).

En application de ce principe, dans le silence de la convention collective nationale, une convention régionale ou départementale peut comporter des clauses moins favorables. En revanche, si la convention collective nationale prohibe de telles dérogations, les conventions régionales ou départementales ne peuvent prévoir que des mesures plus favorables.

Pour déterminer la convention la plus favorable, il faut raisonner de façon globale, pour l'ensemble du personnel, avantage par avantage (cass. soc. 18 janvier 2000, n° 96-44578, BC V n° 27 ; cass. soc. 5 avril 2018, n° 16-26740 D).

Restructuration des branches

L'administration a entrepris de diminuer le nombre de branches professionnelles (c. trav. art. L. 2261-32 à L. 2261-34, D. 2261-14, D. 2261-15 et R. 2261-15).

Le ministère du Travail a ainsi commencé à fusionner des branches proches, mais peu actives (faible nombre d'entreprises adhérentes ou de salariés couverts, négociation atone, etc.). Il peut également refuser d'étendre une convention ou ses avenants ou annexes ou ne pas arrêter la liste des organisations patronales représentatives ni la liste des organisations syndicales représentatives.

Ce processus de restructuration conduira également à élargir le champ géographique et professionnel de certaines conventions collectives, pour intégrer des secteurs qui ne comportent aucune couverture conventionnelle.

▶ À noter… Le processus de restructuration des branches a été fortement ralenti par la crise sanitaire.

Le tableau dressant la liste des branches rattachées est reproduit dans la version en ligne de ce dictionnaire.

Application volontaire

Valeur d'un usage - Un employeur peut appliquer une convention et des accords collectifs auxquels il n'est pas soumis. L'application volontaire, qui peut être limitée à certaines catégories de salariés, doit résulter d'une manifestation de volonté claire et non équivoque de la part de l'employeur (cass. soc. 5 octobre 1993, n°s 89-43869 et 89-43870, BC V n° 222 ; cass. soc. 4 juin 2014, n° 12-18911 D).

L'application volontaire d'une convention n'implique pas, pour l'avenir, celle de ses avenants ou d'un accord de substitution (cass. soc. 21 octobre 1998, n° 97-44337, BC V n° 445 ; cass. soc. 2 avril 2003, n° 00-43601, BC V n° 135). Par ailleurs, l'application volontaire d'une convention collective nationale n'implique pas celle de ses accords territoriaux (cass. soc. 4 mars 2020, n° 18-11585 FSPB).

L'application volontaire d'une convention collective a la valeur d'un *usage**. L'employeur peut donc y mettre fin en mettant en œuvre la procédure de dénonciation (cass. soc. 4 décembre 1991, n° 88-40454, BC V n° 553). Par ailleurs, si l'employeur conclut un accord collectif ayant le même objet que la convention collective, l'usage consistant à appliquer volontairement cette convention disparaît automatiquement, sans qu'il soit nécessaire de le dénoncer (cass. soc. 26 septembre 2012, n° 10-24529, BC V n° 247).

Mention sur le bulletin de paie - L'employeur doit indiquer sur le *bulletin de paie** la convention collective applicable (c. trav. art. R. 3243-1, 3° ; cass. soc. 23 novembre 2010, n° 08-45483 D). Il s'agit, par hypothèse, de la convention collective correspondant à l'activité principale de l'entreprise. En l'absence de mention de la convention collective applicable ou en cas de mention erronée, le salarié peut demander réparation à l'employeur, à condition toutefois de démontrer qu'il a subi un préjudice (cass. soc. 17 mai 2016, n° 14-21872 D).

Il arrive que des bulletins de paie mentionnent une autre convention collective. Les salariés concernés peuvent alors s'en prévaloir, cette mention ayant la valeur d'un *engagement unilatéral de l'employeur** (cass. soc. 10 décembre 2002, n° 00-44260, BC V n° 372 ; cass. soc. 11 mars 2015, n° 13-27947 D). L'employeur a néanmoins la possibilité de démontrer que cette mention résulte d'une erreur et qu'il n'avait aucune intention d'appliquer à ces salariés une autre convention collective que celle correspondant à l'activité principale de l'entreprise (cass. soc. 15 novembre 2007, n° 06-44008, BC V n° 191 ; cass. soc. 11 mars 2015, n° 13-27120 D). Le code APE qui figure sur le bulletin de paie peut ainsi être contredit par ce que prévoient les contrats de travail (cass. soc. 7 juillet 2010, n° 08-45128 D).

Mention dans le contrat de travail - La référence à une convention collective dans le contrat de travail implique l'engagement de l'employeur à appliquer cette convention. L'indication d'une convention collective dans le contrat de travail ne saurait cependant interdire au salarié d'exiger l'application de la convention à laquelle l'employeur est assujetti compte tenu de son activité principale, dès lors que celle-ci lui est plus favorable (cass. soc. 18 juillet 2000, n° 98-42949, BC V n° 297).

Si le contrat de travail fait référence à un avantage spécifique, prévu par la convention collective, mais sans reprendre les modalités de calcul de cet avantage, toute modification de la convention collective se répercute automatiquement sur cet avantage. Si les modalités de calcul sont modifiées au niveau conventionnel, le salarié ne peut donc pas se prévaloir des règles antérieures de calcul, dans la mesure où elles n'ont pas été contractualisées (cass. soc. 25 mars 2009, n° 07-42318, BC V n° 91).

Salariés bénéficiaires

Tous les salariés de l'entreprise - Lorsqu'un employeur applique une convention ou un accord collectif, il est tenu de l'appliquer à l'ensemble des salariés auxquels il est lié par un contrat de travail, c'est-à-dire y compris à ceux qui sont en période d'essai, en contrat de travail à temps partiel, en contrat à durée déterminée, en contrat de travail à domicile et ce, peu important leur affiliation syndicale ou l'activité qu'ils exercent (c. trav. art. L. 3123-11 et L. 7413-2).

Convention collective (application)

L'application est immédiate, automatique et impérative, dès l'entrée en vigueur du texte conventionnel.

Pas de renonciation possible - Le salarié ne peut pas, pendant la période d'exécution du contrat de travail, renoncer aux droits qu'il tient d'une convention ou d'un accord collectif (cass. soc. 19 octobre 1999, nos 97-45907 et 97-45911, BC V n° 386 ; cass. soc. 8 juin 2010, n° 08-45577 D).

VRP et journalistes - Les VRP relèvent en principe de l'accord national interprofessionnel du 3.10.1975, parfois désigné sous les termes de « Convention collective des VRP ». La convention collective à laquelle leur employeur est assujetti en vertu de son activité principale peut toutefois leur être applicable sous réserve qu'elle ne les exclue pas de son champ d'application (cass. soc. 13 janvier 2021, n° 19-12522 FSPI) [voir *VRP (contrat)**].

Les journalistes professionnels bénéficient également d'un statut légal et conventionnel spécifique (c. trav. art. L. 7111-1 ; convention collective nationale des journalistes).

Information des salariés

Sur l'existence et le contenu des conventions et accords collectifs applicables - L'employeur doit informer les salariés de l'existence et du contenu des conventions et accords collectifs applicables dans l'entreprise.

Modalités définies au niveau de chaque branche - Il revient à chaque branche professionnelle de fixer les conditions d'information des salariés et des représentants du personnel sur le droit conventionnel applicable dans l'entreprise et dans l'établissement. En l'absence de convention ou d'accord de branche, les modalités d'information des salariés sont celles indiquées ci-après (c. trav. art. L. 2262-5 et R. 2262-1).

Notice d'information lors de l'embauche - Au moment de l'embauche, le salarié reçoit de l'employeur une notice d'information sur le droit conventionnel applicable dans l'entreprise ou l'établissement. Cette obligation s'impose aussi bien en cas d'application obligatoire qu'en cas d'application volontaire d'une convention (c. trav. art. R. 2262-1).

> ▶ **À noter…** L'accord national interprofessionnel (ANI) sur la modernisation du marché du travail impose d'informer le salarié, lors de son embauche, des conditions d'accès à la connaissance des droits directement applicables à son contrat de travail en application d'un accord d'entreprise ou de branche. Cette information figure dans le contrat de travail ou dans un document informatif annexé à la lettre d'engagement (ANI du 11 janvier 2008 sur la modernisation du marché du travail, étendu par arrêté du 23 juillet 2008, JO du 25). Reste à savoir si la délivrance de la notice d'information sur le droit conventionnel applicable prévue par le code du travail permet de satisfaire à cette obligation.

Selon l'administration, cette notice n'a pas vocation à être un document contractuel supplémentaire. Son contenu n'est pas un résumé de la convention. Elle n'est qu'un rappel, sans effets juridiques, des textes conventionnels applicables aux salariés (circ. DRT 2004-9 du 22 septembre 2004, JO 31 octobre 2004).

Exemplaires du texte à fournir - L'employeur lié par une convention ou un accord collectif de travail doit fournir un exemplaire de ce texte au comité social et économique et aux délégués syndicaux ou aux salariés mandatés [voir *Accord collectif d'entreprise (conclusion sans délégué syndical)**]. Chaque année, l'employeur fournit à ces représentants la liste des modifications apportées à ces textes (c. trav. art. L. 2262-6).

En outre, l'employeur doit tenir un exemplaire à jour de cette convention ou de cet accord collectif à la disposition du personnel sur le lieu de travail. Un avis indiquant où et comment consulter les conventions et accords collectifs applicables dans l'établissement doit être communiqué aux salariés, par tout moyen (c. trav. art. R. 2262-3).

Entreprises dotées d'un intranet - Dans les entreprises dotées d'un intranet, l'employeur doit mettre sur celui-ci, à la disposition des salariés, un exemplaire à jour de la convention ou de l'accord collectif de travail par lequel il est lié (c. trav. art. R. 2262-1).

Cette obligation se cumule avec la mise à disposition d'un exemplaire sur papier en libre consultation. Néanmoins, selon l'administration, dans une entreprise où tous les salariés ont accès à l'intranet, l'obligation de l'exemplaire en libre consultation est valablement remplie par la mise à disposition des textes sur le site de l'entreprise (circ. DRT 2004-9 du 22 septembre 2004, JO 31 octobre 2004).

Difficultés d'interprétation

Avenants interprétatifs - En cas de difficulté d'interprétation, l'employeur et les syndicats doivent vérifier si les signataires de la convention collective ou la commission d'interprétation n'ont pas réglé la question dans un avenant *(voir ci-après)*.

Dès lors qu'il a été signé par l'ensemble des parties à la convention, un avenant interprétatif s'applique avec effet rétroactif à la date d'entrée en vigueur de la convention de branche. Il s'impose à l'employeur, aux salariés et au juge, qui ne peut pas en écarter l'application (cass. soc. 1er décembre 1998, n° 98-40104, BC V n° 527 ; cass. soc. 28 mars 2001, n° 99-41973 D).

Pour qu'un avenant soit considéré comme interprétatif, il faut « qu'il se borne à reconnaître, sans rien innover, un état de droit préexistant qu'une définition imparfaite a rendu susceptible de controverse ». Tel n'est pas le cas, par exemple, d'un avenant qui change les conditions de mise à la retraite de certains salariés, qui modifie le mode de calcul d'une indemnité de départ à la retraite ou qui redéfinit l'objet d'une indemnité de fin de carrière versée aux salariés susceptibles d'avoir été exposé à l'amiante (cass. soc. 18 mars 2008, n° 07-41813, BC V n° 66 ; cass. soc. 12 juin 2014, n° 13-15416, BC V n° 143 ; cass. soc. 4 février 2015, n° 14-13646, BC V n° 22).

Commission d'interprétation - L'employeur et les syndicats peuvent porter devant la commission paritaire permanente de négociation et d'interprétation normalement mise en place au niveau de la branche toute question relative à la lecture de la convention collective (c. trav. art. L. 2232-9).

L'avis rendu par la commission s'impose à l'employeur, ainsi qu'au juge en cas de contentieux, dès lors que la convention collective donne à cet avis la valeur d'un avenant (cass. soc. 15 mai 2001, n° 99-42109, BC V n° 109). En l'absence d'une telle précision, l'avis n'a pas force obligatoire (cass. ass. plén. 6 février 1976, n° 74-40223, B. ass. plén. n° 2 ; cass. soc. 2 décembre 2008, n° 07-44132, BC V n° 273 ; cass. soc. 9 juillet 2014, n° 13-17669, BC V n° 191).

Contentieux

Action des syndicats - Si l'employeur refuse d'appliquer la convention collective dont relève l'entreprise ou ne respecte pas certaines de ses clauses, les syndicats disposent de deux catégories d'action en justice pour le contraindre à respecter ses obligations. Ils peuvent :

- invoquer le préjudice porté « à l'intérêt collectif de la profession » (c. trav. art. L. 2132-3 ; cass. soc. 12 juin 2001, n° 00-14435, BC V n° 221 ; cass. soc. 16 janvier 2008, n° 07-10095, BC V n° 10 ; cass. soc. 11 juin 2013, n° 12-12818, BC V n° 151 ; cass. soc. 20 janvier 2021, n° 19-16283 FSPBI) ;
- demander « l'exécution des engagements contractés » (c. trav. art. L. 2262-11), sachant que cette seconde action en justice est réservée aux syndicats signataires de la convention ou de l'accord (cass. soc. 10 mai 1994, n° 92-14097, BC V n° 173).

▶ Attention… Le *comité social et économique** ne peut pas réclamer le respect d'une convention collective sur le fondement de « l'intérêt collectif de la profession », cette action étant réservée aux syndicats. Il ne peut pas non plus invoquer « l'exécution des engagements contractés », car il n'est pas partie à la convention collective ni signataire de celle-ci (cass. soc. 20 septembre 2006, n° 04-10765, BC V n° 278 ; cass. soc. 19 novembre 2014, n° 13-23899, BC V n° 271).

Action des salariés - Au plan individuel, tout salarié peut saisir le juge pour faire respecter la convention collective applicable à l'entreprise (c. trav. art. L. 2262-12 ; cass. soc. 3 juillet 2001, n° 99-42953, BC V n° 241). Les syndicats ont la possibilité de se greffer à l'action engagée par le salarié (c. trav. art. L. 2262-10).

Juge compétent - L'action intentée par les syndicats est, par définition, d'ordre collectif. Elle relève donc du *tribunal judiciaire** (cass. soc. 21 novembre 2012, n° 11-15057, BC V n° 297).

À l'inverse, lorsque c'est le salarié qui saisit le juge, il s'agit d'une action individuelle. Celle-ci relève donc du *conseil de prud'hommes**, même si le litige porte sur une convention ou un accord collectif (c. trav. art. L. 1411-1 ; cass. soc. 12 juillet 2006, n° 04-47550, BC V n° 263). Le conseil de prud'hommes est compétent pour interpréter une convention ou un accord collectif, même en référé (cass. soc. 15 janvier 2002, n° 00-41117, BC V n° 14).

Cependant, si le salarié demande de façon plus générale l'application de la convention collective, le litige devient collectif et relève du tribunal judiciaire (cass. soc. 6 mai 1998, n° 96-41712, BC V n° 234). Selon la même logique, si, en parallèle à l'action prud'homale intentée par des salariés à propos d'accords collectifs, le tribunal judiciaire est saisi d'un litige entre l'employeur et les syndicats sur l'interprétation de ces mêmes accords, le conseil de prud'hommes doit surseoir à statuer dans l'attente de la décision du tribunal judiciaire (cass. soc. 21 novembre 2012, n° 11-15057, BC V n° 297).

Mise en cause de la convention collective

Voir *Accord collectif d'entreprise (mise en cause)**.

☛ *Convention collective.*

Convention collective (conclusion)

La convention collective doit, à peine de nullité, faire l'objet d'un écrit. Elle est rédigée en français et signée (c. trav. art. L. 2231-3 et L. 2231-4).

Les conditions de validité d'une convention de branche sont celles applicables à un *accord collectif de branche**. Par conséquent, pour être valable, une convention de branche doit (c. trav. art. L. 2232-6) :

- d'une part, être signée par des syndicats de salariés représentatifs dans la branche considérée et totalisant au moins 30 % des suffrages ;
- d'autre part, ne pas faire l'objet d'une opposition par des syndicats représentatifs de salariés totalisant au moins 50 % des suffrages.

Des organisations patronales peuvent s'opposer à une convention collective ou à un accord de branche, sous réserve de représenter un certain poids en termes de salariés couverts (c. trav. art. L. 2261-19). Cette opposition n'invalide pas la convention ou l'accord en question, mais elle fait obstacle à son extension [voir *Convention collective (application)**].

Les conventions collectives doivent être déposées auprès des services centraux du ministère du Travail [voir *Accord collectif d'entreprise (dépôt)**].

☛ *Convention collective.*

Convention collective (contenu)

La convention collective traite de l'ensemble des conditions d'emploi, de travail et de formation professionnelle des salariés ainsi que de leurs garanties sociales (c. trav. art. L. 2221-2). Elle dresse donc un cadre général des conditions de travail pour les entreprises d'un secteur d'activité donné.

Clauses obligatoires

Champ d'application - Toute convention collective précise son champ d'application territorial et professionnel (c. trav. art. L. 2222-1). Il lui faut donc indiquer si elle s'applique au niveau national, régional ou local (c. trav. art. L. 2232-5) et quelles sont les activités économiques concernées [voir *Convention collective (application)**].

Préambule - La convention collective comporte un préambule présentant de manière succincte ses objectifs et son contenu. Toutefois, l'absence de préambule n'est pas de nature à entraîner la nullité de l'accord (c. trav. art. L. 2222-3-3).

Modalités de suivi - La convention collective définit ses conditions de suivi et comporte des clauses de rendez-vous. Toutefois, l'absence de ces éléments n'est pas de nature à entraîner la nullité de l'accord (c. trav. art. L. 2222-5-1).

Durée d'application - En l'absence de clause relative à la durée du texte, celui-ci est censé avoir été conclu pour une durée déterminée de 5 ans (c. trav. art. L. 2222-4).

▶ À noter... Cette règle s'applique aux textes conclus après le 9.08.2016.

Modalités de révision et de dénonciation - La convention collective doit indiquer :

- sous quelle forme et à quelle époque elle pourra être révisée (c. trav. art. L. 2222-5) ;
- les conditions dans lesquelles elle pourra être dénoncée (c. trav. art. L. 2222-6).

Si la convention collective est à durée déterminée, elle doit aussi préciser ses modalités de renouvellement (c. trav. art. L. 2222-5). Cependant, ce cas est relativement rare, dans la mesure où la plupart des conventions collectives sont à durée indéterminée.

Droit de saisine - La convention collective définit les modalités selon lesquelles les demandes de négociation présentées par les syndicats représentatifs seront traitées. Elle définit le calendrier des négociations (c. trav. art. L. 2222-3).

Garanties en faveur des salariés qui négocient - Les conventions de branche doivent prévoir un certain nombre de garanties en faveur des salariés qui participent aux négociations (c. trav. art. L. 2232-8). Ces clauses portent plus précisément sur :

- les modalités d'exercice du droit de s'absenter ;
- la compensation des pertes de salaire ou le maintien des salaires ;
- l'indemnisation des frais de déplacement.

Des mesures similaires sont prévues à l'égard des salariés appelés à participer aux instances paritaires mises en place dans la branche, comme les commissions paritaires permanentes de négociation et d'interprétation *(voir ci-après)*.

Dans les entreprises de moins de 50 salariés, la rémunération des salariés qui négocient au niveau de la branche, ainsi que les cotisations et contributions sociales correspondantes, sont prises en charge par l'Association de gestion du Fonds paritaire national (AGFPN), sur la base d'un montant forfaitaire fixé 69 € par demi-journée et à 138 € par journée. L'employeur doit adresser une demande en ce sens auprès de l'AGFPN, après réception de l'attestation de participation nominative envoyée par le syndicat au nom duquel le salarié négocie (c. trav. art. R. 2232-1-3 à R. 2232-1-5) (arrêté du 23 mai 2019, JO 12 juin).

Clauses obligatoires en vue de l'extension - Pour qu'une convention de branche puisse être étendue et ainsi s'appliquer à toutes les entreprises de la branche [voir *Convention collective (application)**], elle doit comporter toutes les clauses obligatoires énumérées ci-avant.

À cela s'ajoute une liste de clauses qui couvrent tous les aspects des relations collectives et individuelles de travail : exercice du droit syndical, modalités de détermination des classifications professionnelles, congés, conditions de recrutement, conditions de rupture du contrat de travail, égalité professionnelle entre les femmes et les hommes, prévoyance maladie, etc. (c. trav. art. L. 2261-22).

Sauf justifications, les conventions conclues à compter du 24.09.2017 doivent également comporter des clauses spécifiques aux entreprises de moins de 50 salariés, éventuellement sous forme d'accord type. Il s'agit de mettre à la disposition de ces petites entreprises des mécanismes prêts à l'emploi (ex. : aménagement du temps de travail), auxquels l'employeur pourra souscrire par décision unilatérale, après information du *comité social et économique** et des salariés [voir *Accord collectif d'entreprise (conclusion sans délégué syndical)**].

Clauses interdites

Comme les accords collectifs d'entreprise ou d'établissement, une convention de branche ne peut pas comporter de clauses couperets, de clauses d'indexation des salaires sur le SMIC ou de clauses qui méconnaîtraient l'*égalité professionnelle**, l'égalité de salaire ou la liberté syndicale [voir *Accord collectif d'entreprise (contenu)**].

Difficultés d'interprétation

Avis de la commission d'interprétation - Toute convention de branche est censée avoir mis en place une commission paritaire permanente de négociation et d'interprétation, qui a donc vocation à éclaircir les clauses qui posent difficulté (c. trav. art. L. 2232-9). Il incombe aux signataires d'indiquer si les avis de cette commission ont ou non force obligatoire [voir *Convention collective (application)**].

Avenant interprétatif - Les parties signataires peuvent à tout moment conclure des avenants interprétatifs pour clarifier certaines clauses de la convention collective [voir *Convention collective (application)**].

☛ *Convention collective.*

Convention collective (révision, dénonciation et renouvellement)

☛ *Accord collectif d'entreprise (révision, dénonciation et renouvellement).*

Convention du Fonds national de l'emploi (FNE)

Principe

Par des conventions de coopération conclues avec les organismes professionnels ou interprofessionnels, les organisations syndicales et, le cas échéant, les entreprises, l'État :
- participe à des actions temporaires de formation professionnelle ;
- garantit temporairement certaines ressources aux salariés compris dans un *licenciement économique** collectif ou qui partent volontairement en préretraite, ou encore qui bénéficient d'un *congé de conversion**.

Toutes ces aides sont financées par le *Fonds national de l'emploi (FNE)** (c. trav. art. L. 5111-1 à L. 5123-2, R. 5111-1 à R. 5111-6, D. 5122-32 et D. 5122-33 ; circ. DE 1994-22 du 28 juin 1994 ; circ. CDE 1996-11 du 6 mai 1996).

▶ À noter… Il appartient au préfet de se prononcer de façon motivée sur toute demande d'un employeur ayant pour objet de connaître l'application à sa situation de dispositions relatives aux dispositifs en faveur de l'emploi, notamment en ce qui concerne l'aide aux actions de formation pour l'adaptation des salariés, l'aide aux actions de reclassement et de reconversion professionnelle (voir *Rescrit social**).

Formation et adaptation

Mesures de droit commun - Les conventions du FNE peuvent porter sur l'organisation de stages :
- de conversion qui s'adressent aux salariés licenciés, leur permettant d'accéder à des emplois exigeant une qualification différente ;
- d'adaptation qui tendent à faciliter l'accès à un nouvel emploi à des salariés liés par un contrat de travail ;
- de prévention qui préparent les travailleurs dont l'emploi est menacé à une mutation d'activité ;
- contribuant à former les salariés recrutés, en cas d'implantation d'entreprises nouvelles et à défaut d'autres aides mobilisables.

Les conventions du FNE déterminent notamment : l'objet, la nature et la durée de la formation dispensée, les conditions de création et de fonctionnement des stages, ainsi que les conditions et les modalités de participation de l'État aux dépenses d'organisation des stages et à la rémunération des stagiaires.

FNE formation et mesures liées à la crise sanitaire - Le FNE-formation est un dispositif étatique de prise en charge (en tout ou partie) des coûts d'actions de formation des salariés dont l'activité est impactée par une évolution des conditions économiques et techniques. Par une instruction du 9.04.2020, dans le cadre de la crise sanitaire liée au covid-19, le gouvernement a modifié de façon temporaire les conventions FNE-formation en permettant à toutes les entreprises ayant recours à l'*activité partielle** de solliciter une prise en charge par le FNE-formation, sans considération de taille et d'activité, alors que ce mécanisme était habituellement réservé aux entreprises de moins de 250 salariés (circ. DGEFP 2011-12 du 1er avril 2011, annexe V, § 3.1).

Le dispositif a ensuite été adapté au fil de l'évolution de la situation sanitaire par différentes instructions. Une instruction a été prise en dernier lieu par la DGEFP le 7.09.2021. En parallèle, le 9.09.2021, le ministère du Travail a actualisé son questions-réponses relatif au FNE-formation, disponible sur son site internet (https ://travail-emploi.gouv.fr/IMG/pdf/qr-covid-fne-formation.pdf).

En plus des entreprises ayant recours à l'*activité partielle** de droit commun (AP) ou l'*activité partielle de longue durée** (APLD) et des entreprises en difficulté (voir *Procédure de sauvegarde, de redressement et de liquidation judiciaire**), l'instruction du 7.09.2021 ouvre le bénéfice du FNE-formation aux :
- « entreprises en mutation » qui font face à des mutations économiques ou technologiques importantes (transition écologique, énergétique, numérique) nécessitant de revoir leur organisation et de les accompagner par des formations adaptées ;
- « entreprises en reprise d'activité » qui correspondent aux sociétés qui ont connu une baisse de leur activité à l'occasion de la crise sanitaire et qui connaissent une reprise nécessitant un soutien par des actions de formation adaptées à leurs besoins.

Tout salarié peut être pris en charge lorsque son contrat de travail est en cours jusqu'à la fin de la convention de recours au FNE. Une réserve cependant, ce dispositif ne concerne ni les contrats d'apprentissage, ni les contrats de professionnalisation.

L'entreprise dépose sa demande auprès de la DREETS ou de l'OPCO [voir *opérateurs de compétences (OPCO)**] par délégation. Elle s'engage à maintenir dans l'emploi les salariés qui suivent une formation FNE pendant une durée au moins égale à la durée de la convention FNE.

▶ À noter... Le FNE-formation prend en charge les actions permettant de progresser au cours de la vie professionnelle (c. trav. art. L. 6314-1) et les actions concourant au développement des compétences : *actions de formation**, *bilan de compétences** et actions permettant de faire valider les acquis de l'expérience (c. trav. art. L. 6313-1, 1°, 2° et 3°) ainsi que les actions d'adaptation au sens du premier alinéa de l'article L. 6321-1 du code du travail (adaptation des salariés à leur poste de travail), si elles permettent de répondre aux besoins de développement des compétences et de renforcement de l'employabilité du salarié. L'instruction du 7.09.2021 prévoit également la possibilité de mobiliser la Pro-A pour un parcours de reconversion interne (voir *Pro-A, reconversion ou promotion par alternance**).

Pour la prise en charge des coûts de formation, les entreprises éligibles peuvent appliquer le régime de l'encadrement temporaire des mesures d'aides d'État (« RETA ») mis en place dans le cadre de la crise sanitaire. Elles peuvent faire également application du règlement général d'exemption par catégorie (RGEC - disposition du droit de l'UE permettant aux États membres d'attribuer des financements publics importants à leurs entreprises sans autorisation préalable de la Commission européenne), s'il est plus favorable que le RETA. Les coûts éligibles dans le cadre de la prise en charge au titre du RGEC comprennent l'ensemble des coûts pour la mise en place d'une formation et la rémunération des personnes formées, pendant toute la période de formation. Le ministère du Travail précise que les rémunérations prises en charge sont établies sur une base forfaitaire horaire de 11 € à laquelle s'applique le taux de cofinancement correspondant (voir tableau reproduit dans cette étude). La rémunération des salariés placés en activité partielle ou APLD ne peut pas être prise en charge.

Taux de prise en charge des frais pédagogiques (1) (RETA)				
Taille de l'entreprise	**Activité partielle**	**APLD**	**Entreprises en difficulté**	**Entreprises en mutation, transition et/ou reprise d'activité**
Moins de 300 salariés	100 %	100 %	100 %	100 %
De 300 à 1 000 salariés	70 %	80 %	70 %	70 %
Plus de 1 000 salariés	70 %	80 %	40 %	40 %

(1) Pour les entreprises de moins de 50 salariés, les OPCO peuvent prendre en charge la rémunération des salariés en formation au titre du développement des compétences (à l'exception de celle déjà soutenue par l'activité partielle pour les salariés en formation durant ces périodes d'inactivité). Tout autre cofinancement public est exclu.
(2) c. trav. art. L. 1233-3.

Taux de cofinancement public (RGEC)			
Taux	**Petite entreprise (1)**	**Moyenne entreprise (2)**	**Grande entreprise (3)**
	70 %	60 %	40 %

(1) Entreprise qui emploie moins de 50 personnes et dont le chiffre d'affaires annuel ou le total du bilan annuel n'excède pas 10 millions d'euros.
(2) Entreprises qui occupent moins de 250 personnes et dont le chiffre d'affaires annuel n'excède pas 50 millions d'euros ou dont le total du bilan annuel n'excède pas 43 millions d'euros.
(3) Entreprises n'entrant pas dans les catégories (1) et (2).

Licenciement collectif

Versement d'allocations - Dans les régions ou les professions atteintes ou menacées par un grave déséquilibre de l'emploi, des conventions peuvent être conclues pour assurer certaines ressources aux salariés compris dans un licenciement collectif. Il s'agit des allocations suivantes :

- *allocation temporaire dégressive du FNE** attribuée aux salariés qui ne peuvent être temporairement occupés que dans des emplois entraînant un déclassement ;
- allocation complémentaire aux salariés quand la transformation temporaire de leur emploi à temps plein en emploi à temps partiel permet d'éviter des licenciements économiques (c. trav. art. L. 5123-2).

▶ Attention… Le *comité social et économique** doit être consulté sur les projets de convention du FNE (c. trav. art. R. 5111-3).

Convention du Fonds national de l'emploi : récapitulatif des principales conventions		
Dénomination	**Objet**	**Description de l'aide publique**
Allocations temporaires dégressives	Aider financièrement les salariés licenciés pour un motif économique et ceux reclassés dans un emploi dont la rémunération est inférieure à celle du précédent emploi.	Le financement est assuré conjointement par l'entreprise et l'État. Il ne peut dépasser un montant de 200 € par personne et par mois pendant 2 ans au plus. Dans les zones où la situation de l'emploi est difficile ou lorsque les entreprises sont dans l'incapacité d'assumer la charge financière de leur contribution, le plafond de l'aide est de 300 €.
Cellule de reclassement	Mettre en place une structure d'aide à la reprise de l'emploi de salariés licenciés pour motif économique ou menacés de l'être.	L'État participe aux frais de fonctionnement directs de la cellule de reclassement à hauteur maximale de 50 %.
Actions de réadaptation et de formation professionnelle	Permettre une reconversion soit interne à l'entreprise afin d'éviter un licenciement, soit externe, facilitant ainsi un reclassement dans une autre entreprise.	- En cas de reconversion interne, l'État prend en charge : - en moyenne, 50 % des frais afférents aux actions de formation ; - 40 % en moyenne des salaires des stagiaires pour les actions d'adaptation et 50 % pour les actions de formation. - En cas de reconversion externe, l'État verse 70 % du salaire antérieur des bénéficiaires d'actions de formation professionnelle.

Convention du Fonds national de l'emploi : récapitulatif des principales conventions		
Dénomination	**Objet**	**Description de l'aide publique**
Congé de conversion	Permettre aux salariés, menacés d'un licenciement économique, de bénéficier d'un congé de 4 à 10 mois destiné à favoriser leur réinsertion professionnelle. Les conventions de congé de conversion sont recentrées sur les entreprises non soumises à l'obligation de proposition d'un congé de reclassement.	Pendant tout le congé, le salarié perçoit chaque mois une allocation de conversion au moins égale à 65 % de la rémunération brute. L'État participe au financement de l'allocation de conversion, selon un taux modulé de 0 à 50 % dans la limite de 2 fois le plafond de la sécurité sociale et compte tenu de la situation économique de l'entreprise, de sa taille, etc. L'État participe également (de 0 à 50 %) au financement des actions de formation.

☞ *Allocation temporaire dégressive du FNE ; Cellule d'accompagnement des démarches de recherche d'emploi ; Congé de conversion ; Fonds national de l'emploi (FNE).*

Convention de forfait

Une convention de forfait permet à l'employeur et au salarié de convenir d'une rémunération forfaitaire incluant le salaire habituel et les *heures supplémentaires**. Il peut s'agir d'un forfait :

- en heures, hebdomadaire, mensuel ou annuel [voir *Convention de forfait (hebdomadaire ou mensuel)** et *Convention de forfait (annuel)**] ;
- en jours, annuel [voir *Convention de forfait (annuel)**].

Sur l'exonération de charges sociales sur certaines heures, voir *Heures supplémentaires (déduction forfaitaire de cotisations patronales)**.

Conditions de mise en place

Écrit obligatoire pour tous les forfaits - Une convention individuelle écrite, signée par le salarié et l'employeur est impérative pour tous les forfaits, y compris hebdomadaires et mensuels (c. trav. art. L. 3121-55 ; cass. soc. 31 janvier 2012, n° 10-17593, BC V n° 44 ; cass. soc. 4 novembre 2015, n° 14-10419, BC V n° 223). Elle marque l'accord du salarié et prend la forme d'une clause du contrat de travail.

L'existence d'une convention de forfait ne se déduit pas de la mention sur le bulletin de paie d'une rémunération forfaitaire d'heures supplémentaires (cass. soc. 10 février 2021, n° 19-14882 D).

Même si une convention collective pose le principe du forfait, le paiement des heures supplémentaires selon un forfait ne résulte que d'un accord particulier entre l'employeur et le salarié (cass. soc. 3 juin 2009, n° 07-44951 D ; cass. soc. 9 avril 2015, n° 13-14619 D). Le renvoi du contrat de travail de façon générale à l'accord d'entreprise est insuffisant (cass. soc. 31 janvier 2012, n° 10-17593, BC V n° 44).

▶ À noter… Un employeur peut tirer argument de l'absence de convention de forfait écrite pour démontrer que celle-ci n'existe pas (cass. soc. 8 mars 2012, n° 10-24305 D).

Travail dissimulé faute d'écrit - Toute convention de forfait suppose une clause individuelle signée du salarié (c. trav. art. L. 3121-55).

Un employeur appliquant à un salarié un système de forfait jours sans avoir conclu de convention de forfait écrite et s'abstenant de mentionner sur les bulletins de paie toutes les heures, accomplies régulièrement au-delà de la durée légale, commet l'infraction de *travail dissimulé** par dissimulation d'emploi salarié (cass. soc. 28 février 2012, n° 10-27839 D). Il en est de même en cas d'absence de convention de forfait en heures écrite dès lors que le caractère intentionnel nécessaire à la reconnaissance de ce délit est établi (c. trav. art. L. 8221-5 ; cass. soc. 27 novembre 2013, n° 12-20904 D).

▶ À noter… Le seul fait d'appliquer une convention de forfait illicite ne révèle pas cet élément intentionnel (cass. soc. 16 juin 2015, n° 14-16953, BC V n° 124).

Accord collectif impératif pour les forfaits annuels - Un accord collectif d'entreprise ou d'établissement (à défaut, une convention ou un accord de branche) est indispensable pour qu'un employeur recoure aux forfaits en heures ou en jours sur l'année (c. trav. art. L. 3121-63). L'accord collectif mettant en place les forfaits annuels précise les caractéristiques principales de ces conventions. Sur toutes les spécificités des forfaits annuels, voir *Convention de forfait (annuel)**.

Consultation du CSE - Dans le cadre de la consultation périodique sur la politique sociale de l'entreprise, les conditions de travail et l'emploi, le *comité*

Conventions de forfait : qui peut relever des différents forfaits ?			
Salariés concernés	**Forfait hebdomadaire ou mensuel** (c. trav. art. L. 3121-56)	**Forfait annuel en heures** (c. trav. art. L. 3121-56)	**Forfait annuel en jours** (c. trav. art. L. 3121-58)
Cadres dirigeants (1)	**Non**	**Non**	**Non**
Cadres	**Oui**	**Oui**, si la nature de leurs fonctions ne les conduit pas à suivre l'horaire collectif applicable dans le service, l'atelier ou l'équipe auquel ils sont intégrés	**Oui**, pour ceux qui disposent d'une autonomie dans l'organisation de leur emploi du temps et dont la nature des fonctions ne les conduit pas à suivre l'horaire collectif applicable au sein de l'atelier, du service ou de l'équipe auquel ils sont intégrés
Salariés non-cadres	**Oui**	**Oui**, s'ils disposent d'une réelle autonomie dans leur emploi du temps	**Oui**, si la durée de leur temps de travail ne peut pas être prédéterminée et s'ils disposent d'une réelle autonomie dans l'organisation de leur emploi du temps pour l'exercice de leurs responsabilités

(1) Les cadres dirigeants* n'étant pas soumis à la durée du travail, il est inutile de leur faire signer une convention de forfait.

*social et économique** (CSE) est notamment consulté sur l'aménagement du temps de travail et la durée du travail (c. trav. art. L. 2312-6). L'employeur met à sa disposition diverses informations et notamment celles portant sur le recours aux conventions de forfait et les modalités de suivi de la charge de travail des salariés concernés, via la *base de données économiques, sociales et environnementales (BDESE)** (c. trav. art. L. 2312-18) [voir *Comité social et économique (informations-consultations périodiques)**].

Conventions de forfait selon les salariés

Salariés concernés - Les salariés cadres ou non cadres peuvent accepter une convention de forfait hebdomadaire, mensuel ou annuel.
La loi et les accords collectifs définissent les catégories de salariés pouvant conclure ce type de forfait [voir *Convention de forfait (annuel)**].

Salariés hors forfait - Il est inutile de prévoir un forfait pour les *cadres dirigeants**, ceux-ci n'étant pas soumis à la durée du travail.

Forfaits « tous horaires »

Les forfaits « tous horaires » sont censés permettre au salarié de se dégager de la notion d'horaires. En d'autres termes, quelles que soient les heures de travail effectuées par le salarié, aucune heure supplémentaire n'est décomptée et valorisée. Ces forfaits sont :

- soit inefficaces car ils ne comportent pas un nombre précis d'heures ou de jours travaillés compris dans la rémunération prévue au contrat ;
- soit dénués de sens, car ils sont prévus pour des *cadres dirigeants** qui ne relèvent pas de l'application de la réglementation sur la durée du travail.

Modification du forfait

La convention de forfait présente un caractère contractuel et sa modification nécessite l'accord préalable de l'employeur et du salarié (cass. soc. 6 juillet 1999, n° 96-45787, BC V n° 323) (voir *Modification du contrat de travail**).

☛ *Convention de forfait (hebdomadaire ou mensuel)* ; *Convention de forfait (annuel)*.

Convention de forfait (annuel)

Le contrat de travail peut prévoir une convention de forfait annuel, en heures ou en jours, sous réserve notamment qu'un accord collectif le prévoit. Pour les conditions communes à tous les forfaits, voir *Convention de forfait**.

Nécessité d'un accord collectif

Type d'accord collectif - Un accord collectif d'entreprise ou d'établissement (à défaut, une convention ou un accord de branche) est indispensable pour qu'un employeur puisse recourir aux forfaits en heures ou en jours sur l'année (c. trav. art. L. 3121-63). Lorsqu'un accord-cadre de branche renvoie à des accords d'entreprise ou d'établissement pour la mise en place de ces conventions, il est impossible de conclure celles-ci en l'absence de tels accords « relais » (cass. soc. 9 mai 2018, n° 16-26910 D).

▶ Attention... Faute de telles dispositions conventionnelles, la convention de forfait signée par le salarié est nulle. Celui-ci peut alors obtenir le paiement des heures supplémentaires réalisées (cass. soc. 15 mai 2014, n° 12-24517 D).

Pour la mise en place des conventions de forfait en jours ou en heures sur l'année, les accords d'entreprise ou d'établissement prévalent sur les conventions et les accords de branche. Les accords de branche ont donc un rôle supplétif.

▶ À noter... Lorsqu'un salarié passe du service d'une entreprise à celui d'une de ses filiales, il peut conserver sa convention de forfait annuel à condition qu'une convention ou un accord collectif le prévoit dans la filiale qui l'accueille. À défaut, sa convention de forfait est nulle (cass. soc. 15 mai 2014, n° 12-14993 D). Cette décision rendue au sujet d'une convention de forfait annuel en jours est, à notre sens, transposable à une convention de forfait annuel en heures.

Contenu de l'accord collectif - L'accord collectif doit fixer, a minima, les points suivants (c. trav. art. L. 3121-64) :

- les catégories de salariés susceptibles de conclure une convention individuelle de forfait (dans le respect des catégories définies par le code du travail) (c. trav. art. L. 3121-56 et L. 3121-58) ;
- la période de référence du forfait, qui peut être l'année civile ou toute autre période de 12 mois consécutifs ;
- le nombre d'heures ou de jours compris dans le forfait (limite de 218 jours pour le forfait en jours) ;
- les conditions de prise en compte, pour la rémunération des salariés, des absences ainsi que des arrivées et départs en cours de période ;
- les caractéristiques principales des conventions individuelles, qui doivent notamment fixer le nombre d'heures ou de jours compris dans le forfait.

Un accord collectif prévoyant le recours aux conventions de forfait annuel en jours, doit, en plus des mentions ci-dessus détaillées, fixer (c. trav. art. L. 3121-64) :

- les modalités selon lesquelles l'employeur assure l'évaluation et le suivi régulier de la charge de travail du salarié ;
- les modalités selon lesquelles l'employeur et le salarié communiquent périodiquement sur la charge de travail du salarié, sur l'articulation entre son activité professionnelle et sa vie personnelle, sur sa rémunération ainsi que sur l'organisation du travail dans l'entreprise ;
- les modalités selon lesquelles le salarié peut exercer son *droit à la déconnexion* (voir ci-après)*.

Si l'accord collectif est muet en matière de droit à la déconnexion, l'employeur en définit les modalités et les communique par tout moyen aux salariés concernés. Dans les entreprises d'au moins 50 salariés, ces modalités doivent être conformes aux dispositions relatives au droit à la déconnexion prévues par accord d'entreprise (ou à défaut par une charte) (c. trav. art. L. 2242-17 et L. 3121-65).

Révision des accords collectifs antérieurs au 9.08.2016 - Un accord collectif autorisant les conventions de forfaits annuels en heures ou en jours, antérieur au 9.08.2016 et révisé pour être conforme à la loi du 8.08.2016, s'impose aux salariés. Les conventions de forfait signées auparavant se poursuivent dans le cadre de l'accord collectif modifié sans que l'accord des salariés soit requis (loi 2016-1088 du 8 août 2016, art. 12-I, JO du 9).

▶ À noter... Ce mécanisme de sécurisation s'applique uniquement aux avenants de révision conclus après la loi du 8.08.2016 (cass. soc. 16 octobre 2019, n° 18-16539 FSPBRI).

Maintien des accords collectifs incomplets antérieurs au 9.08.2016 - Depuis la loi du 8.08.2016, les accords collectifs autorisant les conventions de forfaits annuels doivent déterminer la période de référence du forfait (année civile ou toute période de 12 mois consécutifs) ainsi que les conditions de prise en compte des absences, arrivées et départs des salariés en cours de période pour leur rémunération *(voir ci-avant)*. Ces exigences ne prévalent pas sur les conventions ou accords collectifs de branche, d'entreprise ou d'établissement autorisant le recours au forfait annuel en heures ou en jours conclus avant le 9.08.2016 (loi 2016-1088 du 8 août 2016, art. 12-II, JO du 9). Les conventions individuelles de forfait conclues sur la base de ces anciens accords peuvent donc continuer de s'appliquer.

Par ailleurs, un accord collectif organisant le recours au forfait jours qui ne comportait pas, au 9.08.2016, les clauses organisant le suivi de la charge de travail ainsi que des échanges périodiques entre l'employeur et le salarié continue de s'appliquer en l'état sous certaines conditions afin de tenir compte des garanties exigées en matière de santé et de sécurité et de suivi de la charge de travail (loi 2016-1088 du 8 août 2016, art. 12-III, JO du 9). Sous la réserve du respect de trois exigences *(voir ci-après)*, de nouvelles conventions individuelles de forfait annuel en jours peuvent être conclues sur la base de cet accord collectif incomplet.

Forfait annuel en heures

Salariés concernés - L'accord collectif autorisant le recours aux forfaits annuels en heures détermine les salariés susceptibles d'être concernés *(voir ci-avant)*. En effet, la conclusion de conventions individuelles de forfait en heures sur l'année est réservée (c. trav. art. L. 3121-56) :

- aux *cadres** dont la nature des fonctions ne les conduit pas à suivre l'horaire collectif applicable au sein de l'atelier, de l'équipe ou du service auquel ils sont intégrés ;
- aux salariés, cadres ou non cadres, qui disposent d'une réelle autonomie dans l'organisation de leur emploi du temps.

Convention individuelle obligatoire - Une convention individuelle de forfait en heures sur l'année doit être signée entre l'employeur et le salarié (c. trav. art. L. 3121-55). Sur la modification de la convention, voir *Convention de forfait**.

Durée du travail - La convention de forfait en heures sur l'année prévoit un nombre d'heures propre au salarié, dans la limite de la durée annuelle fixée par l'accord collectif pour ce type de convention *(voir ci-avant)* (c. trav. art. L. 3121-64). Se contenter de fixer une rémunération forfaitaire, sans déterminer le nombre d'heures supplémentaires inclus dans cette rémunération, ne permet pas de caractériser une convention de forfait, peu important que le salarié perçoive une rémunération importante (cass. soc. 3 mai 2011, n° 09-70813, BC V n° 103 ; cass. soc. 15 décembre 2021, n° 15-24990 FSB).

Le contingent d'heures supplémentaires ne s'applique pas aux salariés liés par une convention de forfait annuel en heures (c. trav. art. D. 3121-24). Toutes les autres dispositions relatives à la durée du travail et aux repos sont applicables aux salariés ayant conclu un forfait en heures sur l'année *(voir tableau reproduit dans cette étude)* (circ. DGT du 13 novembre 2008, fiche n° 14).

Comptabilisation de la durée du travail - La conclusion d'une convention de forfait en heures sur une base annuelle ne dispense pas l'employeur de justifier du nombre d'heures travaillées. Ce dernier doit être en mesure de présenter à l'inspection du travail les documents permettant de comptabiliser le temps de travail (c. trav. art. L. 3171-2).

L'obligation de comptabiliser la durée du travail est remplie par l'enregistrement par tout moyen des durées quotidiennes du travail accomplies ou des heures de début et de fin de chaque période de travail et, par la récapitulation hebdomadaire, de la durée du travail effectuée. Toutefois, ces dispositions relatives au décompte des horaires ne sont pas applicables si les conventions et accords collectifs prévoyant des conventions de forfait en heures fixent les modalités de contrôle de la durée du travail (c. trav. art. D. 3171-9).

Horaires de travail - Une convention individuelle de forfait annuel en heures n'autorise pas le salarié à fixer librement ses horaires de travail sans tenir compte de l'horaire collectif fixé par l'employeur (cass. soc. 2 juillet 2014, n° 13-11904, BC V n° 171). En d'autres termes, si ce salarié n'est pas tenu de suivre un horaire collectif du fait de son autonomie, il doit cependant avoir des horaires cohérents avec les contraintes liées à l'horaire collectif applicable, par exemple, au sein de son service ou de son atelier.

Rémunération - L'employeur verse au salarié une rémunération au moins égale à la rémunération minimale applicable dans l'entreprise pour le nombre d'heures compris dans le forfait augmentée des majorations légales ou conventionnelles des *heures supplémentaires** comprises dans le forfait (c. trav. art. L. 3121-57).

▶ Attention… Le bulletin de paie du salarié signataire d'une convention de forfait doit mentionner la nature et le volume du forfait (c. trav. art. R. 3243-1). Pour aller plus loin, voir Dictionnaire Paye, « Convention de forfait ».

Information-consultation du CSE - Voir *Convention de forfait** et *Comité social et économique (informations-consultations périodiques)**.

Forfait annuel en jours : cadre général

Garanties exigées en matière de santé et de sécurité et de suivi de la charge de travail - L'accord collectif prévoyant le recours aux forfaits annuels en jours comporte obligatoirement des mentions spécifiques relatives à la charge de travail et au droit à la déconnexion *(voir ci-avant)* (c. trav. art. L. 3121-64, II).

Par ailleurs, l'employeur doit s'assurer régulièrement que la charge de travail du salarié en forfait annuel jours est raisonnable et permet une bonne répartition dans le temps de son travail (c. trav. art. L. 3121-60). Cette obligation s'impose à l'employeur, mais elle doit être relayée soit par l'accord collectif, soit par l'application des dispositions supplétives suivantes. En effet, si l'accord collectif ne prévoit rien en la matière, l'employeur peut néanmoins conclure des conventions individuelles de forfaits annuels en jours à la triple condition (c. trav. art. L. 3121-65) :
- d'établir un document de contrôle faisant apparaître le nombre et la date des journées ou demi-journées travaillées (ce document peut être renseigné par le salarié, sous la responsabilité de l'employeur) ;
- de s'assurer que la charge de travail du salarié est compatible avec le respect des temps de repos quotidiens et hebdomadaires ;
- et d'organiser, une fois par an, un entretien avec le salarié pour évoquer sa charge de travail (qui doit être raisonnable), l'organisation de son travail, l'articulation entre son activité professionnelle et sa vie personnelle, ainsi que sa rémunération.

Conditions exigées par les juges avant la loi du 8 août 2016 - Avant que la loi du 8.08.2016 complète le contenu des accords collectifs encadrant le recours aux forfaits en jours sur l'année, la Cour de cassation faisait des préconisations en matière de durées maximales de travail et de protection de la sécurité et de la santé des travailleurs (cass. soc. 31 janvier 2012, n° 10-19807, BC V n° 43 ; cass. soc. 9 novembre 2016 n° 15-15064, BC V n° 214). Si ces conditions n'étaient pas respectées, la convention de forfait en jours était nulle. Si ces conditions étaient remplies, elle était valable (cass. soc. 17 décembre 2014, n° 13-22890, BC V n° 301).

Il était exigé que l'accord collectif prévoyant le recours aux forfaits annuels en jours garantisse le respect des durées maximales de travail ainsi que des repos journaliers et hebdomadaires (cass. soc. 29 juin 2011, n° 09-71107, BC V n° 181 ; cass. soc. 31 janvier 2012, n° 10-19807, BC V n° 43 ; cass. soc. 13 novembre 2014, n° 13-14206, BC V n° 262 ; cass. soc. 5 octobre 2017, n° 16-2310, BC V n° 173). Il s'agissait de faire en sorte :
- que l'amplitude et la charge de travail des salariés en forfait jours restent raisonnables (cass. soc. 24 avril 2013, n° 11-28398, BC V n° 117 ; cass. soc. 11 juin 2014, n° 11-20985, BC V n° 137 ; cass. soc. 6 novembre 2019, n° 18-19752 FPB), par exemple avec un suivi effectif et régulier permettant à l'employeur de remédier en temps utile à une charge de travail éventuellement incompatible avec une durée raisonnable (cass. soc. 13 octobre 2021, n° 19-20561 FSB) ;
- et que leur santé et leur sécurité soient ainsi garanties (cass. soc. 17 décembre 2014, n° 13-23230, BC V n° 307).

Exemple
Une CCN qui appelait au respect des durées maximales hebdomadaire et quotidienne tout en autorisant des dépassements exceptionnels n'offrait pas ces garanties (cass. soc. 14 mai 2014, n° 12-35033, BC V n° 121).

Dans certaines branches d'activité, les juges ont invalidé les dispositions conventionnelles relatives au forfait annuel en jours (avant que ces dispositions soient éventuellement ajustées), comme : **la chimie** (cass. soc. 31 janvier 2012, n° 10-19807, BC V n° 43), **le commerce de gros** (cass. soc. 26 septembre 2012, n° 11-14540, BC V n° 250), **les bureaux d'étude (Syntec)** (cass. soc. 24 avril 2013, n° 11-28398, BC V n° 117), **les cabinets d'experts-comptables** (cass. soc. 14 mai 2014, n° 12-35033, BC V n° 121 ; cass. soc. 17 novembre 2021, n° 19-16756 FSB), **le bâtiment et les travaux publics** (cass. soc. 11 juin 2014, n° 11-20985, BC V n° 137), **le notariat** (cass. soc. 13 novembre 2014, n° 13-14206, BC V n° 262), **le bâtiment** (cass. soc. 17 décembre 2014, n° 13-23230, BC V n° 307), **le commerce de détail et de gros à prédominance alimentaire** (cass. soc. 4 février 2015, n° 13-20891, BC V n° 23), **les hôtels, cafés et restaurants** (cass. soc. 7 juillet 2015, n° 13-26444, BC V n° 140), **le bricolage** (cass. soc. 24 mars 2021, n° 19-12208 FSPI).

En revanche, le forfait annuel jours du secteur des banques avait été jugé valable (cass. soc. 17 décembre 2014, n° 13-22890, BC V n° 301).

▶ **À noter...** Concernant le type de document de contrôle à mettre en œuvre et son degré de précision, la Cour de cassation a admis qu'un accord collectif d'entreprise de RTT prévoit, pour les forfaits jours, un relevé déclaratif mensuel co-signé par le salarié et son supérieur hiérarchique et validé par le service ressources humaines. Sur ce relevé figurait l'indication de la présence du salarié cadre, matérialisée par une croix dans un tableau calendaire, et en cas d'absence les initiales correspondant au motif de celle-ci (cass. soc. 8 septembre 2016, n° 14-26256, BC V n° 159).

Incidence du non-respect des garanties conventionnelles - Si l'accord collectif présente toutes les garanties requises mais que l'employeur ne les respecte pas, le forfait jours est sans effet. Le salarié peut alors prétendre au paiement de ses heures

supplémentaires (cass. soc. 29 juin 2011, n° 09-71107, BC V n° 181 ; cass. soc. 2 juillet 2014, n° 13-11940, BC V n° 172). **Tel est le cas par exemple si l'employeur ne respecte pas les clauses de l'accord collectif destinées à assurer la protection de la sécurité et de la santé des salariés soumis au régime du forfait en jours** (cass. soc. 15 décembre 2021, n° 19-18226 FSB).

C'est à l'employeur d'apporter la preuve qu'il opère les contrôles exigés par l'accord collectif. Faute de quoi, le salarié a droit au paiement d'heures supplémentaires (cass. soc. 19 décembre 2018, n° 17-18725 FPB ; cass. soc. 17 novembre 2021, n° 19-16756 FSB).

Cela étant, le salarié qui obtient le paiement d'heures supplémentaires peut avoir à rembourser à l'employeur les jours non travaillés (improprement appelés jours de RTT dans l'arrêt). Le forfait annuel étant sans effet, ces jours qui étaient la contrepartie de la forfaitisation perdaient en effet tout objet (cass. soc. 6 janvier 2021, n° 17-28234 FPB).

▶ À noter… Cette solution rendue à propos de dispositions conventionnelles antérieures à la loi du 8.08.2016 *(voir ci-avant)* reste, à notre sens, vraie pour ce type de convention de forfait.

Enfin, si l'employeur ne respecte pas les conditions prévues par accord collectif pour recourir au forfait jours et qu'il ne consulte pas le *comité social et économique sur ce point, cela n'annule pas les conventions individuelles de forfait en jours signés sur cette base. Le salarié ne peut donc pas obtenir des dommages et intérêts pour « absence de validité » de la convention de forfait** (cass. soc. 22 juin 2016, n° 14-15171, BC V n° 136).

▶ À noter… Un syndicat peut agir en justice pour contraindre l'employeur à (c. trav. art. L. 2132-3 ; cass. soc. 15 décembre 2021, n° 19-18226 FSB ; lettre de la chambre sociale de la Cour de cassation n° 12, p. 10) :
- mettre fin à un dispositif irrégulier de recours au forfait en jours ;
- satisfaire aux obligations conventionnelles de nature à assurer le respect des durées maximales raisonnables de travail ainsi que les repos quotidiens et hebdomadaires.

En revanche, un syndicat ne peut pas demander aux juges l'annulation ou l'inopposabilité des conventions individuelles de forfait en jours des salariés concernés et en conséquence le décompte du temps de travail selon les règles du droit commun, car ce type de demande n'a pas pour objet la défense de l'intérêt collectif de la profession (voir *Syndicats**). Cette action appartient aux salariés concernés.

Salariés concernés par le forfait en jours - L'accord collectif autorisant le recours aux forfaits annuels en jours détermine les salariés susceptibles d'être concernés *(voir ci-avant)*, ce dispositif étant réservé (c. trav. art. L. 3121-58) :
- **aux *cadres** qui disposent d'une autonomie dans l'organisation de leur emploi du temps et dont la nature des fonctions ne les conduit pas à suivre l'horaire collectif applicable dans le service, l'équipe ou l'atelier dans lequel ils sont intégrés ;**
- **aux salariés, cadres ou non, dont la durée du temps de travail ne peut pas être prédéterminée et qui disposent d'une réelle autonomie dans l'organisation de leur emploi du temps pour l'exercice de leurs responsabilités.**

L'employeur est tenu par les catégories de salariés désignées par l'accord collectif. Signer une convention de forfait annuel en jours avec un salarié qui ne remplit pas les conditions requises par l'accord collectif ne permet pas à ce salarié de revendiquer l'appartenance à la catégorie de salariés pouvant être en forfait jours (cass. soc. 3 novembre 2011, n° 10-14637, BC V n° 250).

▶ Attention… Une convention de forfait-jours conclue antérieurement à la promotion d'un salarié comme directeur administratif et non remise en cause à cette occasion, exclut que le salarié puisse être considéré comme cadre dirigeant (voir *Cadres dirigeants**). Par conséquent, l'employeur ne peut pas considérer que le salarié est cadre dirigeant pour ne pas lui payer des heures supplémentaires liées à la nullité de la convention de forfait-jours (cass. soc. 12 janvier 2022, n° 19-25080 D).

Convention de forfait individuelle écrite - La convention individuelle de forfait entre l'employeur et le salarié doit être écrite (c. trav. art. L. 3121-55 ; cass. soc. 8 mars 2012, n° 10-24305 D). **Il ne suffit pas de remettre au salarié, au moment de son embauche, l'accord d'entreprise qui prévoit l'application du forfait jours à sa catégorie professionnelle** (cass. soc. 19 juin 2019, n° 17-31523 D).

▶ À noter… Peu importe que le forfait ait été appliqué avant la loi du 20.08.2008 ou après, lorsque le code du travail a imposé une convention individuelle écrite (cass. soc. 4 novembre 2015, n° 14-10419, BC V n° 223 ; loi 2008-789 du 20 août 2008, JO du 21).

Elle doit fixer le nombre de jours travaillés, sous peine de nullité (cass. soc. 12 mars 2014, n° 12-29141, BC V n° 76). **Ce nombre doit respecter la limite fixée par l'accord collectif et la limite légale de 218 jours** (c. trav. art. L. 3121-64).

En cas de nullité de la convention de forfait, le salarié peut demander le paiement des heures supplémentaires qu'il a effectuées. Pour le régime de la preuve applicable, voir *Temps de travail (preuve)**.

▶ À noter… À notre sens, la combinaison des dispositions relatives au volume maximal d'une convention de forfait et de celles relatives au rachat des jours de repos interdit de signer d'emblée une convention de forfait pour plus de 218 jours par an (*voir ci-après*). Des jours peuvent être travaillés au-delà de cette limite sur la base d'une demande ultérieure du salarié et avec l'accord de l'employeur. Il faut alors signer un avenant spécifique à la convention individuelle de forfait.

Sur la modification de la convention, voir *Convention de forfait**.

Pas de combinaison forfait annuel jours/heures - Le contrat de travail ne peut pas mixer forfait annuel en jours et en heures. Si on prévoit « un forfait annuel correspondant à 215 jours de travail (journée de solidarité incluse) et 182 heures mensuelles », le salarié n'est pas valablement soumis à une convention de forfait en jours (cass. soc. 18 mars 2020, n° 18-20098 D).

Forfait inférieur à 218 jours - Un salarié ayant un forfait annuel en jours prévoyant un nombre de jours inférieur au nombre maximal envisageable (légal de 218 jours ou conventionnel) n'est pas un salarié à temps partiel (circ. DRT 2000-7 du 6 décembre 2000 ; cass. soc. 27 mars 2019, n° 16-23800 FSPB).

En conséquence, un salarié ayant respectivement, dans deux entreprises, un contrat de travail et une convention de forfait annuel en jours ne peut pas être candidat aux élections professionnelles dans ces deux entreprises. Il doit choisir (cass. soc. 16 novembre 2011, n° 11-13256, BC V n° 266) [voir *Élections professionnelles (candidats)**].

▶ Attention… Depuis le 1.04. 2021, Le Bulletin Officiel de sécurité sociale (BOSS), admet que les salariés titulaires d'un forfait annuel jours d'une durée inférieure à 218 jours, voient leur *plafond de sécurité sociale** proratisé en fonction de leur durée du travail ce qui était jusqu'alors exclu (BOSS, Assiette générale, § 830).

Entretien individuel annuel - L'employeur doit s'assurer régulièrement que la charge de travail du salarié en forfait annuel jours est raisonnable et permet une bonne répartition dans le temps de son travail (c. trav. art. L. 3121-60).

Un accord collectif fixe notamment les modalités selon lesquelles l'employeur assure l'évaluation et le suivi régulier de la charge de travail du salarié et celles selon lesquelles le salarié et lui communiquent sur sa charge de travail, sur l'articulation entre son activité professionnelle et sa vie personnelle, etc. *(voir ci-avant)* (c. trav. art. L. 3121-64). L'employeur doit s'y conformer et si l'accord collectif ne prévoit rien, il doit mettre trois actions et notamment un entretien annuel (c. trav. art. L. 3121-65, I).

▶ Attention… L'employeur doit organiser l'entretien annuel d'évaluation portant sur la charge et l'organisation du travail, l'articulation entre l'activité professionnelle et la vie personnelle et la rémunération, prévu par l'accord instituant le forfait-jours. Sinon, la convention de forfait-jours est privée d'effet et le salarié doit se voir payer les heures supplémentaires (cass. soc.17 février 2021, n° 19-15215 D).

Sur le droit à la déconnexion, voir ci-avant.

Information-consultation du CSE - Voir *Convention de forfait** et *Comité social et économique (informations-consultations périodiques)**.

Compte personnel de formation - Il existe des règles spécifiques pour calculer l'alimentation du *compte personnel de formation** d'un salarié en convention de forfait annuel en jours.

Accès la retraite progressive - Les salariés en forfait jours étaient exclus du bénéfice de la *retraite progressive** puisque ce mécanisme supposait que les salariés concernés passent à temps partiel au sens du code du travail (c. séc. soc. art. L. 351-15 renvoyant à c. trav. art. L. 3123-1 ; cass. civ., 2e ch., 3 novembre 2016, n° 15-26276, BC II n° 244 ; circ. CNAV 2018-31 du 21 décembre 2018, § 1.3.4).

Pour le Conseil constitutionnel, cette disposition étant inconstitutionnelle, cette réserve est abrogée depuis le 1.01.2022 (c. constit., décision 2020-885 QPC du 26 février 2021). Tirant les conséquences de cette décision, la loi de financement de la sécurité sociale pour 2022 rend la retraite progressive accessible aux salariés en forfait jours (loi 2021-1754 du 23 décembre 2021, JO du 24 ; c. séc. soc. art. L. 351-15).

Forfait annuel en jours : fonctionnement

Pas de récupération des absences pour maladie - Lorsque le salarié s'absente dans le cadre d'un arrêt maladie, les journées de travail perdues ne peuvent pas être récupérées, puisque les dispositions légales sur la récupération n'envisagent pas le cas de la maladie (voir *Heures de récupération**) (c. trav. art. L. 3121-50). L'employeur ne peut pas récupérer sur les jours de repos les journées non travaillées suite à un arrêt maladie (cass. soc. 3 novembre 2011, n° 10-18762, BC V n° 251).

Les accords collectifs organisant le recours aux forfaits annuels (en heures ou en jours) doivent prévoir les conditions de prise en compte des absences des salariés pour leur rémunération (c. trav. art. L. 3121-64, I).

▶ À noter... Lorsqu'un accord collectif prévoit expressément qu'un salarié, en forfait annuel en jours, acquiert des jours (dits « jours de congés AJC ») au titre de la réduction du temps de travail en fonction de son temps de travail effectif, le calcul des « jours de congés AJC » peut être affecté, proportionnellement, par les absences non assimilées à du temps de travail effectif. C'est la conséquence du mécanisme d'acquisition voulu par l'accord collectif. Il ne s'agit pas d'une récupération des absences pour maladie (cass. soc. 16 décembre 2015, n° 14-23731, BC V n° 264).

Dépassement du nombre de jours prévus - Le dépassement du nombre de jours prévu par une convention de forfait jours n'entraîne pas à lui seul la nullité de la convention ni l'obligation de régler des heures supplémentaires. Il en a été jugé ainsi pour un salarié dont le forfait jours était contractuellement fixé à 218 jours, et qui avait effectué de 2011 à 2013 respectivement 234, 221 et 224 jours de travail effectif (cass. soc. 24 octobre 2018, n° 17-12535 D).

Durées maximales de travail - Légalement, les durées quotidienne et hebdomadaire maximales ne s'appliquent pas aux salariés en convention de forfait en jours (c. trav. art. L. 3121-62). Néanmoins, un suivi de la charge de travail du salarié, notamment, figure dans les accords collectifs organisant le recours aux forfaits annuels en jours et doit être assuré par l'employeur (même si l'accord est défaillant en la matière) *(voir ci-avant)*.

Repos et aux congés payés - Les salariés en forfait annuel en jours ne bénéficient pas de la durée légale du travail (pas d'heures supplémentaires). En revanche, l'employeur doit respecter les normes légales en matière de *repos quotidien** (11 h consécutives minimum), *repos hebdomadaire** (35 h) et *congés payés** (c. trav. art. L. 3121-43).

Justification du nombre de jours travaillés - Chaque année, la durée du travail des cadres ayant un forfait en jours est décomptée par récapitulation du nombre de journées ou demi-journées travaillées par chaque salarié.

L'employeur tient à la disposition de l'inspecteur du travail, pendant une durée de 3 ans, le ou les documents existant dans l'entreprise ou l'établissement et permettant de comptabiliser le nombre de jours de travail effectués par les cadres au « forfait en jours » sur une base annuelle (c. trav. art. D. 3171-16).

Preuve d'un dépassement du forfait jours - voir *Temps de travail (preuve)**.

Rémunération - Pour un salarié en forfait annuel en jours, le salaire doit être en rapport avec les sujétions que son travail implique.

▶ Attention... Le bulletin de paie du salarié signataire d'une convention de forfait doit mentionner la nature et le volume du forfait (c. trav. art. R. 3243-1). Pour aller plus loin, voir Dictionnaire Paye, « Convention de forfait »

Cela étant, il est possible de procéder à un prorata du minimum salarial conventionnellement garanti lorsque la convention annuelle de forfait du salarié prévoit un nombre de 207 jours, nombre inférieur au maximum de 218 prévu dans l'entreprise (cass. soc. 30 septembre 2020, n° 18-23583 FSPB).

Conventions de forfait annuel : application de la législation sur la durée du travail (*)

	Forfait annuel en heures	Forfait annuel en jours
Heures supplémentaires accomplies au-delà du forfait	Oui	Non
Application des limites du contingent	Non	Non
Respect de la limite quotidienne de travail : 10 h	Oui	Non
Respect des limites hebdomadaires (48 h sur une semaine donnée ou 44 h sur 12 semaines consécutives)	Oui	Non
Respect du repos quotidien (11 h consécutives minimum)	Oui	Oui
Respect du repos hebdomadaire (35 h)	Oui	Oui

(*) Les seuils indiqués dans ce tableau sont les seuils légaux.

Convention de forfait (annuel)

Lorsque le salarié signataire d'une convention de forfait annuel en jours perçoit une rémunération manifestement sans rapport avec ces sujétions, il peut obtenir en justice une indemnité (c. trav. art. L. 3121-61). Cette indemnité doit être calculée en fonction du préjudice subi, en tenant compte notamment du niveau de salaire pratiqué dans l'entreprise pour le niveau de qualification du salarié concerné. Il est impossible d'écarter ce droit par une clause de l'accord collectif ou du contrat de travail.

Seul le salarié susceptible d'être, par application des dispositions légales et conventionnelles, soumis à une convention de forfait en jours peut saisir le tribunal afin que lui soit allouée cette indemnité, dès lors qu'il perçoit une rémunération manifestement sans rapport avec les sujétions qui lui sont imposées (cass. soc. 31 octobre 2007, n° 06-43876, BC V n° 180).

▶ À noter… L'accord collectif qui réserve le forfait annuel jours aux cadres, ayant un coefficient minimum et un salaire minimum, sans autre engagement ne permet pas au salarié en forfait jours d'obtenir un rattrapage salarial au motif qu'il n'atteint pas le niveau de salaire minimum prévu par l'accord (cass. soc. 28 juin 2018, n° 16-28344 FSPB).

Retenue sur salaire en cas d'absence pour grève - voir *Grève**.

Décompte des heures de délégation - Voir *Heures de délégation**.

Rachat de jours de repos en cas de forfait jours

Nombre de jours - Le salarié en convention de forfait annuel jours qui le souhaite peut, avec l'accord de l'employeur, renoncer à une partie de ses jours de repos en contrepartie d'une majoration de salaire. Il travaille ainsi au-delà de la durée prévue à la convention de forfait, sous réserve de respecter le nombre maximal de jours travaillés dans l'année (c. trav. art. L. 3121-59).

Le nombre de jours alors travaillés dans l'année ne peut pas dépasser le nombre annuel maximal de jours travaillés fixés par l'accord collectif (c. trav. art. L. 3121-64, II). À défaut de précision dans l'accord collectif, le maximum est de 235 jours par an (c. trav. art. L. 3121-59 et L. 3121-66).

Exemple

Si aucun plafond n'est fixé par accord collectif, un salarié ayant un forfait de 218 jours par an ne peut pas renoncer à plus de 17 jours de repos par an. En effet, il ne peut pas dépasser le plafond légal de 235 jours par an, qui s'applique à défaut d'une autre limite fixée par un accord collectif (c. trav. art. L. 3121-59).

En tout état de cause, le nombre de jours travaillés doit être compatible avec les règles sur les congés payés, les jours fériés chômés dans l'entreprise, le repos hebdomadaire et le repos quotidien (c. trav. art. L. 3121-64, II).

Forfait annuel en jours : fiche de décompte (modèle)

Plafond annuel : … jours

Année 2022	Semaine 1		Semaine 2		Semaine 3		Semaine 4		Total
	Jours travaillés	Jours de repos	Jours travaillés	Jours de repos	Jours travaillés	Jours de repos	Jours travaillés	Jours de repos	
Janvier									
Février									
Mars									
Avril									
Mai									
Juin									
Juillet									
Août									
Septembre									
Octobre									
Novembre									
Décembre									
Total du nombre de jours travaillés dans l'année :									
Nombre de jours reportés sur le compte épargne-temps :									
Nombre de jours de repos rachetés :									
Ce document doit être conservé au moins pendant 3 ans.									

▶ À noter… L'accord collectif peut aller au-delà de 235 jours. À l'extrême limite, un plafond maximal de 282 jours par an serait envisageable (compte tenu des 5 semaines de congés payés, du 1er Mai chômé et du repos dominical), duquel il conviendrait de déduire également les jours fériés chômés dans l'entreprise autres que le 1er Mai.

Formalisation par un avenant - Il faut un avenant écrit au contrat de travail qui fixe le taux de la majoration applicable à la rémunération de ce temps de travail supplémentaire, sans que ce taux puisse être inférieur à 10 % (c. trav. art. L. 3121-59). Cet avenant n'est valable que pour l'année en cours, il ne se reconduit pas de manière tacite.

▶ Attention… Imposer à un salarié de dépasser son forfait jours sans mentionner les jours en plus sur le bulletin de paie équivaut à du *travail dissimulé** (cass. soc. 1er décembre 2016, n° 15-15805 D).

Contentieux

Un salarié peut contester en justice la validité de son forfait annuel en jours (ou en heures). Cette action en déclaration d'inopposabilité de sa clause de forfait en jours (ou en heures) se rapporte à l'exécution du contrat de travail. Elle se prescrit donc dans un délai de 2 ans (c. trav. art. L. 1471-1) [voir *Prescription (contentieux)**].

Dans le cas où cette demande se double d'une action en rappel d'heures supplémentaires, l'action en paiement de ces heures, fondée sur l'invalidité d'une convention de forfait en jours (ou en heures), relève de la prescription triennale applicable aux actions visant un rappel de salaire (c. trav. art. L. 3245-1 ; cass. soc. 27 mars 2019, n° 17-23314 FSPB ; cass. soc. 30 juin 2021 n° 18-23932 FSB). Ainsi, en saisissant le juge d'une action en rappel d'heures supplémentaires, le salarié peut demander au juge d'annuler ou de déclarer inopposable sa convention de forfait en jours (ou en heures).

☛ *Convention de forfait ; Convention de forfait (hebdomadaire ou mensuel).*

Convention de forfait (hebdomadaire ou mensuel)

Une convention de forfait permet à l'employeur et au salarié de décider d'une rémunération forfaitaire incluant le salaire habituel et les *heures supplémentaires**. Cette convention peut concerner un nombre d'heures prédéfini sur la semaine ou le mois.

Cadre du forfait hebdomadaire ou mensuel

Tous salariés concernés - La durée du travail d'un salarié peut être fixée par une convention individuelle de forfait en heures sur la semaine ou sur le mois (c. trav. art. L. 3121-56).

Ce type de forfait est ouvert aux salariés cadres ou non cadres. L'employeur peut l'utiliser même en l'absence d'accord collectif mais il lui faut l'accord du salarié. La convention individuelle de forfait doit faire l'objet d'un écrit (c. trav. art. L. 3121-55). En pratique, l'accord du salarié se matérialise généralement par une clause du contrat de travail.

Lorsque le recours à la convention de forfait hebdomadaire ou mensuel est prévu par un accord collectif, l'employeur doit respecter le cadre fixé (ex. : la convention collective réserve la possibilité de conclure une convention de forfait hebdomadaire à certains salariés) (cass. soc. 4 novembre 2015, n° 14-25745, BC V n° 220).

Il est inutile de prévoir un tel forfait pour les *cadres dirigeants**, ceux-ci n'étant pas soumis à la durée du travail.

Mentions à préciser dans la convention de forfait - La seule fixation d'une rémunération forfaitaire, sans que le nombre d'heures supplémentaires inclus dans la rémunération soit déterminé, ne permet pas de caractériser une convention de forfait (cass. soc. 5 mai 2010, n° 08-43652, BC V n° 104 ; cass. soc. 3 mai 2011, n° 09-70813, BC V n° 103)

Le nombre d'heures supplémentaires inclus dans la rémunération doit être précisément défini, faute de quoi la convention de forfait est inopérante et le salarié peut réclamer le paiement d'heures supplémentaires (cass. soc. 15 janvier 2014, n° 12-19446 D).

La modification du forfait suppose l'accord du salarié, voir *Convention de forfait**.

Clause de convention de forfait (hebdomadaire ou mensuel)

M.…percevra une rémunération forfaitaire de … euros incluant les majorations pour heures supplémentaires. Elle correspond à un horaire [hebdomadaire ou mensuel] maximal de …

Les heures accomplies au-delà du forfait seront rémunérées selon le régime des heures supplémentaires, en plus du salaire forfaitaire.

Fonctionnement du forfait hebdomadaire ou mensuel

Durée du travail - Les règles de durée du travail (limites quotidiennes, repos, etc.) s'appliquent en cas de convention de forfait en heures hebdomadaire ou mensuel *(voir tableau reproduit dans cette étude)*.

Conventions de forfait hebdomadaire ou mensuel en heures : application de la législation sur la durée du travail (1)	
Imputation des heures supplémentaires sur le contingent annuel d'heures supplémentaires (2)	Oui
Droit à la contrepartie obligatoire en repos* (2)	Oui
Respect de la limite quotidienne de travail : 10 h	Oui
Respect des limites hebdomadaires (48 h sur une semaine donnée ou 44 h sur 12 semaines consécutives)	Oui
Respect du repos quotidien (11 h consécutives minimum)	Oui
Respect du repos hebdomadaire* (35 h)	Oui

(1) Les seuils indiqués sont les seuils légaux.
(2) Heures comprises dans le forfait et heures réalisées au-delà du forfait.

Rémunération - L'employeur est tenu de verser au salarié, détenteur d'une convention de forfait hebdomadaire ou mensuel, une rémunération au moins égale à la rémunération minimale applicable dans l'entreprise pour le nombre d'heures compris dans le forfait augmentée des majorations légales ou conventionnelles des *heures supplémentaires** comprises dans le forfait (c. trav. art. L. 3121-57).

▶ Attention… Le bulletin de paie du salarié signataire d'une convention de forfait doit mentionner la nature et le volume du forfait (c. trav. art. R. 3243-1). Pour aller plus loin sur ce point, voir Dictionnaire Paye, « Convention de forfait ».

Les heures supplémentaires effectuées au-delà de celles prévues par la clause de forfait hebdomadaire ou mensuel doivent être payées en plus en appliquant les majorations légales ou conventionnelles et en accordant, quand nécessaire la *contrepartie obligatoire en repos**.

Effets de la convention de forfait - Lorsque la convention de forfait est licite, le salarié ne peut pas réclamer le paiement des heures supplémentaires incluses dans la rémunération forfaitaire. En revanche, les heures supplémentaires non prévues dans le forfait doivent lui être payées en plus du forfait et apparaître distinctement sur le *bulletin de paie** (cass. soc. 5 janvier 2000, n° 97-44606 D).

Informations des représentants du personnel - Voir *Convention de forfait**.

Convention de forfait ; Convention de forfait (annuel).

Convention de formation professionnelle

Formation professionnelle (convention).

Convocation à l'entretien préalable

Conseiller du salarié (entretien préalable au licenciement) ; Entretien préalable au licenciement (convocation) ; Sanctions disciplinaires (procédure).

Cotisation d'allocations familiales

La cotisation d'allocations familiales est destinée à financer les *prestations familiales** versées aux assurés sociaux et à leurs ayants droit. Exclusivement à la charge de l'employeur, la cotisation d'allocations familiales est assise sur le salaire brut total. En d'autres termes, elle est entièrement déplafonnée (c. séc. soc. art. L. 241-6). Elle est versée par l'employeur à l'organisme de recouvrement des cotisations de sécurité sociale (URSSAF, dans le cas général).

Taux (cas général)

Depuis le 1.01.2014, le taux de la cotisation d'allocations familiales est égal à 5,25 % sur la totalité du salaire (c. séc. soc. art. D. 241-3-1). Toutefois, certains salariés bénéficient d'un taux abattu (4,20 % pour les *journalistes** et 3,68 % pour les artistes du spectacle, notamment).

▶ À noter… Sur les aides en soutien aux entreprises pour faire face à la crise sanitaire et ses conséquences économiques, voir *Covid-19 (exonérations et aides au paiement des cotisations)**.

Taux réduit pour certains salariés

Rémunérations inférieures ou égales à 3,5 SMIC - Le taux de la cotisation d'allocations familiales est réduit de 1,8 point pour les salariés dont l'employeur entre dans le champ d'application de la *réduction générale de cotisations patronales** et dont les rémunérations ou gains sont inférieurs ou égaux à 3,5 fois le SMIC sur l'année (c. séc. soc. art. L. 241-6-1). Le taux réduit est, en règle générale, égal à 3,45 %.

Pour les salariés qui bénéficient d'un abattement sur le taux de la cotisation d'allocations familiales, le taux de 3,45 % est également abattu (2,76 % pour les journalistes et 2,42 % pour les artistes du spectacle) (BOSS, Allègements généraux, § 1680, 1/10/2021).

Si le seuil de 3,5 SMIC sur l'année est dépassé, le taux applicable est de 5,25 % sur l'ensemble de la rémunération.

Appréciation du seuil - Le seuil de 3,5 SMIC est apprécié sur l'année, en appliquant les mêmes règles de proratisation du SMIC que celles utilisées pour la formule de calcul du coefficient de la *réduction générale de cotisations patronales** (c. séc. soc. art. L. 241-6-1 et L. 241-13, III, al. 2) : temps partiel, entrées et sorties en cours d'année, heures complémentaires, heures supplémentaires, etc.

Comme pour la réduction générale, il faut raisonner dans le cadre de l'année civile et contrat par contrat.

La rémunération annuelle brute à comparer au seuil s'entend de la rémunération brute soumise à cotisations de sécurité sociale, tous éléments compris (heures supplémentaires et complémentaires, y inclus majorations de salaire, etc.) (BOSS, Allègements généraux, § 1600, 1/10/2021).

Employeurs et salariés éligibles - Le champ de la mesure est calé sur celui de la *réduction générale de cotisations patronales**. Il s'agit des mêmes employeurs (les particuliers employeurs ne peuvent donc pas en bénéficier, pas plus que les employeurs relevant des régimes spéciaux, sauf ceux relevant des régimes des marins, des mines et des clercs et employés de notaire, qui sont éligibles). Il s'agit aussi des mêmes salariés (salariés titulaires d'un contrat de travail affiliés obligatoirement à l'assurance chômage ainsi que certains agents non titulaires des collectivités locales, des établissements publics administratifs ou de groupements d'intérêt public). En conséquence, les dirigeants affiliés de plein droit au régime général de la sécurité sociale sans contrat de travail ne sont pas éligibles à cette réduction de taux.

Régularisation des cotisations - L'employeur doit procéder à une régularisation des cotisations d'allocations familiales (c. séc. soc. art. D. 241-3-2, II, al. 2), comme pour la *réduction générale de cotisations patronales**.

Cumul - Le dispositif de réduction de taux est cumulable avec la réduction générale de cotisations et contributions patronales, avec une autre exonération totale ou partielle de cotisations patronales mais aussi avec l'application de taux spécifiques, d'assiette ou de montants forfaitaires de cotisations (BOSS, Allègements généraux, §§ 1550 et 1560, 1/10/2021).

☛ *Cotisations URSSAF ; Réduction générale de cotisations patronales.*

Cotisation d'assurance chômage

La cotisation d'assurance chômage sert à financer les prestations de chômage versées par le Pôle Emploi (c. trav. art. L. 5422-9 à L. 5422-12 ; décret 2019-797 du 26 juillet 2019, annexe A, règlt ass. chôm. art. 49, JO du 28).

À la suite de l'échec de la renégociation de la convention d'assurance chômage par les partenaires sociaux, le gouvernement a élaboré lui-même, par deux décrets du 26 juillet 2019, le nouveau régime d'indemnisation des demandeurs d'emploi, qui s'applique, sauf exception, du 1.11.2019 au 1.11.2022 (décrets 2019-796 et 2019-797 du 26 juillet 2019, JO du 28).

Assiette et taux

Assiette - La cotisation d'assurance chômage est assise sur l'ensemble des rémunérations brutes qui donnent lieu au versement de cotisations de sécurité sociale dans la limite de 4 fois le *plafond de sécurité sociale** (c. trav. art. L. 5422-9).

Il y a lieu d'inclure dans l'assiette des cotisations toutes les sommes ayant la nature d'une rémunération salariale, y compris les indemnités complémentaires de maladie et la garantie de ressources conventionnelle destinée à compenser la perte de salaire résultant de la réduction du temps de travail (cass. soc. 17 juin 2003, n° 00-21407, BC V n° 197) [voir *Maladie (indemnisation)**].

▶ Attention… Par exception au principe d'alignement de la base de calcul des cotisations d'assurance chômage sur celle des cotisations de sécurité sociale, les bases forfaitaires s'appliquant en matière de sécurité sociale ne sont pas toujours prises en compte pour les cotisations d'assurance chômage.

Taux - Pour l'ensemble des salariés (y compris les VRP multicartes), le taux de la cotisation patronale d'assurance chômage est fixé à 4,05 % dans la limite de 4 fois le plafond de la sécurité sociale (décret 2019-797 du 26 juillet 2019, annexe A, règlt ass. chôm. art. 50-1 ; circ. Unédic 2019-11 du 14 octobre 2019, § 1.2).

Il convient de se référer aux taux et plafonds applicables en vigueur au cours de la période de travail au titre de laquelle les rémunérations sont dues (c. séc. soc. art. R. 242-1 ; circ. Unédic 2019-11 du 14 octobre 2019, § 1.4).

▶ À noter... Dans le département de Mayotte, le taux des contributions est spécifique et fixé par le règlement d'assurance chômage applicable à Mayotte (décret 2019-797 du 26 juillet 2019, annexe B, art. 38 ; circ. Unédic 2019-11 du 14 octobre 2019, § 1.2).

Cette cotisation est exclusivement patronale. La cotisation salariale d'assurance chômage a été supprimée, sauf pour des cas particuliers (c. trav. art. L. 5422-9 ; ord. 2019-861 du 21 août 2019, art. 1er, 10°, JO du 22 ; circ. Unédic 2019-11 du 14 octobre 2019, §§ 1 et 3) *(voir ci-après)*.

▶ À noter... Pour lutter contre la pratique des contrats successifs de très courte durée, le gouvernement a décidé, dans le cadre de la loi Avenir professionnel, de moduler le taux des cotisations patronales d'assurance chômage en fonction du secteur d'activité et du « taux de séparation » des entreprises (c. trav. art. L. 5422-12). Pour plus de précisions concernant ce dispositif dit de « bonus-malus », voir *Cotisation d'assurance chômage (bonus-malus)**.

Maintien de cotisation salariale pour certains salariés - Certains salariés restent, par exception, redevables d'une cotisation d'assurance chômage, à savoir (circ. Unédic 2019-03 du 9 janvier 2019 et 2019-11 du 14 octobre 2019) :

- les salariés relevant des professions de la production cinématographique, de l'audiovisuel ou du spectacle (contribution spécifique aux intermittents recouvrée par Pôle Emploi Services, au taux de 2,40 %) ;

- les salariés expatriés ayant adhéré individuellement à l'assurance chômage, dès lors que leur employeur ne s'est pas affilié à titre facultatif (contribution au taux de 4,05 %, soit la part correspondant au taux de la contribution patronale) ;

- les salariés relevant de l'extension du champ d'application des accords d'assurance chômage hors du territoire national (ex. : salariés dont l'employeur est situé sur le territoire monégasque) : ils restent redevables de la contribution salariale d'assurance chômage au taux de 2,40 %, auprès de l'organisme de recouvrement compétent.

▶ À noter... Les employeurs qui ne sont pas tenus de s'affilier à l'assurance chômage, car établis à l'étranger hors UE, peuvent affilier à l'assurance chômage leurs salariés occupés hors de France, à titre facultatif. Ces salariés ne sont pas redevables de cotisations salariales d'assurance chômage. En revanche, leur employeur reste redevable de la contribution patronale au taux de 4,05 % (décret 2019-797 du 26 juillet 2019, annexe A, règlt ass. chôm. art. 50-1, ann. IX, chap. 2, art. 49 ; circ. Unédic 2019-11 du 14 octobre 2019).

Apprentis - Pour les apprentis, l'assiette des cotisations est identique à celle retenue pour les cotisations de sécurité sociale. Depuis le 1.01.2019, les cotisations sont calculées sur la rémunération réelle. Une exonération de cotisations salariales est possible dans certaines limites [voir *Apprentissage (aides et exonérations)].**

Intermittents du spectacle - Pour les personnes relevant des annexes VIII (ouvriers et techniciens de l'édition d'enregistrement sonore et de la production cinématographique et audiovisuelle) et X (artistes, ouvriers et techniciens des spectacles vivants) au règlement d'assurance chômage, le taux de cotisation d'assurance chômage s'établit à 11,45 % dont 9,05 % à la charge des employeurs et 2,40 % à la charge des salariés (c. trav. art. L. 5422-9, 2°, L. 5424-20 et L. 5424-21 ; décret 2019-797 du 26 juillet 2019, annexe A, règlt ass. chôm., ann. VIII et X, art. 50 ; circ. Unédic 2019-11 du 14 octobre 2019, § 1.3).

▶ À noter... La contribution d'assurance chômage des artistes et intermittents du spectacle est composée de deux taux :
- un taux destiné au financement de l'indemnisation résultant de l'application des règles de droit commun de l'assurance chômage de 4,05 % à la charge des employeurs ;
- un taux destiné au financement de l'indemnisation résultant de l'application de règles dérogatoires et spécifiques à ces professions de 7,40 % (5 % à la charge des employeurs et 2,40 % à la charge des salariés).

Par dérogation, depuis le 1.01.2020, la contribution à la charge de l'employeur est fixée à 4,55 % pour les contrats de travail à durée déterminée dit

d'usage de 3 mois ou moins (c. trav. art. L. 1242-2, 3° ; décret 2019-797 du 26 juillet 2019, art. 5, III, 6° ; règlt. ass. chôm., ann. VIII et X, art. 50, § 2 ; circ. Unédic 2019-11 du 14 octobre 2019, § 2.1.1), excepté pour les emplois à caractère saisonnier d'une durée inférieure ou égale à 3 mois.

La part de la contribution à la charge de l'employeur demeure fixée à 4,05 % :

- dès lors que le salarié est embauché par l'employeur en contrat à durée indéterminée à l'issue du contrat à durée déterminée ;
- pour tous les contrats de travail temporaires (c. trav. art. L. 1251-1) et les contrats de travail à durée déterminée pour remplacement ou accroissement temporaire d'activité (c. trav. art. L. 1242-2, 1°, 2°, 4° et 5°).

Paiement des cotisations

Responsabilité - L'employeur est responsable du paiement des cotisations patronales et salariales d'assurance chômage.

Exigibilité - Les cotisations sont dues à compter de la date d'embauche de chaque salarié (c. trav. art. L. 5422-14). Elles sont exigibles selon la même périodicité que les cotisations de sécurité sociale (c. trav. art. R. 5422-7).

Le non-paiement des cotisations à l'échéance donne lieu, après mise en demeure, à des majorations de retard (c. trav. art. L. 5422-16). Des sanctions pénales sont également applicables.

Compétence des URSSAF - Les contributions d'assurance chômage et d'*AGS** sont recouvrées par les URSSAF (CGSS dans les DOM), en lieu et place du Pôle Emploi (c. trav. art. L. 5422-16 et L. 5427-1 ; décret 2019-797 du 26 juillet 2019, annexe A, règlt ass. chôm. art. 53 ; lettre-circ. ACOSS 2011-44 du 19 avril 2011 ; lettre-circ. ACOSS 2012-62 du 23 mai 2012 ; lettre-circ. ACOSS 2012-90 du 18 septembre 2012).

Les contributions d'assurance chômage et d'AGS sont déclarées sur les mêmes supports que les cotisations de sécurité sociale, aux mêmes dates d'exigibilité et selon les mêmes modalités.

Sur les aides en soutien aux entreprises pour faire face à la crise sanitaire et ses conséquences économiques, voir *Covid-19 (exonérations et aides au paiement des cotisations)**.

▶ À noter... Depuis le 1.01.2018, l'URSSAF d'Île-de-France (et non plus la CCVRP) assure le recouvrement des cotisations d'assurance chômage et de sécurité sociale des VRP à cartes multiples (décret 2017-1682 du 12 décembre 2017, JO du 14).

Exceptions au recouvrement par les URSSAF - Par exception, le recouvrement des cotisations chômage dues pour certains publics est assuré par d'autres organismes que l'URSSAF (c. trav. art. L. 5427-1) :

- les caisses de mutualité sociale agricole pour les salariés des professions agricoles dont les bûcherons-tacherons (circ. Unédic 2011-14 du 9 mars 2011, § II-2) ;
- la caisse de prévoyance sociale pour les salariés de Saint-Pierre-et-Miquelon (circ. Unédic 2011-14 du 9 mars 2011 ; § II-4) ;
- le Pôle Emploi pour les salariés expatriés et certains travailleurs frontaliers (circ. Unédic 2011-14 du 9 mars 2011, § II-1 ; lettre-circ. ACOSS 2011-44 du 19 avril 2011 ; circ. Unédic 2019-11 du 14 octobre 2019, § 3 ; BOSS, Allègements généraux, § 1340, 1/10/2021) ;
- la caisse de compensation des services sociaux de Monaco pour les contributions dues par les employeurs monégasques au titre des salariés employés sur le territoire de la Principauté (circ. Unédic 2011-14 du 9 mars 2011, § II-6) ;
- le Pôle emploi pour le financement du contrat de sécurisation professionnelle (circ. Unédic 2016-9 du 27 janvier 2016, titre II, § 6) ;
- le Pôle Emploi pour affilier et recouvrer les contributions des employeurs habituels des sala-

Contributions d'assurance chômage et d'AGS au 1.01.2022

Nature des contributions		Cas général		Intermittents du spectacle, de l'audiovisuel et du cinéma (1)	
		Part salariale	Part patronale	Part salariale	Part patronale
Assurance chômage Tr. A + B	Taux généraux	(2)	4,05 % (3) (4)	2,40 %	9,05 % (3)
AGS Tr. A + B		-	0,15 %	-	0,15 %

(1) règlt ass. chôm., annexes VIII et X, art. 50.
(2) Taux supprimé pour les périodes courant depuis le 1.10.2018.
(3) Majoration de 0,50 % pour les CDD dits « d'usage » d'une durée inférieure ou égale à 3 mois conclus avec des dockers occasionnels et des salariés intermittents du spectacle (décret 2019-797 du 26 juillet 2019, annexe A, règlt ass. chôm. art. 50-1 et ann. VIII et X, art. 50 § 2 ; circ. Unédic 2019-11 du 14 octobre 2019, § 2).
(4) Concernant le dispositif dit de « bonus-malus », voir Cotisation d'assurance chômage (bonus-malus)*.

riés relevant des professions des annexes VIII e X du règlement d'assurance chômage (intermittents du spectacle) (décret 2019-797 du 26 juillet 2019, annexe A, règlt ass. chôm., ann. VIII et X, art. 53, § 2 ; BOSS, Allègements généraux, § 1340, 1/10/2021), y compris les intermittents du spectacle de moins de 16 ans (circ. Unédic 2017-01 du 5 janvier 2017) ;

- le Guichet unique de spectacle occasionnel (GUSO) pour affilier et recouvrer les contributions dues par les employeurs non professionnels, sauf ceux qui sont situés à Monaco (circ. Unédic 2018-04 du 7 février 2018, fiche 1, §§ 4.2.3.1 et 4.2.3.2), au titre des intermittents du spectacle qu'ils emploient (circ. Unédic 2018-04 du 7 février 2018, fiche 1, § 4.3) y compris les intermittents du spectacle de moins de 16 ans (circ. Unédic 2017-01 du 5 janvier 2017) ;

- la caisse de sécurité sociale de Mayotte (ord. 96-1122 du 20 décembre 1996, art. 22) lorsqu'elles sont dues au titre de l'emploi de salariés à Mayotte (décret 2019-797 du 26 juillet 2019, annexe B ; circ. Unédic 2019-11 du 14 octobre 2019, § 1).

Règles de prescription, le contrôle et le contentieux - Les règles de prescription du paiement des cotisations, du remboursement des cotisations indues et de l'action en recouvrement sont, en principe, celles des cotisations URSSAF (c. trav. art. L. 5422-16). Il en est de même pour les règles de contrôle et le contentieux.

▶ À noter… Par dérogation, la contribution d'assurance chômage due au titre de l'emploi des salariés agricoles est versée et contrôlée selon les règles du régime agricole. Par ailleurs, Pôle Emploi assure, pour les expatriés, le recouvrement conformément aux règles antérieures à la loi 2008-126 du 13.02.2008 (circ. Unédic 2011-14 du 9 mars 2011).

Les différends relatifs au recouvrement des contributions relèvent du contentieux de la sécurité sociale, sauf à Saint-Pierre-et-Miquelon où ils relèvent de la compétence des juridictions de droit commun (c. trav. art. L. 5422-16).

☛ *AGS ; Assurance chômage ; Chômage (allocation des travailleurs indépendants) ; Cotisation d'assurance chômage (bonus-malus)*

Cotisation d'assurance chômage (bonus-malus)

Présentation du dispositif

Le règlement d'assurance chômage prévoit un mécanisme de bonus-malus sur la cotisation patronale d'assurance chômage visant à inciter l'emploi durable et à pénaliser la succession de contrats courts dans certains secteurs d'activité (voir *Cotisation d'assurance chômage**). Retoqué fin 2020 par le Conseil d'État (CE, 25 novembre 2020, n° 434920), le dispositif a été rétabli par décret début 2021, complété par un arrêté qui a fixé la liste des secteurs d'activité visés par le bonus-malus et les modalités d'assujettissement des entreprises (décret 2021-346 du 30 mars 2021, JO du 31 modifiant le décret 2019-797 du 26 juillet 2019 ; règlt ass. chôm, art. 50-2 à 51 ; arrêté du 28 juin 2021, JO du 30, texte 57). En outre, le ministère du Travail a mis en ligne un document questions-réponses (Q/R) dans lequel il précise le fonctionnement du bonus-malus (www.travail-emploi.gouv.fr).

Aménagements pour la première application

Cotisation modulée à partir du 1er septembre 2022 - En principe, le bonus-malus s'applique aux périodes d'emploi courant à partir du 1er mars de l'année N jusqu'au 28/29 février de l'année N + 1 *(voir ci-après)*.

Par dérogation, pour sa première application, il sera mis en œuvre sur la période d'emploi courant du 1.09 au 31.10.2022 (règlt ass. chôm. art. 51, al. 2).

▶ À noter… Cette première période d'application du bonus-malus est pour l'instant prévue jusqu'au 31.10.2022 seulement. En effet, il n'est juridiquement pas possible de prévoir d'application après cette date, puisque le décret du 26.07.2019 expire le 1.11.2022. Le bonus-malus ayant vocation à s'appliquer par cycle de trois ans *(voir ci-après)*, il faudra donc un nouveau décret pour prendre le relais.

Calcul du taux de séparation à compter du 1er juillet 2021 - En principe, le taux de séparation de l'entreprise correspond à la moyenne du rapport entre le nombre de séparations recensées et l'effectif total sur les trois années civiles précédant l'application du taux de cotisation modulé.

Cependant, pour la première application du bonus-malus en 2022, le taux de séparation de l'entreprise est calculé au regard du nombre de séparations intervenues sur la période comprise entre le 1.07.2021 et le 30.06.2022 (règlt ass. chôm. art. 50-7, II).

Dérogation au principe de l'effectif sécurité sociale - En principe, l'effectif de l'entreprise, et donc le seuil de 11 salariés, est calculé sur la base de l'*effectif sécurité sociale** *(voir ci-après)*.

Cependant, pour la première application du dispositif, l'effectif de l'entreprise est établi sur la base de la moyenne des personnes employées au cours de chacun des mois compris entre le 1.07.2021 et le 30.06.2022 (règlt ass. chôm. art. 50-3, II et 50-5, II). Le ministère du Travail a indiqué que le seuil de 11 salariés doit avoir également été atteint en 2020 et 2021 (Q/R 2.3.1).

Secteurs protégés exclus - En principe, le bonus-malus a vocation à s'appliquer aux secteurs d'activité dans lesquels le taux de séparation moyen est supérieur à 150 %. 7 secteurs ont été fixés par arrêté ministériel pour une période de trois ans, de 2022 à 2024 (règlt ass. chôm. art. 50-3, I et 50-3-1 ; arrêté du 28 juin 2021, art.1 et annexe 7) *(voir ci-après)*.

Cependant, pour la première application du bonus-malus en 2022, 78 sous-secteurs d'activité fortement touchés par la crise sanitaire ne seront pas soumis au bonus-malus en 2022, alors qu'il relève des 7 secteurs d'activité fixés par l'arrêté (règlt ass. chôm. art. 50-3, II et art. 50-3-2). Il s'agit des secteurs protégés éligibles au fonds de solidarité (liste S1 du décret 2020-371 du 30 mars 2020, annexe 1). Ainsi, une partie des entreprises d'au moins 11 salariés, en principe soumise au bonus-malus, n'y sera pas assujettie, car elle relève également des secteurs protégés (arrêté du 28 juin 2021, art. 5 et annexe 5).

Cette exclusion vaut uniquement pour la première année d'application en 2022 (règlt ass. chôm. art. 50-3, II). Le ministère du Travail précise qu'elle prendra fin en 2023 (Q/R 2.2.3).

Régime du bonus-malus hors aménagements

Secteurs d'activité concernés - Le bonus-malus sur la cotisation patronale d'assurance chômage s'applique aux secteurs d'activité ayant un taux moyen de séparation supérieur à 150 %. Ces secteurs ont été fixés par arrêté ministériel pour une période de trois ans, de 2022 à 2024 (règlt ass. chôm. art. 50-3, I et 50-3-1 ; arrêté du 28 juin 2021, art. 1 et annexe 7).

7 secteurs d'activité ont été retenus :
- fabrication de denrées alimentaires, de boissons et de produits à base de tabac ;
- autres activités spécialisées, scientifiques et techniques ;
- production et distribution d'eau ; assainissement, gestion des déchets et dépollution ;
- hébergement et restauration ;
- transports et entreposage ;
- fabrication de produits en caoutchouc et en plastique et d'autres produits minéraux non métalliques ;
- travail du bois, industries du papier et imprimerie.

Entreprises assujetties - Sont soumises au bonus-malus les entreprises employant au moins 11 salariés et relevant de l'un des secteurs d'activité assujettis (règlt ass. chôm. art. 50-3, I).

L'appréciation du seuil de 11 salariés est régie par les règles de l'*effectif sécurité sociale** (règlt ass. chôm. art. 50-3, I et 50-5, I) : prise en compte de l'effectif annuel moyen de l'année civile précédente (hors cas des entreprises nouvelles), décompte des salariés selon le code de la sécurité sociale, mais aussi mécanisme de limitation des effets de seuil sur 5 ans (c. séc. soc. art. L. 130-1 et R. 130-1).

L'affectation d'une entreprise dans l'un des secteurs d'activité concernés est effectuée en fonction de l'activité économique principale exercée (APE) ou, le cas échéant, de son objet social, et de la convention collective (IDCC) à laquelle elle est rattachée (règlt ass. chôm. art. 50-3, I ; arrêté du 28 juin 2021, art. 4). L'employeur vérifie que son IDCC tel qu'indiqué en 2020 dans la *déclaration sociale nominative (DSN)** correspond à l'un des IDCC recensés dans les tableaux figurant en annexe de l'arrêté (annexe 2) et que son code APE constaté en 2021 correspond à l'un des codes APE également listés en annexe de l'arrêté (annexe 3). Il s'agit d'une double condition cumulative.

▶ À noter... Les employeurs relevant de l'insertion par l'activité économique (IAE) ne sont pas soumis au bonus-malus (arrêté du 28 juin 2021, art. 3). Cela vise les entreprises d'insertion, les entreprises de travail temporaire d'insertion, les associations intermédiaires et les ateliers et chantiers d'insertion (Q/R 2.1.4).

Paramètres du bonus-malus

Modulation de la cotisation générale - Le mécanisme du bonus-malus consiste à moduler le taux de la *cotisation d'assurance chômage** de 4,05 % à la hausse ou à la baisse, en fonction du « taux de séparation » de l'employeur (règlt ass. chôm. art. 50-2).

Des bornes sont fixées à cette modulation. Le taux de cotisation modulé ne peut être ni inférieur à 3 % (soit un bonus maximum de 1,05 point de cotisation), ni supérieur à 5,05 % (soit un malus maximum de 1 point de cotisation) (règlt ass. chôm. art. 50-10).

Taux de séparation de l'entreprise - Le taux de séparation de l'entreprise s'obtient en calculant (règlt ass. chôm. art. 50-5 et 50-7) :

- le nombre de fins de contrat de travail et fins de contrat d'intérim imputé à l'entreprise *(voir ci-après)* rapporté à l'effectif sécurité sociale de l'entreprise, sur une année civile ;
- puis, la moyenne des quotients obtenus chaque année sur une période de référence correspondant aux 3 dernières années civiles. Cette moyenne donne le taux de séparation de l'entreprise.

▶ À noter… L'employeur n'a pas à calculer lui-même son taux de séparation. Celui-ci lui sera notifié, avec le bonus ou malus afférent (règlt ass. chôm. art. 50-15).

Détermination du taux modulé de l'entreprise - Le niveau du bonus ou du malus dépend du rapport entre le taux de séparation de l'entreprise et le taux de séparation médian du secteur d'activité auquel elle est rattachée (= ratio de l'entreprise) (règlt ass. chôm. art. 50-4). Le taux de séparation médian du secteur d'activité est fixé chaque année par arrêté (règlt ass. chôm. art. 50-9).

Le taux de cotisation modulé est obtenu selon la formule suivante : ratio de l'entreprise x 1,46 + 2,59 (règlt ass. chôm. art. 50-10).

▶ À noter… Pour la première application du bonus-malus à compter de septembre 2022, le taux de séparation médian de chaque secteur d'activité sera publié par arrêté en août 2022, indique le ministère du Travail (Q/R 1.3.2).

Séparations imputées à l'entreprise - Sont imputables à l'entreprise les fins de contrat de travail (CDI, CDD) et les fins de contrat d'intérim suivies dans les 3 mois d'une inscription à Pôle emploi de l'ancien salarié ou intérimaire ou intervenues alors qu'il y était déjà inscrit (règlt ass. chôm. art. 50-5, 50-7 et Q/R 1.2.1). Les fins de contrat sont celles déclarées par l'employeur dans l'attestation d'assurance chômage ou dans la DSN.

En revanche, ne sont pas imputables à l'entreprise (règlt ass. chôm. art. 50-6 et Q/R 1.2.2) :

- les démissions ;
- les fins de contrat d'apprentissage et de professionnalisation ;
- les fins de contrats uniques d'insertion (CUI) ;
- les fins de CDD conclu au titre des dispositions légales destinées à favoriser le recrutement de certaines catégories de personnes sans emploi, comme le CDD d'insertion et le CDD senior ;
- les fins de mission d'intérim concernant des intérimaires employés par une entreprise de travail temporaire d'insertion, des intérimaires bénéficiaires de l'obligation d'emploi des travailleurs handicapés (OETH), des intérimaires employés par une entreprise adaptée de travail temporaire ou des intérimaires en CDI intérimaire.

Les intermittents du spectacle ne relèvent pas du système du bonus-malus et ne sont pas pris en compte dans le calcul du taux de séparation de l'entreprise, compte tenu de leur régime particulier en matière de cotisations chômage (c. trav. art. L. 5424-20).

Rémunérations soumises au bonus-malus - La cotisation d'assurance chômage minorée (bonus) ou majorée (malus) s'applique par cycle de 12 mois, aux rémunérations dues au titre des périodes d'emploi courant du 1er mars d'une année civile au 28 ou 29 février de l'année civile suivante (règlt ass. chôm. art. 51). Elle concerne tous les salariés (et pas seulement ceux en contrats courts), à l'exception des contrats exclus par principe du dispositif *(voir ci-avant)* et pour lesquels la cotisation patronale se calcule au taux de droit commun de 4,05 %.

Entreprises nouvelles - Pour les entreprises nouvellement créées, la contribution d'assurance chômage reste due au taux normal de 4,05 % jusqu'au 28 ou 29 février de la 5e année suivant l'année de la création. Le bonus ou le malus s'applique à partir du 1er mars de cette 5e année (règlt ass. chôm. art. 50-11).

☞ *Cotisation d'assurance chômage.*

Cotisation d'assurance décès

Le risque décès est couvert par une cotisation au régime général de la sécurité sociale et, le cas échéant, auprès d'un organisme de prévoyance.

Régime général

La cotisation d'assurance décès est incluse dans la cotisation d'assurance maladie-maternité-invalidité (voir *Cotisations d'assurance maladie-maternité-invalidité**). Il s'agit d'une cotisation de sécurité sociale payable à l'URSSAF selon la périodicité de paiement applicable à l'employeur (c. séc. soc. art. D. 242-3).

▶ À noter… Sur les mesures en soutien des entreprises touchées par la crise sanitaire et ses conséquences économiques, voir *Covid-19 (exonérations et aides au paiement des cotisations)**.

Régimes complémentaires d'assurance décès

Régime légalement obligatoire pour les cadres - L'employeur est redevable d'une cotisation d'assurance décès exclusivement à sa charge, de 1,50 % du salaire, dans la limite du plafond de la sécurité sociale. En cas de non-respect de cette obligation et de décès du salarié, l'employeur doit verser un capital égal à 3 fois le plafond annuel de la sécurité sociale.

▶ À noter… L'ANI relatif à la prévoyance du 17.11.2017 a maintenu, au 1.01.2019, l'ancien dispositif de prévoyance décès obligatoire pour les cadres « art. 4 » et « art. 4 bis ». Celui du 28.02.2020 portant diverses orientations pour les cadres l'a sécurisé en précisant qu'il demeurait en vigueur.

Autres régimes complémentaires - Une assurance décès peut être souscrite soit pour améliorer le régime obligatoire applicable aux cadres, soit pour couvrir des salariés pour lesquels il n'y a pas légalement de couverture obligatoire (salariés non-cadres, par exemple). Les modalités de calcul et de versement des cotisations sont alors fixées par le contrat de prévoyance complémentaire.

Régime social - Les contributions patronales de prévoyance complémentaire finançant une garantie d'assurance décès à caractère collectif et obligatoire sont exonérées de cotisations de sécurité sociale et d'impôt sur le revenu, sous certaines conditions et dans la limite des plafonds réglementaires [voir *Contributions de retraite et de prévoyance (régimes collectifs et obligatoires)**]. Elles sont, en revanche, incluses en totalité dans la base de calcul de la *contribution sociale généralisée (CSG)** et de la *contribution pour le remboursement de la dette sociale (CRDS)**.

Les contributions patronales de prévoyance complémentaire (y inclus assurance décès) qui sont exclues de l'assiette des cotisations de sécurité sociale mais assujetties à CSG sont, en principe, soumises au *forfait social (contribution patronale)** pour les employeurs de 11 salariés et plus (c. séc. soc. art. L. 137-15).

☞ *Contributions de retraite et de prévoyance (régimes collectifs et obligatoires) ; Cotisations d'assurance maladie-maternité-invalidité ; Cotisations URSSAF ; Contribution pour le remboursement de la dette sociale (CRDS) ; Contribution sociale généralisée (CSG) ; Forfait social (contribution patronale).*

Cotisation d'assurance vieillesse

La cotisation d'assurance vieillesse a pour objet de financer le régime de retraite de base des salariés (« retraite sécurité sociale »).

Assiette et taux

La cotisation d'assurance vieillesse est calculée pour partie sur la tranche 1 (dans la limite du plafond de la sécurité sociale) et pour partie sur la rémunération brute totale (c. séc. soc. art. D. 242-4).

Depuis le 1.01.2017, son taux est fixé à :
- 6,90 % (part salariale) et 8,55 % (part patronale) dans la limite du plafond de la sécurité sociale ;
- et 0,40 % (part salariale) et 1,90 % (part patronale) sur la totalité de la rémunération.

Pour certains salariés, un abattement de taux s'applique (journalistes, artistes du spectacle ou encore membres des professions médicales). Pour les VRP multicartes, la part patronale de la cotisation plafonnée d'assurance vieillesse est calculée selon un taux particulier fixé par arrêté [voir *VRP (protection sociale)**].

Versement

S'agissant d'une cotisation de sécurité sociale, elle est versée à l'URSSAF selon la périodicité de paiement applicable à l'employeur.

Sur les aides en soutien aux entreprises pour faire face à la crise sanitaire et ses conséquences économiques, voir *Covid-19 (exonérations et aides au paiement des cotisations)**.

Cotisation supplémentaire d'accidents du travail

☞ *Cotisations d'accidents du travail ; Faute inexcusable (accident du travail ou maladie professionnelle).*

Cotisations d'accidents du travail

Les cotisations dues au titre des accidents du travail (AT) financent les risques liés à l'activité professionnelle (voir *Accident du travail**).

La tarification du risque dépend de la taille et de l'activité de l'entreprise. Le taux est déterminé par établissement en fonction de son activité principale (c. séc. soc. art. L. 242-5 à L. 242-7, L. 422-5 et D. 242-6 à D. 242-6-23).

Mode d'établissement de la cotisation

Le taux de la cotisation est déterminé annuellement pour chaque catégorie de risques par la caisse d'assurance retraite et de la santé au travail (CARSAT) ou la caisse régionale d'assurance maladie en Île-de-France (CRAMIF).

Les risques sont classés dans les différentes catégories par la caisse sauf recours de l'employeur, ou de l'autorité administrative, auprès de la Cour d'appel d'Amiens (voir *Contentieux de la sécurité sociale).**

Le classement d'un risque dans une catégorie peut être modifié à toute époque. L'employeur est tenu de déclarer à la CARSAT toute circonstance de nature à aggraver les risques (c. séc. soc. art. L. 242-5).

▶ **À noter...** Le montant couvrant les dépenses supplémentaires engendrées par les départs en retraite à 60 ans des assurés atteints d'une incapacité permanente d'origine professionnelle (c. séc. soc. art. L. 351-1-4) (voir *Départ anticipé à la retraite**) ainsi que celles engendrées par le dispositif du *compte professionnel de prévention** (c. trav. art. L. 4163-21) est pris en compte dans les éléments de calcul de la cotisation due au titre des accidents du travail et des maladies professionnelles qui peuvent être modulés par secteur d'activité (c. séc. soc. art. L. 242-5 et D. 242-6).

Concrètement, le taux applicable est déterminé par établissement en fonction de la catégorie de risques à laquelle il appartient.

Le classement d'un établissement dans une catégorie de risques est effectué compte tenu de la nature de l'activité exercée selon une nomenclature des risques. Celle applicable depuis 2021 figure en annexe d'un arrêté du 14 décembre 2020 (arrêté du 17 octobre 1995, JO du 18 modifié par arrêté du 14 décembre 2020, JO du 22, texte 30).

Si l'employeur souhaite contester ce taux, il peut saisir la commission de recours amiable dans les 2 mois de la notification ou faire un recours contentieux dans le même délai auprès de la Cour d'appel d'Amiens.

▶ **À noter...** Le taux de la cotisation accidents du travail est déterminé par les CARSAT et peut être remis en cause par une décision de justice ultérieure qui en modifierait alors les éléments de calcul. Dès lors, l'entreprise qui obtient devant le tribunal compétent la réduction du taux d'incapacité permanente d'un salarié victime d'un accident du travail peut ensuite solliciter de la caisse la modification du taux de la cotisation (cass. soc. 11 juillet 2002, n° 00-17891, BC V n° 260).

Modèle de lettre de saisine de la Cour d'appel d'Amiens

À ..., le ...

M. (Mme) ...,

Par lettre du ..., la caisse d'assurance retraite et de la santé au travail (1) de ... vient de nous notifier le taux de cotisation de ...

Nous avons l'honneur de former un recours contre cette décision dont nous contestons le bien-fondé pour les raisons suivantes ...

Veuillez agréer, M. (Mme), ...

Signature

(1) La CRAMIF en Île-de-France.

Tarification

Tarification collective - Celle-ci est applicable aux entreprises employant habituellement moins de 20 salariés (moins de 50 pour les établissements situés en Alsace-Moselle) (c. séc. soc. art. D. 242-6-2 et D. 242-30). **La tarification résulte de barèmes nationaux fixés en fonction de résultats statistiques effectués sur les différents établissements de la branche d'activité. Les tarifs entrent en vigueur à partir du premier jour du trimestre civil suivant leur publication au Journal officiel, mais en cas de publication après le 31 décembre, ce sont les taux nets antérieurs qui s'appliquent jusqu'à la publication des nouveaux taux nets** (c. séc. soc. art. D. 242-6-11).

Les principaux taux collectifs applicables aux rémunérations versées à compter du 1.01.2022 ont été fixés par arrêté (arrêté du 24 décembre 2021, JO du 30, texte 66).

Certains établissements qui exercent une activité figurant sur une liste fixée par arrêté ministériel sont également soumis à la tarification collective, quel que soit leur effectif ou celui de l'entreprise dont ils relèvent (c. séc. soc. art. D. 242-6-14).

De même, pour certaines catégories de salariés, le taux de cotisation est également fixé de manière collective (tarification forfaitaire), quel que soit l'effectif de l'entreprise (ex. : travailleurs à domicile, VRP multicartes, etc.).

▶ **À noter...** Une majoration forfaitaire applicable au-delà d'une certaine fréquence d'accidents du travail sera mise en œuvre au 1.01.2023 (pour la tarification 2023, au regard des sinistres survenus en 2019, 2020 et 2021) (décret 2017-337 du 14 mars 2017, JO du 16 modifié). Ce dispositif concerne uniquement les entreprises de 10 à moins de 20 salariés. Le taux net collectif de l'établissement sera majoré forfaitairement, dans la limite de 10 % du taux net moyen national, lorsqu'au moins un accident du travail (AT) ayant entraîné la prescription d'un arrêt de travail sera intervenu au cours de chacune des 3 dernières années connues (N – 2, N – 3 et N – 4) (c. séc. soc. art. D. 242-6-11).

Pour les départements du Haut-Rhin, du Bas-Rhin et de la Moselle, le taux net collectif de l'établissement sera majoré forfaitairement, dans la limite de 10 % du taux net moyen national lorsqu'au moins 1 accident du travail ayant entraîné la prescription d'un arrêt de travail sera intervenu au cours de « chacune » des 3 dernières années connues (c. séc. soc. art. D. 242-35) :
- au sein des entreprises dont l'effectif est au moins égal à 10 et inférieur à 20 salariés, lorsque le total de ces accidents est au moins égal à 3 sur cette période ;
- au sein des entreprises dont l'effectif est au moins égal à 20 et inférieur à 35 salariés, lorsque le total de ces accidents est au moins égal à 7 sur cette période ;
- au sein des entreprises dont l'effectif est au moins égal à 35 salariés, lorsque le total de ces accidents est au moins égal à 9 sur cette période.

Ces majorations forfaitaires devaient initialement être mises en œuvre au 1.01.2022. Elles ont toutefois été reportées au 1.01.2023 (décret 2021-1615 du 9 décembre 2021, JO du 11).

Tarification mixte - Les entreprises qui emploient habituellement de 20 à moins de 150 salariés sont soumises à la tarification mixte (c. séc. soc. art. D. 242-6-2). En Alsace-Moselle, la tarification mixte concerne les établissements des entreprises de 50 à moins de 150 salariés et, pour le secteur du BTP, les entreprises de 50 à moins de 300 salariés (c. séc. soc. art. D. 242-30).

Le taux est déterminé en fonction d'une fraction de taux collectif et d'un taux net réel propre à l'entreprise (tarification individuelle).

L'importance des deux taux varie en fonction du nombre de salariés.

Tarification individuelle - Pour les entreprises employant habituellement 150 salariés au moins (300 salariés ou plus dans le BTP en Alsace-Moselle), le taux net est déterminé par la caisse régionale d'assurance maladie en fonction du risque propre à l'établissement : il s'agit du taux brut affecté de 4 majorations (c. séc. soc. art. D. 242-6-3 et D. 242-30).

Les 4 majorations, fixées chaque année par la commission des accidents du travail et maladies professionnelles, sont destinées à couvrir notamment les accidents de trajet et les frais de rééducation professionnelle et à financer les départs en retraite anticipée liés à la pénibilité du travail.

▶ **À noter...** Les entreprises du bâtiment et des travaux publics relèvent d'une tarification spécifique.

Le calcul du taux brut tient compte du « coût moyen » des accidents de gravité comparable, fixé par secteur d'activité et par l'assurance maladie (pour la tarification 2022 : arrêté du 24 décembre 2021, JO du 30, texte 66). En d'autres termes, les accidents du travail et les maladies professionnelles sont classés en plusieurs catégories et « valent » un certain montant selon la catégorie à laquelle ils appartiennent (ex. : un « tarif » unique pour les AT sans arrêt de travail ou avec arrêt de travail de moins de 4 jours).

Un ajustement des coûts moyens pour certains risques ou groupes de risques peut être appliqué par la caisse pour tenir compte des spécificités substantielles et manifestes de certains secteurs liées à la proportion des salariés à temps partiel et à leur durée de travail (c. séc. soc. art. D. 242-6-8 ; arrêté du 21 décembre 2011, JO du 24, texte 30 modifié en dernier lieu par arrêté du 17 décembre 2020, JO du 22, texte 47).

Tarification en Alsace-Moselle (1)

Mode de tarification	Effectif de l'entreprise
Collective	Inférieur à 50 salariés
Mixte (2)	De 50 à moins de 150 salariés (50 à moins de 300 salariés pour les entreprises du BTP)
Individuelle (2)	D'au moins 150 salariés (300 salariés pour les entreprises du BTP)

(1) Mode de tarification particulier (c. séc. soc. art. D. 242-30).
(2) L'entreprise qui relève d'une tarification individuelle ou mixte bénéficie d'un taux unique pour l'ensemble de ses établissements appartenant à une même catégorie de risques situés en Alsace-Moselle, quel que soit le lieu du siège social de l'entreprise (c. séc. soc. art. D. 242-29).

Limites à la variation annuelle du taux - Le taux net notifié ne peut varier d'une année sur l'autre que dans certaines limites (c. séc. soc. art. D. 242-6-15) :
- il ne peut pas augmenter de plus de 25 % lorsque le taux de l'année précédente est supérieur à 4, ni

de plus de 1 point lorsque le taux de l'année précédente est inférieur ou égal à 4 ;
- il ne peut pas non plus diminuer de plus de 20 % lorsque le taux de l'année précédente est supérieur à 4, ni de plus de 0,8 point lorsque le taux de l'année précédente est inférieur ou égal à 4.

Si l'entreprise opte pour l'application d'un taux unique *(voir ci-après)*, ces variations s'apprécient, la première année, par rapport à un taux net unique correspondant à la moyenne des taux nets notifiés de ses établissements appartenant à la même catégorie de risques de l'année précédente, pondérée par la masse salariale de la dernière année connue des mêmes établissements (c. séc. soc. art. D. 242-6-15).

Ces règles sont étendues en cas de regroupement de catégorie de risques (décret 2013-1293 du 27 décembre 2013, JO du 31).

Option pour un taux unique - Les entreprises multi-établissements qui relèvent d'une tarification individuelle ou mixte peuvent, sous conditions, opter pour une tarification unique pour l'ensemble de leurs établissements appartenant à la même catégorie de risques (c. séc. soc. art. D. 242-6-1 ; arrêté du 28 mars 2011, JO 5 avril ; circ. DSS/SD2C 2011-116 du 5 avril 2011).

Pour les établissements situés en Alsace-Moselle, le taux unique est dans ce cas une obligation. En conséquence, si l'entreprise relève d'une tarification individuelle ou mixte, les établissements appartenant à la même catégorie de risques situés en Alsace-Moselle se voient appliquer un taux unique, quel que soit le lieu du siège social, et indépendamment de l'option retenue pour les établissements situés en dehors de l'Alsace-Moselle (c. séc. soc. art. D. 242-29 ; circ. DSS/SD2C 2011-116 du 5 avril 2011).

Effectif - L'effectif annuel de l'entreprise est calculé conformément aux modalités de calcul de l'effectif « sécurité sociale » (voir *Effectif sécurité sociale**), en retenant, d'une part, les salariés qui relèvent du régime général et, d'autre part, les salariés qui relèvent du régime des salariés agricoles, pour la couverture de ce risque (c. séc. soc. art. L. 130-1, R. 130-1, VI, D. 242-6-2 et D. 242-30).

L'effectif annuel est déterminé sur la base de la moyenne des effectifs mensuels. Il est déterminé au niveau de l'entreprise, tous établissements confondus, sans isoler les salariés dont les activités relèvent du BTP et sans séparer l'Alsace-Moselle du reste du territoire national.

L'effectif de référence est celui de la dernière année connue (année N – 2 pour la tarification de l'année N) et pour la tarification AT, il convient de tenir compte des apprentis, des salariés en contrat initiative-emploi, en contrat d'accompagnement dans l'emploi ou en contrat de professionnalisation.

Exemple

Une entreprise (hors BTP) a 3 établissements (un de 18 salariés à Paris, un de 100 salariés en Loire-Atlantique et un de 48 salariés en Alsace). L'effectif global est de 166 salariés. La tarification 2022 (sur la base de l'effectif 2020) sera individuelle dans les 3 établissements.

Le calcul est effectué par la CARSAT dont dépend l'établissement, sur la base des déclarations de périodes d'emploi effectuées dans la *déclaration sociale nominative (DSN)**.

Mécanisme de limitation des effets de seuil - La loi PACTE a institué un mécanisme unifié de limitation des effets de seuil applicable aux effectifs calculés selon les règles « sécurité sociale » (c. séc. soc. art. L. 130-1, II). Il est entré en vigueur en même temps que la réforme des effectifs, soit le 1.01.2020. Le franchissement à la hausse d'un seuil ne produit effet que si le seuil est atteint ou dépassé durant 5 années civiles consécutives. De fait, seules les entreprises qui ont durablement franchi un seuil sont soumises à des obligations nouvelles ou perdent les avantages dont elles bénéficiaient.

En cas de franchissement à la baisse d'un seuil d'effectif au titre d'une année civile, les compteurs sont remis à zéro. L'entreprise bénéficie d'un nouveau délai de 5 ans si elle repasse par la suite au-dessus de ce seuil (voir *Effectif sécurité sociale**).

Assiette de la cotisation

La cotisation AT se calcule sur le salaire brut. Elle est à la charge exclusive de l'employeur et doit être versée à l'URSSAF.

Notification du taux

Notifcation par voie électronique - Depuis le 1.01.2022, toutes les entreprises qui relèvent du régime général, quel que soit leur effectif, reçoivent les décisions des CARSAT (de la CRAMIF en Île-de-France ou des CGSS dans les DOM) relatives à leur classement de risques et à leur taux de cotisation accidents du travail/maladies professionnelles obligatoirement par voie électronique (c.séc. soc. art. L. 242-5).

Rappelons que ce dispositif de notification par voie électronique est entré en vigueur le 1.01.2020

pour les entreprises dont l'effectif est égal ou supérieur à 150 salariés et le 1.01.2021 pour celles ayant un effectif de 10 à 149 salariés (loi 2019-1446 du 24 décembre 2019, art. 83, JO du 27 ; décret 2020-1232 du 8 octobre 2020, JO du 9, art. 1).

Il incombe à l'employeur d'adhérer au compte AT/MP via net-entreprises.fr (arrêté du 30 décembre 2019, JO du 31, texte 101).

▶ À noter… Le compte accidents du travail et maladies professionnelles (AT/MP) accessible sur le site net-entreprises.fr permet notamment de suivre les taux de cotisation AT/MP notifiés, le détail de leur calcul et de faire le point sur les sinistres récemment reconnus impactant les futurs taux. Il permet aussi de consulter les barèmes des coûts moyens par secteur d'activité. Depuis juillet 2020, les tiers déclarants (ex. : experts-comptables) peuvent avoir accès aux comptes AT/MP de leurs clients sur net-entreprises.fr.

Notons par ailleurs que lorsque la CPAM refuse de reconnaître un accident du travail, sa décision est définitive à l'égard de l'employeur. Les dépenses afférentes à cet accident ne peuvent donc être inscrites sur son compte AT/ MP et ce, malgré la reconnaissance par la suite en justice du caractère professionnel de l'accident (cass. civ., 2e ch., 8 octobre 2020, n° 19-13730 FPBI).

Modalités pratiques de la notification du taux AT/MP - La notification du taux de cotisation AT/MP s'effectue par voie électronique par l'intermédiaire du téléservice : « Compte AT/MP » accessible sur le portail www.net-entreprises.fr (arrêté du 8 octobre 2020, art. 1 et 2 ; arrêté du 17 octobre 1995, art. 5, I).

Sous réserve que l'employeur ait adhéré au téléservice « compte AT/MP », la CARSAT envoie à l'adresse électronique de l'employeur, que ce dernier devra maintenir à jour, un avis de dépôt l'informant qu'une décision est mise à sa disposition et qu'il a la possibilité d'en prendre connaissance.

Cet avis mentionne la date de mise à disposition de la décision ainsi que les coordonnées de l'organisme auteur de la décision. Il informe également l'employeur qu'à défaut de consultation de la décision dans un délai de 15 jours à compter de sa mise à disposition, cette dernière sera réputée notifiée à la date de sa mise à disposition (arrêté du 17 octobre 1995, art. 5, I ; c. séc. soc. art. L. 242-5).

▶ À noter… Les employeurs en DSN et leurs tiers déclarants bénéficient d'un service exclusif : l'information anticipée du taux AT/MP. Grâce à ce service, chaque entreprise ayant déposé une DSN « réelle » à l'échéance du 5 ou du 15 décembre pour tous les SIRETS déclarés par ce déclarant, reçoit son taux d'accidents du travail (AT) et de maladie professionnelle (MP) de manière anticipée et en version dématérialisée (www.net-entreprises.fr, base de connaissances, fiche 1544, information du 4.12.2019).

Sanction de l'absence d'adhésion au compte AT/MP - L'absence d'adhésion au « Compte AT/MP » entraîne l'application d'une pénalité (arrêté du 8 octobre 2020, art. 1, JO du 9 ; arrêté du 17 octobre 1995, art. 5, II). Cette dernière est égale à un pourcentage du plafond mensuel de sécurité sociale (PMSS) en vigueur, arrondi à l'euro supérieur, par salarié ou assimilé compris dans les effectifs des établissements de l'entreprise pour lesquels l'absence d'adhésion est constatée. Son montant varie selon l'effectif de l'entreprise. Il est de :

- 0,5 % du PMSS pour les entreprises dont l'effectif est inférieur à 20 salariés ou assimilés ;
- 1 % du PMSS pour les entreprises dont l'effectif est au moins égal à 20 et inférieur à 150 salariés ou assimilés ;
- 1,5 % du PMSS pour les entreprises dont l'effectif est au moins égal à 150 salariés ou assimilés.

Cette pénalité est due au titre de chaque année ou, à défaut, au titre de chaque fraction d'année durant laquelle l'absence d'adhésion au « Compte AT/MP » est constatée.

Elle ne peut pas excéder, par entreprise, un montant plafond qui a été fixé à 10 000 € par an depuis 2020. Ce montant doit, en principe, être revalorisé dans des conditions fixées par l'arrêté fixant le montant de la pénalité (c. séc. soc. art. L. 242-5). L'arrêté de 8 octobre 2020 n'a toutefois pas prévu cette revalorisation.

Notification du taux en l'absence d'adhésion au compte AT/MP - En l'absence d'adhésion au téléservice « Compte AT/MP », la notification du taux de cotisation AT/MP est effectuée (arrêté du 8 octobre 2020, art. 1 ; arrêté du 17 octobre 1995, art. 5, II) :

- par lettre simple, en ce qui concerne les décisions notifiées aux établissements des entreprises soumises à une tarification collective, sauf lorsqu'elles sont relatives à un premier classement dans une catégorie de risque ou à une modification de ce classement ;
- par lettre recommandée avec demande d'avis de réception, en ce qui concerne les autres décisions.

▶ À noter… Toute décision de la CARSAT relative à la tarification des risques AT/MP, autre que celle relative au taux de cotisation AT/MP proprement dit, est notifiée à l'employeur par lettre simple. Toutefois, dans les cas suivants, la décision donne lieu à l'envoi d'une notification par tout moyen permettant de lui conférer une date certaine (arrêté du 8 octobre 2020, art. 1 ; arrêté du 17 octobre 1995, art. 5, III nouveau) : imposition de cotisations supplémentaires ou complémentaires, décision de rejet relative à l'attribution de ristournes et décision de rejet de la caisse sur recours gracieux.

Établissements nouvellement créés

Définition - Ne peut être considéré comme un établissement nouvellement créé celui issu d'un précédent établissement dans lequel a été exercée une activité similaire, avec les mêmes moyens de production et ayant repris au moins la moitié du personnel (c. séc. soc. art. D. 242-6-17). Ces 3 critères sont cumulatifs : si l'un d'entre eux manque, l'établissement doit être considéré comme nouveau (cass. civ., 2e ch., 24 janvier 2013, n° 11-27389, BC II n° 13).

Par ailleurs, la condition relative au personnel repris s'apprécie au regard du personnel affecté à l'établissement à la date de la cession du fonds de commerce (cass. civ., 2e ch., 21 janvier 2016, n° 14-28981, BC II, n° 24).

Tarification collective - Les taux collectifs sont applicables aux établissements nouvellement créés durant l'année de leur création et les 2 années civiles suivantes, quel que soit leur effectif ou celui de l'entreprise dont ils relèvent. À l'expiration de ce délai, les taux collectifs, mixtes ou réels sont applicables à ces établissements en fonction soit du nombre de salariés qu'ils occupent habituellement, soit du nombre de salariés de l'entreprise dont ils relèvent (c. séc. soc. art. D. 242-6-17).

Toutefois, le taux unique est applicable pour les établissements nouvellement créés appartenant à la même catégorie de risque que ceux des entreprises bénéficiant d'un taux unique.

▶ Attention... Si l'établissement fait partie d'une entreprise comportant plusieurs établissements, ces fractions d'effectif ou cet effectif s'ajouteront à l'effectif de l'entreprise puisque c'est l'effectif global qui détermine le mode de tarification applicable à chaque établissement.

Prescription

La demande de remboursement des cotisations de sécurité sociale indûment versées se prescrit par 3 ans à compter de la date à laquelle les cotisations ont été acquittées (c. séc. soc. art. L. 243-6) [voir *Prescription (cotisations)**].

Lorsque l'obligation de remboursement des cotisations naît d'une décision rectificative d'une CARSAT en matière de taux de cotisations d'accidents du travail et maladies professionnelles, la demande de remboursement des cotisations peut porter sur l'ensemble de la période au titre de laquelle les taux sont rectifiés (c. séc. soc. art. L. 243-6). Cette disposition s'applique aux recours formés devant la CPAM ou la CARSAT depuis le 1.01.2015 (lettre-circ. ACOSS 2015-25 du 15 juin 2015).

▶ À noter... L'employeur n'a donc pas à former plusieurs recours pour obtenir le remboursement des cotisations indûment versées auprès de l'URSSAF lorsque la révision de son taux de cotisation par la CARSAT est la conséquence d'une décision favorable d'une CPAM ou d'une décision juridictionnelle relative au caractère professionnel d'un sinistre ou au taux d'incapacité permanente qui en découle. Si la rectification du taux AT fait suite à un recours contre une décision de la CPAM, le remboursement des cotisations sera intégral y compris si l'employeur n'a pas effectué de recours conservatoire contre la décision initiale de la CARSAT.

Ristournes et avances

Ristournes - La CARSAT (CRAMIF en Île-de-France) peut accorder une ristourne sur la cotisation d'AT aux entreprises à tarification collective ou mixte ayant accompli un effort de prévention soutenu et pris dans ce sens des mesures susceptibles de diminuer la fréquence ou la gravité des accidents du travail et des maladies professionnelles (c. séc. soc. art. L. 242-7 ; arrêté du 9 décembre 2010, art. 1, I-2, JO du 15).

La caisse accorde la ristourne à son initiative ou à la demande de l'employeur après avis du *comité social et économique** (CSE) et après avis favorable du comité technique régional compétent ou de la commission paritaire permanente et information du DREETS (directeur régional de l'économie, de l'emploi, du travail et des solidarités).

Pour en profiter, l'entreprise doit être à jour de ses cotisations et les avoir acquittées régulièrement au cours des 12 derniers mois précédant la date de prise d'effet de la décision d'attribution de la ristourne.

▶ À noter... À titre dérogatoire, le fait que l'établissement ait bénéficié, au titre d'un ou plusieurs mois, d'un report des cotisations et contributions sociales dans le cadre des mesures d'urgence prises pour faire face à l'épidémie de Covid-19 ne fait pas obstacle à l'octroi d'une ristourne (arrêté du 7 avril 2020, JO du 15, texte 5).

La ristourne ne peut excéder 25 % pour les établissements soumis à une tarification collective. La réduction est appliquée à la fraction du taux collectif entrant dans le calcul du taux de la cotisation pour les entreprises soumises à la tarification mixte. Celle-ci est accordée pour 1 an, sans nouvel examen du comité technique régional ou de la commission paritaire permanente (arrêté du 9 décembre 2010, art. 1, I-5, JO du 15).

Le montant de la ristourne sur la majoration « accident de trajet » correspond à une réduction du taux net de la cotisation « accidents du travail », dans la limite d'un minimum égal à 25 % et d'un maximum égal à 87,70 % de la majoration elle-même (arrêté du 19 septembre 1977, JO 13 octobre modifié par arrêté du 30 juillet 1991, JO 10 août).

Avances - Les caisses peuvent attribuer des avances aux entreprises qui engagent des actions de prévention, si les conditions suivantes sont réunies :
- elles souscrivent aux conditions prévues par une convention fixant un programme d'actions de prévention spécifique à leur branche d'activité (convention nationale d'objectifs) ;
- elles sont à jour de leurs cotisations sociales et les ont régulièrement versées au cours des 12 derniers mois ;
- elles n'emploient pas plus de 199 salariés ;
- elles se conforment à leurs obligations sociales.

▶ À noter… À titre dérogatoire, le fait que l'établissement ait bénéficié, au titre d'un ou plusieurs mois, d'un report des cotisations et contributions sociales dans le cadre des mesures d'urgence prises pour faire face à l'épidémie de Covid-19 ne fait pas obstacle à l'octroi d'une avance (arrêté du 7 avril 2020, JO du 15, texte 5).

Le contrat de prévention des accidents du travail précise :
- le programme d'actions à mettre en œuvre, son financement et son contrôle ;
- ainsi que les conditions dans lesquelles l'avance pourra demeurer, en totalité ou en partie, acquise à l'entreprise contractante.

Il est conclu après avis du CSE et après information du DREETS (arrêté du 9 décembre 2010, art. 1, III-21, JO du 15).

Subvention - Une subvention directe est accordée par la caisse aux entreprises éligibles aux programmes de prévention définis par la CNAM ou par la CARSAT, après avis des comités techniques nationaux ou régionaux. Ces programmes de prévention doivent préciser :
- les risques professionnels concernés ;
- les mesures de prévention pouvant donner lieu à financement ;
- les entreprises ciblées, notamment en termes d'activité et d'effectifs compris entre 1 et 49 salariés ;
- les montants financiers susceptibles d'être alloués dans la limite de 25 000 € ;
- et le budget total accordé à ce programme ainsi que les objectifs poursuivis retracés dans les indicateurs.

Ces programmes précisent également la durée pendant laquelle ils pourront donner lieu à subvention, dans la limite maximale de 4 ans (arrêté du 9 décembre 2010, art. 1, IV-22, JO du 15).

Une subvention ne peut être accordée à une entreprise que si le CSE a été informé des mesures de prévention préalablement à leur mise en œuvre (c. séc. soc. art. L. 422-5).

Réduction de cotisation

L'employeur peut voir sa cotisation réduite lorsqu'un tiers est reconnu responsable d'un accident du travail (c. séc. soc. art. D. 242-6-5 et art. D. 242-6-7, dernier al.). De même, le montant des prestations et indemnités afférentes aux accidents du travail résultant d'une agression perpétrée au moyen d'armes à feu ou d'explosifs n'est pas pris en compte pour le calcul de la cotisation d'accidents du travail lorsque celle-ci est attribuable à un tiers qui n'a pu être identifié (c. séc. soc. art. D. 242-6-7).

Cotisations supplémentaires

La caisse peut imposer des cotisations supplémentaires à l'entreprise au titre de risques exceptionnels (c. séc. soc. art. L. 242-7) lorsque :
- l'inspection du travail a relevé dans l'entreprise plusieurs infractions aux règles d'hygiène et de sécurité ;
- l'entreprise n'a pas observé les prescriptions des articles L. 422-1 et L. 422-4 du code de la sécurité sociale.

La cotisation supplémentaire est au moins égale à 25 % de la cotisation normale. Son montant minimal ne peut pas être inférieur au montant résultant de l'application d'une majoration de 25 % de la cotisation normale calculée pour 3 mois, sans pouvoir être inférieur à 1 000 € (arrêté du 9 décembre 2010, art. 1, II-8, JO du 15 ; circ. DSS/SD2C 2011-17 du 18 janvier 2011).

Le montant de la cotisation supplémentaire est automatiquement porté à 50 %, voire 200 % de la cotisation normale, si l'employeur ne prend pas l'une des mesures dont la non-réalisation a motivé la cotisation supplémentaire dans les délais fixés par le comité technique régional. Sous réserve du montant minimal, la cotisation supplémentaire peut être réduite, supprimée ou suspendue par la caisse après avis conforme du comité technique régional (arrêté du 9 décembre 2010, art. 1, II-15, JO du 15).

L'imposition d'une cotisation supplémentaire en cas de risques exceptionnels est décidée par la CARSAT, la CRAMIF ou la CGSS après avis favorable du comité technique régional compétent. Cette démarche est précédée de l'envoi préalable d'une injonction invitant l'établissement visé à prendre toutes les mesures de prévention justifiées.

La cotisation est due à partir de la date à laquelle les risques exceptionnels ont été constatés (c. séc. soc. art. L. 242-7 ; arrêté du 9 décembre 2010, art. 1, II-8, JO du 15). Elle cesse d'être due à partir de la date d'exécution des mesures de prévention.

Dans certains cas, l'injonction de la caisse n'est pas nécessaire (récidive, méconnaissance des mesures de prévention prévues par des dispositions générales, etc.), notamment en cas de répétition dans un établissement et dans un délai de 6 mois de certaines situations particulièrement graves de risque exceptionnel et qui ont donné lieu à une première injonction à cet établissement (c. séc. soc. art. L. 422-4).

Les « situations particulièrement graves de risque exceptionnel » correspondent au risque de chute de hauteur, d'ensevelissement, d'incendie et d'explosion lié à l'amiante et aux agents cancérogènes, mutagènes et toxiques pour la reproduction (CMR), aux travaux en espace confiné, à la conduite de véhicules et d'engins sans formations et autorisations adaptées, aux manutentions lourdes ou répétitives, à l'accès aux pièces nues sous tension électrique et aux organes en mouvement d'un équipement de travail (arrêté du 9 décembre 2010, art. 1, II-10).

▶ À noter… L'employeur est en droit de contester la décision de la caisse auprès de la Cour d'appel d'Amiens (voir *Contentieux de la sécurité sociale**).

Faute inexcusable

En cas d'accident du travail ou de maladie professionnelle liée à une faute inexcusable de l'employeur, un dispositif de remboursement en capital a été mis en place.

Pour les majorations de rente et d'indemnité en capital ayant pris effet depuis le 1.04.2013, l'employeur verse à la CPAM un « capital représentatif » des réparations qu'il doit (c. séc. soc. art. L. 452-2). Pour évaluer ce capital représentatif, il convient de se référer au barème utilisé pour l'évaluation des dépenses à rembourser aux CPAM en cas d'accident du travail imputable à un tiers (c. séc. soc. art. D. 452-1). Le capital à verser ne se confond pas avec la cotisation supplémentaire d'accidents du travail, qui peut être imposée pour tenir compte des risques exceptionnels présentés par l'exploitation en cas d'infraction aux règles d'hygiène et de sécurité.

☛ *Accident de trajet ; Accident du travail ; Contentieux de la sécurité sociale ; Cotisations URSSAF ; Faute inexcusable (accident du travail ou maladie professionnelle) ; Faute intentionnelle (accident du travail ou maladie professionnelle).*

Cotisations APEC

☛ *APEC.*

Cotisations d'assurance maladie-maternité-invalidité

Les cotisations d'assurance maladie-maternité-invalidité financent les prestations versées par le régime général de la sécurité sociale en cas d'incapacité de travail (remboursements de soins, indemnités journalières, etc.).

Taux applicables

Taux de droit commun - La cotisation patronale d'assurance maladie est calculée sur la rémunération brute totale au taux de 13 % (c. séc. soc. art. L. 242-1 et D. 242-3).

Pour les périodes courant depuis le 1.01.2018, la cotisation salariale d'assurance maladie a été supprimée.

Toutefois, reste due la cotisation salariale d'assurance maladie pour les salariés relevant d'un régime obligatoire français d'assurance maladie mais qui, fiscalement domicilié hors de France, ne sont pas assujettis à la CSG et à la CRDS (c. séc. soc.

art. L. 131-9). De même, la cotisation salariale spécifique au régime local d'Alsace-Moselle reste due *(voir ci-après)*.

▶ À noter… Une cotisation d'assurance maladie à la charge des assurés sociaux, dénommée « précompte maladie », est prélevée sur certains revenus de remplacement. Le taux du précompte est fixé à : 1,70 % pour les avantages alloués aux assurés en situation de préretraite ou de cessation anticipée d'activité en application de dispositions réglementaires ou conventionnelles, 1 % pour les avantages de retraite autres que ceux servis par les organismes de base du régime général et pour les préretraites d'entreprise (c. séc. soc. art. D. 242-8 et D. 242-12).

En principe, il n'y a pas de précompte maladie ni sur les allocations de chômage ni sur les pensions d'assurance vieillesse servies par les organismes du régime général de la sécurité sociale *(voir ci-après)*.

Taux réduits - Pour les artistes du spectacle, la cotisation est fixée à 9,10 %, compte tenu d'un abattement de taux de 30 % (arrêté du 24 mars 1975, art. 1 modifié par arrêté du 12 décembre 2006, JO du 30).

Réduction de la cotisation patronale d'assurance maladie

Conditions - Pour les périodes courant depuis le 1.01.2019, les employeurs bénéficient d'une réduction de 6 points sur le taux de la cotisation patronale des salariés dont la rémunération n'excède pas 2,5 SMIC sur l'année (c. séc. soc. art. L. 241-2-1).

Les employeurs éligibles à la réduction de taux sont les mêmes que ceux qui peuvent prétendre à la *réduction générale de cotisations patronales**.

Modalités - Le seuil de 2,5 SMIC se calcule de la même façon que pour le plafond de 3,5 SMIC qui gouverne l'application du dispositif de réduction de taux de la *cotisation d'allocations familiales**. En pratique :
- si la rémunération du salarié ne dépasse pas 2,5 SMIC, la cotisation patronale d'assurance maladie est calculée en fonction d'un taux réduit de 6 points (soit un taux de 7 % au lieu de 13 %) ;
- si la rémunération du salarié dépasse 2,5 SMIC, ou si l'employeur n'est pas éligible au dispositif, la cotisation est calculée au taux normal de 13 %.

Pour les employeurs bénéficiant d'un taux réduit de cotisation patronale d'assurance maladie, l'avantage est proratisé. Ainsi, pour les artistes du spectacle, le taux réduit est donc de 4,90 % (au lieu du taux normal de 9,10 %).

▶ À noter… Sur la base de la durée légale du travail (35 h/semaine), le plafond de 2,5 SMIC représente en 2022 une rémunération annuelle de 48 093,50 € (10,57 € x 2,5 x 1820) pour un salarié à temps plein présent toute l'année sans incident de présence.

Paiement des cotisations

La cotisation d'assurance maladie est une cotisation de sécurité sociale payable à l'URSSAF selon la périodicité de paiement applicable à l'employeur.

Sur les aides en soutien aux entreprises pour faire face à la crise sanitaire et ses conséquences économiques, voir *Covid-19 (exonérations et aides au paiement des cotisations)**.

Cas particuliers

Haut-Rhin, Bas-Rhin et Moselle - Les salariés de ces départements sont redevables, au 1.01.2022, d'une cotisation salariale supplémentaire de 1,50 % assise sur la rémunération brute totale (c. séc. soc. art. L. 242-13).

Cette cotisation sera abaissée à 1,30 % au 1.04.2022 (décision du 16 décembre 2021 du conseil d'administration de l'instance de gestion du régime local d'assurance maladie d'Alsace-Moselle).

Cotisation d'assurance maladie majorée - Des taux particuliers de cotisation d'assurance maladie sont applicables aux revenus d'activité et de remplacement perçus par les personnes qui ne remplissent pas les conditions de résidence fiscale en France et qui relèvent à titre obligatoire d'un régime français d'assurance maladie (c. séc. soc. art. L. 131-9).

Pour les revenus d'activité, le taux majoré est fixé, depuis le 1.03.2018, à 5,50 % à la charge du salarié (c. séc. soc. art. D. 242-3, al. 2).

Pour les revenus de remplacement, le taux de la cotisation d'assurance maladie, également majoré, est fixé depuis le 1.03.2018 à :
- 4,20 % pour les avantages de retraite autres que ceux servis par les organismes de base du régime général (c. séc. soc. art. D. 242-8, 2° ; instr. min. 489-83 du 30 juin 1983 ; instr. ACOSS 83-1 du 16 août 1983) ;
- 4,90 % pour les avantages alloués aux assurés en situation de préretraite ou de cessation anticipée d'activité (c. séc. soc. art. D. 242-12, 1° ; lettre-circ. ACOSS 2012-17 du 20 février 2012) ;
- 2,80 % pour les allocations de chômage (c. séc. soc. art. D. 242-12, 2°) ;

- 3,20 % pour les avantages de retraite servis par les organismes du régime général de sécurité sociale des salariés (c. séc. soc. art. D. 242-8, 1°).

Ces cotisations sont en effet dues pour les personnes qui, du fait de leur domicile fiscal, ne sont pas assujetties à la CSG et à la CRDS tout en restant à la charge du régime général de la sécurité sociale.

▶ À noter… Le bénéficiaire d'un avantage de préretraite est assujetti à une cotisation d'assurance maladie, maternité, invalidité et décès au taux de (c. séc. soc. art. L. 131-2, 3° et D. 242-12) : 1,70 % si le dispositif est mis en place dans le cadre de dispositions réglementaires ou conventionnelles ou, par dérogation, 1 % si le dispositif résulte d'une décision unilatérale de l'employeur comme pour les avantages de retraite autres que ceux servis par les organismes de base du régime général *(voir ci-avant)*.

Pour les personnes relevant à titre obligatoire d'un régime français d'assurance maladie mais fiscalement domiciliées à l'étranger (et de ce fait non assujetties à CSG/CRDS), le taux du précompte maladie applicable aux avantages de préretraite est de 4,90 % (soit 1,70 % + 3,20 %) (c. séc. soc. art. D. 242-12, 1°). En revanche, le code de la sécurité sociale ne prévoit pas expressément de taux spécifique à 4,20 % pour les préretraites mises en place par décision unilatérale (taux de 1 % + 3,20 %, comme c'est le cas pour les avantages de retraite) (c. séc. soc. art. D. 242-8, 2°).

L'URSSAF précise toutefois, dans une réponse envoyée le 10.01.2022 à la Revue fiduciaire, qu'il apparaît cohérent de maintenir l'application d'un taux de cotisation maladie de 4,20 % pour les avantages de préretraite mis en place par décision unilatérale, ce qui correspond à une majoration du taux de 3,20 % retenue tant pour la retraite (retraite de base et complémentaire) que pour la préretraite (voir également www.urssaf.fr).

☛ *Assurance maladie ; Assurance maternité ; Cotisations URSSAF ; Exonération des charges sociales.*

Cotisations de retraite complémentaire

☛ *Contributions de retraite et de prévoyance.*

Cotisations de sécurité sociale

☛ *Cotisations d'accidents du travail ; Cotisation d'allocations familiales ; Cotisation d'assurance décès ; Cotisation d'assurance vieillesse ; Cotisations d'assurance maladie-maternité-invalidité ; Cotisations URSSAF.*

Cotisations URSSAF

Cotisations visées

L'emploi de salariés impose le paiement de cotisations de sécurité sociale auprès de l'URSSAF destinées à financer les *prestations familiales, les prestations d'*assurances sociales**, d'*accident du travail** et de *maladies professionnelles**.**

▶ À noter… Sur les aides en soutien aux entreprises pour faire face à la crise sanitaire et ses conséquences économiques, voir *Covid-19 (exonérations et aides au paiement des cotisations)**.

Les cotisations dues au titre de la maladie-maternité-invalidité-décès, des allocations familiales et des accidents du travail sont exclusivement à la charge de l'employeur. Celles dues au titre de la vieillesse comportent une part patronale et une part salariale.

▶ À noter… La *contribution solidarité autonomie**, la *contribution sociale généralisée (CSG)**, la *contribution pour le remboursement de la dette sociale (CRDS)**, le *forfait social (contribution patronale)**, le *fonds national d'aide au logement (FNAL)**, le *versement mobilité**, les *cotisations d'assurance chômage** et d'AGS et la contribution patronale au dialogue social (voir *Syndicats**) sont également versés à l'URSSAF, mais ne constituent pas des cotisations de sécurité sociale.

Progressivement, les URSSAF voient leurs missions de recouvrement des cotisations et contributions dues au titre de l'emploi de salariés et assimilés s'élargir. Elles recouvrent notamment les cotisations chômage depuis 2011, la contribution AGEFIPH (en 2021 au titre de l'obligation d'emploi 2020) mais également, depuis le 1.01.2022, les contributions formation et la taxe d'apprentissage. De même, les cotisations AGIRC-ARRCO seront recouvrées par l'URSSAF à partir de 2023 (voir *Contributions de retraite et de prévoyance**).

Assiette des cotisations

Sommes versées à l'occasion ou en contrepartie du travail - En principe, toutes les sommes versées à l'occasion ou en contrepartie du travail entrent dans l'assiette des cotisations (c. séc. soc. art. L. 136-1-1 et L. 242-1) : *salaire** proprement dit, indemnités, *prime**, *gratifications**, *avantage en nature**, *pourboires**.

▶ À noter… L'assiette des cotisations de sécurité sociale est définie, depuis le 1.09.2018, en référence à celle de la CSG sur les revenus d'activité (c. séc. soc. art. L. 242-1, I).

Certaines sommes sont toutefois exonérées et notamment :
- les contributions des employeurs destinées au financement des prestations complémentaires de retraite et de prévoyance dans certaines limites (voir *Contributions de retraite et de prévoyance*)* ;
- les sommes qui font l'objet d'une disposition légale les excluant expressément : par exemple, celles allouées au titre de l'intéressement, réparties au titre de la *réserve spéciale de participation** ou versées à un *plan d'épargne d'entreprise (PEE)**. Sous quelques réserves (ex. : suppression du forfait social sur certains dispositifs d'épargne salariale dans les TPE/PME), elles sont néanmoins passibles du forfait social [voir *Forfait social (contribution patronale)**] ;
- sous certaines conditions, les indemnités versées à l'occasion de la rupture du contrat de travail [voir *Indemnités de rupture (régimes social et fiscal)**] ;
- les sommes qui représentent des frais engagés par le salarié pour exercer son activité (voir *Frais professionnels**).

En outre, selon la jurisprudence, certaines sommes ayant le caractère de secours ne sont pas soumises à cotisations (voir *Bon d'achat**).

Sommes et avantages attribués aux salariés d'autres entreprises - Toute somme ou tout avantage alloué à un salarié par une personne qui

Taux des cotisations URSSAF (au 1.01.2022)

Prélèvements		des employeurs – Salaire plafonné	des employeurs – Totalité du salaire	des salariés – Salaire plafonné	des salariés – Totalité du salaire
CRDS		-	-	-	0,50 % (1)
CSG		-	-	-	9,20 % (1)
Assurance maladie		-	13,00 % ou 7 % (2)	-	(3)
Assurance vieillesse		8,55 %	1,90 %	6,90 %	0,40 %
Allocations familiales		-	5,25 % ou 3,45 % (4)	-	-
Contribution solidarité pour l'autonomie		-	0,30 %	-	-
FNAL	**Moins de 50 salariés**	0,10 %	-	-	-
	50 salariés et plus (5)	-	0,50 %	-	-
Accidents du travail		-	(6)	-	-
Versement mobilité (5)		-	(7)	-	-
Contribution au dialogue social		-	0,016 %	-	-

(1) Un abattement de 1,75 % s'applique sur certains éléments de rémunération préalablement au calcul de la CSG et de la CRDS, sauf si ces contributions sont calculées sur une assiette forfaitaire. Le montant annuel de l'abattement pour frais professionnels est limité à 1,75 % de 4 fois le plafond annuel de la sécurité sociale du salarié [voir Contribution pour le remboursement de la dette sociale (CRDS)* et Contribution sociale généralisée (CSG)*]. La CSG est déductible des revenus soumis au barème progressif de l'impôt sur le revenu pour la fraction correspondant au taux de 6,80 % (CSG non déductible lorsqu'elle est afférente à des sommes exonérées d'impôt sur le revenu et de cotisations de sécurité sociale).
(2) Taux de 7 % pour les salariés dont les rémunérations n'excèdent pas 2,5 SMIC sur un l'année. Dans les autres cas, le taux reste fixé à 13 % sur l'ensemble de la rémunération (voir Cotisations d'assurance maladie-maternité-invalidité*).
(3) Cotisation de 1,50 % en Alsace-Moselle au 1.01.2022. Celle-ci sera abaissée à 1,30 % à partir du 1.04.2022 (décision du 16 décembre 2021 du conseil d'administration du régime local d'assurance maladie d'Alsace-Moselle). La cotisation d'assurance maladie est de 5,50 % pour les salariés, qui faute d'être fiscalement domiciliés en France, ne sont pas assujettis à CSG et CRDS.
(4) Taux de 3,45 % pour les salariés dont les rémunérations n'excèdent pas 3,5 SMIC sur l'année. Si ce seuil est dépassé, le taux applicable reste de 5,25 % sur l'ensemble de la rémunération. Le champ de la mesure est calé sur celui de la réduction générale de cotisations patronales*.
(5) Sous réserve du mécanisme d'atténuation des effets de seuil.
(6) Le taux de cotisation varie selon l'activité et l'importance de l'entreprise.
(7) Cotisation à la charge des employeurs occupant 11 salariés et plus. Taux variable (voir Versement mobilité*).

n'est pas son employeur, en contrepartie d'une activité accomplie dans l'intérêt de cette personne, est considéré comme un élément de rémunération entrant dans l'assiette des cotisations de sécurité sociale (c. séc. soc. art. L. 242-1-4) (voir *Sommes et avantages attribués aux salariés d'autres employeurs**). Des modalités spécifiques sont prévues pour les activités commerciales ou en lien direct avec la clientèle : franchise de cotisations en deçà d'une valeur annuelle égale à 15 % du SMIC mensuel, cotisation libératoire de 20 % pour la tranche allant de 15 % à 150 % du SMIC mensuel, cotisations de sécurité sociale, contribution de solidarité pour l'autonomie, CSG et CRDS dues au-delà (c. séc. soc. art. L. 242-1-4). Les salariés sont rattachés au régime de la sécurité sociale au titre de ces sommes ou avantages (c. séc. soc. art. L. 311-3, 31°). Les cotisations correspondantes sont déclarées et payées par la personne attribuant la somme ou l'avantage.

Calcul et montant

Calcul - Les cotisations sont calculées au fur et à mesure de chaque paie sur le montant des rémunérations brutes en appliquant des taux de cotisations qui diffèrent selon la nature des risques et dans la limite d'un plancher : la rémunération minimale est égale au montant cumulé du *SMIC**, calculé en fonction de l'horaire effectif de travail, et des indemnités, primes ou majorations s'ajoutant au salaire minimal en vertu d'une disposition législative ou réglementaire (c. séc. soc. art. R. 242-1).

Les cotisations d'assurance maladie, d'allocations familiales, d'accidents du travail et d'assurance vieillesse (pour une fraction de cette cotisation) sont calculées sur la totalité du salaire.

Certaines cotisations sont en revanche calculées dans la limite d'un plafond (voir *Plafond de sécurité sociale**). Ce plafond ne concerne que peu de cotisations URSSAF (en 2022 : cotisation salariale d'assurance vieillesse de 6,90 %, cotisation patronale d'assurance vieillesse de 8,55 % et FNAL de 0,10 %).

Les assiettes et les cotisations doivent être arrondies à l'euro le plus proche.

Taux - Les taux concernant la majorité des salariés sont ceux figurant dans le tableau reproduit dans cette étude.

Modalités de paiement

Exigibilité des cotisations - L'employeur est en principe responsable du paiement de l'ensemble des cotisations (parts patronales et salariales précomptées). Il doit les verser en fonction d'une périodicité qui diffère selon l'effectif de l'entreprise (voir *Effectif sécurité sociale*)*.

Les dates d'exigibilité des cotisations sont alignées sur la date de transmission de la *déclaration sociale nominative (DSN)** (c. séc. soc. art. R. 243-6).

▶ Attention… Tout retard apporté dans le paiement des cotisations entraîne l'application de majorations de retard (c. séc. soc. art. R. 243-16) [voir *Majorations et pénalités de retard (URSSAF)**] et éventuellement de sanctions pénales (c. séc. soc. art. L. 244-1 à L. 244-14). En outre, l'employeur peut avoir à rembourser aux caisses de sécurité sociale certaines prestations versées aux salariés de l'entreprise (c. séc. soc. art. L. 244-8).

Depuis le 1.01.2020, un *droit à l'erreur** a par ailleurs été mis en place en matière de paiement

Tableau récapitulatif des dates d'exigibilité (1)

Effectif de l'entreprise	Paiement des salaires du mois M	Exigibilité de la DSN	Exigibilité des cotisations et contributions URSSAF en 2022
Moins de 50 salariés	Quelle que soit la date	Le 15 du mois M + 1 (3)	Le 15 du mois M +1
Moins de 11 salariés ayant opté pour un paiement trimestriel (2)			Le 15 du 1er mois du trimestre qui suit la fin de chaque trimestre civil
50 salariés et plus	Mois M	Le 5 du mois M + 1	Le 5 du mois M + 1
	Mois M + 1	Le 15 du mois M + 1	Le 15 du mois M + 1

(1) En cas de cession ou de cessation d'activité de l'entreprise (ou de l'un de ses établissements), le versement des cotisations est exigible le 15 du mois qui suit la date de l'événement (c. séc. soc. art. R. 243-7).

(2) L'employeur de moins de 11 salariés peut opter pour le versement trimestriel des cotisations. Il doit en informer par écrit l'organisme de recouvrement dont dépend son établissement avant le 31 décembre ou au moment de l'emploi de son premier salarié (c. séc. soc. art. R. 243-6-1). Ainsi, pour être en paiement trimestriel en 2022, l'employeur a dû se manifester avant le 31.12.2021. Pour l'être en 2023, il faudra opter avant le 31.12.2022. À défaut de renonciation par l'employeur au plus tard le 31 décembre, l'option est reconduite pour l'année suivante.

(3) Les employeurs en paiement trimestriel des cotisations restent tenus d'adresser la DSN mensuellement, pour le 15 de chaque mois suivant la période d'emploi rémunérée.

des cotisations pour les cotisants qui respectent leurs obligations déclaratives.

Enfin, des pénalités spécifiques s'appliquent en cas de *travail dissimulé** (c. séc. soc. art. L. 243-7-7).

Paiement dématérialisé - Depuis le 1.01.2020, toutes les entreprises ont l'obligation de payer leurs cotisations et contributions sociales par voie dématérialisée (virement bancaire, prélèvement ou télépaiement par carte bancaire) (c. séc. soc. art. L. 133-5-5).

Versement en un lieu unique « entreprises » - Les entreprises divisées en établissements distincts, relevant en principe de la circonscription de plusieurs URSSAF, doivent verser l'ensemble des cotisations recouvrées par les URSSAF auprès d'une seule d'entre elles (en pratique, une URSSAF désignée par l'URSSAF Caisse nationale, dite « URSSAF interlocuteur unique ») si elles emploient au moins 250 salariés (c. séc. soc. art. R. 243-6-3). Couramment, ce dispositif est dénommé versement en un lieu unique (VLU).

▶ À noter… Le seuil d'effectif imposant le VLU a été progressivement abaissé pour être fixé à « au moins 250 salariés » au 1.01.2020 (décret 2017-858 du 9 mai 2017, art. 12-II, 1°, JO du 10).

Il convient de retenir l'*effectif sécurité sociale**.

Les entreprises de moins de 250 salariés divisées en plusieurs établissements peuvent, si elles le souhaitent, centraliser leur paiement auprès d'une seule URSSAF (VLU facultatif).

Versement en un lieu unique « groupes » - Un versement en un lieu unique obligatoire a été créé pour les groupes dont l'effectif cumulé des entreprises, relevant de plusieurs URSSAF, est d'au moins 500 salariés (c. séc. soc. art. R. 243-6-3, I, 2°).

Il convient de retenir l'*effectif sécurité sociale**.

▶ À noter… Le seuil d'effectif imposant le VLU a été progressivement abaissé pour être fixé à « au moins 500 salariés » au 1.01.2020 (décret 2017-858 du 9 mai 2017, art. 12-II, 2°, JO du 10).

Toutefois, les entreprises qui appartiennent à un groupe sont assujetties au VLU obligatoire « entreprises » si elles dépassent les seuils applicables à celui-ci (*voir ci-avant*).

Obligation de paiement par virement - Dès lors que le montant annuel des cotisations, contributions et taxes au titre d'une année civile dépasse 7 millions d'euros, les entreprises doivent, l'année suivante, régler exclusivement leurs cotisations par virement bancaire, y compris s'il s'agit d'employeurs en procédure « VLU » (versement en un lieu unique) (c. séc. soc. art. D. 133-10, II).

Régularisation - La régularisation des cotisations plafonnées est obligatoirement progressive, au mois le mois (c. séc. soc. art. R. 242-2, II). Les employeurs doivent corriger les erreurs constatées dans leurs déclarations de cotisations lors de l'échéance déclarative la plus proche (c. séc. soc. art. R. 243-10).

Incidents de paiement

Procédure de recouvrement forcé des cotisations - En l'absence de paiement des cotisations, les URSSAF peuvent engager des poursuites civiles et pénales en vue du recouvrement de la dette. Toute poursuite doit être précédée de l'envoi d'une mise en demeure invitant l'employeur à régulariser sa situation dans le mois qui suit la réception de celle-ci.

À l'expiration de ce délai, des poursuites peuvent être engagées si l'employeur n'a pas acquitté sa dette, contesté son bien-fondé ou sollicité un sursis à poursuites (demande de délais de paiement) (c. séc. soc. art. L. 244-1 à L. 244-7).

Toutefois, l'organisme est autorisé à différer ou à abandonner la mise en paiement de ses créances ou de ses dettes, en deçà de 1,27 % du plafond mensuel de sécurité sociale, arrondi à l'euro supérieur (c. séc. soc. art. L. 133-3 et D. 133-1).

▶ À noter… La loi pour un État au service d'une société de confiance du 10.08.2018 a créé un cadre commun à l'exercice de la médiation dans l'ensemble des organismes de sécurité sociale relevant du régime général (CPAM, CARSAT, CAF, URSSAF) (loi 2018-727 du 10 août 2018, art. 34, JO du 11). L'objectif de la *médiation** est de faciliter la résolution des conflits entre ces organismes et leurs usagers (particuliers, employeurs, travailleurs indépendants), en amont de toute procédure précontentieuse ou contentieuse.

Sursis à poursuites - L'employeur qui rencontre des difficultés de trésorerie peut demander à bénéficier d'un délai de paiement et d'un sursis à poursuites pour le règlement des cotisations et contributions sociales, des pénalités et des majorations de retard. Le directeur de l'URSSAF, seul compétent pour prendre la décision, apprécie au cas par cas les demandes, sans aucune obligation de répondre favorablement (c. séc. soc. art. R. 243-21).

Remboursement des cotisations

L'URSSAF rembourse dans les 4 mois qui suivent la demande de l'employeur les cotisations indûment versées. La demande de remboursement doit être formulée par l'employeur dans un délai de 3 ans à compter du paiement des cotisations. Lorsque l'obligation de remboursement résulte d'une décision juridictionnelle qui révèle la non-conformité de la règle de droit dont il a été fait application à une règle de droit supérieure, la demande de remboursement ne peut porter que sur la période postérieure au 1er janvier de la 3e année précédant celle où la décision est intervenue (c. séc. soc. art. L. 243-6).

▶ À noter… Une mise en demeure URSSAF devenue définitive empêche toutefois une demande ultérieure de remboursement des cotisations redressées. La Cour de cassation a en effet jugé que le cotisant qui ne conteste pas une mise en demeure URSSAF ne peut, par la suite, demander le remboursement des cotisations redressées qu'il considère pourtant comme ayant été versées à tort (cass. civ., 2e ch., 18 février 2021, n° 19-24513 FP).

Pour une demande en remboursement des *cotisations d'accidents du travail**, voir cette étude.

Pour un solde créditeur à l'issue d'un *contrôle URSSAF**, voir cette étude.

☛ *Contentieux de la sécurité sociale ; Contrôle URSSAF ; Covid-19 (exonérations et aides au paiement des cotisations) ; Cumul d'emplois ; Déclaration sociale nominative (DSN) ; Droit à l'erreur ; Indemnités de rupture (régimes social et fiscal) ; Majorations et pénalités de retard (URSSAF) ; Organismes de sécurité sociale (salariés) ; Prescription (cotisations) ; Sommes et avantages attribués aux salariés d'autres employeurs ; Travail dissimulé.*

Couverture maladie universelle (CMU)

☛ *Complémentaire santé solidaire.*

Covid-19

Face à la persistance de la crise sanitaire provoquée par l'épidémie de covid-19, le cadre législatif de l'état d'urgence sanitaire instauré au printemps 2020 a été prolongé jusqu'au 31.07.2022 (loi 2020-290 du 23 mars 2020, art. 7 modifié). Pour suivre l'actualité sur ce point, voir le fil d'actualités quotidien sur www.rfsocial.com et la Revue d'actualité RF Social.

Diverses mesures dérogatoires et temporaires concernant notamment les employeurs, les salariés et leurs représentants ainsi que les non-salariés ont été adoptées dans ce cadre, voir :
- *Covid-19 (aides à l'embauche)** ;
- *Covid-19 (CSE et représentants syndicaux)** ;
- *Covid-19 (exonération et aides au paiement des cotisations)** ;
- *Covid-19 (hygiène et sécurité)** ;
- *Covid-19 (médecine du travail)** ;
- *Covid-19 (mesures temporaires sécurité sociale)** ;
- *Covid-19 (non-salariés)** ;
- *Covid-19 (RGPD)** ;
- *Covid-19 (télétravail)**.

Covid-19 (aides à l'embauche)

Afin de répondre aux difficultés d'accès à l'emploi de certains publics, accentuées par les conséquences de la crise sanitaire liée au covid-19, le Gouvernement a mis en place plusieurs dispositifs d'aide à l'embauche. Certains se sont éteints fin 2021, d'autres sont applicables en 2022. Pour suivre l'actualité sur ces dispositifs, voir le fil quotidien sur www.rfsocial.com et la Revue RF Social.

Sur le dispositif des emplois francs et des « emplois franc + », voir *Emplois francs**. Sur la mobilisation des contrats aidés en faveur des jeunes dans le cadre du plan « un jeune, une solution », voir *Contrat aidé**.

Aide à l'embauche en contrat d'apprentissage et de professionnalisation

Contrats conclus entre le 1er juillet 2020 et le 30 juin 2022 - Une aide est accordée au titre des contrats d'apprentissage et des contrats de professionnalisation conclus entre le 1.07.2020 et le 30.06.2022, pour des salariés préparant un diplôme ou un titre équivalant au plus au niveau master ou diplôme d'ingénieur (niveau 7 du cadre national des certifications professionnelles) [voir *Apprentissage (contrat)** et *Contrat de professionnalisation**] (loi 2020-935 du 30 juillet 2020, art. 76, JO du 31 ; décret 2020-1084 du 24 août 2020 ; décret 2020-

1085 du 24 août 2020, JO du 25 ; décret 2021-224 du 26 février 2021, JO du 27, modifiés par décret 2021-363 du 31 mars 2021, JO 1er avril et décret 2021-1468 du 10 novembre 2021, JO du 11).

S'agissant des contrats de professionnalisation, l'aide est également ouverte pour la préparation d'un certificat de qualification professionnelle (c. trav. art. L. 6314-1, 3°) et pour les contrats de professionnalisation expérimentaux prévus par la loi Avenir professionnel (loi 2018-771 du 5 septembre 2018, art. 28, VI). Pour ouvrir droit à cette aide, les salariés en contrat de professionnalisation doivent avoir moins de 30 ans à la date de conclusion du contrat (il faut avoir moins de 30 ans pour entrer en apprentissage).

Pour les entreprises de moins de 250 salariés qui bénéficient de l'aide unique à l'apprentissage [voir *Apprentissage (aides et exonérations)**], l'aide exceptionnelle se substitue à l'aide unique pour la première année d'exécution du contrat. À l'issue de celle-ci, l'entreprise pourra à nouveau bénéficier de l'aide unique jusqu'à la fin du contrat (décret 2020-1085 du 24 août 2020, art. 4).

Contrats d'apprentissage conclus à compter du 1.03.2021 - Pour les contrats d'apprentissage conclus à compter du 1.03.2021 par des employeurs de moins de 250 salariés, une condition de diplôme minimal a été ajoutée. Ainsi l'aide est ouverte pour les contrats préparant à un diplôme ou un titre équivalant au minimum au niveau 5 (donc au moins bac + 2) et, comme auparavant, au plus au niveau master (niveau 7 du cadre national des certifications professionnelles).

Par conséquent les contrats visant un niveau de qualification inférieur (soit de CAP à bac) ne donnent pas droit à l'aide exceptionnelle pour les employeurs de moins de 250 salariés. En revanche, ils peuvent bénéficier de la même somme dans le cadre de l'aide unique à l'apprentissage de droit commun, dont le montant pour la première année est parallèlement aligné sur celui de l'aide exceptionnelle.

En effet, l'aide unique à l'apprentissage versée aux employeurs de moins de 250 salariés pour des contrats visant un diplôme ou un titre de niveau visant un niveau de qualification inférieur (soit de CAP à bac) est revalorisé de façon temporaire. Son montant, fixé en principe à 4 125 € maximum pour la première année d'exécution du contrat, est porté à 5 000 € (apprenti de moins de 18 ans) ou à 8 000 € (apprenti d'au moins 18 ans) pour les contrats conclus à compter du 1.03.2021 jusqu'au 30.06.2022 (décret 2021-223 du 26 février 2021, art. 1, modifié par décret 2021-363 du 31 mars 2021, art. 3 et décret 2021-1468 du 10 novembre 2021, JO du 11) [voir *Apprentissage (aides et exonérations)**].

Guadeloupe, Guyane, Martinique, Mayotte, La Réunion, Saint-Barthélemy, Saint-Martin et Saint-Pierre-et-Miquelon - Pour la Guadeloupe, la Guyane, la Martinique, Mayotte, La Réunion, Saint-Barthélemy, Saint-Martin et Saint-Pierre-et-Miquelon, l'aide unique à l'apprentissage de droit commun est accordée aux entreprises de moins de 250 salariés pour des apprentis visant jusqu'à une qualification de niveau 5 (bac +2) (c. trav. art. L. 6522-4), au lieu du niveau 4 dans le cas général (c. trav. art. L. 6243-1). La règle a donc été adaptée. Les employeurs de moins de 250 salariés ont accès à l'aide pour l'embauche d'un apprenti :
- via le circuit de l'aide unique si l'apprenti prépare un titre ou d'un diplôme allant jusqu'au niveau 5 (bac + 2) [au lieu du niveau 4 (bac) dans le cas général ; voir *Apprentissage (aides et exonérations)**] ;
- via celui de l'aide exceptionnelle proprement dite lorsque l'apprenti vise au moins le niveau 6 (bac + 3, type licence) [au lieu du niveau 5 (bac + 2) dans le cas général].

Conditions à remplir par l'entreprise - L'aide n'est soumise à aucune condition d'effectif. Néanmoins, à partir de 250 salariés, l'entreprise doit employer une certaine proportion d'alternants pour avoir droit à l'aide. L'effectif est calculé en appliquant les règles prévues en matière de sécurité sociale (voir *Effectif sécurité sociale**), sachant que la règle de gel des effets de seuil sur 5 ans ne s'applique pas en cas de franchissement du seuil.

Pour les entreprises assujetties à la taxe d'apprentissage [voir *Apprentissage (taxe)**], la règle est la suivante : dès lors que l'employeur est exonéré de la contribution supplémentaire à la taxe d'apprentissage au titre des rémunérations versées en 2021, il est éligible à l'aide (loi 2020-935 du 30 juillet 2020, art. 76, I, 1°). En effet, cette contribution supplémentaire sanctionne les entreprises qui n'ont pas une proportion minimale d'alternants à l'effectif

Certaines entreprises ne sont pas assujetties à la taxe d'apprentissage. Elles doivent justifier, au 31.12.2021, au 31.12.2022 ou au 31.12.2023 (selon la date de conclusion du contrat), d'un pourcentage minimal de salariés en contrat d'apprentissage ou en contrat de professionnalisation, dans les mêmes conditions que pour le régime de la contribution supplémentaire (donc à hauteur de 5 %) (loi 2020-935 du 30 juillet 2020, art. 76, I, 2°). Les règles de calcul prévues pour les employeurs assujettis à la taxe sont reprises : quota d'alternants de 5 %

ou au moins 3 % de contrats d'apprentissage et de professionnalisation sous condition de progression par rapport à 2020 ou 2021 (décret 2020-1084 du 24 août 2020, art. 3, I ; décret 2020-1085 du 24 août 2020, art. 2, I, 1° ; décret 2021-224 du 26 février 2021, art. 4, II modifié par décret 2021-363 du 31 mars 2021, art. 4 ; décret 2021-510 du 28 avril 2021, art. 1).

▶ À noter… Pour les contrats conclus jusqu'au 31.03.2021, c'est sur l'année 2021 qu'il conviendra de se situer pour vérifier si l'entreprise respecte son quota d'alternants (décret 2020-1085 du 24 août 2020, art. 2 ; décret 2021-224 du 26 février 2021, art. 4, II dans sa version au 31 mars 2021).

Pour les contrats conclus du 1.04.2021 au 31.12.2021, c'est sur l'année 2022 qu'il conviendra de se situer pour vérifier si l'entreprise respecte son quota d'alternants (décret 2021-224 du 26 février 2021, art. 4, II modifié par décret 2021-363 du 31 mars 2021, art. 4, 3° et 5 et décret 2021-510 du 28 avril 2021, art. 1). Pour ces contrats, le décret du 28.04.2021 précité a modifié l'assiette des effectifs d'alternants à atteindre au 31.12.2022 pour bénéficier de l'aide, en y intégrant les jeunes accomplissant un VIE (Volontariat International en Entreprise). En effet, à compter de 2022, les VIE ne seront plus pris en compte dans le cadre du décompte du quota d'alternants concernant la contribution supplémentaire à la taxe d'apprentissage. Aussi, afin de ne pas désavantager les entreprises non assujetties à la taxe d'apprentissage, les conditions applicables aux entreprises d'au moins 250 salariés sont identiques, qu'elles soient ou non assujetties à la taxe d'apprentissage. Ainsi, la prise en compte des VIE dans l'effectif d'alternants est maintenue pour décompter l'effectif d'alternants servant de référence au bénéfice de l'aide.

Pour les contrats conclus du 1.01.2022 au 30.06.2022, c'est sur l'année 2023 qu'il conviendra de se situer pour vérifier si l'entreprise respecte son quota d'alternants (décret 2021-1468 du 10 novembre 2021, art. 2, 2°, et 3). L'entreprise qui a bénéficié de l'aide devra ainsi adresser à l'ASP une déclaration sur l'honneur attestant du respect de cet engagement au plus tard le 31 mai 2024 (décret 2021-1468 du 10 novembre 2021, art. 2, 2°).

Montant de l'aide - L'aide s'élève à 5 000 € si le salarié en contrat d'apprentissage ou de professionnalisation a moins de 18 ans ou à 8 000 € pour un majeur. Elle est calculée sur la base de 8 000 € à compter du premier jour du mois suivant le jour où le salarié atteint 18 ans (décret 2020-1084 du 24 août 2020, art. 2, II et III ; décret 2020-1085 du 24 août 2020, art. 1, I et II ; décret 2021-224 du 26 février 2021, art. 1 et 2 modifiés par décret 2021-363 du 31 mars 2021, art. 4).

▶ À noter… Pour les apprentis, l'aide est versée dans les mêmes conditions que l'aide unique, à savoir mensuellement par l'Agence de services et de paiement (ASP) dès le début de l'exécution du contrat. Elle continue à être versée tant que l'employeur adresse la déclaration sociale nominative (DSN) justifiant de l'exécution du contrat chaque mois (décret 2020-1085 du 24 août 2020, art. 1, III ; décret 2021-224 du 26 février 2021, art. 3).

Pour les contrats de professionnalisation, l'aide est versée mensuellement avant le paiement de la rémunération par l'employeur. Chaque mois d'exécution du contrat, l'employeur transmet le bulletin de paie du salarié du mois concerné à l'ASP. À défaut de transmission du bulletin de paie, le mois suivant, l'aide est suspendue (décret 2020-1084 du 24 août 2020, art. 1, IV ; décret 2021-224 du 26 février 2021, art. 3).

En revanche, l'aide n'est pas due en l'absence de rémunération de l'apprenti ou du salarié en contrat de professionnalisation.

De même, en cas de rupture anticipée du contrat, l'aide n'est plus versée à compter du mois suivant la date de fin du contrat (décret 2020-1084 du 24 août 2020, art. 1, V ; décret 2021-224 du 26 février 2021, art. 3 ; c. trav. art. D. 6243-2, IV).

Les sommes indûment perçues devront être remboursées à l'ASP.

Démarches à effectuer - Le bénéfice de l'aide est subordonné au dépôt du contrat par l'opérateur de compétences (OPCO) auprès de l'administration, ce qui suppose d'avoir préalablement transmis le contrat à l'OPCO (décret 2020-1084 du 24 août 2020, art. 3, I ; décret 2020-1085 du 24 août 2020, art. 2, I ; décret 2021-224 du 26 février 2021, art. 3). **En retour, le ministère chargé de la formation professionnelle transmet à l'ASP les informations nécessaires au versement de l'aide, ce qui vaut décision d'attribution.**

Par ailleurs, les entreprises de 250 salariés et plus soumises à la condition de quota d'alternants sur 2021 (pour les contrats conclus jusqu'au 31.03.2021) et sur 2022 (pour ceux conclus à partir du 1.04.2021) doivent s'engager à respecter ces règles et transmettre une attestation sur l'honneur en ce sens, dans un délai de 8 mois à compter de la date de conclusion du contrat à l'ASP. À défaut de transmission dans ce délai, l'aide n'est pas due (décret 2020-1084 du 24 août 2020, art. 3, V ; décret 2020-1085 du 24 août 2020, art. 2, V).

▶ À noter… Au plus tard le 31.05.2022 pour les contrats conclus jusqu'au 31.03.2021 et le 31.05.2023 pour les contrats conclus du 1.04.2021 au 31.12.2021 l'entreprise d'au moins 250 salariés qui a bénéficié de l'aide adresse à l'ASP une déclaration sur l'honneur attestant du respect de l'engagement de quota (décret 2020-1084 du 24 août 2020, art. 3 ; décret 2021-224 du 26 février 2021, art. 4, II dans sa version au 31 mars 2021 ; décret 2021-224 du 26 février 2021, art. 4, II modifié par décret 2021-363 du 31 mars 2021, art. 4, 3° et 5). À défaut, l'ASP pourra récupérer les sommes versées au titre de l'aide (décret 2021-224 du 26 février 2021, art. 1 et 2 ; décret 2021-224 du 26 février 2021, art. 3).

Aide à l'embauche d'un chômeur de longue durée

Contrat de professionnalisation conclu entre le 1er novembre 2021 et le 31 décembre 2022 - Une aide est accordée aux employeurs qui embauchent en contrat de professionnalisation entre le 1.11.2021 et le 31.12.2022 un demandeur d'emploi de longue durée (décret 2021-1404 du 29 octobre 2021, JO du 30).

L'aide est versée au titre des contrats de professionnalisation conclus pour :

- la préparation d'un diplôme ou d'un titre à finalité professionnelle équivalant au plus au niveau 7 (bac + 5 : master, diplôme d'ingénieur, etc.) ;
- ou la préparation d'un certificat de qualification professionnelle (CQP).

L'aide concerne également les contrats de professionnalisation expérimentaux de la loi Avenir professionnel (loi 2018-771 du 5 septembre 2018, art. 28, VI).

Conditions liées au demandeur d'emploi - Pour que l'employeur puisse bénéficier de l'aide, la personne embauchée doit remplir les conditions cumulatives suivantes :

- être âgée de 30 ans ou plus pour les contrats conclus du 1.11.2021 au 30.06.022 (cette condition d'âge ne s'applique pas aux contrats conclus du 1.07 au 31.12.2022) ;
- être inscrite comme demandeur d'emploi tenu d'accomplir des actes positifs de recherche d'emploi ;
- et, pendant au moins 12 mois au cours des 15 derniers mois, avoir été inscrite comme demandeur d'emploi tenu d'accomplir des actes positifs de recherche d'emploi et n'avoir exercé aucune activité professionnelle ou avoir exercé une activité professionnelle d'une durée maximale de 78 heures mensuelles.

Les conditions d'éligibilité à l'aide s'apprécient au jour de la conclusion du contrat de professionnalisation.

▶ **À noter...** Pour les personnes de moins de 30 ans, les employeurs peuvent bénéficier, jusqu'au 30 juin 2022, de l'aide à l'embauche en contrat de professionnalisation *(voir ci-avant)*.

Montant de l'aide - L'aide est versée au titre de la première année d'exécution du contrat et s'élève, au maximum, à 8 000 € (a priori pour une année complète).

S'il y a lieu, l'aide se substitue :

- à l'aide aux contrats de professionnalisation dans les structures d'insertion par l'activité économique ;
- à l'aide à l'embauche dans le cadre des emplois francs.

Démarches à effectuer - L'employeur transmet le contrat de professionnalisation à son OPCO, lequel doit le déposer auprès de l'administration. L'administration adresse les informations à Pôle Emploi, qui apprécie l'éligibilité à l'aide. Si le contrat est reconnu éligible, Pôle Emploi notifie la décision d'attribution de l'aide à l'employeur et en assure le versement.

Extension aux contrats d'alternance propres à l'intérim - Une aide de 8 000 € est également accordée pour l'embauche de demandeurs d'emploi de longue durée *(voir conditions ci-avant, hors condition liée à l'âge)* en contrat d'insertion professionnelle intérimaire (CIPI) et en contrat de développement professionnel intérimaire (CDPI), pour ceux conclus entre le 1.01.2022 et le 31.12.2022 et visant :

- la préparation d'un diplôme ou d'un titre à finalité professionnelle équivalant au plus au niveau 7 (bac + 5 : master, diplôme d'ingénieur, etc.) ;
- ou la préparation d'un certificat de qualification professionnelle (CQP).

L'aide est versée au titre de la première année d'exécution du contrat. Elle est subordonnée à l'accord de prise en charge du contrat par l'OPCO, qui adresse les informations à Pôle emploi afin de vérifier l'éligibilité du contrat à l'aide. Si le contrat est reconnu éligible, Pôle Emploi notifie la décision d'attribution de l'aide à l'employeur et en assure le versement (décret 2021-1852 du 28 décembre 2021, JO du 29).

Anciennes aides applicables en 2021

Aide à l'embauche des jeunes - Une aide était accordée aux employeurs pour l'embauche d'un salarié de moins de 26 ans entre le 1.08.2020 et le 31.05.2021, en CDI ou en CDD d'au moins 3 mois, et dont la rémunération prévue au contrat était d'au plus 1,6 SMIC (2 SMIC avant le 1.04.2021) (décret 2020-982 du 5 août 2020, JO du 6 modifié par décret 2021-363 du 31 mars 2021, art. 2, JO 1er avril).

L'aide était égale à 4000 € au maximum sur un an pour un même salarié (1000 € au maximum par trimestre) et proratisée en fonction de la quotité de temps de travail du salarié et de la durée effective du contrat de travail.

Aide à l'embauche de personnes handicapées - Une aide était accordée aux employeurs pour l'embauche d'un salarié bénéficiant de la reconnaissance de la qualité de travailleur handicapé entre le 1.09.2020 et le 31.12.2021, en CDI ou en CDD d'au moins 3 mois, et dont la rémunération prévue au contrat était d'au plus 2 SMIC (décret 2020-1223 du 6 octobre 2020, JO du 77 modifié par décret 2021-864 du 30 juin 2021, JO du 1er juillet).

L'aide était égale à 4000 € au maximum sur un an pour un même salarié (1000 € au maximum par trimestre) et proratisée en fonction de la quotité de temps de travail du salarié et de la durée effective du contrat de travail.

Covid-19 (arrêts de travail)

La période de crise sanitaire liée au covid-19 a conduit les pouvoirs publics à mettre en place des mesures dérogatoires en matière d'arrêts de travail.

Législation de crise sanitaire

Contexte - Les mesures dérogatoires relatives aux arrêts de travail qui ont été mises en œuvre au cours des différentes vagues de l'épidémie de covid-19 s'inscrivent dans le cadre légal qui avait été mis en place par la loi de financement de la sécurité sociale (LFSS) pour 2019, modifié par la LFSS pour 2021. Il permet au gouvernement de mettre en place par décret des dispositifs ad hoc visant à répondre à des besoins de prise en charge exceptionnelle en cas de risque sanitaire grave et anormal, notamment en cas d'épidémie, en vue de la protection de la santé publique. L'autorisation accordée au Gouvernement vaut pour une durée limitée n'excédant pas un an (c. séc. soc. art. L. 16-10-1).

Les mesures dérogatoires ont concerné les salariés dans l'impossibilité de travailler, y compris à distance (télétravail).

Au cours de l'année 2021, le dispositif des arrêts de travail dérogatoire a été modifié plusieurs fois par décrets (décret 2021-13 du 8 janvier 2021, modifié en dernier lieu par décret 2021-1412 du 29 octobre 2021 ; voir Dictionnaire Social, édition 2021).

Régime 2021 prolongé en 2022 - Le régime des arrêts de travail dérogatoires 2021 a été prolongé automatiquement, à compter du 1.01.2022 et au plus tard jusqu'au 31.12.2022, pour son volet sécurité sociale par la loi de financement de la sécurité sociale (LFSS) pour 2022. Un décret pourra toutefois, en fonction de la situation sanitaire, mettre fin au mécanisme des arrêts de travail dérogatoires de façon anticipée, avant le 31.12.2022 (loi 2021-1754 du 23 décembre 2021, art. 93, II, 1° et III, JO du 24).

La loi de vigilance sanitaire a prolongé le volet « indemnisation complémentaire code du travail de l'employeur », jusqu'à une date fixée par décret et au plus tard jusqu'au 31.07.2022 (loi 2021-1465 du 10 novembre 2021, art. 13, 1°, JO du 11).

La LFSS pour 2022 permet aussi au gouvernement, au cours de l'année 2022, de modifier par ordonnances le cadre législatif des arrêts de travail dérogatoiresafin, selon l'exposé des motifs, de « rétablir, adapter ou compléter les dérogations aux règles » de versement des IJSS ou de l'indemnité complémentaire employeur (c. séc. soc. art. L. 16-10-1 ; c. trav. art. L. 1226-1). Chaque ordonnance pourra prévoir que ses dispositions s'appliquent de façon rétroactive, dans la limite d'un mois avant la date de sa publication (loi 2021-1754 du 23 décembre 2021, art. 93, II, 2° et III, JO du 24). Cette mesure s'appliquera au plus tard jusqu'au 31.12.2022.

Bénéficiaires et durée maximale d'application

Bénéficiaires - Peut bénéficier d'un arrêt de travail dérogatoire (décret 2021-13 du 8 janvier 2021, art. 1, et 12, II modifié prolongé par loi 2021-1465 du 10 novembre 2021, art. 13, JO du 11 ; loi 2021-1754 du 23 décembre 2021, art. 93, JO du 24) :

- le salarié qui présente les symptômes de l'infection au covid-19, à condition qu'il effectue un test de détection (test RT-PCR ou antigénique) dans un délai de 2 jours à compter du début de l'arrêt de travail (les règles dérogatoires s'appliquent jusqu'à la date d'obtention du résultat du test) ;
- le salarié ayant effectué un test concluant à une contamination par le covid-19 ;
- le salarié présentant un résultat positif à un autotest de détection antigénique [à condition d'effectuer un test de détection du virus (test RT-PCR

ou antigénique) dans un délai de 2 jours à compter du début de l'arrêt de travail ;
- le salarié « cas contact » faisant l'objet d'une mesure d'isolement ;
- le salarié faisant l'objet d'une mesure d'isolement prophylactique - liée aux déplacements à destination ou en provenance du territoire hexagonal, de la Corse et des collectivités de l'outre-mer (en application du décret 2021-699 du 1er juin 2021, titre 2 bis), complétée au maximum de 2 jours supplémentaires d'isolement dans l'attente du résultat de l'examen biologique de dépistage virologique à réaliser au terme de cette période - ou ayant fait l'objet d'une mesure de placement en isolement ou de mise en quarantaine à son arrivée en Guadeloupe, en Guyane, en Martinique, à Mayotte, en Nouvelle-Calédonie, en Polynésie française, à La Réunion, à Saint-Barthélemy, à Saint-Martin, à Wallis-et-Futuna ou à Saint-Pierre-et-Miquelon (en application de c. santé.publ.art. L. 3131-15 et L. 3131-17).

▶ Attention… La situation des salariés « vulnérables » et des parents contraints de garder au domicile un enfant de moins de 16 ans ou une personne en situation de handicap faisant l'objet d'une mesure d'isolement, lorsqu'ils sont dans l'impossibilité de travailler, est traitée via l'*activité partielle**, et non par des arrêts de travail dérogatoires, dont les intéressés sont donc logiquement exclus.

Durée maximale d'application - La durée maximale pendant laquelle chaque salarié exposé et faisant l'objet d'une mesure d'isolement, de mise en quarantaine, d'éviction et de maintien à domicile peut bénéficier du régime des arrêts de travail dérogatoire correspond à la durée de ladite mesure.

Indemnisation

Les règles dérogatoires d'indemnisation pour les arrêts de travail consistent en (décret 2021-13 du 8 janvier 2021, modifié, art. 1, II et art. 12 prolongé par loi 2021-1465 du 10 novembre 2021, art. 13, JO du 11 ; loi 2021-1754 du 23 décembre 2021, art. 93, JO du 24) :
- la levée des conditions d'ouverture du droit aux *indemnités journalières de sécurité sociale** (IJSS) maladie (durée d'affiliation ou de cotisations préalables) ou à l'indemnisation complémentaire « employeur » prévue par le code du travail (durée minimale d'ancienneté de 1 an préalable, envoi de l'arrêt de travail dans les 48 h à l'employeur, être soigné en France, en UE ou EEE) ;
- la suppression des délais de carence pour l'indemnisation « sécurité sociale » (3 jours) et l'indemnisation « code du travail » (7 jours) ;
- un complément employeur couvrant des salariés qui en sont en principe exclus (travailleurs à domicile, salariés saisonniers, salariés intermittents et salariés temporaires).

Ces règles dérogatoires, qui ne concernent que les assurés empêchés de travailler, y compris à distance (télétravail), sont récapitulées sous forme de tableau dans cette étude.

Neutralisation des arrêts dérogatoires

Les arrêts de travail dérogatoires dont bénéficient les assurés sont neutralisés au regard de l'indemnisation sécurité sociale et du complément employeur (décret 2021-13 du 8 janvier 2021, modifié, art. 1, II, art. 2 et art. 12 prolongé par loi 2021-1465 du 10 novembre 2021, art. 13, JO du 11 ; loi 2021-1754 du 23 décembre 2021, art. 93, JO du 24) :
- les IJSS versées pendant l'arrêt dérogatoire sont exclues du nombre maximal d'IJSS (360 sur 3 ans) ou de la période maximale de versement pour les affections de longue durée (3 ans de date à date) ;
- ni les arrêts indemnisés au cours des 12 mois précédant la date de début de l'arrêt dérogatoire, ni l'arrêt dérogatoire lui-même ne sont pris en compte pour le calcul de la durée totale d'indemnisation au cours de 12 mois pour le « maintien de salaire du code du travail ».

Le montant d'indemnisation du « maintien de salaire du code du travail » applicable est celui de droit commun. L'indemnité couvre 90 % de la rémunération brute pendant les 30 premiers jours, puis les 2/3 de la rémunération brute pendant les 30 jours suivant. Ces deux durées d'indemnisation sont augmentées de 10 jours par période entière de 5 ans d'ancienneté, sans que chacune d'elles puisse dépasser 90 jours (c. trav. art. D. 1226-1, D. 1226-2 et D. 1226-5).

Procédure d'octroi de l'arrêt de travail

L'arrêt de travail dérogatoire est établi par l'assurance maladie après déclaration en ligne via le téléservice qu'elle a mis en place (https ://declare.ameli.fr et, pour les travailleurs agricoles, https ://declare.msa.fr) (décret 2021-13 du 8 janvier 2021, art. 3 prolongé par loi 2021-1465 du 10 novembre 2021, art. 13, JO du 11 ; loi 2021-1754 du 23 décembre 2021, art. 93, JO du 24).

Le téléservice permet à l'assurance maladie, et à l'employeur, de connaître les salariés bénéficiant des règles dérogatoires, notamment de distinguer les salariés malades du covid-19 des salariés atteints d'une autre pathologie.

Régime des arrêts de travail dérogatoires des salariés*	
IJSS maladie	**Indemnisation complémentaire employeur code du travail (1)**
I) Bénéficiaires (décret 2021-13 du 8 janvier 2021, art. 1, I modifié)	
• Salariés « cas contact » • Salariés symptomatiques covid-19 [à condition d'effectuer un test dans un délai de 2 jours à compter du début de l'arrêt de travail (2)] • Salariés testés positifs au covid-19 • Salariés présentant un résultat positif à un autotest de détection antigénique [à condition d'effectuer un test de détection du virus (test RT-PCR ou antigénique) dans un délai de 2 jours à compter du début de l'arrêt de travail (3)] • Salariés faisant l'objet d'une mesure d'isolement prophylactique (4) - complétée au maximum de 2 jours supplémentaires d'isolement dans l'attente du résultat de l'examen biologique de dépistage virologique à réaliser au terme de cette période - ou ayant fait l'objet d'une mesure de placement en isolement ou de mise en quarantaine à son arrivée en Guadeloupe, en Guyane, en Martinique, à Mayotte, en Nouvelle-Calédonie, en Polynésie française, à La Réunion, à Saint-Barthélemy, à Saint-Martin, à Wallis-et-Futuna ou à Saint-Pierre-et-Miquelon prise sur le fondement du code de la santé publique (5).	
II) Règles dérogatoires (6) (décret 2021-13 du 8 janvier 2021 modifié, art. 1, II et art. 2)	
• Levée des conditions d'ouverture du droit (durée de cotisations ou nombre d'heures préalables) • Suppression du délai de carence (3 jours) • Les IJSS versées sont exclues du nombre maximal d'IJSS (360 sur 3 ans) ou de la période maximale de versement pour les affections de longue durée (3 ans)	• Levée des conditions d'ouverture du droit [condition d'ancienneté (1 an), envoi de l'arrêt de travail dans les 48 h à l'employeur, être soigné en France, en UE ou EEE] • Suppression du délai de carence (7 jours) • Ni les arrêts indemnisés au cours des 12 mois précédant la date de début de l'arrêt dérogatoire, ni l'arrêt dérogatoire lui-même ne sont pris en compte pour le calcul de la durée totale d'indemnisation au cours de 12 mois (1)
III) Durée d'application (décret 2021-13 du 8 janvier 2021 modifié, art. 1 dernier al.)	
Pendant la durée de la mesure (éviction, isolement, maintien à domicile)	Pendant la durée de la mesure (éviction, isolement, maintien à domicile)

* Dispositif mis en place par décret 2021-13 du 8 janvier 2021 modifié en dernier lieu par décret 2021-1412 du 29 octobre 2021 et prolongé, au plus tard, jusqu'au 31.07 2022 pour son volet « indemnisation complémentaire code du travail de l'employeur » et jusqu'au 31.12.2022 pour son volet « sécurité sociale ». Un décret peut y mettre fin avant. Le gouvernement est autorisé à en modifier le cadre législatif par ordonnance au cours de l'année 2022 (pour suivre l'actualité, voir www.rfsocial.com et RF Social, Revue d'actualité).

(1) Rappelons que l'indemnité complémentaire couvre 90 % de la rémunération brute pendant les 30 premiers jours, puis 2/3 de la rémunération brute pendant les 30 jours suivant, sous déduction des IJSS. Ces deux durées d'indemnisation sont augmentées de 10 jours par période entière de 5 ans d'ancienneté, sans que chacune d'elles puisse dépasser 90 jours (c. trav. art. D. 1226-1, D. 1226-2 et D. 1226-5).

(2) Pour la durée courant jusqu'à la date d'obtention du résultat du test.

(3) Les règles dérogatoires s'appliqueront ensuite jusqu'à la date d'obtention du résultat du test..

(4) Mesure d'isolement prophylactique visée par décret (décret 2021-699 du 1er juin 2021, art. 2 bis).

(5) Articles L. 3131-15 et L. 3131-17 du code de la santé publique (décret 2021-13 du 8 janvier 2021, art. 1, al. 8 modifié ; décret 2021-1412 du 29 octobre 2021, art. 1, 1°).

(6) Par dérogation, les travailleurs à domicile, les salariés saisonniers, les salariés intermittents et les salariés temporaires bénéficient de l'indemnisation complémentaire employeur « code du travail » (c. trav. art. L. 1226-1).

Non-salariés

Voir *Covid-19 (non-salariés)**.

Covid-19 (CSE et représentants syndicaux)

Dans le cadre de l'épidémie liée au coronavirus, des mesures dérogatoires concernant notamment le comité social et économique (CSE) ont été adoptées. Certaines ne sont plus en vigueur (voir Dictionnaire Social, éd. 2021) tandis que d'autres dispositions sont toujours d'actualité. Pour suivre l'actualité, voir le fil quotidien d'actualités sur www.rfsocial.com et RF Social, Revue d'actualité.

Pass sanitaire et obligation vaccinale

Dans les établissements soumis au pass sanitaire depuis le 30.08.2021 et jusqu'au 31.07.2022 [voir *Covid-19 (hygiène et sécurité)**], la présentation du pass n'est pas nécessaire (loi 2021-1040 du 5 août 2021, JO du 6 ; décret 2021-1059 du 7 août 2021, JO du 8 ; QR « Obligation de vaccination ou de détenir un pass sanitaire pour certaines professions » du 24 septembre 2021) :

- pour les activités des représentants du personnel (réunions du CSE, accès aux locaux mis à leur disposition) qui se déroulent dans des espaces non accessibles au public ;
- lorsque l'intervention du représentant présente un caractère d'urgence (ex. : enquête pour danger grave et imminent, accident du travail, harcèlement

moral), y compris dans les lieux accessibles au public et aux heures d'ouverture au public ;

- pour les réunions ou formations de représentants du personnel se déroulant en dehors des locaux de l'entreprise.

Sauf contre-indication médicale reconnue, la vaccination contre le covid-19 est obligatoire [voir *Covid-19 (hygiène et sécurité)**] (loi 2021-1040 du 5 août 2021, art. 12, JO du 6) :

- pour les travailleurs de certains établissements (établissements de santé, centres de santé, maisons de santé, *services de prévention et de santé au travail**, etc.) ;
- pour certaines professions : professionnels de santé, aides à domicile des particuliers employeurs bénéficiaires de l'allocation personnalisée d'autonomie (APA) ou de la prestation de compensation du handicap (PCH), sapeurs-pompiers et marins-pompiers, etc.

Or, quand un représentant du personnel intervient de façon très brève et non récurrente dans un établissement couvert par l'obligation vaccinale contre le covid-19 (autre que le sien, sinon il serait lui-même tenu d'être vacciné), l'accès du représentant est permis sans avoir à justifier du respect de l'obligation vaccinale (loi 2021-1040 du 5 août 2021, art. 12, JO du 6 ; QR « Obligation de vaccination ou de détenir un pass sanitaire pour certaines professions » du 24 septembre 2021).

▶ **À noter...** L'absence de pass sanitaire ou un non-respect de l'obligation vaccinale entraîne la suspension du contrat de travail mais n'a aucune incidence sur le mandat des représentants du personnel (loi 2021-1040 du 5 août 2021, art. 12, JO du 6 ; loi 2021-689 du 31 mai 2021, art. 1, II modifié, C, 1). L'employeur doit aménager « les modalités d'exercice du dialogue social, notamment en facilitant les échanges à distance ». En cas de contrôle, l'inspection du travail s'assure que les représentants du personnel concernés sont bien en mesure d'exercer leur mandat (DGT, fiche du 11 août 2021).

Impact de l'activité partielle

En cas d'*activité partielle**, l'indemnité d'activité partielle versée par l'employeur n'est, en principe, pas assujettie aux cotisations de sécurité sociale car c'est un revenu de remplacement (c. trav. art. L. 5122-4 et R. 5122-18). Elle n'entre donc pas dans la masse salariale qui sert de base de calcul aux budgets du CSE. Toutefois, depuis le 1.05.2020, la part de l'indemnité d'activité partielle versée par l'employeur qui dépasse 3,15 fois la valeur horaire du SMIC, est assujettie aux contributions et cotisations sociales (c. séc. soc. art. L. 136-1-1 et L. 242-1 ; ord. 2020-346 du 27 mars 2020, art. 11 ; ord. 2020-460 du 22 avril 2020, art. 5, JO du 23). Cette part entre donc dans l'assiette de calcul des budgets du CSE.

Il en va de même si un *dispositif d'activité partielle de longue durée** a été mis en place dans l'entreprise car, sur ce point, les versements de l'employeur sont soumis aux mêmes règles que l'activité partielle « classique ».

Covid-19 (exonérations et aides au paiement des cotisations)

Contexte

Exonération et aides « covid 1 » - Pour soutenir les employeurs les plus touchés par la première vague de l'épidémie de covid-19, la troisième loi de finances rectificative pour 2020 a mis en place des mesures d'aide pour les entreprises de moins de 250 salariés particulièrement affectées par les restrictions sanitaires du printemps 2020 : exonération de cotisations patronales, aide au paiement des cotisations sociales, plans d'apurement et remise partielle de cotisations et contributions patronales (loi 2020-935 du 30 juillet 2020, art. 65, JO du 31).

Les modalités d'application de ces dispositifs d'aide ont été précisées par trois décrets et une instruction interministérielle (décret 2020-1103 du 1er septembre 2020, JO du 2 ; décret 2021-316 du 25 mars 2021, JO du 26 ; décret 2021-1579 du 6 décembre 2021, JO du 7 ; instr. DSS/5B/2021/206 du 28 septembre 2021, modifiée par instr. DSS/5B/2021/243 du 1er décembre 2021).

▶ **À noter...** Une première instruction avait été diffusée à l'automne 2020 (instr. DSS/5B/2020/160 du 22 septembre 2020). Elle a été abrogée et remplacée par une instruction du 5 mars 2021, commune aux dispositifs d'aides « covid 1 » et « covid 2 » (instr. DSS/5B/2021/53 du 5 mars 2021), elle-même abrogée et remplacée par une instruction du 28 septembre 2021, qui récapitule les règles applicables à tous les dispositifs d'exonération et d'aide au paiement des cotisations (« covid 1 », « covid 2 » et « covid 3 »).

Exonération et aide « covid 2 » - La loi de financement de la sécurité sociale (LFSS) pour 2021 a créé un dispositif complémentaire, cette fois pour les entreprises de moins de 250 salariés impactées par les mesures prises pour lutter contre le rebond de l'épidémie à l'automne 2020 (2e vague) : exonération de cotisations patronales et nouvelle aide au paiement des cotisations sociales (loi 2020-1576 du 14 décembre 2020, art. 9, JO du 15).

Un décret du 27.01.2021 a précisé la mise en œuvre de ces aides (décret 2021-75 du 27 janvier 2021, JO du 28). Ce décret a ensuite été modifié à plusieurs reprise, notamment pour allonger les périodes d'emploi concernées. L'objectif était de couvrir les 3e, 4e et, pour les discothèques, 5e vagues de l'épidémie qui ont démarré en 2021 (décret 2021-430 du 12 avril 2021, JO du 13 ; décret 2021-709 du 3 juin 2021, JO du 4 ; décret 2021-1410 du 29 octobre 2021, JO du 30 ; décret 2021-1956 du 31 décembre 2021, JO 1er janvier).

Puis, pour tenir compte des conséquences, sur certains secteurs d'activité, des nouvelles mesures de restrictions sanitaires prises par le gouvernement fin 2021 dans le cadre de la 5e vague de l'épidémie, et de celles qu'il pourrait encore être amené à mettre en oeuvre à l'avenir, la loi renforçant les outils de gestion de la crise sanitaire du 22.01.2022 a prévu qu'un décret peut réactiver les dispositifs « covid 2 », selon des modalités spécifiques (loi 2022-46 du 22 janvier 2022, art. 11, JO du 23 ; loi 2020-1576 du 14 décembre 2020, art. 9, IX modifié). À l'heure où nous rédigions ces lignes, ce décret n'avait pas encore été publié.

Le dispositif « covid 2 » a aussi été commenté par l'administration dans l'instruction interministérielle du 28 septembre 2021 (instr. DSS/5B/2021/206 du 28 septembre 2021, modifiée par instr. DSS/5B/2021/243 du 1er décembre 2021).

Aide au paiement « covid 3 » - Pour accompagner les employeurs dans la sortie de crise sanitaire, la loi de finances rectificative pour 2021 a mis en place une nouvelle aide au paiement des cotisations sociales, qui prend le relais des dispositifs d'aide au paiement et d'exonération « covid 1 » et « covid 2 » (loi 2021-953 du 19 juillet 2021, art. 25, JO du 20).

Un décret du 19 août 2021 a fixé les modalités de mise en oeuvre de cette aide, qui ont ensuite été précisées par l'instruction interministérielle du 28.09.2021 (décret 2021-1094 du 19 août 2021, JO du 20 ; instr. DSS/5B/2021/206 du 28 septembre 2021, modifiée par instr. DSS/5B/2021/243 du 1er décembre 2021).

Exonération de cotisations patronales « covid 1 »

Principes directeurs - L'exonération de cotisations patronales « covid 1 » est ouverte au profit (loi 2020-935 du 30 juillet 2020, art. 65, I) :

- des employeurs de moins de 250 salariés exerçant leur activité dans les secteurs particulièrement impactés par la crise sanitaire *(voir ci-après)* ;
- des employeurs de moins de 10 salariés relevant d'autres secteurs d'activité et qui ont subi des mesures d'interdiction d'accueil du public *(voir ci-après)*.

L'exonération porte sur les rémunérations dues au titre de périodes d'emploi qui diffèrent selon que l'entreprise appartient à l'une ou l'autre de ces deux catégories.

Elle est applicable dans les départements d'outre-mer et à Saint-Pierre et Miquelon. Pour Mayotte et Saint-Pierre et Miquelon, cette application se fait sous réserve des adaptations liées aux spécificités du régime de sécurité sociale dans ces collectivités (loi 2020-935 du 30 juillet 2020, art. 65, XI).

Dans tous les cas, pour pouvoir bénéficier de l'exonération, l'employeur ne doit pas avoir été condamné pour travail dissimulé au cours des 5 années précédentes (loi 2020-935 du 30 juillet 2020, art. 65, X).

Employeurs de moins de 250 salariés des secteurs les plus impactés - Peuvent bénéficier de l'exonération de cotisations patronales « covid 1 » les employeurs de moins de 250 salariés qui exercent leur activité principale (loi 2020-935 du 30 juillet 2020, art. 65, I, 1° ; instr. DSS/5B/2021/206 du 28 septembre 2021, partie I, section 2, I, A et II, A) :

- soit dans les secteurs relevant du tourisme, de l'hôtellerie, de la restauration, du sport, de la culture, du transport aérien et de l'événementiel qui ont été particulièrement affectés par les conséquences économiques et financières de l'épidémie de covid-19 au regard de la réduction de leur activité, en raison notamment de leur dépendance à l'accueil du public (dits secteurs « S1 ») ;
- soit dans les secteurs dont l'activité dépend de celle des secteurs mentionnés ci-dessus (dits secteurs « S1 bis ») et qui ont subi une très forte baisse de leur chiffre d'affaires.

La liste des activités des secteurs S1 et S1 bis correspond à la liste des activités éligibles au fonds de solidarité telle qu'en vigueur au 1.01.2021 *(voir tableau reproduit dans cette étude)* (décret 2020-1103 du 1er septembre 2020, art. 1, I modifié par décret

2021-75 du 27 janvier 2021, art. 12 renvoyant au décret 2020-371 du 30 mars 2020, annexes 1 et 2 modifiées).

▶ **À noter...** L'intégration éventuelle de nouveaux secteurs d'activité dans cette liste après le 1.01.2021 n'ouvre donc pas droit au bénéfice de l'exonération.

Employeurs de moins de 10 salariés relevant d'autres secteurs et fermés au public - L'exonération de cotisations patronales « covid 1 » est également ouverte aux employeurs de moins de 10 salariés dont l'activité principale relève d'autres secteurs que les secteurs S1 et S1 bis (dits secteurs « S2 ») et qui ont fait l'objet d'une interdiction d'accueil du public affectant de manière prépondérante la poursuite de leur activité, à l'exception des activités de livraison, de retrait de commande ou de vente à emporter (loi 2020-935 du 30 juillet 2020, art. 65, I, 2° ; instr. DSS/5B/2021/206 du 28 septembre 2021, partie I, section 2, III, A).

Les activités relevant des secteurs S2 sont celles interrompues en application du décret 2020-293 du 23 mars 2020 prescrivant les mesures générales nécessaires pour faire face à l'épidémie de covid-19 dans le cadre de l'état d'urgence sanitaire (décret 2020-1103 du 1er septembre 2020, art. 1er).

Une liste des activités concernées figure en annexe III de l'instruction du 28 septembre 2021. Y figurent, par exemple, les magasins de meubles, de jouets ou de chaussures. Cette liste n'est pas exhaustive : toute activité satisfaisant au critère d'interruption de l'activité du fait de l'application du décret 2020-293 du 23 mars 2020 est susceptible d'être éligible si elle satisfait aux autres critères d'éligibilité (instr. DSS/5B/2021/206 du 28 septembre 2021, partie I, section 2, III, A).

Sont en revanche exclues l'ensemble des activités, mentionnées dans le décret susmentionné, dont la réalisation a été maintenue durant la période de confinement en raison de leur caractère essentiel à la vie quotidienne.

Les employeurs dont l'activité est réalisée au domicile du client sont éligibles si cette activité n'a pas été maintenue en application du décret susmentionné.

Exemple
Les employeurs réalisant des activités de coiffure à domicile sont éligibles, au titre de la période où leur activité a été interrompue, à condition d'employer moins de 10 salariés.

L'ensemble des employeurs satisfaisant le critère d'interruption d'activité sont éligibles à l'exonération « covid 1 » dès lors que l'interdiction d'accueil du public affecte de manière prépondérante la poursuite de leur activité. Le caractère prépondérant peut être apprécié au regard de la part du chiffre d'affaires dépendant de l'accueil du public : un employeur est ainsi éligible dès lors qu'au moins 50 % de son chiffre d'affaires habituel est lié à une activité exercée dans des lieux ayant fait l'objet d'une interdiction d'accueil du public (instr. DSS/5B/2021/206 du 28 septembre 2021, partie I, section 2, III, A).

Dans le cas des activités qui ont été successivement interdites puis autorisées au cours d'une même période (ex : arrêtés préfectoraux qui ont été pris pour accorder une autorisation d'ouverture des marchés alimentaires), les périodes d'ouverture autorisées n'ouvrent pas droit à l'exonération. L'employeur n'est ainsi éligible qu'au titre de la période de fermeture obligatoire et doit donc, pour en bénéficier, établir que la majorité de son chiffre d'affaires a été affectée sur la période d'éligibilité par une interdiction d'accueil du public (instr. DSS/5B/2021/206 du 28 septembre 2021, partie I, section 2, III, A).

Employeurs éligibles - Sont éligibles à l'exonération « covid 1 » les employeurs éligibles à la réduction générale de cotisations patronales (loi 2020-935 du 30 juillet 2020, art. 65, I ; instr. DSS/5B/2021/206 du 28 septembre 2021, partie I, section 1, I, A). En effet, l'exonération s'applique aux revenus d'activité dus aux salariés pour lesquels les employeurs sont soumis à l'obligation d'adhésion au régime d'assurance chômage (c. trav. art. L. 5422-13), que les salariés soient titulaires d'un contrat de travail à temps plein ou à temps partiel, à durée déterminée ou indéterminée.

L'exonération s'applique également aux revenus d'activité versés aux salariés :
- des entreprises inscrites, à la date de régularisation annuelle des cotisations (c. séc. soc. art. R. 242-2, II), au répertoire national des entreprises contrôlées majoritairement par l'État ;
- relevant soit des établissements publics à caractère industriel et commercial (EPIC) des collectivités territoriales, soit des sociétés d'économie mixte dans lesquelles ces collectivités ont une participation majoritaire, ainsi que des sociétés civiles immobilières.

L'exonération concerne l'ensemble des employeurs dont les salariés sont affiliés obligatoirement au régime général de la sécurité sociale, au régime des salariés agricoles, ainsi qu'au régime spécial de sécurité sociale des marins, des mines ou des clercs et employés de notaire.

▶ À noter... Lorsque le changement de forme sociale de l'entreprise, qui peut conduire à l'attribution d'un nouveau numéro SIREN, s'effectue sans création d'une nouvelle personne morale (ce qui implique notamment que l'objet social et l'activité de l'entreprise ne sont pas modifiés), le changement est sans incidence sur l'éligibilité à l'exonération (instr. DSS/5B/2021/206 du 28 septembre 2021, partie I, section 1, I, E).

Employeurs exclus - Sont en revanche exclus du bénéfice de l'exonération « covid 1 », quel que soit le statut de leurs agents ou salariés (instr. DSS/5B/2021/206 du 28 septembre 2021, partie I, section 1, I, B) :
- l'État ;
- les collectivités territoriales ;
- les établissements publics administratifs, à l'exception de ceux inscrits au répertoire des entreprises contrôlées majoritairement par l'État ;
- les groupements d'intérêt public et les chambres consulaires.

Les employeurs relevant de régimes spéciaux autres que celui des marins, des mines et des clercs et employés de notaire ne peuvent pas non plus bénéficier de l'exonération au titre de leurs salariés affiliés à ces régimes. Cependant, ils peuvent en bénéficier au titre de leurs autres salariés, à condition de respecter pour ces salariés la condition d'obligation d'affiliation au régime d'assurance chômage.

En outre, sont exclues du bénéfice de l'exonération « covid 1 » les entreprises, personnes morales ou physiques, qui (décret 2020-1103 du 1er septembre 2020, art. 7, modifié par décret 2021-75 du 27 janvier 2021, art. 12) :
- sont des établissements de crédit ou des sociétés de financement ;
- étaient déjà en difficulté au 31.12.2019 (au sens de l'article 2 du règlement européen n° 651/2014 du 17 juin 2014).

Par exception, les micro-entreprises (moins de 10 salariés ; chiffre d'affaires annuel ou total du bilan annuel à 2 millions d'euros) et les petites entreprises (moins de 50 salariés ; chiffre d'affaires annuel ou total du bilan annuel à 10 millions d'euros) qui étaient déjà en difficulté au 31.12.2019 peuvent bénéficier de l'exonération dès lors qu'elles ne font pas l'objet d'une procédure collective d'insolvabilité et ne bénéficient pas d'une aide au sauvetage ou d'une aide à la restructuration.

Enfin, les particuliers employeurs employant des salariés à leur domicile privé pour réaliser des travaux à caractère familial ou ménager (c. trav. art. L. 7221-1) sont également exclus du bénéfice de l'exonération (instr. DSS/5B/2021/206 du 28 septembre 2021, partie I, section 1, I, B).

Salariés ouvrant droit à l'exonération - Seuls les salariés titulaires d'un contrat de travail ouvrent droit à l'exonération de cotisations patronales « covid 1 » (instr. DSS/5B/2021/206 du 28 septembre 2021, partie I, section 1, II, A).

En font partie, notamment, les signataires d'un contrat de formation en alternance (ex : contrat d'apprentissage) [voir *Apprentissage (contrat)**, *contrat de professionnalisation**] ou d'un contrat d'insertion (ex : *contrat d'accompagnement dans l'emploi**), ainsi que les entrepreneurs salariés et les entrepreneurs salariés associés des coopératives d'activité et d'emploi.

En revanche, les stagiaires en milieu professionnel, qui n'ont pas de contrat de travail au titre de cette activité (voir *Stages en entreprise**), ne peuvent pas ouvrir droit à l'exonération, même s'ils sont affiliés au régime général de sécurité sociale.

Certains dirigeants d'entreprise, titulaires d'un contrat de travail distinct de l'exercice de leur *mandat social**, ouvrent aussi droit au bénéfice de l'exonération pour la part de leur activité exercée au titre de ce contrat de travail (instr. DSS/5B/2021/206 du 28 septembre 2021, partie I, section 1, II, C). Sont visés :
- les gérants minoritaires ou égalitaires de sociétés à responsabilité limitée (SARL) et de sociétés d'exercice libéral à responsabilité limitée (c. séc. soc. art. L. 311-3, 11°) ;
- les présidents de conseil d'administration, les directeurs généraux et les directeurs généraux délégués des sociétés anonymes et des sociétés d'exercice libéral à forme anonyme, ainsi que les directeurs généraux et les directeurs généraux délégués des institutions de prévoyance, des unions d'institutions de prévoyance et des sociétés de groupe assurantiel de protection sociale (c. séc. soc. art. L. 311-3, 12°) ;
- les membres des sociétés coopératives de production ainsi que les gérants, les directeurs généraux, les présidents du conseil d'administration et les membres du directoire des mêmes coopératives (c. séc. soc. art. L. 311-3, 13°) ;
- les présidents et dirigeants des sociétés par actions simplifiées et des sociétés d'exercice libéral par actions simplifiées (c. séc. soc. art. L. 311-3, 23°) ;
- les dirigeants des associations dont la gestion est désintéressée (c. séc. soc. art. L. 311-3, 22° ; CGI art. 261, 7, 1°, d, al. 2).

Sont également visés les présidents du conseil d'administration, les présidents-directeurs généraux, les directeurs généraux et directeurs généraux délégués des SA, les gérants minoritaires ou égalitaires de SARL et les présidents et dirigeants de SAS, lorsque ces sociétés relèvent du domaine agricole (c. rural art. L. 722-20, 8° et 9°).

▶ À noter… Pour la rémunération perçue au titre de leur mandat social, ces dirigeants d'entreprises bénéficient uniquement du dispositif d'aide au paiement des cotisations sociales *(voir plus loin)*.

Périodes d'emploi concernées - Dans le cas général, l'exonération « covid 1 » porte sur les cotisations patronales dues au titre de la période d'emploi comprise (loi 2020-935 du 30 juillet 2020, art. 65, I) :
- entre le 1.02.2020 et le 31.05.2020 pour les employeurs de moins de 250 salariés relevant des secteurs S1 et S1 bis *(voir plus haut)* ;
- entre le 1.02.2020 et le 30.04.2020 pour les employeurs de moins de 10 salariés relevant des secteurs S2 *(voir plus haut)*.

En Guyane et à Mayotte, l'exonération porte sur les cotisations patronales dues au titre de la période d'emploi qui s'étend du 1.02.2020 au 30.09.2020 (dernier jour du mois au cours duquel le premier état d'urgence sanitaire a pris fin dans ces collectivités) (loi 2020-935 du 30 juillet 2020, art. 65, I ; instr. DSS/5B/2021/206 du 28 septembre 2021, partie I, section 2, IV, A).

En outre, pour les employeurs pour lesquels l'interdiction d'accueil du public a été prolongée (ex : hippodromes, discothèques), la période d'emploi visée s'étend du 1.02.2020 jusqu'au dernier jour du mois précédant celui de l'autorisation d'accueil du public (loi 2020-935 du 30 juillet 2020, art. 65, I ; instr. DSS/5B/2021/206 du 28 septembre 2021, partie I, section 2, IV, B).

Exemples

Les activités relatives aux stades, hippodromes et croisières fluviales n'ont été autorisées à accueillir du public qu'à compter du 11.07.2020. Les employeurs exerçant ces activités bénéficient du dispositif d'exonération au titre des périodes d'emploi courant du 1.02.2020 au 30.06.2020.

Les employeurs relevant du secteur des discothèques n'ont été autorisés à rouvrir qu'à partir du 9.07.2021. Ils sont donc éligibles au dispositif d'exonération « covid 1 » au titre des périodes d'emploi courant du 1.02.2020 au 30.06.2021, y compris, donc, pour les périodes d'emploi courant à compter du 1.09.2020. Ces périodes pourraient en effet être couvertes par l'exonération « covid 2 » *(voir plus loin)*, mais les employeurs ne peuvent pas cumuler les deux dispositifs pour une même période d'emploi.

Critère d'effectif - L'effectif de 250 (secteurs S1 et S1 bis) ou de 10 salariés (secteurs S2) est apprécié conformément aux règles de l'*effectif sécurité sociale**. Néanmoins, le dispositif de lissage des effets de seuil sur 5 ans prévu par le code de la sécurité sociale n'est pas applicable (décret 2020-1103 du 1er septembre 2020, art. 3).

Sauf cas particuliers, on retient donc l'effectif annuel moyen de l'année précédente calculé au niveau de l'entreprise, tous établissements confondus (c. séc. soc. art. L. 130-1, I et R. 130-1).

▶ À noter… Dans le cas d'une entreprise étrangère, l'effectif prend en compte l'ensemble des établissements situés en France et à l'étranger (instr. DSS/5B/2021/206 du 28 septembre 2021, partie I, section 2, V, A).

L'effectif s'apprécie au 31.12.2019 ou, pour les entreprises créées en 2020, au dernier jour du mois au cours duquel a été réalisée la première embauche (instr. DSS/5B/2021/206 du 28 septembre 2021, partie I, section 2, V, A).

Exemples

Une entreprise du secteur de l'événementiel composée de deux établissements, un établissement A de 250 salariés et un établissement B de 22 salariés, n'est pas éligible, y compris pour l'établissement B, dans la mesure où l'effectif est déterminé pour tous les établissements confondus.

Une entreprise qui dépend du secteur du tourisme emploie moins de 250 salariés mais fait partie d'un groupe de plus de 250 salariés. Le critère d'effectif est respecté dans la mesure où il s'apprécie au niveau de l'entreprise.

Critère d'activité principale - Pour déterminer l'éligibilité à l'exonération « covid 1 », seule l'activité principale exercée par l'employeur est prise en compte (décret 2020-1103 du 1er septembre 2020, art. 1er, III). Ainsi, dans l'hypothèse où, parallèlement à son activité principale, un employeur exerce une activité annexe de nature distincte, cette dernière ne sera pas retenue afin d'apprécier son éligibilité (instr. DSS/5B/2021/206 du 28 septembre 2021, partie I, section 2, V, B).

L'activité principale de l'employeur est déterminée, dans le cas général, au niveau de l'entreprise. Le code caractérisant l'activité principale exercée (code APE), attribué par l'INSEE en référence à la nomenclature d'activités française (NAF), est déterminé, selon la nature de l'activité, soit selon le nombre de salariés occupés (pour les activités industrielles), soit selon la part de chiffre d'affaires que représente cette activité (pour les activités commerciales et de prestations de services multiples). Lorsque l'entreprise exerce à la fois une activité industrielle et une activité commerciale, l'activité sera considérée comme industrielle si la part du chiffre d'affaires d'origine industrielle représente au moins 25 % du chiffre d'affaires total (instr. DSS/5B/2021/206 du 28 septembre 2021, partie I, section 2, V, B).

Toutefois, l'attribution d'un code APE correspondant à l'une des activités éligibles ne saurait conduire par lui-même à créer des droits ou des obligations en faveur ou à la charge des employeurs concernés. Quel que soit le code attribué, seule l'activité réellement exercée par l'employeur permet de déterminer effectivement l'éligibilité à l'exonération.

Pour les associations n'ayant pas de chiffre d'affaires, d'autres critères doivent être mobilisés pour définir l'activité (statuts et objet de l'association, affectation des ressources).

Dans les cas où une entreprise comporte plusieurs établissements distincts exerçant des activités différentes, le droit à l'exonération peut être apprécié en fonction de l'activité de chacun des établissements, indépendamment de l'activité des autres.

Si l'activité d'un établissement relève de l'un des secteurs éligibles, l'exonération sera appliquée aux seuls salariés de cet établissement. En conséquence :
- si l'activité principale de l'entreprise relève des secteurs éligibles à l'exonération, celle-ci est applicable à tous les établissements de l'entreprise, y compris aux établissements dont l'activité ne correspond pas à une activité éligible ;
- si l'activité principale de l'entreprise ne relève pas des secteurs éligibles, l'exonération peut néanmoins être appliquée au titre des salariés d'un établissement dont l'activité principale est éligible.

Exemple

Une association multi-établissements de 150 salariés relève, en ce qui concerne son activité principale, du secteur médico-social. Un de ses établissements relève du secteur de la restauration. L'établissement dont l'activité est la restauration peut bénéficier de l'exonération, dans la mesure où l'effectif de l'entreprise, tous établissements confondus, est bien inférieur à 250 salariés.

Critère de perte de chiffre d'affaires (secteurs S1 bis) - Les employeurs de moins de 250 salariés relevant des secteurs S1 bis doivent avoir subi une baisse de chiffre d'affaires d'au moins 80 % au titre de la période comprise entre le 15.03.2020 et le 15.05.2020 inclus (décret 2020-1103 du 1er septembre 2020, art. 2, I) :
- par rapport à la même période de l'année précédente ;
- ou, pour les employeurs qui le souhaitent, par rapport au chiffre d'affaires mensuel moyen de l'année 2019 ramené sur 2 mois ;
- ou, pour les entreprises créées après le 15.03.2019 et avant le 10.03.2020, par rapport au montant moyen calculé sur 2 mois du chiffre d'affaires réalisé entre la date de création de l'entreprise et le 15.03.2020.

▶ À noter… La notion de chiffres d'affaires s'entend comme le chiffre d'affaires hors taxes ou, lorsque l'entreprise relève de la catégorie des bénéfices non commerciaux, comme les recettes nettes hors taxes. Pour la détermination du chiffre d'affaires ou des recettes nettes, il n'est pas tenu compte des dons et subventions perçus par les associations (instr. DSS/5B/2021/206 du 28 septembre 2021, partie I, section 2, V, C, 1).

Afin de prendre en compte la saisonnalité importante de certaines activités, cette condition de baisse importante du chiffre d'affaires est également remplie lorsque la baisse représente, sur la période comprise entre le 15.03.2020 et le 15.05.2020 par rapport à la même période de l'année précédente, au moins 30 % :
- du chiffre d'affaires de l'année 2019 ;
- ou, pour les entreprises créées entre le 1.01.2019 et le 14.03.2019, du chiffre d'affaires réalisé entre la date de création de l'entreprise et le 31.12.2019 ramené sur 12 mois.

Exemples

Un employeur relevant du secteur viticole a réalisé un chiffre d'affaires annuel de 1,2 M€ en 2019, dont 200 000 € entre le 15 mars et le 15 mai. Entre le 15 mars et le 15 mai 2020, cet employeur a réalisé un chiffre d'affaires de 30 000 €. La baisse de chiffre d'affaires entre ces deux périodes est de 85 %, l'employeur est donc éligible à l'exonération (instr. DSS/5B/2021/206 du 28 septembre 2021, partie I, section 2, V, C, 2).

Un employeur relevant du secteur horticole a réalisé un chiffre d'affaires annuel de 500 000 € en 2019, dont 200 000 € entre le 15 mars et le 15 mai. Entre le 15 mars et le 15 mai 2020, cet employeur a réalisé un chiffre d'affaires de 50 000 €. La baisse de chiffre d'affaires entre ces deux périodes est de 75 %, l'employeur n'est donc pas éligible à l'exonération au titre du critère de baisse de chiffre d'affaires d'au moins 80 %. Toutefois, la baisse de chiffre d'affaires entre ces deux périodes se monte à 150 000 €, ce qui représente 30 % du chiffre d'affaires réalisé en 2019. L'employeur est donc éligible à l'exonération au titre du critère de baisse de chiffre d'affaires tenant compte de la saisonnalité importante de cette activité (instr. DSS/5B/2021/206 du 28 septembre 2021, partie I, section 2, V, C, 2).

Le critère de baisse de chiffre d'affaires est apprécié au niveau de l'entreprise. Toutefois, dans les cas où l'activité est appréciée au niveau de l'établissement pour les employeurs exerçant plusieurs activités *(voir plus haut)*, la baisse de chiffre d'affaires est également appréciée au niveau de l'établissement (instr. DSS/5B/2021/206 du 28 septembre 2021, partie I, section 2, V, C, 1).

▶ À noter… Pour les employeurs ne réalisant pas de chiffre d'affaires du fait de leur activité (associations, sociétés civiles), le critère de chiffre d'affaires ne peut être rempli. Ils ne sont dès lors éligibles à l'exonération que s'ils relèvent de l'un des secteurs dits « S1 » (instr. DSS/5B/2021/206 du 28 septembre 2021, partie I, section 2, V, C, 1).

Critère d'interdiction d'accueil du public (secteurs S2) - Satisfont le critère d'interdiction d'accueil du public les activités qui ont été interrompues en application du décret 2020-293 du 23 mars 2020 prescrivant les mesures générales nécessaires pour faire face à l'épidémie de covid-19 dans le cadre de l'état d'urgence sanitaire (décret 2020-1103 du 1er septembre 2020, art. 1er, I, II).

Les décisions locales d'interruption d'activité prises en application de ce décret satisfont également au critère d'interdiction d'accueil du public. En revanche, les fermetures administratives décidées sur la base d'autres fondements (ex : fermeture administrative liée au non-respect du protocole sanitaire, fermeture des cabinets médicaux et paramédicaux sur décision de leur ordre professionnel), ainsi que les cas où l'activité a été interrompue de manière volontaire par l'employeur n'ouvrent pas droit à l'exonération « covid 1 » (instr. DSS/5B/2021/206 du 28 septembre 2021, partie I, section 2, V, D).

Critère géographique - Lorsque l'éligibilité à l'exonération est soumise à un critère géographique (ex : prolongation de l'exonération en Guyane et à Mayotte), la condition est remplie dès lors que le siège social de l'entreprise est situé dans l'une des zones éligibles. L'exonération s'applique alors à l'ensemble des salariés de l'entreprise, y compris ceux rattachés à des établissements qui ne sont pas situés dans ces zones. Toutefois, si le siège social de l'entreprise n'est pas situé dans une zone éligible, l'exonération peut s'appliquer aux salariés rattachés aux établissements de l'entreprise situés dans une zone éligible (instr. DSS/5B/2021/206 du 28 septembre 2021, partie I, section 2, V, E).

Cas particuliers des ETT - Les entreprises de travail temporaire (ETT) bénéficient, pour chaque mission, de l'exonération « covid 1 » lorsque les entreprises utilisatrices auxquelles elles sont liées par un contrat de mise à disposition y sont éligibles au titre de leur activité principale *(voir plus haut)* et, le cas échéant, de leur perte de chiffre d'affaires *(voir plus haut)*, selon des modalités identiques à celles prévues pour les autres employeurs (décret 2020-1103 du 1er septembre 2020, art. 4 ; instr. DSS/5B/2021/206 du 28 septembre 2021, partie I, section 2, V, F, 1).

Toutefois, l'effectif pris en compte est celui de l'entreprise de travail temporaire (décret 2020-1103 du 1er septembre 2020, art. 4).

Quant aux missions concernées, ce sont celles confiées à des salariés en contrat de travail temporaire et en CDI intérimaire (instr. DSS/5B/2021/206 du 28 septembre 2021, partie I, section 2, V, F, 1).

Les salariés permanents des agences de travail temporaire sont éligibles à l'exonération « covid 1 » lorsqu'au moins 50 % du chiffre d'affaires de l'agence est réalisé avec une ou des entreprises du secteur de l'événementiel, de l'hôtellerie ou de la restauration. Les conditions d'éligibilité sont appréciées selon les mêmes modalités que pour les autres employeurs.

Cas particulier des groupements d'employeurs - Pour les groupements d'employeurs (c. trav. art. L. 1253-1), les conditions liées au secteur d'activité, à l'effectif et à la baisse du chiffre d'affaires prises en compte pour déterminer l'éligibilité à l'exonération *(voir plus haut)* sont appréciées au niveau du groupement, selon des modalités identiques à celles prévues pour les autres employeurs (décret 2020-1103 du 1er septembre 2020, art. 5, modifié par décret 2021-75 du 27 janvier 2021, art. 12 ; instr. DSS/5B/2021/206 du 28 septembre 2021, partie I, section 2, V, F, 2).

L'activité principale est déterminée en fonction de l'activité majoritaire des membres du groupement : si une majorité des employeurs adhérents du groupement a pour activité principale une activité relevant d'un secteur éligible à l'exonération, alors celui-ci pourra en bénéficier au titre de ses salariés (instr. DSS/5B/2021/206 du 28 septembre 2021, partie I, section 2, V, F, 2).

Cas particulier des sociétés holding - Les entreprises contrôlant, au sens de l'article L. 233-3 du code du commerce, une ou plusieurs sociétés commerciales bénéficient de l'exonération « covid 1 » lorsque l'ensemble des sociétés contrôlées y sont éligibles et que la somme totale du nombre des salariés de la holding et des salariés des entités liées respecte le critère d'effectif *(voir plus bas)* (instr. DSS/5B/2021/206 du 28 septembre 2021, partie I, section 2, V, F, 3).

Cotisations concernées - Les cotisations et contributions patronales exonérées sont celles qui entrent dans le champ d'application de la *réduction générale de cotisations patronales**, à l'exception des cotisations de retraite complémentaire (ex. : AGIRC-ARRCO) *(voir tableau reproduit ci-après)*. Pour la cotisation AT/MP, l'exonération ne concerne que la fraction égale à 0,69 point en 2020 et 0,70 point en 2021 (loi 2020-935 du 30 juillet 2020, art. 65, I ; décret 2020-1103 du 1er septembre 2020, art. 6 ; instr. DSS/5B/2021/206 du 28 septembre 2021, partie I, section 3, I, B).

Dans le cas général, au titre de 2020, la somme des taux des cotisations et contributions sociales exonérées est donc égale, pour un salarié rémunéré en dessous du plafond annuel de la sécurité sociale (3 428 € par mois en 2020 et 2021), à 26,04 % (pour un employeur soumis à un taux de contribution au FNAL de 0,10 %) ou à 26,44 % (pour un employeur soumis à un taux de contribution au FNAL de 0,50 %). Au titre de 2021, ces taux sont respectivement de 26,05 % et 26,45 % (instr. DSS/5B/2021/206 du 28 septembre 2021, partie I, section 3, I, B).

Lorsque l'employeur est soumis à des taux spécifiques, les cotisations et contributions sont exonérées à hauteur de ces taux, dans la limite des taux de droit commun.

Exemple

Un employeur d'intermittents du spectacle ne sera exonéré de la contribution patronale d'assurance chômage, qui s'élève à 9,05 % pour ses salariés, qu'à hauteur des 4,05 points correspondant au taux de droit commun.

La majoration patronale de 0,5 % due au titre des CDD « d'usage » dans certains secteurs [voir *Contrat de travail à durée déterminée (d'usage)**] ne fait pas l'objet d'une exonération.

La part des cotisations et contributions exonérées dépendra des cotisations restant dues après application soit de la *réduction générale de cotisations patronales**, soit de tout autre dispositif d'exonération ou de réduction de cotisations dont l'employeur bénéficie *(voir plus bas, « Détermination du montant de l'exonération »)* (instr. DSS/5B/2021/206 du 28 septembre 2021, partie I, section 3, I, B).

Rémunération à retenir - La rémunération à retenir comme assiette de l'exonération « covid 1 »

Cotisations et contributions dans le périmètre de l'exonération « covid-1 »

Cotisation ou contribution patronales concernées	Taux
Cotisation d'assurance maladie	7 % (rémunération 2,5 SMIC) ou 13 % (rémunération > 2,5 SMIC)
Cotisation d'assurance vieillesse (plafonnée et déplafonnée)	10,45 % pour une rémunération PASS*. Pour la part de rémunération > PASS*, seule la cotisation déplafonnée de 1,90 % est applicable
Cotisations d'allocations familiales	3,45 % (rémunération 3,5 SMIC) ou 5,25 % (rémunération > à 3,5 SMIC)
Cotisation d'accidents du travail et de maladies professionnelles (AT/MP)	0,69 % en 2019 et 0,70 % en 2021
Contribution de solidarité pour l'autonomie	0,30 %
Contribution d'assurance chômage (1)	4,05 %
Contribution FNAL	0,10 % (employeurs de moins de 50 salariés) ou 0,50 % (employeurs de 50 salariés et plus)

* PASS : plafond annuel de la sécurité sociale

(1) Sont en revanche exclues du dispositif d'exonération (circ Unédic 2020-14 du 29 octobre 2020) : les contributions d'assurance chômage dues au titre de l'emploi de salariés expatriés affiliés à titre facultatif par leur employeur, ainsi que les contributions à la charge des salariés expatriés en adhésion individuelle ; les surcontributions spécifiques patronale (5 %) et salariale (2,40 %) dues pour les intermittents du spectacle (annexe VIII et X du règlement d'assurance chômage) ; la majoration de 0,50 % due au titre de certains CDD d'usage ; les contributions dues par l'employeur dans le cadre du contrat de sécurisation professionnelle (c. trav. art. L. 1233-66 et L. 1233-69) ; la taxe forfaitaire sur les contrats à durée déterminée d'usage, due au titre des embauches réalisées entre le 1.02.2020 et le 31.05.2020 (circ. Unédic 2020-11 du 1er septembre 2020) ; la contribution spécifique applicable aux chambres de commerce et d'industrie ayant adhéré au régime d'assurance chômage (c. trav. art. L. 5424-5- 1 et D. 5424-6) ; la cotisation AGS due au titre du régime de garantie des créances des salariés (c. trav. art. L. 3253-18).

Source : DSS/5B/2021/206 du 28 septembre 2021, partie I, section 3, I, B.

est celle soumise aux cotisations de sécurité sociale dues au titre de la période d'emploi concernée *(voir plus haut)*, en retenant, le cas échéant (instr. DSS/5B/2021/206 du 28 septembre 2021, partie I, section 3, I, A) :

- la part des indemnités complémentaires d'*activité partielle** supérieure à 3,15 SMIC ;
- les rémunérations se rattachant aux périodes d'emploi concernées *(voir plus haut)*, même si elles sont versées postérieurement (ex. : rémunérations versées en décalage de la paye avec rattachement à la période d'emploi, rappels de salaire et corrections d'erreurs rattachés à la période d'emploi au titre de laquelle ils sont dus).

En revanche, les éléments ponctuels « versés de manière habituelle et normale » le ou les mois suivant celui au titre duquel ils sont dus sont rattachés à la période à laquelle ils sont versés (ex. : heures supplémentaires).

Par ailleurs, dans le cas où l'employeur applique un abattement d'assiette ou une assiette forfaitaire, c'est cette assiette abattue ou forfaitaire qu'il faut retenir comme assiette de l'exonération.

Détermination du montant de l'exonération - L'exonération « covid 1 » est applicable sans limite de rémunération.

Le montant de l'exonération est égal (loi 2020-935 du 30 juillet 2020, art. 65, I ; instr. DSS/5B/2021/206 du 28 septembre 2021, partie I, section 3, I, C) :

- au montant des cotisations et contributions sociales concernées *(voir plus haut)* ;
- après application de la *réduction générale de cotisations patronales** et de tout autre dispositif d'exonération dont l'employeur bénéficie le cas échéant (ex : exonération ZRR).

En pratique, l'exonération n'a pas d'intérêt pour les entreprises qui appliquent la *réduction générale de cotisations patronales** au titre de leurs salariés rémunérés au *SMIC**, puisque toutes les cotisations concernées sont déjà exonérées au titre de la réduction générale. Ces entreprises peuvent se tourner vers l'aide au paiement des cotisations sociales restant dues *(voir plus loin)*. Le dispositif prend en revanche tout son sens si l'entreprise rémunère ses salariés au-delà du SMIC, et encore plus au-delà de 1,6 SMIC, la réduction générale n'étant alors plus applicable.

Lorsque les autres mesures d'exonération ou de réduction sont applicables sur une base annualisée, le montant des cotisations et contributions restant dues est déterminé au vu du niveau d'exonération calculé pour chacun des mois ouvrant droit aux exonérations « covid 1 » et « covid 2 » *(voir plus loin)*, et sans tenir compte de la régularisation postérieure du montant de l'exonération ou de la réduction (instr. DSS/5B/2021/206 du 28 septembre 2021, partie I, section 3, I, C).

Exemples de détermination du montant de l'exonération « covid 1 » (*)
1) Employeur de moins de 50 salariés d'un secteur S1, pour un salarié dont la rémunération est égale à 2 fois le SMIC, sans application d'un dispositif d'exonération ciblée.
• Rémunération mensuelle : 3 078,83 € (1) • Somme des taux des cotisations dues : 26,04 %, compte tenu de l'application des réductions proportionnelles des taux maladie et famille • Montant de l'exonération « covid 1 », mois de février à mai 2020 : (26,04 % × 3 078,83 €) × 4 mois = 3 206,91 €
2) Employeur de moins de 50 salariés d'un secteur S1, pour un salarié dont la rémunération est égale à 3 fois le SMIC, sans application d'un dispositif d'exonération ciblée.
• Rémunération mensuelle : 4 618,25 € (1) • Somme des taux de cotisations jusqu'à 1 PASS (2) : 32,04 % (rémunération > à 2,5 SMIC mais à 3,5 SMIC : seule la réduction proportionnelle du taux famille s'applique) • Somme des taux de cotisations au-dessus du PASS (2) : 23,39 % • Montant de l'exonération « covid 1 », mois de février à mai 2020 : [(3 428 × 32,04 %) + (4 618,25 – 3 428) × 23,39 %] × 4 mois = 5 506,92 €
3) Employeur de moins de 50 salariés d'un secteur S1, pour un salarié dont la rémunération est égale à 1,3 fois le SMIC pour lequel la réduction générale de cotisations est appliquée.
• Rémunération mensuelle : 2 001,24 € • Somme des taux de cotisations dues : 26,04 % • Coefficient de la réduction générale (3) : 10,02 % • Montant mensuel de la réduction générale (3) : 10,02 % × 2 001,24 = 200,52 € • Montant de la seconde exonération covid, mois de février à mai 2020 : [(2 001,24 × 26,04 %) – 200,52 €] × 4 mois = 1 282,40 €
(*) Instr. DSS /5B/2021/206 du 28 septembre 2021, partie I, section 3, I, C. (1) Dans ces exemples, la rémunération n'est pas éligible à la réduction générale de cotisations. (2) PASS : plafond annuel de la sécurité sociale. (3) Ici, part URSSAF de la réduction générale, c'est-à-dire hors cotisations AGIRC-ARRCO.

Un exemple de détermination du montant des exonérations « covid 1 » et « covid 2 » sur une base annualisée est reproduit plus bas dans cette étude.

Modalités déclaratives - Pour bénéficier de l'exonération « covid 1 », il n'y a pas de demande à formuler auprès de l'URSSAF (CGSS en outre-mer ou caisse de MSA). L'exonération doit être déclarée dans la DSN, pour chaque mois concerné (instr. DSS/5B/2021/206 du 28 septembre 2021, partie I, section 3, I, D).

Pour les employeurs de salariés expatriés, d'artistes du spectacle ou d'ouvriers et techniciens de l'édition d'enregistrement sonore, de la production cinématographique et audiovisuelle, de la radio, de la diffusion et du spectacle, pour lesquels les contributions d'assurance chômage sont recouvrées par Pôle Emploi, le montant déclaré aux URSSAF ne doit pas inclure la part d'exonération relative à ces contributions. Cette part est à déclarer dans le bordereau récapitulatif annuel des contributions chômage de ces populations.

Activités éligibles aux exonérations et aides au paiement « covid 1 » et « covid 2 » pour les employeurs de moins de 250 salariés les plus impactés*

Secteurs particulièrement affectés par la crise sanitaire, dits « S1 » (1)	
• Téléphériques et remontées mécaniques • Hôtels et hébergement similaire • Hébergement touristique et autre hébergement de courte durée • Terrains de camping et parcs pour caravanes ou véhicules de loisirs • Restauration traditionnelle • Cafétérias et autres libres-services • Restauration de type rapide • Services de restauration collective sous contrat, de cantines et restaurants d'entreprise • Services des traiteurs • Débits de boissons • Projection de films cinématographiques et autres industries techniques du cinéma et de l'image animée • Post-production de films cinématographiques, de vidéo et de programmes de télévision • Distribution de films cinématographiques • Conseil et assistance opérationnelle apportés aux entreprises et aux autres organisations de distribution de films cinématographiques en matière de relations publiques et de communication • Location et location-bail d'articles de loisirs et de sport • Activités des agences de voyages • Activités des voyagistes • Autres services de réservation et activités connexes • Organisation de foires, événements publics ou privés, salons ou séminaires professionnels, congrès • Agences de mannequins • Entreprises de détaxe et bureaux de change (changeurs manuels) • Enseignement de disciplines sportives et d'activités de loisirs • Arts du spectacle vivant, cirques • Activités de soutien au spectacle vivant • Création artistique relevant des arts plastiques • Galeries d'art • Artistes auteurs • Gestion de salles de spectacles et production de spectacles • Gestion des musées • Guides conférenciers	• Autres activités liées au sport • Activités des parcs d'attractions et parcs à thèmes, fêtes foraines • Autres activités récréatives et de loisirs • Exploitations de casinos • Entretien corporel • Trains et chemins de fer touristiques • Transport transmanche • Transport aérien de passagers • Transport de passagers sur les fleuves, les canaux, les lacs, location de bateaux de plaisance • Transports routiers réguliers de voyageurs • Autres transports routiers de voyageurs • Transport maritime et côtier de passagers • Production de films et de programmes pour la télévision • Production de films institutionnels et publicitaires • Production de films pour le cinéma • Activités photographiques • Enseignement culturel • Traducteurs - interprètes • Prestation et location de chapiteaux, tentes, structures, sonorisation, photographie, lumière et pyrotechnie • Transports de voyageurs par taxis et véhicules de tourisme avec chauffeur • Location de courte durée de voitures et de véhicules automobiles légers • Fabrication de structures métalliques et de parties de structures • Régie publicitaire de médias • Accueils collectifs de mineurs en hébergement touristique • Agences artistiques de cinéma • Fabrication et distribution de matériels scéniques, audiovisuels et événementiels • Exportateurs de films • Commissaires d'exposition • Scénographes d'exposition • Magasins de souvenirs et de piété • Entreprises de covoiturage • Entreprises de transport ferroviaire international de voyageurs • Garde d'animaux de compagnie avec ou sans hébergement • Fabrication de dentelle et broderie • Couturiers • Écoles de français langue étrangère • Commerce des vêtements de cérémonie, d'accessoires de ganterie et de chapellerie et de costumes pour les grands événements

Activités éligibles aux exonérations et aides au paiement « covid 1 » et « covid 2 » pour les employeurs de moins de 250 salariés les plus impactés*	
Secteurs dits « S1 bis » (2)	
• Gestion des sites et monuments historiques et des attractions touristiques similaires • Gestion des jardins botaniques et zoologiques et des réserves naturelles • Gestion d'installations sportives • Activités de clubs de sports • Activité des centres de culture physique • Commerce de gros d'autres biens domestiques • Commerce de gros de vaisselle, verrerie et produits d'entretien • Commerce de gros de fournitures et équipements divers pour le commerce et les services • Commerce de détail en magasin situé dans une zone touristique internationale mentionnée à l'article L. 3132-24 du code du travail, à l'exception du commerce alimentaire ou à prédominance alimentaire (hors commerce de boissons en magasin spécialisé), du commerce d'automobiles, de motocycles, de carburants, de charbons et combustibles, d'équipements du foyer, d'articles médicaux et orthopédiques et de fleurs, plantes, graines, engrais, animaux de compagnie et aliments pour ces animaux • Blanchisserie-teinturerie de gros • Stations-service • Enregistrement sonore et édition musicale • Éditeurs de livres • Services auxiliaires des transports aériens • Services auxiliaires de transport par eau • Boutique des galeries marchandes et des aéroports • Autres métiers d'art • Paris sportifs • Activités liées à la production de matrices sonores originales, sur bandes, cassettes, CD, la mise à disposition des enregistrements, leur promotion et leur distribution • Tourisme de savoir-faire : entreprises réalisant des ventes directement sur leur site de production, aux visiteurs et qui ont obtenu le label : « entreprise du patrimoine vivant » ou qui sont titulaires de la marque d'État « Qualité Tourisme TM » au titre de la visite d'entreprise ou qui utilisent des savoir-faire inscrits sur la liste représentative du patrimoine culturel immatériel de l'humanité, dans la catégorie des « savoir-faire liés à l'artisanat traditionnel » • Activités de sécurité privée • Nettoyage courant des bâtiments • Autres activités de nettoyage des bâtiments et nettoyage industriel • Fabrication de foie gras • Préparation à caractère artisanal de produits de charcuterie • Pâtisserie • Commerce de détail de viandes et de produits à base de viande en magasin spécialisé • Commerce de détail de viande, produits à base de viandes sur éventaires et marchés • Fabrication de vêtements de travail • Reproduction d'enregistrements • Fabrication de verre creux • Fabrication d'articles céramiques à usage domestique ou ornemental	• Articles pour fêtes et divertissements, panoplies et déguisements • Commerce de gros de vêtements de travail • Antiquaires • Équipementiers de salles de projection cinématographiques • Édition et diffusion de programmes radios à audience locale, éditions de chaînes de télévision à audience locale • Correspondants locaux de presse • Fabrication de skis, fixations et bâtons pour skis, chaussures de ski • Réparation de chaussures et d'articles en cuir • Entreprises artisanales réalisant au moins 50 % de leur chiffre d'affaires par la vente de leurs produits ou services sur les foires et salons • Métiers graphiques, métiers d'édition spécifique, de communication et de conception de stands et d'espaces éphémères réalisant au moins 50 % de leur chiffre d'affaires avec une ou des entreprises du secteur de l'organisation de foires, d'événements publics ou privés, de salons ou séminaires professionnels ou de congrès • Prestation de services spécialisés dans l'aménagement et l'agencement des stands, hôtels, restaurants et lieux lorsqu'au moins 50 % du chiffre d'affaires est réalisé avec une ou des entreprises du secteur de la production de spectacles, l'organisation de foires, d'événements publics ou privés, de salons ou séminaires professionnels ou de congrès, de l'hôtellerie et de la restauration • Activités immobilières, lorsqu'au moins 50 % du chiffre d'affaires est réalisé avec une ou des entreprises du secteur de l'organisation de foires, d'événements publics ou privés, de salons ou séminaires professionnels ou de congrès • Entreprises de transport réalisant au moins 50 % de leur chiffre d'affaires avec une ou des entreprises du secteur de l'organisation de foires, d'événements publics ou privés, de salons ou séminaires professionnels ou de congrès • Entreprises du numérique réalisant au moins 50 % de leur chiffre d'affaires avec une ou des entreprises du secteur de l'organisation de foires, d'événements publics ou privés, de salons ou séminaires professionnels ou de congrès • Fabrication de linge de lit et de table lorsqu'au moins 50 % du chiffre d'affaires est réalisé avec une ou des entreprises du secteur de l'hôtellerie et de la restauration • Fabrication de produits alimentaires lorsqu'au moins 50 % du chiffre d'affaires est réalisé avec une ou des entreprises des secteurs de l'événementiel, de l'hôtellerie ou de la restauration • Fabrication d'équipements de cuisines lorsqu'au moins 50 % du chiffre d'affaires est réalisé avec une ou des entreprises du secteur de la restauration • Installation et maintenance de cuisines lorsqu'au moins 50 % du chiffre d'affaires est réalisé avec une ou des entreprises du secteur de la restauration • Élevage de pintades, de canards et d'autres oiseaux (hors volaille) lorsqu'au moins 50 % du chiffre d'affaires est réalisé avec une ou des entreprises du secteur de la restauration • Prestations d'accueil lorsqu'au moins 50 % du chiffre d'affaires est réalisé avec une ou des entreprises du secteur de l'événementiel • Prestataires d'organisation de mariage lorsqu'au moins 50 % du chiffre d'affaires est réalisé avec une ou des entreprises du secteur de l'événementiel ou de la restauration • Location de vaisselle lorsqu'au moins 50 % du chiffre d'affaires est réalisé avec une ou des entreprises du secteur de l'organisation de foires, d'événements publics ou privés, de salons ou séminaires professionnels ou de congrès

Covid-19 (exonérations et aides au paiement des cotisations)

Activités éligibles aux exonérations et aides au paiement « covid 1 » et « covid 2 » pour les employeurs de moins de 250 salariés les plus impactés*

- Fabrication de coutellerie Fabrication d'articles métalliques ménagers
- Fabrication d'appareils ménagers non électriques
- Fabrication d'appareils d'éclairage électrique
- Travaux d'installation électrique dans tous locaux
- Aménagement de lieux de vente
- Commerce de détail de fleurs, en pot ou coupées, de compositions florales, de plantes et de graines
- Commerce de détail de livres sur éventaires et marchés
- Courtier en assurance voyage
- Location et exploitation d'immeubles non résidentiels de réception
- Conseil en relations publiques et communication
- Activités des agences de publicité
- Activités spécialisées de design
- Activités spécialisées, scientifiques et techniques diverses
- Services administratifs d'assistance à la demande de visas
- Autre création artistique
- Blanchisserie-teinturerie de détail
- Construction de maisons mobiles pour les terrains de camping
- Fabrication de vêtements de cérémonie, d'accessoires de ganterie et de chapellerie et de costumes pour les grands événements
- Vente par automate
- Commerce de gros de viandes et de produits à base de viande
- Fabrication de coutellerie Fabrication des nappes et serviettes de fibres de cellulose lorsqu'au moins 50 % du chiffre d'affaires est réalisé avec une ou des entreprises du secteur de la restauration
- Collecte des déchets non dangereux lorsqu'au moins 50 % du chiffre d'affaires est réalisé avec une ou des entreprises du secteur de la restauration
- Exploitations agricoles des filières dites festives lorsqu'au moins 50 % du chiffre d'affaires est réalisé avec une ou des entreprises du secteur de la restauration
- Entreprises de transformation et conservation de poisson, de crustacés et de mollusques des filières dites festives lorsqu'au moins 50 % du chiffre d'affaires est réalisé avec une ou des entreprises du secteur de la restauration
- Activités des agences de presse lorsqu'au moins 50 % du chiffre d'affaires est réalisé avec une ou des entreprises du secteur de l'événementiel, du tourisme, du sport ou de la culture
- Édition de journaux, éditions de revues et périodiques lorsqu'au moins 50 % du chiffre d'affaires est réalisé avec une ou des entreprises du secteur de l'événementiel, du tourisme, du sport ou de la culture
- Entreprises de conseil spécialisées lorsqu'au moins 50 % du chiffre d'affaires est réalisé avec une ou des entreprises du secteur de l'événementiel, du tourisme, du sport ou de la culture
- Commerce de gros (commerce interentreprises) de matériel électrique lorsqu'au moins 50 % du chiffre d'affaires est réalisé avec une ou des entreprises du secteur du secteur de l'événementiel, du tourisme, du sport ou de la culture
- Activités des agents et courtiers d'assurance lorsqu'au moins 50 % du chiffre d'affaires est réalisé avec une ou des entreprises du secteur de l'événementiel, du tourisme, du sport ou de la culture
- Conseils pour les affaires et autres conseils de gestion lorsqu'au moins 50 % du chiffre d'affaires est réalisé avec une ou des entreprises du secteur de l'événementiel, du tourisme, du sport ou de la culture
- Études de marchés et sondages lorsqu'au moins 50 % du chiffre d'affaires est réalisé avec une ou des entreprises de l'événementiel, du tourisme, du sport ou de la culture
- Activités des agences de placement de main-d'œuvre lorsqu'au moins 50 % du chiffre d'affaires est réalisé avec une ou des entreprises du secteur de l'événementiel, de l'hôtellerie ou de la restauration
- Activités des agences de travail temporaire lorsqu'au moins 50 % du chiffre d'affaires est réalisé avec une ou des entreprises du secteur de l'événementiel, de l'hôtellerie ou de la restauration
- Autres mises à disposition de ressources humaines lorsqu'au moins 50 % du chiffre d'affaires est réalisé avec une ou des entreprises du secteur de l'événementiel, de l'hôtellerie ou de la restauration
- Fabrication de meubles de bureau et de magasin lorsqu'au moins 50 % du chiffre d'affaires est réalisé avec une ou des entreprises du secteur de l'hôtellerie ou de la restauration

* Liste en vigueur au 1.01.2021 (décret 2020-1770 du 30 décembre 2020, JO du 31).
(1) Tourisme, hôtellerie, restauration, sport, culture, transport aérien et événementiel.
(2) Secteurs dont l'activité dépend des secteurs particulièrement affectés par la crise sanitaire, sous condition d'une baisse importante de chiffre d'affaires.

Des consignes déclaratives détaillées sont mises en ligne sur le site net-entreprises.fr (base de connaissances, fiche 2348).

Aide au paiement des cotisations sociales « covid 1 »

Principes directeurs - Les revenus d'activité éligibles à l'exonération de cotisations patronales « covid 1 » *(voir plus haut)* ouvrent également droit à une aide au paiement des cotisations sociales, égale à 20 % du montant de ces revenus (loi 2020-935 du 30 juillet 2020, art. 65, II).

Les employeurs éligibles à l'aide au paiement des cotisations sont donc les mêmes que ceux qui remplissent les conditions pour bénéficier de l'exonération de cotisations patronales (effectif, activité principale, baisse du chiffre d'affaires, interdiction d'accueil du public, absence de condamnation pour travail dissimulé dans les 5 années précédentes, etc.) *(voir plus haut)*.

Les salariés ouvrant droit à l'aide au paiement sont aussi ceux qui ouvrent droit à l'exonération *(voir plus haut)*.

▶ À noter… Il n'est pas nécessaire d'appliquer effectivement l'exonération totale de cotisations patronales « covid 1 » pour bénéficier de l'aide au paiement des cotisations. Il suffit d'y être éligible. Par exemple, un employeur qui a privilégié, pour ses salariés payés au SMIC, l'application de la *réduction générale de cotisations patronales** peut quand même bénéficier de l'aide au paiement des cotisations pour ces salariés (https ://mesures-covid19.urssaf.fr/faq).

Les dirigeants d'entreprise titulaires d'un contrat de travail et qui ouvrent droit à l'exonération de cotisations « covid 1 » au titre de ce contrat *(voir plus haut)* ouvrent droit à l'aide au paiement des cotisations au titre de leur mandat social. Ceux qui n'ont pas de contrat de travail et qui ont reçu une rémunération au titre de la période sur laquelle s'apprécie l'éligibilité de leur entreprise à l'exonération ouvrent droit à une réduction forfaitaire de leurs cotisations qui prend la forme d'une aide au paiement (instr. DSS/5B/2021/206 du 28 septembre 2021, partie I, section 1, II, C).

▶ À noter… Si un dirigeant d'entreprise a des mandats sociaux dans plusieurs entreprises, chacun de ces mandats ouvre droit, dans les mêmes conditions, à la réduction forfaitaire (instr. DSS/5B/2021/206 du 28 septembre 2021, partie I, section 1, II, C).

Détermination du montant de l'aide - L'aide au paiement est égale à 20 % des revenus d'activité retenus comme assiette de l'exonération totale de cotisations patronales « covid 1 » *(voir plus haut)* (loi 2020-935 du 30 juillet 2020, art. 65, II ; instr. DSS/5B/2021/206 du 28 septembre 2021, partie I, section 3, II, A).

Dans le cas général, les revenus retenus sont donc ceux versés au titre des périodes d'emploi allant :
- du 1.02.2020 au 31.05.2020 pour les employeurs de moins de 250 salariés relevant des secteurs S1 et S1 bis *(voir plus haut)* ;
- du 1.02.2020 au 30.04.2020 pour les employeurs de moins de 10 salariés relevant des secteurs S2 *(voir plus haut)*.

Pour les employeurs de Guyane et Mayotte, et pour ceux pour lesquels l'interdiction d'accueillir du public a été prolongée, la période d'emploi retenue pour le calcul de l'exonération de cotisations est allongée *(voir plus haut)*. Il en est donc de même pour le calcul de l'aide au paiement des cotisations.

Les indemnités d'activité partielle ne sont pas prises en compte dans le calcul de l'aide au paiement des cotisations (https ://mesures-covid19.urssaf.fr/faq).

Si l'employeur applique un abattement d'assiette ou une assiette forfaitaire, il convient de retenir cette assiette abattue ou forfaitaire pour déterminer le montant de l'aide, comme c'est le cas pour l'exonération (instr. DSS/5B/2021/206 du 28 septembre 2021, partie I, section 3, II, A).

Pour les dirigeants d'entreprises non titulaires d'un contrat de travail, le montant de l'aide au paiement des cotisations est fixé à (décret 2020-1103 du 1er septembre 2020, art. 8 ; instr. DSS/5B/2021/206 du 28 septembre 2021, partie I, section 3, II, A) :
- 2 400 € pour les mandataires sociaux dont l'activité relève des secteurs S1 et S1 bis ;
- 1 800 € pour les mandataires sociaux dont l'activité relève des secteurs S2.

Pour les employeurs comme pour les dirigeants d'entreprise non titulaires d'un contrat de travail, le montant de l'aide est limité au montant des cotisations et contributions éligibles dues sur l'année 2020 ou 2021 (instr. DSS/5B/2021/206 du 28 septembre 2021, partie I, section 3, II, A).

Imputation de l'aide - Le montant de l'aide est imputable sur l'ensemble des sommes dues aux URSSAF (CGSS en outre-mer ou caisses de MSA) au titre de l'année 2020 et de l'année 2021, après application de l'exonération de cotisations « covid 1 » *(voir plus haut)* et de toute autre exonération totale ou partielle applicable (loi 2020-935 du 30 juillet 2020, art. 65, II, modifiée par loi 2020-1576 du 14 décembre 2020, art. 9, VIII, 1°).

Cette aide peut donc être utilisée pour payer toutes les cotisations et contributions, patronales et salariales, restant dues (instr. DSS/5B/2021/206 du 28 septembre 2021, partie I, section 3, II, B).

Pour un employeur de droit commun, sont concernés : la cotisation d'assurance maladie, les cotisations salariales et patronales d'assurance vieillesse, la cotisation d'allocations familiales, la cotisation accidents du travail et maladies professionnelles, la contribution de solidarité pour l'autonomie, la contribution d'assurance chômage et l'AGS, le FNAL, la CSG et la CRDS, le versement mobilité, la contribution patronale au dialogue social, le forfait social, les contributions spécifiques aux retraites à prestations définies à droit aléatoire, les contributions spécifiques aux stock-options et aux attributions gratuites d'action, la taxe sur les CDD d'usage due au titre des embauches réalisées entre le 1.01.2020 et le 30.06.2020, la contribution Agefiph due en 2021 (instr. DSS/5B/2021/206 du 28 septembre 2021, partie I, section 3, II, B).

▶ À noter… Pour les employeurs adhérant aux offres de simplification pour la déclaration des cotisations (ex : *titre emploi-service entreprise**, *chèque-emploi associatif**), l'ensemble des cotisations et contributions recouvrées par les URSSAF sont éligibles à l'aide au paiement (instr. DSS/5B/2021/206 du 28 septembre 2021, partie I, section 3, II, B).

Pour les employeurs dont les salariés sont affiliés aux caisses générales de sécurité sociale (CGSS) de Saint-Pierre-et-Miquelon ou de Mayotte, ce sont les cotisations et contributions recouvrées par ces caisses qui sont éligibles à l'aide au paiement (instr. DSS/5B/2021/206 du 28 septembre 2021, partie I, section 3, II, B).

Modalités déclaratives - L'aide doit être déclarée aux URSSAF via la DSN, avec le code type personnel (CTP) 051 (CTP 023 pour la déclaration aux caisses de MSA) (instr. DSS/5B/2021/206 du 28 septembre 2021, partie I, section 3, II, C).

Contrairement à l'exonération, l'aide peut être déclarée en une seule fois. La période de rattachement peut être le mois principal de la DSN dans laquelle l'aide est déclarée, sauf lorsque l'aide porte sur une rémunération rattachée à un exercice civil différent de celui du mois principal déclaré.

Si l'employeur est à jour du paiement de ses cotisations et contributions sociales, il peut imputer directement le montant de l'aide sur le montant du versement à l'URSSAF (CGSS ou MSA) au titre de la période courante. Si, après cette imputation, il subsiste un montant d'aide, le reliquat peut être utilisé sur la ou les échéances déclaratives suivantes en 2020 ou 2021.

Si l'employeur a reporté le paiement de ses cotisations et contributions sociales [voir *Covid-19 (mesures temporaires sécurité sociale)**], le montant de l'aide ne peut être imputé directement par l'employeur sur le montant du versement à l'URSSAF (CGSS ou MSA) au titre de la période courante. Dans ce cas, c'est l'organisme de recouvrement qui impute le montant de l'aide sur les périodes pour lesquelles les cotisations et contributions sociales ont fait l'objet d'un report. Il notifie à l'employeur le montant ainsi imputé. Si le montant de l'aide s'avère supérieur au montant des cotisations et contributions reportées, l'URSSAF (CGSS ou MSA) notifie le montant du reliquat à l'employeur, qui peut l'utiliser pour réduire le montant du versement à l'organisme de recouvrement au titre de la période courante lors de l'échéance déclarative suivante.

Pour les employeurs de salariés expatriés, d'artistes du spectacle ou d'ouvriers et techniciens de l'édition d'enregistrement sonore, de la production cinématographique et audiovisuelle, de la radio, de la diffusion et du spectacle, pour lesquels les contributions d'assurance chômage sont recouvrées par Pôle Emploi, l'aide ne peut être imputée sur ces contributions qu'à condition que l'employeur n'ait pas pu imputer l'aide en totalité sur ses cotisations et contributions dues à l'URSSAF.

Des consignes déclaratives détaillées sont également mises en ligne sur le site net-entreprises.fr (base de connaissances, fiche 2349).

Exonération de cotisations patronales « covid 2 »

Principes directeurs - L'exonération de cotisations patronales « covid 2 » est ouverte au profit (loi 2020-1576 du 14 décembre 2020, art. 9, I) :

- des employeurs de moins de 250 salariés exerçant leur activité dans les secteurs particulièrement impactés par la crise sanitaire *(voir ci-après)* ;
- des employeurs de moins de 50 salariés relevant d'autres secteurs d'activité mais qui ont subi des mesures d'interdiction d'accueil du public *(voir ci-après)*.

Initialement, cette exonération « covid 2 » devait s'appliquer au maximum pendant 3 mois. Mais elle a été prolongée par décret au regard de l'évolution de la situation sanitaire.

Pour pouvoir bénéficier de l'exonération, l'employeur ne doit pas avoir été condamné pour travail dissimulé au cours des 5 années précédentes (loi 2020-1576 du 14 décembre 2020, art. 9, V).

L'exonération est applicable à Mayotte et à Saint-Pierre-et-Miquelon, sous réserve des adaptations liées aux modalités d'application du régime de sécurité sociale dans ces collectivités (loi 2020-1576 du 14 décembre 2020, art. 9, VII).

Employeurs de moins de 250 salariés les plus impactés par la crise - Sont éligibles à l'exonération « covid 2 » les employeurs de moins de 250 salariés qui ont été particulièrement affectés par les conséquences économiques et financières de la propagation de l'épidémie de covid-19 et qui exercent leur activité principale (loi 2020-1576 du 14 décembre 2020, art. 9, I, B, 1° ; décret 2021-75 du 27 janvier 2021, art. 3, II ; instr. DSS/5B/2021/206 du 28 septembre 2021, partie I, section 2, I, A et II, A) :

- soit dans les secteurs du tourisme, de l'hôtellerie, de la restauration, du sport, de la culture, du transport aérien ou de l'événementiel qui ont été particulièrement affectés par les conséquences économiques et financières de l'épidémie de covid-19 au regard de la réduction de leur activité, en raison notamment de leur dépendance à l'accueil du public (dits « secteurs S1 ») ;
- soit dans des secteurs d'activité qui dépendent des secteurs mentionnés ci-dessus et qui ont subi une très forte baisse de leur chiffre d'affaires (dits « secteurs S1 bis »).

Comme pour l'exonération « covid 1 », la liste des activités des secteurs S1 et S1 bis correspond à la liste des activités éligibles au fonds de solidarité telle qu'en vigueur au 1.01.2021 *(voir tableau reproduit dans cette étude)* (décret 2021-75 du 27 janvier 2021, art. 3, II, renvoyant à décret 2020-371 du 30 mars 2020, annexes 1 et 2 modifiées).

▶ À noter… L'intégration éventuelle de nouveaux secteurs d'activité dans cette liste après le 1.01.2021 n'ouvre donc pas droit au bénéfice de l'exonération.

Pour bénéficier effectivement de l'exonération, ces employeurs doivent, au cours du mois suivant celui au titre duquel l'exonération a vocation à être appliquée *(voir ci-après)* (loi 2020-1576 du 14 décembre 2020, art. 9, I, B) :

- soit avoir fait l'objet de mesures d'interdiction d'accueil du public prises dans le cadre de l'état d'urgence sanitaire (fermetures administratives ou application de jauges), à l'exception des activités de livraison, de retrait de commande (« click and collect ») ou de vente à emporter (qui ne sont donc pas prises en compte pour apprécier le respect de cette condition) ;
- soit avoir constaté une baisse de chiffre d'affaires d'au moins 50 % par rapport à la même période de l'année précédente.

Exemple

Pour être éligible à l'exonération en décembre 2020, l'employeur de moins de 250 salariés relevant de l'un des secteurs S1 ou S1 bis doit, en janvier 2021, remplir les conditions d'éligibilité (interdiction d'accueillir du public ou baisse du chiffre d'affaires d'au moins 50 %).

Ces deux dernières conditions ne sont toutefois pas applicables aux clubs sportifs professionnels (loi 2020-1576 du 14 décembre 2020, art. 9, I, E).

Employeurs de moins de 50 salariés des autres secteurs fermés administrativement - Peuvent également bénéficier de l'exonération « covid 2 » les employeurs de moins de 50 salariés qui exercent leur activité principale dans les secteurs dits « S2 », c'est-à-dire les secteurs autres que les secteurs S1 et S1 bis et qui, au cours du mois suivant celui au titre duquel l'exonération a vocation à être appliquée *(voir ci-après)*, ont fait l'objet d'une interdiction d'accueil du public affectant de manière prépondérante l'exercice de leur activité, à l'exception des activités de livraison, de retrait de commande ou de vente à emporter (loi 2020-1576 du 14 décembre 2020, art. 9, I, B, 2° ; décret 2021-75 du 27 janvier 2021, art. 3, II).

Exemple

Pour être éligible à l'exonération en décembre 2020, l'employeur de moins de 50 salariés relevant de l'un des secteurs S2 doit avoir fait l'objet, en janvier 2021, d'une interdiction d'accueil du public affectant de manière prépondérante l'exercice de son activité.

Les activités relevant de ces secteurs sont celles interrompues en application des décrets 2020-1262 du 16 octobre 2020 et 2020-1310 du 29 octobre 2020 prescrivant les mesures générales nécessaires pour faire face à l'épidémie de covid-19 dans le cadre de l'état d'urgence sanitaire ou celles dont l'exercice n'a pas été autorisé en application de ces mêmes décrets (décret 2021-75 du 27 janvier 2021, art. 3, II modifié par décret 2021-430 du 12 avril 2021, art. 1, 1° ; instr. DSS/5B/2021/206 du 28 septembre 2021, partie I, section 2, III, A).

Covid-19 (exonérations et aides au paiement des cotisations)

▶ **À noter…** Une liste des activités concernées figure en annexe III de l'instruction du 28.09.2021. Cette liste n'est pas exhaustive : toute activité satisfaisant au critère d'interruption de l'activité du fait de l'application de l'un des deux décrets susmentionnés est susceptible d'être éligible si elle satisfait aux autres critères d'éligibilité (instr. DSS/5B/2021/206 du 28 septembre 2021, partie I, section 2, III, A).

Sont en revanche exclues les activités listées dans les décrets susmentionnés, dont la réalisation est maintenue durant la période de confinement en raison de leur caractère essentiel à la vie quotidienne (instr. DSS/5B/2021/206 du 28 septembre 2021, partie I, section 2, III, A).

Les employeurs dont l'activité est réalisée au domicile du client sont éligibles si cette activité n'a pas été maintenue en application des décrets susmentionnés.

Exemple

Les employeurs réalisant des activités de coiffure à domicile sont éligibles, au titre de la période où leur activité a été interrompue, à condition d'employer moins de 50 salariés.

L'ensemble des employeurs satisfaisant le critère d'interruption sont éligibles à l'exonération « covid 2 » dès lors que l'interdiction d'accueil du public a affecté de manière prépondérante la poursuite de leur activité. Le caractère prépondérant peut être apprécié au regard de la part du chiffre d'affaires dépendant de l'accueil du public : un employeur est ainsi éligible dès lors qu'au moins 50 % de son chiffre d'affaires habituel est lié à une activité exercée dans des lieux ayant fait l'objet d'une interdiction d'accueil du public (instr. DSS/5B/2021/206 du 28 septembre 2021, partie I, section 2, III, A).

Dans le cas des activités qui ont été successivement interdites puis autorisées au cours d'une même période (ex : arrêtés préfectoraux qui ont été pris pour accorder une autorisation d'ouverture des marchés alimentaires), les périodes d'ouvertures autorisées n'ouvrent pas droit à l'exonération. L'employeur n'est ainsi éligible qu'au titre de la période de fermeture obligatoire et doit donc, pour en bénéficier, établir que la majorité de son chiffre d'affaires a été affectée sur la période d'éligibilité par une interdiction d'accueil du public (instr. DSS/5B/2021/206 du 28 septembre 2021, partie I, section 2, III, A).

Employeurs éligibles - Comme pour l'exonération « covid 1 », sont éligibles à l'exonération « covid 2 » les employeurs éligibles à la *réduction générale de cotisations patronales* (voir plus haut)* (loi 2020-1576 du 14 décembre 2020, art. 9, I, A ; instr. DSS/5B/2021/206 du 28 septembre 2021, partie I, section 1, I, A).

Employeurs exclus - Les employeurs exclus du bénéfice de l'exonération « covid 2 » sont également les mêmes que ceux qui ne sont pas éligibles à l'exonération « covid 1 » *(voir plus haut)* (décret 2021-75 du 27 janvier 2021, art. 8, I ; instr. DSS/5B/2021/206 du 28 septembre 2021, partie I, section 1, I, B).

Salariés ouvrant droit à l'exonération - Les salariés et mandataires sociaux pouvant ouvrir droit à l'exonération de cotisations « covid 2 » sont les mêmes que ceux ouvrant droit à l'exonération « covid 1 » *(voir plus haut)* (loi 2020-1576 du 14 décembre 2020, art. 9, I, A ; instr. DSS/5B/2021/206 du 28 septembre 2021, partie I, section 1, II, A et C).

Périodes d'emploi concernées (secteurs S1 et S1 bis, moins de 250 salariés) - Dans le cas général, pour les entreprises de moins de 250 salariés des secteurs S1, l'exonération « covid 2 » est applicable aux cotisations et contributions dues au titre des périodes d'emploi allant, au maximum (loi 2020-1576 du 14 décembre 2020, art. 9, I, C ; décret 2021-75 du 27 janvier 2021, art. 11, modifié par décret 2021-430 du 12 avril 2021, art. 1, 2° et par décret 2021-709 du 3 juin 2021, art. 1, 2°) :

- du 1.09.2020 au 30.04.2021, à condition qu'elles exercent leur activité dans un lieu concerné par des mesures de couvre-feu prises dans le cadre de l'état d'urgence sanitaire avant le 30.10.2020 ;
- du 1.10.2020 au 30.04.2021 dans les autres cas (entreprises touchées uniquement par le deuxième confinement).

Pour les entreprises de moins de 250 salariés relevant des secteurs S1 bis, l'exonération est applicable aux cotisations et contributions dues au titre des périodes d'emploi allant du 1.09.2020 au 30.04.2021.

Par dérogation, pour les employeurs des secteurs S1 et S1 bis pour lesquels l'interdiction d'accueil du public aurait été prolongée (ex : restaurants, cinémas), l'exonération s'applique pour les périodes d'emploi courant jusqu'au dernier jour du mois précédant celui de l'autorisation d'accueil du public *(voir plus loin « Critère d'interdiction d'accueil du public »)*, et au plus tard jusqu'au 31.12.2021 (loi 2020-1576 du 14 décembre 2020, art. 9, IX ; décret 2021-75 du 27 janvier 2021, art. 11, modifié par décret 2021-430 du 12 avril 2021, art. 1, 2° et décret 2021-1956 du 31 décembre 2021).

Exemple

Un restaurateur a pu rouvrir le 19.05.2021 avec une jauge de 50 % de la capacité en terrasse et, le 9 juin, avec une jauge de 100 % de la capacité en terrasse et de 50 % de la capacité en intérieur. En mai et juin, ce restaurateur a pu bénéficier de l'exonération et de l'aide au paiement « covid 2 » calculées, respectivement, sur la base de sa masse salariale du mois d'avril et du mois de mai. En juillet et août 2021, il a bénéficié de l'aide au paiement « covid 3 » *(voir plus loin)*, à hauteur de 15 % du montant des rémunérations brutes des salariés versées au titre des périodes d'emploi de juin et juillet (communiqué de presse du ministère de l'Économie, des Finances et de la Relance du 2 juillet 2021).

Par ailleurs, les discothèques, qui ont été à nouveau fermées du 10.12.2021 au 23.01.2022 inclus (décret 2021-699 du 1er juin 2021, art. 45, I modifié par décret 2021-1585 du 7 décembre 2021, art. 1, 4° et décret 2021-1957 du 31 décembre 2021, art. 1, 13°), **bénéficient, pour les périodes d'emploi courant du 1.11.2021 au 31.12.2021, de l'exonération de cotisations patronales « covid 2 » et donc aussi, par voie de conséquence, de l'aide au paiement des cotisations sociales « covid 2 »** ***(voir plus loin)*** (décret 2021-75 du 27 janvier 2021, art. 11, modifié par décret 2021-1956 du 31 décembre 2021).

▶ À noter... Les discothèques ont ensuite vu leur période de fermeture prolongée jusqu'au 15.02.2022 inclus (décret 2022-51 du 22 janvier 2022, art. 1, 4°, JO du 23). Le gouvernement s'étant engagé à maintenir les différents dispositifs d'aides tant que les mesures de restrictions sanitaires impacteront l'activité des entreprises, elles devraient donc voir le bénéfice de l'exonération et de l'aide au paiement également prolongé. Cela pourrait se faire dans le cadre de la procédure de réactivation des dispositifs « covid 2 » prévue par la loi renforçant les outils de gestion de la crise sanitaire du 22.01.2022 *(voir plus loin « Vers une réactivation de l'exonération jusqu'au 31.07.2022 »)*.

Périodes d'emploi concernées (secteurs S2, moins de 50 salariés) - Pour les employeurs de moins de 50 salariés relevant des secteurs S2, l'exonération « covid 2 » est applicable aux cotisations et contributions dues au titre des périodes d'emploi allant du 1.10.2020 au 30.04.2021 ou, pour les employeurs pour lesquels l'interdiction d'accueil du public aurait été prolongée, jusqu'au dernier jour du mois précédant celui de l'autorisation d'accueil du public et au plus tard jusqu'au 31.12.2021 *(voir plus loin « Critère d'interdiction d'accueil du public »)* (décret 2021-75 du 27 janvier 2021, art. 11, modifié par décret 2021-430 du 12 avril 2021, art. 1, 2°, décret 2021-709 du 3 juin 2021, art. 1, 2° et décret 2021-1956 du 31 décembre 2021).

Périodes d'emploi concernées (outre-mer) - L'exonération de cotisations « covid 2 » est applicable dans les départements d'outre-mer, ainsi que dans les collectivités de Saint-Barthélemy, Saint-Martin et Saint-Pierre-et-Miquelon, selon les modalités suivantes (instr. DSS/5B/2021/206 du 28 septembre 2021, partie I, section 2, IV, A, 2) :

- même s'ils n'ont pas été concernés par une mesure de confinement, les employeurs des secteurs S1 peuvent bénéficier de l'exonération « covid 2 » au titre des périodes d'emploi courant à compter du 1.10.2020 ;
- les employeurs des secteurs S1 bis peuvent bénéficier de l'exonération « covid 2 » au titre des périodes d'emploi courant à compter du 1.10.2020 ;
- les employeurs des secteurs S2 ne sont éligibles à l'exonération « covid 2 » que s'ils ont effectivement fait l'objet d'une interdiction d'accueil du public.

En outre-mer, l'exonération « covid 2 » est aussi applicable sur les périodes d'emploi de juillet et août 2021 pour les employeurs situés dans les territoires ultramarins où le deuxième état d'urgence sanitaire a été prorogé pendant cette même période (ex : Martinique, La Réunion, Guyane) (décret 2021-75 du 27 janvier 2021, art. 11, I modifié par décret 2021-1410 du 29 octobre 2021, art. 2 ; instr. DSS/5B/2021/206 du 28 septembre 2021, partie I, section 2, IV, A, 2).

Vers une réactivation de l'exonération jusqu'au 31.07.2022 - Pour tenir compte des conséquences qu'ont, sur certains secteurs d'activité, les mesures de restrictions sanitaires décidées fin 2021 par le gouvernement (ex : mesures de jauge, consommation debout interdite dans les bars) et celles qu'il pourrait être amené à mettre en oeuvre à l'avenir, la loi renforçant les outils de gestion de la crise sanitaire du 22.01.2022 prévoit qu'un décret peut réactiver l'exonération « covid 2 », et donc aussi l'aide au paiement « covid 2 » *(voir plus loin)*, selon des modalités spécifiques (loi 2022-46 du 22 janvier 2022, art. 11, JO du 23 ; loi 2020-1576 du 14 décembre 2020, art. 9, IX modifié).

Ce décret, non encore paru à l'heure où nous rédigions ces lignes, peut ainsi prolonger ou reconduire les périodes d'emploi éligibles jusqu'à la fin du régime de sortie d'urgence sanitaire, soit, à l'heure où nous écrivons ces lignes, jusqu'au 31.07.2022 inclus. Les employeurs pour lesquels l'interdiction d'accueil du public serait prolongée au-delà de cette date pourront continuer à bénéficier de l'exonération jusqu'au dernier jour du mois au cours duquel l'interdiction d'accueil du public prend fin.

Le décret peut en outre adapter les conditions d'éligibilité :

- en retenant un niveau de perte de chiffre d'affaires différent de 50 % *(voir plus loin)* pour les entreprises de moins de 250 salariés des secteurs S1 et S1 bis ;
- en limitant le niveau des rémunérations éligibles.

Il peut aussi prévoir :

- que, par dérogation et pour certaines périodes qu'il détermine, les dispositifs « covid 2 » portent sur les cotisations et contributions sociales dues au titre de la période d'emploi au cours de laquelle les conditions d'éligibilité sont satisfaites (et non pas sur les cotisations et contributions sociales dues au titre de la période d'emploi précédant celle au cours de laquelle les conditions d'éligibilité sont remplies) ;
- ou que le bénéfice des dispositifs « covid 2 » n'est pas cumulable avec le bénéfice d'autres dispositifs poursuivant les mêmes objectifs.

La loi du 22.01.2022 prévoit aussi qu'en cas de prolongation au-delà de la date de fin de l'état d'urgence sanitaire, le bénéfice des dispositifs est soumis, pour l'ensemble des secteurs, à une interdiction totale d'accueil du public ou à une condition de baisse d'activité.

▶ À noter… Le décret prévu par la loi du 22.01.2022 permettra de donner corps aux annonces faites par le Premier ministre le 18.01.2022 en faveur notamment des hôtels-cafés-restaurants, des traiteurs, des entreprises de l'événementiel ou des agences de voyages de moins de 250 salariés. Selon Jean Castex, ces secteurs d'activité vont pouvoir à nouveau bénéficier des aides « covid 2 » pour les périodes d'emploi de décembre 2021 et janvier 2022, avec toutefois un niveau d'aide différent selon que les entreprises auront perdu entre 30 et 65 % ou plus de 65 % de leur chiffre d'affaires.

Critère d'effectif - Comme pour l'exonération « covid 1 », l'effectif de 250 ou de 50 salariés retenu pour déterminer l'éligibilité de l'employeur à l'exonération « covid 2 » est apprécié au niveau de l'entreprise, tous établissements confondus, conformément aux règles de l'*effectif sécurité sociale (c. séc. soc. art. L. 130-1 et R. 130-1), à l'exception du dispositif de lissage des effets de seuil sur 5 ans *(voir plus haut)*** (décret 2021-75 du 27 janvier 2021, art. 2 ; instr. DSS/5B/2021/206 du 28 septembre 2021, partie I, section 2, V, A).

Critère d'activité principale - Comme pour l'exonération « covid 1 », pour déterminer l'éligibilité à l'exonération « covid 2 », seule l'activité principale exercée par l'employeur est prise en compte *(voir plus haut)* (instr. DSS/5B/2021/206 du 28 septembre 2021 2021, partie I, section 2, V, B).

Critère de perte de chiffre d'affaires (secteurs S1 et S1 bis) - La condition de baisse de 50 % du chiffre d'affaires pour les employeurs de moins de 250 salariés relevant des secteurs S1 et S1 bis est appréciée, pour chaque mois aidé, au choix du bénéficiaire (décret 2021-75 du 27 janvier 2021, art. 4, I) :

- **par rapport au chiffre d'affaires du même mois de l'année précédente ;**
- **par rapport au chiffre d'affaires mensuel moyen de l'année 2019 ;**
- **ou, pour les entreprises créées en 2020, par rapport au montant mensuel moyen du chiffre d'affaires réalisé entre la date de création de l'entreprise et le 31.08.2020.**

Pour déterminer l'éligibilité à l'exonération sur les périodes d'emploi de 2021, la condition de baisse de 50 % du chiffre d'affaires peut continuer à être appréciée par rapport au chiffre d'affaires du même mois de l'année 2019, lorsque cette comparaison est plus favorable pour l'entreprise qu'une appréciation par rapport au même mois de l'année précédente (2020) (décret 2021-75 du 27 janvier 2021, art. 4, I, modifié par décret 2021-709 du 3 juin 2021, art. 1, 1° ; instr. DSS/5B/2021/206 du 28 septembre 2021, partie I, section 2, V, C, 3).

▶ À noter… La notion de chiffres d'affaires s'entend comme le chiffre d'affaires hors taxes ou, lorsque l'entreprise relève de la catégorie des bénéfices non commerciaux, comme les recettes nettes hors taxes. Pour la détermination du chiffre d'affaires ou des recettes nettes, il n'est pas tenu compte des dons et subventions perçus par les associations.

Pour les employeurs ne réalisant pas de chiffre d'affaires du fait de leur activité (associations, sociétés civiles), le critère de chiffre d'affaires ne peut être rempli. Ils ne sont dès lors éligibles à l'exonération qu'en cas de respect du critère d'interdiction d'accueil du public *(voir ci-après)* (instr. DSS/5B/2021/206 du 28 septembre 2021, partie I, section 2, V, C, 1).

Afin de prendre en compte la saisonnalité importante de certaines activités, l'exonération bénéficie également aux employeurs pour lesquels la baisse de chiffre d'affaires mensuel par rapport à la même période de l'année précédente représente au moins 15 % du chiffre d'affaires de l'année

2019 ou, pour les entreprises créées en 2019, du chiffre d'affaires de l'année 2019 ramené sur 12 mois (décret 2021-75 du 27 janvier 2021, art. 4, I ; instr. DSS/5B/2021/206 du 28 septembre 2021, partie I, section 2, V, C, 3).

Exemple

Un employeur exerçant une activité « Articles pour fêtes et divertissements, panoplies et déguisements » a réalisé un chiffre d'affaires annuel de 200 000 € en 2019, dont 80 000 € en octobre 2019. En octobre 2020, cet employeur a réalisé un chiffre d'affaires de 50 000 €. La baisse de chiffre d'affaires entre les deux mois d'octobre est inférieure à 37,5 %, l'employeur n'est donc pas éligible à l'exonération au titre du critère de baisse de chiffre d'affaires d'au moins 50 %. Toutefois, la baisse de chiffre d'affaires entre ces deux périodes s'élève à 30 000 €, ce qui représente 15 % du chiffre d'affaires réalisé en 2019, l'employeur est donc éligible au dispositif au titre du critère de baisse de chiffre d'affaires tenant compte de la saisonnalité importante de cette activité (instr. DSS/5B/2021/206 du 28 septembre 2021, partie I, section 2, V, C, 3).

Par ailleurs, compte tenu de l'impact décalé des fermetures sur leur chiffre d'affaires, les employeurs dont l'activité relève de certains secteurs culturels peuvent apprécier la baisse de chiffre d'affaires en rapportant soit l'activité de l'ensemble de l'année 2020, soit uniquement celle du second semestre 2020, au chiffre d'affaires de la même période de l'année 2019 (instr. DSS/5B/2021/206 du 28 septembre 2021, partie I, section 2, V, C, 3).

Le critère de baisse de chiffre d'affaires est apprécié au niveau de l'entreprise. Cependant, dans les cas où l'activité est appréciée au niveau de l'établissement pour les employeurs exerçant plusieurs activités *(voir plus haut)*, la baisse de chiffre d'affaires est également appréciée au niveau de l'établissement (décret 2021-75 du 27 janvier 2021, art. 4, I ; instr. DSS/5B/2021/206 du 28 septembre 2021, partie I, section 2, V, C, 3).

▶ À noter... Pour les clubs sportifs professionnels, le bénéfice de l'exonération n'est pas soumis à la condition de baisse de chiffre d'affaires (loi 2020-576 du 14 décembre 2020, art. 9, I, E).

Critère d'interdiction d'accueil du public - Satisfont le critère d'interdiction d'accueil du public (décret 2021-75 du 27 janvier 2021, art. 3, II modifié par décret 2021-430 du 12 avril 2021, art. 1, 1° ; instr. DSS/5B/2021/206 du 28 septembre 2021, partie I, section 2, V, D) :

- les activités qui ont été interrompues en application des décrets 2020-1262 du 16 octobre 2020 ou 2020-1310 du 29 octobre 2020 prescrivant les mesures générales nécessaires pour faire face à l'épidémie de covid-19 dans le cadre de l'état d'urgence sanitaire ;

- ainsi que les activités faisant l'objet de mesures de jauges inférieures à 50 % de la capacité d'accueil en application de ces mêmes décrets et du décret 2021-699 du 1er juin 2021 prescrivant les mesures générales nécessaires à la gestion de la sortie de crise sanitaire.

Exemple

Pour les restaurateurs qui ont rouvert entre le 19 mai et le 9 juin 2021 en terrasse avec une jauge de 50 % de la capacité d'accueil du public - ou les cinémas avec une jauge de 35 % - le critère d'interdiction d'accueil du public est réputé satisfait en mai et juin 2021. Ils bénéficient du dispositif « covid 2 » au titre des périodes d'emploi d'avril et mai (instr. DSS/5B/2021/206 du 28 septembre 2021, partie I, section 2, V, D).

Les décisions locales d'interruption d'activité prises en application de ces décrets satisfont également au critère d'interdiction d'accueil du public. En revanche, les fermetures administratives décidées sur la base d'autres fondements (ex : fermeture administrative liée au non-respect du protocole sanitaire, fermeture des cabinets médicaux et paramédicaux sur décision de leur ordre professionnel), ainsi que les cas où l'activité a été interrompue de manière volontaire par l'employeur n'ouvrent pas droit aux dispositifs (instr. DSS/5B/2021/206 du 28 septembre 2021, partie I, section 2, V, D).

▶ À noter... Pour les clubs sportifs professionnels, le bénéfice de l'exonération n'est pas soumis à la condition d'interdiction d'accueil du public (loi 2020-576 du 14 décembre 2020, art. 9, I, E).

Critère géographique - Lorsque l'éligibilité à l'exonération est soumise à un critère géographique (ex : employeurs relevant des secteurs S1 situés en zone de couvre-feu), la condition est remplie dès lors que le siège social de l'entreprise est situé dans l'une des zones éligibles. L'exonération s'applique alors à l'ensemble des salariés de l'entreprise, y compris ceux rattachés à des établissements qui ne sont pas situés dans ces zones. Toutefois, si le siège social de l'entreprise n'est pas situé dans une zone éligible, l'exonération peut s'appliquer aux salariés rattachés aux établissements de l'entreprise situés dans une zone éligible (instr. DSS/5B/2021/206 du 28 septembre 2021, partie I, section 2, V, E).

Cas particulier des ETT et groupements d'employeurs - Les conditions d'éligibilité des entreprises de travail temporaire et des groupements d'employeurs à l'exonération « covid 2 » sont identiques à celles retenues pour déterminer leur éligibilité à l'exonération « covid 1 » *(voir plus haut)* (décret 2021-75 du 27 janvier 2021, art. 5 et 6 ; instr. DSS/5B/2021/206 du 28 septembre 2021, partie I, section 2, V, F, 1 et 2).

Cas particulier des sociétés holding - Les entreprises contrôlant, au sens de l'article L. 233-3 du code du commerce, une ou plusieurs sociétés commerciales bénéficient de l'exonération « covid 2 » lorsque l'ensemble des sociétés contrôlées y sont éligibles et que la somme totale du nombre des salariés de la holding et des salariés des entités liées respecte le critère d'effectif *(voir plus haut)* (décret 2021-75 du 27 janvier 2021, art. 7 ; instr. DSS/5B/2021/206 du 28 septembre 2021, partie I, section 2, V, F, 3).

Détermination du montant de l'exonération - Pour déterminer le montant de l'exonération « covid 2 », la rémunération à retenir comme assiette, les cotisations et contributions patronales exonérées et les règles de calcul sont identiques à celles retenues pour déterminer l'exonération « covid 1 » *(voir plus haut)* (loi 2020-1576 du 14 décembre 2020, art. 9, I, A et D ; instr. DSS/5B/2021/206 du 28 septembre 2021, partie I, section 3, I, A à C).

▶ À noter… S'agissant des contributions « chômage », sont exclues du dispositif d'exonération (circ. Unédic 2021-07 du 19 mai 2021) :
- les contributions d'assurance chômage dues au titre de l'emploi de salariés expatriés affiliés à titre facultatif par leur employeur, ainsi que les contributions à la charge des salariés expatriés en adhésion individuelle ;
- les surcontributions spécifiques patronale (5 %) et salariale (2,40 %) dues pour les intermittents du spectacle (annexe VII et X du règlement d'assurance chômage) ;
- la majoration de 0,50 % due au titre de certains CDD d'usage ;
- les contributions dues par l'employeur dans le cadre du contrat de sécurisation professionnelle (c. trav. art. L. 1233-66 et L. 1233-69) ;
- la contribution spécifique applicable aux chambres de commerce et d'industrie ayant adhéré au régime d'assurance chômage (c. trav. art. L. 5424-5- 1 et D. 5424-6) ;
- la cotisation AGS due au titre du régime de garantie des créances des salariés (c. trav. art. L. 3253-18).

Exemples de détermination du montant de l'exonération « covid 2 » pour les mois de septembre à décembre 2020 (1)

1) Employeur de moins de 50 salariés d'un secteur S1 situé en zone de couvre-feu, pour un salarié dont la rémunération est égale à 2 fois le SMIC, sans application d'un dispositif d'exonération ciblée.

Rémunération mensuelle : 3 078,83 € (2)
Somme des taux des cotisations dues : 26,04 %, compte tenu de l'application des réductions proportionnelles des taux maladie et famille
Montant de l'exonération « covid 2 », mois de septembre à décembre 2020 : (26,04 % × 3 078,83 €) × 4 = 3 206,91 €

2) Employeur de moins de 50 salariés d'un secteur S1 situé en zone de couvre-feu, pour un salarié dont la rémunération est égale à 3 fois le SMIC, sans application d'un dispositif d'exonération ciblée.

Rémunération mensuelle : 4 618,25 € (2)
Somme des taux de cotisations jusqu'à 1 PASS (3) : 32,04 % (rémunération > à 2,5 SMIC mais à 3,5 SMIC : seule la réduction proportionnelle famille s'applique)
Somme des taux de cotisations au-dessus du PASS (3) : 23,39 %
Montant de l'exonération « covid 2 », mois de septembre à décembre 2020 : [(3 428 × 32,04 %) + (4 618,25 – 3 428) × 23,39 %] × 4 mois = 5 506,92 €

3) Employeur de moins de 50 salariés d'un secteur S1 situé en zone de couvre-feu, pour un salarié dont la rémunération est égale à 1,3 fois le SMIC pour lequel la réduction générale de cotisations est appliquée.

Rémunération mensuelle : 2 001,24 €
Somme des taux de cotisations dues : 26,04 %
Coefficient de la réduction générale (4) : 10,02 %
Montant mensuel de la réduction générale (4) : 10,02 % × 2 001,24 = 200,52 €
Montant de la seconde exonération covid, mois de septembre à décembre 2020 : [(2 001,24 × 26,04 %) – 200,52 €] × 4 = 1 282,40 €

(1) Instr. DSS/5B/2021/206 du 28 septembre 2021, partie I, section 3, I, C.
(2) Dans ces exemples, la rémunération n'est pas éligible à la réduction générale de cotisations.
(3) PASS : plafond annuel de la sécurité sociale.
(4) Ici, part URSSAF de la réduction générale, c'est-à-dire hors cotisations AGIRC-ARRCO.

Exemple de détermination du montant des exonérations « covid 1 » et « covid 2 » sur une base annualisée (1)

Employeur de moins de 50 salariés, salarié dont la rémunération est égale à 1,3 fois le SMIC (2 001,24 € par mois) et ayant perçu une prime de 2 000 € au mois de février

Calcul de la réduction générale de cotisations (2) et de l'exonération « covid 1 » sur les mois de janvier à mai 2020

	Janvier	Février	Mars	Avril	Mai
Rémunération mensuelle	2 001,24 €	4 001,24 €	2 001,24 €	2 001,24 €	2 001,24 €
Somme des taux de cotisations dues	26,04 %	26,04 %	26,04 %	26,04 %	26,04 %
Montant des cotisations restant dues avant allégements généraux	521,12 €	1 041,92 €	521,12 €	521,12 €	521,12 €
Rémunération cumulée depuis le début de l'année	2 001,24 €	6 002,48 €	8 003,73 €	10 004,97 €	12 006,21 €
Coefficient de la réduction générale (2)	10,02 %	0,00 %	0,00 %	0,00 %	1,12 %
Montant cumulé de la réduction générale (2)	200,52 €	0,00 €	0,00 €	0,00 €	134,47 €
Montant de la réduction générale déclarée sur le mois (2)	200,52 €	– 200,52 €	0,00 €	0,00 €	134,47 €
Cotisations restant dues après allégements généraux, y compris régularisation	320,60 €	1 242,44 €	521,12 €	521,12 €	386,65 €
Montant de l'exonération « covid 1 » sur les mois de février à mai 2020	1 242,44 € + 521,12 € + 521,12 € + 386,65 € = 2 671,57 €				

Calcul de la réduction générale et de l'exonération « covid 2 » sur les mois d'août à décembre 2020

	Août	Septembre	Octobre	Novembre	Décembre
Rémunération mensuelle	2 001,24 €	2 001,24 €	2 001,24 €	2 001,24 €	2 001,24 €
Somme des taux de cotisations dues	26,04 %	26,04 %	26,04 %	26,04 %	26,04 %
Montant des cotisations restant dues avant allégements généraux	521,12 €	521,12 €	521,12 €	521,12 €	521,12 €
Rémunération cumulée depuis le début de l'année	18 009,93 €	20 011,18 €	22 012,42 €	24 013,66 €	26 014,90 €
Coefficient de la réduction générale (2)	4,08 %	4,68 %	5,16 %	5,57 %	5,91 %
Montant cumulé de la réduction générale (2)	734,81 €	936,52 €	1 135,84 €	1 337,56 €	1 537,48 €
Montant de la réduction générale déclarée sur le mois	200,11 €	201,72 €	199,32 €	201,72 €	199,92 €
Cotisations restant dues après allégements généraux (y compris régularisation)	321,01 €	319,41 €	321,81 €	319,40 €	321,20 €
Montant de l'exonération « covid 2 » sur les mois de septembre à décembre 2020	319,41 € + 321,81 € + 319,40 € + 321,21 € = 1 281,82 €				

Total exonérations « covid 1 » et « covid 2 » : 3 953,39 € (2 671,57 + 1 281,82).

Précision : si la prime de 2 000 € est versée en novembre, le coefficient de réduction générale (2) reste de 10,02 % sur les mois de février à mai 2020, et le montant de la première exonération sur 4 mois reste égal à : (521,12 € – 200,52 €) × 4 = 1 282,40 €. L'administration précise que le versement de la prime sur novembre modifie en revanche le coefficient de réduction générale à prendre en compte pour les mois de septembre à décembre : il passe à 5,57 % en novembre et à 5,91 % en décembre. Le montant de l'exonération « covid 2 » sur ces 4 mois est donc égal à : (521,12 € – 200,52 €) × 2 + (1 041,92 € + 667,68 €) + (521,12 € – 199,92 €) = 2 672,01 €.

(1) Instr. DSS/5B/2021/206 du 28 septembre 2021, partie I, section 3, I, C.
(2) Ici, part URSSAF de la réduction générale, c'est-à-dire hors cotisations AGIRC-ARRCO.

Modalités déclaratives - Pour bénéficier de l'exonération « covid 2 », il n'y a pas de demande à formuler auprès de l'URSSAF (CGSS en outre-mer ou caisse de MSA).

L'exonération doit être déclarée dans la DSN, pour chaque mois concerné (instr. DSS/5B/2021/206 du 28 septembre 2021, partie I, section 3, I, D).

Pour les employeurs de salariés expatriés, d'artistes du spectacle ou d'ouvriers et techniciens de l'édition d'enregistrement sonore, de la production cinématographique et audiovisuelle, de la radio, de la diffusion et du spectacle, pour lesquelles les contributions d'assurance chômage sont recouvrées par Pôle Emploi, le montant déclaré aux URSSAF ne doit pas inclure la part d'exonération relative à ces contributions. Cette part est à déclarer dans le bordereau récapitulatif annuel des contributions chômage de ces populations.

Des consignes déclaratives détaillées sont mises en ligne sur le site net-entreprises.fr (base de connaissances, fiche 2348).

Aide au paiement des cotisations sociales « covid 2 »

Principes directeurs - Les employeurs éligibles à l'exonération de cotisations patronales « covid 2 » *(voir plus haut)* bénéficient également d'une aide au paiement de leurs cotisations et contributions sociales, égale à 20 % du montant des rémunérations dues au titre des périodes d'emploi ouvrant droit à l'exonération (loi 2020-1576 du 14 décembre 2020, art. 9, II).

Ce sont donc les mêmes que ceux qui remplissent les conditions pour bénéficier de l'exonération de cotisations patronales (effectif, secteurs d'activité, baisse du chiffre d'affaires, interdiction d'accueillir du public, etc.) *(voir plus haut)*.

Pour bénéficier de l'aide, l'employeur ne doit pas avoir été condamné pour travail dissimulé au cours des 5 années précédentes (loi 2020-1576 du 14 décembre 2020, art. 9, VI).

L'aide est applicable à Mayotte et à Saint-Pierre-et-Miquelon, sous réserve des adaptations liées aux modalités d'application du régime de sécurité sociale dans ces collectivités (loi 2020-1576 du 14 décembre 2020, art. 9, VII).

▶ À noter… L'aide au paiement « covid 2 » n'est pas applicable aux rémunérations dues au titre des périodes d'emploi pour lesquelles s'applique l'aide au paiement « covid 1 ». Ainsi, les entreprises qui ont continué, pendant un temps, de bénéficier de l'aide au paiement instituée pour la première vague de covid-19 (ex. : discothèques) ne peuvent pas, pour une même période, bénéficier de l'aide au paiement « covid 2 ».

Détermination du montant de l'aide - L'aide au paiement est égale à 20 % des revenus d'activité retenus comme assiette de l'exonération de cotisations patronales « covid 2 » *(voir plus haut)* (loi 2020-1576 du 14 décembre 2020, art. 9, II ; instr. DSS/5B/2021/206 du 28 septembre 2021, partie I, section 3, II, A).

Dans le cas général, les revenus retenus sont donc ceux versés au titre des périodes d'emploi allant :
- du 1.09.2020 au 30.04.2021 ou du 1.10.2020 au 30.04.2021, pour les employeurs de moins de 250 salariés relevant des secteurs S1 et S1 bis ;
- du 1.10.2020 au 30.04.2021 pour les employeurs de moins de 50 salariés relevant des secteurs S2.

Les indemnités d'activité partielle ne sont pas prises en compte dans le calcul de l'aide au paiement des cotisations (https ://mesures-covid19.urssaf.fr/faq).

Si l'employeur applique un abattement d'assiette ou une assiette forfaitaire, il convient de retenir cette assiette abattue ou forfaitaire pour déterminer le montant de l'aide, comme c'est le cas pour l'exonération (instr. DSS/5B/2021/206 du 28 septembre 2021, partie I, section 3, II, A).

Pour les dirigeants d'entreprises non titulaires d'un contrat de travail, le montant de l'aide au paiement des cotisations est fixé à 600 € pour chaque mois au titre duquel le dirigeant d'entreprise est rémunéré et satisfait aux conditions d'éligibilité (décret 2021-75 du 27 janvier 2021, art. 9, I ; instr. DSS/5B/2021/206 du 28 septembre 2021, partie I, section 3, II, A).

Imputation de l'aide - L'aide au paiement « covid 2 » est imputable sur l'ensemble des sommes dues, au titre des années 2020, 2021 et 2022, aux URSSAF (CGSS en outre-mer) et caisses de MSA, ainsi qu'à Pôle emploi pour les cotisations chômage des intermittents du spectacle, après application de l'exonération de cotisations patronales « covid 2 » et de toute autre exonération totale ou partielle applicable (loi 2020-1576 du 14 décembre 2020, art. 9, II, modifiée par loi 2021-1754 du 23 décembre 2021, art. 18, JO du 24).

Les modalités d'imputation de l'aide « covid 2 » sont les mêmes que pour l'aide au paiement « covid 1 » *(voir plus haut)*.

▶ À noter… S'agissant des *intermittents du spectacle**, l'aide peut s'imputer sur les contributions chômage dues à Pôle emploi, y compris en cas de mise en œuvre par le GUSO (guichet unique du spectacle occasionnel). En revanche, la loi ne vise pas Pôle Emploi pour le recouvrement des contributions d'assurance chômage dues au titre de l'emploi des salariés expatriés. Toutefois, dans une optique de simplification, c'est bien Pôle Emploi qui est compétent pour octroyer l'aide au paiement pour les salariés expatriés affiliés à titre obligatoire au régime d'assurance chômage (circ. Unédic 2021-07 du 19 mai 2021).

Modalités déclaratives - Jusqu'aux périodes d'emploi de juin 2021 inclus, l'aide au paiement « covid 2 » peut être déclarée en DSN selon les mêmes modalités que celles prévues pour l'aide au paiement « covid 1 », c'est-à-dire en une seule fois *(voir plus haut)*. À partir de la période d'emploi de juillet 2021, elle doit en revanche être déclarée au mois le mois (instr. DSS/5B/2021/206 du 28 septembre 2021, partie I, section 3, II, C).

Des consignes déclaratives détaillées sont mises en ligne sur le site net-entreprises.fr (base de connaissances, fiche 2349).

Aide au paiement « covid 3 »

Principes directeurs - Pour encourager les employeurs à reprendre leur activité suite à la levée des restrictions sanitaires liées au covid-19, la loi de finances rectificative pour 2021 a mis en place une nouvelle aide au paiement des cotisations et contributions sociales au profit des employeurs de moins de 250 salariés relevant des secteurs S1 et S1 bis *(sur la définition de ces secteurs, voir plus haut)* (loi 2021-953 du 19 juillet 2021, art. 25, I, A et B). Cette aide prend le relais des dispositifs d'exonération et d'aide au paiement « covid 1 » et « covid 2 » *(voir plus haut)*.

Employeurs concernés - L'aide « covid 3 » est réservée aux employeurs de moins de 250 salariés des secteurs S1 et S1 bis qui sont éligibles, au cours de l'une des périodes d'emploi comprises entre le 1.02.2021 et le 30.04.2021, à l'exonération « covid 2 » ou à l'exonération « covid 1 » pour les employeurs du secteur des discothèques (décret 2021-1094 du 19 août 2021, art. 2 ; instr. DSS/5B/2021/206 du 28 septembre 2021, partie I, section 2, I, B, 3).

Exemple

Une blanchisserie éligible à l'exonération « covid 2 » sur février, mars ou avril 2021 car elle a subi une baisse d'au moins 50 % de son chiffre d'affaires ne bénéficie plus des dispositifs « covid 2 » à compter du mois de mai 2021 mais est éligible à l'aide au paiement « covid 3 » (www.net-entreprises.fr, base de connaissances, fiche 2349 mise à jour au 1/12/2021).

Pour bénéficier de l'aide au paiement « covid 3 », il ne faut pas nécessairement avoir bénéficié de l'exonération « covid 2 » ou « covid 1 », mais simplement en remplir les conditions d'éligibilité (effectif, secteur, baisse de chiffre d'affaires, etc.).

Employeurs exclus - Sont exclus de l'aide au paiement les établissements de crédit ou des sociétés de financement (décret 2021-1094 du 19 août 2021, art. 3, I).

Ne peuvent pas non plus bénéficier de l'aide « covid 3 » les employeurs qui étaient déjà en difficulté au 31 décembre 2019 (au sens du règlement européen 651/2014 du 17 juin 2014). Par exception, les entreprises de moins de 50 salariés dont le chiffre d'affaires annuel ou le total de bilan annuel n'excède pas 10 millions d'euros et qui étaient considérées comme « entreprise en difficulté » au 31 décembre 2019 peuvent bénéficier de l'aide dès lors qu'elles ne font pas l'objet d'une procédure collective (décret 2021-1094 du 19 août 2021, art. 3, I).

Par ailleurs, l'employeur qui a été condamné pour travail dissimulé au cours des 5 années précédentes est exclu du bénéfice de l'aide (loi 2021-953 du 19 juillet 2021, art. 25, VI).

ETT, groupements d'employeurs et sociétés holding - Les conditions d'éligibilité des entreprises de travail temporaire (ETT), des groupements d'employeurs et des entreprises qui contrôlent, au sens de l'article L. 233-3 du code du commerce, une ou plusieurs sociétés commerciales, sont celles de l'exonération « covid 2 » *(voir plus haut)* (décret 2021-1094 du 19 août 2021, art. 2 renvoyant au décret 2021-75 du 27 janvier 2021).

Montant et périodes d'emploi concernées - L'aide est égale à 15 % du montant des rémunérations brutes des salariés assujettis à l'assurance chômage, dues au titre de périodes d'emploi courant du 1.05.2021 au 31.07.2021 (loi 2021-953 du 19 juillet 2021, art. 25, I, A ; décret 2021-1094 du 19 août 2021, art. 1).

Règles de non-cumul - L'aide n'est pas cumulable, au titre d'une même période d'emploi, avec l'aide au paiement « covid 2 » de 20 % mise en place par la loi de financement de la sécurité sociale pour 2021 *(voir plus haut)* (loi 2021-953 du 19 juillet 2021, art. 25, I, C).

Cotisations visées - L'aide au paiement est imputable sur l'ensemble des sommes dues au titre des années 2021 et 2022 aux URSSAF (CGSS en outre-mer), aux caisses de MSA et au Pôle emploi pour les cotisations des intermittents du spectacle, après application de toute autre exonération totale ou partielle (loi 2021-953 du 19 juillet 2021, art. 25, I, A, modifiée par loi 2021-1754 du 23 décembre 2021, art. 18, JO du 24). Elle s'impute donc sur les cotisations salariales, les cotisations patronales et les autres contributions restant dues.

Modalités déclaratives - L'aide au paiement de 15 % doit être déclarée mensuellement aux URSSAF via la DSN avec le code type de personnel (CTP) 256 (CTP 023 pour la déclaration aux caisses de MSA). Il n'est pas possible de déclarer sur une même DSN des montants au titre des CTP 051 (aide « covid 2 ») et 256 (instr. DSS/5B/2021/206 du 28 septembre 2021, partie I, section 3, II, C).

▶ À noter... Les employeurs qui bénéficient de l'aide au paiement au taux de 15 % sur la période d'emploi de mai 2021 (ou de juin 2021) et qui souhaitent régulariser le montant de l'aide au paiement de 20 % doivent porter la régularisation en utilisant le CTP 051 sur la DSN d'avril 2021 (ou de mai 2021) ou bien sur les DSN précédentes (instr. DSS/5B/2021/206 du 28 septembre 2021, partie I, section 3, II, C).

Si l'employeur est à jour du paiement de ses cotisations et contributions sociales, il peut imputer directement le montant de l'aide sur le montant du versement à l'URSSAF (ou caisse de MSA) au titre de la période courante. Si, après cette imputation, il subsiste un montant d'aide, le reliquat peut être utilisé sur la ou les échéances déclaratives suivantes (instr. DSS/5B/2021/206 du 28 septembre 2021, partie I, section 3, II, C).

Si l'employeur a reporté le paiement de ses cotisations et contributions sociales [voir *Covid-19 (mesures temporaires sécurité sociale)**], il ne peut pas imputer directement le montant de l'aide sur le montant du versement à l'URSSAF au titre de la période courante. Dans ce cas, c'est l'URSSAF qui impute le montant de l'aide sur les périodes pour lesquelles les cotisations et contributions sociales ont fait l'objet d'un report. Elle notifie à l'employeur le montant ainsi imputé. Si le montant de l'aide s'avère supérieur au montant des cotisations et contributions reportées, l'URSSAF notifie le montant du reliquat à l'employeur, qui peut l'utiliser pour réduire le montant du versement à l'URSSAF au titre de la période courante lors de l'échéance déclarative suivante.

▶ À noter... Pour les employeurs de salariés expatriés, d'artistes du spectacle ou d'ouvriers et techniciens de l'édition d'enregistrement sonore, de la production cinématographique et audiovisuelle, de la radio, de la diffusion et du spectacle, pour lesquelles les contributions d'assurance chômage sont recouvrées par Pôle Emploi, l'aide ne peut être imputée sur ces contributions qu'au titre du dispositif « covid 2 » prévu par la LFSS 2021 *(voir plus haut)* et à condition que l'employeur n'ait pas pu imputer l'aide en totalité sur ses cotisations et contributions dues à l'URSSAF (instr. DSS/5B/2021/206 du 28 septembre 2021, partie I, section 3, II, C).

Des consignes déclaratives détaillées sont également mises en ligne sur le site net-entreprises.fr (base de connaissances, fiche 2349).

Mandataires sociaux - À condition de ne pas avoir été condamnés pour travail dissimulé au cours des 5 années précédentes, les mandataires sociaux « assimilés salariés » des entreprises de moins de 250 salariés relevant des secteurs S1 et S1 bis bénéficient d'une réduction des cotisations et contributions de sécurité sociale dues au titre de 2021, dont le montant est de 250 € par mois d'éligibilité, dès lors que l'entreprise dont ils sont mandataires leur a versé une rémunération au titre du mois d'éligibilité (loi 2021-953 du 19 juillet 2021, art. 25, III et VI ; décret 2021-1094 du 19 août 2021, art. 4, III). Concrètement, ils bénéficient de cette réduction de cotisations pour les périodes d'emploi courant du 1.05.2021 au 31.07.2021 s'ils ont été éligibles à l'exonération « covid 2 » au titre de l'une des périodes d'emploi de février, mars ou avril 2021 (sauf en cas de prolongation des dispositifs « covid 2 » lorsqu'ils continuent de satisfaire les conditions d'éligibilité) (instr. DSS/5B/2021/206 du 28 septembre 2021, partie I, section 3, II, A).

Sont visés :
- les gérants minoritaires ou égalitaires de SARL et SELARL ;
- les présidents du conseil d'administration, les directeurs généraux et les directeurs généraux délégués des sociétés anonymes (SA) et des sociétés d'exercice libéral à forme anonyme (SELAFA), ainsi que les directeurs généraux et les directeurs généraux délégués des institutions de prévoyance, des unions d'institutions de prévoyance et des sociétés de groupe assurantiel de protection sociale ;
- les membres des sociétés coopératives de production (SCOP), ainsi que les gérants, les directeurs généraux, les présidents du conseil d'administration et les membres du directoire des mêmes coopératives lorsqu'ils perçoivent une rémunération au titre de leurs fonctions et qu'ils n'occupent pas d'emploi salarié dans la même société ;

- les dirigeants des associations dont la gestion est désintéressée ;
- les présidents et dirigeants des sociétés par actions simplifiées et des sociétés d'exercice libéral par actions simplifiées.

Signalons que sont également visés certains mandataires sociaux rattachés au régime de protection sociale des salariés des professions agricoles : présidents du conseil d'administration, présidents-directeurs généraux, directeurs généraux et directeurs généraux délégués des SA, gérants minoritaires ou égalitaires de SARL, ainsi que présidents et dirigeants de SAS, lorsque ces sociétés relèvent du domaine agricole.

Montant maximal total des aides « covid 1 », « covid 2 » et « covid 3 »

Encadrement européen - Les dispositifs d'exonération et d'aide au paiement des cotisations s'inscrivent dans le cadre du régime temporaire européen pour le soutien aux entreprises, qui s'applique aux aides octroyées jusqu'au 30.06.2022 (instr. DSS/5B/2021/206 du 28 septembre 2021, partie I, section 3, III, modifiée par instr. DSS/5B/2021/243 du 1er décembre 2021). Ce régime a été modifié au 1.08.2021.

Avant le 1er août 2021 - Jusqu'au 31.07.2021 inclus, le montant total des aides perçues par les entreprises sous forme de subventions directes, d'avances remboursables ou d'avantages fiscaux (exonérations et aides au paiement des cotisations, fonds de solidarité, dégrèvement de CFE…) ne pouvait excéder 2 300 000 € par entreprise (345 000 € pour le secteur de la pêche et de l'aquaculture, 290 000 € pour le secteur de la production agricole primaire) (décret 2021-75 du 27 janvier 2021, art. 8, II supprimé par décret 2021-1410 du 29 octobre 2021 ; instr. DSS/5B/2021/206 du 28 septembre 2021, partie I, section 3, III, modifiée par instr. DSS/5B/2021/243 du 1er décembre 2021).

▶ À noter… Ce plafond, auparavant fixé respectivement à 1 800 000 €, 270 000 € ou 225 000 €, a été relevé de façon rétroactive par une décision de la Commission européenne du 18 novembre 2021.

Pour l'application de cette règle, les aides, qui incluent les exonérations et aides au paiement « covid 1 », « covid 2 » et « covid 3 » *(voir plus haut)*, sont comptabilisées au moment de leur perception effective, c'est-à-dire au moment de leur attribution lorsqu'elles sont décidées par les pouvoirs publics ou de leur déclaration par l'employeur dans les autres cas.

▶ À noter… Les différents plafonds ne concernaient pas certaines aides ne relevant pas de la catégorie des subventions directes, avances remboursables ou avantages fiscaux (ex : prêts garantis par l'État, activité partielle).

Si l'entreprise fait partie d'un groupe, le respect du plafond (2 300 000 €, 345 000 € ou 290 000 €) s'apprécie au niveau du groupe, la notion de groupe étant à relier à la définition de l'« entreprise unique » posée par la réglementation européenne (règlt UE 1407/2013 du 18 décembre 2013, art. 2). L'entreprise unique se compose de toutes les entreprises qui entretiennent entre elles au moins l'une des relations suivantes (instr. DSS/5B/2021/206 du 28 septembre 2021, partie I, section 3, III, modifiée par instr. DSS/5B/2021/243 du 1er décembre 2021) :
- une entreprise a la majorité des droits de vote des actionnaires et associés d'une autre entreprise ;
- une entreprise a le droit de nommer ou de révoquer la majorité des membres de l'organe d'administration, de direction ou de surveillance d'une autre entreprise ;
- une entreprise a le droit d'exercer une influence dominante sur une autre entreprise en vertu d'un contrat conclu avec celle-ci ou en vertu d'une clause des statuts de celle-ci ;
- une entreprise actionnaire ou associée d'une autre entreprise contrôle seule, en vertu d'un accord conclu avec d'autres actionnaires ou associés de cette autre entreprise, la majorité des droits de vote des actionnaires ou associés de celle-ci.

À partir du 1er août 2021 - Le plafond fixé au niveau européen (2 300 000 €, 345 000 € ou 290 000 €) n'est plus applicable aux exonérations et aux aides au paiement des cotisations qui n'ont pas été déclarées avant le 1.08.2021, sous réserve de respecter certaines conditions (instr. DSS/5B/2021/206 du 28 septembre 2021, partie 1, section 3, III, modifiée par instr. DSS/5B/2021/243 du 1er décembre 2021).

Sont visées les exonérations et aides au paiement « covid 1 », « covid 2 » et « covid 3 » auxquelles ont été éligibles les employeurs au titre des périodes d'emploi courant à compter du 1.02.2020, et qui sont déclarées avant le 30.06.2022.

Concrètement, les employeurs qui, au 1.08.2021, avaient déclaré un montant total d'aides ne dépassant pas le plafond (2 300 000 €, 345 000 € ou 290 000 €) peuvent ainsi déclarer, entre le 1.08.2021 et le 30.06.2022, des exonérations et des aides au paiement sans limite de montant.

Toutefois, si le total des aides directes perçues finit par dépasser 2 300 000 € (345 000 € ou 290 000 €), ils doivent respecter deux conditions cumulatives :

- avoir rencontré, depuis mars 2020, des difficultés qui, en l'absence des mesures d'aide, auraient été susceptibles de justifier légalement un ou plusieurs licenciements pour motif économique (c. trav. art. L. 1233-3), comme, par exemple, une baisse des commandes ou du chiffre d'affaires, des pertes d'exploitation ou une dégradation de la trésorerie ou de l'excédent brut d'exploitation ; cette condition est toutefois présumée satisfaite lorsque l'entreprise a, depuis mars 2020 et préalablement à l'application des exonérations, utilisé les facultés de report de paiement des cotisations et contributions sociales permises par le gouvernement [voir *Covid-19 (mesures temporaires sécurité sociale)**] ;
- s'engager à maintenir dans l'emploi, pour une période d'au moins 3 mois à compter de la dernière date de déclaration d'exonérations et d'aides au paiement de cotisations sociales, les salariés concernés par celles-ci ; en cas de non-respect de cette condition, l'employeur devra rembourser les aides octroyées au-delà du plafond au titre des salariés qui auront été licenciés.

Le plafond de 2 300 000 € (345 000 € ou 290 000 €) s'apprécie au niveau de l'entreprise unique au sens de la réglementation européenne *(sur cette notion, voir ci-dessus « Avant le 1.08.2021 »)*.

Exemple

Au 31.07.2021, les entreprises formant une « entreprise unique » ont bénéficié d'aides directes (exonérations, fonds de solidarité, etc.) à hauteur de 2 000 000 € au total. Le 15.08.2021, plusieurs des entreprises composant cette entreprise unique déclarent des exonérations et aides au paiement à hauteur de 400 000 €, portant le total des aides directes perçues à 2 400 000 €, comme le leur permet le nouveau régime de plafonnement. Ces entreprises doivent maintenir les salariés concernés dans l'emploi jusqu'au 15.11.2021. Si deux d'entre elles ne respectent pas la condition de maintien dans l'emploi et licencient des salariés au cours du mois de septembre, elles doivent rembourser les aides déclarées le 15.08.2021 au titre de ces salariés. Les exonérations et aides au paiement perçues par ces entreprises avant le 1.08.2021, ou déclarées le 15.08.2021 au titre des salariés non licenciés, ne sont pas concernées. Les autres entreprises de l'entreprise unique qui n'ont pas licencié ne sont pas concernées non plus.

La suppression du plafond de 2 300 000 € (345 000 € ou 290 000 €) ne concerne que les dispositifs d'exonération et d'aide au paiement. Les employeurs peuvent continuer par ailleurs à bénéficier des autres aides perçues dans le cadre du régime temporaire européen sous forme de subventions directes, d'avances remboursables ou d'avantages fiscaux (ex : fonds de solidarité), mais uniquement dans la limite de la différence entre ce plafond et l'ensemble des aides directes déjà perçues ou déclarées avant le 1.08.2021, y compris les exonérations et aides au paiement des cotisations sociales déclarées avant cette date.

Exemple

Une entreprise a perçu un total de 1 000 000 € d'aides au titre du fonds de solidarité entre mars 2020 et juillet 2021, et a déclaré 1 000 000 € d'exonérations et d'aides au paiement avant le 1.08.2021. Elle peut encore bénéficier de 300 000 € [2 300 000 € - (1 000 000 € + 1 000 000 €)] d'aides au titre du fonds de solidarité ou d'autres aides directes éventuelles. Elle peut également, après le 1.08.2021, déclarer des exonérations et aides au paiement sans limitation de montant, sous réserve de respecter les conditions de difficulté économique et de maintien dans l'emploi *(voir ci-avant)*.

En cas de plafond déjà dépassé au 1er août 2021 – Des entreprises ont pu constaté qu'elles avaient, en additionnant l'ensemble des aides, dépassé le plafond avant le 1.08.2021, et déclaré un montant supérieur (instr. DSS/5B/2021/206 du 28 septembre 2021, partie 1, section 3, III, modifiée par instr. DSS/5B/2021/243 du 1er décembre 2021).

Si ce dépassement est au moins en partie lié à des déclarations d'exonérations ou d'aides au paiement des cotisations sociales, il est admis que les entreprises n'ont pas à restituer ces dernières, sous réserve que les deux conditions de difficulté économique et de maintien dans l'emploi décrites ci-avant aient été satisfaites pour les périodes correspondantes.

Ces entreprises peuvent continuer à déclarer après le 1.08.2021 des exonérations et des aides au paiement des cotisations sous réserve, toujours, de satisfaire aux mêmes conditions de difficulté économique et de maintien dans l'emploi.

En revanche, elles ne peuvent plus continuer à bénéficier des autres aides (ex : fonds de solidarité) qui restent soumises au plafond de 2 300 000 € (345 000 € ou 290 000 €), celui-ci étant atteint.

Plans d'apurement

Employeurs éligibles - Tous les employeurs pour lesquels des cotisations et contributions sociales resteraient dues à la date du 31.12.2020 peuvent conclure des plans d'apurement avec les URSSAF (CGSS en outre-mer, caisses de MSA), en plus, le cas échéant, des mesures « covid-1 » d'exonération et d'aide au paiement des cotisations *(voir plus haut)* (loi 2020-935 du 30 juillet 2020, art. 65, VI, modifiée par loi 2020-1576 du 14 décembre 2020, art. 9, VIII, 2°, a et b).

Pour les grandes entreprises, le bénéfice d'un plan d'apurement est subordonné à l'absence, entre le 5.04.2020 et le 31.12.2020, de décision de versement de dividendes ou de rachats d'actions (loi 2020-935 du 30 juillet 2020, art. 65, X). Sont concernées les entreprises qui emploient au moins 5 000 salariés ou qui ont un chiffre d'affaires consolidé supérieur à 1,5 milliard d'euros en France et plus de 2 milliards d'euros de total de bilan (décret 2008-1354 du 18 décembre 2008, art. 3, JO du 20). Cette condition s'apprécie au niveau de chacune des sociétés ayant son siège social en France et appartenant au périmètre de la grande entreprise (décret 2021-316 du 25 mars 2021, art. 4, I).

En outre, pour apprécier cette condition, ne sont pas prises en compte (décret 2021-316 du 25 mars 2021, art. 4, II) :

- les décisions de versement de dividendes aux associés ou actionnaires, dès lors que ces versements ont pour effet de soutenir financièrement la société ;
- les rachats d'actions mentionnés aux articles L. 225-206 à L. 225-217 du code de commerce, effectués sous certaines conditions.

En cas de contrôle URSSAF, il incombe à la société d'établir la fin pour laquelle les rachats d'actions ont été réalisés, sans qu'il soit toutefois nécessaire que les actions rachetées aient été effectivement utilisées à cette fin à la date du contrôle.

Cotisations concernées - Peuvent faire l'objet d'un plan d'apurement (loi 2020-935 du 30 juillet 2020, art. 65, VI) :

- les cotisations et contributions sociales patronales entrant dans le champ de la *réduction générale de cotisations patronales** ;
- les cotisations et contributions sociales salariales qui ont été précomptées sans être reversées aux URSSAF (CGSS ou caisses de MSA), pourvu que le plan prévoie en priorité leur règlement.

Ces dettes de cotisations et contributions sociales doivent avoir été constatées au 31.12.2020 (loi 2020-935 du 30 juillet 2020, art. 65, VI). Les plans d'apurement peuvent aussi comprendre les créances constituées au titre des cotisations et contributions sociales dues entre le 1.01.2021 et le dernier jour de la période d'emploi du mois suivant la fin de l'état d'urgence sanitaire, si le report de leur paiement a été autorisé par les organismes de recouvrement (loi 2020-935 du 30 juillet 2020, art. 65, VI, modifiée par loi 2020-1576 du 14 décembre 2020, art. 9, IX ; décret 2021-316 du 25 mars 2021, art. 1, III). Rappelons que, sauf exceptions, l'état d'urgence sanitaire a pris fin le 1.06.2021 (loi 2021-160 du 15 février 2021, JO du 16).

Les plans d'apurement n'incluent pas les créances constituées à la suite (décret 2021-316 du 25 mars 2021, art. 1, III) :

- d'une procédure de taxation provisionnelle (c. séc. soc. art. R. 243-15) ;
- d'une infraction de travail dissimulé (c. trav. art. L. 8221-1).

S'agissant des créances antérieures au 15.03.2020 pour lesquelles un titre exécutoire a été émis, un plan distinct peut être conclu sous réserve que (décret 2021-316 du 25 mars 2021, art. 1, III) :

- la durée et le montant des échéances soient déterminés selon les mêmes modalités que pour un plan d'apurement ;
- ces créances bénéficient des mêmes conditions de remise des majorations de retard et pénalités *(voir plus loin)*.

Modalités d'obtention - Les directeurs des URSSAF (CGSS ou caisses de MSA) pouvaient adresser aux entreprises des propositions de plan d'apurement (loi 2020-935 du 30 juillet 2020, art. 65, VI, modifiée par loi 2020-1576 du 14 décembre 2020, art. 9, VIII, 2°, c, JO du 15) :

- jusqu'au 31.03.2021 pour les dettes constatées au 31.12.2020 ;
- et jusqu'à 3 mois après le dernier jour de la période d'emploi du mois suivant la fin de l'état d'urgence sanitaire, pour les cotisations dont le report de paiement a été autorisé par les organismes de recouvrement (soit, dans le cas général, jusqu'au 31.10.2021).

À défaut d'opposition ou de demande d'aménagement par l'employeur dans un délai d'un mois, le plan était réputé accepté (loi 2020-935 du 30 juillet 2020, art. 65, VI).

Les employeurs ont également pu, dans les mêmes délais, demander aux directeurs des organismes de recouvrement le bénéfice d'un plan d'apurement (loi 2020-935 du 30 juillet 2020, art. 65, VI).

Report des pénalités et majorations de retard - En cas de conclusion d'un plan d'apurement, les pénalités et majorations de retard dont est redevable l'employeur sont remises d'office à l'issue du plan, sous réserve du respect de celui-ci (loi 2020-935 du 30 juillet 2020, art. 65, VI).

Durée des plans - La durée et le montant des échéances des plans d'apurement sont déterminés en fonction du nombre d'échéances déclaratives et de paiement pour lesquelles le cotisant ne s'est pas acquitté de l'intégralité du paiement de ses cotisations et contributions sociales et de l'importance de la dette (décret 2021-316 du 25 mars 2021, art. 1, I).

Toutefois, si l'employeur a conclu des plans d'apurement avec l'administration fiscale, la durée des plans d'apurement conclus avec l'URSSAF est identique à celle des plans accordés par l'administration fiscale dès lors que le cotisant (décret 2021-316 du 25 mars 2021, art. 1, II) :
- est redevable d'au moins 1200 € auprès de l'administration fiscale d'une part, et auprès de l'URSSAF d'autre part, au titre des exigibilités dues à compter du mois de mars 2020 ;
- n'est redevable, auprès de l'URSSAF, d'aucune cotisation, contribution, majoration ou pénalité au titre des exigibilités antérieures à mars 2020 ;
- ne fait pas l'objet d'une procédure collective à la date de la conclusion du plan d'apurement.

Les plans peuvent prévoir un apurement des dettes sur une durée pouvant aller jusqu'à 3 ans. Cette durée peut être portée à 5 ans pour les entreprises (décret 2021-316 du 25 mars 2021, art. 1, IV, modifié par décret 2021-1579 du 6 décembre 2021) :
- dont l'activité principale figure sur la liste des activités éligibles au fonds de solidarité telle qu'en vigueur au 1.01.2021 (décret 2020-371 du 30 mars 2020, annexes 1 et 2 modifiées ; décret 2020-1770 du 30 décembre 2020, JO du 31) ; concrètement, il s'agit des employeurs relevant des secteurs S1 et S1 bis *(voir tableau reproduit dans cette étude)* ;
- des départements et collectivités de la Guadeloupe, de Guyane, de la Martinique, de Mayotte, de La Réunion, de Saint-Barthélemy et de Saint-Martin (dans lesquels le deuxième état d'urgence sanitaire a été prorogé ou rétabli après le 1.06.2021).

Remise partielle des cotisations et contributions patronales

Employeurs éligibles - Les employeurs de moins de 250 salariés au 1.01.2020 qui ne bénéficient pas des dispositifs « covid 1 » d'exonération et de paiement des cotisations peuvent, dans le cadre des plans d'apurement conclus avec l'URSSAF *(voir ci-avant)*, demander une remise partielle des dettes de cotisations et contributions patronales constituées au titre des périodes d'activité courant du 1.02.2020 au 31.05.2020 (loi 2020-935 du 30 juillet 2020, art. 65, VII).

La remise peut être accordée par le directeur de l'organisme de recouvrement aux employeurs dont le chiffre d'affaires a été réduit entre le 1.02.2020 et le 31.05.2020 d'au moins 50 % par rapport à la même période de l'année précédente.

▶ À noter... La réduction de l'activité est appréciée selon des modalités définies par décret pour le bénéfice du fonds de solidarité ouvert aux entreprises lourdement touchées par la crise sanitaire (loi 2020-935 du 30 juillet 2020, art. 65, VII).

Montant maximal de la remise - Le niveau de la remise partielle des dettes de cotisations et contributions patronales ne peut pas excéder 50 % des sommes dues (loi 2020-935 du 30 juillet 2020, art. 65, VII).

L'ampleur de la remise, qui est proportionnée à l'importance de la baisse du chiffre d'affaires, s'applique dans les conditions récapitulées dans le tableau ci-après (décret 2021-316 du 25 mars 2021, art. 3).

Conditions à remplir - L'employeur ayant conclu un plan d'apurement peut bénéficier d'une remise partielle des cotisations et contributions sociales lorsqu'il remplit les conditions cumulatives suivantes (loi 2020-935 du 30 juillet 2020, art. 65, VII ; décret 2021-316 du 25 mars 2021, art. 2, I, JO du 26) :
- être à jour de ses obligations déclaratives sociales à la date de sa demande ;
- avoir constaté une réduction de chiffre d'affaires d'au moins 50 % au cours de la période courant du 1.02.2020 au 31.05.2020 ou sur la période courant du 15.03.2020 au 15.05.2020 par rapport à la même période de l'année précédente ;
- attester de difficultés économiques particulières mettant dans l'impossibilité de faire face aux échéances du plan d'apurement ;
- attester avoir sollicité, pour le paiement des dettes dues le cas échéant à ses créanciers privés, un étalement de paiement, des facilités de financement supplémentaires ou des remises de dettes.

Baisse de chiffre d'affaires	Remise maximale possible (1)
⩾ 50 % et 60 %	20 %
⩾ 60 % et 70 %	30 %
⩾ 70 % et 80 %	40 %
⩾ 80 %	50 %

(1) En % des sommes restant dues au titre des cotisations et contributions sociales patronales des périodes d'activité courant du 1.02.2020 au 31.05.2020.

En outre, l'employeur a l'obligation d'être à jour de ses obligations déclaratives ou de paiement à l'égard des organismes de recouvrement en ce qui concerne les cotisations et contributions sociales exigibles pour les périodes d'emploi antérieures au 1.01.2020. La condition de paiement est considérée comme satisfaite dès lors que l'employeur a conclu et respecte un plan d'apurement des cotisations restant dues, ou avait conclu et respectait un tel plan avant le 15.03.2020 (loi 2020-935 du 30 juillet 2020, art. 65, X).

Enfin, pour bénéficier de la remise, l'employeur ne doit pas avoir été condamné pour travail dissimulé au cours des 5 années précédentes (loi 2020-935 du 30 juillet 2020, art. 65, X).

Appréciation de la baisse du chiffre d'affaires - La baisse de chiffre d'affaires doit être égale à la différence entre :

1°/ d'une part, le chiffre d'affaires cumulé réalisé au cours de la période courant du 1.02.2020 au 31.05.2020 ou, au choix de l'employeur, sur la période courant du 15.03.2020 au 15.05.2020 ;

2°/ et, d'autre part, au choix de l'employeur :
- le chiffre d'affaires cumulé réalisé durant la même période de l'année précédente ;
- ou le chiffre d'affaires mensuel moyen de l'année 2019 ramené sur respectivement 4 ou 2 mois selon le choix prévu au 1° ;
- ou, pour les entreprises créées entre le 1.02.2019 et le 1.01.2020, le chiffre d'affaires mensuel moyen sur la période comprise entre la date de création de l'entreprise et le 31.01.2020, ramené sur respectivement 4 ou 2 mois selon le choix prévu au 1° ;
- ou, pour les personnes morales dont le dirigeant a bénéficié d'un congé pour maladie, accident du travail ou maternité durant la période comprise entre le 1.02.2019 et le 31.05.2019, par rapport au chiffre d'affaires mensuel moyen sur la période comprise entre le 31.05.2019 et le 31.01.2020, apprécié sur 4 ou 2 mois, selon le choix prévu au 1°.

Pour les entreprises créées après le 1.01.2020 et avant le 10.03.2020, la perte de chiffre d'affaires est définie comme la différence entre, d'une part, le chiffre d'affaires réalisé entre le 15.03.2020 et le 15.05.2020 et, d'autre part, le chiffre d'affaires réalisé entre la date de création de l'entreprise et le 15.03.2020 ramené sur 2 mois.

Marche à suivre et examen de la demande - L'employeur souscrit sa demande de remise partielle par la voie d'un formulaire dématérialisé mis à disposition par l'URSSAF. Il doit conserver les pièces justificatives qui pourront être demandées à des fins de vérification par l'organisme de recouvrement (décret 2021-316 du 25 mars 2021, art. 2, II).

La demande doit préciser l'identité de ses créanciers privés, les dettes concernées, leur montant, leur date d'exigibilité et, le cas échéant, les conditions auxquelles les remises ou échelonnement sont subordonnées (décret 2021-316 du 25 mars 2021, art. 2, I, 4°).

La demande, même anticipée, ne peut être acceptée qu'après le paiement par l'employeur de la totalité des échéances du plan d'apurement comprenant des cotisations salariales (décret 2021-316 du 25 mars 2021, art. 2, III).

En l'absence de cotisations salariales dues et sous réserve que les conditions requises soient respectées, cette demande peut être prise en compte dès la conclusion du plan. L'URSSAF (CGSS ou MSA) décide d'accorder la remise et le niveau de celle-ci au vu des informations fournies par l'employeur, et de tout autre élément dont elle a connaissance relatif à la situation financière de l'entreprise (décret 2021-316 du 25 mars 2021, art. 2, IV).

La décision de remise intervient dans un délai maximal de 2 mois à compter de la demande. À défaut de réponse dans ce délai, celle-ci est réputée refusée.

L'URSSAF peut également proposer, alternativement ou concomitamment à une remise, de modifier la durée ou les échéances du plan d'apurement, dans les limites réglementaires *(voir plus haut)*.

Imputation de la remise - Lorsqu'elle est accordée, la remise partielle est calculée et imputée sur le montant de la dette éligible restant due au moment de la demande, en réduisant le nombre ou le montant des échéances du plan restant à acquitter, dans la limite de la durée maximale prévue (loi 2020-935 du 30 juillet 2020, art. 65, VII ; décret 2021-316 du 25 mars 2021, art. 2, IV). La remise n'est définitivement acquise qu'au terme du plan d'apurement et sous condition d'avoir acquitté la totalité des montants n'ayant pas fait l'objet d'une remise.

Covid-19 (hygiène et sécurité)

La crise sanitaire liée à la pandémie de covid-19, et son évolution, impose aux employeurs d'adapter leur politique de prévention des risques professionnels, en respectant tous les principes généraux en la matière, et si besoin de la faire évoluer en fonction des circonstances.

Covid-19 (hygiène et sécurité)

Ils se réfèrent notamment au Protocole national pour assurer la santé et la sécurité des salariés en entreprise face à l'épidémie de covid-19 (version applicable au 16.02.2022) ainsi qu'aux préconisations diffusées notamment par le ministère du Travail (« Covid-19 : conseils et bonnes pratiques pour l'employeur », ministère du Travail et assurance maladie ; Ministère du Travail, document questions/réponses « Mesures de prévention dans l'entreprise contre la COVID-19 »). Le Protocole national n'a pas en tant que tel de force contraignante mais il constitue un ensemble de recommandations qui permettent à l'employeur de remplir son obligation légale de sécurité *(voir ci-après)*.

Les mesures préconisées sont régulièrement modifiées par les pouvoirs publics pour tenir compte de l'évolution de la situation sanitaire.

Pour suivre l'actualité sur tous ces sujets, voir le fil quotidien d'actualités sur www.rfsocial.com et la Revue d'actualité RF Social.

Évaluation des risques professionnels

Risques liés au covid-19 - Au nom de son obligation légale de sécurité, l'employeur doit notamment évaluer les risques pour la sécurité et la santé des travailleurs pour ensuite adopter les actions qui permettront de les prévenir [voir *Hygiène et sécurité (obligations de l'employeur)**].

Il doit intégrer tous les risques liés au covid-19 dans sa démarche d'évaluation. Il ne lui suffit pas en effet d'évaluer le risque de contamination en lui-même. Selon l'INRS, il convient aussi d'évaluer les risques « induits », notamment par les nouvelles organisations et situations de travail mises en place pour faire face à l'épidémie, y compris les risques psycho-sociaux *(voir ci-après)*. À l'occasion des premiers contentieux « covid-19 », certains juges du fond ont également précisé que l'évaluation doit s'étendre aux risques psycho-sociaux (CA Versailles 24 avril 2020, n° 20/01993).

Réglementation spécifique au risque biologique et aux salariés exposés du fait de leur activité professionnelle - Voir ci-après.

Mise à jour du document unique d'évaluation des risques - En application du code du travail qui impose la mise à jour *document unique d'évaluation des risques professionnels** (DUER) au moins une fois par an et dans certaines situations, l'employeur doit le mettre à jour pour y intégrer les risques suivants selon l'INRS et le ministre du Travail (c. trav. art. R. 4121-1 ; www.inrs.fr ; « Mesures de prévention dans l'entreprise contre la COVID-19 », www.travail-emploi.gouv.fr).

Le risque de contamination au coronavirus pour les salariés qui y sont exposés du fait de leurs activités, par exemple s'ils sont en contact rapproché, à moins d'un mètre, avec du public, des clients ou des patients. Cela étant, si le risque de contamination n'est pas généré par l'activité professionnelle (ex. : salariés sans contact rapproché avec du public), il ne devrait pas, selon l'INRS, nécessairement apparaître dans le DUER (www.inrs.fr).

▶ **Attention…** Afin de ralentir la propagation du virus, les mesures d'hygiène et de distanciation sociale définies par décret au niveau national, incluant la distanciation physique d'au moins un mètre entre deux personnes doivent en effet être observées en tout lieu et en toutes circonstances. En outre, en l'absence de port du masque, cette distanciation est portée à deux mètres, ce qui ne doit de toute façon pas empêcher de respecter les règles qui le rendent obligatoire (décret 2021-699 du 1er juin 2021, JO du 2).

Les risques liés aux transformations importantes des postes de travail découlant des mesures sanitaires adoptées dans l'entreprise (ex. : risques liés au réaménagement des bureaux pour respecter la distanciation sociale, à la modification des horaires de travail, au *télétravail**) [voir *Covid-19 (télétravail)**].

Les risques induits par les « mesures covid-19 » elles-mêmes (ex. : la désinfection peut provoquer un risque chimique, le respect des mesures barrières et de la distanciation physique peut entraîner des risques psychosociaux, comme des risques de conflits entre salariés).

▶ **À noter…** Les télétravailleurs sont notamment exposés à des risques psychosociaux (ex. : risques de stress et de burn-out liés à l'isolement, à l'hyperconnexion ou au travail « permanent »). Pour prévenir ces risques, l'employeur peut par exemple mettre l'accent sur l'information des télétravailleurs (ex. : sur la nécessité de s'organiser pour bien différencier temps de travail/temps personnel et de respecter les temps de pause) [voir *Covid-19 (télétravail)** et *Télétravail**] (« Télétravail, quels risques ? Quelles pistes de prévention ? », www.inrs.fr).

L'employeur qui ne procéderait pas aux mises à jour requises peut y être contraint par les juges (TJ Lyon, 11 mai 2020, n° RG 20/00593). Il encourt notamment des sanctions pénales (c. trav. art. R. 4741-1).

Rôle du CSE - Il est recommandé à l'employeur d'« instaurer un dialogue permanent avec les représentants du personnel (CSE), les salariés et le service de santé au travail, pour mieux identifier les risques selon les postes de travail, y apporter des réponses et faciliter l'appropriation par tous des mesures de prévention » (« Covid-19 : conseils et bonnes pratiques pour l'employeur », ministère du Travail).

Attention, à compter du 31.03.2022, dans le cadre du dialogue social, le CSE d'une entreprise d'au moins 50 salariés et sa commission santé, sécurité et conditions de travail (CSSCT), quand ils existent, apporteront « leur contribution à l'analyse des risques professionnels dans l'entreprise ». En outre, à compter de cette même date, ce CSE devra être consulté sur le document unique d'évaluation des risques professionnels et ses mises à jour [voir *Comité social et économique (santé, sécurité et conditions de travail)**].

Prévention des risques professionnels

Mesures collectives - L'INRS, comme le ministère du Travail, se réfèrent aux principes généraux de prévention inscrits dans le code du travail pour indiquer que l'employeur doit d'abord mettre en place des mesures de prévention collective [voir *Hygiène et sécurité (obligations de l'employeur)**] (c. trav. art. L. 4121-1, L. 4121-2 et L. 4121-3).

Celles-ci sont de nature (www.inrs.fr ; Protocole national) :

- organisationnelle (ex. : télétravail, horaires décalés pour ceux dont la présence sur les lieux de travail est nécessaire, dédoublement des équipes) ;
- et/ou technique (ex. : écrans physiques en plexiglas, espacement des postes de travail permettant la distanciation physique).

Sur les préconisations du ministère du Travail relatives au télétravail, voir *Covid-19 (télétravail)**.

Mesures individuelles - Ce n'est que lorsque l'ensemble des précautions « collectives » est insuffisant pour garantir la protection de la santé et sécurité qu'elles doivent être complétées, en dernier recours, par des mesures de protection individuelle comme le port du masque.

Port du masque - Les salariés doivent porter un masque dans tous les espaces clos et partagés des entreprises (salles de réunion, open spaces, couloirs, vestiaires ou encore bureaux partagés) dont le type est précisément défini dans le protocole national *(voir ci-après)* (Protocole national ; décret 2021-699 du 1er juin 2021, art. 1).

Par définition, les salariés travaillant seuls dans un bureau (ou une pièce) nominatif n'ont pas à porter le masque dès lors qu'ils se trouvent seuls dans ce bureau (Protocole national).

Les travailleurs en extérieur doivent porter le masque en cas de regroupement ou d'incapacité de respecter la distance de 2 mètres entre les personnes.

▶ À noter… Pour imposer le port du masque, l'employeur doit à notre sens modifier le *règlement intérieur**, en suivant la même procédure que pour son adoption, ou rédiger une note de service venant s'ajouter au règlement intérieur (voir *Consignes d'hygiène et de sécurité**) (c. trav. art. L. 1321-4 et L. 1321-5).

Le port du masque doit être combiné avec les autres mesures de protection (distance physique d'au moins un mètre entre les personnes, hygiène des mains, ventilation et aération des locaux, gestion des flux de personnes, etc.).

Types de masques - Il s'agit soit d'un masque « grand public filtration supérieure à 90 % » (correspondant au masque dit de « catégorie 1 »), soit d'un masque de type chirurgical. Ils doivent couvrir à la fois le nez, la bouche et le menton, et répondre aux spécifications en vigueur. Ils sont reconnaissables à un logo spécifique (Protocole national). Par exemple, dans les espaces clos, hors personnel de santé, sont préconisés (Protocole, annexe 3) :

- les masques « grand public » à filtration supérieure à 90 % (ex. : catégorie 1), dans le cas général ;
- pour les personnes susceptibles de développer une forme grave de covid et qui n'ont pas pu bénéficier du télétravail, les masques chirurgicaux.

Fourniture des masques - Un équipement de protection individuelle (EPI) est un équipement conçu et fabriqué pour être porté ou tenu par une personne en vue de la protéger contre un ou plusieurs risques susceptibles de menacer sa santé ou sa sécurité (c. trav. art. R. 4311-8). Un masque peut, à notre sens, être considéré comme tel, avec en facteur additionnel le fait qu'il protège aussi les collègues de travail de l'intéressé. Dès lors, la réglementation relative aux EPI leur serait applicable (c. trav. art. R. 4311-8 et s.), laquelle prévoit notamment que ces EPI sont fournis gratuitement par l'employeur, qui assure leur maintien dans un état hygiénique satisfaisant (c. trav. art. R. 4323-95). D'ailleurs, le protocole rappelle s'agissant des EPI, au nombre desquels il cite les masques, que l'employeur en assure l'approvisionnement constant lorsqu'ils sont à usage unique (Protocole national, III).

Des juges du fond ont déjà eu l'occasion de préciser que « l'approvisionnement en dispositifs individuels de protection » (ex. : masques) doit être assuré de manière satisfaisante « pour que chaque salarié en dispose lors de son travail effectif sur site » (TJ Lyon, 11 mai 2020, n° RG 20/00593).

Selon l'INRS, l'employeur n'a pas à fournir le masque dont le port a été rendu obligatoire dans les transports en commun (www.inrs.fr ; décret 2021-699 du 1er juin 2021). Le protocole n'envisage la mise à disposition de masque pour les transports que pour certains salariés (ex. : femmes au troisième trimestre de leur grossesse) (Protocole national, I).

Présence de plusieurs salariés dans un même véhicule - Faute d'alternative au transport de plusieurs salariés dans un même véhicule dans le cadre de l'activité professionnelle, les précautions habituelles s'appliquent (port des masques, hygiène des mains, nettoyage désinfection du véhicule, etc.) auxquelles s'ajoute « une aération de quelques minutes du véhicule très régulière » (Protocole national).

Restauration collective - Dans les cantines ou restaurants d'entreprise, lorsque le masque n'est pas porté, la distanciation entre chaque personne à table doit être de 2 m, sauf si une paroi fixe ou amovible assure une séparation physique. Les convives ne doivent pas être en face-à-face. Lorsque les personnes portent leur masque, dans la file d'attente par exemple, la distance à respecter est de 1 m (Protocole national).

Moments de convivialité - Les moments de convivialité réunissant notamment les salariés en présentiel dans le cadre professionnel peuvent être organisés en respectant les gestes barrières, et en particulier le port du masque, les mesures d'aération et de ventilation et les règles de distanciation physique entre les convives : un mètre lorsque les personnes portent un masque, 2 m lorsque le masque ne peut pas être porté (Protocole national).

Procédure à suivre en présence de salariés symptomatiques et cas contact - Le protocole définit une procédure de prise en charge d'une personne symptomatique et de ses contacts rapprochés (Protocole national, VI).

Campagne de dépistage - Les employeurs peuvent participer aux campagnes de dépistage organisées par les autorités sanitaires. En outre, ils peuvent proposer des actions de dépistage (tests antigéniques) aux salariés volontaires (Protocole national). Ces actions doivent être intégralement financées par l'employeur et réalisées dans des conditions garantissant la bonne exécution des tests et la stricte préservation du secret médical. En particulier, aucun résultat ne peut être communiqué à l'employeur ou à ses préposés.

Les modalités en sont précisées par une circulaire disponible sur Légifrance (circ. interminist. 2020-229 du 14 décembre 2020 relative au déploiement des tests antigéniques au sein des entreprises, www.legifrance.gouv.fr). Celle-ci prévoit notamment que les opérations de dépistage collectif doivent être préalablement déclarées sur un portail en ligne, au moins deux jours avant.

Par ailleurs, des campagnes de tests sérologiques par les entreprises ne sont pas envisageables.

Désignation d'un référent - Le Protocole national préconise la désignation d'un référent Covid-19. Dans les entreprises de petite taille, il peut être le dirigeant. Il s'assure de la mise en œuvre des mesures définies et de l'information des salariés. Son identité et sa mission sont communiquées à l'ensemble du personnel.

Adoption d'un ensemble de mesures - Il ressort de certaines décisions des juges du fond, que c'est un ensemble de mesures collectives et individuelles qui permet d'avoir un « bon » plan de prévention du covid-19 (TJ Lille, 24 avril 2020, n° RG 20/00395). Des « mesures au jour le jour », sans « plan d'ensemble maîtrisé », sont insuffisantes notamment quand les effectifs sur site sont importants (CA Versailles 24 avril 2020, n° 20/01993).

Information-consultation du CSE - Dans une entreprise d'au moins 50 salariés, l'employeur doit, à notre sens, informer puis consulter les élus du CSE avant de mettre en œuvre ou de modifier les mesures de prévention adoptées pour lutter contre les risques « covid-19 », comme pour tout autre risque professionnel. Et ce, au titre des attributions générales du CSE [voir *Comité social et économique (santé, sécurité et conditions de travail)**] (c. trav. art. L. 2312-8).

Le cas échéant, l'employeur informe et consulte les élus sur ses projets d'aménagement important modifiant les conditions de santé, de sécurité ou de travail (c. trav. art. L. 2312-8), au nombre desquels les projets de nouvelles organisations du travail visant à prévenir les risques « covid-19 » (CA Versailles 24 avril 2020, n° 20/01993) ou, à notre sens, modifiant de façon significative une organisation existante.

Bilan et programme annuel de prévention - L'employeur intègre au prochain rapport les mesures « covid-19 » déjà prises et au programme les mesures nouvelles adoptées en fonction du contexte sanitaire à venir (c. trav. art. L. 2312-26 et L. 2312-27) [voir *Comité social et économique (santé, sécurité et conditions de travail)**].

Information et formation des salariés - Dans le contexte sanitaire actuel et en application du code du travail, l'employeur informe et forme les salariés à l'ensemble des mesures particulières d'hygiène et de sécurité mises en place (c. trav. art. L. 4121-1, L. 4141-1, L. 4141-2, R. 4141-1 et s. et R. 4141-3-1 ; www.inrs.fr). Par exemple, l'employeur informe et forme les salariés pour les aider à exécuter le mieux possible les mesures barrières (lavage régulier des mains, nettoyage du plateau de bureau, des téléphones, des claviers d'ordinateur, etc.). D'ailleurs, les juges du fond qui ont tranché les premiers contentieux liés au covid-19 vérifient si les salariés sont suffisamment informés et formés par l'employeur (TJ Lyon, 11 mai 2020, n° RG 20/00593 ; TJ Lille, 24 avril 2020, n° RG 20/00395).

Prévention des risques pour les salariés exposés du fait de leur travail

Salariés exposés au covid-19 mais dont l'établissement est hors du champ des risques biologiques - Les travailleurs qui répondent aux deux critères cumulatifs suivants font l'objet de dispositions spécifiques. Il s'agit de ceux qui (décret 2021-951 du 16 juillet 2021, art.1, JO du 18 ; Questions/Réponses « Réglementation risques biologiques » de la Direction générale du travail du 23 décembre 2021, www.travail-emploi.gouv.fr) :

- travaillent dans un établissement dont l'activité habituelle ne relève pas des dispositions du code du travail relatives à la prévention des risques biologiques (ex. : industries, entreprises du secteur tertiaire comme les banques et assurances, commerces, transports, établissements recevant du public comme les Hôtels/Cafés/Restaurants, l'évènementiel, entreprises du BTP) (c. trav. art. R. 4421-1) ;
- et sont exposés au SARS-CoV-2 à raison de leur activité professionnelle, étant entendu que les dispositions spécifiques ici décrites ne s'appliquent pas à des épidémies saisonnières type grippe ou gastro-entérite.

▶ À noter… Les travailleurs sont les salariés, y compris temporaires (en contrat de travail à durée déterminée et en intérim), et les stagiaires, ainsi que toute personne placée à quelque titre que ce soit sous l'autorité de l'employeur (c. trav. art. L. 4111-5).

Il convient donc de distinguer les travailleurs exposés au covid-19 selon qu'ils travaillent, ou pas, dans un établissement relevant du champ d'application de la réglementation sur les risques biologiques.

Si l'employeur relève du champ de la réglementation sur la prévention des risques biologiques, il applique cette réglementation spécifique (c. trav. art. L. 4421-1 et s. et R. 4421-1 et s.).

▶ À noter… Une directive européenne a ajouté le coronavirus provoquant le covid-19 à la liste des agents biologiques connus pour provoquer des maladies infectieuses chez l'homme (groupe de risque 3). Les États membres avaient jusqu'au 24.11.2020 pour la transposer (dir. UE 2020/739 du 3 juin 2020, JOUE du 4 juin). Un arrêté a effectivement ajouté le SARS-CoV-2 à la liste des agents biologiques pathogènes (arrêté du 18 décembre 2020, JO du 31). Il est entré en vigueur en même temps que le décret 2021-951 du 16 juillet 2021 (JO du 18), soit le 19.07.2021.

En revanche, si l'établissement est hors de ce champ, l'employeur doit appliquer les dispositions décrites ci-après.

▶ À noter… Le décret 2021-951 du 16 juillet 2021 rend applicables aux travailleurs exposés au covid-19 à raison de leur activité professionnelle, mais dont l'établissement est hors du champ des risques biologiques, certaines des dispositions du code du travail dédiées aux risques biologiques, ce qui de fait les exclut d'autres règles. Le document Questions/Réponses « Réglementation risques biologiques » de la Direction générale du travail du 23 décembre 2021 liste, sous forme de tableau, les dispositions applicables aux entreprises concernées (www.travail-emploi.gouv.fr).

Obligation de formation spécifique - L'employeur est tenu de former spécifiquement les salariés (ex. : formation sur les précautions à prendre pour éviter l'exposition) avant qu'il n'exerce une activité les exposant au covid-19, sachant que la formation devra être répétée régulièrement et adaptée à l'évolution des risques (décret 2021-951 du 16 juillet 2021, art. 2 ; c. trav. art. R. 4425-6 et R. 4425-7).

Exemple

Il convient d'informer les travailleurs sur l'importance de se laver régulièrement les mains, de porter un masque, la procédure en cas de contamination ou cas contact ou de s'assurer du bon fonctionnement des installations d'aération-ventilation et d'aérer régulièrement les locaux (Questions/Réponses « Réglementation risques biologiques » de la Direction générale du travail, Q/R n° 5, du 23 décembre 2021).

Obligation d'adopter des mesures de prévention dédiées, sauf si l'évaluation des risques conclut à leur inutilité - L'employeur est tenu (décret 2021-951 du 16 juillet 2021, art. 2) :
- d'éviter toute exposition au covid-19 ou de réduire cette exposition quand elle ne peut être évitée en prenant les mesures de prévention listées par le code du travail (ex. : limiter au niveau le plus bas possible le nombre de travailleurs exposés) (c. trav. art. R. 4424-2 et R. 4424-3) ;
- d'établir une consigne de sécurité interdisant l'introduction de nourriture, de boissons ou de certains produits (ex. : articles pour fumeurs) dans les lieux où existe un risque de contamination (c. trav. art. R. 4424-4) ;
- de respecter toute une série d'obligations en matière d'équipements de protection individuelles (ex. : fourniture) (c. trav. art. R. 4424-5) ;
- de tenir certaines informations (ex. : activités aux cours desquelles les travailleurs sont exposés) à la disposition des travailleurs concernés, du CSE et de certains agents (ex. : agents de l'inspection du travail) (c. trav. art. R. 4425-4 et R. 4425-4).

L'employeur est dispensé de ces obligations spécifiques si les résultats de l'évaluation des risques en indiquent l'inutilité. Pour cela, il doit démontrer que les mesures déjà mises en place, au regard de ses obligations générales en matière de santé et de sécurité, sont suffisantes pour protéger les travailleurs (Questions/Réponses « Réglementation risques biologiques » de la Direction générale du travail, Q/R n° 1, du 23 décembre 2021).

Pas de suivi individuel renforcé de l'état de santé - Les travailleurs exposés au covid-19 à raison de leur activité professionnelle, mais dont l'établissement est hors du champ des risques biologiques, ne sont pas considérés comme affectés à un poste présentant des risques particuliers justifiant le bénéfice d'un suivi individuel renforcé de leur état de santé (décret 2021-951 du 16 juillet 2021, art. 3). Ces salariés sont donc suivis comme tout autre salarié par le médecin du travail dans le cadre « courant » des visites médicales [voir *Visites médicales (périodiques)**].

Pas d'interdiction d'emploi des jeunes travailleurs - Les employeurs qui sont hors du champ des dispositions relatives aux risques biologiques peuvent officiellement affecter des jeunes travailleurs de 15 ans à moins de 18 ans à une activité professionnelle les exposant au covid-19. Par dérogation, il n'y a en effet pas lieu, dans ces entreprises, de faire jouer la règle interdisant d'affecter des mineurs à des travaux les exposant aux agents biologiques des groupes 3 et 4 (décret 2021-951 du 16 juillet 2021, art. 4 ; c. trav. art. D. 4153-19 et R. 4421-3).

Pass vaccinal

Du Pass sanitaire au Pass vaccinal - Pour les personnes de 16 ans et plus, le Pass sanitaire « Activités » qui était exigé pour accéder à certains lieux ou activités a été remplacé par le Pass vaccinal (loi 2022-46 du 22 janvier 2022, JO du 23 ; C. constit., décision 2022-835 DC du 21 janvier 2022 ; décret 2022-51 du 22 janvier 2022, JO du 23). Elles doivent présenter un justificatif de statut vaccinal au covid-19 pour accéder :
- aux activités de loisirs (ex. : cinémas) ;
- aux activités de restauration commerciale ou de débit de boisson, hors restauration collective, vente à emporter, restauration professionnelle routière et ferroviaire ;
- aux foires, séminaires et salons professionnels ;
- aux grands magasins et centres commerciaux sur décision du Préfet ;
- et pour les déplacements de longue distance par transports publics interrégionaux (ferroviaires, aériens et routiers).

Dans ce dernier cas, il y a une exception en cas de déplacement pour un motif impérieux d'ordre familial ou de santé, à condition de présenter un test négatif (sauf urgence l'empêchant).

À noter que le Pass sanitaire est maintenu pour les mineurs de moins de 16 ans et l'accès aux établissements de santé (hors urgences).

Justificatif du Pass vaccinal - Le Pass vaccinal prend la forme d'un justificatif de statut vaccinal complet mais il est aussi possible de présenter (décret 2022-51, art. 1, 5°, a) :
- pour les personnes ayant été infectées par le covid-19, un certificat de rétablissement (valable 6 mois) ;
- ou un certificat de contre-indication à la vaccination contre le covid-19.

Par ailleurs, jusqu'au 15.02.2022, un certificat de test négatif de moins de 24 h suffisait pour les personnes ayant reçu leur première dose de vaccin dans les 4 dernières semaines.

Pass vaccinal exigé des salariés - Les salariés soumis au Pass sanitaire car ils travaillent ou interviennent dans les lieux assujettis au Pass le sont désormais au Pass vaccinal. En effet, l'obligation de présenter un Pass vaccinal s'impose au public et aux personnes qui interviennent dans les lieux et activités ci-dessus.

Suspension du contrat de travail - Un salarié qui n'est pas en mesure de présenter à son employeur un Pass vaccinal voit son contrat de travail suspendu, sans changement avec les dispositions édictées sous l'empire du Pass sanitaire (loi 2021-689 du 31 mai 2021, art. 1, II, C).

Le salarié peut, avec l'accord de l'employeur, « poser » des jours de repos conventionnels ou de congés payés. Il s'agit d'une faculté : le salarié n'est pas obligé faire une demande en ce sens, tandis que l'employeur n'a pas l'obligation d'accepter une telle demande. Le ministère du Travail précise que c'est au salarié de recourir éventuellement à cette solution. L'employeur ne peut pas imposer la prise de jours de repos ou de congés à cette fin. Si aucun jour de congé n'est mobilisé, l'employeur notifie le jour même au salarié, par tout moyen, la suspension de ses fonctions ou de son contrat de travail avec interruption du versement de cette rémunération. Cette suspension prend fin dès que l'intéressé produit les justificatifs requis. Selon le ministère du Travail, la période de suspension n'est pas prise en compte pour les droits du salarié (ex. : acquisition des congés payés).

Lorsque la suspension du contrat de travail se prolonge au-delà d'une durée équivalente à 3 jours, il faut convoquer le salarié à un entretien pour examiner avec lui comment régulariser sa situation (ex. : affectation, même temporaire, sur un poste hors Passe). Le ministère du Travail conseille :
- de convoquer le salarié par un moyen permettant de dater avec certitude la convocation ;
- si le salarié ne peut pas venir à l'entretien, faute de Passe sanitaire, de réaliser l'entretien dans un lieu où ce Passe n'est pas exigé ou de recourir à la visio-conférence ;
- de faire un compte rendu écrit de l'entretien et des décisions pouvant en résulter.

Il précise que si l'affectation à un autre poste est facultative, tout doit être fait pour régulariser la situation (en cas de contentieux, la recherche d'affectation sera un des éléments que le juge pourra considérer). Il indique par ailleurs que, dans ce cadre, le droit commun de la modification du contrat s'applique (distinction changement des conditions de travail/modification du contrat de travail).

Enfin, le télétravail est une solution lorsque les activités du salarié le permettent mais le ministère du Travail rappelle que l'employeur ne peut pas l'imposer sauf dans le contexte de la crise sanitaire, jusqu'au 15.11.2021 (Q/R du ministère du travail précité). Les litiges employeur/salarié refusant de présenter un Passe sanitaire relèvent du conseil de prud'hommes et non de l'inspection du travail (DGT, fiche du 11 août 2021).

▶ Attention... La suspension du contrat de travail n'a pas d'incidence sur le mandat des représentants du personnel. Il est recommandé d'aménager « les modalités d'exercice du dialogue social, notamment en facilitant les échanges à distance ». En cas de contrôle, l'inspection du travail s'assure que les représentants du personnel concernés sont bien en mesure d'exercer leur mandat (DGT, fiche du 11 août 2021).

Lorsqu'un salarié refuse de se doter d'un Pass, la possibilité de rompre le contrat de travail n'est pas explicitement prévue. Sans se prononcer expressément, le ministère du Travail semble néanmoins envisager cette possibilité en indiquant que, à l'issue le cas échéant de l'entretien de régularisation, « dans le cas d'une situation de blocage persistante, les procédures de droit commun concernant les contrats de travail peuvent s'appliquer » (Q/R du ministère du travail précité). Pour autant, à notre sens l'employeur pourrait envisager un licenciement seulement après avoir cherché à reclasser le salarié concerné temporairement sur un poste ne nécessitant pas de Passe sanitaire. La prudence est de mise sur ce point.

Contrôle de la détention du Pass vaccinal - L'employeur peut effectuer ce contrôle une fois pour toutes plutôt que de procéder à des vérifications quotidiennes. Ainsi, les salariés peuvent présenter à leur employeur leur justificatif de statut vaccinal (sous une forme ne permettant d'identifier que sa nature) et l'information selon laquelle le schéma vaccinal est complet. Dans ce cas, l'employeur est autorisé à conserver, jusqu'au terme de la période d'application du Pass, le résultat de la vérification opérée et à délivrer, le cas échéant, un titre spécifique permettant une vérification simplifiée (loi 2022-46 du 22 janvier 2022, art. 1, 2°, f ; loi 2021-689 du 31 mai 2021, art. 1, II modifié, E).

L'employeur qui ne contrôlerait pas que les personnes concernées ont bien le Pass vaccinal sera pénalement sanctionné dès la première infraction (contravention de 5e classe, passible d'une amende forfaitaire de 1 000 €).

Durée d'application - En l'état des textes, le Pass vaccinal et le Pass sanitaire peuvent être mis en œuvre au plus tard jusqu'au 31.07.2022 (loi 2021-689 du 31 mai 2021, art. 1, I, modifié par la loi 2021-1465 du 10 novembre 2021, art. 2). Le Gouvernement est censé y mettre fin si l'amélioration de la situation sanitaire le permet, quitte à le réactiver ensuite.

Obligation vaccinale

Salariés concernés - La vaccination contre le covid-19 est obligatoire, sauf contre-indication médicale reconnue (loi 2021-1040 du 5 août 2021, JO du 6 ; voir tableau récapitulatif ci-après) :

- pour les personnes travaillant dans certains établissements (établissements de santé publics et privés, centres de santé, maisons de santé, SST, etc.) ;
- pour certaines professions : professionnels de santé, aides à domicile des particuliers employeurs bénéficiaires de l'allocation personnalisée d'autonomie (APA) ou de la prestation de compensation du handicap (PCH), sapeurs-pompiers, etc.

Sont concernés les salariés, télétravailleurs, stagiaires, intérimaires, bénévoles, etc. (questions/réponses du 20 août 2021 du ministère des Solidarités et de la Santé).

Concernant les intérimaires, la société d'intérim doit s'engager à mettre à la disposition de l'entreprise utilisatrice, un salarié temporaire répondant à l'obligation légale de vaccination. Elle doit informer les intérimaires de cette obligation et du fait que s'ils ne s'y conforment pas, ils s'exposent à la suspension du contrat de mission (ministère du Travail, questions/réponses, mis à jour le 18.10.2021).

Les personnes exécutant une tâche ponctuelle dans certains établissements n'ont pas à être vaccinées s'il s'agit d'une intervention très brève et non récurrente, non liée à l'activité normale et permanente de l'entreprise (loi art. 2021-1040 du 5 août 2021, art. 12, III ; Q/R du ministère du Travail précité). Par exemple, l'intervention d'une entreprise de livraison ou une réparation urgente est ponctuelle, pas l'intervention récurrente des services de nettoyage ou la réalisation de travaux lourds (ex. : rénovation d'un bâtiment).

Les inspecteurs du travail n'ont pas à se conformer à l'obligation de vaccination pour accéder aux lieux et établissements concernés (DGT, fiche du 11 août 2021).

Justification de la vaccination - Depuis le 7.08.2021, les personnes concernées sont tenues de présenter :

- un certificat de statut vaccinal (loi 2021-1040 du 5 août 2021, art. 1 ; décret 2021-699 du 1er juin 2021, art. 49-1) ;
- faute de certificat de statut vaccinal, un certificat de rétablissement après une contamination au covid-19, pour sa durée de validité ainsi qu'un justificatif de vaccination avant la fin de validité du certificat de rétablissement ;
- ou un certificat médical de contre-indication avec fin de validité, ou non *(voir tableau reproduit dans cette étude)* (loi 2021-1040 du 5 août 2021, art. 13, I).

À titre transitoire et jusqu'au 15.102021, d'autres justificatifs peuvent permettre de continuer à travailler et de ne pas se voir interdire d'exercer *(voir ci-après)*.

▶ **À noter…** Les moins de 18 ans sont soumis à l'obligation de vaccination depuis le 30.09.2021 (Q/R ministère du Travail précité).

Vérification de la vaccination - Selon le cas, c'est l'employeur ou l'Agence régionale de santé (ARS) qui assure le contrôle du respect de l'obligation vaccinale (loi 2021-1040 du 5 août 2021, art. 13).

▶ **Attention…** Dans les entreprises et établissements d'au moins 50 salariés, l'employeur informe, sans délai et par tout moyen, le CSE des mesures de contrôle liées aux obligations inhérentes à l'obligation vaccinale (loi 2021-1040 du 5 août 2021, art. 15). L'avis du CSE peut intervenir a posteriori, au plus tard dans le mois qui suit la communication de ces informations.

L'employeur peut déléguer sa responsabilité de contrôle dans les établissements de plus de 2 000 salariés, si les délégataires respectent les dispositions du RGPD et de la CNIL lors de la remontée d'informations (pas de transmission des noms des personnes).

Les personnes tenues d'être vaccinées doivent justifier de leur situation auprès de leur employeur (salariés, agents publics) ou de l'ARS (autres personnes) qui peuvent conserver les résultats des vérifications de satisfaction à l'obligation vaccinale contre le covid-19, jusqu'à la fin de l'obligation vaccinale (en sécurisant la conservation de ces documents et les détruisant à la fin de l'obligation vaccinale).

Les personnes dans le champ de l'obligation vaccinale qui ont un certificat de rétablissement ou un certificat médical de contre-indication peuvent le transmettre au médecin du travail qui informe sans délai l'employeur que l'obligation vaccinale est remplie (information du terme de validité du certificat).

Suspension de l'activité professionnelle - L'employeur qui constate qu'un salarié ne peut plus exercer son activité, faute de justificatif, l'informe sans délai des conséquences de l'interdiction de travailler et des moyens de régulariser sa situation.

Avec son accord, le salarié peut mobiliser des jours de repos conventionnels ou des congés payés. À défaut, son contrat de travail est suspendu sans rémunération, cette suspension prenant fin dès que le salarié remplit les conditions d'exercice de son activité.

Champ de l'obligation vaccinale contre le covid-19 (1)	
L'obligation de vaccination concerne l'ensemble des catégories suivantes. Par exception, l'obligation vaccinale ne concerne pas les personnes simplement chargées de l'exécution de tâches ponctuelles au sein des locaux où exercent ou travaillent des personnes ressortant des catégories identifiées par un astérisque (*) (catégories 1, 2, 3 ci-dessous + une des sous-catégories de la catégorie 4).	
1) Personnes exerçant leur activité dans les lieux suivants (*)	• établissements de santé (c. santépub. art. L. 6111-1) et hôpitaux des armées (c. santépub. art. L. 6147-7) • centres de santé (c. santépub. art. L. 6323-1) • maisons de santé (c. santépub. art. L. 6323-3) • centres et équipes mobiles de soins (c. santépub. art. L. 6325-1) • centres médicaux et équipes de soins mobiles du service de santé des armées (c. santépub. art. L. 6326-1) • dispositifs d'appui à la coordination des parcours de santé complexes mentionnés aux II et III de l'article 23 de la loi 2019-774 du 24 juillet 2019 • centres de lutte contre la tuberculose (c. santépub. art. L. 3112-2) • centres gratuits d'information, de dépistage et de diagnostic (c. santépub. art. L. 3121-2) • services de médecine préventive et de promotion de la santé (c. éduc. art. L. 831-1) • services de santé au travail et services de santé au travail interentreprises • établissements et services sociaux et médico-sociaux (mentionnés au code de l'action sociale et des familles : CASF art. L. 312-1, 2°, 3°, 5°, 6°, 7°, 9° et 12°) • établissements mentionnés à l'article L. 633-1 du code de la construction et de l'habitation, qui ne relèvent pas des établissements sociaux et médico-sociaux des 6° et 7° du I de l'article L. 312-1 du code de l'action sociale et des familles (CASF), dédiés à l'accueil des personnes âgées ou handicapées • résidence-services dédiée à l'accueil des personnes âgées ou handicapées (c. constr. et hab. art. L. 631-13) • habitats inclusifs (CASF art. L. 281-1)
2) Professionnels de santé exerçant dans d'autres lieux (*)	Professionnels de santé mentionnés à la quatrième partie du code de la santé publique lorsqu'ils ne relèvent pas des catégories visées au 1) ci-avant. Cette catégorie couvre ainsi les médecins, les chirurgiens-dentistes, etc.
3) Personnes ne relevant pas des catégories visées aux 1) et 2) ci-avant, mais faisant usage de certains titres (*)	Personnes qui, lorsqu'elles ne relèvent pas des catégories visées aux 1) et 2) ci-avant, font usage du titre de : - psychologue ; - ostéopathe ou chiropracteur ; - psychothérapeute.
4) Autres catégories	• étudiants ou élèves dans les professions mentionnées aux catégories 2) et 3), ainsi que personnes travaillant dans les mêmes locaux que les professionnels mentionnés au 2) ou que les personnes mentionnées au 3) (*) • professionnels employés par un particulier employeur effectuant des interventions au domicile des personnes attributaires de l'allocation personnalisée d'autonomie (APA) ou de la prestation de compensation du handicap (PCH) • sapeurs-pompiers et marins-pompiers des services d'incendie et de secours, pilotes et personnels navigants de la sécurité civile assurant la prise en charge de victimes, militaires des unités investies à titre permanent de missions de sécurité civile mentionnés au premier alinéa de l'article L. 721-2 du code de la sécurité intérieure ainsi que membres des associations agréées de sécurité civile au titre de l'article L. 725-3 du même code participant, à la demande de l'autorité de police compétente ou lors du déclenchement du plan Orsec, aux opérations de secours et à l'encadrement des bénévoles dans le cadre des actions de soutien aux populations ou qui contribuent à la mise en place des dispositifs de sécurité civile dans le cadre de rassemblements de personnes • personnes exerçant l'activité de transport sanitaire mentionnée à l'article L. 6312- 1 du code de la santé publique, ainsi que celles assurant les transports pris en charge sur prescription médicale mentionnés à l'article L. 322-5 du code de la sécurité sociale prestataires de services et distributeurs de matériels mentionnés à l'article L. 5232- 3 du code de la santé publique
(1) Loi 2021-1040 du 5 août 2021, art. 12, JO du 6.	

Cas de contre-indication médicale faisant obstacle à la vaccination (décret 2021-699 du 1er juin 2021, annexe 2, ajoutée par décret 2021-1059 du 7 août 2021)
• **Cas de contre-indication médicale** • Contre-indications inscrites dans le résumé des caractéristiques du produit (RCP) : - antécédent d'allergie documentée (avis allergologue) à un des composants du vaccin en particulier polyéthylène-glycols et par risque d'allergie croisée aux polysorbates ; - réaction anaphylaxique au moins de grade 2 (atteinte au moins de 2 organes) à une première injection d'un vaccin contre le COVID posée après expertise allergologique ; - personnes ayant déjà présenté des épisodes de syndrome de fuite capillaire (contre-indication commune au vaccin Vaxzevria et au vaccin Janssen). • Recommandation médicale de ne pas initier une vaccination (première dose) : - syndrome inflammatoire multi systémique pédiatrique (PIMS) post-covid-19. • Recommandation établie après concertation médicale pluridisciplinaire de ne pas effectuer la seconde dose de vaccin suite à la survenue d'un effet indésirable d'intensité sévère ou grave attribué à la première dose de vaccin signalé au système de pharmacovigilance (par exemple : la survenue de myocardite, de syndrome de Guillain-Barré…). • **Cas de contre-indication médicale temporaire** • Traitement par anticorps monoclonaux anti-SARS-CoV-2. • Myocardites ou péricardites survenues antérieurement à la vaccination et toujours évolutives.

▶ À noter… Il n'y a pas d'obligation d'organiser un entretien de régularisation, comme en l'absence de Passe sanitaire *(voir ci-avant)*, mais cela est selon nous possible.

Les solutions prévues en l'absence de Passe sanitaire s'appliquent à l'absence de justificatif de la vaccination obligatoire pour les intérimaires, les salariés affectés pour partie à des lieux nécessitant un Passe sanitaire, le mandat des RP et le rôle de l'inspection du travail *(voir ci-avant)*.

La période de suspension du contrat n'est pas assimilée à une période de travail effectif pour l'acquisition des congés payés et pour les droits légaux ou conventionnels liés à l'ancienneté.

Rupture du contrat de travail - Le licenciement d'un salarié qui ne satisfait pas à son obligation de vaccination n'est pas prévu par les textes. Mais, le ministère du Travail concède que, « dans le cas d'une situation de blocage persistante, les procédures de droit commun concernant les contrats de travail peuvent s'appliquer » (Questions/réponses du ministère du Travail précitées).

Pour rappel, la Cour de cassation a par le passé validé le licenciement d'un employé des pompes funèbres ayant refusé une vaccination (l'hépatite B) imposée par la réglementation applicable à la profession (cass. soc. 11 juillet 2012, n° 10-27888, BC V n° 221).

Vaccination covid-19 : autorisation d'absence (1)
Autorisation d'absence (2) - autorisation d'absence rémunérée pour les salariés et stagiaires pour se rendre aux rendez-vous médicaux liés aux vaccinations contre le covid-19 - autorisation pour accompagner à ces rendez-vous médicaux un mineur ou un majeur protégé dont le salarié ou le stagiaire à la charge
Conditions (3) - durée d'absence « raisonnable » - l'employeur peut demander au salarié pour justifier de son absence, la confirmation du rendez-vous de vaccination en amont ou a posteriori le justificatif de la réalisation de l'injection
Autorisation d'absence rémunérée - aucune diminution de la rémunération - assimilation à du temps de travail effectif pour la détermination de la durée des congés payés ainsi que pour les droits légaux ou conventionnels liés à l'ancienneté Le temps consacré à la réalisation d'un test n'est pas du temps de travail effectif, sauf stipulation conventionnelle spécifique ou décision de l'employeur.
(1) Loi 2021-1040 du 5 août 2021, JO du 6. (2) Questions/réponses du ministère des Solidarités et de la Santé : pour les agents publics une autorisation d'absence peut être accordée en cas d'effets secondaires liés à la vaccination (jour et lendemain de la vaccination). Selon le ministère du Travail dans le secteur privé, les salariés doivent demander un arrêt maladie à leur médecin. (3) Questions/réponses du ministère du Travail, dans sa version du 20 août 2021.

Outil « Plan d'action Covid-19 »

Pour aider les employeurs à remplir leur obligation légale de prévention des risques professionnels, l'Assurance Maladie met à leur disposition un outil interactif gratuit : « Plan d'action Covid-19 », qui leur permet de s'interroger sur les situations à risque et leur propose des mesures opérationnelles pour agir en conséquence. L'outil permet aux employeurs d'évaluer l'ensemble des risques liés à une épidémie telle que celle de covid-19, puis de télécharger un plan d'actions concrètes en fin de parcours. Cet outil est disponible sur le site de l'Assurance Maladie (www.ameli.fr).

Inapplication du protocole sanitaire sanctionnée

Amende administrative - Un dispositif d'amende administrative a été créé, pour sanctionner les entreprises ignorant le protocole sanitaire face au covid-19. Il s'appliquera jusqu'à une date fixée par décret et au plus tard aux situations dangereuses constatées jusqu'au 31.07.2022 (loi 2022-46, art. 2).

L'employeur a en effet une obligation légale de sécurité et de prévention des risques (c. trav. art. L. 4121-1 à L. 4121-5) qui le contraint, dans le cadre de l'épidémie de covid-19, à prendre en compte les mesures du protocole sanitaire. En effet, bien que ce document ne soit pas juridiquement contraignant, il constitue un référentiel pour les employeurs pour remplir leur obligation (CE 17 décembre 2020, n° 446797 ; CE, 19 octobre 2020, n° 444809). L'employeur qui ignore les injonctions du protocole (ex. : pas de recours au télétravail alors que c'est possible) commet une violation de son obligation de sécurité.

Mise en demeure de l'inspection du travail - Lorsque l'employeur ne met pas en œuvre les mesures édictées par le protocole et que l'inspection du travail constate une situation dangereuse résultant d'un risque d'exposition des salariés au covid-19, le DREETS peut adresser à l'employeur une mise en demeure de remédier à la situation avec un délai d'exécution (c. trav. art. L. 4721-1 et L. 4721-2). Si la situation persiste à la fin de ce délai, l'employeur est passible d'une amende.

Montant de l'amende - L'amende encourue est de 500 € maximum par salarié avec un plafond de 50 000 €. Son montant peut être modulé selon les circonstances et la gravité du manquement, le comportement de l'employeur, ses ressources et ses charges.

L'employeur peut former un recours hiérarchique contre la décision du DREETS prononçant l'amende, dans un délai de 15 jours, par LRAR auprès du ministre du Travail. Le paiement de l'amende est suspendu pendant la durée d'instruction du recours. L'absence de réponse à l'issue d'un délai de 2 mois vaut acceptation du recours et donc annulation de l'amende.

Et l'employeur peut toujours exercer un recours devant le juge administratif.

Pas de prise en charge des tests covid-19 par l'employeur en principe

Pas d'exonération au titre des frais professionnels, en principe - Le ministère du Travail, dans son document questions/réponses relatif à l'obligation de vaccination ou de détenir un Pass sanitaire pour certaines professions (version au 1.02.2022) a précisé que « le coût des tests virologiques ne constitue pas un frais professionnel. L'employeur n'est pas tenu de le prendre en charge ».

Dans le même sens, la Direction de la sécurité sociale (DSS), à travers le Bulletin officiel de la sécurité sociale, a également estimé qu'en principe, le coût d'un test covid-19 payant ne constitue pas un frais professionnel (BOSS, Frais professionnels, § 2300, 01/01/2022).

En effet, lorsqu'un salarié est soumis à l'obligation de présenter un Pass sanitaire pour exercer son activité professionnelle dans certains lieux (notamment dans le secteur de l'hôtellerie-restauration), les frais engagés pour réaliser un test virologique ne constituent pas un frais professionnel, dans la mesure où l'obligation de détention d'un Pass sanitaire porte sur l'ensemble des personnes qui fréquentent ces lieux. Aussi, si l'employeur décide de prendre en charge ces frais, le montant remboursé constitue un avantage en nature soumis à cotisations.

▶ *À noter…* Cette position est, selon nous, transposable au Pass vaccinal, puisque comme le Pass sanitaire, il doit être détenu par l'ensemble des personnes fréquentant les lieux dans lesquels il est exigé.

Exception (salariés soumis à une obligation de présentation d'un test négatif de manière ponctuelle) - Une exception est toutefois admise, pour les salariés soumis à une obligation de présentation d'un test négatif de manière ponctuelle dans le cadre d'une mission spécifique à la demande de leur employeur (ex. : déplacement professionnel à l'étranger pour lequel un tel test négatif est requis). Dans ce cas, s'il n'existe aucune alternative à la réalisation de ce test, le coût du test constitue un frais professionnel.

L'employeur est alors tenu de le rembourser, étant précisé que ce remboursement ne donne pas lieu à cotisations et contributions sociales (BOSS, Frais professionnels, § 2300, 01/01/2022).

Exemple

Un salarié doit se rendre dans un pays tiers exigeant un test, sans que la vaccination constitue un moyen de se soustraire à cette obligation, le coût du test constitue un frais professionnel.
En revanche, si un salarié doit effectuer un déplacement professionnel sur le territoire national, nécessitant la présentation d'un Pass sanitaire, les frais liés à un éventuel test virologique négatif ne constituent pas des frais professionnels. Si l'employeur décide de les prendre en charge, le montant remboursé constitue un avantage en nature.

À notre sens, il découle de ces précisions que si un test négatif peut être remplacé par un justificatif alternatif (ex. : de statut vaccinal complet), il ne peut pas être pris en charge au titre des frais professionnels (ex. : déplacement professionnel sur le territoire national pour lequel le Pass sanitaire serait requis).

Maladie professionnelle

Deux tableaux de maladie professionnelle liée au covid-19 ont été institués, l'un pour le régime général, l'autre pour le régime agricole. Ils fixent les conditions permettant de bénéficier de la présomption de maladie professionnelle (décret 2020-1131 du 14 septembre 2020, JO du 15).

Il faut travailler dans le secteur sanitaire et médico-social, être atteint d'une affection respiratoire grave causée par le covid-19 et respecter un délai de prise en charge de 14 jours.

En dehors du secteur sanitaire et médico-social, il n'y a plus de présomption et il faut passer par une procédure complémentaire, qui nécessite notamment d'établir le lien entre l'affection respiratoire grave et le travail.

Pour les affections hors tableaux, la maladie causée par le covid-19 peut être reconnue d'origine professionnelle via la procédure complémentaire, mais cela suppose une incapacité permanente d'au moins 25 % ou le décès de la victime. Un comité régional unique spécialement composé est chargé d'instruire les demandes de reconnaissance hors tableaux.

Covid-19 (médecine du travail)

Mission de prévention renforcée

Les services de santé au travail ont pour mission de participer à la lutte contre la propagation du covid-19, notamment par (voir *Service de prévention et de santé au travail**) (ord. 2020-386 du 1er avril 2020, art. 1 et 5, JO du 2 ; instr. DGT du 17 mars 2020 relative au fonctionnement des services de santé au travail pendant l'épidémie de covid-19 ; ord. 2020-1502 du 2 décembre 2020, JO du 3) :

- la diffusion, à l'attention des employeurs et des salariés, de messages de prévention contre le risque de contagion ;
- l'appui aux entreprises dans la définition et la mise en œuvre des mesures de prévention adéquates contre ce risque ;
- l'accompagnement des entreprises amenées, par l'effet de la crise sanitaire, à accroître ou adapter leur activité.

La médecine du travail poursuit ses missions de prévention spécifiques au covid-19 et d'appui aux entreprises jusqu'au 31.07.2022 (loi 2021-1465 du 10 novembre 2021, art. 10, JO du 11).

Prescription d'arrêts de travail pour maladie

Prescription d'arrêts de travail pour maladie - Depuis le 13.05.2020 et jusqu'au 31.07.2022, les médecins du travail sont habilités à prescrire et renouveler un arrêt de travail en cas d'infection ou de suspicion d'infection au covid-19 (ord. 2020-386 du 1er avril 2020, art. 2 et 5, JO du 2 ; décret 2020-549 du 11 mai 2020, JO du 12 ; ord. 2020-1502 du 2 décembre 2020, JO du 3 ; ord. 2021-135 du 10 février 2021, JO du 11 ; loi 2021-1465 du 10 novembre 2021, JO du 11, art. 10 VI) [voir *Covid-19 (arrêts de travail)**].

Le médecin du travail établit un arrêt de travail qu'il transmet au salarié, à l'employeur et le cas échéant, au service de santé au travail. Le salarié doit ensuite adresser le document à l'assurance *maladie** dans le délai habituel de 48 heures.

▶ À noter… Les médecins de travail ne peuvent pas délivrer d'arrêts aux salariés dans l'impossibilité de travailler en raison des contraintes de garde d'un enfant de moins de 16 ans ou d'une personne en situation de handicap faisant l'objet d'une mesure d'isolement, d'éviction ou de maintien à domicile (décret 2020-549 du 11 mai 2020, JO du 12).

Tests de dépistage - Il était prévu que les médecins du travail puissent procéder à des tests de dépistage du covid-19, selon un protocole à définir par arrêté qui n'est jamais paru (ord. 2020-386 du 1er avril 2020, art. 2 et 5, JO du 2). Cette possibilité pour les médecins du travail et sous leur supervision, d'autres professionnels de santé des *services de prévention et de santé au travail** est reconduite jusqu'au 31.07.2022 (loi 2020-1379 du 14 novembre 2020, JO du 15 ; ord. 2020-1502 du 2 décembre 2020, JO du 3 ; décret 2021-24 du 13 janvier 2021, JO du 14 ; loi 2021-1465 du 10 novembre 2021, JO du 11, art. 10 VI).

Les intéressés peuvent réaliser des prélèvements dans le cadre d'un examen de détection du génome du SARS-CoV-2 par RT-PCR inscrit à la nomenclature des actes de biologie médicale et des prélèvements et analyses réalisés dans le cadre d'un examen de détection du génome du SARS-CoV-2 par détection antigénique inscrit à la nomenclature des actes de biologie médicale.

Vaccinations

Jusqu'au 31.07.2022, les médecins du travail et infirmiers du travail ont la possibilité de vacciner des salariés volontaires des entreprises adhérentes (vaccin AstraZeneca, Janssen ou Moderna) (loi 2021-1465 du 10 novembre 2021, JO du 11, art. 10 VI ; protocole pour la vaccination par les médecins du travail du 14 avril 2021 ; Questions/Réponses, « Vaccination par les services de santé au travail », www.travail-emploi.gouv.fr).

▶ À noter… Dès janvier 2022, un plan d'action mobilise les SPST vers les très petites et petites et moyennes entreprises (TPE/PME) ainsi que vers les secteurs d'activité dans lesquels la vaccination est la moins avancée. Au cours de chaque visite ou examen de santé au travail. Le SPST devra « demander au salarié son statut vaccinal » et « l'informer et le sensibiliser ». Il pourra, avec son accord, effectuer la première injection et fixer un RDV pour la deuxième dose ou effectuer la dose de rappel. Le SPST devra mener « des actions individuelles auprès des salariés » pour toucher (ceux) réticents à la vaccination et prévoir des séances de vaccination chaque semaine au sein du SPST ou en milieu professionnel ou tout lieu proche des salariés (circ. relative au renforcement de la vaccination anti Covid-19 auprès des salariés, publiée le 23 décembre 2021).

Activité partielle

Jusqu'au 31.07.2022, le médecin du travail peut établir un certificat médical pour les salariés vulnérables appelé « certificat d'isolement » (décret 2020-1365 du 10 novembre 2020), leur permettant ainsi d'être placés en *activité partielle** (loi 2020-473 du 25 avril 2020, art. 25, I ; loi 2020-1379 du 14 novembre 2020, JO du 15 ; ord. 2021-135 du 10 février 2021, JO du 11 ; loi 2021-1465 du 10 novembre 2021, JO du 11, art. 10 VI ; décret 2021-1162 du 8 septembre 2021, JO du 9).

Le médecin du travail établit la lettre d'avis d'interruption de travail sur papier libre. Outre les éléments d'identification du médecin, du salarié et de l'employeur, cette lettre précise que le salarié est vulnérable. Le médecin transmet ensuite cette déclaration sans délai au salarié, qui l'adresse à l'employeur aux fins de placement en activité partielle (décret 2021-24 du 13 janvier 2021, JO du 14).

Visites médicales

Depuis le 15.06.2021, les visites peuvent, dans le respect des gestes barrières, être réalisées en présentiel. Toutefois, les services de prévention et de santé au travail peuvent avoir recours aux téléconsultations pour assurer le suivi individuel des salariés (instr. DGT du 17 mars 2020 relative au fonctionnement des services de santé au travail pendant l'épidémie de Covid-19).

Un dispositif de report des visites médicales avait été mis en place. Les visites reportées en application des mesures dérogatoires prises dans le cadre de la crise sanitaire devaient être réalisées au plus tard dans le délai d'un an glissant par rapport à la date initiale d'échéance de la visite. Par exemple, un salarié dont l'échéance de la visite était prévue le 15.01.2021 a pu bénéficier du report de cette visite au plus tard jusqu'au 15.01.2022 (Questions-réponses, « Services de santé au travail durant l'épidémie de Covid-19 », www.travail.gouv.fr).

▶ À noter… Sur les mesures temporaires relatives à la médecine du travail qui ne sont plus aujourd'hui applicables, voir Dictionnaire Social, éd. 2021.

Afin d'alléger temporairement la charge des services de santé au travail, compte tenu de leur mobilisation dans la lutte contre l'épidémie de covid-19, un dispositif de report facultatif a été instauré pour (loi 2022-46 du 22 janvier 2022, JO du 23, art. 10) :

- les visites et examens médicaux dont l'échéance normale intervient entre le 15.12.2021 et au plus tard le 31.07.2022 avec un report possible d'un an maximum ;
- les visites déjà reportées en application du précédent dispositif de report (ord. 2020-1502 du 2 décembre 2020 modifiée, art. 3 et art. 4) et dont la nouvelle échéance aurait dû intervenir entre le 15.12.2021 et au plus tard le 31.07.2022, avec un report possible de 6 mois maximum.

Un futur décret précisera les catégories de visites susceptibles d'être reportées et les conditions particulières applicables au salarié faisant l'objet d'un suivi adapté, régulier ou renforcé de son état de santé.

Pour suivre l'actualité sur ce dispositif, voir le fil quotidien sur rfsocial.com et RF Social, Revue d'actualité.

☛ *Examens médicaux ; Maladie ; Maladie (reprise du travail) ; Médecine du travail ; Service de prévention et santé au travail ; Visite médicale (information et prévention) ; Visite médicale (reprise).*

Covid-19 (mesures temporaires sécurité sociale)

La crise sanitaire a conduit le gouvernement à prendre certaines mesures temporaires. Pour plus de détails sur celles mises en place au cours de l'année 2021, voir Dictionnaire Social, édition 2021.

Avantages en nature et frais professionnels

Le réseau des URSSAF avait diffusé un questions-réponses publié sur un site Internet dédié à l'impact de la crise sanitaire, plusieurs mesures (questions-réponses du réseau des URSSAF, https://www.mesures-covid19.urssaf.fr/faq/) invitant les URSSAF à l'examen des frais professionnels avec bienveillance, et posant certaines tolérances au cours des années 2020 et 2021 (ex. : frais pour se rendre au travail, versement d'une indemnité repas en remplacement des titres-restaurant en cas d'impossibilité de distribuer des titres-restaurant « papier », indemnité de repas au lieu d'une participation aux frais de cantine).

Ce document n'était pas opposable [voir *Circulaires (opposabilité)**].

Bien qu'aucune durée d'application n'ait été précisée par le réseau des URSSAF, à notre sens, ce document pris au début de la pandémie de covid-19 n'est plus applicable.

Pour la position de l'administration applicable en 2022 en matière de frais de télétravail, voir *Participation aux frais de transport** et *Titre-restaurant**.

Report de paiement des cotisations

Les employeurs qui ont connu une fermeture ou une restriction directe ou indirecte de leur activité du fait des mesures décidées par les pouvoirs publics ont pu bénéficier d'un report de tout ou partie du paiement des cotisations URSSAF et AGIRC-ARRCO des échéances de janvier à juillet 2021. Concernant l'échéance d'août 2021, la possibilité de report n'a concerné que les cotisations patronales (les cotisations salariales devaient être versées à l'échéance) en cas de restrictions persistantes liées à l'épidémie.

Pour les échéances de septembre à novembre 2021 inclus, un report de paiement des cotisations URSSAF et AGIRC-ARRCO a été ouvert aux employeurs dont l'activité était encore limitée par les conséquences de la crise sanitaire en Guadeloupe, Martinique et Guyane et, seulement pour les échéances de septembre et octobre 2021, à la Réunion.

Les discothèques qui ont fait l'objet d'une fermeture administrative, du 10.12.2021 au 23.01.2022 inclus ont pu reporter tout ou partie de leurs cotisations sociales (part salariale et part patronale) pour les échéances du 15.12.2021, et des 5 ou 15.01.2022 (information du réseau des URSSAF du 4 janvier 2022).

Les cotisations non payées ont été automatiquement reportées.

Sur les dispositifs en soutien des employeurs impactés par la crise sanitaire, voir *Covid-19 (exonérations et aides au paiement)**.

Covid-19 (non-salariés)

@ Cette étude est détaillée dans la version en ligne de ce Dictionnaire (voir www.rfsocial.com et www.rfeditions.com).

Covid-19 (RGPD)

La CNIL a rappelé dans quelles conditions les employeurs peuvent utiliser les *données personnelles** des salariés, notamment de santé, dans le cadre des mesures qu'ils adoptent pour prévenir les risques professionnels liés au covid-19 [voir *Covid-19 (hygiène et sécurité)**] (Coronavirus (covid-19) : les rappels de la CNIL sur la collecte de données personnelles par les employeurs, www.cnil.fr).

Traitements autorisés pour répondre à l'obligation de sécurité

Conformément au *RGPD** (règlt UE 2016/679 du 27 avril 2016, art. 6), les employeurs ont le droit de traiter des *données personnelles** des salariés, notamment lorsqu'elles sont strictement nécessaires au respect de leurs obligations légales, ici l'obligation de sécurité [voir *Hygiène et sécurité (obligations de l'employeur)**].

Cela étant, tout n'est pas permis aux employeurs dans la mesure où les données liées à l'état de santé des salariés sont des *données personnelles** dites sensibles, dont le traitement est en principe interdit, sauf exceptions.

Sur les mesures que l'employeur peut, selon la CNIL, légitimement mettre en œuvre, voir le tableau reproduit dans cette étude.

Mesures de prévention du risque « coronavirus » : traitements des données personnelles autorisés (1)

Mesures prises par l'employeur	Données pouvant être traitées
Traitement des signalements par les salariés	
Rappel aux salariés, travaillant au contact d'autres personnes, de leur obligation d'effectuer des remontées individuelles d'information en cas de contamination ou suspicion de contamination (2), auprès de l'employeur, pour permettre à ce dernier d'adapter les conditions de travail (3)	Éléments liés à la date, à l'identité de la personne, au fait qu'elle ait indiqué être contaminée ou suspecter de l'être ainsi que les mesures organisationnelles prises (4)
Faciliter la transmission aux autorités sanitaires compétentes par la mise en place, au besoin, de canaux dédiés et sécurisés (5)	Éléments nécessaires à une éventuelle prise en charge sanitaire ou médicale de la personne exposée
Organisation et conditions de travail	
Mise en place des modes de travail à distance [voir Covid-19 (télétravail)*] et encouragement du recours à la médecine du travail	NDLR : voir le référentiel « gestion du personnel » (6)
Vérification de la température	
Vérification de la température au moyen d'un thermomètre manuel (ex. : type infrarouge sans contact) à l'entrée d'un site (7) (8)	Aucune donnée ne peut être traitée. Il est en effet interdit aux employeurs : - de constituer des fichiers, informatiques ou papiers, conservant des données de températures de leurs salariés ; - de mettre en place des outils de captation automatique de température (ex. : caméras thermiques)
Plan de continuité de l'activité (PCA)	
Élaboration et tenue du PCA	Fichier nominatif qui ne doit contenir que les données nécessaires aux mesures prises pour assurer la continuité de l'activité (ex. : identification des personnes nécessaires à la continuité du service) (9)

(1) « Coronavirus (COVID-19) : les rappels de la CNIL sur la collecte de données personnelles par les employeurs » (www.cnil.fr).
(2) L'obligation de sécurité du salarié (c. trav. art. L. 4122-1) et le contexte de la pandémie du covid-19 permettent, selon la CNIL, à l'employeur de demander aux salariés cette remontée d'informations liées à leur état de santé. L'état de santé est une donnée personnelle dite « sensible » et relève à ce titre de dispositions particulièrement protectrices (règlt UE 2016/679 du 27 avril 2016, art. 6).
(3) Pour la CNIL, l'employeur ne peut pas demander cette remontée d'informations aux salariés qui seraient placés en télétravail ou qui travailleraient de manière isolée sans contact avec leurs collègues ou du public.
(4) Il s'agit des données strictement nécessaires aux mesures organisationnelles adoptées pour répondre à l'obligation de sécurité : télétravail, orientation vers le médecin du travail, formation et information, autres actions de prévention des risques professionnels, etc.
(5) Attention : l'identité de la personne susceptible d'être infectée ne doit pas être communiquée aux autres salariés.
(6) Sur les données personnelles* pouvant être collectées dans le cadre des traitements courants de gestion du personnel, voir le Référentiel relatif aux traitements de données à caractère personnel mis en œuvre aux fins de gestion du personnel (www.cnil.fr).
(7) Il doit s'agir d'une seule vérification de température. Compte tenu des règles applicables aux données de santé, données dites « sensibles », les employeurs ne peuvent pas eux-mêmes mettre en place des fichiers relatifs à la température corporelle de leurs salariés ou à certaines pathologies (les « comorbidités ») susceptibles de constituer des troubles aggravants en cas d'infection au covid-19. Ils doivent s'appuyer sur les services de santé au travail dont c'est la compétence.
(8) « Au-delà des campagnes de dépistage organisées par les autorités sanitaires et auxquelles les entreprises peuvent participer, les employeurs peuvent (...) proposer à ceux de leurs salariés qui sont volontaires, des actions de dépistage (...). Ces actions de dépistage doivent être intégralement financées par l'employeur et réalisées dans des conditions garantissant la bonne exécution de ces tests et la stricte préservation du secret médical. En particulier, aucun résultat ne peut être communiqué à l'employeur ou à ses préposés » (Protocole national pour assurer la santé et la sécurité des salariés en entreprise face à l'épidémie de covid-19, actualisé au 3.01.2022). Les modalités d'organisation des campagnes de dépistages sont définies par une circulaire (circ. interminist. 2020-229 du 14 décembre 2020 relative au déploiement des tests antigéniques au sein des entreprises, www.legifrance.gouv.fr) [voir Covid-19 (hygiène et sécurité)*]. Par ailleurs, des campagnes de tests sérologiques par les entreprises ne sont pas envisageables.
(9) La CNIL rappelle que l'employeur doit veiller à assurer en toute hypothèse la sécurité et la confidentialité des données qu'il traite : tel est, par exemple, le cas, lors de l'envoi des justificatifs de déplacement professionnel qui contiennent des données personnelles, lesquelles ne doivent être communiquées qu'aux seules personnes individuellement concernées.

PASS sanitaire, obligation vaccinale et respect du RGPD

Dans le cadre d'un document questions-réponses, la CNIL a publié ses préconisations pour respecter le RGPD dans l'application du Pass sanitaire et de l'obligation vaccinale [voir *Covid-19 (hygiène et sécurité)** et *Données personnelles**] (« COVID-19 : questions-réponses sur le passe sanitaire et l'obligation vaccinale », 29 septembre 2021, www.cnil.fr). Attention toutefois, elle pourrait être amenée à actualiser ce document une fois le projet de loi renforçant les outils de gestion de la crise sanitaire et modifiant le code de la santé publique définitivement adopté (pour suivre l'actualité sur ce projet, voir le fil quotidien sur www.rfsocial.com et la Revue d'actualité RF Social).

Covid-19 (télétravail)

Recours au télétravail pendant la crise sanitaire

Le télétravail comme mesure de prévention - Le *télétravail** participe à la démarche de prévention du risque « covid-19 » et permet de limiter les interactions sociales aux abords des lieux de travail et sur les trajets domicile-travail (Protocole national pour assurer la santé et la sécurité des salariés en entreprise face à l'épidémie de Covid-19, version applicable au 3 janvier 2022).

Depuis le 3.01.2022, les employeurs fixent, pour une durée de trois semaines, un nombre minimal de trois jours de télétravail par semaine, pour les postes qui le permettent. Lorsque l'organisation du travail et la situation des salariés le permettent, ce nombre peut être porté à quatre jours par semaine [voir *Hygiène et sécurité (obligations de l'employeur)**] (Questions-Réponses « Télétravail en période de covid-19 », ministère du Travail, version du 5 janvier 2022).

Sur l'identification des activités télétravaillables, voir *Télétravail**.

▶ À noter… Le protocole national pour assurer la santé et la sécurité des salariés en entreprise face à l'épidémie de covid-19 n'a pas de force contraignante et constitue un ensemble de recommandations à l'égard des employeurs. Sa méconnaissance ne peut donc pas, en tant que telle, être directement sanctionnée par les agents de l'inspection du travail. Cependant, le respect par l'employeur de ces recommandations aura une incidence sur l'appréciation du manquement ou non à son obligation légale de sécurité (note DGT 14 septembre 2020) [voir *Hygiène et sécurité (obligations de l'employeur)**]. Il constitue en effet un ensemble de recommandations pour la déclinaison matérielle de l'obligation de sécurité de l'employeur dans le cadre de l'épidémie de covid-19 en rappelant les obligations qui existent en vertu du code du travail (CE, 19 octobre 2020, n° 444809).

Plan de reprise de l'activité - Selon la situation épidémique, et si elle le permet, et compte tenu également des modalités du *télétravail** applicables dans l'entreprise, les télétravailleurs reviennent en tout ou partie dans l'entreprise. L'ANACT accompagne les employeurs dans ces phases de reprise d'activité. Elle les invite notamment à adopter un plan de reprise (ex. : heures d'arrivée, de sortie, de pause, etc.), avec une cellule de reprise associant le référent covid, et à organiser l'articulation entre travail dans les locaux et télétravail (« Covid-19 – comment accompagner le retour en entreprise des télétravailleurs ? », ANACT).

L'ANACT recommande également aux employeurs de s'appuyer sur le CSE et la commission santé, sécurité et conditions de travail, quand ils existent, et à favoriser tous les niveaux de dialogue pour accompagner le retour sur site des télétravailleurs.

Autres précisions ministérielles - Le ministère du Travail récapitule dans un document questions-réponses les règles relatives au télétravail durant la crise sanitaire (Questions-Réponses « Télétravail en période de covid-19 », ministère du Travail, version du 5 janvier 2022).

▶ À noter… Ce document questions-réponses mis en ligne sur le site internet du ministère du Travail, n'a pas la valeur d'une loi, d'un décret, ni même celle d'une circulaire. Si ces précisions peuvent être des aides pratiques pour les employeurs et les salariés, ceux-ci doivent à notre sens garder à l'esprit que les juges pourront toujours adopter une autre interprétation à l'occasion d'un contentieux. En d'autres termes, la vigilance reste de mise.

Frais professionnels

Voir *Frais professionnels (télétravail)**.

Santé et sécurité du télétravailleur

Comme tout autre salarié, la santé et la sécurité du télétravailleur doivent être protégées (c. trav. art. L. 1222-9).

Cela étant, certains risques, notamment psychosociaux, méritent une vigilance spécifique (ex. :

Télétravail en période de crise sanitaire liée au covid-19 : synthèse des questions-réponses du ministère du Travail (1)	
Q/R du ministère du Travail	**Commentaires de la rédaction**
Refus du télétravail	
L'employeur peut refuser le télétravail pour les activités qui ne peuvent pas être exercées à distance, celles-ci étant le cas échéant identifiées dans l'accord collectif ou la charte télétravail, le ministère du Travail proposant une méthode pour identifier les activités télétravaillables	Conséquence du principe selon lequel le télétravail suppose l'accord des parties, sous réserve des dispositions d'un éventuel accord collectif ou d'une éventuelle charte (c. trav. art. L. 1222-9)
Contractualisation	
Le recours au télétravail ne requiert pas d'avenant au contrat de travail, qu'il soit exercé dans des circonstances normales ou dans des circonstances exceptionnelles	Rappel du code du travail (c. trav. art. L. 1222-9, I)
Congés payés	
L'employeur a le droit d'imposer les congés payés, dans le respect des dispositions du code du travail et de la convention collective applicable à l'entreprise, mais il n'a pas le droit de faire télétravailler les salariés pendant les congés payés	Rappel du code du travail (c. trav. art. L. 1222-9, L. 3141-15 et L. 3141-16)
Activité partielle	
• Télétravail et activité partielle peuvent alterner, l'employeur étant décisionnaire de la quotité de travail pouvant être exercée en télétravail et de sa répartition par rapport à l'activité partielle • En revanche, un salarié ne peut pas travailler et être en activité partielle au même moment, sous peine de sanctions, y compris pénales	Simples conséquences des règles générales voulant qu'un salarié ne peut pas être en activité partielle et travailler (que ce soit en télétravail ou sur site) au même moment. Si un salarié en télétravail est aussi en activité partielle sous forme de réduction d'horaire, il est important de bien séparer les deux temps pour éviter tout risque (3)
Contrôle du travail à distance	
• Les droits de l'employeur en matière de surveillance des salariés ne diffèrent pas selon que ceux-ci travaillent sur site ou à distance • Aucun dispositif ne doit conduire à une surveillance constante et permanente de l'activité du salarié (ex. : les « keyloggers » sont illicites sauf circonstance exceptionnelle liée à un fort impératif de sécurité). • De même le recours à la webcam ou à des appels téléphoniques ne doit pas conduire à une surveillance excessive	Application des principes généraux en matière de surveillance des salariés*
Horaires, temps de repos et droit à la déconnexion	
Le salarié respecte les horaires de travail. L'employeur respecte les temps de repos et le droit à la déconnexion	Rappels du code du travail (c. trav. art. L. 1222-9 et L. 2242-17)
Ordinateur personnel, accès VPN	
• Le salarié peut utiliser son **ordinateur personnel** mais ce n'est pas une obligation. Si l'employeur impose le télétravail, il doit fournir un ordinateur si le salarié n'en a pas ou ne veut pas utiliser son ordinateur personnel • L'évaluation de la **compatibilité du poste avec le télétravail** appartient à l'employeur. Si aucune solution technique ne permet au salarié d'accéder à ses mails et ses données professionnelles (accès VPN), celui-ci travaille en présentiel, l'employeur respectant le protocole national pour assurer la santé et la sécurité des salariés	Précisions du ministère. De son côté, l'ANI du 19 juillet 2005 (4), applicable en cas de télétravail régulier, prévoit que l'employeur fournit et entretient les équipements nécessaires au télétravail et que si, exceptionnellement, le télétravailleur utilise son propre équipement, l'employeur en assure l'adaptation et l'entretien (art. 7)
Espace dédié au télétravail	
Le salarié n'a pas à garantir à son employeur un espace de travail dédié au télétravail, sauf si l'accord collectif ou la charte le précise	Précisions du ministère
Titre-restaurant	
Si les salariés exerçant leur activité dans les locaux de l'entreprise bénéficient de titres-restaurant, les télétravailleurs doivent aussi en recevoir si leurs conditions de travail sont équivalentes	Application notamment du code du travail (c. trav. art. L. 1222-9, III et R. 3262-7) et de la jurisprudence (cass. soc. 22 janvier 1992, n° 88-40938, BC V n° 26) (voir Titre-restaurant*)

Télétravail en période de crise sanitaire liée au covid-19 : synthèse des questions-réponses du ministère du Travail (1)	
Q/R du ministère du Travail	**Commentaires de la rédaction**
Titres de transport	
• Lorsque le télétravail s'effectue par alternance (ex. : 1 ou 2 jours par semaine ou une semaine sur deux), l'employeur doit prendre en charge dans les conditions habituelles les titres d'abonnement qui ont été utilisés au moins une fois pour le trajet entre la résidence habituelle et le lieu de travail du salarié, sans abattement des jours en télétravail • Lorsque le salarié est placé en situation de télétravail à domicile « en continu » sur le mois ou la semaine, l'employeur n'est pas tenu par cette obligation de prise en charge, dès lors que le salarié n'a eu à effectuer aucun trajet entre son domicile et son lieu de travail au moyen de son abonnement de transports durant la période considérée. Toutefois, les employeurs sont invités à maintenir la prise en charge partielle des abonnements de transport des salariés titulaires d'un abonnement annuel, qui n'ont pu procéder à la suspension de leur contrat d'abonnement pour le mois non utilisé et ont donc supporté son coût	Application du code du travail (c. trav. art. L. 3261-2 et R. 3261-2) Précisions du ministère
Accident du travail	
Le télétravailleur est couvert pour le risque accident du travail	Rappel du code du travail (c. trav. art. L. 1222-9, III ; c. séc. soc. art. L. 411-1)

(1) Version en ligne sur www.travail.gouv.fr publié le 25.03.2021 et actualisé en dernier lieu le 5.01.2022.
(2) Il s'agit non d'une précision par rapport aux dispositions spécifiques du code du travail sur le télétravail mais d'un rappel à notre sens du principe jurisprudentiel selon lequel la définition des horaires de travail relève du pouvoir de direction de l'employeur, à moins que ceux-ci ne soient contractualisés [voir Modification du contrat de travail (horaire)*].
(3) Si l'activité partielle se traduit par une fermeture de l'entreprise (suspension d'activité), les choses sont plus simples puisque le salarié ne doit pas du tout travailler.
(4) Accord national interprofessionnel obligatoire pour les employeurs relevant d'un secteur professionnel représenté par les organisations patronales signataires (Medef, CPME, UPA) (étendu par arrêté du 30 mai 2006, JO du 9 juin), sous réserve toutefois d'un accord collectif d'entreprise qui en écarterait l'application. Voir aussi l'ANI du 26.11.2020 (voir Télétravail*).

risques de stress et de burn-out liés à l'hyperconnexion ou au travail « permanent »). Pour prévenir ces risques, l'employeur peut par exemple mettre l'accent sur l'information des télétravailleurs sur la nécessité de s'organiser pour bien différencier temps de travail/temps personnel, de se « déconnecter » (voir *Droit à la déconnexion**) et de respecter les temps de *pauses** (« Télétravail, quels risques ? Quelles pistes de prévention ? », www.inrs.fr).

En outre, les employeurs sont invités à veiller au maintien des liens au sein du collectif de travail et à la prévention des risques liés à l'isolement des salariés en télétravail (Protocole sanitaire).

▶ À noter… L'employeur a dû mettre à jour son *document unique d'évaluation des risques professionnels** notamment pour y intégrer les risques liés au télétravail [voir *Covid-19 (hygiène et sécurité)**] (c. trav. art. R. 4121-2).

Covoiturage

☛ *Frais professionnels (véhicule) ; Participation aux frais de transport.*

Création d'entreprise

Travail à temps partiel provisoire

Congé ou passage à temps partiel - Le salarié qui crée ou reprend une entreprise ou qui participe à la direction d'une jeune entreprise innovante (JEI) a droit soit à un *congé pour création d'entreprise** pendant lequel son contrat de travail est suspendu, soit à une période de travail à temps partiel (CGI art. 44 sexies-0 A ; c. trav. art. L. 3142-105).

Durée - La durée maximale de la période à temps partiel est déterminée par une convention ou un accord collectif d'entreprise ou, à défaut, une convention ou un accord de branche (c. trav. art. L. 3142-117).

▶ À noter… Le cas échéant, les dispositions de la convention ou de l'accord collectif en la matière priment sur celles de la convention ou de l'accord de branche (c. trav. art. L. 3142-117).

À défaut de dispositions conventionnelles applicables à l'entreprise, cette durée maximale est de 1 an (c. trav. art. L. 3142-119).

Renouvellement - Le nombre de renouvellements possibles de la période à temps partiel est déterminé par une convention ou un accord collectif d'entreprise ou, à défaut, une convention ou un accord de branche (c. trav. art. L. 3142-117). À défaut de dispositions conventionnelles, cette période peut être prolongée au plus de 1 an (c. trav. art. L. 3142-119).

Les conditions et délais de la demande de prolongation de cette période sont déterminés conventionnellement (c. trav. art. L. 3142-117). À défaut de dispositions conventionnelles, le délai de préavis est de 2 mois et les modalités de demande sont les mêmes que pour une demande initiale *(voir ci-après)* (c. trav. art. D. 3142-73 et D. 3142-73).

Conditions d'ouverture - Pour bénéficier d'un temps partiel, le salarié créateur ou repreneur d'entreprise doit, à la date du passage à temps partiel, justifier d'une ancienneté minimale dans l'entreprise ou dans une autre entreprise du même groupe (c. trav. art. L. 3142-105 et L. 3142-106).

L'ancienneté requise est déterminée par une convention ou un accord collectif d'entreprise ou, à défaut, une convention ou un accord de branche (c. trav. art. L. 3142-117). À défaut de dispositions conventionnelles, elle est de 24 mois, consécutifs ou non, dans l'entreprise (c. trav. art. L. 3142-119).

Demande du salarié - Le délai dans lequel le salarié informe l'employeur de la date à laquelle il souhaite débuter sa période de temps partiel ainsi que de la durée envisagée de cette période est déterminé par une convention ou un accord collectif d'entreprise ou, à défaut, une convention ou un accord de branche (c. trav. art. L. 3142-117).

À défaut de dispositions conventionnelles, le salarié informe son employeur par tout moyen donnant date certaine, au moins 2 mois à l'avance, de sa volonté de bénéficier de la période à temps partiel. Il précise l'activité de l'entreprise qu'il prévoit de créer ou de reprendre ou de l'entreprise répondant aux critères de JEI dans laquelle il prévoit d'exercer des responsabilités de direction. Il indique également la durée de la réduction souhaitée de son temps de travail (c. trav. art. L. 3142-119 et D. 3142-73).

Réponse de l'employeur - Qu'il s'agisse d'une première demande ou d'une prolongation, l'employeur doit répondre, par tout moyen donnant date certaine, dans un délai de 30 jours à compter de la réception de la présentation de la demande du salarié. À défaut, son accord est réputé acquis (c. trav. art. D. 3142-65).

Signature d'un avenant - Employeur et salarié formalisent leur accord par un avenant au contrat de travail. Celui-ci doit fixer la durée de la période à temps partiel et contenir toutes les clauses obligatoires pour un temps partiel [voir *Travail à temps partiel (contrat de travail)**] (c. trav. art. L. 3142-111 ; cass. soc. 23 novembre 2016, n° 15-18093, BC V n° 225). Une prolongation nécessite la signature d'un nouvel avenant dans les mêmes conditions (c. trav. art. L. 3142-111).

Report du temps partiel - L'employeur a la faculté, par tout moyen donnant date certaine, de différer le début du temps partiel dans la limite des 6 mois qui courent à compter de la présentation de la réception de la demande du salarié (c. trav. art. L. 3142-107 et D. 3142-66).

Dans les entreprises d'au moins 300, l'employeur peut différer le début de la période de travail à temps partiel lorsque celle-ci aurait pour effet de porter l'effectif de salariés employés simultanément à temps partiel au titre d'une période de travail à temps partiel pour la création ou la reprise d'entreprise à un niveau excessif au regard de l'effectif total de l'entreprise (c. trav. art. L. 3142-115). À défaut d'accord collectif d'entreprise ou, à défaut, de convention ou un accord de branche fixant ce niveau (c. trav. art. L. 3142-117), le début de la période de travail à temps partiel peut être différé par l'employeur si le pourcentage de salariés de l'entreprise passant simultanément à temps partiel au titre du congé ne dépasse pas 2 % de l'effectif de cette entreprise, jusqu'à la date à laquelle cette condition de taux est remplie (c. trav. art. D. 3142-76). L'employeur informe le salarié du report par tout moyen donnant date certaine. À défaut de réponse de sa part, dans un délai de 30 jours à compter de la réception, son accord est réputé acquis (c. trav. art. D. 3142-68).

Refus du temps partiel - Dans les entreprises de moins de 300 salariés, l'employeur peut refuser le passage à temps partiel (c. trav. art. L. 3142-113) :
- s'il estime, après avis du *comité social et économique**, que ce congé aura des conséquences préjudiciables à la bonne marche de l'entreprise ;
- si le salarié demande cette période moins de 3 ans après une précédente création ou reprise d'entreprise ou après le début de l'exercice de précédentes responsabilités de direction au sein d'une JEI.

L'employeur précise le motif de son refus et le porte à la connaissance du salarié.

Le salarié peut contester cette décision, dans les 15 jours à compter de la réception de la notification du refus, devant le conseil des prud'hommes statuant selon la procédure accélérée au fond (c. trav. art. L. 3142-113, D. 3142-70 et R. 3142-71) [voir *Conseil de prud'hommes (référé prud'homal)**].

Accord pour un congé mais refus d'un temps partiel - Accorder un congé à temps plein à un salarié qui a formulé une demande de passage à temps partiel pour création d'entreprise revient à refuser la demande (cass. soc. 24 septembre 2008, n° 06-44939, BC V n° 188). À notre sens, cette solution vaut également lorsque l'employeur accorde un temps partiel alors que le salarié a demandé un congé total.

Retour au temps plein - L'employeur n'est pas tenu d'accéder à une demande du salarié tendant à écourter la période de travail à temps partiel. En effet le salarié dont un avenant au contrat de travail prévoit le passage à temps partiel n'a aucun droit à être réemployé à temps plein avant le terme de cet avenant. Ce n'est qu'au terme contractuellement prévu que l'employeur doit permettre au salarié de retrouver une activité à temps plein assortie d'une rémunération équivalant au moins à celle qu'il lui versait précédemment (c. trav. art. L. 3142-112).

▶ À noter… À l'issue de la période de travail à temps partiel, si le salarié souhaite mettre fin à la relation de travail, les conditions de la rupture sont celles prévues par son contrat de travail, à l'exception de celles relatives au préavis. Le salarié est, de ce fait, dispensé de payer une indemnité de rupture (c. trav. art. L. 3142-109).

Compte épargne-temps - Voir *Compte épargne-temps**.

Congé pour création d'entreprise

Voir *Congé pour création d'entreprise**.

Inopposabilité de la clause d'exclusivité

Voir *Clause d'exclusivité**.

Aides aux créateurs ou repreneurs d'entreprise

Voir *Création d'entreprise (aides)**.

Contrat d'appui au projet d'entreprise (CAPE)

Voir *Contrat d'appui au projet d'entreprise**.

Report et étalement des cotisations de début d'activité

Créateur non salarié - Le travailleur indépendant non agricole qui ne relève pas du régime micro-social (voir *Micro-entrepreneur*)* peut, sur demande et par dérogation, être dispensé du paiement de ses cotisations sociales, provisionnelles ou définitives, pendant les 12 premiers mois suivant le début de son activité non salariée.

Les cotisations définitives dues au titre de cette période peuvent également, toujours à la demande du non-salarié, faire l'objet d'un paiement par fractions annuelles sur une période limitée à 5 ans. Chaque fraction annuelle versée au terme de la première année d'activité ne peut cependant être inférieure à 20 % du montant total des cotisations dues. Cet étalement n'entraîne aucune majoration de retard (c. séc. soc. art. L. 131-6-1).

Le bénéfice de ces dispositions ne peut être obtenu plus d'une fois par période de 5 ans, au titre d'une création ou d'une reprise d'entreprise. Par ailleurs, ces mesures ne sont pas applicables lors d'une modification des conditions dans lesquelles l'entreprise exerce son activité.

▶ À noter… Sont concernées : les cotisations d'assurance maladie-maternité (y compris, le cas échéant, les cotisations au titre des indemnités journalières), les cotisations d'allocations familiales, la CSG, la CRDS, la contribution à la formation professionnelle (c. trav. art. L. 6331-48), ainsi que les cotisations d'assurance vieillesse, de retraite complémentaire obligatoire et d'invalidité-décès des travailleurs indépendants relevant du régime général de la sécurité sociale. Des dispositions similaires sont prévues pour les cotisations d'assurance vieillesse de base des professions libérales relevant de la CNAVPL (hors avocats).

En cas de cessation d'activité professionnelle, les cotisations et contributions sociales provisionnelles ou définitives qui ont fait l'objet d'un report ou d'un étalement et qui restent dues doivent être acquittées dans les 60 jours de cette cessation. Elles sont recouvrées dans les conditions de droit commun (c. séc. soc. art. R. 131-9, IV).

Demande de report par le créateur non salarié - La demande de report est effectuée par écrit au plus tard dans le délai de 30 jours suivant la date d'affiliation et avant tout versement de cotisations et contributions. Les cotisations et contributions ayant fait l'objet d'un report sont exigibles à la même date et dans les mêmes conditions que les cotisations et contributions définitives suivantes (c. séc. soc. art. R. 131-9, I).

Demande d'étalement des cotisations par le créateur non salarié - Le travailleur indépendant doit effectuer sa demande d'échelonnement de paiement par écrit au plus tard dans la déclaration des revenus d'activité souscrite au titre de l'année civile au cours de laquelle a débuté la période de 12 mois de report. La période d'étalement court alors à compter de la première échéance de régularisation des cotisations et contributions définitives qui ont fait l'objet de cet étalement. Les fractions annuelles sont exigibles à la même date et dans les mêmes conditions que les cotisations et contributions définitives suivantes. L'échéancier de l'étalement et le montant des fractions annuelles sont notifiés au bénéficiaire par l'organisme concerné (c. séc. soc. art. R. 131-9, II).

▶ À noter... La demande de fractionnement doit faire mention de la durée d'étalement souhaitée. À défaut, cette durée est de 5 ans.

Le non-salarié qui n'a pas formulé de demande de report, ne peut pas faire une demande d'étalement par la suite (circ. RSI 2014-6 du 1er août 2014).

Créateurs dirigeants de sociétés - La date limite de paiement des cotisations salariales et patronales afférentes aux rémunérations perçues, au cours des 12 premiers mois d'activité de l'entreprise, par certains dirigeants affiliés au régime général de la sécurité sociale des salariés (c. séc. soc. art. L. 311-3, 6°, 11°, 12°, 13°, 23° et 25°) au titre de leur mandat social peut, sur demande de l'employeur, être repoussée après les 12 premiers mois d'activité.

En outre, le paiement des cotisations peut, sur demande de l'employeur, être étalé sur une période limitée à 5 ans, sans application de majorations de retard. Chaque fraction annuelle ne pourra cependant pas être inférieure à 20 % du montant total des cotisations dues (c. séc. soc. art. L. 243-1-1).

▶ À noter... Sont concernés l'ensemble des cotisations et contributions salariales et patronales de sécurité sociale, la CSG, la CRDS, le FNAL, la contribution solidarité autonomie, le versement mobilité et le forfait social.

Les dirigeants concernés par ces dispositions sont :
- les gérants non salariés de coopératives et les gérants de dépôts de sociétés à succursales multiples ou d'autres établissements commerciaux ou industriels ;
- les gérants minoritaires ou égalitaires de SARL et de SELARL ;
- les présidents du conseil d'administration, les directeurs généraux et directeurs généraux délégués de SA et des sociétés d'exercice libéral à forme anonyme (SELAFA) ainsi que les directeurs généraux et les directeurs généraux délégués des institutions de prévoyance, des unions d'institutions de prévoyance et des sociétés de groupe assurantiel de protection sociale ;
- les membres de SCOP ainsi que les gérants, les directeurs généraux, les présidents du conseil d'administration et les membres du directoire des mêmes coopératives assujettis au régime général au titre de leur mandat ;
- les présidents et dirigeants des sociétés par actions simplifiées (SAS) et des sociétés d'exercice libéral par actions simplifiées.

Sont également visés par le report et l'étalement du paiement des cotisations les bénéficiaires d'un appui à la création ou à la reprise d'une activité économique, affiliés au régime général (voir *Contrat d'appui au projet d'entreprise**).

▶ À noter... Le bénéfice de ces dispositions ne peut être obtenu plus d'une fois par période de 5 ans, au titre d'une création ou d'une reprise d'entreprise. Par ailleurs, ces mesures ne sont pas applicables lors d'une modification des conditions dans lesquelles l'entreprise exerce son activité.

Demandes de report et d'étalement des cotisations du dirigeant - L'employeur doit faire sa demande de report de paiement des cotisations salariales et patronales par écrit avant la date d'échéance des cotisations se rapportant à la première rémunération. Les cotisations ayant fait l'objet d'un report sont alors exigibles à la première échéance de versement des cotisations afférentes aux rémunérations perçues à compter du 13e mois d'activité de l'entreprise.

La demande de paiement fractionné doit également être effectuée par écrit avant la fin du 12e mois d'activité de l'entreprise. Elle doit faire mention de la durée d'étalement souhaitée. À défaut, la durée est de 5 ans. Dans l'hypothèse où le paiement des cotisations n'a pas fait l'objet d'un report, le bénéfice de ce fractionnement est limité aux cotisations à percevoir de la date de cette demande jusqu'au 12e mois d'activité.

Le paiement des fractions annuelles s'effectue à la même date et dans les mêmes conditions que celui des cotisations des années suivantes.

En cas de cessation d'activité de l'entreprise, les cotisations qui ont fait l'objet d'un report ou d'un étalement et qui restent dues doivent être acquittées dans les 60 jours de cette cessation (c. séc. soc. art. R. 243-1-1).

Jeune entreprise innovante

Les jeunes entreprises innovantes réalisant des projets de recherche et de développement peuvent bénéficier d'une exonération de cotisations sociales patronales sous certaines conditions [voir *Jeune entreprise innovante (exonération de cotisations)**].

Régime du micro-entrepreneur

Le régime du *micro-entrepreneur** (également appelé auto-entrepreneur) permet notamment au créateur de bénéficier de déclaration et de paiement simplifiés des cotisations sociales ainsi que de l'impôt sur le revenu.

☛ *Congé pour création d'entreprise ; Contrat d'appui au projet d'entreprise ; Création d'entreprise (aides) ; Jeune entreprise innovante (exonération de cotisations) ; Micro-entrepreneur.*

Création d'entreprise (aides)

@ Cette étude est détaillée dans la version en ligne de ce Dictionnaire (voir www.rfsocial.com et www.rfeditions.com).

Cumul activité-retraite (CNAVPL, CNBF)

@ Cette étude est détaillée dans la version en ligne de ce Dictionnaire (voir www.rfsocial.com et www.rfeditions.com).

Cumul activité-retraite des non-salariés (régime général)

@ Cette étude est détaillée dans la version en ligne de ce Dictionnaire (voir www.rfsocial.com et www.rfeditions.com).

Cumul activité-retraite des salariés

Seules certaines activités peuvent être exercées à la retraite sans restriction particulière (ex : consultations occasionnelles). Autrement, le cumul entre un emploi et la retraite (ou, plus exactement, entre les revenus procurés par une activité salariée et une pension de retraite), qui peut être total ou partiel, doit répondre à certaines conditions.

Poursuite d'activités toujours autorisées

Activités spécifiques - Les revenus d'un certain nombre d'activités limitativement énumérées peuvent se cumuler avec la pension de retraite, sans limitation (peu importe que la retraite ait été liquidée à taux plein ou minoré, notamment). Il s'agit, par exemple, des activités artistiques, littéraires ou scientifiques. Par ailleurs, un salarié peut toujours demander la liquidation de sa pension de retraite sans avoir à cesser ces activités spécifiques : il s'agit là d'une dérogation à la règle de cessation d'activité *(voir ci-après)* exigée pour la liquidation de toute pension de retraite (c. séc. soc. art. L. 161-22 ; circ. DSS/3A/2014-347 du 29 décembre 2014 ; circ. CNAV 2018-22 du 23 août 2018).

▶ Attention… Toute première pension de retraite prenant effet depuis le 1.01.2015 a pour conséquence d'arrêter la création de nouveaux droits à retraite (c. séc. soc. art. L. 161-22-1 A). Aussi, un salarié reprenant une activité dite « toujours autorisée » ne peut plus acquérir, pour cette activité, de nouveaux droits à retraite *(voir ci-après)*.

Activités artistiques - Peuvent être poursuivies les activités à caractère artistique visant notamment les artistes du spectacle, les mannequins, les artistes créateurs d'œuvres littéraires et dramatiques, musicales et chorégraphiques, audiovisuelles et cinématographiques, graphiques et plastiques, ainsi que les artistes-interprètes.

▶ À noter… Les artistes-interprètes salariés titulaires d'un CDI sont soumis aux règles du cumul emploi retraite de droit commun (c. séc. soc. art. L. 161-22, 1°).

Activités à caractère littéraire ou scientifique exercées accessoirement - Ces activités peuvent également être poursuivies après la liquidation de la retraite. Il s'agit notamment de la publication d'articles dans la presse ou dans des revues littéraires ou scientifiques, des conférences données dans des domaines littéraires ou scientifiques, des activités de recherche scientifique et de la publication de livres.

Ces activités sont considérées comme accessoires si le revenu annuel total qu'elles procurent est inférieur à celui d'un salarié rémunéré sur la base du SMIC et employé à tiers-temps.

Transmission d'entreprise - Les assurés qui transmettent leur entreprise (c. séc. soc. art. L. 634-6-1) sont autorisés à y poursuivre l'exercice d'une activité rémunérée sous certaines conditions (pendant 6 mois).

Participation aux activités juridictionnelles ou assimilées - Les intéressés peuvent continuer à exercer les fonctions de membres ou d'assesseurs de certaines juridictions (jurés des cours d'assises, conseillers prud'hommes, etc.), dès lors qu'elles donnent lieu à la perception d'indemnités sous forme de vacations. Sont également visées les activités d'arbitrage ou d'expertise.

Participation à des jurys et à des instances consultatives et délibératives - Il est également possible de participer à des jurys de concours publics ou à des instances consultatives ou délibératives réunies en vertu d'un texte législatif ou réglementaire. C'est le cas notamment pour les parlementaires, conseillers généraux, régionaux ou municipaux, membres de commissions ou conseils consultatifs, membres de conseils d'administration ou de diverses commissions, ou conseils dans le cadre d'établissements publics, d'entreprises du secteur public ou d'organismes chargés de l'exécution du service public.

Consultations occasionnelles - Sont visées les consultations occasionnelles données, compte tenu de leurs compétences, par les retraités, dans la mesure où ces consultations répondent à deux critères :
- discontinuité des périodes de consultation ;
- durée de 15 h par semaine en moyenne au cours des 12 mois civils précédant l'entrée en jouissance de la pension de vieillesse.

Activités de faible importance - L'activité salariée exercée est considérée comme étant de faible importance si elle procure un revenu annuel inférieur au tiers du SMIC brut calculé sur 1 820 h (soit SMIC horaire × 1820/3).

Les revenus pris en compte sont ceux perçus pendant l'année civile précédant celle au cours de laquelle la retraite prend effet, avec des règles spécifiques en cas d'exercice de plusieurs activités de faible importance (circ. CNAV 2018-22 du 23 août 2018, § 2.1.2.1).

Si, après liquidation de la pension, le plafond est dépassé, le paiement de la pension est suspendu.

Autres activités - Sont également visées :
- les activités d'hébergement en milieu rural réalisées avec des biens patrimoniaux ;
- les vacations accomplies dans des établissements de santé ou dans des services sociaux et médico-sociaux par des médecins ou infirmiers en retraite : l'exercice d'une telle activité ne fait pas obstacle au versement d'une pension de vieillesse dans la limite d'une durée et d'un plafond. Ce cumul n'est possible qu'à compter de l'âge légal ou réglementaire de départ à la retraite.

▶ À noter… Pour répondre à la mobilisation des soignants et des professionnels de santé libéraux retraités pendant la crise sanitaire, une pension de vieillesse liquidée au titre d'un régime de base légalement obligatoire a pu être entièrement cumulée, entre le 1.10.2020 et le 31.12.2021, avec les revenus tirés d'une activité reprise ou poursuivie en qualité de professionnel de santé (loi 2021-1754 du 23 décembre 2021, art. 3, II, A, JO du 24).

De même, sont exemptés de l'obligation de cesser leur activité antérieure (circ. du 4 juillet 1984) :
- certains salariés logés par leur employeur, tels les concierges et employés d'immeubles, dans la mesure où leur rémunération brute mensuelle au cours de l'année précédant la date d'effet de leur pension n'a pas excédé, en moyenne, une fois la valeur mensuelle du *SMIC** brut correspondant à la durée du travail et au taux en vigueur à la date d'effet de la pension ;
- les nourrices, gardiennes d'enfants, assistantes maternelles, personnes salariées remplissant les fonctions de tierce personne auprès d'une personne âgée, invalide ou handicapée.

Enfin, la liquidation d'une pension de retraite ne fait pas obstacle à la perception des indemnités de fonction des élus locaux.

L'assuré peut également demander le bénéfice d'une *retraite progressive** et au titre de l'activité partielle, continuer à acquérir des droits (c. séc. soc. art. L. 351-15 et L. 351-16).

Cessation définitive de l'activité

Pension liquidée en 2015- Pour toute première pension de retraite ayant pris effet depuis le 1.01.2015, le principe est que le salarié doit, pour toucher sa pension, cesser toute activité professionnelle. Ainsi, l'assuré doit, pour liquider une pension au titre d'un régime de retraite de base obligatoire (c. séc. soc. art. L. 161-22 et D. 161-2-5 ; circ. DSS/3A 2014-347 du 29 décembre 2014, § 1.1.6 ; circ. CNAV 2018-22 du 23 août 2018, § 1.1) :

- rompre tout lien professionnel avec l'employeur ;
- cesser son activité non salariée.

Cela revient à dire que le salarié s'il exerce, par ailleurs, une activité relevant d'un autre régime de retraite que le régime général (ex. : une activité non salariée) doit cesser non seulement son activité salariée, mais également cette autre activité. La seule dérogation à ce principe général est la poursuite d'une activité toujours autorisée *(voir ci-avant)* (circ. DSS/3A 2014-347 du 29 décembre 2014, §§ 1.1.4 et 1.1.5).

Cette règle s'applique aussi pour les retraites complémentaires AGIRC-ARRCO.

▶ À noter… Un salarié affilié au régime général (salarié) et à un autre régime de retraite peut, dans cet autre régime, bénéficier d'une exception à la cessation d'activité. Il lui revient de se renseigner auprès de cet autre régime de retraite (circ. CNAV 2018-22 du 23 août 2018, § 2.2).

Pension liquidée avant 2015 - Le service avant 2015 d'une pension de vieillesse par le régime général, par le régime des salariés agricoles ou par certains régimes spéciaux était subordonné à la rupture de tout lien professionnel avec l'employeur ou, pour les assurés exerçant une activité dite « non salariée » relevant du ou desdits régimes, à la cessation définitive de cette activité (c. séc. soc. art. L. 161-22 dans sa version en vigueur jusqu'au 31.12.2014).

Justifications de la cessation d'activité - Lorsqu'il a exercé en dernier lieu une activité dite « non salariée », l'assuré doit établir, par tout mode de preuve, qu'il a cessé définitivement cette activité (c. séc. soc. art. D. 161-2-5).

Dans les autres cas, l'assuré doit produire une attestation sur l'honneur mentionnant la date de cessation de toute activité visée par le dispositif dont il relevait au cours des 6 mois précédant la date d'effet de la pension. Lorsque l'assuré exerçait en dernier lieu une activité salariée d'un régime spécial de retraite concerné par le dispositif, dont la gestion est assurée par l'employeur dont il relevait, il est dispensé, au titre de cette activité, de la production de cette attestation pour le service de la pension due par ce régime (c. séc. soc. art. D. 161-2-5).

Cumul sans limite sous conditions

Conditions du cumul emploi retraite libéralisé - Les assurés peuvent cumuler, sans aucune restriction, leur pension d'assurance vieillesse avec le revenu d'une activité professionnelle. Ils doivent, pour cela, réunir plusieurs conditions (c. séc. soc art. L. 161-22, al. 4 à 7) :

- avoir liquidé leurs pensions d'assurance vieillesse personnelles auprès de la totalité des régimes légaux ou rendus légalement obligatoires, de base et complémentaires, français et étrangers, ainsi que des régimes des organisations internationales dont ils ont relevé ;
- et avoir atteint l'âge requis pour obtenir le taux plein automatique (âge augmenté progressivement pour atteindre 67 ans en 2022) ou l'âge légal s'ils justifient d'une durée d'assurance et de périodes reconnues équivalentes nécessaires pour bénéficier d'une retraite à taux plein (âge légal augmenté progressivement pour atteindre 62 ans en 2017). Pour plus de détails, voir *Retraite de base (âge de départ)**.

La pension due par un régime de retraite légalement obligatoire dont l'âge d'ouverture des droits, le cas échéant sans minoration, est supérieur à l'âge légal de départ en retraite (ex : certains régimes complémentaires des professions libérales) n'est pas retenue pour apprécier la condition de liquidation de l'ensemble des pensions de retraite, et ce jusqu'à ce que l'assuré ait atteint l'âge à partir duquel il peut liquider cette pension ou, en cas de minoration, l'âge auquel celles-ci prennent fin.

Concrètement, cela permet à un assuré ayant l'âge légal et le taux plein de ne pas liquider dans l'immédiat une pension qu'il ne peut pas obtenir à cet âge, ou qu'il ne peut obtenir qu'avec une décote.

Exemple

Un cadre a eu, en parallèle, une carrière de professionnel libéral. Au titre de cette activité libérale, il ne peut toucher sa pension de retraite complémentaire qu'à l'âge de 65 ans alors qu'il peut déjà liquider à taux plein sa pension du régime général. Il peut différer la liquidation de sa pension de retraite de professionnel libéral jusqu'à l'âge de 65 ans.

Pour les salariés qui ne remplissent pas l'ensemble des conditions précitées, les limites au cumul d'une activité et d'une retraite sont applicables *(voir ci-après)*.

Justificatifs à fournir - L'intéressé qui reprend une activité dans le cadre du cumul emploi retraite libéralisé doit, lorsque ces éléments n'ont pas déjà été communiqués, fournir à l'organisme qui lui sert sa pension les noms et adresses du ou des employeurs auprès desquels il exerce une activité salariée (ou des entreprises auprès desquelles il exerce une activité dite « non salariée ») ainsi que la date de début de cette ou de ces activités.

Il doit également joindre une attestation sur l'honneur énumérant les différents régimes dont il a relevé (régimes légaux ou rendus légalement obligatoires, de base et complémentaires, français et étrangers et régimes des organisations internationales) et certifiant qu'il est entré en jouissance de toutes ses pensions de vieillesse personnelles (c. séc. soc. art. D. 161-2-13).

Cumul activité-retraite limité dans les autres cas

Conditions à remplir - Le retraité qui ne remplit pas les conditions pour cumuler sa pension avec une activité sans limite peut cependant reprendre une activité dans les conditions exposées ci-après.

▶ À noter... Ces conditions s'appliquent aux pensions liquidées depuis le 1.01.2004.

Délai d'attente en cas de reprise d'activité chez l'ancien employeur - Lorsqu'elle a lieu chez le dernier employeur, la reprise d'activité ne peut intervenir que 6 mois après l'entrée en jouissance de la pension de vieillesse, au plus tôt (c. séc. soc. art. L. 161-22, al. 2).

▶ À noter... Ce délai d'attente n'est pas exigé pour le service de la pension de retraite complémentaire.

Pour vérifier que l'activité reprise est exercée ou non chez l'ancien employeur, on tient compte des activités exercées au cours des 6 mois précédant la date d'effet de la pension de vieillesse. On entend par « ancien employeur » la personne ou l'entreprise qui est responsable du versement des cotisations aux régimes obligatoires de sécurité sociale, au titre de l'activité exercée par l'assuré à la date d'effet de la pension ou dans le délai de 6 mois antérieur à cette date.

Plafond de cumul - Pour la retraite de base, le plafond de cumul emploi retraite (salaire et pensions de retraite de base et complémentaires) à respecter est le plus élevé entre :
- un montant équivalant à 160 % du SMIC mensuel ;
- le dernier salaire d'activité perçu par le pensionné avant le départ en retraite.

Le dernier salaire d'activité est égal à la moyenne mensuelle des revenus d'activité perçus au cours d'une période de référence (le mois de cessation de la dernière activité salariée et les deux mois civils précédents ; circ. CNAV 2017-41 du 12 décembre 2017) et retenus pour le calcul de la CSG. Pour les périodes d'activités antérieures au 1.01.1991, il s'agit de la moyenne mensuelle des revenus d'activité retenus pour le calcul des cotisations d'allocations familiales.

En revanche, les revenus tirés des activités dont la poursuite est autorisée ne sont pas pris en compte.

La prise en compte des revenus est subordonnée à la production des bulletins de salaire ou de tout autre moyen de preuve (c. séc. soc. art. D. 161-2-7).

Pour la retraite complémentaire, le plafond de cumul emploi retraite (salaire et pensions de retraite de base et complémentaires) à respecter est le plus favorable entre (ANI du 17 novembre 2017, art. 89) :
- le dernier salaire d'activité revalorisé ;
- 1,6 fois le montant mensuel du SMIC (calculé sur une base annuelle de 1 820 h) ;
- le salaire moyen des 10 dernières années d'activité.

▶ À noter... Pour répondre à la mobilisation des soignants et des professionnels de santé libéraux retraités pendant la crise sanitaire, une pension de vieillesse liquidée au titre d'un régime de base légalement obligatoire peut être entièrement cumulée, depuis le 1.10.2020 et jusqu'au 30.04.2022 (31.07.2022 si un décret le prévoit), avec les revenus tirés d'une activité reprise ou poursuivie en qualité de professionnel de santé (loi 2021-1754 du 23 décembre 2021, art. 3, II, A, JO du 24 et loi 2022-46 du 22 janvier 2022, art. 6, JO du 23).

Revenus postérieurs à la reprise (retraite de base) - Les revenus servant de base au calcul de la CSG tirés de la reprise d'activité postérieure à la date d'effet de la pension sont ajoutés aux pensions servies par le régime de base et par les régimes complémentaires légalement obligatoires (avantages accessoires compris, à l'exception toutefois de la majoration pour aide d'une tierce personne). Si ce total est inférieur au dernier salaire d'activité, le cumul de la pension avec une reprise d'activité est possible.

Suspension de la pension pour non-respect du délai de six mois (retraite de base) - La pension est suspendue lorsque l'intéressé reprend, dans les 6 mois suivant la date d'effet de la pension, une activité salariée pour le compte de l'employeur dont il relevait avant la date d'effet de la pension ou une activité « non salariée » pour le compte de la même entreprise (c. séc. soc. art. D. 161-2-15).

▶ À noter… Si la pension est versée à échéances mensuelles, elle est suspendue à compter du premier jour du mois au cours duquel la reprise de l'activité intervient jusqu'au dernier jour du mois au cours duquel cesse l'activité. Si la pension est versée à échéances trimestrielles, elle est suspendue à compter du premier jour du trimestre au cours duquel la reprise de l'activité intervient jusqu'au dernier jour du trimestre au cours duquel cesse l'activité.

En tout état de cause, la pension est suspendue, au plus tard, jusqu'au dernier jour du 6e mois courant à compter de la date d'effet de la pension (en effet, passé ce délai, l'intéressé est autorisé, dans la limite du plafond de cumul, à reprendre une activité chez le même employeur).

▶ À noter… Ces dispositions s'appliquent également lorsque l'assuré n'a pas cessé son activité à la date d'effet de la pension. Dans ce cas, la suspension intervient à compter de cette date d'effet.

Conséquences du dépassement du plafond de cumul - Le dépassement du plafond de ressources entraîne la réduction de (chaque) pension à due concurrence dudit dépassement (c. séc. soc. art. L. 161-22 et D. 161-2-16). Si le montant de la réduction est lui-même supérieur au montant de la pension, cette dernière n'est pas servie. La réduction s'applique à compter du mois (ou du trimestre) civil au cours duquel les ressources excèdent le plafond. Elle cesse de s'appliquer à partir du mois (ou du trimestre) civil au cours duquel elles sont à nouveau inférieures au plafond (c. séc. soc. art. D. 161-2-16, II et III).

Dans le régime AGIRC-ARRCO, le dépassement du plafond de ressources entraîne la suspension de la pension (ANI du 17 novembre 2017, art. 89).

Déclaration de situation - Le pensionné qui reprend une activité salariée est tenu d'en informer, par écrit et dans le mois suivant la date de reprise d'activité, l'organisme qui sert sa pension au titre de son dernier régime d'affiliation.

En cas d'affiliation simultanée à plusieurs régimes lors du départ à la retraite (affiliation simultanée au régime général de sécurité sociale et au régime des salariés agricoles, par exemple), l'organisme auprès duquel l'assuré doit adresser sa déclaration est celui qui sert la pension correspondant à la plus longue durée d'assurance, périodes reconnues comme équivalentes comprises (c. séc. soc. art. D. 161-2-13).

L'intéressé doit notamment produire les éléments suivants :
- les nom et adresse soit de chacun des employeurs auprès desquels il exerce une activité salariée, soit de chacune des entreprises auprès desquelles il exerce une activité dite « non salariée » ;
- la date de début de chaque activité ;
- le montant et la nature des revenus professionnels afférents à chaque activité ainsi que les régimes de sécurité sociale auxquels il est affilié à ce titre ;
- les bulletins de salaire afférents aux 3 derniers mois de l'activité antérieure ou tout document justificatif des revenus perçus durant ladite période ;
- les noms et adresses des autres organismes de retraite de salariés, de base et complémentaires, qui lui servent une pension.

Incidences sur les droits à retraite

Pension liquidée à partir du 1er janvier 2015 - Pour les assurés dont la première pension de retraite prend effet au 1.01.2015 ou après, et quel que soit le contexte (cumul emploi retraite total ou partiel), la reprise ou la poursuite d'une activité professionnelle ne leur permet plus d'acquérir de nouveaux droits à retraite (c. séc. soc. art. L. 161-22-1-A ; circ. CNAV 2019-26 du 29 octobre 2019 ; circ. AGIRC-ARRCO 2020-02 - DRJ du 20 janvier 2020).

Ainsi, toute reprise d'activité (quel qu'en soit le régime de retraite) par un retraité (quel que soit son âge) ne lui ouvre droit à aucun avantage vieillesse, de droit direct (pension personnelle) ou dérivé (pension de réversion), quel que soit le régime d'assurance vieillesse légal (ou devenu obligatoire par la loi), de base ou complémentaire. Bien entendu, cette règle n'est pas opposable à l'assuré qui demande le bénéfice d'une pension au titre d'une *retraite progressive** (c. séc. soc. art. L. 161-22-1-A).

▶ À noter… Cette règle s'applique aux artistes du ballet relevant de la caisse de retraite des personnels de l'Opéra de Paris ayant liquidé leur pension de retraite à partir du 1.01.2018 (loi 2014-40 du 20 janvier 2014 modifiée par loi 2014-1554 du 22 décembre 2014, JO du 24 ; décret 2015-1012 du 18 août 2015, JO du 20).

Pension liquidée avant 2015- La reprise d'une activité dans un autre groupe de régimes de retraites que celui de liquidation permet de se constituer une nouvelle retraite. C'est le cas par exemple d'un salarié devenu retraité avant 2015 qui reprend une activité non salariée : il acquiert des droits au titre de sa future retraite de non salarié.

☛ *Retraite de base (âge de départ) ; Retraite de base (calcul de la pension) ; Retraite complémentaire.*

Cumul d'emplois

En application du principe de la liberté du travail, un salarié peut être simultanément occupé par plusieurs employeurs à condition de ne pas enfreindre :
- la durée maximale du travail *(voir ci-après)* ;
- son obligation de loyauté (voir *Concurrence**) ;
- le cas échéant, la *clause d'exclusivité** insérée dans le contrat de travail.

Sur le cas du salarié exécutant un travail pendant un arrêt de travail pour *maladie**, voir cette étude.

Durée maximale du travail

Durée à respecter et dérogations - Aucun salarié des professions industrielles, commerciales ou artisanales ne peut effectuer des travaux rémunérés relevant de ces professions au-delà de la *durée du travail** maximale en vigueur dans sa profession (c. trav. art. L. 8261-1).

Sont exclus de cette interdiction (c. trav. art. L. 8261-3) :
- les travaux d'ordre scientifique, littéraire ou artistique, les concours aux œuvres d'intérêt général, notamment d'enseignement, d'éducation ou de bienfaisance ;
- les travaux accomplis pour le propre compte du salarié ou à titre gratuit sous forme d'une entraide bénévole ;
- les travaux ménagers de peu d'importance chez des particuliers pour leurs besoins personnels ;
- les travaux d'extrême urgence dont l'exécution immédiate est nécessaire pour prévenir des accidents imminents ou organiser des mesures de sauvetage.

Sanction en cas de non-respect de la durée maximale - L'employeur et le salarié sont passibles d'une amende pénale et de sanctions renforcées en cas de récidive (c. trav. art. R. 8262-1 et R. 8262-2).

En outre, un employeur ne peut conserver à son service un salarié qui ne se conforme pas aux dispositions légales relatives à la durée maximale du travail (cass. soc. 19 mai 2010, n° 09-40923 D). Le cas échéant, il déclenche une procédure de licenciement (cass. soc. 25 octobre 1990, n° 86-44212, BC V n° 501). Il doit, cependant, avant d'engager la procédure, mettre en demeure le salarié de choisir l'emploi qu'il souhaite conserver pour mettre fin au cumul irrégulier d'emplois (cass. soc. 10 décembre 2003, n° 01-45826 D).

▶ À noter... Pour s'assurer qu'un salarié occupant plusieurs emplois respecte, au global, les limites de durée maximale du travail, l'employeur est en droit de lui demander des documents justifiant de la durée du travail réalisée dans les autres entreprises, dont le cas échéant des bulletins de paye (cass. soc. 19 mai 2010, n° 09-40923 D ; cass. soc. 20 juin 2018, n° 16-21811 D).

Cotisations de sécurité sociale

Les salariés employés simultanément et régulièrement par plusieurs employeurs et qui reçoivent une rémunération totale supérieure au *plafond de sécurité sociale** peuvent se voir appliquer une répartition du plafond entre leurs différents employeurs (c. séc. soc. art. L. 242-3, al. 1). Le plafond est réduit par chaque employeur au prorata de la rémunération versée par rapport à la rémunération totale (tous employeurs confondus).

Les cotisations plafonnées sont calculées sur le plafond réduit ; celles assises sur la totalité du salaire sont calculées par chaque employeur sur la rémunération versée par lui.

Les salariés doivent remettre à chacun de leurs employeurs, en fin de mois ou de trimestre (en fonction de la périodicité de versement des cotisations applicable dans l'entreprise), une déclaration de la rémunération totale perçue (c. séc. soc. art. R. 242-3). En l'absence de déclaration, chaque employeur calcule les cotisations URSSAF plafonnées sur la base de la rémunération qu'il verse dans la limite d'un plafond entier (c. séc. soc. art. R. 242-3, al. 4).

La règle du prorata s'applique également aux cotisations de retraite complémentaire ainsi qu'aux cotisations d'assurance chômage.

Chaque employeur d'un salarié à employeurs multiples peut également choisir de proratiser le plafond selon les règles de l'abattement d'assiette pour temps partiel (c. séc. soc. art. L. 242-3, al. 2) [voir *Travail à temps partiel (abattement d'assiette)**].

Dans ce cas, les salariés ne sont pas tenus de faire connaître à chacun de leurs employeurs, à la fin de chaque mois ou trimestre, le total de la rémunération qu'ils ont reçue au cours de cette période.

Cependant, si le salaire équivalent temps plein du salarié dans l'entreprise n'excède pas le plafond de la sécurité sociale, la proratisation du plafond selon la méthode des salariés à temps partiel n'est pas applicable : en effet, cette méthode suppose que le salaire ramené à temps plein excède le plafond.

☛ *Clause d'exclusivité ; Création d'entreprise.*

Cumul d'un mandat social et d'un contrat de travail

☛ *Dirigeants de sociétés.*

Cumul de mandats

Un *délégué syndical** (DS) peut également être un élu du *comité social et économique** ou *représentant syndical auprès du CSE** (c. trav. art. L. 2143-9).

▶ À noter… Dans les entreprises de moins de 50 salariés, un élu titulaire du CSE peut être désigné comme DS pour la durée de son mandat [voir *Délégué syndical (désignation)**]. Sauf disposition conventionnelle, ce mandat n'ouvre pas droit à des *heures de délégation**. Le temps dont dispose l'élu du CSE pour l'exercice de son mandat peut être utilisé dans les mêmes conditions pour l'exercice de ses fonctions de DS (c. trav. art. L. 2143-6).

Il en est de même quand, dans une entreprise de moins de 50 salariés, un syndicat non représentatif désigne un élu du CSE comme *représentant de la section syndicale** (c. trav. art. L. 2142-1-4).

Un *représentant syndical auprès du CSE** ne peut pas être simultanément un élu du CSE (titulaire ou suppléant) (c. trav. art. L. 2314-2 ; cass. soc. 11 septembre 2019, n° 18-23764 FSPB). Il est en effet impossible, au sein d'une même instance et dans le même temps, qu'un salarié exerce les fonctions délibératives qui sont les siennes en sa qualité d'élu, et les fonctions consultatives liées à son mandat de représentant syndical lorsqu'il est désigné par un syndicat. En cas de contentieux, le juge peut enjoindre au salarié d'opter entre l'un ou l'autre des deux mandats qui lui sont confiés. Si le salarié ne choisit pas, le juge annule la désignation comme représentant syndical. Il n'est pas possible de déroger par accord collectif à la règle du non-cumul des mandats d'élu et de représentant syndical au sein du même CSE (cass. soc. 22 janvier 2020, n° 19-13269 FPB).

Par ailleurs, dans les entreprises de moins de 300 salariés et dans les établissements appartenant à ces entreprises, le DS est de droit *représentant syndical auprès du CSE** une fois celui mis en place (c. trav. art. L. 2143-22), contrairement au *représentant de la section syndicale** (cass. soc. 14 décembre 2011, n° 11-14642, BC V n° 302). Mais attention, cette règle n'est pas applicable dans les entreprises de moins de 50 salariés, la Cour de cassation ayant posé le principe qu'il ne peut pas y avoir de représentant syndical au CSE dans ces entreprises (cass. soc. 8 septembre 2021, n° 20-13694 FSB).

Enfin, un élu du CSE peut être désigné comme représentant de proximité (c. trav. art. L. 2313-7) (voir *Représentants de proximité**). Sur l'incidence en matière d'*heures de délégation**, voir l'étude correspondante.

Cure thermale

Congé particulier

Absence spécifique - L'absence pour cure thermale n'est pas assimilée à une absence *maladie** sauf si une disposition conventionnelle le prévoit (rép. Legrand n° 9738, JO 31 mai 1982, AN quest. p. 2292 ; rép. Bocquet n° 12514, JO 27 septembre 1982, AN p. 3816).

Absence autorisée - L'employeur doit accorder l'autorisation au salarié de s'absenter pour suivre une cure thermale lorsque ce dernier (cass. soc. 21 avril 1988, n° 86-42049 D) :

- a une prescription médicale fixant la date précise de la cure ;
- et l'a, sauf urgence, informé de son absence dans un délai raisonnable.

Un salarié qui, bien qu'informé de sa cure 4 mois à l'avance, n'avait averti de son départ que 4 jours avant celui-ci a pu être licencié pour cause réelle et sérieuse (cass. soc. 16 mai 1991, n° 89-44251 D). Il en est de même d'un salarié fixant unilatéralement ses dates de cure thermale sans qu'aucune prescription médicale ne donne de dates impératives, contre la volonté et malgré la défense de son employeur (cass. soc. 17 octobre 1979, n° 78-41519, BC V n° 734).

Cure thermale et congés payés - La prise de la cure thermale n'a pas à coïncider avec des *congés payés**, mais le salarié peut le souhaiter et l'employeur accorder les congés payés aux dates de la cure. Cela relève d'un accord amiable (rép. Legrand n° 9738, JO 31 mai 1982, AN quest. p. 2292).

L'employeur ne peut pas licencier le salarié pour s'être absenté pour sa cure aux dates fixées par une prescription médicale, à l'issue de ses congés payés (cass. soc. 21 avril 1988, n° 86-42049 D).

Droits du salarié

Cure assimilée à une maladie - Lorsque la convention collective, ou un accord collectif, assimile l'absence pour cure thermale à une absence maladie, le salarié bénéficie des droits prévus conventionnellement à cet égard : maintien total ou partiel de la rémunération (cass. soc. 18 octobre 2006, n° 05-41408, BC V n° 311), acquisition éventuelle de droits à congés payés, etc. Pour cela, il faut que l'accord collectif prévoie expressément le cas de la cure thermale (cass. ass. plén. 1er avril 1993, n° 89-41756, B. ass. plén. n° 8).

Cure thermale en dehors des congés payés - La cure thermale qui se déroule hors des congés n'est ni rémunérée ni assimilée à du temps de travail effectif, notamment pour la durée du travail (ex. : pas d'acquisition de jours de RTT). Des dispositions conventionnelles peuvent être plus avantageuses.

Cure thermale pendant les congés payés - Lorsque la cure thermale se déroule pendant les congés payés du salarié, ce dernier est considéré en congés payés. Il perçoit l'indemnité de congés payés [voir *Congés payés (indemnité)**].

Prise en charge par la sécurité sociale - La caisse primaire d'assurance maladie peut prendre en charge les frais de traitement d'une cure thermale, voire verser des *indemnités journalières de sécurité sociale** lorsque la cure se déroule pendant un arrêt de travail prescrit par un médecin (c. séc. soc. L. 321-1 et D. 323-1).

☞ *Indemnités journalières de sécurité sociale ; Maladie.*

Curriculum vitae

Conséquences d'informations mensongères

Annulation du contrat de travail pour vice du consentement - Les informations incluses dans un curriculum vitae (CV) doivent correspondre à la réalité. Cependant, quand un salarié a donné de fausses informations dans son CV, l'employeur ne peut pas automatiquement considérer que son consentement a été vicié et que le contrat de travail signé avec ce salarié est nul. Ce n'est que si cette information mensongère a eu un rôle déterminant dans sa décision de signer le contrat et que le salarié a procédé à une manœuvre frauduleuse que les juges annuleront le contrat de travail pour vice du consentement (c. civ. art. 1137).

Exemple

Le contrat de travail d'une salariée ne peut être déclaré nul parce qu'elle a fait figurer dans son CV la mention suivante « assistante de formation » d'une société, alors qu'il s'agissait en réalité d'un stage dans le service de formation d'une entreprise. On ne peut en effet conclure de cette mention, même si elle était imprécise et susceptible d'une interprétation erronée, qu'elle était constitutive d'une manœuvre frauduleuse et que la relation salariale ne se serait jamais nouée (cass. soc. 16 février 1999, n° 96-45565, BC V n° 74).

Licenciement du salarié - Indépendamment d'une action en nullité, le licenciement du salarié qui a inscrit des informations mensongères dans son CV peut être envisagé. À cet égard, la fourniture de renseignements inexacts par un salarié lors de l'embauche ne constitue une faute susceptible de justifier le licenciement que s'il est avéré que le salarié n'avait pas les compétences effectives pour exercer les fonctions pour lesquelles il a été recruté (cass. soc. 30 mars 1999, n° 96-42912, BC V n° 142 ; cass. soc. 19 janvier 2010, n° 08-42519 D).

Exemple

Un salarié avait été embauché comme directeur régional des ventes parce qu'il avait exercé des fonctions similaires chez un concurrent, alors que, en réalité, il n'en était rien. En inventant cette précédente expérience professionnelle, qu'il savait déterminante pour l'employeur dans sa décision de recrutement, le salarié s'était rendu coupable de manœuvres dolosives pouvant justifier un licenciement. C'est donc à juste titre que l'employeur avait licencié l'intéressé pour faute grave (cass. soc. 25 novembre 2015, n° 14-21521 D).

Impossibilité d'imposer une rétrogradation - Une rétrogradation « autoritaire », sans l'accord du salarié, doit être exclue : en effet, la mauvaise foi de l'intéressé lors de la conclusion du contrat de travail ne permet pas de lui imposer la modification de ce contrat, notamment en ce qui concerne la qualification et la rémunération convenues (cass. soc. 24 avril 2013, n° 12-15595 D).

Exemple

Une société de déménagement avait embauché un salarié sur la base d'un contrat de travail qui prévoyait que l'intéressé disposait du permis de conduire. Or, un mois un plus tard, l'employeur avait découvert que le salarié n'avait pas le permis. Pour autant, l'employeur ne pouvait pas le rétrograder d'autorité à la fonction d'aide déménageur, avec la rémunération correspondant à cet emploi (cass. soc. 24 avril 2013, n° 12-15595 D).

Impact sur l'obligation d'adaptation - L'employeur a, en principe, un devoir d'*adaptation** du salarié à son poste de travail, via la formation (c. trav. art. L. 6321-1 et L. 6313-3). Il est déchargé de cette obligation si le salarié a mentionné dans son CV qu'il maîtrisait l'utilisation de logiciels indispensables à l'exercice des fonctions pour lesquelles il était embauché (cass. soc. 31 janvier 2006, n° 05-42130, BC V n° 47).

Diplômes ou cartes professionnelles obligatoires - Lorsqu'un diplôme est obligatoire pour exercer une profession (ex. : pharmacien), le seul fait que le salarié ne l'ait pas suffi à justifier son licenciement (cass. soc. 13 avril 1999, n° 96-44217 D). De même, le licenciement d'un salarié sans carte professionnelle en cours de validité ou d'un récépissé de renouvellement de carte, alors que celle-ci est requise pour son métier, est justifié (cass. soc. 8 juillet 2020, n° 19-15990 D).

Cependant l'employeur perd la possibilité de reprocher au salarié de l'avoir trompé sur la détention d'un diplôme obligatoire pour exercer certaines professions s'il n'a pas vérifié, avant l'embauche, qu'il avait réellement obtenu ce diplôme. Le licenciement prononcé est alors sans cause réelle et sérieuse (cass. soc. 30 mai 1991, n° 88-42029 D ; cass. soc. 2 mai 2000, n° 98-42127 D). L'employeur qui n'a pas procédé à cette vérification ne peut pas non plus se prévaloir de sa négligence pour invoquer la nullité du contrat de travail (cass. soc. 9 juin 2017, n° 16-15244 D).

CV anonyme

Les informations demandées à un candidat et communiquées par écrit peuvent être examinées dans des conditions préservant son anonymat (c. trav. art. L. 1221-7). Les modalités d'application devaient être déterminées par un décret qui n'est jamais paru.

Respect du RGPD pour une CVthèque

L'employeur peut se constituer un « vivier de candidats » constitué des CV qu'il reçoit. La mise en place d'une CVthèque lui permet de trier les CV reçus à la suite d'une diffusion d'une offre d'emploi et de sauvegarder les profils qui n'ont pas été retenus à l'issue de la procédure de recrutement mais qui pourraient s'avérer intéressants pour des recrutements ultérieurs. Elle peut être informatisée ou pas.

L'employeur ne peut conserver ces données pour une durée indéterminée et la CNIL recommande de respecter une durée de conservation de 2 ans maximum après le dernier contact avec la personne concernée.

Par ailleurs, les personnes dont le « profil » est intégré dans la CVthèque doivent être informées notamment de l'identité du responsable du traitement, le cas échéant des coordonnées du *délégué à la protection des données**, des finalités poursuivies par le traitement auquel les données sont destinées, des destinataires des données, de la durée de conservation des données et de l'existence d'un droit d'accès, de rectification et d'effacement de ces informations (loi 78-17 du 6 janvier 1978, art. 4 et 48 ; règlt UE 2016/679 du 27 avril 2016, art. 13) (voir *Données personnelles**, *Fichiers RH** et *RGPD**).

Selon la CNIL, pour les traitements de données personnelles ayant pour finalité la constitution d'une CV thèque, les bases légales envisageables sont les suivantes (référentiel CNIL du 20 avril 2020, § 4 ; règlt UE 2016/679 du 27 avril 2016, art. 9 ; Projet de guide recrutement, à paraître e, février 2022, www.cnil.fr) :

- le consentement du candidat ;
- l'intérêt légitime du recruteur.

☞ *Embauche ; Recrutement.*

Cycle de travail

☞ *Aménagement du temps de travail.*

D

Débauchage

Responsabilité du nouvel employeur envers l'ancien

Lorsqu'un salarié ayant rompu abusivement un contrat de travail en conclut un nouveau, le nouvel employeur est solidairement responsable du dommage causé à l'employeur précédent dans les cas suivants (c. trav. art. L. 1237-3) **:**

- quand il est démontré qu'il est intervenu dans la rupture ;

- quand il a embauché un salarié qu'il savait déjà lié par un contrat de travail ;

- quand il a continué d'employer le salarié après avoir appris que celui-ci était encore lié à un autre employeur par un contrat de travail.

Dans ce dernier cas, sa responsabilité n'est pas engagée si, au moment où il a été averti, le contrat de travail abusivement rompu par le salarié était venu à expiration (soit, s'il s'agit de contrats à durée déterminée, par l'arrivée du terme, soit, s'il s'agit de contrats à durée indéterminée, par l'expiration du préavis ou si un délai de 15 jours s'était écoulé depuis la rupture du contrat).

En dehors de ces cas, le nouvel employeur peut être condamné à verser des dommages-intérêts au profit de l'ancien employeur si ses manœuvres de débauchage revêtent le caractère de concurrence déloyale ***(voir ci-après).***

▶ À noter… Les juges ne peuvent, à la demande d'un tiers, ni ordonner la résiliation d'un contrat de travail ni prendre une mesure entraînant la rupture de celui-ci (cass. soc. 18 novembre 2009, n° 08-19419, BC V n° 258).

Sur la démission abusive, voir ***Démission*.***

Manœuvres frauduleuses de débauchage et concurrence déloyale

Quand les candidats approchés par un recruteur sont toujours en poste, des manœuvres frauduleuses éventuelles de ce dernier pourraient conduire à une action en responsabilité de l'ancien employeur contre le nouveau pour concurrence déloyale.

Le débauchage de salariés, même massif, ne constitue pas à lui seul une concurrence déloyale (cass. soc. 26 septembre 2006, n° 05-14410 D).

Pour que le débauchage constitue un acte répréhensible déclenchant la responsabilité civile de droit commun, il faut (c. civ. art. 1240 et 1241) **:**

- une faute du nouvel employeur, c'est-à-dire des manœuvres frauduleuses ou déloyales (cass. com. 6 nov. 2012, n° 11-30551 D ; cass. com. 29 mars 2011, n° 10-17647 D) **;**

- que le préjudice subi par l'ancien employeur consiste en une véritable désorganisation et non une simple perturbation (cass. com. 31 octobre 2006, n° 05-12064 D ; cass. com. 20 septembre 2011, n° 10-19443, BC V n° 134) **;**

- un lien de causalité entre la faute et le préjudice.

Exemples

La démission collective de 5 salariés disposant d'un savoir-faire spécialisé dans le transport de catamarans et immédiatement embauchés par une société qui désirait développer cette activité dans la même commune est constitutive d'un acte de concurrence déloyale (cass. com. 29 novembre 2011, n° 10-25027 D).

Un employeur a été condamné pour concurrence déloyale par débauchage fautif de personnel. Il avait embauché, en un temps réduit, la moitié des salariés d'une société concurrente en leur offrant des augmentations importantes de salaire. Or, ces salariés étaient qualifiés et généraient l'essentiel du chiffre d'affaires. De plus, les manœuvres frauduleuses de l'employeur avaient désorganisé gravement la société et entraîné la perte de ses clients (cass. com. 24 octobre 2000, n° 97-12330 D).

Dans le même ordre d'idées, si le candidat pressenti travaille chez un concurrent, il est prudent de vérifier si son contrat contient une ***clause de non-concurrence*.*** **Le nouvel employeur qui serait complice de la violation de cette clause engagerait sa responsabilité envers l'ancien employeur.**

Débauchage par un salarié ou un ancien salarié

Le salarié peut être sanctionné en cas de manœuvres frauduleuses de débauchage. En effet, le salarié est soumis à une obligation de loyauté pendant l'exécution de son contrat de travail. Il ne peut donc pas porter atteinte à l'intérêt de l'entreprise en se livrant à des actes déloyaux dans son propre intérêt ou dans l'intérêt d'une société concurrente. De même, le salarié (ou l'ancien salarié) peut voir sa responsabilité engagée en cas de concurrence déloyale envers son (ancien) employeur.

Exemples

Un salarié, engagé en qualité de directeur technico-commercial, avait dénigré son employeur auprès d'un important fournisseur, d'un administrateur de la société et des salariés de celle-ci. Il avait également tenté de débaucher des salariés au profit d'une société concurrente qu'il se proposait de créer. N'ayant pas exécuté loyalement son contrat de travail, il a pu être licencié pour faute grave (cass. soc. 1er mars 2000, n° 97-45858 D).

Un salarié, alors qu'il était encore au service de son employeur, avait débauché 14 des salariés de celui-ci, qui ont été aussitôt engagés par une société concurrente dans laquelle il avait des intérêts. Son licenciement pour faute lourde a été retenu et il a été condamné au paiement de dommages-intérêts pour concurrence déloyale (cass. soc. 25 septembre 2007, n° 06-42071 D).

Dans une entreprise qui devait déjà faire face à des rumeurs relatives à la non-rentabilité d'une branche d'activité, un salarié, chef de produit, avait fait part à l'un de ses collègues de son intention de reprendre pour son compte certains clients d'une branche d'activité de l'entreprise. Il avait même incité un livreur à démissionner afin de l'embaucher. Son comportement justifiait son licenciement pour faute grave (cass. soc. 15 mars 2012, n° 10-25627 D).

☛ *Concurrence.*

Déblocage

☛ *Plan d'épargne d'entreprise (PEE) ; Réserve spéciale de participation.*

Décès

De l'employeur

Le décès de l'employeur n'est pas un cas de *force majeure exonérant les ayants droit de toute obligation** (rép. Thierry Braillard n° 14121, 4 juin 2013, AN quest. p. 5926). **Aussi, le contrat de travail continue-t-il, en principe, avec le successeur** (c. trav. art. L. 1224-1) **(voir *Modification de la situation juridique de l'employeur**).**

Si le décès de l'employeur entraîne la fermeture et la disparition de l'entreprise, la procédure de licenciement doit être respectée et la succession est tenue au paiement des indemnités de préavis, de licenciement et de congés payés.

Du salarié

Relations contractuelles - Le décès du salarié constitue un cas de *force majeure.**

Dans la mesure où le décès du salarié met fin au contrat de travail, la totalité des dettes contractées par l'employeur devient immédiatement exigible. En conséquence reste à devoir les salaires et accessoires acquis, à savoir :

- les salaires et primes acquis par le salarié depuis la paie précédant le décès ;

- les indemnités compensatrices de congés payés correspondant aux congés non pris par le salarié au jour du décès ;

- les droits à l'épargne salariale acquis par le salarié à la date du décès.

L'employeur n'a pas d'indemnité de rupture à verser. Toutefois, si le décès du salarié intervient après la rupture du contrat, toutes les indemnités liées à cette rupture sont dues à la succession du défunt.

▶ À noter… Les sommes restant à verser doivent être remises soit au notaire chargé de la succession, soit aux ayants droit sur présentation d'un certificat d'hérédité ou d'un acte de notoriété, selon le contexte.

Sur l'incidence du décès du salarié sur le versement de la contrepartie financière à la *clause de non-concurrence (indemnité), voir cette étude.**

Action en justice poursuivie par les ayants droit - Si un salarié a demandé la résiliation judiciaire de son contrat de travail mais qu'il est décédé au cours de l'instance, cette demande peut être reprise par ses ayants droit. En effet, le décès du salarié ne rend pas sans objet la demande en justice, celle-ci pouvant être reprise par ses ayants droit. Le cas échéant, la date d'effet de la *résiliation du contrat de travail est fixée au jour du décès** (cass. soc. 12 février 2014, n° 12-28571, BC V n° 50).

Les héritiers d'un salarié décédé sont également en droit de demander au juge la réparation du préjudice subi par le salarié du fait d'un *harcèlement moral** (cass. soc. 12 février 2014, n° 12-28571, BC V n° 50).

Assurance décès - Voir *Cotisation d'assurance décès et *Non-salarié (assurance invalidité-décès)**.**

Assurance décès des cadres - L'obligation de l'employeur de verser une contribution de 1,5 % sur la tranche A de la rémunération des cadres, affectée par priorité à la couverture d'avantages en cas de décès, qui était prévue par l'ancienne convention AGIRC (conv. AGIRC du 14 mars 1947, art. 7), **continue à s'appliquer pour les cadres « art. 4 » et « art. 4 bis »** (ANI du

17 novembre 2017 relatif à la prévoyance des cadres ; ANI du 28 février 2020 portant diverses orientations pour les cadres).

Capital-décès - La sécurité sociale verse un capital-décès si l'assuré remplit certaines conditions précisément définies (c. séc. soc. art. L. 169-6, L. 313-1, L. 361-1, R. 313-6 et R. 361-2). Au **1.04.2021**, son montant était de 3 476 €.

Capital-décès complémentaire - L'employeur peut verser un capital-décès complémentaire en vertu d'une convention ou d'un accord collectif d'entreprise. Il est alors soumis à cotisations de sécurité sociale (cass. soc. 24 avril 1997, n° 95-18039, BC V n° 145).

Frais de transport du corps - En cas d'accident mortel du travail, la CPAM rembourse les frais de transport du corps jusqu'au lieu de sépulture demandé par la famille (en France uniquement). Pour cela, il faut que le décès se soit produit au cours d'un déplacement professionnel à partir de la résidence habituelle de la victime ou que la victime ait quitté sa résidence à la demande de l'employeur pour être embauchée (c. séc. soc. art. L. 435-2).

Frais funéraires - En cas de décès suite à un accident du travail ou une maladie professionnelle, la CPAM rembourse les frais funéraires dans une limite précisément définie (c. séc. soc. art. L. 435-1).

Veuvage et ayants droit - Voir *Pension de réversion** et *Ayant droit**.

Décès d'un proche

Voir *Congé pour événement familial** et *Congé de deuil**.

Décision de l'administration

Absence de réponse valant acceptation

Le silence gardé pendant plus de 2 mois par l'administration sur une demande vaut acceptation, sauf dérogations expresses (CRPA art. L. 231-1 et s.). Ce principe s'applique de plein droit à toutes les procédures qui ne précisent pas les conséquences du silence de l'administration.

Accord implicite dans un délai différent

Pour certaines procédures, une acceptation implicite de l'administration est certes acquise mais dans un délai plus court que le délai de droit commun de 2 mois.

Les exceptions à ce délai de 2 mois sont notamment liées à des motifs tenant à l'urgence (décret 2014-1290 du 23 octobre 2014, JO 1er novembre).

Rejet de l'administration passé un silence de deux mois

Certaines procédures sont exclues du champ d'application du principe du « silence vaut acceptation ». Pour ces procédures, le silence gardé par l'administration pendant 2 mois vaut décision de rejet (décret 2014-1291 du 23 octobre 2014, JO du 1er novembre).

Accord implicite de l'administration dans un délai de 2 mois : exemples*

Objet de la demande	Autorité compétente	Références
Approbation des statuts des caisses de congés payés*	Ministre chargé du travail	c. trav. art. L. 3141-32 et R. 3141-19
Dérogations à l'interdiction, pour les travailleurs de moins de 18 ans, d'être employés à certaines catégories de travaux mentionnés à l'article L. 4153-8 [voir Jeunes (travaux interdits et réglementés)*]	Inspecteur du travail	c. trav. art. L. 4153-9
Licence d'agence de mannequins*	Préfet	c. trav. art. L. 7123-11
Dérogations accordées à l'employeur en matière d'aménagement des vestiaires collectifs, lavabos et douches (voir Local de travail*)	Inspecteur du travail	c. trav. art. R. 4228-16
Autorisation par dérogation à l'article R. 4228-19 d'aménager les locaux affectés au travail pour permettre aux travailleurs d'y prendre leur repas, dès lors que l'activité de ces locaux ne comporte par l'emploi de substances ou de préparations dangereuses (voir Local de restauration*)	Inspecteur du travail	c. trav. art. R. 4228-23

* Extrait de la liste des procédures pour lesquelles le silence gardé par l'administration sur une demande vaut accord. Cette liste a été élaborée par les pouvoirs publics à titre d'information. Elle n'a pas de valeur réglementaire (http ://www.legifrance.gouv.fr/Droit-francais/Silence-vaut-accord-SVA/Procedures-SVA).

Accord implicite de l'administration dans des délais différents de celui de 2 mois : exemples		
Objet de la demande	**Références**	**Délai applicable**
Homologation d'une rupture conventionnelle*	c. trav. art. L. 1237-14	15 jours
Autorisation de dépassement de la durée quotidienne maximale de travail effectif par salarié (voir Durée du travail*)	c. trav. art. L. 3121-18	15 jours
Autorisation de dépassement de la durée maximale hebdomadaire absolue du travail	c. trav. art. L. 3121-21	30 jours
Dérogation individuelle à la durée hebdomadaire maximale moyenne de travail	c. trav. art. L. 3121-24 et R. 3121-15	30 jours
Dérogation à la durée hebdomadaire maximale moyenne de travail dans certains secteurs, dans certaines régions ou dans certaines entreprises	c. trav. art. L. 3121-25 et R. 3121-16	30 jours
Autorisation de pratique des horaires individualisés*	c. trav. art. L. 3121-48	30 jours
Autorisation de substitution à la période 21 h-6 h, pour la définition du travail de nuit*	c. trav. art. L. 3122-22	30 jours
Dérogation à la durée quotidienne maximale de travail accompli par un travailleur de nuit	c. trav. art. L. 3122-6	15 jours
Autorisation d'affectation des travailleurs à des postes de nuit	c. trav. art. L. 3122-21	30 jours
Dérogation à la durée minimale de repos quotidien*	c. trav. art. L. 3131-3	15 jours
Autorisation de dépasser la durée maximale quotidienne de 10 heures pour les équipes de suppléance (voir Équipes de fin de semaine*)	c. trav. art. R. 3132-12	30 jours
Autorisation d'organiser le travail de façon continue pour des raisons économiques et d'attribuer le repos hebdomadaire* par roulement	c. trav. art. L. 3132-14	30 jours
Dérogation permettant de prévoir que le personnel d'exécution fonctionne en deux groupes dont l'un, dénommé « équipe de suppléance », a pour seule fonction de remplacer l'autre pendant le ou les jours de repos accordés au premier groupe	c. trav. art. L. 3132-18	30 jours
Dérogations aux durées quotidienne et hebdomadaire maximales de travail effectif des jeunes travailleurs [voir Jeunes (emploi des)*]	c. trav. art. L. 3162-1	30 jours
Dérogation à l'interdiction du travail de nuit pour les jeunes travailleurs salariés des établissements commerciaux et de ceux du spectacle	c. trav. art. L. 3163-2	30 jours
Dérogation à l'obligation d'accorder 2 jours de repos consécutifs par semaine aux jeunes travailleurs	c. trav. art. L. 3164-2	30 jours
Enregistrement d'un intervenant en prévention des risques professionnels*	c. trav. art. L. 4644-1-I	30 jours
Dérogation aux durées quotidienne et hebdomadaire maximales de travail effectif des apprentis de moins de 18 ans [voir Apprentissage (apprentis)*]	c. trav. art. L. 6222-25	30 jours
Dérogation à l'interdiction du travail de nuit pour les apprentis de moins de 18 ans	c. trav. art. L. 6222-26	30 jours

Rejet implicite de l'administration au terme du délai de 2 mois : exemples	
Objet de la demande	**Références**
Autorisation de rupture conventionnelle* du contrat de travail des salariés protégés listés aux articles L. 2411-1 et L. 2411-2 du code du travail (ex. : élu du comité d'entreprise)	c. trav. art. L. 1237-15
Autorisation de licenciement des salariés protégés (protection prévue par le chapitre Ier du titre Ier du livre IV de la deuxième partie du code du travail) [voir Licenciement des représentants du personnel (procédure)*]	c. trav. art. L. 2411-1 et L. 2411-2
Autorisation de fin d'un contrat à durée déterminée des salariés protégés (protection prévue par le chapitre II du titre Ier du livre IV de la deuxième partie) [voir Contrat de travail à durée déterminée (salariés protégés)*]	c. trav. art. L. 2412-1
Autorisation d'interruption ou de notification du non-renouvellement de la mission d'un salarié temporaire protégé	c. trav. art. L. 2413-1

Rejet implicite de l'administration au terme du délai de 2 mois : exemples	
Objet de la demande	**Références**
Autorisation de transfert du contrat de travail d'un salarié protégé compris dans un transfert partiel d'entreprise ou d'établissement [voir Transfert partiel d'entreprise ou d'établissement (protection des représentants du personnel)*]	c. trav. art. L. 2414-1
Dérogation temporaire au repos dominical accordée par le préfet lorsqu'il est établi que le repos simultané, le dimanche*, de tous les salariés d'un établissement serait préjudiciable au public ou compromettrait le fonctionnement normal de cet établissement	c. trav. art. L. 3132-20
Extension de la dérogation temporaire au repos dominical	c. trav. art. L. 3132-23
Retrait de l'autorisation d'extension de la dérogation temporaire au repos dominical	c. trav. art. L. 3132-23
Autorisation de licenciement du médecin du travail*	c. trav. art. L. 4623-5
Autorisation de rupture du contrat de travail à durée déterminée d'un médecin du travail	c. trav. art. L. 4623-5-1
Autorisation de rupture du contrat de travail à durée déterminée, au terme du contrat, d'un médecin du travail	c. trav. art. L. 4623-5-2
Autorisation de transfert d'un médecin du travail compris dans un transfert partiel de service de santé au travail	c. trav. art. L. 4623-5-3

Décision de rejet implicite dans des délais différents du délai de 2 mois : exemples		
Objet de la demande	**Références**	**Délai applicable**
Réalisation d'une enquête afin de déterminer la représentativité d'un syndicat ou d'une organisation professionnelle autre que ceux affiliés à des organisations représentatives au niveau national [voir Syndicats (représentativité)*]	c. trav. art. L. 2121-2	6 mois
Autorisation individuelle préalable d'emploi d'enfants de moins de 16 ans dans les professions du spectacle, de la publicité et de la mode [voir Jeunes (emploi des)*]	c. trav. art. L. 7124-1	1 mois
Agrément initial des agences de mannequins* pour l'engagement des enfants de moins de 16 ans	c. trav. art. L. 7124-5	1 mois

Rejet implicite de l'administration dans un délai différent

Lorsqu'il est différent du délai de 2 mois, le délai à l'expiration duquel la décision de rejet est acquise est précisé : voir tableau ci-après (décret 2014-1289 du 23 octobre 2014, JO 1er novembre).

Déclaration

Les employeurs sont tenus de faire parvenir à l'administration, aux DREETS, aux organismes de sécurité sociale, à Pôle Emploi, à la caisse primaire d'assurance maladie (CPAM), etc., un certain nombre de déclarations, sous peine de sanction (voir le tableau récapitulatif des principales déclarations obligatoires).

☞ *Accident du travail (déclaration) ; Apprentissage (contrat) ; Centre de formalités des entreprises ; Compte professionnel de prévention ; Déclaration des chantiers temporaires ; Déclaration des mouvements de main-d'œuvre ; Déclaration préalable à l'embauche ; Déclaration des procédés de travail ; Déclaration sociale nominative (DSN) ; Handicapés (déclaration d'emploi) ; Non-salarié (déclaration des revenus) ; Participation à la formation professionnelle continue ; Seniors.*

Déclaration d'accident du travail

☞ *Accident de trajet ; Accident du travail (déclaration).*

Déclaration des chantiers temporaires

Les employeurs doivent, sous peine de sanctions, aviser par écrit l'*inspection du travail** de l'ouverture de tout chantier ou autre lieu de travail occupant 10 personnes au moins pendant plus d'une semaine (c. trav. art. R. 8113-1 et R. 8114-1).

S'il s'agit de chantiers du *bâtiment et travaux publics**, voir cette étude.

Principales déclarations obligatoires (récapitulatif)						
Nature des déclarations	**Références**	**Destinataires**	**Entreprises assujetties**	**Périodicité**	**Délai et forme**	**Sanctions**
Compte professionnel de prévention (exposition à des risques professionnels au-delà des seuils réglementaires)	c. trav. art. R. 4163-8	-	Certaines entreprises (1)	Annuelle	Intégrée à la déclaration sociale nominative (DSN)*, réalisée lors de la paie de décembre	c. trav. art. L. 4163-16
Déclaration d'emploi 1er emploi après 6 mois au minimum de cessation d'emploi de personnel	c. trav. art. L. 1221-17	Inspection du travail	Toutes entreprises	1re fois	Déclaration préalable par LR	c. trav. art. R. 1227-7
Déclaration d'emploi Travailleurs à domicile	c. trav. art. L. 7413-3	Inspection du travail	Toutes entreprises	Début et cessation de l'exécution du travail à domicile	Communication à la demande de l'inspecteur du travail	c. trav. art. R. 7413-5
Déclaration de modification de l'entreprise (changement d'exploitant, d'industrie ou de commerce, ou transfert géographique)	c. trav. art. L. 1221-17 et R. 1221-32	Inspection du travail	Toutes entreprises	Préalable au changement	Déclaration par LR	c. trav. art. R. 1227-7
Déclaration de procédés de travail susceptibles d'entraîner une maladie professionnelle	c. séc. soc. art. L. 461-4 et R. 461-4	Inspection du travail et CPAM	Toutes entreprises	Systématique	Déclaration par LRAR avant travaux	c. séc. soc. art. R. 471-5
Déclaration pour aménager un espace de restauration dans un local affecté au travail	c. trav. art. R. 4228-23 ; arrêté du 4 mai 2017, JO du 7 mai 2017	Inspection du travail et médecin du travail	Entreprises dans lesquelles moins de 50 salariés souhaitent prendre leur repas au travail	Préalable à l'aménagement	Déclaration par tout moyen donnant date certaine	-
Ouverture de chantier ou autre lieu de travail occupant 10 personnes au moins pendant plus d'1 semaine	c. trav. art. R. 8113-1	Inspection du travail et CARSAT (en cas de chantier du bâtiment ou de travaux publics)	Tous établissements	Systématique (les chantiers du bâtiment et travaux publics obéissent à des règles spécifiques)	Non défini	c. trav. art. R. 8114-1

Principales déclarations obligatoires (récapitulatif)						
Nature des déclarations	**Références**	**Destinataires**	**Entreprises assujetties**	**Périodicité**	**Délai et forme**	**Sanctions**
Déclaration des mouvements de main-d'œuvre	c. trav. art. L. 1221-16 et D. 1221-29 ; c. séc. soc. art. L. 133-5-3	-	Entreprises et établissements d'au moins 50 salariés	Tous les mois, même si aucun mouvement n'a eu lieu au cours du mois sur lequel porte la déclaration	Intégrée à la déclaration sociale nominative (DSN)*	c. trav. art. R. 1227-3 et R. 1227-4
Déclaration préalable à l'embauche	c. trav. art. L. 1221-10, L. 1221-12-1 et R. 1221-4	URSSAF	Toutes entreprises	Embauche	Au plus tôt 8 jours avant la date prévisible de l'embauche et au plus tard le dernier jour ouvrable avant l'embauche Les entreprises du régime général et employeurs du secteur agricole ayant accompli plus de 50 déclarations préalables à l'embauche au cours de l'année civile précédente doivent déclarer en ligne sur www.net-entreprises.fr Les employeurs non soumis à l'obligation de déclarer sur Internet peuvent remplir le formulaire Cerfa dédié et l'adresser par fax ou LRAR, sachant que ces supports de déclaration sont « marginalisés » par l'URSSAF	**En cas d'absence de DPAE :** c. trav. art. L. 1221-11, L. 8221-5, L. 8272-1, R. 1227-1 et R. 1227-2 **En cas d'absence de DPAE sur Internet :** c. trav. art. L. 1221-12-1, R. 1221-5 et D. 1221-19
Déclaration d'emploi de travailleurs handicapés (2)	c. trav. art. L 5212-1 et D. 5212-4	URSSAF	Toutes les entreprises	Mensuelle	Intégrée à la déclaration sociale nominative (DSN)*	(2)
Déclaration liée à l'obligation d'emploi de travailleurs handicapés (DOETH) (3)	c. trav. art. L. 5212-5 et D. 5212-8	URSSAF	Entreprises d'au moins 20 salariés	Annuelle	Intégrée à la déclaration sociale nominative (DSN)* afférente au mois de février N +1 (à souscrire pour le 5 ou 15 mars N +1). Pour l'OETH 2021, intégrée à la DSN d'avril N + 1 (exigible le 5 ou le 16 mai 2022) (4)	c. trav. art. L. 5212-5 (3)
Déclaration sociale nominative (DSN)	c. séc. soc. art. L. 133-5-3	-	Toutes entreprises du régime général (depuis 2017)	Mensuelle	Par voie électronique	c. séc. soc. art. R. 133-14

Principales déclarations obligatoires (récapitulatif)						
Nature des déclarations	**Références**	**Destinataires**	**Entreprises assujetties**	**Périodicité**	**Délai et forme**	**Sanctions**
Déclaration pour l'engagement d'un premier apprenti	c. trav. art. L. 6223-1 et R. 6223-1 ; arrêté du 6 juillet 2012, JO du 18	Administration	Toutes les entreprises qui engagent un premier apprenti	Lors du 1er contrat d'apprentissage	Le contrat type (Cerfa) sert de support à cette déclaration	c. trav. art. L. 6225-1
Déclaration de départ de salariés « Seniors »	c. trav. art. L. 1221-18	URSSAF	Certaines entreprises (voir Seniors*)	Annuelle	Intégrée à la déclaration sociale nominative (DSN)*	c. trav. art. L. 1221-18

(1) Déclaration applicable aux entreprises qui exposent un ou plusieurs salariés à certains facteurs de risques professionnels au-delà des seuils réglementaires (voir Compte professionnel de prévention*).
(2) Tous les employeurs, y compris ceux de moins de 20 salariés non soumis à l'obligation d'emploi de travailleurs handicapés, déclarent via la DSN mensuelle les travailleurs handicapés bénéficiaires de l'obligation d'emploi qu'ils emploient. Néanmoins, les entreprises de moins de 20 salariés qui ne procèdent pas à cette déclaration ne sont pas passibles de sanction [voir Handicapés (déclaration d'emploi)*].
(3) La pénalité due à défaut de DOETH a été supprimée (c. trav. art. L. 5212-12 abrogé). En remplacement, un dispositif de « taxation d'office » est envisagé [voir Handicapés (déclaration d'emploi)*].
(4) L'URSSAF a décalé de deux mois la DOETH et le paiement de la contribution Agefiph, indiquant qu'ils « seront désormais à effectuer [...] sur la DSN d'avril (exigible le 5 ou le 15 mai) ». Cette mesure pourrait être pérenne (actualité URSSAF du 26 janvier 2022) [voir Handicapés (déclaration d'emploi)*].

Déclaration de départ des seniors

☛ *Seniors.*

Déclaration d'emploi des handicapés

☛ *Handicapés (déclaration d'emploi).*

Déclaration des mouvements de main-d'œuvre

Déclaration mensuelle

Entreprises concernées - Tous les établissements et entreprises de 50 salariés et plus doivent adresser, chaque mois, à la direction de l'animation, de la recherche, des études et des statistiques (DARES) le relevé des contrats de travail conclus ou résiliés, y compris les contrats de travail à durée déterminée (CDD), au cours du mois précédent. Cette obligation ne s'applique pas aux CDD conclus seulement pour une durée de 1 mois non renouvelable (c. trav. art. D. 1221-28 et D. 1221-29).

Informations à renseigner - Le relevé doit mentionner les nom et adresse de l'employeur, la nature de l'activité de l'entreprise, les nom, prénoms, nationalité, date de naissance, sexe, emploi et qualification du ou des salariés dont le contrat a été conclu ou rompu, la date d'effet du ou des contrats ou de leur rupture avec, dans le cas d'un licenciement économique, l'indication de la nature de ce motif (c. trav. art. D. 1221-30).

Sanction - Le non-respect de cette obligation est puni de l'amende pénale prévue pour les contraventions de la 4e classe (c. trav. art. R. 1227-3) (voir *Amendes pénales**).

Procédure

En principe, les mouvements de main-d'œuvre sont déclarés par le biais de la *déclaration sociale nominative (DSN)** mensuelle (voir cette étude).

☛ *Déclaration sociale nominative (DSN).*

Déclaration de la participation à la formation continue

☛ *Contribution à la formation professionnelle.*

Déclaration préalable à l'embauche

Procédure obligatoire

L'employeur doit déclarer toute embauche de salarié relevant du régime général de la sécurité sociale, quels que soient le secteur d'activité et la durée d'engagement (c. trav. art. L. 1221-10).

Cette obligation pèse sur le seul employeur qui ne peut pas invoquer la négligence d'un tiers, à savoir son cabinet comptable, pour s'en exonérer (cass. crim. 7 mai 2019, n° 18-83552 D).

La déclaration n'a cependant pas à être faite pour les adhérents au *titre emploi-service entreprise** (c. trav. art. L. 1273-5), au titre firmes étrangères (c. séc. soc. art. L. 243-1-2) et au *chèque-emploi associatif** (c. trav. art. L. 1272-4), cette procédure étant intégrée à ces dispositifs.

▶ Attention… Le stagiaire n'ayant pas la qualité de salarié, l'employeur n'a pas de déclaration préalable à l'embauche à effectuer (voir *Stages en entreprise**).

Contenu

Formalités accomplies - La déclaration préalable à l'embauche (DPAE) permet de s'acquitter des obligations suivantes (c. trav. art. R. 1221-2) :

- s'il s'agit d'une première embauche, immatriculation de l'employeur au régime général de la sécurité sociale (c. séc. soc. art. R. 243-2) et affiliation à l'assurance chômage (c. trav. art. R. 5422-5) ;
- immatriculation du salarié à la caisse primaire d'assurance maladie (mutualité sociale agricole s'il s'agit d'un salarié agricole) (c. séc. soc. R. 312-4) (même si le code du travail n'a pas été actualisé, cet article du code de la sécurité sociale a été abrogé ; c'est maintenant à l'assuré d'effectuer les démarches, si nécessaire ; voir *Immatriculation des salariés**) ;
- demande d'adhésion à un service de prévention et de santé au travail (c. trav. art. L. 4622-7) ;
- demande de visite d'information et de prévention (c. trav. art. L. 4624-1) ou demande d'examen médical d'aptitude à l'embauche (c. trav. art. L. 4624-2) [voir *Visite médicale (information et prévention)**].

Informations à remplir - Les informations à renseigner dans la DPAE sont celles relatives (c. trav. art. R. 1221-1) :

- à l'employeur : dénomination sociale de l'entreprise ou nom et prénoms de l'employeur, code APE, numéro SIRET, adresse de l'établissement, service (de prévention et) de santé au travail dont dépend l'employeur ;
- au futur salarié : nom et prénoms, sexe, date et lieu de naissance, numéro de sécurité sociale ;
- à l'embauche : date et heure de l'embauche, nature et durée du contrat, durée de la période d'essai éventuelle pour les contrats de travail à durée indéterminée (CDI) et les contrats à durée déterminée (CDD) de 6 mois ou plus.

Modalités de la déclaration

URSSAF compétente - L'employeur doit adresser la déclaration à l'URSSAF pour un salarié du régime général (c. trav. art. R. 1221-3). L'organisme territorialement compétent est celui dont dépend l'établissement où travaille le salarié. L'URSSAF transmet ensuite les données déclaratives aux différents organismes concernés (c. trav. art. R. 1221-14).

Délai de déclaration - L'employeur doit procéder à la DPAE au plus tôt 8 jours avant la date prévisible de l'embauche (c. trav. art. R. 1221-4). En cas de déclaration par formulaire papier *(voir ci-après)*, la lettre recommandée avec avis de réception doit être envoyée au plus tard le dernier jour ouvrable précédant l'embauche (c. trav. art. R. 1221-5).

▶ Attention… Quand les salariés d'une entreprise sont systématiquement déclarés après leur période d'essai, l'entreprise peut être condamnée pour *travail dissimulé** (cass. crim. 20 janvier 2015, n° 14-80532, B. crim. n° 19).

Déclaration dématérialisée - Les employeurs du régime général (à l'exception des particuliers employeurs) ayant accompli plus de 50 DPAE au cours de l'année civile précédente sont tenus d'adresser ces déclarations par voie électronique (www.net-entreprises.fr) (c. trav. art. L. 1221-12-1 et D. 1221-18, I).

▶ À noter… Les employeurs dont le personnel relève du régime de protection sociale agricole relèvent des mêmes règles que les autres employeurs pour ce qui concerne les DPAE *(voir ci-avant)* (c. trav. art. L. 1221-12-1 et D. 1221-18, II).

Le fait pour les entreprises visées *(voir ci-avant)* de ne pas effectuer les DPAE par voie dématérialisée entraîne l'application d'une pénalité égale, par salarié, à 0,5 % du plafond mensuel de la sécurité sociale (c. trav. art. L. 1221-12-1 et D. 1221-19).

À privilégier pour les autres entreprises - La déclaration en ligne est le mode « normal » de déclaration (sur www.net-entreprises.fr). Cependant, les employeurs non soumis à l'obligation de déclarer en ligne conservent la possibilité de remplir une déclaration papier sur la base d'un formulaire Cerfa (n° 14738*01) à renvoyer par LRAR ou télécopie (arrêté du 30 juillet 2012, JO 14 août ; c. trav. art. R. 1221-5).

Déclaration électronique simplifiée - La déclaration électronique est simplifiée pour les employeurs relevant du régime général de sécurité sociale et préalablement inscrits à un service d'authentification (par exemple parce qu'il utilise la DSN, ou la DADS-U pour les cas résiduels). La déclaration est en effet réputée accomplie dès lors que l'employeur fournit (c. trav. art. R. 1221-6) :

- le numéro d'identification de l'établissement employeur et le numéro national de sécurité sociale du salarié, si ce dernier est déjà immatriculé à la sécurité sociale et a déjà fait l'objet d'une déclaration préalable à l'embauche dans un délai de 14 mois ;
- les mentions relatives au moment de l'embauche (date et heure) et au contrat de travail (nature et durée du contrat, durée de la période d'essai éventuelle pour les CDI et les CDD dont le terme ou la durée minimale excède 6 mois).

Après la déclaration

Avis de réception de l'URSSAF pour les déclarations électroniques - Une fois que le formulaire lui est parvenu, l'URSSAF en accuse réception dans un délai de 5 jours ouvrables (c. trav. art. R. 1221-7). L'employeur doit conserver cet avis de réception (c. trav. art. R. 1221-8).

▶ À noter... Le code du travail prévoit une conservation de la DPAE jusqu'à l'envoi de la DADS mais celle-ci a été remplacée par la *déclaration sociale nominative (DSN)** sans que les textes sur la DPAE n'aient été mis à jour (c. trav. art. R. 1221-8).

Toutefois, depuis le 7.02.2015, l'envoi de l'accusé de réception ne concerne plus que les déclarations faites sur Internet, à l'exclusion des déclarations transmises par fax ou courrier postal (*voir ci-avant* ; www.urssaf.fr, information du 8 janvier 2015). Pour continuer à obtenir des accusés de réception, le réseau des URSSAF conseille aux employeurs d'effectuer leur DPAE par voie électronique.

Document à remettre au salarié - L'employeur doit remettre au salarié une copie de la DPAE ou bien une copie de l'accusé de réception délivré par l'URSSAF, sauf s'il a remis au salarié un contrat de travail écrit, avec mention de l'organisme destinataire de la déclaration (c. trav. art. R. 1221-9).

Sanctions

L'employeur qui ne procède pas à la DPAE s'expose à une pénalité égale à 300 fois le taux horaire du *minimum garanti** (c. trav. art. L. 1221-11). Sur la pénalité applicable faute de déclaration par Internet quand cette voie est obligatoire, voir ci-avant.

En cas d'omission intentionnelle, l'employeur peut être poursuivi pour travail dissimulé par dissimulation d'emploi salarié (c. trav. art. L. 8221-5). Sur les sanctions encourues, voir *Travail dissimulé**.

☛ *Déclaration ; Embauche.*

➲ Formulaire de Droit Social, « Déclaration préalable à l'embauche ».

Déclaration des procédés de travail

Tout employeur qui utilise des procédés de travail susceptibles de provoquer des *maladies professionnelles** est tenu d'en faire la déclaration, avant le début des travaux, par lettre recommandée avec AR à la caisse primaire d'assurance maladie ainsi qu'à l'*inspection du travail** compétente. À défaut, il encourt une condamnation au paiement de l'amende prévue pour les contraventions de la 3e classe (c. séc. soc. art. L. 461-4 et R. 471-5) (voir *Amendes pénales**).

☛ *Déclaration.*

Déclaration sociale nominative (DSN)

La déclaration sociale nominative (DSN) est une déclaration mensuelle, effectuée par voie électronique, ayant vocation à remplacer les différentes déclarations sociales que l'employeur doit transmettre aux organismes sociaux. Elle a notamment pour objectif de simplifier les formalités à la charge des employeurs en leur permettant de déclarer en une seule fois tous les éléments qui permettent aux organismes sociaux d'établir les droits des salariés, de calculer les cotisations et impositions et de contrôler l'application du droit du travail. Elle a été mise en place progressivement et est devenue obligatoire pour toutes les entreprises du régime général depuis 2017.

Généralisation de la DSN

Le déploiement de la DSN s'est fait selon un calendrier progressif et avec un enchaînement des phases : DSN « phase 1 », « phase 2 » et « phase 3 » (c. séc. soc. art. L. 133-5-3 ; loi 2012-387 du 22 mars 2012, art. 35, modifiée par ordonnance 2015-682 du 18 juin 2016, JO du 19 ; décret 2016-611 du 18 mai 2016, JO du 19).

La DSN est devenue obligatoire pour tous les employeurs, dans le régime général, depuis les payes de janvier 2017 et dans le régime agricole, pour les payes d'avril 2017 (DSN à souscrire en mai 2017).

La réglementation avait prévu que, de 2017 à 2020 inclus, la DADS reste la « roue de secours » pour toutes les entreprises qui n'avaient pas un an d'historique DSN (décret 2016-1567 du 21 novembre 2016, art. 8-V, JO du 23 ; ord. 2015-682 du 18 juin 2015, art. 13-III, al. 5, JO du 19).

▶ Attention… Les employeurs qui pratiquent la DSN doivent informer leurs salariés sur les données accessibles dans le cadre de la DSN (nom, détail de leur rémunération, etc.). Cette information doit préciser les conditions d'exercice du droit d'accès et du droit de rectification des données (décret 2013-266 du 28 mars 2013, art. 6-IV, modifié, JO du 30).

Déclarations intégrées à la DSN

La DSN se substitue aux déclarations et formalités suivantes (c. séc. soc. art. R. 133-14, IV) :

- déclarations URSSAF (ex-DUCS et BRC, tableau récapitulatif annuel URSSAF) ;
- déclarations nominatives annuelles aux régimes de retraite complémentaire obligatoires notamment AGIRC-ARRCO ;
- attestation de salaire relative aux *indemnités journalières de sécurité sociale** d'accident du travail et maladie professionnelle (DSIJ AT/MP) ;
- attestation de salaire relative aux *indemnités journalières de sécurité sociale** maladie, maternité, paternité et adoption (DSIJ maladie) :
- *attestation d'assurance chômage** au Pôle Emploi (AED employeur ; rupture du contrat de travail) ;
- déclarations aux organismes complémentaires gestionnaires de contrats collectifs d'entreprise ;
- déclaration annuelle des départs en préretraite (ou de placement en cessation anticipée d'activité) et de mises à la retraite d'office à l'initiative de l'employeur (c. trav. art. L. 1221-18) ;
- déclarations prévues à l'article 87 du code général des impôts (ex. : net imposable pour l'établissement de la déclaration des revenus, données relatives à la taxe sur les salaires) (CGI art. 87 ; CGI, ann. III art. 39) ;
- formalités permettant l'alimentation du *compte personnel de formation** par la caisse des dépôts et consignation ;
- déclaration des expositions aux facteurs de risques professionnels destinée à alimenter le *compte professionnel de prévention** ;
- déclaration aux *caisses de congés payés** ;
- *déclaration des mouvements de main-d'œuvre** mensuelle (DMMO ; employeurs de 50 salariés et plus) ;
- enquête trimestrielle de mouvements de main-d'œuvre (EMMO ; certains employeurs de moins de 50 salariés) ;
- relevé mensuel des contrats de mission (RMM ; entreprises de travail temporaire) ;
- déclaration aux caisses de congés payés ;
- déclaration des effectifs destinée à l'URSSAF ;
- déclarations de l'employeur liées au *prélèvement à la source** de l'impôt sur le revenu ;
- données relatives aux cotisations de sécurité sociale et aux contributions d'assurance chômage dues au titre des VRP multicartes (décret 2017-1682 du 12 décembre 2017, JO du 14) ;
- informations relatives aux bénéficiaires de l'obligation d'emploi (c. trav. art. L. 5212-1 et D. 5212-4), y compris pour les entreprises de moins de 20 salariés [voir *Handicapés (déclaration d'emploi)**] ;
- recouvrement des contributions d'assurance chômage et des cotisations AGS des salariés expatriés et intermittents du spectacle depuis le 1.01.2022 (www.net-entreprises.fr, information du 11 janvier 2022).

À compter du 1.01.2022, les URSSAF sont en charge du recouvrement des contributions légales à la formation professionnelle, de la taxe d'apprentissage et de sa contribution supplémentaire. La DSN devient à compter de cette date le vecteur déclaratif de ces contributions.

Depuis janvier 2022 (DSN du 5 ou 15 février), la DSN remplace la DUCS CIBTP (ou déclaration de salaires directement auprès de la caisse). Une déclaration annuelle nominative restera nécessaire DADSU CIBTP en avril 2022 ; elle sera remplacée par la DSN en 2023 (www.net-entreprises.fr, information du 4 novembre 2021 ; communiqué de presse net-entreprises du 21 décembre 2021).

Depuis janvier 2022 (DSN du 5 ou 15 février), les firmes étrangères sans établissement en France doivent déclarer leurs VRP multicartes en DSN (ils ne sont plus, à compter de cette date, gérés par le Centre national des firmes étrangères (CNFE) au sein de l'URSSAF Alsace) (www.net-entreprises.fr, information du 25 novembre 2021).

▶ À noter… À Mayotte, le recours à la DSN devient obligatoire à compter du 1.01.2022 (loi 2021-1754 du 23 décembre 2021, art. 23, JO du 24).

Pour la CVAE, les employeurs restent tenus d'adresser l'actuelle déclaration des effectifs (1330-CVAE) au service des impôts dont relève leur principal établissement jusqu'à une date fixée par arrêté, et au plus tard jusqu'au 1.01.2022 (décret 2016-1567 du 21 novembre 2016, art. 8-IV).

▶ À noter… Les employeurs monégasques pour leurs salariés dont l'activité est sur le sol monégasque (rattachées au droit monégasque) n'ont pas d'obligation réglementaire de déclarer en DSN, mais peuvent le faire depuis janvier 2022 pour la retraite complémentaire et/ou les OC (www.net-entreprises.fr, information du 13 décembre 2021).

Certains employeurs restent exclus du dispositif (ex. : employeurs de certains régimes spéciaux).

À terme, d'autres déclarations devraient être intégrées à la DSN.

Modalités de déclaration

Déclaration mensuelle - Les employeurs de salariés ou assimilés déposent sur « net-entreprises.fr » mensuellement une DSN. Cette dernière précise, notamment (c. séc. soc. art. L. 133-5-3 et R. 133-13) :

- la situation professionnelle du salarié : caractéristiques de son emploi, dates de début et de fin prévisionnelle du contrat de travail, durée du travail et lieu de travail, convention collective applicable et statut au regard de la réglementation relative aux régimes de sécurité sociale et de retraite complémentaire obligatoire ;
- les données relatives à sa rémunération pour le mois faisant l'objet de la déclaration ainsi que les données relatives aux cotisations, contributions et impositions qui sont dues sur cette rémunération ou au titre de l'emploi qu'il occupe ;
- les informations relatives aux exonérations de cotisations ;
- les données nécessaires au *prélèvement à la source**.

La DSN comporte également la déclaration d'un certain nombre d'événements (c. séc. soc. art. R. 133-13, II) :

- le début et la fin d'un arrêt de travail pour cause d'accident ou de maladie (d'origine non professionnelle ou professionnelle), de congé de maternité, d'adoption ou de paternité et d'accueil de l'enfant ;
- la fin d'un contrat de travail.

▶ À noter… Depuis le 1.01.2020, l'employeur peut, en l'absence d'emploi salarié, cesser d'effectuer la DSN dès lors qu'il a obtenu de son organisme de recouvrement l'autorisation de ne plus l'adresser (c. séc. soc. art. R. 133-14, I).

Dématérialisation - L'employeur transmet la DSN sous forme électronique par échanges de données informatisées (dépôt de fichiers ou EDI de machine à machine) sur un point de dépôt unique (www.net-entreprises.fr ou, pour les entreprises agricoles, www.msa.fr) (c. séc. soc. art. R. 133-13, II et III).

Après réception de la transmission dématérialisée de la déclaration, le point de dépôt doit délivrer à l'employeur un certificat de conformité pour chaque déclaration transmise. Ce certificat précise que la DSN est conforme à la norme d'échanges. À défaut, l'employeur est informé des anomalies ou données manquantes dans la déclaration transmise.

La délivrance du certificat ne fait pas obstacle aux demandes, effectuées auprès de l'employeur par les organismes, les administrations ou les salariés, de rectifier ou de mettre à jour les données inexactes ou incomplètes dans la DSN du ou des mois suivants (c. séc. soc. art. R. 133-13, IV).

Déclarations mensuelles relatives aux paies

Date de déclaration - La DSN doit être déposée au cours du mois suivant la période d'emploi rémunérée (c. séc. soc. art. R. 133-14, I, al. 1, renvoyant à c. séc. soc. art. R. 243-6) :

- au plus tard le 5 de ce mois pour les employeurs d'au moins 50 salariés et dont la paye est versée au cours du même mois que la période de travail ;
- au plus tard le 15 de ce mois dans les autres cas (employeurs de 50 salariés et plus en décalage de paye, employeurs de moins de 50 salariés).

L'échéance du 15 concerne donc, en particulier, les employeurs payant les cotisations le 15 du mois ainsi que les employeurs « trimestriels ».

Si le délai imparti pour effectuer la DSN expire un jour férié ou non ouvré, il est prorogé jusqu'au jour ouvrable suivant.

Déclaration anticipée - La date de dépôt de la DSN doit être anticipée dans certains cas. Certains événements doivent être signalés dans le cadre d'une procédure spécifique dans un délai de 5 jours ouvrés (c. séc. soc. art. R. 133-14, I al. 2 ; arrêté du 2 juillet 2013, JO du 10) :

- la fin du contrat de travail ;
- le début et la fin de l'arrêt de travail pour cause d'accident ou de maladie d'origine professionnelle ou non professionnelle, de congé de maternité, d'adoption ou de paternité et d'accueil de l'enfant.

Si l'un de ces événements intervient entre le 1er et le 14 du mois civil inclus, et que le délai de 5 jours ouvrés prévu pour le déclarer expire avant le 15, un délai particulier de transmission de la DSN mensuelle est prévu. Dans ce cas, la DSN relative aux rémunérations du mois civil précédant celui au cours duquel l'événement est intervenu doit être transmise dans le même délai que celui fixé pour la transmission de l'événement (c. séc. soc. art. R. 133-14, I, al. 2), c'est-à-dire dans les 5 jours ouvrés.

Cette règle conduit à anticiper la date d'échéance de la DSN pour les employeurs dont la date d'échéance de la DSN est fixée au 15 et qui ont à déclarer un des événements précités survenus en début de mois (avant le 15).

Exemple

Fin du contrat de travail, le 5 juillet, d'un salarié employé par une entreprise qui travaille du lundi au samedi et paie trimestriellement ses cotisations. L'événement est à déclarer, en principe, dans les 5 jours ouvrés (au plus tard) après le 5 juillet, soit (au plus tard) le 11 juillet. Dans ce cas, la DSN de juin devait être effectuée avant le 12 juillet.

Articulation avec la date d'exigibilité des cotisations - Les dates d'exigibilité des *cotisations URSSAF** ont été adaptées pour être compatibles avec les dates de transmission de la DSN, sachant que des règles transitoires d'exigibilité ont été prévues pour des cas particuliers (décalage de la paie, très petites entreprises).

Déclaration des événements

Mois au cours duquel l'événement est intervenu - Les événements qui figurent dans la DSN doivent, en principe, être déclarés au plus tard en même temps que la déclaration relative au mois au cours duquel l'événement est intervenu (c. séc. soc. art. R. 133-14, II, al. 1).

Cas de déclaration dans les cinq jours ouvrés - Doivent être déclarés dans un délai fixé par arrêté qui ne peut pas excéder 5 jours ouvrés (c. séc. soc. art. R. 133-14, II, al. 2 ; arrêté du 2 juillet 2013, JO du 10) :

- la fin du contrat de travail ;
- lorsque l'employeur n'est pas subrogé dans les droits aux indemnités journalières de sécurité sociale, le début et la fin de l'arrêt de travail pour accident ou maladie non professionnels, les congés de maternité, d'adoption, de paternité et d'accueil de l'enfant et le début et la fin de l'arrêt de travail pour accident du travail ou maladie professionnelle.

Les signalements d'événements doivent être adressés dans les 5 jours ouvrés suivant la connaissance de l'arrêt de travail ou la survenance de la fin du contrat de travail. Toutefois, le signalement des arrêts de travail des salariés des entreprises qui pratiquent la subrogation en matière d'indemnités journalières peut être transmis simultanément à la DSN du mois au cours duquel l'arrêt est survenu.

▶ À noter… S'agissant des signalements des fins de contrats d'usage, une procédure dérogatoire a été mise en place pour les entreprises des secteurs concernés (ex. : déménagement, hôtel-

Date de production de la DSN	
I) Déclaration mensuelle (des paies)	
Règle générale (c. séc. soc. art. R. 133-14, I)	Le 5 du mois suivant pour les employeurs d'au moins 50 salariés et dont la paie est versée au cours du même mois que la période de travail Le 15 du mois dans les autres cas
Événement survenu entre le premier jour du mois civil et le 14 : - début et fin d'arrêt de travail (maternité, adoption, paternité, accident du travail, maladie professionnelle, maladie non professionnelle) si l'employeur n'est pas subrogé dans les droits de l'assuré aux IJSS - fin du contrat de travail	Si le délai de déclaration de l'événement expire avant le 15 : même délai que pour l'événement (c. séc. soc. art. R. 133-14, I, al. 4)
Délai imparti pour effectuer la DSN expirant un **jour férié ou non ouvré**	Prorogation du délai jusqu'au jour ouvrable suivant (c. séc. soc. art. R. 133-14, I, al. 5)

Date de production de la DSN		
II) Déclaration des événements		
Fin du contrat de travail		**Au plus 5 jours ouvrés** (c. séc. soc. art. R. 133-14, II, al. 2 ; arrêté du 2 juillet 2013, JO du 10)
Fin des CDD saisonniers ou d'usage **Fin de contrat de mission** des salariés des entreprises de travail temporaire **Fin de CDD des salariés des associations intermédiaires**	En principe	En même temps que la déclaration des payes (voir partie I du tableau) (c. séc. soc. art. R. 133-14, II, al. 5)
	Sur demande du salarié	**Au plus 5 jours ouvrés** (c. séc. soc. art. R. 133-14, II, al. 5)
Début et fin d'arrêt de travail (maladie non professionnelle, maternité, adoption, paternité accident du travail ou maladie professionnelle)	Si l'employeur est subrogé dans les droits de l'assuré aux IJSS	Au plus tard en même temps que la déclaration des paies (voir partie I du tableau) (c. séc. soc. art. R. 133-14, II, al. 1)
	Lorsqu'aucune retenue sur salaire n'est pratiquée le mois où débute l'arrêt de travail	Au plus tard en même temps que la déclaration des paies (voir partie I du tableau) (c. séc. soc. art. R. 133-14, II, al. 4)
	Si l'employeur n'est pas subrogé dans les droits de l'assuré aux IJSS	**Au plus 5 jours ouvrés** (c. séc. soc. art. R. 133-14, II, al. 2 ; arrêté du 2 juillet 2013, JO du 10)

lerie et restauration, exploitations forestières, réparation navale) et sauf cas spécifiques (ex. : les intermittents du spectacle sont exclus du dispositif). Cette procédure dérogatoire permet de déclarer, sous réserve de l'accord du salarié, les fins de contrat d'usage en DSN via la DSN mensuelle, sans passer par le signalement de fin de contrat dans les 5 jours suivants l'événement [www.dsn-info.fr (information du 21 novembre 2018)].

Exceptions à la déclaration dans les cinq jours - L'événement peut être déclaré en même temps que la DSN du mois au cours duquel il est intervenu dans les hypothèses suivantes (c. séc. soc. art. R. 133-14, II, al. 3 à 5) :

- arrêt de travail, lorsqu'aucune retenue n'a été effectuée sur le salaire du mois au cours duquel l'arrêt de travail a débuté ;
- fins de contrat de mission des salariés des entreprises de travail temporaire ;
- fins de CDD des salariés des associations intermédiaires ;
- fins de CDD d'usage ou saisonnier.

Pour les fins de contrat, « une exception à l'exception » est prévue : le salarié peut demander que l'envoi de la DSN ait lieu dans les 5 jours ouvrés (c. séc. soc. art. R. 133-14, II, al. 6).

Pénalités et « droit à l'erreur »

Déclaration réalisée par un moyen non dématérialisé - L'employeur qui n'établit pas ses déclarations par la voie dématérialisée, alors qu'il y est tenu, est passible d'une pénalité de 0,2 % des sommes dont la déclaration a été effectuée par une autre voie (c. séc. soc. art. L. 133-5-5).

Le non-respect de cette obligation ne peut pas entrer dans le champ du *droit à l'erreur**. L'employeur peut demander une remise de la pénalité de retard à l'URSSAF [voir *Majorations et pénalités de retard (URSSAF)**].

Pénalités pour manquements aux obligations DSN - Les pénalités applicables en cas de manquement aux obligations déclaratives DSN sont récapitulées dans le tableau reproduit dans cette étude, lequel indique si elles entrent, ou non, dans le champ du *droit à l'erreur**

Les pénalités sont exclusives du prononcé de toute sanction à raison des mêmes faits en vertu des dispositions particulières pour les mêmes faits fondée sur une réglementation spécifique (ex : sanction pour défaut de transmission des formulaires liés aux accidents du travail, AT, conformément à la législation sur les AT), à l'exception de la déclaration pour le prélèvement à la source (c. séc. soc. art. R. 243-14).

Procédure de régularisation - L'employeur doit toujours corriger, lors de l'échéance déclarative la plus proche, les erreurs constatées dans ses déclarations de cotisations et de contributions sociales, et verser à la même échéance le complément de cotisations et de contributions sociales correspondant. Il peut le faire de sa propre initiative ou, depuis le 1.01.2020, à la demande de l'organisme

Pénalités applicables en cas de manquements aux obligations déclaratives « DSN »	
Type de manquement	**Sanction**
Défaut de production dans les délais	1,5 % du PMSS* (51,42 € en 2022) par salarié et par mois ou fraction de mois de retard. Montant plafonné à 150 % du PMSS* (5 142 € en 2022)* par entreprise si défaut de production inférieur ou égal à 5 jours. Plafonnement une fois par année civile maximum. La pénalité est calculée en fonction de l'effectif connu ou transmis lors de la dernière déclaration produite par l'employeur (c. séc. soc. art. R. 243-12). Cette pénalité est exclue du champ d'application du droit à l'erreur*.
Omission	
a) de salariés ou assimilés	1,5 % du PMSS* (51,42 € en 2022) par salarié et par mois ou fraction de mois de retard. Montant plafonné à 150 % du PMSS* (5 142 € en 2022) par entreprise si défaut de production inférieur ou égal à 5 jours. Plafonnement une fois par année civile maximum (c. séc. soc. art. R. 243-12). La pénalité est calculée en fonction de l'effectif connu ou transmis lors de la dernière déclaration produite par l'employeur. Cette pénalité est exclue du champ d'application du droit à l'erreur* (c. séc. soc. art. R. 243-10, II).
b) autres cas	1/3 de 1 % du PMSS* (11,43 € en 2022) par salarié ou pour les données d'identification de l'employeur (c. séc. soc. art. R. 243-13, I al. 2). Cette pénalité entre dans le champ d'application du droit à l'erreur* (c. séc. soc. art. R. 243-10, II).
Inexactitude	
a) des rémunérations déclarées ayant pour effet de minorer le montant des cotisations dues	1 % du PMSS* (34,28 € en 2022) par salarié ou assimilé (c. séc. soc. art. R. 243-13, I). Cette pénalité entre dans le champ d'application du droit à l'erreur* (c. séc. soc. art. R. 243-10, II).
b) autres cas	1/3 de 1 % du PMSS* (11,43 € en 2022) par salarié ou pour les données d'identification de l'employeur (c. séc. soc. art. R. 243-13, I al. 2). Cette pénalité entre dans le champ d'application du droit à l'erreur* (c. séc. soc. art. R. 243-10, II).
Non-respect des normes DSN	
Absence de conformité à la nomenclature	1/3 de 1 % du PMSS* (11,43 € en 2022) (c. séc. soc. art. R. 243-13, II). Cette pénalité entre dans le champ d'application du droit à l'erreur* (c. séc. soc. art. R. 243-10, II).

*PMSS : plafond mensuel de la sécurité sociale. Montant des pénalités calculées par nos soins sur la base du PMSS 2022 (3 428 €).

de recouvrement dont il relève (URSSAF, CGSS, caisse de MSA) (c. séc. soc. art. R. 243-10, I).

Pour les erreurs corrigées entrant dans le cadre du *droit à l'erreur** (mentionnées dans le tableau reproduit dans cette étude), l'employeur échappe aux majorations de retard et aux pénalités prévues par la réglementation si l'une des deux conditions suivantes est remplie (c. séc. soc. art. R. 243-10, II) :

- la déclaration rectifiée et le versement de la régularisation correspondant au complément de cotisations et de contributions sociales dues sont adressés au plus tard lors de la première échéance suivant celle de la déclaration et du versement initial ;
- le montant des majorations et pénalités qui seraient applicables est inférieur au plafond mensuel de la sécurité sociale ou le versement régularisateur est inférieur à 5 % du montant total des cotisations initiales.

En tout état de cause, le droit à l'erreur ne jouera pas en cas (c. séc. soc. art. R. 243-10, II) :

- d'omission de salariés dans la déclaration ;
- ou d'inexactitudes « répétées » du montant des rémunérations déclarées.

Fiabilisation des données

Les déclarants sont informés des résultats des vérifications d'exhaustivité, de conformité et de cohérence réalisées par les organismes destinataires de la DSN (c. séc. soc. art. L. 133-5-3-1).

Si des anomalies sont constatées, les déclarants devront les corriger, sous peine de pénalité (c. séc. soc. art. L. 133-5-4). S'ils ne procèdent pas à la correction, les organismes pourront le faire eux-mêmes.

Cette mesure, qui aurait du s'appliquer dès le 1.01.2020, fait l'objet d'une expérimentation au cours de l'année 2022. Dans ce cadre, les URSSAF

(CGSS en outre-mer), le GIP-MDS, ainsi que les caisses et institutions de retraite complémentaire AGIRC-ARRCO, doivent mettre à la disposition des éditeurs de logiciels de paye et des entreprises volontaires un service leur permettant d'expérimenter le fonctionnement du dispositif unifié de vérification des DSN. Une charte conclue entre l'ensemble de ces organismes, groupement et institutions, d'une part, et les entreprises volontaires, d'autre part, doit définir les modalités techniques de mise en œuvre du dispositif unifié, ainsi que les modalités d'accompagnement des éditeurs de logiciels de paie et des entreprises volontaires par ces organismes (décret 2021-1532 du 26 novembre 2021, art.1, II, JO du 28).

Mise à disposition d'informations auprès des employeurs

Les employeurs sont destinataires des informations leur permettant de renseigner leurs déclarations sociales, et de s'assurer de la conformité de leur situation à la législation sociale. Cette mesure devait entrer en vigueur le 1.01.2020, mais au 1.01.2022, le décret devant préciser les informations en question n'est pas paru (loi 2019-1446 du 24 décembre 2019, art. 18, II, 3 °, JO du 27 ; c. séc. soc. art. L. 133-5-3, II ter).

▶ À noter… C'est par ce biais que les employeurs d'au moins 20 salariés assujettis à l'obligation d'emploi de travailleurs handicapés (OETH) reçoivent les éléments destinés à renseigner leur déclaration annuelle (DOETH) (ex. : effectif d'assujettissement, nombre de bénéficiaires de l'obligation d'emploi, etc.) [voir *Handicapés (déclaration d'emploi)**].
C'est également dans ce cadre qu'il est prévu que les entreprises concernées par le système de bonus/malus sur les cotisations chômage doivent recevoir leur futur taux de cotisation, majoré ou minoré selon le cas, voir *Cotisation d'assurance chômage (bonus-malus)**, et celles soumises à l'Index de l'égalité, les indicateurs de précalcul, voir *Rémunération (écarts entre les femmes et les hommes)**.

Défenseur des droits

Le Défenseur des droits est notamment chargé de lutter contre les *discriminations**, directes ou indirectes, prohibées par la loi ou un engagement international régulièrement ratifié ou approuvé par la France ainsi que de promouvoir l'égalité (loi 2011-333 du 29 mars 2011, art. 4).

Modalités de saisine

Le Défenseur des droits peut être saisi gratuitement par toute personne qui s'estime victime d'une discrimination ou par une association de lutte contre les discriminations déclarée depuis au moins 5 ans. L'auteur de la saisine doit indiquer par écrit les faits qu'il invoque au soutien de sa réclamation en apportant toutes précisions utiles (décret 2011-904 du 29 juillet 2011, JO du 30).

Le Défenseur des droits peut aussi se saisir d'office, si la personne intéressée ne s'y oppose pas (loi 2011-333 du 29 mars 2011, art. 5, 6 et 8). Lorsque l'auteur de la saisine n'est pas la personne victime des faits ou si le Défenseur des droits se saisit d'office, ce dernier doit alors informer la personne concernée, ou ses ayants droit, afin d'obtenir son accord. En l'absence d'un tel accord, le Défenseur des droits doit attendre 15 jours pour faire usage des moyens d'information et des pouvoirs dont il dispose. En tout état de cause, la présumée victime des faits peut, à tout moment, s'opposer à cette intervention et le Défenseur des droits sera alors tenu d'y mettre fin (décret 2011-904 du 29 juillet 2011, JO du 30).

▶ À noter… Le Défenseur des droits conserve le droit de se saisir des cas relatifs à des personnes qui ne sont pas identifiées ou dont il ne peut recueillir l'accord (loi 2011-233 du 29 mars 2011, art. 8).

Le Défenseur des droits apprécie si les faits qui font l'objet d'une réclamation ou qui lui sont signalés appellent une intervention de sa part.

Il indique les motifs pour lesquels il décide de ne pas donner suite à une saisine (loi 2011-333 du 29 mars 2011, art. 24).

Le cas échéant, il assiste la personne dans la constitution de son dossier (loi 2011-333 du 29 mars 2011, art. 27).

Les délais de prescription pour agir, par exemple, aux prud'hommes ou devant le juge pénal ne sont ni interrompus ni suspendus par cette saisine (loi 2011-333 du 29 mars 2011, art. 6).

Demande d'explications

Auprès des personnes ou entreprises mises en cause - Le Défenseur des droits peut notamment demander des explications, informations ou pièces utiles à toute personne ou entreprise mise en cause devant lui, celles-ci pouvant être assistées du conseil de leur choix (loi 2011-333 du 29 mars 2011, art. 18 et s.).

▶ À noter… Le Défenseur des droits peut entendre toute personne dont le concours lui paraît utile (loi 2011-333 du 29 mars 2011, JO du 30).

Mise en demeure et sanction - Lorsque ses demandes d'explications ne sont pas suivies d'effet, le Défenseur des droits peut mettre en demeure la personne ou l'entreprise de lui répondre dans un délai donné. La mise en demeure doit être adressée par LRAR (décret 2011-904 du 29 juillet 2011, JO du 30).

Lorsque la mise en demeure n'est pas suivie d'effet, le Défenseur des droits peut alors saisir le juge des référés aux fins d'ordonner toute mesure que ce dernier considère utile.

Un employeur refusant de lui communiquer des informations et pièces utiles s'expose aussi à des sanctions pénales (loi 2011-334 du 29 mars 2011, art. 12).

Contrôle dans l'entreprise

Information de l'employeur - Le Défenseur des droits peut procéder à des vérifications sur place dans les locaux professionnels (loi 2011-333 du 29 mars 2011, art. 18 et s.). Il doit alors informer le responsable des lieux ou son représentant (décret 2011-904 du 29 juillet 2011, art. 4) :

- de l'objet des vérifications qu'il compte entreprendre ;
- de l'identité et de la qualité des personnes chargées du contrôle.

Lorsque l'urgence, la gravité des faits à l'origine du contrôle ou le risque de destruction ou de dissimulation de documents le justifient, la visite peut avoir lieu sans que l'employeur en ait été informé, sur autorisation préalable du juge des libertés et de la détention du *tribunal judiciaire** dans le ressort duquel sont situés les locaux à visiter (loi 2011-333 du 29 mars 2011, art. 22).

Droit de s'opposer à la visite - L'employeur a le droit de s'opposer à la visite, sauf en cas d'urgence, de gravité des faits à l'origine du contrôle ou de risque de destruction ou de dissimulation de documents (loi 2011-333 du 29 mars 2011, art. 22). Le Défenseur des droits l'informe de ce droit d'opposition au plus tard à son arrivée sur les lieux (décret 2011-904 du 29 juillet 2011, art. 6).

Si l'employeur use de ce droit, le Défenseur des droits peut saisir le juge des libertés et de la détention afin qu'il statue sous 48 heures sur l'autorisation ou non de la visite (décret 2011-904 du 29 juillet 2011, art. 7).

Si le juge rend une ordonnance autorisant la visite, l'employeur peut (décret 2011-904 du 29 juillet 2011, art. 7 et 8) :

- soit saisir ce juge d'une demande de suspension ou d'arrêt de la visite ;
- soit faire appel devant le premier président de la Cour d'appel.

▶ À noter… La saisine du juge des libertés et de la détention aux fins de suspension ou d'arrêt des opérations de visite et de vérification n'a pas d'effet suspensif (décret 2011-904 du 29 juillet 2011, art. 7).

L'ordonnance autorisant la visite est notifiée sur place à l'employeur ou à son représentant, au moment de cette visite. Si l'employeur ou son représentant sont absents, l'ordonnance est notifiée, après la visite, par lettre LRAR. À défaut de réception de la lettre recommandée, l'ordonnance est signifiée par acte d'huissier de justice (décret 2011-904 du 29 juillet 2011, art. 7).

Personnes présentes pendant la visite - La visite s'effectue, en principe, en présence de l'employeur ou de son représentant. Elle est effectuée par les personnes chargées du contrôle. L'employeur peut demander à ces personnes de lui présenter leur ordre de mission et, le cas échéant, leur habilitation à procéder aux contrôles (décret 2011-904 du 29 juillet 2011, art. 4).

Si le juge des libertés et de la détention a été saisi, à la suite de l'usage de son droit d'opposition par l'employeur, il peut, s'il l'estime utile, se rendre dans les locaux pendant l'intervention (décret 2011-904 du 29 juillet 2011, art. 7).

Rédaction d'un procès-verbal - Les missions de contrôle font l'objet d'un procès-verbal (P-V) notifié à l'employeur par LRAR. Ce P-V énonce (décret 2011-904 du 29 juillet 2011, art. 5) :

- la nature, le jour, l'heure et le lieu des vérifications ou des contrôles effectués ;
- l'objet de la mission ;
- les membres de la mission présents ;
- les personnes rencontrées, le cas échéant leurs déclarations ;
- les demandes formulées par les membres de la mission ;
- les éventuelles difficultés rencontrées.

L'inventaire des pièces et documents dont les personnes chargées du contrôle ont pris copie est annexé au P-V.

Lorsque la visite n'a pu se dérouler, le P-V mentionne les motifs qui ont empêché ou entravé son déroulement, ainsi que, le cas échéant, les motifs de l'opposition du responsable des lieux.

Le P-V est signé par les personnes chargées du contrôle qui y ont procédé et par l'employeur ou par toute personne désignée par celui-ci. En cas de refus ou d'absence de signature, mention en est portée au procès-verbal.

Recommandations ou injonctions - À l'issue de la visite, le Défenseur des droits peut adresser des recommandations et des injonctions à l'employeur par LRAR. Il y indique le délai dans lequel l'employeur doit justifier des suites données à celles-ci, ce délai courant à compter du jour de la réception de la lettre recommandée (décret 2011-904 du 29 juillet 2011, art. 14).

Si l'injonction n'a pas été suivie d'effet, le Défenseur des droits peut établir un rapport spécial. Il le communique à l'employeur et l'invite à produire ses observations dans un délai qui, sauf urgence, ne peut être inférieur à 1 mois avant de le rendre public (décret 2011-904 du 29 juillet 2011, art. 15).

Poursuites disciplinaires - Si cela lui paraît nécessaire, le Défenseur des droits peut saisir l'autorité investie du pouvoir d'engager les poursuites disciplinaires. À celle-ci ensuite d'en informer l'employeur (décret 2011-904 du 29 juillet 2011, art. 16).

Règlement des contentieux

Le Défenseur des droits peut notamment (loi 2011-333 du 29 mars 2011, art. 25, 26 et 28) :
- formuler des recommandations pour régler les difficultés soulevées devant lui, la personne mise en cause devant y donner suite ;
- résoudre à l'amiable les différends, par voie de médiation ;
- proposer à la victime d'une discrimination et à l'auteur des faits de conclure une transaction consistant notamment dans le versement d'une amende transactionnelle.

Défenseur syndical

Désignation et rôle

Liste des défenseurs syndicaux - Le défenseur syndical est inscrit sur une liste arrêtée par le DREETS sur proposition des organisations d'employeurs et de salariés (c. trav. art. L. 1453-4).

▶ À noter... Saisi d'une QPC, le Conseil constitutionnel a jugé contraires à la Constitution les mots « représentatives au niveau national et interprofessionnel, national et multiprofessionnel ou dans au moins une branche » figurant au deuxième alinéa de l'article L. 1453-4 du code du travail après les mots « organisations d'employeurs et de salariés » (C. constit. 14 septembre 2021, n° 2021-928 QPC, JO 16). En réservant aux seules organisations d'employeurs et de salariés représentatives au niveau national et interprofessionnel, national et multiprofessionnel ou dans au moins une branche la possibilité de proposer des candidats aux fonctions de défenseur syndical, ces dispositions établissaient entre ces organisations et les autres organisations syndicales une différence de traitement non justifiée par un motif d'intérêt général et sans rapport avec l'objet de la loi, ce critère de représentativité ne traduisant pas la capacité d'une organisation syndicale à désigner des candidats aptes à assurer la fonction de défenseur syndical. Cette déclaration d'inconstitutionnalité a pris effet le 16.09.2021 et est applicable à toutes les affaires non jugées définitivement à cette date.

La liste des défenseurs syndicaux est actualisée par le DREETS et mise à disposition du public à la DREETS, dans les conseils de prud'hommes (CPH) et les cours d'appel (CA) (c. trav. art. D. 1453-2-1, D. 1453-2-3, D. 1453-2-5 et D. 1453-2-6).

L'administration doit informer l'employeur de l'inscription d'un de ses salariés, de l'acquisition et du retrait de la qualité de défenseur syndical (c. trav. art. D. 1453-2-7).

Assistance et représentation de l'employeur et du salarié en cas de contentieux - Les défenseurs syndicaux font partie des personnes habilitées à assister ou à représenter les employeurs et les salariés devant les CPH et les CA, en matière prud'homale (c. trav. art. L. 1453-4 et R. 1453-2) [voir *Conseil de prud'hommes (assistance et représentation)**].

▶ À noter... Les personnes habilitées à assister ou à représenter l'employeur ou le salarié en matière prud'homale, si elles sont par ailleurs conseillers prud'hommes, ne peuvent pas exercer une mission d'assistance ou un mandat de représentation devant le CPH auquel elles appartiennent (c. trav. art. L. 1453-2).

Les défenseurs syndicaux interviennent sur le périmètre d'une région administrative (c. trav. art. L. 1453-4).

▶ À noter... Le Conseil constitutionnel a validé cette disposition. Mais il a précisé qu'elle ne doit pas priver un justiciable ayant choisi de se faire assister par un défenseur syndical devant le conseil de prud'hommes (CPH) de continuer à être représenté, dans tous les cas, par ce même défenseur devant la cour d'appel compétente qui n'est pas toujours située dans la même région que le CPH. À défaut, il y aurait une atteinte au principe d'égalité devant la justice (c. constit., décision 2019-831 QPC du 12 mars 2020).

Les défenseurs syndicaux doivent disposer d'un pouvoir spécial leur permettant de représenter l'employeur ou le salarié devant les juges (c. trav. art. R. 1453-2).

▶ À noter... En appel, les actes de procédure effectués par le défenseur syndical peuvent être établis sur support papier et remis au greffe ou lui être adressés par LRAR (c. proc. civ. art. 930-2). Par ailleurs, les notifications entre le défenseur syndical et l'avocat de la partie adverse sont effectuées par lettre recommandée avec demande d'avis de réception ou par voie de signification (c. proc. civ. art. 930-3).

Un salarié, défenseur syndical, partie à une instance prud'homale, ne peut pas assurer sa propre représentation en justice (cass. soc. 17 mars 2021, n° 19-21349 FSP).

Secret professionnel et obligation de discrétion - Le défenseur syndical est tenu (c. trav. art. L. 1453-8) :
- au secret professionnel pour toutes les questions relatives aux procédés de fabrication ;
- à une obligation de discrétion à l'égard des informations présentant un caractère confidentiel et données comme telles par la personne qu'il assiste ou représente ou par la partie adverse dans le cadre d'une négociation.

Ce dispositif est conforme à la constitution (c. constit., décision 2017-623 QPC du 7 avril 2017, JO du 9).

▶ À noter... Une méconnaissance des obligations de secret professionnel ou de discrétion peut entraîner la radiation de la liste des défenseurs syndicaux (c. trav. art. L. 1453-8).

Autorisations d'absence

Pour la formation - L'employeur doit accorder au défenseur syndical qui le lui demande des autorisations d'absence pour les besoins de sa formation, dans la limite de 2 semaines par période de 4 ans suivant la publication de la liste des défenseurs syndicaux sur laquelle ce dernier est inscrit *(voir ci-avant)* (c. trav. art. L. 1453-7).

Le défenseur syndical informe son employeur de son absence pour la formation par tout moyen donnant date certaine (c. trav. art. D. 1453-2-8) :
- au moins 30 jours à l'avance, en cas de durée d'absence égale ou supérieure à 3 journées de travail consécutives ;
- au moins 15 jours à l'avance dans les autres cas.

La lettre précise la date, la durée et les horaires du stage ainsi que le nom de l'établissement ou de l'organisme responsable. Ce dernier délivre au salarié une attestation de présence qui doit être remise par le salarié à l'employeur lors de la reprise du travail (c. trav. art. D. 1453-2-8 et D. 1453-2-9).

Régime des absences « formation » - Les absences autorisées relèvent des dispositions applicables au *congé de formation économique, sociale, environnementale et syndicale** (c. trav. art. L. 1453-7 et L. 2145-10). Elles ne s'imputent donc pas sur la durée du congé payé annuel. Elles sont assimilées à une durée de travail effectif pour :
- la détermination de la durée des congés payés, du droit aux prestations d'assurances sociales et aux prestations familiales ;
- l'ensemble des autres droits résultant pour l'intéressé de son contrat de travail.

Ces absences sont rémunérées par l'employeur (c. trav. art. L. 1453-7).

Pour l'exercice des missions - Dans les établissements d'au moins 11 salariés, le défenseur syndical bénéficie du temps nécessaire à l'exercice de ses fonctions, dans la limite de 10 h par mois (c. trav. art. L. 1453-5). Ce temps est assimilé à une durée de travail effectif (c. trav. art. L. 1453-6) :
- pour la détermination de la durée des congés payés ;
- pour la détermination du droit aux prestations d'assurances sociales et aux prestations familiales ;
- au regard de tous les droits que le salarié tient du fait de son ancienneté dans l'entreprise.

Rémunération des absences « missions » - L'employeur doit rémunérer ces absences, lesquelles ne doivent entraîner aucune diminution des rémunérations et avantages correspondants, mais il est remboursé mensuellement par l'État des salaires maintenus ainsi que des avantages et des charges sociales correspondants (c. trav. art. D. 1453-2-11).

▶ À noter... L'employeur établit sa demande de remboursement auprès de l'Agence de services et de paiement (ASP) en y mentionnant notamment le nombre d'heures passées par le défenseur syndical pendant les heures de travail pour exercer sa mission et en y joignant des justificatifs dont la liste est fixée par arrêté : copie du bulletin de paie du salarié correspondant au mois de la demande, etc. (Cerfa 15856*02 (notice 52245#02) ; c. trav. art. D. 1453-2-11 et D. 1253-2-15 ; arrêté du 25 octobre 2017, JO du 29).

Lorsque l'horaire de travail est supérieur à la durée légale, la charge des majorations pour heures supplémentaires est répartie entre l'État et l'employeur proportionnellement au temps passé par le défenseur syndical respectivement au sein de son entreprise et dans l'exercice de sa fonction d'assistance (c. trav. art. D. 1453-2-10).

▶ À noter… Des modalités d'indemnisation spécifiques s'appliquent lorsque le défenseur syndical est rémunéré uniquement à la commission, en cas d'exercice d'une activité professionnelle en dehors de tout établissement ou en cas d'employeurs multiples (Cerfa 15855*02 (notice 52244#02) ; c. trav. art. L. 1453-6, D. 1453-2-11, D. 1453-2-12 et D. 1453-2-13).

Salarié protégé

Au titre de la mission de défenseur syndical - Un défenseur syndical est un salarié protégé (c. trav. art. L. 2411-1, L. 2412-1 et L. 2413-1). **L'exercice de sa mission de défenseur syndical ne doit donc pas être une cause de sanction disciplinaire ou de rupture du contrat de travail** (c. trav. art. L. 1453-9).

▶ Attention… Le défenseur syndical, qui se prévaut du statut protecteur lié à son mandat extérieur à l'entreprise, doit établir qu'il a informé son employeur de l'existence de ce mandat au plus tard avant la notification de l'acte de rupture, ou que celui-ci en avait connaissance (cass. soc. 16 janvier 2019, n° 17-27685 FSPB). Sinon, il ne peut pas reprocher à l'employeur d'avoir rompu son contrat sans autorisation. Le défenseur syndical relève ainsi de la même règle que les salariés ayant un autre type de mandat extérieur à l'entreprise (ex. : conseiller prud'hommes) [voir *Conseil de prud'hommes (conseillers prud'hommes)**].

Mise à pied conservatoire - Les règles procédurales à suivre pour mettre à pied à titre conservatoire un délégué syndical sont applicables aux défenseurs syndicaux (c. trav. art. L. 2421-2) **[voir *Licenciement des représentants du personnel (mise à pied préalable)**].**

Ruptures de contrats soumises à autorisation administrative - Le licenciement d'un défenseur syndical est soumis à la même procédure d'autorisation préalable auprès de l'inspection du travail que celle dont relève un délégué syndical (c. trav. art. L. 1453-9 et L. 2411-24) **[voir *Licenciement des représentants du personnel (procédure)**].**

Un défenseur syndical bénéficie également de la procédure dont relèvent les délégués syndicaux en cas de rupture d'un contrat à durée déterminée (CDD) ou en cas d'interruption ou de notification du non-renouvellement de la mission d'un salarié temporaire par l'entrepreneur de travail temporaire (c. trav. art. L. 2412-1, L. 2412-15 et L. 2413-1) **[voir *Contrat de travail à durée déterminée (salariés protégés)**].**

Les défenseurs syndicaux sont également protégés quand ils sont compris dans un transfert partiel d'entreprise ou d'établissement, en cas de modification dans la situation juridique de l'employeur. Un tel transfert ne peut donc intervenir qu'après autorisation de l'inspecteur du travail (c. trav. art. L. 2414-1) **[voir *Transfert partiel d'entreprise ou d'établissement (protection des représentants du personnel)**].**

▶ Attention… Le non-respect du statut protecteur du défenseur syndical est pénalement sanctionné (c. trav. art. L. 2439-1).

Délai de carence

☛ *Contrat de travail à durée déterminée (durée) ; Indemnités journalières de sécurité sociale de maladie ; Maladie (indemnisation).*

Délai franc

Un délai franc se décompte suivant les deux modalités suivantes.

Soit en jours. Le jour de la notification et le jour de l'échéance ne comptent pas dans le calcul (c. proc. civ. art. 641).

Exemple

Le salarié représentant des parents d'élèves bénéficie d'autorisations d'absence et doit adresser sa demande de congé à l'employeur au moins 8 jours francs à l'avance (c. éduc. art. R. 236-3). Ainsi, pour une absence le 17 avril, la demande doit être envoyée au plus tard le 8 avril (le délai de 8 jours commence le 9 avril et s'achève le 16 avril).

Soit en mois de quantième à quantième et expire le dernier jour à minuit (à défaut de quantième identique, le délai expire le dernier jour du mois de l'échéance du délai).

Exemple

L'employeur dispose de 2 mois pour sanctionner un fait fautif du salarié (c. trav. art. L. 1332-4). S'il a connaissance du fait fautif le 18 avril, il devra engager la procédure disciplinaire au plus tard le 18 juin à minuit. S'il en a connaissance le 30 décembre, il devra engager la procédure au plus tard le 28 ou le 29 février à minuit.

Dans les deux cas, lorsque le dernier jour du délai tombe un samedi, un dimanche ou un jour férié, le délai est reporté au premier jour ouvrable suivant (c. proc. civ. art. 642).

Délégation de pouvoirs

Définition

La responsabilité pénale est, en principe, encourue par la personne qui assume au plus haut niveau la direction de l'entreprise. Toutefois, dans certains cas, le chef d'entreprise peut s'exonérer de sa responsabilité lorsqu'il a délégué son pouvoir de direction (voir *Responsabilité pénale du chef d'entreprise**). En effet, le chef d'entreprise qui n'a pas personnellement pris part à la réalisation de l'infraction peut s'exonérer de sa responsabilité pénale s'il apporte la preuve qu'il a délégué ses pouvoirs à une personne pourvue de la compétence, de l'autorité et des moyens nécessaires, sauf si la loi en dispose autrement (cass. crim. 20 mai 2003, n° 02-84307, B. crim. n° 101).

Domaines

Gestion du personnel - La technique de la délégation de pouvoirs n'est pas propre au droit du travail mais elle se pratique couramment en matière :

- d'*hygiène et sécurité** *(voir ci-après)* ;
- de représentation du personnel ;
- de gestion du personnel (ex. : pour signer un *contrat de travail**) ;
- de licenciement [voir *Licenciement (notification)**], avec des limites dans les groupes de sociétés (ex. : la DRH d'une filiale ne peut pas licencier le DG d'une autre filiale où elle n'exerce pas les fonctions de DRH) (cass. soc. 20 octobre 2021 n° 20-11485 D).

Cependant, le transfert de responsabilité dans certains domaines touchant à la représentation du personnel est interdit. Ainsi, même si l'employeur a délégué à un salarié le soin de présider le comité social et économique, il engage tout de même sa responsabilité pour les règles qui relèvent de son pouvoir propre de direction (ex. : organisation des élections, transmission de certains documents aux élus dans les délais impartis). En cas de manquement, c'est l'employeur qui s'expose au délit d'entrave, sans pouvoir s'exonérer au motif d'une délégation de pouvoirs (cass. crim. 15 mai 2007, n° 06-84318, B. crim. n° 126 ; cass. crim. 6 novembre 2007, n° 06-86027, B. crim. n° 266).

▶ À noter… Dans le cas particulier d'une association, si les statuts prévoient que le président ne peut déléguer ses pouvoirs que dans les conditions fixées par le règlement intérieur, une délégation établie alors que l'association ne s'est pas dotée d'un tel règlement n'est pas valable. En l'espèce, il s'agissait d'une délégation de pouvoirs pour licencier (cass. soc. 19 septembre 2012, n° 11-14547 D).

Hygiène et sécurité - Dans le cas particulier des infractions d'homicide et de blessures involontaires en matière d'hygiène et de sécurité, les personnes morales sont responsables pénalement de toute faute non intentionnelle - y compris une faute simple - de leurs organes ou représentants ayant entraîné une atteinte à l'intégrité physique constitutive du délit de blessures involontaires, alors même qu'en l'absence de faute délibérée ou caractérisée (c. pén. art. 121-3, al. 4), la responsabilité pénale des personnes physiques ne pourrait pas être recherchée (cass. crim. 24 octobre 2000, n° 00-80378, B. crim. n° 308) (voir *Responsabilité pénale des personnes morales**).

Le chef d'entreprise peut être identifié comme le représentant de la personne morale auteur de l'infraction à l'origine de l'accident reproché s'il n'a pas délégué ses pouvoirs. Et ce, du fait de sa responsabilité de principe en matière de sécurité (cass. crim. 31 octobre 2017, n° 16-83683, B. crim. n° 241). En effet, c'est au dirigeant de veiller lui-même à la « stricte et constante » application des dispositions du code travail destinées à assurer la sécurité des travailleurs ou de déléguer ses pouvoirs en la matière (cass. crim. 6 septembre 2016, n° 15-84186 D).

Étendue

Délégation parfois obligatoire - L'employeur est, en principe, libre de déléguer ou non une partie de ses pouvoirs. Cependant, lorsque la taille de l'entreprise ou sa structure (ex. : établissements éloignés les uns des autres) l'empêche de veiller au respect de l'ensemble des règles d'hygiène et de sécurité, il a le devoir de déléguer une partie de ses pouvoirs dans ce domaine. S'il ne le fait pas, les juges peuvent lui reprocher une faille importante dans l'organisation de l'entreprise (cass. crim. 1er octobre 1991, n° 90-85024 D).

Délégation générale interdite - L'employeur ne peut pas déléguer l'ensemble de ses pouvoirs car cela aboutirait à l'exonérer de toute responsabilité et à remettre en cause sa qualité même d'employeur. La délégation doit donc être limitée dans son contenu.

Délégataire

Qualités - La personne qui reçoit la délégation est nommée « délégataire ». Pour que la délégation de pouvoirs soit valable, ce délégataire doit avoir l'autorité, la compétence et les moyens nécessaires pour mener à bien la mission qui lui a été confiée (jurisprudence constante). En général, il s'agit d'un cadre mais cela n'est pas une obligation.

Compétence - Elle s'entend de l'aptitude professionnelle du délégataire et de ses connaissances techniques correspondant aux prescriptions qu'il est chargé de faire appliquer.

La compétence résulte des qualités personnelles du salarié concerné, de sa formation ainsi que de son expérience dans l'entreprise et dans la profession.

▶ À noter… L'ANI sur les *cadres**, dans sa partie sur la délégation de pouvoirs, incite l'employeur à procéder aux formations nécessaires afin que le cadre délégataire puisse assumer la délégation de pouvoirs. Il fait ici notamment référence aux connaissances techniques et juridiques nécessaires à la réalisation de sa mission (Accord national interprofessionnel du 28 février 2020 portant diverses orientations pour les cadres).

Autorité - Elle suppose le pouvoir de donner des ordres et de les faire exécuter. La faculté de diriger suppose que la personne investie soit suffisamment autonome.

L'employeur ne doit donc pas interférer dans le déroulement des tâches en lien avec la délégation de pouvoirs (cass. soc. 21 novembre 2000, n° 98-45420, BC V n° 384), et encore moins agir régulièrement à la place du délégataire (cass. crim. 7 juin 2011, n° 10-84283 D). En cas d'immixtion de l'employeur dans l'exercice de l'une des tâches déléguées, le salarié peut prendre acte de la rupture de son contrat de travail aux torts de l'employeur avec les conséquences indemnitaires d'un licenciement sans cause réelle et sérieuse (voir *Prise d'acte de la rupture**) (cass. soc. 1er décembre 2021, n° 20-16851 D).

Exemple

Une délégation de pouvoirs consentie à un préposé chef de chantier âgé de 21 ans, moins d'un an après son arrivée dans l'entreprise, et ne disposant pas de ce fait d'une compétence et d'une autorité suffisantes n'était pas valable et était donc inopérante. En conséquence, c'est le chef d'entreprise qui a été déclaré coupable d'infraction à la réglementation générale sur l'hygiène et la sécurité au travail (c. trav. art. L. 4741-1 ; cass. crim. 8 décembre 2009, n° 09-82183, B. crim. n° 210).

Moyens nécessaires - Le délégataire doit disposer des moyens matériels et financiers nécessaires pour assurer l'application effective de la réglementation qu'il est chargé de faire respecter. Il doit, par exemple, pouvoir commander le matériel prévu par les textes en vigueur et qui est nécessaire à la protection des salariés. Sinon, il ne sera pas jugé responsable en cas d'infraction (cass. crim. 25 mai 2004, n° 03-84734 D).

Salarié mis à disposition - Le délégataire désigné par l'employeur est généralement un salarié de l'entreprise. Pour autant, il peut s'agir d'un salarié mis à disposition par une entreprise extérieure s'il a les qualités et le pouvoir nécessaire. La Cour de cassation l'a admis dans une affaire où l'employeur avait délégué la présidence de l'institution représentative du personnel à deux salariés mis à disposition par des entreprises extérieures pour exercer respectivement la gestion des ressources humaines et les fonctions de chargé de mission du président pour la direction opérationnelle et stratégique (cass. soc. 25 novembre 2020, n° 19-18681 FSPB).

Conditions de validité

Délégation précise et durable - La délégation de pouvoirs doit être précise, complète et sans ambiguïté. Elle doit aussi revêtir un caractère permanent et n'est donc pas, en principe, donnée pour une journée ou quelques semaines seulement, sauf circonstances particulières (ex. : absence du délégataire habituel). Une salariée nommée chef d'établissement pour quelques semaines a ainsi été relaxée car, en si peu de temps, les juges ont considéré qu'il ne lui était pas permis d'améliorer la sécurité en modifiant les installations existantes (cass. crim. 11 décembre 1996, n° 95-85341 D).

Délégation à une seule personne - La jurisprudence n'admet pas les délégations multiples. Elle exige que chaque délégation de responsabilité soit dévolue à une seule personne, celle-ci pouvant faire une subdélégation.

Ainsi, l'employeur ne peut pas déléguer ses pouvoirs à plusieurs personnes pour l'exécution d'un même travail, un tel cumul étant de nature à restreindre l'autorité et à entraver les initiatives de chacun des prétendus délégataires (cass. crim. 23 novembre 2004, n° 04-81601, B. crim. n° 295 ; cass. crim. 12 décembre 2006, n° 05-87125 D).

Acceptation de la délégation - Si l'employeur doit informer le délégataire des obligations qui lui sont transférées, il n'est pas exigé, en revanche, que le salarié ait expressément accepté la délégation de pouvoirs. À notre sens, cela est tout de même préférable pour éviter tout malentendu ultérieur (cass. soc. 4 avril 2007, n° 06-60124, BC V n° 63).

Délégation écrite - En principe, la délégation de pouvoirs n'a pas forcément besoin d'être écrite et peut même être tacite *(voir ci-après)*.

Preuve

Preuve par tous moyens - La preuve de la délégation de pouvoirs incombe à l'employeur. À défaut de clause expresse, tous les moyens de preuve sont recevables. L'existence d'un écrit n'est donc pas obligatoire (cass. soc. 6 juillet 2004, n° 02-43322 D).

Utilité d'un écrit - L'employeur qui délègue ses pouvoirs a tout intérêt à rédiger un écrit, même s'il ne s'agit pas d'une obligation (cass. soc. 23 septembre 2009, n° 07-44200, BC V n° 191). La délégation de pouvoirs peut effectivement se déduire des seules fonctions du salarié. Par exemple, un intérimaire, qui a pour mission d'assister et de conseiller le DRH ainsi que de le remplacer éventuellement, a le pouvoir de notifier des licenciements sans qu'il existe une délégation écrite (cass. soc. 2 mars 2011, n° 09-67237, BC V n° 58). Il en est de même du directeur général d'une société mère qui a le pouvoir de licencier le directeur général d'une filiale sans délégation écrite (cass. soc. 13 juin 2018, n° 16-23701 FSPB).

L'écrit permet, toutefois, de prouver la délégation donnée et de préciser son étendue. Pour autant, lorsqu'un tel écrit existe, son contenu pose les limites de la délégation de pouvoirs. L'employeur doit donc être attentif à sa rédaction et prévoir l'ensemble des pouvoirs que le délégataire pourra être amené à exercer.

Si un écrit donne uniquement pouvoir au délégataire de recruter et de signer les contrats de travail des cadres et des employés, il ne peut pas licencier (cass. soc. 2 mars 2011, n° 08-45422, BC V n° 58). De même, le gérant d'une société, poursuivi pour infractions à la réglementation des travailleurs à la suite d'un accident du travail, ne peut pas s'exonérer de sa responsabilité pénale en invoquant une délégation de pouvoirs consentie à un directeur de travaux sur la signalisation des chantiers, ce domaine ne recouvrant pas celui de la sécurité des travailleurs (cass. crim. 8 septembre 2015, n° 14-83053 D).

La solution la plus sûre consiste à :

- insérer la délégation de pouvoirs dans le contrat de travail du salarié choisi ou dans un avenant à ce contrat ;
- la reprendre dans une note de service affichée ou diffusée dans l'entreprise, la délégation devant être connue des autres salariés.

Subdélégation

Le délégataire peut, à son tour, déléguer ses pouvoirs, ou une partie de ceux-ci, à un subdélégataire, dès lors que celui-ci est bien pourvu de la compétence, de l'autorité et des moyens nécessaires. La subdélégation est valable même si elle n'a pas été autorisée par le dirigeant (cass. crim. 30 octobre 1996, n° 94-83650, B. crim. n° 389). Si ce dernier souhaite conserver un contrôle sur les subdélégations, il devra préciser dans la délégation écrite soit qu'il les interdit, soit qu'elles ne peuvent être mises en place qu'avec son autorisation expresse.

Effets

Pour l'employeur - La délégation de pouvoirs transfère la responsabilité pénale du chef d'entreprise au délégataire. Mais s'il apparaissait que le délit résulte d'une organisation défectueuse de l'entreprise, une délégation de pouvoirs n'aurait aucun effet exonératoire pour l'employeur. En effet, l'organisation générale de l'entreprise reste inhérente aux fonctions du chef d'entreprise. Une délégation de pouvoirs n'exonère donc pas le chef d'entreprise de sa responsabilité personnelle dans l'exercice de son « propre pouvoir de direction » (cass. crim. 6 novembre 2007, n° 06-86027, B. crim. n° 266).

La responsabilité du chef d'entreprise peut aussi être engagée malgré la délégation lorsqu'il a personnellement participé à l'infraction (cass. crim. 20 mai 2003, n° 02-84307, B. crim. n° 101) ou lorsqu'il a commis une faute distincte de celle du délégataire.

Pour le délégataire - La délégation de pouvoirs transfère sur le délégataire la responsabilité pénale qui pèse, en principe, sur l'employeur. Lorsqu'une infraction pénale non intentionnelle (ex. : blessures involontaires résultant d'une violation des règles de sécurité) est commise au sein de l'entreprise, c'est le délégataire qui est exposé aux poursuites pénales.

▶ À noter… L'ANI sur les cadres encourage les employeurs dans la mesure du possible, à proposer aide et assistance à leurs salariés en cas de poursuites pénales exercées à leur encontre et dont l'objet est lié à la délégation de pouvoirs qu'ils ont reçue (Accord national interprofessionnel du 28 février 2020 portant diverses orientations pour les cadres).

Le salarié délégataire se retrouvant assimilé à l'employeur, il perd la possibilité d'être :

- désigné comme *délégué syndical, représentant syndical ou *représentant de la section syndicale**** (cass. soc. 4 avril 2007, n° 06-60124, BC V n° 63) ;

- électeur ou éligible au *comité social et économique** (cass. soc. 26 septembre 2002, n° 01-60670, BC V n° 285) **[voir *Élections professionnelles (candidats)** et *Élections professionnelles (électorat)**].**

Sur la gravité de la faute d'un salarié manquant à son obligation de sécurité et titulaire d'une délégation de pouvoirs en la matière, voir *Hygiène et sécurité (obligations des salariés).**

Pour l'entreprise - Le délégataire est un représentant de l'entreprise en tant que personne morale. À ce titre, s'il commet une faute d'imprudence en lien avec le dommage subi par une victime cela peut engager la responsabilité pénale de l'entreprise puisqu'il agissait pour son compte (c. pén. art. 121-2).

Une société a ainsi été déclarée coupable de blessures involontaires après l'accident d'un salarié survenu alors qu'il travaillait à proximité d'une pelle mécanique. Les juges ont retenu que l'accident trouvait son origine dans un manquement aux règles de formation des salariés que le chef de centre devait faire respecter en vertu de sa délégation de pouvoirs. Ce salarié était un représentant de l'entreprise, son manquement aux règles qu'il avait la charge de faire respecter engageait donc la responsabilité de cette dernière (cass. crim. 25 mars 2014, n° 13-80376, B. crim. n° 94).

Un cumul de responsabilités de l'entreprise, personne morale, et du délégataire est possible (c. pén. art. 121-2).

Modèle de délégation de pouvoirs en matière de gestion du personnel

M. ….

Agissant en qualité de … et dans la limite de l'objet social, je vous délègue mes pouvoirs en matière de gestion du personnel dans l'établissement dont vous assurez la direction.

À cet effet :

Article I :

Vous avez la responsabilité d'assurer le respect de l'ensemble de la réglementation du travail, dans tous ses aspects et, notamment, le bon fonctionnement des institutions représentatives du personnel. Vous recevrez les représentants du personnel et présiderez les réunions les concernant. Vous assurerez le suivi des réunions tenues avec les élus.

Vous procéderez, sous votre responsabilité, aux embauches, au suivi des contrats de travail et aux licenciements nécessaires.

Toutefois, pour tout personnel d'un niveau hiérarchique égal à …, vous devrez, avant toute embauche ou tout licenciement, obtenir mon autorisation.

Article II :

Vous assurerez le respect de la réglementation relative à l'hygiène et la sécurité dans tous ses aspects, à savoir notamment :

- la conception des mesures d'hygiène et de sécurité collectives ou individuelles ;
- la mise en place, le maintien, l'entretien, l'utilisation et le contrôle de ces mesures ;
- l'acquisition et le maintien en bon état d'utilisation et en conformité à la réglementation de l'ensemble du matériel utilisé par le personnel ;
- le suivi et la mise à jour du document unique d'évaluation des risques professionnels et du document relatif à la protection contre les explosions ;
- la présidence des réunions du comité social et économique (lorsqu'une *commission santé, sécurité et conditions de travail** a été mise en place : y compris celle de la CSSCT).

Dans ce cadre, votre mission est d'appliquer et de faire appliquer les mesures de protection et de salubrité.

Vous devez, en outre, faire afficher sur les emplacements de travail, lorsque cela est nécessaire, les consignes de sécurité propres à chaque travail, appareil ou poste.

Vous devez, enfin, faire observer les consignes de sécurité au moyen de l'ensemble des mesures pouvant aller de l'avertissement au licenciement, étant ici expressément noté que vous devez appliquer rigoureusement la réglementation en cette matière.

Article III :

Vous avez, à raison de la nature et du nombre des mesures à prendre, la faculté de subdéléguer, dans les mêmes termes, les pouvoirs nécessaires à celui ou ceux de vos subordonnés dont vous aurez reconnu l'autorité, les qualités et la compétence les qualifiant pour recevoir semblable délégation.

Vous mettrez à leur disposition les moyens nécessaires à l'accomplissement de la mission que vous leur confierez.

Cette délégation devra être donnée par écrit, en y annexant copie de la présente note.

Vous devez enfin m'informer de toutes les difficultés rencontrées dans l'exécution de la mission qui vous est ici donnée.

☛ *Responsabilité pénale du chef d'entreprise ; Responsabilité pénale des personnes morales.*

Délégué à la protection des données

Désignation et rôle

Obligatoire ou facultatif selon les cas - Un délégué à la protection des données (DPD ou DPO pour « Data Protection Officer ») doit être désigné dans certains cas (ex. : l'activité principale de l'entreprise l'amène à réaliser un suivi régulier et systématique de personnes à grande échelle) (règlt UE 2016/679 du 27 avril 2016, art. 37, 38 et 39, appelé « RGPD »).

▶ À noter... La CNIL a publié un guide du délégué à la protection des données (Guides pratiques RGPD, Délégués à la protection des données, nov. 2021, www.cnil.fr).

Même si l'entreprise ne relève pas de ces cas, la désignation d'un DPD peut être recommandée dans la mesure où il a, entre autres fonctions, celle d'informer et de conseiller l'employeur sur ses obligations en matière de protection des *données personnelles** et d'être l'interlocuteur de la *CNIL** (« Devenir délégué à la protection des données », www.cnil.fr).

Personnes pouvant être désignées - Le DPD est un salarié ou un prestataire externe. Il doit avoir les qualifications requises pour exercer cette mission (connaissances spécialisées du droit et des pratiques en matière de protection de données, etc.) (règlt UE 2016/679 du 27 avril 2016, art. 37 et 38, JOUE 4 mai 2016).

▶ À noter... Le DPD peut être mutualisé, c'est-à-dire désigné pour plusieurs entreprises sous certaines conditions (décret 2019-536 du 29 mai 2019, art. 84, JO du 30).

Le délégué peut exercer d'autres fonctions et tâches mais celles-ci ne doivent pas entraîner de conflit d'intérêts (règlt UE 2016/679 du 27 avril 2016, art. 38, JOUE 4 mai 2016). À ce titre, il ne peut pas exercer dans l'entreprise une fonction qui l'amène à déterminer les finalités et les moyens d'un traitement de données à caractère personnel. Par exemple, parmi les fonctions susceptibles de donner lieu à un conflit d'intérêts au sein de l'entreprise peuvent figurer les fonctions d'encadrement supérieur comme celle de responsable des ressources humaines (« Lignes directrices concernant les délégués à la protection des données », G29).

Pour la CNIL, des fonctions de niveau hiérarchique « inférieur » au sein de la structure organisationnelle sont également susceptibles de donner lieu à un conflit d'intérêts dès lors que la personne participe à la détermination des finalités et des moyens du traitement (Guides pratiques RGPD, Délégués à la protection des données, nov. 2021, www.cnil.fr).

Formalités de la désignation - Le DPD peut être désigné en ligne sur le site Internet de la CNIL.

La CNIL recommande de (Guides pratiques RGPD, Délégués à la protection des données, nov. 2021, www.cnil.fr) :

- formaliser les missions confiées au DPD au travers d'un document spécifique (ex. : lettre de mission, avenant au contrat de travail, fiche de poste, contrat de prestation de service pour le DPD externe) ;
- informer notamment les salariés et le comité social et économique (CSE) de la désignation du DPD.

Communication à la CNIL - L'employeur publie les coordonnées du DPD et les communique à la CNIL, sans délai et par voie électronique, étant précisé que cette communication doit comporter les mentions définies réglementairement (règlt UE 2016/679 du 27 avril 2016, art. 37 ; décret 2019-536 du 29 mai 2019, art. 83, JO du 30).

Certification - Le DPD, personne physique, peut être certifié pour 3 ans, la certification étant renouvelable.

La CNIL a adopté deux référentiels :

- un référentiel de certification qui fixe notamment les conditions de recevabilité des candidatures et la liste des 17 compétences et savoir-faire attendus pour être certifié en tant que DPD (délib. CNIL 2018-318 du 20 septembre 2018, JO du 11 octobre) ;
- un référentiel d'agrément qui fixe les critères applicables aux organismes qui souhaitent être habilités par la CNIL à certifier les compétences du

DPD (délib. CNIL 2018-317 du 20 septembre 2018, JO du 11 octobre).

Les organismes certificateurs, agréés par la CNIL, délivrent la certification.

Rôle à l'égard des fichiers RH - Le DPD veille au respect des obligations prévues par le RGPD et la loi « informatiques et libertés » (décret 2019-536 du 29 mai 2019, art. 82, JO du 30 ; loi 78-17 du 6 janvier 1978, JO du 7).

Il est associé à la mise en œuvre des *fichiers RH**.

Statut

Le DPD n'est pas un salarié protégé au sens du code du travail (Rép. Raynal n° 02896, JO 7 février 2019, Sénat quest. p. 712). Il peut donc être sanctionné ou licencié, comme tout autre salarié, mais il ne doit pas faire l'objet d'une sanction ou d'un licenciement du fait de l'accomplissement de ses missions (règlt UE 2016/679 du 27 avril 2016, art. 38).

Il n'est pas personnellement responsable en cas de non-respect des exigences en matière de protection des données. C'est le responsable du traitement (ou le sous-traitant) qui est tenu de s'assurer et doit être en mesure de démontrer que le traitement est effectué conformément au *RGPD**. Le respect de la protection des données relève de la responsabilité du responsable du traitement (ou du sous-traitant) (« Lignes directrices concernant les délégués à la protection des données », G29). Selon la CNIL, il n'est donc pas possible de transférer au DPD, par délégation de pouvoir, la responsabilité incombant au responsable de traitement ou les obligations propres du sous-traitant découlant du RGPD (Guides pratiques RGPD, Délégués à la protection des données, nov. 2021, www.cnil.fr).

Délégué syndical

Le délégué syndical est désigné par une organisation syndicale représentative qu'il est chargé de représenter auprès de l'employeur. Son mandat prend généralement fin lors du renouvellement du *comité social et économique** dans l'entreprise, mais il peut aussi être révoqué par son organisation syndicale.

☞ *Délégué syndical central ; Délégué syndical (contentieux) ; Délégué syndical (désignation) ; Délégué syndical (missions) ; Délégué syndical supplémentaire ; Licenciement des délégués syndicaux.*

Délégué syndical central

Entreprises à établissements multiples

Le délégué syndical (DS) central est désigné par les organisations syndicales représentatives dans les entreprises à établissements multiples. Il existe indépendamment du comité social et économique central lorsqu'il est constitué [voir *Comité social et économique (central)**]. L'absence de comité central n'interdit donc en rien la désignation d'un DS central d'entreprise (cass. soc. 5 avril 2011, n° 10-60225 D).

La représentativité d'un syndicat, pour la désignation d'un DS central d'entreprise, s'apprécie par rapport à l'ensemble du personnel de l'entreprise. Un syndicat qui a des adhérents et qui perçoit des cotisations dans un seul des établissements de la société ne peut donc pas être considéré comme représentatif (cass. soc. 28 septembre 2011, n° 10-26545, BC V n° 213), peu important que grâce à une forte implantation dans ledit établissement, le syndicat ait pu largement dépasser les 10 % d'audience aux dernières élections professionnelles au niveau de l'entreprise (cass. soc. 14 décembre 2015, n° 15-10902 D).

▶ À noter… Les règles relatives à la désignation d'un délégué syndical central ne se cumulent pas avec les aménagements conventionnels des gérants non salariés de succursales leur permettant de désigner un délégué syndical national. L'accord collectif national du 18.07.1963, modifié par avenant du 26.11.2018, prévoit un mandat de délégué syndical national analogue à celui du délégué syndical central quant aux missions confiées. Il se substitue aux dispositions légales (cass. soc. 12 mai 2021, n° 20-10025 FP).

Entreprise d'au moins 2 000 salariés

Syndicats représentatifs - Dans les entreprises d'au moins 2 000 salariés comportant au moins deux établissements d'au moins 50 salariés chacun, seuls les syndicats représentatifs dans l'entreprise qui ont recueilli au moins 10 % des suffrages exprimés au premier tour des dernières élections des représentants du personnel peuvent désigner un DS central d'entreprise distinct des DS d'établissement. Le seuil de 10 % s'apprécie en additionnant les suffrages de l'ensemble des établissements au terme de chaque cycle électoral (c. trav. art. L. 2143-5).

▶ À noter… Il est parfois possible de désigner un DS central alors que l'entreprise ne comporte qu'un seul établissement de 50 salariés et plus, mais que les autres établissements sont géographiquement proches. Ces autres établissements peuvent en effet être considérés, dans certaines circonstances, comme un seul établissement de plus de 50 salariés (cass. soc. 18 novembre 2009, n° 09-65655 D).

Salarié désigné - La personne désignée en tant que DS central n'a pas besoin d'avoir été candidate aux élections professionnelles, ni a fortiori d'avoir été élue ou d'avoir obtenu au moins 10 % des suffrages (cass. soc. 16 novembre 2011, n° 10-28201, BC V n° 270). Le DS central est donc choisi librement parmi les salariés de l'entreprise remplissant les conditions requises, notamment en termes d'âge et d'ancienneté.

Sauf disposition spéciale, l'ensemble des autres règles relatives au DS d'entreprise est applicable au DS central (c. trav. art. L. 2143-5) [voir *Délégué syndical (désignation)**].

Heures de délégation - Le DS central dispose de 24 *heures de délégation** par mois pour l'exercice de ses fonctions. S'il a un forfait jours, son crédit d'heures est regroupé en demi-journées (c. trav. art. L. 2143-15).

Entreprise de moins de 2 000 salariés

Si l'entreprise, de moins de 2 000 salariés, comporte au moins deux établissements d'au moins 50 salariés chacun, chaque syndicat représentatif dans l'entreprise peut désigner l'un de ses DS d'établissement en vue d'exercer également la fonction de DS central d'entreprise, sauf disposition conventionnelle permettant la désignation d'un délégué central distinct (c. trav. art. L. 2143-5 ; cass. soc. 6 février 1996, n° 95-60114 D).

Le DS d'établissement désigné ne dispose pas d'un crédit d'heures supplémentaire pour exercer les fonctions de DS central d'entreprise (c. trav. art. L. 2143-15).

Nombre de délégués syndicaux centraux

En principe, chaque syndicat représentatif peut désigner un DS central. Un accord collectif peut augmenter ce minimum légal. Cet avantage peut être réservé à certains syndicats représentatifs dès lors que les autres syndicats ne sont pas privés de l'exercice de leurs droits légaux et que cette différence de traitement est justifiée par des raisons objectives matériellement vérifiables et liées à l'influence de chaque syndicat en rapport avec l'objet de l'accord. Par exemple, un accord collectif peut permettre de désigner (cass. soc. 29 mai 2013, n° 12-26955, BC V n° 142) :

- un DS central supplémentaire lorsque le syndicat est représentatif dans 5 ou 6 établissements ;

- deux DS centraux supplémentaires lorsque le syndicat est représentatif dans au moins 7 établissements.

Délégué syndical central et représentant de la section syndicale

Un syndicat représentatif au niveau de l'entreprise, et qui a désigné un DS central dans ce périmètre, peut parallèlement désigner un *représentant de la section syndicale** (RSS) dans un établissement où il n'est pas parvenu à prouver sa représentativité (cass. soc. 13 février 2013, n°s 12-19662 et 12-19663, BC V n° 43 et 44 ; cass. soc. 4 décembre 2013, n° 13-10754 D).

Statut protecteur

Voir *Licenciement des délégués syndicaux**.

☛ *Délégué syndical.*

➲ Formulaire de Droit Social, « Désignation d'un délégué syndical central ».

Délégué syndical (contentieux)

Auteur de la contestation

Le droit de contester la désignation d'un délégué syndical (DS) par un syndicat représentatif est ouvert à toute personne justifiant d'un intérêt à agir : l'employeur, un autre syndicat (c. trav. art. L. 2132-3), un salarié (y compris ceux qui ne sont pas syndiqués).

L'employeur est libre de contester ou non une désignation irrégulière. S'il ne conteste pas une désignation irrégulière effectuée par un syndicat, cela ne crée pas un précédent dont les autres syndicats peuvent se prévaloir. Rien ne l'empêche alors de contester la désignation irrégulière effectuée par un autre syndicat (cass. soc. 29 mai 2013, n° 12-26457, BC V n° 143).

Délai et modalités de la contestation

Quinze jours - La désignation d'un DS peut être contestée devant le *tribunal judiciaire**, dans les 15 jours de la désignation. Passé ce délai, la désignation est purgée de tout vice et l'employeur doit maintenir le mandat du représentant même si celui-ci ne disposait pas des qualités nécessaires pour être désigné (c. trav. art. L. 2143-8 ; c. org. jud. art. R 211-3-16).

▶ À noter... La contestation doit être dirigée contre le syndicat qui a procédé à la désignation et non contre la confédération à laquelle il est affilié (cass. soc. 26 mars 2014, n° 13-23945 D).

Lorsque le DS désigné occupait déjà cette fonction avant les élections, un nouveau délai de contestation court pour l'employeur à compter de la date de la nouvelle désignation (cass. soc. 22 septembre 2010, n° 09-60435, BC V n° 188).

Le juge statue, en principe, dans les 10 jours. Le non-respect de ce délai n'annule pas la décision qui pourra, toutefois, faire l'objet d'un pourvoi en cassation (c. trav. art. L. 2143-8 et R. 2143-5 ; cass. soc. 21 novembre 2007, n° 06-60285 D).

Auprès du tribunal judiciaire - La contestation s'effectue par simple déclaration au greffe du *tribunal judiciaire** (c. trav. art. R. 2143-5). Si la contestation est faite par écrit, l'employeur doit envoyer son courrier avant la fin du délai de 15 jours. Le fait que le greffe reçoive la lettre après l'expiration du délai est sans importance (cass. soc. 26 septembre 2012, n° 11-60147, BC V n° 244).

▶ À noter... La saisine du tribunal par télécopie ou par courriel n'est pas valable. L'employeur doit régulariser cette saisine dans le délai de 15 jours en se rendant sur place ou en adressant un courrier (cass. soc. 18 novembre 2009, n° 09-60047, BC V n° 262).

Point de départ du délai - Le délai de 15 jours pour contester la désignation d'un DS est un délai impératif qui court à compter du lendemain du jour de la notification de la désignation à l'employeur et non pas à compter de l'éventuelle lettre informant l'employeur de l'imminence d'une désignation (cass. soc. 29 octobre 2003, n° 02-60705, BC V n° 273 ; cass. soc. 28 mai 2008, n° 07-60342 D).

▶ À noter... Peu importe le moment où l'employeur a réellement connaissance de la désignation d'un DS, le délai court à compter de la date où le service courrier de l'entreprise appose un tampon de l'établissement sur l'accusé de réception. Aucune signature d'une personne habilitée n'est donc nécessaire sur cet accusé de réception pour commencer à faire courir le délai de contestation (cass. soc. 29 octobre 2008, n° 08-60016, BC V n° 208).

En cas de fraude dans la désignation, le délai de contestation est reporté au jour ou l'auteur de la contestation a eu connaissance de la fraude (cass. soc. 17 janvier 1989, n° 87-60311, BC V n° 31 ; cass. soc. 27 janvier 1999, n° 97-60441, BC V n° 45). Il en est de même si la désignation est contestée sur la base de circonstances nouvelles intervenues après l'expiration du délai de contestation et qui remettent en cause la validité de la désignation (ex. : réduction des effectifs) (cass. soc. 10 janvier 1989, n° 87-60209, BC V n° 7).

Production du pouvoir habilitant à contester - Le pouvoir spécial habilitant une personne à contester, au nom de son syndicat, la désignation d'un DS doit aussi être produit dans un délai de 15 jours. À défaut, la requête en contestation est irrecevable et la désignation purgée de tout vice (cass. soc. 21 novembre 2007, n° 06-60193 D).

Fin du délai - Le délai est prorogé jusqu'au premier jour ouvrable suivant lorsqu'il expire un samedi, un dimanche, un jour férié ou chômé (cass. soc. 4 avril 2007, n° 06-60201 D ; cass. soc. 16 décembre 2009, n° 09-60110 D).

Effet de la nullité de la désignation

L'annulation de la désignation d'un DS demandée par l'employeur parce que celui-ci ne remplit pas les conditions requises (ex. : le salarié travaille dans l'entreprise depuis moins d'un an) n'a pas d'effet rétroactif sur le statut protecteur du salarié. Cela signifie que l'employeur qui souhaite licencier le salarié alors que sa désignation n'a pas encore été annulée par les juges doit obtenir l'autorisation de l'inspecteur du travail. À défaut, le licenciement est nul et le salarié peut demander sa réintégration (cass. soc. 16 décembre 2014, n° 13-15081, BC V n° 290).

Cas du DS surnuméraire

Sauf accord collectif plus favorable, une confédération syndicale et les syndicats qui lui sont affiliés ne peuvent pas désigner ensemble - dans la même entreprise ou le même établissement - un nombre de DS supérieur à celui prévu par la loi pour un syndicat. Si un syndicat désigne un DS surnuméraire, cela ouvre un nouveau délai de contestation de toutes les désignations en cause. Le délai de

15 jours court à compter (cass. soc. 29 octobre 2010, n°s 09-67969 et 09-68207, BC V n° 250 ; cass. soc. 4 juin 2014, n° 13-20630 D) :

- soit de la dernière désignation litigieuse ;
- soit de la décision prise par l'organisation syndicale d'affiliation pour régler le conflit (en cas de courriers multiples, c'est le dernier qui est à prendre en compte).

Chaque syndicat présente alors au juge les éléments (dispositions statutaires ou décision de l'organisation syndicale d'affiliation) permettant de légitimer la désignation effectuée. Faute de tels éléments, le tribunal judiciaire valide la désignation notifiée en premier.

☞ *Délégué syndical.*

Délégué syndical (désignation)

Effectif à prendre en compte

Entreprise ou établissement d'au moins 50 salariés - La désignation d'un délégué syndical (DS) par un syndicat représentatif dans une entreprise ou un établissement d'au moins 50 salariés, qui y a constitué une section syndicale, peut intervenir lorsque cet effectif a été atteint pendant 12 mois consécutifs (c. trav. art. L. 2143-3).

Entreprise de moins de 50 salariés - Dans les entreprises de moins de 50 salariés, un membre de la délégation du personnel au *comité social et économique** (CSE) peut être désigné comme DS pour la durée de son mandat (c. trav. art. L. 2143-6).

Sur le fondement d'une jurisprudence antérieure, seul un élu titulaire du CSE peut être désigné pour faire fonction de DS, sauf accord prévoyant la nomination d'un suppléant (cass. soc. 28 septembre 2008, n° 04-11286, BC V n° 276). Pour autant, en cas d'absence momentanée de l'élu du CSE titulaire (ex. : pour cause de maladie), le suppléant assurant son remplacement peut, pour la durée de celui-ci, être désigné comme DS (cass. soc. 20 juin 2012, n° 11-61176, BC V n° 193).

▶ À noter… Sauf disposition conventionnelle plus favorable, le membre de la délégation du personnel au CSE désigné assure le mandat du DS sans bénéficier d'un crédit d'heures supplémentaires (c. trav. art. L. 2143-6) [voir *Délégué syndical (missions)**].

Établissement de moins de 50 salariés relevant d'une entreprise de 50 salariés - Un établissement de moins de 50 salariés, mais dépendant d'une entreprise de 50 salariés et plus, ne peut pas se doter d'un DS (c. trav. art. L. 2143-6 ; cass. soc. 29 avril 2009, n° 08-60484, BC V n° 115 ; cass. soc. 9 avril 2014, n° 13-16774, BC V n° 105).

Cadre de la désignation

Entreprise d'au moins 50 salariés - Il doit y avoir au moins 50 salariés dans l'entreprise, sauf accord collectif plus favorable permettant la désignation à un effectif moindre (c. trav. art. L. 2141-10).

Si l'entreprise a plusieurs établissements distincts dont chacun compte moins de 50 salariés, la désignation de DS au niveau de l'entreprise est possible lorsque l'ensemble des salariés des différents établissements rapporte l'effectif global à un chiffre supérieur à 50 salariés (cass. soc. 20 février 1974, n° 73-60167, BC V n° 126).

Si l'entreprise ne comporte qu'un seul établissement distinct d'au moins 50 salariés, le DS doit être désigné au niveau de l'entreprise. Ce n'est qu'en présence d'au moins deux établissements distincts d'au moins 50 salariés que des DS peuvent être désignés au niveau de ces établissements (cass. soc. 12 mars 1991, n° 89-61554, BC V n° 130).

Établissement distinct - La désignation de DS peut se faire au niveau des établissements distincts lorsque ceux-ci emploient au moins 50 salariés (c. trav. art. R. 2143-1).

▶ À noter… Lorsqu'un syndicat désigne un DS dans un établissement qu'il considère comme un établissement distinct, il lui appartient de prouver, en cas de contentieux, que l'établissement remplit les conditions nécessaires ; à défaut, la désignation peut être annulée (cass. soc. 28 mai 2008, n° 07 60347 D).

Lorsque l'entreprise se compose à la fois d'établissements distincts de plus de 50 salariés et d'établissements distincts de moins de 50 salariés, deux solutions sont possibles (cass. soc. 8 juillet 1976, n° 76-60092, BC V n° 446 ; cass. soc. 30 mai 2001, n° 00-60006, BC V n° 193) :

- rattacher les établissements de moins de 50 salariés à l'établissement d'au moins 50 salariés le plus proche ;
- ou regrouper entre eux les établissements de moins de 50 salariés.

Périmètre de désignation - Le périmètre de désignation des DS n'est pas limité à celui retenu, lors des dernières élections, pour la mise en place du CSE, sur le fondement d'une jurisprudence antérieure (cass. soc. 18 mai 2011, n° 10-60383, BC V n° 120 ; cass. soc. 27 février 2013, n° 12-14228 D).

La désignation d'un DS peut également intervenir « au sein de l'établissement regroupant des salariés placés sous la direction d'un représentant de l'employeur et constituant une communauté de travail ayant des intérêts propres, susceptibles de générer des revendications communes et spécifiques » (c. trav. art. L. 2143-3). **Le périmètre de désignation ne correspond donc pas nécessairement au périmètre de représentativité.**

▶ Attention... La définition légale de l'établissement prévaut sur celle d'un accord d'entreprise. Ainsi, un accord d'entreprise qui se réfère à un périmètre de désignation des DS identique à celui des élections au CSE, ne peut pas priver un syndicat du droit de désigner un délégué au niveau d'un établissement, tel que défini par les dispositions législatives applicables (cass. soc. 31 mai 2016, n° 15-21175, BC V n° 121).

Auteur de la désignation

Syndicat représentatif - Le DS peut être désigné uniquement par un syndicat représentatif dans l'entreprise ou l'établissement ayant constitué une *section syndicale** dans cette entreprise ou cet établissement (c. trav. art. L. 2143-3). Il ne doit pas forcément s'agir du syndicat au nom duquel le salarié s'est présenté aux élections professionnelles car le score exigé d'un candidat pour sa désignation en qualité de DS est un score « personnel » *(voir ci-après)* (cass. soc. 28 septembre 2011, n° 10-26762, BC V n° 212).

▶ À noter... Pour le calcul de la représentativité des syndicats, voir *Syndicats (représentativité)**.

Groupement de syndicats - Une confédération syndicale et les syndicats qui lui sont affiliés ne peuvent pas ensemble désigner un nombre de DS supérieur à celui prévu par la loi ou par un accord collectif plus favorable (cass. soc. 10 mai 2012, n° 11-21356, BC V n° 145). Si l'entreprise emploie 50 à 999 salariés, tranche dans laquelle chaque section a droit à un DS (c. trav. art. R. 2143-2), il ne pourra donc y avoir qu'un DS pour les organisations de même obédience.

Si deux syndicats se présentent comme adhérents à une même confédération, il faut les traiter comme tels, car c'est sans doute sur la base de cette affiliation revendiquée que les salariés ont voté. Ainsi, dans ces circonstances, c'est l'affiliation apparente qui prévaut sur l'affiliation réelle (cass. soc. 17 février 2016, n° 14-25711, BC V n° 37).

Création d'une section syndicale - Le syndicat doit déjà avoir créé une *section syndicale** dans l'entreprise ou l'établissement, ce qui suppose de démontrer qu'il a au moins 2 adhérents (cass. soc. 8 juillet 2009, n° 09-60011, BC V n° 180 ; cass. soc. 14 décembre 2010, n° 10-60137, BC V n° 290), au niveau concerné (cass. soc. 23 juin 2010, n° 09-60438, BC V n° 150).

La constitution de la section syndicale et la désignation du DS peuvent toutefois être concomitantes (communiqué de la Cour de cassation du 8 juillet 2009).

Conditions propres au salarié

Conditions cumulatives - Le salarié candidat aux fonctions de DS doit remplir plusieurs conditions cumulatives (c. trav. art. L. 2143-1 à L. 2143-3) :

- être salarié de l'entreprise depuis au moins 1 an (ancienneté réduite à 4 mois s'il s'agit d'une création d'entreprise ou de l'ouverture d'un établissement) ;
- être âgé d'au moins 18 ans ;
- ne pas être assimilé au chef d'entreprise soit en raison d'une délégation écrite particulière d'autorité, soit parce qu'il représente effectivement l'employeur devant les institutions représentatives du personnel (cass. soc. 12 juillet 2006, n° 05-60300, BC V n° 260 ; cass. soc. 16 avril 2008, n° 07-60415 D) ;
- n'avoir fait l'objet d'aucune interdiction, déchéance ou incapacité relative à ses droits civiques.

▶ À noter... L'importance des fonctions d'un salarié n'empêche pas en soi qu'il ait le statut de DS lorsqu'il n'a pas de délégation écrite particulière d'autorité (cass. soc. 12 mars 2008, n° 07-60212 D ; cass. soc. 8 juillet 2009, n° 08-60595, BC V n° 176).

Le salarié susceptible d'être désigné comme DS doit aussi être choisi en respectant les deux conditions suivantes.

Être choisi parmi les candidats à des postes de titulaires ou de suppléants aux dernières élections professionnelles, étant entendu qu'il peut avoir été présenté et élu sur des listes présentées par un autre syndicat que celui qui le désigne comme DS (cass. soc. 17 avril 2013, n° 12-22699, BC V n° 104).

Être désigné, en priorité, parmi les candidats ayant recueilli à titre personnel et dans leur collège au moins 10 % des suffrages exprimés au premier tour, quels que soient le nombre de votants et le syndicat dont il a défendu les couleurs lors du scrutin *(voir ci-après)* (c. trav. art. L. 2143-3 ; cass. soc. 28 septembre 2011, n° 10-26762, BC V n° 212 ; cass. soc. 17 avril 2013, n° 12-22699, BC V n° 104). Cette obligation a été jugée conforme au droit européen et au droit international (cass. soc. 14 avril 2010, n° 09-60426, BC V n° 100).

Le texte exigeant un suffrage minimal au premier tour des dernières élections professionnelles pour être désigné DS, n'impose pas l'exercice par ce salarié de fonctions électives. La démission de son mandat d'élu avant d'être désigné DS ne remet donc pas en cause l'audience obtenue par un salarié lors des dernières élections (cass. soc. 3 octobre 2018, n° 17-60285 D).

▶ À noter… Lorsqu'un DS, licencié après autorisation administrative, n'a pas pu être candidat aux élections professionnelles organisées postérieurement à son licenciement, le syndicat est en droit, si l'intéressé demande sa réintégration à la suite de l'annulation de l'autorisation de son licenciement, de le désigner de nouveau en qualité de DS. Les dispositions du code du travail imposant aux syndicats représentatifs de choisir le DS en priorité parmi les candidats ayant recueilli au moins 10 % des suffrages exprimés au premier tour des dernières élections ne peuvent pas faire obstacle à cette désignation (c. trav. art. L. 2143-3 ; cass. soc. 14 novembre 2013, n° 13-11301, BC V n° 263).

Condition tenant au score électoral - Il n'est pas exigé que le salarié susceptible d'être désigné comme DS ait recueilli le score requis au cours d'élections organisées au sein du périmètre dans lequel il va exercer son mandat de DS *(voir ci-avant)* (cass. soc. 28 novembre 2012, n° 12-13628, BC V n° 309).

Le score minimal de 10 % des suffrages exprimés au profit d'un candidat se calcule sur le seul collège au sein duquel il s'est présenté. L'audience ne peut donc pas être calculée, tous collèges confondus (cass. soc. 29 juin 2011, n° 10-19921, BC V n° 179).

Lorsqu'un syndicat représentatif dispose de candidats ayant dépassé la barre des 10 %, il doit choisir son représentant parmi ces candidats (cass. soc. 29 juin 2011, n° 10-60394, BC V n° 180 ; cass. soc. 20 juin 2012, n° 11-18586 D). Il ne peut pas désigner un salarié qui a obtenu un score inférieur au motif que les DS ayant le score requis ont tous refusé d'être désignés à cette fonction en raison de convenances personnelles (cass. soc. 25 novembre 2015, n° 15-14061, BC V n° 237), ni un salarié qui a obtenu 10 % dans un autre établissement distinct avant d'être muté dans celui de la désignation, alors qu'il restait des salariés ayant le score requis dans cet établissement, et ce même s'ils refusaient d'exercer ce mandat (cass. soc. 3 novembre 2016, nos 15-60203 et 15-60223, BC V n° 207).

▶ Attention… La condition d'audience électorale minimale du candidat s'impose également à la désignation d'un DS « suppléant » conventionnel, même si la convention collective ne reprend pas ladite condition. Dans cette affaire, les DS suppléants ayant les mêmes missions que les DS « légaux », les conditions de désignation prévues par le code du travail, qui sont d'ordre public, trouvaient donc à s'appliquer (cass. soc. 25 mars 2020, n° 19-11581 FSPB).

Salarié pouvant être désigné quand les conditions requises ne sont pas remplies - Le syndicat peut recourir à des solutions alternatives (c. trav. art. L. 2143-3) :

- s'il ne reste plus aucun candidat qui a atteint les 10 % ;
- si aucun des candidats présentés par le syndicat aux élections professionnelles ne remplit la condition d'audience électorale des 10 % ;
- lorsque tous les élus ou tous les candidats qu'il a présentés aux dernières élections professionnelles ont renoncé à être désignés délégué syndical (cass. soc. 8 juillet 2020, n° 19-14605 FSPB). Il faut cependant que les élus ayant le pourcentage de suffrages requis aient renoncé à exercer leur mandat de DS préalablement à la désignation. Si leur renonciation est postérieure, le syndicat ne peut pas s'en prévaloir (cass. soc. 9 juin 2021, n° 19-24678 FP).

Dans ces circonstances, le syndicat peut désigner un DS :

- parmi les autres candidats, donc parmi ceux qui n'ont pas atteint 10 % des suffrages ;
- ou, à défaut, parmi ses adhérents au sein de l'entreprise ou de l'établissement, donc parmi des salariés qui n'ont pas été candidats aux élections ;
- ou, dans les entreprises concernées, parmi ses anciens élus ayant atteint la limite de durée d'exercice du mandat au CSE.

Il n'est pas exclu qu'un syndicat puisse désigner comme DS un salarié candidat sur la liste d'un autre syndicat, qui a obtenu au moins 10 % des voix et qui l'accepte librement. Cela étant, le code du travail n'exige pas du syndicat qu'il sollicite les candidats des listes concurrentes avant de se tourner vers les solutions alternatives énumérées ci-avant. En d'autres termes, le recours aux candidats des autres listes est une possibilité, pas une obligation (cass. soc. 8 juillet 2020, n° 19-14605 FSPB).

Autre possibilité de désigner un adhérent - Si un syndicat n'a présenté aucun candidat susceptible d'être désigné DS lors des élections professionnelles, il ne peut pas « se rabattre » sur un adhérent (cass. soc. 12 avril 2012, n°s 11-60218 et 11-60219, BC V n° 124 ; cass. soc. 26 mars 2014, n° 12-20398 D).

Néanmoins, si le syndicat dispose d'un candidat remplissant les conditions pour être désigné, mais que celui-ci a démissionné de ses fonctions de DS, le syndicat peut alors désigner un adhérent (cass. soc. 27 février 2013, n° 12-18828, BC V n° 67).

Transfert d'entreprise - Dans le cadre d'une *modification de la situation juridique de l'employeur** (c. trav. art. L. 1224-1), un salarié ayant obtenu les suffrages requis dans son entreprise d'origine peut être désigné comme DS chez son nouvel employeur par le syndicat ayant présenté des candidats lors des dernières élections chez ce nouvel employeur (cass. soc. 15 avril 2015, n° 14-18653, BC V n° 90).

Nombre de délégués

Il est fixé comme suit, en fonction des effectifs (c. trav. art. R. 2143-2) :
- de 50 à 999 salariés : 1 délégué ;
- de 1 000 à 1 999 salariés : 2 délégués ;
- de 2 000 à 3 999 salariés : 3 délégués ;
- de 4 000 à 9 999 salariés : 4 délégués ;
- au-delà de 9 999 salariés : 5 délégués.

Un accord collectif peut augmenter le nombre de DS (cass. soc. 20 mars 2001, n° 99-60496, BC V n° 101). En revanche, une telle mesure ne peut pas résulter d'un usage ou d'un engagement unilatéral (cass. soc. 30 mai 2001, n° 00-60150, BC V n° 199 ; cass. soc. 5 mars 2008, n° 07-60305, BC V n° 52). Si l'employeur a néanmoins pris l'initiative d'augmenter le nombre de DS, il ne peut revenir au nombre fixé par le code du travail qu'à condition de réserver le même sort à tous les syndicats et de les en informer préalablement (cass. soc. 4 mars 2009, n° 08-60436, BC V n° 62 ; cass. soc. 25 janvier 2012, n° 11-14151, BC V n° 30).

▶ À noter… Une confédération syndicale et les organisations qui lui sont affiliées ne peuvent désigner, ensemble, un nombre de DS supérieur à celui prévu, pour un seul syndicat, par la loi ou un accord collectif plus favorable (cass. soc. 10 mai 2012, n° 11-21356, BC V n° 145 ; cass. soc. 26 mars 2014, n° 13-19718 D).

Publicité de la désignation

Notification et affichage de la désignation - Les syndicats informent l'employeur des noms et prénoms du ou des DS soit par lettre recommandée avec demande d'avis de réception, soit par lettre remise en main propre contre récépissé. La notification par mail est également valable (cass. soc. 12 juin 2013, n° 12-19575 D). Ils en adressent une copie à l'inspection du travail (c. trav. art. L. 2143-7 et D. 2143-4).

▶ À noter… L'absence de signature au bas du courrier adressé à l'employeur est sans incidence sur la validité de la désignation (cass. soc. 5 mars 2008, n° 07-60305, BC V n° 52).

Ces formalités ne sont prévues que pour faciliter la preuve de la désignation du DS et non pour sa validité. Il suffit, dès lors, que la preuve soit rapportée que l'employeur en a eu connaissance de façon certaine (cass. soc. 9 juillet 1996, n° 95-60777, BC V n° 274 ; cass. soc. 9 avril 2002, n° 00-60332 D).

En revanche, pour que la désignation soit valable, le courrier doit clairement indiquer, à peine de nullité (cass. soc. 30 janvier 2008, n° 07-60066 D) :
- soit l'entreprise, soit l'établissement, lieu de la désignation ;
- si le salarié est désigné en qualité de représentant syndical au CSE ou en qualité de DS dans l'entreprise ou l'établissement distinct.

La désignation d'un DS est valablement notifiée au chef d'établissement s'il détient une délégation de pouvoirs permettant de l'assimiler à l'employeur (cass. soc. 9 juin 1999, n° 98-60365, BC V n° 274).

Les syndicats affichent les noms des DS sur les *panneaux d'affichage** réservés aux communications syndicales (c. trav. art. L. 2143-7).

Date de la désignation - À l'égard de l'employeur, la date de la désignation est celle portée sur l'avis de réception ou le récépissé. À l'égard des salariés, c'est la date de l'affichage des noms du ou des DS sur les panneaux réservés aux communications syndicales.

Notification et organisation du remplacement - Les modalités de la désignation sont identiques pour le remplacement ou la cessation des fonctions (cass. soc. 16 mai 1990, n° 89-60690, BC V n° 233). Toutefois, il n'est pas obligatoire d'indiquer à nouveau le périmètre de la désignation (entreprise, établissement distinct). En effet, le remplaçant est censé exercer ses fonctions dans le même périmètre que son prédécesseur (cass. soc. 11 février 2009, n° 08-60490, BC V n° 44 ; cass. soc. 5 décembre 2012, n° 11-60209 D).

Si un syndicat a la faculté de remplacer un DS temporairement éloigné de l'entreprise, la réitération de désignations successives et limitées instaure un système de suppléance qui ne peut être mis en place que par un accord collectif. Ainsi, un syndicat ne peut pas désigner systématiquement des salariés pour remplacer des DS en fin de semaine, pendant leur congé hebdomadaire (cass. soc. 14 janvier 2004, n° 02-60316, BC V n° 19).

Entretien individuel

En début de mandat, les DS peuvent demander un entretien individuel à leur employeur. Cet entretien doit porter sur les modalités pratiques d'exercice de leur mandat au sein de l'entreprise au regard de leur emploi (voir *Entretien avec les représentants du personnel**) (c. trav. art. L. 2141-5).

Fin du mandat

Renouvellement du CSE - Le mandat de DS prend fin au plus tard lors du premier tour des élections renouvelant le CSE (c. trav. art. L. 2143-11 ; cass. soc. 22 septembre 2010, n° 09-60435, BC V n° 188). Et ce, peu important que le syndicat qui l'a désigné conserve sa représentativité : il doit redésigner l'intéressé ou un autre candidat.

Révocation - Le syndicat qui a désigné le DS est libre de le révoquer à tout moment. La révocation prend effet à compter de sa notification à l'employeur, même si le salarié concerné n'en est informé que plus tard et a continué à exercer ses fonctions. L'employeur n'a pas à s'interroger sur la régularité de la révocation et doit constater la cessation du mandat dès qu'il en a été informé (cass. soc. 7 novembre 2007, n° 06-13702, BC V n° 186).

La révocation d'un DS ne peut, en principe, émaner que du syndicat qui l'a désigné (cass. soc. 8 décembre 2004, n° 03-60445, BC V n° 327 ; cass. soc. 12 juin 2013, n° 12-10026 D). Par exception :

- en cas de conflit de compétences (sur la question de savoir quel syndicat est habilité à révoquer) avec un autre syndicat affilié à la même organisation syndicale, celle-ci peut trancher le conflit en faveur de cet autre syndicat, autrement dit, de celui qui n'avait pas procédé à la désignation (cass. soc. 16 décembre 2009, n° 09-60118, BC V n° 288) ;
- en cas de désaffiliation du syndicat désignataire (changement d'étiquette syndicale), l'organisation de rattachement (confédération, fédération ou union) à laquelle était affilié ce syndicat peut révoquer le mandat du DS et désigner un remplacement dès lors qu'elle dispose d'une section syndicale constituée sous son sigle dans le périmètre de désignation (cass. soc. 16 octobre 2013, n° 12-60281, BC V n° 241).

Autres motifs - Le mandat du DS prend fin en cas de (c. trav. art. L. 2143-11) :

- perte de représentativité du syndicat qui l'a désigné ;
- absence de recueil d'au moins 10 % des suffrages exprimés au premier tour des élections professionnelles suivantes ;
- départ du DS de l'entreprise ou de l'établissement où il a été désigné ;
- démission de son mandat, à partir du moment où le salarié en a informé le syndicat l'ayant désigné (cass. soc. 6 avril 2016, n° 14-23198, BC V n° 69). Sous cette réserve, la démission prend effet à l'égard de l'employeur, à la date à laquelle elle est portée à sa connaissance (cass. soc. 9 juillet 2014, n° 12-29438, BC V n° 190) ;
- réduction importante et durable de l'effectif en dessous de 50 salariés, par accord entre l'employeur et l'ensemble des syndicats représentatifs ;
- nouvelles élections professionnelles dans les entreprises de moins de 50 salariés ;
- *modification de la situation juridique de l'employeur**, sous conditions.

Incidence de l'annulation d'une élection - Si les élections sont annulées et que cela remet en cause la représentativité du syndicat qui a désigné le DS, son mandat ne prend pas fin pour autant. Compte tenu du principe de non-rétroactivité de l'annulation des élections, le DS conserve son mandat jusqu'aux élections suivantes (cass. soc. 11 mai 2016, n° 15-60171, BC V n° 91).

De même, l'annulation de l'élection d'un candidat ayant recueilli au moins 10 % des suffrages exprimés au premier tour des élections est sans effet sur la condition du score électoral personnel requise par le code du travail pour être désigné DS. Sa désignation en qualité de DS n'est donc pas remise en cause dans ce contexte (cass. soc. 11 décembre 2019, n° 18-19379 FSPB).

Entretien professionnel - Voir *Entretien avec les représentants du personnel**.

Durée de la protection post-mandat - Les anciens DS conservent le statut de salarié protégé pendant 12 mois après la cessation de leurs fonctions, à condition qu'ils aient exercé leur mandat pendant au moins 1 an (c. trav. art. L. 2411-3) (voir *Licenciement des délégués syndicaux**). Toutefois, dans les entreprises de moins de 50 salariés où seul un élu du CSE, peut être désigné DS, la protection post-mandat est celle de 6 mois attachée à sa qualité d'élu et non celle de 12 mois attachée à la qualité de DS s'il a exercé plus d'un an (cass. soc. 4 novembre 2020, n° 19-12279, 2° moyen FPB).

☛ *Délégué syndical.*

➲ Formulaire de Droit Social, « Désignation d'un délégué syndical ».

Délégué syndical (missions)

Représentation du syndicat

Le délégué syndical (DS) représente le syndicat qui l'a désigné auprès de l'employeur et des salariés (c. trav. art. L. 2131-1 et L. 2143-3). Il informe les adhérents et anime l'activité syndicale.

Il est l'interlocuteur privilégié de l'employeur pour négocier des accords d'entreprise (c. trav. art. L. 2143-3 et L. 2232-17) [voir *Accord collectif d'entreprise (conclusion avec délégué syndical)**].

▶ **À noter...** Dans les entreprises où se sont constituées une ou plusieurs sections syndicales de syndicats représentatifs, l'employeur doit engager des négociations obligatoires selon une périodicité déterminée (c. trav. art. L. 2242-1) (voir *Négociations obligatoires dans l'entreprise**).

Information

Les DS ont accès à la *base de données économiques, sociales et environnementales (BDESE)**. Ils sont tenus à une obligation de discrétion à l'égard des informations contenues dans cette base, revêtant un caractère confidentiel et présentées comme telles par l'employeur (c. trav. art. L. 2312-36).

L'employeur doit aussi leur fournir :
- chaque année, la liste des modifications apportées aux conventions et accords collectifs de travail applicables dans l'entreprise (c. trav. art. L. 2262-6) ;
- un exemplaire de la convention ou accord collectif applicable à l'entreprise, lorsqu'une convention de branche ou un accord professionnel ne prévoit pas les conditions d'information des représentants du personnel sur le droit conventionnel (c. trav. art. L. 2262-5 et R. 2262-2) ;
- les informations nécessaires aux négociations de conventions ou d'accords d'entreprise (c. trav. art. L. 2232-20, L. 2242-11 et L. 2242-14) ;
- le bilan, effectué au moins une fois par an, du travail à temps partiel réalisé dans l'entreprise (c. trav. art. L. 3123-15).

Consultation

L'employeur doit, à défaut d'accord collectif sur la question, consulter les DS :
- avant de fixer une période de travail de nuit qui diffère de celle légalement prévue (c. trav. art. L. 3122-22) ;
- en cas de travail de nuit (c. trav. art. R. 3122-16) ;
- en cas d'organisation du travail en continu (c. trav. art. L. 3132-14) ;
- avant le recours à des équipes de suppléance (c. trav. art. L. 3132-18).

L'employeur doit aussi consulter les DS avant de demander, en cas de circonstances exceptionnelles, à l'inspecteur du travail d'autoriser le dépassement de la durée quotidienne de travail accomplie par un travailleur de nuit (c. trav. art. L. 3122-6).

Heures de délégation

Chaque DS dispose d'un crédit mensuel d'*heures de délégation** de (c. trav. art. L. 2143-13) :
- 12 h dans les entreprises employant de 50 à 150 salariés ;
- 18 h dans les entreprises employant de 151 à 499 salariés ;
- 24 h dans les entreprises occupant au moins 500 salariés.

Lorsque le DS est au forfait jours, son crédit d'heures est regroupé en demi-journées ; une demi-journée correspondant à 4 heures (c. trav. art. L. 2143-13).

Dans les entreprises ou établissements où plusieurs DS sont désignés pour chaque section syndicale, ceux-ci peuvent répartir entre eux le temps dont ils disposent au titre de leur mandat. Ils en informent alors l'employeur (c. trav. art. L. 2143-13).

Chaque DS peut utiliser ses heures de délégation pour participer (hormis celles dont chaque section syndicale dispose dans le cadre d'une négociation collective ; voir ci-après), au titre de son organisation (c. trav. art. L. 2143-16-1) :
- à des négociations ou à des concertations à un autre niveau que celui de l'entreprise ;
- aux réunions d'instances organisées dans l'intérêt des salariés de l'entreprise ou de la branche.

En outre, chaque section syndicale dispose, au profit de son ou ses DS et des salariés appelés à participer aux *négociations obligatoires dans l'entreprise**, d'un crédit horaire global supplémentaire, dans la limite de 12 h par an (entreprises d'au moins 500 salariés) ou de 18 h par an (entreprises d'au moins 1 000 salariés) (c. trav. art. L. 2143-16).

▶ Attention… Ce crédit est un crédit annuel accordé globalement pour préparer l'ensemble de la négociation annuelle obligatoire, quel que soit le nombre d'accords conclus (cass. soc. 2 juin 2004, n° 01-44474, BC V n° 160).

Déplacements

Pour l'exercice de leurs fonctions, les DS peuvent, durant les *heures de délégation* (voir ci-avant)*, se déplacer hors de l'entreprise. Ils peuvent également, tant durant les heures de délégation qu'en dehors de leurs heures habituelles de travail, circuler librement dans l'entreprise et y prendre tous contacts nécessaires à l'accomplissement de leur mission, notamment auprès d'un salarié à son poste de travail, sous réserve de ne pas apporter de gêne importante à l'accomplissement du travail des salariés (c. trav. art. L. 2143-20).

L'employeur n'a pas le droit de restreindre la liberté de circulation des DS, que ce soit par une note de service ou une décision unilatérale (c. trav. art. L. 2141-10), ou par le biais du règlement intérieur de l'entreprise (cass. crim. 8 mai 1973, n° 72-92386, B. crim. n° 212). Il peut toutefois mettre en place certaines règles (ex. : demander aux DS de justifier de leur qualité pendant leurs déplacements pour assurer la sécurité de l'entreprise) (cass. crim. 10 janvier 1989, n° 87-80048, BC V n° 10) [voir *Comité social et économique (déplacement)**].

▶ À noter… Pendant la crise sanitaire, les DS doivent pouvoir continuer à exercer leurs missions à l'intérieur des entreprises dont l'activité n'est pas interrompue. Celles-ci requièrent le maintien de leur liberté de circulation (Questions/Réponses « Dialogue social » du ministère du Travail du 17 avril 2020, actualisé le 29 septembre 2021) [voir *Covid-19 (CSE et représentants syndicaux)**]. Ainsi, des restrictions de circulation liées à l'épidémie de covid-19 n'autorisaient pas l'employeur à empêcher les DS d'accéder au site, en ne délivrant d'autorisations de déplacement qu'aux membres de la CSST du CSE (Tribunal judiciaire de Saint-Nazaire, 27 avril 2020, n° RG 20/00071).

Cumul de mandats

Dans les entreprises de moins de 300 salariés et dans les établissements appartenant à ces entreprises, le DS est de droit *représentant syndical auprès du CSE**.

Les fonctions de DS sont compatibles avec celles de membre de la délégation du personnel au CSE ou de représentant syndical à ce comité (voir *Cumul de mandats**) (c. trav. art. L. 2143-9 et L. 2143-22).

☛ *Délégué syndical.*

Délégué syndical supplémentaire

Conditions de désignation

Effectif d'au moins 500 salariés au niveau de l'entreprise - Dans les entreprises d'au moins 500 salariés, tout syndicat représentatif dans l'entreprise peut désigner un délégué syndical (DS) supplémentaire s'il a obtenu lors de l'élection du *comité social et économique** (CSE) un ou plusieurs élus dans le collège des ouvriers et employés et si, au surplus, il compte au moins un élu dans l'un des deux autres collèges (maîtrise et cadres) (c. trav. art. L. 2143-4).

Lorsqu'un accord collectif crée un 4e collège propre à une catégorie déterminée, un syndicat peut désigner un DS supplémentaire s'il a un élu dans le 1er collège et un élu dans ce 4e collège d'origine conventionnelle, même s'il n'a pas d'élu dans les 2e et 3e collèges d'origine légale auxquels les salariés de ce 4e collège auraient été rattachés (cass. soc. 18 juin 2003, n° 01-60911, BC V n° 202).

Ce DS supplémentaire doit être choisi parmi les candidats aux dernières élections professionnelles qui ont recueilli au moins 10 % des suffrages exprimés au premier tour (c. trav. art. L. 2143-4).

Effectif d'au moins 500 salariés au niveau de l'établissement - Lorsque l'entreprise est divisée en établissements distincts, la désignation d'un DS supplémentaire ne peut intervenir que si l'établissement concerné :
- emploie au moins 500 salariés (cass. soc. 14 janvier 2009, n° 08-60449, BC V n° 13) ;
- est doté d'un comité d'établissement (cass. soc. 9 février 1984, n° 83-61063, BC V n° 53).

À défaut, le DS supplémentaire est obligatoirement désigné au niveau de l'entreprise, sous réserve que celle-ci ait atteint le seuil de 500 salariés et qu'elle soit dotée d'un CSE.

Calcul de l'effectif. - L'effectif d'au moins 500 salariés s'apprécie à la date des dernières élections au CSE, lesquelles, au regard du score électoral et du nombre d'élus obtenus par le syndicat, ouvrent le droit pour ce dernier de désigner un DS supplémentaire pour toute la durée du cycle électoral (cass. soc. 8 décembre 2021, n° 20-17688 FSB).

La règle n'est donc pas la même que celle employée pour déterminer si la condition d'effectif est remplie pour la désignation d'un DS (c. trav. art. L. 2143-3) [voir *Délégué syndical (désignation)**].

Listes communes - Si des syndicats ont présenté des listes communes aux élections, un seul DS supplémentaire peut, en principe, être désigné d'un commun accord entre les syndicats ayant présenté ces listes (cass. soc. 18 novembre 2008, n° 08-60397, BC V n° 227). Pour autant, la règle change si chaque syndicat remplit à lui seul l'ensemble des conditions posées pour une telle désignation. Dans ce cas particulier, chacun pourra désigner un DS supplémentaire tout en conservant la possibilité de choisir ensemble un DS supplémentaire s'ils le souhaitent (cass. soc. 22 février 2017, n° 15-28775, BC V n° 28).

Syndicats affiliés à la même confédération - Deux organisations syndicales, affiliées à la même confédération interprofessionnelle nationale, qui ont présenté des listes distinctes dans des collèges différents, peuvent faire valoir qu'elles remplissent, ensemble, les conditions exigées pour la désignation d'un DS supplémentaire en raison de la présence d'élus dans au moins deux collèges (cass. soc. 29 mai 2019, n° 18-60129 FSPB).

Deux organisations syndicales affiliées à la même confédération ne peuvent pas présenter chacune leur propre liste dans le même collège (cass. soc. 22 septembre 2010, n° 10-60135, BC V n° 184 ; cass. soc. 10 mai 2012, n° 11-21356, BC V n° 145). Dans l'hypothèse où elles le feraient quand même fait, elles perdraient le droit d'additionner les votes.

Heures de délégation

Le DS supplémentaire dispose d'un crédit mensuel de 24 *heures de délégation** (c. trav. art. L. 2143-13).

☞ *Délégué syndical.*

➲ Formulaire de Droit Social, « Désignation d'un délégué syndical supplémentaire ».

Délit d'entrave

Définition

Non-respect des dispositions relatives aux représentants du personnel et au droit syndical - Toute action positive ou négative (omission ou abstention d'agir, par exemple) faisant obstacle à l'exercice du droit syndical ainsi qu'à la mise en place ou au fonctionnement du *comité social et économique** constitue un délit d'entrave.

Non-respect d'une disposition législative ou réglementaire - Le délit peut résulter du non-respect d'une disposition législative ou réglementaire.

Exemples

Le délit peut être constitué à l'occasion :
- de la mise en place des institutions représentatives, comme le refus d'organiser les élections professionnelles (cass. crim. 15 mai 2007, n° 06-86896 D) ;
- du fonctionnement des institutions (réunions, heures de délégation, local, matériel, affichage, bon de délégation, etc.) (cass. crim. 17 décembre 2013, n° 12-85617 D) ;
- du refus de l'employeur d'aménager le temps de travail d'un représentant du personnel pour lui donner le temps nécessaire à l'exercice de ses fonctions (cass. crim., 5 novembre 2013, n° 12-84862 D) ;
- de la mise en œuvre d'un projet de déménagement sans réelle consultation du CSE (cass. crim. 4 septembre 2018, n° 17-82297 D) ;
- du non-respect des missions dévolues au CSE, tel que le défaut de consultation ou d'information prévues par les textes (cass. crim. 10 mai 2016, n° 14-85318, B. crim. n° 140 ; cass. crim. 30 mars 2021, n° 20-81030 D) ;
- du non-respect des obligations à l'égard du CSE tel que le refus de prendre en charge les frais de déplacement pour se rendre aux réunions légales (cass. crim. 22 novembre 2005, n° 04-87451, B. crim. n° 307) ;
- du licenciement des représentants du personnel (non-respect de la procédure ou de la décision administrative refusant l'autorisation de licenciement, refus de réintégration, etc.).

En revanche, le seul fait d'avoir prononcé envers un représentant du personnel une mise à pied non justifiée ne rend pas l'employeur coupable du délit d'entrave. Pour cela, il faut qu'il ait fait obstacle aux fonctions représentatives que le salarié protégé reste en droit d'exercer durant la mise à pied (cass. crim. 8 avril 2014, n° 12-85800, B. crim. n° 107).

Non-respect d'une disposition conventionnelle - Le délit peut résulter du non-respect d'une disposition conventionnelle. Lorsqu'en application d'une disposition législative expresse dans une matière déterminée, une convention ou un accord collectif de travail étendu déroge à des dispositions légales, les infractions aux stipulations dérogatoires sont punies des sanctions qu'entraîne la violation des dispositions légales en cause (cass. crim. 19 juin 2012, n° 11-84884, B. crim. n° 154).

Rôle du juge pénal - Le juge pénal (tribunal correctionnel) apprécie si le délit d'entrave est caractérisé sur saisine directe des représentants du personnel concernés, du représentant de l'institution représentative elle-même lorsqu'elle est dotée de la personnalité morale ou encore du parquet, ou sur transmission d'un procès-verbal de l'*inspection du travail** constatant des faits susceptibles d'être constitutifs d'un tel délit.

Sanctions

L'atteinte à la constitution des institutions représentatives du personnel (IRP) est passible d'une peine d'emprisonnement d'un an à laquelle s'ajoute une amende de 7 500 €.

Quant aux entraves à l'exercice des fonctions ou au fonctionnement régulier des IRP, elles sont sanctionnées par une amende de 7 500 €. Il en est de même lorsque, dans une entreprise d'au moins 300 salariés ou dans un établissement distinct comportant au moins 300 salariés, le bilan social d'entreprise ou d'établissement n'est pas établi ou soumis annuellement au *comité social et économique**.

▶ À noter... L'employeur ne peut pas échapper à une sanction pour délit d'entrave par le biais d'une transaction pénale (c. trav. art. L. 8114-4).

Entrave à une institution représentative du personnel : sanctions encourues

Institutions représentatives du personnel	Faits sanctionnés	Sanctions
Comité de groupe	Ne pas constituer et réunir pour la première fois le comité de groupe. Apporter une entrave à la désignation des membres du comité de groupe (c. trav. art. L. 2335-1).	1 an d'emprisonnement + 7 500 € d'amende
	Apporter une entrave au fonctionnement régulier du comité de groupe (c. trav. art. L. 2335-1).	7 500 € d'amende
Comité d'entreprise européen	Entraves : - à la constitution d'un groupe spécial de négociation, d'un comité d'entreprise européen, à la mise en œuvre d'une procédure d'information et de consultation, à la libre désignation de leurs membres (c. trav. art. L. 2346-1) ; - à la constitution d'un groupe spécial de négociation, d'un comité de la société européenne (ou d'un comité de la société coopérative européenne ou d'un comité d'une société issue d'une fusion transfrontalière) mis en place ou non par accord, à la libre désignation de leurs membres (c. trav. art. L. 2355-1, L. 2365-1 et L. 2375-1).	1 an d'emprisonnement + 7500 € d'amende
	Entrave au fonctionnement régulier (c. trav. art. L. 2346-1, L. 2355-1, L. 2365-1 et L. 2375-1).	7 500 € d'amende
Comité social et économique (ou CSE central, CSE d'établissement et conseil d'entreprise)	Entrave à la constitution ou à la libre désignation de ses membres (c. trav. art. L. 2317-1).	1 an d'emprisonnement + 7 500 € d'amende
	Entrave à son fonctionnement régulier (c. trav. art. L. 2317-1).	7 500 € d'amende
	Le fait de rompre ou de transférer le contrat de travail en méconnaissance du statut protecteur (c. trav. art. L. 2432-1).	1 an d'emprisonnement + 7 500 € d'amende
	Dans une entreprise d'au moins 300 salariés ou dans un établissement distinct comportant au moins 300 salariés, ne pas établir et soumettre annuellement au CSE le bilan social d'entreprise ou d'établissement (c. trav. art. L. 2317-2).	7 500 € d'amende
Représentants de proximité	S'ils sont membres du CSE, toute entrave à leur désignation ou à l'exercice de leurs fonctions est sanctionnée selon les règles applicables aux membres du CSE (c. trav. art. L. 2317-1).	1 an d'emprisonnement + 7 500 € d'amende (pour entrave à la désignation) 7 500 € d'amende (pour entrave au fonctionnement)
	Le fait de rompre ou de transférer le contrat de travail en méconnaissance du statut protecteur (c. trav. art. L. 2433-1).	1 an d'emprisonnement + 3 750 € d'amende
Délégués syndicaux	Le fait d'apporter une entrave à l'exercice du droit syndical (c. trav. L. 2146-1). Le fait de rompre ou de transférer le contrat de travail en méconnaissance du statut protecteur (c. trav. art. L. 2431-1).	1 an d'emprisonnement + 3 750 € d'amende

Lorsque l'auteur du délit est une personne morale, le taux de l'amende est égal au quintuple de celui prévu pour la personne physique (c. proc. pén. art. 131-38).

En cas de récidive, le maximum des peines d'emprisonnement et d'amende encourues est doublé (c. pén. 132-10 et 132-14).

Comité social et économique ; Délégué syndical ; Élections professionnelles.

Demandeur d'emploi

Chômage ; Chômage (demandeur d'emploi) ; Inscription comme demandeur d'emploi ; Offres et demandes d'emploi ; Pôle Emploi.

Démission

Le salarié qui démissionne rompt ainsi le *contrat de travail à durée indéterminée** (CDI). Il en assume, en principe, la responsabilité. Encore faut-il qu'il n'y ait aucune équivoque sur sa volonté réelle de rompre son contrat de travail et que sa décision soit définitive.

Les juges peuvent estimer qu'il s'agit d'une *prise d'acte de la rupture**, susceptible de produire les effets d'un licenciement sans cause réelle et sérieuse si l'examen des faits révèle qu'en réalité, des griefs imputables à l'employeur et rendant impossible la poursuite du contrat de travail sont à l'origine de la décision du salarié.

Sur la possibilité pour un salarié de rompre son contrat de travail, sans préavis, à l'issue d'un congé de maternité (ou d'adoption), voir *Démission pour élever un enfant**.

Caractéristiques

Contrat concerné - La démission ne concerne que les CDI. Il s'agit de la contrepartie du droit de l'employeur de licencier.

Distinction avec les autres modes de rupture - La démission doit notamment être distinguée :

- du *départ volontaire à la retraite** (bien que le salarié en soit à l'initiative, il s'agit d'un mode spécifique de rupture) ;
- de la résiliation du contrat de travail pendant la *période d'essai** (les règles relatives à la démission et au licenciement ne sont alors pas applicables) ;
- de la rupture anticipée du CDD à l'initiative du salarié [voir *Contrat de travail à durée déterminée (rupture anticipée)**].

Liberté de démissionner - Le salarié a la liberté de démissionner. Il peut le faire à tout moment en respectant un *préavis**, sans réelle procédure, sans motif et sans autorisation de l'employeur. Ce dernier ne peut pas insérer dans le contrat de travail une clause interdisant au salarié de démissionner durant une certaine période (cass. soc. 11 juillet 2006, n° 04-45847 D).

Cependant, l'employeur peut, sous conditions restrictives, « dissuader » la démission en utilisant certaines clauses susceptibles d'entraver cette liberté (voir *Clause de dédit-formation** et *Clause de non-concurrence**).

Enfin, l'employeur peut tenter d'obtenir une indemnisation pour démission abusive *(voir ci-après)*.

Procédure

Pour le salarié - Il va de soi que la démission doit être portée à la connaissance de l'employeur. Mais il n'existe aucune exigence légale de forme en la matière (ex. : pas de notification obligatoire ni d'obligation de motivation). La volonté de démissionner doit néanmoins être dépourvue de toute ambiguïté *(voir ci-après)*.

En pratique, il est donc recommandé de demander au salarié de confirmer cette démission par écrit.

En l'absence de clause contraire, la lettre de démission remise à un supérieur hiérarchique emporte aussi rupture du contrat, peu important que ce supérieur ait reçu ou non une délégation de pouvoirs de l'employeur (cass. soc. 15 mars 2006, n° 03-43102, BC V n° 105).

▶ À noter... Une démission donnée verbalement est valable même si la convention collective stipule qu'elle doit donner lieu à une confirmation écrite, dès lors que le comportement du salarié atteste de sa volonté de démissionner. L'écrit n'est qu'une condition de forme, non une condition de validité (cass. soc. 28 septembre 2004, n° 02-43299 D).

Pour l'employeur - La loi n'oblige pas l'employeur à répondre au salarié qui lui a notifié sa démission. Cette formalité n'est toutefois pas sans intérêt. D'abord, elle permet à l'employeur de s'assurer de la volonté réelle du salarié (il est important de rappeler dans cette lettre que le contrat est rompu à l'initiative de ce dernier). Ensuite, elle donne l'occasion à l'employeur de rappeler au salarié ses obligations, notamment au sujet du *préavis**, quand il est dû.

N'étant pas obligatoire, la lettre d'enregistrement de la démission peut être une lettre simple, éventuellement remise en main propre contre récépissé sur le lieu du travail.

▶ À noter… La démission d'un représentant du personnel n'impose aucune formalité supplémentaire pour l'employeur qui n'a pas à demander l'autorisation de l'inspecteur du travail préalablement au départ du salarié (cass. soc. 21 février 1996, n° 92-44842, BC V n° 63).

Modèle de lettre d'enregistrement d'une démission

À …, le …

Lettre remise en main propre contre décharge ou LRAR

Madame, Monsieur,

Vous nous avez avisés le … de votre intention de démissionner. Nous avons pris bonne note de cette décision.

Votre préavis d'une durée de … mois, pendant lequel vous restez soumis à l'ensemble de vos obligations professionnelles, expirera donc le …

Variante. Nous vous confirmons que nous avons décidé de vous dispenser de l'exécution de votre travail pendant la totalité (ou : une partie) de votre préavis, soit jusqu'au …

Pendant cette période, vous êtes autorisé à vous absenter … heures par jour (1), pour rechercher un emploi, selon les modalités suivantes : …

Vous voudrez bien vous présenter à la fin de votre préavis au service du personnel afin d'y recevoir, notamment, votre dernier bulletin de paie, votre certificat de travail, votre reçu pour solde de tout compte et votre attestation d'assurance chômage.

Nous vous prions d'agréer, Madame, Monsieur, nos sincères salutations.

Signature

(1) Les *heures pour recherche d'emploi** ne sont pas prévues par la loi mais la convention collective applicable à l'entreprise ou des usages peuvent les instituer en faveur des salariés démissionnaires.

Volonté de démissionner

Volonté claire et non équivoque - La démission ne se présume pas. En cas de contentieux, le juge vérifie si, au moment où elle a été donnée, la démission résultait d'une volonté claire et non équivoque du salarié de mettre fin au contrat de travail (cass. soc. 9 mai 2007, n° 05-40315, BC V n° 70 ; cass. soc. 28 novembre 2012, n° 11-20954 D).

En cas de doute, il est conseillé de demander au salarié de se prononcer explicitement par écrit, avant de tirer les conséquences de la démission (lettre d'enregistrement de la rupture initiée par le salarié, solde de tout compte, etc.).

Pas de démission fondée sur une erreur - Le salarié qui démissionne est censé connaître les conséquences de son choix. Toutefois, il peut être jugé, selon les circonstances, qu'un défaut de connaissance a provoqué la décision de démissionner. Dans ce cas, la rupture n'est pas la manifestation d'une volonté libre de démissionner de sa part.

Exemples

N'a pas manifesté une telle volonté un salarié déclaré inapte à certaines de ses fonctions et qui a démissionné alors que son employeur ne l'avait pas informé de ses droits (cass. soc. 15 octobre 1996, n° 93-42453 D ; cass. soc. 10 mars 1998, n° 95-43871, BC V n° 133).

Il en est de même pour une salariée qui avait démissionné croyant qu'une modification des conditions d'exécution de son travail annoncée par l'employeur impliquait une activité de manutention qu'elle n'avait pas la capacité physique d'effectuer (cass. soc. 14 juin 2000, n° 98-42780 D).

À l'inverse, l'embauche simultanée de l'intéressé dans une autre entreprise corrobore la volonté non équivoque de démissionner (cass. soc. 14 juin 2006, n° 04-40526 D).

Pas de démission irréfléchie ou rendue sous la contrainte - Une démission suppose la manifestation d'une volonté pleinement consciente et définitive de rompre le contrat et non de gestes ou de propos inconsidérés du salarié, dus à une émotion, à un moment d'humeur ou à un état physique anormal. La rétractation très rapide de la démission peut manifester son caractère irréfléchi ou « contraint » *(voir ci-après)*.

En tout état de cause, dans de telles circonstances, la prudence commande de ne pas tirer de conclusions hâtives des propos ou de l'attitude du salarié et de demander à l'intéressé une confirmation écrite de sa décision.

Exemples

Dans le cas d'une salariée présentant, à la veille de sa démission, un état dépressif lié à des relations conflictuelles avec son employeur et médicalement constaté, les juges ont valablement décidé que la démission avait été provoquée par l'employeur. Une telle rupture devait être analysée en un licenciement sans cause réelle et sérieuse (cass. soc. 18 juin 2003, n° 00-46438 D).

Il en va de même d'un salarié qui, le jour même de sa démission, avait été placé en arrêt maladie puis hospitalisé en service psychiatrique 11 jours après pour dépression nerveuse (cass. soc. 26 mai 2010, n° 08-44923 D).

Une absence injustifiée n'est pas une démission - La seule cessation du travail par le salarié ne suffit pas à caractériser sa volonté claire et non équivoque de démissionner (cass. soc. 25 novembre 2020, n° 19-12447 D). **Il appartient à l'employeur qui lui reproche un abandon de poste d'en tirer les conséquences : mettre en demeure le salarié de justifier son absence et, si nécessaire, le licencier** (cass. soc. 18 juin 2003, n° 01-43087 D). **Cette règle vaut également pour la rupture de période d'essai, laquelle ne se présume pas non plus** (cass. soc. 27 novembre 2013, n° 12-25308 D).

L'analyse est la même lorsque le salarié refuse de reprendre le travail à l'issue d'un événement particulier ou d'une décision de l'employeur qu'il conteste. Peu importe que ce refus soit ou non justifié.

Exemples

Ainsi ne doit pas être considéré comme démissionnaire le salarié qui abandonne son poste sans aucune explication et qui a quitté son domicile sans laisser de nouvelle adresse (cass. soc. 9 décembre 2010, n° 09-42886 D).

Il en est de même pour :

- le salarié qui ne reprend pas son travail après un transfert d'entreprise parce qu'il refuse les changements apportés à son contrat par le nouvel employeur (cass. soc. 30 avril 2003, n° 01-41355 D) ;
- le salarié qui, refusant de reprendre son poste après ses congés payés, envoie trois lettres à son employeur pour solliciter le bénéfice d'un licenciement économique (cass. soc. 5 février 2003, n° 00-43763 D) ;
- celui qui, refusant un changement dans ses conditions de travail, ne reprend pas son travail après un arrêt maladie, en dépit de trois mises en demeure de son employeur (cass. soc. 18 février 2003, n° 99-44705 D).

Une embauche chez un autre employeur n'est pas une démission - Un salarié qui signe un contrat de travail avec un autre employeur et ne vient plus à son travail « initial » ne doit pas être considéré comme démissionnaire, l'employeur pouvant alors être condamné pour licenciement sans cause réelle et sérieuse (cass. soc. 24 avril 2013, n° 11-26391, BC V n° 112). **De même, un salarié qui ne se rend plus sur son lieu de travail et s'engage dans le cadre d'un second contrat chez un autre employeur, même si cette situation donne lieu à un cumul d'emplois matériellement impossible, ne suffit pas à caractériser une volonté claire et non équivoque de mettre fin au premier contrat de travail** (cass. soc. 4 décembre 2013, n° 12-23859 D). **À notre sens, il appartient à l'employeur de tirer les conséquences de l'attitude du salarié en le mettant en demeure de justifier son absence ou de reprendre son travail dans les plus brefs délais et, si le salarié ni ne se justifie, ni ne reprend son travail, en déclenchant la procédure de licenciement.**

▶ À noter... Quand un salarié est embauché chez un nouvel employeur, les juges ont pu admettre qu'il a démissionné même s'il n'a pas signifié expressément sa démission à son ancien employeur (cass. soc. 27 mai 2003, n° 01-41918 D). La prudence recommande néanmoins de ne pas systématiquement considérer le salarié comme démissionnaire *(voir ci-avant)* et de prendre en compte les circonstances dans chaque cas.

Ainsi, les juges ont considéré que manifeste une volonté claire et non équivoque de démissionner le salarié qui successivement refuse une promotion interne, annonce son intention de rompre le contrat de travail en faisant part de sa volonté ferme et définitive de quitter l'entreprise, puis remet à la société une attestation de son nouvel employeur confirmant son engagement. Dans cette affaire, si le salarié avait manifesté son désir de bénéficier du plan de sauvegarde de l'emploi, il n'avait jamais eu la volonté d'intégrer ce dispositif et avait maintenu sa décision de quitter l'entreprise pour rejoindre effectivement son nouvel emploi (cass. soc. 14 février 2018, n° 16-14273 D).

Pas d'incitation à démissionner de la part de l'employeur - Si l'employeur a usé de pressions ou pris des mesures vexatoires à l'encontre du salarié pour l'inciter à démissionner, la démission pourra être requalifiée aux prud'hommes en licenciement sans cause réelle et sérieuse.

Exemples

La démission donnée par un salarié lors d'un entretien avec son employeur et son supérieur hiérarchique sous la menace d'un licenciement pour faute lourde et du dépôt d'une plainte, alors que le salarié s'est par la suite rétracté, n'est pas valable (cass. soc. 25 juin 2003, n° 01-43760 D).

Il en va de même pour une lettre de démission écrite dans les locaux de l'entreprise alors que le salarié venait d'être accusé de vol de matériel, peu important que celui-ci n'ait pas dénoncé les termes de sa lettre de démission par la suite (cass. soc. 9 juillet 2003, n° 01-40250 D).

Une salariée avait été prise en flagrant délit de vol de marchandises par son employeur dans le magasin où elle travaillait. Elle avait démissionné sous la menace d'appeler les gendarmes et de porter plainte puis elle s'était rétractée quelques jours après. Ces faits démontraient l'absence de volonté libre, consciente, expresse, claire et non équivoque de la salariée (cass. soc. 23 janvier 2019, n° 17-26794 D).

Lettre de démission rédigée par l'employeur - Dans un contexte bien particulier, les juges ont estimé valable la démission matérialisée par une lettre rédigée par l'employeur et signée par le salarié (cass. soc. 26 mai 2016, n° 14-30094 D). Dans cette affaire, le salarié, déclaré apte avec réserves à la suite d'un accident du travail, s'était présenté sur le lieu de travail, et avait signé une lettre de démission rédigée par l'employeur. Quelques mois plus tard, il a contesté la validité de sa démission, mais les juges ne lui ont pas donné gain de cause. Ils ont pris en compte les circonstances suivantes :

- l'employeur produisait des témoignages (dont celui d'un représentant du personnel) attestant d'une volonté non équivoque du salarié de démissionner (témoignages rapportant que le salarié « a fait part au directeur de ses craintes de reprendre le travail de peur d'une rechute » et avait « indiqué préférer démissionner »).
- le salarié avait signé cette démission sans mentionner de réserve, ni justifier de reproche ou manquement à l'égard de l'employeur, de nature à établir une contrainte.

Cette décision souligne donc la possibilité de prouver en justice, via des attestations, la validité d'une telle rupture du contrat de travail alors même qu'à la lecture des faits (une lettre écrite par l'employeur et signée par le salarié) on aurait pu penser que la volonté du salarié était équivoque. Toutefois, afin d'éviter les risques de contentieux, il est certainement préférable que le salarié rédige lui-même sa lettre de démission.

Rétractation - Le salarié peut revenir sur sa démission s'il ne l'a pas donnée de façon libre et réfléchie et à condition de le faire rapidement. Lorsqu'elle est valable, la rétractation s'impose alors à l'employeur. S'il la refuse, cela risque d'entraîner la requalification de la rupture en un licenciement sans cause réelle et sérieuse (cass. soc. 18 décembre 2013, n° 12-28788 D).

À l'inverse, le caractère tardif de la rétractation peut, selon les circonstances, confirmer la volonté du salarié de démissionner, de sorte que l'employeur pourra estimer être en mesure de refuser la rétractation sans risquer d'être condamné.

Exemples

La rétractation devait être acceptée dans le cas d'une démission donnée à l'issue d'une entrevue avec l'employeur et suivie le surlendemain d'une rétractation (cass. soc. 6 novembre 1996, n° 93-46094 D).

Il en est de même dans l'hypothèse où le salarié avait repris le travail le jour même de sa démission présentée sur un coup de colère (cass. soc. 11 mars 2009, n° 07-42090 D).

À l'inverse, la rétractation opérée au bout de 5 semaines a été jugée non valable (cass. soc. 25 mai 2011, n° 09-68224 D).

Il faut bien garder à l'esprit que les juges apprécient au cas par cas (cass. soc. 4 février 1998, n° 95-44854 D ; cass. soc. 2 juillet 2008, n° 07-40942 D).

Indemnisation du salarié en cas de démission non valable - Lorsque l'employeur a considéré à tort un salarié comme démissionnaire, la démission est nulle et la rupture non motivée s'analyse comme un *licenciement sans cause réelle et sérieuse**. S'il s'agit d'un représentant du personnel, les indemnités à verser risquent d'être plus importantes [voir *Licenciement des représentants du personnel (contentieux)**].

Démission et prise d'acte

Deux modes de rupture - La prise d'acte et la démission sont deux modes de rupture du contrat de travail distincts : le salarié démissionnaire quitte l'entreprise « parce qu'il le veut » tandis que celui qui prend acte de la rupture de son contrat est « contraint » de quitter l'entreprise.

Démission en raison de faits reprochés à l'employeur (démission « motivée » ou « avec réserves ») - Le salarié qui motive sa démission par l'attitude fautive de son employeur peut tenter d'obtenir aux prud'hommes la « requalification » de cette rupture en *prise d'acte de la rupture** (cass. soc. 15 mars 2006, n° 03-45031, BC V n° 109), celle-ci produisant alors les effets d'un licenciement sans cause réelle et sérieuse si les faits invoqués la justifiaient (cass. soc. 30 octobre 2007, n° 06-43327, BC V n° 177) ou, dans le cas contraire, ceux d'une démission (cass. soc. 17 février 2010, n° 08-42490, BC V n° 45 ; cass. soc. 7 juillet 2015, n° 14-13834 D).

Le fait que le salarié ait employé le terme de « démission » dans son courrier n'empêche pas une éventuelle requalification du juge (cass. soc. 8 janvier 2003, n° 01-40166 D).

▶ Attention… Quand une démission est requalifiée en prise d'acte et que cette dernière a les effets d'un licenciement sans cause réelle et sérieuse, le salarié n'a pas droit à l'indemnité compensatrice de préavis s'il avait effectué son préavis dans le cadre de sa démission « requalifiée » (cass. soc. 21 janvier 2015, n° 13-16896, BC V n° 4).

Si la prise d'acte produit les effets d'une démission parce qu'elle n'était pas justifiée, le salarié doit à l'employeur le montant de l'indemnité compensatrice de préavis. Mais, le salarié qui se trouve du fait de sa maladie dans l'impossibilité physique d'exécuter son *préavis** n'est pas redevable de cette indemnité (cass. soc. 24 novembre 2021, n° 20-13502 D).

Prise d'acte de la rupture ou nullité de la démission - Un salarié ne peut pas en même temps invoquer un vice du consentement de nature à entraîner l'annulation de sa démission et demander que cette démission soit analysée en une *prise d'acte de la rupture** de son contrat de travail en raison de faits et manquements imputables à l'employeur (cass. soc. 17 mars 2010, n° 09-40465, BC V n° 68 ; cass. soc. 18 décembre 2013, n° 12-28788 D).

Démission en apparence dénuée de reproches envers l'employeur - Lorsqu'un salarié démissionne sans réserve et sans invoquer un vice du consentement de nature à remettre en cause sa décision, le juge procède aux vérifications suivantes si l'intéressé invoque ultérieurement des manquements qu'il impute à l'employeur et décide, en conséquence, de revenir sur sa démission.

Le juge vérifie, en premier lieu, si la démission était ou non équivoque à la date où elle a été donnée en examinant les circonstances antérieures ou contemporaines de la démission. Si ces circonstances rendent effectivement la démission équivoque, il est nécessaire de considérer qu'en réalité, le salarié a procédé à une *prise d'acte de la rupture** du contrat, avec les conséquences qui en résultent (cass. soc. 9 mai 2007, n° 05-40315, BC V n° 70 ; cass. soc. 19 décembre 2007, n° 06-42550, BC V n° 218 ; cass. soc. 19 décembre 2007, n° 06-44754, BC V n° 219 ; cass. soc. 24 avril 2013, n° 11-28398, BC V n° 117). Si les faits invoqués par le salarié :

- justifiaient la rupture du contrat, celle-ci produit les effets d'un licenciement sans cause réelle et sérieuse ;
- ne rendent pas légitime la rupture, celle-ci produira les effets d'une démission, quelles que soient les apparences équivoques de cette dernière.

À propos d'un cas de *harcèlement moral**, le salarié en question n'a pas obtenu la requalification de sa démission en licenciement injustifié, compte tenu du fait que la lettre de démission ne comportait aucune réserve, le harcèlement s'était produit plus de 6 mois avant la rupture et que l'employeur avait rapidement mis fin aux agissements en question (cass. soc. 19 novembre 2014, n° 13-17729, BC V n° 267).

De plus, le salarié doit contester sa démission dans un délai raisonnable, laissé à la libre appréciation des juges.

Exemple

Un délai de 14 mois a été jugé trop tardif, de même qu'un délai de 6 mois, sachant par ailleurs que les manquements reprochés à l'employeur et le contexte conflictuel allégé n'étaient pas établis (cass. soc. 19 décembre 2017 n° 06-42550 FSPB ; cass. soc. 8 juin 2017, n° 16-16024 D).

Demande de résiliation judiciaire puis démission - Lorsqu'un salarié demande la résiliation judiciaire de son contrat, puis démissionne avant que le juge ait statué, cela met automatiquement un terme à cette demande *(voir ci-après)*. Le salarié peut alors demander au juge la « requalification » de cette démission en prise d'acte. Afin d'apprécier le bien-fondé de cette prise d'acte (et donc de décider si elle équivaut à un licenciement sans cause réelle et sérieuse ou finalement à une démission), le juge doit prendre en considération les manquements de l'employeur invoqués par le salarié tant à l'appui de la demande de résiliation judiciaire devenue sans objet qu'à l'appui de sa prise d'acte (cass. soc. 30 avril 2014, n° 13-10772, BC V n° 108).

Démission et résiliation judiciaire

Pas de démission en cas de rejet d'une demande de résiliation judiciaire - Le juge, saisi d'une demande du salarié en *résiliation judiciaire du contrat de travail**, qui estime que les manquements reprochés à l'employeur ne justifient pas la rupture du contrat ne peut pas considérer que ce salarié a démissionné mais seulement le débouter de sa demande (cass. soc. 26 septembre 2007, n° 06-42551, BC V n° 138).

Fin de la demande de résiliation judiciaire en cas de démission - Lorsqu'un salarié démissionne postérieurement à une demande de résiliation judiciaire de son contrat de travail aux torts de l'employeur, cette dernière devient sans objet mais le salarié peut obtenir des dommages et intérêts si les griefs invoqués sont établis (cass. soc. 30 avril 2014, n° 13-10772, BC V n° 108) (voir *Résiliation judiciaire du contrat de travail**). Il peut aussi faire requalifier sa démission en prise d'acte *(voir ci-avant)*.

Démission et difficultés économiques

Plan de sauvegarde de l'emploi - Un salarié concerné par une procédure de licenciement économique ayant donné sa démission à la suite d'une proposition de formation et d'engagement externe obtenue avant la notification du licenciement dans le cadre d'un *plan de sauvegarde de l'emploi** a droit aux indemnités prévues par ce plan (cass. soc. 11 juin 2008, n° 07-40414, BC V n° 132).

Plan de départs volontaires - Dans certains cas, un salarié démissionnaire peut avoir droit à l'indemnité prévue par un plan de départs volontaires (PDV), auquel il n'est pourtant pas « éligible ».

Exemple

Un PDV prévoyait des départs volontaires indemnisés, sur certains postes, pour sauver les emplois de salariés menacés de licenciement économique. Toutefois, il ne précisait pas que ce « sauvetage » devait résulter, directement ou indirectement, d'un départ volontaire. Les juges ont estimé qu'une démission pouvait ouvrir droit à l'indemnité dès lors qu'elle permettait d'éviter un licenciement. Or, en l'espèce, la démission de l'intéressé avait effectivement permis de préserver un emploi : un collègue avait pris le poste laissé vacant par le salarié démissionnaire et ainsi libéré un poste qui avait à son tour été pourvu par une salariée qui, elle, occupait un emploi menacé. Partant de là, le salarié avait effectivement droit à l'indemnité en question (cass. soc. 12 janvier 2016, n° 13-27776, BC V n° 8).

Démission abusive

Intention de nuire ou légèreté blâmable - La démission est jugée abusive si les circonstances font apparaître, de la part du salarié, l'intention de nuire ou une légèreté blâmable à l'égard de l'entreprise. C'est le cas si l'employeur a subi un préjudice lié à une faute du salarié. Sans faute de celui-ci, il ne peut pas être indemnisé (cass. soc. 29 janvier 2002, n° 98-44430 D).

Exemples

Dans les cas suivants, il y avait démission abusive :
- une démission accompagnée de tentatives de *débauchage** de collègues de travail (cass. soc. 11 décembre 1991, n° 87-41840 D) ;
- un salarié ayant quitté l'entreprise de manière préméditée pour reprendre le travail dès le lendemain chez un autre employeur (cass. soc. 12 mars 1980, n° 77-40599, BC V n° 243) ;
- un représentant passé au service d'une société concurrente à l'insu de son employeur et avant sa démission, pour prospecter la même clientèle sur le même secteur, et sans l'avertir de sa démission (cass. soc. 1er avril 1992, n° 88-42056 D).

À l'inverse, il n'y a pas de démission abusive dans les cas suivants :
- une démission donnée sans motif (cass. soc. 22 juin 1994, n° 90-42143, BC V n° 204) ;
- une démission sans que le salarié ait respecté le préavis (cass. soc. 14 octobre 1987, n° 86-40049 D), l'employeur pouvant néanmoins demander en justice l'indemnité correspondant au préavis non effectué (cass. soc. 16 novembre 2004, n° 02-46135 D) ;
- une démission pour exercer une activité concurrente mais respectant la clause de non-concurrence inscrite dans le contrat de travail (cass. soc. 12 février 2002, n° 99-41538 D) ;
- un salarié qui crée une société concurrente pendant son préavis tout en récupérant par la suite des partenariats commerciaux de son ancien employeur, ces faits ayant été postérieurs à la démission (cass. soc. 18 janvier 1995, n° 91-42613, BC V n° 29).

Indemnisation de l'employeur - La résiliation du CDI à l'initiative du salarié ouvre droit, si elle est abusive, à des dommages-intérêts pour l'employeur (c. trav. art. L. 1237-2).

Sur la responsabilité du nouvel employeur en cas de *débauchage**, voir cette étude.

Préavis de démission

Voir *Préavis**.

Obligations de l'employeur suite à la démission

Sommes dues - L'employeur peut être tenu de verser au salarié démissionnaire les sommes et indemnités suivantes :
- l'indemnité compensatrice de congés payés si l'intéressé n'a pas pris tout le congé auquel sa présence dans l'entreprise lui donnait droit [voir *Congés payés (indemnité compensatrice)**] ;
- l'indemnité compensatrice de préavis si l'employeur a pris l'initiative de dispenser le salarié de son exécution [voir *Préavis (dispense)**] ;
- l'indemnité de non-concurrence prévue par la convention collective ou le contrat de travail en cas de *clause de non-concurrence** ;

- les droits éventuellement acquis au titre de la *participation des salariés aux résultats de l'entreprise** ou bloqués sur un *plan d'épargne d'entreprise (PEE)** (le salarié qui démissionne peut en effet prétendre au déblocage de ses droits) ou au titre de l'*intéressement des salariés** ;
- les autres éléments de salaire prévus par le contrat de travail ou par la convention collective (gratifications, primes, etc.) et restant dus à la date de la démission.

Documents à remettre au salarié - L'employeur doit remettre au salarié le *certificat de travail**, le *reçu pour solde de tout compte**, l'*attestation d'assurance chômage** et, le cas échéant, un *état récapitulatif de l'épargne salariale**.

Autres formalités - L'employeur est tenu de mentionner toute démission sur le *registre du personnel** et, si son entreprise emploie au moins 50 salariés, sur le relevé mensuel des contrats de travail conclus ou résiliés au cours du mois précédent, à l'occasion de la *déclaration des mouvements de main-d'œuvre**.

Renonciation à une démission

L'employeur et le salarié peuvent décider, d'un commun accord, de considérer la démission comme nulle et non avenue.

Cet accord est valable à la condition qu'il n'y ait aucune équivoque sur la volonté commune de l'un et de l'autre (cass. soc. 7 juin 1989, n° 86-43072 D). En revanche, il ne suffit pas de laisser le salarié travailler au-delà du préavis. La renonciation de l'employeur à se prévaloir de la démission doit être expresse (cass. soc. 9 mai 2007, n° 05-42983 D).

L'employeur et le salarié peuvent également conclure une *rupture conventionnelle** pour effacer une démission et renoncer à celle-ci (cass. soc. 3 mars 2015, n° 13-20549, BC V n° 35). En revanche, la simple proposition de rupture conventionnelle par l'employeur suite à la démission du salarié ne permet pas à ce dernier de faire valoir une renonciation commune à sa démission si la proposition de l'employeur est restée sans réponse (le salarié ne s'est pas présenté à l'entretien préalable à la signature de la rupture conventionnelle, qui en tout état de cause n'a pas été signée). Et du point de vue de l'employeur, ne vaut pas renonciation commune à la démission d'un salarié le seul fait pour l'employeur de convoquer ultérieurement l'intéressé à un entretien en vue d'une rupture conventionnelle (cass. soc. 16 septembre 2015, n° 14-10291, BC V n° 160).

Chômage

Voir *Chômage (allocation d'aide au retour à l'emploi)** et *Chômage (démission légitime)**.

☛ *Démission pour élever un enfant.*

➲ Formulaire de Droit Social, « Lettre enregistrant la démission écrite d'un salarié » ; « Refus d'une demande de dispense de préavis suite à une démission » ; « Demande de confirmation de démission ».

Démission pour élever un enfant

Démission sans préavis

À l'issue du congé de maternité ou d'adoption, ou dans les 2 mois qui suivent la naissance et l'arrivée de l'enfant au foyer, la salariée (ou le salarié) peut démissionner pour élever son enfant sans être tenu de respecter le délai de préavis, ni de devoir de ce fait d'indemnité de rupture (c. trav. art. L. 1225-66).

▶ Attention… Toute convention contraire à ces dispositions serait nulle (c. trav. art. L. 1225-70).

La salariée (ou le salarié) doit avertir son employeur par lettre recommandée avec avis de réception (LRAR) ou par lettre remise contre récépissé de son intention de démissionner, au moins 15 jours à l'avance (c. trav. art. R. 1225-18). Le non-respect de ce délai de prévenance (démission donnée un 21 octobre pour un congé de maternité se terminant un 3 novembre) entraîne la perte du droit de ne pas respecter le préavis de démission et rend la salariée redevable envers l'employeur d'une indemnité pour inexécution de préavis (cass. soc. 12 novembre 2002, n° 00-45705 D).

Priorité de réembauche

La salariée (ou le salarié) peut, dans l'année qui suit la rupture du contrat, solliciter sa réembauche, par LRAR ou par lettre remise contre récépissé (c. trav. art. L. 1225-67 et R. 1225-18).

Si la salariée (ou le salarié) utilise ce droit, elle (ou il) bénéficie ensuite pendant un an d'une priorité de réembauche dans les emplois auxquels sa qualification lui permet de prétendre. En cas de réemploi, la salariée (ou le salarié) bénéficie de tous les avantages qu'elle (il) avait acquis au moment de son départ de l'entreprise et a droit à une action de formation, notamment en cas de changement de techniques ou de méthodes de travail (c. trav. art. L. 1225-67 et L. 1225-68).

Les propositions de réembauche de l'employeur, ainsi éventuellement que les refus de la salariée (ou du salarié), doivent être notifiés par LRAR (c. trav. art. R. 1225-19).

☞ *Démission.*

Démission légitime (assurance chômage)

☞ *Chômage (allocation d'aide au retour à l'emploi) ; Chômage (démission légitime) ; Démission.*

Démonstrateurs

Les démonstrateurs sont des salariés d'une enseigne commerciale, détachés dans différents points de vente (notamment dans des magasins à grande surface) par leur entreprise en vue d'assurer la démonstration des produits qu'elle fabrique ou commercialise.

Contrat de travail

Un seul employeur, en principe - Les démonstrateurs sont, en principe, liés par un *contrat de travail** avec l'entreprise qui les a embauchés et qui est de ce fait leur seul employeur. Néanmoins, ces salariés sont tenus de respecter les règles de discipline, d'hygiène et de sécurité des magasins dans lesquels ils exercent leur activité de démonstration.

Deux employeurs parfois - Lorsque le grand magasin fixe les horaires et les jours de congés, place le démonstrateur sous l'autorité de son directeur, de son chef de secteur et de ses chefs de rayon et lui donne des directives, le grand magasin a la qualité de coemployeur (cass. soc. 3 novembre 2004, n° 02-43029 D). En d'autres termes, le pouvoir d'autorité du grand magasin traduit un lien de subordination juridique et, par conséquent, une relation entre employeur et salarié.

Effectif, électorat et éligibilité

Effectif - Sous réserve de l'existence d'un lien de subordination, les démonstrateurs peuvent être pris en compte dans l'*effectif** de l'entreprise dans laquelle ils sont détachés (cass. soc. 28 septembre 2005, n° 04-60517 D).

Électorat et éligibilité - En matière d'électorat et d'éligibilité, les démonstrateurs relèvent, à notre avis, des règles applicables aux *salariés mis à disposition**.

Dénonciation

☞ *Accord atypique ; Accord collectif d'entreprise (révision, dénonciation et renouvellement) ; Engagement unilatéral de l'employeur ; Harcèlement moral ; Harcèlement sexuel ; Infraction routière ; Lanceur d'alerte ; Usage.*

Départ anticipé à la retraite

Assurés à carrière longue

Salariés visés - Le droit à un départ anticipé avant l'âge légal de la retraite (62 ans pour les assurés nés à partir du 1.01.1955) est accordé aux salariés qui ont commencé à travailler jeunes. Ces dispositions s'appliquent aux salariés et travailleurs indépendants relevant du régime général, aux salariés agricoles, aux travailleurs non salariés des professions agricoles, aux professions libérales et aux avocats (c. séc. soc. art. L. 351-1-1 ; circ. CNAV 2003-46 du 18 novembre 2003).

Conditions - Le droit à la retraite anticipée est soumis à deux conditions cumulatives :
- un début d'activité avant un âge donné ;
- une certaine durée d'assurance cotisée, tous régimes de base confondus.

Âge de départ - L'âge à partir duquel le départ anticipé est possible dépend de plusieurs paramètres *(voir le tableau reproduit dans cette étude)* :
- la date de naissance de l'assuré ;
- l'âge auquel il a commencé à travailler ;
- la durée d'assurance cotisée.

Pour un départ anticipé avant 60 ans, l'assuré doit réunir au moins 5 trimestres avant la fin de l'année civile de son 16e anniversaire. Pour un départ à partir de 60 ans, l'assuré doit réunir au moins 5 trimestres avant la fin de l'année civile de son 20e anniversaire.

Précisions relatives à l'âge - Sont considérés comme ayant débuté leur activité avant l'âge de 16 ou 20 ans les assurés justifiant d'une durée d'assurance d'au moins 5 trimestres à la fin de l'année au cours de laquelle est survenu leur 16e ou 20e anniversaire.

S'ils sont nés au cours du 4e trimestre et ne justifient pas de la durée d'assurance prévue ci-avant, ils doivent alors justifier d'une durée d'assurance d'au moins 4 trimestres au titre de l'année au cours de laquelle est survenu leur 16e ou 20e anniversaire (c. séc. soc. art. D. 351-1-3).

Nombre de trimestres cotisés requis - L'assuré doit justifier d'une durée minimale de cotisations, tous régimes de base obligatoires confondus, qui dépend de l'année de naissance de l'assuré et de l'âge de départ (c. séc. soc. art. D. 351-1-1).

Cette durée correspond à celle requise pour obtenir le taux plein, quelle que soit l'année de naissance de l'assuré pour un départ à partir de 60 ans. Pour un départ avant cet âge, la durée est égale soit à celle du taux plein, soit à cette durée majorée de 8 trimestres (pour les assurés nés à partir de 1957) *(voir le tableau reproduit dans cette étude)*.

Exemple

L'assuré qui est né en 1962 peut obtenir sa retraite à partir de 58 ans s'il a débuté son activité avant 16 ans (et s'il justifie d'une durée d'assurance cotisée de 176 trimestres) et à partir de 60 ans s'il a débuté son activité avant 20 ans (et s'il justifie d'une durée d'assurance cotisée de 168 trimestres).

Périodes cotisées retenues - Sont retenues les périodes :
- de cotisations à l'assurance vieillesse obligatoire ;
- d'assurance volontaire vieillesse ;
- de rachats de cotisations sous certaines conditions ;
- de validation de carrière au titre de la loi du 26 décembre 1964 ;
- de congé de formation ;
- de stage de la formation professionnelle ;
- de cotisations arriérées.

Sont également prises en compte les périodes validées par présomption (lettre CNAV du 9 juin 2005).

Sont, en revanche, exclues les périodes d'assurance vieillesse des parents au foyer, les périodes assimilées à des périodes d'assurance à l'exception des périodes réputées cotisées *(voir ci-après)*, les périodes reconnues équivalentes, les majorations de durée d'assurance pour enfant, pour congé parental ou pour charge d'un adulte handicapé ainsi que les périodes de volontariat associatif.

▶ À noter... S'agissant des trimestres rachetés au titre de périodes d'études supérieures ou d'années d'activité incomplètes (versements pour la retraite), sont prises en compte pour l'ouverture du droit les périodes résultant d'une demande de versement présentée avant le 1.01.2006 dès lors que le versement a été effectué au titre du taux et de la durée d'assurance ainsi que les périodes antérieures à la fin de l'année civile des 17 ans de l'assuré pour les demandes déposées du 1.01.2006 au 12.10.2008. Les versements demandés depuis le 13.10.2008 sont exclus pour la détermination de l'ouverture du droit à retraite anticipée longues carrières (circ. CNAV 2012-60 du 4 septembre 2012).

Périodes réputées cotisées - Certaines périodes sont réputées avoir donné lieu à cotisations (c. séc. soc. art. D. 351-1-2). Il s'agit des périodes, pour les pensions prenant effet depuis le 1.04.2014 :
- de service national (1 trimestre est décompté par période d'au moins 90 jours, consécutifs ou non), dans la limite de 4 trimestres ;
- d'incapacité temporaire pour maladie et accident du travail, dans la limite de 4 trimestres : sont comptés comme période d'assurance le trimestre civil au cours duquel l'assuré a bénéficié de son 60e jour d'indemnisation au titre de l'assurance maladie ou au titre de l'incapacité temporaire des accidents du travail (c. séc. soc. art. R. 351-12, 1° et 5°) ;
- de chômage, dans la limite de 4 trimestres (sont visées les périodes antérieures au 1.01.1980 durant lesquelles l'assuré était en situation de chômage involontaire constaté ou a bénéficié soit du régime de garantie des ressources, soit de l'allocation spéciale ainsi que les périodes de chômage indemnisé à compter du 1.01.1980) (c. séc. soc. art. R. 351-12, 4°, b et c) ;
- d'invalidité, dans la limite de 2 trimestres : le régime général valide 1 trimestre de retraite chaque trimestre civil qui comprend 3 mensualités de paiement d'une pension d'invalidité (c. séc. soc. art. R. 351-12, 3°) ;
- de maternité : le trimestre civil au cours duquel l'assuré a bénéficié du 90e jour d'indemnisation ou, si la durée d'indemnisation a été inférieure à 90 jours, le trimestre civil au cours duquel l'assuré a bénéficié du dernier jour d'indemnisation (c. séc. soc. art. R. 351-12, 2°).

Sont également retenus tous les trimestres de majoration de durée d'assurance acquis au titre du *compte professionnel de prévention (utilisation)** (c. séc. soc. art. D. 351-1-2, 6°).

Le nombre de trimestres cotisés ou réputés cotisés ne peut pas excéder 4 pour une même année civile, tous régimes de base obligatoires confondus (c. séc. soc. art. D. 351-1-2).

Retraite anticipée des carrières longues : conditions pour les pensions de retraite prenant effet à partir du 1.01.2022				
Année de naissance	Début d'activité	Trimestres en début d'activité	Trimestres cotisés*	Âge de départ possible
1959	Avant 16 ans	5 avant la fin de l'année civile des 16 ans, 4 dans l'année si né au dernier trimestre	175	57 ans et 8 mois
	Avant 20 ans	5 avant la fin de l'année civile des 20 ans, 4 dans l'année si né au dernier trimestre	167	60 ans
1960	Avant 16 ans	5 avant la fin de l'année civile des 16 ans, 4 dans l'année si né au dernier trimestre	175	58 ans
	Avant 20 ans	5 avant la fin de l'année civile des 20 ans, 4 dans l'année si né au dernier trimestre	167	60 ans
1961, 1962, 1963	Avant 16 ans	5 avant la fin de l'année civile des 16 ans, 4 dans l'année si né au dernier trimestre	176	58 ans
	Avant 20 ans	5 avant la fin de l'année civile des 20 ans, 4 dans l'année si né au dernier trimestre	168	60 ans
1964, 1965, 1966	Avant 16 ans	5 avant la fin de l'année civile des 16 ans, 4 dans l'année si né au dernier trimestre	177	58 ans
	Avant 20 ans	5 avant la fin de l'année civile des 20 ans, 4 dans l'année si né au dernier trimestre	169	60 ans
1967, 1968, 1969	Avant 16 ans	5 avant la fin de l'année civile des 16 ans, 4 dans l'année si né au dernier trimestre	178	58 ans
	Avant 20 ans	5 avant la fin de l'année civile des 20 ans, 4 dans l'année si né au dernier trimestre	170	60 ans
1970, 1971, 1972	Avant 16 ans	5 avant la fin de l'année civile des 16 ans, 4 dans l'année si né au dernier trimestre	179	58 ans
	Avant 20 ans	5 avant la fin de l'année civile des 20 ans, 4 dans l'année si né au dernier trimestre	171	60 ans
À compter de 1973	Avant 16 ans	5 avant la fin de l'année civile des 16 ans, 4 dans l'année si né au dernier trimestre	180	58 ans
	Avant 20 ans	5 avant la fin de l'année civile des 20 ans, 4 dans l'année si né au dernier trimestre	172	60 ans

* Compte tenu de l'allongement de la durée d'assurance prévue par la loi du 20 janvier 2014 garantissant l'avenir et la justice du système de retraites (c. séc. soc. art. L. 161-17-3 ; circ. CNAV 2014-20 du 27 février 2014).

Pas de départ anticipé pour l'assurance volontaire - Les salariés qui ne sont plus affiliés au régime d'assurance vieillesse ne peuvent pas demander leur réadmission à l'assurance volontaire afin de bénéficier du départ anticipé à la retraite.

Date d'effet de la retraite - La date d'effet de la retraite ne peut être fixée à une date antérieure à la date à laquelle les conditions d'ouverture du droit à la retraite anticipée sont remplies.

Assurés lourdement handicapés

Salariés concernés - Le droit à une retraite anticipée dès 55 ans est ouvert, sous certaines conditions, aux assurés handicapés. Sont concernés les salariés et travailleurs indépendants relevant du régime général, les salariés agricoles, les travailleurs non salariés des professions agricoles ainsi que les professions libérales et les avocats (c. séc. soc. art. L. 351-1-3, L. 643-3, III et L. 723-10-1, III ; c. rural art. L. 732-18-2).

L'âge limite d'attribution de la retraite anticipée suit l'évolution de l'âge légal de départ à la retraite. Il est donc fixé à 61 ans et 11 mois pour ceux nés à partir de 1955 (circ. CNAV 2012-13 du 2 février 2012).

Condition liée au handicap - L'assuré doit avoir été atteint d'une incapacité permanente d'au moins 50 % ou d'un handicap de niveau comparable pendant toute la durée d'assurance requise (c. séc. soc. art. L. 351-1-3 et D. 351-1-6).

▶ À noter… Pour les retraites anticipées attribuées avant le 01.01.2015, la condition de handicap était remplie si les salariés pouvaient justifier d'un taux d'incapacité permanente de 80 % ou d'un handicap de niveau comparable ou encore de la qualité de travailleur handicapé.

La prise en compte de la reconnaissance de la qualité de travailleur handicapé a été supprimée au 1.01.2015. Toutefois, le critère de la qualité de travailleur handicapé a été maintenu pour les périodes antérieures au 1.01.2016. En conséquence, pour les retraites prenant effet depuis le 1.01.2015, seules les périodes de reconnaissance de la qualité de travailleur handicapé limitées au 31.12.2015 peuvent être retenues (loi 2014-40 du 20 janvier 2014, art. 36, III, JO du 21 ; circ. CNAV 2018-24 du 23 octobre 2018).

Durée totale d'assurance - Les assurés doivent justifier, dans le régime général et dans un ou plusieurs autres régimes de base obligatoires, d'une durée d'assurance ou de périodes reconnues équivalentes. Cette durée d'assurance totale correspond à la durée nécessaire pour le taux plein diminuée en fonction de l'âge de l'assuré à la date d'effet de la retraite (c. séc. soc. art. D. 351-1-5) **:**

- **de 40 trimestres à 55 ans ;**
- **de 50 trimestres à 56 ans ;**
- **de 60 trimestres à 57 ans ;**
- **de 70 trimestres à 58 ans ;**
- **de 80 trimestres à partir de 59 ans.**

▶ À noter… L'âge limite d'attribution de la retraite anticipée augmente progressivement depuis le 1.07.2011. Toutefois, il n'a pas été prévu de nouvelles conditions d'ouverture du droit à retraite anticipée pour handicapés au-delà de 59 ans. Pour les assurés âgés de 60 et 61 ans, la durée d'assurance totale est donc déterminée comme pour les assurés âgés de 59 ans : elle correspond ainsi à la durée nécessaire pour le taux plein diminuée de 80 trimestres (circ. CNAV 2012-13 du 2 février 2012).

Durée cotisée - La durée d'assurance requise doit comporter un certain nombre de trimestres cotisés, tous régimes de base confondus. Cette durée d'assurance cotisée correspond à l'ensemble des périodes de cotisations obligatoires, à l'assurance volontaire, aux rachats sous certaines conditions ou aux périodes ayant donné lieu à validation gratuite (ne sont donc pas retenues les périodes assimilées notamment).

▶ À noter… Les trimestres rachetés au titre de périodes d'études supérieures ou d'années d'activité incomplètes (versement pour la retraite) ne sont pas pris en compte pour l'ouverture du droit à la retraite anticipée pour les demandes de versements déposées depuis le 13.10.2008 (c. séc. soc. art. L. 173-7).

La durée cotisée correspond à la durée nécessaire pour le taux plein, diminuée en fonction de l'âge à la date d'effet de la retraite (c. séc. soc. art. D. 351-1-5) **:**

- **de 60 trimestres à 55 ans ;**
- **de 70 trimestres à 56 ans ;**
- **de 80 trimestres à 57 ans ;**
- **de 90 trimestres à 58 ans ;**
- **de 100 trimestres à partir de 59 ans.**

▶ À noter… Pour les assurés âgés de 60 et 61 ans, la durée d'assurance cotisée est déterminée comme pour les assurés âgés de 59 ans. Elle correspond ainsi à la durée nécessaire pour le taux plein, diminuée de 100 trimestres (circ. CNAV 2012-13 du 2 février 2012).

Concomitance des durées et du handicap - L'assuré doit remplir la condition relative à l'incapacité pendant toute la durée d'assurance et toute la durée cotisée exigées. Il doit y avoir simultanéité (circ. CNAV 2018-24 du 23 octobre 2018, § 1.1.3.1.1) **:**

- **entre la durée totale d'assurance et l'incapacité permanente ou la situation équivalente (ou la qualité de travailleur handicapé, le cas échéant) ;**
- **entre la durée d'assurance cotisée et l'incapacité permanente ou la situation équivalente (ou la qualité de travailleur handicapé, le cas échéant).**

Si l'assuré ne peut attester, sur une fraction de ces durées, de la reconnaissance administrative de l'incapacité requise il pourra, sous certaines conditions, faire examiner sa situation par une commission placée auprès de la CNAV ***(voir ci-après).***

Justificatifs - L'assuré qui demande le bénéfice de la retraite anticipée doit produire, à l'appui de sa demande, les pièces justifiant de la décision relative à son taux d'incapacité permanente prononcée par les maisons départementales des personnes handicapées (CASF art. L. 146-3). **La liste des pièces justificatives et documents permettant d'attester du taux d'incapacité requis ou de l'existence de situations équivalentes du point de vue de l'impact des altérations fonctionnelles de la personne concernée est fixée par arrêté** (c. séc. soc. art. D. 351-1-6 ; arrêté du 24 juillet 2015, JO 8 août ; circ. CNAV 2018-24 du 23 octobre 2018, ann. 2, 3 et 5).

Les justificatifs mentionnés doivent couvrir l'ensemble de la période d'assurance requise.

L'assuré qui ne peut pas produire des pièces justificatives de son incapacité permanente au taux de 50 % ou de son handicap équivalent pour certaines périodes seulement, doit contacter l'autorité ou l'organisme lui ayant délivré ces pièces, afin d'ob-

Retraite anticipée liée au handicap : personnes concernées à partir de 2020			
Année de naissance	**Départ en retraite anticipée à ...**	**Durée d'assurance totale requise (en trimestres) (1)**	**Durée cotisée requise (en trimestres) (2)**
1959	58 ans	97	77
	de 59 ans à 61 ans et 11 mois	87	67
1960	57 ans	107	87
	58 ans	97	77
	de 59 ans à 61 ans et 11 mois	87	67
1961	56 ans	118	98
	57 ans	108	88
	58 ans	98	78
	de 59 ans à 61 ans et 11 mois	88	68
1962, 1963	55 ans	128	108
	56 ans	118	98
	57 ans	108	88
	58 ans	98	78
	de 59 ans à 61 ans et 11 mois	88	68
1964, 1965, 1966	55 ans	129	109
	56 ans	119	99
	57 ans	109	89
	58 ans	99	79
	de 59 ans à 61 ans et 11 mois	89	69
1967, 1968, 1969	55 ans	130	110
	56 ans	120	100
	57 ans	110	90
	58 ans	100	80
	de 59 ans à 61 ans et 11 mois	90	70
1970, 1971, 1972	55 ans	131	111
	56 ans	121	101
	57 ans	111	91
	58 ans	101	81
	de 59 ans à 61 ans et 11 mois	91	71
À partir de 1973	55 ans	132	112
	56 ans	122	102
	57 ans	112	92
	58 ans	102	82
	de 59 ans à 61 ans et 11 mois	92	72

(1) Nombre de trimestres requis pour le taux plein [voir Retraite de base (calcul de la pension)*] diminué de 40, 50, 60, 70 ou 90 trimestres selon l'âge.
(2) Nombre de trimestres requis pour le taux plein [voir Retraite de base (calcul de la pension)*] diminué de 60, 70, 80, 90 ou 100 trimestres selon l'âge.

tenir la délivrance, au vu des éléments disponibles du dossier, d'un duplicata de décision ou d'une attestation couvrant les périodes non justifiées (circ. CNAV 2018-24 du 23 octobre 2018, § 1.1.4.1).

Concernant les situations de handicap relevant de la compétence de la commission des droits et de l'autonomie des personnes handicapées, l'assuré peut s'adresser au secrétariat de cette dernière, qui, au vu des pièces disponibles de son dossier, lui fournit des duplicatas de décisions ou, le cas échéant, une attestation signée par son président précisant la ou les périodes durant lesquelles un taux d'incapacité permanente d'au moins 50 % lui a été attribué ou reconnu.

Lorsque l'incapacité n'a pas été reconnue - L'assuré qui justifie des durées d'assurance requises pour le bénéfice de la retraite anticipée « handicapé » sans pouvoir attester, sur une fraction de ces durées (au plus égale à 30 %), de la reconnaissance administrative de l'incapacité requise et qui est atteint d'une incapacité permanente d'au moins 80 % (ou situation équivalente) au moment de la demande de liquidation de sa pension peut obtenir, sur sa demande, l'examen de sa situation par une commission placée auprès de la CNAV (c. séc. soc. art. L. 161-21-1 et D. 161-2-4-2).

L'assuré adresse sa demande à la caisse ou au service chargé de la liquidation de sa pension de retraite. Il doit joindre les pièces permettant de justifier d'un taux d'incapacité d'au moins 80 % au moment de sa demande de liquidation de sa pension, ainsi que le dossier à caractère médical, sous pli fermé portant la mention « secret médical-confidentiel ». Il doit également préciser la ou les périodes faisant l'objet de sa demande.

Lorsque l'assuré remplit les conditions, la caisse ou le service chargé de la liquidation de la pension de retraite transmet à la commission le dossier à caractère médical adressé par l'assuré, en précisant les références nécessaires à l'identification de la demande ainsi que les périodes d'assurance pour lesquelles l'assuré justifie de la reconnaissance administrative de son incapacité. L'avis motivé de la commission est notifié à l'organisme débiteur de la pension, auquel il s'impose (c. séc. soc. art. D. 161-2-4-3).

Date d'effet de la retraite - La date d'effet de la retraite anticipée est choisie par l'assuré et fixée le premier jour d'un mois. Elle ne peut pas être antérieure (c. séc. soc. art. R. 351-37 ; circ. CNAV 2018-24 du 23 octobre 2018, § 37) :

- à la date à laquelle les conditions d'ouverture du droit à la retraite anticipée sont remplies ;
- et au premier jour du mois qui suit le 55e anniversaire de l'assuré.

Calcul de la pension - Le salaire annuel moyen et la durée d'assurance sont déterminés selon les règles habituelles. Le taux de la pension est de 50 % (taux plein).

Le montant de la pension peut être majoré si l'intéressé ne réunit pas la durée d'assurance maximum au régime général. Chaque régime calcule et sert sa propre majoration. Cette dernière s'ajoute à la retraite portée au minimum contributif. Elle s'applique au montant calculé de la retraite anticipée et est égale à : Montant calculé de la retraite anticipée × coefficient de majoration.

La pension de retraite anticipée est augmentée à proportion d'un nombre égal au tiers du quotient suivant : durée d'assurance cotisée au régime général en étant handicapé/durée d'assurance au régime général limitée au maximum en étant ou non handicapé.

Dans le cadre de la liquidation unique des régimes alignés (Lura), la majoration de la retraite anticipée pour les assurés handicapés est déterminée en tenant compte de la durée d'assurance accomplie au titre de tous les régimes concernés (circ. CNAV 2018-24 du 23 octobre 2018, § 3).

Le montant de la retraite majorée ne peut être supérieur au montant de la retraite que l'assuré handicapé aurait perçu s'il avait justifié de la durée d'assurance requise dans l'ensemble des régimes entrant dans le champ de la Lura pour bénéficier d'une retraite entière (c. séc. soc. art. D. 351-1-5 ; circ. CNAV 2018-24 du 23 octobre 2018, § 3.3.1).

Salariés atteints d'une incapacité permanente liée à la pénibilité au travail

Départ à partir de 60 ans - Les assurés atteints d'une incapacité permanente peuvent, sous certaines conditions, bénéficier d'un départ anticipé à la retraite à partir de 60 ans (c. séc. soc. art. L. 351-1-4 et D. 351-1-8) (voir *Pénibilité au travail**).

Pour ces assurés, la pension de vieillesse est calculée à taux plein dès 60 ans, y compris s'ils ne justifient pas de la durée d'assurance requise ou de périodes équivalentes dans le régime général et un ou plusieurs autres régimes obligatoires (c. séc. soc. art. L. 351-1-4, II).

Incapacité permanente d'origine professionnelle - L'incapacité permanente doit avoir été causée par :

- une maladie professionnelle ;
- ou un accident du travail ayant entraîné des lésions identiques à celles indemnisées au titre d'une maladie professionnelle.

Les lésions consécutives à un accident du travail et identiques à celles indemnisées au titre d'une maladie professionnelle sont fixées par arrêté (arrêté du 30 mars 2011, JO du 31).

Taux d'incapacité permanente au moins égal à 20 % - Pour les assurés justifiant d'un taux d'incapacité permanente supérieur ou égal à 20 %, le départ anticipé est de droit.

Ce taux de 20 % peut être atteint par l'addition de plusieurs taux d'incapacité permanente reconnus à la suite d'une maladie professionnelle ou d'un accident du travail ayant entraîné des lésions identiques à celles indemnisées au titre d'une maladie professionnelle. Toutefois, dans ce cas, un taux d'incapacité permanente au moins égal à 10 % doit avoir été reconnu au titre d'une même maladie professionnelle ou d'un même accident du travail (c. séc. soc. art. D. 351-1-9).

Taux d'incapacité permanente de 10 % à moins de 20 % - L'assuré justifiant d'un taux d'incapacité permanente compris entre 10 % et moins de 20 % peut également bénéficier d'un départ anticipé à taux plein (c. séc. soc. art. L. 351-1-4, III et D. 351-1-10, I). Un taux de 10 % doit être atteint au titre d'une même maladie professionnelle ou d'un même accident du travail.

L'assuré doit, pour cela, avoir été exposé pendant 17 ans à un ou plusieurs facteurs de risques professionnels déterminés (c. séc. soc. art. D. 351-1-10, II). Il doit également établir que son incapacité permanente est directement liée à l'exposition aux facteurs de risques professionnels (c. séc. soc. art. L. 351-1-4, III, 3°).

▶ À noter… Il peut présenter tout document à caractère individuel qui lui a été remis dans le cadre de son activité professionnelle et attestant de celle-ci, tel que des bulletins de paie, des contrats de travail, la fiche d'exposition aux risques professionnels ou tout autre document comportant des informations équivalentes (c. séc. soc. art. D. 351-1-12, 2°).

Dès lors que ces 3 conditions sont réunies, le bénéfice du départ anticipé est subordonné, lorsque l'incapacité permanente résulte d'un accident du travail, à l'autorisation d'une commission pluridisciplinaire (circ. CNAV 2012-63 du 13 septembre 2012) *(voir ci-après)*.

En revanche, lorsque l'incapacité est consécutive à une maladie professionnelle et dès lors que la caisse atteste des 17 ans d'activité professionnelle, l'avis de la commission pluridisciplinaire n'est pas utile. Le lien entre l'incapacité permanente et l'exposition aux facteurs de risques professionnels est présumé. La production des notifications de la rente et de la date de consolidation établit le lien entre l'exposition et l'incapacité.

Salariés soumis à des contraintes physiques marquées et à des agents chimiques dangereux - Depuis le 1.10.2017, les salariés soumis aux postures pénibles, aux vibrations mécaniques, à la manutention manuelle des charges et aux agents chimiques dangereux (y inclus poussières et fumées) peuvent bénéficier de la retraite anticipée pour incapacité permanente liée à la pénibilité selon des conditions d'accès simplifiées. Le salarié doit avoir contracté une maladie professionnelle liée à un ou plusieurs de ces 4 facteurs de risques et être frappé d'un taux d'incapacité permanente (IPP) d'au moins 10 %. La liste des maladies professionnelles concernées est fixée par arrêté (arrêté du 26 décembre 2017, JO du 29).

En revanche, le salarié n'a pas à justifier d'une durée d'exposition aux facteurs de risques, ni à établir que son incapacité permanente est directement liée à l'exposition à ces facteurs de risques. En outre, l'avis de la commission pluridisciplinaire n'est pas nécessaire (c. séc. soc. art. L. 351-1-4, III ; ord. 2017-1389 du 22 septembre 2017, art. 3).

Demande de retraite anticipée - L'assuré doit adresser sa demande auprès de la caisse chargée de la liquidation de sa pension de retraite. Il en est accusé réception.

Cette demande est accompagnée (c. séc. soc. art. R. 351-37, III) :

- de la notification de rente (c. séc. soc. art. R. 434-32) ;
- et de la notification de la date de consolidation (c. séc. soc. art. R. 433-17).

Le silence gardé pendant plus de 4 mois par la caisse en cas de procédure liée à un accident du travail ou de saisine de la commission pluridisciplinaire *(voir ci-après)* vaut décision de rejet.

Procédure en cas d'incapacité résultant d'un accident du travail - Lorsque la demande de pension de retraite est présentée par un assuré victime d'un accident du travail, la caisse saisit l'échelon régional du service médical dont relève l'assuré au moment du dépôt de sa demande de pension de retraite ou, si l'assuré réside à l'étranger, l'échelon régional du service médical du lieu d'implantation de la caisse chargée de la liquidation de la pension de retraite.

L'identité des lésions dont souffre l'assuré avec celles figurant sur la liste fixée par arrêté *(voir ci-avant)* est appréciée par un médecin-conseil du service médical au vu notamment des conclusions médicales figurant sur la notification de rente. Si le médecin-conseil ne reconnaît pas l'identité des lésions avec celles figurant sur cette liste, la caisse notifie à l'assuré le rejet de sa demande de pension de retraite (c. séc. soc. art. R. 351-37).

Saisine de la commission pluridisciplinaire - Pour les personnes atteintes d'un taux d'incapacité permanente compris entre 10 % et 20 % résultant

d'un accident du travail, c'est une commission pluridisciplinaire qui est chargée d'autoriser, au cas par cas, le départ anticipé en retraite (c. séc. soc. art. R. 351-37, III), en fonction :
- des preuves apportées par l'assuré (notifications de rente et de la date de consolidation) ;
- et de l'effectivité du lien entre l'incapacité permanente et l'exposition aux facteurs de risques professionnels (c. séc. soc. art. D. 351-1-12).

▶ À noter… La caisse de retraite saisit la commission pluridisciplinaire, le cas échéant, après accomplissement de la procédure prévue en cas d'incapacité résultant d'un accident du travail.

L'avis de cette commission s'impose à l'organisme de retraite (c. séc. soc. art. L. 351-1-4, III).

▶ À noter… Cette mesure est financée par une augmentation de la cotisation « accidents du travail », via l'instauration d'une majoration forfaitaire.

Assurés titulaires d'un compte professionnel de prévention

Dispositif - Depuis le 1.01.2015, les assurés titulaires d'un compte professionnel de prévention bénéficient, à partir de 55 ans et sous réserve de justifier d'un nombre minimal de points, d'une majoration de durée d'assurance [voir *Compte professionnel de prévention (utilisation)**]. L'âge légal de départ à la retraite (62 ans pour les générations nées à partir de 1955) peut être abaissé à due concurrence du nombre de trimestres obtenus à ce titre, dans la limite de 8 trimestres (c. séc. soc. art. L. 351-6-1 et D. 161-2-1-10).

Attribution de trimestres de majoration de durée d'assurance - Chaque tranche de 10 points inscrits au compte professionnel de prévention ouvre droit à un trimestre de majoration de durée d'assurance (c. séc. soc. art. L. 351-6-1 ; c. trav. art. R. 4163-11, 3°). La majoration de durée d'assurance obtenue grâce à ce compte est accordée par le régime général de la sécurité sociale. Elle sert à la détermination du taux de la pension de retraite.

Elle n'est, en revanche, pas prise en compte dans la durée d'assurance au régime général entrant dans le calcul de la pension de retraite (c. séc. soc. art. L. 351-1).

Impact sur les retraites anticipées longues carrières et handicapés - Les trimestres de majoration de durée d'assurance du compte professionnel de prévention sont présumés cotisés, sans limitation de nombre, pour la détermination de la durée d'assurance cotisée nécessaire à l'ouverture du droit à retraite anticipée (c. séc. soc. art. L. 351-6-1). En revanche, ils ne sont pas retenus pour l'appréciation de la condition de début d'activité prévue pour bénéficier d'un départ anticipé à la retraite (début d'activité avant 16 ou 20 ans) puisqu'ils ne sont pas affectés à des années (c. séc. soc. art. L. 351-1-1). Concernant le calcul de la retraite anticipée, la majoration de durée d'assurance du compte professionnel de prévention est comprise dans la durée d'assurance retenue pour la détermination du taux de calcul de la retraite anticipée pour carrière longue mais elle est exclue de la durée d'assurance retenue pour le calcul de la retraite anticipée pour carrière longue.

Par ailleurs, la majoration de durée d'assurance du compte professionnel de prévention est prise en compte dans la durée d'assurance totale permettant d'ouvrir droit à retraite anticipée des assurés handicapés mais elle n'est pas retenue dans la durée d'assurance cotisée. Cette majoration est également exclue de la durée d'assurance retenue pour le calcul de la retraite anticipée pour assurés handicapés (circ. CNAV 2016-10 du 5 février 2016).

Retraite anticipée au titre du compte professionnel de prévention - L'âge légal d'obtention de la retraite peut être abaissé à concurrence du nombre de trimestres de majoration de durée d'assurance du compte professionnel de prévention qui ont été attribués (c. séc. soc. art. D. 161-2-1-10). Un assuré titulaire d'un compte professionnel de prévention ne peut pas bénéficier d'une anticipation de l'âge légal si au moins 1 trimestre de majoration de durée d'assurance ne lui a pas été attribué à ce titre. La demande d'utilisation des points pour la retraite est donc indispensable à la mise en œuvre de cette anticipation (circ. CNAV 2016-10 du 5 février 2016).

L'âge légal de départ à la retraite ne peut être anticipé que dans la limite de 8 trimestres.

En pratique, il n'y a pas corrélation systématique entre :
- la majoration de durée d'assurance et l'anticipation ;
- le nombre de trimestres de majoration et le nombre de trimestres d'anticipation.

En effet, l'assuré qui demande la conversion de ses points en trimestres de majoration de durée d'assurance peut ne pas souhaiter bénéficier également de l'anticipation de l'âge légal d'obtention de la retraite ou encore ne souhaiter bénéficier de l'anticipation de l'âge légal d'obtention de la retraite qu'à concurrence d'une partie seulement de ses trimestres de majoration de durée d'assurance. Son choix doit donc être respecté.

De même, le bénéfice de l'anticipation n'est pas subordonné à une utilisation effective des trimestres de majoration de durée d'assurance dans le calcul de la pension. En effet, un assuré qui justifie de la durée d'assurance lui ouvrant droit au taux plein et qui, par conséquent, ne voit pas d'intérêt à réunir davantage de trimestres, peut tout à fait choisir de convertir ses points en trimestres de majoration de durée d'assurance dans le seul but d'anticiper son départ en retraite.

▶ À noter... L'assuré qui remplit les conditions pour prétendre à la fois à la retraite anticipée pour carrière longue ou à la retraite anticipée pour les assurés handicapés ainsi qu'à une pension de vieillesse attribuée par anticipation dans le cadre de la majoration de durée d'assurance du compte pénibilité doit choisir l'un ou l'autre de ces dispositifs.

Demande d'utilisation des points - La demande d'utilisation des points pour la retraite est subordonnée à l'inscription de ces derniers au compte professionnel de prévention (c. trav. art. R. 4163-15). Le titulaire du compte peut accéder en ligne à un relevé de points lui permettant de connaître le nombre de points disponibles pour les utilisations souhaitées et d'en éditer un justificatif (c. trav. art. R. 4163-14).

Contrairement à la demande d'utilisation des points pour la formation et le temps partiel, laquelle peut intervenir à tout moment de la carrière, la demande portant sur la retraite ne peut être formulée qu'à partir de 55 ans (c. trav. art. L. 4163-7, II). Si l'assuré n'a pas converti ses points au moment du dépôt de sa demande de retraite, il doit être invité à le faire. La demande d'utilisation des points pour la retraite ne peut plus intervenir lorsque l'assuré a bénéficié de sa pension de vieillesse. En effet, le compte professionnel de prévention est clôturé en cas d'attribution de la retraite, sauf retraite progressive (c. trav. art. L. 4163-5). L'intéressé, qui n'a pas choisi d'utiliser ses points pour la retraite avant d'obtenir sa pension de vieillesse, n'ouvre droit plus droit à la majoration de durée d'assurance du compte professionnel de prévention. Il n'est pas possible de réviser la pension pour attribuer a posteriori cette majoration (circ. CNAV 2016-10 du 5 février 2016).

☞ *Compte professionnel de prévention ; Compte professionnel de prévention (utilisation) ; Retraite de base (âge de départ) ; Retraite de base (calcul de la pension) ; Retraite complémentaire ; Retraite supplémentaire.*

Départ volontaire à la retraite

Tout salarié peut décider de quitter l'entreprise pour prendre sa retraite dès lors qu'il a atteint l'âge légal lui donnant droit à une pension de vieillesse. Il est alors tenu de respecter un préavis et bénéficie d'une indemnité de départ à la retraite (c. trav. art. L. 1237-9 et L. 1237-10 ; circ. DRT 1987/10 du 8 septembre 1987, JO du 11 décembre 1987).

Initiative du salarié

Mode de rupture du contrat de travail - Lorsque le salarié prend l'initiative de son départ à la retraite, il ne s'agit pas d'une démission mais d'un mode autonome de résiliation du contrat de travail (cass. soc. 15 janvier 2002, n° 99-45335 D).

Décision du salarié - La décision du salarié de partir à la retraite ne doit pas être équivoque (cass. soc. 13 décembre 1979, n° 78-40790, BC V n° 985 ; cass. soc. 15 mai 2013, n° 11-26784, BC V n° 20). Si elle l'est, ce départ peut être requalifié en licenciement sans cause réelle et sérieuse (cass. soc. 18 mars 2014, n° 13-10229 D), cette requalification n'étant toutefois pas automatique (cass. soc. 30 septembre 2015, n° 13-11858 D).

Exemples

Manifeste sans ambiguïté sa volonté de partir en retraite le salarié qui :
- adresse à l'employeur plusieurs courriers dans lesquels il indique souhaiter prendre sa retraite à une date précise (cass. soc. 27 mars 1991, n° 87-43033 D) ;
- informe par courrier son employeur de son intention de faire valoir ses droits à la retraite en indiquant non pas une date de départ précise mais deux dates, la caisse de retraite devant déterminer celle qui correspondait à la date de départ effectif, montre une volonté de rompre le contrat de travail claire et sans équivoque dès le courrier puisque l'aléa ne porte que sur la date de départ effective, dépendant uniquement de la décision de la caisse de retraite (cass. soc. 21 juin 2017, n° 16-15271 D).

En revanche, un salarié ne manifeste pas une volonté claire et non équivoque de prendre sa retraite lorsqu'il :
- accuse réception de la lettre lui notifiant son départ à la retraite en demandant à être dispensé du préavis de 6 mois (cass. soc. 18 janvier 2006, n° 03-45812 D) ;
- a saisi les juges avant son départ en retraite afin d'obtenir la résiliation judiciaire de son contrat

de travail en invoquant des manquements de son employeur, le différend rendant le départ en retraite équivoque (cass. soc. 20 octobre 2015, n° 14-17473, BC V n° 198) ;

- prend sa décision dans un contexte conflictuel, peu important l'absence de réserve dans la lettre adressée par le salarié à l'employeur (cass. soc. 15 juin 2017, n° 15-29085 D) ;

- a notifié à son employeur la rupture « ipso facto » de son contrat de travail à la date de son 65e anniversaire en se référant expressément à la clause couperet figurant dans son contrat de travail, nulle par application de l'article L. 1237-4 du code du travail (c. trav. art. L. 1237-4 ; cass. soc. 17 avril 2019, n° 18-10476 D).

De même, lorsque le salarié remet en cause le motif de son départ à la retraite en invoquant des manquements de l'employeur, il appartient au juge de vérifier si les reproches sont fondés et rendent la décision de départ à la retraite équivoque (cass. soc. 18 mars 2014, n° 13-10229 D).

En tout état de cause, le départ à la retraite d'un salarié, acte unilatéral par lequel celui-ci manifeste de façon claire et non équivoque sa volonté de mettre fin au contrat de travail, rend impossible sa réintégration même en cas de nullité de la rupture (cass. soc. 17 octobre 2018, n° 16-27597 D).

Avoir au moins l'âge légal de départ à la retraite

Âge légal donnant droit à une pension de vieillesse - Tout salarié peut décider de quitter l'entreprise pour prendre sa retraite dès lors qu'il a atteint l'âge légal lui donnant droit à une pension de vieillesse (c. séc. soc. art. L. 161-17-2 et D. 161-2-1-9) [voir *Retraite de base (âge de départ)**].

Peu importe que l'intéressé ne puisse pas bénéficier d'une pension à taux plein [voir *Retraite de base (calcul de la pension)**]. Dès l'instant où il remplit la condition d'âge, le salarié peut partir en retraite, même avec une pension minorée.

Départ anticipé pour certains salariés - Pour les salariés ayant une incapacité d'origine professionnelle (pénibilité au travail), handicapés ou ayant eu une longue carrière, voir *Départ anticipé à la retraite**.

Utilisation du compte épargne-temps - Le *compte épargne-temps** (CET) peut être utilisé, si les dispositions conventionnelles qui le mettent en place le prévoient, pour une cessation totale d'activité.

Procédure

Absence de formalisme légal - La loi n'impose aucun formalisme au salarié pour la notification de son départ à la retraite. Toutefois, il est conseillé, afin de parer à toute contestation ultérieure, d'obtenir la confirmation écrite d'une telle décision. En effet, en cas de contentieux, l'employeur devra prouver que le salarié avait pris l'initiative de son départ à la retraite. Celui-ci ne peut se déduire du simple dépôt à la CARSAT d'une demande de retraite. Faute d'apporter une telle preuve, la rupture du contrat est requalifiée en un licenciement sans cause réelle et sérieuse (cass. soc. 16 juin 1998, n° 96-43013 D).

▶ Attention… Afin que la rupture soit considérée comme un départ volontaire à la retraite, le salarié doit avoir demandé la liquidation de sa pension de vieillesse (c. trav. art. L. 1237-9 ; cass. soc. 23 septembre 2009, n° 08-41397, BC V n° 194).

Statut protecteur inapplicable - En cas de départ à la retraite d'un salarié titulaire d'un mandat représentatif, l'employeur n'est pas tenu de mettre en œuvre la procédure protectrice dont bénéficient, notamment, les représentants du personnel (cass. soc. 11 février 2009, n° 07-44909 D ; instr. min. 1996-7 du 23 mai 1996). En effet, la décision n'émanant pas de l'employeur, il n'y a pas lieu de protéger le salarié en cause, comme c'est le cas pour une *mise à la retraite** par l'employeur.

Comme en cas de démission, le départ volontaire à la retraite a pour effet de mettre simultanément fin au mandat du salarié.

▶ À noter… Un ancien délégué syndical licencié sans autorisation de l'inspection du travail ne peut pas demander sa réintégration dans l'entreprise s'il a, en cours d'instance devant les prud'hommes, liquidé ses droits à la retraite (cass. soc. 13 février 2019, n° 16-25764 FSPB).

Durée du préavis - Le salarié doit respecter un préavis égal au *préavis** de licenciement, dont la durée est calculée en fonction de son ancienneté (c. trav. art. L. 1237-10). Toutefois, le préavis conventionnel est applicable si sa durée est plus courte que celle du préavis légal (c. trav. art. L. 1234-1 ; cass. soc. 19 juin 1996, n° 93-44728 D).

Lorsqu'un salarié a notifié à son employeur son intention de partir à la retraite en respectant un préavis dont il a fixé le terme, le préavis suspendu pendant un arrêt de travail consécutif à un accident du travail n'est susceptible d'aucun report. Le départ à la retraite peut donc prendre effet pendant cet arrêt de travail (cass. soc. 25 mai 2016, n° 15-10637, BC V n° 115).

▶ À noter… Si le salarié indique qu'il entend partir en retraite, sans donner de date précise, l'employeur ne peut en tirer aucune conséquence tant que la date exacte de départ et, ipso facto, la durée du préavis n'auront pas été précisées.

Non-respect par le salarié - Le non-respect du préavis par le salarié ne le prive pas de l'indemnité de départ à la retraite (cass. soc. 13 février 1996, n° 92-40704, BC V n° 52).

Sensibilisation aux gestes qui sauvent avant le départ à la retraite

Initiative de l'employeur - L'employeur propose des actions de sensibilisation aux gestes qui sauvent aux salariés, avant leur départ à la retraite (c. trav. art. L. 1237-9-1 et D. 1237-2-2 ; décret 2021-469 du 19 avril 2021, JO du 20).

Ces actions permettent à ces salariés d'acquérir les compétences nécessaires pour :
- assurer leur propre sécurité, celle de la victime ou de toute autre personne et transmettre au service de secours d'urgence les informations nécessaires à son intervention ;
- réagir face à une hémorragie externe et installer la victime dans une position d'attente adaptée ;
- réagir face à une victime en arrêt cardiaque et utiliser un défibrillateur automatisé externe.

L'employeur peut s'adresser à des organismes et des professionnels, qui remplissent les conditions prévues par arrêté (à paraître), pour assurer ces actions de sensibilisation. Cet arrêté pourra prévoir une adaptation de cette sensibilisation en fonction des acquis (c. trav. art. D. 1237-2-3 ; décret 2021-469 du 19 avril 2021).

Pendant le temps de travail - Ces actions se déroulent pendant l'horaire normal de travail et le temps qui y est consacré est considéré comme temps de travail (c. trav. art. D. 1237-2-2).

Visite médicale de fin de carrière

Voir *Visite médicale (fin de carrière)**.

Indemnités

Indemnité de départ à la retraite - Sous réserve de dispositions plus favorables d'une convention ou d'un accord collectif ou du contrat de travail, le salarié a droit à l'*indemnité de départ à la retraite** et non à l'indemnité de licenciement (c. trav. art. L. 1237-9, D. 1237-1 et D. 1237-2).

▶ À noter… Le juge ne peut pas combiner l'indemnité conventionnelle et l'indemnité légale de départ en retraite, seule la plus avantageuse devant être accordée (cass. soc. 13 juillet 2017, n° 15-29124 D).

Pour pouvoir prétendre à cette indemnité, l'intéressé doit avoir demandé la liquidation de ses droits à pension de vieillesse (c. trav. art. L. 1237-9 ; cass. soc. 23 septembre 2009, n° 08-41397, BC V n° 194).

Sauf stipulation conventionnelle ou contractuelle plus favorable, le salarié doit en outre justifier d'au moins 10 ans d'ancienneté (c. trav. art. D. 1237-1).

Aucune autre condition n'est exigée du salarié. Peu importe, par exemple, que l'intéressé ne bénéficie que d'un taux réduit, parce qu'il ne justifie pas d'un nombre de trimestres suffisant, ou qu'il soit parti avant l'âge légal, dans le cadre d'un régime particulier. Cela ne remet pas en cause son droit à l'indemnité de départ volontaire à la retraite (circ. DRT du 8 septembre 1987, JO 11 décembre ; cass. soc. 27 avril 1994, n° 91-44238 D ; cass. soc. 14 mai 2008, n° 07-40821 D).

Enfin, s'agissant de salariés partant à la retraite après avoir travaillé à temps plein et à temps partiel dans l'entreprise, l'indemnité de départ à la retraite doit être calculée proportionnellement aux périodes d'emploi effectuées selon l'une ou l'autre de ces deux modalités et ce, depuis leur entrée dans l'entreprise (c. trav. art. L. 3123-5).

▶ À noter… Le bénéfice de l'indemnité de départ volontaire est cumulable avec l'application de l'usage dit du « coup de chapeau » pratiqué par un établissement public (qui permet à des salariés n'ayant pas atteint le dernier échelon indiciaire de bénéficier, six mois avant leur départ à la retraite, à la fois d'une augmentation de salaire et d'une majoration consécutive du montant de leur retraite), ces deux dispositifs n'ayant pas le même objet (cass. soc. 20 novembre 2019, n° 18-19578 FSPB).

Autres sommes dues au salarié - En sus de cette indemnité de départ à la retraite, le salarié peut bénéficier de l'indemnité compensatrice de congés payés correspondant aux congés payés acquis à la date de rupture s'ils n'ont pas été pris [voir *Congés payés (indemnité compensatrice)**].

Il a droit également à la contrepartie pécuniaire à la clause de non-concurrence prévue par la convention collective ou le contrat de travail, si le salarié est lié par une telle clause (cass. soc. 24 septembre 2008, n° 07-40098, BC V n° 176) [voir *Clause de non-concurrence (indemnité)**].

Départ à la retraite dans le cadre d'un plan de sauvegarde de l'emploi - Le départ volontaire à la retraite dans le cadre d'un *plan de sauvegarde de l'emploi** (PSE) constitue une rupture à l'initiative du salarié et n'ouvre pas droit à l'indemnité conventionnelle de licenciement économique (cass. soc. 25 juin 2002, n° 00-18907, BC V n° 214 ; cass. soc. 9 juillet 2003, n° 01-43298 D). En effet, c'est le salarié lui-même qui est à l'initiative du départ, ce qui lui interdit de bénéficier des effets d'un licenciement (cass. soc. 25 juin 2002, n° 00-18907, BC V n° 214). Ainsi, le salarié ne peut prétendre qu'à l'indemnité légale de départ à la retraite, dont le montant est généralement inférieur à l'indemnité légale ou conventionnelle de licenciement pour motif économique.

▶ À noter… Il est toutefois fréquent qu'un employeur, contraint de mettre en place un PSE, propose un volet de départs volontaires en retraite incitatif, via une indemnisation financière spécifique. Sur le régime social et fiscal des indemnités de départ volontaire, voir *Indemnités de rupture (régimes social et fiscal)**.

Dispositions conventionnelles ou contractuelles

Nullité des clauses couperet - Toute disposition conventionnelle ou contractuelle prévoyant une rupture de plein droit du contrat de travail d'un salarié en raison de son âge ou du fait qu'il serait en droit de bénéficier d'une pension vieillesse est nulle et de nul effet. La nullité ne peut être invoquée que par le salarié (cass. ass. plén. 6 novembre 1998, n° 97-41931, B. ass. plén. n° 3 ; cass. soc. 17 avril 2019, n° 18-10476 D).

Autres dispositions conventionnelles ou contractuelles - Les dispositions relatives au départ à la retraite des salariés prévues par la convention collective et les contrats de travail ne sont applicables que si elles ne sont pas contraires aux dispositions légales (c. trav. art. L. 1237-4).

☞ *Indemnité de départ à la retraite.*

➲ Formulaire de Droit Social, « Enregistrement d'un départ volontaire à la retraite ».

Déplacements

☞ *Comité social et économique (déplacement) ; Frais professionnels (déplacement) ; Frais professionnels (déplacement BTP, ETT, tôlerie) ; Frais professionnels (mobilité) ; Frais professionnels (transport au lieu de travail) ; Modification du contrat de travail (lieu de travail) ; Participation aux frais de transport ; Temps de travail effectif.*

Dépôt des conventions et accords collectifs

☞ *Accord collectif d'entreprise (dépôt).*

Dépouillement du scrutin

☞ *Élections professionnelles (résultat du scrutin).*

Députés ou sénateurs

☞ *Candidats ou élus au Parlement.*

Détachement à l'étranger

Il s'agit de l'affectation d'un salarié à l'étranger à titre temporaire et pour une période plus ou moins longue : quelques jours, quelques semaines, plusieurs années.

Détachement dans un pays de l'Union européenne

Application de la directive européenne 96-71 - Les entreprises établies dans un État membre de l'Union européenne (UE) qui, dans le cadre d'une prestation de services transnationale, détachent provisoirement des travailleurs sur le territoire d'un autre État membre sont tenues de respecter la directive européenne 96-71 du 16.12.1996, relative au détachement de travailleurs dans un pays de l'UE dans le cadre d'une prestation de services.

▶ **Attention…** Le Royaume-Uni est sorti de l'Union européenne le 31.01.2020 à minuit, et le droit de l'Union européenne a cessé de s'appliquer au Royaume-Uni à l'issue de la période de transition prévue jusqu'au 31.12.2020. Sur les relations entre le Royaume-Uni et l'Union européenne en matière de sécurité sociale, voir https ://www.cleiss.fr/brexit/index.html.

Les détachements visés sont ceux pendant lesquels une relation de travail entre l'entreprise d'envoi et le travailleur est maintenue. Il s'agit du :
- détachement d'un travailleur pour le compte d'une entreprise prestataire, et sous sa direction, dans le cadre d'un contrat d'entreprise conclu entre elle et le destinataire de la prestation de services transnationale ;
- simple détachement d'un salarié dans un établissement ou une entreprise appartenant à un même groupe ;
- détachement d'un travailleur par une entreprise de travail temporaire (missions d'intérim) ou par une entreprise qui met un travailleur à la disposition (contrat de mise à disposition) d'une entreprise établie dans un autre État membre.

Notion de travailleur détaché - La CJUE a précisé la notion de travailleur détaché au sens de la directive 96/71 (CJUE n° C-815/18 du 1er décembre 2020). Ainsi, pour que le travailleur soit considéré comme détaché, l'exécution de son travail doit présenter un lien suffisant avec ce territoire. L'existence de ce lien doit être déterminée par une appréciation globale d'éléments comme la nature des activités accomplies par le travailleur sur le territoire, le degré d'intensité du lien des activités de ce travailleur avec le territoire de chaque État membre dans lequel il opère et la part que ces activités y représentent dans l'ensemble du service de transport. En revanche, l'existence d'un lien de groupe entre les entreprises parties au contrat de mise à disposition de travailleurs n'est pas pertinente pour apprécier l'existence d'un détachement.

Dans cette affaire, le fait qu'un chauffeur routier international, mis par une entreprise établie dans un État membre à la disposition d'une entreprise établie dans un autre État membre, recevait les instructions inhérentes à ses missions, commençait ou terminait celles-ci au siège de cette seconde entreprise, ne suffisait pas en soi pour considérer que ce chauffeur avait été détaché sur le territoire de cet autre État membre, au sens de la directive 96/71.

Conditions minimales de travail et d'emploi - La directive européenne 96-71 du 16.12.1996 prévoit que certaines conditions minimales de travail et d'emploi doivent bénéficier aussi bien aux travailleurs provisoirement détachés sur le territoire d'un État membre qu'aux nationaux de cet État.

Droits minimaux - Les domaines dans lesquels le prestataire de services doit, quelle que soit la loi applicable au contrat, respecter les règles en vigueur de l'État d'accueil concernent :
- les périodes maximales de travail et les périodes minimales de repos ;
- la durée maximale des congés annuels payés ;
- les taux de salaire minimal, y compris ceux majorés pour les heures supplémentaires ;
- la sécurité, la santé et l'hygiène au travail ;
- les conditions de travail et d'emploi des femmes enceintes ou venant d'accoucher, des enfants et des jeunes ;
- l'égalité de traitement entre hommes et femmes et les autres dispositions en matière de non-discrimination.

Toutefois, ces dispositions ne s'appliquent que si elles sont plus favorables que la loi applicable au contrat de travail.

Exceptions - Les États membres peuvent renoncer à imposer :
- le paiement d'un salaire minimal lorsque la durée du détachement est inférieure à 1 mois ;
- l'application des dispositions relatives à la durée minimale des congés payés et au salaire minimal, lorsque les travaux sont de faible ampleur.

En outre, dans le cadre d'un contrat de fourniture de biens incluant des travaux de montage et d'installation, les dispositions relatives au salaire minimal et à la durée minimale des congés payés ne s'appliquent que lorsque la durée du détachement est supérieure à 8 jours.

Compétence juridictionnelle - Pour faire valoir ses droits aux conditions de travail et d'emploi garanties par la directive, le travailleur détaché peut saisir le tribunal du lieu d'exécution de la prestation de services, sans préjudice, le cas échéant, de sa faculté d'intenter une action dans un autre État, conformément aux conventions internationales existant en matière de compétence judiciaire (voir *Contrat de travail international**).

▶ **À noter…** Sur le *détachement international**, voir cette étude.

Convention collective

En principe, une convention collective est applicable sur le territoire qu'elle vise dans son champ d'application. Elle s'applique aux entreprises situées sur ce territoire et n'est pas attachée au contrat individuel du salarié [voir *Convention collective (application)**]. En conséquence, un salarié détaché ne bénéficie pas des accords collectifs applicables à son employeur.

Cependant, les conventions et accords collectifs peuvent préciser les règles applicables en cas de détachement [ex. : la convention collective des bureaux d'études techniques, cabinets d'ingénieurs-conseils et sociétés de conseils (Syntec) s'applique aussi bien au personnel exerçant son activité en France qu'à celui travaillant à l'étranger (cass. soc. 28 novembre 2001, n° 00-11209 D)].

Le contrat de travail peut également inclure des dispositions de la convention collective que les parties entendent respecter pendant le détachement.

Obligation de sécurité

L'employeur est tenu, à l'égard de chaque salarié, d'une obligation légale de sécurité lui imposant de prendre les mesures nécessaires pour assurer leur sécurité et protéger leur santé (c. trav. art. L. 4121-1 et L. 4121-2 ; cass. soc. 16 juin 2009, n° 08-41519, BC V n° 147 ; cass. soc. 25 novembre 2015, n° 14-24444, BC V n° 234). Cette obligation s'applique également lorsque l'employeur envoie un salarié à l'étranger, et ce, d'autant plus s'il s'agit d'un pays « à risque ».

Peu importe le régime applicable au salarié en matière de protection sociale. En effet, l'obligation de sécurité ne concerne pas seulement le détachement : l'employeur peut être également responsable de la sécurité du salarié expatrié (cass. soc. 7 décembre 2011, n° 10-22875, BC V n° 287).

Même si le salarié est assujetti au régime de sécurité sociale du pays d'emploi (et dont l'affection à l'étranger n'est pas prise en charge au titre de la législation sur les accidents du travail ou les maladies professionnelles), l'employeur français qui a envoyé son salarié en mission à l'étranger est, conformément au droit commun de la responsabilité civile contractuelle (c. civ. art. 1240), responsable non seulement des accidents qui peuvent survenir au temps et au lieu du travail mais aussi des agressions survenant dans la vie courante (c'est-à-dire à l'occasion d'un acte de la vie personnelle de l'expatrié).

Rapatriement en cas de licenciement

Obligation de la société mère - Lorsqu'un salarié engagé par une société mère a été mis à la disposition d'une filiale étrangère et qu'un contrat de travail a été conclu avec cette dernière, la société mère assure son rapatriement en cas de licenciement par la filiale et lui procure un nouvel emploi compatible avec l'importance de ses précédentes fonctions en son sein (c. trav. art. L. 1231-5). La date à laquelle il convient de déterminer si la condition du contrôle de la société mère sur la filiale étrangère est remplie correspond à la date de la cessation de cette mise à disposition (c'est-à-dire au moment du licenciement) (avis cass. 8 juillet 2021, n° 21-70012 B).

Il appartient à la société mère d'établir qu'elle a satisfait à l'obligation pesant sur elle de réintégrer le salarié, à l'issue de sa mission, dans l'emploi occupé ou dans un emploi similaire (cass. soc. 9 janvier 2013, n° 11-17960 D).

L'initiative du rapatriement à l'issue de la mission à l'étranger incombe à l'employeur qui ne peut pas subordonner celui-ci à une demande expresse du salarié concerné (cass. soc. 19 octobre 2017, n° 16-18854 D).

▶ Attention... En l'absence d'offre de réintégration sérieuse, précise et compatible avec l'importance des précédentes fonctions du salarié au sein de la société mère, cette dernière est tenue, jusqu'à la rupture du contrat de travail la liant au salarié, au paiement des salaires et des accessoires de rémunération du dernier emploi, dès lors que le salarié s'est tenu à la disposition de l'employeur (cass. soc. 14 octobre 2020, n° 19-12275 FPB). L'employeur doit donc maintenir la rémunération globale jusqu'au licenciement, à savoir le salaire de base ainsi que tous les autres avantages en espèces ou en nature (c. trav. art. L. 3221-3). En l'espèce, le salarié bénéficiait d'un logement de fonction.

L'obligation de rapatriement de la société mère s'applique même si

- aucun contrat de travail n'a été maintenu entre elle et le salarié (cass. soc. 30 mars 2011, n° 09-70306, BC V n° 82) ;
- le salarié n'avait pas exercé de fonctions au sein de la société mère avant d'être mis à la disposition de la filiale étrangère (cass. soc. 7 décembre 2011, n° 09-67367, BC V n° 286 ; cass. soc. 9 janvier 2013, n° 11-20013 D).

Par ailleurs, l'obligation de reclassement à la charge de la société mère ne concernant que les relations entre celle-ci et le salarié qu'elle met à disposition, il importe peu que le contrat conclu entre ce dernier et la filiale ait été soumis au droit étranger (cass. soc. 30 mars 2011, n° 09-70306, BC V n° 82).

En tout état de cause, le salarié doit être réintégré dans un poste équivalent. Tel est le cas, même si les fonctions exercées sont différentes, lorsque le salarié conserve sa qualification, le même positionnement conventionnel, le même niveau hiérarchique, le même salaire, les mêmes avantages et accessoires de salaire qu'avant son retour, sauf ceux liés au détachement, et qu'il continue à être rattaché à la même direction des affaires internationales (cass. soc. 9 janvier 2013, n° 11-21758 D).

▶ À noter… À l'issue de son détachement, le salarié ne peut refuser d'être réintégré dans un poste correspondant à ses responsabilités et fonctions situé dans son lieu d'affectation d'origine choisi d'un commun accord lors de l'embauche. En effet, dans cette hypothèse, le changement de secteur géographique ne résulte pas de la mise en œuvre d'une clause de mobilité, mais du terme du détachement, et ne constitue pas une modification du contrat de travail nécessitant l'accord du salarié (cass. soc. 24 juin 2015, n° 13-25522, BC V n° 127).

Licenciement par la société mère - Si la société mère entend néanmoins se séparer du salarié, toutes les règles relatives au licenciement doivent être respectées (c. trav. art. L. 1231-5). Elle devra notamment invoquer une cause réelle et sérieuse de licenciement fondée sur des faits la concernant (cass. soc. 18 mai 1999, n° 96-45439, BC V n° 216).

Indemnités de rupture - Les indemnités de rupture auxquelles le salarié intéressé peut prétendre au titre de son licenciement par la société mère doivent être calculées par référence aux salaires perçus dans son dernier emploi. Si l'intéressé a, en dernier lieu, travaillé dans une filiale étrangère, le salaire d'expatriation sera le salaire de référence pour le calcul des indemnités de rupture (cass. soc. 27 octobre 2004, n° 02-40648, BC V n° 269 ; cass. soc. 17 mai 2017, n° 15-17750 D ; cass. soc. 14 octobre 2020, n° 19-12275 FPB).

Protection sociale

Maintien de la législation française de sécurité sociale - Les salariés détachés, au sens de la sécurité sociale, dans le cadre des règlements européens (règlt CEE 883/2004 du 29 avril 2004 modifié, art. 12 et 16 ; règlt CEE 987/2009 du 16 septembre 2009) bénéficient du maintien de leur protection sociale (régime de base, régime de retraite complémentaire AGIRC-ARRCO), attesté par un formulaire remis par la CPAM (ex. : formulaire A1), voir *Détachement international (statut du salarié)**.

▶ À noter… Depuis le 6.01.2022, le service en ligne « ILASS – Instruction de la Législation Applicable à la Sécurité Sociale » permet d'automatiser l'instruction et la délivrance des certificats A1, des certificats bilatéraux pour les 41 pays ou TOM ayant signé un accord de protection sociale avec la France, ainsi que du certificat de maintien à la sécurité sociale française pour les autres pays. Ce service remplace l'ancien service DAE (Détachement à l'étranger). L'employeur peut accéder à ce service depuis son compte en ligne sur urssaf.fr.

L'application des autres dispositifs complémentaires obligatoires (assurance décès des cadres, assurance maladie complémentaire collective obligatoire), issus de négociations collectives, d'un référendum ou d'une décision unilatérale de l'entreprise, est fonction du champ d'application géographique du contrat d'assurance conclu par l'employeur, ou des règlements de l'institution de prévoyance ou de la mutuelle auxquels l'employeur a adhéré.

Dans le cadre d'une convention bilatérale de sécurité sociale (liste disponible sur le site www.cleiss.fr), le détachement emporte maintien de la couverture visée par la convention, laquelle définit les risques concernés et les personnes éligibles.

▶ À noter… Le détachement suppose une mission définie dans le temps, répondant aux conditions fixées par le texte international (règlements européens ou conventions bilatérales) et le maintien du lien de subordination avec l'employeur d'origine. Ce dernier n'a pas à cotiser dans le pays d'emploi.

Par ailleurs, le code de la sécurité sociale permet à l'employeur d'affilier au régime de base un salarié envoyé en mission à l'étranger (c. séc. soc. art. L. 761-1, L. 761-2 et R. 761-1 à R. 761-6). Le code dénomme, improprement, cette situation de détachement (dit « interne ») car, contrairement au détachement dans le cadre des règlements européens ou d'une convention bilatérale, l'employeur n'est pas dispensé de cotiser dans le pays d'emploi.

Assurance chômage - Les salariés détachés à l'étranger bénéficient du régime d'indemnisation du chômage (c. trav. art. L. 5422-13). Ils ont un statut identique à celui des salariés exerçant leur activité en France, tant en matière d'affiliation de contributions que de prestations.

Exonération de CSG et de CRDS

La contribution sociale généralisée (CSG) est due par toute personne physique relevant d'un régime obligatoire d'assurance maladie français et fiscalement domiciliée en France pour l'établissement de l'impôt sur le revenu (c. séc. soc. art. L. 136-1).

Compte tenu des critères d'assujettissement à la CSG et à la CRDS, sont notamment exemptés du paiement de ces contributions pour leurs revenus d'activité (circ. DSS 2001-350 du 17 juillet 2001 ; circ. DSS 2002-345 du 13 juin 2002) :
- les travailleurs domiciliés en France et exerçant leur activité sur le territoire d'un autre État, dès lors qu'ils ne sont pas à la charge, à quelque titre que ce soit, d'un régime obligatoire français d'assurance maladie ;
- les travailleurs détachés, en application des règlements CEE 883/2004 du 29.04.2004 et 987/2009 du 16.09.2009 ou d'une convention bilatérale de sécurité sociale à laquelle la France est partie, exerçant leur activité en France et soumis à la législation de sécurité sociale de leur État d'origine, c'est-à-dire celui où est établie l'entreprise qui les occupe habituellement et pour le compte de laquelle ils ont été envoyés en France. Cette exemption ne vaut que pour la période du détachement ;
- les travailleurs expatriés assurés du régime d'assurance volontaire maladie-maternité et d'assurance accidents du travail géré par la Caisse des Français de l'étranger (CFE) ;
- les travailleurs qui ont leur domicile fiscal dans un autre État et qui sont à la charge, à quelque titre que ce soit, d'un régime obligatoire français d'assurance maladie ;
- les travailleurs détachés (lorsque le détachement est suffisamment long pour entraîner un changement de domiciliation fiscale, c'est-à-dire d'au moins 180 jours), en application du règlement CEE 883/2004 du 29.04.2004, d'une convention bilatérale de sécurité sociale ou du code de la sécurité sociale, qui, pour un temps déterminé, vont exercer leur activité professionnelle sur le territoire d'un autre État, qui ne sont pas domiciliés fiscalement en France et qui restent à la charge, à quelque titre que ce soit, d'un régime obligatoire français d'assurance maladie.

☞ *Contrat de travail international ; Expatriation (protection sociale).*

Détachement international

Il y a « détachement » lorsqu'un salarié, qui travaille habituellement hors du territoire français pour le compte d'un employeur régulièrement établi et exerçant son activité hors de France, exécute son travail, à la demande de cet employeur, pendant une durée limitée, sur le territoire français dans les conditions exposées ci-après (c. trav. art. L. 1261-3). Si le salarié concerné par le détachement n'est pas un ressortissant européen bénéficiant de la liberté de circulation, il doit disposer d'une autorisation de travail [voir *Union européenne (UE)** ; *Travailleurs étrangers (recrutement de)**]. Sur les formalités à accomplir en cas de sous-traitance internationale, voir *Sous-traitance**.

Définition du détachement

Situations de détachement - Le salarié détaché temporairement en France doit avoir un contrat de travail avec son employeur établi hors de France et la relation de travail doit subsister pendant la période de détachement (c. trav. art. L. 1262-1).

Le détachement s'effectue (c. trav. art. L. 1262-1) :
- soit pour le compte et sous la direction de l'employeur établi hors de France, dans le cadre d'un contrat de prestation de services conclu entre celui-ci et le destinataire établi ou exerçant en France ;
- soit entre des établissements d'une même entreprise ou entre des entreprises d'un même groupe ;
- soit pour le compte de l'employeur établi hors de France, pour réaliser une opération pour son propre compte, sans qu'il existe un contrat entre lui et un destinataire.

Il est aussi possible qu'une entreprise de travail temporaire (ETT) établie hors de France détache temporairement des salariés auprès d'une entreprise utilisatrice établie en France ou établie hors de France mais exerçant temporairement une activité sur le territoire national (c. trav. art. L. 1262-2). Encore faut-il qu'un contrat de travail existe entre l'ETT et le salarié et que leur relation de travail subsiste pendant la période de détachement.

▶ Attention… Lorsque les conditions du détachement ne sont pas remplies, la situation peut constituer du *travail dissimulé**.

Situations exclues - Un employeur ne peut pas se prévaloir des dispositions applicables au détachement de salariés lorsqu'il exerce, dans l'État dans lequel il est établi, des activités relevant uniquement de la gestion interne ou administrative, ou lorsque son activité est réalisée en France de façon habituelle, stable et continue. Il ne peut notamment pas se prévaloir de ces dispositions lorsque son activité comporte la recherche et la prospection d'une clientèle ou le recrutement de salariés sur le territoire national (c. trav. art. L. 1262-3).

Dans ces situations, l'employeur est assujetti à l'ensemble des dispositions du code du travail applicables aux entreprises établies sur le territoire national.

Durée du détachement

Bien que le détachement soit par nature temporaire, le droit français ne prévoit pas de durée maximale. Ainsi, un détachement peut varier d'une journée à plusieurs mois suivant la mission confiée au travailleur détaché, déterminée dans son objet et sa durée. Le caractère réellement temporaire du détachement est apprécié au cas par cas par l'inspecteur du travail (instr. DGT/RT1/2021 du 19 janvier 2021).

Cependant, les règles particulières relatives au détachement ne peuvent s'appliquer que pour une durée maximale de détachement de 12 mois (avec une prolongation possible de 6 mois devant être justifiée). Au-delà de cette durée, le travailleur détaché doit se voir appliquer l'ensemble des dispositions du code du travail (sauf exceptions) applicables aux entreprises établies sur le territoire national [voir *Détachement international (statut du salarié)**].

☞ *Détachement international (contrôle et sanctions) ; Détachement international (formalités) ; Détachement international (statut du salarié).*

Détachement international (contrôle et sanctions)

Le recours à des travailleurs détachés est soumis à des formalités obligatoires [voir *Détachement international (formalités)**] et au respect de certaines règles de droit du travail [*Détachement international (statut du salarié)**]. Le manquement à ces dispositions est passible de sanctions.

Procédures d'injonction à la charge du donneur d'ordre

L'employeur qui a recours à des salariés détachés (appelé ci-après « donneur d'ordre », « maître d'ouvrage » ou « entreprise utilisatrice ») peut se voir contraint de mettre en œuvre différentes procédures d'injonction, qui consistent à demander des comptes à l'employeur établi à l'étranger, lorsque celui-ci contrevient à certaines de ses obligations vis-à-vis de ses salariés détachés en France (voir *Sous-traitance**).

Amendes administratives

Des amendes administratives peuvent être prononcées, par l'inspection du travail, en cas de non-respect (c. trav. art. L. 1264-1, L. 1264-2, R. 8115-1 et R. 8115-2 ; instr. DGT/RT1/2021 du 19 janvier 2021) :

- par l'employeur établi hors de France, de son obligation d'effectuer une déclaration préalable au détachement, de désigner un représentant en France, d'établir une déclaration en cas d'accident de travail ou de tenir à disposition de l'inspecteur du travail des documents traduits en français permettant de vérifier le respect des dispositions sur le détachement [voir *Détachement international (formalités)**] (c. trav. art. L. 1262-2-1, L. 1262-4-4 et L. 1263-7) ;
- par l'employeur établi hors de France, de son obligation d'adresser à l'administration une déclaration motivée pour bénéficier des règles spécifiques du détachement au-delà de la durée maximale de 12 mois (c. trav. art. L. 1262-4, II) [voir *Détachement international (statut du salarié)**] ;
- par le donneur d'ordre ou le maître d'ouvrage, des obligations mises à sa charge dans le cadre de son obligation de vérification (également appelée « devoir de vigilance »), lorsque son cocontractant établi hors de France ou l'un des sous-traitants direct ou indirect de ce dernier n'a pas lui-même rempli ses obligations, notamment en cas d'omission d'envoi de la déclaration subsidiaire de détachement (c. trav. art. L. 1262-4-1) [voir *Détachement international (formalités)** et *Sous-traitance**] ;
- par le donneur d'ordre ou le maître d'ouvrage, de l'obligation de déclarer un accident du travail (c. trav. art. L. 1262-4-4) et d'afficher la réglementation applicable aux travailleurs détachés sur les grands chantiers (c. trav. art. L. 1262-4-5 et D. 1263-21) ;
- par une entreprise utilisatrice établie hors de France qui détache sur le territoire français des salariés d'une entreprise de travail temporaire (ETT), elle aussi établie hors de France, de son obligation d'informer l'ETT sur ce détachement et de lui transmettre un certain nombre d'informations listées par arrêté [voir *Détachement international (formalités)**] (c. trav. art. L. 1262-2-1, IV) ;
- par une entreprise utilisatrice établie en France, de son obligation d'informer l'ETT détachant les salariés des règles applicables en matière de rémunération et si l'ETT ne les respecte effectivement pas [voir *Détachement international (statut du salarié)**] (c. trav. art. L. 1262-2-1, V).

Cette amende est de 4000 € maximum par salarié détaché, et de 8000 € en cas de réitération dans les 2 ans suivant une première amende. Son montant total maximal est de 500000 € (c. trav. art. L. 1264-3).

L'amende administrative prévue en l'absence de déclaration préalable au détachement peut se cumuler avec une mesure de suspension de la prestation de services *(voir ci-après)* (c. trav. art. L. 1263-4-1, al. 3).

Suspension ou interdiction de la prestation de services

Motifs de la suspension de la prestation de services - Une mesure de suspension de la prestation de services peut être ordonnée pour mettre fin immédiatement aux faits les plus graves commis par un employeur établi à l'étranger qui a détaché des salariés en France. Les faits concernés sont (c. trav. art. L. 1263-3 et L. 1263-4 ; instr. DGT/RT1/2021 du 19 janvier 2021) :

- un manquement grave relatif au repos quotidien ou hebdomadaire ou à la durée quotidienne ou hebdomadaire maximale de travail (c. trav. art. L. 3131-1, L. 3132-2, L. 3121-18 et L. 3121-20) ;
- le non-paiement total ou partiel du salaire minimum légal ou conventionnel (c. trav. art. L. 3231-2 et L. 2254-1) ;
- un manquement à l'obligation de présenter sur le lieu de la prestation des documents traduits en français permettant de vérifier le respect de certaines règles (c. trav. art. L. 1263-7) ;
- des conditions de travail ou d'hébergement incompatibles avec la dignité humaine (c. pén. art. 225-14) ;
- la communication d'informations délibérément erronées par l'employeur à l'agent de contrôle (c. trav. art. L. 1263-3) ;
- le non-paiement des amendes administratives qui lui ont été notifiées (c. trav. art. L. 1263-6, L. 1264-1, L. 1264-2 et L. 8115-1).

La prestation de services peut également être suspendue en l'absence de déclaration subsidiaire de détachement réalisée par le donneur d'ordre ou le maître d'ouvrage, à l'issue du délai de 48 h à compter du début du détachement, en cas de défaillance de l'employeur détachant les salariés [voir *Détachement international (formalités)**] (c. trav. art. L. 1262-4-1, L. 1263-4-1 et R. 1263-11-2).

▶ À noter... Cette mesure est indépendante des sanctions prévues dans le cadre des procédures d'injonction en matière de respect du droit du travail, d'hébergement ou de paiement du salaire (voir *Sous-traitance**).

Suspension d'un mois - L'agent de l'inspection du travail qui constate un des manquements cités ci-avant enjoint à l'employeur de faire cesser cette situation dans un délai, en principe, de 3 jours à compter de la réception de l'injonction (c. trav. art. L. 1263-3 et R. 1263-11-1). Cette procédure d'injonction n'existe pas lorsque le manquement consiste en une absence de déclaration subsidiaire de détachement (c. trav. art. L. 1263-4-1).

Faute de régularisation, le DREETS peut, à l'issue d'une procédure au cours de laquelle l'employeur peut formuler des observations, ordonner la suspension de la prestation de services, eu égard à la répétition ou à la gravité des faits constatés, par décision motivée et pour une durée maximale de 1 mois. Le donneur d'ordre ou le maître d'ouvrage est informé sans délai de la suspension. Dès que la situation est régularisée, l'administration met fin à la suspension (c. trav. art. L. 1263-4, L. 1263-4-1 et R. 1263-11-2 à R. 1263-11-7).

Interdiction a priori de la prestation de services - Une procédure d'interdiction temporaire de la prestation de services peut être engagée, avant même que celle-ci n'ait commencé, lorsque l'agent de l'inspection de travail constate, le cas échéant à l'occasion de la réception de la déclaration préalable de détachement, que l'employeur établi à l'étranger détachant des salariés en France n'a pas payé les amendes administratives qui lui ont été notifiées (c. trav. art. L. 1263-4-2 ; instr. DGT/RT1/2021 du 19 janvier 2021).

Lorsque l'agent de l'inspection du travail constate un tel manquement, il transmet un rapport motivé au DREETS. Ce dernier enjoint par écrit l'employeur de payer les sommes dues et l'invite à présenter ses observations dans un délai de 3 jours, pouvant être réduit à 1 jour en cas de circonstances exceptionnelles. À l'expiration de ce délai, faute de régularisation, le DREETS peut lui notifier une décision motivée d'interdiction temporaire de la prestation de services, pour une durée de 2 mois maximum, qui peut être renouvelée tant que l'employeur n'atteste pas du paiement de l'amende. Le donneur d'ordre ou le maître d'ouvrage est informé sans délai de la décision d'interdiction (c. trav. art. L. 1263-4-2, R. 1263-11-3-1).

Incidence pour les salariés - La mesure de suspension de la prestation de services n'entraîne ni rupture, ni suspension du contrat de travail, ni aucun préjudice pécuniaire pour les salariés concernés. Il y a donc maintien du salaire (c. trav. art. L. 1263-5).

Amende administrative - En cas de non-respect de la décision de suspension ou d'interdiction de la prestation de services, l'employeur est passible d'une amende administrative maximale de 10 000 € par salarié concerné par le manquement (c. trav. art. L. 1263-6).

Sanctions liées au travail illégal

Outre les sanctions spécifiques au détachement international, l'employeur établi à l'étranger, le donneur d'ordre ou le maître d'ouvrage peuvent s'exposer aux sanctions prévues en cas de travail illégal [voir *Travail illégal (répression)**]. Car, lorsque les conditions du *détachement international** ne sont pas respectées, la situation de travail peut constituer du travail illégal, en particulier du *travail dissimulé**.

Sanctions pénales pour les ETT

Les ETT détachant des salariés sur le territoire français qui ne présentent pas les documents relatifs à la garantie financière, aux salariés détachés, aux contrats de mission et aux contrats de mise à disposition sont soumises à une contravention de troisième classe (c. trav. art. R. 1264-3).

Action en justice des syndicats

Les *syndicats** représentatifs peuvent agir en justice pour la défense des salariés détachés (c. trav. art. L. 1265-1 et D. 1265-1).

☞ *Détachement international.*

Détachement international (formalités)

Le détachement de salariés sur le territoire français par des employeurs établis hors de France s'accompagne de formalités et contrôles spécifiques visant à lutter contre les détachements abusifs.

Obligations de l'employeur établi hors de France

Déclaration préalable - L'employeur établi hors de France qui détache un ou plusieurs salariés en France adresse une déclaration, préalablement au détachement, à l'inspection du travail du lieu où débute la prestation (c. trav. art. L. 1262-2-1, R. 1263-3 et R. 1263-4). Certains cas de détachement sont toutefois exemptés de cette obligation *(voir ci-après)*.

La déclaration, rédigée en français, doit être établie avant le début du détachement et adressée à l'unité départementale de la DREETS du lieu où la prestation s'exécute (ou du premier lieu d'exécution s'il y en a plusieurs). Elle doit être réalisée en utilisant le télé-service « SIPSI » (sipsi.travail.gouv.fr) (c. trav. art. R. 1263-3, R. 1263-4, R. 1263-4-1, R. 1263-5, R. 1263-6, R. 1263-6-1 et R. 1263-7). L'employeur peut, via ce télé-service, modifier les dates de détachement initialement prévues ou annuler la déclaration de détachement en cas d'annulation du détachement (c. trav. art. R. 1263-5 et R. 1263-7).

Elle permet de désigner le représentant de l'employeur en France *(voir ci-après)*.

Le non-respect de ces obligations est sanctionné par une amende administrative [voir *Détachement international (contrôle et sanctions)**].

L'accomplissement de la déclaration préalable de détachement, comme la désignation d'un représentant en France *(voir ci-après)*, ne présument pas de la régularité du *détachement international** (c. trav. art. L. 1262-2-1).

L'employeur concerné par cette déclaration est tenu d'informer les personnes autres que le déclarant, en particulier le salarié détaché, du fait que leurs données personnelles feront l'objet d'un traitement SIPSI, ainsi que de leurs droits d'accès et de rectification prévus par la loi informatique et libertés (décret 2016-1044 du 29 juillet 2016, JO du 31, art. 4 ; loi 78-17 du 6 janvier 1978 modifiée par ord. 2018-1125 du 12 décembre 2018, art. 49 et 50).

▶ À noter... Sur la demande de carte d'identité professionnelle des salariés du *bâtiment et travaux publics**, voir cette étude et www.cartebtp.fr.

Spécificités pour les entreprises de travail temporaire (ETT) - Une déclaration spécifique existe pour les entreprises de travail temporaire (ETT) (c. trav. art. R. 1263-6 à R. 1263-9). Elle est adressée via le télé-service « SIPSI » *(voir ci-avant)*.

En cas de « doubles détachements » d'intérimaires - détachement en France par une entreprise utilisatrice située à l'étranger de travailleurs intérimaires mis à disposition par une entreprise de travail temporaire (ETT) également située à l'étranger - l'entreprise utilisatrice est tenue d'informer au préalable l'ETT du détachement des travailleurs intérimaires sur le territoire français et de lui transmettre un certain nombre d'informations listées par arrêté (durée du détachement en France, formalités préalables à accomplir, « noyau dur » de droits, etc.) (c. trav. art. L. 1262-2-1, IV ; arrêté du 28 juillet 2020, JO du 29).

Désignation d'un représentant en France - L'employeur des salariés détachés doit désigner un représentant de son entreprise sur le territoire français. Ce représentant est chargé d'assurer, pendant la durée de la prestation, la liaison avec les agents de contrôle compétents en matière de travail illégal (agents de l'inspection du travail, etc.) (c. trav. art. L. 1262-2-1). Certains cas de détachement sont toutefois exemptés de cette obligation *(voir ci-après)*.

Cette désignation est intégrée à la déclaration préalable de détachement. Elle couvre l'intégralité de la période de détachement (c. trav. art. R. 1263-2-1, R. 1263-3, R. 1263-4 et R. 1263-6).

Le non-respect de cette obligation est passible d'une amende administrative [voir *Détachement international (contrôle et sanctions)**].

Mise à disposition de certains documents - L'employeur des salariés détachés est tenu de conserver certaines informations qu'il doit pouvoir présenter sans délai à la demande de l'inspection du travail. En pratique, son représentant désigné en France assure cette mission. Ces informations doivent être conservées en France sur le lieu de travail du salarié détaché ou, en cas d'impossibilité matérielle, dans tout autre lieu accessible au représentant (c. trav. art. L. 1263-7, R. 1263-1 et R. 1263-2-1). Pour certains cas de détachement, un délai est accordé à l'employeur (ou à son représentant) pour présenter les documents *(voir ci-après)*.

La liste des documents exigibles est fixée par le code du travail (c. trav. art. R. 1263-1). Certains sont relatifs au salarié détaché (ex. : attestation de paiement effectif du salaire). D'autres doivent permettre de vérifier que l'employeur établi hors de France exerce une activité réelle et substantielle dans son pays d'établissement (ex. : document attestant du nombre de contrats exécutés et du montant du chiffre d'affaires réalisé dans son pays d'établissement et en France).

Ces documents doivent être traduits en français et les sommes converties en euros (c. trav. art. L. 1263-7 et R. 1263-2).

Le non-respect de ces obligations est sanctionné par une amende administrative et par la suspension de la prestation de services [voir *Détachement international (contrôle et sanctions)**].

Dispense de formalités pour les détachements pour compte propre - Les employeurs qui détachent en France des salariés pour leur propre compte sans qu'il existe un contrat avec un destinataire sont dispensés d'établir une déclaration préalable de détachement et de désigner un représentant de l'entreprise sur le territoire français (c. trav. art. L. 1262-1, 3° et L. 1262-2-1). Ils disposent d'un délai de 15 jours maximum pour présenter à l'inspection du travail certains documents en vue du contrôle du détachement (c. trav. art. R. 1263-1-1, II).

Dispense de formalités pour les détachements de courte durée - Sont également dispensés de déclaration préalable de détachement et d'obligation de désigner un représentant en France les employeurs qui détachent des salariés (hors cas du détachement pour compte propre) pour des prestations et opérations de courte durée ou dans le cadre d'événements ponctuels (c. trav. art. L. 1262-6).

Cette dérogation est applicable aux salariés détachés exerçant les activités suivantes, pour des prestations ne dépassant pas une certaine durée (arrêté du 4 juin 2019, JO du 5) :

- artistes dans les domaines du spectacle vivant, de la production et diffusion cinématographique et audiovisuelle et de l'édition phonographique (hors activités de montage ou de démontage, de restauration, de transport, de surveillance et de sécurité), pour une durée maximale d'activité en France de 90 jours sur 12 mois consécutifs ;
- sportifs, arbitres, membres de l'équipe d'encadrement, délégués officiels dans le cadre de manifestations sportives (hors activités de montage ou de démontage, de restauration, de transport, de surveillance et de sécurité), pour une durée maximale d'activité en France de 90 jours sur 12 mois consécutifs ;
- apprentis en mobilité temporaire dans une entreprise située en France dans le cadre de leur formation théorique ou pratique, en exécution d'une convention tripartite (à défaut de convention, la présence de l'apprenti ne doit pas être liée à la réalisation d'une prestation sur le territoire national à laquelle il participe), pour une durée maximale d'activité en France de 12 mois consécutifs ;
- participants à des colloques, séminaires et manifestations scientifiques, ainsi que professeurs et chercheurs invités à dispenser, à titre occasionnel, des activités d'enseignement, pour une durée maximale d'activité en France de 12 mois consécutifs.

Par ailleurs, pour les détachements réalisés pour ces activités, l'employeur dispose d'un délai de 15 jours maximum pour présenter à l'inspection du travail les documents requis en vue du contrôle du détachement (c. trav. art. R. 1263-1-1, I).

Ces mesures ne sont pas applicables aux entreprises de travail temporaire et aux agences de mannequins (c. trav. art. L. 1262-7).

Aménagement des formalités pour les détachements récurrents - Un employeur détachant de manière récurrente des salariés en France (hors cas du détachement pour compte propre) pourra saisir l'administration d'une demande d'aménagement des procédures de déclaration préalable de détachement, de désignation d'un représentant en France et de conservation de documents (c. trav. art. L. 1263-8).

La nature des aménagements possibles sera précisée par décret et ils seront consentis pour une durée d'au plus un an.

À l'appui de sa demande, l'employeur devra produire des informations attestant du respect des dispositions légales et des stipulations conventionnelles dans les matières du « noyau dur » de droit du travail français applicables aux travailleurs détachés en France (c. trav. art. L. 1262-4) [voir *Détachement international (statut du salarié)**].

▶ À noter… L'entrée en vigueur de cette mesure suppose un décret d'application, non publié au 1.01.2022.

Informations à donner au salarié détaché - L'employeur des salariés détachés doit, avant leur départ, leur communiquer les informations suivantes (instr. DGT/RT1/2021 du 19 janvier 2021) :
- le ou les pays dans lesquels le travail à l'étranger doit être effectué et sa durée prévue ;
- la rémunération à laquelle le salarié a droit, cette information pouvant résulter d'une référence aux dispositions légales ou aux stipulations conventionnelles étendues [voir *Détachement international (statut du salarié)**] ;
- le cas échéant, les allocations propres au détachement et les modalités de remboursement des dépenses de voyage, de logement et de nourriture ;
- la devise servant au paiement de la rémunération ;
- le cas échéant, les avantages en espèces ou en nature ;
- des renseignements indiquant si le rapatriement du salarié détaché est organisé et, s'il l'est, ses conditions ;
- le lien du site internet national officiel unique mis en place par l'État d'accueil informant sur les conditions de travail et d'emploi dans cet État (https :// travail-emploi.gouv.fr/droit-du-travail/detachement-des-salaries-posting-of-employees/).

Obligations du donneur d'ordre ou du maître d'ouvrage

Vérification de la déclaration préalable de détachement - L'entreprise qui a recours à des salariés détachés a une obligation de vérification, appelée « devoir de vigilance », lui imposant de s'assurer de la réalisation de la déclaration préalable de détachement par l'employeur détachant les salariés. Le cas échéant, cette obligation s'étend à toute la chaîne de sous-traitance, c'est-à-dire que l'entreprise doit procéder à cette vérification auprès des sous-traitants directs ou indirects de son cocontractant qui détachent les salariés, y compris les entreprises de travail temporaire (ETT) avec lesquelles son cocontractant ou un de ces sous-traitants a contracté (c. trav. art. L. 1262-4-1).

À cet effet, elle doit demander, avant le début du détachement, l'accusé de réception de la déclaration préalable de détachement effectuée via le télé-service SIPSI (c. trav. art. R. 1263-12 et R. 1263-12-1). Elle annexe l'accusé de réception de la déclaration de détachement à son *registre du personnel** et insère dans le *bilan social** les informations concernant les salariés détachés accueillis.

Le non-respect de ces vérifications est passible de sanctions [voir *Détachement international (contrôle et sanctions)**].

Déclaration subsidiaire de détachement - Si l'entreprise ne se voit pas remettre l'accusé de réception de la déclaration préalable de détachement, elle doit adresser, dans les 48 h suivant le début du détachement, une déclaration subsidiaire de détachement à l'inspection du travail du lieu où débute la prestation (c. trav. art. L. 1262-4-1). Cette déclaration subsidiaire doit être réalisée par voie dématérialisée en utilisant le télé-service « SIPSI » (sipsi.travail.gouv.fr) (c. trav. art. R. 1263-13 et R. 1263-14) (voir *Sous-traitance**).

▶ À noter… Cette déclaration est requise pour pallier le défaut du seul cocontractant direct de l'entreprise. Il n'y a pas déclaration subsidiaire à réaliser si le manquement provient de la chaîne de sous-traitance, malgré l'existence d'une obligation de vérification.

Vérification du paiement des amendes notifiées - L'entreprise doit également vérifier que l'employeur des salariés détachés s'est acquitté, le cas échéant, du paiement d'une liste définie d'amendes administratives (dues en cas de non-respect des formalités liées au détachement, de manquement aux droits fondamentaux des salariés détachés, de non-respect d'une décision administrative d'interdiction ou suspension d'activité) (c. trav. art. L. 1262-4-1). À cet effet, elle doit demander, avant le début de chaque détachement, une attestation sur l'honneur certifiant que l'employeur s'est acquitté du paiement des amendes dues (c. trav. art. R. 1263-12).

Cette obligation de vérification ne s'applique qu'au cocontractant direct de l'entreprise.

☛ *Détachement international ; Détachement international (statut du salarié) ; Détachement international (contrôle et sanctions).*

Détachement international (statut du salarié)

Le *détachement international** vise le détachement de salariés sur le territoire national par des employeurs établis hors de France. Ces salariés ne sont soumis qu'à certaines règles « essentielles » du droit du travail, mais uniquement pendant une durée limitée.

Droit du travail applicable

« Noyau dur » de règles essentielles - Dans un certain nombre de matières énumérées par le code du travail (que l'on appelle « noyau dur »), les employeurs qui détachent temporairement des salariés en France doivent garantir une égalité de traitement avec les salariés employés par les entreprises de la même branche d'activité établies sur le territoire national, en assurant le respect des dispositions légales et conventionnelles étendues (ex. : durée du travail, salaire minimum, non-discrimination, santé et sécurité au travail, etc.) (c. trav. art. L. 1262-4 et R. 1261-2) *(voir ci-après)*.

Sur certains grands chantiers de bâtiment ou de génie civil, le maître d'ouvrage doit afficher dans le local vestiaire des salariés les informations sur la réglementation française de droit du travail applicable aux salariés détachés (c. trav. art. L. 1262-4-5 et D. 1263-21).

« Noyau dur » limité dans le temps - L'application aux salariés détachés du seul « noyau dur » est limitée dans le temps. Au-delà de 12 mois de détachement (donc à partir du 13e mois de détachement), le salarié détaché doit bénéficier de l'ensemble des conditions de travail et d'emploi légales et conventionnelles étendues applicables aux salariés employés par des entreprises de la même branche (c. trav. art. L. 1262-4, II ; instr. DGT/RT1/2021 du 19 janvier 2021).

Certaines règles, qui n'ont pas vocation à s'appliquer au travailleur détaché, sont expressément exclues : règles relatives à la conclusion, à l'exécution, à la rupture et au transfert du contrat de travail, à la modification du contrat pour motif économique, à la mobilité volontaire sécurisée, au CDD, au contrat de chantier ou d'opération, au contrat de mission à l'exportation, aux chèques et titres simplifiés de travail (CESU, TESE).

▶ À noter… Les détachements successifs de salariés sur un même poste de travail sont additionnés pour le calcul des 12 mois pour éviter tout abus de droit.

Si l'exécution de la prestation le justifie, l'employeur peut continuer à appliquer le seul « noyau dur » pour une durée supplémentaire d'au plus 6 mois (soit au total, 18 mois maximum). Pour ce faire, avant l'expiration du délai de 12 mois, il doit compléter, pour chaque salarié détaché concerné, la déclaration préalable de détachement via le télé-service « SIPSI » en précisant la durée et le motif de la prorogation du « noyau dur » [voir *Détachement international (formalités)**] (c. trav. art. R. 1262-18-1). À défaut, il s'expose à une amende administrative d'au plus 4000 € par salarié détaché.

Salaire minimum - Le salarié détaché doit percevoir une rémunération correspondant au SMIC ou, s'il est plus élevé, au salaire minimal conventionnel correspondant à l'emploi occupé, et comprenant tous les autres avantages et accessoires payés, directement ou indirectement, en espèces ou en nature, par l'employeur au salarié en raison de l'emploi de ce dernier, ainsi que les majorations pour heures supplémentaires (c. trav. art. L. 1262-4, 8° et art. L. 3221-3).

Les allocations propres au détachement font partie de la rémunération. En revanche, les remboursements de frais professionnels (transport, repas et hébergement) en sont exclus et sont à la charge de l'employeur lorsque les conditions suivantes sont cumulativement remplies : leur prise en charge est prévue par des dispositions légales ou des stipulations conventionnelles et le salarié détaché doit se déplacer vers ou depuis son lieu de travail habituel sur le territoire national ou est temporairement envoyé par son employeur de ce lieu de travail habituel vers un autre lieu de travail (c. trav. art. R. 1262-8).

Exemple
Des sommes versées chaque mois au titre du « détachement étranger » ne constituent pas un remboursement de frais, par ailleurs pris en charge par l'employeur, mais un élément de salaire. Elles doivent donc être prises en compte pour apprécier si le salaire perçu est au moins égal au minimum conventionnel applicable (cass. soc. 13 novembre 2014, n° 13-19095, BC V n° 265).

Le ministère du Travail a recensé l'ensemble des éléments constitutifs de la rémunération à prendre en compte pour déterminer le montant brut dû au salarié détaché (https ://travail-emploi.gouv.fr/IMG/pdf/tableau_calcul_remuneration.pdf).

Pour calculer la rémunération due au salarié détaché, une comparaison doit être effectuée entre :
- la rémunération versée au salarié détaché au titre de la législation applicable au contrat de travail, c'est-à-dire celle de l'État membre d'origine ;
- la rémunération due au titre du détachement en France.

Cette comparaison doit être établie sur des montants totaux bruts de rémunération, c'est-à-dire avant prélèvements sociaux, plutôt que sur des éléments individuels de la rémunération (instr. DGT/RT1/2021 du 19 janvier 2021).

Jours fériés - Les salariés détachés en France bénéficient des *jours fériés** dans les mêmes conditions que les salariés français (c. trav. art. L. 1262-4). Pour les jours fériés autres que le 1er mai, le paiement des jours chômés s'applique aux détachements d'une durée supérieure à 1 mois (c. trav. art. R. 1262-4).

Congés payés et congés divers - Les salariés détachés en France bénéficient du droit à *congés payés**. Ce droit s'évalue au prorata temporis de leur séjour en France (instr. DGT/RT1/2021 du 19 janvier 2021).

Par ailleurs, ils ont également droit au congé de maternité, au congé de paternité et d'accueil de l'enfant ainsi qu'aux congés pour événements familiaux (naissance, décès, mariage, etc.) dans les mêmes conditions que les salariés employés par une entreprise française, en tenant compte des conventions et accords collectifs étendus correspondant à l'activité exercée en France par le salarié détaché (c. trav. art. L. 1262-4, 3° et R. 1261-2) [voir *Congé de paternité et d'accueil de l'enfant**, *Congé pour événement familial**, *Maternité (congé de)**].

Au-delà de 12 (ou 18) mois de détachement *(voir ci-avant)*, le salarié détaché peut bénéficier d'autres congés : congé d'*adoption**, *congé parental d'éducation**, *congé pour enfant malade*, *congé de présence parentale pour enfant malade**, *congé de proche aidant**, *congé de solidarité familiale**, *congé sabbatique** notamment (instr. DGT/RT1/2021 du 19 janvier 2021).

▶ **À noter...** Ces droits à congé s'entendent au sens de la législation du travail (droit d'être absent) et non de la législation de sécurité sociale (droit aux *indemnités journalières de sécurité sociale**).

Indemnisation des arrêts de travail - Si le détachement dure plus de 1 mois, l'indemnisation complémentaire à la charge de l'employeur prévue par le code du travail en cas de maladie ou d'accident s'applique (c. trav. art. L. 1226-1 et R. 1262-1) [voir *Maladie (indemnisation)**].

Accident du travail - Si un salarié détaché en France est victime d'un *accident du travail**, l'entreprise doit le déclarer à l'inspection du travail du lieu de sa survenance dans un délai de 2 jours ouvrables, par tout moyen permettant de donner date certaine à cet envoi (c. trav. art. L. 1262-4-4 et R. 1262-2).

Cette formalité revient à l'entreprise d'accueil, utilisatrice ou donneuse d'ordre et, dans l'hypothèse d'un détachement pour compte propre sans destinataire, à l'employeur du salarié détaché.

Le non-respect de cette obligation est sanctionné par une amende administrative [voir *Détachement international (contrôle et sanctions)**].

Santé au travail - Un salarié détaché en France est soumis à certaines dispositions relatives à la santé au travail, et en particulier aux visites médicales (à l'embauche, périodiques), aux visites de reprise en cas d'arrêt de travail et à la surveillance médicale renforcée s'il y a lieu (c. trav. art. R. 1262-9).

Le suivi médical antérieur au détachement peut être réalisé dans le pays d'origine si l'employeur, établi dans un pays de l'*Union européenne (UE)**, en Suisse ou dans un pays de l'*Espace économique européen (EEE)**, prouve que le salarié est soumis à une surveillance équivalente dans son pays d'origine (c. trav. art. R. 1262-10 ; instr. DGT/RT1/2021 du 19 janvier 2021). Si ce n'est pas le cas ou si son employeur est établi dans un pays tiers, le salarié relève des examens médicaux prévus en France : visite d'information et de prévention dans les 3 mois suivant l'arrivée dans l'entreprise ou examen médical d'aptitude à l'embauche réalisé avant l'affectation sur le poste en cas de suivi renforcé [voir *Visite médicale (information et prévention)**] (c. trav. art. R. 1262-13, R. 4624-10 et R. 4624-24).

Par la suite, pendant la durée du détachement, quel que soit le niveau de surveillance médicale dans le pays d'origine, ce sont les règles françaises de périodicité des examens qui s'appliquent (ex. : renouvellement de la visite d'information et de prévention initiale dans un délai d'au plus 5 ans) (instr. DGT/RT1/2021 du 19 janvier 2021).

Entreprises de travail temporaire - Une entreprise de travail temporaire (ETT) établie hors de France peut détacher temporairement des salariés auprès d'une entreprise utilisatrice (c. trav. art. L. 1262-2) :
- soit établie en France ;
- soit établie hors de France et qui exerce une activité sur le territoire national (« double détachement »).

Les salariés détachés mis à disposition d'une entreprise utilisatrice établie en France bénéficient des conventions et accords collectifs applicables au lieu de travail et aux salariés employés par cette entreprise utilisatrice en matière de rémunération, de durée du travail, de travail de nuit, de repos hebdomadaire, de jours fériés, de santé et sécurité au travail, de travail des femmes, enfants et jeunes travailleurs (c. trav. art. R. 1262-16).

De plus, l'entreprise utilisatrice établie en France qui a recours à des salariés détachés intérimaires doit informer l'ETT des règles applicables en matière de rémunération pendant la durée du détachement sur le territoire national, afin de garantir une égalité de rémunération avec les travailleurs locaux (c. trav. art. L. 1262-2-1, V). À défaut, elle est passible d'une amende administrative [voir *Détachement international (contrôle et sanctions)**].

Enfin, dans le cadre des « doubles détachements » d'intérimaires, l'entreprise utilisatrice établie à l'étranger est tenue d'informer au préalable l'ETT du détachement de ses salariés sur le territoire français et de lui transmettre un certain nombre d'informations listées par arrêté (durée du détachement en France, formalités préalables à accomplir, « noyau dur » de droits, etc.) [voir *Détachement international (formalités)**] (c. trav. art. L. 1262-2-1, IV ; arrêté du 28 juillet 2020, JO du 29).

▶ À noter... Un contrat de marché public peut exiger que le maître d'ouvrage fasse intervenir sur le chantier un interprète afin d'informer les travailleurs détachés sur leurs droits sociaux et les règles en matière de santé et sécurité au travail (CE 4 décembre 2017, n° 413366). Cette clause d'interprétariat ne doit pas être confondue avec la clause « Molière », imposant l'usage du français par les salariés sur le chantier, laquelle est interdite (instr. Intermin. du 27 avril 2017, NOR ARCB1710251).

Protection sociale

Application de traités et accords internationaux - Un salarié détaché en France peut rester affilié au régime de sécurité sociale de son pays d'origine s'il peut se prévaloir des mesures en ce sens prévues par les dispositions de la réglementation européenne (règlt CE 883/2004 du 29 avril 2004, art. 12 ; règlt CE 987/2009 du 16 septembre 2009, art. 14) **ou d'une convention bilatérale** (ex. : convention bilatérale de sécurité sociale France – Algérie/France – Côte d'ivoire/France – États-Unis, etc. ; c. séc. soc. art. L. 111-2-2).

▶ Attention... Avec la sortie du Royaume-Uni de l'Union européenne (Brexit), devenue pleinement effective au 1.01.2021, les citoyens britanniques s'installant en France ou y débutant une activité professionnelle depuis cette date sont considérés comme des ressortissants d'États tiers au regard du droit de séjour et des droits à la protection sociale. Les citoyens britanniques installés en France au 31.12.2020 ont bénéficié de mécanismes de continuité des droits sociaux et de coordination en matière de sécurité sociale (www.cleiss.fr/brexit/index.html).

Rappelons que les règlements européens ainsi que les conventions bilatérales applicables en matière de coordination des régimes de sécurité sociale sont accessibles sur le site Internet du Centre des liaisons européennes et internationales de sécurité sociale (CLEISS) « www.cleiss.fr ».

Les salariés détachés dans le cadre des règlements européens attestent du maintien de leur affiliation à leur pays d'origine à l'aide du formulaire européen « A1 » (*voir ci-après*). Ce dernier est délivré par les autorités du pays dont dépend le travailleur. L'organisme compétent pour le délivrer peut, par exemple, être la caisse de sécurité sociale à laquelle le travailleur est affilié. Il peut être demandé, selon les cas, par l'employeur qui procède au détachement ou par le travailleur lui-même (information de la Commission Européenne sur les documents portables).

Les salariés ou, à défaut, leur employeur ou son représentant en France, doivent tenir à disposition le formulaire sur le lieu d'exécution du travail et chez le donneur d'ordre ou maître d'ouvrage. Le défaut de production du document entraîne l'application d'une pénalité égale au plafond mensuel de la sécurité sociale, montant doublé en cas de nouveau manquement constaté dans les 2 ans. Elle est fixée pour chaque salarié concerné et due par le donneur d'ordre. Toutefois, la pénalité n'est pas applicable en cas de production, lors du contrôle, d'un justificatif attestant du dépôt de la demande d'obtention du formulaire, suivie de la production, dans un délai de 2 mois à compter du contrôle, du formulaire délivré à la suite de cette demande (c. séc. soc. art. L. 114-15-1).

Contentieux liés au formulaire A 1 - La validité d'un formulaire A1 (E101 à l'époque des faits) ne peut pas être remise en cause unilatéralement par les URSSAF ou les juges français, sans passer par les voies de recours prévues par le droit européen. Ceux-ci doivent saisir l'institution de l'État membre qui l'a délivré, afin qu'elle reconsidère le bien-fondé de cette délivrance et, le cas échéant, retire le formulaire (cass. ass. plén. 22 décembre 2017, n° 13-25467, bull. ass. plén. n° 2 ; cass. civ., 2e ch., 31 mai 2018, n° 15-16832 D). Toutefois, le juge français peut écarter un formulaire A1 s'il constate qu'il a été obtenu ou invoqué de manière frauduleuse et à la condition que l'institution émettrice du formulaire ait été saisie et se soit abstenue, dans un délai raisonnable, de réexaminer les conditions de sa délivrance au regard des éléments établissant la fraude (CJUE 6 février 2018, aff. C-359/16, Altun et a. ; cass. crim. 18 septembre 2018, n° 13-88632, n° 11-88040, n° 13-88631, bull. crim. n° 160). Dans ce cas, le formulaire A1 ne s'impose pas au juge français. Par ailleurs, si l'institution émettrice du formulaire A1 décide de le retirer, alors les salariés détachés n'étant plus couverts par un formulaire A1 deviennent assujettis à la législation française de sécurité sociale et leur employeur doit les déclarer auprès des organismes français de sécurité sociale (cass. soc. 4 novembre 2020, n° 18-24451 FSPBRI).

▶ À noter… Le formulaire A1 ne produit d'effet qu'en matière de sécurité sociale. Ainsi, en cas de *détachement international** irrégulier au regard des règles de droit du travail, il ne fait pas obstacle à une condamnation pour travail dissimulé pour absence de *déclaration préalable à l'embauche** des travailleurs irrégulièrement détachés (cass. crim. 12 janvier 2021, n° 17-82553 FSPBI). De même, il ne fait pas obstacle à une condamnation pour non-respect des règles nationales de droit du travail vis-à-vis du salarié détaché (en l'espèce rappels de salaires et de congés payés) (cass. soc. 31 mars 2021, n° 16-16713 FPBRI).

Absence de traités ou d'accords internationaux - Tout salarié travaillant en France, sans relever d'un détachement au sens de la sécurité sociale maintenant son affiliation au régime de sécurité sociale de son État d'origine *(voir ci-avant)*, doit être affilié au régime de sécurité sociale français (c. séc. soc. art. L. 111-2-2 et L. 311-2).

▶ À noter… Sous conditions, un salarié impatrié peut bénéficier d'une dispense d'affiliation temporaire aux régimes de retraite français, voir *Impatriation (sécurité sociale)**.

Service ILASS - Depuis le 6.01.2022, le service en ligne « ILASS – Instruction de la Législation Applicable à la Sécurité Sociale » permet d'automatiser l'instruction et la délivrance des certificats A1, des certificats bilatéraux pour les 41 pays ou TOM ayant signé un accord de protection sociale avec la France, ainsi que du certificat de maintien à la sécurité sociale française pour les autres pays. Ce service remplace l'ancien service DAE (détachement à l'étranger).

L'employeur peut accéder à ce service depuis son compte en ligne sur urssaf.fr.

☞ *Détachement international ; Impatriation (sécurité sociale).*

Détective privé

☞ *Surveillance des salariés.*

Difficultés économiques

☞ *Accord de performance collective ; Licenciement économique (cause économique).*

Dimanche

En principe, le *repos hebdomadaire** doit être donné le dimanche sauf dérogations.

Dimanches du maire

Douze dimanches par an - Les maires peuvent autoriser le travail le dimanche dans les établissements de commerce de détail jusqu'à 12 jours par an après avis du conseil municipal.

▶ À noter… Le Maire de Paris (non le préfet) est décisionnaire en la matière, comme les maires des autres communes de France (c. trav. art. L. 3132-26 ; C. constit., décision n° 2016-547 QPC du 24 juin 2016).

Pour les supermarchés et hypermarchés les jours fériés travaillés sont déduits des dimanches désignés par le maire *(voir ci-après)*.

Lorsque le nombre de ces dimanches est supérieur à 5, le maire peut prendre sa décision seulement après avis conforme de l'organe délibérant de l'établissement public de coopération intercommunale à fiscalité propre dont la commune est membre. À défaut de délibération dans un délai de 2 mois suivant la saisine, cet avis est réputé favorable.

La liste des dimanches est arrêtée avant le 31 décembre, pour l'année suivante (pour la région Ile-de-France, voir www.ile-de-france.gouv.fr).

Travail sur la base du volontariat - Seuls les salariés volontaires ayant donné leur accord par écrit à leur employeur peuvent travailler un de ces dimanches (c. trav. art. L. 3132-27-1).

▶ À noter… Lorsque le salarié travaille un dimanche, jour d'un scrutin national ou local, l'employeur doit prendre toutes les mesures nécessaires pour lui permettre d'exercer personnellement son droit de vote (c. trav. art. L. 3132-26-1).

Rémunération majorée et repos compensateur - Chaque salarié travaillant un dimanche du maire (c. trav. art. L. 3132-27 ; cass. crim. 22 septembre 2015, n° 13-82284, B. crim. n° 206l) :

- perçoit une rémunération au moins égale au double de la rémunération normalement due pour une durée équivalente ;
- et a droit à un repos compensateur équivalent en temps.

L'employeur ne peut pas substituer à ces avantages le versement de primes exceptionnelles (cass. soc. 12 novembre 1991, n° 90-42944, BC V n° 486 ; cass. soc. 29 octobre 2003, n° 01-46016 D).

Si le repos dominical est supprimé un dimanche précédant une fête légale, le repos compensateur est donné le jour de cette fête.

Un arrêté du maire fixe les conditions dans lesquelles ce repos est accordé, soit collectivement, soit par roulement dans la quinzaine qui précède ou suit la suppression du repos. Si l'arrêté n'indique pas ces modalités, il peut être annulé (CE 29 octobre 2008, n° 289617).

▶ Attention… Ces dispositions ne s'appliquent pas dans les départements de la Moselle, du Bas-Rhin et du Haut-Rhin (c. trav. art. L. 3134-1 à L. 3134-15).

Commerce de détail alimentaire

Travail le dimanche - Les commerces de détail alimentaire (activité principale et exclusive) bénéficient d'une dérogation de droit, qui leur permet d'ouvrir le dimanche matin, jusqu'à 13 h. Le *repos hebdomadaire** peut être donné le dimanche à partir de 13 h (c. trav. art. L. 3132-13 et R. 3132-8).

▶ À noter… Pour être ouverts après 13 h, ces commerces doivent se tourner vers les mécanismes de dérogation spécifiques aux zones touristiques internationales et aux emprises de certaines gares ou demander une dérogation préfectorale *(voir ci-après)*.

Les supermarchés et hypermarchés (surface de vente supérieure à 400 m^2) utilisant cette dérogation doivent accorder aux salariés privés de repos dominical une majoration de salaire d'au moins 30 % par rapport à la rémunération normalement due pour une durée équivalente (c. trav. art. L. 3132-13).

Articulation avec les dimanches du maire - Dans les commerces de détail alimentaire ayant une surface de vente supérieure à 400 m^2, les jours fériés travaillés (sauf le 1er Mai) sont déduits des dimanches désignés par le maire, dans la limite de 3 par an (c. trav. art. L. 3132-26).

Repos par roulement - Les salariés âgés de moins de 21 ans logés chez leurs employeurs bénéficient d'un repos compensateur, par roulement et par semaine, d'un autre après-midi. Les autres salariés bénéficient d'un repos compensateur, par roulement et par quinzaine, d'une journée entière (c. trav. art. L. 3132-13).

Contraintes de production, d'activité ou besoins du public

Entreprises visées - Certains établissements dont le fonctionnement ou l'ouverture est rendu nécessaire par les contraintes de la production de l'activité ou les besoins du public sont autorisés à donner le repos hebdomadaire par roulement et non pas uniformément le dimanche (c. trav. art. L. 3132-12, R. 3132-1 et R. 3132-5). Il s'agit notamment (c. trav. art. R. 3132-5) :

- des industries dans lesquelles toute interruption du travail entraînerait la perte ou la dépréciation du produit en cours de fabrication ;
- de certaines catégories d'établissements pour certains travaux ou activités, listés par le code du travail (ex. : certains établissements industriels utilisant des fours, certaines entreprises de production

d'énergie, certains commerces de gros et de détail, certaines entreprises de transport et livraison, les télécommunications, certaines activités de dépannage et réparation, certaines activités de soins, certaines activités culturelles et sportives, certaines activités de tourisme) ;
- des hôtels, restaurants et boulangeries ;
- des débits de tabacs, des commerces de détail d'ameublement (loi 2008-3 du 3 janvier 2008, art. 11, JO du 4) et de bricolage (décret 2014-302 du 7 mars 2014, JO du 8 ; CE 24 février 2015, n° 374726 ; CE 24 février 2015, n° 374905 ; CE 24 février 2015, n° 376267 ; CE 24 février 2015, n° 376411) ;
- des activités de marchés foires et expositions (ex. : foires et salons régulièrement déclarés).

Ces dispositions sont d'interprétation stricte (cass. soc. 3 juin 2009, n° 07-44255 D ; cass. soc. 9 mai 2019, n° 17-21162 FSPB).

Concernant la dérogation qui permet aux commerces de détail d'ameublement d'ouvrir le dimanche, la Cour de cassation a estimé qu'elle est conforme aux règles du droit international (cass. soc. 14 novembre 2018, n° 17-18259 FSPBRI).

▶ À noter… Les établissements qui participent, par la tenue d'un stand, à une exposition dans le cadre de foires et salons ayant fait l'objet d'une autorisation ou d'un agrément sont admis à déroger au repos hebdomadaire pour les salariés qui ont accepté de concourir à cette activité. Ainsi, une banque peut déroger à la règle du repos dominical pour les salariés ayant accepté d'y participer (cass. soc. 12 novembre 2002, n° 00-14641, BC V n° 342).

Aucune autorisation n'est à demander pour les entreprises concernées (c. trav. art. R. 3132-5). Lorsqu'une entreprise est ouverte le dimanche sans répondre aux conditions de dérogation exigées, le juge des référés peut lui interdire, sous astreinte, de faire travailler ses salariés ce jour-là (cass. soc. 16 juin 2010, n° 09-11214, BC V n° 143).

Repos par roulement - Lorsque le repos est donné par roulement, il est accordé un jour quelconque de la semaine, éventuellement de midi à midi le lendemain. Le principe du droit à 24 h consécutives de repos doit néanmoins être respecté (c. trav. art. L. 3132-12 et R. 3132-5).

Zones touristiques et zones commerciales

Caractéristiques - Les ZC sont caractérisées par une offre commerciale et une demande potentielle particulièrement importantes (c. trav. art. L. 3132-25-1). Les ZT sont caractérisées par une affluence particulièrement importante de touristes (c. trav. art. L. 3132-25).

L'initiative de la demande de délimitation ou de modification de ces zones appartient au maire ou, lorsque le périmètre de la zone concernée excède le territoire d'une seule commune, au président de l'établissement public de coopération intercommunale, après consultation des maires concernés. Ces zones sont ensuite délimitées ou modifiées par le préfet de région (c. trav. art. L. 3132-25-2 et R. 3132-19 et s.).

▶ Attention… Les établissements situés dans les communes d'intérêt touristique ou thermales et les zones touristiques d'affluence exceptionnelle ou d'animation culturelle permanente, créées avant le 7.08.2015 et devenues de plein droit des zones touristiques, sont soumis au nouveau régime issu de la loi du 6.08.2015 (accord collectif, compensations et contreparties, principe du volontariat) depuis le 1.08.2018 (loi 2015-990 du 6 août 2015, art. 257-I, JO du 7 ; loi 2017-1340 du 15 septembre 2017, art. 7, JO du 16).

Dans les établissements situés dans les PUCE créés avant le 7.08.2015, avant leur transformation en ZC, les accords collectifs et décisions unilatérales de l'employeur intervenus en application de l'ancienne législation sur les PUCE sont restés applicables jusqu'au 1.08.2018. Au cours de cette période, si un accord collectif conforme à la nouvelle législation était signé, il remplaçait dès sa signature toute décision unilatérale encore en vigueur.

Repos hebdomadaire par roulement - Les établissements de vente au détail mettant à disposition des biens et des services situés dans les ZC ou les ZT peuvent donner le *repos hebdomadaire** par roulement pour tout ou partie du personnel (c. trav. art. L. 3132-25 et L. 3132-25-1). Un décret en déterminera les modalités d'application.

La mise en œuvre du travail dominical dans les ZT et les ZC suppose l'octroi de contreparties fixées par accord. Par ailleurs, seuls les salariés volontaires peuvent être amenés à travailler le dimanche *(voir ci-après)*.

Exclusion des commerces de détail alimentaire - Les commerces de détail alimentaire situés en ZC ou en ZT ne peuvent pas mettre en œuvre les dérogations propres à ces nouvelles zones. Ils doivent se cantonner à la possibilité qui leur est offerte d'ouvrir le dimanche jusqu'à 13 h ou solliciter une dérogation préfectorale (c. trav. art. L. 3132-25-5).

Zones touristiques internationales

Définition - Les zones touristiques internationales (ZTI) sont des zones de rayonnement international disposant d'une offre commerciale particulièrement importante et attractive pour les touristes (ex. : Champs-Élysées ou Boulevard Haussmann à Paris).

Ces ZTI sont délimitées par les ministres en charge du travail, du tourisme et du commerce (c. trav. art. L. 3132-25-2), en fonction de critères réglementaires (c. trav. art. R. 3132-21-1). Un certain nombre de ZTI ont été définies pour :

- Paris (arrêtés du 25 septembre 2015, JO du 26, texte nos 35 à 46, arrêtés du 23 août 2018, JO du 24, textes 33 et 34 ; arrêté du 25 septembre 2019, JO du 29, texte 18 ; TA Paris 13 février 2018, nos 1621002/3-1 et 1621385/3-1 ; TA Paris 19 avril 2018, n°s 1620993/3-1, 1621008/3-1, 1621003/3-1, 1621388/3-1 et 1621391/3-1) ;
- et la province (arrêtés du 5 février 2016, JO du 7 et arrêtés du 25 juillet 2016, JO du 30 ; TA Paris 19 avril 2018, n°s 1621395/3-1 et 1621398/3-1).

▶ À noter… La ZTI « Saint-Émilion–Bibliothèque » à Paris ayant été annulée, la zone touristique (ZT) de « Bercy-Saint-Émilion » a été créée en remplacement par arrêté du préfet de la région Île-de-France du 23.08.2018 (Recueil des actes administratifs IDF 020-2018-08 du 24 août 2018). Il faut souligner que si une ZT permet le travail du dimanche (c. trav. art. L. 3132-25), elle n'autorise pas l'application du régime du *travail en soirée**, à la différence des ZTI.

Repos hebdomadaire par roulement - Les établissements de vente au détail mettant à disposition des biens et des services situés dans les ZTI peuvent donner le *repos hebdomadaire** par roulement pour tout ou partie du personnel (c. trav. art. L. 3132-24).

Exclusion des commerces de détail alimentaire - Les commerces de détail alimentaire situés en ZTI sont soumis, pour la période du dimanche s'achevant à 13 h à des règles spécifiques (c. trav. art. L. 3132-13).

En revanche, après 13 h, ils peuvent donner le repos hebdomadaire par roulement pour tout ou partie du personnel, dans les conditions applicables dans les ZTI. Il faut donc notamment accorder des contreparties aux salariés et seuls les volontaires peuvent être amenés à travailler après 13 h (c. trav. art. L. 3132-25-5).

Gares d'affluence exceptionnelle

Établissements de vente au détail - Lorsqu'une gare est située dans une ZTI, une ZT ou une ZC, les commerces peuvent ouvrir le dimanche selon les modalités applicables dans chacune de ces zones.

En dehors de ces zones, les établissements de vente au détail implantés dans les emprises de ces gares peuvent donner le repos hebdomadaire par roulement pour tout ou partie du personnel sur autorisation donnée par arrêté conjoint des ministres chargés des transports, du travail et du commerce (c. trav. art. L. 3132-25-6).

▶ À noter… La liste des gares concernées a été fixée par arrêté pour :

- Paris (gare Saint-Lazare, gare du Nord, gare de l'Est, gare Montparnasse, gare de Lyon et gare d'Austerlitz) ;
- et pour la province (gare d'Avignon-TGV, gare de Bordeaux Saint-Jean, gare de Lyon Part-Dieu, gare de Marseille Saint-Charles, gare de Montpellier Saint-Roch et gare de Nice-Ville).

Le parvis et le parking de ces gares n'entrent pas dans le champ de la dérogation (arrêté du 9 février 2016, JO du 11).

Commerces de détail alimentaire - Les commerces de détail alimentaire situés dans les emprises des gares visées par arrêté sont soumis, pour la période du dimanche s'achevant à 13 h aux dispositions qui leur sont spécifiques (c. trav. art. L. 3132-13 et L. 3132-25-5).

Après 13 h, ils peuvent également donner le *repos hebdomadaire** par roulement pour tout ou partie du personnel, sous réserve de respecter les conditions applicables aux dérogations géographiques (c. trav. art. L. 3132-25-5).

Travail du dimanche par dérogation géographique : conditions exigées

Zones concernées - Un même régime protecteur concerne le travail du dimanche des salariés, travaillant dans des établissements de vente au détail (mettant à disposition des biens et des services), dans une zone touristique, une zone commerciale, une zone touristique internationale ou une gare visée ci-avant.

Exigence d'un accord collectif - Le travail le dimanche suppose que l'établissement soit couvert soit par un accord collectif (de branche, de groupe, d'entreprise ou d'établissement), soit par un accord conclu à un niveau territorial (c. trav. art. L. 3132-25-3). Les commerces de détail alimentaires implantés dans ces zones ne sont pas concernés, sauf ceux situés en ZTI ou dans l'emprise d'une gare bénéficiant d'une dérogation, pour la période d'ouverture postérieure à 13 h *(voir ci-avant)*.

Entreprise de moins de 11 salariés - Dans les établissements de moins de 11 salariés, à défaut d'accord collectif ou d'accord conclu à un niveau territorial, l'employeur peut ouvrir le dimanche s'il a consulté les salariés concernés sur les mesures normalement prévues par accord et qu'il a obtenu l'approbation de la majorité d'entre eux.

En cas de franchissement du seuil de 11 salariés, l'établissement est contraint d'être couvert par un accord seulement à compter de la troisième année consécutive au cours de laquelle l'effectif aura atteint ce seuil (c. trav. art. L. 3132-25-3).

Sur la négociation d'accords collectifs dans les entreprises de moins de 11 salariés, voir *Accord collectif d'entreprise (conclusion sans délégué syndical)**.

Accord prévoyant des contreparties - L'accord collectif fixe les (c. trav. art. L. 3132-25-3) :

- contreparties, en particulier salariales, accordées aux salariés privés de repos dominical ;
- engagements pris en termes d'emploi ou en faveur de certains publics en difficulté ou de personnes handicapées ;
- mesures destinées à faciliter la conciliation entre la vie professionnelle et la vie personnelle des salariés privés de repos dominical ;
- conditions de prise en compte de l'évolution de leur situation personnelle ;
- contreparties mises en œuvre par l'employeur pour compenser les charges induites par la garde des enfants ;
- modalités de prise en compte d'un changement d'avis du salarié (c. trav. art. L. 3132-25-4).

▶ Attention... Si nécessaire, l'employeur doit prendre toute mesure nécessaire pour permettre aux salariés d'exercer personnellement leur droit de vote en cas d'élections nationales ou locales ayant lieu un dimanche (c. trav. art. L. 3132-25-4 et L. 3132-26-1).

Volontariat des salariés - Pour le travail du dimanche, le volontariat des salariés est exigé quelle que soit la nature de la dérogation géographique accordée (ZTI, ZT, ZC et commerces des gares) (c. trav. art. L. 3132-25-4).

En pratique, seuls les salariés volontaires ayant donné leur accord par écrit à leur employeur peuvent travailler le dimanche. Le refus de travailler le dimanche ne peut être pris en compte ni pour refuser une embauche, ni pour prendre une mesure discriminatoire ; il ne constitue ni une faute ni un motif de licenciement.

▶ À noter... En l'absence d'accord collectif, le salarié privé de repos dominical conserve la faculté de refuser de travailler 3 dimanches de son choix par année civile. Il doit en informer préalablement son employeur en respectant un délai d'un mois.

Par ailleurs, l'employeur doit prendre toute mesure nécessaire pour permettre aux salariés d'exercer personnellement leur droit de vote au titre des scrutins nationaux et locaux se déroulant le dimanche (c. trav. art. L. 3132-25-4).

Fermeture préjudiciable au public ou au fonctionnement de l'entreprise : autorisation du préfet

Dérogation préfectorale - Il est possible de solliciter une dérogation auprès du préfet lorsqu'il est établi que la fermeture dominicale serait préjudiciable au public ou compromettrait le fonctionnement normal de l'établissement (c. trav. art. L. 3132-20). Le *repos hebdomadaire** peut alors être autorisé par le préfet pour toute l'année ou à certaines époques de l'année selon des possibilités permettant le travail du dimanche.

Exemple

Cela peut être justifié par la spécificité de la clientèle composée de touristes de passage pour des brefs séjours, de l'emplacement de l'établissement et de la situation du principal concurrent qui bénéficie d'une dérogation (CE 28 juillet 2004, n° 254388).

Ces autorisations sont accordées pour une durée qui ne peut pas excéder 3 ans (c. trav. art. L. 3132-21, R. 3132-16 et R. 3132-17).

L'action en justice contre une telle autorisation n'en suspend pas les effets (c. constit., décision 2014-374 QPC du 4 avril 2014, JO du 5). L'employeur est donc en droit d'ouvrir son établissement le dimanche tant que le recours contre la dérogation préfectorale n'a pas été définitivement tranché par le juge administratif (cass. soc. 24 septembre 2014, n° 13-24851, BC V n° 251).

Accord collectif ou décision unilatérale - L'autorisation est accordée au vu d'un accord collectif ou, à défaut, d'une décision unilatérale de l'employeur prise après référendum (c. trav. art. L. 3132-25-3).

L'accord collectif fixe les contreparties accordées aux salariés privés du repos dominical ainsi que les engagements pris en termes d'emploi ou en faveur de certains publics en difficulté ou de personnes handicapées.

La décision unilatérale de l'employeur est prise après avis du *comité social et économique**, approuvée par référendum organisé auprès des personnels concernés par cette dérogation au repos dominical.

La décision de l'employeur fixe les contreparties accordées aux salariés privés du repos dominical ainsi que les engagements pris en termes d'emploi ou en faveur de certains publics en difficulté ou de personnes handicapées. Dans ce cas, chaque salarié privé du repos du dimanche bénéficie d'un repos compensateur et perçoit pour ce jour de travail une rémunération au moins égale au double de la rémunération normalement due pour une durée équivalente.

Cet accord ou cette décision unilatérale doivent fixer les conditions dans lesquelles l'employeur prend en compte l'évolution de la situation personnelle des salariés privés du repos dominical (c. trav. art. L. 3132-25-3, III).

Lorsqu'un accord collectif est régulièrement négocié postérieurement à la décision unilatérale, cet accord s'applique dès sa signature en lieu et place des contreparties prévues par cette décision.

▶ Attention… Un salarié qui travaille en infraction aux dispositions légales et réglementaires sur le repos dominical ne peut pas bénéficier des contreparties accordées aux salariés travaillant le dimanche qui sont prévues par une convention collective ou par les dispositions légales autorisant des dérogations au repos dominical. En revanche, il peut solliciter la réparation du préjudice qu'il a subi du fait de son travail illégal le dimanche (cass. soc. 17 février 2021, n° 19-21897 FSP).

Volontariat des salariés - Les salariés travaillent le dimanche sur le principe du volontariat (c. trav. art. L. 3132-25-4). Seuls ceux ayant donné leur accord par écrit à leur employeur peuvent travailler le dimanche. Il ne peut y avoir ni refus d'embauche, ni discrimination, ni sanction, ni licenciement pour avoir refusé de travailler le dimanche.

L'accord collectif ou les mesures proposées par l'employeur fixent les modalités de prise en compte d'un changement d'avis du salarié privé du repos dominical.

À défaut d'accord collectif applicable, l'employeur doit demander chaque année à chaque salarié travaillant le dimanche s'il souhaite bénéficier d'une priorité pour occuper ou reprendre un emploi ressortissant à sa catégorie professionnelle ou un emploi équivalent ne comportant pas de travail le dimanche dans le même établissement ou, à défaut, dans la même entreprise. Il doit aussi l'informer, à cette occasion, de sa faculté de ne plus travailler le dimanche s'il ne le souhaite plus. Le refus du salarié prend alors effet 3 mois après sa notification écrite à l'employeur. En outre, le salarié qui travaille le dimanche peut à tout moment demander à bénéficier de la priorité de retour à un poste qui ne suppose pas de travail le dimanche.

En l'absence d'accord collectif, le salarié privé de repos dominical conserve la faculté de refuser de travailler 3 dimanches de son choix par année civile. Il doit en informer préalablement son employeur en respectant un délai d'un mois.

▶ Attention… L'employeur prend toute mesure nécessaire pour permettre aux salariés d'exercer personnellement leur droit de vote au titre des scrutins nationaux et locaux ayant lieu le dimanche (c. trav. art. L. 3132-25-4).

Travail le dimanche par dérogations conventionnelles

Travail en continu - Les industries dans lesquelles une convention ou un accord collectif étendu, ou encore un accord d'entreprise, prévoit la possibilité d'organiser le travail de façon continue pour des raisons économiques peuvent donner le repos hebdomadaire par roulement (c. trav. art. L. 3132-14).

▶ À noter… À défaut de convention ou d'accord collectif, l'inspecteur du travail peut accorder une dérogation au repos hebdomadaire après consultation des délégués syndicaux et avis du *comité social et économique** (c. trav. art. R. 3132-9).

La durée du travail des salariés travaillant de façon permanente en équipes successives selon un cycle continu ne doit pas être supérieure en moyenne, sur une année, à 35 h par semaine travaillée (c. trav. art. L. 3132-15).

Il n'est pas prévu de contreparties légales spécifiques, sauf usage ou disposition conventionnelle plus avantageux.

Équipes de suppléance - Une convention ou un accord collectif étendu, ou un accord d'entreprise ou d'établissement, peut prévoir que les entreprises industrielles fonctionnant à l'aide d'un personnel d'exécution composé de deux groupes, dont l'un a pour seule fonction de remplacer l'autre pendant le ou les jours de repos accordés à celui-ci, soient autorisées à donner le repos hebdomadaire un autre jour que le dimanche (c. trav. art. L. 3132-16). Sur la durée du travail, les repos et les conditions de rémunération de ces salariés, voir *Équipes de fin de semaine**.

<table>
<tr><th colspan="3">Dérogations au repos dominical</th></tr>
<tr><th>Type de dérogation</th><th>Descriptif et procédure</th><th>Contreparties pour le salarié</th></tr>
<tr><th colspan="3">I) Dérogations attachées à des zones géographiques</th></tr>
<tr><td>Zones commerciales (ZC) caractérisées par une offre commerciale et une demande potentielle particulièrement importantes (c. trav. art. L. 3132-25-1, R. 3132-19 et R. 3132-20-1)

Zones touristiques (ZT) caractérisées par une affluence particulièrement importante de touristes(c. trav. art. L. 3132-25 et R. 3132-20)

Zones touristiques internationales (ZTI) (c. trav. art. L. 3132-24 et R. 3132-21-1)

Emprises des gares connaissant une affluence exceptionnelle et qui ne sont pas situées dans une autre zone géographique (c. trav. art. L. 3132-25-6)</td><td>ZC et ZT délimitées par le préfet de région, sur demande du maire (ou du président de l'autorité l'établissement public de coopération intercommunale à fiscalité propre, lorsque celui-ci existe et que la zone concernée excède le territoire d'une seule commune).
ZTI et emprises des gares délimitées par les ministres chargés du travail, du tourisme et du commerce.
Dans les zones délimitées, les établissements de vente au détail de biens ou services peuvent accorder le repos hebdomadaire par roulement à tout ou partie du personnel (c. trav. art. L. 3132-25-3, II) :
- en application d'un accord collectif (3) prévoyant des contreparties et des compensations ;
- à défaut, dans les entreprises de moins de 11 salariés, après approbation de ces contreparties et compensations par la majorité des salariés concernés.</td><td>Principe du volontariat (c. trav. art. L. 3132-25-4) (1) (2).
Contreparties fixées par l'accord collectif ou, à défaut, dans les entreprises de moins de 11 salariés, approuvées par la majorité des salariés concernés (c. trav. art. L. 3132-25-3, II).
Nature des contreparties :
- pour les salariés travaillant le dimanche : contreparties (en particulier salariales), mesures destinées à faciliter la conciliation entre la vie professionnelle et la vie personnelle, contreparties mises en œuvre par l'employeur pour compenser les charges induites par la garde des enfants ;
- plus généralement : engagements en termes d'emploi ou en faveur de certains publics en difficulté ou de personnes handicapées.
En cas d'accord collectif, celui-ci fixe les conditions dans lesquelles l'employeur prend en compte l'évolution de la situation personnelle des salariés privés du repos dominical (c. trav. art. L. 3132-25-3, III).</td></tr>
<tr><td>Mesures transitoires pour les anciennes zones(loi 2015-990 du 6 août 2015, art. 257-I et II, JO du 7 ; loi 2017-1340 du 15 septembre 2017, art. 7, JO du 16)</td><td colspan="2">Les communes d'intérêt touristique ou thermales et les zones touristiques d'affluence exceptionnelle ou d'animation culturelle permanente créées avant le 7 août 2015 constituent de plein droit des zones touristiques (ZT).
Les établissements déjà situés dans ces zones au 7.08.2015 sont soumis au régime issu de la loi Macron (accord collectif, compensations et contreparties, principe du volontariat) depuis le 1.08.2018 (24e mois suivant la date de publication de la loi).
Les périmètres urbains de consommation exceptionnelle (zones PUCE) créés avant le 7.08.2015 constituent de plein droit des zones commerciales (ZC).
Dans les établissements déjà situés dans ces zones à cette date, les accords collectifs et décisions unilatérales de l'employeur intervenus en application de l'ancienne législation sur les PUCE sont restés applicables jusqu'au 1.08.2018.
Un accord collectif conforme à la nouvelle législation signé au cours de cette période a remplacé dès sa signature toute décision unilatérale encore en vigueur.</td></tr>
<tr><th colspan="3">II) Dérogations de droit</th></tr>
<tr><td>Travail le dimanche en raison des contraintes de la production, de l'activité ou des besoins du public(c. trav. art. L. 3132-12)</td><td>Industries utilisant des matières périssables, celles où l'interruption du travail entraînerait la perte ou la dépréciation du produit, établissements dont l'ouverture est nécessaire aux besoins du public.
La liste des catégories d'établissements, de travaux et d'activités concernés est fixée par décret (c. trav. art. R. 3132-5 et R. 3132-6).</td><td>Aucune rémunération majorée ni repos compensateur, sauf usage ou disposition conventionnelle plus favorable.</td></tr>
</table>

Dérogations au repos dominical		
Type de dérogation	**Descriptif et procédure**	**Contreparties pour le salarié**
Commerces de détail alimentaires (c. trav. art. L. 3132-13 et R. 3132-8)	De droit, possibilité d'ouvrir le dimanche jusqu'à 13 h.	Les salariés de moins de 21 ans logés chez leur employeur bénéficient d'un repos compensateur, par roulement et par semaine, d'un autre après-midi. Les autres salariés bénéficient d'un repos compensateur, par roulement et par quinzaine, d'une journée entière. Dans les grandes surfaces alimentaires de plus de 400 m^2 : rémunération majorée d'au moins 30 % par rapport à la rémunération normalement due pour une durée équivalente.
	Pour les **commerces situés dans une zone touristique internationale ou une emprise de gare** éligible au travail le dimanche possibilité de donner le repos hebdomadaire par roulement après 13 h dans les conditions applicables à ces zones (voir ci-dessus).	
III) Dimanches du maire et dérogations sur autorisation du préfet		
Dimanches du maire, commerce de détail(c. trav. art. L. 3132-26)	Commerces de détail où le repos hebdomadaire a lieu normalement le dimanche. Possibilité de supprimer le repos le dimanche 12 fois par an, sur autorisation du maire.	Pour les heures travaillées le dimanche, au minimum rémunération doublée + repos compensateur équivalent en temps **(4)** (c. trav. art. L. 3132-27). •Seuls les salariés volontaires ayant donné leur accord par écrit peuvent travailler le dimanche (c. trav. art. L. 3132-27-1).
Pour répondre aux besoins du public ou assurer le fonctionnement normal de l'établissement (c. trav. art. L. 3132-20)	Dérogation applicable lorsque « le repos simultané le dimanche, de tous les salariés d'un établissement, serait préjudiciable au public ou compromettrait le fonctionnement de cet établissement ». Autorisation accordée par le préfet au vu d'un accord collectif ou, à défaut, d'une décision unilatérale de l'employeur approuvée par référendum des salariés concernés (c. trav. art. L. 3132-25-3). Durée de l'autorisation fixée à 3 ans (c. trav. art. L. 3132-21, R. 3132-16 à R. 3132-17).	Contreparties et engagements en termes d'emploi ou en faveur de certains publics en difficulté ou de personnes handicapées fixés par l'accord collectif. À défaut d'accord collectif, contreparties fixées par décision unilatérale de l'employeur (au minimum, rémunération doublée pour les heures travaillées le dimanche et repos compensateur) (c. trav. art. L. 3132-25-3). Principe du volontariat (c. trav. art. L. 3132-25-4) **(1) (5).** L'accord collectif ou la décision unilatérale de l'employeur fixe les conditions dans lesquelles l'employeur prend en compte l'évolution de la situation personnelle des salariés privés du repos dominical (c. trav. art. L. 3132-25-3, III).
IV) Dérogations conventionnelles		
Travail en continu dans les industries ou les entreprises industrielles(c. trav. art. L. 3132-14 et R. 3132-9)	Permet d'organiser le travail de façon continue pour des « raisons économiques » et d'accorder le repos hebdomadaire par roulement. Accord collectif (6), à défaut, autorisation de l'inspecteur du travail, après consultation des délégués syndicaux et avis du CSE.	La durée du travail des salariés travaillant de façon permanente selon un cycle continu ne doit pas dépasser, en moyenne sur une année, 35 h par semaine (c. trav. art. L. 3132-15). Pas d'autres contreparties, sauf usage ou disposition conventionnelle plus favorable.

Dérogations au repos dominical		
Type de dérogation	**Descriptif et procédure**	**Contreparties pour le salarié**
Équipes de suppléance dans les industries ou les entreprises industrielles(c. trav. art. L. 3132-16)	Équipe ayant pour fonction de remplacer l'autre pendant son ou ses jours de repos. Accord collectif (6), à défaut, autorisation de l'inspecteur du travail, après consultation des DS et avis du CSE.	La rémunération des salariés de l'équipe de suppléance est majorée d'au moins 50 % par rapport à une durée du travail de même durée effectuée selon l'horaire normal (c. trav. art. L. 3132-19).

(1) Seuls les salariés volontaires ayant donné leur accord par écrit peuvent travailler le dimanche. Par ailleurs, en l'absence d'accord collectif, le salarié privé de repos dominical a la faculté de refuser de travailler 3 dimanches de son choix par année civile (prévenir l'employeur au moins un mois avant) (c. trav. art. L. 3132-25-4).
(2) L'accord collectif ou les mesures proposées par l'employeur déterminent les modalités de prise en compte d'un changement d'avis du salarié privé du repos dominical (c. trav. art. L. 3132-25-4).
(3) Soit accord collectif de branche, de groupe, d'entreprise ou d'établissement, soit accord territorial, soit accord conclu par un représentant élu du personnel (ou, à défaut d'élus, un salarié), expressément mandaté à cet effet dans les conditions prévues pour les accords de maintien dans l'emploi (c. trav. art. L. 5125-4, II à IV). Les accords collectifs de branche, de groupe, d'entreprise et d'établissement ainsi que les accords territoriaux doivent prévoir une « compensation déterminée » pour tenir compte du caractère dérogatoire du travail du dimanche (c. trav. art. L. 3132-25-3).
(4) L'arrêté du maire détermine les conditions dans lesquelles ce repos est accordé soit collectivement, soit par roulement dans la quinzaine qui précède ou suit la suppression du repos. Si le repos dominical est supprimé un dimanche précédant une fête légale, le repos compensateur est donné le jour de cette fête.
(5) À défaut d'accord collectif applicable, l'employeur demande chaque année à tout salarié qui travaille le dimanche s'il souhaite bénéficier d'une priorité pour occuper ou reprendre un emploi de sa catégorie professionnelle ou un emploi équivalent ne comportant pas de travail le dimanche dans le même établissement ou, à défaut, dans la même entreprise. L'employeur l'informe également, à cette occasion, de sa faculté de cesser de travailler le dimanche s'il ne le souhaite plus (le refus du salarié prend effet 3 mois après sa notification écrite à l'employeur). À tout moment, le salarié peut demander à bénéficier de cette priorité d'emploi (c. trav. art. L. 3132-25-4).
(6) Convention ou accord collectif étendu, convention ou accord d'entreprise ou d'établissement.

La convention ou l'accord prévoyant la mise en place d'une équipe de suppléance comporte des dispositions concernant (c. trav. art. L. 3132-17) :
- les conditions particulières de mise en œuvre de la formation du personnel travaillant en équipe de suppléance et la rémunération du temps de formation ;
- les modalités d'exercice du droit des salariés de l'équipe de suppléance d'occuper un emploi autre que de suppléance.

À défaut de convention ou d'accord, le recours aux équipes de suppléance est subordonné à l'autorisation de l'inspecteur du travail donnée après consultation des délégués syndicaux et avis du *comité social et économique**, s'il existe, dans des conditions déterminées par décret (c. trav. art. L. 3132-18).

La rémunération des salariés de l'équipe de suppléance est majorée d'au moins 50 % par rapport à une durée du travail de même durée effectuée selon l'horaire normal (c. trav. art. L. 3132-19).

Salariés ne travaillant pas le dimanche

Salariés exclus - Certains salariés ne peuvent pas travailler le dimanche. Il s'agit des apprentis âgés de moins de 18 ans sauf ceux travaillant dans certains secteurs spécifiques tels que l'hôtellerie et la restauration (c. trav. art. L. 3164-5 et R. 3164-1).

Il existe aussi des dispositions particulières pour le repos hebdomadaire des jeunes travailleurs de moins de 18 ans, qui imposent que ceux-ci bénéficient, sauf exception, de 2 jours de repos consécutifs [voir *Jeunes (emploi des)**].

Refus du salarié - Dans nombre de cas de dérogations permettant le travail le dimanche, ce dernier est basé sur le volontariat des salariés (voir développements de cette étude).

Hormis ces cas, il a été jugé que le salarié ne peut pas refuser de venir travailler un dimanche si son employeur est autorisé à le lui demander. Un tel refus pourrait justifier son licenciement (cass. soc. 10 novembre 1981, n° 79-42738, BC V n° 662). En revanche, le salarié qui émet un tel refus n'est pas fautif si l'employeur est en situation irrégulière. Il pourra même obtenir des dommages et intérêts en réparation du préjudice subi pour privation de son droit au repos dominical (cass. soc. 31 janvier 2006, n° 04-40985, BC V n° 44).

Fermetures des entreprises travaillant le dimanche

Fermeture sur décision préfectorale - Lorsqu'un accord est intervenu entre les organisations syndicales salariales et patronales d'une profession et d'une zone géographique déterminées sur les conditions dans lesquelles le repos hebdomadaire est donné aux salariés, un arrêté du préfet peut, à la demande des syndicats intéressés, ordonner la fermeture au public des établissements de la profession ou de la zone géographique concernée pendant toute la durée du repos hebdomadaire (c. trav. art. L. 3132-29 ; C. constit. 21 janvier 2011, décision 2010-89 QCP).

▶ À noter… Lorsque l'arrêté de fermeture d'établissements prévoit la fermeture notamment lors des « fêtes légales », pour les juges, la fête des mères doit être considérée comme une fête légale (cass. soc. 11 mai 2016, n° 14-2697, BC V n° 99).

Cette possibilité de fermeture ne concerne pas :
- les activités dont les modalités de fonctionnement et de paiement sont automatisées (c. trav. art. L. 3132-29) ;
- les stands des exposants dans l'enceinte des expositions, foires ou salons figurant sur une liste déterminée, après consultation des organisations d'employeurs et de salariés intéressées, par arrêté conjoint des ministres chargés du travail et du commerce (c. trav. art. L. 3132-30).

À la demande des organisations syndicales représentatives des salariés ou des employeurs de la zone géographique concernée exprimant la volonté de la majorité des membres de la profession de cette zone géographique, le préfet abroge son arrêté, sans que cette abrogation puisse prendre effet avant un délai de 3 mois (c. trav. L. 3132-29).

▶ À noter… Lorsqu'un tel arrêté préfectoral de fermeture au public concerne des établissements concourant d'une façon directe à l'approvisionnement de la population en denrées alimentaires, il peut être abrogé ou modifié par le ministre chargé du travail après consultation des organisations professionnelles intéressées (c. trav. art. R. 3132-22).

Le dispositif de fermeture obligatoire par arrêté préfectoral ne tend qu'à préserver la concurrence entre les établissements d'une même profession. Il n'a ni pour objet ni pour effet de déroger au principe fondamental du repos dominical, pour lequel les seules dérogations autorisées sont celles prévues par le code du travail. Un arrêté préfectoral permettant d'octroyer le repos dominical le lundi ou le dimanche n'autorise donc pas les commerces concernés à ouvrir le dimanche toute la journée. Il leur faut rester dans le cadre des dérogations légales (cass. soc. 17 octobre 2012, n° 11-24315, BC V n° 266).

Fermeture suite à une demande de l'inspection du travail - Indépendamment de poursuites pénales, l'inspecteur du travail peut saisir en référé le tribunal judiciaire pour faire cesser dans les établissements de vente au détail et de prestations de services au consommateur l'emploi illicite de salariés le dimanche (c. trav. art. L. 3132-31).

Exemple

Lorsqu'une société a violé de manière répétée un arrêté préfectoral imposant une fermeture dominicale, l'inspecteur du travail peut assigner la société devant le juge des référés afin de voir ordonner la fermeture dominicale immédiate de son établissement (cass. soc. 6 avril 2011, n° 09-68413, BC V n° 93).

Les juges ont aussi admis que ce pouvoir de l'inspecteur du travail vaut dans tous les cas où des salariés sont employés de façon illicite un dimanche (cass. soc. 6 avril 2011, n° 09-68413, BC V n° 93).

Information des salariés

Communication par tout moyen - Lorsque le repos est donné collectivement à tout le personnel un autre jour que le dimanche, l'employeur communique par tout moyen les heures et jours de repos collectif attribués (c. trav. art. R. 3172-1) :
- soit un autre jour que le dimanche ;
- soit du dimanche midi au lundi midi ;
- soit le dimanche après-midi sous réserve du repos compensateur ;
- soit suivant tout autre mode exceptionnel permis par la loi.

L'employeur communique au préalable cette information, et les modalités de la communication aux salariés qu'il envisage de mettre en œuvre, à l'agent de contrôle de l'inspection du travail.

Registre - Lorsque le repos n'est pas donné collectivement à tout le personnel le dimanche dans les conditions décrites ci-dessus, l'employeur doit tenir à jour un *registre du repos hebdomadaire** (c. trav. art. R. 3172-2 à R. 3172-5).

Repos hebdomadaire.

➲ Formulaire de Droit Social, « Repos hebdomadaire ».

Diplômes

Cadres ; Congé examen ; Curriculum vitae ; Discriminations ; Formation (niveaux de qualification) ; Qualification professionnelle ; Questionnaire d'embauche ; Salaire (à travail égal, salaire égal).

Directeur général

☛ *Dirigeants de sociétés.*

Dirigeants de sociétés

Les dirigeants de sociétés ne sont pas, en tant que tels, des salariés. Selon la forme de la société, ils ont la qualité soit de mandataires sociaux (ex. : président du conseil d'administration, directeur général ou directeurs généraux délégués de sociétés anonymes, gérants de SARL), soit de commerçants (gérants associés de sociétés en nom collectif) et se trouvent, par conséquent, exclus du champ d'application du droit du travail. Toutefois, les mandataires sociaux peuvent, à certaines conditions, cumuler un mandat social et un contrat de travail.

Sur les régimes social et fiscal des indemnités de rupture versées aux mandataires sociaux, voir *Indemnités de rupture du mandat social (régimes social et fiscal)**.

Cumul mandat social et contrat de travail

Existence d'un contrat de travail - D'une manière générale, le cumul entre mandat social et *contrat de travail** est possible à la condition que le contrat de travail corresponde à un emploi effectif (cass. soc. 7 mars 2018, n° 16-19577 D), c'est-à-dire :

- que les fonctions salariées soient nettement distinctes de celles de mandataire ;
- que l'intéressé se trouve dans une situation de subordination juridique vis-à-vis de la société ;
- qu'une rémunération spécifique soit versée au titre du contrat de travail.

Lorsque les éléments de fait ne permettent pas de démontrer l'exercice d'un emploi effectif (en l'espèce, l'existence de fonctions techniques spécifiques distinctes de celles exercées en qualité de mandataire social n'était pas démontrée), le contrat de travail ne retrouve ses effets qu'à la fin du mandat social (cass. soc. 5 novembre 2015, n° 14-19560 D).

À défaut de démontrer l'existence d'un contrat de travail, un dirigeant peut démontrer l'apparence d'un contrat de travail, à charge ensuite pour l'employeur de faire la preuve du caractère fictif de ce contrat apparent, sachant que les juges du fond apprécient la valeur des éléments de preuves qui leur sont ainsi présentés. Ainsi, il a été admis qu'une associée égalitaire et gérante d'une société (SARL) prouve l'existence d'un contrat de travail « apparent » par la seule production de bulletins de salaire mentionnant l'emploi correspondant aux fonctions techniques qu'elle exerçait en tant que salariée (cass. soc. 30 avril 2014, n° 12-35219, BC V n° 107).

Conditions liées à la nature de la société - Certaines règles s'appliquent spécifiquement compte tenu de la nature de la société.

Ainsi, le gérant majoritaire d'une société à responsabilité limitée (SARL) ne peut pas être salarié. Seuls peuvent prétendre au cumul mandat social et contrat de travail, les gérants minoritaires ou égalitaires de SARL.

Dans une société anonyme (SA) à conseil de surveillance, un salarié peut être nommé administrateur. Depuis la loi 2012-387 du 22.03.2012, un administrateur peut devenir salarié d'une SA au conseil d'administration de laquelle il siège si cette société ne dépasse pas, à la clôture d'un exercice social, les seuils suivants (c. com. art. L. 225-21-1 ; recommandation 2003/361/CE de la Commission, du 6.05.2003, annexe, art. 2) :

- 250 salariés ;
- un chiffre d'affaires annuel de 50 millions d'euros ;
- et un total du bilan annuel de 43 millions d'euros.

Dans une SA à directoire, le cumul entre mandat et contrat de travail est possible pour les membres du directoire et ceux du conseil de surveillance.

Dans les sociétés par actions simplifiées (SAS), aucun texte ne réglemente le cumul des fonctions de dirigeant avec une activité salariée au sein de la société. Si les conditions générales de cumul sont remplies, le cumul est donc possible. Toutefois, s'agissant d'une société par action simplifiée unipersonnelle (SASU), la qualité de salarié ne peut pas être revendiquée par l'associé unique.

Enfin, dans une société en nom collectif (SNC), l'associé ne peut pas être salarié. Ainsi, l'associé d'une SNC, « commerçant répondant indéfiniment et solidairement des dettes sociales » ne peut pas être lié à cette société par un contrat de travail (cass. soc. 14 octobre 2015, n° 14-10960, BC V n° 837).

Conséquences du cumul entre mandat et contrat de travail

Dès lors qu'ils sont titulaires d'un contrat de travail, les dirigeants d'entreprise sont pris en compte dans l'*effectif** de l'entreprise, lequel s'apprécie selon les règles de l'*effectif sécurité sociale**.

▶ À noter… L'*effectif sécurité sociale** prend uniquement en compte « les personnes titulaires d'un contrat de travail » et les agents et salariés du secteur public relevant du régime d'assurance chômage (c. séc. soc. art. R. 130-1), sans mention des dirigeants et mandataires sociaux affiliés au régime général en tant que « salariés et assimilés » (gérants minoritaires de SARL, etc.). Sauf à être aussi titulaires d'un contrat de travail, ils sont exclus du calcul de l'effectif sécurité sociale.

Ils peuvent également bénéficier de la *participation des salariés aux résultats de l'entreprise**.

La reconnaissance de l'existence d'un contrat de travail est un droit exclusivement attaché à la personne de celui qui se prétend salarié. En cas de mise en liquidation judiciaire de l'intéressé, ancien président du conseil d'administration de la société, ce droit ne peut être exercé ni par ses créanciers ni par les organes de la procédure collective (cass. soc. 13 juillet 2004, n° 02-43444, BC V n° 217).

Si les conditions de cumul entre le mandat social et le contrat de travail ne sont pas remplies, le contrat de travail d'un salarié devenu mandataire social est suspendu pendant ce mandat et reprend, en principe, effet lors de la cessation du mandat en question (cass. soc. 8 octobre 2003, n° 01-43556, BC V n° 253).

Épargne salariale

Intéressement - Dans les entreprises de 1 à moins de 250 salariés, le bénéfice de l'intéressement est ouvert aux chefs d'entreprise, présidents, directeurs généraux, gérants ou membres du directoire ainsi qu'au conjoint du chef d'entreprise, ou son partenaire « pacsé », s'il a le statut de conjoint collaborateur ou de conjoint associé. Toutefois, un accord d'intéressement ne peut être conclu dans une entreprise dont l'effectif est limité à 1 salarié si celui-ci a également la qualité de président, directeur général, gérant ou membre du directoire (c. trav. art. L. 3312-3) (voir *Intéressement des salariés**).

Plans d'épargne - Les chefs d'entreprise et leur conjoint ou partenaire « pacsé » s'il a le statut de conjoint-collaborateur ou conjoint associé, les présidents, directeurs généraux, gérants ou membres du directoire ont aussi accès aux plans d'épargne si l'entreprise compte de 1 à moins de 250 salariés (c. trav. art. L. 3332-2) [voir *Plan d'épargne d'entreprise (PEE)**].

Participation - Dans les entreprises de moins de 50 salariés, les chefs d'entreprise et leur conjoint ou partenaire « pacsé » s'il a le statut de collaborateur ou associé, les présidents, directeurs généraux, gérants ou membres du directoire peuvent bénéficier de la participation lorsqu'elle est mise en place à titre volontaire (c. trav. art. L. 3323-6) (voir *Participation des salariés aux résultats de l'entreprise**).

Les employeurs de 1 à moins de 250 salariés et leur conjoint ou partenaire « pacsé » s'il a le statut de conjoint collaborateur ou associé peuvent, en présence d'un accord dérogatoire, bénéficier de la participation sur la partie de la réserve spéciale qui excède le montant de ce qui aurait été versé en application de la formule légale (c. trav. art. L. 3324-2). Toutefois, en cas de répartition proportionnelle au salaire, leur rémunération annuelle ne sera prise en compte que dans la limite du salaire le plus élevé de l'entreprise (c. trav. art. L. 3324-5).

▶ À noter… L'*effectif sécurité sociale** s'appliquent aux seuils de 1 et de 250 salariés, avec des spécificités. Par exception, la règle des 5 années consécutives ne joue pas pour le seuil de 1 salarié.

Forfait social - Les sommes perçues par les dirigeants d'entreprise au titre de la participation, de l'intéressement et des plans d'épargne salariale sont soumises au forfait social dans les mêmes conditions que les salariés [voir *Forfait social (contribution patronale)**].

Sécurité sociale

En qualité de mandataires sociaux, sont obligatoirement affiliés au régime général de sécurité sociale (salariés) pour les risques maladie, maternité, vieillesse (voir *Assurance maladie**, *Assurance maternité** et *Assurance vieillesse**), en particulier :

- les présidents du conseil d'administration, les directeurs généraux et les directeurs généraux délégués des sociétés anonymes et des sociétés d'exercice libéral à forme anonyme (c. séc. soc. art. L. 311-3, 12°) ;
- les gérants de SARL et de sociétés d'exercice libéral qui ne possèdent pas ensemble plus de la moitié du capital social, les parts appartenant en toute propriété ou en usufruit au conjoint (partenaire lié par un Pacs compris) et aux enfants mineurs non émancipés d'un gérant étant considérées comme possédées par ce dernier (c. séc. soc. art. L. 311-3, 11°) ;
- le président et les dirigeants des sociétés par actions simplifiées, majoritaires ou non, ainsi que le président et les dirigeants de sociétés d'exercice libéral par actions simplifiées (c. séc. soc. art. L. 311-3, 23°), y compris l'associé unique président d'une société par actions unipersonnelle (SASU) ;

- les administrateurs des groupements mutualistes qui perçoivent une indemnité de fonction et qui ne relèvent pas, à titre obligatoire, d'un régime de sécurité sociale (c. séc. soc. art. L. 311-3, 24°) ;
- le président des sociétés coopératives de banque (c. séc. soc. art. L. 311-3, 30°).

L'affiliation au régime général (salariés) implique une rémunération. Les gérants minoritaires non rémunérés ne relèvent donc pas de ce régime. Il est à noter qu'ils ne relèvent pas pour autant du régime des non-salariés (cass. soc. 13 janvier 1988, n° 85-11621, BC V n° 32).

En qualité de commerçants, industriels, artisans ou professionnels libéraux, les dirigeants de sociétés relèvent du régime général en tant que non-salariés (appelé aussi parfois régime de sécurité sociale des indépendants, ex-RSI) et cotisent à ce titre (c. séc. soc. art. L. 131-6, R. 241-2) [voir *Non-salarié (assurance invalidité-décès)**, *Non-salarié (assurance maladie-maternité)**, *Non-salarié (assurance vieillesse de base)** et *Non-salarié (retraite complémentaire)**].

Les dirigeants d'associations rémunérés dans les conditions prévues au code général des impôts sont également affiliés au régime général de la sécurité sociale (CGI art. 261, 7, 1°, d, al. 2 ; c. séc. soc. art. L. 311-3, 22°).

▶ À noter… Sur les mesures en soutien des entreprises mises en place pour faire face aux conséquences sur l'économie de la crise sanitaire, voir *Covid-19 (exonérations et aides au paiement des cotisations)**.

Assurance chômage

Exclusion du régime d'assurance chômage - En raison de leur qualité de mandataires, les dirigeants de sociétés sont exclus du régime d'assurance chômage des salariés, bien qu'ils puissent par ailleurs être assimilés à des salariés au regard de la sécurité sociale. Ce n'est que dans le cas de cumul du mandat social et d'un emploi salarié, et exclusivement au titre du contrat de travail correspondant, qu'ils participent au régime d'assurance chômage et à l'*AGS** (dir. Unédic 2002-36 du 31 juillet 2002).

Ils peuvent toutefois se prémunir contre le risque de chômage en s'affiliant :
- à l'Association pour la garantie sociale des chefs et dirigeants d'entreprise (42, avenue de la Grande-Armée, 75017 Paris ; tél. : 01 45 72 63 10 ; www.gsc.asso.fr) ;
- ou à l'Association pour la protection des patrons indépendants (APPI) (25, boulevard de Courcelles, 75008 Paris ; tél. : 01 45 63 92 02 ; www.appi-asso.fr).

Sur le dispositif de l'allocation des travailleurs indépendants à laquelle certains travailleurs indépendants en cessation d'activité sont susceptibles d'être éligibles, voir *Chômage (allocation des travailleurs indépendants)**.

Rescrit « Pôle Emploi » - Un employeur (ou un mandataire social) peut demander au Pôle Emploi de se prononcer explicitement sur l'assujettissement ou non à l'assurance chômage des mandataires sociaux ou de personnes titulaires d'un mandat social (c. trav. art. L. 5312-12-2).

Pour ce faire, il doit présenter une demande, par tout moyen conférant date certaine à sa réception, comportant une présentation précise et complète de la situation de fait, accompagnée de toutes les informations et pièces nécessaires (c. trav. art. R. 5312-5-1).

Pôle Emploi a 2 mois à compter de la date de réception de la demande (ou des éléments complémentaires qu'il a demandés) pour se prononcer. Sa décision, notifiée à l'employeur et à la personne concernée, n'est applicable qu'à cette dernière (c. trav. art. L. 5312-12-2 et R. 5312-5-1).

La décision est opposable pour l'avenir à l'employeur, à Pôle Emploi et aux organismes recouvrant les contributions d'assurance chômage, tant que la situation de fait exposée dans la demande ou la législation au regard de laquelle la situation a été appréciée n'a pas été modifiée. La décision ne fait pas obstacle à une régularisation de la situation contributive de l'employeur au titre de l'assurance chômage dans la limite du délai de prescription applicable.

Si Pôle emploi conclut au non-assujettissement du mandataire social, aucune action, poursuite ou recouvrement des contributions d'assurance chômage pendant toute la période couverte par cette décision n'est possible. Si Pôle Emploi modifie sa décision, l'employeur et la personne concernée en sont avertis.
Cette nouvelle décision prend effet à la date du changement de la situation de fait ou, s'il s'agit d'un changement d'analyse de la situation, à la date de sa notification (c. trav. art. R. 5312-5-2).

☛ *Non-salarié (allocations familiales) ; Non-salarié (assurance invalidité-décès) ; Non-salarié (assurance maladie-maternité) ; Non-salarié (assurance vieillesse de base) ; Non-salarié (retraite complémentaire).*

Discipline

Dans le cadre de son pouvoir de direction, l'employeur peut sanctionner un salarié dont le comportement est fautif. Il agit dans le cadre du « droit disciplinaire » qui encadre son pouvoir de sanction afin de préserver les droits du salarié.

Personnes concernées par la discipline

Salariés de l'entreprise - Tout salarié de l'entreprise doit respecter les règles applicables dans l'entreprise (ex. : horaires, santé et sécurité). Peu importe son statut (CDI, CDD, temps partiel, temps complet, apprenti, etc.), son ancienneté, son niveau hiérarchique, etc. Tous les salariés sont soumis au pouvoir disciplinaire de l'employeur.

▶ À noter… Sur l'éventuelle sanction disciplinaire qui pourrait être prononcée à l'encontre d'un salarié protégé, comme un élu du comité social et économique, voir *Sanctions disciplinaires**.

Travailleurs temporaires - Un intérimaire doit respecter certaines des règles applicables dans l'entreprise utilisatrice où il est en mission, notamment celles relatives à la santé et la sécurité [voir *Travail temporaire (statut)**]. Pour autant, l'entreprise utilisatrice ne peut pas sanctionner un travailleur temporaire mis à sa disposition par une société d'intérim, puisqu'il n'est pas son salarié. Si l'intéressé commet une faute dans le cadre de son travail, elle en informe la société d'intérim.

Stagiaires - La convention de stage peut prévoir quelles sont les clauses du règlement intérieur applicables au stagiaire (voir *Stages en entreprise**).

Cadre du droit disciplinaire

Existence d'une faute - Le droit disciplinaire est réservé aux comportements fautifs du salarié (sur la notion de faute, voir *Licenciement pour faute**). Ce sera à l'employeur de qualifier la faute : légère, simple, grave ou lourde et de décider s'il engage une procédure disciplinaire *(voir ci-après)*.

Respect du règlement intérieur - L'employeur qui sanctionne un salarié doit intervenir dans le respect du *règlement intérieur** lorsqu'il en existe un. En effet, ce document détermine, notamment, la liste des sanctions envisageables dans l'entreprise (c. trav. art. L. 1321-1). De plus, il rappelle les dispositions relatives aux droits de la défense des salariés.

▶ À noter… Lorsque des chartes ou des notes de services ont été adoptées dans l'entreprise, selon la procédure du règlement intérieur, elles s'imposent aux salariés (ex. : *charte d'éthique**, *charte informatique**).

Respect des règles conventionnelles - L'employeur doit respecter les règles conventionnelles ou les usages existant dans l'entreprise en matière de discipline (ex. : consultation d'une commission paritaire dans le cadre d'une procédure disciplinaire).

Respect des principes de droit disciplinaire - L'exercice du droit disciplinaire suppose le respect de règles de fond détaillées dans d'autres études de cet ouvrage :

- l'interdiction de sanctionner une liberté fondamentale, par exemple l'exercice du droit de *grève** (voir *Licenciement pour faute**) ;
- l'interdiction de la discrimination, du harcèlement moral ou sexuel et des agissements sexistes (voir *Discriminations**, *Harcèlement moral** et *Harcèlement sexuel**, *Agissements sexistes**) ;
- l'interdiction de sanctionner des fautes prescrites, déjà sanctionnées ou amnistiées [voir *Prescription (droit disciplinaire)**] ;
- l'interdiction des sanctions pécuniaires (voir *Sanctions pécuniaires**) ;
- le respect de délais pour sanctionner [voir *Sanctions disciplinaires (procédure)** et *Licenciement pour faute**] ;
- le choix d'une sanction proportionnée (voir *Sanctions disciplinaires**) ;
- l'obligation de respecter une procédure précise pour les sanctions « lourdes » [voir *Sanctions disciplinaires (procédure)** et *Licenciement pour faute**].

☛ *Licenciement pour faute ; Règlement intérieur ; Sanctions disciplinaires ; Sanctions disciplinaires (procédure).*

Discrétion (obligation de)

Salariés visés

Certains salariés sont tenus à une obligation de discrétion à l'égard des informations présentant un caractère confidentiel et données comme telles par l'employeur. Il s'agit principalement :

- des membres titulaires ou suppléants du *comité social et économique** (c. trav. art. L. 2315-3) ;
- du *représentant syndical auprès du CSE** (c. trav. art. L. 2315-3) ;

- de l'*expert** désigné par le CSE (c. trav. art. L. 2315-84) ;
- des techniciens assistant avec voix consultative aux séances des commissions du CSE (c. trav. art. L. 2315-45) ;
- du conseiller du salarié lors de l'entretien préalable au licenciement (c. trav. art. L. 1232-13) [voir *Conseiller du salarié (entretien préalable au licenciement)**] ;
- et, de manière générale, de tous les salariés de l'entreprise ayant eu connaissance d'informations confidentielles.

S'agissant des salariés liés par une *Clause de confidentialité**, voir cette étude.

Informations confidentielles

Par nature - Pour les élus du CSE, ont par nature un caractère confidentiel :
- les informations concernant l'entreprise communiquées par l'employeur aux élus dans le cadre d'une procédure d'alerte [voir *Droit d'alerte (CSE)**] ;
- les documents comptables et financiers communiqués aux élus (L. 2312-24 et L. 2315-3).

Par identification de l'employeur - En dehors des informations confidentielles par nature, l'obligation de discrétion ne s'applique que si les informations revêtent un caractère confidentiel et sont présentées comme telles par l'employeur (c. trav. art. L. 2312-36 et L. 2315-3).

Tel est le cas lorsque l'employeur appose un tampon rouge sur une note indiquant sa confidentialité et une mention rappelant son caractère confidentiel (cass. soc. 6 mars 2012, n° 10-24367 D). Pour autant, il ne peut pas systématiquement placer la totalité des documents remis sous le sceau de la confidentialité. Lesdites informations doivent aussi être de nature confidentielle au regard des intérêts légitimes de l'entreprise. Le cas échéant, il appartient à l'employeur de l'établir (cass. soc. 5 novembre 2014, n° 13-17270, BC V n° 256).

Pour les informations contenues dans la *base de données économiques, sociales et environnementales (BDESE)**, voir cette étude (c. trav. art. L. 2312-36).

Sanctions

Les sanctions sont d'ordre civil : dommages-intérêts, *sanctions disciplinaires**, voire, selon les circonstances, *licenciement pour faute**.

L'employeur peut envisager une sanction disciplinaire même si le salarié qui n'a pas respecté l'obligation de discrétion est un élu du personnel. Encore faut-il que le procès-verbal de la réunion du CSE montre que les informations étaient réputées confidentielles. À défaut, aucune sanction n'est possible (cass. soc. 12 juillet 2006, n° 04-47558, BC V n° 256).

Pour le conseiller du salarié, la violation de l'obligation de discrétion entraîne la radiation de l'intéressé des listes de conseillers (c. trav. art. L. 1232-13).

☞ *Clause de confidentialité ; Secret professionnel.*

Discriminations

Discriminations interdites

Situations visées - Aucune personne ne peut être écartée d'une procédure de recrutement ou de l'accès à un stage ou à une période de formation en entreprise, aucun salarié ne peut être sanctionné, licencié ou faire l'objet d'une mesure discriminatoire, directe ou indirecte *(voir ci-après)*, notamment en matière de rémunération, de mesures d'intéressement ou de distribution d'actions, de formation, de reclassement, d'affectation, de qualification, de classification, de promotion professionnelle, de mutation ou de renouvellement de contrat en raison d'un critère discriminatoire prohibé (c. trav. art. L. 1132-1).

▶ À noter... Ce principe s'applique aussi à la rupture de la *période d'essai** (cass. soc. 16 février 2005, n° 02-43402, BC V n° 52).

Par ailleurs, toute discrimination, directe ou indirecte, est aussi interdite en matière d'accès à l'emploi, d'emploi, de formation professionnelle et de travail, y compris de travail indépendant ou non salarié ainsi que de conditions de travail (loi 2008-496 du 27 mai 2008, art. 2, JO du 28).

▶ À noter... Un accord national interprofessionnel (ANI) relatif à la diversité dans l'entreprise vise notamment à lutter contre les discriminations (ANI du 12 octobre 2006, étendu par arrêté du 22 février 2008, JO du 1er mars).

Critères discriminatoires prohibés - Les discriminations liées aux critères suivants sont interdites (c. trav. art. L. 1132-1) :
- origine ;
- sexe ;
- mœurs ;
- orientation sexuelle ;

- identité de genre ;
- âge ;
- situation de famille ;
- grossesse ;
- caractéristiques génétiques ;
- particulière vulnérabilité résultant de sa situation économique, apparente ou connue de son auteur ;
- appartenance ou non-appartenance, vraie ou supposée, à une ethnie, une nation ou une prétendue race ;
- opinions politiques ;
- activités syndicales ou mutualistes ;
- exercice d'un mandat électif ;
- convictions religieuses (voir *Religion**) ;
- apparence physique ;
- nom de famille ;
- lieu de résidence ;
- domiciliation bancaire ;
- état de santé ;
- perte d'autonomie ;
- handicap ;
- capacité à s'exprimer dans une langue autre que le français.

Des dispositions spécifiques précisent certaines de ces interdictions ou viennent s'y ajouter. La jurisprudence permet aussi de distinguer ce qui relève des discriminations interdites ou non *(voir ci-après)*.

La discrimination inclut le *harcèlement moral** et le *harcèlement sexuel** (loi 2008-496 du 27 mai 2008, art. 1, JO du 28).

▶ À noter… Un « label diversité » peut être délivré aux entreprises, via l'AFNOR, qui adoptent des pratiques visant à promouvoir la diversité et prévenir les discriminations (décret 2008-1344 du 17 décembre 2008, JO du 19 ; décret 2014-335 du 14 mars 2014, JO du 15).

Discriminations directes ou indirectes - La situation dans laquelle une personne est traitée de manière moins favorable qu'une autre ne l'est, ne l'a été ou ne l'aura été dans une situation comparable, sur le fondement d'un critère discriminatoire prohibé, constitue une discrimination directe.

Une disposition, un critère ou une pratique neutre en apparence mais susceptible d'entraîner, pour l'un des motifs discriminatoires interdits, un désavantage particulier pour des personnes par rapport à d'autres personnes constitue une discrimination indirecte, à moins que cette disposition, ce critère ou cette pratique ne soit objectivement justifié par un but légitime et que les moyens pour réaliser ce but ne soient nécessaires et appropriés (loi 2008-496 du 27 mai 2008, art. 1, JO du 28).

Exemple

Une convention collective d'entreprise prévoyait que l'indemnité de licenciement ne pouvait être supérieure à un plafond correspondant au montant alloué à un salarié ayant 12 ans d'ancienneté. En l'espèce, les salariés concernés percevaient une indemnité de licenciement supérieure au montant légal. De plus, il n'était pas établi que le plafonnement de l'indemnité de licenciement avait pour effet de les désavantager du fait de leur âge. Il n'y avait donc pas de discrimination indirecte. L'indemnité de licenciement pouvait donc être calculée selon les modalités prévues par la convention collective en cause (cass. soc. 30 avril 2009, n° 07-43945, BC V n° 118).

Injonction de discriminer - Le fait d'enjoindre à quelqu'un de pratiquer une discrimination interdite constitue une discrimination (loi 2008-496 du 27 mai 2008, art. 1).

Discriminations à l'embauche - Un candidat à une embauche évincé, qui allègue de façon plausible qu'il remplit les conditions énoncées dans une offre d'embauche, n'a pas le droit d'accéder à l'information précisant si l'employeur a finalement embauché un autre candidat. Toutefois, le refus d'un employeur de donner une telle information au candidat malheureux pourrait constituer un indice présumant l'existence d'une discrimination. Ce sera aux juges saisis de vérifier si tel est le cas en prenant en considération toutes les circonstances du litige (CJUE 19 avril 2012, n° C-415/10) [voir *Discriminations (contentieux)**].

Discriminations liées à l'âge - En principe, les discriminations en raison de l'âge sont interdites (c. trav. art. L. 1132-1).

Exemples

Une entreprise appliquait un système dit de « up or out ». Ainsi, les salariés avaient l'obligation de progresser dans la hiérarchie ou de partir. Un salarié avait fait valoir que ce mécanisme était nécessairement défavorable aux salariés atteignant un certain âge, puisque, dans une hiérarchie pyramidale, les possibilités de promotion s'amenuisent au fil de la carrière. Ce système, combiné à d'autres indices, laissait supposer l'existence d'une discrimination en raison de l'âge (cass. soc. 12 avril 2018, n° 16-25503 D).

Un dispositif de fin de carrière mis en place par un plan de sauvegarde de l'emploi (PSE) ne peut pas prévoir, sans justification objective, que les salariés de plus de 55 ans percevront 80 % de leur rémunération mensuelle, tandis que ceux de 54 et 55 ans n'auront droit qu'à 50 %. Faute d'une telle justification objective, la clause du PSE est discriminatoire et par conséquent nulle. En l'espèce, le salarié de 54 ans devait bénéficier de la même gratification que les salariés de plus de 55 ans (cass. soc. 16 janvier 2019, n° 17-17475 D).

Toutefois, les différences de traitements sont admises lorsqu'elles répondent à une exigence professionnelle essentielle et déterminante et pour autant que l'objectif soit légitime et l'exigence proportionnée (c. trav. art. L. 1133-1 ; cass. soc. 26 novembre 2013, n° 12-24690, BC V n° 285 ; cass. soc. 9 mars 2016, n° 14-25840, BC V n° 45).

▶ Attention… Même si elle est prévue par un accord collectif, une différence de traitement entre les salariés en raison de l'âge ne peut pas être présumée justifiée au regard du principe d'interdiction des discriminations (cass. soc. 9 octobre 2019, n° 17-16642 FSPB). Sur la règle jurisprudentielle de « justification de principe » des différences de traitement opérées par accord collectif, voir *Salaire (à travail égal, salaire égal)**.

Par ailleurs, le principe de non-discrimination en raison de l'âge n'est pas applicable à la rupture d'un contrat de travail résultant de l'adhésion volontaire d'un salarié à un dispositif de pré-retraite prévu par un accord collectif (cass. soc. 20 avril 2017, n° 15-28304, BC V n° 60).

Quand la *mise à la retraite** d'un salarié intervient dans les conditions prévues par le code du travail, l'employeur n'est pas tenu de justifier d'un objectif légitime étranger à toute discrimination (cass. soc. 26 novembre 2013, n° 12-21758, BC V n° 283).

Discriminations liées à l'état de santé - Quand un salarié a subi un retard de carrière du fait de ses absences pour maladie, il s'agit d'une discrimination en raison de l'état de santé. L'employeur doit dès lors faire bénéficier l'intéressé d'un rattrapage de carrière (cass. soc. 28 janvier 2010, n° 08-44486, BC V n° 26).

Indépendamment des mesures de reclassement proposées à un salarié déclaré inapte *(voir ci-après)* ou des aménagements de poste proposés à un salarié déclaré apte mais avec réserve conformément aux prescriptions du médecin du travail [voir *Inaptitude physique (reclassement)**], le changement d'affectation décidé en raison de l'état de santé du salarié peut également constituer une discrimination interdite (cass. soc. 30 mars 2011, n° 09-71542, BC V n° 81).

Par ailleurs, mettre en place un système d'abattements pour l'attribution d'une *prime** du fait des seules absences pour maladie crée une discrimination interdite en raison de l'état de santé. Cette mesure (ex. : un accord collectif) est donc inapplicable (cass. soc. 11 janvier 2012, n° 10-23139, BC V n° 10).

Des entretiens de « retour d'absence » constituent également une discrimination indirecte à l'égard des salariés malades, même s'ils sont organisés à l'issue de toute absence, quels qu'en soient le motif et la durée. En l'espèce, une entreprise avait mis en place ces entretiens dans le cadre d'une démarche de « sensibilisation aux enjeux de désorganisation de la production ». Ces entretiens visaient à évoquer les perturbations occasionnées par l'arrêt de travail. Ils donnaient ensuite lieu à un document écrit, signé par le salarié concerné (cass. soc. 12 février 2013, n° 11-27689, BC V n° 36).

Enfin, le manquement de l'employeur à l'obligation de formation du salarié au retour d'un *congé parental d'éducation**, notamment en cas de changement de techniques ou de méthodes de travail, ne constitue pas à lui seul une discrimination illicite (c. trav. art. L. 1225-59 ; cass. soc. 5 mars 2014, n° 12-27701, BC V n° 67).

Discriminations liées à l'inaptitude ou à l'aptitude avec réserve - Les discriminations en raison de l'état de santé du salarié sont interdites. Toutefois, les différences de traitement fondées sur l'*inaptitude physique** constatée par le médecin du travail en raison de l'état de santé ne constituent pas une discrimination lorsqu'elles sont objectives, nécessaires et appropriées (c. trav. art. L. 1133-3).

Le fait de ne pas renouveler un contrat de travail à durée déterminée en raison de l'état de santé du salarié constitue une mesure discriminatoire. Cependant, si le salarié a été déclaré inapte par le médecin du travail et que, compte tenu de cette inaptitude, le non-renouvellement apparaît comme une mesure objective, nécessaire et appropriée, l'employeur ne commet pas de discrimination (c. trav. art. L. 1133-3) [voir *Inaptitude physique (contrat à durée déterminée)**].

Si un salarié n'est pas inapte, mais apte avec réserves, le non-renouvellement de son contrat en raison de son état de santé peut être jugé discriminatoire, ce qui, le cas échéant, justifie l'octroi de dommages et intérêts (cass. soc. 25 janvier 2011, n° 09-72834, BC V n° 29).

Discriminations liées au handicap - Afin de garantir le respect du principe d'égalité de traitement à l'égard des travailleurs *handicapés**, les employeurs doivent prendre, en fonction des besoins dans une situation concrète, des mesures dites « appropriées ».

Le refus de prendre ces mesures peut être constitutif d'une discrimination prohibée. À l'inverse, ces mesures visant à favoriser l'égalité de traitement ne constituent pas une discrimination (c. trav. art. L. 1133-3).

Discriminations liées à l'exercice du droit de grève - Aucun salarié ne peut être sanctionné, licencié ou faire l'objet d'une mesure discriminatoire en raison de l'exercice normal du droit de *grève** (c. trav. art. L. 1332-2 et L. 2511-1 ; cass. soc. 16 janvier 2008, n° 06-42983, BC V n° 11 ; cass. soc. 1er juin 2010, n° 09-40144, BC V n° 119).

Discriminations salariales - En application de la règle « à travail égal, salaire égal », l'employeur est tenu d'assurer l'égalité de rémunération entre tous les salariés de l'un ou l'autre sexe placés dans une situation identique [voir *Égalité professionnelle** et *Salaire (à travail égal, salaire égal)**].

Discriminations syndicales - Il est interdit à l'employeur de prendre en considération l'appartenance à un syndicat ou l'exercice d'une activité syndicale pour arrêter ses décisions en ce qui concerne notamment l'embauche, la conduite et la répartition du travail, la formation professionnelle, l'avancement, la rémunération et l'octroi d'avantages sociaux, les sanctions disciplinaires et la rupture du contrat de travail (c. trav. art. L. 2141-5).

À ce titre, il est interdit de prendre en considération l'exercice d'une activité syndicale dans l'*évaluation des salariés**, sauf application d'un accord collectif visant à en assurer la neutralité ou à le valoriser (cass. soc. 11 janvier 2012, n° 10-16655, BC V n° 8 ; cass. soc. 1er février 2017, n° 15-20799 D). Il y a aussi discrimination quand un salarié exerçant divers mandats syndicaux n'a pas bénéficié des entretiens annuels d'évaluation, ce qui avait affecté ses chances de promotion professionnelle (cass. soc. 19 janvier 2010, n° 08-45000 D).

Par ailleurs, un accord détermine les mesures à mettre en œuvre pour concilier la vie personnelle, la vie professionnelle et les fonctions syndicales et électives, en veillant à favoriser l'égal accès des femmes et des hommes. Cet accord prend en compte l'expérience acquise, dans le cadre de l'exercice de mandats, par les représentants du personnel désignés ou élus dans leur évolution professionnelle (c. trav. art. L. 2141-5). Par exemple, un accord collectif de valorisation des parcours syndicaux peut instituer des entretiens d'évaluation des compétences acquises à l'occasion de l'exercice du mandat, menés par l'employeur en association avec les organisations syndicales, dont les résultats sont pris en compte pour l'évolution de carrière (cass. soc. 9 octobre 2019, n° 18-13529 FSPBRI).

▶ À noter... Sauf accord collectif ou stipulation particulière du contrat de travail prévoyant une progression de carrière, l'employeur n'est pas tenu d'assurer cette progression par des changements d'emploi ou de qualification. En effet, le salarié pouvant s'opposer à la *modification du contrat de travail**, l'absence d'évolution de son emploi ou de sa qualification n'est pas toujours imputable à l'employeur. Il en est ainsi lorsque le salarié a bénéficié des mêmes possibilités de formation que ses collègues et que, face aux opportunités de carrière dont il a été informé dans les mêmes conditions que ceux-ci, il a manifesté sa volonté de demeurer dans son emploi. Le salarié n'avait pas été, en l'espèce, victime de discrimination (cass. soc. 6 juillet 2010, n° 09-41354, BC V n° 157).

Sur le calcul d'une prime variable de salariés exerçant des mandats électifs ou syndicaux, voir *Clause de variation du salaire**.

Utiliser un moyen de pression à l'encontre d'un *délégué syndical** constitue également une discrimination interdite (c. trav. art. L. 2141-7).

Discrimination lors de l'adhésion à un syndicat - Tout salarié peut librement adhérer au syndicat professionnel de son choix et ne peut pas être écarté pour l'un des motifs discriminatoires prohibés (c. trav. art. L. 1132-1 et L. 2141-1).

Discriminations femmes/hommes ou selon la situation de famille - Sauf pour les emplois d'artistes appelés à interpréter soit un rôle féminin, soit un rôle masculin et de mannequins chargés de présenter des vêtements et accessoires de modèles masculins ou féminins, nul ne peut (c. trav. art. L. 1142-1) :

- mentionner ou faire mentionner dans une offre d'emploi, quels que soient les caractères du contrat de travail envisagé, ou dans toute autre forme de publicité relative à une embauche, le sexe ou la situation de famille du candidat recherché (voir *Offres et demandes d'emploi**) ;
- refuser d'embaucher une personne, prononcer une mutation, résilier ou refuser de renouveler le contrat de travail d'un salarié en considération du sexe ou de la situation de famille ou sur la base de critères de choix différents selon le sexe ou la situation de famille (cass. soc. 18 décembre 2007, n° 06-45132, BC V n° 215) ;
- prendre en considération du sexe toute mesure notamment en matière de rémunération, de formation, d'affectation, de qualification, de classification, de promotion professionnelle ou de mutation.

Sur l'*égalité professionnelle** entre les femmes et les hommes, voir cette étude.

Enfin, le *Défenseur des droits** a rappelé que les offres d'emploi exclusivement réservées aux enfants du personnel constituent une discrimination en raison de la situation de famille (c. trav. art. L. 1132-1).

Possibilité de réserver aux salariées des avantages liés à la maternité - Le principe d'égalité des rémunérations ne s'oppose pas au versement d'une allocation forfaitaire aux seules salariées qui partent en congé de maternité, dès lors que cette allocation est destinée à compenser les désavantages professionnels résultant pour ces salariées de leur éloignement du travail (CJCE 16 septembre 1999, aff. C-218/98).

Par ailleurs, une convention collective nationale (CCN) peu réserver aux femmes élevant seules leur enfant le droit à un congé supplémentaire au congé légal de maternité si ce congé vise « la protection des travailleuses » au regard « des conséquences de la grossesse » et « de leur condition de maternité ». En revanche, si une CCN réserve le bénéfice d'un congé supplémentaire aux femmes « en leur seule qualité de parent », elle instaure une discrimination directe à l'égard des travailleurs de sexe masculin. Or, une telle discrimination est interdite (c. trav. art. L. 1132-1 ; CJUE, 18 novembre 2020, aff. C-463/19).

Discriminations en raison du sexe ou de l'apparence physique - Les discriminations en raison du sexe ou de l'apparence physique sont interdites (c. trav. art. L. 1132-1).

Exemples

Le licenciement d'un salarié prononcé au motif que « votre statut au service de la clientèle ne nous permettait pas de tolérer le port de boucles d'oreilles sur l'homme que vous êtes » est discriminatoire. L'entreprise était un restaurant gastronomique (cass. soc. 11 janvier 2012, n° 10-28213, BC V n° 12).

Si une salariée ne retrouve pas son poste (ou un emploi similaire assorti d'une rémunération équivalente) au retour de son *congé parental d'éducation**, mais se voit confier d'autres tâches d'un niveau « inférieur », son employeur s'expose à une condamnation pour discrimination indirecte à raison du sexe (cass. soc. 14 novembre 2019, n° 18-15682 FSPB). En l'espèce, une salariée, comptable, avait bénéficié de ce congé mais son employeur ne l'avait pas réintégrée dans son précédent emploi, ni dans un emploi similaire. Celui-ci l'avait notamment affectée au standard, au secrétariat, à l'étiquetage et à la gestion des approvisionnements. En outre, il avait décidé de conserver en CDI, à l'unique poste de comptable existant dans l'entreprise, le salarié qui avait remplacé en CDD la salariée pendant son congé. S'estimant discriminée en raison de son état de grossesse, la salariée a réclamé des dommages-intérêts pour ce motif mais elle n'a pas obtenu gain de cause devant les juges d'appel. La Cour de cassation a censuré cette décision. Selon elle, les juges d'appel auraient dû rechercher si :

- compte tenu du nombre considérablement plus élevé de femmes que d'hommes qui choisissent de bénéficier d'un congé parental, la décision de l'employeur de ne confier à la salariée, au retour de son congé parental, que des tâches d'administration et de secrétariat sans rapport avec ses fonctions antérieures de comptable ne constituait pas un élément laissant supposer l'existence d'une discrimination indirecte en raison du sexe ;
- et si cette décision n'était pas justifiée par des éléments objectifs étrangers à toute discrimination.

Le Défenseur des droits a fait des recommandations aux employeurs pour lutter contre les discriminations liées à l'apparence physique (Décision-cadre du défenseur des droits 2019-205 du 2 octobre 2019).

Discrimination entre les sexes en matière de formation professionnelle - Aucune distinction entre les femmes et les hommes ne peut être faite pour l'application de l'ensemble des dispositions du code du travail relatives à la formation professionnelle tout au long de la vie (ex. : en matière d'apprentissage ou de formation professionnelle continue) (c. trav. art. L. 6112-1). Des actions sélectives en matière de formation professionnelle restent toutefois possibles pour corriger les déséquilibres constatés au détriment des femmes à la condition que ces mesures (c. trav. art. L. 6112-2) :

- fassent l'objet soit de dispositions réglementaires, soit de stipulations conventionnelles ;
- présentent un caractère transitoire.

Discriminations liées à la grossesse et à la maternité - Voir *Maternité (protection)**.

Refus d'une mutation géographique dans un État incriminant l'homosexualité - Aucun salarié ne peut être sanctionné, licencié ou faire l'objet d'une mesure discriminatoire pour avoir refusé, en raison de son orientation sexuelle, une mutation géographique dans un État incriminant l'homosexualité (c. trav. art. L. 1132-3-2).

Interdiction des agissements sexistes - Voir *Agissements sexistes**.

Discriminations fondées sur la nationalité - Faire obstacle au recrutement d'un salarié en raison de ses origines caractérise une discrimination raciale même si l'intéressé est finalement embauché (cass. soc. 18 janvier 2012, n° 10-16926, BC V n° 17). Quand un employeur ayant écarté d'un recrutement de salariés d'origine étrangère invoque la différence de diplôme par rapport au candidat retenu mais sans avoir défini au préalable les exigences requises pour occuper le poste considéré (ex. : dans l'offre d'emploi), il y a également une discrimination en raison de l'origine (cass. soc. 15 décembre 2011, n° 10-15873 D).

Le fait de demander à un salarié d'origine maghrébine de changer de prénom constitue aussi une discrimination en raison de son origine (cass. soc. 10 novembre 2009, n° 08-42286, BC V n° 245).

Traitement défavorable pour soumission ou refus de se soumettre à une discrimination - Aucune décision défavorable à une personne ne peut être fondée sur sa soumission ou son refus de se soumettre à une discrimination prohibée (loi 2008-496 du 27 mai 2008, art. 3, JO du 28).

Discriminations en raison de l'exercice de certaines fonctions - Aucun salarié ne peut faire l'objet d'une mesure discriminatoire en raison de l'exercice des fonctions de juré ou de témoin (c. trav. art. L. 1132-3-1) (voir *Jurés** et *Témoins**).

Voir aussi *Conseiller des français de l'étranger** et *Élus locaux**.

Protection des lanceurs d'alerte - Voir *Lanceur d'alerte**.

Différences de traitement permises - Le principe général d'interdiction des discriminations ne fait pas obstacle aux différences de traitement lorsqu'elles répondent à une exigence professionnelle essentielle et déterminante et pour autant que l'objectif soit légitime et l'exigence proportionnée (c. trav. art. L. 1133-1).

Les différences de traitement fondées sur l'âge ne constituent pas non plus une discrimination lorsqu'elles sont objectivement et raisonnablement justifiées par un but légitime, notamment par le souci de préserver la santé ou la sécurité des travailleurs, de favoriser leur insertion professionnelle, d'assurer leur emploi, leur reclassement ou leur indemnisation en cas de perte d'emploi, et lorsque les moyens de réaliser ce but sont nécessaires et appropriés *(voir ci-avant)* (c. trav. art. L. 1133-2 ; cass. soc. 11 mai 2010, n° 08-43681, BC V n° 105 ; cass. soc. 11 mai 2010, n° 08-45307, BC V n° 105).

Lorsque l'appartenance à l'un ou l'autre sexe répond à une exigence professionnelle essentielle et déterminante, et pour autant que l'objectif soit légitime et l'exigence proportionnée, les interdictions de discrimination ne sont pas applicables (c. trav. art. L. 1142-2).

Enfin, les mesures prises en faveur des personnes vulnérables en raison de leur situation économique et visant à favoriser l'égalité de traitement ne constituent pas une discrimination (c. trav. art. L. 1133-6).

Information des salariés

Sur les obligations de l'employeur de communiquer aux salariés certaines dispositions relatives à l'interdiction des discriminations, voir *Affichage et informations**.

Formation

Dans toute entreprise employant au moins 300 salariés et dans toute entreprise spécialisée dans le recrutement, les employés chargés des missions de recrutement (ex. : DRH) doivent recevoir une formation à la non-discrimination à l'embauche au moins une fois tous les 5 ans (c. trav. art. L. 1131-2).

Preuve et contentieux

Voir *Discriminations (contentieux)**.

Clauses discriminatoires

Dans les contrats et accords collectifs - Les clauses discriminatoires sont interdites dans un contrat de travail, un accord ou une convention collective. Elles seraient nulles et donc inapplicables (c. trav. art. L. 1132-4).

Les clauses réservant le bénéfice d'une mesure à un ou plusieurs salariés en considération de leur sexe sont interdites sous peine de nullité, sauf clause relative à la maternité (c. trav. art. L. 1142-3). Toutefois des mesures temporaires prises au seul bénéfice des femmes visant à établir l'égalité des chances entre hommes et femmes, en particulier en remédiant aux inégalités de fait qui affectent les chances des femmes, sont autorisées (c. trav. art. L. 1142-4).

Dans le règlement intérieur - Le *règlement intérieur** ne doit pas comporter de dispositions discriminatoires (c. trav. art. L. 1321-3).

Sanctions et réparations

Voir *Discriminations (sanctions)**.

Discriminations (contentieux)

Les *discriminations** sont interdites dans l'entreprise. Des règles spécifiques s'appliquent au contentieux relatif à une discrimination et au régime de la preuve *(voir ci-après)*. Sur les sanctions applicables à l'auteur des discriminations, voir *Discriminations (sanctions)**.

Délai de prescription

Le salarié qui s'estime victime d'une discrimination interdite peut agir à titre individuel en saisissant le conseil de prud'hommes, sous réserve de respecter le délai de prescription de 5 ans (c. trav. art. L. 1134-1 et L. 1134-5).

Ce délai de prescription de 5 ans court à compter du jour où le titulaire du droit d'agir a connu ou aurait dû connaître les faits lui permettant de l'exercer (c. civ. art. 2224 ; cass. soc. 30 juin 2021, n° 19-14543 FSPB).

▶ À noter... Quand un salarié a été privé de la gratification liée à la *médaille d'honneur du travail** en raison d'un accord jugé discriminatoire (en l'espèce, une discrimination en raison de l'âge), c'est la prescription prévue en matière de discrimination (5 ans) qui s'applique et non celle liée à l'exécution du contrat de travail (2 ans) (c. civ. art. 2224 ; cass. soc. 30 juin 2021, n° 19-14543 FSPB).

Dans le cas où une discrimination a commencé à une date hors du délai de prescription mais s'est poursuivie pendant toute la carrière du salarié, celui-ci peut malgré tout saisir le juge en se fondant sur les faits qui n'ont pas cessé de produire leurs effets à une date où la prescription n'est pas encore atteinte. En l'espèce, il s'agissait d'une discrimination syndicale (cass. soc. 31 mars 2021, n° 19-22557 FP).

Sur l'action de groupe, voir ci-après.

Preuve de la discrimination

Présentation par la victime d'éléments de faits laissant supposer une discrimination - En cas de litige, le salarié concerné ou le candidat à un recrutement, à un stage ou à une période de formation en entreprise présente des éléments de fait laissant supposer l'existence d'une discrimination, directe ou indirecte (c. trav. art. L. 1134-1 ; cass. soc. 5 février 2020, n° 18-22399 D). Le juge apprécie « dans leur ensemble » les éléments de fait ainsi présentés par le salarié (cass. soc. 29 juin 2011, n° 10-15792, BC V n° 166).

Attention toutefois, ce régime probatoire ne s'applique pas devant les juridictions pénales (loi 2008-496 du 27 mai 2008, art. 4, JO du 28).

Comparaison avec d'autres salariés facultative - Généralement, une discrimination est établie en procédant à des comparaisons avec d'autres salariés (cass. soc. 28 janvier 2010, n° 08-41959, BC V n° 28). Toutefois, un salarié qui saisit les juges parce qu'il estime avoir subi une discrimination doit voir sa demande examinée même s'il ne fournit aucun élément de comparaison avec d'autres collègues de statut identique. En effet, l'existence d'une discrimination n'implique pas nécessairement une comparaison avec la situation d'autres salariés (cass. soc. 12 juin 2013, n° 12-14153, BC V n° 152 ; cass. soc. 13 juin 2019, n° 17-31295 D).

Exemple

Une discrimination peut résulter :

- du changement de traitement dont un même salarié fait l'objet en comparant deux périodes (ex. : avant et après la participation à une grève), et non pas seulement de la comparaison avec d'autres salariés (cass. soc. 10 novembre 2009, n° 07-42849, BC V n° 246) ;
- du seul fait qu'un employeur ne fournisse pas de travail pendant de longues périodes à un salarié exerçant divers mandats représentatifs (cass. soc. 29 juin 2011, n° 10-14067, BC V n° 166) ;
- de la sanction d'un salarié en raison de ses activités syndicales (cass. soc. 15 décembre 2010, n° 09-41359 D).

Rapport de l'inspection du travail recevable comme preuve - Un rapport établi par un inspecteur du travail suite à une enquête et produit par un salarié est un mode de preuve d'une éventuelle discrimination (en l'espèce, syndicale) recevable par le juge et ce, peu important (cass. soc. 15 janvier 2014, n° 12-27261, BC V n° 14) :

- que l'agent de contrôle soit intervenu à la demande du salarié s'estimant victime d'une discrimination ;
- et qu'il n'ait pas relevé les infractions éventuellement constatées par un procès-verbal.

Saisine du juge pour obtenir des documents de l'employeur - Un salarié qui s'estime victime de discrimination mais ne disposant pas d'éléments suffisants peut saisir le conseil de prud'hommes afin que celui-ci ordonne à l'employeur de communiquer des documents de nature à justifier l'introduction d'une action en discrimination (ex. : contrats de travail, avenants et bulletins de paie d'autres salariés).

Cette demande s'appuie sur l'article 145 du code de procédure civile, qui permet de solliciter des

mesures d'instruction « s'il existe un motif légitime de conserver ou d'établir avant tout procès la preuve de faits dont pourrait dépendre la solution d'un litige » (c. proc. civ. art. 145). **Il revient aux conseils de prud'hommes et aux cours d'appel d'apprécier le « motif légitime » qui justifie cette mesure d'instruction** (cass. soc. 19 décembre 2012, n° 10-20526, BC V n° 341).

Face à une demande de communication de documents qu'il estime justifiée mais trop générale, le juge doit cantonner la requête aux pièces indispensables à la protection du droit à la preuve et proportionnées au but poursuivi, au besoin en cantonnant le périmètre de la production de pièces sollicitée. Il ne peut pas rejeter la demande (cass. soc. 16 décembre 2020, n° 19-17637 FPB).

En outre, « le respect de la vie personnelle du salarié et le secret des affaires ne constituent pas en eux-mêmes un obstacle à l'application des dispositions de l'article 145 du code de procédure civile » (cass. soc. 19 décembre 2012, n° 10-20526, BC V n° 341). **Si les éléments dont la communication est demandée sont de nature à porter atteinte à la vie personnelle d'autres salariés, le juge vérifie quelles mesures sont indispensables à l'exercice du droit à la preuve et proportionnées au but poursuivi, au besoin en cantonnant le périmètre de la production de pièces sollicitées** (cass. soc. 22 septembre 2021, n° 19-26144 FB).

Ainsi, un employeur peut être contraint par le juge, en application de cet article 145 du code de procédure civile, de communiquer des informations comportant des données personnelles des collègues du salarié qui entend établir qu'il est victime d'une discrimination. Pour cela, il faut que la victime supposée ait un motif légitime et que cette communication soit « nécessaire et proportionnée ». Le consentement des salariés concernés n'est pas requis (cass. soc. 16 mars 2021, n° 19-21063 FP).

Preuve de l'objectivité de la décision de l'employeur - Si le juge estime que les éléments de fait présentés par le salarié laissent effectivement supposer l'existence d'une discrimination *(voir ci-avant)*, c'est alors à l'employeur de prouver que ses décisions sont justifiées par des éléments objectifs étrangers à toute discrimination (c. trav. art. L. 1134-1 ; cass. soc. 29 juin 2011, n° 10-15792, BC V n° 166).

Exemples

L'employeur qui fait valoir auprès des juges la seule circonstance que des salariés exerçant des mandats syndicaux bénéficiaient de mesures favorables n'est pas de nature à exclure en soi l'existence de toute discrimination à l'égard d'autres salariés ayant des fonctions syndicales (cass. soc. 12 juin 2013, n° 12-14153, BC V n° 152).

Dans une autre affaire, un salarié estimait ne pas avoir été promu chef de service du fait de sa participation à une grève. Or, le choix de ne pas lui confier cette responsabilité s'expliquait, ainsi que l'avait expliqué l'employeur, par l'absence d'exercice antérieur de fonctions de responsabilité. De plus, le salarié avait été sanctionné par un avertissement, avant la grève, pour son défaut d'implication et enfin son comportement méprisant à l'égard de sa hiérarchie et de sa direction était attesté par divers courriers adressés par le salarié à son entreprise et stigmatisant l'incompétence de la direction et de deux chefs de service. L'employeur avait donc apporté suffisamment d'éléments permettant de conclure à l'absence de toute discrimination et de tout lien avec la grève invoquée par le salarié (cass. soc. 14 octobre 2020, n° 19-17817 D).

Si l'employeur ne parvient pas à apporter la preuve que ses décisions sont justifiées par des éléments objectifs étrangers à toute discrimination, il est condamné (cass. soc. 7 février 2012, n° 10-19505, BC V n° 54).

▶ Attention… Quand le motif d'un licenciement (en l'espèce, celui d'un ancien délégué syndical) laisse supposer l'existence d'une discrimination en raison des activités syndicales du salarié et se rapporte à des faits commis pendant la période de protection dont bénéficiait l'intéressé, cela exclut que le juge judiciaire vérifie si ces faits étaient réels et constituaient des éléments objectifs étrangers à toute discrimination susceptibles de justifier la rupture du contrat de travail. En l'espèce, le motif du licenciement, tiré des activités syndicales du salarié, emportait à lui seul la nullité du licenciement (cass. soc. 2 juin 2010, n° 08-40628, BC V n° 124).

Rôle du juge - Le juge forme sa conviction après avoir ordonné, en cas de besoin, toutes les mesures d'instruction qu'il estime utiles (c. trav. art. L. 1134-1).

Le juge du fond apprécie souverainement l'opportunité de recourir à ces mesures d'instruction portant aussi bien sur les éléments présentés par le salarié et laissant supposer l'existence d'une discrimination que sur ceux apportés par l'employeur pour prouver que sa décision est justifiée par des éléments objectifs étrangers à toute discrimination (cass. soc. 4 février 2009, n° 07-42697, BC V n° 33).

Méthode du « testing » - La pratique du « testing » ou des « vérifications faites à l'improviste » consiste, notamment pour des associations, à solliciter des biens, des actes, des services, ou encore des contrats, pour démontrer l'existence d'un comportement discriminatoire.

Le délit pénal de discrimination est constitué même s'il a été commis à l'encontre d'une ou de plusieurs personnes ayant sollicité des biens, actes, services ou contrats pour démontrer l'existence du comportement discriminatoire, dès lors que la preuve de ce comportement est établie (c. pén. art. 225-3-1 ; circ. crim. 2006-16 du 28 juin 2006, BO justice n° 102 du 13 juillet 2006).

Le testing peut aussi conduire à l'attribution de dommages-intérêts (loi 2008-496 du 27 mai 2008, art. 4).

Protection des témoins et des personnes ayant relaté une discrimination - Aucun salarié ne peut être sanctionné, licencié ni faire l'objet d'une mesure discriminatoire pour avoir témoigné d'agissements discriminatoires ou pour les avoir relatés (c. trav. art. L. 1132-3). Ainsi, un salarié qui relate des faits de discrimination ne peut pas être licencié pour ce motif, quand bien même les faits ne seraient finalement pas établis (cass. soc. 13 janvier 2021, n° 19-21138 FPB).

▶ À noter… De façon plus générale, aucune personne ayant témoigné de bonne foi d'un agissement discriminatoire ou l'ayant relaté ne peut être traitée défavorablement de ce fait (loi 2008-496 du 27 mai 2008, art. 3, JO du 28).

En revanche, un employeur peut licencier un salarié qui dénonce de mauvaise foi des faits inexistants de discrimination, sachant que la mauvaise foi est caractérisée lorsque le salarié a connaissance de la fausseté des faits qu'il dénonce. En revanche, celle-ci ne découle pas de la seule circonstance que les faits dénoncés ne sont finalement pas établis (cass. soc. 13 janvier 2021, n° 19-21138 FPB).

Protection en cas de procès

Le licenciement d'un salarié faisant suite à une action en justice engagée par ce salarié ou en sa faveur, en raison d'une discrimination, est nul et donc sans effet lorsqu'il est établi que ce licenciement est sans cause réelle et sérieuse et constitue en réalité une mesure prise par l'employeur en raison de l'action en justice. Dans ce cas, la réintégration est de droit et le salarié est regardé comme n'ayant jamais cessé d'occuper son emploi (voir *Licenciement nul**).

Si le salarié refuse d'être réintégré, le conseil de prud'hommes lui alloue une indemnité au moins égale aux salaires des 6 derniers mois. Le salarié bénéficie également de l'indemnité de licenciement légale (conventionnelle ou contractuelle, si la convention collective ou le contrat de travail sont plus favorables au salarié) (c. trav. art. L. 1134-4, L. 1144-3 et L. 1234-9).

Sur la protection des témoins, voir ci-avant.

Autres acteurs du contentieux

Constat par l'inspecteur du travail - Les inspecteurs du travail peuvent se faire communiquer tout document ou élément d'information, quel qu'en soit le support, utile à la constatation de faits susceptibles de permettre d'établir l'existence ou l'absence d'une méconnaissance des dispositions interdisant les discriminations (c. trav. art. L. 8113-5).

Action en justice des syndicats - Les syndicats représentatifs peuvent exercer en justice toutes les actions qui naissent suite à une discrimination, en faveur d'un candidat à un emploi, à un stage ou à une période de formation en entreprise, ou d'un salarié de l'entreprise sans avoir à justifier d'un mandat de l'intéressé, pourvu que celui-ci ait été averti par écrit et ne s'y soit pas opposé dans un délai de 15 jours à compter de la date à laquelle le syndicat lui a notifié son intention. L'intéressé peut toujours intervenir à l'instance engagée par le syndicat (c. trav. art. L. 1134-2).

Les syndicats professionnels peuvent également exercer les droits réservés à la partie civile concernant les faits portant un préjudice direct ou indirect à l'intérêt collectif de la profession qu'ils représentent (c. trav. art. L. 2132-3). Tel est le cas, par exemple, en présence d'une discrimination syndicale (cass. soc. 13 janvier 2021, n° 19-17182 FPB).

Sur une action de groupe, voir ci-après.

Action en justice des associations - Les associations pour la lutte contre les discriminations régulièrement constituées depuis 5 ans au moins peuvent exercer en justice toutes les actions qui naissent d'une discrimination à l'égard d'un candidat à un emploi, à un stage ou à une période de formation en entreprise, ou d'un salarié de l'entreprise, sous réserve qu'elles justifient d'un accord écrit de l'intéressé. Celui-ci peut toujours intervenir à l'instance engagée par l'association et y mettre un terme à tout moment (c. trav. art. L. 1134-3).

Sur une action de groupe, voir ci-après.

Rôle du défenseur des droits - Voir *Défenseur des droits**.

Action de groupe

En cas de discrimination collective - En cas de discrimination concernant plusieurs personnes au travail un syndicat représentatif au plan national, dans la branche ou dans l'entreprise (ou une association régulièrement déclarée depuis au moins 5 ans et intervenant dans le domaine de la lutte contre les discriminations ou œuvrant dans le domaine du handicap) peut agir en justice contre l'employeur avec, si elle le souhaite, l'aide d'une association intervenant dans la lutte contre les discriminations (c. trav. art. L. 1134-7).

▶ À noter… L'association ne peut défendre que les intérêts de candidats à l'emploi ou à un stage. Pour les candidats à une formation et les salariés, l'action de groupe passe nécessairement par un syndicat.

L'action peut viser à faire cesser le manquement et, le cas échéant, à la réparation des préjudices subis.

▶ Attention… C'est la loi du 18.11.2016 « de modernisation de la justice du XXIe siècle » qui a inscrit l'action de groupe dans le code du travail (loi 2016-547 du 18 novembre 2016, JO du 19). En application du principe de non-rétroactivité de la loi (c. civ. art. 2 ; loi 2016-1547 du 18 novembre 2016, art. 92, II), le tribunal judiciaire de Paris a considéré que des faits antérieurs au 20.11.2016, date d'entrée en vigueur de cette loi, ne pouvaient pas être à l'origine d'une telle action. Et ce, peu important que ceux-ci auraient eu des effets postérieurs à cette date (trib. judiciaire Paris 15 décembre 2020, n° RG 18/04058). Le syndicat débouté de son action a fait appel de cette décision.

Procédure - Dans un premier temps, le syndicat ou l'association demande à l'employeur de faire cesser la situation de discrimination collective alléguée par tout moyen donnant date certaine à cette demande. Dans le mois qui suit la réception de cette demande, l'employeur en informe le *comité social et économique**, ainsi que les syndicats représentatifs dans l'entreprise, afin que s'engage éventuellement une discussion sur les mesures permettant de faire cesser la discrimination.

Lorsque l'action de groupe tend à la cessation du manquement, elle peut-être engagée devant le *tribunal judiciaire** dans les 6 mois suivant la réception de la demande de cessation de la situation de discrimination ou, le cas échéant, suivant la notification par l'employeur du rejet de la demande (c. trav. art. L. 1134-9 et L. 1134-10 ; c. proc. civ. art. 848 et s.).

▶ À noter… Le tribunal judiciaire territorialement compétent est celui du lieu où demeure le défendeur (c. proc. civ. art. 849).

Lorsque l'action de groupe tend à la réparation des préjudices subis, elle s'exerce dans le cadre d'une procédure dédiée (c. trav. art. L. 1134-10).

▶ Attention… Sauf en ce qui concerne les candidats à un emploi, à un stage ou à une période de formation, seuls les préjudices nés après la réception de la demande de cessation de la situation de discrimination sont indemnisables dans le cadre de l'action de groupe (c. trav. art. L. 1134-8).

Si l'employeur est jugé responsable de la situation de discrimination, il appartient aux salariés victimes d'adhérer au groupe pour obtenir la réparation de leur préjudice (c. trav. art. L. 1134-10 ; c. proc. civ. art. 849-14).

☛ *Discriminations.*

Discriminations (sanctions)

Nullité

Principe de la nullité - Tout acte ou toute clause discriminatoire est réputé nul et non avenu (c. trav. art. L. 1132-4 et L. 1142-3).

Rétablissement de la situation du salarié - Le salarié victime de pratiques discriminatoires prohibées doit être replacé dans la situation où il se serait trouvé si le comportement dommageable n'avait pas eu lieu (ex. : en cas de discrimination syndicale ayant abouti à un retard d'avancement, l'intéressé doit être reclassé) (cass. soc. 23 novembre 2005, n° 03-40826, BC V n° 332 ; cass. soc. 14 mars 2012, n° 11-11308 D).

Réintégration du salarié - Le licenciement qui a un motif discriminatoire (ex. : en raison de l'état de santé) est nul (c. trav. art. L. 1132-1 et L. 1132-4) (sur l'indemnisation du salarié, voir *Licenciement nul**). L'employeur a l'obligation de réintégrer le salarié qui le souhaite dans son emploi ou, à défaut, dans un emploi équivalent, sachant que le salarié n'a pas l'obligation de faire sa demande de réintégration dans un court délai (cass. soc. 14 septembre 2016, n° 15-15944, BC V n° 164).

▶ À noter… L'obligation de réintégration ne s'étend pas au groupe auquel appartient l'employeur (cass. soc. 9 juillet 2008, n° 07-41845, BC V n° 155).

L'obligation de réintégration ne s'applique pas en cas d'impossibilité matérielle.

Exemple
Le seul fait de confier à un prestataire de services le nettoyage des locaux ne caractérisait pas une impossibilité matérielle pour l'employeur de réintégrer le salarié dans son emploi ou, à défaut, dans un emploi équivalent (cass. soc. 14 septembre 2016, n° 15-15944, BC V n° 164).

L'obligation de réintégration ne s'applique pas non plus quand le salarié a liquidé ses droits à la retraite (cass. soc. 14 novembre 2018, n° 17-14932 FSPB).

▶ **À noter…** Les dispositions régissant la rupture du CDI ne s'appliquent pas pendant la *période d'essai**. En conséquence, la rupture de la période d'essai pour des motifs liés à l'état de santé de la salariée, bien que nulle, n'ouvre pas droit à une indemnité de préavis (cass. soc. 12 septembre 2018, n° 16-26333 FSPB).

Résiliation judiciaire

Un salarié représentant du personnel qui subit une discrimination syndicale durable et persistante peut obtenir la *résiliation judiciaire du contrat de travail** pour ce motif (cass. soc. 25 mai 2018, n° 16-25141 D).

Dommages-intérêts

Le salarié victime de pratiques discriminatoires prohibées peut demander devant le conseil des prud'hommes la condamnation de l'employeur à lui verser des dommages et intérêts réparant le préjudice matériel et moral qu'il a subi.

▶ **À noter…** La salariée d'une association, victime d'insultes à connotation sexiste et de jets de détritus commis par des bénévoles à l'occasion d'une soirée où ils travaillaient ensemble, et sans réaction de son supérieur hiérarchique, doit obtenir des dommages-intérêts de l'association (cass. soc. 30 janvier 2019, n° 17-28905 FPB).

L'action en réparation du préjudice résultant d'une discrimination se prescrit par 5 ans à compter de la révélation de la discrimination, ce délai n'étant pas susceptible d'un aménagement conventionnel.

Seule la possibilité d'agir en réparation du préjudice est ainsi concernée. En effet, les dommages et intérêts répareront l'entier préjudice résultant de la discrimination, pendant toute sa durée (c. trav. art. L. 1134-5).

Sanctions pénales

L'auteur des discriminations encourt des sanctions pénales (c. pén. art. 225-2).

Bien que procédant des mêmes agissements, les infractions de discrimination et de *harcèlement moral** doivent être toutes deux retenues, dès lors que ces infractions sanctionnent la violation d'intérêts distincts (cass. crim. 6 février 2007, n° 06-82601, B. crim. n° 29). De même au « civil », les comportements fautifs de discrimination et de harcèlement moral sont distincts et entraînent des préjudices différents ouvrant droit, pour le salarié, à des réparations spécifiques (cass. soc. 3 mars 2015, n° 13-23521, BC V n° 32).

☛ *Discriminations ; Discriminations (contentieux).*

Dispense de préavis

☛ *Préavis ; Préavis (dispense) ; Préavis (indemnité compensatrice).*

Document unique d'évaluation des risques professionnels

S'agissant des mesures à adopter pour faire face aux risques professionnels liés à la crise sanitaire, voir *Covid-19 (hygiène et sécurité)**.

Entreprises visées

Les entreprises, quel que soit leur effectif, sont tenues d'élaborer un document unique d'évaluation des risques professionnels (DUER) et ce, même si l'existence d'un risque n'est pas prouvée. Il s'agit d'une obligation générale et inconditionnelle (c. trav. art. R. 4121-1 ; circ. DRT 2002-6 du 18 avril 2002, BO MT 2002-10 du 5 juin ; cass. soc. 8 juillet 2014, n° 13-15470, BC V n° 179).

Contenu : règles antérieures au 31.03.2022

Résultats de l'évaluation des risques - L'employeur transcrit et met à jour dans le DUER les résultats de l'évaluation des risques professionnels à laquelle il doit procéder. Il est en effet tenu à une obligation générale d'évaluation des risques professionnels et à des obligations spécifiques correspondant soit à un type de dangers, d'agents ou de produits dangereux (amiante, bruit, rayonnements ionisants, etc.), soit à un type d'activités (ex. : la manutention de charges) [voir *Hygiène et sécurité (obligations de l'employeur)**].

Un report systématique des résultats de l'évaluation doit être effectué, afin que l'ensemble des éléments analysés figure sur un seul support.

Inventaire des risques - L'évaluation des risques reportée dans le DUER comporte un « inventaire » de ces risques, y compris ceux liés aux ambiances thermiques (c. trav. art. R. 4121-1). Celui-ci s'entend d'une évaluation des risques en deux étapes : l'identification des dangers et l'analyse des risques. Ainsi, l'évaluation ne se réduit pas à un relevé brut de données mais constitue un véritable travail d'analyse des modalités d'exposition des salariés à des dangers ou à des facteurs de risques (circ. DRT 2002-6 du 18 avril 2002, § 2.1.2, BO MT 2002-10 du 5 juin).

▶ À noter… Les documents établis par le médecin du travail, le *comité social et économique** ou les fabricants de produits ne constituent pas, en tant que tels, l'évaluation des risques. Ils sont de simples sources d'information.

S'agissant en particulier des risques psycho-sociaux (RPS), l'INRS a détaillé la démarche pour les évaluer et les prévenir (« Évaluer les facteurs de risques psychosociaux : l'outil RPS-DU » www.inrs.fr).

Cadre de l'inventaire - Les risques sont identifiés au niveau de chaque unité de travail entendue comme un poste de travail, plusieurs types de postes ou situations de travail présentant les mêmes caractéristiques. L'unité peut aussi bien couvrir une activité fixe que des lieux différents (ex. : chantiers) (circ. DRT 2002-6 du 18 avril 2002, § 2.1.2, BO MT 2002-10 du 5 juin ; Instr. DGT-DSS n° 1 du 13 mars 2015, fiche 5).

Annexe relative à la pénibilité au travail - Le DUER doit comporter une annexe consignant (c. trav. art. R. 4121-1-1) :
- les données collectives utiles à l'évaluation des expositions individuelles aux facteurs de risques professionnels (c. trav. art. L. 4161-1) [voir *Prévention des risques professionnels (pénibilité)**] ;
- la proportion de salariés exposés à ces facteurs de risques professionnels, au-delà des seuils fixés réglementairement, cette proportion étant actualisée en tant que de besoin lors de la mise à jour du document unique.

Mise à jour - Le DUER doit être mis à jour annuellement et actualisé quand (c. trav. art. R. 4121-2) :
- une décision d'aménagement important modifiant les conditions d'hygiène et de sécurité ou les conditions de travail est prise (sont notamment visées les transformations importantes des postes de travail découlant de la modification de l'outillage, d'un changement de produit ou de l'organisation du travail et les modifications des cadences et des normes de productivité liées ou non à la rémunération du travail) ;
- une information supplémentaire concernant l'évaluation d'un risque est recueillie (ex. : lors d'un accident).

Dans les entreprises de moins de 11 salariés, il sera possible de procéder à des mises à jour moins fréquentes. Une condition sera toutefois exigée : il faudra garantir un niveau équivalent de protection de la santé et de la sécurité des salariés, dans des conditions fixées par un décret à paraître (c. trav. art. L. 4121-3).

L'accord national interprofessionnel (ANI) pour une prévention renforcée et une offre renouvelée en matière de santé au travail et conditions de travail du 9.12.2020 prévoit que les entreprises conservent les versions successives du DUER pour assurer la traçabilité des risques professionnels. Pour ce faire, il encourage la mise en œuvre d'une version numérisée.

Sur la mise à disposition des mises à jour du DUER, à compter du 31.03.2022 aux services de prévention et de santé au travail, voir ci-après.

Contenu : nouveautés applicables à compter du 31.03.2022

À compter du 31.03.2022, le DUER devra (loi 2021-1018 du 2 août 2021, art. 3, 4° ; c. trav. art. L. 4121-3-1, I, dans sa version à venir au 31 mars 2022) :
- répertorier l'ensemble des risques professionnels auxquels les salariés sont exposés, ce qui est déjà le cas aujourd'hui *(voir ci-avant)* ;
- et assurer la traçabilité collective de ces expositions, ce qui est une nouveauté.

L'employeur devra continuer à transcrire et mettre à jour dans le DUER les résultats de l'évaluation des risques à laquelle il est tenu de procéder (c. trav. art. L. 4121-3-1, II, dans sa version à venir au 31 mars 2022).

Sur la liste des actions de prévention à inscrire dans le DUER, et ses mises à jour, dans les entreprises de moins de 50 salariés, voir ci-après.

Formalisation des actions de prévention à compter du 31.03.2022

Obligation de tout employeur - Tout employeur doit définir des actions de prévention au regard des résultats de l'évaluation des risques [voir *Hygiène et sécurité (obligations de l'employeur)**] (c. trav. art. L. 4121-1 à L. 4131-3).

À compter du 31.03.2022, ces actions de prévention seront (loi 2021-1018 du 2 août 2021, art. 3, 4° ; c. trav. art. L. 4121-3-1, III, dans sa version à venir au 31 mars 2022) :

- formalisées dans un plan annuel de prévention, dans une entreprise d'au moins 50 salariés *(voir ci-après)* ;
- consignées dans le DUER, dans une entreprise de moins de 50 salariés *(voir ci-après)*.

Dans les entreprises d'au moins 50 salariés - À compter du 31.03.2022, dans les entreprises d'au moins 50 salariés, le DUER devra déboucher sur un programme annuel de prévention des risques professionnels et d'amélioration des conditions de travail qui devra comprendre (loi 2021-1018 du 2 août 2021, art. 3, 4° ; c. trav. art. L. 4121-3-1, III, dans sa version à venir au 31 mars 2022) :

- la liste détaillée des mesures devant être prises au cours de l'année à venir (mesures de prévention des effets de l'exposition aux facteurs de risques avec, pour chaque mesure, ses conditions d'exécution, des indicateurs de résultat et l'estimation de son coût) ;
- l'identification des ressources de l'entreprise pouvant être mobilisées ;
- un calendrier de mise en œuvre.

▶ À noter… Jusqu'au 31.03.2022, le programme annuel de prévention des risques professionnels et d'amélioration des conditions de travail ne concerne que les entreprises d'au moins 50 salariés dotées d'un comité social et économique (CSE), et ce, à titre supplétif en l'absence d'accord organisant les consultations périodiques du CSE (c. trav. art. L. 2312-27 et R. 4121-3) [voir *Comité social et économique (santé, sécurité et conditions de travail)**].

Dans les entreprises de moins de 50 salariés - À compter du 31.03.2022, dans les entreprises de moins de 50 salariés, le DUER devra conduire à la définition d'actions de prévention des risques et de protection des salariés. La liste de ces actions devra être consignée dans le DUER et ses mises à jour (loi 2021-1018 du 2 août 2021, art. 3, 4° ; c. trav. art. L. 4121-3-1, III, dans sa version à venir au 31 mars 2022).

Choix du support et durée de conservation

L'employeur a le choix entre un support écrit et un support numérique (circ. DRT 2002-6 du 18 avril 2002, § 2.1.1, BO MT 2002-10 du 5 juin).

À compter du 31.03.2022, l'employeur devra conserver le DUER, dans ses versions successives, pendant une durée d'au moins 40 ans. La durée précise et les modalités de conservation seront fixées par un décret à paraître (loi 2021-1018 du 2 août 2021, art. 3, 4°, JO du 3 ; c. trav. art. L. 4121-3-1, V, A, dans sa version à venir au 31 mars 2022).

Rôle du CSE à l'égard du DUER

Mise à disposition du CSE mais pas de consultation préalable jusqu'au 31 mars 2022 - L'employeur doit tenir le DUER à la disposition notamment du *comité social et économique** (CSE).

En revanche, aucune obligation légale ou réglementaire n'impose à l'employeur de consulter le CSE sur le document unique en tant que tel. En effet, l'employeur a la responsabilité de l'élaboration et de la mise à jour du document unique, lequel est simplement tenu à disposition du CSE. Cela étant, les représentants du personnel peuvent être amenés, dans le cadre de leurs prérogatives, à faire des propositions de mise à jour (cass. soc. 12 mai 2021, n° 20-17288 FSP).

▶ À noter… Cette solution a été adoptée à propos du CHSCT. À notre sens, elle vaut aussi pour les CSE compte tenu de la similarité des textes qui étaient applicables au CHSCT et de ceux aujourd'hui en vigueur pour le CSE.

Pour autant, il ne faut pas oublier que l'employeur doit informer et consulter les élus sur ses projets d'aménagement important modifiant les conditions de santé, de sécurité ou de travail (c. trav. art. L. 2312-8) [voir *Comité social et économique (santé, sécurité et conditions de travail)**].

▶ À noter… La transcription des résultats de l'évaluation des risques doit être utilisée pour l'établissement des documents devant faire l'objet d'une consultation du *comité social et économique** (c. trav. art. R. 4121-3 ; circ. DRT 2002-6 du 18 avril 2002, § 2.4, BO MT 2002-10 du 5 juin).

Rôle du CSE à l'égard du DUER à compter du 31 mars 2022 - À compter de cette date, le CSE présent dans une entreprise d'au moins 50 salariés devra être consulté sur le DUER et ses mises à jour (loi 2021-1018 du 2 août 2021, art. 3, 3° ;

c. trav. art. L. 4121-3, dans sa version en vigueur à compter du 31 mars 2022).

S'agissant des CSE des entreprises de moins de 50 salariés, l'employeur devra leur présenter la liste des actions de prévention des risques et de protection des salariés consignées dans le DUER (loi 2021-1018 du 2 août 2021, art. 3, 1° ; c. trav. art. L. 2312-5, dans sa version en vigueur à compter du 31 mars 2022).

Sur les autres attributions de CSE dans les domaines de la santé, de la sécurité et des conditions de travail, voir *Comité social et économique (santé, sécurité et conditions de travail)**.

Dépôt et publicité

Dépôt dématérialisé à venir - Le DUER et ses mises à jour devront faire l'objet d'un dépôt dématérialisé (loi 2021-1018 du 2 août 2021, art. 3, 4° ; c. trav. art. L. 4121-3-1, V, B, dans sa version à venir au 31 mars 2022) :
- au 11.07.2023 pour les entreprises d'au moins 150 salariés ;
- à compter de dates fixées par décret, à paraître, en fonction des effectifs, et au plus tard le 1.07.2024, pour les entreprises de moins de 150 salariés.

Ce dépôt dématérialisé se fera sur un portail numérique, afin de garantir la pérennité de sa conservation et de sa mise à disposition sur un temps long. Ce portail numérique sera déployé et administré par un organisme géré par les organisations professionnelles d'employeurs représentatives au niveau national et interprofessionnel. Il devra préserver la confidentialité des données contenues dans le DUER et en limiter l'accès via une procédure d'authentification sécurisée réservée aux personnes et instances habilitées à déposer et mettre à jour le DUER sur le portail, ainsi qu'aux personnes et instances pouvant y avoir accès.

Autres mises à disposition - L'employeur doit, outre le CSE *(voir ci-avant)*, tenir le DUER à la disposition du médecin du travail, de l'inspection du travail, des services de prévention des organismes de sécurité sociale, des médecins inspecteurs du travail et de l'OPPBTP.

Le document unique est aussi tenu à la disposition des salariés et ce, y compris s'il y a un CSE dans l'entreprise (c. trav. art. R. 4121-4). L'ANI du 9.12.2020 *(voir ci-avant)* prévoit que le DUER doit être aisément accessible par le salarié, y compris après avoir quitté l'entreprise (pour la partie qui le concerne), selon une procédure à définir.

À compter du 31.03.2022, pendant la durée de conservation du DUER (au moins 40 ans ; voir ci-avant), l'employeur devra le tenir à la disposition des travailleurs, des anciens travailleurs ainsi que de toute personne ou instance pouvant justifier d'un intérêt à y avoir accès. La liste sera précisée par un décret à paraître, ainsi que les modalités de mise à disposition.

Également à compter du 31.03.2022, l'employeur devra transmettre le DUER à chaque mise à jour au service de prévention et de santé au travail (nouvelle appellation des services de santé au travail à compter de cette même date) auquel il adhérera (loi 2021-1018 du 2 août 2021, art. 3, 4° ; c. trav. art. L. 4121-3-1, VI, dans sa version en vigueur au 31 mars 2022).

Affichage - Les employeurs doivent afficher, à une place convenable et aisément accessible dans les locaux de l'entreprise, un avis indiquant les modalités d'accès des salariés au DUER.

Dans les entreprises ou établissements dotés d'un *règlement intérieur**, cet avis est affiché au même emplacement que celui réservé au règlement intérieur (c. trav. art. R. 4121-4).

▶ Attention… Le règlement intérieur est porté, par tout moyen, à la connaissance des personnes ayant accès aux lieux de travail ou aux locaux où se fait l'embauche (affichage, intranet, etc.) (c. trav. art. R. 1321-1). Si l'entreprise opte pour un affichage de son règlement intérieur, il ne fait aucun doute qu'elle affiche au même emplacement le document unique d'évaluation des risques. Reste à savoir, dans le cas où elle opte pour un autre moyen de publicité pour son règlement intérieur, si elle peut adopter le même pour le document unique.

Sanctions

Le fait de ne pas transcrire ou de ne pas mettre à jour les résultats de l'évaluation des risques dans un document unique est puni de l'amende prévue pour les contraventions de 5e classe (c. trav. art. R. 4741-1) (voir *Amendes pénales**).

Par ailleurs, l'employeur qui ne tient pas le document unique à la disposition du CSE encourt les sanctions applicables au *délit d'entrave** (c. trav. art. L. 2317-1).

Enfin, un salarié peut obtenir des dommages et intérêts en raison de l'absence de document unique d'évaluation des risques professionnels, à la condition d'établir un préjudice.

Protection contre les explosions

Document spécifique - Les obligations de l'employeur en matière de prévention des explosions relèvent de dispositions spécifiques. À ces obligations correspond un document particulier dénommé : « document relatif à la protection contre les explosions » que l'employeur établit et met à jour. Il est intégré au document unique d'évaluation des risques professionnels (c. trav. art. R. 4227-52).

Entreprises visées - Sont concernées les mêmes entreprises que celles visées par le document unique d'évaluation des risques professionnels, à l'exception des lieux ou activités suivants (c. trav. art. R. 4227-42) :

- les zones servant directement au traitement médical des patients et pendant celui-ci ;
- l'utilisation des appareils à gaz ;
- la fabrication, le maniement, l'utilisation, le stockage ainsi que le transport d'explosifs et de substances chimiques instables.

☞ *Hygiène et sécurité (obligations de l'employeur).*

Documents de travail

☞ *Preuve ; Surveillance des salariés.*

Domicile

Intervention dans le choix du domicile

Le salarié, comme tout un chacun, dispose de la liberté de choisir son domicile. De plus, nul ne peut apporter aux droits des personnes et aux libertés individuelles et collectives des restrictions qui ne seraient pas justifiées par la nature de la tâche à accomplir et proportionnées au but recherché (c. civ. art. 9 ; c. trav. art. L. 1121-1). Dès lors, une atteinte au libre choix du domicile doit être justifiée et proportionnée (cass. soc. 23 septembre 2009, n° 08-40434, BC V n° 190).

Sur les clauses pouvant être inscrites dans le contrat de travail, voir *Clause de domicile (ou de résidence)** et *Clause de mobilité**.

Utilisation professionnelle du domicile

Accord préalable du salarié - Si l'employeur souhaite qu'un salarié utilise son domicile à titre professionnel, il doit d'abord le lui demander. Le salarié n'est tenu ni d'accepter de travailler à son domicile ni d'y installer ses dossiers et ses instruments de travail (cass. soc. 7 avril 2010, n° 08-44865, BC V n° 86).

Indemnisation obligatoire - Si le salarié accède à la demande de l'employeur *(voir ci-avant)*, il peut prétendre à une indemnité au titre de l'occupation de son domicile à des fins professionnelles dès lors qu'un local professionnel n'est pas mis effectivement à sa disposition (cass. soc. 12 décembre 2012, n° 11-20502, BC V n° 339).

▶ À noter… Quand l'employeur fournit à des salariés itinérants les moyens informatiques de se connecter en tout lieu pour exécuter certaines tâches courantes (gestion de commandes, réponses aux mails, etc.), il ne peut pas en déduire que l'exécution des tâches administratives à domicile ne résulte que du seul choix de ces salariés, quand ces tâches sont diverses et nécessitent de pouvoir s'y consacrer sérieusement dans de bonnes conditions. Une indemnité est donc due dans cette situation (cass. soc. 8 novembre 2017, n° 16-18501, BC V n° 192).

L'employeur indemnise le salarié concerné à deux titres :

- d'une part, pour la sujétion particulière que représente l'occupation professionnelle du domicile ;
- d'autre part, pour les frais que cette occupation engendre.

L'employeur doit définir le montant de cette indemnisation dans le contrat et le rendre visible même si celle-ci est comprise dans la rémunération forfaitaire. À défaut, il sera tenu de verser une indemnité distincte (cass. soc. 7 avril 2010, n° 08-44865, BC V n° 86).

Par ailleurs, l'indemnisation peut varier compte tenu du taux d'occupation du domicile (cass. soc. 7 avril 2010, n° 08-44865, BC V n° 86). En revanche, l'occupation du logement à des fins professionnelles résultant du stockage du matériel professionnel ne varie ni en fonction du temps de travail effectif ni en raison de l'utilisation d'heures de délégation. Dans ce cas, il n'y a donc pas lieu de tenir compte de ces paramètres dans la fixation du montant de l'indemnité (cass. soc. 8 novembre 2017, n° 16-18501, BC V n° 192).

Enfin, l'employeur ne peut pas se baser sur la seule différence de catégories professionnelles entre des salariés devant, les uns comme les autres, utiliser leur domicile pour leur verser une indemnisation différente, sous peine de ne pas respecter la règle « à travail égal, salaire égal » [voir *Salaire (à travail égal, salaire égal)**] (cass. soc. 7 avril 2010, n° 08-44865, BC V n° 86).

Pas d'indemnisation si un local professionnel est fourni - Un salarié ne peut pas prétendre à une indemnité au titre de l'occupation de son domicile à des fins professionnelles dès lors qu'un local professionnel est mis effectivement à sa disposition (cass. soc. 4 décembre 2013, n° 12-19667, BC V n° 300). Ainsi, quand l'occupation du domicile à titre professionnel est un choix du salarié et ne résulte pas d'une demande de l'employeur, aucune indemnité d'occupation n'est due.

☛ *Clause de domicile (ou de résidence) ; Clause de mobilité ; Modification du contrat de travail (lieu de travail) ; Télétravail ; Travail à domicile ; Vendeurs à domicile.*

Don de jours de repos

Tout salarié peut volontairement, à certaines conditions, renoncer à des jours de repos non pris au bénéfice d'un autre salarié de l'entreprise qui assume la charge d'un enfant gravement malade ou qui s'occupe d'un proche présentant un handicap ou une perte d'autonomie d'une particulière gravité. Cette condition de « particulière gravité » sera supprimée à l'horizon 2023 (loi 2021-1754 du 23 décembre 2021, art. 54, II, 3°, JO du 24).

Un don de jours de repos peut être réalisé au bénéfice d'un autre salarié de l'entreprise dont l'enfant de moins de 25 ans ou la personne à charge de moins de 25 ans est décédé (c. trav. art. L. 1225-65-1 et L. 3142-25-1).

Des jours de repos peuvent aussi être donnés aux salariés participant à la réserve militaire opérationnelle (voir *Congé des réservistes**) et aux salariés engagés en tant que sapeur-pompier volontaire (voir *Sapeurs-pompiers volontaires**).

Modalités du don

Don anonyme et sans contrepartie à un collègue déterminé - Le don est anonyme, totalement gratuit et doit être fait à un collègue déterminé. Un salarié ne peut donc pas faire de don a priori pour tout collègue susceptible de se trouver dans la situation prévue par ces dispositions (rapport Sénat, n° 456).

Accord de l'employeur - Le salarié qui souhaite faire un don de jours de repos non pris doit, au préalable, obtenir l'accord de l'employeur (c. trav. art. L. 1225-65-1 et L. 3142-25-1).

Jours pouvant être donnés - Un salarié peut céder la 5e semaine de congés payés, les congés conventionnels, les jours de réduction du temps de travail (RTT) et les autres jours de récupération qu'il n'a pas pris. En effet, les congés payés ne peuvent être cédés que pour la durée qui excède 24 jours ouvrables (c. trav. art. L. 1225-65-1 et L. 3142-25-1).

▶ À noter... Peu importe que les jours de repos aient été ou non affectés à un *compte épargne-temps**.

Conditions liées aux personnes aidées

Don au titre d'un enfant malade - L'enfant du salarié bénéficiaire du don doit être âgé de moins de 20 ans et être atteint d'une maladie, d'un handicap ou victime d'un accident d'une particulière gravité (c. trav. art. L. 1225-65-1). Un certificat médical détaillé établi par le médecin qui suit l'enfant doit attester la particulière gravité de la maladie, du handicap ou de l'accident, ainsi que le caractère indispensable d'une présence soutenue et de soins contraignants (c. trav. art. L. 1225-65-2).

Don au titre d'un enfant décédé - L'enfant décédé du salarié bénéficiaire du don devait être âgé de moins de 25 ans. Le don est également possible au titre du décès d'une personne de moins de 25 ans dont le salarié avait la charge effective et permanente (c. trav. art. L. 1225-65-1). Le don peut intervenir dans l'année qui suit le décès.

Don au titre d'un proche handicapé ou en perte d'autonomie - Le proche aidé par le salarié bénéficiaire du don peut être l'une des personnes suivantes (c. trav. art. L. 3142-25-1 et L. 3142-16, 1° à 9) :
- le conjoint, le concubin ou la personne avec laquelle il a conclu un pacte civil de solidarité (Pacs) ;
- un ascendant ou descendant ;
- un enfant dont il a la charge ;
- un collatéral jusqu'au quatrième degré ;
- un ascendant, un descendant ou un collatéral jusqu'au quatrième degré du conjoint, concubin ou partenaire pacsé ;
- la personne âgée ou la personne handicapée avec laquelle il réside ou entretient des liens étroits et stables, à qui il vient en aide de manière régulière

et fréquente à titre non professionnel pour accomplir tout ou partie des actes ou des activités de la vie quotidienne.

Le salarié aidant bénéficiaire du don doit produire (c. trav. art. D. 3142-8) :

- une copie de la décision prise en application de la législation de sécurité sociale ou d'aide sociale subordonnée à la justification d'un taux d'incapacité permanente au moins égal à 80 %, lorsque la personne aidée est handicapée ;
- une copie de la décision d'attribution de l'allocation personnalisée d'autonomie au titre d'un classement dans les groupes Iso-Ressources (GIR) 1, 2 et 3, lorsque la personne aidée souffre d'une perte d'autonomie ;
- une déclaration sur l'honneur du lien familial avec la personne aidée ou de l'aide apportée à une personne âgée ou handicapée avec laquelle il réside ou entretient des liens étroits et stables.

Les conditions décrites ci-avant sont similaires à celles applicables au *congé de proche aidant**.

▶ À noter... La condition de « particulière gravité » du handicap ou de la perte d'autonomie sera supprimée à une date fixée par décret et au plus tard le 1.01.2023. Cela permettra d'élargir le dispositif à des salariés devant s'occuper d'un proche dont le handicap ou la perte d'autonomie, sans être d'une particulière gravité, nécessite une aide régulière (ex. : bénéficiaire de l'allocation personnalisée d'autonomie classée en GIR 4) (loi 2021-1754 du 23 décembre 2021, art. 54, II, 3°, JO du 24).

Situation du bénéficiaire du don

Maintien de la rémunération - Le salarié bénéficiaire des jours de repos a droit au maintien de sa rémunération pendant la période d'absence (c. trav. art. L. 1225-65-1 et L. 3142-25-1).

Absence assimilée à du travail effectif - La période d'absence du salarié bénéficiaire du don est assimilée à une période de travail effectif pour la détermination des droits que ce dernier tient de son ancienneté (c. trav. art. L. 1225-65-1 et L. 3142-25-1).

Bénéfice des avantages acquis - Le salarié bénéficiaire du don conserve le bénéfice de tous les avantages qu'il avait acquis avant le début de sa période d'absence (c. trav. art. L. 1225-65-1 et L. 3142-25-1).

Don d'ovocytes

☞ *Congé pour don d'ovocytes.*

Données personnelles

Données personnelles courantes ou sensibles

Donnée à caractère personnel - En application du *RGPD** et de la loi informatique et libertés, est une donnée à caractère personnel toute information relative à une personne physique identifiée ou qui peut être identifiée, directement ou indirectement, notamment par référence à un identifiant tel qu'un nom, un numéro d'identification, des données de localisation, un identifiant en ligne, ou à un ou plusieurs éléments spécifiques propres à son identité physique, physiologique, génétique, psychique, économique, culturelle ou sociale (loi 78-17 du 6 janvier 1978, art. 2, JO du 7 ; loi 2018-493 du 20 juin 2018, JO du 21 ; règlt UE 2016/679 du 27 avril 2016, art. 4, JOUE 4 mai 2016, appelé « RGPD »).

S'agissant des données de candidat à l'embauche, voir *Questionnaire d'embauche** et *Recrutement**. Sur les données personnelles des salariés, voir ci-après.

Données personnelles « courantes » - Un traitement (voir *Fichiers RH**) ne peut porter que sur des données à caractère personnel qui satisfont aux conditions suivantes (loi 78-17 du 6 janvier 1978, art. 4, JO du 7 ; règlt UE 2016/679 du 27 avril 2016, art. 5, JOUE 4 mai 2016).

Les données sont collectées et traitées de manière loyale, licite et transparente.

Elles sont collectées pour des finalités déterminées, explicites et légitimes et ne sont pas traitées ultérieurement de manière incompatible avec ces finalités.

Elles sont adéquates, pertinentes et limitées à ce qui est nécessaire au regard des finalités pour lesquelles elles sont collectées et de leurs traitements ultérieurs.

Elles sont exactes, complètes et, si nécessaire, mises à jour.

Les mesures appropriées doivent être prises pour que les données inexactes ou incomplètes au regard des finalités pour lesquelles elles sont collectées ou traitées soient effacées ou rectifiées.

Elles sont conservées sous une forme permettant l'identification des personnes concernées pendant une durée qui n'excède pas la durée nécessaire aux finalités pour lesquelles elles sont collectées et traitées.

Elles sont traitées de façon à leur garantir une sécurité appropriée (ex. : protection contre la perte) à l'aide de mesures techniques organisationnelles appropriées. L'employeur, en tant que responsable de traitement, est responsable du respect de ces règles s'agissant des données personnelles des candidats à l'embauche, des salariés et anciens salariés. Il doit être en mesure de démontrer qu'il les respecte.

▶ À noter… Le responsable d'un traitement de données à caractère personnel est la personne physique ou morale ou le service qui détermine ses finalités et ses moyens (loi 78-17 du 6 janvier 1978, art. 2, JO du 7 ; règlt UE 2016/679 du 27 avril 2016, art. 4, JOUE 4 mai 2016). À titre d'exemple, il peut s'agir d'un cabinet de recrutement, de l'employeur ou de son service ressources humaines (RH). Le *comité social et économique** peut aussi être responsable de traitements quand les élus gèrent un fichier contenant des données personnelles des salariés (ex. : adresse, situation familiale), par exemple, dans le cadre des activités sociales et culturelles. Il doit alors respecter toutes les règles décrites ici.

Données personnelles « sensibles » - Sauf exceptions, il est interdit de traiter des données à caractère personnel qui révèlent (loi 78-17 du 6 janvier 1978, art. 8, JO du 7 ; règlt UE 2016/679 du 27 avril 2016, art. 9, JOUE 4 mai 2016) :
- la prétendue origine raciale ou l'origine ethnique ;
- les opinions politiques, les convictions religieuses ou philosophiques ou l'appartenance syndicale d'une personne physique.

Il est également interdit de traiter des données génétiques, des données biométriques aux fins d'identifier une personne physique de manière unique, des données concernant la santé ou des données concernant la vie sexuelle ou l'orientation sexuelle d'une personne physique.

Données personnelles d'un candidat à l'embauche

Voir *Questionnaire d'embauche** et *Recrutement**.

Données personnelles du salarié

Référentiel relatif à la gestion du personnel - Le respect du référentiel relatif à la gestion du personnel permet à l'employeur d'assurer la conformité au régime du RGPD des traitements courants de données personnelles qu'il met en œuvre pour gérer (référentiel gestion du personnel, §§ 1 et 2 ; questions/réponses, www.cnil.fr) :
- le recrutement ;
- le personnel (salariés en CDI, en CDD, stagiaires, apprentis, etc.) ;
- et la paye.

Le référentiel ne s'applique pas aux traitements suivants, car ils ne sont pas « courants » (référentiel gestion du personnel, §§ 1 et 2 ; questions/réponses, www.cnil.fr) :
- les traitements ayant pour objet ou pour effet le contrôle individuel de l'activité des salariés ;
- les traitements de gestion RH impliquant le recours à des outils innovants (ex. : traitements algorithmiques à des fins de profilage) ;
- les traitements dits de « Big Data ».

En outre, le traitement ne s'applique pas aux organismes suivants :
- les syndicats ;
- les instances représentatives du personnel (ex. : le comité social et économique) ;
- les services de la médecine du travail ;
- les entreprises de travail temporaires.

Données courantes - Une fois passée l'étape du recrutement, l'employeur peut collecter auprès du salarié les données nécessaires au respect d'une obligation légale (ex : déclaration sociale nominative, tenue du registre unique du personnel), comme celles liées à son identification (loi 78-17 du 6 janvier 1978, art. 4 ; règlt UE 2016/679 du 27 avril 2016, art. 5). L'employeur peut aussi collecter d'autres données personnelles dans le cadre notamment de la gestion administrative du personnel *(pour des exemples, voir le tableau reproduit dans cette étude)*.

▶ Attention… Les règles de protection des données personnelles doivent être respectées que leurs traitements soient informatisés ou pas (loi 78-17 du 6 janvier 1978, art. 2 ; règlt UE 2016/679 du 27 avril 2016, art. 4).

Les adresses IP sont des données à caractère personnel. Leur collecte par l'exploitation du fichier de journalisation constitue donc un traitement de données à caractère personnel qui doit être conforme aux règles de protection des données personnelles (cass. soc. 25 novembre 2020, n° 17-19523 FPPBRI ; note explicative relative à l'arrêt du 25 novembre 2020, n° 17-19523, www.courdecassation.fr ; cass. civ., 1re ch., 3 novembre 2016, n° 15-22595, BC I n° 206 ; « Identifier les données personnelles », www.cnil.fr). Sur les incidences en matière de *preuve**, voir l'étude correspondante.

▶ À noter… Sur la possibilité d'utiliser le bulletin de paie comme preuve dans un contentieux électoral alors qu'il contient des données personnelles du salarié (cass. soc. 7 novembre 2018, n° 17-16799 D), voir *Preuve**.

Données pouvant être collectées et traitées selon les finalités du traitement de gestion du personnel (1)	
Identification du salarié	**Données relatives à l'identité :** nom, prénom, photographie (facultatif), sexe, date et lieu de naissance, nationalité, coordonnées professionnelles, coordonnées personnelles (facultatif), références du passeport (uniquement pour les personnels amenés à se déplacer à l'étranger), situation familiale, situation matrimoniale, enfants à charge, type de permis de conduire détenu par l'employé.
	Données relatives à la situation professionnelle : lieu de travail, numéro d'identification interne, date d'entrée dans l'entreprise, ancienneté, emploi occupé et coefficient hiérarchique, section comptable, nature du contrat de travail, taux d'invalidité, reconnaissance de la qualité de travailleur handicapé (RQTH), autres catégories de bénéficiaires de l'obligation d'emploi (invalide pensionné, mutilé de guerre, assimilé mutilé de guerre).
	Données relatives au titre valant autorisation de travail : type, numéro d'ordre et copie du titre de séjour pour les travailleurs étrangers.
	Coordonnées des personnes à prévenir en cas d'urgence.
	Distinctions honorifiques.
Suivi de la carrière et de la formation du salarié	**Gestion de la carrière de l'employé :** date et conditions de recrutement, date, objet et motif des modifications apportées à la situation professionnelle de l'employé, simulation de carrière, desiderata de l'employé en termes d'emploi, sanctions disciplinaires à l'exclusion de celles consécutives à des faits amnistiés.
	Évaluation professionnelle de l'employé : dates des entretiens d'évaluation, identité de l'évaluateur, compétences professionnelles du salarié, objectifs assignés, résultats obtenus, appréciation des aptitudes professionnelles sur la base de critères objectifs et présentant un lien direct et nécessaire avec l'emploi occupé, observations et souhaits formulés par le salarié, prévisions d'évolution de carrière.
	Formation : diplômes, certificats et attestations, langues étrangères pratiquées, suivi des demandes de formation professionnelle et des périodes de formation effectuées, organisation des sessions de formation, évaluation des connaissances et des formations.
	Suivi administratif des visites médicales des salariés : dates des visites, aptitude au poste de travail (apte ou inapte, propositions d'adaptation du poste de travail ou d'affectation à un autre poste de travail formulées par le médecin du travail).
Établissement des fiches de paie et obligations légales connexes	Numéro de sécurité sociale (décret 2019-341 du 19 avril 2019, JO du 21), numéros attribués par les organismes d'assurances sociales, de retraite et de prévoyance, situation familiale, situation matrimoniale, enfants à charge, régime et base de calcul de la rémunération, éléments déterminant l'attribution d'un complément de rémunération, congés et absences donnant lieu à retenues déductibles ou indemnisables, ainsi que toute retenue légalement opérée par l'employeur, frais professionnels, taux de prélèvement à la source, données transmises via la déclaration sociale nominative (DSN).
Validation des acquis de l'expérience	Date de la demande de validation, diplôme, titre ou certificat de qualification concerné, expériences professionnelles soumises à validation, validation (oui/non), date de la décision.
Gestion des déclarations d'accident du travail et de maladie, autres absences	Coordonnées du médecin du travail, date de l'accident ou de la première constatation médicale de la maladie, date du dernier jour de travail, date de reprise, motif de l'arrêt (accident du travail ou maladie professionnelle), travail non repris à ce jour et autres éléments nécessaires auxdites déclarations.
Sujétions particulières ouvrant droit à congés spéciaux ou à un crédit d'heures de délégation	Données relatives à l'exercice d'un mandat électif ou représentatif syndical, la participation à la réserve opérationnelle ou aux missions de sapeur-pompier volontaire.
Outils et matériel mis à la disposition de l'employé dans le cadre de ses missions professionnelles	**Annuaires internes et organigrammes :** nom, prénom, photographie (facultatif), fonction, coordonnées professionnelles, le cas échéant, formation et réalisations professionnelles.

Données pouvant être collectées et traitées selon les finalités du traitement de gestion du personnel (1)	
Outils et matériel mis à la disposition de l'employé dans le cadre de ses missions professionnelles *(suite)*	**Agendas professionnels :** dates, lieux et heures des rendez-vous professionnels, objet, personnes présentes.
	Tâches des salariés : identification des salariés concernés, répartition des tâches.
	Gestion des dotations individuelles en fournitures, équipements, véhicules et cartes de paiement : gestion des demandes, nature de la dotation, dates de dotation, de maintenance et de retrait, affectations budgétaires.
	Annuaires informatiques permettant de définir les autorisations d'accès aux applications et aux réseaux.
	Données de connexion enregistrées pour assurer la sécurité et le bon fonctionnement des applications et des réseaux informatiques, à l'exclusion de tout traitement permettant le contrôle individuel de l'activité des employés.
	Messagerie électronique : carnet d'adresses, comptes individuels, à l'exclusion de toute donnée relative au contrôle individuel des communications électroniques émises ou reçues par les employés.
	Réseaux privés virtuels de diffusion ou de collecte de données de gestion administrative des personnels (intranet) : formulaires administratifs internes, organigrammes, espaces de discussion, espaces d'information.
Activités sociales et mises en œuvre par l'employeur	Identité du salarié et de ses ayants droit ou ouvrants droit, revenus, avantages et prestations demandés et servis.
Relations avec les instances représentatives de personnel	Convocations, documents préparatoires, comptes rendus, procès-verbaux divers.

(1) Référentiel relatif à la gestion du personnel, § 5.

Données sensibles - Il est interdit de traiter certaines données à caractère personnel dites « sensibles », sauf exceptions *(voir ci-avant)*.

▶ Attention… S'agissant du traitement des données de santé des salariés pendant la période de crise sanitaire liée au covid-19, voir *Covid-19 (RGPD)**.

Au titre des exceptions et dans la mesure où la finalité du traitement l'exige, sont autorisés les traitements conformes aux règlements types de la CNIL mis en œuvre par les employeurs qui portent sur des données biométriques strictement nécessaires au contrôle de l'accès aux lieux de travail ainsi qu'aux appareils et aux applications utilisés dans le cadre des missions confiées aux salariés ou aux stagiaires (loi 78-17 du 6 janvier 1978, art. 8, JO du 7 ; règlt UE 2016/679 du 27 avril 2016, art. 9, JOUE 4 mai 2016).

Par ailleurs, lorsqu'un salarié est victime d'un accident du travail, il doit en informer l'employeur qui est tenu de le déclarer à l'organisme d'assurance maladie compétent. Dans la déclaration d'accident du travail, l'employeur doit notamment indiquer la nature et le siège des lésions de la victime. Or, ces données sont relatives à l'état de santé du salarié et constituent de ce fait des données sensibles. Dans ce cas, l'employeur est autorisé à collecter ces données sensibles (référentiel gestion du personnel, § 5).

Numéro de sécurité sociale - Lorsque des traitements de données personnelles comportent le numéro de sécurité sociale, les obligations générales issues du RGPD doivent être respectées mais aussi des règles qui leur sont propres (délib. CNIL 2019-029 du 14 mars 2019, JO du 21 avril ; décret 2019-341 du 19 avril 2019, JO du 21).

Pour ce qui concerne les employeurs privés en matière de gestion du personnel, ils peuvent utiliser le numéro de sécurité sociale pour (décret 2019-341 du 19 avril 2019, art. 2, JO du 21) :
- remplir leurs obligations déclaratives nécessitant l'utilisation du numéro de sécurité sociale (ex. : la déclaration sociale nominative) ;
- le traitement automatisé de la paie et de la gestion du personnel résultant de dispositions légales ou réglementaires et de conventions collectives concernant les déclarations, les calculs de cotisations et de versement destinées aux organismes de sécurité sociale et de prévoyance ;
- l'instruction, le suivi et la gestion des accidents du travail et des maladies professionnelles.

Pour la CNIL, l'utilisation du numéro de sécurité sociale doit rester cantonnée aux échanges avec les organismes de sécurité sociale. S'il est en effet légitime d'utiliser ce numéro pour les opérations de paie et pour les déclarations sociales, il ne doit pas devenir un numéro de matricule unique pour identifier les salariés dans l'ensemble des fichiers RH (délib. CNIL 2019-029 du 14 mars 2019, JO du 21 avril).

Enfin, les entrepreneurs de travail temporaire peuvent mettre en œuvre un traitement comportant le numéro de sécurité sociale pour la tenue et la transmission des relevés mensuels des contrats de mission (c. trav. art. L. 1251-46).

Sécurité et confidentialité des données - L'employeur doit assurer la sécurité et préserver la confidentialité des données personnelles (règlt UE 2016/679 du 27 avril 2016, art. 5 ; loi 78-17 du 6 janvier 1978, art. 4, JO du 7), c'est-à-dire empêcher qu'elles soient déformées, endommagées ou que des tiers non autorisés y aient accès notamment au moment de leur collecte, durant leur transmission et leur conservation (référentiel gestion du personnel, § 10).

Exemple

Outre les diverses administrations informées de l'embauche, seules les personnes chargées de la gestion du personnel peuvent consulter les données personnelles des salariés.
Les supérieurs hiérarchiques peuvent accéder aux informations nécessaires à l'exercice de leurs fonctions (ex. : données d'évaluations, rémunération, etc.).

Pour assurer la sécurité et la confidentialité des données personnelles, l'employeur peut aussi prévoir dans les contrats de travail des salariés ayant accès à de telles données une clause de confidentialité spécifique (voir « Formulaire de droit Social », sur « fds.grouperf.com » ; « Guide de la sécurité des données personnelles », www.cnil.fr).

S'agissant des destinataires des données (règlt UE 2016/679 du 27 avril 2016, art. 4, 13, 14, 15 et 30), le référentiel de la CNIL liste les destinataires des données des salariés parmi lesquels les différentes administrations (ex. : caisses de congés payés, CPAM) (référentiel, § 6).

▶ À noter… S'agissant des coordonnées professionnelles des salariés, le CSE peut être destinataire des données strictement nécessaires à la défense des intérêts des salariés après accord formalisé avec l'employeur et recueil de l'accord exprès des intéressés (référentiel gestion du personnel, § 6.2).

Certaines autorités ont le pouvoir d'exiger des organismes la transmission de documents ou de renseignements pouvant comprendre des données personnelles : ce sont des « tiers autorisés ». La CNIL a publié un guide pratique et un recueil des procédures les plus courantes pour aider les professionnels visés par ce type de demande. Les employeurs sont concernés par exemple dans le cadre d'un contrôle de l'inspection du travail (Guide tiers autorisés, www.cnil.fr).

Mesures de sécurité préconisées par la CNIL - Dans le cadre de son référentiel gestion du personnel, la CNIL indique que l'employeur doit, pour pouvoir s'en prévaloir, adopter les mesures de sécurité qu'elle préconise ou justifier de leur équivalence ou du fait de ne pas avoir besoin ou pouvoir y recourir *(voir le tableau reproduit dans cette étude)* (référentiel gestion du personnel, § 10).

L'adoption d'une *charte informatique** fait partie de ces mesures.

Mesures de sécurité à adopter pour les traitements courants de gestion du personnel (1)

Catégories	Mesures
Sensibiliser les utilisateurs	Informer et sensibiliser les personnes manipulant les données
	Rédiger une charte informatique et lui donner une force contraignante
Authentifier les utilisateurs	Définir un identifiant (login) unique à chaque utilisateur
	Adopter une politique de mot de passe utilisateur conforme aux recommandations de la CNIL
	Obliger l'utilisateur à changer son mot de passe après réinitialisation
	Limiter le nombre de tentatives d'accès à un compte
Gérer les habilitations	Définir des profils d'habilitation
	Supprimer les permissions d'accès obsolètes
	Réaliser une revue annuelle des habilitations
Tracer les accès et gérer les incidents	Prévoir un système de journalisation
	Informer les utilisateurs de la mise en place du système de journalisation
	Protéger les équipements de journalisation et les informations journalisées
	Prévoir les procédures pour les notifications de violation de données à caractère personnel

Mesures de sécurité à adopter pour les traitements courants de gestion du personnel (1)	
Catégories	**Mesures**
Sécuriser les postes de travail	Prévoir une procédure de verrouillage automatique de session
	Utiliser des antivirus régulièrement mis à jour
	Utiliser des antivirus régulièrement mis à jour
	Recueillir l'accord de l'utilisateur avant toute intervention sur son poste
Sécuriser l'informatique mobile	Prévoir des moyens de chiffrement des équipements mobiles
	Faire des sauvegardes ou des synchronisations régulières des données
	Exiger un secret pour le déverrouillage des smartphones
Protéger le réseau informatique interne	Limiter les flux réseau au strict nécessaire
	Sécuriser les accès distants des appareils informatiques nomades par VPN
	Mettre en œuvre le protocole WPA2 ou WPA2-PSK pour les réseaux Wi-Fi
Sécuriser les serveurs	Limiter l'accès aux outils et interfaces d'administration aux seules personnes habilitées
	Installer sans délai les mises à jour critiques
	Assurer une disponibilité des données
Sécuriser les sites web	Utiliser le protocole TLS et vérifier sa mise en œuvre
	Vérifier qu'aucun mot de passe ou identifiant ne passe dans les url
	Contrôler que les entrées des utilisateurs correspondent à ce qui est attendu
	Mettre un bandeau de consentement pour les cookies non nécessaires au service
Sauvegarder et prévoir la continuité d'activité	Effectuer des sauvegardes régulières
	Stocker les supports de sauvegarde dans un endroit sûr
	Prévoir des moyens de sécurité pour le convoyage des sauvegardes
	Prévoir et tester régulièrement la continuité d'activité
Archiver de manière sécurisée	Mettre en œuvre des modalités d'accès spécifiques aux données archivées
	Détruire les archives obsolètes de manière sécurisée
Encadrer la maintenance et la destruction des données	Enregistrer les interventions de maintenance dans une main courante
	Encadrer par un responsable de l'organisme les interventions par des tiers
	Effacer les données de tout matériel avant sa mise au rebut
Gérer la sous-traitance	Les relations avec les prestataires qui traitent des données au nom et pour le compte de l'employeur doivent faire l'objet d'un accord écrit. Cet accord doit contenir une ou des clauses spécifiques relatives aux obligations respectives des parties résultant du traitement des données à caractère personnel. L'accord doit notamment prévoir les conditions de restitution et de destruction des données. Il incombe à l'employeur de s'assurer de l'effectivité des garanties prévues (audits de sécurité, visites, etc.) (2)
Sécuriser les échanges avec les autres organismes	Chiffrer les données avant leur envoi
	S'assurer qu'il s'agit du bon destinataire
	Transmettre le secret lors d'un envoi distinct et via un canal différent
Protéger les locaux	Restreindre les accès aux locaux au moyen de portes verrouillées
	Installer des alarmes anti-intrusion et les vérifier périodiquement
Encadrer les développements informatiques	Proposer des paramètres respectueux de la vie privée aux utilisateurs finaux
	Encadrer de manière stricte les zones de commentaires libres
	Tester sur des données fictives ou anonymisées
Utiliser des fonctions cryptographiques	Utiliser des algorithmes, des logiciels et des bibliothèques reconnus
	Conserver les secrets et les clés cryptographiques de manière sécurisée

(1) Référentiel relatif à la gestion du personnel, § 10.
(2) Pour plus de précisions, la CNIL recommande de se reporter au guide de la sous-traitance et aux exemples des clauses de sous-traitance (www.cnil.fr).

Fichiers RH

Bases légales des traitements - Un traitement de données personnelles n'est licite que s'il repose sur une des bases légales énumérées par le RGPD (règlt UE 2016/679 du 27 avril 2016, art. 9). Parmi ces bases légales, figurent les suivantes :
- la personne concernée a consenti au traitement de ses données à caractère personnel pour une ou plusieurs finalités spécifiques ;
- le traitement est nécessaire à l'exécution d'un contrat auquel la personne concernée est partie ou à l'exécution de mesures précontractuelles prises à la demande de celle-ci ;
- le traitement est nécessaire au respect d'une obligation légale à laquelle le responsable du traitement est soumis ;
- le traitement est nécessaire aux fins des intérêts légitimes poursuivis par le responsable du traitement ou par un tiers, à moins que ne prévalent les intérêts ou les libertés et droits fondamentaux de la personne concernée qui exigent une protection des données à caractère personnel.

Application aux traitements courants de gestion du personnel - Les bases légales les plus fréquemment mobilisables dans le contexte de gestion des ressources humaines sont (référentiel gestion des ressources humaines, § 4) :
- le respect d'une obligation légale incombant à l'employeur et imposant la mise en œuvre d'un traitement entrant dans le cadre de la gestion du personnel (ex. : obligations liées à la déclaration sociale nominative ou à la tenue du registre unique du personnel) ;
- l'exécution, soit du contrat de travail, soit de mesures précontractuelles prises à la demande du candidat à l'embauche ;
- la réalisation de l'intérêt légitime poursuivi par l'employeur ou par le destinataire des données, sous réserve de ne pas méconnaître l'intérêt ou les droits et libertés fondamentaux du salarié ou du candidat à l'embauche ;
- l'exécution d'une mission d'intérêt public ou relevant de l'exercice de l'autorité publique dont est investi l'employeur.

Dans certains cas exceptionnels, le consentement du salarié peut être invoqué comme base légale dans le contexte RH. Le référentiel souligne que les salariés ne sont que très rarement en mesure de donner, de refuser ou de révoquer librement leur consentement, étant donné la dépendance qui découle de la relation employeur/salarié. Ainsi, un salarié ne peut donner son libre consentement que dans le cas où l'acceptation ou le rejet d'une proposition n'entraîne aucune conséquence sur sa situation.

Exemples

Les traitements effectués dans le cadre des opérations de recrutement ne peuvent pas être fondés sur le consentement des candidats, dès lors qu'un refus de leur part pourrait affecter leurs chances d'obtenir un emploi (ou certains types d'emplois).

À l'inverse, l'enregistrement d'un clip promotionnel dans un espace de travail faisant apparaître des salariés identifiables peut être fondé sur leur consentement dès lors que ceux-ci ont le choix d'apparaître ou non dans ces enregistrements, et à condition que le choix réalisé n'ait aucun impact à leur égard (ex. : en termes de rémunération).

Le référentiel relatif à la gestion du personnel donne des exemples pour apporter aux employeurs des éléments concrets relatifs à l'identification de bases légales susceptibles d'être utilisées dans les cas les plus courants *(voir le tableau reproduit dans cette étude)*.

Registre des activités de traitement - Voir *Registre des activités de traitement**.

Analyse d'impact des données - Voir *Analyse d'impact des données**.

Traitements courants de gestion du personnel : exemples de bases légales (1)

Activités de traitement	Finalités	Bases légales envisageables (2)
Recrutement	Traitement des candidatures (CV et lettre de motivation) et gestion des entretiens	Mesures précontractuelles
	Constitution d'une CV-thèque	Intérêt légitime
Gestion administrative du personnel	Gestion du dossier professionnel des employés, tenu conformément aux dispositions législatives et réglementaires, ainsi qu'aux dispositions statutaires, conventionnelles ou contractuelles qui régissent les intéressés	Exécution du contrat
	Réalisation d'états statistiques ou de listes d'employés pour répondre à des besoins de gestion administrative	Intérêt légitime
	Gestion des annuaires internes et des organigrammes	Intérêt légitime

Traitements courants de gestion du personnel : exemples de bases légales (1)		
Activités de traitement	**Finalités**	**Bases légales envisageables (2)**
Gestion administrative du personnel *(suite)*	Gestion des dotations individuelles en fournitures, équipements, véhicules et cartes de paiement	Intérêt légitime
	Gestion des élections professionnelles	Obligation légale
	Organisation des réunions des instances représentatives du personnel	Obligation légale
Gestion des rémunérations et accomplissement des formalités administratives	Établissement des rémunérations, mise à disposition des bulletins de salaire	Exécution du contrat
	Déclaration sociale nominative (DSN)	Obligation légale
Mise à disposition des salariés d'outils informatiques	Suivi et maintenance du parc informatique	Intérêt légitime
	Gestion des annuaires informatiques permettant de définir les autorisations d'accès aux applications et aux réseaux.	
	Mise en œuvre de dispositifs destinés à assurer la sécurité et le bon fonctionnement des applications informatiques et des réseaux.	
	Gestion de la messagerie électronique professionnelle	
	Réseaux privés virtuels internes à l'organisme permettant la diffusion ou la collecte de données de gestion administrative des personnels (intranet)	
Organisation du travail	Gestion des agendas et projets professionnels	Intérêt légitime
Suivi des carrières et de la mobilité	Évaluation professionnelle des personnels, dans le respect des dispositions législatives, réglementaires ou conventionnelles qui la régissent	Intérêt légitime
	Gestion des compétences professionnelles internes	
	Gestion prévisionnelle de l'emploi et des compétences (GPEC)	
	Gestion de la mobilité professionnelle	
Formation	Gestion des demandes de formation et des périodes de formation effectuées	Exécution du contrat
	Organisation des sessions de formation et évaluation des connaissances et des formations	Intérêt légitime
Gestion des aides sociales	Gestion de l'action sociale et culturelle directement mise en œuvre par l'employeur, à l'exclusion des activités de médecine du travail, de service social ou de soutien psychologique	Intérêt légitime

(1) Extrait du référentiel relatif à la gestion du personnel (§ 4).
(2) Sous réserve de choix différents par l'employeur justifiés par un contexte spécifique.

Information et droits des candidats et salariés

Informations et droits des candidats - Voir *Questionnaire d'embauche** et *Recrutement**.

Informations à fournir aux salariés - Le RGPD impose d'informer les personnes dont des données à caractère personnel sont collectées, notamment les salariés, sur un certain nombre de points précisément énumérés. Ces informations doivent être transmises au moment où les données sont collectées, à moins que la personne ne les ait déjà eues (loi 78-17 du 6 janvier 1978, art. 48 ; règlt UE 2016/679 du 27 avril 2016, art. 13 et 14).

▶ Attention… L'information doit être faite « d'une façon concise, transparente, compréhensible et aisément accessible, en des termes clairs et simples » (règlt UE 2016/679 du 27 avril 2016, art. 12, JOUE 4 mai 2016).

En tout état de cause, aucune information concernant un salarié ne peut être collectée par un dispositif qui n'a pas été préalablement porté à sa connaissance (c. trav. art. L. 1222-4).

▶ **À noter…** Le comité social et économique, présent dans une entreprise de moins ou de plus de 50 salariés, peut exercer son droit d'alerte notamment en cas d'atteinte aux droits des personnes (c. trav. art. L. 2312-59). Une atteinte aux droits du salarié en matière de protection de ses données personnelles pourrait, à notre sens, justifier une telle alerte [voir *Droit d'alerte (CSE)**].

Support pour l'information des salariés - La CNIL préconise une information écrite de manière à pouvoir justifier de son contenu, ainsi que du moment où elle a été délivrée (référentiel gestion du personnel, § 8).

L'employeur peut remplir son obligation d'information des salariés au moyen d'une *charte informatique, d'une note de service ou encore d'une note individuelle** (« Les outils informatiques au travail », www.cnil.fr).

Exemple

Un « mémo » récapitulant les informations devant être obligatoirement communiquées pour les salariés concernés (en l'espèce, les pilotes d'une compagnie aérienne), disponible de manière constante sur l'intranet qui leur était dédié, a été jugé comme étant un support valable (cass. soc. 13 juin 2018, n° 16-25301 FSPB).

La charte informatique nous semble la meilleure solution, ne serait-ce que pour réunir en un seul document l'ensemble des règles applicables en la matière.

▶ **À noter…** Elle a la même force contraignante que le *règlement intérieur** si elle est adoptée suivant les mêmes modalités que celui-ci.

Une clause du contrat de travail pourrait aussi être envisagée. Pour un salarié déjà en poste, cela reviendrait à lui faire signer un avenant à son contrat de travail, mais se poserait la question d'une éventuelle *modification du contrat de travail qui nécessiterait l'accord préalable du salarié. Une autre solution, plus fiable à notre sens, serait d'inscrire un renvoi à la charte informatique dans les contrats de travail.**

▶ **À noter…** La CNIL propose des exemples de mentions d'information, par exemple, en cas d'accès à des locaux professionnels par badge (« RGPD : exemples de mentions d'information », www.cnil.fr).

Droits des salariés - Les personnes concernées ont un droit d'accès à leurs données personnelles, un droit de rectification et d'opposition (loi 78-17 du 6 janvier 1978, art. 48, 50, 51, 53, 54 et 56).

▶ **À noter…** Le droit d'opposition ne peut s'exercer que pour les traitements reposant sur certaines bases légales (règlt UE 2016/679 du 27 avril 2016, art. 21). Pour les traitements de gestion du personnel, le candidat à l'embauche ou le salarié n'a pas de droit d'opposition lorsque le traitement répond à une obligation légale, s'il est nécessaire à l'exécution du contrat de travail ou est exceptionnellement fondé sur le consentement du salarié (dans la mesure où, dans ce dernier cas, le salarié peut retirer le consentement au traitement de ses données). En revanche, le droit d'opposition peut être exercé, à charge pour le salarié d'invoquer des raisons tenant à sa situation particulière, lorsque le traitement est mis en œuvre sur la base de l'intérêt légitime de l'employeur ou pour l'exécution d'une mission d'intérêt public ou d'une mission relevant de l'exercice de l'autorité publique.

Les personnes concernées ont également un droit à l'effacement dans certains cas (ex. : les données ne sont plus nécessaires au regard des finalités pour lesquelles elles ont été collectées) et un droit à la portabilité des données à un autre responsable de traitement sous certaines conditions (règlt UE 2016/679 du 27 avril 2016, art. 17 et 20).

▶ **À noter…** Le délai de réponse à une demande de droit d'accès est de 1 mois à compter de réception de la demande. Le responsable du traitement peut toutefois porter ce délai à 2 mois compte tenu de la complexité et du nombre de demandes, et à condition d'en informer la personne concernée dans le même délai de 1 mois (règlt UE 2016/679 du 27 avril 2016, art. 12).

La CNIL conseille les employeurs sur la conduite à tenir pour répondre à un salarié qui exerce son droit d'accès, en particulier s'agissant de l'accès aux mails professionnels ou personnels (« Le droit d'accès des salariés à leurs données et aux courriels professionnels », CNIL, 5 janvier 2022).

Archivage

Archivage obligatoire ou recommandé - La loi impose de conserver certains documents RH pendant une durée qu'elle définit. Pour les autres, l'archivage est en théorie facultatif.

Cependant, en pratique, l'employeur a intérêt à garder bon nombre d'informations pendant un certain temps notamment pour justifier qu'il respecte ses obligations envers l'administration (ex. : l'inspection du travail) ou les salariés ou pour étayer un éventuel dossier contentieux.

Durées de conservation des données personnelles des salariés : exemples (1)				
Activités de traitement	**Détails du traitement**	**Base active**	**Archivage intermédiaire**	**Références**
Gestion de la paie	Bulletin de salaire	1 mois	5 ans (double des bulletins de paie des salariés ou les bulletins de paie remis aux salariés sous forme électronique) 50 ans (version dématérialisée)	c. trav. art. L. 3243-4 et D. 3243-8
	Éléments nécessaires au calcul de l'assiette	1 mois	6 ans	c. séc. soc. art. L. 243-16
	Ordre de virement pour paiement	Le temps nécessaire à l'émission du bulletin de paie	10 ans à compter de la clôture de l'exercice comptable	c. com. art. L. 123-22
Registre unique du personnel	-	Durée pendant laquelle le salarié fait partie des effectifs	5 ans à compter du départ du salarié de l'organisme	c. trav. art. R. 1221-26
Gestion des mandats des représentants du personnel	Nature du mandat et syndicat d'appartenance	6 mois après la fin du mandat	6 ans (prescription pénale pour délit d'entrave) (2)	c. trav. art. L. 2411-5 (durée de la protection des représentants du personnel) (3)
	Données relatives aux sujétions particulières ouvrant droit à congés spéciaux ou à crédit d'heures de délégation (ex : exercice d'un mandat électif ou représentatif syndical)	Le temps de la période de sujétion du salarié concernée		

(1) Référentiel relatif à la gestion du personnel, § 7.
(2) C. proc. pén. art. 8.
(3) Sur les heures de délégation, voir notamment c. trav. art. L. 2142-1-3 et L. 2315-7.

Dans la mesure où les fichiers contiennent des données personnelles, les principes protecteurs de ces données doivent être respectés, que ceux-ci soient obligatoires, facultatifs, informatiques ou papiers. Ainsi, les données personnelles doivent être conservées « sous une forme permettant l'identification des personnes concernées pendant une durée qui n'excède pas la durée nécessaire aux finalités pour lesquelles elles sont collectées et traitées » (règlt UE 2016/679 du 27 avril 2016, art. 5). L'employeur, ou son DRH, doit donc définir une durée de conservation des données personnelles des salariés en fonction de l'objectif ayant conduit à la collecte de ces données. Cette décision se prend avant la mise en œuvre du traitement concerné (référentiel gestion du personnel, § 7).

Conservation dans la base active. - Pour la CNIL, de nombreuses données nécessaires à la gestion du contrat de travail peuvent être conservées pendant la durée de la relation de travail, sauf disposition légale contraire. Elles sont conservées en « base active » c'est-à-dire pendant la durée d'utilisation courante des données personnelles pour les besoins du traitement (référentiel gestion du personnel, § 7).

Archivage intermédiaire. - Une fois passée la période d'utilisation courante des données personnelles, celles-ci peuvent être conservées en archive intermédiaire, distincte de la base active, lorsque (référentiel gestion du personnel, § 7) :
- des dispositions légales spécifiques existent (ex. : obligations comptables, sociales ou fiscales) ;
- ces données ont un intérêt en cas de contentieux, justifiant de les conserver le temps des délais de prescription applicables.

Par exemple, le délai de prescription est de 2 ans pour une action en justice portant sur l'exécution du contrat de travail (c. trav. art. L. 1471-1) [voir *Prescription (contentieux)**]. À notre sens, les données correspondantes peuvent donc être gardées pendant au moins 2 ans, étant entendu que le délai court à compter du jour où le salarié a connu ou aurait dû connaître les faits lui permettant de saisir le juge. Le tableau reproduit dans cette étude indique les durées de conservation préconisées par la CNIL. L'employeur peut s'en écarter s'il peut justifier de ses choix.

Gestion des archives - Les archives de données personnelles doivent être sécurisées, par exemple en adoptant des modalités d'accès spécifiques (règlt UE 2016/679 du 27 avril 2016, art. 25 ; loi 78-17 du 6 janvier 1978, art. 4 ; « Limiter la conservation des données », www.cnil.fr).

☛ *Analyse d'impact des données ; CNIL ; Délégué à la protection des données ; Fichiers RH ; Recrutement ; Registre des activités de traitement ; RGPD ; Surveillance des salariés.*

Donneur d'ordres

☛ *Attestation de vigilance ; Sous-traitance ; Travail dissimulé.*

Donneur d'ouvrage

☛ *Travail à domicile.*

Dossier médical en santé au travail

Gestion du DMST

Ouverture et alimentation par la médecine du travail - Le dossier médical en santé au travail (DMST) du salarié est ouvert par le *médecin du travail** ou un des professionnels de santé du *service de prévention et de santé au travail** (SPST), à savoir un collaborateur médecin, un interne en médecine du travail ou un infirmier, lors de la visite d'information et de prévention que doit passer le nouvel embauché dans les 3 mois de la prise de poste [voir *Visite médicale (information et prévention)**] (c. trav. art. R. 4624-12).

Si le travailleur est affecté à un poste présentant des risques particuliers, le dossier est constitué par le médecin du travail lors de l'examen médical d'aptitude à l'embauche préalablement à l'affectation sur le poste (c. trav. art. R. 4624-26).

À compter du 31.03.2022, les professionnels de santé du SPST pourront alimenter le DMST, en y indiquant l'ensemble des données d'exposition du salarié à un ou plusieurs facteurs de risques professionnels (c. trav. art. L. 4624-8 ; loi 2021-1018 du 2 août 2021, JO du 3, art. 16).

Contenu - Ce dossier doit retracer (c. trav. art. L. 4624-8) :
- les informations relatives à l'état de santé du salarié ;
- les expositions auxquelles il a été soumis ;
- les avis et les propositions du médecin du travail, notamment les suggestions de mutation ou de transformation de poste justifiées par des considérations relatives à l'âge, à la résistance physique ou à l'état de santé physique et mentale du salarié (c. trav. art. L. 4624-3 et L. 4624-4).

Les avis d'aptitude et d'inaptitude (avec les motifs en cas d'inaptitude) sont versés au DMST (c. trav. art. R. 4624-25, R. 4624-44 et R. 4624-55).

Communication - Le médecin du travail a le droit de transmettre le dossier médical (c. trav. art. L. 4624-8) :
- au salarié lui-même, à sa demande ;
- à un médecin désigné par le salarié, si ce dernier en fait la demande ;
- au médecin-inspecteur du travail, soit à sa demande, soit spontanément en cas de risque pour la santé publique ;
- en cas de décès du salarié, à ses ayants droit, sous certaines conditions.

À compter du 31.03.2022, le DMST (c. trav. art. L. 4624-8 ; loi 2021-1018 du 2 août 2021, JO du 3, art. 16) :
- pourra être partagé entre plusieurs SPST lorsque le salarié relève de plusieurs SPST ou cesse de relever d'un de ces SPST, sauf refus du salarié ;
- sera ouvert au médecin praticien correspondant et aux professionnels de santé au travail (voir *Services de prévention et de santé au travail*)*, sauf opposition du salarié.

En revanche, l'employeur ne peut en aucun cas en obtenir communication (cass. soc. 10 juillet 2002, n° 00-40209, BC V n° 251). L'employeur qui fait établir et produit en justice une attestation du médecin du travail comportant des éléments tirés du dossier médical du salarié commet une faute [à l'exception les informations que le médecin du travail est légalement tenu de communiquer (ex. : avis d'inaptitude au poste)] (cass. soc. 30 juin 2015, n° 13-28201, BC V n° 134).

Salariés particuliers

Travailleurs « éloignés » - Le dossier médical des travailleurs « éloignés » (travaillant hors des locaux de l'entreprise ou de l'établissement) est constitué, complété et conservé par le médecin du travail du service de santé « de proximité » (c. trav. art. D. 4625-33) (voir *Service de prévention et de santé au travail**).

Intérimaires - Le médecin du travail ou, sous son autorité, les personnels de santé du *service de prévention et de santé au travail** de l'entreprise de travail temporaire constituent et complètent le dossier médical en santé au travail. Le médecin du travail conserve ce dossier médical (c. trav. art. L. 4625-1-1 et R. 4625-17).

Articulation avec le dossier médical partagé

À une date fixée par décret, et au plus tard le 1.01.2024, le dossier médical partagé (DMP) (« carnet de santé numérique » que les assurés peuvent créer sur www.dmp.fr), comportera un volet « santé au travail » alimenté par le médecin du travail, avec l'accord du salarié.

Ce sont les données d'exposition du salarié à un ou plusieurs facteurs de risques professionnels listés par le DMST qui pourront ainsi être intégrées dans le DMP.

Sous réserve du consentement du salarié préalablement informé, les professionnels de santé de ville ou hospitaliers pourront ensuite consulter ces éléments (loi 2021-1018 du 2 août 2021, JO du 3, art. 16 ; c. trav. art. L. 4624-8 ; c. santépub. art. L. 1111-15).

☛ *Examens médicaux ; Médecin du travail.*

Double candidature (titulaire et suppléant)

☛ *Élections professionnelles (candidats) ; Élections professionnelles (déroulement du vote).*

Douches

☛ *Habillage ; Local de travail.*

DREETS

☛ *Inspection du travail.*

Droit d'alerte (CSE)

Différents droits d'alerte

Dans une entreprise d'au moins 11 salariés, le *comité social et économique** (CSE) peut exercer son droit d'alerte en cas (c. trav. art. L. 2312-5) :

- d'atteinte aux droits des personnes *(voir ci-après)* ;
- de danger grave et imminent (voir *Droit d'alerte et de retrait en cas de danger**) (c. trav. art. L. 2312-60) ;
- de risque grave pour la santé publique ou l'environnement [voir *Droit d'alerte (risque pour la santé et l'environnement)**] (c. trav. art. L. 4133-2).

Dans une entreprise d'au moins 50 salariés, le CSE dispose aussi :

- d'un droit d'alerte économique en cas de faits de nature à affecter de manière préoccupante la situation économique de l'entreprise *(voir ci-après)* ;
- d'un droit d'alerte sociale en cas d'accroissement important des contrats précaires ou de faits susceptibles de caractériser un recours abusif à ces contrats *(voir ci-après)*.

Alerte en cas d'atteinte aux droits des personnes

CSE d'une entreprise d'au moins 11 salariés - Le CSE d'une entreprise d'au moins 11 salariés peut exercer son droit d'alerte si un de ses membres constate, notamment par l'intermédiaire d'un salarié, une atteinte aux droits des personnes ou aux libertés individuelles dans l'entreprise, non justifiée par la nature de la tâche à accomplir ni proportionnée au but recherché.

Le représentant du personnel doit saisir immédiatement l'employeur (c. trav. art. L. 2312-5 et L. 2312-59).

Situations visées - L'atteinte aux droits des personnes ou aux libertés individuelles dans l'entreprise, non justifiée par la nature de la tâche à accomplir ni proportionnée au but recherché, peut notamment résulter de *discriminations**, de faits de *harcèlement sexuel** ou de *harcèlement moral** (c. trav. art. L. 2312-59).

Exemples

Suite à l'envoi aux responsables d'une société de lettres anonymes comportant des renseignements démontrant que leur auteur avait eu accès à des courriers confidentiels et verrouillés de l'entreprise, l'employeur a demandé à son service informatique de contrôler les postes informatiques de salariés susceptibles d'avoir eu accès à ces informations afin de rechercher l'auteur des courriers anonymes. Les représentants du personnel, estimant qu'il y avait eu atteinte aux libertés individuelles, ont saisi le conseil de prud'hommes afin qu'il soit ordonné à l'employeur de procéder avec eux à une enquête relative aux conditions de consultation des messageries électroniques des salariés concernés, ce qui a été validé (cass. soc. 17 juin 2009, n° 08-40274, BC V n° 153).

En revanche, un litige portant sur le calcul des indemnités compensatrices de congés payés de salariés intérimaires ne porte pas atteinte aux droits des personnes, à leur santé physique ou mentale et aux libertés individuelles dans l'entreprise, aussi le droit d'alerte ne peut pas être exercé (cass. soc. 14 octobre 2020, n° 19-11508 FPB).

Si le représentant du personnel peut faire cesser l'atteinte aux droits des personnes en exerçant ce droit d'alerte, il ne peut pas exercer à la place du salarié les voies de recours spécifiques dont celui-ci dispose. Ainsi il peut mettre en œuvre le droit d'alerte pour atteinte à la santé physique d'un salarié sanctionné d'une mise à pied d'un jour, mais en l'absence de réaction de l'employeur, il ne peut pas saisir le conseil de prud'hommes afin de faire annuler la sanction disciplinaire prise à l'égard du salarié (cass. soc. 9 février 2016, n° 14-18567 D).

▶ À noter… Les textes sur les droits d'alerte du CSE sont identiques à ceux qui étaient applicables aux droits d'alerte des délégués du personnel, du comité d'entreprise et du CHSCT. Les précisions apportées par les juges et l'administration à propos des anciennes institutions représentatives du personnel gardent donc à notre avis tout leur intérêt.

Personnes concernées - La victime présumée d'une atteinte aux droits et libertés peut être un salarié de l'entreprise, un intérimaire ou un salarié d'un prestataire, mais également un candidat à un emploi dans l'entreprise (circ. DRT 1993-10 du 15 mars 1993, BOMT n° 10, 5 juin 1993).

Un représentant du personnel peut utiliser cette procédure en cas d'atteinte à ses propres droits et libertés (cass. soc. 26 mai 1999, n° 97-40966, BC V n° 238).

Procédure d'enquête - L'employeur doit procéder sans délai à une enquête, avec le représentant du personnel, et prendre les dispositions nécessaires pour remédier à la situation en cause (c. trav. art. L. 2312-59).

▶ À noter… Un délai de 19 jours a été jugé trop long. En l'espèce, un représentant du personnel a pu saisir les juges après 8 jours d'inaction de l'employeur (cons. prud'h., Angers 28 janvier 2013, n° 12/00926).

En pratique, l'établissement d'un plan d'enquête permet de formaliser le déroulement de celle-ci et l'adhésion du représentant du personnel (RP) à ce plan. Les investigations peuvent notamment prendre la forme d'entretiens avec les salariés en cause et d'éventuels témoins ou encore, d'une visite sur les lieux de l'incident.

Après les investigations, l'employeur et le RP peuvent dresser un bilan en analysant les éléments recueillis et en qualifiant les situations en cause. Dans l'hypothèse où une atteinte à un droit a été mise en évidence, il convient de déterminer les mesures qui permettront de la faire cesser.

Même en cas d'accord entre l'employeur et le RP, un procès-verbal (P-V) peut être rédigé pour qualifier la situation en cause et formaliser les dispositions qui seront prises.

En cas de désaccord entre l'employeur et le RP sur la qualification des faits ou sur les mesures à prendre, un P-V de désaccord peut être établi pour rappeler que l'enquête a bien été effectuée et exposer la position à laquelle employeur et RP sont arrivés.

Saisine du juge - En cas de carence de l'employeur ou de divergence sur la réalité de l'atteinte, et à défaut de solution trouvée avec l'employeur, le salarié, ou le RP si le salarié intéressé averti par écrit ne s'y oppose pas, saisit le bureau de jugement du conseil de prud'hommes qui statue selon la procédure accélérée au fond.

Le juge peut ordonner toutes mesures pour faire cesser cette atteinte et assortir sa décision d'une astreinte (c. trav. art. L. 2312-59).

L'action des représentants du personnel exercée dans le cadre de leur droit d'alerte afin de faire cesser une situation de harcèlement n'empêche pas le salarié concerné de saisir lui-même le juge par la suite pour demander la résiliation de son contrat de travail en raison de ce harcèlement (cass. soc. 8 septembre 2021, n° 20-14011 FSB).

Imputation sur les heures de délégation - Le RP est dans l'exercice de sa mission lorsqu'il dénonce devant le conseil des prud'hommes la discrimination dont il est lui-même l'objet. Les heures ainsi utilisées par le représentant du personnel s'imputent sur les *heures de délégation** (cass. soc. 26 mai 1999, n° 97-40966, BC V n° 238).

Droit d'alerte économique

CSE d'une entreprise d'au moins 50 salariés - Lorsque le CSE d'une entreprise d'au moins 50 salariés a connaissance de faits de nature à affecter de manière préoccupante la situation économique de l'entreprise, il peut actionner un droit d'alerte (c. trav. art. L. 2312-63 à L. 2312-67 et R. 2312-29 et R. 2312-30).

Lorsque l'entreprise est dotée d'un CSE central et de CSE d'établissement, le droit d'alerte économique relève, à notre avis, de la compétence exclusive du CSE central comme cela était le cas pour le CE (cass. soc. 12 octobre 2005, n° 04-15794, BC V n° 287 ; cass. soc. 18 janvier 2011, n° 10-30126, BC V n° 26). Toutefois une disposition plus favorable peut avoir été négociée ou être prévue par un usage (c. trav. art. L. 2312-4).

Faits déclencheurs de l'alerte - Le code du travail ne donne pas de liste des faits qui sont de nature à déclencher une alerte. Toutefois, les juges ont précisé que le déclenchement d'une alerte :
- n'implique pas nécessairement que la continuité de l'exploitation soit en cause (cass. soc. 19 février 2002, n° 00-14776, BC V n° 70) ;
- n'est pas circonscrit à la seule prévention des difficultés économiques (cass. soc. 18 janvier 2011, n° 10-30126, BC V n° 26).

Exemple
Le comité peut exercer son droit d'alerte économique s'il a connaissance de faits pouvant affecter de manière préoccupante la situation de l'entreprise, y compris en l'absence de difficultés économiques présentes ou prévisibles (cass. soc. 18 janvier 2011, n° 10-30126, BC V n° 26). Dans cette affaire, il s'agissait de la réorganisation d'une entreprise portant son activité ingénierie au niveau mondial ; cette réorganisation a été jugée comme étant de nature à affecter l'entreprise.

En cas de contentieux, l'appréciation du caractère préoccupant de la situation dont se saisit le comité qui exerce le droit d'alerte relève du pouvoir souverain des juges du fond et échappe au contrôle de la Cour de cassation (cass. soc. 11 mars 2003, n° 01-13434, BC V n° 92).

Première étape : demande d'explications - Lorsque le CSE a connaissance de faits de nature à affecter de manière préoccupante la situation économique de l'entreprise, il peut demander à l'employeur de lui fournir des explications (c. trav. art. L. 2312-63).

Cette demande doit être inscrite à l'ordre du jour de la prochaine séance du CSE, au cours de laquelle l'employeur devra donner des explications sur les faits qui préoccupent les représentants du personnel.

L'employeur doit répondre lors de la réunion suivante du CSE (ou, s'il s'agit d'un CSE central dont le rythme des réunions ordinaires est plus rare, lors d'une réunion exceptionnelle).

Le périmètre d'exercice du droit d'alerte du CSE d'une filiale n'est pas nécessairement limité à cette seule filiale. Les demandes d'explications peuvent aussi concerner la société mère en cas de liens économiques étroits entre les deux structures (cass. soc. 21 septembre 2016, n° 15-17658, BC V n° 175).

▶ À noter… Des échanges entre l'employeur et les élus du CSE peuvent constituer la première étape du droit d'alerte économique. En effet, à partir du moment où les élus du CSE ont mentionné à l'ordre du jour un certain nombre de préoccupations et que l'employeur leur a fourni des explications, on peut considérer que les représentants du personnel (RP) ont valablement exercé leur droit d'alerte économique. Les RP peuvent donc passer à la deuxième étape sans nécessairement devoir inscrire ces échanges à l'ordre du jour (cass. soc. 12 septembre 2018, n° 17-18027 D).

Deuxième étape : établissement d'un rapport en cas de réponses insuffisantes - Si le CSE n'a pas pu obtenir de réponse suffisante de l'employeur ou si celle-ci confirme le caractère préoccupant de la situation, le CSE (ou le cas échéant la commission économique, dans les entreprises d'au moins 1 000 salariés) établit un rapport qui doit être transmis à l'employeur et au commissaire aux comptes (c. trav. art. L. 2312-63).

▶ Attention… Pour les juges, le caractère insatisfaisant des réponses apportées par l'employeur aux questions du comité se déduit nécessairement de la poursuite de la procédure (cass. soc. 11 mars 2003, n° 01-13434, BC V n° 92).

Pour établir ce rapport, le CSE peut, une fois par exercice comptable (c. trav. art. L. 2312-64) :
- se faire assister d'un *expert comptable** de son choix dont les frais d'expertise sont pris en charge à 80 % par l'employeur et à 20 % par le budget de fonctionnement (c. trav. art. L. 2315-80) ;
- convoquer le commissaire aux comptes ;
- s'adjoindre, avec voix consultative, deux salariés de l'entreprise, choisis pour leur compétence et en dehors du comité. Ces derniers disposent chacun de 5 h rémunérées comme du temps de travail pour assister le comité ou la commission économique en vue de l'établissement du rapport.

Sur la procédure de contestation des expertises du CSE, voir *Expert**.

Le rapport du CSE (ou de la commission économique) doit conclure en émettant un avis sur l'opportunité (c. trav. art. L. 2312-65) :

- de saisir de ses conclusions l'organe chargé de l'administration (conseil d'administration) ou de la surveillance (conseil de surveillance) dans les sociétés ou personnes morales qui en sont dotées ;
- ou d'informer les associés (dans les autres formes de sociétés) ou les membres dans les groupements d'intérêt économique.

Troisième étape : saisine des dirigeants ou des associés - Au vu du rapport, le CSE peut décider, à la majorité des membres présents, de saisir le conseil d'administration ou de surveillance ou d'informer les associés. L'avis de l'expert-comptable doit être joint à la décision du CSE (c. trav. art. L. 2312-65).

La demande d'explication sur le caractère préoccupant de la situation économique de l'entreprise est inscrite à l'ordre du jour de la prochaine séance du conseil d'administration ou du conseil de surveillance, à condition que celui-ci ait pu être saisi au moins 15 jours à l'avance. La réponse de l'employeur à la demande d'explication doit être motivée (c. trav. art. L. 2312-66).

Le conseil doit délibérer dans le mois de sa saisine et est tenu de donner une réponse motivée dans le mois suivant la délibération (c. trav. art. R. 2312-29).

Dans les autres formes de sociétés, lorsque le CSE décide d'informer les associés de la situation de l'entreprise, le gérant est tenu de leur communiquer le rapport du comité ou de sa commission dans les 8 jours de la délibération du comité. Le code du travail ne précise pas le délai de la réponse (c. trav. art. R. 2312-30).

En cas de désaccord de l'employeur - L'employeur peut saisir le juge d'une demande d'annulation de la procédure d'alerte - et de la nomination d'un expert - s'il estime celle-ci abusive.

Il n'y a pas d'abus de la part du CSE si (cass. soc. 18 janvier 2011, n° 10-30126, BC V n° 26 ; cass. soc. 27 novembre 2012, n° 11-21566 D) :
- les faits à l'origine de sa démarche sont bien de nature à affecter la situation de l'entreprise (ex. : réorganisation de l'entreprise qui concerne son activité ingénierie au niveau mondial) ;
- les réponses de la direction aux questions du comité ont été contradictoires, insuffisantes ou incohérentes.

Obligation de discrétion - Les informations concernant l'entreprise communiquées en application du droit d'alerte économique ont par nature un caractère confidentiel. Toute personne pouvant y accéder est tenue à leur égard à une obligation de discrétion (c. trav. art. L. 2312-67).

Droit d'alerte sociale

CSE d'une entreprise d'au moins 50 salariés - Le CSE d'une entreprise d'au moins 50 salariés peut actionner son droit d'alerte en cas d'accroissement important des contrats « précaires » (contrats temporaires, CDD) ou de faits susceptibles de caractériser un recours abusif à des contrats précaires (contrats temporaires, CDD) ou au portage salarial (c. trav. art. L. 2312-70 et L. 2312-71).

Accroissement important des contrats temporaires - Lorsque le nombre des salariés en contrat de travail à durée déterminée (CDD) et le nombre de salariés temporaires connaissent un accroissement important par rapport à la situation existant lors de la dernière réunion du comité ayant abordé ce sujet, l'examen de cette question est inscrit de plein droit à l'ordre du jour de la prochaine réunion ordinaire du comité si la majorité des membres du comité le demande.

Lors de cette réunion ordinaire, l'employeur communique au CSE le nombre de salariés titulaires d'un CDD et de salariés temporaires, les motifs l'ayant amené à y recourir ainsi que le nombre des journées de travail accomplies par les intéressés depuis la dernière communication faite à ce sujet (c. trav. art. L. 2312-70).

Recours abusif aux contrats temporaires ou au portage salarial - Lorsque le CSE a connaissance de faits susceptibles de caractériser un recours abusif aux CDD, aux contrats conclus avec une entreprise de portage salarial et au travail temporaire, ou lorsqu'il constate un accroissement important du nombre de salariés titulaires de CDD et de contrats de mission, il peut saisir l'inspection du travail (c. trav. art. L. 2312-71).

Le rapport établi par l'inspection du travail suite à son enquête est communiqué à l'employeur. L'employeur doit communiquer le rapport au CSE, en même temps que sa réponse motivée aux constatations de l'inspecteur du travail. Dans sa réponse, l'employeur précise, en tant que de besoin, les moyens qu'il met en œuvre dans le cadre d'un plan de résorption de la précarité destiné à limiter le recours à ces formes de contrats de travail (c. trav. art. L. 2312-71).

☞ *Comité social et économique.*

Droit d'alerte et de retrait en cas de danger

En cas de danger grave et imminent pour sa vie ou sa santé, le salarié en avise immédiatement l'employeur et il est en droit de suspendre son activité (c. trav. art. L. 4131-1).

En outre, un représentant du personnel au *comité social et économique** peut déclencher une procédure d'alerte entraînant une enquête immédiate (c. trav. art. L. 4131-2), étant précisé que l'absence de représentants du personnel ne fait pas obstacle à l'exercice du droit d'alerte et de retrait du salarié.
Sur le droit d'alerte en matière de santé publique et d'environnement, voir *Droit d'alerte (risque pour la santé et l'environnement)**.

Droit d'alerte et de retrait du salarié

Danger grave et imminent - Tout salarié (ou groupe de salariés) se trouvant dans une situation de travail dont il a un motif raisonnable de penser qu'elle présente un danger grave et imminent pour sa vie ou sa santé doit en informer l'employeur ou son représentant. Il a le droit de se retirer de cette situation, à condition, toutefois, de ne pas créer pour autrui une nouvelle situation de risque grave et imminent (c. trav. art. L. 4132-1).

Définition du danger - Le danger peut soit résulter d'une cause extérieure au salarié (ex. : machine dangereuse), soit être lié à son état de santé (ex. : allergie aux agents auxquels son poste l'expose) (cass. soc. 20 mars 1996, n° 93-40111, BC V n° 107).

Par ailleurs, le danger grave est celui qui est susceptible de produire un accident ou une maladie entraînant la mort ou paraissant devoir entraîner une incapacité permanente ou temporaire prolongée. Il ne s'agit donc ni d'un simple inconfort ni du danger inhérent au travail lui-même.
Enfin, il y a danger imminent quand il peut se réaliser brusquement et dans un délai rapproché (circ. DRT 1993-15 du 25 mars 1993, BOMT 93-10).

▶ À noter… La circulaire précitée est réputée abrogée [voir *Circulaires (opposabilité)**]. Cela étant les précisions qu'elle apporte reste à notre sens pertinentes et peuvent continuer de guider l'employeur dans ses pratiques.

Motif « raisonnable » du salarié - Il suffit que le salarié ait un motif raisonnable de craindre pour sa vie ou sa santé pour qu'il déclenche la procédure d'alerte et de retrait. Ainsi, il importe peu que le danger soit objectif et se réalise effectivement pourvu que le salarié ait pu raisonnablement penser que sa vie ou sa santé étaient en danger compte tenu de ses connaissances et de son expérience. En pratique, l'employeur devra donc apprécier ce « motif raisonnable » dans chaque cas. En cas de contentieux, ce sont les juges du fond qui l'apprécient (cass. soc. 23 avril 2003, n° 01-44806, BC V n° 136).

Exercice du droit de retrait lié au covid-19 - Le ministère du Travail indique dans un document questions-réponses que, dans le contexte de la crise sanitaire liée au covid-19, le droit individuel de retrait ne peut en principe pas trouver à s'exercer quand l'employeur a mis en œuvre les dispositions prévues par le code du travail et les recommandations nationales visant à protéger la santé et à assurer la sécurité de son personnel, qu'il a informé et préparé son personnel, notamment dans le cadre des institutions représentatives du personnel [voir *Covid-19 (hygiène et sécurité)**]. L'appréciation des éléments pouvant faire penser que le maintien au poste de travail présente un danger grave et imminent relève, le cas échéant, du juge qui vérifie le caractère raisonnable du motif (« Responsabilité de l'employeur - Droit de retrait », www.travail.gouv.fr).

▶ À noter… Les documents questions-réponses publiés par le ministère du Travail sur son site internet n'ont pas de valeur juridique contraignante en tant que tels. Ils constituent des recommandations et des rappels des règles légales et réglementaires lesquelles s'imposent bien entendu.

Modalités du retrait et exigence d'un écrit - Une clause du *règlement intérieur** peut contenir les modalités pratiques d'exercice du droit de retrait.

Exemple

Il peut être indiqué que le responsable hiérarchique doit être averti en cas de danger, ou signalé qu'en tant que de besoin, un registre est mis à la disposition des salariés pour y consigner leurs observations (cass. soc. 28 mai 2008, n° 07-15744, BC V n° 120).

Néanmoins, un écrit signalant à l'employeur la situation et l'arrêt de travail ne peut pas être imposé par le règlement intérieur (CE 12 juin 1987, n°s 72388, 74605 et 75276).

Protection du salarié - Quand un salarié a exercé son droit de retrait, l'employeur, ou son représentant, ne peut pas lui demander de reprendre son activité si le danger grave et imminent persiste (c. trav. art. L. 4131-1).

Exercice du droit de retrait (exemples)	
Situations	**Retrait justifié ?**
Situations liées aux conditions de travail, d'hygiène et de sécurité dans l'entreprise	
Un salarié avait quitté son bureau pour aller s'installer dans un autre local et refusait de réintégrer son bureau d'origine en raison des **courants d'air** auxquels il était exposé.	**Non (1)** (cass. soc. 17 octobre 1989, n° 86-43272 D)
Un salarié avait quitté son poste, car le **local n'était pas suffisamment éclairé, chauffé et aéré**, plusieurs attestations en relevant l'insalubrité.	**Oui**(CA Versailles 12 novembre 1996, 5e ch. A)
Deux salariés refusaient d'effectuer la pose d'un plancher au second étage d'un bâtiment en construction **en raison de la pluie et du vent**.	**Non (1)** (cass. soc. 20 janvier 1993, n° 91-42028, BC V n° 22)
Des salariés s'étaient retirés de leur travail en raison du **défaut persistant de conformité des machines de production et des installations électriques avec les normes de sécurité**.	**Oui** (cass. soc. 1er mars 1995, n° 91-43406 D)
Un salarié refusait de conduire un **camion ayant fait l'objet d'une interdiction de circuler** de la part du service des mines.	**Oui**(cass. soc. 5 juillet 2000, n° 98-443481 D)
Au cours d'un déplacement, une **défectuosité affectant le système de freinage de son véhicule**, un salarié avait informé son employeur du danger, puis était revenu à l'entreprise sans procéder au chargement de son véhicule qu'il devait effectuer chez un client.	**Oui**(cass. soc. 10 janvier 2001, n° 99-40294 D)
Un salarié avait cessé son travail en raison de l'**insuffisance d'équipements de protection individuelle** (chaussures de sécurité, casque, filet de protection, etc.) constatée par le contrôleur du travail.	**Oui**(CA Douai 29 avril 2005, ch. soc. n° 04-1725)
Un salarié, conducteur de poids lourd, avait refusé d'effectuer un nouveau transport de marchandise en raison de l'**amplitude de la journée de travail précédente**.	**Oui** (cass. soc. 2 mars 2010, n° 08-45086 D)
Un salarié avait fait valoir son droit de retrait en raison d'une **altercation l'ayant opposé à un collègue de travail**, alors qu'il en était à l'origine.	**Non**(cass. soc. 23 juin 2010, n° 08-45308 D)
Un salarié avait fait valoir son droit de retrait en raison de l'**agression par des usagers** dont ses collègues de travail avaient été victimes.	**Oui**(cass. soc. 19 mai 2010, n° 09-40353 D)
Un salarié expliquait son refus d'être intégré dans une équipe de travail par le fait qu'il pouvait y rencontrer le chef de chantier avec lequel il avait eu une **altercation** deux ans auparavant.	**Non**(cass. soc. 10 décembre 2014, n° 13-15871 D)
Situations liées à l'état de santé du salarié	
Un salarié, victime d'un accident de la circulation, avait quitté son poste au motif qu'il éprouvait des **douleurs lors de l'exercice de nouvelles fonctions**. Le médecin du travail, immédiatement consulté, avait confirmé l'aptitude.	**Non (1)** (CA Versailles 31 mai 1994, 11e ch.)
Un salarié s'était retiré de son poste de travail car il était en **contact avec des animaux et produits chimiques auxquels il présentait des risques graves d'allergie**. Le médecin du travail avait délivré un certificat d'inaptitude pour cette activité.	**Oui**(cass. soc. 20 mars 1996, n° 93-40111, BC V n° 107)
Un salarié avait refusé de conduire **un autobus car la direction du véhicule était trop dure et sa suspension trop ferme** alors que, la veille, le médecin du travail qui l'avait examiné suite à un arrêt de travail l'avait déclaré apte, sous réserve que lui soit confié un véhicule à direction souple.	**Oui** (cass. soc. 10 mai 2001, n° 00-43437 D)
(1) Dans ce cas, la cause réelle et sérieuse de licenciement a valablement été retenue.	

▶ Attention… Si un accident se produit alors que le salarié ou un élu du CSE avait signalé le risque à l'employeur, ce dernier est présumé de droit avoir commis une faute inexcusable (c. trav. art. L. 4131-4) [voir *Faute inexcusable (accident du travail ou maladie professionnelle)**].

Sanction ou licenciement interdit - L'employeur ne doit pas sanctionner le salarié parce qu'il a exercé son droit de retrait (c. trav. art. L. 4131-3).

Compte tenu de cette interdiction de sanction et de l'obligation légale de sécurité qui pèse sur l'employeur, le licenciement prononcé par l'employeur pour un motif lié à l'exercice légitime par le salarié du droit de retrait de son poste de travail dans une situation de danger est nul (cass. soc. 28 janvier 2009, n° 07-44556, BC V n° 24) [voir *Hygiène et sécurité (obligations de l'employeur)**]. Si le salarié a légitimement exercé son droit de retrait, il importe peu qu'il ait obtenu l'accord de son employeur pour quitter son poste de travail. Dans ce contexte, si l'un des reproches formulés par l'employeur dans la lettre de licenciement de ce salarié reposait sur l'exercice du droit de retrait, le licenciement est nul (cass. soc. 25 novembre 2015, n° 14-21272, BC V n° 241).

La nullité du licenciement implique pour l'employeur l'obligation de réintégrer le salarié si ce dernier le demande ou, à défaut, de lui verser des indemnités de rupture et une indemnité réparant le préjudice subi (voir *Licenciement nul**).

Maintien du salaire en cas de retrait justifié - L'employeur ne doit pas pratiquer une retenue sur le salaire du salarié qui a exercé son droit de retrait (c. trav. art. L. 4131-3).

Un salarié ne peut toutefois exercer son droit de retrait que pendant l'exécution de son travail. Il ne peut donc pas obtenir de l'employeur le paiement d'une indemnité au titre de ce droit de retrait pour une période où son contrat de travail est suspendu (en l'espèce, le salarié était en arrêt maladie et bénéficiait d'indemnités maladie) (cass. soc. 9 octobre 2013, n° 12-22288, BC V n° 227).

Sanction et retenue sur salaire en cas de retrait injustifié - Dans l'hypothèse où l'employeur considère, sous le contrôle éventuel du juge, que le salarié n'avait pas de motif raisonnable de cesser son travail, il peut le sanctionner et procéder à une retenue de salaire pour les heures non travaillées, et ce même si le salarié est resté à la disposition de l'entreprise. Pour ce faire, l'employeur n'a pas, au préalable, à saisir le conseil de prud'hommes (cass. soc. 23 avril 2003, n° 01-44806, BC V n° 136 ; cass. crim. 25 novembre 2008, n° 07-87650, B. crim. n° 239).

▶ À noter… En cas de contentieux sur la légitimité du droit de retrait et sur l'absence de maintien de salaire par l'employeur, le juge des référés peut être saisi et allouer une provision sur salaires aux salariés concernés (cass. soc. 31 mars 2016, n° 14-25237, BC V n° 63).

Sanction pour non-signalement du danger grave et imminent - Le retrait étant un droit pour le salarié et non une obligation, l'employeur ne peut pas le sanctionner pour ne pas l'avoir exercé (cass. soc. 9 décembre 2003, n° 02-47579 D). Toutefois, une sanction est envisageable à l'encontre d'un salarié qui, faute d'avoir signalé un danger grave ou imminent pour sa vie ou sa santé, a mis un collègue dans une situation d'insécurité (cass. soc. 21 janvier 2009, n° 07-41935 D) [voir *Hygiène et sécurité (obligations des salariés)**].

Rôle du CSE

Alerte auprès de l'employeur - Si un représentant du personnel au CSE constate l'existence d'une cause de danger grave et imminent (ex. : un salarié s'est retiré d'une situation de travail dangereuse), il en avise immédiatement l'employeur ou son représentant et consigne cet avis par écrit sur un registre spécial dont les pages sont numérotées et authentifiées par le tampon du CSE (c. trav. art. L. 4131-2, L. 4132-2 à L. 4132-4 et L. 4526-1).

▶ Attention… Le droit d'alerte peut être exercé aussi bien par les représentants du personnel du CSE présent dans une entreprise d'au moins 11 salariés que du CSE mis en place dans une entreprise d'au moins 50 salariés (c. trav. art. L. 2312-5).

Cet avis, daté et signé, comporte l'indication du ou des postes de travail concernés, la nature du danger et de sa cause ainsi que le ou les noms du ou des salariés exposés (c. trav. art. D. 4132-1).

▶ À noter… Le registre spécial est tenu, sous la responsabilité de l'employeur, à la disposition des représentants du personnel au CSE (c. trav. art. D. 4132-2).

Enquête - L'employeur informé est alors tenu de procéder sur-le-champ à une enquête avec le représentant du personnel au CSE qui lui a signalé le danger et de prendre les dispositions nécessaires pour y remédier (c. trav. art. L. 4132-2).

Divergence sur la réalité du danger - En cas de divergence sur la réalité du danger et la façon de le faire cesser, le CSE est réuni d'urgence et, en tout état de cause, dans un délai n'excédant pas 24 h. L'employeur est tenu d'informer immédiatement l'inspecteur du travail et l'agent du service de prévention de la CARSAT qu'ils peuvent assister à la réunion du CSE (c. trav. art. L. 4132-3).

Rôle de l'inspecteur du travail - À défaut d'accord entre l'employeur et la majorité du CSE sur les mesures à prendre et leurs conditions d'exécution, l'employeur ou son représentant doit saisir immédiatement l'inspecteur du travail (c. trav. art. L. 4132-4). Celui-ci peut :

- soit déclencher une mise en demeure (c. trav. art. L. 4721-1) ;

- soit saisir le juge des référés qui peut ordonner toute mesure propre à faire cesser le risque.

Le juge peut également ordonner la fermeture temporaire d'un atelier ou d'un chantier (c. trav. art. L. 4732-1).

Obligations de l'employeur en cas de danger grave et imminent

L'employeur prend les mesures et donne les instructions nécessaires pour permettre aux travailleurs, en cas de danger grave et imminent, d'arrêter leur activité et de se mettre en sécurité en quittant immédiatement le lieu de travail (c. trav. art. L. 4132-5).

Par ailleurs, le *règlement intérieur** fixe les conditions dans lesquelles les salariés peuvent être appelés à participer, à la demande de l'employeur, au rétablissement de conditions de travail protectrices de la santé et de la sécurité des salariés, dès lors qu'elles apparaîtraient compromises (c. trav. art. L. 1321-1).

☞ *Comité social et économique (santé, sécurité et conditions de travail) ; Hygiène et sécurité (obligations de l'employeur).*

Droit d'alerte (risque pour la santé et l'environnement)

Alerte d'un salarié ou d'un représentant du personnel

Alerte d'un salarié - Un salarié peut alerter immédiatement l'employeur s'il estime, de bonne foi, que les produits ou procédés de fabrication utilisés ou mis en œuvre par l'établissement font peser un risque grave sur la santé publique ou l'environnement.

L'employeur informe le salarié qui lui a transmis l'alerte de la suite qu'il réserve à celle-ci (c. trav. art. L. 4133-1).

▶ Attention… Toute personne physique ou morale qui lance une alerte de mauvaise foi ou avec l'intention de nuire ou avec la connaissance au moins partielle de l'inexactitude des faits rendus publics ou diffusés encourt des sanctions pénales (c. pén. art. 226-10).

Alerte d'un élu du CSE - Un représentant du personnel au *comité social et économique** (CSE) qui constate, notamment par l'intermédiaire d'un salarié, qu'il existe un risque grave pour la santé publique ou l'environnement en alerte immédiatement l'employeur.

▶ À noter… Le droit d'alerte peut être exercé aussi bien par les représentants du personnel du CSE présent dans une entreprise d'au moins 11 salariés que du CSE mis en place dans une entreprise d'au moins 50 salariés (c. trav. art. L. 2312-5).

L'employeur examine la situation conjointement avec le représentant du personnel qui lui a transmis l'alerte et l'informe de la suite qu'il réserve à celle-ci (c. trav. art. L. 4133-2).

Contenu et consignation des alertes dans un registre spécial - L'alerte du salarié ou du représentant du personnel est consignée sur un registre spécial dont les pages sont numérotées. Elle est datée, signée et indique (c. trav. art. D. 4133-1 et D. 4133-3) :

- les produits ou procédés de fabrication utilisés ou mis en œuvre par l'établissement dont le salarié estime de bonne foi qu'ils présentent un risque grave pour la santé publique ou l'environnement ou dont le représentant du personnel constate qu'ils font peser un tel risque sur la santé publique ou l'environnement ;
- le cas échéant, les conséquences potentielles pour la santé publique ou l'environnement ;
- toute autre information utile à l'appréciation de l'alerte consignée.

L'employeur tient le registre spécial à la disposition des représentants du personnel au CSE (c. trav. art. D. 4133-3).

Information des représentants du personnel - Le CSE est informé des alertes transmises à l'employeur par un de ses élus ou par un salarié, de leurs suites ainsi que des saisines éventuelles du préfet (c. trav. art. L. 4133-4).

Saisine du préfet - En cas de divergence avec l'employeur sur le bien-fondé d'une alerte transmise par un salarié ou un représentant du personnel ou en l'absence de suite dans un délai d'un mois, le salarié ou le représentant du personnel peut saisir le préfet (c. trav. art. L. 4133-3).

Protection

Voir *Lanceur d'alerte**.

Droit au contrôle

Tout usager de l'administration a le droit de bénéficier, à sa demande, des contrôles administratifs qui peuvent lui être utiles afin d'obtenir la validation de ses pratiques ou de les corriger, éventuellement dans le cadre du *droit à l'erreur** s'il en remplit les conditions (loi 2018-727 du 10 août 2018, JO du 11).

Étendue et mise en œuvre du droit au contrôle

Personne physique ou morale - Toute personne physique ou morale (ex. : une entreprise) peut demander à faire l'objet d'un contrôle prévu par les dispositions législatives et réglementaires en vigueur (ex : *contrôle URSSAF**, contrôles de l'*inspection du travail**) (CRPA art. L. 124-1).

▶ À noter… Le droit au contrôle ne se substitue pas à la procédure de *rescrit social**, qui permet aux employeurs de solliciter l'administration pour savoir si certaines de leurs pratiques sont conformes à la législation.

Contenu et objet de la demande - La demande doit préciser les points sur lesquels le contrôle est sollicité (CRPA art. L. 124-1).

▶ À noter… Le silence gardé pendant 2 mois par l'administration sur la demande vaut décision implicite d'acceptation (CRPA, art. L. 231-1).

La demande de réalisation d'un contrôle n'a ni pour objet, ni pour effet, de permettre à la personne concernée de s'affranchir du respect des obligations qui lui incombent par ailleurs en application de la loi ou de la réglementation, ou qui résultent d'une convention internationale (CRPA art. L. 124-1). Un employeur ne saurait donc se prévaloir d'une demande de réalisation d'un contrôle pour ne pas respecter ses obligations ou pour les suspendre dans l'attente de la réalisation de ce contrôle.

Délai de réalisation du contrôle - L'administration doit procéder au contrôle dans un « délai raisonnable » (CRPA art. L. 124-1).

▶ À noter… Le « délai raisonnable » n'est pas précisément défini. Mais il devrait être apprécié par l'administration concernée au regard du contenu de chaque demande et des moyens dont elle dispose pour y faire droit.

Cas d'exclusion du droit au contrôle

Exclusions légales - Les services administratifs sollicités ne sont pas tenus de donner suite aux demandes abusives ou empreintes de mauvaise foi (ex. : demandes répétitives, disproportionnées, manifestement infondées), ni à celles qui ont manifestement pour effet de compromettre le bon fonctionnement du service ou de mettre l'administration dans l'impossibilité matérielle de mener à bien son programme de contrôle (CRPA art. L. 124-1).

Exclusions en raison du caractère supplétif du droit au contrôle - Étant inséré dans le code des relations du public avec l'administration, le droit au contrôle est, par définition, un droit supplétif qui ne s'applique que s'il n'existe pas déjà une procédure de droit au contrôle équivalente prévue par des dispositions législatives ou réglementaires (CRPA, art. L. 100-1).

Opposabilité des résultats du contrôle

Sous réserve des droits des tiers, le résultat du contrôle peut être opposé à l'administration dont il émane. L'opposabilité cesse d'être applicable en cas de changement des circonstances de droit ou de fait de nature à affecter les conclusions du contrôle ou si l'administration procède à un nouveau contrôle donnant lieu à de nouvelles conclusions expresses (CRPA art. L. 124-2).

L'opposabilité des conclusions du contrôle ne peut faire obstacle à l'application des dispositions législatives ou réglementaires préservant directement la santé publique, la sécurité des personnes et des biens ou l'environnement (CRPA art. L. 124-2).

Droit à régularisation

Si le contrôle débouche sur un constat d'irrégularité, la personne concernée pourra, si elle en remplit les conditions, régulariser sa situation dans le cadre du *droit à l'erreur** (CRPA art. L. 124-2).

☛ *Droit à l'erreur.*

Droit à la déconnexion

Négociation obligatoire

Thème de négociation imposé - Le droit à la déconnexion relève des thèmes obligatoires de la négociation dans l'entreprise sur l'égalité professionnelle entre les hommes et les femmes et la qualité de vie au travail (périodicité définie par accord de méthode ou, en l'absence d'un tel accord, négociation annuelle) (voir *Négociations obligatoires dans l'entreprise**).

Dans ce cadre, les partenaires sociaux doivent négocier sur les modalités du plein exercice par le salarié de son droit à la déconnexion et la mise en place, par l'entreprise, de dispositifs de régulation de l'utilisation des outils numériques, en vue d'assurer le respect des temps de repos et de congé, ainsi que de la vie personnelle et familiale.

À défaut d'accord collectif, l'employeur est tenu d'élaborer une charte, après avis du *comité social et économique**. Cette charte doit définir les modalités de l'exercice du droit à la déconnexion et prévoir la mise en œuvre, à destination des salariés et du personnel d'encadrement et de direction, d'actions de formation et de sensibilisation à un usage raisonnable des outils numériques (c. trav. art. L. 2242-17).

Employeurs non assujettis - Les dispositions légales instaurent un droit général à la déconnexion (c. trav. art. L. 2242-17). À s'en tenir à une lecture stricte du code du travail et sous réserve de précisions de l'administration, les employeurs non assujettis aux négociations périodiques obligatoires ne seraient pas tenus, à la différence de ceux qui y sont soumis (voir *Négociations obligatoires dans l'entreprise**), d'en formaliser les modalités, sous réserve du cas particulier des salariés en forfait jours *(voir ci-après)*.

Salariés en forfait jours

Tout employeur doit définir les modalités du droit à la déconnexion pour les salariés en forfait jours si cela n'est pas prévu par l'accord collectif à la base du dispositif de forfait jours [voir *Convention de forfait (annuel)**].

☛ *Convention de forfait (annuel) ; Négociations obligatoires dans l'entreprise.*

Droit à l'erreur

Le dispositif communément appelé « droit à l'erreur » constitue en réalité un « droit à régularisation en cas d'erreur ». Un « *droit au contrôle** » a été institué en parallèle.

Droit à régularisation en cas d'erreur

Principe - L'administration ne peut pas infliger une sanction, pécuniaire ou consistant en la privation de tout ou partie d'une prestation due, à une personne ayant méconnu pour la première fois une règle applicable à sa situation ou ayant commis une erreur matérielle lors du renseignement de sa situation dès lors que celle-ci a régularisé sa situation soit de sa propre initiative, soit après avoir été invitée à le faire par l'administration dans le délai que celle-ci lui a indiqué (CRPA, art. L. 123-1).

Seules les erreurs régularisables, c'est-à-dire qui peuvent encore être rectifiées, sont donc concernées. Les retards ou omissions de déclaration dans les délais prescrits par un texte, parce qu'elles ne sont pas régularisables, n'entrent pas, par conséquent, dans le champ d'application du droit à l'erreur.

Bénéficiaires et étendue - Peuvent profiter du droit à l'erreur tous les usagers de l'administration, qu'il s'agisse de personnes physiques ou morales (entreprises), dès lors qu'ils sont de bonne foi *(voir ci-après)*.

Par administration, il faut entendre les administrations de l'État, les collectivités territoriales, leurs établissements publics administratifs et les organismes et personnes de droit public et de droit privé chargés d'une mission de service public administratif, y compris les organismes de sécurité sociale (CRPA, art. L. 100-3).

Sauf exceptions *(voir ci-après)*, le droit à l'erreur s'applique à toutes les démarches administratives.

▶ À noter… Dans le cadre de la création du droit à l'erreur, les pouvoirs publics ont mis en place un site internet dénommé Oups (https ://oups.gouv.fr), qui recense les erreurs les plus courantes et donne des conseils pour les éviter.

Condition de bonne foi

Première erreur - Le droit à l'erreur ne s'applique qu'en cas d'erreur matérielle ou de première méconnaissance involontaire d'une règle. Il ne joue donc qu'en cas de bonne foi de l'administré. Si ce dernier méconnaît une nouvelle fois la même règle, il s'expose alors à la sanction administrative encourue (CRPA, art. L. 123-1).

En cas de mauvaise foi ou de fraude, l'administration peut prononcer la sanction prévue par la loi, sans prendre la peine d'inviter la personne à régulariser sa situation (CRPA, art. L. 123-1).

Définition et preuve de la mauvaise foi - La mauvaise foi est définie comme étant la méconnaissance délibérée par une personne d'une règle applicable à sa situation. En cas de contestation, la preuve de la mauvaise foi ou de la fraude incombe à l'administration (CRPA, art. L. 123-2).

Cas d'exclusions

Exclusions expressément prévues par la loi - Il est impossible de se prévaloir du droit à l'erreur dans les cas suivants (CRPA, art. L 123-1) :

- les sanctions sont requises pour la mise en œuvre du droit de l'Union européenne ;
- les sanctions sont prononcées pour méconnaissance des règles préservant directement la santé publique, la sécurité des personnes et des biens ou l'environnement ;
- les sanctions sont prévues par un contrat ;
- les sanctions sont prononcées par les autorités de régulation à l'égard des professionnels soumis à leur contrôle.

Exclusions en raison du caractère supplétif du droit à l'erreur - Étant inséré dans le code des relations du public avec l'administration, le droit à l'erreur est, par définition, un droit supplétif qui ne s'applique que s'il n'existe pas déjà une procédure spéciale de régularisation des erreurs commises prévue par des dispositions législatives ou réglementaires (CRPA art. L. 100-1).

Droit à l'erreur au sein des URSSAF

Application depuis 2020 - Un décret a introduit la « version URSSAF » du droit à l'erreur dans le code de la sécurité sociale afin de le rendre applicable (décret 2019-1050 du 11 octobre 2019, JO du 13) :

- à partir du 1.01.2020, en cas de retards, d'omissions ou d'inexactitudes dans les déclarations sociales ou le paiement des cotisations ;
- aux mises en demeure émises à compter du 1.04.2020 à l'issue d'un *contrôle URSSAF**, à condition que le redressement soit de faible ampleur et qu'aucun manquement grave n'ait été constaté.

▶ À noter… Avant le 1.01.2020, en raison de son caractère supplétif *(voir ci-dessus)*, le droit à l'erreur ne pouvait pas jouer en matière de régularisation de cotisations sociales puisqu'une procédure spécifique permettait déjà à l'employeur de rectifier les erreurs constatées dans ses déclarations de cotisations sans avoir à payer les majorations de retard et les pénalités.

Droit à l'erreur en matière de déclarations. - Depuis le 1.01.2020, l'employeur qui, de sa propre initiative ou à la demande de l'organisme de recouvrement dont il relève, corrige les erreurs constatées dans ses déclarations de cotisations et de contributions sociales, et verse à la même échéance le complément de cotisations et de contributions sociales correspondant, échappe aux majorations de retard et aux pénalités prévues par la réglementation [voir *Majorations et pénalités de retard (URSSAF)**] si l'une des deux conditions suivantes est remplie (c. séc. soc. art. R. 243-10, I et II) :

- la déclaration rectifiée et le versement de la régularisation de cotisations et de contributions sociales dues sont adressés au plus tard lors de la première échéance suivant celle de la déclaration et du versement initial ;
- le montant des majorations et pénalités qui seraient applicables est inférieur au plafond mensuel de la sécurité sociale (3 428 € en 2022) ou le versement régularisateur est inférieur à 5 % du montant total des cotisations initiales.

▶ À noter… Le droit à l'erreur ne joue pas en cas d'omission de salariés dans la déclaration ou d'inexactitudes répétées du montant des rémunérations déclarées (c. séc. soc. art. R. 243-10, II). Il ne joue pas non plus en cas de déclaration régularisatrice postérieure à une *taxation provisionnelle**, de défaut de production des déclarations aux échéances prescrites et de non-respect de l'obligation de dématérialisation des déclarations sociales [voir *Déclaration sociale nominative (DSN)** et *Majorations et pénalités de retard (URSSAF)**].

Droit à l'erreur en matière de paiement des cotisations. - Depuis le 1.01.2020, le cotisant qui respecte ses obligations déclaratives mais ne verse pas les cotisations et contributions sociales dont il est redevable à la date d'exigibilité n'a pas à payer les majorations de retard si les conditions suivantes sont remplies (c. séc. soc. art. R. 243-11) :

- il s'en acquitte dans un délai de 30 jours ou souscrit, dans ce même délai, un plan d'apurement avec l'URSSAF et en respecte les termes ;
- aucun retard de paiement n'a été constaté au cours des 24 mois précédents ;
- le montant des majorations qui seraient applicables est inférieur au plafond mensuel de la sécurité sociale (3 428 € en 2022).

▶ À noter… Le droit à l'erreur ne joue pas en cas de non-respect de l'obligation de dématérialisation du paiement des cotisations [voir *Majorations et pénalités de retard (URSSAF)**].

Droit à l'erreur dans le cadre du contrôle URSSAF. - Pour les mises en demeure émises à compter du 1.04.2020 à la suite d'un *contrôle URSSAF**, les cotisants peuvent faire jouer le droit à l'erreur et ainsi échapper à la majoration de retard principale de 5 % dès lors que le montant du redressement est inférieur au plafond annuel de la sécurité sociale en vigueur à la date de sa notification (41 136 € en 2022) ou que le manquement ou l'infraction en cause ne présente pas un caractère de gravité important (c. séc. soc. art. R. 243-17).

▶ À noter... Présentent un caractère de gravité important ne permettant pas de faire jouer le droit à l'erreur : l'abus de droit (c. séc. soc. art. L. 243-7-2) [voir *Abus de droit (rectification pour)**], la non-mise en conformité avec des observations notifiées lors d'un précédent *contrôle URSSAF** (c. séc. soc. art. L. 243-7-6), le *travail dissimulé** (c. séc. soc. art. L. 273-7-7) et l'obstacle à contrôle (c. séc. soc. art. L. 243-12-1).

La majoration de retard complémentaire de 0,2 %, elle, reste due [voir *Majorations et pénalités de retard (URSSAF)**].

☞ *Droit au contrôle.*

Droit d'expression

☞ *Expression (droit d').*

Durée minimale de travail

☞ *Travail à temps partiel (contrat de travail).*

Durée du travail

Durée légale hebdomadaire

Dans toutes les entreprises, la durée légale hebdomadaire est de 35 h. Elle peut être répartie sur 6 jours, 5 jours 1/2, 5 jours, 4 jours 1/2, 4 jours, suivant ce que prévoient les textes réglementaires applicables aux professions ou les conventions et accords collectifs (c. trav. art. L. 3121-27) (voir *Semaine de 4 jours**).

Sur le rôle des représentants du personnel en la matière, voir *Comité social et économique (informations-consultations périodiques)** et *Comité social et économique (informations-consultations ponctuelles)**.

▶ À noter... La réduction du salaire lorsque la durée du travail effectif est ramenée à la durée légale, par décision unilatérale de l'employeur, est une modification du contrat de travail nécessitant l'accord préalable du salarié (cass. soc. 24 mars 2004, n° 02-45130, BC V n° 98) [voir *Modification du contrat de travail (rémunération)**].

Durée maximale du travail

Durée maximale quotidienne - Elle est limitée à 10 h pour les femmes et les hommes âgés de plus de 18 ans (c. trav. art. L. 3121-18) *(voir tableau reproduit dans cette étude)*.

Des dérogations peuvent être (c. trav. art. L. 3121-18 ; instr. DGT 2010-6 du 29 juillet 2010, BO trav. 2010/10 du 30 octobre 2010) :

- prévues par une convention ou un accord d'entreprise ou d'établissement ou, à défaut, une convention ou un accord de branche (cela signifie que l'accord d'entreprise ou d'établissement prime sur l'accord de branche) en cas d'activité accrue ou pour des motifs liés à l'organisation de l'entreprise, à condition que ce dépassement n'ait pas pour effet de porter cette durée à plus de 12 h (c. trav. art. L. 3121-19) ;
- autorisées par l'inspecteur du travail ;
- être liées à l'urgence dans des conditions fixées par décret.

▶ À noter... Il existe des règles spécifiques pour les jeunes de moins de 18 ans [voir *Jeunes (emploi des)**].

Durée maximale hebdomadaire moyenne - Calculée sur une période quelconque de 12 semaines consécutives, la durée hebdomadaire moyenne de travail ne peut pas excéder 44 h (c. trav. art. L. 3121-22).

Un accord d'entreprise ou d'établissement (à défaut, une convention ou un accord de branche) peut prévoir un dépassement des 44 h par semaine dans la limite de 46 h par semaine (c. trav. art. L. 3121-23).

▶ À noter... Les dispositions de l'accord d'entreprise ou d'établissement en la matière priment sur celles de l'accord de branche.

À défaut d'un tel accord, ce dépassement est possible sur autorisation administrative (c. trav. art. L. 3121-24). Il faut alors justifier de circonstances exceptionnelles, entraînant temporairement un surcroît extraordinaire de travail. L'employeur doit adresser une demande d'autorisation de dépassement à l'inspecteur du travail, en la justifiant et en précisant pour quelle durée, avec l'avis du *comité social et économique**. La décision du DREETS précise l'ampleur du dépassement autorisé et sa durée (c. trav. art. R. 3121-10).

De plus, à titre exceptionnel, dans certains secteurs, dans certaines régions ou dans certaines entreprises, le dépassement de la durée maximale de 46 h ci-dessus peut être autorisé pendant des périodes déterminées, dans des conditions définies par décret (c. trav. art. L. 3121-25, R. 3121-12 à R. 3121-16). Le CSE donne son avis sur les demandes d'autorisation formulées auprès de l'administration pour ces dérogations (c. trav. art. L. 3121-26).

Durée maximale hebdomadaire absolue - La durée hebdomadaire de travail ne doit pas dépasser 48 h (c. trav. art. L. 3121-20). Le respect de cette durée s'apprécie sur la semaine calendaire (cass. soc. 12 décembre 2018, n° 17-17680 FSPB), ce qui offre une certaine souplesse. Il est ainsi possible de programmer des périodes de travail de plus de 48 h en les mettant à cheval sur deux semaines. Mais il faut alléger ensuite la charge de travail du salarié, afin de rester dans les limites de la durée maximale moyenne (44 h sur 12 semaines).

Des dérogations peuvent être accordées à titre exceptionnel, sans pouvoir porter à plus de 60 h par semaine la durée du travail [voir *Durée du travail (dépassement)**].

Durée maximale du travail à défaut de dérogation

Salariés concernés	Durée journalière maximale	Durée hebdomadaire ou annuelle maximale
Hommes ou femmes âgés de plus de 18 ans	10 h (c. trav. art. L. 3121-18). Si le temps de travail atteint 6 h, une pause de 20 min est due (c. trav. art. L. 3121-16).	- 48 h au cours d'une même semaine ; - 44 h en moyenne, au cours d'une période quelconque de 12 semaines (c. trav. art. L. 3121-22 et L. 3121-41) (*).
Hommes ou femmes de moins de 18 ans (y compris les apprentis et les jeunes en stage d'initiation)	8 h, avec un maximum de 4 h 30 consécutives (c. trav. art. L. 3162-1 et L. 3162-3). Lorsque le temps de travail quotidien est supérieur à 4 h 30, les jeunes doivent bénéficier d'un temps de pause d'au moins 30 min consécutives.	35 h par semaine (c. trav. art. L. 3162-1).
Salariés en forfait annuel en jours	Les dispositions légales ne sont pas applicables, sous réserve du respect du repos quotidien de 11 h consécutives (c. trav. art. L. 3121-62). L'accord prévoyant le forfait annuel en jours doit garantir le respect de durées maximales de travail et garantir le droit à la santé et au repos des salariés.	La convention de forfait ne doit pas dépasser un certain nombre de jours travaillés par an (c. trav. art. L. 3121-64 et L. 3121-66) [voir Convention de forfait (annuel)*]. Les dispositions légales relatives à la durée hebdomadaire ne sont pas applicables, sous réserve du respect du repos hebdomadaire de 24 h consécutives (c. trav. art. L. 3121-62). L'accord collectif prévoyant le forfait annuel en jours doit comporter certaines mentions notamment en matière de charge de travail et de suivi de cette charge (c. trav. art. L. 3121-64)
Salariés en forfait annuel en heures	Les dispositions légales sont applicables (c. trav. art. L. 3121-56).	Les dispositions légales sont applicables.
Salariés travaillant avec des horaires répartis sur une période supérieure à la semaine	Respect des dispositions légales (c. trav. art. L. 3121-44).	Respect des dispositions légales.
Travail de nuit	8 h, sauf dérogation (c. trav. art. L. 3122-6 et R. 3122-9 à R. 3122-15).	40 h sur une période quelconque de 12 semaines (c. trav. art. L. 3122-7). Il existe des possibilités de porter cette limite à 44 h (c. trav. art. L. 3122-18 et L. 3122-24).

(*) Seuils légaux, il existe notamment des possibilités de négocier d'autres seuils par convention ou un accord collectif d'entreprise ou d'établissement ou, à défaut, une convention ou un accord de branche (c. trav. art. L. 3121-24).

Modification de la durée du travail

Voir *Modification du contrat de travail (durée du travail)**.

Contrôle de la durée du travail

Nécessité de contrôler la durée du travail - L'employeur doit décompter les heures travaillées notamment afin :

- de les valoriser, d'accorder les droits qui y sont liés (ex. : *contrepartie obligatoire en repos** pour les *heures supplémentaires** effectuées au-delà du contingent annuel) et veiller au respect des maxima hebdomadaires, mensuels ou annuels *(voir ci-avant)* ;
- d'être à même de prouver le temps de travail, en cas de contentieux, même si les salariés disposent d'une latitude suffisante pour organiser leur emploi du temps (cass. soc. 18 mars 2020, n° 18-10919 FPPBRI ; cass. soc. 27 janvier 2021, n° 17-31046 FPPBRI ; cass. crim. 3 décembre 2002, n° 02-81474 D) [voir *Temps de travail (preuve)**] ;
- de vérifier que les salariés respectent leurs horaires ou leur durée contractuelle de travail, dans le cadre de son pouvoir de direction ;
- de faire face au contrôle de l'inspecteur du travail en tenant à sa disposition des documents permettant de comptabiliser le temps de travail de chaque salarié (pendant 1 an ou plus en cas d'*aménagement du temps de travail** sur une période supérieure à l'année) (c. trav. art. L. 3171-3 et D. 3171-16).

L'employeur qui n'établit pas un décompte précis des heures (ou des jours) travaillés manque à ses obligations (cass. crim. 12 septembre 2000, n° 99-84989 D ; c. trav. art. R. 3173-2 et R. 3171-3).

▶ À noter… La Cour de Justice de l'Union européenne (CJUE) considère que les États membres doivent imposer aux employeurs l'obligation de mettre en place un système objectif, fiable et accessible permettant de mesurer la durée du temps de travail journalier effectué par chaque travailleur, avec toutefois une marge d'appréciation dans la mise en œuvre concrète de cette obligation pour tenir compte des particularités propres à chaque secteur d'activité concerné et des spécificités de certaines entreprises (CJUE 14 mai 2019, aff. C-55/1 ; CJUE, 14 mai 2019, C-55/18, points 60 à 63). La législation française prévoit effectivement le décompte du temps de travail (c. trav. art. L. 3171-2, L. 3171-3, D. 3171-8 et D. 3171-9) et les exceptions sont assorties de garanties (ex. : les forfaits annuels en jours). On peut donc penser qu'elle satisfait à l'obligation de décompte établie au niveau européen.

Mise en place d'un dispositif de contrôle - Pour être valable, la mise en place d'un dispositif de contrôle des horaires nécessite l'information préalable des salariés et la consultation préalable du CSE (c. trav. art. L. 1222-4 et L. 2312-8) (voir *Surveillance des salariés**).

Outils de contrôle des horaires - Il est possible de demander au salarié de faire un relevé de ses horaires et de le communiquer à son manager ou à la DRH (cass. soc. 10 mai 2000, n° 98-40736 D ; circ. DRT 93-9 du 17 mars 1993, BOMT 93-10). La forme de ce relevé est libre (tableau, registre, fiche type, etc.).

Si le décompte des heures de travail accomplies par chaque salarié est assuré par un système d'enregistrement automatique, celui-ci doit être fiable et infalsifiable (c. trav. art. L. 3171-4).

Exemple
Il peut s'agir d'un système de pointage mis en place par l'employeur (cass. soc. 29 mai 2002, n° 00-42048 D).

Sur l'utilisation d'un système de *géolocalisation**, voir cette étude.

☛ *Durée du travail (dépassement).*

Durée du travail (appui-conseil aux entreprises)

Le dispositif d'appui et d'accompagnement s'adresse aux entreprises de moins de 250 salariés et par priorité à celles de 20 salariés et moins. Il s'agit d'une aide au financement de l'intervention d'un consultant compétent en matière d'aide à la réduction et à l'aménagement du temps de travail et aux réorganisations du temps de travail qui y sont associées (décret 2001-526 du 14 juin 2001 ; circ. DRT 2001-26 du 14 août 2001).

Actions concernées

Le dispositif d'appui-conseil est ouvert aux entreprises qui engagent ou qui mettent en œuvre des réorganisations liées à une réduction du temps de travail (loi 2000-37 du 19 janvier 2000, art. 19, XIV, modifié par loi 2003-47 du 17 janvier 2003, art. 15, II).

Conclusion d'une convention

Convention individuelle ou interentreprises - Le dispositif nécessite la conclusion d'une convention avec l'État. Il peut s'agir d'une convention d'appui et d'accompagnement interentreprises, conclue avec plusieurs entreprises employant au total 20 salariés, ou d'une convention d'appui et d'accompagnement individuelle. Dans ce dernier cas, l'entreprise ne doit pas avoir déjà bénéficié d'une action interentreprises (ou collective) et doit rencontrer des difficultés pour négocier ou appliquer un accord de réduction du temps de travail.

Les demandes de conventions doivent être adressées à l'administration préalablement à la mise en œuvre des prestations d'appui et d'accompagnement.

Établissements multiples - Les conventions conclues avec une entreprise à établissements multiples sont du ressort du préfet du département où se situe le siège social. Celles conclues avec un établissement unique (ou celles qui ne concernent qu'un établissement d'une entreprise à établissements multiples) sont du ressort du préfet de département de l'établissement concerné.

Autres types de conventions - Des conventions « d'action collective » peuvent être conclues avec des organisations ou organismes professionnels dont le champ de responsabilité peut être national, régional, départemental ou local et qui mettent en œuvre des actions d'appui et d'accompagnement aux entreprises pour les aider à réduire et à aménager le temps de travail.

Rémunération du consultant

Le nombre de jours de consultation, prévu par la convention, est fixé par l'administration, dans la limite d'un maximum. Il tient compte de la nature de la convention (individuelle ou collective), du contenu de la prestation et des difficultés rencontrées par l'entreprise pour mettre en œuvre la réduction du temps de travail.

En tout état de cause, le coût maximal de chaque journée est fixé à 838 € (HT). Le coût est, en partie ou en totalité, pris en charge par l'État.

☛ *Aménagement du temps de travail.*

Durée du travail
(dépassement)

Dans certaines circonstances, il est possible de demander au salarié de travailler au-delà des seuils légaux.

Durée quotidienne de travail

Demande de dépassement - L'employeur peut être autorisé à faire travailler les salariés plus de 10 h par jour dans les cas où un surcroît temporaire d'activité est imposé, notamment pour l'un des motifs suivants (c. trav. art. L. 3121-18 et D. 3121-4) :

- travaux devant être exécutés dans un délai déterminé en raison de leur nature, des charges imposées à l'entreprise ou des engagements contractés par celle-ci ;
- travaux saisonniers ;
- travaux impliquant une activité accrue pendant certains jours de la semaine, du mois ou de l'année.

La demande de dépassement, accompagnée des justifications utiles et de l'avis du *comité social et économique** (CSE) est adressée à l'inspecteur du travail. Celui-ci fait connaître sa décision dans un délai maximal de 15 jours (c. trav. art. L. 3121-18 et D. 3121-5 ; instr. DGT 2010-6 du 29 juillet 2010, BO trav. 2010-10 du 30 octobre 2010). Son silence vaut acceptation (décret 2014-1290 du 23 octobre 2014, JO 1er novembre).

Procédure en cas d'urgence - En cas d'urgence, l'employeur peut dépasser sous sa responsabilité la limitation de la durée quotidienne du travail dans les trois cas visés ci-avant. S'il n'a pas encore adressé de demande de dépassement, il présente immédiatement à l'inspecteur du travail une demande de régularisation accompagnée des justifications et avis mentionnés ci-dessus et de toutes les explications nécessaires sur les causes ayant nécessité une telle prolongation de la durée quotidienne du travail sans autorisation préalable (c. trav. art. D. 3121-4 et D. 3121-6).

▶ À noter… S'il se trouve dans l'attente d'une réponse à une demande de dépassement, il informe immédiatement l'inspecteur du travail de l'obligation où il s'est trouvé d'anticiper la décision attendue et en donne les raisons.

L'inspecteur du travail donne sa réponse dans un délai de 15 jours à compter de la date de réception de la demande à l'employeur et aux représentants du personnel (c. trav. art. D. 3121-5).

Dépassement prévu par accord collectif - Des dispositions conventionnelles peuvent prévoir le dépassement de la durée maximale quotidienne de travail, en cas d'activité accrue ou pour des motifs liés à l'organisation de l'entreprise, à condition que ce dépassement n'ait pas pour effet de porter la durée quotidienne de travail effectif à plus de

12 h. Il s'agit des dispositions d'une convention ou d'un accord d'entreprise ou d'établissement ou, à défaut, d'une convention ou un d'accord de branche (ce qui signifie que l'accord d'entreprise ou d'établissement prime sur l'accord de branche) (c. trav. art. L. 3121-19).

Durée hebdomadaire de travail

Dépassement de la limite maximale hebdomadaire de 48 h - La limite de 48 h par semaine peut être portée à 60 h en cas de circonstances exceptionnelles, entraînant temporairement un surcroît extraordinaire de travail, sur autorisation du DREETS pour une durée déterminée (c. trav. art. L. 3121-21, R. 3121-8 et R. 3121-10).

Chaque demande d'autorisation doit être adressée à l'inspecteur du travail, assortie de justifications sur les circonstances exceptionnelles qui la motivent et pour la durée pour celles-ci, et accompagnée de l'avis du CSE, s'il existe (c. trav. art. R. 3121-10).

▶ À noter... L'administration peut révoquer cette autorisation à tout moment si les raisons la motivant disparaissent, notamment en cas de licenciements collectifs affectant les secteurs, régions ou entreprises ayant fait l'objet d'une autorisation (c. trav. art. R. 3121-9).

La décision peut être assortie de mesures compensatoires, dont elle fixe la nature et les conditions, et ayant pour objet (c. trav. art. R. 3121-9) :
- de ramener la durée hebdomadaire moyenne de travail à moins de 46 h pendant une période déterminée postérieure à la date d'expiration de la dérogation ;
- ou de prévoir, en faveur des salariés, des périodes de repos complémentaire ;
- ou d'abaisser, pendant une période limitée, la durée maximale du travail.

En cas de nouvelle demande, la nouvelle autorisation doit être expresse (c. trav. art. R. 3121-8).

Toutes ces règles sont d'ordre public et aucune dérogation conventionnelle n'est possible.

Dépassement de la limite moyenne hebdomadaire de 44 h sur 12 semaines - Il est possible de prévoir un dépassement à la durée maximale du travail en moyenne hebdomadaire sur 12 semaines consécutives (c. trav. art. L. 3121-22). Ce dépassement sera limité à 46 h :
- en application d'une convention ou d'un accord d'entreprise ou d'établissement (ou, à défaut, d'un accord de branche) (c. trav. art. L. 3121-23) ;
- accordé par l'autorisation administrative, en l'absence d'accord collectif (c. trav. art. L. 3121-24).

La procédure d'autorisation préalable est la même qu'en cas de dépassement de la durée quotidien décrite ci-avant : consultation du CSE, demande préalable à l'inspecteur du travail en y joignant les justifications et l'avis du CSE (c. trav. art. R. 3121-10 et R. 3121-11).

Dépassement de la limite moyenne hebdomadaire de 46 h sur 12 semaines - À titre exceptionnel, dans certains secteurs, dans certaines régions ou dans certaines entreprises, le dépassement de la durée maximale de 46 h sur une période de 12 semaines peut être autorisé par l'administration pendant des périodes déterminées (c. trav. art. L. 3121-25).

L'autorisation peut prendre trois formes (c. trav. art. R. 3121-12) :
- le dépassement de la durée moyenne hebdomadaire de 46 h sur une période de 12 semaines consécutives ;
- la répartition de cette même moyenne sur une période de plus de 12 semaines ;
- la combinaison des deux modalités précédentes.

La décision précise les modalités, l'ampleur de l'autorisation ainsi que les autres conditions de dépassement autorisé.

▶ À noter... Lorsque la demande de dépassement concerne l'ensemble d'un secteur d'activité sur le plan national, elle est adressée par l'organisation d'employeurs intéressée au ministre chargé du travail (c. trav. art. R. 3121-13). La demande de dépassement concernant un secteur d'activité sur le plan local, départemental ou interdépartemental est adressée par l'organisation d'employeurs intéressée au DREETS (c. trav. art. R. 3121-14). L'entreprise ne peut utiliser cette autorisation qu'après décision de l'inspecteur du travail qui statue sur le principe et les modalités de l'application de l'autorisation, après avis du CSE, s'il existe (c. trav. art. R. 3121-15).

Lorsque l'employeur ne relève pas d'un secteur couvert par une des décisions pouvant être prise au plan national, local, départemental ou interdépartemental, il peut demander une autorisation particulière pour faire face à des situations exceptionnelles propres à son entreprise. Cette demande est motivée et adressée, avec l'avis du CSE, s'il existe, à l'inspecteur du travail qui la transmet au DREETS. Celui-ci prend sa décision au vu du rapport établi par l'inspecteur qui indique notamment si la situation de l'entreprise est de nature à justifier cette autorisation (c. trav. art. R. 3121-16).

Autorité compétente pour les autorisations à des dépassements de durée du travail (1)	
Structure de l'entreprise	**Autorité compétente (2)**
Entreprise multiétablissement	autorité de chaque établissement (coordination par l'autorité du siège social)
Entreprise située à l'étranger sans établissement en France	autorité du lieu de travail (coordination si les autorisations concernent plusieurs lieux de travail)
Situations particulières des salariés	**Autorité compétente (2)**
Salariés travaillant hors de leur établissement de rattachement (3)	autorité compétente de l'établissement (décision prise en concertation avec l'autorité compétente pour le lieu de travail)
Salariés d'entreprises extérieures	autorité de leur établissement de rattachement (l'autorité de l'entreprise utilisatrice coordonne les décisions)

(1) Instr. DGT 2010-6 du 29 juillet 2010, BO trav. 2010-10 du 30 octobre 2010 (antérieure à la loi Travail, mais toujours valable dans le principe, à notre sens, même si on parle depuis d'autorisation et non plus de dérogation).
(2) DREETS ou inspection du travail selon l'autorisation demandée.
(3) Exemples : chantiers, salariés en déplacement.

Autorité compétente pour accorder des autorisations

Compétence du DREETS et de l'inspection du travail - Sauf cas particulier, l'employeur adresse sa demande à l'inspecteur du travail et le DREETS prend sa décision au vu d'un rapport établi par l'inspecteur du travail qui indique notamment si la situation de l'entreprise justifie une autorisation de dépassement (c. trav. art. R. 3121-10).

Compétence territoriale - C'est l'autorité de l'établissement qui emploie les salariés concernés par la demande d'autorisation qui est compétente, pas celle du lieu de travail (pour les cas particuliers, voir tableau reproduit dans cette étude).

▶ À noter… Lorsque la notion d'établissement distinct intervient, la définition posée en matière de représentation du personnel s'applique (instr. DGT 2010-6 du 29 juillet 2010, BO trav. 2010-10 du 30 octobre 2010) [voir *Comité social et économique (établissement)**].

Lorsque plusieurs lieux de travail sont concernés par des demandes d'autorisation, l'administration veille à opérer une coordination *(voir tableau reproduit dans cette étude)*.

☛ *Durée du travail.*

Durée du travail (réduction de la)

☛ *Aménagement du temps de travail ; Modification du contrat de travail ; Modification du contrat de travail (durée du travail) ; Réduction de la durée du travail.*

E

Éclairage

☛ *Local de travail.*

Économats

Un économat est un magasin de vente réservé au personnel d'une entreprise.

Un employeur ne peut pas (c. trav. art. L. 3254-1) :

- annexer à son établissement un économat destiné à la vente, directe ou indirecte aux salariés et à leur famille, de denrées ou marchandises, de quelque nature que ce soit ;
- imposer à ses salariés l'obligation de dépenser tout ou partie de leur *salaire** dans des magasins désignés par lui.

▶ Attention… Cette interdiction est sanctionnée par une amende pénale de 3750 € (c. trav. art. L. 3255-1).

Par exception, cette interdiction ne concerne pas les cas suivants (c. trav. art. L. 3254-2) :

- lorsque le *contrat de travail** stipule que le salarié logé et nourri reçoit en outre un salaire déterminé en argent ;
- lorsque, pour l'exécution d'un *contrat de travail**, l'employeur cède au salarié des fournitures à prix coûtant.

Écoutes téléphoniques

☛ *Téléphone.*

Écran

L'employeur a des obligations spécifiques, notamment en matière d'évaluation des risques professionnels à l'égard des salariés qui utilisent des écrans de visualisation.

Champ d'application

Sont concernés les salariés qui utilisent de façon habituelle et pendant une partie non négligeable du temps de travail des équipements de travail comportant des écrans de visualisation (c. trav. art. R. 4542-1).

Toutefois, les équipements suivants ne sont pas visés (c. trav. art. R 4542-1) :

- les postes de conduite de véhicules ou d'engins ;
- les systèmes informatiques à bord d'un moyen de transport ;
- les systèmes informatiques destinés à être utilisés en priorité par le public ;
- les systèmes portables dès lors qu'ils ne font pas l'objet d'une utilisation soutenue à un poste de travail ;
- les machines à calculer, les caisses enregistreuses et tout équipement possédant un petit dispositif de visualisation de données ou de mesures nécessaires à l'utilisation directe de cet équipement.

▶ À noter… Un écran de visualisation est défini comme un écran alphanumérique ou graphique, quel que soit le procédé d'affichage utilisé.

Un poste de travail s'entend de l'ensemble comprenant un équipement de travail, qui comporte notamment un écran de visualisation, un clavier ou un dispositif de saisies de données, des périphériques, un siège et une table ou une surface de travail, ainsi que l'environnement de travail immédiat (c. trav. art. R. 4542-2).

Évaluation et prévention des risques

Évaluation des risques - Après analyse des conditions de travail et évaluation des risques de tous les postes comportant un écran de visualisation, l'employeur prend les mesures appropriées pour remédier aux risques constatés (c. trav. art. R. 4542-3).

Mesures et moyens de prévention - Parmi les mesures et moyens de prévention des risques spécifiques que doit prendre l'employeur pour les salariés concernés *(voir ci-avant)*, il est tenu d'organiser leur activité de telle sorte que leur temps quotidien de travail sur écran soit périodiquement interrompu par des pauses ou par des changements d'activité réduisant la charge de travail sur écran (c. trav. art. R. 4542-4).

Les autres mesures devant être prises portent sur :

- l'élaboration, le choix, l'achat et la modification de logiciels, ainsi que sur la définition des tâches impliquant l'utilisation d'écrans de visualisation (c. trav. art. R. 4542-5) ;

- les caractéristiques des écrans de visualisation (c. trav. art. R. 4542-6), des claviers (c. trav. art. R. 4542-7), de l'espace de travail (c. trav. art. R. 4542-8), du siège (c. trav. art. R. 4542-9), du poste de travail (c. trav. art. R. 4542-10 et R. 4542-11) ;
- l'ambiance physique de travail (c. trav. art. R. 4542-12 à R. 4542-15).

Information et formation des salariés - L'employeur assure l'information et la formation des salariés sur les modalités d'utilisation de l'écran et de l'équipement de travail dans lequel cet écran est intégré. Chaque salarié en bénéficie avant sa première affectation à un travail sur écran de visualisation et chaque fois que l'organisation du poste de travail est modifiée de manière substantielle (c. trav. art. R. 4542-16).

Surveillance médicale

Un salarié ne peut être affecté à des travaux sur écran de visualisation que s'il a fait l'objet d'un examen et approprié des yeux et de la vue dans le cadre des visites d'information et de prévention. Si le résultat de cet examen le nécessite, il bénéficie d'un examen ophtalmologique complémentaire prescrit par le médecin du travail (c. trav. art. R. 4542-17, R. 4624-35 à R. 4624-38) [voir *Visites médicales (périodiques)**].

Par ailleurs, l'employeur fait examiner par le médecin du travail tout salarié se plaignant de troubles pouvant être dus au travail sur écran de visualisation. Si les résultats des examens médicaux le rendent nécessaire, un examen ophtalmologique est pratiqué (c. trav. art. R. 4542-18).

▶ Attention... Si les résultats de la surveillance médicale rendent nécessaire une correction et si les dispositifs de correction normaux ne peuvent être utilisés, les salariés sur écran de visualisation reçoivent des dispositifs de correction spéciaux en rapport avec le travail concerné. Ces dispositifs ne peuvent entraîner aucune charge financière additionnelle pour les salariés (c. trav. art. R. 4542-19).

☞ *Hygiène et sécurité (obligations de l'employeur).*

Effectif

Nombre des diverses obligations qui incombent aux employeurs dépendent de l'effectif de l'entreprise. Les règles de décompte des salariés ont été progressivement unifiées, mais des particularités demeurent.

Concernant les différents domaines de la sécurité sociale (cotisations sociales, DSN, exonérations, etc.), l'effectif de référence se calcule, sauf exception, en application des règles propres à la sécurité sociale et non sur la base des règles fixées par le code du travail (voir *Effectif sécurité sociale**).

Par exception, les règles de calcul de l'*effectif sécurité sociale** s'appliquent également à un certain nombre d'obligations prévues par le code du travail. En outre, certains seuils ont à cette occasion été modifiés.

Salariés à comptabiliser

Tous les salariés, sauf exception - En règle générale, l'effectif de l'entreprise comprend tous les salariés titulaires d'un contrat de travail, y compris (c. trav. art. L. 1111-2) :
- les salariés en *contrat de travail à durée déterminée**, à l'exception de ceux qui remplacent un salarié absent *(voir ci-après)* ;
- les salariés en *contrat de travail intermittent** ;
- les salariés en *période d'essai** (cass. soc. 7 avril 1976, n° 75-60174, BC V n° 196) ;
- les salariés en *préavis** (cass. soc. 13 mars 1985, n° 84-60731, BC V n° 172) ;
- les salariés dont le contrat de travail est momentanément suspendu (circ. DRT 83-13 du 25 octobre 1983 ; cass. soc. 8 avril 1992, n° 90-60531, BC V n° 264).

Cas des salariés en contrat unique d'insertion - Les salariés en contrat unique d'insertion [voir *Contrat initiative-emploi (CIE)** et *Contrat d'accompagnement dans l'emploi**] ne sont pris en compte dans le calcul des effectifs que pour l'application des dispositions relatives :
- aux institutions représentatives du personnel (c. trav. art. L. 2301-1) (voir *Comité social et économique**) ;
- à la tarification des risques d'accidents du travail et de maladies professionnelles (c. trav. art. L. 1111-3) (voir *Cotisations d'accidents du travail**).

Cas des intérimaires - L'entreprise qui a recours à des travailleurs temporaires doit les comptabiliser au prorata de leur temps de présence au cours des 12 mois précédents.

Par exception, les intérimaires ne sont pas pris en compte lorsqu'ils effectuent un remplacement (c. trav. art. L. 1111-2). Ils ne sont pas non plus pris en considération pour l'application à l'entreprise utilisatrice des dispositions relatives à la tarification des risques d'accidents du travail ou de maladies professionnelles (c. trav. art. R. 1111-1) (voir *Cotisations d'accidents du travail**).

Cas des salariés mis à disposition - L'entreprise qui recourt à des *salariés mis à disposition** (ex. : sous-traitance ou prestation de services) doit les comptabiliser dans les effectifs, à la double condition (c. trav. art. L. 1111-2) :

- que ces salariés soient présents dans les locaux ;
- et qu'ils y travaillent depuis au moins 1 an.

Par exception, ces salariés ne sont pas pris en compte lorsqu'ils effectuent un remplacement (c. trav. art. L. 1111-2).

Les salariés mis à disposition par un groupement d'employeur ou une association intermédiaire ne sont pas non plus pris en considération pour l'application à l'entreprise utilisatrice des dispositions relatives à la tarification des risques d'accidents du travail ou de maladies professionnelles (c. trav. art. R. 1111-1) (voir *Cotisations d'accidents du travail**).

Le fait que les salariés mis à disposition aient choisi d'être électeurs dans l'entreprise qui les emploie n'a aucune incidence. Même dans ce cas, ils doivent être comptabilisés dans l'entreprise d'accueil (c. trav. art. L. 2314-23 ; cass. soc. 19 janvier 2011, n° 10-60296, BC V n° 27).

La condition de présence suppose une certaine continuité. Ainsi, l'employeur n'a pas à prendre en compte des salariés mis à sa disposition qui ne se rendent que ponctuellement dans les locaux de l'entreprise (cass. soc. 14 avril 2010, n° 09-60367, BC V n° 99 ; cass. soc. 23 septembre 2015, n° 14-26262, BC V n° 178).

▶ À noter… Il est parfois difficile de comptabiliser les effectifs lorsque l'entreprise a recours à un très grand nombre de salariés mis à disposition. Dans les situations les plus extrêmes (plusieurs centaines de prestataires), en cas de litige sur l'effectif exact de l'entreprise, les juges peuvent estimer que l'employeur a rempli son obligation dès lors qu'il a tout mis en œuvre pour comptabiliser le nombre de salariés aussi précisément que possible (cass. soc. 31 mai 2017, n° 16-16492, BC V n° 95).

Salariés à ne pas prendre en compte - Par exception, l'employeur n'a pas à comptabiliser dans l'effectif (c. trav. art. L. 1111-3) :

- les apprentis [voir *Apprentissage (apprentis)**] ;
- les salariés en *contrat de professionnalisation**.

▶ À noter… Le fait d'exclure les contrats aidés des effectifs est contraire au droit européen, mais cette irrégularité ne peut pas être invoquée dans un litige entre particuliers (CJUE 15 janvier 2014, aff. C-176/12). Les employeurs peuvent donc continuer à exclure des effectifs les apprentis et les salariés en contrat de professionnalisation (cass. soc. 9 juillet 2014, n° 11-21609, BC V n° 193). Cette irrégularité ne peut être invoquée que si l'employeur gère un service public chargé en vertu d'un acte de l'autorité publique d'accomplir, sous le contrôle de cette dernière, et disposant à cet effet de pouvoirs exorbitants par rapport aux règles applicables dans les relations entre particuliers. Dans cette situation, cet organisme peut se voir opposer les dispositions d'une directive susceptible d'avoir des effets directs (cass. soc. 22 juin 2016, n° 15-20111, BC V n° 138).

Les salariés en CDD, les intérimaires et les salariés mis à disposition par une entreprise extérieure ne sont pas non plus comptabilisés dans l'effectif de l'entreprise utilisatrice lorsqu'ils remplacent un salarié absent ou dont le contrat de travail est suspendu *(voir ci-avant)*. Cela s'explique par le fait que le salarié remplacé continue à faire partie de l'effectif. Prendre en compte le remplaçant reviendrait donc à comptabiliser deux salariés pour un même poste.

Par ailleurs, un groupement d'employeurs ne comptabilise pas dans ses effectifs les salariés qu'il met à la disposition des membres du groupement, hormis pour le respect des règles de représentation du personnel (c. trav. art. L. 1253-8-1).

Stagiaires - Les stagiaires qui interviennent dans le cadre d'un stage organisé par un établissement d'enseignement et qui ont signé une convention de stage sont à exclure de l'effectif de l'entreprise d'accueil puisque, en principe, ils n'ont pas de lien juridique avec elle (voir *Stages en entreprise**).

Modalités de décompte

Selon le statut des salariés - Un salarié en CDI à temps plein compte pour un. Un travailleur à domicile « vaut » également une unité (c. trav. art. L. 1111-2).

Les salariés à temps partiel sont pris en compte dans l'effectif en divisant la somme totale des horaires inscrits dans leur contrat par la durée légale ou la durée conventionnelle du travail (voir *Travail à temps partiel**).

Exemple

Un salarié employé 24 h par semaine dans une entreprise à 35 h compte pour : 24/35 = 0,69 unité.

Toutefois, un accord ou une convention collective peut prévoir que les salariés à temps partiel sont comptabilisés comme des salariés à temps complet et « valent » ainsi une unité (cass. soc. 25 janvier 2012, n° 11-60092, BC V n° 35).

Modalités de prise en compte (effectif « droit du travail ») : hypothèses les plus courantes	
Salariés en CDI à temps plein	Intégralement pris en compte dans l'effectif de l'entreprise (y compris les travailleurs à domicile) (c. trav. art. L. 1111-2, 1°).
Salariés à temps partiel	Pris en compte au prorata de leur horaire contractuel par la durée légale ou conventionnelle du travail (c. trav. art. L. 1111-2, 2°) **(1)**.
Salariés en CDD	Pris en compte au prorata de leur temps de présence au cours des 12 mois précédents (c. trav. art. L. 1111-2, 2°) **(2)**. Exclus du décompte lorsqu'ils remplacent un salarié absent ou dont le contrat de travail est suspendu.
Salariés dont le contrat de travail est suspendu	Pris en compte (ex. : salariés en arrêté de travail pour maladie, en arrêt de travail à la suite d'un accident du travail, en congé parental d'éducation total, en congé sabbatique) (circ. DRT 83-13 du 25 octobre 1983).
Travailleurs temporaires	Pris en compte dans l'effectif de l'entreprise utilisatrice au prorata de leur temps de présence au cours des 12 mois précédents (c. trav. art. L. 1111-2, 2°). Par exception, les travailleurs temporaires ne sont pas pris en compte pour l'application à l'entreprise utilisatrice des dispositions relatives à la tarification des risques d'accidents du travail ou de maladies professionnelles (c. trav. art. R. 1111-1). Exclus du décompte lorsqu'ils remplacent un salarié absent ou dont le contrat de travail est suspendu. Comptabilisés dans l'effectif de l'entreprise de travail temporaire, selon des modalités spécifiques (c. trav. art. L. 1251-54).
Salariés mis à disposition (3)	Pris en compte dans l'effectif de l'entreprise utilisatrice au prorata de leur temps de présence au cours des 12 mois précédents, sous réserve qu'ils soient présents dans l'entreprise utilisatrice et y travaillent depuis au moins 1 an (c. trav. art. L. 1111-2, 2°). Par exception, les salariés mis à disposition par un groupement d'employeurs ou une association intermédiaire ne sont pas pris en compte pour l'application à l'entreprise utilisatrice des dispositions relatives à la tarification des risques d'accidents du travail ou de maladies professionnelles (c. trav. art. R. 1111-1). Exclus du décompte lorsqu'ils remplacent un salarié absent ou dont le contrat de travail est suspendu. Comptabilisés dans l'effectif de l'entreprise qui les emploie (sous-traitant ou prestataire de services), à l'exception des salariés mis à disposition par un groupement d'employeurs, qui ne sont comptabilisés dans l'effectif du groupement que pour les règles de représentation du personnel (c. trav. art. L. 1253-8-1).

(1) Un accord ou une convention collective peut prévoir que les salariés à temps partiel sont comptabilisés comme des salariés à temps complet et « valent » une unité (cass. soc. 25 janvier 2012, n° 11-60092, BC V n° 35).
(2) Englobe les salariés saisonniers, qui sont des salariés en CDD (rép. Couderc n° 36174, JO 30 septembre 1996, AN quest. p. 5203).
(3) Salariés mis à disposition par une entreprise sous-traitante ou par un prestataire de services. À distinguer des salariés mis à disposition par une entreprise de travail temporaire (circ. DGT 2008-20 du 13 novembre 2008).

Les salariés en CDD, les travailleurs intermittents, les intérimaires et, lorsqu'ils sont comptabilisés *(voir ci-avant)*, les salariés mis à disposition sont pris en compte au prorata de leur temps de présence dans l'entreprise au cours des 12 mois précédents.

Pas d'arrondi - Lorsque l'effectif ne correspond pas à un nombre entier, l'employeur ne doit pas l'arrondir au nombre entier supérieur (cass. soc. 17 juin 2009, n° 08-60594 D). Ainsi, lorsque le résultat du calcul de l'effectif est égal à 10,6 salariés, il faut considérer que l'entreprise a franchi le seuil de 10 salariés, mais n'a pas atteint celui de 11 salariés qui impose la mise en place d'un *comité social et économique**(CSE).

Date ou période de prise en compte - La date à laquelle se situer ou la période à prendre en compte pour évaluer l'effectif de l'entreprise varie selon les obligations *(voir tableau reproduit dans cette étude)*.

Exemple

Pour la mise en place du *comité social et économique** (CSE), l'effectif se mesure sur 12 mois consécutifs (c. trav. art. L. 2311-2 et L. 2312-2).

Certaines règles s'appliquent aux entreprises qui emploient « habituellement » un nombre déterminé de salariés. Tel est le cas, par exemple, de la possibilité de conclure un accord collectif sous la forme d'un référendum, qui est réservée aux entreprises employant habituellement moins de 11 salariés [voir *Accord collectif d'entreprise (conclusion sans délégué syndical)**]. Selon l'administration, en l'absence de précision sur la période durant

Modalités de prise en compte (effectif « droit du travail ») : statuts particuliers	
Congé de conversion	OUI, car le contrat n'est pas rompu, mais suspendu (c. trav. art. L. 5123-1 et L. 5123-2).
Contrat d'accompagnement dans l'emploi	Voir « Contrat unique d'insertion »
Contrat d'apprentissage	NON, sauf en matière de tarification AT (c. trav. art. L. 1111-3 ; c. séc. soc. art. R. 130-1, III).
Contrat de travail intermittent	OUI, au prorata de leur temps de présence au cours des 12 mois précédents (c. trav. art. L. 1111-2, 2°).
Contrat initiative-emploi	Voir « Contrat unique d'insertion »
Contrat de professionnalisation	NON, sauf en matière de tarification AT (c. trav. art. L. 1111-3 ; c. séc. soc. art. R. 130-1, III).
Contrat unique d'insertion (CIE ou CAE)	NON, pendant la durée de la convention, sauf : - en matière de tarification AT (c. trav. art. L. 1111-3) ; - pour les dispositions relatives aux institutions représentatives du personnel (c. trav. art. L. 2301-1).
Contrat à la tâche	OUI, le cas échéant au prorata du temps de travail.
Dirigeants	NON (cass. soc. 18 février 1988, n° 87-60043, BC V n° 124).
Journalistes pigistes	OUI, au prorata du temps de présence dans l'entreprise au cours des 12 derniers mois. Le temps de présence peut être déterminé en faisant référence à la somme de l'ensemble des piges divisée par un salaire de référence pour obtenir le nombre équivalent de salariés (circ. DRT 91-6 du 27 mars 1991).
Mission à l'étranger	OUI, lorsque le lien de subordination avec l'entreprise d'origine est maintenu (cass. soc. 4 mai 1994, n° 91-60008, BC V n° 162 ; cass. soc. 4 avril 2001, n° 99-60572 D).
Préretraités et salariés en dispense d'activité	NON, s'ils n'exécutent aucun travail et ne sont plus rémunérés (cass. soc. 27 février 1985, n° 84-60475, BC V n° 126). OUI, s'ils perçoivent une garantie de ressources (cass. soc. 26 mai 2004, n° 03-60125, BC V n° 140) ou si une convention le prévoit (cass. soc. 12 décembre 1990, n° 88-60782, BC V n° 662 ; cass. soc. 24 mars 1993, n° 92-60288 D).
Salarié détaché pour exercer un mandat syndical	OUI
Stagiaires étudiants et lycéens sous convention avec un établissement d'enseignement	NON, car ils ne sont pas liés à l'entreprise par un contrat de travail.
Stagiaires de la formation professionnelle âgés de 16 à 25 ans	NON, car ils ne sont pas liés à l'entreprise par un contrat de travail.
VRP	VRP exclusifs : OUI. VRP multicartes : OUI. Les VRP multicartes ne sont pas présumés à temps partiel (cass. soc. 7 octobre 1998, n° 97-60429, BC V n° 415).

laquelle l'effectif doit être atteint, il y a lieu de retenir une période de 6 mois (circ. DRT 83-5 du 15 mars 1983).

Cadre géographique - L'effectif peut s'apprécier au niveau de l'entreprise, de l'établissement, voire de l'unité économique et sociale ou du groupe. Le cadre de décompte des effectifs varie selon les obligations *(voir tableau reproduit dans cette étude)*.

Lissage des effets de seuil pour le CSE - Lorsqu'une entreprise qui est déjà dotée d'un CSE atteint le seuil de 50 salariés pendant 12 mois consécutifs, le comité n'exerce les attributions prévues à partir de 50 salariés qu'à l'issue d'un délai de 12 mois (c. trav. art. L. 2312-2).

Les entreprises qui atteignent ou qui franchissent le seuil de 300 salariés disposent également d'un délai d'un an pour se conformer à l'ensemble des nouvelles obligations d'information et de consultation qui leur incombent (c. trav. art. L. 2312-34).

▶ À noter… Les règles de calcul de l'*effectif sécurité sociale** prévoient quant à elles un mécanisme unifié de gel des effets de seuil : sous réserve d'un certain nombre d'exceptions, le seuil d'effectif doit avoir été atteint ou dépassé pendant 5 années consécutives pour que l'entreprise soit soumise à l'obligation associée à ce seuil.

☞ *Effectif sécurité sociale.*

Principaux seuils d'effectifs (droit du travail)			
Dispositions concernées	**Appréciation des effectifs**		**Références**
	Date ou période	**Cadre géographique**	
À compter du 1er salarié			
Registre unique du personnel		Établissement	c. trav. art. L. 1221-13 et D. 1221-23
Formation professionnelle En dessous de 11 salariés, taux global de 0,55 %.	Effectif sécurité sociale* : moyenne du nombre de personnes employées au cours de chacun des mois de l'année civile précédente.	Entreprise	c. trav. art. L. 6331-1 A et L. 6331-1
Quota de stagiaires En dessous de 20 salariés, l'entreprise ne doit pas accueillir plus de 3 stagiaires.	Chiffre le plus élevé entre : - le nombre des personnes physiques employées dans l'organisme d'accueil au dernier jour du mois civil précédant la période sur laquelle le respect du quota est apprécié ; - et la moyenne de ce même nombre sur les 12 mois précédant la période sur laquelle le respect du quota est apprécié.	Organisme d'accueil	c. éduc. art. L. 124-8, R. 124-10 et R. 124-12
Prêt de main-d'œuvre En dessous de 250 salariés, possibilité de bénéficier de la mise à disposition de salariés par une entreprise d'au moins 5 000 salariés.	Effectif sécurité sociale* : moyenne du nombre de personnes employées au cours de chacun des mois de l'année civile précédente.	Entreprise	c. trav. art. L. 8241-3
Non-respect de la priorité de réembauche En dessous de 11 salariés, indemnisation en fonction du préjudice subi, sans que les planchers légaux s'appliquent.	Effectif habituel	Entreprise	c. trav. art. L. 1235-14
Heures supplémentaires : contrepartie obligatoire en repos Jusqu'à 20 salariés, taux plancher fixé à 50 %.	Effectif sécurité sociale* : moyenne du nombre de personnes employées au cours de chacun des mois de l'année civile précédente.	Entreprise	c. trav. art. L. 3121-33 et L. 3121-38
Accord collectif par référendum En dessous de 11 salariés, possibilité de faire valider par le personnel, en qualité d'accord collectif, un texte élaboré par l'employeur.	Effectif habituel	Entreprise	c. trav. art. L. 2232-21
Aménagement du temps de travail sans accord collectif En dessous de 50 salariés, possibilité d'aménager le temps de travail sur une période supérieure à la semaine, dans la limite de 9 semaines.	Effectif habituel	Entreprise	c. trav. art. L. 3121-45

Principaux seuils d'effectifs (droit du travail)			
Dispositions concernées	**Appréciation des effectifs**		**Références**
	Date ou période	**Cadre géographique**	
Vente de l'entreprise En dessous de 50 salariés, obligation d'information préalable du personnel sur les conditions de reprise de l'entreprise par les salariés.	Effectif sur 12 mois consécutifs (1)	Entreprise	c. com. art. L. 23-10-1 et L. 141-23
Modalités de reprise de la société En dessous de 250 salariés, information du personnel, tous les 3 ans, sur les possibilités de reprise de la société par les salariés.	Effectif habituel	Entreprise	loi 2014-856 du 31 juillet 2014, art. 18, JO 1er août, modifié par loi 2015-990 du 6 août 2015, art. 204, JO du 7 ; décret 2015-1811 du 28 décembre 2015, JO du 30 ; décret 2016-2 du 4 janvier 2016, JO du 5
Document unique d'évaluation des risques À compter du 31.03.2022, dans les entreprises de moins de 50 salariés, le DUER doit comporter la liste des actions de prévention des risques et de protection des salariés.	Effectif habituel	Entreprise	c. trav. art. L. 4121-3-1 (version en vigueur au 31.03.2022) ; loi 2021-10-18 du 2 août 2021, JO du 3, art. 40, I
Formations premiers secours		Atelier où sont accomplis des travaux dangereux	c. trav. art. R. 4224-15
Rémunération des salariés participant à des négociations de branche En dessous de 50 salariés, prise en charge par le fonds paritaire dédié au financement des syndicats de la rémunération des salariés participant à des négociations au niveau de la branche.	Au 31 décembre de l'année précédente, en fonction de la moyenne mensuelle de l'effectif	Entreprise	c. trav. art. L. 2232-8 et R. 2232-1-3
Épargne salariale et dirigeants En dessous de 250 salariés, possibilité pour les dirigeants de bénéficier de la participation, de l'intéressement et de l'épargne salariale.	Effectif sécurité sociale* : moyenne du nombre de personnes employées au cours de chacun des mois de l'année civile précédente. Par exception, il n'est pas nécessaire que l'entreprise ait employé au moins 1 salarié pendant 5 années consécutives.	Entreprise	c. trav. art. L. 3312-3, L. 3324-2 et L. 3332-3
Épargne salariale et adhésion à un accord de branche En dessous de 50 salariés, possibilité d'adhérer à un dispositif d'épargne de branche par simple décision unilatérale.	Effectif sécurité sociale* : moyenne du nombre de personnes employées au cours de chacun des mois de l'année civile précédente.	Entreprise	c. trav. art. L. 3312-8

Principaux seuils d'effectifs (droit du travail)			
Dispositions concernées	**Appréciation des effectifs**		**Références**
	Date ou période	**Cadre géographique**	
Au moins 11 salariés			
Comité social et économique (CSE) Élection.	Effectif atteint pendant 12 mois consécutifs	Entreprise	c. trav. art. L. 2311-2 et L. 2313-1
Fréquence des réunions du CSE Au moins une fois par mois et à la demande des élus en cas d'urgence.	En présence d'un CSE	Entreprise	c. trav. art. L. 2315-21
Délégué syndical En dessous de 50 salariés, désignation parmi les membres du CSE.	En présence d'un CSE	Entreprise	c. trav. art. L. 2143-6 ; cass. soc. 29 avril 2009, n° 08-60484, BC V n° 115
Représentant de la section syndicale En dessous de 50 salariés, désignation parmi les membres du CSE.	En présence d'un CSE	Entreprise	c. trav. art. L. 2142-1-4
Formation professionnelle Taux global de 1 %.	Effectif sécurité sociale* : moyenne du nombre de personnes employées au cours de chacun des mois de l'année civile précédente. Effectif atteint pendant 5 années consécutives.	Entreprise	c. trav. art. L. 6331-1 A et L. 6331-3
Licenciement économique collectif en l'absence de CSE À défaut de P-V de carence justifiant l'absence de CSE, indemnisation des salariés licenciés à hauteur de 1 mois de salaire minimum.	Effectif atteint pendant 12 mois consécutifs	Entreprise	c. trav. art. L. 1235-15 et L. 2311-2
Bilan annuel des heures supplémentaires et complémentaires Bilan à soumettre au CSE.	En présence d'un CSE	Entreprise	loi 2007-1223 du 21 août 2007, art. 1-X, JO du 22
Utilisation du contingent d'heures supplémentaires À défaut de contingent fixé par voie conventionnelle, consultation annuelle du CSE sur les modalités d'utilisation du contingent et sur son éventuel dépassement.	En présence d'un CSE	Entreprise	c. trav. art. L. 3121-40
Conseiller du salarié Autorisation d'absence dans la limite de 15 h par mois.	Effectif habituel	Établissement	c. trav. art. L. 1232-8
Défenseur syndical Crédit maximal de 10 h par mois non payé pour les salariés exerçant des fonctions de défenseur syndical.	Effectif habituel	Établissement	c. trav. art. L. 1453-5

Principaux seuils d'effectifs (droit du travail)			
Dispositions concernées	**Appréciation des effectifs**		**Références**
	Date ou période	**Cadre géographique**	
Au moins 20 salariés			
Quota de stagiaires Les stagiaires ne doivent pas représenter plus de 15 % de l'effectif.	Chiffre le plus élevé entre : - le nombre des personnes physiques employées dans l'organisme d'accueil au dernier jour du mois civil précédant la période sur laquelle le respect du quota est apprécié ; - et la moyenne de ce même nombre sur les 12 mois précédant la période sur laquelle le respect du quota est apprécié.	Organisme d'accueil	c. éduc. art. L. 124-8, R. 124-10 et R. 124-12
Formations premiers secours	20 personnes pendant plus de 15 jours où sont réalisés des travaux dangereux	Chantier où des travaux dangereux sont réalisés	c. trav. art. R. 4224-15
Obligation d'emploi des travailleurs handicapés	Effectif sécurité sociale* : moyenne du nombre de personnes employées au cours de chacun des mois de l'année civile. Effectif atteint pendant 5 années consécutives (2).	Entreprise	c. trav. art. L. 5212-1, L. 5212-3 et D. 5212-1
Plus de 20 salariés			
Heures supplémentaires : contrepartie obligatoire Taux plancher fixé à 100 %.	Effectif sécurité sociale* : moyenne du nombre de personnes employées au cours de chacun des mois de l'année civile. Effectif atteint pendant 5 années consécutives.	Entreprise	c. trav. art. L. 3121-33 et L. 3121-38
Au moins 50 salariés			
Règlement intérieur	Effectif atteint pendant 12 mois consécutifs	Entreprise ou établissement	c. trav. art. L. 1311-2
Local de restauration Mise en place obligatoire.	Effectif sécurité sociale* : moyenne du nombre de personnes employées au cours de chacun des mois de l'année civile. Effectif atteint pendant 5 années consécutives.	Établissement	c. trav. art. R. 4228-22
Attributions du CSE Attributions étendues à l'organisation, la gestion et la marche générale de l'entreprise.	Effectif atteint pendant 12 mois consécutifs	Entreprise	c. trav. art. L. 2312-2
Mandats successifs des membres du CSE Nombre de mandats successifs limité à trois (sauf si le protocole préélectoral en stipule autrement dans les entreprises de moins de 300 salariés).	Effectif atteint ou dépassé pendant 12 mois consécutifs	Entreprise ou établissement distinct	c. trav. art. L. 2314-33 et R. 2314-26 ; rép. Mouiller n° 03267, JO 17 janvier 2019, Sénat quest. p. 338

Principaux seuils d'effectifs (droit du travail)			
Dispositions concernées	Appréciation des effectifs		Références
	Date ou période	Cadre géographique	
Représentant syndical au CSE En dessous de 300 salariés, le délégué syndical (DS) est de droit représentant syndical au CSE.	En présence d'un CSE. Pour l'appréciation du plafond de 300 salariés, effectif au jour de la désignation.	Entreprise ou établissement distinct	c. trav. art. L. 2143-22 ; cass. ass. plén. 6 juin 1986, n° 85-60620, B. ass. plén. n° 10 ; cass. soc. 3 avril 2002, n° 01-60576, BC V n° 120
Consultation du CSE sur : - les orientations stratégiques de l'entreprise ; - la situation économique et financière de l'entreprise ; - la politique sociale de l'entreprise, les conditions de travail et l'emploi. Consultation annuelle, sauf accord fixant une périodicité différente.	En présence d'un CSE	Entreprise ou établissement distinct	c. trav. art. L. 2312-17
Réunions du CSE En l'absence d'accord fixant la fréquence des réunions (c. trav. art. L. 2315-28) : - dans les entreprises de moins de 300 salariés, au moins une réunion tous les 2 mois (6 réunions par an) ; - dans les entreprises d'au moins 300 salariés, au moins une réunion par mois (12 réunions par an).	En présence d'un CSE	Entreprise ou établissement distinct	c. trav. art. L. 2315-28
Bilan annuel des heures supplémentaires et complémentaires Bilan soumis au CSE.	En présence d'un CSE	Entreprise ou établissement distinct	loi 2007-1223 du 21 août 2007, art. 1-X, JO du 22
Bilan annuel du travail à temps partiel Bilan soumis au CSE, dans le cadre de la consultation périodique sur la politique sociale de l'entreprise.	En présence d'un CSE	Entreprise ou établissement distinct	c. trav. art. L. 3123-15
Aménagement du temps de travail sans accord collectif Possibilité d'aménager le temps de travail sur une période supérieure à la semaine, dans la limite de 4 semaines.	Effectif habituel	Entreprise	c. trav. art. L. 3123-45
Délégué syndical Désignation parmi les candidats aux élections professionnelles.	Effectif atteint pendant 12 mois consécutifs	Entreprise ou établissement distinct	c. trav. art. L. 2143-3
Représentant de la section syndicale Désignation.	Effectif habituel	Entreprise ou établissement distinct	c. trav. art. L. 2142-1-1

Principaux seuils d'effectifs (droit du travail)			
Dispositions concernées	**Appréciation des effectifs**		**Références**
	Date ou période	**Cadre géographique**	
Négociation obligatoire sur : - la rémunération, le temps de travail et le partage de la valeur ajoutée (sous peine de pénalité financière en l'absence de négociation sur les salaires effectifs) ; - l'égalité professionnelle femmes/hommes et la qualité de vie et des conditions de travail. Négociation annuelle, sauf accord fixant une périodicité différente.	En présence d'un délégué syndical	Entreprise	c. trav. art. L. 2242-1 et L. 2242-13
Négociation sur la prévention des expositions (pénibilité) sous peine de pénalité financière Entreprises où au moins 25 % des salariés sont exposés à des facteurs de risques professionnels au-delà des seuils réglementaires ou dont l'indice de sinistralité AT-MP dépasse 0,25 (3).	Au 31 décembre de l'année précédente, en fonction de la moyenne des effectifs mesurés à la fin de chaque mois	Entreprise, UES ou groupe	c. trav. art. L. 4162-1 et D. 4162-1
Négociation sur l'égalité professionnelle sous peine de pénalité financière Dans le cadre de la négociation obligatoire pour les entreprises dotées d'un délégué syndical (voir ci-avant). Pénalité d'au plus 1 % de la masse salariale en l'absence d'accord ou de plan d'action.	Effectif atteint ou dépassé pendant 12 mois consécutifs	Entreprise	c. trav. art. L. 2242-8 ; instr. DGT 2017-124 du 4 avril 2017
Publication chaque 1er mars d'indicateurs sur les inégalités de rémunération entre les femmes et les hommes	Effectif au jour de la date limite de publication de l'index (chaque 1er mars)	Entreprise ou UES	c. trav. art. L. 1142-8 ; questions-réponses en ligne sur le site du ministère du Travail, version mise à jour le 23.10.2019
Document unique d'évaluation des risques À compter du 31.03.2022, dans les entreprises d'au moins 50 salariés, le DUER doit conduire à l'élaboration d'un programme annuel de prévention des risques professionnels et d'amélioration des conditions de travail.	Effectif habituel	Entreprise	c. trav. art. L. 4121-3-1 (version en vigueur au 31.03.2022) ; loi 2021-10-18 du 2 août 2021, JO du 3, art. 40, I

Principaux seuils d'effectifs (droit du travail)			
Dispositions concernées	Appréciation des effectifs		Références
	Date ou période	Cadre géographique	
Document unique d'évaluation des risques À compter du 01.07.2023, dépôt du DUER obligatoirement sous forme dématérialisée	Effectif habituel	Entreprise	c. trav. art. L. 4121-3-1 (version en vigueur au 31.03.2022)
Médecin du travail Obligation de tenir à la disposition du DREETS et du médecin inspecteur du travail un document annuel faisant état des changements de secteur et d'affectation du médecin du travail	Effectif sécurité sociale* : moyenne du nombre de personnes employées au cours de chacun des mois de l'année civile. Effectif atteint pendant 5 années consécutives.	Entreprise ou établissement	c. trav. art. R. 4623-13
Personnel infirmier En dessous de 200 salariés (établissements industriels) ou de 500 salariés (autres établissements), embauche d'un infirmier à la demande du médecin du travail et du CSE.	Effectif habituel	Établissement	c. trav. art. R. 4623-33
Sécurité incendie Alarme sonore et consigne incendie.	Personnes occupées ou réunies habituellement (4)	Établissement	c. trav. art. R. 4227-34 et R. 4227-37
Lanceurs d'alerte Mise en place d'une procédure de recueil des signalements émis par les lanceurs d'alerte.	Effectif atteint pendant 12 mois consécutifs (5)	Entreprise	Loi 2016-1691 du 9 décembre 2016, art. 8-III, JO du 10 ; décret 2017-564 du 19 avril 2017, art. 3-I, JO du 20
Licenciement économique et plan de sauvegarde de l'emploi (PSE) Obligation d'établir un PSE en cas de projet de licenciement économique d'au moins 10 salariés sur 30 jours.	Effectif à la date d'engagement de la procédure de licenciement	Entreprise ou UES si le licenciement est décidé à ce niveau	c. trav. art. L. 1233-61 ; cass. soc. 13 juillet 2010, n° 09-65182 D ; cass. soc. 16 novembre 2010, n° 09-69485, BC V n° 258
Licenciement économique et revitalisation des bassins d'emploi Actions de revitalisation si le licenciement affecte l'équilibre du bassin d'emploi.	Effectif habituel	Entreprise	c. trav. art. L. 1233-84 et L. 1233-87
Vente de l'entreprise En dessous de 250 salariés, obligation d'information préalable du personnel sur les conditions de reprise de l'entreprise par les salariés.	Effectif habituel. Entreprises entrant dans la catégorie des PME au sens statistique (décret 2008-1354 du 18 décembre 2008, JO du 20)	Entreprise	c. com. art. L. 141-28 et L. 23-10-7
Participation Mise en place obligatoire.	Effectif sécurité sociale* : moyenne du nombre de personnes employées au cours de chacun des mois de l'année civile. Effectif atteint pendant 5 années consécutives.	Entreprise ou UES	c. trav. art. L. 3321-1 et L. 3322-2

Principaux seuils d'effectifs (droit du travail)			
Dispositions concernées	**Appréciation des effectifs**		**Références**
	Date ou période	**Cadre géographique**	
Participation Rapport annuel au CSE.	En présence d'un CSE	Entreprise ou établissement distinct	c. trav. art. D. 3323-13
Plus de 100 salariés			
Local dédié à l'allaitement	Effectif habituel de plus de 100 salariées	Établissement	c. trav. art. L. 1225-32
Au moins 200 salariés			
Personnel infirmier Dans les établissements industriels, embauche obligatoire d'au moins un infirmier.	Effectif habituel	Établissement	c. trav. art. R. 4623-32
Examens médicaux Le suivi individuel peut être réalisé dans l'établissement.	Effectif habituel	Établissement	c. trav. art. R. 4624-40
Local premiers secours Mise en place obligatoire (établissements industriels).	Effectif habituel	Établissement	c. trav. art. R. 4214-23
Local syndical commun	Effectif habituel	Entreprise ou établissement	c. trav. art. L. 2142-8
Au moins 250 salariés			
Accompagnement des personnes handicapées Désignation d'un « référent handicap »	Effectif sécurité sociale* : moyenne du nombre de personnes employées au cours de chacun des mois de l'année civile. Effectif atteint pendant 5 années consécutives.	Entreprise	c. trav. art. L. 5213-6-1
Lutte contre le harcèlement sexuel et les agissements sexistes Désignation d'un « référent harcèlement sexuel »	Effectif sécurité sociale* : moyenne du nombre de personnes employées au cours de chacun des mois de l'année civile. Effectif atteint pendant 5 années consécutives.	Entreprise	c. trav. art. L. 1151-2 et L. 1153-5-1
Au moins 300 salariés			
Négociation obligatoire sur la gestion des emplois et des parcours professionnels Négociation triennale, sauf accord fixant une périodicité différente.	Effectif atteint pendant 12 mois consécutifs (6)	Entreprise ou groupe (7)	c. trav. art. L. 2242-2
Négociation obligatoire sur l'égalité professionnelle sous peine de pénalité financière Pour les entreprises qui ont opté pour un plan d'action, obligation de justifier de l'absence d'accord par un P-V de désaccord.	Effectif atteint pendant 12 mois, consécutifs	Entreprise	c. trav. art. L. 2242-8 ; instr. DGT 2017-124 du 4 avril 2017

Principaux seuils d'effectifs (droit du travail)			
Dispositions concernées	Appréciation des effectifs		Références
	Date ou période	Cadre géographique	
Mandats successifs des membres du CSE Nombre de mandats successifs limité à trois.	Effectif atteint pendant 12 mois consécutifs	Entreprise ou établissement distinct	c. trav. art. L. 2315-33
Réunions du CSE Réunion tous les mois, en l'absence d'accord fixant la fréquence des réunions.	Effectif atteint pendant 12 mois consécutifs (8)	Entreprise ou établissement distinct	c. trav. art. L. 2315-28
Bilan social Bilan soumis chaque année au CSE	Effectif atteint pendant 12 mois consécutifs	Entreprise	c. trav. art. L. 2312-34 et L. 2312-69
Informations trimestrielles Communication au CSE d'informations sur : - l'évolution générale des commandes et l'exécution des programmes de production ; - les éventuels retards de paiement de cotisations sociales par l'entreprise ; - le nombre de contrats de mission conclus avec une entreprise de travail temporaire.	Effectif atteint ou dépassé pendant 12 mois consécutifs	Entreprise ou établissement distinct	c. trav. art. L. 2312-34 et L. 2312-69
Base de données économiques et sociales et environnementales (BDESE) sur support informatique uniquement	Effectif atteint pendant 12 mois consécutifs	Entreprise ou établissement distinct	c. trav. art. L. 2312-34 et R. 2312-12
Commission santé, sécurité et conditions de travail Mise en place au sein du CSE (9).	Effectif atteint pendant 12 mois consécutifs (8)	Entreprise ou établissement distinct	c. trav. art. L. 2315-36
Commission de la formation Mise en place obligatoire au sein du CSE, en l'absence d'accord collectif relatif aux commissions.	Effectif atteint pendant 12 mois consécutifs (8)	Entreprise ou établissement distinct (10)	c. trav. art. L. 2315-49
Commission de l'égalité professionnelle Mise en place obligatoire au sein du CSE, en l'absence d'accord collectif relatif aux commissions.	Effectif atteint pendant 12 mois consécutifs (8)	Entreprise ou établissement distinct (10)	c. trav. art. L. 2315-56
Commission logement Mise en place obligatoire au sein du CSE, en l'absence d'accord collectif relatif aux commissions.	Effectif atteint pendant 12 mois consécutifs (8)	Entreprise ou établissement distinct (10)	c. trav. art. L. 2315-50
Représentant syndical au CSE Désignation parmi les membres du personnel.	Effectif au jour de la désignation	Entreprise ou établissement distinct	c. trav. art. L. 2314-2 ; cass. ass. plén. 6 juin 1986, n° 85-60620, B. ass. plén. n° 10 ; cass. soc. 3 avril 2002, n° 01-60576, BC V n° 120

Principaux seuils d'effectifs (droit du travail)			
Dispositions concernées	**Appréciation des effectifs**		**Références**
	Date ou période	**Cadre géographique**	
Formation à la non-discrimination Tous les 5 ans, formation à la non-discrimination à l'embauche des salariés chargés du recrutement.	Effectif habituel	Entreprise	c. trav. art. L. 1131-2
Plus de 300 salariés			
Formation à la sécurité Rapport écrit à remettre au CSE sur les formations à la sécurité envisagées vis-à-vis de certains salariés.	Effectif habituel	Entreprise	c. trav. art. R. 4143-2
Au moins 500 salariés			
Délégué syndical supplémentaire Désignation parmi les candidats aux élections professionnelles.	Effectif habituel	Entreprise	c. trav. art. L. 2143-4
Personnel infirmier Dans les établissements non industriels, embauche obligatoire d'au moins un infirmier.	Effectif habituel	Établissement	c. trav. art. R. 4623-32
Local premiers secours Mise en place obligatoire dans les établissements non industriels.	Effectif habituel	Établissement	c. trav. art. R. 4214-23
SPST Possibilité de mettre en place un service de prévention et de santé au travail autonome (SST) (11).	Effectif apprécié « sur une certaine durée »	Groupe, UES, entreprise ou établissement	c. trav. art. D. 4622-1 et D. 4622-5 ; circ. DGT 2012-13 du 9 novembre 2012
Au moins 1 000 salariés			
Cadres dirigeants et instances dirigeantes Répartition équilibrée femmes/hommes parmi les cadres dirigeants et les membres des instances dirigeantes [sur le calendrier d'application notamment de la publication des écarts de répartition et du nouveau quota à respecter voir, Cadres dirigeants (écarts de répartition entre les femmes et les hommes)*]	Effectif atteint pour le 3e exercice consécutif	Entreprise	loi 2021-1774 du 24 décembre 2021, art. 14, JO du 26 ; c. trav. art. L. 1142-11 à L. 1142-13
Commission économique Mise en place obligatoire au sein du CSE en l'absence d'accord collectif relatif aux commissions.	Effectif atteint pendant 12 mois consécutifs (12)	Entreprise ou établissement distinct (10)	c. trav. art. L. 2315-46

Principaux seuils d'effectifs (droit du travail)			
Dispositions concernées	**Appréciation des effectifs**		**Références**
	Date ou période	**Cadre géographique**	
Licenciement économique et reclassement Obligation de proposer le congé de reclassement.	Effectif habituel	UES, groupe, entreprise ou établissement	c. trav. art. L. 1233-71
Local syndical propre à chaque syndicat	Effectif habituel	Entreprise ou établissement	c. trav. art. L. 2142-8
Au moins 2 000 salariés			
Délégué syndical central Désignation d'un délégué central distinct des délégués syndicaux d'établissement.	Effectif habituel	Entreprise comportant au moins 2 établissements d'au moins 50 salariés chacun	c. trav. art. L. 2143-5
Subvention de fonctionnement du CSE Montant majoré.	Effectif habituel	Entreprise	c. trav. art. L. 2315-61
Entretien professionnel en fin de mandat Lors de l'entretien professionnel organisé à la fin du mandat du représentant du personnel (RP), obligation de procéder au recensement des compétences acquises au cours du mandat et de préciser les modalités de valorisation de l'expérience acquise (13).	En présence de RP	Entreprise	c. trav. art. L. 2141-5
Au moins 5 000 salariés			
Travailleurs handicapés Réentraînement au travail et rééducation professionnelle des salariés blessés ou malades reconnus comme travailleurs handicapés.	Effectif habituel	Établissement ou groupe d'établissements	c. trav. art. L. 5213-5 ; cass. soc. 12 janvier 2011, n° 09-70634, BC V n° 13
Santé, sécurité et environnement (siège social en France) Mise en place d'un plan de vigilance.	Effectif habituel	Société mère et filiales directes ou indirectes	c. com. art. L. 225-102-4
Au moins 10 000 salariés			
Santé, sécurité et environnement (siège social à l'étranger) Mise en place d'un plan de vigilance.	Effectif habituel	Société mère et filiales directes ou indirectes	c. com. art. L. 225-102-4

(1) Obligation qui concerne les entreprises « qui n'ont pas l'obligation de mettre en place de comité d'entreprise », donc, à la lettre du texte, qui n'ont jamais atteint le seuil de 50 salariés sur 12 mois, consécutifs ou non, au cours des 3 dernières années (c. trav. art. L. 2322-2, dans sa version antérieure au 24.09.2017). Si l'on transpose à cette disposition les règles de décompte prévues pour le comité social et économique (CSE), qui a remplacé le CE, l'obligation concerne les entreprises qui n'ont pas atteint le seuil de 50 salariés pendant 12 mois consécutifs (c. trav. art. L. 2312-2).
(2) Par exception aux règles de calcul « sécurité sociale », l'assujettissement à l'OETH au titre d'une année est fonction de son effectif moyen sur cette même année, et non sur l'année N – 1.
(3) En cas d'échec des négociations attesté dans un procès-verbal de désaccord, l'employeur doit élaborer un plan d'action.
(4) Obligatoire lorsque sont occupées ou réunies habituellement « plus de 50 personnes ». Par ailleurs, mesures à mettre en œuvre, quel que soit l'effectif, lorsque sont manipulées et mises en œuvre des matières inflammables appartenant au premier groupe.

Principaux seuils d'effectifs (droit du travail)			
Dispositions concernées	Appréciation des effectifs		Références
	Date ou période	Cadre géographique	

(5) Le dispositif fait référence aux entreprises qui ont atteint le seuil prévu pour la mise en place d'un CE, c'est-à-dire qui ont atteint le seuil de 50 salariés sur 12 mois, consécutifs ou non, au cours des 3 dernières années (c. trav. art. L. 2322-2, dans sa version antérieure au 24.09.2017). Cependant, et sous réserve de précisions ultérieures, il convient à notre sens de raisonner par rapport aux règles de mise en place du CSE. Selon cette interprétation, l'obligation concernerait les entreprises qui ont atteint le seuil de 50 salariés pendant 12 mois consécutifs (c. trav. art. L. 2312-2).

(6) Dans une circulaire de 2005, l'administration estimait que l'entreprise devait avoir atteint ou dépassé le seuil de 300 salariés pendant 12 mois, consécutifs ou non, au cours des 3 années précédentes (circ. DGEFP-DRT 2005-47 du 30 décembre 2005). Mais cette interprétation, qui s'inspirait du mode de calcul de l'effectif applicable au CE, ne nous semble plus valable depuis le remplacement du CE par le CSE. À notre sens, la condition d'effectif s'apprécie donc désormais sur 12 mois consécutifs (c. trav. art. L. 2312-2).

(7) L'obligation de négocier sur la gestion des emplois et des parcours professionnels et sur la mixité des métiers concerne aussi les entreprises et les groupes d'entreprises de dimension communautaire comportant au moins un établissement ou une entreprise de 150 salariés en France.

(8) Les modalités de décompte du seuil de 300 salariés (appréciation sur 12 mois consécutifs) ont été fixées pour les attributions du CSE (c. trav. art. L. 2312-34), mais pas pour les règles relatives à son fonctionnement : fréquence des réunions, mise en place des commissions, etc. (c. trav. art. L. 2315-1 à L. 2315-95). Le ministère du Travail estime cependant que, en matière de fonctionnement du CSE, le seuil de 300 salariés se mesure également sur 12 mois consécutifs (ministère du Travail, Comité social et économique : 117 questions-réponses, QR 98). Un projet de loi « ratifiant diverses ordonnances prévues par la loi n° 2018-771 du 5 septembre 2018 pour la liberté de choisir son avenir professionnel et portant diverses mesures d'ordre social », déposé à l'Assemblée nationale le 13 novembre 2019, devait officialiser cette interprétation, mais son examen a été suspendu en raison de la crise sanitaire.

(9) Quel que soit leur effectif, les établissements classés Seveso et les sites nucléaires doivent également constituer une commission santé, sécurité et conditions de travail. Par ailleurs, l'inspecteur du travail peut imposer la mise en place de cette commission dans des entreprises et des établissements distincts de moins de 300 salariés lorsque cette mesure est nécessaire, notamment en raison de la nature des activités, de l'agencement ou de l'équipement des locaux (c. trav. art. L. 2315-36 et L. 2315-37).

(10) La mise en place d'une commission au niveau d'un établissement distinct ayant atteint ou dépassé l'effectif requis a été admise pour la commission formation (cass. soc. 4 avril 1978, n° 76-13410, BC V n° 278). Sous réserve des précisions éventuelles de la jurisprudence, cette solution est à notre sens transposable aux autres commissions.

(11) Possibilité de mettre en place un SPST autonome à partir de 500 salariés « suivis ». Cette notion est plus large que celle de salariés « employés », car elle englobe les salariés mis à disposition et suivis par le service de santé au travail de l'entreprise utilisatrice (circ. DRT 2005-3 du 7 avril 2005).

(12) Le ministère du Travail considère que lorsque l'entreprise atteint ou franchi le seuil de 1 000 salariés, l'employeur doit « immédiatement » mettre en place la commission économique (ministère du Travail, Comité social et économique : 117 questions-réponses, QR 98). La logique n'est donc pas la même que pour le franchissement du seuil de 300 salariés (voir note 8).

(13) En deçà de 2 000 salariés, l'obligation de procéder au recensement des compétences acquises au cours du mandat et de préciser les modalités de valorisation de l'expérience acquise ne concerne que les représentants du personnel disposant d'heures de délégation sur l'année représentant au moins 30 % de la durée de travail fixée dans leur contrat de travail ou, à défaut, de la durée applicable dans l'établissement.

Effectif sécurité sociale

Les modalités de décompte de l'effectif « sécurité sociale » sont utilisées pour l'ensemble des règles de calcul et de recouvrement des cotisations et contributions de sécurité sociale. Elles s'appliquent plus généralement à tous les seuils prévus par le code de la sécurité sociale (c. séc. soc. art. L. 130-1) ainsi qu'aux seuils prévus dans d'autres codes, lorsqu'il y est fait expressément référence.

La loi PACTE et ses décrets d'application ont réformé ces modalités de décompte en modifiant certains seuils, en excluant les dirigeants sans contrat de travail de l'effectif sécurité sociale et en créant un dispositif unifié et pérenne de gel des effets de seuil. La loi PACTE a également étendu les règles de calcul de l'effectif sécurité sociale à certaines obligations relevant du droit du travail (voir *Effectif**).

Ces nouvelles dispositions sont en vigueur depuis le 1.01.2020 (loi 2019-486 du 22 mai 2019, art. 11, JO du 23 ; décret 2019-1586 du 31 décembre 2019, JO 1er janvier ; décret 2019-1591 du 31 décembre 2019, JO 1er janvier). Elles se sont donc appliquées, pour la première fois, pour l'année 2020 sur la base de l'effectif 2019 calculé selon les nouvelles règles, sous réserve du cas des entreprises nouvelles, ainsi que d'un certain nombre d'exceptions (*voir ci-après*).

Champ d'application

Dispositifs spécifiques au code de la sécurité sociale - Les modalités de calcul de l'effectif « sécurité sociale » de référence valent pour l'ensemble des règles de calcul et de recouvrement des cotisations et contributions de sécurité sociale (c. séc. soc. art. R. 130-1).

Elles s'appliquent notamment aux seuils d'effectif concernant :

- les dates d'exigibilité des cotisations aux URSSAF (voir *Cotisations URSSAF**) et de souscription de la *déclaration sociale nominative (DSN)** ;

- le droit à la déduction forfaitaire de cotisations patronales au titre des heures supplémentaires (moins de 20 salariés) [voir *Heures supplémentaires (déduction forfaitaire de cotisations patronales)**] ;
- la détermination du mode de tarification des *cotisations d'accidents du travail** (collectif/mixte/individuel) (c. séc. soc. art. D. 242-6-2 et D. 242-30), moyennant les particularités propres à cette matière *(voir ci-après)* ;
- l'assujettissement au forfait social sur les contributions patronales de prévoyance complémentaire (11 salariés et plus) et sur l'épargne salariale (à partir de 50 salariés pour la participation des salariés aux résultats de l'entreprise et les plans d'épargne et de 250 salariés pour l'intéressement) [voir *Forfait social (contribution patronale)**] ;
- la possibilité pour les organismes de recouvrement de recourir au contrôle URSSAF sur pièces (moins de 11 salariés) [voir *Contrôle URSSAF (entreprises de moins de onze salariés)**] ;
- la bascule en versement en un lieu unique obligatoire pour le paiement des *cotisations URSSAF**.

Ces règles concernent également les mécanismes d'exonération ou de réduction de cotisations prévues par le code de la sécurité sociale [ex. : le champ d'application de l'exonération spécifique aux embauches en *zone de revitalisation rurale (secteur marchand)**, qui concerne les entreprises pour les embauches qui n'ont pas pour effet de porter l'effectif total de l'entreprise à au moins 50 salariés (c. séc. soc. art. L. 241-19, II ; décret 97-127 du 12 février 1997, art. 4)].

Dispositifs visés par d'autres codes - D'autres mécanismes font expressément référence à l'effectif sécurité sociale, alors qu'ils ne figurent pas dans le code de la sécurité sociale. Cela concerne notamment :
- l'assujettissement au *Fonds national d'aide au logement (FNAL)** au taux de 0,50 % (50 salariés et plus) (c. constr. et hab. art. L. 813-5) ;
- l'assujettissement à la *participation à l'effort de construction** hors secteur agricole (50 salariés et plus) (c. constr. et hab. art. L. 313-1 et R. 313-1) ;
- l'assujettissement au *versement mobilité** (11 salariés et plus) (c. gén. collect. terr. art. L. 2333-67, L. 2531-2, D. 2333-87 et D. 2531-7), sous réserve des particularités liées au zonage de cette contribution.

Enfin, depuis le 1.01.2020, en application de la loi PACTE, un certain nombre d'obligations figurant dans le code du travail sont rattachées, pour la détermination de l'effectif d'assujettissement, aux règles de calcul spécifiques à la sécurité sociale. Ces obligations sont recensées dans le tableau ci-après.

Calcul de l'effectif de référence

Notion d'effectif annuel moyen - Sauf exceptions *(voir ci-après)*, l'effectif salarié annuel de l'employeur est calculé au niveau de l'entreprise, tous établissements confondus. Il s'agit d'un effectif annuel moyen, calculé le 1er janvier de l'année N, à partir de la moyenne des effectifs mesurés chaque mois de l'année N - 1.

Pour le calcul de cette moyenne, il n'y a pas lieu de tenir compte des mois où aucun salarié n'est employé. L'effectif salarié annuel de l'employeur est arrondi, s'il y a lieu, au centième (2 chiffres après la virgule). Pour ce faire, on ne tient pas compte de la fraction d'effectif au-delà de la 2e décimale (c. séc. soc. art. L. 130-1 et R. 130-1, I).

Exceptions au principe du calcul en N - 1 - En principe, l'effectif à prendre en considération pour vérifier l'assujettissement à une obligation au titre d'une année N est donc l'effectif annuel moyen mesuré sur l'année N – 1 *(voir ci-avant)*. Ce principe connaît néanmoins plusieurs exceptions.

Ainsi, en ce qui concerne l'obligation d'emploi des travailleurs handicapés (OETH), qui s'applique aux employeurs d'au moins 20 salariés [voir *Handicapés (obligation d'emploi)**], l'effectif d'assujettissement est l'effectif « de l'année précédant celle au cours de laquelle la déclaration relative à l'obligation d'emploi de travailleurs handicapés est réalisée », soit l'année de l'OETH concernée (c. trav. art. D. 5212-1).

De même, en ce qui concerne la contribution supplémentaire à la taxe d'apprentissage, à laquelle sont exposées les entreprises d'au moins 50 salariés [voir *Apprentissage (taxe)**], l'effectif de référence n'est pas celui de l'année précédente, mais celui de l'année au titre de laquelle la contribution est due (c. trav. art. L. 6242-1, V).

Pour la détermination du mode de tarification des *cotisations d'accidents du travail** (collectif, mixte ou individuel), l'effectif de référence est celui de la dernière année connue (année N – 2 pour la tarification de l'année N) (c. séc. soc. art. L. 130-1, I).

Exceptions au calcul au niveau de l'entreprise - L'effectif d'assujettissement se mesure en principe au niveau de l'entreprise, tous établissements confondus *(voir ci-avant)*.

Toutefois, en matière de *participation des salariés aux résultats de l'entreprise**, obligatoire à partir de 50 salariés, l'effectif se mesure, le cas échéant, au niveau de l'unité économique et sociale (c. trav. art. L. 3321-1).

Par ailleurs, l'effectif se mesure, le cas échéant, au niveau de l'établissement en ce qui concerne :
- l'obligation de créer un *local de restauration**, à partir de 50 salariés (c. trav. art. R. 4228-22) ;
- l'obligation d'établir un document annuel faisant état des changements de secteur et d'affection du médecin du travail, à partir de 50 salariés (c. trav. art. R. 4623-13).

Le *versement mobilité** fait l'objet de règles spécifiques, détaillées dans l'étude consacrée à cette contribution.

Salariés pris en compte - Sauf exceptions *(voir ci-après)*, l'employeur comptabilise toutes les personnes qui lui sont liées par un contrat de travail, y compris, le cas échéant, les agents et salariés du secteur public relevant du régime d'assurance chômage (c. séc. soc. art. R. 130-1, II).

Depuis le 1.01.2020, les dirigeants ne sont plus pris en compte dans l'effectif sécurité sociale, même s'ils sont affiliés de plein droit au régime général de la sécurité sociale ou au régime des salariés agricoles (sauf, naturellement, s'ils sont liés à l'entreprise par un contrat de travail).

Les catégories de salariés à prendre en compte sont présentées dans le tableau ci-après.

▶ À noter... En ce qui concerne la détermination du mode de tarification en matière d'accidents du travail et de maladies professionnelles, l'effectif comprend, d'une part, les salariés et agents qui relèvent du régime général et, d'autre part, les salariés et agents qui relèvent du régime des salariés agricoles, pour la couverture de ce risque, mais également les apprentis, les salariés titulaires d'un contrat unique d'insertion (contrat d'accompagnement dans l'emploi et contrat-initiative-emploi) et les salariés en contrat de professionnalisation (voir *Cotisations d'accidents du travail**).

Entreprises de travail temporaire - L'effectif d'une entreprise de travail temporaire se calcule en tenant compte des salariés permanents et des salariés qui, au cours de la période, ont été liés à cette entreprise par des contrats de mission (c. séc. soc. art. R. 130-1, II).

Par ailleurs, il y a lieu de tenir compte des travailleurs temporaires en « CDI Intérimaire » (décret 2017-858 du 9 mai 2017, art. 11).

Modalités de décompte pour l'effectif mensuel - Les salariés à temps plein sont pris en compte intégralement pour l'effectif du mois (1 unité chacun) (c. séc. soc. art. R. 130-1, II).

Les salariés à temps partiel (durée contractuelle du travail inférieure à la durée légale ou, le cas échéant, à la durée collective du travail si elle est elle-même inférieure à la durée légale) sont pris en compte au prorata. Il convient de diviser la somme totale des horaires inscrits dans leurs contrats de travail par la durée légale ou la durée conventionnelle du travail.

En cas de mois incomplet (embauche ou départ en cours de mois), les salariés sont décomptés à due proportion du nombre de jours du mois pendant lequel ils ont été employés. Il peut donc y avoir un double prorata sur le mois (ex. : embauche d'un temps partiel en cours de mois).

Entreprises nouvelles - Les entreprises nouvelles sont assujetties aux obligations correspondant à leur effectif dès l'année suivant celle de leur création, sans application du dispositif de gel sur 5 ans (voir ci-après). L'effectif à prendre en compte pour l'année de création du premier emploi salarié titulaire d'un contrat de travail dans l'entreprise correspond à l'effectif présent le dernier jour du mois au cours duquel cette première embauche a été réalisée (c. séc. soc. art. L. 130-1, I).

Si l'entreprise a un effectif supérieur à un seuil donné, elle est soumise aux obligations correspondantes dès l'année de création du premier emploi salarié.

Effectif sécurité sociale : personnes prises en compte	
Salariés pris en compte	• Salariés titulaires d'un contrat de travail. • Salariés du secteur public relevant du régime d'assurance chômage (c. trav. art. L. 5424-1).
Salariés exclus (sauf tarification AT/MP, pour laquelle ils sont pris en compte)	• Apprentis. • Contrat initiative-emploi. • Contrat d'accompagnement dans l'emploi. • Contrat de professionnalisation (jusqu'au terme prévu par le contrat lorsque celui-ci est à durée déterminée ou jusqu'à la fin de l'action de professionnalisation lorsque le contrat est à durée indéterminée).
Salariés exclus (y compris pour la tarification AT/MP)	• Salariés en CDD lorsqu'ils remplacent un salarié absent ou dont le contrat de travail est suspendu (le salarié absent ou remplacé reste décompté). • Salariés mis à disposition par une entreprise extérieure, y inclus intérimaires (ils sont pris en compte au niveau de leur entreprise employeur). • Dirigeants non titulaires d'un contrat de travail.

L'effectif de l'entreprise, pour les années suivantes, est apprécié dans les conditions définies ci-dessus.

Exemple

Une entreprise est créée en mars 2022, sans salarié. Le 1.04.2022, elle embauche 9 salariés à temps plein et 2 salariés à mi-temps, qui sont toujours à l'effectif au 30 avril. Son effectif « sécurité sociale » de référence pour déterminer ses obligations sur 2022, année de la première embauche, est celui calculé au 30.04 (10 salariés en équivalent temps plein). Pour les obligations sur l'année 2023, on se référera à l'effectif « sécurité sociale » 2022, à savoir l'effectif moyen calculé sur une période de 9 mois (avril-décembre 2022), puisque l'on ignore les mois sans salarié.

Entreprises nouvelles et cas particuliers - L'obligation d'emploi des travailleurs handicapés (OETH), qui s'applique aux employeurs d'au moins d'au moins 20 salariés [voir *Handicapés (obligation d'emploi)**], fait exception au principe selon lequel les entreprises nouvelles sont assujetties aux obligations correspondant à leur effectif dès l'année suivant celle de leur création. En effet, dans ce domaine particulier, une entreprise qui emploie au moins 20 salariés au moment de sa création dispose, pour se mettre en conformité avec l'obligation d'emploi d'un délai de 5 ans (c. trav. art. L. 5212-4).

Par ailleurs, en matière de participation aux résultats, les entreprises nouvelles dont la création ne résulte pas d'une fusion, totale ou partielle, d'entreprises préexistantes doivent se doter d'un accord de participation à partir du troisième exercice clos après leur création (c. trav. art. L. 3322-5) (voir *Participation des salariés aux résultats de l'entreprise**).

Modification de la situation juridique de l'employeur - En cas de *modification de la situation juridique de l'employeur** (c. trav. art. L. 1224-1), y compris lorsqu'une telle modification entraîne une création d'entreprise, l'effectif à prendre en compte pour l'année au cours de laquelle les contrats sont transférés correspond à l'effectif présent au dernier jour du mois au cours duquel a été réalisé le transfert des contrats de travail (c. séc. soc. art. R. 130-1, V). Pour les années suivantes, l'effectif est calculé dans les conditions habituelles.

Par dérogation, cette règle spécifique ne joue pas pour la tarification AT (c. séc. soc. art. R. 130-1, VI).

Atténuation des effets de seuil

Gel sur 5 ans - La loi PACTE a institué un mécanisme de limitation des effets de seuil commun à toutes les obligations soumises à une condition d'effectif calculée selon les règles de la sécurité sociale, sous réserve d'un certain nombre d'exceptions *(voir ci-après)*. Selon ce mécanisme, le franchissement à la hausse d'un seuil ne produit effet que si le seuil est atteint ou dépassé durant 5 années civiles consécutives (c. séc. soc. art. L. 130-1, II).

Hors cas de la tarification AT/MP, il s'applique dans le cas général pour la première fois à partir de l'année 2020, pour les franchissements de seuils constatés à l'occasion de l'effectif « sécurité sociale » calculé sur l'année 2019.

▶ **À noter…** Le gel sur 5 ans ne s'applique pas aux entreprises nouvelles ou qui embauchent leur premier salarié. Dans ce cas, sauf exception, l'entreprise est soumise aux obligations correspondant à son effectif dès l'année suivant celle de sa création *(voir ci-avant)*.

Franchissement de seuil à la hausse - Le franchissement à la hausse d'un seuil ne produit d'effet que si le seuil est atteint ou dépassé durant 5 années civiles consécutives (c. séc. soc. art. L. 130-1, II). De fait, seules les entreprises qui ont durablement franchi un seuil sont soumises à des obligations nouvelles ou perdent les avantages dont elles bénéficiaient.

Pour les seuils relevant de sa compétence, le réseau des URSSAF a précisé sur son site Internet (www.urssaf.fr) que, pour un seuil franchi au 1.01.2020 sur la base de l'effectif « sécurité sociale » 2019, l'effet s'applique si ce franchissement est constaté pendant 5 années civiles consécutives (de 2020 à 2024 inclus), soit à compter du 1.01.2025. Dans cette lecture, un franchissement de seuil constaté sur la base de l'effectif annuel moyen calculé sur l'année N – 1 ne produit effet qu'au 1er janvier N + 5, à condition que l'entreprise ne soit pas redescendue entre-temps sous le seuil concerné sur une des années intercalées.

Exemple

Pour un seuil franchi au 1.01.2022 sur la base de l'effectif « sécurité sociale » 2021, il y aura assujettissement à l'obligation correspondante si ce franchissement est constaté pendant les 5 années civiles consécutives (de 2022 à 2026 inclus), soit à compter du 1.01.2027.

En cas de baisse de l'effectif - Si l'entreprise passe en dessous d'un seuil d'effectif au titre d'une année civile, les compteurs sont remis à zéro. Elle bénéficie d'un nouveau délai de 5 ans si elle revient par la suite au-dessus de ce seuil (c. séc. soc. art. L. 130-1, II).

Principaux seuils d'effectifs (sécurité sociale)		
Dispositions concernées	**Appréciation des effectifs (1)**	**Références**
11 salariés et plus		
Les employeurs de 11 salariés et plus sont assujettis au **versement mobilité** dans la région parisienne et dans les communes de plus de 10 000 habitants en province ou de moins de 10 000 habitants si une commune ou plusieurs communes de communautés urbaines sont classées « Communes touristiques ».	L'employeur détermine son effectif au niveau de chaque zone de versement mobilité et de la région Île-de-France (2), en appliquant les règles de calcul de l'effectif « sécurité sociale » décrites ci-avant (effectif annuel sur la base de la moyenne des effectifs mensuels, salariés pris en compte, règles de décompte et de prorata).	c. gén. coll. terr. art. L. 2333-64, L. 2531-2, art. D. 2333-87, D. 2333-91, D. 2531-7 et D. 2531-9
Moins de 20 salariés		
La **tarification collective des risques d'accident du travail** et de maladie professionnelle s'applique aux entreprises dont l'effectif global est de moins de 20 salariés (moins de 50 pour les établissements situés en Alsace-Moselle).	L'effectif est calculé selon les modalités applicables à l'effectif « sécurité sociale » ci-dessus décrites (moyenne des effectifs mensuels, salariés pris en compte, règles de décompte et de prorata), sous réserve de certaines particularités et en retenant, d'une part, les salariés et agents qui relèvent du régime général et, d'autre part, les salariés et agents qui relèvent du régime des salariés agricoles, pour la couverture de ce risque (3). Il est déterminé au niveau de l'entreprise, tous établissements confondus, sans isoler les salariés dont les activités relèvent du BTP et sans séparer l'Alsace-Moselle du reste du territoire national.	c. séc. soc. art. D. 242-6-2 et D. 242-30
Les employeurs de moins de 20 salariés peuvent bénéficier d'une déduction forfaitaire de cotisations patronales de sécurité sociale au titre des **heures supplémentaires** (1,50 € par heure supplémentaire).	L'effectif est calculé selon les modalités applicables à l'effectif « sécurité sociale » ci-dessus décrites (moyenne des effectifs mensuels, salariés pris en compte, règles de décompte et de prorata).	c. séc. soc. art. L. 241-18 et D. 241-24
Moins de 50 salariés		
Ces employeurs doivent payer leurs **cotisations URSSAF** mensuellement au 15 de chaque mois (pour le détail, voir Cotisations URSSAF*) (4).	L'effectif est calculé selon les modalités applicables à l'effectif « sécurité sociale » ci-dessus décrites (moyenne des effectifs mensuels, salariés pris en compte, règles de décompte et de prorata).	c. séc. soc. art. R. 243-6
Contribution au **Fonds national d'aide au logement (FNAL)** au taux de 0,10 %	L'effectif est calculé selon les modalités applicables à l'effectif « sécurité sociale » ci-dessus décrites (moyenne des effectifs mensuels, salariés pris en compte, règles de décompte et de prorata).	c. constr.et hab. art. L. 813-5
De 20 à 149 salariés		
La **tarification mixte de risques d'accident du travail** et de maladie professionnelle s'applique aux entreprises dont l'effectif global va de 20 salariés à moins de 150 salariés (en Alsace-Moselle : de 50 à moins de 150 salariés et, pour le secteur du BTP, de 50 à moins de 300 salariés).	L'effectif est calculé selon les modalités applicables à l'effectif « sécurité sociale » ci-dessus décrites (moyenne des effectifs mensuels, salariés pris en compte, règles de décompte et de prorata), sous réserve de certaines particularités et en retenant, d'une part, les salariés et agents qui relèvent du régime général et, d'autre part, les salariés et agents qui relèvent du régime des salariés agricoles, pour la couverture de ce risque (3). Il est déterminé au niveau de l'entreprise, tous établissements confondus, sans isoler les salariés dont les activités relèvent du BTP et sans séparer l'Alsace-Moselle du reste du territoire national.	c. séc. soc. art. D. 242-6-2 et D. 242-30
À partir de 50 salariés		
Ces employeurs doivent payer leurs **cotisations URSSAF** mensuellement, selon les cas le 5 ou le 15 du mois (pour le détail, voir Cotisations URSSAF*).	L'effectif est calculé selon les modalités applicables à l'effectif « sécurité sociale » ci-dessus décrites (moyenne des effectifs mensuels, salariés pris en compte, règles de décompte et de prorata).	c. séc. soc. art. R. 243-6

Principaux seuils d'effectifs (sécurité sociale)		
Dispositions concernées	**Appréciation des effectifs (1)**	**Références**
Participation à l'effort de construction	L'effectif est calculé selon les modalités applicables à l'effectif « sécurité sociale » ci-dessus décrites (moyenne des effectifs mensuels, salariés pris en compte, règles de décompte et de prorata).	c. constr. et hab. art. L. 313-1 et R. 313-1
Contribution au **Fonds national d'aide au logement (FNAL)** au taux de 0,50 %	L'effectif est calculé selon les modalités applicables à l'effectif « sécurité sociale » ci-dessus décrites (moyenne des effectifs mensuels, salariés pris en compte, règles de décompte et de prorata).	c. constr.et hab. art. L. 813-5
À partir de 150 salariés		
La **tarification individuelle du risque d'accident du travail** et de maladie professionnelle au coût réel s'applique aux entreprises dont l'effectif global est de 150 salariés et plus (300 salariés ou plus dans le BTP en Alsace-Moselle).	L'effectif est calculé selon les modalités applicables à l'effectif « sécurité sociale » ci-dessus décrites (moyenne des effectifs mensuels, salariés pris en compte, règles de décompte et de prorata mensuel), sous réserve de certaines particularités et en retenant, d'une part, les salariés et agents qui relèvent du régime général et, d'autre part, les salariés et agents qui relèvent du régime des salariés agricoles, pour la couverture de ce risque (3). Il est déterminé au niveau de l'entreprise, tous établissements confondus, sans isoler les salariés dont les activités relèvent du BTP et sans séparer l'Alsace-Moselle du reste du territoire national.	c. séc. soc. art. D. 242-6-2 et D. 242-30

(1) Sauf exception, l'effectif salarié annuel de l'employeur est calculé au niveau de l'entreprise, tous établissements confondus. Il s'agit d'un effectif annuel moyen, calculé le 1er janvier de l'année N, à partir de la moyenne des effectifs mesurés chaque mois de l'année N - 1. Il existe, par ailleurs, un mécanisme de gel des effets de seuil, sous réserve d'un certain nombre d'exceptions. Selon ce mécanisme, le franchissement à la hausse d'un seuil ne produit effet que si le seuil est atteint ou dépassé durant 5 années civiles consécutives.

(2) L'assujettissement au versement mobilité s'apprécie zone par zone de versement en province et, pour la région parisienne, au niveau de la région Île-de-France (c. gén. collect. terr. art. D. 2333-87 et D. 2531-7).

(3) Par dérogation, pour la détermination du mode de tarification des cotisations d'accident du travail, l'effectif de référence est celui de la dernière année connue (année N – 2 pour la tarification de l'année N) et non pas l'effectif annuel moyen de l'année N-1 (c. séc. soc. art. L. 130-1, I).

(4) Les entreprises de « moins de 11 salariés » peuvent opter pour une périodicité trimestrielle avant la fin de l'année civile précédente. Dans ce cas, la date limite de paiement des cotisations est fixée au 15 du 1er mois du trimestre qui suit (15 avril/15 juillet/15 octobre/15 janvier) (c. séc. soc. art. R. 243-6-1).

Exemples

Une entreprise comptant 12 salariés depuis le milieu des années 2000 est assujettie au forfait social sur la prévoyance en 2022 (effectif de 12 salariés calculé sur 2021). Début 2023, elle constate que son effectif calculé sur 2022 est passé sous les 11 salariés. Elle n'a plus de forfait social à payer sur la prévoyance en 2023. Si elle repasse par la suite à 11 salariés et plus, elle ne redeviendra redevable du forfait social qu'au terme du moratoire de 5 ans, à condition de ne pas être redescendue, dans l'intervalle, sous les 11 salariés au titre d'une année donnée.

Une entreprise a atteint ou franchi le seuil de 11 salariés au titre de son effectif calculé sur 2021. De 2022 à 2026 inclus, elle n'a pas à payer de forfait social sur la prévoyance (moratoire de 5 ans), de sorte qu'elle n'en deviendra redevable qu'au 1.01.2027, à condition d'être restée à 11 salariés et plus dans l'intervalle. Si elle repasse sous les 11 salariés dans l'intervalle (ex. : effectif calculé sur 2024), elle aura droit à un nouveau délai de 5 ans si par la suite elle franchit à nouveau le seuil à la hausse.

Exceptions au gel sur 5 ans - Pour certains dispositifs prévoyant des financements ou des régimes dérogatoires en-deçà d'un certain seuil d'effectif, le franchissement du seuil en question fait immédiatement perdre à l'entreprise le bénéfice de ces mesures, sans application du gel sur 5 ans. Cela concerne :

- l'aide unique à l'apprentissage réservée aux entreprises de moins de 250 salariés (c. trav. art. L. 6243-1-1) [voir *Apprentissage (aides et exonérations)**] ;
- la prise en charge par les opérateurs de compétences du *plan de développement des compétences** des entreprises de moins de 50 salariés (c. trav. art. L. 6332-1 A) ;
- la possibilité pour les entreprises de moins de 50 salariés de bénéficier d'avances sur le remboursement de la rémunération du salarié en congé de transition professionnelle (c. trav. art. L. 6323-17-5 et D. 6323-18-1, III) [voir *Compte personnel de formation (transition professionnelle)**] ;
- la possibilité pour les entreprises de moins de 50 salariés de bénéficier d'un dispositif d'intéresse-

ment conclu par la branche (c. trav. art. L. 3311-1 et L. 3312-2).

Exemple

Une entreprise de moins de 250 salariés ayant droit à l'aide unique à l'apprentissage qui franchit le seuil de 250 salariés au titre de l'effectif calculé sur l'année N perd immédiatement le bénéfice de cette aide, sans attendre un délai de 5 ans. Elle ne peut pas demander à en bénéficier pour les contrats conclus en année N + 1.

Par ailleurs, le gel des effets de seuil sur 5 ans ne s'applique pas non plus en cas de franchissement du seuil de 1 salarié, dans le cadre du mécanisme qui permet à un chef d'entreprise sans contrat de travail de bénéficier de la participation, de l'intéressement et du plan d'épargne d'entreprise lorsque l'effectif va de 1 à moins de 250 salariés (c. trav. art. L. 3312-3, L. 3324-2 et L. 3332-2). En d'autres termes, le chef d'entreprise n'a pas à occuper un salarié de manière stable pendant 5 ans pour bénéficier de ces dispositifs d'épargne.

Exclusion transitoire (cas général) - Le mécanisme de limitation des effets de seuil ne s'est pas appliqué aux entreprises ayant au 1.01.2020 un effectif supérieur ou égal à un seuil et qui, au titre de 2019, étaient déjà soumises aux obligations liées au franchissement dudit seuil (loi 2019-486 du 22 mai 2019, art. 11, XIII, 1°, JO du 23).

Ce mécanisme d'exclusion transitoire a pu poser des difficultés d'interprétation lorsqu'il se combine avec une hausse du seuil d'effectif de référence. Sur la nature de ces difficultés et les réponses que l'on peut y apporter, voir *Fonds national d'aide au logement (FNAL)** et *Participation à l'effort de construction**.

Exclusions transitoires spécifiques - Le mécanisme de gel des effets de seuil sur 5 ans a également été écarté dans un certain nombre d'hypothèses (décret 2019-1586 du 31 décembre 2019, art. 4, JO 1er janvier 2020) :

- obligation de transmission dématérialisée de l'*attestation d'assurance chômage** à partir de 11 salariés (c. trav. art. R. 1234-5-1 et R. 1234-9) ;
- possibilité pour l'employeur d'exercer lui-même la fonction de conseiller à la prévention hyperbare si l'entreprise est en dessous de 11 salariés (c. trav. art. R. 4461-4) ;
- obligation de tenir à la disposition de l'administration un document annuel faisant état des changements de secteur et d'affectation du médecin du travail si l'entreprise a atteint ou dépassé 50 salariés (c. trav. art. R. 4623-13) ;
- mise en place d'un *local de restauration** à partir de 50 salariés (c. trav. art. R. 4228-22).

Maintien transitoire des anciens dispositifs - Les employeurs qui bénéficiaient au 31.12.2019 d'un mécanisme de gel ou de lissage des effets de seuil continuent à l'appliquer jusqu'à son terme, sans pouvoir prétendre au nouveau dispositif de gel sur 5 ans (loi 2019-486 du 22 mai 2019, art. 11, XII, JO du 23). Cela concerne ou concernait les mécanismes suivants :

- gel de 3 ans en cas de franchissement de seuil sur 2016, 2017 ou 2018 dans le cadre du FNAL, du forfait social sur la prévoyance et de la déduction forfaitaire de cotisations patronales sur les heures supplémentaires (c. séc. soc. art. L. 834-1, avant son abrogation au 1.01.2020 ; c. séc. soc. art. L. 137-15 et L. 241-18, dans leur version antérieure au 1.01.2020) ;
- dispositions spécifiques à l'obligation d'emploi des travailleurs handicapés (ancien délai de mise en conformité de 3 ans) (c. trav. art. L. 5212-4 dans sa version antérieure au 1.01.2020) ;
- dispositif d'assujettissement progressif au versement mobilité à la contribution à la formation professionnelle et à la participation à l'effort de construction (c. gén. collect. terr. art. L. 2333-64 et L. 2531-2, dans leur version antérieure au 1.01.2020 ; c. trav. art. L. 6331-7, avant son abrogation au 1.01.2020 ; c. constr. et hab. art. L. 313-2, avant son abrogation au 1.01.2020).

Toutefois, concernant la *contribution à la formation professionnelle**, pour assurer la transition entre le nouveau dispositif de gel des effets de seuil et l'ancien, la loi PACTE a prévu une règle transitoire, qui a ensuite été assouplie par loi de finances pour 2021 (loi 2019-486 du 22 mai 2019, art. 11, XIII modifié ; loi 2020-1721 du 29 décembre 2020, art. 159, V du 30) :

- un employeur qui, en raison de l'accroissement de son effectif, a atteint ou dépassé pour la première fois le seuil de 11 salariés au titre de la participation de l'année 2018 reste au taux de 0,55 % de 2018 à 2022, avant de basculer au taux de 1 % à partir du 1.01.2023 (si l'effectif « sécurité sociale » de référence calculé sur 2022 est toujours supérieur ou égal à 11 salariés) ;
- si le seuil a été atteint ou dépassé au titre de participation formation 2019, l'entreprise reste à 0,55 % de 2019 à 2023, avant de basculer au taux de 1 % à partir du 1.01.2024 (si l'effectif « sécurité sociale » de référence calculé sur 2023 est toujours supérieur ou égal à 11 salariés).

▶ **À noter…** Les employeurs qui ont atteint ou dépassé pour la première fois ce seuil d'effectif au titre de la participation formation 2017 ou d'une année antérieure ont continué à appliquer l'ancien dispositif de lissage des effets de seuil jusqu'à son terme (loi 2019-486 du 22 mai 2019, art. 11, XII). Aucun de ces employeurs ne peut encore se trouver dans ce mécanisme sur l'année 2022.

Seuils en droit du travail soumis à l'effectif sécurité sociale depuis le 1.01.2020*		
Obligations ou avantages	**Seuil d'effectif (1)**	
Santé et sécurité, durée du travail, harcèlement et handicap		
	Avant le 1.01.2020	**Depuis le 1.01.2020**
Local de restauration (c. trav. art. R. 4228-22)	Au moins 25 salariés demandent à prendre leur repas sur les lieux de travail (2)	Au moins 50 salariés (2)
Possibilité pour l'employeur d'exercer la fonction de conseiller à la prévention hyperbare (c. trav. art. R. 4461-4)	Moins de 10 salariés	Moins 11 salariés
Document annuel faisant état des changements de secteur et d'affectation du médecin du travail (c. trav. art. R. 4623-13)	Plus de 50 salariés (2)	Au moins 50 salariés (2)
Obligation d'emploi de travailleurs handicapés (3) (c. trav. art. L. 5212-1)	Au moins 20 salariés	
Désignation d'un référent « harcèlement sexuel » et d'un référent « handicap » (c. trav. art. L. 1151-2, L. 1153-5-1 et L. 5213-6-1)	Au moins 250 salariés	
Contrepartie en repos liée aux heures supplémentaires (c. trav. art. L. 3121-33 et L. 3121-38)	Modalités de calcul variant selon que l'entreprise occupe 1 à 20 salariés ou plus de 20 salariés	
Formation professionnelle et apprentissage		
Contribution à la formation professionnelle (c. trav. art. L. 6331-1 A, L. 6331-1 et L. 6331-3)	Taux variant selon que l'entreprise compte moins de 11 salariés ou 11 salariés et plus	
Prise en charge par les OPCO du plan de développement des compétences (c. trav. art. L. 6332-1 A et L. 6332-17)	Moins de 50 salariés (4)	
Abondement correctif au CPF en cas d'insuffisance en matière d'entretien professionnel (c. trav. art. L. 6315-1 et L. 6323-13)	Au moins 50 salariés	
Rémunération du salarié en congé de projet de transition professionnelle (c. trav. art. L. 6323-17-5 et D. 6323-18-1, III)	Possibilité pour l'employeur de moins de 50 salariés d'obtenir des avances sur le remboursement de la rémunération par la CPIR (4)	
Aide unique à l'apprentissage (c. trav. art. L. 6243-1 et L. 6243-1-1)	Moins de 250 salariés (4)	
Contribution supplémentaire à la taxe d'apprentissage (CGI art. 1609 quinvicies)	Employeurs d'au moins 250 salariés n'ayant pas un quota suffisant d'alternants à l'effectif (5)	
Participation, intéressement et épargne salariale		
	Avant le 1.01.2020	**Depuis le 1.01.2020**
Mise en place de la participation (c. trav. art. L. 3321-1 et L. 3322-2)	Au moins 50 salariés (6)	
Possibilité de bénéficier d'un dispositif d'intéressement conclu par la branche (c. trav. art. L. 3311-1 et L. 3312-2)	Moins de 50 salariés (4)	
Droit pour les dirigeants de bénéficier de la participation, l'intéressement et l'épargne salariale (c. trav. art. L. 3311-1, L. 3312-3, L. 3321-1, L. 3324-2, L. 3331-1 et L. 3332-2)	1 à 250 salariés	Au moins 1 et moins de 250 salariés (7)
Autres matières		
	Avant le 1.01.2020	**Depuis le 1.01.2020**
Envoi dématérialisé à Pôle Emploi des attestations d'assurance chômage (c. trav. art. R. 1234-5-1 et R. 1234-9)	Au moins 10 salariés	Au moins 11 salariés
Prêt de main-d'œuvre d'une grande entreprise en faveur d'une PME (c. trav. art. L. 8241-3)	Au plus 250 salariés	Moins de 250 salariés
Législation sur les chèques vacances (c. tourisme art. L. 411-1 et L. 411-9)	Avantages en deçà de 50 salariés	
Dispositif incitant au co-voiturage pour le trajet domicile-travail (c. transports art. L. 1231-15)	Au moins 250 salariés	

Seuils en droit du travail soumis à l'effectif sécurité sociale depuis le 1.01.2020*	
Obligations ou avantages	**Seuil d'effectif (1)**
Assujettissement à la participation à l'effort de construction dans le secteur agricole (c. rural art. L. 716-2)	Au moins 50 salariés

* La loi « PACTE » a soumis un certain nombre d'obligations de droit du travail aux règles de calcul de l'effectif propres à la sécurité sociale, à compter du 1.01.2020. Elle a par ailleurs modifié certains de ces seuils (loi 2019-486 du 22 mai 2019 JO du 23).
(1) Sauf exception, calcul de l'effectif au niveau de l'entreprise.
(2) Par exception, calcul au niveau de l'établissement lorsque l'entreprise comporte plusieurs établissements.
(3) Par dérogation, l'effectif de référence est celui de l'année au titre de laquelle l'obligation d'emploi s'applique. Par ailleurs, les entreprises nouvelles employant à leur création au moins 20 salariés disposent de 5 ans pour se mettre en conformité avec l'obligation d'emploi (c. trav. art. L. 5212-4) [voir Handicapés (déclaration d'emploi)*].
(4) Pas d'application du mécanisme de gel des effets de seuil pendant 5 ans.
(5) Par dérogation, l'effectif de référence est celui de l'année au titre de laquelle la contribution est due (année N pour la contribution de l'année N), et pas celle de l'année civile précédente. Ces dispositions s'appliquent à compter de la contribution due au titre de l'année 2019 [voir Apprentissage (taxe)*].
(6) Calcul au niveau de l'unité économique et sociale, le cas échéant (voir Participation des salariés aux résultats de l'entreprise*).
(7) La condition de 5 années consécutives ne s'applique pas au seuil de 1 salarié.

Le réseau des URSSAF a précisé sur son site internet, pour les cotisations et contributions entrant dans son champ de compétence (FNAL, forfait social sur l'épargne salariale, etc.), que les employeurs maintenus dans les anciens mécanismes d'atténuation des effets de seuil bénéficient de la mesure de franchissement de seuil pendant 5 années consécutives si leur effectif varie sous le seuil puis le franchit à nouveau à la hausse. Attention cependant, car, compte tenu de ses modalités de diffusion, cette précision n'a pas de valeur opposable.

☞ *Effectif.*

Égalité professionnelle

Discrimination femme/homme

Voir *Discriminations**, *Maternité (congé de)**, *Maternité (protection)** et *Offres et demandes d'emploi**.

Rémunération

Égalité des rémunérations - Pour un même travail ou pour un travail de valeur égale, tout employeur est tenu d'assurer l'égalité de rémunération entre les femmes et les hommes (c. trav. art. L. 3221-2) [voir *Salaire (à travail égal, salaire égal)**].

▶ **À noter...** Le ministère du Travail publie un guide sur l'égalité professionnelle en vue d'aider les TPE-PME à mettre en place un plan d'action en faveur de l'égalité professionnelle (www.travail-emploi.gouv.fr).

Sanctions - Toute disposition insérée dans une convention collective, un accord de salaires, un barème de salaires ou un contrat de travail qui méconnaîtrait le principe de l'égalité de rémunération femmes/hommes est nulle. Cette nullité est assortie d'une substitution de plein droit à la rémunération irrégulière de la rémunération de référence la plus élevée (c. trav. art. L. 3221-7).

Sur le plan pénal, l'infraction au principe d'égalité de rémunération femmes/hommes est passible de l'amende prévue pour les contraventions de la 5e classe appliquée autant de fois qu'il y a de salariés rémunérés illégalement, les peines étant alourdies en cas de récidive (c. trav. art. R. 3222-1) (voir *Amendes pénales**). Toutefois, le juge peut ajourner le prononcé de la peine et prononcer, par la suite, une dispense de peine si l'employeur définit et applique, en liaison avec les représentants du personnel et dans un délai déterminé, des mesures propres à faire cesser l'infraction (c. trav. art. L. 1146-2).

Négociation collective - Voir *Égalité professionnelle (pénalité 1 %)** et *Négociations obligatoires dans l'entreprise**.

Mesure et correction des écarts de rémunération - Voir *Négociations obligatoires dans l'entreprise** et *Rémunération (écarts entre les femmes et les hommes)**.

« Rattrapage » salarial après les congés de maternité et d'adoption

Droit à une augmentation sous conditions - Les salariés de retour de leur congé de maternité ou d'adoption ont la garantie de bénéficier des mêmes augmentations salariales que celles accordées à leurs collègues durant leur absence.

Cette garantie ne doit néanmoins être appliquée qu'en l'absence d'accord collectif de branche ou d'entreprise déterminant des garanties d'évolution de la rémunération des salariés au moins aussi favorables que celles décrites ici, pendant ces congés et à leur suite (c. trav. art. L. 1225-26). Cette règle n'est toutefois pas applicable aux accords collectifs de branche ou d'entreprise conclus antérieurement au 25.03.2006.

▶ Attention… Le périmètre à retenir pour la mise en œuvre du rattrapage salarial est l'entreprise et en aucun cas le groupe, l'unité économique et sociale ou l'établissement (circ. SDFE/DGT/DGEFP du 19 avril 2007).

Rémunération à prendre en compte - La rémunération à prendre en compte est le salaire, ou le traitement ordinaire de base ou minimal, ainsi que tous les autres avantages et accessoires payés, directement ou indirectement, en espèces ou en nature au salarié en raison de son emploi (c. trav. art. L. 1225-26 et L. 3221-3).

Les mesures de participation, d'intéressement ou de distribution d'actions gratuites ou d'options sur actions ne sont pas comprises (circ. SDFE/DGT/DGEFP du 19 avril 2007).

Montant de l'augmentation à accorder - À la suite des congés de maternité et d'adoption, l'employeur doit majorer la rémunération des salariés concernés (circ. SDFE/DGT/DGEFP du 19 avril 2007) :
- des augmentations générales ;
- et de la moyenne des augmentations individuelles perçues pendant la durée de ces congés par les salariés relevant de la même catégorie professionnelle (ou, à défaut, de la moyenne des augmentations individuelles dans l'entreprise).

Il convient notamment de prendre en compte toute augmentation objective, pérenne ou exceptionnelle dont la personne salariée aurait pu bénéficier si elle était restée à son poste de travail. Sont exclues de la base de calcul :
- les augmentations liées à une promotion entraînant un changement de catégorie ;
- les primes liées à une sujétion particulière qui ne concerne pas la personne salariée (ex. : salissures, travail de nuit, travail le dimanche) ;
- les primes exceptionnelles liées à la personne salariée (ex. : mariage, ancienneté, médaille du travail).

Les salariés de la même catégorie n'ayant pas eu d'augmentation sont inclus dans le calcul de la moyenne des augmentations à appliquer.

Il convient donc :
- de décomposer la rémunération des salariés de la catégorie professionnelle concernée, y compris la rémunération de la personne salariée de retour de congé de maternité ou d'adoption ;
- d'identifier les augmentations individuelles et/ou collectives appliquées à chacun des éléments de la rémunération (salaires de base et éléments variables) ;
- de calculer la moyenne de ces augmentations pour chacun des éléments ;
- d'appliquer chaque taux moyen aux éléments correspondants de la rémunération de la personne salariée concernée.

Il est toujours possible d'accorder à la personne salariée concernée, en fonction de ses mérites, une augmentation supérieure à celle résultant de l'application stricte des dispositions légales.

Définition de la catégorie professionnelle - Pour l'administration, la détermination de la notion de catégorie professionnelle est fonction de la taille et de la structure de l'entreprise (circ. SDFE/DGT/DGEFP du 19 avril 2007). Ainsi :
- par « salariés de la même catégorie », il y a lieu de comprendre ceux relevant du même coefficient dans la classification applicable à l'entreprise pour le même type d'emploi (une subdivision supplémentaire par métier est possible lorsque les coefficients comprennent des emplois aux contenus différents) ;
- dans l'hypothèse où il n'y aurait pas au moins deux personnes répondant à ces conditions (outre la personne salariée concernée), il conviendrait de prendre en compte les salariés relevant du même niveau dans la classification ;
- dans l'hypothèse où il n'y aurait pas au moins deux personnes de même niveau, il conviendrait de prendre en compte la catégorie socioprofessionnelle du salarié en congé de maternité ou d'adoption (ouvriers, employés, professions intermédiaires, cadres) ;
- s'il n'y a pas au moins deux salariés de la même catégorie ainsi entendue, il y a lieu de se référer à la moyenne des augmentations individuelles dans l'entreprise.

La détermination des salariés relevant de la même catégorie s'effectue à la date de départ en congé de maternité ou d'adoption du salarié concerné (circ. SDFE/DGT/DGEFP du 19 avril 2007).

Date de versement - Le rattrapage salarial est dû, à compter du retour du salarié dans l'entreprise, après son congé de maternité ou d'adoption et doit être versé à la suite de ce congé. Lorsque la personne concernée enchaîne un congé de maternité puis un congé parental d'éducation, ce n'est qu'à son retour dans l'entreprise que le rattrapage salarial pourra être appliqué. Seules les augmentations intervenues pendant le congé de maternité ou d'adoption sont prises en compte, et non celles intervenues pendant le congé parental (circ. SDFE/DGT/DGEFP du 19 avril 2007).

Impossibilité de remplacer l'augmentation par une prime - Les dispositions relatives au rattrapage salarial décrites ci-avant sont d'ordre public. Il ne peut donc pas y être dérogé. Ainsi, un employeur ne peut pas remplacer l'augmentation de salaire due en vertu de ces dispositions à une salariée de retour de congé de maternité par le versement d'une prime exceptionnelle, même avec l'accord du salarié (cass. soc. 14 février 2018, n° 16-25323, BC V n° 20).

Formation

Voir *Actions de formation** et *Discriminations**.

Négociations, plan d'action et pénalités

Négociations obligatoires - Dans les entreprises dotées d'un délégué syndical (DS), l'égalité professionnelle relève des *négociations obligatoires dans l'entreprise**.

Négociation ou plan d'action sous peine de pénalité - Les employeurs d'au moins 50 salariés sont soumis à une pénalité lorsqu'ils ne sont pas couverts par un accord relatif à l'égalité professionnelle femmes/hommes ou, à défaut d'accord, par un plan d'action [voir *Égalité professionnelle (pénalité 1 %)**].

Sur la pénalité en cas d'écarts excessifs de rémunération, voir *Rémunération (écarts entre les femmes et les hommes)**.

Prise en compte de l'égalité professionnelle - Dans les entreprises de moins de 50 salariés dépourvues de DS, non soumises à l'obligation de négocier et/ou non couvertes par une convention ou un accord de branche étendu relatif à l'égalité salariale entre les femmes et les hommes, c'est à l'employeur de prendre en compte les objectifs en matière d'égalité professionnelle femmes/hommes et d'adopter les mesures permettant de les atteindre (c. trav. art. L. 1142-5).

▶ **À noter...** Les situations suivantes peuvent se présenter :
- une entreprise d'au moins 50 salariés dotée d'au moins un DS est soumise aux négociations obligatoires et entre dans le champ de la pénalité (cas général) ;
- une entreprise d'au moins 50 salariés qui n'a pas de DS n'est pas assujettie aux négociations obligatoires, mais elle doit acquitter la pénalité si elle n'a ni accord collectif ni plan d'action ;
- une entreprise de moins de 50 salariés assujettie aux négociations obligatoires parce qu'elle a un DS échappe au dispositif de pénalité compte tenu de son effectif (hypothèse a priori peu courante) ;
- une entreprise de moins de 50 salariés non assujettie aux négociations obligatoires parce qu'elle n'a pas de DS échappe au dispositif de pénalité compte tenu de son effectif, mais l'employeur doit prendre en compte les objectifs en matière d'égalité professionnelle femmes/hommes et adopter les mesures permettant de les atteindre si son entreprise n'est pas couverte par une convention ou un accord de branche étendu relatif à l'égalité salariale femmes/homme.

Mesure réservée aux femmes par accord collectif d'entreprise - Un accord collectif d'entreprise peut réserver aux salariées une demi-journée de repos à l'occasion de la journée de la femme dès lors que cette mesure vise à établir l'égalité des chances femmes/hommes en remédiant aux inégalités de fait qui affectent les chances des femmes (cass. soc. 12 juillet 2017, n° 15-26262, BC V n° 123).

Répartition équilibrée parmi les cadres dirigeants et les instances dirigeantes

Voir *Cadres dirigeants (écarts de répartition entre les femmes et les hommes)**.

Rôle du CSE

Le contenu, la périodicité et les modalités de la consultation du CSE sur la politique sociale, les conditions de travail et d'emploi peuvent être adaptés par accord d'entreprise ou, en l'absence de DS, par accord entre l'employeur et le CSE.

Lorsqu'aucun accord n'a été signé, le CSE doit être consulté chaque année en appliquant les dispositions supplétives du code du travail, lesquelles prévoient que le CSE est notamment consulté sur l'égalité professionnelle entre les femmes et les hommes (c. trav. art. L. 2312-26 à L. 2312-35) [*Comité social et économique (informations-consultations périodiques)**]. Dans ce cadre, l'employeur met à la disposition du CSE, via la BDESE, les informations et les indicateurs chiffrés sur la situation comparée femmes/hommes au sein de l'entreprise ainsi que l'accord relatif à l'égalité professionnelle femmes/hommes ou, à défaut, le plan d'action (c. trav. art. L. 2312-26 et L. 2312-36) [voir *Base de données économiques, sociales et environnementales (BDESE)**].

Aides

Voir *Contrat pour la mixité des emplois et l'égalité professionnelle entre les femmes et les hommes** et *Plan pour l'égalité professionnelle**.

Affichage

Voir *Affichage et informations**.

Action en justice

Charge de la preuve - En cas de litige relatif à l'application de l'égalité professionnelle femmes/hommes, le salarié concerné ou le candidat à un emploi, à un stage ou à une formation présente des éléments de fait laissant supposer l'existence d'une discrimination, directe ou indirecte, fondée sur le sexe, la situation de famille ou la grossesse. Au vu de ces éléments, il incombe à la partie défenderesse de prouver que sa décision est justifiée par des éléments objectifs étrangers à toute discrimination. Le juge forme sa conviction après avoir ordonné, en cas de besoin, toutes les mesures d'instruction qu'il estime utiles (c. trav. art. L. 1144-1).

Action en justice des syndicats et des associations - Voir *Discriminations (contentieux)**.

Action en justice d'un salarié - Le licenciement d'un salarié motivé par l'action en justice engagée par ce salarié pour faire respecter l'égalité professionnelle femmes/hommes est nul et de nul effet. La réintégration du salarié licencié au mépris de cette interdiction est de droit (voir *Licenciement nul**) (c. trav. art. L. 1144-3).

Sanctions applicables

Le fait de méconnaître certaines dispositions relatives à l'égalité professionnelle femmes/hommes est puni notamment d'un emprisonnement d'un an et d'une amende de 3 750 € (c. trav. L. 1146-1).

☞ *Cadres dirigeants (écarts de répartition entre les femmes et les hommes) ; Égalité professionnelle (pénalité 1 %) ; Rémunération (écarts entre les femmes et les hommes).*

Égalité professionnelle (cadres dirigeants)

☞ *Cadres dirigeants (écarts de répartition entre les femmes et les hommes).*

Égalité professionnelle (pénalité 1 %)

Les entreprises d'au moins 50 salariés qui ne sont couvertes ni par un accord collectif sur l'*égalité professionnelle** femmes/hommes ni, à défaut, par un plan d'action annuel en faveur de l'égalité doivent acquitter une pénalité financière (c. trav. art. L. 2242-8).

Sur la pénalité applicable en cas d'écarts excessifs de rémunération, voir *Négociations obligatoires dans l'entreprise** et *Rémunération (écarts entre les femmes et les hommes)**.

Sur la future pénalité applicable en cas de non-respect du quota femmes/hommes parmi les cadres dirigeants et les instances dirigeantes, voir *Cadres dirigeants (écarts de répartition entre les femmes et les hommes)**.

Entreprises d'au moins 50 salariés

Toutes les entreprises d'au moins 50 salariés sont concernées par le risque de pénalité, peu important qu'elles disposent ou non d'institutions représentatives du personnel (c. trav. art. L. 2242-8 ; instr. DGT/DPSIT/RT3 2017-124 du 4 avril 2017).

▶ À noter… L'*effectif** de l'entreprise est calculé selon les règles générales de calcul des seuils d'effectifs (c. trav. art. L. 1111-2 et L. 1111-3), sachant par ailleurs que le seuil de 50 salariés est apprécié conformément aux dispositions prévues au 3e alinéa de l'article L. 2143-3 du code du travail (c. trav. art. L. 2143-3, al. 3 ; instr. DGT/DPSIT/RT3 2017-124 du 4 avril 2017). À l'époque où l'administration a apporté cette précision, il fallait comprendre que le seuil de 50 salariés était atteint lorsque cet effectif avait été maintenu pendant 12 mois, consécutifs ou non, au cours des 3 années précédentes. Or, ces dispositions ont été modifiées suite à l'une des ordonnances Macron. Désormais, il faudrait en déduire que le seuil de 50 salariés est atteint lorsque cet effectif est maintenu pendant 12 mois consécutifs, sous réserve toutefois d'une nouvelle précision de l'administration en la matière.

Dans les entreprises d'au moins 300 salariés, le défaut d'accord collectif est attesté par un procès-verbal (P-V) de désaccord (c. trav. art. L. 2242-8).

▶ Attention… Cette obligation concerne en réalité toutes les entreprises où il y a un DS, quel que soit leur effectif, puisque, dans le cadre des *négociations obligatoires dans l'entreprise**, l'échec des discussions donne obligatoirement lieu à un P-V de désaccord (c. trav. art. L. 2242-5).

Le fait que la branche ait conclu un accord relatif à l'égalité professionnelle ne dispense pas les entreprises de la branche considérée de se doter de leur propre accord ou de leur propre plan d'action annuel (instr. DGT/DPSIT/RT3 2017-124 du 4 avril 2017).

Accord collectif ou plan d'action

Contenu - Pour permettre à l'entreprise d'échapper à la pénalité, l'accord collectif ou le plan d'action annuel doit fixer des objectifs de progression et les actions permettant de les atteindre parmi les domaines d'action listés par le code du travail, sachant que les objectifs et les actions sont accompagnés d'indicateurs chiffrés (c. trav. art. R. 2242-2).

Les domaines d'actions sont les suivants : embauche, formation, promotion professionnelle, qualification, classification, conditions de travail, sécurité et santé au travail, rémunération effective, articulation entre l'activité professionnelle et la vie personnelle et familiale.

Les entreprises dont l'effectif est inférieur à 300 salariés ont à traiter au moins trois de ces domaines d'action.

Celles de 300 salariés et plus sont tenues d'en aborder au moins quatre.

La rémunération effective est obligatoirement comprise dans les domaines d'action retenus par l'accord collectif (ou, à défaut, par le plan d'action annuel). Dans les entreprises d'au moins 50 salariés, les objectifs de progression, les actions et les indicateurs chiffrés fixés dans ce domaine tiennent compte des indicateurs relatifs aux écarts de rémunération femmes/hommes, ainsi, le cas échéant, que des mesures de correction de ces écarts (c. trav. art. L. 1142-8, L. 1142-9 et R. 2242-2) [voir *Rémunération (écarts entre les femmes et les hommes)**].

Durée de l'accord collectif - L'accord peut être à durée indéterminée ou déterminée mais la « durée de couverture » pendant laquelle l'entreprise échappe à la pénalité de 1 % dépend de la périodicité de la négociation.

Si l'entreprise a conclu un accord de méthode, la négociation sur l'égalité professionnelle et la qualité de vie au travail a lieu au moins tous les 4 ans.

Sinon, la négociation a lieu tous les ans (voir *Négociations obligatoires dans l'entreprise**).

La durée pendant laquelle l'accord permet à l'entreprise d'échapper à la pénalité peut donc varier de 1 à 4 ans. L'employeur est donc tenu de rouvrir des négociations chaque année ou à l'échéance prévue par l'accord dans la limite de 4 ans.

Spécificités du plan d'action annuel - Élaborer le plan d'action annuel consiste d'abord à évaluer les objectifs fixés et les mesures prises au cours de l'année écoulée (c. trav. art. L. 2242-3).

Dans un second temps, ce plan :
- détermine les objectifs de progression prévus pour l'année à venir et définit les actions qualitatives et quantitatives permettant de les atteindre, dans les domaines listés ci-avant *(voir ci-avant)* ;
- évalue leur coût.

Le plan doit être fondé sur des critères clairs, précis et opérationnels.

Le plan d'action est annuel et permet donc d'échapper à la pénalité de 1 % pendant seulement 1 an (instr. DGT/DPSIT/RT3 2017-124 du 4 avril 2017).

Dépôt - Le plan d'action doit être déposé sur la plateforme de téléprocédure du ministère du travail : www.teleaccords.travail-emploi.gouv.fr [voir *Accord collectif d'entreprise (dépôt)**] (c. trav. art. R. 2242-2-1).

Si le plan d'action n'est pas déposé, l'employeur s'expose à la mise en œuvre de la pénalité financière d'au plus 1 % de la masse salariale (instr. DGT/DPSIT/RT3 2017-124 du 4 avril 2017).

Information des salariés - Sur la publication des indicateurs relatifs aux écarts de rémunération femmes/hommes et aux actions mises en œuvre pour les supprimer, voir *Rémunération (écarts entre les femmes et les hommes)**.

Contrôle de l'inspection du travail

Mise en demeure - Un agent de contrôle de l'inspection du travail peut mettre en demeure une entreprise qui n'a ni accord collectif ni plan d'action conforme de remédier à cette défaillance. La mise en demeure est faite par tout moyen permettant de donner date certaine à sa réception.

L'employeur doit alors agir dans un délai, au moins égal à un mois, fixé en fonction de la nature de son manquement et de la situation relevée dans l'entreprise (c. trav. art. R. 2242-3).

Égalité professionnelle (pénalité 1 %)

Réponse et explications de l'employeur - Dans le délai fixé par l'agent de contrôle de l'inspection du travail, l'employeur doit lui communiquer, par tout moyen permettant de donner date certaine à la réception, l'accord ou le plan mis en place ou modifié (c. trav. art. R. 2242-4).

S'il n'est pas en mesure de communiquer l'un ou l'autre, il justifie des motifs de sa défaillance.

À sa demande, il peut être entendu.

Si, pendant ce délai imparti, l'agent de contrôle de l'inspection du travail estime, compte tenu des documents transmis par l'employeur, que celui-ci n'a toujours pas régularisé sa situation, il l'invite à procéder à cette régularisation. Cette demande faite à l'employeur n'ouvre pas un nouveau délai (instr. DGT/DPSIT/RT3 2017-124 du 4 avril 2017).

Quand l'entreprise estime ne pas être en mesure de régulariser sa situation sur tout ou partie des insuffisances relevées dans la mise en demeure, elle adresse à l'agent de contrôle de l'inspection du travail une demande de prise en compte des motifs de sa défaillance. Seuls des motifs indépendants de la volonté de l'employeur sont pris en compte par l'administration (c. trav. art. R. 2242-6).

Application de la pénalité

Décision du DREETS - À l'issue du délai imparti *(voir ci-avant)*, le DREETS décide, s'il y a lieu, d'appliquer la pénalité et en fixe le taux dans la limite de 1 % des rémunérations sociales soumises à cotisations de sécurité sociale (c. trav. art. R. 2242-5).

Il tient compte de la bonne foi de l'employeur et apprécie les motifs de sa défaillance indépendants de sa volonté, au regard, notamment (c. trav. art. R. 2242-6 ; instr. DGT/DPSIT/RT3 2017-124 du 4 avril 2017) :

- des difficultés économiques de l'entreprise ;
- des restructurations ou fusions en cours ;
- d'une procédure collective en cours ;
- du franchissement du seuil d'effectif de 50 salariés au cours des 12 mois précédant celui de l'envoi de la mise en demeure de l'inspection du travail ;
- des mesures prises en matière d'égalité professionnelle femmes/hommes.

▶ À noter… Des associations promouvant l'égalité entre les femmes et les hommes ne peuvent pas exiger de l'administration la communication de la liste des entreprises franciliennes sanctionnées pour n'avoir pas satisfait à leur obligation de se doter d'un accord ou d'un plan d'action relatif à l'égalité professionnelle (CE 3 juin 2020, n° 421615).

Notification du taux de la pénalité - Le DREETS adresse à l'employeur, par tout moyen permettant de donner date certaine à sa réception, une notification motivée du taux de la pénalité qui lui sera appliqué dans un délai de 2 mois à compter de la date d'expiration de la mise en demeure.

Il lui demande de communiquer, en retour, le montant des gains et rémunérations servant de base au calcul de la pénalité dans un délai de 2 mois (c. trav. art. R. 2242-8).

Dans le cas où le DREETS décide de ne pas appliquer la pénalité, il notifie sa décision à l'employeur sans délai (instr. DGT/DPSIT/RT3 2017-124 du 4 avril 2017).

Masse salariale prise en compte - La pénalité est calculée sur la base du « brut sécurité sociale » versé pour chaque mois entier compris, en tout ou partie, dans la période allant du terme de la mise en demeure à la réception par l'inspection du travail de l'accord collectif ou du plan d'action (c. trav. art. R. 2242-7).

La pénalité est définie sur une base forfaitaire quand l'employeur n'a pas communiqué les éléments nécessaires à son calcul. Cette base est égale à deux fois la valeur du plafond de la sécurité sociale par mois compris dans la même période (c. trav. art. R. 2242-8).

Recouvrement - Le cas échéant, le trésorier-payeur général assure le recouvrement de la pénalité (c. trav. art. R. 2242-8).

Procédure de rescrit

Demande de l'employeur - Une procédure de rescrit permet à un employeur de demander au DREETS une prise de position formelle quant à la conformité de son accord ou de son plan d'action (c. trav. art. L. 2242-9).

▶ Attention… Seules les entreprises d'au moins 50 salariés susceptibles d'avoir à verser une pénalité si elles ne sont pas dotées d'un accord ou d'un plan d'action relatif à l'égalité professionnelle femmes/hommes peuvent employer la procédure de rescrit (instr. DGT/DPSIT/RT3 2017-124 du 4 avril 2017).

L'employeur doit adresser sa demande par tout moyen permettant d'apporter la preuve de sa réception par le DREETS et y mentionner (c. trav. art. R. 2242-9) :

- la raison sociale de l'établissement, ses adresses postale et électronique le cas échéant ;
- son numéro de SIRET ;
- les références aux dispositions législatives ou réglementaires au regard desquelles la demande est à apprécier ;

- l'accord ou le plan d'action, ce dernier étant accompagné du procès-verbal de désaccord pour les entreprises d'au moins 300 salariés.

La demande doit être explicite. Il ne suffit pas de déposer un accord ou un plan d'action (instr. DGT/DPSIT/RT3 2017-124 du 4 avril 2017).

Si, dans un délai de 15 jours à compter de la réception de la demande, le DREETS n'a pas transmis à l'employeur une liste de pièces ou d'informations manquantes, ce dernier sait que sa demande est réputée complète (c. trav. art. R. 2242-10).

À réception de ces pièces ou informations, le DREETS notifie à l'employeur que sa demande est complète. En revanche, passé un délai d'un mois, si l'employeur n'a pas transmis les éléments manquants, sa demande n'est plus valable (c. trav. art. R. 2242-10).

Réponse du DREETS - Le DREETS a 2 mois à compter de la date de réception de la demande complète pour notifier à l'employeur sa réponse quant à la conformité de son accord ou de son plan d'action (c. trav. art. R. 2242-10). L'absence de réponse dans le délai imparti vaut rejet de la demande de rescrit (c. trav. art. L. 2242-9).

▶ Attention... La demande n'est pas recevable si l'employeur fait déjà l'objet d'un contrôle sur le respect de son obligation d'avoir un accord ou un plan d'action (c. trav. art. L. 2242-9).

Effets - Une décision de conformité lie l'administration pendant une certaine durée (c. trav. art. L. 2242-9) :
- en cas d'accord collectif : période comprise entre la date de réception de la réponse par l'employeur et le terme de la périodicité de renégociation sur l'égalité professionnelle (voir *Négociations obligatoires dans l'entreprise**) ;
- en cas de plan d'action : période comprise entre la date de réception de la réponse par l'employeur et le terme de la première année suivant le dépôt du plan d'action.

☞ *Égalité professionnelle ; Rémunération (écarts entre les femmes et les hommes).*

Élections professionnelles

Depuis le 1.01.2020, le *comité social et économique** (CSE) a remplacé les délégués du personnel (DP), le comité d'entreprise (CE) et le CHSCT (le cas échéant, l'instance unique ou la délégation unique du personnel) (ord. 2017-1386 du 22 septembre 2017, JO du 23). Les entreprises d'au moins 11 salariés doivent en conséquence être dotées d'un CSE sauf justification d'un procès-verbal de carence.

Certaines règles relatives à la mise en place du CSE et à son fonctionnement peuvent être déterminées au sein de chaque entreprise, par le biais de la négociation avec les délégués syndicaux (à défaut, les élus du CSE) [voir *Élections professionnelles (CSE négocié)**]. En l'absence d'accord, la décision est prise, selon le cas, par l'employeur ou par application des règles supplétives du code du travail.

S'agissant de la mise en place de la *commission santé, sécurité et conditions de travail**, voir l'étude correspondante.

▶ À noter... Compte tenu de la similitude des textes en la matière, la jurisprudence et les réponses administratives rendues à propos des IRP précédemment en place gardent, à notre avis, toute leur valeur. Les arrêts et réponses indiqués dans nos développements ci-après sont donc, en toute vraisemblance, transposables au CSE.

Condition d'effectif

La mise en place d'un CSE est obligatoire dans les entreprises d'au moins 11 salariés si cet *effectif** a été atteint pendant 12 mois consécutifs (c. trav. art. L. 1111-2, L. 1251-54 et L. 2311-2 ; « Comité social et économique : 117 questions-réponses », janvier 2020, Q/R 19).

Le cadre à retenir pour apprécier l'effectif est l'entreprise ou le cas échéant, l'*unité économique et sociale** (UES).

En cas de mise en place du CSE dans une entreprise dotée d'établissements distincts, voir *Comité social et économique (établissement)**.

Nombre de représentants à élire

Le nombre de représentants du personnel à élire varie selon l'effectif de l'entreprise [voir *Comité social et économique (nombre d'élus)**].

L'effectif à prendre en compte doit être apprécié à la date du premier tour de scrutin (cass. soc. 5 février 2020, n° 19-13550 D ; cass. soc. 5 février 2020, n° 19-13444 D).

Périodicité des élections

En l'absence de CSE, dès lors que les effectifs requis sont atteints, l'employeur doit engager tous les 4 ans le processus électoral en informant les salariés de l'organisation des élections et en invitant les syndicats à négocier le protocole d'accord préélectoral (PAP ; sachant toutefois qu'un accord de branche, de groupe ou d'entreprise peut fixer une durée de mandat comprise entre 2 ans et 4 ans) (c. trav. art. L. 2314-33 et L. 2314-34) [voir *Élections professionnelles (CSE négocié)**].

En cas de renouvellement du mandat du CSE, l'employeur doit engager le processus électoral avant la fin des mandats [voir *Comité social et économique (mandat)**].

Organisation des élections

Initiative de l'employeur - L'employeur est tenu de déclencher le processus électoral en vue de l'élection du CSE dès lors que :

- le seuil requis de 11 salariés est atteint *(voir ci-avant)* ;
- les mandats des représentants du personnel arrivent à terme [voir *Comité social et économique (mandat)**] ;
- un syndicat ou un salarié en fait la demande en l'absence de CSE *(voir ci-après)* ;
- une *unité économique et sociale** (UES) a été reconnue entre des entreprises juridiquement distinctes ;
- les conditions d'une élection partielle sont remplies [voir *Élections professionnelles (partielles)**].

Pour ce faire, l'employeur doit informer les salariés de l'organisation des élections et inviter les syndicats à négocier le protocole d'accord préélectoral.

L'employeur doit respecter ces deux obligations, qu'il s'agisse d'une première élection de CSE ou de son renouvellement (c. trav. art. L. 2314-4 et L. 2314-5).

▶ Attention… Par exception, les entreprises dont l'effectif est compris entre 11 et 20 salariés n'ont pas l'obligation d'organiser les élections si aucun candidat ne s'est présenté dans le délai de 30 jours à compter de l'information du personnel sur l'organisation des élections (c. trav. art. L. 2314-5). Dans cette hypothèse, l'employeur doit établir un PV de carence (cadre I du Cerfa 15248*04).

Initiative d'un salarié ou d'un syndicat - En l'absence de CSE, l'employeur doit organiser des élections à la suite d'une demande émanant d'un salarié ou d'un syndicat si le seuil d'effectif est atteint. Il a un délai d'un mois pour ce faire (c. trav. art. L. 2314-8). Toutefois, lorsque l'employeur a engagé un processus électoral qui s'est soldé, en l'absence de candidature, par un P-V de carence [voir *Élections professionnelles (résultat du scrutin)**], l'organisation d'élection ne peut être demandée qu'à l'issue d'un délai de 6 mois après l'établissement de ce P-V (c. trav. art. L. 2314-8).

En l'absence de formalisme légal ou réglementaire pour l'envoi de la demande émanant d'un syndicat ou d'un salarié, la demande peut être adressée par tout mode d'information (cass. crim. 30 mars 1999, n° 97-85963 D). Toutefois, un envoi par lettre recommandée est conseillé, afin d'éviter toute contestation sur l'application du statut protecteur des demandeurs d'élections (circ. DRT 1983-13 du 25 octobre 1983, § 5.1.1.2) (voir *Licenciement des représentants du personnel**).

Information des salariés

L'employeur doit informer les salariés de l'organisation des élections professionnelles par tout moyen donnant une date certaine à cette information.

Lorsque l'entreprise franchit le seuil de 11 salariés, le premier tour doit se tenir, au plus tard, le 90e jour suivant l'information des salariés, qu'il s'agisse d'une première élection du CSE ou de son renouvellement (c. trav. art. L. 2314-4).

Le document diffusé doit, au minimum, indiquer la date envisagée du premier tour des élections (c. trav. art. L. 2314-4).

▶ À noter… Les élections professionnelles peuvent se tenir au cours d'une *grève** dès lors que celle-ci ne touche pas l'ensemble des salariés et que ceux-ci, largement présents dans les locaux de l'entreprise, ont été régulièrement informés par voie d'affichage du calendrier des élections *(voir ci-après)* (cass. soc. 28 janvier 2015, n° 14-14345, BC V n° 14).

Invitation des syndicats

Obligations de l'employeur - L'employeur doit (c. trav. L. 2314-5) :

- informer les syndicats intéressés de l'organisation des élections ;
- les convoquer à une réunion en vue de la négociation du protocole d'accord préélectoral (PAP) ;
- les inviter à établir les listes de leurs candidats aux fonctions de représentants du personnel [voir *Élections professionnelles (candidats)**].

Selon les catégories de syndicats, cette formalité s'effectue par courrier ou, plus largement, par tout moyen [voir *Élections professionnelles (protocole d'accord préélectoral)**].

▶ Attention… Par exception, les entreprises dont l'effectif est compris entre 11 et 20 salariés sont dispensées de négocier un PAP lorsqu'aucun candidat ne s'est présenté dans un délai de 30 jours à compter de l'information du personnel sur l'organisation des élections (c. trav. art. L. 2314-5).

Délais d'invitation des syndicats - L'invitation à négocier doit parvenir aux syndicats au plus tard 15 jours avant la date de la première réunion de négociation du PAP (c. trav. art. L. 2314-5) [voir *Élections professionnelles (protocole d'accord préélectoral)**].

Le délai minimal, qui court de l'invitation des syndicats à la date d'expiration du mandat des représentants du personnel en exercice, est de 2 mois (c. trav. art. L. 2314-5) [voir *Élections professionnelles (protocole d'accord préélectoral)**].

En cas de demande d'un salarié ou d'un syndicat, l'employeur invite les syndicats à négocier le PAP dans le mois qui suit la réception de la demande d'un salarié ou d'un syndicat d'organiser les élections *(voir ci-avant)*.

Modalités d'organisation des élections

Scrutin de liste - Les élections se font au scrutin de liste à deux tours avec représentation proportionnelle à la plus forte moyenne (c. trav. art. L. 2314-29).

Un scrutin séparé est organisé dans chaque collège électoral, pour les titulaires et pour les suppléants.

L'élection a lieu au scrutin secret sous enveloppe. Elle peut aussi avoir lieu par vote électronique.

Cette élection a, en principe, lieu pendant le temps de travail selon des modalités d'organisation fixées par accord entre l'employeur et les organisations syndicales [voir *Élections professionnelles (déroulement du vote)**].

Premier tour - Le premier tour est réservé aux listes de 4 catégories de syndicats (c. trav. art. L. 2314-5 et L. 2314-29 ; cass. soc. 21 octobre 2009, n° 09-60090, BC V n° 229) :

- les syndicats légalement constitués depuis au moins 2 ans, satisfaisant aux critères de respect des valeurs républicaines et d'indépendance, et dont le champ professionnel et géographique couvre l'entreprise ou l'établissement concerné ;
- les syndicats reconnus représentatifs au niveau de l'entreprise ou de l'établissement [voir *Syndicats (représentativité dans les TPE)** et *Syndicats (représentativité)**] ;
- les syndicats ayant constitué une *section syndicale** dans l'entreprise ou l'établissement ;
- les syndicats affiliés à une organisation syndicale représentative aux niveaux national et interprofessionnel.

Second tour - Le second tour doit être organisé si le quorum n'a pas été atteint au premier tour, si aucune candidature syndicale n'a été présentée, ou si des sièges restent à pourvoir [voir *Élections professionnelles (déroulement du vote)**]. Si l'employeur manque à cette obligation, la régularité du premier tour de scrutin n'est pas remise en cause (cass. soc. 10 mai 2012, n° 11-21339, BC V n° 139).

La présentation des candidatures est libre, c'est-à-dire que sont admis les candidats :

- des syndicats (qui ne remplissaient pas les conditions requises pour présenter des candidats au premier tour) ;
- des organisations non syndicales (ex. : les associations) (cass. soc. 27 janvier 2010, n° 09-60103, BC V n° 21) ;
- des salariés non syndiqués.

Rien n'interdit également aux syndicats ayant le monopole des candidatures au premier tour de présenter des candidats au second tour (y compris si, dans les faits, ces organisations n'ont présenté aucune liste au premier tour).

Sauf décision contraire d'un syndicat, les candidatures présentées au premier tour sont maintenues au second tour [voir *Élections professionnelles (candidats)**].

Rôle du protocole préélectoral - Les modalités d'organisation des élections (ainsi que la répartition du personnel dans les collèges électoraux et des sièges des représentants du personnel entre les catégories de salariés) sont fixées, en principe, par le PAP [voir *Élections professionnelles (collèges électoraux)** et *Élections professionnelles (protocole d'accord préélectoral)**].

▶ Attention... Contrairement au passé, la détermination du périmètre de mise en place du CSE est déconnectée du processus électoral et sort en conséquence du PAP.

Contrôle de régularité des élections - En cas de difficulté, le *tribunal judiciaire** *(voir ci-après)*, saisi préalablement aux élections, peut décider de la mise en place d'un dispositif de contrôle de la régularité de ces élections ainsi que de la liberté et de la sincérité du scrutin (cass. soc. 1er avril 1992, n° 90-60543, BC V n° 232 ; cass. soc. 8 juin 1999, n° 97-60831, BC V n° 270).

▶ À noter... En cas d'élection partielle [voir *Élections professionnelles (partielles)**], l'organisation des élections se déroule sur la base des dispositions en vigueur lors de l'élection précédente. Le PAP négocié pour l'élection principale est donc applicable. L'élection partielle concerne tous les sièges vacants, titulaires et suppléants, du collège visé (c. trav. art. L. 2314-10).

Collèges électoraux

Voir *Élections professionnelles (collèges électoraux)**.

Électorat et éligibilité

Sur les règles applicables, voir *Élections professionnelles (candidats)** et *Élections professionnelles (électorat)**.

Concernant l'éligibilité, un élu du CSE ne peut pas exercer, dans les entreprises de 50 salariés à moins de 300 salariés, plus de 3 mandats successifs (sauf si le PAP en dispose autrement) (c. trav. art. L. 2314-33) [voir *Comité social et économique (mandat)**]. En d'autres termes, sauf dérogation, un salarié ayant déjà exercé trois mandats de suite ne sera pas éligible aux élections suivantes.

En outre, les salariés mis à disposition ne sont pas éligibles dans l'entreprise utilisatrice (c. trav. art. L. 2314-23).

Représentation équilibrée femmes/hommes

Voir *Élections professionnelles (candidats)**.

Durée et fin du mandat des élus du CSE

Les membres du CSE sont élus pour 4 ans et le nombre de mandats successifs des élus du CSE est limité à trois, sauf dans certains cas [voir *Comité social et économique (mandat)**].

CSE négocié

Les employeurs disposent d'une certaine marge de manœuvre dans la mise en place et les caractéristiques de leur CSE. Selon le cas, la règle à déterminer pour façonner le CSE est issue :

- de la négociation collective « classique », ce qui fait en principe intervenir les délégués syndicaux [sur les conditions de validité des accords suivant les thèmes de négociation, voir *Élections professionnelles (CSE négocié)**] ;
- de la négociation du protocole d'accord préélectoral [voir *Élections professionnelles (protocole d'accord préélectoral)**].

Contestations des élections

Personnes ayant intérêt à agir - Toute personne ayant un intérêt à agir peut contester les élections. En conséquence, l'action en contestation peut résulter d'une demande de l'une des personnes suivantes ou d'un syndicat dans les conditions suivantes.

La demande peut être par un salarié électeur ou candidat, son action en annulation des élections étant limitée au seul collège auquel il appartient (cass. soc. 16 mai 1990, n° 88-60797 D ; cass. soc. 10 juillet 2002, n° 01-60654, BC V n° 244).

La demande peut émaner de l'employeur (cass. soc. 4 avril 2007, n° 06-60112, BC V n° 62).

La demande peut être faite par un syndicat, représentatif ou non, présentant ou non des candidats (cass. soc. 7 mai 2002, n° 00-60282, BC V n° 149 ; cass. soc. 5 avril 2011, n° 10-60364 D). L'intérêt à agir des syndicats non représentatifs n'est pas conditionné à la présence d'adhérents dans l'entreprise (cass. soc. 20 septembre 2018, n° 17-26226 FPB). Toutefois, un syndicat n'a pas d'intérêt à agir s'il a signé un protocole d'accord préélectoral (PAP) sans émettre de réserve (cass. soc. 6 octobre 2011, n° 11-60035, BC V n° 228 ; cass. soc. 11 décembre 2019, n° 18-20841 FSPB), et ce y compris s'il invoque le non-respect par le PAP de règles d'ordre public (ex. : non-respect des principes généraux du droit électoral) (cass. soc. 24 novembre 2021, n° 20-20962 FB).

Par ailleurs, une section syndicale, dépourvue de personnalité morale, ne peut pas agir en justice (cass. soc. 18 juillet 1979, n° 79-60118, BC V n° 646 ; cass. soc. 13 février 2008, n° 07-60171 D).

Irrégularités justifiant l'annulation des élections - Les irrégularités commises dans l'organisation et le déroulement d'un scrutin (ex. : éligibilité d'un candidat, composition du bureau de vote, validité du PAP, appréciation des effectifs, représentativité d'un syndicat) constituent une cause d'annulation des élections :

- lorsqu'elles constituent une violation des principes généraux du droit électoral, tels que le secret du vote (cass. soc. 23 juin 2010, n° 09-60335, BC V n° 147) ;
- lorsqu'elles ont faussé les résultats de l'élection (cass. soc. 2 mars 2011, n° 10-60101, BC V n° 61 ; cass. soc. 28 janvier 2015, n° 14-60510 D) ;
- lorsque, s'agissant du premier tour, elles ont été déterminantes de la qualité représentative des syndicats dans l'entreprise, ou du droit pour un candidat d'être désigné délégué syndical (cass. soc. 13 janvier 2010, n° 09-60203, BC V n° 7 ; cass. soc. 10 mars 2010, n° 09-60236, BC V n° 55), même si l'employeur n'est pas responsable de l'irrégularité en question (cass. soc. 10 mars 2010, n° 09-60236, BC V n° 55) [voir *Syndicats (représentativité dans les TPE)** et *Syndicats (représentativité)**].

En revanche, le fait que le PAP prévoit un bureau de vote unique pour deux collèges n'est pas une irrégularité justifiant l'annulation des élections. Cette règle inscrite dans le protocole n'est pas contraire à l'ordre public, elle ne compromet pas la loyauté du scrutin et n'entraîne donc pas sa nullité (cass. soc. 25 octobre 2017, n° 16-21780 D).

Sur les contestations relatives à la proportion de candidats hommes et femmes, voir *Élections professionnelles (candidats)**.

Saisine du tribunal judiciaire - Le *tribunal judiciaire** est seul compétent en cas de contestation portant sur l'électorat ainsi que sur la régularité des opérations électorales (c. trav. art. L. 2314-32), à savoir :

- pour les litiges relatifs à l'inscription des salariés sur la liste électorale (la contestation peut porter sur l'électorat de tel ou tel salarié, sur la répartition des électeurs dans les collèges ou encore sur la confection et la publication des listes) [voir *Élections professionnelles (électorat)**] ;
- pour ceux qui portent sur le déroulement des opérations électorales telles que les conditions d'éligibilité, la liste des candidats, la composition du bureau de vote, etc. [voir *Élections professionnelles (candidats)**].

Le tribunal judiciaire, saisi préalablement aux élections, peut décider de la mise en place d'un dispositif de contrôle de leur régularité, ainsi que de la liberté et de la sincérité du scrutin. Les frais entraînés par ces mesures sont à la charge de l'employeur (c. trav. art. L. 2314-17).

Délais de contestation - Pour être recevable, toute contestation doit faire l'objet d'une requête portée devant le *tribunal judiciaire** (c. trav. art. R. 2314-23 et R. 2314-24) :

- dans les 3 jours suivant la publication des listes électorales, lorsque la contestation a trait à l'électorat d'un salarié ;
- dans les 15 jours suivant l'élection, lorsque la contestation a trait à la régularité du scrutin ou à la présentation des listes de candidats [ex. : (cass. soc. 18 mars 2015, n° 14-60460 D)].

Le délai de 15 jours s'applique à chaque tour du scrutin (cass. soc. 26 mai 2010, n° 09-60453, BC V n° 113). Ainsi, la contestation des résultats du premier tour des élections n'est recevable que si elle est faite dans les 15 jours suivant ce premier tour (cass. soc. 26 mai 2010, n° 09-60453, BC V n° 113).

Les délais de 3 ou 15 jours ne sont pas toujours alternatifs (cass. soc. 9 septembre 2020, n° 19-19322 D). À titre d'exemple, la contestation relative à l'électorat d'une catégorie de personnel aux élections professionnelles relève du contentieux de l'électorat (donc du délai de 3 jours), mais peut également affecter la régularité du scrutin (donc relever du délai de 15 jours). En conséquence, elle est recevable dans le délai de 15 jours suivants les élections.

Lorsqu'un syndicat conteste le PAP et demande au tribunal judiciaire d'ordonner la négociation d'un nouveau PAP, et que la décision du juge ordonnant cette renégociation n'est rendue qu'après les élections, ces élections restent valables et les instances élues le demeurent, dès lors que le syndicat n'a pas demandé l'annulation du scrutin dans les 15 jours suivant la proclamation des résultats (cass. soc. 4 juillet 2018, n° 17-21100 FSPB). Autrement dit, la décision du juge d'annuler le PAP n'entraîne pas en elle-même la nullité du scrutin.

▶ À noter… Le délai de 15 jours n'exclut pas une demande anticipée d'annulation des élections. Ainsi, une demande d'annulation des élections peut être contenue dans la demande d'annulation du protocole préélectoral faite en amont des élections (cass. soc. 12 mai 2021, n° 19-23428 FP).

Décision du tribunal judiciaire - Le *tribunal judiciaire** statue en dernier ressort dans les 10 jours de sa saisine, sans frais, sur simple avertissement donné 3 jours à l'avance à toutes les parties intéressées (c. trav. art. R. 2314-25). Aussi, ses décisions ne sont susceptibles ni d'appel, ni de tierce opposition. Le seul recours possible est le pourvoi en cassation dans les 10 jours de sa notification (c. trav. art. R. 2314-25 ; cass. soc. 23 septembre 2009, n° 08-60535, BC V n° 195).

Sanctions encourues par l'employeur en cas d'absence de CSE

Sanctions pénales - L'employeur qui omet de prendre l'initiative des élections, en méconnaissance de ses obligations légales, commet un délit d'entrave sanctionné par un an d'emprisonnement et 7 500 € d'amende (c. trav. art. L. 2317-1).

Sanctions civiles - L'employeur engage sa responsabilité civile.

Un syndicat peut demander des dommages et intérêts s'il prouve l'existence et l'étendue d'un préjudice susceptible d'être réparé (cass. soc. 7 mai 2002, n° 00-60282, BC V n° 149 ; cass. soc. 22 juin 2005, n° 04-60396 D).

Tout salarié peut également demander réparation dès lors que l'employeur n'est pas en mesure de fournir un procès-verbal de carence (cass. soc. 17 octobre 2018, n° 17-14392 FSPB ; cass. soc. 8 janvier 2020, n° 18-20591 D). Pour obtenir réparation, le salarié n'a pas à justifier d'un préjudice. En effet, l'employeur qui néglige de mettre en place les institutions représentatives commet une faute qui cause nécessairement un préjudice au salarié, tenant à la privation d'une possibilité de représentation et de défense de ses intérêts (cass. soc. 17 mai 2011, n° 10-12852, BC V n° 108 ; cass. soc. 15 mai 2019, n° 17-22224 D).

En revanche, le fait que l'employeur n'organise pas les élections partielles alors que les conditions légales en sont remplies (dans cette affaire, le nombre de titulaires avait été réduit de moitié), ne cause pas automatiquement un préjudice aux salariés puisqu'il reste des élus qui même en nombre restreint peuvent représenter et défendre leurs intérêts. Les salariés doivent ici démontrer leur préjudice pour être indemnisés (cass. soc. 4 novembre 2020, n° 19-12775 FSPBI).

▶ À noter... Un salarié ne peut pas demander la résiliation judiciaire de son contrat de travail aux torts de l'employeur au motif que celui-ci n'a pas organisé les élections professionnelles (cass. soc. 30 novembre 2011, n° 09-67798, BC V n° 281) (voir *Résiliation judiciaire du contrat de travail**).

« Gel » de certaines décisions - L'absence de CSE peut avoir des conséquences sur la mise en œuvre des décisions de l'employeur soumises à l'avis préalable du comité. C'est en particulier le cas lorsque l'employeur souhaite proposer une offre de reclassement à un salarié déclaré inapte (c. trav. art. L. 1226-2 et L. 1226-10), lorsqu'il met en place ou modifie le règlement intérieur de l'entreprise (c. trav. art. L. 1321-4) ou lorsqu'il institue un régime d'intéressement au sein de l'entreprise (c. trav. art. L. 3312-2).

À partir de 50 salariés, tout projet de l'employeur entrant dans les attributions du CSE (ex. : projets de restructuration, de déménagement, d'aménagement du temps de travail) (c. trav. art. L. 2312-8) devrait être mis entre parenthèses tant que le CSE n'a pas été mis en place [voir *Comité social et économique (informations-consultations ponctuelles)**]. Si l'employeur passe outre la consultation du CSE, les salariés et les syndicats pourraient saisir le juge en référé pour demander la suspension du projet, voire son annulation.

☞ *Élections professionnelles (campagne électorale) ; Élections professionnelles (candidats) ; Élections professionnelles (collèges électoraux) ; Élections professionnelles (CSE négocié) ; Élections professionnelles (déroulement du vote) ; Élections professionnelles (électorat) ; Élections professionnelles (matériel de vote) ; Élections professionnelles (partielles) ; Élections professionnelles (protocole d'accord préélectoral) ; Élections professionnelles (résultat du scrutin) ; Élections professionnelles (vote par correspondance).*

Élections professionnelles (campagne électorale)

Pour faire connaître leurs idées et leurs programmes, les candidats aux élections professionnelles peuvent diffuser des documents de propagande électorale qui se déroule, en principe, en fonction des modalités prévues par la convention collective applicable à l'entreprise ou le protocole d'accord préélectoral (PAP) [voir *Élections professionnelles (protocole d'accord préélectoral)].**

Mode d'emploi

Avant le premier tour - Les organisations syndicales, que l'employeur est tenu d'inviter à négocier le PAP, sont les seules habilitées à diffuser leur propagande électorale avant le premier tour [voir *Élections professionnelles (protocole d'accord préélectoral)**]. Un employeur ne peut donc pas, avant le premier tour, afficher le tract de propagande d'éventuels candidats libres pour le second tour (cass. soc. 14 janvier 2004, n° 01-60788, BC V n° 12).

Des candidats libres peuvent circuler dans l'entreprise avant le premier tour de l'élection pour inciter le personnel à ne pas voter lors du premier tour. Dès lors qu'aucune pression ou menace n'est exercée sur les salariés, cette démarche, non assimilée ici à de la propagande électorale, n'est pas une irrégularité susceptible de fausser les résultats du scrutin et donc d'entraîner l'annulation des élections (cass. soc. 5 mai 2004, n° 03-60141 D).

Après le premier tour - Toutes les organisations syndicales qui ont pu mener campagne au premier tour sont habilitées à poursuivre celle-ci lors du second tour.

S'agissant des syndicats non autorisés à présenter des candidats au premier tour et des candidats sans étiquette syndicale, ils peuvent, après le premier tour, mener une campagne électorale en vue du second tour (tracts, affiches, Internet, etc.) (cass. soc. 14 janvier 2004, n° 01-60788, BC V n° 12).

Date de fin de campagne - Le code du travail n'indique pas de dates limites pour faire campagne. Selon les juges, la propagande électorale peut être menée dans l'entreprise jusqu'au jour du scrutin dès lors qu'elle n'est pas abusive. Ainsi, elle ne doit pas avoir d'influence déterminante sur les résultats et, par conséquent, les fausser (cass. soc. 10 juillet 1997, n° 96-60338 D). Pour éviter des risques de contentieux, il est conseillé de prévoir dans le PAP les dates d'ouverture et de fermeture de la campagne.

▶ Attention... Le seul fait de ne pas respecter la période de campagne électorale (ex. : lancement de celle-ci avant la date fixée par le PAP) ne justifie pas une action en référé (cass. soc. 15 novembre 2017, n° 16-24798, BC V n° 194). Il peut justifier une demande, a posteriori, d'annulation des élections. À notre sens, elle n'aurait que peu de chances d'aboutir. En effet, la Cour de cassation a déjà consenti à annuler les élections en raison d'un tract émis en dehors de la période de propagande électorale, mais essentiellement en raison du ton très polémique du tract en question (cass. soc. 23 juin 2004, n° 02-60848 D).

Moyens de campagne dans l'entreprise - Pour mener leur campagne électorale, les candidats disposent des moyens « habituels » de leur *section syndicale**, c'est-à-dire panneau d'affichage, tracts, Internet autorisé par accord d'entreprise (c. trav. art. L. 2142-6).

Des moyens supplémentaires et spécifiques à la propagande électorale peuvent être prévus par le PAP. En tout état de cause, les candidats sont libres de leurs actions en dehors du temps et du lieu de travail (c. trav. art. L. 2142-4).

▶ À noter... Tous les syndicats doivent avoir droit aux mêmes moyens de communication, surtout si des moyens supplémentaires sont mis à disposition (cass. soc. 27 mai 2020, n° 19-15105 D). Dans cette affaire, l'employeur, en ne réagissant pas après l'envoi par un des syndicats d'un message de propagande via la messagerie du comité, n'a pas permis un égal accès aux moyens de propagande entre les syndicats. Ce faisant, il a manqué à son obligation de loyauté *(voir ci-après)*.

Moyens de campagne hors de l'entreprise - Les communications syndicales (y compris sur Internet) effectuées hors de l'entreprise sont libres sous réserve toutefois que l'interdiction de publier des informations injurieuses ou diffamatoires soit respectée (loi du 29 juillet 1881, art. 29 ; cass. soc. 28 février 2007, n° 05-15228, BC V n° 37 ; cass. civ., 1re ch., 6 octobre 2011, n° 10-18142, BC V n° 159 ; cass. soc. 15 novembre 2017, n° 16-24798, BC V n° 194).

La voie publique, les parties communes de l'immeuble où l'entreprise occupe les locaux, l'entrée des locaux d'un client chez lequel des salariés de l'entreprise effectuent des missions ne font pas partie de l'enceinte de l'entreprise (cass. soc. 18 janvier 2011, n° 09-12240 D).

Rôle de l'employeur

Devoir de neutralité - Sous peine d'annulation des élections, l'employeur ne peut ni effectuer, ni influencer la propagande électorale. Il doit rester neutre tant à l'égard des syndicats que des candidats libres (c. trav. art. L. 2141-7 ; cass. soc. 14 janvier 2004, n° 01-60788, BC V n° 20 ; cass. soc. 31 mai 2011, n° 10-60228 D).

Exemple

L'employeur ne doit pas laisser circuler un tract anonyme mettant en cause les candidats d'un syndicat (cass. soc. 7 novembre 2012, n° 11-60184 D).

Absence de contrôle du contenu de l'information - Sous peine d'une condamnation pour *délit d'entrave** et d'une annulation des élections professionnelles, l'employeur ne peut ni contrôler ni censurer le contenu de la propagande diffusée. S'il souhaite interdire l'affichage d'une communication, il doit saisir le juge des référés (voir *Panneaux d'affichage** et *Tribunal judiciaire**).

Transmission des documents de campagne si nécessaire - En cas de mise en place d'un vote par correspondance, l'employeur doit adresser aux électeurs concernés, en même temps que les documents servant au vote, les professions de foi des syndicats et, le cas échéant, des candidats « libres » se présentant au second tour. Sous peine de délit d'entrave, il ne peut pas refuser de communiquer ces documents de campagne au motif qu'ils contiennent, par exemple, des affirmations diffamatoires et étrangères au débat syndical (cass. crim. 30 mai 1989, n° 87-83411, B. crim. n° 227 ; cass. soc. 12 novembre 2003, n° 02-60714 D) [voir *Élections professionnelles (vote par correspondance)**].

☛ *Élections professionnelles.*

Élections professionnelles (candidats)

Conditions d'éligibilité à remplir

Conditions à remplir - Les électeurs âgés de 18 ans accomplis ayant travaillé dans l'entreprise depuis 1 an au moins et remplissant les conditions d'âge et de capacité électorale sont éligibles, à l'exception des conjoint, partenaire de PACS, concubin, ascendants, descendants, frères, sœurs et alliés au même degré de l'employeur (c. trav. art. L. 2314-19).

Les conditions d'éligibilité doivent être remplies à la date du premier tour du scrutin (cass. soc. 6 juillet 1983, n° 82-60613, BC V n° 188 ; cass. soc. 1er décembre 2010, n° 10-60163, BC V n° 278) *(voir ci-après)*. Un protocole d'accord préélectoral ne peut pas retenir, pour l'appréciation des conditions d'éligibilité, une date antérieure au premier tour du scrutin (cass. soc. 1er décembre 2010, n° 10-60163, BC V n° 278). Il en est de même dans les entreprises de travail temporaire (ETT), notamment à propos de la condition d'ancienneté (cass. soc. 26 septembre 2012, n° 11-25420, BC V n° 238).

▶ À noter... Compte tenu de la similitude des textes en la matière, la jurisprudence et les réponses administratives rendues à propos des IRP précédemment en place gardent, à notre avis, toute leur valeur. Les arrêts et réponses indiqués dans nos développements ci-après sont donc, en toute vraisemblance, transposables au CSE.

Sur le nombre maximum de mandats successifs des élus du CSE, voir *Comité social et économique (mandat)**.

Être électeur et être inscrit sur les listes électorales - Pour être éligible, le candidat doit remplir les conditions nécessaires pour être électeur et être inscrit sur les listes électorales [voir *Élections professionnelles (électorat)**].

Avoir un contrat de travail - Pour être candidat aux élections professionnelles, il faut être salarié de l'entreprise ou de l'établissement. Les salariés dont le contrat de travail est suspendu (ex. : congé maternité, maladie, formation, sabbatique, en disponibilité) sont également éligibles (cass. soc. 26 septembre 2002, n° 01-60022, BC V n° 286). Il en est de même pour les salariés démissionnaires ou licenciés pendant la période de préavis, effectué ou non (cass. soc. 13 juin 1989, n° 88-60677, BC V n° 436).

Ancienneté - Le salarié doit avoir travaillé dans l'entreprise depuis 1 an au moins (c. trav. art. L. 2314-19). L'ancienneté est déterminée comme pour l'électorat [voir *Élections professionnelles (électorat)**].

L'inspecteur du travail peut, après avoir consulté les syndicats représentatifs dans l'entreprise, autoriser des dérogations aux conditions d'ancienneté pour être éligible à l'élection d'un CSE, notamment lorsque leur application aurait pour effet de réduire à moins des 2/3 de l'effectif le nombre de salariés remplissant ces conditions (c. trav. art. L. 2314-25).

En cas de contestation, sa décision peut, dans un délai de 15 jours suivant sa notification, faire l'objet d'un recours devant le *tribunal judiciaire** (c. trav. art. L. 2314-25 et R. 2314-4).

▶ À noter... Les conventions et accords collectifs ou le protocole d'accord préélectoral (PAP) peuvent prévoir, pour l'éligibilité, des conditions d'ancienneté plus favorables aux salariés que celles prévues par le code du travail (cass. soc. 14 décembre 1977, n° 77-60593 D).

Âge et capacité électorale - Le candidat doit être âgé de 18 ans accomplis à la date du premier tour de scrutin et jouir de ses droits civiques (c. trav. art. L. 2314-19).

Absence de lien familial avec l'employeur - Le conjoint, partenaire d'un Pacs, concubin, ascendants, descendants, frères, sœurs et alliés au même degré de l'employeur ne sont pas éligibles (c. trav. art. L. 2314-19).

▶ Attention... Tout lien de parenté entre un candidat et l'employeur ne fait pas obstacle à l'éligibilité. La liste légale qui a pour objet de garantir l'indépendance des élus vis-à-vis de l'employeur est strictement limitative : être la nièce de l'épouse de l'employeur ou la cousine de la fille de ce dernier ne rend donc pas inéligible de fait à la fonction de représentant du personnel (cass. soc. 10 mars 2016, n° 15-15184 D).

Cas particuliers

Salariés mis à disposition - Les *salariés mis à disposition** ne sont pas éligibles à l'élection du CSE dans l'entreprise utilisatrice (c. trav. art. L. 2314-23).

Ils sont éligibles lors des élections du CSE dans leur entreprise d'origine même s'ils avaient précédemment décidé de voter dans leur entreprise d'accueil lors des élections des IRP précédentes. En effet, le droit d'option des salariés mis à disposition mis en œuvre sous l'empire des anciens textes ne peut les priver du droit de vote et d'éligibilité au CSE de leur entreprise d'origine (cass. soc. 13 février 2019, n° 16-60149 FPB). Ce choix antérieur ne peut en effet pas leur être opposé alors que les règles ont changé et qu'elles interdisent aux salariés mis à disposition d'être éligibles aux élections du CSE de l'entreprise d'accueil.

Salariés intérimaires - Les salariés temporaires ne sont éligibles que dans l'entreprise de *travail temporaire** (ETT) dès lors qu'ils ont acquis 6 mois d'ancienneté au cours des 18 mois (ou 6 mois en cas de création d'entreprise ou d'ouverture d'établissement) précédant l'élection et qu'ils sont en cours de mission dans le cadre d'un contrat de travail conclu avec l'ETT au moment de la constitution des listes (c. trav. art. L. 2314-20 et L. 2314-22).

▶ Attention… Les salariés temporaires ayant fait reconnaître à l'ETT qu'ils ne souhaitaient plus bénéficier d'un contrat de mission ainsi que ceux à qui l'ETT a notifié sa décision de ne plus faire appel à eux pour de nouveaux contrats de mission ne sont pas, par contre, éligibles (c. trav. art. L. 2314-22).

Télétravailleurs - Les salariés en *télétravail** sont éligibles dans des conditions similaires aux salariés qui travaillent dans les locaux de l'entreprise (c. trav. art. L. 1222-10).

Salariés portés - Les salariés portés d'une entreprise de *portage salarial** sont éligibles dans cette entreprise dès lors qu'ils justifient de 6 mois d'ancienneté et qu'ils sont en cours de prestation de portage dans le cadre d'un contrat de travail conclu avec l'entreprise de portage lors de la confection des listes. La condition d'ancienneté est à apprécier au cours des 18 mois (6 mois en cas de création d'entreprise ou d'ouverture d'établissement) précédant l'élection (c. trav. art. L. 2314-21 et L. 2314-24).

Salariés à temps partiel - Les salariés à temps partiel qui travaillent simultanément dans plusieurs entreprises ne sont éligibles que dans l'une d'entre elles, choisie par eux (c. trav. art. L. 2314-19).

Salariés multiemployeur - Les salariés qui cumulent des contrats de travail dans plusieurs entreprises ne peuvent pas être candidats aux élections professionnelles de chacune de ces entreprises. Ils doivent, le cas échéant, choisir l'entreprise dans laquelle ils comptent présenter leur candidature (cass. soc. 16 novembre 2011, n° 11-13256, BC V n° 266).

Salariés « assimilés à l'employeur » - Ne sont pas éligibles les salariés :
- qui détiennent sur un service, un département ou un établissement de l'entreprise une délégation particulière d'autorité établie par écrit permettant de les assimiler à l'employeur (cass. soc. 6 février 2002, n° 00-60488, BC V n° 58 ; cass. soc. 12 juillet 2006, n° 05-60300, BC V n° 260) ;
- qui représentent effectivement l'employeur devant le CSE (cass. soc. 25 janvier 2006, n° 05-60158, BC V n° 39 ; cass. soc. 12 juillet 2006, n° 05-60300, BC V n° 260 ; cass. soc. 29 novembre 2017, n° 17-10326 D).

Sans délégation de pouvoirs, le responsable du service de sécurité et des conditions de travail (tout comme l'agent chargé de la sécurité et des conditions de travail) est éligible au CSE (cass. soc. 19 janvier 2022, n° 19-25982 FSB). Le responsable sécurité n'intervient en effet au CSE que de façon ponctuelle (c'est-à-dire au cours des seules réunions du CSE portant sur les attributions du comité en matière de santé, de sécurité ou des conditions de travail) et n'a dans ce cadre qu'une voix consultative [voir *Comité social et économique (santé, sécurité et conditions de travail)**]. Il ne représente donc pas l'employeur vis-à-vis des salariés dans ces situations.

▶ À noter… Les salariés « assimilés à l'employeur » ne peuvent pas être écartés sur la seule considération des fiches de poste relatives à leurs fonctions (cass. soc. 20 mars 2013, n° 12-11702, BC V n° 79).

Choix des candidats

Premier tour : monopole des candidatures syndicales - Le premier tour du scrutin est réservé aux seules listes des syndicats habilités à négocier le protocole d'accord préélectoral (c. trav. art. L. 2314-29) [voir *Élections professionnelles (protocole d'accord préélectoral)**]. Toute personne morale qui n'a pas la qualité de syndicat (ex. : une association) ne peut pas présenter de candidats au premier tour. Il s'agit d'une cause d'annulation des élections, peu importe l'influence ou non sur les résultats du scrutin (cass. soc. 27 janvier 2010, n° 09-60103, BC V n° 21).

Un syndicat ne peut pas présenter des candidats au premier tour dans un établissement situé en dehors de l'espace géographique défini par ses statuts (cass. soc. 22 septembre 2010, n° 09-60480, BC V n° 185 ; cass. soc. 27 mars 2013, n° 12-21028 D).

▶ À noter… Les syndicats peuvent présenter au premier tour des candidats non syndiqués (cass. soc. 28 mars 2012, n° 11-61180, BC V n° 112).

Second tour : candidatures libres et autres - Lorsque, à l'issue du premier tour, le quorum n'a pas été atteint ou s'il reste des sièges à pourvoir ou si aucun syndicat n'a présenté de liste, un second tour est organisé (c. trav. art. L. 2314-29 ; cass. soc. 10 mai 2012, n° 11-21339, BC V n° 139) [voir *Élections professionnelles (déroulement du vote)**].

Les candidatures sont libres. Sont donc admises toutes les listes de candidats présentées par (cass. soc. 18 janvier 2017, n° 15-28884 D) :

- les syndicats qui remplissent ou non les conditions requises pour se présenter au 1er tour ;
- les organisations non syndicales [ex. : les associations (cass. soc. 23 juin 1983, n° 83-61030, BC V n° 361)] ;
- les salariés à titre individuel ou en groupe.

Rien n'interdit également aux syndicats ayant le monopole des candidatures au premier tour *(voir ci-avant)* de présenter des candidats au second tour, y compris si, dans les faits, ces organisations n'ont présenté aucune liste au premier tour.

Sauf décision contraire d'un syndicat, les candidatures présentées au premier tour des élections sont maintenues pour le second tour (cass. soc. 25 avril 1984, n° 83-63188, BC V n° 145 ; cass. soc. 23 janvier 2002, n° 00-60387 D). Les dispositions d'un protocole préélectoral ne peuvent pas écarter cette règle (cass. soc. 18 juillet 2000, n° 99-60356, BC V n° 298 ; cass. soc. 15 mars 2006, n° 05-60286 D).

▶ Attention… Une liste irrégulièrement déposée au premier tour (ex. : liste déposée après la date limite indiquée dans le PAP) ne bénéficie pas de la règle de maintien automatique pour le second tour des élections (cass. soc. 31 mai 2016, n° 15-60157, BC V n° 118). En d'autres termes, le syndicat doit déposer de nouveau sa liste de candidats dans le délai fixé par le PAP pour le second tour.

Accord du candidat - Sous réserve de remplir les conditions d'éligibilité, les candidats sont, en principe, choisis en toute liberté par les syndicats et les salariés (ou groupes de salariés) à l'intérieur de chaque collège électoral.

Un candidat figurant sur une liste est censé avoir donné son accord (cass. soc. 13 octobre 2010, n° 09-60233, BC V n° 224). Sans celui-ci, la présentation d'un candidat est, en effet, de nature à porter atteinte à la validité du scrutin (cass. soc. 20 octobre 1993, n° 92-60304, BC V n° 241).

Le candidat peut renoncer à sa candidature à tout moment (cass. soc. 30 mai 1996, n° 95-60599 D).

▶ Attention… Si un syndicat ne peut présenter aux élections professionnelles un candidat sans son accord, il ne lui incombe pas de s'assurer de la persistance de cet accord entre les deux tours. Il doit, en revanche, être informé du retrait d'un candidat de la liste présumée reconduite pour le second tour (cass. soc. 13 octobre 2010, n° 09-60233, BC V n° 224). L'absence d'information a pour conséquence de fausser la loyauté du scrutin, ce qui entraîne l'annulation des élections concernées.

Sièges réservés - Le choix des candidats peut être, dans certains cas, limité afin de tenir compte de l'obligation de réserver des sièges à certaines catégories [voir *Élections professionnelles (collèges électoraux)** et *Élections professionnelles (résultat du scrutin)**].

Double candidature - Il est possible de présenter le même candidat sur la liste des titulaires et sur celle des suppléants. Mais, dans ce cas, le cumul de ces deux mandats est interdit : la double candidature sous-entend la volonté d'être d'abord élu titulaire et seulement, à titre subsidiaire, suppléant (cass. soc. 17 décembre 1986, n° 86-60278, BC V n° 608 ; cass. soc. 19 mai 1988, n° 87-60207 D).

La règle de double candidature peut également être « répartie » sur les deux tours de scrutin (cass. soc. 10 mai 2012, n° 11-18912, BC V n° 138). Un salarié élu comme suppléant au premier tour peut donc se présenter au second tour et être élu comme titulaire. Dans ce cas, il devra renoncer à son mandat de suppléant.

▶ À noter… Un candidat, proclamé élu en qualité d'élu suppléant, ne peut pas se désister au profit de celui auquel les résultats du scrutin ne confèrent pas cette qualité d'élu (cass. soc. 29 juin 2011, n° 10-18647, BC V n° 175). Peu importe que ce désistement soit intervenu avant ou après la proclamation des résultats.

Liste des candidats

Scrutin de liste - Les candidatures sont présentées sous forme de liste (c. trav. art. L. 2314-29).

▶ À noter… Une liste peut ne comporter qu'un seul nom : un candidat isolé est considéré comme une liste (cass. soc. 10 janvier 1989, n° 87-60309, BC V n° 6 ; cass. soc. 7 mai 2003, n° 01-60917 D). Les conditions liées à la parité entre les femmes et les hommes peuvent toutefois interférer avec cette règle *(voir ci-après)*.

Listes distinctes par collège électoral - Les listes sont établies distinctement pour chaque catégorie de personnel (c. trav. art. L. 2314-11). Par catégorie de personnel, il faut comprendre l'ensemble des salariés d'un même collège électoral [voir *Élections professionnelles (collèges électoraux)**].

En conséquence, un salarié ne peut pas se porter candidat dans deux collèges distincts. Il n'est, en effet, éligible que dans le collège électoral auquel il appartient (cass. soc. 7 février 1989, n° 88-60131, BC V n° 96 ; cass. soc. 20 septembre 2017, n° 16-18780 D). Cela signifie qu'un employé ne peut pas être inscrit sur les listes des candidats du collège « Cadres ».

Listes séparées pour les titulaires et les suppléants - Il est procédé à des votes séparés pour les membres titulaires et les membres suppléants dans chacune des catégories professionnelles formant des collèges distincts (c. trav. art. L. 2314-26). En conséquence, il faut établir des listes séparées concernant les titulaires et les suppléants et ce, pour chaque collège électoral.

▶ À noter… Il est possible de présenter le même candidat sur la liste des titulaires et sur celle des suppléants *(voir ci-avant)*.

Représentation équilibrée femmes/hommes pour chaque liste de candidats - *Voir ci-après*.

Nombre maximal de candidats par liste - Les listes ne peuvent pas comprendre plus de candidats que de sièges à pourvoir (cass. soc. 27 octobre 1999, n° 98-60419, BC V n° 423). En cas de méconnaissance de cette règle d'ordre public, les élections doivent être annulées (cass. soc. 20 juin 2000, n° 99-60153, BC V n° 239 ; cass. soc. 25 septembre 2001, n° 00-60272 D) et ce, même si l'erreur n'a pas été de nature à fausser les résultats du scrutin (cass. soc. 5 mai 2004, n° 03-60141 D).

Listes incomplètes - Les listes de candidatures peuvent comprendre moins de noms que de sièges à pourvoir (cass. soc. 21 mai 1986, n° 85-60530, BC V n° 222), sauf lorsqu'il faut une mixité des candidatures dans le collège et qu'il n'y a que 2 postes à pourvoir, il faut présenter un candidat de chaque sexe, ce qui exclut une liste incomplète *(voir ci-après)*.

▶ Attention… Un accord collectif ne peut pas interdire la présentation de listes incomplètes (cass. soc. 2 octobre 1982, n° 82-60199, BC V n° 590).

Listes communes - Les syndicats peuvent, au premier tour du scrutin, s'associer pour présenter des listes communes. Si des syndicats ont établi une liste commune, il leur faut indiquer, lors du dépôt de leur liste, sur quelle base seront ensuite répartis entre eux les suffrages recueillis par la liste en question, sachant que cette répartition est librement déterminée par les syndicats (cass. soc. 5 novembre 2014, n° 14-11634, BC V n° 259). À défaut de cette indication, la répartition se fait à parts égales entre les syndicats concernés (c. trav. art. L. 2122-3). Sur les modalités de cette indication *(voir ci-après)*.

Si les syndicats ont opté pour une répartition non égalitaire, ils doivent le faire savoir à l'employeur, aux autres syndicats et aux électeurs de l'entreprise (ou de l'établissement concerné) avant le déroulement des élections, sinon la répartition s'effectuera à parts égales (cass. soc. 13 janvier 2010, n° 09-60208, BC V n° 6 ; cass. soc. 24 octobre 2012, n° 11-61166, BC V n° 275).

L'indication de la base de répartition peut résulter de la mention sur la liste de candidatures présentée aux électeurs, pour chacun des candidats de la liste commune, de leur appartenance à l'un ou l'autre des syndicats de la liste (cass. soc. 13 octobre 2010, n° 09-60456, BC V n° 227).

Les syndicats peuvent décider de faire bénéficier l'un des syndicats de l'intégralité des suffrages exprimés (cass. soc. 5 novembre 2014, n° 14-11634, BC V n° 259).

La liste commune formée entre un syndicat catégoriel et un syndicat intercatégoriel est valable dès lors que cette liste ne comprend de candidats que dans les collèges dans lesquels les statuts des deux organisations syndicales leur donnent vocation à en présenter (cass. soc. 5 novembre 2014, n° 14-11634, BC V n° 259).

Une liste présentée par des syndicats affiliés à la même confédération ne constitue pas une liste commune (cass. soc. 10 mai 2012, n° 11-21356, BC V n° 145).

Les modalités de répartition retenues doivent être fixées de manière concrète et définitive avant le scrutin, sans possibilité de les faire varier a posteriori en fonction des résultats obtenus par la liste (cass. soc. 10 mars 2016, n° 15-16807 D). La clause de répartition d'un accord prévoyant une clé de répartition aléatoire, applicable si un des syndicats n'obtenait pas suffisamment de voix pour être reconnu représentatif, ne sera donc pas valable.

▶ À noter… Les modalités de cette information peuvent aussi être abordées, à notre avis, par les syndicats à l'occasion de la négociation du PAP et, en conséquence, résulter de l'une de ses clauses [voir *Élections professionnelles (protocole d'accord préélectoral)**].

Une liste par confédération - Les syndicats d'une entreprise affiliés à la même confédération nationale, représentative ou non, ne peuvent présenter au premier tour qu'une seule liste de candidats au nom de cette confédération par collège (cass. soc. 16 octobre 2001, n° 00-60203, BC V n° 322 ; cass. soc. 22 septembre 2010, n° 10-60135, BC V n° 184).

▶ Attention… En cas de dépôt de listes concurrentes, les dispositions statutaires de la confédération permettent d'identifier le syndicat habilité à procéder au dépôt d'une liste de candidats. Il est également possible de solliciter l'organisation syndicale d'affiliation, à laquelle les dispositions statutaires confient peut-être le soin d'arbitrer ce type de conflit. En dernière extrémité, il convient d'appliquer le principe chronologique. Ainsi, seule la liste de candidats déposée en premier doit être retenue (cass. soc. 24 janvier 2018, n° 16-22168, BC V n° 12).

Représentation équilibrée femmes/hommes pour chaque liste

Garantie de représentation des deux sexes - Pour chaque collège électoral, les listes comportant plusieurs candidats, titulaires et suppléants, doivent être composées d'un nombre de femmes et d'hommes correspondant à la part de femmes et d'hommes inscrits sur la liste électorale. Les listes sont composées alternativement d'un candidat de chaque sexe jusqu'à épuisement des candidats d'un des sexes (c. trav. art. L. 2314-30).

▶ Attention… Ces dispositions s'appliquent aux syndicats qui doivent, au premier tour pour lequel ils bénéficient du monopole de présentation des listes de candidats et, par suite, au second tour, constituer des listes qui respectent la représentation équilibrée des femmes et des hommes. Elles ne s'appliquent pas aux candidatures libres présentées au second tour des élections professionnelles (cass. soc. 25 novembre 2020, n° 19-60222 FSPBRI).

Lorsque l'application de cette règle n'aboutit pas à un nombre entier de candidats à désigner pour chacun des deux sexes, il faut appliquer la règle de l'arrondi arithmétique :
- arrondi à l'entier supérieur en cas de décimale supérieure ou égale à 5 ;
- arrondi à l'entier inférieur en cas de décimale strictement inférieure à 5.

Exemple
Si la proportion au sein du collège est de 35 % d'hommes et de 65 % de femmes et que le nombre de postes à pourvoir est de 5, il faudra présenter alternativement 3 femmes et 2 hommes (65 % de 5 postes égale 3,25 arrondi à 3 et 35 % de 5 postes égale 1,75 arrondi à 2).

En cas de nombre impair de sièges à pourvoir et de stricte égalité entre les femmes et les hommes inscrits sur les listes électorales, la liste comprend indifféremment un homme ou une femme supplémentaire (c. trav. art. L. 2314-30).

Lorsque l'application de cette règle conduit à exclure totalement la représentation de l'un ou l'autre sexe, les listes de candidats pourront comporter un candidat du sexe qui, à défaut, ne serait pas représenté. Ce candidat ne peut être en première position sur la liste (c. trav. art. L. 2314-30).

Date de la fixation de la proportion femmes/hommes - La proportion de femmes et d'hommes composant chaque collège électoral doit être figée à la date où la liste électorale est portée à la connaissance des syndicats ayant signé le protocole d'accord préélectoral. À défaut de contestation des syndicats dans le délai de 3 jours après la publication de la liste (c. trav. art. R. 2314-24), c'est la base à retenir (cass. soc. 12 mai 2021, n° 20-60118 FP). Et ce, peu important les modifications ultérieures de la liste électorale.

Règle d'ordre public absolu - Les règles posées par le code du travail en matière de mixité des candidatures sont d'ordre public absolu. Le protocole préélectoral ne peut pas y déroger (cass. soc. 11 décembre 2019, n° 19-10855 FSPB ; cass. soc. 11 décembre 2019, n° 18-26568 FSPB).

Une liste irrégulière (ne respectant pas l'alternance femme/homme) ne peut pas être régularisée en cas de résultat conforme à la parité femme/homme du collège électoral concerné à l'issue de l'élection du fait des ratures (cass. soc. 11 décembre 2019, n° 19-12596 FSPB), sauf si tous les candidats de la liste ont été élus (cass. soc. 9 mai 2018, n° 17-60133 FSPB ; cass. soc. 6 juin 2018, n° 17-60263 FSPB).

▶ Attention… En cas d'annulation de l'élection d'un titulaire pour non-respect de la représentation équilibrée des femmes et des hommes, l'employeur doit, si les conditions sont remplies, organiser une élection partielle [voir *Élections professionnelles (partielles)**]. Il ne peut pas demander que ce titulaire soit remplacé par son suppléant (cass. soc. 22 septembre 2021, n° 20-16859 FB).

Sexe ultraminoritaire - Lorsqu'un sexe, après application des règles de proportionnalité et d'arrondi, n'atteint pas le seuil de 0,5 candidat, les syndicats n'ont pas l'obligation de présenter un candidat du sexe en question. La garantie de représentation posée le code du travail ne signifie pas en effet dans une telle hypothèse qu'il faille réserver un candidat au sexe ultraminoritaire (cass. soc. 11 décembre 2019, n° 18-23513 FSPB). Les syndicats sont donc libres de présenter ou non un candidat du sexe ultraminoritaire, étant rappelé que, selon le code du travail, ce candidat ne peut en aucun cas figurer en première position sur la liste.

Exemples

Un syndicat peut valablement constituer une liste comportant un candidat unique pour la liste des titulaires et un autre candidat unique pour la liste des suppléants, avec 6 sièges de titulaires et 6 sièges de suppléants à pourvoir dans un collège comportant 96 % d'hommes (6 × 96 % = 5,76, arrondi à 6 candidats) et 4 % des femmes (6 × 4 % = 0,24, arrondi à 0) (cass. soc. 11 décembre 2019, n° 19-10855 FSPB).

Lorsque deux sièges sont à pourvoir et que l'un des sexes est ultraminoritaire [le collège concerné comporte 89 % d'hommes (2 × 89 % = 1,78, arrondi à 2) et 11 % de femmes (2 × 11 % = 0,22, arrondi à 0)], chaque syndicat peut présenter (cass. soc. 11 décembre 2019, n° 18-26568 FSPB) :

- soit deux candidats du sexe majoritairement représenté ;
- soit un candidat de chacun des deux sexes (le candidat du sexe ultraminoritaire ne pouvant pas figurer en tête de liste) ;
- soit un candidat unique du sexe surreprésenté.

Le protocole préélectoral ne peut pas imposer la présentation d'un candidat du sexe ultraminoritaire. Cette décision incombe aux seuls syndicats (lettre mensuelle de la chambre sociale de la Cour de cassation, décembre 2019, www.courdecassation.fr).

Sexe sous-représenté (sans être ultraminoritaire) - Par sexe sous-représenté (sans être ultraminoritaire), il faut comprendre l'hypothèse du sexe qui a atteint ou dépassé 0,5 mais qui est potentiellement privé de candidat du fait de la présentation de listes incomplètes. Sous réserve de l'exception du sexe ultraminoritaire *(voir ci-avant)*, lorsque plusieurs sièges sont à pourvoir, les syndicats sont tenus de présenter une liste respectant la proportion de la part des hommes et des femmes dans le collège électoral considéré et devant comporter au moins un candidat du sexe sous-représenté (cass. soc. 11 décembre 2019, n° 18-19379 FSPB). Cette règle est l'application logique des règles de proportionnalité et d'arrondi fixées par le code du travail en vue de garantir au moins un siège au sexe sous-représenté, pourvu qu'il ait atteint le seuil de 0,5.

Deux sièges à pourvoir pour un collège mixte : interdiction des listes incomplètes - Lorsqu'il y a deux sièges à pourvoir, toutes les listes doivent présenter deux candidats, une femme et un homme ou inversement (sous réserve que le collège soit mixte et que chaque sexe ait atteint le seuil de 0,5). En effet, présenter une candidature unique revient à priver un sexe de toute représentation, ce qui est illégal (cass. soc. 9 mai 2018, n° 17-14088 FSPBRI ; cass. soc. 17 avril 2019, n° 17-26724 FSPB ; cass. soc. 11 décembre 2019, n° 18-23513 FSPB).

Le candidat du sexe majoritaire dans le collège doit figurer en premier sur la liste (c. trav. art. L. 2314-30). Si cette règle n'est pas respectée, le candidat indûment placé en tête de liste peut voir son élection annulée (c. trav. art. L. 2314-32, 4e alinéa).

▶ **À noter…** Cette sanction n'a pas d'objet si tous les candidats de la liste ont été élus et que de ce fait l'ordre de présentation de la liste n'a pas eu d'impact sur la parité (cass. soc. 9 mai 2018, n° 17-60133 FSPB ; cass. soc. 6 juin 2018, n° 17-60263 FSPB).

Nombre de sièges à pourvoir supérieur à 2 pour un collège mixte - Une liste complète (ou une liste incomplète) doit respecter les proportions d'hommes et de femmes dans le collège considéré. En présence d'une liste incomplète, le syndicat doit alors vérifier les proportions d'hommes et de femmes en fonction du nombre de candidats qu'il présente (cass. soc. 17 avril 2019, n° 17-26724 FSPB).

Exemple

Soit 5 sièges à pourvoir pour un collège comportant 68,87 % d'hommes (5 × 68,87 % = 3,44, arrondi à 3) et 36,13 % de femmes (5 × 36,13 % = 1,81, arrondi à 2).

La liste présentée par un syndicat, qui comporte 4 candidats au lieu de 5 (en l'occurrence 3 hommes et 1 femme) est valable, car les proportions d'hommes et de femmes respectent la composition du collège.

Le calcul est le suivant : hommes (4 × 68,87 % = 2,75, arrondi à 3) ; femmes (4 × 36,13 % = 1,45 arrondi à 1).

Dès lors que le syndicat présente 4 candidats, sa liste doit comporter 3 hommes et 1 femme.

La présentation d'une liste incomplète ne doit toutefois pas conduire, par le jeu de la règle d'arrondi, à priver un sexe de toute représentation (cass. soc. 11 décembre 2019, n° 19-10826 FSPB). En conséquence, il faut, dans une telle hypothèse, faire abstraction du calcul et proposer un candidat du sexe sous-représenté, sous réserve qu'il ne soit pas ultraminoritaire. Une liste incomplète qui comporte seulement deux candidats est nécessairement constituée d'une femme et d'un homme.

Sur le contentieux de la garantie de représentation équilibrée, *voir ci-après*.

Dépôt et publicité des listes de candidats

Modalités fixées dans le protocole préélectoral - En l'absence de règles fixées par le code du travail, les modalités de dépôt des candidatures sont généralement fixées par le PAP. Sauf dispositions particulières de ce dernier, les candidatures faites oralement sont valables (cass. soc. 30 mai 1996, n° 95-60799 D). Pour des questions de preuve, il est toutefois conseillé d'envoyer les listes à l'employeur par LRAR ou de les lui remettre directement contre un récépissé.

En cas de liste commune - Si des syndicats ont établi une liste commune, ils doivent indiquer, lors du dépôt de leur liste, sur quelle base les suffrages recueillis par la liste en question seront ensuite répartis entre eux *(voir ci-avant)*.

Indication de l'affiliation syndicale - Les syndicats sont tenus, lors du dépôt de leur liste, d'indiquer leur affiliation à un syndicat. À défaut d'indication, ce syndicat ne peut pas se prévaloir des suffrages exprimés en faveur du syndicat qui lui est affilié pour la mesure de l'audience électorale au niveau de la branche ainsi qu'aux niveaux national et interprofessionnel (c. trav. art. L. 2122-3-1).

Mandat habilitant à déposer les listes au nom du syndicat - La personne ou le groupe de personnes qui présente les listes au nom d'un syndicat doit disposer d'un mandat spécifique du syndicat (cass. soc. 1er juin 1976, n° 75-60198, BC V n° 340), même si cette personne est le délégué syndical (DS) (cass. soc. 15 juin 2011, n° 10-25282, BC V n° 157 ; cass. soc. 26 septembre 2012, n° 11-25544, BC V n° 237).

Un DS ne peut présenter de liste de candidats au nom de syndicat que lorsqu'il a expressément reçu mandat à cette fin. Toutefois, ce mandat peut être verbal (cass. soc. 10 décembre 2014, n° 14-6044, BC V n° 287).

L'employeur a tout intérêt à vérifier la réalité du mandat du DS avant les élections car il ne pourra pas remettre en cause la validité de l'élection après le vote en se fondant sur l'absence d'un tel mandat (cass. soc. 26 septembre 2012, n° 11-25544, BC V n° 237).

Lorsque le syndicat, au nom duquel un salarié s'est porté candidat, déclare à l'employeur qu'il n'avait pas donné mandat à ce salarié pour agir en son nom et qu'il ne dépose aucune candidature aux élections, l'employeur est fondé à ne retenir aucune candidature pour ce syndicat sans saisine préalable du tribunal judiciaire (cass. soc. 30 octobre 2013, n° 12-29952, BC V n° 258).

Date de dépôt - En l'absence de disposition du code du travail, le délai limite de dépôt des listes est, en principe, fixé par le PAP. Le délai négocié doit être compatible avec l'organisation matérielle du scrutin et les nécessités de la préparation du vote (cass. soc. 13 janvier 1983, n° 82-60333, BC V n° 17). Le délai retenu sera donc déterminé en fonction du nombre d'électeurs, de la dispersion des lieux de travail, du volume de la propagande électorale et de l'organisation éventuelle d'un vote par correspondance. À notre avis, un délai d'une semaine minimum semble raisonnable.

La liste de candidats ne peut, sauf exception, être valablement déposée avant la conclusion du PAP ou, en cas d'échec des négociations, avant la décision du DREETS fixant la répartition du personnel dans les collèges électoraux et des sièges entre les différentes catégories de salariés ou la décision unilatérale de l'employeur (cass. soc. 17 décembre 1987, n° 86-60450, BC V n° 760 ; cass. soc. 27 octobre 2004, n° 02-60631 D).

En cas de dépôt prématuré, l'employeur est fondé à ne pas tenir compte de la liste.

Par exception, les listes de candidats peuvent être déposées avant la conclusion d'un accord :
- en cas de carence de l'employeur pour engager le processus électoral, notamment suite à une demande d'organisation des élections (cass. soc. 3 décembre 1987, n° 86-60476, BC V n° 704) ;
- en l'absence de contestation sur la répartition du personnel entre les collèges électoraux et des sièges entre les différentes catégories (cass. soc. 1er février 1983, n° 82-10341, BC V n° 64).

Date limite en cas de décision unilatérale de l'employeur - En cas d'échec des négociations, l'employeur peut lui-même fixer un délai de dépôt et retenir, par exemple, le délai prévu lors des élections précédentes [ex. : 15 jours (cass. soc. 20 janvier 1993, n° 91-60265 D)]. Mais il ne peut refuser une candidature présentée après la date qu'il a lui-même fixée qu'en justifiant sa décision au regard des nécessités d'organisation du vote et du bon déroulement des opérations électorales (cass. soc. 4 mars 2009, n° 08-60476, BC V n° 59 ; cass. soc. 26 septembre 2012, n° 11-26399, BC V n° 240).

Candidatures tardives - L'employeur est en droit de refuser la candidature d'un salarié présentée après la date limite de dépôt fixée par le PAP (cass. soc. 29 mars 1994, n° 93-60360 D ; cass. soc. 23 mai 2007, n° 06-60197 D). Ce principe est appliqué strictement : l'employeur peut refuser des listes déposées quelques heures seulement après la date limite prévue par le protocole d'accord préélectoral (cass. soc. 9 novembre 2011, n° 10-28838, BC V n° 256 ; cass. soc. 28 mars 2012, n° 11-19657 D).

Pour autant, un refus peut être jugé abusif en fonction des circonstances. Il revient donc aux juges de ne pas se cantonner au seul retard pour valider la décision de refus de l'employeur (cass. soc. 27 mai 2020, n° 18-60038 D). Tel fut le cas dans cette affaire où le retard dans le dépôt fut minime (2 minutes) et en partie dû au fait de l'employeur.

Publicité des listes de candidats - En l'absence d'obligation légale, le PAP arrête généralement la forme de publicité à retenir pour la liste des candidats. Celles-ci sont, en principe, affichées dans l'entreprise par l'employeur.

L'employeur ne peut se faire juge de la validité des candidatures

L'employeur ne peut ni refuser une candidature sans décision préalable du *tribunal judiciaire** (cass. soc. 13 juillet 1993, n° 92-60117, BC V n° 206 ; cass. soc. 13 octobre 2004, n° 03-60236 D), ni rayer le nom d'un salarié sur une liste (cass. soc. 10 décembre 1986, n° 86-60297, BC V n° 586 ; cass. soc. 2 octobre 2003, n° 02-60660 D).

En cas d'irrégularité, il peut saisir le tribunal judiciaire, avant ou après les élections (c. trav. art. L. 2314-30 et R. 2314-32).

Carence de candidatures

Un procès-verbal de carence doit être établi à l'issue des élections, c'est-à-dire après le second tour [voir *Élections professionnelles (résultat du scrutin)**].

Protection des candidats

Candidats visés - La protection concerne tout candidat, titulaire ou suppléant à l'élection d'un CSE (c. trav. art. L. 2411-7 ; guide DGT, septembre 2019, fiche 4).

La procédure protectrice est applicable aux candidats au premier comme au second tour de scrutin (cass. soc. 18 novembre 1992, n° 88-44905, BC V n° 556 ; cass. soc. 18 décembre 2000, n° 98-42320, BC V n° 428).

Même prématurée, la candidature aux élections déclenche le statut protecteur. Un employeur ne peut pas licencier un salarié candidat aux élections professionnelles sans solliciter l'autorisation de l'inspecteur du travail, au prétexte que le salarié avait exprimé le souhait de se présenter au second tour des élections alors que le premier tour n'avait pas encore été organisé (cass. soc. 11 octobre 2017, n° 16-10139, BC V n ° 119).

La protection du salarié, au titre de « l'imminence de sa candidature », joue également lorsque l'employeur en a eu connaissance avant la convocation à l'entretien préalable, la mention d'une date erronée des élections par le salarié étant sans importance (cass. soc. 27 novembre 2019, n° 18-16975 D).

▶ À noter… Lorsqu'un syndicat dépose une nouvelle liste de candidats à la suite d'un report de scrutin, les salariés candidats qui figuraient uniquement sur la première liste conservent le bénéfice de leur statut protecteur (cass. soc. 26 septembre 2012, n° 11-14339, BC V n° 235).

Durée de la protection - Si le candidat n'est pas élu, la protection joue pendant 6 mois et court à partir de l'envoi, par lettre recommandée à l'employeur, des listes de candidatures postérieurement à la signature du PAP (c. trav. art. L. 2411-7 ; cass. soc. 4 mars 1998, n° 95-42040, BC V n° 119).

Le salarié qui prouve que l'employeur a eu connaissance de l'imminence de sa candidature avant qu'il ait été convoqué à un entretien préalable au licenciement bénéficie aussi de cette protection (c. trav. art. L. 2411-7).

Dans les deux cas, la connaissance de la candidature (ou de l'imminence de la candidature) est appréciée au moment de l'envoi de la lettre de convocation à l'entretien préalable (cass. soc. 28 janvier 2009, n° 08-41633, BC V n° 25).

Lorsque la lettre de convocation à l'entretien préalable est remise au salarié par huissier, la protection s'applique si le dépôt de la liste de candidatures est intervenu avant la remise à l'huissier de la lettre de convocation (c'est-à-dire avant l'engagement de la procédure de licenciement) (cass. soc. 22 mars 2017, n° 15-23103 D).

Dans le cas où le salarié protégé refuse une rétrogradation parce qu'elle modifie son contrat de travail et que, à la place, l'employeur envisage une sanction dite « de substitution » (ex. : licenciement), l'autorisation administrative est requise si ce salarié a acquis le statut protecteur à la date où l'employeur a envoyé la convocation à l'entretien préalable au licenciement (ex. : le salarié s'est porté candidat aux élections professionnelles « entre les deux procédures disciplinaires »). Peu importe que l'employeur ait ignoré ce statut lors de l'envoi de la convocation au titre de la sanction « initiale » (cass. soc. 13 mai 2014, n° 13-14537, BC V n° 115).

Si le candidat protégé est licencié sans autorisation administrative puis élu, il ne bénéficie plus de la protection des candidats (6 mois) mais de celle des élus (4 ans et demi). En conséquence, l'indemnisation à laquelle le salarié peut prétendre, au titre de la méconnaissance du statut protecteur, est égale à la rémunération qu'il aurait perçue jusqu'à l'expiration de la période de protection accordée aux représentants du personnel élus, soit 4 ans et demi de salaires (cass. soc. 30 juin 2004, n° 01-43821, BC V n° 188 ; cass. soc. 26 mars 2014, n° 13-10017 D).

▶ Attention… En cas de non-respect du principe de parité, l'annulation de l'élection du membre du CSE n'a pas d'effet rétroactif (cass. soc. 30 septembre 2020, n° 19-15505 FPB). Ainsi, le salarié dont l'élection est annulée ne perd pas rétroactivement le bénéfice de sa protection.

Sanctions - Sur l'indemnisation à verser au candidat licencié sans autorisation ou pour lequel l'autorisation de licenciement a été annulée, voir *Licenciement des représentants du personnel (contentieux)**.

Contestations

Tribunal compétent - Les contestations relatives à l'éligibilité et à la composition des listes de candidats sont portées devant le *tribunal judiciaire** dans les 15 jours suivant l'élection (c. trav. art. L. 2314-32 et R. 2314-24 ; cass. soc. 9 septembre 2020, n° 19-60196 D). Le tribunal judiciaire statue dans les 10 jours de sa saisine. Sa décision est seulement susceptible de pourvoi en cassation dans un délai de 10 jours (c. trav. art. R. 2314-23 et R. 2314-25).

Contentieux en matière de représentation équilibrée : postélectoral - La possibilité de contentieux est en principe limitée à un contentieux postélectoral, à savoir :
- en cas de composition de la liste électorale ne reflétant pas les proportions d'hommes et de femmes dans le collège, le juge judiciaire peut annuler l'élection des élus du sexe surreprésenté en surnombre (c. trav. art. L. 2314-32, 3e al.) ;
- si une liste n'alterne pas un candidat de chaque sexe, le juge peut annuler l'élection du ou des élus dont le positionnement sur la liste ne respecte pas ce principe d'alternance (c. trav. art. L. 2314-32, 4e al.), sauf si tous les candidats de la liste sont élus (*voir ci-après*).

Le principe d'une régularisation a posteriori n'est pas admis, sauf exception. Si le juge doit annuler l'élection d'un candidat mal positionné au regard du principe d'alternance hommes/femmes, le juge tient compte de l'ordre des élus tel qu'il résulte le cas échéant de l'application des règles relatives à la prise en compte des ratures. Peu importe que l'irrégularité ait été corrigée par l'effet des ratures (cass. soc. 11 décembre 2019, n° 19-12596 FSPB).

Pour autant, une liste irrégulière n'ayant pas respecté le principe d'alternance a été jugée valable à l'issue de l'élection en raison de l'élection de tous les candidats (cass. soc. 9 mai 2018, n° 17-60133 FSPB ; cass. soc. 6 juin 2018, n° 17-60263 FSPB). Cette possibilité de régularisation a posteriori doit rester toutefois exceptionnelle (lettre de la chambre sociale de la Cour de cassation, décembre 2019).

Contentieux en matière de représentation équilibrée : préélectoral - La Cour de cassation a admis l'hypothèse d'un contentieux préélectoral même si le code du travail n'a pas prévu que le tribunal judiciaire puisse statuer avant le déroulement du scrutin (cass. soc. 11 décembre 2019, n° 18-26568 FSPB). Il est en effet préférable de résoudre le litige en amont, plutôt que d'annuler les élections. Les sanctions prévues par le code du travail n'étant pas adaptées à un contentieux préélectoral, il appartient au juge de déclarer la liste des candidats irrégulière au regard des règles de représentation équilibrée femmes/hommes sur les listes des candidats (non-respect de la règle de proportionnalité ou défaut d'alternance des candidats et des candidates) et de reporter, le cas échéant, la date de l'élection pour permettre la régularisation de la liste (lettre de la chambre sociale de la Cour de cassation, décembre 2019).

☛ *Élections professionnelles.*

Élections professionnelles (collèges électoraux)

L'élection du *comité social et économique** (CSE) doit être organisée distinctement par collèges électoraux. Le nombre de ces collèges est fixé par le code du travail. Le vote par collège implique la répartition du personnel et des sièges entre les collèges.

Nombre et composition des collèges

Deux collèges sauf exception - Il y a, en principe, au moins deux collèges électoraux pour l'élection du CSE (c. trav. art. L. 2314-11).

Le premier collège est composé des ouvriers et des employés.

Le second comprend les techniciens, agents de maîtrise, ingénieurs, cadres et assimilés.

Un protocole d'accord préélectoral ne peut pas priver un collège de tout siège (cass. soc. 9 novembre 2011, n° 10-25766, BC V n° 254 ; cass. soc. 4 juillet 2012, n° 11-60229, BC V n° 214) [voir *Élections professionnelles (protocole d'accord préélectoral)**].

▶ À noter... Compte tenu de la similitude des textes en la matière, la jurisprudence et les réponses administratives rendues à propos des IRP précédemment en place gardent, à notre avis, toute leur valeur. Les arrêts et réponses indiqués dans nos développements ci-après sont donc, en toute vraisemblance, transposables au CSE.

Collège électoral unique - Par dérogation, il y a un seul collège électoral (regroupant l'ensemble des catégories professionnelles) dans les établissements de moins de 25 salariés et qui n'ont l'obligation d'élire qu'un titulaire et un suppléant (c. trav. art. L. 2314-11 et R. 2314-1).

Collège supplémentaire pour les cadres et sièges réservés - Lorsque le nombre d'ingénieurs, de chefs de service, cadres administratifs, commerciaux ou techniques assimilés est au moins égal à 25 lors de la constitution ou du renouvellement du CSE, un troisième collège correspondant à ces catégories est obligatoirement constitué (c. trav. art. L. 2314-11). Il ne peut pas être dérogé à ces dispositions légales par voie d'accord, fût-il unanime (cass. soc. 13 octobre 2004, n° 03-60275, BC V n° 250). Les cadres qui exercent des fonctions permettant de les assimiler à l'employeur sont pris en compte dans le calcul de ce seuil et de l'effectif (cass. soc. 30 mai 2001, n° 99-60564, BC V n° 189).

En outre, un siège d'élu titulaire est réservé au sein du second collège aux ingénieurs, les chefs de service et cadres administratifs, commerciaux ou techniques assimilés dans les entreprises d'au moins 501 salariés (c. trav. art. L. 2314-11).

▶ À noter... Le protocole préélectoral peut faciliter, s'il y a lieu, la représentation des salariés travaillant en équipes successives ou dans des conditions qui les isolent de l'ensemble des autres salariés (c. trav. art. L. 2314-15). Il peut s'agir par exemple des travailleurs à domicile, de VRP, de chauffeurs routiers ou de journalistes.

Modification des collèges par accord unanime - Le nombre et la composition des collèges peuvent être modifiés par un accord signé à l'unanimité par tous les syndicats représentatifs dans l'entreprise ou dans l'établissement distinct (sans pouvoir supprimer le 3e collège lorsque l'effectif requis est atteint) (c. trav. art. L. 2314-12 ; cass. soc. 22 novembre 2017, n° 16-24801, BC V n° 202). L'unanimité des syndicats ne suffit pas. L'employeur doit également être d'accord sur la dérogation au nombre légal de collèges (cass. soc. 11 juin 1992, n° 91-60260 D).

L'accord conclu doit être communiqué, à sa demande, à l'inspecteur du travail (c. trav. art. L. 2314-12).

▶ À noter... La nature de l'accord (convention, accord collectif de travail, étendu ou non, ou protocole d'accord préélectoral) n'est pas précisée.

L'unanimité suppose la signature de tous les syndicats. Par conséquent, en cas de dérogation prévue par un accord de branche étendu, celle-ci n'est pas applicable si l'un des syndicats représentatifs dans l'entreprise n'en est pas signataire ou s'il n'a pas ultérieurement adhéré à l'accord collectif et à la disposition dérogatoire concernée (cass. soc. 23 septembre 2015, n° 14-26262, BC V n° 178).

La condition d'unanimité est incontournable. Sans un accord unanime, le juge ne peut pas autoriser une dérogation au nombre de collèges électoraux

Composition des collèges électoraux pour le CSE

Nombre de salariés	Nombre de collèges	Composition du collège
11 à 24, élisant 1 titulaire et 1 suppléant	Collège unique	Ensemble du personnel
25 et plus	2 collèges	1er collège : ouvriers et employés 2e collège : autres salariés
Nombre d'ingénieurs et de cadres (ICA*) au moins égal à 25	3 collèges	1er collège : ouvriers et employés 2e collège : techniciens, dessinateurs et assimilés 3e collège : ICA*

* Ingénieurs, chefs de service et cadres (ICA)

(cass. soc. 26 juin 2013, n° 12-27480, BC V n° 168). **S'il est saisi (par l'employeur ou un syndicat), le juge ne peut que revenir à l'application du code du travail *(voir ci-avant)* ou de la convention collective [voir *Élections professionnelles (protocole d'accord préélectoral)**].**

▶ Attention… S'il n'y a aucun salarié éligible dans le premier collège, le juge est exceptionnellement autorisé à le supprimer en l'absence d'accord unanime (cass. soc. 16 octobre 2013, n° 13-11324, BC V n° 237). Cette exception jurisprudentielle s'inscrit dans le cas particulier où la constitution d'un collège (le premier collège, en l'espèce) risquait de priver une catégorie de salariés de toute représentation (à savoir, les salariés mis à disposition par des entreprises extérieures qui, en l'occurrence, relevaient tous du premier collège).

Répartition du personnel et des sièges dans les collèges

Signature d'un accord - Un accord conclu entre l'employeur et les syndicats selon les mêmes modalités que le protocole d'accord préélectoral répartit le personnel dans les collèges électoraux et les sièges entre les différentes catégories de personnel. Pour être valable, ces dispositions du protocole nécessitent un accord entre l'employeur et les syndicats intéressés conclu selon la règle de la double majorité (c. trav. art. L. 2314-13) **[voir *Élections professionnelles (protocole d'accord préélectoral)**].**

▶ À noter… Dans la mesure où l'appellation « ETAM » regroupe des salariés appartenant à la catégorie des employés techniciens et agents de maîtrise, les clauses d'un protocole préélectoral répartissant ces salariés entre les deux premiers collèges n'ont pas pour objet d'en modifier la composition. Elles ne sont dès lors pas soumises à la condition d'unanimité mais à celles de majorité (cass. soc. 13 février 2013, n° 11-25468, BC V n° 39).

Mention obligatoire : proportion femmes/hommes - Le protocole d'accord préélectoral (PAP) doit mentionner la proportion femmes/hommes composant chaque collège électoral (c. trav. art. L. 2314-13). **En l'absence de cette mention, l'employeur doit la fixer en fonction de la composition du collège électoral existant au moment de l'établissement de la liste électorale, sous le contrôle des syndicats** (cass. soc. 12 mai 2021, n° 20-60118 FP). **Il en est de même lorsque l'employeur saisit le DREETS afin de répartir le personnel et les sièges entre les collèges électoraux** (cass. soc. 29 septembre 2021, n° 20-60246 FB).

▶ À noter… Dès qu'un accord, une décision du DREETS ou de l'employeur sur la répartition du personnel dans les collèges est intervenu, l'employeur informe les salariés de la proportion de femmes et d'hommes composant chaque collège électoral (c. trav. art. L. 2314-31).

Mentions facultatives - Le protocole d'accord préélectoral peut prévoir des dispositions spécifiques [voir *Élections professionnelles (protocole d'accord préélectoral)] :**

- en cas d'équipes successives ou travail isolé : la répartition des sièges peut être fixée en vue de représenter au mieux les salariés travaillant en équipes successives ou dans des conditions qui les isolent des autres salariés (c. trav. art. L. 2314-15) **;**

- dans une entreprise de travail temporaire : la répartition des sièges peut être déterminée en vue d'assurer une représentation équitable du personnel permanent et du personnel temporaire (c. trav. art. L. 2314-16).

Saisine du DREETS en cas de désaccord - En cas de désaccord entre les négociateurs sur la répartition du personnel et des sièges dans les collèges (dès lors qu'au moins un syndicat a répondu à l'invitation de négocier par l'employeur), l'employeur doit saisir le DREETS du siège de l'entreprise ou de l'établissement concerné (c. trav. art. L. 2314-13 et R. 2314-3), **étant entendu que cette saisine doit intervenir avant le déroulement des élections. À défaut, la décision du DREETS est dépourvue d'effet** (CE 31 mai 2012, n° 354186).

La seule intention d'un syndicat de participer à la négociation préélectorale suffit à justifier qu'il y a eu tentative de négocier et non absence d'interlocuteurs (cass. soc. 9 mai 2018, n° 17-26522 FPB). **Dans cette affaire, le syndicat avait participé à la première réunion et avait échangé en vue d'une seconde réunion sans y participer en raison de l'indisponibilité de ses représentants et du refus de l'employeur de fixer une autre date. L'employeur avait alors unilatéralement procédé à la répartition des sièges et des électeurs au sein des collèges électoraux alors qu'il aurait dû saisir le DREETS pour faire procéder à cette répartition.**

Le DREETS est compétent même si (cass. soc. 22 janvier 2020, n° 19-12896 FPB) **:**

- aucun constat formel de désaccord entre l'employeur et les syndicats n'a été établi, pourvu que les délégués syndicaux aient effectivement obtenu les informations sur les effectifs permettant la négociation, que les négociations aient bien eue lieu et que celles-ci n'aient abouti à aucun accord ;

- les mandats des élus sortants ont expiré au moment de la saisine du DREETS.

La décision du DREETS doit intervenir au plus tard dans un délai de 2 mois à compter de la réception de la contestation et doit être notifiée par LRAR avec indication des voies et délais de recours.

▶ À noter… Le DREETS doit attribuer au sein d'un même collège électoral un nombre égal de sièges aux titulaires et aux suppléants (CE 17 novembre 2010, n° 335930).

En cas de saisine du DREETS, le processus électoral est automatiquement suspendu : l'employeur ne peut pas procéder aux élections jusqu'à la décision de l'administration.

La saisine du DREETS entraîne également la prorogation des mandats en cours jusqu'à la proclamation des résultats du premier tour du scrutin (c. trav. art. L. 2314-13) [voir *Élections professionnelles (protocole d'accord préélectoral)**].

▶ À noter… La décision du DREETS peut être contestée devant le *tribunal judiciaire** dans un délai de 15 jours suivant sa notification (c. trav. art. L. 2314-13 et R. 2314-3).

À défaut de décision du DREETS dans le délai de 2 mois *(voir ci-avant)*, l'employeur ou les syndicats intéressés peuvent, dans les 15 jours suivant l'expiration de ce délai, saisir le *tribunal judiciaire** pour qu'il statue sur la répartition du personnel dans les collèges électoraux (c. trav. art. R. 2314-3).

Décision de l'employeur en l'absence d'interlocuteurs syndicaux - Lorsqu'aucun syndicat intéressé n'a souhaité participer à la négociation du protocole préélectoral, il appartient à l'employeur de répartir le personnel et les sièges dans les collèges électoraux (c. trav. art. L. 2314-14) [voir *Élections professionnelles (protocole d'accord préélectoral)**].

☛ *Élections professionnelles.*

Élections professionnelles (CSE négocié)

Certaines règles relatives à la mise en place du *comité social et économique** (CSE) et à son fonctionnement peuvent être déterminées au sein de chaque entreprise, par le biais de la négociation avec les délégués syndicaux (à défaut, les élus du CSE). En l'absence d'accord, la décision est prise, selon le cas, par l'employeur ou par application des règles supplétives du code du travail.

S'agissant de la mise en place de la *commission santé, sécurité et conditions de travail**, voir l'étude correspondante.

Primauté des règles négociées

Les employeurs disposent d'une certaine marge de manœuvre pour définir les règles de mise en place et les caractéristiques de leur CSE.

Selon le cas, la règle à déterminer pour façonner le CSE est issue :

- de la négociation collective « classique », ce qui fait en principe intervenir le ou les délégués syndicaux (sur les conditions de validité des accords

Règles négociables pour mettre en place un CSE « sur-mesure »

Thèmes	Type de négociation	Références
Négociation par accord collectif		
Durée du mandat des élus (entre 2 et 4 ans)	Accord de branche, de groupe ou d'entreprise	c. trav. art. L. 2314-34 [voir Comité social et économique (mandat)*]
Mise en place d'un CSE interentreprises	Accord collectif interentreprises signé entre les employeurs des différentes entreprises et les syndicats représentatifs soit au niveau national interprofessionnel, soit au niveau départemental	c. trav. art. L. 2313-9 [voir Comité social et économique (interentreprises)*]
Nombre et périmètre des établissements distincts (3)	Accord d'entreprise conclu avec les délégués syndicaux (DS) (1) **OU** À défaut d'accord et en l'absence de DS, accord entre l'employeur et le CSE adopté à la majorité des membres élus titulaires du CSE **OU** À défaut d'accord d'entreprise ou d'accord avec le CSE, fixation unilatérale par l'employeur	c. trav. art. L. 2313-2 à L. 2313-4 [voir Comité social et économique (établissement)*]

Élections professionnelles (CSE négocié)

Règles négociables pour mettre en place un CSE « sur-mesure »		
Thèmes	**Type de négociation**	**Références**
Mise en place de représentants de proximité (3)	Accord d'entreprise conclu avec les délégués syndicaux (DS) (1)	c. trav. art. L. 2313-7 renvoyant à c. trav. art. L. 2313-2 **[voir** Comité social et économique (représentants de proximité)***]**
Modification du nombre de collèges	Accord signé par tous les syndicats représentatifs dans l'entreprise	c. trav. art. L. 2314-12 **[voir** Élections professionnelles (collèges électoraux)***]**
Mise en place du vote électronique	Accord d'entreprise ou de groupe (1) **OU** À défaut d'accord, décision de l'employeur	c. trav. art. L. 2314-26 et R. 2314-5 **[voir** Élections professionnelles (déroulement du vote)***]**
Mise en place d'une CSSCT (modalités de mise en place, nombre de membres, missions déléguées, modalités de fonctionnement, etc.)	Accord collectif d'entreprise majoritaire en présence de délégué syndical (1) **OU** En l'absence de délégué syndical, accord avec la majorité des titulaires au CSE **OU** En l'absence d'accord dans les deux cas ci-avant, décision de l'employeur (périmètre de mise en place) et règlement intérieur du CSE (autres modalités de mise en place et de fonctionnement)	c. trav. art. L. 2315-41 à L. 2315-44 **(voir** Commission santé, sécurité et conditions de travail***)**
Fonctionnement du CSE dans les entreprises d'au moins 50 salariés (nombre de réunions annuelles, délais de consultation, périodicité des consultations périodiques, BDESE, etc.)	Accord collectif d'entreprise majoritaire en présence de délégué syndical (1) **OU** En l'absence de délégué syndical, accord avec la majorité des titulaires au CSE **OU** Dispositions supplétives prévues par le code du travail	**Voir** Comité social et économique (entreprises d'au moins 50 salariés)*
Négociation à l'occasion du protocole d'accord préélectoral		
Modification du nombre de membres du CSE ou du volume des heures individuelles de délégation	Accord signé selon les modalités du protocole d'accord préélectoral (2)	c. trav. art. L. 2314-1 et L. 2314-7 **[voir** Heures de délégation* **et** Comité social et économique (nombre d'élus)***]**
Répartition des sièges et du personnel dans les collèges électoraux		c. trav. art. L. 2314-13 **[voir** Élections professionnelles (collèges électoraux)***]**
Répartition des sièges du CSE central entre les différents établissements et les différents collèges		c. trav. art. L. 2316-8
Suppression de la limitation à 3 mandats successifs d'élu au CSE dans les entreprises d'au moins 50 salariés et de moins de 300		c. trav. art. L. 2314-33 **[voir** Comité social et économique (mandat)***]**
Vote hors temps de travail	Accord unanime des syndicats représentatifs dans l'entreprise	c. trav. art. L. 2314-27

(1) Pour être valable, l'accord doit être conclu avec les délégués syndicaux selon des règles de majorité précises (c. trav. art. L. 2232-12, 1er al.) et en tout état de cause, sans possibilité de faire valider un accord minoritaire par référendum.
(2) Clause soumise à une condition de double majorité, en nombre et en voix (c. trav. art. L. 2314-6).
(3) La question de la mise en place des représentants de proximité peut être abordée à l'occasion de la négociation de l'accord collectif sur le nombre et le périmètre des établissements distincts (c. trav. art. L. 2313-7).

suivant les thèmes de négociation, voir le tableau reproduit dans cette étude) ;
- de la négociation du protocole d'accord préélectoral [voir *Élections professionnelles (protocole d'accord préélectoral)**].

Lorsque les règles ouvertes à la négociation ont pu être déterminées de la sorte, le CSE mis en place peut être qualifié de « conventionnel ».

En cas d'échec de la négociation, selon le cas, la règle est décidée :
- par accord entre l'employeur et les élus en place ;
- par l'employeur seul, éventuellement après consultation des élus en place.

Enfin, dans certains cas, si la négociation n'a pas abouti, on applique les règles prévues par le code du travail (en tant que règles dites « supplétives » ou encore « minimales »).

Règles négociables pour mettre en place un CSE « sur-mesure »

☛ *Comité social et économique* ; *Élections professionnelles.*

Élections professionnelles (déroulement du vote)

Organisation du scrutin

Scrutin de liste - Le scrutin applicable aux élections professionnelles est un scrutin de liste à deux tours avec représentation proportionnelle à la plus forte moyenne (c. trav. art. L. 2314-29). Les électeurs votent donc pour une liste de candidats et non pour un ou plusieurs candidats pris isolément.

Des votes séparés pour les membres titulaires et les membres suppléants, et dans chacun des collèges électoraux doivent être organisés.

Par exception, les membres du comité social et économique central sont élus au scrutin majoritaire uninominal à un tour par les élus aux CSE d'établissement [voir *Comité social et économique (central)**].

Sur la mise en place de la *commission santé, sécurité et conditions de travail**, voir l'étude correspondante.

▶ À noter... Compte tenu de la similitude des textes en la matière, la jurisprudence et les réponses administratives rendues à propos des IRP précédemment en place gardent, à notre avis, toute leur valeur. Les arrêts et réponses indiqués dans nos développements ci-après sont donc, en toute vraisemblance, transposables au CSE.

Panachage et vote par procuration interdits - Le panachage qui consiste à mettre à la place du candidat d'une liste celui d'une autre liste est interdit pour les élections des représentants du personnel (cass. soc. 13 juillet 1993, n° 92-60344, BC V n° 208 ; cass. soc. 7 mai 2003, n° 01-60917 D). Les bulletins panachés sont nuls.

Le vote par procuration est interdit. Chaque électeur doit voter personnellement et non par l'intermédiaire d'un tiers (cass. soc. 3 juillet 1984, n° 83-61173, BC V n° 287).

Possibilité d'un vote préférentiel - Le vote préférentiel est la faculté laissée à l'électeur de modifier l'ordre de présentation des candidats figurant sur les listes.

Le mode le plus courant, qui aboutit en fait à un vote préférentiel, est la possibilité de rayer (raturer) un nom sur la liste : seront élus en priorité les candidats de la liste qui auront obtenu le plus grand nombre de voix, l'ordre de présentation n'étant pris en considération que pour des candidats ayant obtenu le même nombre de voix. Toutefois, les ratures ne sont pas prises en compte si leur nombre est inférieur à 10 % des suffrages valablement exprimés en faveur de la liste sur laquelle figure le candidat dont le nom a été raturé ; dans ce cas, les candidats sont proclamés élus dans l'ordre de présentation (c. trav. art. L. 2314-29).

Vote électronique

Modalité facultative - Le vote électronique sur le lieu de travail ou à distance est une simple possibilité si un accord d'entreprise ou, à défaut, l'employeur le décide (c. trav. art. L. 2314-26 et R. 2314-5). Il n'interdit pas le vote à bulletins secrets sous enveloppe, sauf mention contraire de l'accord instituant cette modalité de vote ou désaccord de l'employeur (c. trav. art. R. 2314-5).

La CNIL a défini les objectifs de sécurité que doit respecter tout dispositif de vote par correspondance électronique, en particulier dans le cadre des élections professionnelles dans l'entreprise (délib. CNIL 2019-053 du 25 avril 2019, JO du 21 juin).

Dans le cadre de l'organisation des élections professionnelles par vote électronique, l'employeur est l'unique responsable du traitement (CE 11 mars 2015, n° 368748).

Les dispositions pratiques de mise en œuvre du vote électronique pour le CSE sont précisées par arrêté (arrêté du 25 avril 2007, JO du 27).

Accord collectif - L'entreprise qui souhaite instituer le vote électronique dans le cadre des élections professionnelles doit conclure un accord collectif en ce sens (c. trav. art. L. 2314-26 et R. 2314-5). Il doit s'agir d'un accord d'entreprise (ou de groupe) et non d'établissement (c. trav. art. R. 2314-5 ; cass. soc. 10 mars 2010, n° 09-60096, BC V n° 56).

▶ À noter… Dans une entreprise divisée en établissements, un accord d'entreprise peut fixer le cadre général du recours au vote électronique et prévoir que les modalités de sa mise en œuvre seront fixées par un accord négocié au niveau de chaque établissement. Il n'en demeure pas moins que l'accord d'établissement ne peut pas mettre en place le vote électronique, un accord d'entreprise ou de groupe reste impératif (cass. soc. 3 novembre 2016, n° 15-21574, BC V n° 201).

L'accord doit comporter un cahier des charges précis qui permet d'assurer la confidentialité des données transmises (c. trav. art. R. 2314-5 et R. 2314-6). Ce cahier n'est soumis à aucune condition de forme (cass. soc. 3 novembre 2016, n° 15-21574, BC V n° 201). Il doit être tenu à disposition des salariés sur le lieu de travail et mis sur l'intranet, dans les entreprises où il en existe un (c. trav. art. R. 2314-5).

Le vote électronique ne peut pas être mis en place avant que l'accord d'entreprise soit applicable (cass. soc. 28 septembre 2011, n° 11-60028, BC V n° 203).

L'accord collectif doit ensuite être mentionné par le protocole préélectoral via une clause spécifique (c. trav. art. R. 2314-13) [voir *Élections professionnelles (protocole d'accord préélectoral)**].

Chaque accord doit être adopté selon les règles de majorité qui lui sont propres :
- l'accord collectif autorisant le recours au vote électronique est soumis aux conditions de validité prévues pour tout accord collectif (c. trav. art. L. 2232-12 ; cass. soc. 28 septembre 2011, n° 10-27370, BC V n° 202) [voir *Accord collectif d'entreprise (conclusion avec délégué syndical)**] ;
- la clause de l'accord préélectoral doit satisfaire à la condition de double majorité (c. trav. art. L. 2314-6 ; cass. soc. 5 avril 2011, n° 10-19951, BC V n° 87 ; cass. soc. 28 septembre 2011, n° 11-60028, BC V n° 203).

Décision de l'employeur faute d'accord - Faute d'accord d'entreprise, l'employeur peut décider que l'élection aura lieu par vote électronique (c. trav. art. L. 2314-26), qu'il s'agisse de l'élection de toute une instance ou d'élections partielles intervenant en cours de mandat (c. trav. art. R. 2314-5).

Ce n'est que lorsque, à l'issue d'une tentative loyale de négociation, un accord collectif n'a pu être conclu que l'employeur peut prévoir par décision unilatérale la possibilité et les modalités d'un vote électronique. Ainsi, la négociation n'est pas une option (cass. soc. 13 janvier 2021, n° 19-23533 FSPBRI ; note explicative, www.courdecassation.fr).

▶ À noter… En cas de litige, le contentieux portant sur l'accord collectif (ou à défaut la décision unilatérale de l'employeur) décidant du recours au vote électronique relève du *tribunal judiciaire** statuant en dernier ressort. Ce contentieux s'inscrit dans le cadre applicable au contentieux électoral (cass. soc. 13 janvier 2021, n° 19-23533 FSPBRI).

En l'absence de délégué syndical (DS) dans l'entreprise, l'employeur n'est pas tenu de tenter une négociation avec les élus ou des salariés mandatés (cass. soc. 13 janvier 2021, n° 19-23533 FSPBRI).

Le cahier des charges que doit établir l'employeur est soumis aux mêmes obligations de publicité et de mise à disposition que celui établi dans le cadre d'un vote électronique organisé sur la base d'un accord collectif (c. trav. art. R. 2314-5) *(voir ci-avant)*.

Obligation d'information et de formation - L'employeur est tenu de déclarer préalablement le système auprès de la CNIL et d'informer les syndicats inclus dans le périmètre du vote électronique de ces formalités déclaratives (c. trav. art. R. 2314-11).

▶ À noter… Depuis le 25.05.2018, les déclarations préalables à la CNIL ont été supprimées. En lieu et place, l'employeur ou son sous-traitant doit respecter les obligations résultant du *RGPD** dans la mise en œuvre de ses traitements de données personnelles. Même si l'article R. 2314-11 du code du travail évoqué ci-avant est resté en l'état, compte tenu du RGPD, les dispositifs de vote électronique n'ont plus à être déclarés préalablement à la CNIL. Le dispositif doit être inscrit dans le *registre des activités de traitement**. Par ailleurs, il convient de vérifier si une *analyse d'impact des données** doit être faite (Q/R CNIL « Dispositif de vote électronique », www.cnil.fr).

Les représentants du personnel et les membres du bureau de vote bénéficient d'une formation sur le système de vote électronique retenu. Chaque salarié dispose d'une notice d'information détaillée sur le déroulement des opérations électorales (c. trav. art. R. 2314-12).

▶ À noter… L'absence de formation des représentants du personnel sur le système de vote électronique n'entraîne pas forcément l'annulation des élections (cass. soc. 25 octobre 2017, n° 16-21780 D).

Expertise du système de vote électronique avant chaque scrutin - Préalablement à sa mise en place ou à toute modification substantielle de sa conception, le système de vote électronique est soumis à une expertise indépendante (c. trav. art. R. 2314-9).

Pour le Conseil d'État, cette expertise est nécessaire (CE 11 mars 2015, n° 368748) :
- lors de la conception initiale du système utilisé ;
- à chaque fois qu'il est procédé à une modification de ce système ;
- et préalablement à chaque scrutin recourant au vote électronique.

La Cour de cassation impose l'expertise indépendante seulement lors au scrutin initial, puis en cas de modification substantielle du système de vote (cass. soc. 21 septembre 2016, n° 15-60216, BC V n° 171). Ce faisant, sa position semble s'écarter de la position du Conseil d'État.

Par ailleurs, le test du système de vote électronique et la vérification de l'urne électronique doivent intervenir avant que le vote ne soit ouvert, mais pas obligatoirement juste avant l'ouverture du scrutin (c. trav. art. R. 2314-15 ; cass. soc. 19 janvier 2022, n° 20-17076 FSB). Dans cette affaire, la Cour de cassation a précisé pour la première fois à notre connaissance que l'article L. 63 du code électoral n'était pas applicable au vote électronique pouvant être mis en place pour les élections d'un CSE.

Listes électorales et candidatures - Les listes électorales sont établies par l'employeur. Le contrôle de la conformité des listes importées sur le système de vote électronique aux listes électorales transmises, le cas échéant, au prestataire est effectué sous la responsabilité de l'employeur. Les listes sont enregistrées sur un support distinct de celui de l'urne électronique, scellé, non réinscriptible, rendant son contenu inaltérable et probant. L'intégration et le contrôle des candidatures sont effectués dans les mêmes conditions (arrêté du 25 avril 2007, JO du 27 avril 2007).

Déroulement du vote - Le vote électronique se déroule, pour chaque tour de scrutin, pendant une période délimitée (c. trav. art. R. 2314-14). Les heures d'ouverture et de fermeture du scrutin électronique doivent pouvoir être contrôlées par les membres du bureau de vote et par les personnes désignées ou habilitées pour assurer le contrôle des opérations électorales. Lorsque l'accord n'exclut pas le vote au scrutin secret sous enveloppe, l'ouverture de ce vote n'a lieu qu'après la clôture du vote électronique. Le président du bureau de vote dispose, avant cette ouverture, de la liste d'émargement des électeurs ayant voté par voie électronique.

Pendant le déroulement du vote, aucun résultat partiel n'est accessible. Cela étant, l'accord collectif et l'employeur peuvent autoriser une information sur le nombre de votants au cours du scrutin (c. trav. art. R. 2314-16).

Authentification de l'électeur - En cas de scrutin électronique, le vote doit également être personnel.

Lors du vote, l'électeur se fait connaître par le moyen d'authentification qui lui est transmis, selon des modalités garantissant sa confidentialité (arrêté du 25 avril 2007, JO du 27 avril 2007). Ce moyen d'authentification permet au serveur de vérifier son identité et garantit l'unicité de son vote.

L'envoi des codes d'accès via la messagerie professionnelle, sans autre précaution destinée à éviter qu'une personne non autorisée puisse se substituer frauduleusement à l'électeur, ne garantit pas la confidentialité des données. Cette atteinte à la confidentialité et au secret du vote constitue, à elle seule, une cause d'annulation du protocole préélectoral et du scrutin (cass. soc. 27 février 2013, n° 12-14415, BC V n° 60 ; CE 11 mars 2015, n° 368748 ; cass. soc. 27 novembre 2019, n° 18-23161 D). Il en est de même si des électeurs confient leur code confidentiel à un autre salarié pour voter à leur place (cass. soc. 3 octobre 2018, n° 17-29022 FPB).

▶ À noter… Le fait que chaque salarié dispose d'un code d'accès personnel pour ouvrir une session sur l'ordinateur qui lui est attribué peut être une précaution suffisante (cass. soc. 14 décembre 2015, n° 15-16491 D), de même que l'envoi par lettre simple au domicile des électeurs de leurs identifiants et mots de passe (cass. soc. 27 novembre 2019, n° 18-23161 D).

L'électeur accède aux listes de candidats et exprime son vote. Son choix doit apparaître clairement à l'écran ; il peut être modifié avant validation. La transmission du vote et l'émargement font l'objet d'un accusé de réception, que l'électeur a la possibilité de conserver. Tout électeur atteint d'une infirmité le mettant dans l'impossibilité de voter peut se faire assister par un électeur de son choix.

Le vote est anonyme et chiffré par le système, avant transmission au fichier « contenu de l'urne électronique » qui recense les votes exprimés par voie électronique. La validation le rend définitif et empêche toute modification.

La liste d'émargement n'est accessible qu'aux membres du bureau de vote et à des fins de contrôle du déroulement du scrutin. L'émargement indique la date et l'heure du vote.

Le système de vote électronique doit pouvoir être scellé à l'ouverture et à la clôture du scrutin (c. trav. art. R. 2314-8).

Vote électronique et vote à bulletin secret - Le vote électronique n'interdit pas le vote à bulletin secret sous enveloppe sauf si l'employeur, ou l'accord collectif, exclut cette modalité (c. trav. art. L. 2314-26 et R. 2314-5). Lorsqu'un vote sous enveloppe a lieu en plus du vote électronique, son ouverture intervient après la clôture du vote électronique (c. trav. art. R. 2314-16). En pratique, le président du bureau de vote dispose, avant cette ouverture, de la liste d'émargement des électeurs ayant voté par voie électronique. Cela permet, le cas échéant, de s'assurer qu'un électeur n'a pas usé des deux modes de vote.

Dépouillement par clés - Dès la clôture du scrutin, le contenu de l'urne, les listes d'émargement et les états courants gérés par les serveurs sont figés, horodatés et scellés automatiquement sur l'ensemble des serveurs. Le dépouillement n'est possible que par l'activation conjointe d'au moins deux clés de chiffrement différentes sur les trois qui doivent être éditées (arrêté du 25 avril 2007, JO du 27 avril 2007). La génération de ces clés avant l'ouverture du vote est publique, de manière à prouver de façon irréfutable que seuls le président du bureau de vote et deux de ses assesseurs ont connaissance de ces clés, à l'exclusion de toute autre personne. Le décompte des voix apparaît lisiblement à l'écran et fait l'objet d'une édition sécurisée afin d'être porté au procès-verbal.

Conservation des fichiers supports - Le système de vote électronique, les fichiers supports, les matériels de vote, etc., sont conservés sous scellés après la décision de clôture du dépouillement jusqu'à l'expiration du délai de recours et, lorsqu'une action contentieuse a été engagée, jusqu'à la décision juridictionnelle devenue définitive. À l'expiration de ces délais, l'employeur procède à la destruction des fichiers supports.

Sécurité et confidentialité - Le système doit assurer la confidentialité des données transmises, notamment de celles des fichiers constitués pour établir les listes électorales des collèges ainsi que la sécurité de l'adressage des moyens d'authentification, de l'émargement, de l'enregistrement et du dépouillement des votes (arrêté du 25 avril 2007, JO du 27 avril 2007).

L'intervention d'un technicien informatique auprès des votants ne porte pas nécessairement atteinte à la sincérité du scrutin. Il en est ainsi, par exemple, lorsque le technicien se connecte aux postes des salariés pendant l'opération de vote, à leur demande expresse, et qu'il respecte l'obligation de confidentialité à laquelle il est tenu (cass. soc. 14 novembre 2013, n° 13-10519, BC V n° 262).

Mode d'emploi du vote

Pour que la régularité du scrutin soit assurée, l'électeur doit remplir les principales conditions indiquées ci-dessous et prendre part au vote de la façon suivante :

- l'électeur doit être inscrit sur les listes électorales ;
- il se présente devant la table sur laquelle les bulletins de vote sont disposés ;
- il prend une enveloppe et un bulletin de vote de chaque liste électorale ;
- sans quitter la salle de vote, l'électeur se rend dans l'isoloir ;
- il se présente ensuite à la table de vote où siègent les membres du bureau de vote ;
- il fait constater son identité (c. élec. art. L. 62 et R. 59) ;
- il introduit lui-même l'enveloppe dans l'urne ;
- il se présente devant l'assesseur pour signer le cahier d'émargement (circ. min. 69-352 du 31 juillet 1969, mise à jour).

En l'absence d'allégation de fraude, le vote des électeurs en apposant une croix sur la liste d'émargement, et non une signature ou un paraphe, n'est pas de nature à entraîner la nullité des votes (cass. soc. 13 juillet 2004, n° 03-60160, BC V n° 215).

Premier tour de scrutin

Monopole des candidatures syndicales - Le premier tour est réservé aux listes présentées par les syndicats « intéressés » (c. trav. art. L. 2314-29) [voir *Élections professionnelles (candidats)**].

▶ À noter… Le premier tour ne sert pas uniquement à désigner des représentants du personnel élus, il mesure également l'audience électorale des syndicats (c. trav. art. L. 2122-1) [voir *Syndicats (représentativité)**].

Quorum à atteindre - L'élection des candidats est réalisée au premier tour lorsque les listes sont complètes et que le quorum est atteint, c'est-à-dire lorsque le nombre de votants est au moins égal à la moitié des électeurs inscrits. Dans ce cas, il n'y a pas lieu, sauf cas particuliers *(voir ci-après)* de procéder au second tour (cass. soc. 7 mars 1973, n° 72-60086, BC V n° 141).

Calcul du quorum - Le quorum est égal à la moitié des électeurs inscrits sur les listes électorales et s'apprécie par rapport au nombre de votants. Il doit être calculé dans chaque collège électoral et dans chaque catégorie (les titulaires et les suppléants).

Si le quorum est atteint, la liste unique est élue automatiquement au premier tour et ce, quel que soit le nombre de voix obtenu par chacun des candidats (cass. soc. 6 mai 1985, n° 84-60650, BC V n° 275). En présence de plusieurs listes, les sièges sont attribués au quotient électoral, puis à la plus forte moyenne pour l'attribution des sièges restants [voir *Élections professionnelles (résultat du scrutin)**].

Second tour de scrutin

Cas dans lesquels un second tour doit être organisé - Un second tour doit être organisé dans les 15 jours suivant le premier tour si le quorum n'est pas atteint car dans ce cas aucun candidat n'est élu dans le collège et/ou dans la catégorie concernée par l'absence de quorum (c. trav. art. L. 2314-29).

Un second tour est également nécessaire si, par suite de la présentation de listes incomplètes, des sièges restent vacants (cass. soc. 18 mars 1982, n° 81-60871, BC V n° 188), mais aussi en cas de carence de candidatures syndicales au premier tour.

Un second tour doit également être organisé lorsque les syndicats n'ont pas présenté de candidat d'une catégorie déterminée pour pourvoir des sièges réservés. Par exemple, les syndicats n'ayant pas de candidat cadre alors qu'un siège était réservé à cette catégorie : un second tour devra être organisé afin de pourvoir le siège réservé demeuré vacant (cass. soc. 9 octobre 1985, n° 85-60175, BC V n° 444).

De même, lorsque les candidats élus au premier tour démissionnent, il convient, avant de procéder à des élections partielles, d'organiser le second tour pour attribuer les autres sièges demeurés vacants (cass. soc. 5 novembre 1984, n° 84-60132, BC V n° 405).

Délai à respecter - Le second tour doit avoir lieu dans un délai maximal de 15 jours suivant le premier tour. Ce délai est décompté de date à date, le point de départ étant le jour du scrutin du premier tour (c. trav. art. L. 2314-29). Toutefois, des circonstances particulières peuvent autoriser un report de délai, à condition qu'il n'y ait là aucune manœuvre frauduleuse ou dilatoire de la part de l'employeur (cass. soc. 4 février 1982, n° 81-60887, BC V n° 70).

Listes de candidats - Au second tour, les candidatures sont libres [voir *Élections professionnelles (candidats)**].

Contrôle des opérations électorales

Un bureau de vote par collège électoral - Les membres du bureau de vote sont des électeurs du collège électoral considéré (cass. soc. 17 décembre 1986, n° 86-60222, BC V n° 609 ; cass. soc. 23 février 2005, n° 04-60242, BC V n° 67). Aussi, par principe, il est courant de constituer un bureau de vote par collège électoral, mais prévoir un seul bureau de vote pour plusieurs collèges n'est pas contraire à l'ordre public (cass. soc. 25 octobre 2017, n° 16-21780 D).

Lorsque plusieurs bureaux de vote sont installés, les électeurs doivent être informés du bureau auquel ils sont rattachés. Pour autant, il n'est pas nécessaire que cette information figure dans le protocole d'accord préélectoral. Elle peut par exemple figurer dans le bulletin de paie (cass. soc. 3 mars 2021, n° 19-22944 P).

Composition du bureau de vote - La composition du bureau de vote est, en principe, précisée par une disposition du protocole d'accord préélectoral. Si celui-ci est muet ou incomplet sur ce point, il convient d'appliquer les seules règles prévues par le code électoral, c'est-à-dire de retenir les deux salariés électeurs les plus âgés et le salarié électeur le plus jeune. L'employeur ne peut, en aucun cas, en désigner les membres sous peine d'une annulation des élections (cass. soc. 16 octobre 2013, n° 12-21448, BC V n° 239).

Un candidat peut être membre du bureau de vote mais, à notre sens, il est recommandé de l'exclure dans le protocole préélectoral.

Deux membres du bureau au moins doivent être présents pendant tout le cours des opérations électorales (c. élec. art. R. 42).

Chaque candidat, ou chaque liste en présence, a le droit d'avoir en permanence, dans chaque bureau de vote, un délégué habilité et un seul (couramment nommé « délégué de liste »), pris parmi les électeurs dans l'entreprise (c. élec. art. R. 44).

▶ **Attention…** La présence d'une personne n'ayant pas la qualité d'électeur dans la composition du bureau (ex. : chef d'établissement) constitue une irrégularité entraînant la nullité du scrutin (cass. soc. 23 février 2005, n° 04-60242, BC V n° 67). Il en est de même en cas d'absence de désignation d'un président dans les bureaux de vote (cass. soc. 13 février 2008, n° 07-60097, BC V n° 37).

Surveillance et maintien de l'ordre - Le bureau de vote assure la surveillance de la régularité des opérations électorales et le maintien de l'ordre dans la salle (c. élec. art. R. 52).

Il ne peut pas écarter des suffrages exprimés en faveur d'une liste, fût-elle irrégulière (cass. soc. 8 décembre 2010, n° 10-60211, BC V n° 285), voire annuler les élections (cass. soc. 3 mars 1983, n° 82-60344, BC V n° 7). S'il constate une irrégularité, il doit se contenter de la consigner dans le P-V des élections ou engager un recours devant le *tribunal judiciaire** [voir *Élections professionnelles** et *Élections professionnelles (résultat du scrutin)**].

Clôture de scrutin - Le bureau de vote prononce la clôture du scrutin. Dès celle-ci, tous les membres du bureau signent la liste d'émargement avant de procéder au dénombrement (c. élec. art. R. 62).

▶ Attention... Le bureau de vote doit signer la liste d'émargement sous peine d'annulation des élections (cass. soc. 30 septembre 2015, n° 14-25925, BC V n° 183).

Après signature, il procède au dépouillement [d'abord le scrutin des titulaires, puis celui des suppléants : cela a une importance en cas de double candidature (titulaire et suppléant)]. Il s'assure que le quorum est atteint et procède à l'attribution des sièges. Enfin, il proclame les résultats et dresse le procès-verbal des élections.

☛ *Élections professionnelles ; Élections professionnelles (résultat du scrutin) ; Élections professionnelles (vote par correspondance).*

Élections professionnelles (électorat)

Conditions d'électorat

Quatre conditions à remplir - Pour être électeur, il est nécessaire d'être salarié de l'entreprise, d'avoir 16 ans révolus, de travailler dans l'entreprise depuis au moins 3 mois et de jouir de ses droits civiques (c. trav. art. L. 2314-18).

L'appréciation des conditions d'électorat doit être faite à la date de l'élection, c'est-à-dire à la date du premier tour de scrutin (cass. soc. 6 juillet 1983, n° 82-60613, BC V n° 188 ; cass. soc. 30 octobre 2001, n° 00-60341 D). Le protocole d'accord préélectoral ne peut pas retenir une date antérieure au premier tour (cass. soc. 1er décembre 2010, n° 10-60163, BC V n° 278 ; cass. soc. 25 septembre 2017, n° 16-17740 D). Il en est de même dans les entreprises de travail temporaire (ETT), notamment à propos de la condition d'ancienneté (cass. soc. 26 septembre 2012, n° 11-25420, BC V n° 238).

▶ À noter... Compte tenu de la similitude des textes en la matière, la jurisprudence et les réponses administratives rendues à propos des IRP précédemment en place gardent, à notre avis, toute leur valeur. Les arrêts et réponses indiqués dans nos développements ci-après sont donc, en toute vraisemblance, transposables au CSE.

Nécessité d'un lien de subordination - Toute personne qui travaille sous la subordination juridique de l'employeur, moyennant une rémunération, peut être électeur (c. trav. art. L. 2314-18). Les stagiaires qui ne sont pas titulaires d'un contrat de travail ne sont donc pas électeurs.

Sous réserve de remplir les autres conditions, les salariés ci-après peuvent participer à l'élection du CSE :

- les salariés en *contrat de travail à durée indéterminée** ;
- les salariés à temps partiel [voir *Travail à temps partiel (statut)**] ;
- les salariés en *contrat de travail à durée déterminée**, lorsque leur contrat est en cours au jour de l'élection (cass. soc. 30 mai 1996, n° 93-60329 D), y compris s'ils remplacent un salarié absent (cass. soc. 17 mai 1994, n° 93-60329 D) (sur le cas particulier des travailleurs temporaires et des autres salariés mis à disposition, *voir ci-après*) ;
- les salariés temporairement absents (maladie, maternité, formation, mise à pied, congé sabbatique ou de convenance personnelle, etc.) ;
- les salariés en *activité partielle** (cass. soc. 17 décembre 1984, n° 84-60909, BC V n° 494) et en *activité partielle de longue durée** ;
- les salariés titulaires d'un contrat aidé (cass. soc. 8 avril 1992, n° 91-60264, BC V n° 263), et par analogie, ceux titulaires d'un *contrat de professionnalisation** ou d'apprentissage [voir *Apprentissage (apprentis)**] ;
- les travailleurs à domicile (voir *Travail à domicile**) ;
- les salariés en *télétravail**(c. trav. art. L. 1222-9) ;
- les salariés travaillant dans plusieurs établissements d'une même entreprise, sachant qu'ils sont électeurs dans l'établissement où ils exercent leur principale activité (cass. soc. 13 octobre 2004, n° 03-60344 D) ;
- les *VRP**, sachant que, s'ils sont multicartes, ils votent chez chacun de leurs employeurs (cass. soc. 17 mai 1994, n° 93-60329 D) ;

- les salariés *handicapés** employés dans les entreprises (adaptées ou non) (cass. soc. 17 décembre 1984, n° 84-60909, BC V n° 495), **à l'exception de ceux qui sont accueillis par un centre d'aide par le travail (n'ayant pas dans ce cas la qualité de salarié, ils ne sont pas électeurs ;** cass. soc. 1er décembre 2010, n° 10-60163 BC V n° 278) ;
- les salariés démissionnaires ou licenciés pendant le *préavis**, qu'il soit effectué ou non (cass. soc. 10 mai 1978, n° 78-60049, BC V n° 347 ; cass. soc. 14 mars 2018, n° 17-14028 D) ;
- les salariés en *congé parental d'éducation** (cass. soc. 8 avril 1992, n° 90-60531, BC V n° 264) ;
- les salariés détachés ou expatriés à l'étranger dans une filiale ou succursale de la société mère conservent un lien de subordination avec elle (cass. soc. 29 janvier 1992, n° 90-60526, BC V n° 53 ; cass. soc. 18 juillet 2001, n° 00-60231 D).

Sous réserve de satisfaire aux conditions d'âge et de capacité électorale, sont également électeurs :
- les *salariés mis à disposition** dans l'entreprise utilisatrice, si, à la date de l'élection, ils répondent aux conditions de prise en compte dans l'*effectif** et s'ils justifient d'une présence pendant 12 mois continus (c. trav. art. L. 2314-23) ;
- les salariés portés d'une entreprise de *portage salarial** dans cette entreprise dès lors qu'ils justifient de la condition d'ancienneté de 3 mois (appréciée au cours des 12 mois précédant l'élection ou 6 mois en cas de création ou d'ouverture d'établissement) et qu'ils sont en cours de prestation de portage dans le cadre d'un contrat de travail conclu avec l'entreprise de portage lors de la confection des listes (c. trav. art. L. 2314-21 et L. 2314-24) ;
- les salariés temporaires dans l'entreprise de *travail temporaire** s'ils justifient de la condition d'ancienneté de 3 mois (appréciée au cours des 12 mois précédant l'élection ou 6 mois en cas de création ou d'ouverture d'établissement) et qu'ils sont en cours de mission dans le cadre d'un contrat de travail conclu avec l'ETT lors de la confection des listes (c. trav. art. L. 2314-20 et L. 2314-22). Les salariés temporaires ayant fait reconnaître à l'ETT qu'ils ne souhaitaient plus bénéficier d'un contrat de mission ainsi que ceux à qui l'ETT a notifié sa décision de ne plus faire appel à eux pour de nouveaux contrats de mission ne sont plus électeurs (c. trav. art. L. 2314-22).

Salariés « assimilés à l'employeur » - Les salariés détenant sur un service, un département ou un établissement de l'entreprise une délégation particulière d'autorité établie par écrit permettant de les assimiler au chef d'entreprise sont exclus de l'électorat et de l'éligibilité aux fonctions de représentants du personnel pour la durée d'exercice de cette délégation particulière (cass. soc. 6 mars 2001, n° 99-60553, BC V n° 73 ; cass. soc. 12 juillet 2006, n° 05-60300, BC V n° 260).

▶ À noter... La délégation ne découle pas nécessairement des fonctions du salarié. Par conséquent, le fait d'être responsable d'une agence sans remplir l'un ou l'autre critère de la délégation d'autorité ne suffit pas à interdire d'être électeur (cass. soc. 20 mars 2013, n° 12-11702, BC V n° 79). De plus, faute d'autonomie en matière d'exercice du pouvoir disciplinaire, des chefs de site ne peuvent pas être assimilés à l'employeur et exclus de l'électorat (cass. soc. 10 mars 2016, n° 15-17954 D). En l'espèce, ils ne pouvaient définir les mesures disciplinaires à l'encontre des collaborateurs rattachés qu'en liaison avec la DRH de la société, ils ne pouvaient donc pas être privés de leur droit de vote.

Les salariés qui représentent effectivement l'employeur devant le CSE sont également exclus de l'électorat (cass. soc. 25 janvier 2006, n° 05-60158, BC V n° 39 ; cass. soc. 12 avril 2018, n° 17-19822 D). **Dans ce dernier cas, l'existence d'une délégation particulière d'autorité n'est pas imposée.**

Il en est ainsi également des salariés (ex. : directeurs de magasins) qui sont les interlocuteurs des *représentants de proximité mis en place quand bien même ces représentants de proximité ne sont pas des membres du CSE** (cass. soc. 31 mars 2021, n° 19-25233 FP).

▶ Attention... Le Conseil constitutionnel considère que l'exclusion de l'électorat des salariés assimilés à l'employeur est inconstitutionnelle. Elle prive, en effet, ces salariés de toute possibilité de participer en qualité d'électeur à l'élection du CSE. En conséquence, elle porte une atteinte manifestement disproportionnée au principe de participation des travailleurs. Toutefois, pour éviter de supprimer toute condition pour être électeur aux élections professionnelles, le Conseil constitutionnel a reporté la déclaration d'inconstitutionnalité de ce texte et par conséquent ses effets au 31.10.2022. Toute mesure prise avant cette date en application de l'article L. 2312-18, déclaré inconstitutionnel, ne pourra pas être contestée sur le fondement de cette inconstitutionnalité (C. constit., décision 2021-947 QPC du 19 novembre 2021, JO du 20).

Condition d'ancienneté - Les salariés qui justifient d'une *ancienneté** d'au moins 3 mois sont, en principe, électeurs (c. trav. art. L. 2314-18). L'ancienneté du salarié pour les élections professionnelles est celle acquise au sein de tous les établissements de l'entreprise, et non dans le seul établissement où ont lieu les élections professionnelles (cass. soc. 6 janvier 1977, n° 76-60216, BC V n° 5 ; cass. soc. 30 janvier 2008, n° 07-60121 D). En cas de contrats successifs, par exemple à durée déterminée, et discontinus, la condition d'ancienneté peut être remplie (cass. soc. 2 novembre 1994, n° 93-60472 D ; cass. soc. 6 février 2002, n° 00-60309 D).

L'inspecteur du travail peut, après avoir consulté les syndicats représentatifs dans l'entreprise, autoriser des dérogations aux conditions d'ancienneté pour être électeur à l'élection d'un CSE, notamment lorsque leur application aurait pour effet de réduire à moins des 2/3 de l'effectif le nombre de salariés remplissant ces conditions (c. trav. art. L. 2314-25).

La décision prise par l'inspecteur du travail en la matière peut faire l'objet d'un recours devant le *tribunal judiciaire** dans un délai de 15 jours suivant sa notification (c. trav. art. L. 2314-25 et R. 2314-4).

Conditions d'âge et de capacité électorale - Pour être électeur, il suffit d'avoir 16 ans accomplis à la date du premier tour de scrutin. Le salarié électeur doit n'avoir fait l'objet d'aucune interdiction, déchéance ou incapacité relatives à ses droits civiques (c. trav. art. L. 2314-18).

Listes électorales

Listes nominatives - À l'occasion de l'organisation des élections dans l'entreprise, l'employeur est tenu d'établir les listes électorales, c'est-à-dire les listes nominatives des salariés appelés à voter à l'élection du CSE. Ces listes électorales sont établies pour chaque collège électoral [voir *Élections professionnelles (collèges électoraux)**].

Lorsqu'un salarié travaille au sein de plusieurs établissements, il doit être inscrit sur la liste électorale de l'établissement où il exerce principalement son activité (cass. soc. 8 décembre 2010, n° 10-60126, BC V n° 284).

Mentions à porter sur la liste électorale - Chaque liste électorale doit contenir les indications permettant d'identifier les électeurs et de vérifier si les conditions d'électorat sont remplies, c'est-à-dire les nom et prénom, l'âge, l'appartenance à l'entreprise, l'ancienneté dans l'entreprise (cass. soc. 20 mars 2002, n° 00-60315, BC V n° 95 ; cass. soc. 17 décembre 2003, n° 02-60394 D).

L'indication de la proportion de femmes et d'hommes composant chaque collège électoral figurant obligatoirement dans le protocole d'accord préélectoral doit être reportée sur la liste électorale (c. trav. art. L. 2314-13).

▶ **Attention…** Ni l'adresse du domicile des salariés, ni leur coefficient hiérarchique ne doivent figurer sur la liste électorale (cass. soc. 20 mars 2002, n° 00-60315, BC V n° 95 ; cass. soc. 20 juin 2012, n° 11-19643, BC V n° 190).

Publicité des listes électorales - Les listes électorales doivent être publiées dans l'établissement afin que les salariés puissent en prendre connaissance et, le cas échéant, les contester. Le plus souvent, la publicité est faite par voie d'affichage.

La publication des listes fait courir le délai de 3 jours pendant lequel les contestations concernant l'inscription sur les listes électorales peuvent être soulevées (c. trav. art. R. 2314-24). Les listes électorales doivent, en conséquence, être publiées dans l'établissement au moins 4 jours avant la date du scrutin.

Communications aux syndicats sur demande - Lorsqu'un syndicat représentatif en fait la demande, l'employeur est tenu de lui communiquer une copie des listes électorales (cass. soc. 20 mars 2002, n° 00-60315, BC V n° 95). Ni l'employeur ni les salariés ne peuvent s'y opposer.

L'obligation de loyauté à laquelle est tenu l'employeur dans le cadre des négociations préélectorales l'oblige à fournir aux syndicats intéressés, qui en font la demande, les éléments nécessaires au contrôle de l'effectif de l'entreprise et de la régularité des listes électorales (par exemple, en leur fournissant des copies ou extraits du registre du personnel expurgés des éléments confidentiels, notamment relatifs à la rémunération des salariés) (cass. soc. 13 mai 2009, n° 08-60530, BC V n° 130 ; cass. soc. 6 janvier 2016, n° 15-10975, BC V n° 2).

▶ **À noter…** Les syndicats peuvent demander également la communication des coefficients hiérarchiques des salariés (cass. soc. 20 juin 2012, n° 11-19643, BC V n° 190).

Liste électorale valide pour les deux tours sauf exception - Les conditions d'électorat devant être remplies à la date de l'élection, la liste électorale est établie pour les deux tours (cass. soc. 6 juillet 1983, n° 82-60613, BC V n° 399). Le renouvellement de l'affichage en vue du second tour constitue un simple rappel n'ouvrant pas de droits nouveaux dans la mesure où l'électorat s'apprécie à la date de l'élection du premier tour (cass. soc. 7 mars 1990, n° 89-60283, BC V n° 105 ; cass. soc. 18 novembre 2008, n° 07-60359, BC V n° 225).

▶ **À noter…** En cas de modification de l'effectif après la publication de la liste électorale, l'employeur doit l'actualiser. La rectification doit intervenir au plus tard le 4e jour avant la date du premier tour (cass. soc. 20 mars 2002, n° 01-60482, BC V n° 96 ; c. trav. art. R. 2314-24).

Contestations - Les contestations relatives à l'électorat sont portées devant le *tribunal judiciaire** par voie de requête dans les 3 jours qui suivent leur publication (c. trav. art. R. 2314-23 et R. 2314-24). Le tribunal judiciaire statue dans les 10 jours de sa saisine. Sa décision est seulement susceptible de pourvoi en cassation dans un délai de 10 jours (c. trav. art. L. 2314-32, R. 2314-23 et R. 2314-25).

▶ À noter… Un litige relatif à l'inscription d'une catégorie de personnel sur les listes électorales constitue une contestation de la régularité des élections professionnelles et non de l'électorat (cass. soc. 10 octobre 2012, n° 11-60196 D). L'action contentieuse doit être intentée dans les 15 jours suivant l'élection (c. trav. art. R. 2314-24) [voir *Élections professionnelles (candidats)**].

☞ *Élections professionnelles.*

Élections professionnelles (matériel de vote)

Bulletins fournis par l'employeur

En nombre suffisant - L'élection a lieu au scrutin secret sous enveloppe (c. trav. art. L. 2314-26) ou par voie électronique [voir *Élections professionnelles (déroulement du vote)**].

L'employeur doit mettre à la disposition du personnel les bulletins de vote en nombre égal et suffisant pour chaque liste de candidats.

Les bulletins doivent être lisibles. Ils peuvent être imprimés, ronéotypés, dactylographiés, photocopiés, selon les moyens de l'entreprise. Ils doivent être distincts (cass. soc. 13 mai 1976, n° 75-60031, BC V n° 277 ; cass. soc. 20 mars 2002, n° 01-60546 D) :

- pour chaque collège ;
- pour chaque liste ;
- pour les titulaires et pour les suppléants.

▶ À noter… Compte tenu de la similitude des textes en la matière, la jurisprudence et les réponses administratives rendues à propos des IRP précédemment en place gardent, à notre avis, toute leur valeur. Les arrêts et réponses indiqués dans nos développements ci-après sont donc, en toute vraisemblance, transposables au CSE.

Mentions du bulletin de vote - Chaque bulletin de vote doit comporter :

- la nature de l'élection : CSE, premier ou second tour ;
- le collège électoral ;
- la liste des candidats, telle qu'elle a été déposée ;
- le nom de l'organisation syndicale ou la mention « candidats libres » si les candidatures ne résultent pas d'une organisation syndicale.

Chaque candidature individuelle, au premier comme au second tour, constitue une liste [voir *Élections professionnelles (candidats)**]. Dans ce cas, il est possible de prévoir des bulletins de vote au nom de chaque candidat se présentant individuellement. À l'inverse, il n'est pas possible que le scrutin s'effectue en faveur d'une liste à l'aide de plusieurs bulletins comportant un seul nom (ex. : 5 bulletins pour une liste de 5 candidats).

Les bulletins doivent respecter l'ordre de présentation des candidats (cass. soc. 13 juillet 1993, n° 92-60009 D).

Les bulletins de vote peuvent également comporter un emblème choisi par les candidats, sauf risque de confusion dans l'esprit des électeurs (cass. soc. 2 juillet 1987, n° 86-60514, BC V n° 448).

Si les bulletins de vote n'indiquent pas le nom de l'organisation syndicale qui présente les candidats, les élections peuvent être annulées (cass. soc. 15 mai 1968, n° 68-60005, BC II n° 136).

▶ Attention… L'étiquette confédérale est un élément essentiel du vote des électeurs (cass. soc. 18 mai 2011, n° 10-21705, BC V n° 124 ; cass. soc. 12 avril 2012, n° 11-22290, BC V n° 127). En conséquence de quoi, lorsqu'un syndicat, affilié à une confédération se présente au premier tour des élections, les électeurs doivent être informés de l'étiquette confédérale, si besoin est, via une mention sur le bulletin de vote.

Couleur des bulletins de vote

Impression sur papier blanc en principe - Les bulletins sont, en principe, de couleur blanche, afin de respecter l'égalité des candidats (c. élec. art. L. 66).

Recours à des bulletins de couleur - La mise à disposition de bulletins de couleur ne peut se justifier qu'en présence de circonstances particulières dans l'intérêt des électeurs (ex. : pallier l'analphabétisme des salariés dans l'entreprise). Celles-ci doivent être constatées soit par le protocole d'accord préélectoral, soit par le juge, saisi d'une contestation portant sur les modalités du vote (cass. soc. 11 mars 1992, n° 91-60160, BC V n° 174 ; cass. soc. 24 février 1993, n° 91-60313 D).

Fourniture de bulletins blancs - Dans la mesure où les électeurs peuvent voter blanc, l'employeur peut mettre à leur disposition des bulletins blancs leur permettant d'user de la faculté qui leur est offerte (cass. soc. 25 février 1992, n° 89-61135, BC V n° 123 ; cass. soc. 8 juillet 1998, n° 97-60376 D ; rép. min. n° 15755, JO 20 mars 2000, AN quest. p. 1830). Ces bulletins ne doivent comporter aucune inscription.

▶ À noter… La mise à disposition de ce type de bulletin ne doit pas être de nature à influencer de manière illicite le résultat du scrutin, notamment via une pression sur les électeurs (cass. crim. 10 mai 1984, n° 83-61045).

Bulletin de vote

Élections du comité social et économique du … 20 …

Premier collège (ouvriers-employés) - Premier tour

Titulaires

Liste … (nom du syndicat)

Madame …

Monsieur …

Madame …

Enveloppes pour le secret du scrutin

Fourniture obligatoire d'enveloppes - L'élection a lieu au scrutin secret sous enveloppe (c. trav. art. L. 2314-28). L'employeur, chargé de l'organisation des élections, doit par conséquent fournir les enveloppes de vote. Conformément au droit électoral, ces dernières doivent être opaques et d'un type uniforme, sans aucun signe de reconnaissance (c. élec. art. L. 66).

Nombre d'enveloppes - Le bureau de vote doit constater, avant l'ouverture du scrutin, que le nombre des enveloppes correspond exactement à celui des électeurs inscrits (c. élec. art. L. 60). Un manque partiel d'enveloppes permet toutefois de déclarer élus au premier tour les candidats d'une liste unique présentée par un syndicat à condition que ce manque d'enveloppes n'ait pas faussé le résultat du scrutin (cass. soc. 24 mai 1972, n° 71-60281, BC V n° 375).

Enveloppes de couleur - L'utilisation d'enveloppes de couleurs différentes pour les candidats titulaires ou suppléants est une option admissible en vue d'éviter toute confusion au moment du vote (cass. soc. 21 juillet 1986, n° 85-60490 D).

Urnes en nombre suffisant

Nombre d'urnes - Des votes séparés pour les titulaires et les suppléants ont lieu dans chacun des collèges électoraux (c. trav. art. L. 2314-28). Il y a donc lieu d'installer des urnes distinctes pour l'élection du CSE, pour chaque collège ainsi que pour les titulaires et les suppléants. L'utilisation d'une seule urne pour recueillir les bulletins des titulaires et des suppléants constitue une irrégularité susceptible d'entraîner l'annulation des élections si elle a pour effet de fausser les résultats du scrutin (cass. soc. 13 mars 1985, n° 84-60608, BC V n° 164).

Exemple

En présence de deux collèges, il doit y avoir quatre urnes.

Conformité des urnes à un modèle - Les urnes doivent, en principe, être conformes à celles utilisées pour les élections politiques, c'est-à-dire être transparentes avec des serrures doubles. L'utilisation d'urnes plus rudimentaires (ex. : en carton, scellées par des bandes adhésives) est admise mais à la condition qu'elles restent effectivement closes pendant la durée du scrutin et sous surveillance suffisante (cass. soc. 5 janvier 1978, n° 77-60610, BC V n° 17). L'utilisation d'une urne non transparente ne constitue pas une violation d'un principe général du droit électoral (cass. soc. 24 mai 2016, n° 15-20541, BC V n° 112).

Transport des urnes - Les urnes ne sont pas, en principe, déplacées avant le dépouillement. Toutefois si le transport est nécessaire, il doit être effectué sous la surveillance des membres du bureau du vote (cass. soc. 10 juin 1997, n° 96-60144 D).

Installation d'isoloirs

L'élection ayant lieu au scrutin secret sous enveloppe, les électeurs doivent bénéficier d'un dispositif permettant l'isolement (cass. soc. 26 mai 1998, n° 97-60092, BC V n° 279 ; cass. soc. 28 mars 2018, n° 17-60278 D). L'isolement est donc nécessaire au secret du vote, mais la loi n'impose pas pour autant l'installation d'isoloirs dans la salle de vote.

Si le protocole préélectoral ne prévoit pas un tel dispositif, il est possible d'utiliser d'autres moyens, dès lors que ceux-ci assurent le secret et la liberté du vote.

▶ À noter… L'électeur n'est nullement tenu d'utiliser les isoloirs : il suffit qu'il ait la possibilité de le faire (cass. soc. 11 juin 1986, n° 85-60637, BC V n° 291).

☛ *Élections professionnelles.*

Élections professionnelles (partielles)

Baisse du nombre d'élus : élection partielle obligatoire

Condition d'application - L'employeur doit organiser une élection partielle des élus du CSE en cours de mandat, dans les deux situations suivantes (c. trav. art. L. 2314-10) :

- lorsqu'un collège électoral n'est plus représenté ;
- lorsque le nombre des élus titulaires du CSE est réduit de moitié ou plus, y compris dans le cas où la baisse du nombre d'élus fait suite à l'annulation de l'élection de plusieurs élus pour non-respect de la proportionnalité de candidats de chaque sexe ou non-respect de l'alternance des sexes sur les listes (c. const., décision 2018-761 DC du 21 mars 2018, JO du 31).

▶ Attention… Le fait que l'employeur n'organise pas les élections partielles alors que les conditions légales en sont remplies (dans cette affaire, le nombre de titulaires avait été réduit de moitié), ne cause pas automatiquement un préjudice aux salariés puisqu'il reste des élus qui même en nombre restreint peuvent représenter et défendre leurs intérêts. Les salariés doivent donc démontrer leur préjudice pour être indemnisés (cass. soc. 4 novembre 2020, n° 19-12775 FSPBI).

La notion d'élection partielle ne doit pas être confondue avec celle du remplacement d'un titulaire par un suppléant (c. trav. art. L. 2314-37). Cette possibilité de remplacement doit être appliquée prioritairement en cas de vacance définitive d'élus titulaires, l'élection partielle ne doit être organisée en cours de mandat que lorsque l'appel aux suppléants ne suffit pas à pallier l'absence d'élus titulaires (cass. soc. 21 mars 1978, n° 77-60692, BC V n° 214).

▶ À noter… Compte tenu de la similitude des textes en la matière, la jurisprudence et les réponses administratives rendues à propos des IRP précédemment en place gardent, à notre avis, toute leur valeur. Les arrêts et réponses indiqués dans nos développements ci-après sont donc, en toute vraisemblance, transposables au CSE.

Exceptions - L'obligation d'organiser les élections partielles ne s'applique pas si les hypothèses légales se produisent moins de 6 mois avant l'expiration des mandats en cours (c. trav. art. L. 2314-10). En d'autres termes, le CSE continue, dans ce cas, de fonctionner avec un nombre réduit de représentants jusqu'à son renouvellement.

L'obligation d'organiser les élections partielles ne s'applique pas non plus en cas de vacance de sièges de titulaires due à la carence de candidats aux élections d'origine (c. trav. art. L. 2314-10).

Organisation matérielle de l'élection

Rôle de l'employeur - Dès que l'employeur a connaissance de la nécessité d'une élection partielle, il est tenu de déclencher la procédure électorale (c. trav. art. L. 2314-10). S'il reste inactif, un syndicat intéressé ou un salarié peut lui demander de respecter ses obligations (c. trav. art. L. 2314-4 et L. 2324-5).

Organisation identique à celle des élections initiales - Les élections partielles se déroulent selon les mêmes règles et dans les mêmes conditions que celles qui ont présidées lors de l'élection d'origine : scrutin à deux tours, présentation des listes, etc. (c. trav. art. L. 2314-10) (voir *Élections professionnelles**).

Les élections partielles se déroulent, en principe, sur la base des dispositions de l'accord préélectoral en vigueur lors de l'élection précédente. Il en va autrement si l'accord préélectoral est contesté (cass. soc. 15 décembre 2004, n° 04-60058, BC V n° 337 ; cass. soc. 6 janvier 2011, n° 10-60169, BC V n° 8).

▶ À noter… Pour contester le protocole d'origine, il faut être en mesure de fournir un motif valable et le seul fait que les effectifs aient varié entre les élections d'origine et les élections partielles ne suffit pas à rendre invalide le protocole électoral d'origine (cass. soc. 28 février 2018, n° 17-11848 D).

Élection pour tous les sièges vacants - L'élection partielle concerne tous les sièges vacants, titulaires et suppléants, du collège qui n'est plus représenté ou dont le nombre d'élus titulaires est réduit de moitié ou plus (c. trav. art. L. 2314-10 ; cass. soc. 24 mai 2016, n° 15-19866, BC V n° 111).

Durée du mandat - Les candidats sont élus pour la durée du mandat restant à courir (c. trav. art. L. 2314-10). Pour rappel, le point de départ du mandat des nouveaux membres commence à partir de la proclamation des résultats.

Hausse de l'effectif : élection complémentaire facultative

Quand l'effectif de l'entreprise augmente, l'employeur n'est pas tenu de modifier la représentation du personnel existante en l'absence d'obligation légale. La hausse des effectifs n'est à prendre en compte que pour les prochaines élections (cass. soc. 5 juin 1975, n° 74-40638, BC V n° 310).

Toutefois, l'organisation d'une élection complémentaire en présence d'une hausse des effectifs peut être prévue par un accord collectif conclu entre l'employeur et tous les syndicats « présents » dans l'entreprise. En d'autres termes, il doit s'agir d'un accord unanime (cass. soc. 13 octobre 2010, n° 09-60206, BC V n° 225). Par syndicats « présents », il convient d'entendre les syndicats représentatifs mais aussi ceux qui ont constitué une section syndicale.

▶ À noter… Sur le nombre de représentants à élire compte tenu de l'effectif, voir *Comité social et économique (nombre d'élus)**.

Incidence au niveau syndical

La représentativité syndicale est déterminée par le score obtenu aux élections professionnelles générales [voir *Syndicats (représentativité)**]. Aussi, jusqu'à cette échéance, les scores sont « figés ». Cela signifie qu'en cas d'élections partielles, les scores obtenus aux dernières élections générales ne doivent pas être recalculés (cass. soc. 13 février 2013, n° 12-18098, BC V n° 42 ; cass. soc. 7 décembre 2016, n° 15-26855 D).

Les résultats des élections partielles ne devant pas être pris en compte pour déterminer les syndicats représentatifs, ils n'ont pas d'impact sur la désignation des salariés candidats comme délégué syndical ou représentant syndical auprès du CSE [voir *Délégué syndical (désignation)** et *Représentant syndical auprès du CSE**].

L'organisation d'élections complémentaires n'a pas non plus d'incidence au niveau syndical (cass. soc. 13 juin 2019, n° 18-14981 FPB).

☛ *Élections professionnelles.*

➲ Formulaire de Droit Social, « Information du personnel de la date des élections partielles » ; « Invitation des syndicats à présenter des candidats à des élections partielles ».

Élections professionnelles (protocole d'accord préélectoral)

Préalable à l'élection

Préalablement aux élections du *comité social et économique** (CSE), l'employeur doit inviter les organisations syndicales habilitées à négocier un protocole d'accord préélectoral (PAP).

▶ À noter… Compte tenu de la similitude des textes en la matière, la jurisprudence et les réponses administratives rendues à propos des IRP précédemment en place gardent, à notre avis, toute leur valeur. Les arrêts et réponses indiqués dans nos développements ci-après sont donc, en toute vraisemblance, transposables au CSE.

Le protocole est négocié au niveau de l'entreprise. Si celle-ci comprend plusieurs établissements, le protocole est négocié au niveau de chaque établissement distinct ou au niveau de l'entreprise (Q/R 45, CSE, questions/réponses du ministère du Travail, janvier 2020).

▶ À noter… Les entreprises dont l'effectif est compris entre 11 et 20 salariés n'ont pas l'obligation d'organiser les élections si aucun candidat ne s'est présenté dans le délai de 30 jours suivant l'information du personnel sur l'organisation des élections (c. trav. art. L. 2314-5). En conséquence, ces entreprises n'ont pas l'obligation de négocier un PAP. Toutefois, dans cette hypothèse, l'employeur doit établir un PV de carence (cadre I du Cerfa 15248*04).

Objet du protocole d'accord préélectoral

La négociation d'un PAP consiste en la recherche d'un accord par l'employeur et les organisations syndicales concernées :

- sur la répartition du personnel dans les collèges électoraux et celle des sièges entre les différentes catégories de salariés (c. trav. art. L. 2314-13) [voir *Élections professionnelles (collèges électoraux)**] ;
- sur les modalités d'organisation et de déroulement des opérations électorales (c. trav. art. L. 2314-28), c'est-à-dire la date, l'heure et le lieu du scrutin, le nombre et la composition des bureaux de vote, l'organisation du vote par correspondance, la nature et la forme du matériel de vote, etc. [voir *Élections professionnelles (déroulement du vote)** et *Élections professionnelles (vote par correspondance)**].

Le protocole peut inclure une clause modifiant le nombre de sièges ou le volume des *heures de délégation**.

Partenaires syndicaux invités à négocier

Syndicats intéressés - Le PAP est négocié et conclu avec les syndicats dits « intéressés »

(c. trav. art. L. 2314-6). L'employeur est ainsi tenu d'inviter l'ensemble des organisations syndicales légalement constituées et remplissant les conditions pour présenter des candidats dans l'entreprise, à savoir, les syndicats suivants (c. trav. art. L. 2314-5).

Les syndicats représentatifs dans l'entreprise [voir *Syndicats (représentativité)**].

Les syndicats ayant constitué une *section syndicale**. Lorsqu'un employeur n'a pas invité à la négociation du PAP un syndicat considérant que la section avait disparu faute d'adhérents, il appartient au syndicat, constatant qu'il n'avait pas été convié à cette négociation, d'agir en justice pour faire valoir, le cas échéant, que sa section syndicale comportait au moins 2 adhérents à la date de l'invitation (cass. soc. 8 décembre 2021, n° 20-16696 FB).

Les syndicats affiliés à une organisation reconnue représentative aux niveaux national et interprofessionnel.

Les syndicats remplissant les critères de respect des valeurs républicaines et d'indépendance, légalement constitués depuis au moins 2 ans, et dont le champ professionnel et géographique couvre l'entreprise ou l'établissement concerné. Un syndicat qui relève de cette catégorie mais qui n'a pas 2 ans d'ancienneté ne peut pas participer à la négociation du PAP (cass. soc. 29 février 2012, n° 11-60203, BC V n° 82).

▶ À noter... Un syndicat qui ne remplit pas les conditions pour négocier le PAP peut contester en justice les élections (cass. soc. 10 mai 2012, n° 11-60152 D).

Syndicats catégoriels - Un syndicat catégoriel [ayant vocation à défendre les intérêts d'une catégorie particulière de salariés (ex. : cadres)] doit être invité, avec les autres syndicats intéressés, à négocier le PAP. Il a été en effet admis qu'un syndicat catégoriel négocie et signe, aux côtés de syndicats intercatégoriels, un accord intéressant l'ensemble des salariés, sans avoir à établir sa représentativité au sein de toutes les catégories de personnel (cass. soc. 31 mai 2011, n° 10-14391, BC V n° 134).

▶ À noter... Pour apprécier la valeur de la signature (ou de l'opposition) du syndicat catégoriel, il convient de rapporter son audience électorale à l'ensemble des collèges confondus (cass. soc. 31 mai 2011, n° 10-14391, BC V n° 134).

En revanche, un accord intercatégoriel n'est pas valable s'il n'est signé que par un syndicat catégoriel (cass. soc. 2 juillet 2014, n° 13-14622, BC V n° 170) [voir *Accord collectif d'entreprise (conclusion avec délégué syndical)** et *Syndicats catégoriels (représentativité)**].

Syndicats affiliés à une même confédération - Le code du travail ne spécifie pas l'interdiction pour des syndicats d'une même confédération représentant la même catégorie de personnel de participer à la négociation. Toutefois, un seul de ces syndicats doit, à notre sens, y être convié si l'on se réfère à la position des juges en matière de négociation d'un accord collectif d'entreprise (cass. soc. 16 janvier 2008, n° 07-60163, BC V n° 9). Cependant, une union départementale et un syndicat professionnel affiliés à la même organisation syndicale ayant désigné deux délégués syndicaux distincts ont dû être convoqués à la négociation du protocole d'accord préélectoral (cass. soc. 12 janvier 1999, n° 97-60337, BC V n° 13).

Invitation des syndicats selon deux modalités différentes - Selon les catégories de syndicats concernés, l'employeur doit recourir à deux modalités différentes d'information et d'invitation des organisations syndicales en vue de négocier le PAP et d'établir les listes de leurs candidats : « par tout moyen » ou envoi d'un courrier.

Invitation par tout moyen - Une invitation « par tout moyen » (ex. : affichage, courrier, courriel) suffit pour les syndicats répondant aux trois conditions suivantes (c. trav. art. L. 2314-5) :
- être légalement constitués depuis au moins 2 ans ;
- satisfaire aux critères de respect des valeurs républicaines et d'indépendance ;
- avoir un champ professionnel et géographique qui couvre l'entreprise ou l'établissement concerné.

Invitation par courrier - Une invitation par courrier s'impose pour les trois autres catégories de syndicats (c. trav. art. L. 2314-5) :
- ceux qui sont reconnus comme représentatifs dans l'entreprise ou l'établissement ;
- ceux qui y ont constitué une section syndicale ;
- et ceux qui sont affiliés à une organisation syndicale représentative aux niveaux national et interprofessionnel.

En pratique, cela suppose une invitation remise en main propre contre décharge ou par LRAR.

▶ À noter... Seuls les syndicats qui n'ont pas été convoqués par courrier à négocier le PAP peuvent se prévaloir de cette omission pour faire annuler le processus électoral (cass. soc. 24 octobre 2012, n° 11-60199, BC V n° 276).

Quinze jours entre l'invitation à négocier et la première réunion - L'invitation à négocier doit parvenir aux syndicats au plus tard 15 jours avant la date de la première réunion de négociation du PAP (c. trav. art. L. 2314-5). Ce délai de 15 jours s'applique aussi bien en cas de première mise en place que de renouvellement des institutions. Sur la dispense de négociation dans certaines TPE, voir ci-avant.

▶ Attention… En cas d'erreur dans la date fixée pour la réunion de négociation (ex. : indication de 2 dates de réunion de négociation) dans l'invitation à négocier l'accord préélectoral, l'élection du CSE peut être annulée (cass. soc. 25 septembre 2019, n° 18-23487 D).

Deux mois entre l'invitation à négocier et l'expiration des mandats - Le délai minimal entre l'invitation des syndicats *(voir ci-avant)* et la date d'expiration du mandat des représentants du personnel en exercice est de 2 mois (c. trav. art. L. 2314-5).

▶ À noter… Ce délai ne s'applique pas en cas de première mise en place des représentants du personnel, puisque, par hypothèse, il n'y a pas de date d'expiration des mandats.

Négociation du protocole à chaque élection - En principe, le PAP n'a d'effet que pour les élections pour lesquelles il a été conclu (cass. soc. 21 mai 2003, n° 01-60742, BC V n° 170). Ainsi, l'employeur doit inviter les syndicats intéressés à négocier un nouveau protocole à chaque élection.

▶ À noter… Les élections partielles sont, en principe, organisées sur la base des dispositions de l'accord préélectoral en vigueur lors de l'élection précédente [voir *Élections professionnelles (partielles)**].

Participants à la négociation

Côté employeur, côté syndicats - Participent à la négociation du PAP, d'une part, l'employeur et, d'autre part, la délégation des syndicats invités à la négociation du protocole.

Négociateurs patronaux - Le protocole est, en principe, négocié par l'employeur lui-même ou par le chef d'établissement si l'élection a lieu dans le cadre de l'établissement. À défaut, il peut mandater un de ses collaborateurs pour le remplacer (ex. : personne chargée de la gestion du personnel).

Composition des délégations syndicales - Aucune disposition légale n'oblige les syndicats invités à la négociation du PAP à composer leur délégation de salariés de l'entreprise et à y faire figurer le *délégué syndical** (DS) ou le *représentant de la section syndicale** lorsqu'elles en disposent (cass. soc. 31 janvier 2012, n° 11-16049, BC V n° 40).

Nombre maximal de membres de la délégation syndicale - Chaque délégation peut comprendre, sauf accord avec l'employeur, jusqu'à 3 ou 4 membres selon que l'effectif de l'entreprise permet la désignation d'un seul ou de plusieurs DS (cass. soc. 31 janvier 2012, n° 11-16049, BC V n° 40 ; c. trav. art. R. 2143-2).

Si l'effectif de l'entreprise est inférieur à 1 000 salariés, la délégation peut comprendre jusqu'à 3 membres.

S'il est supérieur ou égal à 1 000 salariés, elle peut compter jusqu'à 4 membres.

▶ À noter… La jurisprudence applique à la négociation du PAP la règle régissant le nombre maximal de membres de la délégation syndicale appelée à une négociation collective [voir *Accord collectif d'entreprise (conclusion avec délégué syndical)**].

L'employeur ne peut pas refuser d'entreprendre la négociation au motif que l'une des délégations est composée de plus d'un membre. Le cas échéant, il pourrait se voir ordonner d'organiser une nouvelle réunion de négociation (cass. soc. 31 janvier 2012, n° 11-16049, BC V n° 40).

Présence des délégués syndicaux - Quand les DS désignés au sein de l'entreprise sont parties à la négociation, ils n'ont pas à justifier d'un mandat spécial de leur syndicat pour conclure un accord préélectoral (cass. soc. 12 février 2003, n° 01-60904, BC V n° 52).

Présence d'un représentant syndical extérieur à l'entreprise - L'employeur ne peut, sans commettre un délit d'entrave, s'opposer à ce que la négociation soit menée par un représentant d'un syndicat extérieur à l'entreprise, donc n'appartenant pas à son personnel (cass. soc. 21 juillet 1986, n° 85-60543, BC V n° 412).

Présence de salariés mandatés - Les salariés, négociateurs du protocole, qui ne sont pas DS doivent être munis d'un mandat spécial délivré à cet effet par le syndicat.

Sanction du refus de négocier - Le refus de négocier le PAP avec un des syndicats intéressés constitue une irrégularité qui entraîne « en elle-même » l'annulation du scrutin (cass. soc. 28 février 2018, n° 17-60112, BC V n° 30).

Négociation loyale

Obligations de l'employeur et des syndicats - Si l'employeur est tenu d'engager loyalement les négociations et d'y participer tout aussi loyalement, les négociateurs doivent jouer, eux aussi, le jeu de la négociation.

▶ À noter... En cas de désaccord entre les parties, les élections se dérouleront dans les conditions déterminées par l'employeur et la DREETS voire par le juge judiciaire.

À défaut de négociation loyale, les élections peuvent être annulées par le tribunal judiciaire et l'employeur peut être condamné pour délit d'entrave à l'exercice du droit syndical (c. trav. art. L. 2146-1 et L. 2317-1). La contestation du protocole devant le tribunal judiciaire doit pour aboutir avoir été introduite :
- avant le premier tour des élections ;
- ou postérieurement par un syndicat n'ayant pas signé le protocole et ayant émis des réserves expresses avant de présenter des candidats.

Un syndicat n'a pas d'intérêt à agir s'il a signé un protocole d'accord préélectoral (PAP) sans émettre de réserve (cass. soc. 6 octobre 2011, n° 11-60035, BC V n° 228 ; cass. soc. 11 décembre 2019, n° 18-20841 FSPB), y compris s'il invoque le non-respect par le PAP de règles d'ordre public (ex. : non-respect des principes généraux du droit électoral) (cass. soc. 24 novembre 2021, n° 20-20962 FB).

Contrôle des effectifs et des listes électorales - L'employeur est tenu, dans le cadre de la négociation préélectorale, de fournir aux syndicats y participant les éléments nécessaires au contrôle de l'effectif et de la régularité de la liste électorale (cass. soc. 13 mai 2009, n° 08-60530, BC V n° 130 ; cass. soc. 26 mai 2010, n° 09-60400, BC V n° 114 ; cass. soc. 9 octobre 2019, n° 19-10780 FSPB). Cette obligation peut recouvrir un vaste champ d'informations relatives notamment au nombre de salariés (effectif total, électorat), à leur qualification (ouvriers, employés, agents de maîtrise, cadres, etc.), à la répartition des électeurs par établissement et par collège. Seuls les éléments nécessaires au calcul et à la vérification des effectifs sont à communiquer. Si un syndicat saisit les juges pour obtenir des éléments complémentaires, il doit pouvoir établir cette nécessité (cass. soc. 16 septembre 2020, n° 19-60185 D).

En présence d'une telle demande, il a, par le passé, été précisé que l'employeur pouvait mettre à leur disposition (cass. soc. 6 janvier 2016, n° 15-10975, BC V n° 2) :
- soit le registre unique du personnel et les extraits de la *déclaration sociale nominative* (DSN)* dans des conditions permettant l'exercice effectif de leur consultation ;
- soit des copies ou extraits desdits documents, expurgés des éléments confidentiels, notamment relatifs à la rémunération des salariés.

▶ À noter... L'employeur doit également fournir les éléments permettant de vérifier le nombre des *salariés mis à disposition**, leur droit à être pris en compte dans les effectifs de l'entreprise et à voter. Attention, ces salariés ne sont pas éligibles à l'élection du CSE dans l'entreprise utilisatrice, voir *Élections professionnelles (candidats)**.

L'employeur qui ne communique pas les informations permettant de déterminer l'effectif de l'entreprise et de vérifier la composition des listes électorales risque l'annulation du PAP et des élections (cass. soc. 13 mai 2009, n° 08-60530, BC V n° 130).

Il en est de même lorsque l'employeur refuse de donner à un syndicat les noms et les classifications des salariés lors de la négociation de l'accord préélectoral, au prétexte que le syndicat n'est pas encore présent dans l'entreprise (cass. soc. 9 octobre 2019, n° 19-10780 FSPB).

Contenu de l'accord préélectoral

Clauses obligatoires - Le protocole préélectoral comporte obligatoirement les clauses suivantes (c. trav. art. L. 2314-13, L. 2314-15, L. 2314-26, L. 2314-28 et R. 2314-6) :
- répartition du personnel dans les collèges électoraux [voir *Élections professionnelles (collèges électoraux)**] ;
- répartition des sièges entre les différentes catégories du personnel ;
- la proportion de femmes et d'hommes composant chaque collège électoral ;
- les modalités d'organisation et de déroulement des opérations électorales ;
- le cas échéant, la mention de l'accord d'entreprise prévoyant le recours au vote électronique, et s'il est déjà arrêté, le nom du prestataire choisi pour le mettre en place ;
- s'il y a lieu, les dispositions prises pour faciliter la représentation des salariés travaillant en équipes successives ou dans des conditions qui les isolent des autres salariés.

S'agissant de la parité composant chaque collège électoral, les listes de candidatures qui comportent plusieurs candidats doivent être composées d'un nombre de femmes et d'hommes correspondant à la part de femmes et d'hommes inscrits sur la liste électorale *(voir ci-après)* (c. trav. art. L. 2314-13).

Le ministère du Travail indique que le protocole d'accord préélectoral doit mentionner le choix de l'envoi dématérialisé des résultats de l'élection en cas de scrutin sous enveloppe (« Comité social et économique : 117 questions-réponses », Q/R 47) [voir *Élections professionnelles (résultat du scrutin)**].

▶ À noter... Contrairement au passé, le nombre et le périmètre d'établissements distincts doivent être déterminés par accord collectif d'entreprise majoritaire (c. trav. art. L. 2313-2 et L. 2232-12). À défaut d'accord d'entreprise, faute de délégué syndical, ils sont définis par accord entre l'employeur et le CSE et à défaut, par décision unilatérale de l'employeur (c. trav. art. L. 2313-3 et L. 2313-4). Ils sortent donc du périmètre du PAP [voir *Comité social et économique (établissement)**]. Toutefois, le PAP peut reprendre le contenu négocié ou décidé dans une ou plusieurs de ses clauses.

Clauses facultatives et plus favorables - Le PAP peut comprendre des clauses relatives notamment aux modalités d'organisation et de déroulement des opérations électorales (c. trav. art. L. 2314-28), à la modification du nombre et de la composition des collèges électoraux (c. trav. art. L. 2314-12) et des clauses plus favorables aux salariés que les dispositions légales ou conventionnelles (cass. soc. 14 février 1984, n° 83-61117, BC V n° 65). Il peut s'agir, par exemple, d'une clause relative au partage des voix quand des syndicats font liste commune [voir *Élections professionnelles (candidats)**].

▶ À noter... Le protocole préélectoral n'a pas à définir à quel bureau de vote les salariés sont rattachés. En conséquence, une telle mention n'a pas à figurer obligatoirement dans le protocole d'accord préélectoral (cass. soc. 3 mars 2021, n° 19-22944 P). Toutefois, s'il ne s'agit pas d'une mention obligatoire, les parties peuvent l'insérer à titre facultatif.

Le nombre de sièges et le volume des *heures de délégation** individuelles peuvent aussi être modifiés lorsque le volume global de ces heures, au sein de chaque collège, est au moins égal à celui prévu par le code du travail au regard de l'effectif (c. trav. art. L. 2314-7). En d'autres termes, si les négociateurs optent pour une réduction du nombre de sièges, le volume des heures individuelles de délégation des élus est augmenté proportionnellement, et inversement.

Dans les entreprises d'au moins 50 salariés et moins de 300 salariés, il est possible par une clause de l'accord préélectoral de déroger à la règle limitant à 3 mandats successifs d'élu au CSE (c. trav. art. L. 2314-33). La dérogation prévue par le protocole préélectoral est à durée indéterminée, sauf précision contraire. Si le protocole est muet sur la durée de la dérogation, celle-ci s'applique en conséquence indéfiniment, c'est-à-dire tant qu'un nouveau protocole ne la remet pas en cause (c. trav. art. R. 2314-26).

Clauses interdites - L'accord ne peut pas comporter des clauses contraires aux principes généraux du droit électoral ainsi que des clauses moins favorables aux salariés que les dispositions légales.

Un PAP ne peut pas comprendre une clause :
- fixant limitativement le nombre de salariés à temps partiel pouvant voter (cass. soc. 15 décembre 1976, n° 76-60164, BC V n° 674) ;
- retenant, pour l'appréciation des conditions d'éligibilité, une date antérieure au premier tour du scrutin (cass. soc. 1er décembre 2010, n° 10-60163, BC V n° 278). Il en est de même dans les entreprises de travail temporaire, notamment à propos de la condition d'ancienneté (cass. soc. 26 septembre 2012, n° 11-25420, BC V n° 238) ;
- écartant d'office de l'électorat et de l'éligibilité les salariés exerçant des fonctions managériales prédéfinies, sous prétexte qu'ils seraient, de ce seul fait, assimilables à l'employeur (cass. soc. 20 mars 2013, n° 12-11702, BC V n° 79) ;
- excluant certains salariés de l'éligibilité au CSE qui remplissent les conditions légales pour en être membres (cass. soc. 18 novembre 2015, n° 15-60099 D).

Protocole d'accord soumis à la règle de « double majorité »

Règle de « double majorité » - Sauf dispositions légales contraires *(voir ci-après)*, la validité de l'accord préélectoral est subordonnée à une double condition de majorité, en nombre et en voix (c. trav. art. L. 2314-6 ; cass. soc. 6 octobre 2011, n° 11-60035, BC V n° 228) :
- il doit être signé par la majorité des organisations syndicales ayant participé à sa négociation (c'est-à-dire les organisations syndicales intéressées) ;
- parmi ces syndicats signataires, doivent être présentes les organisations syndicales représentatives ayant recueilli la majorité des suffrages exprimés lors des dernières élections professionnelles

(les syndicats signataires doivent réunir au total plus de 50 % des voix) ; si les résultats ne sont pas disponibles, la majorité des organisations représentatives dans l'entreprise suffit. La majorité signifie plus de la moitié, autrement dit il faut au moins la moitié plus une (ex. : face à 4 syndicats il faut la signature de 3 syndicats, la signature de 2 syndicats ne suffit pas ; face à 2 syndicats la signature d'un seul ne suffit pas non plus) (cass. soc. 15 novembre 2017, n° 16-21903, BC V n° 196).

Calcul de l'audience électorale - Pour vérifier si les conditions de majorité nécessaires à la validité du PAP sont remplies :
- chaque bulletin recueilli par une liste doit être pris en compte pour une unité en faveur du syndicat, sans prendre en compte les éventuelles ratures de noms de candidats (cass. soc. 6 janvier 2011, n° 10-17653, BC V n° 10) ;
- les résultats des élections à prendre en compte sont ceux des dernières élections précédant la conclusion de l'accord et non ceux issus des élections pour lesquelles il a été conclu (cass. soc. 5 avril 2011, n° 10-18733, BC V n° 88) ;
- tous les syndicats invités sont à comptabiliser, y compris ceux qui ont décidé de se retirer de la négociation (cass. soc. 26 septembre 2012, n° 11-60231, BC V n° 241).

En l'absence de syndicats représentatifs dans l'entreprise, seule la première condition de majorité est applicable : le protocole doit donc être signé par la majorité des syndicats ayant participé à sa négociation pour être valable (circ. DGT 2011-6 du 27 juillet 2011, question 1, BO trav. 2011/9).

Pour calculer le « poids » de la signature d'un syndicat affilié à la CFE-CGC, il faut rapporter les suffrages exprimés en sa faveur à tous les suffrages exprimés au niveau de l'ensemble de l'entreprise. Lorsque les suffrages exprimés lors des dernières élections ne sont pas disponibles, un tel syndicat compte pour « un », comme les autres organisations syndicales (circ. DGT 2011-6 du 27 juillet 2011, question 4).

▶ À noter... La circulaire précitée est réputée abrogée [voir *Circulaires (opposabilité)**], mais les précisions qu'elle apporte demeurent à notre sens intéressantes pour guider l'employeur dans sa pratique.

Condition de « double majorité » non remplie - Lorsque la condition de « double majorité » n'est pas remplie, le PAP n'est pas irrégulier pour autant. Le défaut de majorité ne permet donc ni l'annulation de l'accord ni, par voie de conséquence, des élections pour lesquelles il a été conclu. Les parties qui y ont intérêt (employeur, syndicats, salariés) peuvent seulement saisir le *tribunal judiciaire** d'une demande de fixation des modalités d'organisation et de déroulement du scrutin (cass. soc. 6 octobre 2011, n° 11-60035, BC V n° 228). Toutefois, seul le DREETS (depuis le 1.04.2021) est compétent, en cas d'échec des négociations, pour répartir le personnel et les sièges entre les collèges *(voir ci-après)*.

Accords déconnectés de l'accord préélectoral

Clauses soumises à un accord unanime avec les syndicats représentatifs - Sous peine de nullité de l'accord et des élections (si elles ont déjà eu lieu), certaines clauses sont soumises à un accord unanime avec les syndicats représentatifs dans l'entreprise, à savoir celles qui :
- modifient le nombre et la composition des collèges électoraux (c. trav. art. L. 2314-12) [voir *Élections professionnelles (collèges électoraux)**] ;
- organisent les élections en dehors du temps de travail (c. trav. art. L. 2314-27) ;
- prorogent les mandats [voir *Comité social et économique (mandat)**].

Clauses soumises à la conclusion d'un accord collectif - Certaines clauses restent soumises à la conclusion d'un accord collectif signé dans les conditions « de droit commun » (c. trav. art. L. 2232-12) [voir *Accord collectif d'entreprise (conclusion avec délégué syndical)**]. Il s'agit de celles relatives :
- à la mise en œuvre du vote électronique par accord (c. trav. art. L. 2314-26). Lorsqu'un tel accord a été conclu, le PAP doit mentionner l'accord conclu et, s'il est déjà arrêté, le nom du prestataire choisi pour le mettre en place (c. trav. art. R. 2314-13) ;
- à la réduction de la durée des mandats des représentants du personnel. Par dérogation, un accord de branche, de groupe ou d'entreprise peut fixer une durée de mandat entre 2 et 4 ans (c. trav. art. L. 2314-34) ;
- à la création de règles plus favorables que la loi en matière d'attribution du CSE (c. trav. art. L. 2312-4).

Conclusion et modification de l'accord préélectoral

Accord écrit recommandé - Aucun texte n'impose d'établir le protocole par écrit (cass. soc. 23 janvier 2002, n° 00-60293 D). En pratique, cela semble incontournable notamment pour informer toutes les personnes concernées et limiter les risques de contentieux.

Un ou plusieurs accords - Le PAP n'est pas obligatoirement matérialisé par un seul et même accord global sur l'ensemble des points relevant de la négociation (cass. soc. 28 septembre 2011, n° 10-27370, BC V n° 202). Ainsi, une entreprise peut scinder le PAP en plusieurs accords, chaque accord traitant d'un point particulier.

▶ À noter… Dans la mesure où il faut appliquer différentes règles de validité selon les clauses de l'accord *(voir ci-après)*, les signataires doivent identifier clairement ce à quoi ils adhèrent (l'ensemble des clauses ou seulement une partie).

Modification d'un protocole d'accord préélectoral - La modification du PAP ne peut résulter que d'un avenant. Celui-ci est soumis aux mêmes conditions de validité que le PAP (cass. soc. 26 octobre 2011, n° 10-27134, BC V n° 242 ; cass. soc. 3 octobre 2018, n° 17-21836 FPB). En conséquence, l'avenant nécessite selon le cas soit une double majorité, soit un accord unanime des syndicats représentatifs. Cette règle n'admet aucune exception (cass. soc. 3 octobre 2018, n° 17-21836 FPB). Ainsi, toute modification du protocole, même plus favorable, doit être négociée.

Publicité de l'accord préélectoral

Diffusion dans l'entreprise - Sauf disposition contraire du PAP, sa diffusion dans l'entreprise (ex. : affichage, intranet) est facultative car elle n'est pas imposée par le code du travail (cass. soc. 6 juillet 1983, n° 82-60256, BC V n° 401). Toutefois, elle paraît s'imposer en pratique : il a été jugé dans une affaire qu'un salarié qui n'a pas pu, en raison de l'absence de publicité du protocole, déposer sa candidature avant la date limite peut obtenir l'annulation des élections (cass. soc. 5 janvier 2005, n° 03-60467 D).

Mise à disposition de l'inspecteur du travail - En cas de modification du nombre et de la composition des collèges électoraux [voir *Élections professionnelles (collèges électoraux)**], l'accord préélectoral procédant à cette modification doit être communiqué à l'inspecteur du travail mais uniquement à sa demande (c. trav. art. L. 2314-12).

Force obligatoire de l'accord préélectoral

Le PAP s'impose à l'employeur ainsi qu'aux syndicats qui l'ont signé ou y ont adhéré par la suite (cass. soc. 12 juillet 2006, n° 05-60332, BC V n° 251 ; cass. soc. 10 juin 1997, n° 96-60118, BC V n° 215).

Ils peuvent contester sa validité devant le *tribunal judiciaire** s'il contient des dispositions contraires à l'ordre public, notamment en ce qu'elles méconnaissent les principes généraux du droit électoral (cass. soc. 6 octobre 2011, n° 11-60035, BC V n° 228).

Toutefois, le syndicat signataire sans réserve du PAP ne peut pas le contester même s'il invoque le non-respect par le PAP de règles d'ordre public, notamment le non-respect des principes généraux du droit électoral (cass. soc. 11 décembre 2019, n° 18-20841 FSPB ; cass. soc. 24 novembre 2021, n° 20-20962 FB).

Enfin, la contestation est ouverte aux syndicats non-signataires (cass. soc. 23 septembre 2009, n° 08-60535, BC V n° 195).

Absence de négociateurs syndicaux

Lorsqu'aucune organisation syndicale ne s'est manifestée pour négocier le PAP, alors que l'employeur les a invitées à participer à cette concertation selon les formalités requises, les élections doivent, malgré tout, avoir lieu. L'employeur doit fixer seul les modalités d'organisation et de déroulement des opérations électorales et répartir le personnel et les sièges entre les différents collèges électoraux [voir *Élections professionnelles (collèges électoraux)**] (c. trav. art. L. 2314-14).

En cas d'échec des négociations

Organisation et déroulement des élections : par l'employeur ou le tribunal judiciaire - En l'absence d'accord conclu entre l'employeur et les syndicats, les modalités des élections (ex. : date, heure, lieu du scrutin, nombre et composition des bureaux de vote) sont fixées par l'employeur ou, s'il a été saisi, par le *tribunal judiciaire** statuant en dernier ressort selon la procédure accélérée au fond (c. trav. art. L. 2314-28 et R. 2314-2 ; cass. soc. 26 septembre 2012, n° 11-22598, BC V n° 239 ; cass. soc. 20 mars 2019, n° 18-60063 D).

▶ À noter… L'employeur peut, en l'absence d'accord, rédiger un procès-verbal reprenant le dernier état du texte négocié ou afficher un document précisant les modalités qu'il entend appliquer unilatéralement (cass. soc. 24 janvier 1995, n° 94-60230 D).

Répartition du personnel et des sièges : par le DREETS, le juge judiciaire ou l'employeur - Si des négociations ont eu lieu, mais ont échoué, l'employeur (ou les syndicats) doit saisir le DREETS du

siège de l'entreprise ou de l'établissement concerné qui a compétence pour fixer la répartition des sièges entre les différentes catégories de personnel et la répartition du personnel dans les collèges électoraux [voir *Élections professionnelles (collèges électoraux)]** (c. trav. art. L. 2314-13 et R. 2314-3).

Protocole d'accord préélectoral

Raison sociale et adresse

Conformément à la législation, les élections pour la mise en place ou le renouvellement du comité social et économique (CSE) de la société … auront lieu le …

La direction a convoqué les organisations syndicales intéressées par [courrier du … / courriel du... / affichage sur les panneaux de la direction/etc.] à une réunion fixée au …, afin d'établir le protocole d'accord préélectoral.

À cette réunion, participaient :

M. …, Directeur, assisté de M. …, fonction …

M. … pour la CFTC, M. … pour la CFDT,

M. … pour la CGC, M. … pour la CGT,

M. … pour la CGT-FO, M. … pour …,

etc.

en vue de conclure le présent protocole. Ces élections seront organisées dans le cadre des dispositions légales et selon les modalités exposées dans ce protocole.

Art. 1 - EFFECTIF DE L'ENTREPRISE - NOMBRE, COMPOSITION DES COLLÈGES - RÉPARTITION DES SIÈGES

Art. 1.1. Effectif de l'entreprise - Nombre, composition des collèges

Cas général (élection CSE). L'effectif de l'entreprise est de … salariés.

Cet effectif comprend :

- … ouvriers ;
- … employés ;
- … agents de maîtrise ;
- … cadres.

Compte tenu de l'effectif (1), le nombre de membres à élire est de … titulaires et de … suppléants.

Deux collèges sont prévus :

Premier collège : … inscrits (employés et ouvriers)

Second collège : … inscrits (cadres, techniciens et agents de maîtrise)

Établissements dont l'effectif est inférieur ou égal à 25 salariés. L'effectif de l'établissement est de … salariés. Compte tenu de l'effectif, les délégués du personnel (1 titulaire et 1 suppléant) seront élus par un collège électoral unique.

Nombre d'ingénieurs et cadres au moins égal à 25. L'effectif de l'établissement est de … salariés. Le nombre de membres à élire est de … titulaires et de … suppléants. Le nombre d'ingénieurs et cadres est de … salariés. Cette catégorie constitue un collège spécial.

Dans ce cas, trois collèges électoraux sont prévus :

Premier collège : … inscrits (employés et ouvriers)

Deuxième collège : … inscrits (cadres, techniciens et agents de maîtrise)

Troisième collège : … inscrits (ingénieurs, chefs de service et cadres assimilés)

Art. 1.2. Répartition des sièges

Compte tenu du nombre total de sièges à pourvoir et de la répartition des effectifs par collège, les parties conviennent de la répartition suivante des sièges :

- collège employés : … titulaires, … suppléants ;
- collège cadres : … titulaires, … suppléants ;

Le cas échéant : 3e collège : … titulaires, … suppléants.

Art. 1.3. Proportion de femmes et d'hommes au sein des collèges

Au sein du collège unique, la proportion de femmes et d'hommes est de... (nombre de femmes) et... (nombre d'hommes)

OU

Au sein du 1er collège, la proportion de femmes et d'hommes est de... (nombre de femmes) et... (nombre d'hommes)

Au sein du 2e collège, la proportion de femmes et d'hommes est de... (nombre de femmes) et... (nombre d'hommes)

Art. 2 - DATE ET HEURE DU SCRUTIN

Les dates retenues pour les élections des représentants du personnel ont été fixées :

- au … pour le premier tour ;
- au … pour le second tour.

Le scrutin se déroulera pendant le temps de travail des salariés, de … heures à … heures, en salle du …

La participation au scrutin et, le cas échéant, au bureau de vote n'emportera aucune perte de salaire.

Art. 3 - ÉLECTORAT ET LISTES ÉLECTORALES

Art. 3-1. Salariés électeurs. Les salariés sont électeurs dans chaque collège, sous réserve de remplir les conditions suivantes à la date du scrutin :

- être âgés de 16 ans accomplis ;
- avoir travaillé 3 mois au moins dans l'entreprise ;
- n'avoir fait l'objet d'aucune interdiction, de déchéance ou d'incapacité relatives à leurs droits civiques.

Art. 3-2. Constitution et publicité des listes électorales. La direction établit les listes électorales de chaque collège à la date du premier tour des élections, soit le …

Les listes électorales par collège seront affichées au plus tard le … précisant pour chaque salarié électeur : nom, prénoms, lieu et date de naissance, date d'entrée dans l'entreprise, afin de permettre que les réclamations éventuelles – qui doivent être présentées dans un délai de 3 jours devant le *tribunal judiciaire** – reçoivent une solution avant les élections.

Tout syndicat peut demander une copie des listes électorales.

Art. 4 - ÉLIGIBILITÉ – LISTES DE CANDIDATS ET DATE DE DÉPÔT – PARITÉ DES FEMMES ET DES HOMMES

Art. 4-1. Salariés éligibles. Les salariés, ayant la qualité d'électeurs, sont éligibles s'ils remplissent, à la date du scrutin, les conditions suivantes :
- être âgés de 18 ans révolus ;
- justifier d'au moins 1 an de présence dans l'entreprise ;
- n'avoir fait l'objet d'aucune interdiction, de déchéance ou d'incapacité relatives à leurs droits civiques.

Sont exclus les conjoints, partenaires d'un pacte civil de solidarité (Pacs), ascendants, descendants, frères, sœurs ou alliés au même degré du chef d'entreprise.

Art. 4-2. Listes de candidats et date de dépôt. Les organisations syndicales habilitées à présenter des candidatures au premier tour communiqueront leurs listes de candidatures au plus tard le …

Une liste ne pourra comporter plus de candidats qu'il n'y a de sièges à pourvoir, ni prétendre à plus de sièges qu'elle ne présente de candidats. Un même candidat peut se présenter simultanément pour un poste de titulaire et pour un poste de suppléant.

Toutefois, s'il est élu à la fois comme titulaire et comme suppléant, il sera automatiquement désigné comme titulaire. Le siège du suppléant sera attribué à un candidat :
- qui n'est pas déjà élu en tant que titulaire ;
- qui est placé sur la liste juste après le candidat qui a été élu titulaire ;
- ou bien qui, en cas de ratures correspondant à au moins 10 % des suffrages, a obtenu le plus grand nombre de voix parmi les candidats restant à élire.

S'il n'y a plus assez de candidatures pour pourvoir les postes, il est attribué des sièges de suppléants à la liste ou aux listes ayant obtenu la plus forte moyenne parmi celles restant en présence.

Ces listes, établies distinctement pour les deux collèges et pour l'élection des titulaires et des suppléants, seront déposées auprès de la direction du personnel contre récépissé ou adressées par lettre recommandée avec avis de réception à M. …

La direction affichera les listes déposées, le lendemain de la date limite de dépôt, sur les panneaux qui lui sont réservés.

Si un second tour est nécessaire, il convient de se reporter à l'article 10 de ce modèle.

Art. 4-3. Les listes de candidature qui comportent plusieurs candidats doivent respecter la part de femmes et d'hommes inscrits dans chaque collège électoral. Les listes sont composées alternativement d'un candidat de chaque sexe jusqu'à épuisement des candidats d'un des deux sexes. Lorsque la composition proportionnelle des listes n'aboutit pas à un nombre entier de candidats pour chacun des deux sexes, il faut appliquer la règle suivante de l'arrondi :
- arrondi à l'entier supérieur en cas de décimale supérieure ou égale à 5 ;
- arrondi à l'entier inférieur en cas de décimale strictement inférieure à 5. En cas de nombre impair de sièges à pourvoir et de stricte égalité entre les femmes et les hommes inscrits sur les listes électorales, la liste comprend indifféremment un homme ou une femme supplémentaire.

Cette règle s'applique aux candidats titulaires ainsi qu'aux suppléants.

La direction doit porter à la connaissance des salariés la proportion établie par voie d'accord ou par décision du DREETS (en l'absence d'accord), et ce, par tout moyen permettant de donner date certaine à cette information.

Art. 6 - ORGANISATION MATÉRIELLE DU SCRUTIN

La direction assurera la fourniture des bulletins de vote et des enveloppes. En charge de l'impression des bulletins, elle doit veiller à ce que les bulletins soient distincts pour chaque collège et, à l'intérieur de chaque collège, pour l'élection des titulaires et celles des suppléants. Les dimensions des bulletins, leur mode d'impression, la disposition et les caractères seront d'un type uniforme pour toutes les listes dans un même collège. Toutefois, les bulletins pour l'élection des titulaires et celle des suppléants seront de couleurs différentes.

Les bulletins et enveloppes de vote seront mis à la disposition des salariés en nombre suffisant.

Compte tenu de l'organisation du vote par correspondance et du délai nécessaire pour que les électeurs votants soient informés en temps utile, la direction sera fondée à refuser les listes déposées après le …

Art. 7 - ORGANISATION DU VOTE PAR CORRESPONDANCE

Art. 7-1. Salariés susceptibles de voter par correspondance. Les salariés absents de l'entreprise à la date limite fixée pour la communication des listes à la direction, pour quelque cause que ce soit (arrêt de travail pour maladie, accident, congé de maternité, congé parental, congés payés et autres congés), comportant une reprise du travail prévue pour une date postérieure à celle du scrutin, auront la faculté de voter par correspondance. Il en est de même des salariés en déplacement professionnel. La liste des salariés intéressés sera arrêtée par la direction et affichée sur les panneaux réservés aux communications de la direction, le lendemain de la date limite de dépôt des candidatures.

Art. 7-2. Modalités d'organisation du vote par correspondance. Au plus tard 8 jours avant la date du scrutin, la direction adressera à chacun des salariés intéressés un exemplaire des bulletins de vote des candidats titulaires et suppléants, correspondant aux listes présentées dans le collège, deux enveloppes portant respectivement l'indication « titulaires » et « suppléants », une enveloppe préaffranchie à l'adresse de la direction du personnel ainsi qu'une notice explicative. Les bulletins seront placés dans les enveloppes de vote qui, cachetées, seront disposées dans l'enveloppe d'expédition et acheminées par la voie postale.

À l'ouverture du scrutin, les enveloppes seront remises non décachetées par la direction du personnel au président du bureau de vote intéressé selon le collège qui, après pointage des listes électorales, déposera dans les urnes correspondantes les enveloppes de vote.

Pour ce vote, les dispositions suivantes sont retenues :

a) tout pli contenant un vote par correspondance doit être revêtu de la signature du votant sous peine d'irrecevabilité ;

b) les votes par correspondance ne seront recevables que jusqu'à la dernière heure utile de réception du courrier postal au jour du scrutin, soit :

- jusqu'au …, à … heures pour le premier tour ;
- jusqu'au …, à … heures pour le second tour éventuel.

Art. 8 - CONSTITUTION ET COMPOSITION DES BUREAUX DE VOTE

Il sera constitué un bureau de vote pour chaque collège électoral.

Chaque bureau de vote sera composé de trois électeurs du collège considéré, les deux électeurs ayant au jour du scrutin la plus grande ancienneté et le plus jeune en âge, présents à l'ouverture du scrutin et acceptant cette fonction ; la présidence appartiendra au plus âgé.

Ce bureau présidera aux opérations dans le collège considéré simultanément pour l'élection des titulaires et celle des suppléants, en utilisant deux urnes distinctes et s'assurera de la régularité et du secret du vote. Il procédera au dépouillement des votes et à l'établissement des procès-verbaux emportant proclamation des résultats.

La direction du personnel mettra à la disposition de chaque bureau de vote le matériel nécessaire, les listes d'émargement, deux exemplaires de la liste électorale du collège concerné et un exemplaire du protocole d'accord préélectoral.

Art. 9 - DÉPOUILLEMENT DES VOTES

Dès que la clôture du scrutin aura été prononcée, le président de chaque bureau de vote, assisté de ses assesseurs, procédera aux formalités de dépouillement.

Même si le quorum n'a pas été atteint, les résultats du premier tour doivent être nécessairement dépouillés.

Art. 10 - SECOND TOUR DE SCRUTIN

Au cas où le quorum ne serait pas atteint au premier tour ou s'il reste des sièges à pourvoir, il y aura lieu de procéder à un second tour avec candidatures libres fixé le …, à … heures, à …

Les nouvelles candidatures devront être communiquées à la direction du personnel au plus tard le …

Les dispositions prévues pour le premier tour s'appliqueront également au second tour.

Les candidatures présentées par un syndicat au premier tour seront considérées comme maintenues au second tour.

Art. 11 - PROCÈS-VERBAL

Les procès-verbaux (P-V) dressés par les bureaux de vote, emportant éventuellement désignation des élus, seront affichés par les services de la direction, dès la proclamation des résultats, sur les panneaux réservés aux communications de la direction.

Art. 12 - TRANSMISSION ÉLECTRONIQUE DES RÉSULTATS EN CAS DE VOTE SOUS ENVELOPPE

En cas de choix d'envoi par voie électronique, un membre du bureau de vote ou, en cas de carence, l'employeur doit saisir les résultats de l'élection dans le téléservice de transmission des résultats d'élection (https ://www.elections-professionnelles.travail.gouv.fr) (2).

Art. 13 - VALIDITÉ DU PROTOCOLE

Le présent protocole est conclu pour l'élection du CSE dont le premier tour est fixé au … et le second tour éventuel au …

Art. 14 - PUBLICITÉ DU PROTOCOLE

Le texte du présent protocole sera [affiché dans l'entreprise/diffusé sur l'intranet] dès sa signature.

Fait à …, le … 20.. (date de la signature du protocole d'accord préélectoral)

pour la CFTC …, pour la société …,
pour la CFDT …,
pour la CGC …,
pour la CGT …,
pour la CGT-FO …,
pour …

Annexe du protocole d'accord préélectoral

PREMIER TOUR

Affichage du protocole d'accord préélectoral : au plus tard le …

Affichage des listes électorales : au plus tard le …

Clôture des listes de candidats : au plus tard le … à … heures.

Affichage des listes de candidats : au plus tard le …

Envoi des bulletins de vote par correspondance : au plus tard le …

Constitution des bureaux de vote : au plus tard le …

Clôture des votes par correspondance : au plus tard le … à … heures.

1er tour du scrutin : le … de … à … heures.

Proclamation des résultats : le …

Affichage des résultats : le …

SECOND TOUR (le cas échéant)

Affichage des listes électorales : au plus tard le …

Clôture des listes de candidats : au plus tard le … à … heures.

Affichage des listes de candidats : au plus tard le …

Envoi des bulletins de vote par correspondance : au plus tard le …

Constitution des bureaux de vote : au plus tard le …

Clôture des votes par correspondance : au plus tard le … à … heures.

2d tour du scrutin : le … de … à … heures.

Proclamation des résultats : le …

Affichage des résultats : le …

Affichage des noms des membres du CSE dans les locaux affectés au travail : le...

(1) Voir *Comité social et économique (nombre d'élus)**.

(2) voir *Élections professionnelles (résultat du scrutin)**.

☛ *Élections professionnelles.*

Élections professionnelles (résultat du scrutin)

Dépouillement du scrutin

Clôture du scrutin - Lors des élections dans l'entreprise, à l'heure prévue, le président du bureau de vote déclare le scrutin clos. Aucun vote ne peut être reçu après la déclaration de clôture. Toutefois, un électeur ayant pénétré dans la salle de vote avant l'heure de clôture peut déposer son bulletin dans l'urne après cette heure (c. élec. art. R 57).

Opérations à effectuer - Le bureau de vote, assisté des scrutateurs :
- dénombre les émargements sur la liste ;
- procède à l'ouverture de l'urne ;
- vérifie le nombre d'enveloppes (en y ajoutant éventuellement celui des bulletins sans enveloppe) ;
- recommence le décompte des enveloppes s'il existe une différence entre le nombre de votants (total des signatures de la liste d'émargement) et le nombre d'enveloppes trouvées dans l'urne ;
- regroupe les enveloppes par paquets de 100 (sauf s'il y a moins de 100 électeurs) ;
- répartit les enveloppes à dépouiller entre les diverses tables.

À chaque table, le nombre d'enveloppes est vérifié, puis l'un des scrutateurs extrait ensuite le bulletin de chaque enveloppe et le passe déplié à un autre scrutateur ; celui-ci le lit à haute voix ; les noms portés sur le bulletin sont relevés par deux scrutateurs au moins sur les feuilles préparées à cet effet.

Une fois les opérations de lecture et de pointage terminées, les scrutateurs remettent au bureau les feuilles de pointage, signées par eux, en même temps que les bulletins et enveloppes dont la validité leur a paru douteuse ou qui a été contestée par des électeurs ou par des délégués des candidats.

Ensuite, le bureau arrête le nombre de suffrages obtenus par chaque candidat ou chaque liste.

Lorsque, le jour du scrutin, il n'est pas possible de terminer le dépouillement (ex. : heure tardive), des mesures de protection doivent être prises pour que l'urne soit placée sous surveillance suffisante avant la reprise des opérations (cass. soc. 20 juillet 1983, n° 82-60326, BC V n° 461).

▶ Attention… Si le dépouillement n'a pas été effectué plusieurs jours après le scrutin dans un but de fraude, les élections peuvent être annulées (cass. soc. 20 avril 2005, n° 04-60342 D).

Décompte des bulletins de vote

Tous les bulletins ne sont pas pris en compte - Les bulletins blancs et les bulletins nuls doivent être soustraits du nombre des votants. Les bulletins raturés sont, en revanche, valables, mais à condition que tous les noms ne soient pas rayés. C'est au bureau de vote d'apprécier la validité des bulletins litigieux et, en cas de contestation, au *tribunal judiciaire**.

Bulletins blancs et nuls - Les bulletins blancs (bulletins sans inscription éventuellement mis à la disposition des électeurs) ne sont pas des votes valables. Sont assimilés à des bulletins blancs les enveloppes vides et les bulletins sur lesquels tous les noms ont été rayés (cass. soc. 27 novembre 1974, n° 74-60122, BC V n° 568).

Les bulletins nuls ne doivent pas compter comme suffrages valablement exprimés. Il en est ainsi par exemple de :
- bulletins trouvés dans l'urne sans enveloppe ou dans des enveloppes non réglementaires ;
- bulletins ne contenant pas une désignation suffisante (ex. : nom incomplet) ;
- bulletins et enveloppes sur lesquels les votants se sont fait connaître ;
- enveloppes sans bulletin ;
- bulletins portant des mentions injurieuses pour les candidats ou pour des tiers ;
- bulletins illisibles ;
- bulletins panachés. Le panachage consiste à remplacer le nom d'un candidat figurant sur une liste par le nom d'un candidat d'une autre liste ou à ajouter à une liste le nom d'un candidat figurant sur une autre liste (cass. soc. 13 juillet 1993, n° 92-60344, BC V n° 208 ; cass. soc. 7 mai 2003, n° 01-60917 D) ;
- bulletins écrits sur papier de couleur (sauf si l'accord préélectoral le prévoit expressément) ;
- bulletins représentant un vote préférentiel, c'est-à-dire la pratique consistant à modifier l'ordre de présentation des candidats figurant sur une liste ;
- plusieurs bulletins différents dans la même enveloppe (cass. soc. 20 juillet 1978, n° 78-60641, BC n° 617).

S'agissant des bulletins portant des signes intérieurs ou extérieurs de reconnaissance, le tribunal judiciaire apprécie souverainement s'il s'agit ou non d'un signe de reconnaissance et par conséquent s'ils sont nuls ou pas. À titre d'exemples, le juge peut prendre en compte ce que prévoit le cas échéant le protocole préélectoral [ex. : le fait de souligner d'un trait le nom du premier candidat ne constitue pas un signe de reconnaissance (cass. soc. 28 février 1989, n° 88-60198, BC V n° 148)]. De même, la présence de noms entourés sur le bulletin n'est par forcément considérée comme un signe distinctif dès lors que le protocole clair et précis ne prévoit pas de nullité du bulletin dans ce cas (cass. soc. 16 septembre 2020, n° 19-16355 D).

▶ À noter… Les bulletins multiples ne comptent que pour un seul quand ils désignent la même liste ou le même candidat (c. élec. art. L. 65).

Bulletins raturés - Le raturage des noms sur les bulletins de vote est admis (c. trav. art. L. 2314-29). Les bulletins raturés représentent un vote valable dès lors que tous les noms n'ont pas été rayés. Ainsi, un nom doit au moins demeurer non raturé (cass. soc. 4 février 1976, n° 75-60166, BC V n° 72 ; cass. soc. 8 janvier 1987, n° 86-60213 D). Si tous les noms sont rayés, le bulletin est assimilé à un vote blanc (cass. soc. 7 mai 1987, n° 86-60357, BC V n° 282).

Le droit de rayer des noms est une prérogative d'ordre public qui ne peut pas être supprimée par un accord (cass. soc. 28 janvier 1982, n° 81-60859, BC V n° 56).

Attribution des sièges

Calcul du quotient électoral - Il est attribué à chaque liste autant de sièges que le nombre moyen de voix recueillies par elle contient de fois le quotient électoral (c. trav. art. R. 2314-19).

Pour obtenir le quotient électoral, on divise le nombre total de suffrages valablement exprimés (tous les bulletins, sauf les bulletins blancs et nuls) par le nombre de sièges à pourvoir dans le collège.

▶ À noter... Le nombre de sièges attribué au quotient électoral lors de la première répartition est nécessairement un nombre entier (cass. soc. 26 mai 2010, n° 09-60350, BC V n° 112). C'est d'ailleurs ce nombre qui sert de base au calcul des sièges restant attribués sur la base de la plus forte moyenne

Calcul de la moyenne des voix de chaque liste - Les sièges restants sont attribués à la plus forte moyenne (c. trav. art. R. 2314-20).

On n'attribue qu'un seul siège à la fois. Cette opération doit être renouvelée jusqu'à épuisement des sièges, en tenant compte à chaque fois des sièges qui lui ont déjà été attribués.

Pour obtenir la plus forte moyenne, on divise le nombre de voix obtenues par chaque liste par le nombre de sièges qui lui est déjà attribué plus un.

Si deux listes ont la même moyenne et s'il ne reste plus qu'un siège à pourvoir, ce dernier est attribué à la liste qui a obtenu le plus grand nombre de voix (c. trav. art. R. 2314-21 ; cass. soc. 7 juillet 2010, n° 09-69724 D).

Ce n'est que si deux listes ont recueilli la même moyenne et le même nombre de voix que le siège est attribué au plus âgé des deux candidats susceptibles d'être élus (c. trav. art. R. 2314-21).

Exemple

Collège ouvriers-employés : 5 sièges à pourvoir, 270 électeurs, 255 suffrages valablement exprimés.

Quotient électoral (nombre total de suffrages valablement exprimés divisé par le nombre de sièges à pourvoir) :

255/5 = 51.

Nombre moyen des voix recueillies par les listes (nombre total de voix obtenues par chaque liste divisé par le nombre de candidats présentés par elle), en l'absence de ratures dans cet exemple :

A : 100 voix ; B : 58 voix ; C : 49 voix ; D : 48 voix.

Sièges attribués au moyen du quotient électoral (nombre de voix recueillies par chaque liste divisé par le quotient électoral) :

A : 100/51 = 1 ; B : 58/51 = 1

C : 49/51 = 0 ; D : 48/51 = 0.

2 sièges sont attribués ; 3 sièges restent à pourvoir.

Attribution du 1er siège restant à pourvoir à la plus forte moyenne (nombre de voix recueillies par chaque liste divisé par le nombre de sièges qui lui est attribué plus un) :

liste A : 100/(1 + 1) = 50

liste B : 58/(1 + 1) = 29

liste C : 49/(0 + 1) = 49

liste D : 48/(0 + 1) = 48.

Le siège est attribué à la liste A.

Attribution du 2e siège à la plus forte moyenne :

liste A : 100/(2 + 1) = 33,333

liste B : 58/(1 + 1) = 29

liste C : 49/(0 + 1) = 49

liste D : 48/(0 + 1) = 48.

Le siège est attribué à la liste C.

Attribution du dernier siège à pourvoir :

liste A : 33,333

liste B : 29

liste C : 49/(1 + 1) = 24,5

liste D : 48/(0 + 1) = 48.

Le siège est attribué à la liste D.

Désignation nominative des élus

Attribution dans l'ordre de présentation sur la liste sauf exceptions - Après avoir déterminé le nombre de sièges revenant à chaque liste, le bureau de vote doit désigner nommément les élus. En principe, les sièges revenant à une liste sont attribués dans l'ordre de présentation des candidats sur la liste.

Nombre de ratures inférieur à 10 % des suffrages - Lorsque le nom d'un candidat a été raturé, les ratures ne sont pas prises en compte si leur nombre reste inférieur à 10 % des suffrages valablement exprimés en faveur de la liste sur laquelle figure ce candidat. Dans ce cas, les candidats sont proclamés élus dans l'ordre de présentation de la liste (c. trav. art. L. 2314-29).

Nombre de ratures égal ou supérieur à 10 % des suffrages - Les candidats dont le nom a été raturé dans une proportion égale ou supérieure à 10 % des suffrages exprimés en faveur de la liste sur laquelle ils figurent, passent en fin de liste.

Lorsque, pour une même liste, certains candidats ont obtenu un nombre de ratures inférieur à 10 % et d'autres un nombre de ratures égal ou supérieur à 10 %, les sièges seront attribués en priorité par ordre de présentation :

- d'abord aux candidats ayant obtenu un nombre de ratures inférieur à 10 % en fonction de leur ordre de présentation sur la liste ;
- puis aux autres candidats de la liste raturés à hauteur de 10 %, en fonction du nombre de voix obtenues.

Même nombre de voix et plus de 10 % de ratures - Lorsque plusieurs candidats ont un nombre de ratures supérieur à 10 % et obtenu le même nombre de voix, ils sont élus selon leur ordre de présentation. Aucune disposition ne prescrit que le plus âgé soit élu en priorité (lettre min. du 20 août 1985, BO fasc. 85/37-38, p. 83).

Double candidature titulaire et suppléant - Un salarié peut être candidat sur une liste de titulaires et sur une liste de suppléants. En cas de double élection, le candidat est désigné d'office titulaire (cass. soc. 20 juillet 1971, n° 71-60006, BC V n° 536 ; cass. soc. 19 mai 1988, n° 87-60207 D).

▶ À noter… Cette règle est également applicable lorsque la double candidature d'un salarié est « répartie » sur les deux tours. Ainsi, le candidat élu suppléant au premier tour puis titulaire au second tour est élu comme titulaire (cass. soc. 10 mai 2012, n° 11-18912, BC V n° 138).

Attribution des sièges réservés

Différentes situations - Pour pourvoir le siège réservé, il peut être nécessaire d'écarter les règles normales de répartition des sièges et de désignation des élus lorsque celles-ci ne permettent pas l'élection du candidat de la catégorie à laquelle le siège est réservé. Si le candidat de la catégorie privilégiée peut être élu par le jeu des règles normales, il n'est pas permis d'écarter celles-ci (cass. soc. 8 juillet 1985, n° 84-60961, BC V n° 409).

Pour l'attribution du siège réservé, plusieurs situations peuvent donc se présenter lorsque ce siège n'est pas pourvu après le calcul légal.

Siège réservé brigué par plusieurs candidats non élus sur des listes ayant des sièges - Dans ce cas, le siège réservé est attribué au candidat qui a obtenu le plus grand nombre de voix et qui figure sur la liste à laquelle le siège est normalement attribué en application du quotient électoral et de la plus forte moyenne.

L'attribution du siège réservé n'a pas pour effet de conférer un siège supplémentaire à la liste qui présente le candidat bénéficiant de ce siège : celui-ci est imputé sur les sièges qui reviennent à la liste.

Le candidat titulaire du siège réservé est élu à la place du dernier candidat en position d'être élu parmi les candidats de sa liste (cass. soc. 20 juillet 1983, n° 82-60446, BC V n° 456).

Une des listes ayant droit à un ou des sièges a présenté un candidat appartenant à la catégorie bénéficiant d'un siège réservé - Dans cette hypothèse, le seul candidat présenté pour le siège réservé doit être élu, nonobstant sa place sur les listes ou le nombre de voix qu'il a obtenues, sa qualité prévalant sur l'ordre de présentation ainsi que sur le nombre de voix des autres candidats. Le candidat titulaire du siège réservé est élu à la place du dernier candidat en position d'être élu parmi les candidats de sa liste.

Aucune des listes obtenant des sièges n'a présenté de candidats de la catégorie bénéficiant d'un siège réservé - Celui-ci doit être transféré à une autre liste ayant un candidat de cette catégorie, même si ladite liste n'a droit à aucun siège en application du quotient électoral ou de la plus forte moyenne. Sera élu le candidat le plus favorisé, c'est-à-dire celui ayant obtenu le plus de voix et figurant sur la liste la mieux placée après celle à laquelle le dernier siège devait être attribué (cass., ch. réun., 9 mars 1955, n° 5575, BC n° 1).

Le candidat à qui le siège réservé est attribué est élu à la place du dernier candidat d'une liste concurrente en position d'être élu à la plus forte moyenne.

Aucune liste n'a présenté de candidat de la catégorie privilégiée - Dans ce cas, le siège réservé ne saurait être transféré à une autre catégorie (cass. soc. 22 mars 1973, n° 72-60121, BC n° 184).

Un second tour de scrutin doit être organisé, même si le quorum est atteint au premier tour (cass. soc. 7 juillet 1983, n° 82-60636, BC V n° 429 ; cass. soc. 9 octobre 1985, n° 85-60175, BC V n° 444). Si aucun candidat de la catégorie privilégiée ne se présente au second tour, le siège réservé doit demeurer vacant.

Proclamation des résultats

Conformément au droit électoral, les résultats sont proclamés en public par le président du bureau de vote (c. élec. art. R. 67) et après la signature du P-V d'élection par tous les membres du bureau de vote (*voir ci-après*). L'employeur ne peut pas se substituer à lui (cass. soc. 26 mai 1977, n° 77-60001, BC V n° 351).

La proclamation des résultats ne peut être faite qu'une fois le P-V signé par tous les membres du bureau de vote (cass. soc. 7 décembre 2016, n° 15-26096, BC V n° 231).

Si le bureau de vote n'a pas procédé, pour une raison quelconque, à la proclamation des résultats, le juge du *tribunal judiciaire** peut le faire à sa place (cass. soc. 19 juillet 1983, n° 82-60378, BC V n° 445).

L'annonce des résultats comporte notamment les indications suivantes :
- le nombre d'électeurs inscrits ;
- le nombre de votants ;
- le nombre de suffrages exprimés ;
- le nombre de suffrages recueillis par chacun des candidats ou par chaque liste ;
- les noms des élus (cass. soc. 26 mai 1977, n° 77-60001, BC V n° 351).

▶ À noter… La proclamation des résultats confère aux élus la qualité de représentants du personnel. La protection des élus débute dès cette proclamation (cass. soc. 20 juillet 1978, n° 78-60654, BC V n° 616 ; cass. soc. 25 mai 2011, n° 10-12200 D). Pour rappel, les salariés candidats sont protégés en tant que tels [voir *Élections professionnelles (candidats)**].

Affichage des noms des membres du CSE

Après les élections, la liste nominative des membres de chaque CSE doit être affichée dans les locaux affectés au travail (c. trav. art. R. 2314-22). Elle doit indiquer :

- l'emplacement de travail habituel des membres du comité ;
- ainsi que, le cas échéant, leur participation à une ou plusieurs commissions du comité.

Procès-verbal des élections

Rédaction par le secrétaire - Immédiatement après la fin du dépouillement, le procès-verbal (P-V) des opérations électorales est rédigé par le secrétaire, dans la salle de vote, en présence des électeurs (c. élec. art. R. 67). Un P-V doit être établi pour chacun des collèges électoraux.

En l'absence de secrétaire, le P-V doit être établi par l'un des membres du bureau de vote ou par l'un des électeurs présents choisi par le bureau. Si le document a été rédigé par une personne non-habilitée, les élections encourent la nullité peu important que l'irrégularité n'ait pas influencée le résultat du scrutin. Le fait que le bureau de vote signe le P-V ne suffit pas à régulariser la situation (cass. soc. 2 juillet 2014, n° 13-60218, BC V n° 166).

Formulaires CERFA - La dénomination générale « procès-verbal » désigne en pratique plusieurs P-V dans la mesure où un P-V doit être établi d'une part, pour chaque collège, et d'autre part au sein de chaque collège, pour l'élection des titulaires et pour celle des suppléants.

Les formulaires CERFA dédiés sont les suivants :

- n° 15822*02 (pour les titulaires) ;
- n° 15823*02 (pour les suppléants).

Ces formulaires sont téléchargeables sur www.elections-professionnelles.travail.gouv.fr (rubrique « Documentation »). Ils sont accompagnés d'une notice aidant à les remplir et d'un exemple de P-V rédigé.

Le code du travail impose l'utilisation de ces formulaires uniquement pour l'envoi au centre de traitement des élections professionnelles *(voir ci-après)*.

Contenu du procès-verbal - Le P-V peut contenir, pour chaque collège, la date du scrutin, les nombres d'électeurs inscrits, de votants, de listes de candidatures en présence, la mention précisant que le quorum est ou n'est pas atteint (pour le premier tour), les résultats du dépouillement du scrutin avec le nombre de voix recueillies par chaque candidat et chaque liste, ainsi que le nom des élus avec leur appartenance syndicale.

Le P-V doit reprendre les strictes dénominations légales des emplois (ex. : ouvriers et employés dans le premier collège) et non celles utilisées dans l'entreprise ou dans la convention collective (cass. soc. 28 novembre 2012, n° 11-28001, BC V n° 307).

Le P-V, établi immédiatement après la fin du dépouillement, doit mentionner les heures d'ouverture et de clôture du scrutin (c. élec. art. R. 57). Le défaut de cette mention constitue une irrégularité justifiant à elle seule l'annulation des élections. Ni le président, ni les membres du bureau de vote ne peuvent régulariser l'omission des mentions d'horaire (cass. soc. 16 octobre 2013, n° 12-21680, BC V n° 238). Toutefois, cette mention peut être établie par constat d'huissier (cass. soc. 28 janvier 2015, n° 14-60413, BC V n° 15 ; cass. soc. 17 mars 2021, 19-23918 D). Il a aussi été admis dans le passé que la mention des horaires d'ouverture et de clôture du scrutin puisse être établie sur un document annexé au PV et établi concomitamment (cass. soc. 17 décembre 2014, n° 14-12401, BC V n° 298). Toutefois, cette tolérance a été précisée à une époque où le formulaire CERFA de résultat des élections ne comportait pas de rubrique à ce sujet (contrairement à aujourd'hui). Il n'est donc pas certain que cette possibilité soit encore admise par les juges.

Par exception, cette règle n'a pas lieu d'être si le vote se fait uniquement par correspondance, les dispositions du code électoral ne s'appliquant pas dans ces circonstances (cass. soc. 15 avril 2015, n° 14-60688 D).

Si des sièges restent vacants, il faut le mentionner. Les bulletins de vote blancs, nuls et litigieux et les enveloppes non réglementaires doivent y être annexés avec la liste d'émargement.

S'il y a eu des incidents, les membres du bureau de vote doivent les consigner dans le P-V. Les candidats et leur représentant peuvent y inscrire leurs observations, protestations ou contestations.

▶ **À noter…** La signature sans réserve du P-V de dépouillement des résultats ne rend pas irrecevable l'action en contestation des opérations électorales (cass. soc. 1er février 1978, n° 77-60599, BC V n° 76 ; cass. soc. 1er décembre 2010, n° 10-60163, BC V n° 278). Si, à l'inverse, les membres du bureau de vote n'ont pas signé la liste d'émargement, ils contreviennent à un principe général du code électoral, cette irrégularité justifiant à elle seule l'annulation des élections (cass. soc. 30 septembre 2015, n° 14-25925, BC V n° 183).

Signature et affichage du procès-verbal - Le P-V signé par tous les membres du bureau et contresigné par les délégués des candidats (c. élec. art. R. 67) est, en principe, affiché dans la salle de vote ainsi que sur les lieux de travail.

La proclamation des résultats ne peut être faite qu'après cette signature (cass. soc. 7 décembre 2016, n° 15-26096, BC V n° 231).

Transmission du P-V au ministère du Travail - L'employeur doit adresser le P-V au « prestataire agissant pour le compte du ministère du Travail » dans les 15 jours suivant le second tour des élections (c. trav. art. R. 2314-22).

Cette transmission s'effectue soit par voie postale au moyen d'un formulaire homologué, soit par voie électronique (vote sous enveloppe/vote électronique) *(voir ci-après)* (arrêté du 4 novembre 2019, JO du 16, texte 21).

Transmission par voie postale - Les entreprises qui le souhaitent peuvent continuer d'adresser les P-V d'élection au CTEP par voie postale, à l'adresse : CTEP-TSA 79104- 76934 Rouen Cedex 9.

Transmission électronique des résultats d'élection en cas de vote sous enveloppe - Lorsque les élections professionnelles ont eu lieu par vote sous enveloppe et en cas de choix d'envoi des résultats par voie électronique, un membre du bureau de vote ou, en cas de carence, l'employeur doit saisir les résultats de l'élection dans le téléservice de transmission des résultats d'élection (www.elections-professionnelles.travail.gouv.fr).

▶ **À noter…** Le ministère du Travail indique que le protocole d'accord préélectoral doit mentionner le choix de l'envoi dématérialisé des résultats de l'élection en cas de scrutin sous enveloppe [voir *Élections professionnelles (protocole d'accord préélectoral)**] (« Comité social et économique : 117 questions-réponses », Q/R 47).

La validation des résultats est effectuée selon l'une des deux méthodes suivantes (arrêté du 4 novembre 2019, JO du 16, texte 21).

Première méthode : validation en ligne. Une fois la saisie effectuée, les résultats doivent être validés par chacun des membres du bureau de vote réunis physiquement autour de la personne qui a saisi les résultats. Cela se matérialise par l'apposition sur la page dédiée du téléservice par chacun des membres du bureau de vote, d'un code personnel (qui lui aura été adressé sur son téléphone portable) et de sa date de naissance. Une fois les résultats validés, l'employeur procède à la télétransmission des résultats de l'élection sur la plateforme dédiée.

Seconde méthode : téléversement d'un P-V papier. La saisine des résultats sur la plate-forme permet de générer un formulaire homologué, au format papier, que doivent signer les membres du bureau. Il faut ensuite numériser ce formulaire, puis le téléverser par l'intermédiaire de la plateforme.

Transmission électronique des résultats d'élection en cas de vote électronique - Lorsque les élections professionnelles ont eu lieu par vote électronique, les résultats d'élection peuvent être transmis par voie dématérialisée, après validation de l'employeur, sur la plateforme du prestataire agissant pour le compte du ministre chargé du travail, si le cahier des charges le prévoit et si l'éditeur ou l'entreprise émetteurs sont inscrits sur la liste établie par le ministre du Travail (c. trav. art. R. 2314-22 ; décret 2019-1345 du 11 décembre 2019, JO du 13).

L'employeur reçoit ensuite un accusé de réception électronique comportant un lien hypertexte vers une plateforme de téléchargement où l'employeur téléverse une version scannée des P-V des élections.

Information des syndicats - L'employeur est tenu de transmettre une copie des P-V aux syndicats de salariés ayant présenté des listes de candidats aux scrutins concernés ainsi qu'aux syndicats ayant participé à la négociation du protocole d'accord préélectoral. Cette transmission doit être effectuée par tout moyen et dans les meilleurs délais (c. trav. art. L. 2314-29).

Valeur probante du procès-verbal - Le P-V fait foi jusqu'à preuve du contraire.

À défaut de contestation des élections, le résultat proclamé par le bureau de vote, et enregistré au P-V, reste valable.

Contestation du procès-verbal - En cas de contestation portant sur le P-V des élections, le *tribunal judiciaire** est compétent pour en vérifier la régularité et, le cas échéant, pour y apporter les corrections nécessaires (cass. soc. 28 novembre 2012, n° 11-28001, BC V n° 307). Le tribunal doit être saisi au plus tard dans les 15 jours suivant la proclamation des résultats (c. trav. art. R. 2314-24).

Procès-verbal de carence

Carence de candidats - Lorsque, à l'issue des deux tours, le CSE n'a pas pu être mis en place, ni renouvelé faute de candidat, un P-V de carence doit être établi par l'employeur (c. trav. art. L. 2314-9). Le formulaire CERFA dédié au P-V de carence pour tous les collèges est le Cerfa n° 15248*04, téléchargeable sur www.travail-emploi.gouv.fr *(voir ci-avant)*.

Les entreprises dont l'effectif est compris entre 11 et 20 salariés n'ont pas l'obligation d'organiser les élections si aucun salarié ne s'est porté candidat dans le délai de 30 jours à compter de l'information du personnel sur l'organisation des élections (c. trav. art. L. 2314-5). Dans cette hypothèse, l'employeur doit établir un PV de carence (cadre I du Cerfa 15248*04).

Publicité du procès-verbal de carence - L'employeur doit porter à la connaissance des salariés, par tout moyen permettant de donner date certaine à cette information, le P-V de carence dans l'entreprise. Il doit également le transmettre au « prestataire agissant pour le compte du ministère du Travail » dans les 15 jours suivant le second tour des élections (c. trav. art. R. 2314-22).

La procédure de transmission du P-V de carence peut s'effectuer par voie postale ou par voie électronique *(voir ci-avant)*.

En cas de choix de l'option électronique, lorsque le vote a eu lieu sous enveloppe, l'employeur doit transmettre le P-V de carence uniquement selon la seconde méthode (arrêté du 4 novembre 2019, JO du 16, texte 21) *(voir ci-avant)*.

▶ À noter… L'inspecteur du travail envoie chaque année une copie du P-V de carence aux organisations syndicales de salariés du département concerné (c. trav. art. L. 2314-9).

Conséquences en cas d'absence de procès-verbal

Délit d'entrave - L'absence de P-V en bonne et due forme peut entraîner des sanctions pénales pour délit d'entrave à la mise en place du CSE (c. trav. art. L. 2317-1).

Dommages et intérêts pour le salarié - L'employeur qui néglige de mettre en place le CSE commet une faute qui cause nécessairement un préjudice au salarié, tenant à la privation d'une possibilité de représentation et de défense de ses intérêts (cass. soc. 17 mai 2011, n° 10-12852, BC V n° 108). Par conséquent, si l'employeur n'est pas en mesure de fournir de P-V de carence, sa responsabilité civile est engagée, ce qui signifie que tout salarié peut obtenir des dommages et intérêts (cass. soc. 17 octobre 2018, n° 17-14392 FSPB ; cass. soc. 8 janvier 2020, n° 18-20591 D).

▶ Attention… Il n'y a pas de préjudice automatique des salariés en cas d'absence d'élections partielles (cass. soc. 4 novembre 2020 n° 19-12775 FSPBI) [voir *Élections professionnelles (partielles)**].

Autres sanctions - À chaque fois que la loi ou une disposition conventionnelle exige la consultation ou l'information des représentants du personnel et que l'employeur, faute d'avoir organisé les élections et de pouvoir produire un P-V de carence, n'est pas en mesure de satisfaire cette obligation, la procédure est irrégulière. Il en a été jugé ainsi notamment en cas de licenciement pour inaptitude suite à un accident du travail (cass. soc. 22 mars 2000, n° 98-41166, BC V n° 119) ou dans le cadre d'une consultation d'un conseil de discipline (cass. soc. 4 octobre 2005, n° 03-45983 D).

L'absence de P-V de carence entraîne également le versement d'une indemnité égale à un mois de salaire en cas de licenciement pour motif économique (c. trav. art. L. 1235-15 ; cass. soc. 6 juin 2007, n° 06-42444, BC V n° 94 ; cass. soc. 17 octobre 2018, n° 17-14392 FSPB), la non-validité d'un accord sur l'intéressement ou la participation ou empêche de négocier avec un salarié mandaté et de dénoncer un usage (cass. soc. 16 novembre 2005, n° 04-40339, BC V n° 329).

☛ *Élections professionnelles ; Élections professionnelles (déroulement du vote).*

Élections professionnelles (vote par correspondance)

Modalité de vote alternative

Vote prévue par une disposition conventionnelle - Le principe du vote physique n'exclut pas le vote par correspondance, modalité de vote non contraire à une règle d'ordre public. Cette solution reste néanmoins subordonnée à la signature d'une clause du protocole d'accord préélectoral à la double majorité [voir *Élections professionnelles (protocole d'accord préélectoral)**] ou d'un accord collectif *(voir ci-après)* (cass. soc. 13 février 2013, n° 11-25696, BC V n° 38 ; cass. soc. 13 mars 2013, n° 12-13841 D).

Si tel est bien le cas, l'employeur doit organiser le vote par correspondance, même en l'absence de circonstances exceptionnelles ou de spécificité des fonctions exercées par les personnels concernés (cass. soc. 13 février 2013, n° 11-25696, BC V n° 38).

L'employeur qui s'abstiendrait, en présence de telles dispositions, d'organiser, de préparer et d'informer le personnel du vote par correspondance commettrait une irrégularité susceptible d'entraîner l'annulation du scrutin (cass. soc. 5 janvier 1978, n° 77-60610, BC V n° 17).

Vote non prévue par une disposition conventionnelle - Si le protocole préélectoral (ou un accord collectif) ne prévoie pas le vote par correspondance, l'employeur ne peut pas le mettre en place unilatéralement (cass. soc. 12 juillet 2006, n° 05-60332, BC V n° 251).

En l'absence de dispositions conventionnelles sur le vote par correspondance, le *tribunal judiciaire** peut toutefois décider que le personnel ne travaillant pas le jour du vote ou se trouvant en déplacement votera par correspondance (c. trav. art. L. 2314-28 ; cass. soc. 14 février 1984, n° 83-60964, BC V n° 66 ; cass. soc. 10 octobre 1990, n° 88-60712, BC V n° 447 ; cass. soc. 6 juin 2018, n° 17-60132 FD), compte tenu des spécificités de l'entreprise ou de circonstances exceptionnelles (cass. soc. 6 juin 2018, n° 17-60132 D).

▶ **À noter…** L'arrêt précité du 6 juin 2018 est isolé et reste donc à confirmer (cass. soc. 6 juin 2018, n° 17-60132 D).

Le juge peut valablement demander aux parties de prévoir le vote par correspondance dans l'accord préélectoral et de négocier sur les autres conditions d'organisation et de déroulement du vote. Mais il ne peut pas écarter les dispositions contenues dans un accord préélectoral qui s'imposent aux parties (cass. soc. 10 janvier 1989, n° 87-60135, BC V n° 4).

Modalités d'organisation du vote par correspondance

Modalités définies dans le protocole d'accord préélectoral - Le vote par correspondance est, en principe, organisé par le protocole d'accord préélectoral. À cette fin, le protocole détermine en particulier :
- les catégories de personnel habilitées à voter par correspondance ;
- les documents nécessaires au vote : bulletins de vote, enveloppes de vote anonyme, enveloppes d'expédition.

Si les votes sont acheminés en principe par la voie postale, le protocole d'accord préélectoral peut prévoir un autre mode de transmission.

Sur la validité de la clause du protocole d'accord préélectoral organisant le vote par correspondance, voir *Élections professionnelles (protocole d'accord préélectoral)**.

Secret du vote - Le vote par correspondance doit être organisé de façon à garantir la liberté et le secret du scrutin.

Envoi du matériel aux électeurs concernés - L'employeur doit adresser aux salariés concernés tous les documents qui seront communiqués aux électeurs le jour du scrutin (les bulletins de vote, les enveloppes, les listes de candidats ainsi que les différents documents adressés aux salariés, selon le cas, par les syndicats ou les candidats libres) [voir *Élections professionnelles (matériel de vote)**].

Le vote doit avoir lieu sous double enveloppe : la première pour recueillir le bulletin de vote pour les titulaires et la seconde pour le bulletin pour les suppléants. Les deux enveloppes contenant les votes doivent, ensuite, être placées dans une enveloppe de réexpédition (c'est-à-dire préimprimée, utilisée pour l'envoi à l'entreprise indiquant les noms du destinataire et de l'électeur).

Le matériel de vote doit être expédié aux électeurs dans un délai suffisant pour qu'ils soient en mesure de voter en temps utile. C'est le cas d'un délai d'une semaine (cass. soc. 7 juillet 1981, n° 81-60510, BC V n° 661), mais pas d'une journée seulement (cass. soc. 21 octobre 1985, n° 85-60221, BC V n° 474).

Transmission des votes - Les votes par correspondance sont, en principe, acheminés par voie postale. Lorsque celle-ci n'est pas utilisée, le *tribunal judiciaire** vérifie en cas de contentieux si le mode utilisé a assuré le secret et la sincérité du scrutin. Sont ainsi réguliers les votes par correspondance adressés :
- à un huissier qui les porte lui-même au siège le jour du vote (cass. soc. 19 novembre 1986, n° 86-60059, BC V n° 534) ;
- dans une boîte postale conservée par la Poste (cass. soc. 19 juin 1985, n° 84-60905, BC V n° 346) ;

- au président du bureau de vote dès lors qu'il n'est soumis à aucune pression.

À l'inverse, ne sont pas valables :
- la collecte des votes opérée par le service du personnel (cass. soc. 7 janvier 1970, n° 69-60067, BC V n° 6) ;
- la remise des votes entre les mains du chef du personnel (cass. soc. 18 janvier 1978, n° 77-60598, BC V n° 46) ;
- l'envoi groupé par le courrier interne de l'entreprise (cass. soc. 21 mai 1986, n° 85-60498, BC V n° 223).

▶ À noter... Aucune disposition légale ne met à la charge de l'employeur l'obligation d'affranchir à l'avance les enveloppes que les électeurs absents renvoient avec le bulletin de vote. Aussi, en l'absence de disposition particulière notamment du protocole d'accord préélectoral, le salarié devra affranchir son courrier.

Signature de l'électeur - La signature de l'électeur sur l'enveloppe de réexpédition, renfermant celle contenant le bulletin de vote, est une formalité substantielle qui a pour objet d'assurer la sincérité des opérations électorales, principe auquel un accord préélectoral, même unanime, ne peut déroger (cass. soc. 9 février 2000, n° 98-60581, BC V n° 61 ; cass. soc. 24 mai 2016, n° 15-20195 D).

▶ À noter... La possibilité d'opter pour un code-barres directement sur les bulletins de vote n'est pas interdite. Le recours à un tel procédé nécessite dans ce cas (cass. soc. 10 mai 2012, n° 11-25029, BC V n° 140) :
- une disposition spécifique du protocole préélectoral le prévoyant ;
- la fixation par le protocole de garanties appropriées au respect du secret du vote (c'est-à-dire de mesures rendant impossible l'établissement d'un lien entre l'identité de l'électeur et l'expression de son vote).

Régularité et dépouillement du scrutin - Le bureau de vote assure le bon déroulement du scrutin, en prononce la clôture et procède au dépouillement des votes.

Toutes les enveloppes de vote par correspondance doivent, en conséquence, être remises au bureau de vote (cass. soc. 31 mars 2009, n° 08-60494, BC V n° 96).

▶ À noter... Sous réserve d'en respecter les modalités légales, le dépouillement des votes par correspondance peut être opéré par voie électronique dès lors que ce système apporte des garanties équivalentes au dépouillement classique (cass. soc. 23 juin 2010, n° 09-60335, BC V n° 147). Il n'est pas nécessaire de prévoir cette modalité de dépouillement par accord collectif préalable ; le protocole préélectoral est suffisant (cass. soc. 14 janvier 2014, n° 13-60165, BC V n° 7).

Mentions du P-V - En principe, lors des élections professionnelles, un procès-verbal (P-V) doit être établi après la fin du dépouillement et doit notamment mentionner les heures d'ouverture et de clôture du scrutin [voir *Élections professionnelles (résultat du scrutin)**]. Par exception, cette règle n'a pas lieu d'être si le vote se fait uniquement par correspondance, les dispositions du code électoral ne s'appliquant pas dans ces circonstances (cass. soc. 15 avril 2015, n° 14-60688 D).

Annulation du vote par correspondance - Même si l'employeur n'a commis aucun manquement dans l'organisation du scrutin et envoyé le matériel de vote dans les temps, l'élection peut être annulée si des irrégularités :
- sont contraires aux principes généraux du droit électoral ;
- ont exercé une influence sur le résultat des élections ;
- ou si, s'agissant du premier tour, elles ont été déterminantes de la qualité représentative des organisations syndicales dans l'entreprise ou du droit, pour un candidat, d'être désigné délégué syndical (cass. soc. 13 janvier 2010, n° 09-60203, BC V n° 7 ; cass. soc. 7 novembre 2012, n° 11-27259 D).

Par exemple, l'élection des titulaires était encourue dans une affaire où la remise tardive d'un vote par correspondance, liée à un retard de la Poste, avait été déterminante (cass. soc. 21 juin 2017, n° 16-60262 D).

☛ *Élections professionnelles.*

Électorat

☛ *Élections professionnelles ; Élections professionnelles (déroulement du vote) ; Élections professionnelles (électorat).*

Éligibilité

☛ *Élections professionnelles (candidats).*

Élus locaux

Protection contre les discriminations

L'exercice d'un mandat électif est un critère de discrimination prohibé (c. trav. art. L. 1132-1) (voir *Discriminations**).

Conseillers municipaux, maires et maires adjoints

Congé pour campagne électorale - Les employeurs sont tenus de laisser aux salariés candidats aux conseils municipaux de toutes communes, ainsi qu'au conseil de la métropole de Lyon et qui le demandent, le temps nécessaire pour participer à la campagne électorale dans la limite de 10 jours ouvrables (c. trav. art. L. 3142-79).

Le salarié bénéficie de ces jours à sa convenance, à condition que chaque absence soit au moins d'une demi-journée entière. Il doit avertir l'employeur 24 h au moins avant le début de chaque absence (c. trav. art. L. 3142-80).

Si le salarié le demande, la durée des absences est imputée sur celle du congé payé annuel, dans la limite des droits qu'il a acquis à la date du premier tour de scrutin [voir *Congés payés (acquisition)**]. Lorsqu'elles ne sont pas imputées sur le congé payé annuel, les absences ne sont pas rémunérées, sauf disposition conventionnelle ou usage contraire. Elles donnent alors lieu à récupération, en accord avec l'employeur (c. trav. art. L. 3142-81).

Sur les autres incidences sur le contrat de travail du candidat, voir *Candidats ou élus au Parlement**.

Congé des maires ou adjoints au maire - Les maires et les adjoints au maire bénéficient, sur leur demande, d'une suspension de leur contrat de travail s'ils ont 1 an minimum d'ancienneté à la date de leur entrée en fonction, suivant les mêmes modalités que celles applicables aux parlementaires (c. gén. collect. terr. art. L. 2123-9 ; c. trav. art. L. 3142-83 et L. 3142-88) (voir *Candidats ou élus au Parlement**).

Ils doivent retrouver leur emploi, ou un emploi équivalent, à l'issue de leur mandat (c. trav. art. L. 3142-84).

Le droit à réintégration des maires, adjoints au maire et membres d'un conseil d'arrondissement de la Ville de Paris ou des communes de Marseille et Lyon, est maintenu jusqu'à l'expiration de deux mandats consécutifs (c. gén. collect. terr. art. L. 2123-9 et L. 2511-33).

Autorisations d'absence des membres du conseil municipal - Les employeurs sont tenus de laisser aux conseillers municipaux ainsi qu'aux salariés membres d'un conseil de communauté de communes, qui n'ont pas suspendu leur activité professionnelle *(voir ci-avant)* le temps nécessaire pour se rendre et participer aux séances plénières du conseil, des commissions qui en dépendent ainsi qu'aux réunions des assemblées délibérantes et des organismes où ils représentent la commune (c. gén. collect. terr. art. L. 2123-1). Ils doivent informer leur employeur par écrit, dès qu'ils en ont connaissance, des dates et durées des absences envisagées (c. gén. collect. terr. art. R. 2123-1).

La durée des absences est assimilée à une période de temps de travail effectif pour la détermination des droits à congés payés ainsi que des droits liés à l'*ancienneté** (c. trav. art. L. 3142-82) [voir *Congés payés (acquisition)**].

L'employeur n'est pas tenu de payer comme temps de travail ces absences (c. gén. collect. terr. art. L. 2123-1), sauf dispositions conventionnelles ou usages plus favorables.

Entretien de début de mandat - Le salarié titulaire d'un mandat local de conseiller municipal peut demander à bénéficier d'un entretien individuel avec son employeur, au début de son mandat, sur les modalités pratiques d'exercice de son mandat au regard de son emploi (c. trav. art. L. 6315-2 ; c. gén. collect. terr. art. L. 2123-1). Cet entretien ne se substitue pas à l'*entretien professionnel** qui doit être mené tous les 2 ans avec tous les salariés (c. trav. art. L. 6315-1).

Télétravail - Sous réserve de la compatibilité de son poste de travail, le salarié titulaire d'un mandat de conseiller municipal relève, dans l'entreprise, de la catégorie de personnes qui disposent, le cas échéant, de l'accès le plus favorable au *télétravail** (c. gén. collect. terr. L. 2123-1-1).

Crédit d'heures des élus municipaux - Indépendamment des autorisations d'absence, les maires, adjoints au maire, et conseillers municipaux disposent d'un crédit d'heures afin de pouvoir se consacrer à l'administration de la commune ou de l'organisme auprès duquel ils la représentent, et à la préparation des réunions des instances où ils siègent. Ce crédit d'heures est forfaitaire et trimestriel, et varie en fonction de la taille de la ville ou de la commune (voir tableau reproduit dans cette étude) (c. gén. collect. terr. art. L. 2123-2 et R. 2123-5).

En cas de travail à temps partiel, ce crédit d'heures est réduit proportionnellement à la réduction du temps de travail prévue pour l'emploi considéré (c. gén. collect. terr. art. L. 2123-2, III).

Afin d'utiliser son crédit d'heures, le salarié doit informer l'employeur par écrit 3 jours au moins avant l'absence envisagée, ainsi que la durée du crédit d'heures à laquelle il a encore droit au titre du trimestre en cours (c. gén. collect. terr. art. R. 2123-3). Les heures non utilisées pendant un trimestre ne sont pas reportables (c. gén. collect. terr. art. L. 2123-2, II).

▶ Attention… L'employeur ne peut pas opposer son refus à l'utilisation du crédit d'heures, sauf lorsque la durée d'absence dépasse la moitié de la durée légale du travail par année civile (c. gén. collect. terr. art. L. 2123-5). De plus, il ne peut pas contrôler l'usage de ce crédit d'heures légal, sauf en cas de dépassement du forfait trimestriel (cass. soc. 16 avril 2008, n° 06-44793, BC V n° 87).

L'employeur n'est pas tenu de maintenir la rémunération (c. gén. collect. terr. art. L. 2123-2, III), sauf dispositions conventionnelles ou usages contraires.

Conseillers municipaux : montant du crédit d'heures trimestriel légal (1)

Taille de la commune (habitants)	Maire	Adjoints au maire	Conseiller municipal
moins de 3 500	105 h	52 h 30	10 h 30
3 500 à 9 999	122 h 30	52 h 30	10 h 30
10 000 à 29 999	140 h	122 h 30	21 h
30 000 à 99 999	140 h	140 h	35 h
100 000 et plus	140 h	140 h	70 h
Paris, Lyon et Marseille pour les mairies d'arrondissement	105 h	52 h 30	10 h 30

(1) c. gén. collect. terr. art. L. 2123-2, R. 2123-5, R. 2511-20 et R. 2511-21 ; loi 2019-1461 du 27 décembre 2019, JO du 28 ; décret 2021-1708 du 17 décembre 2021, JO du 19.

Limite de durée des absences - La durée globale des absences (au titre des absences autorisées et de l'utilisation du crédit d'heures) ne peut pas dépasser la moitié de la durée légale de travail par année civile (c. gén. collect. terr. art. L. 2123-5).

Compensation financière - Les pertes de revenu subies par les élus qui ne bénéficient pas d'indemnités de fonction peuvent être compensées par la commune ou par l'organisme auprès duquel ils la représentent. Cette compensation est limitée à 72 h par élu et par an, sachant que chaque heure ne peut être rémunérée à un montant supérieur à une fois et demie la valeur horaire du SMIC (c. gén. collect. terr. art. L. 2123-3).

Changement des horaires de travail - Un salarié, par ailleurs conseiller municipal, peut se voir imposer un nouvel horaire de travail, constituant un simple changement de ses conditions de travail et non une modification de son contrat, dans la mesure où ce changement n'entrave pas l'exercice de son mandat électif [voir *Modification du contrat de travail** et *Modification du contrat de travail (horaire)**] (cass. soc. 2 avril 2014, n° 13-11060, BC V n° 93).

Protection - Aucun licenciement ni déclassement professionnel, aucune sanction disciplinaire ne peuvent être prononcés en raison des absences (au titre des absences autorisées et de l'utilisation du crédit d'heures) sous peine de nullité et de dommages et intérêts au profit de l'élu. Le cas échéant, la réintégration ou le reclassement dans l'emploi est de droit. Il est par ailleurs interdit à tout employeur de prendre en considération ces absences pour arrêter ses décisions en ce qui concerne l'embauche, la formation professionnelle, l'avancement, la rémunération et l'octroi d'avantages sociaux (c. gén. collect. terr. art. L. 2123-8).

Congé de formation des élus salariés - Indépendamment des autorisations d'absence et du crédit d'heures indiqués ci-dessus, les membres du conseil municipal qui ont la qualité de salarié ont droit à un congé de formation d'une durée fixée à 18 jours par élu, quel que soit le nombre de mandats détenus. Ce congé est renouvelable en cas de réélection (c. gén. collect. terr. art. L. 2123-12 à L. 2123-16 et R. 2123-12 à R. 2123-18). L'employeur n'est pas tenu de maintenir la rémunération de l'élu local en formation.

L'intéressé doit présenter sa demande à l'employeur au moins 30 jours à l'avance (c. gén. collect. terr. art. R. 2123-15).

▶ Attention… À défaut de réponse expresse notifiée au plus tard 15 jours avant le début du stage ou de la session, le congé est réputé accordé (c. gén. collect. terr. art. R. 2123-15).

Le congé peut cependant être refusé par l'employeur si celui-ci estime, après avis du *comité social et économique**, que l'absence du salarié aurait des conséquences préjudiciables à la production et à la bonne marche de l'entreprise (c. gén. collect. terr. art. R. 2123-16).

Si le salarié renouvelle sa demande 4 mois après la notification d'un premier refus, un nouveau refus ne peut pas lui être opposé.

Certains élus peuvent prétendre, à la fin de leur mandat, à un stage de remise à niveau ou autre, selon les cas (c. gén. collect. terr. art. L. 2123-11 et L. 2123-11-1).

Formation et VAE - Au début de chaque année de mandat, les membres du conseil municipal acquièrent un crédit de vingt heures au titre du droit individuel à la formation des élus locaux qu'il peut utiliser dès cette acquisition (c. gén. collect. terr. art. R. 2123-22-1-B).

L'expérience acquise au titre de l'exercice d'un mandat local peut faire l'objet d'une validation des acquis de l'expérience (c. trav. art. L. 6111-1).

Conseillers départementaux ou régionaux

Congé pour campagne électorale - Les candidats au conseil départemental ou régional peuvent bénéficier d'un congé de 10 jours ouvrables pour participer à la campagne électorale (c. trav. art. L. 3142-79). Ce congé est accordé dans les mêmes conditions que celui des candidats au conseil municipal *(voir ci-avant)*.

Congé des présidents et vice-présidents de conseils départementaux ou régionaux - Les présidents et vice-présidents de conseils généraux ou régionaux peuvent obtenir la suspension de leur contrat de travail s'ils ont 1 an minimum d'ancienneté à la date de leur entrée en fonction (c. gén. collect. terr. art. L. 3123-7 et L. 4135-7 ; c. trav. art. L. 3142-83 et L. 3142-88).

Ils doivent retrouver leur emploi, ou un emploi équivalent, à l'issue de leur mandat (c. trav. art. L. 3142-84), et le cas échéant, à l'issue d'un second mandat (c. gén. collect. terr. art. L. 3123-7 et L. 4135-7).

Autorisation d'absence des membres des conseils départementaux ou régionaux - L'employeur est tenu de laisser à un salarié de son entreprise membre d'un conseil départemental ou d'un conseil régional le temps nécessaire pour s'y rendre et participer (c. gén. collect. terr. art. L. 3123-1 et L. 4135-1) :

- aux séances plénières du conseil ;
- aux réunions des commissions dont il est membre ;
- aux réunions des assemblées délibérantes et des bureaux des organismes où il représente le département ou la région.

Le salarié conseiller départemental ou régional doit respecter les mêmes obligations que le salarié conseiller municipal en matière d'information préalable de l'employeur (c. gén. collect. terr. art. R. 3123-1).

Entretien de début de mandat – Le salarié titulaire d'un mandat local de conseiller départemental ou régional peut demander à bénéficier d'un entretien individuel avec son employeur, au début de son mandat, sur les modalités pratiques d'exercice de son mandat au regard de son emploi (c. trav. art. L. 6315-2 ; c. gén. collect. terr. art. L. 3123-1 et L. 4135-1). Cet entretien ne se substitue pas à l'entretien professionnel qui doit être mené tous les 2 ans avec tous les salariés (c. trav. art. L. 6315-1).

Télétravail. - Sous réserve de la compatibilité de son poste de travail, le salarié titulaire d'un mandat de conseiller départemental ou régional relève, dans l'entreprise, de la catégorie de personnes qui disposent, le cas échéant, de l'accès le plus favorable au *télétravail** (c. gén. collect. terr. L. 3123-1-1 et L. 4135-1-1).

Crédit d'heures des présidents et membres des conseils départementaux ou régionaux - Il existe un crédit d'heures forfaitaire trimestriel égal à (c. gén. collect. terr. art. L. 3123-2, L. 4135-2, R. 3123-4 et R. 4135-4) :

- 140 h pour les présidents et vice-présidents du conseil départemental ou du conseil régional ;
- 105 h pour les conseillers départementaux ou régionaux.

En cas de travail à temps partiel, le crédit d'heures est proratisé.

▶ À noter… Les temps d'absence, cités ci-dessus, ne sont pas rémunérés par l'employeur, sauf dispositions conventionnelles ou usages plus favorables.

Congé de formation des élus salariés - Les élus des conseils départementaux ou régionaux ayant la qualité de salarié bénéficient d'un congé de formation de 18 jours, quel que soit le nombre de mandats qu'ils détiennent. Ce congé est renouvelable en cas de réélection (c. gén. collect. terr. art. L. 3123-10 à L. 3123-14, R. 3123-9 à R. 3123-15 et L. 4135-11, R. 4135-12).

Certains élus peuvent prétendre, à la fin de leur mandat, à un stage de remise à niveau dans l'entreprise, selon les cas (c. gén. collect. terr. art. L. 3123-9 à L. 3123-9-2 et L. 4135-9).

VAE - L'expérience acquise au titre de l'exercice d'un mandat local peut faire l'objet d'une validation des acquis de l'expérience (c. trav. art. L. 6111-1).

Embauche

Règles relatives aux choix du salarié

L'employeur a toute liberté pour embaucher un salarié sous réserve de respecter les règles relatives :
- à l'âge d'admission au travail [voir *Jeunes (emploi des)**] ;
- à l'emploi obligatoire des *handicapés** et des mutilés de guerre ;
- à la *priorité de réembauche** ;
- à l'interdiction des *discriminations** ;
- et à l'emploi de *travailleurs étrangers**.

Sur l'offre de contrat de travail ou la promesse unilatérale de contrat de travail, voir *Promesse unilatérale de contrat**.

Processus de recrutement

Voir *Curriculum vitae**, *Questionnaire d'embauche** et *Recrutement**.

Aides à l'embauche

Voir *Apprentissage (aides et exonérations)**, *Contrat aidé**, *Covid-19 (aides à l'embauche)** et *Handicapés (aides à l'emploi)**.

Formalité préalable

Voir *Déclaration préalable à l'embauche**.

Obligations postérieures

L'employeur est tenu :
- d'inscrire le salarié sur le *registre du personnel** ;
- de déclarer cette embauche à l'administration [voir *Déclaration des mouvements de main-d'œuvre** et *Déclaration sociale nominative (DSN)**] ;
- d'organiser une visite avec le service de santé au travail [voir *Visite médicale (information et prévention)**].

Sur la remise :
- d'un *contrat de travail**, voir cette étude ;
- d'une notice d'information sur la convention collective applicable à l'entreprise, voir *Convention collective (application)** ;
- d'un *livret d'épargne salariale**, voir cette étude.

☞ *Curriculum vitae ; Déclaration préalable à l'embauche ; Offres et demandes d'emploi ; Priorité de réembauche ; Promesse unilatérale de contrat ; Questionnaire d'embauche ; Recrutement.*

Emplois d'avenir

@ Cette étude est détaillée dans la version en ligne de ce Dictionnaire (voir www.rfsocial.com et www.rfeditions.com).

Emplois familiaux

☞ *Accueil et aide à domicile.*

Emplois francs

Employeurs et salariés concernés

Le dispositif des emplois francs s'adresse aux entreprises (ou aux sociétés d'économie mixte) disposant d'un établissement établi sur le territoire national. Il a été renforcé et prolongé jusqu'au 31.12.2022 (décret 2019-1471 du 26 décembre 2019 modifié en dernier lieu par décret 2021-1848 du 27 décembre 2021, JO du 29).

L'embauche doit concerner un demandeur d'emploi, ou un adhérent aux contrats de sécurisation professionnelle (CSP), résidant dans l'un des 1 438 quartiers prioritaires de la politique de la ville (QPV) (décret 2019-1471 du 26 décembre 2019, art. 1 modifié).

Le demandeur d'emploi doit être inscrit à Pôle Emploi en catégorie 1, 2, 3, 6, 7 ou 8. Par exception, les jeunes suivis par une mission locale ouvrent droit à l'aide, même s'ils ne sont pas inscrits comme demandeurs d'emploi (décret 2019-1471 du 26 décembre 2019, art. 1 modifié).

La situation et la résidence du demandeur d'emploi s'apprécient à la date de signature du contrat de travail.

Peu importe l'âge, le niveau de diplôme, l'ancienneté d'inscription à Pôle Emploi, la durée du travail ou la rémunération du salarié.

▶ À noter… Pour le territoire réunionnais, s'ajoutent aux publics visés ci-avant les personnes issues, depuis moins de 3 mois, de l'un des dispositifs de parcours d'insertion dont la liste est fixée par arrêté préfectoral, sans condition d'inscription à Pôle emploi ni de résidence dans un QPV, jusqu'au 31.12.2022 (décret 2019-1471 du 26 décembre 2019 modifié, art. 11 et 12).

Conditions d'attribution de l'aide

L'attribution de l'aide suppose que l'employeur réponde à plusieurs conditions de fond (décret 2019-1471 du 26 décembre 2019, art. 5 modifié) :

- être à jour de ses obligations déclaratives et de paiement à l'égard de l'administration fiscale et des organismes de recouvrement des cotisations et des contributions de sécurité sociale ou d'assurance chômage (ou avoir souscrit et respecter un plan d'apurement) ;
- ne pas avoir procédé, dans les 6 mois précédant l'embauche, à un licenciement pour motif économique sur le poste pourvu par le recrutement en emploi franc ;
- ne pas bénéficier d'une autre aide de l'État à l'insertion, à l'accès ou au retour à l'emploi versée au salarié recruté en emploi franc, sauf exceptions *(voir ci-après)* ;
- le salarié recruté en emploi franc ne doit pas avoir appartenu à l'effectif de l'entreprise au cours des 6 derniers mois précédant la date d'embauche, sauf de prolongation de versement de l'aide *(voir ci-après)*.

▶ Attention... Le salarié doit être maintenu à l'effectif pendant au moins 6 mois. Par ailleurs, si un recrutement en emploi franc a pour conséquence le licenciement d'un autre salarié, l'employeur doit rembourser l'aide.

Le ministère du Travail a publié sur son site Internet un document sur les emplois francs sous forme de Questions/réponses (Q/R), actualisé en octobre 2021. Il précise que les entreprises de travail temporaire sont éligibles au dispositif mais que, concernant l'intérim (Q/R n° 2.8) :

- les CDI intérimaires sont éligibles aux emplois francs, y compris dans le cas où la personne recrutée a fait partie des effectifs de l'entreprise auparavant ;
- les contrats de mission ne donnent pas droit à l'aide ;
- une entreprise ayant eu recours à un intérimaire peut le recruter dans le cadre d'un emploi franc s'il répond aux conditions d'éligibilité.

Contrat du salarié

Le contrat de travail doit être conclu du 1.01.2020 au 31.12.2022 (décret 2019-1471 du 26 décembre 2019 modifié, art. 11).

Il doit s'agir d'un CDI ou CDD d'au moins 6 mois.

Aide financière

Montant (hors « emploi franc + ») - Pour un temps plein, l'aide est de (décret 2019-1471 du 26 décembre 2019, art. 6, I) :

- embauche en CDI : 5 000 € par an pendant 3 ans, soit au final un montant maximum de 15 000 € ;
- en CDD d'au moins 6 mois : 2 500 € par an pendant 2 ans, soit au final un montant maximum de 5 000 €.

Montant « emploi franc + » - Une aide bonifiée a été instaurée pour le recrutement de jeunes de moins de 26 ans résidant en QPV (dite « Emploi franc + ») afin de maintenir l'attractivité des emplois francs au regard de la nouvelle aide à l'embauche des jeunes de moins de 26 ans [voir *Covid-19 (aides à l'embauche)**]. Elle s'applique aux contrats signés du 15.10.2020 au 31.05.2021 inclus (décret 2021-363 du 31 mars 2021, JO 1er avril).

Pour un temps plein, l'aide est de (décret 2019-1471 du 26 décembre 2019, art. 6, II modifié) :

- embauche en CDI : 7 000 € la première année, puis 5 000 € les années suivantes, dans la limite de 3 ans (soit jusqu'à 17 000 € sur 3 ans) ;
- en CDD d'au moins 6 mois : 5 500 € la première année, puis 2 500 € l'année suivante (soit 8 000 € maximum).

Prolongation de l'aide - Pour inciter l'employeur à prolonger la relation de travail, idéalement par un CDI « emploi franc », le versement de l'aide, y compris « emploi franc + », peut être prolongé (décret 2019-1471 du 26 décembre 2019, art. 6, III modifié) :

- en cas de transformation d'un CDD ayant ouvert droit au bénéfice de l'aide en CDI, si la limite totale de 3 ans et avec application du montant revalorisé (5 000 € ou 7 000 € par an) à compter de la date d'exécution du CDI ;
- en cas de reconduction du CDD ayant ouvert droit à l'aide dans le cadre d'un nouveau CDD d'au moins 6 mois, dans la limite totale de 2 ans.

Proratisation - Le montant de l'aide, y compris « emploi franc + », est proratisé en fonction de plusieurs paramètres (décret 2019-1471 du 26 décembre 2019, art. 6, IV modifié) :

- de la durée effective du contrat de travail si celui-ci est interrompu en cours d'année civile ;
- de la durée de travail hebdomadaire si le salarié n'est pas à temps plein ;
- s'il y a lieu, des périodes d'absence du salarié qui ne donnent pas lieu au maintien de la rémunération.

▶ Attention... L'aide n'est pas due pour les périodes au cours desquelles le salarié est placé en *activité partielle** ou en *activité partielle de longue durée** (décret 2019-1471 du 26 décembre 2019, art. 5 modifié).

Règles de cumul et non-cumul - L'aide (y compris « emploi franc + ») ne peut pas être cumulée avec une autre aide de l'État à l'insertion, à l'accès ou au retour à l'emploi (décret 2019-1471 du 26 décembre 2019, art. 5 modifié). En outre, l'embauche en contrat d'apprentissage n'est pas éligible à l'aide emploi franc.

En revanche, l'aide (y compris « emploi franc + ») peut être cumulée avec la *réduction générale de cotisations patronales** (Questions/réponses préc., Q/R n° 3.1). Elle peut aussi se cumuler avec les autres aides financières mobilisables dans le cadre d'un recrutement en *contrat de professionnalisation** (en CDI ou CDD d'au moins 6 mois) (décret 2019-1471 du 26 décembre 2019, art. 5 modifié).

Demande et versement - L'employeur doit déposer sa demande d'aide (y compris « emploi franc + ») dans les 3 mois suivant la date de signature du contrat de travail, par l'intermédiaire d'un téléservice et selon des modalités à fixer par arrêté (décret 2019-1471 du 26 décembre 2019, art. 7).

Le formulaire, qu'il convient de remplir et de retourner à Pôle Emploi, est à disposition sur le site service public (https ://www.formulaires.service-public.fr/gf/cerfa_16035.do).

▶ À noter… Le formulaire précise que l'employeur doit y joindre une copie de l'attestation d'éligibilité « emplois francs » délivrée au demandeur d'emploi par Pôle Emploi et une copie de son justificatif de domicile de l'intéressé.

L'aide est due dès le premier jour du contrat de travail. Elle est versée par fraction, à un rythme semestriel (tous les 6 mois), sur la base d'une attestation de l'employeur justifiant de la présence du salarié, transmise à Pôle Emploi (décret 2019-1471 du 26 décembre 2019, art. 8).

L'attestation doit être produite tous les 6 mois. Elle mentionne les périodes d'absence du salarié qui n'ont pas donné lieu au maintien de la rémunération. À défaut de produire l'attestation de présence dans les 2 mois de l'échéance de chaque semestre d'exécution du contrat, l'employeur perd définitivement l'aide au titre du semestre concerné.

À défaut de produire l'attestation de présence dans les 2 mois de l'échéance de chaque semestre d'exécution du contrat, l'employeur perd définitivement l'aide au titre du semestre concerné.

Si l'employeur n'a pas produit l'attestation au terme d'un délai de 4 mois suivant l'échéance de chaque semestre d'exécution du contrat, il perd définitivement le droit au versement de l'aide.

Lorsque la somme due à l'employeur au titre d'un semestre est inférieure à 100 €, Pôle Emploi ne la verse pas.

▶ À noter… L'aide n'est pas due en cas de rupture anticipée du contrat dans les 6 premiers mois (Q/R n° 4.5 sur les emplois francs préc.).

Contrôle

L'employeur doit tenir à la disposition de Pôle Emploi tout document permettant d'effectuer le contrôle du droit à l'aide, pendant 4 ans à compter de la date d'attribution de l'aide (décret 2019-1471 du 26 décembre 2019, art. 9).

Les éventuelles demandes adressées à l'employeur pour contrôler l'exactitude de ses déclarations lui sont adressées par tout moyen permettant d'établir une date certaine.

Si l'employeur ne produit pas dans le délai d'un mois les documents demandés, le versement de l'aide est suspendu.

Si les attestations de l'employeur justifiant de la présence du salarié s'avèrent inexactes, les sommes indûment perçues au titre de la période considérée sont reversées à l'État (décret 2019-1471 du 26 décembre 2019, art. 10). En cas de fraude, la totalité des sommes perçues doivent être reversées à l'État.

☛ *Zone défavorisée.*

Employeurs et travailleurs indépendants

☛ *Micro-entrepreneur ; Non-salarié (allocations familiales) ; Non-salarié (assurance invalidité-décès) ; Non-salarié (assurance maladie-maternité) ; Non-salarié (assurance vieillesse de base) ; Non-salarié (CSG et CRDS) ; Non-salarié (déclaration des revenus) ; Non-salarié (sécurité sociale) ; Non-salarié (retraite complémentaire).*

Enfant

☛ *Adoption ; Allaitement ; Ayant droit ; Comité social et économique (avantages servis par le) ; Congé pour élever un enfant ; Congé pour enfant malade ; Congé pour événement familial ; Congé de deuil ; Congé des jeunes parents ; Congé parental d'éducation ; Congé de paternité et d'accueil de l'enfant ; Congé de présence parentale pour enfant malade ; Congés familiaux ; Démission pour élever un enfant ; Don de jours de repos ; Mannequins ; Maternité (congé de) ; Prestations familiales (enfance) ; Retraite de base (âge de départ).*

Engagement unilatéral de l'employeur

L'engagement unilatéral est une décision de l'employeur qui consiste généralement à accorder aux salariés un avantage supplémentaire par rapport à ce que prévoient les accords collectifs ou les contrats de travail (prime, jours de congé, etc.). Il se distingue de l'*usage** en ce qu'il résulte de la volonté explicite de l'employeur et de l'*accord atypique** dans la mesure où il n'a pas donné lieu à une négociation avec les représentants du personnel ni à un référendum auprès des salariés.

Forme de l'engagement unilatéral

Engagement explicite - L'engagement unilatéral n'obéit à aucune condition de forme particulière. Il peut notamment résulter d'une décision annoncée à l'ensemble du personnel, d'une réponse faite aux représentants du personnel, d'une note de service, d'une disposition d'un plan de sauvegarde de l'emploi, d'une mention sur le bulletin de paie, d'une clause de règlement intérieur, d'un « livret d'accueil » remis aux salariés lors de leur embauche ou encore d'un courrier électronique (cass. soc. 10 mars 2004, n° 03-40505 à 03-40554, BC V n° 76 ; cass. soc. 23 novembre 2010, n° 08-44380 D ; cass. soc. 14 novembre 2013, n° 12-22734 D ; cass. soc. 21 novembre 2018, n° 17-15071 D).

Distinction avec l'usage - Contrairement à l'*usage**, l'engagement unilatéral n'est pas soumis aux critères de constance, de généralité et de fixité. L'avantage qu'il prévoit peut par exemple varier dans son montant, s'il s'agit d'une prime (cass. soc. 7 novembre 2001, n° 99-45537 D). De même, il n'est pas nécessairement accordé à l'ensemble du personnel (cass. soc. 22 juin 2011, n° 09-70955 D). Les critères d'attribution doivent cependant être clairs et précis *(voir ci-après)*.

Valeur de l'engagement unilatéral

Caractère obligatoire - L'employeur doit respecter les mesures prises par engagement unilatéral, qui ont force obligatoire. S'il ne le fait pas, les salariés peuvent saisir le conseil de prud'hommes, éventuellement en référé, pour contraindre l'employeur à respecter son engagement (cass. soc. 18 mars 2009, n° 08-40154 D ; cass. soc. 19 septembre 2013, n° 12-20852 D).

Le salarié ne peut pas renoncer, dans son contrat de travail, à un engagement unilatéral. Une telle clause n'a aucune valeur (cass. soc. 5 juin 2001, n° 98-46422, BC V n° 208 ; cass. soc. 26 novembre 2003, n° 01-45088 D).

L'employeur ne peut pas non plus subordonner le bénéfice d'un engagement unilatéral à la conclusion d'une transaction (cass. soc. 5 juin 2019, n° 17-28377 FSPB).

▶ Attention… Lorsqu'une entreprise méconnaît l'engagement, pris dans un précédent plan de sauvegarde de l'emploi, de ne pas procéder à des licenciements durant une certaine période, les salariés concernés peuvent obtenir des dommages et intérêts. En revanche, leur licenciement n'est pas susceptible d'annulation sur ce fondement (cass. soc. 25 novembre 2003, n° 01-17501, BC V n° 294).

Valeur inférieure aux accords collectifs - Un engagement unilatéral ne peut pas remplacer un avantage conventionnel (cass. soc. 4 février 2015, n° 13-28034, BC V n° 21), ni le remettre en cause (cass. soc. 22 avril 1992, n° 88-40921, BC V n° 296).

Conditions d'application

Critères d'attribution clairs et précis - L'employeur peut poser des limites à son engagement, mais en fonction de critères clairs et précis. À défaut, ces limites ne seront pas prises en compte par le juge et les salariés auront droit à l'avantage prévu par l'engagement unilatéral (cass. soc. 30 novembre 2010, n° 09-42726 D).

Exemple
L'employeur s'était engagé à verser une prime de fin d'année, sous réserve de « résultats économiques suffisants ». Pour les juges, cette condition n'avait aucune valeur, car elle était imprécise. L'employeur ne pouvait donc pas cesser le versement de la prime en arguant de pertes financières (cass. soc. 27 juin 2000, n° 99-41926, BC V n° 246).

Ajout d'une condition d'attribution - L'employeur ne peut pas ajouter ultérieurement une condition supplémentaire à l'octroi de l'avantage issu d'un engagement unilatéral. Il doit, au préalable, dénoncer son engagement initial (cass. soc. 11 juin 2003, n° 01-42138 D ; cass. soc. 15 septembre 2010, n° 09-40606 D).

Travail égal, salaire égal - Un engagement unilatéral ne doit pas créer de différence de traitement entre des salariés placés dans une situation comparable, sans justification objective [voir *Salaire (à travail égal, salaire égal)**].

Dénonciation

La procédure de dénonciation de l'engagement unilatéral de l'employeur est identique à celle de l'*usage**.

Une fois effective, la dénonciation de l'engagement unilatéral de l'employeur entraîne la disparition définitive des avantages qui en résultent. Le salarié ne peut donc pas invoquer une modification de son contrat, sauf si l'engagement unilatéral a été expressément repris dans une clause de ce dernier.

À défaut de dénonciation régulière, celle-ci est inopposable au salarié.

Mise en cause

Lorsqu'un accord collectif ayant le même objet qu'un engagement unilatéral de l'employeur est conclu, ce dernier est mis en cause automatiquement. L'employeur n'a donc pas à dénoncer l'engagement unilatéral (cass. soc. 1er octobre 2003, n° 02-30337 D ; cass. soc. 10 mars 2010, n° 08-44950 D).

Transfert d'entreprise

En cas de transfert d'entreprise, les engagements unilatéraux pris par le cédant sont transmis au cessionnaire (cass. soc. 16 décembre 1992, n° 88-43834, BC V n° 594). Ce dernier hérite donc automatiquement de ces engagements. Pour les supprimer, il doit soit les dénoncer, soit négocier un accord collectif ayant le même objet.

Le nouvel employeur n'est tenu d'appliquer les usages et engagements unilatéraux pris par l'ancien employeur qu'à l'égard des salariés dont le contrat était en cours au jour du transfert (cass. soc. 7 décembre 2005, n° 04-44594, BC V n° 356).

Contentieux

L'employeur qui ne respecte pas un engagement unilatéral s'expose à une action en justice des salariés lésés ou des syndicats, sur le fondement de l'intérêt collectif de la profession qu'ils représentent (c. trav. art. L. 2132-3). En revanche, le comité social et économique n'a pas qualité pour intenter une action visant à obtenir le respect ou l'exécution d'un engagement unilatéral de l'employeur (cass. soc. 29 septembre 2021, n° 19-23342 D).

☛ *Accord atypique ; Usage.*

Enquête

☛ *Comité social et économique (santé, sécurité et conditions de travail) ; Harcèlement moral ; Harcèlement sexuel ; Mise à pied conservatoire ; Sanctions disciplinaires.*

Entreprise adaptée

Insertion professionnelle en milieu « ordinaire »

Lorsque l'insertion professionnelle d'une personne handicapée est réalisée dans une entreprise ordinaire ou une entreprise adaptée (EA), elle est effectuée en milieu dit « ordinaire », par opposition à celle opérée en milieu protégé (établissements ou services d'aide par le travail dits ESAT).

Les entreprises et les administrations qui concluent des contrats de sous-traitance, de fournitures ou de prestations de services avec des EA ou des ESAT peuvent déduire une partie de leur montant de la contribution Agefiph éventuellement due [voir *Handicapés (obligation d'emploi)** et *Handicapés (contribution Agefiph)**].

Cadre juridique

Objet - Les EA permettent à certains travailleurs *handicapés** d'exercer une activité professionnelle dans des conditions adaptées à leurs possibilités. Les EA consacrent leurs interventions aux travailleurs handicapés qui sont sans emploi ou qui risquent de le perdre en raison de leur handicap (c. trav. art. L. 5213-13-1).

Proportions minimale et maximale de travailleurs handicapés dans les effectifs - Pour obtenir son agrément, l'EA doit comprendre une proportion minimale de 55 % et une proportion maximale de 100 % de travailleurs handicapés dans ses effectifs salariés, calculés selon l'*effectif sécurité sociale** (c. trav. art. D. 5213-63).

Le montant total annuel de l'aide au poste dont bénéficie l'EA *(voir ci-après)* est calculé sur la base d'une proportion de travailleurs handicapés ne pouvant dépasser 75 % des effectifs salariés (c. trav. art. D. 5213-63-1). Les travailleurs handicapés employés en « CDD tremplin » *(voir ci-après)* sont exclus du calcul.

▶ À noter… Afin de faciliter la transition avec le système antérieur au 1.01.2019 en vertu duquel les EA devaient comporter une proportion minimale de 80 % de travailleurs handicapés dans leurs effectifs, il est prévu que, pour les EA agréées avant le 1.01.2019, la proportion maximale de travailleurs handicapés prise en compte pour le calcul de l'aide au poste s'établit à 80 % pour l'année 2022 et 75 % pour l'année 2023 (décret 2019-39 du 23 janvier 2019, art. 5 modifié par décret 2021-1196 du 16 septembre 2021).

Mise en place et recrutement - Les EA peuvent être créées par les collectivités ou les organismes publics ou privés, et notamment par des sociétés commerciales (c. trav. art. L. 5213-13). Elles sont agréées par l'État via la conclusion d'un contrat pluriannuel d'objectifs et de moyens *(voir ci-après)*.

Le recrutement de travailleurs handicapés se fait soit sur proposition du service public de l'emploi, soit directement, en application des critères fixés par arrêté (ex. : âgé de plus de 55 ans, sans emploi depuis au moins 24 mois continus, bénéficiaire de l'allocation adulte handicapé) (c. trav. art. L. 5213-13-1 ; arrêtés du 2 octobre 2019, JO du 16, texte 14 et JO du 26, texte 14).

Contrat pluriannuel d'objectifs et de moyens - Les EA concluent avec l'État, représenté par la DREETS, des contrats pluriannuels d'objectifs et de moyens (CPOM) valant agrément (c. trav. art. L. 5213-13).

Le CPOM peut être conclu pour une durée maximale de 5 ans. Des avenants annuels fixent le montant des aides financières affectées à l'EA *(voir ci-après)*.

Conditions d'emploi du travailleur handicapé

Statut des bénéficiaires - Le travailleur handicapé embauché dans une EA a le statut de salarié (c. trav. art. L. 5213-14).

Rémunération - Le travailleur handicapé employé dans une EA perçoit un salaire fixé compte tenu de l'emploi qu'il occupe et de sa qualification, par référence aux dispositions légales ou conventionnelles applicables dans la branche d'activité, sachant que ce salaire doit être au moins égal au SMIC (c. trav. art. L. 5213-15).

Il bénéficie également des dispositions relatives à la participation, à l'intéressement et à l'épargne salariale (c. trav. art. L. 5213-15).

Travail intermittent - Sur la possibilité pour une EA de conclure un *contrat de travail intermittent** sans accord collectif préalable, voir cette étude.

Rupture du contrat - Elle est soumise aux règles de droit commun du code du travail (c. trav. art. L. 5213-14).

Accès à un emploi d'une entreprise ordinaire

Passerelle vers le milieu ordinaire non adapté - Un travailleur handicapé employé dans une EA peut accéder à un emploi dans une entreprise ordinaire, sous réserve d'une possibilité de réintégration dans l'EA, grâce à deux mécanismes : la mise à disposition provisoire auprès d'un autre employeur et la priorité de réembauche *(voir ci-après)*. Sur les expérimentations relatives au « CDD tremplin » et à la possibilité pour les EA d'exercer l'activité de travail temporaire et sur l'expérimentation d'EA en milieu pénitentiaire, voir ci-après.

Mise à disposition - Afin de favoriser la réalisation de leur projet professionnel, les travailleurs handicapés employés dans une EA peuvent, avec leur accord et en vue d'une éventuelle embauche, être mis à la disposition provisoire d'un autre employeur pour une durée déterminée. L'EA met en œuvre un accompagnement professionnel individualisé du travailleur handicapé visant à favoriser la réalisation de son projet professionnel et faciliter son embauche. En outre, elle peut réaliser auprès de l'entreprise utilisatrice une prestation d'appui individualisée qui consiste notamment à l'accompagnement de l'intégration du travailleur handicapé et à l'adaptation de l'environnement de travail (c. trav. art. L. 5213-16 et D. 5213-81).

Pour financer l'accompagnement professionnel du travailleur handicapé dans l'entreprise ordinaire, l'EA bénéficie d'une aide financière de l'État, dont le montant est revalorisé chaque année par arrêté ministériel en fonction de l'évolution du SMIC et réduit au prorata du temps de travail effectif. Pour 2022, elle s'élève à 4 282 € par poste de travail à temps plein (arrêté du 28 décembre 2021,

JO du 30, texte 42). La prestation d'appui individualisée est rémunérée par l'entreprise utilisatrice et est distincte de la mise à disposition (c. trav. art. D. 5213-81).

La mise à disposition du travailleur handicapé suppose la conclusion de deux contrats écrits distincts passés par l'EA, d'une part, avec l'employeur utilisateur et, d'autre part, avec le travailleur handicapé (c. trav. art. D. 5213-82). Ces contrats sont conclus, auprès d'un même employeur, pour une durée de 1 an maximum et sont renouvelables une fois. À titre exceptionnel, cette durée peut être prolongée d'1 an avec l'accord du travailleur handicapé, lorsque des difficultés particulièrement importantes liées à la situation de handicap ont fait obstacle à la réalisation de la mise à disposition (c. trav. art. D. 5213-83).

▶ **Attention…** Le *comité social et économique** de l'entreprise utilisatrice doit être consulté sur ces contrats. De plus, ils sont transmis pour information à l'inspection du travail (c. trav. art. D. 5213-83).

Priorité de réembauche - Le travailleur handicapé qui démissionne d'une EA pour travailler dans une entreprise ordinaire dispose, pendant 1 an à compter de la rupture de son contrat, d'une priorité de réembauche s'il manifeste le souhait de réintégrer l'EA (c. trav. art. L. 5213-17 et D. 5213-86). Dans ce cas, l'EA l'informe de tout emploi disponible compatible avec sa situation.

Expérimentation du « CDD tremplin » - À titre expérimental jusqu'au 31.12.2022, les EA listées par arrêté ministériel peuvent conclure des CDD avec des travailleurs handicapés sans emploi ou qui courent le risque de perdre leur emploi en raison de leur handicap. Ce CDD doit favoriser la mobilité professionnelle des travailleurs handicapés vers les autres entreprises (loi 2018-771 du 5 septembre 2018, art. 78, JO du 6 ; décret 2018-990 du 14 novembre 2018, JO du 15).

L'EA bénéficie pour chaque embauche d'une aide financière de l'État. Cette aide est composée :
- d'un montant annuel socle, qui est revalorisé chaque année en fonction de l'évolution du SMIC par arrêté ministériel, et fixé au prorata du temps de travail effectif. Pour 2022, il s'élève à 10 987 € par poste de travail à temps plein (arrêté du 28 décembre 2021, JO du 31) ;
- d'un montant modulé, correspondant à un pourcentage du montant socle compris entre 0 et 10 %, déterminé par la DREETS en fonction des différents critères.

En cas d'absence pour maladie ou accident, l'aide est minorée lorsque l'employeur est tenu, en application de dispositions légales ou conventionnelles, de maintenir la rémunération pendant les périodes donnant lieu au versement des indemnités journalières de la sécurité sociale (IJSS). Son montant est calculé sur la base de 30 % du SMIC brut. Il tient compte de la durée du travail applicable (ou de la durée inscrite au contrat en cas de travail à temps partiel), dans la limite de la durée légale du travail. Lorsque l'absence ne recouvre pas un mois civil entier, l'aide est réduite au prorata du nombre d'IJSS versées.

Le CDD est conclu pour une durée minimale de 4 mois et peut être renouvelé dans la limite d'une durée totale de 24 mois, sauf cas dérogatoires (achèvement d'une action de formation notamment). La durée de travail du travailleur handicapé ne peut, en principe, être inférieure à 20 heures par semaine. La rémunération du travailleur handicapé est, comme dans toute EA, au moins égale au SMIC ou, s'il est plus favorable, au minimum conventionnel. En revanche, par dérogation aux règles applicable au CDD, aucune prime de précarité n'est versée à la fin du contrat (c. trav. art. L. 1243-10, 1°).

Le travailleur handicapé peut demander la suspension de son CDD afin d'effectuer :
- avec l'accord de l'EA, une période de mise en situation en milieu professionnel ou une action concourant à son insertion professionnelle ;
- une période d'essai afférente à une offre d'emploi visant une embauche en CDI ou en CDD d'au moins 6 mois.

En cas d'embauche à l'issue de ces mesures, le travailleur handicapé peut rompre son contrat sans préavis. Il peut également rompre son contrat avant son terme afin de suivre une formation conduisant à une qualification.

Expérimentation d'entreprises adaptées de travail temporaire (EATT) - À titre expérimental jusqu'au 31.12.2022, les EA listées par arrêté ministériel peuvent se constituer entreprises de travail temporaire (EATT), via la création d'entités juridiquement distinctes. L'activité de l'EATT consiste exclusivement à faciliter l'accès à l'emploi durable des travailleurs handicapés sans emploi ou qui courent le risque de perdre leur emploi en raison de leur handicap, en mettant en œuvre un accompagnement professionnel renforcé durant le contrat de mission et en intermission (loi 2018-771 du 5 septembre 2018, art. 79, JO du 6 ; décret 2019-360 du 24 avril 2019, JO du 25).

L'EATT bénéficie d'une aide financière de l'État destinée à compenser les surcoûts liés à l'emploi de travailleurs handicapés, dont le montant annuel est revalorisé chaque année en fonction de l'évolution du SMIC par arrêté ministériel. Ce montant est réduit en fonction du temps de travail effectif. Pour 2022, elle est fixée à 4 671 € par travailleur à temps plein accompagné (arrêté du 28 décembre 2021, JO du 31).

L'EATT est soumise à l'ensemble des règles régissant le *travail temporaire**, à l'exception de la durée du contrat de mission qui peut être portée à 24 mois, renouvellement inclus. L'EATT peut proposer au travailleur handicapé une durée de travail inférieure à 24 h par semaine lorsque la situation de handicap le justifie.

Expérimentation d'entreprises adaptées en milieu pénitentiaire - Depuis le 2.04.2021, et pendant une durée de deux ans, des EA sont implantées en milieu pénitentiaire afin de permettre aux personnes handicapées détenues d'exercer une activité professionnelle et de bénéficier d'un accompagnement adapté (loi 2018-771 du 5 septembre 2018, art. 77, JO du 6 ; décrets 2021-359 et 2021-362 du 31 mars 2021, JO 1er avril). L'EA bénéficie de l'aide au poste versée par l'État *(voir ci-après)*.

Aide financière

Aide au poste - Les EA bénéficient d'une aide financière de l'État destinée à compenser les conséquences du handicap et des actions engagées pour l'emploi des travailleurs handicapés, dite aide au poste (c. trav. art. L. 5213-19). Ses modalités de détermination, d'attribution et de versement, ainsi que les règles de non-cumul, sont précisées par décret (c. trav. art. L. 5213-19-1).

▶ **À noter...** Pour les EA agréées depuis le 1.01.2019, le montant total annuel de l'aide au poste ne peut permettre de financer une proportion de travailleurs handicapés supérieure à 75 % de l'effectif salarié annuel. Pour les EA agréées avant le 1.01.2019, une phase transitoire est prévue *(voir ci-avant)*.

Montant variable - Le montant annuel de l'aide varie pour tenir compte de l'impact du vieillissement des travailleurs handicapés employés ou de l'implantation en milieu pénitentiaire de l'EA (c. trav. art. R. 5213-76). Le cas échéant, il est réduit au prorata du temps de travail effectif.

Le montant de l'aide est revalorisé chaque année, par arrêté ministériel, en fonction de l'évolution du SMIC.

Pour 2022, l'aide par poste de travail à temps plein est fixée à (arrêté du 28 décembre 2021, JO du 30, texte 42) :

- 16 084 € pour les travailleurs de moins de 50 ans ;
- 16 293 € pour ceux âgés de 50 à 55 ans ;
- 16 711 € pour ceux de 56 ans et plus.

Fixation dans l'avenant au CPOM - Le montant total annuel de l'aide affectée à l'EA est fixé par avenant au CPOM par la DREETS *(voir ci-avant)*, sachant que celle-ci peut réviser à la hausse ou à la baisse le montant de l'aide en cours d'année en cas de changement de situation de l'EA (c. trav. art. R. 5213-65 et R. 5213-76).

Modalités de versement - L'aide est versée mensuellement à l'EA, pour chaque poste de travail occupé en proportion du temps de travail effectif ou assimilé (c. trav. art. R. 5213-76). Le cas échéant, l'aide est réduite au prorata du temps de travail effectif ou assimilé, sachant que les 3 premiers jours d'absence justifiée par l'incapacité résultant de maladie ou d'accident sont considérés comme du temps de travail effectif quand ils sont rémunérés (c. trav. art. R. 5213-77).

En cas d'absence pour maladie ou accident, l'aide est minorée lorsque l'employeur est tenu, en application de dispositions légales ou conventionnelles, de maintenir la rémunération pendant les périodes donnant lieu au versement des IJSS. Son montant est calculé sur la base de 30 % du SMIC brut. Il tient compte de la durée du travail applicable (ou de la durée inscrite au contrat en cas de travail à temps partiel), dans la limite de la durée légale du travail. Lorsque l'absence ne recouvre pas un mois civil entier, l'aide est réduite au prorata du nombre d'IJSS versées (c. trav art. R. 5213-77).

▶ **À noter...** Dans le contexte de la crise sanitaire liée au covid-19, les EA peuvent recourir à l'*activité partielle**. Dans ce cas, seules les heures effectivement travaillées ouvrent droit au versement de l'aide au poste. En revanche, les heures chômées n'y donnent pas droit puisqu'elles sont indemnisées dans le cadre de l'activité partielle (questions-réponses du ministère du Travail, « IAE/EA/PEC/GEIQ/Coopératives d'activité et d'emploi », n° 1.8).

☛ *Handicapés.*

Entreprise de travail temporaire (ETT)

☛ *Travail temporaire (contrat de mise à disposition) ; Travail temporaire (contrat de travail) ; Travail temporaire (entreprise de).*

Entretien avec les représentants du personnel

Certains représentants du personnel peuvent bénéficier d'un entretien en début de mandat et d'un autre en fin de mandat avec leur employeur. Ces dispositions viennent en renfort de celles relatives à l'*entretien professionnel**.

Entretien individuel en début de mandat

Salariés concernés - L'entretien individuel avec l'employeur prévu en début de mandat concerne les élus titulaires au *comité social et économique** (CSE), les délégués syndicaux (voir *Délégué syndical**) et les titulaires d'un mandat syndical (c. trav. art. L. 2141-5).

Objectif de l'entretien - Cet entretien porte sur les modalités pratiques d'exercice du mandat du salarié au sein de l'entreprise au regard de son emploi (c. trav. art. L. 2141-5). Il ne se substitue pas à l'*entretien professionnel** effectué tous les 2 ans avec chaque salarié (c. trav. art. L. 6315-1).

Entretien sollicité par le salarié - L'employeur n'est pas tenu de proposer l'entretien aux salariés concernés au début de leur mandat. C'est à eux qu'il revient de lui en faire la demande (c. trav. art. L. 2141-5).

Droit à assistance du salarié - Le salarié peut, à sa demande, se faire accompagner à l'entretien par une personne de son choix appartenant au personnel de l'entreprise (ex. : collègue de travail, délégué syndical, membre du CSE) (c. trav. art. L. 2141-5). En revanche, la loi ne prévoit pas la possibilité pour l'employeur de venir, lui aussi, accompagné.

Entretien professionnel en fin de mandat

Objectif de l'entretien - L'entretien de fin de mandat vise à (c. trav. art. L. 2141-5) :
- évoquer les perspectives d'évolution professionnelles du salarié,
- recenser les compétences acquises au cours du mandat,
- et préciser les modalités de valorisation de l'expérience acquise.

Dans le langage courant, il est désigné comme étant un entretien « renforcé » par rapport à l'*entretien professionnel* « classique ».

▶ À noter... Un accord collectif de valorisation des parcours syndicaux peut instituer des entretiens d'évaluation des compétences acquises à l'occasion de l'exercice du mandat, menés par l'employeur en association avec les syndicats, dont les résultats sont pris en compte pour l'évolution de carrière (cass. soc. 9 octobre 2019, n° 18-13529 FSPBRI).

Salariés concernés - Dans les entreprises d'au moins 2 000 salariés, tous les salariés ayant un mandat syndical ou d'élu titulaire au CSE bénéficient, au terme de leur mandat, de l'entretien professionnel « renforcé » *(voir ci-avant)*, quel que soit leur nombre d'heures de délégation.

Pour les entreprises de moins de 2 000 salariés, l'entretien professionnel « renforcé » est réservé aux élus titulaires ayant un nombre d'*heures de délégation** sur l'année représentant au moins 30 % de leur durée du travail (c. trav. art. L. 2141-5). Dans ce second cas, sauf circonstances particulières (ex. : heures de délégation pour négociation, crédit d'heures conventionnel), cela vise donc principalement les salariés en *cumul de mandats**.

▶ À noter... L'exigence d'un certain pourcentage d'heures de délégation, posée dans les entreprises de moins de 2 000 salariés, pourrait impliquer que tous les autres salariés titulaires d'un mandat syndical ou de représentant titulaire ont droit à un *entretien professionnel** « classique » en fin de mandat portant sur les perspectives d'évolution professionnelle du salarié (c. trav. art. L. 6315-1), sans obligation de recenser les compétences acquises pendant le mandat ni de les valoriser. Mais ce point n'a pas été officiellement confirmé.

Entretien proposé par l'employeur - Contrairement à l'entretien de début de mandat *(voir ci-avant)*, celui qui intervient à l'issue du mandat n'est pas subordonné à la demande du salarié : l'employeur doit toujours le proposer.

☛ *Entretien professionnel.*

Entretien d'embauche

☛ *Recrutement ; Embauche.*

Entretien d'évaluation

☞ *Apprentissage (contrat) ; Évaluation des salariés.*

Entretien préalable au licenciement

Cas général

L'employeur qui envisage de licencier un salarié doit, avant de prendre une décision, convoquer l'intéressé à un entretien préalable, quel que soit le motif du licenciement (économique, disciplinaire ou non disciplinaire) (c. trav. art. L. 1332-2). Cette formalité est obligatoire sans aucune condition d'ancienneté du salarié ou d'effectif de l'entreprise (c. trav. art. L. 1232-2).

L'entretien s'impose même si l'employeur estime qu'il y a une faute grave ou une faute lourde [voir *Licenciement personnel (procédure)**].

Il est également nécessaire s'il s'agit d'un licenciement économique collectif, sauf en cas de projet de licenciement économique d'au moins 10 salariés dans une entreprise ayant des représentants du personnel [voir *Licenciement économique (procédure du licenciement individuel)**, *Licenciement économique collectif (10 salariés ou plus dans une entreprise de moins de 50 salariés)**, *Licenciement économique collectif (10 salariés ou plus dans une entreprise d'au moins 50 salariés)** et *Licenciement économique collectif (moins de 10 salariés)**]. Attention toutefois, l'entretien préalable doit toujours être organisé pour un salarié protégé (ex. : un élu au CSE) (cass. soc. 22 septembre 2010, n° 08-45227, BC V n° 190) [voir *Licenciement des représentants du personnel (procédure)**].

Cas particuliers

La *période d'essai** peut être rompue sans formalité, sauf si une convention collective, un accord collectif ou un usage l'impose. L'employeur doit néanmoins organiser un entretien préalable lorsqu'il veut rompre la période d'essai pour un motif disciplinaire (cass. soc. 10 mars 2004, n° 01-4470, BC V n° 80) [voir*Sanctions disciplinaires (procédure)**].

Sur la protection en cas de maternité et de paternité, voir *Maternité (protection)** et *Paternité (protection)**.

Sur le licenciement d'un salarié protégé, voir *Licenciement des représentants du personnel (procédure)**.

▶ À noter... Sur l'entretien préalable à une sanction disciplinaire autre qu'un licenciement pour faute, voir *Sanctions disciplinaires (procédure)**.

☞ *Entretien préalable au licenciement (convocation) ; Entretien préalable au licenciement (déroulement).*

Entretien préalable au licenciement (convocation)

Envoi de la convocation

Modalités d'envoi ou de remise - L'employeur doit adresser au salarié sa convocation à l'entretien préalable à un licenciement (c. trav. art. L. 1232-2) :

- par lettre recommandée (une lettre recommandée avec accusé de réception n'est pas imposée par le code du travail, mais est vivement conseillée pour des raisons de preuve) ;
- ou par lettre remise en main propre contre décharge.

▶ Attention... Cette décharge est importante pour l'employeur car les témoignages ne peuvent pas suppléer l'absence de récépissé de remise en main propre de la lettre de convocation (cass. soc. 23 mars 2005, n° 02-46105, BC V n° 100).

La convocation à l'entretien préalable peut également :

- être envoyée au salarié par Chronopost (cass. soc. 8 février 2011, n° 09-40027, BC V n° 45) ;
- être remise au salarié par un huissier (cass. soc. 30 mars 2011, n° 09-71412, BC V n° 83).

En revanche, les juges n'admettent pas la validité de la convocation orale ou par télécopie (CA Versailles 11 mai 2004, n° 03-3362 ; cass. soc. 13 septembre 2006, n° 04-45698, BC V n° 267).

Pour la coordination entre la mise à pied conservatoire et la convocation à l'entretien préalable, voir *Mise à pied conservatoire**.

Licenciement d'un salarié protégé - Lorsque le licenciement concerne un élu du *comité social et économique** (CSE), l'employeur doit au préalable consulter le CSE (c. trav. art. L. 2411-1). Cette consultation intervient après l'entretien préalable au licenciement mais la convocation du CSE peut être envoyée antérieurement à l'entretien préalable (CE 8 avril 2013, n° 348559) [voir *Licenciement des représentants du personnel (procédure)**].

Si, à la suite de l'entretien préalable, l'employeur abandonne la procédure de licenciement, la convocation du CSE reste sans objet.

Entretien préalable au licenciement (convocation)

Pour les délégués syndicaux et les représentants de la section syndicale, une autre procédure protectrice s'applique (voir *Licenciement des délégués syndicaux**)

Contenu de la convocation

Mentions à indiquer - La convocation à l'entretien préalable précise (c. trav. art. R. 1232-1) :

- la raison pour laquelle le salarié est convoqué à l'entretien préalable (faire état d'une éventualité de licenciement, mais ni d'une simple sanction ni d'une décision déjà arrêtée) sans pour autant préciser les motifs du licenciement projeté *(voir ci-après)* ;
- la date et l'heure de l'entretien ;
- la possibilité pour le salarié de se faire assister par une personne de son choix appartenant à l'entreprise ou bien, en l'absence de représentation du personnel dans l'entreprise (ou dans l'unité économique et sociale à laquelle appartient l'entreprise), par une personne extérieure à l'entreprise choisie sur une liste dressée par le préfet (cass. soc. 21 septembre 2005, n° 03-44810, BC V n° 263) [voir *Conseiller du salarié (entretien préalable au licenciement)**].

Dans ce dernier cas, l'employeur doit indiquer l'adresse des services où le salarié peut se procurer cette liste (inspection du travail et mairie). L'omission de l'une de ces adresses constitue une irrégularité de procédure (cass. soc. 29 avril 2003, n° 01-41364, BC V n° 145 ; cass. soc. 9 novembre 2010, n° 09-41578 D), même si le salarié est venu accompagné d'un conseiller extérieur à son entretien préalable (cass. soc. 21 janvier 2009, n° 07-42985, BC V n° 16).

Lorsque l'entreprise appartient à une UES dotée de représentants du personnel, l'employeur doit mentionner la possibilité pour le salarié convoqué de se faire assister par une personne de son choix appartenant au personnel de l'entreprise ou d'une autre entreprise appartenant à l'UES (cass. soc. 8 juin 2011, n° 10-14650, BC V n° 140).

Modèle de convocation à un entretien préalable

Lettre recommandée ou remise en main propre contre décharge (1)

À ..., le ...

M. (ou Mme),

Conformément aux dispositions de l'article L. 1232-2 du code du travail, nous vous demandons de vous présenter en nos bureaux situés ..., le ..., à ... h, afin d'y avoir un entretien avec M. ....

Nous envisageons en effet de procéder à votre licenciement.

Nous vous rappelons qu'il vous est permis de vous faire assister, lors de cet entretien, par toute personne de votre choix appartenant à l'entreprise (2).

Veuillez agréer, M. (ou Mme), ...

Signature

(1) c. trav. art. L. 1232-2.

(2) S'il n'existe pas de représentation du personnel dans l'entreprise : « ou par un conseiller extérieur figurant sur une liste dressée par le préfet. Cette liste peut être consultée soit à la mairie (adresse de la mairie du domicile du salarié s'il réside dans le département où est situé l'établissement, du lieu de travail dans le cas contraire), soit dans les locaux de l'inspection du travail (adresse de l'inspection du travail) ».

Motifs pour lesquels le licenciement est envisagé - Il n'est pas obligatoire que la convocation indique les motifs pour lesquels le licenciement est envisagé (cass. soc. 4 novembre 1992, n° 91-41189, BC V n° 530 ; cass. soc. 6 avril 2016, n° 14-23198, BC V n° 69), sauf si la convention collective le prévoit (cass. soc. 9 janvier 2013, n° 11-25646, BC V n° 1).

Signataire de la convocation - La convocation à l'entretien préalable doit être effectuée par l'employeur ou un représentant mandaté appartenant au personnel de l'entreprise [voir *Licenciement personnel (procédure)**]. L'employeur ne peut pas donner mandat à une personne étrangère à l'entreprise (ex. : le cabinet comptable de l'entreprise) pour signer et adresser les lettres de convocation à cet entretien. Ce procédé rend le licenciement sans cause réelle et sérieuse (cass. soc. 26 mars 2002, n° 99-43155, BC V n° 105 ; cass. soc. 7 décembre 2011, n° 10-30222, BC V n° 289 ; cass. soc. 26 avril 2017, n° 15-25204, BC V n° 68 ; cass. soc. 13 juin 2018, n° 16-23701 FSPB).

Garanties conventionnelles - Certaines conventions collectives ou certains règlements intérieurs instituent une procédure particulière de licenciement qui s'ajoute à la procédure légale [voir *Licenciement personnel (procédure)**]. Il est possible que l'existence de ces garanties doive être mentionnée dans la convocation à l'entretien préalable à un éventuel licenciement selon ce que la convention collective (ou le règlement intérieur) prévoit. L'employeur doit s'y tenir.

Exemple

Il a été exigé qu'il informe le salarié, dans la convocation, de sa faculté de saisir pour avis une commission paritaire nationale en précisant l'adresse de cette commission afin que le salarié soit en mesure de bénéficier effectivement de la garantie conventionnelle (cass. soc. 14 mars 2012, n° 10-24247 D).

L'employeur doit aussi avertir le salarié de tout ce que lui permet la convention collective pour éviter son licenciement. En l'espèce, selon la convention collective applicable, la lettre de convocation à l'entretien préalable devait indiquer que le salarié pouvait saisir pour avis la commission de conciliation de l'entreprise ou, lorsqu'il n'en existe pas, la commission paritaire nationale. L'employeur aurait également dû citer la possibilité de saisir la commission nationale en cas de partage des voix. Toutes ces mentions s'imposaient (cass. soc. 27 juin 2012, n° 11-14036, BC V n° 198).

En revanche, un document interne dont l'objet est de diffuser les règles de gestion RH pour harmoniser les pratiques managériales, notamment en matière disciplinaire, n'est pas un support susceptible de créer une garantie de fond pour les salariés (cass. soc. 27 mai 2021, n° 19-16117 FSP). Même si ce « guide mémento des règles de gestion » imposait la mention des fautes reprochées dans la convocation à entretien préalable, ce type de support n'avait pas en soi de valeur juridique. Il ne créait pas d'obligations pour l'employeur et le fait que la lettre de convocation n'indiquait pas les fautes reprochées à la salariée n'empêchait pas le licenciement disciplinaire d'être valable.

Défaut de convocation ou mentions obligatoires manquantes - Le défaut d'entretien préalable constitue une irrégularité de procédure mais ne prive pas le licenciement de cause réelle et sérieuse (cass. soc. 29 octobre 2003, n° 01-44354 D ; cass. soc. 11 septembre 2012, n° 11-20371 D).

Le défaut d'une des mentions légales constitue également une irrégularité de la procédure de licenciement (cass. soc. 25 septembre 2007, n° 05-45592 D) (voir *Licenciement irrégulier**).

Le non-respect des dispositions conventionnelles en constitue également une [voir *Licenciement personnel (procédure)**] (c. trav. art. L. 1235-1).

Défaut de mention sur l'assistance du salarié - Pour les salariés non protégés, la Cour de cassation estime que le défaut d'information sur leur droit à assistance dans la lettre de convocation à l'entretien préalable est une irrégularité de procédure (c. trav. art. L. 1235-2 ; cass. soc. 8 juillet 1997, n° 95-40062, BC V n° 249).

Pour les salariés protégés, le Conseil d'État admet que malgré ce défaut d'information la procédure de licenciement n'est pas irrégulière lorsque le salarié a été pleinement informé, en temps utile, des modalités d'assistance auxquelles il avait droit pour son entretien préalable (CE 12 juin 2019, n° 408970). Le cas échéant, l'employeur doit donc être en mesure de prouver l'avoir fait avant l'entretien préalable, et dans les délais.

Date de l'entretien

En principe pendant le temps de travail - Il semble normal que le salarié soit convoqué un jour de travail et pendant les heures normales de travail. Cependant, un entretien fixé en dehors du temps de travail ne constitue pas une irrégularité de procédure (cass. soc. 13 juin 2007, n° 06-41189 D). Le salarié doit alors être indemnisé du préjudice subi par la convocation hors temps de travail (cass. soc. 7 avril 2004, n° 02-40359, BC V n° 110 ; cass. soc. 24 septembre 2008, n° 07-42551 D). Cela revient notamment à payer au salarié le temps passé à l'entretien préalable comme du temps de travail.

Délai entre la convocation et l'entretien - Dans tous les cas, l'entretien préalable ne peut pas avoir lieu moins de 5 jours ouvrables après la présentation de la lettre recommandée de convocation ou sa remise en main propre (c. trav. art. L. 1232-2). Peu importe que l'entreprise soit ou non dotée d'institutions représentatives du personnel.

Le salarié doit disposer de 5 jours ouvrables pleins pour préparer sa défense (cass. soc. 14 décembre 2011, n° 10-21242 D). Ce délai se calculant en jours ouvrables, on ignore le dimanche et les jours fériés habituellement chômés dans l'entreprise. De plus, le jour de remise de la lettre (en main propre ou lors de la première présentation de la lettre recommandée au salarié) ne compte pas dans le délai (cass. soc. 20 décembre 2006, n° 04-47853, BC V n° 396 ; cass. soc. 20 février 2008, n° 06-40949, BC V n° 41 ; cass. soc. 3 juin 2015, n° 14-12245, BC V n° 112). Enfin, si le délai expire un dimanche ou un jour férié chômé, il est prorogé jusqu'au premier jour ouvrable suivant (cass. soc. 9 juin 1999, n° 97-41349, BC V n° 273 ; cass. soc. 10 juillet 2019, n° 18-11528 D).

Le non-respect du délai de 5 jours constitue une irrégularité de procédure (cass. soc. 11 mai 2005, n° 03-43007 D ; cass. soc. 3 juin 2015, n° 14-12245, BC V n° 112) (voir *Licenciement irrégulier**).

Report de la date d'entretien - L'employeur est libre d'accepter ou de refuser une demande de report d'entretien préalable (cass. soc. 26 mai 2004, n° 02-40681 D). S'il accepte de reporter l'entretien, à la demande du salarié, l'employeur est simplement tenu de l'aviser en temps utile et par tous moyens, des nouvelles date et heure de l'entretien. Il n'a pas à adresser un nouveau courrier de convocation au salarié (cass. soc. 29 janvier 2014, n° 12-19872, BC V n° 36).

Le délai de 5 jours entre la convocation et l'entretien court à compter de la présentation de LRAR ou de la remise en main propre de la lettre initiale de convocation (cass. soc. 24 novembre 2010, n° 09-66616, BC V n° 267).

Salarié malade - L'employeur qui envisage de licencier un salarié en arrêt maladie est tenu de le convoquer à un entretien préalable. La maladie du salarié n'oblige pas l'employeur à différer l'entretien jusqu'à la guérison de l'intéressé. De même, une procédure de licenciement, pour un motif non lié à l'accident ou à la maladie, peut être engagée au cours des périodes de suspension du contrat de travail provoquée par un accident du travail ou une maladie professionnelle (cass. soc. 17 janvier 1996, n° 92-42031, BC V n° 14).

L'employeur peut valablement convoquer le salarié durant les heures de sortie autorisées, le fait que le salarié ne puisse pas se rendre à l'entretien ne rendant pas, en soi, la procédure irrégulière. En tout état de cause, le licenciement d'un salarié qui n'a pas pu se rendre à l'entretien préalable n'est pas irrégulier. Il le devient en cas de fraude de l'employeur.

De plus, ce dernier n'est pas tenu d'accepter la demande d'une nouvelle convocation par le salarié (cass. soc. 26 mai 2004, n° 02-40681 D).

▶ Attention... La maladie n'est pas une cause de rupture du contrat [voir *Maladie (absences prolongées et répétées)**].

Congé de maternité - Pendant la période de suspension du contrat de travail pour congé de maternité, ou congé d'adoption, ainsi que pendant les 10 semaines suivantes, aucun licenciement ne peut être notifié ou prendre effet (c. trav. art. L. 1225-4). L'employeur ne doit d'ailleurs engager aucun préparatif de licenciement (CJCE, 11 octobre 2007, aff. C-460/06). À notre sens, il est donc risqué de convoquer le salarié à un entretien préalable au licenciement, même si par le passé les tribunaux l'avaient admis [voir *Maternité (protection)**].

Protection de la paternité - Pendant les 10 semaines qui suivent la naissance de l'enfant, un salarié ne peut être licencié que s'il a commis une faute grave ou si l'employeur se trouve dans l'impossibilité de maintenir son contrat pour un motif étranger à l'arrivée de l'enfant [c. trav. art. L. 1225-4-1 ; voir *Paternité (protection)**].

En revanche, la Cour de cassation admet les actes préparatoires à un licenciement, dont la convocation à un entretien préalable, pendant la période de protection dont un père bénéficie (cass. soc. 30 septembre 2020, n° 19-12036 FSPB).

Inaptitude - En cas d'inaptitude physique d'un salarié (d'origine professionnelle ou non) l'employeur peut, à certaines conditions, procéder à un licenciement pour inaptitude [voir *Inaptitude physique (licenciement)**]. Mais il ne doit pas envoyer la convocation à l'entretien préalable au licenciement le jour même où le médecin du travail rend l'avis d'inaptitude. En effet, l'employeur doit rechercher les possibilités de reclassement une fois l'avis d'inaptitude rendu (cass. soc. 4 novembre 2015, n° 14-11879, BC V n° 217).

Lieu de l'entretien

En principe, l'entretien se déroule là où le travail s'exécute ou au siège social de l'entreprise (cass. soc. 9 mai 2000, n° 97-45294, BC V n° 171). Lorsque, pour des raisons légitimes, le lieu de l'entretien préalable n'est ni celui où s'exécute le travail, ni le siège social de l'entreprise, le salarié a droit au remboursement de ses frais de déplacement (cass. soc. 28 janvier 2005, n° 02-45971, BC V n° 38).

En cas de contentieux, l'employeur doit pouvoir justifier des circonstances particulières rendant impossible la tenue de l'entretien préalable au siège social de l'entreprise ou au lieu où le salarié exécute son travail (cass. soc. 20 octobre 2009, n° 08-42155 D).

Déroulement de l'entretien

Voir *Entretien préalable au licenciement (déroulement)**.

Entretien préalable au licenciement (déroulement)

Participants à l'entretien

Employeur, salarié, assistants - L'employeur (et son assistant éventuel ou son représentant) ainsi que le salarié (secondé, s'il y a lieu, par un assistant) participent à l'entretien.

▶ À noter… Le droit légal du salarié d'être assisté concerne l'entretien préalable au licenciement, et non l'enquête interne à l'entreprise qui a précédé cet entretien (cass. soc. 29 septembre 2010, n° 09-42459 D).

Un entretien préalable a un caractère strictement individuel. L'employeur ne peut pas entendre le salarié en même temps que certains de ses collègues, même s'il reproche à ces derniers des faits parfaitement identiques (cass. soc. 23 avril 2003, n° 01-40817, BC V n° 138).

Assistant du salarié appartenant à l'entreprise - L'assistant choisi par le salarié doit être un membre de l'entreprise lorsque celle-ci est dotée de représentants du personnel (mais pas obligatoirement un salarié du même établissement ou du même service, ou un représentant du personnel).

Lorsque l'employeur appartient à une *unité économique et sociale** (UES), le salarié peut être assisté par une personne appartenant au personnel d'une des entités de l'UES. Le choix du salarié va donc au-delà des salariés de l'entreprise où il travaille (cass. soc. 8 juin 2011, n° 10-14650, BC V n° 140).

Le salarié qui assiste la personne convoquée ne doit subir aucune perte de salaire pour le temps consacré à l'entretien (cass. soc. 12 février 1991, n° 87-45259, BC V n° 61). En outre, si un salarié engage des frais de déplacement et de repas pour assister un salarié d'un autre établissement de l'entreprise, l'employeur doit lui rembourser ces frais (cass. soc. 3 mars 2004, n° 01-43579 D).

Assistant du salarié extérieur à l'entreprise - En l'absence de représentant du personnel dans l'entreprise, le salarié peut se faire assister par une personne extérieure à l'entreprise, choisie sur une liste préparée par le DREETS et arrêtée par le préfet du département. L'employeur peut demander à ce conseiller de justifier de sa qualité. S'il ne le fait pas, l'employeur peut refuser sa présence à l'entretien préalable (cass. soc. 25 septembre 2012, n° 11-10684, BC V n° 231).

Cette personne assiste et conseille le salarié à titre gratuit mais ses frais de déplacement lui sont remboursés [voir *Conseiller du salarié (entretien préalable au licenciement)**].

▶ À noter… Le fait que le conseiller extérieur sollicité par le salarié pour l'assister arrive en retard à l'entretien préalable ne rend pas la procédure de licenciement irrégulière. L'employeur n'est pas tenu de reporter l'entretien préalable (cass. soc. 26 janvier 2010, n° 08-40333 D).

Assistant de l'employeur - L'employeur peut se faire assister seulement par une personne appartenant à l'entreprise (cass. soc. 28 octobre 2009, n° 08-44241, BC V n° 234). De plus, l'entretien ne doit pas se transformer en enquête. Il est ainsi exclu que :
- l'employeur fasse appel à 2 personnes appartenant à l'entreprise pour l'assister pendant l'entretien préalable au licenciement d'un salarié (cass. soc. 17 septembre 2008, n° 06-42195 D ; cass. soc. 25 mars 2010, n° 07-43384 D) ;
- l'entretien préalable soit mené par 3 des cogérants (sur les 6 existants) d'une société civile professionnelle (SCP), cette présence transformant l'entretien préalable au licenciement en enquête et détournant ainsi la procédure de son objet (cass. soc. 12 décembre 2013, n° 12-21046 D) ;
- la responsable d'établissement soit accompagnée du responsable de la boutique et du chef du personnel (cass. soc. 20 janvier 2016, n° 14-21346 D) ;
- l'employeur mène seul l'entretien préalable mais qu'il s'y fait assister de 4 personnes (cass. soc. 11 février 2009, n° 07-43056 D).

Il a été jugé que l'employeur ne pouvait pas, non plus, se faire assister d'un représentant du personnel alors qu'un différend important existait entre ce représentant et le salarié concerné. Ceci constituait une irrégularité de procédure le salarié ne pouvant pas s'exprimer librement et l'entretien se trouvant détourné de son objet (cass. soc. 21 juin 2011, n° 10-11690 D).

L'employeur ne peut pas non plus se faire assister d'une hôtesse d'accueil dont la présence est uniquement destinée à donner une publicité au conflit opposant le salarié à l'employeur, ce dernier spécialiste en droit du travail n'ayant pas besoin d'être assisté (cass. soc. 17 juin 2009, n° 08-15780 D).

Une telle irrégularité de procédure peut donner lieu à une indemnisation [voir *Licenciement irrégulier** et *Licenciement personnel (procédure)**].

▶ Attention… L'employeur ne pouvant pas être assisté par une personne extérieure à l'entreprise, un huissier ne peut pas être présent durant l'entretien préalable pour dresser un procès-verbal de cet entretien. Une telle procédure de licenciement serait irrégulière (cass. soc. 30 mars 2011, n° 09-71412, BC V n° 83).

Représentation de l'employeur

L'employeur peut se faire représenter par un membre du personnel auquel il délègue ses pouvoirs. Cette *délégation de pouvoirs** n'a pas nécessairement à être formalisée par écrit (cass. soc. 18 novembre 2003, n° 01-43608, BC V n° 287). Elle peut être tacite et découler des fonctions du salarié (ex. : le responsable des ressources humaines (RRH) chargé de la gestion du personnel de l'entreprise et considéré de ce fait comme délégataire pour conduire la procédure de licenciement) (cass. ch. mixte, 19 novembre 2010, n° 10-10095, B. ch. mixte n° 1).

▶ À noter… Il a été admis par le passé que le représentant de l'employeur, habilité à mener l'entretien préalable, puisse être différent de celui qui décide le licenciement (cass. soc. 14 juin 1994, n° 92-45072 D).

La finalité de l'entretien préalable interdit à l'employeur de donner mandat à une personne étrangère à l'entreprise pour procéder à cet entretien (cass. soc. 7 décembre 2011, n° 10-30222, BC V n° 289 ; cass. soc. 26 mars 2002, n° 99-43155, BC V n° 105).

Les juges ont donc été amené à déterminer qui est, ou non, une personne étrangère à l'entreprise en matière de procédure de licenciement, ainsi :

- un directeur du personnel, engagé par la société mère pour exercer ses fonctions à la fois au sein de la société et de ses filiales en France qui n'est pas une personne étrangère à ces filiales et peut recevoir mandat pour procéder à l'entretien préalable et au licenciement des salariés employés par ces filiales, sans qu'une délégation de pouvoir écrite soit nécessaire (cass. soc. 19 janvier 2005, n° 02-45675, BC V n° 10) ;
- le DRH de la société mère qui n'est pas une personne étrangère aux filiales et peut recevoir mandat pour procéder à l'entretien préalable et au licenciement d'un salarié employé par ces filiales (cass. soc. 23 septembre 2009, n° 07-44200, BC V n° 291) ;
- le directeur général de la société mère qui peut licencier le directeur général d'une filiale, dont il supervisait les activités (cass. soc. 13 juin 2018, n° 16-23701 FSPB).

En revanche, la DRH d'une filiale ne peut pas mener la procédure de licenciement du DG d'une autre filiale où elle n'exerce pas les fonctions de DRH (cass. soc. 20 octobre 2021, n° 20-11485 D).

Contenu de l'entretien

Échange d'arguments - Au cours de l'entretien, l'employeur est tenu d'indiquer le ou les motifs de la décision envisagée et de recueillir les explications du salarié (ou du conseiller de ce dernier) (c. trav. art. L. 1232-3). Un véritable débat contradictoire doit avoir lieu, l'entretien préalable devant permettre au salarié de connaître les motifs du licenciement envisagé et de s'expliquer à ce sujet.

▶ À noter… Un échange de courriers ou un entretien téléphonique ne peuvent pas remplacer l'entretien préalable (cass. soc. 14 novembre 1991, n° 90-44195 D).

L'employeur expose ses griefs, en indiquant au salarié le ou les motifs de la décision qu'il envisage. À défaut, il commet une irrégularité (cass. soc. 29 novembre 1990, n° 88-44308, BC V n° 598). Le fait qu'un grief mentionné dans la lettre de licenciement n'ait pas été évoqué durant l'entretien est une irrégularité de forme. Cela n'empêche pas les juges d'estimer que ce grief justifie le licenciement (cass. soc. 28 juin 2000, n° 98-43070 D).

L'employeur recueille les explications du salarié, qui est libre de s'exprimer, éventuellement assisté de son conseiller. Le salarié qui tiendrait des propos trop vifs pendant cet entretien ne pourrait pas être licencié pour ce motif, sauf réel abus (cass. soc. 27 février 2013, n° 11-26432 D).

▶ Attention… Durant l'entretien préalable au licenciement, l'employeur doit indiquer au salarié le motif de la sanction envisagée et recueillir ses explications, mais la loi n'impose pas de lui communiquer les pièces susceptibles de justifier la sanction (c. trav. art. L. 1232-2). En l'espèce, l'employeur n'avait pas à fournir au salarié les résultats de son enquête interne, à savoir les témoignages d'autres salariés. Il n'avait pas non plus à lui transmettre l'avis du conseil de discipline avant la notification du licenciement, la convention collective instaurant la consultation de ce conseil ne le prévoyant pas (cass. soc. 18 février 2014, n° 12-17557, BC V n° 52).

Langue utilisée - L'entretien doit être mené dans une langue compréhensible ou faire appel à un interprète. Il doit alors recourir à un interprète accepté par lui-même et par le salarié (cass. soc. 8 janvier 1997, n° 95-41085, BC V n° 4).

L'entretien avec un salarié dont le contrat de travail relève du droit du travail français ne doit pas nécessairement se dérouler en français. Ainsi, il peut être conduit en anglais par le président de la société mère si le salarié et lui-même parlent couramment cette langue (cass. soc. 6 mars 2007, n° 05-41378 D).

Pas de décision durant l'entretien - L'employeur ne doit en aucun cas faire part au salarié de sa décision de le licencier pendant l'entretien (cass. soc. 15 novembre 1990, n° 88-42261, BC V n° 559).

▶ Attention… Annoncer verbalement un licenciement à d'autres personnes que le salarié durant une réunion, se déroulant avant l'entretien préalable, revient à prononcer un licenciement verbal, donc dépourvu de motif (cass. soc. 23 octobre 2019, n° 17-28800 D).

Compte rendu de l'entretien - L'employeur et le salarié peuvent convenir d'établir un compte rendu de l'entretien qui peut servir d'élément de preuve devant les juges, s'il a été signé par chacun (cass. soc. 1er mars 2000, n° 97-45731 D).

Le compte rendu établi par le conseiller d'un salarié à l'issue de l'entretien préalable est également un élément de preuve. Le fait qu'il relate les aveux du salarié n'empêche pas celui-ci de contester devant le juge la réalité de la faute qui lui est reprochée (cass. soc. 1er février 2017, n° 15-26145 D).

Enfin, il a été admis que la personne ayant représenté l'employeur durant un entretien préalable (ex. : un responsable RH) établisse une attestation de témoignage, relatant les faits reconnus par le salarié durant l'entretien, et que l'employeur la produise en justice. Il appartient alors au juge d'apprécier s'il la prend en compte à titre de *preuve** (cass. soc. 23 octobre 2013, n° 12-22342, BC V n° 245).

▶ Attention… Il est interdit de faire appel à un huissier pour établir le procès-verbal de l'entretien (cass. soc. 30 mars 2011, n° 09-71412, BC V n° 83). Le cas échéant, cette tâche doit être confiée à une des personnes autorisées à être présente (ex. : employeur, assistant, conseiller du salarié).

Absence du salarié

Le salarié n'a pas l'obligation de se présenter à la convocation de son employeur (cass. soc. 15 mai 1991, n° 89-44670, BC V n° 235 ; cass. soc. 28 novembre 2000, n° 98-41308, BC V n° 394). Son absence ne peut pas être sanctionnée et la procédure suit son cours. L'employeur peut notifier le licenciement.

L'absence du salarié à l'entretien ne rend pas la procédure irrégulière, dès lors qu'il a été convoqué dans les formes (cass. soc. 23 juillet 1980, n° 80-60233, BC V n° 695 ; cass. soc. 17 septembre 2014, n° 13-16756 D).

Licenciement économique

En cas de licenciement pour motif économique dans une entreprise de moins de 1 000 salariés, l'employeur est tenu, lors de l'entretien, de proposer au salarié le bénéfice du *contrat de sécurisation professionnelle**.

Dans une entreprise de 1 000 salariés ou plus, l'employeur doit informer le salarié, lors de l'entretien préalable, des conditions de mise en œuvre du *congé de reclassement** (objet du congé, nature des prestations proposées, rémunération ou garanties sociales qui y sont liées), selon l'effectif de l'entreprise.

Issue de l'entretien

Si l'employeur maintient sa décision de licencier, il doit notifier le licenciement au salarié, en respectant un certain délai [voir *Licenciement (notification)**].

☛ *Entretien préalable au licenciement ; Entretien préalable au licenciement (convocation).*

Entretien préalable (sanction disciplinaire)

☛ *Sanctions disciplinaires (procédure).*

Entretien professionnel

Tous les 2 ans, et à l'issue de divers congés ou absences, le salarié doit bénéficier d'un entretien professionnel avec son employeur. Cet entretien prend une forme spécifique tous les 6 ans.

Entretien tous les deux ans

Entreprises et salariés concernés - Toutes les entreprises sont concernées par l'organisation de l'entretien professionnel, quelle que soit leur taille. De même, tous les salariés de l'entreprise sont concernés, quelle que soit la nature de leur contrat de travail.

Entretien annoncé à l'embauche - Lors de son embauche, le salarié doit être informé qu'il bénéficiera tous les 2 ans d'un entretien professionnel avec son employeur (c. trav. art. L. 6315-1, I). Même si les textes ne posent aucune exigence de forme, un écrit est recommandé pour des questions de preuve.

La responsabilité de son organisation incombe à l'employeur (« Entretien professionnel », www.travail-emploi.gouv.fr).

Entretien professionnel

Périodicité - En principe, l'entretien professionnel a lieu tous les 2 ans.

Un d'accord d'entreprise (à défaut, un accord de branche) peut prévoir une périodicité différente afin de prendre en compte les réalités de l'entreprise (c. trav. art. L. 6315-1, III). Un tel accord collectif s'applique, sauf stipulation contraire, pour l'ensemble du cycle d'entretiens en cours et pour les cycles d'entretiens suivants (Questions/Réponses sur l'entretien professionnel mises à jour le 21 juin 2021).

Dans une réponse faite à la rédaction, l'administration a indiqué que les entretiens bisannuels doivent être réalisés à échéance de 2 ans, avec une certaine souplesse permettant de les conduire autour de ladite date. Prenant l'exemple d'un salarié embauché le 15.04.2016 :
- le 1er entretien était à organiser autour du 15.04.2018 ;
- le 2e autour du 15.04.2020 (avec report lié à la crise sanitaire jusqu'au 30.06.2021) ;
- le 3e (état des lieux sexennal) sera à réaliser avant le 15.04.2023, compte tenu du décompte des 6 ans en années révolues *(voir ci-après)*.

▶ Attention… Cette réponse à la rédaction n'a pas en elle-même de valeur juridique. Dans un souci de clarification, il serait à notre sens souhaitable que l'administration « officialise » sa lecture du décompte des 2 ans.

Report dans le contexte de la crise sanitaire - Compte tenu de la crise liée au covid-19, les employeurs ont pu reporter jusqu'au 30.06.2021 au plus tard la tenue des entretiens professionnels bisannuels qui auraient dû intervenir entre le 1.01.2020 et le 30.06.2021 (ord. 2020-387 du 1er avril 2020, JO du 2 ; ord. 2020-1501 du 2 décembre 2020, JO du 3).

Objet de l'entretien professionnel - L'entretien professionnel a pour objet d'étudier les perspectives d'évolution professionnelle du salarié, notamment en termes de qualifications et d'emploi.

Il s'agit aussi d'informer le salarié sur :
- la validation des acquis de l'expérience ;
- l'activation de son *compte personnel de formation** (CPF) ;
- les abondements de son CPF que l'employeur est susceptible de financer ;
- le *conseil en évolution professionnelle** (CEP), afin de renforcer la connaissance du dispositif par les salariés.

En revanche, il n'est pas question d'évaluer le travail du salarié (c. trav. art. L. 6315-1, I). L'entretien professionnel se distingue ainsi de l'éventuel entretien annuel (voir *Évaluation des salariés**).

Organisation de l'entretien - L'employeur fixe la date de l'entretien. Il peut inviter le salarié par oral ou par écrit, certains jugeant préférable de laisser au salarié un délai pour se préparer avant la date de l'entretien.

Le code du travail ne prévoit pas de modalité spécifique concernant l'organisation de l'entretien professionnel. Généralement, il se déroule pendant le temps de travail, dans les locaux de l'entreprise. Selon le ministère du Travail, l'entretien professionnel bisannuel ainsi que l'entretien d'état des lieux peuvent toutefois s'effectuer en visioconférence, en particulier dans le contexte de la crise sanitaire (Questions/réponses « Entretien professionnel », Ministère du travail, mis à jour le 21 juin 2021).

Si l'entretien déroule en dehors des horaires habituels du salarié (ex. : travailleur de nuit), il convient à notre sens de rémunérer le temps d'entretien comme du temps de travail effectif.

Document écrit - Cet entretien professionnel doit être formalisé dans un document écrit dont l'employeur remet une copie au salarié (c. trav. art. L. 6315-1, I).

▶ À noter… L'administration n'a pas diffusé de document type. Les employeurs pourront se rapprocher de leur OPCO, lorsque celui-ci a établi des modèles. Voir dans cette étude, un modèle élaboré par nos soins.

Information-consultation du CSE - La *base de données économiques, sociale et environnementale (BDESE)** met à la disposition du *comité social et économique** des informations sur la mise en œuvre des entretiens professionnels, dans le cadre de sa consultation sur la politique sociale de l'entreprise, les conditions de travail et l'emploi (c. trav. art. L. 2312-26).

Entretien au retour d'une absence ou d'un congé

L'entretien professionnel est proposé systématiquement au salarié qui reprend son activité à l'issue :
- d'un congé de maternité ou d'*adoption** (c. trav. art. L. 1225-27 et L. 1225-46-1) [voir *Maternité (congé de)**] ;
- d'un *congé parental d'éducation** total (c. trav. art. L. 1225-57) ;
- d'un *congé de proche aidant** ;
- d'un *congé sabbatique** (c. trav. art. L. 3142-28) ;
- d'une période de *mobilité volontaire sécurisée**, dans les entreprises d'au moins 300 salariés (c. trav. art. L. 1222-12) ;

- d'une période d'activité à temps partiel au retour d'un congé de maternité ou d'adoption (souvent appelé *congé parental d'éducation** à temps partiel) (c. trav. art. L. 1225-47 et L. 1225-57) ;
- d'un arrêt de travail causé par une affection de longue durée ou d'une interruption de travail de longue durée (c. séc. soc. art. L. 324-1) ;
- d'un mandat syndical [voir*Délégué syndical (désignation)**, *Représentant de la section syndicale** et *Représentant syndical auprès du CSE**].

Tous ces entretiens peuvent avoir lieu à une date antérieure à la reprise de poste, si le salarié le demande (c. trav. art. L. 6315-1, I).

▶ À noter… L'absence de proposition d'un entretien professionnel au retour du congé maternité n'entraîne pas, à elle seule, la nullité du licenciement prononcé ultérieurement, dans la mesure où aucune disposition ne la prévoit (cass. avis 7 juillet 2021, n° 21-70011, B. avis n° 15010).

Entretien « état des lieux » tous les six ans

Entretien spécifique - Tous les 6 ans de présence continue du salarié dans l'entreprise, l'entretien professionnel a un objectif spécifique. En plus des points abordés durant l'entretien professionnel « classique », il convient d'y faire un « état des lieux » récapitulatif du parcours professionnel du salarié (c. trav. art. L. 6315-1, II).

La durée de 6 ans s'apprécie par référence à l'ancienneté du salarié dans l'entreprise.

Le ministère du Travail a rappelé dans un document questions/réponses (Questions/Réponses sur l'entretien professionnel mises à jour le 21 juin 2021) que l'ancienneté s'apprécie :
- pour les salariés en poste à la date du 7.03.2014, par référence à cette date ;
- pour les salariés embauchés après le 7.03.2014, par référence à leur date d'embauche.

Ces Q/R indiquent que la référence à la notion d'ancienneté implique que les périodes de suspension du contrat de travail, et notamment certaines absences, ne sont pas prises en compte dans le calcul des 6 ans. Même si cela n'est pas précisé, les absences et congés assimilés à du temps de présence pour le calcul de l'ancienneté ne sont pas déduits.

Les Q/R soulignent aussi que la notion d'ancienneté s'apprécie en années révolues. L'entretien professionnel d'état des lieux « doit être réalisé avant que le salarié n'atteigne les sept ans d'ancienneté », soit entre la 6e et la 7e année d'ancienneté. À partir des 6 ans d'ancienneté révolus, l'employeur a donc 1 an pour réaliser l'entretien d'état des lieux.

Exemple

À notre sens, pour un salarié en poste le 7.03.2014 avec une ancienneté continue, les 6 ans d'ancienneté ont été atteints le 7.03.2020. L'entretien d'état des lieux devait être réalisé avant le 7.03.2021 (report possible jusqu'au 30.09.2021 ; *voir ci-après*).

Report dans le contexte de la crise sanitaire - Compte tenu de la crise sanitaire liée au covid-19, les employeurs ont eu jusqu'au 30.06.2021 pour organiser les entretiens d'état des lieux qui devaient être réalisés sur 2020 et sur le premier semestre 2021. Le ministère du Travail a toutefois indiqué qu'ils avaient jusqu'au 30.09.2021 pour réaliser ces entretiens, sans risquer de sanction. Mais il s'agissait d'une tolérance pour les entreprises qui auraient eu des difficultés à respecter le calendrier légal, la date officielle de tenue de ces entretiens étant restées le 30.06.2021 (Questions/Réponses sur l'entretien professionnel mises à jour le 21 juin 2021).

Pour les employeurs de 50 salariés et plus, l'application de l'abondement correctif au CPF a été décalée d'autant *(voir ci-après)* (ord. 2020-387 du 1er avril 2020, JO du 2 ; ord. 2020-1501 du 2 décembre 2020, JO du 3 ; loi 2021-689 du 31 mai 2021, art. 8, XIX, JO 1er juin).

Vérifications à opérer - L'employeur doit s'assurer que le salarié a bénéficié au cours des 6 dernières années d'un entretien professionnel tous les 2 ans et, si nécessaire, des entretiens prévus au retour de certaines absences ou congés *(voir ci-avant)*. Mais il doit aussi apprécier si le salarié :
- a suivi au moins une action de formation ;
- a acquis des éléments de certification, par la formation ou par une validation des acquis de son expérience ;
- a bénéficié d'une progression salariale ou professionnelle.

Sur la notion de « progression salariale », qui n'est pas précisée par les textes, le ministère du Travail indique qu'il s'agit (Questions/Réponses sur l'entretien professionnel mises à jour le 21 juin 2021) :
- soit de la progression salariale d'un salarié, appréciée à la fois au niveau individuel et/ou au niveau collectif ;
- soit d'une progression professionnelle comprenant la progression « verticale » au niveau des différents échelons hiérarchiques, et la mobilité

« horizontale » qui consiste en une progression en termes de responsabilités ou en un changement de métier.

Un accord d'entreprise (à défaut, un accord de branche) peut mettre en place des critères différents pour apprécier le parcours professionnel du salarié (c. trav. art. L. 6315-1, III). Pour autant, l'employeur doit toujours vérifier si le salarié a bénéficié de tous ses entretiens professionnels obligatoires.

▶ À noter… La périodicité de l'entretien professionnel « spécifique » reste fixée à 6 ans et n'est pas négociable.

Formalisation de l'entretien - La rédaction d'un document formalise cet entretien « état des lieux ». Une copie en est remise au salarié.

Abondement correctif du compte personnel de formation

Sanction de l'absence d'entretien et de formation - Dans les entreprises d'au moins 50 salariés, lorsqu'au cours de 6 années de présence continue dans l'entreprise, le salarié n'a pas bénéficié des entretiens prévus (bisannuels et au retour d'une absence) et aussi d'une formation non obligatoire, l'employeur doit abonder le CPF du salarié (c. trav. art. L. 6323-13). Il s'agit de conditions cumulatives (Questions/Réponses sur l'entretien professionnel, mises à jour le 21 juin 2021).

▶ À noter… Depuis le 1.01.2020, cet effectif est calculé en prenant pour référence l'*effectif sécurité sociale** (loi 2019-486 du 22 mai 2019, JO du 23).

Par formation non obligatoire, il faut entendre non imposée par l'exercice d'une activité ou d'une fonction, en application d'une convention internationale ou d'une disposition légale ou réglementaire (voir *Actions de formation**).

Ce mécanisme de sanction, qui devait initialement s'appliquer à compter du 1.07.2021 (compte tenu du report de la date limite de l'entretien d'état des lieux au 30.09.2021), a été suspendu jusqu'au 30.09.2021 (loi 2021-689 du 31 mai 2021, art. 8, XIX, JO 1er juin). Cet abondement aurait dû être versé à partir du 1.10.2021 et avant le 1.03.2022 (date limite de versement du solde des contributions formation 2021). Toutefois, par dérogation, pour les entretiens sexennaux qui devaient se dérouler en 2020 et 2021, la date limite de transmission des informations et de paiement de l'abondement est fixée au 31.03.2022 (décret 2021-1916 du 30 décembre 2021, art. 4, III).

Montant de l'abondement correctif - L'abondement est fixé à 3 000 € (c. trav. art. R. 6323-3). Cette somme est plafonnée à un montant correspondant à 6 fois le plafond annuel de droits inscrits au *compte personnel de formation** (c. trav. art. L. 6323-13). L'abondement est versé à la caisse des dépôts et consignation qui crédite ensuite le CPF du salarié.

La question de cet abondement devait se présenter pour la première fois à compter du 6.03.2020, date limite du premier entretien « état des lieux » sexennal pour les salariés qui étaient à l'effectif le 7.03.2014 (entrée en vigueur de la loi « formation » du 5.03.2014). Mais la crise sanitaire liée au covid-19 a changé la donne.

Après que la date pour tenir ces entretiens « état des lieux » ait été repoussée au 31.12.2020, 6 mois supplémentaires ont été donnés aux entreprises, soit jusqu'au 30.06.2021, pour réaliser ces entretiens (ord. 2020-387 du 1er avril 2020, JO du 2 ; ord. 2020-1501 du 2 décembre 2020, JO du 3), et par tolérance au 30.09.2021 *(voir ci-avant)*.

▶ À noter… Pour les entreprises de moins de 50 salariés, les textes ne prévoient aucune sanction particulière.

Abondement correctif : dispositif transitoire - Il était prévu que jusqu'au 31.12.2020, l'entreprise pouvait prendre en compte les règles antérieures à la loi Avenir professionnel pour éviter l'abondement correctif du CPF (ord. 2019-861 du 21 août 2019, art. 7, 1°, JO du 22 ; loi 2018-771 du 5 septembre 2018, art. 1, XIII nouveau).

▶ À noter… Ce droit d'option, prévu pendant la période transitoire de 2020 pour les entreprises d'au moins 50 salariés, s'applique de manière individuelle. Cela signifie que l'employeur applique l'option salarié par salarié et non pas au niveau de l'entreprise dans sa globalité (Questions/Réponses sur l'entretien professionnel mises à jour le 21 juin 2021).

Elle devait alors avoir réalisé sur les 6 dernières années les entretiens professionnels obligatoires et 2 actions parmi les 3 suivantes :

- le salarié a suivi d'au moins une action de formation ;
- le salarié a acquis ces éléments de certification par la formation ou par une VAE ;
- le salarié a bénéficié d'une progression salariale ou professionnelle.

Ce droit d'opter pour ce dispositif a été reporté au 30.09.2021 pour prendre en compte la crise sanitaire (ord. 2020-1501 du 2 décembre 2020, JO du 3 ; loi 2021-689 du 31 mai 2021, art. 8, XX, JO 1er juin ; loi 2018-771 du 5 septembre 2018, art. 1, XIII, modifié ; Questions/Réponses sur l'entretien professionnel mises à jour le 21 juin 2021).

Entretien et représentation du personnel

Entretiens propres aux représentants - Certains représentants du personnel bénéficient d'un entretien en début de mandat et d'un autre en fin de mandat avec leur employeur. Ces entretiens s'ajoutent à l'entretien professionnel (voir *Entretien avec les représentants du personnel**).

Information des représentants - La *base de données économiques, sociales et environnementales (BDESE)** met à la disposition du *comité social et économique** des informations sur la mise en œuvre des entretiens professionnels, dans le cadre de sa consultation sur la politique sociale de l'entreprise, les conditions de travail et l'emploi (c. trav. art. L. 2312-26, R. 2312-8 et R. 2312-9).

Compte rendu d'entretien professionnel

L'entretien professionnel a pour objet d'échanger ensemble sur vos perspectives d'évolution professionnelle, notamment en termes de qualifications et d'emploi.

Salarié

Nom, prénom : …

Poste occupé : … Depuis le : …

Principales caractéristiques du poste (missions, compétences requises) : …

Type de contrat de travail : …

Ancienneté dans l'entreprise : …

Interlocuteur du salarié

Nom, prénom : …

Poste occupé : …

Nature de l'entretien

0 Entretien professionnel bisannuel (la périodicité peut être différente)

0 Entretien proposé suite à une reprise d'activité (congé maternité, congé parental d'éducation, etc.)

0 Entretien proposé au terme d'un mandat syndical (préciser)

Date et heure de l'entretien : …

Parcours professionnel et de formation du salarié dans l'entreprise

Postes successivement occupés dans l'entreprise (périodes) : …

Actions de formation effectuées dans le cadre du *plan de développement des compétences** (dates, durée) : …

Validation des acquis de l'expérience : …

Autre : …

Heures de formation disponibles

À l'occasion de cet entretien, nous vous rappelons que vous disposez de... euros dans le cadre de votre compte personnel de formation. Vous pouvez vous en servir pour effectuer une formation, le cas échéant, pendant votre temps de travail. Pour de plus amples informations, vous pouvez vous rendre sur le site Internet : www.moncompteformation.gouv.fr

Bilan de l'entretien professionnel précédent

Date et nature du dernier entretien : …

Actions réalisées : …

Actions en cours de réalisation : …

Souhaits du salarié pour les années à venir

Souhait d'évolution professionnelle (à court terme, à long terme) : …

Souhait de formation (intitulé de la formation souhaitée) : …

Autres remarques en rapport avec l'entretien professionnel : …

Remarques de l'interlocuteur sur les actions pouvant être envisagées

Formation : …

Perspectives d'évolution (changement de poste, nouvelles responsabilités, autres) : …

Signatures

Enveloppes (élections professionnelles)

☛ *Élections professionnelles (matériel de vote) ; Élections professionnelles (protocole d'accord préélectoral).*

Épargne salariale

☛ *Actionnariat des salariés ; État récapitulatif de l'épargne salariale ; Forfait social (contribution patronale) ; Intéressement des salariés ; Livret d'épargne salariale ; Participation des salariés aux résultats de l'entreprise ; Plan d'épargne d'entreprise (PEE) ; Plan d'épargne interentreprises (PEI) ; Plan d'épargne pour la retraite collectif (PERCO) ; Plan d'épargne retraite d'entreprise collectif (PERE-CO) ; Plan d'épargne retraite d'entreprise obligatoire (PERE-OB) ; Réserve spéciale de participation.*

Équipements de travail et de protection

L'employeur doit mettre à la disposition des salariés des équipements de travail adaptés au travail à réaliser (c. trav. art. L. 4121-2, L. 4311-1 et s. et R. 4321-1 et s.) (arrêté du 22 octobre 2009, JO du 4 novembre 2009) (arrêté du 27 octobre 2009, JO du 5 novembre 2009). Le cas échéant, il doit aussi mettre à leur disposition des *vêtements** de travail.

Il doit également mettre à la disposition des travailleurs des équipements de protection individuelle (EPI) si les mesures de protection collective s'avèrent insuffisantes (c. trav. art. L. 4121-2).

▶ Attention… L'employeur qui ne met pas à disposition le ou les EPI nécessaires prend le risque de se voir reprocher une faute inexcusable en cas d'accident du travail consécutif à ce manquement (ex. : harnais de sécurité pour des salariés qui travaillaient à plus de 8 mètres du sol sans la protection d'un garde-corps) (cass. soc. 28 mars 2002, n° 00-11627, BC V n° 110). Le cas échéant, il peut y avoir une condamnation pénale pour blessures, homicide involontaire ou mise en danger d'autrui.

Sur le port obligatoire du masque en entreprise dans le cadre des mesures de prévention des risques professionnels liés au covid-19, voir *Covid-19 (hygiène et sécurité)**.

Les EPI et les vêtements de travail doivent être fournis gratuitement par l'employeur. Ils ne constituent pas des avantages en nature (c. trav. art. R. 4321-5 et R. 4323-95).

☛ *Hygiène et sécurité (obligations de l'employeur).*

Équipes de fin de semaine

Mise en place

Accord collectif - Une convention ou un accord d'entreprise ou d'établissement (à défaut, une convention ou un accord collectif étendu) peut prévoir que les entreprises industrielles fonctionnent à l'aide d'un personnel d'exécution composé de deux groupes. L'un des deux groupes (équipes de fin de semaine ou équipes de suppléance) a alors pour fonction de remplacer l'autre pendant le ou les jours de repos accordés à celui-ci. Le *repos hebdomadaire** des salariés de l'équipe de suppléance peut être donné un autre jour que le *dimanche** (c. trav. art. L. 3132-16).

▶ À noter… Le cas échéant, l'accord d'entreprise ou d'établissement prime sur la convention ou l'accord collectif étendu [voir *Accord collectif d'entreprise (conclusion avec délégué syndical)**, *Accord collectif d'entreprise (conclusion sans délégué syndical)** et *Accord collectif d'entreprise (contenu)**].

Cette possibilité concerne les équipes de fin de semaine et les remplacements à l'occasion d'un jour férié ou d'un congé annuel.

La dérogation s'applique également au personnel nécessaire à l'encadrement de l'équipe de suppléance.

Contenu de l'accord - La convention ou l'accord collectif prévoyant la mise en place d'une équipe de suppléance comporte obligatoirement des dispositions concernant (c. trav. art. L. 3132-17) :

- les conditions particulières de mise en œuvre de la formation du personnel travaillant en équipe de suppléance et la rémunération du temps de formation ;
- les modalités d'exercice du droit des salariés de l'équipe de suppléance d'occuper un emploi autre que de suppléance.

Autorisation de l'inspection du travail - En l'absence de convention ou d'accord collectif, le recours aux équipes de suppléance peut être accordée par l'inspecteur du travail après consultation des délégués syndicaux et avis du *comité social et économique** (CSE), s'il existe (c. trav. art. L. 3132-18).

L'autorisation de l'inspection du travail est accordée si cette organisation tend à une meilleure utilisation des équipements de production et au maintien, ou à l'accroissement, du nombre d'emplois existants (c. trav. art. R. 3132-10).

Les demandes de dérogation, accompagnées des justifications nécessaires ainsi que de l'avis des délégués syndicaux et du CSE sont adressées par l'employeur à l'inspecteur du travail (c. trav. art. R. 3132-13).

L'inspecteur du travail fait connaître sa décision à l'employeur et, s'il y a lieu, aux représentants du personnel dans un délai de 30 jours à compter de la date de la réception de la demande (c. trav. art. R. 3132-13) (voir *Décision de l'administration**). Sa décision peut faire l'objet d'un recours hiérarchique devant le DREETS (c. trav. art. R. 3132-14).

Statut des salariés

Durée quotidienne de travail - La durée quotidienne du travail des salariés en équipes de suppléance peut atteindre 12 h lorsque la durée de la période de recours à ces équipes n'excède pas 48 h consécutives. Lorsque cette durée est supérieure à 48 h, la journée de travail des salariés concernés ne peut pas excéder 10 h (c. trav. art. R. 3132-11).

Lorsque la dérogation est utilisée en vertu d'un accord d'entreprise ou d'établissement, l'autorisation de dépasser la durée maximale journalière de travail de 10 h doit être demandée, le cas échéant, à l'inspecteur du travail (c. trav. art. R. 3132-12).

Repos hebdomadaire - L'équipe de suppléance peut travailler 1, 2 ou 3 jours, selon que l'équipe de semaine travaille respectivement sur 6, 5 ou 4 jours (circ. DRT 94-4 du 21 avril 1994, III, 1.1.2). Souvent, le recours aux équipes de suppléance a lieu le samedi et le dimanche, ou encore le dimanche et le lundi.

Il est impossible d'occuper l'équipe de suppléance en même temps que l'équipe qu'elle remplace ou lorsque celle-ci n'a pas terminé son travail. On peut néanmoins admettre des chevauchements de courte durée afin d'assurer la continuité du processus de production (ex. : pour la prise de consignes) (circ. DRT 94-4 du 21 avril 1994).

▶ À noter… La circulaire précitée est réputée abrogée [voir *Circulaires (opposabilité)**], mais elle demeure à notre sens intéressant pour guider l'employeur dans ses pratiques.

Jours fériés - L'équipe de suppléance peut être occupée un jour férié sans que cela mette en cause son activité de fin de semaine, dès lors que ce jour férié est collectivement chômé par l'équipe de semaine (circ. DRT 94-4 du 21 avril 1994, III, 1.1.2.2).

Rémunération - La rémunération des salariés de l'équipe de suppléance est majorée d'au moins 50 % par rapport à celle qui serait due pour une période équivalente effectuée suivant l'horaire normal de l'entreprise. Cette majoration ne s'applique pas lorsque ces salariés sont amenés à remplacer, durant la semaine, les salariés partis en congé (c. trav. art. L. 3132-19).

▶ À noter… Lorsqu'un salarié de l'équipe de suppléance effectue dans ce cadre des heures de *travail de nuit**, la majoration de 50 % se cumule avec une majoration conventionnelle pour travail de nuit (cass. soc. 16 mai 2012, n° 11-13976 D ; cass. soc. 17 mai 2018, n° 17-11375 D).

Le régime salarial spécifique aux salariés des équipes de suppléance écarte toute comparaison avec d'autres salariés, au regard d'un avantage salarial tel qu'une prime de nuit. Le principe d'égalité de traitement n'est donc pas applicable dans cette situation (cass. soc. 5 mai 2021, n° 19-20547 FSP) [voir *Salaire (à travail égal, salaire égal)**].

Congés annuels et remplacement - L'équipe de suppléance ne peut intervenir que pour remplacer l'équipe de semaine en congé collectif. Lorsque ce remplacement a lieu en semaine et dépasse une journée, les salariés des équipes de suppléance ne peuvent pas être occupés simultanément en fin de semaine (circ. DRT 94-4 du 21 avril 1994, III, 1.1.2.3).

Il ne peut pas être fait appel, à titre individuel, au personnel des équipes de suppléance pour faire face à l'absence de certains salariés motivée par la maladie ou un événement familial (circ. DRT 94-4 du 21 avril 1994, III, 1.1.2.1).

☛ *Dimanche ; Repos hebdomadaire.*

Espace économique européen (EEE)

L'accord créant l'Espace économique européen, signé le 2.05.1992, lie les États membres de l'Union européenne (UE) ainsi que les trois États suivants : l'Islande, le Liechtenstein et la Norvège.

Les signataires de l'accord avaient pour objectif d'étendre le marché intérieur de l'Union européenne à des pays de l'Association européenne de libre-échange (AELE) ne pouvant pas entrer dans l'UE.

Dans le cadre de l'EEE, la libre circulation des personnes ne vaut que pour les travailleurs salariés (alors qu'elle est totale pour tous les ressortissants de l'UE).
Sur le Brexit, voir *Union européenne (UE)**.

Essai professionnel

Formalités liées au test

Voir *Données personnelles** et *Recrutement**.

Test avant le contrat

L'essai professionnel est un examen ou une épreuve auquel l'employeur soumet un candidat à un poste (ex. : fabrication d'une pièce, pose d'un appareil, réalisation d'un courrier, utilisation d'un logiciel, négociation commerciale par jeux de rôles). Son objectif est de permettre à l'employeur, avant de décider de recruter, d'apprécier les compétences professionnelles d'un candidat et de vérifier sa capacité à occuper le poste concerné.

▶ Attention... L'essai professionnel se situe avant la signature du contrat de travail et exige une mise en situation dans un contexte réel. Il doit être distingué de la *période d'essai** qui se déroule après l'embauche.

L'essai professionnel est de courte durée et suppose une mise en situation « aidée » du candidat, qui ne se trouve pas placé dans des conditions normales d'emploi (cass. soc. 4 janvier 2000, n° 97-41154, BC V n° 4 ; cass. soc. 26 novembre 2008, n° 07-42673 D ; cass. soc. 9 novembre 2011, n° 10-13573 D ; rép. Radié n° 29546, JO 5 mars 2019, AN quest. p. 1193).

Exemple

Une candidate ayant effectué un test de quelques heures ne peut pas prétendre avoir exécuté une prestation de travail dans des conditions normales d'emploi. À ce titre, elle n'a pas à être rémunérée et ne peut pas obtenir de dommages et intérêts pour *travail dissimulé** (cass. soc. 16 septembre 2009, n° 07-45485 D).

Rémunération

La loi ne prévoit rien en ce qui concerne l'essai professionnel. L'employeur se réfère donc à sa convention collective qui prévoit, ou non, une indemnisation pour ce test.

Lorsque l'essai professionnel se prolonge et que le candidat réalise un travail habituel de l'entreprise (ex. : une journée de travail), le versement d'une rémunération paraît s'imposer à l'employeur.

Qu'elles soient ou non prévues par la convention collective, les sommes versées au candidat en contrepartie de l'essai professionnel sont soumises à cotisations de sécurité sociale, même si le résultat de ce travail n'est pas exploité par l'entreprise (ex. : pièce mise au rebut) (cass. soc. 19 avril 1967, BC IV n° 313 ; cass. soc. 10 juillet 1969, n° 68-12045, BC V n° 487).

Issue du test

L'essai professionnel se situe avant la conclusion éventuelle du contrat de travail. L'employeur n'est pas encore lié par un quelconque début de relation contractuelle. Si le test ne le satisfait pas, il n'embauche pas le salarié. Il n'y a pas de « rupture » à proprement parler.

Établissement distinct

☛ *Comité social et économique (établissement) ; Délégué syndical (désignation) ; Élections professionnelles.*

État récapitulatif de l'épargne salariale

Obligation

Lorsqu'un salarié quitte l'entreprise, l'employeur doit lui remettre un état récapitulatif de l'ensemble des sommes et valeurs mobilières épargnées ou transférées au sein de l'entreprise dans le cadre de la participation, de l'intéressement ou des plans d'épargne (c. trav. art. L. 3341-7 ; instr. min. 2016-45 du 18 février 2016, p. 24 ; guide intermin. épargne salariale, juillet 2014, dossier 9, fiche 3).

L'état récapitulatif s'insère dans le *livret d'épargne salariale**.

L'employeur qui tarde à le remettre s'expose au paiement de dommages et intérêts, sous réserve que ce retard ait effectivement causé un préjudice au salarié (cass. soc. 18 mai 2011, n° 10-11043 D).

Par ailleurs, les salariés reçoivent chaque année un *relevé annuel de situation** des plans d'épargne.

Contenu

Distinguer actifs disponibles et actifs immobilisés - L'état récapitulatif distingue (c. trav. art. L. 3341-7 ; loi 2021-219 du 26 février 2021, art. 2, JO du 27) :

- les actifs disponibles, en mentionnant tout élément utile au salarié pour en obtenir la liquidation ou le transfert ;

- les actifs affectés au plan d'épargne pour la retraite collectif (PERCO) ou au plan d'épargne retraite d'entreprise collectif (PERE-CO), en précisant les échéances auxquelles ces actifs seront disponibles ainsi que tout élément utile au transfert éventuel vers un autre plan ;

- depuis le 28.02.2021, les actifs affectés dans des plans d'épargne *retraite supplémentaire** [à cotisations définies, dits contrats « article 83 » ou « article 82 » et contrats de retraite supplémentaire à prestations définies, à droits aléatoires (c. séc. soc. art. L. 137-11) ou à droits certains (c. séc. soc. art. L. 137-11-2), dits contrats « article 39 »].

Précisions obligatoires - L'état récapitulatif comporte les informations et mentions suivantes (c. trav. art. R. 3341-6) :
- l'identification du bénéficiaire ;
- la description de ses avoirs acquis ou transférés dans l'entreprise par accord de participation et plans d'épargne dans lesquels il a effectué des versements, avec mention, le cas échéant, des dates auxquelles ces avoirs sont disponibles ;
- l'identité et l'adresse des teneurs de registre et des teneurs de compte-conservation auprès desquels le bénéficiaire a un compte ;
- l'information selon laquelle, en cas de rupture du contrat de travail ou de cessation d'activité (dirigeant) et en l'absence de demande de liquidation des avoirs, les frais de tenue de compte-conservation sont pris en charge soit par l'entreprise, soit par le bénéficiaire, avec indication des modalités de prise en charge, notamment en cas de prélèvement sur les avoirs.

☛ *Intéressement des salariés ; Livret d'épargne salariale ; Participation des salariés aux résultats de l'entreprise ; Plan d'épargne d'entreprise (PEE) ; Plan d'épargne interentreprises (PEI) ; Plan d'épargne pour la retraite collectif (PERCO) ; Plan d'épargne retraite d'entreprise collectif (PERE-CO) ; Relevé annuel de situation ; Réserve spéciale de participation.*

Étrangers

☛ *Office français de l'immigration et de l'intégration ; Travailleurs étrangers.*

Évaluation des salariés

Un droit ou une obligation

Entretien d'évaluation - L'employeur a le droit d'évaluer le travail des salariés, étant entendu que l'organisation d'entretiens d'évaluation est facultative (cass. soc. 10 juillet 2002, n° 00-42368 D ; accord national interprofessionnel du 28 février 2020 portant diverses orientations pour les cadres). Cela étant, il lui appartient de vérifier la convention collective et les accords de branche qui lui sont applicables car certaines conventions imposent d'organiser des entretiens d'évaluation (cass. soc. 10 novembre 2009, n° 08-42114 D).

Quand une procédure d'évaluation existe dans l'entreprise, l'employeur doit veiller à ne pas créer de différence de traitement entre des salariés se trouvant dans une situation comparable au regard de cette procédure. L'absence d'évaluation d'un salarié pendant un certain nombre d'années, le privant de toute *promotion professionnelle** alors que tous ses collègues dans la même période en ont obtenu une, peut constituer une discrimination interdite (cass. soc. 5 mai 2011, n° 10-10953 D) (voir *Discriminations**).

Entretien distinct de l'entretien professionnel - L'entretien professionnel ne porte pas sur l'évaluation du travail du salarié (c. trav. art. L. 6315-1, I). En pratique, les entretiens d'évaluation coexistent donc avec l'*entretien professionnel**.

Procédure à suivre

Consultation du CSE - Avant de mettre en place une procédure d'évaluation des salariés, l'employeur doit consulter le *comité social et économique** (CSE), à notre sens, à double titre (cass. soc. 28 novembre 2007, n° 06-21964, BC V n° 201 ; cass. soc. 12 juillet 2010, n° 09-66339, BC V n° 168) :
- d'une part, sur les incidences possibles sur le comportement des salariés, leur évolution de carrière et leur rémunération d'un projet « important » (ex. : tous les salariés seront concernés) [voir *Comité social et économique (santé, sécurité et conditions de travail)**] ;
- d'autre part, sur le contrôle et l'évaluation individuels instaurés par le système [voir *Comité social et économique (informations-consultations ponctuelles)**].

▶ À noter... Ces précisions apportées par la Cour de cassation à propos du CE et du CHSCT restent, à notre sens valables, en présence d'un CSE.

Formalités liées au RGPD - Voir *Analyse d'impact des données**, *Données personnelles** et *Registre des activités de traitement**.

Information des salariés - L'employeur informe, expressément et préalablement à leur mise en œuvre, le salarié sur les méthodes et les techniques d'évaluation professionnelles qu'il va utiliser (c. trav. art. L. 1222-3). En d'autres termes, il peut mettre en œuvre un dispositif d'évaluation mais à la condition de l'avoir porté préalablement à la connaissance des salariés (cass. soc. 10 juillet 2002, n° 00-42368 D).

Il doit également informer le salarié avant de collecter des informations le concernant personnellement (c. trav. art. L. 1222-4).

▶ À noter… Pour des raisons de preuve, il est recommandé d'informer les salariés par écrit (cass. soc. 21 novembre 2006, n° 05-40656, BC V n° 349).

Conséquences en cas de non-respect des formalités - Dans le cas où l'employeur omet de soumettre son projet au CSE, il peut voir son projet suspendu et cela, tant qu'il n'aura pas rempli cette formalité (cass. soc. 28 novembre 2007, n° 06-21964, BC V n° 201).

▶ À noter… Cette précision apportée par la Cour de cassation à propos du CE et du CHSCT reste, à notre sens valable, en présence d'un CSE.

Par ailleurs, si l'employeur n'a pas informé préalablement les salariés et le CSE, il ne pourra rien reprocher au salarié qui refuserait de se soumettre aux entretiens d'évaluation (cass. soc. 6 avril 2004, n° 01-45227, BC V n° 103).

Entretien et méthodes d'évaluation

Déroulement de l'entretien - L'accord national interprofessionnel du 28.02.2020 portant diverses orientations pour les cadres incite les employeurs qui organisent des entretiens d'évaluation à communiquer, au cours de ces entretiens de manière transparente au salarié, et notamment au cadre :
- les modalités et les finalités de l'évaluation,
- les objectifs qu'il fixe,
- et les moyens permettant de les atteindre.

L'employeur veille à ce que la fixation des objectifs donne lieu à un échange le salarié. Si nécessaire, des points d'étape permettent d'ajuster les objectifs et participent à la performance des salariés et de l'entreprise.

Techniques d'évaluation - Les outils et méthodes d'évaluation doivent être pertinents au regard de la finalité poursuivie, à savoir évaluer le travail accompli (c. trav. art. L. 1222-3). Les procédés peu fiables scientifiquement ainsi que ceux qui ne déboucheraient pas sur une appréciation purement professionnelle doivent donc être écartés.

Informations demandées - Les informations demandées, sous quelque forme que ce soit, à un salarié ne peuvent avoir comme finalité que d'apprécier ses aptitudes professionnelles. Elles doivent présenter un lien direct et nécessaire avec l'évaluation de ses aptitudes. Le salarié est tenu de répondre de bonne foi à ces demandes d'informations (c. trav. art. L. 1222-2).

Dans la mesure où des *données personnelles** sont traitées, les dispositions protectrices de ces données doivent être respectées.

Critères d'évaluation - L'employeur ne doit pas s'appuyer sur des critères d'évaluation subjectifs ou discriminatoires (c. trav. art. L. 1132-1 et L. 2141-5 ; cass. soc. 17 octobre 2006, n° 05-40393, BC V n° 306) (voir *Discriminations**). Il doit utiliser des critères « préétablis, objectifs et contrôlables » (CA Grenoble 13 novembre 2002, ch. soc., n° 02-02794).

Quand toutes les formalités de mise en place de la procédure d'évaluation ont bien été suivies (*voir ci-avant*), le refus du salarié de s'y soumettre peut être sanctionné. Il a même été jugé qu'un tel refus pouvait constituer, compte tenu des circonstances, une faute grave et donc justifier un licenciement (cass. soc. 10 juillet 2002, n° 00-42368 D).

Interdiction du ranking par quotas - La mise en œuvre d'un mode d'évaluation reposant sur la création de groupes affectés de quotas préétablis que les évaluateurs sont tenus de respecter est illicite (cass. soc. 27 mars 2013, n° 11-26539, BC V n° 85).

▶ À noter… Le ranking par quotas (ou forced ranking) consiste à classer les salariés en fonction de leurs performances professionnelles dans différentes catégories en tenant compte de quotas imposés. Ainsi, les évaluateurs ont pour instruction de classer chaque salarié dans un groupe (ex. : groupe A : performant, groupe B : moyennement performant, groupe C : peu ou pas performant), sachant que chaque groupe doit impérativement rassembler un certain pourcentage de salariés (ex. : groupe A : 20 % au maximum, groupe B : 70 % et groupe C : 10 % au minimum).

Résultats de l'évaluation

Droit d'accès des salariés - Chaque salarié a le droit d'obtenir la communication des données d'évaluation professionnelle le concernant puisqu'il s'agit de *données personnelles**.

Exemple

Les valeurs de « classement annuel » (« ranking ») et de « potentiel » sont des données communicables au salarié concerné dès lors qu'elles ont été prises en compte pour décider de son augmentation de salaire [voir *Salaire (augmentations de)**], de sa *promotion professionnelle**, de son affectation, etc.

Le salarié peut demander une copie du document comportant ces données d'évaluation, ainsi que la signification des codes ou des valeurs qui lui sont appliqués (loi 78-17 du 6 janvier 1978, art. 49, JO du 7).

Confidentialité à l'égard des tiers - Les résultats obtenus doivent rester confidentiels (c. trav. art. L. 1222-3). Toutefois, il s'agit d'une confidentialité à l'égard des tiers qui n'est pas opposable aux salariés concernés : ceux-ci peuvent avoir accès, sur leur demande, aux résultats de leur évaluation. Cette précision apportée par une circulaire aujourd'hui réputée abrogée demeure à notre sens pertinente pour guider l'employeur dans ses pratiques (circ. DRT 1993-10 du 15 mars 1993) [voir *Circulaires (opposabilité)**].

▶ À noter… La non-communication de sa fiche de notation à un salarié qui en fait la demande peut constituer un des éléments permettant de caractériser un comportement discriminatoire à son encontre (cass. soc. 23 octobre 2001, n° 99-44215 D).

Compte rendu de l'évaluation et augmentation de salaire - Un salarié peut se prévaloir de la qualité de son travail, reconnue lors d'une évaluation, pour revendiquer l'augmentation obtenue par ses collègues dans le cadre du principe « à travail égal, salaire égal » [voir *Salaire (à travail égal, salaire égal)**]. En l'espèce, les juges lui ont donné gain de cause et ce, malgré les critiques dont son employeur faisait état car celles-ci étaient en contradiction avec le compte rendu d'évaluation (cass. soc. 20 février 2008, n° 06-40085, BC V n° 38).

Compte rendu de l'évaluation et preuve d'une discrimination - Des mentions négatives sur les activités de représentant du personnel figurant sur des comptes rendus d'entretiens d'évaluation, au vu desquels la direction de l'entreprise arrête ses choix de promotions, peuvent constituer des éléments laissant supposer l'existence d'une discrimination (cass. soc. 1er juillet 2009, n° 08-40988, BC V n° 166 ; cass. soc. 23 octobre 2019, n° 18-14976 D).

À l'inverse, les résultats d'une évaluation peuvent constituer une justification objective des décisions de l'employeur si celles-ci sont fondées sur des motifs objectifs étrangers à toute discrimination prohibée (cass. soc. 5 novembre 2009, n° 08-43112 D) [voir *Discriminations (contentieux)**].

Contestation du salarié

Le salarié qui conteste la justification de sa notation professionnelle du fait de ses incidences sur le déroulement de sa carrière ne peut pas obtenir des juges un rappel de salaires car cela reviendrait, pour eux, à se substituer à l'employeur. Le refus de faire bénéficier le salarié d'une promotion prévue au choix ne peut donc donner lieu qu'à une action en dommages et intérêts ; encore faut-il qu'il y ait eu abus de la part de l'employeur (cass. soc. 7 mai 2003, n° 01-41828 D), et que le salarié soit en mesure de prouver son préjudice.

Événements familiaux

☞ *Congé pour événement familial.*

Examens médicaux

Examens obligatoires

Le suivi de l'état de santé des salariés et de leur aptitude à tenir leur poste de travail s'effectue dans le cadre des visites médicales obligatoires assurées par le *service de prévention et de santé au travail** (c. trav. art. L. 4624-1, R. 4624-10 à R. 4624-28, R. 4624-31 à R. 4624-33) :

- la visite d'information et de prévention, dans les 3 mois de la prise de poste, ou l'examen médical d'aptitude pour les postes à risques, avant la prise de poste [voir *visite médicale (information et prévention)**] ;
- les visites médicales périodiques [voir *visites médicales (périodiques)**] ;
- la visite médicale de reprise après certains arrêts de travail [voir *visite médicale (reprise)**].
- la visite médicale de mi-carrière à partir du 31.03.2022 [voir *Visite médicale (mi-carrière)**] ;
- la visite médicale de fin de carrière pour les salariés en suivi médical renforcé ou qui y ont été soumis à un moment de leur carrière dont le départ ou la mise à la retraite intervient depuis le 01.10.2021 [voir *Visite médicale (fin de carrière)**].

▶ Attention… Sur les mesures dérogatoires et temporaires mises en place dans le cadre de l'épidémie de covid-19, voir *Covid-19 (médecine du travail)**.

Examens complémentaires

À la demande du médecin - Le *médecin du travail** peut réaliser ou prescrire les examens complémentaires nécessaires (c. trav. art. R. 4624-35) :

- à la détermination de la compatibilité entre le poste de travail et l'état de santé du travailleur,

notamment au dépistage des affections pouvant entraîner une contre-indication à ce poste de travail ;
- au dépistage d'une maladie professionnelle ou à caractère professionnel susceptible de résulter de l'activité professionnelle du travailleur ;
- au dépistage des maladies dangereuses pour l'entourage professionnel du travailleur.

Les examens complémentaires sont à la charge de l'employeur, lorsqu'il dispose d'un service autonome de prévention et de santé au travail et du service de prévention et de santé au travail interentreprises dans les autres cas. Le médecin du travail réalise ou fait réaliser ces examens au sein du service de santé au travail, ou choisit l'organisme chargé de pratiquer les examens. Ces derniers sont réalisés dans des conditions garantissant le respect de leur anonymat (c. trav. art. R. 4624-36). L'employeur ne doit donc pas connaître le nom des salariés concernés (circ. DGT 2012-13 du 9 novembre 2012, 1re partie, § 3.2.5).

Dans le cadre du suivi des travailleurs de nuit, le médecin du travail peut prescrire, s'il le juge utile, des examens spécialisés complémentaires, qui sont à la charge de l'employeur (c. trav. art. R. 4624-37).

En cas de désaccord entre l'employeur et le médecin du travail sur la nature et la fréquence de ces examens, la décision est prise par le médecin inspecteur du travail (c. trav. art. R. 4624-38).

À la demande du salarié, de l'employeur ou du médecin du travail - Indépendamment des examens d'aptitude à l'embauche et périodiques, ainsi que des visites d'information et de prévention, le travailleur bénéficie, à sa demande ou à celle de l'employeur, d'un examen par le médecin du travail. Le salarié peut solliciter notamment une visite médicale, lorsqu'il anticipe un risque d'inaptitude, dans l'objectif d'engager une démarche de maintien en emploi et de bénéficier d'un accompagnement personnalisé. Sa demande ne peut motiver aucune sanction. Le médecin du travail peut également organiser une visite médicale pour tout travailleur le nécessitant (c. trav. art. L. 4624-1 et R. 4624-34).

Visite de préreprise - En vue de favoriser le maintien dans l'emploi des travailleurs en arrêt de travail d'une durée de plus de 3 mois, une visite de préreprise est organisée par le médecin du travail à l'initiative du médecin traitant, du médecin-conseil des organismes de sécurité sociale ou du travailleur (c. trav. art. R. 4624-29) [voir *Visite médicale (reprise)**].

À partir du 31.03.2022, la visite de préreprise pourra aussi être organisée à l'initiative du médecin du travail, dès lors que le retour du travailleur à son poste est anticipé (loi 2021-1018 du 2 août 2021, art. 27, 2°, JO du 3 ; c. trav. art. L. 4624-2-4). L'employeur sera obligé d'informer le salarié de la possibilité de bénéficier d'un examen de préreprise.

Rendez-vous de liaison – À partir du 31.03.2022, un « rendez-vous de liaison » pourra être organisé à l'initiative de l'employeur ou du salarié pendant un arrêt de travail d'origine professionnelle ou non et supérieur à une durée qui sera fixée par décret (loi 2021-1018 du 2 août 2021, art. 27, 1°, JO du 3 ; c. trav. art. L. 1226-1-3).

Le salarié pourra refuser l'entretien sans aucune conséquence.

Si l'entretien a lieu, le salarié est informé des possibilités d'actions de prévention de la désinsertion professionnelle, d'une visite de préreprise et de mesures d'aménagement de son poste et du temps de travail.

À la demande du salarié concerné, le *référent handicap** participe au rendez-vous de liaison (loi 2021-1018 du 2 août 2021, art. 20 ; c. trav. art. L. 5213-6-1).

Rémunération

Le temps nécessité par les examens médicaux, y compris les examens complémentaires, est soit pris sur les heures de travail des salariés sans retenue de salaire, soit rémunéré comme du temps de travail normal lorsque ces examens ne peuvent pas avoir lieu pendant les heures de travail. Le temps et les frais de transport nécessités par ces examens sont pris en charge par l'employeur (c. trav. art. R. 4624-39).

Autorisations d'absence

Dans certaines circonstances et pour certains examens médicaux, les salariés peuvent bénéficier d'autorisations d'absence pour se rendre à des examens médicaux [voir *Congé pour don d'ovocytes**, *Congé PMA**, *Congés familiaux**, *Maternité (protection)** et *Paternité (protection)**].

☛ *Visite médicale (information et prévention) ; Visite médicale (fin de carrière) ; Visite médicale (mi-carrière) ; Visite médicale (reprise) ; Visites médicales (périodiques) ; Covid-19 (médecine du travail).*

Expatriation (protection sociale)

@ Cette étude est détaillée dans la version en ligne de ce Dictionnaire (voir www.rfsocial.com et www.rfeditions.com).

Expert

Différents types d'expertises

Expert comptable ou expert habilité - Dans les entreprises d'au moins 50 salariés, le *comité social et économique** (CSE) peut, le cas échéant sur proposition des commissions constituées en son sein, décider de recourir à un *expert comptable** ou un *expert habilité** dans les cas prévus par le code du travail (c. trav. art. L. 2315-78).

Expert libre - Le CSE a le droit de faire appel à tout type d'expertise rémunéré par ses soins pour la préparation de ses travaux (c. trav. art. L. 2315-81).

Modalités négociables par accord

Un accord d'entreprise, ou à défaut un accord conclu entre l'employeur et le CSE, adopté à la majorité des élus titulaires, peut déterminer le nombre d'expertises dans le cadre des consultations récurrentes sur une ou plusieurs années (c. trav. art. L. 2315-79) [voir *Comité social et économique (informations-consultations)**].

Sur les délais dont dispose l'expert pour rendre son rapport, voir ci-après.

Désignation de l'expert

Le CSE peut décider de recourir à un expert comptable ou à un expert habilité par délibération à laquelle, précise le ministère du Travail, l'employeur ne participe pas (c. trav. art. L. 2315-78 ; « Comité social et économique : 117 questions/réponses », Q/R 112).

▶ Attention… La désignation d'un expert comptable en cas de licenciements économiques avec PSE fait l'objet d'une procédure particulière [voir *Licenciement économique collectif (10 salariés ou plus dans une entreprise d'au moins 50 salariés)**].

À compter de la désignation de l'expert par le CSE, les membres du comité établissent au besoin et notifient à l'employeur un cahier des charges. L'expert notifie à l'employeur le coût prévisionnel, l'étendue et la durée d'expertise, dans un délai de 10 jours à compter de sa désignation (c. trav. art. L. 2315-81-1 et R. 2315-46).

Financement des expertises

Expertises financées à 100 % par l'employeur - L'employeur est tenu de prendre intégralement en charge les expertises mandatées dans le cadre (c. trav. art. L. 2315-80) :

- de la consultation sur la situation économique et financière (voir *Expert comptable**) ;
- de la consultation sur la politique sociale (voir *Expert comptable**) ;
- de licenciements économiques avec PSE (voir *Expert comptable**) ;
- d'un risque grave (voir *Expert habilité**) ;
- de la recherche d'un repreneur en cas de projet de fermeture de site décidé dans une entreprise d'au moins 1 000 salariés (c. trav. art. L. 1233-57-17) (voir *Fermeture d'établissement**).

Expertises financées à hauteur de 20 % par le CSE - Le CSE doit prendre en charge sur son budget de fonctionnement 20 % des frais d'expertises, le solde devant être assumé par l'employeur dans les cas suivants (c. trav. art. L. 2315-80) :

- la consultation récurrente sur les orientations stratégiques (voir *Expert comptable**) ;
- les consultations ponctuelles, à l'exception de celles liées à un licenciement économique collectif avec PSE (voir *Expert comptable**) et à un risque grave (voir *Expert habilité**).

Ainsi, le CSE doit participer au financement de :

- la quasi-totalité des expertises ponctuelles conduites par un *expert comptable** (sauf « expertise PSE ») ;
- de l'expertise ponctuelle en matière d'égalité professionnelle conduite par un *expert habilité** dans les entreprises d'au moins 300 salariés ;
- des expertises menées par un *expert habilité** en cas d'introduction de nouvelles technologies ou de projet important modifiant les conditions de santé et de sécurité ou les conditions de travail.

À titre d'exception (c. trav. art. L. 2315-80) :

- Si la *base de données économiques, sociales et environnementales (BDESE)** ne comporte aucun indicateur relatif à l'égalité professionnelle, l'expertise en vue de préparer la négociation sur l'égalité professionnelle est financée à 100 % par l'employeur dans les entreprises d'au moins 300 salariés ;
- pour toutes les expertises cofinancées par l'employeur et le CSE *(voir ci-avant)*, si le budget de fonctionnement du CSE est insuffisant et s'il n'y a pas eu de transfert d'excédent annuel du budget de fonctionnement vers le budget des activités sociales et culturelles au cours des 3 années précédentes, l'employeur paye l'intégralité. Par la suite, le CSE ne peut plus décider de transférer d'excédents du budget de fonctionnement à celui des activités sociales et culturelles pendant les 3 années suivantes (c. trav. art. L. 2315-61).

Expertise financée par le CSE - Le CSE peut faire appel à tout type d'expertise rémunéré par ses soins pour la préparation de ses travaux (c. trav. art. L. 2315-81).

Droits et obligations des experts

Accès aux locaux et informations - Dès lors que l'expertise est menée dans les situations prévues par le code du travail, les experts ont libre accès dans l'entreprise pour les besoins de leur mission (c. trav. art. L. 2315-82).

L'employeur fournit à l'expert les informations nécessaires à l'exercice de sa mission (c. trav. art. L. 2315-83).

L'expert demande à l'employeur, au plus tard dans les 3 jours de sa désignation, toutes les informations complémentaires qu'il juge nécessaires à la réalisation de sa mission. L'employeur répond à cette demande dans les 5 jours (c. trav. art. R. 2315-45). Sa mission peut porter sur tous les éléments d'ordre économique, financier, social ou environnemental nécessaires à leur compréhension (c. trav. art. L. 2315-87-1, L. 2315-89 et L. 2315-91-1 ; loi 2021-1104 du 22 août 2021, JO du 24).

Obligations de secret et de discrétion - Les experts sont tenus aux obligations de secret et de discrétion (c. trav. art. L. 2315-84) [voir *Discrétion (obligation de)** et *Secret professionnel**].

Délais d'expertise

Délai aménagé par accord d'entreprise - Pour chaque catégorie d'expertise, le délai maximal dans lequel l'expert remet son rapport au CSE est défini par accord d'entreprise ou accord conclu entre l'employeur et le CSE, adopté à la majorité des élus titulaires.

L'employeur et les élus du personnel peuvent toutefois aménager les délais dans lesquels l'expert doit rendre son rapport et le CSE émettre son avis, sans passer par un accord en bonne et due forme, à l'occasion d'une réunion du comité (cass. soc. 8 juillet 2020, n° 19-10987 FSPBRI). La Cour de cassation tient ainsi « compte des réalités des négociations de terrain » pour « éviter le contentieux que pourrait générer une appréciation trop stricte de la condition d'accord » (lettre de la chambre sociale n° 5, mai/juin/juillet 2020 ; www.courdecassation.fr). Cela étant, il est conseillé aux employeurs et aux élus du personnel de privilégier la voie légale, c'est-à-dire l'accord avec les DS ou, en l'absence de DS, l'accord avec la majorité des élus titulaires. Il s'agit de la solution la plus sûre juridiquement.

Délai applicable en l'absence d'accord - En l'absence d'accord, l'expert remet son rapport au plus tard 15 jours avant l'expiration des délais de consultations du CSE (c. trav. art. L. 2315-85 et R. 2312-6, al. 2 et 3), pour lesquelles la loi n'a pas fixé de délai spécifique [voir *Comité social et économique (délais et procédure de consultation)**].

Lorsque le CSE recourt à un expert comptable dans le cadre d'une opération de concentration, l'expert remet son rapport dans un délai de 8 jours à compter de la notification de la décision de l'Autorité de la concurrence ou de la Commission européenne saisie du dossier [voir *Concentration (consultation du CSE)**]. De plus, l'expertise « PSE » du CSE fait l'objet d'un délai spécifique [voir *Licenciement économique collectif (10 salariés ou plus dans une entreprise d'au moins 50 salariés)**].

À défaut d'accord d'entreprise ou d'accord entre l'employeur et le CSE, adopté à la majorité des élus titulaires, lorsque le comité recourt à une expertise en dehors des cas mentionnés ci-avant, l'expert remet son rapport dans un délai de 2 mois à compter de sa désignation. Ce délai peut être renouvelé une fois pour une durée maximale de 2 mois, par accord entre l'employeur et le CSE, adopté à la majorité des membres titulaires élus de la délégation du personnel (c. trav. art. R. 2315-47).

Expertise pluridisciplinaire

Lorsque l'expertise porte sur plusieurs champs, elle donne lieu à l'établissement d'un rapport d'expertise unique. L'expert désigné par le CSE peut s'adjoindre la compétence d'un ou plusieurs autres experts sur une partie des travaux que nécessite l'expertise. L'expert désigné vérifie alors que ces derniers disposent des compétences nécessaires au bon déroulement de la mission d'expertise ou, le cas échéant, de l'habilitation prévue pour l'expert « qualité du travail et de l'emploi » (voir *Expert habilité**) (c. trav. art. L. 2315-85, R. 2315-48 et R. 1233-3-2).

Contentieux de l'expertise

Délai et procédure - Pour contester une expertise décidée par le CSE, l'employeur peut saisir le président du *tribunal judiciaire** dans un délai de 10 jours (c. trav. art. R. 2315-49 et R. 2315-50). Ce délai court à compter de (c. trav. art. L. 2315-86) :

Expert habilité du CSE (1)	
Cas de recours (2) (c. trav. art. L 2315-9)	**Financement** (c. trav. art. L. 2315-80)
Lorsqu'un risque grave, identifié et actuel, révélé ou non par un accident du travail, une maladie professionnelle ou à caractère professionnel est constaté dans l'établissement (3).	Par l'employeur
En cas d'introduction de nouvelles technologies. En cas de projet important modifiant les conditions de santé et de sécurité ou les conditions de travail.	Co financées **OU** financement par l'employeur lorsque le budget de fonctionnement du CSE est insuffisant pour couvrir le coût de l'expertise et n'a pas donné lieu à un transfert d'excédent annuel au budget destiné aux activités sociales et culturelles au cours des 3 années précédentes.
Dans les entreprises d'au moins 300 salariés, en vue de préparer la négociation sur l'égalité professionnelle.	Co financées **OU** Par l'employeur en l'absence de tout indicateur relatif à l'égalité professionnelle dans la base de données économiques et sociales (c. trav. art. L. 2312-8).

(1) Depuis le 1er janvier 2020, l'expert auquel peut recourir le CSE en cas de risque grave ou de projet important doit être « certifié » ou « habilité », et non plus « agréé » selon une procédure spécifique (arrêté du 7 août 2020, JO du 20 août 2020).
(2) Dans les établissements comportant au moins une installation susceptible de donner lieu à des servitudes d'utilité publique, le CSE peut également faire appel à un expert en risques technologiques à l'occasion de la demande d'autorisation environnementale (c. trav. art. L. 4523-5, R. 4523-2 et R. 4523-3).
(3) Une expertise ordonnée au niveau central pour l'ensemble d'une entreprise en raison d'un projet important n'empêche une expertise pour risque grave constaté dans un des établissements si un risque grave est identifié et actuel (cass. soc. 5 février 2020, n° 18-23753 D ; cass. soc. 5 février 2020, n° 18-26131 D). Le CSE d'une entreprise de travail temporaire peut solliciter un expert habilité et l'envoyer dans une entreprise utilisatrice si un risque grave est avéré pour les intérimaires, alors que l'entreprise utilisatrice et son comité sont inactifs (cass. soc. 26 février 2020, n° 18-22556 FSPBRI).

Expert comptable du CSE	
Cas de recours	**Financement** (c. trav. art. L. 2315-80)
En vue de consultations récurrentes (périodicité définie par accord collectif sinon annuelle) : - consultation sur la situation économique et financière de l'entreprise (c. trav. art. L. 2315-88) ; - consultation sur la politique sociale de l'entreprise, les conditions de travail et l'emploi (c. trav. art. L. 2315-91).	Par l'employeur
En cas de projet de licenciement économique collectif avec plan de sauvegarde de l'emploi (PSE) (c. trav. art. L. 1233-34 et L. 2315-92, I).	
Assistance du CSE dans la recherche d'un repreneur en cas de projet de fermeture de site décidé dans une entreprise d'au moins 1 000 salariés (c. trav. art. L. 1233-57-17).	
En vue de la consultation sur les orientations stratégiques de l'entreprise (c. trav. art. L. 2315-87).	Co financées **OU** financement par l'employeur lorsque le budget de fonctionnement du CSE est insuffisant pour couvrir le coût de l'expertise et n'a pas donné lieu à un transfert d'excédent annuel au budget destiné aux activités sociales et culturelles au cours des 3 années précédentes.
Dans le cadre de consultations ponctuelles (c. trav. art. L. 2315-92, I) : - en cas d'opération de concentration ; - en cas d'exercice du droit d'alerte économique ; - en cas d'offre publique d'acquisition.	
Assistance aux syndicats dans la négociation d'un accord de performance collective ou d'un accord définissant le contenu d'un PSE (c. trav. art. L. 2315-92, II).	

Expert libre du CSE	
Cas de recours (c. trav. art. L. 2315-81)	**Financement** (c. trav. art. L. 2315-81)
Préparation des travaux du CSE	Par le CSE, sur son budget de fonctionnement.

- la délibération du CSE décidant le recours à l'expertise s'il entend contester la nécessité de l'expertise ;
- la désignation de l'expert par le CSE s'il entend contester le choix de l'expert ;
- la notification à l'employeur du cahier des charges et des informations relatives au coût prévisionnel, à l'étendue et à la durée de l'expertise s'il entend contester l'un de ses éléments ;
- la notification à l'employeur du coût final de l'expertise s'il entend contester ce coût.

Le juge statue en procédure accélérée au fond en premier et dernier ressort, dans les 10 jours suivant sa saisine. Cette saisine suspend l'exécution de la décision du comité, ainsi que les délais dans lesquels il est consulté, jusqu'à la notification du jugement.

En cas d'annulation définitive par le juge de la délibération du CSE, l'expert rembourse à l'employeur les sommes qu'il a perçues. Le comité peut, à tout moment, décider de les prendre en charge.

▶ À noter… Ce mécanisme de remboursement est conforme à la constitution et ne justifie donc pas de saisir le Conseil constitutionnel via une question prioritaire de constitutionnalité (cass. soc. 19 janvier 2022, n° 21-40025 FSPB).

Le jugement peut faire l'objet d'un pourvoi en cassation dans les 10 jours à compter de sa notification (c. trav. art. R. 2315-50).

▶ Attention… Cette procédure contentieuse n'est pas applicable lorsque l'employeur entend contester une « expertise PSE ». Dans ce cas de figure, une procédure spécifique est prévue [voir *Licenciement économique collectif (10 salariés ou plus dans une entreprise d'au moins 50 salariés)**].

Spécificités du contentieux sur le coût final de l'expertise - Au stade de la notification du coût final, l'expertise a été réalisée. Il n'y a donc plus d'urgence, de sorte que la contestation par l'employeur du coût de l'expertise obéit aux règles habituelles de contentieux et la décision du juge n'est encadrée par aucun délai particulier. Elle doit simplement intervenir dans un « délai raisonnable » (Convention européenne des droits de l'homme, art. 6, 1).

Une action en référé paraît cependant envisageable, sachant que ce type d'action suppose qu'il y ait une contestation sérieuse ou, à défaut, qu'il faille prévenir un dommage imminent ou faire cesser un trouble manifestement illicite (c. proc. civ. art. 834 et 835).

En tout état de cause, l'employeur doit saisir le président du tribunal judiciaire dans les 10 jours suivant la notification du coût final *(voir ci-avant)* (c. trav. art. R. 2315-49).

À la lettre du texte (c. trav. art. L. 2315-86), et contrairement aux règles générales du contentieux de l'expertise *(voir ci-avant)*, il ne semble pas que le jugement sur le coût final soit rendu en dernier ressort. L'appel est donc a priori possible.

☛ *Expert comptable ; Expert habilité.*

Expert comptable

Cas de recours

En vue des consultations récurrentes du CSE - Le *comité social et économique** peut mandater un expert comptable en vue des trois grandes consultations récurrentes [voir *Comité social et économique (informations-consultations périodiques)**] :
- les orientations stratégiques de l'entreprise (c. trav. art. L. 2315-87) ;
- la situation économique et financière de l'entreprise (c. trav. art. L. 2315-88) ;
- la politique sociale de l'entreprise, les conditions de travail et l'emploi (c. trav. art. L. 2315-91).

S'agissant de l'étendue des prérogatives de l'expert comptable dans le cadre de la consultation sur la situation économique et financière :
- la mission de l'expert comptable porte sur tous les éléments d'ordre économique, financier, social ou, depuis le 25.08.2021, environnemental nécessaires à la compréhension des comptes et à l'appréciation de la situation de l'entreprise (c. trav. art. L. 2315-89 ; loi 2021-1104 du 22 août 2021, JO du 24) ;
- pour opérer toute vérification ou tout contrôle entrant dans l'exercice de ses missions, l'expert comptable a accès aux mêmes documents que le commissaire aux comptes de l'entreprise (c. trav. art. L. 2315-90).

En vue des consultations ponctuelles du CSE - Le CSE peut recourir à un expert comptable dans le cadre des consultations ponctuelles suivantes (c. trav. art. L. 2315-92, I) :
- opérations de concentration [voir *Comité social et économique (informations-consultations ponctuelles)**] ;
- exercice du droit d'alerte économique [voir *Droit d'alerte (CSE)**] ;
- projet de licenciement économique collectif avec plan de sauvegarde de l'emploi (PSE) [voir *Licenciement économique collectif (10 salariés ou plus dans une entreprise d'au moins 50 salariés)**] ;
- offres publiques d'acquisition [voir *Comité social et économique (informations-consultations ponctuelles)**].

Le CSE peut mandater un expert comptable pour assister les syndicats dans la négociation d'un *accord de performance collective** ou d'un accord définissant le contenu d'un PSE (c. trav. art. L. 2315-92, II).

Enfin, le CSE peut recourir à un expert (qui peut être un expert-comptable ou autre) pour la recherche d'un repreneur en cas de projet de fermeture de site décidé dans une entreprise d'au moins 1 000 salariés (c. trav. art. L. 1233-57-17) (voir *Fermeture d'établissement**).

▶ À noter… En dehors de ces cas de recours, le CSE peut faire appel à un expert comptable rémunéré par ses soins pour la préparation de ses travaux, voir *Expert**.

S'agissant des documents auxquels l'expert comptable a accès dans le cadre des consultations ponctuelles (c. trav. art. L. 2315-93) :
- l'employeur doit fournir à l'expert les informations nécessaires à l'exercice de sa mission (c. trav. art. L. 2315-83) ;
- pour opérer toute vérification ou tout contrôle entrant dans l'exercice de ses missions, l'expert-comptable a accès aux mêmes documents que le commissaire aux comptes de l'entreprise (c. trav. art. L. 2315-90) ;
- dans les cas d'une opération de concentration, d'une opération de recherche de repreneurs, d'une offre publique d'acquisition, le CSE a accès à des documents spécifiques (c. trav. art. L. 2315-93).

Désignation de l'expert

Voir *Expert** et sur le niveau de désignation d'un expert dans le cadre d'une entreprise dotée d'un CSE central et de CSE d'établissement, voir *Comité social et économique (établissement)**.

Autres modalités de l'expertise

Voir *Expert**.

Expert habilité

Expertises santé, sécurité ou conditions de travail

Cas de recours - Dans les entreprises d'au moins 50 salariés, le CSE peut déclencher une expertise « qualité du travail et de l'emploi » en faisant appel à un expert « habilité » (c. trav. art. L. 2315-94) :
- lorsqu'un risque grave, identifié et actuel, révélé ou non par un accident du travail, une maladie professionnelle ou à caractère professionnel est constaté dans l'établissement ;
- ou en cas d'introduction de nouvelles technologies, sur lequel le comité doit être informé et consulté (c. trav. art. L. 2312-8) ;
- ou en cas de projet important modifiant les conditions de santé et de sécurité ou les conditions de travail, sur lequel le comité doit être informé et consulté (c. trav. art. L. 2312-8).

Le cas échéant, le CSE d'établissement peut déclencher ce type d'expertise dans la mesure où la situation en cause relève des pouvoirs confiés au chef de cet établissement [voir *Comité social et économique (établissement)**] (c. trav. art. L. 2316-20 et L. 2316-21).

La *commission santé, sécurité et conditions de travail** peut proposer au CSE de recourir à un expert habilité mais la décision ne lui appartient pas. Elle relève du CSE (c. trav. art. L. 2315-38 et L. 2315-78).

Sur les modalités de cette expertise, voir ci-après et sur son financement, voir *Expert**.

Risque grave - Le CSE peut faire appel à un expert habilité notamment lorsqu'un risque grave, révélé ou non par un accident du travail, une maladie professionnelle ou à caractère professionnel est constaté dans l'établissement *(voir ci-avant)*.

▶ À noter… Compte tenu de l'identité des cas de recours à un expert par le CHSCT ou par le CSE, dans le cadre de ses attributions santé-sécurité-conditions de travail, les précisions apportées par la Cour de cassation à propos des expertises déclenchées par le CHSCT devraient à notre sens rester applicables pour le CSE.

Pour qu'une expertise puisse être décidée, le risque grave doit être identifié et actuel au sein de l'établissement (cass. soc. 3 avril 2001, n° 99-14002, BC V n° 121 ; cass. soc. 19 décembre 2012, n° 11-11799 D ; cass. soc. 7 mai 2014, n° 13-13561 D).

Une expertise ordonnée au niveau central pour l'ensemble d'une entreprise en raison d'un projet important n'empêche pas les élus d'un établissement de diligenter une expertise pour risque grave propre à leur établissement à cause de ce même projet (cass. soc. 5 février 2020, n° 18-26131 D ; cass. soc. 5 février 2020, n° 18-23753 D).

Exemples

Le recours à un expert a été validé dans le cas d'un accident mortel inexpliqué (cass. soc. 21 juin 2016, n° 15-12809 D).

Le comité d'un supermarché avait recouru à un expert pour réaliser une étude sur l'exposition des salariés aux risques psychosociaux. Il invoquait

des situations de harcèlement et de souffrance au travail, un malaise et un arrêt maladie dans différends rayons. L'employeur a obtenu l'annulation du recours à l'expert car (cass. soc. 19 mai 2015, n° 13-24887, BC V n° 99) :
- les dysfonctionnements avérés dans un rayon avaient été traités par le comité et la direction ;
- les difficultés rencontrées dans deux autres rayons étaient ponctuelles et ne concernaient qu'un salarié dans chaque service, confronté à une décision de réorganisation mal comprise ;
- la direction avait pris des mesures de prévention en sollicitant la présence d'un médecin du travail, d'une infirmière à temps plein et d'une psychologue.

S'agissant d'un projet prévoyant l'évolution d'un logiciel utilisé par les salariés et la modernisation des outils téléphoniques, le recours à une expertise a été annulé (cass. soc. 12 juillet 2016, n° 15-16337 D).

Les défaillances de tablettes informatiques mises à la disposition des commerciaux ne justifiaient pas une expertise dans la mesure ou (cass. soc. 6 juin 2018, n° 17-17594 FSPB, 2e moyen non publié) :
- la mise en place des tablettes et de l'application en cause n'a eu aucun impact sur le taux d'absentéisme ;
- aucune inscription n'a été effectuée sur le registre des dangers graves et imminents de l'établissement ;
- le médecin du travail n'a émis aucune observation ni alerte ;
- la mise en place du projet n'a eu aucun impact significatif sur les indicateurs de suivi du volume et de la qualité de la production.

Le risque grave peut être constaté par le CSE au cours d'une de ses enquêtes ou inspections [voir *Comité social et économique (santé, sécurité et conditions de travail)].**

▶ À noter… Le fait que l'activité d'une entreprise soit classée Seveso seuil haut, par nature dangereuse, ne constitue pas en soi, le danger grave permettant au comité de recourir à un expert (c. trav. art. L. 4523-5 ; cass. soc. 15 janvier 2013, n° 11-27679, BC V n° 10).

En cas de contestation par l'employeur de l'expertise déclenchée par le comité suite à un ou des accidents, ce n'est pas au comité d'en déterminer la cause ou l'origine (cass. soc. 9 mai 2018, n° 17-10852 D).

En cas de projet important - Un expert habilité peut être désigné notamment en cas de projet important modifiant les conditions de santé et de sécurité ou les conditions de travail, sachant qu'il s'agit d'un cas de consultation du CSE [voir *Comité social et économique (santé, sécurité et conditions de travail)**].

▶ Attention… Le comité peut recourir à un expert pour l'éclairer sur une nouvelle organisation du travail et lui permettre d'avancer des propositions de prévention, même si cette nouvelle organisation a commencé à être mise en œuvre (cass. soc. 14 mars 2018, n° 16-27683 D).

Préparation de la négociation sur l'égalité professionnelle

Dans les entreprises d'au moins 300 salariés, le CSE peut décider de recourir à un expert habilité en vue de préparer la négociation sur l'égalité professionnelle (c. trav. art. L. 2315-94). **Cette catégorie d'expertise vise l'hypothèse dans laquelle le CSE négocie lui-même un accord sur l'égalité professionnelle** (c. trav. art. L. 2232-24, L. 2232-25 et L. 2232-26), **mais aussi celle où ce sont les syndicats qui négocient. Dans ce dernier cas, il s'agit d'appuyer les délégués syndicaux qui négocient sur l'égalité professionnelle** (c. trav. art. L. 2242-1, 2° et L. 2242-17 ; cass. soc. 14 avril 2021, n° 19-23589 FSP).

Cette expertise est destinée à favoriser la négociation sur l'égalité professionnelle et ne peut donc pas être étendue à d'autres champs de négociation (cass. soc. 14 avril 2021, n° 19-23589 FSP).

La désignation de l'expert doit être faite « en un temps utile à la négociation ». Elle peut donc intervenir après l'engagement des négociations (cass. soc. 14 avril 2021, n° 19-23589 FSP). **Sur le financement de cette expertise, voir *Expert**.**

▶ À noter… Les CSE des entreprises de taille inférieure peuvent faire appel à un tel expert rémunéré par leurs soins pour la préparation de leurs travaux, et ceci au-delà de la seule thématique de l'égalité professionnelle (voir *Expert**).

Modalités de l'expertise « qualité du travail et de l'emploi »

Nature et objet - L'expertise consiste à apporter aux membres du CSE une information claire, précise et impartiale leur permettant de formuler un avis éclairé (arrêté du 7 août 2020, JO du 20 août 2020). Elle intègre, si nécessaire, une vision globale de la santé au travail (organisation et finalité du travail, du rôle de l'encadrement et de la politique de prévention des risques professionnels menée par l'employeur) (arrêté du 7 août 2020, art. 1).

L'expertise doit contribuer à (arrêté du 7 août 2020, art. 3) :
- analyser les situations de travail ;

- évaluer les risques professionnels notamment en cas de mise en place d'un projet important ou de l'introduction d'une nouvelle technologie ;
- identifier les opportunités d'amélioration des conditions de travail et d'emploi, de l'organisation, de la santé au travail et de la prévention des risques professionnels ;
- rédiger un rapport avec un diagnostic et des recommandations.

Méthodologie - L'expertise répond à un processus type en 4 étapes (arrêté du 7 août 2020, annexe 3) :
- une proposition claire et pédagogique de l'expert au CSE (objectifs poursuivis, méthodes utilisées, résultats attendus, etc.) ;
- la rédaction d'une convention, lettre de mission ou toute autre forme contractuelle comportant, entre autres informations, le contexte de l'intervention, l'analyse de la demande, le choix des méthodes d'intervention et les modalités de suivi de mission par le CSE ;
- la réalisation d'actions spécifiques (analyse critique des données recueillies, réalisation d'un diagnostic fondé sur des données factuelles et sans jugement de valeur, conseil pour la prévention primaire des atteintes à la santé et d'amélioration des conditions de travail ou du traitement des inégalités professionnelles, etc.) ;
- la clôture de l'expertise (présentation des conclusions de l'expertise au CSE lors d'une réunion préparatoire, débat au sein du CSE en réunion plénière, présentation éventuelle des conclusions de l'expertise aux salariés concernés, réalisation d'un bilan avec évaluation et capitalisation).

Obligations de l'organisme expert - L'organisme expert certifié doit notamment disposer d'une assurance destinée à couvrir sa responsabilité, ainsi que de moyens organisationnels, humains et matériels permettant de réaliser ses missions d'expertise (arrêté du 7 août 2020, art. 4).

L'organisme expert certifié doit aussi respecter des règles de déontologie (confidentialité, secret professionnel, prévention des conflits d'intérêts, etc.) (arrêté du 7 août 2020, annexe 2).

Recours à des compétences internes et/ou externes - L'organisme expert certifié désigne, pour chaque expertise, un chargé de projet qui sera l'intermédiaire entre le CSE et l'organisme expert (arrêté du 7 août 2020, art. 5).

Le salarié désigné chargé de projet dispose d'une formation supérieure spécifique d'au moins 5 ans ou d'une expérience professionnelle particulière de 5 années et de compétences listées (arrêté du 7 août 2020, art. 8). D'autres salariés ayant des compétences spécifiques peuvent compléter l'équipe de travail si l'organisme expert l'estime nécessaire (arrêté du 7 août 2020, art. 6).

Un ou plusieurs sous-traitants peuvent également être sollicités sur une partie des travaux. Il doit alors répondre aux mêmes conditions que le chargé de projet (arrêté du 7 août 2020, art. 8). La liste de chaque sous-traitant (nom, périmètre et domaine d'intervention) de l'expertise conduite est transmise par l'organisme expert à l'organisme certificateur. Ce dernier s'assure de son indépendance vis-à-vis de l'employeur et des représentants du personnel (arrêté du 7 août 2020, art. 7).

Suivi d'activité de l'organisme expert - Toute plainte ou réclamation concernant les activités d'expertise fait l'objet d'un traitement par l'organisme expert certifié 1 mois maximum après sa réception. L'organisme expert certifié conserve un enregistrement des plaintes ou réclamations ainsi que des suites qui leur ont été réservées. Il adresse cette liste annuellement à son organisme certificateur dans le cadre du bilan de ses activités. L'arrêté du 7.08.2020 propose un modèle de ce bilan (arrêté du 7 août 2020, annexe 5). Le directeur général du travail peut également exercer un contrôle en opportunité (arrêté du 7 août 2020, art. 13).

Transition expert agréé/expert habilité

L'expert « agréé » du CHSCT a été remplacé, depuis le 1.01.2020 par l'expert « habilité » en qualité du travail et de l'emploi auquel le CSE peut recourir *(voir ci-avant)* (c. trav. art. R. 2315-51 et R. 2315-52 ; décret 2017-1819 du 29 décembre 2017, JO du 30).

Toutefois le CSE pouvait, jusqu'au 31.12.2021, encore solliciter des organismes experts agréés, car les agréments en cours de validité au moment de la publication des ordonnances Macron avaient été prorogés jusqu'à cette date.

Depuis le 1.01.2022, seuls les experts « habilités » ou « certifiés » par un organisme certificateur, lui-même accrédité peuvent être sollicités (décret 2017-1819 du 29 décembre 2017, JO du 30 ; « Comité social et économique : 117 questions-réponses », Q/R n° 111).

▶ À noter... Les modalités de certifications ont été fixées par arrêté (arrêté du 7 août 2020, JO du 20, texte n° 9).

Expression (droit d')

Tous les salariés bénéficient d'un droit à l'expression directe et collective sur le contenu, les conditions d'exercice et l'organisation de leur travail. Ce droit a pour objet de définir les actions à mettre en œuvre pour améliorer leurs conditions de travail, l'organisation de l'activité et la qualité de la production, dans l'unité de travail à laquelle ils appartiennent et dans l'entreprise (c. trav. art. L. 2281-1 et L. 2281-2).

Mise en place

Négociation collective - Dans les entreprises où sont constituées une ou plusieurs sections syndicales d'organisations représentatives ayant désigné au moins un *délégué syndical** (DS), l'employeur doit engager une négociation portant sur l'égalité professionnelle femmes/hommes et la qualité de vie et des conditions de travail. Les modalités d'exercice du droit d'expression sont définies dans le cadre de cette négociation (c. trav. art. L. 2242-1 et L. 2281-5, dans sa version au 31 mars 2022) (voir *Négociations obligatoires dans l'entreprise**).

Dans les entreprises comportant des établissements ou groupes d'établissements distincts, la négociation peut avoir lieu au niveau de ces établissements ou groupes d'établissements (c. trav. art. L. 2281-9).

Contenu de l'accord - À défaut d'accord de méthode ou en cas de non-respect de ses stipulations (voir *Négociations obligatoires dans l'entreprise**), l'accord traitant du droit d'expression doit notamment prévoir le niveau, la fréquence et la durée des réunions, les outils numériques disponibles dans l'entreprise qui permettent l'expression des salariés, les modalités de transmission à l'employeur des avis, demandes et propositions ainsi exprimés, les modalités d'information des salariés concernés, des représentants du personnel et des syndicats sur les suites données à ces avis, demandes et propositions, les conditions spécifiques d'exercice du droit d'expression par le personnel d'encadrement ayant des fonctions hiérarchiques (c. trav. art. L. 2242-10, L. 2242-11 et L. 2281-10).

Absence d'accord ou renégociation - Lorsqu'un accord sur le droit d'expression existe, l'employeur provoque une réunion, au moins une fois tous les 3 ans, avec les syndicats représentatifs en vue d'examiner les résultats de cet accord et engage sa renégociation à la demande d'un syndicat représentatif (c. trav. art. L. 2281-6).

À défaut d'initiative de l'employeur dans le délai d'un an en cas d'accord, ou de 3 ans en l'absence d'accord, la négociation s'engage obligatoirement à la demande d'un syndicat représentatif dans les 15 jours suivant la présentation de cette demande.

Cette demande est transmise aux autres syndicats représentatifs par l'employeur dans les 8 jours.

Le point de départ du délai d'un an ou de 3 ans est la date d'ouverture de la négociation précédente (c. trav. art. L. 2281-7).

Entreprises dans lesquelles aucun délégué syndical n'a été désigné - Dans les entreprises où aucun DS n'a été désigné, ou dans lesquelles un accord portant sur l'égalité professionnelle femmes/hommes et la qualité de vie et des conditions de travail n'a pas été conclu, l'employeur consulte le *comité social et économique** sur les modalités d'exercice du droit d'expression des salariés (c. trav. art. L. 2281-11).

Dans les entreprises où aucun DS n'a été désigné, cette consultation a lieu au moins une fois par an.

Exercice du droit d'expression

Lieux concernés - Le droit d'expression s'exerce sur les lieux et pendant le temps de travail ; il est payé comme tel (c. trav. art. L. 2281-4).

Le personnel d'encadrement exerçant des responsabilités hiérarchiques doit bénéficier de réunions d'expression spécifiques.

Les opinions émises par les salariés, quelle que soit leur place dans la hiérarchie, dans l'exercice du droit d'expression, ne peuvent pas motiver une sanction ou un licenciement (c. trav. art. L. 2281-3).

Sanctions de l'employeur - L'employeur qui refuse d'engager la négociation ou de consulter les représentants du personnel encourt des sanctions pénales (c. trav. art. L. 2283-1 et L. 2283-2).

Expression (liberté d')

Sauf abus, le salarié jouit, dans l'entreprise et en dehors de celle-ci, de sa liberté d'expression (cass. soc. 14 décembre 1999, n° 97-41995, BC V n° 488). Cette liberté générale est à distinguer du droit d'expression des salariés sur leurs conditions de travail [voir *Expression (droit d')**].

Sanctions d'un abus de la liberté d'expression

La liberté d'expression comporte des limites, à savoir :
- le respect des dispositions relatives à la presse (diffamation, injures, fausses nouvelles, propos excessifs, etc.) ;
- l'obligation de discrétion [voir *Discrétion (obligation de)**].

Un abus de cette liberté (par l'usage de propos injurieux, diffamatoires ou excessifs) peut entraîner, selon les circonstances, un *licenciement pour faute** grave, voire pour faute lourde quand l'intention de nuire à l'entreprise est caractérisée (cass. soc. 7 octobre 1997, n° 93-41747, BC V n° 303 ; cass. soc. 21 avril 2010, n° 09-40848 D). En cas de contentieux relatif à tel licenciement, cet abus doit être caractérisé (cass. soc. 23 septembre 2015, n° 14-14021, BC V n° 177).

Pour des exemples, voir le tableau reproduit dans cette étude. Sur le cas particulier des propos tenus par les salariés sur les réseaux sociaux ou un site Internet, voir *Informatique**. Sur la protection des témoins de *harcèlement moral** ou de *harcèlement sexuel**, voir ces études, et sur celle d'un *lanceur d'alerte**, voir cette étude.

▶ Attention… Aucun salarié ne peut être sanctionné ou licencié en raison, notamment, de ses opinions politiques, de ses activités syndicales ou mutualistes, de ses convictions religieuses (voir *Discriminations**). Toute disposition ou tout acte contraire vis-à-vis d'un salarié est nul de plein droit (c. trav. art. L. 1132-1 et L. 1132-4).

Restrictions à la liberté d'expression

Il ne peut être apporté à la liberté d'expression que des restrictions justifiées par la nature de la tâche à accomplir et proportionnées au but recherché (c. trav. art. L. 1121-1 ; cass. soc. 14 décembre 1999, n° 97-41995, BC V n° 488).

▶ À noter… Le fait qu'un employeur oblige un salarié à prendre publiquement une position porte atteinte à sa liberté d'expression (cass. soc. 26 octobre 2005, n° 03-41796 D).

Donner à l'obligation de confidentialité une portée excessivement large peut revenir à restreindre la liberté d'expression de manière disproportionnée et injustifiée (cass. soc. 8 décembre 2009, n° 08-17191, BC V n° 276).

Liberté d'expression et liberté religieuse

Sur la liberté d'expression religieuse dans l'entreprise, voir *Religion**.

☞ *Informatique ; Religion.*

Litiges sur la liberté d'expression : exemples

Thème	Objet des litiges	Décision des juges
Mise en cause de la moralité de l'employeur	Un salarié était employé en tant que gardien d'un château géré par une société civile immobilière (SCI). Il avait envoyé un courrier à un ancien mandataire social, récemment révoqué, dans lequel il faisait état de nombreuses allégations concernant la vie privée du représentant légal de la SCI, à savoir son employeur : il déclarait notamment avoir « subi les excès en tout genre » de ce dernier « quand il venait au château », notamment ses « excès de colère et d'alcool », qu'il devait « aller le chercher à toute heure de la nuit complètement saoul dans les discothèques de la région ». Or, l'ancien mandataire social était en litige avec le représentant légal de la SCI et le salarié était au courant de cette instance. L'ancien mandataire s'était servi de ce courrier pour étayer son action judiciaire. Le salarié a été licencié pour manquement à son obligation de loyauté et de discrétion à l'égard de son employeur et pour avoir divulgué auprès d'un ancien mandataire des informations désobligeantes susceptibles de lui être dommageables. La Cour de cassation a validé le licenciement : le salarié avait « mis en cause la moralité du représentant de la SCI dans des actes relevant de sa vie privée ».	Licenciement pour cause réelle et sérieuse (cass. soc. 21 septembre 2011, n° 09-72054, BC V n° 191)

Litiges sur la liberté d'expression : exemples		
Thème	**Objet des litiges**	**Décision des juges**
Grève	Au cours d'une grève, les salariés peuvent distribuer un tract dénonçant le mauvais état des véhicules dont ils se servent. En effet, à cette occasion, ils peuvent exprimer librement leurs réclamations et leurs revendications sur leurs conditions de travail.	**Absence de faute lourde** (cass. soc. 20 mai 1992, n°s 90-45271 et 90-45278, BC V n° 319)
Lettres, pétitions et tracts	L'envoi à l'employeur d'une lettre injurieuse à l'égard d'un supérieur hiérarchique ne constitue pas un usage du droit d'expression sur les conditions de travail.	**Licenciement pour faute grave** (cass. soc. 28 avril 1994, n° 92-43917, BC V n° 159)
	L'envoi limité dans le temps de plusieurs courriers, dont seul l'employeur est destinataire, pour répondre à un avertissement que la salariée estime injustifié et ne contenant aucun propos injurieux, diffamatoire ou excessif ne caractérise pas un abus de la liberté d'expression.	**Absence de cause réelle et sérieuse** (cass. soc. 2 mai 2001, n° 98-45532, BC V n° 142)
	L'envoi d'une note par un gérant aux membres du comité central d'entreprise indiquant que les informations données aux élus dans le cadre d'un projet de cession d'une partie des activités de la société étaient incomplètes, voire inexactes.	**Absence de cause réelle et sérieuse** (cass. soc. 1er juin 2004, n° 02-40762 D)
	La diffusion par un salarié d'une lettre ouverte répondant à celle que la direction avait adressée à l'ensemble du personnel pour dénoncer les dysfonctionnements et les insuffisances de l'entreprise et le mettant en cause personnellement.	**Absence de faute grave** (cass. soc. 22 juin 2004, n° 02-42446, BC V n° 175)
	À l'occasion d'un différend avec son employeur sur ses horaires de travail, une salariée avait adressé aux organismes chargés de délivrer les agréments permettant le fonctionnement de la société et à des partenaires, étrangers au litige, copie d'une lettre dans laquelle elle lui imputait des manquements à ses obligations. Cette communication, qui portait tort à la réputation et à la crédibilité de l'entreprise, présentait un caractère abusif et constituait une faute grave.	**Licenciement pour faute grave** (cass. soc. 31 mars 2009, n° 07-44918 D)
	Dans des lettres adressées au président de la Chambre des notaires, à la caisse de retraite et de prévoyance et à l'URSSAF, un salarié travaillant dans une étude de notaire avait jeté le discrédit sur son employeur en des termes excessifs et injurieux. Il avait ainsi manqué à ses obligations dans des conditions outrepassant sa liberté d'expression.	**Licenciement pour faute grave** (cass. soc. 15 décembre 2009, n° 07-44264, BC V n° 284)
	Un salarié, ingénieur « principal », avait écrit à la DRH avec copie à son supérieur hiérarchique que le système de rémunération était « un système de tricheurs », « un système de voleurs », qu'il s'agissait d'une volonté de bafouer délibérément le droit du travail, que l'insistance de la société démontre, s'il en était encore besoin, la nécessité impérieuse qu'elle avait de « faire cautionner ce système inique par ses victimes », que la société « mérit (ait) mieux que ces pratiques plus que douteuses ». Il avait dépassé le cadre de l'expression d'un simple désaccord sur la politique salariale de l'entreprise.	**Licenciement pour cause réelle et sérieuse** (cass. soc. 14 avril 2016, n° 14-29769 D)
	La signature d'une pétition portant sur une demande de personnel supplémentaire, qui ne contient aucun propos injurieux, diffamatoire ou excessif, ne caractérise pas un abus de la liberté d'expression du salarié.	**Avertissement nul** (cass. soc. 3 mai 2011, n° 10-14104, BC V n° 104)
Opinions politiques et syndicales	Ne représentent pas un abus les propos outrageants tenus par une salariée à l'encontre du gérant d'une société lors d'une réunion syndicale. Par ailleurs, leur diffusion à l'extérieur de l'entreprise n'était pas imputable à l'intéressée.	**Absence de cause réelle et sérieuse** (cass. soc. 26 janvier 2000, n° 97-45006 D)

Litiges sur la liberté d'expression : exemples		
Thème	**Objet des litiges**	**Décision des juges**
Propos critiques	L'envoi d'une lettre à un journal satirique pour critiquer le comportement du directeur de l'entreprise n'est pas fautif dès lors que la lettre ne comporte aucun terme méprisant ou injurieux et se borne à contester une exigence que le salarié estime excessive. En l'espèce, les supérieurs hiérarchiques exigeaient des justificatifs de toute absence, même s'ils en connaissaient le motif.	**Absence de faute grave** (cass. soc. 5 mai 1993, n° 90-45893 D)
	Le salarié qui adresse une lettre au président de l'association contenant des critiques sous forme de questions insolentes et de sous-entendus injurieux, formulés de façon dénigrante, commet une faute grave. De plus, ces propos étaient de nature à discréditer l'association et son président.	**Licenciement pour faute grave** (cass. soc. 29 novembre 2006, n° 04-48012 D)
	Un responsable de recherche et de développement, loin de se borner à critiquer la politique menée par la direction et la rudesse de son président, avait envoyé à des collègues et aux dirigeants de la société mère des messages caricaturant les méthodes du dirigeant de la société mettant en cause son honnêteté et sa loyauté par des insinuations et des questions insolentes. Ces faits, faisant suite à de précédentes accusations injustifiées transmises à la société mère et susceptibles d'influer sur la carrière du dirigeant de la filiale française, caractérisaient l'abus par le salarié de sa liberté d'expression et son intention de nuire à l'employeur.	**Licenciement pour faute lourde** (cass. soc. 29 avril 2009, n°s 07-44798 et 07-44813 D)
	Les termes du tract mettant en cause les pratiques managériales d'une entreprise établi et distribué par un salarié, s'ils étaient vifs, critiques et ironiques, n'étaient ni insultants ni diffamatoires, ni même excessifs.	**Licenciement sans cause réelle et sérieuse** (cass. soc. 23 septembre 2009, n° 08-42201 D)
	Un salarié a été licencié pour faute grave pour avoir adressé à son supérieur hiérarchique et diffusé dans l'entreprise une lettre contenant des propos jugés diffamatoires et injurieux et constituant une remise en cause de la politique de la société et de son dirigeant. Le salarié n'avait fait que répondre aux reproches injustifiés ou erronés que le directeur d'exploitation lui avait adressés sur un court espace de temps précédant l'envoi de la lettre par le salarié. Par ailleurs, la diffusion de cette lettre, dans laquelle il critiquait son supérieur en des termes vifs, mais dont la fausseté n'était pas établie, a été limitée à l'entreprise.	**Licenciement sans cause réelle et sérieuse** (cass. soc. 9 novembre 2009, n° 08-41927 D)
	Un directeur administratif de haut niveau a pu être amené à formuler, dans l'exercice de ses fonctions et du cercle restreint du comité directeur dont il est membre, des critiques, même très vives, concernant la nouvelle organisation proposée par la direction. Le document remis aux membres du comité ne comportait pas de termes injurieux, diffamatoires, ni excessifs.	Absence de cause réelle et sérieuse (cass. soc. 14 décembre 1999, n° 97-41995, BC V n° 488)
	Le cadre supérieur qui prend la parole pour contester les éléments développés par le directeur général et qualifie ses propos de mensongers ne commet pas de faute, car il s'est borné, au cours d'une réunion, à contester, sur une question technique, les propos du DG.	**Absence de faute grave** (cass. soc. 7 juin 2006, n° 04-45781 D)
	L'attaché commercial qui tourne en dérision les instructions données par son employeur dans une lettre adressée à ce dernier, et qui se livre par ailleurs à un dénigrement systématique des méthodes commerciales mises en place par lui, abuse de sa liberté d'expression. La formulation par le salarié d'une disposition à se soumettre aux instructions données n'ôte rien à l'insubordination, puisqu'elle s'accompagne d'une dénonciation violente de l'attitude prêtée à l'employeur.	**Licenciement avec cause réelle et sérieuse** (cass. soc. 5 mai 2004, n° 01-45992 D)
	Le grief de divergence de vues exprimé en termes généraux, alors qu'il n'est reproché au salarié ni injures ni propos diffamatoires ou excessifs, ne constitue pas un licenciement.	**Absence de cause réelle et sérieuse** (cass. soc. 25 janvier 2000, n° 97-45044 D)

Litiges sur la liberté d'expression : exemples		
Thème	**Objet des litiges**	**Décision des juges**
Propos critiques (suite)	L'annonce et la dénonciation, par une salariée, de son licenciement avant que celui-ci ne soit effectif ne constituent pas des fautes. La salariée avait été licenciée pour faute grave en raison des propos critiques tenus envers son employeur sur la ligne de conduite arrêtée à la suite d'attouchements sexuels concernant un surveillant de l'établissement.	**Absence de cause réelle et sérieuse** (cass. soc. 2 mai 2000, n° 98-41557 D)
	Une salariée adresse à l'ensemble du personnel une note dans laquelle elle s'insurge contre les circonstances du départ du directeur auquel elle a exprimé son soutien, tout en désavouant le président du conseil d'administration, avec la volonté affichée de soulever l'opinion générale contre ce dernier en dénigrant sa gestion. Cet acte d'insubordination constitue une faute grave.	**Licenciement pour faute grave** (cass. soc. 20 janvier 1999, n° 96-44944 D)
	Suite au refus du directeur général de la nommer directrice éditoriale, une salariée a adressé au président et aux membres du conseil d'administration une lettre de protestation mettant en cause la direction et l'orientation de la société, et tentant de déstabiliser l'entreprise.	**Licenciement avec cause réelle et sérieuse** (cass. soc. 15 octobre 1996, n° 94-42911, BC V n° 327)
	Les salariés d'une maison de retraite qui diffusent une lettre ouverte aux habitants de la commune ne commettent pas de faute. Celle-ci a été diffusée en dehors du temps de travail et son contenu n'était pas diffamatoire ou excessif.	**Absence de cause réelle et sérieuse** (cass. soc. 12 novembre 1996, n° 94-43859, BC V n° 373)
	Le salarié qui s'exprime dans un journal sur ses conditions de travail dans l'entreprise n'abuse pas de son droit d'expression.	**Réintégration du salarié dans son emploi** (cass. soc. 28 avril 1988, n° 87-41804, BC V n° 257)
	En tenant à l'extérieur de l'entreprise des propos mensongers et diffamatoires avec l'intention de nuire, le salarié abuse de sa liberté d'expression.	**Licenciement pour faute grave** (cass. soc. 16 novembre 1993, n° 91-45904, BC V n° 278 ; cass. soc. 7 octobre 1997, n° 93-41747, BC V n° 303)
	Un salarié employé de 1974 à 1985, puis de 1994 à 2000, et ayant occupé en dernier lieu les fonctions de directeur de centre, avait déclaré à des salariés que : - le plan de restructuration élaboré par la direction (et qu'il était lui-même chargé d'appliquer) ne serait jamais profitable ; - le site serait fermé à court terme ; - il leur faudrait engager d'autres actions en justice pour ne pas « mourir ».	**Licenciement avec cause réelle et sérieuse** (cass. soc. 21 février 2007, n° 05-44198 D)
	Un salarié avait exprimé du ressentiment au regard du harcèlement dont il avait été victime de la part de ses supérieurs. Il n'y a pas « d'abus » du salarié dans la tenue de certains propos lorsqu'ils expriment un ressentiment légitime.	**Licenciement prononcé pour faute grave sans cause réelle** (cass. soc. 4 juillet 2007, n° 06-41071 D)
	Un salarié, employé en tant que responsable « méthodes et qualité », avait été licencié pour faute grave. Il s'était plaint dans une lettre d'être sans mission depuis plusieurs mois. Il avait demandé à son supérieur hiérarchique de remédier à cette situation en des termes qui, pour être vifs, n'excédaient pas la liberté d'expression dont jouit tout salarié dans l'entreprise.	**Absence de cause réelle et sérieuse** (cass. soc. 13 février 2008, n° 06-41500 D)
	Un salarié qui dénigre son directeur commercial auprès d'un futur collègue et dont les propos, réitérés, entraînent des difficultés dans l'entreprise abuse de sa liberté d'expression d'une manière qui porte gravement préjudice à l'entreprise en raison de l'atteinte portée à l'autorité du chef hiérarchique.	**Licenciement pour faute grave** (cass. soc. 28 octobre 2008, n° 07-42817 D)

Litiges sur la liberté d'expression : exemples		
Thème	**Objet des litiges**	**Décision des juges**
Propos critiques (suite)	Un salarié, directeur de département, avait adressé au président du conseil d'administration une lettre faisant état de l'insatisfaction du personnel à l'égard de la politique salariale de l'entreprise. Ce message, qui exposait les raisons de cette insatisfaction et préconisait une augmentation des salaires, ne comportait aucun terme injurieux, diffamatoire ou excessif. Le salarié n'en avait communiqué une copie qu'aux membres du personnel qui lui avaient demandé d'accomplir cette démarche.	**Licenciement sans cause réelle et sérieuse** (cass. soc. 21 septembre 2010, n° 09-42382 D)
	Un joueur de football avait déclaré dans la presse que son entraîneur manquait de cohérence et de diplomatie, et salissait les joueurs pour se laver de toute responsabilité. De son côté, l'entraîneur avait affirmé que le joueur n'avait plus le niveau de Ligue 1 et était très orgueilleux et égocentrique. Les juges en ont déduit que les propos reprochés s'inscrivaient dans une polémique médiatique avec l'entraîneur et que le salarié n'avait donc pas abusé de sa liberté d'expression.	**Rupture du contrat à durée déterminée pour faute grave jugée abusive** (cass. soc. 28 avril 2011, n° 10-30107, BC V n° 96)
	Un salarié avait critiqué la politique tarifaire de son employeur auprès de ses clients.	**Absence de faute lourde** (cass. soc. 8 février 2017, n° 15-21064 FSPB)
Propos injurieux	En tenant des propos calomnieux et malveillants envers un membre de la direction en mettant en cause la constitution de son patrimoine immobilier personnel et en insinuant qu'il a commis un abus de fonction en confondant son intérêt personnel et celui de la société, un salarié abuse de sa liberté d'expression.	**Licenciement pour faute grave** (cass. soc. 28 mars 2000, n° 97-42943 D)
	Les salariés qui participent activement à une campagne de dénigrement contre leur employeur ayant entraîné la fermeture administrative du laboratoire abusent de leur liberté d'expression.	**Licenciement pour cause réelle et sérieuse** (cass. soc. 4 février 1997, n° 96-40678 D)
	Les propos contenus dans une lettre, dénigrant le supérieur hiérarchique, dépassaient les limites de l'admissible et caractérisaient un abus du droit d'expression.	**Licenciement pour cause réelle et sérieuse** (cass. soc. 9 février 2000, n° 97-43664 D)
	Un salarié peut porter à la connaissance de l'inspecteur du travail des faits relatifs à l'entreprise lui paraissant anormaux. Toutefois, les accusations formulées par une salariée ne doivent pas être mensongères et l'intéressée ne doit pas agir avec légèreté ou mauvaise foi.	**Licenciement pour faute grave** (cass. soc. 14 mars 2000, n° 97-43268, BC V n° 104)
	Le salarié qui répand sur la société et son P-DG des bruits alarmistes et injurieux, en accompagnant ses propos de propositions de débauchage de dirigeants du service commercial, excède les limites de son droit d'expression.	**Licenciement pour faute lourde** (cass. soc. 31 mai 1995, n° 92-40977 D)
	Les propos mensongers et injurieux, sur le non-respect de la législation du travail, volontairement proférés devant un journaliste qui les a repris dans le journal local sont abusifs.	**Licenciement pour faute grave** (cass. soc. 26 avril 2006, n° 04-44538 D)
	Un salarié en suspension de contrat a tenu des propos insultants et injurieux aux fins de dénigrement des services et de membres du personnel.	**Licenciement pour faute grave** (cass. soc. 25 juin 2002, n° 00-44001, BC V n° 211)
	Le directeur régional qui tient, en présence des candidats au recrutement, des propos dénigrant l'entreprise, en soutenant que l'ensemble des salariés n'aspirait qu'à quitter l'entreprise, a l'intention de nuire à l'employeur.	**Licenciement pour faute lourde** (cass. soc. 5 avril 2005, n° 02-46628 D)
	La salariée qui a, en public, au cours d'une réunion, qualifié son directeur d'agence de « nul et incompétent » et les chargés de gestion de « bœufs » tient des propos injurieux.	**Licenciement pour faute grave** (cass. soc. 9 novembre 2004, n° 02-45830 D)

Litiges sur la liberté d'expression : exemples		
Thème	**Objet des litiges**	**Décision des juges**
Propos injurieux	Un salarié a tenu des propos injurieux à l'encontre du gérant de la société, en le qualifiant de sournois, manipulateur, malhonnête. Ces propos étaient d'autant plus reprochables qu'ils avaient été adressés au gérant devant témoin et qu'ils ne pouvaient être justifiés ni par un accès de colère ni par le contexte de la réunion, l'attitude ou les propos des participants.	Licenciement pour faute grave (cass. soc. 2 février 2006, n° 04-47786 D)
	Un élu du comité d'entreprise a été licencié pour faute grave pour avoir tenu au cours d'une réunion du CE des propos injurieux à l'égard du directeur des ressources humaines. Aucune faute grave ne pouvait être reprochée au salarié car celui-ci, qui comptait 20 ans d'ancienneté dans l'entreprise, avait tenu les propos qui lui étaient reprochés « dans un contexte de vive tension opposant les représentants du personnel et la direction ». Partant de là, son licenciement était injustifié.	Licenciement sans cause réelle et sérieuse (cass. soc. 27 février 2013, n° 11-27474 D)
Propos envers les autres salariés	Un salarié abuse de sa liberté d'expression en mettant en cause, en termes injurieux (« putasserie », « attitudes dégueulasses et faux-cul », « collabos de classe ») et par voie de presse, d'autres salariés de l'entreprise.	Licenciement pour faute lourde (cass. soc. 6 juillet 2005, n° 04-46085 D)
Propos envers les autres salariés (suite)	Un responsable commercial régional, statut cadre, s'était vu reprocher dans la lettre de licenciement pour faute grave, un comportement agressif et critique à l'égard d'autres salariés et des responsables hiérarchiques, provoquant un climat conflictuel et une ambiance délétère. Or, il ressortait des mails produits devant les juges qu'aucun propos agressif n'avait expressément été tenu par le salarié. En revanche, les propos irrespectueux de l'intéressé à l'égard de deux salariés, de qui il n'était pas le supérieur hiérarchique, étaient inappropriés eu égard au contexte professionnel des échanges, ce dernier ne pouvant s'adresser à eux de la manière suivante : « peut-on répondre à son besoin oui ou non ? », « concernant ma demande je ne vous parle pas d'urgence, je vous demande une réponse dans les meilleurs délais », « le premier bon à tirer qui n'est ni fait ni à faire », « crois-tu que je puisse traiter ce genre de mail ? ». Pour la cour d'appel, l'attitude du salarié, si elle n'était pas constitutive d'une faute grave, en l'absence de tout propos expressément agressif ou arrogant, était néanmoins constitutive d'une cause réelle et sérieuse de licenciement. La Cour de cassation censure cette décision car la cour d'appel n'a pas caractérisé en quoi les mails rédigés par le salarié comportaient des termes injurieux, diffamatoires ou excessifs. L'affaire sera rejugée par autre cour d'appel.	Licenciement sans cause réelle et sérieuse (cass. soc. 15 janvier 2020, n° 18-14177 D)
	Au cours d'une réunion, un adjoint de direction avait tenu des propos injurieux et offensants à l'égard de Mme X, de nationalité italienne, en lui disant « comment dit-on lèche-cul en italien ? Et bien ça se dit X ». Il avait reconnu avoir tenu de tel propos, tout en les mettant sur le compte d'une simple plaisanterie. Pour les juges, ces propos constituaient un abus de la liberté d'expression rendant à eux seuls impossible le maintien du salarié dans l'entreprise. Son licenciement pour faute grave a donc été validé.	Licenciement pour faute grave (cass. soc. 8 décembre 2021, n° 20-15798 D)
Propos envers l'entreprise	Un directeur commercial a rédigé une lettre, cosignée par trois collègues cadres qu'il a adressée aux membres du conseil d'administration et aux dirigeants de la société mère. Ce salarié avait ainsi fait état de « décisions incohérentes et contradictoires qui [compromettaient] la pérennité de l'entreprise » et de « désordre interne, détournement, abus d'autorité, conséquences financières et sociales désastreuses ».	Pas de faute lourde, ni grave (cass. soc. 27 mars 2013, n° 11-19734, BC V n° 95)
	Une salariée a été licenciée pour dénigrement de la direction, incitation au non-respect des ordres et comportement générateur de mauvaise ambiance au travail.	Licenciement pour cause réelle et sérieuse (cass. soc. 13 février 2013, n° 11-26455 D)

Litiges sur la liberté d'expression : exemples		
Thème	**Objet des litiges**	**Décision des juges**
Propos envers l'entreprise (suite)	Un salarié, en l'absence du responsable de site mais en présence de clients, avait prononcé des propos portant « gravement atteinte à l'image de la structure », avait annoncé au personnel comme aux clients « la démission collective de l'équipe technico-commerciale-agence ainsi que la probable fermeture du site » et avait déclaré que le président de la société et le directeur commercial régional « en avaient marre du site de (...) et qu'ils finiraient par fermer le site ». Ces propos non étayés étaient délibérément alarmistes sur le devenir de la société et tenus devant le personnel et des clients.	Licenciement pour faute grave (cass. soc. 13 février 2013, n° 11-26098 D)
Propos racistes	Un chef de cuisine ayant traité des membres du personnel qui lui étaient subordonnés de « négros » et ayant inscrit des mentions à connotation sexuelle sur des fiches de salariés, en l'absence d'intention de nuire, a un comportement nécessairement fautif.	Absence de faute lourde (mais cause réelle et sérieuse ou faute grave) (cass. soc. 2 juin 2004, n° 02-44904, BC V n° 150)

F

Faillite

☞ *Procédure de sauvegarde, de redressement et de liquidation judiciaires.*

Faute

Du salarié

Un salarié peut se voir reprocher une faute qualifiée, selon sa gravité, de faute :
- légère ;
- simple ;
- grave ;
- lourde.

Sur la définition de ces différentes fautes et les sanctions applicables, voir *Contrat de travail à durée déterminée (rupture anticipée)**, *Licenciement pour faute** et *Sanctions disciplinaires**.

De l'employeur

Voir *Délégation de pouvoirs**, *Faute inexcusable (accident du travail ou maladie professionnelle)**, *Faute intentionnelle (accident du travail ou maladie professionnelle)**, *Hygiène et sécurité (obligations de l'employeur)**, *Prise d'acte de la rupture**, *Résiliation judiciaire du contrat de travail** et *Responsabilité pénale du chef d'entreprise**.

Faute inexcusable (accident du travail ou maladie professionnelle)

Faute commise par l'employeur qui, alors qu'il avait conscience du danger auquel était exposé un salarié, n'a pas pris les mesures pour l'en préserver. La reconnaissance de la faute inexcusable permet au salarié de bénéficier d'une majoration de sa rente et de la réparation intégrale de son préjudice.

Définition

Manquement à l'obligation de sécurité - L'employeur a une obligation légale de sécurité, en vertu de laquelle il doit prendre les mesures nécessaires pour assurer la sécurité et protéger la santé physique et mentale des salariés [voir *Hygiène et sécurité (obligations de l'employeur)**].

Le fait que survienne un accident du travail ou une maladie professionnelle constitue un manquement à cette obligation de sécurité et caractérise une faute inexcusable s'il apparaît que l'employeur avait ou aurait dû avoir conscience du danger, mais n'a pas pris les mesures nécessaires pour en préserver le salarié (cass. civ., 2e ch., 8 octobre 2020, n° 18-25021 FSPBI ; cass. civ., 2e ch., 8 octobre 2020, n° 18-26677 FSPBI).

À l'inverse, l'employeur est considéré comme ayant respecté son obligation s'il justifie avoir pris toutes les mesures nécessaires pour assurer la sécurité et protéger la santé physique et mentale des salariés (cass. soc. 25 novembre 2015, n° 14-24444, BC V n° 234).

Dès lors que l'employeur a été définitivement condamné pour homicide involontaire à la suite de l'accident mortel dont a été victime un salarié, il est considéré comme ayant eu conscience du danger auquel ce salarié était exposé et n'avoir pas pris les mesures nécessaires pour l'en préserver (cass. civ., 2e ch., 11 octobre 2018, n° 17-18712 FPB).

Cause nécessaire - Il est indifférent que la faute de l'employeur ait été ou non la cause déterminante de l'accident survenu au salarié. Il suffit qu'elle en soit une cause nécessaire pour que la responsabilité de l'employeur soit engagée au titre de la faute inexcusable (cass. ass. plén. 24 juin 2005, n° 03-30038, B. ass. plén. n° 7). La notion de « cause nécessaire » implique l'existence d'un lien entre la faute de l'employeur et l'accident ou la maladie du salarié.

Exemple

Un salarié dont la sciatique a été reconnue comme maladie professionnelle au titre du tableau n° 97 des maladies professionnelles (affections chroniques du rachis lombaire provoquées par des vibrations de basses et moyennes fréquences transmises au corps entier) ne peut pas reprocher à l'employeur d'avoir commis une faute inexcusable en lui faisant porter des charges lourdes. En effet, pour que cet argument soit valable, il aurait fallu que sa maladie soit reconnue au titre du tableau n° 98 (affections chroniques du rachis lombaire provoquées par la manutention manuelle de charges lourdes) (cass. civ., 2e ch., 4 avril 2013, n° 12-13600, BC II n° 69).

Éléments sans incidence - Il importe peu que la faute de l'employeur ne soit pas d'une gravité exceptionnelle : dès lors qu'il avait ou aurait dû avoir conscience du danger et qu'il n'a pas pris les mesures nécessaires pour soustraire le salarié à ce danger, la faute inexcusable est établie (cass. civ., 2e ch., 23 mars 2004, n° 02-30999 D). Le caractère banal et a priori sans danger de l'outil ou de la situation à l'origine de l'accident est également indifférent et ne joue pas sur la qualification de la faute inexcusable (cass. civ., 2e ch., 22 janvier 2009, n° 07-21222 D). La faute de la victime ne permet pas non plus d'exonérer l'employeur de sa responsabilité *(voir ci-après)*.

Circonstances exonératoires - Ce n'est que lorsque l'accident était totalement imprévisible, ce qui implique notamment que toutes les consignes de sécurité aient été respectées, que les juges admettent que l'employeur ne pouvait pas avoir conscience du danger et n'avait donc pas commis de faute inexcusable.

Exemple

Un salarié avait développé un asthme d'origine professionnelle après avoir été exposé à des poudres de médicaments. Cependant, l'employeur ne pouvait pas avoir conscience du danger dans la mesure où le médecin du travail ne l'avait pas immédiatement informé de l'extrême sensibilité de ce salarié aux poussières en question. Par ailleurs, dès qu'il en avait été informé, l'employeur avait affecté le salarié à un poste qui n'était pas exposé aux poudres de médicaments. L'employeur n'avait donc pas commis de faute inexcusable (cass. civ., 2e ch., 16 décembre 2010, n° 09-69216 D).

Accident du travail uniquement - Par définition, le salarié ne peut intenter une action en reconnaissance de la faute inexcusable que s'il a été victime d'un *accident du travail** ou d'une maladie professionnelle. Il n'y a donc pas lieu de rechercher la faute inexcusable de l'employeur lorsque le salarié a été victime d'un *accident de trajet** (cass. civ., 2e ch., 8 juillet 2010, n° 09-16180, BC II n° 140).

Toutefois, la décision de la caisse de prendre en charge ou non l'accident du travail au titre de législation professionnelle n'a aucune incidence sur l'action en reconnaissance de la faute inexcusable (cass. civ., 2e ch., 26 novembre 2015, n° 14-26240, BC II n° 259 ; cass. civ., 2e ch., 31 mars 2016, n° 14-30015, BC II n° 92). Par conséquent, peu importe que l'employeur ait laissé s'écouler le délai de 2 mois dans lequel il peut contester la décision de la caisse de prendre en charge l'accident du travail [voir *Accident du travail (déclaration)**] : cela ne l'empêche pas de contester le caractère professionnel de l'accident dans le cadre de l'action en reconnaissance de la faute inexcusable (cass. civ., 2e ch., 5 novembre 2015, n° 13-28373, BC II n° 247).

Dans le même ordre d'idée, le juge peut rejeter une demande de reconnaissance de la faute inexcusable de l'employeur après avoir constaté que la maladie, bien que prise en charge par la caisse sur le fondement d'un tableau des maladies professionnelles, ne remplissait pas les conditions fixées par ce tableau. Il n'a pas à recueillir l'avis d'un comité régional de reconnaissance des maladies professionnelles (CRRMP) pour prendre sa décision, sauf si la victime ou ses ayants-droit n'invoquent pas les dispositions permettant la reconnaissance d'une maladie ne bénéficiant pas de la présomption du caractère professionnel (procédure de reconnaissance individuelle) (voir *Maladies professionnelles**) (cass. civ., 2e ch., 9 mai 2019, n° 18-11468 FSPBI ; cass. civ., 2e ch., 9 mai 2019, n° 18-17847 FSPBI).

Rechute - Un salarié ne peut pas faire une demande de reconnaissance de la faute inexcusable de l'employeur à la suite d'une rechute. À ce stade, il est trop tard (cass. civ., 2e ch., 9 décembre 2010, n° 09-72667, BC II n° 205).

En revanche, si la victime a obtenu la reconnaissance de la faute inexcusable de l'employeur au titre de l'accident du travail initial, elle est en droit de demander que l'indemnisation complémentaire couvre également les conséquences d'une rechute consécutive à cet accident (cass. civ., 2e ch., 22 janvier 2015, n° 14-10584, BC II n° 12).

Preuve de la faute inexcusable

À la charge du salarié, en principe - Il revient au salarié qui invoque la faute inexcusable de prouver que son employeur, qui devait avoir conscience du danger auquel il était exposé, n'a pas pris les mesures nécessaires pour l'en préserver (cass. civ., 2e ch., 8 juillet 2004, n° 02-30984, BC II n° 394 ; cass. civ., 2e ch., 22 mars 2005, n° 03-20044, BC II n° 74 ; cass. civ., 2e ch., 2 octobre 2008, n° 07-18437 D). Il dispose d'un délai de 2 ans à compter de l'accident pour saisir le juge *(voir ci-après)* (c. séc. soc. art. L. 431-2).

Présomption de faute inexcusable, dans certains cas - Le bénéfice de la faute inexcusable est de droit pour les salariés victimes d'un accident du travail ou d'une maladie professionnelle alors qu'eux-mêmes ou un membre du *comité social et économique** avaient signalé à l'employeur le risque qui s'est finalement réalisé (c. trav. art. L. 4131-4) [voir

Faute inexcusable : exemples
Faute inexcusable reconnue
Décès d'un salarié des suites d'une maladie professionnelle liée à l'amiante Si, durant la période d'exposition du salarié, il n'y avait pas encore de réglementation spécifique à l'amiante, il existait néanmoins des règles de sécurité relatives à l'empoussièrement des locaux de travail. Or, l'employeur n'avait pas respecté cette réglementation (cass. soc. 28 février 2002, n° 00-11793, BC V n° 81)
En l'état de la réglementation applicable à l'époque où le salarié avait été exposé, l'employeur avait connaissance de la nécessité d'assurer un bon renouvellement de l'air des ateliers et de prévenir l'inhalation de l'amiante (cass. civ., 2e ch., 19 novembre 2009, n° 08-20602 D)
Alors que le salarié n'était pas encore atteint par la maladie, l'employeur avait fait effectuer des analyses dans les ateliers pour ensuite engager un processus de suspension progressive de l'amiante dans les matériaux utilisés. La conscience du danger était donc avérée (cass. civ., 2e ch., 31 mai 2006, n° 04-30654, BC II n° 141)
Salarié atteint de troubles musculo-squelettiques L'employeur avait conscience du danger, dans la mesure où le salarié avait présenté des tendinites de chacun de ses bras et avait bénéficié de soins, puis d'un arrêt de travail (cass. civ., 2e ch., 10 septembre 2009, n° 08-17149 D)
Secrétaire médicale infectée par le virus HIV après avoir manipulé une seringue L'employeur aurait dû assurer une bonne organisation de la collecte des aiguilles souillées, de leur acheminement et de leur manipulation lors du tri (cass. civ., 2e ch., 17 décembre 2009, n° 08-21598 D)
Suicide d'une salariée victime de harcèlement L'employeur n'avait pas pris les mesures nécessaires pour soustraire la salariée au harcèlement dont elle était victime (cass. civ., 2e ch., 22 février 2007, n° 05-13771, BC II n° 54)
Salariée victime d'un malaise en raison du comportement de son supérieur hiérarchique Une salariée, qui était montée dans la voiture de son supérieur hiérarchique, avait été victime d'un malaise après que ce supérieur eut freiné violemment sur un mouvement d'humeur et ordonné à la salariée de sortir, en des termes peu amènes. L'employeur ne pouvait pas invoquer le caractère imprévisible de l'incident, eu égard au comportement irrationnel du supérieur hiérarchique. En effet, il existait un contexte de harcèlement moral (cass. civ., 2e ch., 27 novembre 2014, n° 13-26327 D)
Salarié victime d'un infarctus du myocarde dans un contexte de stress L'employeur ne peut pas ignorer les risques inhérents au stress au travail. Dans le cas présent, le salarié avait subi, au cours des années ayant précédé son infarctus, un accroissement de sa charge de travail, dans un contexte de pressions et d'objectifs impossibles à atteindre. Or, les dirigeants n'avaient pas utilement pris la mesure des conséquences de leur objectif de réduction des coûts en termes de facteurs de risque pour la santé de leurs employés et spécifiquement de la victime, compte tenu de sa position hiérarchique (cass. civ., 2e ch., 8 novembre 2012, n° 11-23855 D)
Salarié décédé à la suite d'une défaillance cardiaque L'employeur n'avait pas fait effectuer la visite médicale d'embauche (le salarié, travailleur temporaire, avait succombé à une crise cardiaque 4 jours après le début de sa mission) (cass. civ., 2e ch., 14 mars 2013, n° 11-27989 D)
Salarié heurté par un tractopelle Peu importe que la présence d'un tractopelle sur le site (une déchetterie) soit habituelle, visible et inhérente à l'activité quotidienne : l'employeur aurait dû avoir conscience du danger occasionné justement par la présence concomitante de tractopelles et de piétons sur le site (cass. civ., 2e ch., 12 mars 2020, n° 19-10421 D)
Absence de faute inexcusable
Décès d'un salarié des suites d'une maladie professionnelle liée à l'amiante Le salarié n'était habituellement pas en contact avec des matières contenant de l'amiante. Par ailleurs, l'employeur avait appliqué des mesures de protection conformes à la législation alors en vigueur (cass. civ., 2e ch., 31 mai 2006, n° 05-17737, BC II n° 142)
Salarié blessé à la suite de la chute de l'échafaudage sur lequel il travaillait La chute de l'échafaudage avait pour origine l'effondrement d'une cheminée. Or, cet incident n'était pas prévisible. Par ailleurs, le salarié était expérimenté et usait d'une technique habituelle (cass. civ., 2e ch., 10 juin 2003, n° 01-21200, BC II n° 177)
Salarié blessé après être tombé de l'escabeau sur lequel il travaillait L'employeur avait mis en place un plan de sécurité et de protection de la santé, le personnel avait à sa disposition des plates-formes mobiles, plus sûres que des escabeaux, et le conducteur de chantier donnait les consignes de sécurité à chaque démarrage de chantier. L'employeur avait donc pris les mesures nécessaires pour préserver les salariés des risques de chute (cass. civ., 2e ch., 10 juillet 2014, n° 13-18985 D)
Salarié blessé dans une chute après s'être pris les pieds dans un tuyau d'aspirateur L'employeur ne pouvait pas avoir conscience du danger né de la seule maladresse du salarié (cass. civ., 2e ch., 6 novembre 2014, n° 13-26547 D)

Faute inexcusable (accident du travail ou maladie professionnelle)

Faute inexcusable : exemples
Salarié blessé dans une chute sur une plaque de verglas sur le parking de l'entreprise, lors de sa prise de fonctions La salariée ne démontrait pas que l'employeur aurait dû avoir conscience du danger. Certes, les services météorologiques avaient donné des consignes de prudence en cas de déplacement, mais ce bulletin avait été diffusé dans la nuit et ne commandait pas de vigilance absolue (cass. civ., 2e ch., 25 janvier 2018, n° 16-26384 D)
Salarié victime d'un syndrome dépressif lié aux conditions de travail Le service se caractérisait par des relations professionnelles cordiales et non empreintes de stress. Le salarié n'avait pas alerté le médecin du travail ni les institutions représentatives du personnel de sa situation de mal-être au travail avant son arrêt de travail. Par ailleurs, lors d'un entretien annuel d'évaluation, il avait déclaré ne pas être à l'aise dans sa fonction, pour ensuite nuancer son propos dans les entretiens suivants. L'employeur ne pouvait donc pas avoir conscience du danger (cass. civ., 2e ch., 19 juin 2014, n° 13-20156 D)

*Droit d'alerte et de retrait en cas de danger**]. Le juge n'exige pas nécessairement un signalement en bonne et due forme. Par exemple, le fait, pour un salarié agressé sur son lieu de travail, d'avoir transmis à l'employeur une lettre de menaces reçue dans un contexte de fortes tensions internes à l'entreprise caractérise le signalement d'une situation de risque et permet de faire jouer la présomption de faute inexcusable (cass. soc. 8 juillet 2021, n° 19-25550 FB).

La présomption de faute inexcusable est également caractérisée lorsque des salariés en contrat à durée déterminée, des intérimaires ou des stagiaires sont victimes d'un accident alors qu'ils étaient affectés à un poste présentant des risques particuliers pour leur sécurité sans avoir bénéficié de la *formation à la sécurité** renforcée (c. trav. art. L. 4154-3 ; cass. civ., 2e ch., 6 novembre 2014, n° 13-23247 D). La seule possibilité pour l'employeur de renverser cette présomption consiste à démontrer qu'il a bien dispensé la formation renforcée (cass. civ., 2e ch., 29 mai 2019, n° 18-17297 D).

▶ À noter… En cas d'accident du travail survenu à un travailleur intérimaire et imputable à la faute inexcusable de l'entreprise utilisatrice, l'entreprise de travail temporaire est considérée comme responsable, en sa qualité d'employeur. Cependant, elle peut ensuite se retourner contre l'entreprise utilisatrice, auteur de la faute inexcusable (cass. civ., 2e ch., 21 juin 2006, n° 04-30665, BC II n° 164 ; cass. civ., 2e ch., 12 mars 2009, n° 08-11735, BC II n° 73).

Auteurs de la faute

Il peut s'agir :
- de l'employeur lui-même ;
- d'un salarié substitué dans la direction par *délégation de pouvoirs** expresse ou tacite de l'employeur et pourvu de la compétence et de l'autorité requises ainsi que des moyens nécessaires.

Faute de la victime ou d'un tiers

Faute de la victime et responsabilité de l'employeur - La faute de la victime (imprudence, négligence, violation des consignes de sécurité, etc.) est sans incidence, même si elle a été la cause déterminante de l'accident (cass. soc. 31 octobre 2002, n° 00-18359, BC V n° 336 ; cass. civ., 2e ch., 12 mai 2003, n° 01-21071, BC II n° 141 ; cass. civ., 2e ch., 16 mars 2004, n° 02-30834, BC II n° 122 ; cass. ass. plén. 24 juin 2005, n° 03-30038, B. ass. plén. n° 7 ; cass. civ., 2e ch., 20 juin 2019, n° 18-19175 D).

Faute de la victime et majoration de la rente - La faute de la victime n'a, en principe, aucune conséquence sur la majoration de sa rente. En effet, dès lors que l'employeur a commis une faute inexcusable, cette majoration est automatiquement fixée à son maximum (cass. soc. 6 février 2003, n° 01-20004, BC V n° 48 ; cass. civ., 2e ch., 6 avril 2004, n° 02-30688, BC II n° 153).

Seule la faute inexcusable de la victime est susceptible d'entraîner une diminution de la majoration de la rente. Cette faute est définie de manière restrictive et ne peut pas résulter d'une négligence ou d'une imprudence. Il doit s'agir d'une faute volontaire, d'une exceptionnelle gravité, exposant sans raison valable son auteur à un danger dont il aurait dû avoir conscience (cass. civ., 2e ch., 27 janvier 2004, n° 02-30693, BC II n° 25).

Exemples

La faute inexcusable n'a pas été retenue à l'encontre d'un salarié gravement blessé après avoir entrepris de déboucher à la main le conduit d'évacuation d'une scie mécanique (cass. civ., 2e ch., 27 janvier 2004, n° 02-30693, BC II n° 25).

Il en est de même d'un salarié qui avait heurté une ligne haute tension en déplaçant un échafaudage. Le fait que l'intéressé ait fait preuve d'imprudence et que cette faute soit la cause déterminante de l'accident ne suffit pas à caractériser la faute inexcusable du salarié (cass. ass. plén. 24 juin 2005, n° 03-30038, B. ass. plén. n° 7).

L'action en réduction de la majoration de la rente en raison de la faute inexcusable du salarié est réservée à la caisse primaire d'assurance maladie (c. séc. soc. art. L. 453-1). Elle ne peut pas être engagée par l'employeur (cass. soc. 27 mars 1985, n° 83-15885, BC V n° 222).

Faute d'un tiers - La faute d'un tiers n'a pas pour effet de réduire la majoration de la rente allouée à la victime (cass. civ., 2e ch., 2 novembre 2004, n° 03-30206, BC II n° 478).

Par ailleurs, la victime peut agir en responsabilité civile contre ce tiers pour obtenir réparation des préjudices non couverts par les prestations de sécurité sociale. Il est en revanche interdit au tiers de réclamer le remboursement d'une partie de ces sommes par l'employeur coresponsable de l'accident, sauf si ce dernier a commis une faute intentionnelle (cass. ass. plén. 22 décembre 1988, n° 85-17473, B. ass. plén. n° 10 ; cass. ass. plén. 31 octobre 1991, n° 88-17449, B. ass. plén. n° 6 ; cass. civ., 2e ch., 29 novembre 2018, n° 17-17747 FPB) [voir *Faute intentionnelle (accident du travail ou maladie professionnelle)**].

Action en reconnaissance

Conciliation préalable - La CPAM peut engager, à la demande de la victime, une procédure de conciliation en vue d'aboutir à un accord amiable avec l'employeur sur l'existence d'une telle faute et sur le montant des indemnités complémentaires à verser. La caisse peut également engager la conciliation de sa propre initiative (c. séc. soc. art. L. 452-4, al. 1 ; lettre CNAMTS du 30 novembre 1977).

Si la CPAM refuse de mettre en œuvre la procédure de conciliation, la victime peut directement saisir le juge et s'engager dans la voie contentieuse. Elle n'a pas à saisir au préalable la commission de recours amiable pour contester la décision de la CPAM (cass. civ., 2e ch., 14 mars 2019, n° 18-12620 FPB).

À l'issue de la conciliation, un procès-verbal constate la conciliation (totale ou partielle) ou son échec.

Saisine du tribunal - Le salarié qui entend faire reconnaître la faute inexcusable de l'employeur doit saisir le tribunal judiciaire (voir *Contentieux de la sécurité sociale**).

▶ Attention… Le salarié ne peut pas renoncer, par une *transaction**, à intenter une action en reconnaissance de la faute inexcusable.

Auteurs de la saisine - Seuls la victime ou ses ayants droit peuvent agir devant le *tribunal judiciaire** pour voir reconnaître l'existence d'une faute inexcusable. Une association de défense des accidentés du travail et des handicapés ne peut donc pas s'associer à l'action intentée par la victime (cass. civ., 2e ch., 13 janvier 2011, n° 09-17496, BC II n° 12).

Délai pour agir - La procédure doit être engagée soit par la victime ou ses ayants droit, soit par la caisse dans un délai de 2 ans. Sauf cas particulier, le délai de prescription court à compter du jour de l'accident ou de la cessation du paiement de l'indemnité journalière (c. séc. soc. art. L. 431-2).

Le délai de prescription de 2 ans est interrompu :
- par l'exercice d'une action pénale engagée pour les mêmes faits ;
- par l'exercice d'une action en reconnaissance du caractère professionnel de l'accident (c. séc. soc. art. L. 431-2) ;
- par la saisine de la caisse pour ouvrir une procédure de conciliation (cass. civ., 2e ch., 16 septembre 2003, n° 02-30490, BC II n° 266).

Dans tous ces cas, un nouveau délai de 2 ans commence à courir une fois que la procédure interruptive prend fin : décision pénale devenue définitive avec l'expiration des délais de recours (cass. civ., 2e ch., 25 avril 2007, n° 05-21384 D), reconnaissance du caractère professionnel de l'accident ou de la maladie (cass. civ., 2e ch., 3 avril 2003, n° 01-20872, BC II n° 98) ou, à notre sens, procès-verbal de clôture de la conciliation.

▶ À noter… Ni les instructions adressées par le procureur de la République à un officier de police judiciaire lors de l'enquête préliminaire, ni les procès-verbaux dressés par l'inspection du travail ne valent engagement d'une action pénale (cass. civ., 2e ch., 31 mai 2012, n° 11-10424, BC II n° 95).

Cession d'activité - Le salarié agit, en principe, contre l'employeur qu'il estime auteur de la faute inexcusable. En cas de cession partielle d'activité, il peut également agir, sous certaines conditions, contre le tiers cessionnaire qui a repris l'établissement où il travaillait lors de son exposition au risque (cass. civ., 2e ch., 17 mars 2011, n° 09-17439, BC II n° 71).

Réparation intégrale pour le salarié

Rente majorée - La reconnaissance de la faute inexcusable de l'employeur permet au salarié d'obtenir la réparation intégrale de l'ensemble de ses préjudices. Cette réparation intégrale passe tout d'abord par une majoration de sa rente, ce qui permet de couvrir les préjudices liés au déficit fonctionnel permanent et au déclassement professionnel (voir *Rente d'incapacité permanente**).

Indemnisation complémentaire - La victime peut en outre demander à l'employeur, devant le *tribunal judiciaire**, la réparation des préjudices suivants (c. séc. soc. art. L. 452-3) :
- souffrances physiques et morales ;
- préjudice esthétique ;
- préjudice d'agrément, lequel se caractérise par l'impossibilité de continuer à pratiquer régulièrement une activité spécifique sportive ou de loisir (cass. civ., 2e ch., 28 février 2013, n° 11-21015, BC II n° 48) ;
- préjudice résultant de la perte ou de la diminution des possibilités de promotion professionnelle (cass. civ., 2e ch., 20 septembre 2005, n° 04-30278, BC II n° 225), sous réserve que la victime ait eu des chances sérieuses de promotion professionnelle (cass. soc. 29 février 1996, n° 93-21778, BC V n° 79 ; cass. soc. 9 avril 1998, n° 96-16474 D).

Si ce sont les ayants droit qui saisissent le juge, le but est d'obtenir l'indemnisation du préjudice moral provoqué par le décès de la victime. L'employeur peut également être amené à réparer, le cas échéant, le préjudice subi par l'enfant à naître, l'action étant alors intentée par l'épouse de la victime, enceinte au moment des faits (cass. civ., 2e ch., 14 décembre 2017, n° 16-26687, BC II n° 235).

Autres préjudices - La victime a en outre le droit de réclamer la réparation de l'ensemble des dommages qui ne sont pas couverts par le code de la sécurité sociale (c. constit., décision 2010-8 QPC du 18 juin 2010). À ce titre, elle peut donc demander réparation au titre des préjudices suivants :
- déficit fonctionnel temporaire, qui couvre, pour la période antérieure à la date de consolidation, l'incapacité fonctionnelle totale ou partielle, ainsi que le temps d'hospitalisation et les pertes de qualité de vie et des joies usuelles de la vie courante (cass. civ., 2e ch., 4 avril 2012, n° 11-14311, BC II n° 67 ; cass. civ., 2e ch., 20 juin 2013, n° 12-21548, BC II n° 127 ; cass. civ., 2e ch., 7 mai 2014, n° 12-23962 D) ;
- préjudice sexuel, car il n'entre pas dans la catégorie des préjudices d'agrément (cass. civ., 2e ch., 4 avril 2012, n° 11-14311, BC II n° 67) ;
- dépenses occasionnées par l'aménagement de son logement et par l'usage d'un véhicule adapté (cass. civ., 2e ch., 30 juin 2011, n° 10-19475, BC II n° 148) ;
- frais d'assistance du médecin lors des opérations d'expertise (cass. civ., 2e ch., 18 décembre 2014, n° 13-25839, BC II n° 249) ;
- préjudice consécutif à la perte d'emploi (cass. civ., 2e ch., 14 avril 2010, n° 09-40357 D) ;
- préjudice d'établissement, qui consiste en la perte d'espoir et de chance de réaliser un projet de vie familiale en raison de la gravité du handicap (cass. civ., 2e ch., 2 mars 2017, n° 15-27523, BC II n° 46) ;
- préjudice permanent exceptionnel, c'est-à-dire préjudice extra-patrimonial atypique, directement lié au handicap permanent qui prend une résonance particulière pour certaines victimes en raison soit de leur personne, soit des circonstances et de la nature du fait dommageable, notamment de son caractère collectif pouvant exister lors de catastrophes naturelles ou industrielles ou d'attentats (cass. civ., 2e ch., 2 mars 2017, n° 15-27523, BC II n° 46) ;
- préjudice résultant du refus d'assurance pour un prêt immobilier (cass. civ., 2e ch., 11 octobre 2018, n° 17-23312 D).

Préjudices déjà indemnisés - En revanche, la victime ne peut pas demander réparation au titre de préjudices dont la réparation est assurée, en tout ou partie, par les prestations de sécurité sociale, comme :
- des frais médicaux et assimilés (cass. civ., 2e ch., 4 avril 2012, n° 11-18014, BC II n° 67) ;
- des dépenses de santé et d'appareillage (ex. : frais de changes et d'alèses, frais de table de lit et de fauteuil) (cass. civ., 2e ch., 19 septembre 2013, n° 12-18074, BC II n° 170) ;
- des frais funéraires, car ils sont payés par la caisse primaire d'assurance maladie (cass. civ., 2e ch., 28 avril 2011, n° 10-14771 D) ;
- les frais d'assistance par une tierce personne (cass. civ., 2e ch., 20 juin 2013, n° 12-21548, BC II n° 127 ; cass. civ., 2e ch., 6 novembre 2014, n° 13-21237 D) ;
- la perte de gains professionnels futurs (cass. civ., 2e ch., 18 septembre 2014, n° 13-17013 D) ;
- la perte des droits à la retraite de base et à la retraite complémentaire (cass., ch. mixte, 9 janvier 2015, n° 13-12310, BC CM n° 1) ;
- un déficit fonctionnel permanent (cass. civ., 2e ch., 4 avril 2012, n° 11-14311, BC II n° 67 ; cass. civ., 2e ch., 4 avril 2012, n° 11-15393, BC II n° 67).

Indemnité forfaitaire en cas d'incapacité permanente de 100 % - Si la victime est atteinte d'un taux d'incapacité permanente de 100 %, elle perçoit en outre une indemnité forfaitaire égale au montant du salaire minimum légal en vigueur à la date de consolidation (c. trav. art. L. 452-3).

En cas de licenciement pour inaptitude - Le salarié déclaré inapte à la suite d'un accident ou d'une maladie imputable à une faute inexcusable de l'employeur peut saisir le conseil de prud'hommes, notamment pour contester son licenciement [voir *Inaptitude physique (licenciement)**]. Toutefois, il lui est impossible de réclamer devant les prud'hommes une indemnisation au titre de la perte de son emploi et de ses droits à la retraite, car il s'agit en réalité d'une demande de réparation des conséquences de l'accident ou de la maladie (cass. soc. 6 octobre 2015, n° 13-26052, BC V n° 187). Cela signifie que, pour ce type de demande, le *tribunal judiciaire** doit être saisi dans le cadre de l'action en reconnaissance de la faute inexcusable de l'employeur. Notons que, même devant le tribunal judiciaire, le salarié ne pourra pas obtenir de réparation au titre de la perte de ses droits à retraite, ce préjudice étant censé être couvert, de manière forfaitaire, par la rente majorée *(voir ci-avant)*.

Conséquences pour l'employeur

Avance par la caisse - La caisse primaire d'assurance maladie (CPAM) paye la rente majorée, puis récupère ce montant auprès de l'employeur (c. séc. soc. art. L. 452-2). Elle a 5 ans pour le faire (cass. civ., 2e ch., 10 novembre 2021, n° 20-15732 FSBR). Ce système d'avance s'applique aussi à l'indemnité complémentaire (c. séc. soc. art. L. 542-3), ainsi que, le cas échéant, aux sommes versées au titre des autres préjudices (cass. civ., 2e ch., 4 avril 2012, n° 11-14311, BC II n° 67).

▶ Attention... La caisse ne peut pas récupérer auprès de l'employeur le montant des majorations de rente et indemnités allouées à la victime et à ses ayants droit en raison de la faute inexcusable de ce dernier lorsqu'une décision de justice, passée en force de chose jugée, a reconnu, dans les rapports entre la caisse et l'employeur, que l'accident ou la maladie n'avait pas de caractère professionnel (cass. civ., 2e ch., 15 février 2018, n° 17-12567, BC II n° 32). De même, si, à la suite d'une contestation engagée par l'employeur, la décision a réduit le taux d'incapacité permanente, la caisse doit en tenir compte dans le montant de la somme à récupérer au titre de la majoration de la rente (cass. civ., 2e ch., 4 mai 2017, n° 16-13816, BC II n° 87). Dans le même ordre d'idées, si une décision de justice réduit le montant des réparations dues à la victime, la caisse doit restituer à l'employeur le trop-versé (cass. civ., 2e ch., 20 juin 2019, n° 18-18595 FPBI). À l'inverse, si la victime obtient la majoration de son taux d'incapacité permanente et, ipso facto, la majoration de sa rente, la caisse ne peut pas récupérer la différence auprès de l'employeur, dès lors que la décision a été rendue à l'issue d'une instance à laquelle il n'a pas été appelé (cass. civ., 2e ch., 9 mai 2018, n° 17-16963, BC V n° 93 ; cass. civ., 2e ch., 9 mai 2018, n° 17-17460 FPB).

L'employeur doit également rembourser à la caisse les frais de l'expertise destinée à évaluer les préjudices subis par le salarié, même s'il s'agit d'une expertise amiable (cass. civ., 2e ch., 25 janvier 2018, n° 16-25647, BC II n° 10).

▶ À noter... Si l'employeur a obtenu, par une décision de justice passée en force de chose jugée, la réduction du taux d'incapacité permanente du salarié, la caisse doit tenir compte du taux ainsi modifié dans le montant de la majoration de la rente qu'elle récupère auprès de l'employeur (cass. civ., 2e ch., 4 mai 2017, n° 16-13816, BC II n° 87).

Remboursement en capital - Le remboursement de l'employeur à la CPAM prend la forme d'un capital représentatif (c. séc. soc. art. L. 452-2). Ce capital est calculé à partir du barème utilisé pour l'évaluation des dépenses à rembourser aux caisses d'assurance maladie en cas d'accident du travail imputable à un tiers. Le capital est recouvré dans les mêmes conditions et en même temps que les sommes versées au titre de l'indemnisation des autres préjudices dont le salarié peut obtenir l'indemnisation en cas de faute inexcusable de l'employeur (c. séc. soc. art. D. 452-1).

Manquement de la CPAM à son obligation d'information - Dans le cadre de la procédure de reconnaissance du caractère professionnel de la maladie ou de l'accident, la CPAM doit délivrer à l'employeur un certain nombre d'informations afin qu'il puisse prendre connaissance du dossier et éventuellement émettre des réserves [voir *Accident du travail (déclaration)**]. Si la CPAM ne respecte pas ces formalités, sa décision est inopposable à l'employeur (cass. civ., 2e ch., 22 février 2005, n° 03-30308, BC II n° 38). L'accident ou la maladie n'est donc pas pris en compte pour le calcul du taux « accidents du travail » de l'entreprise (voir *Cotisations d'accidents du travail**).

Ce type d'irrégularité n'a cependant aucune incidence sur les sommes dues par l'employeur au titre d'une éventuelle faute inexcusable. En effet, quelles que soient les conditions d'information de l'employeur par la caisse au cours de la procédure d'admission du caractère professionnel de l'accident ou de la maladie, la reconnaissance de la faute inexcusable de l'employeur par une décision de justice entraîne l'obligation pour celui-ci de s'acquitter des sommes dues au titre de cette faute, à savoir le remboursement des sommes versées par la CPAM et la réparation intégrale du préjudice subi par le salarié (c. séc. soc. art. L. 452-3-1).

Coresponsabilité éventuelle de l'État. - L'employeur condamné pour faute inexcusable peut se retourner contre l'État si celui-ci a lui-même commis une faute qui a concouru à la réalisation des préjudices subis par l'entreprise (CE 9 novembre 2015, n° 359548). L'État ne peut cependant pas être jugé coresponsable si la faute de l'employeur revêt une particulière gravité (CE 26 mars 2018, n°s 401374 et 401376).

Incidence d'un contentieux pénal

La victime peut obtenir la réparation des dommages subis sur le fondement de la faute inexcusable de l'employeur, même si la faute pénale non intentionnelle (ex. : blessures involontaires) n'a pas été reconnue. En effet, la déclaration par le juge pénal de l'absence de faute pénale non intentionnelle ne fait pas obstacle à la reconnaissance de la faute inexcusable (c. proc. pén. art. 4-1 ; cass. soc. 12 juillet 2001, n° 99-18375, BC V n° 267 ; cass. civ., 2e ch., 15 mars 2012, n° 10-15503, BC II n° 46).

Par ailleurs, en cas de condamnation pénale de l'employeur pour blessures ou homicide involontaires, la reconnaissance de la faute inexcusable n'est pas automatique. Cependant, pour les juges, elle caractérise la conscience que l'employeur avait du danger. Elle favorise donc la reconnaissance de la faute inexcusable (cass. civ., 2e ch., 11 octobre 2018, n° 17-18712 FPB).

Condamnation de l'employeur

Responsabilité de l'employeur - L'auteur d'une faute inexcusable est responsable sur son patrimoine personnel des conséquences de celle-ci (c. séc. soc. art. L. 452-4, al. 2).

Certaines CPAM ont essayé d'agir auprès des personnes physiques (employeur, gérant, etc.) pour leur réclamer les sommes versées. Mais à l'occasion de trois affaires concernant un gérant, un mandataire social et des cogérants, la Cour de cassation a précisé que la victime ou ses ayants droit ne pouvaient engager l'action en reconnaissance de la faute inexcusable que contre l'employeur, quel que soit l'auteur de la faute. Il en résulte que le versement des indemnités à la victime étant à la charge exclusive de la CPAM, celle-ci n'a de recours que contre la personne qui a la qualité juridique de l'employeur (cass. soc. 31 mars 2003, n° 00-22269, BC V n° 120). Par exemple, dans l'hypothèse où une société a fait l'objet d'une liquidation judiciaire, la CPAM ne peut exiger de l'ancienne gérante de cette société le remboursement des sommes versées (cass. civ., 2e ch., 10 juin 2003, n° 01-21004, BC II n° 178).

Assurance - Le dirigeant peut s'assurer contre les conséquences financières de sa propre faute inexcusable ou de la faute de ses préposés (c. séc. soc. art. L. 452-4, al. 3). La CPAM peut, dans ce cas, valablement agir contre l'assureur de l'employeur auteur de la faute inexcusable pour obtenir le remboursement des sommes versées aux ayants droit de la victime dans la mesure où elle est subrogée dans les droits de ceux-ci (cass. civ., 2e ch., 31 mai 2006, n° 04-10127, BC II n° 144).

☛ *Accident du travail ; Maladies professionnelles.*

Faute intentionnelle (accident du travail ou maladie professionnelle)

Faute intentionnelle de l'employeur ou d'un préposé

Définition - La faute intentionnelle est celle commise dans l'intention délibérée de causer un dommage corporel ou psychologique (ex. : coups, blessures au cours d'une rixe).

▶ À noter… Une condamnation pénale pour harcèlement moral ne caractérise pas automatiquement une faute intentionnelle, le coupable n'ayant pas nécessairement agi dans l'intention de causer une altération de la santé de la victime du harcèlement (cass. crim. 13 décembre 2016, n° 15-81853, B. crim. n° 335).

Réparation intégrale - En cas de faute intentionnelle de l'employeur ou de l'un de ses préposés, la victime perçoit toutes les prestations prévues en cas d'accident du travail [voir *Accident du travail (indemnisation)**]. Elle peut, en outre, demander à l'auteur de l'accident une indemnité complémentaire afin d'obtenir la réparation intégrale du préjudice subi, conformément aux règles du droit commun (c. séc. soc. art. L. 452-5). Lorsque la faute a été commise par un salarié dans le cadre de ses fonctions, la victime a la possibilité d'agir contre l'employeur, en sa qualité de commettant (c. civ. art. 1242 ; cass. soc. 3 juillet 1968, n° 60-10927, BC IV n° 558).

▶ Attention… La formulation de la demande est importante. Si la victime réclame la réparation de son préjudice conformément au droit commun (donc en se plaçant sur le terrain de la faute intentionnelle), mais en invoquant une faute inexcusable de l'employeur, sa demande est irrecevable (cass. soc. 10 décembre 2015, n° 14-23161, BC V n° 255).

Conséquences financières pour l'entreprise - Comme en matière de faute inexcusable, la caisse primaire avance les sommes versées au titre de cette indemnisation complémentaire, à charge ensuite pour elle de les récupérer auprès de l'auteur de la faute intentionnelle (cass. civ., 2e ch., 14 février 2013, n° 12-13775, BC II n° 31) [*Faute inexcusable (accident du travail ou maladie professionnelle)**].

Enfin, une cotisation supplémentaire peut être imposée à l'employeur par la caisse régionale d'assurance maladie pour tenir compte des risques exceptionnels présentés par l'entreprise (c. séc. soc. art. L. 452-5).

Faute d'un tiers

Lorsqu'il y a partage de responsabilité entre l'employeur et un tiers et que la victime a obtenu de ce tiers la réparation des préjudices non couverts par les prestations de sécurité sociale, le fait que l'employeur ait commis une faute intentionnelle permet au tiers de se retourner contre l'employeur pour obtenir le remboursement d'une partie des sommes qu'il a dû verser à la victime [voir *Faute inexcusable (accident du travail ou maladie professionnelle)**].

Faute intentionnelle de la victime

Il arrive que la victime ait elle-même commis la faute intentionnelle à l'origine de l'accident, par exemple, en provoquant une altercation au cours de laquelle elle a été blessée (cass. soc. 24 avril 1969, n° 98-10844, BC V n° 265). Dans ce cas, le salarié n'a droit à aucune prestation au titre de la législation sur les accidents du travail (c. séc. soc. art. L. 453-1). Toutefois, les prestations en nature de l'*assurance maladie**, c'est-à-dire le remboursement des soins et autres frais, peuvent être accordées.

☞ *Accident du travail ; Maladies professionnelles.*

Femmes enceintes

☞ *Maladie (remboursement de) ; Maternité (congé de) ; Maternité (protection).*

Fermeture de l'entreprise (pendant les congés)

☞ *Activité partielle ; Congés payés (fermeture).*

Fermeture d'établissement

Les entreprises d'au moins 1 000 salariés qui envisagent un projet de licenciement économique d'au moins 10 salariés sur 30 jours ayant pour conséquence la fermeture d'un établissement doivent chercher un repreneur [voir *Licenciement économique collectif (10 salariés ou plus dans une entreprise d'au moins 50 salariés)**].

Champ d'application

Entreprises et établissements concernés - Sont visés (c. trav. art. L. 1233-57-9) :

- les entreprises ou les établissements d'au moins 1 000 salariés ;
- les unités économiques et sociales, employant au total au moins 1 000 salariés ;
- les groupes, employant au total au moins 1 000 salariés ;
- les entreprises et groupes de dimension communautaire, employant au total au moins 1 000 salariés.

Ces établissements et entreprises sont identiques à ceux soumis à l'obligation de proposer un *congé de reclassement** (c. trav. art. L. 1233-71). L'établissement est défini comme une entité économique assujettie à l'obligation de constituer un comité social et économique d'établissement (c. trav. art. R. 1233-15) [voir *Comité social et économique (établissement)**].

Définition de la « fermeture » - Plusieurs cas de figure doivent être inclus dans cette notion de fermeture (c. trav. art. R. 1233-15) :

- la cessation complète d'activité d'un établissement lorsqu'elle a pour conséquence la mise en œuvre d'un plan de sauvegarde de l'emploi (PSE) emportant un projet de licenciement collectif au niveau de l'établissement ou de l'entreprise ;
- la fusion de plusieurs établissements en dehors de la zone d'emploi où ils étaient implantés ou le transfert d'un établissement en dehors de sa zone

d'emploi, lorsqu'ils ont pour conséquence la mise en œuvre d'un PSE emportant un projet de licenciement collectif.

Information du CSE

Réunion du CSE - Dans un premier temps, l'employeur doit réunir et informer le *comité social et économique** (CSE) de son projet, au plus tard à l'ouverture de la procédure d'information et de consultation à suivre en cas de projet de licenciement économique d'au moins 10 salariés sur 30 jours (c. trav. art. L. 1233-30 et L. 1233-57-9).

En vue de cette réunion, l'employeur doit communiquer aux représentants du personnel tout renseignement utile sur le projet de fermeture de l'établissement et, notamment (c. trav. art. L. 1233-57-10) :
- les raisons économiques, financières ou techniques du projet de fermeture ;
- les actions qu'il envisage d'engager pour trouver un repreneur ;
- les possibilités pour les salariés de déposer une offre de reprise, les différents modèles de reprise possibles (ex. : sociétés coopératives ouvrières de production), ainsi que le droit des représentants du personnel de recourir à un expert rémunéré par l'entreprise.

Il transmet simultanément ces informations à l'administration *(voir ci-après)*.

Cas des entreprises multi-établissements - Dans les entreprises dotées d'un CSE central, l'employeur doit réunir et informer le CSE central et les CSE d'établissement intéressés dès lors que les mesures envisagées excèdent le pouvoir des chefs d'établissement concernés ou portent sur plusieurs établissements simultanément. Dans ce cas, les CSE d'établissement tiennent leur réunion après la réunion du CSE central marquant l'ouverture de la procédure de licenciement collectif (c. trav. art. L. 1233-57-11).

Information de l'administration et de la mairie

L'employeur doit notifier sans délai au DREETS tout projet de fermeture d'un établissement, avec (c. trav. art. L. 1233-57-12) :
- l'ensemble des informations communiquées précédemment aux représentants du personnel *(voir ci-avant)* ;
- le procès-verbal de la réunion d'information du CSE, ainsi que tout renseignement concernant la convocation, l'ordre du jour et la tenue de cette réunion.

Pour ce faire, l'employeur utilise tout moyen permettant de donner une date certaine à cette notification (ex. : courrier recommandé avec avis de réception) (c. trav. art. R. 1233-15-1).

▶ À noter… Le DREETS compétent est celui dans le ressort duquel se trouve l'établissement en cause. Il peut aussi s'agir, le cas échéant, du DREETS du siège de l'entreprise lorsque le projet porte sur des établissements relevant de la compétence de plusieurs DREETS (c. trav. art. R. 1233-15-1).

Enfin, l'employeur est tenu d'informer le maire de la commune du projet de fermeture de l'établissement. Dès la notification du projet au maire, le préfet du département dans lequel l'établissement a son siège en informe les élus (c. trav. art. L. 1233-57-13 et R. 1233-15-1).

Recherche d'un repreneur

Recherches menées par l'employeur - L'employeur ayant informé le CSE du projet de fermeture d'un établissement doit ensuite rechercher un repreneur en respectant la procédure suivante (c. trav. art. L. 1233-57-14) :
- informer, par tout moyen approprié, des repreneurs potentiels de son intention de céder l'établissement ;
- réaliser sans délai un document de présentation de l'établissement destiné aux repreneurs potentiels ;
- engager, le cas échéant, la réalisation d'un bilan environnemental (c. com. art. L. 623-1) ;
- donner accès à toutes les informations nécessaires aux entreprises candidates à la reprise de l'établissement, excepté les informations dont la communication serait de nature à porter atteinte aux intérêts de l'entreprise ou mettrait en péril la poursuite de l'ensemble de son activité (parallèlement, les entreprises candidates à la reprise sont tenues à une obligation de confidentialité).

▶ Attention… En cas de licenciement avec PSE et fermeture d'établissement, seul le juge administratif peut vérifier si l'employeur a bien cherché un repreneur dans la mesure où il s'agit d'un litige relatif au PSE (cass. soc. 16 janvier 2019, n° 17-20969 FSPB ; cass. soc. 29 septembre 2021, n° 19-23248 FSB).

Recherches menées par les représentants du personnel - Le CSE peut participer à la recherche d'un repreneur et formuler des propositions (c. trav. art. L. 1233-57-15). Dans ce cas, l'employeur doit communiquer aux représentants du personnel, à leur demande, certaines informations auxquelles ceux-ci souhaiteraient avoir accès : les informations nécessaires aux repreneurs potentiels ainsi que les offres de reprise et les réponses motivées de l'employeur (c. trav. art. L. 1233-57-16).

Recours à un expert - Le CSE peut recourir à l'assistance d'un expert de son choix, rémunéré par l'entreprise, qui a notamment pour mission d'analyser le processus de recherche d'un repreneur et d'apporter son concours à cette recherche par les représentants du personnel (c. trav. art. L. 1233-57-17). Il doit présenter son rapport dans les délais impartis CSE pour rendre ses avis sur la procédure de licenciement collectif. Lorsque le CSE fait appel à un expert, l'employeur doit en informer sans délai l'administration (c. trav. art. L. 1233-57-17).

Offres de reprise

Examen et réponse - L'employeur est tenu (c. trav. art. L. 1233-57-14) :
- d'examiner les offres de reprise qu'il reçoit ;
- d'apporter une réponse motivée à chacune des offres reçues, dans les délais prévus à l'article L. 1233-30 du code du travail (délais impartis au CSE pour rendre ses avis sur le projet de restructuration et sur le projet de licenciement économique).

L'employeur doit informer CSE des offres de reprise formalisées au plus tard 8 jours après leur réception (c. trav. art. L. 1233-57-15). Les informations communiquées sont réputées confidentielles. Le CSE peut émettre un avis, dans le délai prévu pour la procédure de consultation sur le licenciement économique.

Acceptation d'une offre - L'employeur doit consulter le CSE sur toute offre de reprise à laquelle il souhaite donner suite et indiquer les raisons qui le conduisent à accepter cette offre, notamment au regard de la capacité de l'auteur de l'offre à garantir la pérennité de l'activité et de l'emploi de l'établissement. Le CSE émet son avis dans le délai habituellement prévu pour ses consultations (c. trav. art. L. 1233-57-19 et L. 2323-3).

Par ailleurs, lorsque l'entreprise souhaite accepter une offre de reprise et que son PSE comporte, en vue d'éviter la fermeture d'un ou de plusieurs établissements, le transfert d'une ou de plusieurs entités économiques nécessaire à la sauvegarde d'une partie des emplois, le mécanisme légal de transfert des contrats de travail ne s'applique que dans la limite du nombre des emplois qui n'ont pas été supprimés à la suite des licenciements, à la date d'effet de ce transfert (c. trav. art. L. 1224-1 et L. 1233-61) (voir *Modification de la situation juridique de l'employeur** et *Plan de sauvegarde de l'emploi**). Cela signifie qu'il est possible de licencier au préalable pour motif économique un certain nombre de salariés affectés à l'entité en voie de reprise et de limiter ainsi le nombre de salariés transférés.

Absence ou refus d'offres de reprise - Si aucune offre de reprise n'a été reçue ou si l'employeur n'a donné suite à aucune des offres, ce dernier est tenu de réunir le CSE et de lui présenter un rapport indiquant (c. trav. art. L. 1233-57-20) :
- les actions engagées pour rechercher un repreneur ;
- les offres de reprise qui ont été reçues ainsi que leurs caractéristiques ;
- les motifs qui l'ont conduit, le cas échéant, à refuser la cession de l'établissement.

Cette réunion de présentation doit avoir lieu avant la fin de la procédure d'information et de consultation sur le projet de licenciement collectif [voir *Licenciement économique collectif (10 salariés ou plus dans une entreprise d'au moins 50 salariés)**].

Le rapport doit également être communiqué au DREETS.

Revitalisation des bassins d'emploi

Les actions engagées par l'employeur au titre de l'obligation de recherche d'un repreneur sont prises en compte dans la convention de revitalisation conclue entre l'entreprise et le DREETS (c. trav. art. L. 1233-57-21) (voir *Bassin d'emploi à redynamiser**).

Sanctions

Remboursement d'aides publiques - Si l'employeur a manqué à ses obligations de recherche d'un repreneur, le préfet du département dans lequel l'établissement a son siège peut lui demander de rembourser tout ou partie des aides pécuniaires en matière d'installation, de développement économique ou d'emploi attribuées à l'entreprise au titre de l'établissement concerné par le projet de fermeture.

Le préfet prend cette décision compte tenu de la capacité de l'employeur à éviter les licenciements ou à en limiter le nombre par la cession de l'établissement concerné par le projet de fermeture. Cette capacité est attestée par le rapport de l'expert mandaté par le CSE dans le cadre de la recherche de repreneur et par le rapport établi par l'employeur lorsque les recherches d'un repreneur n'ont pas abouti (c. trav. art. L. 1233-57-17 et L. 1233-57-20). Il prend sa décision compte tenu également des observations de l'entreprise qu'il doit avoir préalablement recueillies (c. trav. art. R. 1233-15-2).

Le préfet a un mois maximum pour notifier sa décision à l'entreprise à compter de la décision de validation (accord collectif) ou d'homologation (document unilatéral) du PSE. Il adresse une copie de sa décision aux personnes publiques chargées du recouvrement (c. trav. art. R. 1233-15-2).

Le cas échéant, le remboursement couvre les aides perçues au cours des deux années précédant la réunion du CE (ou du CSE) sur le projet de restructuration et de compression des effectifs (c. trav. art. L. 1233-57-21).

Procédure de licenciement bloquée - Le manquement à l'obligation de rechercher un repreneur est sanctionné par le refus de la DREETS de valider ou d'homologuer le plan de sauvegarde de l'emploi (PSE), quelle que soit sa forme (accord collectif et/ou document établi unilatéralement par l'employeur) (c. trav. art. L. 1233-57-2 et L. 1233-57-3).

Si l'employeur souhaite reprendre son projet, il doit présenter une nouvelle demande après y avoir apporté les modifications nécessaires et consulté le CSE [voir *Licenciement économique collectif (10 salariés ou plus dans une entreprise d'au moins 50 salariés)**] (c. trav. art. L. 1233-57-7).

☛ *Licenciement économique collectif (10 salariés ou plus dans une entreprise d'au moins 50 salariés) ; Plan de sauvegarde de l'emploi.*

Fiche d'entreprise

Liste des risques professionnels

Le médecin du travail du service de prévention et de santé autonome (ou l'équipe pluridisciplinaire dans les services de prévention et de santé interentreprises) établit et met à jour une fiche d'entreprise (ou d'établissement) sur laquelle sont notamment consignés les risques professionnels et les effectifs de salariés exposés à ces risques (c. trav. art. R. 4624-46).

Pour les entreprises adhérentes d'un service de prévention et de santé au travail interentreprises, la fiche est établie dans l'année qui suit l'adhésion de l'entreprise ou de l'établissement à ce service (c. trav. art. R. 4624-47).

Le modèle de cette fiche est fixé par arrêté ministériel (c. trav. art. R. 4624-50 ; arrêté 29 mai 1989, JO 8 juin).

La fiche d'entreprise est un document utile pour l'établissement du *document unique d'évaluation des risques professionnels**.

Information et communication

Information du CSE et de l'administration - Cette fiche est transmise à l'employeur et présentée au *comité social et économique**, en même temps que le bilan annuel de la situation de l'hygiène, de la sécurité et des conditions de travail dans l'entreprise (c. trav. art. R. 4624-48) [voir *Comité social et économique (santé, sécurité et conditions de travail)**].

Elle est tenue à la disposition de la DREETS et du médecin-inspecteur du travail. Elle peut être consultée notamment par les agents des services de prévention des CARSAT et des CRAM d'Île-de-France et d'Alsace-Moselle (c. trav. art. R. 4624-49).

Salariés éloignés - L'employeur qui adhère à un *service de prévention et de santé au travail** de proximité pour le suivi individuel des salariés éloignés doit communiquer la fiche d'entreprise lors de son adhésion (c. trav. art. D. 4625-28). Cette fiche est complétée, le cas échéant, par les informations communiquées par le médecin du travail de chacun des services de santé de proximité compétents pour le suivi des travailleurs éloignés (c. trav. art. D. 4625-32).

☛ *Médecin du travail.*

Fichiers RH

Le traitement, automatisé ou non, de *données personnelles** contenues ou appelées à figurer dans un fichier implique de respecter le *RGPD** et la loi informatique et libertés (règlt UE 2016/679 du 27 avril 2016, JOUE 4 mai 2016 ; loi 1978-17 du 6 janvier 1978, JO du 7).

Un traitement est « toute opération ou tout ensemble d'opérations effectuées ou non à l'aide de procédés automatisés et appliquées à des données ou des ensembles de données à caractère personnel » (ex. : l'employeur collecte, traite et archive des données personnelles des salariés pour la gestion administrative du personnel).

Un fichier est « tout ensemble structuré de données à caractère personnel accessibles selon des critères déterminés, que cet ensemble soit centralisé, décentralisé ou réparti de manière fonctionnelle ou géographique ».

Les fichiers RH, de gestion administrative du personnel ou de la paie, qu'ils soient informatisés ou « papiers », relèvent du RGPD et de la loi informatique et libertés. Un fichier papier peut être défini comme un ensemble de fiches (listes ou dossiers) organisé selon un plan de classement (ou d'indexation) permettant d'accéder aux données. Il peut aussi s'agir de « formulaires papiers nominatifs ou de dossiers de candidatures classés par ordre alphabétique ou chronologique » (« Un traitement de données à caractère personnel, c'est quoi ? », Q/R CNIL, www.cnil.fr).

Exemple

Les fichiers permettant de gérer les recrutements, de répertorier les salariés sous forme d'annuaire ou d'organigramme, d'exploiter les données issues d'une badgeuse ou d'une caméra de vidéosurveillance, regroupant les dossiers des salariés (contenant notamment les sanctions disciplinaires) sont concernés.

À l'inverse, des dossiers ou ensembles de dossiers qui ne sont pas structurés selon des critères déterminés ne devraient pas relever du RGPD (règlt UE 2016/679 du 27 avril 2016, considérant 15, JOUE 4 mai 2016).

▶ À noter… Le *comité social et économique** est aussi concerné par le RGPD dès lors qu'il détient des fichiers avec des données personnelles de salariés (ex. : situation de famille, informations concernant les ayants droit comme les enfants), par exemple pour gérer les *activités sociales et culturelles**.

☛ *Analyse d'impact des données ; CNIL ; Délégué à la protection des données ; Données personnelles ; Recrutement ; Registre des activités de traitement ; Surveillance des salariés.*

Filature des salariés

☛ *Surveillance des salariés.*

Fonds national d'aide au logement (FNAL)

Tous les employeurs doivent verser au Fonds national d'aide au logement (FNAL) une cotisation patronale dont le taux varie selon l'effectif de l'entreprise (c. constr. et hab. art. L. 813-5).

Employeurs concernés et taux

Employeurs de moins de 50 salariés - Les employeurs de moins de 50 salariés sont redevables de la cotisation au FNAL calculée au taux de 0,10 % sur la part des rémunérations limitée au plafond de la sécurité sociale (c. constr. et hab. art. L. 813-5).

▶ À noter… La loi PACTE a relevé le seuil d'assujettissement au FNAL de 0,10 % de 20 à 50 salariés depuis le 1.01.2020 (loi 2019-486 du 22 mai 2019, art. 11, I, 6° et 11-XI, JO du 23).

Employeurs de 50 salariés et plus - Les employeurs de 50 salariés et plus (à l'exception de certains employeurs relevant du régime agricole), sont redevables de la cotisation au FNAL calculée au taux de 0,50 % sur la totalité des rémunérations (c. constr. et hab. art. L. 813-5).

Entreprises et coopératives agricoles - Les entreprises et coopératives ayant une activité agricole au sens du code rural (c. rural art. L. 521-1 et L. 722-1, 1° à 4°) relèvent uniquement du FNAL plafonné de 0,10 %, quel que soit leur effectif (c. constr. et hab. art. L. 813-5). Les entreprises de services, qui bénéficiaient avant 2015 de la règle de prélèvement plus favorable (0,10 % dans la limite du plafond, quel que soit l'effectif) à raison de l'affiliation historique de leurs salariés au régime agricole, relèvent des règles habituelles (taux du FNAL « normal », en fonction de l'effectif).

Artistes du spectacle - Les employeurs d'artistes du spectacle bénéficient d'une réduction du taux de la contribution au FNAL. Pour les artistes, le taux est donc fixé à 0,07 % sur les rémunérations plafonnées pour les employeurs de moins de 50 salariés et à 0,35 % sur la totalité des rémunérations pour les autres employeurs.

Calcul de l'effectif

L'assujettissement au FNAL de 0,50 % dépend d'un effectif de référence calculé selon des règles fixées par le code de la sécurité sociale (dit, « *effectif sécurité sociale** »).

Fonds national d'aide au logement (FNAL)

Hors cas des entreprises nouvelles, l'effectif de référence correspond donc à la moyenne des effectifs mensuels de l'année civile précédente. Hors application d'un mécanisme de lissage des effets de seuil, le taux du FNAL sur l'année N dépend donc de l'effectif « sécurité sociale » calculé sur N – 1 (c.séc. soc. art. L. 130-1, I).

L'effectif à prendre en compte pour l'année de création du premier emploi salarié titulaire d'un contrat de travail dans l'entreprise correspond à l'effectif présent le dernier jour du mois au cours duquel cette première embauche a été réalisée (c. séc. soc. art. L. 130-1, I).

Exemple

Les entreprises dont l'effectif annuel moyen « sécurité sociale » 2021 est inférieur à 50 salariés (ex. : 15 salariés) ne sont pas assujetties au FNAL de 0,50 % au titre de 2022.

Pour plus de détails sur l'*effectif sécurité sociale**, se reporter à l'étude correspondante.

Atténuation des effets de seuil

Depuis l'assujettissement 2020 - La loi PACTE a institué un mécanisme unifié de limitation des effets de seuils applicable lors du franchissement d'un niveau d'effectif calculé selon les règles « sécurité sociale » (c. séc. soc. art. L. 130-1, II ; loi 2019-486 du 22 mai 2019, art. 11).

Le franchissement à la hausse d'un seuil ne produit d'effet que si ce seuil a été atteint ou dépassé durant 5 années civiles consécutives. Ce n'est qu'ensuite que les entreprises sont effectivement soumises au FNAL de 0,50 %.

A contrario, lorsqu'une entreprise repasse sous les 50 salariés sur l'effectif d'une année donnée, les compteurs sont remis à zéro. En d'autres termes, la variation de l'effectif sous le seuil de 50 salariés est prise en compte dès la première année. Si par la suite l'entreprise repasse au-dessus du seuil, elle bénéficiera d'un nouveau moratoire de 5 ans avant d'être soumise aux dispositions liées à ce seuil (c. séc. soc. art. L. 130-1, II).

Selon le site Internet du réseau des URSSAF, cette règle doit se lire comme suit : si un employeur constate début 2022 qu'il a atteint ou dépassé les 50 salariés au titre de son effectif « sécurité sociale » 2021, le franchissement de seuil ne produira effet que s'il est vérifié pendant 5 années civiles consécutives (de 2022 à 2026 inclus), soit à compter du 1.01.2027.

Ainsi, un franchissement de seuil constaté sur la base de l'effectif annuel moyen calculé sur l'année N – 1 ne produit effet qu'au 1er janvier N + 5, à condition que l'entreprise ne repasse pas sous les 50 salariés sur l'une des années intercalaires.

▶ À noter… La mesure de neutralisation des effets de seuil concerne les situations de franchissement de seuil à la hausse (ex. : passage de 15 à 52 salariés). Elle ne s'applique donc pas aux créations d'entreprises avec d'emblée un effectif supérieur au seuil posé, la condition de franchissement à la hausse n'étant pas remplie (www.urssaf.fr).

Employeurs ayant atteint ou dépassé les 20 salariés en 2016, 2017 ou 2018 - Les employeurs qui bénéficiaient sur 2019 de l'ancien mécanisme de lissage des effets de seuil sur 6 ans, à savoir 3 ans de dispense puis réduction de 75 % la 4e année, de 50 % la 5e année et de 25 % la 6e année, ont continué à l'appliquer jusqu'à son terme (loi 2019-486 du 22 mai 2019, art. 11, XII ; c. constr. et hab. art. L. 313-1 dans sa version antérieure au 1.01.2020). Pour peu que leur effectif soit resté de 50 salariés ou plus, les employeurs concernés sont donc allés jusqu'au bout de cet ancien dispositif, sans pouvoir basculer dans le nouveau moratoire de 5 ans.

En pratique, un employeur ayant un effectif « sécurité sociale » calculé sur 2019 de 50 salariés et qui bénéficiait de l'ancien mécanisme de lissage au 31.12.2019, dès lors qu'il avait atteint ou franchi le seuil de 20 salariés au titre de l'effectif calculé sur 2018, est resté au FNAL de 0,10 % en 2021. Il est soumis au FNAL de 0,50 % depuis le 1.01.2022, sauf à être dans l'intervalle repassé sous les 50 salariés.

Le réseau des URSSAF a indiqué, sur son site Internet, que ces employeurs « maintenus » à l'ancien dispositif de lissage peuvent bénéficier de la mesure de franchissement de seuil pendant 5 années consécutives si leur effectif varie sous le seuil de 50 salariés, puis le franchit à nouveau.

▶ À noter… Si l'effectif « sécurité sociale » calculé sur 2019 était inférieur à 50 salariés, l'employeur a relevé en 2020 du FNAL de 0,10 % sans intervention d'un quelconque dispositif de lissage, puisque son effectif était inférieur au seuil d'assujettissement.

Autres mesures transitoires de la loi Pacte - La loi PACTE a prévu que le mécanisme de gel des effets de seuil ne s'applique pas aux entreprises ayant au 1.01.2020 un effectif supérieur ou égal à un seuil et qui, au titre de 2019, étaient déjà soumises aux obligations liées au franchissement dudit seuil (loi 2019-486 du 22 mai 2019, art. 11, XIII, 1°).

Cette règle, qui se combine avec le relèvement de seuil de 20 à 50 salariés introduit par la loi PACTE *(voir plus haut)*, a été interprétée comme suit.

Les employeurs dont l'effectif annuel moyen sécurité sociale calculé sur 2019 était inférieur à 50 salariés ont été assujettis au FNAL au titre de 2020 au taux de 0,10 % sur les salaires retenus dans la limite du plafond (simple conséquence du nouveau seuil d'effectif).

Les employeurs ayant un effectif « sécurité sociale » calculé sur 2019 de 50 salariés et plus ont été soumis en 2020 au FNAL de 0,50 % sur l'ensemble de la rémunération, sauf à bénéficier d'un dispositif de gel des effets de seuil (nouveau moratoire de 5 ans au titre d'un effectif passé par exemple de 15 à 52 salariés, ou application de l'ancien dispositif de lissage, au titre d'un seuil de 20 salariés atteint ou franchi en 2018).

Par ailleurs, selon le site Internet du réseau des URSSAF (en son état au 31.01.2022), les entreprises de 20 à moins de 50 salariés déjà soumises au FNAL de 0,50 % en 2019, et ayant constaté début 2020 qu'elles ont atteint ou franchi le nouveau seuil de 50 salariés au titre de leur effectif « sécurité sociale » calculé sur l'année 2019, bénéficient du mécanisme d'atténuation des effets de seuil issu de la loi PACTE. Elles sont donc restées au FNAL de 0,10 % en 2020, et ne seront soumises au FNAL de 0,50 % qu'à partir du 1.01.2025, si elles ne repassent pas sous les 50 salariés sur l'une des années intercalaires. Soulignons que cette précision n'a pas de valeur juridique opposable, ni envers les URSSAF, ni envers les tribunaux, en cas de litige. Faute de circulaire opposable en ce sens à l'heure où nous rédigeons ces lignes, les employeurs qui souhaitent sécuriser la solution à appliquer peuvent envisager de saisir leur URSSAF dans le cadre d'une procédure de rescrit.

Exemple

Une entreprise dont l'effectif était de 35 salariés et qui était soumise en 2019 au FNAL au taux de 0,50 % (par hypothèse, elle ne bénéficiait pas de l'ancien mécanisme de lissage) a franchi le seuil de 50 salariés au titre de l'effectif « sécurité sociale » calculée sur l'année 2019. Elle peut bénéficier du mécanisme d'atténuation des effets de seuil de 5 ans. Elle est donc soumise au FNAL au taux de 0,10 % de 2020 à 2024 et ne relèvera du FNAL de 0,50 % qu'au 1.01.2025 (à condition d'avoir maintenu son effectif à au moins 50 salariés sur les années intercalaires).

Assiette de la cotisation

Tous les éléments de salaire assujettis à cotisations de sécurité sociale sont soumis au FNAL.

Pour les salariés cotisant sur une base forfaitaire, c'est cette base qui est prise en compte pour le calcul du FNAL.

L'aide au poste versée aux travailleurs handicapés accueillis au sein d'un ESAT ou d'une entreprise adaptée n'est pas assujettie au FNAL (circ. DGEFP n° 39 du 1er octobre 2009).

Exonérations

Les associations et les entreprises implantées en zones franches urbaines peuvent bénéficier d'une exonération de FNAL dans le cadre de l'exonération attachée à ces zones. Par ailleurs, une exonération de FNAL s'applique aussi pour les entreprises implantées dans un bassin d'emploi à redynamiser.

Depuis 2015, le FNAL fait partie des cotisations et contributions entrant dans le périmètre de la réduction générale de cotisations patronales.

Employeurs affiliés à une caisse de congés payés

Le paiement du FNAL, dû sur les indemnités de congés payés versées par les *caisses de congés payés**, relève des employeurs affiliés à ces caisses (c. séc. soc. art. L. 243-1-3). Les employeurs s'acquittent de ce paiement par une majoration de 11,50 % des contributions FNAL dont ils sont redevables au titre des rémunérations qu'ils versent à l'ensemble de leurs salariés. En pratique, pour calculer le montant à acquitter, il convient de majorer l'assiette du FNAL de 11,50 % (on ne passe pas par une majoration du taux des contributions).

Cette majoration concerne uniquement les rémunérations des salariés que l'employeur est tenu de déclarer obligatoirement à une caisse de congés payés (lettre-circ. ACOSS 2013-19 du 28 mars 2013).

Exemple

Pour les employeurs, entrepreneurs de spectacles et organisateurs occasionnels de spectacles, la majoration ne concerne que les rémunérations perçues par les personnels artistiques et techniques visés par la déclaration obligatoire à la caisse des congés spectacles (c. trav. art. D. 7121-40), à savoir ceux qui n'ont pas été occupés d'une manière continue pendant les 12 mois précédant la demande de congés.

Sous conditions, l'employeur peut appliquer une déduction forfaitaire spécifique pour frais professionnels à l'assiette des cotisations de sécurité sociale de certains salariés (secteur du spectacle ou du BTP notamment). Lorsque l'employeur applique cette déduction forfaitaire, la majoration de 11,50 % s'applique compte tenu du brut abattu, après réintégration des éventuels remboursements de frais professionnels (lettre-circ. ACOSS 2013-19 du 28 mars 2013).

Recouvrement et bulletin de paye

Les cotisations dues pour le FNAL doivent être versées à l'URSSAF en même temps que les cotisations de sécurité sociale.

▶ À noter… Sur les aides en soutien aux entreprises pour faire face à la crise sanitaire et ses conséquences économiques, voir *Covid-19 (exonérations et aides au paiement des cotisations)**.

Le montant du FNAL est agrégé sur le bulletin de paye dans la ligne « Autres contributions dues par l'employeur » (c. trav. art. R. 3243-2 ; arrêté du 25 février 2016 modifié, art. 3, JO du 26).

Cotisations de sécurité sociale ; Covid-19 (exonérations et aides au paiement des cotisations).

Fonds national de l'emploi (FNE)

@ Cette étude est détaillée dans la version en ligne de ce Dictionnaire (voir www.rfsocial.com et www.rfeditions.com).

Force majeure

Définition

Depuis le 1.10.2016, la définition de la force majeure est inscrite dans le code civil : « il y a force majeure en matière contractuelle lorsqu'un événement échappant au contrôle du débiteur, qui ne pouvait être raisonnablement prévu lors de la conclusion du contrat et dont les effets ne peuvent être évités par des mesures appropriées, empêche l'exécution de son obligation par le débiteur » (c. civ. art. 1218).

▶ À noter… Auparavant, la force majeure n'avait été définie que par les juges qui exigeaient un événement imprévisible, irrésistible et extérieur ayant pour effet de rendre impossible l'exécution du contrat de travail et d'entraîner sa rupture sans qu'il y ait licenciement ou démission (cass. soc. 12 février 2003, n° 99-42985, BC V n° 50 ; cass. ass. plén. 14 avril 2006, n°s 02-11168 et 04-18902, B. ass. plén. n°s 5 et 6).

Si l'empêchement est temporaire, l'exécution de l'obligation est suspendue à moins que le retard qui en résulterait ne justifie la résolution du contrat (ici, du contrat de travail). Si l'empêchement est définitif, le contrat est résolu de plein droit et les parties sont libérées de leurs obligations.

Procédure

Aucune procédure ne s'impose - Il suffit à l'employeur de constater la rupture du contrat pour force majeure. La procédure de licenciement n'a pas à être respectée (cass. soc. 19 novembre 1980, n° 78-41574, BC V n° 834).

▶ À noter… Sur le cas particulier de la rupture anticipée d'un CDD pour force majeure, voir *Contrat de travail à durée déterminée (rupture anticipée)**.

Rupture immédiate du contrat de travail - Le contrat de travail se trouve rompu dès que l'état de force majeure est constaté. Sauf disposition conventionnelle ou contractuelle particulière, il n'y a aucun délai de prévenance à respecter (c. trav. art. L. 1234-12). Sauf dispositions conventionnelles plus favorables, le salarié n'a droit à l'indemnité de préavis que si la rupture est due à un sinistre constitutif d'un cas de force majeure (*voir ci-après*).

Pas d'obligation ou de priorité de réembauche - Si l'employeur reprend par la suite son activité, il n'est pas tenu de réembaucher prioritairement les anciens salariés, contrairement aux règles applicables en cas de licenciement économique. La réembauche d'un salarié constitue pour l'employeur une simple faculté, et non une obligation, même s'il réengage la quasi-totalité de son personnel (cass. soc. 20 octobre 1983, n° 80-42056, BC V n° 519).

Rupture de contrat de travail temporaire - L'entreprise de travail temporaire qui rompt le contrat de travail avant le terme prévu n'est pas tenue de proposer à l'intérimaire une nouvelle mission si la rupture est justifiée par un cas de force majeure (c. trav. art. L. 1251-26).

Indemnisation

Sinistre constitutif d'un cas de force majeure - L'indemnité de préavis et l'indemnité de licenciement ne sont dues qu'en cas de rupture pour force majeure résultant d'un sinistre (c. trav. art. L. 1234-13). Tous les cas de force majeure ne sont donc pas visés.

Autres cas de force majeure - L'employeur est dispensé de verser l'indemnité légale de licenciement (c. trav. art. L. 1234-12), sauf disposition spéciale de la convention collective (ou du contrat de travail) prévoyant, par exemple, le paiement d'une indemnité en cas de cessation du contrat de travail, quel qu'en soit le motif.

Pas de dommages-intérêts - Il n'y a pas lieu de verser de dommages-intérêts lorsque, par suite d'une force majeure, le débiteur a été empêché d'exécuter son obligation (c. civ. art. 1231-1). En conséquence, le salarié dont le contrat est rompu du fait de la force majeure ne peut pas prétendre à des dommages-intérêts pour rupture abusive (cass. soc. 31 octobre 1989, n° 86-44655 D).

Rupture de CDD - Voir *Contrat de travail à durée déterminée (rupture anticipée)**.

Forfait

☞ *Convention de forfait.*

Forfait social (contribution patronale)

Le forfait social est une contribution patronale due sur certaines sommes versées depuis le 1.01.2009 (c. séc. soc. art. L. 137-15 à L. 137-17).

Sommes assujetties

Principe - Le forfait social s'applique, sauf exceptions, aux rémunérations ou gains exclus de l'assiette des cotisations de sécurité sociale, mais assujettis à la CSG sur les revenus d'activité (c. séc. soc. art. L. 137-15).

Sont soumis au forfait social :
- les sommes versées au titre de l'intéressement, d'un supplément d'intéressement ou d'un intéressement de projet (pour l'exonération au profit des PME, *voir ci-après*) ;
- les sommes versées au titre de la *participation aux résultats** de l'entreprise, y inclus au titre d'un supplément de réserve spéciale de participation (pour l'exonération au profit des petites entreprises, *voir ci-après*) ;
- les abondements de l'employeur à un *plan d'épargne d'entreprise**, un plan d'épargne interentreprises, un *plan d'épargne pour la retraite collectif** (PERCO) ou un *plan d'épargne retraite d'entreprise collectif** (PERE-CO) (pour l'exonération au profit des petites entreprises, *voir ci-après*) ;
- les contributions patronales au financement des régimes de retraite supplémentaire collectif et obligatoire ainsi que les cotisations obligatoires de l'employeur à un *plan d'épargne retraite d'entreprise obligatoire** (PERE-OB), pour leur fraction exonérée de cotisations de sécurité sociale dans la limite des plafonds réglementaires [voir *Contributions de retraite et de prévoyance (régimes collectifs et obligatoires)**] ;
- les contributions patronales au financement des régimes de prévoyance complémentaire collectif et obligatoire, pour la fraction exonérée de cotisations de sécurité sociale dans la limite des plafonds réglementaires ;
- les « jetons de présence » et rémunérations versés en contrepartie de l'exercice de leur mandat (c. séc. soc. art. L. 137-15, al. 7) aux administrateurs du conseil d'administration et aux membres du conseil de surveillance de SA ou SELAFA (c. séc. soc. art. L. 137-15, al. 7).

La prise en charge par l'employeur de la part salariale des cotisations de retraite complémentaire versées pendant les 6 premiers mois d'un congé pour événement familial (congé parental d'éducation, congé de solidarité familiale, congé de soutien familial, congé de présence parentale) est également assujettie au forfait social, alors même que cette prise en charge est exonérée de cotisations de sécurité sociale, de CSG et de CRDS (c. séc. soc. art. L. 137-15). En revanche, depuis le 1.04.2021 et par tolérance, la prise en charge par l'employeur de la part salariale de la cotisation de retraite complémentaire lorsque les cotisations de retraite complémentaire sont calculées sur un temps plein alors que le salarié est employé de manière continue à temps partiel n'est pas assujettie à forfait social (BOSS, Assiette générale, § 400, 01/04/2021).

▶ **À noter…** Le BOSS s'écarte de la lettre des textes dans un sens favorable aux employeurs, qui peuvent donc s'en prévaloir depuis le 1.04.2021 auprès des organismes de recouvrement. À notre sens, il conviendrait toutefois d'ajuster le code de la sécurité sociale pour le mettre en phase avec la doctrine de la Direction de la sécurité sociale.

Par ailleurs, les indemnités de rupture conventionnelle individuelle versées depuis le 1.01.2013 sont assujetties au forfait social sur leur partie exonérée de cotisations de sécurité sociale (c. séc. soc. art. L. 137-15). Le forfait social est ainsi calculé :

- sur la partie de l'indemnité exonérée de cotisations mais assujettie à CSG ;
- ainsi que sur la partie exonérée à la fois de cotisations et de CSG.

Cette liste peut être complétée si des éléments de rémunération ou gains, qui répondent au double critère d'assujettissement (c'est-à-dire, assujettissement à CSG et exonération de cotisations de sécurité sociale), apparaissent (circ. DSS/SD5B 2008-387 du 30 décembre 2008).

En outre, il faut aussi regarder l'effectif de l'entreprise pour savoir si elle est assujettie au forfait social sur l'épargne salariale ou les contributions patronales de prévoyance complémentaire *(voir ci-après)*.

▶ À noter… La circonstance que les salaires versés aux apprentis soient exonérés de CSG/CRDS ne permet pas d'exclure du forfait social les avantages qui leur sont consentis en plus de leurs salaires et qui entrent dans son champ d'application (circ. DSS/5B 2012-319 du 18 août 2012, Q/R 14 ; lettre-circ. ACOSS 2014-32 du 18 août 2014).

Dirigeants et « conjoints » - Dans les entreprises de 1 à moins de 250 salariés, sous certaines conditions, les chefs d'entreprise ou, s'il s'agit de personnes morales, les présidents, directeurs généraux, gérants ou membres du directoire, ainsi que, s'il a le statut de conjoint collaborateur ou de conjoint associé, le conjoint ou le partenaire pacsé du chef d'entreprise, peuvent bénéficier de l'intéressement, de la participation aux résultats ou des plans d'épargne salariale (PEE, PERCO, PERE-CO) alors même qu'ils n'ont pas de contrat de travail (c. trav. art. L. 3312-3, L. 3324-2, L. 3323-6, L. 3332-2 et L. 3334-1 ; c. mon. et fin. art. L. 224-13).

Les sommes qui leur sont versées à ce titre (participation, intéressement, abondement) entrent dans le champ du forfait social, soit en application de la règle générale d'assujettissement au forfait social (c. séc. soc. art. L. 137-15, al. 1), soit d'une règle expresse (c. séc. soc. art. L. 137-15, al. 6) pour ceux de ces bénéficiaires qui ne relèvent pas du régime général des salariés.

Toutefois, l'employeur peut bénéficier d'une exemption de forfait social sur lesdites sommes sur critère d'effectif, comme pour les autres salariés *(voir ci-après)*.

▶ À noter… Le forfait social doit être déclaré aux URSSAF dans les mêmes conditions et sous le même code type de personnel que le forfait social dû au titre des sommes versées aux salariés et assimilés.

Taux - Le taux du forfait social est, en principe, fixé à 20 %. Il peut toutefois être à taux réduit de 8 % (au titre de la prévoyance ou dans les SCOP soumises à participation), 10 % ou 16 % (au titre de l'épargne salariale).

Sommes non soumises

Certaines sommes exonérées de cotisations de sécurité sociale mais assujetties à la CSG échappent au forfait social. Il s'agit notamment :

- des attributions de *stock-options** et d'actions gratuites (c. séc. soc. art. L. 137-13) ;
- des indemnités de rupture du contrat de travail ou du mandat social (sauf pour les indemnités de rupture conventionnelle individuelle) [voir *Indemnités de rupture (régimes social et fiscal)**] ;
- des contributions des employeurs aux chèques-vacances dans les entreprises de moins de 50 salariés (c. tourisme art. L. 411-9) ;
- des contributions patronales de prévoyance complémentaire versées par les employeurs de moins de 11 salariés (même si ces contributions sont exclues de l'assiette des cotisations de sécurité sociale mais assujetties à CSG).

Les indemnités de rupture conventionnelle collective et de congé de mobilité sont également exonérées de forfait social (c. séc. soc. art. L. 137-15, 3°).

Compte tenu du champ de la contribution, échappent aussi à la contribution :

- en principe, les sommes à la fois exonérées de cotisations de sécurité sociale et de CSG, sauf cas d'assujettissement expressivement prévus (ex. : participation patronale aux titres-restaurant ou au préfinancement de chèques emploi-service universels) ;
- toutes les sommes soumises à cotisations de sécurité sociale (contributions patronales de retraite supplémentaire assujetties, etc.).

Forfait social sur les contributions patronales de prévoyance complémentaire

Employeurs de 11 salariés et plus - Les employeurs de 11 salariés et plus sont redevables du forfait social sur les contributions patronales de prévoyance complémentaire exclues de l'assiette des cotisations de sécurité sociale mais assujetties à CSG, versées au bénéfice des salariés, des anciens salariés et de leurs ayants droit (c. séc. soc. art. L. 137-15).

Pour apprécier le seuil de « 11 salariés », il faut se référer aux règles de l'*effectif sécurité sociale**. Le franchissement à la hausse du seuil d'effectif n'est pris en compte que lorsque ce seuil est atteint ou dépassé pendant 5 années civiles consécutives (c. séc. soc. art. L. 130-1, II).

Si un employeur constate au début de l'année N qu'il a atteint ou dépassé les 11 salariés au titre de son effectif « sécurité sociale » calculé sur N - 1, le franchissement de seuil ne produira effet que s'il est vérifié pendant 5 années civiles consécutives (de l'année N à N + 4 inclus), soit à compter du 1er janvier de l'année N + 5.

Exemple

Les employeurs qui atteignent ou dépassent le seuil de 11 salariés au titre de l'effectif 2021 ne sont donc pas assujettis au forfait social en 2022. Ils n'en deviendront redevables qu'à partir du 1.01.2027, sauf à être repassé sous les 11 salariés sur une des années comprises dans l'intervalle.

A contrario, en cas de franchissement à la baisse d'un seuil d'effectif au titre d'une année civile, les compteurs sont remis à zéro. L'entreprise bénéficiera d'un nouveau « délai » de 5 ans si elle repasse par la suite au-dessus de ce seuil.

Autrement dit, un franchissement de seuil constaté sur la base de l'effectif annuel moyen calculé sur l'année N – 1 ne produit effet qu'au 1er janvier N + 5, à condition que l'entreprise ne repasse pas sous les 11 salariés sur l'une des années intercalaires.

▶ À noter… Les employeurs de 11 salariés et plus qui bénéficiaient sur 2019 de l'ancien mécanisme de gel des effets de seuil sur 3 ans ont pu continuer à en bénéficier jusqu'à son terme (loi 2019-486 du 22 mai 2019, art. 11, XII ; c. séc. soc. art. L. 137-15 dans sa version antérieure au 1.01.2020).

Assiette - Le forfait social est dû sur les contributions patronales de prévoyance complémentaire exonérées de cotisations de sécurité sociale, mais assujetties à CSG/CRDS.

En conséquence, les employeurs ne sont pas redevables du forfait social sur des contributions patronales de prévoyance complémentaire assujetties à cotisations de sécurité sociale, soit parce que le régime de prévoyance ne répond pas aux conditions d'exclusion d'assiette (ex. : régime à adhésion facultative, régime non collectif), soit parce qu'il s'agit de contributions patronales excédant la limite d'exonération.

Taux - Le taux du forfait social dû au titre de la prévoyance complémentaire est de 8 % (c. séc. soc. art. L. 137-16, al. 2).

Exemption du forfait social sur l'épargne salariale liée à l'effectif

Employeurs concernés - Dans les entreprises qui ne sont pas soumises à l'obligation de mettre en place la participation aux résultats (c'est-à-dire, les « moins de 50 salariés »), le forfait social est supprimé depuis le 1.01.2019 sur les sommes versées au titre de la participation ainsi que sur les abondements des employeurs aux plans d'épargne salariale (PEE, PERCO, PERE-CO y inclus sous forme de plan interentreprises).

De même, les sommes versées au titre de l'intéressement dans les entreprises de moins de 250 salariés sont également exonérées de forfait social au 1.01.2019 (c. séc. soc. art. L. 137-15).

Règles d'effectif - Pour les seuils de « moins de 50 salariés » et « moins de 250 salariés », il faut se référer aux règles de l'*effectif sécurité sociale** et au dispositif de limitation des effets de seuil qui en découle. En matière d'épargne salariale, ces règles d'effectif sont entrées en vigueur le 1.01.2020, sur la base de l'effectif annuel moyen « sécurité sociale » calculé sur 2019 (hors cas particulier des entreprises nouvelles) (instr DGT/RT3/DSS/DGT 2019-252 du 19 décembre 2019).

Franchissement de seuil à la hausse - En cas de franchissement du seuil de 50 salariés à la hausse, l'exonération de forfait social s'applique aussi pendant la période de 5 ans au cours de laquelle l'entreprise n'est pas encore obligatoirement assujettie à la participation. Le forfait social sera dû à partir du premier exercice d'assujettissement obligatoire qui suivra la période de 5 ans (instr. DGT/RT3/DSS/DGT 2019-252 du 19 décembre 2019, Q/R 7).

Le même raisonnement s'applique à l'exonération de forfait social prévue en matière d'intéressement pour les entreprises de moins de 250 salariés (instr. DGT/RT3/DSS/DGT 2019-252 du 19 décembre 2019, Q/R 22).

▶ À noter… Jusqu'au 31.12.2018, la loi ne prévoyait pas d'exonération de forfait social pour les entreprises qui n'étaient pas assujetties à titre obligatoire à la participation (en substance, les « moins de 50 salariés »). En revanche, elles pouvaient bénéficier, sous certaines conditions, d'un taux réduit de 8 % sur les sommes distribuées au titre d'un accord de participation ou d'intéressement pendant une période de 6 ans.

Par tolérance, l'administration considère qu'une entreprise qui bénéficiait du taux de 8 % en application des dispositions en vigueur au 31.12.2018 et qui aurait été assujettie au taux de 20 % en 2019 au regard des nouvelles dispositions issues de la LFSS 2019 (faute de pouvoir bénéficier du délai de 5 ans issu de la loi PACTE) est en droit de continuer à bénéficier du taux de 8 % jusqu'au terme de la période de 6 ans (instr. DGT/RT3/DSS/DGT 2019-252 du 19 décembre 2019, Q/R 8).

Épargne salariale dans les autres entreprises

Principe : taux de 20 % - Le taux du forfait social est, en principe, fixé à 20 % (c. séc. soc. art. L. 137-16).

Dans les SCOP : taux de 8 % - Dans les sociétés coopératives de production, le taux est de 8 % pour le forfait social dû au titre de la participation aux résultats lorsque l'accord applicable prévoit son affectation en totalité en parts sociales ou en compte courant bloqué (c. séc. soc. art. L. 137-16, al. 2).

PEE : taux de 10 % sur certains abondements - Depuis le 1.01.2019, le taux du forfait social est fixé à 10 % sur l'abondement de l'employeur au PEE lorsque cet abondement majore la contribution du salarié à l'acquisition de titres de l'entreprise ou d'une entreprise incluse dans le même périmètre de consolidation ou de combinaison des comptes au sens de l'article L. 3344-1 du code du travail (c. séc. soc. art. L. 137-16, al. 4).

Pour les années 2021 et 2022, le forfait social sur ces abondements est toutefois temporairement supprimé (loi 2020-1721 du 29 décembre 2020, art. 207, II, JO du 30).

Par ailleurs, depuis 2021, le taux du forfait social de 10 % s'applique également aux nouveaux abondements unilatéraux prévus par la loi PACTE (c. séc. soc. art. L. 137-16). **Auparavant, ces versements unilatéraux relevaient du taux de droit commun de 20 %** (instr. DGT/RT3/DSS/DGT 2019-252 du 19 décembre 2019, Q/R 44).

▶ À noter... Depuis le 23.08.2019, si le règlement du PEE le prévoit, les employeurs peuvent, sous certaines conditions (attribution uniforme à l'ensemble des salariés, montant plafond, etc.), effectuer des versements unilatéraux sur le PEE en vue de l'acquisition de titres de l'entreprise (ou d'une

Le forfait social sur l'épargne salariale (récapitulatif)	
I) Participation et intéressement	
Participation dans les entreprises de moins de 50 salariés (1)	Pas de forfait social
Participation dans les entreprises de 50 salariés et plus	20 % en principe 8 % dans les sociétés coopératives de production, sous conditions 16 % sous conditions en cas d'affectation sur un PERCO, un PERE-CO ou, lorsque cela est possible, à un PERE-OB
Intéressement dans les entreprises de moins de 250 salariés	Pas de forfait social
Intéressement dans les entreprises de 250 salariés et plus	20 % en principe 16 % en cas d'affectation sur un PERCO, un PERE-CO ou, lorsque cela est possible, à un PERE-OB, répondant à certaines conditions
II) Plans d'épargne (PEE, PERCO, PERE-CO, PERE-OB)	
Abondement de l'employeur à un PEE, PERCO, PERE-CO dans les entreprises de moins de 50 salariés (1)	Pas de forfait social
Abondement de l'employeur à un PEE, PERCO, PERE-CO dans les entreprises de 50 salariés et plus	20 % en principe Sur abondement au PERCO ou PERE-CO : taux de 16 % sous conditions (voir nos développements) Abondement sur un fond d'actionnariat salarié (PEE) : taux de 10 % (voir ci-avant) (2)
Versements obligatoires de l'employeur à un PERE-OB	20 % en principe 16 % sous conditions

(1) Par simplification. En réalité, entreprises non assujetties à la participation aux résultats à titre obligatoire.
(2) Pour les années 2021 et 2022, le forfait social sur l'abondement de l'employeur majorant la contribution du salarié à l'acquisition de titres de l'entreprise ou d'une entreprise incluse dans le même périmètre de consolidation ou de combinaison des comptes est temporairement supprimé (loi 2020-1721 du 29 décembre 2020, art. 207, II, JO du 30).

entreprise incluse dans le même périmètre de consolidation ou de combinaison des comptes) (c. trav. art. L. 3332-11, 1° et D. 3332-8-1). Ces versements sont « unilatéraux », en ce sens qu'ils ne sont pas conditionnés à un versement du salarié, à l'inverse de l'abondement « classique ».

PERCO, PERE-CO et PERE-OB : taux de 16 % possible - Le taux du forfait social est, en principe, fixé à 20 % (c. séc. soc. art. L. 137-16).

Toutefois, la loi PACTE a ouvert le taux réduit de 16 % à tout plan d'épargne retraite d'entreprise prévoyant que l'encours en gestion pilotée est investi par défaut, c'est-à-dire en l'absence de choix différent de l'épargnant, à l'acquisition de parts de fonds comprenant, au minimum, 10 % de titres éligibles au PEA-PME (c. séc. soc. art. L. 137-16, al. 6).

Lorsque le PERCO, PERE-CO ou PERE-OB répond aux conditions requises, le taux réduit de 16 % concerne les sommes suivantes :

- participation et intéressement affectés à un PERE-CO ou PERE-CO ou, lorsque cela est possible, à un PERE-OB ;
- abondements et versements unilatéraux (initial ou périodique) de l'employeur aux PERCO et PERE-CO ;
- versements obligatoires de l'employeur aux PERE-OB.

▶ À noter… Le forfait social n'est pas dû sur la participation et les abondements aux plans d'épargne salariale pour les entreprises qui ne sont pas assujetties à titre obligatoire à la participation (schématiquement, les « moins de 50 salariés ») et sur l'intéressement dans les entreprises de moins de 250 salariés *(voir ci-avant)*.

À titre transitoire, les PERCO « ancienne mouture » dont le règlement respecte, au 1.10.2019, les conditions du forfait social à 16 % antérieures à la réforme peuvent continuer à bénéficier du taux réduit de 16 % jusqu'au 1.10.2022 (loi 2019-486 du 22 mai 2019, art. 71, III, JO du 23 ; décret 2019-807 du 30 juillet 2019, art. 9, JO 1er août). Selon ces anciennes conditions, il faut que le PERCO « ancienne mouture » prévoie que l'épargne en « gestion pilotée » par défaut soit affectée à l'acquisition de parts de fonds dont au moins 7 % des titres sont susceptibles d'être employés dans un PEA-PME (c. séc. soc. art. L. 137-16 dans sa version antérieure au 1.10.2019).

▶ À noter… À la lettre des textes, des PERCO « ancienne mouture » mis en place entre le 1.10.2019 et le 30.09.2020, ne semblent pas éligibles au forfait social de 16 %, même s'ils respectaient la condition d'investissement en titre PEA-PME d'au moins 10 % exigées des nouveaux PERE-CO. En outre, des PERCO « ancienne mouture » qui bénéficieraient du forfait social à taux réduit jusqu'au 1.10.2022 en application des dispositions transitoires n'y seraient plus éligibles ensuite, sauf à les transformer en nouveaux PERE-CO.

Toutefois, sur ces points, les précisions de l'administration seraient les bienvenues pour établir une interprétation « référence ».

Recouvrement et DSN

Ce sont les URSSAF qui sont chargées du recouvrement et du contrôle de cette contribution (c. séc. soc. art. L. 137-3 et L. 137-4 ; lettre-circ. ACOSS 2012-17 du 20 février 2012, 1.2).

L'assiette et le montant de cette contribution doivent figurer sur la *déclaration sociale nominative (DSN)**.

Bulletin de paye

Le montant du forfait social est agrégé à la ligne « Autres contributions dues par l'employeur ».

Lorsque le forfait social se rapporte à des sommes issues de l'intéressement ou de la participation aux résultats, l'employeur qui souhaite informer les salariés du montant acquitté doit, à notre sens, le mentionner de préférence sur le document annexe où figure la CSG due sur ces éléments.

Formateur occasionnel (cotisations sociales)

Les salariés qui exercent une activité de formation peuvent se voir appliquer des modalités particulières de calcul des cotisations de sécurité sociale.

Assiette forfaitaire

Réforme - La loi de financement de la sécurité sociale pour 2015 avait fixé de nouvelles règles de calcul des cotisations forfaitaires (c. séc. soc. art. L. 242-4-4, al. 2, modifié par loi 2014-1554 du 22 décembre 2014, art. 13, JO du 24), applicables en principe, à partir du 1.01.2016. Un décret aurait dû préciser ces règles, mais faute de parution du texte, l'ACOSS, le 17.10.2017, via le site Internet

Rémunération brute journalière	Assiette forfaitaire*
Inférieure à 1 plafond journalier	0,31 plafond journalier
Égale ou supérieure à 1 plafond journalier et inférieure à 2 plafonds journaliers	0,94 plafond journalier
Égale ou supérieure à 2 plafonds journaliers et inférieure à 3 plafonds journaliers	1,57 plafond journalier
Égale ou supérieure à 3 plafonds journaliers et inférieure à 4 plafonds journaliers	2,19 plafonds journaliers
Égale ou supérieure à 4 plafonds journaliers et inférieure à 5 plafonds journaliers	2,82 plafonds journaliers
Égale ou supérieure à 5 plafonds journaliers et inférieure à 6 plafonds journaliers	3,25 plafonds journaliers
Égale ou supérieure à 6 plafonds journaliers et inférieure à 7 plafonds journaliers	3,84 plafonds journaliers
Égale ou supérieure à 7 plafonds journaliers et inférieure à 10 plafonds journaliers	4,42 plafonds journaliers
Égale ou supérieure à 10 plafonds journaliers	Salaire réel

* Les assiettes forfaitaires sont arrondies à l'euro le plus proche.

du réseau des URSSAF, a diffusé une information aux termes de laquelle une partie de la réforme est entrée en vigueur au 1.09.2017, malgré l'absence de décret.

En ce qui concerne les formateurs occasionnels, l'assiette forfaitaire applicable avant loi de financement de la sécurité sociale pour 2015 est maintenue, mais avec application, le cas échéant, d'un mécanisme d'encadrement prévu par ladite loi. Ainsi, lorsque la rémunération est égale ou supérieure à 1,5 plafond de la sécurité sociale correspondant à la durée de travail, l'assiette forfaitaire retenue pour le calcul des cotisations ne peut pas être inférieure à 70 % de cette rémunération.

Bases de calcul - Les cotisations de sécurité sociale des salariés dont la durée d'activité de formation n'excède pas 30 jours civils par année et par organisme de formation ou d'enseignement sont calculées sur une assiette forfaitaire, déterminée en fonction de la rémunération du formateur et par référence au plafond journalier de la sécurité sociale (arrêté du 7 juin 1990, JO du 19).

Les cotisations (de sécurité sociale, la contribution sociale autonomie, la contribution au dialogue social, le FNAL et, le cas échéant, le versement mobilité) peuvent être calculées sur cette base forfaitaire lorsque la rémunération est inférieure à 10 fois le plafond journalier de la sécurité sociale.

À cette base, il convient d'appliquer les taux de droit commun. Cependant, pour la CSG et la CRDS, l'abattement d'assiette pour frais professionnels n'est pas applicable. Les cotisations d'assurance chômage et d'AGS sont, elles, calculées sur les rémunérations brutes.

En cas de dépassement de la limite des 30 jours ou du plafond fixé pour le calcul forfaitaire des cotisations, l'employeur doit procéder à une régularisation. Il doit calculer les cotisations dues au titre de l'ensemble des interventions sur la base des salaires réellement versés. Si la rémunération est égale ou supérieure à 1,5 plafond de la sécurité sociale correspondant à la durée de travail, l'assiette forfaitaire retenue pour le calcul des cotisations ne peut pas être inférieure à 70 % de cette rémunération (source : www.urssaf.fr).

Assiette réelle

D'un commun accord entre l'employeur et le salarié, les cotisations peuvent être calculées sur la base des salaires réels effectivement versés. Dans ce cas, l'employeur occasionnel est autorisé, sous certaines conditions, à appliquer la règle du prorata (voir *Cumul d'emplois**).

Formation en alternance

☛ *Apprentissage ; Contrat de professionnalisation ; Pro-A, reconversion ou promotion par alternance.*

Formation dans l'entreprise

La formation des salariés peut être décidée par l'employeur, dans l'intérêt de l'entreprise. Les actions correspondantes ont vocation à être programmées dans le *plan de développement des compétences**.

L'entreprise peut également accueillir des salariés en contrat d'alternance permettant de concilier emploi et formation avec une phase pratique et une phase théorique (voir *Apprentissage** et *Contrat de professionnalisation**).

Les salariés peuvent aussi demander un congé pour suivre une formation effectuée en tout ou partie durant le temps de travail dans le cadre d'un projet de transition professionnelle [voir *Compte personnel de formation (transition professionnelle)**].

Par ailleurs, la *Pro-A, reconversion ou promotion par alternance** permet à un salarié de changer de métier ou de profession, ou de bénéficier d'une promotion sociale ou professionnelle par des actions de formation. La Pro-A a pour objet de permettre au salarié d'atteindre un niveau de qualification supérieur ou identique à celui qu'il détient au moment de sa demande.

Enfin, le *compte personnel de formation** peut, notamment, être mobilisé par le salarié pour suivre une formation en tout ou partie pendant son temps de travail. Le salarié souhaitant suivre une formation du CPF sur son temps de travail doit simplement demander une autorisation d'absence à son employeur.

☞ *Actions de formation ; Contrat de professionnalisation ; Formation professionnelle continue ; Formation professionnelle (convention) ; Formation professionnelle (discipline des stagiaires) ; Formation professionnelle (orientations de la).*

Formation économique

☞ *Comité social et économique (formation) ; Congé de formation économique, sociale, environnementale et syndicale ; Conseil d'administration ou de surveillance (administrateurs élus par les salariés).*

Formation (niveaux de qualification)

Certains dispositifs prévus par les pouvoirs publics sont réservés à un public défini en fonction de son niveau de formation initial. Par exemple, certaines variantes de contrats aidés peuvent être réservées aux personnes n'ayant pas dépassé un niveau de formation déterminé. De même, les négociateurs des conventions collectives peuvent notamment se référer à la formation initiale des salariés dans la définition des classifications professionnelles.

Nomenclature en vigueur avant le 10 janvier 2019

Il est généralement fait référence à l'une des deux nomenclatures officielles des niveaux de formation, dont l'une date de 1967 (circ. intermin. 11-67-300 du 11 juillet 1967) et l'autre de 1969 (nomenclature ayant été approuvée par décision du groupe permanent de la formation professionnelle le 21.03.1969). Sur ces deux nomenclatures, voir les tableaux reproduits dans cette étude.

Niveaux de qualification : nomenclature de 1967	
Niveaux	**Définitions**
I et II	Personnel occupant des emplois exigeant normalement une formation de niveau égal ou supérieur à celui des écoles d'ingénieurs ou de la licence (quatre ans de scolarité après le baccalauréat).
III	Personnel occupant des emplois exigeant normalement une formation du niveau du brevet de technicien supérieur, du diplôme des instituts universitaires de technologie ou de fin de premier cycle de l'enseignement supérieur (deux ans de scolarité après le baccalauréat).
IV	IV a - Personnel occupant des emplois exigeant normalement une formation du niveau du baccalauréat, du brevet de technicien (BT), du brevet supérieur d'enseignement commercial (BSEC) (3 ans de scolarité au-delà du premier cycle de l'enseignement du second degré). Provisoirement, formation du niveau du brevet d'enseignement industriel (BEI) et du brevet d'enseignement commercial (BEC).
	IV b - Personnel occupant un emploi de maîtrise ou titulaire du brevet professionnel ou du brevet de maîtrise (2 ans de formation au moins et de pratique professionnelle après l'acquisition d'une formation de niveau V).
	IV c - Cycle préparatoire (en promotion sociale) à l'entrée dans un cycle d'études supérieures ou techniques supérieures.
V	Personnel occupant des emplois exigeant normalement un niveau de formation équivalant à celui du brevet d'études professionnelles (BEP) (2 ans de scolarité au-delà du premier cycle de l'enseignement du second degré) et du certificat d'aptitude professionnelle (CAP). Provisoirement, formation du niveau du brevet d'études de premier cycle (BEPC).
V bis	Personnel occupant des emplois supposant une formation spécialisée d'une durée maximale de 1 an au-delà du premier cycle de l'enseignement du second degré, du niveau du certificat de formation professionnelle.
VI	Personnel occupant des emplois n'exigeant pas une formation allant au-delà de la scolarité obligatoire.

Formation (niveaux de qualification)

Niveaux de qualification : nomenclature de 1969		
Niveaux	**Définitions**	**Indications**
V	Personnel occupant des emplois exigeant normalement un niveau de formation équivalant à celui du brevet d'études professionnelles (BEP) ou du certificat d'aptitude professionnelle (CAP) et, par assimilation, du certificat de formation professionnelle des adultes (CFPA) du 1er degré.	Ce niveau correspond à une qualification complète pour l'exercice d'une activité bien déterminée avec la capacité d'utiliser les instruments et les techniques qui s'y rapportent. Cette activité concerne principalement un travail d'exécution qui peut être autonome dans la limite des techniques qui y sont afférentes.
IV	Personnel occupant des emplois de maîtrise ou d'ouvrier hautement qualifié et pouvant attester d'un niveau de formation équivalant à celui du brevet professionnel (BP), du brevet de technicien (BT), du baccalauréat professionnel ou du baccalauréat technologique.	Une qualification de niveau IV implique davantage de connaissances théoriques que le niveau v ci-dessus. Cette activité concerne principalement un travail technique qui peut être exécuté de façon autonome et/ou comporter des responsabilités d'encadrement (maîtrise) et de coordination.
III	Personnel occupant des emplois qui exigent normalement des formations du niveau du diplôme des instituts universitaires de technologie (DUT) ou du brevet de technicien supérieur (BTS) ou de fin de premier cycle de l'enseignement supérieur.	La qualification de niveau III correspond à des connaissances et des capacités de niveau supérieur, sans toutefois comporter la maîtrise des fondements scientifiques des domaines concernés. Les capacités et connaissances requises permettent d'assurer de façon autonome ou indépendante des responsabilités de conception et/ou d'encadrement et/ou de gestion.
II	Personnel occupant des emplois exigeant normalement une formation d'un niveau comparable à celui de la licence ou de la maîtrise.	À ce niveau, l'exercice d'une activité professionnelle salariée ou indépendante implique la maîtrise des fondements scientifiques de la profession, conduisant généralement à l'autonomie dans l'exercice de cette activité.
I	Personnel occupant des emplois exigeant normalement une formation de niveau supérieur à celui de la maîtrise.	En plus d'une connaissance affirmée des fondements scientifiques d'une activité professionnelle, une qualification de niveau I nécessite la maîtrise de processus de conception ou de recherche.

Nomenclature approuvée le 21 mars 1969 par le groupe permanent de la formation professionnelle et de la promotion sociale	Cadre national des certifications professionnelles
Niveau V	Niveau 3
Niveau IV	Niveau 4
Niveau III	Niveau 5
Niveau II	Niveau 6

Cadre national des certifications professionnelles

Depuis le 10.01.2019, la classification par niveau de qualification est établie selon un cadre national des certifications professionnelles (CNCP) qui détermine les critères de gradation des compétences nécessaires à l'exercice d'activités professionnelles (c. trav. art. D. 6113-18). Ces critères permettent d'évaluer :

- la complexité des savoirs associés à l'exercice de l'activité professionnelle ;
- le niveau des savoir-faire, qui s'apprécie notamment en fonction de la complexité et de la technicité d'une activité dans un processus de travail ;
- le niveau de responsabilité et d'autonomie au sein de l'organisation de travail.

Le CNCP comprend huit niveaux de qualification. Il précise la gradation des compétences associées à chacun de ces niveaux (c. trav. art. D. 6113-19).

Les critères relatifs aux savoirs, aux savoir-faire et aux niveaux de responsabilité et d'autonomie associés aux niveaux de qualification du CNCP sont fixés dans le tableau annexé à l'arrêté du 8 janvier 2019 (JO 9).

▶ À noter... Les ministères certificateurs déterminent, en fonction des critères de gradation du CNCP, le niveau de qualification des diplômes et titres à finalité professionnelle enregistrés de droit au répertoire national des certifications professionnelles (c. trav. art. D. 6113-20).

Les certifications professionnelles classées selon la nomenclature en vigueur antérieurement au 10.01.2019 sont classées conformément au CNCP selon la correspondance reproduite dans cette étude (décret 2019-14 du 8 janvier 2019, art. 2, I).

Les certifications professionnelles classées au 10.01.2019 dans le répertoire national des certifications professionnelles (RNCP) [voir *Formation professionnelle (certifications professionnelles)**] niveau I de la nomenclature de 1969 ont été classées, au 1.01.2020 au niveau 7 ou au niveau 8 du CNCP (décret 2019-14 du 8 janvier 2019, art. 2, II).

Ce classement a été effectué par les ministères certificateurs pour les diplômes ou titres à finalité professionnelle enregistrés de droit au répertoire national des certifications professionnelles et par *France compétences** pour les titres à finalité professionnelle enregistrés sur demande au sein du même répertoire (décret 2019-14 du 8 janvier 2019, art. 2, II ; décret 2019-958 du 13 septembre 2019, JO du 15).

Formation professionnelle (certifications professionnelles)

Obtenir une certification professionnelle est un levier pour sécuriser les parcours professionnels et s'insérer durablement dans l'emploi. Les certifications professionnelles sont classées par niveau de qualification et domaine d'activité et sont constituées de blocs de compétences. L'accès à la certification professionnelle est possible, soit par des *actions de formation**, soit par la *validation des acquis de l'expérience** (VAE) soit par la mise en œuvre d'un parcours mixte d'accès à la qualification (formation et VAE)

Formations certifiantes.

Sont dénommées formations certifiantes, les formations sanctionnées (c. trav. art. L. 6313-7) :

- par une certification professionnelle enregistrée au répertoire national des certifications professionnelles (RNCP) (c. trav. art. L. 6113-1) ;
- par l'acquisition d'un bloc de compétences (c. trav. art. L. 6113-1, 3°) ;
- par une certification enregistrée au répertoire spécifique (RSCH) (c. trav. art. L. 6113-6).

Blocs de compétences

Les certifications professionnelles sont constituées de blocs de compétences, ensembles homogènes et cohérents de compétences contribuant à l'exercice autonome d'une activité professionnelle et pouvant être évaluées et validées (c. trav. art. L. 6113-1). Les blocs de compétences représentent une modalité d'accès modulaire et progressive à la certification, dans le cadre d'un parcours de formation ou d'un processus de VAE, ou d'un combinatoire de ces modalités d'accès.

▶ À noter... Selon *France compétences**, les blocs de compétences sont conçus pour avoir une utilité sociale. Ils représentent des repères sociaux et des signaux lisibles sur le marché du travail. Selon une logique professionnalisante et par le fait qu'ils sont constitués de compétences professionnelles, les blocs de compétences facilitent l'accès et l'adaptation à un métier visé. Les compétences transversales à un même métier et les compétences transposables à plusieurs situations de travail ou à plusieurs métiers permettent la mobilité et la reconversion professionnelle. Cela inscrit les blocs de compétences dans une logique d'employabilité permettant l'adaptation au changement tout au long de la vie professionnelle.

La cohérence des blocs de compétence est un critère constitutif d'enregistrement au RNCP du projet de certification professionnelle et de ses modalités spécifiques d'évaluation (c. trav. art. R. 6113-9, 7°). Peut être, également, prise en compte la cohérence (c. trav. art. R. 6113-9, 8° ; décret 2021-389 du 2 avril 2021, JO du 4) :

- des correspondances partielles mises en place par le demandeur entre un ou plusieurs blocs de compétences du projet de certification et les blocs de compétences d'autres certifications professionnelles ;
- des correspondances mises en place par le demandeur entre un ou plusieurs blocs de compétences du projet de certification et des certifications ou habilitations enregistrées dans le répertoire spécifique (RSCH).

Ce critère de cohérence implique a contrario, qu'en l'absence de structuration en blocs, la certification ne peut être enregistrée au RNCP (sauf accès réglementé au métier, c. trav. art. R. 6113-9, 5°).

▶ À noter… La notion d'« homogénéité » renvoie principalement à la cohérence propre du bloc au regard des compétences qui le constituent. En ce sens, le bloc doit être un assemblage cohérent de plusieurs compétences, pour répondre à une activité professionnelle. Ainsi, un bloc ne peut être constitué d'une seule compétence, car il est conçu pour faciliter l'accès à un métier visé, ou pour contribuer à l'exercice autonome d'une activité professionnelle.

La notion de « certification professionnelle » exclut la déclinaison en blocs de compétences dans le cadre du RSCH *(voir ci-après)*, y compris pour les certificats de qualification professionnelle (CQP) enregistrés au RSCH. En revanche, une correspondance peut être mise en place entre une certification enregistrée au RSCH et des blocs de compétences appartenant aux certifications professionnelles figurant au RNCP (c. trav. art. R. 6113-11, 5°).

Répertoire national des certifications professionnelles (RNCP)

Le RNCP est établi et actualisé par *France compétences** (c. trav. art. L. 6113-1 et art. L. 6113-5 ; art. R. 6113-8 à R. 6113-17 ; décret 2021-389 du 2 avril 2021, JO du 4). Les certifications professionnelles enregistrées dans le RNCP permettent une validation des compétences et des connaissances acquises nécessaires à l'exercice d'activités professionnelles. Ces certifications professionnelle sont classées par niveau de qualification et domaine d'activité. Les certifications professionnelles sont enregistrées dans le RNCP pour une durée maximale de 5 ans.

Elles sont définies notamment par un référentiel d'activités qui décrit les situations de travail et les activités exercées, les métiers ou emplois visés, un référentiel de compétences qui identifie les compétences et les connaissances, y compris transversales, qui en découlent et un référentiel d'évaluation qui définit les critères et les modalités d'évaluation des acquis. Les certifications professionnelles sont classées par niveau de qualification et domaine d'activité (c. trav. art. L. 6113-1).

La classification par niveau de qualification est établie selon un cadre national des certifications professionnelles défini par décret qui détermine les critères de gradation des compétences au regard des emplois et des correspondances possibles avec les certifications des États appartenant à l'Union européenne.

Certifications professionnelles

Les certifications professionnelles sont constituées de blocs de compétences *(voir ci-avant)* (c. trav. art. L. 6113-1). La validation de la certification professionnelle peut être acquise par :

- la somme des blocs de compétences constitutifs de la certification, le cas échéant via des évaluations spécifiques ;
- la validation des blocs de compétences complétées d'une ou plusieurs modalités de validations visant principalement à attester de la capacité du candidat à mobiliser de manière coordonnée les compétences des différents blocs de compétences.

▶ À noter… Un arrêté précise l'ensemble des données relatives, d'une part, à l'identification des personnes et, d'autre part, aux certifications professionnelles et aux certifications ou habilitations obtenues transmises au système d'information du *compte personnel de formation**. Ces données sont transmises par voie dématérialisée (arrêté du 21 mai 2021, texte 25, JO 9 juin).

Le cadre national des certifications professionnelles définit le niveau de qualification associé à chaque certification professionnelle en fonction de critères de gradation des compétences nécessaires à l'exercice d'activités professionnelles (c. trav. art. D. 6113-18) [voir *Formation (niveaux de qualification)**].

Répertoire spécifique des certifications et habilitations (RSCH)

Le RSCH remplace, depuis le 1.01.2019, l'inventaire pour le recensement des compétences et des connaissances transversales. Sont enregistrées pour une durée maximale de 5 ans, dans le RSCH établi par *France compétences**, les certifications et habilitations correspondant à des compétences professionnelles complémentaires aux certifications professionnelles (par exemple : habilitations sécurité, compétences transversales ou spécialisation).

Ces certifications et habilitations peuvent, le cas échéant, faire l'objet de correspondances avec des blocs de compétences de certifications professionnelles. Les certifications et habilitations établies par l'État requises pour l'exercice d'une profession ou une activité sur le territoire national en application d'une norme internationale ou d'une disposition législative ou réglementaire sont enregistrées de droit dans le répertoire spécifique (c. trav. art. L. 6113-6).

Formation professionnelle (compte personnel de)

➡ *Compte personnel de formation.*

Formation professionnelle continue

La formation professionnelle continue a pour objet de favoriser l'insertion ou la réinsertion professionnelle des travailleurs, de permettre leur maintien dans l'emploi, de favoriser le développement de leurs compétences et l'accès aux différents niveaux de la qualification professionnelle, de contribuer au développement économique et culturel, à la sécurisation des parcours professionnels et à leur promotion sociale.

Elle a également pour objet de permettre le retour à l'emploi des personnes qui ont interrompu leur activité professionnelle pour s'occuper de leurs enfants ou de leur conjoint ou ascendants en situation de dépendance (c. trav. art. L. 6311-1).

L'accès des salariés à des actions de formation professionnelle continue est assuré (c. trav. art. L. 6312-1) :

- à l'initiative de l'employeur, le cas échéant, dans le cadre d'un *plan de développement des compétences** ;
- à l'initiative du salarié notamment par la mobilisation du *compte personnel de formation** (CPF) ;
- dans le cadre du *contrat de professionnalisation**.

Sur les actions de formation qui entrent dans le champ d'application des dispositions relatives à la formation professionnelle continue, voir *Actions de formation**.

Formation professionnelle (convention)

Convention avec l'organisme de formation

Lorsque, en exécution du *plan de développement des compétences**, l'employeur décide de confier la formation de son personnel à un organisme extérieur à l'entreprise, il doit conclure une convention avec cet organisme (c. trav. art. L. 6353-1).

Lorsque les actions de développement des compétences sont financées par des fonds publics ou des fonds mutualisés (État, Région, Pôle emploi, OPCO, etc.), la convention doit comporter les mentions suivantes (c. trav. art. D. 6353-1, I) :

- l'intitulé, l'objectif et le contenu de l'action ;
- les moyens prévus ;
- la durée, la période de réalisation les modalités de déroulement, de suivi et de sanction de l'action ;
- ainsi que le prix de l'action et les modalités de règlement.

Pour les seules *actions de formation**, les bons de commande ou les devis approuvés peuvent tenir lieu de la convention, sous réserve que ces documents ou une de leurs annexes comportent l'ensemble des mentions obligatoires (c. trav. art. D. 6353-1, II).

Obligations des organismes de formation et de l'employeur

Formalités administratives - Les organismes de formation sont assujettis à une déclaration d'activité et à un certain nombre de formalités administratives (circ. DGEFP-GNC 2002-47 du 31 octobre 2002). En particulier, l'administration enregistre les déclarations et peut annuler l'enregistrement en cas de prestations de formation non conformes aux dispositions légales (c. trav. art. L. 6351-1 à L. 6351-8 ; circ. DGEFP 2011-26 du 15 novembre 2011, fiche 9).

▶ Attention… L'enregistrement par l'administration de la déclaration d'un organisme de formation ne vaut pas agrément de l'État. Lorsqu'un organisme de formation mentionne la déclaration effectuée dans une publicité, ce point doit y être rappelé selon la forme suivante : « Enregistrée sous le numéro… Cet enregistrement ne vaut pas agrément de l'État » (c. trav. art. L. 6352-12).

Issue de la formation - Le prestataire de formation doit prouver par tout moyen que l'action de formation a été réalisée (c. trav. art. R. 6313-3).

Un certificat de réalisation doit être établi en vue du contrôle dit « du service fait » par l'OPCO [voir *Opérateurs de compétences (OPCO)**] (c. trav. art. R. 6332-26, II ; arrêté du 21 décembre 2018, JO du 29, texte 60).

▶ À noter… Le ministère du Travail a mis en ligne un document de référence afin d'harmoniser les pratiques entre les opérateurs de compétences avec les entreprises, les organismes de formation et les centres de formation d'apprentis (CFA) et de fluidifier les paiements. Ce document est un certificat de réalisation des actions de formation, bilans de compétences, actions VAE et actions de formation par apprentissage. Dans le cadre des formations à distance, le modèle précise qu'il faut prendre en compte la réalisation des activités pédagogiques et le temps estimé pour les réaliser. Les justificatifs de réalisation doivent être conservés par les dispensateurs de formation. Pour télécharger ce modèle, voir https ://travail-emploi.gouv.fr/IMG/pdf/certificat_de_realisation.pdf (dernière mise à jour en date du 25 mai 2020).

☛ *Actions de formation ; Plan de développement des compétences.*

Formation professionnelle (discipline des stagiaires)

Organisme de formation

En cas de formation externe, le pouvoir de direction de l'employeur est partiellement transféré à l'organisme de formation. Le salarié doit, en conséquence, se plier aux horaires, à l'organisation du travail et au règlement intérieur de l'organisme de formation. À défaut, l'organisme de formation peut le sanctionner.

Tous les organismes de formation doivent établir un règlement intérieur applicable aux stagiaires et aux apprentis (c. trav. art. L. 6352-3 et R. 6352-1).

▶ À noter… Lorsque les actions de formation sont organisées par l'entreprise dans le cadre du *plan de développement des compétences** (formation interne), il n'y a pas lieu d'établir un règlement intérieur applicable aux stagiaires (circ. DFP 92-11 du 7 septembre 1992, BOT n° 92-21 du 20 novembre 92).

Procédure disciplinaire

Information préalable du stagiaire - Le directeur de l'organisme de formation (ou son représentant) doit informer le stagiaire des griefs retenus contre lui avant de le sanctionner (c. trav. art. R. 6352-4).

Entretien préalable dans certains cas - Lorsque le directeur envisage de prendre une sanction ayant une incidence, immédiate ou non, sur la présence d'un stagiaire dans une formation, il doit le convoquer par écrit à un entretien. À cet effet, il adresse au stagiaire une lettre indiquant l'objet de cette convocation, la date, l'heure et le lieu de l'entretien ainsi que la possibilité d'être assisté par la personne de son choix, notamment par le délégué de stage (c. trav. art. R. 6352-5). Il doit l'envoyer par lettre recommandée ou la lui remettre contre décharge. Lors de l'entretien, le directeur doit indiquer le motif de la décision envisagée et recueillir les explications du stagiaire (c. trav. art. R. 6352-5), que celui-ci soit assisté ou non.

Notification de la sanction - Le cas échéant, le directeur notifie la sanction par écrit au stagiaire sous la forme d'une lettre recommandée ou d'une lettre remise en main propre contre décharge. Il ne peut pas prononcer la sanction moins de 1 jour franc ni plus de 15 jours après l'entretien (c. trav. art. R. 6352-6).

Information de l'employeur du stagiaire - Le directeur de l'organisme de formation doit informer l'employeur et l'organisme financeur de la sanction prise à l'encontre d'un stagiaire (c. trav. art. R. 6352-8).

☛ *Formation dans l'entreprise ; Formation professionnelle (convention).*

Formation professionnelle (orientations de la)

Les orientations de la formation professionnelle dans l'entreprise sont définies par l'employeur.

Le *comité social et économique** (CSE) d'une entreprise d'au moins 50 salariés est consulté sur ces orientations en fonction des perspectives économiques et de l'évolution de l'emploi, des investissements et des technologies dans l'entreprise (c. trav. art. L. 2312-24). Cette consultation est intégrée à celle sur les orientations stratégiques [voir *Comité social et économique (informations-consultations périodiques)**]. Elle doit, à notre sens, avoir lieu avant la réunion relative au *plan de développement des compétences**.

▶ À noter… Depuis le 25.08.2021, les CSE est informé au cours des consultations périodiques (ex. : celle sur les orientations stratégiques) des conséquences environnementales de l'activité de l'entreprise (c. trav. art. L. 2312-17 et L. 2312-22 ; loi 2021-1104 du 22 août 2021, JO du 24).

Le CSE est informé en amont de la réunion via la *base de données économiques, sociales et environnementales (BDESE)** (c. trav. art. L. 2312-36).

L'employeur qui ne consulte pas le CSE s'expose au *délit d'entrave** au fonctionnement régulier des représentants du personnel (c. trav. art. L. 2317-1).

☛ *Comité social et économique (informations-consultations périodiques).*

Formation des représentants du personnel

☛ *Comité social et économique (formation) ; Congé de formation économique, sociale, environnementale et syndicale.*

Formation à la sécurité

Les employeurs doivent organiser une formation pratique et appropriée des salariés à la sécurité au travail. Il s'agit d'instruire le salarié des précautions à prendre pour sa propre sécurité et celle des autres personnes (c. trav. art. L. 4141-2 et R. 4141-1 et s.).

Salariés bénéficiaires

La formation à la sécurité doit être dispensée (c. trav. art. L. 4141-2) :
- aux salariés nouvellement embauchés, en contrat de travail à durée indéterminée (CDI) ou en contrat de travail à durée déterminée (CDD) ;
- aux travailleurs changeant de poste ou de technique ;
- aux salariés temporaires (par l'utilisateur) ; à l'exception de ceux auxquels il est fait appel en vue de l'exécution de travaux urgents nécessités par des mesures de sécurité et déjà dotés de la qualification nécessaire à cette intervention ;
- aux travailleurs reprenant le travail après un arrêt d'au moins 21 jours, si le *médecin du travail** le prescrit.

La notion de « travailleurs » recouvre non seulement les salariés (y compris les salariés temporaires) mais aussi les stagiaires (voir *Hygiène et sécurité** et *Stages en entreprise**).

▶ À noter… Sur la formation des représentants du personnel au *comité social et économique**, voir *Comité social et économique (santé, sécurité et conditions de travail)** et du *référent sécurité**, voir l'étude correspondante.

Types de formation

Formations « classiques » - L'employeur doit dispenser (c. trav. art. R. 4141-3 et R. 4141-8) :
- la formation à la sécurité relative aux conditions de circulation des personnes (c. trav. art. R. 4141-11 et R. 4141-12) ;
- la formation à la sécurité dans l'exécution du travail (c. trav. art. R. 4141-13 à R. 4141-16) ;
- la formation aux dispositions à prendre en cas d'accident ou de sinistre (c. trav. art. R. 4141-17 à R. 4141-20) ;
- la formation des travailleurs temporaires [voir *Travail temporaire (statut)**] :
- une formation appropriée en cas d'accident du travail ou de maladie professionnelle (grave ou présentant un caractère de répétition) pour éviter que de tels risques se reproduisent (c. trav. art. R. 4141-8).

▶ Attention… Ces formations doivent se dérouler pendant l'horaire de travail et le temps qui y est consacré doit être considéré comme temps de travail (c. trav. art. R. 4141-5).

Formations « adaptées » - En fonction des risques constatés, l'employeur organise des actions particulières de formation à la sécurité dans certains établissements (c. trav. art. L. 4142-1 et s.). Tel est le cas, par exemple, en cas de risques d'exposition à des agents chimiques dangereux (c. trav. art. R. 4412-38).

Par ailleurs, dans les établissements comprenant au moins une installation figurant sur la liste prévue à l'article L. 515-36 du code de l'environnement ou mentionnée à l'article L. 211-2 du code minier, des modalités spécifiques de formation sont prévues (c. trav. art. L. 4142-3).

Enfin, les employeurs ont des obligations particulières de formation à la prévention des risques liés à l'amiante, pour certaines activités : confinement et retrait d'amiante, travaux susceptibles de provoquer l'émission de fibres d'amiante, etc. (c. trav. art. R. 4412-117).

Formation des salariés exposés au covid-19 - Voir *Covid-19 (hygiène et sécurité)**.

Formations « renforcées » pour certains salariés ou stagiaires - Les salariés en CDD, les travailleurs temporaires et les stagiaires en entreprise doivent bénéficier d'une formation renforcée à la sécurité lorsqu'ils sont affectés à des postes présentant des risques particuliers pour leur santé ou leur sécurité [voir *Contrat de travail à durée* *déterminée (exécution)**, *Stages en entreprise** et *Travail temporaire (statut)**].

S'ils sont victimes d'un accident du travail ou d'une maladie professionnelle et qu'il apparaît que l'employeur ne leur a pas dispensé cette formation, celui-ci est présumé avoir commis une faute inexcusable (c. trav. art. L. 4154-2 et L. 4154-3) [voir *Faute inexcusable (accident du travail ou maladie professionnelle)**].

▶ À noter… Lorsqu'il est fait appel, en vue de l'exécution de travaux urgents nécessités par des mesures de sécurité, à des salariés temporaires déjà dotés de la qualification nécessaire à cette intervention, le chef de l'entreprise utilisatrice leur donne toutes les informations nécessaires sur les particularités de l'entreprise et de son environnement susceptibles d'avoir une incidence sur leur sécurité (c. trav. art. L. 4154-4).

Sanctions du défaut de formation à la sécurité - L'employeur ou son délégataire qui n'organise pas la formation à la sécurité requise encourt des sanctions pénales (c. trav. art. L. 4741-1).

Par ailleurs, en cas d'accident du travail ou de maladie professionnelle, il peut être condamné pour blessure ou homicide involontaire, s'il est notamment établi qu'il a manqué à son obligation de formation à la sécurité (cass. crim. 28 février 2017, n° 15-87260 D).

Sur la présomption de faute inexcusable, voir ci-avant.

Futur passeport de prévention - Un « passeport de prévention » entrera en vigueur à une date fixée par décret, et au plus tard le 1.10.2022 (loi 2021-108 du 2 août 2021, art. 6, JO du 3).

Il recensera l'ensemble des attestations, certificats et diplômes obtenus par le salarié à l'occasion de formations relatives à la santé et à la sécurité au travail, dispensées par l'employeur ou par un organisme de formation ou que le salarié aura suivies de son propre chef (c. trav. art. L. 4141-5, dans sa version en vigueur au 1er octobre 2022 au plus tard).

Selon le cas, c'est l'employeur, l'organisme de formation ou le salarié qui inscrira ces éléments dans le passeport.

L'employeur pourra être autorisé par le salarié à consulter les données contenues dans son passeport, y compris celles que l'employeur n'y a pas versées, pour les besoins du suivi de ses obligations en matière de formation à la santé et à la sécurité.

Si le salarié dispose d'un passeport d'orientation, de formation et de compétences (c. trav. art. L. 6323-8, II), son passeport de prévention y est intégré.

▶ À noter… Un demandeur d'emploi pourra également ouvrir un passeport de prévention.

Pour suivre l'actualité sur les décrets à paraître pour préciser les modalités de ce passeport, voir le fil quotidien d'actualités sur www.rfsocial.com et la Revue d'actualité RF Social.

Rôle du CSE et du médecin du travail

Rôle du CSE - Dans les entreprises d'au moins 11 salariés, le *comité social et économique** (CSE) participe à la préparation des formations à la sécurité et est consulté sur les programmes de formation sécurité (c. trav. art. L. 2312-26, L. 4143-1, R. 4143-1 et R. 4143-2) [voir *Comité social et économique (informations-consultations périodiques)** et *Comité social et économique (santé, sécurité et conditions de travail)**].

Dans les entreprises d'au moins 50 salariés, le CSE est également consulté, entre autres thèmes de consultations périodiques, sur la politique sociale de l'entreprise (actions de formation envisagées par l'employeur, actions de prévention en matière de santé et de sécurité, etc.) et sur la formation professionnelle (information du CSE des formations à la sécurité menées au cours de l'année écoulée).

Dans les entreprises de plus de 300 salariés, le CSE se voit remettre le rapport et le programme évoqué ci-avant.

Rôle du médecin du travail - L'employeur associe le médecin du travail à l'élaboration des actions de formation à la sécurité (c. trav. art. R. 4141-6).

Financement

Le financement des formations de sécurité incombe à l'employeur (c. trav. art. L. 4141-4).

☞ *Hygiène et sécurité (obligations de l'employeur).*

Formation hors temps de travail

Actions du plan de développement des compétences

Principe : pendant le temps de travail - Lorsqu'elles sont à l'initiative de l'employeur, les actions de formation s'inscrivant dans le cadre du *plan de développement des compétences** sont, en principe, des actions devant être effectuées pendant le temps de travail et rémunérées comme tel.

Les actions de formation obligatoires sont celles qui conditionnent l'exercice d'une activité ou d'une fonction, en application d'une convention internationale ou de dispositions légales et réglementaires. Elles constituent un temps de travail effectif et l'employeur est tenu de maintenir la rémunération du salarié pendant leur réalisation (c. trav. art. L. 6321-2).

En principe, les actions de formation autres que celles qui sont obligatoires constituent également un temps de travail effectif et donnent lieu au maintien de la rémunération du salarié pendant leur déroulement (c. trav. art. L. 6321-6).

Exception : formation hors temps de travail. - Par exception, les actions de formation non obligatoires inscrites au plan peuvent se dérouler, en tout ou partie, hors temps de travail dans deux cas (c. trav. art. L. 6321-6) :

- lorsqu'un accord collectif d'entreprise ou, à défaut, de branche le prévoit : cet accord détermine les actions visées et la limite horaire de suivi de la formation hors temps de travail (ou pour les salariés en forfait annuel en jours ou en heures, une limite en pourcentage du forfait) ; il peut également prévoir des contreparties accordées par l'employeur pour compenser les frais de garde d'enfant ;
- en l'absence d'accord collectif, avec l'accord du salarié : dans ce cas, la limite est fixée à 30 h par an et par salarié (ou pour les salariés en forfait annuel en jours ou en heures, à 2 % du forfait).

Le refus du salarié de participer à des actions de formation hors temps de travail, mêmes prévues par accord collectif, ne constitue ni une faute ni un motif de licenciement (c. trav. art. L. 6321-7).

Formalisation de l'accord du salarié et modalités de rétractation - Lorsqu'il n'existe pas d'accord d'entreprise, ou à défaut, de branche portant sur les actions de formation hors temps de travail, l'employeur doit recueillir, par écrit, l'accord du salarié à la réalisation d'une action de formation en dehors de son temps de travail. Le salarié peut toutefois se rétracter dans un délai de 8 jours (c. trav. art. R. 6321-4).

La rétractation par le salarié de son accord ne constitue ni une faute ni un motif de licenciement (c. trav. art. L. 6321-7).

Maintien du lien avec l'employeur - Lorsque la formation se déroule hors du temps de travail, le lien de subordination avec l'employeur subsiste car celui-ci l'a programmé dans l'intérêt de l'entreprise, même s'il s'agit d'une formation non obligatoire. Ainsi, même si le lien de subordination ne peut pas être mis en œuvre de façon classique, le salarié doit lui rendre des comptes sur la manière dont sa formation s'est déroulée.

▶ À noter... Lorsqu'un organisme de formation externe dispense l'action en dehors du temps de travail du salarié, celui-ci doit se plier au règlement intérieur du formateur comme tous les autres stagiaires de la formation professionnelle [voir *Formation professionnelle (discipline des stagiaires)**].

Couverture AT/MP - Pendant la durée de la formation accomplie en dehors du temps de travail, le salarié bénéficie de la législation de la sécurité sociale relative à la protection en matière d'accidents du travail (AT) et de maladies professionnelles (MP) (c. trav. art. L. 6321-8).

Actions dans le cadre du CPF ou du CPF de transition professionnelle

Le salarié peut mobiliser son *compte personnel de formation** (CPF) sans obtenir l'accord préalable de son employeur lorsque la formation choisie est suivie en dehors du temps de travail. Il en est de même pour les formations hors temps de travail dans le cadre du CPF de transition professionnelle [voir *Compte personnel de formation (transition professionnelle)**].

Pro-A, reconversion ou promotion par alternance

Les actions de formation s'inscrivant dans le cadre de la *Pro-A, reconversion ou promotion par alternance** sont mises en œuvre pendant le temps de travail et donnent lieu au maintien par l'employeur de la rémunération du salarié (c. trav. art. L. 6324-8). Cependant, elles peuvent se dérouler pour tout ou partie en dehors du temps de travail à l'initiative soit du salarié, soit de l'employeur après accord écrit du salarié (c. trav. art. L. 6324-7).

☞ *Compte personnel de formation (transition professionnelle) ; Compte personnel de formation (utilisation) ; Plan de développement des compétences ; Pro-A, reconversion ou promotion par alternance.*

Fouille des salariés

☞ *Surveillance des salariés.*

Fractionnement des congés payés

☞ *Congés payés (fractionnement).*

Frais d'atelier (travail à domicile)

☞ *Travail à domicile.*

Frais d'entreprise

Le *bulletin officiel de la sécurité sociale (BOSS)**, opposable aux organismes de recouvrement depuis le 1.04.2021, a supprimé la notion de frais d'entreprise en matière de cotisations et de contributions de sécurité sociale. Les éléments autrefois qualifiés de frais d'entreprises sont désormais qualifiés de *frais professionnels**.

Les frais d'entreprise correspondaient à des charges d'exploitation de l'entreprise et devaient remplir simultanément trois critères : caractère exceptionnel ; intérêt de l'entreprise ; frais exposés en dehors de l'exercice normal de l'activité du travailleur salarié ou assimilé. Ils devaient être justifiés par : l'accomplissement des obligations légales ou conventionnelles de l'entreprise ; la mise en œuvre des techniques de direction, d'organisation ou de gestion de l'entreprise ; le développement de la politique commerciale de l'entreprise.

Jusqu'au 31.03.2021, les frais d'entreprise n'étaient ni des frais professionnels, ni des avantages en nature, ni des éléments de rémunération. Leur remboursement était toujours exonéré de cotisations, même en cas d'application d'une déduction forfaitaire spécifique (DFS) pour frais professionnels, ce qui les différenciait des frais professionnels.

▶ À noter… Sur le régime des frais d'entreprise applicable avant le 1.04.2021, les lecteurs peuvent se reporter au Dictionnaire Paye, Frais d'entreprise (régime antérieur au 1er avril 2021).

☞ *Frais professionnels.*

Frais professionnels

Définition

Frais engagés par le salarié pour le travail - Les frais professionnels correspondent à des frais que le salarié a engagés, non pour convenance personnelle, mais pour accomplir sa mission dans l'entreprise. Juridiquement, il s'agit de « charges de caractère spécial inhérentes à la fonction ou à l'emploi du travailleur salarié ou assimilé que celui-ci supporte au titre de l'accomplissement de ses missions » (arrêté du 20 décembre 2002, art. 1er, JO du 27).

▶ À noter… Sur l'indemnité éventuellement due au salarié travaillant à son *domicile**, voir cette étude.

Types de frais concernés - L'arrêté du 20 décembre 2002 relatif aux frais professionnels envisage expressément un certain nombre de situations : frais de déplacement (restaurant, transport, hôtel), frais de restauration sur le lieu de travail ou hors de l'entreprise, frais liés à la mobilité professionnelle (déménagement, hébergement provisoire, etc.), frais liés à l'utilisation d'un véhicule personnel, frais de *télétravail** et frais engagés pour l'utilisation des outils issus des technologies de l'information et de la communication (TIC).

Cette liste n'est toutefois pas limitative. Toute dépense engagée par un salarié peut être qualifiée de frais professionnels si elle correspond à la définition qu'en donne l'arrêté précité *(voir ci-dessus)*.

Par ailleurs, le *bulletin officiel de la sécurité sociale (BOSS)**, opposable aux URSSAF depuis le 1.04.2021, admet que la prise en charge par l'employeur des cotisations versées à un ordre professionnel pour pouvoir exercer une profession (masseur-kinésithérapeute, avocat, etc.) présente un caractère professionnel (BOSS, Frais professionnels, § 2000, 01/01/2022).

▶ À noter… Le BOSS a ainsi mis fin à une incertitude juridique apparue en 2018 avec un arrêt de la Cour de cassation, dans lequel la Haute juridiction a estimé que les cotisations ordinales ne constituent pas des frais professionnels exposés dans l'intérêt de l'employeur, puisqu'elles sont dues que le professionnel exerce en qualité de salarié ou de manière indépendante, et n'ont par conséquent pas à être remboursées par l'employeur (cass. soc. 30 mai 2018, n° 16-24734, BC V n° 99). Même si cette affaire ne portait que sur la question du droit du salarié à obtenir remboursement de la cotisation (et pas sur le régime social de la somme), cette jurisprudence pouvait laisser penser qu'en cas de prise en charge par l'employeur, celle-ci serait soumise à cotisations.

En outre, au 1.04.2021, un certain nombre de frais qualifiés jusqu'alors de *frais d'entreprise** ont basculé dans la catégorie des frais professionnels *(voir ci-dessous)*.

Frais autrefois qualifiés de frais d'entreprise - Jusqu'au 1.04.2021, certaines dépenses constituaient juridiquement des frais d'entreprise. Elles échappaient alors aux cotisations dans toutes les situations, y compris en cas d'application d'une déduction forfaitaire spécifique (DFS) pour frais professionnels.

Le bulletin officiel de la sécurité sociale a supprimé la notion de frais d'entreprise au 1.04.2021. Les éléments auparavant qualifiés de frais d'entreprise sont désormais qualifiés de frais professionnels et traités comme tels. Par conséquent, l'employeur doit désormais réintégrer les sommes concernées dans l'assiette des cotisations de sécurité sociale lorsqu'il s'agit d'un salarié auquel il applique une DFS *(voir plus bas dans l'étude)*.

Ont ainsi basculé dans la catégorie des frais professionnels, notamment :
- les dépenses engagées par le salarié, à titre exceptionnel (ex : situation d'urgence), pour acheter ou entretenir du matériel ou des fournitures pour les seuls besoins de l'entreprise, alors que l'exercice normal de sa profession ne le prévoit pas (BOSS, Frais professionnels, § 1890, 01/01/2022) ;
- les dépenses engagées par le salarié à l'occasion de repas d'affaires dûment justifiés, sauf abus manifeste (BOSS, Frais professionnels, § 360, 01/01/2022) [voir *Frais professionnels (repas)**] ;
- les dépenses engagées par le salarié à l'occasion de voyages d'affaires ou de stimulation, de séminaires, de formations, etc., lorsqu'elles sont dûment justifiées (BOSS, Frais professionnels, § 1490, 01/01/2022) ;
- les frais d'entretien des vêtements de travail (BOSS, Frais professionnels, § 2030, 01/01/2022) [voir *Frais professionnels (vêtements de travail)**] ;
- les dépenses engagées par le salarié en vue de l'acquisition de cadeaux offerts à la clientèle, en vue de la promotion de l'entreprise (BOSS, Frais professionnels, § 1910, 01/01/2022) ;
- les dépenses (transport, frais de location, etc.) engagées par un salarié dans le cadre de sa participation, à titre exceptionnel et à la demande de son employeur, à des manifestations organisées dans le cadre de la politique commerciale de l'entreprise (cocktail, réception, etc.), alors que l'exercice normal de sa profession ne le prévoit pas (BOSS, Frais professionnels, § 1910, 01/01/2022).

Le BOSS classe aussi dans la catégorie des frais professionnels la participation patronale au renouvellement de la carte de presse des *journalistes** professionnels, dans la limite de la moitié des frais (BOSS, Frais professionnels, § 2020, 01/01/2022). Cette participation était auparavant qualifiée de *frais d'entreprise** par la jurisprudence.

Pour chacun de ces frais, le BOSS précise les conditions qu'ils doivent remplir pour être exclus de l'assiette des cotisations et contributions sociales.

Dénomination indifférente - S'il n'est pas justifié qu'elles remboursent des frais correspondant à la définition de frais professionnels *(voir ci-avant)*, les indemnisations versées aux salariés doivent être regardées comme des éléments de salaire, quelle que soit la dénomination qui leur est donnée par convention collective ou par contrat et, de ce fait, être assujetties à cotisations et contributions sociales dans les conditions de droit commun (BOSS, Frais professionnels, § 30, 01/01/2022). Autrement dit, ce n'est pas parce qu'un contrat de travail ou une convention collective dénomme une prime, par exemple, « prime de panier » ou « prime de transport », que celle-ci constitue automatiquement un remboursement de frais professionnels exonérés de cotisations.

Mais dès lors qu'une « prime de panier » et une « indemnité de transport » instituées par accord collectif ont bien pour objet, pour la première, de compenser le surcoût du repas consécutif à un travail posté, de nuit ou selon des horaires atypiques, pour la seconde d'indemniser les frais de déplacement du salarié de son domicile à son lieu de travail, elles constituent, nonobstant leur caractère forfaitaire et le fait que leur versement ne soit soumis à la production d'aucun justificatif, un remboursement de frais et non un complément de salaire (cass. soc. 11 janvier 2017, n° 15-23341, BC V n° 8).

Pas d'imputation sur la rémunération

Les frais qu'un salarié justifie avoir exposés pour les besoins de son activité professionnelle et dans l'intérêt de l'employeur doivent lui être remboursés sans qu'ils puissent être imputés sur sa rémunération, sauf si son contrat de travail prévoit qu'il en conserve la charge moyennant le versement d'une somme forfaitaire fixée à l'avance (cass. soc. 21 mai 2008, n° 06-44044, BC V n° 108 ; cass. soc. 23 septembre 2009, n° 07-44477, BC V n° 204). Sur les conditions de validité de cette clause, voir *Clause de remboursement (frais professionnels)**.

Lorsque le contrat de travail ne prévoit pas la prise en charge par le salarié des frais professionnels moyennant le versement d'une somme fixée à l'avance de manière forfaitaire, le salarié est en droit d'en réclamer le remboursement (cass. soc. 6 novembre 2013, n° 12-21877 D).

Délai de remboursement

L'employeur peut fixer un délai de production des justificatifs des frais professionnels pour leur remboursement (ex. : fixer un délai de 1 mois par note de service). Il n'est pas tenu de rembourser les frais pour lesquels le salarié n'a pas respecté ce délai (cass. soc. 29 septembre 2009, n° 07-45722 D).

▶ À noter… Le salarié qui estime que des frais professionnels lui sont dus a 2 ans pour en réclamer le paiement en justice (cass. soc. 20 novembre 2019, n° 18-20208 FSPB, 3e moyen). La Cour de cassation a en effet estimé qu'il convient d'appliquer la prescription biennale à l'action en remboursement de frais professionnels comme toute action portant sur l'exécution du contrat de travail, et non la prescription triennale sur les salaires [Voir *Prescription (salaires)**].

Principes d'exonération

Exclusion de l'assiette des cotisations - Les frais professionnels sont exclus de l'assiette des cotisations de sécurité sociale dès lors qu'ils respectent les conditions de remboursement fixées par l'arrêté du 20.12.2002, sauf en cas d'application d'une déduction forfaitaire spécifique (DFS) pour frais professionnels [voir *Frais professionnels (déduction forfaitaire spécifique)**]. Ils sont aussi exclus de la base CSG/CRDS (c. séc. soc. art. L. 136-1-1, I), y compris en cas d'application d'une DFS (*voir ci-après*).

Deux modalités de remboursement - Pour être exonéré de cotisations, le dédommagement des frais professionnels peut prendre la forme (arrêté du 20 décembre 2002, art. 2, JO du 27) :
- soit d'un remboursement des dépenses réelles ou d'une prise en charge directe des frais par l'employeur, sur justificatifs ;
- soit, pour certaines catégories de frais professionnels, d'un versement d'allocations forfaitaires, présumées utilisées conformément à leur objet à concurrence des limites d'exonération fixées par l'arrêté du 20 décembre 2002.

▶ À noter… À défaut de dispositions conventionnelles ou contractuelles contraires, le salarié est en droit de réclamer le remboursement des frais réellement engagés, l'employeur ne pouvant les fixer unilatéralement en deçà du coût réel (cass. civ., 2e ch., 23 septembre 2009, n° 07-44477, BC V n° 204).

Remboursement au réel - Tout remboursement de frais professionnels peut être réalisé sur la base de leur valeur réelle, sur présentation de justificatifs (arrêté du 20 décembre 2002, art. 2, JO du 27 ; BOSS, Frais professionnels, § 70, 01/01/2022).

Mais le remboursement se fait obligatoirement sur la base des dépenses réellement engagées pour les catégories de frais suivants (arrêté du 20 décembre 2002, art. 2, JO du 27 ; BOSS, Frais professionnels, § 80, 01/01/2022) :
- les frais engagés par le salarié à des fins professionnelles en vue de l'utilisation des outils issus des technologies de l'information et de la communication (TIC) ; toutefois par souci de simplification, il est admis que des allocations forfaitaires puissent être versées pour le remboursement des frais liés aux outils TIC (*voir ci-après*)
- les frais de déménagement exposés par le salarié dans le cadre de la mobilité professionnelle ;
- les frais exposés par les salariés des entreprises françaises détachés à l'étranger et qui continuent de relever du régime général de la sécurité sociale ;
- les frais exposés par les salariés en mobilité professionnelle de la métropole vers les territoires d'outre-mer et inversement, ou de l'un de ces territoires vers un autre ;
- les frais engagés par le salarié en *télétravail** ; toutefois par souci de simplification, il est admis que des allocations forfaitaires puissent être versées au salarié en situation de télétravail (*voir ci-après*).

Le remboursement des frais professionnels engagés par les gérants minoritaires ou égalitaires de SARL et de sociétés d'exercice libéral à responsabilité limitée, les présidents directeurs généraux de société anonyme et les présidents et dirigeants de société par actions simplifiées ne peut aussi s'effectuer que sur la base des dépenses réelles. Toutefois, à titre de simplification, lorsque ces personnes utilisent leur véhicule à des fins professionnelles, les frais professionnels peuvent être déduits sur la base des indemnités forfaitaires kilométriques dans les limites fixées par les barèmes kilométriques annuellement publiés par l'administration fiscale [voir *Frais professionnels (véhicule)**] (BOSS, Frais professionnels, § 90, 01/01/2022).

Les justificatifs doivent être suffisamment précis pour établir la réalité et le montant des frais engagés et il doit être clairement démontré que les frais en cause ont été exposés dans l'intérêt de l'entreprise et ne sont pas d'un niveau exagéré (BOSS, Frais professionnels, § 70, 01/01/2022).

Allocations forfaitaires - L'employeur peut rembourser sous la forme d'allocations forfaitaires (arrêté du 20 décembre 2002, art. 2, JO du 27 ; BOSS, Frais professionnels, § 130, 01/01/2022) :

- les frais de repas au restaurant, lorsque le salarié est en déplacement professionnel et empêché de regagner sa résidence ;
- les frais de restauration sur le lieu de travail ;
- les frais de repas hors des locaux de l'entreprise, sans prise du repas au restaurant ;
- les frais kilométriques, lorsque le salarié est contraint d'utiliser son propre véhicule ; à titre de simplification, les gérants minoritaires ou égalitaires de SARL et de sociétés d'exercice libéral à responsabilité limitée, les présidents directeurs généraux de société anonyme et les présidents et dirigeants de société par actions simplifiées peuvent bénéficier de ces indemnités forfaitaires kilométriques suivant les mêmes règles que celles prévues pour les salariés ;
- les frais de grand déplacement en métropole, dans les territoires situés outre-mer et à l'étranger ;
- les dépenses d'hébergement provisoire et les frais supplémentaires de nourriture engagés dans le cadre de la mobilité professionnelle, dans l'attente d'un logement définitif ;
- les dépenses inhérentes à l'installation dans le nouveau logement, engagées dans le cadre de la mobilité professionnelle.

▶ À noter… Le *bulletin officiel de la sécurité sociale (BOSS)** admet que le remboursement sous forme d'allocations forfaitaires puisse aussi être utilisé, dans une certaine limite, pour les frais occasionnés par le télétravail [voir *Frais professionnels (télétravail)**] et les frais liés aux à l'utilisation des outils TIC [voir *Frais professionnels (TIC)**] (BOSS, Frais professionnels, §§ 1810 et 1870, 01/01/2022).

Dans le cas général, les allocations forfaitaires sont exonérées de cotisations (BOSS, Frais professionnels, § 110, 01/01/2022) :

- si elles n'excèdent pas les limites d'exonération fixées par l'arrêté du 20 décembre 2002 ;
- si elles correspondent bien aux situations de fait prévues pour leur application.

Certaines conventions collectives fixent également des barèmes d'allocations forfaitaires. Lorsque l'employeur verse une allocation supérieure au montant prévu par la convention collective, cela ne remet pas en cause l'exonération dès lors que son montant est inférieur ou égal à la limite prévue par l'arrêté du 20 décembre 2002 (BOSS, Frais professionnels, § 110, 1/01/2022).

Lorsque les allocations n'excèdent pas les limites d'exonération prévue par l'arrêté du 20 décembre 2002, elles sont réputées utilisées conformément à leur objet et l'employeur n'a pas à justifier des dépenses, mais simplement à démontrer que les circonstances sont établies. Il s'agit d'une présomption absolue ne pouvant être renversée par la preuve contraire.

▶ À noter… Cette présomption d'utilisation conforme n'est établie que si l'indemnisation des dépenses exposées par le salarié est effectuée exclusivement sous forme d'une allocation forfaitaire et non si l'employeur procède également au paiement direct des dépenses. Dans ce dernier cas, l'employeur doit prouver que l'indemnité forfaitaire a été utilisée en totalité conformément à son objet (BOSS, Frais professionnels, § 120, 01/01/2022).

Lorsque l'employeur n'établit pas la réalité de l'existence de frais professionnels en lien direct avec l'allocation, celle-ci constitue un complément de rémunération et est réintégrée dans l'assiette des prélèvements pour la totalité de son montant (BOSS, Frais professionnels, § 100, 1/01/2022).

Au-delà des limites d'exonération, l'employeur doit réintégrer l'excédent dans l'assiette des cotisations, sauf à justifier de la réalité des dépenses et à obtenir l'exonération à ce dernier titre. Si l'employeur ne peut pas attester de la réalité des circonstances de fait, l'intégralité de l'allocation est soumise à cotisations (BOSS, Frais professionnels, § 120, 01/01/2022).

▶ À noter… Les mandataires sociaux titulaires d'un contrat de travail, qui perçoivent à ce titre une rémunération distincte de leur mandat et relèvent du régime d'assurance chômage géré par Pôle Emploi peuvent prétendre, au titre de leur rémunération résultant du contrat de travail, au bénéfice des allocations forfaitaires pour frais professionnels (BOSS, Frais professionnels, § 140, 01/01/2022).

Déduction forfaitaire spécifique

Certaines professions permettent à l'employeur d'appliquer une « déduction forfaitaire spécifique pour frais professionnels » à l'assiette des cotisations (taux de 5 à 40 % selon les professions), limitée à 7 600 € par an (arrêté du 20 décembre 2002, art. 9, JO du 27, modifié par arrêté du 25 juillet 2005, JO 6 août).

Dans ce cas, les remboursements de frais (frais réels ou allocations forfaitaires) et les prises en charge directes des frais par l'employeur sont à réintégrer dans l'assiette des cotisations de sécurité sociale, la déduction spécifique n'étant appliquée qu'ensuite et dans la limite de 7 600 € par an. Toutefois, certaines sommes représentatives de frais professionnels ne sont jamais réintégrées dans l'assiette des cotisations [voir *Frais professionnels (déduction forfaitaire spécifique)**] (arrêté du 20 décembre 2002, art. 9 modifié ; BOSS, Frais professionnels, § 2240, 01/01/2022).

▶ Attention… La déduction forfaitaire spécifique pour frais professionnels ne s'applique jamais à la base CSG/CRDS.

Lorsque la déduction forfaitaire spécifique est appliquée, la base de calcul des cotisations est constituée par le montant global des rémunérations brutes, y compris les indemnités versées au titre du remboursement de frais professionnels (frais réels ou allocations forfaitaires) et les avantages en nature, le tout faisant ensuite l'objet d'un abattement en fonction du taux de la déduction spécifique (arrêté du 20 décembre 2002, art. 9 modifié).

Relations avec l'administration

L'employeur peut solliciter l'URSSAF sur sa situation au regard de l'application des frais professionnels dans le cadre du *rescrit social** ou du *droit au contrôle**.

Par ailleurs, depuis le 1.04.2021, c'est le *bulletin officiel de la sécurité sociale (BOSS)** qui présente la doctrine de la direction de la sécurité sociale en matière de frais professionnels. Les différentes circulaires sur le sujet ont été abrogées à cette date (circ. DSS 2003-7 du 7 janvier 2003, circ. DSS 2005-376 du 4 août 2005, circ. DSS 2005-389 du 19 août 2005 et circ. DSS 2005-523 du 24 novembre 2005, abrogées au 1.04.2021). En cas de redressement, l'employeur peut opposer le contenu du BOSS à l'organisme de recouvrement.

☛ *Clause de remboursement (frais professionnels) ; Frais professionnels (déduction forfaitaire spécifique) ; Frais professionnels (déplacement) ; Frais professionnels (déplacement BTP, ETT, tôlerie) ; Frais professionnels (mobilité) ; Frais professionnels (TIC) ; Frais professionnels (repas) ; Frais professionnels (télétravail) ; Frais professionnels (transport au lieu de travail) ; Frais professionnels (véhicule) ; Frais professionnels (vêtements de travail).*

Frais professionnels (déduction forfaitaire spécifique)

Dispositif

Principe général - Pour certaines professions, prévues à l'article 5 de l'annexe IV du code général des impôts (CGI) dans sa rédaction en vigueur au 31.12.2000, les employeurs sont autorisés à effectuer, sur la base de calcul des cotisations de sécurité sociale, une déduction forfaitaire spécifique (DFS) pour *frais professionnels** allant de 5 à 40 % selon les professions et limitée à 7 600 € par année civile (arrêté du 20 décembre 2002, art. 9, JO du 27, modifié par arrêté du 25 juillet 2005, JO 6 août).

▶ Attention… L'application de la déduction forfaitaire spécifique pour frais professionnels ne peut avoir pour effet de ramener la base des cotisations à un montant inférieur à l'assiette minimale des cotisations (arrêté du 20 décembre 2002, art. 9 modifié ; BOSS, Frais professionnels, § 2220, 01/04/2021), laquelle doit être respectée par l'employeur à chaque échéance de paye, sans possibilité de régularisation d'un mois sur l'autre (cass. soc. 3 juillet 1985, n° 83-12770, BC V n° 397 ; cass. civ., 2e ch., 9 février 2017, n° 15-20858, BC II n° 32). Les artistes dont la rémunération bénéficie d'une DFS et qui ne sont pas dans le champ d'application de la réglementation relative au SMIC (car non soumis à la durée du travail) ne relèvent pas des règles relatives à l'assiette minimale (BOSS, Frais professionnels, § 2230, 01/01/2022).

Les professions concernées s'entendent strictement. Ainsi, un employeur ne peut appliquer, pour un salarié qui exerce les fonctions de « conducteur de travaux en matière de couverture », la déduction forfaitaire prévue pour « les ouvriers du bâtiment visés aux paragraphes 1er et 2 de l'article 1er du décret du 17.11.1936 » (cass. civ., 2e ch., 14 février 2013, n° 12-13656, BC II n° 30). De même, la déduction ne s'applique pas aux salariés des entreprises de nettoyage affectés à titre habituel sur un seul site (quand bien même ils sont employés à temps partiel par plusieurs employeurs différents). En effet, ils ne sont pas mentionnés par le texte et, s'ils sont assimilés par la doctrine fiscale aux ouvriers du bâtiment (concernés par la déduction), c'est à la condition que, comme ces derniers, ils travaillent sur plusieurs chantiers pour le compte d'un même employeur (cass. civ. 2e ch., 6 octobre 2016, n° 15-25435 D).

En outre, le bénéfice de la déduction est lié à l'activité professionnelle du salarié et non à l'activité générale de l'entreprise (BOSS, Frais professionnels, § 2160, 01/01/2022). Ainsi, la DFS applicable aux personnels de casinos est limitée aux seuls personnels affectés aux activités de jeu (cass. ass. plén. 19 mai 2017, n° 15-28777, B. ass. plén. n° 1).

Lorsqu'un salarié exerce plusieurs professions, dont certaines ouvrent droit à la déduction forfaitaire spécifique, les revenus tirés de chacune des

activités doivent être considérés séparément (BOSS, Frais professionnels, § 2160, 01/01/2022).

Lorsque le salarié, qui appartient à une profession concernée par la déduction forfaitaire spécifique, exerce son activité auprès de plusieurs employeurs, chaque employeur peut bénéficier de la DFS dans une limite annuelle de 7 600 €, sans prorata entre les différentes entreprises. Cette tolérance administrative peut être remise en cause en cas d'abus manifeste (notamment lorsque les employeurs relèvent d'un même groupe) (BOSS, Frais professionnels, § 2160, 01/01/2022).

▶ À noter… La déduction forfaitaire spécifique pour frais professionnels peut être appliquée aux mandataires sociaux relevant d'une profession ouvrant droit à déduction dès lors qu'ils sont titulaires d'un contrat de travail distinct de leur mandat social pour leur activité professionnelle et qu'ils bénéficient de deux rémunérations distinctes (BOSS, Frais professionnels, § 2170, 01/01/2022).

Pas de DFS sans réels frais supportés par le salarié - **Depuis le 1.04.2021, l'employeur ne peut appliquer une DFS que si le salarié supporte effectivement des frais lors de son activité professionnelle. Ainsi, la seule appartenance à l'une des professions ouvrant doit à une DFS ne suffit pas à permettre le bénéfice de la déduction forfaitaire spécifique** (BOSS, Frais professionnels, § 2130, 01/01/2022).

L'employeur doit disposer des justificatifs démontrant que le salarié bénéficiaire supporte effectivement des frais professionnels (BOSS, Frais professionnels, § 2140, 01/01/2022). **En l'absence de frais effectivement engagés, ou si l'employeur prend en charge ou rembourse la totalité des frais professionnels, il est impossible d'appliquer la DFS** (BOSS, Frais professionnels, § 2130, 01/01/2022).

De ces règles, il découle qu'en cas d'absence ou de congé, rémunéré ou non rémunéré, d'un salarié, la DFS ne peut être appliquée que sur la rémunération correspondant à un travail effectif du salarié. En outre, si une absence, rémunérée ou non rémunérée, couvre un mois complet (pour cause de maladie ou de congé), l'application de la DFS au titre de ce mois n'est pas admise (BOSS, Frais professionnels, § 2150, 01/01/2022).

▶ À noter… Cette nouvelle doctrine est entrée en vigueur le 1.04.2021, mais un délai d'adaptation a été laissé aux entreprises. Ainsi, en cas de contrôle relatif à des périodes courant jusqu'au 31.12.2022, les URSSAF ne procéderont qu'à une demande de mise en conformité pour l'avenir (BOSS, Frais professionnels, § 2215, 01/01/2022). Concrètement, donc, l'application de la nouvelle doctrine édictée par le BOSS ne deviendra réellement obligatoire pour les entreprises qu'à partir du 1.01.2023.

Réintégration des frais professionnels dans l'assiette des cotisations

Principe - **Lorsque les employeurs appliquent la DFS pour frais professionnels, l'assiette des cotisations est constituée par le montant global des rémunérations brutes, indemnités, primes, gratifications ou autres acquises aux intéressés, y compris, le cas échéant, les indemnités versées à titre de remboursement de frais professionnels. Ces derniers doivent donc être réintégrés dans l'assiette des cotisations. Le tout fait ensuite l'objet d'un abattement en fonction du taux de la déduction spécifique** (arrêté du 20 décembre 2002, art. 9 modifié ; BOSS, Frais professionnels, § 2240, 01/01/2022).

Depuis le 1.04.2021, en principe, les prises en charge directes par l'employeur de frais professionnels (ex. : paiement direct de la nuit d'hôtel ou du repas au restaurant au moyen d'une carte bancaire de l'entreprise) doivent aussi être réintégrées dans l'assiette des cotisations, préalablement à l'application de la DFS (BOSS, Frais professionnels, § 2240, 01/01/2022). **Des exceptions sont toutefois prévues jusqu'au 31.12.2022** ***(voir ci-après)***.

▶ Attention… La déduction forfaitaire spécifique pour frais professionnels n'est pas applicable à l'assiette de la CSG et de la CRDS, dans laquelle les remboursements de frais professionnels ne doivent donc jamais être réintégrés dès lors que les conditions d'exonération sont respectées [voir *Contribution sociale généralisée (CSG)**].

Exceptions - **Certaines sommes représentatives de remboursement de** ***frais professionnels*****, **limitativement énumérées en annexe de l'arrêté du 25 juillet 2005** (JO 6 août), **ne sont pas réintégrées dans l'assiette des cotisations. Il s'agit notamment :**

- des indemnités dites de « grand déplacement » allouées aux ouvriers du bâtiment ;

- de la prise en charge obligatoire de 50 % de l'abonnement à un transport public (voir ***Participation aux frais de transport*****). **Si l'employeur prend en charge une fraction du coût de l'abonnement supérieure à 50 % et applique une DFS, seule la fraction correspondant à la prise en charge obligatoire de 50 % reste exonérée, le surplus**

devant être réintégré dans l'assiette des cotisations de sécurité sociale (mais pas dans la base CSG/CRDS) ;
- de la contribution patronale à l'acquisition des titres-restaurant, dans la limite de 5,69 € pour ceux acquis en 2022 et lorsque le montant de la participation est compris entre 50 % et 60 % de la valeur du titre ;
- des indemnités journalières de « défraiement » allouées aux artistes des tournées théâtrales pour couvrir les frais de logement et les frais supplémentaires de nourriture qu'ils supportent à l'occasion de leur déplacement.

À titre dérogatoire, ne doivent pas non plus être réintégrés dans l'assiette des cotisations en cas d'application d'une DFS :
- les frais occasionnés par la mise à la disposition du salarié d'un véhicule de transport en commun pour le conduire sur le lieu de travail (BOSS, Frais professionnels, § 2280, 01/01/2022) ;
- les frais de transport exposés à l'occasion des voyages de début et de fin de chantier par les ouvriers du BTP, ainsi que des voyages de détente prévus par les conventions collectives du BTP (BOSS, Frais professionnels, § 2260, 01/01/2022) ;
- les frais professionnels engagés par un salarié à titre exceptionnel (en cas d'urgence notamment), pour acheter ou entretenir du matériel ou des fournitures (matériel de bureautique, vêtements de travail…) pour le compte de l'entreprise alors que l'exercice normal de sa profession ne le prévoit pas (BOSS, Frais professionnels, § 1905, 01/01/2022).

Enfin, à titre exceptionnel, l'administration admet que, jusqu'au 31.12.2022, il n'y a pas à réintégrer dans l'assiette des cotisations sociales les remboursements de frais et prises en charge directes par l'employeur qui suivent (BOSS, Frais professionnels, § 2290, 01/01/2022) :
- prise en charge directe par l'employeur auprès d'un tiers (hôtelier, restaurateur, entreprise de taxi…) des frais du salarié en situation de déplacement professionnel (frais d'hébergement, frais de repas, frais de taxi…) ;
- remboursement des dépenses d'entretien des vêtements de travail ;
- remboursement des dépenses engagées par le salarié dans le cadre de sa participation, à la demande de son employeur et à titre exceptionnel, à des manifestations organisées dans le cadre de la politique commerciale de l'entreprise ;
- remboursement des dépenses engagées par le salarié ou prises en charge directement par l'employeur à l'occasion des repas d'affaires dûment justifiés (sauf abus manifeste).

DFS et réduction générale de cotisations

Lorsque l'employeur applique une déduction forfaitaire spécifique pour frais professionnels, les rémunérations brutes utilisées pour calculer la *réduction générale de cotisations patronales** sont les rémunérations versées après application de la DFS. Toutefois, pour les cotisations et contributions dues au titre des périodes courant à compter du 1.01.2020, le montant de la réduction ne peut excéder, pour ces rémunérations, 130 % du montant de la réduction calculé sans application de la déduction forfaitaire spécifique (c. séc. soc. art. L. 241-13, III, al. 4 ; arrêté du 4 décembre 2019, JO du 17).

Option de l'employeur

L'employeur peut opter pour la déduction forfaitaire spécifique pour frais professionnels lorsqu'une convention ou un accord collectif du travail l'a explicitement prévu ou lorsque, par tout moyen, le *comité social et économique** ou, en leur temps, le comité d'entreprise ou les délégués du personnel, a donné son accord (arrêté du 20 décembre 2002, art. 9 modifié ; BOSS, Frais professionnels, § 2180, 01/01/2022).

À défaut, il appartient à chaque salarié d'autoriser ou non l'employeur à opter pour la DFS (arrêté du 20 décembre 2002, art. 9 modifié).

La procédure de recueil du consentement des salariés a été modifiée au 1.01.2022. Depuis cette date l'entreprise doit s'assurer annuellement, par tout moyen, du consentement de ses salariés à l'application de la déduction forfaitaire spécifique. Pour cela, l'employeur met en œuvre une procédure consistant à informer chaque salarié concerné, par tout moyen donnant date certaine à cette consultation, de ce dispositif et de ses conséquences sur la validation de ses droits aux assurances sociales. Une réponse d'accord ou de refus doit être retournée par le salarié. Si le salarié indique vouloir bénéficier de la DFS ou y renoncer, sa décision prendra effet à compter de l'année civile suivante. S'il ne répond pas à cette consultation, son silence vaut accord (BOSS, Frais professionnels, § 2190, 01/01/2022).

▶ À noter… Un délai est laissé aux entreprises pour s'adapter à cette nouvelle procédure. Ainsi, en cas de contrôle relatif à des périodes courant jusqu'au 31.12.2022, l'URSSAF procédera uniquement à une demande de mise en conformité pour l'avenir, que l'employeur devra veiller à respecter (BOSS, Frais professionnels, § 2215, 01/01/2022).

☞ *Frais professionnels.*

Frais professionnels (déplacement)

Lorsque les conditions de travail les contraignent à des déplacements, les salariés sont remboursés de leurs dépenses de nourriture et de logement au titre des *frais professionnels**.

Petits déplacements

Définition - Le salarié est en déplacement professionnel s'il est empêché de regagner sa résidence ou son lieu habituel de travail et s'il est contraint de prendre ses repas hors des locaux de l'entreprise (arrêté du 20 décembre 2002, art. 3, JO du 27).

La Cour de cassation a jugé qu'un salarié en mission (intérimaire, consultant) est sur son lieu de travail habituel, et donc pas en déplacement, dès lors qu'il occupe dans l'entreprise cliente un poste fixe (cass. civ. 2e ch., 9 mars 2017, n° 16-12309 D ; cass. civ., 2e ch., 21 février 2008, n° 07-12230, BC II n° 46). La jurisprudence ne se place ainsi pas sur le terrain de la durée de la mission.

Toutefois, le *Bulletin officiel de la sécurité sociale (BOSS)** retient une position quelque peu différente pour un salarié intérimaire d'une *entreprise de travail temporaire (ETT)**, un salarié en mission d'une société de services en ingénierie informatique (SSII) ou un salarié en *portage salarial**. Selon lui, un salarié de ces secteurs d'activité est considéré comme en « petit » déplacement tant que la durée de la mission auprès d'une même entreprise cliente ne dépasse pas 3 mois, décomptés de date à date. Les frais de repas peuvent alors être remboursés en exonération au titre des frais professionnels *(voir ci-après)*, à condition qu'il soit établi que le salarié se trouve dans l'impossibilité de regagner sa résidence, l'ETT, la SSII ou l'entreprise de portage salarial pour prendre ses repas. À partir du 4e mois consécutif de la mission, seuls les remboursements de frais de repas liés à des déplacements hors de l'entreprise cliente peuvent être exonérés (BOSS, Frais professionnels, § 330, 01/01/2022).

Par ailleurs, le salarié qui travaille sur le chantier d'une entreprise cliente et qui doit « prendre ses dispositions pour établir son logement de telle sorte que l'éloignement du lieu de travail ne soit pas une gêne à l'exécution de ses obligations contractuelles » ne se trouve pas en situation de déplacement professionnel (cass. civ., 2e ch., 15 septembre 2016, n° 15-22146 D).

Frais réels ou allocations forfaitaires - Le remboursement des frais de repas d'un salarié en petit déplacement peut se faire sur présentation des justificatifs des dépenses engagées. Il est alors exclu de l'assiette des cotisations sociales (arrêté du 20 décembre 2002, art. 2, JO du 27).

Le remboursement peut aussi se faire sous forme d'allocations forfaitaires exonérées de cotisations sociales dans une certaine limite. Au-delà de cette limite, l'exonération ne joue que si l'employeur justifie le dépassement par les dépenses réellement engagées par le salarié.

▶ À noter… Les entreprises de travail temporaire, de travaux publics, du bâtiment, de la tôlerie, de la chaudronnerie et de la tuyauterie industrielle bénéficient, pour des raisons de simplification, d'un barème particulier d'exonération des indemnités de petit déplacement [voir *Frais professionnels (déplacement BTP, ETT, tôlerie)**].

Allocation forfaitaire de repas au restaurant - S'il est démontré que le salarié est contraint de prendre ses repas au restaurant, une indemnité forfaitaire de repas peut lui être allouée, en franchise de cotisations, dans la limite de 19,40 € (valeur 2022) (arrêté du 20 décembre 2002, art. 3, 1°, JO du 27).

Allocation forfaitaire de repas hors des locaux - Si le salarié est en déplacement hors des locaux de l'entreprise ou sur un chantier, une allocation forfaitaire de 9,50 € (valeur 2022) peut lui être accordée en franchise de cotisations à condition que les conditions de travail lui interdisent de regagner sa résidence ou son lieu habituel de travail pour le repas et qu'il n'est pas démontré que les circonstances ou les usages de la profession l'obligent à prendre ce repas au restaurant (arrêté du 20 décembre 2002, art. 3, 3°, JO du 27).

Sont concernés notamment les salariés occupés sur des chantiers, des entrepôts, des ateliers extérieurs ou en déplacement sur un autre site de l'entreprise (dans un autre établissement) et ne pouvant rentrer chez eux pour le repas de midi, du fait de contraintes d'horaires, par différence avec les salariés qui se trouvent en situation de déplacement et qui sont contraints d'aller au restaurant (BOSS, Frais professionnels, § 220, 01/01/2022).

Les indemnités de « casse-croûte » versées en application d'une convention collective nationale sont assimilées à des indemnités de restauration hors des locaux de l'entreprise si les circonstances de fait (travail hors des locaux de l'entreprise, salariés occupés sur des chantiers, des entrepôts, des ateliers extérieurs…) sont établies. Si tel n'est pas le cas, l'employeur doit réintégrer l'indemnité dans l'assiette des cotisations (BOSS, Frais professionnels, § 230, 01/01/2022).

Règles de cumul - L'allocation forfaitaire de repas au restaurant et l'allocation forfaitaire de repas hors des locaux de l'entreprise ne sont pas cumulables entre elles, ni avec l'allocation de repas versée aux personnes contraintes de prendre leurs repas sur le lieu de travail [voir *Frais professionnels (repas)**]. Lorsque le salarié se trouve au cours d'une même période dans une situation où se cumulent ces différentes indemnités, seule celle dont le montant est le plus élevé doit être prise en compte (BOSS, Frais professionnels, § 170, 01/01/2022).

Chauffeurs routiers - En ce qui concerne les frais de repas des chauffeurs routiers, quelques règles spécifiques sont applicables si l'employeur opte pour le mode d'indemnisation forfaitaire (BOSS, Frais professionnels, §§ 340 et 350, 01/01/2022).

Grands déplacements : principes généraux

Définition - Le salarié est en grand déplacement lorsqu'il accomplit une mission professionnelle qui l'empêche de regagner chaque jour son lieu de résidence et qui, de ce fait, l'oblige à engager des dépenses supplémentaires de nourriture et de logement (double résidence).

Le salarié est présumé empêché de regagner sa résidence lorsque la distance séparant le lieu de résidence du lieu de déplacement est au moins égale à 50 km (trajet aller) et que les transports en commun ne permettent pas de parcourir cette distance dans un temps inférieur à 1 h 30 (trajet aller). S'il est empêché de regagner son domicile en fin de journée pour des circonstances de fait, il est considéré également comme étant en grand déplacement (arrêté du 20 décembre 2002, art. 5, JO du 27, modifié par arrêté du 25 juillet 2005, JO 6 août).

▶ À noter… Il a été jugé que le covoiturage ne constitue pas un transport en commun au sens entendu par la convention collective des ouvriers des travaux publics. Par conséquent, si un salarié du bâtiment ne peut pas utiliser les transports en commun pour rentrer le soir à son domicile, il doit percevoir une indemnité de grand déplacement, y compris lorsqu'il peut faire du covoiturage (cass. soc. 15 septembre 2021, n° 20-14326 FSB). À notre sens, cette décision semble transposable au cas du salarié qui est empêché de regagner sa résidence lorsque la distance séparant son lieu de résidence du lieu de déplacement est au moins égale à 50 km et que les transports en commun ne permettent pas de parcourir cette distance dans un temps inférieur à 1 h 30. Le salarié pourrait ainsi bénéficier d'un remboursement de ses frais, peu important l'existence d'un système de covoiturage lui permettant de regagner son domicile en moins d'1 h 30.

Les salariés intérimaires des ETT, les salariés des SSII et les salariés en *portage salarial** ayant leur domicile à l'étranger peuvent, en l'absence dûment attestée de résidence fixe en France à proximité de leur lieu de travail (entreprise cliente), être indemnisés au titre du grand déplacement comme les salariés métropolitains placés en situation de grand déplacement (BOSS, Frais professionnels, § 1450, 01/01/2022).

Frais réels ou allocations forfaitaires - Le remboursement des frais d'un salarié en grand déplacement en métropole, en France d'outre-mer ou à l'étranger peut se faire sur présentation des justificatifs des dépenses engagées. Il est alors exclu de l'assiette des cotisations sociales (arrêté du 20 décembre 2002, art. 2, JO du 27).

Il peut aussi se faire sous forme d'allocations forfaitaires en franchise de cotisations. Ces allocations sont réputées utilisées conformément à leur objet si elles ne dépassent pas certaines limites et si l'employeur justifie que le salarié ne peut pas regagner quotidiennement sa résidence.

Même dans la limite des barèmes, l'indemnité de grand déplacement n'est exonérée de cotisations qu'à condition de couvrir des dépenses supplémentaires de logement et de repas, en raison de l'éloignement de la résidence. Cette condition n'est pas remplie si les salariés envoyés en mission à l'étranger ont, justement, leur résidence habituelle à l'étranger (cass. civ., 2e ch., 12 février 2015, n° 14-10635 BC II, n° 26).

Grands déplacements supérieurs à 6 ans. L'utilisation du système d'allocations forfaitaires n'est possible que dans la limite de 6 ans : au-delà, l'employeur peut déduire des frais de grand déplacement sous la forme de dépenses réellement engagées, sur justificatifs (BOSS, Frais professionnels, § 1300, 01/01/2022).

Panachage réel/forfait - Il est possible, pour un grand déplacement en métropole et en France d'outre-mer, de rembourser au réel pour le logement et le petit-déjeuner, et sur la base du forfait pour les frais de repas, ou inversement (BOSS, Frais professionnels, § 1430, 01/01/2022).

À titre de tolérance, pour les déplacements à l'étranger, il est aussi possible pour l'employeur de combiner les deux modes d'indemnisation (BOSS, Frais professionnels, § 1430, 01/01/2022). Dans ce cas, les dépenses supplémentaires sont réputées être utilisées conformément à leur objet pour la fraction qui n'excède pas (BOSS, Frais professionnels, § 1440, 01/01/2022) :

- 40 % du montant de l'indemnité de mission globale, pour les repas ;
- 60 % du montant de l'indemnité de mission globale, pour l'hébergement.

Chauffeurs routiers - En ce qui concerne les frais de grand déplacement des chauffeurs routiers, quelques règles spécifiques sont applicables si l'employeur opte pour le mode d'indemnisation forfaitaire (BOSS, Frais professionnels, §§ 1460 à 1480, 01/01/2022).

Allocations de grands déplacements en métropole

Au plus 3 mois - Lorsque la durée du déplacement, continue ou discontinue dans un même lieu, ne dépasse pas 3 mois de date à date, l'indemnité forfaitaire de repas est exonérée dans la limite de 19,40 € par repas (valeur 2022) (arrêté du 20 décembre 2002, art. 5 modifié).

L'indemnité destinée à compenser les dépenses supplémentaires de logement et de petit-déjeuner est fixée à 69,50 € par jour (valeur 2022) à Paris et dans les départements des Hauts-de-Seine, de la Seine-Saint-Denis et du Val-de-Marne. Dans les autres départements, l'indemnité est égale à 51,60 € par jour (valeur 2022).

Au-delà de 3 mois et jusqu'à 2 ans - À partir du 4e mois et jusqu'au 24e mois, l'allocation forfaitaire est abattue de 15 %. Ainsi, l'indemnité de nourriture se monte à 16,50 € par repas (valeur 2022) (arrêté du 20 décembre 2002, art. 5 modifié).

L'indemnité destinée à compenser les dépenses supplémentaires de logement et de petit-déjeuner est fixée à 59,10 € par jour (valeur 2022) à Paris et dans les départements des Hauts-de-Seine, de la Seine-Saint-Denis et du Val-de-Marne. Dans les autres départements, l'indemnité est égale à 43,90 € par jour (valeur 2022).

Au-delà de 2 ans et jusqu'à 6 ans - À partir du 25e mois et jusqu'au 72e mois, l'allocation forfaitaire est abattue de 30 %. Ainsi, l'indemnité de nourriture se monte à 13,60 € par repas (valeur 2022) (arrêté du 20 décembre 2002, art. 5 modifié).

L'indemnité destinée à compenser les dépenses supplémentaires de logement et de petit-déjeuner est fixée à 48,70 € par jour (valeur 2022) à Paris et dans les départements des Hauts-de-Seine, de la Seine-Saint-Denis et du Val-de-Marne. Dans les autres départements, l'indemnité est égale à 36,10 € par jour (valeur 2022).

Allocations de grands déplacements en outre-mer et à l'étranger

Référence retenue pour les allocations forfaitaires - Les indemnités forfaitaires allouées aux salariés en déplacement professionnel en France d'outre-mer ou à l'étranger pour compenser les dépenses supplémentaires de repas et de logement sont réputées utilisées conformément à leur objet pour la fraction qui n'excède pas le montant des indemnités de mission accordées pour les déplacements temporaires des personnels civils et militaires de l'État envoyés en mission temporaire en France d'outre-mer ou à l'étranger (arrêté du 20 décembre 2002, art. 5 modifié).

Il convient de retenir le taux maximal de l'indemnité de mission comme limite d'exclusion de l'assiette des cotisations (BOSS, Frais professionnels, §§ 1340 et 1390, 01/01/2022).

En outre-mer - Pour les déplacements en France d'outre-mer, le taux de l'indemnité de mission s'élève comme suit depuis le 1.01.2020 (arrêté du 3 juillet 2006, JO du 4, modifié par arrêté du 26 février 2019, JO du 28 et arrêté du 11 octobre 2019 ; BOSS, Frais professionnels, §§ 1350 et 1360, 01/01/2022) :

- déplacements en Martinique, en Guadeloupe, en Guyane, à La Réunion, à Mayotte, à Saint-Pierre-et-Miquelon, à Saint-Barthélemy et à Saint-Martin : 70 € pour l'hébergement (petit-déjeuner compris) et 17,50 € par repas ;
- déplacements en Nouvelle-Calédonie, en Polynésie française et à Wallis-et-Futuna : 90 € pour l'hébergement (petit-déjeuner compris) et 21 € par repas.

▶ À noter... Si le salarié est reconnu travailleur handicapé et est en situation de mobilité réduite, le montant de l'indemnité « hébergement » est porté à 120 €.

Ces montants sont réduits de 15 % si le salarié en grand déplacement est affecté en outre-mer au-delà de 3 mois (et jusqu'à 2 ans) sur un même lieu de travail de façon continue ou discontinue, et de 30 % s'il est affecté sur ce lieu de travail au-delà de 24 mois (et jusqu'à 6 ans) (arrêté du 20 décembre 2002, art. 5 modifié).

▶ À noter… Pour les déplacements en terres Australes et Antarctiques françaises (TAAF), l'employeur est seulement autorisé à déduire les dépenses réellement engagées par le salarié pour la nourriture et le logement, sous réserve qu'elles soient justifiées (BOSS, Frais professionnels, § 1370, 01/01/2022). Le versement d'indemnités forfaitaires n'est pas possible.

À l'étranger - Pour les déplacements à l'étranger, le barème des indemnités de mission est fixé par arrêté (arrêté du 3 juillet 2006, JO du 4, annexe 1 modifiée par arrêté du 29 juillet 2020, JO 6 août). Les montants des indemnités sont aussi disponibles sur le site de la direction générale des finances publiques (http ://www.economie.gouv.fr/dgfip/mission_taux_chancellerie/frais).

Ces montants sont réduits de 35 % si le salarié est nourri aux deux repas, de 17,50 % s'il est nourri à un seul des repas et de 65 % lorsqu'il est logé gratuitement, c'est-à-dire si l'employeur fournit le logement ou prend en charge les frais d'hébergement en réglant directement l'hôtelier (arrêté du 3 juillet 2006, JO du 4, modifié).

Ils sont également réduits de 15 % si le salarié en grand déplacement est affecté à l'étranger au-delà de 3 mois (et jusqu'à 2 ans) sur un même lieu de travail de façon continue ou discontinue, et de 30 % s'il est affecté sur ce lieu de travail au-delà de 24 mois (et jusqu'à 6 ans) (arrêté du 20 décembre 2002, art. 5 modifié).

Trajets domicile/lieu de travail

Le salarié peut être contraint d'utiliser son véhicule pour se rendre de son travail à son domicile et inversement. Dans ce cas, il peut se faire rembourser ses frais, voir *Frais professionnels (véhicule)**.

Sur les règles de prise en charge des autres frais de transport au lieu de travail, voir *Frais professionnels (transport au lieu de travail)**.

☞ *Frais professionnels ; Frais professionnels (déplacement BTP, ETT, tôlerie) ; Frais professionnels (repas).*

Frais professionnels (déplacement BTP, ETT, tôlerie)

Les entreprises de travail temporaire (ETT), de travaux publics, du bâtiment, de la tôlerie, de la chaudronnerie et de la tuyauterie industrielle bénéficient, pour des raisons de simplification, d'un barème particulier d'exonération des indemnités de petit déplacement (transport et repas), revalorisé tous les ans par l'ACOSS (BOSS, Frais professionnels, § 1930, 01/01/2022).

Indemnité de transport

L'indemnité de transport tient compte des distances parcourues aller et retour multipliées par 50 % de la valeur du barème kilométrique fiscal pour un véhicule de 4 CV fiscaux. En cas d'utilisation d'un véhicule électrique, le montant de l'indemnité kilométrique est majoré de 20 % (BOSS, Frais professionnels, § 1940, 01/01/2022).

La distance aller et retour parcourue est appréciée (BOSS, Frais professionnels, § 1950, 01/01/2022) :

- pour les entreprises de travail temporaire, au domicile fiscal (ou lieu de résidence) du salarié, dûment justifié par l'employeur ;
- pour les entreprises de la tôlerie, de la chaudronnerie et de la tuyauterie industrielle comme pour les ouvriers des entreprises du bâtiment et des travaux publics, au domicile fiscal (ou lieu de résidence) du salarié, dûment justifié par l'employeur, ou au lieu de rattachement du salarié défini par le contrat de travail (siège social ou établissement de rattachement). L'option entre l'une ou l'autre de ces modalités doit être exercée annuellement pour l'ensemble des salariés de l'entreprise.

Le barème des indemnités de transport est diffusé sur le site www.urssaf.fr.

Les entreprises qui se réfèrent à ce barème sont dispensées de justifier du mode de transport utilisé et du montant des frais de transport réellement exposés par les salariés à l'occasion de leurs déplacements (BOSS, Frais professionnels, § 1970, 01/01/2022).

▶ À noter… Les salariés des ETT, même occupés à un emploi sédentaire dans une entreprise utilisatrice, ouvrent droit à l'indemnité de transport forfaitaire du barème spécifique. Il n'est donc pas exigé qu'ils soient en situation de petit déplacement par rapport à l'entreprise utilisatrice (lettre-circ. ACOSS 2012-03 du 31 janvier 2012).

Indemnité de repas

À l'indemnité journalière de transport, l'employeur peut ajouter 9,50 € (valeur 2022) pour le repas lorsqu'il n'est pas démontré que le salarié se trouve dans l'obligation de prendre ses repas au restaurant (ex. : repas pris sur le chantier) et 19,40 € (valeur 2022) lorsqu'il est démontré que le salarié est dans l'obligation de prendre ses repas au restaurant (BOSS, Frais professionnels, § 1960, 01/01/2022).

Pas de cumul possible avec une DFS

Les indemnités ne sont exonérées de cotisations que si l'employeur ne pratique pas sur la rémunération des intéressés, lorsqu'ils y sont éligibles, la déduction forfaitaire spécifique pour frais professionnels dont peuvent bénéficier certaines professions [voir *Frais professionnels (déduction forfaitaire spécifique)**] (BOSS, Frais professionnels, § 1970, 01/01/2022).

☞ *Frais professionnels.*

Frais professionnels (mobilité)

Les salariés contraints de changer de lieu de résidence en raison du transfert de leur poste de travail vers un autre lieu de travail engagent des frais qui peuvent être considérés comme des *frais professionnels**, et donc remboursables en exonération de cotisations.

Définition de la mobilité professionnelle

Le salarié est présumé se trouver en situation de mobilité professionnelle lorsque la distance séparant l'ancien logement du lieu du nouvel emploi est au moins de 50 km et entraîne un temps de trajet aller ou retour d'au moins 1 h 30. Toutefois, si le critère de distance kilométrique n'est pas rempli, le critère du trajet aller doit, en tout état de cause et quel que soit le mode de transport, être au moins égal à 1 h 30 (arrêté du 20 décembre 2002, art. 8, JO du 27, modifié par arrêté du 25 juillet 2005, JO 6 août). Ce critère de temps de transport constitue donc une condition dont l'absence fait obstacle à la qualification de mobilité professionnelle (BOSS, Frais professionnels, § 1530, 01/01/2022).

La mobilité peut avoir lieu en France ou à l'étranger, être à l'initiative de l'employeur ou du salarié, pour une durée déterminée ou indéterminée (BOSS, Frais professionnels, § 1540, 01/01/2022). Il y a mobilité professionnelle, par exemple, si le salarié change de poste au sein de l'entreprise ou du groupe à la demande de l'employeur (mutation) ou à sa demande, en cas de changement temporaire de lieu de travail imposé par l'employeur ou sollicité par le salarié, ou bien encore en cas d'embauche par une nouvelle entreprise lorsque le changement de résidence à l'occasion de cette embauche ne relève pas d'une pure convenance personnelle (ex : difficulté de trouver un emploi, prise en compte du lieu d'activité du conjoint) (BOSS, Frais professionnels, § 1550, 01/01/2022).

Modalités de remboursement

L'employeur peut procéder à une prise en charge des frais réels sur justificatifs. Il peut aussi recourir à un système d'allocations forfaitaires pour deux catégories de dépenses : hébergement provisoire et installation dans le nouveau logement (arrêté du 20 décembre 2002, art. 8, 1° et 2° modifié). L'évaluation forfaitaire est possible seulement si les circonstances de fait sont démontrées (BOSS, Frais professionnels, § 1650, 01/01/2022).

Les forfaits ne sont pas utilisables pour l'indemnisation des frais de déménagement, ni en cas de mobilité internationale : seule l'exonération des remboursements sur justificatifs est alors permise *(voir plus loin)*.

Indemnités forfaitaires

Attente d'un logement définitif - Le salarié peut être amené à engager des dépenses d'hébergement provisoire dans l'attente de trouver un logement définitif, lié à la localisation du nouvel emploi (ex : frais d'hôtel, de restauration, de pension, d'emplacement d'une caravane, de location par nuitée ou mensuelle) (BOSS, Frais professionnels, § 1570, 01/01/2022).

L'exonération est conditionnée à la recherche d'un nouveau logement, et non à la preuve d'une double résidence (BOSS, Frais professionnels, § 1580, 01/01/2022). Par exception, les salariés sous contrat à durée déterminée n'ont pas à produire d'attestation de recherche d'un nouveau logement (BOSS, Frais professionnels, § 1600, 01/01/2022).

Les indemnités destinées à compenser les dépenses d'hébergement provisoire et les frais supplémentaires de nourriture sont exonérées au titre des frais professionnels, pendant 9 mois maximum, dans la limite de 77,20 € par jour (valeur 2022) (arrêté du 20 décembre 2002, art. 8, 1° modifié).

▶ À noter… La limite de 9 mois ne s'applique qu'en cas de remboursement au forfait. Lorsque l'employeur opte pour l'indemnisation des dépenses réellement engagées *(voir plus loin)*, cette limite n'est pas applicable si les circonstances de fait démontrent qu'il y a lieu de considérer qu'un hébergement provisoire demeure justifié (BOSS, Frais professionnels, § 1590, 01/01/2022).

Installation dans le nouveau logement - Les allocations forfaitaires destinées à compenser les dépenses inhérentes à l'installation dans le nouveau logement sont exonérées au titre des frais professionnels dans la limite de 1 547,20 € (valeur 2022) pour une personne seule ou en couple. Ce montant est majoré de 129,00 € par enfant, dans une limite globale de 1 933,90 € (valeurs 2022) (arrêté du 20 décembre 2002, art. 8, 2° modifié).

Les dépenses éligibles sont, par exemple : les frais de rétablissement du courant électrique, de l'eau et du gaz, du téléphone ; les frais de remise en état du logement (nettoyage, remplacements des revêtements de sols et de revêtements muraux abîmés, réparation de la plomberie, etc.) ; les frais d'agence immobilière en cas de location ; les frais de notaire en cas d'acquisition d'un nouveau logement (hors taxes et droits reversés au Trésor public) ; les frais de changement de plaques d'immatriculation et de carte grise des véhicules (BOSS, Frais professionnels, §§ 1620 et 1630, 01/01/2022).

Évaluation réelle

Frais de déménagement - L'employeur peut déduire de l'assiette des cotisations, uniquement sur la base des dépenses réellement engagées, les indemnités destinées à compenser les frais de déménagement proprement dits, les frais de transport et d'hôtel du salarié et des autres personnes occupant le domicile lors du déménagement entre l'ancienne et la nouvelle résidence, les frais nécessaires à la recherche d'un nouveau logement ainsi que les frais de garde-meuble (arrêté du 20 décembre 2002, art. 8, 3° modifié ; BOSS, Frais professionnels, § 1680, 01/01/2022).

Mobilité internationale - L'employeur peut déduire de l'assiette des cotisations, uniquement sur la base des dépenses réellement engagées, les indemnités destinées à compenser les frais exposés par (arrêté du 20 décembre 2002, art. 8, 3° et 4°, JO du 27) :

- les salariés envoyés en mission temporaire ou mutés en France par les entreprises étrangères et qui ne bénéficient pas du régime de détachement ou d'une convention bilatérale de sécurité sociale à laquelle la France est partie ;
- les salariés d'une entreprise française détachés à l'étranger qui continuent de relever du régime général de sécurité sociale ;
- les salariés envoyés en mission temporaire ou mutés de la métropole vers les territoires d'outre-mer et inversement, ou de l'un de ces territoires vers un autre.

▶ **Attention…** La déduction n'est admise que pour les seules indemnités versées à l'occasion d'une mutation ou d'un envoi en mission du salarié, à l'initiative de l'employeur. En conséquence, la prise en charge par l'entreprise française des dépenses d'installation pour travailler en France du salarié venant de l'étranger qu'elle recrute n'entre pas dans les cas de mobilité professionnelle autorisant une exclusion de l'assiette, et doit donc être assujettie à cotisations et contributions sociales (BOSS, Frais professionnels, §§ 1700 et 1710, 01/01/2022).

Les remboursements visés sont ceux concernant, notamment, les frais de transport (voyage de reconnaissance, voyage aller-retour vers le nouveau lieu de travail, voyage d'urgence pour raison familiale ou médicale, voyage annuel vers le lieu d'origine du salarié), les frais d'hébergement provisoire, de déménagement et de garde-meuble, les frais d'installation dans le logement définitif, ainsi que des frais divers (cours de langue, frais de passeport, frais de scolarité des enfants dans le pays d'accueil, etc.) (BOSS, Frais professionnels, § 1720, 01/01/2022).

Pour les déplacements à l'étranger, voir *Frais professionnels (déplacement)**.

Cumul mobilité/grands déplacements

Lorsque se cumulent simultanément des situations de mobilité et de grand déplacement [voir *Frais professionnels (déplacement)**] et que le salarié bénéficie du cumul des indemnités destinées à compenser les dépenses d'hébergement et des frais supplémentaires de nourriture, une double indemnisation est possible. Elle doit alors porter sur l'indemnité d'hébergement provisoire et l'indemnité de grand déplacement, à l'exception, pour cette dernière, de la part représentative de la nourriture (BOSS, Frais professionnels, § 1730, 01/01/2022).

Exemple

Un salarié qui travaille à Paris est muté à Bordeaux sur un nouveau poste de travail. Il entre donc dans le cadre de la mobilité. Il perçoit, pendant 9 mois, l'indemnité forfaitaire d'hébergement provisoire de 77,20 € (valeur 2022). Pendant cette période de

9 mois, il est envoyé en mission pendant 15 jours à Marseille. Il est donc, pendant ces 15 jours, en grand déplacement.

Comme le forfait de 77,20 € qu'il perçoit dans le cadre de la mobilité comprend les frais supplémentaires de nourriture, il ne peut être indemnisé, au titre du grand déplacement, que des frais supplémentaires de logement (forfait de 51,60 € en 2022) et non de la nourriture, car il ne peut être indemnisé deux fois à ce titre.

☛ *Frais professionnels.*

Frais professionnels (repas)

L'employeur peut être amené à rembourser les frais de repas engagés par le salarié lorsqu'ils représentent des frais engagés pour des raisons professionnelles.

Salarié en déplacement

Si le salarié en déplacement professionnel est empêché de regagner sa résidence ou son lieu habituel de travail pour le repas, il peut se voir rembourser ses frais de repas, sur justificatifs (arrêté du 20 décembre 2002, art. 2, 1°, JO du 27).

Dans ce même contexte, le salarié peut aussi percevoir une indemnité de repas forfaitaire, exonérée dans la limite, pour 2022, de 19,40 € s'il doit se rendre au restaurant ou de 9,50 € s'il n'est pas contraint de se rendre au restaurant (arrêté du 20 décembre 2002, art. 3, 1°, JO du 27).

Pour plus de détails, voir *Frais professionnels (déplacement).**

Indemnité de restauration sur le lieu de travail

Si le salarié est contraint de se restaurer sur son lieu effectif de travail en raison de conditions particulières d'organisation ou d'horaires de travail (travail en équipe, travail posté, travail continu, travail en horaires décalés ou travail de nuit), une allocation forfaitaire de 6,80 € (valeur 2022) peut lui être attribuée en franchise de cotisations (arrêté du 20 décembre 2002, art. 3, 2°, JO du 27 ; BOSS, Frais professionnels, § 180, 01/01/2022).

Les primes de panier versées aux salariés sont assimilées à des indemnités de restauration sur le lieu de travail dès lors que les conditions particulières d'organisation du travail sont remplies (BOSS, Frais professionnels, § 200, 01/01/2022).

▶ À noter… La jurisprudence considère également qu'une « prime de panier » ayant pour objet de compenser le surcoût du repas consécutif à un travail posté, de nuit ou selon des horaires atypiques a le caractère de remboursement de frais (et non de complément de salaire), malgré son caractère forfaitaire et le fait que son versement ne soit soumis à la production d'aucun justificatif (cass. soc. 11 janvier 2017, n° 15-23341, BC V n° 8).

Repas d'affaires

Principe d'exonération - Depuis le 1.04.2021, les repas d'affaires sont exclus de l'assiette des cotisations en tant que *frais professionnels, et non plus en tant que *frais d'entreprise**** (BOSS, Frais professionnels, § 360, 01/01/2022). **Par conséquent, en cas d'application d'une déduction forfaitaire spécifique pour frais professionnels, les frais de repas d'affaires doivent être réintégrés dans l'assiette des cotisations (mais pas dans la base CSG et CRDS) [voir *Frais professionnels (déduction forfaitaire spécifique)**].**

▶ À noter… À titre exceptionnel, jusqu'au 31.12.2022, il n'y a pas à réintégrer dans l'assiette des cotisations sociales les remboursements ou prises en charge directes par l'employeur des repas d'affaires dûment justifiés (BOSS, Frais professionnels, § 2290, 01/01/2022).

Conditions d'exonération - Pour qu'ils soient exonérés, les frais de repas d'affaires doivent remplir les trois critères suivants (BOSS, Frais professionnels, § 360, 01/01/2022) :

- avoir un caractère exceptionnel (c'est-à-dire un caractère irrégulier et limité) ;

- être exposés dans l'intérêt de l'entreprise ;

- être engagés en dehors de l'exercice normal de l'activité du salarié.

En outre, il ne doit pas y avoir d'abus manifeste. Cette condition est remplie lorsque le salarié bénéficie au maximum de 1 repas d'affaires par semaine ou de 5 repas par mois (BOSS, Frais professionnels, § 360, 01/01/2022).

Au-delà de ce quota, l'abus manifeste « s'apprécie en fonction des missions du salarié et de la part que peuvent représenter notamment la prospection ou la représentation, sur justificatifs ». Autrement dit, le quota est, non pas une limite absolue (comme cela avait été le cas dans une version intermédiaire du BOSS du 25.06.2021 au 31.07.2021), mais un point de bascule dans l'appréciation de l'abus manifeste.

Lorsque le quota est dépassé et que « les missions du salarié ne justifient pas leur nécessité professionnelle », les repas sont considérés comme des avantages en nature, soumis à cotisations (voir *Avantage en nature**).

Justificatifs - Pour exclure les frais de repas d'affaires de l'assiette des cotisations en tant que frais professionnels, l'employeur doit produire les pièces comptables attestant la réalité du repas d'affaires, la qualité des personnes y ayant participé et le montant de la dépense effectivement supportée par le salarié.

Exemple
Ont ainsi été réintégrés dans l'assiette des cotisations des frais de repas pour lesquels l'employeur produisait des notes de restaurant sur lesquelles n'étaient pas précisés les noms des bénéficiaires ou qui démontraient que les repas avaient été pris individuellement (cass. civ. 2e ch., 19 septembre 2019, n° 18-20047 D).

☛ *Frais d'entreprise ; Frais professionnels.*

Frais professionnels (télétravail)

Recours au télétravail

Voir *Télétravail**.

Principe de prise en charge des frais

Depuis le 24.09.2017, le code du travail ne prévoit plus de règle expresse imposant à l'employeur de prendre en charge des coûts liés au télétravail. Toutefois, selon le rapport joint à l'ordonnance qui a opéré cette modification (ord. 2017-1387 du 22 septembre 2017, JO du 23), en cas d'accord collectif ou de charte sur le télétravail, ceux-ci doivent définir les modalités de prise en charge des coûts découlant directement de l'exercice « régulier » du télétravail exercé « à la demande de l'employeur ».

En tout état de cause, les employeurs relevant de l'accord national interprofessionnel (ANI) du 19 juillet 2005 sur le télétravail doivent continuer à prendre en compte ses dispositions et notamment celles imposant, en cas de télétravail « régulier » au domicile, la fourniture, l'installation et l'entretien des équipements nécessaires au télétravail et une prise en charge des coûts directement engendrés par le télétravail. On rappellera toutefois qu'il est possible d'écarter les dispositions de cet ANI par accord collectif d'entreprise en application du principe de primauté des accords d'entreprise ou d'établissement [voir *Accord collectif d'entreprise (contenu)**].

En outre, en matière de frais professionnels, la jurisprudence pose pour principe que les frais qu'un salarié expose pour les besoins de son activité professionnelle et dans l'intérêt de l'employeur doivent être supportés par ce dernier (cass. soc. 21 mai 2008, n° 06-44044, BC V n° 108). À notre sens, il s'agit d'une obligation générale qui s'impose dans tous les cas de télétravail, qu'il soit mis en place par un accord collectif ou une charte unilatérale ou résulte seulement d'un accord entre l'employeur et le salarié. Ce principe jurisprudentiel est d'ailleurs repris par l'ANI du 26 novembre 2020 sur le télétravail, qui vise toutes les situations de télétravail, y compris le télétravail occasionnel.

Régime social des frais

Types de frais concernés - Trois types de frais sont identifiés (liste non exhaustive) (BOSS, Frais professionnels, § 1780, 01/01/2022) :
- les frais fixes et variables liés à la mise à disposition d'un local privé pour un usage professionnel (montant du loyer ou valeur locative brute au prorata de la superficie affectée à l'usage professionnel, frais de chauffage, de climatisation, d'électricité, d'acquisition du mobilier, etc.) ;
- les frais liés à l'adaptation d'un local spécifique (ex. : frais de diagnostic de conformité électrique, d'installation de prises téléphoniques et électriques ou de modifications liées à la mise en conformité avec la législation du travail) ;
- les frais de matériel informatique, de connexion ou de fournitures diverses (ex. : imprimante, ordinateur portable, modem).

L'administration fait figurer, dans un tableau reproduit dans cette étude, les règles d'évaluation des frais pouvant être déduits de l'assiette des cotisations (avec un plafonnement à 50 % de certains frais) (BOSS, Frais professionnels, § 1790, 01/01/2022).

▶ À noter… Le *bulletin officiel de la sécurité sociale (BOSS)**, opposable depuis le 1.04.2021, indique que d'autres frais professionnels peuvent être admis, à charge pour l'employeur de démontrer qu'il s'agit de frais professionnels liés au télétravail (BOSS, Frais professionnels, § 1780, 01/01/2022). Pour mémoire, l'ACOSS avait autrefois également considéré que cette liste de frais ne présentait pas un caractère exhaustif (lettre-circ. ACOSS 2005-126 du 25 août 2006).

Principe d'exonération sur justificatifs - Si le salarié en situation de télétravail engage des frais, les remboursements effectués par l'employeur doivent, pour être déduits de l'assiette des cotisations, être justifiés par la réalité des dépenses professionnelles supportées par ce salarié (arrêté du 20 décembre 2002, art. 6, JO du 27, modifié par arrêté du 25 juillet 2005, JO 6 août). Des justificatifs des dépenses sont donc en principe requis.

Tolérance : allocations forfaitaires sans justificatifs - L'administration admet que l'employeur peut rembourser les frais sous la forme d'allocations forfaitaires, en franchise de cotisations, dans la limite globale de 10 € par mois pour une journée de télétravail par semaine, sans justificatif. La limite d'exonération mensuelle varie en fonction du nombre de jours télétravaillés par semaine : 20 € par mois pour 2 jours par semaine, 30 € par mois pour 3 jours par semaine, 40 € par mois pour 4 jours par semaine, etc. En cas d'allocation fixée par jour, la limite d'exonération est égale à un montant journalier d'au plus 2,50 €, dans la limite de 55 € par mois (BOSS, Frais professionnels, § 1810, 01/01/2022).

Si l'allocation forfaitaire est prévue par une convention collective de branche, un accord professionnel ou interprofessionnel ou un accord de groupe, elle est réputée utilisée conformément à son objet et exonérée de cotisations et contributions sociales dans la limite des montants prévus par l'accord collectif, dès lors qu'elle est attribuée en fonction du nombre de jours effectivement télétravaillés et que son montant n'excède pas (BOSS, Frais professionnels, § 1810, 01/01/2022) :

- soit 13 € par mois pour une journée de télétravail par semaine (26 € par mois pour 2 jours par semaine, 39 € par mois pour 3 jours par semaine, etc.) ;
- soit, en cas d'allocation fixée par jour, dans la limite de 3,25 € par jour de télétravail dans le mois, dans la limite mensuelle de 71,50 €.

▶ À noter... Les accords d'entreprise ou d'établissement ne figurent pas dans la liste des accords collectifs permettant de bénéficier de la limite d'exonération attachée aux allocations forfaitaires conventionnelles.

Dans tous les cas (allocation forfaitaire conventionnelle ou non), si le remboursement dépasse les limites susmentionnées, l'exonération de cotisations et contributions sociales ne pourra être admise que sur la base des justificatifs produits à l'occasion des contrôles (BOSS, Frais professionnels, § 1810, 01/01/2022).

Télétravail exceptionnel et frais d'utilisation des outils TIC personnels - En cas de circonstances exceptionnelles ou de force majeure justifiant la mise en place du télétravail, l'administration considère que les frais engagés à des fins professionnelles par le salarié pour l'utilisation des outils issus des technologies de l'information et de la communication (TIC) qu'il possède (ordinateur personnel, etc.), en l'absence d'outils TIC fournis par l'employeur, sont des charges de caractère spécial inhérentes à la fonction ou à l'emploi (BOSS, Frais professionnels, § 1880, 01/01/2022). Ces frais peuvent être remboursés par l'employeur en exonération selon les modalités prévues pour les frais de télétravail (remboursement au réel ou allocation forfaitaire ; *voir ci-avant*), et non selon les modalités prévues pour l'utilisation d'outils TIC [voir *Frais professionnels (TIC)**].

Ce remboursement lié aux frais de télétravail n'est pas cumulable avec un remboursement séparé au titre des frais liés à l'utilisation des outils TIC personnels, puisque ces frais sont déjà couverts.

Titres-restaurant - Dans les entreprises où les salariés bénéficient de titres-restaurant, il peut en être de même pour les télétravailleurs (à domicile, nomades ou en bureau satellite). Ces titres-restaurants ouvrent droit aux mêmes exonérations, sous

Exonération sociale des allocations forfaitaires de frais de télétravail

Limite d'exonération (1)	Texte ou source de l'allocation forfaitaire	
	Allocation forfaitaire prévue par convention collective, accord professionnel ou interprofessionnel ou accord de groupe	Autres cas (2)
En fonction du nbre de jours de télétravail par semaine	13 € par mois par jour de télétravail par semaine	10 € par mois par jour de télétravail par semaine
En fonction du nbre de jours de télétravail par mois	3,25 € par jour de télétravail, dans la limite de 71,50 € par mois	2,50 € par jour de télétravail, dans la limite de 55 € par mois

(1) Au-delà des limites, exonération possible mais sur la base de justificatifs des dépenses.
(2) Par exemple, décision de l'employeur, accord d'entreprise ou d'établissement, charte de télétravail.

Frais professionnels liés au télétravail : précisions de l'administration (a)	
Nature des frais	**Évaluation des frais**
Frais fixes	
Montant du loyer ou, à défaut de loyer, valeur locative brute au prorata de la superficie affectée à l'usage professionnel Taxe d'habitation Taxe foncière sur les propriétés bâties Taxes régionales, départementales ou communales comme la taxe d'enlèvement des ordures ménagères Charges de copropriété Assurance multirisque habitation	**Valeur réelle :** quote-part des frais fixes réellement supportés au titre du local affecté à un usage professionnel (au prorata de la superficie totale de l'habitation principale). **Exemple :** appartement de 70 m², dont 10 m² affectés à l'usage professionnel, loyer mensuel de 350 € avec une prime d'assurance mensuelle de 15 €. Les frais professionnels correspondants sont de : 365 × 10/70 = 52 €.
Frais variables	
Chauffage ou climatisation Électricité	**Valeur réelle :** quote-part des frais variables réellement supportés au titre du local affecté à un usage professionnel.
Dépenses d'acquisition du mobilier et de matériels informatiques périphériques	
Bureau ergonomique Fauteuil ergonomique Étagères, meubles de rangement Lampe de bureau Ordinateur, imprimante, modem…	**En cas de prêt de mobilier ou de prêt de matériel :** - absence de dépenses supplémentaires du salarié, pas de remboursement de frais possibles ; - avantages en nature à évaluer sur une base réelle (valeur résiduelle = valeur nette comptable) s'il y a abandon définitif du mobilier au travailleur salarié ou assimilé. **En cas d'achat du mobilier par le salarié pour le compte de l'entreprise, le salarié en restant toutefois propriétaire :** remboursement des frais exclus de l'assiette dans la limite de 50 % de la dépense réelle sur justificatifs (b). **Modalités de déduction :** - annuités d'amortissement du mobilier (pratiques comptable et fiscale) ; - pour le petit mobilier non amortissable : valeur réelle de l'année d'acquisition.
Frais liés à l'adaptation du local	
Frais de diagnostic de conformité électrique Installations de prises (téléphoniques, électriques, etc.) Modifications liées à la mise en conformité avec la législation du travail	**Valeur réelle :** l'exclusion de l'assiette des cotisations de ces frais est admise sur présentation de la facture (travaux d'aménagement).
Consommables	
Ramettes de papier, cartouches d'encres, etc.	Remboursement sur justificatifs des frais et déduction de l'assiette.
Frais de connexion au réseau téléphonique, frais d'abonnement (téléphonique, Internet…)	
	Remboursement sur présentation des justificatifs de frais.

(a) BOSS, Frais professionnels, § 1790, 01/01/2022. Liste indicative et non exhaustive. Par ailleurs, plutôt que de procéder à un remboursement au réel, l'employeur peut prendre en charge les frais de télétravail en exonération sous forme d'allocations forfaitaires (voir nos développements).
(b) La limitation de l'exonération à 50 % de la dépense réelle n'est prévue que par le BOSS, et pas par l'arrêté du 20 décembre 2002. D'aucuns pourraient donc considérer, le cas échéant, que cette précision n'empêche pas l'employeur de procéder à un remboursement en exonération sur justificatifs pour la totalité des dépenses professionnelles engagées par le salarié.

les mêmes conditions, que pour les salariés sur site (voir *Titre-restaurant**) (BOSS, Frais professionnels, § 1800, 01/01/2022).

☞ *Frais professionnels ; Télétravail.*

Frais professionnels (TIC)

Les frais engagés par le salarié à des fins professionnelles, pour l'utilisation des outils issus des technologies de l'information et de la communication (TIC) qu'il possède, sont considérés comme des charges à caractère spécial inhérentes à la fonction ou à l'emploi (arrêté du 20 décembre 2002, art. 7, JO du 27, modifié par arrêté du 25 juillet 2005, JO 6 août). Il s'agit donc de *frais professionnels** que l'employeur doit rembourser.

▶ À noter… Les technologies de l'information et de la communication prennent diverses formes : Internet, ordinateur ou téléphone portable, modem, progiciels, etc.

Les remboursements effectués par l'employeur doivent, pour être exonérés de cotisations, être justifiés par la réalité des dépenses professionnelles supportées par le salarié (arrêté du 20 décembre 2002, art. 7 modifié).

L'exonération peut porter sur le matériel informatique, les consommables et les frais de connexion. Pour le matériel amortissable, l'exclusion d'assiette prend en compte les annuités d'amortissement. Pour le petit matériel non amortissable, est retenue la valeur réelle de l'année d'acquisition. Les consommables et les frais de connexion peuvent être remboursés sur justificatifs de frais (BOSS, Frais professionnels, § 1870, 01/01/2022).

Depuis le 1.04.2021, lorsque l'employeur ne peut pas justifier la réalité des dépenses professionnelles supportées par le travailleur salarié ou assimilé et que les frais engagés sont justifiés par une raison professionnelle, il est admis que ceux-ci peuvent être remboursés sur la base d'une allocation forfaitaire ne pouvant excéder 50 € par mois (BOSS, Frais professionnels, § 1870, 01/01/2022).

▶ À noter… À l'heure où nous rédigeons ces lignes (1.01.2022), l'arrêté du 20 décembre 2002 relatif aux frais professionnels prévoit que lorsque l'employeur ne peut pas justifier la réalité des dépenses professionnelles supportées par le salarié, la part des frais professionnels est déterminée d'après la déclaration faite par le salarié évaluant le nombre d'heures à usage strictement professionnel, dans la limite de 50 % de l'usage total (arrêté du 20 décembre 2002, art. 7 modifié). Cet arrêté devrait toutefois être modifié pour remplacer cette règle par la nouvelle tolérance admise depuis le 1.04.2021 par le *Bulletin officiel de la sécurité sociale (BOSS)**.

En cas de circonstances exceptionnelles ou de force majeure justifiant la mise en place du *télétravail**, les modalités la prise en charge des frais liés à l'utilisation des outils TIC personnels du salarié se fait selon les modalités prévues pour les frais de télétravail (remboursement au réel ou allocation forfaitaire), et non selon celles prévues pour l'utilisation d'outils TIC [pour plus de détails, voir *Frais professionnels (télétravail)**] (BOSS, Frais professionnels, § 1880, 01/01/2022).

☛ *Frais professionnels ; Frais professionnels (télétravail).*

Frais professionnels (transport au lieu de travail)

L'indemnisation par l'employeur des frais de transport supportés par les salariés pour se rendre de leur résidence à leur lieu de travail prend la forme soit de primes ou d'indemnités forfaitaires, soit de remboursements sur justificatifs.

Frais de transports publics ou de location de vélo

Les employeurs sont tenus de prendre en charge une partie des titres d'abonnement souscrits par les salariés pour leurs déplacements au moyen des transports publics collectifs ou des services publics de location de vélo.

Depuis la loi de financement de la sécurité sociale pour 2009, le dispositif de remboursement des frais de transport publics collectifs, déjà en place en région parisienne, a été étendu à toutes les régions. L'employeur doit ainsi prendre en charge 50 %, en franchise de cotisations, des titres d'abonnement aux transports publics. Rien ne lui interdit d'aller au-delà du taux de 50 % mais, dans ce cas, la part facultative au-delà de 50 % est exonérée de cotisations sociales dans la limite des frais engagés (c. trav. art. L. 3261-2, R. 3261-1 et R. 3261-3 ; BOSS, Frais professionnels, § 620, 01/01/2022).

Pour plus de détails, voir *Participation aux frais de transport**.

Frais liés à l'utilisation contrainte du véhicule personnel

Plusieurs modes d'indemnisation possible - Si le salarié est contraint d'utiliser son véhicule pour effectuer le trajet entre son domicile et son lieu de travail faute de pouvoir prendre les transports en commun, les frais occasionnés peuvent être remboursés comme *frais professionnels**, sous forme d'indemnités kilométriques forfaitaires ou sur la base des frais réellement engagés.

L'employeur peut aussi lui verser une prime transport pour la prise en charge de ses frais de carburant (essence, diesel) ou de ses frais d'alimentation d'un véhicule électrique, hybride rechargeable ou à hydrogène.

Indemnités kilométriques - Lorsque le salarié est contraint d'utiliser son véhicule personnel pour effectuer le trajet entre son domicile et son lieu de travail (transports collectifs inexistants, horaires de travail particuliers), l'employeur peut lui verser des allocations forfaitaires exonérées de cotisations sociales dans les limites fixées par les barèmes kilométriques annuellement publiés par l'administration fiscale (arrêté du 20 décembre 2002, art. 4, JO du 27 ; BOSS, Frais professionnels, §§ 390 et 820, 01/01/2022 ; www.urssaf.fr).

L'employeur doit cependant justifier de l'existence de déplacements professionnels et du nombre exact de kilomètres parcourus. En l'absence de pièce justificative établissant la nature, l'importance et la réalité des frais engagés par le salarié, les indemnités kilométriques sont intégrées dans l'assiette des cotisations et contributions sociales (BOSS, Frais professionnels, § 390, 01/01/2022).

Au-delà des limites du barème fiscal, il appartient à l'employeur de justifier de l'utilisation effective des indemnités conformément à leur objet. À défaut, la fraction excédentaire est assujettie à l'ensemble des cotisations et contributions sociales (BOSS, Frais professionnels, § 400, 01/01/2022).

▶ À noter... Les véhicules concernés par les barèmes kilométriques sont les automobiles, les cyclomoteurs, les vélomoteurs, les scooters et les motocyclettes (BOSS, Frais professionnels, § 380, 01/01/2022). En outre, l'utilisation de ces barèmes est réservée aux véhicules dont le salarié lui-même, ou le cas échéant son conjoint ou l'un des membres de son foyer fiscal, est propriétaire ou copropriétaire, ou qu'il loue (BOSS, Frais professionnels, § 420, 01/01/2022).

En cas de covoiturage, seul le propriétaire du véhicule peut bénéficier des indemnités kilométriques pour un trajet donné (BOSS, Frais professionnels, § 400, 01/01/2022).

Les stagiaires peuvent aussi bénéficier d'une prise en charge sous forme d'indemnités kilométriques pour les frais qu'ils engagent au titre du trajet domicile-lieu de stage. Cette prise en charge n'est pas prise en compte pour l'appréciation de la franchise de cotisations applicable à la gratification qui doit leur être versée lorsque la durée du stage est supérieure à 2 mois consécutifs ou non [voir *Stages en entreprise (gratification)**] (BOSS, Frais professionnels, § 1010, 01/01/2022).

Si, en plus des indemnités kilométriques, l'employeur verse aussi au salarié une prime transport *(voir ci-après)*, le montant de l'exonération ne peut alors excéder le montant total des frais réellement engagés par le salarié pour effectuer ses trajets entre sa résidence habituelle et son lieu de travail (BOSS, Frais professionnels, § 1000, 01/01/2022).

Frais réels - Le salarié peut également être remboursé de ses frais professionnels au réel, sur la base de justificatifs (arrêté du 20 décembre 2002, art. 2, JO du 27).

Frais de stationnement - Les remboursements des frais engagés par le salarié pour le stationnement du véhicule peuvent être exclus de l'assiette des contributions et cotisations sociales, sur la base du tarif le plus économique (abonnement hebdomadaire, mensuel ou annuel) (BOSS, Frais professionnels, § 845, 01/01/2022).

Prime transport - À titre facultatif, l'employeur peut prendre en charge, via une prime transport, tout ou partie des frais de carburant (essence, diesel) ou des frais d'alimentation d'un véhicule électrique, hybride rechargeable ou à hydrogène, engagés par un salarié qui ne peut pas utiliser les transports publics collectifs ou un service de transport privé mis en place par l'employeur (c. trav. art. L. 3261-3).

Depuis le 1.01.2021, la prime transport n'est assujettie ni à l'impôt sur le revenu, ni à aucune cotisation ou contribution d'origine légale ou d'origine conventionnelle rendue obligatoire par la loi, dans la limite de 500 € par an et par salarié, dont 200 € au maximum au titre des frais de carburant (c. séc. soc. art. L. 136-1-1, III, 4°, e et L. 242-1, I; CGI art. 81, 19° ter, b).

La prime transport, et l'exonération dans la limite de 500 € qui en découle, ne peut pas être cumulée avec :

- la prise en charge des frais d'abonnement aux transports publics collectifs et aux services publics de location de vélos (c. trav. art. L. 3261-3) (voir ci-avant et *Participation aux frais de transport**) ;
- la déduction forfaitaire spécifique pour frais professionnels dont bénéficient les employeurs de certaines professions (BOSS, Frais professionnels, § 900, 01/01/2022) [voir *Frais professionnels (déduction forfaitaire spécifique)**].

Elle est en revanche cumulable, dans certaines limites, avec le forfait mobilités durables *(voir ci-dessous)* et avec les indemnités kilométriques que l'employeur peut verser au salarié contraint d'utiliser son véhicule personnel en raison d'une impossibilité d'utiliser les transports en commun *(voir ci-avant)*.

Pour plus de détails sur la prime transport, voir *Participation aux frais de transport**.

Autres frais de transport personnel : forfait mobilités durables

À titre facultatif, l'employeur peut prendre en charge, sous la forme d'un forfait mobilités durables, tout ou partie des frais engagés par les salariés se déplaçant, pour le trajet entre leur résidence habituelle et leur lieu de travail (c. trav. art. L. 3261-3-1) :

- avec leur cycle personnel, le cas échéant à pédalage assisté (vélo, vélo électrique, tricycle, etc.) ;
- depuis le 1.01.2022, avec leur engin de déplacement personnel motorisé, de type trottinette électrique ;
- en tant que conducteur ou passager en covoiturage ;
- en transports publics de personnes ; dans ce cas, la prise en charge ne peut pas concerner les frais d'abonnement aux transports publics déjà pris en charge à titre obligatoire *(voir ci-dessus)* ;
- au moyen d'autres services de mobilité partagée, tels que des services d'autopartage de voitures électriques.

Le forfait mobilités durables n'est assujetti ni à l'impôt sur le revenu, ni à aucune cotisation ou contribution d'origine légale ou d'origine conventionnelle rendue obligatoire par la loi, dans la limite de 500 € par an et par salarié depuis le 1.01.2021 (c. séc. soc. art. L. 136-1-1, III, 4°, e et L. 242-1, I ; CGI art. 81, 19° ter, b).

Le forfait mobilités durables peut se cumuler, dans certaines limites, avec la prise en charge obligatoire des frais d'abonnement aux transports publics collectifs ou à des services publics de location de vélos, avec la prime de transport et avec les indemnités kilométriques *(voir ci-avant)*.

Pour plus de détails sur le forfait mobilités durables, voir *Participation aux frais de transport**.

Indemnités de déplacement

Voir *Frais professionnels (déplacement)** et *Frais professionnels (véhicule)**.

Frais professionnels ; Frais professionnels (véhicule) ; Participation aux frais de transport.

Frais professionnels (véhicule)

Déplacements professionnels

Deux modes d'indemnisation possibles - Lorsque les salariés sont contraints d'utiliser leur véhicule personnel à des fins professionnelles (ex : salariés itinérants et commerciaux pour leurs déplacements professionnels), les frais qu'ils engagent correspondent à des *frais professionnels** qui doivent leur être remboursés par l'employeur. Ce remboursement peut se faire par le versement d'indemnités kilométriques forfaitaires ou sur la base des frais réellement supportés.

Indemnités kilométriques - Les allocations forfaitaires versées par l'employeur sont réputées utilisées conformément à leur objet et donc exonérées de cotisations dans les limites fixées par les barèmes kilométriques publiés annuellement par l'administration fiscale (arrêté du 20 décembre 2002, art. 4, JO du 27).

L'employeur doit cependant justifier de l'existence de déplacements professionnels et du nombre exact de kilomètres parcourus. En l'absence de pièce justificative établissant la nature, l'importance et la réalité des frais engagés par les salariés, les indemnités kilométriques seront intégrées dans l'assiette des cotisations et contributions sociales (BOSS, Frais professionnels, § 380, 01/01/2022).

Au-delà des limites du barème fiscal, il appartient également à l'employeur de justifier de l'utilisation effective des indemnités conformément à leur objet, notamment s'il utilise un barème conventionnel. À défaut, la fraction excédentaire est assujettie à l'ensemble des cotisations et contributions sociales (BOSS, Frais professionnels, § 400, 01/01/2022).

▶ À noter… Les véhicules concernés par les barèmes kilométriques sont les automobiles, les cyclomoteurs, les vélomoteurs, les scooters et les motocyclettes (BOSS, Frais professionnels, § 380, 01/01/2022). En outre, l'utilisation de ces barèmes est réservée aux véhicules dont le salarié lui-même, ou le cas échéant son conjoint ou l'un des membres de son foyer fiscal, est propriétaire ou copropriétaire, ou qu'il loue (BOSS, Frais professionnels, § 420, 01/01/2022).

En cas de covoiturage, seul le propriétaire du véhicule peut bénéficier des indemnités kilométriques pour un trajet donné (BOSS, Frais professionnels, § 400, 01/01/2022).

Frais professionnels (véhicule)

Frais réels - Le salarié peut également être remboursé de ses frais professionnels au réel, sur la base de justificatifs (arrêté du 20 décembre 2002, art. 2, JO du 27).

En principe, le remboursement des frais professionnels engagés par les gérants minoritaires ou égalitaires de SARL et de sociétés d'exercice libéral à responsabilité limitée, les présidents directeurs généraux de société anonyme et les présidents et dirigeants de société par actions simplifiées ne peut aussi s'effectuer que sur la base des dépenses réelles. Toutefois, à titre de simplification, lorsque ces personnes utilisent leur véhicule à des fins professionnelles, les frais professionnels peuvent être déduits sur la base des indemnités forfaitaires kilométriques *(voir ci-dessus)* (BOSS, Frais professionnels, § 90, 01/01/2022).

Frais de stationnement - Lorsque le salarié est contraint d'utiliser son véhicule pour des déplacements professionnels, les frais de stationnement ont la nature de frais professionnels supplémentaires, et doivent donc être remboursés par l'employeur même si celui-ci rembourse déjà au salarié des indemnités kilométriques (BOSS, Frais professionnels, § 410, 01/01/2022).

Indemnités kilométriques vélo - L'administration admet qu'une indemnité kilométrique vélo puisse être allouée au salarié qui utilise son vélo personnel pour des déplacements professionnels (hors trajet domicile-lieu de travail). Cette indemnité est exclue de l'assiette des cotisations sociales dans la limite de 25 centimes d'euro par kilomètre (BOSS, Frais professionnels, § 490, 01/01/2022).

La preuve de l'usage professionnel du vélo personnel incombe à l'employeur. Outre la réalité du déplacement professionnel, l'entreprise devra être en mesure de justifier du mode de transport utilisé et du nombre de kilomètres parcourus (BOSS, Frais professionnels, §§ 490 et 500, 01/01/2022).

Trajets domicile-lieu de travail

Indemnités kilométriques ou frais réels - Si le salarié est contraint d'utiliser son véhicule pour effectuer le trajet entre son domicile et son lieu de travail faute de pouvoir prendre les transports en commun, les frais occasionnés peuvent être remboursés comme frais professionnels via des indemnités kilométriques forfaitaires ou sur la base des frais réellement engagés [voir *Frais professionnels (transport au lieu de travail)**].

Prime transport - À titre facultatif, l'employeur peut aussi attribuer aux salariés contraints d'utiliser leur véhicule personnel pour venir travailler une prime transport pour la prise en charge des frais de carburant (essence, diesel) ou les frais d'alimentation d'un véhicule électrique, hybride rechargeable ou à hydrogène. Cette prime est exonérée de toute cotisation et contribution dans la limite de 500 € par salarié et par an, dont 200 € au maximum au titre des frais de carburant (c. séc. soc. art. L. 136-1-1, III, 4°, e ; CGI art. 81, 19° ter-b).

L'employeur peut cumuler le versement d'une prime transport et d'indemnités kilométriques lorsque le salarié est contraint d'utiliser son véhicule personnel en raison d'une impossibilité d'utiliser les transports en commun. Dans ce cas, le cumul des sommes versées (prime transport + indemnités kilométriques) peut être exonéré de cotisations dans la limite des frais réellement engagés par le salarié pour ses trajets domicile habituel-lieu de travail (justificatifs nécessaires) (BOSS, Frais professionnels, § 1000, 01/01/2022).

En cas d'application d'une déduction forfaitaire spécifique (DFS) pour frais professionnels à l'assiette des cotisations sociales [voir *Frais professionnels (déduction forfaitaire spécifique)**], il faut d'abord réintégrer la prime de transport et les éventuelles indemnités kilométriques dans l'assiette des cotisations (mais pas dans la base CSG/CRDS), la DFS n'étant appliquée que par la suite (arrêté du 20 décembre 2002, art. 9, JO du 27, modifié par arrêté du 25 juillet 2005, JO 6 août ; BOSS, Frais professionnels, § 990, 01/01/2022).

Pour plus de détails sur la prime transport, voir *Participation aux frais de transport**.

Prise en charge des contraventions

Les infractions qui mettent directement en cause un comportement du salarié (ex : excès de vitesse, conduite en état d'ivresse, défaut de ceinture de sécurité, dépassement non autorisé…) présentent un caractère personnel. Le paiement ou remboursement par l'employeur des amendes infligées au salarié pour ces infractions constitue donc la prise en charge d'une dépense personnelle, et le montant correspondant est un élément de rémunération soumis à cotisations et contributions sociales (BOSS, Frais professionnels, § 440, 01/01/2022).

Si l'employeur prend en charge les amendes pour infractions à la réglementation sur le stationnement ou le paiement des péages infligées au salarié dans le cadre de l'utilisation de son véhicule personnel ou du véhicule de l'entreprise, les sommes en cause doivent être considérées comme un avantage versé en contrepartie ou à l'occasion du travail et être soumises à cotisations et contributions sociales en qualité de rémunération, peu important les conditions dans lesquelles l'amende a été infligée (BOSS, Frais professionnels, § 450, 01/01/2022).

Les infractions résultant du mauvais fonctionnement du véhicule (défaut de feu stop, absence de contrôle technique...) relèvent de la responsabilité du titulaire du certificat d'immatriculation (carte grise). Lorsque le véhicule est celui du salarié (ou d'un membre de sa famille), le paiement ou le remboursement par l'employeur des amendes constitue donc la prise en charge d'une dépense personnelle, et le montant correspondant est un élément de rémunération soumis à cotisations et contributions sociales (BOSS, Frais professionnels, §§ 460 et 470, 01/01/2022). A contrario, selon nous, si le véhicule appartient à l'entreprise, c'est à elle que revient le paiement des amendes.

☞ *Frais professionnels ; Frais professionnels (transport au lieu de travail) ; Participation aux frais de transport.*

Frais professionnels (vêtements de travail)

Frais de vêtements et d'équipements professionnels

Frais professionnels ou avantage en nature - Les dépenses relatives à la mise à disposition du salarié de tenues de travail sont exonérées de cotisations si elles correspondent à des *frais professionnels** (frais exposés pour les besoins de l'activité professionnelle du salarié et dans l'intérêt dans l'employeur). Si tel n'est pas le cas, ces dépenses constituent un *avantage en nature** soumis à cotisations (BOSS, Frais professionnels, § 2070, 01/01/2022).

▶ À noter... Le *Bulletin officiel de la sécurité sociale (BOSS)**, entré en vigueur le 1.04.2021, a supprimé les *frais d'entreprise**, dont faisaient partie certaines tenues de travail (ex. : équipement de protection individuelle, vêtements de coupe et de couleur fixées par l'entreprise, comme les uniformes), pour les intégrer aux frais professionnels. Conséquence : en cas d'application d'une déduction forfaire spécifique pour frais professionnels [voir *Frais professionnels (déduction forfaitaire spécifique)**], les frais de mise à disposition de vêtements professionnels doivent dorénavant être réintégrés dans l'assiette des cotisations (mais pas dans la base CSG/CRDS).

Vêtements de protection individuelle - Les équipements de protection individuelle remis au salarié dans le cadre de travaux à caractère particulièrement insalubre ou salissant ne constituent pas des avantages en nature et entrent donc dans la catégorie des *frais professionnels** (c. trav. art. R. 4321-4 et 4321-5 ; BOSS, Frais professionnels, § 2030, 01/01/2022).

Il s'agit d'« équipements de travail nécessaires, appropriés au travail à réaliser ou convenablement adaptés à cet effet, en vue de préserver » la santé et la sécurité des salariés (c. trav. art. R. 4321-1).

Autres tenues de travail - Relèvent de la catégorie des frais professionnels les dépenses se traduisant par un remboursement de l'employeur ou la fourniture gratuite aux salariés de vêtements (BOSS, Frais professionnels, § 2030, 01/01/2022) :

- de coupe et de couleur fixées par l'entreprise (uniformes notamment) ;
- spécifiques à une profession ;
- et qui répondent à un objectif de salubrité ou de sécurité (ex. : agents de police) ou concourent à la démarche commerciale de l'entreprise.

Cela peut être le cas, par exemple, des tailleurs d'hôtesse de l'air ou d'hôtesse d'accueil, des costumes de personnel navigant, des vêtements de cuisinier ou de pâtissier, des tabliers de femme de chambre, des tee-shirts avec logo de l'entreprise ou des « bleus » de travail.

▶ À noter... Avant l'entrée en vigueur du BOSS (le 1.04.2021), l'administration disait clairement que ces dépenses de vêtements constituaient des frais d'entreprise (devenus depuis des frais professionnels), exonérés de cotisations. Le BOSS, lui, traite la question des vêtements travail uniquement via les frais d'entretien de ces vêtements, et n'aborde pas directement la question de la mise à disposition de vêtements de travail par l'employeur ou de prise en charge des dépenses d'habillement des salariés. Toutefois, il nous semble logique de considérer que ces frais de vêtements constituent bien des frais professionnels exonérés de cotisations.

Conditions d'exonération - La qualification de frais professionnels exonérés de cotisations suppose que les conditions suivantes soient réunies (BOSS, Frais professionnels, § 2040, 01/01/2022) :

- les vêtements restent la propriété de l'entreprise ;
- les vêtements ne doivent pas être portés en dehors de l'activité professionnelle du salarié (sauf à être considérés comme des avantages en nature) ;

- le port des vêtements est obligatoire en vertu d'une disposition conventionnelle individuelle ou collective, ou d'une réglementation interne à l'entreprise.

L'employeur doit donc produire la disposition attestant de la propriété du vêtement et du caractère obligatoire de son port (BOSS, Frais professionnels, § 2040, 01/01/2022).

▶ À noter... Les vêtements loués à une entreprise de location-service, et les frais d'entretien qui en découlent, ouvrent droit également à l'exonération de cotisations sociales dès lors qu'ils répondent à toutes les conditions prévues pour entrer dans la catégorie des frais professionnels (BOSS, Frais professionnels, § 2050, 01/01/2022).

Dépenses exceptionnelles engagées par le salarié - À titre exceptionnel (en situation d'urgence notamment), un salarié peut être amené à exposer des frais pour acheter ou entretenir des vêtements de travail pour le compte de l'entreprise alors que l'exercice normal de sa profession ne le prévoit pas. Sous réserve que ces vêtements soient acquis pour les seuls besoins de l'employeur et non du salarié, ces frais peuvent faire l'objet d'un remboursement dans les mêmes conditions que les frais professionnels. Seules les dépenses réellement engagées par le salarié, justifiées par des factures, sont considérées comme des frais professionnels (BOSS, Frais professionnels, §§ 1890 et 1900, 01/01/2022).

En cas d'application d'une déduction forfaitaire spécifique [voir *Frais professionnels (déduction forfaitaire spécifique)**], ce type de frais professionnels n'a jamais à être intégré à l'assiette des cotisations sociales avant application de la déduction (BOSS, Frais professionnels, § 1905, 01/01/2022).

Frais d'entretien des vêtements de travail

Principe de prise en charge - L'employeur qui impose à l'ensemble de ses salariés le port d'une tenue de travail inhérent à l'emploi doit supporter les coûts d'entretien de ces vêtements, et ce, quelles que soient les raisons justifiant le port du vêtement. C'est le cas, par exemple, des vêtements imposés aux bouchers, poissonniers, agents de caisse ou aux managers de rayons (cass. soc. 21 mai 2008, n° 06-44044, BC V n° 108).

Il peut s'agir de vêtements dont le port est imposé pour des raisons d'hygiène et de sécurité, de contact avec la clientèle ou de simple stratégie commerciale (ex. : tee-shirt avec le logo de l'entreprise) (CE 17 juin 2014, n° 368867). Peu importe que les salariés ne soient pas exposés à des substances ou préparations chimiques dangereuses ou à des travaux salissants (cass. soc. 10 avril 2013, n° 12-16225 D).

L'employeur doit supporter ces frais d'entretien même si une clause du contrat (ici invalidée par les juges) les met à la charge du salarié (cass. soc. 12 décembre 2012, n° 11-26585, BC V n° 331).

A contrario, l'employeur n'a pas à supporter les frais d'entretien d'une tenue de travail non obligatoire. En l'espèce, un facteur, non soumis au port d'une tenue obligatoire, ne pouvait pas prétendre au versement d'une indemnité couvrant les frais d'entretien de sa tenue de travail (cass. soc. 3 mai 2016, n° 15-12549, BC V n° 87).

Frais exonérés sur justificatifs - Les frais d'entretien des vêtements qui entrent dans la catégorie des frais professionnels *(voir ci-avant)* sont assimilés à des frais professionnels, exclus de l'assiette des cotisations et contributions sociales (BOSS, Frais professionnels, § 2030, 01/01/2022). L'employeur doit produire des justificatifs à ce titre.

Modalités de prise en charge - L'employeur reste seul décisionnaire des modalités de prise en charge de l'entretien des tenues que le salarié doit obligatoirement porter (cass. soc. 12 décembre 2012, n° 11-26585, BC V n° 331).

Il peut ainsi prendre directement en charge l'entretien des vêtements, faire appel à un fournisseur, ou rembourser les frais exposés par le salarié sur la base d'un forfait ou au réel sur la base de justificatifs.

Il a aussi été jugé que l'employeur pouvait remplir son obligation en fournissant au salarié un baril de lessive de 3 kilogrammes par trimestre (cass. soc. 15 octobre 2014, n° 13-17134 D).

En cas de déduction forfaitaire spécifique - En principe, les frais professionnels correspondant aux tenues de travail doivent être réintégrés dans l'assiette des cotisations en cas d'application d'une déduction forfaitaire spécifique pour frais professionnels [voir *Frais professionnels (déduction forfaitaire spécifique)**]. Toutefois, à titre exceptionnel, l'administration admet que, jusqu'au 31.12.2022, il n'y a pas à réintégrer dans l'assiette des cotisations sociales le remboursement des dépenses d'entretien des vêtements de travail (BOSS, Frais professionnels, § 2290, 01/01/2022).

▶ À noter... Le BOSS ne le dit pas expressément mais, à notre sens, en toute logique, il en va de même des frais de mise à disposition des vêtements de travail.

Primes de salissure

Exonération sur justificatifs - Certains employeurs versent, pour l'entretien des vêtements professionnels, une indemnité forfaitaire, appelée « prime de salissure ». Ce type de prime constitue un remboursement de frais professionnels, exclu à ce titre de l'assiette des cotisations sociales pour la part correspondant aux coûts effectivement exposés par le salarié (BOSS, Frais professionnels, § 2060, 01/01/2022). Des justificatifs sont donc en principe requis.

Exemple

Le seul fait qu'une entreprise soit spécialisée dans les travaux salissants et que les salariés soient exposés à des dépenses supplémentaires vestimentaires ne suffit pas à apporter la preuve de l'utilisation conforme des primes de salissure (cass. soc. 19 juillet 2000, n° 98-18620 D).

Justificatifs : tolérance pour les primes conventionnelles - Le BOSS admet que la prime de salissure est réputée utilisée conformément à son objet et exonérée de cotisations dans la limite du montant prévu par la convention collective, dès lors que le bénéficiaire de la prime est soumis à l'obligation de port de vêtement de travail et que cette prime varie en fonction du nombre de jours travaillés. Aucun justificatif n'est alors requis (BOSS, Frais professionnels, § 2090, 01/01/2022). Ce faisant, le BOSS officialise une tolérance diffusée par le réseau des URSSAF en décembre 2019.

Primes assujetties à cotisations - Les primes de salissure ne sont pas considérées comme des frais professionnels, et sont donc soumises à cotisations, si elles sont (BOSS, Frais professionnels, § 2090, 01/01/2022) :

- calculées uniformément ou en pourcentage du salaire et sans justification des dépenses réellement engagées ;
- versées pendant la période des congés payés ;
- réglées à la quasi-totalité du personnel alors qu'il n'est justifié ni de frais anormaux de salissure, ni de l'utilisation effective de la prime conformément à son objet (peu importe que le versement soit imposé par une convention collective).

Cumul entretien + prime de salissure - Lorsque l'employeur met à la disposition de ses salariés un vêtement de travail dont il assure l'entretien, et verse également une prime de salissure, cette dernière peut être exclue de l'assiette des cotisations s'il est prouvé que les vêtements personnels du salarié nécessitent un lavage fréquent du fait de la nature particulière des travaux auxquels sont exposés les salariés (BOSS, Frais professionnels, § 2080, 01/01/2022).

C'est le cas lorsque, malgré une cotte de travail, les vêtements personnels des salariés sont atteints par des projections d'ordures ménagères et imprégnés d'odeurs nauséabondes, et que ces vêtements doivent fréquemment être lavés et remplacés (cass. soc. 17 avril 1996, n° 94-15831, BC V n° 168).

☛ *Frais d'entreprise ; Frais professionnels ; Vêtements.*

Frais de transport des assurés sociaux

@ Cette étude est détaillée dans la version en ligne de ce Dictionnaire (voir www.rfsocial.com et www.rfeditions.com).

France compétences

Unique instance de gouvernance du système de formation professionnelle et d'alternance, France compétences est notamment chargée de répartir les fonds issus de la collecte de la contribution unique à la formation professionnelle (voir *Participation à la formation professionnelle continue**) continue, de réguler la qualité et le coût des formations, de contrôler et d'évaluer le système de la formation professionnelle et de l'apprentissage (c. trav. art. L. 6123-7 à L. 6123-14, R. 6123-5 à R. 6123-33).

▶ À noter... France compétences est un établissement public à caractère administratif doté de la personnalité morale et de l'autonomie financière, placé sous tutelle du ministère en charge de la formation professionnelle. Ses orientations stratégiques sont déterminées par une gouvernance quadripartite composée de l'État, des Régions, des organisations syndicales représentatives de salariés et d'employeurs et de personnalités qualifiées.

France compétences a des missions en matière de financement de la formation professionnelle et de l'alternance (répartition des fonds collectés entre les différents financeurs : *opérateurs de compétences (OPCO)**, caisse des dépôts et consignations, commissions paritaires régionales interprofessionnelles, régions, État), d'organisation et de gestion du *conseil en évolution professionnelle**, de détermination du coût des formations et de leur surveillance, etc. (c. trav. art. L. 6123-5).

Frontaliers

Définition

Du point de vue de la sécurité sociale, les frontaliers sont des salariés (ou des travailleurs indépendants) qui, tout en conservant leur résidence dans un État membre de l'Union européenne (UE) où ils retournent tous les jours, ou au moins une fois par semaine, vont travailler dans la zone d'un autre État membre de l'UE (règlt UE 883/2004 du 29 avril 2004 art. 1, § f ; règlt UE 987/2009 du 16 septembre 2009, applicables depuis le 1er avril 2012, dans les relations entre la Suisse et les États membres de l'Union européenne) [voir *Union européenne (UE)**].

Pour les développements qui suivent, on entend par frontalier un salarié travaillant en France et ayant sa résidence dans un autre État.

Statut

Dispositions applicables - Les travailleurs frontaliers résidant et travaillant dans l'Union européenne jouissent, comme tous les travailleurs migrants, du principe de non-discrimination et de l'égalité de traitement en ce qui concerne les conditions de travail, la rémunération, le licenciement, etc. Ils bénéficient des mêmes avantages sociaux que les salariés résidant en France et sont soumis à la législation française (règlt CEE 1612/68 du 15 octobre 1968 ; règlt CEE 883/2004 du 29 avril 2004).

Affiliation - Les travailleurs frontaliers travaillant en France sont en principe affiliés aux assurances sociales françaises (c. séc. soc. art. L. 311-2 et L. 311-7, al. 3). Leur caisse d'assurance maladie d'affiliation est, par dérogation, celle dans la circonscription de laquelle se trouve leur lieu de travail (arrêté du 6 mars 1995, JO du 11, art. 1).

Assurance maladie - Le salarié qui travaille, et donc cotise en France, peut bénéficier des prestations de sécurité sociale française et notamment de l'assurance maladie (c. séc. soc. art. L. 311-7). Pour cela, il doit demander un formulaire S1 à son organisme d'assurance maladie. Ce document lui permet, ainsi qu'aux membres de sa famille qui lui sont rattachés, de s'affilier au régime d'assurance maladie de son pays de résidence.

▶ À noter… L'intéressé aura alors deux cartes d'assurance maladie : une pour chaque pays.

Pour bénéficier des prestations en France, l'intéressé doit remplir la condition de régularité du séjour (c. séc. soc. art. L. 111-2-3, L. 115-6 et R. 114-10).

Assurance chômage - Les travailleurs frontaliers au chômage peuvent se mettre à la disposition du service de l'emploi tant dans leur pays de résidence qu'en France. Toutefois, ils ne devraient avoir droit qu'aux prestations servies par l'État de résidence. Ils doivent en outre être en mesure de présenter à l'institution du lieu de séjour un document délivré par l'institution compétente, le formulaire U1 (règlt CEE 987/2009 du 16 septembre 2009, art. 29).

Les conditions d'attribution des prestations de chômage par l'institution et selon la législation de l'État membre où le travailleur frontalier réside doivent tenir compte des particularités du régime de la rupture du contrat de travail résultant de la loi étrangère applicable au contrat. Ainsi, il n'est pas permis d'imposer au travailleur de justifier d'une condition d'attribution incompatible avec la loi étrangère dont relève son contrat de travail (cass. soc. 21 janvier 2014, n° 12-28833, BC V n° 30).

▶ Attention… En temps normal, le temps de *télétravail** des frontaliers est limité à 25 % (règl UE 883/2004 du 29 avril 2004, art. 13). Dans le cadre de la crise sanitaire liée au covid-19, un recours plus accru au télétravail était sans incidence sur le droit à couverture sociale du travailleur frontalier qui continue de relever de la sécurité sociale de son État d'activité. Cette tolérance a cessé le 31.12.2021, sauf pour les frontaliers suisses qui, au 1.01.2022, bénéficient d'une prolongation de la dérogation jusqu'au 31.03.2022.

Fusion

☛ *Concentration (consultation du CSE) ; Convention collective (révision, dénonciation et renouvellement) ; Modification de la situation juridique de l'employeur.*

G

Garantie des créances de salaires

@ Cette étude est détaillée dans la version en ligne de ce Dictionnaire (voir www.rfsocial.com et www.rfeditions.com).

Garantie d'emploi

☞ *Clause de garantie d'emploi ; Maladie (absences prolongées et répétées).*

Géolocalisation

Les dispositifs dits « de géolocalisation » permettent aux employeurs privés ou publics de prendre connaissance de la position géographique, à un instant donné ou en continu, des salariés par la localisation d'objets dont ils ont l'usage (ex. : badge, téléphone mobile) ou des véhicules qui leur sont confiés.

Géolocalisation des véhicules

Des dispositifs de géolocalisation peuvent être installés dans des véhicules utilisés par des salariés pour (« La géolocalisation des véhicules des salariés », éd. 2018, www.cnil.fr) :

- suivre, justifier et facturer une prestation de transport de personnes, de marchandises ou de services directement liée à l'utilisation du véhicule ;
- assurer la sécurité du salarié, des marchandises ou des véhicules dont il a la charge, et notamment retrouver le véhicule en cas de vol (de préférence avec un dispositif inerte activable à distance à compter du signalement du vol) ;
- mieux allouer des moyens pour des prestations à accomplir en des lieux dispersés, notamment pour des interventions d'urgence (ex. : technicien ascensoriste ambulancier) ;
- en cas d'obligation légale ou réglementaire imposant la mise en œuvre d'un dispositif de géolocalisation en raison du type de transport ou de la nature des biens transportés ;
- accessoirement, suivre le temps de travail, lorsque cela ne peut être réalisé par un autre moyen et que le salarié n'est pas libre de l'organisation de son travail (cass. soc. 3 novembre 2011, n° 10-18036, BC V n° 247 ; cass. soc. 18 janvier 2018, n° 16-20618 D ; CE 15 décembre 2017, n° 403776) ;
- contrôler le respect des règles d'utilisation du véhicule.

▶ À noter… Sur les principes généraux à respecter en matière de *surveillance des salariés**, voir cette étude. La géolocalisation doit notamment être justifiée par la nature de la tâche à accomplir et proportionnée au but recherché (c. trav. art. L. 1121-1).

À l'inverse, un tel dispositif ne peut pas être utilisé :

- pour contrôler un salarié en permanence ;
- pour contrôler le respect des limitations de vitesse ;
- dans le véhicule d'un salarié disposant d'une liberté dans l'organisation de ses déplacements (ex. : VRP) (cass. soc. 3 novembre 2011, n° 10-18036, BC V n° 247 ; CE 15 décembre 2017, n° 403776 ; cass. soc. 19 décembre 2018 n° 17-14631 FSPB) ;
- pour suivre les déplacements des représentants du personnel dans le cadre de leur mandat ;
- pour collecter la localisation en dehors du temps de travail (trajet domicile travail, temps de pause, etc.), y compris pour lutter contre le vol ou vérifier le respect des conditions d'utilisation du véhicule ;
- pour calculer le temps de travail des salariés alors qu'un autre dispositif existe déjà, fût-il moins efficace que la géolocalisation (cass. soc. 19 décembre 2018 n° 17-14631 FSPB).

▶ Attention… Si l'employeur utilise un système de géolocalisation de façon injustifiée et le détourne de sa finalité, le salarié concerné peut prendre acte de la rupture de son contrat de travail, cette *prise d'acte de la rupture** produisant les effets d'un licenciement sans cause réelle et sérieuse (cass. soc. 3 novembre 2011, n° 10-18036, BC V n° 247).

Formalités

Si les conditions en sont remplies, l'employeur doit procéder à une *analyse d'impact des données**.

Il doit inscrire le dispositif de géolocalisation dans le *registre des activités de traitement** (« La géolocalisation des véhicules des salariés », éd. 2018, www.cnil.fr).

☞ *Surveillance des salariés.*

Gestion prévisionnelle de l'emploi et des compétences

Dans certaines entreprises, et notamment celles d'au moins 300 salariés, une négociation doit être engagée sur la gestion des emplois et des parcours professionnels (GEPP) et sur la mixité des métiers (voir *Négociations obligatoires dans l'entreprise**).

Cette négociation porte notamment sur la mise en place d'un dispositif de gestion prévisionnelle des emplois et des compétences (GPEC) (c. trav. art. L. 2242-20).

Démarche RH pour accompagner le changement

Anticipation des écarts entre les besoins et les ressources humaines - Il n'existe pas de définition légale de la GPEC. On peut toutefois estimer qu'elle vise à réduire de façon anticipée les écarts entre les besoins et les ressources de l'entreprise (en termes d'effectif et de compétences) en fonction de son plan stratégique impliquant les salariés dans le cadre d'un projet d'évolution professionnelle.

L'administration distingue trois principaux types d'accord de GPEC (circ. DGEFP 2007-15 du 7 mai 2007, BO trav. 2007-6) :

- des accords « très à froid » (GPEC « traditionnelle », notamment centrée sur la mobilité interne : actions de formation, de VAE, bilan de compétences) ;
- des accords de gestion anticipée des mutations économiques par incitation à la mobilité, notamment externe, après avoir identifié des emplois ou des métiers potentiellement menacés (projets individuels de mobilité, départs volontaires en mobilité externe, etc.) ;
- des accords organisant de manière anticipée la gestion d'une restructuration certaine (l'entreprise se donne plus de temps pour reclasser en interne, à défaut, en externe, via, notamment, le recours aux départs volontaires).

▶ À noter... L'accord national interprofessionnel (ANI) sur la modernisation du marché du travail du 11.01.2008 rappelle les principes directeurs de la GPEC (art. 9 étendu par arrêté du 23 juillet 2008, JO du 25) tandis que celui du 14.11.2008 relatif à la GPEC précise que « la finalité de la GPEC est d'anticiper les évolutions prévisibles des emplois aux mutations économiques, démographiques et technologiques prévisibles au regard de la stratégie des entreprises pour permettre à celles-ci de renforcer leur dynamisme et leur compétitivité et aux salariés de disposer des informations et des outils dont ils ont besoin pour être les acteurs de leur parcours professionnel au sein de l'entreprise ou dans le cadre d'une mobilité externe ». Par ailleurs, l'ANI relatif à l'amélioration de l'emploi des seniors du 9.03.2006 (art. 4, étendu par arrêtés du 12 juillet, du 26 juillet et du 15 décembre 2006) incite les entreprises à mettre en place, après consultation du CSE, un dispositif de GPEC adapté à leur taille.

Domaines d'actions - La GPEC concerne la gestion prévisionnelle :

- des effectifs (adapter quantitativement une population donnée aux besoins de l'entreprise en tenant compte notamment de la pyramide des âges, etc.) ;
- des métiers et qualifications (chercher à savoir quels seront les métiers et les qualifications dont l'entreprise aura besoin dans le futur) ;
- des compétences (quelles seront celles que devront détenir les salariés ?) ;
- des carrières (quelles évolutions et quels moyens mettre en œuvre pour assurer cette évolution ?).

Adaptation des salariés à l'évolution de l'emploi - L'employeur doit adapter les salariés à l'évolution de leurs emplois et veiller au maintien de leur capacité de travail, au regard notamment de l'évolution des emplois (c. trav. art. L. 6313-3). Cette obligation d'*adaptation** a un contour plus large que l'obligation d'adaptation au poste de travail stricto sensu dont il est question dans le *plan de développement des compétences** de l'entreprise.

Moyens d'action - La GPEC constitue un ensemble de démarches : évaluation des salariés et de leur potentiel (définitions des emplois, recrutement, départ, formation, etc.), analyse des métiers (contenu actuel, changement possible, etc.) et des nouveaux procédés de travail (technologie, etc.). Pour cela, les directions des ressources humaines disposent de différents outils, tels que :

- l'*entretien d'évaluation** ;
- l'*entretien professionnel** ;
- le *bilan de compétences** ;
- la *validation des acquis de l'expérience** (VAE).
- le *congé de mobilité**

Ces outils et démarches sont organisés et formalisés dans le cadre d'un plan élaboré par l'employeur ou d'un accord collectif.

Anticipation d'une restructuration ou de la mise en cause de l'équilibre d'un bassin d'emploi - Voir *Licenciement économique (équilibre du bassin d'emploi)**.

Préalable pour organiser des ruptures d'un commun accord dans le cadre du congé de mobilité - Le recours au *congé de mobilité** (à défaut d'intervenir dans le cadre d'un accord portant *rupture conventionnelle collective**) est subordonné à la conclusion d'un accord collectif relatif à la gestion des emplois et des compétences (c. trav. art. L. 1237-18).

L'employeur doit tous les 6 mois à compter du dépôt de l'accord, envoyer au DREETS du siège social de l'entreprise des informations sur les ruptures prononcées dans le cadre du congé de mobilité (c. trav. art. L. 1237-18-5, D. 1237-4 et D. 1237-5). Celles-ci sont transmises par voie dématérialisée sur le système d'information RUPCO (https :// ruptures-collectives.emploi.gouv.fr), ou, en cas de dysfonctionnement de ce système, par tout autre moyen permettant de donner une date certaine (arrêté du 21 octobre 2019, JO du 25).

▶ À noter… Les accords de GPEC ne peuvent pas, en revanche, prévoir de ruptures du contrat de travail sous forme de *rupture conventionnelle** individuelle (c. trav. art. L. 1237-16).

Identification des emplois fragilisés dans le cadre du dispositif « Transitions collectives » - Le dispositif « *Transitions collectives** » (ou « Transco ») est déployé sur l'ensemble du territoire depuis le 15.01.2021 (instr. DGEFP/SDPFC/MDFF 2021-13 du 11 janvier 2021).

La mobilisation de ce dispositif repose sur l'identification des emplois fragilisés au sein de l'entreprise. L'employeur doit inscrire la liste des emplois identifiés comme fragilisés au sein de l'entreprise dans le cadre d'un accord de type GEPP (c. trav. art. L. 2242-20 et L. 2242-21).

Les entreprises de moins de 300 salariés, qui ne sont pas soumises à l'obligation de négocier sur la GEPP, peuvent élaborer un accord consistant en la simple formalisation de la liste des emplois fragilisés.

L'accord négocié par les entreprises de plus de 300 salariés, qui sont soumises à l'obligation de négocier sur la GEPP, doit aussi contenir les items imposés par l'article L. 2242-20 du code du travail. Si l'entreprise a déjà un accord de GEPP, elle n'a pas à engager de nouvelle négociation si cet accord comporte déjà une liste des emplois fragilisés.

▶ À noter… L'entreprise peut solliciter l'appui technique de la DREETS ou de l'opérateur de compétences (OPCO) dont elle dépend pour l'aider à réaliser un diagnostic RH, construire un GEPP et identifier des emplois fragilisés.

Consultation du CSE

Le *comité social et économique** (CSE) est consulté sur les orientations stratégiques de l'entreprise, sachant que la consultation porte également sur la gestion prévisionnelle des emplois, des parcours professionnels et sur la mixité des métiers (GEPP) et sur les orientations de la formation professionnelle, sous réserve des modalités négociées dans le cadre d'un accord d'entreprise ou avec le CSE (c. trav. art. L. 2312-17 et L. 2312-24) [voir *Comité social et économique (informations-consultations périodiques)**].

Négociation de branche

Des dispositions en matière de GPEC et de formation professionnelle peuvent être prévues dans les accords collectifs de branche, ces thèmes faisant l'objet de négociation à ce niveau au moins une fois tous les 4 ans entre les partenaires sociaux (c. trav. art. L. 2241-5) À défaut d'accord sur la périodicité et le contenu de la négociation, cette dernière a lieu tous les 3 ans (c. trav. art. L. 2241-7 et L. 2241-12 ; loi 2021-1104 du 22 août 2021, art. 40, I, 1°, JO du 24).

L'employeur doit ainsi vérifier les dispositions de la convention collective dont il relève et leur évolution.

Mise en place en dehors de la négociation collective obligatoire

Plan de GPEC dans les entreprises de moins de 300 salariés - Un plan de GPEC, comprenant notamment des actions de formation destinées à assurer l'adaptation des salariés à l'évolution de leurs emplois, peut être élaboré par les entreprises de moins de 300 salariés. Il s'agit d'une simple faculté. Le code du travail prévoit que ces entreprises peuvent bénéficier d'un dispositif public d'appui à la conception de leur plan qui ouvre droit à une prise en charge financière par l'État (c. trav. art. L. 5121-3 et D. 5121-4).

Aide à l'élaboration d'un plan de GPEC - Dans ces entreprises, l'État peut prendre en charge, dans la limite de 50 %, les coûts supportés par les entreprises pour la conception et l'élaboration d'un plan de GPEC dans le cadre de conventions dénommées « conventions d'aide au conseil en ressources humaines » (c. trav. art. D. 5121-5 et D. 5121-6). Les conditions en sont les suivantes (c. trav. art. D. 5121-7 et D. 5121-9) :

- signature d'une convention spécifique avec le préfet soit par plusieurs entreprises, soit par une

seule entreprise employant alors 300 salariés au plus. Elle est conclue par le préfet de région lorsque les sièges sociaux des entreprises signataires sont situés dans plusieurs départements compris dans une même région ;
- consultation du CSE, sur la conclusion de la convention avec l'État, sur le contenu et les modalités de mise en œuvre du plan de GPEC.

La participation financière de l'État s'élève à 15 000 € au maximum dans le cadre d'un conventionnement avec une seule entreprise (12 500 € par entreprise, dans le cas contraire).

L'entreprise doit préciser dans sa demande à l'administration les motifs de sa démarche de GPEC au regard, notamment (c. trav. art. D. 5121-8) :
- de son organisation du travail ;
- de l'évolution des compétences de ses salariés et du maintien de leur emploi ;
- de sa gestion des âges ;
- du développement du dialogue social ;
- de la prise en compte du principe d'égalité professionnelle entre les femmes et les hommes ;
- des perspectives d'amélioration de l'articulation entre l'activité professionnelle et la vie personnelle et familiale de ses salariés ;
- de la promotion de la diversité

En pratique, ces dispositions ne semblent plus appliquées, bien que ces articles du code du travail n'aient pas été abrogés.

▶ **Attention...** L'aide au conseil GPEC a été prévue par le code du travail (voir ci-avant) et mise en place par l'annexe 2 de la circulaire DGEFP 2011-12 du 1.04.2011 relative à la démarche d'appui aux mutations économiques. Toutefois, cette prestation a été remplacée, en 2016, par la prestation « Conseil en ressources humaines TPE-PME », qui permet de financer une prestation sollicitée par l'entreprise et dont la mise en œuvre est assurée par des prestataires externes (instruction DGEFP/MADE/2016/66 du 8 mars 2016). L'instruction de 2016 a été abrogée et remplacée par une instruction du 4 juin 2020 qui renforce la prestation pour accompagner les TPE-PME de moins de 250 salariés pendant la crise et la reprise de l'activité économique (voir *Aide au conseil RH**) (instr. DGEFP/MADEC/2020/90 du 4 juin 2020). Parmi les thématiques d'intervention des prestataires pour répondre aux besoins des PME figure la GPEC. Cependant, cette aide au conseil RH n'est pas encadrée par les dispositions législatives ou réglementaires relatives à la GPEC. Dans leur rédaction actuelle, elles ne peuvent pas fonder l'attribution de l'aide au conseil RH.

Un décalage existe d'ailleurs concernant l'effectif maximal des entreprises éligibles entre l'aide à l'élaboration d'un plan de GPEC (moins de 300 salariés) et l'aide au conseil en RH (moins de 250 salariés).

Aide à la sensibilisation des entreprises à la GPEC - L'État peut conclure avec des organismes professionnels ou interprofessionnels ou tout organisme représentant ou animant un réseau d'entreprises des conventions ayant pour objet de préparer les entreprises aux enjeux de la GPEC (c. trav. art. D. 5121-10 et s.).

Obligation de négocier dans l'entreprise sur la GEPP

Dispositions d'ordre public - Dans les entreprises et les groupes d'entreprises dont l'*effectif** est d'au moins 300 salariés, ainsi que dans les entreprises et groupes d'entreprises de dimension communautaire comportant au moins un établissement ou une entreprise d'au moins 150 salariés en France, l'employeur engage au moins une fois tous les 4 ans une négociation sur la gestion des emplois et des parcours professionnels (c. trav. art. L. 2242-2) (voir *Négociations obligatoires dans l'entreprise**).

L'accord de méthode relatif à la négociation périodique obligatoire peut porter notamment sur la périodicité et les thèmes de négociation dans l'entreprise sachant que la négociation en matière de gestion des emplois et des parcours professionnels a lieu au moins tous les 4 ans (c. trav. art. L. 2242-2 et L. 2242-10).

Si l'entreprise a conclu un accord de méthode, la négociation porte sur la gestion des emplois et des parcours professionnels (GEPP), sans autre précision. C'est à l'accord de méthode de préciser le contenu des discussions (c. trav. art. L. 2242-2 et L. 2242-11).

Dispositions supplétives - À défaut d'accord sur la périodicité et le contenu de la négociation, l'employeur engage, tous les 3 ans, dans les entreprises d'au moins 300 salariés une négociation sur la gestion des emplois et des parcours professionnels et sur la mixité des métiers. À défaut d'une initiative de l'employeur depuis plus de 36 mois, pour la négociation triennale, suivant la précédente négociation, cette négociation s'engage obligatoirement à la demande d'un syndicat représentatif (c. trav. art. L. 2242-13).

La négociation porte notamment sur la mise en place d'un dispositif de GEPC, notamment pour répondre aux enjeux de la transition écologique, ainsi que sur les mesures d'accompagnement susceptibles de lui être associées, en particulier en matière de formation, d'abondement du compte personnel de formation, de validation des acquis de l'expérience, de bilan de compétences ainsi que d'accompagnement de la mobilité professionnelle et géographique des salariés, autres que celles prévues dans le cadre de la mobilité professionnelle ou géographique interne à l'entreprise *(voir ci-après)* (c. trav. art. L. 2242-20 ; loi 2021-1104 du 22 août 2021, art. 40, I, 2°).

La négociation peut porter également sur les conditions de la mobilité professionnelle ou géographique interne à l'entreprise prévues par un *accord de performance collective** ; si un tel accord a été signé, ces conditions doivent faire l'objet d'un chapitre spécifique dans l'accord de gestion des emplois et des parcours professionnels.

Peuvent aussi être négociées (voir *Négociations obligatoires dans l'entreprise**) :

- les grandes orientations à 3 ans de la formation professionnelle dans l'entreprise et les objectifs du *plan de développement des compétences**, en particulier les catégories de salariés et d'emplois auxquels le plan est consacré en priorité et les compétences et qualifications à acquérir pour les 3 années de validité de l'accord, ainsi que les critères et modalités d'abondement par l'employeur du *compte personnel de formation**.
- les perspectives de recours par l'employeur aux différents contrats de travail, au travail à temps partiel et aux stages, ainsi que les moyens mis en œuvre pour diminuer le recours aux emplois précaires dans l'entreprise au profit des contrats à durée indéterminée ;
- les conditions dans lesquelles les entreprises sous-traitantes sont informées des orientations stratégiques de l'entreprise ayant un effet sur leurs métiers, l'emploi et les compétences ;
- le déroulement de carrière des salariés exerçant des responsabilités syndicales et l'exercice de leurs fonctions.

Les discussions s'appuient sur les orientations stratégiques de l'entreprise et leurs conséquences, telles qu'elles auront été présentées au CSE, selon le cas *(voir ci-avant)*.

Thèmes de négociation facultatifs - La négociation triennale peut aussi aborder d'autres thèmes et notamment les modalités de l'association des entreprises sous-traitantes au dispositif de GPEC (GEPP) de l'entreprise et les conditions dans lesquelles l'entreprise participe aux actions de GPEC mises en œuvre à l'échelle des territoires où elle est implantée (c. trav. art. L. 2242-21) (voir *Négociations obligatoires dans l'entreprise**).

Bilan de l'accord GEPP - L'entreprise qui conclut un accord sur la gestion des emplois et des parcours professionnels et sur la mixité des métiers (GEPP) doit réaliser un bilan à l'échéance de cet accord (c. trav. art. L. 2242-20).

GPEC et licenciement économique

Lien « logique » entre GPEC et motif économique - L'objectif essentiel de la GPEC étant d'anticiper et de réduire les écarts prévisibles entre les besoins de l'entreprise et les ressources humaines dont elle dispose, la GPEC peut, de fait, permettre de réduire sinon les risques, au moins l'ampleur, de projets de licenciements économiques, notamment liés à des mutations technologiques

Dans le cadre de contentieux sur des licenciements pour sauvegarde de la compétitivité [voir *Licenciement économique (cause économique)**], la Cour de cassation semble prendre en considération les exigences de la mise en place de la GPEC pour apprécier la légitimité des mesures de sauvegarde de la compétitivité. Ainsi, l' « obligation de négocier sur la GPEC devrait conduire à une approche plus rigoureuse des mesures de licenciement économique qui interviendraient par la suite notamment lorsque la GPEC aura été défaillante » (cass. soc. 11 janvier 2006, n° 04-46201, BC V n° 10 ; communiqué de la Cour de cassation) ou lorsque « la nouvelle organisation mise en place [...] procédait d'une GPEC » (cass. soc. 21 novembre 2006, n° 05-40656, BC V n° 349). Les partenaires sociaux se sont, pour leur part, prononcés pour une déconnexion entre la mise en œuvre de la GPEC et le motif économique (ANI du 11 janvier 2008 sur la modernisation du marché du travail, art. 9 ; ANI sur la GPEC du 14 novembre 2008).

Lorsque l'accord GPEC (GEPP) comporte l'engagement de l'employeur de maintenir les effectifs de l'entreprise mais qu'ultérieurement des salariés sont transférés dans une autre entreprise, ils peuvent obtenir une indemnisation pour la perte d'une chance de conserver un emploi au sein de l'entreprise (ou du groupe) (cass. soc. 18 juin 2014, n° 12-18589 D ; cass. soc. 8 décembre 2016, n° 15-21018 D).

▶ À noter… Les accords de GPEC ne peuvent pas, en revanche, prévoir de ruptures du contrat de travail sous forme de *rupture conventionnelle** individuelle (c. trav. art. L. 1237-16). Le départ volontaire devrait, à notre sens, être réalisé par *rupture amiable** pour motif économique. Le recours à la *rupture conventionnelle collective** semble lui aussi exclu. En revanche, les accords de GPEC (GEPP) peuvent organiser le recours au *congé de mobilité**, à l'issue duquel le contrat de travail est rompu d'un commun accord *(voir ci-avant)*.

Dissociation entre négociation de la GPEC et régularité de la procédure de licenciement économique - La régularité de la consultation du CSE sur un projet de licenciement économique n'est pas subordonnée au respect préalable par l'employeur de l'obligation de le consulter sur la politique sociale de l'entreprise, les conditions de travail et l'emploi ni de celle d'engager une négociation périodique portant sur la GPEC (cass. soc. 30 septembre 2009, n° 07-20525, BC V n° 217).

Cela ne signifie pas pour autant que l'employeur peut négliger ses obligations en matière de GPEC (GEPP). Des manquements de l'employeur dans ce domaine, s'ils ne remettent pas en cause la régularité de la consultation des représentants du personnel d'après la position actuelle des tribunaux, pourraient avoir pour conséquence de rendre les licenciements sans cause réelle et sérieuse pour défaut d'efforts de formation et d'adaptation (c. trav. art. L. 1233-4).

☛ *Négociations obligatoires dans l'entreprise.*

Grève

Définition

Conditions à remplir - Un arrêt de travail constitue une grève si les conditions suivantes sont remplies :
- la cessation du travail ;
- la concertation des salariés ;
- des revendications professionnelles dont l'employeur a connaissance au moment de l'arrêt de travail.

Un arrêt de travail qui ne répond pas à ces conditions est illicite et peut entraîner des sanctions.

Cessation totale du travail - Pour qu'un arrêt de travail soit qualifié de « grève », il faut une cessation totale du travail.

En conséquence, les actions qui se traduisent par un ralentissement d'activité ou une exécution inhabituelle ne constituent pas une grève. Il s'agit d'une exécution fautive du contrat de travail qui peut être sanctionnée par l'employeur. Il en va de même du non-respect d'une obligation particulière du contrat de travail telle que l'*astreinte**.

Exemple

Ne peuvent pas être qualifiés de grève :
- les blocages de l'accès aux sites et du système d'information de l'entreprise, le détournement du matériel et la dégradation des locaux (cass. soc. 26 janvier 2000, n° 97-15291, BC V n° 38) ;
- la « grève perlée » qui consiste à exécuter le travail au ralenti ou dans des conditions volontairement défectueuses (cass. soc. 16 mai 1989, n°s 85-43359 et 85-43365, BC V n° 360) ;
- la « grève du zèle » qui a pour but de ralentir la production en exécutant le travail de manière excessivement pointilleuse ;
- la « grève tournante » qui comprend des arrêts de travail successifs des différents ateliers ou services d'une entreprise et qui est illicite si elle entraîne une désorganisation de l'entreprise (cass. soc. 4 octobre 1979, n° 78-40271, BC V n° 679) ;
- la méconnaissance d'une obligation particulière du contrat de travail, comme le refus d'accomplir des astreintes ou de signer des bons de travail (cass. soc. 2 février 2006, n° 04-12336, BC V n° 52 ; cass. soc. 11 juillet 2016, n° 14-14226, BC V n° 150).

Durée de l'arrêt de travail - Il n'y a pas de durée minimale ou maximale de l'arrêt de travail qui peut durer aussi bien une heure que plusieurs semaines (cass. soc. 25 février 1988, n° 85-43293, BC V n° 133). **De même, des arrêts répétés de courte durée sont licites, même s'ils désorganisent la production** (cass. soc. 25 janvier 2011, n° 09-69030, BC V n° 28). **L'essentiel est qu'ils ne désorganisent pas l'entreprise elle-même** (cass. soc. 10 juillet 1991, n° 89-43147, BC V n° 349 ; cass. soc. 7 avril 1993, n° 91-16834, BC V n° 111).

Cessation collective du travail - Le droit de grève est un droit individuel qui doit être exercé collectivement. Il n'est pas nécessaire que la majorité des salariés ait décidé de cesser le travail.

Une grève peut ainsi être organisée par seulement deux ou trois personnes.

Le droit de grève peut même concerner un seul salarié si celui-ci obéit à un mot d'ordre de grève formulé au plan national (cass. soc. 29 mars 1995, n° 93-41863, BC V n° 111) **ou s'il est l'unique salarié de l'entreprise** (cass. soc. 13 novembre 1996, n° 93-42247, BC V n° 379).

Cessation concertée - La grève implique une concertation préalable des salariés. Cela n'em-

pêche pas les mouvements de grève spontanés s'ils correspondent à une décision commune des salariés de revendiquer.

Revendications professionnelles dont l'employeur a connaissance - La cessation du travail doit être destinée à appuyer des revendications professionnelles pour être qualifiée de grève.

Exemple

Constituent des revendications à caractère professionnel susceptibles de justifier l'exercice du droit de grève :

- des revendications salariales (cass. soc. 24 avril 1985, n° 82-42131 D ; cass. soc. 17 juillet 1996, n° 94-42964 D) ;
- des revendications relatives aux conditions de travail (cass. soc. 4 avril 1990, n° 88-43910 D ; cass. soc. 22 novembre 1995, n° 92-44258 D ; cass. soc. 18 juin 1996, n° 92-44497, BC V n° 243) ;
- des revendications relatives à l'exercice du droit syndical (cass. soc. 18 janvier 1995, n° 91-10476, BC V n° 27 ; cass. soc. 30 mars 1999, n° 97-41104, BC V n° 140) ;
- des revendications relatives à la défense de l'emploi, par exemple à la suite de l'annonce d'un projet de licenciement collectif (cass. soc. 22 novembre 1995, n° 93-44017, BC V n° 307).

À l'inverse, si les salariés cessent le travail dans le seul but de se soustraire à certaines de leurs obligations, le mouvement ne vise pas à satisfaire des revendications professionnelles et ne peut donc pas être qualifié de grève (cass. soc. 21 octobre 2009, n° 08-14490, BC V n° 225).

De plus, il est nécessaire que l'employeur ait eu connaissance des revendications des salariés au moment de l'arrêt de travail (cass. soc. 19 novembre 1996, n°s 94-42631 et 94-42635, BC V n° 391 ; cass. soc. 30 juin 2015, n° 14-11077, BC V n° 131). **Cette condition ne signifie pas que les salariés doivent avoir présenté leurs revendications préalablement à l'arrêt du travail : une communication au moment même du déclenchement de la grève suffit** (cass. soc. 22 octobre 2014, n° 13-19858, BC V n° 246).

Les revendications sont généralement présentées par les syndicats, mais rien n'interdit aux salariés et à leurs représentants de les transmettre par l'intermédiaire de l'inspecteur du travail (cass. soc. 28 février 2007, n° 06-40944, BC V n° 33) **ou de les soumettre directement à l'employeur. Il n'y a aucune obligation d'attendre que l'employeur ait refusé de satisfaire les revendications pour arrêter le travail** (cass. soc. 20 mai 1992, n°s 90-45271 et 90-45278, BC V n° 319).

▶ À noter... L'employeur ne peut pas réglementer l'exercice du droit de grève par le biais du règlement intérieur, même pour assurer la sécurité des usagers de l'établissement (CE 27 juillet 2005, n° 254600).

Grève de solidarité - La grève de solidarité, qui consiste à cesser le travail pour soutenir d'autres salariés, n'est licite que si elle a pour objet de satisfaire des revendications professionnelles.

Exemple

Les grèves de solidarité interne à l'entreprise visent fréquemment à soutenir des salariés qui ont été licenciés ou sont sur le point de l'être. Ce seul motif ne suffit pas à justifier un arrêt de travail (cass. soc. 16 novembre 1993, n° 91-41024, BC V n° 268). En revanche, si l'action entreprise par les grévistes pour soutenir les salariés licenciés n'est pas étrangère à des revendications professionnelles intéressant l'ensemble du personnel (ex. : menace de licenciement d'autres salariés, menaces de sanctions disciplinaires perçues comme des atteintes au droit de grève, contexte de négociation annuelle sur les salaires), ce mouvement est licite (cass. soc. 27 novembre 1985, n° 82-43649, BC V n° 559 ; cass. soc. 2 juillet 2014, n° 13-12562, BC V n° 158).

La grève de solidarité au soutien de salariés d'autres entreprises obéit au même principe : elle doit avoir pour but la satisfaction de revendications professionnelles. Cela implique que l'ensemble des salariés, bien que n'ayant pas le même employeur, doit avoir un intérêt commun à la satisfaction de ces revendications. À défaut, la grève de solidarité est illicite (cass. soc. 4 mai 1966, n° 65-40185, BC IV n° 411).

Grève politique - L'arrêt de travail qui vise à contester une décision des pouvoirs publics ou à affirmer une position politique est, en principe, illicite (cass. soc. 12 octobre 1960, n° 58-40820, BC V n° 852). **Les rares cas où des grèves politiques ont été jugées licites concernent des arrêts de travail qui s'inscrivaient dans un mouvement national de mobilisation contre un projet gouvernemental traitant de l'emploi ou des conditions de travail** (cass. soc. 29 mai 1979, n° 78-40553, BC V n° 464 ; cass. soc. 15 février 2006, n° 04-45738, BC V n° 65).

Préavis et négociation préalable

Pas de préavis dans le secteur privé - Les grévistes d'entreprises du secteur privé peuvent déclencher un mouvement de grève à n'importe quel moment sans avoir besoin de déposer au préalable un préavis de grève (cass. soc. 26 février 1981, n°s 79-41359 et 79-41376, BC V n° 161).

Régimes particuliers - Dans les entreprises du secteur public, le préavis de grève est obligatoire (c. trav. art. L. 2512-2).

Dans les régies ou entreprises chargées d'une mission de service public de transport terrestre de personnes à vocation non touristique, le dépôt d'un préavis n'intervient qu'après une négociation préalable entre l'employeur et les syndicats, selon des modalités définies par un accord-cadre (loi 2007-1224 du 21 août 2007, JO du 22 ; décret 2008-82 du 24 janvier 2008, JO du 26). Si un syndicat ne respecte pas cette obligation de négociation préalable, le préavis est irrégulier, ce qui rend la grève illégale. L'employeur est alors en droit de sanctionner les salariés qui participeraient au mouvement (cass. soc. 30 janvier 2013, n° 11-23791, BC V n° 21).

Un système similaire a été mis en place dans les entreprises de transport aérien, mais il revêt un caractère facultatif : ces entreprises ont la possibilité de conclure un accord-cadre pour poser le principe d'une négociation préalable avant le déclenchement d'une grève (c. transports art. L. 1114-2).

En revanche, qu'un accord-cadre ait été conclu ou non, les salariés du transport aérien dont l'absence est de nature à affecter directement la réalisation des vols ont l'obligation d'informer l'employeur de leur participation à la grève au moins 48 heures à l'avance. Ils doivent aussi l'informer de leur retour en poste 24 heures à l'avance. Le non-respect de ces obligations est passible de sanctions disciplinaires (c. transports art. L. 1114-3).

Absence de grève malgré le préavis - Le fait que, quelques jours après la date fixée par le préavis pour le début du mouvement, aucun salarié n'ait encore cessé le travail n'autorise pas l'employeur à informer le personnel qu'il est désormais trop tard pour entamer la grève. En prenant une telle initiative, l'employeur s'expose au paiement de dommages et intérêt au syndicat qui a déposé le préavis (cass. soc. 11 février 2015, n° 13-14607, BC V n° 25).

Conséquences sur le contrat

Suspension temporaire du contrat de travail - La grève suspend le contrat de travail ; elle ne le rompt pas, sauf faute lourde du salarié (voir *Licenciement pour faute**).

Interdiction des mesures discriminatoires - Aucun salarié ne peut être sanctionné, licencié ni faire l'objet d'une mesure discriminatoire en raison de l'exercice normal du droit de grève (c. trav. art. L. 1132-2).

Exemples

L'employeur ne peut pas prendre en compte l'arrêt de travail du salarié gréviste pour retarder son ancienneté et, par conséquent, le bénéfice d'une augmentation de salaire liée à l'ancienneté, alors que la convention collective prévoit qu'aucune période d'absence ne suspend le droit à un avancement à l'ancienneté (cass. soc. 9 février 2000, n° 97-40724, BC V n° 58).

Le fait qu'un salarié ait subi un ralentissement dans son évolution de carrière après qu'il eut participé à une grève peut aussi caractériser une discrimination (cass. soc. 10 novembre 2009, n° 07-42849, BC V n° 246).

Accidents du travail - Un accident survenu pendant une grève ne peut pas être pris en charge au titre d'un *accident du travail** (cass. soc. 13 mars 1969, BC IV n° 185).

Congés payés - Sauf dispositions conventionnelles, les périodes de grève doivent, en principe, être déduites du temps de travail qui détermine la durée des *congés payés**.

Maladie - Si le salarié tombe malade avant la grève, les indemnités compensatrices de perte de salaire versées par l'employeur lui sont dues.

Si, du fait de la grève, tout le personnel gréviste ou non gréviste a été empêché de travailler, le salarié absent pour maladie ne pourra prétendre, pour le jour de la grève, à aucune indemnité complémentaire de maladie (cass. soc. 16 juillet 1987, n° 85-44490, BC V n° 497).

Si le salarié gréviste tombe malade pendant la grève, les allocations complémentaires ne lui seront versées qu'à compter de la fin de la grève et si, à cette date, il est encore en incapacité de travail. En revanche, pendant cette période, le gréviste malade percevra les indemnités journalières de sécurité sociale.

Jours fériés - Le salarié qui a participé à une grève doit être considéré, sauf preuve contraire de sa part, comme gréviste pour toute la durée du mouvement. Il ne peut donc pas prétendre au paiement de son salaire, même si cette période comprend un ou plusieurs jours fériés chômés et payés aux salariés qui continuent l'exécution de leur contrat de travail (cass. soc. 14 avril 1999, n° 97-42064, BC V n° 179).

Journée de solidarité - Lorsque des salariés sont en grève le jour fixé dans l'entreprise pour effectuer la *journée de solidarité** (placée un jour férié précédemment chômé pour lequel le salarié aurait été rémunéré), l'employeur peut effectuer une retenue de salaire.

Rémunération

Réduction de rémunération, sauf exception - L'employeur réduit la rémunération des salariés grévistes au prorata du temps de grève.

Toutefois, par exception, l'employeur doit indemniser les salariés lorsque l'arrêt de travail a été rendu nécessaire par un manquement grave et délibéré de l'employeur à ses obligations *(voir des exemples ci-après)*. Dans ce cas, peu importe qu'un accord de fin de conflit prévoie ensuite que les salaires correspondant à la période de grève ne soient pas versés (cass. soc. 3 mai 2007, n° 05-44776, BC V n° 65).

Exemple

Le fait de ne pas appliquer une recommandation patronale ne constitue pas nécessairement un manquement grave et délibéré à ses obligations (cass. soc. 29 mai 1996, n° 94-41948, BC V n° 214). Il en est de même du non-paiement des salaires, lorsque cette situation résulte des difficultés économiques de l'entreprise placée en redressement judiciaire (cass. soc. 26 janvier 2000, n° 98-44182, BC V n° 7).
En revanche, l'employeur commet un manquement grave et délibéré à ses obligations lorsque :
- il refuse de supprimer une prime illicite (cass. soc. 21 mai 1997, n° 95-42542, BC V n° 183) ;
- il réduit unilatéralement le temps de travail des salariés et, par voie de conséquence, leur rémunération (cass. soc. 4 octobre 2005, n° 04-44795 D).

Réduction au prorata - Pour être proportionnel à l'interruption de travail, l'abattement du salaire pour fait de grève doit être calculé sur l'horaire mensuel réel des salariés. Un conseil de prud'hommes ne peut donc pas retenir, pour une journée de grève, un abattement de 1/30 de mois de salaire (cass. soc. 16 juin 1999, n° 98-43696 D). Il en est ainsi même si la convention collective applicable (en l'occurrence, celle des journalistes) précise que les nécessités inhérentes à la profession ne permettent pas de déterminer la répartition des heures de travail (cass. soc. 19 mai 1998, n° 97-41900, BC V n° 262). En outre, les grévistes assurant la sécurité du service n'ont droit qu'à la rémunération de la tâche accomplie à ce titre (cass. soc. 24 juin 1998, n° 97-44175, BC V n° 334).

La réduction peut être proportionnelle au rendement si les grévistes sont payés au rendement. En dehors de cette hypothèse, il est interdit de moduler la réduction de rémunération en fonction du degré de mobilisation des salariés (cass. soc. 9 juillet 2015, n° 14-12779, BC V n° 151).

▶ À noter… Face à un pilote d'avion qui fait grève le premier jour d'une rotation de 3 jours et qui, bien qu'il se dise ensuite disponible, se trouve de fait dans l'incapacité d'assurer son service les 2 journées suivantes, l'employeur est en droit de retenir 3 jours de salaire sur la rémunération de l'intéressé (cass. soc. 8 septembre 2021, n° 19-21025 FSPB).

Cas des salariés en forfait annuel en jours - Le temps de travail des salariés ayant signé une convention de forfait annuel en jours n'étant pas décompté en heures [voir *Convention de forfait (annuel)**], le calcul de la retenue à opérer peut poser difficulté lorsque les absences sont de courte durée et ne peuvent pas être comptabilisées en journées ou en demi-journées. En principe, la retenue doit être identique à celle pratiquée pour toute autre absence d'une même durée. Dans ces conditions, un mode possible de calcul consiste à reconstituer le salaire horaire du salarié à partir de sa rémunération mensuelle ou annuelle et du nombre de jours travaillés dans l'année et en prenant pour base, soit la durée légale du travail si la durée applicable dans l'entreprise aux cadres soumis à l'horaire collectif lui est inférieure, soit, si elle lui est supérieure, la durée du travail applicable à ces cadres (cass. soc. 13 novembre 2008, n° 06-44608, BC V n° 211).

▶ Attention… Si l'accord collectif instituant le forfait annuel en jours prévoit qu'une absence inférieure à une demi-journée de travail ne doit pas entraîner de retenue sur salaire, l'employeur ne peut pas réduire la rémunération de salariés qui ont fait grève pendant une heure et demie (cass. soc. 4 mars 2009, n° 07-45291, BC V n° 56).

Incidences sur les primes - La grève peut entraîner la réduction ou la suppression des primes attribuées sous condition de présence dans l'entreprise, sous réserve que les autres absences donnent aussi lieu à retenue, à l'exception de celles légalement assimilées à un temps de travail effectif (ex. : absences consécutives à un accident du travail) (cass. soc. 23 juin 2009, n° 08-42154, BC V n° 159 ; cass. soc. 7 novembre 2018, n° 17-15833 FPB) (voir *Prime**). Il en est de même en matière de participation et d'intéressement (cass. soc. 13 février 2019, n° 17-26837 D).

Exemple

L'employeur ne peut pas prendre en compte les journées de grève dans le calcul d'une prime d'assiduité ou d'une prime d'ancienneté, alors que les absences pour maladie n'ont aucune répercussion sur le montant de ces primes (cass. soc. 15 février 2006, n° 04-45738, BC V n° 65 ; cass. soc. 16 janvier 2008, n° 06-42983, BC V n° 11 ; cass. soc. 23 juin 2009, n° 07-42677, BC V n° 159 ; cass. soc. 4 mai 2011, n° 09-72206 D).

Les primes ayant un caractère forfaitaire pour tous les salariés ne peuvent, quant à elles, être réduites (cass. soc. 16 novembre 2004, n° 01-47168 D).

Paiement des salaires des non-grévistes - L'employeur est tenu de fournir aux non-grévistes les moyens d'effectuer leur travail. Il n'est délivré de l'obligation de leur verser leur salaire que s'il démontre qu'une situation contraignante l'empêche de leur fournir du travail. L'entreprise de travail temporaire est soumise à la même règle (cass. soc. 27 mai 1998, n° 96-42303, BC V n° 280).

Par ailleurs, l'employeur ne peut pas diminuer la rémunération contractuelle des non-grévistes sous le prétexte qu'il les affecte à un travail différent de celui habituellement accompli (cass. soc. 4 octobre 2000, n° 98-43475, BC V n° 313).

Si, à l'inverse, il choisit de verser une prime exceptionnelle aux non-grévistes, celle-ci doit être justifiée par le surcroît de travail occasionné. En l'absence d'un tel surcroît de travail, accorder une prime aux non-grévistes revient à récompenser le seul fait de n'avoir pas fait grève, de sorte que l'avantage est considéré comme discriminatoire (cass. soc. 3 mars 2009, n° 07-44676 D ; cass. soc. 1er juin 2010, n° 09-40144, BC V n° 119 ; cass. soc. 3 mai 2011, n° 09-68297 D).

Enfin, l'employeur est en droit de pratiquer une retenue de salaire lorsque des salariés ne se sont pas déclarés grévistes mais ont été absents sans pour autant justifier leur absence (cass. soc. 16 janvier 2008, nos 06-42327 et 06-43124, BC V n° 13).

Égalité de traitement et protocole de fin de conflit - Si, à la suite d'une grève dans un établissement, un protocole de fin de conflit accorde un avantage aux salariés de cet établissement (en l'occurrence un 13e mois), les salariés d'un autre établissement ne peuvent pas revendiquer l'avantage en question, dès lors que ce protocole a la valeur d'un accord collectif (cass. soc. 30 mai 2018, n° 17-12782 FPPB). En effet, les différences de traitement entre des salariés affectés à des sites ou des établissements distincts sont présumées justifiées lorsqu'elles résultent d'un accord collectif, sauf à démontrer que ces différences sont étrangères à toute considération de nature professionnelle [voir *Salaire (à travail égal, salaire égal)**].

Remplacement de grévistes

Il est interdit d'engager des salariés par contrat de travail à durée déterminée ou par contrat de travail temporaire pour remplacer des salariés en grève (c. trav. art. L. 1242-6 et L. 1251-10). De même, l'employeur ne peut pas faire exécuter le travail des salariés grévistes par des intérimaires déjà en place, en augmentant leur amplitude de travail (cass. soc. 2 mars 2011, n° 10-13634, BC V n° 54).

L'employeur peut, en revanche, avoir recours à des bénévoles pour assurer la continuité de son activité (cass. soc. 11 janvier 2000, n° 97-22025, BC V n° 15). Il peut également recourir à la sous-traitance (cass. soc. 15 février 1979, n° 76-14527, BC V n° 143). Par ailleurs, rien n'interdit à l'employeur de faire accomplir aux non-grévistes des *heures supplémentaires**.

Licenciement de grévistes

Protection - Seule une faute lourde peut légitimer le licenciement ou toute autre sanction disciplinaire d'un salarié gréviste (cass. soc. 7 juin 1995, n° 93-42789, BC V n° 181).

Cette protection s'applique aux salariés qui sont en grève comme à ceux qui, de près ou de loin, participent au mouvement. À titre d'exemple, en l'absence de faute lourde, un employeur ne peut pas licencier un salarié qui, sans se mettre lui-même en grève, a incité ses collègues à cesser le travail ou a distribué des tracts en ce sens (cass. soc. 9 mai 2012, n° 10-24307, BC V n° 131 ; cass. soc. 5 juillet 2018, n° 16-21563 D).

Notion de faute lourde - La faute lourde suppose une participation personnelle du salarié à des faits illicites. Il peut s'agir d'une entrave à la liberté du travail des non-grévistes (cass. soc. 4 novembre 1992, n° 90-41899, BC V n° 529 ; cass. soc. 18 janvier 2017, n° 15-19309 D), de l'occupation des locaux (cass. soc. 30 avril 1987, n° 84-42370, BC V n° 238 ; cass. soc. 3 mai 2016, n° 14-28353, BC V n° 84), de rétention (cass. soc. 2 juillet 2014, n° 13-12562, BC V n° 158), de menaces ou d'actes de violence, de blocage des services de sécurité, ou de dégradation des biens appartenant à l'entreprise.

▶ À noter... L'entrave à la liberté du travail, les violences et voies de fait, les menaces et les séquestrations peuvent en outre entraîner des poursuites pénales (cass. crim. 24 janvier 2018, n° 17-80940 D).

À l'inverse, le fait de distribuer des tracts injurieux ne constitue pas, en lui-même, une faute lourde (cass. soc. 8 décembre 2009, n° 08-42531 D). De même, un chauffeur-livreur qui refuse de restituer les clefs de son véhicule ne commet pas une faute lourde dès lors, d'une part, que l'employeur ne démontre pas qu'il aurait pu confier ce véhicule à une autre personne de l'entreprise et, d'autre part, que l'intention de nuire du salarié n'est pas établie (cass. soc. 8 février 2012, n° 10-14083 D).

Procédure à suivre - La faute lourde justifie un licenciement immédiat et sans indemnité de rupture, mais ne dispense pas l'employeur d'accomplir les formalités requises pour le licenciement [voir *Licenciement pour faute** et *Licenciement personnel (procédure)**].

▶ À noter… À la condition de ne pratiquer aucune discrimination, il est permis à l'employeur, dans l'intérêt de l'entreprise, de sanctionner différemment des grévistes qui ont participé à une même faute (cass. soc. 1er février 1995, n° 91-44908, BC V n° 45).

L'employeur qui licencie un salarié en raison de faits liés à une grève doit écrire « noir sur blanc », dans la notification de la rupture, que les faits en question constituent une faute lourde. S'il se trompe et invoque, par exemple, une faute grave, le licenciement sera nécessairement nul. Peu importe que les faits commis par le salarié constituent effectivement une faute lourde : seule compte la qualification retenue par l'employeur dans la lettre de licenciement (cass. soc. 26 juin 2013, n° 11-27413, BC V n° 169).

Nullité du licenciement en l'absence de faute lourde - Le licenciement prononcé en dehors du cas de la faute lourde est nul de plein droit (c. trav. art. L. 2511-1 ; cass. soc. 15 mai 1991, n° 89-44670, BC V n° 235). Ainsi, même si les salariés grévistes ont commis, durant l'arrêt de travail, des actes constituant une faute grave, l'employeur ne peut pas les licencier pour ce motif (cass. soc. 8 juillet 2009, n° 08-40139, BC V n° 172).

La nullité du licenciement entraîne la réintégration du salarié, peu importe que son poste ne soit plus vacant et qu'il ait retrouvé un emploi (cass. soc. 2 février 2005, n° 02-45085, BC V n° 43). Le salarié qui demande sa réintégration a droit au paiement d'une indemnité égale au montant de la rémunération qu'il aurait dû percevoir entre son éviction de l'entreprise et sa réintégration, sans qu'il y ait à tenir compte de salaires ou de revenus du remplacement qui ont pu lui être versés pendant cette période (cass. soc. 25 novembre 2015, n° 14-20527, BC V n° 236).

Représentants du personnel - Les représentants du personnel ne peuvent pas être présumés responsables du comportement des autres salariés : leur participation personnelle à des actes illicites doit être établie (cass. soc. 16 juillet 1987, n° 84-40941, BC V n° 477). Le *licenciement des représentants du personnel** et des délégués syndicaux ne peut intervenir qu'après autorisation de l'inspecteur du travail.

Piquet de grève et occupation des locaux

Piquet de grève - Les groupes de grévistes se tenant aux accès de l'entreprise pour inciter les non-grévistes à faire grève ou pour interdire l'accès des lieux de travail aux non-grévistes sont appelés « piquets de grève ». Lorsque les piquets de grève n'empêchent pas les non-grévistes de pénétrer dans l'entreprise, ils ne commettent aucun abus et ne sont, de ce fait, pas susceptibles d'être sanctionnés (CE 2 février 1996, n° 152406). En revanche, s'ils interdisent l'accès de l'entreprise au personnel qui désire travailler, leur acte est constitutif d'une entrave à la liberté du travail sanctionnée pénalement et autorise des sanctions qui peuvent aller jusqu'au *licenciement pour faute**lourde, y compris s'il s'agit de représentants du personnel (cass. soc. 30 juin 1993, n° 91-44824, BC V n° 185 ; CE 27 mai 2021, n° 433078).

Occupation des locaux - L'occupation illimitée des lieux de travail est une modalité illicite du droit de grève. Elle constitue une atteinte à la liberté du travail et au droit de propriété, ainsi qu'une entrave à la liberté de l'employeur d'exercer son activité. À ce titre, l'occupation des locaux peut, compte tenu des circonstances, justifier un licenciement pour faute lourde et donner lieu à des sanctions pénales (c. pén. art. 431-1 et 431-2).

En revanche, l'occupation momentanée des lieux de travail peut, dans certains cas, ne pas donner à la grève un caractère illicite (ex. : occupation pendant quelques heures d'une cour intérieure et de réfectoires), notamment quand l'occupation ne porte pas atteinte aux libertés du travail et de l'activité industrielle ou commerciale.

Expulsion des grévistes - L'employeur peut demander au juge des référés l'expulsion des grévistes si l'occupation du lieu de travail porte atteinte à la liberté de travail des salariés non grévistes et constitue ainsi un trouble manifestement illicite.

Trois conditions doivent pour cela être réunies : l'urgence, l'absence de contestation sérieuse et l'existence d'un différend.

Toutefois, le comportement de l'employeur peut aussi entrer en considération. C'est ainsi qu'un juge a rejeté une demande d'expulsion, après avoir constaté que l'employeur avait fermé l'unité de production, sans information ni consultation préalable des institutions représentatives du personnel, et mis les salariés en disponibilité, en leur interdisant tout accès aux locaux de travail (cass. soc. 9 mars 2011, n° 10-11588, BC V n° 68).

Recours à la force publique pour l'exécution de l'ordonnance d'expulsion - Si, même muni d'un titre exécutoire, l'employeur n'obtient pas l'évacuation des grévistes, il peut alors demander l'intervention de la force publique soit au maire, soit au préfet, qui peut refuser ou différer son intervention en invoquant les nécessités de l'ordre public.

Restrictions à la liberté de circulation - Les représentants du personnel circulent en principe librement dans l'entreprise, y compris pendant une grève [voir *Comité social et économique (déplacement)** et *Délégué syndical (missions)**]. Néanmoins, l'employeur peut apporter des restrictions à cette liberté de circulation en cas d'abus, par exemple lorsque les élus grévistes d'un hôtel utilisent des mégaphones et des sifflets, crient, distribuent des tracts et montent dans les étages pour interpeller et intimider les salariés non grévistes (cass. soc. 10 février 2021, n° 19-14021 FSPI).

Lock-out

Mesure exceptionnelle - Le lock-out consiste pour l'employeur à fermer temporairement l'établissement en raison d'un conflit collectif. Les juges n'admettent le lock-out qu'en présence de circonstances exceptionnelles, lorsque l'employeur n'a aucune autre solution que de fermer l'entreprise.

Exemple

Le lock-out est justifié :
- lorsque le mouvement de grève paralyse la production et rend impossible la fourniture de travail aux non-grévistes (cass. soc. 25 février 1988, n° 85-46371, BC V n° 135 ; cass. soc. 4 juillet 2000, n° 98-20537, BC V n° 262 ; cass. soc. 18 janvier 2017, n° 15-23986 D) ;
- quand l'ordre et la sécurité doivent être maintenus, en cas, par exemple, d'actes de violence des grévistes (cass. soc. 8 décembre 1977, n° 76-40594, BC V n° 685 ; cass. soc. 21 mars 1990, n° 86-44190, BC V n° 131) ;
- pour assurer la sécurité des usagers et des installations (cass. soc. 7 novembre 1990, n° 89-44264, BC V n° 518).

À l'inverse, le lock-out n'est pas justifié quand :
- les grévistes insultent les non-grévistes et leur jettent des fruits et des légumes, ce qui ne caractérise pas une situation d'insécurité ou d'atteinte aux personnes (cass. soc. 17 décembre 2013, n° 12-23006, BC V n° 303) ;
- l'employeur peut fournir aux non-grévistes des tâches supplétives en rapport avec l'exécution des contrats de travail (cass. soc. 30 septembre 2005, n° 04-40193, BC V n° 277).

Les juges ont également admis une forme particulière de lock-out, dans une affaire où les salariés venaient de mettre fin à la grève, mais avaient repris le travail dans des conditions anormales, en refusant de se soumettre à l'autorité de l'employeur et en restreignant l'accès aux locaux. Compte tenu des circonstances, l'employeur était en droit de transférer son activité dans d'autres locaux, sans que les salariés puissent lui reprocher un « lock-out » illicite (cass. soc. 26 mars 2014, n° 12-26600, BC V n° 84).

Conséquences du lock-out - Si le lock-out est licite, l'employeur n'a pas à payer les salariés non grévistes. En revanche, s'il est abusif, l'employeur sera condamné à verser des salaires aux non-grévistes pendant toute la durée du lock-out (cass. soc. 9 octobre 1997, n° 95-44645 D). Il devra également verser des dommages et intérêts aux grévistes, car il aura entravé l'exercice du droit de grève (cass. soc. 7 novembre 1990, n° 89-44264, BC V n° 518).

Règlement amiable des conflits collectifs

Conciliation - Pour mettre fin à un conflit collectif, l'employeur et les représentants des salariés peuvent recourir à :
- une procédure conventionnelle de conciliation, sous réserve que la convention collective prévoie effectivement une telle procédure ;
- la procédure légale de conciliation, qui consiste à soumettre le litige à la commission nationale ou à une commission régionale de conciliation (c. trav. art. L. 2522-1 à L. 2522-7).

Hormis le cas où la convention collective impose une procédure conventionnelle de conciliation avant de déclencher toute grève, les parties sont libres de recourir ou non à la conciliation.

Si la conciliation légale n'aboutit pas, le conflit est soumis soit à la procédure de médiation, soit à celle d'arbitrage (c. trav. art. L. 2522-6).

Médiation - La procédure de médiation est engagée par le ministre du Travail ou par le président de la commission régionale de conciliation, à la suite de l'échec de la procédure légale de conciliation (c. trav. art. L. 2523-1 à L. 2523-9). Ce n'est que dans certaines circonstances que le ministère du Travail ou le préfet peuvent imposer la médiation sans passer au préalable par la conciliation (c. trav. art. R. 2523-4).

Cette procédure consiste à soumettre le litige à un médiateur, qui adressera aux parties une proposition de règlement du conflit. Huit jours après réception de cette proposition, le médiateur constate l'accord ou le désaccord des parties.

Arbitrage - L'arbitrage consiste à soumettre le litige à une tierce personne (l'arbitre), qui décidera de la solution à apporter au conflit (c. trav. art. L. 2524-1 à L. 2524-6). Contrairement à la proposition du médiateur, qui peut être rejetée *(voir ci-avant)*, la sentence arbitrale s'impose aux parties. Elle peut faire l'objet d'un recours devant la Cour supérieure d'arbitrage, mais uniquement pour excès de pouvoir ou violation de la loi (c. trav. art. L. 2524-7 à L. 2524-10).

Les parties ont toute liberté pour recourir ou non à l'arbitrage. Certaines conventions collectives prévoient une procédure contractuelle d'arbitrage.

Responsabilité des acteurs

Responsabilité des grévistes - La responsabilité civile d'un salarié gréviste ne peut être engagée par l'employeur que si l'entreprise a subi un préjudice économique du fait des agissements illicites de ce salarié et que ce préjudice est distinct de celui que tout mouvement de grève provoque (cass. soc. 6 juin 1989, n° 87-40738, BC V n° 425). Il faut prouver que l'agissement fautif du salarié est en lien direct avec le préjudice (cass. soc. 19 octobre 1994, n° 92-11795 D).

Responsabilité des syndicats - La responsabilité civile des syndicats ne peut être engagée que s'ils ont pris part à la commission des actes fautifs, par exemple en donnant pour instruction aux salariés grévistes de bloquer tous les accès à l'entreprise (cass. soc. 30 janvier 1991, n° 89-17332, BC V n° 40) ou en incitant les salariés à ne pas exécuter une obligation particulière de leur contrat de travail plutôt qu'à cesser collectivement le travail (cass. soc. 11 juillet 2016, n° 14-14226, BC V n° 150) ou en orchestrant des dégradations, par exemple sous forme d'un incendie de pneus (cass., ch. mixte, 30 novembre 2018, n° 17-16047 PBRI).

☛ *Grève (service minimum et sécurité).*

Grève (service minimum et sécurité)

Des restrictions peuvent être apportées au droit de grève, notamment, en cas d'atteinte à l'ordre public ou de nécessité absolue d'assurer, par la réquisition des salariés, le respect du service minimum et de la sécurité (c. trav. art. L. 2512-1 à L. 2512-5).

Réquisition

La réquisition des personnes est une procédure par laquelle les autorités administratives ordonnent aux personnes en grève la reprise du travail, en cas de menace à l'ordre public ou d'atteinte à la continuité du service public.

Cette décision est prise par décret en Conseil des ministres et elle est suivie d'un arrêté ministériel permettant de procéder à la réquisition ou de déléguer ce pouvoir aux autorités administratives locales (préfet).

En conséquence, le tribunal judiciaire n'est pas compétent pour décider de la réquisition de grévistes (cass. soc. 25 février 2003, n° 01-10812, BC V n° 62). À plus forte raison, l'employeur ne peut pas non plus réquisitionner certains salariés. Il en est ainsi même si le *règlement intérieur** autorise la réquisition pour assurer un service minimum de sécurité. Une telle clause n'a aucun effet (cass. soc. 15 décembre 2009, n° 08-43603, BC V n° 283).

Les personnes réquisitionnées sont dans l'obligation de reprendre leur travail. À défaut, elles sont passibles de sanctions civiles et pénales.

Services publics

Il appartient au gouvernement, responsable du bon fonctionnement des services publics, de fixer, sous le contrôle du juge administratif, la nature et l'étendue des limitations qui doivent être apportées au droit de grève en vue d'en éviter un usage abusif (CE 13 novembre 1992, n° 83177).

Ainsi, une autorité gouvernementale ou administrative – ministre, maire, chef de service, organe dirigeant (CE 17 mars 1997, n° 123912) – est habilitée à organiser un service minimum indispensable au bon fonctionnement de l'établissement.

Établissements privés assurant un service public

Entreprises concernées - Lorsqu'une entreprise, un organisme ou un établissement privé est chargé de la gestion d'un service public, ses salariés sont soumis, pour l'exercice du droit de grève, aux règles applicables dans les services publics (c. trav. art. L. 2512-1). Ces entreprises, organismes ou établissements peuvent donc avoir à mettre en place un service minimum.

En application de la loi - Dans certains secteurs, l'instauration d'un service minimum est expressément prévue par la loi. Cela concerne notamment :
- l'audiovisuel public (loi 86-1067 du 30 septembre 1986, JO du 1er octobre) ;
- la navigation aérienne (loi 84-1286 du 31 décembre 1984, JO du 1er janvier 1985) ;
- les transports terrestres de voyageurs (c. transports art. L. 1222-1 à L. 1222-12).

Sur décision ministérielle - En l'absence d'obligation légale, l'instauration ou non d'un service minimum est laissée à l'appréciation de l'administration compétente.

Ainsi, dans les établissements privés de soins, de cure et de réadaptation, le ministère de la Santé préconise de négocier la mise en place d'un service minimum. En l'absence d'accord, le chef d'établissement est tenu de prendre les mesures nécessaires pour assurer la sécurité physique des personnes, sous peine d'engager sa responsabilité civile et pénale (circ. DH-284-9 D du 21 février 1989, BO SPS 89-11).

▶ À noter... Si un salarié gréviste refuse d'effectuer une permanence dans le cadre du service minimum, le juge des référés n'a pas le pouvoir de lui ordonner d'exécuter son travail. Il revient donc à l'employeur de prendre, le cas échéant, les mesures disciplinaires appropriées (cass. soc. 26 novembre 2003, n° 01-10847 D).

Réquisition sur décision du préfet en cas d'urgence

En cas d'urgence, lorsque l'atteinte au bon ordre, à la salubrité, à la tranquillité et à la sécurité publiques l'exige et que les moyens dont dispose le préfet ne permettent plus de poursuivre les objectifs pour lesquels il détient des pouvoirs de police, celui-ci peut, par arrêté motivé, pour toutes les communes du département ou plusieurs ou une seule d'entre elles, réquisitionner tout bien et service, requérir toute personne nécessaire au fonctionnement de ce service ou à l'usage de ce bien et prescrire toute mesure utile jusqu'à ce que l'atteinte à l'ordre public ait pris fin (c. gén. collect. terr. art. L. 2215-1, 4° ; c. défense art. L. 2213-1 à L. 2213-4).

☞ Grève.

Grossesse

☞ *Assurance maladie ; Assurance maternité ; Démission pour élever un enfant ; Discriminations ; Maternité (congé de) ; Maternité (protection) ; Période d'essai ; Prestations familiales (enfance).*

Groupe

☞ *Accord collectif de groupe ; Comité d'entreprise européen (CEE) ; Comité de groupe.*

Groupement d'employeurs

Mise à disposition de salariés

Les groupements d'employeurs (GE) sont des structures qui mettent à la disposition de leurs membres (entreprises, associations, collectivités) des salariés auxquels ils sont liés par un contrat de travail. Il s'agit d'une activité à but non lucratif.

▶ À noter... Accessoirement, les GE peuvent apporter à leurs adhérents leur aide ou leur conseil en matière d'emploi ou de gestion des ressources humaines (c. trav. art. L. 1253-1).

Dans la mesure où le groupement ne peut pas pratiquer de prêt de main-d'œuvre dans un but lucratif, la conclusion d'un contrat commercial de mise à disposition n'est pas prévue par les textes. Toutefois, en pratique, les groupements concluent généralement des conventions de mise à disposition avec leurs adhérents. La conclusion d'un contrat de travail est en revanche obligatoire entre le GE et le salarié « prêté » (*voir ci-après*).

Durée de la mise à disposition

Terme fixé par accord entre le groupement et l'utilisateur - Le code du travail ne fixe aucune durée maximale aux missions assurées par du personnel mis à disposition par les groupements. La durée de chaque mission est donc, en principe, librement déterminée par les parties dans le contrat de mise à disposition, c'est-à-dire selon les besoins de l'utilisateur et les ressources en personnel du groupement.

Absence de cas de ruptures anticipées légaux - Le législateur n'a pas délimité les cas dans lesquels la structure utilisatrice peut se séparer du salarié mis à disposition avant l'échéance de la convention de mise à disposition (ex. : faute grave, faute lourde, force majeure). En pratique, ces hypothèses peuvent être envisagées lors de la conclusion de la convention.

Prolongation de la mission - Le renouvellement et la succession des contrats de mise à disposition ne sont pas encadrés par le code du travail. Notamment, il n'y a pas de délai de carence à respecter. Cette question est à régler entre le groupement et l'utilisateur.

Diversité des groupements

Les GE peuvent être constitués sous la forme d'association ou de société coopérative (c. trav. art. L. 1253-2 et L. 1253-3). Il en existe plusieurs catégories :

- agricoles et ruraux ;
- pour l'insertion et la qualification *(voir ci-après)* ;
- professionnels ou multisectoriels ;
- mixtes (regroupent des adhérents de droit privé et de droit public) *(voir ci-après)* ;

Les groupements professionnels (ou sectoriels) regroupent des adhérents relevant de la même convention collective (c. trav. art. L. 1253-1). Certains limitent leur activité à un bassin d'emploi.

Les groupements multisectoriels regroupent des employeurs relevant de conventions collectives différentes. Lors de sa création, le groupement choisit la convention collective qui lui sera applicable (c. trav. art. L. 1253-17) [voir *Convention collective (application)**].

Aides à l'emploi et à la formation

Les GE peuvent bénéficier de certaines aides financières directes et de réductions et exonérations de cotisations et contributions sociales (ex. : prime à l'apprentissage pour les entreprises de moins de 11 salariés) (c. trav. art. L. 1253-24 et D. 1253-50 ; arrêté du 16 décembre 2016, JO du 18).

▶ À noter... Dans le cadre de la crise sanitaire, les GE ont pu bénéficier d'une aide pour toute embauche d'un salarié de moins de 26 ans entre le 1.08.2020 et le 31.03.2021, soit en contrat de travail à durée indéterminée (CDI), soit en contrat à durée déterminée (CDD) d'au moins 3 mois, et dont la rémunération prévue au contrat est d'au plus 2 SMIC (décret 2021-363 du 31 mars 2021, JO 1er avril).

Le montant de l'aide dont bénéficie le groupement est celui dont aurait bénéficié l'entreprise adhérente si elle avait embauché directement le salarié mis à sa disposition (c. trav. art. D. 1253-51).

Le groupement doit informer les entreprises adhérentes de la nature, du nombre et du montant des aides ainsi perçues (c. trav. art. D. 1253-52).

Création ou adhésion à un groupement

Création d'un groupement - Des employeurs peuvent se regrouper et constituer un groupement selon la procédure requise : élaboration des statuts, information de l'inspection du travail, choix éventuel de la convention collective applicable, information des représentants du personnel existant chez les adhérents (c. trav. art. L. 1253-6 et L. 1253-17).

Adhésion à un groupement - L'employeur qui le souhaite peut adhérer à plusieurs groupements. Avant de procéder à l'adhésion, l'employeur doit consulter le *comité social et économique** s'il existe. Il le renseigne sur la constitution et la nature du GE (c. trav. art. L. 1253-7).

Le code du travail ne fixe pas les modalités d'adhésion, de sorte que celles-ci relèvent de chaque groupement.

Solidarité financière

L'entreprise ou l'association adhérente est utilisatrice et membre solidairement responsable du groupement. Les membres du groupement sont donc solidairement responsables de ses dettes à l'égard des salariés et des organismes créanciers de cotisations obligatoires (URSSAF, MSA). Par dérogation, les statuts des GE peuvent prévoir, sur la base de critères objectifs, des règles de répartition de ces dettes entre les membres du groupement, opposables aux créanciers. Ils peuvent également prévoir des modalités de responsabilité spécifiques pour les collectivités territoriales membres du groupement (c. trav. art. L. 1253-8).

Employeurs pouvant recourir aux groupements

Toute personne physique ou morale peut créer ou adhérer à un GE, quelles que soient son activité (commerciale, industrielle, agricole, libérale) et sa forme juridique.

Des personnes de droit privé (ex. : entreprises, associations) peuvent créer, avec des collectivités territoriales et leurs établissements publics ou avec des établissements publics de l'État, des GE constitués sous la forme d'association (c. trav. art. L. 1253-19).

Obligations sociales du groupement

Effectif - Pour l'application des règles du code du travail, à l'exception de celle mentionnée dans sa deuxième partie (« relations collectives de travail »), les salariés mis à la disposition, en tout ou partie, d'une ou de plusieurs de ses entreprises utilisatrices membres, par un GE ne sont pas pris en compte dans l'effectif de ce groupement (c. trav. art. L. 1253-8-1).

Obligations d'un employeur - Le groupement est l'employeur des salariés mis à disposition. Ses obligations sont donc multiples. Notamment, c'est lui qui se charge du recrutement, des obligations déclaratives, de l'administration de la paie, des relations avec la médecine du travail, de l'organisation des congés. L'entreprise ou l'association utilisatrice n'intervient pas.

Contrat de travail écrit - Les salariés du GE sont liés à celui-ci par un contrat de travail écrit (contrat de travail à durée indéterminée ou contrat de travail à durée déterminée). Ce contrat doit indiquer les conditions d'emploi et de rémunération, la qualification, la liste des utilisateurs potentiels et les lieux d'exécution du travail (c. trav. art. L. 1253-9).

▶ À noter… Les groupements ayant pour objet principal le remplacement des chefs d'entreprise, d'exploitations agricoles et de pêche maritime, des chefs d'entreprises artisanales, industrielles ou commerciales, ou des personnes physiques exerçant une profession libérale, ont la possibilité de ne pas mentionner dans les contrats de travail la liste des utilisateurs potentiels. Il est seulement nécessaire, dans ce cas, de préciser la zone géographique d'exécution du contrat de travail, qui doit prévoir des déplacements limités (c. trav. art. R. 1253-14 à R. 1253-34).

Égalité de traitement - Le contrat de travail d'un salarié d'un GE doit lui garantir l'égalité de traitement (en matière de rémunération, d'intéressement, de participation et d'épargne salariale) avec les salariés des entreprises auprès desquelles il est mis à disposition (c. trav. art. L. 1253-9).

Épargne salariale - voir *Négociations obligatoires dans l'entreprise**.

Médecine du travail - Les obligations relatives à la médecine du travail sont, en principe, à la charge du groupement (c. trav. art. L. 1253-13). Par exception, le suivi médical renforcé relève de l'utilisateur *(voir ci-après)*.

Représentation du personnel - Même si le code du travail ne l'indique pas expressément, les groupements sont, à notre sens, soumis à la législation sur les *élections professionnelles** dès lors qu'ils comptent au moins 11 salariés.

Obligations sociales de l'utilisateur

Effectif - Le salarié mis à disposition par un GE est comptabilisé dans l'*effectif** de l'entreprise utilisatrice dans les mêmes conditions que tout salarié mis à disposition (voir *Salariés mis à disposition**) (c. trav. art. L. 1111-2).

Par exception, le salarié mis à disposition est exclu du décompte en ce qui concerne les obligations relatives à la *participation à la formation professionnelle continue** et à la *tarification des risques d'accidents du travail**, lorsqu'elles sont liées à une condition d'effectif (c. trav. art. R. 1111-1).

Restaurant d'entreprise et transports collectifs - Dans l'entreprise utilisatrice, les salariés du groupement ont accès aux moyens de transports collectifs et aux installations collectives, notamment de restauration, dans les mêmes conditions que les salariés de cette entreprise (c. trav. art. L. 1253-14).

Conditions de travail - Pour chaque salarié mis à sa disposition, l'entreprise utilisatrice est responsable des conditions d'exécution du travail telles qu'elles sont déterminées par les mesures législatives, réglementaires et conventionnelles applicables au lieu de travail. Les conditions d'exécution du travail comprennent limitativement ce qui a trait à la *durée du travail**, au *travail de nuit**, au *repos hebdomadaire** et aux *jours fériés**, à l'*hygiène et sécurité**, au travail des femmes, des enfants et des jeunes travailleurs [voir *Jeunes (emploi des)**] (c. trav. art. L. 1253-12).

Apprentissage - Lorsque l'apprenti est recruté par un GE, les dispositions relatives au maître d'apprentissage sont appréciées au niveau de l'entreprise utilisatrice membre de ce groupement (c. trav. art. L. 6223-5) [voir *Apprentissage (apprentis)**].

Épargne salariale - Les salariés d'un GE peuvent bénéficier du dispositif d'intéressement mis en place dans chacune des entreprises adhérentes du groupement auprès desquelles ils sont mis à disposition, sous réserve que ce dispositif n'ait pas été mis en place au niveau du GE et que l'accord ou le règlement relatif à l'intéressement applicable dans l'entreprise utilisatrice ouvre expressément le dispositif aux salariés mis à disposition par le groupement (c. trav. art. L. 3312-2 et D. 3311-4) (voir *Intéressement des salariés**).

Des dispositions similaires existent en matière de participation (c. trav. art. L. 3322-2 et D. 3321-2) (voir *Réserve spéciale de participation**) et de *plan d'épargne d'entreprise (PEE)** (c. trav. art. L. 3332-2 et D. 3331-2).

Si, dans l'entreprise adhérente, l'accord ou le règlement subordonne le bénéfice de l'intéressement, de la participation ou du plan d'épargne à une condition d'ancienneté (c. trav. art. L. 3342-1), le salarié du groupement est réputé satisfaire cette condition dès l'instant où il a été mis à la disposition de l'entreprise adhérente pendant au moins 60 jours au cours du dernier exercice (c. trav. art. D. 3342-1).

Médecine du travail - Lorsque l'activité exercée par le salarié mis à disposition nécessite une surveillance médicale renforcée, les obligations correspondantes sont à la charge de l'utilisateur. Celui-ci doit déclarer au groupement tout *accident du travail** survenu au salarié mis à sa disposition (c. trav. art. L. 1253-13).

Représentation du personnel - Voir *Salariés mis à disposition**.

Pouvoir disciplinaire - L'utilisateur ne dispose pas à proprement parler d'un pouvoir disciplinaire à l'égard du personnel mis à sa disposition dans la mesure où il n'est pas leur employeur. Concrètement, il ne peut pas sanctionner directement les salariés mis à disposition. Le cas échéant, il ne peut qu'en référer au groupement, ce qui pourra éventuellement aboutir à la cessation de la mise à disposition et au remplacement du salarié concerné.

▶ À noter… Le salarié mis à disposition peut bénéficier d'une délégation de pouvoir du dirigeant de l'entreprise utilisatrice dans les mêmes conditions qu'un salarié de cette entreprise (c. trav. art. L. 1253-15).

Convention collective applicable

Les salariés du groupement bénéficient de la convention collective dans le champ d'application de laquelle le groupement a été constitué (c. trav. art. L. 1253-10). Les travailleurs salariés d'un groupement multisectoriel sont soumis à la convention collective choisie par le groupement lors de sa création (*voir ci-avant*). En tout état de cause, les salariés des groupements ne bénéficient pas de la convention collective des adhérents quand ils sont mis à disposition.

Action en justice des syndicats

Les syndicats représentatifs dans l'entreprise utilisatrice ou dans le groupement peuvent exercer en justice les intérêts des salariés du groupement de la même façon que ceux de n'importe quel autre salarié. Ils peuvent agir en justice sans avoir à justifier d'un mandat de l'intéressé, pourvu que celui-ci en ait été averti et qu'il n'ait pas déclaré s'y opposer. Le salarié peut toujours intervenir à l'instance engagée par le syndicat (c. trav. art. L. 1253-16).

Groupements d'employeurs pour l'insertion et la qualification (GEIQ)

Procédure de labellisation « GEIQ » - Ce label est attribué, pour une durée d'un an, aux GE professionnels (ou sectoriels) qui regroupent des adhérents relevant de la même convention collective et qui satisfont à un cahier des charges fixé par arrêté ministériel. Ils doivent obtenir l'approbation d'une commission mixte nationale (décret 2015-998 du 17 août 2015, JO du 18 ; arrêté du 17 août 2015, JO du 18).

Contrat de professionnalisation - Les GE qui organisent, dans le cadre du *contrat de professionnalisation**, des parcours d'insertion et de qualification au profit de jeunes de 16 à 25 ans sortis du système scolaire sans qualification ou rencontrant des difficultés particulières d'accès à l'emploi, ou au profit de demandeurs d'emploi de 45 ans et plus, peuvent bénéficier d'une aide de l'État pour l'accompagnement personnalisé vers l'emploi de ces publics (c. trav. art. D. 6325-23 à D. 6325-28).

Conclusion préalable d'une convention - Afin de bénéficier de cette aide, les GE doivent conclure une convention avec le représentant de l'État dans le département. Celle-ci doit préciser :

- le nombre prévisionnel d'accompagnements dans l'année de jeunes de 16 à 25 ans et de demandeurs d'emploi âgés de 45 ans et plus, recrutés en contrat de professionnalisation ;
- les secteurs d'activité concernés, les qualifications préparées, les postes de travail sur lesquels les titulaires des contrats sont embauchés ;

- le contenu et les modalités de mise en œuvre de l'accompagnement personnalisé vers l'emploi, le nombre et la qualité des personnes chargées de l'accompagnement.

Les GE bénéficiaires de l'aide sont tenus d'établir annuellement un bilan d'exécution de la convention.

Détermination et versement de l'aide - Cette aide est attribuée chaque année, en fonction du nombre d'accompagnements prévus par le GE. Elle est calculée sur une base forfaitaire par accompagnement et par an, dont le montant est fixé par arrêté. Cette aide est fixée à 814 € par accompagnement et en année pleine (arrêté du 17 août 2015, JO du 18). Soixante-quinze pour cent (75 %) du montant prévisionnel de l'aide sont versés à la conclusion de la convention (c. trav. art. D. 6325-27). Le paiement du solde s'opère après examen par la DREETS du bilan d'exécution de la convention.

Exonération de cotisations patronales - L'aide de l'État *(voir ci-avant)* est cumulable avec une exonération de cotisations patronales (au titre des assurances sociales et des allocations familiales) dont le GEIQ peut bénéficier en embauchant un demandeur d'emploi de 45 ans et plus en contrat de professionnalisation (c. trav. art. L. 6325-16 et D. 6325-26).

Par ailleurs, les GEIQ qui bénéficient de l'aide d'État peuvent prétendre à une exonération de cotisations patronales au titre des accidents du travail et des maladies professionnelles (c. trav. art. L. 6325-17, D. 6325-19-1 et D. 6325-26 ; lettre-circ. ACOSS 2009-98 du 24 décembre 2009). Pour les contrats conclus avec des jeunes de 16 à 25 ans révolus, cette exonération peut se cumuler avec la *réduction générale de cotisations patronales** (c. trav. art. L. 6325-21).

Emplois d'avenir - Les GEIQ peuvent recourir aux *emplois d'avenir**, mais les prescriptions d'emplois d'avenir ne sont plus autorisées depuis le 1.01.2018, y compris pour les renouvellements. Seuls les contrats en cours iront à leur terme (circ. DGEFP/SDPAE/MIP/MPP 2018-11 du 11 janvier 2018).

Apprentissage - À titre expérimental jusqu'au 5.09.2021, un apprenti embauché par un GEIQ pouvait suivre sa formation pratique auprès de trois membres du groupement. Le suivi de l'*apprentissage** s'effectuait sous la tutelle d'une personne tierce, appartenant au groupement d'employeurs (loi 2018-771 du 5 septembre 2018, art. 11-IV, JO du 6).

▶ À noter... Au plus tard 3 mois avant la fin de cette expérimentation, le Gouvernement devait présenter un rapport au Parlement pour déterminer si la mesure devait être pérennisée. Au 1.01.2022, le rapport n'avait pas été remis.

☛ *Salariés mis à disposition ; Travail à temps partagé.*

Groupements d'intérêt économique (GIE)

Ce sont des entreprises appartenant à des personnes physiques ou à des sociétés qui, tout en conservant aussi leur individualité et leur autonomie, mettent en commun certaines de leurs activités dans un cadre légal (c. com. art. L. 251-1 et s.).

GIE employeur

Ayant la personnalité civile, un GIE peut embaucher un ou plusieurs salariés pour les besoins de son fonctionnement.

En revanche, les salariés des différentes entreprises qui composent le GIE demeurent liés à ces dernières. Les dispositions du code du travail relatives au maintien des contrats de travail avec le nouvel employeur en cas de *modification de la situation juridique de l'employeur** n'ont pas, en effet, vocation à s'appliquer en cas de constitution d'un GIE, chaque membre poursuivant sa propre activité. Il n'y a donc pas transfert des contrats de travail au GIE pour les salariés y travaillant (c. trav. art. L. 1224-1 à L. 1224-4 ; cass. soc. 4 février 1988, n° 86-60549, BC V n° 98).

▶ À noter... Sur l'*intéressement des salariés**, voir cette étude

Plan de sauvegarde de l'emploi

Une entreprise qui fait partie d'un GIE n'est pas soumise à l'obligation de mettre en place un *plan de sauvegarde de l'emploi** même si, en additionnant les effectifs de chacun des membres composant le GIE, l'effectif à ce niveau atteignait les 50 salariés (cass. soc. 28 janvier 2009, n° 07-45481, BC V n° 26).

Reclassement du salarié inapte

Lorsque l'entreprise appartient à un groupe, la recherche des possibilités de reclassement doit s'effectuer parmi les entreprises de ce groupe situées en France et dont les activités, l'organisation ou le lieu d'exploitation lui permettent d'effectuer la permutation de tout ou partie du personnel (c. trav. art. L. 1226-2 et L. 1226-10). L'adhésion à un GIE n'entraîne pas, en soi, la constitution d'un groupe de reclassement (cass. soc. 25-11-2015 n° 14-17995 D ; cass. soc. 30 septembre 2020, n° 19-13122 FSPB).

Représentation du personnel

Le GIE peut avoir ses propres organes de représentation, même s'il est entièrement composé de salariés mis à sa disposition par les entreprises membres du groupement (cass. crim. 29 avril 1986, n° 84-94476, B. crim. n° 147 ; cass. crim. 14 mai 1991, n° 90-83131 D).

S'agissant des élections professionnelles, il convient à notre sens de se reporter aux règles relatives aux *salariés mis à disposition**.

Guichet unique (artistes et techniciens du spectacle)

@ Cette étude est détaillée dans la version en ligne de ce Dictionnaire (voir www.rfsocial.com et www.rfeditions.com).

H

Habillage

Temps d'habillage

Contreparties - Le temps nécessaire aux opérations d'habillage et de déshabillage des salariés fait l'objet de contreparties sous forme soit de repos, soit financière lorsque le port d'une tenue de travail est (c. trav. art. L. 3121-3) :

- imposé par des dispositions législatives ou réglementaires, par des clauses conventionnelles, par le règlement intérieur ou le contrat de travail ;
- et que l'habillage et le déshabillage doivent être réalisés dans l'entreprise ou sur le lieu de travail.

▶ À noter… Il avait été jugé que modification de la clause d'un *règlement intérieur** relative au port de la tenue de travail nécessitait la consultation préalable du CHSCT (cass. soc. 11 février 2015, n° 13-16457, BC V n° 30). À notre sens, cette solution est applicable au comité social et économique consulté dans le cadre de ses attributions santé-sécurité-conditions de travail [voir *Comité social et économique (santé, sécurité et conditions de travail)**].

L'obligation d'accorder une contrepartie au salarié, pour le temps consacré à ces opérations, s'applique si deux conditions sont effectivement et cumulativement remplies (cass. soc. 26 mars 2008, n° 05-41476, BC V n° 73 ; cass. ass. plén. 18 novembre 2011, n° 10-16491, B. ass. plén. n° 8) :

- le port de la tenue de travail est obligatoire ;
- l'habillage et le déshabillage doivent se dérouler impérativement dans l'entreprise ou sur le lieu de travail, peu important que des salariés ne respectent pas cette obligation (cass. soc. 20 décembre 2017, n° 16-22300 D).

L'obligation d'avoir à se changer sur les lieux de travail peut résulter de raisons d'hygiène imposant aux salariés de ne pas quitter l'entreprise revêtus d'une tenue insalubre, sans que cela résulte d'une demande expresse de l'employeur (cass. soc. 21 novembre 2012, n° 11-15696, BC V n° 305).

À définir par accord collectif ou dans le contrat de travail - Une convention ou un accord d'entreprise ou d'établissement (à défaut, une convention ou un accord de branche) prévoit soit d'accorder des contreparties aux temps d'habillage et de déshabillage, soit d'assimiler ces temps à du temps de travail effectif (c. trav. art. L. 3121-7).

▶ À noter… Le cas échéant, l'accord d'entreprise ou d'établissement prime sur l'accord de branche.

Faute d'accord collectif traitant cette question, c'est le contrat de travail qui accorde des contreparties aux temps d'habillage et de déshabillage ou assimile ces temps à du temps de travail effectif (c. trav. art. L. 3121-8, 2°).

Lorsqu'aucun accord collectif ni aucune mention dans le contrat de travail ne fixent la contrepartie due pour les opérations d'habillage et de déshabillage, les juges déterminent cette contrepartie s'ils reconnaissent le principe d'une nécessaire contrepartie (cass. soc. 16 janvier 2008, n° 06-42983, BC V n° 11 ; cass. soc. 16 mars 2016, n° 14-16354 D).

Seuls les temps d'habillage et de déshabillage sont concernés par cette contrepartie, pas les temps de communication de l'employeur dans les vestiaires (cass. soc. 25 mai 2016, n° 14-22242 D).

Distinction entre prime de douche et prime d'habillage - La rémunération du temps de douche prise en fin de service ne peut inclure que l'indemnisation des temps de déshabillage et d'habillage de fin de journée *(voir ci-après)*. Elle ne peut pas valoir contrepartie au temps de déshabillage-habillage lors de la prise de poste en début de journée. En l'espèce, la rémunération du temps de douche était versée sous forme de prime. Celle-ci ne pouvait pas englober l'indemnisation du temps consacré aux opérations de déshabillage et d'habillage en début de journée, même si l'employeur avait augmenté, via une note de service, le temps ainsi indemnisé (cass. soc. 12 décembre 2012, n° 11-22884, BC V n° 337).

Contrôle du temps d'habillage - L'employeur peut contrôler les horaires de travail des salariés, y compris le temps consacré à l'habillage lorsque celui-ci est considéré comme du *temps de travail effectif** ou fait l'objet d'une contrepartie.

S'il est fait usage d'un dispositif de *vidéosurveillance des salariés**, cette utilisation doit répondre aux exigences requises (cass. soc. 10 janvier 2012, n° 10-23482, BC V n° 2).

▶ À noter… Il s'agit d'un simple contrôle des horaires de travail, y compris le temps consacré à l'habillage et au déshabillage. Le procédé mis en place doit respecter l'intimité du salarié.

Liberté de se vêtir

Voir *Vêtements**.

Vêtements de travail

Voir *Vêtements**.

Temps de douche

En cas de travaux insalubres et salissants, le temps passé à la douche est rémunéré au tarif normal des heures de travail sans être décompté dans la durée du travail effectif (c. trav. art. R. 3121-1). Cette obligation de paiement n'est pas subordonnée à la preuve par les salariés concernés de la prise effective de douches. Il suffit que les travaux effectués le nécessitent (cass. soc. 11 février 2004, n° 01-46405, BC V n° 53 ; cass. soc. 17 octobre 2007, n° 06-41444 D). À défaut de figurer sur le bulletin de paie, la rémunération est présumée ne pas avoir été versée et l'employeur doit établir qu'il s'est acquitté de ses obligations (cass. soc. 19 novembre 1996, n° 94-44243 D).

☞ *Temps de travail effectif ; Vêtements.*

Handicapés

Qualité de travailleur handicapé

Personnes visées - Toute personne dont les possibilités d'obtenir ou de conserver un emploi sont effectivement réduites par suite de l'altération d'une ou de plusieurs fonctions physiques, sensorielles, mentales ou psychiques est considérée comme travailleur handicapé (c. trav. art. L. 5213-1). La qualité de travailleur handicapé est reconnue par la Commission des droits et de l'autonomie des personnes handicapées (CDAPH) (c. trav. art. L. 5213-2).

▶ À noter… Le salarié n'est pas tenu d'informer son employeur de sa qualité de travailleur handicapé (cass. soc. 6 mai 2003, n° 01-41370 D ; cass. soc. 18 septembre 2013, n° 12-17159 D).

Stagiaire handicapé - Un jeune de plus de 16 ans qui dispose d'une convention de stage est considéré comme travailleur handicapé pour l'obligation d'emploi s'il a droit à (c. trav. art. L. 5212-7, 1°) [voir *Handicapés (obligation d'emploi)**] :
- la prestation de compensation du handicap ;
- l'allocation compensatrice pour tierce personne ;
- ou l'allocation d'éducation de l'enfant handicapé.

Conditions de travail

Égalité de traitement et non-discrimination - Les personnes handicapées, salariées dans une entreprise ordinaire, relèvent de l'ensemble des règles juridiques applicables aux autres salariés (c. trav. art. L. 1132-1 et L. 1132-4). Pour autant, elles bénéficient également de dispositions qui leur sont spécifiques *(voir ci-après)*.

Elles ne doivent pas subir de *discriminations** en raison de leur handicap et elles doivent bénéficier d'un traitement égal à celui des autres salariés.

▶ À noter… Les différences de traitement fondées sur l'inaptitude constatée par le médecin du travail en raison du handicap ne constituent pas une discrimination lorsqu'elles sont objectives, nécessaires et appropriées (c. trav. art. L. 1133-3).

Obligation de prendre des « mesures appropriées » - Afin de garantir le principe d'égalité de traitement, les employeurs doivent prendre, en fonction des besoins dans une situation concrète, les mesures appropriées pour permettre aux salariés handicapés (c. trav. art. L. 5213-6) :
- d'accéder à un emploi ou de conserver un emploi correspondant à leur qualification, de l'exercer ou d'y progresser ;
- ou de suivre une formation adaptée à leurs besoins.

Cette obligation est levée si les charges consécutives à leur mise en œuvre sont disproportionnées, compte tenu des aides dont l'employeur bénéficie.

▶ Attention… L'obligation de prendre des mesures appropriées et le droit à des horaires individualisés *(voir ci-après)* concernent plus spécifiquement les salariés bénéficiaires de l'obligation d'emploi, dont les travailleurs reconnus handicapés par la CDAPH (c. trav. art. L. 3121-49 et L. 5213-6).

L'employeur qui ne prend pas les mesures appropriées permettant de préserver l'emploi du travailleur handicapé peut être condamné pour licenciement discriminatoire (cass. soc. 14 décembre 2016, n° 15-26417 D ; cass. soc. 3 juin 2020, n° 18-21993 FSPB).

Exemples

Un salarié a informé son employeur de son statut de travailleur handicapé lors de l'entretien préalable à son licenciement. L'employeur n'a pas pris en compte ce nouvel élément et l'a licencié 3 jours plus tard. Or, il aurait dû analyser de nouveau la situation, reconsidérer l'insuffisance professionnelle reprochée au salarié et prendre les mesures appropriées pour lui permettre de conserver son emploi, au besoin en l'adaptant (cass. soc. 14 décembre 2016, n° 15-26417 D).

Un employeur a licencié un travailleur handicapé à la suite de son inaptitude constatée par le médecin du travail. Il lui a été reproché un manquement à son obligation de reclassement, compte tenu notamment du fait qu'il ne justifiait pas d'études de postes ni de recherche d'aménagements du poste du salarié, malgré l'importance de ses effectifs et le nombre de ses métiers (cass. soc. 3 juin 2020, n° 18-21993 FSPB).

Aménagement d'horaires - Les salariés handicapés bénéficient, à leur demande, d'aménagements d'horaires individualisés propres à faciliter leur accès à l'emploi, leur exercice professionnel ou leur maintien dans l'emploi. Les aidants familiaux et les proches d'une personne handicapée y ont également droit afin de faciliter l'accompagnement de cette personne (c. trav. art. L. 3121-49).

Temps partiel - Un salarié handicapé peut solliciter auprès de son employeur une dérogation individuelle à la durée de travail minimale de 24 h par semaine (Rép. Cochet n° 50400, JO 5 août 2014, AN quest. p. 6783) [voir *Travail à temps partiel (contrat de travail)**].

Temps de trajet domicile/lieu de travail - Le temps de trajet domicile/lieu de travail peut faire l'objet d'une contrepartie en repos dès lors que ce temps est majoré du fait d'un handicap (c. trav. art. L. 3121-5).

Apprentissage - voir *Apprentissage (apprentis)** et *Apprentissage (contrat)**.

Rémunération - Les bénéficiaires de l'obligation d'emploi perçoivent une rémunération qui ne peut pas être inférieure au SMIC ni aux minima conventionnels applicables dans l'entreprise (c. trav. art. L. 5213-7) [voir *Handicapés (obligation d'emploi)**]. Par ailleurs, ils ne doivent pas faire l'objet de mesure discriminatoire en matière de rémunération (c. trav. art. L. 1132-1).

Formation, réadaptation et rééducation - Tout travailleur handicapé peut bénéficier d'une réadaptation, d'une rééducation ou d'une formation professionnelle (c. trav. art. L. 5213-3).

▶ À noter… Un travailleur handicapé peut bénéficier, sous conditions, de certaines aides financières dans le cadre de ces stages (c. trav. art. L. 5213-4).

Les personnes handicapées et assimilées, bénéficiaires de l'obligation d'emploi, ont accès à l'ensemble des dispositifs de la formation professionnelle dans le respect du principe d'égalité de traitement, en prenant les mesures appropriées (c. trav. art. L. 6112-3). Elles peuvent bénéficier du dispositif *pro-A, reconversion ou promotion par alternance** si elles remplissent les conditions (c. trav. art. L. 6324-1).

Afin de prévenir le risque de désinsertion professionnelle à l'issue d'un arrêt de travail, les travailleurs handicapés peuvent bénéficier du contrat de rééducation professionnelle en entreprise (CRPE). Ce dispositif, géré par l'assurance maladie, relèvera au 31.03.2022 d'un cadre juridique inscrit dans le code du travail et le code de la sécurité sociale. Il sera renommé « convention de rééducation professionnelle en entreprise » et bénéficiera aux travailleurs handicapés déclarés inaptes ou pour lesquels le médecin du travail a identifié, dans le cadre de l'examen de préreprise, un risque d'inaptitude (loi 2021-1018 du 2 août 2021, art. 28, JO du 3 ; c. trav. art. L. 5213-3 et L. 5213-3-1 à venir au 31 mars 2022 ; c. séc. soc. art. L. 323-3-1 à venir au 31 mars 2022).

Enfin, tout établissement ou groupe d'établissements appartenant à une même activité professionnelle de plus de 5000 salariés assure, après avis médical, le ré-entraînement au travail et la rééducation professionnelle de ses salariés malades et blessés, reconnus handicapés (c. trav. art. L. 5213-5 ; cass. soc. 12 janvier 2011, n° 09-70634, BC V n° 13). L'employeur n'échappe pas à cette obligation au seul motif que le salarié, reconnu inapte à son poste, n'a pas repris le travail à son poste ou à un poste de reclassement. En effet, ces mesures peuvent être dispensées dans un établissement de santé, et pas seulement en entreprise (cass. soc. 23 novembre 2016, n° 14-29592, BC V n° 221).

Compte personnel de formation (CPF) - Les bénéficiaires de l'obligation d'emploi bénéficient d'une alimentation majorée de leur CPF. En plus du crédit annuel de droit commun de 500 €, une majoration annuelle de 300 € est appliquée. Le CPF est plafonné à 8000 € (c. trav. art. L. 6323-11 et D. 6323-3-3).

Le crédit porté au CPF des personnes accueillies dans un établissement ou service d'aide par le travail (ESAT) est aussi majoré, à hauteur de 800 € par an, dans la limite d'un plafond de 8000 € (c. trav. art. R. 6323-29).

La contribution des ESAT au CPF des travailleurs handicapés accueillis est égale à 0,20 % d'une assiette égale à la somme de la rémunération garantie financée par l'ESAT et de la moitié de l'aide au poste financée par l'État (c. trav. art. L. 6323-36 et D. 6323-29-2) [voir *Compte personnel de formation (mise en place et alimentation)**, *Compte personnel de formation (utilisation)** et *Compte personnel de formation (financement)**].

Suivi individuel de l'état de santé - Lors de la visite d'information et de prévention, le salarié qui déclare être travailleur handicapé est orienté sans délai vers le médecin du travail et bénéficie d'un suivi individuel adapté de son état de santé (c. trav. art. L. 4624-1).

Le médecin du travail peut préconiser des adaptations de son poste de travail. Il détermine la périodicité et les modalités du suivi de son état de santé qui, par la suite, peut être réalisé par un autre professionnel de santé (ex. : collaborateur médecin, infirmier). Des visites doivent avoir lieu au moins tous les 3 ans (c. trav. art. R. 4624-17 et R. 4624-20) [voir *Visite médicale (information et prévention)** et *Visites médicales (périodiques)**].

Visite médicale de reprise - Lorsqu'un employeur n'organise pas de visite médicale de reprise pour un salarié handicapé alors qu'il y est tenu, celui-ci peut prendre acte de la rupture de son contrat de travail aux torts de son employeur (cass. soc. 16 juin 2009, n° 08-41519, BC V n° 147) [voir *Visite médicale (reprise)**].

Maladie et accident - Les travailleurs handicapés relèvent des mêmes dispositions que les autres salariés en matière de maladie ou d'accident professionnel ou non (voir *Accident du travail**, *Maladie** et *Maladies professionnelles**).

Cependant, les travailleurs handicapés embauchés en application des dispositions sur l'obligation d'emploi ne peuvent pas, en principe, en cas de rechute de l'affection invalidante, bénéficier des avantages spéciaux accordés en cas de maladie par un statut particulier ou une convention ou accord collectif de travail (c. trav. art. L. 5213-8).

Lorsque l'affection du travailleur handicapé est dite consolidée, celui-ci peut, s'il est à nouveau atteint de la maladie qui était à l'origine de son invalidité, bénéficier de ces avantages spéciaux à l'expiration d'un délai de 1 an, à compter de la date de la consolidation.

Dans le cas d'accident ou de maladie autre que l'affection invalidante, les intéressés peuvent bénéficier des avantages spéciaux dès leur embauche dans les mêmes conditions que les autres membres du personnel (c. trav. art. L. 5213-8).

Congés payés - Les travailleurs handicapés accueillis dans les ESAT ont droit à 30 jours ouvrables de congés payés par an, qui peuvent être augmentés de 3 jours mobiles, dont l'attribution est laissée à l'appréciation du directeur de l'établissement (CASF art. R. 243-11 ; cass. soc. 16 décembre 2015, n° 11-22376, BC V n° 263).

Désignation d'un référent handicap

Dans les entreprises d'au moins 250 salariés (calculés selon l'*effectif sécurité sociale**), l'employeur doit désigner un référent chargé d'orienter, d'informer et d'accompagner les personnes handicapées (c. trav. art. L. 5213-6-1). Aucune précision n'est donnée sur la qualité de ce référent. Il peut, à notre avis, s'agir d'un salarié s'occupant de l'emploi des personnes handicapées dans l'entreprise (ex. : responsable RH, chargé de mission handicap, responsable RSE).

Aménagement des lieux et postes de travail

Il existe des règles d'aménagement spécifiques concernant notamment (c. trav. art. R. 4214-26 à R. 4214-28, R. 4216-2-1 à R. 4216-2-3 et R. 4225-6 à R. 4225-8) (voir *Local de restauration** et *Local de travail**) :

- l'accessibilité des lieux de travail aux travailleurs handicapés ;
- l'adaptation des postes de travail, des installations sanitaires ainsi que des systèmes d'alarme ;
- l'évacuation des personnes handicapées des lieux de travail en cas d'incendie.

De plus, l'employeur doit s'assurer que les logiciels installés sur le poste de travail des personnes handicapées et nécessaires à leur exercice professionnel sont accessibles et que leur poste de travail est accessible en *télétravail** (c. trav. art. L. 5213-6).

Accompagnement vers l'emploi ordinaire

Les travailleurs handicapés peuvent bénéficier, dès l'âge de 16 ans, d'un dispositif d'accompagnement dans l'emploi comportant un accompagnement médico-social et un soutien à l'insertion professionnelle, afin de leur permettre de s'insérer durablement sur le marché du travail. Sa mise en œuvre comprend un soutien et un accompagnement du salarié, ainsi que de l'employeur (c. trav. art. L. 5213-2-1 et D. 5213-88 à D. 5213-93 ; CASF art. L. 243-1).

Il concerne les travailleurs handicapés :

- ayant un projet d'insertion en milieu ordinaire de travail ;
- accueillis dans un ESAT et ayant un projet d'insertion en milieu ordinaire de travail ;
- employés en milieu ordinaire de travail et ayant des difficultés pour sécuriser durablement leur insertion professionnelle.

Le travailleur handicapé est admis dans le dispositif avec son accord par décision de la CDAPH.

Une convention individuelle d'accompagnement est conclue entre la personne morale gestionnaire du dispositif, le travailleur handicapé et son employeur, qui précise notamment les modalités d'accompagnement et de soutien du travailleur handicapé et de l'employeur, notamment sur le lieu de travail (c. trav. art. L. 5213-2-1).

Rupture du contrat

Motif de rupture du contrat - Aucun salarié ne peut être licencié en raison de son handicap (c. trav. art. L. 1132-1). Lorsque le licenciement est prononcé en raison du handicap, il est réputé nul et non avenu, et l'employeur encourt des sanctions pénales (c. trav. art. L. 1132-4 ; c. pén. art. 225-1 à 225-4).

Cependant, l'employeur peut rompre le contrat de travail d'un salarié inapte en cas d'impossibilité de reclassement ou de refus du salarié [voir *Inaptitude physique (licenciement)**].

Licenciement économique - Voir *Ordre des licenciements**.

Préavis doublé en cas de licenciement - La durée du *préavis** légal est doublée en cas de licenciement d'un salarié handicapé, sans toutefois pouvoir dépasser 3 mois (c. trav. art. L. 5213-9). Ce doublement doit être appliqué dès lors que l'employeur licencie un travailleur handicapé, peu important qu'il emploie moins de 20 salariés et qu'il ne soit pas soumis à l'obligation d'emploi des travailleurs handicapés (cass. soc. 4 juin 2009, n° 08-40666 D).

▶ À noter… Ce principe ne s'applique pas à l'indemnité compensatrice de préavis due en cas de licenciement pour inaptitude professionnelle du salarié handicapé. Dès lors, le salarié ne peut pas prétendre au doublement de cette indemnité (c. trav. art. L. 1226-14 ; cass. soc. 10 mars 2009, n° 08-42249, 2e moyen, BC V n° 64 ; cass. soc. 4 septembre 2019, n° 18-13779 D).

Le salarié y a également droit lorsqu'il révèle sa qualité de travailleur handicapé après la notification de son licenciement. Dans ce cas, l'employeur ne peut pas reprocher au salarié un défaut d'information préalable sur son handicap alors qu'il n'est pas tenu de l'en informer (cass. soc. 7 novembre 2006, n° 05-41380 BC V n° 326 ; cass. soc. 18 septembre 2013, n° 12-17159 D).

▶ Attention… Le doublement du préavis n'a pas lieu d'être en cas de licenciement d'un salarié en CDI consécutif à une inaptitude physique d'origine non professionnelle puisqu'il n'y a dans ce cas, ni préavis ni indemnité compensatrice (c. trav. art. L. 1226-4), sauf si le licenciement est reconnu sans cause réelle et sérieuse en raison du manquement de l'employeur à son obligation de reclassement (cass. soc. 20 novembre 2019, n° 18-22026 D).

Impossibilité d'exécuter le préavis - Voir *Préavis (indemnité compensatrice)**.

Priorité de réembauche - Voir *Entreprise adaptée**.

Retraite - Voir *Départ anticipé à la retraite**.

☛ *Entreprise adaptée ; Handicapés (aides à l'emploi) ; Handicapés (contribution Agefiph) ; Handicapés (déclaration d'emploi) ; Handicapés (obligation d'emploi).*

Handicapés (aides à l'emploi)

Afin de compenser les surcoûts permanents liés au handicap d'un salarié, l'employeur peut solliciter auprès de l'Agefiph une aide financière appelée « aide à l'emploi des travailleurs handicapés » (AETH) (c. trav. art. L. 5213-11). Pour ce faire, il doit effectuer une demande de reconnaissance de la lourdeur du handicap (RLH). L'Agefiph peut également verser d'autres aides, indépendamment d'une reconnaissance de la lourdeur du handicap.

Dans le cadre de la crise sanitaire liée au covid-19, certaines de ces aides ont été renforcées *(voir tableau reproduit dans cette étude)*. Sur l'aide exceptionnelle à l'embauche des personnes handicapées versée en 2021, voir *Covid-19 (aides à l'embauche)**.

Reconnaissance de la lourdeur du handicap (RLH)

Procédure à l'initiative de l'employeur - Le principe de la compensation de l'incidence du handicap de la personne sur son activité passe par la procédure de reconnaissance de la lourdeur du handicap (RHL). Il s'agit d'évaluer cette dernière sur la base des coûts pérennes supportés par l'entreprise du fait du handicap du salarié.

L'employeur doit (c. trav. art. R. 5213-42 et R. 5213-43) :

- adresser sa demande de RLH au délégué régional de l'Agefiph, en remplissant un formulaire spécifique, auquel il joint un certain nombre de

pièces justificatives, le tout étant envoyé par LRAR ou directement par voir électronique sur le site Internet *(voir ci-après)* ;
- informer le salarié handicapé du dépôt de la demande.

L'employeur peut se procurer les coordonnées des délégations régionales sur le site de l'Agefiph (www.agefiph.fr).

Formulaire de demande - L'employeur doit utiliser un formulaire spécifique pouvant être téléchargé sur le site de l'Agefiph (www.agefiph.fr). Il y joint des pièces justificatives dont la liste est reprise dans le tableau reproduit dans cette étude (c. trav. art. R. 5213-42 ; arrêté du 9 septembre 2019, JO du 13).

« Pré-reconnaissance » à partir de 80 % d'invalidité ou d'incapacité permanente - Pour les salariés présentant un taux d'invalidité ou d'incapacité permanente au moins égal à 80 %, la première décision de reconnaissance du handicap peut être accordée pour 1 an, sur présentation de la liste des prévisions d'aménagement du poste et de l'environnement de travail. Ces aménagements doivent être réalisés dans l'année qui suit le dépôt de la demande. Une fois cette période d'un an achevée, l'employeur adresse une demande de reconnaissance en bonne et due forme, qui sera cette fois valable 3 ans (c. trav. art. R. 5213-46-1).

Procédure simplifiée pour les personnes déjà en structure d'accueil - Pour les personnes sorties d'une entreprise adaptée (EA) ou d'un établissement ou service d'aide par le travail (ESAT) depuis moins de 1 an, l'Agefiph prend sa décision sur présentation d'un justificatif établi par la structure du milieu adapté ou protégé attestant de la sortie depuis moins de 1 an à la date du dépôt de la demande. L'employeur remplit alors un formulaire spécifique (arrêté du 9 septembre 2019, JO du 13). La liste des documents à fournir est réduite à l'essentiel (justificatif de la qualité de bénéficiaire de l'obligation d'emploi, avis d'aptitude ou attestation de suivi de l'état de santé, contrat de travail), l'employeur n'ayant pas à communiquer les justificatifs des coûts supportés par l'entreprise dans le cadre de l'aménagement du poste et des charges pérennes induites par le handicap. Cette procédure simplifiée ne s'applique qu'à une première demande de reconnaissance (c. trav. art. R. 5213-46-2).

Pas de demande de renouvellement pour les personnes de 50 ans et plus au jour de la demande - Pour les personnes âgées de 50 ans révolus et plus à la date du dépôt de la demande, la décision de reconnaissance de la lourdeur du handicap est valable jusqu'à la fin de l'activité professionnelle pour laquelle elle a été obtenue. En d'autres termes, tant que le salarié handicapé ne change pas de poste et que son handicap ou son environnement n'évolue pas, la décision de reconnaissance reste acquise, l'employeur n'a pas à en demander le renouvellement. Cette dispense de renouvellement ne s'applique pas lorsque la personne, bien qu'âgée de 50 ans révolus, entre dans l'entreprise dans l'année qui suit sa sortie d'une structure d'accueil, avec application de la procédure simplifiée de demande de reconnaissance *(voir ci-avant)* (c. trav. art. R. 5213-46).

Procédure de renouvellement simplifiée - Le renouvellement peut s'effectuer au moyen d'un formulaire simplifié (arrêté du 9 septembre 2019, JO du 13), disponible sur le site de l'Agefiph. La nouvelle demande doit être présentée dans un délai de 6 mois maximum à compter de la fin de la décision précédente (c. trav. art. R. 5213-47). Cette procédure ne s'applique qu'en cas de renouvellement « standard ». Dès lors qu'il y a eu un changement de poste ou que le handicap ou l'environnement a évolué, il s'agit d'une demande de révision et il faut passer par le formulaire intégral. La procédure « normale » s'impose également en cas de renouvellement concernant une personne ayant bénéficié, lors de la précédente demande, de la procédure allégée prévue en sortie d'EA ou d'ESAT (c. trav. art. R. 5213-48).

Attribution de l'aide à l'emploi (AETH)

Décision de l'Agefiph - L'Agefiph prend sa décision en fonction du montant des charges induites par le handicap. Si le montant des charges induites par le salarié handicapé est supérieur ou égal à 20 % du *SMIC** rapporté au nombre d'heures correspondant à la durée collective du travail de l'établissement (dans la limite de 1 607 heures par an) ou à la durée inscrite au contrat de travail à temps partiel, l'Agefiph reconnaît la lourdeur du handicap, condition nécessaire pour pouvoir prétendre à l'aide à l'emploi (c. trav. art. R. 5213-45).

Lorsque ce taux atteint 50 %, l'aide est majorée (c. trav. art. R. 5213-49).

La décision prend effet à compter de la date du dépôt de la demande (c. trav. art. R 5213-46). Elle est réexaminée tous les 3 ans, sauf exceptions *(voir ci-avant)*.

Pièces à joindre à la demande de reconnaissance de la lourdeur du handicap (RLH)	
Liste des pièces*	**Précisions**
Justificatif de la qualité de bénéficiaire de l'obligation d'emploi	Copie du titre de bénéficiaire de l'obligation d'emploi du travailleur handicapé présentant une durée de validité d'au moins 6 mois à compter du dépôt de la demande. Si validité inférieure à 6 mois, joindre la copie de l'accusé de réception de la demande de renouvellement reçu de la Commission des droits et de l'autonomie des personnes handicapées (CDAPH)
L'avis d'aptitude ou l'attestation de suivi délivrés par les professionnels de santé du service de santé au travail	Avis circonstancié.
Le contrat de travail du bénéficiaire et, le cas échéant, le ou les avenants à ce contrat	-
Le dernier bulletin de salaire du bénéficiaire	-
Les justificatifs des coûts supportés par l'employeur dans le cadre de l'aménagement optimal du poste et de l'environnement de travail du bénéficiaire	Factures acquittées. Devis, bons de commande pour les coûts prévus
Les justificatifs des coûts supportés par l'employeur au titre des charges pérennes induites par le handicap	Notamment, le cas échéant, le bulletin de salaire ou un justificatif de revenus professionnels d'activité non salariée du tiers aidant et/ou du tuteur
RIB de l'entreprise	-

* c. trav. art. R. 5213-42.

Si le salarié change de poste ou lorsque son handicap évolue, l'employeur peut présenter une demande de révision de la décision de l'Agefiph (c. trav. art. R. 5213-48).

Montant annuel de l'AETH - Le montant annuel de l'aide à l'emploi pour la lourdeur du handicap est fixé par poste de travail occupé à temps plein à 550 fois le SMIC horaire. Cependant lorsque les charges induites par la lourdeur du handicap sont au moins égales à 50 % du SMIC, le montant de l'aide est alors de 1095 fois le SMIC horaire (c. trav. art. R. 5213-49 ; arrêté du 9 septembre 2019, JO du 13).

L'aide est proratisée pour les salariés à temps partiel par le rapport entre l'horaire accompli et l'horaire collectif (c. trav. art. R. 5213-50).

Elle est versée trimestriellement par l'Agefiph, sur déclaration par l'employeur des heures de travail accomplies mensuellement, qui comprennent (arrêté du 9 septembre 2019, JO du 13) :

- les heures de travail réalisées dans la limite de la durée collective du travail applicable dans l'établissement ;
- les heures de congés payés ;
- le cas échéant, les heures non travaillées mais rémunérées en compensation du handicap tel que prévu par le contrat de travail (temps de repos à domicile, absences pour soin, temps de pause supplémentaires, etc.).

Autres aides incitatives

Entreprises visées - Les entreprises du secteur privé peuvent solliciter auprès de l'Agefiph plusieurs types d'aides financières, en vue de l'embauche, la formation ou le maintien dans l'emploi du travailleur handicapé. Certaines aides ont été renforcées ou adaptées pour faire face à la crise sanitaire liée au covid-19 (*voir tableau reproduit dans cette étude*).

Aide à l'embauche d'apprentis peu qualifiés - Les entreprises de moins de 250 salariés peuvent bénéficier de l'aide unique à l'apprentissage en cas d'embauche d'un apprenti peu qualifié, y compris si celui-ci a la qualité de travailleur handicapé [voir *Apprentissage (aides et exonérations)**].

Aides aux entreprises adaptées - Les entreprises adaptées bénéficient d'une aide pour l'emploi de personnes handicapées, appelée aide au poste (voir *Entreprise adaptée**).

Aide exceptionnelle à l'embauche - Voir *Covid-19 (aides à l'embauche)**.

☛ *Handicapés ; Handicapés (contribution Agefiph) ; Handicapés (déclaration d'emploi) ; Handicapés (obligation d'emploi).*

Synthèse des aides de l'AGEFIPH destinées aux employeurs (www.agefiph.fr)*
Aide à l'accueil, à l'intégration et à l'évolution professionnelle des personnes handicapées
Aide versée à l'employeur pour accompagner la prise de fonction et l'évolution professionnelle de la personne handicapée dans l'entreprise sur la base d'un plan d'action précisant les mesures prises par l'employeur pour sécuriser la prise de fonctions ou l'évolution professionnelle. Embauche en CDI ou en CDD d'au moins 6 mois d'une personne handicapée. Aide prescrite par le conseiller Pôle emploi, ou de Cap emploi, ou de la Mission locale ou de l'Agefiph. À demander en amont du recrutement (préparation à l'intégration) et durant le contrat (dans les 6 mois qui suivent la prise de poste). Montant maximum de l'aide : 3 000 €. Renouvelable pour un même salarié dans une même entreprise en cas d'évolution ou de mobilité professionnelle (prise d'un nouveau poste). Cette aide est cumulable avec d'autres aides. Covid-19 : les conditions d'accès à l'aide sont adaptées. Aide mobilisable lorsque les conditions de prise du poste ou lorsque le poste de travail de la personne handicapée ont évolué du fait de la crise sanitaire. L'aide peut être mobilisée dans les 6 mois qui suivent la prise de poste. Une tolérance de 3 mois supplémentaires est accordée pour le dépôt de la demande.
Aide à l'adaptation des situations de travail
Aide versée à l'employeur pour permettre l'insertion et/ou le maintien dans l'emploi par l'adaptation du poste de travail d'une personne handicapée. Elle est ouverte à l'employeur sur attestation du médecin du travail indiquant que le handicap, son aggravation ou une évolution du contexte de travail entraînent des conséquences sur l'aptitude à occuper le poste de travail. Dossier à remplir auprès de la direction régionale de l'Agefiph dont dépend l'employeur. Montant de l'aide : aide ponctuelle variable en fonction des frais engagés (frais liés à l'aménagement de poste, à l'interprétariat, au tutorat, à l'auxiliariat professionnel, à la transcription braille, aux logiciels spécifiques, etc.). Le renouvellement de l'aide pour le financement des matériels ou équipements est possible uniquement en cas d'aggravation du handicap, d'évolution de la situation de travail, d'obsolescence liée à l'évolution technologique ou d'usure du matériel dès lors qu'elle représente un surcoût pour l'employeur. Cette aide est cumulable avec d'autres aides.
Aide à l'embauche en contrat d'apprentissage
Aide pour encourager l'employeur à embaucher une personne handicapée en contrat d'apprentissage. Le contrat doit être d'une durée minimum de 6 mois et la durée hebdomadaire de travail au moins égale à 24h (ou 16h par dérogation). Dossier à remplir auprès de la direction régionale de l'Agefiph dont dépend l'employeur. Montant maximum de l'aide : 3 000 €. Son montant est proratisé en fonction de la durée du contrat de travail et à compter du 6e mois. Elle peut être prolongée en cas de redoublement ou de mention complémentaire (avenant au contrat). Elle est renouvelable en cas de préparation à une qualification de niveau supérieur. Cette aide est cumulable avec d'autres aides. Covid-19 : montant maximum porté à 4 000 € pour les contrats prenant effet au plus tard le 28.02.2022.
Aide à l'embauche en contrat de professionnalisation
Aide pour encourager l'employeur à embaucher une personne handicapée en contrat de professionnalisation. Le contrat doit être d'une durée minimum de 6 mois et la durée hebdomadaire de travail au moins égale à 24h (ou 16h par dérogation). Dossier à remplir auprès de la direction régionale de l'Agefiph dont dépend l'employeur. Montant maximum de l'aide : 4 000 €. Son montant est proratisé en fonction de la durée du contrat de travail et à compter du 6e mois. Elle peut être prolongée en cas de redoublement ou de mention complémentaire (avenant au contrat). Elle est renouvelable en cas de préparation à une qualification de niveau supérieur. Cette aide est cumulable avec d'autres aides. Covid-19 : montant maximum porté à 5 000 € pour les contrats prenant effet au plus tard le 28.02.2022.
Aide à l'emploi des travailleurs handicapés (AETH)
Voir Reconnaissance de la lourdeur du handicap (RLH) et Attribution de l'aide à l'emploi (AETH) ci-dessus
Aide à la formation dans le cadre du maintien dans l'emploi
Aide pour contribuer au financement du coût pédagogique de tout type d'actions de formation en vue de maintenir dans l'emploi une personne handicapée. Elle est ouverte à l'employeur sur attestation du médecin du travail indiquant que le handicap, son aggravation ou une évolution du contexte de travail entraînent des conséquences sur l'aptitude à occuper le poste de travail. L'aide est prescrite par le conseiller Cap emploi ou par l'équipe Comète et le dossier doit être rempli auprès de la direction régionale de l'Agefiph dont dépend l'employeur. Montant de l'aide : en fonction du coût du projet et des cofinancements prévus ou mobilisés auprès des autres financeurs (Opco…). Elle est renouvelable en fonction du projet de maintien dans l'emploi. Cette aide est cumulable avec d'autres aides.

Synthèse des aides de l'AGEFIPH destinées aux employeurs (www.agefiph.fr)*
Aide à la formation dans le cadre d'un maintien de l'employabilité
Aide pour contribuer au financement du coût pédagogique de tout type d'actions de formation centrées prioritairement en amont de la qualification, notamment celles participant à l'acquisition de pré-requis et sur la compensation du handicap. L'objectif est de contribuer au maintien de l'employabilité par la formation, dans une logique d'anticipation (la survenance ou l'aggravation du handicap n'est pas l'élément déclencheur de la demande). Aide ouverte à l'employeur d'une personne handicapée en situation d'évolution professionnelle (acquisition, transfert et développement des compétences). L'aide est prescrite par le conseiller Cap emploi ou par l'équipe Comète et le dossier doit être rempli auprès de la direction régionale de l'Agefiph dont dépend l'employeur. Montant de l'aide : en fonction du coût du projet et des cofinancements prévus ou mobilisés auprès des autres financeurs (Opco…). Elle est renouvelable en fonction du projet de maintien de l'employabilité. Cette aide est cumulable avec d'autres aides.
Aide à la recherche de solutions pour le maintien dans l'emploi des salariés handicapés
Aide pour permettre le maintien dans l'emploi d'une personne handicapée menacée dans son emploi en raison de l'inadéquation entre son handicap ou son état de santé et sa situation de travail. Elle permet de financer des frais occasionnés par la recherche de solutions de maintien dans l'emploi (temps de concertation, réunion,...). Elle est ouverte à l'employeur d'une personne handicapée pour laquelle le médecin du travail atteste que le handicap, son aggravation ou une évolution du contexte de travail entraînent des conséquences sur l'aptitude à occuper le poste de travail. L'aide est prescrite par le conseiller Cap emploi. Montant de l'aide : 2 000 €. Elle n'est pas renouvelable pour une même personne chez le même employeur sauf si la question de son maintien dans l'emploi se pose de nouveau pendant sa carrière professionnelle. Cette aide est cumulable avec d'autres aides. Covid-19 : renouvellement de l'aide de 2 000 € pour l'employeur dont la recherche de solution de maintien précédemment financée par l'Agefiph est rendue difficile du fait de la crise sanitaire et qui a besoin de plus de temps pour rechercher une solution de maintien. Aide supplémentaire de 2 000 € pour l'employeur ayant été accompagné jusqu'en février 2022 par Cap emploi pour le maintien et ayant des difficultés liées à la crise sanitaire pour mettre en œuvre la solution de maintien dans l'emploi (ex : délais de livraison du matériel de compensation, difficultés financières,...). Aides prescrites par l'Agefiph ou par Cap emploi.
Autres aides
Deux autres aides exceptionnelles covid-19 permettent de financer : - la mise en place du télétravail dans le cadre de la pandémie et la reprise d'activité, pour un salarié ne bénéficiant pas antérieurement au 13 mars 2020 de télétravail : aide de 1 000 € maximum ; - des équipements de prévention covid-19 au bénéfice d'une personne sourde et/ou malentendante et d'une personne ayant des troubles cognitifs nécessitant la lecture labiale (ex. : surcoûts liés aux masques inclusifs).
* Voir aussi sur le site www.agefiph.fr les aides ouvertes aux personnes handicapées (aide à la création d'entreprise, aide aux déplacements des personnes handicapées, aide au défraiement des stagiaires handicapés en formation courte, aide à la formation dans le cadre du parcours vers l'emploi, aide au parcours vers l'emploi, aide prothèses auditives, aide technique à la compensation du handicap, aide humaine à la compensation du handicap).

Handicapés (contribution Agefiph)

L'employeur peut s'acquitter de son obligation d'emploi des travailleurs *handicapés** en versant une contribution annuelle pour le compte de l'association de gestion du fonds pour l'insertion des personnes handicapées (Agefiph) et recouvrée par l'URSSAF ou la MSA (c. trav. art. L. 5212-9).

Calcul de la contribution

Formule - Le montant de la contribution Agefiph due par l'entreprise, avant déductions *(voir ci-après)*, dépend du nombre de travailleurs handicapés bénéficiaires de l'obligation d'emploi manquants, c'est-à-dire de la différence entre le nombre de bénéficiaires devant être employés (6 % de l'effectif) et le nombre de bénéficiaires effectivement employés [voir *Handicapés (obligation d'emploi)**] (c. trav. art. D. 5212-20).

Sous réserve des règles applicables en période transitoire *(voir ci-après)*, le montant de la contribution est obtenu en multipliant le nombre de bénéficiaires manquants par :

- 400 fois le *SMIC** horaire brut pour les entreprises de 20 à moins de 250 salariés ;
- 500 fois le SMIC horaire brut pour les entreprises de 250 à moins de 750 salariés ;
- 600 fois le SMIC horaire pour les entreprises de 750 salariés et plus.

Suppression du mécanisme des minorations - Le mécanisme des minorations au titre des efforts consentis par l'employeur en matière de maintien dans l'emploi ou de recrutement de travailleurs handicapés, qui permettait de réduire le nombre de bénéficiaires manquants et donc le montant de sa contribution Agefiph, n'existe plus depuis l'obligation d'emploi 2020 (c. trav. art. D. 5212-23).

▶ À noter… La suppression de la minoration au titre de l'embauche d'un travailleur handicapé d'au moins 50 ans révolus est compensée par un mécanisme de « survalorisation » qui intervient en amont, dans le calcul du nombre de travailleurs handicapés employés [voir *Handicapés (obligation d'emploi)**].

Dépenses déductibles

Dépenses en faveur des travailleurs handicapés - L'employeur peut déduire du montant de sa contribution annuelle des dépenses engagées pour favoriser l'accueil, l'insertion ou le maintien dans l'emploi des travailleurs handicapés au sein de l'entreprise, qui ne lui incombent pas en application d'une disposition législative ou réglementaire (c. trav. art. L. 5212-11). Ces dépenses sont déduites au prix hors taxes, dans la limite de 10 % du montant de la contribution Agefiph due (c. trav. art. D. 5212-23).

Liste limitative - La liste des dépenses déductibles est limitativement énumérée par le code du travail (c. trav. art. D. 5212-23) :

- diagnostics et travaux en vue de l'accessibilité des locaux ;
- moyens humains, techniques ou organisationnels compensatoires à la situation de handicap, favorisant le maintien dans l'emploi et la reconversion professionnelle des travailleurs handicapés [à l'exclusion des dépenses déjà prises en charge ou faisant l'objet d'aides financières, voir *Handicapés (aides à l'emploi)**] ;
- prestations d'accompagnement des travailleurs handicapés, actions de sensibilisation et de formation des salariés réalisées par des organismes extérieurs.

En outre, trois catégories de dépenses supplémentaires peuvent être déduites jusqu'au 31.12.2024 (décret 2020-1350 du 5 novembre 2020, JO du 6, art. 3, 3°) :

- participation à des événements promouvant l'accueil, l'embauche directe et le maintien dans l'emploi de travailleurs handicapés dans l'entreprise ;
- partenariats, par voie de convention ou d'adhésion, avec des associations ou des organismes œuvrant pour la formation et l'insertion sociale et professionnelle de personnes handicapées que l'employeur accueille ou embauche, à l'exclusion des participations aux opérations de mécénat ;
- actions concourant à la professionnalisation des dirigeants ou des travailleurs des entreprises adaptées (EA), des travailleurs des établissements et services d'aide par le travail (ESAT) ou des travailleurs indépendants handicapés, ainsi qu'au développement des achats auprès de ces acteurs.

Ces dépenses peuvent être déduites en complément des dépenses déductibles traditionnelles, au prix hors taxes, dans la limite de 10 % du montant de la contribution.

Déduction au titre des emplois exigeant des aptitudes particulières - La contribution peut faire l'objet d'une déduction au titre des emplois nécessitant des conditions d'aptitude particulière (ECAP) (c. trav. art. L. 5212-9).

Le montant de la déduction est égal à l'effectif d'ECAP de l'entreprise, calculé selon les règles de l'*effectif sécurité sociale**, multiplié par 17 fois le SMIC horaire brut (c. trav. art. D. 5212-24).

▶ À noter… Le gouvernement avait annoncé une révision de la liste des ECAP (c. trav. art. D. 5212-25). Celle-ci devrait faire l'objet d'un décret pris à l'issue des négociations des branches professionnelles sur ce sujet. La liste des ECAP pourrait être allégée (exclusion notamment des conducteurs d'engins agricoles ou forestiers, des dockers, des vendeurs polyvalents des grands magasins). Pour suivre l'actualité sur ce point, voir RF Social Revue d'actualité et www.rfsocial.com.

Contrats passés avec le secteur adapté ou protégé - L'employeur peut déduire de la contribution les contrats de fourniture, de sous-traitance ou de prestations de services passés avec (c. trav. art. L. 5212-10-1) :

- des EA (voir *Entreprise adaptée**) ;
- des ESAT ;
- des travailleurs indépendants handicapés reconnus bénéficiaires de l'obligation d'emploi ;
- des entreprises de portage salarial lorsque le salarié porté est reconnu bénéficiaire de l'obligation d'emploi.

L'entreprise peut retrancher une somme correspondant à 30 % du prix hors taxes des contrats, duquel sont déduits les coûts des matières premières, des produits, des matériaux, de la sous-traitance, des consommations intermédiaires et des frais de vente et de commercialisation (c. trav. art. D. 5212-22).

La déduction est plafonnée à 50 % du montant de base de la contribution si l'entreprise emploie moins de 3 % de travailleurs handicapés (moins de la moitié du quota de 6 %). Le plafond est porté à 75 % si l'entreprise emploie au moins 3 % de travailleurs handicapés (au moins la moitié du quota de 6 %).

Surcontribution Agefiph

Taux majoré pour les entreprises passives - Quel que soit l'effectif de l'entreprise, la contribution Agefiph est calculée sur la base de 1 500 fois le *SMIC** horaire par bénéficiaire manquant pour les employeurs qui, pendant une période supérieure à 3 ans, soit pendant 4 ans (c. trav. art. L. 5212-10 et D. 5212-21) :
- n'ont employé aucun bénéficiaire de l'obligation d'emploi ;
- n'ont pas passé de contrat de fourniture, de sous-traitance ou de prestations de services d'un montant suffisant avec le secteur protégé ou adapté ;
- et n'ont appliqué aucun accord agréé en faveur des travailleurs handicapés.

Montant minimal des contrats passés avec le secteur adapté ou protégé - Les contrats passés avec le secteur adapté ou protégé permettent d'échapper à la contribution majorée s'ils dépassent, sur 4 ans, 600 fois le SMIC horaire brut (c. trav. art. D. 5212-21). Il s'agit du prix hors taxes payé après déduction des coûts des matières premières, des produits, des matériaux, de la sous-traitance, des consommations intermédiaires et des frais de vente et de commercialisation.

Recouvrement par l'URSSAF

La contribution est recouvrée et contrôlée par les URSSAF et les caisses de mutualité sociale agricole, dans les mêmes conditions que les cotisations du régime général de sécurité sociale (c. trav. art. L. 5212-9 et D. 5212-8). L'employeur doit la verser à la date de la DSN par laquelle il procède à sa déclaration annuelle d'emploi de travailleurs handicapés [voir *Handicapés (déclaration d'emploi)**].

Mesures transitoires

Limitation des hausses éventuelles (2020-2024) - Des mesures transitoires sont prévues au profit des entreprises qui deviendraient redevables d'une contribution Agefpih ou verraient leur contribution renforcée du fait de l'élargissement à l'entreprise du périmètre de l'obligation d'emploi de travailleurs handicapés [voir *Handicapés (obligation d'emploi)**]. Pour les années 2020 à 2024, le montant de la contribution est ainsi modulé (décret 2019-523 du 27 mai 2019, art. 2, 2°).

En 2020, la hausse de la contribution par rapport à l'année précédente est réduite de :
- 30 % jusqu'à 10 000 € ;
- 50 % au-delà de 10 000 € et jusqu'à 100 000 € ;
- 70 % au-delà de 100 000 €.

De 2021 à 2024, la hausse de la contribution par rapport à l'année précédente est réduite de :
- 80 % en 2021 ;
- 75 % en 2022 ;
- 66 % en 2023 ;
- 50 % en 2024.

▶ À noter... En pratique, ce dispositif bénéficie aux entreprises qui ont versé une contribution AGEFIPH et qui voient cette contribution augmenter, aux entreprises multi-établissements qui n'entraient pas dans le champ d'application de l'OETH et qui s'y sont trouvées assujetties à compter de 2020, ainsi qu'aux entreprises qui ont franchi le seuil de 20 salariés en 2017, 2018 ou 2019 et qui sortent de l'ancien mécanisme de gel des effets de seuil sur 3 ans antérieur à la loi PACTE (c. trav. art. L. 5122-4 et D. 5212-3 antérieurs au 1.01.2020).

Prise en compte des accords agréés d'établissement - Si l'entreprise comprend des établissements ayant conclu un accord agréé en vigueur au-delà du 1.01.2020, le calcul de la contribution Agefiph ne tient pas compte de l'effectif de ces établissements, pour la durée d'application de l'accord (décret 2019-523 du 27 mai 2019, art. 2, 3°).

▶ À noter... Depuis le 1.01.2020, il n'est plus possible de conclure d'accord agréé au niveau d'un établissement. Les accords d'établissement signés et entrés en vigueur avant cette date continuent de produire effet jusqu'à leur terme, mais ne peuvent pas être renouvelés [voir *Handicapés (obligation d'emploi)**].

☛ *Handicapés (déclaration d'emploi) ; Handicapés (obligation d'emploi).*

Handicapés (déclaration d'emploi)

Employeurs concernés

Toute entreprise : déclaration mensuelle des travailleurs handicapés employés - Toutes les entreprises doivent déclarer mensuellement le nombre de bénéficiaires de l'obligation d'emploi qui travaillent en leur sein, même celles qui emploient moins de 20 salariés et qui, de ce fait, ne sont pas soumises à l'obligation d'emploi (c. trav. art. L. 5212-1).

▶ À noter… Cette déclaration ne change rien au fait que seuls les employeurs de 20 salariés et plus sont soumis à l'obligation d'emploi [voir *Handicapés (obligation d'emploi)**]. L'objectif est de retracer toutes les pratiques en matière d'emploi de travailleurs handicapés, y compris celles des petites entreprises non assujetties à l'obligation d'emploi.

Entreprise d'au moins 20 salariés : déclaration annuelle relative à l'obligation d'emploi - Toute entreprise d'au moins 20 salariés doit déclarer sa situation au regard de l'obligation d'emploi [voir *Handicapés (obligation d'emploi)**] au moyen de la déclaration annuelle d'emploi de travailleurs handicapés (DOETH) (c. trav. art. L. 5212-5).

Entreprises à établissements multiples - Dans les entreprises à établissements multiples, l'obligation d'emploi s'applique au niveau de l'entreprise (c. trav. art. L. 5212-3). La DOETH est effectuée par un seul de ses établissements, choisie par l'entreprise, lequel doit disposer des informations à déclarer (c. trav. art. D. 5212-8).

Souscription des déclarations

Déclaration mensuelle - La déclaration mensuelle des travailleurs handicapés employés dans l'entreprise est réalisée dans la *déclaration sociale nominative (DSN)** mensuelle (c. trav. art. D. 5212-4). Le cahier technique de la DSN comporte une rubrique « bénéficiaire de l'obligation d'emploi des travailleurs handicapés » (BOETH S21.G00.40.072).

DOETH annuelle - La déclaration annuelle relative à l'obligation d'emploi est, en principe, réalisée dans la DSN afférente au mois de février (exigible le 5 ou 15 mars) de l'année suivant l'obligation d'emploi déclarée (N +1) (c. trav. art. D. 5212-8). Si l'employeur est redevable de la contribution Agefiph [voir *Handicapés (contribution Agefiph)**], il doit la verser à la date de la DSN (c. trav. art. D. 5212-8).

Les informations contenues dans la déclaration sont confidentielles et ne peuvent être communiquées à un autre employeur auprès duquel un travailleur handicapé sollicite un emploi (c. trav. art. L. 5212-5).

▶ À noter… L'URSSAF a indiqué que la DOETH et le paiement de la contribution « seront désormais à effectuer […] sur la DSN d'avril (exigible le 5 ou le 15 mai) », soit deux mois plus tard que la date légale. Pour l'obligation d'emploi 2021, la DOETH et la contribution doivent être réalisées au plus tard le 5 ou 16 mai 2022 (le 15 mai étant un dimanche). Cette mesure semble être présentée comme étant pérenne. Dans ce cas, il sera nécessaire de modifier le code du travail (actualité URSSAF du 26 janvier 2022).

Contenu des déclarations

Déclaration mensuelle - Les entreprises déclarent le statut de leurs travailleurs handicapés salariés et les travailleurs handicapés accueillis en stage ou pour une période de mise en situation en milieu professionnel.

Les travailleurs handicapés ont la liberté de déclarer ou non leur statut de bénéficiaires de l'obligation d'emploi à leur employeur. Si un salarié choisit de le faire, cette information est prise en compte par l'employeur au même titre que les autres informations relatives à la situation personnelle du salarié (ex : situation familiale, adresse du domicile). Le gestionnaire de paie, qui déclare l'information en DSN, n'a pas accès à la nature du handicap de la personne, ni à des données d'ordre médical, mais uniquement à la catégorie de bénéficiaire de l'obligation d'emploi dont elle relève.

DOETH annuelle - L'employeur doit renseigner (c. trav. art. D. 5212-8) :

- le nombre de travailleurs handicapés mis à sa disposition par une entreprise de travail temporaire, y compris une *entreprise adaptée** de travail temporaire, ou un groupement d'employeurs *(voir ci-après)* ;
- le montant de la contribution Agefiph initialement due, avant les déductions pouvant être appliquées [voir *Handicapés (contribution Agefiph)**] ;
- le montant des déductions non-plafonnées ;
- le montant de la contribution Agefiph effectivement due ;
- le cas échéant, l'application d'un accord agréé de branche, de groupe ou d'entreprise.

Communications aux employeurs

Informations sur les effectifs et les travailleurs handicapés employés - Pour l'établissement de la DOETH, les URSSAF ou MSA transmettent à l'employeur, en principe au plus tard le 31 janvier de l'année suivant celle de l'obligation d'emploi concernée, les informations relatives à (c. trav. art. D. 5212-5) :

- l'effectif d'assujettissement ;
- le nombre de bénéficiaires devant être employés au titre de l'obligation d'emploi ;
- le nombre de bénéficiaires effectivement employés (hors salariés mis à disposition par les entreprises de travail temporaire et les groupements d'employeurs) ;
- le nombre de salariés relevant d'un emploi exigeant des conditions d'aptitude particulière (ECAP).

▶ À noter... En adéquation avec le délai supplémentaire de deux mois accordé aux entreprises pour effectuer leur DOETH *(voir ci-avant)*, l'URSSAF a indiqué qu'elle mettra ces données à leur disposition « avant le 15 mars 2022 » (actualité URSSAF du 26 janvier 2022).

Information sur les travailleurs handicapés mis à disposition - Les entreprises de travail temporaire, y compris les entreprises adaptées de travail temporaire, et les groupements d'employeurs transmettent à l'employeur, au plus tard le 31 janvier de l'année suivant celle de l'obligation d'emploi concernée, une attestation annuelle portant sur le nombre de bénéficiaires mis à disposition (c. trav. art. D. 5212-6 ; arrêté du 19 novembre 2020, JO du 29, texte 65).

Information sur les contrats passés avec le secteur protégé ou adapté - Les entreprises adaptées, les établissements ou services d'aide par le travail, les travailleurs indépendants handicapés et les entreprises de portage salarial adressent à l'employeur, au plus tard le 31 janvier de l'année suivant celle de l'obligation d'emploi concernée, une attestation annuelle comportant les informations sur les contrats de fourniture, de sous-traitance ou de prestation de service conclus (montant du prix hors taxes du contrat, montant à déduire de la contribution avant plafonnement, etc.) (c. trav. art. D. 5212-7 ; arrêté du 19 novembre 2020, JO du 29, texte 64).

Sanction

Le défaut de DOETH est assimilé à un manquement de l'employeur à son obligation d'emploi de travailleurs handicapés (c. trav. art. L. 5212-5).

Toutefois, la pénalité due au Trésor public en cas de manquement a été supprimée (c. trav. art. L. 5212-12 abrogé ; ord. 2019-861 du 21 août 2019, JO du 22, art. 1, 7°).

▶ À noter... Selon nos informations, l'administration prépare la mise en place, en remplacement, d'un dispositif de « taxation d'office » consistant en un calcul automatique par les organismes sociaux de la contribution due par l'entreprise, en fonction des informations dont ils disposent, avec l'application d'une majoration. Un projet de décret est en cours d'élaboration. Pour suivre l'actualité sur ce sujet, voir RF Social, Revue d'actualité et www.rfsocial.com.

En revanche, le défaut de déclaration mensuelle de travailleurs handicapés employés n'est assorti d'aucune sanction, compte tenu du fait que les entreprises de moins de 20 salariés ne sont pas soumises à l'obligation d'emploi de travailleurs handicapés.

Information du comité social et économique

La DOETH doit être communiquée au *comité social et économique**, à l'exception de la liste nominative des bénéficiaires de l'obligation d'emploi (c. trav. art. D. 5212-9). En effet, les représentants du personnel n'ont pas à connaître le niveau de handicap ou le taux d'incapacité des salariés, car ces éléments relèvent de leur vie privée (cass. civ., 2e ch., 10 juin 2004, n° 02-12926, BC II n° 292).

☛ *Handicapés ; Handicapés (aides à l'emploi) ; Handicapés (contribution Agefiph) ; Handicapés (obligation d'emploi).*

Handicapés (obligation d'emploi)

Employeurs concernés

Employeurs de 20 salariés et plus - Les employeurs occupant au moins 20 salariés sont tenus d'employer un nombre de travailleurs handicapés représentant au moins 6 % de l'effectif total (c. trav. art. L. 5212-1 et L. 5212-2).

▶ À noter... Ce taux pourra être révisé tous les 5 ans, sans pouvoir passer en dessous de 6 % *(voir ci-après)*.

Handicapés (obligation d'emploi)

Dans les entreprises à établissements multiples, l'effectif de 20 salariés est apprécié au niveau de l'entreprise (c. trav. art. L. 5212-3).

▶ À noter… Avant l'obligation d'emploi 2020, l'effectif était apprécié au niveau de l'établissement. Le périmètre de l'obligation d'emploi est aujourd'hui plus large. Pour atténuer les hausses de contribution en résultant, une période transitoire est prévue [voir *Handicapés (contribution Agefiph)**].

Modalités de calcul du seuil de 20 salariés - Le calcul du seuil de 20 salariés s'effectue selon les règles de calcul de l'*effectif sécurité sociale** (c. séc. soc. art. L. 130-1 et R. 130-1). Cependant, par dérogation, l'année de référence à retenir n'est pas l'année N - 1 mais l'année de l'OETH concernée (c. trav. art. L. 5212-1 art. D. 5212-1 ; loi 2021-1900 du 30 décembre 2021, art. 119, JO du 31 ; URSSAF, guide OETH, version 1.4, 31 mai 2021, p. 18). Ainsi, l'assujettissement à l'obligation d'emploi 2022 s'appréciera au regard de l'effectif « sécurité sociale » 2022, avec une déclaration annuelle à souscrire en 2023.

Dans les entreprises de travail temporaire, y compris les entreprises adaptées de travail temporaire (voir *Entreprise adaptée**), les groupements d'employeurs et les entreprises de portage salarial, cet effectif ne prend pas en compte les salariés mis à disposition ou portés. L'obligation d'emploi ne vaut que pour les salariés permanents (c. trav. art. L. 5212-1, art. D. 5212-1).

Effectif atteint sur 5 ans consécutifs - Conséquence de la référence à l'*effectif sécurité sociale**, le seuil de 20 salariés doit être atteint ou dépassé pendant 5 années consécutives pour que l'entreprise soit soumise à l'obligation d'emploi. Si l'entreprise passe en dessous de ce seuil au titre d'une année, elle cesse d'être assujettie. Si elle atteint ou dépasse le seuil par la suite, elle bénéficie à nouveau du délai de 5 ans (c. séc. soc. art. L. 130-1).

Exemple

Si une entreprise franchit le seuil en 2022, elle sera assujettie après une durée de 5 ans (2022, 2023, 2024, 2025, 2026), soit en 2027 (obligation à déclarer en 2028).

Entreprise nouvelle - Une entreprise qui occupe au moins 20 salariés au moment de sa création dispose d'un délai de 5 ans pour se mettre en conformité avec l'obligation d'emploi (c. trav. art. L. 5212-4).

▶ À noter… Les employeurs qui bénéficiaient, au 31.12.2019, de l'ancien dispositif de gel de l'effet de seuil continueront à en relever jusqu'à son terme (loi 2019-486 du 22 mai 2019, art. 11, XII). Pour mémoire, un délai de 3 ans était accordé aux entreprises qui franchissaient le seuil de 20 salariés et aux entreprises nouvelles qui comptaient au moins 20 salariés (c. trav. art. L. 5212-4 et D. 5212-3 anciens).

Bénéficiaires de l'obligation d'emploi

Quota de 6 % de bénéficiaires à employer - Le nombre minimal de bénéficiaires de l'obligation d'emploi devant être employés est égal à l'effectif d'assujettissement multiplié par le taux de 6 %, arrondi à l'entier inférieur (c. trav. art. L. 5212-2 et D. 5212-2).

▶ À noter… Ce quota pourra être révisé tous les 5 ans, compte tenu de la part des bénéficiaires de l'obligation d'emploi dans la population active et de leur situation au regard du marché du travail, sans pouvoir passer en dessous de 6 % (c. trav. art. L. 5212-2).

Liste des bénéficiaires - L'employeur peut s'acquitter de son obligation d'emploi en employant directement des salariés faisant partie de la liste des bénéficiaires de l'obligation d'emploi (c. trav. art. L. 5212-13).

Les bénéficiaires de l'obligation d'emploi sont classés en huit catégories dont, notamment, les travailleurs reconnus handicapés par la Commission des droits et de l'autonomie des personnes handicapées (CDAPH) et les victimes d'un accident du travail ou d'une maladie professionnelle ayant entraîné une incapacité permanente au moins égale à 10 % et titulaires d'une rente attribuée au titre du régime général de sécurité sociale ou de tout autre régime de protection sociale obligatoire.

Comptabilisation des bénéficiaires - Tous les bénéficiaires de l'obligation d'emploi sont pris en compte, quelles que soient la durée et la nature de leur contrat, y compris les stagiaires, les personnes en période de mise en situation en milieu professionnel et les personnes mises à disposition *(voir ci-après)* (c. trav. art. L. 5212-6 et D. 5212-3).

Un bénéficiaire ne peut pas être pris en compte plusieurs fois dans le calcul au prétexte qu'il entre dans plusieurs catégories de bénéficiaires (c. trav. art. D. 5212-3).

La comptabilisation des bénéficiaires s'effectue selon les règles de décompte de l'*effectif sécurité sociale** (prorata en cas de temps partiel, exclusion des salariés en CDD lorsqu'ils remplacent un salarié absent ou dont le contrat de travail est suspendu, etc.), sous réserve des spécificités liées à l'obligation d'emploi (comptabilisation des stagiaires handicapés, etc.) (c. trav. art. D. 5212-3 ; c. séc. soc. art. L. 130-1).

Dans les entreprises de travail temporaire, y compris les entreprises adaptées de travail temporaire (voir *Entreprise adaptée**), les groupements d'employeurs et les entreprises de portage salarial (ainsi que les associations intermédiaires et les agences de mannequins, *voir ci-avant*), les salariés portés ou mis à disposition ne sont pas pris en compte dans les effectifs de bénéficiaires de l'obligation d'emploi. Ces salariés sont pris en compte au niveau de l'entreprise d'accueil (c. trav. art. D. 5212-3).

Survalorisation des « 50 ans et plus » - Les bénéficiaires de l'obligation d'emploi âgés d'au moins 50 ans (et ceux atteignant 50 ans au cours de l'année civile) sont comptabilisés à hauteur de 150 %. Ainsi, il faut multiplier leur nombre par 1,5 (c. trav. art. D. 5212-3).

Mise en œuvre de l'obligation d'emploi

Moyens disponibles - Pour atteindre le quota de 6 %, l'employeur dispose de plusieurs moyens :
- employer des salariés *handicapés** bénéficiaires de l'obligation d'emploi (OETH) ;
- accueillir des stagiaires handicapés ;
- accueillir des bénéficiaires de l'obligation d'emploi pendant une période de mise en situation en milieu professionnel (PMSMP) ;
- employer des bénéficiaires de l'obligation d'emploi mis à disposition par les entreprises de travail temporaire et par les groupements d'employeurs ;
- appliquer un accord collectif agréé.

Si, au final, l'employeur ne remplit pas son obligation, il doit verser une contribution [voir *Handicapés (contribution Agefiph)**].

Emploi direct de bénéficiaires de l'OETH - Pour s'acquitter de l'obligation d'emploi, le premier moyen est d'employer directement des salariés faisant partie de la liste des bénéficiaires de l'obligation d'emploi *(voir ci-avant)*.

Accueil de personnes handicapées en stage et en PMSMP - L'employeur peut également s'acquitter de son obligation en accueillant :
- des stagiaires *handicapés** (bénéficiaires de l'OETH, jeunes de plus de 16 ans bénéficiaires de certaines prestations) (c. trav. art. L. 5212-7, 1°) ;
- des bénéficiaires de l'OETH en période de mise en situation en milieu professionnel (PMSMP) (c. trav. art. L. 5212-7, 2°).

Tous les stagiaires et toutes les personnes en PMSMP sont pris en compte, quels que soient leur nombre et leur durée de travail (il n'y a plus de plafond de 2 %).

Travailleurs handicapés mis à disposition - L'employeur peut également s'acquitter de son obligation en employant des bénéficiaires de l'obligation d'emploi mis à disposition par les entreprises de travail temporaire, y compris les entreprises adaptées de travail temporaire (voir *Entreprise adaptée**), et par les groupements d'employeurs (c. trav. art. L. 5212-7, 3°).

Ces entreprises sont tenues de fournir chaque année à l'employeur une attestation indiquant le nombre de bénéficiaires de l'obligation d'emploi mis à disposition pouvant être comptabilisés (c. trav. art. D. 5212-6) [voir *Handicapés (déclaration d'emploi)**].

► À noter... À titre expérimental, du 1.01.2019 au 31.12.2021, l'employeur a pu recourir à des intérimaires au seul motif qu'il s'agissait de bénéficiaires de l'obligation d'emploi (loi 2018-771 du 5 septembre 2018, art. 67-VI, JO du 6). L'embauche d'intérimaires reconnus travailleurs handicapés était donc permise sans considération des cas de recours à l'intérim normalement prévus [voir *Travail temporaire (contrat de travail)**].

Application d'un accord collectif agréé pour 6 ans maximum - L'employeur peut s'acquitter de son obligation d'emploi en appliquant un accord collectif de branche, de groupe ou d'entreprise (mais plus d'établissement), agréé par l'administration, prévoyant la mise en œuvre d'un programme pluriannuel en faveur des travailleurs handicapés (c. trav. art. L. 5212-8, R. 5212-12 à R. 5212-19 ; instr. DGEFP/METH 2021-11 du 7 janvier 2021).

L'accord agréé est conclu pour une durée maximale de 3 ans, renouvelable une seule fois pour 3 ans maximum (c. trav. art. L. 5212-18 et R. 5212-18). La durée globale de l'accord agréé est donc limitée à 6 ans. Au-delà de cette durée, l'employeur ne peut plus mobiliser l'accord agréé pour remplir son obligation d'emploi. Mais le handicap peut toujours être un sujet de négociation dans l'entreprise, dans les conditions de droit commun (ex : lors de la négociation sur la qualité de vie au travail) (voir *Négociations obligatoires dans l'entreprise**).

La demande d'agrément et la demande de renouvellement sont, en principe, déposées au plus tard le 31 mars de la première année de mise en œuvre du programme (c. trav. art. R. 5212-14, R. 5212-18 ; arrêté du 25 novembre 2019, texte 26, JO du 3 décembre). Toutefois, l'URSSAF a indiqué que, pour l'obligation d'emploi de l'année 2021, la demande d'agrément peut être déposée au plus tard le 31 mai de la première année de mise en œuvre du programme, en corrélation avec le délai supplémentaire de deux mois accordé à l'employeur pour réaliser sa DOETH. Cette mesure pourrait être pérenne (actualité URSSAF du 26 janvier 2022) [voir *Handicapés (déclaration d'emploi)**].

▶ À noter… Des règles transitoires s'appliquent aux accords agréés et entrés en vigueur avant le 1.01.2020. Ils continuent à produire leurs effets jusqu'à leur terme et peuvent être renouvelés une fois pour une durée de 3 ans à compter du 1.01.2020. Les accords d'établissement ne peuvent pas être renouvelés (loi 2018-771 du 5 septembre 2018, art. 67-IV, JO du 6).

Contenu et budget de l'accord agréé - Le programme pluriannuel prévu par l'accord agréé doit comporter un plan d'embauche et un plan de maintien dans l'emploi dans l'entreprise, assortis d'objectifs (nombre de recrutements de travailleurs handicapés envisagés, etc.) (c. trav. art. R. 5212-12).

Le budget consacré aux mesures prévues par le programme pluriannuel doit s'élever, au minimum, par année, au montant de la contribution que l'entreprise aurait dû acquitter en l'absence d'accord agréé, avant déduction des « dépenses déductibles » [voir *Handicapés (contribution Agefiph)**].

Si le programme comporte des actions de sensibilisation des salariés de l'entreprise ou des actions de pilotage et de suivi, les sommes consacrées au financement de ces actions ne peuvent excéder 25 % du budget de l'accord.

Le budget étant calé sur la contribution Agefiph, il est révisé chaque année, sur la base du montant de la contribution qui aurait dû être versée l'année précédente. Les montants prévus mais non dépensés au titre d'une année sont reportés sur l'année suivante (c. trav. art. R. 5212-13). Si, au terme du programme, les dépenses réalisées sont inférieures à ce qu'aurait dû verser l'entreprise au titre de la contribution Agefiph, l'employeur devra verser la différence à l'URSSAF ou la MSA. Néanmoins, en cas de renouvellement de l'accord, l'administration peut autoriser le report, total ou partiel, du solde sur le nouveau programme (c. trav. art. R. 5212-19).

▶ À noter… Dans le cadre de la crise sanitaire, les services de l'État sont invités à prendre en compte les difficultés des entreprises dans la réalisation des actions du programme pluriannuel. À cet égard, les entreprises peuvent proposer des ajustements de leurs actions et de la répartition des moyens financiers, sans toutefois minorer le financement du programme pluriannuel. Si au terme du programme, l'entreprise n'a pas réalisé toutes les dépenses prévues, elle pourra solliciter un échéancier pour verser le solde dû (instr. DGEFP/METH 2021-11 du 7 janvier 2021).

Conclusion de contrats avec le secteur adapté ou protégé - Les contrats de fournitures, de sous-traitance ou de prestations de services passés avec le secteur adapté ou protégé ne sont plus considérés comme une possibilité de s'acquitter de l'obligation d'emploi. Ils sont pris en compte en aval, en déduction de la contribution Agefiph éventuellement due par l'entreprise (c. trav. art. L. 5212-10-1) [voir *Handicapés (contribution Agefiph)**].

Versement d'une contribution Agefiph - Les employeurs peuvent s'acquitter de leur obligation d'emploi en versant une contribution annuelle à l'URSSAF ou à la MSA, qui la transfèrent à l'Agefiph (c. trav. art. L. 5212-9), sachant que le recours à cette seule modalité est, à terme, pénalisant pour l'entreprise [voir *Handicapés (contribution Agefiph)**].

Procédure de rescrit

L'employeur peut effectuer un rescrit sur son obligation d'emploi de travailleurs handicapés. La demande doit être réalisée auprès de l'URSSAF et non plus de l'Agefiph (c. séc. soc. art. L. 243-6-3). La procédure à suivre est celle du *rescrit social**.

Contrôle et sanction

Contrôle de l'obligation d'emploi - Le contrôle du respect de l'obligation d'emploi s'effectue au moyen de la déclaration annuelle d'emploi des travailleurs handicapés [voir *Handicapés (déclaration d'emploi)**]. À défaut de toute déclaration, l'employeur est considéré comme ne satisfaisant pas à l'obligation d'emploi (c. trav. art. L. 5212-5).

Sanction des employeurs « passifs » - Voir *Handicapés (contribution Agefiph)**.

Sanction du non-respect de l'obligation d'emploi - La pénalité due au Trésor public en cas de non-respect de l'obligation d'emploi de travailleurs handicapés a été supprimée (c. trav. art. L. 5212-12 abrogé : ord. 2019-861 du 21 août 2019, JO du 22, art. 1, 7°).

▶ À noter… Selon nos informations, l'administration prépare la mise en place, en remplacement, d'un dispositif de « taxation d'office » consistant en un calcul automatique par les organismes sociaux de la contribution due par l'entreprise, en fonction des informations dont ils disposent, avec l'application d'une majoration. Un projet de décret est en cours d'élaboration. Pour suivre l'actualité sur ce sujet, voir RF Social, Revue d'actualité et www.rfsocial.com.

☞ *Handicapés ; Handicapés (contribution Agefiph) ; Handicapés (déclaration d'emploi).*

Harcèlement moral

Définition

Agissements interdits - Les agissements répétés de harcèlement moral qui ont pour objet ou pour effet une dégradation des conditions de travail d'un salarié susceptible de porter atteinte à ses droits et à sa dignité, d'altérer sa santé physique ou mentale ou de compromettre son avenir professionnel sont interdits (c. trav. art. L. 1152-1).

▶ À noter… La loi permettant à la France de ratifier la convention 190 de l'OIT, relative à l'élimination de la violence et du harcèlement au travail, est parue au Journal Officiel du 9.12.2021. La France attend encore un feu vert à l'échelle de l'Union Européenne pour procéder à cette ratification. En tout état de cause, il ressort de l'étude d'impact que la législation française est déjà conforme aux dispositions de cette convention. Une telle ratification ne devrait pas avoir d'impact immédiat sur les textes français portant sur ces sujets (loi 2021-1458 du 8 novembre 2021, JO du 9 ; Convention OIT n° 190 sur la violence et le harcèlement, adoptée le 21 juin 2019).

Actes répétés pouvant être de même nature - Le harcèlement moral devant résulter d'agissements répétés, il ne peut pas s'agir d'un acte isolé, même grave. Ainsi, ne caractérisent pas des faits de harcèlement moral, faute de constituer des agissements répétés :

- une rétrogradation injustifiée (cass. soc. 9 décembre 2009, n° 07-45521, BC V n° 280) ;
- le seul fait pour un employeur d'avoir, pendant 2 mois, maintenu le bureau d'un salarié dans les anciens locaux de l'agence après le déménagement de celle-ci, sans l'informer de sa nouvelle affectation (cass. soc. 13 février 2013, n° 11-25828 D) ;
- un changement d'affectation (cass. soc. 20 novembre 2014, n° 13-22045 D) ;
- des écarts de langage tenus sur une même journée (cass. soc. 5 novembre 2014, n° 13-16729 D).

Les agissements répétés peuvent être de même nature (ex. : une mise à l'écart qui perdure) (cass. crim. 26 janvier 2016, n° 14-80455, B. crim. n° 15). S'ils sont effectivement « répétés », le harcèlement moral est caractérisé.

Durée des comportements fautifs - La loi n'exige pas de durée pour que des comportements fautifs caractérisent un harcèlement moral. Celui-ci peut être établi même si les faits répétés se sont déroulés sur une brève période (cass. soc. 26 mai 2010, n° 08-43152, BC V n° 111).

Dégradation des conditions de travail - Il n'est pas nécessaire, pour qu'un harcèlement moral soit établi, que les agissements répétés aient « initialement » eu pour objet ou pour effet une dégradation des conditions de travail susceptible de porter atteinte à la dignité et à la santé du salarié (cass. crim. 26 janvier 2016, n° 14-80455, B. crim. n° 15). La simple possibilité d'une dégradation des conditions de travail de la victime suffit à caractériser le harcèlement moral (cass. crim. 6 décembre 2011, n° 10-82266, B. crim. n° 249).

Il importe peu que l'auteur du harcèlement n'ait pas délibérément cherché à nuire au salarié. Ses actes peuvent être qualifiés de harcèlement moral dès lors qu'ils ont entraîné une dégradation des conditions de travail susceptible de porter atteinte à la dignité ou à la santé du salarié, ou de compromettre son avenir professionnel (cass. soc. 10 novembre 2009, n° 08-41497, BC V n° 248 ; cass. soc. 15 novembre 2011, n° 10-30463, BC V n° 261 ; cass. crim. 13 novembre 2019, n° 18-85367 D).

Le fait qu'un salarié soit dispensé d'activité dans le cadre d'un congé de fin de carrière, sans que le contrat de travail ne soit rompu, n'empêche pas de le reconnaître comme victime de harcèlement moral (cass. soc. 26 juin 2019, n° 17-28328 FSPB).

Non-respect des préconisations du médecin du travail - Le fait, pour l'employeur, de ne pas respecter les préconisations du médecin du travail, peut caractériser en lui-même un harcèlement moral à l'encontre du salarié. Tel est le cas lorsque l'employeur ignore les préconisations du médecin du travail rendues dans deux avis, en confiant de manière habituelle au salarié des tâches dépassant ses capacités physiques eu égard à son état de santé. Une telle attitude, qui met en péril l'état de santé du salarié, constitue un harcèlement moral (cass. soc. 4 novembre 2020, n° 19-11626 D).

Harcèlement moral : exemples

Harcèlement moral établi

Méthodes de management :

- méthodes de gestion mises en œuvre par un supérieur hiérarchique et prenant la forme d'une pression continuelle, de reproches incessants ainsi que d'ordres et de contrordres dans l'intention de diviser l'équipe. Celles-ci se traduisaient, pour un salarié en particulier, par sa mise à l'écart, un mépris affiché à son égard et une absence de dialogue caractérisée par une communication par l'intermédiaire d'un tableau, et ayant entraîné un état dépressif (cass. soc. 10 novembre 2009, n° 07-45321, BC V n° 247) ;
- méthode habituelle de direction initiée par un responsable de département qui soumettait les salariés de son secteur à des pressions, des vexations et humiliations répétées. Ces faits avaient entraîné une dégradation des conditions de travail qui avait altéré la santé d'un salarié (cass. soc. 27 octobre 2010, n° 09-42488 D) ;
- comportement irrespectueux d'un supérieur hiérarchique, se traduisant par des critiques brutales et vexantes faites en public à l'encontre d'une salariée. Par ailleurs, malgré ses 32 ans d'ancienneté, l'intéressée avait été placée sous la subordination d'une personne de même qualification qu'elle. Ces faits constituaient un harcèlement moral qui était à l'origine de l'inaptitude professionnelle de la salariée (cass. soc. 19 janvier 2011, n° 09-67463 D) ;
- comportement agressif et dévalorisant d'un supérieur hiérarchique envers son équipe qui se traduisait, notamment, par de nombreux propos grossiers et injurieux. Par ailleurs, ce salarié déresponsabilisait son équipe, avait des pratiques managériales non conformes aux valeurs de l'entreprise, se traduisant par des propos dévalorisants et vulgaires, et par l'instauration d'une mauvaise ambiance de travail au sein de l'équipe qui lui était confiée (cass. soc. 29 septembre 2011, n° 10-12722, BC V n° 219) ;
- « responsable ressources » adoptant à l'égard de plusieurs salariés des comportements autoritaires, vexatoires et humiliants voire menaçants, en les convoquant de manière excessive et répétée, les interrompant sans cesse dans leur travail et en adoptant une attitude humiliante lors d'entretiens allant jusqu'à compromettre la santé d'une collaboratrice (cass. soc. 21 mai 2014, n° 12-29832 D) ;
- exercice abusif du pouvoir disciplinaire résultant notamment du caractère disproportionné et d'une mise à pied conservatoire remise en main propre, devant l'équipe de la salariée, ce qui avait eu pour effet d'humilier l'intéressée (cass. soc. 28 mars 2018, n° 16-20020 D).

À propos d'une animatrice de magasin (cass. soc. 27 octobre 2004, n° 04-41008, BC V n° 267) :

- retrait sans motif du téléphone portable à usage professionnel ;
- instauration d'une obligation nouvelle et sans justification de se présenter tous les matins au bureau du supérieur hiérarchique ;
- attribution de tâches sans rapport avec les fonctions ;
- faits ayant entraîné un état dépressif médicalement constaté nécessitant des arrêts de travail.

À propos d'une ouvrière (cass. soc. 16 avril 2008, n° 06-41999, BC V n° 86) :

- déclassement consécutif à l'entrée en vigueur d'une nouvelle classification conventionnelle des emplois ;
- envoi, en l'espace de quelques mois, de plusieurs mises en garde et de trois avertissements irréguliers ;
- faits ayant conduit à une dégradation des conditions de travail susceptible de porter atteinte à la santé physique ou mentale de la salariée.

À propos d'un chef des ventes (cass. soc. 4 avril 2006, n° 04-43929 D) :

- vérifications subites et tatillonnes de ses états de frais ;
- prétendue disparition d'un document d'habilitation imputée au salarié et ayant conduit à son audition par la gendarmerie puis à son licenciement disciplinaire ;
- faits s'étant traduits par un état dépressif médicalement constaté.

À propos d'un chauffeur-livreur totalisant 12 ans d'ancienneté et n'ayant jamais fait l'objet de reproches (cass. soc. 26 janvier 2005, n° 02-47296, BC V n° 23) :

- envoi de plusieurs lettres recommandées pour lui indiquer qu'il ne remplissait plus normalement ses attributions ;
- engagement puis abandon d'une procédure de licenciement disciplinaire ;
- publication d'une offre d'emploi portant sur le poste occupé par le salarié ;
- faits ayant entraîné un état dépressif.

À propos d'une salariée par ailleurs titulaire de mandats syndicaux (cass. soc. 24 janvier 2006, n° 03-44889 D) :

- critique systématique de ses compétences ;
- absence d'affectation précise pendant de longues périodes, afin d'isoler l'intéressée de la communauté de travail ;
- faits ayant entraîné une altération de la santé psychologique de la salariée.

À propos d'une salariée de retour de congé maladie (cass. soc. 15 octobre 2008, n° 07-40064 D) :

- absence de fourniture de travail pendant plusieurs mois, puis dispense d'activité ;
- situation ayant eu pour effet de dégrader ses conditions de travail.

À propos d'un chef de service (cass. soc. 3 décembre 2008, n° 07-41491 D) :

- mutation irrégulière, impliquant un changement de résidence ;
- affectation à un poste de chargé de mission, au contenu vague et peu défini ;
- faits ayant entraîné une dégradation des conditions de travail portant atteinte aux droits du salarié.

Le fait que les représentants du personnel aient conclu à l'absence d'un harcèlement est sans incidence.

Harcèlement moral : exemples
À propos d'une infirmière (cass. soc. 16 septembre 2009, n° 08-42624 D) : - remarques ironiques et remontrances diverses ; - déclenchement d'une procédure de licenciement ayant finalement conduit à la notification d'un avertissement ; - état dépressif, survenu postérieurement à l'arrivée d'une nouvelle directrice des ressources humaines et reconnu comme maladie professionnelle.
Défaut de paiement, pendant 2 ans, d'une prime sur objectifs et suppression partielle, pendant 6 mois, d'une augmentation de salaire (cass. soc. 24 juin 2009, n° 08-41746 D).
À propos d'une infirmière coordinatrice statut cadre (cass. soc. 16 décembre 2009, n° 08-42958 D) : - absence de définition des niveaux hiérarchiques ayant permis à la secrétaire administrative de l'association de s'immiscer dans les fonctions de la salariée et ayant abouti à scinder l'équipe de soins en deux ; - dépression nerveuse ayant nécessité un arrêt maladie ; - pendant l'arrêt maladie, manquements divers relatifs aux conditions de versement des indemnités journalières de sécurité sociale et des prestations du régime de prévoyance, au paiement d'une prime administrative et à des retards dans le paiement des salaires.
À propos d'une auxiliaire de puériculture (cass. soc. 15 décembre 2009, n° 08-43288 D) : - attitude méprisante de l'employeur ; - mise à l'écart de la salariée à son retour de congé parental, pendant 3 jours et avec interdiction de tout contact physique avec les enfants et de se trouver seule dans une pièce avec eux ; - arrêt de travail pour maladie, suivi d'une déclaration d'inaptitude.
À propos de salariées déclarées aptes à leur poste moyennant certaines restrictions : - non-respect par l'employeur des préconisations du médecin du travail, puis proposition de plusieurs postes de reclassement à des niveaux de qualification inférieurs, alors que le médecin suggérait un maintien au poste, mais avec des aménagements. Attitude ayant entraîné plusieurs rechutes (cass. soc. 28 janvier 2010, n° 08-42616, BC V n° 27) ; - en dépit de la recommandation du médecin du travail (« éviter le port de charges lourdes de plus de 17 kg »), employeur ayant laissé la salariée à son poste de travail, lequel comportait, de façon habituelle, un port de charges d'un poids supérieur. Attitude ayant entraîné la dégradation des conditions de travail de la salariée et mis en jeu sa santé (cass. soc. 7 janvier 2015, n° 13-17602 D).
À propos d'une salariée travaillant dans un casino (cass. soc. 16 mai 2012, n° 10-10623, BC V n° 149) : - nombre de nuits travaillées inférieur à celui de ses collègues et rétrogradation unilatérale de ses fonctions ; - dénigrement observé à son égard établi par deux témoins ; - certificats médicaux attestant des répercussions sur son état de santé de cette situation ainsi que des problèmes relationnels rencontrés avec ses collègues.
Au sujet d'une salariée d'origine algérienne qui, souffrant de troubles dépressifs, imputait la dégradation de son état de santé au traitement que lui avait infligé son responsable. Ce dernier (cass. crim. 2 octobre 2012, n° 11-82239 D) : - avait fait usage, devant la clientèle, des termes « grise » et « arabe » pour désigner la salariée ; - l'avait dénigrée devant un autre client ; - lui avait demandé de ne se présenter que par son prénom, « pour ne pas faire fuir les clients ».
À propos d'un directeur marketing (cass. soc. 18 juin 2014, n° 13-15571 D) : - note lui ayant été adressée mettant en cause ses déplacements suivie d'une modification des fonctions exercées limitant lesdits déplacements ; - existence d'un stress psychologique et professionnel ne lui ayant pas permis de se soigner dans des conditions optimales ; - retrait de ses attributions initiales et « mise au placard ».
À propos d'une vendeuse, l'employeur (cass. soc. 2 mars 2016, n° 14-23604 D) : - ne s'était pas acquitté d'un rappel de 12 heures supplémentaires ; - n'avait pas organisé dans le délai réglementaire une visite médicale de reprise suite à un arrêt maladie de la salariée ; - lui avait imposé de prendre un repos non prévu ; - et avait modifié unilatéralement certains paramètres de son contrat de travail.
À propos d'un infirmier, attestations de différents collègues établissant que l'intéressé avait subi « des pressions » de la part de la part de sa hiérarchie qui cherchait « à le déstabiliser » et à « le ridiculiser » en lui « criant dessus » et en tenant à son égard des « propos humiliants » (cass. soc. 7 décembre 2016, n° 15-18347 D).
À propos de la secrétaire administrative d'une auto-école, contrainte de garder à titre gratuit et à de nombreuses reprises pendant les heures de travail l'enfant âgé de 4 ans de ses employeurs, de passer l'aspirateur dans les voitures professionnelles et personnelles de l'employeur, de désherber devant l'auto-école, et d'aller présenter les dossiers à l'inspecteur durant les examens alors que dépourvue de tout diplôme pour ce faire (cass. soc. 12 octobre 2017, n° 13-22848 D).

Harcèlement moral : exemples	
Harcèlement moral non établi (justifications objectives)	
S'agissant d'une salariée protégée : - tentative de réorganisation de son mi-temps thérapeutique ; - tentative de modification de ses tâches ; - demande d'autorisation de licenciement (cass. soc. 24 septembre 2008, n° 06-43504, BC V n° 175).	Mesures justifiées par la situation économique de l'entreprise et par sa réorganisation.
À propos d'une salariée exerçant les fonctions de surveillante générale dans une clinique :	
- obligation de changer de bureau ;	Mesure justifiée par le souci de rapprocher la salariée, qui exerçait des fonctions d'encadrement, des bureaux de la direction.
- retrait de certaines tâches ;	Allégement consécutif à des plaintes de la salariée sur sa charge de travail.
- diminution des astreintes ;	Diminution pendant 1 mois, mais maintien de la rémunération des astreintes.
- mention dans une liste du personnel d'une autre salariée en qualité de surveillante générale (cass. soc. 23 novembre 2005, n° 04-46152, BC V n° 334).	Mention résultant d'une erreur matérielle.
À propos d'une salariée d'un club de bridge, licenciée pour inaptitude physique :	
- ordre brutal de servir les boissons ou de répondre au téléphone ;	Absence de tout ton blessant ou humiliant et tâches entrant dans les attributions de la salariée.
- brutale éviction de l'arbitrage des tournois le vendredi après-midi ;	Arbitrage habituellement confié à des bénévoles.
- paiement du salaire par chèque et non plus par virement (cass. soc. 31 mars 2009, n° 08-40041 D).	Changement du mode de paiement justifié par l'état de santé de la salariée.
Vexations et pressions à l'égard d'un salarié d'un établissement financier (cass. soc. 3 mars 2009, n° 08-41112 D).	Simples observations et instructions justifiées par des insuffisances en matière de résultats et d'animation des équipes.
Commercial dont les clients sont visités par d'autres commerciaux de l'entreprise (cass. soc. 25 février 2009, n° 07-41846 D).	Absence de volonté de l'employeur de déstabiliser des salariés, auxquels il entendait seulement imposer de nouvelles méthodes de travail.
Employeur sanctionnant à plusieurs reprises un salarié de façon justifiée (retards dans le travail, comportement agressif envers un client, etc.) (cass. soc. 14 septembre 2010, n° 09-41275 D).	Peu importe que le salarié ait pu vivre comme un harcèlement ces sanctions, la surveillance de son supérieur hiérarchique et les rapports du directeur du site : l'employeur ne faisait qu'exercer son pouvoir de direction.
Reproches et avertissements à un salarié présentant un état d'anxiété (cass. soc. 6 janvier 2011, n° 09-71045 D).	Les mesures étaient justifiées par les insuffisances et le comportement du salarié.
À propos d'une salariée hôtesse d'accueil-standardiste depuis 2000, devenue assistante commerciale en 2009, et licenciée en 2011 pour inaptitude physique : - attitude méprisante de sa supérieure hiérarchique, sautes d'humeur, agressivité, indifférence envers le handicap auditif de la salariée ; - incident survenu en 2010 au cours duquel la supérieure hiérarchique avait traité la salariée de « malade » et de « tarée » (cass. soc. 5 novembre 2014, n° 13-16729 D).	Aucune difficulté n'était apparue avant la date de l'incident et les écarts de langage de la supérieure hiérarchique de la salariée, tenus ce jour-là, ne pouvaient, en tant que fait unique, caractériser un harcèlement moral.

Harcèlement moral : exemples	
À propos d'une salariée exerçant des fonctions de consultante (cass. soc. 3 novembre 2016, n° 15-18738 D) : - certificats médicaux établissant la dégradation de son état de santé en lien avec ses conditions de travail ; - accomplissement de 1 868,75 heures supplémentaires en 4 ans, soit une moyenne de 50 heures de travail par semaine.	La salariée ne démontrait pas notamment que sa surcharge de travail durant 4 ans lui avait été imposée par l'employeur.
À propos d'un salarié, licencié pour inaptitude, qui soutenait que cette inaptitude était la conséquence d'un « harcèlement moral managérial » : une surcharge de travail couplée à une pression exercée en permanence par son responsable (cass. soc. 15 juin 2017, n° 16-11503 D).	Le salarié n'avait présenté aucun fait précis laissant supposer l'existence d'un harcèlement et l'employeur avait démontré que l'insistance du responsable s'inscrivait dans le cadre des instructions qu'il avait lui-même reçues et que celles-ci visaient à réduire la charge de travail du salarié.

Comportement de la victime indifférent - En cas de contentieux, les juges doivent rechercher si les faits dont ils sont saisis caractérisent un harcèlement moral, sans prendre en compte le comportement de la victime (cass. crim. 27 mai 2015, n° 14-81489, B. crim. n° 129).

Harcèlement émanant d'un subordonné - Le harcèlement moral n'est pas nécessairement exercé par un supérieur hiérarchique sur un subordonné. Sur le plan pénal, les juges ont ainsi estimé qu'un subordonné peut se rendre coupable de harcèlement vis-à-vis de son supérieur (cass. crim. 6 décembre 2011, n° 10-82266, B. crim. n° 249).

Obligation de prévention du harcèlement

Obligation de l'employeur - L'employeur doit prendre toutes les dispositions nécessaires en vue de prévenir ou de faire cesser les agissements de harcèlement moral (c. trav. art. L. 1152-4). Il a, en la matière, une obligation légale de sécurité [voir *Hygiène et sécurité (obligations de l'employeur)**]. Voir ci-après, les incidences en matière de responsabilité civile.

Exemple
L'employeur peut prendre toute mesure de diffusion, présentation ou sensibilisation visant à l'information effective des salariés sur la législation en vigueur en matière de harcèlement. Il affirme, à cette occasion, que le harcèlement n'est pas admis. Il peut également mettre en œuvre des actions de formation visant à améliorer la connaissance, la prévention et l'identification des phénomènes de harcèlement. Il peut aussi prendre des mesures appropriées visant à faciliter le repérage des faits de harcèlement (circ. DGT 2012-14 du 12 novembre 2012).

L'obligation de prévenir ou de faire cesser le harcèlement moral n'implique pas, par elle-même, le licenciement pour faute grave d'un salarié à l'origine d'une situation susceptible de caractériser ou de dégénérer en harcèlement moral (cass. soc. 22 octobre 2014, n° 13-18862, BC V n° 247).

▶ À noter… L'accord national interprofessionnel (ANI) du 26.03.2010 impose aussi à l'employeur de prévenir le harcèlement (étendu par arrêté du 23 juillet 2010, JO du 30). Il s'agit pour l'essentiel de mesures identiques à celles à mettre en place pour prévenir les *violences** au travail. L'ANI préconise d'établir une « charte de référence » qui explique la procédure à suivre si un cas de harcèlement se produit, éventuellement annexée au règlement intérieur. Il incite les entreprises à mettre en place une procédure de médiation. Par ailleurs, les entreprises sont invitées à veiller à ce que l'environnement de travail demeure équilibré en cas de réorganisation, restructuration ou changement de périmètre de l'entreprise.

Règlement intérieur et informations relatives au harcèlement - Le *règlement intérieur** doit faire état des dispositions relatives au harcèlement moral prévues par le code du travail (c. trav. art. L. 1321-2).

Par ailleurs, l'employeur doit informer les personnes en formation ou en stage ainsi que les salariés, des textes du code pénal qui sanctionnent le harcèlement moral (c. pén. art. 222-3-2). Cette information peut prendre la forme d'un affichage ou de tout autre moyen (ex. : intranet de l'entreprise, notes d'information) (c. trav. art. L. 1152-4) (voir *Affichage et informations**).

Rôle du CSE dans les entreprises de 11 à moins de 50 salariés - Dans les entreprises de 11 à moins de 50 salariés, le CSE contribue à promouvoir la santé, la sécurité et l'amélioration des conditions de travail dans l'entreprise (c. trav. art. L. 2312-5) [voir *Comité social et économique (santé, sécurité et conditions de travail)**].

Tout membre du CSE peut porter à la connaissance de l'employeur des faits de harcèlement par le biais des réclamations individuelles ou collectives des salariés (c. trav. art. L. 2312-5).

Les élus peuvent saisir l'inspection du travail de toutes les plaintes et observations relatives notamment à des faits de harcèlement (c. trav. art. L. 2312-5).

Rôle du CSE dans les entreprises d'au moins 50 salariés - Dans les entreprises d'au moins 50 salariés, le CSE analyse notamment les risques professionnels et donc, les risques psychosociaux (c. trav. art. L. 2312-9). Il peut proposer des actions de prévention, notamment en matière de harcèlement moral. Le refus de l'employeur de mettre en place ces actions doit être motivé.

L'employeur doit notamment le consulter sur les mesures de prévention du harcèlement moral qu'il doit adopter (circ. DGT 2012/14 du 12 novembre 2012, II).

Alerte en cas de danger grave et imminent - Le harcèlement moral relève du droit d'alerte du CSE, quelle que soit la taille de l'entreprise (c. trav. art. L. 2312-5 et L. 2312-8) [voir *Droit d'alerte (CSE)**].

Obligation d'enquêter

En cas de dénonciation - L'employeur auprès duquel des faits de harcèlement sont dénoncés ne doit pas rester inactif, sous peine de se voir reprocher un manquement à son obligation légale de sécurité [voir *Hygiène et sécurité (obligations de l'employeur)**]. Il doit agir notamment en organisant une enquête interne (cass. soc. 27 novembre 2019, n° 18-10551 FPPB).

Cela étant, si cette enquête doit être exhaustive et impartiale pour être valable, cela ne signifie pas qu'elle doit être menée auprès de tous les collaborateurs du salarié auquel des agissements de harcèlement moral sont reprochés (cass. soc. 8 janvier 2020, n° 18-20151 D).

Principe du contradictoire non applicable - L'enquête portant sur des faits de harcèlement moral ne relève pas des règles régissant le contrôle de l'activité du salarié (c. trav. art. L. 1222-4) (voir *Surveillance des salariés**). Dans la mesure où cette enquête n'a pas pour objet de surveiller l'activité du salarié, elle ne répond pas aux mêmes principes, en particulier au principe du contradictoire.

L'employeur est donc en droit de diligenter une enquête sur le salarié auteur présumé du harcèlement, sans l'en informer au préalable et sans qu'il doive être entendu. L'enquête peut être réalisée à l'insu du salarié et se dérouler sans lui donner, à ce stade, la possibilité de s'expliquer. Le rapport d'enquête peut être utilisé comme mode de preuve contre le salarié, sans que ce dernier puisse invoquer une preuve déloyale (cass. soc. 17 mars 2021, n° 18-25597 FSPI).

En cas de saisine du CPH - Quand un salarié est mis en cause devant un conseil de prud'hommes (CPH) pour des faits de harcèlement moral à l'encontre d'un autre salarié, l'employeur doit, de son côté, déclencher une enquête pour avoir une connaissance exacte des faits reprochés au salarié. Il ne doit pas attendre l'issue du contentieux, sinon son « abstention fautive » peut lui être reprochée et le licenciement pour faute grave du salarié harceleur peut être jugé tardif au regard de la prescription des fautes, et donc être sans cause réelle et sérieuse (cass. soc. 29 juin 2011, n° 09-70902, BC V n° 172) [voir *Prescription (droit disciplinaire)**].

Mise en disponibilité pendant l'enquête - La mise en disponibilité d'un salarié le temps de vérifier s'il est l'auteur d'un harcèlement n'est pas une sanction disciplinaire. En effet, l'employeur peut prendre, préalablement à la procédure de licenciement, des mesures provisoires adaptées destinées à garantir les intérêts de l'entreprise pourvu qu'il n'en résulte pas, sans accord du salarié, une modification durable du contrat de travail. En l'espèce, la mise en disponibilité provisoire, décidée par l'employeur dans l'attente de l'engagement d'une procédure disciplinaire, avait eu pour seul objet de permettre le déroulement serein de l'enquête interne rendue indispensable après la révélation de faits graves au sein du magasin où le salarié était affecté. Elle n'avait duré que trois jours et n'avait pas entraîné de modification durable du contrat de travail de l'intéressé. De plus, dès les résultats de l'enquête interne, le salarié avait été convoqué à un entretien préalable, puis licencié (cass. soc. 8 mars 2017, n° 15-23503 D).

Médiation

Une procédure de médiation peut être engagée par toute personne de l'entreprise s'estimant victime de harcèlement moral ou par la personne mise en cause. Le médiateur est choisi par les parties.

Il s'informe de l'état des relations entre les parties, il tente de les concilier et leur soumet des propositions qu'il consigne par écrit en vue de mettre fin au harcèlement. En cas d'échec de la conciliation, il informe les parties des éventuelles sanctions encourues et des garanties procédurales prévues en faveur de la victime (c. trav. art. L. 1152-6).

Action en justice

Charge de la preuve dans un litige opposant la victime à l'employeur - Si le salarié présente des éléments de fait laissant supposer l'existence d'un harcèlement, il incombe à l'employeur, au vu de ces éléments, de prouver que ces agissements ne sont pas constitutifs d'un harcèlement et que sa décision est justifiée par des éléments objectifs étrangers à tout harcèlement. Puis, il appartient au juge de former sa conviction après avoir ordonné, en cas de besoin, toutes les mesures d'instruction qu'il estime utiles. (c. trav. art. L. 1154-1).

▶ À noter… Les juges doivent appréhender les faits présentés par le salarié dans leur ensemble (cass. soc. 6 juin 2012, n° 10-27766, BC V n° 170). La Cour de cassation contrôle la motivation des juges du fond pour s'assurer qu'ils ont respecté les règles légales en matière de charge de la preuve du harcèlement moral. Mais elle ne vérifie pas l'appréciation qu'ils font des éléments produits par les parties. Le sérieux des éléments de preuve fournis par le salarié et l'employeur relève de l'appréciation souveraine des juges du fond (cass. soc. 8 juin 2016, n° 14-13418, BC V n° 128).

Les juges peuvent se fonder sur l'ensemble des faits invoqués par le salarié permettant de présumer l'existence d'un harcèlement moral, quelle que soit la date de leur commission. Ainsi, même les faits qui ont été commis depuis une durée supérieure au délai de prescription *(voir ci-après)* peuvent être invoqués dans une action en justice liée à un harcèlement moral (cass. crim. 19 juin 2019, n° 18-85725, B. crim. n° 128 ; cass. soc. 9 juin 2021, n° 19-21931 FSP).

Règles applicables dans un litige opposant le salarié sanctionné à l'employeur - Les règles de preuve décrites ci-avant ne sont pas applicables à un litige relatif à la mise en cause d'un salarié auquel sont reprochés des agissements de harcèlement moral. Ainsi, lorsqu'un salarié est sanctionné pour des faits de harcèlement moral, l'employeur doit être en mesure, en cas de contentieux, de prouver ce harcèlement. Il ne peut pas se contenter de présenter des éléments laissant supposer un harcèlement (cass. soc. 7 février 2012, n° 10-17393, BC V n° 56).

Amnistie - L'*amnistie** de sanctions disciplinaires ou professionnelles dont a bénéficié un salarié ne l'empêche pas d'invoquer ces sanctions à l'appui d'une demande tendant à établir qu'il a été victime de faits de harcèlement moral (cass. avis 21 décembre 2006, n° 06-00014 P).

Prescription - Le salarié victime de harcèlement moral peut engager une action devant le conseil de prud'hommes. Le délai de prescription prévu par le code du travail ne joue pas (c. trav. art. L. 1471-1). C'est le délai de droit commun de 5 ans qui s'applique (c. civ. art. 2224).

Exemple

Le 9 septembre 2009, une salariée s'était présentée à l'inspection du travail, indiquant être en arrêt de travail pour dépression depuis avril 2009 et avoir fait l'objet d'une forme de harcèlement moral sur son lieu de travail. Elle avait été licenciée pour inaptitude le 17 novembre 2009 et saisi les prud'hommes le 10 novembre 2014.

L'employeur considérait que l'action de la salariée était tardive. Il faisait valoir que le délai pour agir en justice avait commencé le 9 septembre 2009, date à laquelle la salariée connaissait les faits lui permettant de faire reconnaître le harcèlement moral, et que la prescription était donc acquise le 10 septembre 2014.

Mais pour les juges, le délai de prescription de 5 ans devait débuter le 17 novembre 2009, date du licenciement dont la salariée demandait la nullité du fait du harcèlement moral. L'intéressée avait donc bien jusqu'au 17 novembre 2014 pour saisir le conseil de prud'hommes, peu important qu'elle ait été en arrêt maladie du fait du harcèlement moral à partir d'avril 2009 dans la mesure où elle avait été victime d'agissements de harcèlement moral au-delà de sa mise en arrêt de travail (cass. soc. 9 juin 2021, n° 19-21931 FSP).

Devant le juge pénal, le harcèlement moral au travail étant un délit, le délai de prescription est de 6 ans (c. proc. pén. art. 8).

▶ À noter… Dans la mesure où l'infraction de harcèlement moral se caractérise par des propos ou des comportements répétés (c. pén. art. 222-33-2), il faut se placer à la date du dernier acte reproché pour calculer le délai de prescription (cass. crim. 19 juin 2019, n° 18-85725, B. crim. n° 128).

Syndicats et salariés - Les syndicats représentatifs dans l'entreprise peuvent exercer en faveur d'un salarié toutes les actions en justice relatives à un harcèlement moral. Ils doivent justifier d'un accord écrit de l'intéressé mais celui-ci peut toujours intervenir à l'instance et y mettre fin à tout moment (c. trav. art. L. 1154-2).

Cumul des actions en justice du salarié et du syndicat - L'action des élus du personnel exercée dans le cadre de leur droit d'alerte afin de faire cesser la situation de harcèlement n'empêche pas le salarié concerné de saisir lui-même le juge par la suite pour demander la résiliation de son contrat de travail en raison de cette situation de harcèlement. En effet, ni le principe de l'autorité de la chose jugée (c. civ. 1355), ni celui de l'unicité de l'instance (encore applicable à l'époque des faits antérieurs au 1.08.2016) n'y font obstacle (cass. soc. 8 septembre 2021, n° 20-14011 FSB).

Protection contre les discriminations, les sanctions et le licenciement

Protection de la victime et du témoin - Aucun salarié, aucune personne en formation ou en stage ne peut être sanctionné, licencié ou faire l'objet d'une mesure discriminatoire, directe ou indirecte, notamment en matière de rémunération, de formation, de reclassement, d'affectation, de qualification, de classification, de promotion professionnelle, de mutation ou de renouvellement de contrat, pour avoir subi, ou refusé de subir, les agissements répétés de harcèlement moral ou pour avoir témoigné de tels agissements ou les avoir relatés (c. trav. art. L. 1152-2) (voir *Discriminations**). Toute rupture du contrat de travail qui en résulterait, toute disposition ou tout acte contraire sont nuls de plein droit (c. trav. art. L. 1152-3).

Licenciement nul en cas de dénonciation à tort - La protection du témoin s'applique même s'il apparaît, en définitive, que les faits relatés ne sont pas du harcèlement moral. Ainsi, la dénonciation d'un harcèlement moral ne peut pas être sanctionnée, sauf mauvaise foi *(voir ci-après)*. Si un salarié est licencié parce qu'il a accusé à tort son employeur de harcèlement, ce licenciement est, en cas de contentieux, jugé nul si l'employeur ne prouve pas que cette dénonciation avait été faite de mauvaise foi (cass. soc. 10 juin 2015, n° 13-25554, BC V n° 115 ; cass. soc. 16 juin 2016, n° 14-26965 D).

Par ailleurs, un salarié qui dénonce, à tort, des faits de harcèlement moral n'abuse pas nécessairement de sa liberté d'expression. Un tel abus doit être caractérisé (cass. soc. 6 janvier 2011, n° 09-41039 D) [voir *Expression (liberté d')**].

▶ Attention… La nullité du licenciement est exclue si le salarié ne qualifie pas de « harcèlement » les faits qu'il dénonce (cass. soc. 13 septembre 2017, n° 15-23045, BC V n° 134). Toutefois, lorsque le salarié dénonce des faits qu'il ne qualifie pas de harcèlement moral, son licenciement doit quand même être jugé nul si l'employeur lui-même utilise une telle qualification dans la lettre de licenciement et que la mauvaise foi du salarié n'est pas caractérisée (cass. soc. 9 juin 2021, n° 20-15525 D).

Licenciement possible en cas de mauvaise foi - Si le salarié ayant relaté le prétendu harcèlement moral était de mauvaise foi, il peut être licencié pour faute (cass. soc. 10 mars 2009, n° 07-44092, BC V n° 66 ; cass. soc. 29 mars 2012, n° 11-13947 D), **dont la gravité est à définir suivant le contexte. Or, dénoncer des faits tout en sachant qu'ils sont faux révèle la mauvaise foi** (cass. soc. 7 février 2012, n° 10-18035, BC V n° 55). **Le juge des référés est compétent pour apprécier si un salarié a fait preuve, ou non, de mauvaise foi dans la dénonciation d'un harcèlement moral** (cass. soc. 25 novembre 2015, n° 14-17551, BC V n° 235).

Exemples

La mauvaise foi d'un salarié est caractérisée lorsque celui-ci dénonce de façon mensongère des faits inexistants de harcèlement moral de la part de son supérieur hiérarchique (cass. soc. 7 décembre 2016, n° 15-24420 D) ou encore dans le but de déstabiliser l'entreprise et de se débarrasser du cadre responsable de son département (cass. soc. 6 juin 2012, n° 10-28345, BC V n° 172).

Des accusations calomnieuses s'inscrivant dans une campagne de déstabilisation du supérieur hiérarchique, mais aussi de l'employeur, montré du doigt pour ne pas mettre fin à la prétendue situation de harcèlement, justifient le licenciement pour faute grave de l'auteur des accusations (cass. soc. 28 janvier 2015, n° 13-22378 D).

Une salariée qui prétend avoir été victime d'un harcèlement moral en s'appuyant sur un faux grossier peut être licenciée pour faute grave, en raison de l'usage de faux et du manquement à son obligation de loyauté (cass. soc. 7 février 2018, n° 16-19594 D).

Ne pas mentionner dans la lettre de licenciement la mauvaise foi avec laquelle le salarié a relaté des agissements de harcèlement moral n'empêche pas l'employeur d'alléguer la mauvaise foi de ce salarié devant le juge (cass. soc. 16 septembre 2020, n° 18-26696 FPB).

Sanctions pénales de la dénonciation de mauvaise foi - Un salarié qui soutient, de mauvaise foi, avoir été victime de harcèlement moral ne peut pas être poursuivi pour diffamation. En revanche, des poursuites pour dénonciation calomnieuse peuvent être engagées (c. pén. art. 226-10 ; cass. civ., 1re ch., 28 septembre 2016, n° 15-21823, BC I n° 182).

Si la poursuite au pénal pour diffamation n'est en principe pas admise, c'est seulement si le salarié a réservé la dénonciation du harcèlement à son employeur et aux organes chargés de veiller à l'application des dispositions du code du travail (cass. crim. 26 novembre 2019, n° 19-80360 FSPBI). **Faute de quoi, la responsabilité pénale pour diffamation publique de l'intéressé peut être engagée.**

Exemple

Une salariée avait envoyé un e-mail pour dénoncer des faits de harcèlement dont elle se disait victime, intitulé « agression sexuelle, harcèlement sexuel et moral ». Elle l'avait adressé non seulement à son employeur et à l'inspection du travail, mais également à un autre responsable sans lien hiérarchique avec elle, ainsi qu'au fils de l'auteur présumé de harcèlement. Ce dernier a intenté une action contre la salariée pour diffamation publique et a obtenu sa condamnation. En effet, en diffusant son accusation de harcèlement à des personnes autres que l'employeur ou les organes de contrôle du code du travail, la salariée avait outrepassé ses droits et ne pouvait pas réclamer le bénéfice de l'immunité pénale (cass. crim. 26 novembre 2019, n° 19-80360 FSPBI).

Maladie, inaptitude ou faute liées au harcèlement - Si le salarié harcelé est malade du fait du harcèlement dont il est victime, l'employeur ne peut pas ensuite invoquer la perturbation que son absence prolongée a causée au fonctionnement de l'entreprise pour le licencier. Un tel licenciement est nul (cass. soc. 11 octobre 2006, n° 04-48314, BC V n° 301 ; cass. soc. 16 décembre 2010, n° 09-41640 D).

Exemple

Un salarié avait été licencié pour absence prolongée désorganisant l'entreprise et nécessitant son remplacement définitif, alors que son état de santé était lié à un « bore-out » caractérisant en l'espèce un harcèlement moral. Ce licenciement a été jugé nul (CA Paris 2 juin 2020, RG 18/05421).

Par ailleurs, quand l'inaptitude du salarié trouve son origine dans des faits de harcèlement moral dont il a été victime de la part de son employeur ou d'un collègue de travail, son licenciement pour inaptitude et impossibilité de reclassement est nul (c. trav. art. L. 1152-2 ; cass. soc. 29 septembre 2011, n° 10-12722, BC V n° 219).

Exemple

Une salariée, responsable de chantiers, contestait la validité de son licenciement pour inaptitude, arguant que cette inaptitude était la conséquence du harcèlement moral dont elle avait été victime. La salariée mettait en avant qu'elle devait faire à une surcharge de travail et que ses objectifs étaient inatteignables, ces faits ayant entraîné une dégradation de sa santé laquelle l'avait d'abord conduite à être placée en arrêt de travail pour burn-out/épuisement professionnel puis à être déclarée inapte. Diverses attestations soulignaient l'agressivité constante de la direction régionale, qui mettait une pression incessante sur la salariée, le stress de la salariée, qui effectuait des journées de 12 h voire plus et restait dans l'établissement au-delà de 23 h, et enfin les conditions de travail, qualifiées d'impossibles par un collègue. Pour la cour d'appel, le licenciement pour inaptitude de la salariée était nul, dans la mesure où son inaptitude était consécutive au harcèlement moral dont elle avait fait l'objet (CA Nancy 11 juin 2020, RG 19/00946).

Enfin, si l'agression verbale commise par un salarié résulte de son état pathologique, conséquence du harcèlement moral dont il a été victime, ce comportement n'est pas une faute grave rendant impossible le maintien du salarié dans l'entreprise (cass. soc. 12 mai 2021, n° 20-10512 D) **(voir *Licenciement pour faute**). Le harcèlement moral est en quelque sorte une circonstance atténuante.**

Cas du salarié protégé - La situation des salariés protégés (ex. : des représentants du personnel) dont le licenciement pour une inaptitude consécutive à du harcèlement moral a été autorisé est particulière.

L'inspecteur du travail ne peut pas invoquer une situation de harcèlement pour refuser d'autoriser le licenciement, puisqu'il lui est interdit d'examiner les causes de l'inaptitude (CAA Marseille 8 janvier 2008, n° 06MA00296 ; CAA Nantes 14 avril 2011, n° 09NT01319 ; CE 20 novembre 2013, n° 340591 ; CE 7 novembre 2014, n° 371116). **Pour le salarié protégé, rien ne sert donc de contester l'autorisation de licenciement en invoquant le harcèlement moral à l'origine de l'inaptitude.**

En revanche, l'autorisation administrative de licenciement n'empêche pas le salarié de faire valoir, devant le conseil de prud'hommes, tous les droits résultant de l'origine de son inaptitude lorsqu'il l'attribue à un manquement de l'employeur à ses obligations (cass. soc. 15 novembre 2011, n° 10-10687, BC V n° 259 ; cass. soc. 27 novembre 2013, n° 12-20301, BC V n° 286). **Par conséquent, le salarié protégé peut demander réparation de son préjudice devant le conseil de prud'hommes, à condition de démontrer que son inaptitude résulte de faits de harcèlement.**

Inexécution du préavis liée au harcèlement - En cas d'inexécution du *préavis** par le salarié, l'employeur est tenu au paiement d'une indemnité compensatrice, notamment lorsque cette inexécution lui est imputable. Tel est bien le cas quand un salarié n'a pas pu exécuter son préavis en raison d'arrêts de travail pour maladie liés au harcèlement moral dont il avait été victime du fait de son employeur (cass. soc. 20 septembre 2006, n° 05-41385, BC V n° 274).

Rupture conventionnelle dans un contexte de harcèlement - Un contexte de harcèlement moral ne justifie pas en soi l'annulation d'une *rupture conventionnelle**. Pour ce faire, il faudrait que le salarié invoque et établisse le lien entre le contexte de harcèlement et son consentement vicié au moment de la conclusion de la rupture conventionnelle (cass. soc. 23 janvier 2019, n° 17-21550 FSPB ; cass. soc. 29 janvier 2020, n° 18-24296 D).

Démission du salarié harcelé, prise d'acte ou résiliation judiciaire

Démission requalifiée en licenciement sans cause réelle et sérieuse - S'il est avéré qu'un salarié a donné sa *démission** parce qu'il était harcelé, les juges peuvent considérer que ce salarié a rompu son contrat sous la contrainte. Dès lors, la rupture est analysée comme un licenciement sans cause réelle et sérieuse (cass. soc. 20 décembre 2006, n° 05-43548 D).

Une démission faisant suite à des faits de harcèlement moral n'est pas automatiquement requalifiée en licenciement injustifié. À titre d'exemple, une démission donnée dans ce contexte a été jugée non équivoque dans la mesure où la lettre de démission ne comportait aucune réserve, le harcèlement s'était produit plus de 6 mois avant la rupture et l'employeur avait rapidement mis fin aux agissements en question. En l'espèce, si le salarié a été indemnisé pour avoir été harcelé, il n'a pas obtenu la requalification de sa démission en un licenciement sans cause réelle et sérieuse (cass. soc. 19 novembre 2014, n° 13-17729, BC V n° 267).

▶ À noter... Un salarié qui démissionne parce qu'il ne supporte plus le harcèlement moral que fait subir son chef de bureau à l'un de ses collègues ne peut pas ensuite imputer à l'employeur la responsabilité de la rupture pour lui réclamer des dommages-intérêts. En effet, seul le salarié personnellement victime du harcèlement moral peut agir contre l'employeur (cass. soc. 20 octobre 2010, n° 08-19748, BC V n° 242).

Démission légitime - Voir *Chômage (démission légitime)**.

Prise d'acte ou résiliation judiciaire - Voir *Prise d'acte de la rupture** et *Résiliation judiciaire du contrat de travail**.

Sanctions disciplinaires

Le salarié auteur de harcèlement s'expose à des *sanctions disciplinaires** (c. trav. art. L. 1152-5).

Exemple

Un salarié avait, entre mars et décembre de la même année, commis des faits répétés d'insultes, de menaces verbales et physiques ainsi que de comportements humiliants et dégradants à l'encontre d'agents d'entretien. Ce harcèlement moral rendant impossible le maintien du salarié dans l'entreprise constituait une faute grave justifiant son licenciement (cass. soc. 21 mai 2014, n° 12-25315 D).

La gravité de la faute n'est pas atténuée par le fait que le salarié, auteur des faits de harcèlement, a une ancienneté importante et ne se soit vu adresser aucune remarque de la part de l'employeur pendant la période où se sont déroulés les faits (cass. soc. 7 juin 2011, n° 09-43113 D).

▶ À noter... L'ANI du 26.03.2010 incite l'employeur à prévoir, dans son règlement intérieur, les sanctions applicables à l'égard de l'auteur de faits de harcèlement (étendu par arrêté du 23 juillet 2010, JO du 31).

Les salariés victimes de harcèlement ne peuvent pas contraindre l'employeur à prendre telle ou telle mesure vis-à-vis de l'auteur du harcèlement, même au moyen d'une action en justice. En effet, le juge n'a pas le pouvoir d'ordonner la modification ou la rupture du contrat de travail du salarié auquel sont imputés des agissements de harcèlement moral (cass. soc. 1er juillet 2009, n° 07-44482, BC V n° 167).

Par ailleurs, le licenciement d'un responsable des ressources humaines a été jugé fondé sur une cause réelle et sérieuse car il avait laissé perdurer les méthodes managériales inacceptables d'un directeur de magasin (cass. soc. 8 mars 2017, n° 15-24406 D).

Sanctions pénales

Délit de harcèlement moral au travail - La peine encourue est de 2 ans d'emprisonnement et de 30 000 € d'amende (c. pén. art. 222-33-2).

▶ À noter… Le délit de harcèlement moral au travail suppose l'existence d'une relation de travail entre le plaignant et son agresseur supposé (cass. crim. 13 décembre 2016, n° 16-81253, B. crim. 334). Au-delà de la sphère professionnelle, le harcèlement moral ayant pour objet ou pour effet une dégradation des conditions de vie de la victime et se traduisant par une altération de sa santé physique ou mentale est aussi sanctionné pénalement (c. pén. art. 222-33-2-2).

Lorsqu'un salarié a commis une faute qui constitue également une infraction pénale, ici un délit de harcèlement, l'employeur peut se constituer partie civile au procès pénal afin de demander réparation du préjudice subi (cass. crim. 14 novembre 2017, n° 16-85161, B. crim. 252).

Discrimination liée au harcèlement - Toute mesure discriminatoire commise à l'encontre d'une personne ayant subi ou refusé de subir des faits de harcèlement moral ou ayant témoigné de tels faits est sanctionnée par un an d'emprisonnement et par une amende de 3750 € (c. trav. art. L. 1155-2).

▶ À noter… Les infractions commises en matière de discriminations et le délit de harcèlement moral peuvent être constatés par l'inspection du travail (c. trav. art. L. 8112-2).

Responsabilité de l'employeur

Étendue de la responsabilité - L'employeur engage sa responsabilité quand les faits de harcèlement peuvent lui être reprochés mais aussi lorsque le harcèlement moral a été commis sur le lieu de travail par un salarié, dans le cadre de ses fonctions (c. civ. art. 1242).

L'employeur peut s'exonérer de sa responsabilité en matière de harcèlement moral, même si le harcèlement s'est produit dans l'entreprise, à une double condition (cass. soc. 1er juin 2016, n° 14-19702, BC V n° 123) :

- d'une part, avoir pris toutes les mesures immédiates propres à faire cesser le harcèlement moral et avoir réussi à le faire effectivement cesser ;

- d'autre part, avoir pris, en amont des faits en cause, toutes les mesures de prévention nécessaires pour empêcher le harcèlement et notamment avoir préalablement mis en œuvre des actions d'information et de formation propres à prévenir la survenance de faits de harcèlement moral (c. trav. art. L. 4121-1 et L. 4121-2).

Dommages-intérêts - Le salarié victime de harcèlement moral peut prétendre à des dommages-intérêts (cass. soc. 6 janvier 2011, n° 09-66704 D), **même s'il bénéficie par ailleurs de l'indemnisation spécifique attribuée au titre d'une maladie professionnelle** (cass. soc. 15 novembre 2006, n° 05-41489, BC V n° 338).

Le fait que le salarié victime de harcèlement moral ait pu contribuer, par son propre comportement, à la dégradation des conditions de travail n'atténue pas la responsabilité de l'employeur. En effet, peu important le comportement du salarié, l'employeur porte la pleine responsabilité du harcèlement moral. Les juges ne peuvent donc pas diminuer l'indemnisation due au salarié en raison de sa participation dans la dégradation des conditions de travail (cass. soc. 13 juin 2019, n° 18-11115 D).

▶ Attention… L'obligation de prévention des risques professionnels, incluant les risques psychosociaux [voir *Hygiène et sécurité (obligations de l'employeur)**], est distincte de l'interdiction du harcèlement moral. L'employeur peut être condamné à verser des dommages-intérêts pour manquement à la première sans qu'un harcèlement moral soit établi par ailleurs (cass. soc. 6 décembre 2017, n° 16-10885, 16-10886, 16-10887, 16-10888, 16-10889, 16-10890, 16-10891 D).

Tel était le cas dans une affaire où les différents éléments présentés par la salariée n'étaient pas suffisants pour laisser supposer l'existence d'un harcèlement. Cependant, la salariée connaissait des problèmes de santé en raison du harcèlement dont elle s'estimait victime, avec des arrêts de travail pour syndrome anxiodépressif. Les juges du fond auraient dû rechercher si l'employeur avait cherché à résoudre ces difficultés, indépendamment de l'absence de harcèlement (cass. soc. 8 juillet 2020, n° 18-24320 FSPB).

Réparation de l'ensemble des préjudices subis - L'employeur peut être tenu d'indemniser, sous forme de dommages-intérêts, le préjudice subi du fait du harcèlement moral mais aussi celui subi du fait de son manquement à l'obligation de prévention du harcèlement moral (c. trav. art. L. 1152-1 et L. 1152-4 ; cass. soc. 6 juin 2012, n° 10-27694, BC V n° 169 ; cass. soc. 19 novembre 2014, n° 13-17729, BC V n° 267).

En présence de comportements fautifs distincts de discrimination et de harcèlement moral (c. trav. art. L. 1132-1 et L. 1152-1), **il existe deux types de préjudices distincts dont chacun ouvre droit à des réparations spécifiques pour le salarié. Ainsi, lorsque l'employeur est l'auteur du harcèlement et que ses agissements visent un salarié titulaire d'un mandat syndical, il peut être condamné pénalement pour harcèlement moral mais aussi pour discrimina-**

tion syndicale. En effet, ces deux infractions sanctionnent la violation d'intérêts distincts (cass. crim. 6 février 2007, n° 06-82601, B. crim. n° 29 ; cass. soc. 24 janvier 2006, n° 03-44889 D). Il en va de même s'agissant d'une salariée reconnue victime à la fois de discrimination et de harcèlement moral du fait de ses grossesses (cass. soc. 3 mars 2015, n° 13-23521, BC V n° 32).

Peines complémentaires - L'employeur encourt une peine complémentaire d'affichage et de diffusion de la décision de justice en cas de condamnation pour harcèlement moral sur le fondement des dispositions du code du travail, mais également sur celles du code pénal (c. trav. art. L. 1155-2 ; c. pén. art. 222-50-1).

☛ *Harcèlement sexuel.*

Harcèlement sexuel

Interdiction et définition

Interdiction - Aucun salarié ne doit subir des faits (c. trav. art. L. 1153-1) :
- soit de harcèlement sexuel ;
- soit assimilés au harcèlement sexuel.

Les stagiaires en entreprise sont également protégés contre le harcèlement sexuel (c. éduc. art. L. 612-8).

▶ À noter… La loi permettant à la France de ratifier la convention 190 de l'OIT, relative à l'élimination de la violence et du harcèlement au travail, est parue au Journal Officiel du 9.12.2021. La France attend encore un feu vert à l'échelle de l'Union Européenne pour procéder à cette ratification. En tout état de cause, il ressort de l'étude d'impact que la législation française est déjà conforme aux dispositions de cette convention. Une telle ratification ne devrait pas avoir d'impact immédiat sur les textes français portant sur ces sujets (loi 2021-1458 du 8 novembre 2021, JO du 9 ; Convention OIT n° 190 sur la violence et le harcèlement, adoptée le 21 juin 2019).

Définition - Le harcèlement sexuel est constitué par des propos ou comportements à connotation sexuelle ou sexiste répétés qui soit portent atteinte à la dignité du salarié en raison de leur caractère dégradant ou humiliant, soit créent à son encontre une situation intimidante, hostile ou offensante (c. trav. art. L. 1153-1, dans sa version au 31 mars 2022).

▶ À noter… La référence aux propos ou comportements à connotation sexiste a été ajoutée par la loi pour renforcer la prévention en santé au travail à l'article L. 1153-1 du code du travail, cette version de l'article s'appliquant à compter du 31.03.2022 (loi 2021-1018 du 2 août 2021, art. 1, JO du 3).

Le harcèlement sexuel est également constitué :
- lorsqu'un même salarié subit de tels propos ou comportements venant de plusieurs personnes, de manière concertée ou à l'instigation de l'une d'elles, alors même que chacune de ces personnes n'a pas agi de façon répétée ;
- lorsqu'un même salarié subit de tels propos ou comportements, successivement, venant de plusieurs personnes qui, même en l'absence de concertation, savent que ces propos ou comportements caractérisent une répétition.

▶ À noter… C'est également la loi 2021-1018 du 2 août 2021 qui a inséré ces dispositions dans l'article L. 1153-1 du code du travail, celles-ci s'appliquant à compter du 31.03.2022. La définition du harcèlement sexuel inscrite dans le code du travail et celle inscrite dans le code pénal sont ainsi alignées (c. pén. art. 222-33).

Éléments constitutifs - Pour l'administration, l'atteinte à la dignité résulte de comportements ouvertement sexistes, grivois ou obscènes, qui peuvent prendre la forme de paroles ou d'écrits répétés constituant des provocations, des injures ou des diffamations, même non publiques, commises en raison du sexe ou de l'orientation ou de l'identité sexuelle de la victime. Quant aux situations intimidantes, hostiles ou offensantes, elles recouvrent tous les cas dans lesquels le comportement du harceleur rend les conditions de travail insupportables. Il en est ainsi, par exemple, lorsqu'une personne importune quotidiennement son ou sa collègue en lui adressant sans cesse des messages ou des objets à connotation sexuelle (circ. CRIM 2012-15 du 7 août 2012, § 1.1.1).

Par ailleurs, peu importe que le salarié poursuivi ait mésestimé la portée de ses agissements. Il suffit qu'il ait, en connaissance de cause, imposé aux victimes, de façon répétée, des propos ou comportement à connotation sexuelle les ayant placées dans une situation intimidante, hostile ou offensante et objectivement constatée (cass. crim. 18 novembre 2015 n° 14-85591, B. crim. n° 259).

L'absence de consentement de la victime est également un élément constitutif du délit. Il n'est pas nécessaire que la victime ait fait connaître de façon expresse et explicite à l'auteur des faits qu'elle n'était pas consentante (par exemple, par une demande écrite ou devant témoins de mettre un terme aux agissements). Cette absence de consentement peut résulter du contexte dans lequel les faits ont été commis. Elle peut ainsi être caractérisée par un silence permanent face aux agissements ou une demande d'intervention adressée à des collègues, ou à un supérieur hiérarchique (Guide « Harcèlement sexuel et agissements sexistes au travail : prévenir, agir, sanctionner » diffusé le 8 mars 2019 par le ministère du Travail).

Pour des exemples de cas de harcèlement, établi ou pas, tranchés par les juges, voir le tableau reproduit dans cette étude.

▶ À noter... Les *agissements sexistes** (c. trav. art. L. 1142-2-1) ainsi que l'*outrage sexiste** (c. pén. art. 621-1) sont également interdits.

Faits assimilés au harcèlement sexuel - Le fait, même non répété, d'user de toute forme de pression grave dans le but réel ou apparent d'obtenir un acte de nature sexuelle, que celui-ci soit recherché au profit de l'auteur des faits ou au profit d'un tiers est assimilé au harcèlement sexuel (c. pén. art. 222-33-II ; c. trav. art. L. 1153-1). Il s'agit d'un abus d'autorité, concrétisé par des menaces sur les conditions de travail, des actes de chantage à la promotion ou au licenciement, pour obtenir des actes sexuels (Guide « Harcèlement sexuel et agissements sexistes au travail : prévenir, agir, sanctionner » diffusé le 8 mars 2019 par le ministère du Travail).

Selon l'administration, il n'est pas nécessaire que le harceleur cherche à obtenir une relation sexuelle. Il peut s'agir de tout acte de nature sexuelle, comme un simple contact physique destiné à assouvir un fantasme. Enfin, ce chantage a pour but réel « ou apparent » d'obtenir un acte de nature sexuelle. Cette précision vise à sanctionner les personnes qui agissent uniquement par jeu ou dans le seul but d'humilier la victime, sans avoir l'intention de passer à l'acte (circ. CRIM 2012-15 du 7 août 2012, § 1.1.2).

Harcèlement se déroulant hors de l'entreprise - Le harcèlement sexuel peut être caractérisé, et sanctionné par l'employeur, même s'il se déroule en dehors de l'entreprise. En effet, le fait pour un salarié d'abuser de son pouvoir hiérarchique dans le but d'obtenir des faveurs sexuelles de collègues de travail constitue un harcèlement sexuel, même si les agissements ont lieu en dehors du temps et du lieu de travail (cass. soc. 11 janvier 2012, n° 10-12930, BC V n° 9).

Protection contre les discriminations, les sanctions et le licenciement

Étendue de la protection - Aucun salarié, aucune personne en formation ou en stage, aucun candidat à un recrutement, à un stage ou à une période de formation en entreprise ne peut être sanctionné, licencié ou faire l'objet de discrimination, directe ou indirecte, notamment en matière de rémunération, de formation, de reclassement, de qualification, etc., pour avoir subi ou refusé de subir des faits de harcèlement sexuel (c. trav. art. L. 1153-2).

Cette interdiction est également applicable pour des propos ou comportements, même non répétés, susceptibles de constituer des faits de harcèlement sexuel (c. trav. art. L. 1153-1 et L. 1153-2). Ainsi, le délit de discrimination pour harcèlement ne suppose pas nécessairement la commission préalable d'un délit de harcèlement sexuel (circ. DGT 2012-14 du 12 novembre 2012).

Nullité en cas de non-respect - Toute disposition ou tout acte contraire à ces dispositions est nul (c. trav. art. L. 1153-4). Ainsi, le licenciement prononcé parce que le salarié a été harcelé est nul (voir *Licenciement nul**).

Une salariée peut faire reconnaître la nullité de son licenciement du fait du harcèlement sexuel dont elle a été victime, même si le tribunal correctionnel a relaxé son employeur auteur des faits faute d'élément intentionnel (cass. soc. 25 mars 2020, n° 18-23682 FSPB). En effet, en droit du travail, le harcèlement sexuel peut être reconnu sans élément intentionnel, il « suffit » de démontrer les faits (propos, comportements ou pressions exercés) (c. trav. art. L. 1153-1).

Rôle de l'employeur

Obligation de prévenir et de mettre fin au harcèlement - L'employeur doit prendre toutes les dispositions nécessaires en vue de (c. trav. art. L. 1153-5) :

- prévenir les faits de harcèlement sexuel, sachant que les mesures de prévention préconisées par l'administration sont similaires à celles indiquées pour le *harcèlement moral** et que l'accord national interprofessionnel (ANI) du 26.03.2010 vise des mesures identiques à celles à mettre en place pour prévenir les *violences** au travail (ex. : adoption d'une « charte de référence », mise en place d'une procédure de médiation) (étendu par arrêté du 23 juillet 2010, JO du 30) ;
- y mettre un terme ;
- et les sanctionner.

Harcèlement sexuel (exemples)
Harcèlement sexuel établi
Comportement d'un directeur financier vis-à-vis d'une subordonnée mineure consistant à tenter de l'embrasser contre son gré sur le lieu du travail, à l'emmener à son domicile en renouvelant à cette occasion des avances de nature sexuelle et à l'appeler fréquemment par téléphone en dénigrant la relation affectueuse que celle-ci entretenait avec un tiers, provoquant par ces agissements angoisse et même dépression (cass. soc. 24 septembre 2008, n° 06-46517, BC V n° 177).
Salariée victime, de la part du chef d'entreprise, d'avances sexuelles, de brimades, d'hostilité, de propos et gestes déplacés et de « petits mots ». Faits constitutifs de harcèlement moral et de harcèlement sexuel (cass. soc. 23 septembre 2008, n° 07-42920 D).
Comportement d'un chef d'entreprise vis-à-vis d'une subordonnée consistant en divers propos à connotations sexuelles et en des attouchements normalement étrangers à une relation hiérarchique (cass. crim. 3 juin 2008, n° 07-87878 D).
Employeur ayant tenté d'obtenir des faveurs de nature sexuelle d'une salariée en multipliant les cadeaux et les appels, en se rendant à son domicile et en faisant intrusion dans sa vie privée, dans le but de la convaincre et même de la contraindre à céder à ses avances. Comportement à l'origine de l'inaptitude de la salariée (cass. soc. 3 mars 2009, n° 07-44082 D).
Salarié ayant fait parvenir à une jeune collègue de longs courriers manuscrits, de nombreux courriels par lesquels il lui faisait des propositions et des déclarations, lui ayant exprimé le souhait de la rencontrer seule dans son bureau, lui ayant adressé des invitations qu'elle avait toujours refusées, lui ayant fait parvenir des bouquets de fleurs et ayant reconnu sa propre insistance ou sa lourdeur et que leur différence d'âge, d'ancienneté dans l'entreprise et de situation professionnelle auraient dû l'inciter à plus de réserve et de respect vis-à-vis de cette salariée nouvellement embauchée (cass. soc. 28 janvier 2014, n° 12-20497 D).
Salariée ayant reçu, d'abord pendant son stage, puis après la signature du contrat de travail, plusieurs « SMS » de son supérieur hiérarchique, dans lesquels celui-ci lui écrivait notamment « je te souhaite une douce journée avec plein de baisers sur tes lèvres de velours ». La salariée avait alors demandé à son employeur une suspension de sa période d'essai et dans le même temps avait déposé une main-courante auprès des services de police pour harcèlement sexuel (cass. soc. 12 février 2014, n° 12-26652 D).
Salarié, chef de rayon dans un magasin d'alimentation, ayant dit à l'une des employées qu'elle était mignonne, qu'elle avait de beaux yeux et lui ayant proposé d'aller prendre un verre après le travail. Malgré ses refus réitérés, il avait renouvelé ses propos et ses invitations et lorsqu'elle lui avait dit qu'elle avait un ami, il lui avait répondu que ce n'était pas grave et qu'elle n'était pas obligée de le mettre au courant. Jusqu'au jour où, alors qu'elle se trouvait seule avec lui dans une chambre froide, il l'avait prise par la taille. Il lui avait également proposé de la « réchauffer », de « s'arranger » et l'avait prévenu qu'il n'abandonnerait jamais tant qu'il n'aurait pas ce qu'il voulait (cass. crim. 18 novembre 2015, n° 14-85591, B. crim. n° 486).
Président d'une association de scoutisme ayant « conseillé » à une salariée, animatrice, qui se plaignait de coups de soleil de « dormir avec lui dans sa chambre », « ce qui lui permettrait de lui faire du bien » : fait unique suffisant suffire à caractériser un harcèlement sexuel (cass. soc. 17 mai 2017, n° 15-19300 PB).
Gendarme qui, sous couvert d'« humour potache », ciblait de façon répétée ses deux collègues féminines avec des « pseudo-plaisanteries » centrées sur les attributs féminins, des moqueries sur leur physique et des saillies sur leur vie amoureuse et sexuelle (cass. crim. 11 juillet 2017, n° 16-85214 D).
Supérieur hiérarchique d'une salariée qui, pendant 3 ans, lui avait écrit des mails et des billets dans lesquels il exprimait son désir explicite d'avoir une relation d'ordre sexuel avec elle. La salariée lui avait répété de façon ferme et explicite qu'elle ne voulait pas répondre favorablement à ses avances et l'avait invité à cesser de lui écrire. Propos à connotation sexuelle, imposés de façon réitérée, en dehors de tout contexte de plaisanterie ou de familiarité, créant à l'encontre de la salariée une situation offensante, génératrice d'une incapacité de travail. Peu importe que les « avances » en question aient été faites dans des termes non blessants, non injurieux et sans insulte et que pour le supérieur hiérarchique, il faille les interpréter comme des compliments (cass. crim. 18 novembre 2020, n° 19-81790 D).
Salariée ayant été destinataire de centaines de SMS adressés par sa supérieure hiérarchique, contenant des propos à connotation sexuelle ainsi que des pressions répétées exercées dans le but d'obtenir un acte de nature sexuelle, lesquelles étaient matérialisées par des insultes et menaces. Par ailleurs, la salariée avait demandé à de multiples reprises à l'intéressée d'arrêter ces envois (cass. soc. 3 mars 2021, n° 19-18110 D).
Harcèlement sexuel non établi
Chef des ventes ayant embrassé « sur la bouche » une subordonnée qu'il raccompagnait chez elle (le caractère forcé du baiser étant discuté mais non établi), puis lui ayant fait livrer des fleurs à son domicile. La salariée avait travaillé pendant 10 ans avec son chef avant de se plaindre de harcèlement pour toute cette période et la familiarité reprochée à celui-ci était largement partagée, comme l'attestaient des mails que celle-ci lui avait adressés et qui se terminaient par des formules particulièrement affectueuses : « Merci pour ton coup de fil de ce matin, il m'a fait du bien. Bonne journée, j'espère pour toi. Bizzz », « Bisou, chefffffff », etc. Le chef des ventes ne pouvait donc pas se voir reprocher des actes s'inscrivant dans le cadre de relations de familiarité réciproques (cass. soc. 10 juillet 2013, n° 12-11787 D).

Harcèlement sexuel (exemples)
Supérieur hiérarchique ayant adressé 2 SMS à une salariée, avec laquelle il avait entretenu une liaison, dans lesquels il se référait aux temps « où elle le rendait heureux » et faisait état de la persistance de son sentiment amoureux. Le contenu des SMS ne démontrait que la « persistance nostalgique d'un attachement sentimental » de la part du salarié (cass. soc. 23 septembre 2015, n° 14-17143 D).
Salariée invoquant une série de courriels dans lesquels, 6 ans auparavant, un collègue qu'elle accusait de harcèlement sexuel avait insisté pour déjeuner avec elle (cass. soc. 8 juillet 2020, n° 18-24320 FSPB).

Responsabilité de l'employeur - L'obligation de s'assurer qu'aucun fait de harcèlement sexuel n'intervienne (c. trav. art. L. 1153-1) et celle de prévenir des faits de harcèlement sexuel (c. trav. art. L. 1153-5) sont distinctes. Par conséquent, la méconnaissance de chacune d'elles, lorsqu'elle entraîne des préjudices distincts, peut ouvrir droit à des réparations spécifiques, dès lors que le salarié démontre l'existence de deux préjudices distincts (cass. soc. 17 mai 2017, n° 15-19300, BC V n° 84).

De même, la prohibition du harcèlement sexuel (c. trav. art. L. 1153-1) est distincte de l'obligation légale de prévention des risques professionnels (c. trav. art. L. 4121-1 et L. 4121-2). L'employeur peut donc être condamné à verser des dommages-intérêts sans qu'un harcèlement soit établi par ailleurs (cass. soc. 8 juillet 2020, n° 18-24320 FSPB) [voir *Hygiène et sécurité (obligations de l'employeur)**].

Clause du règlement intérieur et obligation d'information - Le *règlement intérieur** rappelle les dispositions du code du travail relatives au harcèlement sexuel (c. trav. art. L. 1321-2). En outre, l'ANI du 26.03.2010 incite l'employeur à prévoir, dans son règlement intérieur, les sanctions applicables à l'égard de l'auteur des faits de harcèlement (étendu par arrêté du 23 juillet 2010, JO du 30).

Par ailleurs, l'employeur doit informer les personnes en formation ou en stage ainsi que les salariés, des textes du code pénal qui sanctionnent le harcèlement sexuel (c. pén. art. 222-33).

Cette information peut prendre la forme d'un affichage ou de tout autre moyen (ex. : intranet de l'entreprise, notes d'information) dans les lieux de travail ainsi que dans les locaux ou à la porte des locaux où se fait l'embauche (c. trav. art. L. 1153-5). Cette information doit également préciser l'adresse et le numéro d'appel (c. trav. art. D. 1151-1) :

- du *médecin du travail** ou du *service de prévention et de santé au travail** compétent pour l'établissement ;
- de l'*inspection du travail** compétente ainsi que le nom de l'inspecteur compétent ;
- du *Défenseur des droits** ;
- du référent chargé d'orienter, d'informer et d'accompagner les salariés en matière de lutte contre le harcèlement sexuel et les agissements sexistes dans les entreprises d'au moins 250 salariés *(voir ci-après)* (c. trav. art. L 1153-5-1) ;
- du référent en matière de lutte contre le harcèlement sexuel et les agissements sexistes, lorsqu'un *comité social et économique** existe (c. trav. art. L. 2314-1).

Déclenchement d'une enquête - Quand un salarié est mis en cause devant un conseil de prud'hommes pour des faits de harcèlement sexuel à l'encontre d'un autre salarié, l'employeur doit, de son côté, déclencher une enquête pour avoir une connaissance exacte des faits reprochés au salarié. Il ne doit pas attendre l'issue du contentieux, sinon son abstention fautive peut lui être reprochée et le licenciement pour faute grave du salarié harceleur être jugé tardif au regard de la prescription des fautes et donc sans cause réelle et sérieuse (cass. soc. 29 juin 2011, n° 09-70902, BC V n° 172) [voir *Prescription (droit disciplinaire)**].

À notre sens, l'obligation de déclencher une enquête en cas de dénonciation d'un *harcèlement moral**, pourrait aussi valoir en cas de dénonciation d'un harcèlement sexuel. En outre, comme en matière de harcèlement moral (cass. soc. 17 mars 2021, n° 18-25597 FSPI), l'employeur pourrait à notre sens conduire l'enquête à l'insu du salarié soupçonné de harcèlement sexuel et sans lui donner, à ce stade, la possibilité de s'expliquer. Le rapport d'enquête pourrait être utilisé comme mode de preuve contre le salarié, sans que ce dernier puisse invoquer une preuve déloyale.

Rôle du CSE - Le rôle du CSE est similaire en cas de harcèlement sexuel ou en cas de *harcèlement moral** (voir l'étude correspondante).

Démission du salarié harcelé, prise d'acte ou résiliation judiciaire

La démission suite à un harcèlement sexuel peut être considérée comme une démission légitime au regard du droit à indemnisation par l'assurance chômage [voir *Chômage (démission légitime)**].

Sur l'intention réelle du salarié harcelé de démissionner, un parallèle peut être établi avec la jurisprudence en matière de *harcèlement moral** (voir cette étude).

Le salarié qui souhaite obtenir la *résiliation judiciaire du contrat de travail** aux torts de l'entreprise doit établir que l'employeur a commis un manquement qui rend impossible la poursuite du contrat de travail. Ainsi, la salariée qui a fait l'objet d'un harcèlement sexuel de la part de sa supérieure hiérarchique ne peut pas obtenir la résiliation judiciaire de son contrat de travail dès lors que l'employeur a immédiatement mis fin au harcèlement en licenciant la salariée responsable (cass. soc. 3 mars 2021, n° 19-18110 D).

Voir aussi *Prise d'acte de la rupture**.

Actions en justice

Protection des victimes et des témoins - La protection applicable aux victimes concerne également les salariés qui ont témoigné des agissements de harcèlement sexuel ou qui les ont relatés.

Toute disposition ou tout acte contraire est nul de plein droit (c. trav. art. L. 1153-4). Des sanctions pénales sont aussi encourues (c. trav. art. L. 1155-2).

Ainsi, sauf en cas de mauvaise foi, la dénonciation d'un harcèlement sexuel ne peut pas être sanctionnée (cass. soc. 10 juin 2015, n° 14-13318, BC V n° 116). Sur la définition de la mauvaise foi, voir *Harcèlement moral**.

Actions des syndicats - Les syndicats représentatifs dans l'entreprise peuvent exercer en faveur du salarié toutes actions en justice avec son accord écrit sachant qu'il peut toujours intervenir à l'instance et y mettre fin à tout moment (c. trav. art. L. 1154-2).

Cumul des actions en justice du salarié et des élus - L'action des élus du personnel exercée dans le cadre de leur droit d'alerte afin de faire cesser la situation de harcèlement n'empêche pas le salarié concerné de saisir lui-même le juge par la suite pour demander la résiliation de son contrat de travail en raison de cette situation de harcèlement. En effet, ni le principe de l'autorité de la chose jugée (c. civ. 1355), ni celui de l'unicité de l'instance (encore applicable à l'époque des faits antérieurs au 1.08.2016) n'y font obstacle (cass. soc. 8 septembre 2021, n° 20-14011 FSB).

Preuve - La charge de la preuve et le rôle du juge dans la recherche de la preuve sont identiques à ceux applicables en cas de *harcèlement moral**. Le juge doit ainsi :

- examiner l'ensemble des éléments présentés par le salarié, en prenant en compte les documents médicaux éventuellement produits ;
- apprécier si les faits matériellement établis, pris dans leur ensemble, permettent de présumer l'existence d'un harcèlement.

Pour établir la réalité des faits invoqués, le salarié peut notamment produire en justice les SMS qui lui ont été envoyés sur son téléphone portable (cass. soc. 23 mai 2007, n° 06-43209, BC V n° 85).

De leur côté, les juges doivent se pencher sur tous les éléments présentés par le salarié et ne doivent pas les apprécier de manière séparée.

Exemple

Une salariée s'était fait confectionner par un chef d'atelier deux garde-corps à l'aide de rebuts de l'entreprise. L'employeur les avait alors licenciés pour faute grave, leur reprochant de ne pas avoir sollicité l'accord préalable de leur responsable. Devant les juges, les intéressés ont soutenu que ces licenciements constituaient en réalité des mesures de représailles dans un contexte de harcèlement sexuel : la salariée avait repoussé les avances de son supérieur hiérarchique, qui avait ensuite fait l'objet d'un avertissement, et elle avait reçu le soutien du chef d'atelier. Dans cette affaire, les juges du fond n'avaient visiblement pas tenu compte de l'ensemble des éléments. S'agissant de la salariée, les juges ne pouvaient pas ignorer que son supérieur hiérarchique avait reconnu avoir été entreprenant à son égard et qu'il avait d'ailleurs fait l'objet d'un avertissement pour comportement inapproprié vis-à-vis de sa subordonnée. Quant au chef d'atelier, il aurait fallu vérifier si le licenciement ne constituait pas une mesure de représailles. La Cour de cassation en déduit que les juges du fond n'ont pas pris en considération tous les éléments présentés par la salariée (cass. soc. 8 juillet 2020, n° 18-23410 FSPB).

Prescription - Le salarié victime de harcèlement sexuel peut engager une action devant le conseil de prud'hommes, auquel cas l'action se prescrit par 5 ans (c. civ. art. 2224).

Devant le juge pénal, le harcèlement sexuel au travail étant un délit, le délai de prescription est de 3 ans (c. proc. pén. art. 8).

Sanctions à l'encontre du harceleur

Sanctions disciplinaires - Le salarié auteur de harcèlement sexuel est passible d'une sanction disciplinaire (c. trav. art. L. 1153-6). De tels faits sont nécessairement constitutifs d'une faute grave (cass. soc. 5 mars 2002, n° 00-40717, BC V n° 83) (voir *Licenciement pour faute** et *Sanctions disciplinaires**). La gravité de la faute n'est pas atténuée :

- ni par le fait que le salarié, auteur des faits de harcèlement, ait une ancienneté importante et ne se soit pas vu adresser de remarque de la part de l'employeur pendant la période où se sont déroulés les faits (cass. soc. 7 juin 2011, n° 09-43113 D) ;
- ni par le fait que l'employeur ait, 2 ans auparavant, toléré d'autres faits de harcèlement de la part du même salarié (cass. soc. 18 février 2014 n° 12-17557, BC V n° 52).

▶ À noter… La lettre de licenciement qui reproche au salarié un « harcèlement sexuel sur une équipière en profitant de votre position hiérarchique » est suffisamment motivée, le motif de licenciement invoqué étant précis et matériellement vérifiable (cass. soc. 21 mai 2014, n° 13-12395 D) [voir *Licenciement (notification)**].

Par analogie avec les principes régissant le *harcèlement moral**, les salariés ne peuvent pas demander au juge d'ordonner à l'employeur de prendre une sanction plutôt qu'une autre (cass. soc. 1er juillet 2009, n° 07-44482, BC V n° 167). C'est à l'employeur de décider de la mesure la plus appropriée.

Sanctions pénales - L'auteur de faits de harcèlement sexuel ou de ceux qui y sont assimilés encourt 2 ans d'emprisonnement et 30 000 € d'amende. Dans certaines situations, les peines sont portées à 3 ans d'emprisonnement et 45 000 € d'amende. Tel est le cas lorsque les faits sont commis par une personne qui abuse de l'autorité que lui confèrent ses fonctions ou par l'utilisation d'un service de communication au public en ligne ou par le biais d'un support numérique ou électronique (c. pén. art. 222-33-III).

Exemple

Les envois de messages sexuels ou sexistes à un même destinataire par plusieurs personnes utilisant les réseaux sociaux sur internet, soit lorsque ces envois résultent d'une concertation préalable, soit lorsqu'en l'absence de concertation, chaque internaute a nécessairement eu connaissance des précédents envois avant de transmettre lui-même son message, peuvent constituer le délit de harcèlement sexuel aggravé (circ. CRIM 2018-14 du 3 septembre 2018).

L'abus d'autorité est systématiquement retenu lorsque le harcèlement sexuel est commis dans le cadre du travail sur un mineur de 15 à 18 ans, dès lors que la situation de la victime la place sous l'autorité non seulement de l'employeur mais, potentiellement, des autres salariés de l'entreprise (circ. DGT 2012-14 du 12 novembre 2012).

De son côté, l'employeur peut se constituer partie civile au procès pénal afin de demander réparation du préjudice subi. À titre d'exemple, la Cour de cassation a estimé que les délits de harcèlement moral et de harcèlement sexuel, pour lesquels un salarié avait été déclaré coupable, avaient directement causé à l'entreprise un préjudice, en ternissant son image auprès des autres salariés (cass. crim. 14 novembre 2017, n° 16-85161, B. crim. n° 252). Inversement, la chambre criminelle a dénié à une commune le droit de se constituer partie civile dans le cadre d'une affaire de harcèlement sexuel ayant mis en lumière les agissements d'un employé de mairie, l'employeur ne justifiant pas d'un préjudice personnel et direct (cass. crim. 4 septembre 2019, n° 18-83480 D).

▶ À noter… Les agents de contrôle de l'inspection du travail peuvent, suite par exemple à la plainte d'un salarié, constater les faits de harcèlement sexuel via un procès-verbal (c. trav. art. L. 8112-1 et L. 8112-2 ; circ. DGT 2012-14 du 12 novembre 2012).

Peines complémentaires - Le juge peut prononcer des peines complémentaires : interdiction des droits civiques, peine d'affichage de la décision, etc. (c. pén. art. 222-44, 222-45 et 222-50-1).

Sanctions pénales pour discrimination - Le code du travail prévoit que toute mesure discriminatoire commise à la suite d'un harcèlement sexuel est sanctionnée par un an d'emprisonnement et par une amende de 3 750 € (c. trav. art. L. 1155-2).

Le code pénal punit les mesures discriminatoires qui pourraient être prises à l'encontre de personnes qui ont été victimes ou témoins de faits de harcèlement sexuel, dans des situations limitativement énumérées dont certaines relèvent des relations de travail. Les peines encourues sont de 3 ans d'emprisonnement et de 45 000 € d'amende (c. pén. art. 225-1-1 et 225-2). Le code pénal prévoit que la discrimination dans le cadre du harcèlement sexuel consiste notamment :

- à refuser d'embaucher, à sanctionner ou à licencier une personne victime ou témoin d'actes de harcèlement sexuel ;
- à subordonner une offre d'emploi, une demande de stage ou une période de formation en entreprise à des agissements constitutifs de harcèlement sexuel.

Les sanctions les plus élevées sont applicables (circ. CRIM 2012-15 du 7 août 2012, § 2.2).

Référents

Le *comité social et économique** (CSE) doit désigner parmi ses membres un référent en matière de lutte contre le harcèlement sexuel et les agissements sexistes (c. trav. art. L. 2314-1). Ce référent, désigné pour la durée du mandat des membres élus du comité, bénéficie de la formation nécessaire à l'exercice de ses missions en matière de santé, de sécurité et de conditions de travail (c. trav. art. L. 2315-18).

Par ailleurs, les entreprises d'au moins 250 salariés ont l'obligation de désigner un référent chargé d'orienter, d'informer et d'accompagner les salariés en matière de lutte contre le harcèlement sexuel et les agissements sexistes (c. trav. art. L. 1153-5-1).

☞ *Harcèlement moral ; Agissements sexistes ; Outrage sexiste.*

Heures complémentaires

Il s'agit d'heures de travail effectuées par des salariés à temps partiel au-delà du temps de travail mentionné dans leur contrat, mais en deçà de la limite de la durée du travail légale ou conventionnelle applicable dans l'entreprise [voir *Travail à temps partiel (contrat de travail)** et *Travail à temps partiel (sur tout ou partie de l'année)**]. Sur la possibilité d'augmenter temporairement la durée du travail d'un salarié à temps partiel, voir *Travail à temps partiel (avenant pour complément d'heures)**.

Nombre d'heures complémentaires

Limites - Le volume d'heures complémentaires que peut effectuer un salarié à temps partiel est limité à :

- 1/10 de l'horaire hebdomadaire ou mensuel prévu au contrat, à défaut d'accord collectif visé ci-après (c. trav. art. L. 3123-28) ;
- 1/3 de l'horaire hebdomadaire ou mensuel prévu au contrat, à condition qu'une convention ou un accord d'entreprise ou d'établissement ou, à défaut, une convention ou un accord de branche étendu le prévoie (le cas échéant, la convention ou l'accord d'entreprise ou d'établissement prime sur l'accord de branche) (c. trav. art. L. 3123-20).

Cet accord doit comporter des garanties relatives à la mise en œuvre, pour les salariés à temps partiel, des droits reconnus aux salariés à temps complet, notamment du droit à un égal accès aux possibilités de promotion, de carrière et de formation, ainsi qu'à la fixation d'une période minimale de travail continue et à la limitation du nombre des interruptions d'activité au cours d'une même journée (c. trav. art. L. 3123-25).

▶ Attention… Ces limites s'appliquent, même si les heures complémentaires ont été effectuées à la demande du salarié (cass. crim. 2 septembre 2014, n° 13-83854 D).

Mention dans le contrat de travail - Les limites dans lesquelles le salarié est susceptible d'effectuer des heures complémentaires doivent être indiquées dans le contrat (c. trav. art. L. 3123-6). À ce titre, peu importe l'accord éventuel entre l'employeur et le salarié pour dépasser ces limites : les plafonds de 1/10 (ou de 1/3 en cas d'accord collectif) doivent être respectés (lettre-circ. DRT 94-4 du 21 avril 1994, § IV 2.2.2., p. 54).

▶ À noter… La circulaire précitée est réputée abrogée [voir *Circulaires (opposabilité)**], mais les précisions qu'elle apporte demeurent à notre sens utiles pour guider l'employeur dans sa pratique.

Les conditions particulières de l'exercice de l'activité de *VRP** ne rendent pas nécessaire la mention dans le contrat de travail des limites dans lesquelles peuvent être effectuées les heures complémentaires (cass. soc. 12 février 2020, n° 18-16337 D).

Limite du temps complet - L'accomplissement d'heures complémentaires ne doit pas, y compris dans les limites du 1/10 ou du 1/3 de l'horaire contractuel, amener le salarié à travailler à temps complet, sous peine d'une requalification en contrat à temps complet avec le rappel de salaire correspondant *(voir ci-après)* (c. trav. art. L. 3123-9).

▶ À noter… La limite du temps complet correspond à la durée légale du travail ou, si elle lui est inférieure, à la durée conventionnelle applicable dans l'entreprise.

La requalification est encourue même en cas de d'atteinte ou de dépassement « temporaire » de la durée légale (ex. : 1 mois) (cass. soc. 12 mars 2014, n° 12-15014, BC V n° 78). Il est donc interdit de faire passer temporairement le salarié à temps complet en lui faisant signer un avenant en ce sens (cass. soc. 5 avril 2006, n° 04-43180, BC V n° 143 ; cass. soc. 9 décembre 2020, n° 19-15897 D).

Il en va de même si l'accomplissement d'heures complémentaires a pour effet de porter la durée du travail accomplie par le salarié à un niveau supérieur à la durée légale du travail sur une semaine, quand bien même le temps partiel est organisé sur le mois (cass. soc. 15 septembre 2021, n° 19-19563 FSB).

Le cas échéant, le contrat est requalifié « à compter de la première irrégularité », quand bien même la durée de travail aurait ensuite diminué pour revenir au nombre d'heures fixé au contrat de travail (cass. soc. 17 décembre 2014, n° 13-20627, BC V n° 308). L'employeur s'expose également à la *prise d'acte de la rupture** du contrat de travail par le salarié, laquelle peut produire les effets, selon les circonstances, d'un licenciement sans cause réelle et sérieuse (cass. soc. 11 avril 2018, n° 16-16082 D).

▶ À noter... Dans le cadre d'un temps partiel modulé (dispositif abrogé mais les accords conclus avant le 21-08.2008 perdurent), le non-respect de la limite du tiers de la durée du travail fixée par la convention collective et l'accord d'entreprise ne justifie en lui-même la requalification du contrat à temps partiel modulé en contrat à temps complet, dès lors que la durée du travail du salarié n'a pas été portée à un niveau égal ou supérieur à la durée légale hebdomadaire ou à la durée fixée conventionnellement (cass. soc. 18 décembre 2019 n° 18-12447 FSPB) [voir *Travail à temps partiel (sur tout ou partie de l'année)**].

Dérogations interdites - Les dispositions du code du travail relatives au seuil et aux limites d'heures complémentaires sont d'ordre public, de sorte que l'employeur ne peut pas y déroger (cass. soc. 7 décembre 2010 n° 09-42315 BC V n° 282 ; cass. soc. 2 juillet 2014, n° 13-15954, BC V n° 175).

Preuve - Sur la preuve des heures complémentaires effectuées, voir *Temps de travail (preuve)**.

Accomplissement régulier

Lorsque, pendant 12 semaines consécutives ou sur 12 semaines au cours d'une période de 15 semaines, l'horaire moyen réellement effectué par le salarié dépasse l'horaire contractuel de 2 h au moins par semaine (ou de l'équivalent mensuel de cette durée), le contrat doit être modifié pour ajouter à l'horaire contractuel initialement fixé la différence entre cet horaire et l'horaire moyen réellement effectué. Ce réajustement est porté à la connaissance du salarié, qui a 7 jours pour éventuellement s'y opposer. Passé ce délai, en cas de silence de l'intéressé, l'horaire contractuel est automatiquement modifié (c. trav. art. L. 3123-13).

C'est l'horaire moyen réellement accompli sur toute la période de référence qui compte pour décider s'il faut ou non réajuster l'horaire contractuel. Par conséquent, peu importe si, sur certaines semaines au cours de cette période, il n'y a pas eu de dépassement (cass. soc. 4 novembre 2015, n° 14-16338, BC V n° 839).

Cette procédure ne s'applique qu'au réajustement nécessité par l'accomplissement régulier d'heures complémentaires. Si l'employeur souhaite revenir à l'horaire antérieur, il doit obtenir l'accord exprès du salarié et conclure un avenant au contrat de travail (cass. soc. 14 juin 2006, n° 04-45775, BC V n° 216).

▶ À noter... L'accomplissement régulier d'heures complémentaires, sans atteindre toutefois les seuils nécessitant un réajustement, ne crée pas de droit acquis au maintien du même nombre d'heures. Il en est ainsi à propos d'une salariée qui n'a pas pu exiger l'accomplissement du même nombre d'heures après son congé de maternité qu'avant le début de ce dernier (cass. soc. 4 mars 2003, n° 00-46362, BC V n° 84).

Rémunération

Paiement obligatoire - Les heures complémentaires sont obligatoirement payées avec majoration (c. trav. art. L. 3123-8). Elles ne peuvent en aucun cas être remplacées par un repos (circ. DRT 2000-7 du 6 décembre 2000 ; cass. soc. 17 février 2010, n° 08-42828, BC V n° 48). Peu importe qu'elles aient été effectuées à l'initiative du salarié, elles doivent lui être payées, avec la majoration applicable (cass. crim. 2 septembre 2014, n° 13-83854 D), dès lors qu'elles ont été réalisées avec l'accord de l'employeur et qu'elles étaient nécessaires à la réalisation des tâches confiées au salarié (cass. soc. 14 septembre 2016, n° 14-21654 D).

Majoration - Une convention ou un accord de branche étendu peut prévoir le taux de majoration de chacune des heures complémentaires accomplies dans la limite du 1/3 de l'horaire contractuel. Ce taux ne peut pas être inférieur à 10 % (c. trav. art. L. 3123-21).

À défaut de stipulation conventionnelle, le taux de majoration des heures complémentaires est de 10 % pour chacune des heures complémentaires accomplies dans la limite du 1/10 des heures prévues au contrat de travail et de 25 % pour chacune des heures accomplies entre le 1/10 et le 1/3 des heures prévues au contrat de travail (c. trav. art. L. 3123-29).

Heures travaillées au-delà de la limite légale ou conventionnelle - Les heures effectuées au-delà de la limite 1/10 (ou, le cas échéant du 1/3 ; *voir ci-avant*) sont des heures complémentaires qui doivent être rémunérées en appliquant la majoration en vigueur et ce, même si elles ont été illégalement accomplies (cass. soc. 2 juillet 2014, n° 13-15954, BC V n° 175).

Majoration de 25 % pour les heures complémentaires accomplies au-delà de la durée du travail augmentée par avenant - En cas de complément d'heures autorisé par une convention ou un accord de branche étendu et formalisé par un avenant au contrat de travail, le taux est impérativement d'au moins 25 % pour les heures complémentaires effectuées au-delà de la durée de travail fixée par cet avenant [voir *Travail à temps partiel (avenant pour complément d'heures)**].

Régime social et fiscal - Voir *Heures supplémentaires (déduction forfaitaire de cotisations patronales)**.

Avenant pour complément d'heures

Voir *Travail à temps partiel (avenant pour complément d'heures)**.

Refus d'exécution

La décision d'effectuer des heures complémentaires est, en principe, du ressort de l'employeur, de sorte que le salarié ne peut pas refuser d'accomplir ces heures, sauf à commettre une faute susceptible d'entraîner une sanction disciplinaire voire son licenciement, si les circonstances le justifient.

Encore faut-il que les heures complémentaires s'inscrivent dans les limites prévues au contrat. Si ces limites sont dépassées, le refus du salarié ne constitue ni une faute ni un motif de licenciement (c. trav. art. L. 3123-10).

De même, le refus du salarié n'est pas fautif lorsque l'employeur l'informe qu'il doit effectuer des heures complémentaires, dans les limites prévues au contrat, moins de 3 jours à l'avance (c. trav. art. L. 3123-10).

Information du CSE (entreprises d'au moins 50 salariés)

L'employeur communique au moins une fois par an au CSE, s'il existe, un bilan du travail à temps partiel réalisé dans l'entreprise. Il le lui met à disposition dans la *base de données économiques, sociales et environnementales (BDESE)** en vue de la consultation annuelle du comité sur la politique sociale de l'entreprise (sous réserve d'un accord prévoyant une autre périodicité) [voir *Comité social et économique (informations-consultations périodiques)**] (c. trav. art. L. 2312-26, L. 2312-35 et L. 3123-15).

Le contenu de ce bilan est défini réglementairement (c. trav. art. R. 3123-1).

Il est également communiqué aux délégués syndicaux (c. trav. art. L. 3123-15).

Par ailleurs, l'employeur informe chaque année le CSE, du nombre de demandes de dérogation individuelle à la durée minimale de travail (légale ou conventionnelle) qui sont accordées en raison de contraintes personnelles, d'une pluriactivité ou du suivi d'études (c. trav. art. L. 3123-7 et L. 3123-16) [voir *Travail à temps partiel (contrat de travail)**].

Sanctions

Requalification en contrat à temps complet - Un salarié ayant effectué, en exécution de divers avenants à son contrat, des heures complémentaires ayant eu pour effet de porter sa durée hebdomadaire du travail au niveau de la durée légale ou fixée conventionnellement est en droit d'obtenir la requalification de son contrat à temps partiel en contrat à temps complet (cass. soc. 5 avril 2006, n° 04-43180, BC V n° 143 ; cass. soc. 13 mars 2013, n° 11-27233 D). Peu importe que cette limite soit atteinte seulement une fois et sur une courte durée *(voir ci-avant)*.

En revanche, le seul fait de ne pas indiquer le volume maximal d'heures complémentaires que peut effectuer le salarié n'entraîne pas la requalification (cass. soc. 30 novembre 2010, n° 09-68609, BC V n° 269 ; cass. soc. 25 janvier 2017, n° 15-16708 D).

Il en est de même pour la seule exécution d'heures complémentaires au-delà de la limite de 1/10 de l'horaire contractuel à temps partiel (cass. soc. 25 janvier 2017, n° 15-16708 D). En revanche, le dépassement de cette limite peut ouvrir droit à dommages-intérêts en réparation du préjudice subi (cass. soc. 27 février 2001, n° 98-45610, BC V n° 63).

Sanctions pénales - L'employeur qui a fait effectuer par un salarié à temps partiel des heures complémentaires sans respecter les limites autorisées, ou qui n'a pas indiqué sur le contrat de travail les limites dans lesquelles des heures complémentaires peuvent être accomplies, encourt la peine d'amende prévue pour les contraventions de la 5e classe (voir *Amendes pénales**) (c. trav. art. R. 3124-5 et R. 3124-8).

☛ *Travail à temps partiel.*

➲ Formulaire de Droit Social, « Demande à un salarié à temps partiel d'effectuer des heures complémentaires ».

Heures de délégation

Les salariés exerçant notamment un mandat de représentant du personnel dans l'entreprise disposent, sous certaines conditions, d'un crédit d'heures, dites « heures de délégation », leur permettant d'exercer leur mission. L'employeur qui ne permet pas à ces salariés de bénéficier de ces heures encourt notamment une condamnation pour *délit d'entrave**.

▶ À noter... Cette étude cite des décisions de justice prises relativement à des délégués du personnel et des élus du comité d'entreprise qui restent, à notre sens, applicables au *comité social et économique**.

Comité social et économique

Volume - Selon l'effectif, le nombre d'heures de délégation par élu titulaire varie de 10 h à 34 h par mois *(voir tableau reproduit dans cette étude)*.

▶ À noter... Les élus suppléants ne bénéficient pas d'un crédit d'heures légal qui leur est propre. Ils disposent uniquement des heures de délégation de l'élu titulaire qu'ils remplacent. Un accord d'entreprise ou un usage peut toutefois leur attribuer des heures de délégation.

Toutefois, le protocole préélectoral peut modifier le nombre de sièges ou le volume des heures individuelles de délégation dès lors que le volume global de ces heures, au sein de chaque collège, est au moins égal à celui fixé dans le tableau reproduit dans cette étude. Cette mesure permet de réduire le nombre de sièges en augmentant proportionnellement le volume des heures individuelles de délégation des élus [voir *Élections professionnelles (protocole d'accord préélectoral)**] (c. trav. art. L. 2314-1, L. 2314-7 et R. 2314-1).

Exemples

Les entreprises dont l'effectif est compris entre 150 et 174 salariés sont normalement tenues de mettre en place un CSE comprenant 8 titulaires, disposant chacun de 21 heures de délégation mensuelles, soit un total de 168 heures mensuelles. Un accord peut diminuer le nombre mensuel d'heures de délégation à 14 tout en augmentant le nombre d'élus titulaires. à 12, le volume global d'heures de délégation s'élevant toujours à 168.

L'accord peut également fixer le nombre mensuel d'heures de délégation individuelle à 28 en diminuant par ailleurs le nombre de membres à 6, puisque le volume global mensuel d'heures de délégation s'élèvera toujours à 168 heures (« Comité social et économique : 117 questions-réponses », Q/R n° 75).

Utilisation - Les heures de délégation peuvent être utilisées sur une durée supérieure au mois (c. trav. art. L. 2315-8). Ainsi, le crédit d'heures peut être utilisé cumulativement dans la limite de 12 mois, sans pouvoir néanmoins conduire un élu à disposer dans le mois de plus d'une fois et demie le crédit d'heures de délégation dont il bénéficie (c. trav. art. R. 2315-5). Le représentant doit informer l'employeur au plus tard 8 jours avant la date prévue de l'utilisation de ces heures.

Exemple

Un élu qui dispose de 24 heures peut utiliser jusqu'à 36 heures au cours du mois (24 × 1,5).

Répartition - Les élus titulaires du CSE peuvent, chaque mois, répartir entre eux et avec les suppléants le crédit d'heures dont ils bénéficient (c. trav. art. L. 2315-9). Toutefois, cela ne peut amener l'un d'eux à disposer dans le mois de plus d'une fois et demie le crédit d'heures dont bénéficie un membre titulaire (c. trav. art. R. 2315-6). Les élus titulaires concernés doivent informer l'employeur du nombre d'heures réparties au titre de chaque mois au plus tard 8 jours avant la date prévue pour leur utilisation. Ils doivent procéder par un document écrit, en précisant leur identité ainsi que le nombre d'heures mutualisées pour chacun d'eux.

CSE central

Les membres des CSE d'établissement élus au CSE central ne bénéficient pas de crédit d'heures. Chaque élu doit utiliser le crédit dont il dispose en tant que membre élu d'un CSE d'établissement, sauf accord d'entreprise ou décision de l'employeur d'accorder un crédit supplémentaire.

Conseil d'entreprise

L'accord instituant le *conseil d'entreprise** fixe le nombre d'heures de délégation dont bénéficient les élus participant à des négociations (c. trav. art. L. 2321-4). Ce nombre d'heures ne peut être inférieur, pour chaque élu, à 12 h par mois dans les entreprises jusqu'à 149 salariés ; 18 h par mois dans les entreprises de 150 à 499 salariés ; 24 h par mois dans les entreprises d'au moins 500 salariés (c. trav. art. R. 2321-1).

Ce crédit d'heures est également applicable lorsque l'accord instituant le conseil d'entreprise ne fixe pas ces heures. Ces heures liées à la participation à des négociations se cumulent avec celles liées à l'exercice des compétences du CSE par le conseil d'entreprise.

Représentants de proximité

L'accord d'entreprise qui établi le nombre et le périmètre des établissements distincts dans une entreprise peut mettre en place des représentants de proximité [voir *Comité social et économique (représentants de proximité)**]. Il définit notamment le nombre d'heures de délégation dont bénéficient ces derniers pour l'exercice de leurs attributions (c. trav. art. L. 2313-7).

▶ À noter... Lorsque les membres du CSE sont également représentants de proximité, la réglementation n'impose pas de leur accorder des heures en plus à ce titre. Tout dépend du contenu de l'accord d'entreprise instituant les représentants de proximité (c. trav. art. R. 2314-1).

Représentants syndicaux et délégués syndicaux

Au CSE - Les représentants syndicaux aux CSE bénéficient de 20 h par mois quand l'effectif est supérieur à 501 salariés, ce crédit pouvant être augmenté en cas de circonstances exceptionnelles (c. trav. art. R. 2315-4).

▶ À noter... Dans les entreprises d'au moins 501 salariés dont aucun des établissements distincts n'atteint ce seuil, ce sont les représentants syndicaux au CSE central qui disposent du crédit de 20 h par mois.

Délégués syndicaux - Sauf usage ou accord plus favorable passé avec l'employeur, chaque *délégué syndical** (DS) bénéficie de (c. trav. art. L. 2143-13) :

- 12 h par mois dans les entreprises employant de 50 à 150 salariés ;
- 18 h par mois dans celles qui emploient de 151 à 499 salariés ;
- 24 h par mois dans celles qui occupent au moins 500 salariés.

Chaque DS peut utiliser des heures de délégation pour participer, au titre de son syndicat (c. trav. art. L. 2143-16-1) :

- à des négociations ou à des concertations à un autre niveau que celui de l'entreprise ;
- aux réunions d'instances organisées dans l'intérêt des salariés de l'entreprise ou de la branche.

Cette possibilité offerte aux DS exclue néanmoins les heures de délégation dont dispose chaque section syndicale en vue de la préparation de la négociation d'une convention ou d'un accord d'entreprise *(voir ci-après)*.

Dans les entreprises d'au moins 2 000 salariés comportant au moins deux établissements de 50 salariés chacun ou plus, un crédit de 24 h par mois est prévu pour le *délégué syndical central**.

▶ À noter... Si une même organisation a plusieurs DS, ceux-ci peuvent additionner le total des heures auxquelles ils peuvent prétendre et se les répartir inégalement. Ils en informent l'employeur (c. trav. art. L. 2143-14).

L'employeur ne peut pas récupérer les heures de délégation prises par les DS lorsque leur désignation a été contestée et annulée (cass. soc. 8 juillet 2009, n° 08-60596 D).

Section syndicale - La *section syndicale** bénéficie d'un crédit d'heures global supplémentaire lors de la négociation d'une convention ou d'un accord collectif d'entreprise, au profit de son ou ses DS et des salariés de l'entreprise appelés à négocier cette convention ou cet accord. Ce crédit ne peut pas excéder 12 h par an dans les entreprises d'au moins 500 salariés et 18 h par an dans celles occupant au moins 1 000 salariés (c. trav. art. L. 2143-16).

Représentant de la section syndicale - Le *représentant de la section syndicale** dispose d'un temps au moins égal à 4 h par mois pour l'exercice de ses fonctions (c. trav. art. L. 2142-1-3).

Temps partiel et forfait jours

Temps partiel - Voir *Travail à temps partiel (statut)**.

Forfait jours - Sauf accord collectif contraire, le crédit d'heures des salariés en forfait jours est regroupé en demi-journées qui viennent en déduction du nombre annuel de jours devant être travaillés fixé dans la convention individuelle de forfait. Une demi-journée correspond à 4 h de mandat. Lorsque sur l'année, le crédit d'heures ou la fraction du crédit d'heures restant est inférieur à 4 h, le salarié dispose d'une 1/2 journée qui vient en déduction du nombre annuel de jours travaillés fixé dans sa convention de forfait (c. trav. art. R. 2315-3 et R. 2315-4) [voir *Convention de forfait (annuel)**].

Heures de délégation des élus du CSE			
Effectif (nombre de salariés)	Nombre de titulaires	Nombre mensuel d'heures de délégation	Total heures de délégation (1)
11 à 24	1	10	10
25 à 49	2	10	20
50 à 74	4	18	72
75 à 99	5	19	95
100 à 124	6	21	126
125 à 149	7	21	147
150 à 174	8	21	168
175 à 199	9	21	189
200 à 249	10	22	220
250 à 299	11	22	242
300 à 399	11	22	242
400 à 499	12	22	264
500 à 599	13	24	312
600 à 699	14	24	336
700 à 799	14	24	336
800 à 899	15	24	360
900 à 999	16	24	384
1000 à 1249	17	24	408
1250 à 1499	18	24	432
1500 à 1749	20	26	520
1750 à 1999	21	26	546
2000 à 2249	22	26	572
2250 à 2499	23	26	598
2500 à 2749	24	26	624
2750 à 2999	24	26	624
3000 à 3249	25	26	650
3250 à 3499	25	26	650
3500 à 3749	26	27	702
3750 à 3999	26	27	702
4000 à 4249	26	28	728
4250 à 4499	27	28	756
4500 à 4749	27	28	756
4750 à 4999	28	28	784
5000 à 5249	29	29	841
5250 à 5499	29	29	841
5500 à 5749	29	29	841
5750 à 5999	30	29	870
6000 à 6249	31	29	899
6250 à 6499	31	29	899
6500 à 6749	31	29	899
6750 à 6999	31	30	930
7000 à 7249	32	30	960
7250 à 7499	32	30	960
7500 à 7749	32	31	992

Heures de délégation des élus du CSE			
Effectif (nombre de salariés)	Nombre de titulaires	Nombre mensuel d'heures de délégation	Total heures de délégation (1)
7750 à 7999	32	32	1024
8000 à 8249	32	32	1024
8250 à 8499	33	32	1056
8500 à 8749	33	32	1056
8750 à 8999	33	32	1056
9000 à 9249	34	32	1088
9250 à 9499	34	32	1088
9500 à 9749	34	32	1088
9750 à 9999	34	34	1156
10000	35	34	1190

(1) Le volume global d'heures de délégation des membres de la délégation du personnel du CSE prévu à l'article R. 2314-1 est un plancher. Le protocole d'accord préélectoral, un accord collectif de droit commun, un usage ou un engagement unilatéral de l'employeur peut toujours fixer un nombre d'heures de délégation et/ou de membres supérieur à celui prévu par le code du travail [« Comité social et économique : 117 questions-réponses », Q/R n° 75].

Temps compris dans le crédit d'heures ou déduit du crédit

Missions - Le temps consacré par les représentants du personnel à leur mission est déduit de leur crédit d'heures de délégation.

Réunions - Le temps passé aux réunions avec l'employeur n'est pas compris dans les crédits d'heures des :
- membres du CSE (c. trav. art. L. 2315-11) ;
- représentants syndicaux au CSE dans les entreprises d'au moins 501 salariés (c. trav. art. R. 2315-4).

La règle est la même concernant le temps passé par les membres du CSE aux activités suivantes.

Temps passé par les membres du CSE aux réunions des commissions dans la limite d'une durée globale fixée par accord d'entreprise ou, à défaut d'accord, dans la limite de 30 h par an pour les entreprises de 300 à 1 000 salariés et de 60 h par an pour les entreprises d'au moins 1 000 salariés (c. trav. art. L. 2315-11 et R. 2315-7). Par exception, les limites de 30 et 60 heures prévues pour les réunions des commissions du CSE ne doivent pas être prises en compte s'agissant du temps passé aux réunions de la commission santé, sécurité et conditions de travail (CSSCT). Le temps passé aux réunions de cette commission ne s'impute donc pas sur le crédit d'heures.

▶ À noter... Pour le Conseil d'État, le temps passé aux réunions avec l'employeur s'impute sur les heures de délégation si, cumulé avec le temps passé dans les commissions autres que la CSSCT, il dépasse 30h/an dans les entreprises de 300 à 1 000 salariés, 60 h dans celles d'au moins 1 000 salariés (CE 15 juillet 2020 n° 418543 ; c. trav. art. L. 2315-11 et R. 2315-7). Cette décision pose toutefois question au regard notamment de la position du ministère du Travail. Dans son document questions/réponses, il limite l'application du plafond d'heures au-delà duquel le temps passé en réunion doit être imputé sur les crédits d'heures aux réunions des commissions (hors CSSST) (« Comité social et économique, 117 questions-réponses », Q/R 88). La Cour de cassation n'a pas encore eu l'occasion de se prononcer sur cette question.

Temps passé par les membres du CSE à la recherche de mesures préventives dans toute situation d'urgence et de gravité, notamment lors de la mise en œuvre de la procédure de danger grave et imminent (c. trav. art. L. 2315-11) [voir *Droit d'alerte et de retrait en cas de danger**].

Temps passé par les membres du CSE aux enquêtes menées après un accident du travail grave ou des incidents répétés ayant révélé un risque grave ou une maladie professionnelle ou à caractère professionnel grave (c. trav. art. L. 2315-11).

Les heures passées par un représentant du personnel aux réunions organisées par l'employeur, qui ne s'imputent pas sur le crédit d'heures de délégation dont ce salarié dispose, doivent être payées comme du temps de travail effectif, y compris lorsqu'elles sont prises pendant des congés payés (c. trav. art. L. 2315-11 ; cass. soc. 27 novembre 2013, n° 12-24465, BC V n° 290).

Trajet - Lorsqu'un représentant du personnel est amené à se déplacer, pendant ses heures de

Dépassement des heures de délégation pour circonstances exceptionnelles (exemples) (1)		
Thèmes	**Activités exercées**	**Le dépassement du crédit est-il payé ?**
Activités sociales	La surveillance de spectacles organisés au profit des enfants du personnel (cass. soc. 16 novembre 1983, n° 81-42984, BC V n° 549).	Non
Démission des élus	Le dépassement de crédit occasionné par la charge supplémentaire de travail assumée par deux membres du comité d'entreprise restés en fonction après la démission collective des autres élus (cass. soc. 4 décembre 2002, n° 00-43717 D).	Oui
Absence d'élus	L'absence de deux élus dont le trésorier pendant deux mois ayant entraîné le dépassement des heures de délégations d'un élu (cass. soc. 12 mai 2021, n° 19-21124 D).	Oui
Élections	Le temps passé par des DS pour assister aux audiences devant le tribunal d'instance dans le cadre d'une action introduite pour contester un protocole d'accord préélectoral (cass. soc. 10 octobre 1990, n° 87-40432, BC V n° 452).	Non
	La participation au déroulement des élections prud'homales (cass. soc. 11 juin 1987, n° 83-45427 D).	Non
Grèves	Les démarches effectuées lors de mouvements revendicatifs importants (cass. soc. 26 janvier 1966, n° 65-40206, BC IV n° 113).	Oui
Inspection du travail	La rencontre avec l'inspection du travail pour réclamer la réintégration d'un salarié travaillant dans le même secteur de l'entreprise (cass. soc. 29 janvier 1975, n° 74-40193, BC V n° 38).	Oui
Licenciements	Le temps passé pour s'informer et élaborer des suggestions dans une entreprise où il y a des inquiétudes sur le maintien de l'emploi et pas de comité d'entreprise (cass. soc. 26 octobre 1977, n° 76-40058, BC V n° 568).	Oui
	Un surcroît de démarches et d'activité en raison du licenciement imprévu de trois salariés (cass. soc. 28 octobre 2003, n° 02-42067, BC V n° 265).	Oui
	La mise en place d'un plan de repositionnement assimilable à un plan social constituant une menace sur les effectifs (cass. soc. 10 décembre 2003, n° 01-41658, BC V n° 315).	Oui
	Les démarches effectuées à la suite de la possible délocalisation de l'entreprise à l'étranger et les éventuels licenciements qui en auraient découlé, ainsi que les rencontres à ce sujet avec des personnalités politiques (cass. soc. 6 mars 2002, n° 99-45134 D).	Oui
Négociations	La conclusion d'un accord sur l'extension des horaires alternés au personnel ouvrier (cass. soc. 5 novembre 1987, n° 85-45857, BC V n° 627).	Non
	La participation à la négociation d'une convention collective dans des instances extérieures à l'entreprise (rép. QE 38850, JO AN 19 mars 1984).	Non
	Les tentatives de renégociation d'un accord dénoncé par l'employeur pendant le délai de prévenance qu'il doit respecter (cass. soc. 28 juin 1989, n° 86-43951 D).	Oui
Procédure d'alerte	Temps consacré à la mise en œuvre d'une procédure d'alerte (cass. soc. 29 avril 2009, n° 07-45480 D).	Oui
Redressement judiciaire	L'examen de documents, les études d'investigation et les démarches effectués à l'occasion du rapport d'expertise dans le cadre d'une procédure judiciaire (cons. prud'h. Thiers, 10 novembre 1987, rép. QE 16965, JO Sén. 5 novembre 1992, p. 2487).	Oui
Restructuration d'entreprise	Le projet de restructuration de l'entreprise au niveau d'une région, qui entraîne plusieurs séances extraordinaires du comité d'établissement ayant nécessité des réunions d'information du personnel (cass. soc. 6 juillet 1994, n° 93-41705, BC V n° 228).	Oui
Santé et sécurité	Temps consacré par un élu à des enquêtes et à l'établissement de comptes rendus suite à la survenance d'accidents du travail (cass. soc. 3 octobre 2007, n° 05-43180 D).	Oui
	Travaux liés à la restructuration de l'établissement et visant à l'amélioration des conditions sanitaires d'exercice du travail (cass. soc. 14 février 2007, n° 05-42958 D).	Oui

(1) Ce tableau cite des décisions de justice prises relativement à des délégués du personnel, des membres du comité d'entreprise ou du CHSCT qui restent, à notre sens, applicables au comité social et économique*.

travail, pour des raisons liées à son mandat (ex. : déplacements dans différents magasins de l'entreprise pour effectuer une enquête à la suite d'un accident du travail), ce temps de trajet se déduit de son crédit d'heures de délégation. Un usage ou un engagement unilatéral de l'employeur peut néanmoins prévoir que ce temps de trajet est payé comme temps de travail effectif, sans imputation sur le crédit d'heures (cass. soc. 9 décembre 2014, n° 13-22212, BC V n° 281).

Pause - Un accord sur la réduction du temps de travail assimilant les temps de pause à du temps de travail effectif ne peut pas conduire à augmenter le crédit d'heures d'un représentant du personnel. Dans cette affaire, un représentant du personnel qui estimait que ses heures de délégation absorbaient son temps de pause rémunéré demandait que ce temps de pause lui soit payé en plus. Cette demande ne pouvait pas être satisfaite, dans la mesure où elle revenait à augmenter le crédit d'heures du salarié, ce que seul un usage ou accord collectif peut faire (cass. soc. 9 décembre 2014, n° 13-18005, BC V n° 281).

Usage des heures de délégation

Le salarié doit utiliser ses heures de délégation pour accomplir sa mission de représentant du personnel. De ce fait, le salarié qui utilise son crédit d'heures pour travailler chez un autre employeur manque, entre autres, à l'obligation de loyauté qui découle de son contrat de travail. À ce titre, l'employeur pourra obtenir auprès de l'inspecteur du travail l'autorisation de le licencier pour faute (CE 27 mars 2015, n° 371174).

Paiement des heures de délégation

Heures considérées comme du temps de travail - Les heures de délégation sont de plein droit considérées comme du temps de travail et rémunérées comme tel (c. trav. art. L. 2315-10 ; cass. soc. 26 juin 2001, n° 98-46387, BC V n° 232), même si elles sont accomplies en dehors du temps de travail.

La rémunération correspondante est soumise à cotisations de sécurité sociale (cass. soc. 8 décembre 2016, n° 14-10265 D).

Un représentant du personnel ne doit subir aucune perte de salaire pour avoir exercé ses fonctions (cass. soc. 3 mars 2010, n° 08-44859, BC V n° 52).

Exemples

Un salarié qui travaille habituellement le week-end, et qui perçoit à ce titre des majorations de salaire, ne doit pas perdre le bénéfice de ces majorations lorsqu'il effectue des heures de délégation en semaine en raison des nécessités de son mandat (cass. soc. 28 octobre 2008, n° 07-40524 D).

Lorsque des représentants du personnel ont droit à des primes variables, l'employeur doit adapter leur mode de calcul en tenant compte de leurs heures de délégation (cass. soc. 6 juillet 2010, n° 09-41354, BC V n° 157).

Un salarié amené à se déplacer dans le cadre de l'exercice de son mandat et qui peut justifier de la matérialité de ses déplacements à droit aux primes forfaitaires qui compensent une sujétion particulière de l'emploi du salarié (ex. : éloignement, travail de nuit) (cass. soc. 17 janvier 2013, n° 11-17745, BC V n° 13).

Heures prises pendant un arrêt de travail - Un représentant du personnel ou syndical peut continuer d'exercer son mandat pendant un arrêt de travail dû à une maladie ou à un accident (professionnels ou non). Pour autant, il ne sera payé au titre de ses heures de délégations que s'il a été préalablement autorisé par le médecin traitant à exercer son mandat pendant son arrêt de travail (cass. ch. mixte 21 mars 2014, n° 12-20002 et 12-20003, B. ch. mixte n° 2). Le salarié qui demande le paiement d'heures de délégation prises pendant un arrêt doit donc pouvoir justifier, auprès de son employeur, d'une autorisation médicale obtenue préalablement et émanant de son médecin traitant. À défaut, l'employeur peut légitimement refuser de rémunérer les heures de délégation accomplies.

Heures prises pendant une suspension du contrat de travail ou une dispense d'activité - Les heures de délégation peuvent être utilisées même si le contrat de travail du bénéficiaire est suspendu par exemple en raison d'une grève, de congés payés ou de tout autre motif.

En cas de dispense d'activité, il convient de se référer aux horaires que le salarié aurait dû suivre s'il avait travaillé. Ce dernier peut alors prétendre au paiement des heures de délégation prises en dehors du temps de travail résultant de son planning théorique (cass. soc. 3 mars 2021, n° 19-18150 FP).

Heures prises en dehors de l'horaire normal de travail - Le crédit d'heures d'un représentant du personnel peut être pris en dehors de l'horaire normal de travail et en sus du temps de travail effectif lorsque les nécessités du mandat le justifient.

Exemple

Le salarié, travaillant exclusivement la nuit, qui participe aux réunions du comité pendant la journée (c'est-à-dire en dehors de son temps de travail) doit être rémunéré en sus (cass. soc. 11 juin 2008, n° 07-40823, BC V n° 133).

Pour autant, il appartient au seul salarié de démontrer que la prise d'heures de délégation en dehors de son horaire de travail (ex. : les dimanches et jours fériés) est justifiée par les nécessités de son mandat (cass. soc. 14 octobre 2020, n° 18-24049 D).

Heures payées comme des heures supplémentaires - Les heures prises en dehors du temps de travail, en raison des nécessités du mandat, doivent être payées comme *heures supplémentaires** (cass. soc. 17 novembre 2004, n° 01-40576 D ; cass. soc. 12 février 1991, n° 88-42353, BC V n° 67).

Le mode de paiement des heures supplémentaires résultant des heures de délégation hors temps de travail est nécessairement identique à celui des heures supplémentaires des autres salariés. Un salarié ne peut donc pas exiger d'être payé en espèces alors que pour les autres salariés, les heures supplémentaires donnaient lieu à repos compensateur de remplacement (cass. soc. 9 octobre 2012, n° 11-23167, BC V n° 256).

Remboursements de frais - Les remboursements de frais professionnels ne sont pas dus dès lors que, en raison de la prise d'heures de délégation, le salarié n'engage aucun frais (cass. soc. 9 juin 1988, n° 85-43379, BC V n° 354 ; cass. soc. 3 février 2016, n° 14-18777, BC V n° 22 ; cass. soc. 19 septembre 2018, n°s 16-24041 et 16-24042 FSPB). Et ce, y compris dans le cas où ils ont un caractère forfaitaire (cass. soc. 1er juin 2016, n° 15-15202, BC V n° 127).

Mais encore faut-il que l'indemnité corresponde réellement à un remboursement de frais. Si, en réalité, l'indemnité compense une sujétion particulière de l'emploi (prime de nuit, de déplacement, de douche, etc.), elle constitue un complément de salaire et doit donc être versée pendant les heures de délégation (cass. soc. 3 mars 2010, n° 08-44859, BC V n° 52 ; cass. soc. 17 janvier 2013, n° 11-17745, BC V n° 13 ; cass. soc. 19 septembre 2018, n° 17-11638 FSPB).

Dépassement exceptionnel - Le nombre d'heures de délégation peut être dépassé en cas de circonstances exceptionnelles (c. trav. art. R. 2314-1). La circonstance exceptionnelle correspond à une activité inhabituelle entraînant un surcroît de démarches et d'activité lié au mandat des représentants du personnel, et débordant du cadre de leurs tâches habituelles. Par exemple, ce surcroît d'activité peut résulter de la soudaineté de l'événement ou de l'urgence des mesures à prendre (cass. crim. 3 juin 1986, n° 84-94424).

▶ À noter… Selon le ministère du Travail, la situation créée dans l'entreprise par la crise sanitaire due au covid-19 peut répondre à la définition des circonstances exceptionnelles, mais le dépassement de crédit d'heures doit rester dans des proportions raisonnables (Q/R « Dialogue social » du ministère du Travail du 17 avril 2020, dans sa version mise à jour au 29 septembre 2021).

La présomption de bonne utilisation justifiant le paiement immédiat par l'employeur ne joue pas pour les heures de dépassement du crédit légal. Il appartient au salarié de justifier de la nécessité et de la bonne utilisation de ces heures supplémentaires avant de pouvoir en demander paiement (cass. soc. 6 avril 2005, n° 03-42103 D).

Temps de trajet - Les représentants du personnel ne doivent subir aucune perte de rémunération en raison de l'exercice de leur mandat. Le temps de trajet pris en dehors de l'horaire normal de travail en vue de l'exercice des fonctions représentatives constitue, pour la part excédant le temps normal de déplacement entre le domicile et le lieu de travail, du temps de travail effectif et doit être pris en compte pour déterminer l'existence, le cas échéant, d'heures supplémentaires donnant lieu à majorations (cass. soc. 27 janvier 2021, n° 19-22038 FP).

Élections en cours de mois - Les anciens comme les nouveaux élus peuvent prétendre à la totalité des heures de délégation (lettre min. du 7 juillet 1975). Toutefois, la réélection ne double pas le crédit mensuel (cass. soc. 13 décembre 1979, BC V n° 975).

Contestation par l'employeur - L'employeur peut contester l'usage fait des heures de délégation, mais il devra avoir préalablement payé les heures litigieuses à l'échéance normale (cass. soc. 19 mai 2016, n° 14-26967, BC V n° 106). Avant de saisir les prud'hommes, il doit demander à l'intéressé, fût-ce par voie judiciaire, des indications sur l'utilisation des heures litigieuses (cass. soc. 21 novembre 1990, n° 88-40133, BC V n° 585).

▶ À noter… Les heures prises dans le cadre d'un dépassement exceptionnel obéissent à une autre règle *(voir ci-avant)*.

L'obligation faite à l'employeur de payer à l'échéance normale le temps alloué aux représentants du personnel, ne dispense pas les bénéficiaires de ce versement d'indiquer, sur la demande de l'employeur, au besoin formée par voie judiciaire, des précisions sur les activités exercées pendant leur temps de délégation (voir *Bon de délégation**) (cass. soc. 11 février 2015, n° 13-22973 D). À charge ensuite pour l'employeur d'établir devant les juges du fond, à l'appui de sa contestation, la non-conformité de l'utilisation de ce temps avec

Déplacements des représentants du personnel entrant ou non dans les heures de délégation (exemples) (1)		
Thèmes	**Activités exercées**	**Position de la jurisprudence**
Activités culturelles	La préparation un après-midi de la Journée de la musique (cass. soc. 4 juillet 1989, n° 86-43444 D).	Non, aux membres du CSE
Activités hors mandat	L'utilisation du crédit d'heures pour aller à la chasse (CE 22 février 1989, n° 66598).	Non aux membres du CSE
Compte rendu de négociation	L'information des élus au local syndical des délibérations de la commission paritaire sur l'application d'un accord national (cass. crim. 22 mai 1974, n° 73-90732, B. crim. n° 198).	Oui, aux membres du CSE
Démarches extérieures	Le dépôt à la préfecture, à l'attention du ministre du Travail, d'une pétition dont le contenu n'entre pas dans le cadre de la mission (cass. soc. 4 juillet 1989, n° 86-43442 D).	Non, aux membres du CSE
	L'intervention pour la défense du statut des forestiers-sapeurs, salariés de l'entreprise, auprès des élus locaux et des représentants des administrations entre dans la mission du délégué syndical (cass. soc. 9 février 2000, n° 97-45460 D).	Oui, aux délégués syndicaux
Élections extérieures	La participation en qualité de scrutateur aux élections prud'homales (cass. soc. 21 janvier 1987, n° 83-43483, BC V n° 26 ; cass. soc. 13 janvier 1999, n° 96-43678 D) ou aux élections de la sécurité sociale (cass. soc. 19 mars 1987, n° 84-43038, BC V n° 174).	Non, aux membres du CSE et aux délégués syndicaux
Grèves	Les contacts avec les salariés en grève de la société fabriquant les chéquiers pour leur entreprise (cass. soc. 10 juillet 1990, n° 86-42819, BC V n° 361).	Oui, aux délégués syndicaux
	Les heures passées, lors d'une grève de la quasi-totalité du personnel, dans des réunions avec la direction pour apporter une solution au conflit (cass. soc. 27 février 1985, n° 82-40173, BC V n° 124).	Oui, aux membres du CSE
Information personnelle	Le temps passé à l'information personnelle ne peut être compris dans les heures de délégation que s'il se rattache directement à une difficulté de l'entreprise (cass. soc. 17 mars 1988, n° 86-43343 D).	Non, aux membres du CSE
	N'est pas payé le temps de réunion relatif à l'information sur la législation du travail (cass. soc. 8 mars 1984, n° 81-41277, BC V n° 92) ou à l'étude des rémunérations dans la branche professionnelle (cass. soc. 3 juillet 1984, n° 81-42641, BC V n° 285).	Non, aux membres du CSE
	Le temps passé pour s'informer sur l'environnement économique et social de l'entreprise ne constitue pas une utilisation conforme du mandat d'élu du personnel (cass. soc. 24 mars 1993, n° 88-42887, BC V n° 98 ; cass. soc. 4 octobre 1995, n° 94-42139 D).	Non, aux membres du CSE
Information des salariés	Le déplacement dans un atelier pour informer les salariés postés sur le problème de la prise du café (cass. soc. 23 septembre 1992, n° 89-40664, BC V n° 478).	Oui, aux délégués syndicaux, aux membres du CSE
Inspecteur du travail	La réponse d'un salarié protégé à la convocation de l'inspecteur du travail, qui procède à une enquête consécutive à la demande d'autorisation de licenciement de ce salarié (cass. soc. 3 juillet 1990, n° 87-40838, BC V n° 339).	Oui, aux membres du CSE
Manifestations	La participation à une manifestation pour la défense de l'emploi dans l'entreprise lors de la visite du chef de l'État dans la ville (cass. soc. 23 janvier 1990, n° 86-43815, BC V n° 21).	Oui, aux délégués syndicaux
	La réalisation d'une « exposition économique » dans les rues de la ville (cass. soc. 15 novembre 1988, n° 85-45797, BC V n° 595).	Non, aux membres du CSE
	L'animation d'une exposition ayant pour thème « Osez la paix » dans la ville (cass. soc. 26 septembre 1990, n° 87-45688, BC V n° 402).	Non, aux membres du CSE

Déplacements des représentants du personnel entrant ou non dans les heures de délégation (exemples) (1)		
Thèmes	**Activités exercées**	**Position de la jurisprudence**
Manifestations *(suite)*	La participation à une manifestation de soutien à des salariés d'une autre entreprise dans leurs différends avec la justice pénale sur la défense des libertés syndicales et de l'emploi (cass. soc. 13 juin 1996, n° 95-41460, BC V n° 238).	Non, aux délégués syndicaux
	La réunion du conseil départemental du syndicat dont l'ordre du jour comporte l'étude de la convention collective applicable dans l'entreprise (cass. soc. 12 juillet 1995, n° 92-19122 D).	Oui, aux délégués syndicaux
Réunions extérieures	L'assistance à une réunion dans une autre entreprise sans lien avec la société du délégué syndical (cass. soc. 21 janvier 1987, n° 85-41127, BC V n° 51).	Non, aux délégués syndicaux
	La réunion syndicale lors d'une action revendicative dans une filiale de l'entreprise (cass. soc. 6 janvier 1983, n° 80-41745, BC V n° 11).	Oui, aux délégués syndicaux
	Le temps consacré à des réunions intersyndicales pour créer une boutique de gestion (cass. soc. 2 juin 1988, n° 85-42933 D).	Non, aux membres du CSE et aux délégués syndicaux
Tribunaux	Le temps passé aux audiences du conseil des prud'hommes, dans une affaire où l'employeur conteste l'utilisation des heures de délégation d'un élu (cass. ass. plén. 31 octobre 1996, n° 91-44770, B. plén. n° 7).	Oui, aux membres du CSE
	L'assistance d'un salarié devant le conseil des prud'hommes (cass. soc. 21 février 1990, n° 86-44111, BC V n° 85 ; cass. soc. 12 mars 1987, n° 84-41159, BC V n° 137).	Non, aux membres du CSE
	La présence dans une audience du tribunal d'instance devant statuer sur la représentativité d'un autre syndicat que celui du délégué syndical (cass. soc. 9 avril 1987, n° 83-41673, BC V n° 226).	Non, aux délégués syndicaux
	Le temps passé à des audiences judiciaires pour s'informer sur un litige mettant en cause des représentants du personnel de l'entreprise à l'occasion d'un conflit collectif entrant dans la mission des délégués syndicaux (cass. soc. 1er avril 1992, n° 88-45752, BC V n° 233).	Oui, aux délégués syndicaux
	Les 6 h consacrées devant le tribunal dans un litige sur le choix du lieu des élections des élus du personnel ne relèvent pas de la mission du délégué syndical (cass. soc. 2 juin 1993, n° 90-44508, BC V n° 157).	Non, aux délégués syndicaux
	Le temps passé à la dénonciation, devant le juge, d'une discrimination à son encontre par un élu du personnel (cass. soc. 26 mai 1999, n° 97-40966, BC V n° 238).	Oui, aux membres du CSE

(1) Ce tableau cite des décisions de justice prises relativement à des délégués du personnel et des membres du comité d'entreprise qui restent, à notre sens, applicables au comité social et économique*.

l'objet du mandat représentatif (cass. soc. 28 mars 1989, n° 86-42248, BC V n° 257).

Les représentants du personnel ne peuvent donc pas refuser systématiquement de fournir des explications sur l'utilisation de leur crédit d'heures.

Exemple

Le salarié qui ne fournit pour chaque mois que des imprimés portant des indications manuscrites de dates et de nombre d'heures de délégation, des mentions rédigées à l'avance, sans précision sur la nature des activités exercées, ne met pas l'employeur en mesure de s'assurer que les heures de délégation ont été utilisées pour l'exercice des fonctions représentatives (cass. soc. 30 novembre 2004, n° 03-40434, BC V n° 313).

Conséquences du non-paiement des heures de délégation - Le non-paiement des heures de délégation par l'employeur est constitutif d'un trouble manifestement illicite, peu important l'existence de contestations sérieuses sur la caducité ou la validité

des mandats auxquels ces heures sont attachées. Le salarié peut alors obtenir leur paiement par la voie du référé prud'homal (cass. soc. 28 septembre 2005, n° 05-40945 D).

Le non-paiement est aussi constitutif du *délit d'entrave** à l'exercice des fonctions représentatives du salarié et donne droit à des dommages et intérêts pour ce dernier (cass. crim. 11 mai 1999, n° 98-82900 D ; cass. soc. 18 juin 1997, n° 94-43415, BC V n° 231).

Enfin, le salarié peut prendre acte de la rupture de son contrat de travail aux torts de l'employeur au motif que ce dernier ne lui a pas payé ses heures de délégation depuis plusieurs mois (cass. soc. 17 décembre 2014, n° 13-20703 D) (voir *Prise d'acte de la rupture**).

☛ *Bon de délégation.*

➲ Formulaire de Droit Social, « Heures de délégation ».

Heures d'équivalence

Dans certaines professions où il existe des périodes d'inaction liées au métier, une durée de présence supérieure à la durée légale (35 h) est considérée comme étant équivalente à la durée légale (c. trav. art. L. 3121-13).

Mise en place des équivalences

Dans les professions et pour des emplois déterminés comportant des périodes d'inaction, une durée équivalente à la durée légale du travail peut être fixée :
- soit par convention ou accord de branche étendu (c. trav. art. L. 3121-14) ;
- soit, à défaut, par décret en Conseil d'État (c. trav. art. L. 3121-15).

▶ À noter… Avant la loi 2016-1088 du 8 août 2016 (loi 2016-1088 du 8 août 2016, JO du 9), le régime d'équivalence pouvait être institué soit par décret pris après conclusion d'un accord de branche, soit par décret en Conseil d'État. À titre d'exemple, dans le commerce de détail de fruits et légumes, épicerie et produits laitiers, la durée équivalente à 35 h a été fixée à 38 h par semaine (décret 2003-1194 du 15 décembre 2003, JO du 17).

Si le système d'équivalence est conforme aux règles légales qui le régissent, les juges n'ont pas à vérifier l'existence de temps d'inaction (cass. soc. 11 mai 2016, n° 14-15971, BC V n° 860).

Salariés concernés

L'application d'un régime d'équivalence est une exception qui ne saurait être appliquée en dehors des activités ou des emplois visés par les textes réglementaires et conventionnels (CE 18 octobre 2006, n° 276359 ; cass. soc. 28 octobre 2009, n° 07-42026, BC V n° 237).

Exemple

Lorsqu'un salarié est engagé en qualité de cadre de gestion, il ne peut pas voir son temps de travail décompté selon le régime d'équivalence prévu pour les personnels ambulanciers roulants, à temps plein (cass. soc. 28 octobre 2009, n° 07-42026, BC V n° 237).

Le régime des équivalences ne peut pas être appliqué aux salariés à temps partiel (cass. soc. 27 septembre 2006, n° 04-43446, BC V n° 293 ; cass. soc. 7 avril 2004, n° 03-41621 D).

Rémunération

Rémunération conventionnelle - La convention ou l'accord de branche étendu instituant le régime d'équivalence détermine la rémunération des périodes d'inaction (c. trav. art. L. 3121-14).

Si l'horaire de présence est supérieur à la durée d'équivalence admise, les heures travaillées au-delà de la durée d'équivalence sont des *heures supplémentaires** (c. trav. art. L. 3121-28).

Exercice de plusieurs fonctions - Un salarié a droit au paiement des heures supplémentaires pour les attributions accessoires et distinctes dont il a la charge en plus de ses fonctions soumises à l'horaire d'équivalence (cass. soc. 29 mai 1990, n° 87-44384, BC V n° 247).

Exemple

La salariée qui effectue quotidiennement, accessoirement à ses fonctions de maître d'hôtel, des travaux de comptabilité sans qu'il soit établi que cette double activité lui laisse des périodes d'inaction a droit, pour les activités de comptabilité, au paiement d'heures supplémentaires (cass. soc. 8 juillet 2003, n° 01-41843, BC V n° 216).

Durées maximales du travail et repos

Règle communautaire des 48 heures hebdomadaires - Selon le droit européen il n'existe pas de catégorie intermédiaire entre les notions de temps de travail et de période de repos. Les heures de présence doivent donc être comptabilisées dans leur intégralité dans le temps de travail.

▶ Attention... S'agissant du secteur sanitaire et médico-social, la Cour de Justice des Communautés européennes a conclu à l'incompatibilité du régime réglementaire des heures d'équivalence avec le droit communautaire (CJCE 1er décembre 2005, aff. C-14/04 rendu à propos du décret 2001-1384 du 31 décembre 2001).

Les heures de présence additionnées à celles du travail ne doivent donc pas excéder **48 h** par semaine (dir. 2003/88/CE du 4 novembre 2003), sachant que le seuil de référence reste le plafond européen même si celui que la loi nationale a fixé est plus favorable au salarié.

La Cour de cassation s'aligne sur la jurisprudence européenne. Ainsi, il ne peut pas être tenu compte d'un système d'équivalence pour vérifier, en matière de temps de travail effectif, le respect des seuils et plafonds communautaires, dont celui de la durée hebdomadaire maximale de **48 h** (voir *Durée du travail**) (cass. soc. 26 mars 2008, n° 06-45469, BC V n° 72 ; cass. soc. 24 septembre 2008, nos 07-44265 et 07-44266 D). Pour apprécier le respect de cette durée maximale hebdomadaire, il faut prendre en compte intégralement les heures de permanence effectuées par le salarié dans les locaux de l'entreprise (cass. soc. 26 mars 2008, n° 06-45469, BC V n° 72).

Cependant, plus récemment, la Cour de cassation a nuancé cette position en indiquant que le droit de l'Union ne fait pas obstacle à l'application de rapports d'équivalence aux durées maximales de travail fixées par le droit national dès lors que sont respectés les seuils et plafonds communautaires pour l'application desquels les périodes de travail effectif doivent être comptabilisées dans leur intégralité, sans pondération (cass. soc. 24 juin 2020, n° 18-23510 FPB). Cela signifie que la durée hebdomadaire de 48 heures sur une semaine pourrait être dépassée pour peu qu'elle soit respectée sur la période de référence de quatre mois prévue par le droit communautaire.

Règle des 10 heures quotidiennes - L'équivalence peut permettre le franchissement de cette durée maximale quotidienne de travail de droit commun de 10 heures (cass. crim. 5 mars 1997, n° 95-83492, B. crim. n° 84 ; cass. soc. 24 juin 2020, n° 18-23510 FPB ; CE 28 avril 2006, n° 242727).

Règles communautaires sur les temps de repos - Les différentes prescriptions énoncées par les directives européennes en matière de temps minimal de repos constituent des règles de droit social d'une importance particulière dont chaque travailleur doit bénéficier en tant que prescription minimale nécessaire pour assurer la protection de sa sécurité et de sa santé. De plus, la notion de temps de travail doit être appréhendée par opposition à la période de repos, ces deux notions étant exclusives l'une de l'autre. Enfin, le salarié doit bénéficier d'une pause d'au moins **20 mn** après **6 h** de travail effectif (c. trav. art. L. 3121-16 ; cass. soc. 29 juin 2011, n° 10-14743, BC V n° 184).

Partant de là, des permanences nocturnes constituent du temps de travail effectif, peu important que celui-ci englobe des périodes d'inaction prises en compte au titre du système d'équivalence. Les *pauses** doivent donc être respectées pendant les surveillances nocturnes. L'employeur ne peut donc pas considérer qu'il n'a pas à respecter les temps de pause au motif, selon lui, que les surveillances nocturnes ne sont pas du travail effectif et que le régime d'équivalence s'applique. En l'espèce, le salarié concerné aurait donc dû se voir verser des dommages-intérêts et payer les temps de pause (cass. soc. 29 juin 2011, n° 10-14743, BC V n° 184).

Repos, équivalences et amplitude journalière - Il ne peut pas être tenu compte d'un système d'heures d'équivalence pour vérifier le respect des règles relatives à l'*amplitude de la journée de travail**, c'est-à-dire au « temps séparant la prise de poste de sa fin » (cass. soc. 23 septembre 2009, n° 07-44226, BC V n° 202). En effet, l'intégralité des heures de permanences nocturnes en chambre de veille accomplies par les salariés devait être comptabilisée comme du temps de travail effectif (cass. soc. 23 septembre 2009, n° 07-44226, BC V n° 202).

☛ *Durée du travail.*

Heures pour recherche d'emploi

Pendant la durée du *préavis**, des salariés peuvent avoir le droit de s'absenter pour rechercher un emploi. Cette faculté n'est pas prévue par la loi, mais elle peut résulter d'un *usage**, d'une convention ou d'un *accord collectif**.

Bénéficiaires

Les heures pour recherche d'emploi bénéficient, selon les dispositions conventionnelles ou l'usage applicables, aux salariés licenciés, voire aux salariés démissionnaires.

Lorsque le salarié a accepté un nouvel emploi, les heures pour recherche d'emploi ne sont plus dues, sauf disposition conventionnelle contraire.

Modalités d'application

Nombre d'heures - La durée de l'absence est souvent de 2 h par jour. Certaines conventions collectives prévoient une durée globale de 50 h par mois.

▶ À noter... Les usages peuvent prévoir que les 2 h sont prises un jour à la convenance de l'employeur et un autre à la convenance du salarié, mais des dispositions particulières peuvent instituer une répartition différente ou un blocage des jours d'absence à la fin du préavis.

Regroupement en fin de préavis - Un regroupement des heures pour recherche d'emploi peut être prévu en fin de préavis par les dispositions conventionnelles, l'usage ou par un commun accord de l'employeur et du salarié. Le refus opposé par l'employeur à un salarié qui souhaite regrouper les heures en fin de préavis peut être jugé, selon les circonstances, abusif.

Exemple
Le refus opposé par l'employeur à un salarié qui, au cours du délai de préavis, justifiait sa demande de regroupement des heures de recherche d'emploi par une convocation, non contestée, à un concours administratif important pour son avenir présente un caractère abusif (cass. soc. 14 mai 1985, n° 83-42926, BC V n° 295).

Par ailleurs, si l'employeur a donné son accord pour que ces heures soient regroupées à la fin du préavis, la circonstance selon laquelle le salarié a trouvé un autre emploi en cours de préavis n'autorise pas l'employeur à revenir sur son accord. Il ne peut pas mettre fin au préavis et doit rémunérer les heures pour recherche d'emploi, comme convenu au départ (cass. soc. 21 janvier 2003, n° 01-40529, BC V n° 10).

Rémunération

En cas de licenciement, les heures d'absence autorisée sont en général payées comme des heures de travail, bien qu'elles ne soient pas assimilées à du temps de travail effectif (sauf dispositions conventionnelles ou usages contraires). Leur rémunération est moins souvent prévue en cas de démission.

Le salarié qui n'a pas utilisé les heures pour recherche d'emploi n'a pas droit à une indemnité compensatrice sauf :

- si les dispositions conventionnelles ou l'usage le prévoient (cass. soc. 3 mai 1994, n° 92-43472 D) ;
- ou si c'est l'employeur qui l'a mis dans l'impossibilité de prendre ces heures et que le salarié prouve avoir subi un préjudice (cass. soc. 7 mai 1986, n° 85-41659, BC V n° 206 ; cass. soc. 3 février 1993, n° 89-42436 D).

▶ À noter... Lorsque des dispositions conventionnelles prévoient que les heures pour recherche d'emploi ne doivent pas entraîner de diminution de salaire, l'employeur doit attribuer au salarié des titres-restaurant pour les repas compris dans les heures pour recherche d'emploi (cass. soc. 18 décembre 2013, n° 12-22752 D).

☞ *Préavis.*

➲ Formulaire de Droit Social, « Acceptation d'un regroupement des heures pour recherche d'emploi ».

Heures de récupération

Les heures de récupération sont des heures de travail effectuées en plus de l'horaire normal pour compenser des heures perdues collectivement au-dessous de la durée légale hebdomadaire au cours d'une semaine déterminée. La récupération est facultative pour l'employeur, obligatoire pour le salarié.

Heures récupérables

Heures perdues par suite d'interruption collective - Seules les heures perdues par suite d'une interruption collective de travail résultant de causes accidentelles, d'intempéries ou de cas de *force majeure**, pour cause d'inventaire, et les heures perdues à l'occasion d'un pont peuvent être récupérées [voir *Pont (journée de)**] (c. trav. art. L. 3121-50).

▶ À noter... Si la question de la récupération des heures perdues fait l'objet d'un décret spécifique à la branche d'activité ou à la profession, il est possible d'y déroger par accord de branche étendu ou par accord d'entreprise ou d'établissement (c. trav. art. L. 3121-68).

Pas de récupération pour les jours fériés chômés - Les heures de travail perdues par suite de chômage des *jours fériés** ne peuvent pas donner lieu à récupération (c. trav. art. L. 3133-2 ; cass. soc. 13 juin 2012, n° 11-10146, BC V n° 188).

Modalités de la récupération

Modalités conventionnelles - Un accord collectif d'entreprise ou d'établissement (à défaut, une convention ou un accord de branche) peut fixer les modalités de récupération des heures perdues. L'accord d'entreprise ou d'établissement prime sur l'éventuel accord de branche (c. trav. art. L. 3121-51).

À défaut d'accord, l'entreprise applique les modalités réglementaires détaillées ci-après.

▶ Attention… Les cas de récupération autorisés sont d'ordre public *(voir ci-avant)* et il est impossible d'en créer de nouveaux par voie d'accord collectif. La négociation collective est cantonnée aux modalités de récupération.

Modalités réglementaires - Faute d'accord collectif, la récupération intervient dans les 12 mois précédant ou suivant l'interruption de travail. Les heures de récupération ne peuvent pas augmenter la durée du travail de plus de 1 h par jour et de 8 h par semaine (c. trav. art. R. 3121-33 et R. 3121-35).

L'employeur doit au préalable (c. trav. art. R. 3121-33) :
- informer l'inspecteur du travail de l'interruption collective de travail en lui faisant connaître son intention de récupérer les heures perdues ;
- faire connaître à l'inspecteur du travail les modalités de récupération ;
- consulter le *comité social et économique** (cass. crim. 21 novembre 1978, n° 77-92617, B. crim. n° 324).

Si le travail est interrompu par un événement imprévu, l'information est donnée immédiatement.

▶ Attention… Le non-respect par l'employeur de son obligation d'informer l'inspecteur du travail ne confère pas aux heures de récupération le caractère d'heures supplémentaires, mais il peut donner lieu à dommages-intérêts au cas où il en résulterait un préjudice pour les salariés (cass. soc. 19 avril 2000, n° 98-41099 D ; cass. soc. 22 octobre 1985, n°s 83-40162 et 83-40163, BC V n° 484). L'absence d'information n'autorise pas les salariés à refuser la récupération car elle n'affecte pas la régularité de la décision de l'employeur (cass. soc. 16 décembre 2005, n° 04-40905, BC V n° 371).

Rémunération - Les heures de récupération sont rémunérées au taux normal sans majoration, sauf dispositions plus favorables des conventions collectives. Étant considérées comme des heures déplacées, si les heures de récupération sont accomplies la même semaine que des *heures supplémentaires**, ces dernières ne sont décomptées et rémunérées comme telles qu'au-delà des heures de récupération.

Emploi

L'employeur ne peut pas licencier pour insuffisance d'activité, dans le délai de 1 mois succédant à une période de récupération, les salariés habituellement employés dans l'établissement ou partie d'établissement où ont été accomplies des heures de récupération ou des heures supplémentaires. Cette règle ne s'applique pas aux salariés embauchés temporairement pour faire face à un surcroît extraordinaire de travail (c. trav. art. R. 3121-31).

Heures supplémentaires

Définition

Heures au-delà de la durée légale - Les heures supplémentaires sont des heures de travail accomplies au-delà de la durée légale du travail ou de la durée considérée comme équivalente (c. trav. art. L. 3121-28).

▶ À noter… Les heures supplémentaires sont dues à toutes les catégories de salariés à l'exception des *cadres dirigeants**. Les *cadres** non dirigeants ont droit au paiement des heures supplémentaires (éventuellement via une *convention de forfait** en heures), sauf convention de forfait annuel en jours (cass. soc. 3 novembre 2011, n° 09-71075 D).

Durée du travail inférieure à la durée légale - Lorsqu'une convention ou un accord collectif abaisse la durée du travail dans l'entreprise en dessous de la durée légale, c'est-à-dire en dessous de 35 heures, les heures comprises entre la durée conventionnelle et la durée légale sont considérées comme des heures supplémentaires seulement si la convention ou l'accord le prévoit (cass. soc. 2 juin 2021, n° 20-12578 FSP).

Heures « demandées » par l'employeur - Les heures supplémentaires sont effectuées à la demande de l'employeur (cass. soc. 31 mars 1998, moyen non publié, n°s 96-41878 et 96-44100, BC V n° 184 ; cass. soc. 24 février 2004, n° 01-46190 D).

Cette demande peut parfois être implicite. C'est le cas lorsque l'employeur a tacitement admis la réalisation des heures supplémentaires (cass. soc. 20 mars 1980, n° 78-40979, BC V n° 279 ; cass. soc. 8 juin 2016, n° 15-16423 D).

Exemples

Il arrive que le salarié établisse lui-même des fiches de temps à la demande de l'employeur. Les juges peuvent en déduire que ce dernier a donné son accord implicite pour l'exécution d'heures supplémentaires (cass. soc. 19 janvier 1999, n° 96-45628, BC V n° 29 ; cass. soc. 10 mai 2000, n° 98-40736 D).

Un salarié a obtenu le paiement de ses heures supplémentaires alors qu'une procédure interne subordonnait celui-ci au fait que l'employeur ait donné son accord préalable à leur exécution. En effet, l'employeur avait connaissance des heures supplémentaires effectuées par le salarié (par des fiches de pointage) et ne s'y opposait pas. Pour les juges, il avait tacitement consenti à leur réalisation (cass. soc. 2 juin 2010, n° 08-40628, BC V n° 124).

Cette acceptation implicite découle également de l'enregistrement de ces heures par un logiciel mis à disposition par l'employeur, ce dernier en ayant connaissance via les fiches de pointage du salarié et ne s'étant pas opposé à leur exécution (cass. soc. 8 juillet 2020, n° 18-23366 D).

C'est également le cas lorsque les heures supplémentaires sont le résultat de la quantité ou de la nature du travail demandé au salarié (cass. soc. 19 avril 2000, n° 98-41071 D ; cass. soc. 9 novembre 2004, n° 02-43069 D ; cass. soc. 6 avril 2011, n° 10-14493 D) **ou sont nécessaires à la réalisation des tâches confiées au salarié** (cass. soc. 14 novembre 2018, n° 17-20659 FSPB ; cass. soc. 14 novembre 2018, n° 17-16959 FSPB).

▶ Attention… Le contrat de travail ne peut pas lier le paiement des heures supplémentaires à l'accord préalable et explicite de l'employeur (cass. soc. 16 mai 2012, n° 11-14580 D ; cass. soc. 9 juillet 2014, n° 13-17922 D).

En revanche, le salarié qui décide de ne pas profiter de la pause repas dont il dispose entre 12 h et 14 h, et pour laquelle il n'a pas été prévu qu'il doive rester à la disposition de l'employeur, ne peut pas réclamer des heures supplémentaires (cass. soc. 9 mars 1999, n° 96-44080, BC V n° 105).

Décompte

Principe : décompte hebdomadaire - Les heures supplémentaires se décomptent par semaine civile. La semaine civile débute le lundi à 0 h et se termine le dimanche à 24 h (c. trav. art. L. 3121-29 et L. 3121-35).

Toutefois, des dispositions conventionnelles peuvent fixer une période de 7 jours consécutifs qui constitue la semaine pour le calcul des heures supplémentaires. Ces dispositions sont celles d'un accord collectif d'entreprise ou d'établissement (à défaut, d'une convention ou d'un accord de branche). Ainsi, l'accord d'entreprise ou d'établissement prime sur l'accord de branche (c. trav. art. L. 3121-32).

Le décompte prend en compte les heures de travail effectif. Pour déterminer la durée du travail effectuée par un salarié et les situations assimilées ou pas à du *temps de travail effectif, voir cette étude.**

▶ À noter… Si, au cours d'une même semaine, des *heures de récupération** et des heures supplémentaires sont accomplies, les heures supplémentaires seront décomptées seulement au-delà des heures de récupération ces dernières étant considérées comme des heures déplacées.

Décomptes particuliers - Pour les travailleurs à domicile, le décompte se fait dans le cadre de la journée (voir *Travail à domicile).**

Sur le décompte des heures supplémentaires dans le cas d'un système d'*heures d'équivalence, voir cette étude.**

Contingent annuel d'heures supplémentaires

Contingent conventionnel - Une convention ou un accord collectif d'entreprise ou d'établissement (à défaut, une convention ou un accord de branche) détermine le contingent annuel d'heures supplémentaires. Le cas échéant, l'accord d'entreprise ou d'établissement prime sur l'accord de branche (c. trav. art. L. 3121-33).

▶ À noter… Les contingents conventionnels prévus par des conventions et accords collectifs conclus avant la loi du 20.08.2008 restent en vigueur, tant que les clauses en question ne sont pas dénoncées ou modifiées par un nouvel accord collectif (loi 2008-789 du 20 août 2008, JO du 21). Dans le cadre de cette loi, un accord d'entreprise pouvait fixer un contingent annuel d'heures supplémentaires à un autre niveau que celui retenu par l'accord de branche applicable. Il en allait ainsi même par rapport à un accord de branche conclu avant la loi (cass. soc. 1er mars 2017, n° 16-10047, BC V n° 33).

Contingent réglementaire - En l'absence d'accord collectif, le volume du contingent est de 220 h par salarié (c. trav. art. D. 3121-24).

L'employeur est tenu de consulter le *comité social et économique** (CSE), au moins une fois par an, sur les modalités d'utilisation du contingent et de son dépassement (c. trav. art. L. 3121-40) [voir *Comité social et économique (informations-consultations périodiques)**].

Salariés hors champ du contingent - Le contingent annuel ne concerne pas les *cadres dirigeants** et les salariés régis individuellement par une *convention de forfait** annuel en heures ou en jours (c. trav. art. L. 3111-2, L. 3121-62 et D. 3121-24).

Heures supplémentaires dans le cadre du contingent

Recours aux heures supplémentaires - L'employeur peut demander aux salariés des heures supplémentaires dans la limite du contingent. Il doit :
- respecter les maxima quotidien et hebdomadaire ;
- informer préalablement le CSE (c. trav. art. L. 3121-33).

▶ À noter… Les heures supplémentaires effectuées au-delà du contingent annuel d'heures supplémentaires peuvent donner droit à une *contrepartie obligatoire en repos**.

Imputation sur le contingent annuel - Les heures supplémentaires donnant lieu à un *repos compensateur de remplacement** équivalant à leur paiement et celles pour travaux urgents ne s'imputent pas sur le contingent annuel (c. trav. art. L. 3121-31).

Les heures supplémentaires effectuées par un salarié titulaire d'une convention de forfait hebdomadaire ou mensuel en heures (heures incluses dans le forfait ou au-delà du forfait) s'imputent sur le contingent dans les conditions de droit commun [voir *Convention de forfait (hebdomadaire ou mensuel)**]. Les heures supplémentaires effectuées dans le cadre d'une convention de forfait annuel en heures ne s'imputent pas sur le contingent *(voir ci-avant)*.

Heures supplémentaires effectuées au-delà du contingent

Une convention ou un accord collectif d'entreprise ou d'établissement (à défaut, une convention ou un accord de branche) détermine les modalités d'exécution d'heures supplémentaires au-delà du contingent (c. trav. art. L. 3121-33). Cet accord fixe :
- l'ensemble des conditions d'accomplissement d'heures supplémentaires au-delà du contingent annuel, la détermination des majorations de salaire relevant des règles habituelles ;
- les caractéristiques et les conditions de prise de la *contrepartie obligatoire en repos** due pour toute heure supplémentaire accomplie au-delà du contingent annuel.

En l'absence d'accord collectif, l'employeur peut néanmoins recourir à des heures supplémentaires au-delà du contingent.

▶ À noter… Pour faire effectuer ces heures, l'employeur doit demander l'avis préalable du CSE (c. trav. art. L. 3121-33).

Paiement

Rémunération majorée - La rémunération des heures supplémentaires est majorée (c. trav. art. L. 3121-36) :
- de 25 % pour les 8 premières heures supplémentaires (de 35 h à 43 h) ;
- de 50 % pour les heures supplémentaires suivantes (au-delà de 43 h).

Des taux différents (à la hausse ou à la baisse) peuvent être fixés par une convention ou un accord collectif d'entreprise ou d'établissement (à défaut, une convention ou un accord de branche) à condition de respecter un minimum de 10 % (c. trav. art. L. 3121-33).

▶ Attention… Les taux prévus par un accord d'entreprise ou d'établissement priment sur ceux fixés par l'accord de branche, même s'ils leur sont inférieurs.

Lorsque les heures supplémentaires donnent lieu à un *repos compensateur de remplacement**, l'employeur doit également appliquer ces majorations.

Majoration appliquée sur le taux normal - Les majorations de salaire dues au titre des heures supplémentaires sont appliquées au taux horaire des heures normales de travail (cass. soc. 11 mai 2017, n° 16-12482, BC V n° 289). Elles se calculent sur le salaire de base effectif réel et non sur le salaire minimum garanti (cass. soc. 14 novembre 2012, n° 11-20776, BC V n° 289).

Selon l'administration, il faut tenir compte des primes inhérentes à la nature du travail (prime de danger, froid, insalubrité, de rendement individuel ou collectif), mais non des primes de productivité indépendantes du travail fourni individuellement par le salarié, des participations aux résultats, des primes d'ancienneté (voir *Prime**).

▶ À noter… Sur les primes à prendre en compte dans la rémunération des heures supplémentaires, voir Dictionnaire Paye, « Heures supplémentaires ».

Paiement effectif - Un versement, même volontaire, de primes par l'employeur ne peut pas tenir lieu de règlement des heures supplémentaires effectuées (cass. soc. 1er décembre 2005, n° 04-48388, BC V n° 347 ; cass. soc. 16 octobre 2001, n° 98-44269, BC V n° 320). Ainsi, ne peuvent pas constituer le paiement des heures supplémentaires :

- le versement de primes de déplacement (cass. soc. 12 janvier 2010, n° 08-40899 D),
- l'attribution d'une prime de fin d'année d'un montant correspondant aux majorations dues au titre des heures supplémentaires (cass. soc. 15 mars 2017, n° 15-25102 D),
- le versement de primes de rendement (cass. soc. 3 février 2021, n° 19-12193 D).

Cette règle vaut même lorsque le montant des primes exceptionnelles paraît correspondre exactement à celui des heures supplémentaires effectuées (cass. soc. 3 avril 2013, n° 12-10092 D).

▶ À noter... Il est également exclu de « compenser » les heures supplémentaires par la fourniture de produits de l'entreprise à prix réduits (cass. soc. 17 septembre 2015, n° 14-10578 D).

Pour condamner l'employeur à payer des heures supplémentaires, il faut soit que ces heures aient été réalisées à sa demande explicite ou implicite *(voir ci-avant)*.

Rémunération des salariés à domicile - S'agissant de travailleurs à domicile contraints de prolonger leur travail au-delà de 8 h par jour ouvrable en raison des délais de livraison, le tarif d'exécution est majoré de 25 % pour les deux premières heures supplémentaires et de 50 % pour les suivantes.

Mensualisation - Dans les entreprises dont la durée collective du travail est supérieure à la durée légale, la rémunération mensuelle due au salarié peut être calculée en multipliant la rémunération horaire par les 52/12 de cette durée hebdomadaire de travail, sans préjudice des majorations de salaire correspondantes (c. trav. art. L. 3121-23). Il s'agit d'un lissage des rémunérations, quel que soit le nombre de jours ouvrés du mois.

Travail dissimulé - Mentionner intentionnellement sur un bulletin de salaire un nombre d'heures de travail inférieur à celui réellement effectué constitue l'infraction de *travail dissimulé** par dissimulation d'emploi salarié (c. trav. art. L. 8221-5 ; cass. soc. 24 avril 2013, n° 11-28691, BC V n° 115).

Refus d'exécuter des heures supplémentaires

En principe, le salarié doit réaliser les heures supplémentaires demandées par l'employeur conformément aux règles légales et conventionnelles applicables dans l'entreprise. Son refus d'obéissance relève du droit disciplinaire (voir *Sanctions disciplinaires**).

Exemple

Le refus d'effectuer des heures supplémentaires sans motif légitime et l'abandon de poste d'un salarié peuvent constituer une faute grave (cass. soc. 29 janvier 2003, n° 01-41006 D).

En cas d'inexécution par l'employeur de ses obligations légales (ex. : non-attribution du repos compensateur), le salarié peut valablement refuser d'exécuter les heures supplémentaires demandées (cass. soc. 5 novembre 2003, nos 01-42798 et 01-42799 D).

Modification du contrat de travail

Un employeur ne peut pas modifier la durée du travail ou le montant ou la structure de la rémunération d'un salarié sans l'accord de celui-ci [voir *Modification du contrat de travail (durée du travail)**]. Par conséquent, l'employeur ne peut pas supprimer unilatéralement le paiement d'heures supplémentaires contractualisées (cass. soc. 7 mars 2018, n° 17-10870 D).

En revanche, en l'absence de *convention de forfait** ou d'heures supplémentaires prévues au contrat de travail, les heures supplémentaires ne sont pas garanties et l'employeur peut en diminuer le nombre :

- sans que cela modifie le contrat de travail (cass. soc. 10 mars 1998, n° 95-44842, BC V n° 124) ;
- sauf s'il commet un abus ou s'il s'est engagé sur un certain volume d'heures (cass. soc. 10 octobre 2012, n° 11-10455, BC V n° 258).

De même, les heures supplémentaires imposées par l'employeur, dans la limite du contingent légal ou conventionnel et en raison des nécessités de l'entreprise, n'entraînent pas de modification du contrat de travail (cass. soc. 9 mars 1999, n° 96-43718, BC V n° 103).

Preuve des heures supplémentaires

Voir *Temps de travail (preuve)**.

☛ *Contrepartie obligatoire en repos ; Heures supplémentaires (déduction forfaitaire de cotisations patronales) ; Repos compensateur de remplacement.*

Durée légale du travail et heures supplémentaires (HS)	
Ordre public	
• **Durée légale du travail** : 35 h/semaine (c. trav. art. L. 3121-27). • **Définition des HS** : heures effectuées au-delà de la durée légale ou de la durée d'équivalence (c. trav. art. L. 3121-28). • Principe de la **majoration salariale** ou, le cas échéant, d'un repos compensateur de remplacement (RCR) (c. trav. art. L. 3121-28). • Principe du **décompte hebdomadaire** des HS (c. trav. art. L. 3121-29). • Principe d'une **contrepartie obligatoire en repos** pour les HS effectuées au-delà du contingent annuel (c. trav. art. L. 3121-30). • **Non-imputation sur le contingent** des HS entièrement compensées sous forme de RCR ou effectuées en cas de travaux urgents (c. trav. art. L. 3121-30). • Dans les entreprises dont la durée collective est supérieure à la durée légale, possibilité de mensualiser les HS pour le calcul de la rémunération (c. trav. art. L. 3121-31).	
Champ de la négociation collective (accord d'entreprise ou d'établissement ou, à défaut, accord de branche)	**Règles supplétives**
Définition de la semaine	
Possibilité de définir la semaine (7 jours consécutifs) (c. trav. art. L. 3121-32).	Semaine = du lundi à 0 h au dimanche à 24 h (c. trav. art. L. 3121-35).
Majorations de salaire	
Fixation du taux de majoration (au moins 10 %) (c. trav. art. L. 3121-33).	Majorations de + 25 % pour les 8 premières HS sur la semaine, + 50 % au-delà (c. trav. art. L. 3121-36).
Contingent annuel	
Volume du contingent annuel d'HS (c. trav. art. L. 3121-33, I).	Volume du contingent fixé par décret (2) (c. trav. art. L. 3121-39).
Ensemble des conditions d'accomplissement d'HS au-delà du contingent annuel (1) (c. trav. art. L. 3121-33, I).	Une fois par an, consultation du CSE sur les modalités d'utilisation du contingent et son dépassement (c. trav. art. L. 3121-40).
Contrepartie obligatoire en repos	
• HS effectuées au-delà du contingent : durée (3), caractéristiques et conditions de prise de la contrepartie obligatoire sous forme de repos (c. trav. art. L. 3121-33, I). • HS effectuées dans la limite du contingent : possibilité de prévoir une contrepartie sous forme de repos (pas d'obligation légale) (c. trav. art. L. 3121-33, II).	Contrepartie obligatoire en repos de 50 % des HS accomplies au-delà du contingent annuel pour les entreprises d'au plus 20 salariés et de 100 % pour les entreprises de plus de 20 salariés (c. trav. art. L. 3121-38) (4).
Repos compensateur de remplacement	
Possibilité de prévoir de remplacer tout ou partie du paiement des HS par du repos compensateur de remplacement (RCR) (c. trav. art. L. 3121-33, II).	En l'absence de délégué syndical, l'employeur peut mettre en place un mécanisme de RCR (5) (c. trav. art. L. 3121-37).

(1) Les HS sont accomplies, dans la limite du contingent annuel, après information du CSE. Les HS sont accomplies, au-delà du contingent annuel, après avis du CSE.
(2) Contingent de 220 h par an et par salarié (c. trav. art. D. 3121-24).
(3) Au moins 50 % des HS accomplies au-delà du contingent annuel pour les entreprises dont l'effectif est inférieur ou égal à 20 salariés (100 % des HS accomplies au-delà du contingent annuel pour les entreprises de plus de 20 salariés).
(4) Conditions de prise de la contrepartie en repos fixées par décret, à défaut d'accord collectif (c. trav. art. L. 3121-39).
(5) À condition que le CSE ne s'y oppose pas.

Heures supplémentaires
(déduction forfaitaire de cotisations patronales)

Sous conditions, les petites entreprises peuvent bénéficier d'une déduction forfaitaire de cotisations patronales sur la rémunération des heures supplémentaires et des jours travaillés au-delà de 218 jours par an par les salariés en convention de forfait en jours sur l'année.

Employeurs bénéficiaires

Effectif de moins de 20 salariés - Les employeurs de moins de 20 salariés peuvent bénéficier d'une déduction forfaitaire de cotisations patronales au titre des heures supplémentaires effectuées au-delà de la durée légale du travail et, pour les salariés sous convention de forfait en jours sur l'année, des jours travaillés au-delà de 218 jours par an dans les conditions prévues par le code du travail (c. séc. soc. art. L. 241-18) [voir *Convention de forfait (annuel)**].

Appréciation de l'effectif - Les règles d'effectif à appliquer sont celles prévues par le code de la sécurité sociale (c. séc. soc. art. L. 130-1 et R. 130-1). Pour le détail (période de référence, salariés à décompter, entreprises nouvelles, etc.), voir *Effectif sécurité sociale**.

Hors cas des entreprises nouvelles, l'effectif annuel moyen « sécurité sociale » de l'entreprise, calculé tous établissements confondus, détermine si l'employeur a ou non droit à la déduction l'année civile suivante. Ainsi, dans le cas général, l'effectif calculé sur l'année N détermine le droit à la déduction en année N + 1.

Limitation des effets de seuil à la hausse : gel de 5 ans - Depuis le 1.01.2020, l'atteinte ou le franchissement du seuil de 20 salariés en raison d'un accroissement de l'effectif n'est pris en compte que si ce seul a été atteint ou dépassé pendant 5 années civiles consécutives (c. séc. soc. art. L. 130-1, II).

▶ À noter... Cette règle s'est appliquée pour la première fois au droit à la déduction sur l'année 2020, au regard de l'*effectif sécurité sociale** calculé sur l'année 2019.

En pratique, une entreprise constatant qu'elle a atteint ou dépassé le seuil de 20 salariés à l'occasion de l'effectif calculé sur une année N peut continuer à appliquer la déduction pendant les 5 années qui suivent, avant d'en perdre le bénéfice à partir du 1er janvier de l'année N + 6 (BOSS, Exonérations heures supplémentaires et complémentaires, § 560, 1/02/2022).

Si, dans l'intervalle, l'entreprise repasse sous les 20 salariés au titre d'une année donnée, les compteurs seront remis à zéro. Elle bénéficiera à nouveau du délai de 5 ans en cas de nouveau franchissement du seuil à la hausse.

Exemple

Pour un seuil de 20 salariés atteint ou franchi à l'occasion de l'effectif « sécurité sociale » calculé sur l'année 2019, l'entreprise peut continuer à appliquer la déduction en 2020, 2021, 2022, 2023 et 2024. Elle perdra le bénéfice de la déduction le 1er janvier 2025, si elle n'est pas redescendue sous les 20 salariés sur l'une des années intercalaires.

Règle transitoire de limitation des effets de seuil - Les règles transitoires de la loi PACTE ont prévu que les employeurs qui ont atteint ou franchi le seuil de 20 salariés à l'occasion de l'*effectif sécurité sociale** calculé au plus tard sur l'année 2018 ont continué à relever de l'ancien dispositif de gel des effets de seuil sur 3 ans jusqu'à son terme (loi 2019-486 du 22 mai 2019, art. 11, XII ; c. séc. soc. art. L. 241-18, V bis abrogé).

Exemple

Pour un seuil de 20 salariés atteint ou franchi à l'occasion de l'effectif « sécurité sociale » calculé sur l'année 2021, l'entreprise a conservé le bénéfice de la déduction en 2019, 2020 et 2021. Elle a perdu le bénéfice de la déduction le 1er janvier 2022 (BOSS, Exonérations heures supplémentaires et complémentaires, § 570, 1/02/2022).

Les entreprises relevant à titre transitoire de l'ancienne mesure de lissage sur 3 ans, qui repasse sous les 20 salariés dans l'intervalle de ces 3 années, puis atteignent ou franchissent à nouveau les 20 salariés au titre d'une année ultérieure, sont éligibles au dispositif de limitation des effets de seuil sur 5 ans (BOSS, Exonérations heures supplémentaires et complémentaires, § 570, 1/02/2022).

Temps de travail donnant droit à la déduction

Heures et jours concernés - Ouvrent droit à la déduction forfaitaire de cotisations patronales (c. séc. soc. art. L. 241-18, I et II) :
- les *heures supplémentaires** effectuées au-delà de 35 heures hebdomadaires ;
- pour les salariés en *convention de forfait** en heures sur l'année, les heures supplémentaires effectuées au-delà de 1 607 heures par an ;
- pour les salariés en convention de forfait en jours sur l'année, les jours travaillés au-delà de 218 jours par an sur demande du salarié et avec l'accord de l'employeur, dans les conditions prévues par la législation [voir *Convention de forfait (annuel)**] ;
- en cas d'aménagement du temps de travail sur une période supérieure à la semaine, les heures supplémentaires effectuées, selon les cas, au-delà de 1 607 h sur l'année ou au-delà de la moyenne de 35 h calculée sur la période de référence retenue par le système d'aménagement du temps de travail, à l'exception des heures effectuées entre 1 607 h et la durée annuelle fixée par l'accord lorsqu'elle lui est inférieure ;
- en cas de temps partiel pour les besoins de la vie familiale (c. trav. art. L. 3123-2), les heures effectuées chaque semaine au-delà de la durée légale du travail et, en cas d'annualisation, les heures effectuées au-delà des limites fixées par l'accord.

En revanche, l'employeur ne peut pas bénéficier de la déduction forfaitaire au titre des heures complémentaires effectuées par les salariés à temps partiel.

▶ À noter… L'employeur d'un salarié affilié à une caisse de congés payés ne peut pas appliquer les exonérations de cotisations attachées à la loi TEPA à des heures supplémentaires « structurelles » correspondant à des périodes d'absence pour congés payés rémunérés par les caisses de congés payés. Le bénéfice de la réduction des cotisations salariales et de la déduction forfaitaire des cotisations patronales ne peut porter que sur des heures supplémentaires dont l'employeur assure personnellement le paiement, ce qui n'est pas le cas des paiements effectués par une caisse de congés payés (cass. civ., 2e ch., 19 décembre 2013, n° 12-27592, BC II n° 243).

Conditions de la déduction - La déduction forfaitaire de cotisations patronales est subordonnée au respect des conditions suivantes (c. séc. soc. art. L. 241-18, IV et V) :

- rémunération de l'heure supplémentaire au moins comme une heure normale (l'employeur ne peut donc recourir au repos compensateur de remplacement que pour le paiement de la majoration de salaire, sauf à perdre le bénéfice de la déduction) ;
- respect des dispositions légales et conventionnelles relatives à la durée du travail ;
- non-substitution des salaires ou éléments concernés à d'autres éléments de rémunération, sauf si 12 mois se sont écoulés entre le dernier versement de l'élément de rémunération en tout ou partie supprimé et le premier versement de l'élément de rémunération en cause ;
- mise à la disposition des agents de l'URSSAF d'un document en vue du contrôle de l'application du dispositif *(voir ci-après)* ;
- respect du règlement européen sur les aides de minimis (règlt. UE 1407/2013 du 18 décembre 2013).

La règle des aides de minimis signifie que le montant de la déduction forfaitaire et des autres aides entrant dans le champ du règlement européen UE 1407/2013 ne doit pas excéder, sur une période de trois exercices fiscaux (dont l'exercice en cours), le plafond fixé par ce règlement (c. séc. soc. art. D. 241-24).

Montant de la déduction

Heures supplémentaires - Le montant de la déduction est de 1,50 € par heure supplémentaire (c. séc. soc. art. D. 241-24).

Dans le cas où le nombre d'heures supplémentaires n'est pas entier, le montant de la déduction forfaitaire est proratisé et arrondi au centime d'euro le plus proche (BOSS, Exonérations heures supplémentaires et complémentaires, § 6600, 1/02/2022).

Exemple

Un salarié totalise 3 h 20 min au titre de ses heures supplémentaires. La déduction forfaitaire est de : [3 h + (20 min/60 min)] × 1,50 € = 5 €.

Forfait jours - Pour les salariés en convention de forfait annuel en jours, le montant de la déduction est égal à 7 fois le montant horaire par jour supplémentaire travaillé au-delà de 218 jours par an (c. séc. soc. art. L. 241-18, II), soit 10,50 € par jour supplémentaire.

Imputation et cumul - La déduction forfaitaire s'impute sur les sommes dues à l'URSSAF pour chaque salarié concerné, au titre de l'ensemble de sa rémunération versée au moment du paiement de la durée de travail supplémentaire (c. séc. soc. art. L. 241-18, III).

La déduction forfaitaire est cumulable avec d'autres exonérations de cotisations patronales de sécurité sociale, y compris la réduction générale de cotisations patronales. Le cumul s'effectue dans la limite des cotisations patronales de sécurité sociale et des autres contributions patronales recouvrées suivant les mêmes règles (FNAL, versement de transport, contribution solidarité autonomie, etc.) restant dus par l'employeur au titre de l'ensemble de la rémunération du salarié concerné (c. séc. soc. art. L. 241-18, IV).

La déduction forfaitaire intervient après application des autres exonérations de cotisations patronales (BOSS, Exonérations heures supplémentaires et complémentaires, § 680, 1/02/2022).

Documents justificatifs

Documents à tenir à disposition - L'employeur doit tenir à la disposition des agents de l'URSSAF un document en vue du contrôle de l'application du dispositif (c. séc. soc. art. L. 241-18, V).

En principe, il s'agit de documents de suivi de la durée du travail déjà existants dans l'entreprise (c. séc. soc. art. D. 241-25) : horaire collectif (c. trav. art. D. 3171-1 à D. 3171-4), aménagement du temps de travail sur une période supérieure à la semaine et au plus égale à l'année (c. trav. art. D. 3171-5), travail par relais, roulement ou par équipes successives (c. trav. art. D. 3171-7), enregistrements quotidien et hebdomadaire dès lors que tous les salariés ne sont pas occupés selon le même horaire collectif (c. trav. art. D. 3171-8 et D. 3171-9), **récapitulatif annuel des jours ou demi-journées travaillés par les salariés en forfait annuel en jours** (c. trav. art. D. 3171-10), etc.

Document complémentaire annuel - Lorsque ces données ne sont pas immédiatement accessibles, l'employeur établit, au moins une fois par an pour chaque salarié, un récapitulatif hebdomadaire du nombre d'heures supplémentaires effectuées, ou du nombre d'heures de travail lorsque le décompte des heures supplémentaires n'est pas établi par semaine. Ce document doit indiquer le mois au cours duquel elles sont rémunérées et les heures supplémentaires en fonction du taux de majoration qui leur est applicable (c. séc. soc. art. D. 241-25, al. 2).

▶ Attention... Depuis le 1.01.2019, les informations mentionnées dans ce document doivent aussi porter sur les heures complémentaires pour les besoins de la réduction de cotisations salariales [voir *Heures supplémentaires et complémentaires (exonérations salariales)**].

Dans l'hypothèse où les heures supplémentaires sont mensualisées et correspondent à une durée collective du travail supérieure à 35 h/semaine, l'indication de cette durée collective suffit pour les heures supplémentaires concernées (c. séc. soc. art. D. 241-25, al. 3). En revanche, si des heures supplémentaires sont effectuées au-delà de cette durée collective, l'employeur doit produire les documents légaux relatifs au temps de travail et, si nécessaire, le document complémentaire annuel.

☞ *Heures supplémentaires ; Heures supplémentaires et complémentaires (exonérations salariales).*

Heures supplémentaires et complémentaires
(exonérations salariales)

Pour les périodes courant depuis le 1.01.2019, les salariés bénéficient d'une réduction de cotisations salariales et d'une exonération d'impôt sur le revenu sur la rémunération des *heures supplémentaires**, des *heures complémentaires** (salariés à temps partiel) et, pour les salariés en forfait jours, de certains jours supplémentaires (c. séc. soc. art. L. 241-17 ; CGI art. 81 quater).

Heures et jours éligibles aux exonérations

Heures et jours concernés - Les heures et jours éligibles à ces exonérations sont listés dans le tableau qui figure dans cette étude (c. séc. soc. art. L. 241-17, I ; CGI art. 81 quater). On y trouve :
- les heures supplémentaires ;
- les heures complémentaires des salariés à temps partiel ;
- les jours travaillés au-delà de 218 jours par an par les salariés en forfait annuel en jours en contrepartie à la renonciation à des jours de repos dans les conditions prévues par le code du travail [voir *Convention de forfait (annuel)**].

Pour les salariés à temps partiel, l'administration a précisé que les heures comprises dans le volume d'un éventuel « avenant de complément d'heures » (c. trav. art. L. 3123-22) [voir *Travail à temps partiel (avenant pour complément d'heures)**] n'ouvrent pas droit à la réduction (juridiquement, ce ne sont pas des heures complémentaires) (BOSS, Exonérations heures supplémentaires et complémentaires, § 140, 1/02/2022). En revanche, à notre sens, les heures complémentaires effectuées au-delà de la durée fixée par l'avenant de complément d'heures (c. trav. art. L. 3123-22, dern. al.) devraient y ouvrir droit, sous réserve de confirmation par l'administration.

Condition de non-substitution - La réduction de cotisations salariales et l'exonération d'impôt ne peuvent pas jouer pour des heures ou jours qui se substitueraient à d'autres éléments de rémunération, à moins qu'un délai de 12 mois ne se soit écoulé entre le dernier versement de l'élément de rémunération en tout ou partie supprimé et le premier versement correspondant aux heures en cause (c. séc. soc. art. L. 241-17, V).

Salariés dont la durée du travail n'est pas régie par le code du travail - La durée du travail de certaines professions n'est pas régie par les règles de droit commun du code du travail (IIIe partie), mais par d'autres dispositions légales (code de transports, code de l'action sociale et des familles, etc.) ou conventionnelles. À cet égard, l'administration cite, à titre d'exemple (BOSS, Exonérations heures supplémentaires et complémentaires, § 170, 1/02/2022) :
- les salariés affiliés à des régimes spéciaux de sécurité sociale ;
- les personnels des chambres consulaires ;
- les travailleurs à domicile ;
- les salariés des particuliers employeurs ;
- les assistants maternels.

Ces salariés bénéficient de l'exonération sur les heures de travail excédant la durée de travail définie par les dispositions légales ou conventionnelles applicables.

Gardiens, concierges et employés d'immeubles - La réduction s'applique aux gardiens, concierges et employés d'immeubles dont la durée de travail n'est pas comptabilisée en heures (BOSS, Exonérations heures supplémentaires et complémentaires, § 170, 1/02/2022).

La convention collective des gardiens, concierges et employés d'immeubles du 27 avril 2009 prévoit un régime dérogatoire de décompte du temps de travail, exprimé non pas en heures mais en unités de valeur (UV) (CCN du 27 avril 2009, art. 18).

Les salariés occupant un « emploi à service complet » sont redevables de 10000 UV de tâches par mois, et peuvent effectuer des UV supplémentaires majorées de 25 %, dans la limite de 12000 UV par mois. Ces tâches supplémentaires sont éligibles à la réduction.

Pour calculer la rémunération sur laquelle s'applique la réduction de cotisations salariales, il convient donc, selon la Direction de la sécurité sociale, de prendre en compte la rémunération afférente aux tâches effectuées au-delà de 10000 UV, en partant du principe que ces 10000 UV correspondent à la durée de 151,67 heures. Autrement dit, si 12000 UV sont rémunérées, la rémunération sur laquelle s'applique la réduction est celle correspondant à 2000 UV.

Heures supplémentaires structurelles

Entreprises et salariés concernés - Dans certains cas, des *heures supplémentaires** sont intégrées à la durée du travail et à la rémunération habituelles du salarié. Il s'agit d'heures supplémentaires « structurelles ».

Il en va ainsi dans les entreprises ayant une durée collective de travail supérieure à la durée légale (35 h hebdomadaires) ou à la durée d'équivalence applicable. Par exemple, si la durée collective du travail est de 39 h hebdomadaires, un salarié mensualisé à temps plein totalise (39 h – 35 h) × 52/12 = 17,33 heures supplémentaires par mois.

Les heures supplémentaires « structurelles » concernent aussi les salariés titulaires d'une convention individuelle de forfait en heures (forfait hebdomadaire, mensuel ou annuel), intégrant un certain nombre d'heures supplémentaires.

Application de la réduction - Ces heures supplémentaires « structurelles » bénéficient de la réduction dans les mêmes conditions que les autres heures supplémentaires (BOSS, Exonérations heures supplémentaires et complémentaires, § 230, 1/02/2022).

En cas d'absence du salarié donnant lieu au maintien intégral de la rémunération, les heures supplémentaires « structurelles » de la période sont réputées réalisées et donnent lieu à la réduction (BOSS, Exonérations heures supplémentaires et complémentaires, § 240, 1/02/2022).

Rémunérations éligibles à la réduction de cotisations et à l'exonération d'impôt

- Heures supplémentaires effectuées au-delà de la durée légale du travail (ou de la durée d'équivalence en vigueur dans certaines professions)
- Heures supplémentaires effectuées au-delà de 1607 h par an par les salariés en forfait annuel en heures
- Heures supplémentaires « structurelles » (voir ci-après)
- Heures supplémentaires effectuées dans le cadre du temps partiel pour les besoins de la vie personnelle (c. trav. art. L. 3123-2)
- En cas d'aménagement du temps de travail sur une période supérieure à la semaine, heures supplémentaires effectuées au-delà de 1607 h sur l'année (ou au-delà de la moyenne de 35 h calculée sur la période de référence, lorsque celle-ci est inférieure ou supérieure à 1 an) (1)
- Heures supplémentaires effectuées dans le cadre d'anciens dispositifs d'aménagement du temps de travail, comme la modulation, les anciens accords de RTT ou les cycles de travail, dans les entreprises qui en appliquent encore (BOSS, Exonérations heures supplémentaires et complémentaires, § 60, 1/02/2022)
- Pour les forfaits jours, rémunération majorée versée au titre des jours travaillés au-delà de 218 jours par an, en application du dispositif de rachat de jours de repos prévu par le code du travail
- Heures complémentaires des salariés à temps partiel (2)
- Heures supplémentaires des assistants maternels effectuées au-delà de 45 h hebdomadaires + heures complémentaires accomplies au sens de la convention collective qui leur est applicable
- Heures supplémentaires effectuées par les salariés des particuliers employeurs

(1) Si le dispositif d'aménagement du temps de travail prévoit un seuil inférieur à 1607 h (ou à la moyenne de 35 h), les heures effectuées entre ce seuil et 1607 h (ou la moyenne de 35 h) n'ouvrent pas droit à la réduction. (2) Y inclus heures complémentaires effectuées au-delà de la durée fixée par un éventuel avenant de complément d'heures (c. trav. art. L. 3123-22, dern. al.). En revanche, les heures comprises dans le volume d'un tel avenant n'ouvriraient pas droit à la réduction.

En cas d'absence du salarié partiellement rémunérée ou non rémunérée, la rémunération des heures supplémentaires « structurelles » est prise en compte dans les mêmes conditions que pour le calcul de la réduction générale de cotisations patronales, soit après application d'un coefficient correspondant au rapport entre la rémunération versée et celle qui aurait dû être versée si le salarié n'avait pas été absent (BOSS, Exonérations heures supplémentaires et complémentaires, § 250, 1/02/2022).

Réduction de cotisations salariales

Assiette de la réduction - La réduction s'applique à la rémunération de l'heure supplémentaire ou complémentaire, ou du jour supplémentaire (forfaits fours), ainsi qu'à la majoration de salaire qui y est attachée (c. séc. soc. art. L. 241-17, IV).

Toutefois, la majoration de salaire n'ouvre droit à la réduction que dans une certaine limite :
- taux de majoration prévu par l'accord collectif applicable (pour les heures supplémentaires accord d'entreprise ou, à défaut, de branche ; pour les heures complémentaires : accord collectif de branche étendu) ;
- à défaut de taux fixé par accord collectif, taux prévus par le code du travail (25 % ou 50 % pour les heures supplémentaires ; 10 % ou 25 % pour les heures complémentaires).

▶ À noter… Pour les jours travaillés au-delà de 218 jours par an par les « forfaits jours », le code du travail fixe une majoration minimale de 10 %, mais son montant exact est fixé par l'avenant au contrat de travail (c. trav. art. L. 3121-59) [voir *Convention de forfait (annuel)**]. La loi n'a pas précisé la limite dans laquelle la majoration de salaire ouvre droit à la réduction de la réduction. Les rapports parlementaires évoquent une limite de 25 % (rapport AN n° 1336, tome II, p. 47), mais ce point reste à clarifier.

Pour les heures supplémentaires en partie compensées par un *repos compensateur de remplacement**, seule la rémunération en espèces donne droit à la réduction de cotisations salariales. Si le paiement est intégralement remplacé par un repos compensateur, la réduction de cotisations n'est pas applicable (BOSS, Exonérations heures supplémentaires et complémentaires, §§ 210 et 220, 1/02/2022).

La rémunération des heures et jours auxquels le salarié renonce pour la placer sur un *compte épargne-temps** (CET) ne peut pas donner lieu à la réduction de cotisations salariales. La réduction n'est pas non plus applicable au moment de la monétisation du CET (BOSS, Exonérations heures supplémentaires et complémentaires, § 220, 1/02/2022).

Taux de la réduction pouvant aller jusqu'à 11, 31 % - Le montant de la réduction est égal à la rémunération ouvrant droit à la réduction, multipliée par un taux fixé par décret, dans la limite des cotisations salariales d'origine légale et conventionnelle dues au titre des heures concernées (c. séc. soc. art. L. 241-17, II). Elle ne couvre pas la CSG/CRDS.

Le taux de la réduction est égal à la somme des taux de chacune des cotisations d'assurance vieillesse d'origine légale et conventionnelle rendue obligatoire par la loi effectivement à la charge du salarié, dans la limite de 11,31 % (c. séc. soc. art. D. 241-21). Pour mémoire, la notion de « cotisations vieillesse d'origine conventionnelle rendue obligatoire par la loi » vise, en particulier, le régime AGIRC-ARRCO.

Mathématiquement, la limite de 11,31 % correspond à la somme des cotisations salariales d'assurance vieillesse (0,40 % + 6,90 %) et des contributions AGIRC-ARRCO pour un salarié rémunéré en deçà du plafond, dans le cas général (3,15 % de retraite + 0,86 % de contribution d'équilibre général).

Si nécessaire, il faut les revoir à la baisse (part salariale AGIRC-ARRCO inférieure au taux de droit commun, taux réduits URSSAF).

Taux pour les salariés payés au-dessus du plafond - Lorsque la rémunération mensuelle du salarié excède le *plafond de sécurité sociale**, les taux de cotisations salariales d'assurance vieillesse ne sont pas identiques pour la part de la rémunération inférieure et la part de la rémunération excédant le plafond.

L'administration a précisé qu'il convient de calculer la réduction en fonction du taux moyen de cotisations salariales d'assurance vieillesse et ARRCO-AGIRC applicable sur l'ensemble de la rémunération. Ce taux moyen peut être calculé en rapportant le montant total des cotisations salariales d'assurance vieillesse et de retraite AGIRC-ARRCO dues au titre de l'ensemble de la rémunération, y compris celle afférente aux heures supplémentaires, à cette même rémunération (BOSS, Exonérations heures supplémentaires et complémentaires, § 380, 1/02/2022).

Pour ce calcul, on tient compte en AGIRC-ARRCO des cotisations retraite et des contributions d'équilibre général et technique. En revanche, il ressort de l'exemple du BOSS qu'il convient d'ignorer la cotisation APEC si le salarié est cadre (à rebours de ce que l'on pouvait jusqu'à présent déduire de l'exemple de la Q/R n° 15 instruction DSS du 29 mars 2019, désormais abrogée).

Le taux de la réduction est si nécessaire limité à 11,31 %.

Exemples

Un salarié non-cadre a un brut total, heures supplémentaires majorées comprises, de 4 329,66 €. Les cotisations salariales vieillesse et AGIRC-ARRCO sont de 392,51 € en tranche 1 et de 92,51 € en tranche 2 (soit un total de 475,02 €), le taux de la réduction est de 485,02 € × 100/4 329,66 € = 11,20 %.

Un salarié cadre a une rémunération de 5 285,71 € heures supplémentaires majorées comprises. Les cotisations salariales vieillesse et AGIRC-ARRCO (hors APEC) sont de 392,51 € en tranche 1 (taux effectif de 11,45 %, hors APEC comprises) et de 190,60 € en tranche 2 (soit taux de 10,26 %), soit un total de 583,11 €. L e taux de la réduction est de (583,11 € × 100)/5 285,71 € = 11,03 %.

Apprentis - Lorsque la rémunération d'un apprenti est inférieure ou égale à 79 % du *SMIC**, il n'y a pas de cotisations salariales d'assurance vieillesse, compte tenu du régime d'exonération applicable. La réduction ne peut pas être imputée.

Si un apprenti ayant une rémunération supérieure à 79 % du *SMIC** effectue des heures supplémentaires, la réduction au titre de ces heures s'applique uniquement sur la part de rémunération supérieure à 79 % du SMIC, à proportion de la part de la rémunération au titre de ces heures supplémentaires dans le total de la rémunération (BOSS, Exonérations heures supplémentaires et complémentaires, § 350, 1/02/2022).

Exemple

En janvier 2022, un apprenti a une rémunération mensuelle de 1 400 €, dont 96,67 € au titre de 9 heures supplémentaires majorées au taux légal de 25 %. La rémunération de ces heures supplémentaires représente donc 96,67 × 100/1 400 = 6,91 % de sa rémunération totale. Le plafond mensuel de 79 % du SMIC base 35 h étant égal à 1 266,49 € au 1.01.2022, la rémunération excédentaire est donc de 1 400 – 1 266,49 € = 133,51 €. L'exonération au titre des heures supplémentaires s'applique que sur 6,91 % de la rémunération excédant 79 % du SMIC, soit sur 133,51 € × 6,91 % = 9,23 €.

Imputation - La réduction s'impute sur les cotisations d'assurance vieillesse sécurité sociale dues pour chaque salarié concerné au titre de l'ensemble de sa rémunération pour les périodes en cause. Elle ne peut pas dépasser leur montant (c. séc. soc. art. L. 241-17, II). La réduction ne s'impute jamais sur les cotisations ARRCO-AGIRC (BOSS, Exonérations heures supplémentaires et complémentaires, § 470, 1/02/2022).

En cas d'aménagement du temps de travail, il peut arriver que des heures supplémentaires décomptées sur une période de travail supérieure au mois soient payées en une seule fois (ex. : annualisation), avec un montant de réduction supérieur aux cotisations d'assurance vieillesse de base sur lesquelles la réduction est imputable. L'administration a précisé que la fraction excédentaire n'est pas perdue pour le salarié : le montant de la réduction peut être imputé si nécessaire sur les cotisations dues au titre des périodes d'activité postérieures (BOSS, Exonérations heures supplémentaires et complémentaires, § 490, 1/02/2022).

Cumul - Le cumul de la réduction avec une exonération de cotisations salariales de sécurité sociale, ou avec des taux réduits ou des assiettes ou montants forfaitaires de cotisations n'est autorisé que dans des limites fixées par décret, compte tenu du niveau des cotisations des salariés concernés (c. séc. soc. art. L. 241-17, VI).

Sur ce point, le décret prévoit que dans ces situations (exonération totale ou partielle de cotisations salariales de sécurité sociale, taux réduits, assiettes ou montants forfaitaires de cotisations), la réduction s'applique dans la limite des cotisations effectivement à la charge du salarié (c. séc. soc. art. D. 241-22).

Bulletin de paie - Le montant de la réduction de cotisations salariales doit être affiché sur une ligne distincte du *bulletin de paie**, après les lignes relatives aux cotisations et contributions sociales salariales et patronales (BOSS, Exonérations heures supplémentaires et complémentaires, § 410, 1/02/2022).

Contrôle - En vue du contrôle de l'application du dispositif, l'employeur doit tenir à la disposition des agents de l'URSSAF un document, à l'instar de l'obligation déjà applicable aux entreprises de moins de 20 salariés appliquant la déduction forfaitaire de cotisations patronales sur les heures supplémentaires (c. séc. soc. art. D. 241-25).

Rappelons que, en principe, il s'agit des documents de suivi de la durée du travail déjà existants dans l'entreprise, ou à défaut d'un document récapitulatif [voir *Heures supplémentaires (déduction forfaitaire de cotisations patronales)**].

Exemples de réduction de cotisations salariales sur 2022
1) Un salarié mensualisé rémunéré selon un taux horaire de 15 € effectue 5 heures supplémentaires majorées à 25 % en application du code du travail (pas de taux fixé par accord de branche ou accord d'entreprise). Il n'y a pas de particularité en matière de cotisations. La réduction est de 5 h × 15 € × 125 % × 11,31 % = 10,60 €.
2) Un salarié mensualisé rémunéré selon un taux horaire de 15 € effectue 5 heures supplémentaires. La convention collective fixe une majoration un taux de majoration de 20 %. Il n'y a pas de particularité en matière de cotisations. • Si dans l'entreprise, l'employeur applique de sa propre décision un taux de majoration de 25 %, il n'y a pas de particularité en matière de cotisations. La majoration n'ouvre droit à la réduction que dans la limite du taux prévu par la convention collective. La réduction est de 5 h × 15 € × 120 % × 11,31 % = 10,18 €. • Si un accord d'entreprise prévoit un taux de majoration de 10 %, la majoration n'ouvre droit à la réduction que dans la limite du taux prévu par l'accord d'entreprise (l'accord de branche est supplétif, sur le sujet). La réduction est de 5 h × 15 € × 110 % × 11,31 % = 9,33 €.
3) Un salarié cadre mensualisé est rémunéré selon un taux horaire de 25 €, soit 3 791,75 € par mois pour 151,67 h. Il effectue 5 heures supplémentaires majorées à 25 % en application du code du travail (pas de taux fixé par accord de branche ou accord d'entreprise). Sa rémunération totale brute, heures supplémentaires comprises, est de 3 948 € Il n'y a pas de particularité en matière de cotisations, si ce n'est que sa rémunération étant supérieure au plafond, il est également redevable de la contribution d'équilibre technique AGIRC-ARRCO (0,14 % de part salariale). **Taux de la réduction :** le salarié ayant une rémunération supérieure au plafond, il faut calculer un taux moyen de réduction de cotisations salariales, limité à 11,31 %. Les cotisations salariales d'assurance vieillesse et AGIRC-ARRCO (hors APEC) sont de 392,51 € en tranche 1 (taux effectif de 11,45 %) et de 53,35 € en tranche 2 (soit taux de 10,26 %), soit un total de 445,86 €. Le taux de la réduction est de (444,86 € × 100)/3 948 € = 11,29 %. **Montant de la réduction :** la réduction est donc de 5 h × 25 € × 125 % × 11,29 % = 17,64 €.
4) Un salarié mensualisé est rémunéré selon un taux horaire de 13 €, soit 1 971,71 € par mois pour 151,67 h. Il effectue 15 heures supplémentaires majorées à 25 % en application du code du travail (pas de taux fixé par accord de branche ou accord d'entreprise). **Cas 1 :** dans l'entreprise, les contributions de retraite AGIRC-ARRCO de 7,87 % en tranche 1 sont réparties à raison de « 50 % employeur/50 % salarié », soit une part salariale de 3,93 %. Le taux de la réduction est donc de 0,40 % + 6,90 % + 3,93 % + 0,86 % = 12,09 %, ramené à 11,31 %. La réduction est donc de 15 h × 13 € × 125 % × 11,31 % = 27,57 €. **Cas 2 :** si les cotisations AGIRC-ARRCO étaient réparties à raison de « 70 % employeur/30 % salarié », soit une part salariale de 2,36 %, le taux de la réduction serait de 0,40 % + 6,90 % + 2,36 % + 0,86 % = 10,52 %. Dans un tel cas, la réduction est de 15 h × 13 € × 125 % × 10,52 % = 25,64 €.

Régimes spéciaux, Mayotte - Les salariés relevant de régimes spéciaux de sécurité sociale mentionnés aux articles R. 711-1 et R. 711-24 bénéficient de la réduction de cotisations salariales dans les mêmes conditions (c. séc. soc. art. D. 711-11).

Enfin, le dispositif est applicable à Mayotte et à Saint-Pierre-et-Miquelon, dans la limite des taux de cotisations en vigueur dans ces territoires (décret 2019-40 du 24 janvier 2019, art. 4).

Exonération d'impôt sur le revenu

Exonération plafonnée - La rémunération des heures éligibles à la réduction de cotisations salariales ouvre droit, dans les mêmes conditions (non-substitution, prise en compte de la majoration de salaire, etc. ; voir ci-dessus), à une exonération d'impôt sur le revenu. Toutefois, celle-ci est limitée à 5 000 € par an (CGI art. 81 quater).

Application en paye - Le plafond de 5 000 € s'apprécie au regard de la rémunération nette imposable afférente aux heures exonérées, perçue par la personne au cours de l'année. Le GIP-MDS, en charge de la maîtrise d'ouvrage de la DSN, a indiqué que, selon l'administration fiscale (DGFiP), le calcul doit s'opérer « sur une limite exprimée en brut de 5 358 € par an » (www.net-entreprises.fr, Base de connaissance DSN-info.fr, fiche 2110 créée le 11.06.2019).

Aucune proratisation en fonction de la durée d'activité n'est à réaliser (temps partiel notamment, ou contrats sur une période inférieure à l'année entière). Autrement dit, il n'y a pas de prorata temps partiel ou entrée/sortie en cours d'année.

Pour les salariés multi-employeurs, il est admis, selon le GIP-MDS, que chaque employeur applique la limite d'exonération de 5 358 € sans tenir compte des éventuelles rémunérations d'heures supplémentaires ou complémentaires perçues par le salarié d'autres employeurs.

▶ À noter… Dans le cas des apprentis dont le salaire n'est pas soumis à la CSG/CRDS, le montant brut exonéré est égal au montant net imposable, soit un plafond brut d'exonération des heures supplémentaires de 5 000 € (www.net-entreprises.fr, Base de connaissance DSN-info.fr, fiche 2110 mise à jour le 20.11.2020).

Incidence sur la CSG - L'administration a précisé que la CSG due sur la rémunération exonérée d'impôt sur le revenu des heures supplémentaires, des heures complémentaires et des jours supplémentaires est, par exception, intégralement non déductible du revenu imposable (BOSS, Exonérations heures supplémentaires et complémentaires, § 450, 1/02/2022).

Concrètement, il faut suivre les cumuls de rémunérations exonérées d'impôt, puisque la CSG redevient déductible pour 6,8 points une fois la limite d'exonération fiscale dépassée.

☞ *Aménagement du temps de travail ; Aménagement du temps de travail (régime supplétif) ; Heures complémentaires ; Heures supplémentaires ; Travail à temps partiel (avenant pour complément d'heures).*

Horaire de travail

L'horaire de travail hebdomadaire légal peut être réparti sur 5 jours, 6 jours ou inégalement entre les jours ouvrables. Il peut parfois être réparti sur 4 jours ou 4 jours et demi (voir *Semaine de 4 jours**).

Salariés occupés selon le même horaire

Fixation de l'horaire - Lorsque tous les salariés d'un atelier, d'un service ou d'une équipe travaillent selon le même horaire collectif, un horaire est établi selon l'heure légale. Sous réserve des dispositions relatives au contingent annuel d'*heures supplémentaires** et des heures de dérogation permanente, aucun salarié ne peut être occupé en dehors de cet horaire (c. trav. art. D. 3171-1).

Avant l'entrée en vigueur de cet horaire « collectif », l'employeur :
- le soumet à la consultation des représentants du personnel [voir *Comité social et économique (informations-consultations ponctuelles)**] (c. trav. art. L. 2312-8 ; circ. DRT 93-9 du 17 mars 1993, § 3.2.1, BOMT 93-10).
- puis en adresse un double à l'inspecteur du travail (c. trav. art. D. 3171-4),
- enfin, l'affiche.

▶ À noter... La circulaire DRT 93-9 du 17.03.1993 citée dans cette étude est réputée abrogée [voir *Circulaires (opposabilité)**], mais elle apporte des précisions qui peuvent, à notre sens, être encore utiles aux praticiens.

Affichage de l'horaire - L'employeur date et signe l'horaire (ou, sous sa responsabilité, la personne à laquelle il a délégué ses pouvoirs). Il l'affiche dans chacun des lieux de travail où il s'applique et ce, y compris quand l'entreprise ne compte qu'un seul salarié (c. trav. art. D. 3171-2 ; cass. crim. 14 avril 2015, n° 14-83267, B. crim. n° 89).

L'affiche indique les heures auxquelles commence et finit chaque période de travail ainsi que les heures et la durée des repos. Les périodes de travail qui y sont mentionnées doivent s'entendre comme excluant les coupures et temps de pause. L'affiche doit donc comporter, en les distinguant, les temps de travail et les temps de pause, ainsi que les coupures (circ. DRT 93-9 du 17 mars 1993).

Si du personnel est occupé au-dehors, l'affichage est effectué dans l'établissement auquel le personnel intéressé est attaché (circ. DRT 93-9 du 17 mars 1993).

Modification - Avant sa mise en œuvre, l'employeur doit afficher l'horaire modifié et en adresser un double à l'inspecteur du travail (c. trav. art. D. 3171-3 et D. 3171-4).

▶ À noter... En cas d'aménagement important modifiant les conditions de travail, le CSE est consulté [voir *Comité social et économique (informations-consultations ponctuelles)**] (c. trav. art. L. 2312-8).

Défaut d'affichage - L'employeur qui n'affiche pas l'horaire collectif encourt une amende de 750 € par salariés concernés par cette infraction (c. trav. art. R. 3173-2).

▶ À noter... Ne pas informer les salariés des horaires à respecter empêche l'employeur de sanctionner des retards (cass. soc. 13 mars 2013, n° 12-12779 D).

L'affichage de l'horaire de travail permet à l'inspecteur du travail de contrôler et de vérifier la réalité du temps de travail. Dès lors, l'employeur qui, malgré plusieurs rappels, n'affiche pas cet horaire encourt une condamnation pour obstacle à contrôle de l'inspection du travail. La peine encourue est un emprisonnement d'un an et le paiement d'une amende de 37 500 € (c. trav. art. L. 8114-1). Le cas échéant, elle s'ajoute à l'amende due en cas de défaut d'affichage (cass. crim. 14 avril 2015, n° 14-83267, B. crim. n° 89).

Salariés occupés selon un horaire différent

Les salariés peuvent ne pas être tenus par un horaire collectif mais, par exemple, par un horaire qui leur est propre ou relever d'un système d'*horaires individualisés** comprenant des plages mobiles et des plages fixes.

Lorsque les salariés sont occupés selon un horaire différent, l'employeur doit décompter la durée du travail de chaque salarié [voir *Horaires de travail (justification)**].

▶ À noter... Il est possible que certains salariés ne soient pas soumis à un horaire de travail [voir *Cadres dirigeants**, *Convention de forfait** et *Convention de forfait (annuel)**].

Contrôle des horaires

Il est recommandé à l'employeur de contrôler les horaires de travail des salariés. Et ce, que les salariés soient soumis à un horaire collectif ou à des horaires différents. Il agit ainsi dans le cadre de son pouvoir de direction. En cas de contentieux, ce contrôle lui permet d'apporter ses propres éléments de preuve au juge en réponse de ceux produits par le salarié (c. trav. art. L. 3171-3 et L. 3171-4 ; CJUE, 14 mai 2019, C-55/18, points 60 à 63 ; cass. soc. 18 mars 2020, n° 18-10919 FPPBRI) [voir *Surveillance des salariés** et *Temps de travail (preuve)**].

S'il use d'un dispositif de *vidéosurveillance des salariés**, cette utilisation doit répondre aux exigences habituelles.

Non-respect des horaires

Le non-respect par le salarié de l'horaire de travail (retards et départs anticipés) constitue un manquement à la discipline générale de l'entreprise.

Si des retards occasionnels ne constituent pas, en principe, une cause réelle et sérieuse de licenciement, il en va différemment des retards fréquents, en dépit de mises en garde ou de sanctions.

Le refus du salarié de se soumettre au pointage mis en place dans l'entreprise peut justifier un *licenciement pour faute**. Il en est de même du fait de pointer pour un autre salarié.

Modification de l'horaire contractuel

Voir *Modification du contrat de travail (horaire)**.

➡ *Horaires individualisés ; Horaires de travail (justification).*

Horaires individualisés

Principe de fonctionnement

Plages fixes et mobiles - Les horaires individualisés comportent (c. trav. art. L. 3121-48) :

- une ou plusieurs plages fixes pendant lesquelles tous les salariés doivent être présents ;
- et une ou plusieurs plages mobiles à l'intérieur desquelles les salariés peuvent choisir leur heure d'arrivée et leur heure de départ.

▶ À noter... On parle également d'horaires à la carte ou d'horaires variables.

Report d'heures - Les horaires individualisés peuvent entraîner des reports d'heures d'une semaine à une autre sans que ces heures aient d'effet sur le nombre et le paiement des *heures supplémentaires**, pourvu qu'elles résultent d'un libre choix du salarié (c. trav. art. L. 3121-48).

Des dispositions conventionnelles peuvent prévoir les limites et modalités du report d'heures d'une semaine à une autre. Ces dispositions sont celles d'un accord collectif d'entreprise ou d'établissement (à défaut, d'une convention ou d'un accord de branche). Le cas échéant, l'accord d'entreprise ou d'établissement prime sur l'accord de branche (c. trav. art. L. 3121-51).

▶ À noter... Un *accord atypique** ne peut pas déroger aux dispositions légales et réglementaires relatives aux reports en cas d'horaires individualisés (cass. soc. 21 février 2007, n° 04-43071, BC V n° 30).

Faute d'accord collectif, le report d'heures d'une semaine à une autre est limité à 3 heures et le cumul des reports ne peut avoir pour effet de porter le total des heures reportées à plus de 10 heures (c. trav. art. R. 3121-30).

Conditions d'application

Mise en place - L'employeur peut mettre en place les horaires individualisés seulement si des salariés en ont fait la demande, après avoir obtenu l'avis conforme du *comité social et économique** (CSE) (c. trav. art. L. 3121-48).

Dans les entreprises sans représentant du personnel, l'inspecteur du travail autorise la pratique des horaires individualisés (c. trav. art. L. 3121-48). Il notifie sa décision à l'employeur dans les 2 mois de la demande (c. trav. art. R. 3121-29). Son silence pendant 30 jours vaut acceptation de la demande de mise

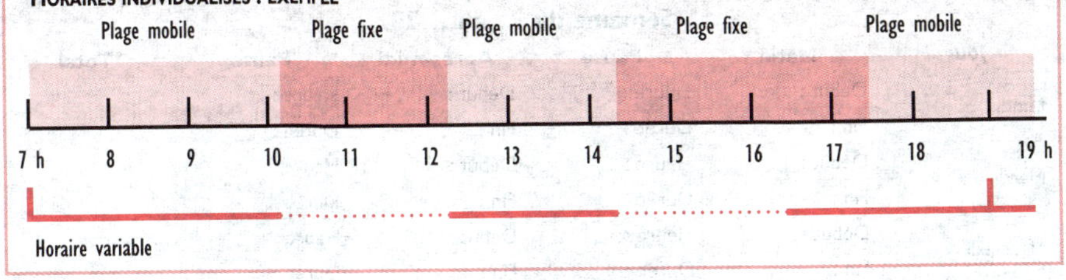

HORAIRES INDIVIDUALISÉS : EXEMPLE

en place des horaires individualisés (décret 2014-1290 du 23 octobre 2014, JO du 1er novembre).

Cas particuliers d'accès aux horaires individualisés - Les salariés handicapés ou aidants familiaux ou proches d'une personne handicapée peuvent bénéficier d'un aménagement d'horaires individualisés (c. trav. art. L. 3121-49).

Modification des horaires individualisés - La modification des horaires individualisés suppose de respecter la procédure de leur mise en place. Ceci étant, lorsque l'employeur apporte aux horaires en vigueur, pour les besoins de l'entreprise, une modification ponctuelle ou individuelle n'affectant pas les conditions générales de travail, cette modification ne nécessite pas l'accord préalable du CSE (cass. soc. 1er juillet 1997, n° 95-12000, BC V n° 241).

La mise en application d'une modification affectant la durée des plages et l'importance des reports, malgré l'opposition du CSE constitue un trouble manifestement illicite justifiant une décision du juge des référés (cass. soc. 20 mars 2001, n° 99-13179, BC V n° 100).

Suspension - L'employeur ne peut pas suspendre unilatéralement le régime d'horaires individualisés sans en informer préalablement les représentants du personnel et les salariés, dans un délai suffisant pour permettre d'éventuelles négociations (cass. soc. 10 décembre 2003, n° 02-40039 D).

Formalités

Il semble préférable que le système d'horaires individualisés soit affiché et que les fiches de pointage ou listes d'émargement du personnel soient conservées à des fins de preuve et d'éventuels contentieux.

☛ *Horaire de travail.*

Horaires de travail (justification)

Obligation de décompte des horaires de travail

Horaire collectif - Lorsque tous les salariés d'un atelier, d'un service ou d'une équipe travaillent selon le même horaire collectif, l'employeur établit un *horaire de travail** collectif.

Il lui est tout de même recommandé de comptabiliser le temps de travail accompli par chaque salarié. En cas de contentieux, ce décompte lui permet d'apporter ses propres éléments de preuve au juge en réponse de ceux produits par le salarié (c. trav. art. L. 3171-3 et L. 3171-4 ; CJUE, 14 mai 2019, C-55/18, points 60 à 63 ; cass. soc. 18 mars 2020, n° 18-10919 FPPBRI) [voir *Temps de travail (preuve)**].

Horaire individuel - Pour les salariés d'un service, d'un atelier ou d'une équipe (travail par relais, roulement, équipes successives, travail à temps partiel, horaires individualisés) ne travaillant pas selon le même horaire collectif, l'employeur décompte la durée du travail de chaque salarié (c. trav. art. L. 3171-2 et D. 3171-8) :

- quotidiennement, par enregistrement, selon tout moyen, des heures de début et de fin de chaque période de travail ou par le relevé du nombre d'heures de travail effectuées ;
- et chaque semaine, par récapitulation, selon tout moyen, du nombre d'heures de travail effectuées par chaque salarié.

▶ À noter… Ces règles ne visent pas les salariés concernés par les conventions ou accords collectifs prévoyant des conventions de forfait en heures lorsque ces conventions ou accords fixent les modalités de contrôle de la durée du travail (c. trav. art. D. 3171-9) (voir *Convention de forfait* *).

L'employeur doit également établir les documents nécessaires au décompte de la durée de travail et

Modèle de fiche individuelle de décompte de la durée du travail (1) Semaine du ... au ...20..					
Jour	**Matin**	**Pause**	**Après-midi**	**Pause**	**Total**
Lundi	Début :	Heure :	Début :	Heure :	
	Fin :	Durée :	Fin :	Durée :	
Mardi	Début :	Heure :	Début :	Heure :	
	Fin :	Durée :	Fin :	Durée :	
Mercredi	Début :	Heure :	Début :	Heure :	
	Fin :	Durée :	Fin :	Durée :	
Jeudi	Début :	Heure :	Début :	Heure :	
	Fin :	Durée :	Fin	Durée :	
Vendredi	Début :	Heure :	Début :	Heure :	
	Fin :	Durée :	Fin :	Durée :	
Total cumulé					....

(1) Modèle pour une répartition sur 5 jours maximum, à adapter à un autre type de répartition du travail.

des repos compensateurs (acquisition et prise), pour chaque salarié concerné (c. trav. art. L. 3171-2). Cette obligation concerne tous les salariés relevant de ce type d'horaire, quel que soit leur statut : il peut s'agir d'agents de maîtrise ou de cadres (cass. crim. 14 décembre 1993, n° 93-81404, B. crim. n° 387).

Le *comité social et économique** (CSE) peut consulter ces documents et l'employeur en annexe le double au *bulletin de paie** (c. trav. art. D. 3171-12).

Horaires individualisés - En cas de système d'*horaires individualisés**, l'employeur établit des documents permettant de comptabiliser les heures de travail effectuées par chaque salarié (voir modèle reproduit dans cette étude). Par exemple, il peut s'agir de fiches de pointage ou de listes d'émargement. Ces documents sont tenus à la disposition de l'inspecteur du travail pendant un an (c. trav. art. L. 3171-3, D. 3171-8 et D. 3171-16).

Modalités de décompte des horaires de travail

Enregistrement automatique - Si le décompte des heures effectuées par chaque salarié est effectué par un système d'enregistrement automatique, celui-ci doit être fiable et infalsifiable (c. trav. art. L. 3171-4).

La mise en place d'un tel dispositif nécessite l'information des salariés et la consultation du CSE (c. trav. art. L. 2312-38).

Il faut s'assurer que le dispositif de contrôle des horaires, ou de pointage, est mis en œuvre dans le respect des règles de protection des *données personnelles** issues du *RGPD** (règlt UE 2016/679 du 27 avril 2016, art. 5, 24 et 25). Selon la CNIL, il est nécessaire de procéder à une *analyse d'impact des données** si le système de pointage s'appuie sur un contrôle d'accès biométrique. En l'absence d'usage de la biométrie, ce système doit néanmoins être inscrit dans le *registre des activités de traitement** (www.cnil.fr).

▶ **À noter...** Avant le 25.05.2018, date d'entrée en vigueur du RGPD, un système de badge devait être déclaré la CNIL et, à défaut, le refus du salarié d'utiliser un système de badges ne pouvait pas lui être reproché (cass. soc. 6 avril 2004, n° 01-45227, BC V n° 103).

Documents permettant la comptabilisation des heures de travail - Pendant un an, l'employeur tient à la disposition de l'inspecteur du travail le ou les documents existant dans l'établissement qui lui permettent de comptabiliser les heures de travail effectuées par chaque salarié, y compris en cas d'horaires individualisés (c. trav. art. L. 3171-3 et D. 3171-16).

Archivage des décomptes d'horaires - L'obligation d'archivage des documents de suivi de la durée du travail est d'un an (c. trav. art. D. 3171-16).

Cependant, compte tenu de la prescription de 3 ans applicable à toute action engagée en matière de salaires dus au titre du contrat de travail [voir *Prescription (salaires)**], il est conseillé de porter le délai de conservation à 3 ans.

Au regard des règles de protection des *données personnelles**, cette durée est à notre sens possible pour un archivage dit « intermédiaire ». En effet, les données ainsi conservées présentent un intérêt en cas de contentieux, justifiant de les conserver le temps des délais de prescription applicables (règlt UE 2016/679 du 27 avril 2016, art. 5 ; « Le référentiel relatif à la gestion des ressources humaines en questions », référentiel gestion du personnel, § 7, www.cnil.fr).

Litiges sur les horaires de travail

Voir *Temps de travail (preuve)**.

☛ *Horaire de travail.*

Hôtels, cafés, restaurants (HCR)

L'emploi de salariés dans le secteur des hôtels, cafés, restaurants (HCR) est soumis à une réglementation particulière en ce qui concerne notamment le calcul et le paiement du salaire et celui des cotisations sociales.

Sur les spécificités des CDD d'usage dans les HCR, voir *Contrat de travail à durée déterminée (d'usage)**.

Durée du travail

Accord relatif au temps de travail - L'accord relatif au temps de travail dans le secteur des HCR, applicable depuis le 1.04.2007, a mis fin aux équivalences (convention collective nationale des hôtels, cafés, restaurants du 30 avril 1997, étendue ; avenant n° 2 relatif à l'aménagement du temps de travail du 5 février 2007, étendu par arrêté du 26 mars 2007, JO du 29).

Horaire hebdomadaire - Sauf si l'employeur préfère retenir une durée inférieure, la durée du travail est fixée à 39 h hebdomadaires dans toutes les entreprises du secteur (avenant n° 2 du 5 février 2007, art. 3). Par exception, les entreprises qui appliquent une durée collective inférieure restent soumises à celle-ci.

Heures supplémentaires - Depuis le 1.04.2007, date de suppression des équivalences, chaque heure de présence doit être rémunérée au taux horaire du salaire minimum conventionnel. Les heures de présence effectuées au-delà de 35 h par semaine ouvrent droit aux majorations pour *heures supplémentaires**. Ainsi, les heures supplémentaires se déclenchent au-delà de la 35e h hebdomadaire de travail.

Le contingent d'heures supplémentaires est fixé à 360 h par an et par salarié pour les établissements permanents et à 90 h par trimestre civil et par salarié dans les établissements saisonniers (avenant n° 2 du 5 février 2007, art. 5-3).

Forfait annuel en jours - Les dispositions conventionnelles de la branche des HCR ouvrent la possibilité d'un forfait annuel en jours (article 13-2 de l'avenant n° 1 du 13 juillet 2004). Mais en l'absence de mesures de nature à garantir que l'amplitude et la charge de travail restent raisonnables et à assurer une bonne répartition, dans le temps, du travail du salarié, la Cour de cassation a invalidé le forfait jours prévu par la branche des HCR (cass. soc. 7 juillet 2015, n° 13-26444, BC V n° 140).

▶ Attention… Les conventions de forfait jours conclues sur la base des dispositions conventionnelles des HCR sont nulles, ce qui entraîne notamment un risque de rappel d'heures supplémentaires.

Autres dispositions - L'accord contient d'autres dispositions (aménagement du temps de travail, temps partiel, travail de nuit, temps d'habillage et de déshabillage, etc.).

Jours fériés

Dix jours fériés par an en plus du 1er Mai - Les salariés des établissements permanents ayant au moins 1 an d'ancienneté bénéficient, en plus du 1er Mai, de 10 jours fériés par an (avenant n° 6 du 15 décembre 2009, art. 6, étendu par arrêté du 19 février 2010, JO du 24).

Modalités de prise des jours fériés - Six jours fériés sont « garantis », ce qui signifie en pratique qu'ils sont chômés et payés ou compensés en temps ou indemnisés, même si le salarié est en repos ces jours fériés.

Les 4 autres jours sont accordés de la façon suivante :
- si le jour férié est chômé, le salarié ne doit subir aucune réduction du salaire ;
- si l'activité de l'établissement nécessite la présence du salarié, l'intéressé bénéficie d'un jour de compensation ;
- le jour férié coïncidant avec un jour de repos ne donne lieu ni à compensation ni à indemnisation.

Au terme de l'année civile, chaque employeur doit vérifier que le salarié a bénéficié des jours « garantis ». Si ce n'est pas le cas, l'employeur doit informer le salarié des droits qu'il lui reste à ce titre.

Lorsque le salarié n'a pas bénéficié de tout ou partie de ces jours, il peut, avec l'accord de l'employeur et dans les 6 mois suivants, soit les prendre de façon isolée ou en continu, soit être indemnisé des jours restants. Au terme de cette période de 6 mois, les jours restant dus sont obligatoirement rémunérés.

▶ À noter… Des adaptations sont prévues pour les établissements saisonniers, les salariés sous contrat saisonnier des établissements permanents ainsi que pour les salariés à temps partiel.

Prévoyance et mutuelle

Un régime de prévoyance est, depuis le 01.01.2005, obligatoire pour l'ensemble des salariés relevant de la convention collective des HCR (avenant n° 1 du 13 juillet 2004, étendu par arrêté du 30 décembre 2004).

Sauf cas de dispenses d'adhésion précis, l'ensemble des salariés du secteur HCR bénéficient de la couverture frais de santé depuis le 1.01.2011 (ANI du 6 octobre 2010, étendu par arrêté du 17 décembre 2010, JO du 24, modifié en dernier lieu par avenant n° 4 du 31 mars 2017, étendu par arrêté du 28 novembre 2017, JO 8 décembre).

Rémunération et cotisations sociales

SMIC - Depuis la suppression du régime d'équivalence (soit depuis le 1.04.2007), le SMIC hôtelier n'existe plus. Il convient donc d'appliquer les règles de droit commun (voir *SMIC**).

▶ À noter… La grille de salaire conventionnelle est fixée par l'avenant n° 28 du 13.04.2018 (avenant n° 28 du 13 avril 2018, étendu par arrêté du 27 décembre 2017, JO du 30). Un accord de revalorisation a été signé le 16.12.2021 (avenant n° 29) assurant une rémunération minimum supérieure à 5 % du SMIC dès le premier niveau de la grille et une augmentation moyenne de 16,33 % par rapport à la grille actuelle. Soumis aux partenaires sociaux, cet avenant, au 28.01.2022, suit la procédure d'extension pour être applicable le 1er jour du mois suivant la publication au JO de son arrêté d'extension.

Prime d'ancienneté - Ni la convention collective des HCR du 30 avril 1997, ni ses avenants conclus ultérieurement ne prévoient l'octroi d'une prime d'ancienneté. Sauf disposition contractuelle ou usage plus favorable, le versement d'une prime d'ancienneté est donc facultatif.

Heures supplémentaires - Les heures supplémentaires ouvrent droit à des majorations fixées à 10 % de la 36e à la 39e h incluse (malgré le relèvement du taux légal depuis le 1.10.2007), 20 % de la 40e à la 43e h incluse, et 50 % au-delà (avenant n° 2 du 5 février 2007, art. 4 et 5). Ces heures font l'objet soit d'un paiement, soit d'une compensation en tout ou partie par un repos compensateur de remplacement.

La rémunération du salarié rétribué au pourcentage service doit respecter la grille conventionnelle, augmentée des majorations afférentes aux heures supplémentaires.

Lorsqu'un salarié est rémunéré en totalité par un « pourcentage service », il ne peut prétendre qu'à la majoration applicable aux heures supplémentaires effectuées, et non au paiement de ces heures, qui sont réputées être payées par les pourboires (cass. soc. 20 janvier 2021, n° 19-21755 FSP).

Cotisations sociales - Les cotisations sont calculées sur la base des rémunérations perçues par les salariés, c'est-à-dire soit un salaire fixe, soit un pourcentage pour service, cette rémunération ne pouvant en aucun cas être inférieure au SMIC (c. trav. art. L. 3244-1 et L. 3244-2).

Sur l'exonération sur 2022 et 2023 des pourboires versés aux salariés payés jusqu'à 1,6 SMIC, voir *Pourboires**.

Personnel rémunéré par un salaire fixe - Les cotisations sont calculées sur la base des rémunérations perçues par les intéressés, auxquelles s'ajoute la valeur représentative des avantages en nature.

Personnel rémunéré par des pourboires centralisés et répartis par l'employeur - Lorsque le pourcentage pour service, ajouté aux notes des clients, est centralisé et réparti par l'employeur, l'assiette est déterminée par les sommes effectivement réparties aux bénéficiaires, auxquelles s'ajoute la valeur représentative des avantages en nature.

L'employeur doit justifier de l'encaissement et de la remise à son personnel des sommes mentionnées ci-dessus (c. trav. art. R. 3244-1 et R. 3244-2).

Sur l'exonération sur 2022 et 2023 des pourboires versés aux salariés payés jusqu'à 1,6 SMIC, voir *Pourboires**.

Personnel recevant directement les pourboires et les conservant - À la condition expresse que le pourcentage pour service ne soit pas centralisé et réparti par l'employeur ou son représentant, les cotisations dues pour le personnel des cafés et restaurants (même annexés à des hôtels) sont calculées forfaitairement, pour chaque catégorie d'emploi, comme suit.

▶ À noter… Sont concernées les cotisations de sécurité sociale, de chômage et de retraite complémentaire. La CSG et la CRDS se calculent sur les mêmes bases forfaitaires, mais l'abattement d'assiette de 1,75 % n'est pas applicable.

Pour les employés de première catégorie, les cotisations sont calculées sur une base forfaitaire mensuelle égale à la moitié du plafond de sécurité sociale.

Toutefois, cette assiette ne peut être inférieure au montant mensuel du SMIC (base 169 heures), auquel il convient d'ajouter 26 fois le minimum garanti (si le salarié a bénéficié d'un jour de repos hebdomadaire), 24 fois le minimum garanti (si le salarié a bénéficié d'un jour et demi de repos hebdomadaire), 22 fois le minimum garanti (si le salarié a bénéficié de 2 jours de repos hebdomadaire).

Pour les employés de deuxième catégorie, la base forfaitaire mensuelle est fixée aux 3/4 du plafond mensuel.

Pour les employés de troisième catégorie, la base forfaitaire mensuelle est égale au montant du plafond mensuel de sécurité sociale.

Si la rémunération est égale ou supérieure à 1,5 plafond de la sécurité sociale correspondant à la durée de travail, l'assiette forfaitaire retenue pour le calcul des cotisations ne peut pas être inférieure à 70 % de cette rémunération (source : www.urssaf.fr).

▶ À noter… La loi de financement de la sécurité sociale pour 2015 a fixé de nouvelles règles de calcul des cotisations forfaitaires (c. séc. soc. art. L. 242-4-4, al. 2, modifié par loi 2014-1554 du 22 décembre 2014, art. 13, JO du 24), applicables en principe, à partir du 1.01.2016. Un décret aurait dû préciser ces règles, mais faute de parution du texte, l'ACOSS, le 17.10.2017, via le site Internet du réseau des URSSAF, a diffusé une information aux termes de laquelle une partie de la réforme est entrée en vigueur au 1.09.2017, malgré l'absence de décret. En ce qui concerne les salariés du secteur des hôtels, cafés et restaurants, l'assiette forfaitaire applicable avant loi de financement de la sécurité sociale pour 2015 est maintenue, mais avec application, le cas échéant, du mécanisme d'encadrement prévu par ladite loi, à savoir que lorsque la rémunération est égale ou supérieure à 1,5 plafond de la sécurité sociale correspondant à la durée de travail, l'assiette forfaitaire retenue pour le calcul des cotisations ne peut pas être inférieure à 70 % de cette rémunération.

Sur l'exonération sur 2022 et 2023 des pourboires versés aux salariés payés jusqu'à 1,6 SMIC, voir *Pourboires**.

☛ *Pourboires.*

Huissier

☛ *Conseil de prud'hommes (référé prud'homal) ; Informatique ; Preuve ; Surveillance des salariés.*

Hygiène et sécurité

L'hygiène et la sécurité englobent l'ensemble des lois, règlements, dispositions générales et prescriptions concourant à la prévention des risques professionnels et à l'amélioration des conditions de travail ainsi que les actions menées dans ce but.

Sur les mesures à prendre par rapport aux risques professionnels liés au covid-19, voir *Covid-19 (hygiène et sécurité)**.

Entreprises assujetties

Les dispositions du code du travail relatives à la santé et à la sécurité au travail sont applicables notamment aux employeurs de droit privé (c. trav. art. L. 4111-1).

Ces dispositions peuvent être complétées ou adaptées par décret pour tenir compte des spécificités des entreprises et établissements relevant des mines, des carrières et de leurs dépendances (c. trav. art. L. 4111-4).

Il existe aussi des prescriptions particulières d'hygiène et de sécurité lorsqu'une entreprise, dite « utilisatrice », fait appel à une autre entreprise, dite « intervenante », pour réaliser des travaux qu'elle n'est pas à même d'effectuer (c. trav. art. R. 4511-1 à R. 4511-4).

▶ À noter… Les entreprises de moins de 300 salariés peuvent bénéficier d'aides financières versées par l'Agence nationale pour l'amélioration des conditions de travail (ANACT) (www.anact.fr). Le *comité social et économique** ou, à défaut, les salariés doivent être informés du contenu du projet qui fera l'objet d'une subvention du fonds d'amélioration des conditions de travail (FACT) et être associées à sa mise en œuvre (arrêté du 22 octobre 2015, JO du 30).

Salariés visés

Pour l'application des dispositions du code du travail relatives à la santé et à la sécurité au travail, il faut entendre par « travailleurs » les salariés, y compris temporaires, et les stagiaires (voir *Stages en entreprise**), ainsi que toute personne placée à quelque titre que ce soit sous l'autorité de l'employeur (c. trav. art. L. 4111-5).

Contrôles

Le contrôle du respect des règles d'hygiène et de sécurité est assuré notamment par l'inspection du travail (c. trav. art. L. 8112-1).

▶ À noter… Les documents relatifs aux vérifications et aux contrôles en matière d'hygiène et de sécurité doivent être communiqués au comité social et économique [voir *Comité social et économique (santé, sécurité et conditions de travail)**]. Le médecin du travail y a accès (c. trav. art. R. 2312-3 et R. 4624-5).

☞ *Hygiène et sécurité (obligations de l'employeur) ; Hygiène et sécurité (obligations des salariés) ; Référent sécurité.*

Hygiène et sécurité (obligations de l'employeur)

Sur les mesures dérogatoires et temporaires mises en place dans le cadre de la crise sanitaire, voir *Covid-19 (hygiène et sécurité)**.

Obligation de sécurité

Obligation de prendre les mesures nécessaires - L'employeur est tenu, à l'égard de chaque salarié, d'une obligation de sécurité qui lui impose de prendre les mesures nécessaires pour assurer sa sécurité et protéger sa santé physique et mentale (cass. soc. 25 novembre 2015, n° 14-24444, BC V n° 234). Il doit donc prendre, entre autres dispositions, des mesures de prévention suffisantes dès lors qu'un risque professionnel est identifié *(voir ci-après)* (c. trav. art. L. 4121-1 et L. 4121-2).

Visites médicales et recommandations du médecin du travail - L'employeur remplit son obligation de sécurité notamment en :

- organisant la visite d'information et de prévention [voir *Visite médicale (information et prévention)**] ;
- organisant, quand cela est nécessaire, les visites médicales de reprise [voir *Visite médicale (reprise)**] ;
- prenant en compte les propositions de mesures individuelles du *médecin du travail** telles que les mutations ou transformations de postes, justifiées par des considérations relatives notamment à l'âge, à la résistance physique ou à l'état de santé physique et mentale des travailleurs (c. trav. art. L. 4624-3) [voir *Inaptitude physique (reclassement)**].

▶ À noter… Le cas échéant, si l'employeur refuse de prendre en compte les recommandations du médecin du travail, il doit faire connaître les motifs qui s'opposent à ce qu'il y soit donné suite (c. trav. art. L. 4624-6). Il en résulte que, si le salarié fait valoir que l'employeur n'a pas adapté son poste de travail conformément aux recommandations du médecin du travail, c'est à ce dernier de justifier qu'il a procédé à une telle adaptation et non pas au salarié (cass. soc. 14 octobre 2009, n° 08-42878, BC V n° 221).

Application en matière de harcèlements, de violences ou de discrimination - L'obligation de sécurité de l'employeur s'applique en matière de *harcèlement moral**, de *harcèlement sexuel** et de *violences** physiques ou morales. Sur le cas d'un salarié victime de harcèlement moral et prenant acte de la rupture de son contrat du fait du non-respect par l'employeur de son obligation de sécurité, voir ci-après.

▶ Attention… Seul le salarié personnellement victime peut reprocher à l'employeur un manquement à son obligation de sécurité en matière de *harcèlement moral** (cass. soc. 20 octobre 2010, n° 08-19748, BC V n° 242).

L'obligation de prévention des risques professionnels, incluant les risques psychosociaux, est distincte de l'interdiction du harcèlement moral. L'employeur peut être condamné à verser des dommages-intérêts pour manquement à la première sans qu'un harcèlement moral soit établi par ailleurs (cass. soc. 6 décembre 2017, n° 16-10885, 16-10886, 16-10887, 16-10888, 16-10889, 16-10890, 16-10891 D ; cass. soc. 8 juillet 2020, n° 18-24320 FSPB).

Des propos à connotations racistes ou des injures sexistes s'apparentent à des violences morales pouvant, le cas échéant, engager la responsabilité de l'employeur au nom de son obligation légale de sécurité (voir *Discriminations**) (cass. soc. 17 octobre 2018, n° 16-25438 D ; cass. soc. 30 janvier 2019, n° 17-28905 FPB).

Application en cas de mise à disposition - Lorsqu'un salarié exécute son travail dans les locaux d'une autre société, l'employeur doit, au titre de son obligation de sécurité, se renseigner auprès de celle-ci sur la nature des produits qu'elle fabrique ou utilise afin de s'assurer de leur absence de danger. Dans le cas contraire, il doit mettre en œuvre, en coopération avec cette société, des mesures propres à préserver la santé du salarié (cass. civ., 2e ch., 8 novembre 2007, n° 07-11219, BC II n° 248).

Application en cas de travail temporaire - L'entreprise de travail temporaire et l'entreprise utilisatrice sont tenues, à l'égard des salariés mis à disposition, d'une obligation de sécurité dont elles doivent assurer l'effectivité, chacune au regard des obligations que les textes mettent à leur charge en matière de prévention des risques. Le cas échéant, elles peuvent donc être condamnées solidairement à verser des dommages-intérêts en réparation du préjudice subi par le salarié (cass. soc. 30 novembre 2010, n° 08-70390, BC V n° 270) [voir *Travail temporaire (statut)**].

Condamnation à verser des dommages-intérêts - Si un salarié est exposé à un risque pour sa santé ou sa sécurité, ou lorsqu'un risque se réalise, l'employeur est condamné à verser des dommages-intérêts sauf s'il peut prouver qu'il a pris toutes les mesures prévues par les articles L. 4121-1 et L. 4121-2 du code du travail (il s'agit notamment des mesures de prévention ; voir ci-après) (cass. soc. 25 novembre 2015, n° 14-24444, BC V n° 234).

Exemple

En cas d'altercations verbales entre deux salariés, l'employeur doit prendre les mesures pour éviter que cela ne se renouvelle. En l'espèce, bien qu'ayant connaissance des répercussions immédiates sur la santé du salarié causées par une première altercation, des caractères très différents voire incompatibles des protagonistes et donc du risque d'un nouvel incident, l'employeur n'avait pris aucune mesure concrète pour éviter son renouvellement, hormis une réunion après l'altercation et des réunions périodiques de travail concernant l'ensemble des salariés (cass. soc. 17 octobre 2018, n° 17-17985 FSPB).

Un employeur ne manque pas à son obligation légale de sécurité lorsque les faits invoqués par le salarié ont pour seule cause son propre comportement caractérisé, en l'espèce, par une violence commise à l'encontre d'un collègue. En effet, l'employeur ne pouvait anticiper un tel risque. De plus, il était personnellement intervenu pour faire cesser l'altercation (cass. soc. 1er février 2017, n° 15-24166 D).

Sur l'existence éventuelle d'une faute inexcusable, voir *Faute inexcusable (accident du travail ou maladie professionnelle)**.

Réparation du préjudice d'anxiété - Voir *Préjudice d'anxiété**.

Employeur responsable des agissements de tiers exerçant une autorité sur les salariés - L'employeur doit, au nom de son obligation légale de sécurité, répondre des agissements des personnes qui exercent, de fait ou de droit, une autorité sur les salariés (ex. : en cas de harcèlement moral, d'injure sexiste ou acte violent commis par des tiers à l'entreprise comme un président de conseil syndical à l'égard d'un gardien ou de bénévoles envers une salariée d'une association) (cass. soc. 19 octobre 2011, n° 09-68272, BC V n° 235 ; cass. soc. 30 janvier 2019, n° 17-28905 FPB). Le cas échéant, l'employeur est condamné à verser des dommages-intérêts en réparation du préjudice subi par le salarié victime des agissements de ces tiers.

Suspension des décisions de l'employeur - En application de son obligation de sécurité, l'employeur ne doit pas, dans l'exercice de son pouvoir de direction, prendre des mesures qui auraient pour objet ou pour effet de compromettre la santé et la sécurité des salariés. Dès lors, il peut voir la mise en œuvre de ses décisions suspendue par les juges si celles-ci sont de nature à compromettre la santé et la sécurité des travailleurs. Il doit alors en tirer les conséquences et revoir celles-ci (cass. soc. 5 mars 2008, n° 06-45888, BC V n° 46).

Prise d'acte de la rupture - Un salarié, victime du non-respect par l'employeur de son obligation de sécurité (ex. : en cas de harcèlement moral), peut prendre acte de la rupture de son contrat de travail. S'il est avéré qu'un tel manquement empêchait la poursuite du contrat de travail, cette *prise d'acte de la rupture** a les effets d'un licenciement sans cause réelle et sérieuse (cass. soc. 11 mars 2015, n° 13-18603, BC V n° 43 ; cass. soc. 7 février 2018, n° 16-19456 D).

Évaluation et prévention des risques professionnels

Évaluation préalable - Avant de prévenir les risques pour la sécurité et la santé des travailleurs, l'employeur doit les évaluer en prenant en compte la nature des activités de son entreprise et l'impact différencié de l'exposition au risque en fonction du sexe. Il procède à cette évaluation y compris dans le choix des procédés de fabrication, des équipements de travail, des substances ou préparations chimiques, dans l'aménagement ou le réaménagement des lieux de travail ou des installations et dans la définition des postes de travail (c. trav. art. L. 4121-3).

Une fois que l'employeur a procédé aux évaluations auxquelles il est tenu, il doit reporter systématiquement dans un *document unique d'évaluation des risques professionnels** tous les résultats obtenus.

À partir du 31.03.2022, apportent leur contribution à l'évaluation des risques professionnels dans l'entreprise (loi 2021-1018 du 2 août 2021, art. 3, 3° ; c. trav. art. L. 4121-3, dans sa version en vigueur au 31 mars 2022) :
- dans le cadre du dialogue social dans l'entreprise, le CSE (dans les entreprises d'au moins 50 salariés) et sa commission santé, sécurité et conditions de travail, s'ils existent [voir *Comité social et économique (santé, sécurité et conditions de travail)**] ;
- le *référent sécurité** (c. trav. art. L. 4644-1), s'il a été désigné ;
- le service de prévention et de santé au travail auquel l'employeur adhère.

L'employeur pourra par ailleurs s'appuyer sur des acteurs externes spécialisés en prévention des risques professionnels : en l'absence de salarié compétent en matière de protection et prévention des risques professionnels, les intervenants en prévention des risques professionnels (IPRP), les services de prévention des caisses de sécurité sociale et l'OPPBTP notamment.

Mesures de prévention - Chaque employeur doit, quel que soit l'effectif de son entreprise, prendre les mesures nécessaires pour assurer la sécurité et protéger la santé physique et mentale des travailleurs (sur la notion de « travailleurs », voir *Hygiène et sécurité**). Il adopte à ce titre des actions de prévention des risques professionnels, y compris ceux listés dans le cadre du *compte professionnel de prévention** (c. trav. art. L. 4121-1 et L. 4161-1) et peut bénéficier d'aides pour ce faire (voir *Hygiène et sécurité**).

▶ À noter... L'obligation générale de prévention des risques est complétée par des prescriptions législatives et réglementaires spécifiques correspondant soit à un type de danger, d'agent ou de produit dangereux (amiante, bruit, etc.), soit à un type d'activité ou d'opérations (ex. : manutention de charges, travail sur *écran**, activité du bâtiment, installations classées).

Il appartient également à l'employeur de prendre toutes les mesures nécessaires pour prévenir le *harcèlement moral** et le *harcèlement sexuel** (c. trav. art. L. 1152-4 et L. 1153-5). De plus, quand il planifie la prévention, il doit y intégrer l'influence des facteurs ambiants s'agissant, notamment, des risques liés au harcèlement moral, au harcèlement sexuel et aux *agissements sexistes** (c. trav. art. L. 4121-2).

Sur la prévention du stress et des violences au travail, voir *Stress au travail** et *Violences**.

Formalisation des mesures de prévention (programme annuel ou inscription dans le DUER) à partir du 31 mars 2022 - L'employeur définit les actions de prévention au regard des résultats de l'évaluation des risques, lesquelles sont à partir du 31.03.2022 (loi 2021-1018 du 2 août 2021, art. 3, 4° ; c. trav. art. L. 4121-3-1, III, dans sa version en vigueur au 31 mars 2022) :
- formalisées dans un programme annuel de prévention, dans une entreprise d'au moins 50 salariés (sur son contenu, voir *Document unique d'évaluation des risques professionnels**) ;
- consignées dans le *document unique d'évaluation des risques professionnels** (DUER), dans une entreprise de moins de 50 salariés.

Principes généraux de prévention - L'employeur met en œuvre sa politique de prévention en respectant les principes suivants (c. trav. art. L. 4121-2 ; circ. DRT 2002-6 du 18 avril 2002) :
- éviter les risques et évaluer ceux qui ne peuvent pas être évités ;
- combattre les risques à la source ;
- adapter le travail à l'homme (ex. : pour la conception des postes de travail) ;
- tenir compte de l'état d'évolution de la technique ;
- remplacer ce qui est dangereux par ce qui ne l'est pas ou moins ;
- planifier la prévention en y intégrant notamment, dans un ensemble cohérent, la technique, l'organisation et les conditions du travail ;
- prendre des mesures de protection collective en leur donnant la priorité sur les mesures de protection individuelle ;
- donner les instructions appropriées aux travailleurs (voir *Consignes d'hygiène et de sécurité**).

L'employeur peut obtenir des renseignements auprès de l'INRS (www.inrs.fr) ou auprès de l'Agence pour l'amélioration des conditions de travail (www.anact.fr).

▶ Attention… Lorsqu'il confie des tâches à un travailleur, l'employeur, compte tenu de la nature des activités de l'établissement, prend en considération les capacités de l'intéressé à mettre en œuvre les précautions nécessaires pour la santé et la sécurité (c. trav. art. L. 4121-4).

Charge financière des mesures de sécurité - Les mesures prises en matière de santé et de sécurité au travail ne doivent entraîner aucune charge financière pour les travailleurs (c. trav. art. L. 4122-2). En cas de contentieux et dans le cas particulier où le salarié a engagé des dépenses, en l'espèce pour acheter une paire de lunettes supplémentaire suite à un examen ophtalmologique préconisé par le médecin du travail, il appartient aux juges de rechercher si les dépenses engagées par le salarié étaient nécessaires à son activité professionnelle et dans l'intérêt de son employeur avant de les mettre à la charge de l'employeur (cass. soc. 5 juillet 2017, n° 15-29424, BC V n° 116). Voir aussi *Équipements de travail et de protection** et *Vêtements**.

Obligations suite à une alerte

Voir *Droit d'alerte et de retrait en cas de danger** et *Droit d'alerte (risque pour la santé et l'environnement)**.

Désignation d'un référent sécurité

Voir *Référent sécurité**.

Information et formation

Obligation générale d'information - L'employeur doit informer les travailleurs sur les risques pour la santé et la sécurité ainsi que sur les mesures prises pour y remédier (c. trav. art. L. 4141-1), au moyen d'affiches, de *consignes d'hygiène et de sécurité** ou de livrets de sécurité.

Il doit les informer de manière compréhensible, lors de l'embauche et chaque fois que nécessaire sur (c. trav. art. R. 4141-2 et R. 4141-3-1) :
- les modalités d'accès au *document unique d'évaluation des risques professionnels** ;
- les mesures de prévention des risques identifiés dans ce document ;
- le rôle du *service de prévention et de santé au travail** et, le cas échéant, des représentants du personnel en matière de prévention des risques professionnels ;
- le cas échéant, les dispositions contenues dans le *règlement intérieur** relatives notamment aux mesures d'application de la réglementation en matière de santé et de sécurité dans l'entreprise ou l'établissement ;
- les consignes de sécurité et de premiers secours en cas d'incendie (c. trav. art. R. 4141-3-1).

L'employeur associe le médecin du travail à l'élaboration de cette information (c. trav. art. R. 4141-6).

▶ Attention… Le temps consacré à cette information est considéré comme du temps de travail. L'information en question se déroule pendant l'horaire normal de travail (c. trav. art. R. 4141-5).

Informations spécifiques - Une information spécifique doit être faite pour la mise en œuvre ou la maintenance des équipements de travail, l'utilisation des équipements de protection individuelle et l'exposition à certains risques (c. trav. art. R. 4323-1 et R. 4323-104).

Exemple
Doivent faire l'objet d'une information spécifique : l'exposition à des agents cancérogènes, mutagènes ou toxiques pour la reproduction (c. trav. art. R. 4412-87), à des agents biologiques (c. trav. art. R. 4425-7), la manutention manuelle de charges comportant des risques lorsque les activités ne sont pas exécutées d'une manière techniquement correcte (c. trav. art. R. 4541-8), le travail sur *écran** de visualisation.

L'employeur est également tenu d'organiser et de dispenser une information des travailleurs sur les risques que peuvent faire peser sur la santé publique ou l'environnement les produits ou procédés de fabrication utilisés ou mis en œuvre par l'établissement ainsi que sur les mesures prises pour y remédier (c. trav. art. L. 4141-1) [voir *Droit d'alerte (risque pour la santé et l'environnement)**].

Formation - Voir *Formation à la sécurité**.

Organisation des secours

Voir *Secours**.

Aménagement des lieux de travail

Voir *Local de travail**.

Mise à disposition des équipements de travail et de protection

Voir *Équipements de travail et de protection**.

Politique salariale et sécurité

Voir *Prime**.

Sanctions

Mise en demeure en cas de situation dangereuse - L'employeur qui crée une situation dangereuse peut être mis en demeure par le DREETS, après un rapport de l'inspection du travail, de prendre les mesures pour y remédier. Si, à l'expiration du délai donné pour ce faire, la situation dangereuse perdure, il peut se voir adresser un P-V et encourir une amende de 3750 € appliquée autant de fois qu'il y a de salariés concernés (c. trav. art. L. 4721-1 et L. 4741-3).

Plan de sécurité - Un plan de sécurité est notamment imposé par le juge en cas d'accident survenu dans une entreprise où ont été révélés des manquements graves ou répétés aux règles d'hygiène et de sécurité (c. trav. art. L. 4741-11).

Non-respect de l'obligation de sécurité - Voir ci-avant.

Sanctions pénales - Le non-respect des règles d'hygiène et de sécurité est, pour la plupart des obligations imposées à l'employeur, pénalement sanctionné (c. trav. art. L. 4741-1 et s.).

De plus, dans le cas, par exemple, d'un accident ayant entraîné une incapacité totale de travail de plus de 3 mois ou, plus grave, en cas de décès de la victime, l'employeur peut être poursuivi au pénal pour délit non intentionnel (c. pén. art. 121-3 et 222-19 ; cass. crim. 16 septembre 2008, n° 08-80204, B. crim. n° 186). Le cas échéant, il peut également être poursuivi pour mise en danger de la vie d'autrui (ex. : en cas de non-respect des règles applicables en matière d'amiante) (c. pén. art. 223-1 ; cass. crim. 19 avril 2017, n° 16-80695, B. crim. n° 107).

Amendes administratives - Des amendes administratives spécifiques sont applicables quand l'employeur ne se conforme pas à décision ou à une demande de l'*inspection du travail** en matière de santé et de sécurité (c. trav. art. L. 4752-1 et L. 4752-2).

Exemple

Une amende de 10 000 € en cas de refus de se conformer à une demande de vérification, de mesure ou d'analyse (c. trav. art. L. 4752-2).

☞ *Hygiène et sécurité ; Hygiène et sécurité (obligations des salariés).*

Hygiène et sécurité (obligations des salariés)

Obligation de sécurité

Vis-à-vis des autres salariés - Chaque salarié doit non seulement prendre soin de sa sécurité et de sa santé mais aussi de celles des autres personnes concernées du fait de ses actes ou de ses omissions au travail (c. trav. art. L. 4122-1).

L'obligation de sécurité vis-à-vis des autres salariés se traduit notamment par l'obligation de ne pas mettre en danger, dans l'enceinte de l'entreprise, d'autres membres du personnel (cass. soc. 4 octobre 2011, n° 10-18862, BC V n° 220). Le salarié qui ne respecte pas cette obligation peut être sanctionné *(voir ci-après)*.

L'obligation de sécurité du salarié n'exonère pas l'employeur de sa propre responsabilité (c. trav. art. L. 4122-1 ; cass. soc. 10 février 2016, n° 14-24350, BC V n° 30).

Appréciation de l'obligation de chaque salarié - L'obligation de sécurité de chaque salarié s'apprécie compte tenu (c. trav. art. L. 4122-1) :
- des instructions qu'il a reçues ;
- de sa formation ;
- de ses possibilités.

Les instructions reçues par les salariés en matière de sécurité sont celles données par l'employeur via notamment les *consignes d'hygiène et de sécurité** et le *règlement intérieur**.

La formation d'un salarié peut être définie à la fois par rapport à son niveau de qualification (ex. : le degré de vigilance attendu d'un ingénieur ou d'un ouvrier sans spécialité ne sera pas apprécié avec la même rigueur) et en fonction de sa *formation à la sécurité**.

Enfin, le comportement d'un salarié doit être apprécié en fonction de ses « possibilités ». Il s'agit d'abord de ses capacités personnelles mais sa position hiérarchique et ses moyens techniques d'intervention doivent aussi être pris en compte (Cour de cassation, rapport 2002).

Droit d'alerte et de retrait

Voir *Droit d'alerte et de retrait en cas de danger**.

Sanction

Non-respect de l'obligation de sécurité - Si un salarié manque à son obligation de sécurité, il s'agit d'une faute que l'employeur peut sanctionner et ce, y compris dans les cas où ce salarié n'a pas reçu de *délégation de pouvoirs** en la matière (cass. soc. 28 février 2002, n° 00-41220, BC V n° 82) (voir *Licenciement pour faute** et *Sanctions disciplinaires**). Voir toutefois ci-après sur l'appréciation de la gravité de la faute du salarié qui a une délégation de pouvoirs.

Sur la faute commise par un salarié qui ne respecte pas l'*interdiction de fumer** dans l'entreprise, voir cette étude.

Pour des exemples, voir le tableau reproduit dans cette étude.

Gravité de la faute - L'employeur apprécie la gravité de la faute du salarié compte tenu des

Hygiène et sécurité : fautes des salariés (exemples)	
Faits reprochés au salarié	**Licenciement**
Un chef de chantier n'avait pas respecté, de manière réitérée, l'obligation de porter un **casque de sécurité**.	**Pour faute grave** (cass. soc. 23 mars 2005, n° 03-42404, BC V n° 99)
Un conducteur d'engin avait refusé de manière réitérée et sans motif véritable de porter les **lunettes de sécurité** exigées notamment par le client de la société, qui avait fait arrêter le chantier lorsqu'il avait constaté que les lunettes de sécurité figuraient autour du cou du salarié.	**Pour faute grave** (cass. soc. 21 septembre 2011, n° 10-19260 D)
Une caissière n'avait pas respecté les **consignes de sécurité** prévoyant l'utilisation d'une installation pneumatique permettant de faire parvenir dans la salle des coffres à l'intérieur d'une cartouche le montant des espèces prélevées.	**Pour faute grave** (cass. soc. 7 juin 2011, n° 09-42656 D)
Non-respect d'une **règle élémentaire de sécurité** ayant entraîné la chute d'un camion avec mise en danger de la vie d'autrui.	**Pour faute grave** (cass. soc. 20 octobre 2011, n° 10-104511 D)
Un salarié avait laissé son chien pendant trois heures à l'intérieur de sa voiture, celle-ci étant stationnée sur le parking de l'entreprise. Il l'a laissé s'échapper puis n'a pas su l'empêcher **de mordre une salariée** sur ce parking au moment où elle sortait de l'entreprise.	**Pour faute grave**(cass. soc. 4 octobre 2011, n° 10-18862, BC V n° 220)
Un salarié, chef de magasin, avait reçu de son employeur une **délégation de pouvoirs** pour prendre toutes les mesures et toutes les décisions en vue d'appliquer et de faire appliquer les prescriptions d'hygiène et de sécurité pour le personnel et les tiers dans le dépôt dont il était responsable. Une mezzanine sur laquelle des marchandises étaient entreposées et où des salariés circulaient présentait d'importants problèmes de stabilité et nécessitait la mise en place d'éléments pour la stabiliser. Or, ce salarié s'était borné à s'enquérir du coût des réparations sans prendre de mesure pour prévenir un accident ni faire procéder aux réparations qui s'imposaient. Il s'agissait là d'un manquement grave rendant impossible le maintien dans l'entreprise du salarié titulaire de la délégation de pouvoirs.	**Pour faute grave** (cass. soc. 23 juin 2010, n° 09-41607, BC V n° 151)
Un manager avait organisé pour son équipe de cadres un **team building**, assuré par un prestataire. Une des épreuves consistait à **« casser tour à tour une bouteille en verre enroulée dans une serviette à l'aide d'un marteau, à déposer le verre brisé sur un morceau de tissu étendu au sol et à faire quelques pas sur le verre ainsi brisé pieds nus »**. Seul un collaborateur avait refusé d'y participer, après être « sorti de la salle en larmes » et avoir été « obligé de donner les raisons de son refus devant l'assemblée », à savoir qu'il était porteur d'une pathologie. Ce collaborateur avait dès le lendemain alerté le médecin du travail et la responsable RH, en faisant part de son mal-être vécu lors de ce team building et de la crainte de représailles de son manager sur son bonus annuel. Après enquête menée auprès des autres collaborateurs, qui ont révélé « que si l'activité était basée sur le volontariat, certains ont estimé devoir être obligés de participer sous la pression du groupe et qu'il était évident qu'il y avait des risques de coupures », l'employeur a licencié pour faute grave le manager en charge du team building. La faute du salarié avait consisté à ne pas intervenir durant le stage pour préserver l'intégrité physique et psychique de ses collaborateurs, en méconnaissance de son obligation de sécurité, rappelée au règlement intérieur de l'entreprise.	**Pour faute grave** (cass. soc. 23 octobre 2019, n° 18-14260 D)
Une salariée avait, au cours d'une **altercation**, tenu un cutter dont la lame était sortie en direction d'une autre salariée. Ce comportement caractérisait un manquement à l'obligation de sécurité.	**Pour cause réelle et sérieuse** (cass. soc. 30 octobre 2013, n° 12-20190 D)

instructions qu'il lui a données, de sa formation et de ses possibilités. Il ne pourra donc faire aucun reproche à un salarié si lui-même ne s'est pas acquitté de ses propres obligations en matière de sécurité.

Il peut sanctionner le salarié contrevenant même si son comportement n'a pas eu de conséquences dommageables. Toutefois, la gravité du risque encouru pour le salarié fautif lui-même, pour ses collègues ou encore pour des usagers peut être prise en compte pour apprécier l'importance de sa faute et donc déterminer la sanction applicable (cass. soc. 4 mars 1998, n° 95-44690 D ; cass. soc. 28 mai 2008, n° 06-40629 D ; cass. soc. 4 octobre 2011, n° 10-18862, BC V n° 220).

Le salarié, titulaire d'une *délégation de pouvoirs** en vue d'appliquer et faire appliquer les prescriptions en matière d'hygiène et de sécurité, qui n'adopte pas les mesures requises en application de cette délégation peut être licencié pour faute grave (cass. soc. 23 juin 2010, n° 09-41607, BC V n° 151). Tel est également le cas pour un salarié, en l'espèce responsable de site, tenu en vertu de son contrat de travail de faire appliquer les prescriptions en matière d'hygiène et de sécurité (cass. soc. 7 octobre 2015, n° 14-12403 D).

Non-respect des consignes de sécurité - Le salarié qui contrevient aux consignes de sécurité et le cadre qui ne les fait pas appliquer à son équipe ne respectent pas leur obligation de sécurité. L'employeur peut les sanctionner à ce titre (cass. soc. 5 mars 2008, n° 06-42435 D ; cass. soc. 30 septembre 2005, n° 04-40625, BC V n° 278 ; cass. soc. 11 février 1981, n° 79-41154, BC V n° 115). Pour des exemples, voir le tableau reproduit dans cette étude.

À l'inverse, l'employeur ne peut pas reprocher son comportement à un salarié si celui-ci était en parfaite conformité avec les instructions reçues.

Non-respect d'une obligation légale (ex. : vaccination) - Le refus du salarié de se faire vacciner est une cause réelle et sérieuse de licenciement quand (cass. soc. 11 juillet 2012, n° 10-27888, BC V n° 221) :
- la réglementation applicable à l'entreprise impose la vaccination des salariés (en l'espèce, il s'agissait de la vaccination contre l'hépatite B pour les salariés exposés) ;
- le médecin du travail a prescrit le vaccin, sans faire état d'aucune contre-indication.

Il semblerait qu'un licenciement pour faute grave ne soit pas possible (cass. soc. 13 septembre 2012, n° 11-25642 D). Il est même pertinent de se demander si un licenciement pour faute « simple » serait possible [sur l'obligation vaccinale contre le covid-19, voir *Covid-19 (hygiène et sécurité)**].

☛ *Hygiène et sécurité* ; *Hygiène et sécurité (obligations de l'employeur).*

I

Immatriculation des salariés

@ Cette étude est détaillée dans la version en ligne de ce Dictionnaire (voir www.rfsocial.com et www.rfeditions.com).

Impatriation (sécurité sociale)

Les salariés appelés de l'étranger à occuper un emploi en France peuvent bénéficier d'une dispense d'affiliation aux régimes de retraite pour une durée maximale de 3 ans, renouvelable une fois.

Dispense d'affiliation aux régimes de retraite français

Conditions - Les salariés appelés de l'étranger à occuper un emploi en France (dits « salariés impatriés ») peuvent demander, sur démarche conjointe avec leur employeur, à ne pas être affiliés auprès des régimes obligatoires de sécurité sociale français en matière d'assurance vieillesse de base (retraite « sécurité sociale ») et complémentaire (ex. : AGIRC-ARRCO), sous réserve de remplir les deux conditions suivantes (c. séc. soc. art. L. 767-2, al. 1 à 3) :

- justifier d'une contribution minimale de 20 000 € par an versée par ailleurs au titre de leur assurance vieillesse ;
- ne pas avoir été affiliés, au cours des 5 années civiles précédant celle de leur prise de fonctions, à un régime français obligatoire d'assurance vieillesse, sauf pour des activités accessoires, de caractère saisonnier ou liées à leur présence en France pour y suivre des études.

Pour apprécier la première condition, il faut retenir tout produit assurantiel collectif ou individuel, souscrit en France ou à l'étranger, par l'employeur ou le salarié, ou tout système de retraite d'un État tiers visant à assurer une rente ou une liquidation en capital au salarié au moment de la cessation définitive de son activité professionnelle (instr. intermin. DSS/5B/DGTrésor 2019-150 du 28 juin 2019).

L'exemption d'affiliation peut concerner les salariés ayant pris leurs fonctions depuis le 11.07.2018.

Le non-respect des conditions d'exemption constaté à l'occasion d'un contrôle URSSAF entraîne l'annulation de l'exemption et le versement, par l'employeur ou le responsable de l'entreprise d'accueil, à l'URSSAF et aux autres organismes collecteurs concernés, d'une somme égale à une fois et demie le montant des contributions et cotisations qui auraient été dues si le salarié n'avait pas bénéficié de l'exemption (c. séc. soc. art. L. 767-2, al. 7).

Durée d'application de la dispense - La dispense d'affiliation à l'assurance retraite n'est accordée qu'une seule fois pour le même salarié pour une durée de 3 ans, renouvelable une fois (c. séc. soc. art. L. 767-2, al. 5).

▶ À noter… Lorsque le salarié bénéficie de la dispense d'affiliation, son départ de l'entreprise ou la cessation de son activité l'empêche de continuer à bénéficier de la dispense. En revanche, il continue à en bénéficier lorsqu'il change de poste au sein de la même entreprise, laquelle est appréciée en tant que groupe, et non comme employeur stricto sensu (instr. intermin. DSS/5B/DGTrésor 2019-150 du 28 juin 2019).

Effets - Pendant la période couverte par cette exemption d'affiliation, aucune cotisation d'assurance vieillesse de base (part patronale et salariale) n'est prélevée (circ. CNAV 2021-25 du 10 août 2021). L'exemption entraîne aussi l'absence d'appel de toutes cotisations AGIRC-ARRCO, ainsi que des cotisations APEC (circ. AGIRC-ARRCO 2021-5 DRJ du 21 juillet 2021).

En contrepartie, le salarié n'ouvre droit à aucune prestation d'un régime français d'assurance vieillesse (c. séc. soc. art. L. 767-2, al. 1 et 6) ou droit à retraite complémentaire AGIRC-ARRCO (circ. AGIRC-ARRCO 2021-5 DRJ du 21 juillet 2021).

Démarches

Auprès de l'URSSAF - Il incombe à l'employeur de faire la demande d'exemption auprès du directeur de l'URSSAF, par tout moyen permettant d'accuser date certaine de sa réception, en l'accompagnant des justificatifs nécessaires (c. séc. soc. art. L. 767-2, al. 4 et D. 767-1 ; arrêté du 27 juin 2019, JO du 23 juillet, texte 3).

Cette demande, contresignée par le salarié, doit être réalisée au moins 60 jours avant sa date d'affiliation en France.

En cas de demande postérieure, employeur et salarié doivent respecter l'ensemble des obligations déclaratives et de paiement jusqu'à la réception de l'accord pour l'exemption. Si l'exemption est bien accordée, il revient à l'employeur de demander aux organismes de retraite français (de base et complémentaire) concernés le remboursement des cotisations versées pendant cette période (c. séc. soc. art. D. 767-1, al. 2).

Réponse de l'URSSAF - L'URSSAF, lorsque la demande satisfait aux conditions requises, accorde le bénéfice de l'exemption dans un délai de 30 jours à compter de la réception de la demande. Elle peut, dans ce délai, demander la transmission d'éléments complémentaires et décider une prorogation du délai de 30 jours supplémentaires qu'elle notifie à l'employeur (c. séc. soc. art. D. 767-1).

Inaptitude physique

Rôle du médecin du travail

Rôle exclusif - Sous réserve de respecter plusieurs étapes préalables *(voir ci-après)*, c'est le médecin du travail qui constate l'inaptitude physique d'un salarié à son poste de travail (c. trav. art. L. 4624-4 ; cass. soc. 21 mai 2002, n° 00-41012, BC V n° 167 ; cass. soc. 28 juin 2006, n° 04-47672, BC V n° 230 ; cass. soc. 18 septembre 2019, n° 17-22863 FSPB). Il peut également s'agir du collaborateur médecin qui exerce sous l'autorité du médecin du travail et signe lui-même ses avis (c. trav. art. L. 4623-1 et R. 4623-25-1 ; « Réforme de la médecine du travail et des services de santé au travail : questions les plus fréquentes », question n° 18, www.travail-emploi.gouv.fr).

La consultation d'un médecin autre que le médecin du travail (ou le cas échéant, du collaborateur médecin) ne peut pas être substituée à celle de ce dernier (cass. soc. 28 juin 2006, n° 04-47672, BC V n° 230). Ni l'avis du médecin traitant (cass. soc. 13 mars 1991, n° 87-43793 D), ni la décision de classement en invalidité par la sécurité sociale (cass. soc. 7 décembre 2011, n° 10-15222, BC V n° 294), ni celle d'une commission médicale (cass. soc. 21 mai 2002, n° 00-41012, BC V n° 167) ne constituent un motif valable de licenciement. Le cas échéant, un tel licenciement pour inaptitude serait jugé nul.

Le médecin du travail est l'interlocuteur privilégié pour l'employeur et le salarié dans le cadre de l'ensemble de la procédure.

Distinction inaptitude/invalidité - Il ne faut pas confondre inaptitude et *invalidité**. Rompre pour inaptitude physique le contrat d'un salarié reconnu en invalidité 2e catégorie par la CPAM [c'est-à-dire « absolument incapable d'exercer une profession » (c. séc. soc. art. L. 341-1, L. 341-4 et R. 341-2)] n'exonère pas l'employeur de la procédure spécifique applicable en droit du travail : constat de l'inaptitude par le médecin du travail et recherche d'un reclassement. Le classement en invalidité par la CPAM n'autorise pas, en lui-même, la rupture du contrat de travail et ce, quelles que soient les dispositions conventionnelles (cass. soc. 9 juillet 2008, n° 07-41318, BC V n° 151 ; cass. soc. 7 décembre 2011, n° 10-15222, BC V n° 294).

Conditions préalables à la déclaration d'inaptitude physique

Organisation d'un seul examen médical sauf exceptions - Avant de déclarer un salarié inapte, le médecin du travail doit avoir procédé (ou fait procéder par l'équipe pluridisciplinaire) à un examen médical accompagné, le cas échéant, d'examens complémentaires (c. trav. art. L. 4624-4).

S'il estime toutefois qu'un second examen est nécessaire pour rassembler les éléments permettant de motiver sa décision, celui-ci doit intervenir dans les 15 jours suivant le premier examen (c. trav. art. R. 4624-42).

▶ À noter… Avant d'émettre son avis, le médecin du travail peut consulter le médecin inspecteur du travail (c. trav. art. R. 4624-43).

La procédure est identique que le salarié soit en contrat à durée indéterminée ou déterminée (c. trav. art. R. 4625-1).

En pratique, l'avis d'inaptitude peut être formulé à la suite de toute visite médicale (cass. soc. 8 avril 2010, n° 09-40975, BC V n° 95 ; cass. soc. 7 juillet 2016, n° 14-26590 D), soit à l'occasion :

- de la visite de reprise après un arrêt de travail [voir *Visite médicale (reprise)**] (c. trav. art. R. 4624-31 et R. 4624-32) ;
- de l'examen médical d'aptitude lors de l'embauche (ou lors des examens périodiques) pour les salariés relevant du suivi médical renforcé (c. trav. art. L. 4624-2, R. 4624-23, R. 4624-25 et R. 4624-28) ;

- d'un examen médical dans le prolongement de la visite d'information et de prévention (dans les 3 mois de l'embauche ou avant l'affectation sur le poste pour certains salariés) (c. trav. art. R. 4624-10 et R. 4624-16 ; cass. soc. 16 mai 2000, n° 97-42410, BC V n° 18 ; CE 17 juin 2009, n° 314729) ou dans le cadre du suivi médical périodique (c. trav. art. R. 4624-4 et R. 4624-8) [voir *Visite médicale (information et prévention)** et *Visites médicales (périodiques)**] ;
- d'une visite à la demande de l'employeur, du salarié (s'il anticipe un risque d'inaptitude) ou du médecin du travail (c. trav. art. R. 4624-34 et R. 4624-35).

▶ À noter… Effectuée par le médecin du travail (ou le collaborateur médecin), la visite de préreprise ne peut donner lieu à la constatation ni d'une aptitude ni d'une inaptitude (« Réforme de la médecine du travail et des services de santé au travail : questions les plus fréquentes », question n° 27).

Étude du poste et des conditions de travail - Avant de constater l'inaptitude du salarié, le médecin du travail doit réaliser ou faire réaliser par un membre de l'équipe pluridisciplinaire une étude (c. trav. art. R. 4624-42) :
- du poste du salarié dont il envisage de conclure à l'inaptitude physique ;
- des conditions de travail dans l'établissement et indiqué la date à laquelle la fiche d'entreprise a été actualisée.

▶ À noter… Les études de poste et des conditions de travail peuvent avoir été effectuées antérieurement à la visite, par exemple à l'issue de la visite de pré-reprise (« Réforme de la médecine du travail et des services de santé au travail : questions les plus fréquentes », question n° 30).

Dialogue entre le médecin du travail, l'employeur et le salarié - La constatation de l'inaptitude physique du salarié nécessite des échanges préalables entre le médecin du travail et le salarié d'une part, et le médecin et l'employeur d'autre part.

Ces échanges avec l'employeur et le salarié ont pour objectif de permettre à ceux-ci de faire valoir leurs observations sur les avis et les propositions que le médecin du travail entend leur adresser à l'issue de la procédure (c. trav. art. R. 4624-42).

▶ À noter… Le médecin du travail reçoit le salarié afin d'échanger sur l'avis et les indications ou les propositions qu'il pourrait adresser à l'employeur (c. trav. art. L. 4624-5). L'échange avec l'employeur peut avoir lieu par tous moyens : courrier, courriel, téléphone, présentiel, etc. (c. trav. art. L. 4624-4 et R. 4624-42).

Déclaration d'inaptitude

Formalisation de l'avis d'inaptitude - Le médecin du travail doit rédiger un avis d'inaptitude accompagné de ses conclusions écrites, assorties d'indications quant au reclassement du salarié (c. trav. art. L. 4624-4) [voir *Inaptitude physique (reclassement)**].

Le médecin du travail doit également formuler des indications sur l'aptitude du salarié à bénéficier d'une formation destinée à lui proposer un poste adapté (c. trav. art. L. 1226-2 et L. 1226-10).

▶ Attention… L'employeur est tenu de prendre en compte l'avis et les indications ou les propositions du médecin du travail qui peut lui proposer l'appui de l'équipe pluridisciplinaire ou celui d'un organisme compétent en matière de maintien en emploi pour les mettre en œuvre. Si l'employeur refuse de les prendre en compte, il doit en communiquer par écrit les raisons au médecin du travail et au salarié (c. trav. art. L. 4624-5 et L. 4624-6).

L'avis doit mentionner les voies de recours et les délais (c. trav. art. R. 4624-45).

▶ À noter… L'avis d'inaptitude doit se conformer aux modèles réglementaires suivants (c. trav. art. R. 4624-57 ; arrêté du 16 octobre 2017, JO du 21) :
- modèle de l'annexe 3 pour un avis d'inaptitude à l'issue de toute visite réalisée par le médecin du travail (c. trav. art. L. 4624-4 et R. 4624-42 et R. 4624-55) ;
- modèle de l'annexe 4 pour toute proposition de mesures individuelles d'aménagement, d'adaptation ou de transformation du poste de travail ou d'aménagement du temps de travail à l'issue de toute visite réalisée par le médecin du travail (c. trav. art. L. 4624-3).

Par exception, aucun de ces documents ne peut être délivré à l'issue d'une visite de pré-reprise.

Déclaration d'inaptitude - Le médecin du travail qui constate qu'aucune mesure d'aménagement, d'adaptation ou de transformation du poste de travail occupé n'est possible et que l'état de santé du travailleur justifie un changement de poste déclare le travailleur inapte à son poste de travail (c. trav. art. L. 4624-4) [voir *Inaptitude physique (reclassement)**].

Le médecin du travail peut aussi mentionner dans l'avis médical d'inaptitude que tout maintien du salarié dans un emploi peut être gravement préjudiciable à sa santé ou que l'état de santé du salarié fait obstacle à tout reclassement dans un emploi, dispensant ainsi l'employeur de toute recherche de poste (c. trav. art. R. 4624-42).

Distinction entre proposition de modification du contrat de travail et avis d'inaptitude - La circonstance que les mesures d'aménagement préconisées par le médecin du travail entraînent une modification du contrat de travail du salarié n'implique pas, en elle-même, la formulation d'un avis d'inaptitude (cass. soc. 10 novembre 2009, n° 08-42674, BC V n° 253 ; cass. soc. 8 juin 2011, n° 09-42261, BC V n° 145 ; cass. soc. 24 mars 2021, n° 19-16558 FSPI). Dès lors que le salarié n'a pas été déclaré inapte, il est implicitement considéré comme apte. En d'autres termes, le salarié retrouve son emploi ou un emploi équivalent, sauf déclaration d'inaptitude.

Délais de notification : 15 jours maximum - Si un seul examen médical est organisé, le médecin du travail doit notifier l'avis d'inaptitude au plus tard dans les 15 jours après cet examen.

Si un second examen est organisé *(voir ci-avant)*, l'avis d'inaptitude doit être notifié au plus tard à l'issue de ce second examen, lequel doit intervenir dans les 15 jours suivant le premier examen (c. trav. art. R. 4624-42 ; « Réforme de la médecine du travail et des services de santé au travail : questions les plus fréquentes », question n° 32). Ainsi, lorsque deux examens médicaux sont organisés, l'avis d'inaptitude doit être notifié au plus tard dans les 15 jours du premier examen. Le délai de 15 jours est un délai maximal.

Transmission et conservation de l'avis - Le médecin du travail doit transmettre l'avis d'inaptitude au salarié et à l'employeur par tout moyen lui donnant une date certaine. L'employeur doit l'archiver afin de pouvoir le présenter à tout moment à la demande de l'inspecteur du travail et du médecin inspecteur du travail. Une copie de l'avis doit être insérée dans le dossier médical du salarié concerné (c. trav. art. R. 4624-55).

▶ À noter… Les motifs de l'avis médical sont consignés dans le dossier médical du salarié (c. trav. art. R. 4624-44).

Situation du salarié pendant le délai de 15 jours - Durant le délai maximal de 15 jours *(voir ci-avant)*, le code du travail ne précise pas si le salarié doit être rémunéré ou non. L'administration considère que dans l'attente de la décision d'inaptitude (dans le délai limité à 15 jours), le travailleur reste en poste et perçoit sa rémunération. Pendant ce délai, le médecin du travail peut préconiser des aménagements de poste. S'il en remplit les conditions, le travailleur pourra bénéficier d'un arrêt de travail pour maladie (« Réforme de la médecine du travail et des services de santé au travail : questions les plus fréquentes », question n° 33).

Recours contre l'avis du médecin du travail

Compétence exclusive du juge prud'homal - Le conseil des prud'hommes (CPH) est compétent pour statuer sur les litiges relatifs aux avis d'inaptitude, aux propositions, conclusions écrites ou indications émises par le médecin du travail (c. trav. art. L. 4624-7).

▶ À noter… Les modalités et les délais de recours prud'homal figurent sur les avis et mesures émis par le médecin du travail (c. trav. art. R. 4624-45).

Le CPH statue selon la procédure accélérée au fond, c'est-à-dire qu'il statue sur le fond mais en urgence. Sa décision se substitue aux éléments de nature médicale qui ont justifié les avis, propositions, conclusions écrites ou indications contestés du médecin du travail (c. trav. art. L. 4624-7, R. 1455-12 et R. 4624-45).

L'objet du recours ne peut porter que sur les éléments de nature médicale justifiant les avis, propositions, conclusions écrites ou indications émis par le médecin du travail (c. trav. art. R. 4624-45). Le juge prud'homal ne peut pas annuler un avis du médecin du travail pour cause d'irrégularité de procédure. La contestation formulée par l'employeur ou le salarié ne peut porter que sur l'avis du médecin en lui-même (cass. avis du 17 mars 2021, n° 21-70002 PI).

Procédure - Le CPH doit être saisi dans les 15 jours de la notification de la décision du médecin du travail (avis ou mesures contestées). Ainsi, le délai de 15 jours dont dispose l'employeur pour contester un avis d'inaptitude court à compter de la notification de cet avis (cass. soc. 2 juin 2021, n° 19-24061 FSP).

Le CPH peut recourir au médecin inspecteur du travail territorialement compétent pour l'éclairer sur les questions de fait relevant de sa compétence (c. trav. art. L. 4624-7 et R. 4624-45).

L'employeur peut demander que les éléments médicaux ayant fondé les avis ou les mesures contestées du médecin du travail soient notifiés au médecin qu'il mandate à cet effet, le salarié étant informé de cette notification.

Information du médecin du travail - Le médecin du travail doit être informé de la contestation par l'employeur, même si le salarié est à l'origine de la contestation (c. trav. art. L. 4624-7). Le médecin du travail n'est pas partie au litige mais il peut être entendu par le médecin-inspecteur du travail (c. trav. art. L. 4624-7 et R. 4624-45).

Frais d'expertise - Les frais d'expertise du médecin-inspecteur du travail sont mis à la charge de la partie perdante. Toutefois, le CPH peut décider, par décision motivée, de ne pas mettre les frais d'expertise à la charge de la partie perdante, dès lors que l'action en justice n'est pas dilatoire ou abusive (c. trav. art. L. 4624-7).

▶ À noter... Les honoraires du médecin inspecteur du travail chargé d'une mesure d'instruction sont fixés par voie réglementaire (arrêté du 27 mars 2018, texte 37, JO du 30).

☞ *Inaptitude physique (contrat à durée déterminée) ; Inaptitude physique (indemnité temporaire d'inaptitude) ; Inaptitude physique (licenciement) ; Inaptitude physique (reclassement).*

Inaptitude physique (contrat à durée déterminée)

L'*inaptitude physique** des salariés en *contrat de travail à durée déterminée** (CDD) est constatée par le médecin du travail dans les mêmes conditions que pour les salariés en contrat à durée indéterminée (CDI).

Obligation de reclassement

Obligation de reclassement identique à celle des CDI - Lorsqu'un salarié en CDD est déclaré inapte par le médecin du travail, l'employeur est soumis à la même obligation de reclassement que pour les salariés en CDI (c. trav. art. L. 1226-2 et L. 1226-20 ; cass. soc. 8 juin 2005, n° 03-44913, BC V n° 193). Il doit donc chercher à reclasser l'intéressé en tenant compte des préconisations du médecin du travail [voir *Inaptitude physique (reclassement)**]. Si le salarié accepte un nouveau poste, le contrat se poursuit dans ces conditions.

Avis du CSE - Quelle que soit l'origine de l'inaptitude, professionnelle ou non, l'employeur a l'obligation de consulter le *comité social et économique** (CSE) avant de faire ses propositions de reclassement (c. trav. art. L. 1226-2, L. 1226-10 et L. 1226-20) [voir *Inaptitude physique (reclassement)**].

Délai d'un mois pour agir - À compter de la date de l'examen médical de reprise du travail, l'employeur a 1 mois pour chercher à reclasser le salarié inapte (c. trav. art. L. 1226-4-2 et L. 1226-20).

Impossibilité de reclassement - À l'issue du délai de 1 mois, si l'employeur n'est pas parvenu à reclasser le salarié, il peut rompre le CDD *(voir ci-après)*. À défaut, il reprend le versement du salaire habituel du salarié (c. trav. art. L. 1226-4-2 et L. 1226-20).

Impossibilité de reclassement et rupture du CDD

Cas de rupture anticipée du CDD - Si aucun poste de reclassement ne peut être proposé ou si le salarié inapte refuse les propositions faites, l'employeur peut rompre de manière anticipée le CDD pour inaptitude médicalement constatée par le médecin du travail (c. trav. art. L. 1243-1).

▶ Attention... La rupture du CDD pour inaptitude n'a pas à être précédée d'un entretien préalable (cass. avis 21 octobre 2013, n° 13-70006 D).

Motif de rupture applicable aux salariés protégés - L'inaptitude physique est un motif de rupture qui peut s'appliquer aux salariés bénéficiant d'une protection spécifique (ex. : représentants du personnel) (c. trav. art. L. 2412-2 à L. 2412-10 et L. 2412-13 ; guide DGT, septembre 2019, fiche 13a). Dans ce cas, la rupture anticipée du contrat nécessite l'autorisation préalable de l'inspecteur du travail, sans oublier, pour certains mandats, la consultation du CSE [voir *Contrat de travail à durée déterminée (salariés protégés)**].

Indemnité de rupture spécifique - Cette rupture ouvre droit à une indemnité spécifique pour le salarié, au moins égale :
- à l'*indemnité de licenciement** légale lorsque l'inaptitude a une origine non professionnelle (c. trav. art. L. 1226-4-3) ;
- au double de l'indemnité de licenciement légale lorsque l'inaptitude a pour origine un accident du travail ou une maladie professionnelle (c. trav. art. L. 1226-20) [voir *Inaptitude physique (licenciement)**].

▶ À noter... L'indemnité est due sans condition d'ancienneté, et donc au prorata si le salarié est resté moins de 8 mois dans l'entreprise (rapport AN n° 3112, p. 99).

Comme pour l'indemnité de fin de contrat [voir *Contrat de travail à durée déterminée (indemnité de* *fin de contrat)**], l'employeur verse l'indemnité de rupture, à l'issue du CDD, avec la dernière paie, et la mentionne sur le *bulletin de paie** correspondant (c. trav. art. L. 1226-20 et L. 1243-8).

Impossibilité de reclassement et reprise du salaire

À l'issue du délai de 1 mois, si l'employeur n'est pas parvenu à reclasser le salarié et s'il n'a pas rompu de manière anticipée le CDD pour inaptitude, il doit reprendre le versement du salaire correspondant à l'emploi occupé par le salarié avant la suspension de ce contrat (c. trav. art. L. 1226-4, L. 1226-4-2 et L. 1226-20) [voir *Inaptitude physique (reclassement)**].

☛ *Inaptitude physique ; Inaptitude physique (reclassement).*

Inaptitude physique (indemnité temporaire d'inaptitude)

Indemnisation « sécurité sociale »

Inaptitude liée à un accident du travail ou à une maladie professionnelle - Le salarié déclaré inapte à la suite d'un accident du travail ou d'une maladie professionnelle peut percevoir une indemnité temporaire d'inaptitude (ITI) versée par la CPAM (c. séc. soc. art. L. 433-1).

L'inaptitude consécutive à un accident ou à une maladie non professionnels ne donne pas droit à cette indemnisation.

Conditions de versement - Le versement de l'ITI est subordonné à l'absence de rémunération liée à l'activité salariée antérieure à l'accident ou à la maladie (c. séc. soc. art. L. 433-1 et D. 433-2). Pendant le délai de 1 mois suivant la déclaration d'inaptitude, l'employeur n'a pas à verser la rémunération, mais il doit chercher à reclasser le salarié, et à défaut, le licencier. L'ITI est versée par la CPAM jusqu'à la décision de l'employeur de reclasser ou de licencier le salarié, ou jusqu'à la reprise obligatoire du versement de la rémunération à l'issue du délai de 1 mois après la déclaration d'inaptitude si le salarié n'a été ni reclassé ni licencié (voir *Inaptitude physique**).

Procédure à suivre

Rôle du médecin du travail - Le médecin du travail, qui estime l'inaptitude d'origine professionnelle, remet au salarié un formulaire de demande de versement de l'ITI sur lequel il indique l'origine vraisemblablement professionnelle de l'inaptitude (c. trav. art. R. 4624-56 ; c. séc. soc. art. D. 433-3 ; arrêté du 25 juin 2010, JO du 7 juillet 2010).

Rôle du salarié - Le salarié complète ce formulaire en attestant sur l'honneur qu'il ne peut pas percevoir une quelconque rémunération liée au poste de travail pour lequel il a été déclaré inapte, pendant le délai maximal de 1 mois durant lequel il est en attente de son reclassement ou de son licenciement.

Pour bénéficier de l'ITI, le salarié doit adresser sans délai ce formulaire à la CPAM dont il relève (c. séc. soc. art. D. 433-3 ; circ. DSS/SD2C 2010-240 du 1er juillet 2010).

Il remet à l'employeur le volet du formulaire qui lui est destiné *(voir ci-après)*.

Rôle de l'employeur - L'employeur qui reclasse ou licencie le salarié utilise le formulaire que lui a remis le salarié pour informer la CPAM de la solution retenue (reclassement ou licenciement). Cette information doit être transmise à la CPAM dans les 8 jours suivant la décision de reclassement acceptée par le salarié ou la date de licenciement (c. séc. soc. art. D. 433-6).

▶ À noter… Lorsque le salarié a plusieurs employeurs, l'ITI est versée au titre du poste pour lequel le salarié a été reconnu inapte (c. séc. soc. art. D. 433-4).

Montant de l'ITI

Montant journalier - Le montant journalier de l'ITI est identique à celui de l'indemnité journalière de sécurité sociale (IJSS) d'accident du travail ou de maladie professionnelle versée pendant l'arrêt de travail précédant l'avis d'inaptitude (c. séc. soc. art. D. 433-4 ; circ. DSS/SD2C 2010-240 du 1er juillet 2010).

Si le salarié perçoit une rente liée à l'accident du travail (ou à la maladie professionnelle) à l'origine de son inaptitude, le montant mensuel de cette rente est déduit de l'ITI (c. séc. soc. art. L. 433-1 et D. 433-7). Si le versement de la rente intervient après le paiement de l'indemnité (en particulier, en cas d'annulation de l'avis d'inaptitude), la CPAM recouvre le paiement indu de l'indemnité (c. séc. soc. art. D. 433-8).

Non-cumul avec le salaire - L'ITI, ayant pour objet d'indemniser le salarié privé de rémunération dans l'attente de la décision de son licenciement ou de son reclassement, n'est pas cumulable, en principe, avec le versement d'une rémunération.

Le salarié peut toutefois percevoir (circ. DSS/SD2C 2010-240 du 1er juillet 2010) :

- des primes dues au titre d'une activité antérieure ;
- des primes soumises à des conditions d'ancienneté, de présence, d'assiduité que le salarié remplit (ex. : paiement d'un 13e mois à tout salarié ayant un certain nombre de mois d'activité au cours de l'année, prime d'ancienneté) ;
- un salaire correspondant à une activité auprès d'un autre employeur.

▶ À noter... Si le salarié perçoit des revenus pendant la période d'inactivité soit en vertu de la convention collective ou du contrat de travail, soit parce qu'il prend des congés pendant cette période, il doit déclarer le nombre de jours payés ou indemnisés au titre des congés payés, car l'indemnité ne sera versée que pour les jours durant lesquels il n'aura rien perçu (circ. DSS/SD2C 2010-240 du 1er juillet 2010).

Versement par la CPAM - La CPAM verse l'ITI à compter du premier jour qui suit l'avis d'inaptitude et jusqu'à ce que le salarié soit reclassé ou licencié, dans la limite du délai de 1 mois (c. séc. soc. art. L. 433-1 et D. 433-5).

Bulletin de paie - Versée directement au salarié, l'ITI ne transite ni par l'entreprise ni par le bulletin de paie.

☛ *Inaptitude physique ; Inaptitude physique (reclassement).*

Inaptitude physique (licenciement)

Rupture du contrat de travail à l'initiative de l'employeur

Licenciement du salarié inapte - En cas d'inaptitude d'un salarié, d'origine professionnelle ou non professionnelle, l'employeur ne peut le licencier que dans les trois cas suivants (c. trav. art. L. 1226-2-1 et L. 1226-12) :

- il est dans l'impossibilité de lui proposer un emploi de reclassement [voir *Inaptitude physique (reclassement)**] ;
- le salarié a refusé le reclassement proposé, que celui-ci modifie ou non son contrat de travail (cass. soc. 9 avril 2008, n° 07-41105 D ; cass. soc. 26 janvier 2011, n° 09-43193, BC V n° 32) ;
- l'avis d'inaptitude du médecin du travail mentionne que tout maintien du salarié dans un emploi serait gravement préjudiciable à sa santé ou que son état de santé fait obstacle à tout reclassement dans un emploi.

Licenciement économique en cas de cessation d'activité - Lorsqu'une entreprise, qui n'appartient pas à un groupe, cesse définitivement son activité et ferme, un salarié déclaré inapte par le médecin du travail peut faire l'objet d'un licenciement économique face à l'absence de possibilité de reclassement. Dans ce cas, l'employeur n'a pas à tenir compte des règles du licenciement pour inaptitude (cass. soc. 15 septembre 2021, n° 19-25613 FSB).

Si l'entreprise est en revanche incluse dans un groupe, la cessation d'activité de l'entreprise ou tout autre motif économique ne libère pas, en soi, l'employeur de son obligation de reclassement du salarié inapte (cass. soc. 7 mars 2007, n° 05-43872, BC V n° 45). En cas d'impossibilité, l'employeur doit alors respecter la procédure de licenciement pour inaptitude *(voir ci-après)*.

Rupture conventionnelle - Une *rupture conventionnelle** peut être signée avec un salarié déclaré inapte à la suite d'un accident du travail. La solution est, à notre avis, identique pour un salarié déclaré inapte à la suite d'un accident ou d'une maladie non professionnel. Ce n'est que si le salarié réussit à prouver un vice de son consentement (erreur, dol ou violence) ou une fraude de l'employeur que les juges annulent cette rupture (cass. soc. 9 mai 2019, n° 17-28767 FSPB). À notre sens, la fraude consisterait pour l'employeur à imposer une rupture conventionnelle pour échapper à ses obligations légales.

▶ À noter... L'administration n'allait pas dans le sens adopté par la Cour de cassation dans l'arrêt précité (circ. DGT 2008-11 du 22 juillet 2008, § III-B ; circ. DGT 2009-4 du 17 mars 2009).

Résiliation judiciaire interdite - L'employeur ne peut pas demander la *résiliation judiciaire du contrat de travail** (cass. soc. 22 février 2000, n° 97-41333, BC V n° 69).

Rupture du contrat d'apprentissage en cas d'inaptitude de l'apprenti - Voir *Apprentissage (résiliation)**.

Rupture anticipée d'un CDD - Voir *Inaptitude physique (contrat à durée déterminée)**.

Procédure de licenciement

Entretien préalable - La procédure de licenciement personnel ordinaire s'applique [voir *Licenciement personnel (procédure)**]. Ainsi, l'employeur qui envisage de licencier un salarié inapte doit le convoquer à un entretien préalable en respectant les formes habituelles de la convocation : délai, mentions obligatoires, envoi en LRAR ou remise en main propre, etc. (c. trav. art. L. 1232-2, L. 1232-3 et L. 1232-6).

▶ Attention… Si l'employeur engage la procédure de licenciement, en convoquant le salarié à un entretien préalable, le même jour que l'examen médical, à l'issue duquel le salarié a été déclaré inapte, les juges considèrent qu'il manque à son obligation de reclassement (cass. soc. 4 novembre 2015, n° 14-11879, BC V n° 217).

L'entretien préalable se déroule comme tout entretien préalable, celui-ci consistant notamment dans un exposé des faits par l'employeur (ex. : reconnaissance de l'inaptitude, recherche de reclassement, choix du salarié vis-à-vis des propositions faites) [voir *Entretien préalable au licenciement**].

Si le salarié inapte est un représentant du personnel, l'employeur doit, lorsque son reclassement est impossible ou refusé, obtenir l'autorisation préalable de l'inspecteur du travail [voir *Licenciement des représentants du personnel (procédure)**].

▶ Attention… Si un salarié est déclaré inapte à un poste qui lui avait été proposé dans le cadre d'un reclassement pour éviter son licenciement économique et qu'ultérieurement il refuse le poste de reclassement proposé suite à son inaptitude, le licenciement qui s'ensuit est un licenciement pour motif personnel (cass. soc. 21 janvier 2016, n° 14-21244 D).

Notification du licenciement - La notification énonce le motif de licenciement (c. trav. art. L. 1232-6). Il est impératif de mentionner l'inaptitude et, selon les cas, de faire état de l'impossibilité de trouver un reclassement (cass. soc. 31 janvier 2006, n° 05-41188, BC V n° 42 ; cass. soc. 3 juin 2020, n° 18-25757 D), du refus du reclassement par le salarié ou de faire référence à l'avis d'inaptitude mentionnant que tout maintien du salarié dans un emploi serait gravement préjudiciable à sa santé ou que son état de santé fait obstacle à tout reclassement dans un emploi *(voir ci-avant)*.

La notification se fait, en principe, par LRAR. La date de la rupture est celle de l'envoi de ce courrier, que le préavis soit payé ou non (cass. soc. 15 juin 1999, n° 97-15328, BC V n° 283) [voir *Licenciement (notification)**].

Délai à respecter - L'employeur ne peut pas expédier la lettre de licenciement moins de 2 jours ouvrables après la date de l'entretien (c. trav. art. L. 1232-6). Il n'y a pas de délai maximal.

▶ Attention… L'employeur doit reprendre le paiement du salaire si, 1 mois après la date de l'examen médical de déclaration d'inaptitude, le salarié n'est ni reclassé ni licencié. Seule la notification du licenciement interrompt ce versement (cass. soc. 23 mars 2011, n° 10-10896 D) [voir *Inaptitude physique (reclassement)**].

Indemnité de préavis

Inaptitude non professionnelle - En cas d'inaptitude physique liée à une maladie ou à un accident non professionnel, le contrat de travail est rompu à la date de notification du licenciement et ne comporte pas de préavis. Le salarié ne perçoit pas d'indemnité compensatrice de préavis (c. trav. art. L. 1226-4).

▶ Attention… L'indemnité de préavis est toutefois due en cas de manquement de l'employeur à l'obligation de reclassement (cass. soc. 7 décembre 2017, n° 16-22276, BC V n° 207). Dans ce cas, l'inexécution du préavis n'est pas le fait du salarié mais celui de l'employeur en raison du non-respect de son obligation de reclassement consécutive à l'inaptitude.

Inaptitude professionnelle - Une indemnité d'un montant égal à l'indemnité légale de préavis est due au salarié devenu inapte à la suite d'un accident du travail ou d'une maladie professionnelle (c. trav. art. L. 1226-14 ; cass. soc. 15 février 2011, n° 09-73041 D ; cass. soc. 12 octobre 2011, n° 10-18904 D). Cette indemnité n'est toutefois pas due si l'employeur établit que le refus par le salarié du reclassement proposé est abusif (c. trav. art. L. 1226-14).

L'employeur est tenu au seul paiement de l'indemnité légale et non conventionnelle (cass. soc. 26 janvier 2011, n° 09-68544, BC V n° 31).

Cette indemnité doit être calculée sur la base du salaire moyen (salaire proprement dit, avantages en nature, indemnités et gratifications) que le salarié aurait perçu au cours des 3 derniers mois s'il avait continué à travailler au poste qu'il occupait avant l'accident du travail ou la maladie professionnelle (c. trav. art. L. 1226-16).

Cette indemnité n'a pas la nature d'une indemnité compensatrice de préavis (cass. soc. 15 juin 1999, n° 97-15328, BC V n° 283 ; cass. soc. 9 janvier 2008, n° 06-41174 D). Ainsi, le paiement de cette indemnité par l'employeur n'a pas pour effet de reporter la date de cessation du contrat de travail qui est la date de notification du licenciement (cass. soc. 15 juin 1999, n° 97-15328, BC V n° 283). Elle n'ouvre pas droit à l'indemnité de congés payés sur préavis (cass. soc. 30 avril 2014 n° 12-28374 D ; cass. soc. 9 novembre 2017, n° 16-14527 D).

Malgré son caractère indemnitaire, cette indemnité d'un montant égal au préavis est assujettie à cotisations dans la mesure où elle est assujettie à l'impôt sur le revenu (cass. soc. 11 janvier 2017, n° 15-19959 D).

▶ À noter… Lorsqu'un employeur licencie un salarié handicapé en raison d'une inaptitude physique d'origine professionnelle, il n'a pas à lui verser une indemnité compensatrice de préavis doublée (cass. soc. 18 février 2015, n° 13-24201 D). Par conséquent, la règle selon laquelle la durée du préavis est doublée en cas de licenciement d'un salarié handicapé ne s'applique pas (voir *Handicapés**).

Indemnité de licenciement

Inaptitude non professionnelle - La rupture du contrat de travail fondée sur l'inaptitude non professionnelle du salarié s'analysant en un licenciement, le salarié peut percevoir l'*indemnité de licenciement** légale ou conventionnelle, quand cette dernière est plus favorable au salarié.

Un accord d'entreprise ou une convention collective ne peut pas exclure du bénéfice de l'indemnité conventionnelle de licenciement les salariés déclarés inaptes, sauf à justifier cette exclusion par des éléments objectifs et pertinents. Il s'agit là en effet d'une discrimination interdite car fondée sur l'état de santé (cass. soc. 8 octobre 2014, n° 13-11789, BC V n° 232 ; cass. soc. 9 décembre 2020, n° 19-17092 FSPB) (voir *Discriminations**). Ainsi, l'employeur doit verser l'indemnité conventionnelle, même si la convention collective exclut expressément le cas de l'inaptitude d'origine non professionnelle.

▶ Attention… L'indemnité de licenciement est calculée en prenant en compte la durée du préavis, même si celui-ci n'est pas exécuté (c. trav. art. L. 1226-4 ; cass. soc. 22 novembre 2017, n° 16-13883 D).

Inaptitude professionnelle - Le licenciement d'un salarié devenu inapte à la suite d'une maladie professionnelle ou d'un accident du travail ouvre droit à l'indemnité spéciale de licenciement qui, sauf dispositions conventionnelles plus favorables, est égale au double de l'indemnité légale de licenciement (c. trav. art. L. 1226-14 ; cass. soc. 29 janvier 2002, n° 99-41028, BC V n° 37 ; cass. soc. 18 février 2015, n° 13-20171 D). L'indemnité conventionnelle (non doublée) remplace l'indemnité spéciale si elle est supérieure à l'indemnité légale de licenciement doublée (cass. soc. 10 mai 2005, n° 03-44313, BC V n° 153 ; cass. soc. 25 mars 2009, n° 07-41708, BC V n° 83).

Un accord d'entreprise ou une convention collective ne peut pas, en principe, exclure du bénéfice de l'indemnité conventionnelle les salariés licenciés pour inaptitude (cass. soc. 8 octobre 2014, n° 13-11789, BC V n° 232 ; cass. soc. 9 décembre 2020, n° 19-17092 FSPB) *(voir ci-avant)*.

▶ À noter… Le bénéfice des indemnités spécifiques au licenciement pour inaptitude d'origine professionnelle n'est pas subordonné à la reconnaissance par la CPAM du lien de causalité entre l'accident du travail et l'inaptitude. En cas de contentieux, il appartient aux juges du fond de rechercher eux-mêmes l'existence de ce lien de causalité (cass. soc. 18 janvier 2017, n° 15-18903 D ; cass. soc. 3 juillet 2019, n° 18-16718 D).

L'indemnité spéciale de licenciement doit être calculée sur la base du salaire moyen (salaire proprement dit, avantages en nature, indemnités et gratifications) que le salarié aurait perçu au cours des 3 derniers mois s'il avait continué à travailler au poste qu'il occupait avant l'accident du travail ou la maladie professionnelle (c. trav. art. L. 1226-16).

Cette indemnité spéciale n'est due que dans le cas du licenciement prononcé en raison de l'impossibilité de reclassement du salarié déclaré inapte par le médecin du travail ou du refus non abusif par le salarié inapte de l'emploi proposé (c. trav. art. L. 1226-12, L. 1226-14 et L. 1234-9).

Elle ne peut pas être versée au salarié en cas de licenciement consécutif à une déclaration d'aptitude avec réserves (cass. soc. 28 avril 2011, n° 09-68134 D).

▶ À noter… Un salarié licencié pour inaptitude professionnelle doit bénéficier de l'indemnité spéciale de licenciement, y compris si une résiliation judiciaire du contrat de travail est prononcée par la suite et aboutit au prononcé de la nullité du licenciement (cass. soc. 15 septembre 2021, n° 19-24498 FSB). En d'autres termes, la résiliation judiciaire n'absorbe pas le licenciement pour inaptitude professionnelle et la protection spécifique du salarié qui s'y attache.

Salarié protégé déclaré inapte suite à un harcèlement moral - Voir *Harcèlement moral**.

Autres indemnités

Le salarié licencié suite à son inaptitude a droit, sous réserve des conditions légales, conventionnelles ou d'usage applicables dans l'entreprise, aux sommes habituelles dues en fin de contrat : indemnités de RTT pour les jours acquis et non pris, indemnités de congés payés, prime de fin d'année, etc.

Sanction du licenciement injustifié

Inaptitude non professionnelle - Si l'employeur licencie un salarié inapte sans avoir préalablement tenté de le reclasser, alors qu'il y était tenu [voir *Inaptitude physique (reclassement)**], le licenciement prononcé est sans cause réelle et sérieuse (cass. soc. 26 janvier 2005, n° 03-40332, BC V n° 25) (voir *Licenciement sans cause réelle et sérieuse**). Voir aussi *ci-après*.

▶ À noter... Un salarié protégé qui a été licencié pour inaptitude non professionnelle après autorisation de l'inspection du travail peut saisir le juge judiciaire pour faire constater que son inaptitude a en réalité une origine professionnelle ouvrant au régime indemnitaire correspondant. Une telle action ne méconnaît pas le principe de séparation des pouvoirs (cass. soc. 11 septembre 2019, n° 17-31321 FSPB).

Inaptitude professionnelle - Si l'employeur licencie un salarié inapte, suite à un accident du travail ou à une maladie professionnelle, en dehors des cas où un tel licenciement est autorisé *(voir ci-avant)*, ou s'il n'a pas consulté le *comité social et économique** [voir *Inaptitude physique (reclassement)**], le juge peut proposer la réintégration du salarié dans l'entreprise avec maintien des avantages acquis (c. trav. art. L. 1226-15).

En cas de refus de la réintégration par l'employeur ou le salarié inapte, ce dernier a droit à une indemnité au moins égale à 6 mois de salaire (c. trav. art. L. 1226-15).

Le salarié déclaré inapte a aussi droit à (c. trav. art. L. 1226-14) *(voir ci-avant)* :
- l'indemnité d'un montant égal à l'indemnité légale de préavis compensatrice ;
- l'indemnité spéciale de licenciement.

L'indemnité au moins égale à 6 mois de salaire ne se cumule pas avec l'indemnité due pour irrégularité de procédure de licenciement (cass. soc. 15 décembre 2006, n° 05-42532, BC V n° 386 ; cass. soc. 22 juin 2011, n° 10-14486 D). De plus, les manquements aux obligations de reclassement du salarié inapte et de consultation des représentants du personnel ouvrent droit à une seule indemnité de 6 mois de salaire minimum (cass. soc. 16 décembre 2010, n° 09-67446, BC V n° 299). Il en est de même lorsque l'employeur motive insuffisamment la lettre de licenciement, notamment en omettant de préciser l'impossibilité de reclassement et qu'il ne consulte pas le CSE (cass. soc. 23 mai 2017, n° 16-10580, BC V n° 89).

▶ Attention... Lorsqu'un salarié est licencié pour inaptitude, mais qu'il apparaît que cette inaptitude a pour origine un manquement de l'employeur, la rupture du contrat de travail est également sans cause réelle et sérieuse (cass. soc. 26 septembre 2012, n° 11-14742, BC V n° 236 ; cass. soc. 3 mai 2018, n°s 16-26850 et 17-10306 FSPBRI). Dans ce cas, si l'inaptitude est d'origine professionnelle, les salariés doivent saisir le conseil de prud'hommes pour obtenir les indemnités prévues en cas de licenciement sans cause réelle et sérieuse, et non le tribunal judiciaire. En effet, il ne s'agit pas de demander l'indemnisation des dommages résultant d'un accident du travail, mais de statuer sur le bien-fondé de la rupture du contrat de travail et de solliciter ainsi une indemnisation au titre d'un licenciement sans cause réelle et sérieuse (cass. soc. 29 mai 2013, n° 11-20074, BC V n° 139 ; cass. soc. 3 mai 2018, n°s 16-26850 et 17-10306 FSPBRI).

Indemnités dues en cas de faute inexcusable de l'employeur - Lorsqu'un salarié a été licencié en raison d'une inaptitude consécutive à un accident du travail ou une maladie professionnelle qui a été jugée imputable à une faute inexcusable de l'employeur, il a notamment droit à une indemnité réparant la perte de son emploi [voir *Faute inexcusable (accident du travail ou maladie professionnelle)**]. Cette indemnité est cumulable avec les indemnités de rupture (cass. soc. 17 mai 2006, n° 04-47455, BC V n° 176).

En revanche, cette indemnité pour perte d'emploi n'est pas cumulable avec l'indemnité au moins égale à 6 mois de salaires accordée lorsque le licenciement pour inaptitude professionnelle est jugé sans cause réelle et sérieuse en raison d'un manquement de l'employeur à l'obligation de reclasser le salarié inapte *(voir ci-avant)* (c. trav. art. L. 1226-15). En effet, l'indemnité d'au moins 6 mois de salaires comprend nécessairement l'indemnisation de la perte d'emploi (cass. soc. 29 mai 2013, n° 11-28799, BC V n° 135).

Inaptitude faisant suite à un harcèlement - Dans le cas où l'inaptitude physique fait suite à un cas de *harcèlement moral**, le licenciement est nul (c. trav. art. L. 1154-1 ; cass. soc. 24 juin 2009, n° 07-43994 D ; cass. soc. 13 février 2013, n° 11-26380 D). Sur les conséquences indemnitaires d'un *licenciement nul**, voir l'étude correspondante.

Obligation de l'employeur en l'absence de licenciement

Lorsque le salarié n'a été ni reclassé ni licencié dans le délai de 1 mois suivant l'examen médical à la suite duquel l'inaptitude a été déclarée, l'employeur doit reprendre le paiement de sa rémunération habituelle (c. trav. art. L. 1226-4 et L. 1226-11) [voir *Inaptitude physique (reclassement)**].

☞ *Inaptitude physique ; Inaptitude physique (reclassement).*

➲ Formulaire de Droit Social, « Notification d'un licenciement pour impossibilité de reclassement à la suite d'une inaptitude physique ».

Inaptitude physique (reclassement)

Obligation de l'employeur

Reclassement obligatoire sauf cas de dispense « autorisée par le médecin du travail » - La déclaration d'inaptitude déclenche la recherche de reclassement sauf cas de dispense expresse de reclassement. En cas d'inaptitude professionnelle ou non professionnelle, l'employeur est dispensé de rechercher un reclassement si le médecin du travail a mentionné dans l'avis d'inaptitude que (c. trav. art. L. 1226-2-1 et L. 1226-12) :
- tout maintien du salarié dans l'entreprise serait gravement préjudiciable à sa santé ;
- ou que l'état de santé du salarié fait obstacle à tout reclassement dans un emploi.

▶ Attention… L'obligation de reclassement ne s'applique pas à un apprenti déclaré inapte (c. trav. art. L. 6222-18 ; cass. soc. 9 mai 2019, n° 18-10618 FSPB) [voir *Apprentissage (résiliation)**].

Procédure unique quelle que soit l'inaptitude - L'obligation de reclassement concerne :
- l'inaptitude d'origine professionnelle (suite à un accident du travail ou une maladie professionnelle) ou d'origine non professionnelle (accident ou maladie) (c. trav. art. L. 1226-2 et L. 1226-10) ;
- l'inaptitude d'un salarié en contrat à durée indéterminée (CDI) ou déterminée (CDD) [voir *Inaptitude physique (contrat à durée déterminée)**] (c. trav. art. L. 1226-20 ; cass. soc. 8 juin 2005, n° 03-44913, BC V n° 193).

Démarche de l'employeur - L'employeur doit prendre l'initiative de la recherche d'un poste de reclassement en s'appuyant sur les propositions du médecin du travail *(voir ci-après)*. Il est tenu de chercher à reclasser un salarié inapte même si le salarié :
- ne manifeste pas le désir de reprendre le travail (cass. soc. 4 juin 1998, n° 95-41263, BC V n° 303 ; cass. soc. 10 mai 2005, n° 03-43134 D) ;
- affirme son impossibilité de travailler à l'avenir dans l'entreprise (cass. soc. 10 mars 2004, n° 03-42744, BC V n° 84) ;
- a été classé en invalidité 2e catégorie par la sécurité sociale (cass. soc. 9 juillet 2008, n° 07-41318, BC V n° 151 ; cass. soc. 5 décembre 2012, n° 10-24204, BC V n° 321) ;
- est en arrêt de travail (cass. soc. 5 décembre 2012, n° 11-17913, BC V n° 320).

De la même manière, l'employeur ne peut pas échapper à son obligation de reclassement :
- en proposant, par exemple, au salarié, déclaré inapte à quelques mois de sa retraite, de lui maintenir son salaire jusqu'à son départ à la retraite (cass. soc. 3 mai 2006, n° 04-40721, BC V n° 159) ;
- en mettant fin au contrat de travail d'un commun accord ou via une *rupture conventionnelle** (cass. soc. 12 février 2002, n° 99-41698, BC V n° 66 ; circ. DGT 2008-11 du 22 juillet 2008).

Obligation de reclassement réputée satisfaite - L'obligation de reclassement est réputée satisfaite lorsque l'employeur a loyalement proposé un reclassement au salarié, à savoir un emploi répondant aux caractéristiques requises après avoir consulté le *comité social et économique** et pris en compte l'avis et les indications du médecin du travail *(voir ci-après)* (c. trav. art. L. 1226-2-1 et L. 1226-12 ; cass. soc. 26 janvier 2022, n° 20-20369 FSB).

▶ À noter… Pour rappel, l'employeur a une obligation légale de sécurité en matière de protection de la santé et de la sécurité des travailleurs dans l'entreprise (c. trav. art. L. 4624-1). Il doit en assurer l'effectivité en prenant en considération les propositions de mesures individuelles du médecin du travail telles que les mutations ou transformations de postes, justifiées par des considérations relatives notamment à l'état de santé des travailleurs [voir *Hygiène et sécurité (obligations de l'employeur)**].

Déclenchement de l'obligation de reclassement

Délai d'un mois : principe et point de départ - L'obligation de chercher un poste débute à partir du moment où le médecin du travail a délivré son avis d'inaptitude. Un délai d'un mois commence alors à courir (c. trav. art. L. 1226-4 et L. 1226-11). Durant ce délai, l'employeur doit agir :

- soit il reclasse le salarié au cours de ce mois en se conformant aux propositions du médecin du travail *(voir ci-après)* ;
- soit il licencie le salarié au cours de ce mois en étant en mesure de justifier de l'impossibilité de reclasser le salarié [voir *Inaptitude physique (licenciement)**].

Recherche sérieuse - L'employeur doit prendre le temps de chercher sérieusement un reclassement au risque de se voir reprocher de ne pas avoir respecté son obligation. Tel est le cas lorsque l'employeur informe le salarié de l'impossibilité de le reclasser dès le lendemain de l'avis constatant l'inaptitude (cass. soc. 26 novembre 2008, n° 07-44061, BC V n° 231), décide du licenciement le jour de l'avis d'inaptitude (cass. soc. 11 juillet 2012, n° 11-13270 D), ou engage la procédure de licenciement concomitamment à l'avis d'inaptitude [voir *Inaptitude physique (licenciement)**] (cass. soc. 4 novembre 2015, n° 14-11879, BC V n° 217).

Statut du salarié durant le délai d'un mois - Si le salarié est en arrêt de travail, voir *Maladie (indemnisation)**.

Le salarié déclaré inapte à la suite d'un accident du travail ou d'une maladie professionnelle peut percevoir une indemnité temporaire d'inaptitude (ITI) (c. séc. soc. art. L. 433-1) [voir *Inaptitude physique (indemnité temporaire d'inaptitude)**].

Pas de suspension en principe du délai d'un mois - Le délai d'un mois n'est suspendu ni par le recours contre l'avis d'inaptitude du médecin du travail (cass. soc. 28 janvier 2004, n° 01-46913, BC V n° 31), ni par la demande d'autorisation de licenciement lorsque le salarié est un représentant du personnel (cass. soc. 18 janvier 2000, n° 97-44939, BC V n° 26 ; cass. soc. 26 novembre 2008, n° 07-43598, BC V n° 233), ni par la prolongation d'un arrêt de travail décidée par le médecin traitant du salarié (cass. soc. 19 janvier 2005, n° 03-41479, BC V n° 8 ; cass. soc. 9 juin 2010, n° 09-40553 D).

En revanche, le délai est suspendu par une période non travaillée et non rémunérée au titre d'un temps partiel sur l'année (cass. soc. 12 décembre 2012, n° 11-23998, BC V n° 332).

Reprise du versement du salaire à l'issue du délai d'un mois - Lorsque, à l'issue du délai d'un mois à compter de la réception de l'avis médical d'inaptitude, le salarié déclaré inapte n'est pas reclassé dans l'entreprise ou s'il n'est pas licencié, l'employeur lui verse, dès l'expiration de ce délai, le salaire correspondant à l'emploi que celui-ci occupait avant la suspension de son contrat de travail, y compris en cas d'inaptitude à tout emploi dans l'entreprise constatée par le médecin du travail (c. trav. art. L. 1226-4 et L. 1226-11) *(voir ci-après)*.

Attention, l'employeur reste tenu de respecter son obligation de reclassement après la reprise du versement de la rémunération (cass. soc. 21 mars 2012, n° 10-12068, BC V n° 100).

Propositions du médecin du travail

Quelle que soit l'origine de l'inaptitude, le médecin du travail doit assortir sa déclaration d'inaptitude de ses conclusions et notes écrites. Il doit également indiquer si le salarié peut être formé afin d'être reclassé (voir *Inaptitude physique**).

L'employeur doit s'appuyer sur l'ensemble de ces éléments pour rechercher un reclassement compatible avec les conclusions du médecin du travail. À défaut, l'obligation de reclassement n'est pas remplie et le licenciement est sans cause réelle et sérieuse (cass. soc. 5 décembre 2012, n° 10-24204, BC V n° 321 ; cass. soc. 25 juin 2014, n° 13-11284 D).

Types de poste envisageable

Poste aussi comparable que possible à l'emploi précédent - L'employeur est tenu de proposer au salarié déclaré inapte un emploi (c. trav. art. L. 1226-2 et L. 1226-10) :

- conforme aux conclusions écrites du médecin du travail et aux indications qu'il a formulées sur l'aptitude du salarié à exercer l'une des tâches existant dans l'entreprise ;
- approprié à ses capacités (tel ne serait pas le cas d'un poste nécessitant une formation initiale autre que celle acquise par le salarié) (cass. soc. 7 mars 2012, n° 11-11311, BC V n° 87) ;
- aussi comparable que possible à l'emploi précédemment occupé, au besoin par la mise en œuvre de mesures telles que mutation, aménagement, adaptations ou transformations de postes existants ou aménagement du temps de travail.

Modification du contrat de travail - Si le reclassement dans un emploi similaire au précédent est impossible, l'employeur peut proposer un reclassement impliquant une *modification du contrat de travail**. Dans ce cas, l'accord exprès et préalable du salarié est impératif (cass. soc. 29 novembre 2011, n° 10-19435, BC V n° 275).

Exemples

La modification du contrat de travail proposée peut consister en un poste impliquant un changement de domicile pour le salarié (cass. soc. 12 octobre 2011, n° 10-15316 D).

L'employeur peut également proposer une rémunération moindre, que le salarié est libre d'accepter ou de refuser (cass. soc. 26 janvier 2011, n° 09-66453 D), sachant que la rémunération du poste de reclassement proposé ne doit pas être inférieure au *SMIC**. Si tel est le cas, l'employeur n'exécute pas loyalement son obligation de reclassement (cass. soc. 5 décembre 2012, n° 11-21849, BC V n° 318).

Le passage en *télétravail**, peut, le cas échéant, être une solution de reclassement modifiant le contrat de travail (cass. soc. 15 janvier 2014, n° 11-28898 D).

Stage de reclassement professionnel - Le salarié dont l'inaptitude est consécutive à une maladie ou un accident non professionnel peut suivre un stage de reclassement professionnel durant lequel son contrat de travail est suspendu (c. trav. art. L. 1226-3).

Poste disponible - Le reclassement par mutation d'un salarié inapte doit être recherché parmi les emplois disponibles dans l'entreprise (cass. soc. 9 juillet 2008, n° 07-40319 D), y compris les postes destinés à être pourvus en contrats à durée déterminée (CDD) (cass. soc. 23 septembre 2009, n° 08-44060 D ; cass. soc. 10 février 2016, n° 14-16156 D ; cass. soc. 4 septembre 2019, n° 18-18169 D), du fait, par exemple, d'un congé maternité (cass. soc. 5 mars 2014, n° 12-24456 D). En effet, le caractère temporaire d'un emploi n'interdit pas de proposer celui-ci en reclassement. D'après cette dernière affaire, il semble que l'employeur soit tenu de proposer un poste laissé vacant temporairement même s'il ne comptait pas pallier l'absence par une embauche en CDD. En revanche, l'employeur ne peut pas imposer à un autre salarié une modification de son contrat de travail afin de libérer son poste pour le proposer en reclassement au salarié à reclasser (cass. soc. 15 novembre 2006, n° 05-40408, BC V n° 339 ; cass. soc. 8 février 2017, n° 15-22992 D).

▶ Attention... Les tâches confiées à un stagiaire ne constituent pas un poste de reclassement pour le salarié inapte (voir *Stages en entreprise**) (cass. soc. 11 mai 2017, n° 16-12191, BC V n° 72).

Périmètre de reclassement

Territoire national - L'employeur doit proposer au salarié déclaré inapte un autre emploi approprié à ses capacités, au sein de l'entreprise ou des entreprises du groupe auquel elle appartient le cas échéant, situées sur le territoire national et dont l'organisation, les activités ou le lieu d'exploitation assurent la permutation de tout ou partie du personnel (c. trav. art. L. 1226-2 et L. 1226-10). En conséquence, le reclassement doit être recherché sur le seul territoire national dans le cadre de toutes les activités de l'entreprise, dans le cadre des différents établissements de l'entreprise, voire du groupe auquel appartient l'entreprise.

Au sein du groupe - Le groupe est l'entité constituée par une entreprise dominante et par les sociétés contrôlées par elle, suivant les conditions définies par le code de commerce lequel se réfère à la détention du capital, aux droits de vote ou à l'« influence dominante » (c. trav. art. L. 1226-2 et L. 1226-10 ; c. com. art. L. 233-1, L. 233-3, I et II, et L. 233-16).

▶ À noter... L'adhésion à un groupement d'intérêt économique n'entraîne pas en soi la constitution d'un groupe (cass. soc. 30 septembre 2020, n° 19-13122 FSPB).

Dans le cadre d'une recherche au sein d'un groupe, si l'employeur se contente d'adresser un courriel impersonnel à toutes les sociétés du groupe sans mentionner d'indication relative notamment à l'ancienneté, au niveau et à la compétence du salarié, il ne satisfait pas à son obligation de reclassement (cass. soc. 21 novembre 2012, n° 11-23629 D).

Avis consultatif du CSE

Consultation obligatoire quelle que soit l'origine de l'inaptitude - En cas d'inaptitude d'un salarié, professionnelle ou non, l'employeur doit consulter le *comité social et économique** (CSE) sur les postes de reclassement qu'il envisage de lui proposer (c. trav. art. L. 1226-2 et L. 1226-10). L'avis du CSE est seulement consultatif.

▶ Attention... Dès lors qu'un salarié a été déclaré inapte, l'employeur est tenu de consulter le CSE, y compris dans le cas où aucun poste de reclassement ne peut être proposé (cass. soc. 30 octobre 1991, n° 87-43801, BC V n° 454 ; cass. soc. 30 septembre 2020, n° 19-16488 FPB).

Date de la consultation - La consultation du CSE doit intervenir après la déclaration d'inaptitude rendue par le médecin du travail et avant toute proposition de reclassement présentée au salarié (c. trav. art. L. 1226-2 et L. 1226-10 ; cass. soc. 25 mars 2015, n° 13-28229, BC V n° 61).

Informations à transmettre - Préalablement à la consultation, l'employeur doit fournir au CSE toutes les informations nécessaires au reclassement du salarié inapte dont les conclusions du médecin du travail font partie (cass. soc. 13 juillet 2004, n° 02-41046, BC V n° 209 ; cass. soc. 29 février 2012, n° 10-28848 D).

Modalités de la consultation - Aucune forme particulière n'est requise pour recueillir l'avis du CSE quant au reclassement d'un salarié déclaré inapte. La consultation est régulière dès lors que le CSE a été consulté et que chaque élu a émis un avis. L'employeur n'est donc pas obligé de recueillir l'avis du CSE collectivement au cours d'une réunion (cass. soc. 29 avril 2003, n° 00-46477, BC V n° 144 ; cass. soc. 11 mars 2008, n° 07-41387 D). À titre d'exemple, un élu du CSE peut être consulté par conférence téléphonique, puis signer le procès-verbal de réunion ultérieurement (cass. soc. 30 septembre 2020, n° 19-13122 FSPB).

En principe, l'employeur ne peut pas se contenter d'un entretien avec un seul élu (cass. soc. 30 avril 2009, n° 07-43219, BC V n° 120). Toutefois, dans une entreprise qui compte un élu titulaire et un élu suppléant, l'employeur doit seulement consulter l'élu titulaire (cass. soc. 18 février 2015, n° 13-24201 D).

▶ À noter... Lorsque l'entreprise est divisée en établissements distincts, l'employeur n'est tenu de consulter que les seuls élus de l'établissement dans lequel le salarié concerné exerce ses fonctions (cass. soc. 13 novembre 2008, n° 07-41512, BC V n° 222) ou de l'établissement auquel il aurait dû être rattaché si son établissement ne compte pas d'élu (cass. soc. 7 décembre 2016, n° 14-27232, BC V n° 234).

Régularisation possible en cas d'oubli de consultation - En cas d'omission de la consultation des élus, l'employeur peut régulariser la procédure qu'il s'agisse de l'inaptitude d'un salarié protégé ou pas.

S'agissant des salariés non protégés, la consultation des élus peut être organisée après une première offre de reclassement faite au salarié, dès lors que l'employeur a, par la suite, de nouveau proposé au salarié un reclassement (cass. soc. 16 mars 2016, n° 14-13986 D ; cass. soc. 2 octobre 2019, n° 18-21825 D).

▶ À noter... Cette solution inédite présente toutefois le risque pour l'employeur de se voir notamment reprocher un délit d'entrave en cas d'acceptation par le salarié de la première offre de reclassement et en l'absence de consultation des représentants du personnel.

L'employeur peut également abandonner une procédure de licenciement menée sans consultation des élus et engager une nouvelle procédure intégrant la consultation du CSE en vue de réparer son oubli (cass. soc. 5 octobre 2016, n° 15-15656 D).

S'agissant des salariés protégés, une procédure de régularisation est également admise lorsque l'employeur a proposé au salarié des offres de reclassement sans avoir consulté les élus. L'oubli de la consultation peut être réparé en soumettant les offres de reclassement aux élus et en les reproposant au salarié (CE 27 février 2019, n° 417249).

Portée relative de l'avis des élus du CSE - L'avis donné par le CSE a une portée relative. Lorsque les élus concluent à une impossibilité de reclassement et rendent, par conséquent, un avis favorable au licenciement du salarié inapte, ils ne libèrent pas l'employeur de son obligation de reclassement (cass. soc. 6 mai 2015, n° 13-25727 D). Il en est de même en cas d'avis défavorable (cass. soc. 6 octobre 2017, n° 16-14544 D).

Sanction applicable en cas d'inaptitude professionnelle - Si l'inaptitude du salarié est d'origine professionnelle et que l'employeur le licencie sans avoir consulté le CSE (ou en ayant consulté le CSE mais irrégulièrement ou tardivement), il peut être condamné à verser au salarié une indemnité minimale de 6 mois de salaire. Cette indemnité se cumule avec l'indemnité compensatrice de préavis et l'indemnité spéciale de licenciement (c. trav. art. L. 1226-15 ; cass. soc. 25 mars 2015, n° 13-28229, BC V n° 61).

La sanction de l'irrégularité ou du défaut de consultation s'applique même si l'entreprise est dépourvue de CSE, dès lors que sa mise en place était obligatoire et qu'aucun procès-verbal de carence aux dernières élections professionnelles n'a été établi (cass. soc. 23 septembre 2009, n° 08-41685, BC V n° 192 ; cass. soc. 11 mai 2016, n° 14-12169, BC V n° 92).

▶ Attention... La méconnaissance de l'obligation de consultation du CSE conjuguée avec celle de l'obligation de reclassement ne peut être sanctionnée que par une seule et même indemnité minimale de 6 mois (cass. soc. 16 décembre 2010, n° 09-67446, BC V n° 299).

En tout état de cause, l'absence de consultation du CSE constitue un *délit d'entrave** (cass. crim. 26 janvier 1993, n° 89-85389, B. crim. n° 43).

Sanction applicable en cas d'inaptitude non professionnelle - En cas d'inaptitude non professionnelle, le code du travail est muet sur la sanction encourue en l'absence de consultation du CSE.

La jurisprudence considère que la méconnaissance des dispositions relatives au reclassement du salarié déclaré inapte consécutivement à un accident non professionnel ou à une maladie, dont celle imposant à l'employeur de consulter le CSE prive le licenciement de cause réelle et sérieuse. S'agissant de la sanction encourue, différente de celle applicable en cas d'inaptitude professionnelle *(voir ci-avant)*, il faut appliquer le barème d'indemnisation du *licenciement sans cause réelle et sérieuse** (cass. soc. 30 septembre 2020, n° 19-11974 FSPBI).

Offre de reclassement et décision du salarié

Offre précise mais pas obligatoirement écrite - L'employeur doit, pour satisfaire à son obligation de reclassement, faire une offre de reclassement précise mentionnant, si besoin, la qualification du poste, les horaires de travail et la rémunération (cass. soc. 7 mars 2012, n° 10-18118, BC V n° 94).

L'employeur n'est pas obligé d'adresser par écrit ses propositions de reclassement au salarié inapte (cass. soc. 31 mars 2016, n° 14-28314, BC V n° 60). Les propositions de reclassement peuvent être formulées oralement lors de l'entretien préalable au licenciement (cass. soc. 22 septembre 2016, n° 15-15966 D). En pratique, l'employeur a toutefois intérêt à se ménager une preuve de son offre.

Acceptation de l'offre de reclassement - Si le salarié accepte le reclassement proposé, il poursuit son travail dans des conditions nouvelles. Il convient de signer avec lui un avenant s'il a accepté une modification de son contrat.

Refus de l'offre de reclassement - Si le salarié refuse un poste de reclassement, que son contrat en soit modifié ou non, l'employeur doit (cass. soc. 29 novembre 2006, n° 05-43470, BC V n° 364 ; cass. soc. 30 novembre 2010, n° 09-66687, BC V n° 271 ; cass. soc. 26 janvier 2011, n° 09-43193, BC V n° 32) :

- soit formuler de nouvelles propositions de reclassement ;
- soit, faute d'un reclassement possible, procéder au licenciement de l'intéressé aux motifs de l'inaptitude et de l'impossibilité du reclassement [voir *Inaptitude physique (licenciement)**].

Il en est ainsi que l'inaptitude du salarié soit d'origine professionnelle ou non (c. trav. art. L. 1226-2-1 et L. 1226-12).

Lorsque des solutions de reclassement ont été proposées par l'employeur et refusées par le salarié, l'employeur qui reste tenu de poursuivre ses recherches peut limiter le périmètre de celles-ci en fonction des souhaits ou de la position prise par le salarié inapte (cass. soc. 23 novembre 2016, n° 15-18092 FSPBRI ; cass. soc. 8 février 2017, n° 15-22964 D). Il n'est toutefois pas obligé de prendre en considération la position prise par le salarié et peut faire de nouvelles propositions ignorant ces critères.

▶ À noter… La Cour de cassation ne précise pas dans ces deux arrêts (prise en compte par l'employeur des restrictions posées par le salarié) si l'employeur peut, avant de débuter ses recherches de reclassement, demander au salarié de préciser le cadre géographique ou fonctionnel dans lequel il souhaiterait que son reclassement soit recherché.

Si l'employeur propose un autre reclassement au salarié déclaré inapte, il n'a pas à consulter à nouveau les élus (cass. soc. 3 juillet 2001, n° 98-43326 D), et ce, même si le salarié concerné est un salarié protégé (cass. soc. 21 septembre 2011, n° 10-30129 D).

▶ À noter… Cette jurisprudence rendue avant la loi 2016-1088 du 8 août 2016 reste à notre sens valide et est à notre sens applicable en cas d'inaptitude d'origine non professionnelle.

Lorsque le salarié inapte refuse le reclassement en raison de l'incompatibilité du poste aux recommandations médicales, l'employeur doit solliciter à nouveau l'avis du médecin du travail (cass. soc. 6 février 2008, n° 06-44413, BC V n° 33 ; cass. soc. 7 décembre 2017, n° 16-21814 D).

Impossibilité de reclassement

Éléments justifiant l'impossibilité de reclassement - Les réponses apportées postérieurement au constat de l'inaptitude par le médecin du travail sur les possibilités éventuelles de reclassement concourent, en cas de contentieux, à la justification par l'employeur de l'impossibilité de reclassement (cass. soc. 15 décembre 2015, n° 14-11858, BC V n° 259 ; cass. soc. 3 mai 2018 n° 17-10234 D). Il peut s'agir de simples échanges de mails entre le médecin du travail et l'employeur (cass. soc. 6 janvier 2021, n° 19-15384 D).

Notification au salarié - Lorsqu'il est impossible à l'employeur de proposer un autre emploi au salarié inapte, que son inaptitude soit professionnelle ou pas, il est tenu de l'informer par écrit des

Procédure de reclassement et/ou de licenciement

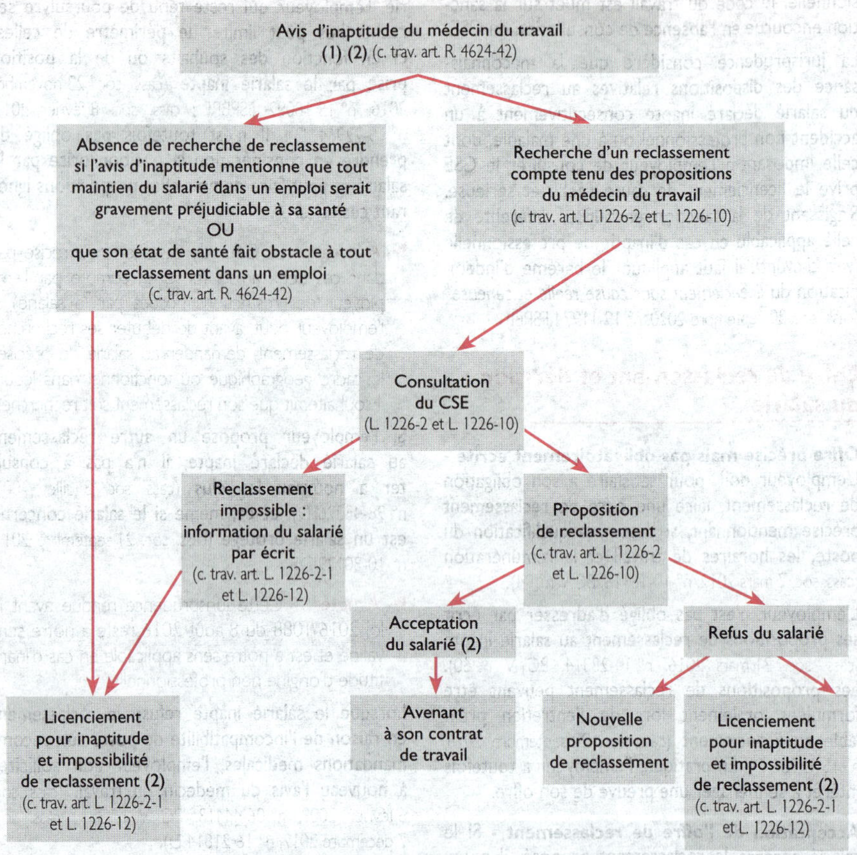

(1) En principe, un seul examen médical suffit sauf si le médecin du travail estime qu'un second est nécessaire. Le cas échéant, ce second examen est réalisé 15 jours au plus après le premier examen. La notification de l'avis médical d'inaptitude intervient au plus tard à cette date.

(2) Si, à l'issue d'un délai de 1 mois à compter de la date de l'examen médical de reprise du travail, le salarié déclaré inapte n'est ni reclassé, ni licencié, l'employeur doit reprendre le versement du salaire (c. trav. art. L. 1226-4 et L. 1226-11).

motifs qui s'opposent à son reclassement (c. trav. art. L. 1226-2-1 et L. 1226-12).

Cette obligation d'indiquer les motifs qui s'opposent au reclassement ne s'applique que s'il n'existe pas d'emplois disponibles ou lorsque le médecin du travail a expressément indiqué qu'il ne fallait pas chercher à reclasser le salarié. Lorsque ce dernier a refusé les offres qui lui ont été faites, l'employeur n'a pas à indiquer les motifs qui s'opposent au reclassement du salarié inapte (cass. soc. 24 mars 2021, n° 19-21263 FSPI). **Cette exception à l'obligation d'informer le salarié ne joue toutefois que si l'employeur a formulé des propositions conformes aux prescriptions du code du travail, c'est-à-dire appropriées aux capacités du salarié et prenant en compte les conclusions écrites du médecin du travail.**

▶ Attention… Si l'employeur néglige cette formalité ou s'il l'accomplit de façon tardive, il s'expose au versement de dommages et intérêts, calculés en fonction du préjudice subi (cass. soc. 9 mai 1990, n° 86-41874, BC V n° cass. soc. 24 janvier 2001, n° 99-40263 D). Ces dommages et intérêts ne se cumulent pas avec l'indemnité pour licenciement sans cause réelle et sérieuse (cass. soc. 15 décembre 2021 n° 20-18782 FSB).

Deux options - L'employeur qui est dans l'impossibilité de reclasser un salarié inapte doit soit le licencier [voir *Inaptitude physique (licenciement)**], soit reprendre le paiement de son salaire à l'issue du délai d'un mois *(voir ci-avant)* (c. trav. art. L. 1226-4 et L. 1226-11).

Reprise du paiement du salaire - En l'absence de reclassement et de licenciement, l'employeur doit, à l'issue du délai d'un mois, reprendre le paiement du salaire correspondant à l'emploi qu'occupait le salarié avant la suspension de son contrat de travail *(voir ci-avant)* (c. trav. art. L. 1226-4 et L. 1226-11 ; cass. soc. 19 octobre 2016, n° 14-23828 D).

Le paiement du salaire est dû même si le salarié a retrouvé un emploi avant son licenciement (cass. soc. 4 mars 2020, n° 18-10719 FSPB).

▶ À noter... Lorsque l'employeur finit par licencier le salarié pour inaptitude, il doit verser la rémunération jusqu'à la date de première présentation de la lettre de licenciement (et non jusqu'à la date de la réception par le salarié), et ce, même s'il n'y a pas de préavis (cass. soc. 12 décembre 2018, n° 17-20801 FSPB).

L'obligation de reprise du paiement du salaire est également applicable au salarié qui perçoit des indemnités maladie compensant sa perte de rémunération (cass. soc. 16 février 2005, n° 02-43792, BC V n° 51).

Le fait que le salarié déclaré inapte soit de nouveau en arrêt de travail ne suspend pas à nouveau le contrat de travail et ne dispense pas l'employeur de reprendre le paiement du salaire (cass. soc. 9 juin 2010, n° 09-40553 D ; cass. soc. 8 juillet 2020, n° 19-14006 D).

▶ Attention... L'obligation de reprise du paiement des salaires, dans le délai d'un mois, ne s'applique pas durant une période non travaillée et non rémunérée d'un contrat de travail annualisé (cass. soc. 12 décembre 2012, n° 11-23998, BC V n° 332).

Calcul du salaire à devoir - Le salaire est fixé conformément au montant antérieur à la suspension du contrat et l'employeur ne peut pas en déduire les indemnités versées par la sécurité sociale ou par un organisme de prévoyance, y compris lorsqu'il est subrogé dans la perception des IJSS (cass. soc. 16 février 2005, n° 02-43792, BC V n° 51 ; cass. soc. 24 avril 2013, n° 12-13058 D). Il est calculé en tenant compte de l'intégralité des éléments de rémunération (heures supplémentaires, primes dont le 13e mois, etc.) que le salarié aurait perçus s'il avait travaillé (cass. soc. 5 mai 2021, n° 19-22456 D). Il donne lieu à indemnité de congés payés (cass. soc. 4 avril 2012, n° 10-10701, BC V n° 115).

L'employeur ne peut pas substituer à la reprise du paiement du salaire le versement d'une indemnité compensatrice de congés payés ni contraindre le salarié à prendre ses congés. Ces derniers seront pris ultérieurement si le salarié venait à être reclassé ou donneront lieu au paiement de l'indemnité compensatrice de congés payés en cas de licenciement (cass. soc. 3 juillet 2013, n° 11-23687, BC V n° 177 ; cass. soc. 1er mars 2017, n° 15-28563 D).

Sanction en cas d'inaction de l'employeur - Lorsque l'employeur ne licencie pas le salarié et ne reprend pas le versement de son salaire à l'issue du délai imparti, le salarié peut :
- soit se prévaloir de la poursuite du contrat de travail et solliciter la condamnation de l'employeur au paiement des salaires (cass. soc. 11 juillet 2000, n° 98-45471, BC V n° 271) ;
- soit tenter de faire condamner l'employeur pour *licenciement sans cause réelle et sérieuse**, suite à une *prise d'acte de la rupture** de son contrat de travail (cass. soc. 29 septembre 2004, n° 02-43746, BC V n° 233 ; cass. soc. 24 avril 2013, n° 12-13058 D).

▶ Attention... L'employeur n'est pas tenu de licencier, notamment à bref délai, un salarié déclaré inapte. En l'espèce, l'employeur n'avait pas manqué à ses obligations : il avait repris le paiement du salaire dans les règles, puis suspendu le processus de reclassement afin de procéder aux élections professionnelles, et enfin proposé au salarié des aménagements du poste de travail et un reclassement (cass. soc. 1er février 2017, n° 15-14852 D).

Recherche d'un reclassement après la reprise du versement du salaire - Après la reprise du versement de la rémunération, l'employeur reste tenu de respecter son obligation de reclassement (cass. soc. 21 mars 2012, n° 10-12068, BC V n° 100).

☞ *Inaptitude physique ; Inaptitude physique (indemnité temporaire d'inaptitude) ; Inaptitude physique (licenciement).*

Incarcération

Du salarié

Suspension du contrat - Le placement d'un salarié, présumé innocent, en détention provisoire, alors que l'obstacle mis à l'exécution de son contrat de travail ne lui est pas imputable, entraîne la suspension de celui-ci : la rémunération cesse alors d'être due (cass. soc. 21 novembre 2000, n° 98-41788, BC V n° 383).

▶ À noter... Le placement sous contrôle judiciaire, qui suit parfois une détention provisoire, suspend aussi le contrat de travail lorsque le salarié a interdiction d'entrer en relation avec les salariés de l'entreprise pendant cette période. Lorsque le contrôle judiciaire (ou la détention) s'achève, le salarié doit se manifester auprès de l'employeur pour reprendre son travail, ce dernier n'étant pas à même de connaître la date à laquelle le salarié peut reprendre ses fonctions (cass. soc. 5 novembre 2014, n° 13-21639 D).

Pas de rupture du contrat pour force majeure - L'incarcération du salarié ne permet pas, en elle-même, de rompre le contrat de travail pour *force majeure**, y compris dans le cas d'un contrat à durée déterminée (cass. soc. 25 mars 1998, n° 96-40724 D).

Motif de licenciement - L'incarcération en elle-même n'est pas une cause de licenciement dès lors que les faits reprochés au salarié (cass. soc. 26 février 2003, n° 01-40255 D) :
- sont intervenus en dehors du travail ;
- n'ont aucun lien avec l'activité professionnelle ;
- et ne causent pas de trouble dans l'organisation de l'entreprise.

L'incarcération relève de la vie personnelle du salarié. Or, un motif tiré de la vie personnelle du salarié ne peut pas, en principe, justifier un licenciement disciplinaire, sauf s'il constitue un manquement de l'intéressé à une obligation découlant de son contrat de travail (voir *Licenciement pour faute**).

Un licenciement disciplinaire ayant pour seul motif la condamnation pénale du salarié serait sans cause réelle et sérieuse (cass. soc. 19 décembre 2007, n° 06-41731 D ; cass. soc. 5 mars 2008, n° 06-42387 D). En revanche, un licenciement pour abandon de poste est possible lorsque le salarié cesse de venir travailler parce qu'il a été placé en détention provisoire mais qu'il n'en a pas averti pas son employeur (cass. soc. 20 mai 2015, n° 14-10270 D).

Un licenciement pour motif personnel non disciplinaire est admis si l'absence du salarié incarcéré entraîne des troubles dans l'organisation et le fonctionnement de l'entreprise (cass. soc. 21 novembre 2000, n° 98-41788, BC V n° 383), ou si la condamnation pénale elle-même crée un trouble caractérisé et certain dans l'entreprise (cass. soc. 26 septembre 2012, n° 11-11247 D).

Lorsque, à l'issue de sa détention, le salarié ne reprend pas son poste de travail, l'employeur peut, selon les circonstances, le sanctionner pour abandon de poste. Un employeur a ainsi pu licencier pour faute grave un salarié qui, au terme d'une incarcération de 20 mois, n'était pas venu travailler pendant plus d'un mois sans justification (cass. soc. 15 novembre 2011, n° 10-26751 D).

De l'employeur

L'incarcération de l'employeur n'est pas une cause de suspension du contrat de travail du salarié (cass. soc. 5 mai 2004, n° 03-10010, BC V n° 122).

☛ *Condamnation pénale (motif de licenciement).*

Incendie

☛ *Consignes d'hygiène et de sécurité ; Local de travail.*

Indélicatesse

L'indélicatesse est le fait pour un salarié de profiter de ses fonctions pour s'octroyer des avantages ou d'utiliser à des fins personnelles des biens de l'entreprise. Elle est fautive et peut donc justifier, selon les circonstances, une sanction disciplinaire, voire un licenciement pour faute (cass. soc. 24 octobre 1989, n° 86-45710, BC V n° 611). Pour des exemples, voir le tableau reproduit ci-après.

La tolérance par l'employeur d'une pratique litigieuse peut enlever à cette pratique son caractère fautif (cass. soc. 14 février 2001, n° 98-44419 D).

☛ *Licenciement pour faute ; Sanctions disciplinaires.*

Indemnité compensatrice de congés payés

☛ *Congés payés (indemnité compensatrice).*

Indemnité compensatrice de préavis

☛ *Préavis (indemnité compensatrice).*

Indélicatesse : exemples	
Un employeur avait mis en place un système frauduleux à son seul profit. Il avait reproché au salarié d'établir de fausses factures dans ce cadre (cass. soc. 13 juillet 2010, n° 09-42091 D).	Absence de faute (licenciement sans cause réelle et sérieuse)
Un plombier avait fait établir au nom de son employeur une facture de 4,20 € pour l'achat d'un raccord et de deux écrous, en vue de son usage personnel. Les juges ont tenu compte de la faible valeur de ces marchandises (cass. soc. 17 décembre 2014, n° 13-26465 D).	Absence de faute grave
Un salarié avait consommé une bouteille de vin dans la réserve du magasin en compagnie d'un autre salarié, ayant entraîné un faible préjudice pour l'employeur (cass. soc. 27 mai 1998, n° 96-40928 D).	Absence de faute grave
Des salariés avaient usé du téléphone de l'entreprise à des fins privées, de façon abusive (cass. soc. 13 novembre 2013, n° 12-18280 D).	Faute grave
Un salarié avait demandé le remboursement de notes de frais exposés à des fins personnelles (cass. soc. 25 mai 1994, n° 92-44256 D).	Faute grave
Un salarié avait tenté d'acquérir à des prix dérisoires des articles vendus par le supermarché en utilisant des étiquettes du rayon où il travaillait (cass. soc. 12 janvier 2000, n° 98-41524 D).	Faute grave
Un salarié avait livré sciemment à un client un nombre de tuyaux supérieur à celui inscrit sur le bon de livraison, moyennant une rémunération en nature (cass. soc. 9 juin 1994, n° 92-44288 D).	Faute grave
Un responsable des services généraux avait dissimulé un conflit d'intérêts et maintenu durant 3 ans des contrats favorisant une société dont il était actionnaire à 50 % (cass. soc. 15 avril 2015, n° 13-26802 D).	Faute grave
Un salarié qui occupait les fonctions de chef des ventes dans une concession de voitures avait vendu des véhicules à perte, accordé des facilités de paiement non autorisées, falsifié et dissimulé des documents (cass. soc. 29 septembre 2010, n° 09-41465 D).	Absence de faute lourde
Un directeur d'usine avait utilisé ses fonctions pour s'attribuer le bénéfice d'une prime exorbitante représentant plus de 6 fois son salaire annuel, dont il connaissait l'impact sur l'entreprise et le caractère irrégulier de la fixation (cass. soc. 2 juin 2017, n° 15-28115 D).	Faute lourde
Un salarié avait eu une utilisation « parfois » abusive de la carte de télépéage de l'entreprise et avait téléchargé sur son ordinateur professionnel des fichiers personnels volumineux (cass. soc. 25 octobre 2017, n° 16-11173, BC V n° 188).	Absence de faute grave et de cause réelle et sérieuse
Un salarié employé comme chargé de clientèle dans une banque avait conservé des enveloppes contenant des tickets cadeaux à destination de la clientèle (cass. soc. 28 mars 2018, n° 16-12963 D).	Faute grave
Un cadre dirigeant avait présenté, pendant plusieurs mois, des notes de frais injustifiées (notamment une facture d'hôtel pour un séjour non professionnel d'un montant de 1 625 €) et avait effectué, à l'insu de son employeur, pendant les horaires de travail et avec le matériel informatique mis à sa disposition, des travaux d'assistance personnelle du président du conseil de surveillance, dans le cadre d'activités réalisées par celui-ci pour des sociétés tierces (cass. soc. 8 décembre 2021, n° 20-15622 D).	Faute grave

Indemnité de congés payés

☞ *Congés payés (indemnité) ; Congés payés (indemnité compensatrice).*

Indemnité de départ à la retraite

Indemnité légale, conventionnelle ou contractuelle

Indemnité légale - Sous réserve de dispositions plus favorables d'une convention ou d'un accord collectif, d'un usage ou du contrat de travail, une indemnité légale de départ à la retraite, et non une indemnité de licenciement, est due aux salariés ayant au moins 10 ans d'ancienneté et quittant volontairement l'entreprise pour faire liquider leurs droits à pension de vieillesse, à taux plein ou à taux réduit (c. trav. art. L. 1237-9) [voir *Départ volontaire à la retraite** et *Retraite de base (âge de départ)**].

Le bénéfice de l'indemnité de départ à la retraite n'est pas soumis à la condition que le salarié quitte son emploi à l'âge légal de départ à la retraite si ce dernier relève d'un régime particulier de protection sociale fixant un âge inférieur à cet âge légal pour l'ouverture du droit à pension de vieillesse ou ne fixant pas de condition d'âge (circ. DRT 1987-10 du 8 septembre 1987, JO du 11 décembre ; cass. soc.

27 avril 1994, n° 91-44238 D ; cass. soc. 14 mai 2008, n° 07-40821 D). Néanmoins, le salarié doit avoir effectivement demandé la liquidation de ses droits à pension de vieillesse pour pouvoir bénéficier de cette indemnité (cass. soc. 23 septembre 2009, n° 08-41397, BC V n° 194).

Indemnité conventionnelle ou contractuelle - Le salarié doit bénéficier de l'indemnité conventionnelle ou contractuelle de départ volontaire à la retraite si elle existe et dès lors qu'elle est plus favorable que l'indemnité légale (circ. DRT 1987-10 du 8 septembre 1987, JO 11 décembre ; cass. soc. 16 décembre 1998, n° 95-41413, BC V n° 562 ; cass. soc. 17 mars 1993, n° 88-45521, BC V n° 90).

Si la convention collective prévoit des conditions supplémentaires comme un âge minimal, l'indemnité conventionnelle n'est pas due si le salarié ne remplit pas la condition d'âge (cass. soc. 4 juillet 2007, n° 06-40114, BC V n° 116). En revanche, il percevra l'indemnité légale.

Le juge ne peut pas combiner l'indemnité conventionnelle et l'indemnité légale de départ en retraite, seule la plus avantageuse devant être accordée (cass. soc. 13 juillet 2017, n° 15-29124 D). Toutefois, il a été admis que l'indemnité légale de départ en retraite pouvait être cumulée avec un dispositif de promotion intervenant en fin de carrière, dit « coup de chapeau » consistant, six mois avant le départ à la retraite, en une augmentation de salaire et une majoration consécutive du montant de la retraite, ces deux mécanismes n'ayant pas le même objet (cass. soc. 20 novembre 2019, n° 18-19578, 18-19579, 18-19581, 18-19642, 18-19645 et 18-19646 FSPB).

▶ Attention... Le départ à la retraite est un mode de rupture du contrat de travail distinct du licenciement. Dès lors, les indemnités conventionnelles de départ à la retraite sont dues uniquement en cas de départ à la retraite et des salariés licenciés ne peuvent pas y prétendre (cass. soc. 3 juillet 2013, n° 12-13612, BC V n° 179).

Autres sommes dues - En sus de cette indemnité de départ à la retraite, le salarié bénéficie de l'indemnité compensatrice de congés payés correspondant aux congés payés éventuellement acquis à la date de la rupture et non pris, du solde des droits éventuellement acquis au titre des repos compensateurs, de congés conventionnels, d'un compte épargne temps, des droits de la participation aux résultats, d'un plan d'épargne d'entreprise ou de l'intéressement, et le cas échéant, de la contrepartie pécuniaire à la clause de non-concurrence prévue par la convention collective ou le contrat de travail si le salarié est lié par une telle clause (et sauf renonciation éventuelle de l'employeur à l'application de celle-ci) (cass. soc. 9 juillet 2008, n° 07-41970 D ; cass. soc. 24 septembre 2008, n° 07-40098, BC V n° 176) [voir *Clause de non-concurrence (indemnité)** et *Congés payés (indemnité compensatrice)**].

Montant

Indemnité légale - L'indemnité légale de départ à la retraite est égale à (c. trav. art. L. 1237-9 et D. 1237-1) :
- 1/2 mois de salaire après 10 ans d'ancienneté ;
- 1 mois de salaire après 15 ans d'ancienneté ;
- 1 mois et demi de salaire après 20 ans d'ancienneté ;
- 2 mois de salaire après 30 ans d'ancienneté.

Toutefois, si l'employeur s'est unilatéralement engagé à verser au salarié une indemnité de départ à la retraite égale à l'indemnité de licenciement plus favorable, il doit s'y conformer (cass. soc. 3 février 2010, n° 08-44476 D).

▶ À noter... Lorsqu'un salarié accepte volontairement son départ à la retraite anticipée dans le cadre d'un *plan de sauvegarde de l'emploi** (PSE), ce départ n'ouvre pas droit au versement de l'indemnité de licenciement. Le salarié a donc droit à l'indemnité de départ en retraite (cass. soc. 25 juin 2002, n° 00-18907, BC V n° 214 ; cass. soc. 9 juillet 2003, n° 01-43298 D). Toutefois, en pratique, le PSE qui envisage des départs à la retraite prévoit généralement le versement d'une indemnité majorée.

Assiette de calcul - Le salaire à prendre en considération pour le calcul de l'indemnité est, selon la formule la plus avantageuse pour le salarié, le salaire moyen des 12 derniers mois ou celui des 3 derniers mois. Dans ce dernier cas, les primes ou gratifications de caractère annuel ou exceptionnel versées au salarié pendant cette période ne sont prises en compte qu'au prorata (c. trav. art. D. 1237-2).

Lorsque la convention collective prévoit que l'indemnité est calculée sur la base de la rémunération totale servant de référence, à la seule exclusion des gratifications exceptionnelles, les sommes correspondant à la participation, à l'intéressement et à l'abondement doivent être intégrées dans l'assiette de calcul de cette indemnité (cass. soc. 10 octobre 2007, n° 06-44807, BC V n° 158).

Par contre, en l'absence de précision de la convention collective, le salaire à prendre en considération doit être déterminé selon les dispositions du code du travail (c. trav. art. D. 1237-2 ; cass. soc. 28 novembre 2018, n° 17-16826 D).

Salariés à temps partiel

Les salariés à temps partiel ont droit à une indemnité de départ ou de mise à la retraite dans les mêmes conditions que les salariés à temps complet. Leur ancienneté se calcule de la même façon.

Pour les salariés ayant travaillé successivement à temps plein et à temps partiel, le calcul de l'indemnité doit être fait au prorata des périodes de temps complet et de temps partiel, par tranches d'ancienneté (cass. soc. 16 décembre 1998, n° 95-41413, BC V n° 562 ; cass. soc. 17 septembre 2008, n° 06-45256 D), et ce, depuis leur entrée dans l'entreprise (c. trav. art. L. 3123-13). La règle vaut quel que soit l'ordre des activités (temps plein puis temps partiel ou temps partiel suivi d'un temps plein). De la sorte, l'indemnité correspond, au plus juste, à la carrière du salarié.

Régime juridique

Régimes social et fiscal - Voir *Indemnités de rupture (régimes social et fiscal)**.

Saisie de l'indemnité - L'indemnité de départ versée au salarié quittant volontairement l'entreprise n'a pas pour objet de compenser un préjudice. Il s'agit d'un élément de rémunération (d'ailleurs intégralement soumis à cotisations sociales). Aussi cette indemnité est-elle soumise aux règles de saisie-arrêt comme tout autre élément de la rémunération du salarié (cass. soc. 30 janvier 2008, n° 06-17531, BC V n° 29). Il appartient à l'employeur qui doit procéder à une saisie d'informer le greffe du *tribunal judiciaire** des événements mettant fin à la saisie, tels que le départ à la retraite du salarié.

☛ *Départ volontaire à la retraite ; Retraite de base (âge de départ) ; Retraite de base (calcul de la pension).*

Indemnité de départ volontaire

☛ *Congé de mobilité ; Indemnités de rupture (régimes social et fiscal) ; Prime de départ volontaire ; Rupture amiable ; Rupture conventionnelle ; Rupture conventionnelle collective.*

Indemnité de fin de contrat

☛ *Contrat de travail à durée déterminée (indemnité de fin de contrat).*

Indemnité de fin de mission (travailleur temporaire)

☛ *Travail temporaire (contrat de travail).*

Indemnité forfaitaire de conciliation

☛ *Conseil de prud'hommes (indemnité de licenciement).*

Indemnité inflation

@ Cette étude est détaillée dans la version en ligne de ce Dictionnaire (voir www.rfsocial.com et www.rfeditions.com).

Indemnité kilométrique

☛ *Frais professionnels (véhicule) ; Frais professionnels (transport au lieu de travail).*

Indemnité de licenciement

Droit à l'indemnité légale

Ancienneté requise - L'indemnité légale de licenciement est due aux salariés licenciés, hors licenciement pour faute grave ou lourde *(voir ci-après)*, comptant au moins 8 mois d'ancienneté ininterrompue au service du même employeur, qui ne bénéficieraient pas d'une indemnité contractuelle ou conventionnelle d'un montant plus élevé (c. trav. art. L. 1234-9).

Appréciation de l'ancienneté - Sauf disposition conventionnelle, contractuelle ou usage plus favorable pour le salarié, la condition d'ancienneté se vérifie à la date d'envoi de la lettre de licenciement, date à laquelle s'apprécie le droit à l'indemnité de licenciement (cass. soc. 26 septembre 2007, n° 06-43033, BC V n° 135 ; cass. soc. 15 mars 2011, n° 09-43326 D).

▶ Attention... La date d'appréciation du droit à l'indemnisation minimale ne doit pas être confondue avec la date d'appréciation du montant de l'indemnité, laquelle est fonction de l'ancienneté du salarié à la date d'expiration du préavis, même si le salarié en est dispensé *(voir ci-après)*.

L'ancienneté doit être ininterrompue (c. trav. art. L. 1234-9).

Exemple

On ne tient pas compte de deux contrats de travail différents séparés de 6 semaines (cass. soc. 19 décembre 2007, n° 06-44005 D).

Les circonstances entraînant la suspension du contrat de travail (maladie, grève, etc.) ne sont pas considérées comme interrompant le cours de l'ancienneté (c. trav. art. L. 1234-11 ; Questions-réponses « La rupture du contrat de travail », min. trav., diffusé le 23 juillet 2020).

En revanche, sauf dispositions conventionnelles ou usages plus favorables, les absences non assimilées à du temps de travail effectif doivent être déduites de l'ancienneté totale du salarié.

Montant et régime de l'indemnité légale

Appréciation de l'ancienneté - Le montant de l'indemnité est déterminé en tenant compte de l'ancienneté acquise à la date d'expiration du préavis (cass. soc. 27 février 1991, n° 88-45512 D), qu'il soit exécuté ou que le salarié en ait été dispensé par l'employeur (cass. soc. 30 mars 2005, n° 03-42667, BC V n° 106 ; cass. soc. 22 juin 2011, n° 09-68762, BC V n° 160).

En cas de dispense de préavis à la demande du salarié et acceptée par l'employeur, le contrat prend fin immédiatement. Il n'y a donc pas à tenir compte de la période de préavis non effectuée (cass. soc. 6 octobre 2010, n° 09-65297 D ; cass. soc. 25 septembre 2013, n° 11-20948, BC V n° 212).

En cas d'année incomplète, l'indemnité se calcule proportionnellement au nombre de mois « complets » (c. trav. art. R. 1234-1).

Montant de l'indemnité légale - Sous réserve de justifier de l'ancienneté minimale de 8 mois, l'indemnité légale de licenciement est égale au minimum à (c. trav. art. R. 1234-2) :
- 1/4 de mois de salaire par année d'ancienneté pour les 10 premières années ;
- 1/3 de mois de salaire par année d'ancienneté pour chaque année au-delà de 10 ans d'ancienneté.

Exemples

Un salarié ayant 4 ans d'ancienneté a droit à une indemnité légale de 1 mois de salaire.

Un salarié ayant 10 ans d'ancienneté a droit à une indemnité légale de 2,5 mois de salaire.

S'il justifie de 15 ans d'ancienneté, il a droit à (10 × 1/4) + (5 × 1/3), soit 4,17 mois de salaire.

Montant identique en cas de motif personnel ou économique de licenciement - Le montant de l'indemnité minimale légale s'applique au licenciement aussi bien pour motif personnel que pour motif économique.

Toutefois, les conventions collectives et accords d'entreprises peuvent prévoir des indemnités de licenciement différentes selon le motif de rupture, personnel ou économique (cass. soc. 3 juillet 2013, n° 12-13612, BC V n° 179).

Salaire de référence - Le salaire de référence à retenir comme base de calcul de l'indemnité est le montant le plus élevé entre (c. trav. art. R. 1234-4) :
- la moyenne mensuelle des 12 derniers mois précédant le licenciement (ou lorsque la durée de service du salarié est inférieure à 12 mois, la moyenne mensuelle de la rémunération de l'ensemble des mois précédant le licenciement) ;
- et 1/3 des 3 « derniers mois », sachant que, dans ce cas, les primes ou gratifications de caractère annuel ou exceptionnel versées pendant cette période sont prises en compte prorata temporis.

La période de référence s'entend des mois précédant la notification du licenciement (cass. soc. 11 mars 2009, n° 07-40146 D ; cass. soc. 11 mars 2009, n° 07-42209 D). Toutefois, lorsque le salarié est en arrêt maladie au moment de son licenciement, les salaires de référence pris en compte pour calculer l'indemnité de licenciement légale ou conventionnelle sont ceux perçus avant l'arrêt de travail (cass. soc. 23 mai 2017, n° 15-22223, BC V n° 90).

Assiette de calcul - Pour déterminer le salaire de référence, il convient de tenir compte du salaire brut. Les avantages en nature doivent être pris en compte. À l'inverse, les indemnités qui correspondent à des remboursements de frais engagés (ex. : indemnité de déplacement ou de repas) ne le sont pas.

Calcul simplifié de l'indemnité légale de licenciement			
Ancienneté	**Montant de l'indemnité (en mois de salaire)**	**Ancienneté**	**Montant de l'indemnité (en mois de salaire)**
moins de 8 mois	0 (a)	10 ans	2,5
8 mois	0,16667	11 ans	2,83
9 mois	0,1875	12 ans	3,17
10 mois	0,2083	13 ans	3,5
11 mois	0,2292	14 ans	3,83
1 an	0,25	15 ans	4,17
2 ans	0,5	16 ans	4,5
3 ans	0,75	17 ans	4,83
4 ans	1,0	18 ans	5,17
5 ans	1,25	19 ans	5,5
6 ans	1,5	20 ans	5,83
7 ans	1,75	par année supplémentaire	+ 0,33333
8 ans	2,0	par mois supplémentaire (b)	(c)
9 ans	2,25		

(a) Les salariés n'ayant pas 8 mois d'ancienneté à la date de notification du licenciement n'ont pas droit à l'indemnité légale.
(b) En cas d'année incomplète.
(c) Avant 10 ans d'ancienneté : + 0,02083 par mois supplémentaire. Après 10 ans d'ancienneté : + 0,02778 par mois supplémentaire.
Exemple : Un salarié mensualisé a 14 ans et 5 mois d'ancienneté. Son indemnité légale de licenciement, calculée sur la base d'un salaire mensuel moyen de 1 700 €, est de : [3,83 + (5 × 0,02778)] × 1 700 = 6 747,13 €.

▶ À noter… Les sommes prélevées par l'employeur au titre de l'impôt sur le revenu, en l'espèce marocain, dû par le salarié ne doivent pas être exclues de la rémunération pour le calcul des indemnités de rupture et doivent donc être intégrées dans l'assiette de calcul (cass. soc. 8 décembre 2021, n° 20-11738 FSB).

Les primes obligatoires sont à prendre en compte (pour aller plus loin sur ce point, voir Dictionnaire RF Paye, « Indemnité de licenciement »).

Régime juridique - L'indemnité légale de licenciement n'a pas le caractère d'un salaire, mais de dommages-intérêts. En conséquence :
- elle est saisissable ou cessible en totalité (voir *Cession de rémunération** et *Saisie des rémunérations**) ;
- elle est exclue du *superprivilège**. Néanmoins, elle bénéficie du *privilège** général pour la totalité de la fraction inférieure ou égale à 2 fois le plafond de la sécurité sociale et pour le quart de la fraction supérieure au plafond ;
- elle est soumise à la prescription de 2 ans [voir *Prescription (contentieux)**] ;
- elle est exclue de l'assiette du différé d'indemnisation « spécifique » en cas d'ouverture de droits à l'allocation d'aide au retour à l'emploi [voir *Chômage (allocation d'aide au retour à l'emploi)**].

Sur les régimes fiscal et social, voir *Indemnités de rupture (régimes social et fiscal)**.

▶ Attention… L'indemnité de licenciement ne se cumule avec aucune autre indemnité de même nature (c. trav. art. R. 1234-5).

Pas de versement en cas de faute grave ou lourde - Sauf dispositions conventionnelles, contractuelles ou usages contraires, l'indemnité légale de licenciement n'a pas à être versée en cas de faute grave ou lourde (cass. soc. 31 mars 2009, n° 07-44564, BC V n° 94).

▶ À noter… Sur la définition de la faute grave ou lourde, voir *Licenciement pour faute**.

Il en est de même si le contrat de travail fixe le montant d'une indemnité de licenciement et se borne à se référer aux règles générales du licenciement. La clause contractuelle doit préciser explicitement que l'indemnité contractuelle sera versée même en cas de faute grave ou lourde du salarié (cass. soc. 31 mai 2017, n° 16-10354 D).

Si une faute grave ou lourde intervient au cours de l'exécution du préavis, le droit à l'indemnité de licenciement, qui naît à la date où le licenciement est notifié reste acquis au salarié. Ainsi, une telle faute n'exonère pas l'employeur du versement de l'indemnité de licenciement (cass. soc. 5 avril 1990, n° 87-45570, BC V n° 176 ; cass. soc. 23 octobre 1991, n° 88-43008, BC V n° 430). Il en est de même si la faute a été commise avant, mais que l'employeur n'en a eu connaissance qu'au cours du préavis (cass. soc. 7 mars 1990, n° 86-45685, BC V n° 99 ; cass. soc. 7 mai 1991, n° 87-42590, BC V n° 223).

La faute grave commise au cours du préavis a néanmoins pour effet de réduire le montant de l'indemnité de licenciement (cass. soc. 11 septembre 2019, n° 18-12606 FPB). En effet, le montant de l'indemnité de licenciement dépend de l'ancienneté acquise à la date d'expiration du contrat (c'est-à-dire en fin de préavis).

Salarié employé successivement à temps complet et à temps partiel - Lorsqu'un salarié a travaillé tantôt à temps plein, tantôt à temps partiel dans une même entreprise, l'indemnité de licenciement est calculée proportionnellement aux périodes d'emploi accomplies selon l'une et l'autre de ces deux modalités depuis son entrée dans l'entreprise (c. trav. art. L. 3123-5). Si un salarié est à temps partiel lorsqu'il est licencié, le calcul de son indemnité ne doit donc pas uniquement tenir compte de sa situation au moment de la rupture du contrat de travail (cass. soc. 4 janvier 2000, n° 97-44923, BC V n° 10 ; cass. soc. 16 avril 2015, n° 13-27905 D).

Salarié à temps partiel pendant un congé parental - Lorsque le salarié se trouve à temps partiel du fait d'un *congé parental d'éducation**, son indemnité de licenciement, doit être calculée en fonction de sa rémunération à temps complet (cass. soc. 11 juillet 2018, n° 16-27825 FPPB ; CJUE 8 mai 2019, aff. C-486/18 ; cass. soc. 18 mars 2020, n° 16-27825 FPB ; cass. soc. 14 avril 2021, n° 19-21508 D).

Indemnité fixée devant le conseil de prud'hommes

Voir *Conseil de prud'hommes (indemnité de licenciement)**.

Indemnité conventionnelle

Indemnité plus favorable - La *convention collective** applicable à l'entreprise, ou un accord collectif d'entreprise, peut prévoir le paiement, aux salariés licenciés, d'une indemnité de licenciement plus favorable que l'indemnité légale quant à ses conditions d'octroi et/ou son montant.

▶ À noter… Un accord collectif d'entreprise peut prévoir une indemnité de licenciement moins favorable que la convention ou l'accord de branche applicable à l'entreprise pourvu que le minimum légal soit respecté [voir *Accord collectif d'entreprise (contenu)**].

Les indemnités légales et conventionnelles ne se cumulent pas (c. trav. art. R. 1234-5). Seule l'indemnité la plus avantageuse pour le salarié doit être versée.

À l'inverse de l'indemnité légale de licenciement, le montant de l'indemnité conventionnelle de licenciement peut varier selon le motif de rupture (économique ou personnel) (cass. soc. 3 juillet 2013, n° 12-13612, BC V n° 179).

▶ À noter… Les juges doivent interpréter une convention collective, lorsque celle-ci manque de clarté, « tout d'abord en respectant la lettre du texte, ensuite en tenant compte d'un éventuel texte législatif ayant le même objet et, en dernier recours […] en recherch[ant] l'objet social du texte » (cass. ass. plén. 23 octobre 2015, n° 13-25279, Bull. 2015, ass. plén., n° 623 ; cass. soc. 25 mars 2020, n° 18-12467 FSPB).

Conditions d'attribution - Variable selon les dispositions conventionnelles, l'indemnité de licenciement n'est due, en principe, que si l'employeur est l'auteur de la rupture. Sauf stipulation expresse contraire (cass. soc. 30 septembre 1992, n° 87-45546 D), elle n'est pas due en cas de *force majeure** ou de faute grave.

En l'absence d'élément objectif et pertinent, un accord d'entreprise ou une convention collective ne peut pas exclure du bénéfice de l'indemnité conventionnelle de licenciement, les salariés déclarés inaptes, notamment à la suite d'une maladie ou d'un accident non professionnels. Une telle disposition fondée sur l'état de santé du salarié est discriminatoire et donc nulle (cass. soc. 8 octobre 2014, n° 13-11789, BC V n° 232 ; cass. soc. 9 décembre 2020, n° 19-17092 FSPB) [voir *Inaptitude physique (licenciement)**].

Base de calcul - Lorsque la convention collective applicable prévoit que l'indemnité de licenciement est calculée sur la base du salaire effectif à la date de la rupture du contrat de travail, le salaire mensuel servant de base au calcul de l'indemnité de licenciement comprend, prorata temporis, toute prime ou gratification versée au salarié pendant la période de référence, en l'absence de toute autre précision dans cette convention (cass. soc. 1er février 2000, n° 97-42040 D). Par date de rupture du contrat, il paraît logique de retenir la date d'envoi de la lettre de licenciement, comme les tribunaux en ont décidé en matière d'indemnité légale de licenciement (cass. soc. 11 janvier 2007, n° 04-45250, BC V n° 3).

En revanche, lorsque la convention collective applicable prévoit que l'indemnité de licenciement est calculée sur la base de la rémunération effective totale mensuelle gagnée par le salarié licencié pendant le mois précédant le préavis de licenciement, la somme correspondant au rachat, par le salarié, des droits issus de son *compte épargne-temps** n'a pas à être incluse dans la base de calcul de l'indemnité conventionnelle de licenciement. En l'espèce, ces droits ne répondaient à aucune périodicité puisque le salarié et l'employeur décidaient librement de l'alimentation de ce compte. Ils ne venaient donc pas en rémunération du mois de référence (cass. soc. 10 juillet 2013, n° 12-18273, BC V n° 192).

▶ À noter… Lorsque le salarié est en arrêt maladie au moment de son licenciement, les salaires de référence pris en compte pour calculer l'indemnité de licenciement conventionnelle sont ceux perçus avant l'arrêt de travail (cass. soc. 23 mai 2017, n° 15-22223, BC V n° 90).

Le droit à l'indemnité de licenciement naissant à la date où le licenciement est notifié, ce sont les dispositions légales ou conventionnelles en vigueur à cette date qui déterminent les droits du salarié. Ainsi, sauf clause expresse contraire, des dispositions légales ou conventionnelles intervenues au cours de la période de préavis ne peuvent diminuer ou augmenter la quotité de ces droits (cass. soc. 11 janvier 2006, n° 03-44461, BC V n° 9).

Montant de l'indemnité conventionnelle - Le montant de l'indemnité conventionnelle de licenciement est fixé par la convention collective en fonction du salaire et de l'ancienneté en envisageant parfois le cas du salarié qui changerait de qualification au cours de sa carrière (cass. soc. 14 décembre 2016, n° 15-16131, BC V n° 257). En l'absence de toute précision de la convention collective, il faut appliquer les solutions retenues pour l'indemnité légale de licenciement.

Les années incomplètes sont prises en compte prorata temporis.

L'indemnité conventionnelle de licenciement peut être plafonnée en raison de l'ancienneté dès lors que le montant plafonné est supérieur au montant légal et qu'il n'y a pas de discrimination indirecte, c'est-à-dire que le plafonnement de l'indemnité de licenciement n'a pas pour effet de désavantager les salariés du fait de leur âge (cass. soc. 30 avril 2009, n° 07-43945, BC V n° 118).

Une convention collective peut prévoir une indemnité conventionnelle de licenciement plus élevée pour une catégorie professionnelle plus exposée au licenciement que les autres (ex. : cadres dirigeants d'une association) (sur le contentieux lié à une telle différence de traitement, voir *Avantage catégoriel**) (cass. soc. 24 septembre 2014, n° 13-15074, BC V n° 204).

Salarié employé successivement à temps complet et à temps partiel - Lorsqu'un salarié a travaillé tantôt à temps plein, tantôt à temps partiel dans une même entreprise, l'indemnité conventionnelle de licenciement est calculée proportionnellement aux périodes d'emploi accomplies selon l'une et l'autre de ces deux modalités depuis son entrée dans l'entreprise (c. trav. art. L. 3123-5).

Cette règle de proportionnalité ne s'applique pas, sauf disposition contraire de la convention collective, au plafond de cette indemnité. Autrement dit, ce plafond n'a pas à être proratisé (cass. soc. 26 septembre 2018, n° 17-11102 FSPB).

▶ À noter… Cette règle ne vaut qu'en cas de plafond forfaitaire. Elle ne s'applique pas lorsque le plafond est fonction du temps de travail.

Régime juridique - L'indemnité conventionnelle de licenciement n'a pas le caractère d'un salaire, mais de dommages-intérêts *(voir ci-avant)*. En ce qui concerne les régimes social et fiscal, voir *Indemnités de rupture (régimes social et fiscal)**.

La part excédant le montant de l'indemnité légale est intégrée dans l'assiette du différé d'indemnisation « spécifique » à l'ouverture du droit à l'allocation d'aide au retour à l'emploi [voir *Chômage (allocation d'aide au retour à l'emploi)**].

Indemnité contractuelle

Condition d'attribution - Le contrat de travail peut prévoir le paiement au salarié licencié d'une indemnité de licenciement globalement plus favorable au salarié que l'indemnité légale ou l'indemnité conventionnelle. Les indemnités ne se cumulent pas (c. trav. art. R. 1234-5). Seule l'indemnité la plus avantageuse doit être versée.

▶ À noter… Voir aussi *Clause de garantie d'emploi**.

Licenciement sans cause réelle et sérieuse - Lorsque l'employeur et le salarié sont convenus que ce dernier percevra, en cas de rupture de son contrat de travail, une indemnité contractuelle, celle-ci se cumulera avec l'indemnité pour *licenciement sans cause réelle et sérieuse** (cass. soc. 28 février 2006, n° 04-42280, BC V n° 88). Le cas échéant, l'employeur ne peut donc pas considérer que l'indemnité contractuelle de licenciement indemnise également l'absence de cause réelle et sérieuse (c. trav. art. L. 1235-3).

Clause pénale - Lorsque le contrat de travail fixe le montant de l'indemnité de licenciement, il s'agit d'une « clause pénale ». Le juge peut augmenter ce montant s'il l'estime dérisoire ou, à l'inverse, le réduire s'il le considère excessif (c. civ. art. 1231-5 ; cass. soc. 17 mars 1998, n° 95-43411, BC V n° 142). Le juge qui refuse de modérer une clause pénale n'a pas à motiver sa décision (cass. soc. 4 avril 2012, n° 10-17181 D).

▶ Attention... L'indemnité de licenciement résultant de l'application volontaire d'une convention collective conserve son caractère conventionnel et ce, même si cette application volontaire a été prévue via une clause contractuelle. Son montant ne peut donc pas être réduit par le juge (cass. soc. 9 novembre 2011, n° 09-43528, BC V n° 253).

En revanche, le fait qu'un salarié bénéficie pour le calcul de l'indemnité de licenciement contractuelle d'une reprise d'ancienneté prévue par un accord collectif d'entreprise ne suffit pas à transformer la nature de ladite indemnité. Celle-ci conserve son caractère contractuel et, par conséquent, celui d'une clause pénale pouvant être réduite ou augmentée par le juge (cass. soc. 16 mars 2016, n° 14-23861, BC V n° 49).

Annulation - Le juge peut annuler la clause prévoyant une indemnité contractuelle de licenciement si cette indemnité est de nature à faire échec au droit de licenciement reconnu à l'employeur (cass. soc. 5 mars 2014, n° 12-23106, BC V n° 68).

Indemnité transactionnelle

Voir *Transaction**.

☛ *Indemnités de rupture (régimes social et fiscal) ; Licenciement ; Licenciement non disciplinaire ; Licenciement économique ; Licenciement sans cause réelle et sérieuse ; Licenciement pour faute.*

Indemnité de mise à la retraite

Montant

Indemnité due - Le salarié mis à la retraite peut prétendre (c. trav. L. 1234-9, L. 1237-7 et R. 1234-1 à R. 1234-5) (voir *Mise à la retraite**) :

- soit à l'*indemnité de licenciement** légale ;
- soit, si ces dispositions lui sont plus favorables, à l'indemnité de mise à la retraite prévue par la convention ou l'accord collectif applicable à l'entreprise ou encore par le contrat de travail.

L'indemnité de mise à la retraite due au salarié est déterminée par les dispositions en vigueur au jour de la rupture du contrat de travail (cass. soc. 14 février 2018, n° 16-16617, BC V n° 21).

▶ À noter... Lorsque la mise à la retraite est requalifiée par les juges en un licenciement nul, l'indemnité versée au titre de la mise à la retraite ne peut pas se cumuler avec l'indemnité de licenciement, laquelle est alors due sous déduction de l'indemnité de mise à la retraite (cass. soc. 26 septembre 2012, n° 11-13374 D).

Indemnité conventionnelle - Le montant de l'indemnité conventionnelle de mise à la retraite due au salarié est déterminé par les dispositions conventionnelles en vigueur au jour de la rupture du contrat de travail résultant de la mise à la retraite, peu important que celle-ci ait été précédée d'un accord entre l'employeur et le salarié organisant la suspension du contrat de travail et ouvrant droit à des avantages particuliers (cass. soc. 30 septembre 2009, n° 08-40353, BC V n° 214). Le paiement de l'indemnité conventionnelle de mise à la retraite peut être soumis à une condition d'ancienneté (cass. soc. 27 mai 1992, n° 89-40089, BC V n° 344).

Indemnité contractuelle - L'indemnité contractuelle excédant le montant de l'indemnité de mise à la retraite prévue par la loi ou la convention collective a, comme l'indemnité elle-même, le caractère de dommages et intérêts compensant le préjudice né de la perte de l'emploi (cass. soc. 11 juillet 2002, n° 00-19190, BC V n° 257).

En cas d'inaptitude physique professionnelle

La mise à la retraite d'un salarié déclaré inapte par le médecin du travail à la suite d'un accident du travail ou d'une maladie professionnelle entraîne le versement de l'indemnité spéciale de licenciement, y compris lorsque la rupture prend la forme d'une mise à la retraite prononcée en conformité avec les dispositions légales et conventionnelles (c. trav. art. L. 1226-14 ; cass. soc. 29 janvier 2002, n° 99-41028, BC V n° 37) [voir *Inaptitude physique (licenciement)**].

Dans le cadre d'un plan de sauvegarde de l'emploi

Un salarié mis à la retraite dans le cadre d'un *plan de sauvegarde de l'emploi** (PSE) a-t-il automatiquement droit à l'indemnité de licenciement pour motif économique ? Pas si le salarié remplit les conditions de mise à la retraite (cass. soc. 18 avril 2000, n° 97-45434, BC V n° 142).

En effet, l'employeur qui envisage de mettre à la retraite un salarié remplissant les conditions requises à l'occasion de difficultés économiques doit observer les dispositions relatives au *licenciement économique** impliquant la consultation des représentants du personnel et, si nécessaire, la mise en place d'un PSE. Mais pour autant, sa décision n'entraîne pas les effets d'un licenciement : le salarié mis à la retraite a droit à l'indemnité prévue en cas de mise à la retraite *(voir ci-avant)*, mais pas à l'indemnité conventionnelle de licenciement, à moins que le PSE prévoie un tel versement (cass. soc. 18 mars 2008, n° 07-40269, BC V n° 63 ; cass. soc. 14 mai 2008, n° 06-45158 D).

Autres indemnités à verser

En sus de l'indemnité de mise à la retraite, le salarié peut bénéficier de :
- l'indemnité compensatrice de congés payés correspondant aux congés payés éventuellement acquis à la date de rupture et non pris ;
- du solde des droits éventuellement acquis au titre des repos compensateurs, congés conventionnels, CET, etc. ;
- la contrepartie pécuniaire à la *clause de non-concurrence** prévue par la convention collective ou le contrat de travail si le salarié est lié par une telle clause (et sauf renonciation éventuelle de l'employeur à l'application de cette clause) ;
- des droits éventuellement acquis par le salarié au titre de la participation aux résultats, d'un plan d'épargne d'entreprise ou de l'intéressement.

☞ *Indemnité de licenciement ; Indemnités de rupture (régimes social et fiscal) ; Mise à la retraite.*

Indemnité de non-concurrence

☞ *Clause de non-concurrence (indemnité).*

Indemnité temporaire d'inaptitude

☞ *Accident du travail (indemnisation) ; Inaptitude physique (indemnité temporaire d'inaptitude) ; Inaptitude physique (reclassement).*

Indemnités journalières de sécurité sociale

Situations ouvrant droit aux indemnités journalières

Suite à un accident du travail ou à une maladie professionnelle - À la suite d'un arrêt de travail indemnisé dans le cadre de la législation sur les accidents du travail et maladies professionnelles, la caisse primaire d'assurance maladie (CPAM) verse au salarié une indemnité journalière de sécurité sociale (IJ ou IJSS) à compter du lendemain de l'arrêt de travail (voir *Indemnités journalières de sécurité sociale d'accident du travail**).

Pendant le congé maternité ou paternité - Les femmes peuvent bénéficier des *indemnités journalières de sécurité sociale de maternité** pendant le congé de maternité, à condition de cesser toute activité salariée pendant cette période et au moins pendant 8 semaines (c. séc. soc. art. L. 331-3). En cas de décès de la mère, l'indemnité peut être servie au père ou, si ce dernier n'exerce pas son droit, à la personne liée à la mère (c.séc. soc. art. L. 331-6) (voir *Assurance maternité**).

Le père, ou la personne liée à la mère, bénéficiaire du *congé de paternité et d'accueil de l'enfant** peut également bénéficier de cette indemnité journalière (c. séc. soc. art. L. 331-8).

Suite à une maladie ou à un accident non professionnels - Le salarié en arrêt de travail pour maladie ou accident non professionnels peut percevoir des *indemnités journalières de sécurité sociale de maladie**, à des conditions différentes selon qu'il est en arrêt de travail pour 6 mois au plus ou pendant plus de 6 mois. Il peut aussi bénéficier des indemnités journalières, sous certaines conditions, si son médecin lui prescrit une *cure thermale**.

Régimes social et fiscal des indemnités journalières

Cotisations sociales, CSG et CRDS - Les IJ d'accident du travail, de maladie et de maternité ne sont pas soumises à cotisations sociales.

Les IJ supportent la *contribution pour le remboursement de la dette sociale (CRDS)** au taux de 0,5 % et la *contribution sociale généralisée (CSG)** au taux de 6,2 %, sans abattement d'assiette.

Le prélèvement est effectué directement par la CPAM qui verse un montant d'IJ net de CSG et de CRDS.

Impôt sur le revenu - Les indemnités journalières de maladie sont soumises à l'impôt sur le revenu (sauf celles versées en cas d'*affections de longue durée**). Il en est de même des IJ de maternité. Quant aux IJ d'accident du travail versées depuis le 1.01.2010, elles sont imposables pour moitié, alors qu'elles étaient antérieurement exonérées d'impôt en totalité (CGI art. 80 quinquies et 81, 8° ; loi 2009-1674 du 30 décembre 2009, art. 115, JO du 31).

Le prélèvement à la source (PAS) de l'impôt sur le revenu s'applique aux indemnités journalières imposables. La CPAM prélève donc sur les IJSS qu'elle verse le taux de PAS que lui a communiqué l'administration fiscale.

En cas de subrogation de l'employeur *(voir ci-après)*, c'est à ce dernier d'effectuer le PAS. Pour les IJSS maladie non professionnelle, ce prélèvement est à effectuer uniquement pendant les 2 premiers mois d'arrêt de travail (60 jours de date à date).

Dans la *déclaration sociale nominative (DNS)**, l'employeur n'a pas à intégrer les IJSS subrogées dans la rémunération nette fiscale, afin d'en éviter le double décompte sur la déclaration de revenus pré-remplie du salarié l'année suivante. En effet, l'assurance maladie procède chaque année de son côté à une déclaration des montants imposables d'IJSS, qu'elle les verse directement à l'assuré ou que ce soit l'employeur qui les verse en situation de subrogation. En revanche, les IJSS subrogées doivent être intégrées dans le montant soumis au prélèvement à la source (assiette du PAS) (www.dsn-info.fr ; base de connaissance DSN fiche 1816, actualisée au 16 décembre 2020).

▶ À noter... Par tolérance, en 2019, 2020, 2021 et 2022, il ne faut pas tenir compte des IJSS de *temps partiel thérapeutique** pour calculer le montant de PAS (www.dsn-info.fr ; base de connaissance DSN fiche 1851, actualisée au 25 janvier 2022).

Paiement des indemnités journalières

Paiement à l'assuré - Les IJSS sont versées par la CPAM directement à l'assuré, sauf en cas de subrogation de l'employeur, qui fait alors l'avance des indemnités au salarié et les perçoit ensuite de la CPAM à la place du salarié *(voir ci-après)*.

La CPAM peut valablement payer les IJ accidents du travail au conjoint de la victime ou, si la victime est mineure, à la personne l'ayant à sa charge (c. séc. soc. art. R. 433-16, al. 1). La victime peut également donner délégation à un tiers pour l'encaissement des indemnités, cette délégation ne valant que pour une seule période d'incapacité temporaire (c. séc. soc. art. R. 433-16, al. 2 et 3).

▶ À noter... À compter du 27.12.2022, le paiement des IJSS devra être réalisé sur le compte bancaire dont le bénéficiaire est titulaire ou cotitulaire (loi 2021-1774 du 24 décembre 2021, art. 3), s'il s'agit d'un versement direct au salarié (donc hors subrogation, puisque dans ce cas elles transitent via l'entreprise).

Les IJ accident du travail sont mises en paiement dès réception du certificat médical attestant la nécessité d'interrompre le travail (c. séc. soc. art. R. 433-13, al. 1).

Elles sont payables aux dates fixées par le règlement intérieur de la caisse débitrice, sans que l'intervalle entre 2 paiements puisse excéder 16 jours (c. séc. soc. art. R. 433-14). Tout retard injustifié apporté au paiement de l'IJ ouvre droit à la victime, à partir du 8e jour de son échéance, à une astreinte quotidienne de 1 % du montant des sommes non payées, prononcée par la juridiction compétente (c. séc. soc. art. L. 436-1 et R. 436-5).

Ces indemnités sont productives d'intérêts moratoires (c. civ. art. 1231-6).

Subrogation - Lorsque l'employeur maintient le salaire brut en totalité, il est subrogé de plein droit dans la perception des IJ maladie, s'il en fait la demande. La CPAM lui verse alors directement les indemnités, sans que l'accord du salarié ne soit nécessaire.

Si le maintien de salaire n'est que partiel (c'est-à-dire maintien total ou partiel sous déduction des IJ), l'employeur est subrogé de plein droit s'il en fait la demande (l'accord du salarié n'est pas requis), à condition que le salaire maintenu au cours de l'arrêt de travail soit au moins égal au montant des indemnités dues pour la même période [voir *Maladie (indemnisation)**].

▶ À noter... La demande de subrogation s'effectue lors du signalement de l'arrêt de travail dans la *déclaration sociale nominative (DSN)** (www.ameli.fr).

Ces règles valent pour les IJSS de maladie (c. séc. soc. art. R. 323-11), de maternité et assimilées (paternité, adoption) (c. séc. soc. art. R. 331-5 renvoyant à R. 323-11) et d'accident du travail ou de maladie professionnelle (c. séc. soc. art. R. 433-12).

▶ À noter... Les IJ peuvent être d'un montant supérieur à la rémunération habituelle du salarié. Ce cas de figure se rencontre lorsque l'une des paies comprises dans le salaire de référence servant de base de calcul aux IJSS est supérieure au salaire habituel en raison du versement d'une prime (ex. : 13e mois). Or, l'employeur n'est subrogé dans les droits du salarié aux IJ que dans la limite des sommes qu'il a versées au titre de la rémunération servie pendant ses absences. Lorsque l'entreprise a perçu de la sécurité sociale des IJ d'un montant plus élevé que la rémunération versée au salarié pendant ses arrêts de travail, elle doit reverser la différence au salarié (cass. soc. 7 juillet 1993, n° 89-44060, BC V n° 195).

Reprise anticipée du travail

Employeur subrogé - L'employeur subrogé dans les droits de son salarié en arrêt de travail doit informer par tout moyen la caisse assurant le service de l'indemnité journalière de la reprise anticipée du travail par ce salarié. S'il manque à cette obligation, et si ce manquement a occasionné le versement indu d'indemnités journalières, le directeur de la caisse peut prononcer à son encontre une pénalité financière (c. séc. soc. art. L. 323-6-1). Le montant de cette dernière est fixé en fonction de la gravité des faits reprochés, soit proportionnellement aux sommes concernées dans la limite de 70 % de celles-ci, soit, à défaut de sommes déterminées ou clairement déterminables, forfaitairement dans la limite de 4 fois le plafond mensuel de la sécurité sociale (c. séc. soc. art. L. 114-17-1, III).

En outre, la caisse procède à la récupération des indemnités journalières auprès de l'employeur (c. séc. soc. art. L. 323-6-1).

Information à la charge de l'assuré - L'assuré bénéficiant d'IJSS est tenu d'informer sans délai sa caisse de toute reprise d'activité intervenant avant la fin de l'arrêt de travail. Cette règle concerne les IJSS maladie (c. séc. soc. art. L. 323-6, 5°) et les IJSS accident du travail et maladie professionnelle (c. séc. soc. art. L. 433-1 renvoyant à L. 323-6). En cas d'inobservation volontaire de cette obligation, le bénéficiaire des IJSS doit restituer à la caisse les indemnités versées correspondantes (c. séc. soc. art. L. 323-6).

☛ *Adoption ; Accident du travail ; Indemnités journalières de sécurité sociale de maladie ; Indemnités journalières de sécurité sociale de maternité ; Indemnités journalières de sécurité sociale d'accident du travail ; Maladie ; Maladie (indemnisation) ; Maternité (congé de).*

Indemnités journalières de sécurité sociale d'accident du travail

Situations ouvrant droit à indemnité journalière

Suite à un accident du travail ou à une maladie professionnelle - À la suite d'un arrêt de travail consécutif à un accident du travail ou à une maladie professionnelle, la caisse primaire d'assurance maladie (CPAM) verse au salarié une indemnité journalière de sécurité sociale (IJ ou IJSS) à compter du lendemain de l'arrêt de travail (c. séc. soc. art. L. 433-1, al. 1) (voir *Accident du travail** et *Maladies professionnelles**). L'assuré n'a pas à justifier de condition d'immatriculation, de cotisations ou d'heures de travail préalables, comme c'est le cas pour bénéficier des *indemnités journalières de sécurité sociale de maladie**.

▶ À noter... L'indemnité journalière est aussi servie en cas d'*accident de trajet**, d'*accident de mission** ou de *temps partiel thérapeutique**.

Les IJSS ne sont versées au salarié victime d'un accident du travail que si un certificat médical atteste de la nécessité d'un arrêt de travail (c. séc. soc. art. R. 433-13). Un certificat médical établi sans examen préalable du salarié par le médecin, fût-il de prolongation, fait obstacle au versement des IJSS (cass. civ. 2e ch., 14 février 2019, n° 18-10158, FPBI).

Pendant une action de formation ou d'évaluation - Lorsque la victime demande à accéder, pendant son arrêt de travail et avec l'accord de son médecin traitant, à des actions de formation ou à des actions d'évaluation, d'accompagnement, d'information et de conseil auxquelles la caisse est partie prenante, la CPAM peut décider, après avis du médecin-conseil, de lui maintenir le versement des IJ d'accident du travail (c. séc. soc. art. L. 433-1, al. 4 renvoyant à L. 323-3-1).

La décision de maintien des IJ est communiquée à l'assuré et, le cas échéant, à l'employeur. Ce dernier en informe le médecin du travail.

Indemnité temporaire d'inaptitude - Le salarié dont l'inaptitude physique est consécutive à un accident du travail ou une maladie professionnelle peut prétendre à l'indemnité temporaire d'inaptitude (ITA) pendant le délai de 1 mois, au maximum, durant lequel il attend de savoir si son employeur le licencie ou le reclasse [voir *Inaptitude physique (indemnité temporaire d'inaptitude)**]. L'ITA est égale au montant de l'IJ accident du travail.

Durée de l'indemnisation

Point de départ - La journée de travail au cours de laquelle l'accident s'est produit est intégralement à la charge de l'employeur, quel que soit le mode de paiement du salaire (c. séc. soc. art. L. 433-1, al. 1).

▶ À noter... Lorsqu'un salarié travaillant pour plusieurs employeurs est accidenté au cours du temps qu'il consacre à l'un d'eux, celui-ci ne doit lui payer que les heures qu'il aurait dû effectuer pour lui au cours de cette journée. Les heures de travail chez les autres employeurs doivent être indemnisées par la CPAM (lettre min. du 25 août 1961, Bull. Jur. UCANSS 61-52).

L'indemnisation de la CPAM est versée au salarié à partir du premier jour qui suit l'arrêt de travail consécutif à l'accident ou à la maladie professionnelle (c. séc. soc. art. L. 433-1, al. 2). Aucun délai de carence n'est donc prévu.

Période indemnisée - L'indemnisation est servie au salarié pendant toute la période d'incapacité de travail qui précède soit la guérison complète, soit la *consolidation de la blessure** ou le *décès**, ainsi qu'en cas de rechute ou d'aggravation. Cette indemnisation est due sans distinction des jours ouvrables, dimanches et jours fériés (c. séc. soc. art. L. 433-1, al. 2).

Les indemnités journalières ne sont versées jusqu'à la date de consolidation des blessures que si la victime se trouve, en raison des séquelles de l'accident, dans l'incapacité de reprendre le travail (cass. civ., 2e ch., 23 janvier 2014, n° 12-25818, BC II n° 18). Étant précisé que l'incapacité de travail s'entend non de l'inaptitude de la victime à reprendre son emploi antérieur à l'arrêt de travail, mais de celle d'exercer une activité salariée quelconque (cass. civ., 2e ch., 21 juin 2018, n° 17-18587 FSPB).

▶ À noter... La guérison se traduit par la disparition des lésions traumatiques ou morbides occasionnées par l'accident. Elle ne laisse donc subsister aucune incapacité permanente qui serait la conséquence de l'accident considéré, sous réserve d'éventuelles rechutes.

La consolidation correspond au moment où la lésion se fixe et prend un caractère permanent, sinon définitif. Aucun traitement n'est plus nécessaire et il est possible d'apprécier un certain degré d'incapacité permanente consécutif à l'accident, sous réserve d'éventuelles rechutes (lettre min. du 23 avril 1951, Bull. Jur. UCANSS 51-36).

Le salarié et, le cas échéant, son employeur doivent informer la caisse en cas de reprise anticipée du travail (voir *Indemnités journalières de sécurité sociale**).

Calcul

Salaire journalier de référence - L'IJ se calcule en pourcentage du salaire journalier de référence (c. séc. soc. art. R. 433-4). Ce dernier est déterminé selon des modalités variant en fonction de la périodicité de la paye du salarié (ex : pour une paye mensuelle, il faut, pour obtenir le salaire journalier de référence, diviser par 30,42 le montant de la paye du mois civil antérieur à la date d'arrêt de travail) *(voir tableau reproduit dans cette étude)*.

▶ À noter... Les primes de mobilité et d'installation constituent des rémunérations au sens du code de la sécurité sociale. Même versées qu'une seule fois, elles doivent donc être prises en compte dans le salaire de référence retenu pour calculer les indemnités journalières de sécurité sociale versées au salarié victime d'un accident du travail (cass. civ., 2e ch., 28 mai 2020, n° 19-10029 FPBI).

Salaire plafond - En tout état de cause, le montant du salaire journalier de référence ne peut pas dépasser 0,834 % du plafond annuel de la sécurité sociale, soit 343,07 € au 1.01.2022 (c. séc. soc. art. R. 433-2).

Calcul du salaire journalier de référence	
Paies mensuelles ou dans les autres cas que ceux visés ci-dessous	1/30,42 de la paye du mois civil antérieur à la date de l'arrêt de travail
Paies toutes les deux semaines	1/28 des deux payes du mois civil antérieur à la date de l'arrêt de travail
Paies chaque semaine	1/28 des quatre payes du mois civil antérieur à la date de l'arrêt de travail
Travail discontinu ou à caractère saisonnier	1/365 du salaire des 12 mois civils antérieurs à l'arrêt de travail

Montant

Taux - Le montant de l'IJ est obtenu en multipliant le salaire journalier de référence *(voir ci-avant)* par un taux égal à (c. séc. soc. art. R. 433-1 et R. 433-3) :
- 60 % pendant les 28 premiers jours ;
- 80 % à compter du 29e jour.

Montant maximal - L'IJ ne peut pas dépasser le gain journalier net perçu par le salarié avant son arrêt de travail. Si le montant de l'IJ est supérieur à ce gain, elle est réduite à ce montant.

Le gain journalier net est déterminé par application, au salaire de référence, du taux forfaitaire représentatif des cotisations et contributions salariales applicables aux IJSS de maternité, soit 21 % (c. séc. soc. art. R. 433-4 ; arrêté du 28 mars 2013, JO du 30).

▶ À noter… Le salaire servant de base au calcul de l'IJ due à un apprenti ne peut pas être inférieur au SMIC. L'IJ calculée à partir de ce salaire ne peut pas excéder le gain journalier net perçu par l'apprenti (c. séc. soc. art. R. 433-8). Comme les apprentis ne paient ni cotisations salariales, ni CSG, l'écrêtement de l'IJ d'accident du travail se fait par comparaison avec la rémunération effectivement perçue par l'apprenti, sans imputation du taux forfaitaire (circ. DSS/SD2/2014-370 du 30 décembre 2014).

La combinaison du montant maximal du salaire journalier et du taux des IJ conduit en outre à une autre limite absolue. Ainsi, au 1.01.2022 :
- pour les 28 premiers jours d'arrêt de travail, l'IJ maximale est fixée à 60 % de 343,07 €, soit 205,84 € par jour ;
- à partir du 29e jour d'arrêt, l'IJ maximale est fixée à 80 % de 343,07 €, soit 274,46 € par jour.

Régimes social et fiscal

Voir *Indemnités journalières de sécurité sociale**.

Paiement

Voir *Indemnités journalières de sécurité sociale**.

Indemnités journalières de sécurité sociale d'adoption

☞ *Indemnités journalières de sécurité sociale de maternité.*

Indemnités journalières de sécurité sociale de maladie

Sur les mesures dérogatoires et temporaires mises en place dans le cadre de l'épidémie de covid-19, voir *Covid-19 (arrêts de travail)**.

Situations ouvrant droit aux IJSS

Maladie ou accident non professionnels - Le salarié en arrêt de travail pour maladie ou accident non professionnels, ou si son médecin lui prescrit une *cure thermale**, peut percevoir une indemnité journalière de sécurité sociale (IJ ou IJSS) de maladie. Les conditions d'ouverture des droits aux IJSS sont différentes pour les 6 premiers mois d'indemnisation et pour la période au-delà de 6 mois (c. séc. soc. art. R. 313-3). L'intéressé doit justifier d'un montant de cotisations ou d'un nombre d'heures de travail préalables suffisants *(voir tableau reproduit ci-après)*, étant précisé que certaines situations (ex : journée de perception de l'allocation de présence parentale) sont assimilées à des périodes d'activité salariée (circ. DSS/SD2/2015-179 du 26 mai 2015).

Pour les salariés des professions à caractère saisonnier ou discontinu, ou occupant des emplois entrant dans le champ des services à la personne et rémunérées par *chèque emploi-service universel (CESU)**, et qui ne remplissent pas ces conditions, la période prise en compte pour apprécier le niveau minimal de cotisations ou d'heures de travail préalable est allongée (c. séc. soc. art. R. 313-7 ; circ. DSS/S2A 2013-163 du 16 avril 2013).

Temps partiel thérapeutique - Des IJ peuvent être versées en cas de *temps partiel thérapeutique** décidé dans le cadre d'un maintien au travail ou d'une reprise partielle du travail après un arrêt à temps complet indemnisé (c. séc. soc. art. L. 323-3).

Pendant une action de formation ou d'évaluation - Le versement des IJ ne fait pas obstacle à ce que l'assuré demande, avec l'accord de son médecin traitant, à accéder aux actions de formation professionnelle continue ou à des actions d'évaluation, d'accompagnement, d'information et de conseil auxquelles la CPAM participe, sous réserve que, après avis du médecin-conseil de la caisse, la durée de ces actions soit compatible avec la durée prévisionnelle de l'arrêt de travail. La CPAM fait part de son accord à l'assuré et, le cas échéant, à l'employeur, ce dernier en informant le médecin du travail (c. séc. soc. art. L. 323-3-1).

Indemnités journalières de sécurité sociale de maladie

Indemnités journalières de sécurité sociale de maladie : conditions d'octroi	
I. Indemnisation des 6 premiers mois	**II. Indemnisation après 6 mois**
- avoir cotisé* au cours des 6 mois civils précédents sur au moins 1 015 fois le SMIC horaire **	- être affilié au moins depuis 12 mois et avoir cotisé* en maladie au cours des 12 mois civils précédents sur au moins 2 030 fois le SMIC horaire**
- ou avoir travaillé* au moins 150 heures sur les 3 mois civils ou les 90 jours précédents	- ou être affilié au moins depuis 12 mois et avoir travaillé* au moins 600 heures au cours des 12 mois civils ou 365 jours précédents

* Sont assimilés à des périodes de travail les périodes d'indemnisation de la maladie, maternité et accident du travail ainsi que les arrêts de travail non indemnisés du fait de l'application du délai de carence ou de l'épuisement par le salarié de ses droits à indemnisation. Il en va de même pour les congés payés (cass. soc. 2 décembre 1999, n° 97-22248, BC V n° 468).
** SMIC horaire en vigueur au premier jour de la période de référence.

Obligations du salarié et de l'employeur

Obligations du salarié - Le service des IJ est subordonné, pour le salarié (c. séc. soc. art. L. 323-6 et R. 321-2) **:**

- à l'envoi de l'avis d'arrêt de travail dans un délai de 48 h à la CPAM compétente (voir *Maladie) ;**

- à l'obligation d'observer les prescriptions du praticien et de se soumettre aux contrôles organisés par le service médical de la sécurité sociale ;

- au respect des heures de sortie autorisées par le praticien ;

- à l'obligation de s'abstenir d'exercer toute activité non autorisée *(voir aussi plus loin dans l'étude)* ;

- à l'obligation d'informer sans délai la caisse de toute reprise d'activité intervenant avant la fin de l'arrêt de travail.

En application de l'article 37 du règlement intérieur des CPAM, le salarié en arrêt maladie ne doit pas quitter son département de résidence sans l'autorisation préalable de sa caisse.

▶ À noter… La loi relative à l'organisation et à la transformation du système de santé avait prévu qu'au 31.12.2021 au plus tard, les arrêts de travail seraient prescrits, sauf exception, de manière dématérialisée par l'intermédiaire d'un service mis à la disposition des professionnels de santé par les organismes d'assurance maladie. Les assurés n'auraient alors plus l'obligation d'envoyer eux-mêmes leur avis d'arrêt de travail sous 48 heures à leur CPAM. Les modalités de mise en œuvre de cette dématérialisation devaient être fixées par des conventions nationales conclues entre les organismes de sécurité sociale et les médecins ou, à défaut, par un arrêté (c. séc. soc. art. L. 161-35 ; loi 2019-774 du 24 juillet 2019, art. 55, JO du 26). Toutefois, il semble que cette obligation de dématérialisation des arrêts de travail ne soit pas encore effective à l'heure où nous rédigeons ces lignes (1.01.2022), l'Assurance maladie n'évoquant sur son site Internet qu'une possibilité de dématérialisation, avec l'accord de l'assuré.

Attestation de salaire - Pour permettre à la CPAM de calculer les IJSS qu'elle doit au salarié, l'employeur doit établir une attestation de salaire (c. séc. soc. art. R. 323-10). **Cette attestation de salaire fait partie des formalités incluses dans la *déclaration sociale nominative (DSN)**.**

Montant des IJSS

Principe - Le montant de l'indemnité journalière de sécurité sociale est égal à 50 % du revenu d'activité antérieur (c. séc. soc. art. L. 323-4 et R. 323-5).

▶ À noter… En application de la loi de financement de la sécurité sociale pour 2020 et d'un décret d'application (loi 2019-1446 du 24 décembre 2019, art. 85, I, 2°, JO du 27 ; décret 2021-428 du 12 avril 2021, JO du 13), la notion de « revenu d'activité antérieur » a remplacé celle de « gain journalier de base ». Toutefois, il s'agit d'un simple changement de terminologie qui n'entraîne aucune modification de fond dans le calcul des IJSS.

Le calcul du revenu d'activité antérieur est effectué à partir des dernières payes des mois civils antérieurs à l'arrêt de travail, selon des modalités qui varient en fonction de la périodicité de la paye du salarié (ex. : pour une paye mensuelle, il faut, pour obtenir le revenu d'activité antérieur, diviser par 91,25 le montant des 3 dernières payes) (c. séc. soc. art. L. 323-4 et R. 323-4) ***(voir tableau reproduit dans cette étude).***

Le salaire brut de chaque paye est pris en compte dans la limite de 1,8 *SMIC calculé sur la base de la durée légale du travail appréciée sur l'année** (c. séc. soc. art. R. 323-4 ; circ. DSS 2015-179 du 26 mai 2015). **La limite de 1,8 SMIC s'apprécie en retenant le taux horaire du SMIC en vigueur le dernier jour du mois précédant celui de l'interruption de**

travail. Concrètement, cela revient à dire que si un calcul doit se faire sur une période de référence « à cheval » sur deux années (ex. : 2020-2021), une seule valeur du SMIC est retenue.

Dans certaines situations de période de référence incomplète (ex : fermeture de l'établissement employeur à la disposition duquel reste le salarié, début ou fin d'activité au cours de la période de référence), le revenu d'activité antérieur peut être reconstitué comme si l'assuré avait travaillé de façon complète (c. séc. soc. art. R. 323-8).

Le montant de l'IJSS ne peut pas dépasser 1/730 du plafond de 1,8 SMIC cité précédemment, soit 47,43 € au 1.01.2022 (c. séc. soc. art. R. 323-9).

▶ À noter… La règle selon laquelle le montant des IJSS pouvait être revalorisé en cas d'augmentation générale des salaires pour les arrêts de travail se prolongeant au-delà de 3 mois a été supprimée au 1.07.2020 (loi 2019-1146 du 24 décembre 2019, art. 85, I, 2°, JO du 27 ; décret 2021-428 du 12 avril 2021, JO du 13).

Suppression de la majoration des assurés ayant au moins 3 enfants - La majoration des IJSS dont bénéficiaient, à partir du 31e jour d'arrêt de travail, les assurés ayant au moins 3 enfants à charge, a été supprimée au 1.07.2020 (c. séc. soc. art. L. 323-4 en vigueur au 1.07.2020 ; loi 2019-1146 du 24 décembre 2019, art. 85, I, 2°, JO du 27 ; décret 2021-428 du 12 avril 2021, JO du 13).

Plus précisément, cette mesure concerne les arrêts de travail prescrits à compter du 1.07.2020, ainsi que ceux prescrits avant cette date mais n'ayant pas encore atteint 30 jours consécutifs au 1.07.2020 (loi 2019-1146 du 24 décembre 2019, art. 85, III, JO du 27).

La majoration continue donc de bénéficier aux assurés parents d'au moins 3 enfants dont l'arrêt de travail a été prescrit avant le 1.07.2020 et avait déjà atteint 30 jours consécutifs au 1.07.2020.

Pour ces assurés, le montant de l'indemnité a été porté aux 2/3 du revenu d'activité antérieur à partir du 31e jour d'arrêt de travail, sans pouvoir dépasser 1/547,5 du même plafond de 1,8 SMIC, soit 63,25 € au 1.01.2022 (c. séc. soc. art. L. 323-4 en vigueur avant le 1.07.2020 ; c. séc. soc. art. R. 323-5 et R. 323-9 en vigueur avant le 14.04.2021).

Si les parents sont tous deux assurés sociaux et ont au moins 3 enfants à charge, la majoration est appliquée indifféremment à chacun des parents si l'arrêt de travail se prolonge au-delà de 30 jours. En cas de divorce, séparation ou dissolution du pacte civil de solidarité (Pacs), elle est appliquée indifféremment à l'un ou l'autre des parents s'ils ont opté pour le double rattachement de l'enfant. En revanche, si l'enfant n'est rattaché qu'à un seul parent en tant qu'*ayant droit**, ce parent est le seul bénéficiaire de la majoration (sauf dans le cas où l'autre parent verse une pension alimentaire du fait d'une décision de justice) (circ. DSS/DS2 2015-179 du 26 mai 2015).

▶ À noter… Le droit à majoration de l'IJ est ouvert en raison du lien de filiation. Il ne peut en aucun cas bénéficier au nouveau conjoint, concubin ou partenaire « pacsé » du conjoint séparé. De même, en cas de naissance d'un nouvel enfant, le droit à majoration ne peut être ouvert qu'à l'assuré ayant, du fait de cette nouvelle naissance, 3 enfants à charge (circ. DSS/DS2 2015-179 du 26 mai 2015).

Montant minimum - Il existe un montant minimum de l'IJSS maladie, qui s'applique uniquement à partir du 7e mois d'interruption continue de travail (c. séc. soc. art. R. 324-3).

IJSS maladie : calcul du revenu d'activité antérieur

Périodicité de la paie	Revenu d'activité antérieur
Mensuelle ou autres situations que celles prévues ci-dessous	1/91,25 du salaire soumis à cotisations des 3 dernières payes des mois civils antérieurs à l'arrêt de travail
Toutes les deux semaines	1/84 du salaire soumis à cotisations des 6 dernières payes des mois civils antérieurs à l'arrêt de travail
Toutes les semaines	1/84 du salaire soumis à cotisations des 12 dernières payes des mois civils antérieurs à l'arrêt de travail
Travail discontinu ou saisonnier	1/365 du salaire soumis à cotisations des 12 mois civils antérieurs à l'arrêt de travail

Pour les salariés à temps partiel, on ne tient pas compte de l'abattement d'assiette pour temps partiel [voir Travail à temps partiel (abattement d'assiette*)].
Pour les salariés dont les cotisations sont établies forfaitairement, le revenu d'activité antérieur se calcule selon des modalités définies par arrêté (c. séc. soc. art. R. 323-4).
Pour les salariés relevant à la fois du régime général et du régime des salariés agricoles, c'est le régime qui prend en charge leurs frais de santé qui calcule le revenu d'activité antérieur en prenant en compte l'ensemble des rémunérations perçues (dans la limite du plafond de 1,8 SMIC) (c. séc. soc. art. R. 172-1 et R. 323-4).

L'IJ versée à partir du 7e mois ne peut pas être inférieure à 1/365 du montant minimum de la pension d'invalidité (arrêté du 22 décembre 1955, art. 1), soit 9,77 € depuis le 1.01.2022.

Ce montant est majoré d'1/3 pour les assurés ayant 3 enfants ou plus à charge (arrêté du 22 décembre 1955, art. 1).

▶ À noter… La logique voudrait que cette majoration du montant minimum d'IJSS pour les assurés ayant au moins 3 enfants soit supprimée pour les arrêts de travail prescrits à compter du 1.07.2020, comme elle l'a été pour le calcul de base des IJSS *(voir ci-avant)*. Toutefois, à l'heure où nous rédigeons ces lignes, l'arrêté prévoyant cette majoration (arrêté du 22 décembre 1955, art. 1) est toujours en vigueur.

Réduction du montant des IJSS - Le montant des IJSS peut être réduit en cas d'envoi tardif de l'avis d'arrêt de travail ou de prolongation (c. séc. soc. art. D. 323-2). La caisse informe alors l'assuré du retard constaté et du fait qu'il s'expose à une sanction. Cette règle s'applique quelle que soit la durée de l'arrêt de travail considéré.

Un premier envoi tardif n'est donc pas sanctionné mais ouvre une période d'observation de 24 mois. Le point de départ de ce délai n'est pas constitué par la date de réception du premier avis mais par sa date de prescription. En cas de nouvel envoi tardif dans ce délai de 24 mois, le montant des IJ concernant la période écoulée entre la date de prescription de l'arrêt de travail et la date d'envoi est réduit de 50 %, sauf si l'assuré justifie d'une hospitalisation ou peut établir qu'il était dans l'impossibilité d'envoyer l'avis en temps utile.

▶ Attention… La mesure de réduction de 50 % des IJSS n'est applicable que si le nouvel envoi tardif d'arrêt de travail est intervenu avant la fin de la période d'interruption de travail, alors que l'assuré avait déjà fait l'objet d'un avertissement. Si l'envoi a lieu après la fin de l'arrêt de travail, la caisse peut sanctionner l'assuré en refusant de lui verser les IJSS (cass. civ., 2e ch., 23 janvier 2020, n° 18-25086 PBI).

Un nouveau retard constaté après l'expiration du délai de 24 mois ne peut pas, en revanche, donner lieu à l'application directe d'une sanction. Cette situation doit être traitée comme un premier envoi tardif : information de l'assuré et ouverture d'une nouvelle période d'observation de 24 mois.

▶ À noter… La réduction de 50 % du montant des IJ en cas d'envoi tardif de l'arrêt de travail étant une mesure se rapportant aux conditions d'attribution des IJ, elle n'est pas susceptible de modération par le juge. La décision d'un tribunal d'abaisser ce taux à 25 % en raison notamment de l'état perturbé du malade et du faible dépassement du délai réglementaire doit donc être annulée (cass. civ., 2e ch., n° 18-17946 du 28 novembre 2019, FSPBI).

Information de l'employeur sur la réduction des IJSS - En cas de sanction consistant en une réduction du montant des IJ, deux situations doivent être distinguées :

- en l'absence de subrogation, la caisse continue de communiquer à l'employeur le montant de l'IJ non réduite, le calcul du complément étant effectué sur la base de ce montant ;
- en cas de subrogation, la caisse informe l'employeur de sa décision en lui précisant le montant de l'indemnité réduite et la durée de sa décision.

L'employeur peut être informé par simple lettre, à défaut de conditions de forme spécifiquement prescrites par les textes (circ. CNAMTS 116-2005 du 19 septembre 2005).

Régime social et fiscal - Voir *Indemnités journalières de sécurité sociale**.

Versement des IJSS

Délai de carence - Les indemnités sont dues à partir du 4e jour d'arrêt de travail, pour tous les jours, ouvrables ou non. En effet, un délai de carence de 3 jours doit être respecté avant d'être indemnisé par la sécurité sociale (c. séc. soc. art. L. 323-1 et R. 323-1).

La journée au cours de laquelle l'assuré a dû interrompre son travail n'est pas incluse dans le délai si elle a été payée en tout ou partie par l'employeur.

Le délai de carence s'applique à chaque interruption de travail, sauf pour les *affections de longue durée** (ALD) : dans ce cas, si plusieurs arrêts de travail sont liés à une même ALD, le délai de carence ne s'applique qu'une fois au cours d'une même période de 3 ans, lors du premier arrêt de travail.

Depuis le 1.01.2020, le délai de carence de 3 jours n'est plus applicable aux IJSS maladie servies dans le cadre d'un *temps partiel thérapeutique** (c. séc. soc. art. L. 323-3, al. 4).

▶ À noter… À notre sens, cette mesure s'applique seulement aux temps partiels thérapeutiques prescrits à compter du 1.01.2020 et ne concerne pas les délais de carence en cours à cette date.

Le délai de carence de 3 jours est aussi supprimé pour le premier arrêt maladie survenant pendant les 13 semaines suivant le décès d'un enfant (ou d'une personne à charge) de moins de 25 ans (c. séc. soc. art. L. 323-1-1). Cette mesure s'applique aux décès intervenant à compter du 1er juillet 2020 (loi 2020-692 du 8 juin 2020, art. 9, VI, JO du 9).

Durée de versement - Pour les *affections de longue durée**, les IJ sont versées pendant une période maximale de 3 ans de date à date. En cas de rechute dans ce délai, l'indemnité est versée dès le premier jour d'arrêt de travail. Si l'assuré reprend son travail pendant au moins 1 an, le délai de 3 ans recommence à courir (c. séc. soc. art. L. 323-1 et R. 323-1).

Pour les autres affections, l'assuré ne peut recevoir plus de 360 IJ en l'espace de 3 ans, au titre d'une ou de plusieurs maladies (c. séc. soc. art. L. 323-1 et R. 323-1).

Dans le cas où un assuré présente une affection de longue durée et d'autres affections, seules les indemnités versées au titre d'une maladie hors ALD sont prises en compte dans le décompte des 360 IJ versées sur 3 ans (cass. civ., 2e ch., 15 mars 2012, n° 11-13453, BC II, n° 49).

▶ À noter… Depuis le 1.01.2021, pour les salariés d'au moins 62 ans en situation de cumul emploi-retraite, le nombre d'IJSS maladie est limité à 60 pour l'ensemble de la période pendant laquelle ils perçoivent un avantage vieillesse (ex. : pension de retraite) (c. séc. soc. art. L. 323-2 et R. 323-2 ; loi 2019-1446 du 24 décembre 2019, art. 84, JO du 27 ; décret 2021-428 du 12 avril 2021, JO du 13).

Reprise anticipée du travail - Le salarié doit informer sa caisse de sa reprise anticipée du travail, de même que son employeur s'il est subrogé dans ses droits (voir *Indemnités journalières de sécurité sociale**).

Suppression, suspension et interruption du versement

Suppression des IJSS - L'inobservation d'une des obligations mentionnées à l'article L. 323-6 du code de la sécurité sociale (respect des prescriptions du médecin, contrôles du service médical, respect des heures de sortie autorisées, abstention de toute activité non autorisée) entraîne la restitution à la CPAM des IJSS correspondantes (c. séc. soc. art. L. 323-6).

L'inobservation des règles relatives aux séjours de l'assuré hors circonscription de la CPAM est sanctionnée dans les mêmes conditions, en application du règlement intérieur des caisses (cass. civ. 2e ch., 22 février 2007, n° 05-18628, BC II n° 55 ; cass. civ., 2e ch., 20 septembre 2012, n° 11-19181, BC II n° 148).

La mise en œuvre de la sanction est toutefois subordonnée au caractère volontaire de l'inobservation de ces règles.

Si un salarié travaille de son plein gré pour son employeur pendant son arrêt maladie et que son employeur le laisse faire, ce dernier encourt une condamnation à rembourser à la CPAM les IJ indûment perçues par le salarié en raison de son travail pendant l'arrêt maladie (cass. soc. 21 novembre 2012, n° 11-23009 D).

Interdiction d'exercer une activité - S'agissant plus particulièrement de l'interdiction faite à l'assuré d'exercer une activité non autorisée sous peine de devoir restituer les IJ versées, il a été jugé que la CPAM est en droit de réclamer le remboursement de la totalité des indemnités versées depuis la date du manquement, et pas seulement celles correspondant aux jours d'activité non autorisée (cass. civ., 2e ch., 28 mai 2020, n° 19-12962 FPBI). En l'espèce, le salarié avait travaillé 3 jours pendant son arrêt de travail, qui s'était poursuivi pendant encore plusieurs semaines.

Il appartient à l'assuré social, en cas de contentieux, de prouver qu'il a été autorisé à pratiquer une activité (ex. : participer à une compétition sportive) (cass. civ., 2e ch., 9 décembre 2010, n° 09-14575, BC II n° 206). Le fait que le médecin d'un salarié ait justifié a posteriori la pratique par ce dernier de la course à pied comme lui étant bénéfique ne constitue pas une telle autorisation. Il faut que le salarié ait été expressément et préalablement autorisé par son médecin à exercer l'activité litigieuse (cass. civ., 2e ch., 28 mai 2020, n° 19-15520 D).

La prescription d'un arrêt de travail « sorties libres » n'équivaut pas non plus à une telle autorisation (cass. civ., 2e ch., 9 décembre 2010, n° 09-16140, BC II n° 206).

La preuve que le salarié s'est livré à une activité pendant la période de prescription médicale de repos ne peut pas résulter d'un constat d'huissier dressé à la requête de l'employeur (cass. soc. 24 janvier 2002, n° 00-18215, BC V n° 35).

Par ailleurs, l'exercice répété et prolongé d'une activité de représentant du personnel est incompatible avec l'arrêt de travail et le paiement des IJ (cass. civ., 2e ch., 9 décembre 2010, n° 09-17449, BC II n° 206). Dès lors, une CPAM a pu notifier une demande de remboursement d'IJ à un salarié qui avait exercé son mandat d'élu durant son arrêt maladie, activité assimilée à du temps de travail effectif. La coïncidence entre les heures de délégation et les heures de sortie autorisées, au demeurant non justifiées, est indifférente.

▶ À noter... Les élus locaux peuvent poursuivre l'exercice de leur mandat pendant leur arrêt de travail, sous réserve de l'accord formel de leur médecin (c. séc. soc. art. L. 323-6).

Le fait, pour un assuré social d'avoir exercé, sans autorisation médicale, une activité rémunérée pendant son arrêt maladie constitue une fraude sanctionnée par une pénalité financière (c. séc. soc. art. L. 114-17-1, L. 323-6 et R. 147-11, 5°). Toutefois, la pénalité n'est pas subordonnée à l'intention frauduleuse de l'assuré (cass. civ., 2e ch., 28 mai 2020, n° 19-14010 FPBI).

Sur le licenciement d'un salarié exerçant une activité pendant un arrêt de travail, voir *Maladie**.

Suspension et interruption des IJSS - La CPAM peut suspendre le versement des IJSS si le service du contrôle médical, diligenté par l'employeur, estime que l'arrêt de travail n'est pas médicalement justifié ou si l'assuré malade ne se soumet pas au contrôle du service médical (c. séc. soc. art. L. 315-1, II). Cette suspension prend effet à compter de la date de la notification de la décision à l'assuré par lettre recommandée avec demande d'avis de réception (c. séc. soc. art. R. 315-1-3).

▶ À noter... Lorsque l'assuré n'a pas réceptionné ni réclamé la lettre recommandée avec demande d'avis de réception notifiant la décision de la CPAM de suspendre les IJSS, il est réputé avoir été informé de cette décision à la date à laquelle il a été averti qu'un pli à son attention, présenté à l'adresse connue de la caisse, avait été mis en instance au bureau de poste (cass. civ., 2e ch., 13 février 2020, n° 18-24590 FSPBI).

Une personne ayant fait l'objet d'une décision de suspension des IJSS qui se voit prescrire un arrêt de travail dans les 10 jours francs qui suivent n'a pas automatiquement droit aux IJSS. Leur versement ne reprendra que sur avis du service du contrôle médical de la caisse, lequel est rendu dans un délai de 4 jours francs à compter de la date de réception de l'arrêt de travail (c. séc. soc. art. L. 323-7 et D. 323-4).

En cas de prolongation de l'arrêt de travail, les IJ ne sont pas maintenues si la prolongation n'est pas prescrite par le médecin prescripteur de l'arrêt initial, le médecin traitant ou la sage-femme de l'assuré, le médecin spécialiste consulté à la demande du médecin traitant, ou bien à l'occasion d'une hospitalisation, sauf impossibilité dûment justifiée par l'assuré (c. séc. soc. art. L. 162-4-4 et R. 162-1-9-1 ; cass. civ., 2e ch., 16 juin 2016, n° 15-19443, BC II n° 161).

☞ *Indemnités journalières de sécurité sociale ; Maladie ; Maladie (indemnisation).*

Indemnités journalières de sécurité sociale de maternité

Situations ouvrant droit à l'indemnité journalière

Congé maternité - Les femmes peuvent, pendant leur congé de maternité, bénéficier des indemnités journalières de sécurité sociale (IJ ou IJSS) de maternité, à condition de cesser toute activité salariée pendant cette période et au moins pendant 8 semaines (c. séc. soc. art. L. 331-3).

En cas de décès de la mère, l'indemnité peut être servie au père ou, si ce dernier n'exerce pas son droit, à la personne liée à la mère (voir *Assurance maternité*)*.

L'IJ est allouée même si l'enfant n'est pas né vivant au terme de 22 semaines d'aménorrhée (c. séc. soc. art. R. 331-5).

Congé d'adoption - Pendant le congé d'*adoption**, le salarié perçoit une IJ de repos, d'un montant identique à celui de l'IJ maternité (c. séc. soc. art. L. 331-7 et R. 331-7).

Femmes enceintes non reclassées - Les femmes enceintes occupant certains postes à risques ou travaillant de nuit ont droit, sous conditions, à être reclassées sur un poste compatible avec leur état de santé ou à être affectées sur un poste de jour. Un droit analogue est prévu au retour du congé postnatal, pendant une période d'un mois (c. trav. art. L. 1225-9 et L. 1225-12) [voir *Maternité (protection)**]. Lorsque l'employeur n'est pas en mesure de proposer un autre emploi, leur contrat de travail est suspendu. Les intéressées ont alors droit aux IJ de maternité (c. trav. art. L. 1225-10 et L. 1225-14 ; c. séc. soc. art. L. 333-1).

Grossesse pathologique - Les femmes en état pathologique du fait de leur grossesse peuvent bénéficier de 14 jours de congé pathologique prénatal qui donne lieu au versement d'IJSS maternité (c. trav. art. L. 1225-21 ; c. séc. soc. art. L. 331-5 et R. 331-6). Les femmes dont il est reconnu que la grossesse pathologique est liée à l'exposition in utero au diéthylstilbestrol bénéficient d'un congé de maternité à compter du 1er jour de leur arrêt de travail et perçoivent, à ce titre, des IJSS [voir *Maternité (congé de)**].

Congé postnatal pathologique - Lorsqu'un état pathologique de la salariée, lié à l'accouchement, fait suite au congé de maternité, la salariée peut bénéficier de 4 semaines de congé pathologique (c. trav. art. L. 1225-21). Ce congé pathologique est indemnisé dans les conditions propres à la maladie et non à la maternité (c. séc. soc. art. R. 331-2). L'intéressée doit donc justifier des conditions d'obtention des IJ d'assurance maladie (voir *Indemnités journalières de sécurité sociale de maladie**).

Congé de paternité et d'accueil de l'enfant - La personne en *congé de paternité et d'accueil de l'enfant** bénéficie d'une IJ d'un montant identique à celui de l'IJ maternité (c. séc. soc. art. L. 331-8 et D. 331-3). L'IJ est due dès le premier jour du congé de paternité et d'accueil de l'enfant, sans délai de carence.

Congé de deuil - Le personne bénéficiant d'un *congé de deuil** pour le décès d'un enfant ou d'une personne à charge de moins de 25 ans ouvre droit à des IJSS calculées comme en matière de maternité (c. séc. soc. art. L. 331-9).

Conditions - Voir *Assurance maternité**.

Durée de l'indemnisation - Elle est de 16 semaines et peut être augmentée dans un certain nombre de circonstances, voir *Maternité (congé de)**.

Montant de l'indemnité journalière

Montant - L'IJ maternité est égale au revenu d'activité antérieur, apprécié en fonction de la périodicité de la paye du salarié comme pour les *indemnités journalières de sécurité sociale de maladie** (c. séc. soc. art. R. 331-5). Le salaire pris en compte pour le calculer est le salaire brut retenu pour chaque paye, dans la limite du *plafond de la sécurité sociale** en vigueur le dernier jour du mois civil précédant celui de l'interruption de travail. Ce salaire est ensuite abattu d'un taux représentatif des cotisations de cotisations et contributions salariales d'origine légale ou conventionnelle rendues obligatoires par la loi, fixé à 21 % par arrêté (c. séc. soc. art. R. 331-5 ; arrêté du 28 mars 2013, JO du 30).

Montant maximal - Le montant maximal de l'IJSS maternité est égal à 1/91,25 du total des trois derniers salaires retenus dans la limite du montant mensuel du plafond de la sécurité sociale en vigueur le dernier jour du mois civil précédant celui de l'interruption de travail, diminué d'un taux de 21 % (sans distinction entre les départements d'Alsace-Moselle et les autres départements).

Au 1.01.2022, le montant maximal de l'IJ maternité est donc de 89,03 €.

Montant minimal - L'indemnité ne peut être inférieure à 1/365 du montant minimal de la *pension d'invalidité** (c. séc. soc. art. R. 331-5), soit 9,77 € depuis le 1.01.2022.

Attestation de salaire - Pour permettre à la caisse primaire d'assurance maladie de calculer les IJSS maternité dues au salarié, l'employeur doit, comme pour les arrêts maladie (voir *Indemnités journalières de sécurité sociale de maladie**), produire une attestation de salaire, qui est intégrée à la *déclaration sociale nominative (DSN)** (c. séc. soc. art. R. 331-5 renvoyant à R. 323-10).

Paiement, régimes social et fiscal

Voir *Indemnités journalières de sécurité sociale**.

Prise en compte pour la retraite

Les indemnités journalières maternité sont assimilées à un salaire pour le calcul de la retraite pour les congés maternité ayant pris effet depuis le 1.01.2012, y compris celles versées au père en cas de décès de la mère et celles versées aux femmes dont il est reconnu que la grossesse pathologique est liée à l'exposition in utero au diéthylstilbestrol (c. séc. soc. art. L. 351-1 et R. 351-29, II ; circ. CNAV 2015-16 du 31 mars 2015).

Indemnités journalières de sécurité sociale de paternité et d'accueil de l'enfant

☛ *Indemnités journalières de sécurité sociale de maternité.*

Indemnités de rupture

☛ *Congés payés (indemnité compensatrice) ; Conseil de prud'hommes (indemnité de licenciement) ; Contrat de travail à durée déterminée (indemnité de fin de contrat) ; Indemnité de départ volontaire ; Indemnité de licenciement ; Indemnité de mise à la retraite ; Indemnités de rupture (régimes social et fiscal) ; Préavis (indemnité compensatrice) ; Rupture conventionnelle (indemnité) ; Rupture conventionnelle collective ; Transaction.*

Indemnités de rupture du mandat social
(régimes social et fiscal)

Dirigeants concernés

Un régime spécifique s'applique aux indemnités de rupture versées aux mandataires sociaux et dirigeants mentionnés à l'article 80 ter du CGI (BOFiP-RSA-CHAMP-20-40-20-26/05/2016). Sont concernés les mandataires sociaux, dirigeants et personnes visés par le code général des impôts, c'est-à-dire (CGI art. 80 ter) :

- dans les SA et les SAS : le président du conseil d'administration, le directeur général, l'administrateur provisoirement délégué dans les fonctions de président, les membres du directoire et tout administrateur ou membre du conseil de surveillance chargé de fonctions spéciales (directeur du service comptable, directeur commercial, etc.) ;
- dans les SARL : les gérants minoritaires ou égalitaires ;
- dans les autres entreprises ou établissements passibles de l'impôt sur les sociétés, les dirigeants soumis au régime fiscal des salariés ;
- dans toute entreprise, les dirigeants de fait, à savoir ceux qui occupent un emploi salarié dont la rémunération totale excède la plus faible des rémunérations allouées aux dirigeants de cette société, cette qualification variant cependant en fonction des circonstances de fait (pour l'application de cette disposition, il n'est pas tenu compte des rémunérations versées aux administrateurs ou aux membres du conseil de surveillance chargés de fonctions spéciales) (CGI art. 80 ter, 4° ; BOSS, Indemnités de rupture, §§ 1340 et 1350, 01/01/2022).

Cessation volontaire des fonctions

Dans cette hypothèse, les indemnités sont intégralement soumises à cotisations. La cessation volontaire est établie en cas de démission, de départ volontaire ou de mise à la retraite, de non-renouvellement ou de rupture d'un commun accord du mandat (BOFiP-RSA-CHAMP-20-40-20-§ 10-26/05/2016 ; BOSS, Indemnités de rupture, §§ 1370, 01/01/2022).

Les indemnités sont également soumises à CSG et à CRDS et sont imposables.

Cessation forcée des fonctions

Régime fiscal - Les indemnités de cessation forcée des dirigeants et mandataires sociaux sont exonérées d'impôt sur le revenu dans la limite de 3 fois le plafond annuel de la sécurité sociale en vigueur à la date de versement (soit 123 408 € en 2022) (CGI art. 80 duodecies, 2). **La fraction excédentaire est imposable.**

▶ À noter… Sont visées les indemnités versées à un dirigeant (BOSS, Indemnités de rupture, §§ 1390, 01/01/2022) :

- faisant l'objet d'une révocation dans les conditions prévues par le code de commerce, qui constitue une cessation forcée des fonctions de l'intéressé, sauf preuve contraire apportée par l'administration au vu des circonstances de fait ;
- lorsque, en l'absence de révocation formelle par l'organe social compétent, le dirigeant concerné peut apporter la preuve de la cessation forcée de ses fonctions : par exemple si, en raison du changement de contrôle de la société, il ne peut être maintenu dans ses fonctions pour des raisons objectives explicitées par les parties, ayant ainsi cédé à la contrainte en présentant sa démission.

S'il résulte de l'examen des circonstances de fait que la révocation dissimule en réalité un départ négocié ou amiable, alors la cessation forcée des fonctions ne sera pas retenue (BOSS, Indemnités de rupture, §§ 1400, 01/01/2022).

Régime social - La fraction exonérée d'impôt sur le revenu est également exonérée de cotisations de sécurité sociale, dans la limite de 2 plafonds annuels de la sécurité sociale (82 272 € en 2022). En pratique, la partie excédentaire est donc systématiquement assujettie à cotisations, même si elle est exonérée d'impôt sur le revenu par ailleurs.

La fraction d'indemnité exonérée de cotisations l'est également de CSG et de CRDS. Lorsque la fraction d'indemnité est assujettie à ces contributions, il convient, le cas échéant, de ne pas tenir compte de l'abattement d'assiette applicable à la base CSG/CRDS.

▶ À noter… Si le dirigeant cumule un contrat de travail avec son mandat social, et dans l'hypothèse où la rupture du mandat s'accompagne de celle du contrat de travail, le montant retenu pour référence est égal à l'addition de l'indemnité conventionnelle de licenciement au titre de son contrat de travail et du montant de référence retenu au titre du mandat (BOFiP-RSA-CHAMP-20-40-20-§ 130-26/05/2016 ; BOSS, Indemnités de rupture, §§ 1440, 01/01/2022).

Par ailleurs, les indemnités versées à l'occasion de cessations forcées des fonctions de dirigeants et mandataires sociaux notifiées depuis le 1.01.2016 sont assujetties à cotisations, à CSG et à CRDS dès

Régimes social et fiscal des indemnités de cessation des fonctions des dirigeants au 1.01.2022	
Indemnité de cessation forcée des fonctions	
Impôt sur le revenu	Exonération dans la limite de 3 fois le plafond annuel de la sécurité sociale en vigueur à la date de versement de l'indemnité (soit 123 408 € en 2022).
Cotisations de sécurité sociale et charges ayant la même assiette (1)	Exonérée de cotisations, dans la limite de 2 plafonds annuels de la sécurité sociale, soit 82 272 € en 2022 (2).
CSG et CRDS	Assujettie à CSG et à CRDS pour la partie soumise à cotisations (3).
Autres cas de cessation des fonctions	
Impôt sur le revenu	Imposable en totalité.
Cotisations de sécurité sociale et charges ayant la même assiette (1)	Assujettie à cotisations.
CSG et CRDS	Assujettie à CSG et à CRDS (3).

(1) Cotisations de sécurité sociale, FNAL, versement mobilité et AGIRC-ARRCO notamment. En revanche, l'assiette de la taxe sur les salaires est alignée sur celle de la CSG sur les revenus d'activité (sans prise en compte de l'abattement d'assiette de 1,75 %).
(2) Les indemnités de rupture supérieures à 5 fois le plafond annuel de la sécurité sociale (205 680 € en 2022) sont, en tout état de cause, assujetties à cotisations, à CSG et à CRDS dès le premier euro (c. séc. soc. art. L. 136-1-1, III, 5°, b et L. 242-1, II, 7°). Cette règle ne vaut que pour les cotisations et pas pour l'impôt sur le revenu.
(3) La CSG et la CRDS sont calculées sans abattement d'assiette préalable.

le premier euro si leur montant dépasse 5 fois le plafond annuel de la sécurité sociale, soit 205 680 € en 2022 (c. séc. soc. art. L. 136-1-1, III, 5°, b et L. 242-1, II, 7°).

Le dépassement du seuil s'apprécie en faisant masse, le cas échéant, de l'indemnité de cessation forcée des fonctions et de l'indemnité de rupture du contrat de travail. Le seuil à retenir est alors celui relatif au mandataire social, soit 5 fois le plafond annuel de la sécurité sociale (BOSS, Indemnités de rupture, §§ 1450, 01/01/2022).

☞ *Indemnités de rupture (régimes social et fiscal).*

Indemnités de rupture (régimes social et fiscal)

Règles générales d'assujettissement

Assiette des cotisations sociales - Toute fraction d'indemnité de rupture assujettie à l'impôt sur le revenu est nécessairement soumise à cotisations de sécurité sociale (c. séc. soc. art. L. 136-1-1, III, 5° a ; L. 242-1, II, 7° ; CGI art. 80 duodecies). En revanche, tout ce qui est exonéré d'impôt sur le revenu n'échappe pas pour autant à cotisations sociales.

CSG et CRDS - Les sommes versées à l'occasion de la rupture du contrat de travail sont soumises à CSG et à CRDS pour la fraction (BOSS, Indemnités de rupture, § 80, 01/01/2022) :

- qui excède le montant prévu par la convention collective de branche, l'accord professionnel ou interprofessionnel ou, à défaut, par la loi (en l'absence de montant légal ou conventionnel, on se réfère à l'indemnité légale ou conventionnelle de licenciement) ;
- ou, en tout état de cause, qui est assujettie à cotisations de sécurité sociale (c. séc. soc. art. L. 136-1-1, III, 5° a).

La CSG et la CRDS, lorsqu'elles sont dues, sont calculées directement, sans abattement préalable, sur les indemnités de rupture du contrat de travail et de cessation des fonctions des dirigeants et mandataires sociaux (c. séc. soc. art. L. 136-2, I).

En revanche, ne sont pas assimilées, dans ce cadre, à des sommes versées à l'occasion de la rupture et ne sont pas concernées par l'exclusion du champ de l'abattement les indemnités suivantes (circ. DSS/5B 2011-495 du 30 décembre 2011) :

- les rappels de salaire qui peuvent être versés à l'occasion de la rupture du contrat ;
- l'indemnité de fin de contrat versée à l'issue d'un contrat de travail à durée déterminée (c. trav. art. L. 1243-8) ;
- l'indemnité de fin de mission versée au salarié temporaire à l'issue d'une mission (c. trav. art. L. 1251-32) ;
- les indemnités dues au salarié qui n'a pas pu bénéficier des congés ou repos auxquels il a droit pendant la durée du contrat (congés payés, jours de RTT, contrepartie obligatoire en repos, repos compensateur de remplacement, repos compensateur obligatoire), ainsi que l'indemnité compensa-

trice de congés payés à laquelle a droit le salarié temporaire (c. trav. art. L. 1251-19) ;
- l'indemnité compensatrice de préavis (c. trav. art. L. 1234-5).

Pour ces sommes, le taux de l'abattement d'assiette est fixé à 1,75 % (plafonné à 4 fois le plafond annuel de la sécurité sociale).

▶ À noter... La CSG qui porte sur des sommes exonérées à la fois d'impôt sur le revenu et de cotisations sociales est intégralement non déductible, même pour la part qui l'est habituellement. Elle reste, en revanche, déductible pour 6,80 % lorsqu'elle porte sur la fraction d'une indemnité imposable ou assujettie à cotisations de sécurité sociale (BOFiP-RSA-BASE-30-30-§§ 80 et 100-24/07/2017).

Détermination de la fraction assujettie - **Afin de déterminer la fraction du montant des indemnités de rupture assujettie aux cotisations de sécurité sociale et à CSG/CRDS, il convient de procéder par étapes.**

La première étape consiste à déterminer la part des indemnités qui est exonérée d'impôt sur le revenu, conformément aux règles fiscales (CGI art. 80 duodecies). **La deuxième étape vise à déterminer la fraction exonérée de cotisations de sécurité sociale. Pour cela, il convient de retenir le plus petit des deux montants suivants :**
- la part qui est exonérée d'impôt sur le revenu ;
- la limite de plafonnement de l'exonération de cotisations, à savoir 2 fois le plafond annuel de la sécurité sociale.

La dernière étape concerne l'assiette de la CSG et de la CRDS. La fraction exonérée sera la plus petite des deux limites suivantes :
- la part correspondant au montant légal ou conventionnel de l'indemnité de rupture ;
- la part exclue de l'assiette des cotisations (BOSS, Indemnités de rupture, § 80 et 100, 01/01/2022).

▶ À noter... La liste des indemnités concernées par l'exonération de cotisations sociales est, en principe, fixée en référence à celle prévue par le droit fiscal en matière d'impôt sur le revenu (CGI art. 80 duodecies). Traditionnellement, la Cour de cassation estimait que la liste fixée par l'article 80 duodecies du code général des impôts étant limitative, les indemnités versées lors de la rupture du contrat non visées par le régime d'exonération fiscale ne pouvaient pas être exonérées de cotisations (cass. civ., 2e ch., 12 février 2015, n° 14-10886, BC V n° 27 ; cass. civ., 2e ch., 6 juillet 2017, n° 16-17959, BC V n° 159).

Dans plusieurs arrêts, la Cour de cassation a toutefois précisé que la liste des indemnités de rupture susceptibles d'être exonérées de cotisations ne se limitait pas à celle du code général des impôts. D'autres sommes (en particulier des indemnités transactionnelles) peuvent être exonérées de cotisations, à condition que l'employeur apporte la preuve qu'elles indemnisent un préjudice (cass. civ., 2e ch., 15 mars 2018, n° 17-11336, BC II n° 52 ; cass. civ., 2e ch., 15 mars 2018, n° 17-10325, BC II n° 51 ; cass. civ., 2e ch., 21 juin 2018, n° 17-19773, BC II n° 129 ; cass. civ., 2e ch., 21 juin 2018, n° 17-19432, BC II n° 128).

En tout état de cause, on ne peut que recommander aux employeurs qui seraient tentés d'exploiter cette jurisprudence à prendre l'avis d'un conseil habilité (ex. : avocat).

Plafonnement des exonérations

La fraction des indemnités de rupture du contrat de travail (et de cessation forcée des fonctions des dirigeants et mandataires sociaux) exonérée d'impôt sur le revenu est aussi exclue de l'assiette des cotisations de sécurité sociale. Cette exonération est toutefois plafonnée (c. séc. soc. art. L. 136-1-1, III, 5° a) et L. 242-1, II, 7°).

Ainsi, la fraction exonérée de cotisations, de CSG et de CRDS ne peut pas dépasser 2 plafonds annuels de la sécurité sociale, soit 82 272 € en 2022 (on retient le plafond annuel sans prorata). La partie excédentaire est systématiquement assujettie à cotisations, à CSG et à CRDS, même si elle est exonérée d'impôt sur le revenu par ailleurs (BOSS, Indemnités de rupture, § 60, 01/01/2022).

▶ À noter... Il ne faut pas déduire de cette règle que toute indemnité de rupture est exonérée de cotisations à hauteur de 2 plafonds annuels. En effet :
- la fraction d'une indemnité de rupture qui est imposable est, en principe, soumise à cotisations ;
- ce qui est exonéré d'impôt sur le revenu est en principe exonéré de cotisations, sachant que pour les indemnités très élevées *(voir ci-après)*, la règle de plafonnement de l'exonération conduit à soumettre à cotisations tout ce qui dépasse la limite absolue de l'exclusion d'assiette, quand bien même elle est exonérée d'impôt sur le revenu par ailleurs.

Règles d'appréciation de la limite d'exclusion de l'assiette

Pour apprécier le seuil de plafonnement de l'exclusion de l'assiette des cotisations de sécurité

sociale, il convient de cumuler l'ensemble des indemnités versées au salarié qui entrent dans le champ de l'exonération fiscale (CGI art. 80 duodecies). Concernant les indemnités transactionnelles, *voir ci-après*.

À l'inverse, il n'y a pas lieu de tenir compte des indemnités qui, bien que payées à l'occasion de la rupture du contrat, constituent par nature un élément de rémunération et sont, en conséquence, intégralement soumises à cotisations : indemnité compensatrice de préavis ou de congés payés, indemnité de non-concurrence, indemnité de rupture anticipée d'un contrat de travail à durée déterminée (CDD) pour sa partie correspondant aux salaires qu'aurait perçus le salarié jusqu'au terme du contrat, indemnité de fin de contrat versée au terme d'un CDD, primes annuelles généralement versées au prorata en cas de rupture du contrat (ex. : prorata de 13e mois), etc.

Dommages et intérêts liés à un licenciement abusif, irrégulier ou discriminatoire

Régime fiscal - Les dommages et intérêts octroyés aux salariés pour licenciement abusif, sans cause réelle et sérieuse, irrégularité de la procédure de licenciement ou en cas de licenciement jugé nul pour motif discriminatoire, sont exonérés d'impôt sur le revenu sans limitation de montant (CGI art. 80 duodecies, 1, 1° ; BOFiP-RSA-CHAMP-20-40-10-30-§§ 10,13 et 15-11/06/2020).

Cotisations de sécurité sociale et charges ayant la même assiette - En matière sociale, les indemnités octroyées par le juge sont exonérées de cotisations de sécurité sociale dans la limite de 2 PASS, compte tenu du montant déjà exonéré au titre de l'indemnité légale, conventionnelle ou contractuelle de licenciement (BOSS, Indemnités de rupture, §§ 1890, 01/01/2022).

Le plafonnement s'applique aux dommages et intérêts dus au titre d'une irrégularité dans la procédure de licenciement ou d'un licenciement sans cause réelle et sérieuse ou abusif (c. trav. art. L. 1235-2 et L. 1235-3), d'un licenciement jugé nul en raison de son caractère discriminatoire (c. trav. art. L. 1235-3-1), du non-respect par l'employeur des procédures de consultation des représentants du personnel ou d'information de l'autorité administrative en cas de licenciement économique (c. trav. art. L. 1235-12), de la nullité d'un licenciement économique pour absence de plan de sauvegarde de l'emploi ou de la violation de la priorité de réembauche dont bénéficie un salarié après un licenciement économique (c. trav. art. L. 1235-11, L. 1235-13 et L. 1235-14).

Le plafond à retenir est celui en vigueur au moment du versement initial de l'indemnité de licenciement (BOSS, Indemnités de rupture, §§ 1890, 01/01/2022).

La partie excédentaire qui sera assujettie est alors soumise aux cotisations et contributions en vigueur à la date de versement de l'indemnité complémentaire.

CSG-CRDS - L'indemnité octroyée par le juge est exonérée de CSG et de CRDS dans la limite des montants prévus par la loi et dans la limite de deux PASS (indemnité de licenciement et indemnité octroyée par le juge) (BOSS, Indemnités de rupture, §§ 1900, 01/01/2022).

La loi fixe certains montants minima de dommages et intérêts, qui servent alors de référence comme minimum légal à retenir pour la CSG et la CRDS :
- en cas de licenciement économique nul du fait de l'absence de plan de sauvegarde de l'emploi (c. trav. art. L. 1235-11) : 6 mois de salaire depuis le 24.09.2017 (12 mois antérieurement) ;
- en cas de non-respect de la priorité de réembauchage après un licenciement économique (c. trav. art. L 1235-13) : 1 mois de salaire depuis le 24.09.2017 (2 mois antérieurement).

S'agissant de l'indemnité octroyée par le juge en cas de licenciement sans cause réelle ou sérieuse, elle est exonérée de CSG et de CRDS dans la limite de 2 PASS (BOSS, Indemnités de rupture, § 1901, 01/01/2022).

▶ **À noter…** Depuis le 1.01.2022, il n'est plus fait référence aux montants plancher du barème d'indemnisation des licenciements sans cause réelle et sérieuse. Avant cette date, l'administration considérait que l'indemnité pour licenciement sans cause réelle et sérieuse octroyée en justice à un salarié était exonérée de CSG et de CRDS à hauteur des montants minimaux fixés par le code du travail, dans la limite de 2 PASS.

Indemnité forfaitaire de conciliation prud'homale

Cette indemnité forfaitaire est exonérée d'impôt sur le revenu au même titre que les indemnités octroyées par un conseil de prud'hommes en cas de licenciement sans cause réelle et sérieuse ou d'irrégularité de la procédure de licenciement (CGI art. 80 duodecies, 1, 1°). Cependant, l'administration fiscale a précisé que l'exonération ne vaut que dans la limite du barème fixé selon l'ancienneté du salarié (BOFiP-RSA-CHAMP-20-40-10-30-§ 13 et 15-11/06/2020). La partie de l'indemnité forfaitaire dépassant le montant prévu au barème constitue donc, à la lettre de l'instruction fiscale, un revenu imposable.

▶ À noter… Il existe un barème forfaitaire de conciliation destiné à faciliter les litiges portant sur le caractère réel et sérieux du licenciement d'un salarié en CDI ainsi que sur la régularité de la procédure (c. trav. art. L. 1235-1 et D. 1235-21) [voir *Conseil de prud'hommes (indemnité de licenciement)**].

S'agissant du régime social, les sommes exonérées d'impôt sur le revenu le sont aussi de cotisations sociales, dans la limite toutefois de 2 plafonds annuels de la sécurité sociale, soit 82 272 € en 2022. Pour apprécier cette limite, il doit être fait masse de l'ensemble des indemnités versées dans le cadre des dispositions de l'article 80 duodecies du code général des impôts (BOSS, Indemnités de rupture, § 1850, 01/01/2022).

Les indemnités versées dans la limite du barème réglementaire sont également exonérées de CSG et de CRDS dans la limite du montant total exclu de l'assiette des cotisations qui tient compte de l'indemnité de licenciement et de l'indemnité octroyée par le juge. La fraction excédentaire est soumise à la CSG et à la CRDS, sans application de l'abattement forfaitaire pour frais professionnels (BOSS, Indemnités de rupture, § 1860, 01/01/2022).

Indemnités de licenciement

Licenciement dans le cadre d'un plan de sauvegarde de l'emploi - L'indemnité de licenciement versée dans le cadre d'un *plan de sauvegarde de l'emploi** est exonérée d'impôt sur le revenu (CGI art. 80 duodecies) et, dans la limite de 2 plafonds annuels de la sécurité sociale, de cotisations de sécurité sociale (c. séc. soc. art. L. 242-1, III, 5° a) et des autres charges ayant la même assiette (AGIRC-ARRCO, assurance chômage, etc.).

▶ À noter… La notion de plan de sauvegarde de l'emploi s'entend au sens des articles L. 1233-32 et L. 1233-61 du code du travail. Il s'agit d'une procédure de licenciement économique visant au moins 10 salariés sur une même période de 30 jours nécessitant la mise en œuvre de mesures sociales d'accompagnement ou d'un plan de sauvegarde de l'emploi.

Autres indemnités de licenciement - Une indemnité de licenciement versée à l'occasion d'un licenciement « hors plan de sauvegarde » est exonérée d'impôt sur le revenu à hauteur du montant le plus élevé entre (CGI art. 80 duodecies, 1, 3°) :

- soit son montant minimum légal ou celui prévu par la convention collective de branche, par l'accord professionnel ou interprofessionnel, sans limitation de montant ;
- soit 2 fois la rémunération annuelle brute perçue par le salarié durant l'année civile précédant la rupture de son contrat de travail ou 50 % du montant de l'indemnité versée au salarié, sachant que la fraction exonérée au titre de ces deux derniers critères ne peut pas excéder 6 fois le plafond annuel de la sécurité sociale en vigueur à la date de versement de l'indemnité (soit 246 816 € en 2022).

▶ À noter… La rémunération annuelle brute perçue par le salarié au cours de l'année civile précédant la rupture du contrat de travail correspond à la rémunération annuelle avant déduction de la part salariale des cotisations sociales et de la part déductible de la CSG (BOFiP-RSA-CHAMP-20-40-10-30-§ 90, 11/06/2020). Cette rémunération intègre les revenus exclus de l'assiette des cotisations mais soumis à l'impôt sur le revenu, tels que les primes d'intéressement non affectées à un plan d'épargne entreprise (PEE) (BOSS, Indemnités de rupture, § 120, 01/01/2022).

En cas d'absence de rémunération au cours de l'année précédant la rupture, il n'y a pas lieu de reconstituer la rémunération servant de référence pour l'appréciation des limites d'exonération. Dans ce cas, l'employeur détermine la limite d'exonération en fonction du montant prévu par la convention collective de branche, l'accord professionnel ou interprofessionnel ou la loi, ou selon la moitié du montant total des indemnités perçues dans la limite de 6 PASS (BOSS, Indemnités de rupture, § 130, 01/01/2022).

La fraction exonérée d'impôt l'est également de cotisations sociales dans la limite de 2 plafonds annuels de la sécurité sociale.

CSG et CRDS - Qu'elle soit versée ou non dans le cadre d'un plan de sauvegarde de l'emploi, l'indemnité de licenciement est soumise à CSG et à CRDS (sans abattement d'assiette) pour la fraction qui excède le minimum légal ou conventionnel ou, en tout état de cause, pour la fraction soumise à cotisations sociales (c. séc. soc. art. L. 136-1-1, III, 5° a).

Pour les salariés qui ne justifieraient pas de l'ancienneté requise de 8 mois pour ouvrir droit à l'indemnité minimale de licenciement (c. trav. art. L. 1234-9), l'indemnité versée est exonérée de CSG et de CRDS, dans la limite de 2/10e de la rémunération mensuelle (ou de la rémunération de 40 heures pour les salariés rémunérés à l'heure), sans que ces limites puissent excéder la fraction de l'indemnité exclue de l'assiette des cotisations sociales (BOSS, Indemnités de rupture, § 410, 01/01/2022).

Indemnités de départ volontaire

Départ volontaire dans le cadre d'un plan de sauvegarde de l'emploi - Les indemnités de départ volontaire versées dans le cadre d'un *plan de sauvegarde de l'emploi** sont exonérées d'impôt sur le revenu sans limitation de montant (CGI art. 80 duodecies, 1, 2°), et de cotisations de sécurité sociale dans la limite de 2 plafonds annuels de la sécurité sociale (82 272 € en 2022).

Elles sont, en revanche, soumises à CSG et CRDS (sans abattement d'assiette) au-delà du minimum légal ou conventionnel de l'indemnité de licenciement à laquelle le salarié aurait pu prétendre et, en tout état de cause, pour la partie soumise à cotisations sociales.

Départ volontaire dans le cadre d'un accord de GPEC - Les indemnités de départ volontaire versées aux salariés qui choisissent de quitter l'entreprise dans le cadre d'un accord de gestion prévisionnelle des emplois et des compétences (GPEC) sont soumises à impôt sur le revenu, à cotisations sociales ainsi qu'à CSG et CRDS selon le régime de droit commun applicable aux indemnités de départ volontaire.

Autres départs volontaires (démission, rupture négociée, etc.) - En dehors de l'hypothèse d'un départ volontaire dans le cadre d'un plan de sauvegarde de l'emploi, toutes les autres indemnités de départ volontaire sont, en principe, assujetties en totalité à cotisations sociales ainsi qu'à CSG et CRDS (sans abattement d'assiette).

Indemnités de départ en retraite

Départ volontaire en retraite - Dans le cadre d'un *plan de sauvegarde de l'emploi**, les indemnités de *départ volontaire à la retraite** sont :

- exonérées de cotisations de sécurité sociale et des charges ayant la même assiette dans la limite de 2 plafonds annuels de la sécurité sociale ;
- assujetties à CSG et à CRDS (sans abattement d'assiette) pour la seule fraction qui excède le montant minimum légal ou conventionnel de l'indemnité de licenciement et, en tout état de cause, pour la partie soumise à cotisations sociales.

En dehors d'un plan de sauvegarde de l'emploi, l'indemnité de rupture est assujettie à l'impôt sur le revenu, à cotisations, à CSG et à CRDS (sans abattement d'assiette) (BOSS, Indemnités de rupture, § 1560, 01/01/2022).

Mise à la retraite par l'employeur - L'*indemnité de mise à la retraite** est exonérée d'impôt sur le revenu à hauteur du montant le plus élevé entre (CGI art. 80 duodecies, 1, 4°) :

- soit le montant minimum légal de l'indemnité de mise à la retraite ou celui prévu par la convention collective de branche, par l'accord professionnel ou interprofessionnel, sans limitation de montant ;
- soit 50 % de la somme versée ou 2 fois la rémunération annuelle brute perçue par le salarié durant l'année civile précédant la rupture de son contrat de travail, la fraction exonérée au titre de ces 2 derniers critères ne pouvant alors excéder 5 fois le montant du plafond annuel de la sécurité sociale en vigueur à la date de versement de l'indemnité (soit 205 680 € en 2022).

La fraction exonérée d'impôt sur le revenu l'est aussi de cotisations sociales dans la limite de 2 plafonds annuels de la sécurité sociale (BOSS, Indemnités de rupture, § 1640, 01/01/2022).

L'indemnité de mise à la retraite est également soumise à CSG et CRDS (sans abattement d'assiette) au-delà de son minimum légal ou conventionnel et, en tout état de cause, pour la partie soumise à cotisations de sécurité sociale.

Contribution patronale sur les indemnités de mise à la retraite - Les indemnités versées dans le cadre d'une mise à la retraite d'un salarié par son employeur sont soumises à une contribution patronale dont le taux est fixé à 50 % pour les indemnités de mise à la retraite versées depuis le 1.01.2009 (c. séc. soc. art. L. 137-12).

Indemnité de rupture conventionnelle individuelle

Salariés n'étant pas en droit de bénéficier d'une pension de retraite - L'indemnité de rupture conventionnelle individuelle suit les régimes social et fiscal de l'indemnité de licenciement, dès lors que le salarié ne peut pas bénéficier d'une pension de vieillesse d'un régime légalement obligatoire à la date de rupture effective du contrat de travail (CGI art. 80 duodecies). En conséquence, elle est

exonérée d'impôt sur le revenu dans la limite la plus élevée entre (CGI art. 80 duodecies, 1, 6°) :
- soit le montant minimum légal de l'indemnité de licenciement ou celui prévu par la convention collective de branche, par l'accord professionnel ou interprofessionnel, sans limitation de montant ;
- soit 2 fois la rémunération annuelle brute perçue par le salarié durant l'année civile précédant la rupture de son contrat de travail ou 50 % du montant de l'indemnité versée au salarié, sachant que la fraction exonérée au titre de ces deux derniers critères ne peut pas excéder 6 fois le plafond annuel de la sécurité sociale en vigueur à la date de versement de l'indemnité (soit 246 816 € en 2022).

▶ À noter... Pour calculer la limite d'exonération de l'indemnité de rupture conventionnelle, l'employeur doit retenir la rémunération effective, et ne pas reconstituer le salaire théorique (cass. civ., 2e ch., 21 septembre 2017, n° 16-20580, BC II n° 173).

Cette solution a été reprise par le BOSS qui indique qu'en cas d'absence de rémunération au cours de l'année précédant la rupture, il n'y a pas lieu de reconstituer la rémunération servant de référence pour l'appréciation des limites d'exonération (BOSS, Indemnités de rupture, § 130, 01/01/2022) *(voir ci-avant)*.

La fraction de l'indemnité de rupture exonérée d'impôt sur le revenu l'est aussi de cotisations de sécurité sociale dans la limite de 2 plafonds annuels de la sécurité sociale.

L'indemnité de rupture est assujettie à CSG et à CRDS (sans abattement d'assiette) au-delà du montant minimum légal ou conventionnel de l'indemnité de licenciement et, en tout état de cause, pour la fraction de l'indemnité soumise à cotisations sociales.

▶ À noter... Dans le cas où le salarié partie à la rupture conventionnelle ne remplit pas la condition d'ancienneté de 8 mois dans l'entreprise pour bénéficier de l'indemnité légale de licenciement, l'indemnité est exonérée de CSG et de CRDS dans la limite du montant de l'indemnité due au prorata du nombre de mois de présence dans l'entreprise et du montant de l'indemnité exonérée de cotisations sociales (BOSS, Indemnités de rupture, § 1030, 01/01/2022).

Enfin, les indemnités de rupture conventionnelle individuelle sont assujetties au forfait social sur leur partie exonérée de cotisations de sécurité sociale (c. séc. soc. art. L. 137-15). Le forfait social est donc calculé sur la partie de l'indemnité qui est exonérée de cotisations mais assujettie à CSG ainsi que sur la partie exonérée à la fois de cotisations et de CSG (BOSS, Indemnités de rupture, § 1000, 01/01/2022).

Salariés en droit de bénéficier d'une pension de retraite - L'indemnité de *rupture conventionnelle** perçue par le salarié en droit de bénéficier d'une pension de vieillesse est intégralement soumise à l'impôt sur le revenu, aux cotisations sociales ainsi qu'à la CSG et à la CRDS (sans abattement d'assiette) (BOSS, Indemnités de rupture, § 1040, 01/01/2022).

Le droit à la liquidation d'une pension de retraite s'entend de celle versée par les régimes de retraite de base, qu'elle soit à taux plein ou non. Il n'est, en revanche, pas tenu compte des droits acquis auprès des régimes de retraite complémentaire obligatoires. La condition s'apprécie au regard du régime de base dont relève l'intéressé au titre de l'emploi occupé au moment de la rupture conventionnelle (BOSS, Indemnités de rupture, § 910, 01/01/2022).

La condition liée au droit de bénéficier d'une pension de retraite d'un régime légalement obligatoire s'apprécie à la date de rupture du contrat de travail. Elle est considérée comme remplie si, à la date de rupture effective du contrat de travail, le salarié a atteint l'âge légal de départ à la retraite correspondant à son année de naissance (BOSS, Indemnités de rupture, § 900, 01/01/2022).

Pour déterminer le régime social de l'indemnité de rupture conventionnelle, il convient de vérifier si, à la date de la rupture du contrat de travail non seulement le salarié a atteint ou non l'âge légal correspondant à son année de naissance, mais également s'il entre ou non dans le dispositif de retraite anticipé carrière longue. Le bénéfice par le salarié, avant la rupture conventionnelle du contrat de travail, d'une fraction de sa pension de retraite dans le cadre d'une retraite progressive est sans incidence sur ce point (BOSS, Indemnités de rupture, § 1060, 01/01/2022).

▶ À noter... Concernant les salariés susceptibles de pouvoir bénéficier d'un départ en retraite anticipé, l'employeur doit être en mesure de présenter à l'organisme de recouvrement un document relatif à la situation du salarié au regard de ses droits à la retraite de base attestant qu'il ne peut prétendre à la liquidation d'une pension pour bénéficier du régime le plus favorable (lettre-circ. ACOSS 2009-76 du 18 septembre 2009).

Rupture conventionnelle collective et congé de mobilité

Régime fiscal et social - Le régime de l'indemnité de *rupture conventionnelle collective** est aligné sur celui des indemnités versées dans le cadre d'un plan de sauvegarde de l'emploi (PSE) pour l'impôt sur le revenu, les cotisations de sécurité sociale et la CSG/CRDS (Q/R du 19 avril 2018 diffusé par le site Internet du ministère du Travail).

Cette indemnité de rupture est donc exonérée d'impôt sur le revenu, sans limitation de montant (CGI art. 80 duodecies) et de cotisations sociales, dans la limite de 2 plafonds annuels de la sécurité sociale. Elle est assujettie à CSG et à CRDS, sans abattement d'assiette, pour la fraction qui excède le montant prévu par la convention collective de branche, l'accord professionnel ou interprofessionnel ou, à défaut, par la loi (en l'absence de montant légal ou conventionnel, on se réfère à l'indemnité légale ou conventionnelle de licenciement) et, en tout état de cause, pour la fraction qui est assujettie à cotisations de sécurité sociale (BOSS, Indemnités de rupture, §§ 1070 à 1160, 01/01/2022).

Il en va de même pour l'indemnité de rupture versée au terme d'un *congé de mobilité** (BOSS, Indemnités de rupture, § 830, 01/01/2022).

Forfait social - Les indemnités de rupture conventionnelle collective et de congé de mobilité sont exonérées de forfait social (c. séc. soc. art. L. 137-15, 3°).

Indemnité transactionnelle

Principes généraux - L'indemnité transactionnelle versée à l'occasion de la rupture du contrat de travail ne peut être exonérée de cotisations de sécurité sociale que pour sa fraction représentative d'une indemnité elle-même susceptible d'être exonérée. L'indemnité transactionnelle obéit, en effet, au même régime social que celui de l'indemnité qu'elle vient compléter, les limites d'exonération s'appliquant alors au montant global versé (BOSS, Indemnités de rupture, § 1690, 01/01/2022).

Exemple

Si l'indemnité transactionnelle est allouée suite à une démission du salarié, la somme versée doit être considérée comme assujettie à cotisations, à CSG et à CRDS. Si elle est versée dans le cadre d'un plan de sauvegarde de l'emploi, elle bénéficie du régime attaché à ce contexte.

Ainsi, lorsque les indemnités dépassent le montant minimum conventionnel ou légal, qu'elles soient versées en exécution d'un accord d'entreprise, du contrat de travail ou d'une transaction, elles sont exonérées de cotisations à hauteur des limites prévues pour l'indemnité de licenciement. Pour apprécier la limite d'exclusion d'assiette, il doit être fait masse de l'ensemble des indemnités versées, y compris les indemnités transactionnelles (BOSS, Indemnités de rupture, § 1700, 01/01/2022).

Dans le cas particulier d'un salarié licencié qui ne peut bénéficier d'aucune indemnité de licenciement, il est admis que l'indemnité versée au salarié dans le cadre d'une transaction et destinée à éviter tout contentieux est exonérée de cotisations de sécurité sociale dans les conditions et limites applicables à l'indemnité de licenciement hors plan de sauvegarde de l'emploi (BOSS, Indemnités de rupture, § 1710, 01/01/2022) *(voir ci-avant)*.

▶ À noter… Lorsque le total de l'indemnité transactionnelle et de l'indemnité de rupture du contrat de travail dépasse 10 fois le montant annuel du plafond de la sécurité sociale (soit 411 360 € en 2022), cette somme globale est assujettie à la CSG et à la CRDS ainsi qu'aux cotisations de sécurité sociale et aux charges ayant la même assiette dès le premier euro (c. séc. soc. art. L. 136-1-1, III, 5° a et L. 242-1, II, 7° ; BOSS, Indemnités de rupture, § 1710, 01/01/2022) *(voir ci-après)*.

Cas de la transaction après un licenciement - La fraction de la somme globale (indemnité de licenciement + indemnité transactionnelle) exonérée d'impôt sur le revenu est également exonérée de cotisations de sécurité sociale et des charges ayant la même assiette, dans la limite de 2 fois le montant annuel du plafond de la sécurité sociale (soit 82 272 € en 2022) (c. séc. soc. art. L. 242-1, II, 7°).

La CSG et la CRDS sont dues sur la fraction de la somme globale excédant le montant de l'indemnité de licenciement prévu par la convention collective, l'accord professionnel ou interprofessionnel ou, à défaut, par la loi et, en tout état de cause, sur la fraction assujettie à cotisations de sécurité sociale (c. séc. soc. art. L. 136-1-1, III, 5° a). Elles se calculent sans abattement d'assiette préalable.

En cas de licenciement pour faute grave, aucune indemnité de licenciement ni aucune indemnité de préavis n'est en principe due au salarié. L'indemnité versée au salarié dans le cadre d'une transaction conclue dans le but d'éviter tout contentieux est néanmoins exonérée de cotisations de sécurité sociale et de CSG/CRDS dans les conditions et limites applicables à l'indemnité de licenciement hors PSE (BOSS, Indemnités de rupture, § 1730, 01/01/2022). Si les termes de la transaction sont clairs, précis et sans ambiguïté sur le maintien de la faute grave, l'administration considère qu'il n'y a pas lieu de soumettre à cotisations une fraction de l'indemnité transactionnelle au titre d'une indemnité compensatrice de préavis (laquelle n'est pas due compte tenu du motif du licenciement).

L'indemnité transactionnelle est donc admise en exonération des cotisations sociales ainsi que de la CSG et de la CRDS dans les conditions et limites applicables à l'indemnité de licenciement en l'absence de PSE (BOSS, Indemnités de rupture, § 1750, 01/01/2022).

En revanche, si la qualification de licenciement pour faute grave n'est pas retenue, l'administration considère que l'indemnité de préavis est due au salarié. Dans ce cas, qu'il y ait ou non une renonciation expresse du salarié à percevoir l'indemnité de préavis, une partie de l'indemnité transactionnelle représentative de l'indemnité de préavis doit être soumise à cotisations. Le reliquat d'indemnité transactionnelle sera exonéré dans les conditions et limites applicables à l'indemnité de licenciement hors PSE (BOSS, Indemnités de rupture, § 1760, 01/01/2022).

▶ À noter… En cas de versement d'une indemnité transactionnelle forfaitaire et globale et lorsque le motif du licenciement est la faute grave ou la faute lourde du salarié, l'indemnité compensatrice de congés payés, dès lors qu'elle n'a pas été versée par ailleurs, doit être considérée comme comprise dans l'indemnité transactionnelle et, en tant qu'élément de rémunération, être assujettie aux cotisations et contributions sociales (BOSS, Indemnités de rupture, § 1770, 01/01/2022).

L'employeur pourra, en cas de litige, apporter la preuve que l'indemnité transactionnelle a un caractère totalement indemnitaire (BOSS, Indemnités de rupture, § 1780, 01/01/2022).

Indemnité transactionnelle à la suite d'une démission - Les sommes versées à l'occasion de la démission ont toujours, par principe, le caractère d'une rémunération et non d'une indemnité. Toutefois, l'employeur peut apporter la preuve que les sommes versées à l'occasion de la démission présentent le caractère de dommages et intérêts, dès lors qu'il prouve qu'il a provoqué la rupture du contrat de travail et que les indemnités versées avaient pour objet de réparer le préjudice né de la perte d'emploi (BOSS, Indemnités de rupture, §§ 1790 et 1800, 01/01/2022). La position retenue par l'administration se veut la traduction de la jurisprudence en matière de preuve du caractère indemnitaire *(voir ci-après)*. À cet égard, le BOSS s'appuie sur une jurisprudence rendue hors contexte de transaction, selon laquelle les sommes versées par l'employeur à un salarié démissionnaire constituent en principe des éléments de rémunération soumis aux cotisations de sécurité sociale, sauf à établir qu'en réalité la rupture du contrat de travail a été provoquée par l'employeur et que les sommes versées réparent le préjudice né de la perte de l'emploi (cass. civ., 2e ch., 8 juillet 2010, n° 09-15801 D).

Indemnités exonérées sur la base de la preuve du caractère indemnitaire - En dehors des indemnités pouvant être exclues de l'assiette des cotisations et contributions sociales dans les conditions prévues par la loi, une somme représentative de dommages-intérêts indemnisant un préjudice (moral ou personnel) autre que la perte de salaire peut dans certains cas être exclue de l'assiette des cotisations, lorsque l'employeur apporte la preuve qu'elle concourt, pour tout ou partie de son montant, à l'indemnisation d'un préjudice résultant de la rupture du contrat de travail du salarié. Il en va ainsi lorsqu'une décision de justice constate la réalité de ce préjudice et considère que les sommes versées constituent des dommages-intérêts (BOSS, Indemnités de rupture, § 1720, 01/01/2022).

Cette précision se veut la traduction, dans le BOSS, d'une série de jurisprudences rendues ces dernières années par la Cour de cassation en matière d'indemnités transactionnelles, et dont l'articulation avec le BOSS peut faire débat pour les professionnels du contentieux. Sans rentrer dans le détail du raisonnement de la Cour, celle-ci a considéré, en substance, que dans la mesure où les indemnités transactionnelles ne sont pas nommément visées par les textes (code de la sécurité sociale, code général des impôts), elles peuvent être exonérées de cotisations, sous réserve de prouver qu'elles indemnisent un préjudice. Si l'employeur peut prouver que les sommes versées à titre transactionnel lors de la rupture du contrat concourent, pour tout ou partie de leur montant, à l'indemnisation d'un préjudice, la fraction correspondante est exonérée de cotisations (cass. civ., 2e ch., 15 mars 2018, n° 17-10325, BC II n° 51 ; cass. civ., 2e ch., 21 juin 2018, n° 17-19773, BC II n° 129).

Dans ces deux affaires, il s'agissait de transactions consécutives à des licenciements pour faute grave. À chaque fois, la Cour s'est référée aux termes clairs, précis et sans ambiguïté des protocoles transactionnels, dont il résultait une volonté clairement exprimée des parties. La rupture du contrat restait un licenciement pour faute grave et ne comportait aucune indemnité de préavis.

En revanche, si l'employeur ne peut pas prouver le caractère indemnitaire de l'indemnité transactionnelle, elle est assujettie à cotisations. Et l'employeur est donc exposé à un redressement, s'il a passé les indemnités concernées en exonération de cotisations sociales (cass. civ., 2e ch., 15 mars 2018, n° 17-11336, BC II n° 52 ; cass. civ., 2e ch., 21 juin 2018, n° 17-19432, BC II n° 128 ; cass. civ., 2e ch., 4 avril 2019, n° 18-12898 D).

▶ À noter… Dans l'affaire du 15.03.2018, les juges ont validé le redressement en considérant, en substance, que les indemnités transactionnelles avaient été versées dans le cadre de départs volontaires en retraite « habillés » en ruptures à l'initiative de l'employeur.

En tout état de cause, la Cour de cassation rappelle que dénommer « dommages-intérêts » une indemnité transactionnelle ne suffit pas à lui conférer une nature indemnitaire susceptible de l'exclure de l'assiette des cotisations (cass. civ., 2e ch., 15 juin 2017, n° 16-19441 D).

Enfin, la Cour a également considéré qu'un contexte de plan de sauvegarde de l'emploi (PSE) n'est pas une garantie de l'exonération. Ainsi, la circonstance que les sommes sont versées en complément de celles dues au titre d'un PSE ne suffit pas à établir le caractère exclusivement indemnitaire des sommes. Les juges ont donc estimé que les sommes accordées, à titre transactionnel, en complément des indemnités de licenciement ou de départ volontaire versées dans le cadre d'un PSE sont soumises aux cotisations sociales, à moins que l'employeur ne rapporte la preuve qu'elles concourent, pour tout ou partie de leur montant, à l'indemnisation d'un préjudice (cass. civ., 2e ch., 21 juin 2018, n° 17-19432, BC II n° 128).

▶ À noter… La précision du BOSS est-elle pleinement en phase avec la jurisprudence ? Certains déduisent de ces jurisprudences que la fraction d'une indemnité représentative d'un préjudice est exonérée de cotisations sans limitation de montant.

Le site Internet du réseau des URSSAF précise quant à lui, au 1.01.2022, que l'indemnité transactionnelle est exonérée de cotisations de sécurité sociale :

- lorsqu'elle a pour objet de réparer le préjudice né de la perte de l'emploi ou des circonstances de la rupture (les sommes ayant la nature d'une rémunération sont quant à elles assujetties) ;
- pour sa fraction correspondant à l'indemnité de licenciement, ou plus exactement pour sa fraction représentative d'une indemnité elle-même susceptible d'être exonérée.

Selon l'enjeu, les employeurs souhaitant conclure une transaction pourront juger utile de prendre l'avis d'un conseil habilité, en particulier pour rédiger le protocole transactionnel, voire faire un rescrit auprès de l'URSSAF pour sécuriser leur situation en amont.

Sommes toujours assujetties - Même si elles sont globalisées dans l'indemnité transactionnelle, les sommes qui ne sont pas exonérées en raison de leur nature (indemnité de non-concurrence, préavis, congés payés, etc.), sont soumises à cotisations de sécurité sociale, à CSG et à CRDS (après abattement d'assiette pour celles de ces sommes qui y ouvrent encore droit).

Autres indemnités versées à la rupture du contrat de travail

Indemnités à traiter comme des indemnités de licenciement - Certaines indemnités spécifiques suivent le même régime que l'indemnité de licenciement. Sont visées :

- l'indemnité spécifique de licenciement des journalistes (c. trav. art. L. 7112-3) ;
- l'indemnité spéciale de licenciement due aux salariés inaptes, à la suite d'un accident du travail ou d'une maladie professionnelle, lorsqu'ils sont licenciés dans l'hypothèse où un reclassement est impossible [voir *Inaptitude physique (licenciement)**].

Indemnité de clientèle des VRP - L'indemnité de clientèle due aux VRP (c. trav. art. L. 7313-13) suit également le régime de l'indemnité de licenciement. L'administration fiscale retient comme montant minimum légal ou conventionnel de référence celui de l'indemnité légale ou conventionnelle de licenciement à laquelle le VRP aurait pu prétendre s'il avait renoncé à l'indemnité de clientèle (BOFiP-RSA-CHAMP-20-40-10-20-§ 170-28/07/2020). Le régime prévu pour l'indemnité de licenciement s'applique tant pour l'assujettissement à cotisations de sécurité sociale que pour ce qui concerne la CSG et la CRDS (BOSS, Indemnités de rupture, §§ 580 et 590, 01/01/2022).

Indemnités spécifiques à la rupture d'un CDD - À la fin d'un contrat de travail à durée déterminée (CDD) ou d'une mission d'intérim, les salariés ont droit, sauf exception, à une indemnité de fin de contrat (c. trav. art. L. 1243-8). Communément appelée « prime de précarité », cette indemnité est soumise à l'ensemble des cotisations sociales, à la CSG et à la CRDS (après abattement d'assiette de 1,75 %) [voir *Contrat à durée déterminée (indemnité de fin de contrat)**].

Si l'employeur met fin à un CDD avant son terme en l'absence de faute grave ou de force majeure, le salarié a droit, outre le paiement de la prime de précarité, à des dommages et intérêts d'un montant au moins égal aux rémunérations qu'il aurait perçues si le CDD était allé jusqu'à son terme (c. trav. art. L. 1243-4).

Indemnités de rupture (régimes social et fiscal)

<table>
<tr><th colspan="3">Régimes social et fiscal des indemnités de rupture du contrat de travail au 1.01.2022</th></tr>
<tr><th colspan="3">Indemnités compensatrices de préavis, de congés payés, de RTT non pris, indemnité de non-concurrence</th></tr>
<tr><td colspan="2">Impôt sur le revenu</td><td>Imposable en totalité.</td></tr>
<tr><td colspan="2">Cotisations de sécurité sociale et charges ayant la même assiette (1)</td><td>Assujettie à cotisations.</td></tr>
<tr><td colspan="2">CSG et CRDS</td><td>Assujettie à CSG et à CRDS, après abattement d'assiette (2).</td></tr>
<tr><th colspan="3">Indemnité de précarité (fin de CDD ou de mission d'intérim)</th></tr>
<tr><td colspan="2">Impôt sur le revenu</td><td>Imposable en totalité.</td></tr>
<tr><td colspan="2">Cotisations de sécurité sociale et charges ayant la même assiette (1)</td><td>Assujettie à cotisations.</td></tr>
<tr><td colspan="2">CSG et CRDS</td><td>Assujettie à CSG et à CRDS, après abattement d'assiette (2).</td></tr>
<tr><th colspan="3">Indemnité de départ volontaire (hors plan de sauvegarde) (3)</th></tr>
<tr><td colspan="2">Impôt sur le revenu</td><td>Imposable en totalité.</td></tr>
<tr><td colspan="2">Cotisations de sécurité sociale et charges ayant la même assiette (1)</td><td>Assujettie à cotisations.</td></tr>
<tr><td colspan="2">CSG et CRDS (5)</td><td>Assujettie à CSG et à CRDS (sans abattement d'assiette).</td></tr>
<tr><th colspan="3">Indemnité de départ volontaire à la retraite (hors plan de sauvegarde) (3)</th></tr>
<tr><td colspan="2">Impôt sur le revenu</td><td>Imposable en totalité.</td></tr>
<tr><td colspan="2">Cotisations de sécurité sociale et charges ayant la même assiette (1)</td><td>Assujettie à cotisations.</td></tr>
<tr><td colspan="2">CSG et CRDS (5)</td><td>Assujettie à CSG et à CRDS (sans abattement d'assiette).</td></tr>
<tr><th colspan="3">Indemnité de licenciement, de départ volontaire, de départ en préretraite ou de départ volontaire en retraite versée dans le cadre d'un plan de sauvegarde de l'emploi (3)</th></tr>
<tr><td colspan="2">Impôt sur le revenu</td><td>Exonérée d'impôt en totalité.</td></tr>
<tr><td colspan="2">Cotisations de sécurité sociale et charges ayant la même assiette (1)</td><td>Exonérée de cotisations, dans la limite de 2 plafonds annuels de la sécurité sociale, soit 82 272 € en 2022 (4).</td></tr>
<tr><td colspan="2">CSG et CRDS (5)</td><td>Assujettie à CSG et à CRDS, sans abattement d'assiette, pour la fraction excédant le minimum légal ou conventionnel de l'indemnité de licenciement et, en tout état de cause, pour la partie soumise à cotisations de sécurité sociale (4) (6) (7).</td></tr>
<tr><th colspan="3">Indemnité de licenciement (hors plan de sauvegarde) (3)</th></tr>
<tr><td rowspan="2">Impôt sur le revenu</td><td>Indemnité limitée au minimum légal ou conventionnel (6)</td><td>Exonérée d'impôt en totalité.</td></tr>
<tr><td>Indemnité supérieure au minimum légal ou conventionnel (6)</td><td>Exonérée d'impôt à hauteur du montant le plus élevé entre :
- soit le minimum légal ou conventionnel (6), sans limitation de montant ;
- soit 50 % de l'indemnité ou 2 fois la rémunération annuelle brute du salarié sur l'année civile précédant la rupture (8), la fraction exonérée au titre de ces critères ne pouvant excéder 6 fois le plafond annuel de la sécurité sociale en vigueur à la date de versement de l'indemnité, soit 246 816 € en 2022.</td></tr>
<tr><td colspan="2">Cotisations de sécurité sociale et charges ayant la même assiette (1)</td><td>La fraction d'indemnité exonérée d'impôt sur le revenu est exonérée de cotisations, dans la limite de 2 plafonds annuels de la sécurité sociale, soit 82 272 € en 2022 (4).</td></tr>
<tr><td colspan="2">CSG et CRDS (5)</td><td>Assujettie à CSG et à CRDS (sans abattement d'assiette) pour la fraction excédant le minimum légal ou conventionnel de l'indemnité de licenciement et, en tout état de cause, pour la partie soumise à cotisations de sécurité sociale (4) (6) (7) (9).</td></tr>
<tr><th colspan="3">Indemnité de rupture conventionnelle individuelle (salarié en droit de bénéficier d'une pension de vieillesse d'un régime de retraite légalement obligatoire)</th></tr>
<tr><td colspan="2">Impôt sur le revenu</td><td>Imposable en totalité.</td></tr>
<tr><td colspan="2">Cotisations de sécurité sociale et charges ayant la même assiette (1)</td><td>Assujettie à cotisations.</td></tr>
<tr><td colspan="2">CSG et CRDS (5)</td><td>Assujettie à CSG et à CRDS (sans abattement d'assiette).</td></tr>
</table>

Régimes social et fiscal des indemnités de rupture du contrat de travail au 1.01.2022		
Indemnité de rupture conventionnelle individuelle (salariés n'étant pas en droit de bénéficier d'une pension de vieillesse d'un régime de retraite légalement obligatoire)		
Impôt sur le revenu	Indemnité limitée au minimum légal ou conventionnel (6) de l'indemnité de licenciement	Exonérée d'impôt en totalité.
	Indemnité supérieure au minimum légal ou conventionnel (6) de l'indemnité de licenciement	Exonérée d'impôt à hauteur du montant le plus élevé entre : - soit le minimum légal ou conventionnel (6) de l'indemnité de licenciement, sans limitation de montant ; - soit 50 % de l'indemnité ou 2 fois la rémunération annuelle brute du salarié sur l'année civile précédant la rupture (8), la fraction exonérée au titre de ces critères ne pouvant excéder 6 fois le plafond annuel de la sécurité sociale en vigueur à la date de versement de l'indemnité, soit 246 816 € en 2022.
Cotisations de sécurité sociale et charges ayant la même assiette (1)		La fraction exonérée d'impôt sur le revenu est exonérée de cotisations, dans la limite de 2 plafonds annuels de la sécurité sociale, soit 82 272 € en 2022 (4).
CSG et CRDS (5)		Assujettie à CSG et à CRDS (sans abattement d'assiette) pour la fraction excédant le minimum légal ou conventionnel de l'indemnité de licenciement et, en tout état de cause, pour la partie soumise à cotisations de sécurité sociale (4) (6) (7).
Forfait social		Forfait social sur la fraction d'indemnité exonérée de cotisations de sécurité sociale (peu important qu'elle soit assujettie ou non à CSG).
Indemnité de rupture conventionnelle collective ou de rupture au terme d'un congé de mobilité		
Impôt sur le revenu		Exonérée d'impôt en totalité.
Cotisations de sécurité sociale et charges ayant la même assiette (1)		Exonérée de cotisations, dans la limite de 2 plafonds annuels de la sécurité sociale, soit 82 272 € en 2022 (4).
CSG et CRDS (5)		Assujettie à CSG et à CRDS, sans abattement d'assiette, pour la fraction excédant le minimum légal ou conventionnel de l'indemnité de licenciement et, en tout état de cause, pour la partie soumise à cotisations de sécurité sociale (4) (6) (7).
Forfait social		Exonérée en totalité (c. séc. soc. art. L. 137-15, 3°).
Indemnité de mise à la retraite par l'employeur		
Impôt sur le revenu	Indemnité limitée au minimum légal ou conventionnel (6)	Exonérée d'impôt en totalité.
	Indemnité supérieure au minimum légal ou conventionnel (6)	Exonérée d'impôt à hauteur du montant le plus élevé entre : - soit le minimum légal ou conventionnel (6), sans limitation de montant ; - soit 50 % de l'indemnité ou 2 fois la rémunération annuelle brute du salarié sur l'année civile précédant la rupture (8), la fraction exonérée au titre de ces critères ne pouvant excéder 5 fois le plafond annuel de la sécurité sociale en vigueur à la date de versement de l'indemnité, soit 205 680 € en 2022.
Cotisations de sécurité sociale et charges ayant la même assiette (1)		La fraction exonérée d'impôt sur le revenu est exonérée de cotisations, dans la limite de 2 plafonds annuels de la sécurité sociale, soit 82 272 € en 2022 (4).
CSG et CRDS (5)		Assujettie à CSG et à CRDS (sans abattement d'assiette) pour la fraction excédant le minimum légal ou conventionnel et, en tout état de cause, pour la partie soumise à cotisations de sécurité sociale (4) (6) (7).
Contribution patronale de 50 %		Contribution patronale de 50 % sur l'indemnité.
Indemnité de clientèle (VRP)		
Impôt sur le revenu Cotisations de sécurité sociale et charges ayant la même assiette (1) CSG et CRDS (5)		Exonérée d'impôt, de cotisations, de CSG et de CRDS dans les mêmes limites que l'indemnité de licenciement à laquelle le salarié aurait pu prétendre. Lorsque la CSG et la CRDS sont dues, elles sont calculées sans abattement d'assiette.
Indemnité de rupture anticipée d'un CDD		
Impôt sur le revenu		Imposable à concurrence du montant que le salarié aurait perçu jusqu'à la fin du contrat s'il était allé jusqu'à son terme. Selon l'administration, le surplus est exonéré d'impôt dans les mêmes limites que l'indemnité de licenciement (BOFiP-RSA-CHAMP-20-40-10-20-§ 10-28/07/2020).

Régimes social et fiscal des indemnités de rupture du contrat de travail au 1.01.2022	
Cotisations de sécurité sociale et charges ayant la même assiette (1)	Les sommes qui sont imposables sont assujetties à cotisations (BOSS, Indemnités de rupture, § 1280, 01/01/2022).
CSG et CRDS (5)	Assujettie à CSG et à CRDS (sans abattement d'assiette).
Indemnité de cessation anticipée d'activité (préretraite amiante)	
Impôt sur le revenu	Exonérée d'impôt (CGI art. 81, 33°).
Cotisations de sécurité sociale et charges ayant la même assiette (1)	Exonérée de cotisations (loi 98-1194 du 23 décembre 1998,art. 41-V).
CSG et CRDS	Exonérée de CSG et de CRDS (c. séc. soc. art. L. 136-1-2, II,7°).
Indemnité spéciale de licenciement du salarié victime d'un accident du travail	
Impôt sur le revenu	Même régime que l'indemnité de licenciement « hors plan de sauvegarde de l'emploi », le minimum légal de référence étant celui de l'indemnité spéciale (c. trav. art. L. 1226-14).
Cotisations de sécurité sociale et charges ayant la même assiette (1)	
CSG et CRDS (5)	

(1) Cotisations de sécurité sociale, FNAL, versement mobilité, cotisations chômage, contributions AGIRC-ARRCO, contribution patronale au dialogue social, contribution formation, participation à l'effort de construction et taxe d'apprentissage. L'assiette de la taxe sur les salaires est alignée sur celle de la CSG sur les revenus d'activité (sans prise en compte de l'abattement d'assiette de 1,75 %).

(2) Préalablement au calcul de la CSG et de la CRDS, il convient d'appliquer un abattement d'assiette de 1,75 %. Cet abattement peut être appliqué sur une assiette maximale égale à 4 plafonds de la sécurité sociale. Une fois ce plafond atteint sur l'année pour le salarié en question, la CSG et la CRDS sont calculées directement, sans abattement d'assiette préalable.

(3) Plan de sauvegarde de l'emploi au sens des articles L. 1233-32 et L. 1233-61 du code du travail. Ce régime ne s'applique que dans le cadre de la procédure de licenciement économique portant sur au moins 10 salariés dans une même période de 30 jours, quel que soit l'effectif de l'entreprise.

(4) Les indemnités de rupture supérieures à 10 fois le plafond annuel de la sécurité sociale (411 360 € en 2022) sont, en tout état de cause, assujetties à cotisations sociales, à CSG et à CRDS dès le premier euro (c. séc. soc. art. L. 136-1-1, III, 5° et L. 242-1, 7°). Cette règle ne vaut que pour les cotisations et non pour l'impôt sur le revenu.

(5) La CSG et la CRDS sont calculées sans abattement d'assiette préalable.

(6) Le minimum conventionnel est celui prévu par accord professionnel ou interprofessionnel ou par accord de branche, à l'exclusion d'un éventuel accord d'entreprise ou d'établissement.

(7) CSG intégralement non déductible lorsqu'elle se rapporte à des sommes exonérées d'impôt et de cotisations de sécurité sociale (BOFiP-RSA-BASE-30-30-§§ 80 et 100-24/07/2017).

(8) Rémunération annuelle brute fiscale (brut avant déduction de la part salariale des cotisations déductibles, y inclus la fraction de CSG déductible) (BOFiP-RSA-CHAMP-20-40-10-30-§ 90-11/06/2020). Cette rémunération intègre les revenus exclus de l'assiette des cotisations mais soumis à l'impôt sur le revenu, tels que les primes d'intéressement non affectées à un plan d'épargne entreprise (PEE) (BOSS, Indemnités de rupture, § 120, 01/01/2022).

(9) Pour un salarié ne justifiant pas de 8 mois d'ancienneté, l'indemnité qui lui est versée à la rupture de son CDI (hors faute grave) est exonérée de CSG et CRDS dans la limite de 2/10e de sa rémunération mensuelle, ou de la rémunération de 40 heures pour les salariés rémunérés à l'heure, sans que ces limites puissent excéder la fraction de l'indemnité exclue de l'assiette des cotisations sociales (BOSS, Indemnités de rupture, § 410, 01/01/2022).

Ces dommages et intérêts étant assujettis à l'impôt sur le revenu pour leur fraction correspondant aux salaires qu'aurait perçus le salarié jusqu'au terme du contrat (BOFiP-RSA-CHAMP-20-40-10-20-§ 10-28/07/2020), ils doivent être soumis à cotisations de sécurité sociale et aux charges ayant la même assiette dans cette limite. La fraction éventuelle des dommages et intérêts versés du fait de la rupture anticipée par l'employeur du CDD qui excède la valeur des salaires restants dus jusqu'au terme du contrat est soumise au régime social des indemnités de licenciement (BOSS, Indemnités de rupture, § 1280, 01/01/2022). Ces dommages et intérêts sont, en revanche, intégralement soumis à CSG et à CRDS aussi bien pour la partie correspondant aux salaires restant dus jusqu'au terme du contrat que pour la partie excédentaire, puisque cette dernière dépasse alors le minimum légal (BOSS, Indemnités de rupture, § 1290, 01/01/2022 ; cass. civ., 2e ch., 7 juin 2006, n° 04-10326, BC II n° 150).

Indemnités compensatrices de préavis et de congés payés - La rupture du contrat de travail peut s'accompagner du versement d'une indemnité compensatrice de préavis ou d'une indemnité compensatrice de congés payés. Ces sommes sont assujetties à cotisations, à CSG et à CRDS (après abattement d'assiette de 1,75 %), quelle que soit la décision à l'origine de la rupture du contrat de travail (licenciement, démission, etc.).

Indemnité de non-concurrence et autres sommes - Il convient d'inclure dans l'assiette des cotisations, de la CSG et de la CRDS (après abattement d'assiette de 1,75 %) la somme que l'employeur verse au salarié au titre de la contrepartie financière d'une *clause de non-concurrence**, ainsi que tous les éléments de salaire payés au départ du salarié dans le cadre du solde de tout compte (quotes-parts de primes annuelles, de 13e mois, etc.) (BOSS, Indemnités de rupture, § 1980, 01/01/2022).

Indemnité de rupture liée à la violation du statut protecteur d'un salarié - L'indemnité pour violation du statut protecteur versée à l'occasion de la rupture du contrat de travail et qui n'est pas au nombre des indemnités non imposables au titre de l'impôt sur le revenu des personnes physiques limitativement énumérées par l'article 80 duodecies CGI est soumise aux cotisations de sécurité sociale en application de l'article L. 242-1 du code de la sécurité sociale (BOSS, Indemnités de rupture, § 1950, 01/01/2022) *(voir toutefois ci-avant les arrêts de la Cour de cassation du 15.03.2018)*.

▶ À noter… Selon le Conseil d'État, l'indemnité forfaitaire versée à un représentant du personnel afin qu'il renonce à son mandat est imposable (CE 12 février 2020, n° 423914 ; CE 12 février 2020, n° 423916). En l'espèce, dans le cadre d'un licenciement économique avec PSE, des représentants du personnel s'étaient engagés à démissionner de leur mandat pour que l'employeur puisse les licencier sans avoir à solliciter l'autorisation de l'inspection du travail, moyennant une confortable indemnité. Cette dernière avait pour seul objet de compenser financièrement la démission des salariés de leurs mandats électifs et représentatifs. On ne sait, en revanche, rien d'un éventuel contentieux sur le régime social de l'indemnité. Notons toutefois que, si l'on fait application du raisonnement tenu par le Conseil d'État, l'indemnité en question ne devrait pas non plus pouvoir bénéficier de l'exonération de cotisations de sécurité sociale prévue pour les indemnités versées dans le cadre d'un PSE (et limitée à deux fois le plafond annuel de la sécurité sociale).

Autres indemnités - Voir le tableau récapitulatif reproduit dans cette étude.

Indemnités très élevées (« parachutes dorés »)

Indemnités supérieures à un certain montant - Les indemnités supérieures à 10 plafonds annuels de la sécurité sociale (411 360 € en 2022) sont assujetties à CSG/CRDS et à cotisations sociales dès le premier euro (c. séc. soc. art. L. 136-1-1, III, 5° et L. 242-1, 7°).

Concernant les indemnités versées à l'occasion de la cessation forcée des fonctions de dirigeant et mandataire social, voir *Indemnités de rupture du mandat social (régimes social et fiscal)**.

Pas d'incidence sur le régime fiscal - Cette mesure concerne les cotisations sociales, la CSG et la CRDS. Elle n'a pas d'impact sur le plan fiscal.

☛ *Gestion prévisionnelle de l'emploi et des compétences ; Indemnité de licenciement ; Indemnité de mise à la retraite ; Indemnités de rupture du mandat social (régimes social et fiscal) ; Rupture conventionnelle (indemnité) ; Rupture conventionnelle collective ; Transaction.*

Index de l'égalité professionnelle

☛ *Rémunération (écarts entre les femmes et les hommes).*

Indexation des salaires

L'indexation des salaires consiste à lier l'augmentation du salaire à un indice extérieur, qui se traduit le plus souvent par l'insertion d'une clause dans le contrat de travail.

Indexation interdite

Cas d'indexation prohibés - Il est interdit d'indexer les salaires sur (c. mon. et fin. art. L. 112-2) :
- le salaire minimum de croissance (voir *SMIC**) (c. trav. art. L. 3231-3) ;
- le niveau général des prix de l'INSEE ;
- le niveau général des salaires ;
- le prix des biens et services sans rapport avec l'activité de l'entreprise.

Cette prohibition des clauses d'indexation automatique vaut également pour les accessoires du *salaire**(voir *Prime**, etc.).

Elle s'applique même si le dispositif de revalorisation prévu par une convention collective fait référence, ne serait-ce que partiellement, à l'évolution de la valeur de l'indice INSEE (cass. soc. 5 octobre 2017, n° 15-20390, BC V n °175).

Clause du contrat de travail illicite - Un salarié ne peut pas se prévaloir de l'existence d'une clause

Implications de l'interdiction de l'indexation des salaires	
Nullité des clauses conventionnelles ou contractuelles d'indexation	L'employeur avait consenti par avance une révision automatique de salaire basée sur le SMIC plus 7 % (cass. soc. 18 mars 1992, n° 88-43434, BC V n° 188).
Réparation du préjudice en cas de clause d'indexation illicite	Si l'employeur insère dans un contrat de travail une clause qu'il sait illicite, celle-ci ayant en outre incité le salarié à signer le contrat, le salarié ne peut pas prétendre aux augmentations convenues, mais il peut obtenir réparation de son préjudice (cass. soc. 14 mai 1987, n° 84-43421 D), à notre sens, s'il parvient à le prouver.
Remplacer le système d'indexation illicite par un dispositif licite	L'employeur qui remplace un système prohibé par un dispositif licite ne peut pas être condamné à poursuivre l'application de l'ancien système même si la nouvelle formule est moins avantageuse (cass. soc. 2 mars 1977, n° 75-40669, BC V n° 159).

d'indexation automatique du salaire sur le taux d'inflation, inscrite dans son contrat de travail, pour réclamer un rappel de salaire. Cette clause est, en effet, illicite (cass. soc. 13 décembre 2006, n° 05-44073, BC V n° 374).

Accord collectif ou usage illicites - L'application par l'employeur pendant plusieurs années d'un accord indexant les salaires sur le niveau général des prix ne peut constituer, au profit des salariés, un avantage acquis. De même, le fait d'indexer les salaires sur le SMIC ne peut en aucun cas constituer un usage (cass. soc. 7 juin 2000, n° 98-45547 D).

Indexation possible

Il est possible :
- d'indexer les salaires sur les prix des biens ou produits fabriqués par l'entreprise ;
- de prévoir des réunions selon des périodicités déterminées afin d'examiner l'évolution des salaires par rapport à la progression de l'indice INSEE : la clause est valable dans la mesure où elle envisage seulement une négociation sur une révision possible des salaires, ne prévoit pas une révision automatique et intervient a posteriori, une fois l'indice connu (cass. soc. 30 avril 1985, n° 84-40450, BC V n° 267).

Par ailleurs, des clauses, précisant les seuils de variation à partir desquels de nouvelles négociations sur les salaires peuvent s'engager, sont licites (rép. Cousté, JO 14 décembre 1981, AN quest. p. 3669).

☞ *Clause d'indexation ; Prime ; Salaire (augmentations de) ; SMIC.*

Indicateurs sociaux

☞ *Base de données économiques, sociales et environnementales (BDES) ; Bilan social.*

Infirmiers

Le statut d'infirmier de santé au travail est inscrit dans le code du travail (loi 2021-1018 du 2 août 2021, art. 34, JO du 3 ; c. trav. art. L. 4623-9, L. 4623-10 et L. 4623-11, dans leur version en vigueur au 31 mars 2022).

Infirmiers d'entreprise ou de SPSTI

Présence dans les établissements - Les établissements dont l'effectif dépasse un certain seuil doivent s'assurer le service d'infirmières ou d'infirmiers assistant le *médecin du travail** dans l'ensemble de ses activités.

Dans les établissements industriels de 200 à 800 salariés, un infirmier doit être présent, et, au-delà de cet effectif, un infirmier supplémentaire par tranche de 600 salariés (c. trav. art. R. 4623-32).

Dans les autres établissements de 500 à 1 000 salariés, au moins un infirmier doit être présent et, au-delà de 1 000 salariés, un infirmier supplémentaire par tranche de 1 000 (c. trav. art. R. 4623-32).

Les établissements industriels de moins de 200 salariés et les autres établissements de moins de 500 salariés doivent se doter d'un infirmier si le médecin du travail et le *comité social et économique** en font la demande. Lorsque l'employeur conteste la demande, la décision est prise par l'inspecteur du travail après avis du médecin inspecteur du travail (c. trav. art. R. 4623-33).

▶ **À noter…** L'obligation qui pèse sur les entreprises porte sur la présence de personnel infirmier et non sur une embauche. Les établissements qui le souhaitent peuvent, par conséquent, faire appel à des prestations d'infirmiers par le biais d'associations (circ. DGT 2012-13 du 9 novembre 2012, p. 43).

Présence dans les SPSTI - Le ou les infirmiers font partie de l'équipe pluridisciplinaire présente dans chaque service de prévention et de santé interentreprises (SPSTI), au côté du ou des médecins du travail et du ou des intervenants en prévention des risques professionnels (c. trav. art. L. 4622-8).

La vaccination contre le covid-19 est obligatoire, sauf contre-indication médicale reconnue, pour les personnes travaillant dans un SPST (loi 2021-1040 du 5 août 2021, JO du 6) [voir *Covid-19 (hygiène et sécurité)**].

L'avis du ou des médecins du travail doit être demandé avant l'embauche d'un infirmier (c. trav. art. R. 4623-35).

Missions

Suivi individuel de l'état de santé des salariés - Le suivi individuel de l'état de santé des salariés est assuré par le médecin du travail et, sous l'autorité de celui-ci, par un autre membre de l'équipe pluridisciplinaire du *service de prévention et de santé au travail** : le collaborateur médecin, l'interne en médecine du travail et l'infirmier (c. trav. art. L. 4624-1). Par exemple, l'infirmier peut être amené à faire passer la visite d'information et de prévention, qui doit en principe être organisée par l'employeur pour les salariés nouvellement recrutés [voir *Visite médicale (information et prévention)**].

▶ À noter... Depuis le 29.10.2020, dans le cadre de la crise sanitaire liée au covid-19, les employeurs peuvent organiser des dépistages avec des tests antigéniques (protocole national pour assurer la santé et la sécurité des salariés en entreprise face à l'épidémie de covid-19, § IV, actualisé au 25 janvier 2022 ; arrêté du 16 novembre 2020, JO du 17, texte 21, modifiant l'article 26-1 et son annexe de l'arrêté du 10 juillet 2020, texte 25 ; circ. intermin. 2020/229 du 14 décembre 2020 relative au déploiement des tests antigéniques au sein des entreprises publiques et privées). Plusieurs catégories de personnels sont habilitées à faire ces tests, dont les infirmiers [voir *Covid-19 (hygiène et sécurité)**].

Activités médicales - En plus des missions qui lui sont propres (c. santé. pub. art. R. 4311-1), le personnel infirmier des entreprises ou des SPSTI peut se voir confier par le médecin du travail certaines des activités de ce dernier, sous réserve des garanties suivantes (c. trav. art. R. 4623-14 et R. 4623-31) :

- l'établissement d'un protocole préalable et écrit, pouvant par exemple prévoir un « entretien infirmier » donnant lieu à la délivrance d'une attestation de suivi, sachant que l'infirmier ne peut pas se prononcer sur l'aptitude ou l'inaptitude des salariés, cette compétence restant du ressort exclusif du médecin du travail ;
- le respect des conditions d'exercice de la profession d'infirmier en conformité avec le code de la santé publique ;
- le maintien de la responsabilité du médecin du travail.

▶ À noter... À partir du 31.03.2022, la visite médicale de mi-carrière peut être assurée par un infirmier de santé au travail exerçant en pratique avancée (loi 2021-1018 du 2 août 2021, art. 5, 2°, JO du 3) [voir *Visite médicale (mi-carrière)**]. L'infirmier n'est pas habilité à proposer lui-même des mesures d'aménagement, mais s'il l'estime nécessaire, il peut orienter sans délai le salarié vers le médecin du travail (loi 2021-1018 du 2 août 2021, art. 22, JO du 3 ; c. trav. art. L. 4624-2-2, dans sa version en vigueur au 31.03.2022).

Dans le cadre des protocoles avec le médecin du travail, le personnel infirmier peut effectuer des examens complémentaires et participer à des actions d'information collectives conçues en collaboration avec le médecin du travail et validées par lui (c. trav. art. R. 4623-31).

Actions de prévention collective auprès des salariés des ETT - À partir du 31.03.2022 et à titre expérimental et pour 3 ans, les médecins du travail et, sous leur autorité, les collaborateurs médecins, internes en médecine du travail et infirmiers peuvent réaliser des actions de prévention collective à destination des salariés d'entreprises de travail temporaire afin de prévenir les risques professionnels auxquels ils sont exposés (loi 2021-1018 du 2 août 2021, art. 24, JO du 3). Ces actions peuvent être réalisées en lien avec des intervenants extérieurs qualifiés. Les conditions de cette expérimentation seront déterminées par décret.

Présence d'infirmiers dans l'entreprise - L'infirmier assure ses missions de santé au travail sous l'autorité du médecin du travail de l'entreprise, ou sous celle du médecin du SPSTI intervenant dans l'entreprise, dans le cadre de protocoles écrits dans ces deux hypothèses. L'équipe pluridisciplinaire se coordonne avec l'infirmier de l'entreprise (c. trav. art. R. 4623-34) (voir *Service de prévention et de santé au travail**).

Formation de l'infirmier

La qualité d'infirmier de santé au travail au sein d'un SPST est conditionnée à la détention du diplôme d'État d'infirmier ou de l'autorisation d'exercer sans limitation, ainsi qu'à la validation d'une formation spécifique en santé au travail qui devra être définie par un décret, à paraître à la date de mise à jour de cette étude (loi 2021-1018 du 2 août 2021, art. 34 ; c. trav. art. L. 4623-9, L. 4623-10 et L. 4623-11).

Dans le cas où l'infirmier recruté par le SPST n'a pas suivi une telle formation, son employeur devra l'y inscrire au cours des 12 mois suivant son recrutement et prendre en charge le coût de la formation.

Les obligations de formation ainsi requises entreront en vigueur à une date fixée par décret et au plus tard le 31.03.2023.

Une règle transitoire est prévue pour les infirmiers recrutés en SPST et qui, à cette date, seront inscrits dans la formation ad hoc. Ils sont réputés satisfaire à ces obligations de formation pour une durée de trois ans (loi 2021-1018 du 2 août 2021, art. 34, IV).

Protection

L'infirmier d'un SPST ne bénéficie pas, dans sa totalité, de la protection octroyée au médecin du travail. Cela dit, le comité interentreprises ou la commission de contrôle doit être consulté sur son licenciement (c. trav. art. D. 4622-31). Cette garantie procédurale constitue une garantie de fond, dont le défaut rend le licenciement notifié sans cause réelle et sérieuse (cass. soc. 14 novembre 2019, n° 18-20307 FSPB).

☞ *Hygiène et sécurité (obligations de l'employeur).*

Informatique

Surveillance depuis un poste informatique

Les « keyloggers » permettent d'enregistrer à distance toutes les actions accomplies sur un ordinateur. Pour la CNIL, ce mode de surveillance est illicite sauf circonstance exceptionnelle liée à un fort impératif de sécurité (« Les outils informatiques au travail », www.cnil.fr).

Contrôle des connexions internet

Légitimité du contrôle - La CNIL admet que l'employeur peut contrôler et limiter l'utilisation d'internet pour assurer la sécurité des réseaux qui pourraient subir des attaques (ex. : virus) et afin de limiter les risques d'abus d'une utilisation trop personnelle d'internet (« Les outils informatiques au travail », www.cnil.fr).

Exemple

L'employeur peut mettre en place des dispositifs de filtrage de sites non autorisés (sites d'incitation à la haine raciale, etc.). Il peut également fixer des limites dictées par l'exigence de sécurité de l'entreprise telles que l'interdiction de télécharger des logiciels, de se connecter à un forum ou d'utiliser le « chat », ou encore d'accéder à une boîte aux lettres personnelle par Internet compte tenu des risques de virus qu'un tel accès est susceptible de présenter, etc..

Sur les règles de fond à respecter et les formalités préalables à suivre par l'employeur, voir *Surveillance des salariés**. Il lui est recommandé d'inscrire les règles qu'il a mises en place dans le *règlement intérieur** ou la *charte informatique**.

Connexions présumées professionnelles - Les connexions établies par un salarié sur des sites internet sont présumées avoir un caractère professionnel dès lors qu'elles sont effectuées :

- pendant son temps de travail ;
- grâce à l'ordinateur mis à sa disposition par l'employeur pour l'exécution de son travail.

En conséquence, l'employeur peut procéder à un contrôle de ces connexions en l'absence du salarié (cass. soc. 9 juillet 2008, n° 06-45800, BC V n° 150).

Exemple

Un employeur avait motivé un licenciement pour faute grave en se fondant sur des éléments relatifs à des connexions internet recueillis à l'occasion d'un contrôle et d'une expertise du disque dur de l'ordinateur professionnel d'un salarié. Ces deux inspections avaient été réalisées en l'absence de l'intéressé et sans que celui-ci en ait été informé au préalable. Pour les juges, l'employeur pouvait ainsi apporter la preuve d'une faute grave. Le licenciement était donc bien fondé, en l'espèce, sur une faute grave (cass. soc. 9 juillet 2008, n° 06-45800, BC V n° 150).

Un salarié qui a listé ses sites favoris sur internet ne peut pas invoquer les règles applicables aux fichiers personnels. Dans ce cas, ce sont les conditions d'accès aux connexions Internet qui s'appliquent. Ainsi, l'employeur peut, en l'absence d'un salarié, prendre connaissance des connexions que ce dernier a faites pendant son temps de travail et grâce à son ordinateur professionnel car ces connexions sont présumées professionnelles (cass. soc. 9 février 2010, n° 08-45253 D).

Accès de l'employeur aux mails

Contrôle de l'utilisation de la messagerie professionnelle - La CNIL admet que l'employeur fixe des règles d'usage et contrôle l'utilisation de la messagerie professionnelle pour assurer la sécurité des réseaux informatique et téléphonique de l'entreprise (« Les outils informatiques au travail », www.cnil.fr).

L'employeur peut aussi adopter des consignes et mettre en place des contrôles pour éviter une utilisation personnelle excessive de la messagerie professionnelle (« Les outils informatiques au travail », www.cnil.fr). Cela étant, il serait à notre avis disproportionné d'interdire tout usage personnel de la messagerie professionnelle, sauf contexte particulier (ex. : un salarié qui a accès à des informations hautement stratégiques pour l'entreprise).

Sur les règles de fond à respecter et les formalités préalables à suivre par l'employeur, voir *Surveillance des salariés**. Il lui est recommandé d'inscrire les règles qu'il a mises en place dans le *règlement intérieur** ou la *charte informatique**. Pour des exemples de clauses, voir les modèles proposés dans cette étude.

Exemple

Il peut s'agir d'outils de mesure de la fréquence, de la taille des messages électroniques, d'outils d'analyse des pièces jointes (ex. : détection des virus, filtres antispam destinés à réduire les messages non sollicités, etc.).

Le *comité social et économique** peut faire jouer son droit d'alerte sur les conditions de consultation de la messagerie professionnelle des salariés (cass. soc. 17 juin 2009, n° 08-40274, BC V n° 153 ; c. trav. art. L. 2312-5 et L. 2312-59).

▶ À noter… Les règles applicables en matière de contrôle de la messagerie professionnelle, issues de la législation française et de la jurisprudence de la Cour de cassation, sont en conformité avec les exigences posées par la Cour européenne des droits de l'homme (CEDH 5 septembre 2017, n° 61496/08).

Clauses du RI sur la boîte mail professionnelle (1) (2) (3)

art. xx Mise à disposition à titre professionnel

Chaque salarié dispose d'une adresse de messagerie électronique mise à disposition par la Direction informatique pour l'exercice de son activité professionnelle.

Un usage raisonnable à titre personnel est toléré dans le cadre des nécessités de la vie courante et familiale. Cet usage ne doit ni perturber le travail, ni affecter le fonctionnement du système d'information de l'entreprise.

Les messages personnels envoyés doivent être signalés par la mention « personnel » dans leur objet et être classés dès l'envoi dans un dossier dénommé de la même façon.

Les messages personnels reçus doivent être également classés, dès réception, dans un dossier lui-même dénommé « personnel ».

Tous les messages envoyés ou reçus non identifiés comme étant personnels sont présumés professionnels.

Chaque salarié s'engage à ne pas transformer les messages de nature professionnelle en messages « personnels ».

Art. xy Règle d'usage

Les salariés respectent l'ensemble des lois et règlements. En particulier, les correspondances électroniques ne doivent comporter aucun élément illicite (propos diffamatoires ou injurieux, etc.).

Les salariés ne doivent en aucun cas utiliser la messagerie professionnelle pour se livrer à des activités concurrentes, et/ou susceptibles de porter préjudice à l'entreprise de quelque manière que ce soit.

Art. xz Contrôles

Tous les messages électroniques reçus sur la messagerie professionnelle font l'objet d'un contrôle antiviral et d'un filtrage anti-spam. Chaque salarié est invité à informer la Direction informatique des dysfonctionnements qu'il constaterait dans ce dispositif de filtrage.

Un contrôle de la taille de tous les messages échangés et du format des pièces jointes est également mis en œuvre.

Si la Direction informatique constate un dysfonctionnement, elle peut procéder à une vérification sur la messagerie professionnelle du salarié en en informant la Direction des ressources humaines.

La Direction des ressources humaines peut consulter librement les messages à caractère professionnel, y compris en l'absence du salarié (4).

Les messages identifiés comme étant personnels sont protégés par le droit à la vie privé et le secret des correspondances.

L'employeur se réserve le droit d'engager une procédure devant le juge pour défendre les intérêts de l'entreprise.

(1) RI : *règlement intérieur**. (2) ou de la *charte informatique**. (3) Les clauses proposées sont des exemples et ne portent que sur la messagerie professionnelle. L'employeur est invité à les adapter aux spécificités de son entreprise. En outre, il lui est recommandé de les compléter par d'autres

dispositions relatives, par exemple, aux autres outils informatiques mis à disposition par l'entreprise : ordinateur, internet, etc. (« Charte d'utilisation des moyens informatiques et des outils numériques », www.ssi.gouv.fr ; CNIL, « Sécurité : sensibiliser les utilisateurs »). (4) Attention : quand un règlement intérieur impose la présence du salarié pour accéder à sa messagerie professionnelle sans établir de distinction entre ses mails personnels et ses mails professionnels, l'employeur ne peut contrôler les mails du salarié qu'en sa présence, que ceux-ci soient identifiés comme étant personnels ou non (cass. soc. 26 juin 2012, n° 11-15310, BC V n° 196).

Mails protégés par le secret des correspondances - Le salarié a droit, y compris au temps et au lieu de travail, au respect de l'intimité de sa vie privée (cass. soc. 2 octobre 2001, n° 99-42942, BC V n° 291). Cela implique, en particulier, le secret des correspondances. L'employeur ne peut donc pas prendre connaissance des messages personnels émis par le salarié et reçus par lui grâce à un outil informatique mis à sa disposition pour son travail et ceci, même au cas où il a interdit une utilisation non professionnelle de l'ordinateur (cass. soc. 12 octobre 2004, n° 02-40392, BC V n° 245).

▶ À noter... Sur la distinction entre mails personnels et mails professionnels, voir ci-après.

Accès aux mails personnels via un huissier - En principe, l'employeur ne peut pas, sous peine de violer le secret des correspondances, prendre connaissance des messages personnels émis par le salarié et reçus par lui grâce à un outil informatique mis à sa disposition pour son travail *(voir ci-avant)*.

Toutefois, l'employeur peut obtenir l'intervention d'un huissier pour accéder aux données contenues dans l'ordinateur qu'il a mis à la disposition d'un salarié si le juge saisit pour ce faire constate que la mesure qu'il ordonne (c. proc. civ. art. 145 ; cass. soc. 23 mai 2007, n° 05-17818, BC V n° 84 ; cass. soc. 10 juin 2008, n° 06-19229, BC V n° 129) :
- procède d'un motif légitime (ex. : soupçons d'actes de concurrence déloyale) ;
- est nécessaire à la protection des droits de l'employeur.

Le cas échéant, l'huissier doit conduire sa mission en présence du salarié.

Mails professionnels et accès de l'employeur - L'employeur peut, en l'absence du salarié, ouvrir les mails que celui-ci n'a pas identifiés comme personnels. En effet, dans ce cas, ces mails sont considérés comme étant professionnels (cass. soc. 26 juin 2012, n° 11-15310, BC V n° 196) *(voir ci-après)*.

▶ À noter... Selon la CNIL, il serait excessif que l'employeur reçoive tous les messages écrits ou reçus par les salariés en copie automatique (CNIL, « Les outils informatiques au travail »).

Toutefois, quand un règlement intérieur impose la présence du salarié pour accéder à sa messagerie professionnelle sans établir de distinction entre ses mails personnels ou ses mails professionnels, les juges décident que l'employeur ne peut contrôler les mails du salarié qu'en sa présence, que ceux-ci soient identifiés comme étant personnels ou pas (cass. soc. 26 juin 2012, n° 11-15310, BC V n° 196).

Distinction entre mails personnels et mails professionnels - Un message envoyé ou reçu depuis le poste de travail mis à disposition par l'employeur, à partir de la messagerie professionnelle, revêt un caractère professionnel, sauf s'il est identifié comme étant personnel (cass. soc. 2 octobre 2001, n° 99-42942, BC V n° 291) (cass. soc. 30 mai 2007, n° 05-43102 D).

C'est au salarié d'identifier les messages qui sont personnels, étant précisé que le salarié ne doit pas transformer des messages de nature professionnelle en correspondance « privée ». La nature personnelle d'un message peut figurer dans l'objet du message ou dans le nom du répertoire dans lequel il est stocké (« Les outils informatiques au travail », www.cnil.fr).

Dès lors, si des mails ne sont pas identifiés par le salarié comme étant personnels et qu'ils sont, dans sa messagerie professionnelle, sans signe distinctif, ils peuvent être régulièrement ouverts par l'employeur (cass. soc. 18 octobre 2011, n° 10-26782 D).

Enfin, même si l'adresse électronique correspondant à la messagerie professionnelle ne comporte pas le nom de l'entreprise, celle-ci reste professionnelle. Les mails adressés ou reçus depuis cette messagerie sont donc professionnels quand ils ne sont pas identifiés comme personnel (cass. soc. 16 mai 2013, n° 12-11866 D).

Mails émanant de la messagerie personnelle du salarié - Des mails que le salarié a enregistré dans le disque dur de son ordinateur professionnel ne sont pas identifiés comme personnels du seul fait qu'ils émanent initialement de la messagerie électronique personnelle du salarié (cass. soc. 19 juin 2013, n° 12-12138, BC V n° 158). L'employeur a donc accès à ces mails si, comme en l'espèce, ils ne sont pas conservés dans un fichier identifié comme étant personnel.

Dans une autre affaire, de laquelle il ne ressort pas que le salarié ait « enregistré » des mails émanant de sa messagerie personnelle sur son ordinateur professionnel, la Cour de cassation a adopté une solution différente. Ainsi, elle a décidé que l'employeur ne peut pas se servir de mails émanant de la messagerie personnelle du salarié comme preuve dans le cadre d'un contentieux qui les oppose. En effet, ces messages électroniques provenant de la messagerie personnelle du salarié, distincte de la messagerie professionnelle, leur production en justice porterait atteinte au secret des correspondances (cass. soc. 26 janvier 2016, n° 14-15360, BC V n° 12), peu important que cette messagerie personnelle soit accessible à partir de l'ordinateur professionnel (cass. soc. 7 avril 2016, n° 14-27949 D).

La règle est la même pour des messages échangés au moyen d'une messagerie instantanée (ex. : MSN Messenger) et provenant d'une boîte mail personnelle distincte de la messagerie professionnelle (cass. soc. 23 octobre 2019, n° 17-28448 D).

Droit d'accès des salariés aux mails

Principe inscrit dans le RGPD - Chacun a le droit d'obtenir d'un responsable de traitement, informatique ou papier, la confirmation que des données personnelles le concernant sont ou ne sont pas traitées et, lorsqu'elles le sont (règlt UE 2016/679 du 27 avril 2016, art. 12 et 15, JOUE 4 mai 2016) :

- l'accès à ces données, gratuitement (sauf exception) et dans un format compréhensible ;
- et l'accès à certaines informations comme les finalités du traitement (à savoir, les raisons pour lesquelles les données personnelles sont traitées, comme la gestion des recrutements, des paies, des clients), les destinataires des données, etc.

La personne concernée peut ainsi contrôler l'exactitude des données et, au besoin, les faire rectifier ou effacer (règlt UE 2016/679 du 27 avril 2016, art. 16 et 17, JOUE 4 mai 2016).

Application aux mails professionnels - Un salarié peut exercer son droit d'accès auprès de son employeur, et en particulier demander à son employeur l'accès et la communication des données personnelles qu'il détient sur lui via sa messagerie électronique professionnelle ou l'intranet de l'entreprise (« Le droit d'accès des salariés à leurs données et aux courriels professionnels », 5 janvier 2022, www.cnil.fr).

Vérification de l'identité du demandeur - En principe, si l'organisme a des doutes raisonnables sur l'identité de la personne souhaitant exercer son droit d'accès, il peut lui demander de prouver son identité (règlt UE 2016/679 du 27 avril 2016, préambule (64) et art. 12, JOUE 4 mai 2016), sous réserve de rester pertinent et proportionné.

Pour la CNIL, si un salarié demande à son employeur l'accès et la communication des données personnelles qu'il détient sur lui via sa messagerie électronique professionnelle ou l'intranet de l'entreprise, la présentation d'une carte nationale d'identité ou d'un passeport n'est a priori pas nécessaire pour s'assurer de son identité. Toujours selon la CNIL, un ancien salarié souhaitant exercer son droit d'accès pourra, en principe, prouver son identité en fournissant son ancien identifiant professionnel (« Le droit d'accès des salariés à leurs données et aux courriels professionnels », 5 janvier 2022, www.cnil.fr).

Communication d'une copie des mails - En principe, le droit d'accès porte uniquement sur les données personnelles et non pas sur des documents mais, il n'est pas interdit à l'organisme de communiquer des documents plutôt que les seules données, s'il estime que c'est plus pratique. S'agissant d'un salarié qui souhaite exercer son droit d'accès à des courriels, et dans l'hypothèse où l'employeur peut y répondre favorablement, il doit fournir tant les métadonnées (ex. : horodatage, destinataires) que le contenu des courriels. La CNIL souligne que, dans cette situation, la communication d'une copie des mails apparaît comme la solution la plus aisée pour que l'employeur puisse satisfaire la demande, mais n'est pas obligatoire (« Le droit d'accès des salariés à leurs données et aux courriels professionnels », 5 janvier 2022, www.cnil.fr).

Mais attention, quand l'employeur transmet les mails il doit anonymiser, pseudonymiser ou supprimer les données relatives à des tiers ou les informations portant sur un secret.

Identification des mails communicables - Le droit d'accès peut être refusé s'il porte atteinte aux droits et libertés d'autrui (règlt UE 2016/679 du 27 avril 2016, art. 15, § 4, JOUE 4 mai 2016), comme le droit à la vie privée ou encore le secret des affaires et des correspondances. Ainsi, l'employeur à qui un salarié demande d'accéder à des mails professionnels doit, selon la CNIL, apprécier l'atteinte au droit des tiers que représenterait cette communication (« Le droit d'accès des salariés à leurs données et aux courriels professionnels », 5 janvier 2022, www.cnil.fr).

La CNIL recommande à l'employeur d'établir une distinction selon que le salarié demandeur est l'expéditeur ou le destinataire des mails professionnels ou seulement mentionné dans le contenu des mails.

Elle préconise une ligne de conduite pour chaque cas. À titre d'exemple, dans le cas où le salarié est seulement mentionné dans un mail, et s'agissant d'une demande de communication de mails portant sur une enquête disciplinaire, l'employeur peut refuser de donner suite à la demande d'accès si le contenu du mail, même anonymisé, permet l'identification de personnes dont le salarié ne devrait pas avoir connaissance.

Accès des salariés aux mails personnels - Les mails identifiés comme étant personnels, ou dont le contenu s'avère être personnel même s'ils ne sont pas identifiés comme tel, font l'objet d'une protection particulière *(voir ci-avant)*. L'employeur n'est pas autorisé à y accéder. Il ne peut pas prendre connaissance de leur contenu même en vue d'occulter des informations et doit fournir au salarié le courriel en l'état, à condition que ce dernier soit l'expéditeur ou le destinataire (« Le droit d'accès des salariés à leurs données et aux courriels professionnels », 5 janvier 2022, www.cnil.fr).

Accès aux fichiers

Fichiers professionnels et accès de l'employeur - Les dossiers et fichiers présents sur l'ordinateur des salariés, ou encore les documents qu'ils détiennent dans leur bureau, ont nécessairement un caractère professionnel quand ils ne les ont pas identifiés comme personnels. Il en résulte que l'employeur a légitimement accès à ces dossiers, fichiers ou documents professionnels, sans qu'il soit nécessaire que le salarié concerné soit présent (cass. soc. 18 octobre 2006, n°s 04-47400 et 04-48025, BC V n° 308 ; cass. soc. 21 octobre 2009, n° 07-43877, BC V n° 226 ; cass. soc. 15 décembre 2009, n° 07-44264, BC V n° 284).

Autre conséquence de cette règle : un salarié ne peut pas empêcher volontairement son employeur d'accéder à son ordinateur (ex. : grâce à un procédé de cryptage). Un tel comportement peut justifier, selon les circonstances, un licenciement pour faute grave (cass. soc. 18 octobre 2006, n° 04-48025, BC V n° 308).

Fichiers personnels protégés sous conditions - Au nom du respect de la vie privée, les fichiers identifiés comme personnels par le salarié sur le disque dur de son ordinateur sont, en principe, inviolables. Toutefois, l'employeur peut accéder à ces fichiers en présence de l'intéressé ou après l'avoir dûment appelé. Hors cette présence ou cet appel, il ne peut le faire que si un risque ou un événement particulier le justifie (ex. : la découverte de photos érotiques dans un tiroir du bureau d'un salarié ne constitue pas un tel risque ou un événement particulier) (cass. soc. 17 mai 2005, n° 03-40017, BC V n° 165).

Distinction fichiers professionnels/fichiers personnels - Sont considérés comme professionnels les fichiers détenus sur l'ordinateur professionnel d'un salarié :

- quand ni le code d'accès à l'ordinateur connu des informaticiens de l'entreprise et destiné à empêcher l'intrusion de personnes étrangères à celle-ci dans le réseau informatique, ni l'intitulé des répertoires et, notamment, celui nommé avec le prénom du salarié ne permettent de les identifier comme personnels (cass. soc. 8 décembre 2009, n° 08-44840 D) ;
- intitulés « essais divers, essais divers B, essais divers restaurés » (cass. soc. 15 décembre 2009, n° 07-44264, BC V n° 284) ;
- trouvés dans un répertoire nommé avec les initiales du salarié, lequel comportait un sous-répertoire nommé « personnel » et un sous-répertoire nommé avec le nom de famille de ce salarié (cass. soc. 21 octobre 2009, n° 07-43877, BC V n° 226) ;
- quand les fichiers incriminés se trouvaient sur le disque dur de l'ordinateur dans un dossier intitulé « mes documents » (cass. soc. 10 mai 2012, n° 11-13884, BC V n° 135).

La dénomination donnée par un salarié au disque dur de son ordinateur professionnel ne peut pas conférer un caractère personnel à l'intégralité des données qu'il contient. Ainsi, la dénomination « D :/données personnelles » du disque dur de l'ordinateur du salarié ne pouvait lui permettre d'utiliser celui-ci à des fins purement privées et en interdire ainsi l'accès à l'employeur. En l'espèce, des fichiers qui n'étaient pas identifiés comme étant « privés », selon les préconisations de la *charte informatique**, avaient pu être régulièrement ouverts par l'employeur (cass. soc. 4 juillet 2012, n° 11-12502 D ; CEDH 22 février 2018, n° 588/13).

Accès à une clé USB

Dès lors qu'une une clé USB personnelle est connectée à un ordinateur professionnel, elle est présumée être utilisée à des fins professionnelles. L'employeur peut donc consulter les fichiers qu'elle contient en l'absence du salarié quand ceux-ci n'ont pas été identifiés comme personnels. Le cas échéant, l'employeur peut invoquer les éléments ainsi trouvés à l'appui d'une sanction (cass. soc. 12 février 2013, n° 11-28649, BC V n° 34).

▶ À noter... A contrario, si la clé USB personnelle du salarié n'est pas connectée à son ordinateur professionnel, l'employeur ne pourrait la consulter qu'en sa présence et après l'avoir informé de son droit d'en refuser le contrôle ou d'exiger la présence d'un témoin.

Par ailleurs, le seul fait que le salarié n'obtempère pas, sur-le-champ, à l'injonction que lui a faite l'employeur de lui remettre sa clé USB personnelle afin de vérifier son contenu, ne constitue pas en soi un comportement fautif (cass. soc. 5 juillet 2017, n° 16-12386 D).

Réseaux sociaux

Condamnation pour injures publiques - Le paramétrage d'un compte sur un réseau social (tel le réseau social Facebook) permet de déterminer si les propos qui y sont publiés ont un caractère public. Par exemple, quand les propos en cause sont diffusés sur des comptes ouverts par un salarié sur des réseaux sociaux mais que ceux-ci ne sont accessibles qu'aux seules personnes agréées par l'intéressé, en nombre très restreint et formant ainsi une communauté d'intérêts, ils n'ont pas de caractère public. Dans ce cadre, le salarié concerné ne peut pas être condamné pour injures publiques (cass. civ., 1re ch., 10 avril 2013, n° 11-19530, BC I n° 70).

▶ À noter... Pour la Cour européenne des droits de l'Homme (CEDH), l'acte d'ajouter une mention « J'aime » sur un contenu n'a pas le même poids qu'un partage de contenu sur les réseaux sociaux, dans la mesure où une mention « J'aime » exprime seulement une sympathie à l'égard d'un contenu publié, et non pas une volonté active de sa diffusion. Elle a établi cette distinction dans le cadre d'une affaire où une salariée turque avait été licenciée pour avoir « aimé » certains contenus publiés sur Facebook. La CEDH a considéré qu'il y avait là une atteinte à son droit à la liberté d'expression (CEDH, 15 juin 2021, n° 35786/19).

Sanction disciplinaire - La seule existence de propos injurieux et calomnieux sur un réseau social (en l'espèce, le réseau social Facebook) ne suffit pas à justifier en soi le licenciement d'un salarié. L'employeur doit démonter le caractère public des correspondances litigieuses, ce qui n'était pas le cas en l'espèce. Une salariée avait été licenciée pour faute grave après avoir proféré des propos injurieux et offensant à l'égard de son employeur sur un réseau social dans le cadre d'un groupe intitulé « Extermination des directrices chieuses ». Toutefois, le licenciement de la salariée a été jugé sans cause réelle et sérieuse au motif que les propos tenus sur le réseau social en question étaient de nature privée dans la mesure où ils n'étaient accessibles qu'à des personnes agréées par le titulaire du compte et peu nombreuses (14 personnes) (CA Paris, pôle 6, ch. 8, 3 décembre 2015, n° 13/01716 ; cass. soc. 12 septembre 2018, n° 16-11690 FSPB).

Par ailleurs, la publication par une salariée sur son compte Facebook, regroupant plus de 200 amis travaillant dans le même secteur d'activité de la mode, d'une photographie de la nouvelle collection qui n'était pas encore publique constituait une violation de son obligation contractuelle de confidentialité, que l'employeur pouvait valablement sanctionner (cass. soc. 30 septembre 2020, n° 19-12058 FSPBRI). En effet, un motif tiré de la vie personnelle du salarié peut justifier un *licenciement pour faute** s'il constitue un manquement de l'intéressé à une obligation découlant de son contrat de travail.

Sur les questions liées à la recevabilité de la preuve obtenue via un réseau social, voir ci-après.

Preuves

Preuve par un mail - L'employeur peut s'appuyer sur un courriel du salarié pour, par exemple, établir sa faute, à condition de l'avoir obtenu de façon licite et loyale (c. proc. civ. art. 9) (voir *Preuve**).

Tel n'est pas le cas quand il s'appuie sur un courriel que le salarié avait identifié comme personnel puisque, dans cette hypothèse, il y a violation du secret des correspondances. Le licenciement fondé sur la teneur d'un tel courriel est, en conséquence, sans cause réelle et sérieuse. L'employeur peut toutefois se prévaloir du contenu d'un courriel qui a été porté à sa connaissance par son destinataire (cass. soc. 2 juin 2004, n° 03-45269, BC V n° 152). Des courriels qui ne sont pas identifiés comme étant personnels mais dont le contenu est privé (ex. : la correspondance amoureuse du salarié) ne peuvent pas non plus être produits dans leur intégralité par l'employeur devant les juges afin de prouver, en l'espèce, la volonté de l'intéressé de démissionner ou la réalité de ses horaires de travail (cass. soc. 18 octobre 2011, n° 10-25706 D).

▶ À noter... Dans le cadre d'un contentieux relatif au temps de travail réellement effectué, un salarié peut se servir de mails envoyés, en l'espèce depuis son domicile, pour appuyer sa demande [voir *Temps de travail (preuve)**] (cass. soc. 15 janvier 2015, n° 13-27072 D).

Avant le 25.05.2018 (date d'entrée en vigueur du *RGPD**), le traitement automatisé de données personnelles permettant de gérer la messagerie électronique devait être déclaré à la CNIL (délib. CNIL 2005-2 du 13 janvier 2005, JO 17 février). L'absence de déclaration ne rendait pas illicite la production en justice des courriels adressés par l'employeur ou par le salarié, dont l'auteur ne pouvait pas ignorer qu'ils étaient enregistrés et conservés par le système informatique (cass. soc. 1er juin 2017, n° 15-23522, BC V n° 99).

▶ À noter... Après le 25.05.2018, les différents systèmes de contrôle des outils informatiques doivent être inscrits au *registre des activités de traitement** tenu par l'employeur (« Les outils informatiques au travail », www.cnil.fr). À notre sens, l'absence d'inscription dans ce registre d'un dispositif de contrôle de la messagerie professionnelle ne devrait pas empêcher la production en justice des courriels adressés par l'employeur ou par le salarié, dont l'auteur ne peut pas ignorer qu'ils sont enregistrés et conservés par le système informatique. Cela étant, la Cour de cassation n'a pas encore eu l'occasion de se prononcer sur ce point, la prudence est donc de mise.

Enfin, il appartient à celui qui conteste l'authenticité du courriel de démontrer, par exemple, que l'adresse de l'expéditeur était erronée ou que la messagerie a été piratée (cass. soc. 25 septembre 2013, n° 11-25884, BC V n° 207).

Preuve via un fichier informatique - Si l'employeur entend s'appuyer sur des fichiers professionnels présents sur l'ordinateur d'un salarié pour établir sa faute (cass. soc. 18 octobre 2006, n° 04-47400, BC V n° 308), les conditions générales de licéité de la *preuve** doivent être respectées :
- l'employeur doit s'être procuré ces fichiers par un moyen licite et loyal ;
- le salarié en cause doit être identifié comme étant la personne qui a créé ces fichiers (cass. soc. 2 octobre 2001, n° 99-42942, BC V n° 291 ; cass. soc. 17 mai 2005, n° 03-40017, BC V n° 165).

Quand l'ouverture de fichiers professionnels permet la découverte de courriers eux-mêmes professionnels, ceux-ci ne revêtent pas un caractère privé et peuvent donc être retenus pour engager une procédure disciplinaire (cass. soc. 15 décembre 2009, n° 07-44264, BC V n° 284).

À l'inverse, si l'employeur peut toujours consulter les fichiers qui n'ont pas été identifiés comme personnels par le salarié *(voir ci-avant)*, il ne peut pas les utiliser pour le sanctionner s'ils s'avèrent relever de sa vie privée (cass. soc. 5 juillet 2011, n° 10-17284 D).

Preuve obtenue sur Facebook - La preuve obtenue à partir du compte Facebook doit, pour être recevable par le juge, répondre à une double condition.

D'une part, cette preuve doit avoir été obtenue loyalement. Tel n'était pas le cas dans une affaire où un employeur avait eu accès aux propos d'un salarié, diffusés sur son compte Facebook et accessibles uniquement aux personnes agréées par l'intéressé, à partir du téléphone professionnel d'un autre salarié (cass. soc. 20 décembre 2017, n° 16-19609 D). À l'inverse, la preuve a été obtenue loyalement dans une autre affaire. En l'espèce, l'employeur avait produit en justice, entre autres éléments, une photographie extraite du compte privé Facebook d'une salariée auquel il n'était pas autorisé à accéder. Mais, l'employeur s'était procuré cette photo grâce à une « amie » de la salariée, elle aussi collaboratrice de l'entreprise, qui le lui avait donnée spontanément (cass. soc. 30 septembre 2020, n° 19-12058 FSPBRI).

D'autre part, la production d'une preuve devant le juge ne doit pas en principe porter atteinte à la vie privée du salarié. Toutefois, « le droit à la preuve [peut] justifier la production d'éléments portant atteinte à la vie personnelle d'un salarié à la condition que cette production soit nécessaire à l'exercice de ce droit et que l'atteinte soit proportionnée au but poursuivi » (cass. soc. 9 novembre 2016, n° 15-10203, BC V n° 209). Ainsi, dans l'affaire ci-dessus évoquée, la production en justice par l'employeur d'une photographie extraite du compte privé Facebook d'une salariée, auquel il n'était pas autorisé à accéder, constituait une atteinte à sa vie privée. Néanmoins, la production de ces éléments était indispensable à l'exercice du droit à la preuve et proportionnée au but poursuivi, à savoir en l'espèce, celui de la défense de l'intérêt légitime de l'employeur à la confidentialité de ses affaires. Les preuves présentées par l'employeur pour légitimer le licenciement de la salariée étaient donc recevables (cass. soc. 30 septembre 2020, n° 19-12058 FSPBRI).

Si les propos du salarié sont publics les problématiques évoquées ci-avant ne se posent évidemment pas.

Sécurité des données personnelles

L'employeur est tenu d'assurer la sécurité des *données personnelles** (Règlement (UE) 2016/679 du 27 avril 2016, art. 5, 24 et 32 ; loi 78-17 du 6 janvier 1978, JO du 7). À ce titre, il doit notamment veiller à ce que les mots de passe utilisés par les salariés pour

Utilisation d'Internet, de la messagerie électronique et du matériel informatique : décisions des tribunaux (exemples)	
Faits invoqués	**Solutions retenues**
Blocage de l'accès à l'ordinateur	
Un salarié a procédé volontairement au cryptage de son ordinateur pour en empêcher l'accès à l'employeur. Il avait déjà fait l'objet de mise en garde pour des faits similaires.	**Faute grave** (cass. soc. 18 octobre 2006, n° 04-48025, BC V n° 308)
Une salariée, se trouvant en arrêt maladie justifié, a refusé de communiquer à son employeur le mot de passe informatique. Si le salarié n'est pas tenu de poursuivre une collaboration avec l'employeur durant la suspension de l'exécution du contrat de travail provoquée par la maladie ou l'accident, l'obligation de loyauté subsiste durant cette période et le salarié n'est pas dispensé de communiquer à l'employeur, qui en fait la demande, les informations qu'il détient et qui sont nécessaires à la poursuite de l'activité de l'entreprise. Les juges doivent rechercher si l'employeur avait effectivement la possibilité, sans recourir à la salariée, d'avoir communication du mot de passe informatique et si, de ce fait, la salariée n'avait pas eu une volonté de bloquer le fonctionnement de l'entreprise.	**Cause réelle et sérieuse selon les circonstances** (cass. soc. 18 mars 2003, n° 01-41343 D ; cass. soc. 6 février 2001, n° 98-46345, BC V n° 43)
Destruction de matériel, provocation de dysfonctionnements	
Un comptable avait volontairement procédé, par une manipulation d'ordinateur, à la destruction et à la soustraction de sauvegardes, en connaissant l'impossibilité de gestion comptable normale que ces agissements allaient entraîner.	**Faute lourde** (cass. soc. 16 novembre 2005, n° 03-40806 D)
Un salarié avait, pendant son service, utilisé pour ses besoins personnels le matériel informatique de l'établissement d'un client qu'il était chargé de surveiller. Cette utilisation avait provoqué une panne. L'employeur l'avait sanctionné en le licenciant pour faute grave, ce que les juges ont validé. Ils ont en effet estimé que : - le salarié avait manqué à ses obligations contractuelles ; - son attitude avait eu des répercussions négatives sur l'image de son employeur vis-à-vis de la clientèle.	**Faute grave** (cass. soc. 13 juillet 2010, n° 09-40943 D)
Indiscrétion et non-respect des codes d'accès	
Consultation, par un auditeur, dans une banque sur son ordinateur de nombreux comptes individuels par pure curiosité personnelle.	**Faute grave** (cass. soc. 18 juillet 2000, n° 98-43485 D)
Le licenciement pour faute grave d'un salarié, représentant du personnel, a été autorisé. Celui-ci avait reconnu ne pas avoir tenu confidentiel le code d'accès informatique, ce qui avait permis des détournements frauduleux.	**Faute grave** (cass. soc. 19 mai 2010, n° 08-45386 D)
Une secrétaire commerciale dans une société de gestion de patrimoine faisait partie des quelques personnes ayant accès à l'outil informatique de gestion de la relation clients. Elle avait effectué une requête au sein de cet outil, à la demande d'un responsable commercial (un supérieur hiérarchique), alors que celui-ci n'était pas habilité à accéder à ces informations. Puis, devant s'absenter, elle avait finalement laissé ce responsable utiliser seul son ordinateur. Celui-ci avait alors téléchargé un fichier comportant près de 2 500 références clients. L'employeur avait, en conséquence, licencié la secrétaire pour non-respect des procédures de sécurité prévues par la charte informatique.	**Faute grave** (cass. soc. 5 juillet 2011, n° 10-14685 D)
Liberté d'expression	
Envoi par un chef de service informatique, à l'insu de son supérieur, au directeur général d'un rapport contestant la politique, menée par la direction, des systèmes informatiques et préconisant de nouvelles orientations et l'éviction du responsable. Le rapport comportait notamment des informations confidentielles que le salarié s'était procurées par intrusion dans des fichiers qui ne lui étaient pas accessibles, au prétexte de la mise en évidence de carences.	**Faute grave** (cass. soc. 1er octobre 2002, n° 00-43543 D)
Un salarié a diffusé à l'ensemble des agents de sa direction un e-mail dénigrant son supérieur hiérarchique, en tenant des propos vexatoires.	**Licenciement pour cause réelle et sérieuse** (cass. soc. 28 mars 2012, n° 11-10513 D)

Utilisation d'Internet, de la messagerie électronique et du matériel informatique : décisions des tribunaux (exemples)	
Faits invoqués	**Solutions retenues**
Un salarié avait publié sur un site Internet accessible à des personnes étrangères à l'entreprise, un article dans lequel il affirmait que l'un de ses collègues de travail avait été « sanctionné pour avoir soi-disant mal répondu à son chef d'équipe, motif monté de toutes pièces », celui-ci résidant dans la circonstance que ce « jeune salarié avait osé revendiquer l'application du code du travail », et précisait qu'en participant à une réunion de négociation qui s'était tenue avec le directeur régional, lui et ses collègues avaient subi « chantage et menaces déguisés ».	Pas de cause réelle et sérieuse (cass. soc. 6 mai 2015, n° 14-10781 D)
Règles d'utilisation des mails	
Un salarié avait commis une faute en utilisant la messagerie électronique de l'entreprise pour la distribution de tracts syndicaux au-delà du quota autorisé par accord collectif.	Mise à pied disciplinaire (cass. soc. 19 mai 2010, n° 09-40279 D)
Un salarié avait été licencié pour faute grave alors qu'il n'avait jamais fait que recevoir des mails accompagnés d'images à caractère pornographique, leur présence sur l'ordinateur ne démontrant pas qu'il les ait enregistrées alors qu'au contraire plusieurs de ses collègues attestaient, sans être contredits, qu'ils avaient aussi été destinataires d'images pornographiques.	Pas de cause réelle et sérieuse (cass. soc. 14 avril 2010, n° 08-43258 D)
Site illicite	
Le tableau des permanences d'un salarié et la liste des heures de connexion sur les différents sites Internet de l'ordinateur de l'entreprise révélaient que les heures de consultation des sites étaient celles où celui-ci s'y trouvait seul, chargé de la permanence téléphonique, et que les sites les plus nombreux étaient les sites « d'activité sexuelle et de rencontres », le dernier site étant celui destiné au téléchargement d'un logiciel permettant d'effacer les fichiers temporaires du disque dur. Ces faits, constitutifs d'une faute grave, justifiaient son licenciement.	Faute grave (cass. soc. 21 septembre 2011, n° 10-14869 D)
Un virus s'était propagé suite à une diffusion anormale de messages sur l'ordinateur du salarié qui avait pour origine la consultation par ce dernier de sites à caractère pornographique. L'intéressé l'avait signalé au service informatique. Le taux de téléchargement en provenance de son ordinateur était élevé mais la pratique existait dans l'entreprise, même en l'absence du salarié.	Pas de cause réelle et sérieuse (cass. soc. 10 mai 2012, n° 11-11060 D)
Téléchargement de documents	
Un salarié avait téléchargé de manière ciblée le travail et les données sensibles des collaborateurs, et conservé à son domicile des documents ayant trait à l'entreprise. Il a été licencié pour faute lourde. Ce licenciement a été jugé sans cause réelle et sérieuse car l'intention de nuire à l'employeur n'était pas caractérisée.	Pas de cause réelle et sérieuse (cass. soc. 29 juin 2010, n° 09-40702 D)
Licenciement pour faute grave d'un salarié ayant téléchargé sur l'ordinateur portable des fichiers personnels volumineux, sans que leur illicéité ou un piratage ne soit démontré.	Pas de cause réelle et sérieuse (cass. soc. 25 octobre 2017, n° 16-11173, BC V n° 188)
Tentative de connexion sur le poste du dirigeant	
Un salarié avait tenté, sans motif légitime et par emprunt du mot de passe d'un autre salarié, de se connecter sur le poste informatique du directeur de la société. Ce comportement était contraire à l'obligation de respect de la charte informatique en vigueur dans l'entreprise.	Faute grave (cass. soc. 21 décembre 2006, n° 05-41165 D)
Utilisation à des fins personnelles ou délictuelles	
Prise régulière de paris et participation à des jeux de hasard pendant le temps de travail avec le téléphone de l'entreprise.	Faute grave (cass. soc. 14 mars 2000, n° 98-42090, BC V n° 101)
Licenciement pour perte de confiance d'un salarié ayant utilisé, pendant ses congés, du matériel de l'entreprise à des fins personnelles, sans autorisation de l'employeur, sachant que l'autorisation d'utiliser le matériel aurait été obtenue sans difficulté si elle avait été demandée	Pas de cause réelle et sérieuse (cass. soc. 12 juillet 2004, n° 02-43297 D)
Pendant son temps de travail, une salariée naviguait sur de nombreux sites extraprofessionnels : voyages, sorties, commerces, réseaux sociaux, etc. Ce faisant, pour 15 jours de travail, le nombre de ses connexions s'établissait à plus de 10 000.	Faute grave (cass. soc. 26 février 2013, n° 11-27372 D)

Utilisation d'Internet, de la messagerie électronique et du matériel informatique : décisions des tribunaux (exemples)	
Faits invoqués	**Solutions retenues**
Un directeur marketing avait adressé à ses proches collaborateurs un courriel contenant une expression crue. Il s'agissait de l'unique fait fautif établi à son encontre.	**Pas de cause réelle et sérieuse** (cass. soc. 21 décembre 2006, n° 04-42616 D)
Utilisation par un salarié de la messagerie que l'employeur met à sa disposition pour émettre, dans des conditions permettant d'identifier l'employeur, un courriel contenant des propos antisémites.	**Faute grave** (cass. soc. 2 juin 2004, n° 03-45269, BC V n° 152)
Copie d'une banque de données de l'entreprise pour la fournir à une entreprise concurrente auprès de laquelle l'intéressé vient d'être embauché. Le salarié avait, par ailleurs, introduit des messages parasites et saturé volontairement les fichiers.	**Faute lourde** (cass. soc. 28 juin 2000, n° 98-42210 D)
Suite à une erreur de manipulation, un salarié a diffusé des textes vulgaires à caractère sexuel sur le réseau intranet, mais sans que cela provoque de trouble dans l'entreprise. Il s'agissait d'un salarié ayant beaucoup d'ancienneté.	**Pas de cause réelle et sérieuse** (cass. soc. 21 décembre 2006, n° 05-42986 D)
Un salarié a été licencié pour faute grave car il avait utilisé le matériel informatique professionnel en vue de harceler sexuellement et moralement l'un de ses collaborateurs directs sous des pseudonymes féminins.	**Faute grave** (cass. soc. 12 mai 2010, n° 08-70422 D)
Un salarié a été licencié pour faute grave car il avait, en violation de ses obligations contractuelles, volontairement transmis à des personnes extérieures à l'entreprise, en utilisant le réseau professionnel interne et une liste de diffusion personnelle, une succession de courriers électroniques contenant des informations confidentielles, concernant les relations de la société avec l'un de ses clients, susceptibles de nuire à la réputation de celle-ci.	**Faute grave** (cass. soc. 17 mars 2010, n° 08-45519 D)

accéder à leur ordinateur professionnel garantissent cette sécurité. Tel n'est pas le cas de mots de passe trop simples et inchangés pour certains depuis plusieurs années. L'entreprise qui ne remplirait pas cette obligation pourrait être condamnée par la CNIL (délib. CNIL 2013-139 du 30 mai 2013). D'ailleurs, la CNIL recommande aux employeurs d'adopter une politique de mot de passe utilisateur conforme à ses recommandations dans son référentiel relatif aux traitements de données à caractère personnel mis en œuvre aux fins de gestion du personnel (voir *Données personnelles**).

Avantage en nature (TIC) ; Surveillance des salariés.

Infraction routière

Responsabilité pénale

Règle générale - En principe, le conducteur d'un véhicule est responsable pénalement des infractions commises par lui en conduisant ce véhicule. Toutefois, dans certaines circonstances, cette responsabilité peut échoir à l'employeur. Ainsi, lorsque le conducteur a agi en qualité de préposé, le tribunal peut, compte tenu des circonstances de fait et des conditions de travail du salarié, décider que le paiement des amendes de police prononcées en vertu du code de la route sera, en totalité ou en partie, à la charge du commettant si celui-ci a été cité à l'audience (c. route art. L. 121-1).

Infractions les plus courantes - Par dérogation à la règle générale *(voir ci-avant)*, le titulaire du certificat d'immatriculation du véhicule (dans l'hypothèse d'un véhicule de fonction, l'employeur) doit payer les amendes encourues pour les infractions les plus courantes sauf s'il peut prouver un cas de force majeure ou fournir des renseignements permettant d'établir le véritable auteur de l'infraction (c. route art. L. 121-3).

Il s'agit des infractions à la réglementation sur le stationnement des véhicules ou sur l'acquittement des péages pour lesquelles seule une peine d'amende est encourue (dont la liste est fixée par un décret, restant à paraître à la date de mise à jour de cette étude).

Lorsque le certificat d'immatriculation du véhicule est établi au nom d'une personne morale, la responsabilité pécuniaire incombe, sous les mêmes réserves, au représentant légal de cette personne morale.

Compensation avec le salaire - Voir *Compensation**.

Obligation de dénonciation

Mécanisme de dénonciation sous peine d'amende - Les employeurs doivent dénoncer le salarié ayant commis une infraction, constatée par ou à partir d'appareils de contrôle automatique homologués (ex. : radar, vidéo-verbalisation), avec un véhicule de l'entreprise, sous peine de devoir acquitter une amende pouvant aller jusqu'à 750 € (c. route art. L. 121-6 et A. 121-1 et s.).

▶ À noter… Ce mécanisme de dénonciation est conforme à la constitution (cass. crim. 7 février 2018, n° 17-90023 D).

L'infraction de non-désignation sanctionne celle intervenue après le 1.01.2017, mais l'infraction initiale du salarié peut avoir été commise antérieurement (cass. crim. 11 décembre 2018, n° 18-82820, B. crim. n° 206 ; loi 2016-1547 du 18 novembre 2016, art. 34, JO du 19).

Employeurs visés - Les employeurs visés sont les personnes morales titulaires du certificat d'immatriculation ou détenant ce certificat. C'est le représentant légal qui doit dénoncer le salarié contrevenant. L'obligation de désignation s'applique quelle que soit la forme juridique de la personne morale (circ. CRIM/2019-01/E1 du 29 janvier 2019).

▶ Attention… Le dirigeant et la société peuvent être poursuivis pour n'avoir pas satisfait à l'obligation de désignation (cass. crim. 11 décembre 2018, n° 18-82628 FSPB). En outre, le dirigeant peut être poursuivi même si l'avis de contravention pour non-désignation du conducteur a été adressé au nom de la société, dès lors que le dirigeant en a eu connaissance (cass. crim. 11 décembre 2018, n° 18-82820, B. crim. n° 206).

Infractions du salarié devant être dénoncées - Sont concernées les verbalisations portant sur les points suivants (c. route art. R. 130-11) :
- port d'une ceinture de sécurité (c. route art. R. 412-1) ;
- usage du téléphone tenu en main (c. route art. R. 412-6-1) ;
- usage de voies réservées à certaines catégories de véhicule (c. route art. R. 412-7) ;
- circulation sur les bandes d'arrêt d'urgence (c. route art. R. 412-8) ;
- respect des distances de sécurité (c. route art. R. 412-12) ;
- franchissement et chevauchement des lignes continues (c. route art. R. 412-19) ;
- signalisations imposant l'arrêt des véhicules (feu rouge, stop) (c. route art. R. 412-30 et R. 415-6) ;
- vitesses maximales autorisées (c. route art. R. 413-14 et R. 413-14-1) ;
- certaines règles de dépassement (c. route art. R. 414-4, R. 414-6 et R. 414-16) ;
- engagement compris entre certaines lignes d'arrêt (c. route art. R. 415-2) ;
- obligation du port d'un casque homologué sur les véhicules motorisés à deux-roues et assimilés (c. route art. R. 431-1).

En revanche, le représentant légal de la personne morale n'a pas à désigner le salarié non assuré, puisque l'obligation d'assurance relève de la responsabilité propre de la personne morale titulaire du certificat d'immatriculation. De plus, l'obligation de désignation ne s'applique pas aux délits mais aux seules contraventions (circ. CRIM/2019-01/E1 du 29 janvier 2019).

Procédure de signalement - Les étapes de la procédure sont les suivantes (circ. CRIM/2019-01/E1 du 29 janvier 2019).

L'entreprise reçoit l'avis de contravention initiale du Centre national de traitement automatisé des infractions routières (CNT).

Dans les 45 jours de l'envoi de cet avis, l'employeur doit communiquer :
- soit l'identité et l'adresse du salarié qui conduisait le véhicule de l'entreprise, en précisant la référence du permis de conduire de ce salarié ;
- soit les éléments permettant de se disculper (existence d'un vol, d'une usurpation de plaque d'immatriculation ou de tout autre événement de force majeure).

L'employeur procède par LRAR (en renvoyant le formulaire joint à l'avis de contravention) ou de façon dématérialisée (www.antai.fr). Dans ce dernier cas, un accusé d'enregistrement est remis à l'employeur (c. route art. A. 121-1, A. 121-2 et A. 121-3).

Auto désignation du représentant légal comme conducteur - Lorsque le représentant légal a lui-même commis l'infraction, il doit se désigner en tant que conducteur dans le délai de 45 jours (cass. crim. 15 janvier 2019, n° 18-82380 P ; circ. CRIM/2019-01/E1 du 29 janvier 2019).

Il recevra ensuite un nouvel avis de contravention qui lui sera personnellement adressé pour le paiement de l'amende et le retrait des points.

▶ À noter… L'obligation faite au représentant légal fautif de se désigner lui-même a pu poser des difficultés aux représentants légaux de sociétés individuelles en nom personnel du fait, notamment, de leur homonymie avec la raison sociale de la personne morale figurant sur le certificat d'immation. Certains représentants légaux n'ont ainsi pas procédé à leur désignation en qualité de conducteur, pensant que l'avis de contravention initiale leur avait été adressé en qualité de conducteur et non en qualité de représentant de la personne morale. Dans la mesure où le représentant légal a invoqué de bonne foi une confusion quant au destinataire de l'avis de contravention, notamment s'il s'est par la suite auto-désigné, même tardivement, et qu'il a pu être sanctionné en tant que conducteur, le ministère de la Justice admet que l'infraction de non-désignation puisse faire l'objet d'un classement sans suite au motif que l'infraction n'est pas suffisamment caractérisée (circ. CRIM/2019-01/E1 du 29 janvier 2019).

L'absence de signalement dans le délai requis caractérise l'infraction pour non-désignation - L'infraction de non-désignation du salarié est caractérisée lorsque, dans le délai de 45 jours (circ. CRIM/2019-01/E1 du 29 janvier 2019) :

- l'employeur ne répond pas,
- ou s'acquitte du paiement sans désigner le conducteur fautif

Une fois le délai de 45 jours expiré, l'employeur peut toujours désigner le conducteur. Pour autant, cette désignation étant tardive, l'infraction pour non-désignation reste constituée.

La date des faits figurant sur l'avis de contravention pour non-désignation correspond au 46e jour suivant la date de l'avis de contravention initiale.

Les agents du Centre automatisé de constatation des infractions routières (CACIR) sont les seuls pouvant constater l'infraction de non-désignation puisque ce sont eux qui constatent l'infraction initiale commise par le salarié.

Amendes dues - Le cas échéant, deux amendes doivent être payées :

- l'amende pour non-désignation (amende prévue pour les contraventions de la 4° classe) (c. route art. L. 121-6) ;
- et l'amende prévue pour l'infraction initiale commise par le salarié avec le véhicule de l'entreprise (c. route art. L. 121-3).

Le représentant légal de la personne morale est en effet pécuniairement redevable de la contravention initiale, sur ses deniers personnels mais sans subir de retrait de points.

Contestation des infractions - S'agissant de l'infraction de non-désignation, l'employeur peut envoyer une contestation à l'officier du ministère public (OMP) du siège social de la personne morale titulaire du certificat d'immatriculation (ex. : commissaire de police) (circ. CRIM/2019-01/E1 du 29 janvier 2019).

Poursuites pour non-désignations habituelles - L'administration a conscience que certaines entreprises refusent délibérément de désigner le conducteur de leurs véhicules et paient toutes les amendes dues pour éviter que les salariés ne perdent leur permis de conduire. Le ministère de la Justice a indiqué que ces entreprises pourront être identifiées et faire l'objet d'une procédure auprès du tribunal de police. Dans ce cas, ce n'est plus l'amende forfaitaire que l'entreprise encourt mais une amende prononcée par le tribunal qui apprécie alors son montant compte tenu notamment des circonstances (circ. CRIM/2019-01/E1 du 29 janvier 2019).

Conformité au RGPD

Application du référentiel de la CNIL - Le référentiel de la CNIL permet d'assurer la conformité au *RGPD** des traitements « courants » de *données personnelles** mis en œuvre par les entreprises pour l'identification des conducteurs ayant commis ou susceptibles d'avoir commis une infraction au code de la route (délib. CNIL 2021-043 du 12 avril 2021 portant adoption d'un référentiel relatif aux traitements de données à caractère personnel mis en œuvre dans le cadre de la désignation des conducteurs ayant commis une infraction au code de la route, JO 7 mai 2021 ; Référentiel relatif aux traitements de données à caractère personnel mis en œuvre dans le cadre de la désignation des conducteurs ayant commis une infraction au code de la route, adopté le 12 avril 2021).

Il n'a pas de valeur contraignante mais l'employeur qui s'en écarterait du fait de conditions particulières liées à la situation de l'entreprise devra pouvoir en justifier. En tout état de cause, il devra respecter le RGPD.

Finalité des traitements de données personnelles - Les traitements peuvent notamment être mis en œuvre afin de :

- désigner auprès de l'Agence nationale de traitement automatisé des infractions (ANTAI) la personne qui conduisait ou était susceptible de conduire le véhicule lorsque l'infraction a été constatée ;
- suivre la procédure de recouvrement des contraventions au code de la route dont peut être redevable l'entreprise ;
- réaliser des statistiques anonymes en vue d'adapter les formations de prévention routière.

Base légale des traitements - Le référentiel permet d'identifier les bases légales susceptibles d'être utilisées dans les cas les plus courants. Ainsi, un traitement ayant pour finalité :
- la désignation et l'identification du conducteur a pour base légale l'obligation de l'employeur de se conformer au code de la route ;
- le suivi de la procédure de recouvrement des contraventions au code de la route et la gestion du contentieux a pour base légale l'intérêt légitime de l'entreprise ;
- la réalisation de statistiques anonymes a aussi pour base légale l'intérêt légitime de l'entreprise.

Données personnelles pouvant être traitées - En application du RGPD, seules les données nécessaires à la poursuite des finalités du traitement peuvent être collectées et traitées. La CNIL énumère ces données. Par exemple, les informations relatives au conducteur (nom, prénom, sexe, date et lieu de naissance, etc.) peuvent être traitées dans le cadre la procédure de désignation du conducteur.

▶ À noter... Les données relatives aux infractions et condamnations relèvent de règles spécifiques (loi 78-17 du 6 janvier 1978, art. 46 ; c. route art. A 121-1 et s.).

En outre, seules les personnes habilitées au titre de leurs missions ou de leurs fonctions peuvent accéder aux données à caractère personnel traitées. Ici, il peut s'agir de la personne chargée de la gestion administrative du personnel.

Durées de conservation des données - La CNIL recommande notamment que les données collectées et traitées pour les besoins de la désignation des conducteurs soient conservées en base active pour une durée de 45 jours à compter de la réception de la contravention, sauf dispositions légales ou réglementaires contraires ou cas particulier.

Lorsque les missions du salarié impliquent la conduite d'un véhicule à titre principal (chauffeur, livreur, ambulancier, etc.) ou des déplacements fréquents (commercial, technicien, etc.), l'employeur peut conserver les éléments nécessaires à la désignation d'un conducteur plus longtemps afin d'éviter à celui-ci d'avoir à fournir de nombreuses fois les mêmes données pour d'éventuelles désignations ultérieures. Le salarié devra y avoir librement consenti.

Analyse d'impact des données - L'*analyse d'impact des données** (AIPD) n'est pas requise dans une entreprise de moins de 250 salariés.

En revanche, si le traitement est mis en œuvre dans une entreprise de plus de 250 salariés, le traitement doit faire l'objet d'une AIPD dès lors qu'il remplit certains critères et notamment ceux relatifs :
- aux données à caractère personnel relatives aux condamnations pénales ou aux infractions ;
- aux personnes vulnérables (salariés).

Autres règles à respecter - D'autres règles du *RGPD** sont à respecter en matière notamment d'information des salariés sur les traitements mis en œuvre et sur leur droit d'accès à leurs *données personnelles** ainsi que les mesures à adopter pour assurer la sécurité des données personnelles traitées.

Infractions à la législation du travail

Qu'il s'agisse de réglementation du travail (durée du travail, congés payés, salaires, repos hebdomadaire, etc.), de relations professionnelles et de droit syndical ou d'hygiène et de sécurité, la législation du travail édicte des règles et impose des obligations dont elle assortit certaines de sanctions pénales. Le non-respect de ces règles et obligations constitue une infraction. La sanction pénale n'empêche nullement l'action civile. Par exemple, un procès-verbal dressé pour non-paiement de salaire n'empêche pas le salarié de réclamer les sommes qui lui sont dues.

Classification des infractions

Les infractions pénales sont classées, suivant leur gravité, en contraventions ou délits (c. pén. art. 111-1). Il n'existe pas de crime en droit pénal social.

La loi détermine les délits et fixe les peines qui leur sont applicables. Les règlements, c'est-à-dire les décrets en Conseil d'État, déterminent les contraventions et fixent les peines qui leur sont applicables. Il y a 5 classes de contraventions (voir *Amendes pénales**).

Le tribunal de police connaît des contraventions et le tribunal correctionnel des délits. Il est possible de faire appel et de se pourvoir en cassation (chambre criminelle).

Responsabilité

Voir *Responsabilité pénale du chef d'entreprise** et *Responsabilité pénale des personnes morales**.

Constatation des infractions

Les agents de contrôle de l'inspection du travail et des URSSAF constatent les infractions par des procès-verbaux (P-V) qui font foi jusqu'à preuve du contraire (voir *Contrôle URSSAF** et *Inspection du travail**). Ils informent la personne visée au P-V des faits susceptibles de constituer une infraction pénale et des sanctions encourues, avant la transmission du P-V au procureur de la République, lequel décide de l'opportunité des poursuites (c. trav. art. L. 8113-7 ; c. séc. soc. art. L. 243-7).

L'action publique doit être exercée dans un délai de 1 année révolue à compter du jour où l'infraction a été commise s'il s'agit d'une contravention, ou de 6 années révolues à compter du jour où l'infraction a été commise s'il s'agit d'un délit (c. proc. pén. art. 8 et 9).

▶ À noter… Pour les infractions occultes ou dissimulées, le délai de prescription court à compter du jour où l'infraction a pu être constatée (et non à compter du jour où elle a été commise). Une limite est toutefois prévue : le délai de prescription ne peut pas excéder 12 ans pour un délit occulte ou dissimulé à compter du jour où il a été commis (c. proc. pén. art. 9-1).

☞ *Délégation de pouvoirs ; Inspection du travail ; Responsabilité pénale du chef d'entreprise ; Responsabilité pénale des personnes morales ; Sanctions pénales.*

Inscription comme demandeur d'emploi

@ Cette étude est détaillée dans la version en ligne de ce Dictionnaire (voir www.rfsocial.com et www.rfeditions.com).

Inspection médicale du travail

Les médecins-inspecteurs du travail exercent une action permanente en vue de la protection de la santé physique et mentale des travailleurs au lieu de leur travail et participent à la veille sanitaire au bénéfice des travailleurs. Leur action porte, en particulier, sur l'organisation et le fonctionnement des services de prévention et santé au travail. Ils agissent en liaison avec les inspecteurs du travail et coopèrent avec eux à l'application de la réglementation relative à la santé au travail (c. trav. art. L. 8123-1 et R. 8123-1).

À titre d'exemples :

- le médecin-inspecteur du travail peut demander à l'employeur de lui présenter les avis d'aptitude ou d'*inaptitude physique** émis par le médecin du travail (c. trav. art. R. 4624-55) ;
- le conseil de prud'hommes saisi selon la procédure accélérée au fond d'une contestation portant sur un document émanant du médecin du travail (ex. : avis d'*inaptitude physique**) peut confier toute mesure d'instruction au médecin-inspecteur du travail (c. trav. art. L. 4624-7 et R. 4624-45 ; Questions-réponses : « recours contre un avis d'inaptitude » du 20.10.2020, www.travail-emloi.gouv.fr) ;
- les établissements industriels de moins de 200 salariés et les autres établissements de moins de 500 salariés doivent se doter d'un infirmier si le médecin du travail et le *comité social et économique** en font la demande. Lorsque l'employeur conteste la demande, la décision est prise par l'inspecteur du travail après avis du médecin inspecteur du travail (c. trav. art. R. 4623-33).

☞ *Inspection du travail ; Médecin du travail ; Médecine du travail ; Service de prévention et de santé au travail.*

Inspection du travail

L'inspection du travail veille à l'application de la législation du travail dans les entreprises. Elle a aussi un rôle de conseil et d'information auprès des employeurs et des salariés. Elle assure enfin une mission de conciliation et d'arbitrage en vue du règlement des conflits collectifs de travail.

Organisation

DREETS - L'inspection du travail dépend de la direction régionale de l'économie, de l'emploi, du travail et des solidarités (DREETS).

Missions - La DREETS doit notamment (c. trav. art. R. 8122-1) :

- mettre en œuvre la politique de l'État afin d'améliorer les relations collectives et individuelles ;
- définir les orientations générales des actions d'inspection de la législation du travail ;
- assurer le suivi de la négociation collective dans les entreprises et au niveau territorial ;

- organiser le système d'inspection du travail dans la région, répartir les effectifs aux échelons régional et départemental et adapter les moyens humains et matériels dévolus au système d'inspection du travail.

Décisions administratives - La DREETS est aussi amenée à prendre un certain nombre de décisions. Il lui appartient, par exemple, de :
- valider l'accord collectif ou homologuer le document unilatéral élaboré dans le cadre d'une procédure de licenciement collectif avec plan de sauvegarde de l'emploi (PSE) [voir *Licenciement économique collectif (10 salariés ou plus dans une entreprise d'au moins 50 salariés)** et *Plan de sauvegarde de l'emploi**] ;
- faire usage de son pouvoir d'injonction en cas d'irrégularité dans une procédure de licenciement collectif avec PSE ;
- valider les accords d'intéressement (voir *Intéressement des salariés**) ;
- valider les accords de *rupture conventionnelle collective** ;
- homologuer les protocoles de *rupture conventionnelle** ;
- traiter les demandes de rescrit relatives au calcul du quota maximal de stagiaires (voir *Stages en entreprise**) ;
- adresser des avertissements ou prononcer des amendes administratives *(voir ci-après)* ;
- proposer des transactions pénales [voir *Transaction (inspection du travail)**].

Le directeur régional de l'économie, de l'emploi, du travail et des solidarités peut déléguer certaines décisions au chef du pôle en charge des questions de travail et aux directeurs départementaux (aux directeurs d'unités départementales en Île-de-France) (c. trav. art. R. 8122-2).

Recours hiérarchique - Dans le cadre de ses missions relatives à l'inspection du travail, le directeur régional traite les recours formés à l'encontre des décisions des inspecteurs du travail *(voir ci-après)*.

Unités départementales - Chaque DREETS chapeaute plusieurs unités départementales. Un responsable d'unité départementale peut être amené à prendre des décisions incombant habituellement au directeur régional, sur délégation *(voir ci-avant)*. Il peut lui-même subdéléguer ce pouvoir aux agents de contrôle de l'inspection du travail (c. trav. art. R. 8122-2).

Exemple

Le directeur régional peut confier à un responsable d'unité départementale le soin d'homologuer les protocoles de rupture conventionnelle, lequel peut à son tour déléguer cette tâche aux agents de contrôle de l'inspection du travail.

Agents de contrôle

Missions - Les agents de contrôle de l'inspection du travail sont chargés, de manière générale, d'assurer le respect de la législation du travail et de sanctionner, le cas échéant, les manquements à cette législation (c. trav. art. L. 8112-1 et L. 8112-2).

Ils ont aussi un rôle de conseil et de conciliation en vue de prévenir et de régler les conflits (c. trav. art. R. 8112-2).

Organisation - L'inspection du travail est organisée en sections, regroupées au sein d'unités de contrôle. Ces unités de contrôle sont, le plus souvent, départementales ou infra-départementales. Il existe également des unités de contrôle interdépartementales (en Île-de-France, par exemple) ou régionales (en matière de lutte contre le travail illégal) (c. trav. art. R. 8122-2 à R. 8122-5). Le nombre d'unités de contrôle et leur rattachement sont fixés pour chaque région par arrêté du ministre du Travail. Les coordonnées des unités de contrôle sont disponibles sur internet (https ://dreets.gouv.fr/).

Décisions administratives - Les agents de contrôle de l'inspection travail prennent un certain nombre de décisions administratives. Ils traitent notamment :
- les demandes d'autorisation de licenciement des salariés protégés [voir *Licenciement des représentants du personnel (procédure)**] ;
- les demandes de dérogation en matière de *durée du travail** quotidienne maximale ou de *travail de nuit**.

Les agents de contrôle de l'inspection du travail doivent se prononcer dans un certain délai. Sauf exception, leur silence au terme du délai fixé vaut acceptation (voir *Décision de l'administration**).

Ils ont aussi le pouvoir d'adresser aux entreprises des mises en demeure *(voir ci-après)*.

Enfin, par le jeu des délégations de signature, ils peuvent être amenés à prendre des décisions qui incombent normalement à la DREETS *(voir ci-avant)*.

Saisine par un salarié - Un salarié peut porter à la connaissance de l'inspection du travail tout fait qui lui paraît anormal, qu'il soit ou non susceptible de qualification pénale. L'exercice de cette prérogative ne constitue pas une faute. Toutefois, le salarié ne doit pas agir avec légèreté ou mauvaise foi. Ses accusations ne doivent pas être mensongères (cass. soc. 14 mars 2000, n° 97-43268, BC V n° 104).

Obstacle au contrôle - Le fait d'entraver ou de s'opposer à l'exercice des fonctions de l'agent de contrôle de l'inspection du travail constitue un délit puni d'un emprisonnement de 1 an et d'une amende de 37 500 € (c. trav. art. L. 8114-1).

Exemples

L'employeur qui refuse de communiquer les documents permettant de comptabiliser le temps de travail des salariés se rend coupable d'obstacle au contrôle (cass. crim. 25 avril 2017, n° 16-81793, B. crim. n° 122).

Il en est de même en cas de refus d'enregistrer et d'afficher les horaires de travail, car ces formalités permettent à l'inspection du travail de contrôle la durée du travail du personnel (cass. crim. 14 avril 2015, n° 14-83267, B. crim. n° 89).

Secret professionnel - Les agents de contrôle de l'inspection du travail sont, comme tous les fonctionnaires, tenus à l'obligation de réserve. En outre, ils prêtent serment de ne pas révéler les secrets de fabrication et les procédés d'exploitation dont ils pourraient prendre connaissance dans l'exercice de leurs fonctions (c. trav. art. L. 8113-10 et R. 8124-23 ; Convention 81 du Bureau international du travail, ratifiée par la France, art. 15).

Contrôles

Droit d'entrer dans l'entreprise - L'agent de contrôle de l'inspection du travail a le droit d'entrer dans tous les établissements soumis à son contrôle, à toute heure du jour, voire à toute heure de la nuit si des salariés sont employés la nuit, légalement ou illégalement, dans l'établissement (c. trav. art. L. 8113-1, L. 8113-2 et R. 8124-25 ; Convention 81 du Bureau international du travail, ratifiée par la France, art. 12). Les cabinets d'avocats ne font pas exception (cass. crim. 15 décembre 2015, n° 14-85261 D). L'inspecteur du travail peut accéder à tout local dès lors que les salariés y sont occupés ou simplement présents (réfectoires, vestiaires).

Si l'employeur a affecté un local à l'hébergement des travailleurs, l'agent de contrôle y a accès, sous réserve que les personnes qui occupent ce local lui en aient donné l'autorisation (c. trav. art. L. 8113-2-1).

Il peut également effectuer une opération de contrôle au domicile privé d'un particulier dès lors que des salariés sont employés, dans ce lieu privé, à des travaux de réfection (cass. crim. 28 novembre 2006, n° 06-81113, B. crim. n° 295).

Accès aux documents - L'agent de contrôle de l'inspection du travail a accès à tous les livres, registres ou documents prévus par la réglementation (c. trav. art. L. 1221-13 à L. 1221-15, L. 8113-4 et L. 8113-5 ; Convention 81 du Bureau international du travail, ratifiée par la France, art. 12). Il peut également procéder, aux fins d'analyse, à tous prélèvements portant sur les matières mises en œuvre et les produits distribués ou utilisés (c. trav. art. L. 8113-3). Ainsi, le fait de ne pas présenter à l'inspection du travail les documents permettant de comptabiliser les heures de travail accomplies par chaque salarié est puni de l'amende prévue pour les contraventions de la 3e classe (c. trav. art. R. 3173-3).

Justification d'identité - Les agents de contrôle de l'inspection du travail peuvent demander aux employeurs et aux personnes occupées dans tous les établissements assujettis au code du travail de justifier de leur identité et de leur adresse (c. trav. art. L. 8113-2). Cette prérogative est destinée à leur permettre de constater les infractions relatives aux conditions d'entrée et de séjour des étrangers en France.

Déroulement - Le contrôle peut être effectué à l'improviste et même en l'absence de l'employeur. Ce dernier doit prendre des dispositions pour que, en son absence, le droit de visite et de contrôle de l'inspection du travail puisse s'exercer.

Constatation d'une infraction - Sauf dans les cas où la procédure préalable de mise en demeure est requise *(voir ci-après)*, toute infraction est passible d'une sanction (c. trav. art. L. 8113-7) : l'agent de contrôle peut immédiatement dresser un procès-verbal (instr. 2002-03 du 28 mars 2002), transmis aux tribunaux.

Droit au contrôle - Les administrés disposent d'un « *droit au contrôle** ». Dans le domaine qui nous intéresse, cela signifie que les entreprises peuvent solliciter le DREETS ou l'inspection du travail sur un point en particulier et ainsi faire valider certaines pratiques, décisions ou documents.

Demandes de vérification, de mesure ou d'analyse

Objet de la demande - L'agent de contrôle de l'inspection du travail peut demander à l'employeur de faire procéder à des contrôles techniques, pour notamment (c. trav. art. L. 4722-1 et R. 4722-1 à R. 4722-30) :

- vérifier l'état de conformité des installations et équipements (normes d'aération, d'éclairage, etc.) ;
- mesurer l'exposition des salariés à certaines nuisances physiques ou à certains agents physiques,

chimiques ou biologiques (vibrations mécaniques, bruit, rayonnements, amiante, etc.) ;
- procéder à l'analyse de toutes matières, y compris substances, mélanges, matériaux, équipements, matériels ou articles susceptibles de comporter ou d'émettre des agents physiques, chimiques ou biologiques dangereux pour les salariés.

L'employeur qui ne donne pas suite à la demande de l'agent de contrôle s'expose à une amende administrative *(voir ci-après)*.

Recours hiérarchique - L'employeur peut contester la demande de vérification, de mesure ou d'analyse en exerçant un recours devant le DREETS (c. trav. art. L. 4723-1). Sauf cas particulier (c. trav. art. R. 4723-5), ce recours doit être formé dans un délai de 15 jours, par lettre recommandée avec accusé de réception. Il est suspensif (c. trav. art. R. 4723-1).

Le DREETS prend sa décision dans un délai de 21 jours, qui peut être renouvelé une fois (c. trav. art. R. 4723-3). L'absence de réponse dans le délai imparti vaut acceptation du recours (c. trav. art. R. 4723-4).

Mise en demeure

Mise en demeure préalable au procès-verbal - Pour un certain nombre d'infractions, sauf danger grave ou imminent pour l'intégrité physique des travailleurs, l'agent de contrôle de l'inspection du travail ne dresse pas immédiatement un procès-verbal : il doit dans un premier temps mettre en demeure l'employeur de respecter ses obligations (c. trav. art. L. 4721-4 à L. 4721-7).

Les infractions exigeant une mise en demeure préalable sont limitativement énumérées : méconnaissance des principes généraux d'utilisation des équipements de travail et des moyens de protection, violation des dispositions relatives à l'hébergement des travailleurs dans le BTP, etc. (c. trav. art. R. 4721-5).

L'agent de contrôle fixe le délai laissé à l'employeur pour se mettre en conformité, dans le respect des délais minimaux d'exécution fixés par la réglementation selon les infractions.

Mise en demeure en cas de risque chimique - L'agent de contrôle qui envisage de faire cesser temporairement l'activité en raison d'une situation dangereuse liée à un risque chimique doit d'abord mettre en demeure l'employeur de remédier à cette situation (voir *Arrêt temporaire des travaux**) (c. trav. art. L. 4721-8).

La procédure se déroule en deux temps : l'employeur a 15 jours pour transmettre un plan d'action à l'agent de contrôle ; ce dernier dispose à son tour de 15 jours pour communiquer à l'employeur le délai d'exécution de ce plan (c. trav. art. R. 4721-6). Si la situation de danger persiste, l'agent de contrôle peut ordonner l'arrêt temporaire de l'activité *(voir ci-après)*.

Mise en demeure relative aux vérifications périodiques - L'agent de contrôle de l'inspection du travail peut également mettre l'employeur en demeure de réduire l'intervalle entre les vérifications de certains équipements de travail, lorsque les circonstances l'exigent (ex. : utilisation intensive pouvant générer une usure prématurée) (c. trav. art. R. 4721-11 et R. 4721-12).

Mise en demeure « hors texte » - Sur rapport de l'agent de contrôle constatant une situation dangereuse, le DREETS peut mettre en demeure l'employeur de prendre toutes mesures utiles pour y remédier si ce constat résulte (c. trav. art. L. 4721-1) :
- du non-respect par l'employeur des principes généraux de prévention (c. trav. art. L. 4121-1 à L. 4121-5 et L. 4522-1) ;
- d'une infraction à l'obligation générale de santé et de sécurité (c. trav. art. L. 4221-1).

Le délai laissé à l'employeur pour mettre fin à la situation dangereuse ne peut pas être inférieur à 4 jours ouvrables (c. trav. art. R. 4721-2).

L'employeur qui ne se conforme pas à la mise en demeure s'expose à une amende de 3 750 € (c. trav. art. L. 4741-3).

Recours hiérarchique - L'employeur peut contester la mise en demeure de l'inspection du travail devant le DREETS. En cas de mise en demeure par le DREETS lui-même (mise en demeure « hors texte »), le recours est adressé au ministre du Travail (c. trav. art. L. 4723-1).

Ce recours doit être formé dans un délai de 15 jours, par lettre recommandée avec accusé de réception. Il est suspensif (c. trav. art. R. 4723-1).

Le DREETS prend sa décision dans un délai de 21 jours, qui peut être renouvelé une fois (c. trav. art. R. 4723-3). L'absence de réponse dans le délai imparti vaut acceptation du recours (c. trav. art. R. 4723-4).

Mesures d'urgence

L'agent de contrôle de l'inspection du travail peut :
- suspendre le contrat de travail ou la convention de stage d'une jeune si celui-ci court un risque

sérieux d'atteinte à sa santé, à sa sécurité ou à son intégrité physique ou morale (c. trav. art. L. 4733-8) ;
- retirer immédiatement un jeune de son affectation s'il constate que l'intéressé est affecté à des travaux interdits ou qu'il se trouve dans une situation l'exposant à un danger grave et imminent pour sa vie ou santé en raison de son affectation à des travaux réglementés (c. trav. art. L. 4733-2 et L. 4733-3) [voir *Jeunes (travaux interdits et réglementés)** et *Stages en entreprise**].

Voir aussi *Arrêt temporaire des travaux**.

Procès-verbal

Information de l'employeur - À l'occasion de ses interventions dans l'entreprise, l'agent de contrôle de l'inspection du travail peut être amené à constater des infractions à certaines règles de droit résultant des textes en vigueur. Il dresse alors un procès-verbal (P-V) et informe la personne visée des faits susceptibles de constituer une infraction pénale, ainsi que des sanctions encourues. L'agent de contrôle peut ensuite (c. trav. art. L. 8113-7) :
- transmettre le P-V au procureur de la République, ainsi qu'au préfet de département ;
- ou établir un rapport à l'attention du DREETS, en vue du prononcé d'une amende administrative, sous réserve que l'infraction constatée puisse donner lieu à une telle amende *(voir ci-après)*.

Dans certains domaines relevant de la réglementation de l'hygiène et de la sécurité, la rédaction du P-V doit être précédée d'une mise en demeure *(voir ci-avant)*.

Contenu - Les P-V font référence aux textes visés, rapportent les faits constatant et établissant l'infraction et rappellent les peines encourues. Ils font foi jusqu'à preuve du contraire (c. trav. art. L. 8113-7).

▶ Attention… Un employeur peut être déclaré coupable du délit de dénonciation calomnieuse lorsqu'il conteste, de mauvaise foi, un P-V d'un contrôleur du travail en déposant plainte pour faux en écriture publique (cass. crim. 11 mars 2003, n° 02-82352, B. crim. n° 65).

Avertissement et amende administrative

Manquements en droit du travail - Le DREETS peut infliger à un employeur un avertissement ou une sanction pécuniaire selon une procédure simplifiée, sans passer par la voie pénale. Ce mécanisme s'applique aux manquements suivants (c. trav. art. L. 8115-1 à L. 8115-8) :
- violation de la *durée du travail** quotidienne maximale et des durées hebdomadaires maximales ;
- violation du *repos quotidien** ou du *repos hebdomadaire** ;
- défaut de décompte de la durée du travail [voir *Horaires de travail (justification)**] ;
- non-respect du *SMIC** ou du salaire minimum conventionnel ;
- manquement aux règles relatives aux installations sanitaires, à la restauration et à l'hébergement [voir *Hygiène et sécurité (obligations de l'employeur)**] (c. trav. art. R. 4228-1 à R. 4228-37) ;
- manquement aux règles d'hygiène et d'hébergement lors de l'exécution des travaux de bâtiment et de génie civil (c. trav. art. R. 4534-137 à R. 4534-151).

Pour déterminer s'il inflige un avertissement ou une amende, le DREETS prend en compte les circonstances et la gravité du manquement, le comportement de son auteur, notamment sa bonne foi, ainsi que ses ressources et ses charges. Ces mêmes critères servent à fixer le montant de l'amende (c. trav. art. L. 8115-4).

L'amende est plafonnée à 4 000 € et appliquée autant de fois qu'il y a de salariés concernés par le manquement. Ce plafond passe à (c. trav. art. L. 8115-3) :
- 6 000 € si un manquement de même nature déjà donné lieu à un avertissement il y a moins de 1 an ;
- 8 000 € si un manquement de même nature déjà donné lieu à une amende il y a moins de 2 ans.

Sur les sanctions administratives applicables en matière de détachement transnational, voir *Détachement international (contrôle et sanctions)**, en matière de *stages en entreprise**, voir cette étude. Des sanctions administratives sont également applicables en l'absence de déclaration en vue d'obtenir la carte d'identification professionnelle des salariés dans le *bâtiment et travaux publics** (c. trav. art. R. 8115-1 et R. 8115-8).

▶ À noter… Il existe par ailleurs des amendes spécifiques à certains secteurs ou certaines professions, comme les entrepreneurs de spectacles vivants ou les agences de mannequins (c. trav. art. R. 7122-26 et s. et R. 7123-17).

Manquements en santé et sécurité - Le DREETS peut également infliger des amendes administratives pour certains manquements aux règles de santé et de sécurité [voir *Hygiène et sécurité (obligations de l'employeur)**]. Ces amendes sont les suivantes :
- 10 000 € en cas de refus de se conformer à une demande de vérification, de mesure ou d'analyse (c. trav. art. L. 4752-2) ;

- 10 000 € par travailleur concerné en cas de refus de se conformer à une décision d'arrêt temporaire des travaux ou de l'activité (c. trav. art. L. 4752-1) *(voir ci-avant)* ;
- 2 000 € par jeune concerné en cas d'emploi d'un travailleur de moins de 18 ans à des travaux réglementés en dehors des cas prévus par la loi ou à des travaux interdits (c. trav. art. L. 4753-2) [voir *Jeunes (travaux interdits et réglementés)**] ;
- 10 000 € par jeune concerné en cas de refus de se conformer à une décision de retrait d'affectation des travaux pour un jeune de moins de 18 ans (c. trav. art. L. 4753-1) *(voir ci-avant)*.

Procédure - Le DREETS informe dans un premier temps l'employeur de la sanction envisagée et invite l'intéressé à présenter ses observations, dans un délai de (c. trav. art. L. 8115-5) :
- 15 jours pour les infractions relatives aux prestations de services internationales, aux stages ou à la carte d'identification professionnelle des salariés du BTP (c. trav. art. R. 8115-2) ;
- 1 mois pour les infractions relevant du régime « général » de sanction (c. trav. art. L. 8115-5 et R. 8115-10).

À l'issue de ce délai, le DREETS prononce la sanction.

Contestation - L'employeur qui souhaite contester un avertissement ou une amende administrative saisit le tribunal administratif. Il n'y a pas de recours hiérarchique possible (c. trav. art. L. 8115-6, L. 1263-6 et L. 1264-3).

Infractions à la législation du travail ; Transaction (inspection du travail).

Insubordination

L'insubordination se caractérise par le refus de se plier à la discipline générale de l'entreprise ou d'exécuter un ordre ou un travail qui n'implique pas la *modification du contrat de travail**. Il s'agit d'une faute qui justifie une sanction disciplinaire, voire un licenciement pour faute, selon les circonstances. Ainsi, l'employeur qui licencie un salarié pour un tel motif doit respecter la procédure disciplinaire et notamment le délai de prescription (cass. soc. 21 octobre 2020, 19-15453 D) [voir *Sanctions disciplinaires (procédure)** et *Prescription (droit disciplinaire)**].

Pour des exemples, voir le tableau reproduit ci-après.

Pour que l'insubordination liée à l'inexécution d'une obligation contractuelle constitue une faute grave, le salarié doit avoir eu l'intention délibérée de se soustraire à cette obligation (cass. soc. 2 avril 2014, n° 12-19573, BC V n° 94). Si le salarié a eu l'intention de nuire à l'employeur ou à l'entreprise, une faute lourde pourra lui être reprochée (cass. soc. 26 février 2020, n° 18-16663 D).

Lorsqu'il s'agit d'apprécier la gravité de la faute, le fait d'occuper un poste à responsabilités peut constituer une circonstance aggravante (cass. soc. 30 avril 2014, n° 13-13834 D). Par ailleurs, l'insubordination en présence de tiers ou s'accompagnant d'un comportement inadmissible est souvent constitutive d'une faute grave (cass. soc. 9 avril 2008, n° 06-46171 D).

En revanche, le refus d'exécuter un ordre n'est pas une faute lorsque l'ordre est contraire aux dispositions légales (cass. soc. 13 juin 2012, n° 11-12875, BC V n° 185 ; cass. soc. 7 avril 2016, n° 14-21769 D), aux stipulations du contrat ou lorsque le refus d'obtempérer s'analyse comme l'exigence du respect d'un droit (cass. soc. 8 juillet 1997, n° 95-41109, BC V n° 252 ; cass. soc. 1er mars 2006, n° 04-43687 D). De même, le salarié peut légitimement refuser d'exécuter le travail s'il établit que les conditions d'exécution de celui-ci sont mauvaises ou dangereuses. Et ce, même si la situation ne présente pas un danger grave et imminent pour sa santé ou sa sécurité (cass. soc. 13 mai 1997, n° 94-41844 D) (voir *Droit d'alerte et de retrait en cas de danger**).

Licenciement pour faute ; Sanctions disciplinaires.

Insuffisance professionnelle

Licenciement non disciplinaire.

Insuffisance de résultats

Licenciement non disciplinaire.

Interdiction de fumer

L'interdiction générale de fumer et de vapoter dans les locaux à usage collectif s'applique dans les entreprises.

Insubordination : exemples		
	Faute simple	Faute grave
Un chauffeur de maître a décidé de lui-même de ne pas poursuivre sa mission et en a informé directement la cliente (cass. soc. 4 février 2015, n° 13-21547 D).	-	Oui
Un salarié d'une maison de retraite occupant un poste d'agent de service de salle à manger a refusé de façon renouvelée de distribuer les médicaments et d'assister les résidents pour leurs prises lors des repas et ce, conformément à sa fiche de poste (cass. soc. 2 décembre 2014, n° 13-28505, BC V n° 275).	Oui	-
Refus, malgré les directives de l'employeur, de faire approuver par ce dernier les devis qu'il avait établis et conservation, par ce même salarié, du prix de vente d'un bien appartenant à la société (cass. soc. 21 septembre 2011, n° 09-42804 D).	-	Oui
Refus réitéré d'accomplir les tâches prévues par le contrat de travail et correspondant à sa qualification (cass. soc. 21 octobre 2009, n° 08-43219 D ; cass. soc. 19 novembre 2014, n° 13-20129 D).	-	Oui
Refus de tout échange verbal avec la hiérarchie (cass. soc. 22 mars 2017, n° 15-27720 D).	-	Oui
Refus par un salarié d'effectuer une tâche ne correspondant pas à sa qualification (cass. soc. 1er mars 2006, n° 04-43687 D).	Non	-
Le fait, pour un salarié d'astreinte, de ne pas être intervenu pour remédier à la panne de l'installation qu'il devait surveiller et d'avoir en outre dissimulé cette panne à la direction (cass. soc. 6 mai 2003, n° 01-41518 D).	-	Oui
Non-respect réitéré des horaires de travail (cass. soc. 15 novembre 2005, n° 03-45005 D).	Oui	-
Refus de se soumettre au « pointage » (cass. soc. 22 juillet 1982, n° 80-41012, BC V n° 504).	-	Oui
Un salarié avait refusé d'accomplir une garde qui l'aurait amené à travailler au-delà des durées maximales prévues par la convention collective (cass. soc. 8 juillet 1997, n° 95-41109, BC V n° 252).	-	Non
Un salarié avait refusé de continuer à travailler dans un local mal aéré et mal chauffé, doté d'un éclairage défectueux et dépourvu de protection contre l'incendie (cass. soc. 13 mai 1997, n° 94-41844 D).	Non	-
Une cadre d'une société de service avait refusé d'exécuter une partie de sa mission chez un client, mais n'avait pas été mise en garde au préalable, alors que son supérieur hiérarchique était informé de la situation (cass. soc. 12 mai 2015, n° 13-28028 D).	Non	-
Un salarié d'un supermarché n'avait pas respecté le rappel à l'ordre selon lequel lui, comme ses collègues, n'étaient pas autorisés à dérober et à consommer des produits frais sur le lieu de travail, le personnel devant mettre un terme à cette pratique (cass. soc. 28 mai 2015, n° 14-12507 D).	-	Oui
Un salarié, responsable de site, tenu en vertu de son contrat de travail de faire appliquer les prescriptions en matière d'hygiène et de sécurité, avait donné l'ordre de démonter les rayonnages en les escaladant, sans aucune protection, à plus de 4 mètres de hauteur (cass. soc. 7 octobre 2015, n° 14-12403 D).	-	Oui
Une salariée, standardiste et assistante commerciale, ayant déjà fait l'objet d'un avertissement, a refusé d'être affectée à un poste laissé par une autre salariée, à statut et rémunération égaux, ce qui constituait un simple changement de ses conditions de travail (cass. soc. 6 janvier 2016, n° 14-20109 D).	-	Oui
Un salarié a refusé de se rendre, à deux reprises, à un entretien avec sa hiérarchie pour discuter de l'exécution de sa prestation de travail. Les entretiens étaient fixés en dehors de ses heures de travail et sans rémunération (cass. soc. 7 avril 2016, n° 14-21769 D).	-	Non
Une salariée, comptable, avait refusé de traiter huit dossiers, ce qui avait contraint le cabinet d'expertise comptable à retarder la sortie programmée des comptes et de la liasse fiscale, entraînant des majorations ou pénalités, et rendu nécessaire la formation du personnel comptable dans l'urgence pour pallier ce refus (cass. soc. 1er juillet 2020, n° 19-10830 D).	-	Oui

Interdiction de fumer

Dans les locaux collectifs et bureaux individuels

Lieux de travail - L'interdiction de fumer dans les lieux affectés à un usage collectif s'applique notamment dans tous les lieux fermés et couverts qui constituent des lieux de travail (c. santé pub. art. L. 3512-8 et R. 3512-2).

En plus de l'interdiction générale de fumer dans les lieux affectés à un usage collectif, il existe aussi des interdictions spécifiques que l'entreprise doit, le cas échéant, respecter. Ces interdictions visent notamment à prévenir des risques particuliers liés, par exemple, à la présence de produits inflammables ou explosifs (c. trav. art. R. 4227-23).

Locaux affectés à l'ensemble des salariés - Il est interdit de fumer dans les locaux clos et couverts affectés à l'ensemble des salariés (circulaires des 24, 27 et 29 novembre 2006, JO 5 décembre).

Exemple

Sont ainsi visés les locaux d'accueil et de réception, les locaux affectés à la restauration collective, les salles de réunion et de formation, les salles et espaces de repos, les locaux réservés aux loisirs, à la culture et au sport ou encore les locaux sanitaires et médico-sanitaires.

Bureaux individuels - L'interdiction de fumer s'applique aussi bien dans les bureaux collectifs que dans les bureaux individuels (circulaires des 24, 27 et 29 novembre 2006, JO 5 décembre).

Lieux non couverts par l'interdiction - Les domiciles privés ne sont pas assujettis à l'interdiction de fumer puisqu'il s'agit de locaux à usage privatif et ce, même si un employé de maison y est occupé.

Il en est de même pour les chantiers du BTP dès lors qu'ils ne constituent pas des lieux clos et couverts (circulaires des 24, 27 et 29 novembre 2006, JO 5 décembre).

Clause du règlement intérieur - L'employeur peut inscrire l'interdiction de fumer dans le *règlement intérieur** et prévoir les sanctions disciplinaires applicables. Il peut s'agir soit d'une clause interdisant de façon générale de fumer, soit, le cas échéant, d'une clause rappelant qu'il est interdit de fumer en dehors des emplacements prévus à cet effet (c. trav. art. L. 1321-1). En tout état de cause, ce n'est pas parce que l'interdiction de fumer n'est pas inscrite dans le règlement intérieur qu'elle n'est pas applicable dans l'entreprise.

Locaux fumeurs

Emplacements facultatifs - L'interdiction de fumer ne s'applique pas dans les espaces réservés aux fumeurs. Le projet de mettre un emplacement à la disposition des fumeurs et ses modalités de mise en œuvre doit être soumis à la consultation du *comité social et économique** et du médecin du travail. Ces consultations sont à renouveler tous les 2 ans (c. santé pub. art. R. 3512-6) [voir *Comité social et économique (santé, sécurité et conditions de travail)**]. L'employeur n'est en aucun cas tenu de mettre en place des emplacements fumeurs. Il peut opter pour une interdiction générale.

▶ Attention… Les mineurs ne peuvent pas accéder aux emplacements fumeurs. Par ailleurs, ces emplacements ne peuvent pas être aménagés au sein des établissements d'enseignement publics et privés, des centres de formation des apprentis, des établissements destinés à ou régulièrement utilisés pour l'accueil, la formation, l'hébergement ou la pratique sportive des mineurs et des établissements de santé (c. santé pub. art. R. 3512-3).

Des salles closes - Les entreprises qui souhaitent réserver des emplacements pour les fumeurs doivent aménager des salles closes, affectées à la consommation de tabac et dans lesquelles aucune prestation de services ne doit être délivrée par un salarié, qu'il appartienne ou non à l'entreprise. Aucune tâche d'entretien et de maintenance ne peut y être exécutée sans que l'air ait été renouvelé, en l'absence de tout occupant, pendant au moins une heure (c. santé pub. art. R. 3512-4).

Conditions techniques - Les locaux fumeurs doivent respecter des normes techniques strictement définies.

L'installateur ou la personne assurant la maintenance du dispositif de ventilation mécanique doit attester que celui-ci permet de respecter les exigences liées au renouvellement d'air. Le responsable de l'établissement doit produire cette attestation lors des contrôles et procéder à l'entretien régulier du dispositif (c. santé pub. art. R. 3512-4).

Signalisation - Le principe de l'interdiction de fumer doit être rappelé par une signalisation apparente. L'employeur doit aussi afficher un avertissement sanitaire à l'entrée des espaces fumeurs (c. santé pub. art. R. 3512-7).

La signalisation :

- du principe de l'interdiction, accompagnée d'un message sanitaire de prévention, doit être appo-

sée aux entrées des bâtiments ainsi qu'à l'intérieur, dans des endroits visibles et de manière apparente ;
- des emplacements réservés aux fumeurs, accompagnée de l'avertissement sanitaire, doit être apposée à l'entrée des emplacements (il y sera rappelé que les mineurs de 16 ans ne peuvent pas y accéder) (circ. du 29 novembre 2006).

Un arrêté fixe les modèles des signalisations à afficher dans l'entreprise (arrêté du 1 décembre 2010, JO du 11 décembre 2010). L'employeur peut se procurer cette signalisation sur le site www.tabac.gouv.fr (rubrique « Entreprises »).

Respect de l'obligation de sécurité

L'employeur a une obligation légale de sécurité vis-à-vis des salariés concernant notamment le tabagisme dans l'entreprise [voir *Hygiène et sécurité (obligations de l'employeur)**]. En cas de non-respect de ses obligations en la matière, le salarié peut prendre acte de la rupture de son contrat de travail (ou demander la résiliation judiciaire de son contrat de travail), celle-ci produisant les effets d'un licenciement sans cause réelle et sérieuse si le manquement de l'employeur est tel qu'il empêche la poursuite du contrat de travail (voir *Prise d'acte de la rupture** et *Résiliation judiciaire du contrat de travail**) (cass. soc. 30 mars 2010, n° 08-44236, BC V n° 80 ; cass. soc. 26 mars 2014, n° 12-21372, BC V n° 86).

Il peut s'agir d'un salarié exposé à la fumée de cigarette :
- de ses collègues (cass. soc. 29 juin 2005, n° 03-44412, BC V n° 219) ;
- des clients d'un bar restaurant, lieu ouvert au public où l'interdiction de fumer s'applique (cass. soc. 6 octobre 2010, n° 09-65103, BC V n° 215).

Il n'y a pas de manquement grave rendant impossible la poursuite du contrat de travail quand l'employeur laisse certains clients de l'entreprise fumer au sein de l'entreprise mais que le salarié ayant pris acte de la rupture n'est jamais en présence de fumeurs (cass. soc. 15 mai 2019, n° 18-15175 D).

▶ À noter... Un salarié (ou un ancien salarié), en situation de tabagisme passif dans l'entreprise, peut demander des dommages-intérêts à l'employeur (cass. soc. 3 juin 2015, n° 14-11324 D).

Sanctions

Sanction disciplinaire - Du fait de son obligation légale de sécurité, l'employeur a la responsabilité de mettre en œuvre l'interdiction de fumer dans l'entreprise et de la faire respecter. Il dispose, pour ce faire, de son pouvoir d'organisation au sein de l'entreprise et, au besoin, de son pouvoir disciplinaire. Un salarié contrevenant à l'interdiction de fumer peut donc être sanctionné (voir *Sanctions disciplinaires** et *Licenciement pour faute**).

Exemples

Un employeur a pu licencier pour faute grave un salarié n'ayant pas respecté l'interdiction de fumer dans l'entreprise (une cartonnerie). Le salarié avait été surpris en train de fumer dans une salle de repos alors qu'il connaissait cette interdiction imposée, en raison du risque d'incendie, par un arrêté préfectoral d'autorisation d'installation classée (cass. soc. 1er juillet 2008, n° 06-46421, BC V n° 145). Dans cette affaire, l'interdiction de fumer était liée à la spécificité des activités de l'employeur (une cartonnerie) et aux risques particuliers qu'elles engendraient (des risques d'incendie). La sanction prononcée pouvait donc être « lourde ».

A également pu être licencié pour faute grave le salarié qui avait été surpris en train de fumer avec des collègues dans un local présentant un risque d'incendie et d'explosion lié à la présence de polyester et au passage d'une conduite de gaz. Le comportement de l'intéressé, membre de l'équipe de première intervention incendie au sein de l'entreprise, qui n'invoquait ni l'absence d'interdiction d'accès au local ou de réglementation d'accès à celui-ci, ni le défaut d'affichage de consignes de sécurité dans ce local rendait impossible la poursuite du contrat de travail (cass. soc. 15 janvier 2014, n° 12-20321 D).

Dans d'autres circonstances, un licenciement pour faute grave pourrait être disproportionné (cass. soc. 11 octobre 2005, n° 03-43391 D). L'employeur doit, en effet, choisir une sanction proportionnée à la faute. À défaut, la sanction peut être annulée (circ. du 24 novembre 2006, JO 5 décembre).

Par ailleurs, le licenciement pour faute grave de salariés qui avaient été surpris en train de fumer un joint dans la salle fumeurs a été validé (cass. soc. 1er juillet 2008, n° 07-40053, BC V n° 144).

Sanctions pénales - La personne qui fume dans l'un des lieux où cela est interdit peut être punie de l'amende prévue pour les contraventions de 3e classe (c. proc. pén. art. R. 48-1) (voir *Amendes pénales**).

L'employeur qui n'a pas réservé aux fumeurs des emplacements conformes, n'a pas mis en place la signalisation obligatoire ou qui favorise, sciemment, par quelque moyen que ce soit, la violation de l'interdiction de fumer est passible d'une amende prévue pour les contraventions de 4e classe (c. proc. pén. art. R. 48-1).

▶ À noter… Les inspecteurs du travail sont compétents pour constater les infractions aux règles relatives à l'interdiction de fumer (c. trav. art. L. 8112-2).

Cigarette électronique (vapotage)

Usage interdit - Il est interdit de vapoter dans (c. santé pub. art. L. 3513-6 et L. 3513-19) :
- les lieux de travail fermés et couverts à usage collectif *(voir ci-après)* ;
- les moyens de transport collectif fermés ;
- les établissements scolaires et les établissements destinés à l'accueil, à la formation et à l'hébergement des mineurs.

▶ Attention… Le salarié qui ne respecte pas l'interdiction de vapoter s'expose à une sanction disciplinaire (voir ci-avant à propos de l'interdiction de fumer) et au paiement de l'amende prévue pour les contraventions de la 2e classe (c. proc. pén. art. R. 48-1).

Lieux de travail fermés et couverts à usage collectif - Il s'agit des locaux recevant des postes de travail situés ou non dans les bâtiments de l'établissement, fermés et couverts, et affectés à un usage collectif, à l'exception des locaux qui accueillent du public (c. santé pub. art. R. 3513-2).

▶ À noter… À la stricte lettre du texte, l'interdiction de vapoter ne concernerait pas les bureaux à usage individuel. En réponse à nos questions, la direction générale de la santé a d'ailleurs retenu cette lecture. Toutefois, à propos de l'interdiction de fumer du tabac, qui s'applique également aux lieux affectés à un usage collectif, l'administration a déjà précisé que les bureaux individuels devaient être considérés comme des lieux collectifs, puisqu'accessibles à d'autres personnes, notamment le personnel d'entretien. Il est donc interdit d'y fumer *(voir ci-avant)*. Reste à savoir si son interprétation sera identique s'agissant du vapotage.

Signalisation - L'employeur a l'obligation de mettre en place, dans les lieux recevant des postes de travail, une signalisation apparente rappelant le principe de l'interdiction de vapoter et, le cas échéant, ses conditions d'application dans l'enceinte de ces lieux, sous peine de s'exposer au paiement de l'amende prévue pour les contraventions de la 3e classe (c. santé pub. art. R. 3513-3 et R. 3513-8).

Espaces de vapotage facultatifs - Aucune disposition comparable à celles existants en matière d'espaces fumeurs n'existe s'agissant d'« espace vapotage ».

Clause du règlement intérieur - L'employeur peut utiliser la voie du *règlement intérieur** pour interdire la consommation de cigarette électronique sur les lieux de travail, qu'il s'agisse de locaux à usage collectif ou individuel (ex. : open space ou bureaux individuels) (INRS, Références en santé au travail n° 133, mars 2013 ; www.rst-sante-travail.fr).

Ce n'est pas parce que l'interdiction de vapoter n'est pas inscrite dans le règlement intérieur qu'elle n'est pas applicable dans l'entreprise.

Embauche et interdiction de fumer

Une offre d'emploi ne peut pas écarter les candidats fumeurs. Les critères de recrutement ne doivent pas en effet être discriminants (Commission européenne, information du 8 août 2006).

☛ *Hygiène et sécurité (obligations de l'employeur).*

Intéressement des salariés

À la différence de la *participation des salariés aux résultats de l'entreprise**, obligatoire dans les entreprises d'au moins 50 salariés, l'intéressement des salariés aux résultats ou aux performances de l'entreprise est facultatif.

L'intéressement peut être mis en place par accord ou par décision unilatérale de l'employeur ou par document unilatéral d'adhésion de l'employeur *(voir ci-dessous)*.

Le cas échéant, le régime d'intéressement mis en place par décision unilatérale vaut accord d'intéressement au regard de certaines dispositions du code du travail relatives à l'intéressement et de celles du code général des impôts (c. trav. art. L. 3312-5 ; CGI, art. 81).

Bénéficiaires

Salariés - L'intéressement revêt obligatoirement un caractère collectif (c. trav. art. L. 3312-2). Cela implique que tous les salariés de l'entreprise ou, lorsque l'intéressement ne concerne que certains établissements, tous les salariés des établissements concernés doivent pouvoir bénéficier de l'intéressement (guide intermin. épargne salariale, juillet 2014, dossier 1, fiche 1).

L'employeur ne peut pas priver certains salariés du dispositif d'intéressement au prétexte qu'ils relèvent d'un statut conventionnel spécifique (cass. soc. 20 janvier 2010, n° 08-45018, BC V n° 18) ou qu'ils sont expatriés (cass. soc. 6 juin 2018, n° 17-14372, BC V n° 102).

Des salariés transférés dans le cadre des règles relatives à la *modification de la situation juridique de l'employeur** ne peuvent pas non plus être exclus du dispositif d'intéressement mis en place dans l'entreprise d'accueil (cass. civ., 2e ch., 12 mars 2009, n° 08-10770 D).

Enfin, l'avenant au contrat de travail par lequel un salarié déclare renoncer à l'intéressement n'a aucune valeur (cass. soc. 8 décembre 2010, n° 09-42161 D).

Une condition d'ancienneté (3 mois maximum) peut être exigée (c. trav. art. L. 3342-1). Dès lors qu'un salarié a été présent dans l'entreprise et qu'il justifie de l'ancienneté minimale éventuellement exigée par le dispositif en place, il a droit à l'intéressement. Ainsi, l'employeur ne peut pas priver un salarié d'intéressement au prétexte qu'il a été licencié au bout de 5 mois pour insuffisance professionnelle (cass. soc. 30 juin 2010, n° 09-40469 D).

Stagiaires, apprentis et VRP multicartes - Dans la mesure où ils ne sont pas titulaires d'un contrat de travail, les stagiaires ne peuvent pas prétendre à l'intéressement. À l'inverse, les apprentis ou les VRP multicartes ne peuvent pas être exclus de son champ d'application (cass. soc. 23 novembre 1999, n° 97-42979, BC V n° 454 ; cass. soc. 27 juin 2000, n° 98-11909, BC V n° 252).

▶ À noter... En cas d'embauche d'un stagiaire à l'issue d'un stage en entreprise d'une durée de plus de 2 mois, la durée du stage est prise en compte pour l'ouverture et le calcul des droits liés à l'ancienneté (c. trav. art. L. 1221-24). Cette disposition ne concerne que les *stages en entreprise** effectués par les étudiants. Elle ne s'applique ni aux stagiaires de la formation professionnelle continue, ni aux stages accomplis par les jeunes de moins de 16 ans (guide intermin. épargne salariale, juillet 2014 dossier 1, fiche 1, § III-B).

Salariés d'un groupement d'employeurs - Lorsque l'entreprise fait partie d'un *groupement d'employeurs**, le dispositif d'intéressement peut prévoir que les salariés mis à disposition par le groupement ont la possibilité de bénéficier du dispositif d'intéressement de l'entreprise utilisatrice. Cette faculté ne peut être exercée que si le groupement d'employeurs n'est pas lui-même doté d'un système d'intéressement (c. trav. art. L. 3312-2 et D. 3311-4).

Si une condition d'ancienneté est exigée *(voir ci-avant)*, celle-ci est réputée satisfaite dès l'instant où le salarié a été mis à disposition auprès de l'entreprise utilisatrice pendant une durée totale d'au moins 60 jours au cours du dernier exercice (c. trav. art. D. 3342-1).

Dirigeants de PME - Dans les entreprises de 1 à moins de 250 salariés, l'intéressement peut être ouvert aux chefs d'entreprise, présidents, directeurs généraux, gérants ou membres du directoire, ainsi qu'au conjoint ou partenaire pacsé du chef d'entreprise s'il a le statut de conjoint collaborateur ou de conjoint associé (c. trav. art. L. 3312-3 ; instr. DGT/RT3/DSS/DGT 2019-252 du 19 décembre 2019, QR 26).

Depuis le 1.01.2020, pour vérifier si l'entreprise a un effectif compris entre 1 à moins de 250 salariés, il convient d'appliquer les règles de calcul de l'*effectif sécurité sociale**. L'administration considère, selon nos sources, qu'un salarié à temps partiel pourrait suffire s'il a été employé au moins 6 mois consécutifs ou non sur l'année précédente. Ce point reste à confirmer officiellement.

De plus, par exception en ce qui concerne le droit des dirigeants à l'intéressement, le gel sur 5 ans ne s'applique pas à l'entreprise qui embauche son premier salarié : le dirigeant (et éventuellement son conjoint ou partenaire pacsé) peut accéder immédiatement à l'intéressement.

Calcul

Formule et période de calcul - L'intéressement doit présenter un caractère collectif et aléatoire et doit résulter d'une formule de calcul liée aux résultats ou aux performances de l'entreprise. Il s'agit des résultats ou performances correspondant à une année ou, éventuellement, à une période inférieure, avec un plancher fixé à 3 mois. Depuis le 24.05.2019, la formule de calcul peut être complétée par un objectif pluriannuel, toujours lié aux résultats ou aux performances de l'entreprise (c. trav. art. L. 3312-1 et L. 3314-2).

Absence de garantie - Les éléments pris en compte dans la formule de calcul doivent conférer à l'intéressement un caractère variable et incertain (cass. soc. 11 juin 1998, n° 96-19003, BC V n° 318 ;

cass. soc. 18 janvier 2018, n° 16-25820, BC V n° 7). Ni le versement de primes, ni leur montant ne peuvent être garantis par le dispositif mis en place. Le versement de primes en l'absence de résultat ou de performance ou reflétant la simple activité de l'entreprise est donc exclu. Mais un aléa faible est suffisant (cass. soc. 2 juillet 2003, n° 00-22101 D).

Entreprises et groupements concernés

Entreprises - L'intéressement peut être mis en place dans toutes les entreprises, quels que soient la nature de leur activité, leur effectif et leur forme juridique. Il est possible de limiter le champ d'application d'un dispositif d'intéressement à certains établissements de l'entreprise (c. trav. art. L. 3313-2).

▶ Attention… L'employeur doit avoir satisfait à ses obligations en matière d'organisation des élections du *comité social et économique** (c. trav. art. L. 3312-2).

Groupe d'entreprises - L'intéressement peut également être mis en place au niveau d'un groupe d'entreprises juridiquement indépendantes, mais ayant établi entre elles des liens financiers et économiques (c. trav. art. L. 3344-1).

GIE et groupement d'employeurs - Les groupements d'intérêt économique (GIE) et les groupements d'employeurs peuvent instaurer un régime d'intéressement prenant en compte les résultats ou les performances des entreprises membres du groupement (c. trav. art. L. 3314-3).

Rappelons que, à défaut d'un dispositif d'intéressement au niveau du groupement d'employeurs, ses salariés peuvent bénéficier, sous certaines conditions, de celui éventuellement mis en place dans l'entreprise adhérente auprès de laquelle ils sont mis à disposition *(voir ci-avant)*.

Négociation obligatoire en l'absence d'accord

En présence d'un délégué syndical - Dans les entreprises comportant au moins un délégué syndical (DS), où aucun accord d'épargne salariale n'est applicable, la question de la mise en place d'un tel dispositif (participation, intéressement, plan d'épargne salariale) doit être abordée au moins tous les 4 ans lors de la négociation obligatoire sur la rémunération, le temps de travail et le partage de la valeur ajoutée (c. trav. art. L. 2242-1 et L. 2242-10 à L. 2242-12). En l'absence d'accord fixant le contenu et la périodicité de cette négociation, celle-ci doit avoir lieu tous les ans (c. trav. art. L. 2242-15).

L'employeur qui n'engage pas cette négociation obligatoire s'expose à des sanctions pénales (voir *Négociations obligatoires dans l'entreprise**).

En tout état de cause, le juge n'a pas le pouvoir de pallier l'absence de négociation en fixant le contenu d'un accord d'intéressement et en imposant à l'employeur de l'appliquer (cass. soc. 2 mars 2010, n° 08-12238 D).

En l'absence de délégué syndical - Dans les entreprises dépourvues de DS, mais comportant un CSE et où aucun accord d'intéressement ou de participation n'est en vigueur, l'employeur doit proposer, tous les 3 ans, un examen des conditions dans lesquelles pourraient être mis en œuvre un ou plusieurs dispositifs d'épargne salariale (c. trav. art. L. 3344-3).

Accord d'intéressement ou mise en place unilatérale

Conclusion d'un accord - L'accord peut être conclu (c. trav. art. L. 3312-5) :

- soit selon les règles habituelles de conclusion des accords avec un délégué syndical (DS) [voir *Accord collectif d'entreprise (conclusion avec délégué syndical)**] ;
- soit entre le chef d'entreprise et les représentants d'organisations syndicales représentatives dans l'entreprise ;
- soit avec le *comité social et économique** (CSE) ;
- soit à la suite de la ratification par le personnel (à la majorité des deux tiers) d'un projet d'accord proposé par le chef d'entreprise.

S'il existe dans l'entreprise un ou plusieurs syndicats représentatifs ou un CSE, la ratification doit être demandée conjointement par l'employeur et un ou plusieurs de ces syndicats ou ce comité (c. trav. art. L. 3312-5).

▶ Attention… Il existe des modalités de négociation sans DS [voir *Accord collectif d'entreprise (conclusion sans délégué syndical)**]. Cependant, selon l'administration, ces règles ne sont pas applicables à la négociation des accords d'intéressement (guide intermin. épargne salariale, juillet 2014, dossier 1, fiche 3, § I-B). En l'absence de DS, l'entreprise doit donc recourir aux modes de conclusion spécifiques à l'intéressement, énumérés ci-avant.

Mise en place par décision unilatérale dans les TPE - Depuis le 19.06.2020, dans les entreprises de moins de 11 salariés, l'employeur peut instituer unilatéralement un mécanisme d'intéressement, sans ratification par le personnel. Il doit simplement informer les salariés de la mise en place de ce dispositif, par tous moyens (loi 2020-734 du 17 juin 2020, JO du 18 ; c. trav. art. L. 3312-5).

L'employeur ne peut recourir à cette possibilité que si l'entreprise n'a pas de DS ni de CSE (ce qui est généralement le cas en dessous de 11 salariés). En outre, aucun mécanisme d'intéressement ne doit avoir été appliqué ni conclu au cours des 5 années précédant la décision unilatérale.

L'intéressement institué par décision unilatérale s'applique pendant une durée comprise entre 1 et 3 ans. Il est impossible de le renouveler selon les mêmes modalités. L'employeur qui souhaite conserver son dispositif d'intéressement doit donc passer par les modes habituels de mise en place, a priori la ratification par le personnel à la majorité des deux tiers dans la mesure où il n'a par hypothèse ni DS, ni CSE *(voir ci-avant)*.

Application d'un accord de branche (accord ou document unilatéral d'adhésion) - Les entreprises peuvent appliquer, le cas échéant, un dispositif d'intéressement défini par un accord de branche agréé (c. trav. art. L. 3312-8, L. 3345-4 et D. 3345-6).

▶ À noter… Les branches sont incitées depuis plusieurs années à négocier un accord afin de proposer aux entreprises des dispositifs d'épargne salariale « prêts à l'emploi » visant plus particulièrement les entreprises de moins de 50 salariés. Ce dispositif a fait l'objet de modifications successives et est désormais intégré de façon pérenne dans le code du travail (loi 2020-1525 du 7 décembre 2020, art. 118, JO du 8 ; décret 2021-1398 du 27 octobre 2021, JO du 29).

L'intéressement défini au niveau de la branche est mis en place dans l'entreprise (c. trav. art. L. 3312-8) :
- soit par un accord collectif spécifique (selon les mêmes modalités de conclusion qu'un accord d'intéressement, voir ci-dessus) qui précise les choix de l'entreprise au regard de ce que propose l'accord de branche (c. trav. art. L. 3312-5 et D. 3345-7) ;
- soit si l'entreprise compte moins de 50 salariés, par un document unilatéral d'adhésion de l'employeur après information du CSE et des salariés par tout moyen (c. trav. art. L. 2232-10-1 et D. 2232-1-6). L'accord de branche ne peut comporter que des options dont le contenu est prédéfini, sans adaptation possible par l'employeur, le document unilatéral indique alors les choix retenus.

L'accord collectif ou le document unilatéral d'adhésion doit être déposé auprès de l'administration par télédéclaration *(voir ci-après)*.

Durée - Depuis le 9.12.2020, le régime d'intéressement instauré par accord ou décision unilatérale peut être mis en place pour une durée comprise entre 1 et 3 ans (c. trav. art. L. 3312-5 ; loi 2020-1525 du 7 décembre 2020, art. 121, JO du 8).

Articulation participation/intéressement - La mise en place de la participation est obligatoire à partir de 50 salariés lorsque ce seuil est atteint pendant 5 années consécutives (voir *Participation des salariés aux résultats de l'entreprise**). Cependant, si une entreprise ayant conclu un accord d'intéressement atteint ou dépasse ce seuil de 50 salariés, la mise en place de la participation n'est obligatoire qu'au troisième exercice clos après le franchissement du seuil de 50 salariés, sous réserve que l'accord d'intéressement soit appliqué sans discontinuité pendant cette période (obligation au terme de 5 années civiles auxquelles s'ajoutent 3 exercices clos). À cette date, un accord de participation peut être conclu sur une base de calcul et de répartition reprenant celle de l'accord d'intéressement ayant expiré (c. trav. art. L. 3322-3 ; instr. intermin. DGT/RT3/DSS/DGT 2019-252 du 19 décembre 2019, Q/R 6).

Délai de conclusion - Pour ouvrir droit aux exonérations fiscales et sociales, les régimes d'intéressement doivent être mis en place avant le premier jour de la deuxième moitié de la période de calcul suivant la date de leur prise d'effet (c. trav. art. L. 3314-4). L'objectif est de faire en sorte que les entreprises négocient sans connaître précisément le résultat de l'exercice en cours, pour que l'intéressement conserve un caractère aléatoire.

Exemples

Un accord censé prendre effet le 1er janvier et qui prévoit un calcul sur l'année doit être conclu avant le 1er juillet.

Un accord censé prendre effet le 1er janvier avec une période de calcul de 6 mois doit être conclu avant le 1er avril.

Reconduction tacite - Si les signataires souhaitent ne pas avoir à renégocier à chaque échéance de l'accord, ils peuvent prévoir dans l'accord une clause de reconduction tacite pour une durée égale à la durée initiale. Toutefois les parties habilitées à négocier ou à ratifier l'accord peuvent demander sa renégociation dans les 3 mois précédant sa date d'échéance. L'accord cesse alors de produire effet au terme prévu. Dans le cas contraire, l'accord est automatiquement reconduit (c. trav. art. L. 3312-5 ; circ. DGT 2009-13 du 19 mai 2009, QR n° 13).

Il est également possible de reconduire tacitement un accord mis en place par ratification à la majorité des deux tiers du personnel. Pour faire échec à la reconduction tacite, les salariés doivent officialiser la demande de renégociation et produire les mêmes documents que lors de la ratification de l'accord (c. trav. art. D. 3313-7-1 et D. 3345-1, 3°). Cette formulation signifie que la demande de renégociation peut prendre la forme :
- en cas de référendum sur la question, d'un procès-verbal rendant compte de la consultation ;
- en cas d'interrogation directe des salariés, d'une liste nominative de l'ensemble des salariés, avec émargement des signataires.

Intéressement de projet commun à plusieurs entreprises - Il est possible, dans certaines conditions, d'intéresser des salariés d'entreprises distinctes qui travaillent autour d'un même projet (c. trav. art. L. 3312-6).

Ainsi, dans les entreprises ou les groupes disposant d'un accord d'intéressement et concourant avec d'autres entreprises à une activité caractérisée et coordonnée, un accord peut être conclu pour prévoir que tout ou partie des salariés bénéficie d'un intéressement de projet.

L'intéressement de projet doit faire l'objet d'un accord distinct négocié dans les conditions suivantes (c. trav. art. L. 3312-6 ; guide intermin. épargne salariale, juillet 2014, dossier 1, fiche 7) :
- s'il n'implique que tout ou partie des salariés d'une même entreprise ou d'un même groupe, il est négocié dans les mêmes conditions qu'un accord d'intéressement de droit commun ;
- s'il couvre tous les salariés de plusieurs entreprises au sein d'un groupe, il prend la forme d'un accord d'intéressement de groupe ;
- s'il concerne tout ou partie des salariés d'entreprises distinctes qui ne constituent pas un groupe, il doit être négocié selon les mêmes modalités qu'un plan d'épargne interentreprises.

Dans tous les cas, lorsqu'il est prévu que l'accord devra être ratifié par la majorité des deux tiers du personnel, cette condition s'apprécie en ne prenant en compte que les salariés entrant dans le champ d'application du projet.

Enfin, l'accord d'intéressement de projet définit un champ d'application et une période de calcul spécifiques, qui peuvent différer de ceux de l'accord d'intéressement par ailleurs applicable aux salariés, sans pouvoir excéder 3 ans (c. trav. art. L. 3312-6).

Intéressement de projet interne - Il est aussi possible de mettre en place, en complément de l'intéressement de droit commun, un intéressement de projet définissant un objectif commun à tout ou partie des salariés de l'entreprise. Il faut définir le champ d'application et la période de calcul de cet intéressement (sans excéder 3 ans) (c. trav. art. L. 3312-6).

Contenu de l'accord d'intéressement (ou de la décision unilatérale) - Tout accord d'intéressement (ou décision unilatérale) doit comporter un préambule indiquant les motifs de l'accord (ou de la décision unilatérale) ainsi que les raisons du choix des modalités de calcul de l'intéressement et des critères de répartition de ses produits. L'accord (ou de la décision unilatérale) doit préciser notamment (c. trav. art. L. 3313-1 et L. 3313-2) :
- la période pour laquelle il est conclu ;
- les établissements concernés ;
- les modalités d'intéressement retenues ;
- les critères et les modalités servant au calcul et à la répartition des produits de l'intéressement ;
- les dates de versement ;
- les modalités d'affectation de l'intéressement à un plan d'épargne et le support d'investissement choisi (dans l'hypothèse où l'entreprise est dotée d'un tel plan) et les modalités d'information des salariés sur cette affectation *(voir ci-après)* ;
- les conditions dans lesquelles le CSE ou une commission spécialisée créée par le comité disposent des moyens d'information nécessaires sur les conditions d'application des clauses du contrat ;
- le système d'information du personnel et de vérification des modalités d'exécution de l'accord ;
- les procédures convenues pour régler les différends qui peuvent surgir dans l'application de l'accord ou lors de sa révision.

Par ailleurs, si l'entreprise souhaite pouvoir distribuer un éventuel reliquat d'intéressement, il faut le prévoir dans l'accord (ou la décision unilatérale) *(voir ci-après)*.

▶ À noter… Les entreprises peuvent trouver sur le site internet du ministère du Travail un modèle d'accord d'intéressement (https ://travail-emploi.gouv.fr/IMG/pdf/imprime_type_-_accord_interessement-2.pdf). L'URSSAF propose par ailleurs un service en ligne d'aide à l'élaboration d'un accord d'intéressement (https ://www.mon-interessement.urssaf.fr/accueil/).

Clauses relatives à la disponibilité des droits - L'accord d'intéressement (ou la décision unilatérale) doit prévoir selon quelles modalités les

bénéficiaires seront informés du sort de leurs droits (c. trav. art. R. 3313-12, § I). Il faut faire en sorte que chaque bénéficiaire ait connaissance :
- des sommes attribuées au titre de l'intéressement ;
- du montant dont il peut demander le versement ;
- du délai dans lequel il peut formuler sa demande.

Le bénéficiaire doit également être informé que s'il n'exprime pas de souhait particulier, ses droits à intéressements seront affectés au *plan d'épargne d'entreprise (PEE)** ou, le cas échéant, au *plan d'épargne interentreprises (PEI)**.

Formalités de dépôt - Une fois l'accord conclu (ou la décision unilatérale ou le document unilatéral élaboré et présenté au CSE et aux salariés), il faut le déposer dans les 15 jours suivant sa date limite de conclusion (ou d'élaboration), donc dans les 15 jours suivant le premier jour de la deuxième moitié de la période de calcul suivant la date de sa prise d'effet (c. trav. art. L. 3313-3 et D. 3313-1).

En l'absence de dépôt dans les temps, les sommes versées ne donneront lieu à aucune exonération de cotisations.

Cette exigence de dépôt s'applique également aux avenants à l'accord (c. trav. art. D. 3313-6 ; cass. civ., 2e ch., 22 janvier 2015, n° 14-10701, BC II n° 9).

Le dépôt s'effectue par téléprocédure (sur la plateforme « TéléAccords »). L'employeur ne dépose qu'un exemplaire au format « pdf ». Il n'y a pas à déposer d'exemplaire au format « docx », car l'accord d'intéressement n'est pas soumis à l'obligation de publicité [voir *Accord collectif d'entreprise (dépôt)** et *Accord collectif d'entreprise (publicité)**].

▶ À noter… L'administration a précisé qu'il n'y avait pas d'autre dépôt que celui effectué auprès de l'administration, ce qui exclut le dépôt auprès du greffe du conseil de prud'hommes (c. trav. art. D. 3345-4 ; circ. DGT 2009-13 du 19 mai 2009, QR 38). Toutefois, cette précision ne semble porter que sur les accords conclus selon des modalités particulières. En présence, d'un accord conclu de façon classique, avec les délégués syndicaux, il paraît préférable de déposer également le texte auprès du greffe du conseil de prud'hommes, conformément aux règles de la négociation collective (c. trav. art. D. 2231-2).

Si la formule de calcul de l'intéressement prend en compte les résultats d'une ou de plusieurs entreprises liées (filiales, sociétés contrôlées), le texte déposé comporte en annexe la liste de ces entreprises dont le siège social est situé en France (c. trav. art. D. 3313-3).

Si le texte n'a pas été conclu sous la forme d'un accord collectif classique, avec les DS de l'entreprise, l'employeur doit déposer un certain nombre de documents complémentaires : P-V de la séance du CSE si l'accord a été conclu avec le comité, procès-verbal de la consultation du CSE le cas échéant, P-V de désaccord si la décision unilatérale découle de l'échec des négociations avec les DS ou le CSE, etc. (c. trav. art. D. 3345-1 à D. 3345-3).

Sécurisation du dispositif : procédure applicable aux dépôts effectués avant le 1.09.2021 - Une fois l'accord déposé (ou la décision unilatérale ou le document unilatéral élaboré et présenté au CSE et aux salariés), le DREETS avait la possibilité de demander le retrait ou la modification des dispositions contraires à la loi. L'absence de réaction de l'administration dans un certain délai permettait de sécuriser l'accord. Ce mécanisme de contrôle reposait sur un processus en deux temps (c. trav. art. L. 3313-3 et L. 3345-2 ; instr. DGT/RT3/DSS/DGT 2019-252 du 19 décembre 2019, QR 19 à 21).

▶ À noter… Les règles relatives à ce mécanisme de contrôle, telles que modifiées par loi PACTE, étaient applicables aux textes déposés après le 22.02.2019.

Ainsi, en l'absence d'observation du DREETS :
- dans les 4 mois suivant le dépôt, il était impossible de remettre en cause les exonérations sociales et fiscales, mais seulement pour le premier exercice (c. trav. art. L. 3345-2) ;
- dans les 6 mois suivant le dépôt, les exonérations sociales et fiscales étaient réputées acquises pour la durée du dispositif (c. trav. art. L. 3313-3, 1er al.).

Si l'administration avait formulé des observations, l'entreprise qui souhaitait se prémunir contre un éventuel redressement devait négocier et déposer un avenant de mise en conformité. L'une des parties à l'accord pouvait aussi le dénoncer en vue de sa renégociation (c. trav. art. L. 3345-2, 2e al.). Cette deuxième hypothèse visait à notre sens à « forcer » la renégociation dans l'hypothèse où les parties auraient tardé à tirer les conséquences des observations de l'administration.

Sécurisation du régime d'intéressement : procédure applicable aux dépôts effectués depuis le 1.09.2021 - Les accords (ou la décision unilatérale ou le document unilatéral élaboré et présenté au CSE et aux salariés) déposés depuis le 1.09.2021 sont soumis à une procédure réformée qui ne peut en durée cumulée excéder 4 mois (loi 2020-1525 du 7 décembre 2020, art. 119, JO du 8 ; décret 2021-1122 du 27 août 2021, JO du 28 ; c. trav. art. L. 3345-2, L. 3345-3 et D. 3345-5).

L'administration (DDETS ou DDETS-PP ou DRIEETS) contrôle en premier lieu les formalités de négociation et de dépôt. Elle a un délai d'un mois pour délivrer le récépissé attestant du dépôt de l'accord ou du règlement et du contrôle de la validité de ses modalités de conclusion. En l'absence d'observations ou de demande de pièces complémentaires, l'accord est réputé valablement conclu.

▶ À noter… Sur l'administration compétente hors métropole, voir c. trav. art. D. 3411-2.

À compter de la délivrance du récépissé ou, à défaut de demande de pièces complémentaires ou d'observations, à l'expiration du délai d'un mois, ces documents sont transmis par l'administration à l'URSSAF (ou, le cas échéant, aux CGSS ou aux caisses de MSA). Cet organisme a alors un délai de 3 mois pour demander le retrait ou la modification des clauses contraires aux dispositions légales et réglementaires, à l'exception des règles relatives aux modalités de dénonciation et de révision des accords.

En l'absence d'observation de l'URSSAF au terme de ce délai, les exonérations sociales et fiscales sont réputées acquises, mais seulement pour l'exercice en cours lors du dépôt (c. trav. art. L. 3313-3).

En effet, l'URSSAF dispose d'un délai supplémentaire de 2 mois à compter de l'expiration du premier délai qui lui est imparti, pour formuler, le cas échéant, des demandes de retrait ou de modification de clauses contraires aux dispositions légales afin que l'entreprise puisse mettre son dispositif en conformité avec les dispositions en vigueur pour les exercices suivant celui du dépôt. Ce n'est que si cet organisme n'a pas formulé de telles demandes dans ce nouveau délai, que les exonérations sociales et fiscales sont réputées acquises pour les exercices ultérieurs (c. trav. art. L. 3313-3).

En cas de litige à la suite du contrôle, ce n'est pas à l'employeur exclusivement de démontrer que l'administration n'a pas fait de commentaires dans le délai imparti : la charge de la preuve pèse également sur l'administration (cass. civ., 2e ch., 19 janvier 2017, n° 16-11312, BC II n° 16).

Par dérogation, pour les accords ou documents unilatéraux d'adhésion conclus ou signés en application d'un accord de branche agréé, l'exonération est acquise dès le dépôt et pour la durée d'application de l'accord ou du document d'adhésion à l'accord de branche agréé (c. trav. art. L. 3312-8).

▶ À noter… Si l'employeur emploie des salariés qui relèvent pour partie de l'URSSAF, de la MSA ou de la CGSS, l'organisme compétent est celui du régime auquel la majorité de ses salariés est affiliée. Les effectifs relevant des différents régimes sont calculés selon les modalités de calcul sécurité sociale (c. séc. soc. art. L. 130-1).

Avenant de mise en conformité à la suite d'observations - Contrairement à l'accord initial, l'avenant de mise en conformité ne bénéficie pas du mécanisme de sécurisation. L'entreprise doit donc veiller à se conformer aux observations formulées par la DREETS (et désormais l'URSSAF), car elle ne pourra pas se prévaloir du défaut de réponse de l'administration dans le délai imparti pour faire échec à un éventuel redressement (cass. civ., 2e ch., 11 juin 2009, n° 08-14279 D).

▶ Attention… La procédure de sécurisation ne concerne que le contenu des accords. Les irrégularités liées à la mise en œuvre effective de l'accord, décelées lors des opérations de contrôle (notamment celles afférentes au non-respect de la règle de non-substitution ou à l'application irrégulière d'un accord non conforme à ses clauses) peuvent donner lieu à une remise en cause rétroactive par l'URSSAF des exonérations de cotisations. Il en va de même si l'entreprise n'a pas répondu à la demande de mise en conformité formulée par l'administration dans le délai prévu (lettre-circ. ACOSS 2007-48 du 6 mars 2007).

Note d'information - L'accord d'intéressement (ou la décision unilatérale ou le document unilatéral élaboré et présenté au CSE et aux salariés) doit faire l'objet d'une note d'information, adressée à tous les salariés et anciens salariés bénéficiaires de cet accord, qui mentionne, notamment, les dispositions de l'article D. 3313-1 du code du travail, relatif au sort des sommes auxquelles peut prétendre le bénéficiaire lorsque celui-ci ne peut être joint à la dernière adresse qu'il a indiqué (c. trav. art. D. 3313-8 et D. 3313-11).

Répartition

Critères de répartition - Les modalités de répartition de l'intéressement sont déterminées par le dispositif adopté dans l'entreprise, qui peut prévoir (c. trav. art. L. 3314-5) :
- une répartition uniforme ;
- une répartition proportionnelle au salaire ;
- une répartition proportionnelle à la durée de présence ;
- une répartition combinant ces différents critères.

Périodes d'absence assimilées à des périodes de présence - Les absences pour congé de maternité et d'adoption, pour accident du travail ou maladie professionnelle ou de congé de deuil et depuis le 12 05.2020, les périodes de mise en quarantaine liées à l'existence d'un état d'urgence sanitaire déclaré (tel que le covid-19) sont assimilées à des périodes de présence (c. trav. art. L. 3314-5 ; loi 2020-546 du 11 mai 2020, JO du 12).

En cas de répartition proportionnelle au salaire, il faut reconstituer la rémunération qu'aurait perçue le salarié concerné s'il n'avait pas été absent (c. trav. art. R. 3314-3).

En cas de répartition en fonction de la durée de présence, il faut assimiler ces absences à du temps de présence.

Les périodes non travaillées dans le cadre d'un temps partiel thérapeutique consécutif à un accident du travail sont aussi assimilées à des périodes de présence (cass. soc. 16 juin 2011, n° 08-44616 D).

En cas de répartition en fonction des salaires, l'employeur doit neutraliser les éventuelles périodes d'*activité partielle** et prendre en considération les salaires qui auraient été perçus si les salariés n'avaient pas été en activité partielle. Selon la même logique, en cas de répartition en fonction de la durée de présence, les périodes d'activité partielle sont prises en compte (c. trav. art. R. 5122-11, al. 2).

▶ À noter… Ces dispositions s'appliquent également dans le cadre de l'*activité partielle de longue durée** (décret 2020-926 du 28 juillet 2020 modifié, art. 9, II).

Pluralité des critères de répartition - Ces critères, comme les modalités de calcul de l'intéressement, peuvent varier selon les établissements et les unités de travail (c. trav. art. L. 3314-1 et L. 3314-5). Cette possibilité est d'interprétation stricte et ne permet pas de retenir des modalités d'intéressement spécifiques à une catégorie professionnelle, comme, par exemple, les VRP (cass. soc. 16 mars 2011, n° 09-72384 D).

Plafond global - Le montant global des sommes distribuées au titre de l'intéressement ne doit pas dépasser annuellement 20 % du total des rémunérations des bénéficiaires (c. trav. art. L. 3314-8).

Les rémunérations à prendre en compte sont :

- le total des salaires bruts versés au cours de l'exercice au titre duquel est calculé l'intéressement à l'ensemble du personnel inscrit à l'effectif de l'entreprise ou du/des établissement(s) concerné(s) par le dispositif, et non celui des salaires perçus par les seuls bénéficiaires de l'intéressement (guide intermin. épargne salariale, juillet 2014, dossier 1, fiche 5) ; s'y ajoutent, le cas échéant, les indemnités versées par les caisses de congés payés (pour les entreprises du BTP, des spectacles, etc.) ;
- pour les dirigeants et leur conjoint ou partenaire lié par un PACS, le revenu professionnel soumis à l'impôt sur le revenu au titre de l'année précédente.

Plafond individuel - Outre le plafond global, le montant des primes distribuées à un même bénéficiaire ne peut, au titre d'un même exercice, excéder une somme égale à 75 % du montant du plafond annuel de la sécurité sociale (c. trav. art. L. 3314-8).

Le montant des primes excédant ce plafond est considéré comme un salaire assujetti aux cotisations sociales.

▶ À noter… Le seuil de 75 % est entré en vigueur le 24.05.2019. Avant cette date, le plafond individuel de versement était fixé à 50 % du plafond annuel de la sécurité sociale. Selon l'administration, le nouveau plafond s'applique dès l'exercice de calcul 2019, pour les sommes servies en 2020. Il ne nécessite pas de modifier l'accord d'intéressement, dès lors que cet accord faisait référence au plafond légal. En revanche, un avenant à l'accord s'impose si l'entreprise souhaite appliquer un plafond conventionnel intermédiaire entre l'ancien plafond de 50 % et le nouveau plafond de 75 % (instr. DGT/RT3/DSS/DGT 2019-252 du 19 décembre 2019, QR 28 et 29).

Reliquat d'intéressement - Depuis le 24.05.2019, les sommes non attribuées du fait du plafond légal de versement peuvent faire l'objet d'une nouvelle répartition, sans attendre l'exercice suivant. Cette seconde distribution doit bénéficier à tous les salariés auxquels ont été versées des sommes inférieures au plafond légal. Le plafond des droits individuels ne peut pas être dépassé du fait de cette répartition supplémentaire (c. trav. art. L. 3314-11).

La distribution du reliquat d'intéressement doit être prévue par le dispositif d'intéressement (instr. DGT/RT3/DSS/DGT 2019-252 du 19 décembre 2019, QR 31).

Supplément d'intéressement - Un supplément d'intéressement collectif peut être attribué aux salariés au titre de l'exercice clos, selon les modalités prévues par le dispositif d'intéressement applicable ou, en l'absence de telles modalités, par un accord spécifique (voir *Supplément d'intéressement ou de participation**) (c. trav. art. L. 3314-10).

Selon l'organisation de l'entreprise, c'est soit le chef d'entreprise en personne (ex. : entreprise individuelle, SARL), soit, dans les plus grosses structures, le conseil d'administration ou le directoire (société anonyme) qui prend la décision d'attribuer ce supplément.

▶ Attention… Bien qu'en cas de supplément d'intéressement, le montant du supplément soit libre, le montant cumulé de l'intéressement versé au titre de l'accord de base et au titre du supplément ne peut dépasser 20 % du total des rémunérations brutes des bénéficiaires (voir *Supplément d'intéressement ou de participation**).

Gestion des droits

Fiche d'information - Au moment de l'attribution des droits à intéressement, l'employeur remet à chaque salarié une fiche distincte du bulletin de paie, qui mentionne (c. trav. art. D. 3313-9) :

- le montant global de l'intéressement ;
- le montant moyen perçu par les bénéficiaires ;
- le montant des droits attribués au salarié lui-même ;
- la retenue opérée au titre de la CSG et de la CRDS ;
- en cas d'affectation sur un plan d'épargne, le délai d'indisponibilité et les cas de déblocage anticipé [voir *Plan d'épargne d'entreprise (PEE)**] ;
- les modalités d'affectation par défaut de l'intéressement sur le PEE *(voir ci-après)*.

Elle comporte, en annexe, une note rappelant les règles essentielles de calcul et de répartition prévues par le dispositif d'intéressement.

L'employeur peut remettre la fiche sous forme électronique, sous réserve que le salarié ne s'y oppose pas et que le dispositif retenu garantisse l'intégrité des données (c. trav. art. D. 3313-9).

▶ À noter… L'employeur doit également tenir compte des modalités d'information prévues par le dispositif d'intéressement *(voir ci-avant)*.

Placement à défaut de choix contraire - Sauf décision contraire du salarié, les droits à intéressement sont affectés en totalité au plan d'épargne d'entreprise (PEE) ou, le cas échéant, au plan d'épargne interentreprises (PEI), sous réserve que l'entreprise soit couverte par un tel plan (c. trav. art. L. 3315-2). Les droits sont alors bloqués pendant 5 ans [voir *Plan d'épargne d'entreprise (PEE)**].

Choix exprimé dans les 15 jours - Le bénéficiaire qui souhaite faire échec au mécanisme d'affectation par défaut doit informer l'employeur de ses souhaits (versement direct, affectation partielle sur un PEE, affectation sur un PERCO [ou un PERE-CO] ou combinaison des différentes possibilités), dans un délai de 15 jours à compter du moment où il a été informé du montant qui lui a été attribué (c. trav. art. R. 3313-12).

Le dispositif d'intéressement précise la date à laquelle le bénéficiaire est présumé avoir été informé. Si ce dispositif n'aborde pas la question, le délai de 15 jours court à compter de la réception, par tout moyen permettant d'apporter la preuve de celle-ci, du document l'informant du montant qui lui est attribué et dont il peut demander le versement.

▶ À noter… En cas d'intéressement infra-annuel (calcul et versement au moins deux fois dans l'année), le salarié peut n'exprimer son choix qu'une fois dans l'année, au titre de la première période de calcul. Ce choix sera alors appliqué aux autres versements de l'année (instr. DGT/RT3/DSS/DGTRESOR 2016-45 du 18 février 2016, Q/R n° 15).

Date de versement ou d'affectation - L'employeur doit effectuer le versement ou l'affectation des droits à intéressement avant le 1er jour du 6e mois suivant la clôture de l'exercice au titre duquel l'intéressement est dû (donc avant le 1er juin pour un intéressement calculé sur l'année civile). Lorsque l'exercice de calcul est inférieur à 12 mois, le versement intervient avant le 1er jour du 3e mois (c. trav. art. L. 3314-9 et D. 3313-13).

Si ces dates limites ne sont pas respectées, l'entreprise doit acquitter des intérêts de retard, à hauteur de 1,33 fois le taux moyen de rendement des obligations des sociétés privées (TMOP).

▶ À noter… Ces versements ont pu être décalés jusqu'au 31.12.2020 dans le cadre de la crise liée au covid-19. Ce décalage n'est pas pris en compte dans le calcul de la période de blocage des sommes investies dans un *Plan d'épargne d'entreprise (PEE)** (ord. 2020-322 du 25 mars 2020, art. 2, JO du 26 ; Ministère du Travail, Prime exceptionnelle et épargne salariale, questions/réponses en date du 27 avril 2020).

Non-substitution

Les sommes versées au titre de l'intéressement ne peuvent se substituer à aucun des éléments de rémunération en vigueur dans l'entreprise.

Exemples

Une entreprise ne peut pas conclure un accord d'intéressement et, dans le même temps, signer un autre accord qui prévoit la suppression d'une prime (cass. soc. 9 octobre 2001, n° 98-43905, BC V n° 305). Elle ne peut pas non plus mettre en place un système de « prime amortisseur » destiné à maintenir l'intéressement à un niveau à peu près constant. En effet, si l'intéressement augmente un exercice donné, la prime est nécessairement inférieure à celle versée au titre de l'exercice précédent. Il y a donc substitution (cass. civ., 2e ch., 17 décembre 2009, n° 08-20797 D).

Toutefois, le principe de non-substitution ne joue pas lorsqu'un délai de 12 mois au moins s'est écoulé entre le dernier versement de l'élément de rémunération en tout ou partie supprimé et la date d'effet de l'intéressement (c. trav. art. L. 3312-4).

Vie de l'accord

Modification et dénonciation - L'accord d'intéressement ne peut être modifié ou dénoncé que par l'ensemble des signataires et dans la même forme que sa conclusion, sauf lorsque la dénonciation vise à mettre l'accord en conformité avec les dispositions légales (c. trav. art. D. 3313-5).

Toutefois, lorsque la modification ou la dénonciation dans la même forme que sa conclusion est rendue impossible par la disparition d'un ou plusieurs des signataires d'origine, l'accord peut être dénoncé ou peut faire l'objet d'un avenant selon l'une des modalités prévues en matière d'intéressement (à l'exception de la décision unilatérale).

L'avenant modifiant un accord (ou le document unilatéral modifiant l'adhésion) doit être déposé comme l'accord initial. Pour être applicable à l'exercice en cours, la dénonciation doit être déposée sur la plateforme « Téléaccords » dans les mêmes délais qu'un accord, donc dans les 15 jours suivant le premier jour de la deuxième moitié de la période de calcul suivant la date de sa prise d'effet (c. trav. art. D. 3313-7).

Mise en cause en cas de restructuration - La modification de la situation juridique de l'entreprise – notamment par fusion, cession ou scission – peut rendre impossible l'application de l'accord d'intéressement, par exemple en raison de modifications substantielles dans la structure juridique, technique ou financière de l'entreprise. Celui-ci cesse alors de produire effet entre le nouvel employeur et les salariés de l'entreprise.
Les salariés transférés doivent alors bénéficier, le cas échéant, de l'accord d'intéressement applicable dans l'entreprise d'accueil (cass. civ., 2e ch., 12 mars 2009, n° 08-10770 D).

En l'absence d'un tel accord (ou décision unilatérale), celle-ci engage dans un délai de 6 mois une nouvelle négociation en vue de la conclusion éventuelle d'un nouvel accord (c. trav. art. L. 3313-4).

Restructuration avec renouvellement des IRP - Par exception, le seul fait que la modification de la situation juridique de l'employeur entraîne la nécessité de renouveler le comité social et économique (CSE) ne suffit pas à faire obstacle à l'application de l'accord, même si, en principe, l'entreprise doit avoir satisfait à ses obligations en matière d'organisation des élections professionnelles pour pouvoir appliquer un accord d'intéressement *(voir ci-avant)*. Dans une telle situation, l'accord peut donc se poursuivre ou être renouvelé selon les modalités habituelles (c. trav. art. L. 3313-4). Encore faut-il que d'autres modifications substantielles n'empêchent pas de poursuivre ou de renouveler l'accord d'intéressement.

Régime social

Cotisations sociales - Sous réserve de répondre aux différentes conditions énumérées ci-avant (caractère collectif et aléatoire, dépôt, non-substitution à des éléments de rémunération, respect des plafonds de répartition, etc.), les sommes attribuées en application du dispositif d'intéressement ne sont pas soumises aux cotisations de sécurité sociale (parts patronale et salariale) (c. trav. art. L. 3312-4).

CSG et CRDS - Les sommes versées aux salariés au titre de l'intéressement sont assujetties à la *contribution sociale généralisée (CSG)** et à la *contribution pour le remboursement de la dette sociale (CRDS)** sur les revenus d'activité (c. séc. soc. art. L. 136-2, II, 2° ; ord. 96-50 du 24 janvier 1996, art. 14).

Forfait social - Dans les entreprises de moins de 250 salariés, les sommes réparties au titre de l'intéressement ne sont pas assujetties au forfait social [voir *Forfait social (contribution patronale)**]. En revanche, le forfait social s'applique à l'abondement versé par l'entreprise lorsque le salarié investit son intéressement dans un PEE [voir *Plan d'épargne d'entreprise (PEE)**].

Dans les entreprises de 250 salariés et plus, les employeurs sont redevables du forfait social sur les sommes versées au titre de l'intéressement, dans la mesure où elles sont exonérées de cotisations de sécurité sociale, mais assujetties à CSG et à CRDS. Depuis le 1.01.2020, pour vérifier si l'entreprise a atteint ou dépassé le seuil de 250 salariés, il convient d'appliquer les règles de calcul de l'*effec-*

*tif sécurité sociale**. Le mécanisme de gel des effets de seuil sur 5 ans implique qu'une entreprise qui atteint ou dépasse les 250 salariés au titre d'une année donnée continue à bénéficier du non-assujettissement au forfait social pendant encore 5 ans.

Exemple

Une entreprise ayant atteint ou dépassé le seuil de 250 salariés au 1.01.2020, sur la base de son effectif sécurité sociale en moyenne sur 2019, ne devra payer le forfait social sur l'intéressement qu'à partir du 1.01.2025, à supposer qu'elle soit restée à 250 salariés ou plus sur chacune des années écoulées.

Taxes et participations assises sur les salaires - L'assiette de la taxe sur les salaires est alignée sur celle de la CSG (CGI art. 231). Les employeurs qui y sont assujettis en sont donc redevables sur les sommes attribuées au titre de l'intéressement.

En revanche, ces sommes ne sont pas assujetties à la taxe d'apprentissage, aux contributions à la formation professionnelle continue, ni à la participation à l'effort de construction, puisque leur assiette est alignée sur celle des cotisations de sécurité sociale (c. trav. art. L. 6331-1, L. 6331-3, L. 6331-6, L. 6241-1-1 et L. 6242-1 ; c. constr. et hab. art. L. 313-1).

Régime fiscal

Régime fiscal pour l'entreprise - Les primes d'intéressement sont déductibles des bases retenues pour l'assiette de l'impôt sur les sociétés ou de l'impôt sur le revenu de l'entreprise « versante » (CGI art. 237 ter A-I ; c. trav. art. L. 3315-1).

Régime fiscal pour les salariés - Les primes d'intéressement sont en principe soumises à l'impôt sur le revenu (CGI, art. 158, 5-a).

Cependant, si ces sommes sont affectées à un plan d'épargne (PEE, PEI, PERCO ou PERE-CO), elles bénéficient d'une exonération d'impôt sur le revenu dans la limite, chaque année, d'un montant égal aux trois quarts du plafond annuel de la sécurité sociale (CGI, art. 81, 18° bis ; c. trav. art. L. 3315-2).

Les sommes attribuées au titre de l'intéressement doivent être versées dans le plan d'épargne dans un délai maximal de 15 jours à compter de la date à laquelle elles ont été perçues (c. trav. art. R. 3332-12). Si ce délai est dépassé, le bénéficiaire ne peut prétendre à aucune exonération.

Contentieux

Le *tribunal judiciaire** tranche toutes les affaires civiles et commerciales qui ne relèvent pas d'une juridiction particulière (c. org. jud. art. L. 211-3). Il est donc compétent pour connaître des litiges relatifs à l'intéressement. Par exception, les litiges individuels opposant un ou plusieurs salariés à l'employeur en matière d'intéressement sont tranchés par le *conseil de prud'hommes** (c. trav. art. L. 1411-1 ; cass. soc. 28 février 2018, n° 16-13682, BC V n° 32).

☛ *Participation des salariés aux résultats de l'entreprise ; Plan d'épargne d'entreprise (PEE) ; Plan d'épargne interentreprises (PEI) ; Supplément d'intéressement ou de participation.*

Intermittents du spectacle

@ Les études relatives aux intermittents du spectacle sont détaillées dans la version en ligne de ce Dictionnaire (voir www.rfsocial.com et www.rfeditions.com).

Internet

☛ *Informatique ; Tracts.*

Intervenant en prévention des risques professionnels

Acteur de la santé au travail

Prévention des risques professionnels - Les intervenants en prévention des risques professionnels (IPRP) sont des professionnels dotés de compétences techniques, scientifiques ou organisationnelles en matière de santé et de sécurité au travail (circ. DGT 2012-13 du 9 novembre 2012, p. 45 ; www.inrs.fr ; www.rst-sante-travail.fr). Ils ont des profils très variés : à titre d'exemple, les IPRP sont diplômés ou certifiés en ergonomie, toxicologie, psychologie, management « qualité, sécurité, environnement », hygiène industrielle.

Salarié ou indépendant - Il faut distinguer l'IPRP dit « interne » c'est-à-dire employé par un *service* *de prévention et de santé au travail** interentreprises (SPSTI) ou par une entreprise dans le cadre de son service de prévention et de santé interne (dit « autonome »), de l'IPRP dit externe (indépendant) auquel les entreprises et les SPSTI peuvent faire appel (circ. DGT 2012-13 du 9 novembre 2012, p. 45).

▶ À noter… La circulaire précitée est réputée abrogée [voir *Circulaires (opposabilité)**], mais demeure à notre sens utile à la compréhension du dispositif.

Salarié d'un SPST interentreprises

Présence obligatoire d'un IPRP - Les SPSTI doivent recruter au moins un IPRP par équipe pluridisciplinaire (c. trav. art. L. 4622-8).

▶ À noter… La vaccination contre le covid-19 est obligatoire, sauf contre-indication médicale reconnue, pour les personnes travaillant dans un SPST (loi 2021-1040 du 5 août 2021, JO du 6) [voir *Covid-19 (hygiène et sécurité)**].

Attributions - En tant que membre de l'équipe pluridisciplinaire de santé au travail, l'IPRP participe aux missions du SPSTI c'est-à-dire à la préservation de la santé et de la sécurité des travailleurs et à l'amélioration des conditions de travail. Dans ce cadre, l'IPRP assure les missions de diagnostic, de conseil, d'accompagnement et d'appui, et communique les résultats de ses études au médecin du travail (c. trav. art. R. 4623-38).

En l'absence de salarié en interne s'occupant des activités de protection et de prévention des risques professionnels de l'entreprise, l'entreprise peut faire appel, après avis du *comité social et économique**, aux IPRP appartenant au service de santé au travail interentreprises auquel elle adhère (c. trav. art. L. 4644-1) (voir *Référent sécurité**). L'employeur peut aussi faire appel à un IPRP indépendant *(voir ci-après)*.

Droit d'accès à l'information - En tant que membre de l'équipe pluridisciplinaire de santé au travail, l'IPRP a accès à (circ. DGT 2012-13 du 9 novembre 2012, p. 46) :

- l'information sur la nature et la composition des produits utilisés, sur leurs modalités d'emploi et sur les résultats de toutes les mesures et analyses réalisées dans le domaine de la compétence du *médecin du travail** (c. trav. art. R. 4624-4 et R. 4623-1) ;
- tous les documents non nominatifs obligatoires relatifs à la santé et à la sécurité au travail (c. trav. art. R. 4624-5).

Salarié d'une entreprise

Les entreprises dotées d'un service de santé en interne peuvent recruter un IPRP (voir *Service de prévention et de santé au travail**). Il s'agit d'une faculté et non d'une obligation.

Protection

L'IPRP d'un SPST ne bénéficie pas, dans sa totalité, de la protection octroyée au médecin du travail. Cela étant, le comité interentreprises ou la commission de contrôle doit être consulté sur son licenciement (c. trav. art. D. 4622-31).

Cette garantie procédurale constitue une garantie de fond, dont le défaut rend le licenciement notifié sans cause réelle et sérieuse (cass. soc. 14 novembre 2019, n° 18-20307 FSPB).

Intervenant indépendant (hors SPST)

Enregistrement auprès de la DREETS - L'IPRP « externe » c'est dire non employé par un service de santé au travail doit se faire enregistré auprès de la DREETS pour être en droit d'exercer son métier (c. trav. art. L. 4644-1).

Le code du travail détaille la procédure d'enregistrement (c. trav. art. D. 4644-6 à D. 4644-11). Notamment, l'administration procède à l'enregistrement dans un délai d'un mois, à compter de la date de réception du dossier (c. trav. art. D. 4644-7). Le silence de l'administration au terme de ce délai vaut acceptation (décret 2014-1290 du 23 octobre 2014, JO 1er novembre).

Désignation par une entreprise ou par un SPSTI - L'IPRP externe intervient en entreprise (circ. DGT 2012-13 du 9 novembre 2012, p. 49) :

- soit parce que celle-ci fait directement appel à lui, après avis du *comité social et économique**, en l'absence de salarié en interne s'occupant des activités de protection et de prévention des risques professionnels de l'entreprise (c. trav. art. L. 4644-1) (voir *Référent sécurité**) ;
- soit dans le cadre d'une prestation de service pour le compte d'un SPSTI qui ne disposerait pas des compétences de l'IPRP externe en question (c. trav. art. R. 4644-2).

☞ *Référent sécurité ; Service de prévention et de santé au travail.*

Invalides de guerre et assimilés

☛ *Handicapés.*

Invalidité

@ Cette étude est détaillée dans la version en ligne de ce Dictionnaire (voir www.rfsocial.com et www.rfeditions.com).

Inventions de salariés

Toute invention brevetable, réalisée par un salarié, est susceptible d'être attribuée, selon les cas, soit à l'employeur, soit au salarié lui-même (c. propr. intell. art. L. 611-7 et R. 611-1 à R. 611-10). Les règles détaillées dans cette étude s'appliquent également aux personnes accueillies dans l'entreprise qui n'ont pas le statut de salarié (ex. : stagiaire), toutefois un décret d'application est encore attendu à la date de mise à jour de cette étude (c. propr. intell. art. L. 611-7-1 ; ord. 2021-1658 du 15 décembre 2021, art. 3, JO du 16).

Protection des inventions

Toute invention peut faire l'objet d'un titre de propriété industrielle délivré par l'Institut national de la propriété industrielle (INPI). Il confère à son titulaire un droit exclusif d'exploitation (c. propr. intell. art. L. 611-1).

Inventions de mission

Inventions demeurant la propriété de l'employeur - À défaut de stipulation contractuelle plus favorable au salarié, appartiennent à l'employeur les inventions réalisées :

- soit lors de l'exécution d'un contrat de travail comportant une mission inventive correspondant aux fonctions effectives du salarié ;
- soit dans le cadre d'études et de recherches explicitement confiées au salarié (c. propr. intell. art. L. 611-7 ; cass. soc. 21 septembre 2011, n° 09-69927, BC V n° 192 ; cass. com. 9 décembre 2014, n° 13-16559, BC IV n° 183).

Il s'agit des inventions dites « de mission ».

L'employeur doit informer le salarié, auteur d'une invention de mission, lorsqu'elle fait l'objet du dépôt d'une demande de brevet et, le cas échéant, lors de la délivrance de ce brevet (c. propr. intell. art. L. 611-7).

S'agissant des inventions susceptibles de devenir la propriété de l'employeur, en l'absence de clause contractuelle de « mission inventive », voir ci-après.

▶ À noter… Une clause peut être inscrite dans le contrat de travail pour interdire au salarié, pendant sa durée et pour plusieurs années suivant sa rupture, de déposer des brevets pour des créations inventées pendant l'exécution du contrat. Elle ne s'assimile pas à une *clause de non-concurrence** et ne donne donc droit à aucune contrepartie financière au profit du salarié (cass. soc. 3 mai 2018, n° 16-25067 FSPB).

Indemnisation du salarié - Le salarié auteur d'une telle invention bénéficie d'une rémunération supplémentaire dont les conditions sont déterminées par les conventions collectives, les accords d'entreprise et les contrats de travail (c. propr. intell. art. L. 611-7).

▶ Attention… Des inventions antérieures à la conclusion du contrat de travail d'un gérant salarié et correspondant à un apport en nature ne sont pas des inventions de mission ouvrant droit à une rémunération supplémentaire (cass. soc. 2 juin 2010, n° 08-70138, BC V n° 125).

Lorsque les droits sur une invention de mission réalisée par un salarié sont transférés à un autre employeur (ex. : cession d'entreprise), mais que le contrat de travail ne s'est pas poursuivi avec cet employeur, le salarié ne peut pas réclamer au cessionnaire de rémunération supplémentaire (cass. com. 31 janvier 2018, n° 16-13262, BC IV, n° 18 ; cass. com. 5 janvier 2022, n° 19-22030 FB).

Conditions de l'indemnisation - Pour pouvoir être étendue, une convention collective nationale de branche contient obligatoirement les conditions dans lesquelles le ou les salariés auteurs d'une invention dévolue à l'employeur sont indemnisés (c. trav. art. L. 2261-22).

Si l'employeur n'est pas soumis à une convention collective de branche, le montant de la rémunération complémentaire peut être déterminé, par exemple, en fonction de l'intérêt commercial de l'invention. Il peut aussi être tenu compte du salaire de l'inventeur mais aucune règle n'impose d'établir un lien avec la rémunération de l'intéressé (cass. com. 21 novembre 2000, n° 98-11900,

BC IV n° 179). En pratique, il est prudent de déterminer clairement dans le contrat de travail les critères servant à la détermination de cette rémunération.

Litige sur la rémunération complémentaire - En l'absence d'accord de branche, tout litige relatif à la rémunération supplémentaire est présenté à la commission paritaire de conciliation (c. propr. intell. art. L. 615-21) ou au *tribunal judiciaire** (c. propr. intell. art. L. 611-7).

Inventions hors missions

Inventions demeurant la propriété du salarié - Toutes les inventions autres que les inventions de mission appartiennent au salarié *(voir ci-avant)*.

Toutefois, lorsqu'une invention est faite par un salarié soit dans le cours de l'exécution de ses fonctions, soit dans le domaine des activités de l'entreprise, soit par la connaissance ou l'utilisation des techniques ou moyens spécifiques de l'entreprise ou de données procurées par elle, l'employeur a le droit de se faire attribuer la propriété ou la jouissance de tout ou partie des droits attachés au brevet (c. propr. intell. art. L. 611-7).

Juste prix à payer au salarié - Si l'invention fait l'objet d'un droit d'attribution au profit de l'employeur, l'attribution du droit du brevet, le cas échéant, totale ou partielle, s'opère contre paiement au salarié d'un « juste prix ». À défaut d'accord entre les parties, le prix est fixé par la commission paritaire de conciliation (c. propr. intell. art. L. 615-21) ou par le *tribunal judiciaire**. Ceux-ci prendront en considération tous les éléments qui pourront leur être fournis pour calculer le juste prix, tant en fonction des apports initiaux de l'un et de l'autre que de l'utilité industrielle et commerciale de l'invention (c. propr. intell. art. L. 611-7).

Si le juste prix doit être évalué au jour où l'employeur exerce son droit d'attribution, des éléments postérieurs à cette date peuvent être pris en compte pour confirmer l'appréciation des perspectives de développement de l'invention (cass. com. 9 juillet 2013, n° 12-22157, BC IV, n° 121).

Exemple

Un salarié s'est vu attribuer la somme de 320 000 € au motif que « les perspectives escomptées de l'invention étaient très intéressantes tant au plan économique qu'environnemental au moment où [l'employeur] a exercé son droit à attribution » (cass. com. 9 juillet 2013, n° 12-22157, BC IV, n° 121).

Procédure en cas d'invention

Information de l'employeur et du salarié - Le salarié auteur d'une invention en informe immédiatement son employeur qui en accuse réception. L'un et l'autre doivent se communiquer tous renseignements utiles sur l'invention en cause. Ils doivent s'abstenir de toute divulgation de nature à compromettre en tout ou partie l'exercice des droits (c. propr. intell. art. L. 611-7 et R. 611-1 à R. 611-10).

▶ À noter… L'absence de déclaration par le salarié de son invention à l'employeur ne justifie pas un licenciement pour faute grave (cass. soc. 15 janvier 2015, n° 13-14811 D).

Écrit nécessaire - Tout accord entre le salarié et son employeur ayant pour objet une invention de salarié doit, à peine de nullité, être constaté par écrit (c. propr. intell. art. L. 611-7).

Exercice du droit d'attribution - L'employeur dispose d'un délai de 4 mois pour revendiquer les droits de propriété ou de jouissance attachés à l'invention (c. propr. intell. art. R. 611-7).

➲ Formulaire de Droit Social, « Clause d'invention ».

Isoloirs

☛ *Élections professionnelles (matériel de vote).*

J

Jeune entreprise innovante (exonération de cotisations)

Les jeunes entreprises innovantes (JEI) peuvent bénéficier d'une exonération de cotisations patronales d'assurances sociales et d'allocations familiales sous certaines conditions (loi 2003-1311 du 30 décembre 2003 modifiée, art. 131 ; décrets 2004-581 du 21 juin 2004 et 2014-1179 du 13 octobre 2014 ; circ. DSS 2004-305 du 29 juin 2004).

Entreprises concernées

Conditions à remplir - Le statut de jeune entreprise innovante (JEI) s'applique à toute entreprise réalisant des projets de recherche et de développement qui, à la clôture de l'exercice, remplit simultanément certaines conditions, définies par le code général des impôts pour l'accès aux allégements fiscaux (CGI art. 44 sexies-0 A).

▶ À noter... L'exonération des cotisations sociales est subordonnée au respect des conditions fiscales permettant de bénéficier du statut de JEI. Notons que les avantages fiscaux s'appliquent aux entreprises de moins de 250 salariés créées jusqu'au 31.12.2022 (loi 2019-1479 du 28 décembre 2019, art. 46, JO du 29).

L'entreprise doit donc remplir simultanément les conditions suivantes (CGI art. 44 sexies-0 A) :

- il doit s'agir d'une PME, c'est-à-dire qu'elle doit employer moins de 250 personnes tous établissements confondus et réaliser soit un chiffre d'affaires inférieur à 50 M€ au cours de l'exercice (ramené ou porté à 12 mois le cas échéant), soit un total de bilan inférieur à 43 M€ ;

▶ À noter... L'effectif de l'entreprise est apprécié, tous établissements confondus, en fonction de la moyenne, au cours de l'exercice, des effectifs déterminés chaque mois selon les modalités prévues par le code du travail (décret 2004-581 du 21 juin 2004, art. 5 ; BOFIP-BIC-CHAMP-80-20-20-10-§ 60-04/03/2020).

- elle doit avoir été créée depuis moins de 11 ans depuis le 1.01.2022 (8 ans jusqu'au 31.12.2021). L'âge de l'entreprise s'apprécie à la clôture de l'exercice au titre duquel elle prétend à l'exonération ;
- elle doit avoir réalisé des dépenses de recherche représentant au moins 15 % des charges, à l'exception des pertes de change et des charges nettes sur cessions de valeurs mobilières de placement, fiscalement déductibles au titre de cet exercice (BOFIP-BIC-CHAMP-80-20-20-10-§ 243-04/03/2020). Pour le calcul de ce ratio, il n'est pas tenu compte des charges engagées auprès d'autres jeunes entreprises innovantes réalisant des projets de recherche et de développement ;
- le capital social doit être détenu de manière continue, sans qu'il soit nécessairement entièrement libéré, pour 50 % au moins par : des personnes physiques (ou par une société répondant aux mêmes conditions et dont le capital est détenu, pour 50 % au moins, par des personnes physiques) ou encore par certaines personnes morales listées par la loi ;
- l'entreprise ne doit pas avoir été créée dans le cadre d'une concentration, d'une restructuration, d'une extension d'activités préexistantes ou d'une reprise de telles activités au sens des dispositions de l'article 44 sexies-III du CGI.

▶ À noter... Les dépenses de recherche s'entendent de celles qui sont retenues pour le crédit d'impôt recherche (CGI art. 244 quater B, II, a à g), à l'exclusion de certaines dépenses (BOFiP-BIC-CHAMP-80-20-20-10-§§ 180 à 245-04/03/2020). En outre, le calcul du pourcentage de 15 % s'entend hors charges engagées et payées auprès d'autres JEI ayant le même statut.

Les entreprises qui exploitent un ou des établissements stables établis dans un autre État membre de l'Union européenne ou dans un autre État partie à l'accord sur l'Espace économique européen ayant conclu avec la France une convention d'assistance administrative en vue de lutter contre la fraude et l'évasion fiscales tiennent compte, pour l'appréciation du seuil de 15 %, des dépenses de recherche et des charges engagées par cet ou ces établissements (ces charges s'entendent des charges qui auraient été fiscalement déductibles si l'établissement avait été soumis à l'impôt sur les bénéfices en France). Cette disposition s'applique aux exercices clos depuis le 31.05.2017 (BOFiP-BIC-CHAMP-80-20-20-10-§ 247-04/03/2020).

Ces conditions doivent être remplies simultanément à la clôture de chaque exercice pour que l'entreprise puisse être qualifiée de jeune entreprise innovante (lettre-circ. ACOSS 2015-48 du 20 octobre 2015).

Jeune entreprise innovante (exonération de cotisations)

Rescrit fiscal - L'entreprise peut demander à la direction des services fiscaux du département dont elle relève d'apprécier si elle remplit les conditions de jeune entreprise innovante (BOFiP-SJ-RES-10-20-20-40-§§ 40 à 270 et 380-07/11/2018). La réponse de l'administration fiscale (ou l'absence de réponse dans un délai de 3 mois, laquelle vaut accord) est opposable aux URSSAF. Une fois sa position prise, la direction des services fiscaux doit en informer l'organisme de recouvrement des cotisations sociales. L'entreprise doit, quant à elle, informer l'URSSAF de toute modification de la situation de fait décrite dans sa demande et remettant en cause sa qualité de jeune entreprise innovante.

L'URSSAF peut remettre en cause la qualité de jeune entreprise innovante si elle démontre que la demande présentée par l'entreprise à la direction départementale des services fiscaux était inexacte en ce qui concerne l'effectif (moins de 250 salariés) ou l'âge de l'entreprise. Elle procède alors au recouvrement des cotisations indûment exonérées et avertit la direction départementale des services fiscaux.

▶ **À noter…** L'avis exprès ou tacite délivré par l'administration fiscale sur la reconnaissance du statut de JEI est opposable à l'URSSAF. Mais il demeure sans effet sur le cours de la prescription triennale de remboursement des cotisations indues (cass. civ., 2e ch., 25 janvier 2018, n° 16-27325, BC II n° 9). Le point de départ de la prescription reste donc la date de paiement des cotisations (c. séc. soc. art. L. 243-6), et non la date de la décision de l'administration fiscale. En l'espèce, l'entreprise, qui s'était vue reconnaître en 2013 le statut de JEI au titre des années 2009 à 2011, a été déboutée de sa demande de remboursement de cotisations versées en 2009.

Personnes concernées

Salariés ouvrant droit à l'exonération - Les jeunes entreprises innovantes ne peuvent bénéficier de l'exonération que sur les rémunérations versées à certaines catégories de salariés, qui compte tenu de leurs compétences, du poste qu'ils occupent et des fonctions dont ils sont chargés, participent pleinement au projet de recherche et de développement (lettre-circ. ACOSS 2015-48 du 20 octobre 2015).

Sont concernés (décret 2004-581 du 21 juin 2004, art. 1, II) :
- les chercheurs, cadres dans l'entreprise, c'est-à-dire les scientifiques ou les ingénieurs travaillant à la conception ou à la création de connaissances, de produits, de procédés, de méthodes ou de systèmes nouveaux (sont assimilés à des ingénieurs les salariés qui, sans posséder un diplôme d'ingénieur, ont acquis cette qualification au sein de leur entreprise) ;
- les techniciens c'est-à-dire les personnels travaillant en étroite collaboration avec les chercheurs mentionnés ci-dessus pour assurer le soutien technique indispensable aux travaux de recherche et de développement et qui, notamment, préparent les substances, les matériaux et les appareils pour la réalisation d'essais et d'expériences, prêtent leur concours aux chercheurs pendant le déroulement des essais et des expériences ou les effectuent sous le contrôle de ceux-ci, ont la charge de l'entretien et du fonctionnement des appareils et des équipements nécessaires à la recherche et au développement ;
- les gestionnaires de projet de recherche et de développement, cadres dans l'entreprise, qui ont en charge l'organisation, la coordination et la planification du projet dans ses aspects administratifs, financiers et technologiques ;
- les juristes chargés de la protection industrielle et des accords de technologie liés au projet, cadres dans l'entreprise, qui ont la charge de l'élaboration, du dépôt, de la gestion et de la défense des titres de propriété industrielle, des accords juridiques de toute nature liés au projet, et notamment aux transferts de technologies ;
- les personnels chargés des tests préconcurrentiels qui conçoivent, réalisent ou font réaliser des tests techniques nécessaires au développement ou à la mise au point du produit ou du procédé ;
- les personnels affectés à des opérations de conception de prototypes ou d'installations pilotes de nouveaux produits.

Implication dans le projet de recherche - L'exonération est ouverte aux salariés qui exercent les fonctions listées ci-avant dans la mesure où l'exercice de ces fonctions conduit à une implication directe dans le projet de recherche et de développement. Ce niveau d'implication n'est toutefois pas explicitement précisé par les textes.

Pour l'URSSAF Caisse nationale, le bénéfice de l'exonération au titre d'un salarié occupant un emploi éligible à l'exonération est considéré comme acquis dès lors que 50 % de son temps de travail au moins est consacré à un ou des projets de recherche et de développement. L'exonération ne pourra pas, dans ce cas, être remise en cause.

En deçà de ce repère de 50 %, les employeurs peuvent être conduits à justifier de la correcte application de l'exonération, au regard notamment de la quotité de travail consacrée aux activités de recherche et développement dans leur entreprise ou du lien effectif existant entre les activités effectuées par ailleurs par le salarié (ex. : exploitation commerciale du projet de recherche et de développement auquel il consacre une part significative de son temps de travail) et celles directement liées à la recherche et au développement.

Il convient également de vérifier si l'activité éligible, sans être majoritaire, constitue l'activité principale du salarié.

Quant aux salariés qui se consacrent marginalement à des activités éligibles, ils ne peuvent pas être considérés comme ouvrant droit au bénéfice de l'exonération. Au besoin, l'URSSAF caisse nationale invite les employeurs à se rapprocher de leur URSSAF, le cas échéant par le biais d'une demande de *rescrit social**, pour s'assurer que leurs salariés sont bien éligibles à l'exonération JEI (lettre-circ. ACOSS 2015-48 du 20 octobre 2015).

Mandataires sociaux ouvrant droit à l'exonération - Les rémunérations des mandataires sociaux qui participent, à titre principal, au projet de recherche et de développement de l'entreprise ou à la réalisation d'opérations de conception de prototypes ou d'installations pilotes de nouveaux produits peuvent ouvrir droit à cette exonération sur les rémunérations qui leur sont versées. Les dirigeants susceptibles d'être concernés sont (décret 2004-581 du 21 juin 2004, art. 1, I) :

- les gérants minoritaires de SARL et de sociétés d'exercice libéral à responsabilité limitée (c. séc. soc. art. L. 311-3, 11° ; c. rural art. L. 722-20, 8°) ;

▶ À noter… Le décret 2004-581 du 21.06.2004 vise les gérants minoritaires « mentionnés au 11° de l'article L. 311-3 du code de la sécurité sociale », lequel comprend aussi les gérants égalitaires de SARL.

- les présidents de conseils d'administration, les directeurs généraux et les directeurs généraux délégués des SA (c. séc. soc. art. L. 311-3, 12° ; c. rural art. L. 722-20, 8°) ;
- les présidents et dirigeants de sociétés par actions simplifiées (c. séc. soc. art. L. 311-3, 23° ; c. rural art. L. 722-20, 9°).

Le mandataire social est considéré comme participant à titre principal au projet de recherche et de développement de l'entreprise s'il exerce, en son sein, une activité de recherche ou une activité de gestion de ce projet. Il appartient à l'URSSAF de prouver que le mandataire social participant au projet de recherche n'ouvre pas droit à l'exonération de cotisations (cass. civ., 2e ch., 15 février 2018, n° 16-22056, BC II n° 29).

Exonération

Cotisations visées - L'exonération porte sur les cotisations patronales d'assurances sociales et d'allocations familiales dues au titre des rémunérations versées aux salariés et dirigeants éligibles au dispositif (décret 2004-581 du 21 juin 2004 modifié par décret 2014-1179 du 13 octobre 2014, JO du 15).

Restent dus les cotisations salariales de sécurité sociale, la CSG, la CRDS, le FNAL, le versement mobilité, la contribution de solidarité pour l'autonomie, le forfait social et la contribution au dialogue social. Sont également dues les cotisations d'accidents du travail ainsi que les cotisations patronales et salariales d'assurance chômage et de retraite complémentaire.

Plafonnement de l'exonération - L'exonération de cotisations patronales d'assurances sociales et d'allocations familiales des jeunes entreprises innovantes est plafonnée. Elle s'applique dans la double limite (loi 2010-1657 du 29 décembre 2010, art. 175) :

- d'un plafond de rémunération mensuelle brute par personne fixé à 4,5 fois le SMIC : seules les cotisations assises sur la part de la rémunération inférieure à ce plafond peuvent faire l'objet de l'exonération *(voir ci-après)* ;
- et d'un montant maximum d'exonération applicable par établissement et par année civile, fixé à 5 fois le plafond annuel de la sécurité sociale.

Pour les établissements créés ou supprimés en cours d'année, le montant maximum des cotisations exonérées par établissement et par année civile doit être proratisé par le nombre de mois de l'année au cours desquels une rémunération a été versée à un salarié ou à un mandataire social (décret 2004-581 du 21 juin 2004 modifié, art. 2-1, JO du 22) :

Montant maximum des cotisations exonérées × (nombre de mois dans l'année où une rémunération a été versée/12).

Calcul de la limite de 4,5 SMIC par salarié - La limite de 4,5 SMIC par salarié, qui détermine la fraction de rémunération exonérée de cotisations patronales d'assurances sociales (maladie, vieillesse) et d'allocations familiales, est appréciée en multipliant cette valeur par le nombre d'heures rémunérées au cours du mois (décret 2004-581 du 21 juin 2004 modifié, art. 2-2).

En cas de suspension du contrat de travail avec maintien partiel de la rémunération, le nombre d'heures rémunérées du mois est égal au produit, d'une part, de la durée de travail que le salarié aurait effectué s'il avait continué de travailler et, d'autre part, d'un coefficient égal au rapport entre la rémunération soumise à cotisations demeurant à la charge de l'employeur et celle qui aurait été versée si le contrat de travail avait continué à être exécuté (décret 2004-581 du 21 juin 2004 modifié, art. 2-2).

Pour les salariés dont la rémunération ne peut pas être déterminée au cours du mois en fonction d'un nombre d'heures de travail et les rémunérations versées au titre d'un mandat social, des dispositions spécifiques s'appliquent. Par exemple, pour les salariés dont la durée du travail est fixée par une convention individuelle de forfait annuel en jours, le nombre d'heures sur le mois est réputé égal au produit de la durée légale du travail calculée sur le mois et du rapport entre ce forfait et 218 jours (c. séc. soc. art. D. 241-27, I, 1) ou bien s'agissant de ceux qui relèvent d'une convention individuelle de forfait annuel en heures, le nombre d'heures est réputé égal à 52/12 de leur durée moyenne hebdomadaire de travail (c. séc. soc. art. D. 241-27, I, 2).

Pour les mandataires sociaux ouvrant droit à l'exonération JEI, l'employeur se réfère à la durée collective du travail applicable calculée sur le mois lorsque la rémunération versée au cours du mois est au moins égale au produit de cette durée collective par la valeur du SMIC. Si la rémunération est inférieure à cette rémunération de référence, le nombre d'heures déterminé est réduit selon le rapport entre la rémunération versée et cette rémunération de référence (décret 2004-581 du 21 juin 2004 modifié, art. 2-2 ; c. séc. soc. art. D. 241-27, I, 3).

▶ À noter… En cas de cumul entre un mandat social et un contrat de travail salarié, l'exonération est calculée sur la base de chacune des rémunérations perçues, sans que le nombre total d'heures rémunérées pris en compte puisse excéder la durée légale du travail calculée sur le mois ou, si elle est supérieure, la durée figurant au contrat de travail (décret 2004-581 du 21 juin 2004 modifié, art. 2-2).

Exonération à taux plein - L'exonération de cotisations est appliquée à taux plein jusqu'au dernier jour de la 7e année suivant celle de la création de l'entreprise (loi 2003-1311 du 30 décembre 2003 modifiée, art. 131). Ces dispositions s'appliquent aux cotisations dues sur les rémunérations versées depuis le 1.01.2014.

▶ À noter… Depuis le 1.01.2022, une entreprise peut être qualifiée de JEI si elle est créée depuis moins de 11 ans (au lieu de 8). Cet allongement ne vient toutefois pas impacter la durée de l'exonération pour les entreprises éligibles (www.urssaf.fr, information en ligne au 08.02.2022).

Conditions - Le droit à exonération est subordonné à la condition que l'entreprise soit à jour de ses obligations de déclaration et de paiement à l'égard de l'URSSAF. Cette condition s'apprécie au regard des cotisations et contributions sociales ainsi que des pénalités et majorations de retard (décret 2004-581 du 21 juin 2004 modifié, art. 6).

Il n'y a pas lieu de tenir compte des créances et majorations de retard n'excédant pas 1,27 % du plafond de la sécurité sociale (arrondi à l'euro supérieur) susceptibles de ne pas être mises en recouvrement et exigibles à la date à laquelle la JEI applique pour la première fois l'exonération ainsi qu'à chacune des dates d'exigibilités postérieures (lettre-circ. ACOSS 2015-48 du 20 octobre 2015).

Cette condition est appréciée au titre des cotisations et contributions dues sur les gains et rémunérations versés aux salariés de l'entreprise échues :
- à la date à laquelle l'entreprise applique pour la première fois l'exonération « jeune entreprise innovante » ;
- à chacune des dates d'exigibilité suivantes de versement des cotisations.

Le droit à l'exonération n'est plus applicable aux gains et rémunérations versés aux salariés et mandataires sociaux :
- à compter du premier jour du mois suivant la date à laquelle la condition d'être à jour n'est pas remplie ;
- et jusqu'à la date du premier jour du mois suivant celui au cours duquel cette condition est à nouveau remplie.

L'entreprise qui a souscrit et respecte un plan d'apurement des cotisations dues est considérée comme à jour de ses paiements.

▶ À noter… Lorsque l'employeur conteste sa dette, la condition d'être à jour des obligations de déclaration et de paiement n'est réputée remplie qu'à compter du paiement intégral de cette dette ou de la décision de sursis à poursuite ou lorsque des délais de paiement sont accordés par le directeur de l'URSSAF.

Application de l'exonération

Application à titre provisionnel - L'exonération est appliquée à titre provisionnel. Elle est limitée, chaque mois civil de l'exercice en cours, à moins de 250 des salariés et mandataires ouvrant droit à l'exonération.

Pour apprécier cette limite d'effectif, il faut tenir compte des salariés dont le contrat de travail est en cours d'exécution ou suspendu au premier jour du mois civil.

Les salariés employés dans le cadre d'un contrat de travail à temps partiel sont décomptés au prorata du nombre d'heures de travail prévu dans leur contrat de travail, heures complémentaires comprises, sur la durée du travail à temps plein applicable dans l'établissement et appréciée sur la même période (décret 2004-581 du 21 juin 2004 modifié, art. 2).

Régularisation - Une régularisation doit être effectuée au plus tard dans les 3 mois qui suivent la clôture de l'exercice en fonction de l'effectif moyen de l'exercice écoulé (décret 2004-581 du 21 juin 2004 modifié, art. 2).

Reversement de cotisations indûment exonérées - L'entreprise qui avait appliqué l'exonération, dès le début d'un exercice, doit reverser les cotisations indûment exonérées si, à la clôture de l'exercice, il s'avère qu'elle ne répond pas aux critères de JEI.

Toutefois, si au cours de l'exercice considéré, l'entreprise a obtenu un avis favorable de la direction des services fiscaux et que sa bonne foi n'est pas remise en cause, le droit à l'exonération cesse définitivement d'être applicable à compter du premier jour du mois civil de l'exercice suivant (décret 2004-581 du 21 juin 2004 modifié, art. 3).

Date d'application - L'exonération est applicable, au plus tôt, à compter du premier jour du mois civil suivant la création de l'entreprise, aux jeunes entreprises innovantes créées jusqu'au 31.12.2022 (loi 2019-1479 du 28 décembre 2019, JO du 29, art. 46).

Durée de l'exonération

L'exonération est applicable au plus tard jusqu'au dernier jour de la septième année suivant celle de la création de l'entreprise (soit pendant un maximum de 8 ans pour une entreprise créée un 1er janvier). Cependant, si, au cours d'une année, l'entreprise ne satisfait plus aux conditions visées ci-dessus (CGI art. 44 sexies-OA), elle perd le bénéfice de l'exonération de cotisations pour l'année considérée et les années suivantes, tant que ces conditions ne sont pas à nouveau réunies. Dès lors que ces conditions sont à nouveau remplies, l'entreprise peut bénéficier du dispositif. Pour ce faire, elle doit obtenir l'avis exprès ou tacite de l'administration fiscale dans le cadre de la demande de rescrit.

Cumul avec d'autres aides

Cumul interdit - L'exonération de cotisations patronales ne peut être cumulée, pour l'emploi d'un même salarié, avec une aide à l'emploi de l'État, ni avec une autre exonération totale ou partielle de cotisations patronales, ni avec l'application de taux spécifiques, d'assiettes ou de montants forfaitaires de cotisations.

Elle peut cependant être cumulée avec la déduction forfaitaire des cotisations patronales applicable en cas d'heures supplémentaires effectuées et rémunérées [voir *Heures supplémentaires (déduction forfaitaire de cotisations patronales)**].

Options - À défaut de pouvoir cumuler plusieurs dispositifs d'exonération ou d'allégement, l'administration précise le régime d'option qui s'offre à l'employeur (circ. DSS 2004-305 du 29 juin 2004) :

- l'option pour le régime des JEI se fait salarié par salarié et non pour toute l'entreprise ;
- lorsque la mesure autre que l'exonération JEI impose le respect d'une procédure de conventionnement avec l'État, le fait pour l'employeur d'accomplir cette procédure vaut option pour cette autre mesure d'allégement (et renonciation à l'exonération JEI).

L'option pour l'exonération JEI, alors qu'un autre mécanisme d'exonération pouvait s'appliquer, est, en principe, définitive. L'employeur peut toutefois changer d'avis dans les cas de la *réduction générale de cotisations patronales** ou de l'exonération propre à l'outre-mer (loi 2003-1311 du 30 décembre 2003, art. 131 ; décret 2004-581 du 21 juin 2004 ; circ. DSS 2004-305 du 29 juin 2004).

☛ *Jeune entreprise universitaire (exonération de cotisations).*

Jeune entreprise universitaire (exonération de cotisations)

Pour les exercices ouverts depuis le 1.01.2009, le statut de jeune entreprise universitaire (JEU) est créé et accordé aux entreprises qui valorisent les travaux de recherche effectués dans le cadre des établissements d'enseignement supérieur (loi 2007-1822 du 24 décembre 2007, art. 71 et 131) (CGI art. 44 sexies-0 A).

Conditions

Les JEU doivent respecter l'ensemble des conditions prévues pour les jeunes entreprises innovantes [voir *Jeune entreprise innovante (exonération de cotisations)**].

Un critère alternatif à celui de la réalisation de dépenses de recherche est toutefois prévu (CGI art. 44 sexies-0 A, 3° b). Ainsi, sont qualifiées de JEU les entreprises qui satisfont également aux conditions cumulatives suivantes :

- elles sont dirigées ou détenues directement à hauteur de 10 % au moins, seuls ou conjointement, par des étudiants, des personnes titulaires depuis moins de 5 ans d'un diplôme conférant le grade de master ou doctorat, ou des personnes affectées à des activités d'enseignement ou de recherche ;
- elles ont pour activité principale la valorisation de travaux de recherche auxquels les dirigeants ou associés ont participé, au cours de leur scolarité ou dans l'exercice de leurs fonctions, au sein d'un établissement d'enseignement supérieur habilité à délivrer un diplôme conférant au moins le grade de master ;
- elles ont conclu une convention spécifique avec l'établissement d'enseignement supérieur.

▶ À noter... Pour l'établissement d'enseignement supérieur, c'est le président de l'université qui peut signer la convention, celle-ci devant être par la suite approuvée par le conseil d'administration de l'établissement. Pour l'entreprise bénéficiaire, c'est la personne ayant qualité pour l'engager. Cette convention doit comporter un certain nombre de mentions. Sa durée est fixée à 3 ans, renouvelable dans la limite de 8 ans, à compter de la date de création de l'entreprise (décret 2008-1560 du 31 décembre 2008, JO 1er janvier 2009 ; lettre-circ. ACOSS 2009-91 du 8 décembre 2009).

Exonération de cotisations

Les jeunes entreprises universitaires bénéficient de la même exonération de cotisations patronales que les jeunes entreprises innovantes.

☞ *Jeune entreprise innovante (exonération de cotisations).*

Jeunes (emploi des)

Les règles de droit commun s'appliquent à l'embauche de mineurs comme à celle d'autres salariés. Toutefois, l'embauche de salariés mineurs est également encadrée par des mesures spécifiques, s'agissant notamment :

- du respect de l'âge minimal requis pour embaucher un salarié mineur *(voir ci-après)* ;
- du choix d'un emploi pouvant être confié à un salarié mineur [voir *Jeunes (travaux interdits et réglementés)**] ;
- du choix d'un type de contrat [voir *Apprentissage (contrat)**, *Contrat de professionnalisation**, *Contrat de travail à durée déterminée**, *Contrat de travail à durée indéterminée**, etc.] ;
- de la nécessité ou non, pour l'employeur, d'obtenir l'autorisation préalable de l'inspecteur du travail ou, selon les cas, l'accord du représentant légal du salarié mineur *(voir ci-après)* ;
- du choix des horaires de travail, avec l'interdiction du travail de nuit [voir *Jeunes (travaux interdits et réglementés)**].

Voir aussi *Troisième prépa-métiers**, *Stages en entreprise** et *Stages en entreprise (jeunes de moins de 16 ans)**.

Sur les aides instituées dans le cadre de la crise sanitaire, voir *Covid-19 (aides à l'embauche)**.

Âge d'admission au travail

Seize ans minimum - Sauf exceptions, les jeunes ne peuvent pas travailler en entreprise avant d'avoir atteint 16 ans sinon l'employeur est passible d'une amende pouvant aller jusqu'à 1 500 € et, en cas de récidive dans le délai d'un an, d'une amende de plus de 3 000 € (c. trav. art. L. 4153-1 et R. 4743-5). Il doit pouvoir justifier, à la demande de l'inspection du travail, de la date de naissance de chaque travailleur âgé de moins de 18 ans qu'il emploie (c. trav. art. D. 4153-13).

Abaissement de l'âge d'admission au travail - Certains jeunes de moins de 16 ans peuvent travailler, sous conditions. Il s'agit pour eux :

- de travailler en *apprentissage** (c. trav. art. L. 4153-1, 1°) ;
- de suivre, sous statut scolaire, une formation en alternance afin de découvrir l'environnement professionnel dans lequel ils envisagent d'entrer en apprentissage (voir *Troisième prépa-métiers**) (c. éduc. art. L. 337-3-1) ;
- de travailler pendant leurs vacances scolaires (c. trav. art. L. 4153-3 et D. 4153-1) *(voir ci-après)* ;
- d'effectuer « des travaux occasionnels ou de courte durée » dans des établissements familiaux (c. trav. art. L. 4153-5) ;
- de travailler dans les entreprises de spectacles, de cinéma, de radio, de télévision, d'enregistre-

ment sonore ou d'être employés comme mannequins (c. trav. art. L. 7124-1 et L. 7124-4).

Les jeunes de moins de 16 ans peuvent aussi effectuer des « périodes de formation en milieu professionnel » (c. trav. art. L. 4153-1) [voir *Stages en entreprise (jeunes de moins de 16 ans)**], celles-ci ne devant pas être confondues avec les stages « étudiants » en entreprise (voir *Stages en entreprise**).

Relèvement de l'âge d'admission au travail - Dans certains cas, l'emploi de mineurs est interdit pour les protéger des risques inhérents au vagabondage et à la mendicité (c. trav. art. L. 4153-7), ou d'atteinte aux bonnes mœurs et à la moralité ou encore lorsque les travaux confiés excèdent les forces du mineur (c. trav. art. L. 4153-8 et D. 4153-15 à D. 4153-37). L'employeur qui ne respecte pas ces règles est passible d'une amende de 1 500 € maximum (c. trav. art. R. 4743-5).

S'il est interdit d'employer des mineurs dans les débits de boissons à consommer sur place, il est possible d'employer ou d'affecter des mineurs de plus de 16 ans en stage au service du bar, à la condition d'obtenir un agrément de l'administration en ce sens (c. trav. art. L. 4153-6, R. 4153-8 à R. 4153-12 ; c. santépub. art. L. 3336-4).

Conclusion du contrat

Le mineur émancipé peut librement conclure un *contrat de travail**. S'agissant d'un mineur non émancipé, l'autorisation expresse du représentant légal est exigée dans deux cas :

- pour la conclusion d'un contrat d'apprentissage [voir *Apprentissage (contrat)**] ;
- pour le travail des adolescents de 14 et 15 ans pendant les vacances scolaires *(voir ci-après)*.

Dans les autres cas, on considère que le mineur qui s'est fait embaucher l'a fait avec l'autorisation tacite de son représentant légal.

Suivi de l'état de santé

Suivi « adapté » des moins de 18 ans - Tout travailleur âgé de moins de 18 ans bénéficie d'une visite d'information et de prévention réalisée par un professionnel de santé mentionné dans le code du travail préalablement à son affectation sur le poste (c. trav. art. L. 4624-1 et R. 4624-18). Sous certaines conditions, cette visite n'est pas obligatoire lorsque l'intéressé a déjà bénéficié d'une telle visite dans les 3 ans précédant son embauche [voir *Visite médicale (information et prévention)**].

À l'issue de la visite d'information et de prévention, la périodicité et les modalités de suivi ultérieur de l'état de santé du jeune sont déterminées par le médecin du travail dans le cadre d'un protocole, le prochain passage du jeune devant un professionnel de la médecine du travail devant avoir lieu au maximum 3 ans plus tard (c. trav. art. R. 4624-17) [voir *Visites médicales (périodiques)**].

Suivi « renforcé » des moins de 18 ans - Par exception au régime du suivi « adapté » *(voir ci-avant)*, tout jeune affecté aux travaux dits interdits bénéficie du suivi individuel « renforcé » de son état de santé. Les règles prévues aux articles R. 4624-22 à R. 4624-28 du code du travail sont ainsi applicables (c. trav. art. R. 4153-40) [voir *Jeunes (travaux interdits et réglementés)**].

Durée du travail

Huit heures par jour et trente-cinq heures par semaine - En principe, les jeunes de moins de 18 ans ne peuvent pas être employés à un travail effectif excédant 8 h par jour et 35 h par semaine.

En matière d'apprentissage, le temps de formation en CFA est inclus dans l'horaire de travail sauf exception (c. trav. art. L. 3162-1, L. 6222-24 et L. 6222-25). Sur la durée du travail des apprentis, voir *Apprentissage (apprentis)**.

▶ À noter... La durée de travail des jeunes de moins de 16 ans qui travaillent pendant leurs vacances scolaires ne peut, en aucun cas, excéder 35 h par semaine, ni 7 h par jour (c. trav. art. D. 4153-3).

Dérogation accordée par l'inspection du travail - À titre exceptionnel, des dérogations peuvent être accordées, dans la limite de 5 h par semaine, par l'inspecteur du travail après avis conforme du médecin du travail ou du médecin chargé du suivi médical de l'élève (c. trav. art. L. 3162-1 et L. 6222-25) (voir *Décision de l'administration**). La durée du travail ne peut alors, en aucun cas, être supérieure à la durée quotidienne ou hebdomadaire normale du travail des adultes employés dans l'établissement (c. trav. art. L. 3162-1).

Dérogation dans certains secteurs d'activité - Les jeunes de moins de 18 ans peuvent travailler plus de 35 h par semaine et plus de 8 h par jour quand il s'agit d'activités réalisées sur les chantiers de travaux publics, sur les chantiers de bâtiment ou d'activités de création, d'aménagement et d'entretien sur les chantiers d'espaces paysagers. Il s'agit d'une dérogation de droit, ne nécessitant donc pas l'autorisation de l'inspection du travail, mais l'organisation collective du travail doit la justifier (c. trav. art. R. 3162-1).

Le travail effectif de ces jeunes travailleurs ne doit pas dépasser 40 h par semaine et 10 h par jour.

Le jeune doit bénéficier de périodes de repos d'une durée au moins équivalente au nombre d'heures accomplies au-delà de la durée quotidienne de 8 heures.

Enfin, les heures supplémentaires éventuelles, ainsi que leurs majorations, donnent lieu à un repos compensateur équivalent (c. trav. art. L. 3162-1).

Pauses - Aucune période de travail effectif ininterrompue ne peut excéder une durée maximale de 4h30. Lorsque le temps de travail quotidien est supérieur à 4h30, les mineurs doivent bénéficier d'un temps de pause d'au moins 30 minutes consécutives (c. trav. art. L. 3162-3).

Repos quotidien - La durée minimale du repos quotidien des jeunes de moins de 18 ans ne peut pas être inférieure à 12 h consécutives et à 14 h consécutives s'ils ont moins de 16 ans (c. trav. art. L. 3164-1).

Repos hebdomadaire - En principe, les moins de 18 ans doivent bénéficier de 2 jours de *repos hebdomadaire** consécutifs comprenant le dimanche (c. trav. art. L. 3132-3 et L. 3164-2).

Toutefois, il peut être dérogé, sous conditions, à la règle du repos dominical ou à celle du repos hebdomadaire de 2 jours consécutifs « pour les jeunes libérés de l'obligation scolaire » (c'est-à-dire ceux ayant au moins 16 ans) dans la mesure où « les caractéristiques particulières de l'activité le justifient » (c. trav. art. L. 3164-2).

▶ À noter... Une dérogation est prévue pour les entreprises du secteur du spectacle (c. trav. art. L. 3164-2).

Salaire

Le *SMIC** applicable aux salariés de moins de 18 ans comporte un abattement fixé (c. trav. art. D. 3231-3) :
- à 20 % avant 17 ans ;
- à 10 % entre 17 et 18 ans.

Cet abattement est supprimé pour les jeunes salariés justifiant de 6 mois de pratique professionnelle dans la branche d'activité dont ils relèvent (c. trav. art. D. 3231-3).

▶ À noter... Sur la rémunération des apprentis, voir *Apprentissage (apprentis)**.

Lorsqu'un salarié de moins de 18 ans est émancipé, il peut recevoir son salaire. Lorsqu'il n'est pas émancipé, le paiement du salaire doit être, en principe, effectué entre les mains de son représentant légal. L'employeur a intérêt, s'il remet directement la paie au mineur, à exiger une autorisation expresse du représentant légal.

Formation, congés et jours fériés

Voir *Congé de formation de cadres et d'animateurs pour la jeunesse**, *Congés payés**, *Congé des jeunes parents** et *Jours fériés**.

Emploi pendant les vacances

En contrat de travail à durée déterminée - Des jeunes peuvent être embauchés en *contrat de travail à durée déterminée** pendant leurs vacances scolaires ou universitaires (ex. : CDD conclu pendant les mois d'été pour remplacer des salariés permanents qui sont absents pendant cette période).

Le jeune en CDD est un salarié de l'entreprise et bénéficie de toutes les dispositions de la législation du travail. Son CDD est soumis aux règles applicables à ce type de contrat. Toutefois, l'employeur n'a pas l'obligation de lui verser l'indemnité de fin de contrat (c. trav. art. L. 1243-10) [voir *Contrat de travail à durée déterminée (indemnité de fin de contrat)**].

Mineurs de plus de 14 ans - Des mineurs âgés de 14 et 15 ans peuvent réaliser des travaux adaptés à leur âge pendant leurs vacances scolaires, à condition que leur soit assuré un repos effectif continu d'une durée qui ne peut être inférieure à la moitié de la durée totale des vacances (c. trav. art. L. 4153-3 et D. 4153-2).

L'emploi de ces jeunes est autorisé uniquement pendant les périodes de vacances scolaires d'au moins 14 jours ouvrables ou non (c. trav. art. D. 4153-2).

Tout employeur qui se propose d'occuper un jeune dans ce cadre doit en faire, par écrit, la demande à l'inspecteur du travail compétent 15 jours au moins avant la date prévue pour l'embauche. Cette demande indique les nom, prénoms, âge et domicile de l'adolescent, la durée du contrat, la nature et les conditions de travail auxquelles il est envisagé de l'occuper. Elle précise notamment l'horaire de travail et le montant de la rémunération. Elle doit porter l'accord écrit et signé du représentant légal de l'adolescent (c. trav. art. D. 4153-5). L'absence de réponse dans le délai de 8 jours francs vaut autorisation (c. trav. art. R. 4153-6) (voir *Délai franc**).

▶ Attention... Tout manquement à ces obligations légales est passible de sanctions pénales (c. trav. art. R. 4743-5).

Le mineur ne peut être affecté qu'à des travaux légers qui ne sont pas susceptibles de porter préjudice à sa sécurité, à sa santé ou à son développement (c. trav. art. D. 4153-4).

▶ Attention... Les dispositions relatives au travail pendant les vacances scolaires ne sont pas applicables dans les établissements où ne sont employés que les membres de la famille sous l'autorité du père, de la mère ou du tuteur, dès lors que les mineurs de moins de 16 ans effectuent seulement des travaux occasionnels ou de courte durée ne présentant pas de risques pour leur santé ou leur sécurité (c. trav. art. L. 4153-5).

Exploitation commerciale de l'image d'enfants mineurs

L'exploitation commerciale de l'image d'enfants mineurs sur les plateformes en ligne relève notamment des dispositions du code du travail. Sont notamment concernés les mineurs de moins de 16 ans qui sont le sujet principal d'un enregistrement audiovisuel réalisé dans le cadre d'une relation de travail en vue d'une diffusion à titre lucratif sur un service de plateforme de partage de vidéos (ex. : YouTube). Une autorisation administrative est requise, au même titre que les enfants employés dans le secteur du spectacle, de la publicité et de la mode (voir *Mannequins**). L'enfant bénéficie également des mesures protectrices qui s'appliquent aux enfants employés dans ce secteur (c. trav. art. L. 7124-4-1 et s. ; loi 2020-1266 du 19 octobre 2020, JO du 20).

☛ *Jeunes (travaux interdits et réglementés).*

➲ Formulaire de Droit Social, « CDD avec un étudiant pendant les vacances scolaires ».

Jeunes (exonération de charges sociales)

☛ *Apprentissage (aides et exonérations) ; Contrat d'accompagnement dans l'emploi ; Effectif ; Emplois d'avenir.*

Jeunes (travaux interdits et réglementés)

Travail de nuit

Interdictions - Le *travail de nuit** des jeunes de moins de 18 ans est en principe interdit (c. trav. art. L. 3163-2 et L. 6222-26). Par travail de nuit, il faut entendre (c. trav. art. L. 3163-1) :

- pour les 16-17 ans, celui réalisé entre 22 h et 6 h ;
- pour les moins de 16 ans, celui effectué entre 20 h et 6 h.

Dérogations - Des dérogations exceptionnelles peuvent être accordées par l'inspecteur du travail :

- pour les jeunes de moins de 16 ans engagés ou produits dans les entreprises de spectacle, de cinéma, de radiophonie, de télévision, d'enregistrements sonores (c. trav. art. L. 3163-2 et L. 7124-1). Dans le secteur du spectacle, le travail de nuit ne peut être autorisé que jusqu'à 24 heures (c. trav. art. R. 7124-30-1) ;
- pour les jeunes de 16 à moins de 18 ans employés dans des établissements des secteurs suivants : boulangerie, pâtisserie, restauration, hôtellerie, spectacles et courses hippiques pour l'ensemble des activités liées à la monte et à la mène en course (c. trav. art. L. 3163-2 et R. 3163-1 à R. 3163-5).

Une convention ou un accord collectif étendu ou un accord d'entreprise ou d'établissement peut définir les conditions dans lesquelles les dérogations peuvent être accordées (c. trav. art. L. 3163-2).

Dans tous les cas, il est interdit de faire travailler un jeune entre minuit et 4 h (c. trav. art. L. 3163-2). Toutefois, en cas d'extrême urgence, un employeur peut demander à des jeunes de 16 à 18 ans de travailler de nuit pour prévenir des accidents imminents ou réparer les conséquences des accidents survenus, à condition que (c. trav. art. L. 3163-3) :

- cette demande soit réservée aux cas « d'extrême urgence » ;
- des salariés adultes ne soient pas disponibles ;
- cette demande concerne des « travaux passagers » ;
- cette demande s'accompagne d'une période de repos compensateur équivalente, accordée dans un délai de 3 semaines.

Repos quotidien - Pour les jeunes de moins de 16 ans, la durée minimale de repos quotidien ne peut être inférieure à 14 heures consécutives (12 heures en cas de dérogation au travail de nuit) (c. trav. art. L. 3164-1).

Pour les jeunes de 16 à moins de 18 ans, la durée minimale de repos quotidien ne peut être inférieure à 12 heures consécutives (c. trav. art. L. 3164-1).

Sanction pénale - Le non-respect des règles applicables au travail de nuit des jeunes travailleurs est pénalement sanctionné (amende prévue pour les contraventions de 4e ou de 5e classe, prononcée autant de fois qu'il y a de salariés concernés par l'infraction) (c. trav. art. R. 3124-15 et R. 3124-16).

Travaux exposant à certains risques

Liste des travaux interdits ou réglementés - Le code du travail liste les travaux interdits aux jeunes âgés d'au moins 15 ans et de moins de 18 ans, ainsi que, parmi ceux-ci, les travaux réglementés pour lesquels il peut être dérogé à l'interdiction (c. trav. art. D. 4153-15 à D. 4153-37 ; instr. intermin. 2016-273 du 7 septembre 2016). Des dérogations sont en effet possibles sur déclaration auprès de l'inspecteur du travail pour les jeunes en formation *(voir ci-après)*. En outre, des dérogations permanentes sont accordées pour certains jeunes travailleurs *(voir ci-après)*.

Exemples

Il est interdit d'affecter des jeunes à :

- des travaux temporaires en hauteur lorsque la prévention du risque de chute de hauteur n'est pas assurée par des mesures de protection collective, sauf pour l'utilisation d'échelles, d'escabeaux et de marchepieds sous certaines conditions (c. trav. art. D. 4153-30, I et II) ;
- des travaux d'abattage, d'euthanasie et d'équarrissage des animaux ou à des travaux au contact d'animaux féroces ou venimeux (c. trav. art. D. 4153-37) ;
- des travaux de démolition, de tranchées, comportant des risques d'effondrement et d'ensevelissement, notamment des travaux de blindage, de fouilles ou de galeries ainsi qu'à des travaux d'étaiement (c. trav. art. D. 4153-25).

Il peut être dérogé à l'interdiction pour affecter des jeunes à :

- au montage et démontage d'échafaudages (c. trav. art. D. 4153-31) ;
- la visite, l'entretien et le nettoyage de l'intérieur des cuves, citernes, bassins et réservoirs ou des travaux impliquant les opérations dans un milieu confiné notamment dans les puits, conduites de gaz, canaux de fumée, égouts, fosses et galeries (c. trav. art. D. 4153-34) ;
- des travaux de coulée de verre ou de métaux en fusion et les admettre de manière habituelle dans les locaux affectés à ces travaux (c. trav. art. D. 4153-35).

Dérogations collectives pour les moins de 18 ans en formation - Des dérogations collectives permettant d'affecter les jeunes travailleurs aux travaux réglementés pour les besoins de la formation professionnelle sont possibles après déclaration auprès de l'inspection du travail.

Sont concernés les jeunes en formation professionnelle d'au moins 15 ans et de moins de 18 ans, et notamment (c. trav. art. R. 4153-39 ; instr. intermin. 2016-273 du 7 septembre 2016) :

- les apprentis et les titulaires d'un contrat de professionnalisation ;
- les stagiaires de la formation professionnelle ;
- les élèves et étudiants préparant un diplôme professionnel ou technologique.

Préalablement à l'affectation des jeunes à des travaux réglementés, l'employeur doit adresser une déclaration de dérogation auprès de l'inspection du travail qui doit préciser (c. trav. art. R. 4153-41) :

- le secteur d'activité de l'entreprise ;
- les formations professionnelles assurées ;
- les différents lieux de formation connus ;
- les travaux interdits susceptibles de dérogation nécessaires à la formation sur lesquels porte la déclaration de dérogation, ainsi que, le cas échéant, les machines dont l'utilisation par les jeunes est requise pour effectuer ces travaux et, en cas d'exécution de travaux de maintenance, les travaux en cause et les équipements de travail ;
- la qualité ou la fonction de la ou des personnes compétentes chargées d'encadrer les jeunes pendant l'exécution de ces travaux.

En outre, préalablement à l'affectation des jeunes, l'entreprise concernée doit, en plus de l'obtention d'un avis médical d'aptitude pour chaque jeune (c. trav. art. R. 4153-40) :

- évaluer les risques existants pour les jeunes ;
- mettre en œuvre des actions de prévention ;
- informer chaque jeune sur les risques pour sa santé et sa sécurité et les mesures prises pour y remédier ;
- assurer une formation sécurité adaptée.

L'employeur qui déclare déroger doit tenir à disposition de l'inspecteur du travail, à compter de l'affectation de chaque jeune aux travaux en cause, certaines informations (prénoms, nom et date de naissance du jeune, formation professionnelle suivie, durée et lieux de formation connus, avis médical d'aptitude à procéder à ces travaux, information et formation à la sécurité dispensées au jeune, prénoms, nom, et qualité ou fonction de la personne ou des personnes compétentes chargées d'encadrer le jeune pendant l'exécution des travaux en cause) (c. trav. art. R. 4153-45).

La déclaration est valable 3 ans à compter de la date d'envoi à l'inspecteur du travail et peut être renouvelée (c. trav. art. R. 4153-40 et R. 4153-44).

Dérogations individuelles permanentes pour certains jeunes travailleurs - Elles permettent d'affecter de droit des jeunes travailleurs d'au moins 15 ans et de moins de 18 ans à des travaux réglementés, sans qu'il soit nécessaire de faire une déclaration auprès de l'inspecteur du travail. Ces dérogations permanentes sont individuelles, les conditions à satisfaire dépendant de la situation particulière de chaque jeune (instr. intermin. 2016-273 du 7 septembre 2016).

Sont concernés les jeunes titulaires d'un diplôme ou d'un titre professionnel correspondant à l'activité professionnelle exercée, dès lors que leur aptitude médicale aux travaux a été constatée (c. trav. art. R. 4153-49).

Sont également concernés les jeunes travailleurs :
- habilités à exécuter des opérations sur des installations électriques (c. trav. art. R. 4153-50) ;
- titulaires d'une autorisation de conduite et formés à cet effet, afin de conduire des équipements de travail mobiles automoteurs et des équipements de travail servant au levage (c. trav. art. R. 4153-51) ;
- autorisés à déplacer des charges excédant 20 % de leur poids, sous réserve de leur aptitude médicale (c. trav. art. R. 4153-52).

Amiante - Le Conseil d'État a censuré une partie du décret de 2013 prévoyant notamment des exceptions à l'interdiction d'exposer les jeunes travailleurs et les jeunes en formation professionnelle à l'amiante. À l'origine, ce décret permettait d'affecter les jeunes, sous certaines conditions, à des opérations susceptibles de générer une exposition à des niveaux d'empoussièrement de niveau 1 ou 2 (c. trav. art. D. 4153-18). Les juges ont abrogé la dérogation permettant d'exposer les jeunes au niveau 2 d'empoussièrement. En revanche, ils n'ont pas remis pas en cause la dérogation pour une exposition au niveau 1 (empoussièrement inférieur à 100 fibres par litre) (CE 18 décembre 2015, n° 373968).

Mesures de protection d'urgence

Retrait immédiat - L'agent de contrôle de l'*inspection du travail** peut retirer immédiatement un jeune de son affectation s'il constate (c. trav. art. L. 4733-1 à L. 4733-6, R. 4733-2 à R. 4733-10 et R. 4733-15) :
- que ce jeune est affecté à des travaux interdits ;
- ou qu'il est affecté à des travaux réglementés et qu'il se trouve dans une situation l'exposant à un danger grave et imminent pour sa vie ou sa santé.

L'employeur qui ne se conforme pas à cette décision s'expose à une amende administrative de 10 000 € par jeune concerné (c. trav. art. L. 4753-1).

Dans un cas comme dans l'autre, le DREETS peut en outre sanctionner l'employeur par une amende administrative de 2 000 € par travailleur concerné (c. trav. art. L. 4753-2).

Suspension et rupture du contrat - Le DREETS peut, sur proposition de l'agent de contrôle, suspendre le contrat de travail ou la convention de stage en cas de risque sérieux d'atteinte à la santé, à la sécurité ou à l'intégrité physique ou morale du jeune dans l'entreprise. Si, au bout de 15 jours, le DREETS décide que le contrat ou la convention ne peut pas reprendre, il y a rupture de la convention ou du contrat, avec obligation pour l'employeur de verser au jeune les sommes dont il aurait été redevable jusqu'au terme de la relation de travail ou, si le jeune a été embauché en CDI, jusqu'au terme de la formation professionnelle suivie (c. trav. art. L. 4733-7 à L. 4732-11, R. 4733-11 à R. 4733-15).

☛ *Jeunes (emploi des).*

Jour franc

☛ *Délai franc.*

Journalistes

Statut

Les journalistes professionnels bénéficient d'un statut particulier prévu par le code du travail (c. trav. art. L. 7111-1 à L. 7114-1). Ils relèvent de la convention collective nationale des journalistes (CCN du 1er novembre 1976, refondue le 27 octobre 1987, étendue par arrêté du 2 février 1988, JO du 13 février 1988).

Ils relèvent aussi de règles spécifiques en matière de cotisations de sécurité sociale (c. séc. soc. art. L. 311-3, 16° ; CGI art. 81 ; arrêtés du 26 mars 1987 et du 20 décembre 2002, art. 9).

Le régime d'assurance chômage présente également des spécificités pour cette profession [voir *Chômage (allocation d'aide au retour à l'emploi)**].

Journalistes professionnels et assimilés

Est journaliste professionnel celui qui a pour occupation principale, régulière et rétribuée, l'exercice de sa profession dans une ou plusieurs publications quotidiennes ou périodiques ou dans une ou plusieurs agences de presse, et qui en tire le principal de ses ressources (c. trav. art. L. 7111-3). Ces deux conditions sont cumulatives. La reconnaissance de la qualité de journaliste permet au demandeur de bénéficier d'une présomption de contrat de travail (c. trav. art. L. 7112-1).

Certains collaborateurs directs de la rédaction sont assimilés à des journalistes professionnels (c. trav. art. L. 7111-4), sachant que la liste fixée par le code du travail n'est pas limitative (cass. soc. 13 mai 1996, n° 94-42166 D).

Exemples

Des dessinateurs illustrant des sujets d'actualité peuvent être assimilés à des journalistes professionnels (cass. soc. 13 mai 1996, n° 94-42166 D).

Un infographiste rémunéré sous forme d'honoraires, qui exerçait au sein de la société France Télévisions depuis 20 ans, a été reconnu par les juges journaliste professionnel salarié, dans la mesure où il avait apporté une contribution permanente illustrative dans le cadre de l'élaboration des journaux télévisés (il était donc un collaborateur direct de la rédaction) et avait tiré de cette activité le principal de ses ressources (cass. soc. 25 janvier 2017, n° 15-23169, BC V n° 16).

Indemnité selon le type de rupture

En cas de licenciement, un journaliste a droit une indemnité minimale d'un mois de salaire par année de collaboration dans la limite de 15 mois. Lorsque son ancienneté excède 15 années, il peut saisir la Commission arbitrale des journalistes afin qu'elle fixe le montant de l'indemnité (c. trav. art. L. 7112-3 et L. 7112-4).

En revanche, en cas de résiliation du contrat de travail à l'amiable (ex. : départ volontaire dans le cadre d'un plan de sauvegarde de l'emploi, rupture conventionnelle homologuée), la Commission n'est pas compétente pour fixer le montant de l'indemnité « de rupture amiable » (cass. soc. 9 avril 2015, n° 13-23588, BC V n° 72).

En tout état de cause, en cas de rupture conventionnelle avec un journaliste, le montant minimum de l'indemnité de rupture est celui de l'indemnité légale de licenciement de droit commun, et pas l'indemnité spécifique (cass. soc. 3 juin 2015, n° 13-26799, BC V n° 109) [voir *Rupture conventionnelle (indemnité)**].

Journalistes stagiaires

Les journalistes ayant moins de 2 ans d'ancienneté dans la profession (journalistes stagiaires) bénéficient, comme les journalistes professionnels, de la prime de 13e mois prévue par la convention collective (cass. soc. 12 juin 2014, n° 12-29751, BC V n° 144).

☛ *Clause de conscience.*

Journée continue

Aucune disposition légale spécifique ne concerne la journée continue. En pratique, il s'agit d'une journée de travail durant laquelle le temps de pause pour le déjeuner est réduit ce qui permet aux salariés d'avoir une journée de travail plus courte.

La journée continue doit néanmoins respecter la pause minimale légale de 20 minutes lorsque le travail quotidien atteint 6 heures, ou le temps de pause supérieur fixé par une convention ou un accord d'entreprise ou d'établissement (à défaut, une convention ou un accord de branche) (c. trav. art. L. 3121-16 et L. 3121-17). Les notions de *durée du travail** et de *repos quotidien** s'appliquent également.

L'employeur peut introduire la journée continue dans l'entreprise en accomplissant les formalités prévues pour toute modification de l'*horaire de travail**.

☛ *Durée du travail ; Horaire de travail ; Pauses ; Repos quotidien.*

Journée défense et citoyenneté

La journée défense et citoyenneté, obligatoire pour tous les Français, a lieu entre la date de leur recensement et leur 18e anniversaire, avec possibilité de régulariser leur situation jusqu'à l'âge de 25 ans (c. serv. nat. art. L. 114-2 et L. 114-5). Pendant celle-ci, les enjeux et les objectifs généraux de la défense nationale, le service civique ainsi que les autres formes de volontariat leur sont notamment présentés. Une information consacrée à l'égalité entre les femmes et les hommes et à la lutte contre les préjugés sexistes est aussi dispensée (c. serv. nat. art. L. 114-3).

Pour participer à cette journée, tout salarié âgé de 16 à 25 ans bénéficie d'une autorisation d'absence exceptionnelle d'un jour n'entraînant pas de réduction de rémunération et assimilée à une période de travail effectif pour la détermination de la durée du congé annuel (c. trav. art. L. 3142-97).

Journée de solidarité

La journée de solidarité, instituée afin d'assurer le financement d'actions en faveur de l'autonomie des personnes âgées ou handicapées, est une journée supplémentaire de travail non rémunérée pour les salariés (c. trav. art. L. 3133-7 ; circ. DSS/SDFSS/5B du 1er juillet 2004 ; C. constit., décision n° 2011-148/154 QPC du 22 juillet 2011).

Par ailleurs, les employeurs des secteurs privé et public versent une *contribution solidarité autonomie**.

Mise en œuvre

Par un accord collectif - Un accord d'entreprise ou d'établissement (à défaut, une convention ou un accord de branche) fixe les modalités d'accomplissement de la journée de solidarité (c. trav. art. L. 3133-11).

▶ À noter… L'accord d'entreprise ou d'établissement prime sur l'accord de branche.

Il peut prévoir :
- le travail d'un jour férié précédemment chômé autre que le 1er mai ;
- le travail d'un jour de repos accordé au titre de l'accord collectif conclu pour l'aménagement du temps de travail sur une période supérieure à la semaine (c. trav. art. L. 3121-44) ;
- toute autre modalité permettant le travail de 7 h précédemment non travaillées en application de stipulations conventionnelles ou des modalités d'organisation des entreprises.

En l'absence d'accord collectif - À défaut d'accord collectif, l'employeur fixe les modalités d'accomplissement, après consultation du *comité social et économique** (CSE) (c. trav. art. L. 3133-12).

▶ À noter… Il s'agit d'une simple consultation des représentants du personnel. L'employeur peut passer outre leur avis.

L'employeur ne peut pas supprimer un jour de congé payé légal ou un jour de repos compensateur. Il est également exclu de remettre en cause un jour de pont rémunéré en vertu d'un accord collectif (cass. soc. 12 juin 2013, n° 10-26175 D).

Contrat de travail - Le travail de la journée de solidarité ne constitue pas une modification du contrat de travail.

▶ À noter… Le Conseil d'État place la journée de solidarité au rang des obligations civiques à remplir par un salarié. La journée de solidarité n'est donc pas une journée de travail forcé au sens de l'OIT (CE 9 novembre 2007, n° 293987).

Situations particulières

Travail en continu - Lorsque l'entreprise travaille en continu ou est ouverte tous les jours de l'année, l'accord collectif ou, à défaut, l'employeur peut fixer une journée de solidarité différente pour chaque salarié (circ. DRT 2004-10 du 16 décembre 2004, BO n° 2005-1).

▶ À noter… La circulaire précitée est réputée abrogée [voir *Circulaires (opposabilité)**], mais elle apporte des précisions qui peuvent, à notre sens, être encore utiles aux praticiens.

Travail le lundi de Pentecôte - La journée de solidarité correspond ou non au lundi de Pentecôte (loi 2008-351 du 16 avril 2008, JO du 17).

À défaut de convention ou d'accord de branche ou d'entreprise et lorsque le lundi de Pentecôte était travaillé avant le 1.07.2004, l'employeur définit les modalités de fixation de la journée de solidarité après consultation du CSE.

Travail le vendredi saint, le 25 ou le 26 décembre - Dans les départements de la Moselle, du Haut-Rhin et du Bas-Rhin, ni l'accord collectif ni l'employeur ne peuvent fixer la journée de solidarité le Vendredi saint ainsi que les 25 ou 26 décembre.

Salariés ne travaillant pas le lundi - Pour les salariés ne travaillant pas ordinairement le lundi en vertu de la répartition de leur horaire hebdomadaire de travail sur les différents jours de la semaine, les règles des salariés travaillant habituellement le lundi de Pentecôte s'appliquent.

Travail supplémentaire

Travail non rémunéré - Le travail accompli dans le cadre de la journée de solidarité n'est pas rémunéré (c. trav. art. L. 3133-8) :
- dans la limite de 7 h, pour les salariés mensualisés ;
- dans la limite de la valeur d'une journée de travail, pour les salariés dont la rémunération est calculée en forfait annuel en jours.

Pour les salariés à temps partiel, voir ci-après.

Les heures travaillées au titre de la journée de solidarité, dans la limite de 7 h, ne s'imputent pas sur le contingent annuel d'*heures supplémentaires** et ne donnent pas lieu à *contrepartie obligatoire en repos** ou à du *repos compensateur de remplacement** (c. trav. art. L. 3133-9).

Salariés à temps partiel - Pour les salariés à temps partiel, la limite de 7 h est réduite proportionnellement à la durée contractuelle du travail des salariés (c. trav. art. L. 3133-8 ; question-réponse DRT du 25 avril 2005).

Ces heures ne s'imputent pas, dans la limite exposée ci-avant, sur le nombre d'*heures complémentaires** (c. trav. art. L. 3133-9).

Salariés dont la durée du travail est annuelle - La durée du travail fixée antérieurement à l'entrée en vigueur de la loi par les stipulations des conventions ou accords collectifs et par les clauses des contrats de travail relatives à la durée annuelle en heures (modulation des horaires et RTT sur 4 semaines ou sur l'année), ainsi que celles relatives au forfait en heures sur l'année, est majorée d'une durée de 7 h par an.

Le nombre de jours fixés par les clauses relatives au forfait annuel en jours est majoré de un par an.

La durée de travail prévue antérieurement à l'entrée en vigueur de la loi par les stipulations des conventions ou accords collectifs et par les clauses des contrats de travail relatives au temps partiel modulé sur l'année et au temps partiel annualisé est majorée d'une durée proportionnelle à la durée contractuelle.

Ces dispositions sont applicables aux périodes de référence annuelles à compter de celles incluant la première journée de solidarité.

Journée accomplie chez un autre employeur - Lorsqu'un salarié a déjà accompli, au titre de l'année en cours, une journée de solidarité, s'il doit s'acquitter d'une nouvelle journée en raison d'un changement d'employeur, les heures travaillées ce jour donnent lieu à rémunération supplémentaire. De plus, elles s'imputent sur le contingent annuel d'heures supplémentaires ou sur le nombre d'heures complémentaires et elles donnent lieu, le cas échéant, à la *contrepartie obligatoire en repos**.

Le salarié peut refuser d'exécuter cette journée supplémentaire de travail sans que cela constitue une faute ou un motif de licenciement (c. trav. art. L. 3133-10).

Absence lors d'une journée de solidarité placée un jour férié précédemment chômé - Lorsque la journée de solidarité est fixée un jour férié précédemment chômé pour lequel le salarié aurait été rémunéré par l'effet de la mensualisation, l'absence injustifiée ou l'absence pour grève de l'intéressé autorise l'employeur à pratiquer une retenue sur salaire, laquelle ne constitue pas une sanction pécuniaire (cass. soc. 16 janvier 2008, n°s 06-42327 et 06-43124, BC V n° 13 ; cass. soc. 7 avril 2010, n° 08-40658 D).

La retenue doit correspondre aux heures qui auraient été accomplies au-delà de 7 h si le salarié avait travaillé au titre de la journée de solidarité au lieu d'être en grève (et non aux 7 h correspondant strictement à la durée légale de la journée de solidarité) (cass. soc. 11 janvier 2011, n° 08-44075 D).

Clauses conventionnelles inapplicables

À défaut de convention ou d'accord conclu sur l'institution d'une journée de solidarité, les stipulations des conventions et accords collectifs prévoyant le chômage du lundi de Pentecôte sont inopposables (circ. DRT 2004-10 du 16 décembre 2004).

Sont également inopposables les clauses des conventions et accords collectifs prévoyant le chômage de la journée de solidarité lorsque celle-ci est choisie par accord d'entreprise ou par décision unilatérale de l'employeur.

☛ *Contribution solidarité autonomie.*

Jours fériés

Le code du travail prévoit une liste de 11 jours de fêtes légales dits jours fériés parmi lesquels seul le premier Mai est obligatoirement chômé. Pour les autres jours fériés, tout dépend des accords collectifs et des usages applicables.

Liste des jours fériés

Il existe 11 jours de fêtes légales dits jours fériés (c. trav. art. L. 3133-1) :

- 1er janvier ;
- lundi de Pâques ;
- 1er Mai (obligatoirement chômé) ;
- 8 mai ;
- Ascension ;
- lundi de Pentecôte (voir *Journée de solidarité**) ;
- 14 juillet ;
- 15 août ;
- 1er novembre ;
- 11 novembre ;
- 25 décembre.

Particularités en Alsace-Moselle

Dans les départements du Bas-Rhin, du Haut-Rhin et de la Moselle, le droit local prévoit deux jours fériés supplémentaires (c. trav. art. L. 3134-13) :

- le 26 décembre (jour de la Saint-Étienne) ;
- le Vendredi saint, dans les communes ayant un temple protestant ou une église mixte.

▶ À noter… Dans le département de la Moselle, un arrêté du préfet peut autoriser ou interdire l'ouverture des établissements commerciaux le Vendredi saint de manière uniforme dans le département, indépendamment de la présence d'un temple protestant ou d'une église mixte dans les communes (c. trav. art. L. 3134-14).

Tous les jours fériés sont en principe chômés en Alsace-Moselle. Lorsqu'ils sont travaillés, il n'y a pas à les payer double. La règle de doublement du salaire s'applique uniquement au 1er Mai travaillé, même en Alsace-Moselle (cass. avis 17 septembre 2012, n° 01200008).

Départements d'outre-mer

Dans les départements d'outre-mer, à Saint-Barthélemy et à Saint-Martin, les journées de commémoration de l'abolition de l'esclavage sont des jours fériés : 27 avril à Mayotte, le 22 mai en Martinique, le 27 mai en Guadeloupe et à Saint-Martin, le 10 juin en Guyane, le 9 octobre à Saint-Barthélemy et le 20 décembre à La Réunion (c. trav. art. L. 3422-2).

Le code du travail préserve également pour Mayotte les stipulations des conventions ou accords collectifs de travail et les usages qui prévoient des jours fériés supplémentaires, notamment les fêtes de Miradji, Idi-el-Fitri, Idi-el-Kabir et Maoulid (c. trav. art. L. 3422-3), qui s'ajoutent aux autres jours fériés.

Jours fériés chômés

Liste des jours fériés chômés - Seul le 1er Mai est obligatoirement chômé (c. trav. art. L. 3133-4). Une exception est prévue pour les établissements et services qui, en raison de la nature de leur activité (transports, usines à feu continu, hôtels, etc.), ne peuvent pas interrompre leur activité.

Un accord d'entreprise ou d'établissement (à défaut, un accord de branche), peut définir les jours fériés chômés (c. trav. art. L. 3133-3-1). Un accord d'entreprise ou d'établissement peut donc s'écarter de la liste retenue par la branche.

À défaut d'accord collectif, l'employeur détermine cette liste (c. trav. art. L. 3133-3-2).

Jeunes : interdiction de travailler un jour férié - L'interdiction de travailler les jours fériés joue seulement pour les jeunes de moins de 18 ans employés dans des établissements autres que les établissements commerciaux et les bureaux des établissements industriels (c. trav. art. L. 3164-6). Mais les conventions collectives et les usages peuvent étendre le principe à l'ensemble des salariés.

Dans ce cas, le chômage s'impose à l'employeur et les salariés peuvent légitimement refuser de travailler.

Dans les usines à feu continu, les jeunes salariés peuvent être employés tous les jours de la semaine, à la condition qu'ils aient au moins un jour de repos par semaine (c. trav. art. L. 3164-7).

Paiement des jours fériés chômés

Jours concernés	Condition du chômage	Ouverture du droit	Montant du salaire
1er Mai pour tous les salariés (c. trav. art. L. 3133-4)	Le chômage est obligatoire, sauf dans les établissements où, en raison de la nature de l'activité, le travail ne peut pas être interrompu (1).	Sans condition d'ancienneté et de présence la veille ou le lendemain du jour férié.	Le chômage ne doit pas entraîner de réduction des traitements et salaires.
Jours fériés autres que le 1er Mai (c. trav. art. L. 3133-3)	**Salariés mensualisés et salariés saisonniers** (2) : selon accord collectif, et à défaut selon la décision de l'employeur	Après 3 mois d'ancienneté.	Le chômage n'entraîne pas de réduction de salaire. La rémunération comprend les heures supplémentaires.
	Travailleurs à domicile, intermittents, travailleurs temporaires : selon convention et usage.	Selon convention et usage.	Selon convention et usage.

(1) Exemple : hôpitaux, usines à feu continu. En cas de travail, le salaire correspondant au travail effectué subit une majoration de 100 %.

(2) Un arrêté du 31.05.1946 appliquait aux salariés mensuels des conditions particulières pour le paiement des jours fériés chômés. Cet arrêté n'a pas été abrogé mais, compte tenu de l'aspect général des dispositions de l'article L. 3133-3 du code du travail, les dispositions des salariés mensualisés semblent s'appliquer aux salariés mensuels (c. trav. art. L. 3133-3-1, L. 3133-3-2 et L. 3133-3).

Dans certains secteurs pour lesquels les caractéristiques particulières de l'activité le justifient, une convention ou un accord collectif étendu, ou une convention ou un accord d'entreprise ou d'établissement, peuvent définir les conditions dans lesquelles il peut être dérogé à ces dispositions, sous réserve que les jeunes de moins de 18 ans concernés bénéficient, au minimum, de 36 h consécutives, au titre du repos hebdomadaire (c. trav. art. L. 3164-2).

Ces activités concernent l'hôtellerie, la restauration, les traiteurs et organisateurs de réception, les cafés-tabacs et débits de boissons, la boulangerie, la pâtisserie, la boucherie, la charcuterie, la fromagerie-crémerie, la poissonnerie, les magasins de vente de fleurs naturelles, les jardineries et graineteries, les spectacles et les établissements des autres secteurs assurant à titre principal la fabrication de produits alimentaires destinés à la consommation immédiate ou dont l'activité exclusive est la vente de denrées alimentaires au détail et les spectacles (c. trav. art. R. 3164-2).

Rémunération des jours fériés

Rémunération du premier Mai chômé - Pour la journée du 1er Mai non travaillée, les salariés doivent percevoir le salaire qu'ils auraient normalement perçu s'ils avaient travaillé, y compris les primes ayant le caractère de salaire mais pas celles qui ont le caractère de remboursement de frais (c. trav. art. L. 3133-5).

Le 1er Mai non travaillé doit être considéré comme une journée de travail effectif pour le décompte des *heures supplémentaires**.

▶ À noter... Aucun salaire supplémentaire n'est légalement dû si le 1er Mai coïncide avec un jour normalement non travaillé : dimanche ou repos hebdomadaire.

Rémunération du premier Mai travaillé - Si le 1er Mai est travaillé (établissements et services qui, en raison de la nature de leur activité, ne peuvent interrompre le travail), le salarié reçoit, outre la rémunération correspondant au travail effectué, une indemnité égale au montant du salaire (c. trav. art. L. 3133-6). De plus, si une convention collective prévoit l'octroi d'un repos compensateur pour le salarié occupé le 1er Mai, cet avantage s'ajoute à l'indemnité prévue par la loi (cass. soc. 8 octobre 1996, nos 92-44037 et 92-44809, BC V n° 314).

Pour le travail dans la nuit du 1er Mai, sachant qu'un jour férié se décompte de 0 h à 24 h, les salariés qui ont travaillé de 0 h à 5 h du matin au cours de ce jour férié ont droit à l'indemnité prévue en cas de travail le 1er Mai et égale au montant du salaire. Ils avaient donc droit d'être payés « double » pour les 5 h de travail (cass. soc. 8 mars 2007, n° 05-44330, BC V n° 46).

Une convention collective ne peut pas remplacer l'indemnisation spéciale par un repos compensateur (cass. soc. 30 novembre 2004, n° 02-45785, BC V n° 316).

Rémunération d'un autre jour férié qui est travaillé - À l'exception du 1er Mai, le salarié qui travaille un jour férié perçoit une rémunération normale, sauf stipulation plus favorable de la convention collective ou usage plus avantageux.

Rémunération d'un autre jour férié non travaillé - Les salariés mensualisés qui bénéficient d'un jour férié chômé ne subissent aucune réduction de leur rémunération, s'ils ont au moins 3 mois d'ancienneté dans l'entreprise ou l'établissement. C'est également le cas pour les salariés saisonniers si, du fait de divers contrats successifs ou non, ils cumulent une ancienneté totale d'au moins 3 mois dans l'entreprise (c. trav. art. L. 3133-3).

▶ Attention... Cette disposition ne s'applique pas aux salariés travaillant à domicile, aux salariés intermittents et aux salariés temporaires.

Pour les salariés à temps partiel dont l'horaire est réparti sur certains jours de la semaine, le paiement des jours fériés chômés dépend des hasards du calendrier. Si le jour férié tombe un jour où le salarié ne devait pas travailler, aucune rémunération ne lui est, en principe, due. À l'inverse, celui-ci sera rémunéré dans le cas où le jour férié coïncide avec un jour habituellement travaillé (cass. soc. 10 novembre 1993, n° 89-45049, BC V n° 264).

S'agissant des salariés en contrat à durée déterminée, l'employeur les fait bénéficier du paiement des jours fériés chômés, comme les autres salariés de l'entreprise. Lorsque l'intéressé ne remplit pas la condition d'ancienneté exigée, il ne peut pas prétendre au paiement des jours considérés (circ. DRT 90-18 du 30 octobre 1990).

Lorsqu'une convention collective réserve une majoration de salaire au travail exceptionnel d'un jour férié, elle ne bénéficie pas aux salariés travaillant habituellement un tel jour (cass. soc. 26 février 2003, n° 01-43906, BC V n° 71).

Par ailleurs, en présence d'un jour férié chômé, l'employeur verse aux salariés travaillant habituellement la nuit (et non exceptionnellement) la contrepartie financière prévue par l'accord collectif sur le travail de nuit. Peu importe que l'accord collectif prévoie que les primes pour heures de nuit soient versées en fonction du nombre réel d'heures de travail effectif en période nocturne, et donc exclue toute prime de cette nature les jours fériés (cass. soc. 27 juin 2012, n° 10-21306, BC V n° 201).

Salariés mensuels - Pour les salariés mensuels (employés et cadres payés au mois avant la loi sur la *mensualisation**), le paiement des jours fériés n'était subordonné à aucune condition d'ancienneté ou de présence, sauf pour les heures qui auraient été effectuées ce jour-là (arrêté du 31 mai 1946).

Cet arrêté n'a pas été abrogé mais certains considèrent qu'il n'est plus applicable compte tenu de son faible taux d'application dans les entreprises et de l'intégration des conditions de paiement des jours fériés chômés à l'occasion de la recodification du code du travail en 2008 (c. trav. art. L. 3133-3).

Heures supplémentaires prévues un jour férié chômé - Les heures supplémentaires qui auraient été normalement effectuées un jour férié sont rémunérées si les conditions légales ou conventionnelles sont remplies (cass. soc. 16 novembre 2005, n° 03-42622 D).

Les travailleurs à domicile, contraints de travailler un jour de fête légale pour respecter les délais de livraison fixés par l'employeur, bénéficient des majorations prévues par la convention collective (c. trav. art. L. 7422-10).

Coïncidence de deux jours fériés - Il peut arriver que deux jours fériés coïncident. En pratique, il peut s'agir du 1er Mai et du jeudi de l'Ascension (ex. : en 2008). Il faut alors déterminer le régime de ces jours, notamment en fonction de ce que la convention collective en vigueur prévoit pour le deuxième jour férié.

Concernant la coïncidence entre le 1er Mai et un autre jour férié, lorsque la convention collective prévoit que les salariés occupés le 1er Mai bénéficient d'un repos conventionnel pour travail ce jour-là et qu'elle fait état de l'autre jour férié en précisant qu'il est férié chômé, l'employeur doit faire bénéficier les salariés de 2 jours de repos (cass. soc. 21 juin 2005, n° 03-17412 D).

▶ À noter... Ainsi, le salarié qui travaille un 1er Mai tombant le même jour qu'un autre jour férié chômé en vertu des dispositions conventionnelles aurait droit, cumulativement, à :
- son salaire ;
- l'indemnité légale de 100 % pour travail le 1er Mai ;
- l'avantage conventionnel supplémentaire pour travail le 1er Mai ;
- un jour de repos (ou une indemnité compensatrice) au titre du deuxième jour férié chômé (l'Ascension en 2008).

Dans la même logique, lorsqu'une convention collective prévoit que les salariés ont droit au paiement de 11 jours fériés, le fait que 2 jours fériés coïncident ne peut pas provoquer la perte d'un jour férié chômé. Dans ce cas, les salariés doivent bénéficier d'un jour de repos supplémentaire ou être indemnisés.

À l'inverse, si la convention collective n'apporte pas de précision, l'employeur n'a pas, légalement, à donner une journée de repos supplémentaire ou une indemnité (cass. soc. 30 novembre 2010, n° 09-42990, BC V n° 276 ; cass. soc. 30 novembre 2010, nos 09-69329 et 09-69330, BC V n° 275 ; cass. soc. 7 mars 2012, n° 10-16156, BC V n° 92 ; cass. soc. 17 janvier 2013, n° 11-17745, BC V n° 13 ; cass. soc. 22 octobre 2014, n° 12-19587, BC V n° 245 ; cass. soc. 9 avril 2015, n° 14-12215 D).

Enfin, en l'absence de convention collective, l'employeur n'a pas à accorder une indemnisation particulière pour le travail effectué au titre du jour férié chômé coïncidant avec le 1er Mai.

Incidences des jours fériés

Récupération interdite - Les heures de travail perdues par suite du chômage des jours fériés ne peuvent pas donner lieu à récupération (c. trav. art. L. 3133-2) (voir *Heures de récupération**).

Il est notamment exclu d'ajuster les horaires de travail de la semaine concernée.

Exemple

Lorsqu'une semaine inclut un jour férié chômé, l'employeur ne peut pas, indépendamment de la durée du travail qui aurait été accomplie ce jour-là, faire effectuer aux salariés sur le reste de la semaine :
- une durée du travail égale à 4/5 de la durée prévue dans leur contrat pour ceux qui devaient travailler tout le jour férié concerné ;
- une durée du travail égale à 9/10 de la durée prévue dans leur contrat pour ceux qui ne devaient travailler qu'une demi-journée.

Ce système aurait pour effet de faire récupérer aux salariés des heures effectivement chômées du fait de la durée habituelle de la journée ou de la demi-journée du jour férié non travaillé (cass. soc. 13 juin 2012, n° 11-10146, BC V n° 188).

Jour férié chômé et RTT - Un jour de repos acquis au titre de la RTT ne peut pas être positionné sur un jour férié chômé non travaillé dans l'entreprise (cass. soc. 11 juillet 2007, n° 06-41575, BC V n° 124 ; cass. soc. 16 février 2012, n° 09-70617, BC V n° 74).

Jour férié chômé inclus dans une période de congé - Lorsque le décompte des congés est effectué en *jours ouvrables** ou selon des modalités ne remettant pas en cause la notion de jours ouvrables, le congé doit être prolongé d'un jour quand un jour férié chômé coïncide avec un jour ouvrable (cass. ass. plén. 21 mars 1997, n° 92-44778, BC ass. plén. n° 4).

▶ À noter... Une convention collective peut prévoir que :
- « le personnel bénéficiera du repos des jours fériés et fêtes légales (...) sans que ce repos entraîne aucune diminution de salaire » ;
- « en cas de modulation ou d'annualisation, le salarié qui a travaillé un jour férié légal bénéficie d'un repos d'égale durée ».

Dans cette situation, il faut considérer que les jours fériés légaux sont chômés et payés, et n'ont pas le caractère de jours ouvrables. Ils ne peuvent donc pas être imputés sur les congés payés (cass. soc. 26 janvier 2011, n° 09-68309, BC V n° 39).

La même règle s'applique si les congés payés sont décomptés en jours ouvrés.

Lorsque le jour férié correspond au 2e jour de repos hebdomadaire du salarié (ex. : le samedi), l'incidence du jour férié varie selon le mode de décompte des congés payés.

Si le décompte est effectué en jours ouvrables et s'il s'agit d'un jour férié habituellement chômé dans l'entreprise, celui-ci n'est pas décompté comme congé. Il l'est, en revanche, comme jour de congés payés si le jour férié n'est pas chômé mais travaillé.

En cas de décompte en *jours ouvrés**, le jour férié ne devrait avoir aucune influence puisque le 2e jour de repos hebdomadaire n'est pas décompté comme congé. Toutefois, s'il s'agit d'un jour férié habituellement chômé, le décompte en jours ouvrés devient moins favorable que le décompte légal en jours ouvrables (permettant le « gain du jour férié ») : il faut alors accorder un jour de congé supplémentaire aux salariés dont le droit initial en jours ouvrés est égal au droit initial en jours ouvrables. Toutefois, si les droits à congés payés sont calculés en fonction d'un système plus avantageux que le régime légal, l'employeur n'a pas à accorder de jour supplémentaire (cass. soc. 27 octobre 2004, n° 02-44149, BC V n° 279).

Jour férié travaillé inclus dans une période de congé - Voir *Jours ouvrables**.

Jour férié chômé inclus dans une période d'activité partielle - Voir *Activité partielle**.

Incidence d'une grève - L'employeur n'est pas tenu de verser le salaire correspondant à un jour férié chômé et normalement payé lorsque les salariés sont en *grève** pendant une période comprenant un jour férié (cass. soc. 24 juin 1998, nos 96-44234 et 96-44235, BC V n° 335 ; cass. soc. 14 avril 1999, n° 97-42064, BC V n° 179). Il en est de même si la convention collective prévoit que le jour précédent ou suivant le jour férié doit être « normalement travaillé ».

☛ *Heures de récupération ; Journée de solidarité.*

Jours ouvrables

Tous les jours de la semaine sont des jours ouvrables, à l'exception du jour de *repos hebdomadaire** (dimanche, en principe) et des *jours fériés** légaux et habituellement non travaillés dans l'entreprise.

Décompte des congés payés

Principe de décompte des congés payés - La durée des *congés payés** à laquelle le salarié a droit se décompte en jours ouvrables (c. trav. art. L. 3141-3).

Second jour de repos hebdomadaire - En cas de répartition de l'horaire hebdomadaire de travail sur 5 jours, le deuxième jour de la semaine non travaillé (souvent le samedi ou le lundi) est également un jour ouvrable. On en tient donc compte dans le calcul de la durée du congé, sauf si ce jour est le premier jour ouvrable suivant le départ en vacances : le congé ne commence à courir que du jour où le travail aurait normalement repris (cass. soc. 19 mars 1992, n° 88-41421, BC V n° 212).

Exemple

Dans une entreprise ouverte du lundi au vendredi, en cas de départ en congé un vendredi soir, le congé commence à courir le lundi matin.

Fin de congé le second jour de repos hebdomadaire - Lorsqu'un samedi (en l'espèce, le second jour de repos hebdomadaire) est compris dans une période de congés, ce jour est un jour ouvrable, même s'il est non travaillé dans l'entreprise (cass. soc. 7 avril 2004, n° 01-46628 D) [voir *Congés payés (prise et report)**].

Jour férié le second jour de repos hebdomadaire - Voir *Jours fériés**.

Jours fériés

Jour férié travaillé - Bien que, souvent, les dispositions conventionnelles prévoient le repos des salariés les jours de fêtes légales, les jours fériés légaux autres que le 1er Mai sont, selon la loi, obligatoirement chômés seulement pour les jeunes salariés de moins de 18 ans travaillant dans certains secteurs d'activité (c. trav. art. L. 3164-6).

Lorsque le personnel d'un établissement qui n'est pas en congés payés a effectivement travaillé un jour férié légal, ce dernier conserve le caractère de jour ouvrable au regard de la réglementation relative aux congés payés. Ce jour férié inclus dans une période de congés n'en prolonge pas la durée.

Jours de pont - Les jours chômés compris entre le jour férié chômé et un jour de repos sont des jours ouvrables.

☞ *Jours ouvrés.*

Jours ouvrés

Les jours ouvrés sont les jours travaillés dans l'entreprise. Si l'horaire hebdomadaire est réparti du lundi au vendredi, il y a 5 jours ouvrés.

Le décompte des jours de congés payés peut être effectué en jours ouvrés si le régime appliqué n'est pas moins favorable que celui résultant du code du travail qui détermine la durée du congé en *jours ouvrables** (cass. soc. 27 mai 1992, n° 91-40423, BC V n° 354). Voir l'étude *jours fériés** sur les conséquences d'un jour férié intervenant un jour non ouvré dans l'entreprise.

Pour les congés payés des salariés à temps partiel, voir l'étude *Congés payés (prise et report)**.

☞ *Jours ouvrables.*

Jurés

Protection contre les discriminations

Aucun salarié ne peut être sanctionné, licencié ou faire l'objet d'une mesure discriminatoire interdite en raison de l'exercice des fonctions de juré (c. trav. art. L. 1132-3-1) (voir *Discriminations**).

Autorisation d'absence

Les membres d'un jury d'une cour d'assises doivent, en principe, assumer cette fonction (c. proc. pén. art. 288). Il en va de même pour les personnes citées comme témoins lors d'un procès pénal, que ce soit devant une cour d'assises (c. proc. pén. art. 326), un tribunal correctionnel (c. proc. pén. art. 437 et 438) ou devant le tribunal de police ou le tribunal judiciaire (c. proc. pén. art. 536).

De ce fait, les salariés convoqués comme jurés d'assises ou comme *témoins** devant un tribunal doivent pouvoir s'absenter.

Le salarié doit informer l'employeur de son départ pour exercer sa fonction de juré et de sa date de retour. En principe, la convocation a été envoyée au salarié au moins 15 jours avant le jour de l'ouverture de la session. L'employeur n'a pas à décider de la validité de l'absence, puisque seule la cour d'assises peut relever le salarié, juré, de sa fonction. Il peut néanmoins demander au salarié une copie de la convocation, voire un justificatif de présence aux audiences.

▶ À noter… Les interruptions de travail motivées par l'accomplissement des fonctions de juré n'entraînent pas la rupture du contrat de travail, mais la suspension de celui-ci (rép. Andrieux, JO AN 28 octobre 1978, p. 6891).

Indemnisation

Sauf dispositions conventionnelles ou usages plus favorables, le salarié n'est pas indemnisé par l'employeur, mais il peut percevoir, sous conditions, des indemnités de l'État : indemnité de session ou de comparution, frais de voyage et indemnité de séjour (c. proc. pén. art. R. 123 et R. 139 à R. 146).

L'employeur délivre une attestation au salarié indiquant le montant de son salaire ou une perte de revenu professionnel afin de permettre à ce dernier de réclamer une indemnisation de l'État.

Jury d'examen et instances de formation

☞ *Congé de participation aux instances d'emploi et de formation ou à un jury d'examen.*

L

Lanceur d'alerte

Attention, une proposition de loi envisage de modifier le dispositif décrit ci-après, sachant que les modifications prévues ne devraient entrer en vigueur que le 1er jour du 6e mois suivant sa future promulgation (proposition de loi visant à améliorer la protection des lanceurs d'alerte).

Pour suivre l'état d'avancement de cette proposition de loi, voir le fil quotidien d'actualités sur rf.social.com ou RF Social, Revue d'actualité.

Champ des alertes

Principe des alertes - Le lanceur d'alerte est une personne physique qui révèle ou signale (loi 2016-1691 du 9 décembre 2016, art. 6, JO du 10) :

- un crime ou un délit (ex. : un harcèlement sexuel) ;
- une violation grave et manifeste d'un engagement international régulièrement ratifié ou approuvé par la France, d'un acte unilatéral d'une organisation internationale pris sur le fondement d'un tel engagement, de la loi ou du règlement ;
- une menace ou un préjudice graves pour l'intérêt général [sur les alertes en cas de risque pour la santé ou l'environnement, voir *Droit d'alerte (risque pour la santé et l'environnement)**].

Le lanceur d'alerte doit en avoir eu personnellement connaissance et agir de manière désintéressée et de bonne foi, sinon il encourt une condamnation pour diffamation (loi 2016-1691 du 9 décembre 2016, art. 6 et 13, JO du 10). Les personnes qui n'agissent pas dans l'intérêt général mais pour leur propre compte ou qui cherchent à nuire ne relèvent donc pas du statut protecteur des lanceurs d'alertes (circ. CRIM/2018-01/G3 du 31 janvier 2018).

Droit d'alerte et secrets - Le secret des affaires n'est pas opposable lorsque son obtention, son utilisation ou sa divulgation est intervenue pour révéler, dans le but de protéger l'intérêt général et de bonne foi, une activité illégale, une faute ou un comportement répréhensible, y compris lors de l'exercice du droit d'alerte (c. com. art. L. 151-8, 2° ; loi 2018-670 du 30 juillet 2018, JO du 31).

En revanche, les dispositions relatives au lanceur d'alerte ne s'appliquent pas aux faits couverts par le secret de la défense nationale, le secret médical ou le secret des relations entre un avocat et son client. Quelle que soit la forme ou le support des informations ou documents collectés et qui sont couverts par ces secrets, une personne physique ne peut pas les dévoiler en invoquant le statut de lanceur d'alerte (loi 2016-1691 du 9 décembre 2016, art. 6).

Étapes à suivre par le lanceur d'alerte

Sauf danger grave et imminent ou risque de dommages irréversibles, le lanceur d'alerte doit suivre les étapes suivantes (loi 2016-1691 du 9 décembre 2016, art. 8-I) :

- saisir son supérieur hiérarchique, son employeur ou un référent désigné par celui-ci, suivant une procédure à définir par l'employeur dans les entreprises d'au mois 50 salariés *(voir ci-après)* ;
- si aucune vérification n'a été entreprise dans un délai raisonnable, saisir la justice, l'administration ou l'ordre professionnel concerné ;
- si, dans un délai de 3 mois, l'organisme saisi n'a pas réagi, rendre l'alerte publique (ex. : en saisissant les médias).

▶ Attention… Des amendes, voire des peines d'emprisonnement, sont applicables en cas de fausse alerte, d'alerte lancée de mauvaise foi ou encore d'obstacle à alerte (loi 2016-1691 du 9 décembre 2016, art. 13).

Procédure à mettre en place par l'entreprise

Entreprises concernées - Les entreprises d'au moins 50 salariés doivent avoir mis en place une procédure de recueil des alertes depuis le 1.01.2018 (décret 2017-564 du 19 avril 2017, JO du 20).

▶ À noter… Bien qu'aucun texte ne l'impose, il faut à notre sens soumettre le projet de procédure de recueil des alertes à l'avis du CSE, dans la mesure où il s'agit d'un document se rattachant à ses missions (ex. : prévention du harcèlement sexuel) (c. trav. art. L. 4612-3 et L. 4612-12) et d'une question intéressant la marche générale de l'entreprise et son organisation (c. trav. art. L. 2323-1) [voir *Comité social et économique (informations-consultations)** et *Comité social et économique (santé, sécurité et conditions de travail)**].

Pour déterminer si l'entreprise a atteint ou non le seuil de 50 salariés, les règles de décompte de l'effec-

*tif sécurité sociale** s'appliquent (décret 2017-564, art. 3, modifié par décret 2020-100 du 7 février 2020, JO du 8).

Modalités de mise en place - Les entreprises visées mettent en place la procédure en question selon les modalités qui leur conviennent : accord collectif, décision unilatérale, etc. (www.servicepublic.fr).

▶ À noter… L'obligation d'instituer une procédure de recueil des alertes n'est à ce jour assortie d'aucune sanction spécifique.

Destinataire de l'alerte - La procédure précise les modalités selon lesquelles le lanceur d'alerte adresse son alerte à son supérieur hiérarchique, direct ou indirect, à l'employeur ou au référent désigné par celui-ci. Le cas échéant, elle indique l'identité du référent.

Le référent doit disposer, par son positionnement, de la compétence, de l'autorité et des moyens suffisants à l'exercice de ses missions. Il a une obligation de confidentialité comme les autres personnes ayant connaissance de l'alerte (loi 2016-1691 du 9 décembre 2016, art. 9). Il peut être extérieur à l'entreprise. Dans ce cas, il s'agit d'une personne physique ou d'une entité de droit public ou de droit privé, dotée ou non de la personnalité morale (décret 2017-564 du 19 avril 2017, art. 4 et 5).

▶ À noter… Une procédure commune à plusieurs entreprises peut être mise en place (décret 2017-564 du 19 avril 2017, art. 2), par exemple, au niveau d'un groupe de sociétés.

Contenu de l'alerte - La procédure indique comment et à qui l'alerte est adressée *(voir ci-avant)* mais aussi les modalités selon lesquelles le lanceur d'alerte (décret 2017-564 du 19 avril 2017, art. 5) :

- fournit les faits, informations ou documents, quelle que soit leur forme ou leur support, de nature à étayer son alerte lorsqu'il dispose de tels éléments ;
- fournit les éléments permettant, le cas échéant, un échange avec le destinataire de l'alerte.

La procédure précise également les garanties adoptées pour assurer la stricte confidentialité du lanceur d'alerte, des faits objets de l'alerte et des personnes visées, y compris en cas de communication à des tiers dès lors que celle-ci est nécessaire pour les seuls besoins de la vérification ou du traitement de l'alerte.

Suites de l'alerte - La procédure détaille aussi les mesures prises pour informer sans délai le lanceur d'alerte (décret 2017-564 du 19 avril 2017, art. 5) :

- de la réception de son alerte ;
- du délai, raisonnable et prévisible, nécessaire à l'examen de sa recevabilité ;
- des modalités suivant lesquelles il sera averti des suites données à son alerte.

▶ À noter… Le lanceur d'alerte et les personnes visées par celui-ci sont informés de la fin de l'instruction de l'alerte.

Enfin, pour le cas où aucune suite ne serait donnée à l'alerte, la procédure doit indiquer :

- les dispositions prises pour détruire les éléments du dossier permettant l'identification du lanceur d'alerte et celle des personnes qu'elle vise ;
- le délai dans lequel ces éléments seront détruits (délai qui ne doit pas excéder 2 mois à compter de la clôture de l'ensemble des opérations de recevabilité ou de vérification).

Diffusion par tout moyen - L'employeur doit diffuser la procédure par tout moyen (ex. : affichage, publication sur son site Internet) afin qu'elle soit accessible aux salariés, ainsi qu'à ses collaborateurs extérieurs ou occasionnels. Il peut procéder par voie électronique (décret 2017-564 du 19 avril 2017, art. 6).

Conformité au RGPD

Règles de protection des données personnelles - L'employeur doit se conformer aux règles de protection des *données personnelles** issues du *RGPD** et de la loi informatique et libertés (appelées ici « règles RGPD ») quand il met en place un dispositif d'alerte professionnelle dans la mesure où, dans le cas général, ce type de dispositif nécessite un traitement de données personnelles (ex. : celles de l'auteur et de la ou les personnes visées par l'alerte) (règlt UE 2016/679 du 27 avril 2016, JOUE 4 mai 2018 ; loi 78-17 du 6 janvier 1978, JO du 7).

Référentiel CNIL - La CNIL a adopté un référentiel dédié aux alertes professionnelles. Le respect de ce référentiel permet à l'employeur de s'assurer de la conformité aux règles RGPD des traitements de données mis en œuvre dans le cadre d'un dispositif d'alerte (délib. CNIL 2019-139 du 18 juillet 2019, JO du 10 décembre).

L'employeur qui ne suivra pas le référentiel devra être en mesure de justifier pourquoi il s'en est écarté compte tenu des spécificités de son entreprise.

▶ À noter… La mise en place d'un dispositif d'alerte professionnelle doit systématiquement donner lieu à la réalisation préalable d'une *analyse d'impact des données** (AIPD) (délib. CNIL 2018-327 du 11 octobre 2018). Le référentiel est aussi une aide à la réalisation de l'AIPD.

Dispositifs visés par le référentiel - Le référentiel vise les entreprises qui (délib. CNIL 2019-139 du 18 juillet 2019, JO du 10 décembre) :
- sont tenues de mettre en œuvre un dispositif de recueil et de gestion des alertes professionnelles nécessitant un traitement de données à caractère personnel *(voir ci-avant)* ;
- ou qui décident de mettre en œuvre un tel dispositif (ex. : dispositif d'alerte éthique adopté à l'initiative de l'entreprise en vue d'interdire des comportements jugés incompatibles avec la *charte d'éthique** ou le *règlement intérieur**).

Contenu du référentiel - Le référentiel de la CNIL applique le RGPD aux dispositifs d'alertes professionnelles en définissant (délib. CNIL 2019-139 du 18 juillet 2019, JO du 10 décembre) :
- les finalités des traitements mis en œuvre ;
- les bases légales des traitements mis en œuvre ;
- les données personnelles qui peuvent être collectées et traitées ;
- les destinataires des données collectées ;
- les durées de conservation des données personnelles ;
- les modalités d'information des personnes dont les données personnelles sont traitées, du lanceur d'alerte et de la personne visée par l'alerte ;
- les droits des personnes (droit d'accès, de rectification, etc.) ;
- les mesures à adopter pour assurer la sécurité des données personnelles.

Les grandes lignes du référentiel sont récapitulées dans le tableau reproduit dans cette étude.

Protection au travail

Protection du lanceur d'alerte de bonne foi - Le lanceur d'alerte ne doit pas être écarté d'une procédure de recrutement ou de l'accès à un stage ou à une période de formation professionnelle, ni être sanctionné, licencié ou discriminé pour avoir relaté ou témoigné, de bonne foi, de faits constitutifs d'un délit ou d'un crime dont il aurait eu connaissance dans l'exercice de ses fonctions (c. trav. art. L. 1132-3-3).

Toute disposition ou tout acte pris à l'égard d'un salarié en méconnaissance de ces dispositions est nul (ex. : un licenciement) (c. trav. art. L. 1132-4 ; cass. soc. 19 janvier 2022, n° 20-10057 FSB).

Ainsi, pour bénéficier de cette protection conférée au lanceur d'alerte, le salarié doit rapporter des faits susceptibles d'être constitutifs d'un délit ou d'un crime (cass. soc. 4 novembre 2020, n° 18-15669 FSPB).

▶ À noter... À notre sens, le salarié n'est pas dénué de protection s'agissant de la dénonciation de faits susceptibles de caractériser une contravention, en se basant non pas sur le statut protecteur du lanceur d'alerte, mais sur une éventuelle atteinte à sa liberté d'expression. En effet, « le licenciement d'un salarié prononcé pour avoir relaté ou témoigné, de bonne foi, des faits dont il a eu connaissance dans l'exercice de ses fonctions et qui, s'ils étaient établis, seraient de nature à caractériser des infractions pénales, est » nul. En effet, un tel licenciement porte atteinte à la « liberté d'expression », et en particulier au droit pour les salariés de signaler les conduites ou actes illicites constatés par eux sur leur lieu de travail (cass. soc. 30 juin 2016, n° 15-10557, BC V n° 140). Sont ici concernés les faits qui sont portés à la connaissance du procureur de la République ainsi que ceux dénoncés à des tiers (ex. : inspection du travail) (note explicative relative à l'arrêt du 30 juin 2016 de la chambre sociale, www.courdecassation.fr).

Contentieux - En cas de contentieux, la personne qui saisit le juge devra présenter des éléments de fait laissant présumer qu'il a relaté ou témoigné de bonne foi des faits constitutifs d'un délit ou d'un crime ou qu'il a déclenché une alerte dans le respect de la procédure légale d'alerte. Il incombe ensuite à l'employeur de prouver que sa décision est justifiée par des éléments objectifs étrangers à la déclaration ou au témoignage de l'intéressé (c. trav. art. L. 1132-3-3 ; cass. soc. 7 juillet 2021, n° 19-25754 FSB).

En outre, en cas de rupture du contrat de travail consécutive au déclenchement d'une alerte, le salarié peut saisir le conseil des prud'hommes en référé, ce qui implique un traitement en urgence de l'affaire (loi 2016-1691 du 9 décembre 2016, art. 12, JO du 10).

▶ À noter... Le lanceur d'alerte est également protégé, sous certaines conditions, contre les poursuites pénales (c. pén. art. 122-9).

Sur la protection des personnes qui témoigne ou relate de faits de *harcèlement moral** ou de *harcèlement sexuel**, voir les études correspondantes.

Mauvaise foi à caractériser - C'est le lanceur d'alerte de bonne foi qui est protégé, notamment contre un licenciement *(voir ci-avant)*. L'absence de poursuites pénales faisant suite au dépôt de plainte du salarié lanceur d'alerte est insuffisante pour caractériser sa mauvaise foi, dans la mesure où il n'avait pas connaissance de la fausseté des faits dénoncés. Le fait que le dépôt de plainte soit de nature à déstabiliser l'entreprise est sans importance (cass. soc. 8 juillet 2020, n° 18-13593 FSPB).

Référentiel CNIL relatif aux traitements de données à caractère personnel destinés à la mise en œuvre d'un dispositif d'alerte professionnelle* : récapitulatif	
Règles RGPD**	**Application aux dispositifs d'alertes professionnelles**
Finalités (RGPD, art. 5)	Recueillir et traiter les alertes ou signalements visant à révéler un manquement à une règle spécifique (point 3 du référentiel)
AIPD (RGPD, art. 35)	Réalisation préalable et systématique d'une analyse d'impact relative à la protection des données (AIPD) (délib. CNIL 2018-327 du 11 octobre 2018 ; point 2 du référentiel)
Bases légales (RGPD, art. 6)	**Pour les dispositifs d'alerte mis en place en application d'une obligation légale** (ex. : en application de la loi « Sapin 2 », la base légale est le respect d'une obligation légale ; point 4 du référentiel) (voir ci-avant) (loi 2016-1691 du 9 décembre 2016, JO du 10) **Pour les dispositifs d'alerte mis en place à titre volontaire**, la base légale est la réalisation de l'intérêt légitime de l'employeur (point 4 du référentiel)
Données personnelles concernées (RGPD, art. 5)	Seules les données nécessaires à la poursuite des finalités du traitement doivent être collectées et traitées (point 5 du référentiel) (1) : - au stade de l'émission de l'alerte (2) ; - au stade de l'instruction de l'alerte (ex. : identité, fonctions et coordonnées de l'auteur de l'alerte [voir ci-dessous], des personnes faisant l'objet de l'alerte, des personnes intervenant dans le recueil ou dans le traitement de l'alerte, faits signalés, etc.). Traitement de l'identité de l'auteur de l'alerte (point 5.4 du référentiel) : - si l'auteur de l'alerte doit s'identifier (3), son identité est traitée de façon confidentielle ; - si l'auteur de l'alerte souhaite rester anonyme, l'alerte doit être traitée suivant des modalités spécifiques. Les données doivent être exactes et mises à jour.
Destinataires des données collectées (RGPD, art. 13)	Personnes habilitées au regard de leurs attributions (4) (ex. : personnes spécialement chargées de la gestion des alertes au sein de l'entreprise) (point 6 du référentiel) En cas de sous-traitance, respect des dispositions spécifiques (RGPD, art. 38 ; CNIL, « guide du sous-traitant ») Les éléments de nature à identifier l'émetteur de l'alerte ne peuvent être divulgués, sauf à l'autorité judiciaire, qu'avec le consentement de la personne Les éléments de nature à identifier la personne mise en cause par un signalement ne peuvent être divulgués, sauf à l'autorité judiciaire, qu'une fois établi le caractère fondé de l'alerte
Durées de conservation (RGPD, art. 5)	**Alerte n'entrant pas dans le champ du dispositif** : destruction des données sans délai (point 7 du référentiel) **Alerte entrant dans le champ du dispositif et sans suite** : destruction ou anonymisation dans un délai de 2 mois à compter de la clôture des opérations de vérification **Alerte suivie d'une procédure disciplinaire ou contentieuse** à l'encontre d'une personne mise en cause ou de l'auteur d'une alerte abusive : conservation des données jusqu'au terme de la procédure ou de la prescription des recours à l'encontre de la décision **Alerte entrant dans le champ du dispositif et avec une suite** : archivage intermédiaire possible (ex. : assurer la protection du lanceur de l'alerte ou permettre la constatation des infractions continues) • **Données anonymisées** : conservation sans limitation de durée
Information des personnes concernées (RGPD, art. 12, 13 et 14)	**Contenu de l'information aux personnes concernées** (5) (point 8 du référentiel) : existence du traitement, caractéristiques (finalités poursuivies, types de données susceptibles d'y figurer, types de personnes susceptibles d'émettre l'alerte ou d'en faire l'objet, principales étapes de la procédure déclenchée par l'alerte, durées de conservation de données, etc.) et droits dont disposent les personnes concernées (6) **Information-consultation préalable du CSE** **Information des personnes potentiellement concernées** (5) (7) avant l'introduction du dispositif : - sur le fonctionnement du dispositif (étapes de la procédure de recueil des signalements, destinataires et conditions auxquelles l'alerte peut leur être adressée, etc.) ; - sur le fait que l'utilisation abusive du dispositif peut exposer son auteur à des sanctions ou des poursuites ; - sur le fait que l'utilisation de bonne foi du dispositif n'expose son auteur à aucune sanction disciplinaire, quand bien même les faits se révéleraient par la suite inexacts ou ne donneraient lieu à aucune suite ; - sur le fait que le dispositif d'alerte n'est qu'un moyen de signalement parmi d'autres (comme peut l'être la voie hiérarchique) et que le fait de ne pas y avoir recours ne peut entraîner aucune sanction à l'encontre des membres du personnel. **Information du lanceur d'alerte :** - dès le début du processus du recueil de l'alerte, informations relatives au traitement (8) ;

Référentiel CNIL relatif aux traitements de données à caractère personnel destinés à la mise en œuvre d'un dispositif d'alerte professionnelle* : récapitulatif	
Règles RGPD**	**Application aux dispositifs d'alertes professionnelles**
Information des personnes concernées (RGPD, art. 12, 13 et 14) *(suite)*	- lorsque l'alerte est émise, fourniture d'un accusé de réception horodaté et récapitulant l'ensemble des informations et, le cas échéant, des pièces jointes communiquées dans le cadre du signalement (9) ; - lorsqu'une décision sur les suites de l'alerte a été prise par le responsable du traitement, l'auteur de l'alerte en est informé. **Information de la personne visée par l'alerte** (10) à la suite de l'émission d'une alerte, dans un délai de 1 mois max. (sauf exception), sans indiquer l'identité de l'émetteur de l'alerte ni celle des tiers (la personne visée peut les obtenir si elle fait l'objet d'une procédure disciplinaire ou contentieuse)
Droits des personnes (RGPD, art. 15, 16, 17, 21)	**Droit d'accès** (point 9 du référentiel) **Droit d'opposition** (inapplicable aux traitements nécessaires au respect d'une obligation légale comme un traitement mis en place en application de la loi « Sapin 2 ») (loi 2016-1691 du 9 décembre 2016, JO du 10) **Droit de rectification** : ne doit pas permettre la modification rétroactive des éléments contenus dans l'alerte ou collectés lors de son instruction. Son exercice, lorsqu'il est admis, ne doit pas aboutir à l'impossibilité de reconstitution de la chronologie des éventuelles modifications d'éléments importants de l'enquête. Ce droit ne peut être exercé que pour rectifier les données factuelles, dont l'exactitude matérielle peut être vérifiée à l'appui d'éléments probants, et ce sans que soient effacées ou remplacées les données, même erronées, collectées initialement **Droit à l'effacement**
Sécurité des données personnelles (RGPD, art. 5)	L'employeur adopte les mesures listées par le référentiel (point 9 du référentiel) pour sensibiliser les utilisateurs (ex. : rédiger une charte informatique et lui donner une force contraignante), les authentifier (ex. : adopter une politique de mot de passe utilisateur conforme aux recommandations de la CNIL), gérer les habilitations, sécuriser les postes de travail (ex. : utiliser des antivirus régulièrement mis à jour), etc. OU il justifie de leur équivalence ou du fait de ne pas avoir besoin d'y recourir ou de ne pas pouvoir y recourir

*délib. CNIL 2019-139 du 18 juillet 2019, JO du 10 décembre
**règlt UE 2016/679 du 27 avril 2016, JOUE 4 mai 2018
(1) Le référentiel traite des données personnelles courantes, mais aussi de celles dites « sensibles » qui ne peuvent faire l'objet d'un traitement que sous certaines conditions.
(2) L'employeur doit rappeler aux auteurs de signalements que les informations communiquées doivent rester factuelles et présenter un lien direct avec l'objet de l'alerte.
(3) Le référentiel consacre un point particulier au traitement de l'identité de l'auteur de l'alerte (point 5.4). Un dispositif d'alerte peut imposer ou proposer que l'auteur de l'alerte s'identifie, mais le référentiel recommande que l'entreprise n'incite pas les personnes ayant vocation à utiliser le dispositif à le faire de manière anonyme.
(4) Le référentiel évoque la question de la communication des données au sein d'un groupe d'entreprise et de leur transfert en dehors de l'UE (point 6.2)
(5) Sont considérées comme « personnes potentiellement concernées » toutes les personnes qui peuvent potentiellement émettre un signalement via le dispositif ou être visées par une alerte (ex. : salariés). Sont considérées comme « personnes concernées » toutes les personnes dont les données à caractère personnel sont effectivement traitées dans le cadre du dispositif (ex. : les auteurs des alertes, les personnes visées, les personnes entendues dans le cadre de l'enquête).
(6) Des modèles d'information sont disponibles sur le site de la CNIL et peuvent être consultés dans la rubrique « RGPD : exemples de mentions d'information ».
(7) L'information individuelle des personnes (ex. : envoi d'un mail, remise d'un document individuel d'information sous forme papier, etc.) doit être privilégiée dans la mesure du possible.
(8) Elle peut prendre la forme d'un affichage d'une page ou d'un bloc de texte, préalablement à l'étape de la saisine des informations relatives à l'alerte. Le responsable de traitement peut subordonner l'accès à la réalisation d'une action (ex. : le fait de cocher une case) indiquant que l'auteur de l'alerte a pris connaissance de ces informations.
(9) La remise de ce récépissé à l'auteur de l'alerte ne doit pas être subordonnée à la production d'informations identifiantes (adresse électronique ou postale, etc.) lorsque la personne souhaite conserver son anonymat.
(10) Par exemple, en tant que témoin, victime ou auteur présumé des faits.

Langue française

Offres d'emploi

Rédaction en langue française - Les offres d'emploi doivent être rédigées en français. Cette obligation s'applique aux services effectués sur le territoire français ainsi qu'à ceux exécutés hors de ce territoire, dès lors que l'auteur de l'offre est français, alors même que la parfaite connaissance d'une langue étrangère serait l'une des conditions requises pour l'emploi proposé (voir *Offres et demandes d'emploi**).

Toutefois, lorsque le travail ou l'emploi offert ne peut être désigné que par un terme étranger sans terme français équivalent, le texte français doit en comporter une description suffisamment détaillée pour ne pas induire en erreur (c. trav. art. L. 5331-4).

Rédaction dans une autre langue - Les offres d'emploi publiées dans des publications réalisées en tout ou en partie en langue étrangère en France peuvent être rédigées en langue étrangère (c. trav. art. L. 5331-4).

Contrat de travail

Rédaction - Le contrat de travail établi par écrit, exécuté en France ou à l'étranger, doit être rédigé en français (c. trav. art. L. 1221-3 ; circ. 19 mars 1996, JO du 20).

Un contrat signé à l'étranger, même s'il est destiné à être exécuté totalement ou partiellement en France, n'est pas soumis à cette règle (circ. 19 mars 1996, JO du 20).

▶ À noter... La circulaire précitée est désormais « inopposable » [voir *Circulaires (opposabilité)**], mais elle apporte des précisions qui, à notre sens, demeurent utiles aux praticiens.

Lorsque, faute de correspondance en français, l'emploi ne peut être désigné qu'en termes étrangers, le contrat de travail doit comporter une explication de ces termes en français (c. trav. art. L. 1221-3).

L'employeur ne peut se prévaloir à l'encontre du salarié des clauses d'un contrat rédigé en violation des dispositions légales (c. trav. art. L. 1221-3).

Fixation des objectifs déterminant la rémunération variable - Les documents fixant les objectifs nécessaires à la détermination de la rémunération variable contractuelle doivent être rédigés en français, peu important que l'activité de l'entreprise ait un caractère international (cass. soc. 3 mai 2018, n° 16-13736 D).

À défaut, ils sont inopposables au salarié (en l'espèce, les documents en question avaient été rédigés en anglais). Il appartient alors au juge de fixer le montant de la rémunération variable due au salarié (cass. soc. 29 juin 2011, n° 09-67492, BC V n° 167). Le salarié peut se prévaloir de cette inopposabilité même s'il a accepté par le passé des lettres d'objectifs rédigées en anglais ou s'il effectue son travail à la fois en anglais et en français (cass. soc. 2 avril 2014, n° 12-30191 D).

▶ À noter... Un employeur peut adresser ses objectifs au salarié dans une langue étrangère si une traduction française des documents est, par ailleurs, accessible au salarié. Cette diffusion peut notamment se faire sur le site intranet de l'entreprise dans les jours qui suivent la remise des objectifs au salarié (cass. soc. 21 septembre 2017, n° 16-20426, BC V n° 147).

Toutefois, un salarié étranger peut recevoir ses objectifs dans sa langue. En l'espèce, le salarié destinataire de documents rédigés en anglais et destinés à la détermination de sa rémunération variable contractuelle était citoyen américain. L'obligation de lui fournir des documents rédigés en français n'était donc pas applicable (cass. soc. 24 juin 2015, n° 14-13829, BC V n° 128).

Contrats conclus avec des étrangers - Si le contrat est écrit, le salarié étranger peut en demander une traduction. La version française et celle rédigée dans la langue du salarié peuvent toutes les deux être produites devant les juges. En cas de discordance entre les deux textes, seul le texte rédigé dans la langue du salarié étranger peut être invoqué contre lui (c. trav. art. L. 1221-3).

Autres documents

Document comportant des obligations ou nécessaire au travail - Le *règlement intérieur** ou tout autre document comportant des obligations pour le salarié ou dont la connaissance est nécessaire à celui-ci pour l'exécution de son travail doit être rédigé en français (c. trav. art. L. 1321-6).

Exemple

Sont ainsi visés (circ. 19 mars 1996, JO du 20) :
- les *notes de service** et tous les autres documents portant prescriptions générales et permanentes dans les matières régies par le règlement intérieur (réglementation d'hygiène et de sécurité, règles relatives à la discipline) ;
- les documents comptables ou techniques nécessaires à l'exécution d'un travail (ex. : les livrets d'entretien utilisés par un service de maintenance).

Le règlement intérieur et les documents assimilés peuvent comporter une traduction en une ou plusieurs langues étrangères (c. trav. art. L. 1321-6).

L'inspecteur du travail peut à tout moment exiger le retrait ou la modification des dispositions contraires à cette règle (c. trav. art. L. 1322-1). Par ailleurs, le *conseil de prud'hommes** peut écarter, à l'occasion d'un litige individuel, une disposition qui y serait non conforme. Une copie du jugement est adressée à l'inspecteur du travail et aux membres du *comité social et économique** (c. trav. art. L. 1322-4).

▶ Attention... L'obligation de rédiger les documents en français ne s'applique pas :
- aux documents reçus de l'étranger ou destinés à des étrangers (c. trav. art. L. 1321-6) ;
- aux documents liés à l'activité de l'entreprise dont le caractère international implique l'utilisation d'une langue commune (en l'espèce, il s'agissait de documents techniques, rédigés en anglais, à destination de pilotes de lignes d'une compagnie aérienne, pour lesquels la lecture et la compréhension de l'anglais sont exigées pour exercer leurs fonctions) (cass. soc. 12 juin 2012, n° 10-25822, BC V n° 175).

Application dans les filiales françaises d'entreprises étrangères - La règle selon laquelle tout document comportant des obligations pour le salarié ou des renseignements nécessaires à l'exécution de son travail doit être écrit en français s'applique aux filiales françaises d'entreprises étrangères (c. trav. art. L. 1321-6 ; rép. Masson n° 24833, JO 5 avril 2007, Sén. quest. p. 740). Ainsi, les sociétés françaises appartenant à un groupe étranger doivent utiliser le français dans les documents utilisés en France. Il est notamment précisé que :
- les salariés doivent détenir une version française des logiciels et des documents relatifs à la formation du personnel ainsi qu'à l'hygiène et à la sécurité ;
- les documents remis au comité d'entreprise européen doivent comporter une version en français.

Cas des salariés détachés sur les grands chantiers de bâtiment ou de génie civil - Sur les grands chantiers de bâtiments ou de génie civil, les salariés détachés doivent être informés par voie d'affichage de la réglementation qui leur est applicable. L'affiche est traduite dans l'une des langues officielles parlées dans chacun des États d'appartenance des salariés détachés (c. trav. art. L. 1262-4-5 et D. 1263-21) [Voir *Détachement transnational (statut du salarié)**].

Conventions et accords collectifs - Les conventions et accords collectifs de travail doivent être rédigés en français (circ. 19 mars 1996, JO du 20) [voir*Accord collectif d'entreprise (contenu)** et *Convention collective (contenu)**].

Documents remis aux représentants du personnel - Les documents que l'employeur remet aux représentants du personnel, au comité d'entreprise européen et au comité de la société européenne comportent au moins une version en français (c. trav. art. L. 2343-17 et L. 2353-21).

Usage du français

Au regard du droit français et du droit européen, il est interdit de limiter le recours aux travailleurs détachés, dans le cadre notamment des marchés publics, par exemple en imposant l'usage du français par les salariés des candidats à ces marchés (clause dite « Molière ») (instr. intermin. du 27 avril 2017).

Rupture du contrat de travail

Le salarié qui donne sa *démission** doit le faire clairement et sans équivoque. Un doute peut planer lorsqu'il manie mal la langue française. Ceci étant, la volonté est claire et non équivoque lorsque la lettre de démission, bien que rédigée par un tiers, a été traduite au salarié dans sa langue maternelle, lequel, avisé des conséquences pécuniaires de sa décision, a maintenu sa démission (cass. soc. 22 février 2000, n° 98-40650 D).

Sur la langue utilisée pendant l'entretien préalable au licenciement, voir *Entretien préalable au licenciement**.

Contentieux et preuve

Les juges peuvent écarter comme élément de *preuve** un document écrit en langue étrangère lorsque sa traduction en langue française n'est pas produite (cass. soc. 1er avril 2008, n° 06-46027 D).

Lettre de licenciement

☛ *Licenciement (notification).*

Liberté d'expression

☛ *Expression (liberté d').*

Licenciement

Le licenciement peut avoir un motif économique ou un motif personnel (disciplinaire ou non disciplinaire). Lorsqu'il a un motif économique, il peut être individuel ou collectif (voir *Licenciement non disciplinaire**, *Licenciement pour faute** et *Licenciement économique**).

Cause réelle et sérieuse

Pour tout licenciement - Tout licenciement, pour motif personnel comme pour motif économique, doit être fondé sur une cause réelle et sérieuse (c. trav. art. L. 1232-1).

Le licenciement sans cause réelle et sérieuse ouvre droit au profit du salarié à une indemnité [voir *Licenciement sans cause réelle et sérieuse** et *Conseil de prud'hommes (indemnité de licenciement)**].

▶ Attention… La rupture du contrat de travail pendant la période d'essai obéit à des règles spécifiques qui ne sont pas celles du licenciement, voir *Période d'essai**.

Définition - Il n'existe pas de définition légale de la cause réelle et sérieuse. Toutefois, selon les tribunaux, une cause réelle est une cause établie, objective et exacte. Un motif sérieux résulte d'un fait qui rend impossible, sans dommage pour l'entreprise, la continuation du contrat de travail.

▶ À noter… L'employeur qui souhaite licencier un salarié se trouve aussi tenu, le cas échéant, par les motifs limitativement énumérés dans un accord collectif. Le licenciement pour un motif non autorisé par l'accord collectif applicable dans l'entreprise est sans cause réelle et sérieuse (cass. soc. 29 septembre 2009, n° 07-43431, BC V n° 208).

Sur la définition du motif économique d'un licenciement, voir *Licenciement économique (cause économique)**. Sur un licenciement pour motif personnel, voir *Licenciement non disciplinaire** et *Licenciement pour faute**.

Rôle du juge - En cas de contentieux, le juge apprécie le caractère réel et sérieux du ou des motifs invoqués par l'employeur, en fonction des éléments fournis par les parties et, au besoin, après les mesures d'instruction qu'il estime utiles.

Si un doute subsiste sur la légitimité de ces motifs, il doit profiter au salarié (c. trav. art. L. 1235-1).

En cas de licenciement pour motif économique, l'employeur doit communiquer au juge tous les éléments qu'il a fournis aux représentants du personnel dans le cadre de la procédure de consultation [voir *Conseil de prud'hommes**, *Licenciement économique (contentieux collectif)** et *Licenciement économique (contentieux individuel)**].

Poursuite des relations de travail - Il n'y a pas de cause réelle et sérieuse lorsque l'employeur envisage la poursuite des relations de travail au jour du licenciement (cass. soc. 23 mai 2000, n° 98-40634, BC V n° 195). En l'espèce, la lettre de licenciement indiquait que le travail de la salariée intéressée ne donnait pas satisfaction et qu'elle serait licenciée si, à l'expiration du préavis, elle n'avait pas fait les progrès nécessaires.

Salariés transportant des personnes ou des marchandises dangereuses - Un motif de licenciement spécifique aux salariés chargés de transporter des personnes ou des marchandises dangereuses permet de les licencier, sous certaines conditions, lorsqu'ils ont un comportement incompatible avec l'exercice de leurs missions. Sont concernés les entreprises de transport public de personnes, celles de transport de marchandises dangereuses soumises à l'obligation d'adopter un plan de sûreté ou les gestionnaires d'infrastructure (c. séc. int. art. L. 114-2).

Avant de procéder au licenciement du salarié, l'entreprise doit demander l'ouverture d'une enquête administrative. Si l'enquête fait apparaître un comportement anormal, l'employeur devra d'abord proposer au salarié un autre emploi correspondant à ses qualifications. Ce n'est que si le reclassement du salarié est impossible, ou si ce dernier refuse la proposition qui lui a été faite, que l'employeur pourra alors engager une procédure de licenciement dans le respect des règles du code du travail.

Modalités

Procédure - Voir *Entretien préalable au licenciement**, *Licenciement (notification)**, *Licenciement (précision des motifs)**, *Licenciement économique collectif (procédure applicable)**, *Licenciement économique (procédure du licenciement individuel)**, *Licenciement personnel (procédure)**, *Licenciement des représentants du personnel (procédure)** et *Procédure de sauvegarde, de redressement et de liquidation judiciaires (licenciements)**.

Préavis - Sauf faute grave et faute lourde, employeur et salarié doivent respecter un *préavis**. À l'expiration de celui-ci, le contrat est rompu et le salarié doit quitter l'entreprise.

▶ À noter… Le salarié peut être dispensé d'effectuer son préavis [voir *Préavis (dispense)**].

Formalités administratives - Il faut faire mention du licenciement sur :

- le *registre du personnel** ;
- la *déclaration des mouvements de main-d'œuvre** si l'entreprise occupe au moins 50 salariés.

Obligations vis-à-vis des salariés licenciés - L'employeur est tenu ou peut être tenu de verser au salarié licencié :
- une indemnité compensatrice de préavis [voir *Préavis (indemnité compensatrice)**] ;
- une indemnité compensatrice de congés payés [voir *Congés payés (indemnité compensatrice)**] ;
- une *indemnité de licenciement** ;
- une indemnité de non-concurrence lorsque le contrat de travail contient une clause de non-concurrence [voir *Clause de non-concurrence (indemnité)**].

Documents à remettre - L'employeur est tenu de remettre au salarié licencié un *certificat de travail**, une *attestation d'assurance chômage** et, le cas échéant, un *état récapitulatif de l'épargne salariale**. Il doit aussi établir un *reçu pour solde de tout compte**.

☞ *Contrat de chantier ou d'opération ; Heures pour recherche d'emploi ; Licenciement sans cause réelle et sérieuse ; Licenciement économique ; Licenciement économique collectif (procédure applicable) ; Licenciement économique (procédure du licenciement individuel) ; Licenciement pour faute ; Licenciement personnel (procédure) ; Licenciement non disciplinaire ; Licenciement (précision des motifs) ; Licenciement des représentants du personnel ; Plan de sauvegarde de l'emploi ; Préavis ; Priorité de réembauche.*

Licenciement collectif

☞ *Licenciement économique ; Licenciement économique collectif (10 salariés ou plus dans une entreprise d'au moins 50 salariés) ; Licenciement économique collectif (10 salariés ou plus dans une entreprise de moins de 50 salariés) ; Licenciement économique collectif (moins de 10 salariés) ; Licenciement économique collectif (procédure applicable).*

Licenciement des délégués syndicaux

Protection spéciale

Étendue de la protection - Les délégués syndicaux (DS) bénéficient d'un statut protecteur. L'employeur ne peut, en effet, rompre leur contrat de travail qu'après avoir obtenu l'autorisation de l'inspecteur du travail (c. trav. art. L. 2411-3).

L'employeur applique également la procédure protectrice en cas de refus du délégué syndical, comme des autres salariés protégés, d'une modification de son contrat de travail ou d'un changement de ses conditions de travail [voir *Modification du contrat de travail (salariés protégés)**].

Ce statut protecteur joue aussi pour le *représentant de la section syndicale** et s'applique également en cas de rupture conventionnelle individuelle [voir *Rupture conventionnelle (procédure)**], de *rupture conventionnelle collective** ou de *mise à la retraite**.

▶ À noter… Sur l'application du statut protecteur en cas de *sanctions disciplinaires**, voir cette étude.

Voir aussi *Transfert partiel d'entreprise ou d'établissement (protection des représentants du personnel)**.

Absence d'effet rétroactif de l'annulation de la désignation - L'annulation de la désignation d'un DS demandée par l'employeur parce que le salarié ne remplit pas les conditions requises (ex. : le salarié travaille dans l'entreprise depuis moins d'un an) n'a pas d'effet rétroactif sur le statut protecteur du salarié. L'employeur qui souhaite licencier le salarié alors que sa désignation n'a pas encore été annulée par les juges doit donc obtenir l'autorisation de l'inspecteur du travail. À défaut, le licenciement est nul et le salarié peut demander sa réintégration (cass. soc. 16 décembre 2014, n° 13-15081, BC V n° 290).

Mandats concernés

Délégués syndicaux - Sont bénéficiaires d'une protection spéciale contre la rupture de leur contrat de travail (c. trav. art. L. 2411-1 à L. 2411-3) :
- les salariés sur le point d'être désignés comme DS ;
- le *délégué syndical** en exercice ;
- le DS institué par voie conventionnelle ;
- le *délégué syndical central** (c. trav. art. L. 2143-5) ;
- le *délégué syndical supplémentaire** ;
- l'ancien DS, pendant 12 mois après la cessation de ses fonctions lorsque celles-ci ont été exercées pendant 1 an au moins (*voir ci-après*).

▶ À noter… Un salarié qui demande, en sa qualité de DS, l'organisation d'élections bénéficie de la protection contre le licenciement, en tant que demandeur d'élections, même si sa désignation en tant que DS a été annulée (cass. soc. 24 mai 2006, n° 04-43947, BC V n° 192).

Protection post-mandat - Pour bénéficier de la protection en tant qu'ancien DS, seule la durée du dernier mandat du salarié compte lorsque celui-ci a été nommé plusieurs fois DS par des syndicats différents. Dans le cas particulier d'un DS nommé par un syndicat puis ayant démissionné de son poste pour être ensuite désigné par un autre, l'employeur n'avait pas besoin d'une autorisation préalable pour le licencier car ce second mandat avait duré moins d'un an, peu important qu'il n'ait pas été directement informé de la fin du premier mandat (cass. soc. 9 juillet 2014, n° 12-29438, BC V n° 190).

Dans les entreprises de moins de 50 salariés, où seul un élu du CSE peut être désigné DS, la protection post-mandat est celle de 6 mois attachée à sa qualité d'élu et non celle de 12 mois attachée à la qualité de DS s'il a exercé plus d'un an (cass. soc. 4 novembre 2020, n° 19-12279, 2° moyen FPB).

Membre du CSE désigné comme DS - Un membre de la délégation du personnel au CSE désigné comme DS bénéficie de la protection contre la rupture de son contrat de travail (c. trav. art. L. 2143-6) [voir *Délégué syndical (désignation)** et *Licenciement des représentants du personnel**].

Gérant non salarié désigné comme DS - Les dispositions du code du travail sont, sous certaines réserves, applicables aux gérants non salariés de succursales de commerce de détail alimentaire (c. trav. art. L. 7322-1). Ceux qui exercent un mandat de DS bénéficient ainsi du régime protecteur accordé aux représentants du personnel. Leur contrat de gérance ne peut donc être rompu qu'avec l'autorisation préalable de l'inspection du travail (c. trav. art. L. 2411-3, L. 2411-8 et L. 2431-1 ; cass. crim. 11 octobre 2011, n° 10-86944, B. crim. n° 204).

DS en contrat à durée déterminée (CDD) - Un DS en CDD bénéficie du statut protecteur [voir *Contrat de travail à durée déterminée (salariés protégés)**].

Modification dans la situation juridique de l'entreprise - En cas de *modification de la situation juridique de l'employeur**, le mandat du DS subsiste lorsque l'entreprise qui a fait l'objet de la modification conserve son autonomie (c. trav. art. L. 2143-10). Dans le cas contraire, le mandat prend fin, l'ancien DS demeurant néanmoins protégé pendant encore 12 mois après la cessation de ses fonctions, sous réserve qu'il ait exercé son mandat pendant au moins 1 an (c. trav. art. L. 2411-3).

Point de départ de la protection

Pour bénéficier de la protection spéciale, la lettre du syndicat notifiant la désignation comme DS, ou l'imminence de la désignation, doit être portée à la connaissance de l'employeur au plus tard au moment de l'envoi de la convocation à l'entretien préalable (c. trav. art. L. 2411-3 ; cass. soc. 1er mars 2005, n° 03-40048, BC V n° 75).

Dans le cas particulier d'un employeur qui envoie deux convocations à l'entretien préalable (la première était parvenue tardivement au salarié à cause d'une grève postale) et qui reçoit la lettre de désignation entre les deux convocations, c'est la date d'envoi de la première convocation qui compte (cass. soc. 2 décembre 2008, n° 07-45540, BC V n° 240).

Le statut protecteur n'est donc pas applicable lorsque la désignation est postérieure à la date d'envoi de la convocation à l'entretien préalable au licenciement (cass. soc. 29 février 2012, n° 10-24041 D).

Motif et procédure

Le motif de licenciement doit être réel et sérieux. Il ne peut pas être tiré des activités syndicales du salarié, sous peine de voir le licenciement annulé pour cause de discrimination interdite (voir *Discriminations**).

Sur la procédure à suivre, voir *Licenciement des représentants du personnel (procédure)**.

En cas de contentieux, voir *Licenciement des représentants du personnel (contentieux)**.

☞ *Délégué syndical ; Licenciement ; Licenciement des représentants du personnel ; Licenciement des représentants du personnel (mise à pied préalable).*

Licenciement disciplinaire

☞ *Licenciement pour faute ; Licenciement personnel (procédure) ; Mise à pied conservatoire.*

Licenciement économique

☞ *Licenciement économique (cause économique) ; Licenciement économique (contentieux collectif) ; Licenciement économique (contentieux individuel) ; Licenciement économique (équilibre du bassin d'emploi) ; Licenciement économique (obligation de reclas-*

sement) ; Licenciement économique (procédure du licenciement individuel) ; Licenciement économique collectif (10 salariés ou plus dans une entreprise d'au moins 50 salariés) ; Licenciement économique collectif (10 salariés ou plus dans une entreprise de moins de 50 salariés) ; Licenciement économique collectif (moins de 10 salariés) ; Licenciement économique collectif (procédure applicable) ; Licenciement économique (recherche d'un repreneur) ; Ordre des licenciements ; Plan de sauvegarde de l'emploi.

Licenciement économique (cause économique)

Constitue un licenciement pour motif économique, celui effectué par un employeur pour un ou plusieurs motifs (c. trav. art. L. 1233-3) :
- non inhérents à la personne du salarié ;
- résultant d'une suppression ou transformation d'emploi ou d'une modification d'un élément essentiel du contrat de travail refusée par le salarié (voir *Modification du contrat de travail**) ;
- consécutifs notamment à des difficultés économiques, à des mutations technologiques, à une réorganisation de l'entreprise nécessaire à la sauvegarde de sa compétitivité ou à la cessation d'activité de l'entreprise.

Ces trois critères sont cumulatifs.

Cause réelle et sérieuse

Le motif économique ne doit pas cacher un motif personnel. Il peut, par exemple, s'agir d'une situation dans laquelle l'employeur prend prétexte de difficultés économiques pour licencier un ou plusieurs salariés auxquels il est en réalité reproché une insuffisance professionnelle (cass. soc. 5 mai 1999, n° 98-40964 D).

La cause invoquée doit pouvoir être établie. En principe, il est nécessaire de se placer, à cet effet, à la date du licenciement (voir toutefois ci-après une exception possible en cas de nécessité de sauvegarder la compétitivité de l'entreprise).

Lorsque l'employeur se fonde sur des difficultés économiques, celles-ci doivent être suffisamment sérieuses. Pour des exemples, voir le tableau reproduit dans cette étude.

L'employeur doit, au préalable, se conformer à son obligation d'*adaptation** et de reclassement [voir *Licenciement économique (obligation de reclassement)**].

▶ **À noter...** Sur la motivation de la lettre de licenciement pour motif économique, voir *Licenciement (notification)** et *Licenciement (précision des motifs)**.

Difficultés économiques

Définition légale - Les difficultés économiques sont une des quatre causes économiques de licenciement expressément citées dans le code du travail. Elles doivent être caractérisées (c. trav. art. L. 1233-3) :
- soit par l'évolution significative d'au moins un indicateur économique (baisse des commandes ou du chiffre d'affaires, pertes d'exploitation, dégradation de la trésorerie ou de l'excédent brut d'exploitation) ;
- soit par tout autre élément de nature à justifier de ces difficultés.

Une baisse significative des commandes ou du chiffre d'affaires est constituée dès lors que la durée de cette baisse est, en comparaison avec la même période de l'année précédente, au moins égale à :
- 1 trimestre pour une entreprise de moins de 11 salariés ;
- 2 trimestres consécutifs pour une entreprise d'au moins 11 salariés et de moins de 50 salariés ;
- 3 trimestres consécutifs pour une entreprise d'au moins 50 salariés et de moins de 300 salariés ;
- 4 trimestres consécutifs pour une entreprise de 300 salariés et plus.

Appréciation au niveau de l'entreprise - Les difficultés économiques, tout comme les mutations technologiques ou la nécessité de sauvegarder la compétitivité de l'entreprise, s'apprécient au niveau de l'entreprise si elle n'appartient pas à un groupe (c. trav. art. L. 1233-3).

L'appréciation se fait au niveau de l'entreprise dans son ensemble. Elle ne s'effectue ni au niveau d'un établissement ou d'un magasin si l'entreprise en a plusieurs (cass. soc. 17 juin 1992, n° 89-42769, BC V n° 403 ; cass. soc. 16 octobre 1997, n° 95-41378 D ; cass. soc. 26 octobre 2005, n° 03-41972 D), ni au niveau du secteur d'activité concerné (cass. soc. 7 octobre 1998, n° 96-43107, BC V n° 405 ; cass. soc. 6 mars 2007, n° 05-40156 D) ou d'un département de l'entreprise sous prétexte qu'il correspond à un secteur d'activité (cass. soc. 26 juin 2012, n° 11-13736, BC V n° 197).

▶ **À noter...** En cas de rachat avec reprise des salariés d'une entreprise qui doit fermer pour cause de difficultés économiques, le repreneur ne peut pas se fonder sur les difficultés de l'entreprise rachetée pour motiver le licenciement économique d'un salarié repris ayant refusé une modification de son contrat de travail (CE 14 juin 2021, n° 438431).

Appréciation au niveau du groupe - Si l'entreprise appartient à un groupe, les difficultés économiques, les mutations technologiques ou la nécessité de sauvegarder la compétitivité de l'entreprise s'apprécient au niveau du secteur d'activité commun à cette entreprise et aux entreprises du groupe auquel elle appartient, établies sur le territoire national (c. trav. art. L. 1233-3 ; CE 29 juin 2020, n° 423673).

Toutefois, le juge pourra s'affranchir de cette limite géographique en cas de fraude. Il pourrait s'agir, par exemple, de la création artificielle, notamment en matière de présentation comptable, de difficultés économiques à l'intérieur d'un groupe à la seule fin de procéder à des suppressions d'emploi.

La notion de groupe désigne ici le groupe formé par une entreprise appelée entreprise dominante et les entreprises qu'elle contrôle dans les conditions définies par référence aux dispositions du code de commerce lequel raisonne en termes de détention de capital, de droits de vote ou d'influence dominante, conformément à la définition retenue pour la création du comité de groupe [c. trav. art. L. 2331-1 ; c. com. art. L. 233-1, L. 233-3, I et II, et L. 233-16 ; questions/réponses (Q/R) « La rupture du contrat de travail » diffusé le 23 juillet 2020].

Définition du secteur d'activité - Le secteur d'activité se caractérise par la nature des produits, biens ou services délivrés, la clientèle ciblée, les réseaux et les modes de distribution se rapportant à un même marché (c. trav. art. L. 1233-3 ; Q/R « La rupture du contrat de travail » diffusé le 23 juillet 2020).

Exemple

Un salarié protégé avait été licencié pour motif économique par une papeterie qui produisait du « papier mince », destiné notamment à la production de papier à cigarette. Elle faisait partie d'une holding. Le salarié reprochait à l'inspection du travail d'avoir autorisé son licenciement sur la seule base des difficultés économiques rencontrées par les entreprises de la holding, sans prendre en considération une autre société détenue par le dirigeant de cette holding et spécialisée dans la fabrication de produits à destination des fumeurs. Or, la fabrication de papier mince et la production de produits finis à destination des fumeurs ne relèvent pas à proprement parler de la même activité. Dans ces conditions, il n'y avait pas à prendre en considération la situation économique de la société extérieure à la holding pour apprécier les difficultés économiques de cette dernière, même si elle faisait partie du même groupe (CE 29 juin 2020, n° 423673).

Le fait qu'une entreprise ait une activité spécialisée dans le groupe ne suffit pas à exclure son rattachement à un même secteur d'activité, au sein duquel doivent être appréciées les difficultés économiques (cass. soc. 31 mars 2021, n° 19-26054 FSP).

Date d'appréciation - Les difficultés économiques doivent, en principe, exister à la date de la rupture du contrat de travail (cass. soc. 26 février 1992, n° 90-41247, BC V n° 130 ; cass. soc. 17 octobre 2006, n° 04-44948 D), c'est-à-dire à la date de la notification du licenciement (cass. soc. 26 septembre 2006, n° 05-43841, BC V n° 288), peu importe si l'entreprise s'est ensuite rapidement redressée (cass. soc. 17 septembre 2014, n° 13-19763 D).

Toutefois, des faits postérieurs à la date de la rupture du contrat de travail peuvent être pris en compte pour apprécier le caractère réel et sérieux des difficultés motivant le licenciement. En pratique, une entreprise peut donc « anticiper » sur les difficultés *(voir ci-après)*.

Rôle du juge - En cas de contentieux, le juge prud'homal apprécie la réalité des difficultés économiques invoquées par l'employeur, lesquelles doivent justifier les mesures prises.

Le juge du fond n'a pas à contrôler les choix de gestion ou stratégiques opérés par l'employeur (cass. soc. 14 décembre 2005, n° 03-44380, BC V n° 365 ; cass. soc. 21 février 2007, n° 04-48239 D). Il ne peut donc pas examiner le bien-fondé des choix effectués par l'employeur entre les différentes solutions possibles pour pallier ces difficultés économiques avérées (cass. soc. 8 juillet 2009, n° 08-40046, BC V n° 173 ; cass. soc. 21 mai 2014, n° 11-28803 D).

Néanmoins, le juge est en droit de rechercher si de mauvais choix de gestion ne dissimulent pas une faute de l'employeur. Par hypothèse, la faute va au-delà de l'erreur : elle peut être caractérisée par une légèreté blâmable ou une attitude frauduleuse.

Le pouvoir d'appréciation du juge s'exerce lorsque l'employeur invoque comme motif de rupture du contrat de travail une restructuration dictée par des difficultés économiques ou une cessation d'activité, ou encore lorsque l'employeur s'est placé sur le terrain de la réorganisation nécessaire à la sauvegarde de la compétitivité (cass. soc. 4 novembre 2020, n° 18-23029 FSPBRI).

Mutations technologiques

Voir *Mutation technologique**.

Réorganisations

Sauvegarde de la compétitivité - Une réorganisation ne légitime un licenciement économique que si elle est indispensable à la sauvegarde de la compétitivité de l'entreprise ou, si elle appartient à un groupe, si elle est nécessaire à la sauvegarde du secteur d'activité des entreprises de ce groupe situées sur le territoire national (cass. soc. 14 décembre 2011, n°s 10-11042 et 10-13922, BC V n° 295 ; c. trav. art. L. 1233-3).

A contrario, une réorganisation destinée à réaliser des profits supplémentaires ne justifie pas des licenciements pour motif économique (cass. soc. 22 février 2006, n° 04-40041 D) pas plus qu'une réorganisation destinée à économiser des coûts salariaux (cass. soc. 21 décembre 2006, n° 05-42185 D), ou à mettre fin aux nuisances causées à l'environnement (cass. soc. 13 février 2008, n° 06-44358 D).

▶ À noter… Lorsque l'employeur dispose d'un choix entre plusieurs mesures de réorganisation de nature à sauvegarder la compétitivité de l'entreprise, le juge n'a pas à examiner le bien-fondé du choix de l'employeur sur le plan économique, car c'est à ce dernier de décider quelle est la réorganisation la plus efficace (cass. ass. plén. 8 décembre 2000, n° 97-44219, B. ass. plén. n° 11 ; cass. soc. 8 juillet 2009, n° 08-40046, BC V n° 173 ; cass. soc. 14 septembre 2010, n° 09-66657 D). Pour autant, une restructuration peut être remise en cause si elle est due à une légèreté blâmable de l'employeur (cass. soc. 24 mai 2018, n° 17-12560, BC V n° 85).

Anticipation sur les difficultés économiques - Le cas échéant, une réorganisation qui anticipe sur des difficultés économiques prévisibles ou des mutations technologiques inéluctables est susceptible de justifier un licenciement pour motif économique si elle est effectuée pour assurer la compétitivité de l'entreprise, et donc le maintien des emplois, sans être subordonnée à l'existence de difficultés économiques à la date des licenciements. En cas de contentieux, l'existence d'une menace pesant sur la compétitivité doit pouvoir être établie, sinon les licenciements sont jugés sans cause réelle et sérieuse (cass. soc. 11 janvier 2006, n° 04-46201, BC V n° 10 ; cass. soc. 31 mai 2006, n° 04-47376, BC V n° 200).

Gestion prévisionnelle de l'emploi et des compétences - Lorsqu'une réorganisation nécessaire pour affronter la concurrence se fait dans le cadre d'un dispositif de *gestion prévisionnelle de l'emploi et des compétences** (GPEC) mis en place dans l'entreprise afin de prévenir des difficultés économiques à venir et leurs conséquences sur l'emploi, les licenciements reposent sur une cause réelle et sérieuse dès lors que ces mesures de gestion prévisionnelle sont nécessaires à la sauvegarde de la compétitivité de l'entreprise (cass. soc. 21 novembre 2006, n° 05-40656, BC V n° 349).

Cessation d'activité

Motif de licenciement sous certaines conditions - La cessation de l'activité de l'entreprise est une des quatre causes économiques de licenciement (c. trav. art. L. 1233-3).

En l'absence de définition légale précise, il ressort de la jurisprudence qu'elle ne constitue une cause légitime de licenciement économique que lorsqu'elle est définitive, qu'elle concerne toute l'entreprise et qu'elle n'a pas pour origine une faute de l'employeur.

Cessation définitive de l'activité - L'activité de l'entreprise doit définitivement cesser. Tel n'est pas le cas si la lettre de licenciement mentionne des travaux et leur incidence (cass. soc. 15 octobre 2002, n° 01-46240, BC V n° 311 ; cass. soc. 9 mars 2004, n° 01-46780 D ; cass. soc. 21 mars 2006, n° 03-47824 D). De même, une fermeture temporaire (cass. soc. 15 octobre 2002, n° 01-46240, BC V n° 311) ou une cessation partielle d'activité (cass. soc. 10 octobre 2006, n° 04-43453, BC V n° 296 ; cass. soc. 21 avril 2010, n° 08-70314 D) prive le licenciement de cause réelle et sérieuse.

Cessation de l'activité de toute l'entreprise - La cessation d'activité doit concerner l'entreprise elle-même et pas une de ses unités seulement (ex. : établissement, agence, magasin) ou une partie de son activité (cass. soc. 21 avril 2010, n° 08-70314 D ; cass. soc. 23 mars 2017, n° 15-21183, BC V n° 56).

Lorsque l'entreprise appartient à un groupe, la fermeture totale et définitive à l'origine des licenciements peut concerner une seule des sociétés du groupe (cass. soc. 10 décembre 2015, n° 14-19316, BC V n° 252).

Légèreté blâmable de l'employeur - La fermeture définitive et totale d'une entreprise ou de la filiale d'un groupe ne constitue pas un motif de licenciement économique lorsqu'elle est due à la légèreté blâmable de l'employeur (cass. soc. 16 janvier 2001, n° 98-44647, BC V n° 10 ; cass. soc. 10 octobre 2006, n° 04-43453, BC V n° 296 ; cass. soc. 1er février 2011, n° 10-30045, BC V n° 42).

Exemples
Dans le cadre d'un groupe, il y a faute et légèreté blâmable de la société mère lorsque celle-ci a pris, au seul profit de son actionnaire unique, des décisions inutiles et dommageables pour sa filiale, qui ont aggravé la situation économique difficile de celle-ci conduisant à sa liquidation judiciaire (cass. soc. 8 juillet 2014, n° 13-15573, BC V n° 180).
Il n'y a pas de légèreté blâmable de l'employeur après une cessation d'activité pour liquidation judiciaire, si les fautes reprochées à l'employeur ne sont pas à l'origine de cette liquidation judiciaire (cass. soc. 8 juillet 2020, n° 18-26140 FSPB).

L'absence de difficultés économiques ne conduit pas forcément à reprocher à l'employeur d'avoir agi avec une légèreté blâmable en fermant son entreprise. En revanche, le comportement de l'employeur peut être apprécié par les juges en tenant compte de la situation économique de l'entreprise, qu'elle soit bonne ou mauvaise (cass. soc. 1er février 2011, n° 10-30045, BC V n° 42).

Sur la position du juge administratif s'agissant de l'application de la cessation de l'activité aux salariés protégés, voir ci-après.

Suppression d'emploi

Définition - En principe, il y a suppression d'emploi dès lors que le salarié licencié n'est pas remplacé après son départ de l'entreprise par un autre salarié. Ainsi, il n'y a pas suppression d'emploi si le salarié licencié est remplacé, immédiatement après son départ, par exemple, par un autre salarié de l'entreprise dans son poste de travail (cass. soc. 16 janvier 2001, n° 98-44461, BC V n° 11), mais cela peut se produire quelques mois plus tard (cass. soc. 8 janvier 2020 n° 18-14373 D).

Cependant, il peut y avoir suppression d'emploi lorsque les tâches accomplies jusque-là par l'intéressé sont réparties entre d'autres personnes demeurées dans l'entreprise (cass. soc. 12 janvier 2012, n° 10-21101 D ; cass. soc. 23 octobre 2019, n° 18-10032 D).

La suppression du poste de travail implique aussi qu'aucun salarié ne soit recruté pour exercer les mêmes fonctions peu de temps avant l'engagement de la procédure de licenciement (cass. soc. 14 mars 2012, n° 11-10898 D).

Appréciation au niveau de l'entreprise - La matérialité de la suppression d'emploi (idem pour la transformation d'emploi ou la modification d'un élément essentiel du contrat de travail) doit être appréciée au niveau de l'entreprise (c. trav. art. L. 1233-3).

Obligation de reclassement - Alors même qu'il résulte d'une suppression d'emploi procédant d'une cause économique, le licenciement économique n'a de cause réelle et sérieuse que si l'employeur s'est trouvé dans l'impossibilité de reclasser le salarié et qu'il peut le prouver en cas de contentieux [voir *Licenciement économique (obligation de reclassement)**].

Modification du contrat de travail

Le salarié qui refuse une modification d'un élément essentiel de son contrat de travail peut être licencié. Ce licenciement ne procédera d'un motif économique que si la modification est consécutive à des difficultés économiques, à des mutations technologiques ou à une réorganisation de l'entreprise nécessaire à la sauvegarde de sa compétitivité (cass. soc. 14 mai 1997, n° 94-43712, BC V n° 177).

Lorsqu'elle repose sur un motif économique, la *modification du contrat de travail** proposée au salarié est soumise à une procédure particulière (voir l'étude correspondante).

Transformation d'emploi

En l'absence de définition précise de cette notion, la transformation d'emploi peut, à notre sens, être définie par rapport à la notion de modification d'un élément essentiel du contrat de travail. La notion de transformation d'emploi n'est pas, comme la modification, limitée aux éléments du contrat de travail qui sont essentiels par nature (ex. : le salaire ou la qualification) ou de par la volonté de l'employeur et du salarié. Elle implique une modification radicale du contenu de l'emploi. C'est la nature même de ce dernier qui est concernée.

Exemple
La transformation d'emploi peut résulter de l'informatisation de l'entreprise ou du service (cass. soc. 15 octobre 1992, n° 91-43632, BC V n° 513), ou de la prise en charge de nouveaux secteurs d'activité par la société (cass. soc. 9 juillet 1997, n° 94-43709, BC V n° 262).

Licenciement pour motif économique d'un salarié protégé

Autorisation préalable de l'inspection du travail - Sous réserve de solliciter l'autorisation préalable de l'inspection du travail, un salarié protégé (ex. : un représentant du personnel) peut être licencié pour motif économique (voir *Licenciement des représentants du personnel**). Dans ce cadre, le contrôle de

Causes économiques (exemples)	
Difficultés économiques	
Cause jugée réelle et sérieuse	Des pertes financières résultant d'un investissement destiné à lutter contre la concurrence (cass. soc. 22 octobre 1996, n° 93-43491 D). Une marge brute d'exploitation nettement inférieure aux charges fixes apparue lors d'études prévisionnelles (cass. soc. 26 janvier 1994, n° 92-40252 D).
Cause jugée non réelle	À la suite d'un transfert d'entreprise, 2 salariées ont été licenciées pour motif économique par le repreneur, après avoir refusé une réduction de salaire. Les juges ont décidé que si les difficultés économiques invoquées par l'employeur existaient vraiment au moment des licenciements, elles ne constituaient cependant pas la cause réelle de la modification des contrats de travail, l'équilibre financier ayant été assuré la même année sans réduction de la charge salariale ni révision de la grille des salaires (cass. soc. 27 mai 2003, n° 01-42501 D). La seule réalisation d'un chiffre d'affaires moins élevé et la baisse des bénéfices ne suffisent pas à établir la réalité de difficultés économiques (cass. soc. 13 septembre 2012, n° 11-18480 D ; cass. soc. 16 avril 2015, n° 14-10551 D).
Cause jugée non sérieuse	N'est pas justifié le licenciement d'un présentateur TV dont le poste a été supprimé en raison des difficultés économiques et financières de sa chaîne, dès lors que l'évolution déficitaire des résultats de celle-ci était conforme aux prévisions de développement établies par ses créateurs à l'époque de l'embauche du salarié : l'employeur avait eu la volonté d'entreprendre une activité économique risquant d'être durablement déficitaire (cass. soc. 26 mars 2003, n° 01-42333 D).
Réorganisation	
Cause jugée réelle et sérieuse	Une association, pour prévenir une détérioration de ses résultats et une crise grave (son chiffre d'affaires et ses résultats d'exploitation régressaient), procède à une réorganisation qui entraîne la suppression du poste de chef de région. Ce licenciement a une cause réelle et sérieuse, la réorganisation ayant été décidée dans l'intérêt de l'entreprise afin de sauvegarder sa compétitivité dans le secteur d'activité (cass. soc. 6 février 1997, n° 94-42262 D). Des licenciements motivés par la nécessité de maintenir la compétitivité de l'entreprise (en raison, en l'occurrence, d'évolutions technologiques inéluctables) et d'éviter les conséquences de ces évolutions sur l'emploi peuvent avoir une cause réelle et sérieuse alors même que l'entreprise n'est pas en difficulté à la date des licenciements (cass. soc. 11 janvier 2006, n° 04-46201, BC V n° 10). En raison de raison de l'augmentation trop importante de la masse salariale par application des dispositions plus favorables de la nouvelle convention collective, l'existence d'une menace pesant sur la compétitivité de l'entreprise au sein d'un marché concurrentiel rendait nécessaire l'externalisation de l'activité du salarié et justifiait son licenciement économique (cass. soc., 4 juillet 2018, n° 16-27664 D).
Cause jugée non réelle	La réorganisation d'une société qui, décidée en dehors de toute difficulté économique, permet à un employeur de se séparer d'une infirmière qui lui coûtait trop cher (cass. soc. 2 avril 1997, n° 94-43165 D). La réorganisation de la force de vente d'une entreprise ayant consisté à faire disparaître le statut de VRP de commerciaux, celle-ci ayant été dictée par le désir de remettre en cause une situation acquise jugée trop favorable aux salariés (cass. soc. 30 septembre 1997, n° 94-43733, BC V n° 291).
Cause jugée non sérieuse	Une réorganisation de l'entreprise ne peut constituer une cause de licenciement économique que si elle est nécessaire à la sauvegarde de la compétitivité de l'entreprise. Si les juges constatent que la compétitivité de l'entreprise n'était pas menacée, le licenciement intervenu est jugé sans cause réelle et sérieuse (cass. soc. 29 janvier 2003, n° 00-44962 D ; cass. soc. 31 mai 2006, n° 04-47376, BC V n° 200). Une réorganisation répondant seulement à un souci de rentabilité (cass. soc. 14 décembre 2011, n° 10-23753 D).
Modification du contrat de travail	
Cause jugée réelle et sérieuse	Repose sur une cause réelle et sérieuse le licenciement d'une salariée suite à son refus de voir transférer son lieu de travail d'Orgeval à Paris, simple changement dans ses conditions de travail (cass. soc. 22 mai 1997, n° 94-40297, BC V n° 186).
Cause jugée non réelle	La mutation d'un salarié ne peut être un motif économique de licenciement que si elle est consécutive à des difficultés économiques, à des mutations technologiques ou à une réorganisation de l'entreprise nécessaire à sa compétitivité, ce qu'un juge ne saurait omettre de vérifier (cass. soc. 14 mai 1997, n° 94-43712, BC V n° 177).
Cause jugée non sérieuse	La réduction de rémunération n'est pas justifiée lorsqu'elle n'est réalisée qu'à des fins d'économie (cass. soc. 26 janvier 1994, n° 91-45825 D).

Causes économiques (exemples)	
Cessation d'activité	
Cause jugée réelle et sérieuse	**La cessation d'activité de l'entreprise lorsqu'elle ne résulte ni d'une faute de l'employeur ni de sa légèreté blâmable** (cass. soc. 16 janvier 2001, n° 98-44647, BC V n° 10 ; cass. soc. 28 février 2006, n° 03-47880, BC V n° 89).
Cause jugée non sérieuse	**Fermeture d'un établissement sans lien avec la nécessité de sauvegarder la compétitivité de l'entreprise elle-même** (cass. soc. 16 mars 2004, n° 01-44477 D). **Fermeture temporaire pour travaux** (cass. soc. 22 mars 2005, n° 02-46226 D). **Fermeture due à la légèreté blâmable de l'employeur** (cass. soc. 1er février 2011, n° 10-30045, BC V n° 42). **Éventuelle cession du droit au bail à un acquéreur exerçant une activité différente** (cass. soc. 22 septembre 2011, n° 10-11892 D).
Suppression d'emploi	
Cause jugée réelle et sérieuse	**Il y a suppression d'un emploi salarié lorsque l'employeur supprime un poste de préparatrice salariée en faisant assumer cette fonction par son mari travaillant comme collaborateur bénévole** (cass. soc. 20 janvier 1998, n° 94-45094, BC V n° 19). **Il y a suppression d'emploi lorsque les tâches du salarié licencié sont réparties entre différents salariés demeurés dans l'entreprise** (cass. soc. 21 juillet 1994, n° 92-44870 D). **Il en est également ainsi lorsque l'entreprise ferme un établissement français et qu'elle délocalise son activité sur d'autres sites, notamment à l'étranger** (cass. soc. 5 avril 1995, n° 93-42690, BC V n° 123).
Cause jugée non réelle	**Une lettre de licenciement invoquait une compression des effectifs consécutive à la suspension sans préavis de l'agrément d'une société d'assurance automobile pour cause de mauvaise qualité de l'accueil de ses sociétaires. Cette suspension a fait suite à un incident ayant opposé la salariée licenciée à un sociétaire de l'assureur, qu'elle avait mal accueilli, fait pour lequel elle avait déjà reçu un avertissement. La cause économique invoquée par l'employeur n'était donc pas réelle** (cass. soc. 4 juin 2003, n° 00-45703 D). **Une société qui, après le licenciement de 2 salariés, a recours de manière systématique à des embauches de manutentionnaires sous contrat à durée déterminée ne supprime pas les emplois des salariés licenciés** (cass. soc. 12 février 1997, nos 95-41694 et 95-41695, BC V n° 58). **Une société avait recruté une salariée exerçant les mêmes fonctions que la personne licenciée peu de temps avant l'engagement de la procédure de licenciement basée sur des difficultés économiques l'obligeant à supprimer le poste du salarié licencié** (cass. soc. 14 mars 2012, n° 11-10898 D).

l'administration porte sur le motif économique du licenciement et sur le respect de la procédure de licenciement des salariés protégés et de celle liée au licenciement pour motif économique (guide DGT, septembre 2019, fiche 7a).

Cas de la cessation d'activité de l'entreprise - L'inspecteur du travail peut autoriser le licenciement économique d'un salarié protégé en cas de cessation d'activité de l'entreprise (CE 8 avril 2013, n° 348559).

Il ne lui appartient pas de rechercher si la cessation d'activité est due à la faute ou à la légèreté blâmable de l'employeur (CE 1er août 2013, n° 351917), ce contrôle relevant du juge judiciaire (guide DGT, septembre 2019, fiche 7a). Le fait que la cessation d'activité soit due à la légèreté blâmable de l'employeur ne fait pas obstacle au licenciement. Il en résulte que l'inconséquence de l'employeur ne justifie pas, à elle seule, un refus d'autorisation (CE 8 avril 2013, n° 348559). Le salarié licencié dans ces conditions peut cependant demander réparation à l'employeur en invoquant les préjudices que lui auraient causés la faute ou la légèreté blâmable dans l'exécution du contrat de travail (CE 8 avril 2013, n° 348559).

▶ À noter… Peu importe que l'inspecteur du travail ait autorisé le licenciement pour motif économique d'un salarié protégé à la suite de la liquidation judiciaire de l'entreprise, le juge judiciaire doit vérifier, lorsqu'il en est saisi, si la cessation d'activité de l'entreprise a pour origine une faute ou une légèreté blâmable de l'employeur et et évaluer le préjudice causé par la faute de l'employeur, y compris celui résultant de la perte d'emploi (cass. soc. 25 novembre 2020, n° 18-13771 FPPBI).

Il n'est pas nécessaire non plus que l'inspecteur du travail s'assure que les nouvelles fonctions proposées à titre de reclassement soient compatibles avec le mandat possédé (CE 3 juillet 2013, n° 342291). En revanche, l'inspecteur du travail doit contrôler, outre le respect des exigences procédurales légales et des garanties conventionnelles, que la cessation d'activité de l'entreprise est totale et définitive, que l'employeur a satisfait, le cas échéant, à l'obligation de reclassement prévue par le code du travail et que la demande ne présente pas de caractère discriminatoire (CE 10 décembre 2014, n° 371629 ; CE 22 mai 2015, n° 371061).

Autres ruptures pour motif économique

Principe - Si la rupture du contrat de travail pour un motif économique est soumise, pour sa mise en œuvre, aux dispositions sur le licenciement économique, il n'en résulte pas que toute rupture d'un contrat de travail procédant d'un motif économique entraîne les effets d'un licenciement.

Départ volontaire à la retraite - Le départ volontaire à la retraite dans le cadre d'un plan de sauvegarde de l'emploi constitue une rupture à l'initiative du salarié et n'ouvre pas droit à l'indemnité conventionnelle de licenciement (cass. soc. 25 juin 2002, n° 00-18907, BC V n° 214).

Rupture amiable et rupture conventionnelle - La validité des conventions de résiliation amiable conclues avec les salariés concernés par un projet de licenciement économique est admise si leur droit aux indemnités de rupture a été préservé et si le comité social et économique a été consulté sur ce projet (cass. soc. 2 décembre 2003, n° 01-46540, BC V n° 309) (voir *Rupture amiable** et *Rupture conventionnelle**).

☛ *Licenciement économique (contentieux individuel) ; Licenciement économique (contentieux collectif) ; Licenciement économique (obligation de reclassement) ; Licenciement économique (procédure du licenciement individuel) ; Licenciement économique collectif (10 salariés ou plus dans une entreprise de moins de 50 salariés) ; Licenciement économique collectif (10 salariés ou plus dans une entreprise d'au moins 50 salariés) ; Licenciement économique collectif (moins de 10 salariés) ; Licenciement économique collectif (procédure applicable) ; Ordre des licenciements.*

Licenciement économique collectif (10 salariés ou plus dans une entreprise d'au moins 50 salariés)

Quand l'entreprise emploie au moins 50 salariés et envisage un grand licenciement collectif pour motif économique (au moins 10 salariés en 30 jours), elle doit mettre en œuvre un *plan de sauvegarde de l'emploi** (PSE) pour éviter les licenciements ou en limiter le nombre (c. trav. art. L. 1233-61).

Pour déterminer s'il doit ou non élaborer un PSE, l'employeur doit évaluer correctement le nombre de licenciements envisagés ainsi que l'effectif de l'entreprise. Ces règles de décompte sont détaillées par ailleurs [voir *Licenciement économique collectif (procédure applicable)**].

Options pour l'employeur

L'employeur a deux options :
- soit négocier un accord avec les syndicats représentatifs, pour déterminer le contenu du *plan de sauvegarde de l'emploi** et, éventuellement, les conditions de mise en œuvre du licenciement ;
- soit traiter tous ces points dans un document unilatéral sur lequel le CSE aura été consulté.

Il peut aussi cumuler les procédures avec, d'une part, un accord centré sur le contenu du *plan de sauvegarde de l'emploi** et, d'autre part, un document unilatéral consacré à la mise en œuvre du licenciement : critères d'ordre des licenciements, calendrier des départs, etc. Quelle que soit l'option retenue, il faut ensuite obtenir le feu vert de l'administration pour pouvoir notifier les licenciements.

Conclusion d'un accord PSE

Accord PSE partiel - L'employeur et les syndicats peuvent limiter la négociation au contenu du *plan de sauvegarde de l'emploi** stricto sensu (c. trav. art. L. 1233-24-1). L'accord est alors centré sur les mesures destinées à éviter les licenciements ou à en limiter le nombre : reclassement interne, créations d'activités nouvelles, actions de formation, etc.

Les autres aspects du licenciement sont définis par l'employeur, dans un document unilatéral.

Accord PSE total - L'employeur et les syndicats peuvent négocier sur tous les aspects du licenciement collectif. Dans cette hypothèse, l'accord collectif porte sur le contenu du *plan de sauvegarde de l'emploi** ainsi que sur (c. trav. art. L. 1233-24-2) :
- les modalités d'information et de consultation du CSE ;
- la pondération et le périmètre d'application des critères d'*ordre des licenciements** ;
- le calendrier des licenciements ;
- le nombre de suppressions d'emplois et les catégories professionnelles concernées ;
- les modalités de mise en œuvre des mesures de formation, d'adaptation et de reclassement que doit prévoir l'employeur pour tout licenciement économique.

Ouverture des négociations - L'employeur et les syndicats peuvent engager la négociation d'un accord PSE à tout moment.

Une solution consiste à ouvrir les discussions parallèlement au lancement de la procédure de consultation du CSE. L'employeur informe alors les élus du personnel de son intention de négocier un accord PSE lors de la première réunion de consultation.

Cependant, les discussions peuvent aussi commencer avant l'ouverture de la procédure de consultation, sans que cela constitue un délit d'entrave (c. trav. art. L. 1233-46). Dans ce cas, l'administration préconise d'organiser avec le CSE une « réunion 0 », qui permettra d'informer les élus du personnel et, éventuellement, de désigner un expert-comptable *(voir ci-après)*.

L'employeur informe sans délai le DREETS de l'ouverture de ces négociations (c. trav. art. L. 1233-24-1). Il le fait au plus tard lors de la notification du projet de licenciement à l'administration. Pour ce faire, il utilise le site « Portail RUPCO » *(voir ci-après)*.

Caractéristiques de l'accord - Comme tout accord collectif, l'accord PSE est négocié avec les syndicats représentatifs.

L'administration impose de négocier au niveau de l'entreprise et interdit de conclure un accord PSE d'établissement (instr. DGEFP/DGT 2013-13 du 19 juillet 2013, fiche 1).

L'accord PSE obéit à des conditions de validité particulières *(voir ci-après)*.

Clauses interdites - Qu'il soit total ou partiel, l'accord PSE ne peut pas déroger (c. trav. art. L. 1233-24-3) :

- à l'obligation d'effort de formation, d'adaptation et de reclassement incombant à l'employeur à l'occasion de tout licenciement économique (c. trav. art. L. 1233-4) ;
- à l'obligation de proposer aux salariés licenciés le *contrat de sécurisation professionnelle** ou le *congé de reclassement** (c. trav. art. L. 1233-65 et L. 1233-71) ;
- au principe selon lequel la consultation du CSE intervient obligatoirement avant la décision de l'employeur de licencier (c. trav. art. L. 2323-2) ;
- à l'obligation de transmettre au CSE des informations précises et écrites, de lui laisser un délai d'examen suffisant et de lui donner des réponses motivées (c. trav. art. L. 2323-4) ;
- au droit d'accès du CSE à toute information utile détenue par les administrations publiques et les organismes agissant pour leur compte (c. trav. art. L. 2323-5) ;
- aux éléments que doit communiquer l'employeur aux représentants du personnel dans le cadre de la procédure de consultation. Le cas échéant, les conséquences de la réorganisation en matière de santé, de sécurité ou de conditions de travail (c. trav. art. L. 1233-31 et L. 1233-32) ;
- aux règles de consultation des représentants du personnel lorsque le licenciement intervient dans le cadre d'un redressement ou d'une liquidation judiciaires (c. trav. art. L. 1233-58).

Désignation d'un expert - Le CSE peut mandater un expert pour assister les syndicats dans la négociation de l'accord PSE. Il s'agit du même expert que celui qui assiste le comité lors de la procédure de consultation.

La désignation de l'expert doit intervenir lors de la première réunion du CSE (c. trav. art. L. 1233-34 et L. 2325-35). Toutefois, le CSE peut prendre une décision de principe lors de la première réunion, puis procéder à la désignation ultérieurement sous réserve que des circonstances particulières justifient le report de la désignation. Une désignation tardive non justifiée fait perdre à l'expert l'essentiel de ses prérogatives (accès aux mêmes documents que le commissaire aux comptes, libre accès dans l'entreprise, etc.) (CE 23 novembre 2016, n° 388855).

Accord majoritaire - Qu'il soit partiel ou total, l'accord PSE doit être signé par des syndicats représentatifs ayant recueilli au moins 50 % des suffrages exprimés en faveur des syndicats reconnus représentatifs au premier tour des dernières élections professionnelles du CSE, quel que soit le nombre de votants (c. trav. art. L. 1233-24-1).

Les voix recueillies par un ancien délégué syndical, qui a signé l'accord parce qu'il continue à exercer de fait ce mandat n'ont pas à être prises en compte (CE 22 juillet 2015, n° 385668 ; CE 30 mai 2016, n° 385730).

L'accord collectif doit ensuite être soumis au DREETS pour validation *(voir ci-après)*.

Rédaction d'un document unilatéral

La négociation d'un accord PSE n'a rien d'obligatoire. Il s'agit d'une faculté offerte à l'employeur. En l'absence d'accord PSE, l'employeur est tenu, après la dernière réunion du CSE, de définir le contenu du *plan de sauvegarde de l'emploi** dans un document unilatéral. Outre le contenu du PSE, ce document doit préciser (c. trav. art. L. 1233-24-2 et L. 1233-24-4) :

- les modalités d'information et de consultation du CSE ;

- la pondération et le périmètre d'application des critères d'*ordre des licenciements**, sachant que ce périmètre peut être différent de l'entreprise ;
- le calendrier des licenciements ;
- le nombre de suppressions d'emplois et les catégories professionnelles concernées ;
- les modalités de mise en œuvre des mesures de formation, d'adaptation et de reclassement que doit prévoir l'employeur pour tout licenciement économique.

Il y a donc, d'une part, le PSE, qui constitue l'élément central de la procédure, et, d'autre part, tous les éléments qui relèvent, en quelque sorte, de la mise en œuvre du licenciement (critères d'ordre des licenciements, catégories professionnelles concernées, calendrier des départs, etc.).

▶ Attention… En l'absence d'accord collectif, le document unilatéral fixant le contenu du *plan de sauvegarde de l'emploi** doit prendre en compte l'ensemble des critères légaux d'*ordre des licenciements** (c. trav. art. L. 1233-5 ; CE 1er février 2017, n° 387886).

On retrouve la même distinction dans les accords PSE, avec l'accord partiel et l'accord total. Ainsi, dans l'hypothèse où l'employeur a conclu un accord partiel, c'est-à-dire limité au contenu du *plan de sauvegarde de l'emploi**, il faut élaborer un document unilatéral pour traiter les autres points relatifs au licenciement.

L'employeur présente son projet de document unilatéral au CSE. Le contenu de ce document peut ensuite évoluer au gré des discussions avec les représentants du personnel. À l'issue de la procédure de consultation, l'employeur rédige la version définitive du document unilatéral et le soumet au DREETS pour homologation *(voir ci-après)*.

Toute action en justice portant sur le contenu du document unilatéral ne peut être exercée qu'en fin de procédure, devant le juge administratif, une fois que le DREETS a homologué le document [voir *Licenciement économique (contentieux collectif)**] (c. trav. art. L. 1235-7).

Consultation du CSE

Au moins deux réunions sur une période de deux à quatre mois - Qu'il y ait ou non négociation d'un accord PSE, l'employeur doit consulter le CSE au cours d'au moins deux réunions, espacées d'au moins 15 jours (c. trav. art. L. 1233-30).

À partir du moment où s'est tenue la première réunion de consultation, le CSE doit rendre ses deux avis au terme d'un délai qui ne peut pas être supérieur à :
- 2 mois lorsque le nombre des licenciements est inférieur à 100 ;
- 3 mois lorsque le nombre de licenciements est au moins égal à 100 et inférieur à 250 ;
- 4 mois lorsque le nombre de licenciements est au moins égal à 250.

Toutefois, la procédure d'information-consultation du CSE qui va au-delà des délais légaux est régulière (CE 22 mai 2019, n° 420780). Dans cette affaire, l'employeur avait laissé au comité un délai de 6 mois au lieu des 2 mois prévus par le code du travail pour rendre son avis sur le projet de licenciement collectif avec PSE. En d'autres termes, permettre au CSE de rendre son avis au-delà des délais légaux est une mesure favorable aux représentants du personnel et ne saurait donc constituer une irrégularité de procédure. Le comité qui a ainsi bénéficié de davantage de temps pour échanger avec l'employeur et examiner le projet de licenciement ne peut pas contester ensuite la décision de validation ou d'homologation en prétextant que la procédure de consultation était irrégulière.

Une convention ou un accord collectif de travail peut prévoir des délais autres que les délais légaux (c. trav. art. L. 1233-30). Si l'entreprise a négocié des modalités d'information et de consultation différentes de celles prévues par le code du travail, l'administration doit s'assurer, au regard de ces modalités, que le CSE a été mis à même de rendre ses deux avis en toute connaissance de cause dans des conditions qui ne sont pas susceptibles d'avoir faussé sa consultation. En effet l'accord fixant les modalités d'information-consultation du CSE peut prévoir des délais plus longs que ceux prévues par le code de travail, mais aussi des délais plus courts (circ. DGEFP/DGT 2013-13 du 19 juillet 2013).

Information préalable - L'employeur doit délivrer au CSE toutes les informations exigées par la loi. À défaut, le DREETS pourra considérer que celui-ci n'a pas été en mesure de formuler son avis en toute connaissance de cause et refuser de valider ou d'homologuer le PSE (CE 22 juillet 2015, n° 385816).

▶ À noter… En parallèle à la procédure de consultation relative au licenciement collectif, les entreprises d'au moins 1 000 salariés qui envisagent de fermer un établissement peuvent être amenées à engager un processus de recherche d'un repreneur, en concertation avec le CSE (voir *Fermeture d'établissement**).

Double consultation - Sous réserve de la conclusion éventuelle d'un accord PSE *(voir ci-après)*, la consultation du CSE porte (c. trav. art. L. 1233-30) :
- sur l'opération projetée et ses modalités d'application (volet économique) ;
- sur le projet de licenciement collectif en lui-même (volet social), en l'occurrence le nombre de suppressions d'emplois, les catégories professionnelles concernées, les critères d'ordre et le calendrier prévisionnel des licenciements, et les mesures sociales d'accompagnement prévues par le PSE.

Le CSE est donc censé rendre deux avis.

▶ À noter... Cette double consultation distingue le volet économique (nature des difficultés, mesures de restructurations envisagées, etc.) du volet social (impact sur l'emploi, mesures de reclassement, etc.) de l'opération.

Impact d'un éventuel accord PSE - L'accord PSE a pour conséquence de réduire le champ de la consultation sur le projet de licenciement (volet social), voire de supprimer ce volet de la consultation (c. trav. art. L. 1233-30 ; instr. DGEFP/DGT 2013-13 du 19 juillet 2013, fiche 1 ; CE 7 décembre 2015, n° 383856) :
- en cas d'accord partiel, c'est-à-dire centré sur le contenu du *plan de sauvegarde de l'emploi** (mesures d'accompagnement et de reclassement), l'employeur doit consulter le CSE sur les seuls points qui n'ont pas été abordés par l'accord et qui touchent à la mise en œuvre du licenciement (calendrier, critère d'ordres, etc.) ;
- en cas d'accord PSE total, c'est-à-dire portant aussi bien sur le contenu du *plan de sauvegarde de l'emploi** que sur la mise en œuvre du licenciement, le CSE n'a pas à émettre d'avis sur le projet de licenciement, puisque tout a été réglé par la négociation.

En tout état de cause, l'employeur doit toujours consulter le CSE sur l'opération projetée et ses modalités d'application (volet économique). La conclusion d'un accord PSE n'a sur ce point aucune incidence.

Déclenchement de la procédure - L'employeur convoque le CSE à une première réunion, qui marque le début de la procédure d'information-consultation. Il communique l'ordre du jour au moins 3 jours avant la réunion (c. trav. art. L. 2315-30).

L'employeur adresse le PSE aux représentants du personnel et leur communique, avec la convocation à la première réunion, tous renseignements utiles sur le projet de licenciement collectif (c. trav. art. L. 1233-31 et L. 1233-32). Il indique :
- la ou les raisons économiques, financières ou techniques du projet de licenciement ;
- le nombre de licenciements envisagé ;
- les catégories professionnelles concernées et les critères proposés pour l'ordre des licenciements ;
- le nombre de salariés, permanents ou non, employés dans l'établissement ;
- le calendrier prévisionnel des licenciements ;
- les mesures de nature économique envisagées ;
- le cas échéant, les conséquences de la réorganisation en matière de santé, de sécurité ou de conditions de travail.

La première réunion marque le point de départ du délai maximal de 2, 3 ou 4 mois dans lequel le CSE doit rendre ses avis.

▶ À noter... Le seul fait que l'employeur se soit fait assister de trois collaborateurs au lieu des deux légalement autorisés, lors des réunions du CSE, ne suffit pas à invalider la consultation du comité (CE 7 décembre 2015, n° 383856).

Désignation d'un expert - Lors de la première réunion de consultation, le CSE peut désigner un expert, rémunéré par l'entreprise, pour l'assister. L'expert du CSE peut se faire assister par un expert technique rémunéré par le comité.

▶ À noter... Le CSE peut se faire assister par un « expert », pas nécessairement un *expert comptable**. L'expertise peut porter sur les domaines économiques et comptables, ainsi que sur les effets potentiels du projet de licenciement sur les conditions de travail (c. trav. art. L. 1233-34).

L'employeur informe le DREETS de cette désignation (c. trav. art. L. 1233-50).

Une fois désigné, l'expert a 10 jours pour demander à l'employeur les informations nécessaires à l'exécution de sa mission. L'employeur répond à cette demande dans les 8 jours. Le cas échéant, si l'expert souhaite disposer d'informations complémentaires, un nouvel échange est possible, selon les mêmes modalités : demande dans les 10 jours et réponse de l'employeur dans les 8 jours (c. trav. art. L. 1233-35).

Si le CSE estime que l'employeur n'a pas fourni toutes les informations nécessaires, il peut faire une demande d'injonction auprès de l'administration *(voir ci-après)*.

L'expert rend son rapport au CSE et, le cas échéant, aux syndicats, au plus tard 15 jours avant l'expiration du délai laissé au comité pour rendre son avis. Le fait qu'il tarde à remettre son rapport n'a pas pour effet de reporter l'expiration du délai dans lequel le comité doit rendre son avis (c. trav. art. R. 1233-3-1). L'employeur transmet le rapport de l'expert au DREETS (c. trav. art. L. 1233-50).

Déroulement de la consultation - L'employeur met à l'étude les suggestions relatives aux mesures sociales envisagées (contenu du *plan de sauvegarde de l'emploi**) formulées par le CSE. Il examine aussi les propositions alternatives au projet de restructuration.

Il donne une réponse motivée aux suggestions et aux propositions du CSE (c. trav. art. L. 1233-33). Il doit par ailleurs transmettre au DREETS les informations relatives à ces réunions (c. trav. art. L. 1233-48).

Le CSE est censé rendre ses avis lors de la dernière réunion, avant l'expiration du délai de 2, 3 ou 4 mois qui encadre la procédure de consultation *(voir ci-avant)*. Le fait que le comité refuse de rendre ses avis ne bloque pas la procédure. En effet, en l'absence d'avis au terme du délai prévu, le CSE est réputé avoir été consulté (c. trav. art. L. 1233-30).

▶ Attention… En cas d'irrégularité dans la procédure de consultation (informations insuffisantes, non-respect du délai minimal de 15 jours entre deux réunions, etc.), le comité peut adresser une demande d'injonction au DREETS *(voir ci-après)* ou, en fin de procédure, contester la décision d'homologation ou de validation du licenciement, en saisissant le juge administratif [voir *Licenciement économique (contentieux collectif)**].

L'étape suivante consiste à présenter le projet de licenciement au DREETS, pour validation ou homologation, selon que le PSE prend la forme d'un accord collectif ou d'un document unilatéral *(voir ci-après)*.

Le seul fait que l'expert-comptable n'ait pas obtenu communication de l'ensemble des documents qu'il a demandés ne suffit pas, à lui seul, à invalider la procédure d'information et de consultation du CSE. Ce n'est que si les informations manquantes ont empêché l'expert d'analyser correctement le projet de licenciement que le DREETS doit refuser de valider ou d'homologuer le PSE (CE 21 octobre 2015, n° 385683).

▶ À noter… En toute hypothèse, l'expert-comptable qui cherche à contraindre l'employeur à lui communiquer des informations qu'il estime nécessaire à sa mission ne peut pas saisir lui-même ni le juge judiciaire (cass. soc. 28 mars 2018, n° 15-21372, BC V n° 46), ni le juge administratif (CE 25 septembre 2019, n° 428510). Il appartient au CSE de saisir le DREETS par la procédure d'injonction ou, en dernier lieu, d'attaquer la décision de validation ou d'homologation du PSE devant le juge administratif.

Conséquences de l'absence de représentants du personnel

En l'absence de représentants du personnel - S'il n'y a pas de CSE, la procédure se limite à l'information de l'administration.

L'employeur doit ainsi notifier le projet de licenciement au DREETS, en y joignant tous les éléments habituellement transmis aux représentants du personnel : nature des difficultés économiques, nombre de licenciements envisagés, etc. (c. trav. art. L. 1233-49 et R. 1233-9). Il communique ces informations par voie dématérialisée. Il faut également adresser au DREETS un P-V de carence, sous peine d'avoir à acquitter une indemnité aux salariés *(voir ci-après)*.

Par ailleurs, l'employeur porte le projet de PSE à la connaissance des salariés, par tout moyen (c. trav. art. L. 1233-49).

En l'absence de PV de carence - Lorsqu'il notifie le projet de licenciement au DREETS, l'employeur doit joindre le P-V de carence justifiant de l'absence de CSE (c. trav. art. D. 1233-10). À défaut d'un tel document, l'employeur est censé ne pas avoir organisé les élections professionnelles, ce qui rend la procédure irrégulière et entraîne le versement aux salariés d'une indemnité au moins égale à 1 mois de salaire brut et qui vient s'ajouter aux indemnités de licenciement et de préavis (c. trav. art. L. 1235-15). Les salariés n'ont pas besoin de prouver leur préjudice pour obtenir cette indemnisation (cass. soc. 17 octobre 2018, n° 17-14392 FSPB ; cass. soc. 9 juin 2021, n° 20-11798 D).

Impact d'un éventuel accord de méthode

Accords centrés sur la consultation du CSE - Il est possible de fixer, par accord d'entreprise, de groupe ou de branche, les modalités d'information et de consultation du CSE en cas de licenciement d'au moins 10 salariés en 30 jours (c. trav. art. L. 1233-21).

Contenu de l'accord de méthode - L'accord fixe les conditions dans lesquelles le CSE (c. trav. art. L. 1233-22) :

- est réuni et informé de la situation économique et financière de l'entreprise, par exemple en augmentant ou en diminuant le délai de consultation du comité (instr. DGEFP/DGT 2013-13 du 19 juillet 2013, fiche 1) ;

- peut formuler des propositions alternatives au projet de licenciement économique et obtenir une réponse motivée de l'employeur à ses propositions.

▶ **À noter...** L'accord de méthode peut, le cas échéant, déterminer le cadre du recours à une expertise par ce comité lorsque l'employeur envisage de prononcer le licenciement économique d'au moins 10 salariés dans une même période de 30 jours (c. trav. art. L. 1233-21).

Clauses interdites - L'accord de méthode ne peut pas déroger (c. trav. art. L. 1233-23) :
- au principe selon lequel la consultation du CSE intervient obligatoirement avant la décision de l'employeur d'engager le licenciement des salariés (c. trav. art. L. 2323-2) ;
- à l'obligation de transmettre au CSE des informations précises et écrites, de lui laisser un délai d'examen suffisant et de lui donner des réponses motivées (c. trav. art. L. 2323-4) ;
- au droit d'accès du CSE à toute information utile détenue par les administrations publiques et les organismes agissant pour leur compte (c. trav. art. L. 2323-5) ;
- aux éléments que doit communiquer l'employeur aux représentants du personnel dans le cadre de la procédure de consultation (c. trav. art. L. 1233-31 et L. 1233-32) ;
- aux règles de consultation des représentants du personnel lorsque le licenciement intervient dans le cadre d'un redressement ou d'une liquidation judiciaire (c. trav. art. L. 1233-58).

▶ **À noter...** Le PSE, qu'il prenne la forme d'un accord collectif ou d'un document unilatéral, n'a pas à énoncer une nouvelle fois les modalités de consultation de l'accord de méthode. En effet, ces modalités s'appliquent d'elles-mêmes (CE 12 juin 2019, n° 420084).

Délai de contestation de l'accord de méthode - Toute action en contestation de l'accord doit être formée dans les 3 mois qui suivent la date de dépôt de l'accord (c. trav. art. L. 1233-24).

Licenciement couvrant plusieurs établissements

Si l'entreprise comporte un CSE central et des CSE d'établissement et que les mesures envisagées excèdent le pouvoir du ou des chefs d'établissement concernés ou portent sur plusieurs établissements, la consultation s'effectue aux deux niveaux de représentation du personnel (c. trav. art. L. 1233-36).

L'employeur consulte le CSE central, qui tient au moins deux réunions espacées d'au moins 15 jours, puis les comités d'établissement, qui tiennent à leur tour deux réunions espacées d'au moins 15 jours (c. trav. art. L. 1233-30).

Le délai de procédure commence par la première réunion du CSE central. L'ensemble de la consultation (CSE central et CSE d'établissement) tient dans le délai de 2, 3 ou 4 mois (instr. DGEFP/DGT 2013-13 du 19 juillet 2013, fiche 1).

Lorsque les établissements concernés relèvent de DREETS différents, un seul DREETS est désigné par l'administration pour centraliser les échanges avec l'entreprise *(voir ci-après)*.

Le CSE central désigne éventuellement un *expert comptable**, selon les modalités habituelles. Le fait que le CSE central n'ait pas désigné d'expert comptable n'interdit pas au CSE d'établissement concerné par le projet de licenciement économique de recourir lui-même à un tel expert (cass. soc. 25 janvier 1995, n° 92-13546, BC V n° 37).

Conséquences « santé, sécurité ou conditions de travail »

Le CSE doit, le cas échéant, être consulté sur les conséquences de la réorganisation en matière de santé, de sécurité ou de conditions de travail (c. trav. art. L. 1233-31).

Il peut déclencher, une expertise « qualité du travail et de l'emploi » en faisant appel à un *expert habilité** en cas de projet important modifiant les conditions de santé et de sécurité ou les conditions de travail (c. trav. art. L. 2315-96).

Information des entreprises sous-traitantes

Les entreprises d'au moins 50 salariés doivent immédiatement informer les entreprises sous-traitantes du projet de licenciement, lorsque cette suppression d'effectif est de nature à affecter leur volume d'activité ou d'emploi (c. trav. art. L. 2312-58).

Information, propositions et observations du DREETS

DREETS compétent - L'employeur doit, en principe, saisir le DREETS du lieu où l'entreprise ou l'établissement concerné par le projet de licenciement collectif est établi (c. trav. art. L. 1233-57-8 et R. 1233-3-5).

Si le projet de licenciement collectif porte sur des établissements relevant de la compétence de plusieurs DREETS, seul celui relevant du siège social est compétent (c. trav. art. L. 1233-57-8 et R. 1233-3-5) :

- de l'entreprise ;
- de l'entreprise principale en cas d'UES ;
- de l'entreprise dominante en cas de groupe ;
- de la succursale en France comprenant le plus de salariés concernés en cas d'entreprise internationale ayant son siège à l'étranger.

Le DREETS compétent informe l'employeur de sa compétence par tout moyen donnant une date certaine.

L'employeur en informe, sans délai et par tout moyen, le CSE et les syndicats représentatifs (c. trav. art. R. 1233-3-5).

Dématérialisation avec le site « Portail RUPCO » - La plupart des documents à adresser au DREETS sont, en cas de « grand » licenciement, communiqués par voie dématérialisée. Pour ce faire, l'employeur doit ouvrir un compte sur un site dédié, nommé « Portail RUPCO », pour ensuite y déposer les documents, sous forme électronique (https ://ruptures-collectives.emploi.gouv.fr) (arrêté du 21 octobre 2019, JO du 25, texte 13).

Notification du projet de licenciement au DREETS - Au plus tôt le lendemain de la date prévue pour la première réunion de consultation du CSE, l'employeur notifie le projet de licenciement au DREETS. Il accompagne cette notification de tout renseignement concernant la convocation, l'ordre du jour et la tenue de cette réunion (c. trav. art. L. 1233-46).

L'entreprise communique également au DREETS les informations suivantes (c. trav. art. D. 1233-4) :

- nom et adresse de l'employeur ;
- nature de l'activité et effectif de l'entreprise ou de l'établissement ;
- nombre de licenciements envisagés ;
- le cas échéant, modifications à apporter aux informations qui ont déjà été transmises aux représentants du personnel avec la convocation à la première réunion ;
- en cas de recours à un expert comptable par le CSE, la mention de cette décision.

L'employeur doit aussi tenir l'administration informée de la négociation ou de la conclusion d'un éventuel accord PSE. Selon le cas, il indique :

- qu'un accord PSE a été signé, en joignant à la notification une copie de cet accord (c. trav. art. D. 1233-4) ;
- qu'il a l'intention d'ouvrir des négociations en vue de conclure un accord PSE (c. trav. art. L. 1233-46).

Enfin, si l'entreprise applique un accord de méthode *(voir ci-avant)*, l'employeur doit en fournir une copie au DREETS (instr. DGEFP/DGT 2013-13 du 19 juillet 2013, fiche 2, annexe 2).

Information continue - L'employeur transmet au DREETS l'ensemble des informations communiquées aux représentants du personnel lors de leur convocation aux réunions de consultation. Il transmet également les P-V des réunions, lesquels doivent comporter les avis, suggestions et propositions des représentants du personnel (c. trav. art. L. 1233-48).

Propositions et observations du DREETS - Au cours de la procédure de consultation, le DREETS peut présenter toute proposition pour compléter ou modifier le PSE, en tenant compte de la situation économique de l'entreprise. Il communique ses propositions à l'employeur et au CSE. L'employeur y répond de façon motivée. En l'absence de représentants du personnel, les échanges entre l'employeur et l'administration sont portés à la connaissance du personnel par voie d'affichage (c. trav. art. L. 1233-57 et D. 1233-11).

En outre, le DREETS peut à tout moment en cours de procédure faire des observations ou des propositions au sujet des mesures d'accompagnement, mais aussi du déroulement de la procédure. Il communique ses observations ou propositions à l'employeur et au CSE, ainsi qu'aux syndicats représentatifs lorsqu'un accord PSE est en cours de négociation. L'employeur répond à ces observations et donne copie de sa réponse aux représentants du personnel et, le cas échéant, aux syndicats représentatifs (c. trav. art. L. 1233-57-6 et D. 1233-11).

▶ À noter… S'il ne transmet pas sa réponse aux représentants du personnel, l'employeur court le risque que, en fin de procédure, le DREETS refuse d'homologuer ou de valider, selon le cas, le document unilatéral ou l'accord collectif (CAA Marseille 15 avril 2014, n° 14MA00387).

L'employeur ne peut pas notifier les licenciements tant qu'il n'a pas répondu (c. trav. art. L. 1233-56).

Avis du DREETS - Le DREETS qui relève une irrégularité de procédure adresse à l'employeur un avis en précisant la nature de cette irrégularité. Le CSE reçoit une copie de cet avis. L'employeur doit répondre à l'administration, avec copie aux représentants du personnel (c. trav. art. L. 1233-57-6).

Il ne peut pas notifier les licenciements tant qu'il n'a pas répondu (c. trav. art. L. 1233-56).

▶ À noter... Lorsque l'employeur ne transmet pas aux élus ses réponses aux observations du DREETS, la procédure en cours n'est pas pour autant irrégulière. Ce n'est que si la carence de l'employeur dans la transmission de ses réponses au comité a empêché les élus de rendre un avis éclairé que la procédure sera irrégulière et que le juge administratif annulera la décision d'homologation (CE 7 décembre 2015, n° 381307). Tout dépend donc de l'importance des informations non transmises.

Procédure d'injonction

Saisine du DREETS par les représentants du personnel ou les syndicats - Le CSE a la possibilité de solliciter le DREETS, afin que celui-ci enjoigne à l'employeur de fournir certains éléments d'information ou de se conformer à une règle de procédure prévue par la loi, une convention ou un accord collectif. Les syndicats représentatifs peuvent aussi exercer cette prérogative, lorsqu'un accord PSE est en cours de négociation (c. trav. art. L. 1233-57-5 et D. 1233-12).

La demande doit être motivée et préciser les éléments demandés. Elle est adressée par tout moyen permettant de conférer une date certaine (ex. : LRAR ou courriel avec mode « accusé de réception »).

Injonction du DREETS à l'employeur - Le DREETS se prononce dans les 5 jours calendaires. Si ce délai expire un samedi, un dimanche ou un jour férié chômé, il est prorogé jusqu'au premier jour ouvrable suivant (c. trav. art. R. 1231-1 ; instr. DGEFP/DGT 2013-13 du 19 juillet 2013, fiche 1).

S'il fait droit à la demande, le DREETS adresse une injonction à l'employeur par tout moyen permettant de lui conférer une date certaine. Il envoie dans le même temps une copie de cette injonction à l'auteur de la demande, au CSE et, en cas de négociation d'un accord PSE, aux syndicats représentatifs. La lettre précise le délai dans lequel l'employeur doit s'exécuter. Celui-ci n'est pas tenu de transmettre aux représentants du personnel les observations qu'il porte à la connaissance de l'administration. Ce n'est qu'en cas d'observations ou de propositions du DREETS que l'employeur a l'obligation de communiquer sa réponse aux représentants du personnel et aux syndicats *(voir ci-avant)*. La procédure d'injonction ne prévoit rien de tel (CE 7 décembre 2015, n° 383856).

L'employeur doit garder à l'esprit que le DREETS prendra en considération les suites données à l'injonction lorsqu'il examinera la demande de validation ou d'homologation.

Si le DREETS ne donne pas suite à la demande d'injonction, il n'a pas à adresser une réponse formelle écrite.

Validation ou homologation par le DREETS

Validation ou homologation obligatoire - Une fois la procédure de consultation du CSE achevée, l'employeur doit soumettre le projet de licenciement au DREETS :

- pour validation si le projet prend la forme d'un accord PSE ;
- pour homologation s'il prend la forme d'un document unilatéral.

▶ Attention... En cas de PSE unilatéral (PSE via un document unilatéral), le DREETS qui constate que l'un des critères légaux d'ordre de licenciement a été omis, doit refuser de délivrer l'homologation. Il en est de même si l'un des critères légaux a été neutralisé par l'affectation d'une valeur identique pour l'ensemble des salariés concernés (CE 1er février 2017, n° 387886).

Lorsque l'employeur conclut un accord PSE partiel et définit les modalités de mise en œuvre du licenciement dans un document unilatéral *(voir ci-avant)*, il cumule les deux procédures (validation et homologation).

L'employeur ne peut pas notifier les licenciements tant que le document unilatéral n'a pas été homologué ou que l'accord PSE n'a pas été validé (c. trav. art. L. 1233-39).

Formalisation de la demande - L'employeur adresse sa demande au DREETS par voie dématérialisée en communiquant les éléments suivants (c. trav. art. D. 1233-14 et D. 1233-14-1 ; instr. DGEFP/DGT 2013-13 du 19 juillet 2013, fiche 2, § 3.1) :

- le PSE ;
- les modalités d'information et de consultation du CSE (ex. : nombre et dates de réunions ; désignation éventuelle d'un expert) ;
- la pondération et le périmètre d'application des critères d'ordre des licenciements ;
- le calendrier des licenciements (date de début et de fin de la mise en œuvre du PSE ; date éventuelle de la mise en œuvre anticipée des reclassements internes ; date de notification des licenciements) ;
- le nombre de suppressions d'emplois et les catégories professionnelles concernées ;
- les modalités de mise en œuvre des mesures de formation, d'adaptation et de reclassement.

Lorsque l'employeur a conclu un accord PSE, le dossier comporte également les informations relatives à la représentativité des organisations syndicales signataires.

Contrôle exercé par le DREETS pour valider un accord PSE - Lorsqu'il doit valider un accord PSE, le DREETS vérifie (c. trav. art. L. 1233-57-2) :
- le contenu du *plan de sauvegarde de l'emploi** ;
- la validité de l'accord (caractère majoritaire, absence de clause interdite) (CE 22 juillet 2015, n° 385668) ;
- la régularité de la procédure d'information et de consultation du CSE (CE 22 juillet 2015, n° 385816) ;
- le cas échéant, les conditions dans lesquelles l'expert du CSE a exercé sa mission (CE 21 octobre 2015, n° 382633) ;
- le respect de l'obligation de recherche d'un repreneur en cas de *fermeture d'établissement**.

▶ À noter… Séparation des pouvoirs oblige, le juge judiciaire n'a pas d'autre choix que d'écarter l'application des clauses d'un « accord PSE » lorsque le juge administratif a conclu au défaut de validité de cet accord parce qu'il n'a pas été signé par des syndicats majoritaires (cass. soc. 27 mai 2021, n° 18-26744 FSP).

S'agissant du contenu du *plan de sauvegarde de l'emploi**, le DREETS vérifie simplement que l'accord comporte bien un PSE. Le PSE étant le fruit d'une négociation, il convient, selon l'administration, de ne pas rompre l'équilibre trouvé par les partenaires sociaux (instr. DGEFP/DGT 2013-13 du 19 juillet 2013, fiche 2, § 3.2.2). Les vices affectant éventuellement les conditions de négociation d'un accord PSE n'entrent en considération que s'ils sont de nature à entraîner la nullité de l'accord.

Exemples

Le fait que les syndicats n'aient pas eu suffisamment de temps pour examiner toutes les informations nécessaires à la négociation ne suffit pas à entacher l'accord de nullité (CE 7 décembre 2015, n° 383856).

Il en est de même de l'argument selon lequel le plan de reclassement négocié avec les syndicats était insuffisant : le PSE doit comporter un plan de reclassement et c'est tout ce qui importe (CE 7 décembre 2015, n° 383856).

S'agissant de la procédure de consultation, lorsque l'entreprise a négocié des modalités différentes de celles prévues par le code du travail, l'administration doit s'assurer, au regard de ces modalités, que le comité a été mis à même de rendre ses deux avis en toute connaissance de cause dans des conditions qui ne sont pas susceptibles d'avoir faussé sa consultation (CE 22 mai 2019, n° 420780).

S'agissant des catégories professionnelles, le contrôle du DREETS se limite à vérifier que les stipulations qui déterminent les catégories professionnelles ne sont pas entachées de nullité, en particulier, ne comportent pas un caractère discriminatoire (ex. : application des critères d'ordre uniquement chez les salariés de plus de 50 ans) (CE 7 février 2018, n° 403989).

Contrôle exercé par le DREETS pour homologuer un document unilatéral - Pour homologuer le document unilatéral, le DREETS vérifie (c. trav. art. L. 1233-57-3 ; CE 1er février 2017, n° 391744 ; CE 28 mars 2018, n° 393181) :
- le contenu du document unilatéral, en apportant une attention particulière aux critères d'ordre des licenciements, dont la pondération doit rester équilibrée, et aux catégories professionnelles, qui doivent être définies de façon objective ;
- la régularité de la procédure d'information et de consultation du CSE (CE 22 juillet 2015, n° 385816) ;
- le contenu du *plan de sauvegarde de l'emploi**, compte tenu des moyens et de la taille de l'entreprise, des mesures d'accompagnement prévues et des efforts de formation, d'adaptation et de reclassement (CE 22 juillet 2015, n° 383481) ;
- le respect de l'obligation de recherche d'un repreneur en cas de *fermeture d'établissement**.

▶ Attention… Seul le juge administratif est compétent pour contrôler la recherche de repreneur (cass. soc. 29 septembre 2021, n° 19-23248 FSB).

Le DREETS se livre à un examen du PSE à la lumière des critères suivants (instr. DGEFP/DGT 2013-13 du 19 juillet 2013, fiche 2, § 3.2.3 ; CE 22 juillet 2015, n° 383481) :
- les moyens et la taille de l'entreprise, ainsi que, le cas échéant, les moyens et la taille de l'unité économique et sociale ou du groupe auquel l'entreprise appartient ;
- les mesures d'accompagnement prévues, compte tenu, notamment, de la situation des salariés et de leur employabilité au regard du marché du travail et de la situation du ou des territoires où le licenciement collectif sera mis en œuvre ;
- les efforts de formation, d'adaptation et de reclassement.

L'employeur doit effectuer des démarches actives auprès du groupe pour que celui-ci contribue au PSE. Seuls comptent les moyens, en particulier financiers, effectivement consacrés par l'entreprise et le groupe aux mesures prévues par le PSE (CE 13 juillet 2016, n° 387448).

L'absence de certaines mesures (ex. : plan ne comportant aucune mesure de reclassement interne) peut conduire le DREETS à juger que le plan PSE est insuffisant (CE 30 mai 2016, n° 384114).

S'agissant du reclassement, le PSE doit se conformer aux stipulations conventionnelles existantes en matière de reclassement interne et externe (CE 13 avril 2018, n° 404090). Lorsqu'un accord de branche, ou toute autre stipulation conventionnelle applicable, prévoit des obligations en matière de reclassement externe qui s'imposent à l'employeur au stade de l'élaboration d'un PSE, le DREETS doit donc s'assurer de la conformité à ces stipulations du contenu du *plan de sauvegarde de l'emploi**, en particulier des actions favorisant le reclassement externe à l'entreprise.

S'agissant des catégories professionnelles, le DREETS, exerçant un contrôle approfondi sur le contenu de ce plan, doit s'assurer que les catégories professionnelles regroupent bien l'ensemble des salariés exerçant des fonctions de même nature supposant une formation professionnelle commune, sachant que les acquis de l'expérience sont pris en compte s'ils équivalent à une formation complémentaire qui dépasse l'obligation d'adaptation pesant sur l'employeur. Le DREETS vérifie ensuite que la méthode globale de découpage retenue par l'employeur ne repose pas sur des critères fondés sur l'organisation de l'entreprise compte tenu de ses différents marchés (ou de ses différents types de clientèle) ou si les catégories professionnelles n'ont pas été utilisées pour cibler certains salariés en particulier (CE 7 février 2018, n°s 399838, 407718 et 409978). Par contre, une distinction entre les salariés selon qu'ils sont spécialisés dans un procédé industriel de fabrication déterminé est valable car ce critère repose sur la formation nécessaire à l'acquisition de certaines techniques (CE 7 février 2018, n° 403001).

S'agissant du reclassement interne, le plan doit préciser le nombre, la nature et la localisation des postes proposés (CE 7 septembre 2016, n° 394243).

S'agissant des efforts de formation, d'adaptation et de reclassement, le DREETS apprécie notamment les actions mises en œuvre de façon continue par l'entreprise pour développer l'employabilité des salariés et les accompagner dans l'évolution de leur emploi. Il se montre d'autant plus exigeant que l'entreprise n'a pas mis en œuvre d'actions de formation depuis longtemps.

Enfin, pour les entreprises d'au moins 1 000 salariés, le DREETS s'assure que l'employeur a respecté l'obligation de proposer aux salariés le *congé de reclassement**.

Vérification du DREETS sur d'éventuels litiges en lien avec l'exercice de la mission de l'expert du CSE - Lorsqu'il est amené à valider ou à homologuer un PSE, le DREETS doit vérifier en particulier si l'expert du CSE a pu mener à bien sa mission.

S'agissant de la désignation de l'expert du CSE, le comité ne peut pas, par hypothèse, se prononcer en connaissance de cause sur le projet de licenciement présenté par l'employeur si ce dernier a refusé de financer la mission de l'expert. Par exception, le DREETS peut valider une procédure de consultation où, pour contourner le refus de l'employeur, les représentants du personnel ont eux-mêmes financé l'expertise, alors que l'entreprise, en difficulté, était sur le point d'être cédée (CE 21 octobre 2015, n° 382633).

S'agissant des informations communiquées à l'expert, le seul fait que l'expert n'ait pas obtenu communication de l'ensemble des documents qu'il a demandés ne suffit pas à invalider la procédure d'information et de consultation du CSE. Ce n'est que si les informations manquantes ont empêché l'expert d'analyser correctement le projet de licenciement que le DREETS doit refuser de valider ou d'homologuer le PSE (CE 21 octobre 2015, n° 385683).

Délai d'examen de 15 ou 21 jours - Une fois qu'il a reçu le dossier complet, le DREETS a 15 jours pour valider un accord collectif et 21 jours pour homologuer un document unilatéral (c. trav. art. L. 1233-57-4). Si ce délai expire un samedi, un dimanche ou un jour férié chômé, il est prorogé jusqu'au premier jour ouvrable suivant (c. trav. art. R. 1231-1 ; instr. DGEFP/DGT 2013-13 du 19 juillet 2013, fiche 2).

S'il doit se prononcer à la fois sur un accord PSE et sur un document unilatéral, le DREETS instruit le dossier dans un unique délai de 15 jours (instr. DGEFP/DGT 2013-13 du 19 juillet 2013, fiche 2, § 3.2.4).

En l'absence de réponse dans le délai prescrit, le DREETS est censé avoir validé l'accord ou homologué le document unilatéral.

L'employeur communique aux salariés la décision de validation ou d'homologation, ainsi que les voies et délais de recours contre cette décision. Il s'acquitte de cette obligation par voie d'affichage ou par tout autre moyen permettant de conférer une date certaine à cette information (c. trav. art. L. 1233-57-4).

En cas de refus de validation ou d'homologation - Si le DREETS refuse de valider l'accord collectif ou d'homologuer le document unilatéral, l'employeur doit apporter les modifications nécessaires à l'accord ou au document unilatéral, puis consulter à nouveau le CSE (c. trav. art. L. 1233-57-7 et D. 1233-14-3).

L'employeur peut également contester le refus de validation ou d'homologation en saisissant le juge administratif dans les 2 mois [voir *Licenciement économique (contentieux collectif)**].

Si l'employeur passe outre le refus de validation ou d'homologation et notifie les licenciements, ces ruptures sont nulles [voir *Licenciement économique (contentieux individuel)**].

Reclassement et accompagnement des salariés

Propositions de reclassement - À l'issue de la consultation du CSE, l'employeur adresse aux salariés concernés par le licenciement une ou plusieurs propositions de reclassement, s'il existe des postes disponibles susceptibles de convenir aux intéressés [voir *Licenciement économique (obligation de reclassement)**].

Par exception, l'employeur peut proposer des mesures de reclassement interne avant même l'issue de la procédure de consultation, sous réserve d'avoir recueilli l'avis favorable du CSE (c. trav. art. L. 1233-45-1).

▶ À noter… Dans le silence du PSE, l'employeur est libre de choisir le prestataire en charge de la cellule de reclassement qui aura pour mission d'aider les salariés licenciés à retrouver un emploi (CE 7 décembre 2015, n° 383856).

Proposition d'adhésion au contrat de sécurisation professionnelle - Dans les entreprises de moins de 1 000 salariés, un contrat de sécurisation professionnelle (CSP) doit être proposé. Sur la date de proposition du CSP, voir *Contrat de sécurisation professionnelle**.

Information sur le congé de reclassement - Dans les entreprises de 1 000 salariés ou plus, à l'issue de la dernière réunion du CSE, l'employeur informe les salariés concernés par le projet de licenciement qu'ils pourront bénéficier du *congé de reclassement** (c. trav. art. R. 1233-19). À ce stade, il ne s'agit que d'une information sur les conditions de mise en œuvre du congé. La proposition interviendra plus tard, au moment de la notification du licenciement *(voir ci-après)*.

Notification des licenciements aux salariés concernés

Absence d'entretien préalable - Après application des critères d'*ordre des licenciements**, l'employeur peut licencier les salariés dont le reclassement est impossible. Dès lors qu'il s'agit d'un « grand » licenciement, l'employeur n'a pas à organiser d'entretien préalable. Il peut directement notifier leur licenciement aux salariés (c. trav. art. L. 1233-38).

▶ Attention… La dispense d'entretien préalable suppose que l'entreprise soit dotée de représentants du personnel *(voir ci-après)*. Par ailleurs, même en présence de représentants du personnel, l'employeur doit convoquer les salariés protégés à un entretien préalable au licenciement, après la dernière réunion de consultation (cass. soc. 10 mai 1999, n° 97-40510, BC V n° 207 ; CE 28 septembre 2005, n° 266023 ; cass. soc. 22 septembre 2010, n° 08-45227, BC V n° 190). En tout état de cause, le licenciement des salariés protégés ne peut intervenir qu'après autorisation de l'inspection du travail [voir *Licenciement des représentants du personnel (procédure)**].

Validation ou homologation impérative - L'employeur ne peut notifier les ruptures du contrat de travail qu'une fois que le DREETS a validé ou homologué le projet de licenciement. Toute rupture notifiée avant la décision de l'administration est nulle (c. trav. art. L. 1233-39 et L. 1235-10) [voir *Licenciement économique (contentieux individuel)**].

▶ À noter… La validation d'un accord minoritaire n'entraîne pas la nullité de la procédure de licenciement collectif pour motif économique (cass. soc. 13 janvier 2021, n° 19-12522 FSPI). Dans cette affaire, l'autorité administrative avait en effet validé un PSE qui n'avait pas été signé par des syndicats majoritaires, sa décision devait donc être annulée sans remettre en cause pour autant la procédure de licenciement.

Délai minimal de 30 jours - L'employeur doit attendre au moins 30 jours, à compter de la notification du projet de licenciement au DREETS, avant de pouvoir notifier les ruptures du contrat de travail (c. trav. art. L. 1233-39 ; cass. soc. 18 février 1998, n° 95-42172, BC V n° 93). Un délai plus long peut être prévu par la convention collective ou par un accord collectif de travail.

En outre, l'employeur ne peut pas envoyer les lettres de licenciement tant qu'il n'a pas répondu, le cas échéant, aux observations de l'administration (c. trav. art. L. 1233-56) *(voir ci-avant)*.

La lettre de licenciement comporte un certain nombre de mentions obligatoires. Elle doit être motivée [voir *Licenciement (notification)** et *Licenciement (précision des motifs)**].

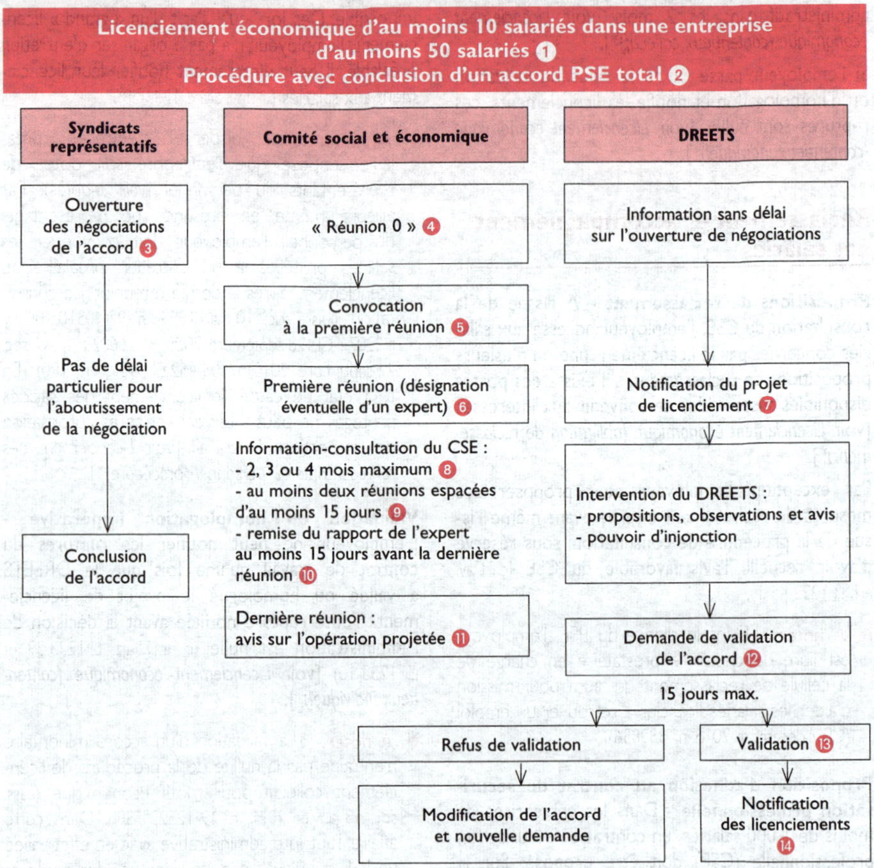

❶ Les entreprises qui font l'objet d'une procédure de sauvegarde, d'un redressement ou d'une liquidation judiciaire sont soumises à une procédure dérogatoire (c. trav. art. L. 1233-58 à L. 1266-60 ; instr. DGEFP/DGT du 19 juillet 2013, fiche 4).

❷ Accord collectif portant sur le contenu du PSE et sur la mise en œuvre du licenciement (c. trav. art. L. 1233-24-1 et L. 1233-24-2).

❸ Dans cette illustration, l'employeur a ouvert les négociations avant d'engager la procédure d'information-consultation du CSE. Cependant, il est aussi possible de lancer concomitamment les négociations et la procédure d'information-consultation ou d'engager les négociations alors que la procédure d'information consultation est en cours (instr. DGEFP/DGT du 19 juillet 2013, fiche 1).

❹ Réunion facultative. Communication de l'ordre du jour au moins 3 jours avant la réunion (c. trav. art. L. 2315-30). Nomination éventuelle de l'expert du CSE pour assister les syndicats dans la négociation (c. trav. art. L. 1233-34).

❺ Communication de l'ordre du jour au moins 3 jours avant la réunion (c. trav. art. L. 2315-30).

❻ Sous réserve que l'expert du CSE n'ait pas déjà été désigné en amont, pour assister les syndicats dans la négociation de l'accord PSE.

❼ Au plus tôt le lendemain de la date prévue pour la première réunion (c. trav. art. L. 1233-46). Transmission dématérialisée (c. trav. art. D. 1233-4 ; arrêté du 21 octobre 2019, JO du 25).

❽ 2 mois si le nombre de licenciements envisagé est inférieur à 100 ; 3 mois si le nombre de licenciements est au moins égal à 100 et inférieur à 250 ; 4 mois si le nombre de licenciements est au moins égal à 250 (c. trav. art. L. 1233-30).

❾ L'employeur transmet au DREETS les informations communiquées au CSE, ainsi que le P-V des réunions, par voie dématérialisée (c. trav. art. L. 1233-48 et D. 1233-5).

❿ La remise tardive du rapport ne permet pas de décaler le terme du délai dans lequel le CSE doit rendre son avis (c. trav. art. R. 1233-3-1).

⓫ Accord total, donc pas d'avis du CSE sur le projet de licenciement (c. trav. art. L. 1233-30 ; instr. DGEFP/DGT du 19 juillet 2013, fiche 1). Dans les entreprises de 1000 salariés au plus, le salarié est informé qu'il peut bénéficier du congé de reclassement (c. trav. art. L. 1233-71). La proposition intervient au plus tard au moment de la notification du licenciement.

⓬ Transmission dématérialisée (c. trav. art. D. 1233-14 ; arrêté du 21 octobre 2019, JO du 25).

⓭ Dans les entreprises de moins de 1000 salariés, l'employeur propose à chaque salarié d'adhérer au contrat de sécurisation professionnelle (c. trav. art. L. 1233-66).

⓮ C. trav. art. L. 1233-39.

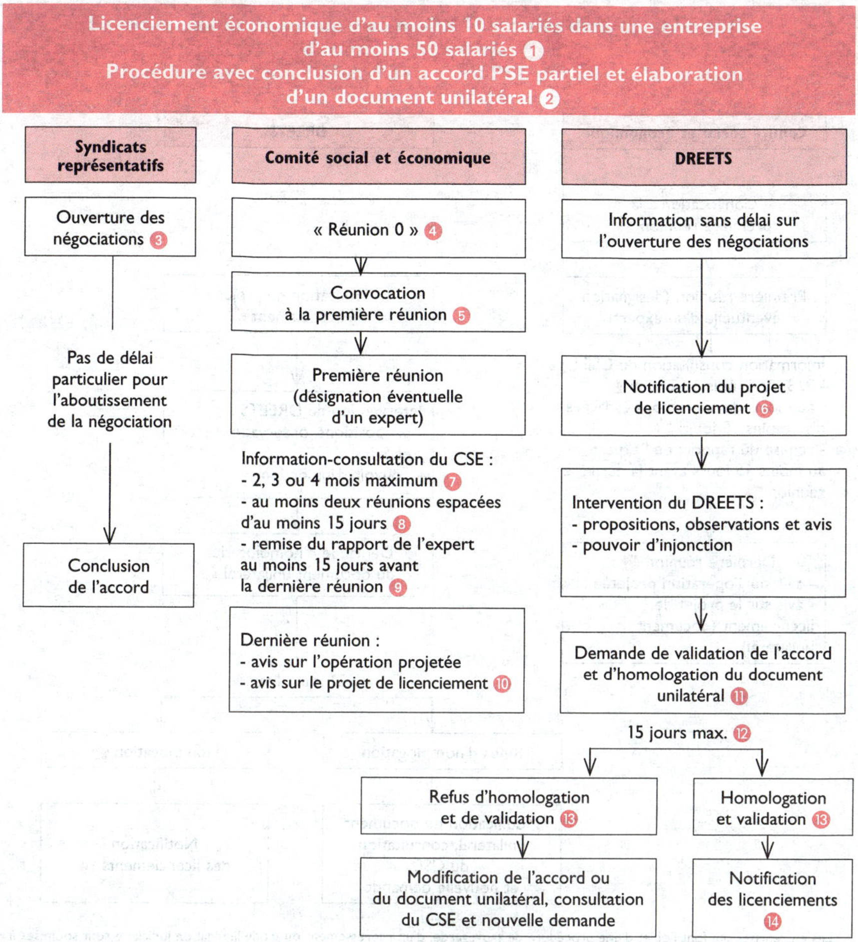

1 Les entreprises qui font l'objet d'une procédure de sauvegarde, d'un redressement ou d'une liquidation judiciaire sont soumises à une procédure dérogatoire (c. trav. art. L. 1233-58 à L. 1266-60 ; instr. DGEFP/DGT du 19 juillet 2013, fiche 4).

2 Accord collectif portant exclusivement sur le contenu du PSE. Les points relatifs à la mise en œuvre du licenciement sont traités dans le document unilatéral élaboré par l'employeur (c. trav. art. L. 1233-24-1 et L. 1233-24-4).

3 Dans cette illustration, l'employeur a ouvert les négociations avant d'engager la procédure d'information-consultation du CSE. Cependant, il est aussi possible de lancer concomitamment les négociations et la procédure d'information-consultation ou d'engager les négociations alors que la procédure d'information consultation est en cours (instr. DGEFP/DGT 2013-13 du 19 juillet 2013, fiche 1).

4 Réunion facultative. Communication de l'ordre du jour au moins 3 jours avant la réunion (c. trav. art. L. 2315-30). Nomination éventuelle de l'expert pour assister les syndicats dans la négociation (c. trav. art. L. 1233-34).

5 Communication de l'ordre du jour au moins 3 jours avant la réunion (c. trav. art. L. 2315-30).

6 Au plus tôt le lendemain de la date prévue pour la première réunion (c. trav. art. L. 1233-46). Transmission dématérialisée (c. trav. art. D. 1233-4 ; arrêté du 21 octobre 2019, JO du 25).

7 2 mois si le nombre de licenciements envisagé est inférieur à 100 ; 3 mois si le nombre de licenciements est au moins égal à 100 et inférieur à 250 ; 4 mois si le nombre de licenciements est au moins égal à 250 (c. trav. art. L. 1233-30).

8 L'employeur transmet au DREETS les informations communiquées au CSE, ainsi que le P-V des réunions, par voie dématérialisée (c. trav. art. L. 1233-48 et D. 1233-5).

9 La remise tardive du rapport ne permet pas de décaler le terme du délai dans lequel le CSE doit rendre son avis (c. trav. art. R. 1233-3-1).

10 À l'exclusion des points qui ont été abordés par l'accord collectif (c. trav. art. L. 1233-30). Dans les entreprises de 1000 salariés au plus, le salarié est informé qu'il peut bénéficier du congé de reclassement (c. trav. art. L. 1233-71). La proposition intervient au plus tard au moment de la notification du licenciement

11 Transmission dématérialisée (c. trav. art. D. 1233-14 ; arrêté du 21 octobre 2019, JO du 25).

12 S'il doit se prononcer à la fois sur un accord PSE et sur un document unilatéral, le DREETS se prononce dans un unique délai de 15 jours (instr. DGEFP/DGT 2013-13 du 19 juillet 2013, fiche 2, § 3.2.4).

13 Accord collectif et document unilatéral sont liés. Le DREETS doit valider ou invalider l'ensemble du projet de licenciement. Il ne peut y avoir, par exemple, validation de l'accord et refus d'homologation du document unilatéral (instr. DGEFP/DGT 2013-13 du 19 juillet 2013, fiche 2, § 3.2.4). Dans les entreprises de moins de 1000 salariés, l'employeur propose à chaque salarié d'adhérer au contrat de sécurisation professionnelle (c. trav. art. 1233-66).

14 C. trav. art. L. 1233-39.

Licenciement économique collectif

Licenciement économique d'au moins 10 salariés dans une entreprise d'au moins 50 salariés ❶
Procédure avec document unilatéral uniquement ❷

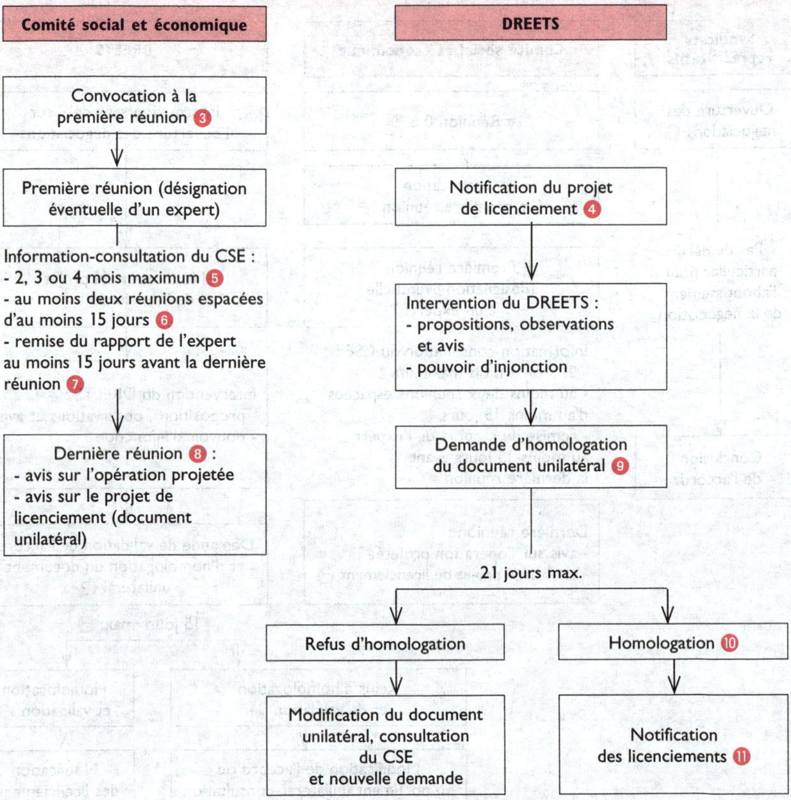

❶ Les entreprises qui font l'objet d'une procédure de sauvegarde, d'un redressement ou d'une liquidation judiciaire sont soumises à une procédure dérogatoire (c. trav. art. L. 1233-58 à L. 1266-60 ; instr. DGEFP/DGT du 19 juillet 2013, fiche 4).

❷ L'employeur élabore unilatéralement un document qui, d'une part, définit le contenu du PSE et, d'autre part, détermine les modalités de mise en œuvre du PSE (c. trav. art. L. 1233-24-4).

❸ Communication de l'ordre du jour au moins 3 jours avant la réunion (c. trav. art. L. 2315-30).

❹ Au plus tôt le lendemain de la date prévue pour la première réunion (c. trav. art. L. 1233-46). Transmission dématérialisée (c. trav. art. D. 1233-4 ; arrêté du 21 octobre 2019, JO du 25).

❺ 2 mois si le nombre de licenciements envisagé est inférieur à 100 ; 3 mois si le nombre de licenciements est au moins égal à 100 et inférieur à 250 ; 4 mois si le nombre de licenciements est au moins égal à 250 (c. trav. art. L. 1233-30).

❻ L'employeur transmet au DREETS les informations communiquées au CSE, ainsi que le P-V des réunions, par voie dématérialisée (c. trav. art. L. 1233-48 et D. 1233-5).

❼ La remise tardive du rapport ne permet pas de décaler le terme du délai dans lequel le CSE doit rendre son avis (c. trav. art. R. 1233-3-1).

❽ Dans les entreprises de 1000 salariés au plus, le salarié est informé qu'il peut bénéficier du congé de reclassement (c. trav. art. L. 1233-71). La proposition intervient au plus tard au moment de la notification du licenciement.

❾ Transmission dématérialisée (c. trav. art. D. 1233-14 ; arrêté du 21 octobre 2019, JO du 25).

❿ Dans les entreprises de moins de 1000 salariés, l'employeur propose à chaque salarié d'adhérer au contrat de sécurisation professionnelle (c. trav. art. L. 1233-66).

⓫ C. trav. art. L. 1233-39.

Sur le cas particulier des salariés pour lesquels le délai de réflexion prévu pour l'adhésion au *contrat de sécurisation professionnelle** n'est pas encore écoulé, voir cette étude.

☞ *Licenciement économique ; Licenciement économique (cause économique) ; Licenciement économique (contentieux collectif) ; Licenciement économique (contentieux individuel) ; Licenciement économique (obligation de reclassement) ; Licenciement économique collectif (procédure applicable) ; Plan de sauvegarde de l'emploi.*

Licenciement économique collectif (10 salariés ou plus dans une entreprise de moins de 50 salariés)

Décompte des salariés

Le licenciement collectif pour motif économique s'organise en deux grandes catégories :
- le licenciement de 2 à 9 salariés en 30 jours (« petit » licenciement), qui obéit à une procédure simplifiée [voir *Licenciement économique collectif (moins de 10 salariés)**] ;
- le licenciement de 10 salariés ou plus en 30 jours (« grand » licenciement), qui fait l'objet d'une procédure plus encadrée.

▶ Attention… En cas de « grand » licenciement, il faut distinguer les entreprises de moins de 50 salariés et celles de 50 salariés et plus. Ces dernières ont l'obligation d'élaborer un *plan de sauvegarde de l'emploi** (PSE).

Par conséquent, pour déterminer le régime dont il relève, l'employeur doit évaluer correctement le nombre de licenciements envisagés ainsi que l'effectif de l'entreprise. Ces règles de décompte sont détaillées par ailleurs [voir *Licenciement économique collectif (procédure applicable)**].

Les développements qui suivent portent sur le « grand » licenciement dans une entreprise de moins de 50 salariés, donc sans PSE.

Consultation du CSE

Deux réunions - L'employeur qui envisage de licencier 10 salariés ou plus sur 30 jours doit consulter le CSE au cours de deux réunions, séparées par un délai qui ne doit pas être supérieur à 14 jours (c. trav. art. L. 1233-29).

Sauf clause conventionnelle plus favorable, le CSE ne peut pas bénéficier de l'assistance d'un *expert comptable**.

L'employeur transmet au DREETS les procès-verbaux (P-V) de ces réunions *(voir ci-après)*.

Préparation de la première réunion - L'employeur joint à la convocation à la première réunion tous renseignements utiles sur le projet de licenciement collectif. Il communique obligatoirement au CSE (c. trav. art. L. 1233-31 et L. 1233-32) :
- la ou les raisons économiques, financières ou techniques du projet de licenciement ;
- le nombre de licenciements envisagé ;
- les catégories professionnelles concernées et les critères proposés pour l'*ordre des licenciements** ;
- le nombre de salariés, permanents ou non, employés dans l'établissement ;
- le calendrier prévisionnel des licenciements ;
- les mesures de nature économique envisagées ;
- les mesures qu'il envisage de mettre en œuvre pour éviter les licenciements ou en limiter le nombre et faciliter le reclassement du personnel dont le licenciement ne pourrait être évité ;
- le cas échéant, les conséquences de la réorganisation en matière de santé, de sécurité ou de conditions de travail.

Dans le même temps, l'employeur transmet ces informations au DREETS *(voir ci-après)*.

▶ Attention… À ce stade, l'employeur ne doit en aucun cas communiquer une liste nominative des salariés susceptibles d'être licenciés. Seules les catégories professionnelles concernées sont connues. Ce n'est qu'après application de l'ordre des licenciements que l'employeur pourra identifier les salariés visés.

Modalités de convocation aux réunions - Il n'y a pas de délai minimal à respecter entre la convocation et la tenue de la réunion, mais l'employeur doit veiller à ce que le CSE dispose d'un délai suffisant pour se préparer. L'employeur peut appliquer un délai de 3 jours, par analogie avec les règles prévues pour les consultations du CSE dans une entreprise d'au moins 50 salariés (c. trav. art. L. 2315-30) [voir *Comité social et économique (réunions)**].

Information et contrôle du DREETS

Notification du projet de licenciement - Au plus tôt le lendemain de la date prévue pour la première réunion de consultation du CSE, l'employeur notifie le projet de licenciement au DREETS. Il accompagne cette notification de tout renseignement concernant la convocation, l'ordre du jour et la tenue de cette réunion (c. trav. art. L. 1233-46).

L'entreprise communique également au DREETS les informations suivantes (c. trav. art. D. 1233-4) :
- nom et adresse de l'employeur ;
- nature de l'activité et effectif de l'entreprise ou de l'établissement ;
- nombre de licenciements envisagés ;
- le cas échéant, modifications à apporter aux informations qui ont déjà été transmises au CSE avec la convocation à la première réunion.

Transmission des informations liées à la consultation du CSE - L'employeur transmet au DREETS l'ensemble des informations communiquées au CSE lors de leur convocation aux réunions de consultation ainsi que les P-V des réunions, lesquels doivent comporter les avis, suggestions et propositions des représentants du personnel (c. trav. art. L. 1233-48).

Il informe le DREETS des modifications qui ont pu être apportées aux mesures sociales, ainsi qu'au calendrier de leur mise en œuvre (c. trav. art. R. 1233-6).

▶ Attention… Les documents à communiquer au DREETS doivent être transmis par voie dématérialisée via le portail RUPCO (https ://rupturescollectives.emploi.gouv.fr) (arrêté du 21 octobre 2019, JO du 25, texte 13). En cas de dysfonctionnement de ce portail, il incombe aux entreprises de communiquer leurs informations et demandes « par tout autre moyen permettant de conférer une date certaine ».

Contrôle du DREETS dans les 21 jours - À compter de la notification du projet de licenciement, le DREETS a 21 jours pour procéder à un certain nombre de vérifications (c. trav. art. L. 1233-53). Il s'assure ainsi :
- que les membres du CSE ont bien été informés, réunis et consultés ;
- que l'employeur a prévu des mesures destinées à éviter les licenciements ou à en limiter le nombre et à faciliter le reclassement des salariés dont le licenciement ne pourrait être évité (c. trav. art. L. 1233-32) ;
- que ces mesures ont effectivement été mises en œuvre.

Avis et observations du DREETS - Si le DREETS constate une irrégularité de procédure (ex. : une seule réunion du CSE), il est tenu (c. trav. art. L. 1233-56) :
- d'adresser à l'employeur un avis précisant la nature de l'irrégularité constatée ;
- d'envoyer au CSE une copie de cet avis.

Le DREETS peut formuler des observations au sujet des mesures sociales prévues par l'employeur pour éviter les licenciements ou en limiter le nombre et pour faciliter le reclassement des salariés dont le licenciement ne pourrait être évité. L'employeur répond à ces observations et adresse une copie de sa réponse au CSE. L'employeur ne peut pas notifier les licenciements tant qu'il n'a pas répondu au DREETS (c. trav. art. L. 1233-56).

Reclassement et accompagnement des salariés

Propositions de reclassement - À l'issue de la consultation des représentants du personnel, l'employeur adresse aux salariés concernés par le licenciement une ou plusieurs propositions de reclassement, s'il existe des postes disponibles susceptibles de convenir aux intéressés [voir *Licenciement économique (obligation de reclassement)**].

Proposition d'adhésion au contrat de sécurisation professionnelle - L'employeur doit proposer à chaque salarié concerné par le projet de licenciement d'adhérer à un *contrat de sécurisation professionnelle**, en lui précisant qu'il a 21 jours pour accepter cette proposition, l'absence de réponse étant assimilée à un refus (c. trav. art. L. 1233-66 ; conv. du 26 janvier 2015 relative au CSP, art. 5, § 1, prolongée jusqu'au 31.12.2022 par avenant n° 5 du 28 juin 2021, arrêté du 24 septembre 2021, JO du 26).

Si, au terme du délai de 21 jours, le salarié accepte, le contrat de travail est rompu d'un commun accord. Il ne s'agit pas d'un licenciement.

▶ À noter… La non-remise du formulaire relatif au CSP par l'employeur au salarié peut créer un préjudice pour le salarié. Auquel cas, ce préjudice doit être réparé selon un montant apprécié souverainement par le juge (cass. soc. 7 mars 2017, n° 15-23038, BC V n° 41).

Notification des licenciements

Pas d'entretien préalable - Après application des critères d'*ordre des licenciements**, l'employeur peut licencier les salariés dont le reclassement est impossible. Dès lors qu'il s'agit d'un « grand » licenciement et qu'il y a eu consultation du CSE, l'employeur n'a pas à organiser d'entretien préalable. Il peut directement notifier leur licenciement aux salariés sous réserve que le délai de 30 jours soit écoulé (c. trav. art. L. 1233-38).

Licenciement économique d'au moins 10 salariés dans une entreprise de moins de 50 salariés en l'absence de comité social et économique ❶

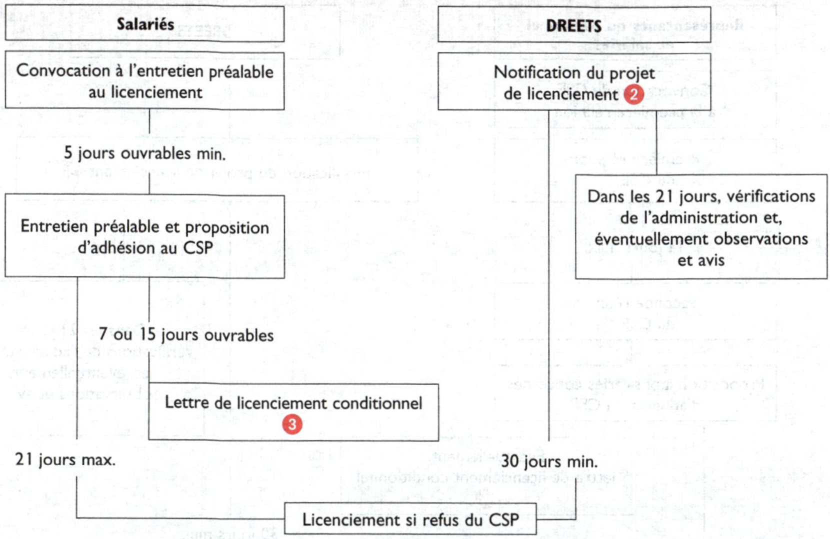

❶ Les entreprises qui font l'objet d'une procédure de sauvegarde, d'un redressement ou d'un liquidation judiciaire sont soumises à une procédure dérogatoire (c. trav. art. L. 1233-58 à L. 1233-60 ; instr. DGEFP/DGT 2013-13 du 19 juillet 2013, fiche 4).

❷ Transmission dématérialisée au DREETS du procès-verbal de carence justifiant de l'absence d'un comité social et économique (c. trav. art. R. 1233-9 ; arrêté du 21 octobre 2019, JO du 25).

❸ Si le délai de réflexion de 21 jours pour adhérer au contrat de sécurisation professionnelle (c. trav. art. L. 1233-65) n'est pas écoulé au jour où l'employeur peut théoriquement notifier les licenciements, celui-ci adresse aux salariés concernés une lettre recommandée avec demande d'avis de réception dans laquelle il rappelle la date d'expiration du délai de 21 jours et précise que, en cas de refus, cette lettre constituera la notification du licenciement.

La dispense d'entretien préalable suppose que l'entreprise soit dotée d'un CSE *(voir ci-après)*.

▶ Attention… Les salariés protégés font exception à cette règle. L'employeur doit convoquer les salariés protégés à un entretien préalable au licenciement, après la dernière réunion de consultation (cass. soc. 10 mai 1999, n° 97-40510, BC V n° 207 ; CE 28 septembre 2005, n° 266023 ; cass. soc. 22 septembre 2010, n° 08-45227, BC V n° 190). En tout état de cause, le licenciement des salariés protégés ne peut intervenir qu'après autorisation de l'inspection du travail [voir *Licenciement des représentants du personnel (procédure)**].

Délai minimal de 30 jours - L'employeur doit attendre au moins 30 jours, à compter de la notification du projet de licenciement au DREETS avant de notifier les ruptures du contrat de travail (c. trav. art. L. 1233-39 ; cass. soc. 18 février 1998, n° 95-42172, BC V n° 93). Un délai plus long peut être prévu par la convention collective ou par un accord collectif de travail.

▶ Attention… L'employeur ne peut pas envoyer les lettres de licenciement tant qu'il n'a pas répondu, le cas échéant, aux observations de l'administration (c. trav. art. L. 1233-56) *(voir ci-avant)*.

La lettre de licenciement comporte un certain nombre de mentions obligatoires (c. trav. art. L. 1233-42). Elle doit être motivée [voir *Licenciement (notification)**, *Licenciement (précision des motifs)** et *Licenciement économique (cause économique)**].

Sur le cas particulier des salariés pour lesquels le délai de réflexion prévu pour l'adhésion au *contrat de sécurisation professionnelle** n'est pas encore écoulé, voir cette étude.

En l'absence de représentants du personnel

Information du DREETS - En l'absence d'un CSE, l'employeur doit notifier le projet de licenciement au DREETS, en y joignant tous les éléments habituellement transmis au CSE : nature des difficultés

Licenciement économique d'au moins 10 salariés dans une entreprise de moins de 50 salariés en présence d'un comité social et économique ❶

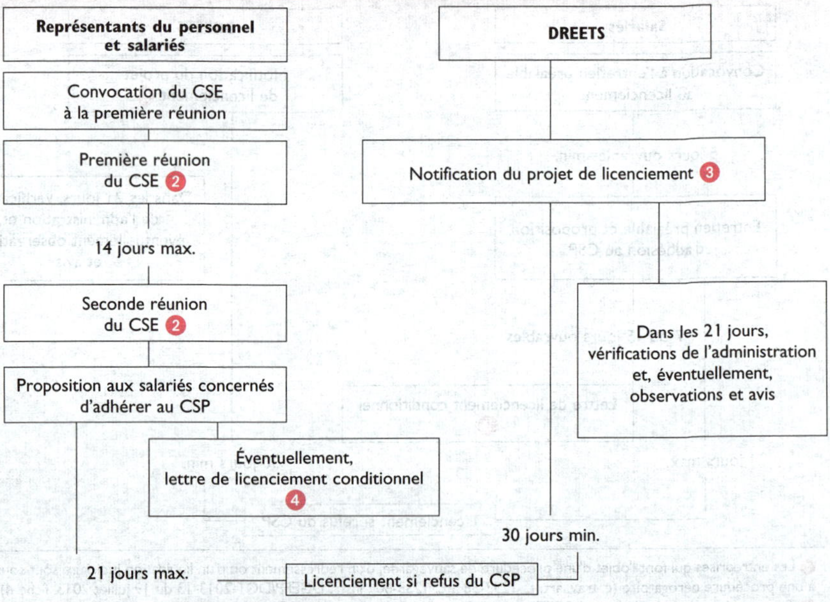

❶ Les entreprises qui font l'objet d'une procédure de sauvegarde, d'un redressement ou d'un liquidation judiciaire sont soumises à une procédure dérogatoire (c. trav. art. L. 1233-58 à L. 1233-60 ; instr. DGEFP/DGT 2013-13 du 19 juillet 2013, fiche 4).
❷ Transmission dématérialisée au DREETS des procès-verbaux des réunions, ainsi que des modifications qui ont pu être apportées aux mesures d'accompagnement et au calendrier de leur mise en œuvre (c. trav. art. L. 1233-48 et R. 1233-6 ; arrêté du 21 octobre 2019, JO du 25).
❸ Au plus tôt le lendemain de la date prévue pour la première réunion (c. trav. art. L. 1233-46).
❹ Si le délai de réflexion de 21 jours pour adhérer au contrat de sécurisation professionnelle (c. trav. art. L. 1233-65) n'est pas écoulé au jour où l'employeur peut théoriquement notifier les licenciements, celui-ci adresse aux salariés concernés une lettre recommandée avec demande d'avis de réception dans laquelle il rappelle la date d'expiration du délai de 21 jours et précise que, en cas de refus, cette lettre constituera la notification du licenciement.

économiques, nombre de licenciements envisagés, etc. (c. trav. art. R. 1233-9) *(voir ci-avant)*.

Obligation de justifier d'un PV de carence - L'employeur joint à la notification du projet de licenciement au DREETS, le P-V de carence justifiant de l'absence de représentants du personnel (c. trav. art. D. 1233-10).

À défaut d'un tel document, l'employeur est censé ne pas avoir organisé les élections professionnelles. L'absence de consultation des représentants du personnel rend alors la procédure irrégulière et entraîne le versement aux salariés d'une indemnité qui ne peut être inférieure à 1 mois de salaire brut et qui vient s'ajouter aux indemnités de licenciement et de préavis (c. trav. art. L. 1235-15). Les salariés n'ont pas besoin de prouver leur préjudice pour obtenir cette indemnisation (cass. soc. 17 octobre 2018, n° 17-14392 FSPB ; cass. soc. 9 juin 2021, n° 20-11798 D).

Entretien préalable et notification des licenciements - L'employeur doit convoquer les salariés à un entretien préalable au licenciement. La proposition d'adhésion au contrat de sécurisation professionnelle se fait alors pendant cet entretien, selon les mêmes modalités qu'en cas de licenciement individuel [voir *Licenciement économique (procédure du licenciement individuel)**].

Pour le reste, la procédure de licenciement est semblable à celle applicable en présence de représentants du personnel. L'employeur doit notamment respecter le même délai de 30 jours entre la notification du projet de suppression d'effectifs au DREETS et la notification des licenciements *(voir ci-avant)*.

☛ *Licenciement économique ; Licenciement économique (cause économique) ; Licenciement économique (contentieux collectif) ; Licenciement économique (contentieux individuel) ; Licenciement économique collectif (procédure applicable).*

Licenciement économique collectif (moins de 10 salariés)

Décompte des salariés

Le licenciement collectif pour motif économique s'organise en deux grandes catégories :
- le licenciement de 2 à 9 salariés en 30 jours (« petit » licenciement), qui obéit à une procédure simplifiée *(voir ci-après)* ;
- le licenciement de 10 salariés ou plus en 30 jours (« grand » licenciement), qui fait l'objet d'une procédure plus encadrée [voir *Licenciement économique collectif (10 salariés ou plus dans une entreprise de moins de 50 salariés)** et *Licenciement économique collectif (10 salariés ou plus dans une entreprise d'au moins 50 salariés)**].

Il est donc capital pour l'employeur d'évaluer correctement le nombre de licenciements envisagés afin de vérifier que le seuil de 10 salariés n'est pas atteint. Ces règles de décompte sont détaillées par ailleurs [voir *Licenciement économique collectif (procédure applicable)**].

Les développements qui suivent portent sur le « petit » licenciement.

Consultation du CSE

CSE concerné - L'employeur qui envisage de licencier 2 à 9 salariés sur une même période de 30 jours doit consulter le *comité social et économique** (CSE) (c. trav. art. L. 1233-8).

En présence d'un CSE central, l'employeur réunit le CSE central et les CSE d'établissements dès lors que les mesures envisagées excèdent le pouvoir du ou des chefs d'établissement concernés ou portent sur plusieurs établissements simultanément (c. trav. art. L. 1233-9 ; cass. soc. 27 mai 1997, n° 95-17264 D).

Objet de la consultation - Dès lors que le licenciement concerne moins de 10 salariés, l'employeur procède à une consultation globale, portant tant sur le motif économique que sur les licenciements (c. trav. art. L. 1233-8 et L. 1233-10).

▶ Attention… Cette consultation traite, le cas échéant, des conséquences des licenciements projetés en matière de santé, de sécurité ou de conditions de travail (c. trav. art. L. 1233-10).

Modalités de convocation - La seule obligation consiste à communiquer au préalable les informations relatives au projet de licenciement *(voir ci-après)*. L'employeur doit néanmoins veiller à laisser aux représentants du personnel un délai suffisant pour prendre connaissance de ces documents, avant la tenue de la réunion.

L'employeur et le secrétaire doivent donc élaborer conjointement l'ordre du jour et le communiquer au comité au moins 3 jours avant la réunion, avec les informations relatives au projet de licenciement [voir *Comité social et économique (réunions)**].

Informations à communiquer - L'employeur joint à la convocation du CSE tous renseignements utiles sur le projet de licenciement collectif. Il leur communique obligatoirement (c. trav. art. L. 1233-10) :
- la ou les raisons économiques, financières ou techniques l'ayant conduit à présenter le projet de licenciement ;
- le nombre de salariés permanents ou non employés dans l'établissement ;
- le nombre de licenciements envisagés ;
- les catégories professionnelles concernées ;
- les critères proposés pour l'*ordre des licenciements** ;
- le calendrier prévisionnel des licenciements ;
- les mesures de nature économique envisagées ;
- le cas échéant, les conséquences des licenciements projetés en matière de santé, de sécurité ou de conditions de travail.

L'employeur doit également soumettre aux élus du CSE les dispositifs publics d'aide à l'emploi auxquels il entend recourir (c. trav. art. R. 5111-3).

Dans les entreprises de 1 000 salariés et plus, l'information porte en outre sur les conditions de mise en œuvre du congé de reclassement (c. trav. art. R. 1233-17).

▶ Attention… À ce stade, l'employeur ne doit en aucun cas communiquer une liste nominative des salariés susceptibles d'être licenciés. Seules les catégories professionnelles concernées sont connues. Ce n'est qu'après application de l'ordre des licenciements que l'employeur pourra identifier les salariés visés.

Déroulement de la consultation - Comme dans toute consultation, l'employeur doit engager un dialogue avec les représentants du personnel et répondre à leurs observations. Le CSE émet un avis sur le projet de licenciement (c. trav. art. L. 1233-8).

Une réunion suffit. Cependant, il est toujours possible d'organiser deux réunions, notamment en cas de consultation du CSE. La première réunion permet alors de discuter du projet de licenciement et la seconde de recueillir l'avis du CSE.

Le CSE a 1 mois, à compter de la première réunion de consultation, pour rendre son avis. À défaut d'avis dans le délai imparti, le comité est réputé avoir été consulté (c. trav. art. L. 1233-8).

Recours à un expert - Le CSE peut désigner un *expert comptable** pour l'aider à examiner le projet de licenciement collectif. Le paiement de ses honoraires incombe au CSE et non à l'employeur (c. trav. art. L. 2315-81). En effet, en cas de « petit » licenciement, il n'y a pas de mécanisme légal de recours à un expert comptable rémunéré par l'employeur.

En l'absence de CSE - Si l'entreprise n'a pas de CSE, l'employeur est logiquement dispensé de la procédure de consultation. Il s'agit ici des cas où :
- l'entreprise a un effectif inférieur à 11 salariés (seuil de référence pour l'élection d'un CSE) ;
- l'entreprise a atteint le seuil de 11 salariés mais un procès-verbal (P-V) de carence a été établi pour prouver que des élections ont bien été organisées.

Dans cette dernière hypothèse, si aucun procès-verbal de carence n'a été établi, l'absence de consultation du CSE rend la procédure irrégulière et entraîne le versement aux salariés d'une indemnité au moins égale à 1 mois de salaire brut. Celle-ci s'ajoute aux indemnités de licenciement et de préavis (c. trav. art. L. 1235-15). Les salariés n'ont pas besoin de prouver leur préjudice pour obtenir cette indemnisation (cass. soc. 17 octobre 2018, n° 17-14392 FSPB ; cass. soc. 9 juin 2021, n° 20-11798 D).

Schéma récapitulatif de la procédure
(licenciement de 2 à 9 salariés)

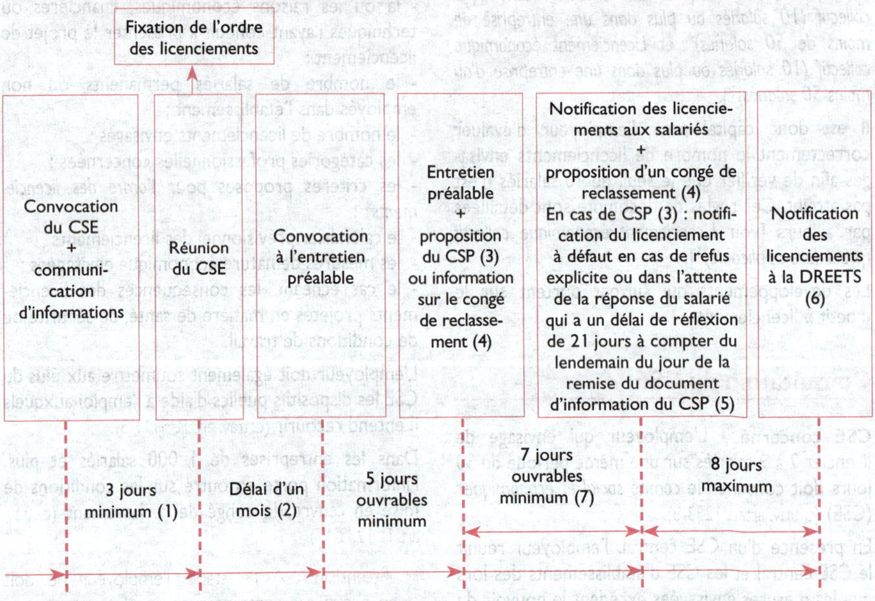

(1) En présence d'un CSE. Dans les entreprises de moins de 50 salariés, le CSE doit être convoqué suffisamment à l'avance.
(2) L'employeur doit néanmoins prendre le temps de rechercher des solutions de reclassement. Le CSE doit rendre son avis dans le délai maximal d'un mois (c. trav. art. L. 1233-8). Ce délai court à compter de la date de la réunion au cours de laquelle il a été consulté. En l'absence d'avis dans ce délai, le CSE est réputé avoir été consulté. À noter que le code du travail ne prévoit pas de délai entre la date de l'avis du CSE et celle de la convocation aux entretiens préalables des salariés concernés.
(3) CSP : contrat de sécurisation professionnelle (entreprises de moins de 1 000 salariés ou en redressement ou en liquidation judiciaire). L'acceptation de ce contrat dans les 21 jours de l'entretien préalable entraîne la rupture du contrat de travail d'un commun accord des parties. Dans ce cas, il n'y a pas de licenciement (c. trav. art. L. 1233-65 et L. 1233-70).
(4) Congé de reclassement : dans les entreprises de 1 000 salariés et plus.
(5) Pour les salariés protégés, ce délai est prolongé jusqu'au lendemain de la notification de la décision de l'inspecteur du travail.
(6) Transmission dématérialisée depuis le 1.01.2020 (c. trav. art. D 1233-3 ; arrêté du 21 octobre 2019, JO du 25).
(7) Deux jours ouvrables en cas de redressement ou de liquidation judiciaires (c. trav. art. L. 1233-59).

Information des entreprises sous-traitantes

Les entreprises d'au moins 50 salariés doivent immédiatement informer les entreprises sous-traitantes du projet de licenciement, lorsque cette suppression d'effectif est de nature à affecter leur volume d'activité ou d'emploi. Dès qu'il est informé par le donneur d'ordres de son projet, le chef de l'entreprise sous-traitante doit en informer son propre CSE (c. trav. art. L. 2312-58).

Licenciement des salariés

Recherche préalable de reclassement - Une fois les représentants du personnel consultés, l'employeur peut engager la procédure de licenciement proprement dite. Toutefois, il doit au préalable avoir cherché à reclasser les salariés. Seuls ceux dont le reclassement est impossible – soit faute de poste disponible, soit parce qu'ils ont refusé les propositions qui leur ont été faites – peuvent être licenciés [voir *Licenciement économique (obligation de reclassement)**].

Procédure de licenciement individuel - L'employeur suit la même procédure que pour un licenciement individuel. Il convoque donc chaque salarié à un *entretien préalable au licenciement**. Lors de cet entretien, il lui propose d'adhérer au *contrat de sécurisation professionnelle** ou l'informe qu'il peut bénéficier du *congé de reclassement**, selon que l'entreprise emploie moins de 1 000 salariés ou 1 000 salariés ou plus.

L'employeur peut notifier le licenciement au plus tôt 7 jours ouvrables à compter de la date de l'entretien préalable. La lettre de licenciement comporte un certain nombre de mentions obligatoires. Elle doit être motivée [voir *Licenciement (notification)**].

Enfin, l'employeur doit informer le DREETS du licenciement.

L'ensemble de la procédure de licenciement individuel pour motif économique est traité en détail dans une étude spécifique [voir *Licenciement économique (procédure du licenciement individuel)**].

Information de l'administration

L'employeur doit informer le DREETS de la suppression d'effectif dans les 8 jours suivant l'envoi des lettres de licenciement (c. trav. art. D. 1233-3) [voir *Licenciement économique (procédure du licenciement individuel)**]. Il doit également lui transmettre le P-V de la réunion du CSE (c. trav. art. L. 1233-20).

Le DREETS compétent est celui dans le ressort duquel est situé le siège de l'entreprise ou de l'établissement visé par le projet de licenciement.

▶ Attention… Les documents à communiquer au DREETS doivent être transmis par voie dématérialisée via le portail RUPCO (https ://ruptures-collectives.emploi.gouv.fr) (arrêté du 21 octobre 2019, JO du 25, texte 13). En cas de dysfonctionnement de ce portail, il incombera aux entreprises de communiquer leurs informations et demandes « par tout autre moyen permettant de conférer une date certaine ».

S'agissant de « petits » licenciements, il n'y a pas de procédure de contrôle, le DREETS n'est informé qu'a posteriori, une fois les licenciements notifiés (c. trav. art. L. 1233-19). Cette information permet de veiller au respect du mécanisme de limitation des petits licenciements répétitifs.

☞ *Licenciement économique (cause économique) ; Licenciement économique (contentieux collectif) ; Licenciement économique (contentieux individuel) ; Licenciement économique (procédure du licenciement individuel) ; Licenciement économique collectif (procédure applicable).*

Licenciement économique collectif (procédure applicable)

Plusieurs procédures possibles

Le licenciement collectif pour motif économique s'organise en deux grandes catégories :
- le licenciement de 2 à 9 salariés en 30 jours (« petit » licenciement), qui obéit à une procédure simplifiée [voir *Licenciement économique collectif (moins de 10 salariés)**] ;
- le licenciement de 10 salariés ou plus en 30 jours (« grand » licenciement), qui fait l'objet d'une procédure plus encadrée.

Dans cette deuxième catégorie, il convient de distinguer :
- les entreprises de moins de 50 salariés, où l'employeur consulte le *comité social et économique** sur son projet de licenciement [voir *Licenciement économique collectif (10 salariés ou plus dans une entreprise de moins de 50 salariés)**] ;
- les entreprises d'au moins 50 salariés, où l'employeur consulte le *comité social et économique** et élabore un *plan de sauvegarde de l'emploi** (PSE), sous le contrôle de l'administration [voir

*Licenciement économique collectif (10 salariés ou plus dans une entreprise d'au moins 50 salariés)**].

Il faut donc évaluer dès l'origine le nombre de ruptures envisagées pour déterminer le régime applicable. La question du nombre de licenciements revêt une importance toute particulière dans les entreprises de 50 salariés ou plus, car il s'agit alors de savoir si l'entreprise doit ou non élaborer un PSE.

Date d'appréciation de l'effectif

L'effectif à prendre en compte s'apprécie lors de l'engagement de la procédure de licenciement (cass. soc. 16 janvier 2008, n° 06-46313, BC V n° 8 ; cass. soc. 12 juillet 2010, n° 09-14192, BC V n° 165).

▶ **À noter...** Sur les spécificités applicables notamment en cas de redressement judiciaire, voir *Procédure de sauvegarde, de redressement et de liquidation judiciaires (licenciements)**.

Niveau d'appréciation

En présence d'un groupe - Pour déterminer l'*effectif** (plus ou moins de 50 salariés) et le nombre de licenciements (plus ou moins de 10 salariés), il faut se placer au niveau de l'entreprise, et non du groupe auquel appartient cette entreprise (cass. soc. 26 février 2003, n° 01-41030, BC V n° 70 ; cass. soc. 23 septembre 2008, n° 07-42862, BC V n° 171). Il en est de même en cas d'appartenance à un groupement d'intérêt économique (GIE) (cass. soc. 30 juin 2004, n° 02-42672, BC V n° 186 ; cass. soc. 28 janvier 2009, n° 07-45481, BC V n° 26).

En présence d'une UES - Lorsque l'entreprise qui licencie fait partie d'une *unité économique et sociale** (UES), il convient de rechercher à quel niveau a été décidée la suppression d'effectifs (cass. soc. 16 novembre 2010, n°s 09-69485 à 09-69489, BC V n° 258 ; cass. soc. 9 mars 2011, n° 10-11581, BC V n° 70 ; cass. soc. 8 janvier 2020, n° 18-16945 D) :

- si la décision est prise au niveau de l'entreprise, l'effectif et le nombre de licenciements s'apprécient au niveau de cette entreprise ;
- si la décision est prise au niveau de l'UES, ces éléments s'apprécient au niveau de l'UES.

Exemples

Une entreprise de 40 salariés appartient à une UES qui emploie, au total, 250 salariés. Elle envisage de licencier 11 salariés, pour des raisons qui lui sont propres, indépendamment de tout plan de réduction des effectifs au niveau de l'UES. Cette entreprise projette au moins 10 licenciements, mais elle emploie moins de 50 salariés. Elle n'a donc pas à élaborer de PSE. Il n'y a pas à tenir compte de l'effectif de l'UES, qui dépasse largement ce seuil de 50 salariés, puisque la décision a été prise au niveau de l'entreprise.

Une entreprise de 40 salariés appartient à une UES qui emploie, au total, 250 salariés. Elle envisage de licencier 5 salariés, dans le cadre d'un plan de réduction d'effectifs décidé au niveau de l'UES et portant, au total, sur une vingtaine d'emplois. Un PSE doit être mis en œuvre même si l'entreprise emploie moins de 50 salariés et projette moins de 10 licenciements. En effet, ces deux conditions s'apprécient au regard de l'effectif et du nombre de licenciements envisagés par l'UES.

En cas d'implantation à l'étranger - Pour déterminer l'effectif d'une entreprise implantée en France et à l'étranger, seuls comptent les salariés travaillant en France (cass. soc. 23 septembre 2008, n° 07-42862, BC V n° 171).

Ruptures à prendre en compte

Toute rupture économique - L'employeur doit prendre en considération toute rupture, quelle que soit sa dénomination, ayant une cause économique [voir *Licenciement économique (cause économique)]. Il faut donc comptabiliser les licenciements économiques, mais également, le cas échéant *(voir ci-après)*, les départs volontaires à la retraite, les mises à la retraite ou les préretraites, dès lors que ces mesures ont une cause économique** (cass. soc. 1er février 2011, n° 09-70121 D).

▶ **À noter...** Le fait qu'une rupture soit comptabilisée pour déterminer la procédure de licenciement applicable n'en fait pas pour autant un licenciement économique. Ainsi, un départ volontaire à la retraite dans le cadre d'un PSE n'ouvre pas droit à l'indemnité conventionnelle de licenciement (cass. soc. 25 juin 2002, n° 00-18907, BC V n° 214 ; cass. soc. 9 juillet 2003, n° 01-43298 D). De même, un salarié mis à la retraite dans le cadre d'un PSE a droit à l'indemnité de mise à la retraite, mais pas à l'indemnité conventionnelle de licenciement (cass. soc. 18 mars 2008, n° 07-40269, BC V n° 63).

Ruptures conventionnelles - Dès lors que les ruptures conventionnelles ont une cause économique et qu'elles s'inscrivent dans le processus de réduction des effectifs, dont elles constituent l'une des modalités, l'employeur doit les comptabiliser, au même titre que les licenciements économiques, pour déterminer la procédure d'information et

de consultation des représentants du personnel applicable et vérifier s'il faut mettre en place un PSE (voir *Rupture conventionnelle**) (cass. soc. 9 mars 2011, n° 10-11581, BC V n° 70 ; Rép. Braillard n° 29982, JO 3 septembre 2013, AN quest. p. 9339). Seules les conventions homologuées entrent en considération (cass. soc. 29 octobre 2013, n° 12-15382, BC V n° 253).

Les employeurs doivent donc faire preuve de prudence, notamment en raison des mécanismes qui visent à éviter les licenciements fractionnés *(voir ci-après)*. En effet, si une entreprise de plus de 50 salariés a, par exemple, conclu une dizaine de ruptures conventionnelles, réparties sur 3 mois, dans un contexte de difficultés économiques, toute nouvelle rupture pour motif économique (rupture conventionnelle, licenciement ou autre) risque d'entraîner l'obligation de mettre en place un PSE (c. trav. art. L. 1233-26).

▶ Attention… Les développements ci-avant supposent que l'entreprise n'est pas encore réellement engagée dans un processus de licenciement collectif. À ce stade, la difficulté est justement de décider si, oui ou non, le régime du licenciement collectif s'applique et, plus précisément, s'il faut élaborer un PSE. En revanche, à partir du moment où l'employeur s'est engagé dans une procédure de licenciement avec PSE, la logique est différente : il est alors impossible de conclure des ruptures conventionnelles fondées sur un motif économique (c. trav. art. L. 1237-16).

Sur la *rupture conventionnelle collective**, voir cette étude.

Modifications du contrat - Le simple fait de proposer une *modification du contrat de travail** pour un motif économique ne suffit pas à déclencher l'application du régime du licenciement collectif pour motif économique. Seules les modifications refusées par les salariés doivent être prises en compte pour apprécier le volume du licenciement (et donc la procédure à suivre), sous réserve, bien entendu, que l'employeur ait l'intention de licencier les salariés à la suite de ce refus (c. trav. art. L. 1233-3 et L. 1233-25).

En l'absence de rupture - Lorsqu'aucune des mesures proposées n'est susceptible d'entraîner la rupture des contrats, chacune d'elles constituant simplement une mesure prévisionnelle de gestion du personnel (ex. : mesures de temps partiel indemnisé et mises en disponibilité), l'élaboration d'un PSE n'est pas obligatoire. Il suffit que les représentants du personnel soient consultés sur cette mesure dans le cadre de leurs attributions générales (cass. soc. 12 janvier 1999, n° 97-12962, BC V n° 17).

Période de référence

Période fixée à 30 jours - Pour déterminer la procédure applicable, il faut compter les licenciements économiques sur une période de 30 jours (c. trav. art. L. 1233-8 et L. 1233-28).

La première réunion de consultation des représentants du personnel marque le point de départ de cette période (sachant que, pour les « petits » licenciements, il n'y a en tout état de cause qu'une seule réunion). C'est aussi à cette date que l'on détermine si l'entreprise emploie plus ou moins de 50 salariés et si elle doit éventuellement mettre en place un PSE (cass. soc. 12 juillet 2010, n° 09-14192, BC V n° 169).

▶ À noter… En l'absence de représentants du personnel dans l'entreprise, le point de départ de la période de 30 jours est la date du premier entretien préalable effectué (circ. CDE/DRT 89-46 du 1er octobre 1989).

Dès lors que, dans les 30 jours suivant la première réunion de consultation, l'employeur convoque à nouveau les représentants du personnel sur un autre projet de licenciement, ces ruptures, même si elles ne sont qu'envisagées, doivent être ajoutées aux premières pour déterminer le régime applicable (cass. soc. 10 juillet 2001, n° 99-43330, BC V n° 256 ; cass. soc. 19 mars 2003, n° 01-12094, BC V n° 105).

Limites aux licenciements fractionnés - Si une entreprise ou un établissement d'au moins 50 salariés a licencié plus de 10 salariés pour motif économique sur une période de 3 mois consécutifs, sans jamais atteindre le seuil de 10 licenciements en 30 jours, tout nouveau licenciement économique envisagé au cours des 3 mois suivants entraîne l'application de la procédure de licenciement de 10 salariés en 30 jours (c. trav. art. L. 1233-26).

Par ailleurs, si une entreprise ou un établissement d'au moins 50 salariés a licencié plus de 18 salariés sur une année civile sans avoir à élaborer de PSE, tout licenciement économique envisagé au cours des 3 premiers mois de l'année suivante entraîne l'application de la procédure de licenciement de 10 salariés en 30 jours (c. trav. art. L. 1233-27).

☞ *Licenciement économique ; Licenciement économique collectif (moins de 10 salariés) ; Licenciement économique collectif (10 salariés ou plus dans une entreprise de moins de 50 salariés) ; Licenciement économique collectif (10 salariés ou plus dans une entreprise d'au moins 50 salariés) ; Plan de sauvegarde de l'emploi.*

Licenciement économique (contentieux collectif)

Actions hors plan de sauvegarde de l'emploi

Toute procédure de licenciement collectif nécessite d'informer et de consulter le *comité social et économique** (CSE). Hormis en cas de licenciement avec plan de sauvegarde de l'emploi (PSE) *(voir ci-après)*, toute irrégularité dans cette procédure d'information-consultation peut être portée devant le *tribunal judiciaire** par les représentants du personnel.

Cette action peut être intentée par le CSE ou par les syndicats, notamment sur le fondement de l'intérêt collectif de la profession (c. trav. art. L. 2132-3).

Actions dans le cadre d'un plan de sauvegarde de l'emploi

Compétence du juge administratif - L'essentiel du contentieux relatif au licenciement avec PSE est du ressort du tribunal administratif (c. trav. art. L. 1235-7-1).

▶ À noter… Le licenciement avec PSE concerne les entreprises d'au moins 50 salariés qui envisagent de licencier au moins 10 salariés en 30 jours [voir *Licenciement économique collectif (10 salariés ou plus dans une entreprise d'au moins 50 salariés)**].

Le juge judiciaire ne peut en aucun cas se prononcer sur le PSE, même au travers d'une action invoquant, par exemple :
- l'insuffisance des mesures de reclassement prévues par le plan (cass. soc. 21 novembre 2018, n° 17-16766 FSPBRI ; cass. soc. 11 décembre 2019, n° 17-31673 D) ;
- le défaut de prise en compte des risques engendrés par la réduction d'effectif sur la santé et la sécurité des salariés qui restent en poste (trib. confl. 8 juin 2020, n° C4189).

Néanmoins, sur ce dernier point, le juge judiciaire (*conseil de prud'hommes** ou *tribunal judiciaire**, selon que le contentieux est individuel ou collectif) demeure compétent lorsque la question de la santé et de la sécurité des salariés toujours en poste :
- est sans rapport avec le projet de licenciement collectif et l'opération de réorganisation et de réduction des effectifs en cours ;
- ou est liée à la mise en œuvre (et non à l'élaboration) de l'accord ou du document unilatéral ou de l'opération de réorganisation.

Le juge judiciaire est également compétent pour déterminer si les contrats de travail des salariés licenciés auraient plutôt dû être transférés à un autre employeur, en application de l'article L. 1224-1 du code du travail (cass. soc. 10 juin 2020, n° 18-26229 FSPB) (voir *Modification de la situation juridique de l'employeur**).

Enfin, les contentieux relatifs à un PSE « volontaire » (c'est-à-dire mis en place pour un licenciement de moins de 10 salariés en 30 jours ou pour licenciement collectif dans une entreprise de moins de 50 salariés) sont du ressort du juge judiciaire (cass. soc. 16 janvier 2019, n° 17-17475 D).

Institutions et personnes habilitées à agir
- L'action en justice peut être exercée par (instr. DGEFP/DGT 2013-13 du 19 juillet 2013, fiche 3) :
- l'employeur [ou le salarié ; voir *Licenciement économique (contentieux individuel)**] ;
- les syndicats présents dans l'entreprise (CE 22 juillet 2015, n° 383481) ;
- le CSE.

Action en justice unique - Le tribunal administratif est appelé à trancher tout litige relatif (c. trav. art. L. 1235-7-1) :
- à la décision de validation ou d'homologation elle-même (ex. : formalisme) ;
- à l'accord PSE ;
- au document unilatéral élaboré par l'employeur ;
- au contenu du PSE ;
- aux éventuelles injonctions du DREETS ;
- à la régularité de la procédure de licenciement collectif ;
- à l'impact du licenciement collectif sur la santé et la sécurité des salariés (c. trav. art. L. 4121-1 ; trib. confl. 8 juin 2020, n° C4189) ;
- au respect par l'employeur de son obligation de recherche d'un repreneur en cas de *fermeture d'établissement** (cass. soc. 16 janvier 2019, n° 17-20969 FSPB ; cass. soc. 29 septembre 2021, n° 19-23248 FSB).

Ces différents points de contentieux sont obligatoirement rassemblés en une action en justice unique, qui consiste à attaquer la décision de validation ou d'homologation du DREETS.

Si l'action en justice invoque, entre autres motifs, l'insuffisance du PSE, le juge administratif examine en premier lieu ce motif de contestation pour annuler, le cas échéant, la décision du DREETS (CE 15 mars 2017, n° 387728).

Si le licenciement collectif a donné lieu à la fois à un accord collectif et à un document unilatéral, il n'y a pas à contester à la fois la décision de validation et la décision d'homologation : l'action en justice ne porte que sur la décision relative au document incriminé (CE 30 mai 2016, n° 387798).

Tribunal administratif compétent - Le tribunal administratif géographiquement compétent est celui dans le ressort duquel se trouve l'établissement ou les établissements concernés par les licenciements (c. justice administrative art. R. 321-10).

Si l'accord collectif ou le document unilatéral n'identifie pas le ou les établissements auxquels sont rattachés les emplois à supprimer, le tribunal compétent est celui dans le ressort duquel se trouve le siège de l'entreprise. Il en est de même si le projet de licenciement concerne des établissements relevant de tribunaux administratifs différents (CE 24 janvier 2014, n° 374163).

Délai de recours - L'action en justice devant le tribunal administratif doit être engagée dans un délai de 2 mois (c. trav. art. L. 1235-7-1). Le point de départ de la prescription diffère en fonction de la partie qui exerce le recours.

S'agissant de l'employeur, le délai de 2 mois court à compter de la décision prise par le DREETS de valider l'accord PSE ou d'homologuer le document unilatéral PSE.

S'agissant des syndicats, ce délai court à compter du moment où la décision de validation ou d'homologation leur a été notifiée (en cas d'accord PSE) ou a été portée à la connaissance du personnel, par affichage ou par tout autre moyen (c. trav. art. L. 1233-57-4 ; CE 22 juillet 2015, n° 383481).

Pour les salariés, le délai de 2 mois court à compter du moment où la décision de validation ou d'homologation a été portée à la connaissance du personnel.

Le tribunal administratif statue dans les 3 mois. En l'absence de jugement dans ce délai ou en cas d'appel, l'affaire passe devant la cour administrative d'appel, qui statue elle aussi dans les 3 mois. En dernier lieu, c'est au Conseil d'État qu'il revient de trancher le litige, dans un nouveau délai de 3 mois.

Conséquences de l'annulation pour insuffisance du PSE - Si le juge administratif annule la décision de validation ou d'homologation en raison de l'insuffisance du PSE, la procédure de licenciement est nulle (c. trav. art. L. 1235-10). Il en est de même en cas d'annulation « en raison d'une absence » de PSE, une telle hypothèse étant néanmoins peu vraisemblable.

Le juge doit alors ordonner la réintégration de tout salarié qui en fait la demande, sauf si cette réintégration est impossible, notamment du fait de la fermeture de l'établissement ou du site, ou encore de l'absence d'emploi disponible (c. trav. art. L. 1235-11).

▶ À noter… L'utilisation de l'adverbe « notamment » permet aux tribunaux d'envisager d'autres situations dans lesquelles la réintégration est impossible. Les juges ont, par exemple, considéré que des salariés qui avaient commis des actes de concurrence déloyale à l'égard de leur employeur ne pouvaient pas être réintégrés (cass. soc. 25 juin 2003, n° 01-46479, BC V n° 206).

La décision d'annulation rend par ailleurs illégale les autorisations de licenciement qui auraient été accordées pour des salariés protégés (CE 19 juillet 2017, n° 391849).

Si la réintégration est impossible ou n'a pas été demandée, le salarié a droit à une indemnité au moins égale aux salaires des 6 derniers mois, celle-ci réparant l'intégralité du préjudice subi (cass. soc. 14 septembre 2017, n° 16-11563, BC V n° 138). Pour calculer cette indemnisation, il convient de neutraliser les périodes d'arrêt maladie (cass. soc. 26 juin 2019, n° 18-17120 FSPB).

L'employeur doit en outre rembourser à Pôle Emploi les indemnités de chômage versées à l'intéressé, dans la limite de 6 mois d'allocations (c. trav. art. L. 1235-4).

Par exception, les salariés qui ont moins de 2 ans d'ancienneté ne peuvent pas demander leur réintégration. Ils ont droit à une indemnisation calculée en fonction du préjudice subi, sans que le montant plancher de 6 mois de salaire s'applique (c. trav. art. L. 1235-14). L'employeur n'a pas à rembourser les indemnités de chômage (c. trav. art. L. 1235-5).

Conséquences de l'annulation pour irrégularité de procédure - Si le juge annule la décision de validation ou d'homologation du DREETS pour un autre motif que l'insuffisance du PSE, l'indemnisation prend le pas sur la réintégration (c. trav. art. L. 1235-16). En pratique, cette hypothèse vise les annulations fondées sur une irrégularité dans la procédure d'information et de consultation du CSE (informations insuffisantes, défaut de réponse à certaines questions des élus, etc.). Entre également dans cette catégorie des « autres irrégularités » la signature d'un accord PSE qui ne serait pas majoritaire et que le DREETS aurait validé par erreur (cass. soc. 13 janvier 2021, n° 19-12522 FSPI).

En règle générale, les irrégularités relatives à la procédure d'information et de consultation n'entraînent pas, en elles-mêmes, l'annulation de la décision de validation ou d'homologation : il n'y aura annulation que si ces irrégularités ont empêché le CSE de formuler ses avis en toute connaissance de cause (CE 21 octobre 2015, n° 385683 ; CE 7 décembre 2015, n° 383856 ; CE 23 mars 2016, n° 389158).

La réintégration du salarié n'est possible qu'avec l'accord de l'employeur. À défaut de réintégration, le juge accorde au salarié, quelle que soit son ancienneté, une indemnité au moins égale aux salaires des 6 derniers mois. Cette indemnité ne peut pas se cumuler avec une indemnité pour licenciement sans cause réelle et sérieuse (cass. soc. 16 février 2022, n° 19-21140 FSPB).

S'agissant des salariés protégés, la décision d'annulation rend illégale les autorisations de licenciement accordées par l'inspection du travail (CE 19 juillet 2017, n° 391849).

Conséquences de l'annulation pour insuffisance de motivation - En cas d'annulation de la décision de validation ou d'homologation exclusivement pour insuffisance de motivation, cette annulation n'a aucun effet si le DREETS prend une nouvelle décision, cette fois suffisamment motivée, dans un délai de 15 jours à compter de la notification du jugement à l'administration. L'employeur doit porter la nouvelle décision du DREETS à la connaissance des salariés, par tout moyen permettant de donner une date certaine à cette information (c. trav. art. L. 1235-16).

Si cette procédure est respectée, les licenciements qui ont pu être notifiés à la suite de la première décision restent valables et les salariés concernés ne peuvent réclamer ni indemnité ni réintégration. Par ailleurs, les autorisations de licenciement délivrées pour des salariés protégés demeurent valables (CE 19 juillet 2017, n° 391849).

Particularité du licenciement sans validation ou homologation - Le CSE et les syndicats peuvent agir en nullité des licenciements lorsque l'employeur a notifié aux salariés la rupture de leur contrat de travail sans passer par le DREETS ou malgré un refus de validation ou d'homologation (c. trav. art. L. 1235-10).

Il faut alors saisir le *tribunal judiciaire**. En effet, le tribunal administratif n'est pas compétent, dans la mesure où le litige ne porte pas sur la décision de validation ou d'homologation prise par le DREETS, mais sur la décision de licenciement prise par l'employeur. Le délai de prescription est de 12 mois (c. trav. art. L. 1471-1).

Les conséquences sont les mêmes qu'en cas d'annulation de la décision du DREETS en raison de l'insuffisance du PSE *(voir ci-avant)* : les salariés doivent être réintégrés ; si la réintégration est impossible, ils ont droit à une indemnité qui ne peut pas être inférieure aux salaires des 6 derniers mois et l'employeur doit rembourser les allocations de chômage (c. trav. art. L. 1235-4 et L. 1235-11).

Action pour non-respect du PSE - Le CSE et les syndicats peuvent agir en justice pour contraindre l'employeur à respecter les engagements pris dans le PSE (voir *Plan de sauvegarde de l'emploi**).

Licenciement économique collectif (moins de 10 salariés) ; Licenciement économique collectif (10 salariés ou plus dans une entreprise de moins de 50 salariés) ; Licenciement économique collectif (10 salariés ou plus dans une entreprise d'au moins 50 salariés) ; Licenciement économique collectif (procédure applicable) ; Plan de sauvegarde de l'emploi.

Licenciement économique (contentieux individuel)

Saisine du conseil de prud'hommes

Compétence de principe - Le salarié qui souhaite agir en justice à la suite de son licenciement économique doit saisir le *conseil de prud'hommes**.

Par exception, pour les litiges relatifs à la décision de validation ou d'homologation d'un plan de sauvegarde de l'emploi (PSE), le salarié doit saisir le tribunal administratif *(voir ci-après)*.

Saisine dans les 12 mois - Comme toute action portant sur la rupture du contrat de travail [voir *Prescription (contentieux)* *], l'action en contestation d'un licenciement pour motif économique se prescrit par 12 mois à compter de la notification de la rupture. Passé ce délai, la saisine du conseil de prud'hommes est irrecevable (c. trav. art. L. 1471-1).

Par exception, l'action qui vise à contester la décision de validation ou d'homologation du PSE par le DREETS doit être exercée dans un délai de 2 mois *(voir ci-après)*.

▶ **Attention...** Dans le cas d'un licenciement collectif avec plan de sauvegarde de l'emploi (PSE), le salarié qui entend contester la rupture de son contrat de travail ne doit pas attendre l'issue de l'éventuelle action en justice engagée par les représentants du personnel devant le juge administratif pour contester le PSE. En effet, une telle action n'a aucune incidence sur le délai de prescription de 12 mois, qui court toujours à compter de la notification du licenciement (cass. soc. 11 septembre 2018, n° 18-18414 FSPB ; cass. soc. 8 juillet 2020, n° 18-25362 FSPB).

Procédure accélérée - En matière de licenciement économique, l'audience de conciliation a lieu dans le mois suivant la saisine du conseil de prud'hommes. En cas d'échec de la conciliation, l'affaire passe devant le bureau de jugement dans un délai maximal de 6 mois (c. trav. art. L. 1456-1, R. 1456-1 et R. 1456-2).

Formalités - L'employeur doit, dans les 8 jours suivant la date à laquelle il reçoit la convocation devant le bureau de conciliation et d'orientation, déposer ou adresser par lettre recommandée avec accusé de réception au greffe du conseil de prud'hommes tous les éléments qu'il a fournis aux représentants du personnel avant de procéder au licenciement (c. trav. art. L. 1235-9 et R. 1456-1).

Il adresse également ces éléments au salarié à l'origine de l'action en justice, dans le même délai, par lettre recommandée avec demande d'avis de réception (c. trav. art. R. 1456-1).

Actions en justice possibles

Irrégularités dans la procédure individuelle - Le salarié peut réclamer des dommages et intérêts lorsque l'employeur n'a pas respecté la procédure de licenciement (absence d'entretien préalable, non-respect du délai minimal de 7 jours entre l'entretien et la notification du licenciement, etc.), à condition de démontrer que cette irrégularité lui a causé un préjudice [voir *Licenciement économique (procédure du licenciement individuel)**].

Les règles d'indemnisation sont identiques à celles applicables en cas d'irrégularité dans la procédure de licenciement pour un motif personnel (voir *Licenciement irrégulier**).

Par conséquent, si le salarié a subi un préjudice du fait de la méconnaissance de la procédure, mais que la rupture est justifiée, il a droit à une indemnité fixée par le juge et plafonnée à 1 mois de salaire. En revanche, si le licenciement n'a pas de cause économique, le salarié n'a droit qu'à l'indemnité pour licenciement sans cause réelle et sérieuse (c. trav. art. L. 1235-2).

Irrégularités dans la procédure de consultation - En cas de licenciement collectif, les irrégularités dans la procédure de consultation du comité social et économique (CSE) ou d'information du DREETS ouvrent droit à une indemnité spécifique, calculée en fonction du préjudice subi (c. trav. art. L. 1235-12).

À notre sens, ce mécanisme d'indemnisation ne s'applique pas aux procédures de licenciement avec PSE. En effet, dans cette hypothèse, le salarié qui entend agir en justice en raison d'une irrégularité dans la consultation du CSE ou dans l'information de l'administration doit contester la décision de validation ou d'homologation du DREETS, en suivant une procédure spécifique *(voir ci-après)*.

Défaut de cause économique - Le salarié peut contester le motif économique de son licenciement [voir *Licenciement économique (cause économique)**].

S'il conclut à l'absence de cause économique, le juge peut ordonner la réintégration du salarié ou, si l'employeur ou le salarié refuse, condamner l'entreprise à verser une indemnité, qui doit rester dans les limites du barème applicable en cas de *licenciement sans cause réelle et sérieuse**. Cette indemnité ne se cumule pas avec une indemnité pour irrégularité de procédure.

▶ À noter… L'indemnité pour *licenciement sans cause réelle et sérieuse** répare le préjudice résultant du caractère injustifié de la perte d'emploi. Un salarié ne peut donc pas réclamer une réparation supplémentaire en invoquant l'incurie de l'employeur, qui a mené à la liquidation de la société, ou la légèreté d'une banque, qui a mené l'entreprise à sa perte en lui accordant des crédits ruineux. Dans un cas comme dans l'autre, la demande vise en réalité à réparer le préjudice occasionné par la perte injustifiée de l'emploi. Or, ce préjudice est déjà réparé par l'indemnité pour licenciement sans cause réelle et sérieuse (cass. soc. 24 mai 2018, n° 16-18307 D ; cass. soc. 27 janvier 2021, n° 18-23535 FPPBRI).

Actions périphériques au licenciement - En marge des actions centrées sur le licenciement lui-même (motif et procédure), le salarié peut invoquer, devant le conseil de prud'hommes :
- l'absence de tentative de reclassement, sachant que l'inobservation par l'employeur de son obligation de reclassement rend le licenciement sans cause réelle et sérieuse [voir *Licenciement économique (obligation de reclassement)**] ;
- le défaut de mention de la priorité de réembauche, qui fait l'objet de règles d'indemnisation particulières (voir *Priorité de réembauche**) ;
- la violation des critères d'*ordre des licenciements** ;
- le non-respect par l'employeur des engagements pris dans le PSE, qui ouvre droit à des dommages et intérêts (voir *Plan de sauvegarde de l'emploi**).

Actions spécifiques au licenciement avec plan de sauvegarde de l'emploi

Contestation de la décision du DREETS - Une entreprise d'au moins 50 salariés qui licencie au moins 10 salariés en 30 jours doit établir un PSE et le faire valider ou homologuer par le DREETS, au terme d'une procédure déterminée [voir *Licenciement économique collectif (10 salariés ou plus dans une entreprise d'au moins 50 salariés)**].

Le salarié peut contester la décision de validation ou d'homologation prise par le DREETS s'il estime que la procédure de licenciement collectif était irrégulière ou que le PSE est insuffisant.

▶ À noter… Dans son esprit, l'action en contestation de la décision de validation ou d'homologation semble plutôt destinée aux représentants du personnel [voir *Licenciement économique (contentieux collectif)**]. L'administration estime cependant que les salariés sont également en mesure de l'exercer (instr. DGEFP/DGT 2013-13 du 19 juillet 2013, fiche 3).

Cette action nécessite de saisir le juge administratif. Elle doit être engagée dans les 2 mois, ce délai courant à compter du moment où la décision de validation ou d'homologation a été portée à la connaissance des salariés, par affichage ou par tout autre moyen (c. trav. art. L. 1235-7-1).

L'annulation de la décision de validation ou d'homologation par le juge administratif se traduit par :
- la nullité des licenciements si l'annulation est justifiée par l'absence ou l'insuffisance du PSE, sous réserve que le salarié ait au moins 2 ans d'ancienneté (c. trav. art. L. 1235-10, L. 1235-11 et L. 1235-14) ;
- la réintégration ou, à défaut d'accord de l'employeur, le versement d'une indemnité si l'annulation est justifiée par une irrégularité dans la procédure de consultation ou dans le traitement de la demande de validation ou d'homologation par le DREETS (c. trav. art. L. 1235-16).

Par exception, l'annulation pour insuffisance de motivation de la décision de validation ou d'homologation est sans conséquence si le DREETS prend rapidement une nouvelle décision, cette fois suffisamment motivée [voir *Licenciement économique (contentieux collectif)**].

Contestation en l'absence de décision du DREETS - Il peut arriver que les salariés soient licenciés sans validation ou homologation du PSE par le DREETS, soit parce que l'employeur n'a pas présenté de PSE à l'administration, soit parce qu'il a passé outre un refus de validation ou d'homologation. Dans ce cas, les licenciements sont nuls et les salariés qui en font la demande doivent être réintégrés (c. trav. art. L. 1233-39, L. 1235-10 et L. 1235-11).

Cette action nécessite de saisir le conseil de prud'hommes. Le salarié dispose d'un délai de 12 mois pour agir, à compter de la notification du licenciement.

Pour aller plus loin sur cette action en justice, voir *Licenciement économique (contentieux collectif)**.

▶ À noter… À notre sens, cette action a plutôt vocation à être exercée par les représentants du personnel. Elle est néanmoins ouverte aux salariés.

Entreprises en difficulté - Par dérogation, les entreprises en difficulté n'encourent pas la nullité du licenciement en cas de rupture sans validation ou homologation préalable par l'administration. Les licenciements sont « simplement » dépourvus de cause réelle et sérieuse (c. trav. art. L. 1235-10). Cette exception a été validée par le Conseil constitutionnel (Conseil constit., décision 2013-299, QPC du 28 mars 2013, JO du 30).

☛ *Licenciement économique (cause économique) ; Licenciement économique collectif (moins de 10 salariés) ; Licenciement économique collectif (10 salariés ou plus dans une entreprise de moins de 50 salariés) ; Licenciement économique collectif (10 salariés ou plus dans une entreprise d'au moins 50 salariés) ; Licenciement économique (procédure du licenciement individuel).*

Licenciement économique (équilibre du bassin d'emploi)

Les entreprises occupant 50 salariés et plus sont tenues ou peuvent être tenues, selon les cas, à des obligations spécifiques lorsque les licenciements économiques auxquels elles procèdent affectent, par leur ampleur, l'équilibre du ou des bassins d'emploi dans lesquels elles sont implantées (c. trav. art. L. 1233-84 à L. 1233-90 et D. 1233-37 à D. 1233-48 ; instr. DGEFP n° 12 du 30 juillet 2008, BO TR 2008/10 du 30 octobre 2008 ; circ. DGEFP/DGCIS/DATAR 2012-14 du 12 juillet 2012). Ces obligations sont différentes selon l'effectif de l'entreprise en cause et, le cas échéant, sa situation financière.

Entreprises de 1 000 salariés ou plus

Contribution à la revitalisation des bassins d'emploi - En cas de licenciement collectif affectant, par son ampleur, l'équilibre du ou des bassins d'emploi dans lesquels elles sont implantées, les entreprises relevant du champ du *congé de reclassement** (schématiquement, les entreprises d'au moins 1 000 salariés) ont l'obligation de contribuer à la revitalisation du ou des bassins par différentes actions (ex. : création d'activités, développement des emplois) (c. trav. art. L. 1233-84).

Les actions mises en œuvre dans ce cadre sont formalisées dans une convention conclue entre l'entreprise et le préfet du département qui apprécie la situation. Dès lors, le licenciement d'un même nombre de salariés ne sera pas nécessairement considéré de la même manière selon le bassin d'emploi où il intervient. À compter de la notification de la décision de validation ou d'homologation de la DREETS du PSE [voir *Licenciement économique collectif (10 salariés ou plus dans une entreprise d'au moins 50 salariés)**], le préfet dispose d'un mois pour prendre sa décision (c. trav. art. D. 1233-38).

▶ À noter… Pour les spécificités relatives à la revitalisation du ou des bassins d'emplois affecté en cas de *rupture conventionnelle collective**, voir cette étude.

Prise en compte des actions de même nature mises en œuvre par anticipation - Si des actions de même nature ont été mises en œuvre par anticipation dans le cadre d'un accord relatif à la *gestion prévisionnelle de l'emploi et des compétences** (GPEC), il doit en être tenu compte. Les mesures prévues dans le cadre du plan de sauvegarde de l'emploi (PSE) établi par l'entreprise sont également prises en compte (c. trav. art. L. 1233-85).

Les mesures engagées avant la signature de la convention peuvent être prises en compte dans le cadre de cette dernière lorsqu'elles contribuent à la création d'activités, au développement des emplois et permettent d'atténuer les effets du licenciement envisagé ou de la rupture conventionnelle collective sur les autres entreprises dans le ou les bassins d'emploi affectés par le licenciement (c. trav. art. D. 1233-41).

Les mesures envisagées sous la forme de l'octroi d'un prêt aux mêmes fins sont valorisées à hauteur d'un coût prévisionnel tenant compte du coût de gestion du prêt, du coût du risque et du coût de l'accès au financement. Cette valorisation ne peut dépasser 30 % des sommes engagées.

Les mesures envisagées au même titre sous la forme de la cession d'un bien immobilier sont valorisées à hauteur de la différence entre la valeur de marché du bien, déterminée après avis du directeur départemental ou, le cas échéant, régional des finances publiques, et sa valeur de cession.

▶ À noter… Lorsqu'un accord collectif de groupe, d'entreprise ou d'établissement prévoit des actions de telle nature, assorties d'engagements financiers de l'entreprise au moins égaux au montant de la contribution (voir ci-après), cet accord tient lieu, à la demande de l'entreprise, de la convention prévue entre l'entreprise et le préfet, sauf opposition de ce dernier motivée et exprimée dans les 2 mois suivant la demande (c. trav. art. L. 1233-85).

Prise en compte d'une démarche volontaire en faveur de l'emploi - Une troisième catégorie de mesures à prendre en considération dans l'élaboration de la convention concerne les actions de même nature éventuellement mises en œuvre par anticipation dans le cadre d'une démarche volontaire de l'entreprise faisant l'objet d'un document-cadre conclu entre l'État et l'entreprise (c. trav. art. L. 1233-85).

Les mesures prises dans ce cadre doivent avoir été mises en œuvre dans les 2 ans précédant la notification dans laquelle le préfet du département informe l'entreprise qu'elle est soumise à l'obligation de revitalisation et qu'elles font l'objet d'un document-cadre conclu avec lui (c. trav. art. D. 1233-41).

Ce document-cadre détermine (c. trav. art. D. 1233-41) :

- les limites géographiques du ou des bassins d'emplois d'intervention ;
- la nature des mesures et le montant auquel chacune est valorisée pour venir en déduction du montant de la contribution versée par l'entreprise dans le cadre de la revitalisation obligatoire (c. trav. art. L. 1233-86) ;
- la date de début de mise en œuvre de chacune des mesures ;
- les modalités de suivi et d'évaluation des mesures.

À compter du moment où le préfet a notifié à l'entreprise qu'elle est assujettie à l'obligation de revitalisation (c. trav. art. D. 1233-38), l'employeur a 1 mois pour lui transmettre le bilan de la mise en œuvre des mesures prises dans le cadre de la démarche volontaire.

Convention avec l'État ou accord collectif - Les entreprises concernées (qui ont été contactées par le préfet, le représentant du département ou du bassin d'emploi) doivent indiquer au préfet, dans un délai d'un mois à compter de la notification de sa décision, si elles entendent remplir leurs obligations par la voie d'une convention signée avec l'État ou par celle d'un accord collectif (c. trav. art. L. 1233-85 et D. 1233-39).

Convention avec le préfet - Un processus de négociation doit s'engager entre le préfet et l'entreprise. Lorsque l'entreprise entend remplir ses obligations par voie de convention avec l'État, celle-ci doit être conclue avant l'expiration d'un délai de 6 mois après la notification à l'administration du projet de licenciement (c. trav. art. L. 1233-85). La convention doit préciser :

- les mesures qui permettront la création d'activités et le développement des emplois en relation avec le nombre d'emplois supprimés ;
- les limites géographiques du ou des bassins d'emploi affectés dans lesquelles les mesures prévues dans la convention seront mises en œuvre (c. trav. art. D. 1233-39 à D. 1233-41) ;
- sa durée d'application.

Un diagnostic territorial devra être réalisé afin de faciliter l'élaboration d'une stratégie territoriale (instr. DGEFP n° 12 du 30 juillet 2008).

▶ À noter... L'entreprise qui ne signe pas de convention, au terme des 6 mois de discussion avec les pouvoirs publics, doit verser au Trésor public une pénalité qui équivaut au double de la contribution normale, soit 4 SMIC mensuels par emploi supprimé (c. trav. art. L. 1233-86 et D. 1233-44).

Revitalisation par accord collectif - L'entreprise peut aussi s'acquitter de son obligation de réactivation par l'application d'un accord collectif de groupe, d'entreprise ou d'établissement prévoyant des actions de même nature. Un tel accord est alors considéré comme tenant lieu de convention telle que décrite précédemment (c. trav. art. L. 1233-85 et D. 1233-39). Dans ce cas, l'entreprise adresse au préfet une copie de cet accord collectif accompagnée de son récépissé de dépôt et des éléments, notamment financiers, permettant d'évaluer la portée de ses engagements. Le préfet vérifie que cet accord collectif comporte des engagements financiers comparables à ceux prévus dans le cadre d'une convention État-entreprise, c'est-à-dire un montant au moins égal à deux fois le SMIC par emploi supprimé. Il dispose d'un délai de 2 mois pour s'opposer à ce que cet accord collectif tienne lieu de convention.

Conventions-cadres nationales - Une convention-cadre nationale de revitalisation est conclue entre le ministre chargé de l'emploi et l'entreprise lorsque les suppressions d'emplois concernent au moins trois départements (c. trav. art. L. 1233-90-1 ; circ. DGEFP/DGCIS/DATAR 2012-14 du 12 juillet 2012). Elle doit être conclue dans un délai de 6 mois à compter de la notification du projet de licenciement donnant lieu à un plan de sauvegarde de l'emploi (PSE).

La convention-cadre donne lieu, dans un délai de 4 mois à compter de sa signature, à une ou plusieurs conventions locales conclues entre le préfet et l'entreprise. Ces conventions se conforment au contenu de la convention-cadre nationale. Pour la détermination de la contribution financière globale de l'employeur à la revitalisation *(voir ci-après)*, il convient de tenir compte du nombre total d'emplois supprimés sur l'ensemble des territoires concernés.

Montant de la contribution - Pour le calcul de la contribution, le nombre d'emplois supprimés est égal au nombre de salariés dont le licenciement est envisagé, duquel est déduit le nombre de salariés dont le reclassement, dans l'entreprise ou dans le groupe auquel elle appartient, est acquis sur le ou les bassins d'emploi affectés par le licenciement collectif, à l'issue de la procédure de consultation des représentants du personnel (c. trav. art. D. 1233-43), Sur la spécificité du calcul de la contribution en cas de *rupture conventionnelle collective**, voir cette étude.

Le montant de la contribution de l'entreprise ne peut, légalement, être inférieur à deux fois la valeur mensuelle du *SMIC** par emploi supprimé, sauf si l'entreprise ne peut pas supporter cette charge financière. (c. trav. art. L. 1233-86 ; circ. DGEFP/DGCIS/DATAR 2012-14 du 12 juillet 2012). Le niveau de la contribution doit nécessairement tenir compte de l'impact de la restructuration sur les bassins d'emploi où elle intervient et des moyens dont dispose l'entreprise. À ce titre, il faut, non seulement évaluer la situation des sous-traitants et leurs difficultés éventuelles, mais également examiner l'impact éventuel du non-renouvellement des CDD et des contrats temporaires de l'entreprise. Ces derniers éléments peuvent impacter fortement un bassin d'emploi et justifier un assujettissement de l'entreprise à un niveau élevé (instr. DGEFP n° 12 du 30 juillet 2008).

▶ À noter... Toutefois, le préfet peut fixer un montant inférieur à deux fois le SMIC pour les entreprises dans l'incapacité d'assurer la charge financière d'une telle contribution. Si aucune convention n'est signée avec l'État, l'entreprise doit verser au Trésor public une contribution égale au double de la contribution normale : soit au moins

4 fois la valeur mensuelle du SMIC par emploi supprimé. Le SMIC à prendre en considération (selon nous, sur une base de 35 h) doit s'apprécier au moment de l'engagement de la procédure de licenciement, c'est-à-dire au moment où est née l'obligation de revitalisation (circ. DGEFP/DGCIS/DATAR 2012-14 du 12 juillet 2012).

Modalités de financement et de mise en œuvre - Les modalités de financement et de mise en œuvre des actions de revitalisation sont définies par la convention conclue avec l'État (ou par l'accord collectif en tenant lieu). Si aucune convention ou aucun accord n'est signé, l'entreprise doit verser au Trésor public une contribution égale au double de la contribution normale (soit au moins 4 fois la valeur mensuelle du SMIC par emploi supprimé) (circ. DGEFP/DGTPE/DGE/DATAR 2005-42 du 12 décembre 2005).

Actions engagées au titre de l'obligation de recherche d'un repreneur - Les entreprises d'au moins 1 000 salariés ne peuvent pas fermer un établissement sans chercher un repreneur (c. trav. art. L. 1233-57-9) (voir *Fermeture d'établissement**). Les actions engagées par l'employeur au titre de l'obligation de recherche d'un repreneur sont prises en compte dans la convention de revitalisation conclue entre l'entreprise et l'administration (c. trav. art. L. 1233-57-21).

Autres entreprises

Entreprises d'au moins 50 salariés - Sont concernées les entreprises employant au moins 50 salariés, qui n'entrent pas dans le champ du *congé de reclassement** : entreprises, unités économiques et sociales et groupes qui, toutes entreprises confondues, n'atteignent pas 1 000 salariés (c. trav. art. L. 1233-87, L. 1233-88 et D. 1233-45 à D. 1233-48).

Impact sur l'équilibre du bassin d'emploi - L'obligation de revitalisation s'applique en cas de licenciements affectant par leur ampleur l'équilibre du ou des bassins d'emploi dans lesquels les entreprises qui y procèdent sont implantées (c. trav. art. L. 1233-87). Le préfet est chargé d'apprécier la situation selon les mêmes modalités que pour les grandes entreprises. Il peut prescrire une étude d'impact social et territorial prenant en compte les observations formulées par l'entreprise concernée.

Élaboration du plan d'action par le préfet - Si le préfet estime que le licenciement affecte l'équilibre du ou des bassins d'emploi concernés, il doit élaborer, dans un délai de 6 mois, un plan d'action afin de permettre le développement d'activités nouvelles et d'atténuer les effets de la restructuration envisagée sur les autres entreprises dans le ou les bassins d'emploi (c. trav. art. L. 1233-87, D. 1233-45 et D. 1233-46). Le délai se décompte à partir de la notification à l'administration du projet de licenciement d'au moins 10 salariés sur 30 jours. L'intervention se fait, notamment, en concertation avec Pôle Emploi et l'AFPA et, le cas échéant, avec le ou les maisons de l'emploi (c. trav. art. L. 1233-87).

Participation de l'entreprise selon ses moyens - Les modalités éventuelles de participation de l'entreprise aux actions prévues sont déterminées par une convention signée entre le préfet et l'employeur compte tenu, notamment, de la situation financière de l'entreprise et du nombre d'emplois supprimés (c. trav. art. L. 1233-87 et art. D. 1233-47).

▶ À noter… Quel que soit leur effectif, les entreprises en redressement ou en liquidation judiciaires ne sont pas concernées par cette obligation.

☛ *Fermeture d'établissement ; Gestion prévisionnelle de l'emploi et des compétences ; Licenciement économique collectif (procédure applicable) ; Rupture conventionnelle collective.*

Licenciement économique (obligation de reclassement)

Préalable obligatoire

Le licenciement pour motif économique d'un salarié ne peut intervenir (c. trav. art. L. 1233-4) :

- que lorsque tous les efforts de formation et d'*adaptation** ont été réalisés ;
- et que le reclassement de l'intéressé ne peut être opéré sur les emplois disponibles, situés sur le territoire national dans l'entreprise ou les autres entreprises du groupe dont l'entreprise fait partie et dont l'organisation, les activités ou le lieu d'exploitation assurent la permutation de tout ou partie du personnel.

En conséquence, l'obligation de reclassement est un préalable incontournable à tout licenciement pour motif économique. Si l'employeur ne tente pas sérieusement ce reclassement, le licenciement risque d'être considéré comme dépourvu de cause réelle et sérieuse.

Cas d'application

L'obligation de reclassement s'applique y compris lorsqu'un licenciement individuel est envisagé (cass. soc. 7 juillet 1998, n° 96-41565, BC V n° 370 ; cass. soc. 9 janvier 2002, n° 00-40437 D) **ou en cas de liquidation judiciaire de l'entreprise** (cass. soc. 3 mars 2010, n° 08-42526, BC V n° 50).

▶ À noter… L'employeur n'est pas dispensé de l'obligation individuelle de reclassement à l'égard de salariés ayant opté pour des départs volontaires prévus par le *plan de sauvegarde de l'emploi** (PSE) dès lors que ces salariés étaient visés par le licenciement et que l'employeur ne s'engageait pas à ne pas les licencier si l'objectif de réduction d'effectif n'était pas atteint au moyen de ruptures amiables (cass. soc. 23 avril 2013, n° 12-15221, BC V n° 108 ; cass. soc. 19 mai 2016, n° 15-12137, BC V n° 104). En d'autres termes, si les salariés risquent d'être licenciés s'ils ne partent pas volontairement et que le nombre de départs volontaires n'est pas suffisant, alors l'employeur doit préalablement chercher à les reclasser.

Peu importent l'effectif de l'entreprise et le nombre de licenciements envisagé (cass. soc. 7 juillet 1998, n° 96-41565, BC V n° 70 ; cass. soc. 27 octobre 1999, n° 97-43951 D). **En revanche, la taille de l'entreprise ou du groupe influe sur les efforts de reclassement, dans la mesure où des effectifs moindres limitent a priori fortement les possibilités de reclassement. Cette donnée doit être prise en compte par les juges en cas de contentieux** (cass. soc. 15 avril 2015, n° 13-28005 D).

Cette obligation de reclassement s'impose à l'employeur dès qu'il envisage de procéder à un licenciement. Elle pèse aussi sur lui après que le salarié a refusé une proposition de modification de son contrat de travail pour un motif économique ***(voir ci-après).***

À ce stade, l'obligation de reclassement se distingue de la recherche d'un reclassement qui s'impose ultérieurement aux employeurs des entreprises de 50 salariés et plus, tenus de mettre en œuvre un ***plan de sauvegarde de l'emploi**** **en cas de projet de licenciement de 10 salariés ou plus.**

Obligation de l'employeur

L'obligation de reclassement est une obligation de moyen et non de résultat : l'employeur est tenu de rechercher sérieusement et loyalement une ou des solutions de reclassement, mais pas de reclasser effectivement le salarié (cass. soc. 29 septembre 2010, n° 09-42131 D) **qui, en tout état de cause, est en droit de refuser les offres de reclassement sans commettre de faute** ***(voir ci-après).***

Une entreprise qui fait appel à des prestataires externes pour les recherches de reclassement doit veiller à ce que ceux-ci respectent leurs engagements (ex. : proposer trois offres valables d'emploi à des salariés en passe d'être licenciés pour motif économique). Le non-respect de ces engagements constitue un manquement à l'obligation de reclassement préalable au licenciement, en conséquence de quoi, le licenciement est sans cause réelle et sérieuse (cass. soc. 30 septembre 2013, n° 12-13439, BC V n° 221).

C'est à l'employeur qu'il revient de prendre l'initiative de proposer un reclassement aux salariés. Peu importe l'absence de demande expresse formulée par les intéressés (cass. soc. 9 février 2000, n° 97-44023 D).

▶ À noter… Quand le coemploi est reconnu et en cas de licenciement économique envisagé par l'un des coemployeurs, l'obligation de reclassement pèse sur les deux employeurs conjoints, et, en cas de manquement à cette obligation par l'un ou l'autre, chacun d'eux peut être condamné à indemniser les ex-salariés (cass. soc. 28 septembre 2011, n° 10-12278 D ; cass. soc. 12 septembre 2012, n° 11-12343 D). Sur la reconnaissance du co-emploi, voir *Contrat de travail**.

Cadre géographique du reclassement

Dans l'entreprise - Le reclassement doit être tenté sur le territoire national dans l'entreprise ou les autres entreprises du groupe dont l'entreprise fait partie ***(voir ci-après)*** (c. trav. art. L. 1233-4 ; questions-réponses « La rupture du contrat de travail », ministère du travail, juillet 2020, Q/R n° 39).

Lorsque l'entreprise est divisée en établissements, les investigations doivent s'étendre à toutes ces composantes (cass. soc. 16 mars 1994, n° 92-44917 D ; cass. soc. 26 septembre 2012, n° 11-11309 D).

Dans l'UES ou un GIE - Lorsque l'entreprise fait partie d'une unité économique et sociale (UES), le champ des recherches s'étend à l'ensemble des entités de l'UES (circ. DGEFP/DRT/DSS 2002-1 du 5 mai 2002, § III. A. 3, BOMT 2002/11 du 20 juin 2002).

Il en est de même dans le cadre d'un groupement d'intérêt économique (GIE) (cass. soc. 2 juillet 2014, n° 13-13876, BC V n° 165).

Dans le groupe - Dans le cas d'un groupe, l'obligation de reclassement s'étend aux autres entreprises du groupe dont l'organisation, les activités

ou le lieu d'exploitation assurent la permutation de tout ou partie du personnel, étant entendu que le reclassement doit être tenté sur le territoire national (c. trav. art. L. 1233-4).

Le groupe est formé par une entreprise appelée entreprise dominante et les entreprises qu'elle contrôle. Il se définit par référence aux dispositions relatives au *comité de groupe**, que le siège social de l'entreprise dominante se trouve sur le territoire français ou en dehors de celui-ci (c. trav. art. L. 1233-4). Il est donc défini par référence aux dispositions du code de commerce, lequel raisonne en termes de détention de capital, de droits de vote ou d'influence dominante (c. trav. art. L. 2331-1 ; c. com. art. L. 233-1, L. 233-3, I et II, et L. 233-16). Ainsi, ce n'est qu'une fois établie l'existence d'un groupe en termes de contrôle ou d'influence dominante que les possibilités de permutation entre les entités du groupe peuvent être explorées (cass. soc. 20 mars 2019, n° 17-19595 FSPB).

Les possibilités de reclassement s'apprécient au plus tard à la date du licenciement, sauf fraude. Si l'entreprise n'a pas encore effectivement intégré le groupe à la date de notification du licenciement (stade de projet, même bien avancé, avec, dans cet exemple, intégration effective 4 mois après), l'employeur n'a pas à étendre le périmètre de ses recherches de reclassement aux entreprises du groupe (cass. soc. 1er juin 2010, n° 09-40421, BC V n° 121).

Informations à donner aux filiales en vue du reclassement - L'employeur qui engage une procédure de licenciement pour motif économique, et qui sollicite les autres sociétés du groupe afin qu'elles lui indiquent les postes disponibles aux fins de reclassement, n'a pas à leur fournir le profil personnalisé des personnes concernées par le reclassement (cass. soc. 26 février 2020, n° 18-23084 D ; cass. soc. 27 mai 2020, n° 18-23548 D ; cass. soc. 17 mars 2021, n° 19-11114 FSP).

Entreprises extérieures au groupe - L'obligation de reclassement ne s'étend pas aux entreprises extérieures au groupe dont l'employeur peut relever (cass. soc. 29 janvier 2008, n° 06-44751 D ; cass. soc. 15 juin 2010, n° 08-70391, BC V n° 135 ; cass. soc. 15 décembre 2010, n° 09-42795 D).

Par exception, une disposition conventionnelle (ex. : convention collective nationale, accord collectif, voire plan de sauvegarde de l'emploi) peut imposer à l'employeur de rechercher un reclassement à l'extérieur de l'entreprise et même du groupe auquel celle-ci appartient (cass. soc. 28 mai 2008, n° 06-46009, BC V n° 116 ; cass. soc. 30 septembre 2013, n° 12-15940, BC V n° 223).

Afin de trouver des solutions de reclassement, l'employeur peut notamment être tenu saisir une commission territoriale de l'emploi (cass. soc. 30 septembre 2013, n° 12-15940, BC V n° 223 ; cass. soc. 18 février 2014, n° 12-18029, BC V n° 54) et de communiquer au salarié la liste des reclassements établie par la commission (cass. soc. 10 juillet 2013, n° 11-23853 D), sauf si cette commission n'a pas été constituée (cass. soc. 22 octobre 2014, n° 13-20403, BC V n° 249). En effet, l'obligation pour les employeurs de saisir les commissions territoriales de l'emploi prévues par l'accord national interprofessionnel (ANI) du 10.02.1969 n'existe que si les partenaires sociaux (en général, au niveau de la branche) ont bien instauré ces commissions, avec pour mission expresse d'aider au reclassement externe. Le simple renvoi d'une convention collective de branche à cet ANI est insuffisant (cass. soc. 11 juillet 2016, n° 15-12752, BC V n° 152 ; cass. soc. 23 octobre 2019, n° 18-15498 D). Le cas échéant, pour que la commission territoriale puisse effectuer ses recherches de reclassement, elle doit connaître la nature des postes supprimés, mais pas obligatoirement l'identité des salariés susceptibles d'être licenciés. Ainsi, l'obligation de saisir cette commission n'impose pas à l'employeur de lui fournir une liste nominative des salariés dont le licenciement est envisagé ni leur profil individuel (cass. soc. 17 mars 2015, n° 13-24303, BC V n° 52).

Exemple

Si les textes conventionnels se bornent à des déclarations d'intention et renvoient, pour la forme, à l'ANI de 1969, il n'y a pas d'obligation de saisine préalable de la commission et, de ce point de vue, les licenciements sont réguliers (cass. soc. 8 mars 2017, n° 15-24149 D, à propos de la convention collective de l'immobilier ; cass. soc. 16 novembre 2017, n° 16-14572, BC V n° 198, à propos de la convention collective nationale de l'ameublement ; cass. soc. 8 septembre 2021, n° 19-18959 FSPB, à propos de l'accord du 30 octobre 2008 relatif à la commission paritaire nationale de l'emploi au sein de la branche des bureaux d'études techniques - convention Syntec).

L'employeur peut également être tenu de faire appel à son organisation professionnelle (cass. soc. 2 mai 2001, n° 98-44945, BC V n° 146).

Le manquement à ces dispositions prive le licenciement de cause réelle et sérieuse.

▶ À noter… L'obligation d'écrire, de préciser et personnaliser des propositions dans le cadre d'un reclassement « interne » peut valoir également en matière de reclassement externe si une disposition conventionnelle la prévoit (cass. soc. 18 février 2014, n° 12-18029, BC V n° 54).

Reclassement en France uniquement

L'obligation de reclassement est strictement cantonnée au territoire national (c. trav. art. L. 1233-4), **sachant que seuls les emplois disponibles sur le territoire peuvent être proposés.**

▶ À noter... Le plan de reclassement, que doit contenir le PSE, n'a pas à comporter la liste des postes disponibles à l'étranger (document questions-réponses « La rupture du contrat de travail », ministère du Travail, juillet 2020, Q/R n° 39).

Emplois proposés

Emploi de la même catégorie en priorité - Le reclassement doit être recherché (c. trav. art. L. 1233-4) :

- **sur un emploi relevant de la même catégorie que celui occupé par le salarié ou sur un emploi équivalent assorti d'une rémunération équivalente ;**
- **ou, à défaut, et sous réserve de l'accord exprès du salarié, sur un emploi d'une catégorie inférieure.**

▶ À noter... La seule circonstance que les postes proposés ne concernent pas des emplois équivalents ne suffit pas pour en déduire que l'employeur n'a pas satisfait à son obligation. En effet, il revient au juge de rechercher si, dans un contexte de fermeture de site et de pénurie d'emplois correspondant aux qualifications du salarié, de telles offres n'étaient pas les seules disponibles et si les propositions de reclassement faites par la société n'étaient pas, dans ces conditions, suffisamment sérieuses (CE 7 mai 2014, n° 368530).

L'employeur est tenu de ne proposer que des emplois salariés et non des postes confiés à des personnes n'ayant pas la qualité de salarié (cass. soc. 31 mars 2009, n° 07-44480, BC V n° 95).

Il doit assurer, au besoin, l'adaptation des salariés concernés à l'évolution de leur emploi *(voir ci-après)* (cass. soc. 26 mars 2003, n° 01-42067 D).

Emploi disponible - **L'employeur doit proposer aux salariés concernés tous les postes disponibles de la même catégorie que ceux qu'ils occupent ou, à défaut, d'une catégorie inférieure** (c. trav. art. L. 1233-4). **Des emplois maintenus par le PSE pour les besoins de la liquidation des contrats en cours ne sont pas des emplois disponibles pour des reclassements** (cass. soc. 15 juin 2010, n° 08-70391, BC V n° 135).

Par contre, l'employeur n'a pas à proposer un poste de reclassement devenu disponible après la notification du licenciement (cass. soc. 22 septembre 2011, n° 10-11876 D).

Obligation d'adaptation - **Il appartient à l'employeur de proposer des postes accessibles ou rendus accessibles par des mesures de formation complémentaire, d'accompagnement et d'*adaptation** aux salariés dont le licenciement est envisagé** (c. trav. art. L. 1233-4 ; cass. soc. 25 février 1992, n° 89-41634, BC V n° 122 ; cass. soc. 17 mars 2015, n° 13-26698 D).

Exemples

Dans la mesure où différents postes disponibles de catégorie inférieure et ne nécessitant qu'une légère adaptation avaient été identifiés mais n'avaient pas été proposés au salarié dont le licenciement économique était envisagé, les juges ont pu décider que l'employeur avait manqué à son obligation de reclassement (cass. soc. 27 mai 2015, n° 13-18313 D).

Un employeur a été condamné au versement de dommages-intérêts car il n'avait proposé à une salariée, au cours de ses 8 années de travail dans l'entreprise, que deux formations alors que, titulaire d'un BTS, elle aurait dû bénéficier, durant une période aussi longue, d'autres formations. Ce manquement de l'employeur avait eu pour effet de limiter sa recherche d'emploi à des postes ne nécessitant pas de formation particulière et de compromettre son évolution professionnelle (cass. soc. 5 octobre 2016, n° 15-13594 D).

Si l'employeur licencie les salariés concernés sans leur avoir permis de suivre la formation qui aurait pu leur permettre de s'adapter à l'évolution de leur emploi, le licenciement risque d'être jugé comme dépourvu de motif économique (cass. soc. 19 octobre 1994, n° 92-41583, BC V n° 279 ; cass. soc. 17 février 1998, n° 95-45261, BC V n° 86). **En d'autres termes, si un poste de reclassement disponible nécessite une formation, l'employeur se doit de la fournir** (cass. soc. 7 juillet 2009, n° 08-40414 D), **compte tenu toutefois des limites à l'obligation de l'employeur *(voir ci-après)*.**

De même, le licenciement est jugé sans cause réelle et sérieuse si l'employeur ne justifie pas de l'impossibilité d'affecter le salarié à un poste disponible moyennant une formation permettant son adaptation normale à un emploi (cass. soc. 28 mai 2008, n° 06-45572, BC V n° 115).

Dans le cas d'un projet de licenciement économique impliquant l'élaboration d'un *plan de sauvegarde de l'emploi**, les actions d'adaptation peuvent y être prévues.

Toutefois, l'obligation d'adaptation ne signifie pas que l'employeur doive donner au salarié la formation initiale qui lui fait défaut (cass. soc. 3 avril 2001, n° 99-42188, BC V n° 114 ; cass. soc. 10 mars 2009, n° 07-42851, BC V n° 69) ni, à l'inverse, qu'il doive permettre à l'intéressé d'acquérir une qualification nouvelle lui permettant d'accéder à un poste disponible de catégorie supérieure (cass. soc. 17 mai 2006, n° 04-43022 D).

Sanctions du défaut d'adaptation - L'employeur s'expose à devoir indemniser doublement un salarié lorsqu'il le licencie pour motif économique sans avoir (cass. soc. 23 octobre 2007, n° 06-40950, BC V n° 171) :
- assuré l'*adaptation** du salarié à son poste de travail et veillé au maintien de sa capacité à occuper un emploi (obligation générale d'adaptation) ;
- réalisé tous les efforts de formation et d'adaptation pour assurer le reclassement de l'intéressé sur un emploi relevant de la même catégorie que celui qu'il occupe ou sur un emploi équivalent.

En effet, il s'agit de deux obligations distinctes. L'employeur contraint de licencier un salarié car il n'a pu le reclasser peut donc être condamné à des dommages-intérêts s'il n'a pas respecté son obligation de formation générale au préalable (c. trav. art. L. 6321-1) en plus d'une éventuelle condamnation pour licenciement sans cause réelle et sérieuse (c. trav. art. L. 1233-4).

Cela étant, le manquement, par l'employeur, à son obligation d'adapter le salarié à l'évolution de son emploi et à sa capacité d'occuper un emploi au regard notamment de l'évolution des emplois, des technologies et des organisations peut causer au salarié un préjudice spécifique et ne pas avoir pour effet de priver de cause réelle et sérieuse un licenciement pour motif économique (cass. soc. 23 juin 2010, n° 09-41912 D ; cass. soc. 12 septembre 2018, 17-14257 D).

La preuve de l'existence d'un préjudice et l'évaluation de celui-ci incombent au salarié (cass. soc. 3 mai 2018, n° 16-26796 D ; cass. soc. 15 janvier 2020, n° 18-26061).

Rémunération « équivalente » - La loi n'a pas précisé ce qu'il fallait entendre par « rémunération équivalente ». Selon l'administration, la rémunération équivalente est celle « de niveau comparable dans son montant global à la rémunération versée

Difficultés économiques et obligation de reclassement : récapitulatif

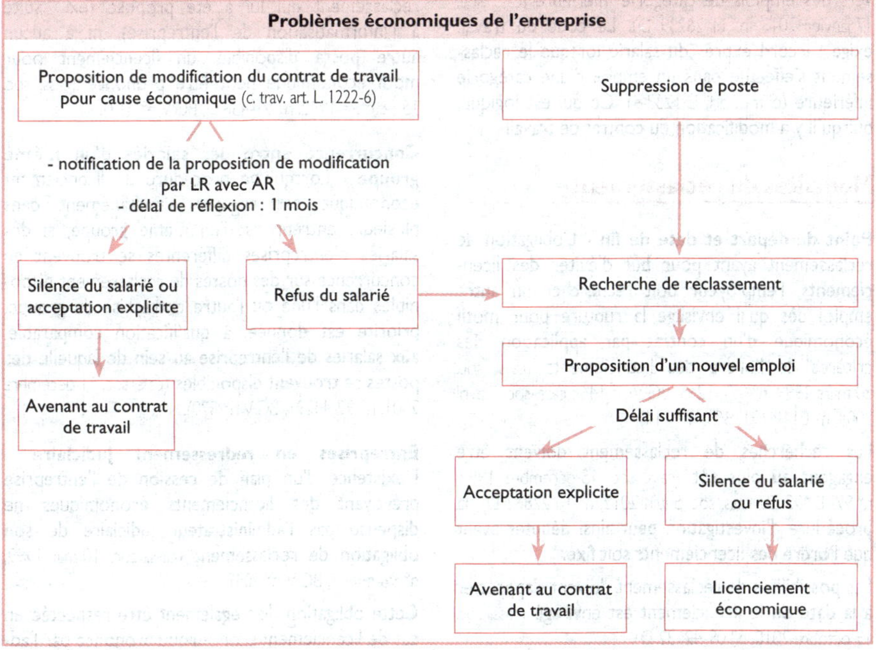

au salarié au moment de la proposition de reclassement, indépendamment du niveau de vie locale » (circ. DGT 2011-3 du 15 mars 2001).

La rémunération à prendre en compte est globale (c. trav. art. L. 3221-3) : elle comprend donc le salaire de base, mais aussi tous les autres avantages et accessoires payés directement ou indirectement, en espèces ou en nature (circ. DGT 2011-3 du 15 mars 2001, § I).

▶ À noter... La circulaire précitée est réputée abrogée [voir *Circulaires (opposabilité)**], mais elle garde à notre sens un intérêt indicatif pour les praticiens.

Modification du contrat éventuelle - Même si le reclassement s'effectue sur un poste de même catégorie ou équivalent, avec rémunération équivalente, le contrat de travail peut s'en trouver modifié (voir *Modification du contrat de travail**). Cela ne peut pas être reproché à l'employeur qui, cependant, doit faire en sorte de trouver prioritairement un emploi de reclassement aussi proche que possible du poste occupé par le salarié menacé de licenciement.

Recherche d'un poste de catégorie inférieure : une obligation par défaut - Ce n'est que s'il n'a pas trouvé d'emploi disponible de même catégorie ou équivalent avec une rémunération équivalente, que l'employeur peut orienter ses recherches vers des emplois de catégorie inférieure (cass. soc. 17 janvier 2013, n° 11-26239 D). Le code du travail exige l'accord exprès du salarié lorsque le reclassement s'effectue dans un emploi d'une catégorie inférieure (c. trav. art. L. 1233-4). Ce qui est logique, puisqu'il y a modification du contrat de travail.

Modalités du reclassement

Point de départ et date de fin - L'obligation de reclassement ayant pour but d'éviter des licenciements, l'employeur doit rechercher un autre emploi dès qu'il envisage la rupture pour motif économique d'un contrat par application des critères de l'ordre des licenciements (cass. soc. 30 mars 1999, n° 97-41265, BC V n° 146 ; cass. soc. 7 avril 2004, n° 01-44191, BC V n° 114).

Les recherches de reclassement doivent être engagées au plus tôt (cass. soc. 15 décembre 1999, n° 97-45495 D ; cass. soc. 5 juin 2012, n° 10-27863 D), la procédure d'investigation peut ainsi débuter avant que l'ordre des licenciements soit fixé.

Les possibilités de reclassement doivent s'apprécier à la date où le licenciement est envisagé (cass. soc. 19 octobre 2010, n° 09-42132 D).

▶ Attention... L'employeur qui n'a pas satisfait à son obligation de reclassement ne peut pas « se rattraper » en faisant une proposition de réembauche postérieure au licenciement (cass. soc. 25 septembre 2002, n° 00-42879, BC V n° 278). Une telle proposition ne régularise donc pas le licenciement.

L'obligation de rechercher un reclassement demeure tant que le licenciement n'a pas été notifié (cass. soc. 27 octobre 1998, n° 96-45517, BC V n° 453 ; cass. soc. 30 mars 2010, n° 09-40068, BC V n° 83 ; cass. soc. 22 septembre 2011, n° 10-11876 D). L'employeur qui procède au licenciement doit être capable de démontrer, en cas de contentieux, que, malgré ses efforts de recherche, aucune autre solution de reclassement n'a pu être trouvée.

▶ Attention... La notification de la rupture du contrat de travail pendant le délai laissé au salarié pour accepter ou refuser le *contrat de sécurisation professionnelle** (CSP) marque la fin des recherches de reclassement (cass. soc. 17 mars 2015, n° 13-26941, BC V n° 51). Le salarié ne peut donc pas reprocher à l'employeur de ne pas lui avoir proposé un poste devenu disponible après la notification de la rupture, alors que le délai de réflexion n'est pas écoulé (cass. soc. 13 novembre 2012, n° 11-14162 D).

Inadaptation à la suite d'un reclassement - Si le salarié ne peut pas s'adapter au poste de reclassement qui lui a été proposé (ex. : suite à l'informatisation de l'entreprise), ni à aucun autre poste disponible, un licenciement pour motif économique peut être prononcé (cass. soc. 15 octobre 1992, n° 91-43632, BC V n° 513).

Concurrence entre des salariés d'un même groupe - Lorsqu'une procédure de licenciement économique est engagée simultanément dans plusieurs entreprises d'un même groupe, si des salariés d'entreprises différentes se trouvent en concurrence sur des postes de reclassement disponibles dans l'une ou l'autre entreprise du groupe, priorité est donnée, à qualification comparable, aux salariés de l'entreprise au sein de laquelle des postes se trouvent disponibles (cass. soc. 11 décembre 2001, n° 99-44291, BC V n° 379).

Entreprises en redressement judiciaire - L'existence d'un plan de cession de l'entreprise prévoyant des licenciements économiques ne dispense pas l'administrateur judiciaire de son obligation de reclassement (cass. soc. 10 mai 1999, n° 96-44647, BC V n° 204).

Cette obligation doit également être respectée en cas de licenciement économique prononcé par l'administrateur judiciaire pendant la période d'observation (cass. soc. 8 juin 1999, n° 96-44811, BC V n° 268).

Proposition de reclassement

Moment de la proposition - Le reclassement étant une mesure préventive destinée à éviter le licenciement, l'offre de reclassement doit être préalable à la notification du licenciement.

Pendant le congé de maternité et les congés payés pris immédiatement après, la salariée bénéficie d'une protection absolue contre le licenciement. L'employeur ne doit engager aucun acte préparatoire au licenciement pendant cette période. Cela étant, des propositions de reclassement pour éviter un licenciement économique sont admises car elles ne sont pas considérées comme des actes préparatoires au licenciement (cass. soc. 14 septembre 2016, n° 15-15943, BC V n° 163).

Proposition écrite et précise - Les offres de reclassement proposées au salarié doivent être écrites et précises (c. trav. art. L. 1233-4). L'écrit est le seul mode de preuve admissible pour démontrer la réalité des offres de reclassement proposées par l'employeur (cass. soc. 20 septembre 2006, n° 04-45703, BC V n° 276 ; cass. soc. 30 mars 2011, n° 09-69018 D). Une offre précise est une offre effective et concrète (cass. soc. 24 septembre 2008, n° 07-40264 D ; cass. soc. 17 novembre 2010, n° 09-42358 D).

Offre personnalisée ou diffusion d'une liste - L'employeur adresse de manière personnalisée les offres de reclassement à chaque salarié ou diffuse une liste des postes disponibles à l'ensemble des salariés (c. trav. art. L. 1233-4).

La diffusion de cette liste se fait par tout moyen permettant de donner date certaine (ex. : mail avec accusé de réception, affichage sur l'intranet de l'entreprise, courrier avec demande d'avis de réception ou la lettre remise en main propre contre décharge). L'employeur doit appliquer les mêmes modalités d'envoi s'il actualise cette liste (c. trav. art. D. 1233-2-1, I). Il doit pouvoir prouver la date à laquelle le salarié a reçu l'information. Il est donc important de conserver des éléments de preuve pour se prémunir de tout litige éventuel.

Contenu des offres - Qu'il s'agisse d'offres personnalisées ou de la diffusion d'une liste de postes, les offres doivent préciser (c. trav. art. D. 1233-2-1, II) :
- l'intitulé du poste et son descriptif ;
- le nom de l'employeur ;
- la nature du contrat de travail ;
- la localisation du poste ;
- le niveau de rémunération ;
- la classification du poste.

Si l'employeur choisit de diffuser une liste, celle-ci doit comprendre (c. trav. art. D. 1233-2-1, III) :
- l'ensemble des postes disponibles situés sur le territoire national dans l'entreprise et les autres entreprises du groupe dont l'entreprise fait partie ;
- les critères de départage entre salariés en cas de candidatures multiples sur un même poste ;
- le délai dont dispose le salarié pour présenter sa candidature écrite, lequel doit être d'au moins de 15 jours francs ou, dans certains cas, 4 jours francs *(voir ci-après)*.

Dans le cas d'une liste, le salarié est tenu de rechercher lui-même dans la liste les postes susceptibles de l'intéresser et de candidater sur les offres proposées (questions-réponses « La rupture du contrat de travail », ministère du Travail, juillet 2020, Q/R n° 40).

Pratiques admises ou prohibées - L'employeur ne peut pas :
- se contenter de proposer une offre unique de reclassement lorsque d'autres possibilités pouvaient être envisagées (cass. soc. 22 novembre 2006, n° 04-42497 D) ;
- se contenter d'adresser le CV du salarié dont le licenciement est envisagé à un cabinet de recrutement (cass. soc. 18 juin 2003, n° 00-46262 D) ;
- se borner à communiquer à l'intéressé un extrait du plan de sauvegarde de l'emploi énumérant et décrivant les mesures de reclassement prévues (cass. soc. 29 janvier 2003, n° 00-44044 D) ;
- limiter ses recherches et offres de reclassement en fonction de la volonté des salariés, exprimée à leur demande et par avance, en dehors de toute proposition concrète (cass. soc. 4 mars 2009, n° 07-42381, BC V n° 57 ; cass. soc. 25 novembre 2009, n° 08-42755, BC V n° 267) ;
- s'abstenir de proposer à un salarié des emplois impliquant une mobilité géographique au motif qu'il a déjà refusé un reclassement impliquant une telle mobilité (cass. soc. 24 juin 2008, n° 06-45870, BC V n° 138 ; cass. soc. 9 juin 2021, n° 20-15061 D).
- se borner à adresser une lettre restée sans réponse au directeur du groupe pour lui demander s'il existait des postes disponibles au sein des différents établissements composant le groupe (cass. soc.13 octobre 2010, n° 09-68300 D) ;

En tout état de cause, l'employeur a tout intérêt à mobiliser les moyens nécessaires (temps, compétences, etc.) au bon déroulement des phases de recherche puis de proposition de reclassement. En cas de contentieux, il devra être en mesure de prouver ses efforts en matière de reclassement et ainsi se préserver d'une éventuelle condamnation pour licenciement injustifié.

▶ À noter… Les efforts de l'employeur en la matière ne doivent être ni tardifs ni insuffisants ; à défaut, il est considéré comme n'ayant pas exécuté son obligation avec loyauté (voir ci-dessous) (cass. soc. 2 juillet 2014, n° 13-13876, BC V n° 165).

Proposition loyale - La proposition de l'employeur doit être loyale. À titre d'exemple, lorsque l'employeur ne met pas le salarié en mesure de se prononcer en toute connaissance de cause sur la proposition de reclassement, il n'a pas exécuté loyalement son obligation (cass. soc. 5 décembre 2006, n° 05-44032 D).

▶ À noter… L'obligation de loyauté peut impliquer dans des situations particulières (ex. : des époux salariés d'une même entreprise) de tenir compte de la situation personnelle des salariés concernés (cass. soc. 16 juin 2016, n° 15-11357 D).

L'employeur manque aussi à son obligation de loyauté quand il propose un emploi portant le même intitulé que le poste précédemment refusé dans le cadre de la proposition de modification du contrat de travail mais impliquant, par rapport à ce dernier poste, une rétrogradation catégorielle, une rémunération inférieure et un temps de travail supérieur (cass. soc. 27 novembre 2019, n° 18-16985 D).

Si l'employeur doit proposer au salarié dont le licenciement économique est envisagé tous les emplois disponibles de même catégorie ou à défaut, d'une catégorie inférieure sans pouvoir limiter ses offres en fonction de la volonté présumée de l'intéressé de les refuser, il n'est pas tenu de mentionner expressément dans la lettre de licenciement que l'acceptation de la proposition de reclassement pourrait remettre en cause le licenciement (cass. soc. 2 juillet 2015, n° 14-11896 D).

▶ À noter… En cas de contentieux, les juges examinent si, au cours de la période « entourant » les licenciements économiques, l'entreprise a procédé à des embauches en CDI ou en contrats précaires par recrutement externe (cass. soc. 27 octobre 1998, n° 96-42843, BC V n° 458 ; cass. soc. 30 mars 1999, n° 97-41265, BC V n° 146 ; cass. soc. 7 avril 2004, n° 01-44191, BC V n° 114 ; cass. soc. 11 avril 2008, n° 06-45804 D). Par cette pratique, l'employeur manque à son obligation d'exécuter « loyalement » son obligation de reclassement.

Pendant le temps de réflexion donné au(x) salarié(s) en cause, l'employeur ne peut pas attribuer le poste à un autre salarié dont le licenciement n'est pas envisagé. En agissant de la sorte, il manque à son obligation de reclassement (cass. soc. 23 mars 2011, n° 10-10039 D).

▶ À noter… En cas de contentieux, l'employeur devra être en mesure de prouver ses efforts en matière de reclassement afin de se préserver d'une éventuelle condamnation pour licenciement injustifié *(voir ci-après)*.

Délai de réponse du salarié en cas d'offres personnalisées - L'employeur peut fixer un délai de réponse, pourvu qu'il soit « raisonnable » au regard du reclassement proposé et de l'ampleur des changements qu'il implique. Par exemple, un délai de 4 jours francs accordé à un salarié pour se prononcer sur des offres de reclassement qui engagent son avenir professionnel et financier est manifestement insuffisant (cass. soc. 19 février 2014, n° 12-28404 D).

▶ À noter… Lorsqu'une modification du contrat de travail est consécutive au reclassement, l'employeur n'a pas à respecter la procédure de modification pour motif économique (c. trav. art. L. 1222-6) *(voir ci-après)*, notamment le délai de réponse de 1 mois (cass. soc. 13 avril 1999, n° 97-41934, BC V n° 170 ; cass. soc. 27 novembre 2001, n° 99-41723, BC V n° 359). Mais, par sécurité juridique, accorder un délai de cet ordre est conseillé, surtout en cas de modification importante du contrat de travail.

L'employeur ne respecte pas son obligation de reclassement lorsqu'il procède au licenciement sans attendre le terme du délai imparti pour accepter ou refuser les offres (cass. soc. 24 avril 2003, n° 01-42131 D), ou sans attendre le retour des autres sociétés du groupe sollicitées (cass. soc. 21 mars 2001, n° 99-43108 D).

Délai de réponse du salarié en cas de liste diffusée à l'ensemble des salariés - Le délai de réponse du salarié pour candidater à l'un des postes figurant sur la liste que l'employeur a diffusé ne peut être inférieur à 15 jours francs à compter de la publication de cette liste (4 jours francs en cas de redressement ou liquidation judiciaire) (voir *Délai franc**).

Absence de réponse du salarié - L'absence de candidature écrite du salarié à l'issue du délai dont il dispose vaut refus des offres (c. trav. art. D. 1233-2-1 ; questions-réponses « La rupture du contrat de travail », ministère du travail, juillet 2020, Q/R n° 40).

Reclassement proposé pour éviter un licenciement économique : procédure de proposition - Si l'employeur propose un reclassement à un salarié en vue d'éviter son licenciement économique, il n'a pas à respecter la procédure spécifique de proposition d'une *modification du contrat de travail** pour motif économique (cass. soc. 13 avril 1999, n° 97-41934, BC V n° 170 ; cass. soc. 27 novembre 2001, n° 99-41723, BC V n° 359). Cela implique notamment que le délai de réponse du salarié de 1 mois n'est pas applicable, sous réserve néanmoins de fixer un délai de réponse raisonnable *(voir ci-avant)* et que le silence du salarié ne vaut pas accord à la proposition de reclassement. En pratique, il est recommandé de solliciter une réponse expresse du salarié.

Modification économique pouvant entraîner le licenciement du salarié qui la refuse : procédure de proposition - Une modification d'un élément essentiel du contrat de travail proposée pour un motif économique ne peut devenir un motif économique de licenciement qu'à partir du moment où cette *modification du contrat de travail** a été refusée par le salarié concerné (c. trav. art. L. 1233-3).

La lettre de proposition de cette modification informe le salarié qu'il dispose d'un délai de 1 mois à compter de sa réception pour faire connaître son refus et que, à défaut de réponse dans le mois, le salarié est réputé avoir accepté la modification (15 jours en cas de redressement ou de liquidation judiciaires) (c. trav. art. L. 1222-6). L'employeur ne peut pas envisager le licenciement de l'intéressé avant l'expiration de ce délai de 1 mois, même si l'intéressé n'a pas attendu la fin dudit délai pour informer l'employeur de son refus (c. trav. art. L. 1222-6 ; cass. soc. 22 novembre 2006, n° 05-42619 D ; cass. soc. 2 avril 2008, n° 06-42438 D).

L'employeur qui licencie un salarié ayant refusé une modification pour motif économique de son contrat doit, au préalable, rechercher un poste de reclassement. La proposition d'une modification du contrat pour motif économique ne l'en dispense pas (cass. soc. 2 avril 2008, n° 06-42438 D ; cass. soc. 29 septembre 2009, n° 08-43085 D ; cass. soc. 17 novembre 2010, n° 09-42311 D). Il peut, par la suite, lui proposer éventuellement le même poste dans l'exécution de cette obligation (cass. soc. 30 septembre 2020, n° 19-12146 D).

Exemple

L'employeur qui se borne à proposer au salarié, dans le cadre de la modification du contrat, le transfert de son poste de travail sur le nouveau site après fermeture de l'ancien ne satisfait pas à son obligation de reclassement dès lors qu'il n'effectue aucune recherche de reclassement avant de lui notifier son licenciement économique (cass. soc. 2 avril 2008, n° 06-42438 D).

Refus du salarié - Un salarié menacé de licenciement économique est en droit de refuser les mesures de reclassement qui lui sont proposées. Un tel refus ne saurait être qualifié de faute par l'employeur (cass. soc. 29 janvier 2003, n° 00-46322, BC V n° 28).

Licenciement en dernier recours - Face au refus du ou des reclassements proposés ou à l'absence d'un reclassement possible, l'employeur, estimant qu'il a épuisé les solutions alternatives, peut se retrouver contraint de procéder au(x) licenciement(s).

Preuve de l'impossibilité de reclassement

En cas de contentieux, l'employeur doit démontrer la réalité et le sérieux de ses recherches ainsi que l'impossibilité de reclassement (cass. soc. 12 juillet 2006, n° 04-45578, BC V n° 247 ; cass. soc. 2 juillet 2014, n° 13-13876, BC V n° 165 ; cass. soc. 2 juillet 2014, n° 13-12048, BC V n° 164 ; cass. soc. 15 avril 2015, n° 13-28005 D) :

- en raison de l'absence de poste disponible dans le périmètre de reclassement (cass. soc. 9 septembre 2020, n° 18-24983 D), ou correspondant aux compétences du salarié, même après formation,
- ou en établissant que le salarié a rejeté ses propositions.

Les juges évaluent les efforts de l'employeur en matière de reclassement en fonction des moyens de l'entreprise ou de ceux du groupe auquel elle appartient (cass. soc. 3 mars 2009, n° 07-42436 D).

Exemples

L'employeur qui n'a proposé qu'un seul poste de catégorie inférieure alors que l'entreprise appartenait à un groupe employant plus de 6 000 salariés ne justifie pas d'une recherche effective de reclassement (cass. soc. 19 janvier 2011, n° 09-67876 D).

Par contre, l'entreprise ne comptant comme personnel qu'une secrétaire et un aide-comptable à mi-temps, qui n'a fait aucune offre de reclassement écrite, concrète, précise et personnalisée au salarié, n'a pas méconnu son obligation de reclassement car aucun poste permettant le reclassement dans l'entreprise du salarié n'était disponible (cass. soc. 10 mai 2012, n° 10-26809 D).

Sanctions

Pas de nullité du licenciement - La méconnaissance de l'obligation de reclassement ne peut pas être sanctionnée par la nullité du licenciement en raison de l'absence de disposition expresse en ce sens (c. constit. 12 janvier 2002, n° 2001-455). Dès lors, le salarié ne peut pas prétendre à sa réintégration (cass. soc. 26 février 2003, n° 01-41030, BC V n° 70).

Absence de cause réelle et sérieuse - L'inobservation de l'obligation de reclassement rend le licenciement sans cause réelle et sérieuse (cass. soc. 10 mai 1999, n° 97-40060, BC V n° 203 ; cass. soc. 6 juin 2000, n° 98-42860, BC V n° 219 ; cass. soc. 13 octobre 2010, n° 09-42789 D).

Cette solution vaut aussi en cas de violation par l'employeur des engagements de reclassement qu'il a pris, dans le cadre d'un PSE (cass. soc. 26 février 2003, n° 01-41030, BC V n° 70).

▶ **À noter…** Le juge judiciaire est compétent pour apprécier le respect par l'employeur de l'obligation individuelle de reclassement, tandis que le juge administratif contrôle, le cas échéant, le contenu du *plan de sauvegarde de l'emploi** homologué par l'inspection du travail. Dès lors, des salariés ne peuvent pas saisir le juge judiciaire au prétexte d'un manquement à l'obligation individuelle de reclassement alors qu'en réalité ils veulent contester les recherches de postes de reclassement dans l'élaboration du plan de sauvegarde de l'emploi (cass. soc. 11 décembre 2019, n° 17-31673 FPB).

Pas de régularisation a posteriori - Si un emploi était disponible dans l'entreprise avant la notification du licenciement, une proposition de réembauche postérieure à la rupture ne compense pas l'absence de proposition de reclassement en temps utile : dans ce cas, le licenciement n'en est pas moins dépourvu de cause réelle et sérieuse (cass. soc. 25 septembre 2002, n° 00-42879, BC V n° 278).

Action d'un syndicat irrecevable - Le manquement d'un employeur à son obligation de reclassement d'un salarié licencié pour motif économique ne constitue pas une atteinte aux intérêts collectifs de la profession. Aussi, l'action d'un syndicat en vue d'obtenir une réparation au titre du préjudice subi en raison de ce manquement est irrecevable (cass. soc. 18 novembre 2009, n° 08-43523, BC V n° 260).

☛ *Licenciement économique.*

Licenciement économique (procédure du licenciement individuel)

L'employeur qui décide de procéder au *licenciement économique** d'un salarié est tenu, quels que soient l'*effectif** de l'entreprise et l'*ancienneté** du salarié concerné, de mettre en œuvre une procédure spécifique (voir schéma reproduit dans cette étude) (c. trav. art. L. 1233-11 ; circ. DGEFP/DRT 2005-47 du 30 décembre 2005, BOMT 2006-2).

Le licenciement des représentants du personnel (élus ou désignés) est subordonné à l'autorisation de l'inspecteur du travail dont dépend l'établissement (voir *Licenciement des délégués syndicaux** et *Licenciement des représentants du personnel**).

Mesures préalables

Application des critères d'ordre des licenciements - L'employeur doit identifier, au sein de la catégorie professionnelle concerné par la suppression de poste, le salarié qui sera effectivement licencié. Pour cela, il doit appliquer les critères d'*ordre des licenciements** fixés par la convention collective ou par un accord d'entreprise ou d'établissement (c. trav. art. L. 1233-5 et L. 1233-7).

En l'absence de critères conventionnels, l'employeur fixe lui-même l'ordre des licenciements, en fonction des paramètres légaux (charges de famille, ancienneté, etc.) et après consultation du *comité social et économique** (CSE).

Propositions de reclassement - L'employeur doit proposer au salarié désigné par les critères d'ordre des licenciements les postes disponibles en France dans l'entreprise, voire, le cas échéant, dans le groupe (au sens du comité de groupe) [voir *Licenciement économique (obligation de reclassement)**]. Ce n'est que si le reclassement est impossible – parce qu'il n'y a pas de postes disponibles ou parce que l'intéressé a décliné les propositions qui lui ont été faites – que l'employeur peut licencier l'intéressé.

Procédure de licenciement

Convocation du salarié en vue d'un entretien préalable au licenciement - L'employeur doit convoquer le salarié à un entretien préalable au licenciement par LRAR ou par lettre remise en main propre contre décharge (c. trav. art. L. 1233-11) [sur la forme et le contenu de la convocation et le

Licenciement individuel en l'absence de reclassement possible ou en cas de refus du salarié du reclassement : récapitulatif de procédure

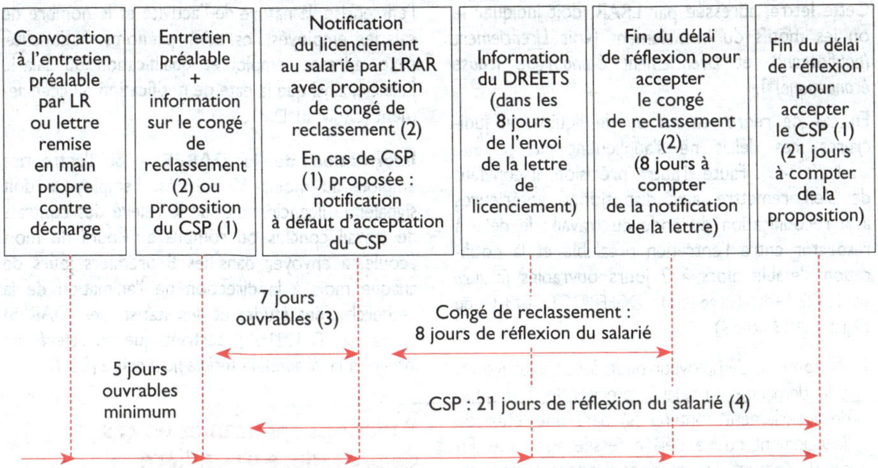

(1) Le CSP ne peut être proposé que dans les entreprises de moins de 1 000 salariés ou bien en redressement ou liquidation judiciaires.
(2) Congé de reclassement : dans les entreprises de 1 000 salariés ou plus.
(3) 15 jours ouvrables si le salarié est cadre ; en cas de redressement ou de liquidation judiciaires : 2 jours ouvrables.
(4) Pour les salariés protégés, ce délai est prolongé jusqu'au lendemain de la notification de la décision de l'inspecteur du travail.

délai entre l'envoi de la convocation et l'entretien, voir *Entretien préalable au licenciement**].

Cette formalité est obligatoire en cas de licenciement individuel, ainsi qu'en cas de « petit » licenciement collectif (moins de 10 salariés en 30 jours) [voir *Licenciement économique collectif (moins de 10 salariés)**]. Seul le « grand » licenciement (10 salariés ou plus en 30 jours) permet de faire l'économie de l'entretien préalable [voir *Licenciement économique collectif (10 salariés ou plus dans une entreprise de moins de 50 salariés)** et *Licenciement économique collectif (10 salariés ou plus dans une entreprise d'au moins 50 salariés)**].

▶ **Attention…** Lorsque l'employeur a connaissance du classement en invalidité 2e catégorie du salarié au moment d'engager la procédure de licenciement économique ou pendant son déroulement, il est tenu (cass. soc. 5 décembre 2012, n° 10-24204, BC V n° 321) :
- de prendre contact avec la médecine du travail afin qu'elle convoque le salarié pour passer la visite de reprise ;
- de proposer au salarié, afin d'éviter son licenciement, un reclassement sur un emploi prenant en compte les préconisations du médecin du travail exprimées à l'issue de cette visite.

Entretien préalable - L'employeur indique, au cours de l'entretien préalable, les motifs de la décision envisagée et recueille les explications du salarié (c. trav. art. L. 1233-12).

Lorsque l'entreprise occupe moins de 1 000 salariés, l'employeur est tenu de proposer au salarié un *contrat de sécurisation professionnelle** (CSP), sachant que l'intéressé bénéficie, à compter de l'entretien, d'un délai de réflexion de 21 jours pour prendre sa décision (convention du 26 janvier 2015 relative au CSP, agréée par arrêté du 16 avril 2015, JO du 23, prolongée jusqu'au 31.12.2022 par avenant n° 5 du 28 juin 2021, arrêté du 24 septembre 2021, JO du 26).

Lorsque l'entreprise occupe au moins 1 000 salariés, l'employeur informe le salarié sur les conditions de mise en œuvre du *congé de reclassement**.

▶ **À noter…** Sur le *congé de mobilité** qui peut être substitué au congé de reclassement dans les entreprises de 1 000 salariés ou plus ayant conclu un accord de gestion prévisionnelle de l'emploi et des compétences, voir cette étude.

Notification du licenciement - L'employeur adresse la lettre de licenciement pour motif économique au salarié concerné en respectant un délai minimal de 7 jours ouvrables. Ce délai court à compter de la date prévue de l'entretien préalable (ou 15 jours ouvrables si le salarié fait partie du personnel d'encadrement) (c. trav. art. L. 1233-15). Cette lettre, adressée par LRAR, doit indiquer le ou les motifs du licenciement [voir *Licenciement (notification)** et *Licenciement économique (cause économique)**].

En cas de redressement ou de liquidation judiciaires, ces délais ne s'appliquent pas (c. trav. art. L. 1233-59). Faute d'autre précision, il convient de s'en remettre aux dispositions antérieures à la recodification du code du travail : le délai à respecter entre l'entretien préalable et la notification s'établit alors à 2 jours ouvrables (c. trav. art. L. 122-14-1, abrogé ; instr. DGEFP/DGT 2013-13 du 19 juillet 2013, fiche 4).

▶ À noter… L'employeur peut, à son initiative ou à la demande du salarié, préciser le(s) motif(s) de licenciement contenu (s) dans une lettre de licenciement qu'il a déjà adressée au salarié. En cas de contentieux, les juges tiennent compte de la lettre de licenciement mais aussi des précisions apportées le cas échéant par l'employeur salarié (c. trav. art. L. 1235-2) [voir *Licenciement (précision des motifs)**].

Dans les entreprises de moins de 1 000 salariés, si le délai de réflexion de 21 jours dont dispose le salarié pour accepter le CSP n'a pas expiré et que le salarié n'a pas encore informé l'employeur de sa décision, celui-ci doit envoyer à l'intéressé, à la date prévue pour notifier la rupture, une LRAR indiquant la date d'expiration du délai de 21 jours et précisant que, à défaut d'acceptation du CSP à cette date, cette lettre vaudra notification du licenciement (c. trav. art. L. 1233-67 ; convention du 26 janvier 2015 relative au CSP, agréée par arrêté du 16 avril 2015, JO du 23, prolongée jusqu'au 31.12.2022 par avenant n° 5 du 28 juin 2021, arrêté du 24 septembre 2021, JO du 26).

Dans les entreprises de 1 000 salariés et plus, la proposition de *congé de reclassement** doit figurer dans la lettre de licenciement. Le délai de réponse du salarié est de 8 jours à compter de la réception de cette lettre. L'absence de réponse dans ce délai est assimilée à un refus.

Autres formalités

Inscription sur le registre du personnel - L'employeur mentionne le licenciement sur le *registre du personnel** (c. trav. art. D. 1221-23).

Information du DREETS - L'employeur informe, par écrit, le DREETS du licenciement prononcé dans les 8 jours de l'envoi au salarié de la lettre de licenciement (c. trav. art. L. 1233-19). Cette information doit comprendre le nom et l'adresse de l'entreprise, la nature de l'activité et le nombre de salariés employés, les nom, prénoms, nationalité, sexe, adresse, emploi et qualification du salarié licencié, ainsi que la date de notification du licenciement (c. trav. art. D. 1233-3).

Information de la DARES - Si l'entreprise emploie au moins 50 salariés, l'employeur doit signaler le licenciement sur le relevé des contrats de travail conclus ou rompus au cours du mois écoulé, à envoyer dans les 8 premiers jours de chaque mois à la direction de l'animation de la recherche, des études et des statistiques (DARES) (c. trav. art. D. 1221-29), sachant que ce relevé est intégré à la *déclaration sociale nominative (DSN)**.

Sanctions applicables en cas de procédure irrégulière

Sur les sanctions applicables en cas de non-respect de la procédure (convocation à un entretien préalable, conseiller du salarié, notification du licenciement, information de l'administration, etc.), voir *Licenciement personnel (procédure)** et *Licenciement économique (contentieux individuel)**.

Sur les sanctions applicables en cas de défaut de communication aux salariés qui demandent à connaître les critères d'ordre des licenciements, voir *Ordre des licenciements**.

☛ *Licenciement économique.*

Licenciement économique (recherche d'un repreneur)

☛ *Fermeture d'établissement.*

Licenciement pour faute

Notion de faute

Disciplinaire ou professionnelle - L'employeur peut sanctionner des fautes d'origine disciplinaire ou professionnelle.

Les fautes disciplinaires sont des manquements aux règles s'imposant à la collectivité de travail dans l'entreprise.

Les fautes professionnelles (ou contractuelles) consistent en l'inexécution fautive ou l'exécution défectueuse du travail (cass. soc. 26 mai 2015 n° 14-14219 D).

Acte positif ou abstention volontaire - Les fautes sont (circ. DRT 83-5 du 15 mars 1983, BO MT 83/16) :
- soit des actes positifs, le salarié ayant un comportement interdit par les règles applicables dans l'entreprise (ex. : fumer sur le lieu de travail, voler un bien de l'entreprise, molester des collègues ou des clients) ;
- soit des abstentions de nature volontaire vis-à-vis d'une obligation contractuelle ou d'une prescription (ex. : irrespect des horaires, de l'obligation de discrétion, du règlement intérieur ou d'une consigne de sécurité).

▶ À noter... La circulaire précitée est réputée abrogée [voir *Circulaires (opposabilité)**], mais elle garde à notre sens une valeur indicative pour les praticiens.

L'administration précise que la frontière entre le volontaire et l'involontaire étant ténue, l'appréciation se fait au cas par cas.

Sur les motifs de licenciement non disciplinaire, voir *Licenciement non disciplinaire** (ex. : insuffisance de résultats ou professionnelle, mésentente ou perte de confiance).

Exemples de fautes

Certains faits peuvent justifier des *sanctions disciplinaires** voire un licenciement pour faute, voir *Abandon de poste**, *Boissons**, *Concurrence**, *Discrétion (obligation de)**, *Expression (liberté d')**, *Harcèlement moral**, *Harcèlement sexuel**, *Indélicatesse**, *Informatique**, *Insubordination**, *Interdiction de fumer**, *Hygiène et sécurité (obligations des salariés)**, *Téléphone**, *Violences** et *Vol**.

Faits ne pouvant pas être sanctionnés

Faits et comportements protégés - Certains faits ne peuvent pas être considérés comme fautifs. Ainsi, un salarié ne peut pas être licencié en raison notamment de ses mœurs, de son opinion politique, de ses convictions religieuses, de sa situation de famille, de son apparence physique, de son patronyme, de son orientation sexuelle ou de son âge (voir *Discriminations** et *Religion**). Par ailleurs, ne sont pas, en principe, fautifs :
- l'exercice du droit syndical, du droit de *grève**, de la liberté d'expression, sous réserve de l'abus du salarié (cass. soc. 13 février 2008, n° 06-41500 D) [voir *Expression (liberté d')**] ;
- le refus d'exécuter une instruction de la hiérarchie contraire à la réglementation (cass. soc. 13 juin 2012, n° 11-12875, BC V n° 185) (voir *Insubordination**).
- le refus d'effectuer des horaires à temps partiel (voir *Travail à temps partiel**) ;
- le refus d'une *modification du contrat de travail** ;
- l'exercice du *droit d'alerte et de retrait en cas de danger** grave et imminent, du droit d'alerte sanitaire et environnemental [voir *Droit d'alerte (risque pour la santé et l'environnement)**] ou des autres droits d'alerte (voir *Lanceur d'alerte**) ;
- le fait d'agir en justice pour faire respecter le principe de l'*égalité professionnelle**.

Faits relevant de la vie personnelle - Un motif tiré de la vie personnelle du salarié ne peut pas justifier un licenciement disciplinaire (cass. soc. 3 mai 2011, n° 09-67464, BC V n° 105), sauf s'il se rattache à la vie de l'entreprise en ce qu'il constitue un manquement de l'intéressé à une obligation découlant de son contrat de travail (ex. : obligation liée à la santé ou la sécurité, obligation de loyauté) (cass. soc. 8 octobre 2014, n° 13-16793, BC V n° 227 ; cass. soc. 24 octobre 2018, n° 17-16099 D).

Si un fait relevant de la vie personnelle ne se rattache pas à la vie de l'entreprise, l'employeur ne peut procéder qu'à un licenciement non disciplinaire (cass. ch. mixte, 18 mai 2007, n° 05-40803, BC n° 3). Il peut licencier le salarié si un fait de la vie personnelle crée un trouble objectif dans le fonctionnement de l'entreprise (cass. soc. 30 novembre 2005 n° 04-41206, BC V n° 343 ; cass. soc. 1er février 2017, n° 15-22302 D). Pour apprécier l'existence du trouble, les juges peuvent tenir compte de la nature des fonctions du salarié et de la finalité propre de l'entreprise (cass. soc. 20 novembre 1991, n° 89-44605, BC V n° 512).

Pour des exemples, voir le tableau reproduit dans cette étude.

Fautes prescrites ou amnistiées - L'employeur ne peut pas sanctionner une faute prescrite, c'est-à-dire une faute commise ou connue de lui plus de 2 mois auparavant [voir *Prescription (droit disciplinaire)**]. Il en est de même en cas d'*amnistie** des fautes.

Une faute, une sanction - Une même faute ne peut pas être sanctionnée deux fois. En revanche, en cas de répétition de faits similaires, un employeur peut évoquer un fait ancien déjà sanctionné à l'appui d'un licenciement ou d'une autre sanction, mais il ne peut le faire au-delà d'un délai

Licenciement pour des faits relevant de la vie personnelle (exemples)
Faits justifiant un licenciement disciplinaire en raison de leur lien avec la vie de l'entreprise
Salarié ayant menacé, insulté et eu des comportements agressifs à l'égard de collègues ou de supérieurs hiérarchiques lors d'un séjour d'agrément organisé par l'employeur afin de récompenser les salariés lauréats d'un concours interne à l'entreprise (cass. soc. 8 octobre 2014, n° 13-16793, BC V n° 227).
Médecin-conseil d'une caisse de sécurité sociale ayant dissimulé sa mise en examen pour fraude en matière de prestation de sécurité sociale ; ces faits étant en rapport avec ses activités professionnelles et pouvant avoir une incidence sur l'exercice de ses fonctions, le salarié avait manqué à son obligation de loyauté (cass. soc. 29 septembre 2014, n° 13-13661, BC V n° 209).
Salarié s'étant rendu coupable de harcèlement sexuel en dehors du temps et du lieu de travail à l'encontre de personnes avec lesquelles il était en contact en raison de son travail (cass. soc. 19 octobre 2011, n° 09-72672, BC V n° 236).
Pour un salarié appartenant au « personnel navigant commercial » (relevant de la catégorie « personnel critique pour la sécurité ») d'une compagnie aérienne en raison de la consommation de produits stupéfiants, pendant des escales entre deux vols (cass. soc. 27 mars 2012, n° 10-19915, BC V, n° 106).
Sur son lieu de travail, mais après la fin de son service, salariée ayant ostensiblement violé l'interdiction de fumer, affectant ainsi l'obligation de l'employeur d'assurer le respect de la législation en matière de santé publique, et tenu des propos à connotation raciste à l'égard d'un membre du personnel (cass. soc. 16 octobre 2013, n° 12-19670 D).
Médecin-conseil ayant caché à son employeur (CPAM) sa mise en examen pour escroquerie en bande organisée, pour des faits en rapport avec le paiement des prestations de sécurité sociale, se rendant ainsi coupable d'une faute simple (cass. soc. 29 septembre 2014, n° 13-13661, BC V n° 209).
Salarié, rédacteur en chef adjoint, ayant proféré des menaces sur le téléphone personnel d'une collaboratrice, menaçant de la détruire de façon très professionnelle et de faire circuler des bruits sur elle. Le médecin du travail avait invité l'employeur à prendre des mesures de protection à son égard (cass. soc. 10 novembre 2016, n° 15-19736 D).
Salarié, responsable d'exploitation d'une entreprise, ayant, depuis son téléphone professionnel, de manière répétée et pendant 2 ans, adressé à une salariée dont il était le supérieur hiérarchique des SMS au contenu déplacé et pornographique. Son comportement lui avait fait perdre toute autorité et toute crédibilité et était incompatible avec ses responsabilités (cass. soc. 25 septembre 2019, n° 17-31171 D).
Supérieur hiérarchique ayant une relation amoureuse complexe avec une collaboratrice, compte tenu des impacts sur la vie de l'entreprise, en l'espèce, une perte d'autorité et de crédibilité dans l'exercice de sa fonction de direction (cass. soc. 25 septembre 2019, n° 17-31171 D).
Salarié employé en tant que steward ayant commis un vol dans l'hôtel où il passait son escale, cet hôtel étant partenaire commercial de la compagnie aérienne et ayant réservé la chambre à ses frais (cass. soc. 8 juillet 2020, n° 18-18317 FSPB).
Faits ne justifiant pas un licenciement disciplinaire
Une salariée qui est par ailleurs trésorière d'une association implantée dans les locaux de la société et qui a détourné des fonds au détriment de cette association ne peut pas être licenciée pour faute. Ces faits relèvent de sa seule vie personnelle (cass. soc. 23 juin 2009, n° 07-45256, BC V n° 160).
Le fait pour un salarié, « ouvrier nettoyeur », qui utilise un véhicule dans l'exercice de ses fonctions de commettre, dans le cadre de sa vie personnelle, une infraction entraînant la suspension ou le retrait de son permis de conduire ne saurait être regardé comme une méconnaissance par l'intéressé de ses obligations découlant de son contrat de travail. Il ne peut donc pas être licencié pour faute (cass. soc. 3 mai 2011, n° 09-67464, BC V n° 105 ; également cass. soc. 24 octobre 2018, n° 17-16099 D).
Le fait pour un salarié, « chauffeur routier », d'avoir eu, durant son temps de trajet, un accident de la circulation ayant causé le décès d'un automobiliste, sans que ne soit constatée une conduite sous l'emprise d'alcool ou de stupéfiants et n'ayant pas donné lieu à un retrait du permis de conduire ni à une peine de prison ferme (cass. soc. 20 décembre 2017, n° 16-14179 D).
Le fait pour un salarié qui entretenait une relation amoureuse « tumultueuse » avec une collègue, entre ruptures et sollicitations réciproques, d'avoir posé une balise GPS sur le véhicule personnel de la salariée, alors que seuls 2 messages avaient été envoyés au moyen de l'outil professionnel et que les faits n'avaient eu aucun retentissement au sein de l'agence ou sur la carrière de la salariée (cass. soc. 16 décembre 2020, n° 19-14665 D).
Un directeur d'un foyer pour adultes handicapés avait publié sur sa page Facebook, accessible à tout public, une photographie le montrant dénudé et agenouillé dans une église, prise à des fins artistiques hors de son lieu et de son temps de travail, dépourvue de caractère injurieux, diffamatoire ou excessif (cass. soc. 23 juin 2021, n° 19-21651 D).
Faits justifiant un licenciement non disciplinaire
Un salarié avait été condamné au pénal à 8 ans de prison pour viol sur une mineure de 15 ans. L'employeur avait licencié l'intéressé en raison des troubles causés par cette condamnation dans le fonctionnement de l'entreprise. La publicité donnée à la condamnation du salarié avait désorganisé le service financier dans lequel le salarié travaillait. De plus, l'employeur avait été contraint d'intervenir à de multiples reprises auprès des salariés pour prévenir la propagation de rumeurs sur le sujet. Certains salariés du service, amenés à côtoyer la mère de la victime, elle-même salariée de l'entreprise et travaillant sur le site, avaient exprimé une forte émotion. Enfin, une cellule psychologique avait été mise en place pour assurer un soutien des salariés du service. Dans ces conditions, la condamnation pénale du salarié avait créé un trouble caractérisé et certain dans l'entreprise, de sorte que le licenciement était fondé sur une cause réelle et sérieuse (cass. soc. 26 septembre 2012, n° 11-11247 D).

Licenciement pour des faits relevant de la vie personnelle (exemples)
Pour le directeur d'un foyer de logements qui était chargé de l'encaissement des redevances locatives, le fait d'avoir cessé depuis près de 14 mois de régler ses propres loyers, constituait un trouble objectif à l'entreprise et justifiait un licenciement (cass. soc. 11 avril 2012, n° 10-25764 D).
Salarié utilisant un véhicule dans l'exercice de son travail, nécessitant la possession du permis de conduire, qui commet, dans le cadre de sa vie personnelle, une infraction entraînant la suspension ou l'annulation de celui-ci, l'empêchant ainsi d'exécuter sa prestation de travail (cass. soc. 28 janvier 2004, n° 01-45881 D ; cass. soc. 15 janvier 2014, n° 12-22117 D). Toutefois, le salarié doit se retrouver dans l'impossibilité d'exercer l'ensemble des fonctions qui lui incombent, de sorte que s'il n'est pas employé exclusivement à des activités de conduite, l'employeur ne peut pas invoquer un tel motif (cass. soc. 15 avril 2016, n° 15-12533 D).

de 3 ans (délai de prescription des sanctions) [voir *Sanctions disciplinaires** et *Prescription (droit disciplinaire)**].

Hiérarchie des fautes

Quatre types de fautes - Il convient de distinguer quatre types de fautes, selon leur gravité, chacune ayant des incidences différentes sur le contrat de travail et le droit des salariés. Ainsi, une faute peut, selon les circonstances, constituer une faute légère, une faute simple, une faute grave ou une faute lourde, compte tenu notamment de la position hiérarchique du salarié, de ses antécédents, de ses responsabilités et des conséquences dommageables ou non pour l'entreprise.

Appréciation de la gravité de la faute - La qualification de la faute revient entièrement à l'employeur sous réserve, en cas de contentieux, du contrôle du juge. Dans ce cas, l'employeur doit pouvoir démontrer que les agissements du salarié sont effectivement fautifs et que la sanction est proportionnée à la faute (c. trav. art. L. 1333-2).

L'employeur doit qualifier la faute en fonction d'éléments objectifs, lesquels peuvent atténuer ou aggraver la gravité des faits commis.

Les éléments suivants peuvent être pris en compte pour apprécier la gravité de la faute d'un salarié :

- le comportement antérieur : pas de faute grave pour un vol commis par un salarié qui n'a jamais fait l'objet d'un reproche pour un comportement défavorable en 17 ans de service (cass. soc. 21 septembre 2011, n° 09-72975 D), pas de faute grave à l'encontre d'un salarié sans passé disciplinaire et donnant satisfaction qui avait, alors qu'il était en dépression, adressé à son supérieur hiérarchique un message agressif et insultant avec plusieurs personnes en copie (cass. soc. 19 mai 2021, n° 19-20566 D) ;
- l'ancienneté : pas de faute grave pour un gardien, ayant 26 ans d'ancienneté, qui s'était endormi à son poste de travail après avoir effectué 72 heures de service les jours précédents (cass. soc. 12 décembre 2018, n° 17-17680 D) ;
- les fonctions exercées par le salarié ou son niveau de responsabilités : emploi soumis à des règles de confidentialité (cass. soc. 22 novembre 2017, n° 16-24069 D) ou à une exigence de probité (cass. soc. 28 mars 2018, n° 16-12963 D) ;
- le contexte professionnel : pas de faute grave à l'encontre d'une salariée qui avait frappé un collègue, cet acte s'étant produit en réaction à l'agression subite et violente dont elle avait été victime de la part de ce dernier, dans un contexte professionnel de tension psychologique et de fréquentes altercations (cass. soc. 20 octobre 2021, n° 20-10613 D), ne commet pas une faute grave le salarié qui agresse verbalement sa supérieure hiérarchique alors que son attitude résulte d'un état pathologique, conséquence du harcèlement moral dont il est victime (cass. soc. 12 mai 2021, n° 20-10512 D) ;
- en cas de *vol**, la valeur du bien dérobé : pas de faute grave pour un vol de 2 pneus usagés sans valeur financière par un salarié ayant une grande ancienneté (cass. soc. 24 janvier 2018, n° 16-21340 D).

Toutefois, si la faute est « en elle-même » grave, la circonstance généralement atténuante de l'ancienneté peut être privée d'effet.

Exemples

Une salariée faisait valoir, pour contester la faute grave, « qu'elle avait une très grande ancienneté (plus de 20 ans) et que tout au long de sa carrière, elle avait donné entière satisfaction à son employeur ». Mais les juges ont retenu que le management de son équipe était fautif (harcèlement) et qu'il relevait bien de la faute grave (cass. soc. 13 juillet 2016, n° 15-16458 D).

La faute grave a été retenue à l'encontre d'un salarié qui avait tenu des propos dégradants à caractère sexuel à l'encontre d'une collègue, peu important ses 7 ans d'ancienneté et son absence d'antécédent disciplinaire (cass. soc. 27 mai 2020, n° 18-21877 D).

Individualisation de la sanction - L'employeur peut sanctionner différemment des salariés ayant participé à une même faute, sans que cela consti-

tue en soi une discrimination (cass. soc. 6 juin 2012, n° 10-28199 BC V n° 173 ; cass. soc. 21 novembre 2018, n° 17-25761 D), **voire ne sanctionner que certains salariés** (cass. soc. 17 décembre 1996, n° 95-41858, BC V n° 445). **Toutefois, l'employeur qui, sous couvert d'individualisation de la sanction, licencie un salarié en raison de son état de santé, commet un détournement de pouvoir et doit être condamné pour licenciement discriminatoire** (cass. soc. 21 septembre 2011, n° 10-19648 D).

Faute légère

La faute légère du salarié ne constitue pas une *cause réelle et sérieuse de licenciement. Il peut s'agir, par exemple, de retards occasionnels ou d'un oubli ponctuel de pointage, à savoir des négligences professionnelles isolées ou sans conséquence sérieuse. La faute légère peut, en revanche, faire l'objet d'un rappel à l'ordre du salarié, voire d'une sanction disciplinaire mineure (avertissement) (voir *Sanctions disciplinaires**).**

Faute simple

Une faute simple (à savoir, ni grave, ni lourde) peut constituer une cause réelle et sérieuse de licenciement.

Faute grave

Définition - La faute grave résulte d'un fait ou d'un ensemble de faits imputables au salarié qui constituent une violation des obligations découlant du contrat de travail ou des relations de travail d'une importance telle qu'elle rend impossible le maintien de l'intéressé dans l'entreprise et peut justifier une *mise à pied conservatoire** (cass. soc. 27 septembre 2007, n° 06-43867, BC V n° 146 ; cass. soc. 10 novembre 2010, n° 09-42077 D).

Si, prises isolément, certaines fautes commises par un salarié ne sont pas graves, elles peuvent le devenir par réitération ou accumulation (cass. soc. 21 octobre 2009, n° 08-43219 D ; cass. soc. 17 avril 2019, n° 18-10632 D).

Par ailleurs, un fait isolé peut justifier un licenciement pour faute grave, même sans sanction préalable, s'il rend impossible le maintien du salarié dans l'entreprise (cass. soc. 24 janvier 2018, n° 16-14386 D).

▶ À noter... L'impossibilité de maintenir le salarié dans l'entreprise est le critère de la faute grave. Par conséquent, l'employeur ne peut pas licencier un salarié pour faute grave après lui avoir proposé, lors de l'entretien préalable, une mutation dans un autre établissement du groupe, ce qui implique le maintien du contrat de travail (cass. soc. 12 janvier 2005, n° 02-42721 D).

Déclenchement de la procédure dans un délai restreint - En principe, l'employeur dispose d'un délai de 2 mois pour déclencher la procédure disciplinaire dès l'instant où il apprend qu'un salarié a commis une faute (c. trav. art. L. 1332-4) **[voir *Prescription (droit disciplinaire)**, *Sanctions disciplinaires (procédure)**].**

Toutefois, la faute grave rendant impossible le maintien du salarié dans l'entreprise, l'employeur doit, en principe, engager la procédure de rupture du contrat de travail dans un « délai restreint » après avoir été informé des faits allégués dès lors qu'aucune vérification n'est nécessaire (cass. soc. 6 octobre 2010, n° 09-41294, BC V n° 214 ; cass. soc. 24 novembre 2010, n° 09-40928, BC V n° 266 ; cass. soc. 22 janvier 2020, n° 18-18530 D).

La durée de ce délai « restreint » n'est pas précisément définie, mais lorsque l'employeur tarde à agir, les juges peuvent remettre en cause la gravité réelle des faits reprochés.

Exemples

Un employeur qui diffère de 6 mois la rupture des relations contractuelles avec le salarié fautif perd ainsi le droit d'invoquer à son encontre une faute grave (cass. soc. 21 novembre 2000, n° 98-45609, BC V n° 385).

Le fait de laisser le salarié travailler pendant 1 mois après la connaissance des faits fautifs est incompatible avec l'allégation d'une faute grave (cass. soc. 17 mars 2010, n° 08-45103 D).

Tout dépend cependant des circonstances, notamment si l'employeur a « pris le temps de recueillir » des éléments de preuve : en l'espèce, les agissements du salarié avaient été dénoncés à l'employeur par des lettres de ses collaborateurs des 9 novembre, 15 novembre et 21 novembre 2010 et la procédure de licenciement avait été engagée le 10 décembre 2010. L'employeur avait néanmoins agi dans un délai restreint, car si un délai d'un mois s'était écoulé entre la première lettre et l'engagement de la procédure de licenciement, d'autres courriers étaient intervenus entre-temps (cass. soc. 12 octobre 2016, n° 15-20413 D).

Faute grave et préavis - Le licenciement pour faute grave implique le départ immédiat du salarié, c'est-à-dire, sans *préavis, sinon l'employeur perd la possibilité d'invoquer la faute grave** (cass. soc. 12 juillet 2005, n° 03-41536, BC V n° 245). **Et ce, même s'il a dispensé le salarié d'effectuer le préavis** (cass. soc. 23 novembre 2010, n° 09-42285 D).

Cependant, l'employeur peut se prévaloir de la faute grave même s'il a accordé au salarié une somme équivalente à l'indemnité compensatrice de préavis, à laquelle il n'a en principe pas droit, dès lors que le salarié a été immédiatement exclu de l'entreprise (cass. soc. 2 février 2005, n° 02-45748, BC V n° 42 ; cass. soc. 27 septembre 2007, n° 06-43867, BC V n° 146).

▶ Attention… Si le contrat de travail du salarié prévoit un droit à préavis en cas de rupture, sans établir de distinction selon le motif de la rupture, l'employeur qui le licencie pour faute grave doit verser une indemnité compensatrice de préavis (cass. soc. 20 mars 2019, n° 17-26999 D).

Contrôle des tribunaux - En cas de contentieux, le juge recherche si les faits reprochés au salarié sont constitutifs d'une faute et apprécie s'ils doivent être qualifiés de faute grave (cass. soc. 13 juin 2001, n° 99-42674, BC V n° 222). Il peut requalifier la faute grave retenue par l'employeur en faute simple, mais il ne peut pas aggraver la qualification de la faute (cass. soc. 20 décembre 2017, n° 16-17199, BC V n° 224 ; cass. soc. 16 septembre 2020, n° 19-10583 D).

Il importe peu que l'intéressé ait reconnu, même par écrit, le caractère de faute grave des faits qui lui sont reprochés. L'aveu ne peut porter que sur des faits (cass. soc. 13 juin 2001, n° 99-42674, BC V n° 222).

Les juges contrôlent également que la procédure de licenciement a effectivement été mise en œuvre dans un délai restreint *(voir ci-avant)* et dans le respect des procédures légales et conventionnelles éventuellement applicables [voir *Licenciement personnel (procédure)**].

▶ À noter… Lorsqu'un licenciement prononcé pour faute grave est jugé sans cause réelle et sérieuse, le salarié peut prétendre à des dommages et intérêts pour *licenciement sans cause réelle et sérieuse**, ainsi qu'à l'*indemnité de licenciement** (légale ou, si elle est plus élevée, conventionnelle) et à l'indemnité compensatrice de préavis [voir *Préavis (indemnité compensatrice)**] dont il a été privé *(voir ci-après)* (cass. soc. 25 mars 2010, n° 08-42676, BC V n° 75). De plus, dans certains cas, l'employeur peut être tenu de verser des indemnités relatives à des droits dont le salarié n'a pas pu bénéficier, faute d'appartenir à l'effectif en raison de son licenciement. Ainsi, un employeur a été condamné à verser des indemnités relatives à la perte d'un capital décès aux ayants droit d'un salarié décédé 12 jours après avoir été irrégulièrement licencié pour faute grave (cass. soc. 15 avril 2015, n° 13-22044, BC V n° 79).

Privation des indemnités de rupture - En cas de licenciement pour faute grave, le salarié n'a droit ni à l'indemnité compensatrice de préavis [voir *Préavis (indemnité compensatrice)**], ni à l'*indemnité de licenciement** (légale, ni le plus souvent conventionnelle) (c. trav. art. L. 1234-1 et L. 1234-9).

▶ À noter… Sur la possibilité de verser une indemnité compensatrice de préavis en cas de faute grave, voir ci-avant.

La faute grave ne dispense pas l'employeur de convoquer le salarié à l'entretien préalable au licenciement, ni de respecter les délais de notification du licenciement [voir *Entretien préalable au licenciement** et *Licenciement (notification)**].

Toutefois, si la gravité de la faute ne permet pas de maintenir le salarié dans l'entreprise, même pour quelques jours, l'employeur peut procéder à une *mise à pied conservatoire** du salarié en attendant de notifier sa décision de licenciement.

Droit à réparation en cas de licenciement vexatoire - Le fait que le licenciement pour faute grave soit justifié n'empêche pas le salarié de réclamer des dommages et intérêts à l'employeur en cas de licenciement vexatoire (cass. soc. 12 octobre 2016, n° 14-29468 D ; cass. soc. 16 décembre 2020, n° 18-23966 FPBI).

Pas de condamnation pour faute lourde pour une même faute - L'employeur ne peut pas licencier un salarié pour faute grave puis demander sa condamnation à lui verser des dommages et intérêts pour faute lourde en se fondant sur le même fait fautif (cass. soc. 25 janvier 2017, n° 14-26071, BC V n° 15).

Absence de responsabilité pécuniaire du salarié - La responsabilité pécuniaire du salarié ne peut être engagée qu'en cas de faute lourde *(voir ci-après)*. La signature par le salarié d'une reconnaissance de dettes suite aux détournements de fonds commis et ayant motivé son licenciement pour faute grave ne permet pas d'écarter ce principe (cass. soc. 2 juin 2017, n° 15-28496 D).

Faute grave pendant le préavis - Voir *Préavis**.

Chômage - Un licenciement pour faute grave ou même lourde ne fait pas obstacle à l'attribution des allocations de *chômage**.

Faute lourde

Intention de nuire - La faute lourde, qui se situe à l'échelon le plus élevé dans la hiérarchie des fautes contractuelles ou disciplinaires, sanctionne un comportement d'une exceptionnelle gravité révélant une intention de nuire à l'employeur ou à l'entreprise.

La gravité des faits commis ne suffit pas à la caractériser, ni même le préjudice qui en est résulté. En effet, la faute lourde implique la volonté du salarié de porter préjudice à l'employeur en commettant le fait fautif et ne résulte pas de la seule commission d'un acte préjudiciable à l'entreprise (ex. : le seul fait d'avoir détourné une somme de 60 000 € revenant à l'entreprise sur son compte personnel ne caractérise pas d'intention de nuire) (cass. soc. 22 octobre 2015, n° 14-11291 BC V n° 201). L'intention de nuire du salarié ne peut pas non plus se déduire de ses responsabilités et de sa qualification, même si elles permettent de considérer que le salarié ne pouvait ignorer le caractère préjudiciable de son comportement (s'agissant d'un directeur d'une agence d'expertise comptable qui avait critiqué la politique tarifaire de l'employeur auprès des clients) (cass. soc. 8 février 2017, n° 15-21064, BC V n° 22).

En revanche, ont été considérées par les juges comme des fautes lourdes :

- des violences commises avec préméditation sur l'employeur ou des menaces de mort envers l'employeur (cass. soc. 28 mars 2018, n° 16-26013, BC V n° 45 ; cass. soc. 4 juillet 2018, n° 15-19597 D) ;
- le fait d'organiser une conférence de presse pour « ternir l'image » de l'employeur en portant des accusations infondées de harcèlement moral et de faits de discrimination dénaturés et volontairement sortis de leur contexte (cass. soc. 5 juillet 2018, n° 17-17485 D) ;
- le fait pour un directeur comptable et financier de détourner des fonds de la société (340 000 €), de falsifier des documents et de manquer à ses obligations professionnelles (cass. soc. 8 juin 2017, n° 15-25193 D) ;
- le fait pour un directeur d'usine de s'octroyer une prime égale à 6 fois son salaire annuel, en sachant l'impact sur l'entreprise et le caractère irrégulier de la fixation (cass. soc. 2 juin 2017, n° 15-28115 D) ;
- le fait pour un salarié d'avoir contacté un concurrent direct et de lui avoir fourni certaines informations dans le but de faire perdre un marché à son employeur (cass. soc. 27 novembre 2019, n° 17-27933 D) ;
- le fait pour un directeur de site de production de s'opposer à son projet d'extension et de faire obstacle à ses différentes phases (refus d'accomplir un audit obligatoire) (cass. soc. 26 février 2020, n° 18-16663 D) ;
- le fait pour un salarié, responsable des ressources humaines, d'avoir conclu un contrat collectif d'assurance « frais santé » et d'autres contrats avec une société dont il était, à l'insu de son employeur, l'associé majoritaire, ayant entraîné des facturations ignorées de celui-ci et d'avoir dissimulé son intérêt personnel dans la réalisation des opérations financières litigieuses, mettant en cause le fonctionnement de la société (cass. soc. 10 février 2021, n° 19-14315 D).

Contrôle des tribunaux - En cas de contentieux, le juge recherche si les faits reprochés au salarié sont constitutifs d'une faute et s'ils caractérisent une intention de nuire du salarié. Si la faute est établie mais que le juge constate l'absence d'intention de nuire, il doit vérifier si une faute grave peut tout de même être retenue, ou à tout le moins une faute simple de nature à justifier le licenciement (cass. soc. 16 septembre 2020, n° 18-25943 FPB).

Faute lourde et grève - Seule la faute lourde peut justifier le licenciement d'un salarié gréviste (c. trav. art. L. 2511-1) (voir *Grève**).

Rupture immédiate du contrat - La qualification de faute lourde ne peut pas être retenue si l'employeur diffère la date de rupture des relations contractuelles. En effet, elle suppose que l'employeur prononce une rupture immédiate du contrat de travail (cass. soc. 21 novembre 2000, n° 98-45609, BC V n° 385).

Privation des indemnités de rupture sauf congés payés - La faute lourde entraîne les mêmes conséquences que la faute grave (licenciement immédiat, pas d'indemnité compensatrice de préavis, ni d'indemnité de licenciement).

L'indemnité compensatrice de congés payés est due [voir *Congés payés (indemnité compensatrice)**].

Faute lourde pendant le préavis - Voir *Préavis**.

Chômage - Un licenciement pour faute grave ou même lourde ne fait pas obstacle à l'attribution des allocations de *chômage**.

Responsabilité pécuniaire du salarié - La responsabilité pécuniaire du salarié peut être engagée en cas de faute lourde commise par celui-ci (cass. soc. 25 janvier 2017, n° 14-26071, BC V n° 15 ; cass. soc. 12 octobre 2017, n° 16-11649 D). L'employeur peut ainsi demander en justice des dommages-inté-

Effets des différentes fautes disciplinaires					
	Justifie le licenciement	Procédure de licenciement	Préavis	Indemnité de licenciement	Indemnité compensatrice de congés payés
Faute légère	non	-	-	-	-
Faute simple	oui	la procédure doit être suivie	oui	doit être versée	doit être versée
Faute grave	oui	la procédure doit être suivie	non	non	doit être versée
Faute lourde	oui	la procédure doit être suivie	non	non	doit être versée

rêts au salarié en réparation du préjudice subi. Mais la réparation due par le salarié ne peut être supérieure à l'étendue du préjudice subi par l'employeur.

▶ Attention… Une distinction doit être faite entre ce qui relève de la responsabilité du salarié, c'est-à-dire les dommages-intérêts qu'il peut être condamné à payer à son ex-employeur du fait d'une faute lourde, et ce qui concerne ses obligations contractuelles. Au titre de ces dernières, le salarié peut être condamné à rendre à l'employeur ce qu'il lui a dérobé. L'employeur peut donc obtenir la restitution des biens ou des sommes qui lui ont été volés, indépendamment de toute faute lourde, c'est-à-dire sans avoir à prouver l'intention de nuire (cass. soc. 19 novembre 2002, n° 00-46108, BC V n° 344).

Procédures à respecter

Enquête préalable en interne - L'employeur peut être amené à réaliser une enquête ou un audit interne afin d'avoir une connaissance exacte de la réalité, de la nature et de l'ampleur des faits imputables au salarié. Une *mise à pied conservatoire** permet notamment de conduire une telle enquête. Le cas échéant, le délai de prescription ne commence à courir qu'à l'issue de l'enquête [voir *Prescription (droit disciplinaire)**].

L'employeur peut fonder le licenciement pour faute d'un salarié sur la base des conclusions de l'audit ou de l'enquête, même si le salarié n'a pas été informé au préalable de sa réalisation, dès lors qu'il n'a pas été tenu à l'écart des travaux (cass. soc. 26 janvier 2016, n° 14-19002, BC V n° 13 ; cass. soc. 28 février 2018, n° 16-19934 D) (voir *Surveillance des salariés**). Toutefois, un rapport d'enquête uniquement fondé sur des témoignages anonymes ne constitue pas un élément de *preuve** suffisant en cas de litige sur le licenciement (cass. soc. 4 juillet 2018, n° 17-18241 FSPB).

L'employeur doit aussi être vigilant sur la manière dont il réalise son enquête interne et veiller à ne pas utiliser des mesures de contrainte privant le salarié de sa liberté d'aller et venir, en retenant, par exemple, le salarié dans un bureau pendant plusieurs heures. Une telle mesure peut conduire à une condamnation au pénal pour détention arbitraire ou séquestration (cass. crim. 28 février 2018, n° 17-81929, Bull. crim. n° 39).

Cumul de procédures - Quels que soient l'*effectif** de l'entreprise et l'*ancienneté** du salarié, le licenciement pour faute est soumis à la procédure de licenciement pour motif personnel [voir *Licenciement personnel (procédure)**]. Deux particularités doivent cependant être soulignées.

Le licenciement étant disciplinaire, la procédure de licenciement se cumule avec la procédure disciplinaire. Les délais de prescription doivent donc être respectés. En conséquence, il n'est, en principe, pas possible de licencier un salarié pour une faute connue de l'employeur plus de 2 mois avant l'engagement de la procédure (c. trav. art. L. 1332-4) [voir *Prescription (droit disciplinaire)**].

En outre, la lettre notifiant au salarié le licenciement pour faute ne doit pas être envoyée plus de 1 mois après l'entretien préalable [voir *Licenciement (notification)**].

▶ À noter… S'agissant du délai de mise en œuvre d'un licenciement pour faute grave ou lourde, voir ci-avant.

Procédure conventionnelle - Le cas échéant, l'employeur qui licencie pour faute est tenu de respecter une procédure conventionnelle de licenciement en plus de la procédure légale [voir *Licenciement personnel (procédure)**].

Salariés protégés et salariés parents - Voir *Licenciement des représentants du personnel**, *Maternité (protection)** et *Paternité (protection)**.

Obligation de discrétion de l'employeur

Le fait de porter à la connaissance du personnel, sans motif légitime, des faits reprochés à un salarié nommément désigné constitue une atteinte à la dignité de celui-ci, de nature à lui causer un préjudice susceptible de réparation (cass. soc. 25 février 2003, n° 00-42031, BC V n° 66). L'employeur est, par conséquent, tenu à une obligation de discrétion pendant toute la durée de la procédure.

☛ *Licenciement personnel (procédure) ; Licenciement (précision des motifs) ; Prescription (droit disciplinaire) ; Covid-19 (report des délais) ; Sanctions disciplinaires ; Sanctions disciplinaires (procédure)*

➲ Formulaire de Droit Social, « Notification d'un licenciement pour faute grave », « Notification d'un licenciement pour faute lourde » et « Notification d'un licenciement pour faute simple ».

Licenciement d'une femme enceinte

☛ *Maternité (protection).*

Licenciement pour fin de chantier ou d'opération

☛ *Contrat de chantier ou d'opération.*

Licenciement individuel

☛ *Indemnités de rupture (régimes social et fiscal) ; Licenciement ; Licenciement économique (cause économique) ; Licenciement économique (procédure du licenciement individuel).*

Licenciement irrégulier

Non-respect de la procédure de licenciement

Irrégularités commises dans la procédure - L'employeur qui ne respecte pas la procédure de licenciement peut être sanctionné pour licenciement irrégulier, qu'il s'agisse d'une irrégularité commise dans le cadre d'un licenciement personnel [voir *Licenciement personnel (procédure)**] ou d'un licenciement économique individuel ou de moins de 10 salariés sur 30 jours [voir *Licenciement économique (procédure du licenciement individuel)** et *Licenciement économique collectif (moins de 10 salariés)**].

La sanction est notamment encourue en cas de non-respect des règles relatives à l'*entretien préalable au licenciement** (c. trav. art. L. 1235-2).

Dans le cas particulier du licenciement d'un salarié protégé au sein d'une UES, une information incomplète sur les personnes pouvant assister le salarié durant l'entretien préalable ne rend pas forcément la procédure irrégulière [voir *Conseiller du salarié (entretien préalable au licenciement)** et *Licenciement des représentants du personnel (procédure)**] (CE 12 juin 2019, n° 408970).

Non-respect de la procédure conventionnelle ou statutaire de consultation préalable au licenciement - Est également considéré comme une irrégularité de procédure le non-respect de la procédure conventionnelle ou statutaire de consultation préalable au licenciement (ex. : commission de discipline prévue par la convention collective) (c. trav. art. L. 1235-2).

▶ À noter… L'article L. 1235-2 du code du travail ne dit rien sur la sanction encourue en cas de non-respect des formalités conventionnelles ou statutaires autres que la consultation préalable de certaines instances. Or, par le passé, a été condamné pour licenciement sans cause réelle et sérieuse :

- l'employeur qui n'a pas tenu avec le salarié l'entretien spécifique prévu par la convention collective lui permettant de s'expliquer sur ses mauvais résultats (cass. soc. 17 mai 2011, n° 09-72843, BC V n° 109) ;
- l'employeur qui n'a pas observé le délai maximal de 10 jours pour notifier le licenciement prévu par la convention collective (cass. soc. 27 mars 2013, n° 11-20737, BC V n° 86) ;
- l'employeur qui, face à une insuffisance professionnelle du salarié résultant d'une mauvaise adaptation de l'intéressé à ses fonctions, n'a pas recherché le moyen de lui confier un autre poste comme l'exigeait la convention collective (cass. soc. 17 décembre 2014, n° 13-22890, BC V n° 301) ;
- l'employeur qui n'a pas, comme le prévoyait la convention collective, notifié par écrit au salarié, avant l'entretien préalable au licenciement, les motifs de la mesure de licenciement disciplinaire envisagée (cass. soc. 9 janvier 2013, n° 11-25646, BC V n° 1) ;

- l'employeur qui n'a pas informé les représentants du personnel préalablement à la mise en œuvre des licenciements disciplinaires, conformément à la convention collective (cass. soc. 17 mars 2015, n° 13-24252 BC V n° 49 ; cass. soc. 17 mars 2015, n° 13-23983, BC V n° 49).

La Cour de cassation devrait vraisemblablement assouplir sa position au regard des dispositions de l'article L. 1235-2 du code du travail désormais applicables. Cependant, dans tous les cas, il est recommandé de respecter la procédure conventionnelle ou statutaire.

Règles applicables aux licenciements prononcés à partir du 18 décembre 2017 - L'ensemble des dispositions de l'article L. 1235-2 du code du travail, issues de l'ordonnance 2017-1387 du 22.09.2017 (ord. 2017-1387 du 22 septembre 2017, JO du 23), y compris son alinéa relatif à la sanction des irrégularités de la procédure de licenciement, est applicable aux licenciements prononcés à compter du 18.12.2017 (cass. soc. 22 septembre 2021, n° 19-21605 FPB).

Indemnité pour licenciement irrégulier

Plafond d'un mois de salaire - Une irrégularité de procédure donne droit à 1 mois de salaire au plus (c. trav. art. L. 1235-2). Cette sanction est applicable quels que soient l'effectif de l'entreprise et l'ancienneté du salarié.

Cette sanction ne s'applique que si le licenciement irrégulier repose sur une cause réelle et sérieuse. En effet, si le licenciement est aussi sans cause réelle et sérieuse, le salarié a uniquement droit à l'indemnité pour *licenciement sans cause réelle et sérieuse**, dans les limites fixées par le barème légal.

Nécessité de prouver l'existence d'un préjudice - L'octroi d'une indemnité pour licenciement irrégulier n'est pas automatique. Le salarié doit établir que l'inobservation de la procédure de licenciement lui a causé un préjudice (cass. soc. 30 juin 2016, n° 15-16066 D ; cass. soc. 13 septembre 2017, n° 16-13578, BC V n° 136).

Cumul avec les dommages et intérêts pour licenciement vexatoire - L'indemnité pour licenciement irrégulier peut se cumuler avec des dommages et intérêts distincts liés aux conditions vexatoires dans lesquelles l'employeur a prononcé le licenciement (cass. soc. 18 mai 2017, n° 15-27555 D).

Licenciement non disciplinaire

En dehors de toute faute du salarié, certains faits inhérents à sa personne peuvent rendre impossible son maintien dans l'entreprise. Il peut en être ainsi notamment à la suite d'absences répétées ou prolongées pour maladie, ou encore en cas d'inaptitude physique ou d'incompétence professionnelle [voir *Maladie (absences prolongées et répétées) et *Inaptitude physique (licenciement)**].**

Une insuffisance de résultats, des faits entraînant une perte de confiance peuvent, selon le cas, être fautifs ou non fautifs. Ces motifs sont donc susceptibles de justifier, en fonction des circonstances, des *sanctions disciplinaires ou un licenciement pour faute ou non (voir *Licenciement pour faute**).**

Sur la possibilité ouverte à l'employeur de préciser, a posteriori, le motif d'un licenciement déjà notifié, voir *Licenciement (précision des motifs).**

Insuffisance de résultats

Cause de licenciement - La seule insuffisance de résultats ne constitue pas en soi une cause de licenciement (cass. soc. 3 avril 2001, n° 98-44069, BC V n° 117 ; cass. soc. 12 février 2002, n° 99-42878, BC V n° 65). Il en est ainsi que les objectifs aient été fixés au salarié :

- dans son contrat de travail, via une *clause d'objectifs** (cass. soc. 6 février 2001, n° 98-45850, BC V n° 45) ;
- ou unilatéralement par l'employeur (cass. soc. 22 février 2000, n° 97-45724 D ; cass. soc. 13 janvier 2004, n°s 01-45931 et 01-45932, BC V n° 3).

▶ Attention... Une clause du contrat de travail ne peut pas prévoir que le contrat sera rompu si le salarié n'atteint pas les objectifs qui lui sont fixés (cass. soc. 14 novembre 2000, n° 98-42371, BC V n° 367 ; cass. soc. 6 février 2001, n° 98-45850, BC V n° 45). Une telle clause est sans effet.

Pour que l'insuffisance de résultats soit un motif de licenciement, il est nécessaire qu'elle soit causée par une carence du salarié (cass. soc. 14 mai 2003, n° 01-42648 D). En cas de contentieux, le juge recherche, en effet, si les mauvais résultats relèvent d'une insuffisance professionnelle ou d'une faute imputable au salarié (cass. soc. 26 novembre 2008, n° 07-43633 D).

À titre d'exemples, il y a insuffisance professionnelle :

- lorsque l'insuffisance de résultats résulte d'un manque de travail, d'implication et de réactivité du

salarié, intervenant malgré les mises en garde du manager, dont le salarié n'a pas tenu compte (cass. soc. 24 septembre 2015, n° 14-15656 D) ;

- lorsque le salarié, dont les performances étaient largement inférieures à la moyenne de celles des autres attachés commerciaux s'est maintenu, malgré l'accompagnement dont il a fait l'objet, à un niveau nettement inférieur à celui de ses collègues, confrontés au même contexte économique (cass. soc. 24 juin 2020, n° 19-11736 D).

Les objectifs à atteindre doivent être réalistes, faute de quoi le licenciement pour insuffisance de résultats est sans cause réelle et sérieuse (cass. soc. 30 mars 1999, n° 97-41028, BC V n° 143 ; cass. soc. 13 janvier 2004, n°s 01-45931 et 01-45932, BC V n° 3).

Exemple

Au sein d'une entreprise de commercialisation de maisons individuelles, chaque chef des ventes devait atteindre, au titre d'une année civile, un objectif de 94 ventes. L'employeur reprochait à l'un d'entre eux de n'avoir pas réalisé cet objectif (il n'avait vendu que 45 maisons) et l'avait licencié en invoquant une insuffisance professionnelle. Or, d'une part, le chef des ventes en question était affecté à un secteur géographique réputé difficile et, d'autre part, son équipe commerciale était inférieure en nombre à celle des autres chefs des ventes. Accessoirement, aucun d'entre eux n'avait atteint les objectifs fixés. Compte tenu de ces divers éléments, les juges ont estimé les objectifs irréalistes et le licenciement dépourvu de cause réelle et sérieuse (cass. soc. 7 mars 2018, n° 16-21588 D).

Garanties conventionnelles - La convention collective peut prévoir certaines garanties en amont d'une éventuelle procédure de licenciement [voir *Licenciement personnel (procédure)]. L'employeur doit veiller à appliquer ces garanties, faute de quoi la rupture du contrat de travail peut être considérée sans cause réelle et sérieuse. C'est le cas lorsque l'employeur licencie un salarié pour insuffisance de résultats sans respecter la convention collective applicable qui prévoit, en amont, une convocation à un entretien pour étudier les moyens de remédier à la situation** (cass. soc. 17 mai 2011, n° 09-72843 D).

Insuffisance professionnelle

Définition - L'insuffisance professionnelle se caractérise par l'incapacité du salarié à exercer de façon satisfaisante ses fonctions, par manque de compétences. Elle peut être fondée sur des éléments quantitatifs (faible rendement, erreurs et malfaçons dans le travail, etc.) ou qualitatifs (manque de compétences techniques, autorité insuffisante, mauvais management pour un salarié en charge d'une équipe, etc.).

Exemple

Relèvent de l'insuffisance professionnelle :

- le fait pour un cadre de ne pas assumer les responsabilités lui incombant (cass. soc. 20 février 1990, n° 87-43411 D) ;

- le fait pour un moniteur éducateur d'avoir un comportement inadapté aux jeunes et à l'équipe éducative, ainsi qu'un langage inapproprié (cass. soc. 26 septembre 2016, n° 15-16729 D) ;

- le fait pour un attaché commercial d'avoir un comportement à risque dans le cadre de ses fonctions, de faire l'objet des insatisfactions répétées des clients ainsi que le fait de ne pas respecter les procédures qualité mises en place par l'entreprise (cass. soc. 24 octobre 2018, n° 17-18763 D) ;

- le manque d'organisation d'un responsable logistique qui entraînait un dysfonctionnement du service et des retards répétés de livraison portant atteinte à l'image de la société (cass. soc. 3 octobre 2000, n° 98-42522 D) ;

- la baisse constante du chiffre d'affaires d'un conseiller commercial, par comparaison aux résultats de ses collègues sur une période de 2 ans (cass. soc. 13 juin 2007, n° 06-41191 D) ;

- une saisie empirique des données comptables et un enregistrement aléatoire, des négligences dans les avances consenties et dans la tenue de la caisse et de manière générale une absence de rigueur professionnelle (cass. soc. 23 juin 2015, n° 14-16628 D) ;

- un style de management directif avec un leadership autoritaire, entraînant la manifestation de troubles liés aux risques psycho-sociaux pour un nombre important de collaborateurs, ainsi qu'un manque de respect de la personne, un langage insultant et dégradant et une mauvaise communication de l'équipe, dévalorisée et dénigrée (cass. soc. 2 juin 2017, n° 16-13134 D) ;

- le comportement managérial inadapté d'un directeur d'agence lequel avait fait pression sur une salariée après un congé maternité afin qu'elle accepte une rupture conventionnelle sous la menace d'une mutation à Aix-en-Provence alors qu'elle travaillait à Nantes. Son attitude avait aussi amené deux de ses collaborateurs à démissionner et d'autres salariés avaient témoigné sur sa façon de s'exprimer et ses difficultés persistantes de communication (cass. soc. 12 octobre 2017, n° 16-14661 D) ;

- le comportement d'une directrice d'agence bancaire envers ses collaborateurs mais aussi ses clients, mécontents de son manque de diligence, de son incompétence, et des relations difficiles entretenues avec elle, au point que deux d'entre eux au moins ont menacé de solder leurs comptes à l'agence, et qu'un troisième préférait s'adresser à une agence voisine (cass. soc. 19 juin 2019, n° 17-31426 D).

L'insuffisance professionnelle se distingue de l'insuffisance de résultats pour laquelle un objectif individuel, le plus souvent quantifié, n'est pas atteint.

Motif de licenciement - L'employeur apprécie, dans le cadre de son pouvoir de direction, si le salarié effectue correctement son travail. Si ce n'est pas le cas, l'insuffisance professionnelle peut justifier un licenciement non disciplinaire lorsqu'elle repose sur des faits précis et vérifiables (cass. soc. 23 mai 2000, n° 98-42064, BC V n° 194), même si le salarié fait preuve de bonne volonté.

> ▶ À noter… L'employeur peut se contenter de motiver la lettre de licenciement par l'insuffisance professionnelle du salarié, sans avoir à détailler les faits qu'il lui reproche (cass. soc. 3 octobre 2007, n° 06-42646 D), mais en cas de contentieux, il devra pouvoir établir des faits précis et vérifiables.

Absence de faute - L'insuffisance professionnelle ne constitue pas, en elle-même, une faute (cass. soc. 5 avril 2005, n° 02-45714 D). Elle est donc différente du comportement fautif d'un salarié qui peut notamment consister en des négligences délibérées, des refus d'obéissance ou l'irrespect des règles de l'entreprise, lequel peut conduire à un licenciement disciplinaire.

L'employeur qui licencie un salarié pour insuffisance professionnelle ne peut pas, a fortiori, alléguer une faute grave, sous peine de prononcer un licenciement sans cause réelle et sérieuse (cass. soc. 4 avril 2007, n° 05-45644 D).

Par ailleurs, le fait que l'employeur ait, dans un premier temps, procédé à une mise à pied conservatoire ne prive pas nécessairement de cause réelle et sérieuse le licenciement pour insuffisance professionnelle (cass. soc. 8 juillet 2008, n° 06-45783 D ; cass. soc. 3 février 2010, n° 07-44491, BC V n° 32).

> ▶ À noter… Dans cette hypothèse, l'employeur devrait rémunérer la période de *mise à pied conservatoire**.

Une faute peut néanmoins être caractérisée en présence d'une mauvaise volonté délibérée du salarié (cass. soc. 22 juin 2016, n° 15-10149 D). Par ailleurs, les négligences reprochées au salarié peuvent aller au-delà de la simple insuffisance professionnelle et caractériser une faute grave lorsque ces négligences relèvent du domaine de la sécurité (cass. soc. 28 février 2002, n° 00-41220, BC V n° 82 ; cass. soc. 14 octobre 2009, n° 08-41896 D).

Insuffisance imputable à l'employeur - L'insuffisance ou l'incompétence invoquée doit être directement imputable au salarié (cass. soc. 2 avril 2014, n° 13-12670 D). Elle ne doit pas être imputable à l'employeur. C'est le cas, par exemple :

- s'il recrute une personne à la qualification manifestement insuffisante ou s'il lui fait effectuer des tâches ne relevant pas de sa qualification et étrangères à l'activité pour laquelle elle a été embauchée (cass. soc. 2 février 1999, n° 96-44340 D) ;
- si la charge de travail qu'il confie au salarié est excessive (cass. soc. 16 mai 2001, n° 99-41492 D) ou encore s'il ne lui a pas fourni le matériel adapté pour accomplir ses tâches.

Obligation de formation - L'employeur doit former le salarié : il ne peut pas lui reprocher son incompétence dans la mesure où il n'a pas lui-même respecté son obligation d'*adaptation** (c. trav. art. L. 6321-1). Il ne peut donc pas licencier un salarié, qui a des difficultés à s'adapter à une nouvelle technique ou à un nouveau poste de travail, quand il ne lui a ni donné les moyens de s'y adapter ni laissé le temps de devenir opérationnel (cass. soc. 21 octobre 1998, n° 96-44109 D). A contrario, si, malgré la formation suivie, le salarié ne parvient pas à s'adapter, un licenciement pour insuffisance professionnelle devient possible (cass. soc. 16 février 1977, n° 75-40624, BC V n° 698).

En revanche, lorsque dans son *curriculum vitae** le salarié prétendait maîtriser des logiciels, l'employeur n'a pas à le former à leur utilisation et il peut se prévaloir de son insuffisance professionnelle (cass. soc. 31 janvier 2006, n° 05-42130, BC V n° 47).

> ▶ À noter… Des échecs répétés à une formation obligatoire peuvent justifier un licenciement. Telle était la situation dans une affaire où une entreprise de sécurité avait licencié une salariée, agent d'exploitation de sûreté aéroportuaire, après que celle-ci eut échoué à quatre reprises à un test d'examen des bagages aux rayons X et refusé de se préparer à un cinquième test. Or, la réglementation spécifique aux aéroports imposait à l'employeur de soumettre les salariés à une formation périodique. Dès lors, les juges du fond auraient dû rechercher si les échecs répétés de cette salariée à l'examen la mettaient ou non dans l'incapacité d'exercer ses fonctions (cass. soc. 5 juin 2019, n° 18-10050 D).

Preuve - L'allégation d'insuffisance professionnelle doit reposer sur une base sérieuse, objective, circonstanciée et vérifiable (cass. soc. 10 octobre 2001, n° 99-45929 D). Les conséquences matériellement observables de l'insuffisance peuvent permettre de l'établir. En cas de litige, les juges doivent vérifier la matérialité des faits reprochés (cass. soc. 23 novembre 2017, n° 16-16459 D).

Quant aux tests professionnels, ils ne peuvent que confirmer une insuffisance établie par ailleurs sans en être le seul élément (cass. soc. 11 juillet 1994, n° 92-44677 D ; cass. soc. 19 décembre 2000, n° 98-44362 D).

Défaillance passagère - Les reproches liés à l'insuffisance professionnelle du salarié s'inscrivent dans sa carrière. En conséquence, une défaillance passagère démentie par le passé professionnel du salarié ne peut pas constituer, en elle-même, un motif pour licencier. Pour autant, le fait que le salarié ait donné satisfaction dans son travail pendant des années n'interdit pas le licenciement pour insuffisance professionnelle dès lors que la qualité de son travail s'est réellement dégradée. Attention cependant : il est difficile de prouver l'incompétence d'un salarié que l'on vient de promouvoir ou d'augmenter.

Exemples

Au cours de ses 5 années de présence dans l'entreprise, une salariée n'avait fait l'objet d'aucun reproche. De plus, elle avait bénéficié d'une augmentation de salaire 2 mois avant d'être licenciée. Son insuffisance professionnelle ne pouvait pas lui être reprochée (cass. soc. 21 février 1991, n° 89-40148 D).

De même, un employeur ne peut pas reprocher à un salarié une insuffisance professionnelle alors qu'il vient de le reconduire dans ses fonctions (cass. soc. 10 décembre 2008, n° 07-42310 D).

Garanties conventionnelles - Certaines conventions collectives limitent le droit de licencier un salarié pour insuffisance professionnelle. Elles peuvent parfois imposer un reclassement en interne au préalable (cass. soc. 17 décembre 2014, n° 13-22890, BC V n° 301) ou encore exiger la réunion d'un conseil chargé de donner son avis sur le licenciement envisagé (cass. soc. 9 novembre 2017, n° 16-14398 D). Ces spécificités s'imposent alors à l'employeur qui doit les mettre en œuvre, en plus des règles légales [voir *Licenciement personnel (procédure)**].

Lorsque l'employeur n'applique pas ces garanties conventionnelles, la rupture du contrat de travail peut être considérée sans cause réelle et sérieuse. Tel est le cas lorsqu'il licencie un salarié pour insuffisance professionnelle sans respecter la convention collective applicable qui lui impose, en amont, d'avoir considéré toutes les solutions envisageables, notamment recherché le moyen de confier au salarié un autre poste, lorsque l'insuffisance résulte d'une mauvaise adaptation de l'intéressé à ses fonctions (cass. soc. 26 septembre 2018, n° 17-16478 D).

Mésentente

Motif de licenciement - Une situation de mauvaise entente peut exister entre deux salariés, entre un salarié et le reste d'une équipe ou encore entre un salarié et son responsable hiérarchique, voire son employeur. La mésentente est un motif de licenciement quand elle (cass. soc. 5 mars 2014, n° 12-27091 D) :

- repose sur des faits objectifs, matériellement vérifiables et imputables au salarié (ex. : propos indélicats, attitude agressive) ;
- et entraîne une perturbation effective de la bonne marche de l'entreprise (ex. : continuer de travailler avec le salarié devient difficile ou impossible).

Une incompatibilité d'humeur entre salariés ne suffit donc pas pour licencier (cass. soc. 11 mai 2005, n° 03-43007 D).

La persistance et la répétition des faits sont également prises en compte par les juges pour déterminer si la mésentente justifie un licenciement, ou pas. Pour des exemples, voir le tableau reproduit dans cette étude.

La mésentente se distingue du harcèlement moral, de la violence ou encore d'un abus de la liberté d'expression [voir *Expression (liberté d')**, *Harcèlement moral** et *Violences**]. Ces situations nécessitent d'être traitées en tant que telles.

Mésentente cumulée à d'autres faits - La mésentente peut être une cause réelle et sérieuse de licenciement mais elle n'est pas, à elle seule, une faute. Toutefois, si d'autres faits viennent s'ajouter à la mésentente (ex. : un salarié outrepasse ses fonctions et a un comportement insupportable vis-à-vis de ses collègues), un licenciement pour faute, voire pour faute grave peut être justifié (cass. soc. 13 février 2013, n° 11-28535 D) (voir *Licenciement pour faute**).

Ainsi, le licenciement revêt un caractère disciplinaire :

- lorsque l'employeur reproche à un salarié une mésentente se traduisant par des attitudes insultantes et agressives envers d'autres membres du personnel (cass. soc. 24 mai 2018, n° 17-11126 D) ;
- lorsque la lettre de licenciement reproche

Licenciement pour mésentente (exemples)	
Affaires soumises aux juges	**Licenciements justifiés ? (1)**
Un salarié, chargé de la gestion d'une équipe, était en opposition permanente avec le personnel autour de lui.	**Non**. Aucun fait imputable au salarié ne pouvait expliquer le comportement du personnel à son égard (cass. soc. 27 novembre 2001, n° 99-45163, BC V n° 360).
Des mails démontraient l'existence d'une mésentente entre le salarié et son responsable.	**Non**. Le salarié ne pratiquait pas une politique d'obstruction et de désobéissance frontale ou larvée (cass. soc. 24 septembre 2014, n° 13-15629 D) **(2)**.
Une salariée ayant une « incapacité à communiquer de façon constructive avec ses collaborateurs » qui a « entraîné un blocage relationnel » et entretenu « un climat de mésentente et d'opposition dans le département », « cette situation de mésentente avec ses équipes » étant « à l'origine d'une plainte des représentants du personnel et d'une journée de grève ».	**Oui**. La lettre de licenciement mentionnait que le comportement de la salariée était à l'origine d'une mésentente généralisée avec ses équipes perturbant le fonctionnement de l'entreprise. C'était un grief matériellement vérifiable pouvant être une cause de licenciement précis (cass. soc. 27 février 2007, n° 05-42356 D).
Un salarié ayant une mésentente grave avec ses collègues de travail et la direction mettant en cause la bonne marche de l'entreprise et rendant impossible le maintien du contrat de travail.	**Oui**. Le salarié dénigrait et harcelait ses subordonnés en public et manifestait de l'agressivité tant à l'égard de son employeur qu'envers les autres salariés et les contractants de l'entreprise, ce qui était à l'origine de la mésentente grave qui perturbait le fonctionnement de l'entreprise (cass. soc. 23 février 2005, n° 02-45988 D).
L'employeur et plusieurs salariés se plaignaient du comportement qu'une salariée avait adopté à leur égard ainsi qu'à l'égard de l'évolution d'un service de l'entreprise.	**Oui**. Ces griefs constituaient bien l'énonciation d'un motif précis de licenciement et cette mésentente était bien imputable à la salariée (cass. soc. 2 juin 2010, n° 08-44634 D).
Une salariée tenait des propos culpabilisants et humiliants, ainsi que des menaces déstabilisantes et des pressions psychologiques envers certains collaborateurs.	**Oui**. Il était avéré que l'intéressée avait eu un comportement agressif envers deux salariés (cass. soc. 1er mars 2011, n° 09-69643 D).
Un salarié avait multiplié envers son employeur les écrits et les demandes d'explications de manière soudaine, excessive et agressive.	**Oui**. Le salarié avait généré, par ses plaintes et ses mails de revendication adressés en copie à ses collègues, une ambiance délétère préjudiciable à la bonne marche de l'entreprise (cass. soc. 5 mars 2014, n° 12-27091 D).

(1) Le licenciement injustifié est sans cause réelle et sérieuse.
(2) Il en était de même pour un directeur commercial qui malgré ses désaccords avec la politique commerciale de l'entreprise avait continué à appliquer les instructions et orientations de l'employeur (cass. soc. 11 décembre 1990, n° 88-40872 D).

Licenciement pour perte de confiance (exemples)	
Affaires soumises aux juges	**Licenciements justifiés ? (1)**
La secrétaire parlementaire d'un député avait donné son accord pour figurer sur la liste de candidats qu'il constituait en vue des élections municipales. Elle s'est retirée de cette liste puis a été licenciée pour perte de confiance. L'employeur lui reprochait d'avoir ouvertement exprimé des désaccords politiques à son encontre et d'avoir envisagé publiquement de s'engager sur une nouvelle liste constituée en remplacement de celle qu'il dirigeait.	**Non**, si le secrétaire parlementaire peut être tenu de s'abstenir de toute position personnelle pouvant gêner l'engagement politique de son employeur, aucune autre restriction ne peut être apportée à sa liberté d'opinion. Ainsi, en se retirant de la liste en préparation, la salariée n'avait fait qu'user de sa liberté d'opinion (cass. soc. 28 avril 2006, n° 03-44527, BC V n° 151).
Un salarié qui demandait la résiliation de son contrat de travail aux torts de l'employeur a été licencié pour perte de confiance résultant de la manifestation de sa volonté de rompre le contrat de travail.	**Non**, ni la perte de confiance ni l'action judiciaire ne constituent, en elles-mêmes, une cause de licenciement (cass. soc. 13 janvier 2004, n° 01-47178, BC V n° 4).
Licenciement d'un directeur administratif et financier pour des anomalies de gestion qui avaient entraîné la perte de confiance de son employeur envers lui.	**Non**. Les anomalies de gestion reprochées au salarié n'avaient pas un caractère suffisamment sérieux pour constituer une cause de licenciement. Les juges n'avaient pas à rechercher si ces anomalies avaient pu altérer la confiance de l'employeur (cass. soc. 29 mai 2001, n° 98-46341, BC V n° 183).

(1) Le licenciement injustifié est sans cause réelle et sérieuse.

à un salarié son attitude d'obstruction depuis plusieurs mois, son refus persistant de répondre aux demandes de son employeur, et son opposition volontaire à la direction (cass. soc. 8 juillet 2020, n° 19-15591 D).

Licenciement du salarié responsable - Si la mésentente est avérée, seul le salarié dont l'attitude est à l'origine de la dégradation des relations professionnelles peut être licencié. Si l'origine de cette mésentente entre salariés n'est pas claire, l'employeur ne peut pas choisir lequel d'entre eux doit être congédié (cass. soc. 9 novembre 2004, n° 02-42938 D). Dans le même ordre d'idées, l'employeur ne peut pas licencier un salarié alors que la mésentente avec son supérieur résulte du comportement de ce dernier (cass. soc. 12 janvier 2000, n° 97-43936 D).

Motivation de la lettre de licenciement - La lettre de licenciement doit énoncer le motif de la rupture, sous peine d'une condamnation pour licenciement sans cause réelle et sérieuse (c. trav. art. L. 1232-6) [voir *Licenciement (notification)**]. Aussi, la lettre de licenciement qui se borne à viser une mésentente à l'origine de nombreuses tensions est insuffisante (cass. soc. 5 février 2002, n° 99-44383, BC V n° 50). À l'inverse, la lettre qui fait état du comportement du salarié à l'origine d'une mésentente généralisée avec ses équipes et perturbant le fonctionnement de l'entreprise est valablement motivée (cass. soc. 27 février 2007, n° 05-42356 D).

▶ À noter… Sur la possibilité ouverte à l'employeur de préciser, a posteriori, le motif d'un licenciement déjà notifié, voir *Licenciement (précision des motifs)**.

Perte de confiance

La perte de confiance alléguée par l'employeur ne constitue jamais une cause de licenciement (cass. soc. 9 janvier 2002, n° 99-44153 D), même lorsqu'elle repose sur des éléments objectifs. Seuls ces éléments peuvent, le cas échéant, constituer une cause de licenciement (cass. soc. 29 mai 2001, n° 98-46341, BC V n° 183 ; cass. soc. 30 mars 2005, n° 03-41380 D). La perte de confiance ne doit pas être mentionnée dans la lettre de licenciement en tant que motif de licenciement, car celui-ci serait jugé sans cause réelle et sérieuse. Seuls les éléments qui en sont à l'origine peuvent y être indiqués. Pour des exemples, voir le tableau reproduit dans cette étude.

▶ À noter… La position du Conseil d'État est un peu différente de celle de la Cour de cassation. Le Conseil d'État considère que, au regard de la charte sociale européenne (art. 24), le motif de licenciement pour perte de confiance constitue, sous le contrôle du juge, un « motif valable » (CE 10 février 2014, n° 358992).

Faits de la vie personnelle

Voir *Licenciement pour faute** et *Vie privée**.

☛ *Licenciement ; Licenciement personnel (procédure).*

Licenciement (notification)

Quels que soient l'effectif de l'entreprise, le nombre de salariés concernés, l'ancienneté de ceux-ci et le motif du licenciement, l'employeur qui, à l'issue de l'*entretien préalable au licenciement, décide de procéder au licenciement du salarié doit notifier sa décision à l'intéressé.**

Contenu de la lettre

Motivation obligatoire - Quel que soit le motif du licenciement (économique, personnel et, dans ce dernier cas, disciplinaire ou non), la lettre de licenciement doit être motivée, c'est-à-dire explicite sur les motifs justifiant cette mesure (c. trav. art. L. 1232-6, L. 1233-16, L. 1233-42) [voir *Licenciement économique (cause économique)**, *Licenciement pour faute** et *Licenciement non disciplinaire**].

La motivation doit être précise et vérifiable par le juge. Ainsi, l'imputation au salarié d'une faute sans caractériser cette dernière ne constitue pas un motif matériellement vérifiable (cass. soc. 11 janvier 2006, n° 04-14954 D).

La lettre de licenciement, précisée le cas échéant par l'employeur [voir *Licenciement (précision des motifs)**], fixe les limites du litige en ce qui concerne les motifs de licenciement (c. trav. art. L. 1235-2). Cela signifie que les motifs invoqués dans la lettre de licenciement (ou précisés selon la procédure requise) lient l'employeur et le juge : en cas de litige, l'employeur ne peut en invoquer de nouveaux, ni le juge en examiner d'autres.

▶ Attention… Même si la question du défaut de motivation de la lettre de licenciement n'a pas été soulevée par le salarié, en cas de procès, elle est nécessairement dans le débat. Il appartient donc au juge de rechercher, au besoin d'office, en respectant le principe du contradictoire, si la lettre de licenciement énonce le ou les motifs de licenciement (cass. soc. 26 mai 1999, n° 97-40803, BC V n° 235).

Motif personnel - En cas de motif personnel, l'employeur doit rappeler les faits précis reprochés au salarié s'il s'agit d'un licenciement disciplinaire ou les faits précis rendant impossible le maintien de la relation contractuelle lorsqu'il s'agit d'un licenciement non disciplinaire (c. trav. art. L. 1232-6) (voir *Licenciement**, *Licenciement non disciplinaire** et *Licenciement pour faute**).

Motif économique - Lorsqu'un motif économique est invoqué, la lettre de licenciement doit énoncer à la fois la raison économique qui fonde la décision de l'employeur et sa conséquence précise sur l'emploi ou le contrat de travail du salarié (c. trav. art. L. 1233-16 et L. 1233-42) [voir *Licenciement économique (cause économique)**].

Motiver un licenciement ne consiste pas à le justifier. Ainsi, mentionner la nécessité de réorganiser l'entreprise pour sauvegarder sa compétitivité suffit à indiquer au salarié la cause du licenciement, du moment que la lettre précise bien quelle est l'incidence de cette cause sur son emploi (cass. soc. 23 mai 2007, n° 05-40946 D). Il n'est toutefois pas nécessaire que l'employeur écrive en toutes lettres le mot « réorganisation », il suffit qu'il énonce en quoi celle-ci consiste (cass. soc. 2 avril 2008, n° 07-40640 D).

Enfin, la lettre de licenciement doit énoncer des faits précis et matériellement vérifiables. Par exemple, la lettre de licenciement, qui ne faisait état que d'une baisse d'activité sans autre précision, ne répondait pas à cette exigence (cass. soc. 16 février 2011, n° 09-72172, BC V n° 49). Pour d'autres exemples, voir le tableau reproduit dans cette étude.

Pluralité de motifs - Un employeur peut invoquer, dans une lettre de licenciement, plusieurs motifs de rupture inhérents à la personne du salarié (ex. : faute grave et inaptitude), à la double condition que ceux-ci procèdent de faits distincts et que l'employeur respecte les règles de procédure applicables à chacun (cass. soc. 23 septembre

Lettres de licenciement économique (exemples)
Motivations suffisantes
A été jugée suffisamment motivée la lettre qui : - énonce comme cause d'une suppression de poste une réduction très importante du chiffre d'affaires d'une société d'assurances et du nombre de polices de la branche dommages (cass. soc. 18 juillet 2000, n° 98-40639, BC V n° 291) ; - énonce comme cause d'une suppression de poste la suppression du travail de nuit due à une baisse d'activité de l'entreprise (cass. soc. 4 mars 2003, n° 01-40122 D) ; - invoque la cessation définitive de l'activité de l'entreprise, ce qui constitue en soi l'énoncé d'un motif économique de licenciement (cass. soc. 16 mars 2004, n° 02-40633 D ; cass. soc. 28 février 2006, n° 03-47880, BC V n° 89) ; - mentionne le refus par le salarié d'une modification du contrat de travail consécutive à une réorganisation de l'entreprise (cass. soc. 24 septembre 2002, n° 00-44007, BC V n° 275) ; - se réfère au jugement de liquidation en application duquel le licenciement a été prononcé (cass. soc. 10 juillet 2002, n° 00-42340, BC V n° 242 ; cass. soc. 14 juin 2005, n° 04-40647 D).
Motivations insuffisantes
Ne contient pas l'énoncé du motif économique exigé par les dispositions légales la lettre de licenciement qui fait état : - de motifs économiques sans énoncer leur nature (cass. soc. 5 octobre 1994, n° 93-41248, BC V n° 258) ; - de la seule fermeture d'un établissement, et non d'une cessation de l'activité de l'entreprise (voir ci-dessus), sans préciser les conséquences de cette fermeture sur le contrat ou l'emploi du salarié (cass. soc. 31 mai 1995, n° 93-46671 D ; cass. soc. 29 octobre 2003, n° 01-44000 D) ; - de la fermeture d'une partie du bâtiment de l'entreprise nécessitée par des raisons de sécurité (cass. soc. 26 novembre 2003, n° 01-41622 D) **(1)** ; - de l'obligation de réduire les effectifs à la suite de difficultés économiques sans préciser les conséquences sur l'emploi (cass. soc. 11 juin 2002, n° 00-40214, BC V n° 200) ; - d'une simple baisse d'activité (cass. soc. 31 janvier 2007, n° 05-43206 D) ; - de la baisse des commandes et des résultats sans indiquer les conséquences de cette situation sur l'emploi du salarié licencié (cass. soc. 22 février 2000, n° 97-44603 D ; cass. soc. 11 avril 2008, n° 06-46323 D ; cass. soc. 24 mars 2010, n° 08-44646 D) ; - de la dégradation, sans autre précision, de la situation économique de la société et de la nécessité d'une plus grande rigueur dans la gestion de l'entreprise (cass. soc. 13 mai 1998, n° 95-45423 D) ; - d'une réorganisation afin de s'adapter à l'évolution du marché (cass. soc. 15 juin 2017, n° 16-16611D) ; - de la suppression du poste occupé par le salarié, sans en préciser la raison économique (cass. soc. 1er février 2001, n° 99-40465 D) ; - d'un refus, par les salariés, d'une modification du contrat de travail ayant pour origine un motif économique sans préciser celui-ci (cass. soc. 5 octobre 1999, n° 97-41836 D).
(1) Il ne s'agit pas là d'un motif économique. À l'inverse, il a été jugé que le licenciement résultant d'une suppression d'emploi due à la fermeture d'une usine, laquelle a été décidée en raison du coût trop élevé des réparations nécessitées par la vétusté des installations, a un motif économique (cass. soc. 4 juillet 1990, n° 87-44973, BC V n° 349).

2003, n° 01-41478, BC V n° 242 ; cass. soc. 20 décembre 2017, n° 16-23139 D).

▶ Attention… Le licenciement ne saurait résulter à la fois d'une cause économique (il s'agit, par définition, d'une cause non inhérente à la personne du salarié) et d'une cause inhérente à la personne du salarié. L'employeur est alors tenu de prendre en considération la cause première et déterminante du licenciement (cass. soc. 27 mars 2001, n° 99-42472 D).

Autres mentions en cas de licenciement économique - La lettre de licenciement pour motif économique doit également mentionner :

- la *priorité de réembauche** dont bénéficie le salarié (c. trav. art. L. 1233-16, L. 1233-42 et L. 1233-45) ;
- dans les entreprises de moins de 1 000 salariés, en cas d'envoi de la lettre en cause avant l'expiration du délai de 21 jours dont dispose le salarié pour accepter le *contrat de sécurisation professionnelle** qui lui a été proposé, il doit être précisé que cette lettre ne vaut notification du licenciement qu'à défaut d'acceptation du contrat dans le délai restant à courir [l'acceptation d'un tel contrat impliquant alors une rupture d'un commun accord et non un licenciement] ;
- dans les entreprises de 1 000 salariés ou plus, la proposition au salarié d'un *congé de reclassement** (c. trav. art. L. 1233-71 à L. 1233-76).

Mentions facultatives - L'employeur peut indiquer dans la lettre de licenciement la durée du *préavis**. S'il décide de dispenser le salarié d'effectuer le préavis, il est conseillé de le mentionner expressément [voir *Préavis (dispense)**].

Sur la possibilité pour l'employeur de renoncer à l'application d'une clause de non-concurrence dans la lettre de licenciement, voir *Clause de non-concurrence (renonciation)**.

▶ À noter… De nombreuses mentions inscrites dans les modèles de lettre de licenciement mis à disposition des employeurs *(voir les modèles reproduits dans cette étude)*, dont celles relatives à la procédure de précision des motifs, ont un caractère purement informatif et non impératif. Ainsi, la procédure de précision des motifs ne doit pas nécessairement apparaître dans une lettre de licenciement [Document Questions/réponses « La rupture du contrat de travail », Q/R n° 3, diffusé le 23 juillet 2020, www.travail-emploi.gouv.fr].

Formalisme à respecter

Nécessité d'un écrit - L'employeur doit notifier par écrit sa décision de licencier le salarié. Le licenciement verbal est sans cause réelle et sérieuse, faute de motif consigné par écrit (cass. soc. 23 juin 1998, n° 96-41688 D).

Exemple

Annoncer, lors d'une réunion du personnel, la décision irrévocable de licencier le salarié avant même d'avoir tenu l'entretien préalable constitue un licenciement verbal dénué de cause réelle et sérieuse (cass. soc. 23 octobre 2019, n° 17-28800 D).

Il est impossible de régulariser a posteriori un licenciement verbal (cass. soc. 9 mars 2011, n° 09-65441 D).

Le salarié peut prouver un licenciement verbal via les messages téléphoniques vocaux de l'employeur laissés sur son répondeur (cass. soc. 6 février 2013, n° 11-23738, BC V n° 31). L'employeur ne peut pas, en effet, ignorer que ses messages sont enregistrés par l'appareil récepteur.

Si le SMS est également un mode de *preuve** recevable (cass. soc. 23 mai 2007, n° 06-43209, BC V n° 85), il n'en est pas de même de l'enregistrement d'une conversation téléphonique privée, effectué à l'insu de l'auteur des propos invoqués (cass. civ. 7 octobre 2004, n° 03-12653, BC II n° 447).

Par ailleurs, un mail pourrait être aussi admis comme mode de preuve (cass. soc. 25 septembre 2013, n° 11-25884, BC V n° 207).

Modèles facultatifs - Des modèles de lettres de licenciement sont mis à la disposition des employeurs (décret 2017-1820 du 29 décembre 2017, JO du 30), étant précisé que leur utilisation est facultative *(voir modèles reproduits dans cette étude)* [Document Questions/Réponses « La rupture du contrat de travail », Q/R n° 2, diffusé le 23 juillet 2020, www.travail.gouv.fr)].

▶ À noter… Ces modèles de lettre de licenciement concernent tous les employeurs engagés dans une procédure de licenciement et peuvent, selon le ministère du Travail, être tout particulièrement utiles à ceux qui ne bénéficient pas de l'appui d'un service RH ou d'un conseil (expert-comptable, avocat, etc.). L'objectif de ces modèles est d'aider l'employeur à rédiger la lettre de licenciement, notamment pour qu'il n'oublie pas certaines mentions obligatoires ou conseillées et éviter ainsi les irrégularités de forme (« La rupture du contrat de travail », Q/R n° 1, diffusé le 23 juillet 2020, www.travail-emploi.gouv.fr).

Notification par LRAR - L'employeur doit notifier son licenciement à l'intéressé par lettre recommandée avec accusé de réception (LRAR) (c. trav. art. L. 1232-6, L. 1233-15 et L. 1233-39).

La LRAR n'est pas une formalité substantielle mais elle permet de prévenir toute contestation sur la date de notification du licenciement (cass. soc. 16 juin 2009, n° 08-40722, BC V n° 149). De plus, seul l'envoi de la lettre de licenciement en recommandé avec AR permet ensuite la conclusion d'une *transaction** (cass. soc. 16 février 2012, n° 10-20248 D).

Notification par lettre simple ou remise en main propre - Rien n'interdit à l'employeur d'envoyer la lettre de notification en courrier simple ou de la remettre en main propre (avec ou sans décharge). Toutefois, en cas de litige, l'employeur devra prouver que le salarié a eu connaissance de la notification. À défaut, le licenciement sera considéré comme verbal *(voir ci-avant)*.

Cette preuve pourra être rapportée par tous moyens, par exemple, un témoignage (cass. soc. 29 septembre 2014, n° 12-26932, BC V n° 213).

▶ À noter... Le salarié peut demander à l'employeur de lui envoyer les courriers de l'entreprise à une autre adresse que celle de son lieu de résidence comme, par exemple, l'adresse de son avocat où il a établi son domicile fiscal. Dans ce cas, l'employeur ne peut pas se contenter d'envoyer la lettre de licenciement au lieu de résidence du salarié. En l'espèce, la lettre de licenciement était revenue à l'employeur avec la mention « non réclamée ». Considérant que la lettre de licenciement n'avait pas été portée à la connaissance du salarié, les juges ont condamné l'employeur pour licenciement sans cause réelle et sérieuse (cass. soc. 22 février 2017, n° 15-18475 D).

Auteur de la notification et signataire de la lettre

Auteur de la notification : l'employeur ou son représentant - La notification du licenciement doit émaner de l'employeur ou de son représentant, c'est-à-dire de la personne qui a reçu mandat pour licencier le personnel *(voir ci-après)*.

Toutefois, la lettre de licenciement signée par l'employeur et remise par un tiers non habilité à prononcer le licenciement (en l'espèce, par le conseiller ayant assisté le salarié à l'entretien préalable) n'affecte pas la validité de celui-ci (cass. soc. 23 octobre 2013, n° 12-12700, BC V n° 242).

Signature de la lettre : l'employeur ou son représentant - Pour être régulière, la lettre de licenciement doit être signée par l'employeur lui-même ou par une personne de l'entreprise (ou, sous certaines conditions, du groupe) ayant reçu une *délégation de pouvoirs** pour conclure et rompre les contrats de travail (ex. : le DRH).

▶ Attention... L'employeur ne peut pas mandater une personne étrangère à l'entreprise pour notifier le licenciement (ex. : son expert comptable) (cass. soc. 26 mars 2002 n° 99-43155, BC V n° 105).

La délégation de pouvoirs n'est pas obligatoirement écrite ; elle peut découler des fonctions du délégataire (ex. : un DRH). Pour autant, lorsqu'un écrit existe, son contenu pose les limites de la délégation de pouvoirs. Par conséquent, si celle-ci dote le délégataire des seuls pouvoirs de recrutement et de signature des contrats de travail, le licenciement prononcé par le délégataire est sans cause réelle et sérieuse (cass. soc. 2 mars 2011, n° 08-45422, BC V n° 58).

Une lettre de licenciement signée « pour ordre » au nom du DRH est valable malgré l'absence de précision sur l'identité du signataire (cass. soc. 10 novembre 2009, n° 08-41076, BC V n° 250). Il en est de même pour une lettre de licenciement signée « pour ordre » par un intérimaire dès lors que la mission de ce dernier est d'assister, de conseiller et d'assurer le remplacement éventuel du DRH (cass. soc. 2 mars 2011, n° 09-67237, BC V n° 57).

▶ Attention... Le licenciement a un caractère vexatoire et ouvre droit à des dommages-intérêts lorsque la lettre est signée « pour ordre » par un subordonné du salarié licencié (cass. soc. 28 octobre 2002, n° 00-44548 D).

Le cas échéant, il convient de tenir compte des restrictions apportées par le règlement intérieur (cass. soc. 6 novembre 2013, n° 12-24848 D).

Lorsque la notification est signée par une personne qui n'a pas qualité pour le faire (ex. : l'expert-comptable de l'employeur), même si elle la signe « pour ordre » au nom de l'employeur, le licenciement est jugé sans cause réelle et sérieuse (cass. soc. 7 décembre 2011, n° 10-30222, BC V n° 289 ; cass. soc. 26 avril 2017, n° 15-25204, BC V n° 68).

Enfin, la lettre de licenciement portant une signature illisible et la seule mention « Le responsable » rendent également le licenciement sans cause réelle et sérieuse (cass. soc. 16 juin 2016, n° 14-27154 D).

▶ À noter... Les juges font une distinction entre l'absence de signature, constituant une irrégularité de procédure (cass. soc. 29 juin 1999, n° 97-42208, BC V n° 310), et la signature par une personne qui n'en a pas le pouvoir qui rend le licenciement sans cause réelle et sérieuse *(voir ci-avant)*.

Dans un groupe - Un directeur du personnel de la société mère peut être mandaté pour procéder au licenciement d'un salarié d'une filiale car il n'est pas une personne étrangère à l'entreprise (cass. soc. 19 janvier 2005, n° 02-45675, BC V n° 10 ; cass. soc. 23 septembre 2009, n° 07-44200, BC V n° 191).

Il a également été admis que la lettre de licenciement pouvait être signée par :
- un gérant d'une société holding associé majoritaire, sous réserve qu'il dispose d'une délégation du représentant légal de la société (cass. soc. 24 avril 2013, n° 11-19737 D) ;
- le directeur financier de la société mère, celle-ci détenant 100 % des actions de la société dans laquelle travaillait le salarié licencié (cass. soc. 30 juin 2015, n° 13-28146, BC V n° 133) ;
- le DG d'une société mère qui supervise la filiale dans laquelle travaillait le directeur licencié (cass. soc. 13 juin 2018, n° 16-23701 FSPB).

En revanche, le DRH d'une filiale ne peut pas licencier la DG d'une autre filiale où il n'exerce pas les fonctions de DRH (cass. soc. 20 octobre 2021, n° 20-11485 D).

Dans une SAS - Comme dans les autres sociétés, le pouvoir de licencier dans les sociétés par actions simplifiées (SAS), assuré en principe par les dirigeants statutaires de la société, peut être délégué à un autre membre de l'entreprise. La délégation peut découler des fonctions mêmes du salarié (ex. : un DRH), sans qu'un écrit soit nécessaire (cass., ch. mixte, 19 novembre 2010, n° 10-10095, BC mixte n° 1 et n° 10-30215, BC mixte n° 2).

La personne exerçant les fonctions de directeur général dans la SAS, considérée de ce fait comme étant délégataire du pouvoir de licencier, peut également signer la lettre de licenciement (cass. soc. 26 janvier 2011, n° 08-43475, BC V n° 34). Il en est de même pour un directeur de site (cass. soc. 26 janvier 2012, n° 11-11345 D).

Dans une association - Dans une association, le pouvoir de licencier relève, en principe, des attributions de son président sauf disposition statutaire contraire attribuant cette compétence à un autre organe (cass. soc. 29 septembre 2004, n° 02-43771, BC V n° 236 ; cass. soc. 10 juillet 2013, n° 12-13985 D). Dès lors, si le pouvoir de licencier est conféré par les statuts ou le règlement intérieur à une autre personne ou à un autre organe, le licenciement prononcé par le président est sans cause réelle et sérieuse (cass. soc. 17 mars 2015, n° 13-20452, BC V n° 50).

Délais à respecter

Licenciement pour motif personnel - La lettre de licenciement ne peut être expédiée moins de 2 jours ouvrables après la date fixée pour l'entretien préalable au licenciement (c. trav. art. L. 1232-6).

En revanche, aucun délai maximal n'est imposé, sauf en cas de licenciement disciplinaire où la notification ne peut intervenir plus de 1 mois après le jour fixé pour l'entretien (c. trav. art. L. 1332-2 ; cass. soc. 16 mars 1995, n° 90-41213, BC V n° 90), même si le salarié ne s'est pas présenté à cet entretien (cass. soc. 14 septembre 2004, n° 03-43796, BC V n° 226) et même si l'employeur invoque la nécessité de procéder à des investigations supplémentaires en raison des déclarations du salarié au cours de l'entretien (cass. soc. 25 octobre 2006, n° 04-46508 D).

▶ À noter… Sur la procédure de licenciement pour motif personnel, voir *Licenciement personnel (procédure)**.

Le délai de 1 mois court à compter de la date à laquelle l'entretien s'est effectivement tenu lorsque le report de la date initiale résulte :
- d'une demande expresse du salarié (cass. soc. 16 mars 2004, n° 01-43111 D) ;
- ou de l'impossibilité pour le salarié de s'y présenter en raison d'un arrêt maladie (cass. soc. 7 juin 2006, n° 04-43819, BC V n° 210).

En revanche, en cas de report à la seule initiative de l'employeur, le point de départ du délai reste la date prévue initialement. Il en va ainsi même lorsque l'initiative patronale est motivée par l'absence du salarié à la première convocation (cass. soc. 23 janvier 2013, n° 11-22724 D) ou par le fait que le salarié n'a pas retiré la LRAR (cass. soc. 20 mai 2014, n° 12-28046 D) [voir *Entretien préalable au licenciement (convocation)**].

▶ À noter… Le délai de 1 mois est interrompu par la saisine d'une instance disciplinaire, pendant toute la durée de cette saisine (cass. soc. 31 octobre 2000, n° 95-45349, BC V n° 353). Encore faut-il, pour que cette interruption ait lieu, que le salarié ait été informé de la convocation de cette instance avant l'expiration du délai en question (cass. soc. 10 mai 2006, n° 05-43843, BC V n° 171).

Licenciement individuel pour motif économique et licenciement collectif de moins de 10 salariés sur 30 jours - La lettre de licenciement ne peut être expédiée moins de 7 jours ouvrables à compter de la date fixée pour l'entretien préalable (en cas de licenciement individuel, 15 jours ouvrables si le salarié est membre du personnel d'encadrement) (c. trav. art. L. 1233-15 ; cass. soc. 12 octobre 2004, n° 02-40685, BC V n° 248). Aucun délai maximal n'est imposé. En cas de non-respect de ce délai, le licenciement est irrégulier (voir *Licenciement irrégulier**).

Licenciement collectif concernant au moins 10 salariés sur 30 jours - Voir *Licenciement économique collectif (10 salariés ou plus dans une entreprise de moins de 50 salariés)** et *Licenciement économique collectif (10 salariés ou plus dans une entreprise d'au moins 50 salariés)**.

Redressement ou liquidation judiciaires - Voir *Procédure de sauvegarde, de redressement et de liquidation judiciaires (licenciements)**.

Effets de la notification

Date de la rupture - La date de rupture du contrat de travail est la date à laquelle l'employeur a manifesté sa volonté d'y mettre fin, c'est-à-dire :
- le jour de l'envoi de la lettre notifiant la rupture (cass. soc. 11 mai 2005, n° 03-40650, BC V n° 159), peu important qu'un prétendu licenciement verbal soit intervenu postérieurement (cass. soc. 6 mai 2009, n° 08-40395, BC V n° 123) ;
- le jour de la remise en main propre de la lettre (cass. soc. 16 juin 2009, n° 08-40722, BC V n° 149).

Peu importe que le salarié ait ou non retiré la lettre à La Poste ou qu'il ait refusé de signer la décharge en cas de lettre de remise en main propre (cass. soc. 16 décembre 2009, n° 08-42922 D).

C'est aussi cette date qui détermine l'ancienneté du salarié pour évaluer ses droits en cas de licenciement sans cause réelle et sérieuse (cass. soc. 26 septembre 2006, n° 05-43841, BC V n° 288).

▶ Attention… Le point de départ du *préavis**, qui est fixé par le code du travail, se situe en revanche à la date de présentation de cette lettre à son destinataire (c. trav. art. L. 1234-3 ; cass. soc. 7 novembre 2006, n° 05-42323, BC V n° 327).

Décision de licencier définitive - La notification rend définitive la décision de licenciement : l'employeur ne peut revenir sur celle-ci qu'avec l'accord du salarié (cass. soc. 1er octobre 1996, n° 93-44034 D ; cass. soc. 20 mai 2015, n° 14-11790 D), par exemple, en signant ensemble et ultérieurement une *rupture conventionnelle**.

▶ À noter… Le refus du salarié de prendre connaissance de la lettre lui notifiant son licenciement n'est pas fautif et il n'empêche pas le licenciement d'être effectif (cass. soc. 18 février 2004, n° 01-46124 D ; cass. soc. 16 décembre 2009, n° 08-42922 D).

Enfin, la motivation de la lettre fixe les limites du litige *(voir ci-avant)* (cass. soc. 22 janvier 1998, n° 95-41496, BC V n° 28 ; cass. soc. 19 mars 2008, n° 06-45330 D).

Sanctions

Absence ou insuffisance de motif de licenciement - Le défaut de motif dans la lettre de licenciement rend le *licenciement sans cause réelle et sérieuse**.

▶ À noter… Le fait qu'un des motifs énoncés dans la lettre de licenciement n'ait pas été évoqué par l'employeur lors de l'entretien préalable constitue une simple irrégularité de forme et ne prive donc pas le licenciement de cause réelle et sérieuse (cass. soc. 16 novembre 2005, n° 03-43655 D ; cass. soc. 17 décembre 2014, n° 13-20217 D).

L'insuffisance de motivation de la lettre de licenciement ne prive pas, à elle seule, le licenciement de cause réelle et sérieuse, si le salarié n'a pas demandé à l'employeur de préciser les motifs du licenciement [voir *Licenciement (précision des motifs)**]. Ce manquement ouvre uniquement droit au salarié à une indemnité d'au plus 1 mois de salaire (c. trav. art. L. 1235-2).

En revanche, l'insuffisance de motivation rend le *licenciement sans cause réelle et sérieuse** si l'employeur ne répond pas à la demande de précision du salarié ou si les précisions apportées sont insuffisantes. Dans ce cas, le salarié a droit à l'indemnité prévue en l'absence de cause réelle et sérieuse.

Absence de notification - L'absence de notification du licenciement implique la non-motivation du licenciement, laquelle, selon une jurisprudence établie, équivaut à une absence de cause réelle et sérieuse (voir *Licenciement sans cause réelle et sérieuse**) (cass. ass. plén. 27 novembre 1998, n° 96-40199, BC V nos 6 et 7).

Licenciement (notification)

LETTRE DE LICENCIEMENT POUR MOTIF PERSONNEL DISCIPLINAIRE (1)

L'application du présent modèle est sans incidence sur l'application des stipulations conventionnelles ou contractuelles plus favorables applicables au contrat de travail du salarié licencié. S'agissant d'un licenciement pour motif disciplinaire, l'employeur dispose d'un délai de deux mois à compter de sa connaissance des faits fautifs pour engager la procédure disciplinaire.

Dénomination sociale de l'entreprise

Adresse du siège social

Nom, prénom et adresse du salarié

À … (indiquer le lieu), le … (indiquer la date)

LRAR ou remise contre récépissé (2)

Objet : notification d'un licenciement pour faute (3)

M. …,

ENTRETIEN PRÉALABLE (4)

Option 1 : Présence du salarié à l'entretien préalable : Suite à notre entretien qui s'est tenu le … (date à compléter), nous vous informons de notre décision de vous licencier pour les motifs suivants : … (5).

Option 2 : Absence du salarié à l'entretien préalable : Nous vous avons convoqué à un entretien préalable en date du … auquel vous ne vous êtes pas présenté. Nous vous informons, par la présente, de notre décision de vous licencier pour les motifs suivants : … (5).

SALARIÉ PROTÉGÉ (4)

Si le salarié est un salarié protégé, ajouter : Votre licenciement a fait l'objet d'une autorisation de l'inspecteur du travail (variante : du ministre du travail) en date du … (date à compléter) (6).

PRÉAVIS (4)

Option 1 : Si le salarié est licencié pour faute sérieuse et si vous souhaitez qu'il exécute son préavis : Vous restez tenu d'effectuer votre préavis d'une durée de … (durée du préavis à compléter), qui débutera à la date de première présentation de cette lettre.

Option 2 : Si le salarié est licencié pour faute sérieuse et si vous le dispensez d'effectuer son préavis : Nous vous dispensons d'effectuer votre préavis qui débute le … (date présumée de première présentation de cette lettre à compléter) et se termine le … (date à compléter selon la durée du préavis), date à laquelle vous quitterez les effectifs de l'entreprise. Votre salaire continuera de vous être versé durant cette période.

Option 3 : Si le salarié est licencié pour faute grave ou faute lourde (7) : Compte tenu de la gravité des faits qui vous sont reprochés, votre maintien dans l'entreprise est impossible. Votre licenciement prend donc effet immédiatement, sans indemnité de préavis ni de licenciement.

Option 4 : Si le salarié est licencié pour faute grave ou lourde et qu'il fait l'objet d'une mise à pied à titre conservatoire au cours de la procédure de licenciement (8) : Vous avez fait par ailleurs l'objet d'une mise à pied à titre conservatoire qui vous a été notifiée le … (préciser la date). Dès lors, la période non travaillée du … (indiquer la date de début de la mise à pied) au … (indiquer la date de la notification du licenciement) ne sera pas rémunérée.

DOCUMENTS REMIS EN FIN DE CONTRAT (4)

À l'expiration de votre contrat de travail, nous tiendrons à votre disposition (variantes : nous vous remettrons, nous vous adresserons par courrier) votre certificat de travail, votre reçu pour solde de tout compte et votre attestation Pôle emploi.

PRÉCISION DES MOTIFS (4) (9)

Vous pouvez faire une demande de précision des motifs du licenciement énoncés dans la présente lettre, dans les quinze jours suivant sa notification par lettre recommandée avec avis de réception ou remise contre récépissé. Nous avons la faculté d'y donner suite dans un délai de quinze jours après réception de votre demande, par lettre recommandée avec avis de réception ou remise contre récépissé. Nous pouvons également, le cas échéant et dans les mêmes formes, prendre l'initiative d'apporter des précisions à ces motifs dans un délai de quinze jours suivant la notification du licenciement.

Nom, prénom

Qualité

Signature

(1) Note issue du modèle officiel : Faute (s) sérieuse (s), grave (s) ou lourde (s) (c. trav. art. L. 1232-1 et L. 1331-1).

(2) Note issue du modèle officiel : En cas de remise en main propre, la lettre doit être établie en double exemplaire et celui de l'employeur doit être accompagné de la mention « reçue le… » avec la signature du salarié ; la lettre ne peut être expédiée ou remise en main propre moins de deux jours ouvrables après l'entretien préalable et au plus tard un mois à compter de l'entretien préalable ou, le cas échéant, à compter de l'avis rendu par une instance disciplinaire (c. trav. art. L. 1232-6 et L. 1332-2).

(3) Note issue du modèle officiel : Préciser s'il s'agit d'une faute sérieuse, grave ou lourde.

(4) Note de la rédaction : Les intertitres soulignés ont été créés par la rédaction dans un souci de compréhension du lecteur. Ils n'ont pas à être repris dans une lettre de licenciement. Il en est de même pour l'ensemble des mentions en italique qui sont, cette fois, issues du modèle officiel.

(5) Note issue du modèle officiel : Énoncer les éléments fautifs de façon précise et objective. Ils doivent être matériellement vérifiables, si possible en précisant les dates, les lieux, le contexte plus général de l'attitude fautive du salarié et être imputables personnellement au salarié. S'il est reproché une faute lourde, mentionner l'intention de nuire à l'entreprise.

(6) Note de la rédaction : L'employeur qui envisage de licencier un salarié protégé doit, au préalable, obtenir l'autorisation de l'inspecteur du travail (c. trav. art. L. 2411-1 et s.). Si ce dernier ne donne pas son accord, l'employeur peut saisir le ministre du travail d'un recours hiérarchique (c. trav. art. R. 2422-1).

(7) Note de la rédaction : En cas de faute grave ou lourde, le salarié n'a droit ni à un préavis de licenciement, ni à une indemnité compensatrice, ni à une indemnité de licenciement (sauf disposition contraire de la convention collective applicable ou du contrat de travail) (c. trav. art. L. 1234-5 et L. 1234-9).

(8) Note de la rédaction : L'employeur peut mettre provisoirement à pied un salarié qui a commis une faute suffisamment grave pour rendre la mise à pied « indispensable ». Seule une faute grave, voire lourde, peut justifier une telle mesure (cass. soc. 6 novembre 2001, n° 99-43012, BC V n° 338 ; cass. soc. 27 septembre 2007, n° 06-43867, BC V n° 146).

(9) Note de la rédaction : Les modèles de lettre de licenciement, tels que rédigés en l'état actuel, rappellent la procédure de précision des motifs. Il s'agit d'une mention facultative (Document questions/réponses « La rupture du contrat de travail », Q/R n° 3, diffusé le 23 juillet 2020, www.travail.gouv.fr).

LETTRE DE LICENCIEMENT POUR INAPTITUDE (1)

L'application du présent modèle est sans incidence sur l'application des stipulations conventionnelles ou contractuelles plus favorables applicables au contrat de travail du salarié licencié. S'agissant d'un licenciement pour inaptitude, l'employeur doit reclasser ou licencier le salarié dans un délai d'un mois à compter de la date du constat de l'inaptitude par le médecin du travail ; à défaut, l'employeur est tenu de reprendre le versement des salaires.

Dénomination sociale de l'entreprise

Adresse du siège social

Nom, prénom et adresse du salarié

À … (indiquer le lieu), le … (indiquer la date)

LRAR ou remise contre récépissé (2)

Objet : notification d'un licenciement pour inaptitude et impossibilité de reclassement (variante : pour inaptitude (3)

M. …,

CAS 1 : ENTRETIEN PRÉALABLE ET RECHERCHES DE RECLASSEMENT (4)

Option 1 : Présence du salarié à l'entretien préalable : Suite à notre entretien qui s'est tenu le … (date à compléter), nous vous informons de notre décision de vous licencier, en raison de votre inaptitude à occuper votre emploi, constatée le … (date à compléter) par le médecin du travail et en raison de l'impossibilité de vous reclasser.

En effet, les recherches qui ont été menées en vue de votre reclassement, après consultation du comité social et économique (s'il existe), tenant compte des conclusions du médecin du travail ainsi que de nos échanges, n'ont pas permis de trouver un autre emploi approprié à vos capacités, parmi les emplois disponibles (5).

Option 2 : Absence du salarié à l'entretien préalable : Nous vous avons convoqué à un entretien préalable en date du … auquel vous ne vous êtes pas présenté. Nous vous informons, par la présente, de notre décision de vous licencier en raison de votre inaptitude à occuper votre emploi, constatée le … (date à compléter) par le médecin du travail et en raison de l'impossibilité de vous reclasser.

En effet, les recherches qui ont été menées en vue de votre reclassement, après consultation du comité social et économique (s'il existe), tenant compte des conclusions du médecin du travail ainsi que de nos échanges, n'ont pas permis de trouver un autre emploi approprié à vos capacités, parmi les emplois disponibles (5).

CAS 2 : ENTRETIEN PRÉALABLE ET IMPOSSIBILITÉ DE RECLASSER (4)

Dans le cas où le médecin du travail a mentionné expressément dans son avis que tout maintien du salarié dans un emploi serait gravement préjudiciable à sa santé ou que l'état de santé du salarié fait obstacle à tout reclassement dans un emploi : Suite à notre entretien qui s'est tenu le … (date à compléter), nous vous informons de notre décision de vous licencier en raison de votre inaptitude à occuper votre emploi, constatée le … (date à compléter) par le médecin du travail et en raison de l'impossibilité de vous reclasser, compte tenu de la mention expresse dans l'avis du médecin du travail que votre maintien dans un emploi serait gravement préjudiciable à votre santé (variante : que votre état de santé fait obstacle à tout reclassement dans un emploi).

SALARIÉ PROTÉGÉ (4)

Si le salarié est un salarié protégé, ajouter : Votre licenciement a fait l'objet d'une autorisation de l'inspecteur du travail (variante : du ministre du travail) en date du … (date à compléter) (6).

PRÉAVIS (4)

Votre contrat de travail prend fin à la date d'envoi de cette lettre, soit le … (date à compléter). Vous n'effectuerez donc pas de préavis (7).

INAPTITUDE D'ORIGINE PROFESSIONNELLE (4)

Si l'inaptitude a une origine professionnelle : Vous percevrez une indemnité égale à l'indemnité compensatrice de préavis (8) et une indemnité spéciale de licenciement (9).

DOCUMENTS REMIS EN FIN DE CONTRAT (4)

Nous tiendrons à votre disposition (variantes : nous vous remettrons, nous vous adresserons par courrier) votre certificat de travail, votre reçu pour solde de tout compte et votre attestation Pôle emploi.

PRÉCISION DES MOTIFS (4) (10)

Vous pouvez faire une demande de précision des motifs du licenciement énoncés dans la présente lettre, dans les quinze jours suivant sa notification, par lettre recommandée avec avis de réception ou remise contre récépissé. Nous avons la faculté d'y donner suite dans un délai de quinze jours après réception de votre demande, par lettre recommandée avec avis de réception ou remise contre récépissé. Nous pouvons également, le cas échéant et dans les mêmes formes, prendre l'initiative d'apporter des précisions à ces motifs dans un délai de quinze jours suivant la notification du licenciement.

Nom, prénom

Qualité

Signature

(1) Note issue du modèle officiel : Inaptitude d'origine non professionnelle (c. trav. art. L. 1226-2-1) et inaptitude d'origine professionnelle (c. trav. art. L. 1226-12).

(2) Note issue du modèle officiel : En cas de remise en main propre, la lettre doit être établie en double exemplaire et celui de l'employeur doit être accompagné de la mention « reçue le… » avec la signature du salarié ; la lettre ne peut être expédiée ou remise en main propre moins de deux jours ouvrables après l'entretien préalable (c. trav. art. L. 1232-6).

(3) Note issue du modèle officiel : En présence d'une dispense de reclassement.

(4) Note de la rédaction : Les intertitres soulignés ont été créés par la rédaction dans un souci de compréhension du lecteur. Ils n'ont pas à être repris dans une lettre de licenciement. Il en est de même pour l'ensemble des mentions en italique qui sont, cette fois, issues du modèle officiel.

(5) Note issue du modèle officiel : Préciser, le cas échéant, les recherches effectuées et le contenu des échanges avec le salarié et le médecin du travail. Si l'entreprise appartient à un groupe de sociétés, préciser quelles ont été les recherches effectuées dans les autres entreprises du groupe, situées sur le territoire national : (sociétés contactées, dates, réponses, etc.) (c. trav. art. L. 1226-2 et L. 1226-10).

(6) Note de la rédaction : L'employeur qui envisage de licencier un salarié protégé doit, au préalable, obtenir l'autorisation de l'inspecteur du travail (c. trav. art. L. 2411-1 et s.). Si ce dernier ne donne pas son accord, l'employeur peut saisir le ministre du travail d'un recours hiérarchique (c. trav. art. R. 2422-1).

(7) Note issue du modèle officiel : Le préavis n'est ni exécuté, ni payé.

(8) Note issue du modèle officiel : Le préavis n'est pas exécuté mais payé.

(9) Note issue du modèle officiel : Cette indemnité est égale au double de l'indemnité légale de licenciement, sauf dispositions conventionnelles plus favorables.

(10) Note de la rédaction : Les modèles de lettre de licenciement, tels que rédigés en l'état actuel, rappellent la procédure de précision des motifs. Il s'agit d'une mention facultative (Document questions/réponses « La rupture du contrat de travail », Q/R n° 3, diffusé le 23 juillet 2020, www.travail.gouv.fr).

LETTRE DE LICENCIEMENT POUR MOTIF PERSONNEL NON DISCIPLINAIRE (1)

L'application du présent modèle est sans incidence sur l'application des stipulations conventionnelles ou contractuelles plus favorables applicables au contrat de travail du salarié licencié.

Dénomination sociale de l'entreprise

Adresse du siège social

Nom, prénom et adresse du salarié

À … (indiquer le lieu), le … (indiquer la date)

LRAR ou remise contre récépissé (2)

Objet : notification du licenciement pour … (préciser la nature du motif) (3)

M. …,

ENTRETIEN PRÉALABLE (4)

Option 1 : Présence du salarié à l'entretien préalable : Suite à notre entretien qui s'est tenu le … (date à compléter), nous vous informons de notre décision de vous licencier pour les motifs suivants : … (5) (6).

Option 2 : Absence du salarié à l'entretien préalable : Nous vous avons convoqué à un entretien préalable en date du … auquel vous ne vous êtes pas présenté. Nous vous informons, par la présente, de notre décision de vous licencier pour les motifs suivants : … (5) (6).

MOTIF DU LICENCIEMENT (4)

Option 1 : S'il s'agit d'un licenciement pour absences répétées justifiées ou absence prolongée justifiée (7) : Votre absence prolongée (variante : vos absences répétées) qui perturbe (nt) le bon fonctionnement de l'entreprise et rend (ent) nécessaire votre remplacement définitif : … (8)

Les absences auxquelles nous faisons référence sont les suivantes … (9).

Option 2 : S'il s'agit d'un licenciement pour insuffisance professionnelle : Votre insuffisance professionnelle.

Option 3 : S'il s'agit d'un licenciement pour trouble objectif caractérisé : Le trouble objectif au bon fonctionnement de l'entreprise causé par … (10).

SALARIÉ PROTÉGÉ (4)

Si le salarié est un salarié protégé, ajouter : Votre licenciement a fait l'objet d'une autorisation de l'inspecteur du travail (variante : du ministre du travail) en date du … (date à compléter) (11).

PRÉAVIS (4)

Option 1 : Si vous souhaitez que le salarié effectue son préavis : Vous restez néanmoins tenu d'effectuer votre préavis d'une durée de … (durée du préavis à compléter), qui débutera à la date de première présentation de cette lettre.

Option 2 : Si vous dispensez le salarié d'effectuer son préavis : Nous vous dispensons d'effectuer votre préavis qui débute le … (date présumée de première présentation de cette lettre à compléter) et se termine le … (date à compléter selon la durée du préavis), date à laquelle vous quitterez les effectifs de l'entreprise. Votre salaire continuera de vous être versé durant cette période.

DOCUMENTS REMIS EN FIN DE CONTRAT (4)

À l'expiration de votre contrat de travail, votre certificat de travail, votre reçu pour solde de tout compte et votre attestation Pôle emploi vous seront remis (variante : adressés par courrier).

PRÉCISION DES MOTIFS (4) (12)

Vous pouvez faire une demande de précision des motifs du licenciement énoncés dans la présente lettre, dans les quinze jours suivant sa notification par lettre recommandée avec avis de réception ou remise contre récépissé. Nous avons la faculté d'y donner suite dans un délai de quinze jours après réception de cette demande par lettre recommandée avec avis de réception ou remise contre récépissé. Nous pouvons également, le cas échéant et dans les mêmes formes, prendre l'initiative d'apporter des précisions à ces motifs dans un délai de quinze jours suivant la notification du licenciement.

Nom, prénom

Qualité

Signature

(1) Note issue du modèle officiel : C. trav. art. L. 1232-1.
(2) Note issue du modèle officiel : En cas de remise en main propre, la lettre doit être établie en double exemplaire et celui de l'employeur doit être accompagné de la mention « reçue le… » avec la signature du salarié ; la lettre ne peut être expédiée ou remise en main propre moins de deux jours ouvrables après l'entretien préalable (c. trav. art. L. 1232-6).
(3) Note issue du modèle officiel : Par exemple, insuffisance professionnelle.
(4) Note de la rédaction : Les intertitres soulignés ont été créés par la rédaction dans un souci de compréhension du lecteur. Ils n'ont pas à être repris dans une lettre de licenciement. Il en est de même pour l'ensemble des mentions en italique qui sont, cette fois, issues du modèle officiel.
(5) Note issue du modèle officiel : Énoncer les faits de façon précise et objective. Ils doivent être matériellement vérifiables (lieux, dates, circonstances, contexte, etc.) et imputables personnellement au salarié.
(6) Note de la rédaction : Pour guider les employeurs, le modèle officiel propose ensuite plusieurs formes de motivation du licenciement selon le motif choisi (absence, insuffisance professionnelle, trouble objectif).
(7) Note issue du modèle officiel : Dans l'hypothèse où les absences ne seraient pas justifiées, il s'agit d'un licenciement pour motif personnel disciplinaire.
(8) Note issue du modèle officiel : Énoncer les perturbations dans l'entreprise (faits précis, objectifs, matériellement vérifiables), puis préciser les raisons qui empêchent une solution de remplacement temporaire du salarié (spécificité du poste occupé, qualifications nécessaires pour le poste, caractère non prévisible des absences, etc.).
(9) Note issue du modèle officiel : Préciser la durée et la fréquence des absences.
(10) Note issue du modèle officiel : Énoncer de manière précise et objective en quoi les faits ou le comportement du salarié, en dehors de la sphère professionnelle, ont créé un trouble dans l'entreprise en raison, par exemple, des fonctions qu'il occupe ou de son positionnement hiérarchique ou de l'activité propre de l'entreprise.
(11) Note de la rédaction : L'employeur qui envisage de licencier un salarié protégé doit, au préalable, obtenir l'autorisation de l'inspecteur du travail (c. trav. art. L. 2411-1 et s.). Si ce dernier ne donne pas son accord, l'employeur peut saisir le ministre du travail d'un recours hiérarchique (c. trav. art. R. 2422-1).
(12) Note de la rédaction : Les modèles de lettre de licenciement, tels que rédigés en l'état actuel, rappellent la procédure de précision des motifs. Il s'agit d'une mention facultative (Document questions/réponses « La rupture du contrat de travail », Q/R n° 3, diffusé le 23 juillet 2020, www.travail.gouv.fr).

LETTRE DE LICENCIEMENT POUR MOTIF ÉCONOMIQUE INDIVIDUEL

L'application du présent modèle est sans incidence sur l'application des stipulations conventionnelles ou contractuelles plus favorables applicables au contrat de travail du salarié licencié. La lettre de licenciement ne peut être adressée moins de 7 jours ouvrables à compter de la date prévue de l'entretien préalable de licenciement auquel le salarié a été convoqué (1).

Dénomination sociale de l'entreprise

Adresse du siège social

Nom, prénom et adresse du salarié

À … (indiquer le lieu), le … (indiquer la date)

Lettre RAR ou remise contre récépissé (2)

Objet : notification d'un licenciement pour motif économique

M. …,

I-1 – CAS D'UNE ABSENCE DE PROCÉDURE COLLECTIVE (3) (4)

Option 1 : Présence du salarié à l'entretien préalable : À la suite de notre entretien qui s'est tenu le … (date à compléter), nous vous informons de notre décision de vous licencier pour le (s) motif (s) économique (s) suivant (s) dans les conditions posées à l'article L. 1233-3 du code du travail : … (5).

Option 2 : Absence du salarié à l'entretien préalable : Nous vous avons convoqué à un entretien préalable en date du … auquel vous ne vous êtes pas présenté. Ainsi, nous n'avons pas pu recueillir vos explications. Nous vous informons de notre décision de vous licencier pour le (s) motif (s) économique (s) suivant (s) dans les conditions posées à l'article L. 1233-3 du code du travail : … (5).

Si le salarié est un salarié protégé ajouter : Votre licenciement a fait l'objet d'une autorisation de l'inspecteur du travail (variante : du ministre du travail) en date du … (date à compléter) (6).

I-2 – CAS D'UNE DÉCISION D'AUTORISATION DU LICENCIEMENT PAR LE JUGE-COMMISSAIRE OU UN JUGEMENT DU TRIBUNAL DE COMMERCE (3)

À la suite de notre entretien qui s'est tenu le … (date à compléter), nous vous informons de notre décision de vous licencier pour motif économique. Par ordonnance du juge-commissaire (variante : jugement du tribunal de commerce) en date du … (date à compléter), votre licenciement a fait l'objet d'une autorisation spécifique.

Si le salarié est un salarié protégé, ajouter : Votre licenciement a fait l'objet d'une autorisation de l'inspecteur du travail en date du … (date à compléter) (6).

II – IMPOSSIBILITÉ DE RECLASSEMENT (3)

En dépit des recherches que nous avons effectuées au sein de notre entreprise (variante : groupe), conformément à l'article L. 1233-4 du code du travail, nous n'avons pas trouvé de poste de reclassement (7).

III-1 – CAS D'UNE ENTREPRISE DE MOINS DE 1 000 SALARIÉS (8) (3)

Contrat de sécurisation professionnelle (3)

Lors de notre entretien préalable [variante : à l'issue de la dernière réunion des représentants du personnel en date du … (date à compléter)], nous vous avons proposé le bénéfice du contrat de sécurisation professionnelle.

Option 1 : Refus du salarié : Par lettre du … (date à compléter), vous nous avez fait connaître votre refus d'adhérer au dispositif.

Option 2 : Absence de réponse du salarié dans un délai de 21 jours à compter de la remise des documents relatifs au CSP : N'ayant pas reçu dans un délai de vingt et un jours votre décision d'adhérer ou non au contrat de sécurisation professionnelle, vous êtes considéré comme ayant refusé le bénéfice du dispositif.

Préavis (3)

Option 1 : Si vous ne dispensez pas le salarié d'effectuer son préavis : Vous restez néanmoins tenu d'effectuer votre préavis d'une durée de … (durée du préavis à compléter), qui débutera à la date de la première présentation de cette lettre.

Option 2 : Si vous dispensez le salarié d'effectuer son préavis : Nous vous dispensons d'effectuer votre préavis qui débute le … (date présumée de première présentation de cette lettre à compléter) et se termine le … (date à compléter selon la durée du préavis), date à laquelle vous quitterez les effectifs de l'entreprise. Néanmoins, votre salaire continuera de vous être versé durant cette période.

III-2 – CAS D'UNE ENTREPRISE DE PLUS DE 1 000 SALARIÉS (9) (3)

Congé de reclassement (3)

Lors de notre entretien préalable [variante : à l'issue de la dernière réunion des représentants du personnel en date du … (date à compléter)], nous vous avons informé des conditions de mise en œuvre du congé de reclassement. Par la présente, nous vous invitons à nous faire part de votre souhait d'adhérer ou non à ce dispositif. Vous disposez d'un délai de huit jours à compter de la date de notification de la présente lettre pour nous informer de votre décision. En l'absence de réponse dans ce délai, votre silence sera assimilé à un refus. En cas d'acceptation, le congé de reclassement débutera le … (indiquer la date d'expiration du délai de réponse de huit jours) et vous serez dispensé d'exécuter votre préavis.

En cas de refus du dispositif,

Préavis en cas de refus du dispositif (3)

Option 1 : Si vous ne dispensez pas le salarié d'effectuer son préavis : vous restez tenu d'effectuer votre préavis d'une durée de … (durée du préavis à compléter), qui débutera à l'expiration du délai de réflexion de huit jours.

Option 2 : Si vous dispensez le salarié d'effectuer son préavis : nous vous dispensons d'effectuer votre préavis qui débute le … (date d'expiration du délai de réflexion de huit jours) et se termine le … (date à compléter selon la durée du préavis), date à laquelle vous quitterez les effectifs de l'entreprise. Néanmoins, votre salaire continuera de vous être versé durant cette période.

IV – PRIORITÉ DE RÉEMBAUCHE (3)

Vous pouvez bénéficier d'une priorité de réembauche pendant une durée d'un an à compter de la date de prise d'effet de votre licenciement, si vous en faites la demande par écrit dans ce même délai.

V – DOCUMENTS REMIS EN FIN DE CONTRAT (3)

À l'expiration de votre contrat de travail, nous tiendrons à votre disposition (variantes : nous vous remettrons, nous vous adresserons par courrier) votre certificat de travail, votre reçu pour solde de tout compte et votre attestation Pôle emploi.

VI – PRÉCISION DES MOTIFS (3) (10)

Vous pouvez faire une demande de précision des motifs du licenciement énoncés dans la présente lettre, dans les quinze jours suivant sa notification par lettre recommandée avec avis de réception ou remise contre récépissé. Nous avons la faculté d'y donner suite dans un délai de quinze jours après réception de votre demande, par lettre recommandée avec avis de réception ou remise contre récépissé. Nous pouvons également, le cas échéant et dans les mêmes formes, prendre l'initiative d'apporter des précisions à ces motifs dans un délai de quinze jours suivant la notification du licenciement.

Nom, prénom

Qualité

Signature

(1) Note issue du modèle officiel : Le délai est porté à 15 jours ouvrables pour le licenciement individuel d'un membre du personnel d'encadrement mentionné à l'article L. 1441-13 du code du travail, 2° (c. trav. art. L. 1233-15). Note de la rédaction : le délai de 7 ou 15 jours ne s'applique pas en cas de redressement ou de liquidation judiciaire (c. trav. art. L. 1233-59).

(2) Note issue du modèle officiel : Dans ce cas, la lettre doit être établie en double exemplaire et celui de l'employeur doit être accompagné de la mention « reçue le… » avec la signature du salarié (c. trav. art. L. 1233-15).

(3) Note de la rédaction : Les intertitres soulignés ont été créés par la rédaction dans un souci de compréhension du lecteur. Ils n'ont pas à être repris dans une lettre de licenciement. Il en est de même pour l'ensemble des mentions en italique qui sont, cette fois, issues du modèle officiel.

(4) Note issue du modèle officiel : En l'absence de procédure collective au sens du code de commerce (redressement judiciaire ou liquidation judiciaire).

(5) Note issue du modèle officiel : Énoncer de manière précise et objective les raisons économiques (soit les difficultés économiques, soit la réorganisation de l'entreprise nécessaire à la sauvegarde de la compétitivité, soit les mutations technologiques, soit la cessation d'activité de l'entreprise). Préciser aussi les incidences sur l'emploi ou le contrat de travail (soit la suppression d'emploi, soit la transformation d'emploi refusée, soit la modification d'un élément essentiel du contrat de travail refusée).

(6) Note de la rédaction : L'employeur qui envisage de licencier un salarié protégé doit, au préalable, obtenir l'autorisation de l'inspecteur du travail (c. trav. art. L. 2411-1 et s.).

(7) Note issue du modèle officiel : Le poste de reclassement proposé doit correspondre à un emploi de catégorie équivalente à celui précédemment occupé par le salarié ou à un emploi de catégorie inférieure sous réserve que le salarié ait donné son accord exprès (c. trav. art. L. 1233-4).

(8) Note issue du modèle officiel : c. trav. art. L. 1233-65 et s.

(9) Note issue du modèle officiel : c. trav. art. L. 1233-71 et s.

(10) Note de la rédaction : Les modèles de lettre de licenciement, tels que rédigés en l'état actuel, rappellent la procédure de précision des motifs. Il s'agit d'une mention facultative (Document questions/réponses « La rupture du contrat de travail », Q/R n° 3, diffusé le 23 juillet 2020, www.travail.gouv.fr).

LETTRE DE LICENCIEMENT POUR MOTIF ÉCONOMIQUE POUR LES PETITS LICENCIEMENTS COLLECTIFS (1)

L'application du présent modèle est sans incidence sur l'application des stipulations conventionnelles ou contractuelles plus favorables applicables au contrat de travail du salarié licencié. Lorsque le licenciement concerne plus de 10 salariés dans une même période de 30 jours dans une entreprise de moins de 50 salariés, la lettre de licenciement ne peut être adressée avant l'expiration d'un délai de 30 jours courant à compter de la notification du projet de licenciement à l'autorité administrative. Lorsque le licenciement concerne moins de 10 salariés dans une même période de 30 jours (dans toutes les entreprises), la lettre de licenciement ne peut être adressée moins de 7 jours ouvrables à compter de la date prévue de l'entretien préalable de licenciement auquel le salarié a été convoqué (2).

Dénomination sociale de l'entreprise

Adresse du siège social

Nom, prénom et adresse du salarié

À … (indiquer le lieu), le … (indiquer la date)

LRAR ou remise contre récépissé (3)

Objet : notification d'un licenciement pour motif économique

M. …,

I-1 – CAS D'UNE ABSENCE DE PROCÉDURE COLLECTIVE (4) (5)

Option 1 : Présence du salarié à l'entretien préalable : À la suite de notre entretien qui s'est tenu le … (date à compléter) (en cas d'absence des institutions représentatives du personnel), nous vous informons de notre décision de vous licencier pour le (s) motif (s) économique (s) suivant (s) dans les conditions posées à l'article L. 1233-3 du code du travail : … (6)

Option 2 : Absence du salarié à l'entretien préalable : Nous vous avons convoqué à un entretien préalable en date du … auquel vous ne vous êtes pas présenté. Ainsi, nous n'avons pas pu recueillir vos explications.

Si le salarié est un salarié protégé ajouter : Votre licenciement a fait l'objet d'une autorisation de l'inspecteur du travail (variante : du ministre du travail) en date du ... (date à compléter) (7).

I-2 – CAS D'UNE DÉCISION D'AUTORISATION DU LICENCIEMENT PAR LE JUGE-COMMISSAIRE OU UN JUGEMENT DU TRIBUNAL DE COMMERCE (4)

À la suite de notre entretien qui s'est tenu le ... (date à compléter), nous vous informons de notre décision de vous licencier pour motif économique. Par ordonnance du juge-commissaire (variante : jugement du tribunal de commerce) en date du ... (date à compléter), votre licenciement a fait l'objet d'une autorisation spécifique.

Si le salarié est un salarié protégé, ajouter : Votre licenciement a fait l'objet d'une autorisation de l'inspecteur du travail en date du ... (date à compléter) (7).

II – IMPOSSIBILITÉ DE RECLASSEMENT (4)

En dépit des recherches que nous avons effectuées au sein de notre entreprise (variante : groupe), conformément à l'article L. 1233-4 du code du travail, nous n'avons pas trouvé de poste de reclassement (8).

III-1 – CAS D'UNE ENTREPRISE DE MOINS DE 1 000 SALARIÉS (9) (4)

Contrat de sécurisation professionnelle (4)

Lors de notre entretien préalable [variante : à l'issue de la dernière réunion des représentants du personnel en date du ... (date à compléter)], nous vous avons proposé le bénéfice du contrat de sécurisation professionnelle.

Option 1 : Refus du salarié : Par lettre du ... (date à compléter), vous nous avez fait connaître votre refus d'adhérer au dispositif

Option 2 : Absence de réponse du salarié dans un délai de vingt et un jours à compter de la remise des documents relatifs au CSP : N'ayant pas reçu dans un délai de vingt et un jours votre décision d'adhérer ou non au contrat de sécurisation professionnelle, vous êtes considéré comme ayant refusé le bénéfice du dispositif.

Préavis (4)

Option 1 : Si vous ne dispensez pas le salarié d'effectuer son préavis : Vous restez néanmoins tenu d'effectuer votre préavis d'une durée de ... (durée du préavis à compléter), qui débutera à la date de la première présentation de cette lettre.

Option 2 : Si vous dispensez le salarié d'effectuer son préavis : Nous vous dispensons d'effectuer votre préavis qui débute le ... (date présumée de première présentation de cette lettre à compléter) et se termine le ... (date à compléter selon la durée du préavis), date à laquelle vous quitterez les effectifs de l'entreprise. Néanmoins, votre salaire continuera de vous être versé durant cette période.

III-2 – CAS D'UNE ENTREPRISE DE PLUS DE 1 000 SALARIÉS (10) (4)

Congé de reclassement (4)

Lors de notre entretien préalable [variante : à l'issue de la dernière réunion des représentants du personnel en date du ... (date à compléter)], nous vous avons informé des conditions de mise en œuvre du congé de reclassement. Par la présente, nous vous invitons à nous faire part de votre souhait d'adhérer ou non à ce dispositif. Vous disposez d'un délai de huit jours à compter de la date de notification de la présente lettre pour nous informer de votre décision. En l'absence de réponse dans ce délai, votre silence sera assimilé à un refus. En cas d'acceptation, le congé de reclassement débutera le ... (indiquer la date d'expiration du délai de réponse de huit jours) et vous serez dispensé d'exécuter votre préavis.

En cas de refus du dispositif,

Préavis en cas de refus du dispositif (4)

Option 1 : Si vous ne dispensez pas le salarié d'effectuer son préavis : vous restez néanmoins tenu d'effectuer votre préavis d'une durée de ... (durée du préavis à compléter), qui débutera à l'expiration du délai de réflexion de huit jours.

Option 2 : Si vous dispensez le salarié d'effectuer son préavis : nous vous dispensons d'effectuer votre préavis qui débute le ... (date d'expiration du délai de réflexion de huit jours) et se termine le ... (date à compléter selon la durée du préavis), date à laquelle vous quitterez les effectifs de l'entreprise. Néanmoins, votre salaire continuera de vous être versé durant cette période.

IV – PRIORITÉ DE RÉEMBAUCHE (4)

Vous pouvez bénéficier d'une priorité de réembauche pendant une durée d'un an à compter de la date de prise d'effet de votre licenciement, si vous en faites la demande par écrit dans ce même délai.

V – DOCUMENTS REMIS EN FIN DE CONTRAT (4)

À l'expiration de votre contrat de travail, nous tiendrons à votre disposition (variantes : nous vous remettrons, nous vous adresserons par courrier) votre certificat de travail, votre reçu pour solde de tout compte et votre attestation Pôle emploi.

VI – PRÉCISION DES MOTIFS (4) (11)

Vous pouvez faire une demande de précision des motifs du licenciement énoncés dans la présente lettre, dans les quinze jours suivant sa notification par lettre recommandée avec avis de réception ou remise contre récépissé. Nous avons la faculté d'y donner suite dans un délai de quinze jours après réception de votre demande, par lettre recommandée avec avis de réception ou remise contre récépissé. Nous pouvons également, le cas échéant et dans les mêmes formes, prendre l'initiative d'apporter des précisions à ces motifs dans un délai de quinze jours suivant la notification du licenciement.

Nom, prénom

Qualité

Signature

(1) Note issue du modèle officiel : Moins de 10 salariés dans une même période de trente jours ou au moins 10 salariés dans une même période de trente jours dans une entreprise de moins de 50 salariés.
(2) Note de la rédaction : le délai de 7 jours ne s'applique pas en cas de redressement ou de liquidation judiciaire (c. trav. art. L. 1233-59).
(3) Note issue du modèle officiel : Dans ce cas, la lettre doit être établie en double exemplaire et celui de l'employeur doit être accompagné de la mention « reçue le… » avec la signature du salarié (c. trav. art. L. 1233-15).
(4) Note de la rédaction : Les intertitres soulignés ont été créés par la rédaction dans un souci de compréhension du lecteur. Ils n'ont pas à être repris dans une lettre de licenciement. Il en est de même pour l'ensemble des mentions en italique qui sont, cette fois, issues du modèle officiel.
(5) Note issue du modèle officiel : En l'absence de procédure collective au sens du code de commerce (redressement judiciaire ou liquidation judiciaire).
(6) Note issue du modèle officiel : Énoncer de manière précise et objective les raisons économiques (soit les difficultés économiques, soit la réorganisation de l'entreprise nécessaire à la sauvegarde de la compétitivité, soit les mutations technologiques, soit la cessation d'activité de l'entreprise). Préciser aussi les incidences sur l'emploi ou le contrat de travail (soit la suppression d'emploi, soit la transformation d'emploi refusée, soit la modification d'un élément essentiel du contrat de travail refusée).
(7) Note de la rédaction : L'employeur qui envisage de licencier un salarié protégé doit, au préalable, obtenir l'autorisation de l'inspecteur du travail (c. trav. art. L. 2411-1 et s.).
(8) Note issue du modèle officiel : Le poste de reclassement proposé doit correspondre à un emploi de catégorie équivalente à celui précédemment occupé par le salarié ou à un emploi de catégorie inférieure sous réserve que le salarié ait donné son accord exprès (c. trav. art. L. 1233-4).
(9) Note issue du modèle officiel : c. trav. art. L. 1233-65 et s.
(10) Note issue du modèle officiel : c. trav. art. L. 1233-71 et s.
(11) Note de la rédaction : Les modèles de lettre de licenciement, tels que rédigés en l'état actuel, rappellent la procédure de précision des motifs. Il s'agit d'une mention facultative (Document questions/réponses « La rupture du contrat de travail », Q/R n° 3, diffusé le 23 juillet 2020, www.travail.gouv.fr).

LETTRE DE LICENCIEMENT POUR MOTIF ÉCONOMIQUE POUR LES GRANDS LICENCIEMENTS COLLECTIFS AVEC PLAN DE SAUVEGARDE DE L'EMPLOI (1)

L'application du présent modèle est sans incidence sur l'application des stipulations conventionnelles ou contractuelles plus favorables applicables au contrat de travail du salarié licencié. La lettre de licenciement ne peut être adressée avant la notification de la décision d'homologation ou de validation de l'autorité administrative ou dans le silence de l'autorité administrative, à l'expiration du délai de 15 jours (validation) ou de 21 jours (homologation).

Dénomination sociale de l'entreprise

Adresse du siège social

Nom, prénom et adresse du salarié

À … (indiquer le lieu), le … (indiquer la date)

LRAR ou remise contre récépissé (2)

Objet : notification d'un licenciement pour motif économique

M. …,

I-1 – CAS D'UNE ABSENCE DE PROCÉDURE COLLECTIVE (3) (4)

Option 1 : Présence du salarié à l'entretien préalable : À la suite de notre entretien qui s'est tenu le … (date à compléter) (en cas d'absence des institutions représentatives du personnel), nous vous informons de notre décision de vous licencier pour le (s) motif (s) économique (s) suivant (s) dans les conditions posées à l'article L. 1233-3 du code du travail : … (5)

Option 2 : Absence du salarié à l'entretien préalable : Nous vous avons convoqué à un entretien préalable en date du … auquel vous ne vous êtes pas présenté. Ainsi, nous n'avons pas pu recueillir vos explications.

Si le salarié est un salarié protégé ajouter : Votre licenciement a fait l'objet d'une autorisation de l'inspecteur du travail (variante : du ministre du travail) en date du … (date à compléter) (6).

I-2 – CAS D'UNE DÉCISION D'AUTORISATION DU LICENCIEMENT PAR LE JUGE-COMMISSAIRE OU UN JUGEMENT DU TRIBUNAL DE COMMERCE (3)

À la suite de notre entretien qui s'est tenu le … (date à compléter), nous vous informons de notre décision de vous licencier pour motif économique. Par ordonnance du juge-commissaire (variante : jugement du tribunal de commerce) en date du … (date à compléter), votre licenciement a fait l'objet d'une autorisation spécifique.

Si le salarié est un salarié protégé, ajouter : Votre licenciement a fait l'objet d'une autorisation de l'inspecteur du travail en date du … (date à compléter) (6).

II – IMPOSSIBILITÉ DE RECLASSEMENT (3)

En dépit des recherches que nous avons effectuées au sein de notre entreprise (variante : groupe), conformément à l'article L. 1233-4 du code du travail, nous n'avons pas trouvé de poste de reclassement (7).

III-1 – CAS D'UNE ENTREPRISE DE MOINS DE 1 000 SALARIÉS (8) (3)

Contrat de sécurisation professionnelle (3)

Lors de notre entretien préalable [variante : à l'issue de la dernière réunion des représentants du personnel en date du … (date à compléter)], nous vous avons proposé le bénéfice du contrat de sécurisation professionnelle.

Option 1 : Refus du salarié : Par lettre du … (date à compléter), vous nous avez fait connaître votre refus d'adhérer au dispositif

Option 2 : Absence de réponse du salarié dans un délai de vingt et un jours à compter de la remise des documents relatifs au CSP : N'ayant pas reçu dans un délai de vingt et un jours votre décision d'adhérer ou non au contrat de sécurisation professionnelle, vous êtes considéré comme ayant refusé le bénéfice du dispositif.

Préavis (3)

Option 1 : Si vous ne dispensez pas le salarié d'effectuer son préavis : Vous restez néanmoins tenu d'effectuer votre préavis d'une durée de … (durée du préavis à compléter), qui débutera à la date de la première présentation de cette lettre.

Option 2 : Si vous dispensez le salarié d'effectuer son préavis : Nous vous dispensons d'effectuer votre préavis qui débute le … (date présumée de première présentation de cette lettre à compléter) et se termine le … (date à compléter selon la durée du préavis), date à laquelle vous quitterez les effectifs de l'entreprise. Néanmoins, votre salaire continuera de vous être versé durant cette période.

III-2 – CAS D'UNE ENTREPRISE DE PLUS DE 1 000 SALARIÉS (9) (3)

Congé de reclassement (3)

Lors de notre entretien préalable [variante : à l'issue de la dernière réunion des représentants du personnel en date du … (date à compléter)], nous vous avons informé des conditions de mise en œuvre du congé de reclassement. Par la présente, nous vous invitons à nous faire part de votre souhait d'adhérer ou non à ce dispositif. Vous disposez d'un délai de huit jours à compter de la date de notification de la présente lettre pour nous informer de votre décision. En l'absence de réponse dans ce délai, votre silence sera assimilé à un refus. En cas d'acceptation, le congé de reclassement débutera le … (indiquer la date d'expiration du délai de réponse de huit jours) et vous serez dispensé d'exécuter votre préavis.

En cas de refus du dispositif,

Préavis en cas de refus du dispositif (3)

Option 1 : Si vous ne dispensez pas le salarié d'effectuer son préavis : vous restez néanmoins tenu d'effectuer votre préavis d'une durée de … (durée du préavis à compléter), qui débutera à l'expiration du délai de réflexion de huit jours.

Option 2 : Si vous dispensez le salarié d'effectuer son préavis : nous vous dispensons d'effectuer votre préavis qui débute le … (date d'expiration du délai de réflexion de huit jours) et se termine le … (date à compléter selon la durée du préavis), date à laquelle vous quitterez les effectifs de l'entreprise. Néanmoins, votre salaire continuera de vous être versé durant cette période.

IV – PRIORITÉ DE RÉEMBAUCHE (3)

Vous pouvez bénéficier d'une priorité de réembauche pendant une durée d'un an à compter de la date de prise d'effet de votre licenciement, si vous en faites la demande par écrit dans ce même délai.

V – DOCUMENTS REMIS EN FIN DE CONTRAT (3)

À l'expiration de votre contrat de travail, nous tiendrons à votre disposition (variantes : nous vous remettrons, nous vous adresserons par courrier) votre certificat de travail, votre reçu pour solde de tout compte et votre attestation Pôle emploi.

VI – PRÉCISION DES MOTIFS (3) (10)

Vous pouvez faire une demande de précision des motifs du licenciement énoncés dans la présente lettre, dans les quinze jours suivant sa notification par lettre recommandée avec avis de réception ou remise contre récépissé. Nous avons la faculté d'y donner suite dans un délai de quinze jours après réception de votre demande, par lettre recommandée avec avis de réception ou remise contre récépissé. Nous pouvons également, le cas échéant et dans les mêmes formes, prendre l'initiative d'apporter des précisions à ces motifs dans un délai de quinze jours suivant la notification du licenciement.

Nom, prénom

Qualité

Signature

(1) Note issue du modèle officiel : Au moins 10 licenciements sur une même période de 30 jours dans une entreprise d'au moins 50 salariés. Note de la rédaction : le modèle indique par erreur « plus de 50 salariés ».

(2) Note issue du modèle officiel : Dans ce cas, la lettre doit être établie en double exemplaire et celui de l'employeur doit être accompagné de la mention « reçue le… » avec la signature du salarié (c. trav. art. L. 1233-15).

(3) Note de la rédaction : Les intertitres soulignés ont été créés par la rédaction dans un souci de compréhension du lecteur. Ils n'ont pas à être repris dans une lettre de licenciement. Il en est de même pour l'ensemble des mentions en italique qui sont, cette fois, issues du modèle officiel.

(4) Note issue du modèle officiel : En l'absence de procédure collective au sens du code de commerce (redressement judiciaire ou liquidation judiciaire).

(5) Note issue du modèle officiel : Énoncer de manière précise et objective les raisons économiques (soit les difficultés économiques, soit la réorganisation de l'entreprise nécessaire à la sauvegarde de la compétitivité, soit les mutations technologiques, soit la cessation d'activité de l'entreprise). Préciser aussi les incidences sur l'emploi ou le contrat de travail (soit la suppression d'emploi, soit la transformation d'emploi refusée, soit la modification d'un élément essentiel du contrat de travail refusée).

(6) Note de la rédaction : L'employeur qui envisage de licencier un salarié protégé doit, au préalable, obtenir l'autorisation de l'inspecteur du travail (c. trav. art. L. 2411-1 et s.).

(7) Note issue du modèle officiel : Le poste de reclassement proposé doit correspondre à un emploi de catégorie équivalente à celui précédemment occupé par le salarié ou à un emploi de catégorie inférieure sous réserve que le salarié ait donné son accord exprès (c. trav. art. L. 1233-4).

(8) Note issue du modèle officiel : c. trav. art. L. 1233-65 et s.

(9) Note issue du modèle officiel : c. trav. art. L. 1233-71 et s.

(10) Note de la rédaction : Les modèles de lettre de licenciement, tels que rédigés en l'état actuel, rappellent la procédure de précision des motifs. Il s'agit d'une mention facultative (Document questions/réponses « La rupture du contrat de travail », Q/R n° 3, diffusé le 23 juillet 2020, www.travail.gouv.fr).

☛ *Licenciement (précision des motifs) ; Licenciement économique (procédure du licenciement individuel) ; Licenciement économique collectif (procédure applicable) ; Licenciement personnel (procédure) ; Licenciement des représentants du personnel (procédure).*

Licenciement nul

Cas de nullité

Cas expressément prévus ou hypothèse de la violation d'une liberté fondamentale - Le juge ne peut annuler un licenciement que dans les cas expressément prévus par la loi ou dans l'hypothèse de la violation d'une liberté fondamentale.

• *Cas de nullité prévus par la loi.* Il s'agit, notamment, des licenciements :

- discriminatoiresou prononcés suite à une action en justice du salarié fondée sur l'interdiction des *discriminations** (c. trav. art. L. 1132-1 et L. 1132-4 ; cass. soc. 5 décembre 2018, n° 17-17687 D) ;
- prononcés suite à une action en justice du salarié fondée sur le non-respect de l'*égalité professionnelle** entre les femmes et les hommes (c. trav. art. L. 1144-3) ;
- prononcés en méconnaissance du droit de *grève** (c. trav. art. L. 1132-2 et L. 1132-4) ;
- prononcés en méconnaissance de la protection accordée aux victimes d'*accident du travail** ou de maladie professionnelle (c. trav. art. L. 1226-13 ; cass. soc. 16 octobre 2019, n° 17-31624 FSPB) ;
- prononcés en méconnaissance de la protection accordée aux représentants du personnel et syndicaux ainsi qu'aux candidats aux élections professionnelles [voir *Licenciement des représentants du personnel** et *Licenciement des représentants du personnel (contentieux)**] (c. trav. art. L. 2411-1 à L. 2411-10) ;
- prononcés en méconnaissance des règles protectrices de la maternité et de la paternité (c. trav. art. L. 1225-4, L. 1225-4-1, L. 1225-5 et L. 1225-71) [voir *Maternité (protection)** et *Paternité (protection)**] ;
- de victimes ou témoins de *harcèlement moral** ou de *harcèlement sexuel** sauf, s'agissant du témoin, mauvaise foi du salarié (c. trav. art. L. 1152-2, L. 1152-3 et L. 1153-2 à 1153-4) ;
- prononcés à l'encontre d'un *lanceur d'alerte** du fait de l'alerte (c. trav. art. L. 1132-3-3 et L. 1132-4 ; cass. soc. 30 juin 2016, n° 15-10557, BC V n° 140) ;
- prononcés, dans les établissements sociaux et médico-sociaux, à l'encontre de salariés ayant témoigné (ou relaté) de mauvais traitements ou de privations infligés à une personne accueillie (CASF art. L. 313-24 ; cass. soc. 26 septembre 2007, n° 06-40039, BC V n° 136) ;
- prononcés en l'absence de validation ou d'homologation du *plan de sauvegarde de l'emploi** par le DREETS [voir *Licenciement économique (contentieux collectif)**] (c. trav. art. L. 1233-39, L. 1235-10 et L. 1235-11).

▶ À noter… Le fait qu'un employeur ne propose pas un entretien professionnel à une salariée de retour de congé de maternité n'est pas susceptible, à lui seul, d'entraîner la nullité du licenciement postérieur (cass. avis 7 juillet 2021, n° 21-70011, B. avis n° 15010). Les dispositions invoquées dans cette affaire (c. trav. art. L. 1235-3-1) ne font que recenser les hypothèses de nullité du licenciement et non créer de nouveaux cas de nullité. En effet, il n'y a « pas de nullité sans texte ».

• *Hypothèse de la violation d'une liberté fondamentale.* Pour la Cour de cassation, relèvent des libertés fondamentales :

- l'activité syndicale (cass. soc. 9 juillet 2014, n° 13-16434, BC V n° 186) ;
- la protection de la santé (cass. soc. 11 juillet 2012, n° 10-15905, BC V n° 218) ;
- le droit de grève (cass. soc. 2 février 2006, n° 03-47481, BC V n° 53) ;
- la liberté d'agir en justice *(voir ci-après)* (cass. soc. 16 mars 2016, n° 14-23589, BC V n° 50 ; cass. soc. 21 novembre 2018, n° 17-11122 FSPB) ;
- la *liberté d'expression** (en l'absence d'abus du salarié) (c. trav. art. L. 1121-1 ; Convention de sauvegarde des droits de l'homme et des libertés fondamentales, art. 10, § 1 ; cass. soc. 16 février 2022, n° 19-17871 FSB) ;
- le principe d'égalité de droits entre l'homme et la femme dans le cas d'un licenciement nul car prononcé en raison de la grossesse (c. trav. art. L. 1132-1 et L. 1132-4 ; cass. soc. 29 janvier 2020, n° 18-21862 FSPB).

La *résiliation judiciaire du contrat de travail** ou la *prise d'acte de la rupture** ont les effets d'un licenciement nul quand elles sont intervenues pour l'un des motifs entraînant cette nullité *(voir ci-avant)*.

Cas du licenciement prononcé en raison d'une action en justice - Le licenciement prononcé en raison d'une action en justice susceptible d'être introduite par le salarié à l'encontre de l'employeur est nul comme celui prononcé en raison de celle déjà engagée (cass. soc. 21 novembre 2018, n° 17-11122 FSPB ; cass. soc. 13 février 2019, n° 17-23720 D).

Pour démontrer que le licenciement a été prononcé en réponse à son action prud'homale en vue d'obtenir la nullité, le salarié peut produire la lettre de son licenciement lui faisant grief d'avoir engagé une action à l'encontre de son employeur (cass. soc. 3 février 2016, n° 14-18600, BC V n° 18 ; cass. soc. 9 octobre 2019, n° 18-14677 FSPB).

Lorsque la lettre de licenciement ne fait pas référence à l'action prud'homale engagée, il faut distinguer deux hypothèses :

- le licenciement repose sur une cause réelle et sérieuse : le salarié doit alors démontrer que la rupture constitue une mesure de rétorsion à l'action en justice qu'il avait introduite pour faire valoir ses droits (cass. soc. 9 octobre 2019, n° 17-24773 FSPB), peu important que l'action en justice exercée par le salarié soit proche de la mesure de licenciement (cass. soc. 4 novembre 2020, n° 19-12367 FSPBI) ;
- le licenciement ne repose pas sur une cause réelle et sérieuse : la charge de la preuve est alors inversée.

C'est à l'employeur d'établir que sa décision est justifiée par des éléments étrangers à toute volonté de sanctionner l'exercice par le salarié d'agir en justice (cass. soc. 5 décembre 2018, n° 17-17687 D).

Cas du contrat temporaire requalifié en CDI - La rupture d'un CDD requalifié en CDI, prononcée sans faute grave ni impossibilité de maintenir le contrat alors que le salarié était en accident du travail, doit être analysée comme un licenciement nul (c. trav. art. L. 1226-9 et L. 1226-13 ; cass. soc. 14 novembre 2018, n° 17-18891 FSPB).

Il en est de même pour la fin d'un contrat d'intérim requalifié en CDI si elle survient pendant la suspension du contrat pour accident de travail (cass. soc. 17 février 2021, n° 18-15972 FSP).

Sanctions de la nullité

Droit à réintégration - La nullité du licenciement, quel qu'en soit le motif, entraîne de plein droit la réintégration du salarié à sa demande.

La réintégration s'impose à l'employeur, sauf impossibilité matérielle (c. trav. art. L. 1235-3-1). À titre d'exemple, la liquidation de l'entreprise constitue une telle impossibilité (cass. soc. 20 juin 2006, n° 05-44256, BC V n° 221). Le fait pour le salarié d'être entré au service d'un autre employeur ne constitue pas non plus un obstacle à sa demande de réintégration dans sa précédente entreprise (cass. soc. 10 février 2021, n° 19-20397 FP).

En revanche, il n'y a pas d'impossibilité matérielle lorsque les fonctions du salarié devant être réintégré ont été confiées à un prestataire extérieur (cass. soc. 14 septembre 2016, n° 15-15944, BC V n° 164). Peu importe également le comportement antérieur du salarié ou l'état des relations avec l'employeur (cass. soc. 7 février 2018, n° 16-24834 D ; cass. soc. 14 février 2018, n° 16-22360 D).

Aucun délai n'est imparti au salarié pour demander sa réintégration. Toutefois une demande tardive peut être jugée abusive *(voir ci-après)*.

Indemnisation du salarié réintégré - Le salarié réintégré a droit à une indemnité d'éviction, c'est-à-dire au versement des salaires perdus, en principe, entre son licenciement et sa réintégration effective (cass. soc. 25 janvier 2006, n° 03-47517, BC V n° 27). À titre d'exception, la période prise en compte peut différer *(voir ci-après)*.

Selon les cas, les revenus de remplacement et les rémunérations perçus pendant la période retenue doivent être déduits de l'indemnité d'éviction, ou pas *(voir ci-après)*.

Période à prendre en compte - En cas de licenciement nul, le salarié qui sollicite sa réintégration a droit au paiement d'une indemnité égale au montant de la rémunération qu'il aurait dû percevoir entre son éviction de l'entreprise et sa réintégration.

Toutefois, le salarié qui présente de façon abusive sa demande de réintégration tardivement, n'a droit, au titre de cette nullité, qu'à la rémunération qu'il aurait perçue du jour de sa demande de réintégration à celui de sa réintégration effective (cass. soc. 13 janvier 2021, n° 19-14050 FSPI).

Dans une autre affaire où le statut SNCF s'appliquait, le « point terminal » de la période retenue a été celui de la limite d'âge prévue par ce statut (65 ans à l'époque des faits), dans la mesure où le salarié avait dépassé cette limite d'âge au moment de sa demande de réintégration. En d'autres termes, il avait demandé sa réintégration à un moment où sa demande ne pouvait plus aboutir. Pour les juges cette demande tardive était abusive (cass. soc. 22 janvier 2020, n° 17-31158 FSPB).

Cas de non-déduction des revenus de remplacement - Les revenus de remplacement et les rémunérations perçus pendant entre le licenciement et la réintégration doivent être déduits de ce versement (cass. soc. 12 février 2008, n° 07-40413, BC V n° 24 ; cass. soc. 14 décembre 2016, n° 14-21325, BC V n° 248 ; cass. soc. 16 octobre 2019, n° 17-31624 FSPB), sauf lorsque le licenciement est déclaré nul :
- pour violation d'une liberté ou d'un droit fondamental *(voir ci-avant)* ;
- en raison de la violation du statut protecteur d'un salarié protégé (à savoir, licenciement sans autorisation administrative) (cass. soc. 10 novembre 2006, n° 04-47623, BC V n° 297) [voir *Licenciement des représentants du personnel (contentieux)**], sachant toutefois que celui-ci peut être condamné à rembourser les allocations de chômage à Pôle Emploi *(voir ci-après)*.

Cas de déduction des revenus de remplacement - Les revenus de remplacement et les rémunérations perçus pendant entre le licenciement et la réintégration doivent en principe être déduits de ce versement. Ainsi, les revenus de remplacement perçus entre un licenciement nul car fondé sur l'âge et la réintégration dans l'entreprise sont à déduire de l'indemnisation du salarié. En effet, le principe de non-discrimination en raison de l'âge ne constitue pas une liberté fondamentale qui justifierait, en cas de nullité du licenciement prononcé en violation de cette prohibition, la non-déduction des revenus de remplacement perçus par le salarié entre son éviction de l'entreprise et sa réintégration (cass. soc. 15 novembre 2017, n° 16-14281, BC V n° 193).

Base de calcul de l'indemnité d'éviction dans le cas d'un salarié victime d'un accident du travail - Lorsque le licenciement d'un salarié en arrêt de travail à la suite d'un accident du travail est annulé, l'indemnité d'éviction se calcule en fonction du salaire qu'aurait perçu le salarié, pendant la période écoulée entre le licenciement et la réintégration, au poste qu'il occupait avant la suspension du contrat de travail. On se réfère donc à son salaire « normal », et non au salaire réduit du fait de l'arrêt de travail ou d'un temps partiel thérapeutique (cass. soc. 9 décembre 2020, n° 19-16448 FSPB).

Congés payés pour la période d'éviction - Le salarié dont le licenciement est annulé et qui obtient sa réintégration acquiert des droits à congés payés pendant la période durant laquelle il a été évincé de l'entreprise sous réserve qu'il n'ait pas occupé, durant ce laps de temps un autre emploi (cass. soc. 1er décembre 2021, n° 19-24766 FB). La Cour de cassation s'aligne ainsi sur la position de la Cour de Justice de l'Union européenne (CJUE) (CJUE 25 juin 2020, aff. C-762/18 et C 37/19). Pour rappel, jusqu'alors, la Cour de cassation considérait que le salarié ne pouvait pas prétendre à des congés payés pour la période d'éviction entre son licenciement et sa réintégration (cass. soc. 11 mai 2017, n° 15-19731, BC V n° 73).

▶ À noter... En cas de refus de l'employeur de réintégrer le salarié malgré une décision judiciaire, le salarié peut prendre acte de la rupture ou agir en résiliation judiciaire. Quelle que soit l'option choisie par le salarié, la prise d'acte ou la résiliation judiciaire produit les effets d'un licenciement illicite, permettant au salarié de bénéficier des indemnités de rupture et d'une indemnité pour licenciement illicite d'au moins 6 mois de salaires (cass. soc. 29 mai 2013, n° 11-28734, BC V n° 136).

Indemnisation en l'absence de réintégration - Si le salarié ne demande pas sa réintégration ou si celle-ci est jugée matériellement impossible, il peut obtenir (c. trav. art. L. 1235-3-1) :

- les indemnités de rupture : indemnités de licenciement (indemnité légale ou conventionnelle), indemnités de préavis ;
- en cas d'irrégularité de la procédure de licenciement, la réparation du préjudice lié à cette irrégularité soit par une indemnité distincte, soit par une somme comprise dans l'évaluation globale du préjudice résultant de la nullité du licenciement (cass. soc. 23 janvier 2008, n° 06-42919, BC V n° 20) ;
- des dommages-intérêts réparant l'intégralité du préjudice résultant du caractère illicite du licenciement, dont le montant, souverainement apprécié par les juges du fond, est au moins égal à 6 mois de salaire quels que soient l'ancienneté du salarié et l'effectif de l'entreprise (cass. soc. 9 octobre 2001, n° 99-44353, BC V n° 314 ; cass. soc. 14 avril 2010, n° 09-40486, BC V n° 97). Sur le montant de l'indemnisation dans le cas d'un licenciement nul du fait de l'absence ou de l'insuffisance d'un *plan de sauvegarde de l'emploi**, voir *Licenciement économique (contentieux collectif)**.

▶ Attention... Lorsque le licenciement repose sur plusieurs motifs dont l'un rend le licenciement nul car portant atteinte à une liberté fondamentale, le juge peut tenir compte des autres motifs de licenciement, s'ils sont justifiés, pour fixer le montant des dommages et intérêts dus au salarié, sous réserve de respecter le plancher de 6 mois de salaires (c. trav. art. L. 1235-2-1).

Indemnisation supplémentaire pour les salariés protégés - Les salariés bénéficiant d'un statut protecteur en tant que représentants du personnel ont droit à une indemnisation supplémentaire, à savoir une indemnité égale à la rémunération que le salarié aurait perçue jusqu'à la fin de la période de protection [voir *Licenciement des représentants du personnel (contentieux)**].

▶ À noter... Si en cas de nullité du licenciement, le salarié a droit, en principe, au paiement d'une indemnité compensatrice de préavis, la requalification d'une mise à la retraite en licenciement nul n'ouvre toutefois pas droit au paiement d'une telle indemnité lorsque la rupture du contrat a été précédée d'un délai de préavis d'une durée au moins égale à celle du préavis de licenciement (cass. soc. 30 juin 2010, n° 09-41349, BC V n° 153).

Remboursement des allocations de chômage par l'employeur - L'employeur peut être contraint de rembourser à Pôle Emploi les allocations d'assurance chômage versées, dans la limite de 6 mois d'allocations (c. trav. art. L. 1235-4), en cas de nullité du licenciement prononcé :

- à l'encontre d'un salarié, suite à son action en justice pour discrimination (c. trav. art. L. 1134-4) ;
- à l'encontre d'un salarié, en raison de l'action en justice de ce dernier sur le fondement des dispositions relatives à l'égalité professionnelle entre les femmes et les hommes (c. trav. art. L. 1144-3) ;
- pour des motifs discriminatoires (c. trav. art. L. 1132-4) ;

- à l'encontre d'un salarié victime de harcèlement moral ou sexuel ou ayant relaté ou témoigné sur de tels actes (c. trav. art. L. 1152-3 et L. 1153-4).

Sur le cas d'un licenciement nul du fait de l'absence ou de l'insuffisance d'un *plan de sauvegarde de l'emploi**, voir *Licenciement économique (contentieux collectif)**.

Restitution des allocations de chômage par le salarié - Le salarié protégé, dont le licenciement est nul pour avoir été prononcé sans autorisation administrative ou malgré un refus d'autorisation, ne peut pas cumuler les allocations de chômage avec ses rémunérations ou une indemnité équivalente. S'il obtient la condamnation de son employeur au paiement d'une indemnité compensatrice de salaire pour la période comprise entre son licenciement nul et sa réintégration, Pôle Emploi peut lui réclamer le remboursement des allocations de chômage perçues sur cette période (cass. soc. 19 novembre 2014, n° 13-23643, BC V n° 268) [voir *Licenciement des représentants du personnel (contentieux)**].

Licenciement personnel

☛ *Licenciement pour faute ; Licenciement non disciplinaire ; Licenciement personnel (procédure).*

Licenciement personnel (procédure)

L'employeur (ou son représentant) qui décide de procéder au licenciement pour motif personnel, disciplinaire ou non disciplinaire, d'un salarié doit respecter les règles suivantes, quels que soient l'effectif de l'entreprise et l'ancienneté du salarié (voir *Licenciement non disciplinaire** et *Licenciement pour faute**).

L'employeur ne peut pas choisir, le cas échéant, n'importe quelle personne pour le représenter afin de mener, à sa place, la procédure de licenciement [voir *Entretien préalable au licenciement (déroulement)**].

Sur la procédure de licenciement applicable aux représentants du personnel, voir *Licenciement des représentants du personnel (procédure)**.

Procédure légale

L'employeur doit respecter les étapes suivantes.

1°) Convocation du salarié à un entretien préalable par lettre recommandée (avec accusé de réception, en pratique) ou lettre remise en main propre contre décharge (c. trav. art. L. 1232-2) [sur les autres formes d'envoi, voir *Entretien préalable au licenciement (convocation)**]. Si le licenciement a un motif disciplinaire, la convocation doit, en principe, être envoyée dans un délai de 2 mois à compter du jour où l'employeur a eu connaissance du fait fautif (cass. soc. 16 septembre 2003, n° 01-42712 D) [voir *Sanctions disciplinaires (procédure)**].

2°) Entretien préalable, qui ne peut pas avoir lieu moins de 5 jours pleins et ouvrables après la présentation de la lettre recommandée ou sa remise en main propre (c. trav. art. L. 1232-2). Le salarié ne peut pas renoncer à l'application de ce délai minimal (cass. soc. 28 juin 2005, n° 02-47128, BC V n° 215). Il peut demander à l'employeur de reporter la date de l'entretien, ce dernier n'étant pas obligé d'y faire droit (cass. soc. 6 avril 2016, n° 14-28815 D).

Le jour de remise de la lettre ne compte pas dans ce délai. De plus, si ce délai expire un samedi, dimanche ou jour férié, il est prorogé jusqu'au premier jour ouvrable suivant (cass. soc. 3 juin 2015, n° 14-12245, BC V n° 112 ; cass. soc. 10 juillet 2019, n° 18-11528 D).

3°) Notification du licenciement par lettre recommandée avec accusé de réception, avec indication précise du ou des motifs du licenciement [voir *Licenciement (notification)** et *Licenciement (précision des motifs)**]. La lettre de licenciement ne peut pas être expédiée moins de 2 jours ouvrables après la date de l'entretien (c. trav. art. L. 1232-6) et, en cas de licenciement disciplinaire, plus de 1 mois après le jour fixé pour l'entretien préalable (c. trav. art. L. 1332-2 ; cass. soc. 16 mars 1995, n° 90-41213, BC V n° 90).

4°) Date de sortie du salarié sur le *registre du personnel**. En outre, la fin du contrat de travail est signalée dans la *déclaration sociale nominative (DSN)**.

Procédure conventionnelle

Procédure additionnelle - Certaines conventions collectives ou certains règlements intérieurs instituent, en plus de la procédure légale, une procédure particulière de licenciement imposant, par exemple, la saisine d'un conseil de discipline ou d'une commission d'interprétation et de conciliation (cass. soc. 21 janvier 2009, n° 07-41788, BC V n° 17) [voir *Licenciement pour faute**, *Règlement intérieur** et *Sanctions disciplinaires (procédure)**].

En revanche, un document RH interne à l'entreprise de type guide mémento, à destination des

Procédure du licenciement pour motif personnel

La convocation à l'entretien	Délai	L'entretien préalable	Délai	La notification du licenciement
❶ Elle doit indiquer l'objet, la date, l'heure et le lieu de l'entretien. Elle doit, en outre, mentionner que le salarié peut se faire assister pour cet entretien par une personne de son choix appartenant au personnel de l'entreprise ou, en l'absence d'institutions représentatives dans l'entreprise, par un conseiller extérieur. ❷ En cas de procédure disciplinaire, la convocation ne peut pas être envoyée plus de deux mois après le constat de la faute du salarié (à moins que ce fait ait donné lieu dans le même délai à l'exercice de poursuites pénales).	5 jours pleins et ouvrables minimum →	Y participent : - l'employeur ou son représentant et éventuellement son assistant ; - le salarié et éventuellement son conseiller. Le motif du licenciement envisagé doit être indiqué. L'employeur doit recueillir les explications du salarié.	2 jours ouvrables minimum. Un mois maximum en cas de procédure disciplinaire ❸. →	Elle doit être réalisée par LRAR ❹. L'employeur doit énoncer le ou les motifs de sa décision. L'employeur peut préciser a posteriori le ou les motifs de licenciement ❺.

❶ Avant tout commencement de procédure de licenciement, l'employeur doit vérifier l'existence d'une éventuelle procédure conventionnelle et la respecter (cass. soc. 9 janvier 2013, n° 11-25646, BC V n° 1).
Pour plus de détails, voir *Entretien préalable au licenciement (convocation)**.

❷ En l'absence d'institutions représentatives du personnel dans l'entreprise, il est nécessaire de préciser l'adresse de l'inspection du travail et l'adresse de la mairie (mairie du domicile du salarié s'il réside dans le département où est situé l'établissement, mairie de son lieu de travail sinon) où le salarié peut consulter la liste départementale des conseillers extérieurs voir *Entretien préalable au licenciement (convocation)**.

❸ Le licenciement disciplinaire ne peut intervenir plus d'un mois après le jour fixé pour l'entretien préalable.

❹ L'employeur peut aussi choisir de notifier son licenciement au salarié par un courrier remis en main propre contre décharge (cass. soc. 16 juin 2009, n° 08-40722, BC V n° 149).
En pratique, toutefois, il est conseillé d'adresser la lettre de licenciement par courrier recommandé, pour déterminer, sans aucune contestation possible, la date de la rupture du contrat. En outre, aucune transaction ne peut ensuite être conclue si l'envoi s'effectue par lettre simple ou par lettre remise en main propre (voir *Transaction**).

❺ L'employeur peut, à son initiative ou à la demande du salarié, préciser le ou les motifs de licenciement contenus dans la lettre (c. trav. art. L. 1235-2). L'employeur, qui agit de son propre chef, dispose de 15 jours suivant la notification du licenciement pour apporter des précisions. Le salarié, qui souhaite obtenir des précisions sur les motifs de licenciement, dispose également de 15 jours pour présenter sa demande à l'employeur et ce dernier, s'il le souhaite, peut y répondre dans un délai de 15 jours. Dans tous les cas, il faut procéder par LRAR ou lettre remise en main propre contre décharge (c. trav. art. R. 1232-13). Il est conseillé de répondre à une demande du salarié car, en cas de contentieux, les juges tiendront compte des précisions apportées par l'employeur.

managers et à vocation pédagogique, se bornant à expliciter les règles de droit, n'est pas une norme collective contraignante (cass. soc. 27 mai 2021, n° 19-16117 FSP).

▶ **À noter...** Sur les conséquences de cette saisine sur le délai de notification du licenciement et sur la prescription des fautes, voir *Licenciement (notification)** et *Prescription (droit disciplinaire)**.

Des procédures conventionnelles peuvent exister en cas de procédure disciplinaire mais aussi pour des procédures non disciplinaires (cass. soc. 17 décembre 2014, n° 13-22890, BC V n° 301).

Le respect de cette procédure conventionnelle ou statutaire est obligatoire.

Toutefois, la garantie procédurale ne s'applique que dans le cas précis pour lequel elle a été prévue. Ainsi, lorsqu'un salarié est licencié pour un motif non disciplinaire (ex. : licenciement pour insuffisance professionnelle), les dispositions de la convention collective qui prévoient des garanties particulières en cas de procédure disciplinaire ne s'appliquent pas (cass. soc. 22 juin 2011, n° 09-42697, BC V n° 164 ; cass. soc. 18 septembre 2019, n° 18-10261 FSPB) (voir *Licenciement non disciplinaire**).

Par ailleurs, si l'employeur est dans l'impossibilité « matérielle » de mettre en œuvre la procédure conventionnelle, ou de l'appliquer en intégralité, les juges ne le condamnent pas pour non-respect de la procédure en question, car cette situation ne lui est pas imputable.

Exemples

Un employeur n'avait pas indiqué au salarié, dans la convocation à l'entretien préalable, la possibilité pour ce dernier de saisir une commission prévue par la convention collective et composée de 3 représentants de l'employeur et de 3 représentants du personnel. Les juges n'ont pas condamné l'employeur car ce dernier produisait un PV de carence des élections professionnelles, justifiant ainsi valablement de l'absence de représentants du personnel, et par là, de l'impossibilité de réunir la commission (cass. soc. 10 décembre 2015, n° 14-16214, BC V n° 253).

Dans le même ordre d'idées, lorsque la saisine d'un conseil paritaire en cas de projet de licenciement pour faute grave est imposée à l'employeur (3 représentants du salarié, 3 représentants de l'employeur), et que le salarié ne désigne que 2 représentants, l'employeur respecte la procédure conventionnelle dès lors qu'il réduit à 2 le nombre de ses représentants (cass. soc. 6 avril 2016, n° 14-21530, BC V n° 65).

Conformément à la convention collective, un salarié menacé de licenciement avait pu prendre connaissance au préalable de son dossier et désigner les membres salariés du conseil de discipline. Un incident de début de séance s'était produit, le salarié, sous le prétexte qu'on ne lui avait pas remis une copie du dossier (ce qui n'était pourtant pas prévu par la convention collective), avait quitté la réunion accompagné de son assistant et d'un des représentants du collège salariés. La séance s'était poursuivie et le salarié avait été licencié. L'employeur n'a pas été condamné car le défaut de parité dans la composition du conseil ne lui était pas imputable (cass. soc. 26 janvier 2016, n° 14-17996, BC V n° 14).

Sanction pour non-respect de la procédure légale ou conventionnelle

Voir *Licenciement irrégulier**.

☛ *Licenciement ; Licenciement (précision des motifs) ; Licenciement pour faute ; Licenciement non disciplinaire ; Licenciement sans cause réelle et sérieuse.*

Licenciement (précision des motifs)

L'employeur peut, à son initiative ou à la demande du salarié, préciser le(s) motif(s) de licenciement contenu(s) dans une lettre de licenciement qu'il a déjà adressée au salarié. En cas de contentieux, les juges tiennent compte de la lettre de licenciement mais aussi des précisions apportées le cas échéant par l'employeur (c. trav. art. L. 1235-2). **Cette procédure a été validée par le Conseil d'État** (CE 6 mai 2019, n° 417299).

Droit de préciser le motif du licenciement

Préciser, et non pas compléter ou ajouter - Cette procédure permet à l'employeur de « préciser » le motif a posteriori. Il ne s'agit donc pas, selon le ministère du Travail, d'insérer un nouveau motif ou de motiver après coup un licenciement qui ne l'était pas initialement [Questions/réponses (Q/R) 5, « La rupture du contrat de travail », diffusé le 23 juillet 2020].

▶ Attention… Cette procédure de précision des motifs s'applique aux licenciements prononcés depuis 18.12.2017 (ord. 2017-1387 du 22 septembre 2017, JO du 23 ; décret 2017-1702 du 15 décembre 2017, JO du 17). À notre sens, le terme de « prononcé » doit s'entendre comme « notifié ».

Si nécessaire, l'employeur peut donner plus de corps au motif en cause, mieux le détailler, le rendre plus clair ou plus explicite. Pour autant, un motif dénué de fondement aura toujours les mêmes conséquences qu'auparavant en cas de procès prud'homal : il rendra le *licenciement sans cause réelle et sérieuse.**

▶ À noter… Les modèles de lettre de licenciement rappellent la procédure de précision des motifs. Lorsque l'employeur utilise un modèle de lettre de licenciement, le salarié est donc averti de son droit de demander des précisions à l'employeur [voir *Licenciement (notification)**]. En revanche, rien n'oblige l'employeur à ajouter une telle mention aux courriers de licenciement qui ne seront pas une reprise d'un des modèles puisqu'il ne s'agit pas d'une mention obligatoire.

Option ouverte à tous les licenciements - Les mêmes règles s'appliquent que l'on soit dans le cadre d'un licenciement pour motif personnel (c. trav. art. R. 1232-13) ou d'un licenciement pour motif économique (c. trav. art. R. 1233-2-2) [voir *Licenciement pour faute**, *Licenciement non disciplinaire** et *Licenciement économique (cause économique)**].

Conditions et délais à respecter

Précisions demandées par le salarié - Le salarié qui souhaite obtenir des précisions sur les motifs indiqués dans la lettre de licenciement doit le demander à l'employeur dans les 15 jours suivant la notification du licenciement. Cette demande doit se faire par lettre recommandée avec avis de réception (LRAR) ou par lettre remise en main propre contre décharge (c. trav. art. R. 1232-13 et R. 1233-2-2).

▶ À noter… En l'absence d'indication dans le code du travail, il faut, à notre sens, considérer que les jours sont des calendaires sachant par ailleurs que, si le délai expire un samedi, un dimanche ou un jour férié ou chômé, il est prorogé jusqu'au premier jour ouvrable suivant (c. trav. art. R. 1231-1).

Réponse de l'employeur - L'employeur qui souhaite répondre dispose alors d'un délai de 15 jours à compter de la réception de la demande du salarié pour fournir des précisions. Il doit, lui aussi, répondre au salarié par LRAR ou lettre remise en main propre contre décharge. Selon les termes du code du travail, l'employeur n'est pas tenu de répondre au salarié, même si ce n'est pas forcément dans son intérêt (c. trav. art. R. 1232-13 et R. 1233-2-2 ; Q/R 6, « La rupture du contrat de travail », diffusé le 23 juillet 2020).

Précisions à l'initiative de l'employeur - L'employeur peut, de sa propre initiative, souhaiter préciser la motivation du licenciement au salarié. Il doit alors le faire dans les 15 jours suivant la notification du licenciement, c'est-à-dire de la date à laquelle le salarié a reçu la lettre de licenciement. Il doit procéder par LRAR ou lettre remise en main propre contre décharge (c. trav. art. R. 1232-13 et R. 1233-2-2).

Le ministère du Travail conseille à l'employeur de préciser sa lettre de licenciement s'il se rend compte après son envoi qu'il manque un ou plusieurs éléments essentiels à sa motivation. Par exemple (Q/R n° 4, « La rupture du contrat de travail », diffusé le 23 juillet 2020) :

- lorsque le licenciement est prononcé pour inaptitude et qu'il a omis de préciser dans la lettre de licenciement initiale que « le reclassement était impossible » ;
- lorsque le licenciement est prononcé pour un motif disciplinaire reposant sur des retards injustifiés et répétés et qu'il a omis d'indiquer la date de certains retards.

Effets

Point de départ du préavis - La procédure de précision des motifs ne modifie pas le point de départ du préavis. Le préavis commence à courir dès la date de présentation de la lettre recommandée initiale notifiant le licenciement (Q/R n° 11, « La rupture du contrat de travail », diffusé le 23 juillet 2020).

Point de départ d'une action en justice - La procédure de précision des motifs modifie le point de départ du délai durant lequel le licenciement peut être contesté devant le juge. En cas de précision des motifs, c'est la lettre de licenciement précisée qui fixe les limites du litige. Le délai de prescription court donc à partir de cette seconde lettre (Q/R n° 10, « La rupture du contrat de travail », diffusé le 23 juillet 2020).

Conséquences d'un défaut de demande du salarié

Le salarié qui, en présence d'un motif qu'il estime imprécis, ne demande pas à l'employeur de clarifier les raisons de la rupture ne peut pas invoquer ensuite cette insuffisance de motivation devant les prud'hommes pour faire juger qu'il a été licencié sans cause réelle et sérieuse (c. trav. art. L. 1235-2). Si l'imprécision de motivation est reconnue, il n'aura droit qu'à une indemnité d'au plus un mois de salaire, soit la même qu'en cas d'irrégularité de procédure.

En d'autres termes, le salarié qui souhaite engager un contentieux prud'homal sur la seule insuffisance de motivation du licenciement aura tout intérêt à demander des précisions, s'il veut préserver ses droits à indemnisation d'un *licenciement sans cause réelle et sérieuse**. De sorte que dans certains cas, certains employeurs risquent de systématiquement recevoir des demandes de précision.

☞ *Licenciement (notification)* ; *Licenciement sans cause réelle et sérieuse.*

Licenciement des représentants du personnel

Tout licenciement d'un représentant du personnel élu au comité social et économique (CSE) ou désigné (ex. : délégués syndicaux) est soumis à une procédure spécifique d'autorisation de l'inspecteur du travail et ce, quels que soient le motif du licenciement et le statut de l'entreprise qui l'emploie (cass. soc. 12 juillet 2006, n° 04-48351, BC V n° 248).

La procédure protectrice est à appliquer dans d'autres cas de rupture du contrat de travail, voir *Protection des représentants du personnel**.

D'autres salariés bénéficient de la protection, au titre d'un mandat extérieur à l'entreprise par exemple *(voir le tableau reproduit dans cette étude)*.

Salariés bénéficiaires

Représentants du personnel, syndicaux, conseillers du salarié, etc. - La procédure spécifique bénéficie à tous les élus du CSE, aux représentants syndicaux au CSE, aux salariés mandatés pour négocier un accord collectif en l'absence de délégués syndicaux (DS), aux salariés remplissant certaines fonctions sociales (conseillers prud'hommes, conseillers du salarié, défenseur syndical, représentants du personnel dans le cadre d'une procédure de redressement judiciaire, etc.).

▶ À noter… S'agissant des anciens représentants syndicaux au CSE, le bénéfice du statut protecteur pendant les 6 mois qui suivent la fin de leur mandat (ou la disparition du CSE) est subordonné à la condition qu'ils aient été désignés depuis 2 ans (c. trav. art. L. 2411-5).

Sur le *licenciement des délégués syndicaux**, voir cette étude.

La protection se prolonge pendant une certaine période après l'expiration des mandats ou la disparition de l'institution concernée *(voir tableau reproduit dans cette étude)*.

Un mandat « de fait » ne donne pas droit à la protection contre le licenciement (cass. soc. 19 mai 1993, n° 91-40235 D ; cass. soc. 28 septembre 2016, n° 15-16984 D).

Demandeurs d'élections - S'il est mandaté par un syndicat, le salarié qui demande la tenue des *élections professionnelles** acquiert « automatiquement » la protection contre son licenciement et ce pendant 6 mois (c. trav. art. L. 2411-6 et L. 2411-9).

Pour que le salarié puisse se prévaloir de cette protection, le syndicat qui soutient sa demande doit être habilité à négocier le protocole préélectoral et à présenter des candidats dès le premier tour (cass. soc. 15 octobre 2015, n° 14-15995 D).

Un salarié non mandaté par un syndicat, agissant de sa propre initiative, ne bénéficie du statut protecteur qu'à compter du moment où sa demande est relayée par un syndicat et non à compter de sa demande (cass. soc. 28 octobre 1996, n° 94-45426, BC V n° 351 ; CE 5 novembre 1993, n° 100132). En conséquence, si au moment où l'employeur envoie la convocation à l'entretien préalable au licenciement, le syndicat n'a pas encore adressé sa « confirmation », ce salarié peut être licencié sans autorisation administrative (cass. soc. 28 octobre 1996, n° 94-45426, BC V n° 351 ; CE 31 mars 2014, n° 363967).

▶ À noter… La demande du salarié doit être formulée de bonne foi. Par exemple, le salarié peut se tromper sur le calcul du seuil d'effectif rendant obligatoire l'organisation des élections, et néanmoins acquérir le statut protecteur, pourvu qu'il soit de bonne foi (cass. soc. 13 octobre 2010, n° 09-41916, BC V n° 228 ; cass. soc. 3 avril 2019, n° 18-10414 D).

Candidats aux élections - Voir *Élections professionnelles (candidats)**.

▶ À noter… L'annulation des élections ne prive pas les candidats de la protection légale contre les licenciements (cass. soc. 11 mai 1999, n° 97-40765, BC V n° 211).

Voir le tableau reproduit dans cette étude et récapitulant les principaux bénéficiaires de la protection spécifique.

Gérant non salarié d'une succursale de commerce de détail alimentaire investi d'un mandat représentatif - La procédure protectrice concerne les salariés investis d'un mandat représentatif. Par exception, elle s'applique également au gérant non salarié d'une succursale de commerce de détail alimentaire investi d'un mandat représentatif. Bien que ce gérant soit un travailleur indépendant, son statut est, en effet, défini par le code du travail. La recodification du code du travail en 2008 n'a pas modifié ce principe et ses conséquences en matière de protection (c. trav. art. L. 7321-1 à L. 7322-6 ; cass. soc. plén. 9 janvier 2015, n° 13-80967, BC V n° 1).

Élu local salarié - Voir *Élus locaux**.

Commission paritaire - Les membres des commissions paritaires professionnelles ou inter-

Principaux bénéficiaires de la protection		
Représentants ou salariés concernés	**Durée de la protection**	**Protection à la fin du mandat**
Demandeurs d'élections		
Premier salarié demandeur avec un syndicat (c. trav. art. L. 2411-6)	6 mois à compter de l'envoi à l'employeur de la LR par laquelle une organisation a, la première, demandé les élections professionnelles*.	
Comité d'entreprise européen		
Membres désignés du CEE (c. trav. art. L. 2411-11)	Application de la protection attachée aux membres du CE.	6 mois à partir de l'expiration du mandat ou de la disparition du comité.
Comité de groupe		
Membres des comités de groupe désignés par les syndicats (c. trav. art. L. 2333-2)	Application de la protection attachée aux membres du CSE.	Voir Comité social et économique.
Comité social et économique (CSE)		
Candidats aux élections du CSE (c. trav. art. L. 2411-7)	6 mois à compter de l'envoi de la LRAR à l'employeur des listes de candidatures ou de la preuve de l'imminence de la candidature du salarié.	
Membres élus du CSE titulaires et suppléants (c. trav. art. L. 2411-5)	Du jour de la proclamation des résultats et pendant toute la durée du mandat (4 ans en principe).	6 mois à partir de l'expiration du mandat ou de la disparition du CSE.
Représentants syndicaux au CSE (c. trav. art. L. 2411-5)	De la date de réception de la lettre notifiant la désignation à l'employeur et pendant toute la durée du mandat (4 ans en principe)	6 mois à partir de l'expiration du mandat ou de la disparition du CSE (2).
Comité social et économique (CSE) central		
Membres désignés du CSE central	Application de la protection attachée aux membres du CSE.	Voir Comité social et économique.
Représentants syndicaux au CSE central	Application de la protection attachée aux membres du CSE.	Voir Comité social et économique.
Délégués syndicaux		
Délégués syndicaux d'entreprise ou d'établissement, supplémentaires ou centraux (c. trav. art. L. 2411-3)	De la date de réception de la lettre (ou de la preuve de l'imminence de la désignation) notifiant la désignation à l'employeur ou de la date du remplacement ou de la baisse durable et importante de l'effectif.	En principe (3), 12 mois après la cessation de leurs fonctions, lorsque celles-ci ont été exercées pendant 1 an au moins.
Représentants de proximité		
Candidat à la fonction de représentant de proximité (c. trav. art. L. 2411-9)	6 mois à compter du dépôt de sa candidature (ou de la preuve de l'imminence de la candidature du salarié).	
Représentant de proximité (c. trav. art. L. 2411-8)	Du jour de la proclamation des résultats et pendant toute la durée du CSE (4 ans sauf autre durée prévue conventionnellement).	6 mois à partir de l'expiration du mandat ou de la disparition du CSE.
Représentants de la section syndicale		
Représentants de la section syndicale (c. trav. art. L. 2142-1-2)	Voir ci-dessus.	

Licenciement des représentants du personnel

Principaux bénéficiaires de la protection		
Représentants ou salariés concernés	**Durée de la protection**	**Protection à la fin du mandat**
Représentants conventionnels		
Représentants institués par voie conventionnelle (c. trav. art. L. 2411-2 ; cass. soc. 29 janvier 2003, n° 00-45961, BC V n° 34 ; cass. soc. 12 juillet 2006, n° 04-45893, BC V n° 258 ; cass. soc. 25 mars 2020, n° 19-11581 FSPB)	Application de la protection attachée aux représentants du personnel légaux de même nature. À l'inverse, pas de protection pour les représentants du personnel conventionnels non prévus par le code du travail.	
Conseillers extérieurs du salarié (mandat extérieur à l'entreprise)		
Conseillers extérieurs à l'entreprise assistant un salarié à l'entretien préalable au licenciement (c. trav. art. L. 2411-21 ; cass. soc. 22 septembre 2010, n° 09-41173, BC V n° 192)	De la date d'arrêt de la liste des conseillers arrêtée par le préfet (ou de la preuve de l'imminence de la désignation) à la date du remplacement (mandat de 3 ans) (1).	12 mois après la cessation des fonctions (à condition que les fonctions de conseiller aient été exercées pendant au moins 1 an).
Conseillers prud'hommes		
Candidats aux fonctions de conseillers (c. trav. art. L. 1442-19 et L. 2411-22)	3 mois à compter de la nomination des conseillers prud'hommes.	
Conseillers élus (c. trav. art. L. 1442-19 et L. 2411-22)	De la date de proclamation des résultats de l'élection et pendant la durée du mandat (5 ans) (1). À compter du prochain renouvellement (courant 2017), la durée du mandat est ramenée à 4 ans.	6 mois après la cessation des fonctions.
Défenseurs syndicaux		
Défenseurs syndicaux (c. trav. art. L. 2411-24)	Pendant la durée du mandat (1)	
Commissions paritaires locales (mandat extérieur à l'entreprise)		
Représentants des salariés dans les commissions ayant vocation notamment à négocier des accords locaux (c. trav. art. L. 2234-2 et L. 2234-3) Des accords peuvent instituer des commissions paritaires professionnelles ou interprofessionnelles aux plans local, départemental ou régional.	Application de la protection déterminée par voie d'accord (c. trav. art. L. 2234-3). Tout salarié membre d'une commission paritaire bénéficie de la protection prévue pour les délégués syndicaux en cas de licenciement (cass. soc. 1er février 2017, n° 15-24310, BC V n° 20).	
Candidats au mandat de salariés membres des commissions paritaires régionales interprofessionnelles (c. trav. art. L. 2411-25, L. 2412-16 et L. 2422-1).	De la date de notification de la candidature à l'employeur et pendant une durée de 6 mois.	
Salariés membres des commissions paritaires interprofessionnelles ayant vocation à représenter les entreprises de moins de 11 salariés (c. trav. art. L. 2411-1, L. 2411-25, L. 2412-16 et L. 2421-2)	Pendant le mandat (4 ans renouvelables).	6 mois après cessation du mandat.
Représentants des salariés en cas de redressement judiciaire		
Salarié élu pour représenter le personnel (c. com. art. L. 662-4)	Pendant toute la durée de l'exercice de la mission.	

Principais bénéficiaires de la protection		
Représentants ou salariés concernés	**Durée de la protection**	**Protection à la fin du mandat**
Médecin du travail		
Médecin du travail (c. trav. art. L. 4623-5 ; cass. soc. 29 octobre 2010, n° 08-70412 D)	Du jour où le contrat de travail a pris effet et pendant l'exercice des fonctions, même si les instances compétentes n'ont pas encore donné leur accord à la nomination.	

(1) Un salarié ne peut se prévaloir de la protection attachée aux mandats extérieurs à l'entreprise que s'il en a informé son employeur (ou s'il prouve que ce dernier en avait connaissance) au plus tard lors de l'entretien préalable au licenciement ou, s'il s'agit d'une rupture ne nécessitant pas un entretien préalable (ex. : mise à la retraite, « grand » licenciement économique avec consultation des représentants du personnel), au plus tard avant la notification de l'acte de rupture (cass. soc. 14 septembre 2012, n° 11-21307, BC V n° 230 ; cass. soc. 16 janvier 2019, n° 17-27685 FSPB ; cass. soc. 7 juillet 2021, n° 19-26032 D). À défaut, le salarié ne peut pas reprocher à l'employeur de l'avoir licencié sans autorisation (guide DGT, septembre 2019, fiche 4 ; Conseil constitutionnel, décision 2012-242 QPC du 14 mai 2012, JO du 15). Même solution en cas de renouvellement de son mandat (cass. soc. 30 septembre 2015, n° 14-17748, BC V n° 185). En cas de changement d'employeur, le salarié doit renouveler l'information auprès du nouvel employeur (cass. soc. 15 avril 2015, n° 13-25283, BC V n° 88).

(2) L'ancien représentant syndical qui, désigné depuis 2 ans, n'est pas reconduit dans ses fonctions lors du renouvellement du comité bénéficie de la protection pendant les 6 premiers mois suivant l'expiration de leur mandat ou la disparition de l'institution (c. trav. art. L. 2411-5).

(3) Dans une entreprise de moins de 50 salariés, le délégué syndical n'est protégé que pendant 6 mois après la fin de son mandat. En effet, seul un élu du CSE peut être désigné délégué syndical, de sorte que la protection post-mandat est celle de 6 mois attachée à sa qualité d'élu et non celle de 12 mois attachée à la qualité de délégué syndical s'il a exercé plus de 1 an (cass. soc. 4 novembre 2020, n° 19-12279 FPB).

professionnelles locales, départementales ou régionales mises en place par accord collectif (ayant pour rôle d'intervenir en cas de conflit sur une sanction disciplinaire) bénéficient d'un statut protecteur (c. trav. art. L. 2234-3).

Il n'en est pas de même pour les membres d'une commission paritaire interne d'entreprise (ayant pour rôle de concourir à la mise en place d'un dialogue social interentreprises) (cass. soc. 22 janvier 2020, n° 18-21206 FSPB).

Protection appréciée à la date d'envoi de la convocation à l'entretien préalable - L'employeur doit demander l'autorisation de licencier un salarié lorsque celui-ci est protégé à la date d'envoi de la convocation à l'entretien préalable au licenciement (cass. soc. 26 mars 2013, n° 11-27964, BC V n° 83). Le fait que le courrier prononçant le licenciement soit envoyé postérieurement à l'expiration de la période de protection est sans incidence.

▶ Attention… La règle d'appréciation de la protection à la date de convocation à l'entretien préalable est applicable y compris lorsque les faits reprochés dans la lettre de licenciement se sont déroulés après le terme de la période de protection (cass. soc. 23 octobre 2019, n° 18-16057 FPB).

L'inspecteur du travail reste compétent lorsque la protection était effectivement en cours à la date d'envoi de la convocation à entretien préalable, peu important que la période de protection ait expiré à la date de sa décision administrative (CE 23 novembre 2016, n° 392059 ; guide DGT, septembre 2019, fiche 4, § 6).

Dans le cas où le salarié protégé refuse une rétrogradation parce que celle-ci modifie son contrat de travail et que, à la place, l'employeur envisage une sanction dite « de substitution » (ex. : licenciement), l'autorisation administrative est requise si ce salarié a acquis le statut protecteur à la date où l'employeur a envoyé la convocation au second entretien préalable, en l'occurrence, au licenciement (ex. : le salarié s'est porté candidat aux élections professionnelles « entre les deux procédures disciplinaires »). Le fait que l'employeur ait ignoré ce statut lors de l'envoi de la première convocation au titre de la sanction « initiale » est sans incidence (cass. soc. 13 mai 2014, n° 13-14537, BC V n° 115).

Durée de la protection - La durée du régime protecteur varie selon le mandat représentatif *(voir tableau reproduit dans cette étude)*. La protection couvre la durée du mandat et, dans certains cas, une période faisant suite à l'expiration du mandat ou à la disparition de l'institution concernée.

Par ailleurs, les représentants du personnel, licenciés puis réintégrés dans l'entreprise suite à l'annulation de l'autorisation administrative de licenciement, sont protégés pendant les 6 mois suivant leur réintégration lorsqu'ils ne peuvent pas retrouver leur mandat du fait de la disparition de l'institution représentative du personnel concernée [voir *Licenciement des représentants du personnel (contentieux)**].

▶ Attention… Un jugement de liquidation judiciaire ou d'arrêt de la poursuite d'activité ne met pas automatiquement fin au mandat des membres du CSE dès lors que les opérations de liquidation se prolongent dans le temps. En conséquence, les mandats et la protection des élus ne prennent fin qu'après la dissolution réelle, en l'espèce, de l'association (cass. soc. 19 décembre 2018, n° 17-15503 FSPB).

Motif de licenciement - Voir *Licenciement des représentants du personnel (motif)**.

Procédure de licenciement - La procédure protectrice comprend, en principe, les étapes suivantes : convocation du salarié à un entretien préalable, consultation du CSE (sauf exception), demande d'autorisation de licenciement à l'inspecteur du travail puis, notification du licenciement en cas d'autorisation [voir *Licenciement des représentants du personnel (procédure)**].

Sur les conséquences d'un licenciement prononcé sans autorisation ou de l'annulation d'une autorisation de licenciement, voir *Licenciement des représentants du personnel (contentieux)**.

Fin de la période de protection

Rupture du contrat sans autorisation de l'inspecteur du travail - À l'issue de la période de protection, l'employeur retrouve en principe la liberté de licencier l'ancien représentant du personnel selon les règles de droit commun, donc sans autorisation administrative. Comme pour tout salarié, l'employeur doit justifier d'un motif réel et sérieux et respecter la procédure de licenciement (cass. soc. 28 novembre 2007, n° 06-40489, BC V n° 197).

Faits commis pendant la période de protection - Le licenciement ne doit pas avoir pour objet de faire échec aux dispositions légales protectrices (cass. soc. 14 avril 1988, n° 85-40563 D). Ainsi, un salarié ne peut pas être licencié au terme de la période de protection en raison de faits commis pendant celle-ci et qui auraient dû être soumis à l'inspection du travail. À titre d'exemples :

- l'employeur ne doit pas avoir volontairement attendu la perte du statut protecteur pour procéder au licenciement (cass. soc. 22 septembre 2011, n° 10-14883 D ; cass. soc. 18 février 2016, n° 14-17131 D) ;
- tout licenciement fondé sur des faits commis pendant la période de protection d'un représentant du personnel doit donner lieu à une demande d'autorisation administrative, même si le licenciement est notifié après l'expiration de la période de protection (cass. soc. 23 novembre 2004, n° 01-46234, BC V n° 295 ; cass. soc. 13 juin 2019, n° 17-24160 D ; guide DGT, septembre 2019, fiche 4) ;
- dès lors que la protection est toujours en cours à la date d'envoi de la convocation à l'entretien préalable, l'autorisation administrative est requise, même si la protection a déjà expiré à la date de la notification du licenciement (cass. soc. 26 mars 2013, n° 11-27964, BC V n° 83) ;
- l'employeur ne doit pas motiver un licenciement par des faits ayant fait l'objet d'un refus d'autorisation de l'inspecteur du travail (cass. soc. 9 juillet 2014, n° 13-16434, BC V n° 186 ; cass. soc. 23 septembre 2015, n° 14-10648, BC V n° 181).

En revanche, la persistance du comportement fautif du salarié après l'expiration de la période de protection peut justifier le prononcé d'un licenciement, sans autorisation de l'inspection de travail (ex. : indiscipline, absence injustifiée, comportement agressif, insultant et dénigrant envers des collègues, notamment féminines, et persistant depuis plusieurs années) (cass. soc. 31 janvier 2007, n° 06-41087 D ; cass. soc. 10 octobre 2012, n° 11-20550 D : indiscipline ; cass. soc. 16 février 2022, n° 20-16171 FB).

L'employeur n'a pas non plus à solliciter l'autorisation de l'inspecteur du travail lorsqu'il n'a eu une exacte connaissance des fautes commises par le salarié qu'à l'expiration de la période de protection (cass. soc. 9 février 2012, n° 10-19686 D).

☛ *Licenciement des délégués syndicaux ; Licenciement des représentants du personnel (contentieux) ; Licenciement des représentants du personnel (motif) ; Licenciement des représentants du personnel (procédure) ; Protection des représentants du personnel.*

Licenciement des représentants du personnel (contentieux)

Lorsqu'un inspecteur du travail a autorisé ou refusé le licenciement d'un salarié protégé, le salarié (ou l'employeur, selon le cas) dispose de 2 mois pour formuler un recours hiérarchique ou déclencher un contentieux devant le juge administratif [voir *Licenciement des représentants du personnel (procédure)**].

Si le salarié protégé parvient à faire annuler son licenciement ou s'il a été licencié sans aucune autorisation, il peut être réintégré à son poste et récupérer son mandat, sauf si d'autres élections ont eu lieu entre-temps. Il a aussi droit à une indemnité réparant le préjudice subi variable selon les cas.

Autorisation de licenciement annulée ou retirée

Licenciement nul - L'annulation de l'autorisation administrative de licenciement d'un salarié protégé entraîne la nullité du licenciement (cass. soc. 30 juin 2004, n° 02-41687, BC V n° 185).

Le retrait de l'autorisation de licenciement produit les mêmes effets que son annulation (cass. soc. 30 avril 2002, n° 99-44995, BC V n° 138 ; cass. soc. 8 octobre 2003, n° 01-41297, BC V n° 254).

Droit à réintégration - En cas d'annulation ou de retrait de l'autorisation de licenciement, le salarié protégé bénéficie d'un droit à réintégration (c. trav. art. L. 2422-1 ; cass. soc. 30 avril 2002, n° 99-44995, BC V n° 138 ; cass. soc. 8 octobre 2003, n° 01-41297, BC V n° 254).

La réintégration d'un salarié protégé à la suite de l'annulation sur recours contentieux de la décision de l'inspecteur du travail est de droit, dès lors qu'elle est demandée, même si le licenciement, pour lequel l'autorisation administrative avait été sollicitée, a été notifié par l'employeur à l'issue de la période de protection (cass. soc. 21 octobre 2008, n° 07-42021, BC V n° 194).

▶ À noter… La réintégration d'un salarié protégé ne vaut pas nouveau contrat de travail. Si la décision ouvrant droit à réintégration finit par être annulée, l'employeur n'a donc pas d'obligation d'engager une procédure de licenciement (cass. soc. 11 juillet 2016, n° 14-29094, BC V n° 151).

Réintégration à la demande du salarié - La demande de réintégration du salarié (ou d'une organisation syndicale mandatée par un salarié) doit être présentée dans un délai de 2 mois suivant la notification de la décision du ministre ou du juge administratif annulant l'autorisation de licenciement (c. trav. art. L. 2422-1 ; cass. soc. 17 septembre 2003, n° 01-41656, BC V n° 238).

Passé ce délai de 2 mois, la demande de réintégration est irrecevable, car jugée tardive (cass. soc. 23 juin 1999, n° 97-41825, BC V n° 295 ; cass. soc. 12 juillet 2006, n° 04-48007 D).

▶ À noter… Si le code du travail n'impose aucune condition de forme, la demande de réintégration doit, à notre avis, être adressée par LRAR pour des questions de preuve.

Réintégration dans l'emploi précédent ou équivalent - Le salarié doit retrouver son précédent emploi s'il existe toujours et s'il est disponible (cass. soc. 23 juin 1999, n° 98-60383, BC V n° 294). À défaut, il doit être réintégré dans un emploi équivalent, qui doit comporter le même niveau de rémunération, la même qualification et les mêmes perspectives de carrière que l'emploi initial (c. trav. art. L. 2422-1 ; cass. soc. 24 juin 1998, n° 95-44388, BC V n° 339 ; cass. soc. 1er février 2017, n° 15-20739 D).

▶ Attention… Une autorisation administrative de licenciement, délivrée postérieurement à l'annulation par le juge administratif d'une précédente autorisation, ne peut avoir pour effet de régulariser a posteriori le licenciement prononcé sur la base de l'autorisation annulée et tenir en échec le droit à réintégration du salarié issu de cette annulation (cass. soc. 10 décembre 1997, n° 94-45337, BC V n° 435).

Le défaut de réintégration d'un salarié protégé justifie qu'il prenne acte de la rupture de son contrat de travail (cass. soc. 12 avril 2012, n° 10-28697 D) (voir *Prise d'acte de la rupture**).

À défaut de réintégration et en l'absence de justification d'une impossibilité de réintégration *(voir aussi ci-après)*, l'employeur ne peut pas licencier le salarié protégé pour refus d'une modification de contrat. Ce licenciement est nul, et ce, même si la période de protection a expiré (cass. soc. 5 décembre 2018, n° 16-19912 FPB).

L'emploi doit être situé dans le même secteur géographique que l'emploi initial (cass. soc. 10 décembre 2003, n° 01-45110 D ; cass. soc. 13 mai 2008, n° 06-46108 D). Le périmètre de réintégration d'un salarié protégé, en cas d'annulation de la décision de l'inspecteur du travail autorisant son licenciement, s'étend uniquement à l'entreprise et à l'unité économique et sociale reconnue entre cette entité et d'autres personnes juridiques (cass. soc. 19 novembre 2008, n° 07-43215 D).

La mise en disponibilité avec maintien de la rémunération pendant la période de protection restant à courir ne constitue pas une réintégration effective (cass. soc. 30 juin 2004, n° 02-41686, BC V n° 185).

Impossibilité de réintégration - Le salarié protégé dont le licenciement est nul en raison de l'annulation de l'autorisation administrative doit être, s'il le demande, réintégré dans son emploi ou un emploi équivalent. L'employeur ne peut ensuite le licencier que s'il a satisfait à cette obligation de réintégration ou s'il justifie d'une impossibilité de réintégration.

Une telle impossibilité de réintégration est caractérisée lorsque le licenciement, dont l'autorisation avait été annulée, avait été prononcé pour faute grave due au *harcèlement moral** de collaborateurs. En effet, tenu par son obligation de sécurité et de prévention du harcèlement moral, l'employeur ne peut pas réintégrer un salarié dès lors que celui-ci est le supérieur hiérarchique d'autres salariés de l'entreprise, lesquels soutiennent avoir été victimes du harcèlement moral de ce dernier et avaient à ce propos exercé leur droit de retrait (cass. soc. 1er décembre 2021, n° 19-25715 FPB).

Réintégration de plein droit dans le mandat - Le représentant du personnel est rétabli de plein droit dans ses fonctions représentatives, dans la mesure où il est réintégré dans l'établissement d'origine et si l'institution à laquelle il appartenait n'a pas été renouvelée depuis son licenciement (c. trav. art. L. 2422-2).

Les délégués syndicaux ne sont pas rétablis automatiquement dans leur mandat. Ils doivent faire l'objet d'une nouvelle désignation par l'organisation syndicale (cass. soc. 22 janvier 2002, n° 00-60356, BC V n° 28).

Protection pendant 6 mois si le CSE a disparu - Lorsque l'autorisation administrative de licenciement d'un représentant syndical au CSE est par la suite annulée, et que l'intéressé, réintégré dans l'entreprise, n'a pas pu retrouver son mandat pour cause de disparition du comité, il bénéficie d'une protection pendant 6 mois après sa réintégration (cass. soc. 16 décembre 2014, n° 13-21203, BC V n° 289).

Cette règle vaut également pour les membres élus du CSE (c. trav. art. L. 2422-2).

Lorsque l'emploi n'existe plus ou n'est plus disponible, le délai de 6 mois débute à compter du jour où l'employeur exécute son obligation de réintégration, c'est-à-dire propose au salarié un emploi équivalent comportant le même niveau de rémunération, la même qualification et les mêmes perspectives de carrière (cass. soc. 17 mai 2017, n° 14-29610, BC V n° 87).

Indemnisation du salarié qui a demandé sa réintégration - Le salarié bénéficie, dans ce cas, d'une indemnité au titre de la totalité du préjudice subi (matériel et moral) depuis son licenciement jusqu'à sa réintégration effective (c. trav. art. L. 2422-4 ; cass. soc. 30 novembre 2004, n° 01-44739, BC V n° 309 ; cass. soc. 12 novembre 2015, n° 14-10640, BC V n° 232), qui correspond au versement des salaires perdus entre le licenciement et cette réintégration, sous déduction des sommes perçues par le salarié *(voir ci-après)*.

Un salarié licencié puis réintégré a droit à cette indemnisation même si l'employeur a ensuite obtenu une autre autorisation de licenciement pour les mêmes faits que ceux à l'origine de la première demande (cass. soc. 8 juillet 2020, n° 19-10534 FSPB).

L'indemnité réparant le préjudice subit a la nature d'un complément de salaire, dont le paiement s'accompagne du versement des cotisations correspondantes. Elle ouvre donc droit au paiement des congés payés afférents (cass. soc. 1er décembre 2021, n° 19-25715 FPB).

▶ À noter... Ce faisant, la jurisprudence de la Cour de cassation est en conformité avec celle de la CJUE (CJUE 25 juin 2020, aff. C-762/18 et C 37/19).

Indemnisation du salarié qui n'a pas demandé sa réintégration - Le salarié bénéficie, dans ce cas, d'une indemnité au titre de la totalité du préjudice subi depuis son licenciement jusqu'à l'expiration du délai de 2 mois à compter de la notification de la décision annulant l'autorisation de licenciement (c. trav. art. L. 2422-4 ; cass. soc. 17 septembre 2003, n° 01-41656, BC V n° 238). Il faut déduire les sommes perçues par ce salarié au titre d'une autre activité professionnelle (cass. soc. 2 mai 2001, n° 98-46342, BC V n° 148), de ses droits à chômage (cass. soc. 19 octobre 2005, n° 02-46173, BC V n° 293) ou des pensions versées par la caisse de retraite (cass. soc. 26 septembre 2007, n° 05-42599, BC V n° 140 ; cass. soc. 29 septembre 2014, n° 13-15733, BC V n° 214).

L'indemnité réparant le préjudice subit a la nature d'un complément de salaire, dont le paiement s'accompagne du versement des cotisations correspondantes. Elle ouvre donc droit au paiement des congés payés afférents (cass. soc. 1er décembre 2021, n° 19-25715 FPB).

Le salarié bénéficie également des indemnités de rupture (s'il remplit les conditions requises) et d'une indemnité pour licenciement sans cause réelle et sérieuse (s'il est établi que son licenciement ne présente pas ce caractère). Le départ en retraite après le licenciement n'a pas d'incidence sur le droit à ces indemnités (cass. soc. 27 mars 2012, n° 11-11221, BC V n° 107).

Lorsque la non-réintégration du salarié est due à un refus persistant de l'employeur, la période indemnisée s'étend du licenciement à la réintégration effective du salarié (cass. soc. 30 novembre 2004, n° 01-44739, BC V n° 309) ou, le cas échéant, à la date de prise d'acte de la rupture du contrat de travail par le salarié (cass. soc. 25 janvier 2006, n° 04-40789, BC V n° 28).

Incidence du départ en retraite - Un salarié protégé dont l'autorisation de licenciement a été annulée ne peut plus demander sa réintégration s'il a fait valoir ses droits à la retraite. Le départ en retraite ne fait toutefois pas cesser le préjudice du salarié et celui-ci a donc droit à réparation (c. trav. art. L. 2422-4). Néanmoins, l'indemnité doit être diminuée des pensions de retraite perçues (cass. soc. 26 septembre 2007 n° 05-42599, BC V n° 140). En outre, l'indemnisation doit cesser à partir du moment où le salarié atteint l'âge légal de mise à la retraite d'office (cass. soc. 8 juillet 2020, n° 17-31291 FSPB).

Incidence de l'annulation d'un PSE - Si le juge administratif annule la décision du DREETS de validation ou d'homologation d'un plan de sauvegarde de l'emploi (PSE), l'autorisation de licenciement accordée par l'inspecteur du travail pour un salarié protégé compris dans ce plan devient illégale. Toutefois, ce principe ne s'applique pas si la décision du DREETS est exclusivement annulée en raison d'une motivation insuffisante et que le DREETS rend une nouvelle décision, cette fois suffisamment motivée et dans le délai requis (CE 19 juillet 2017, n° 391849).

Résiliation judiciaire impossible - Une autorisation de licenciement annulée ne permet pas la résiliation judiciaire et limite ainsi le champ des indemnités éventuelles à verser au salarié. Sans demande de réintégration du salarié, le contrat de travail reste rompu. Par conséquent, le contrat de travail ne peut être rompu une seconde fois via la résiliation judiciaire. L'employeur ne peut donc pas être condamné à verser des indemnités complémentaires au titre de ladite résiliation. Dans cette situation, le salarié bénéficie (cass. soc. 27 mars 2012, n° 11-11221, BC V n° 107) :

- d'une indemnité d'éviction égale aux salaires qui auraient dû être perçus entre le licenciement et 2 mois après la notification de la décision d'annulation (c. trav. art. L. 2422-4 ; cass. soc. 29 mars 2005, n° 03-43573, BC V n° 104) ;
- des indemnités de rupture (sous réserve qu'il n'en ait pas bénéficié au moment du licenciement et qu'il remplisse les conditions pour y prétendre) ;
- et, le cas échéant, de l'indemnité de licenciement sans cause réelle et sérieuse (c. trav. art. L. 1235-3).

Il ne peut pas prétendre à une indemnité pour violation du statut protecteur (cass. soc. 11 octobre 2017, n° 16-14529, BC V n° 177 ; cass. soc. 10 novembre 2021, n° 20-12604 FSB).

Licenciement sans autorisation

Licenciement nul - Lorsque le licenciement d'un salarié protégé intervient sans demande d'autorisation auprès de l'inspection du travail ou malgré un refus d'autorisation, il est jugé nul (cass. soc. 4 juillet 1989, n° 87-41053, BC V n°s 497 et 498). Le salarié a un droit à réintégration et à indemnisation et ce, quelle que soit son ancienneté (cass. soc. 20 mai 1992, n° 90-44725, BC V n° 328). Le salarié a la faculté de solliciter ou non sa réintégration (cass. soc. 10 décembre 1997, n° 94-45254, BC V n° 431).

▶ Attention... Le salarié protégé licencié sans autorisation administrative ne peut pas saisir le juge judiciaire pour exiger sa réintégration dès lors qu'il a fait valoir ses droits à retraite après le licenciement (cass. soc. 13 février 2019, n° 16-25764 FSPB).

Modalités de réintégration - Elles sont identiques à celles des salariés dont l'autorisation de licenciement a été annulée *(voir ci-avant)* : la réintégration doit se faire dans le même emploi ou dans un emploi équivalent.

▶ À noter... Le droit à réintégration ne cesse pas du seul fait que la période de protection a pris fin (cass. soc. 20 mai 1992, n° 90-44725, BC V n° 328).

Indemnisation du salarié qui a demandé sa réintégration - Dans ce cas, le salarié peut solliciter une indemnité égale à la rémunération qu'il aurait perçue depuis la date de son éviction jusqu'à sa réintégration (cass. soc. 10 décembre 1997, n° 94-45254, BC V n° 431 ; cass. soc. 28 avril 2006, n° 03-45912 D).

▶ À noter... Le montant de l'indemnité pour violation du statut protecteur doit exactement correspondre aux salaires mensuels que le salarié aurait perçus entre son éviction et sa réintégration (cass. soc. 9 juin 2021, n° 19-15593 FSP).

L'indemnisation n'est due que si la demande de réintégration est intervenue avant la fin de la période de protection. Toutefois, cette indemnité lui est due également lorsque la demande de réintégration est formulée par le salarié après l'expiration de la période de protection en cours pour des raisons qui ne lui sont pas imputables (cass. soc. 30 novembre 1999, n° 97-41690, BC V n° 465 ; cass. soc. 26 septembre 2012, n° 11-14081 D).

Attention cependant, lorsque le salarié a abusivement tardé à agir, le montant de son indemnité sera réduit à hauteur de la rémunération dont il aurait bénéficié de la date de sa demande de réintégration jusqu'à sa réintégration effective (cass. soc.

7 novembre 2018, n° 17-14716 FSPB ; cass. soc. 10 juillet 2019, n° 18-13933 D).

▶ À noter... Le salarié qui a fait valoir ses droits à la retraite, rendant impossible sa réintégration *(voir ci-avant)*, a droit au titre de la violation du statut protecteur à la rémunération qu'il aurait perçue depuis la date de son éviction jusqu'à celle de son départ à la retraite (cass. soc. 13 février 2019, n° 16-25764 FSPB).

Ni l'employeur ni le juge ne peuvent déduire de cette indemnité les revenus que le salarié a pu percevoir de tiers (indemnités de la sécurité sociale ou de l'assurance chômage notamment) au cours de cette période (cass. soc. 10 octobre 2006, n° 04-47623, BC V n° 297 ; cass. soc. 2 juin 2010, n° 08-43369 D). En revanche, Pôle emploi est en droit de réclamer au salarié le remboursement des allocations-chômage versées entre le licenciement et la réintégration, dès lors que l'intéressé a obtenu la condamnation de son employeur au paiement d'une indemnité compensatrice de salaire pour cette période. En effet, le salarié dont le licenciement est nul pour avoir été prononcé sans autorisation administrative ou malgré un refus d'autorisation, n'est pas fondé à cumuler les allocations de chômage avec ses rémunérations ou une indemnité équivalente à celles-ci (cass. soc. 19 novembre 2014, n° 13-23643, BC V n° 268).

Du fait de la poursuite du contrat de travail avec la réintégration du salarié, l'indemnité compensatrice de la perte de salaires ne se cumule ni avec les indemnités de rupture, ni avec l'indemnité pour licenciement illicite (cass. soc. 28 avril 2006, n° 03-45912 D ; cass. soc. 26 mars 2013, n° 11-27964, BC V n° 83).

S'agissant d'une indemnité compensatrice de préavis versée par l'employeur, la situation diffère selon que l'employeur forme ou pas une demande de restitution de cette indemnité (cass. soc. 9 juin 2021, n° 19-15593 FSP).

Si l'employeur n'a formé aucune demande de restitution de cette indemnité, le point de départ du calcul de l'indemnisation du salarié est la date du licenciement.

Si l'employeur forme une demande de restitution de l'indemnité compensatrice de préavis, le point de départ de l'indemnisation du salarié est la fin du préavis non effectué tout en étant indemnisé.

Indemnisation du salarié qui n'a pas demandé sa réintégration - Un droit à indemnisation est ouvert à tout salarié qui n'a pas demandé sa réintégration (cass. soc. 23 octobre 1980, n° 78-41027, BC V n° 769) ou à celui qui l'a demandée mais s'est heurté à un refus de son employeur (cass. soc. 30 novembre 1999, n° 97-41690, BC V n° 465). Il a droit à l'indemnité liée à la méconnaissance du statut protecteur, aux indemnités de rupture et à une indemnisation au titre de la nullité du licenciement *(voir ci-après)*.

Montant de l'indemnité pour violation du statut protecteur - Le montant de cette indemnité dépend de la date à laquelle le salarié présente sa demande d'indemnisation (cass. soc. 11 juin 2013, n° 12-12738, BC V n° 150) :

- en cas de demande effectuée avant la fin de la période de protection, l'indemnité est égale au montant des salaires que le salarié aurait dû percevoir jusqu'à la fin de la période de protection (en y intégrant, le cas échéant, la prime de vacances conventionnelle dont le versement intervient après la date de la rupture) (cass. soc. 21 septembre 2017, n° 15-28932, BC V n° 152) ;
- en cas de demande effectuée à l'issue de la période de protection, l'indemnité est déterminée par le juge en fonction du préjudice subi.

▶ À noter... En cas de *cumul de mandats**, la violation du statut protecteur donne lieu à une seule indemnisation, égale au montant des salaires dont le salarié a été privé depuis la date de son éviction jusqu'à la fin de la période de protection qui expire la dernière (cass. soc. 3 mai 2007, n° 05-43863, BC V n° 67 ; cass. soc. 3 février 2016, n° 14-17886, BC V n° 21).

Le montant de l'indemnité de violation du statut protecteur, égale au montant des salaires que le salarié aurait dû percevoir jusqu'à la fin de la période de protection, est plafonné à 30 mois de salaire pour :

- à notre sens, les élus au CSE (à l'instar de ce qui avait été jugé pour les délégués du personnel) (cass. soc. 15 avril 2015, n° 13-27211, BC V n° 87 ; cass. soc. 15 avril 2015, n° 13-24182, BC V n° 86 ; cass. soc. 14 octobre 2015, n° 14-12193, BC V n° 193) ;
- les représentants de la section syndicale (cass. soc. 15 mai 2019, n° 18-11036 FPB) ;
- les administrateurs de mutuelle (cass. soc. 1er juin 2010, n° 09-41507, BC V n° 123) ;
- les conseillers prud'hommes (cass. soc. 2 mai 2001, n° 98-46319, BC V n° 147) ; règle applicable également en cas de résiliation judiciaire du contrat de travail (cass. soc. 3 février 2016, n° 14-17000, BC V n° 20) ;
- les administrateurs salariés d'un organisme du régime général de la sécurité sociale (cass. soc. 22 juin 2004, n° 01-41780, BC V n° 169) ;

- les médecins du travail (cass. soc. avis 15 décembre 2014, n° 14-70009, BC V n° 9 ; cass. soc. 14 décembre 2016, n° 15-23884 D).

Selon toutes probabilités, cette limite de 30 mois devait aussi concerner les délégués syndicaux, dans la mesure où leur mandat prend fin avec les élections professionnelles et correspond donc à celui des élus du personnel (cass. soc. 31 janvier 2012, n° 10-25429, BC V n° 39), mais ce point nécessiterait néanmoins confirmation.

Il en est de même pour les conseillers du salarié inscrits sur des listes dressées par les DREETS qui ont vocation à assister les salariés à un entretien préalable au licenciement dans les entreprises sans représentation du personnel, sachant qu'ils bénéficient de la même durée de protection que les délégués syndicaux (cass. soc. 27 janvier 2010, n° 08-44376, BC V n° 22).

▶ Attention… L'imminence de la retraite ne minore pas l'indemnité pour violation du statut protecteur (cass. soc. 25 septembre 2019, n° 18-15952 D). Cette affaire qui concernait un cas de résiliation judiciaire du contrat de travail (donc par définition aux torts de l'employeur et en conséquence, en violation du statut protecteur) est, à notre sens, applicable dans les mêmes conditions à une hypothèse de rupture du contrat de travail sous la forme d'un licenciement.

Régime social de l'indemnité pour violation du statut protecteur - L'indemnité pour violation du statut protecteur est soumise à cotisations sociales et d'assurance chômage (cass. civ., 2e ch., 12 février 2015, n° 14-10886, BC II n° 27). Cette indemnité n'est, en effet, pas visée par les dispositions du code général des impôts prévoyant des exceptions à l'imposition des indemnités de rupture (CGI art. 80 duodecies). Aussi, les indemnités non exonérées fiscalement ne le sont pas non plus sur le plan des cotisations.

Licenciement nul y compris en cas d'annulation postérieure de la désignation comme délégué syndical - L'annulation par le tribunal judiciaire de la désignation d'un délégué syndical (DS), quel qu'en soit le motif, n'a pas d'effet rétroactif sur le statut protecteur. Un DS licencié sans autorisation administrative peut donc obtenir sa réintégration au titre du licenciement nul, même si sa désignation en tant que DS a été annulée après son licenciement (cass. soc. 16 décembre 2014, n° 13-15081, BC V n° 290).

Licenciement sans autorisation et protection accident du travail - Le représentant du personnel licencié à la fois sans autorisation administrative (alors qu'elle était nécessaire) et en violation des règles applicables aux victimes d'accident du travail (obligation de reclassement) ne peut pas cumuler les deux indemnités : il ne peut obtenir que la somme la plus élevée des deux (cass. soc. 30 juin 2010, n° 09-40347, BC V n° 154).

Licenciement sans autorisation et PSE nul - Un salarié protégé licencié sans autorisation et, de surcroît, dans le cadre d'une procédure de licenciement économique jugée nulle en raison de l'insuffisance du plan de sauvegarde de l'emploi (PSE) peut prétendre à l'indemnisation suivante (cass. soc. 15 octobre 2013, n° 12-21746, BC V n° 233) :

- l'indemnité liée à la méconnaissance du statut protecteur (salaires dus au titre de la période d'éviction) ;
- l'indemnité au titre de la rupture de son contrat de travail, en lui accordant soit l'indemnité réparant le préjudice résultant du caractère illicite du licenciement (c. trav. art. L. 1235-3) (voir *Licenciement sans cause réelle et sérieuse**), soit celle due au titre de l'absence ou de l'insuffisance du PSE (minimum 6 mois de salaire) (c. trav. art. L. 1235-11) [voir *Licenciement économique (contentieux collectif)**], seule la plus élevée étant due.

Indemnités de rupture - Le salarié protégé, qui ne demande pas la poursuite de son contrat de travail illégalement rompu, peut prétendre aux indemnités de rupture (indemnités de préavis et de licenciement) dès lors qu'il remplit les conditions pour y prétendre (cass. soc. 12 juin 2001, n° 99-41695, BC V n° 219 ; cass. soc. 10 mai 2006, n° 04-40901, BC V n° 173).

Le salarié a également droit à l'indemnité pour licenciement nul prévue par l'article L. 1235-3-1 du code du travail, au moins égale à 6 mois de salaire, sans que le juge ait à rechercher si la rupture reposait ou non sur une cause réelle et sérieuse (c. trav. art. L. 1235-3-1 ; cass. soc. 5 juillet 2011 n° 10-14626 FD).

Délit d'entrave

En cas de méconnaissance des dispositions relatives à la procédure spéciale de licenciement applicable aux représentants du personnel élus ou désignés, l'employeur encourt des sanctions pénales pour *délit d'entrave**.

Mise en cause de la responsabilité de l'État

Envers l'employeur - Si la décision de l'inspecteur du travail, d'autorisation du licenciement ou de

refus d'autorisation, est jugée illégale par les juges, il s'agit d'une faute de nature à engager la responsabilité de l'État (CE 26 février 2001, n° 211102). L'employeur peut alors vouloir obtenir réparation auprès de l'État du préjudice qu'il a subi :
- en lien avec l'impossibilité qu'il a rencontré de licencier le salarié à cause du refus de l'inspecteur ;
- ou en lien avec l'annulation de l'autorisation de licencier qui l'oblige à indemniser le salarié dont le licenciement est devenu sans cause réelle et sérieuse.

Le but pour l'employeur est d'obtenir le remboursement des sommes versées au salarié.

Préjudice direct et certain de l'employeur - L'employeur doit avoir subi un préjudice direct et certain pour obtenir réparation du préjudice provoqué par l'illégalité de la décision administrative de refus (ou d'autorisation) du licenciement (CE 4 novembre 2020, n° 428198). Le juge doit rechercher si la même décision de refus aurait pu être prise dans le cadre d'une procédure régulière. Si tel est le cas, l'employeur ne peut pas soutenir avoir subi un préjudice en la matière.

Responsabilité atténuée en présence d'une faute de l'employeur - Pour déterminer l'étendue de la responsabilité de l'État à l'égard de l'employeur, au titre de l'indemnité qu'il a dû verser au salarié en réparation du préjudice subi, les juges peuvent tenir compte de la faute également commise par l'employeur en sollicitant la délivrance d'une autorisation de licencier (CE 4 novembre 2020, n°s 428741, 428743 et 428744). Cela signifie que le montant du droit à indemnisation de l'employeur peut être limité s'il a lui-même commis une faute de nature à exonérer l'État d'une partie de sa responsabilité.

Cela peut, par exemple, être le cas lorsque l'annulation de l'autorisation administrative est motivée par l'insuffisante gravité des motifs invoqués à l'appui de la demande de licenciement du salarié formulée par l'employeur (CAA Lyon 26 juillet 2018, n° 16LY01754).

Mise en cause de la responsabilité de l'employeur

Envers le salarié - Le principe de séparation des pouvoirs entre le juge judiciaire et le juge administratif interdit au juge judiciaire (conseil de prud'hommes, cour d'appel et Cour de cassation) de remettre en cause le caractère réel et sérieux des licenciements qui ont été autorisés par l'inspecteur du travail.

Pour autant, le juge judiciaire peut apprécier la responsabilité de l'employeur en fonction du motif de licenciement invoqué et évaluer le préjudice causé au salarié protégé concerné (cass. soc. 25 novembre 2020, n° 18-13771 FPPBI). Dans cette affaire, la cessation d'activité de l'entreprise ayant engendré le licenciement du salarié protégé était liée à une faute de gestion de l'employeur, le salarié obtient donc une indemnisation spécifique. Le principe de séparation des pouvoirs ne s'applique pas dans la mesure où lorsque l'inspecteur du travail étudie une demande d'autorisation de licenciement pour motif économique à la suite d'une cession d'activité, il ne recherche pas si cette situation est due à la faute ou à une légèreté blâmable de l'employeur (CE 1er août 2013, n° 351917 ; guide DGT, septembre 2019, fiche 7a, § 3.2) [voir *Licenciement des représentants du personnel (procédure)**].

Demande de dommages et intérêts - La décision d'autorisation de licenciement ne fait donc pas obstacle à ce que le salarié protégé saisisse le juge judiciaire *(voir ci-avant)*, pour demander réparation des préjudices que lui aurait causé la faute de l'employeur, notamment le préjudice résultant de la perte de son emploi.

☛ *Comité social et économique ; Licenciement des représentants du personnel (procédure).*

Licenciement des représentants du personnel (mise à pied préalable)

En cas de faute grave, commise par un salarié protégé (ex. : représentant du personnel élu, représentant syndical auprès du CSE, délégué syndical), l'employeur a la possibilité de prononcer une mise à pied conservatoire immédiate en attendant la décision de l'inspecteur du travail relative au licenciement.

Condition d'application d'une mise à pied conservatoire

Nécessité d'une faute grave - L'employeur peut, avant tout licenciement pour faute grave d'un représentant du personnel, prononcer une *mise à pied conservatoire** à effet immédiat (c. trav. art. L. 2421-1 et L. 2421-3).

▶ À noter… Il peut aussi s'agir d'une faute lourde. Sur la définition d'une faute grave ou d'une faute lourde, voir *Licenciement pour faute**.

Suspension du contrat de travail - La mise à pied conservatoire suspend le contrat de travail du salarié concerné.

Maintien du mandat représentatif - La mise à pied conservatoire ne suspend pas l'exécution du mandat de l'intéressé (cass. soc. 2 mars 2004, n° 02-16554, BC V n° 71 ; cass. crim. 11 septembre 2007, n° 06-82410, B. crim. n° 199). Cela implique que l'employeur doit laisser les locaux libres d'accès au représentant du personnel, qui peut toujours participer aux réunions et utiliser son crédit d'heures de délégation.

Absence de délit d'entrave - La seule mise à pied d'un salarié protégé, même décidée en dehors de toute faute grave, ne constitue pas en elle-même un *délit d'entrave**. Un tel délit ne peut être reproché à l'employeur qu'en présence d'agissements susceptibles d'entraver les fonctions représentatives du salarié protégé (cass. crim. 8 avril 2014, n° 12-85800, B. crim. n° 107).

Procédure à suivre

Mandat de représentant du personnel élu - Le CSE doit être consulté si la mise à pied conservatoire concerne un élu du *comité social et économique** (CSE) ou un représentant syndical au CSE. Cette consultation a lieu dans un délai de 10 jours à compter de la date de la mise à pied (c. trav. art. R. 2421-14).

La demande d'autorisation de licenciement est présentée au plus tard dans les 48 h suivant la délibération du comité. En l'absence de CSE, cette demande est présentée à l'inspecteur du travail dans un délai de 8 jours à compter de la date de la mise à pied (c. trav. art. L. 2421-3 et R. 2421-14).

▶ À noter… Le non-respect du délai de saisine de l'inspecteur du travail n'entraîne pas nécessairement la nullité de la procédure de licenciement, notamment lorsque l'employeur a respecté un délai « aussi court que possible » pour présenter sa demande. À l'inverse, si le délai est jugé excessif, l'autorisation de licenciement éventuellement délivrée sera annulée (ex. : délai de 21 jours entre la date de la mise à pied du salarié et la saisine de l'inspecteur du travail) (CE 27 février 2019, n° 413556).

L'employeur qui a mis à pied un élu du personnel à titre conservatoire et qui l'a convoqué à un entretien préalable à un licenciement peut renoncer à ce dernier et prononcer une sanction moindre. Lorsque cette sanction est une mise à pied disciplinaire, la durée de la mise à pied conservatoire s'impute sur la durée de la mise à pied disciplinaire (cass. soc. 5 juillet 2006, n° 03-46361, BC V n° 235).

Mandat syndical - Sauf cumul de mandats, le CSE ne doit pas être consulté si la mise à pied concerne un délégué syndical (ou un salarié dont la protection est alignée sur celle des délégués syndicaux) (c. trav. art. R. 2421-6). L'employeur est tenu de motiver la mise à pied et de la notifier à l'inspecteur du travail dans les 48 h suivant sa prise d'effet et d'adresser la demande d'autorisation de licenciement dans les 8 jours (c. trav. art. L. 2421-1 et R. 2421-6).

Si, en cas de litige, l'employeur ne prouve pas cet envoi motivé, le salarié peut obtenir l'annulation de la mise à pied et un rappel de salaire pour les jours de mise à pied (cass. soc. 25 janvier 2006, n° 04-41240, BC V n° 36 ; cass. soc. 30 janvier 2008, n° 06-42564 D).

Décision de l'inspecteur du travail

Délai de réponse - L'inspecteur du travail prend sa décision dans un délai de 2 mois, sachant que le silence gardé pendant plus de 2 mois vaut décision de rejet. Ce délai court à compter de la réception de la demande d'autorisation de licenciement. En revanche, l'inspecteur du travail ne peut pas prolonger ce délai si les nécessités de l'enquête l'exigent (c. trav. art. R. 2421-4 et R. 2421-11).

Autorisation du licenciement - Si l'inspecteur du travail autorise le licenciement, l'employeur peut prononcer le licenciement immédiatement, sans préavis et sans devoir verser d'indemnité pour la période de mise à pied sauf si, suite à une décision du juge, il est établi qu'il n'y avait pas de faute grave justifiant la mise à pied et le licenciement sans préavis.

Refus d'autorisation du licenciement - Si l'inspecteur du travail refuse d'autoriser le licenciement, la mise à pied est annulée et ses effets sont supprimés de plein droit (c. trav. art. L. 2421-1 et L. 2421-3 ; cass. soc. 23 juin 1999, n° 97-42202, BC V n° 300 ; cass. soc. 29 octobre 2008, n° 07-41801 D). Le représentant du personnel doit être immédiatement réintégré dans l'entreprise et son salaire versé pour toute la durée de la mise à pied. L'employeur est tenu de réintégrer le salarié dans son emploi et non dans un emploi similaire, et ce avec maintien de ses conditions de travail antérieures (cass. soc. 18 novembre 1998, n° 96-43072, BC V n° 498 ; cass. soc. 24 juin 2014 n° 12-24623, BC V n° 156).

L'obligation de réintégration joue même s'il y a un *recours hiérarchique** (cass. soc. 29 octobre 2008, n° 07-41801 D).

Le défaut de réintégration constitue une voie de fait et un *délit d'entrave**, et peut conduire le juge des référés à prononcer une ordonnance de réintégration sous astreinte.

Impossibilité absolue de réintégration - Seule une impossibilité absolue peut libérer l'employeur de l'obligation de réintégrer le salarié protégé qui avait été mis à pied dans l'attente de la décision de l'inspecteur du travail, celui-ci n'ayant pas autorisé le licenciement. Or, le refus d'une partie du personnel de travailler à nouveau avec l'intéressé pour des motifs écartés par l'administration ne suffit pas à caractériser cette impossibilité absolue (en l'espèce, le salarié protégé était accusé de harcèlement par des collègues) (cass. soc. 24 juin 2014, n° 12-24623, BC V n° 156).

☛ *Comité social et économique ; Licenciement des représentants du personnel.*

Licenciement des représentants du personnel (motif)

Licenciement pour faute

Faute commise dans l'exercice de l'activité professionnelle - Comme un salarié « ordinaire », le titulaire d'un mandat électif ou syndical, à l'intérieur ou à l'extérieur de l'entreprise, peut être sanctionné en cas de faute commise dans l'exécution de son contrat de travail. Le mandat de représentant du personnel ne permet pas d'« échapper » au pouvoir disciplinaire de l'employeur. Toutefois, seule une faute « d'une gravité suffisante » peut justifier son licenciement *(voir ci-après)* (guide DGT, septembre 2019, fiche 6).

Refus fautif de changement des conditions de travail - Voir *Modification du contrat de travail (salariés protégés)**.

Faute commise dans le cadre de la vie privée - Un acte commis par un salarié dans la sphère privée ne peut pas, en principe, être sanctionné par un licenciement disciplinaire. Il en va autrement lorsque cet acte constitue un manquement aux obligations contractuelles du salarié (ex. : non-concurrence, discrétion), l'employeur pouvant dans ce cas solliciter l'autorisation de prononcer un *licenciement pour faute** (CE 5 décembre 2011, n° 337359 ; guide DGT, septembre 2019, fiche 6).

Faute commise dans l'exercice du mandat - Dans l'exercice de ses fonctions représentatives, le salarié protégé n'est plus sous la subordination juridique de l'employeur (cass. soc. 4 juillet 2000, n° 97-44846, BC V n° 263), de sorte que le pouvoir disciplinaire du chef d'entreprise est étroitement encadré, voire neutralisé (cass. soc. 30 juin 2010, n° 09-66792, BC V n° 152). Il est donc impossible de licencier le salarié, sauf si la faute provoque un trouble objectif au sein de l'entreprise (guide DGT, septembre 2019, fiche 6, § 2.1). Ainsi, un licenciement n'est possible que si le manquement commis à l'occasion de l'exercice du mandat traduit la méconnaissance d'une obligation découlant du contrat de travail (CE 15 décembre 2010, n° 316856) ou un abus dans l'exercice des fonctions représentatives (cass. soc. 22 novembre 2017, n° 16-12109 D).

Exemple

Ont été validés les licenciements pour faute d'un salarié protégé qui avait manqué :

- à l'obligation de ne pas attenter à la sécurité des autres salariés, en frappant un collègue de travail au cours d'une suspension de réunion du comité (CE 27 mars 2015, n° 368855) ;
- à son obligation de loyauté, en utilisant ses heures de délégation pour travailler dans une autre entreprise (CE 27 mars 2015, n° 371174) ou en s'introduisant dans la messagerie professionnelle d'un salarié de son entreprise, lisant la correspondance et accédant aux messages classés dans un dossier personnel (CE 10 juillet 2019, n° 408644).

Par exception, les faits commis par un salarié protégé lors d'une grève peuvent motiver un licenciement pour faute mais uniquement en cas de faute lourde (CE 22 février 2007, n° 282724 ; guide DGT, septembre 2019, fiche 6).

▶ **À noter…** Pour une sanction autre qu'un licenciement, voir *Sanctions disciplinaires**.

Faute « d'une gravité suffisante » - Contrairement aux salariés ordinaires (voir *Licenciement pour faute**), la faute reprochée à un salarié représentant du personnel doit être d'une gravité suffisante pour justifier son licenciement compte tenu des règles applicables à son contrat de travail et des exigences propres à l'exécution du mandat dont il est investi (CE 5 mai 1976, n° 98647 ; CE 11 avril 2014, n° 366105 ; CE 15 octobre 2014, n° 362235 ; guide DGT, septembre 2019, fiche 6).

Exemple
Pour apprécier si des agissements sont constitutifs d'un harcèlement moral, l'inspecteur du travail doit, sous le contrôle du juge administratif, tenir compte des comportements respectifs du salarié auquel il est reproché d'avoir exercé de tels agissements et du salarié susceptible d'en être victime, indépendamment du comportement de l'employeur. Il appartient, en revanche, à l'inspecteur du travail, lorsqu'il estime, par l'appréciation ainsi portée, qu'un comportement de harcèlement moral est caractérisé, de prendre en compte le comportement de l'employeur pour apprécier si la faute résultant d'un tel comportement est d'une gravité suffisante pour justifier un licenciement (CE 10 décembre 2014, n° 362663).

Délais de prescription - L'employeur qui envisage de licencier un salarié protégé pour faute doit respecter les contraintes de la procédure disciplinaire [voir *Licenciement pour faute** et *Prescription (droit disciplinaire)**] (c. trav. art. L. 1332-2 et L. 1332-4 ; guide DGT, septembre 2019, fiche 6).

▶ Attention... S'agissant d'un salarié protégé, le délai d'un mois pour notifier le licenciement court à compter du jour où l'employeur a reçu notification de cette autorisation (cass. soc. 28 octobre 2003, n° 01-42404, BC V n° 262).

Licenciement sans faute

Acte commis dans le cadre de la vie privée - Dans certains cas, des faits commis par un salarié protégé en dehors de la sphère professionnelle peuvent justifier son licenciement. Pour autant, la rupture du contrat de travail ne doit pas, en principe, avoir un caractère disciplinaire (pas de licenciement « pour faute »), sauf exception *(voir ci-avant)*. Le cas échéant, l'employeur doit motiver son intention de licencier par les répercussions néfastes des faits en question sur le fonctionnement de l'entreprise, qui rendent impossible le maintien du salarié dans l'entreprise (CE 15 décembre 2010, n° 316856).

▶ À noter... Si l'employeur demande l'autorisation administrative en se plaçant sur le terrain disciplinaire alors qu'il n'aurait pas dû, l'inspection du travail doit l'alerter sur son erreur de qualification juridique et l'inviter à présenter de nouveau une demande correctement motivée (guide DGT, septembre 2019, fiche 6).

Acte commis dans le cadre du mandat - *Voir ci-avant.*

Arrêt (s) maladie de longue durée ou répétés - Il est interdit de licencier un salarié en raison de son état de santé ou de son handicap, sauf inaptitude physique constatée par le médecin du travail, sous réserve dans ce cas, de respecter une procédure spécifique (c. trav. art. L. 1132-1). En revanche, la désorganisation de l'entreprise engendrée par l'absence prolongée (ou les absences répétées) d'un salarié ainsi que la nécessité de le remplacer définitivement peuvent être invoquées à l'appui d'un licenciement (cass. soc. 13 mars 2001, n° 99-40110, BC V n° 84 ; cass. soc. 8 avril 2009, n° 07-43909, BC V n° 105).

Certaines circonstances font échec à cette possibilité (clause de garantie d'emploi, arrêt maladie ayant pour cause un manquement de l'employeur à son obligation de sécurité).

Si ces règles sont aussi bien applicables aux salariés « ordinaires » qu'aux salariés protégés [voir *Maladie (absences prolongées et répétées)**], l'employeur doit toutefois avoir cherché un reclassement pour le salarié protégé, même si celui-ci n'a pas été déclaré inapte. Faute de quoi, le licenciement ne doit pas être autorisé par l'inspection du travail (CE 21 octobre 1996, n° 111961 ; guide DGT, septembre 2019, fiche 6).

Inaptitude physique : consultation du CSE - La procédure de déclaration de l'inaptitude ainsi que la marche à suivre à la suite de celle-ci sont identiques (ex. : obligation de reclassement), que le salarié soit ou non protégé [voir *Inaptitude physique**, *Inaptitude physique (licenciement)** et *Inaptitude physique (reclassement)**].

Lorsque l'inspecteur du travail est saisi d'une demande d'autorisation de licenciement d'un salarié protégé en raison d'une inaptitude avec impossibilité de reclassement, il doit s'assurer que la consultation du CSE sur les postes de reclassement envisagés a été régulièrement menée (CE 22 mai 2002, n° 221600). Cette consultation doit avoir lieu avant la présentation au salarié des propositions de reclassement (c. trav. art. L. 1226-2 et L. 1226-10).

Si cette chronologie n'a pas été respectée par l'employeur, celui-ci peut toutefois régulariser la procédure à condition de consulter le CSE, puis de proposer à nouveau le ou les postes de reclassement au salarié, avant la saisine de l'inspecteur du travail (CE 27 février 2019, n° 417249).

Inaptitude physique : rôle de l'inspecteur du travail - L'inspecteur du travail n'a pas à rechercher la cause de l'inaptitude, même si celle-ci résulte d'un harcèlement moral. Il doit simplement

vérifier si cette inaptitude est réelle et justifie son licenciement (guide DGT, septembre 2019, fiche 9). **Pour obtenir de l'employeur le versement de dommages et intérêts, l'ancien salarié doit saisir le conseil de prud'hommes** (CE 20 novembre 2013, n° 340591 ; cass. soc. 27 novembre 2013, n° 12-20301, BC V n° 286 ; cass. soc. 17 octobre 2018, n° 17-17985 FSPB) **[voir *Licenciement des représentants du personnel (contentieux)**].**

▶ À noter… Outre une éventuelle action devant le juge administratif pour contester l'autorisation de licenciement, le salarié peut aussi saisir le juge judiciaire pour obtenir des dommages-intérêts en vue de faire valoir ses droits résultant de l'origine de l'inaptitude lorsqu'il l'attribue à un manquement de l'employeur à ses obligations (cass. soc. 19 novembre 2014, n° 13-20060 D ; cass. soc. 20 novembre 2014, 13-20548 D).

L'inspecteur du travail, saisi d'une demande d'autorisation de licenciement d'un salarié protégé motivée par son inaptitude physique, doit toutefois refuser le licenciement si l'inaptitude résulte d'une dégradation de l'état de santé en lien direct avec des obstacles mis par son employeur à l'exercice de ces fonctions représentatives ou avec son appartenance syndicale (CE 21 septembre 2016, n° 396887).

Par ailleurs, lorsqu'un représentant du personnel a été déclaré inapte après avoir fait l'objet de mesures discriminatoires, le licenciement pour inaptitude présente un lien avec les fonctions représentatives et ne peut dès lors être autorisé (CE 29 mai 2017, n° 393280).

Insuffisance professionnelle ou de résultats - Les conditions sous réserve desquelles l'employeur peut licencier en raison d'une insuffisance professionnelle ou d'une insuffisance de résultats sont les mêmes, que le salarié en cause soit ou non protégé. Notamment, cette insuffisance doit reposer sur des éléments précis et matériellement vérifiables (voir *Licenciement non disciplinaire)** (cass. soc. 10 octobre 2001, n° 99-45929 D ; guide DGT, septembre 2019, fiche 8). **Il existe toutefois une particularité propre aux salariés protégés : leur licenciement en raison d'une supposée insuffisance professionnelle n'est possible qu'après avoir tenté en vain de les reclasser. En cas de litige, l'employeur doit être capable de prouver la réalité de ses tentatives de reclassement** (CE 27 septembre 1989, n° 91613 ; CE 7 décembre 2009, n° 315588).

▶ À noter… En cas d'insuffisance professionnelle présumée, l'inspecteur du travail doit rechercher, sous le contrôle du juge administratif, si cette insuffisance est telle qu'elle justifie le licenciement, compte tenu de l'ensemble des règles applicables au contrat de travail de l'intéressé, des caractéristiques de l'emploi exercé à la date à laquelle elle est constatée, des exigences propres à l'exécution normale du mandat dont il est investi, et de la possibilité d'assurer son reclassement dans l'entreprise. Pour refuser l'autorisation sollicitée, l'inspecteur du travail a la faculté de retenir des motifs d'intérêt général relevant de son pouvoir d'appréciation de l'opportunité, sous réserve qu'une atteinte excessive ne soit pas portée à l'un ou l'autre des intérêts en présence (CE 8 octobre 2014, n° 361920).

Licenciement économique

Voir *Licenciement économique (cause économique)**.

☛ *Licenciement des délégués syndicaux ; Licenciement des représentants du personnel ; Licenciement des représentants du personnel (procédure).*

Licenciement des représentants du personnel (procédure)

Étapes à suivre

Lorsque l'employeur envisage de procéder au licenciement d'un représentant du personnel, il doit cumuler la procédure de licenciement de droit commun pour motif personnel ou pour motif économique avec la procédure protectrice des représentants du personnel. Celle-ci comprend, en principe, les étapes suivantes :

- tout représentant du personnel dont l'employeur envisage le licenciement doit être convoqué à un entretien préalable ;

- le projet de licenciement doit, sauf exceptions, être soumis pour avis au *comité social et économique (CSE) ;**

- une autorisation de licenciement doit être adressée à l'inspecteur du travail si l'employeur persiste dans son intention de licencier l'intéressé ;

- si cette autorisation est acquise, le licenciement est notifié au salarié concerné.

Sur les salariés bénéficiaires de la protection, voir *Licenciement des représentants du personnel. Sur le licenciement d'un délégué syndical, voir**

*Licenciement des délégués syndicaux**. Sur la prise d'acte de la rupture de son contrat de travail par un représentant du personnel, voir *Prise d'acte de la rupture**. Sur la conclusion d'une *rupture conventionnelle**, voir cette étude.

Sur le contentieux lié au licenciement des salariés protégés et ses conséquences en termes d'indemnisation, voir *Licenciement des représentants du personnel (contentieux)**.

▶ À noter… Compte tenu de la similitude des textes en la matière, la jurisprudence et les réponses administratives rendues à propos des IRP précédemment en place gardent, à notre avis, toute leur valeur. Les arrêts et réponses indiqués dans nos développements ci-après sont donc, en toute vraisemblance, transposables au CSE.

Entretien préalable

Étape obligatoire - Le salarié protégé doit, en premier lieu, être convoqué à un entretien préalable au licenciement (c. trav. art. L. 1232-2, L. 1233-11, R. 2421-3 et R. 2421-8).

Cet entretien doit précéder la consultation spécifique du CSE lorsque celle-ci est requise (c. trav. art. R. 2421-8) et, en tout état de cause, la présentation à l'inspecteur du travail de la demande d'autorisation *(pour les délais, voir schéma reproduit dans cette étude)*.

Il en va de même lorsque le licenciement du salarié protégé s'inscrit dans le contexte d'un licenciement collectif pour motif économique (licenciement de moins de 10 salariés sur 30 jours et licenciement d'au moins 10 salariés sur 30 jours) (cass. soc. 10 mai 1999, n° 97-40510, BC V n° 207 ; CE 28 septembre 2005, n° 266023 ; cass. soc. 22 septembre 2010, n° 08-45227, BC V n° 190). La consultation du CSE sur le projet de licenciement collectif doit précéder la convocation du salarié à l'entretien préalable, sachant que le comité est ensuite consulté dans le cadre de la procédure protectrice spécifique. L'entretien préalable n'est donc pas ici la première étape.

Convocation à l'entretien - La lettre de convocation à l'entretien préalable au licenciement du salarié protégé doit mentionner les modalités d'assistance du salarié applicables en fonction de la situation de l'entreprise [voir *Entretien préalable au licenciement (convocation)**]. La convocation sans cette indication n'est toutefois pas irrégulière si le salarié a été pleinement informé, en temps utile, des modalités d'assistance auxquelles il avait droit pour son entretien préalable (CE 12 juin 2019, n° 408970).

Indication des motifs du licenciement - Au cours de l'entretien préalable, l'employeur indique les motifs de la mesure individuelle envisagée.

La diffusion de notes d'information adressées au personnel annonçant la décision de licencier un salarié protégé avant l'entretien préalable au licenciement rend la procédure de licenciement irrégulière (CE 7 juillet 2010, n° 318139).

Seconde « tentative » de licenciement - Lorsque l'employeur envisage d'envoyer une seconde demande d'autorisation administrative après l'échec de la première, il n'a pas à reprendre la procédure dans sa totalité en procédant à un second entretien préalable, à condition que les motifs invoqués dans la seconde demande d'autorisation soient identiques à ceux de la première demande (CE 19 septembre 2014, n° 362660).

Mise à la retraite - L'employeur qui met un salarié protégé à la retraite doit faire précéder la demande d'autorisation administrative d'un entretien préalable et respecter un délai minimal de 5 jours ouvrables entre la convocation et la tenue de l'entretien (CE 17 juin 2009, n° 304027 ; guide DGT, septembre 2019, fiche 12, § 3). L'inspecteur s'assurera notamment que la procédure légale et la procédure conventionnelle de mise à la retraite, quand il en existe une, sont respectées (CE 13 février 2019, n° 403890).

Consultation du CSE

Saisine du CSE - Le CSE doit être consulté lorsque le licenciement envisagé concerne des membres du CSE (y compris des représentants syndicaux au comité) ou le médecin du travail (c. trav. art. L. 2421-3 et R. 4623-18).

Attention toutefois, le CSE ne doit être consulté sur le projet de licenciement de l'un de ses membres (élu titulaire ou suppléant de la délégation du personnel au CSE, représentant syndical au CSE ou représentant de proximité du CSE) que dans les entreprises d'au moins 50 salariés, sauf si une telle consultation a été prévue par un accord collectif dans une entreprise de 11 à 49 salariés (CE 29 décembre 2021, avis n° 453069, JO 9 janvier 2022).

▶ À noter… Cette solution devrait aussi s'appliquer au licenciement d'un médecin du travail, également soumis à la consultation préalable du CSE (c. trav. art. R. 4623-18), sous réserve toutefois qu'un CSE existe bien dans l'entreprise.

En revanche, la consultation du CSE n'est pas requise s'agissant d'un délégué syndical (c. trav. art. L. 2411-3), d'un représentant de la section syndicale (c. trav. art. L. 2142-1-2), d'un salarié mandaté (c. trav. art. L. 2411-4), d'un administrateur d'un organisme de sécurité sociale (c. séc. soc. art. L. 231-11), d'un défenseur syndical (c. trav. art. L. 2421-2), d'un conseiller du salarié (c. trav. art. L. 2411- 21 ; CE 19 mars 2008, n° 289433) ou d'un conseiller prud'hommes (c. trav. art. L. 2411-22) sauf s'ils exercent simultanément d'autres mandats représentatifs du personnel nécessitant l'avis préalable du comité (CE 6 mai 1996, n° 151585).

L'inspecteur du travail est saisi directement (c'est-à-dire après l'entretien préalable) en l'absence de CSE (c. trav. art. L. 2421-3).

Date de la convocation du CSE - La convocation du comité peut être adressée aux membres du comité avant la date retenue pour l'entretien préalable (CE 16 décembre 2009, n° 327032 ; CE 8 avril 2013, n° 348559). Si, à la suite de celui-ci, l'employeur ne poursuivait pas la procédure de licenciement, cette convocation deviendrait sans objet.

▶ À noter... En cas de grand licenciement économique (au moins 10 salariés sur 30 jours) dans les entreprises ou établissements employant habituellement au moins 50 salariés, l'employeur doit réunir et consulter le CSE (c. trav. art. L. 1233-30) :

- sur l'opération projetée et ses modalités d'application ;
- sur le projet de licenciement collectif (nombre de suppressions d'emploi, catégories professionnelles concernées, etc.) [voir *Licenciement économique collectif (10 salariés ou plus dans une entreprise d'au moins 50 salariés)**].

La consultation du CSE sur le projet de licenciement du salarié protégé doit avoir lieu après la dernière réunion de consultation du comité (c. trav. art. R. 2421-9).

Information du CSE - Avant la réunion, l'employeur doit fournir au comité des informations précises et écrites sur l'identité du salarié visé par la procédure, sur l'intégralité des mandats détenus par ce dernier ainsi que sur les motifs du licenciement envisagé lui permettant de se prononcer en toute connaissance de cause (CE 26 octobre 2011, n° 335755 ; CE 27 mars 2015, n° 371852).

Il doit lui laisser un délai d'examen suffisant (c. trav. art. L. 2312-15).

Ces informations peuvent être transmises en même temps que l'ordre du jour de la réunion de consultation, soit au minimum 3 jours avant la réunion.

En l'absence de transmission des informations requises par l'employeur lors de la convocation du comité, la consultation demeure régulière si celui-ci a tout de même disposé de ces informations dans des conditions lui permettant d'émettre son avis en toute connaissance de cause (CE 27 mars 2015, n° 371852).

Audition du salarié - Avant d'exprimer un avis sur le projet de licenciement, le CSE doit auditionner le salarié concerné (c. trav. art. R. 2421-9). À cet effet, l'employeur doit le convoquer dans un délai suffisant pour lui permettre de préparer son audition (cass. crim. 5 mars 2002, n° 01-81049, B. crim. n° 56).

À défaut d'audition du salarié protégé et si l'employeur ne peut démontrer qu'il l'avait effectivement convoqué à la réunion, l'avis du comité est nul quel que soit son contenu (CE 18 octobre 1991, n° 83934).

Avis du CSE - L'avis du comité est exprimé par vote au scrutin secret et à la majorité des membres titulaires présents (ou de leurs remplaçants, s'il y a lieu) (c. trav. art. L. 2315-32 et R. 2421-9). L'employeur, président du CSE ne doit pas voter, puisque l'instance se prononce en qualité de délégation du personnel (c. trav. art. L. 2315-32 ; cass. soc. 22 novembre 1988, n° 85-42007, BC V n° 617).

Irrégularités dans la procédure de consultation - L'absence de vote à bulletin secret ou le peu de temps donné au salarié pour préparer son audition ne rend pas en soi la consultation irrégulière. Pour qu'il en soit ainsi, il faudrait que cela fausse véritablement la consultation, ce qui n'est pas le cas lorsque le comité a voté à l'unanimité contre le licenciement (CE 4 juillet 2018, n° 410904 ; CE 4 juillet 2018, n° 397059). Dans ces affaires, la décision des juges n'aurait sans doute pas été la même si le vote avait été en faveur du licenciement du salarié. L'absence de vote à bulletin secret ou de temps donné au salarié pour préparer son audition aurait pu faire planer un doute sur le caractère régulier de la consultation.

Nouveau mandat après avis du CSE - Si le salarié acquiert un autre mandat après l'avis du CSE, l'employeur n'est pas de tenu de consulter à nouveau le comité (c. trav. art. L. 2421-3).

Autorisation de l'inspecteur du travail

Inspecteur du travail compétent - La demande d'autorisation de licenciement doit être adressée à l'inspecteur du travail dont dépend l'établissement

dans lequel le salarié est employé. Par établissement, il faut comprendre (c. trav. art. L. 2421-3) :
- si la demande d'autorisation de licenciement repose sur un motif personnel, le lieu de travail principal du salarié ;
- si la demande d'autorisation de licenciement repose sur un motif économique, celui doté d'un CSE disposant des attributions réservées aux entreprises d'au moins 50 salariés.

Lorsque la demande d'autorisation n'a pour objet ni un motif économique, ni un motif personnel (guide DGT, septembre 2019, fiche 1 b, § 2.2.1.2), elle doit être adressée à l'inspecteur du travail dont dépend l'établissement doté d'un CSE d'établissement, s'il dispose d'une autonomie suffisante, notamment en matière de gestion du personnel (CE 12 octobre 2006, n° 287489). À défaut, l'autorisation doit être sollicitée auprès de l'autorité administrative dont dépend le siège social de l'entreprise (CE 2 février 1996, n° 133455).

Si le salarié exécute habituellement son travail en dehors de tout établissement, l'inspecteur compétent est celui dont dépend l'établissement qui gère administrativement l'intéressé.

S'il partage son temps de travail entre plusieurs établissements, il faut prendre en compte celui où il exerce principalement son activité (CE 3 octobre 1994, n° 120749).

Lorsque l'employeur est une société étrangère ne disposant pas d'implantation permanente en France, il s'adresse à l'inspecteur responsable de la section correspondant au lieu principal de l'activité de la personne disposant des prérogatives de l'employeur. À défaut, l'employeur demande au DREETS de désigner l'inspecteur compétent (CE 21 juillet 2009, n° 314968 ; guide DGT, septembre 2019, fiche 2, § 2.3.2).

Date de la demande - La demande doit être présentée dans un délai de 15 jours suivant la réunion du CSE (c. trav. art. R. 2421-1 et R. 2421-10) ou dans les 48 heures suivant la réunion du CSE en cas de mise à pied conservatoire du salarié (étant rappelé que la réunion du comité doit alors avoir lieu dans les 10 jours de la date de la mise à pied) (c. trav. art. R. 2421-6 et R. 2421-14).

Si la consultation du comité n'est pas requise, l'inspecteur du travail doit être saisi « directement » après l'entretien préalable (c. trav. art. L. 2421-1). Toutefois, en cas de mise à pied conservatoire, l'employeur doit informer l'inspecteur de la mise à pied dans les 48 heures et envoyer la demande d'autorisation de licenciement dans le délai de 8 jours à compter de la mise à pied (c. trav. art. L. 2421-1 et R. 2421-6).

En l'absence de CSE, la demande d'autorisation est transmise directement à l'inspecteur du travail (c. trav. art. L. 2421-3).

Mode de transmission de la demande - L'employeur transmet la demande d'autorisation (c. trav. art. R. 2421-1 ; guide DGT, septembre 2019, fiche 2, § 1.1) :
- par voie électronique (code des relations entre le public et l'administration, art. L. 112-9, R. 112-9-1 et R. 112-9-2) ;
- ou par LRAR « en deux exemplaires ».

Jonction du PV de la réunion du CSE - Lorsque l'avis du CSE est requis *(voir ci-avant)*, le procès-verbal (P-V) de la réunion au cours de laquelle il s'est prononcé doit être joint à la demande de l'employeur auprès de l'inspecteur du travail.

> ▶ Attention... En cas de grand licenciement économique (au moins 10 salariés sur 30 jours), la demande d'autorisation à l'inspecteur du travail comporte obligatoirement une copie de la notification du projet de licenciement adressée au DREETS (c. trav. art. R. 2421-2 et R. 2421-13).

Mention du motif de licenciement et des mandats exercés - La demande d'autorisation de licenciement doit énoncer les motifs du licenciement envisagé (c. trav. art. R. 2421-1 et R. 2421-10).

Dans l'hypothèse d'un licenciement économique, l'employeur doit faire état de la réorganisation de l'entreprise mais aussi énoncer précisément le motif économique. L'employeur doit en conséquence préciser la cause justifiant le licenciement dans sa demande ou dans une annexe à la demande d'autorisation (CE 26 septembre 2018, n° 401511).

La demande d'autorisation doit également mentionner l'intégralité des mandats exercés par le représentant du personnel mis en cause (CE 27 mars 2015, n° 366166). L'inspecteur du travail doit, en effet, rechercher si la mesure envisagée n'est pas en lien avec ses fonctions représentatives ou son appartenance syndicale.

L'omission, même involontaire, d'un mandat représentatif exercé est de nature à justifier l'interdiction de licencier (CE 13 décembre 2005, n° 277748 ; CE 23 juillet 2010, n° 332355). En revanche, elle n'est pas assimilée à une violation du statut protecteur (cass. soc. 3 février 2016, n° 14-17886, BC V n° 21). Elle ne permet pas, en effet, au salarié protégé de réclamer ultérieurement les indemnités prévues en cas de licenciement prononcé en violation du statut protecteur [voir *Licenciement des représentants du personnel (contentieux)**].

▶ **À noter…** Le contenu de la demande d'autorisation délimite le champ et la grille de contrôle de l'administration qui ne peut pas, en cas d'erreur, se substituer à l'employeur pour donner une autre qualification juridique à sa demande (CE 20 mars 2017, n° 392296).

Enquête contradictoire - L'inspecteur du travail procède à une enquête contradictoire (c. trav. art. R. 2421-4, R. 2421-11 et R. 2421-17 ; guide DGT, septembre 2019, fiche 3). **Au cours de celle-ci, il doit procéder à l'audition personnelle et individuelle** (CE 28 avril 1997, n° 163971) **de l'employeur et du salarié concerné** (CE 29 décembre 1997, n° 160604 ; CE 8 novembre 2019, n° 412566). **Procéder à cette enquête par de simples entretiens téléphoniques avec le salarié la rend irrégulière.**

▶ **Attention…** L'inspecteur du travail est, par exception, dispensé de diligenter une telle enquête en cas de licenciement économique ou de transfert partiel d'entreprise ou d'établissement d'au moins 25 salariés protégés. Dans ces deux hypothèses, l'inspecteur peut simplement mettre chaque salarié en mesure de présenter des observations écrites. Le salarié qui en fait la demande peut également présenter à l'inspecteur du travail des observations orales. À cette occasion, le salarié a la faculté de se faire assister, toujours à sa demande, par un représentant de son syndicat (c. trav. art. R. 2421-4 et R. 2421-11).

Dans le cadre de l'enquête contradictoire, l'inspecteur du travail doit communiquer au salarié visé l'ensemble des documents produits par l'employeur (CE 20 novembre 2009, n° 320179). **Peu importe qu'il s'agisse de :**

- documents récapitulatifs établis par l'employeur (CE 22 février 2012, n° 346307) **;**

- d'informations déjà connues du salarié (CE 22 février 2012, n° 335200).

Ce n'est que lorsque l'accès à certains de ces éléments est de nature à porter gravement préjudice à leurs auteurs que l'inspecteur du travail peut s'abstenir de les communiquer et simplement informer le salarié protégé de leur teneur (CE 24 novembre 2006, n° 282374).

Vérification de la régularité des procédures et du bien-fondé du licenciement - L'inspecteur du travail vérifie la régularité de la procédure spéciale de licenciement du représentant, le respect des procédures de droit commun avec lesquelles la procédure spéciale se cumule et s'assure que le licenciement n'est pas en rapport avec le mandat détenu, brigué ou antérieurement exercé par l'intéressé ou son appartenance syndicale (c. trav. art. R. 2421-7 et R. 2421-16 ; guide DGT, septembre 2019, fiche 16). **En d'autres termes, le licenciement envisagé ne doit pas constituer une mesure discriminatoire, sachant que l'appréciation portée par l'inspecteur du travail sur ce point peut être contestée devant le juge administratif** (CE 18 février 1977, n° 95354).

Licenciement d'un représentant du personnel ou syndical (licenciement individuel)

Entretien préalable

Pas de mise à pied : pas de délai légal | **En cas de mise à pied : 10 jours à compter de celle-ci**

↓

Consultation du comité social et économique (CSE) (1)

Pas de mise à pied : 15 jours à compter de la délibération du CSE | **En cas de mise à pied : 48 h à compter de la délibération du CSE**

↓

Présentation de la demande d'autorisation à l'inspecteur du travail accompagnée du P-V de la réunion du CSE

Pas de mise à pied : 15 jours à compter de la réception de la demande (2) | **En cas de mise à pied : 8 jours à compter de la réception de la demande (2)**

↓

Réponse de l'inspecteur du travail

(1) L'employeur consulte le CSE sur le projet de licenciement d'un membre du CSE. En revanche, il saisit directement l'inspecteur du travail sans consultation du comité s'il s'agit d'un délégué syndical (DS) ou d'un représentant de la section syndicale (RSS), sauf si ce salarié a par ailleurs un mandat qui nécessite l'avis préalable du CSE.

(2) L'inspecteur du travail prend sa décision dans un délai de 2 mois, qui débute à compter de la réception de la demande d'autorisation de licenciement.

Licenciement économique d'un représentant du personnel ou syndical (de 2 à 9 salariés)

Consultation du comité social et économique (CSE) sur le licenciement collectif

↓ Pas de délai légal

Entretien préalable du salarié protégé : présentation et proposition du *contrat de sécurisation professionnelle** (selon la date de début de la procédure) ou information sur le *congé de reclassement**

↓ Pas de délai légal

Consultation spéciale du CSE sur le licenciement du salarié protégé (1)

↓ 15 jours

Demande d'autorisation à l'inspecteur du travail, accompagnée du P-V de la réunion du CSE

↓ 15 jours (2)

Réponse de l'inspecteur du travail

(1) L'employeur consulte le CSE sur le projet de licenciement d'un élu du CSE. En revanche, il saisit directement l'inspecteur du travail sans consultation du comité s'il s'agit d'un délégué syndical (DS) ou d'un représentant de la section syndicale (RSS), sauf si ce salarié a par ailleurs un mandat qui nécessite l'avis préalable du CSE.

(2) L'inspecteur du travail prend sa décision dans un délai de 2 mois, qui débute à compter de la réception de la demande d'autorisation de licenciement.

Licenciement économique d'un représentant du personnel (10 salariés et plus)

Dernière réunion du CSE : à l'issue de la réunion, présentation et proposition du *contrat de sécurisation professionnelle** (selon la date de début de la procédure) ou information sur le *congé de reclassement**

↓

Entretien préalable du salarié protégé

↓

Consultation spéciale du CSE

↓

Demande à l'inspecteur du travail

↓

Réponse de l'inspecteur du travail

▶ **À noter…** En principe, il y a séparation des pouvoirs entre juge judiciaire et juge administratif. Toutefois, en cas de contestation devant le juge administratif, celui-ci peut se fonder sur une décision du juge judiciaire laissant supposer l'existence d'une discrimination syndicale à l'égard du salarié (CE 20 mars 2019, n° 408658).

Dans le cadre d'une demande d'autorisation de licenciement pour motif économique, l'inspecteur du travail doit s'assurer que :

- la procédure de consultation des représentants du personnel a été respectée ;
- l'employeur a rempli ses obligations de reclassement ;

- le salarié protégé a accès aux mesures prévues par le *plan de sauvegarde de l'emploi** (PSE) dans des conditions non discriminatoires.

Mais l'inspecteur du travail n'a pas à apprécier la validité du PSE dès lors que l'autorisation de licenciement ne fait pas obstacle à ce que le salarié conteste ultérieurement cette validité devant la juridiction compétente (CE 25 février 2015, n° 375590).

Sur les conséquences de l'invalidation d'un PSE, voir *Licenciement des représentants du personnel (contentieux)**.

Sur le cas du salarié protégé dont la demande d'autorisation de licenciement est motivée par une inaptitude consécutive à du harcèlement moral, voir *Licenciement des représentants du personnel (motif)**.

Sur les conséquences indemnitaires en cas de faute de l'employeur, voir *Licenciement des représentants du personnel (contentieux)**.

Décision de l'inspecteur du travail - L'inspecteur du travail prend sa décision dans un délai de 2 mois. Ce délai court à compter de la réception de la demande d'autorisation de licenciement. La possibilité de prolongation du délai n'est pas envisageable (c. trav. art. R. 2421-4 et R. 2421-11). Sur le délai de réponse applicable en cas de mise à pied préalable, voir *Licenciement des représentants du personnel (mise à pied préalable)**.

La décision de l'inspecteur doit être motivée et notifiée à l'employeur et au salarié par LRAR (c. trav. art. R. 2421-5). Lorsque le salarié concerné est un délégué syndical ou un représentant syndical au CSE, la demande doit être notifiée, dans les mêmes conditions, à l'organisation syndicale concernée (c. trav. art. R. 2421-5 et R. 2421-12).

Au-delà de ce délai de 2 mois, le silence de l'inspecteur du travail vaut décision de rejet (c. trav. art. R. 2421-4 et R. 2421-11).

▶ À noter… Lorsque l'autorisation administrative a été accordée à l'employeur de licencier les salariés protégés concernés, le juge judiciaire ne peut, sans violer le principe de la séparation des pouvoirs, apprécier ni le caractère réel et sérieux des motifs retenus pour justifier le licenciement ni la régularité de la consultation du CSE sur le projet de licenciement économique collectif (cass. soc. 20 septembre 2018, n° 17-11602 FSPB). Le juge judiciaire reste toutefois compétent pour apprécier les fautes commises par l'employeur pendant la période antérieure au licenciement et notamment l'existence d'une discrimination syndicale dans le déroulement de la carrière du salarié (cass. soc. 29 mai 2019, n° 17-23028 FSPB).

Notification du licenciement

Lettre de licenciement - Après avoir obtenu l'autorisation administrative de licenciement, l'employeur doit notifier sa décision au salarié concerné. L'obtention de l'autorisation administrative ne dispense pas, en effet, l'employeur d'adresser au salarié une lettre de licenciement [voir *Licenciement (notification)**].

La lettre de licenciement est suffisamment motivée si elle fait référence à l'autorisation administrative ou au motif de licenciement (cass. soc. 28 octobre 2003, n° 01-46168, BC V n° 264 ; cass. soc. 31 mars 2009, n° 07-45217 D). Dans tous les cas, le licenciement doit intervenir sur le fondement des faits qui ont motivé la décision administrative (cass. soc. 19 mai 2010, n° 08-45386 D).

▶ À noter… L'employeur n'est jamais obligé de faire usage de l'autorisation de licenciement accordée par l'inspecteur du travail. Il peut renoncer à licencier le salarié (cass. soc. 17 juin 2009, n° 08-41648 D).

Licenciement refusé

Si l'inspecteur du travail n'autorise pas le licenciement, l'employeur doit conserver le salarié protégé à son poste. S'il le licencie, le licenciement est nul (cass. soc. 12 février 1991, n° 88-41339, BC V n° 64).

Si l'intéressé avait été mis à pied dans l'attente de la décision, cette mesure est privée d'effet (c. trav. art. R. 2421-6 et R. 2421-14) [voir *Licenciement des représentants du personnel (mise à pied préalable)**].

Seule une impossibilité absolue peut libérer l'employeur de l'obligation de réintégrer le salarié à son poste de travail, avec maintien de ses conditions de travail antérieures.

Le refus d'une partie du personnel de travailler à nouveau avec le salarié protégé pour des motifs écartés par l'inspecteur du travail ne suffit pas à caractériser une impossibilité absolue de réintégrer l'intéressé à son poste (cass. soc. 24 juin 2014, n° 12-24623, BC V n° 156).

Contestation de la décision administrative

La décision de l'inspecteur peut faire l'objet de trois types de recours.

Un *recours gracieux** auprès de l'inspecteur du travail.

Un *recours hiérarchique** devant le ministre du Travail dans un délai de 2 mois à compter de sa notification (c. trav. art. R. 2422-1). Dans le cas où le ministre du Travail, saisi d'un recours hiérarchique, annule la décision par laquelle un inspecteur du travail a rejeté la demande d'autorisation de licenciement d'un salarié protégé, il est tenu de motiver l'annulation de cette décision (CRPA art. L. 211-2).

Il doit en particulier, lorsqu'il estime que le ou les motifs fondant une décision de refus d'autorisation de licenciement sont illégaux, indiquer les considérations pour lesquelles il estime que ce motif ou, en cas de pluralité de motifs, chacun des motifs fondant la décision de l'inspecteur du travail, est illégal (CE 8 décembre 2021, n° 428118).

Un *recours contentieux** devant les juridictions administratives, dans le même délai de 2 mois (code de justice administrative art. R. 421-1). Le juge judiciaire (conseil de prud'hommes, cour d'appel et Cour de cassation) n'est pas compétent pour annuler une décision d'autorisation ou de refus de licenciement, comme le ferait le juge administratif.

Cependant, s'il apparaît que l'illégalité d'un acte administratif est manifeste, le juge judiciaire peut l'apprécier (trib. confl. 17 octobre 2011, n° 3828). L'illégalité manifeste de la décision doit donc relever de l'évidence ; à défaut, le juge judiciaire ne peut pas s'affranchir du principe de séparation des pouvoirs et apprécier la légalité de la décision de l'inspection du travail à la place du juge administratif (cass. soc. 5 janvier 2022, n° 20-12471 FB).

Sanctions

Licenciement nul - Lorsque le licenciement d'un salarié protégé intervient sans demande d'autorisation auprès de l'inspection du travail ou malgré un refus d'autorisation, il est jugé nul. Le salarié a un droit à réintégration et à indemnisation [voir *Licenciement des représentants du personnel (contentieux)**].

Délit d'entrave - En cas de méconnaissance des dispositions relatives à la procédure spéciale de licenciement applicable aux représentants du personnel élus ou désignés, l'employeur encourt des sanctions pénales pour *délit d'entrave** (c. trav. art. L. 2146-1 et L. 2317-1).

☞ *Comité social et économique ; Licenciement des délégués syndicaux ; Licenciement (précision des motifs) ; Licenciement des représentants du personnel (contentieux).*

➲ Formulaire de Droit Social, « Licenciement des représentants du personnel ».

Licenciement sans cause réelle et sérieuse

Barème d'indemnisation obligatoire

Contentieux lié à la validité du barème - Le juge prud'homal qui estime qu'un licenciement est sans cause réelle et sérieuse doit respecter un barème légal d'indemnisation (couramment appelé « Barème Macron »).

Toutefois, plusieurs conseils de prud'hommes (CPH) ont refusé d'appliquer le barème légal d'indemnisation, le considérant contraire à la convention 158 de l'OIT qui fixe le principe d'une réparation adéquate. La Cour de cassation a rendu un avis dans lequel elle a considéré que le barème était conforme à ce principe (cass. avis, 17 juillet 2019, avis n° 19-70010 PBRI et n° 19-70011 PBRI). Cet avis, qui n'a qu'une portée indicative, ne s'impose pas aux juges du fond. Certains CPH n'ont pas suivi cet avis et n'ont pas respecté le barème (CPH de Grenoble, 22 juillet 2019, RG n° 18/00267 ; CPH Troyes, 29 juillet 2019, RG n° 18/00169 ; CPH Limoges, 1er octobre 2019, RG n° 19/00114).

Du côté des cours d'appel (CA), l'application du barème est diverse. Dans certains cas, les juges d'appel ont respecté le barème, tout en admettant que chaque situation devait être appréciée « in concreto », pouvant ainsi conduire à écarter le barème (CA Paris, 30 octobre 2019, RG n° 16/05602 ; CA Reims, 25 septembre 2019, RG n° 19/00003 ; CA Grenoble, 2 juin 2020, n° 17/04929). Ainsi, dans d'autres cas, les juges d'appel n'ont pas appliqué le barème considérant qu'il ne permettait pas une réparation appropriée du préjudice subi par le salarié, compte tenu de sa situation (ex. : ancienneté, âge, difficulté à retrouver un emploi, difficultés financières importantes après le licenciement, dégradation de l'état de santé liée au manquement de l'employeur à son obligation de sécurité) (CA Paris, 16 mars 2021, RG n° 19/08721 ; CA de Grenoble, 30 septembre 2021, n° RG 20/02512).

Une décision au fond de la Cour de cassation validant le barème permettrait de clore cette contestation.

Pour sa part, l'administration indique que le barème est obligatoire et que le juge ne peut s'en affranchir (Document questions-réponses du ministère du Travail, « La rupture du contrat de travail », Q/R n° 22, juillet 2020). Pour suivre l'actualité sur ce sujet, voir RF Social, Revue d'actualité et www.rfsocial.com.

Montant de l'indemnité pour licenciement sans cause réelle et sérieuse			
Ancienneté du salarié dans l'entreprise (en années complètes)	Indemnité minimale (en mois de salaire brut)		Indemnité maximale (en mois de salaire brut, quel que soit l'effectif de l'entreprise)
	Entreprise de moins de 11 salariés	Entreprise de 11 salariés ou plus	
0	–		1
1	0,5	1	2
2	0,5	3	3,5
3	1	3	4
4	1	3	5
5	1,5	3	6
6	1,5	3	7
7	2	3	8
8	2	3	8
9	2,5	3	9
10	2,5	3	10
11	3		10,5
12	3		11
13	3		11,5
14	3		12
15	3		13
16	3		13,5
17	3		14
18	3		14,5
19	3		15
20	3		15,5
21	3		16
22	3		16,5
23	3		17
24	3		17,5
25	3		18
26	3		18,5
27	3		19
28	3		19,5
29	3		20
30	3		20
30 et au-delà	3		20

Application du barème faute de réintégration - Avant toute chose, le juge peut proposer la réintégration du salarié dans l'entreprise, avec maintien de ses avantages acquis. Si l'employeur ou le salarié la refuse, le juge doit respecter le barème pour évaluer le montant de l'indemnité accordée au salarié licencié abusivement. Ce barème fixe des montants minimaux et maximaux en fonction de l'ancienneté du salarié, exprimés en brut (c. trav. art. L. 1235-3 ; cass. soc. 15 décembre 2021, n° 20-18782 FSB) *(voir tableau reproduit dans cette étude)*.

Prise en compte des indemnités supra légales - Pour déterminer le montant des dommages et intérêts, le juge peut tenir compte des indemnités de licenciement versées par l'employeur, à l'exception de l'indemnité légale de licenciement (sont donc visées les seules indemnités conventionnelles ou contractuelles supra légales) (c. trav. art. L. 1235-3). En d'autres termes, si le salarié a perçu une indemnité de licenciement élevée, les juges ont la possibilité (et non l'obligation) d'en tenir compte pour fixer le montant des dommages et intérêts, en respectant les planchers et plafonds du barème.

Autres cas d'application - Le barème est également applicable en cas de *résiliation judiciaire du contrat de travail** aux torts de l'employeur ou de *prise d'acte de la rupture** jugée justifiée et produisant les effets d'un licenciement sans cause réelle et sérieuse (c. trav. art. L. 1235-3-2) (sur les résiliations judiciaires et prises d'acte produisant les effets d'un licenciement nul, *voir ci-après*).

Indemnité non subordonnée à la preuve d'un préjudice - Le salarié qui est licencié abusivement subit nécessairement un préjudice dont le juge apprécie l'étendue. Pour obtenir une indemnisation, le salarié n'a donc pas à prouver l'existence d'un préjudice (cass. soc. 13 septembre 2017, n° 16-13578, BC V n° 136 ; cass. soc. 8 janvier 2020, n° 18-21930 D). Ces décisions, rendues à propos d'affaires antérieures à la mise en place du barème, ont vocation à perdurer, même si le juge est contraint par le plafonnement des dommages et intérêts. Néanmoins, elles présentent un intérêt pour les salariés ayant moins d'1 an d'ancienneté et pour lesquels le barème ne prévoit pas d'indemnisation minimale obligatoire.

Ancienneté - L'ancienneté du salarié s'apprécie à la date d'envoi de la lettre de licenciement (cass. soc. 26 septembre 2006, n° 05-43841, BC V n° 288).

▶ Attention… Aucune restriction n'est prévue pour la prise en compte des périodes de suspension du contrat de travail dans le calcul de l'ancienneté. Par exemple, les périodes de suspension du contrat de travail pour maladie doivent être prises en compte dans le calcul de l'ancienneté du salarié pour déterminer le montant de l'indemnité due au salarié dans le cadre d'un licenciement sans cause réelle et sérieuse (cass. soc. 7 décembre 2011, n° 10-14156, BC V n° 288 ; cass. soc. 23 septembre 2015, n° 14-24946 D).

Effectif - C'est à l'effectif habituel de l'entreprise qu'il faut se référer : le simple constat que l'entreprise compte moins de 11 salariés au jour du licenciement est insuffisant (cass. soc. 27 mai 1992, n° 89-42593, BC V n° 346). Le cas échéant, il appartient à l'employeur de démontrer qu'il occupe habituellement moins de 11 salariés (cass. soc. 18 avril 2000, n° 97-44925, BC V n° 145).

Dans les entreprises publiques, seuls sont pris en compte les agents employés dans les conditions du droit privé. Les agents employés dans les conditions du droit public sont exclus de l'effectif (cass. soc. 19 septembre 2018, n° 16-27201 FSPB).

Salaire de référence - L'indemnisation du salarié est exprimée en mois de salaire brut (c. trav. art. L. 1235-3 ; cass. soc. 15 décembre 2021, n° 20-18782 FSB). Comme cela était le cas avant l'instauration du barème, et comme c'est le cas pour l'indemnisation du licenciement nul *(voir ci-après)*, il s'agit à notre sens des salaires brut perçus durant les mois précédant le licenciement (cass. soc. 31 mars 2010, n° 08-42767 D), mais la période exacte de référence reste inconnue, en l'absence de décision de la Cour de cassation sur ce point au 1.01.2022.

Le salaire de référence doit comprendre le salaire brut de base, les heures supplémentaires, ainsi que les primes et avantages en nature dont le salarié bénéficie en plus de son salaire de base (cass. soc. 21 septembre 2005, n° 03-43585 D ; cass. soc. 14 mai 2014, n° 12-27928, BC V n° 120). En revanche, une gratification bénévole n'a pas à être incluse (cass. soc. 16 décembre 2015, n° 14-21904 D).

Non-cumul en cas de licenciement sans cause réelle et sérieuse et irrégulier - Lorsque le licenciement est à la fois jugé irrégulier et sans cause réelle et sérieuse, le salarié a seulement droit aux dommages et intérêts pour licenciement sans cause réelle et sérieuse (cass. soc. 12 mars 2008, n° 06-43866, BC V n° 61 ; cass. soc. 30 mars 2017, n° 15-25912 D).

Cumul avec les indemnités spécifiques au licenciement économique - L'indemnité pour licenciement sans cause réelle et sérieuse se cumule, mais dans la limite des montants maximaux prévus par le barème précité, avec des indemnités spécifiques au licenciement économique (c. trav. art. L. 1235-3) :
- indemnité pour non-respect de la procédure de consultation des représentants du personnel ou d'information de l'autorité administrative en cas de licenciement collectif pour motif économique, l'indemnité étant fixée par le juge en fonction du préjudice subi (c. trav. art. L. 1235-12) ;
- en cas de licenciement collectif pour motif économique, indemnité due en cas de carence irrégulière de représentants du personnel (c'est-à-dire, absence de ces institutions représentatives, sans P-V de carence le justifiant), l'indemnité étant d'au moins 1 mois de salaire (c. trav. art. L. 1235-15) ;
- indemnité pour non-respect de la priorité de réembauche (montant minimum fixée à 1 mois de salaire) (c. trav. art. L. 1235-13).

Cumul avec les dommages et intérêts pour licenciement vexatoire - L'indemnité pour licenciement sans cause réelle et sérieuse peut se cumuler avec des dommages et intérêts distincts liés aux conditions vexatoires dans lesquelles l'employeur a prononcé le licenciement (cass. soc. 27 novembre 2001, n° 99-45163, BC V n° 360). Le salarié peut également prétendre à des dommages et intérêts pour licenciement vexatoire même s'il repose sur une cause réelle et sérieuse (cass. soc. 22 juin 2016, n° 14-15171, BC V n° 136 ; cass. soc. 16 décembre 2020, n° 18-23966 FPBI).

Cumul avec les dommages et intérêts en cas de comportement fautif de l'employeur - En cas de comportement fautif de l'employeur ayant causé un préjudice distinct de celui résultant du licenciement, le salarié peut prétendre à des dommages et intérêts en plus de l'indemnité pour licenciement sans cause réelle et sérieuse. En l'espèce, l'employeur avait procédé à un entretien disciplinaire du salarié de 9 heures, puis diffusé des informations auprès d'organismes financiers portant atteinte à sa réputation et à son honneur pour compromettre son avenir (cass. soc. 12 mai 2021, n° 19-24722 D).

Non-application du barème en cas de licenciement nul

Le barème des dommages et intérêts en cas de licenciement sans cause réelle et sérieuse ne s'applique pas aux indemnités versées à la suite d'un *licenciement nul**, dans les situations suivantes (c. trav. art. L. 1235-3-1) :

- licenciement en violation d'une liberté fondamentale ;
- licenciement consécutif à des faits de harcèlement moral ou sexuel (c. trav. art. L. 1152-3 et L. 1153-4) ;
- licenciement discriminatoire (c. trav. art. L. 1134-4 et L. 1132-4) ;
- licenciement consécutif à une action en justice en matière d'égalité professionnelle femmes/hommes (c. trav. art. L. 1144-3) ;
- licenciement consécutif à la dénonciation de crimes et délits (c. trav. art. L. 1132-3-3) ;
- licenciement lié à l'exercice de son mandat par un salarié protégé (représentants du personnel, etc.) ;
- licenciement en violation de règles de protection prévues en cas de maternité, de paternité, d'adoption ou pendant les périodes de suspension du contrat liées à un accident du travail ou une maladie professionnelle (c. trav. art. L. 1225-71 et L. 1226-13) ;
- ruptures qui, pour ces mêmes raisons, produisent les effets d'un licenciement nul (sont visées les résiliations judiciaires, prises d'acte et démissions requalifiées en prise d'acte).

Dans ces hypothèses, en l'absence de réintégration (le salarié ne l'a pas demandée ou sa réintégration est impossible), le juge condamne l'employeur à une indemnité au moins égale aux salaires des 6 derniers mois, sans aucun plafond (c. trav. art. L. 1235-3-1). À cela s'ajoute l'indemnité de licenciement, qu'elle soit d'origine légale, conventionnelle ou contractuelle. Le salarié a également droit, le cas échéant, aux salaires qui auraient été perçus pendant la période couverte par la nullité (salarié exerçant un mandat de représentant du personnel ou salarié protégé au titre de la maternité, de l'adoption ou de la paternité).

► À noter… Le barème prévu en cas de licenciement sans cause réelle et sérieuse ne s'applique pas non plus à l'indemnité versée au salarié dont le licenciement pour motif économique est nul en raison de l'absence de plan de sauvegarde de l'emploi (PSE) dûment validé ou homologué ou parce qu'il est intervenu malgré un refus de validation ou d'homologation du PSE. Dans ce cas, en l'absence de réintégration, le salarié a droit à une indemnité spécifique, qui ne peut pas être inférieure aux salaires des 6 derniers mois (c. trav. art. L. 1235-11) (voir *Licenciement nul**).

Remboursement des allocations de chômage

Modalités d'application - En cas de licenciement sans cause réelle et sérieuse, l'employeur est également condamné à rembourser à *Pôle Emploi** tout ou partie des allocations de chômage dont le salarié a bénéficié du jour de son licenciement au jour du prononcé du jugement et, en cas d'appel, au jour du prononcé de l'arrêt d'appel, dans la limite de 6 mois d'indemnités de chômage (c. trav. art. L. 1235-4). Le remboursement est ordonné d'office par le conseil de prud'hommes dans le cas où Pôle Emploi n'est pas intervenu à l'instance ou s'il n'a pas fait connaître le montant des indemnités versées.

Lorsque le juge ordonne le remboursement, Pôle emploi peut, après mise en demeure, délivrer une contrainte à l'employeur en vue du remboursement des allocations de chômage. Cette contrainte a tous les effets d'un jugement et confère le bénéfice de l'hypothèque judiciaire. L'employeur peut s'y opposer, dans les 15 jours suivants sa notification, devant le *tribunal judiciaire**. Cette démarche suspend la mise en œuvre de la contrainte (c. trav. art. L. 1235-4 et R. 1235-1 à R. 1235-9).

Le remboursement des allocations de chômage ne s'applique pas au licenciement d'un salarié de moins de 2 ans d'ancienneté et au licenciement opéré dans une entreprise de moins de 11 salariés (c. trav. art. L. 1235-5). L'effectif de 11 salariés doit s'apprécier au niveau de l'entreprise qui emploie le salarié licencié (cass. soc. 23 septembre 2015, n° 14-13264,

BC V n° 180) (sur le décompte de l'effectif, voir ci-avant « Effectif »).

▶ À noter… L'employeur peut échapper au remboursement des allocations de chômage s'il établit leur caractère indu (cass. soc. 9 mars 1994, n° 91-21926, BC V n° 86).

Effet d'une transaction - Si, avant le jugement, une transaction intervient entre l'employeur et le salarié et que celui-ci se désiste de l'instance et de l'action engagées contre son employeur, le Pôle Emploi n'est plus en droit d'obtenir le remboursement des allocations de chômage (cass. soc. 14 janvier 1982, n° 79-42492, BC V n° 25).

Si une transaction est conclue entre le salarié et l'employeur au cours de la procédure d'appel à l'encontre du jugement condamnant l'employeur à rembourser les allocations de chômage, elle n'est pas opposable au Pôle Emploi. Cet organisme peut invoquer les dispositions du jugement ordonnant le remboursement par l'employeur des allocations de chômage versées au salarié (cass. soc. 7 juin 1995, n° 91-43234, BC V n° 188). Pôle Emploi peut demander la condamnation de l'employeur, même si le conseil de prud'hommes a omis de mentionner le remboursement des allocations de chômage (cass. soc. 7 juin 1995, n° 91-43042, BC V n° 189). Le désistement du salarié du chef de sa demande de dommages-intérêts pour licenciement sans cause réelle et sérieuse ne dessaisit pas la cour d'appel du litige opposant Pôle Emploi à l'employeur. Dans cette situation, la cour d'appel doit se prononcer sur le caractère réel et sérieux des motifs de licenciement pour déterminer les droits de Pôle Emploi au remboursement des prestations de chômage (cass. soc. 18 juillet 2001, n°s 99-45534 et 99-45535, BC V n° 279).

Régimes social et fiscal

Voir *Cession de rémunération**, *Chômage (allocation d'aide au retour à l'emploi)**, *Indemnités de rupture (régimes social et fiscal)**, *Saisie des rémunérations** et *Privilège**.

☞ *Licenciement ; Licenciement irrégulier ; Licenciement nul.*

Lieu de travail

☞ *Domicile ; Local de travail ; Modification du contrat de travail (lieu de travail) ; Télétravail.*

Liquidation judiciaire

☞ *AGS ; Garantie des créances de salaires ; Privilège ; Procédure de sauvegarde, de redressement et de liquidation judiciaires ; Superprivilège.*

Listes électorales

☞ *Élections professionnelles ; Élections professionnelles (électorat).*

Livret d'épargne salariale

Destinataires

Pour faciliter les transferts d'épargne salariale entre les entreprises et pour améliorer l'information des bénéficiaires, la tenue d'un livret d'épargne salariale est imposée. Cette obligation concerne (c. trav. art. R. 3341-5) :

- les salariés ;
- le cas échéant, les dirigeants, mais uniquement au titre de l'intéressement et de la participation, les plans d'épargne ne donnant pas lieu à la délivrance d'un livret pour cette catégorie spécifique de bénéficiaires ;
- le cas échéant, les agents commerciaux et les agents généraux d'assurances qui participent au plan d'épargne de l'entreprise dont ils commercialisent les produits.

L'employeur qui tarde à remettre le livret d'épargne salariale peut être amené à payer des dommages et intérêts au salarié si celui-ci a subi un préjudice (cass. soc. 18 mai 2011, n° 10-11043 D).

En cas de départ de l'entreprise, le livret est complété par un *état récapitulatif de l'épargne salariale**.

Chaque année le bénéficiaire de plans d'épargne reçoit un *relevé annuel de situation**.

Modalités

Conditions de remise - Dans les entreprises proposant un dispositif d'épargne salariale, l'employeur remet le livret d'épargne salariale à chaque salarié, lors de son *embauche** (c. trav. art. L. 3341-6).

Ce livret est établi sur tout support durable (ex. : imprimé, support informatique) (c. trav. art. R. 3341-5).

Identification du salarié - Le numéro d'inscription au répertoire national d'identification des personnes physiques (numéro de sécurité sociale) est la référence pour la tenue du livret du salarié. Il peut figurer sur les relevés de comptes individuels et l'état récapitulatif (c. trav. art. L. 3341-7).

Information du CSE - L'employeur porte le livret d'épargne salariale à la connaissance du *comité social et économique** (CSE), en l'intégrant le cas échéant à la *base de données économiques, sociales et environnementales (BDESE)** (c. trav. art. L. 3341-6).

Contenu

Dispositifs en place - Outre les états récapitulatifs, le livret présente les dispositifs qui ont été mis en place dans l'entreprise (c. trav. art. L. 3341-6).

Droits à participation - Le cas échéant, le livret comporte également une attestation indiquant la nature et le montant des droits liés à la réserve spéciale de participation, ainsi que la date à laquelle les droits éventuels du salarié au titre de l'exercice en cours seront répartis (c. trav. art. R. 3341-5).

Affectation au PERCO ou au PERE-CO - Dans les entreprises dotées d'un accord de participation et d'un *plan d'épargne pour la retraite collectif (PERCO)** ou d'un *plan d'épargne retraite d'entreprise collectif (PERE-CO)**, le livret indique selon quelles modalités les sommes distribuées au titre de la participation seront affectées pour moitié au PERCO ou au PERE-CO, sauf si le salarié fait un autre choix. Il précise que, en cas d'affectation par défaut, les sommes en question sont dirigées vers le support d'investissement le moins risqué (c. trav. art. R. 3341-5).

☛ *État récapitulatif de l'épargne salariale ; Intéressement des salariés ; Plan d'épargne d'entreprise (PEE) ; Plan d'épargne interentreprises (PEI) ; Plan d'épargne pour la retraite collectif (PERCO) ; Plan d'épargne retraite d'entreprise collectif (PERE-CO) ; Relevé annuel de situation ; Réserve spéciale de participation.*

Local du CSE

L'employeur doit mettre un local à la disposition du *comité social et économique** (CSE). Sur le local syndical, voir *Section syndicale**.

Entreprises visées

Entreprise de moins de 50 salariés - Dans les entreprises de moins de 50 salariés, l'employeur met à la disposition des membres de la délégation du personnel du CSE le local nécessaire pour leur permettre d'accomplir leur mission et, notamment, de se réunir (c. trav. art. L. 2315-20) [voir *Comité social et économique (entreprises de moins de 50 salariés)**].

Entreprises d'au moins 50 salariés - Dans les entreprises d'au moins 50 salariés, l'employeur met à la disposition du CSE un local aménagé et le matériel nécessaire à l'exercice de ses fonctions [voir *Comité social et économique (entreprises d'au moins 50 salariés)**]. Le CSE peut y organiser des réunions d'information, internes au personnel, portant notamment sur des problèmes d'actualité. Il peut inviter y des personnalités extérieures, syndicales ou autres (c. trav. art. L. 2315-25 et L. 2315-26).

▶ **À noter…** Le local attribué au CSE ne peut pas être commun à celui dont bénéficie la *section syndicale** (cass. crim. 23 janvier 1979, n° 78-92407, B. crim. n° 33).

Caractéristiques du local

Local situé dans l'entreprise - Le local fourni aux représentants du personnel est choisi par l'employeur. Il doit se situer dans un lieu accessible et permettre le fonctionnement normal de l'institution.

Aménagement - Un minimum est imposé par les textes et par le bon sens : le local doit donc être équipé d'une table, de chaises et d'une armoire fermant à clé permettant aux élus de conserver leurs documents en toute confidentialité. Comme les autres locaux de l'entreprise, ce local doit aussi avoir une bonne aération, être chauffé en hiver, avoir un éclairage approprié et être peu exposé au bruit (c. trav. art. R. 4222-1, R. 4223-13, R. 4223-1 à R. 4223-9 et R. 4432-1).

▶ **À noter…** Le local peut ne pas être fermé par une porte (même si cela est déconseillé) si les conditions permettant le respect de la confidentialité nécessaire aux fonctions des élus sont assurées. Dans ce cas particulier, le local se situait en sous-sol, là où personne ne travaillait, et l'élu disposait de tranches horaires exclusives les jours où il le souhaitait (cass. soc. 5 mars 2015, n° 13-23430 D).

Superficie - Le nombre de mètres carrés du local dépend des effectifs de l'entreprise, du nombre d'élus et donc de l'ampleur des tâches qui leur sont confiées. En tout état de cause, sa taille doit permettre aux élus d'exercer correctement leur mission. L'employeur qui ne met pas à disposition un local de taille adéquate risque des poursuites et une condamnation pour délit d'entrave (cass. crim. 26 janvier 2016 n° 13-85770, B. crim. n° 20).

Exemple
Un local de 2 mètres sur 5 mètres ne permet pas la réunion de 7 représentants du personnel, ni aucune activité collégiale telle que l'invitation de personnalités extérieures (cass. crim. 26 janvier 2016 n° 13-85770, B. crim. n° 20).

Installation du téléphone - Pour accomplir leur mission, les élus ont besoin d'un téléphone. L'employeur doit donc mettre à leur disposition une ligne téléphonique. Pour préserver la confidentialité qui s'attache à leur mission, les élus doivent disposer d'un matériel ou d'un procédé excluant l'interception de leurs communications et l'identification de leurs correspondants (cass. soc. 6 avril 2004, n° 02-40498, BC V n° 104).

Accès à l'intranet - Par voie d'accord avec les représentants du personnel, l'employeur peut, s'il le souhaite, autoriser et organiser l'accès des élus à l'intranet de l'entreprise (voir *Tracts**).

Entretien - L'employeur assure l'entretien courant du local. Il paie les factures d'électricité et de chauffage, celles relatives à la fourniture du matériel de type chaises et tables.

Concernant les frais d'abonnement et de communication téléphonique, dans les entreprises d'au moins 50 salariés, ils reviennent en principe au CSE qui les finance à l'aide de son budget de fonctionnement (rép. Cauvin n° 2207, JO 9 janvier 1989, AN quest. p. 183). Dans les entreprises de moins 50 salariés, le CSE ne dispose d'aucun budget propre pour assumer ces frais qui sont donc à la charge de l'employeur [voir *Comité social et économique (ressources)**].

Accès au local

Accès des élus et des salariés - Le local doit être librement accessible aux élus du personnel et aux salariés de l'entreprise, aux heures d'ouverture de l'entreprise. L'employeur peut néanmoins installer un système de badgeage dès lors que la mesure envisagée est proportionnée au but recherché et justifiée par un motif légitime (cass. soc. 13 janvier 2010, n° 08-19917, BC V n° 11).

▶ **À noter...** Le local n'a pas besoin d'être affecté en permanence aux élus même si cela est préférable pour éviter tout risque d'entrave à l'exercice de leurs fonctions. De fait, ce local ne peut pas être un réfectoire (cass. crim. 29 avril 1980, n° 79-92791 D), ni une salle de conférences de l'entreprise (cass. crim. 17 novembre 1966, n° 66-90425, B. crim. n° 261).

Accès de l'employeur - L'employeur ou son représentant peuvent accéder au local à condition de ne pas perturber le fonctionnement normal de l'institution représentative du personnel.

Accès de personnalités extérieures - Si le CSE veut inviter des personnalités extérieures (ex. : économiste, juriste) à l'entreprise pour assister à une réunion dans le local, il leur faut l'accord de l'employeur sauf s'il s'agit de personnalités syndicales (ex. : délégué syndical) (c. trav. art. L. 2315-26).

Changement de local

L'employeur peut reprendre le local mis à la disposition des élus à condition d'en fournir un autre qui leur permet d'exercer normalement leurs fonctions. Il n'a pas à justifier que le maintien des élus dans leur local lui cause un préjudice particulier (cass. soc. 22 octobre 2014, n° 13-16614, BC V n° 251).

Le motif de l'employeur doit néanmoins être sérieux : il ne peut pas changer le local arbitrairement et sans raison. Si les élus sont hostiles à ce changement, il aura besoin d'une autorisation judiciaire pour opérer le transfert (cass. soc. 13 janvier 2010, n° 08-19917, BC V n° 11).

Manquement de l'employeur

L'employeur qui ne met pas à la disposition des élus un local adapté risque des poursuites pour délit d'entrave aux fonctions des élus du personnel (cass. crim. 15 mai 2007, n° 06-84318, B. crim. n° 126 ; cass. crim. 26 mai 2009, n° 08-82979 D). Seule une circonstance de force majeure peut éventuellement exonérer l'employeur de son obligation de fournir un local aux élus. N'est pas valable un motif tiré, par exemple :
- de l'absence de local disponible compte tenu de l'infrastructure de l'entreprise et de simples difficultés (cass. crim. 7 janvier 1981, n° 79-94255, B. crim. n° 5) ;
- de la réalisation d'importants travaux de rénovation dans l'entreprise (cass. crim. 25 septembre 2007, n° 06-84599, B. crim. n° 222).

☞ *Comité social et économique.*

Local de restauration

Obligation dans certains cas

Effectif d'au moins 50 salariés - Dans les établissements d'au moins 50 salariés, l'employeur met à leur disposition un local de restauration, après avis du *comité social et économique** (c. trav. art. R. 4228-22 ; décret 2019-1586 du 31 décembre 2019, JO du 1er janvier 2020).

Le calcul de l'effectif doit se faire au niveau de l'établissement lorsque l'entreprise comporte plusieurs établissements. En outre, les modalités de calcul à appliquer sont celles de l'*effectif sécurité sociale**.

▶ Attention… Avant le 1.01.2020, dans les établissements dans lesquels le nombre de travailleurs souhaitant prendre habituellement leur repas sur les lieux de travail était au moins égal à 25, l'employeur mettait à leur disposition un local de restauration, après avis du CSE.

Une entreprise ou un établissement qui avait un local de restauration avant le 1.01.2020 en application du régime antérieur doit conserver ce local jusqu'au 31.12.2024, même s'il ne répond pas à la nouvelle condition d'effectif (c. trav. art. R. 4228-22 ; décret 2019-1586 du 31 décembre 2019, art. 4, IV, JO du 1er janvier 2020). À notre sens, il en va de même pour les employeurs qui n'ont pas mis en place de local, mais qui auraient dû le faire en application des règles antérieures au 1.01.2020. Autrement dit, jusqu'au 31.12.2024, les salariés pourraient invoquer les anciennes règles pour exiger la mise en place d'un local de restauration.

Pour les entreprises et établissements soumis à ce mécanisme de « sauvegarde », il n'y aura pas, le 1.01.2025, de gel de l'obligation pendant 5 ans si, à cette date, son effectif devient au moins égal à 50 salariés.

Effectif de moins de 50 salariés - Dans les établissements de moins de 50 salariés, l'employeur met à leur disposition un emplacement leur permettant de se restaurer dans de bonnes conditions de santé et de sécurité (c. trav. art. R. 4228-23).

Le calcul de l'effectif doit se faire au niveau de l'établissement lorsque l'entreprise comporte plusieurs établissements. En outre, les modalités de calcul à appliquer sont celles de l'*effectif sécurité sociale** (sur la période transitoire consécutive au changement de seuil au 1.01.2020, voir ci-avant).

▶ À noter… Sur l'accident survenu dans un local de restauration, voir *Accident du travail**.

Interdiction de laisser prendre les repas dans les locaux de travail - En principe, il est interdit de laisser les salariés prendre leurs repas dans les locaux affectés au travail (c. trav. art. R. 4228-19).

Dérogation dans les établissements de moins de 50 salariés - Par dérogation au principe ci-dessus énoncé, dans les établissements de moins de 50 salariés, l'emplacement de restauration peut être aménagé dans les locaux affectés au travail sauf en cas d'emploi de substances ou mélanges dangereux.

Pour ce faire, l'employeur adresse une déclaration préalable à l'agent de contrôle de l'inspection du travail et du médecin du travail par tout moyen lui donnant date certaine (c. trav. art. R. 4228-23).

Cette déclaration indique (arrêté du 4 mai 2017, JO du 7) :

- l'identité de l'employeur ou la raison sociale de l'entreprise ou de l'établissement ;
- le secteur d'activité de l'entreprise ou de l'établissement ;
- l'adresse du site concerné et le numéro Siret de l'établissement ;
- le nombre de salariés concernés ;
- les caractéristiques des locaux affectés au travail et de l'emplacement permettant aux salariés de se restaurer dans de bonnes conditions de santé et de sécurité.

Dérogation liée à la crise sanitaire - Voir *Covid-19 (hygiène et sécurité)**.

Titre restaurant - Sur l'incidence de la fourniture par l'employeur de titres-restaurant, voir *Titre-restaurant**.

Caractéristiques du local

Dans les établissements d'au moins 50 salariés, le local doit être pourvu de sièges et de tables en nombre suffisant, comporter un robinet d'eau potable, fraîche et chaude, pour 10 usagers, être doté d'un moyen de conservation des aliments et des boissons et d'une installation permettant de réchauffer les plats (c. trav. art. R. 4228-22).

Dans les établissements de moins de 50 salariés, l'emplacement mis à leur disposition doit leur permettre de se restaurer dans de bonnes conditions de santé et de sécurité (c. trav. art. R. 4228-23).

▶ À noter… Les salariés handicapés doivent pouvoir accéder aux locaux de restauration (c. trav. art. R. 4225-6).

Il est interdit de fumer dans les locaux de restauration (voir *Interdiction de fumer**).

Après chaque repas, l'employeur doit veiller au nettoyage du local ou de l'emplacement et des équipements qui y sont installés (c. trav. art. R. 4228-24).

☞ *Boissons ; Cantine ; Hygiène et sécurité (obligations de l'employeur) ; Titre-restaurant.*

Local de soins

☞ *Hygiène et sécurité (obligations de l'employeur).*

Local syndical

☞ *Section syndicale.*

Local de travail

Les lieux de travail sont les lieux destinés à recevoir des postes de travail situés ou non dans les bâtiments de l'établissement, ainsi que tout autre endroit compris dans l'aire de l'établissement auquel le travailleur a accès dans le cadre de son travail (c. trav. art. R. 4221-1).

Sécurité

Les établissements et locaux de travail doivent être aménagés de manière à garantir la sécurité des travailleurs (c. trav. art. L. 4221-1).

▶ À noter… Sur la notion de « travailleurs », voir *Hygiène et sécurité**.

L'employeur est tenu d'appliquer des dispositions concernant notamment les portes et portails, la circulation des piétons et l'évacuation des postes en cas de danger (c. trav. art. R. 4224-1 à R. 4224-24).

▶ À noter… Quand l'employeur n'a pas pu éviter les zones de danger (ex. : celles comportant des risques de chutes), il doit les signaler. Ces zones sont également matérialisées par des dispositifs destinés à éviter que les travailleurs non autorisés pénètrent dans ces zones (c. trav. art. R. 4224-4 et R. 4224-20).

Les établissements et locaux de travail doivent également répondre aux obligations qui existent en vue de la prévention des incendies (nombre d'issues, sens de l'ouverture des portes, des escaliers desservant les locaux de travail situés en étage ou en sous-sol, etc.) (voir *Consignes d'hygiène et de sécurité**) (c. trav. art. R. 4216-30).

Hygiène

Propreté et salubrité - Les locaux de travail doivent être tenus dans un état constant de propreté et présenter les conditions d'hygiène et de salubrité nécessaires à la santé du personnel (c. trav. art. L. 4221-1).

Nettoyage - Les locaux de travail et leurs annexes doivent être régulièrement entretenus, nettoyés et exempts d'encombrement. Le médecin du travail et le *comité social et économique** donnent leur avis sur les mesures à prendre pour satisfaire à ces obligations (c. trav. art. R. 4224-18) [voir *Comité social et économique (santé, sécurité et conditions de travail)**].

Installations sanitaires - Les employeurs doivent mettre à la disposition des travailleurs les moyens d'assurer leur propreté individuelle, notamment des vestiaires, lavabos, cabinets d'aisances et, le cas échéant, des douches (c. trav. art. R. 4228-1).

Pour les travailleurs qui ne sont pas obligés de porter des vêtements de travail spécifiques ou des équipements de protection individuelle, l'employeur peut mettre à leur disposition, en lieu et place de vestiaires collectifs, un meuble de rangement sécurisé, dédié à leurs effets personnels, placé à proximité de leur poste de travail (c. trav. art. R. 4228-2).

Sur la rémunération des temps d'habillage et de douche, voir *Habillage**.

Ambiance

Aération et assainissement - Les règles applicables à l'aération, à la ventilation et à l'assainissement des locaux sont fixées réglementairement (c. trav. art. R. 4222-1 et s.). Il convient de distinguer selon qu'il s'agit de :

- locaux à pollution non spécifique, c'est-à-dire dans lesquels la pollution est liée à la seule présence humaine (à l'exception des locaux sanitaires) (c. trav. art. R. 4222-4 et s.) ;
- locaux à pollution spécifique (ex. : des locaux dans lesquels des substances dangereuses sont émises) (c. trav. art. R. 4222-10 et s.).

Dans les locaux à pollution non spécifique, lorsque l'aération est effectuée par des dispositifs de ventilation, des débits minimaux d'air neuf doivent être respectés (c. trav. art. R. 4222-5 et R. 4222-6).

Ambiance thermique et température des locaux - Les locaux fermés affectés au travail doivent être chauffés pendant la saison froide et le chauffage doit être assuré de façon à maintenir une température convenable et à ne donner lieu à aucune émanation délétère (c. trav. art. R. 4223-13).

Les équipements et caractéristiques des locaux de travail doivent permettre d'adapter la température à l'organisme humain pendant le temps de travail, compte tenu des méthodes de travail et des contraintes physiques supportées par les travailleurs (c. trav. art. R. 4213-7).

Éclairage - L'éclairage des locaux de travail, de leurs dépendances et des voies de circulation extérieure empruntées durant les heures de travail doit être conforme à la réglementation (c. trav. art. R. 4223-1). Les locaux de travail doivent, autant que possible, disposer d'une lumière naturelle suffisante (c. trav. art. R. 4223-3).

De plus, les établissements doivent disposer d'un éclairage de sécurité permettant d'assurer l'évacuation des personnes en cas d'interruption accidentelle de l'éclairage normal (c. trav. art. R. 4227-14).

La conception, la mise en œuvre et les conditions d'exploitation et de maintenance de cet éclairage ainsi que les locaux qui peuvent en être dispensés en raison de leur faible superficie ou de leur faible fréquentation sont précisément définis (arrêté du 14 décembre 2011, JO 30).

Prévention des risques dus au bruit - L'employeur a des obligations spécifiques en matière de prévention des risques d'exposition au bruit (c. trav. art. R. 4432-1 et s.).

Interdiction de fumer

Voir *Interdiction de fumer**.

Aménagements pour les personnes handicapées

Accessibilité et évacuation en cas d'incendie - Les lieux de travail, y compris les locaux annexes, aménagés dans un bâtiment neuf ou dans la partie neuve d'un bâtiment existant doivent être accessibles aux personnes handicapées, quel que soit leur type de handicap (voir *Handicapés**). Les lieux de travail sont considérés comme accessibles aux personnes handicapées lorsque celles-ci peuvent accéder à ces lieux, y circuler, être évacuées, se repérer et communiquer, avec la plus grande autonomie possible.

Les lieux de travail doivent aussi être conçus de manière à permettre l'adaptation des postes de travail aux personnes handicapées ou à rendre ultérieurement possible l'adaptation des postes de travail (c. trav. art. R. 4214-26).

Par ailleurs, les locaux de travail doivent permettre, en cas d'incendie, l'évacuation des personnes handicapées en deux temps (c. trav. art. R. 4216-2-1 et s.). Les bâtiments doivent comporter des « espaces d'attente sécurisés », destinés à accueillir dans un premier temps les personnes handicapées, en attendant leur évacuation à l'extérieur. Un certain nombre d'exceptions et d'aménagements sont, par ailleurs, prévus. Le nombre et la capacité d'accueil de ces espaces varient en fonction de la disposition des lieux de travail et de l'effectif des personnes handicapées susceptibles d'être présentes.

▶ Attention… Les dispositions réglementaires décrites ci-avant sont issues de décrets publiés en 2009 et 2011. Elles sont applicables aux opérations de construction d'un bâtiment neuf ou de construction d'une partie neuve d'un bâtiment intervenant dans des délais postérieurs à l'entrée en vigueur de ces décrets (décret 2009-1272 du 21 octobre 2009, art. 4 ; décret 2011-1461 du 7 novembre 2011, art. 9).

Installations sanitaires - Des installations sanitaires appropriées doivent être mises à la disposition des travailleurs handicapés (c. trav. art. R. 4225-7).

Hébergement du personnel

Il est interdit d'héberger des travailleurs dans des locaux affectés à un usage industriel et commercial (c. trav. art. R. 4228-26).

Le cas échéant, les locaux affectés à l'hébergement des travailleurs doivent répondre à des conditions strictement définies, relatives notamment à leurs aménagements (c. trav. art. R. 4228-27 et s.).

☛ *Hygiène et sécurité (obligations de l'employeur).*

Lock-out

☛ *Grève.*

Logement d'un salarié

Fourniture de logement

Contrat de travail ou accord collectif - Il n'existe aucune obligation générale pour l'employeur d'assurer le logement de ses salariés. Une obligation de fourniture de logement ne peut résulter que d'un *contrat de travail**, d'une *convention collective** ou d'un texte particulier.

L'employeur peut fournir au salarié un local d'habitation dont il est propriétaire soit en le concédant au salarié à titre précaire sans pour autant passer avec lui un véritable contrat de louage de choses (bail), soit en concluant avec le salarié un contrat de bail. Dans cette hypothèse, les deux conventions (contrat de travail et contrat de bail) peuvent être nettement distinctes ou, au contraire, liées. Pour éviter toute difficulté, la volonté des parties doit être clairement exprimée.

L'employeur peut aussi fournir au salarié un local d'habitation dont il n'est pas propriétaire soit en prenant lui-même à bail un local qu'il concède ensuite au salarié, soit en passant avec un tiers (société propriétaire d'immeubles) une convention aux termes de laquelle ce dernier s'engage à réserver des logements au personnel de l'entreprise. Dans cette hypothèse, le salarié se voit, en cette qualité, consentir une location par le tiers.

Avantage en nature - Voir *Avantage en nature (logement)**.

Suspension du contrat de travail - Le logement attribué gratuitement à un salarié pour l'exercice de ses fonctions, qui est l'accessoire du contrat de travail et dont il bénéficie dans sa vie personnelle, ne peut lui être retiré ou donner lieu au versement d'un loyer pendant une période de suspension du contrat de travail pour maladie (cass. soc. 26 janvier 2011, n° 09-43193, BC V n° 32). En l'espèce, le contrat de travail d'un gardien d'immeuble prévoyait des heures de permanence et des astreintes, compensées par l'attribution à titre gratuit d'un logement de fonction. L'employeur ne pouvait pas réclamer le paiement des loyers du logement de fonction occupé pendant les périodes d'arrêt maladie du salarié.

Hébergement et sous-traitance - Voir *Sous-traitance**.

Conditions indignes - Voir *Conditions de travail**.

Choix et utilisation du domicile

Voir *Domicile**.

Accident

Sur l'accident survenu à un salarié entre son logement et le lieu de travail, voir *Accident de trajet**.

Démission et changement de domicile

Voir *Chômage (démission légitime)**.

M

Mails

☛ *Informatique ; Surveillance des salariés.*

Maire

☛ *Élus locaux.*

Maître d'apprentissage

☛ *Apprentissage (maître d').*

Majorations et pénalités de retard (URSSAF)

L'employeur qui ne remplit pas ses obligations déclaratives et qui règle ses cotisations de sécurité sociale au-delà de la date d'exigibilité est redevable de pénalités et de majorations de retard. Depuis le 1.01.2011, ces dernières sont également applicables aux cotisations d'assurance chômage et d'AGS (c. trav. art. L. 5422-16).

▶ À noter… Sur les aides en soutien aux entreprises pour faire face à la crise sanitaire et ses conséquences économiques, voir *Covid-19 (exonérations et aides au paiement des cotisations)** et *Covid-19 : report des délais (sécurité sociale)**.

Majorations pour retard de paiement

Montant - L'employeur qui n'a pas versé ses cotisations de sécurité sociale aux dates limites d'exigibilité est redevable d'une majoration de retard de 5 % du montant des cotisations non versées. À cette majoration s'ajoute une majoration complémentaire de 0,20 % des cotisations dues par mois, ou fraction de mois écoulé, à compter de la date d'exigibilité des cotisations (c. séc. soc. art. R. 243-16).

En cas de redressement suite à un contrôle URSSAF, le taux de la majoration complémentaire est abaissé à 0,10 % (au lieu de 0,20 %) si les cotisations et contributions faisant l'objet du redressement sont payées dans les 30 jours suivant l'émission de la mise en demeure. La majoration complémentaire est décomptée à partir du 1er février de l'année suivant celle au titre de laquelle les régularisations ont été effectuées (c. séc. soc. art. R. 243-17).

▶ Attention… Les majorations pour retard de paiement des cotisations n'auront pas à être réglées par le cotisant lorsque celui-ci remplit les conditions du *droit à l'erreur**.

Par exception, dans le cadre d'un contrôle URSSAF, la majoration de retard complémentaire de 0,20 % ne pourra pas être réduite à 0,10 % si le contrôle donne lieu à une majoration ou à une pénalité pour l'un des motifs suivants (c. séc. soc. art. R. 243-17) : abus de droit (c. séc. soc. art. L. 243-7-2) [voir *Abus de droit (rectification pour)**], absence de mise en conformité avec des observations notifiées lors d'un précédent contrôle (c. séc. soc. art. L. 243-7-6), travail dissimulé (c. séc. soc. art. L. 243-7-7) et obstacle à contrôle (c. séc. soc. art. L. 243-12-1) [voir *Contrôle URSSAF (obstacle à contrôle)**]. Cette règle s'applique aux mises en demeure émises depuis le 1.04.2020.

Point de départ des majorations - Toute personne tenue à une déclaration ou à un paiement peut le faire jusqu'au dernier jour du délai. Par voie électronique, c'est la date figurant sur l'accusé de réception qui fait foi (loi 2000-321 du 12 avril 2000, art. 16). Les majorations de retard commencent à courir le lendemain de la date d'exigibilité des cotisations.

Tolérances de l'URSSAF Caisse nationale - Selon l'URSSAF Caisse nationale (ou ACOSS), la date d'exigibilité est respectée si (lettre-circ. ACOSS 2007-36 du 15 février 2007, § 4) :

- pour le paiement par virement, le créditement, la compensation ou le transfert effectif de fonds pour le compte de l'organisme de recouvrement intervient au plus tard le jour de la date d'exigibilité (lorsque la date limite de paiement tombe un jour férié, un dimanche ou un jour chômé dans les banques, la date d'exigibilité est considérée comme respectée si la date de règlement interbancaire ou la date d'opération sur le compte spécial de l'URSSAF intervient le premier jour ouvré suivant) ;

- pour le paiement par télérèglement (mécanisme du mandat), l'accord de paiement de l'employeur est transmis au plus tard à la date limite d'exigibilité (12 h).

Prescription - Le délai de prescription des majorations de retard est fixé à 3 ans à compter (c. séc. soc. art. L. 244-3, al. 3) :
- de la fin de l'année au cours de laquelle a eu lieu le paiement ;
- ou de l'exigibilité des cotisations et contributions qui ont donné lieu à l'application desdites majorations.

Le délai de prescription des majorations et pénalités de retard est suspendu pendant la période contradictoire de la procédure de contrôle URSSAF (30 jours au moins). Cette période peut être prolongée à la demande du cotisant contrôlé et portée jusqu'à 60 jours [voir *Contrôle URSSAF (procédure)**].

Majoration liée au travail dissimulé

Le montant du redressement des cotisations et contributions sociales mis en recouvrement dans le cadre d'un constat de *travail dissimulé** est majoré de 25 %. Cette majoration est portée à 40 % en cas de circonstances aggravantes (c. séc. soc. art. L. 243-7-7). En cas de nouvelle constatation de travail dissimulé dans les 5 ans suivant la notification d'une première constatation de travail dissimulé ayant donné lieu à redressement auprès de la même personne morale ou physique, ces majorations sont, en outre, respectivement portées à 45 % et 60 %.

Le redressement doit avoir été effectué à la suite d'un contrôle URSSAF dit « sur place » (c. séc. soc. art. L. 243-7) ou après exploitation des procès-verbaux de travail dissimulé par les corps de contrôle habilités (inspecteurs et contrôleurs du travail, agents des impôts et des organismes de sécurité sociale, officiers de police judiciaire, agents de Pôle Emploi, etc.) (c. séc. soc. art. L. 243-7-5).

Par ailleurs, sous certaines conditions, le taux des majorations de redressement (25 % ou 40 %) peut être réduit de 10 points si, dans le délai de 30 jours à compter de la notification de la mise en demeure, le cotisant procède au règlement intégral des cotisations, pénalités et majorations de retard notifiées ou présente un plan d'échelonnement du paiement accepté par le directeur de l'URSSAF (c. séc. soc. art. L. 243-7-7, II).

Les majorations pour travail dissimulé sont liquidées par le directeur de l'URSSAF et doivent être versées par l'employeur dans le mois suivant leur notification par mise en demeure. Elles sont recouvrées comme en matière de cotisations (c. séc. soc. art. R. 243-19).

▶ Attention… La majoration prévue en cas de travail dissimulé n'entre pas dans le champ du *droit à l'erreur**.

Majoration pour absence de mise en conformité après contrôle URSSAF

L'employeur qui ne s'est pas mis en conformité avec les observations de l'URSSAF émises lors d'un précédent contrôle est passible d'une majoration de 10 % du montant du redressement (c. séc. soc. art. L. 243-7-6). Peu importe que les observations émises lors du précédent contrôle aient, ou non, donné lieu à un redressement.

Cette majoration de 10 % est appliquée si les observations de l'URSSAF ont été notifiées, depuis le 1.01.2020, moins de 6 ans (5 ans auparavant) avant la date de notification des nouvelles observations constatant le manquement aux mêmes obligations. Elle est calculée sur la part du montant du redressement résultant du manquement réitéré aux obligations en cause (c. séc. soc. art. R. 243-18).

Enfin, elle est liquidée par le directeur de l'URSSAF et doit être versée par l'employeur dans le mois suivant sa notification par mise en demeure. Elle est recouvrée comme en matière de cotisations (c. séc. soc. art. R. 243-19).

▶ Attention… La majoration prévue en cas d'absence de mise en conformité après contrôle URSSAF n'entre pas dans le champ du *droit à l'erreur**.

Majoration pour non-respect de l'obligation de déclaration ou de paiement par un moyen dématérialisé

L'employeur qui ne se conforme pas à ses obligations en matière de déclaration ou de paiement par un moyen dématérialisé est redevable de majorations (c. séc. soc. art. L. 133-5-5, II et D. 133-11, II). Ces dernières sont fixées, par décret, à 0,20 % du montant :
- des sommes dont la déclaration a été effectuée par un autre moyen ;
- des sommes dont le versement a été réalisé par un autre mode de paiement.

▶ Attention… Le non-respect de l'obligation de déclaration ou de paiement par un moyen dématérialisé n'entre pas dans le champ du *droit à l'erreur**.

Pénalités de retard

Déclaration sociale nominative (DSN) - L'employeur qui ne produit pas la DSN dans les délais prescrits (c. séc. soc. art. R. 243-12) ou bien qui déclare des rémunérations inexactes ou encore omet de renseigner des données (ou bien renseigne des données inexactes) est passible de pénalités [voir *Déclaration sociale nominative (DSN)*]*.

▶ À noter… Certaines de ces pénalités entrent, sous conditions, dans le champ du *droit à l'erreur**.

Exigibilité - Les pénalités, liquidées par le directeur de l'URSSAF, doivent être versées dans le mois suivant leur notification par mise en demeure et sont recouvrées comme en matière de cotisations (c. séc. soc. art. R. 243-19).

Prescription des pénalités - Le délai de prescription des pénalités de retard appliquées en cas de production tardive ou de défaut de production des déclarations obligatoires relatives aux cotisations et contributions sociales est fixé à 3 ans à compter de la fin de l'année au cours de laquelle a eu lieu (c. séc. soc. art. L. 244-3, dern. al.) :
- la production de ces déclarations ;
- ou, à défaut, la notification de l'avertissement ou de la mise en demeure.

Remise des majorations et pénalités

Demande de remise gracieuse - Depuis le 1.01.2020, les cotisants peuvent formuler auprès de l'URSSAF une demande gracieuse en remise totale ou partielle des majorations et pénalités suivantes (c. séc. soc. art. R. 243-20, al. 1) :
- majoration pour non-respect de l'obligation de déclaration et de paiement des cotisations par voie dématérialisée (c. séc. soc. art. D. 133-11) ;
- pénalité due en cas de défaut de production de la DSN aux échéances prescrites (c. séc. soc. art. R. 243-12) ;
- pénalité due en cas d'inexactitude des rémunérations déclarées ou d'omission de salariés (c. séc. soc. art. R. 243-13, I) ;
- majorations de retard (principale et complémentaire) dues lorsque les cotisations et contributions n'ont pas été versées aux dates limites d'exigibilité (c. séc. soc. art. R. 243-16) ;
- majoration de retard en cas de déclaration régularisatrice postérieure à une taxation provisionnelle (c. séc. soc. art. R. 243-15 ; l'article R. 243-19, 1° auquel renvoie l'article R. 243-20 vise l'article R. 242-15 mais il s'agit selon nous d'une coquille) ;
- pénalité pour non-respect des normes DSN (c. séc. soc. art. R. 243-13, II).

En revanche, certaines pénalités et majorations ne peuvent pas faire l'objet d'une demande de remise gracieuse (c. séc. soc. art. R. 243-20, al. 3) :
- la pénalité applicable en cas d'abus de droit (c. séc. soc. art. L. 243-7-2) ;
- la majoration prévue en cas d'absence de mise en conformité à des observations émises lors d'un précédent contrôle (c. séc. soc. art. L. 243-7-6) ;
- la majoration prévue en cas de constat de travail dissimulé (c. séc. soc. art. L. 243-7-7) ;
- la pénalité pour obstacle à contrôle (c. séc. soc. art. L. 243-12-1).

La demande de remise gracieuse n'est recevable qu'après le règlement de la totalité des cotisations et contributions ayant donné lieu à l'application des majorations ou, depuis le 1.01.2020, lorsque le cotisant a souscrit un plan d'apurement avec l'organisme de recouvrement dont il relève. Dans ce dernier cas, la décision accordant la remise pourra être prise avant le paiement desdites cotisations et contributions, mais elle ne sera acquise que sous réserve du respect du plan (c. séc. soc. R. 243-20, al. 1).

La majoration complémentaire de 0,20 % pour retard de paiement peut faire l'objet d'une remise lorsque les cotisations ont été acquittées dans le délai de 30 jours qui suit la date limite d'exigibilité, ou à titre exceptionnel, en cas d'événements présentant un caractère irrésistible et extérieur (c. séc. soc. art. R. 243-20, al. 2).

▶ À noter… Le code de la sécurité sociale ne vise plus expressément la majoration complémentaire de 0,10 % due, dans le cadre d'un contrôle URSSAF, si le paiement intervient dans les 30 jours suivants l'émission de la mise en demeure. Toutefois, la charte du cotisant, opposable aux URSSAF, vise toutes les majorations qui restent applicables (5 %, 0,20 % et 0,10 %) pour les demandes de remise gracieuse (arrêté du 27 janvier 2020, JO 1er février, texte 28 et avis relatif à l'arrêté du 27 janvier 2020, JO 4 février, texte 122).

Les décisions portant sur la réduction de cotisations du directeur de l'URSSAF, intervenant le cas échéant sur proposition de la commission de recours amiable (CRA), doivent être motivées (c. séc. soc. art. R. 243-20).

Modèle de demande de remise de majorations de retard

Objet : demande de remise de majorations de retard

Monsieur le Directeur,

Agissant en qualité de représentant légal de la société…, je sollicite la remise des majorations de retard qui lui ont été notifiées le….

Les motifs du retard étaient… (à développer de manière détaillée).

Je vous précise également que les documents administratifs ont été adressés dans un délai de 30 jours suivant leur date d'exigibilité. De même, les cotisations ayant donné lieu à l'application des majorations ont été acquittées.

Je vous serais obligé de réserver une suite favorable à ma demande.

Veuillez recevoir, Monsieur le Directeur, l'expression de mes sentiments respectueux.

Commission départementale des chefs des services financiers - Les cotisants dont l'entreprise fait l'objet d'un examen par la commission départementale des chefs des services financiers et des représentants des organismes de sécurité sociale dans le cadre d'une reprise ou d'une restructuration financière peuvent bénéficier d'une remise intégrale ou partielle des majorations et pénalités restant dues. La procédure de demande de remise gracieuse est alignée sur celle de droit commun. Depuis le 1.01.2020, les cotisants doivent donc avoir payé la totalité des cotisations et contributions ayant donné lieu à l'application des majorations ou bien avoir souscrit un plan d'apurement avec l'organisme de recouvrement dont il relève (c. séc. soc. art. R. 243-20, al. 1 et R. 243-22).

Si le plan d'apurement n'est pas respecté, les majorations et pénalités sont calculées selon les modalités de droit commun (c. séc. soc. art. R. 243-20).

☛ *Cotisations de sécurité sociale ; Cotisations URSSAF.*

Maladie

L'absence du salarié du fait d'une maladie, justifiée en temps utile, suspend le contrat de travail. Les perturbations occasionnées dans l'entreprise par l'absence prolongée ou les absences répétées du salarié peuvent cependant constituer une cause de licenciement [voir *Maladie (absences prolongées et répétées)**].

Sur les règles applicables aux arrêts de travail dus au covid-19, voir *Covid-19 (arrêts de travail)**.

Information de l'employeur

Obligation du salarié - Le salarié doit informer l'employeur de son absence pour maladie. Il peut le faire par l'envoi de l'avis d'arrêt de travail qui lui permet aussi de justifier son absence *(voir ci-après)*.

Le salarié qui omet d'informer l'employeur du motif de son absence ou le fait tardivement commet une faute pouvant, compte tenu des circonstances, motiver son licenciement (cass. soc. 21 avril 2010, n° 08-45555 D ; cass. soc. 26 mai 2010, n° 08-41595 D). Ce comportement peut même être jugé constitutif d'une faute grave, privative des indemnités de rupture, par exemple, s'il a des conséquences graves sur le fonctionnement de l'entreprise (cass. soc. 19 mars 1981, n° 79-41223, BC V n° 238 ; cass. soc. 25 mars 1998, n° 95-45503 D).

En pratique, il est recommandé, avant de déclencher une procédure de licenciement, de mettre en demeure le salarié de justifier son absence, le cas échéant, dans le respect du délai prévu par la convention collective ou le règlement intérieur. Certaines conventions collectives peuvent imposer cette démarche préalable. En aucun cas, l'employeur ne peut se prévaloir de la *démission** du salarié qui s'est abstenu de l'informer de son absence, cette abstention ne manifestant pas la volonté claire et non équivoque de démissionner du salarié (cass. soc. 13 novembre 1991, n° 89-40001 D).

Information de l'employeur en cas d'arrêt de travail programmé - Le salarié, tenu d'exécuter son contrat de travail de bonne foi (c. trav. art. L. 1222-1), doit informer à l'avance l'employeur d'un futur arrêt de travail du fait, par exemple, d'une opération chirurgicale programmée depuis plusieurs mois (en l'espèce, plus de 3 mois), et devant entraîner un arrêt de plusieurs semaines. Faute pour le salarié de prévenir l'employeur, son licenciement peut être justifié (tel peut être le cas, si le salarié a agi dans l'intention de nuire à l'employeur) (cass. soc. 21 novembre 2012, n° 11-18686 D).

▶ **Attention…** Le fait de quitter son poste de travail en raison de son état de santé pour consulter un médecin sans obtenir l'autorisation de l'employeur ne constitue pas en soi une faute de nature à justifier un licenciement (cass. soc. 3 juillet 2001, n° 99-41738, BC V n° 244).

Envoi du certificat médical

À l'employeur - Le salarié en arrêt de travail pour maladie doit justifier son absence par l'envoi d'un certificat médical d'arrêt de travail. Ce certificat est un document établi par la sécurité sociale et rempli par le médecin traitant. Il est constitué de trois volets, deux destinés à la caisse primaire d'assurance maladie (CPAM) et un à l'employeur. Le formulaire « Avis d'arrêt de travail » est enregistré sous le numéro Cerfa 10170*05 (arrêté du 28 février 2014, JO du 21).

Le délai d'envoi du certificat médical est le plus souvent précisé par la convention collective ou le contrat de travail. À défaut, il est courant qu'il soit envoyé dans les 2 ou 3 jours suivant le début de l'absence. En tout état de cause, le salarié remplissant les conditions pour bénéficier des indemnités versées par l'employeur en complément de l'indemnisation de la sécurité sociale doit justifier de son incapacité dans les 48 h [voir *Maladie (indemnisation)**].

▶ À noter… Le formulaire d'avis d'arrêt de travail est commun aux arrêts maladie « classiques » et aux AT/MP (c. séc. soc. art. L. 321-2).

À la sécurité sociale - Le salarié doit adresser son arrêt de travail dans les 48 h à la CPAM dont il dépend, au risque de voir ses prestations en espèces réduites (voir *Indemnités journalières de sécurité sociale**) (c. séc. soc. art. L. 321-2 et R. 321-2).

Prolongation d'absence - Le salarié doit justifier, à l'égard de l'employeur et de la sécurité sociale, toute prolongation de son arrêt de travail par un certificat médical prescrit par le médecin prescripteur de l'arrêt initial ou par le médecin traitant (circ. CNAMTS DDRI 5-2002 du 10 janvier 2002 ; c. séc. soc. art. R. 321-2).

▶ Attention… Le seul fait pour un salarié, dont l'employeur a connaissance de l'état de santé, d'omettre de justifier d'une nouvelle prolongation de son absence à la date d'expiration d'un arrêt de travail pour maladie ne constitue pas une faute grave ni même, d'après certaines décisions des juges, une cause réelle et sérieuse de licenciement (cass. soc. 11 janvier 2006, n° 04-41231, BC V n° 6 ; cass. soc. 20 juin 2012, n° 11-17992 D).

Obligations du salarié malade pendant l'arrêt

Formalités et visites médicales - Le salarié doit :
- avertir l'employeur *(voir ci-avant)* ;
- adresser l'arrêt de travail à l'employeur et à la sécurité sociale *(voir ci-avant)* ;
- se soumettre, le cas échéant, à une contre-visite médicale patronale [voir *Maladie (contrôle des arrêts de travail)**] ;
- passer, dans certains cas, une visite médicale de reprise [voir *Visite médicale (reprise)**].

Respect de l'arrêt de travail à l'égard de la sécurité sociale - Le salarié en arrêt de travail pour maladie doit respecter les heures de sortie autorisées par son médecin et s'abstenir de toute activité non autorisée par ce médecin (c. séc. soc. art. L. 323-6 ; cass. civ., 2e ch., 28 mai 2020, n° 19-15520 D).

Respect de l'arrêt de travail à l'égard de l'employeur - Le fait que le salarié soit en infraction vis-à-vis de la sécurité sociale ne constitue pas un motif de licenciement. Il faut considérer qu'il y a, d'une part, les rapports du salarié avec la CPAM et, d'autre part, la relation contractuelle qui le lie à l'employeur.

Ainsi, le salarié qui méconnaît les heures de sortie autorisées est en infraction vis-à-vis de la CPAM, cela ne justifie pas son licenciement (cass. soc. 16 juin 1998, n° 96-41558, BC V n° 323 ; cass. soc. 12 octobre 2011, n° 10-16649, BC V n° 231).

De même, l'exercice d'une activité, bénévole ou lucrative, pendant son arrêt de travail pour maladie ne constitue pas en soi un manquement à l'obligation de loyauté et ne peut donc pas motiver son licenciement (cass. soc. 4 juin 2002, n° 00-40894, BC V n° 191 ; cass. soc. 12 octobre 2011, n° 10-16649, BC V n° 231). Ce n'est que si l'acte commis par le salarié, durant la suspension du contrat de travail, cause un préjudice à l'employeur (ex. : en cas d'exercice d'une activité professionnelle au bénéfice d'un concurrent) ou à l'entreprise, que son licenciement peut être justifié (cass. soc. 12 octobre 2011, n° 10-16649, BC V n° 231 ; cass. soc. 21 novembre 2018, n° 16-28513 D).

Exemple

Un salarié, en arrêt pour maladie professionnelle affectant ses deux mains, avait participé à des rallyes automobiles pendant ses arrêts. Il avait été licencié pour faute, mais la sanction a été invalidée faute de préjudice établi (cass. soc. 16 octobre 2013, n° 12-15638 D).

Le préjudice ne saurait résulter du seul paiement par l'employeur, en conséquence de l'arrêt de travail, des indemnités complémentaires aux allocations journalière (cass. soc. 26 février 2020, n° 18-10017 FSPB).

Sur les conséquences du non-respect par le salarié de l'arrêt de travail sur l'indemnisation de celui-ci, voir *Maladie (indemnisation)**.

Autres obligations - Pendant l'arrêt de travail du salarié, l'entreprise doit pouvoir continuer à fonctionner normalement. Ainsi, le salarié malade, tenu de respecter une obligation de loyauté, doit :

- respecter son obligation de confidentialité ;
- restituer le matériel nécessaire à la poursuite de l'activité de l'entreprise dans la mesure où cette restitution ne conduit pas à une prestation de travail (cass. soc. 6 février 2001, n° 98-46345, BC V n° 43) ;
- transmettre les informations nécessaires à la poursuite de l'activité de l'entreprise (cass. soc. 18 mars 2003, n° 01-41343 D).

Par exemple, ne respecte pas l'obligation de loyauté le salarié qui durant son arrêt de travail :
- tient des propos injurieux à l'encontre du personnel à l'occasion d'une visite dans les locaux de l'entreprise (cass. soc. 25 juin 2002 n° 00-44001, BC V n° 211) ;
- menace l'employeur de façon virulente pour le contraindre à accepter ses conditions de rupture du contrat de travail (cass. soc. 19 mars 2014 n° 12-28822 D).

Formation - Le salarié en arrêt maladie peut demander à la CPAM, avec l'accord de son médecin traitant, l'autorisation de suivre des actions de formation ou des actions d'évaluation, d'accompagnement, d'information et de conseil auxquelles la CPAM participe (c. trav. art. L. 1226-1-1 ; c. séc. soc. art. L. 323-3-1) [voir *Indemnités journalières de sécurité sociale**].

Reprise du travail - En principe, le salarié reprend le travail à l'issue de l'arrêt maladie [Voir *Maladie (reprise du travail)**].

▶ À noter… À compter du 31.03.2022, un « rendez-vous de liaison » peut être organisé à l'initiative de l'employeur ou du salarié, pour leur permettre d'échanger avant la reprise du travail en associant le *service de prévention et de santé au travail** (voir *Examens médicaux**). Il permet d'informer le salarié qu'il peut bénéficier d'actions de prévention de la désinsertion professionnelle, d'un examen de préreprise et de mesures d'aménagement du poste et du temps de travail. Il concerne les arrêts de travail supérieurs à une durée fixée par décret (à paraître à la date de mise à jour de cette étude) et consécutifs à un accident ou une maladie d'origine professionnelle ou non (loi 2021-1018 du 2 août 2021, art. 27 ; c. trav. art. L. 1226-1-3).

Obligations de l'employeur

Attestation et maintien de salaire - Voir *Maladie (indemnisation)**.

Respect de l'arrêt de travail - L'employeur ne doit pas demander au salarié de travailler durant son arrêt maladie, ni même le laisser agir en ce sens. À défaut, il risque d'être condamné à devoir verser au salarié le montant des indemnités journalières de sécurité sociale indûment perçues par ce dernier en raison de son travail pendant l'arrêt maladie (cass. soc. 21 novembre 2012, n° 11-23009 D).

Incidences sur le contrat de travail

Appréciation de l'ancienneté - La période de maladie n'interrompt pas l'*ancienneté** mais n'entre pas en compte pour son calcul, sauf en ce qui concerne :
- le droit à l'indemnisation de la maladie (assimilation des périodes d'arrêt de travail pour maladie à des périodes de travail effectif en vue de l'appréciation des conditions d'ouverture du droit aux prestations de l'*assurance maladie**) ;
- le droit à l'indemnité de licenciement sans cause réelle et sérieuse (cass. soc. 7 décembre 2011, n° 10-14156, BC V n° 288) ou de licenciement nul (cass. soc. 26 juin 2019, n° 18-17120 FSPB) ;
- l'électorat et l'éligibilité aux fonctions de représentant du personnel [voir *Élections professionnelles (candidats)** et *Élections professionnelles (électorat)**].

▶ À noter… Sauf dispositions conventionnelles expresses le prévoyant, les périodes de suspension du contrat pour maladie non professionnelle ne sont pas prises en compte pour la détermination de la durée du préavis (cass. soc. 30 septembre 2020, n° 18-18265 FSPB).

Effectif de l'entreprise - Le salarié dont le contrat de travail est suspendu pour maladie est compris dans l'*effectif** de l'entreprise, peu importe que son salaire soit ou non maintenu ; en revanche, son éventuel remplaçant n'est pas comptabilisé.

Électorat et éligibilité - Le salarié malade peut prendre part aux élections professionnelles et figurer sur une liste de candidats.

Congés payés - Sauf disposition conventionnelle contraire, les périodes de maladie non professionnelle ne sont pas considérées comme des périodes de travail effectif pour la détermination du droit à congés payés et de la durée du congé [voir *Congés payés (acquisition)** et *Maladie (incidences sur les congés payés)**].

Forfait jours - L'employeur ne peut pas faire récupérer les journées non travaillées pour cause d'arrêt maladie sur les jours de repos d'un salarié en convention de forfait jours [voir *Convention de forfait (annuel)**] (cass. soc. 3 novembre 2011, n° 10-18762, BC V n° 251).

Jours de RTT - Pour l'administration, un arrêt de travail pour maladie n'est pas assimilé à du travail effectif pour l'acquisition de jours de RTT, sauf usage ou disposition conventionnelle contraire (circ. DRT 2000-7 du 6 décembre 2000).

De même, pour la Cour de cassation, lorsque l'accord de RTT prévoit expressément que les salariés acquièrent des jours au titre de la réduction du temps de travail en fonction de leur temps de travail effectif, les jours de RTT acquis peuvent être réduits à la suite d'absences pour maladie, proportionnellement à la durée de ces absences (cass. soc. 16 décembre 2015, n° 14-23731, BC V n° 264).

Rémunération - Voir *Maladie (indemnisation)**.

Prime - Sur les conséquences d'un arrêt de travail pour maladie sur l'attribution de *prime**, comme la *prime d'ancienneté**, voir ces études.

Paiement des jours fériés et des ponts - Voir *Jours fériés** et *Pont (journée de)**.

Maladie grave - Tout salarié atteint d'une maladie grave, au sens du code de la sécurité sociale, bénéficie d'une autorisation d'absence pour suivre les traitements médicaux rendus nécessaires par son état de santé (c. trav. art. L. 1226-5 ; c. séc. soc. art. L. 160-14).

Maladie pendant la période d'essai - Lorsque la maladie survient pendant une *période d'essai**, celle-ci se trouve prolongée d'une durée égale à celle de l'arrêt de travail, ce calcul étant fait en jours calendaires (cass. soc. 31 mars 1994, n° 90-40204 D).

La prolongation doit être égale au nombre de jours calendaires inclus dans la période d'absence. Elle n'est pas limitée aux seuls jours ouvrables d'absence, sauf dispositions conventionnelles ou contractuelles contraires (cass. soc. 11 septembre 2019, n° 17-21976 FPPB).

Grève - Voir *Grève**.

Activité partielle - En cas de mise en *activité partielle** du secteur d'activité auquel appartient le salarié absent pour maladie, celui-ci ne peut pas prétendre au maintien de sa rémunération, aussi longtemps que dure la période de chômage. Le maintien du salaire de remplacement conduirait, en effet, à lui attribuer un avantage par rapport aux autres salariés (cass. soc. 2 juillet 1987, n° 83-43626, BC V n° 441).

Sanction disciplinaire - Le fait qu'un salarié soit en arrêt de travail pour maladie, le jour où doit commencer une mise à pied disciplinaire notifiée antérieurement par l'employeur, ne peut pas permettre à ce dernier d'en différer l'exécution, sauf fraude du salarié (cass. soc. 21 octobre 2003, n° 01-44169, BC V n° 256).

Licenciement - Si un licenciement est décidé, l'employeur n'a pas à différer la mise en œuvre de celui-ci jusqu'à la guérison du salarié : il peut le convoquer à l'entretien préalable au licenciement, puis lui adresser la notification du licenciement [voir *Entretien préalable au licenciement (convocation)** et *Maladie (absences prolongées et répétées)**].

Préavis - Sauf disposition contraire de la convention collective, lorsque le licenciement est notifié à un salarié absent pour maladie, le délai de *préavis** court à compter de la notification et non à compter de la fin de la maladie. La maladie survenant pendant le préavis n'en suspend pas le cours. Le préavis se terminera à la date initialement prévue (cass. soc. 28 juin 1989, n° 86-42931, BC V n° 473).

Sauf disposition conventionnelle contraire, le salarié en arrêt maladie ne peut pas, en principe, prétendre au versement d'une indemnité compensatrice de préavis dans la mesure où il ne peut pas effectuer son travail durant le préavis (cass. soc. 28 septembre 2004, n° 02-40471 D ; cass. soc. 6 mai 2009, n° 08-40997 D).

Avantages en nature - Durant la période de suspension du contrat de travail, l'employeur ne peut pas retirer la voiture de fonction dont le salarié a l'usage à titre privé, sauf disposition contractuelle ou conventionnelle l'y autorisant. S'il agissait à l'encontre de cette règle, les juges pourraient considérer qu'il a modifié unilatéralement le contrat de travail de ce salarié sans son accord préalable (cass. soc. 24 mars 2010, n° 08-43996, BC V n° 71 ; cass. soc. 2 avril 2014, n° 13-10569 D) (voir *Modification du contrat de travail**).

Voir également *Logement d'un salarié**.

☞ *Maladie (absences prolongées et répétées) ; Maladie (contrôle des arrêts de travail) ; Maladie (incidences sur les congés payés) ; Maladie (indemnisation) ; Maladie (remboursement de) ; Maladie (reprise du travail).*

➲ Formulaire de Droit Social, « Demande de justification pour une absence ».

Maladie (absences prolongées et répétées)

Dans certaines circonstances, un licenciement est permis *(voir ci-après)*.

Sur le rendez-vous de liaison en cas d'arrêt de travail de longue durée instauré à compter du 31.03.2022, voir *Examens médicaux**.

Perturbations pouvant justifier un licenciement

La maladie n'est pas un motif de licenciement - L'absence pour maladie du salarié entraîne, en principe, une simple suspension du contrat de travail. Il est interdit de licencier un salarié en raison de son état de santé ou de son handicap, sauf *inaptitude physique** constatée par le médecin du travail, sous réserve, dans ce cas, de respecter des règles spécifiques (c. trav. art. L. 1132-1) [voir *Discriminations**, *Inaptitude physique (licenciement)** et *Inaptitude physique (reclassement)**].

Les conséquences de l'absence peuvent être un motif de licenciement - S'il est en principe interdit de licencier un salarié en raison de son état de santé *(voir ci-avant)*, les conséquences de l'absence de l'intéressé, en cas d'absences répétées ou de maladie prolongée, sur le fonctionnement de l'entreprise peuvent, en revanche, justifier son licenciement si certaines conditions sont remplies. Attention toutefois, certaines circonstances excluent la possibilité de prononcer un licenciement pour ce motif *(voir ci-après)*.

Conditions à remplir

Deux conditions à remplir - Un licenciement n'est possible que si le fonctionnement de l'entreprise est perturbé et si le remplacement définitif du salarié malade est nécessaire.

Absences perturbant le fonctionnement de l'entreprise - Les absences doivent avoir des répercussions réelles sur l'entreprise, celles-ci devant être appréciées au cas par cas.

La preuve de la désorganisation de l'entreprise peut être difficile à apporter eu égard au faible niveau de qualification et à la banalité des tâches du salarié absent (cass. soc. 23 janvier 2013, n° 11-13904 D).

La petite taille de l'entreprise ou du service peut être retenue comme un élément de nature à caractériser la perturbation. Le secteur d'activité de l'entreprise peut aussi être relevé comme un élément légitimant le licenciement.

Par ailleurs, la perturbation du seul service où travaille le salarié ne suffit pas (cass. soc. 2 décembre 2009, n° 08-43486 D ; cass. soc. 26 juin 2018, n° 15-28868 D). Si la lettre de licenciement fait référence à la seule perturbation d'un « service », l'employeur doit démontrer que c'est bien l'entreprise dans son ensemble qui est désorganisée (cass. soc. 5 février 2020, n° 18-17394 D) ou que ce service est essentiel à l'entreprise (cass. soc. 16 septembre 2009, n° 08-41841 D ; cass. soc. 23 mai 2017, n° 14-11929 D).

De même, le licenciement n'est pas possible :

- lorsque l'absence affecte uniquement un établissement de l'entreprise (ex. : magasin) (cass. soc. 23 janvier 2013, n° 11-28075 D ; cass. soc. 19 mai 2016, n° 15-10010 D) ou encore le secteur de prospection d'un salarié commercial (cass. soc. 13 mai 2015, n° 13-21026 D) ;
- en cas d'absence du salarié malade pouvant être palliée, sans difficultés particulières, par une nouvelle répartition du travail au sein de l'entreprise et par une embauche temporaire jusqu'au retour de l'intéressé (les juges ont estimé, en l'espèce, que cette solution provisoire pouvait être prolongée sans créer de trouble pour l'entreprise) (cass. soc. 30 avril 2014, n° 13-11533 D).

Remplacement « définitif » - La notion de remplacement définitif suppose l'embauche en contrat de travail à durée indéterminée (CDI) d'un salarié :

- soit pour occuper le poste du salarié licencié ;
- soit pour occuper celui d'un autre salarié de l'entreprise muté au poste du salarié licencié (cass. soc. 20 février 2008, n° 06-46233 D ; cass. soc. 26 janvier 2011, n° 09-67073, BC V n° 33).

Exemple

Le licenciement d'un directeur d'association pour absence prolongée entraînant des perturbations dans le fonctionnement de l'association et nécessitant de le remplacer a été jugé valable. L'employeur avait muté « définitivement » un des infirmiers au poste de directeur et recruté une infirmière en CDI afin de pourvoir le poste ainsi laissé vacant (cass. soc. 15 janvier 2014, n° 12-21179, BC V n° 17).

Seule l'embauche en CDI satisfait à la condition d'un remplacement définitif. La nécessité de procéder à un remplacement définitif n'est pas caractérisée dans les cas suivants :

- embauche en CDD (cass. soc. 21 mai 2008, n° 07-41511 D ; cass. soc. 20 mai 2009, n° 08-40432 D) ;
- recours à un intérimaire ou à un prestataire de services (cass. soc. 13 mars 1991, n° 87-43819,

BC V n° 135 ; cass. soc. 18 octobre 2007, n° 06-44251, BC V n° 163 ; cass. ass. plén. 22 avril 2011, n° 09-43334, B. ass. plén. n° 3) ;

- **remplacement par un autre salarié dont le poste est laissé vacant** (cass. soc. 10 mai 2006, n° 04-45500 D ; cass. soc. 23 septembre 2009, n° 08-41970 D) ;

En cas de contentieux, les juges du fond vérifient ce caractère définitif (cass. soc. 19 mai 2016, n° 15-10010 D).

▶ À noter... Le licenciement prononcé malgré l'absence de remplacement définitif est injustifié mais n'est pas nécessairement discriminatoire à raison de l'état de santé, de sorte que le salarié ne peut pas obtenir sa nullité pour ce motif (cass. soc. 16 juillet 1998, n° 97-43484, BC V n° 394 ; cass. soc. 27 janvier 2016, n° 14-10084, BC V n° 16).

Remplacement dans un délai raisonnable - **En cas de contentieux, il appartient à l'employeur de prouver qu'il a procédé au remplacement définitif du salarié dans un délai raisonnable après le licenciement** (cass. soc. 10 novembre 2004, n° 02-45156, BC V n° 283 ; cass. soc. 15 novembre 2006, n° 04-48192, BC V n° 343), **voire avant le licenciement** (cass. soc. 16 septembre 2009, n° 08-41879, BC V n° 186).

Lorsque la personne destinée à assurer le remplacement définitif est engagée après le licenciement, ce délai se décompte à partir du licenciement et non à partir de la fin du préavis (cass. soc. 28 octobre 2009, n° 08-44241, BC V n° 234).

Il n'y a aucune règle fixée en la matière. En cas de contentieux, le délai est apprécié au cas par cas par les juges.

Exemples

Le remplacement définitif du salarié malade intervenu moins de 6 semaines après le licenciement a été jugé comme ayant été effectué dans un délai raisonnable (cass. soc. 8 avril 2009, n° 07-44559 D).

Il en est de même pour un délai de 2 mois, voire de 3 mois et demi (cass. soc. 12 octobre 2011, n° 10-15697 D ; cass. soc. 15 janvier 2014, n° 12-21179, BC V n° 17).

De même, au regard des démarches immédiatement engagées par l'employeur et de l'importance du poste de directeur d'association, un délai de 6 mois pour procéder au remplacement est raisonnable (cass. soc. 24 mars 2021, n° 19-13188 FSPI).

En revanche, un délai de 7 mois a été jugé trop long (cass. soc. 12 octobre 2011, n° 10-15101 D).

Remplacement « total » - **Non seulement le remplacement du salarié malade doit être définitif (c'est-à-dire via un CDI), mais il doit aussi être total. L'employeur doit donc veiller à ce que la durée du travail du salarié recruté soit d'un volume horaire équivalant à celui du salarié malade. À défaut, le licenciement peut être considéré comme sans cause réelle et sérieuse** (cass. soc. 6 février 2008, n° 06-44389, BC V n° 32 ; cass. soc. 26 janvier 2011, n° 09-67073, BC V n° 33).

Remplacement au sein de l'entreprise employeur - **C'est l'employeur du salarié en arrêt maladie qui doit embaucher la personne destinée à assurer le remplacement définitif. Si le recrutement est effectué par une autre société du groupe, le licenciement est sans cause réelle et sérieuse.**

En l'espèce, le fait que le salarié licencié travaillait au sein d'un service commun aux sociétés du groupe, lui-même organisé de manière transversale, de sorte que les salariés, même s'ils appartenaient à des sociétés juridiquement distinctes, travaillaient en réalité dans des équipes intégrées, ne permettait pas de déroger à cette règle (cass. soc. 25 janvier 2012, n° 10-26502, BC V n° 21).

Motivation de la lettre de licenciement - **La lettre de licenciement doit mentionner à la fois la perturbation du fonctionnement de l'entreprise et la nécessité du remplacement définitif de l'intéressé** (cass. soc. 13 mars 2001, n° 99-40110, BC V n° 84 ; cass. soc. 19 octobre 2005, n° 03-46847, BC V n° 294 ; cass. soc. 8 avril 2009, n° 07-43909, BC V n° 105). **À défaut, le licenciement est sans cause réelle et sérieuse.**

Cas excluant un licenciement

Inaptitude physique ou aptitude avec réserves - **Un salarié en arrêt maladie après avoir été déclaré inapte à son poste par le médecin du travail ne peut pas être licencié en raison des perturbations causées par son absence et de la nécessité de le remplacer définitivement** (cass. soc. 5 décembre 2012, n° 11-17913, BC V n° 320). **Si un salarié est déclaré inapte, une procédure spécifique doit être respectée, la première étape impérative étant de chercher un reclassement [voir *Inaptitude physique (reclassement)**].**

Par ailleurs, dans le cas d'un salarié déclaré apte avec réserves puis licencié du fait de ses arrêts maladie répétés, le licenciement pourrait être jugé sans cause réelle et sérieuse, si l'absence de prise en compte des préconisations du médecin du travail par l'employeur est à l'origine des absences répétées (cass. soc. 14 juin 2016 n° 14-27994 D).

Absence due à la grossesse - **L'employeur ne peut pas licencier une salariée en état de grossesse médicalement constaté, sauf faute grave ou impossibilité de maintenir le contrat pour un motif**

étranger à la grossesse (c. trav. art. L. 1225-4) [voir *Maternité (protection)**]. La durée de l'absence pour maternité ne peut pas être incluse dans la comptabilisation des arrêts maladie pour rechercher si ces absences ont perturbé l'entreprise (cass. soc. 28 mars 1996, n° 93-40036 D).

Absence due à un harcèlement moral - Lorsque l'absence prolongée d'un salarié est la conséquence d'une altération de son état de santé consécutive au *harcèlement moral** dont il a été l'objet, l'employeur ne peut pas, pour le licencier, se prévaloir du fait qu'une telle absence perturbe le fonctionnement de l'entreprise ; s'il le fait, ce licenciement est nul (cass. soc. 11 octobre 2006, n° 04-48314, BC V n° 301 ; cass. soc. 30 janvier 2019, n° 17-31473 FPB).

▶ À noter... Dès lors que le salarié produit des éléments laissant présumer l'existence d'un harcèlement, il appartient à l'employeur de démontrer que le licenciement est justifié par des éléments objectifs étrangers à tout harcèlement (cass. soc. 15 janvier 2014, n° 12-20688, BC V n° 16 ; cass. soc. 21 mars 2018, n° 16-22568 D).

Absence due à un manquement à l'obligation de sécurité - Lorsqu'un salarié est en arrêt maladie prolongé en raison d'un manquement de l'employeur à son obligation légale de sécurité [voir *Hygiène et sécurité (obligations de l'employeur)**], il ne peut pas être licencié pour cause de désorganisation de l'entreprise si le lien entre la maladie et le manquement de l'employeur est effectivement établi (cass. soc. 13 mars 2013, n° 11-22082, BC V n° 71). Sinon, ce licenciement pourrait être jugé sans cause réelle et sérieuse.

Procédure et indemnités de rupture

L'employeur doit respecter les obligations légales, conventionnelles, contractuelles et les usages en la matière [voir *Licenciement personnel (procédure)** et *Indemnité de licenciement**].

L'indemnité compensatrice de préavis n'est en principe due que si le salarié est en capacité d'effectuer ce préavis [voir *Préavis (indemnité compensatrice)**].

Si le licenciement pour absence prolongée désorganisant l'entreprise et rendant nécessaire le remplacement définitif de l'intéressé est considéré comme dépourvu de cause réelle et sérieuse par le juge, le juge doit accorder au salarié qui le demande l'indemnité compensatrice de préavis et les congés payés correspondants. Et ce, peu important qu'il se trouve en arrêt maladie au moment du préavis (cass. soc. 17 novembre 2021, n° 20-14848 FSPB).

Dispositions conventionnelles

Clause de garantie d'emploi - Les conventions et accords collectifs peuvent prévoir que, pendant une certaine période, l'employeur ne peut pas licencier un salarié absent, mais que, passé ce délai, s'il est dans la nécessité de le remplacer définitivement du fait de perturbations engendrées sur le fonctionnement de l'entreprise, il est en droit de rompre le contrat de travail. L'employeur doit respecter ces dispositions conventionnelles, c'est-à-dire ne pas rompre le contrat de travail pendant la période protégée, faute de quoi le licenciement est sans cause réelle et sérieuse (cass. soc. 20 novembre 1991, n° 90-41699, BC V n° 518 ; cass. soc. 29 juin 2011, n° 10-11052, BC V n° 171 ; cass. soc. 18 décembre 2019, n° 18-18864 FSPB).

Clause de « prise d'acte de la rupture » - Certaines conventions collectives permettent à l'employeur de constater la rupture du contrat de travail, passé une certaine durée d'absence pour maladie. Ces clauses sont illégales. Les appliquer revient à prononcer un licenciement dépourvu de cause réelle et sérieuse (cass. soc. 20 mai 1998, n° 96-40599, BC V n° 273 ; cass. soc. 10 novembre 1998, n° 96-42853 D), voire nul si la rupture est expressément fondée sur l'état de santé du salarié (cass. soc. 25 février 2009, n° 07-41724, BC V n° 51). Par conséquent, peu importe la faculté de « prise d'acte » prévue par la convention collective : l'employeur, qui souhaite licencier un salarié malade, est tenu de respecter la procédure légale et de démontrer que les absences de l'intéressé perturbent gravement le fonctionnement de l'entreprise imposant la nécessité de remplacement définitif.

☛ *Maladie*.

➲ Formulaire de Droit Social, « Notification d'un licenciement pour absence prolongée » et « Notification d'un licenciement pour absences répétées ».

Maladie (contrôle des arrêts de travail)

La caisse primaire d'assurance maladie (CPAM) et l'employeur peuvent contrôler la véracité de l'état de santé du salarié absent pour maladie, respectivement par une visite médicale ou une contre-visite médicale patronale.

Contre-visite médicale patronale

Condition du maintien de salaire ou du versement d'indemnités compensatrices - Le code du travail subordonne le maintien du salaire ou le versement d'indemnités compensatrices de perte de salaire par l'employeur [voir *Maladie (indemnisation)**] à la possibilité pour ce dernier de faire procéder à une contre-visite médicale (c. trav. art. L. 1226-1).

De nombreux accords collectifs et conventions collectives prévoient aussi la possibilité, pour l'employeur, de faire effectuer une contre-visite médicale des arrêts de travail.

Contrôle au domicile du salarié - Il s'agit d'un contrôle effectué par un médecin choisi par l'employeur au domicile d'un salarié en arrêt de travail pour maladie afin de vérifier si l'état de santé de celui-ci justifie son absence.

▶ Attention... La contre-visite étant conçue comme une contrepartie de l'indemnisation complémentaire versée par l'employeur, elle ne peut être effectuée qu'à compter du premier jour à partir duquel le salarié a droit à cette indemnisation, une fois le délai de carence expiré (soit, à compter du 8e jour d'arrêt pour maladie non professionnelle ou accident de trajet, en cas d'application du délai de carence légal).

Choix du médecin contrôleur - En l'absence de disposition conventionnelle sur les modalités du contrôle, l'employeur choisit en toute liberté le médecin chargé du contrôle (cass. soc. 20 octobre 2015 n° 13-26889 D et n° 13-26890 D). Le médecin désigné ne peut être ni le médecin du travail ni le médecin-conseil de la caisse de sécurité sociale.

Le salarié ne saurait prétendre substituer un médecin de son choix à celui désigné par l'employeur, ni réclamer un médecin expert, ni exiger la présence de son médecin traitant, sauf dispositions conventionnelles le prévoyant (cass. soc. 2 juillet 1980, n° 79-40263, BC V n° 587 ; cass. soc. 22 juillet 1986, n° 84-41588, BC V n° 463).

Le médecin contrôleur n'est pas tenu d'annoncer sa visite, mais il doit décliner au salarié son identité et sa fonction (cass. soc. 11 décembre 1986, n° 84-41672, BC V n° 599).

Absence ou refus du salarié - Si le salarié refuse de subir une contre-visite médicale ou s'il est absent lors de la visite (sauf cas d'absence légitime), l'employeur a le droit de suspendre le paiement des indemnités complémentaires de maladie.

Toutefois, dans certains cas, le refus du salarié de se soumettre à la contre-visite médicale peut être légitime. Ainsi, le salarié peut refuser au médecin contrôleur la pratique d'un examen clinique douloureux et lui proposer de consulter son dossier médical et les comptes rendus opératoires (cass. soc. 13 février 1996, n° 92-40713, BC V n° 51). Par ailleurs, dès lors qu'il bénéficie de l'avis d'inaptitude délivré par le médecin du travail, le salarié a un motif légitime de refuser de se soumettre à la contre-visite (cass. soc. 10 février 1998, n° 95-41600, BC V n° 192). En effet, l'employeur ne peut que saisir le conseil de prud'hommes s'il entend contester l'avis du médecin du travail qui s'impose à lui (c. trav. art. L. 4624-7) (voir *Inaptitude physique**).

▶ À noter... Le refus ne constitue pas à lui seul une cause réelle et sérieuse de licenciement, ni une faute grave ou un motif de sanction disciplinaire (cass. soc. 10 novembre 1998, n° 96-42969, BC V n° 486).

Le salarié qui conteste l'avis médical du praticien ayant effectué le contrôle peut solliciter une contre-visite médicale et, éventuellement, une expertise judiciaire (cass. soc. 17 février 1993, n° 88-44947 D).

Mention « sorties libres » sur l'arrêt de travail - Le médecin qui prescrit l'arrêt de travail peut indiquer que les sorties (c. séc. soc. art. L. 232-6 et R. 323-11-1) :
- ne sont pas autorisées ;
- sont autorisées sauf de 9 h à 11 h et de 14 h à 16 h, excepté en cas de soins ou d'examens médicaux ;
- sont libres, avec mention sur l'arrêt de travail des éléments d'ordre médical qui le justifient.

Le praticien indique également sur l'arrêt de travail s'il autorise l'exercice de certaines activités en dehors du domicile (c. séc. soc. art. R. 323-11-1).

Le fait qu'un salarié bénéficie d'un arrêt de travail avec sorties libres n'empêche pas l'employeur de diligenter une contre-visite médicale patronale, en vue de vérifier la justification même de l'arrêt de travail. Le salarié a l'obligation d'informer l'employeur du lieu et des plages horaires de sa présence où une contre-visite pourrait être effectuée (cass. soc. 4 février 2009, n° 07-43430, BC V n° 32 ; BICC 704 du 15 juin 2009, n° 826).

▶ À noter... Les conséquences qui peuvent être tirées du non-respect par le salarié de cette obligation d'information ne sont pas définies. Mais, en rappelant l'existence d'une telle obligation, la Cour de cassation indique que l'appréciation de la légitimité du refus de l'employeur de payer le complément de salaire du fait de l'absence du salarié lors de la contre-visite est subordonnée à la vérification que le salarié a, pour sa part, respecté l'obligation d'information qui lui incombe (cass. soc. 4 février 2009, n° 07-43430, BC V n° 32 ; BICC 704 du 15 juin 2009, n° 826).

S'il est autorisé par la sécurité sociale à se reposer en dehors de son domicile, le salarié doit communiquer l'adresse de son lieu de repos à l'employeur pour que son état de santé puisse être contrôlé, même si son arrêt de travail mentionne « sorties libres » (cass. soc. 16 mars 2016, n° 14-16588 D).

▶ À noter... Le non-respect par le salarié des heures de sorties autorisées ne revêt pas de caractère fautif à l'égard de l'employeur. Celui-ci ne peut y voir ni une cause réelle et sérieuse de licenciement, ni une faute grave ou un motif de sanction disciplinaire (cass. soc. 27 juin 2000, n° 98-40952, BC V n° 264).

Conséquences de la contre-visite - Si le médecin contrôleur constate que l'arrêt de travail ou l'absence du salarié lors de la contre-visite sont justifiés, l'employeur doit continuer à maintenir le salaire (cass. soc. 23 avril 1997, n° 95-44604 D).

Le médecin contrôleur a la possibilité de réduire ou de prolonger la durée du congé de maladie (cass. soc. 17 avril 1980, n° 78-41878, BC V n° 313).

Si le médecin contrôleur conclut que le salarié est apte à reprendre le travail, l'employeur peut cesser de maintenir le salaire pour la période postérieure à la contre-visite (cass. soc. 14 juin 1995, n° 91-44831 D). Mais il ne peut pas imposer au salarié la reprise du travail : le salarié est en droit de se conformer aux termes de l'arrêt de travail prescrit par son médecin et de reprendre le travail à la date mentionnée sur l'arrêt (cass. soc. 10 octobre 1995, n° 91-45242, BC V n° 264).

Si, après la contre-visite patronale ayant conclu à la reprise du travail, le salarié se voit prescrire par son médecin traitant une prolongation d'arrêt de travail, il est rétabli dans ses droits aux indemnités complémentaires (cass. soc. 5 mars 1997, n°s 94-44902 et 94-44903, BC V n° 93 ; cass. soc. 28 janvier 1998, n° 95-45465, BC V n° 38).

Arrêts de travail successifs et contrôles répétés - Si un salarié a fait l'objet de plusieurs arrêts de travail successifs ayant donné lieu à des contre-visites patronales répétées, les juges semblent prendre en compte l'état de santé de ce salarié pour envisager ou non un éventuel *harcèlement moral**. Il apparaît que ces contre-visites constituent un élément permettant de présumer l'existence d'un harcèlement moral lorsque l'état de santé du salarié justifiait bien les arrêts de travail. Tel est le cas pour un salarié déclaré inapte qui a fait l'objet de trois contre-visites patronales en l'espace de 3 mois (cass. soc. 13 avril 2010, n° 09-40837 D). À l'inverse, il n'y a pas harcèlement moral à l'issue de la troisième contre-visite patronale lorsque « le médecin qui en était chargé avait, les deux fois précédentes, conclu que l'état de santé de la salariée lui permettait de reprendre le travail » (cass. soc. 10 novembre 2010, n° 09-41628 D).

Effets sur les indemnités journalières de sécurité sociale - Lorsqu'un contrôle effectué par un médecin à la demande de l'employeur conclut à l'absence de justification d'un arrêt de travail ou fait état de l'impossibilité de procéder à l'examen de l'assuré, ce médecin doit transmettre son rapport au service du contrôle médical de la caisse primaire d'assurance maladie dans les 48 h au maximum (c. séc. soc. art. L. 315-1, II). Ce rapport doit préciser si le médecin diligenté par l'employeur a ou non procédé à un examen médical de l'assuré concerné.

Au vu de ce rapport, le service du contrôle médical de la CPAM a une alternative : soit demander à la CPAM de suspendre les indemnités journalières (IJ), soit procéder à un nouvel examen de la situation de l'assuré, cet examen étant de droit si le rapport a fait état de l'impossibilité de procéder à l'examen de l'assuré.

En cas de suspension des IJ, l'assuré peut demander à sa CPAM de saisir le service du contrôle médical pour examiner sa situation. Cette faculté lui est offerte dans les 10 jours francs à compter de la notification de la décision de suspension des IJ. Le service du contrôle médical dispose alors de 4 jours francs pour se prononcer, à compter de la réception de la saisine de l'assuré (c. séc. soc. art. D. 315-4).

Dans ce cas, deux situations sont possibles :
- si le nouvel examen va dans le même sens que l'avis du médecin sollicité par l'employeur, la caisse confirme la suspension du versement des IJ et le signale à l'employeur ;
- si le nouvel examen infirme le précédent, la caisse rétablit alors les IJ de manière rétroactive (salarié et employeur sont informés).

Contrôle médical de la CPAM

Contrôle par la caisse d'assurance maladie - La CPAM a le droit, à tout moment, de faire contrôler les malades à qui sont versées des prestations, par les médecins-conseils et des agents visiteurs.

Le service du contrôle médical peut s'assurer de l'identité du patient à l'occasion des examens individuels qu'il réalise en demandant à la personne contrôlée de présenter sa carte nationale d'identité ou tout autre document officiel comportant sa photographie (c. séc. soc. art. L. 315-1, IV bis).

Obligations des assurés - Les malades doivent observer rigoureusement les prescriptions du praticien, respecter les heures de sorties éventuellement autorisées par le médecin *(voir plus haut)* et s'abstenir de toute activité non autorisée (c. séc. soc. art. L. 323-6).

▶ Attention... Durant l'arrêt de travail, l'assuré ne doit pas quitter la circonscription de la CPAM à laquelle il est rattaché (en général le département) sans autorisation préalable de celle-ci, même si ce déplacement est ordonné par son médecin dans un but thérapeutique (règlement intérieur des CPAM, art. 37).

Par ailleurs, l'assuré doit également informer « sans délai » la caisse de toute reprise d'activité intervenant avant la fin de l'arrêt de travail (c. séc. soc. art. L. 323-6). Si l'employeur est subrogé dans les droits du salarié, c'est à lui qu'incombe la charge de prévenir la caisse de la reprise anticipée du travail par tout moyen (c. séc. soc art. L. 323-6-1).

Sanction - Lorsque le service du contrôle médical de la CPAM estime que l'arrêt de travail n'est pas médicalement justifié, la caisse peut suspendre le versement des IJ et signale cette suspension à l'employeur (c. séc. soc. art. L. 315-2, III). Le versement des IJ peut aussi être suspendu si le salarié malade ne se soumet pas au contrôle du service médical ou s'il ne respecte pas ses autres obligations *(voir ci-avant)* (c. séc. soc. art. L. 315-2, IV et L. 323-6). Cette suspension prend effet à compter de la date de la notification de la décision à l'assuré par lettre recommandée avec demande d'avis de réception (c. séc. soc. art. R. 315-1-3).

Si, au cours d'une visite de contrôle, la CPAM constate qu'un assuré malade est absent de son domicile en dehors des heures autorisées, elle peut le convoquer dans les 8 jours (règlement intérieur des CPAM, art. 37 et 41).

Sur les conséquences de l'exercice d'une activité non autorisée pendant l'arrêt de travail, voir *Indemnités journalières de sécurité sociale de maladie**.

Arrêts de travail successifs - En cas de prescription d'un nouvel arrêt de travail dans un délai de 10 jours francs à compter d'une décision de suspension des IJ, l'assuré n'a pas droit automatiquement à une indemnisation de la sécurité sociale. La reprise du versement est subordonnée à l'avis du service du contrôle médical de la CPAM dans un délai de 4 jours francs à compter de la date de réception du nouvel avis d'arrêt de travail (c. séc. soc. art. L. 323-7 et D. 323-4).

Prolongation de l'arrêt de travail par un autre médecin - En cas de prolongation de l'arrêt de travail, les IJ ne sont pas maintenues si la prolongation n'est pas prescrite par le médecin prescripteur de l'arrêt initial, le médecin traitant ou la sage-femme de l'assuré, le médecin spécialiste consulté à la demande du médecin traitant, ou bien à l'occasion d'une hospitalisation, sauf impossibilité dûment justifiée par l'assuré (c. séc. soc. art. L. 162-4-4 et R. 162-1-9-1 ; cass. civ., 2e ch., 16 juin 2016, n° 15-19443, BC II n° 161).

Transmission des informations à l'organisme complémentaire - Les organismes locaux d'assurance maladie qui engagent un contrôle ou une enquête auprès d'un assuré transmettent les informations dont ils disposent à l'organisme de protection sociale complémentaire si celui-ci peut être identifié (c. séc. soc. art. L. 114-9).

☞ *Indemnités journalières de sécurité sociale de maladie ; Maladie.*

Maladie (incidences sur les congés payés)

Acquisition des congés payés

Sur l'influence des arrêts pour maladie sur l'acquisition des congés payés, voir *Congés Payés (acquisition)**.

Arrêt maladie avant le congé

Le salarié dont le contrat de travail est déjà suspendu par un arrêt de travail pour maladie, à la date des départs en congé fixée par l'employeur, conserve son droit à congé. Il peut demander à en bénéficier ultérieurement. L'employeur n'est pas libéré de son obligation et demeure tenu de lui permettre d'exercer ce droit, pour la part de congé non prise du fait de l'arrêt de travail.

Lorsque la période de référence est expirée, le salarié dans l'impossibilité de prendre ses congés

Incidence de la maladie sur les congés payés			
Moment de la maladie	**Situation du salarié**	**Droit au congé**	**Indemnisation du salarié**
Maladie survenant **avant** le début du congé.	Retour avant la date limite de prise des congés. Retour après la date limite de prise des congés.	**Oui** (le congé est reporté). **Oui** (le congé est reporté) (1).	Indemnisation au titre de la maladie. Indemnisation maladie avec régularisation si nécessaire.
Maladie survenant **pendant** le congé (2).	Le salarié part en congé et tombe malade pendant celui-ci.	Selon la législation française le congé est considéré comme pris, sauf dispositions conventionnelles ou usage plus avantageux (3). Selon la CJUE, le congé n'est pas considéré comme étant pris (4).	Indemnité de congés payés et indemnités journalières de sécurité sociale si les congés payés sont maintenus (3).

(1) En cas d'accident du travail ou de maladie professionnelle, les congés payés ne sont pas perdus (cass. soc. 27 septembre 2007, n° 05-42293, BC V n° 147). En cas de maladie non professionnelle, les congés payés ne sont plus perdus, dans un certain délai (CJCE 20 janvier 2009, aff. L. 350/06 et C. 520/06 ; CJUE 22 novembre 2011, aff. C-214/10 ; cass. soc. 24 février 2009, n° 07-44488, BC V n° 49).
(2) Cas d'une maladie d'une durée inférieure à celle du congé payé.
(3) Dans l'attente d'une éventuelle évolution de la jurisprudence de la Cour de cassation.
(4) CJUE 21 juin 2012, aff. C-78/11.

pour maladie peut prétendre (CJCE, 20 janvier 2009, aff. C-350/06 et C-520/06 ; CJUE, 22 novembre 2011, aff. C-214/10 ; cass. soc. 24 février 2009, n° 07-44488, BC V n° 49) :

- soit au report de ses congés (dans une certaine mesure) [voir *Congés payés (prise et report)**] ;
- soit à l'indemnité compensatrice de congés payés si son contrat de travail est rompu [voir *Congés payés (indemnité compensatrice)**].

Arrêt maladie pendant le congé

Droit aux congés et indemnité - Si le salarié tombe malade pendant ses congés, le code du travail ne prévoit pas qu'il puisse prendre ultérieurement le congé dont il n'a pas bénéficié du fait de son arrêt de travail. Des dispositions conventionnelles ou des usages peuvent se montrer plus avantageux.

Dans une ancienne jurisprudence, la Cour de cassation a estimé que l'employeur s'est acquitté de son obligation à l'égard du salarié (cass. soc. 4 décembre 1996, n° 93-44907, BC V n° 420). Il doit verser l'indemnité de congés payés sans défalquer les indemnités journalières de la sécurité sociale puisque celles-ci peuvent se cumuler avec l'indemnité de congés payés. Mais il n'a pas à verser les indemnités complémentaires de maladie prévues au titre du maintien de salaire car elles ne se cumulent pas avec l'indemnité de congés payés (cass. soc. 2 mars 1989, n° 86-42426, BC V n° 173) [voir *Maladie (indemnisation)**].

▶ À noter... L'employeur ne peut pas contraindre un salarié à prendre ses congés payés pendant une période où le contrat de travail est suspendu (cass. soc. 31 octobre 2000, n° 98-23131 D).

La position de la CJUE est différente. Elle estime qu'un salarié tombant malade alors qu'il est déjà en congés payés peut reporter les jours de congés dont il n'a pas pu bénéficier du fait de son arrêt de maladie (CJUE 21 juin 2012, aff. C-78/11). Elle rappelle notamment que la finalité du droit au congé annuel payé est de permettre au salarié de se reposer et de disposer d'une période de détente et de loisirs. Reste à savoir dans quelle mesure la Cour de cassation fera évoluer sa jurisprudence pour tenir compte de la jurisprudence européenne.

Maladie au-delà des congés - En l'état actuel de la législation et de la jurisprudence françaises, lorsque la maladie survenue pendant les congés se prolonge après le terme du congé, l'employeur est tenu de verser les indemnités complémentaires de maladie, si la convention collective le prévoit, La date d'expiration du congé constitue le point de départ de l'indemnisation prévue par la convention collective au titre de la maladie (le délai de carence est applicable).

Ce principe serait à ajuster au vu de la position de la CJUE *(voir ci-avant)* et en fonction de l'évolution de la jurisprudence de la Cour de cassation.

Dispositions contractuelles, conventionnelles ou usage - Une convention collective, un accord collectif, un usage ou une clause du contrat de travail peut prévoir qu'un arrêt de maladie survenant pendant les congés payés interrompt les congés. Le salarié est alors considéré comme malade, durant l'arrêt et ses éventuelles prolongations, et bénéficie du maintien de sa rémunération dans les conditions applicables dans l'entreprise [voir *Maladie (indemnisation)**].

Les congés payés non pris seront pris soit à l'issue de l'arrêt de maladie (attention à l'organisation obligatoire d'une éventuelle visite médicale de reprise), soit plus tard sur la période de prise en fonction des modalités légales ou conventionnelles applicables.

Pour le report des jours, voir *Congés payés (prise et report)**.

☞ *Congés payés (acquisition) ; Congés payés (indemnité) ; Congés payés (indemnité compensatrice) ; Congés payés (prise et report) ; Maladie.*

Maladie (indemnisation)

Le salarié malade contraint d'interrompre son travail en raison de sa maladie perçoit, sous certaines conditions, des *indemnités journalières de sécurité sociale** (IJ ou IJSS) de maladie versées par la caisse primaire d'assurance maladie (CPAM) pour compenser sa perte de gain. Il peut également prétendre à des indemnités compensatrices de perte de salaire versées par l'employeur en complément des IJ de la sécurité sociale. L'employeur et la CPAM peuvent contrôler la véracité de l'état de santé du salarié absent pour maladie [voir *Maladie (contrôle des arrêts de travail)**].

▶ À noter… La période de crise sanitaire liée au covid-19 a conduit les pouvoirs publics à mettre en place des mesures dérogatoires en matière d'indemnisation maladie [voir *Covid-19 (arrêts de travail)**].

Indemnités journalières de sécurité sociale

Sous certaines conditions, le salarié a droit aux *indemnités journalières de sécurité sociale de maladie** lorsqu'il justifie d'un certificat médical d'arrêt de travail (voir *Maladie**).

Des IJ sont également versées au salarié malade en cas de maintien au travail ou de reprise partielle du travail dans le cadre d'un *temps partiel thérapeutique** (c. séc. soc. art. L. 323-3).

Pour un récapitulatif des conditions d'octroi, du montant et de la durée de versement des indemnités journalières de sécurité sociale, voir tableau reproduit dans cette étude.

Concernant le maintien du droit aux prestations en espèces, voir *Assurance maladie**.

Indemnités compensatrices de perte de salaire

Indemnités versées par l'employeur - Le salarié absent pour maladie peut prétendre à des indemnités versées par l'employeur, complémentaires des IJ de la sécurité sociale. À défaut de dispositions conventionnelles plus favorables, le salarié bénéficie des dispositions de la loi sur la mensualisation, qui ont été introduites dans le code du travail (c. trav. art. L. 1226-1 et D. 1226-1 et s.).

Pour un récapitulatif des conditions d'octroi, du montant et de la durée de versement des indemnités complémentaires « employeur », voir tableau reproduit dans cette étude.

Conditions d'attribution - Pour bénéficier de l'indemnisation complémentaire légale, il faut avoir au moins 1 an d'ancienneté, être pris en charge par la sécurité sociale, justifier de son incapacité de travail dans les 48 heures via un certificat médical d'arrêt de travail (voir *Maladie**), et être soigné en France ou dans un autre pays de l'Union européenne ou de l'Espace économique européen (c. trav. art. L. 1226-1). Le salarié doit se soumettre, le cas échéant, à une contre-visite médicale [voir *Maladie (contrôle des arrêts de travail)**].

Cette indemnisation légale ne s'applique pas aux travailleurs à domicile, aux saisonniers, aux salariés intermittents et aux travailleurs temporaires (c. trav. art. L. 1226-1, al. 5).

▶ À noter… Par exception, le droit aux indemnités journalières complémentaires de l'entreprise est garanti aux victimes d'actes de terrorisme, même si elles ne justifient pas de leur incapacité dans les 48 heures (c. trav. art. L. 1226-1 ; c. séc. soc. art. L. 169-1). Pour bénéficier de cette dérogation, les intéressés peuvent user de tous moyens de preuve pour faire le lien entre leur incapacité et l'acte de terrorisme (notamment l'attestation de la sécurité sociale) (circ. interm. DSS/SS2/2016/72 du 14 mars 2016). Ils doivent remplir les autres conditions.

Pour savoir si le salarié totalise l'ancienneté qui lui permet de prétendre au maintien de salaire employeur (code du travail ou convention collective), il faut se placer à la date du premier jour de l'absence pour maladie (c. trav. art. D. 1226-8 ; cass. soc. 7 juillet 1993, n° 90-40906, BC V n° 198).

Le bénéfice du dispositif conventionnel de complément d'indemnisation n'implique pas la nécessité

Indemnisation du salarié malade (hors maladies professionnelles)		
	Indemnités journalières de sécurité sociale (1)	Indemnisation complémentaire dans le cadre de la loi sur la mensualisation (3)
Conditions d'ouverture	**Pendant les 6 premiers mois d'arrêt de travail :** avoir cotisé sur une rémunération au moins égale à 1 015 SMIC horaires (2) au cours des 6 mois civils précédant l'arrêt ou avoir effectué 150 h de travail salarié ou assimilé au cours des 3 mois civils précédant l'arrêt. **À partir du 7e mois :** être affilié depuis au moins 12 mois et avoir cotisé sur une rémunération au moins égale à 2 030 SMIC horaires (2) ou avoir effectué au moins 600 h de travail salarié ou assimilé pendant les 12 mois civils précédents.	1 an d'ancienneté
Délai de carence	Principe : 3 jours Exceptions : - appliqué la première fois seulement en cas d'arrêts successifs liés à une ALD sur une période de 3 ans ; - pas de délai de carence si prolongation de l'arrêt de travail, après une reprise d'activité de 48 h maximum entre la fin de l'arrêt initial et le début de l'arrêt de prolongation.	7 jours
Montant des indemnités	- 50 % du revenu d'activité journalier antérieur (4) ; - au maximum 1/730 d'un plafond (4) (5).	1re période d'indemnisation : 90 % de la rémunération brute, sous déduction des indemnités journalières de sécurité sociale. 2e période d'indemnisation : 2/3 de la rémunération brute, sous déduction des indemnités journalières de sécurité sociale.
Durée de l'indemnisation	- 360 jours au maximum au cours de 3 années consécutives ; - 3 ans de date à date en cas d'affection de longue durée (ALD) ; - en cas de cumul emploi-retraite, 60 jours maximum pour l'ensemble de la période pendant laquelle l'assuré perçoit un avantage vieillesse à compter de l'âge de 62 ans (6).	Pour chaque période d'indemnisation : 30 jours, augmentés de 10 jours par 5 ans d'ancienneté au-delà de la première année avec un maximum de 90 jours.

(1) Pour plus de détails, voir Indemnités journalières de sécurité sociale de maladie*.
(2) Le SMIC horaire pris en considération est celui en vigueur au premier jour de la période de référence (c. séc. soc. art. R. 313-3).
(3) Les conventions ou accords collectifs prévoient généralement des avantages supérieurs à ceux prévus par la loi.
(4) La majoration des IJSS de 1/3 pour les assurés ayant au moins 3 enfants à charge à partir du 31e jour d'arrêt a été supprimée pour les arrêts de travail prescrits à compter du 01.07.2020 et pour ceux prescrits avant cette date mais n'ayant pas encore atteint 30 jours consécutifs au 01.07.2020 (c. séc. soc. art. L. 323-4 ; loi 2019-1446 du 24 décembre 2019, art. 85, I, 2°, JO du 27). Elle continue de bénéficier uniquement aux assurés parents d'au moins 3 enfants dont l'arrêt de travail avait été prescrit avant le 01.07.2020 et avait déjà atteint 30 jours consécutifs à cette date.
(5) Le plafond correspond à 1,8 SMIC en vigueur le dernier jour du mois civil précédant celui de l'interruption de travail (arrêts de travail ayant débuté depuis le 1.01.2015 et ayant donné lieu à un arrêt de travail indemnisé à compter du 2.01.2015, circ. DSS/SD2/2014/370 du 30 décembre 2014).
(6) Cela concerne les arrêts de travail des assurés en situation de cumul emploi-retraite prescrits depuis le 1.01.2021 (loi 2019-1446 du 24 décembre 2019, art. 84, I, 1°, JO du 27 ; décret 2021-428 du 12 avril 2021, art. 1, 3°, JO du 13 ; c. séc. soc. art. L. 323-2 et R. 323-2).

pour le salarié de percevoir une prestation de la CPAM, mais simplement celle d'avoir la qualité d'assuré social (cass. soc. 24 juin 2020, nos 18-23869, 18-23870 et 18-23871 FPB).

Montant et durée d'indemnisation - Le salarié perçoit (c. trav. art. D. 1226-1 et D. 1226-5) :

- 90 % de sa rémunération brute pendant 30 jours ;
- 2/3 de sa rémunération brute pendant les 30 jours suivants.

De ces montants, l'employeur déduit les IJ versées par la sécurité sociale (voir *Indemnités journalières de sécurité sociale de maladie**) et, le cas échéant, la part des prestations versées par un régime complémentaire de prévoyance correspondant aux cotisations patronales versées.

Les temps d'indemnisation sont augmentés de 10 jours par période entière de 5 ans d'ancienneté au-delà de 1 an, mais ne peuvent dépasser chacun 90 jours (c. trav. art. D. 1226-2).

En cas d'arrêts successifs pour maladie, la durée de l'indemnisation est limitée, au cours d'une période de 12 mois consécutifs, au temps d'indemnisation acquis en raison de l'ancienneté (c. trav. art. D. 1226-4).

L'indemnisation ne commence qu'à compter du 8e jour (c. trav. art. D. 1226-3) *(sur l'incidence de ce délai de carence sur le calcul de la retenue sur salaire correspondant à cette période, voir ci-après)*.

▶ À noter... Lorsqu'une convention collective prévoit le maintien de la rémunération que le salarié aurait perçue s'il avait continué à travailler, l'employeur doit également prendre en compte, dans le calcul du maintien de salaire dû au salarié, la part variable de la rémunération (cass. soc. 29 septembre 2021, n° 20-11663 FD).

Maintien du salaire brut ou net - La garantie de rémunération correspond à un pourcentage du salaire brut (c. trav. art. D. 1226-1). Certaines conventions collectives peuvent garantir un maintien (total ou partiel) du salaire net.

Si la convention collective prévoit expressément un maintien de salaire brut, l'employeur n'a d'autre choix que de s'y plier. Le salarié profite, dès lors, de l'économie de cotisations produite par les IJSS (soumises uniquement à CSG et CRDS) et sa rémunération nette est alors supérieure à son salaire net habituel d'activité.

Lorsque la convention collective ne précise pas si le maintien porte sur la rémunération brute ou nette, en l'absence d'usage plus favorable dans l'entreprise, l'employeur peut maintenir le salaire net du salarié (cass. soc. 11 mars 1997, n° 94-40869 D ; cass. soc. 19 décembre 1990, n° 87-43705, BC V n° 691).

▶ À noter... Le salaire net à maintenir est le salaire net avant *prélèvement à la source** (PAS) de l'impôt sur le revenu.

Incidence de l'absence de versement d'IJSS - Si la convention collective prévoit le maintien de salaire « sous déduction des IJSS », ces termes signifient seulement que les IJSS sont prises en compte pour calculer le montant de l'indemnisation complémentaire et non pour le principe du versement de ces indemnités complémentaires (cass. soc. 14 octobre 1998, n° 96-40682, BC V n° 420 ; cass. soc. 1er février 2012, n° 10-27308, BC V n° 52). Dans ce cas, il appartient à l'employeur de maintenir la rémunération, même si le salarié ne remplit pas les conditions pour ouvrir droit aux IJSS.

Traitement de la CSG et de la CRDS - Sauf usage ou dispositions conventionnelles contraires, l'employeur n'a pas à assumer la CSG et la CRDS prélevées sur les IJSS, qui restent à la charge du salarié. La seule obligation de l'employeur est de maintenir le salaire net du salarié avant précompte de la CSG et de la CRDS sur les IJSS et non après (cass. soc. 15 décembre 2004, nos 02-43033 et 03-13074, BC V nos 339 et 340 ; cass. soc. 30 mars 2005, n° 04-45556, BC V n° 115).

Conséquence d'une décision de suspension des IJSS - Une décision de suspension des IJSS permet à l'employeur de cesser de verser l'indemnisation complémentaire mise à sa charge par la loi (c. trav. art. L. 1226-1). Il en va de même pour le maintien de salaire prévu par les conventions collectives, lorsqu'il est conditionné par l'indemnisation sécurité sociale. La sécurité sociale est tenue d'informer l'employeur en cas de suspension du versement des IJ (c. séc. soc. art. L. 315-2, III).

Conséquence d'un placement sous contrôle judiciaire - Un salarié placé sous contrôle judiciaire avec interdiction de toute relation avec son employeur et le personnel de l'entreprise, et qui tombe ensuite malade, n'a pas droit au maintien de salaire prévu par la loi ou la convention collective, et ce jusqu'à la mainlevée du contrôle judiciaire. Il peut à nouveau prétendre à l'indemnisation dès que le contrôle judiciaire est levé. Dans la mesure où le contrôle n'a fait que suspendre les droits à indemnisation au titre de la garantie de salaire pour cause de maladie, la période de maladie qui s'est confondue avec la période de contrôle judiciaire ne s'impute pas sur la durée de la garantie de salaire (cass. soc. 31 mai 2012, n° 10-16810, BC V n° 165).

Actions de formation et d'accompagnement - Le versement d'indemnités journalières maladie ne fait pas obstacle à ce que l'assuré demande, avec l'accord de son médecin traitant, à suivre des actions de formation professionnelle continue (c. trav. art. L. 6313-1) ou des actions d'évaluation, d'accompagnement, d'information et de conseil auxquelles participe la CPAM et autorisées par cette dernière (c. séc. soc. art. L. 323-3-1).

▶ À noter... À compter du 31.03.2022, cette règle sera également applicable aux actions d'évaluation, d'accompagnement, d'information et de conseil auxquelles participent les caisses générales de sécurité sociale (CGSS) compétentes dans les DOM (c. séc. soc. art. L. 323-3-1 en vigueur au 31.03.2022 ; loi 2021-1018 du 2 août 2021, art. 28, JO du 3).

Au préalable, l'avis du médecin-conseil de la caisse est requis et la durée des actions de formation doit être compatible avec la durée prévisionnelle de l'arrêt de travail. La caisse fait part de son accord à l'assuré et, le cas échéant, à l'employeur, ce dernier en informant le médecin du travail (à compter du 31.03.2022, c'est la caisse qui fera part de son accord au médecin du travail).

Par ailleurs, à compter du 31.03.2022, les actions d'accompagnement auxquelles la caisse pourra participer à la demande de l'assuré comprendront notamment (c. séc. soc. art. L. 323-3-1 au 31.03.2022 ; loi 2021-1018 du 2 août 2021, art. 28, JO du 3) :
- l'essai encadré (organisé selon des modalités qui doivent être définies par un décret non encore publié à l'heure où nous rédigeons ces lignes) ;
- la convention de rééducation professionnelle (c. trav. art. L. 5213-3-1), qui donnera lieu au versement d'indemnités selon des modalités définies par décret en Conseil d'État (à paraître).

Subrogation

L'employeur peut être subrogé de plein droit dans la perception des indemnités journalières (voir *Indemnités journalières de sécurité sociale**). S'il est subrogé dans les droits de ses salariés, il a l'obligation, en cas de reprise anticipée du travail par ces derniers, d'en informer par tout moyen la CPAM qui verse les indemnités journalières. À défaut, il s'expose, en cas de versement d'indus, à une sanction financière (c. séc. soc. art. L. 323-6-1). Une procédure permet à la caisse de récupérer les IJ indûment versées auprès de l'employeur.

De la même façon, en l'absence de subrogation, les assurés bénéficiant directement de leurs indemnités journalières sont tenus d'informer, sans délai, la caisse de sécurité sociale de toute reprise du travail avant la fin de leur arrêt de travail (c. séc. soc. art. L. 323-6, 5°).

▶ À noter… Le montant imposable des IJSS subrogées est soumis au *prélèvement à la source** (PAS) de l'impôt sur le revenu (sauf pour les IJSS versées aux assurés atteints d'une affection de longue durée, qui ne sont pas imposables). Il revient à l'organisme qui verse les revenus de procéder au PAS (BOFiP-IR-PAS-20-10-10-§§ 80 à 110-28/07/2020). Par conséquent, en cas de subrogation, c'est à l'employeur de réaliser le prélèvement à la source, mais uniquement durant les 2 premiers mois de l'arrêt de travail. Pendant ces 2 mois, le salarié reçoit donc des IJSS subrogées nettes de CSG, de CRDS et de PAS. (BOFiP-IR-PAS-20-10-10-§ 80-28/07/2020).

Calcul d'une retenue sur salaire

Sauf dispositions légales ou conventionnelles prévoyant le maintien intégral de la rémunération pendant toute la période non travaillée (*voir ci-avant*), le salaire peut être réduit en cas d'absence pour maladie. Dans ce cas, le montant de la retenue à effectuer sur le salaire doit être proportionnel au temps d'absence (voir *Absence**).

Le cas échéant, le délai de carence applicable avant le maintien de la rémunération a une incidence sur ce calcul. Par exemple, des dispositions conventionnelles peuvent prévoir un délai de carence de 3 jours. L'employeur ne peut pas, en application de ces dispositions, effectuer une retenue au titre d'un samedi et d'un dimanche inclus dans ce délai de carence pour un salarié travaillant du lundi au vendredi (cass. soc. 26 janvier 2011 n° 08-45204, BC V n° 41).

▶ À noter… En l'espèce, il s'agissait d'un délai de carence prévu par une convention collective. La solution devrait être la même en cas d'application du délai de carence légal (c. trav. art. D. 1226-3) (*voir ci-avant*).

☛ *Assurance maladie ; Indemnités journalières de sécurité sociale ; Indemnités journalières de sécurité sociale de maladie ; Maladie ; Maladie (contrôle des arrêts de travail) ; Maladie (remboursement de).*

Maladie (remboursement de)

Le remboursement des frais de soins de santé (prestations en nature) ne peut être effectué par la caisse primaire d'assurance maladie (CPAM) qu'après l'envoi d'une feuille de soins papier ou dématérialisée (carte Vitale).

Feuille de soins

Différents types de feuille de soins - Il existe quatre types de feuille de soins :
- la feuille de soins d'assurance maladie ;
- la feuille de soins délivrée par la sage-femme ou l'auxiliaire médical ;
- la feuille d'orthopédie dento-faciale ;
- la feuille de soins et de prothèses dentaires soumis à une entente préalable.

Des volets de facturation complémentaires sont également utilisés par les pharmaciens et les laboratoires médicaux.

L'utilisation de ces feuilles de soins est toutefois en déclin au profit des procédures de transmission dématérialisées via la Carte Vitale (*voir ci-après*).

▶ À noter… La carte Vitale ne comporte pas d'informations médicales. Elle ne se substitue qu'à la feuille de soins papier et ne dispense pas l'assuré du paiement des soins, sauf en cas de prise en charge à 100 %.

Affections de longue durée - En cas d'affection longue durée (voir *Affections de longue durée**), l'assuré doit présenter lors de toute consultation médicale son protocole de soins. Ce document permet au médecin de distinguer sur son ordonnance les actes et examens en rapport avec l'affection longue durée (ALD) pris en charge à 100 % de ceux concernant les autres affections pris en charge au taux de remboursements habituels.

Afin de distinguer nettement les deux types d'actes, les feuilles de soins sont aménagées en deux zones.

Prescription du paiement des prestations - En tout état de cause, l'action de l'assuré pour le paiement des prestations de l'assurance maladie se prescrit par 2 ans, à compter du premier jour du trimestre suivant celui auquel se rapportent ces prestations (c. séc. soc. art. L. 160-11).

Carte Vitale

Pas d'envoi de feuille de soins « papier » - Avec la carte Vitale, qui simplifie les démarches administratives des assurés pour le remboursement des frais de santé, l'envoi d'une feuille de soins papier n'est, en principe, plus nécessaire : celle-ci est envoyée directement de manière dématérialisée.

Traitement de la feuille de soins électronique - La feuille de soins électronique est envoyée directement à la caisse primaire d'assurance maladie par le professionnel de santé par le biais d'un lecteur de carte Sesam-Vitale. Les remboursements sont effectués plus rapidement qu'en cas d'envoi d'une feuille de soins papier.

▶ À noter… Comme la feuille de soins papier, la feuille de soins électronique doit être signée par l'assuré et le professionnel de santé. Cette signature se fait alors par la lecture de la carte Vitale et de la carte du professionnel de santé (c. séc. soc. art. R. 161-43). Dans le cadre du développement de la télémédecine, il est possible de déroger à la signature des feuilles de soins, électroniques ou papier, dans la mesure où le patient et le praticien sont à distance (décret 2018-788 du 13 septembre 2018, art. 2, JO du 14).

Une version 2 de la carte Vitale (carte Vitale 2) est progressivement mise en place depuis 2007. Elle comporte une photo et peut héberger d'autres informations que les données administratives qui figurent dans la carte Vitale « première version » (informations concernant la couverture complémentaire santé, le cas échéant, la personne à prévenir en cas d'urgence ou la mention indiquant que son titulaire a eu connaissance du dispositif légal sur le don d'organe).

Cette carte Vitale 2 est proposée automatiquement aux jeunes à partir de 16 ans, aux nouveaux assurés en France, ainsi qu'à ceux dont la carte Vitale a été déclarée perdue, volée ou détériorée.

▶ À noter… Depuis le printemps 2019 et jusqu'à fin 2022, une carte Vitale dématérialisée est expérimentée dans une douzaine de départements (décret 2019-528 du 27 mai 2019, JO du 29, modifié par décret 2021-1014 du 30 juillet 2021, JO 1er août). Elle fonctionne à partir de l'application « apCV », téléchargeable sur un smartphone ou une tablette. Elle permet l'identification et l'authentification numérique des assurés et contient les données de leur carte Vitale et celles de chacun de leurs ayants droit. Cette e-carte Vitale permet la télétransmission des feuilles de soins, ainsi que l'accès de l'assuré à différents téléservices, comme l'accès au dossier médical partagé ou à son compte Ameli.

Remboursements

En principe, un remboursement partiel - En principe, le remboursement des frais de santé (consultations, examens, analyses, médicaments…) est établi selon des tarifs établis entre l'Assurance maladie et les professionnels de santé. Sauf exception, il n'est pas intégral. Une partie des frais reste à la charge de l'assuré. Cette participation financière de l'assuré est appelée « ticket modérateur ». Il ne doit pas être confondu avec le principe du tiers payant qui dispense l'assuré de faire l'avance des frais médicaux *(voir ci-après)*.

Sur la nature des frais de santé remboursables par l'assurance maladie, voir *Assurance maladie**.

Ticket modérateur - Le montant du ticket modérateur varie en fonction de l'acte ou du traitement en cause et peut être réduit ou supprimé dans certains cas (*affections de longue durée**, perception d'une *pension d'invalidité**, etc.) (c. séc. soc. art. R. 160-5 et s.) (voir *Assurance maladie**).

▶ À noter… Dans le cadre de la lutte contre l'épidémie de covid-19, le ticket modérateur est supprimé jusqu'à une date fixée par décret, et au plus tard jusqu'au 31.07.2022, pour les actes de téléconsultation (loi 2022-46 du 22 janvier 2022, art. 3, JO du 23 ; loi 2020-1576 du 14 décembre 2020, art. 61, JO du 15).

En outre, si l'assuré se trouve hors du parcours de soins coordonnés (il n'a pas désigné de médecin traitant, notamment), le ticket modérateur est majoré (c. séc. soc. art. R. 160-6). La majoration est fixée, depuis le 22.01.2009, à 40 % (avis UNCAM, JO du 30 janvier 2009, texte 150).

En cas de maternité, d'accident du travail ou de maladie professionnelle, l'assuré ne supporte pas de ticket modérateur et est pris en charge dans la limite des tarifs fixés par la caisse.

En cas d'hospitalisation, le forfait journalier hospitalier *(voir ci-après)* s'impute à due concurrence sur le ticket modérateur.

Forfait hospitalier - Il représente la participation de l'assuré aux frais d'hébergement liés à son hospitalisation et est dû pour tout séjour supérieur à 24 heures, y compris le jour de sortie (c. séc. soc. art. L. 174-4). Son montant est de 20 € par jour en hôpital ou clinique (15 € par jour dans un service psychiatrique) depuis le 1.01.2018 (arrêté du 20 juin 2019, JO du 27, texte 11). Il peut être pris en charge par la couverture complémentaire santé du patient.

Sont notamment exonérés de ce forfait : les femmes enceintes hospitalisées au cours de la période de 4 mois précédant la date présumée de l'accouchement et pendant les 12 jours qui le suivent, les bénéficiaires de la *complémentaire santé solidaire**, les enfants hospitalisés dans les 30 jours suivant leur naissance, les personnes hospitalisées à la suite d'un accident du travail ou d'une maladie professionnelle.

Forfait patient urgences - Depuis le 01.01.2022, en cas de passage non programmé aux urgences d'un établissement de santé et non suivi d'une hospitalisation dans un service de médecine, de chirurgie, d'obstétrique ou d'odontologie au sein de l'établissement, un forfait patient urgences de 19,61 € reste à la charge du patient, montant qui peut être réduit dans certains cas. Ce forfait remplace alors le ticket modérateur *(voir ci-dessus)*. Il peut être supprimé pour certaines catégories de personnes (voir *Assurance maladie**) (séc. soc. art. L. 160-13, I ; arrêté du 17 décembre 2021, JO du 29).

Participation forfaitaire de 24 € - Une participation forfaitaire, égale à 24 € depuis le 1.01.2019, reste à la charge de l'assuré pour les actes médicaux d'un montant au moins égal à 120 € ou d'un coefficient égal ou supérieur à 60 (c. séc. soc. art. R. 160-16). Elle remplace alors le ticket modérateur *(voir ci-avant)*.

▶ À noter… Ce forfait ne s'applique pas, notamment, aux femmes enceintes à partir du 6e mois de grossesse et jusqu'à 12 jours après l'accouchement, aux nouveaux-nés hospitalisés, aux assurés atteints de l'une des *affections de longue durée**, aux bénéficiaires de la *complémentaire santé solidaire** ou aux victimes d'une maladie professionnelle ou d'un accident du travail. Ne sont pas non plus concernés les actes de radiographie, d'imagerie par résonance magnétique, de scanographie, de scintigraphie, de même que les frais de transport d'urgence (c. séc. soc. art. L. 160-14 et R. 160-16 ; circ. CNAM 2006-41 du 7 août 2006).

Participation forfaitaire de 1 € - Chaque acte ou chaque consultation pris en charge par l'assurance maladie donne lieu à une participation de 1 € qui concerne tous les assurés, à l'exclusion des mineurs à charge, des bénéficiaires de la *complémentaire santé solidaire** et des femmes enceintes à partir du 6e mois de grossesse et jusqu'à 12 jours après l'accouchement (c. séc. soc. art. L. 160-15). Ce forfait ne peut pas être remboursé par les organismes de prévoyance complémentaire. Cependant, le montant de ce forfait est limité à 50 € par assuré sur une année civile (c. séc. soc. art. L. 160-13 et D. 160-6).

En cas de consultations successives d'un médecin ou si plusieurs actes sont effectués lors de la consultation dans une même journée, une participation de 1 € est retenue dans la limite de 4 € par jour pour un même professionnel de santé (c. séc. soc. art. L. 160-13 et D. 160-8).

Franchises médicales - En plus de la participation forfaitaire de 1 € sur chaque acte médical et chaque consultation *(voir ci-dessus)*, des franchises médicales s'appliquent :

- sur les médicaments (0,50 € par boîte de médicaments), à l'exception de ceux délivrés au cours d'une hospitalisation ;
- sur les actes effectués par un auxiliaire médical en ville, dans un établissement ou un centre de santé (0,50 € par acte paramédical), sauf ceux délivrés au cours d'une hospitalisation ;
- et sur le recours au transport sanitaire en véhicule sanitaire ou taxi (2 € par trajet), à l'exception des transports d'urgence (type SAMU).

▶ À noter… La loi de financement de la sécurité sociale pour 2020 a créé une nouvelle franchise sur les prestations effectuées par un pharmacien d'officine et définies par arrêté (c. séc. soc. art. L. 160-13, III, 4° ; loi 2019-1446 du 24 décembre 2019, art. 65, V, JO du 27). Toutefois, à l'heure où nous rédigions ces lignes (1.01.2022), la liste de ces prestations ainsi que le montant de la franchise n'avaient pas encore été fixés.

Le montant de ces franchises est plafonné à 50 € par personne et par an (c. séc. soc. art. L. 160-13 et D. 160-10).

Un plafond journalier maximal de 2 € par jour pour les actes paramédicaux et de 4 € par jour pour les transports sanitaires s'applique (c. séc. soc. art. D. 160-11).

▶ À noter… Les mineurs, les femmes enceintes de plus de 6 mois, les bénéficiaires de la *complémentaire santé solidaire** sont exonérés de ces franchises (c. séc. soc. art. L. 160-9, L. 160-15 et L. 169-2).

Tiers payant - Le tiers payant est un mécanisme permettant à l'assuré de ne pas faire l'avance des frais normalement remboursables par l'Assurance maladie ou de ne payer que le ticket modérateur *(voir ci-avant)*. Le tiers payant est pratiqué systématiquement par les pharmaciens mais reste limité pour les actes médicaux.

En effet, le tiers payant était jusqu'en 2016 seulement applicable aux victimes d'accident du travail ou d'une maladie professionnelle, aux bénéficiaires de la *complémentaire santé solidaire** et, pour l'essentiel, pour les frais de séjour en cas d'hospitalisation ou les soins prodigués en dispensaire.

La loi de modernisation de notre système de santé du 26 janvier 2016 avait prévu la généralisation progressive du tiers payant des actes médicaux, uniquement sur la part des dépenses prises en charge par l'assurance maladie obligatoire, et non pour la part couverte par les complémentaires de santé (mutuelles) (loi 2016-41 du 26 janvier 2016, art. 83, JO du 27 ; c. constit. décision 2015-727 DC du 21 janvier 2016, JO du 27).

En application de ce texte, depuis le 31.12.2016, le tiers payant est étendu, pour la part des dépenses prise en charge par l'assurance maladie, aux femmes enceintes et aux patients atteints d'une ALD (pour les soins en relation avec l'affection concernée) (c. séc. soc. art. L. 162-1-21). La loi de financement de la sécurité sociale pour 2021 a également étendu ce mécanisme pour les frais relatifs à une interruption volontaire de grossesse (loi 2020-1576 du 14 décembre 2020, art. 63, JO du 15 ; c. séc. soc. art. L. 162-1-21).

Le principe d'une généralisation du tiers payant des actes médicaux est pour l'instant abandonné. L'obligation faite aux professionnels exerçant en ville d'appliquer, à partir du 30.11.2017, le tiers payant à l'ensemble des bénéficiaires de l'assurance maladie a été supprimée (loi 2017-1836 du 30 décembre 2017, art. 63-II, JO du 31 ; loi 2016-41 du 26 janvier 2016, art. 83, I, 5° abrogé ; loi 2017-1836 du 30 décembre 2017, art. JO du 31). Cela n'empêche toutefois pas les professionnels de santé volontaires de mettre en œuvre ce tiers payant (sur la part des dépenses prises en charge par l'assurance maladie) (loi 2016-41 du 26 janvier 2016, art. 83, I, 4°).

☛ *Assurance maladie ; Maladie ; Maladie (indemnisation).*

Maladie (reprise du travail)

Fin de l'arrêt de travail

Reprise du travail ou prolongation d'arrêt - À la suite d'une absence pour maladie, le salarié doit reprendre son travail à la date prévue par le certificat médical. Ou bien, le cas échéant, il doit avertir son employeur et lui faire parvenir un nouveau certificat médical prescrivant une prolongation de l'arrêt de travail pour cause de *maladie**.

Conséquence d'une reprise tardive sans motif légitime - Elle peut donner lieu, compte tenu des circonstances, à des *sanctions disciplinaires** ou, même, motiver un licenciement (absence injustifiée ou *abandon de poste**).

▶ Attention… Avant d'entamer une procédure disciplinaire, l'employeur enjoint au salarié de justifier son absence, dans le délai requis par le règlement intérieur, la convention collective ou encore les usages, ou de reprendre son travail (via une LRAR, pour une question de preuve). Si cette mise en demeure reste sans effet, il met en œuvre la procédure disciplinaire (ex. : un licenciement pour absence injustifiée) (cass. soc. 23 février 2000, n° 98-41007 D ; cass. soc. 4 avril 2006, n° 03-46427 D). En tout état de cause, il ne peut pas considérer que le salarié a donné sa *démission**, faute pour celui-ci d'avoir exprimé une volonté claire et non équivoque de rompre son contrat de travail.

Information de la CPAM en cas de reprise anticipée - Si le salarié en arrêt de travail revient travailler avant la fin de son arrêt, l'employeur, lorsqu'il est subrogé dans la perception des indemnités journalières de sécurité sociale (IJSS), est tenu d'en informer la caisse d'assurance maladie, sous peine de sanctions (c. séc. soc. art. L. 114-17-1 et L. 323-6-1).

En l'absence de subrogation, il revient au salarié percevant les IJSS maladie d'informer sans délai la caisse de sécurité sociale de toute reprise d'activité intervenant avant la fin de l'arrêt de travail. En cas d'inobservation volontaire de cette obligation, l'assuré doit restituer à la caisse les IJSS versées correspondantes (c. séc. soc. art. L. 323-6, 5°).

Visite médicale de reprise - C'est la visite médicale de reprise qui, le cas échéant, met fin à la suspension du contrat de travail et non pas la fin de l'arrêt de travail [voir *Visite médicale (reprise)**].

Rendez-vous de liaison, visite de préreprise et de reprise

Sur la tenue d'un rendez-vous de liaison, selon la durée de l'arrêt de travail, avant la reprise, voir *Examens médicaux**.

Sur les visites médicales de préreprise et de reprise, voir *Visite médicale (reprise)**.

Réintégration du salarié à son poste de travail

Si le salarié est apte, voir *Aptitude**. Si le salarié a été déclaré inapte, voir *Inaptitude physique (reclassement)**.

À compter du 31.03.2022, pourront utiliser leur compte personnel de formation (CPF), dans le cadre d'un projet de transition professionnelle, les salariés qui, dans les 24 mois précédant leur demande ont été en arrêt de travail [voir *Compte personnel de formation (transition professionnelle)**] (c. trav. art. L. 6323-17-1 et L. 6323-17-2) :

- pour une maladie professionnelle ;
- ou pour un accident du travail, une maladie ou un accident non-professionnel d'une durée supérieure à une durée fixée prochainement par décret.

☛ *Maladie.*

Maladies professionnelles

Définition

Une maladie peut être reconnue comme étant d'origine professionnelle lorsqu'elle est inscrite dans un tableau ou si elle fait l'objet d'une procédure de reconnaissance (c. séc. soc. art. L. 461-1).

▶ Attention… Le salarié, dont l'affection, en vertu de la législation applicable, ne peut pas être prise en charge au titre des maladies professionnelles et qui attribue son état de santé aux mauvaises conditions de son travail imposées par l'employeur peut demander réparation de son préjudice sur le terrain de la responsabilité contractuelle de droit commun. Pour ce faire, il doit apporter la preuve de l'existence d'un lien de causalité entre ses conditions de travail et son affection (cass. soc. 20 mai 2008, n° 06-45521 D).

Maladies présumées d'origine professionnelle

Maladies inscrites aux tableaux - Les maladies professionnelles sont énumérées dans des tableaux annexés au code de la sécurité sociale, régulièrement révisés et complétés (c. séc. soc. art. L. 461-1, al. 2, R. 461-3 et annexe II).

Tous les tableaux de maladies professionnelles comportent la liste des maladies engendrées, la liste des principaux travaux susceptibles de provoquer ces maladies, les délais de prise en charge.

Les maladies désignées dans ces tableaux sont présumées d'origine professionnelle, lorsqu'elles ont été contractées dans les conditions prévues aux tableaux (délai de prise en charge, durée d'exposition, liste limitative des travaux).

▶ À noter… La première constatation médicale de la maladie doit se situer dans un délai dit « de prise en charge » (c. séc. soc. art. L. 461-2). Pour être prises en charge au titre des maladies professionnelles, les lésions doivent donc être constatées dans ce délai (variable selon les tableaux), peu important que leur identification intervienne ultérieurement (cass. soc. 8 juin 2000, n° 98-18368, BC V n° 224).

Les salariés bénéficient de cette présomption lorsqu'ils ont été :

- atteints d'une affection inscrite aux tableaux ;
- exposés au risque de façon habituelle, la preuve de l'exposition incombant au salarié.

Covid-19 - Le covid-19 est reconnu comme maladie professionnelle pour les personnels du secteur de la santé, à savoir les personnels soignants et les personnels non soignants (de laboratoire, de service, d'entretien, administratif ou de services sociaux travaillant en présentiel dans des établissements hospitaliers et médico-sociaux) ainsi que les personnes assurant le transport et l'accompagnement des personnes atteintes du covid-19 (décret 2020-1131 du 14 septembre 2020, JO du 15) [voir *Covid-19 (hygiène et sécurité)**].

Maladies ne bénéficiant pas de la présomption du caractère professionnel

Maladies inscrites au tableau mais ne remplissant pas les conditions nécessaires à la présomption - Si une ou plusieurs conditions tenant au délai de prise en charge, à la durée d'exposition ou à la liste limitative des travaux ne sont pas remplies, la maladie, telle qu'elle est désignée dans un tableau de maladies professionnelles, peut être reconnue d'origine professionnelle, lorsqu'il est établi qu'elle est directement causée par le travail habituel de la victime (c. séc. soc. art. L. 461-1, al. 3). Toutefois, il n'est pas exigé que le travail soit la cause unique et essentielle de la maladie : cette maladie peut être reconnue professionnelle, même si son origine est multifactorielle (cass. soc. 19 décembre 2002, n° 00-13097, BC V n° 402).

La CPAM reconnaît le caractère professionnel de la maladie, après avis motivé d'un comité régional de reconnaissance des maladies professionnelles (CRRMP) (c. séc. soc. art. L. 461-1, al. 5).

Maladies hors tableau - Une maladie, caractérisée non désignée dans un tableau de maladies professionnelles, peut être reconnue d'origine professionnelle, lorsqu'il est établi qu'elle est essentiellement et directement causée par le travail habituel de la victime et qu'elle entraîne le décès de celle-ci ou une incapacité permanente d'un taux au moins égal à 25 % (c. séc. soc. art. L. 461-1, al. 4 et R. 461-8).

La CPAM reconnaît le caractère professionnel de la maladie après avis motivé d'un CRRMP (c. séc. soc. art. L. 461-1, al. 5).

▶ À noter… Les « pathologies psychiques » (ex. : syndrome d'épuisement professionnel, aussi appelé burn-out) peuvent être reconnues comme maladies d'origine professionnelle, via le système complémentaire de reconnaissance des maladies professionnelles (c. séc. soc. art. L. 461-1, al. 6). Ainsi, les pathologies psychiques n'ont pas été inscrites dans les tableaux de maladies professionnelles et ne bénéficient donc pas de la présomption, qui facilite la reconnaissance de leur caractère professionnel. Les modalités spécifiques de traitement des dossiers de reconnaissance de maladies professionnelles psychiques ont été adaptées (c. séc. soc. art. L. 461-1 et D. 461-27).

Déclaration des procédés de travail

Voir *Déclaration des procédés de travail**.

Déclaration de la maladie à la CPAM

Quinze jours pour déclarer - Le salarié victime d'une maladie professionnelle doit déclarer celle-ci dans les 15 jours suivant la cessation du travail un utilisant un imprimé spécial (Cerfa n° 50562*02 disponible notamment sur www.ameli.fr) (c. séc. soc. art. L. 461-5 et R. 461-5). Il doit y joindre deux exemplaires du certificat médical établi par le médecin (ou tout document médical permettant de faire le lien entre la maladie et l'activité professionnelle) et l'attestation de salaire remise par l'employeur.

▶ À noter… Le formulaire d'avis d'arrêt de travail est commun aux arrêts maladie « classiques » et aux AT/MP (c. séc. soc. art. L. 321-2).

Délai de prescription de deux ans - Le non-respect du délai de déclaration ne prive pas le salarié de ses droits à réparation dès lors que cette formalité est effectuée à l'expiration d'un délai de prescription de 2 ans (c. séc. soc. art. L. 431-2 et L. 461-1).

Ce délai court à compter de (cass. civ., 2e ch., 29 juin 2004, n° 03-10789, BC II n° 331 ; circ. DSS 2010-260 du 12 juillet 2010, § 1-1-4-1) :
- la date du certificat médical informant la victime du lien possible entre sa maladie et son activité professionnelle (dit certificat médical initial) ;
- la date de cessation du travail due à la maladie lorsqu'elle a déjà été informée que la maladie a un lien avec son activité professionnelle ;
- la cessation du paiement des indemnités journalières de sécurité sociale ;
- la date de l'inscription de la maladie aux tableaux des maladies professionnelles.

Le point de départ du délai de prescription est le plus favorable à la victime (on retient donc la date la plus tardive) (circ. DSS 2010-260 du 12 juillet 2010, § 1-1-4-1).

Procédure suivie par la CPAM

Formalités d'information préalables - Dès réception de la déclaration, la CPAM doit (c. séc. soc. art. L. 461-5, R. 441-3 et R. 441-11) :
- transmettre immédiatement une copie de cette déclaration et un exemplaire du certificat médical à l'inspecteur du travail chargé de la surveillance de l'entreprise ;
- fournir un double de la déclaration à l'employeur, par tout moyen (ex. : LRAR) permettant de déterminer la date de réception, à défaut de quoi, la décision de prise en charge de la maladie en tant que maladie professionnelle lui est inopposable (cass. civ., 2e ch., 20 décembre 2012, n° 11-26621, BC II n° 208). ;
- informer l'employeur du point de départ du délai d'instruction ; en revanche, elle n'a pas à lui adresser un double du certificat médical relatif à la maladie déclarée, ni à lui communiquer le dossier

d'instruction (cass. civ., 2e ch., 2 avril 2009, n° 07-21422, BC II n° 86).

Procédure d'instruction - La caisse dispose de 120 jours francs, pour statuer sur le caractère professionnel de la maladie ou pour saisir le CRRMP (c. séc. soc. art. R. 461-9, I, al. 1).

Ce délai court à compter de la date à laquelle la caisse dispose de la déclaration de la maladie professionnelle intégrant le certificat médical initial et à laquelle le médecin-conseil dispose, le cas échéant, du résultat des examens médicaux complémentaires, prévus par les tableaux de maladies professionnelles (c. séc. soc. art. R. 461-9, I, al. 2).

La caisse adresse à l'employeur, par tout moyen donnant date certaine à la réception, un double de la déclaration de maladie professionnelle intégrant le certificat médical initial (c. séc. soc. art. R. 461-9, I dernier al.).

Après la déclaration de la maladie, la victime (ou ses ayants droit) et l'employeur peuvent faire connaître leurs observations et toutes informations complémentaires ou en faire part directement à l'enquêteur de la caisse primaire (c. séc. soc. art. R. 441-13).

Questionnaire ou enquête de la CPAM - La caisse adresse, par tout moyen donnant date certaine à sa réception, un questionnaire (c. séc. soc. art. R. 461-9, II) :

- à la victime ou à ses représentants ;
- ainsi qu'à l'employeur.

Ceux-ci doivent le renvoyer dans un délai de 30 jours francs à compter de sa date de réception (c. séc. soc. art. R. 461-9, II, al. 1).

La caisse peut en outre recourir à une enquête complémentaire. Elle peut également, dans les mêmes conditions, interroger tout employeur ainsi que tout médecin du travail de la victime (c. séc. soc. art. R. 461-9, II, al. 2).

▶ À noter… Antérieurement au décret 2019-356 du 23.04.2019 qui a modifié l'article R. 461-9 du code de la sécurité sociale précité, la prise en charge d'une maladie professionnelle n'était pas opposable à l'employeur, lorsque la CPAM avait envoyé un questionnaire au salarié et pas à l'employeur (cass. civ., 2e ch., 6 juillet 2017 n° 16-18774 FSPB), ou lorsque l'employeur, qui avait émis des réserves motivées, n'avait pas été contacté par la CPAM pour recueillir ses observations, que ce soit de vive voix ou par questionnaire (cass. civ., 2e ch., 10 mars 2016, n° 15-16669, BC II, n° 846). À notre sens, cela devrait perdurer.

Information sur la date d'expiration du délai d'instruction - Lors de l'envoi du questionnaire ou, le cas échéant, lors de l'ouverture de l'enquête, la caisse informe la victime (ou ses représentants) ainsi que l'employeur, de la date d'expiration du délai de 120 jours francs, qui lui est imparti pour statuer (c. séc. soc. art. R. 461-9, II, al. 3).

Issue de l'instruction - À l'issue de l'instruction, et au plus tard 100 jours francs à compter de la date à laquelle la caisse dispose des informations nécessaires (déclaration de la maladie professionnelle, certificat initial, résultat des examens médicaux complémentaires), la caisse met le dossier à disposition de la victime (ou de ses représentants) et de l'employeur (c. séc. soc. art. R. 461-9, III, al. 1).

Délai de consultation du dossier - La victime ou ses représentants et l'employeur disposent d'un délai de 10 jours francs pour le consulter et faire connaître leurs observations. Ces dernières sont annexées au dossier (c. séc. soc. art. R. 461-9, III, al. 2).

Au terme de ce délai, la victime (ou ses représentants) et l'employeur peuvent consulter le dossier, mais sans formuler d'observations (c. séc. soc. art. R. 461-9, III, al. 2).

Information sur le délai de consultation - La caisse informe la victime (ou ses représentants) et l'employeur, des dates d'ouverture et de clôture de la période, au cours de laquelle ils peuvent consulter le dossier, ainsi que de celle au cours de laquelle ils peuvent formuler des observations. Cette information se fait par tout moyen donnant date certaine à sa réception, et au plus tard 10 jours francs avant le début de la période de consultation (c. séc. soc. art. R. 461-9, III, dernier al.).

Saisine du CRRMP

Délai de 120 jours francs renouvelé - Lorsque la caisse saisit le comité régional de reconnaissance des maladies professionnelles (CRRMP), elle dispose d'un nouveau délai de 120 jours francs à compter de cette saisine, pour statuer sur le caractère professionnel de la maladie (c. séc. soc. art. R. 461-10, al. 1). Elle en informe la victime ou ses représentants, ainsi que l'employeur, par tout moyen donnant date certaine à la réception de cette information.

Le défaut d'information de l'employeur lui rend inopposable la décision de prise en charge (cass. 2e civ. 5 avril 2007, n° 05-15969, BC II n° 91).

Délai de 40 jours pour consulter le dossier - La caisse met à la disposition de la victime (ou ses représentants), ainsi qu'à celle de l'employeur, le dossier qu'elle a constitué pendant 40 jours francs (c. séc. soc. art. R. 461-10, al. 2).

Au cours des 30 premiers jours, la victime et l'employeur peuvent le consulter, faire connaître leurs observations qui y sont annexées et le compléter par tout élément qu'ils jugent utile.

Au cours des 10 jours qui suivent, ils peuvent seulement le consulter et formuler des observations (c. séc. soc. art. R. 461-10, al. 2).

Information des parties - La caisse informe, au moment de la saisine du CRRMP, la victime ou ses représentants et l'employeur des dates d'échéance des phases de consultation du dossier, par tout moyen donnant date certaine à la réception de cette information (c. séc. soc. art. R. 461-10, al. 3).

Avis du CRRMP dans les 110 jours francs - À l'issue de cette procédure, le CRRMP examine le dossier et rend un avis motivé à la caisse dans un délai de 110 jours francs à compter de sa saisine (c. séc. soc. art. R. 461-10, al. 4).

Décision de la CPAM

Notification - La CPAM notifie sa décision par tout moyen permettant d'en déterminer la date de réception (ex. : LRAR) (c. séc. soc. art. R. 441-18) :
- à l'employeur en cas de reconnaissance du caractère professionnel de la maladie ;
- à la victime (ou à ses ayants droit) si le caractère professionnel de la maladie n'est pas reconnu.

Cette décision est notifiée par lettre simple à la personne à laquelle la décision ne fait pas grief, l'employeur ou le salarié selon les cas (c. séc. soc. art. R. 441-18). Elle doit contenir une mention indiquant les voies et délais de recours pour contester la décision.

Le cas échéant, la CPAM notifie, immédiatement après l'avis motivé du CRRMP, à la victime ou à ses représentants, ainsi qu'à l'employeur, la décision de reconnaissance ou de refus de reconnaissance de l'origine professionnelle de la maladie conforme à cet avis (c. séc. soc. art. R. 461-10, al. 5).

▶ À noter... Le seul défaut de signature, par l'agent d'une caisse primaire, d'une décision de reconnaissance du caractère professionnel d'une maladie, ne rend pas cette décision inopposable à l'employeur, qui conserve la possibilité de contester tant le bien-fondé de la décision que ses modalités de mise en œuvre au regard des obligations d'information incombant à l'organisme social (cass. , civ. 2e ch., 4 avril 2018, n° 17-14176 D).

Contestation de la décision - Les employeurs, qui ont reçu la notification de la décision, ont 2 mois pour contester la décision de la caisse (c. séc. soc. art. R. 142-1). Le délai expiré, la décision de reconnaissance devient définitive.

L'action en justice de l'employeur aux fins d'inopposabilité de la décision de la caisse de reconnaissance du caractère professionnel de l'accident, de la maladie ou de la rechute est au nombre des actions qui se prescrivent par 5 ans (c. civ. art. 2224 ; cass. civ., 2e ch., 18 février 2021, n° 19-25886 FSP et n° 19-25887 FSP).

En cas de refus de reconnaissance d'une maladie professionnelle par la CPAM, le recours de l'assuré n'a pas d'incidence pour l'employeur. La décision initiale lui reste acquise eu égard au principe de l'indépendance des parties. En conséquence, si une prise en charge est accordée à l'assuré, les dépenses inhérentes ne seront pas imputables au compte de l'employeur (circ. DSS/2C 2009-267 du 21 août 2009).

Maladies non reconnues

Tout médecin doit déclarer, par l'intermédiaire de l'inspecteur du travail, toute maladie non comprise sur la liste des maladies professionnelles mais présentant, à son avis, un caractère professionnel (c. séc. soc. art. L. 461-6).

Incidences sur le contrat de travail

Protection du salarié - Pendant l'arrêt de travail pour maladie professionnelle, le contrat est suspendu et le salarié ne peut pas être licencié, sauf faute grave ou impossibilité de l'employeur de maintenir le contrat pour un motif non lié à l'accident ou à la maladie (c. trav. art. L. 1226-7 et L 1226-9). À défaut, le licenciement est nul (c. trav. art. L. 1226-13).

Les règles protectrices applicables aux victimes d'une maladie professionnelle s'appliquent, dès lors que l'inaptitude du salarié ou les réserves affectant son aptitude, quel que soit le moment où elle est constatée et invoquée, ont, au moins partiellement, pour origine cette maladie et que l'employeur a connaissance de cette origine professionnelle au moment du licenciement (cass. soc. 10 juillet 2002, n° 00-40436, BC V n° 237 ; cass. soc. 31 janvier 2018, n° 16-21171 D).

L'application du statut protecteur n'est pas subordonnée à la reconnaissance par la CPAM du caractère professionnel de la maladie (cass. soc. 9 juin 2010, n° 09-41040, BC V n° 131).

Ancienneté du salarié - Les périodes d'absence pour maladie professionnelle sont assimilées à du temps de travail effectif pour les droits liés à l'*ancienneté** dans l'entreprise (c. trav. art. L. 1226-7). Peu importe donc, que la convention collective prévoit ou non la prise en compte de ces périodes pour calculer l'ancienneté (cass. soc. 22 mars 2018, n° 16-20186 D).

Fin de l'arrêt de travail - Après une absence pour maladie professionnelle, et quelle qu'en soit la durée, les salariés doivent passer une visite médicale de reprise (c. trav. art. R. 4624-31) [voir *Visite médicale (reprise)**].

Sur les obligations de l'employeur postérieures à la visite médicale de reprise (réintégration du salarié à son poste en cas d'aptitude, reclassement, voire licenciement en cas d'inaptitude, etc.) voir : *Aptitude**, *Inaptitude physique**, *Inaptitude physique (indemnité temporaire d'inaptitude)**, *Inaptitude physique (licenciement)** et *Inaptitude physique (reclassement)**.

Contrat à durée déterminée - Voir *Inaptitude physique (contrat à durée déterminée)**.

Effets sur le compte personnel de formation

Voir *Compte personnel de formation (mise en place et alimentation)**.

Indemnisation

Prestations de sécurité sociale - Les maladies professionnelles donnent droit aux mêmes prestations que les accidents du travail, notamment aux indemnités journalières de sécurité sociale (IJSS) [voir *Accident du travail (indemnisation)**]. Sur la compétence juridictionnelle en matière d'indemnisation des dommages résultant d'une maladie professionnelle, voir *Conseil de prud'hommes**.

Maintien de salaire par l'employeur - Les salariés ayant au moins 1 an d'ancienneté peuvent prétendre, à compter du premier jour d'absence, à une indemnisation complémentaire, versée par l'employeur sous déduction des IJSS (*voir ci-avant*), à hauteur de (c. trav. art. L. 1226-1, D. 1226-1 à D. 1226-5) [voir *Maladie (indemnisation)**] :

- 90 % de la rémunération brute pendant 30 jours, plus 10 jours par période entière de 5 ans d'ancienneté en plus de la durée d'une année requise dans la limite de 90 jours ;
- 2/3 de la rémunération brute pendant les 30 jours suivants, plus 10 jours par période entière de 5 ans d'ancienneté en plus de la durée d'une année requise dans la limite de 90 jours.

Une *convention collective** ou un accord peut prévoir des dispositions plus favorables.

Indemnité temporaire d'inaptitude - Le salarié dont l'inaptitude physique est consécutive à une maladie professionnelle peut prétendre à une indemnité journalière spécifique pendant le délai de 1 mois au maximum durant lequel il attend de savoir si son employeur le reclasse dans l'entreprise ou le licencie, s'il ne perçoit aucune rémunération liée à son activité salariée [voir *Inaptitude physique (indemnité temporaire d'inaptitude)**].

Faute inexcusable de l'employeur

Voir *Faute inexcusable (accident du travail ou maladie professionnelle)**.

Maladies professionnelles des intérimaires

Sur les actions devant les juges que peuvent déclencher l'entreprise utilisatrice ou l'entreprise de travail temporaire en cas de maladie professionnelle (ou d'accident du travail) d'un intérimaire, voir *Accident du travail (déclaration)**.

Pénalité 1 % « prévention des risques professionnels »

Voir *Prévention des risques professionnels (pénibilité)**.

☛ *Accident du travail.*

Mandat des représentants du personnel

☛ *Comité social et économique (mandat).*

Mandat social

☛ *Dirigeants de sociétés.*

Mannequins

Est considérée comme mannequin toute personne chargée soit de présenter au public directement ou indirectement par reproduction de son image sur tout support visuel ou audiovisuel un produit, un service ou un message publicitaire, soit de poser comme modèle, même si ces activités ne sont exercées qu'à titre occasionnel (c. trav. art. L. 7123-2).

Contrat de travail

Le contrat par lequel un employeur ou tout autre utilisateur s'assure, moyennant rémunération, le concours d'un mannequin est présumé être un contrat de travail (c. trav. art. L. 7123-3). Peu importe (c. trav. art. L. 7123-4) :

- la qualification donnée au contrat par les parties ;
- le montant et le mode de rémunération ;
- la liberté d'action conservée par le mannequin dans son travail de présentation ;
- l'exercice occasionnel de son activité par le mannequin.

Lorsqu'ils ont recours à une agence, les mannequins sont salariés de cette agence. Il résulte de ces dispositions qu'un mannequin ne peut être considéré comme un travailleur indépendant et être payé sur facture.

Cette agence doit conclure par écrit :

- un contrat de travail avec le mannequin (c. trav. art. L. 7123-5) ;
- et un contrat de mise à disposition avec l'utilisateur du mannequin, dont un exemplaire est remis au mannequin avant acceptation par lui de la mission proposée (c. trav. art. L. 7123-17).

Tout manquement à ces dispositions est puni d'une amende de 75 000 € et d'une peine d'emprisonnement de 6 mois (ou de l'une de ces deux peines seulement) (c. trav. art. L. 7123-24, L. 7123-25 et L. 7123-28).

La convention collective applicable au mannequin est celle dont relève l'activité principale exercée par l'employeur (c. trav. art. L. 2261-2).

Suivi médical

Condition à l'exercice du mannequinat - L'exercice de l'activité de mannequin est conditionné à la délivrance d'un certificat médical. Ce certificat atteste que l'évaluation globale de l'état de santé du mannequin, évalué notamment au regard de son indice de masse corporelle, est compatible avec l'exercice de son métier (c. trav. art. L. 7123-2-1). Ce certificat médical est délivré à l'occasion de la visite d'information et de prévention ou de l'examen médical d'aptitude (c. trav. art. R. 7123-4).

Le fait, pour toute personne exploitant une agence de mannequins ou s'assurant, moyennant rémunération, le concours d'un mannequin, de ne pas respecter cette obligation est puni de 6 mois d'emprisonnement et de 75 000 € d'amende (c. trav. art. L. 7123-27).

Examens médicaux périodiques - Chaque mannequin bénéficie d'au moins un examen médical par période de 12 mois en vue de s'assurer s'il relève du suivi individuel renforcé. La 1re visite ou examen périodique a lieu dans les 12 mois suivant la première visite d'information et de prévention ou l'examen médical d'embauche (c. trav. art. R. 7123-7).

Rémunération

Le salaire dû aux mannequins ne peut pas être inférieur à un pourcentage minimal des sommes versées par l'utilisateur à l'agence. Ce pourcentage est fixé par convention ou accord collectif (c. trav. art. L. 7123-7).

La rémunération due au mannequin à l'occasion de la vente ou de l'exploitation de l'enregistrement de sa présentation par l'employeur ou tout autre utilisateur n'est pas considérée comme salaire dès que la présence physique du mannequin n'est plus requise pour exploiter cet enregistrement et que cette rémunération n'est en rien fonction du salaire reçu pour la production de sa présentation, mais au contraire fonction du produit de la vente ou de l'exploitation de cet enregistrement (c. trav. art. L. 7123-6).

La rémunération due au mannequin au titre de la cession de ses droits par l'exploitation de l'enregistrement de sa présentation doit être distincte de la rémunération de sa prestation initiale.

▶ À noter… Le mannequin lié à l'agence par un contrat de travail a droit à une indemnité compensatrice de congés payés pour chaque prestation, quelle que soit la durée de celle-ci. Le montant de cette indemnité ne peut être inférieur au 10e de la rémunération totale due au salarié (c. trav. art. L. 7123-10).

Enfants mannequins

Autorisation administrative préalable - Pour les mineurs de moins de 16 ans employés comme mannequins, une autorisation individuelle préfectorale est exigée préalablement à l'engagement ou à la production des intéressés (c. trav. art. L. 7124-1).

Cette autorisation n'est toutefois pas requise lorsque l'enfant est engagé par une agence de mannequins titulaire de la licence administrative et agréée pour engager des enfants (c. trav. art. L. 7124-4 et L. 7124-5).

L'emploi d'un mineur de plus de 13 ans est subordonné à son avis favorable écrit (c. trav. art. L. 7124-2).

Sur les autres dispositions concernant l'emploi des mineurs, voir *Jeunes (emploi des)**.

Visite médicale - Avant l'embauche de l'enfant, l'agence de mannequinat prend en charge un examen médical réalisé par un pédiatre ou par un médecin généraliste (c. trav. art. R. 7124-9 ; arrêté du 14 avril 2009, JO du 6 mai 2009 ; arrêté du 4 mai 2017, JO du 5). Cet examen est renouvelé tous les 3 mois pour les enfants âgés de moins de 3 ans, tous les 6 mois pour ceux âgés de 3 à 6 ans et tous les ans pour ceux âgés de plus de 6 ans. En cas d'avis négatif du médecin, l'enfant ne peut être employé.

Rémunération - Une part de la rémunération perçue par l'enfant peut être laissée à la disposition de ses représentants légaux (c. trav. art. L. 7124-9). Le surplus, qui constitue le pécule, est versé à la Caisse des dépôts et consignations et géré par cette caisse jusqu'à la majorité de l'enfant ou son émancipation. Des prélèvements peuvent être autorisés en cas d'urgence et à titre exceptionnel.

▶ À noter… Lorsque l'enfant est embauché par une agence de mannequins agréée en vue de l'emploi de mannequins de moins de 16 ans, les règles de répartition de la rémunération sont fixées par la décision d'agrément de l'agence (c. trav. art. L. 7124-10).

Durée du travail - L'emploi et la sélection d'un enfant exerçant l'activité de mannequin ne peuvent excéder des durées journalières et hebdomadaires maximales, fixées en fonction de son âge et du fait qu'il soit scolarisé ou non (c. trav. art. L. 7124-6). Ainsi, l'emploi et la sélection d'un enfant non scolarisé ne peuvent être autorisés que deux jours par semaine, à l'exclusion du dimanche. L'emploi et la sélection d'un enfant scolarisé ne peuvent être autorisés que les jours de repos hebdomadaire autres que le dimanche (c. trav. art. L. 7124-7).

Travail de nuit - Le *travail de nuit** est, en principe, interdit pour les jeunes de moins de 18 ans. Des dérogations peuvent être accordées par l'inspecteur du travail, à titre exceptionnel, dans les établissements du spectacle (c. trav. art. L. 3163-1 et art. R. 3163-1) [voir *Jeunes (travaux interdits et réglementés)**].

☛ *Jeunes (emploi des) ; Jeunes (travaux interdits et réglementés).*

Marchandage (délit)

Définition

Constitue un délit de marchandage toute opération à but lucratif de fourniture de main-d'œuvre qui a pour effet (c. trav. art. L. 8231-1) :
- soit de causer un préjudice au salarié ;
- soit d'éluder l'application des dispositions légales ou conventionnelles.

En pratique, ces deux effets vont souvent de pair.

Exemples

Ce délit est caractérisé dès lors que les salariés mis à disposition n'ont pas bénéficié des mêmes avantages que les salariés permanents (cass. crim., 20 octobre 1992, n° 91-86635 D).

Le délit de marchandage peut être caractérisé quand un salarié, ayant fait l'objet d'un prêt de main-d'œuvre à titre lucratif s'est vu appliquer une convention de forfait jours illicite [voir *Convention de forfait (annuel)**], la convention collective valablement applicable n'autorisant pas cette pratique qui, en l'occurrence, avait privé l'intéressé du paiement des heures supplémentaires effectuées (cass. soc. 18 mai 2011, n° 09-69175, BC V n° 117).

Une même opération peut constituer les délits de marchandage et de prêt illicite de main-d'œuvre (voir *Prêt de main-d'œuvre**) (cass. crim. 23 janvier 2018, n° 17-81231 D).

Sanctions

Tout délit de marchandage est notamment puni d'un emprisonnement de 2 ans au plus et d'une amende de 30 000 € ou de l'une de ces deux peines. Ces peines sont renforcées, lorsque le délit est commis avec des circonstances aggravantes (c. trav. art. L. 8234-1) [voir *Travail illégal (répression)**].

Les personnes morales peuvent aussi être déclarées pénalement responsables du délit de marchandage (c. trav. art. L. 8234-2).

Encourent ces sanctions :
- les entreprises de travail temporaire qui ne respectent pas la loi [voir *Travail temporaire (entreprise de)**] ;

- les entrepreneurs parties à un contrat de *sous-traitance**, qui masque un *prêt de main-d'œuvre** illicite, sachant que la condamnation peut concerner tout autant l'entreprise prêteuse que l'entreprise utilisatrice (cass. crim. 20 mars 2007, n° 05-85253, B. crim. n° 86 ; cass. soc. 18 mai 2011, n° 09-69175, BC V n° 117).

En outre, le donneur d'ordres (entrepreneur utilisateur) peut être responsable, en cas de défaillance du sous-traitant, pour le paiement des salaires et des charges sociales des travailleurs qu'il emploie (c. trav. art. L. 8232-2).

Sur les autres sanctions pénales et administratives encourues (ex. : affichage ou diffusion de la condamnation, privation de toute aide publique, fermeture temporaire), voir *Travail illégal (répression)**.

☞ *Prêt de main-d'œuvre ; Sous-traitance ; Travail dissimulé ; Travail illégal (répression).*

Mariage

☞ *Congé pour événement familial ; Congés familiaux ; Déblocage*

Maternité (congé de)

Le congé de maternité suspend le contrat de travail. Il s'agit d'un droit ouvert à toutes les salariées sans condition d'ancienneté et dans toutes les entreprises, sans condition d'effectif.

Durée du congé

Durée variable - La durée du congé de maternité varie selon le rang de l'enfant dans la famille, le nombre d'enfants à naître (naissance unique ou multiple), le caractère normal ou pathologique de la grossesse ou de l'accouchement (c. trav. art. L. 1225-17).

La durée normale du congé de maternité est fixée à 16 semaines (6 semaines avant l'accouchement, 10 semaines après), mais peut être prolongée dans les cas indiqués dans le tableau reproduit dans cette étude.

Congé de maternité : durées (en semaines)

	Congé prénatal	Congé postnatal	Durée totale
Naissance unique Naissance du 1er ou du 2e enfant	6	10	16
Naissance du 3e enfant (ou plus)	8	18	26
Naissances multiples 2 enfants	12	22	34
plus de 2 enfants	24	22	46
État pathologique	... + durée de l'état pathol. (max. 2)	... + durée de l'état pathol. (max. 4)	... + durée de l'état pathol. (max. 6)

Aménagement du congé maternité - Les femmes enceintes peuvent aménager leur congé de maternité, en reportant une partie du congé prénatal après l'accouchement. La salariée peut ainsi réduire, à sa demande et sous réserve d'un avis favorable du médecin qui suit sa grossesse, la période de suspension du contrat de travail qui commence avant la date présumée de l'accouchement (congé prénatal) d'une durée maximale de 3 semaines. Dans ce cas, la période postérieure à la date présumée de l'accouchement est augmentée d'autant.

Cependant, lorsqu'une salariée ayant fait usage de ce droit se voit prescrire un arrêt de travail pendant la période de congé prénatal dont elle a demandé le report, celui-ci est annulé et la période de suspension du contrat de travail est décomptée à partir du premier jour de l'arrêt de travail. La période initialement reportée est réduite d'autant (c. trav. art. L. 1225-17 et L. 1225-19).

▶ À noter... Pour bénéficier des IJSS au titre de ce report, la femme enceinte doit, afin de justifier de la compatibilité de la poursuite de son activité avec sa santé, envoyer à sa caisse primaire d'assurance maladie une prescription médicale établie avant la date de début du congé légal de maternité prénatal. À défaut, elle ne peut pas obtenir d'indemnisation à ce titre (c. séc. soc. art. L. 331-4-1 ; cass. civ., 2e ch., 25 avril 2013, n° 12-17769 D).

Cette possibilité d'aménagement du congé de maternité ne modifie pas l'interdiction d'emploi absolue de 8 semaines avant et après l'accouchement, dont 6 semaines après l'accouchement (c. trav. art. L. 1225-29).

État pathologique lié au diéthylstilbœstrol - Les femmes dont il est reconnu que la grossesse pathologique est liée à l'exposition in utero au diéthylstilbœstrol bénéficient d'un congé de maternité à compter du premier jour de leur arrêt de travail dans des conditions fixées par décret (décret 2006-773 du 30 juin 2006, JO 2 juillet ; circ. DGS/2B/DSS/2A 2006-378 du 23 août 2006).

État pathologique - Selon l'état résultant de la grossesse et attesté par un certificat médical, la période de suspension du contrat de travail peut être augmentée dans la limite de 2 semaines avant l'accouchement et de 4 semaines après (c. trav. art. L. 1225-21). La période de suspension supplémentaire de 2 semaines avant l'accouchement ne peut pas être reportée sur la période postnatale.

▶ À noter… À l'issue du congé postnatal pathologique (qui n'est que le prolongement du congé maternité légal) une salariée conserve la possibilité de prendre le congé supplémentaire prévu par la convention applicable dans l'entreprise (secteur de la banque) (cass. soc. 27 mars 2019, n° 17-23988 FSPB).

Accouchement prématuré - La durée du congé prénatal qui restait à effectuer est reportée et prolonge du même temps le congé de maternité postnatal (c. trav. art. L. 1225-20).

Hospitalisation de l'enfant et grande prématurité - Lorsque l'accouchement intervient plus de 6 semaines avant la date prévue et exige l'hospitalisation postnatale de l'enfant, le congé de maternité est prolongé du nombre de jours courant depuis la date réelle de l'accouchement jusqu'au début du congé de maternité qui était prévu et auquel peut prétendre la mère, afin de permettre à celle-ci de participer, chaque fois qu'il est possible, aux soins dispensés à son enfant et de bénéficier d'actions d'éducation à la santé préparant le retour au domicile (c. trav. art. L. 1225-23 ; circ. DSS/2A 2006-166 du 12 avril 2006).

Ce congé supplémentaire est indemnisé dans les mêmes conditions que le congé de maternité (c. séc. soc. art. L. 331-3). Il s'ajoute à la durée du congé de maternité et n'est pas détachable de celui-ci (circ. DSS/2A 2006-166 du 12 avril 2006).

▶ À noter… Sont visés les cas où le nouveau-né est admis dans un établissement disposant d'une structure de néonatalogie ou de réanimation néonatale, du fait de soins spécifiques nécessités par sa naissance prématurée. Pour bénéficier de ce congé supplémentaire, la mère doit produire un bulletin d'hospitalisation établi au titre de son enfant né prématurément (circ. DSS/2A 2006-166 du 12 avril 2006).

Lorsque l'enfant est resté hospitalisé pendant une période minimale de 6 semaines après l'accouchement, la salariée peut reporter tout ou partie de son congé de maternité au terme de l'hospitalisation (c. trav. art. L. 1225-22).

Le bénéfice de ce report n'est toutefois accordé qu'après la prise de la période de congé supplémentaire (circ. DSS/2A 2006-166 du 12 avril 2006).

Accouchement tardif - Bien qu'aucune disposition ne le prévoie expressément, il est admis que le congé de maternité prénatal soit prolongé et que le congé postnatal se décompte à partir de la naissance de l'enfant.

Période de repos obligatoire - La salariée n'est pas tenue de suspendre son contrat pendant la totalité du congé de maternité. Toutefois, elle doit impérativement cesser son activité durant au moins 8 semaines, dont 6 après l'accouchement. Cette période correspond en outre à une interdiction d'emploi par l'employeur, sanctionnée pénalement (c. trav. art. L. 1225-29 et R. 1227-6). Il s'agit d'une interdiction d'ordre public qui ne peut, en aucun cas, être levée et ce, même avec l'accord de la salariée.

Interruption de grossesse - En cas de grossesse déclarée, si la gestation est d'au moins 22 semaines d'aménorrhée ou si le fœtus pèse au moins 500 g, l'assurée qui interrompt sa grossesse pour motif thérapeutique ou qui avorte spontanément peut bénéficier de son congé de maternité en totalité (circ. CNAM/DRM 2004-99 du 10 août 2004).

Décès de la mère - Si la mère décède durant le congé postnatal, quelle qu'en soit la cause, le père salarié a le droit de suspendre son contrat de travail pendant une période au plus égale à la durée d'indemnisation restant à courir (soit 10 semaines au plus à compter du jour de la naissance de l'enfant, cette période pouvant être portée à 18 ou 22 semaines en cas de naissance d'un troisième enfant ou de naissance multiple). Il doit avertir son employeur du motif de son absence et de la date à laquelle il entend mettre fin à la suspension de son contrat de travail. Le père bénéficie alors de la protection contre le licenciement (c. trav. art. L. 1225-28).

Si le père de l'enfant n'exerce pas son droit, le bénéfice de celui-ci est accordé au conjoint salarié de la mère ou à la personne liée à elle par un pacte civil de solidarité (Pacs) ou vivant maritalement avec elle (c. trav. art. L. 1225-28).

▶ À noter… En cas de décès de la mère en cours d'indemnisation au titre de l'assurance maternité, le versement des indemnités journalières peut être transféré au père ou, à défaut, au conjoint de la mère ou à la personne liée à elle par un Pacs ou vivant maritalement avec elle (c. séc. soc. art. L. 331-6). Ce droit vaut quel que soit le régime d'assurance maladie du père ou du partenaire de la mère (salarié, fonctionnaire…) et pour la durée d'indemnisation restant à courir. L'intéressé, pour en profiter, doit, s'il est salarié, cesser toute activité salariée et en faire la demande à sa caisse primaire (c. séc. soc. art. D. 331-5). Relevons que ces périodes d'indemnisation sont prises en compte pour l'ouverture du droit à une pension de retraite (circ. CNAV 2015-15 du 31 mars 2015).

Formalités

Information de l'employeur - La salariée doit avertir l'employeur par lettre recommandée avec avis de réception ou par lettre remise contre récépissé du motif de son absence et de la date à laquelle elle entend reprendre son travail (c. trav. art. L. 1225-24 et D. 1225-4-1).

Certificat médical - Pour bénéficier de la protection de la grossesse et de la maternité, la salariée doit remettre un certificat médical à son employeur [voir *Maternité (protection)**].

Déclaration sociale nominative - Le début comme la fin du congé de maternité sont déclarés via la *déclaration sociale nominative (DSN)** qui s'est substituée à l'attestation de salaire relative aux *indemnités journalières de sécurité sociale de maternité**.

Indemnisation du congé

Indemnités journalières de l'assurance maternité - Voir *Assurance maternité**, *Indemnités journalières de sécurité sociale** et *indemnités journalières de sécurité sociale de maternité**.

Maintien du salaire - La plupart des conventions collectives prévoient le maintien du salaire, déduction faite des indemnités de sécurité sociale, au moins partiellement.

Sort des primes en cas de maintien du salaire - Il faut distinguer selon la nature des primes.

Le paiement de certains éléments de rémunération, comme une prime ou une gratification, peut ainsi être subordonné à la présence du salarié dans l'entreprise à un moment donné (cass. soc. 11 avril 1991, n° 87-41975, BC V n° 185). L'absence d'une salariée, motivée par une grossesse, autorise alors l'employeur à réduire ou supprimer le paiement d'une prime, sous réserve toutefois que toutes les absences, hormis celles qui sont assimilées à un temps de travail effectif, entraînent les mêmes conséquences sur l'attribution de cette prime (cass. soc. 1er décembre 2016, n° 15-24694 D). La salariée ne peut alors pas reprocher à son employeur une discrimination en raison de sa grossesse ou de la maternité (c. trav. art. L. 1132-1).

Le paiement de certaines primes ou gratifications à un salarié peut être subordonné à l'accomplissement d'une activité spécifique par le salarié. Dans ce cas, l'employeur peut, sans commettre de discrimination, considérer qu'une prime n'est pas due à une salariée pendant son congé de maternité, faute pour elle d'avoir exercé cette activité (cass. soc. 19 septembre 2018, n° 17-11618 FSPB).

Sort de la part variable de la rémunération - Pendant son congé maternité, la salariée doit continuer à percevoir la partie fixe et la partie variable de sa rémunération lorsque la convention collective prévoit un « maintien de salaire intégral » (cass. soc. 25 novembre 2020, n° 19-12665 FPB). Cette part variable s'apprécie sur une durée significative. Par exemple, la Cour de cassation a admis qu'il faille retenir une moyenne annuelle pour obtenir une base de calcul significative du salaire de la salariée dans une hypothèse où la convention collective ne déterminait pas cette période (cass. soc. 5 juin 2019, n° 18-12862 FSPB).

Effets sur le contrat de travail

Congés payés - Les salariées de retour de congé de maternité ont droit à des *congés payés** (c. trav. art. L. 3141-5).

Congé de naissance - Le congé de naissance ne peut pas se cumuler avec les congés accordés pour le même enfant dans le cadre du congé maternité (c. trav. art. L. 3142-1). Il en est de même pour le congé de substitution auquel le père peut prétendre en cas de décès de la mère au moment de la naissance de l'enfant.

Régime des jours de RTT - Sauf convention plus favorable, le congé de maternité ne permet pas d'acquérir de jours de réduction du temps de travail (RTT). En effet, ces jours correspondent aux heures réalisées au-delà de la durée de travail à temps plein (voir *Aménagement du temps de travail**).

Autres incidences du congé - La période d'absence de la salariée en congé de maternité est prise en compte :
- pour le calcul des droits ouverts au titre du *compte personnel de formation** (c. trav. art. L. 6323-12) ;
- pour le calcul des droits ouverts au titre de l'*ancienneté** (c. trav. art. L. 1225-24) ;
- pour la répartition de l'intéressement et de la participation (c. trav. art. L. 3314-5 et L. 3324-6) (voir *Intéressement des salariés** et *Participation des salariés aux résultats de l'entreprise**).

Durée d'assurance pour ouvrir droit à une retraite à taux plein - Tous les trimestres de congé de maternité sont pris en compte dans le calcul de la pension de retraite à taux plein pour les naissances postérieures au 1.01.2014. Un trimestre de retraite est décompté pour chaque période de 90 jours de perception d'indemnités journalières au titre de la maternité, sans que le nombre de trimestres validés ne puisse être inférieur à 1. Il est donc possible d'acquérir plus d'un trimestre, par exemple, en cas de naissances multiples (c. séc. soc. art. R. 351-12 ; circ. CNAV 2015-15 du 31 mars 2015).

Protection contre le licenciement - Voir *Maternité (protection)**.

Visite médicale obligatoire

Après un congé de maternité, la salariée doit passer, lors de la reprise du travail, une visite médicale [voir *Visite médicale (reprise)**].

Entretien avec l'employeur

La salariée qui reprend son activité à l'issue d'un congé de maternité a droit à l'*entretien professionnel** consacré à ses perspectives d'évolution professionnelle, notamment en termes de qualifications et d'emploi (c. trav. art. L. 1225-27 et L. 6315-1). Cet entretien, qui doit lui être systématiquement proposé à son retour de congé de maternité, peut avoir lieu avant la reprise de poste de la salariée si celle-ci le demande (pour plus de détails, voir *Entretien professionnel**).

Reprise du poste de travail initial

Réintégration en priorité dans l'emploi initial - À la fin du congé, la salariée retrouve son poste initial et les avantages acquis précédemment (c. trav. art. L. 1225-25).

La réintégration doit se faire, en priorité, dans le précédent emploi. L'employeur ne remplit pas son obligation s'il confie le poste occupé antérieurement au congé maternité, le jour même du retour de congé de la salariée, à sa remplaçante dans le cadre d'un nouveau contrat de travail. Dans ce cas, la salariée a droit à des indemnités pour rupture abusive de son contrat de travail (cass. soc. 25 mai 2011, n° 09-72556 D).

Lorsque cette réintégration n'est pas possible, l'employeur doit confier à la salariée un emploi similaire à celui qu'elle occupait précédemment assorti d'une rémunération équivalente (c. trav. art. L. 1225-25). Ne constitue pas un emploi similaire une mission comportant des fonctions fortement réduites par rapport au poste initial de la salariée, même si cette dernière conserve sa classification et sa rémunération antérieures (cass. soc. 18 mars 2016, n° 14-21491 D).

▶ À noter… Le principe selon lequel la salariée doit retrouver une rémunération au moins équivalente connaît néanmoins un tempérament lorsque cette rémunération est composée pour partie d'un salaire variable. En effet, dès lors que le montant de la part variable n'est pas fixé par le contrat et dépend de la seule activité professionnelle de la salariée (ex. : commissions), celle-ci ne peut pas exiger de l'employeur qu'il lui garantisse un même niveau de rémunération à son retour de congé de maternité (cass. soc. 10 décembre 2008, n° 07-44113 D). En revanche, si la rémunération d'origine est composée d'une part variable non contractualisée fixée en fonction d'objectifs individuels et collectifs ne dépendant donc pas seulement de l'activité de la salariée, cette dernière, au retour de son congé de maternité, ne peut pas avoir une rémunération inférieure (cass. soc. 2 avril 2014, n° 12-27849 D).

Sanction du défaut de réintégration dans un emploi similaire - L'employeur commet une faute contractuelle, qui ouvre à la salariée la voie de la *prise d'acte de la rupture** ou de la *résiliation judiciaire du contrat de travail**, s'il ne réintègre pas la salariée dans un emploi similaire, c'est-à-dire dans un emploi n'entraînant aucune modification de son contrat de travail. Ainsi, une salariée qui, à son retour de congé de maternité, n'a plus les fonctions d'encadrement qu'elle exerçait auparavant peut légitimement prendre acte de la rupture et obtenir alors la condamnation de l'employeur pour licenciement sans cause réelle et sérieuse (cass. soc. 3 février 2010, n° 08-40338, BC V n° 33).

Horaires de travail - Une salariée de retour de congé de maternité ne peut pas exiger de son employeur une modification de ses horaires de travail. En conséquence, la salariée qui ne reprendrait pas son poste à l'issue de son congé de maternité en raison du refus de l'employeur peut être licenciée pour faute grave du fait de son absence prolongée et non justifiée (cass. soc. 12 septembre 2012, n° 11-21494 D). En revanche, elle peut demander à réduire son temps de travail dans le cadre d'un *congé parental d'éducation**.

Postes à risques pour la santé - Un changement de poste doit être proposé pour les postes à risques (c. trav. art. L. 1225-12).

Égalité professionnelle

Rattrapage salarial - Les salariées de retour de congé de maternité ont la garantie légale de bénéficier des mêmes augmentations salariales que celles accordées à leurs collègues durant leur absence (c. trav. art. L. 1225-26). L'employeur ne peut déroger à ce principe en versant une prime exceptionnelle à une salariée de retour de congé de maternité (cass. soc. 14 février 2018, n° 16-25323, BC V n° 20) (voir *Égalité professionnelle**).

Perspectives de carrière - En vertu du principe d'égalité professionnelle, le congé de maternité ne doit pas avoir d'incidence sur les perspectives professionnelles de la salariée (c. trav. art. L. 1142-1) [voir *Maternité (protection)**].

☛ *Maternité (protection).*

Maternité (indemnisation)

☛ *Indemnités journalières de sécurité sociale ; Maternité (congé de).*

Maternité (protection)

Les salariées bénéficient d'une protection légale accrue à l'occasion d'une grossesse ou d'une maternité si elles révèlent leur état à leur employeur.

Début de la protection

Pour bénéficier de la protection de la grossesse et de la maternité, la salariée doit remettre contre récépissé ou envoyer par lettre recommandée avec avis de réception (LRAR) à son employeur un certificat médical attestant (c. trav. art. R. 1225-1) :
- de son état de grossesse et la date présumée de son accouchement ou la date effective de celui-ci ;
- et, s'il y a lieu, de l'existence et la durée prévisible de son état pathologique nécessitant un allongement de la période de suspension de son contrat de travail.

Toutefois, la protection n'est pas subordonnée à l'accomplissement de cette formalité (cass. soc. 9 juillet 2008, n° 07-41927, BC V n° 152).

Dès que l'employeur a connaissance de sa grossesse, la salariée est protégée. Elle peut prouver que son employeur connaissait son état par tout moyen (ex. : témoignages, réception par l'employeur d'un avis de prolongation d'arrêt de travail portant la mention « repos supplémentaire maternité ») (cass. soc. 4 février 1988, n° 86-40044 D ; cass. soc. 3 juin 1997, n° 94-40841 D).

Protection contre les discriminations

Motifs de discrimination prohibés - Les *discriminations** liées à l'état de grossesse, à la situation de famille ou au fait qu'une femme bénéficie d'une assistance médicale à la procréation (PMA) sont interdites (c. trav. art. L. 1225-1, L. 1225-3-1, L. 1132-1 et L. 1142-1 ; c. santépub. art. L. 2141-2).

Exemples

Un employeur ne peut pas refuser de promouvoir une salariée en raison d'un congé de maternité dès lors que cette promotion a été envisagée (cass. soc. 16 décembre 2008, n° 06-45262, BC V n° 249).

Si une salariée ne retrouve pas son poste (ou un emploi similaire assorti d'une rémunération équivalente) au retour de son congé parental d'éducation, mais se voit confier d'autres tâches d'un niveau « inférieur », son employeur risque une condamnation pour discrimination à raison du sexe. À moins que cette décision ne soit justifiée par des éléments objectifs étrangers à toute discrimination, ce qui reste à voir (cass. soc. 14 novembre 2019, n° 18-15682 FSPB).

Il est interdit à l'employeur de rechercher ou de faire rechercher toute information concernant la grossesse d'une salariée (c. trav. art. L. 1225-1). La femme candidate à un emploi ou salariée n'est tenue de révéler ni sa grossesse ni qu'elle bénéficie d'une PMA, sauf lorsqu'elle demande le bénéfice des dispositions protectrices (c. trav. art. L. 1225-2).

En revanche, l'employeur peut sans commettre de discrimination ne pas octroyer, à une salariée en congé de maternité, une prime expressément subordonnée à la participation active et effective de la salariée à certaines activités spécifiques (cass. soc. 19 septembre 2018, n° 17-11618 FSPB). Il peut aussi réduire une prime d'assiduité, liée à la présence effective des salariés, du fait d'un congé de maternité, à la condition que toutes les absences, hormis celles légalement assimilées à du travail effectif, entraînent les mêmes conséquences sur l'attribution ou le paiement de la prime (cass. soc. 26 septembre 2018, n° 17-18011 D).

Régime de la preuve - En cas de litige, la salariée présente au juge des éléments de fait laissant supposer l'existence d'une discrimination. L'employeur est tenu de prouver que sa décision est justifiée par des éléments objectifs étrangers à toute discrimination (c. trav. art. L. 1134-1). Il communique au juge tous les éléments de nature à justifier sa décision. Si un doute subsiste, il profite à la salariée enceinte (c. trav. art. L. 1225-3).

Sanctions pénales - L'employeur qui contrevient aux dispositions de protection de la grossesse et de la maternité encourt une peine d'amende et d'emprisonnement (c. trav. art. R. 1227-5 ; c. pén. art. 225-2).

▶ Attention... Les sanctions pénales étant prévues à la fois par le code du travail et le code pénal, en cas de concours d'infractions, si plusieurs peines de même nature sont encourues, seule la plus élevée peut être prononcée (c. pén. art. 132-3).

Sanctions civiles - L'employeur risque la nullité de la disposition ou de l'acte contraire à l'interdiction des discriminations (c. trav. art. L. 1132-4). En cas de licenciement nul car discriminatoire, voir ci-après [voir aussi *Discriminations (sanctions)**].

De plus, il peut être condamné à verser des dommages-intérêts à la salariée (c. trav. art. L. 1225-71).

Protection contre le licenciement

Interdiction de principe - L'employeur ne peut pas licencier une salariée en état de grossesse médicalement constaté, sauf faute grave ou impossibilité de maintenir le contrat pour un motif étranger à la grossesse (c. trav. art. L. 1225-4).

Ce régime de protection ne s'applique pas pendant la *période d'essai**. Cette rupture du contrat de travail doit toutefois avoir pour origine le fait que la salariée ne convient pas pour le poste. S'il apparaît que la décision de l'employeur de rompre l'essai était motivée par l'état de grossesse de la salariée, la rupture est nulle, car discriminatoire (voir *Discriminations**).

▶ Attention... La maternité ne fait pas obstacle au licenciement d'une salariée étrangère sans autorisation de travail. L'interdiction d'employer des étrangers sans titre de travail l'emporte sur la protection de la maternité (cass. soc. 15 mars 2017, n° 15-27928, BC V n° 51).

Sur le cas d'une salariée en contrat à durée déterminée, voir ci-après.

Interdiction des mesures préparatoires au licenciement - Pendant le congé de maternité, l'employeur ne doit engager aucun préparatif de licenciement (CJCE, 11 octobre 2007, aff. C-460/06). À notre sens, il ne peut donc pas convoquer la salariée à un entretien préalable au licenciement, même si les tribunaux ont admis cette pratique dans le passé (cass. soc. 4 avril 1995, n° 93-45051 D ; cass. soc. 28 juin 1995, n° 92-40136 D).

Plus généralement, toute mesure qui pourrait laisser penser que l'employeur a programmé le remplacement définitif de la salariée est interdite. Par exemple, le fait que, dans l'organigramme de l'entreprise, un salarié embauché en CDI occupe le poste laissé vacant par la salariée en congé de maternité peut laisser penser que l'employeur s'apprête à licencier l'intéressée à son retour dans l'entreprise. Le cas échéant, si ce licenciement était décidé, il devrait être jugé nul (cass. soc. 15 septembre 2010, n° 08-43299, BC V n° 182 ; cass. soc. 1er février 2017, n° 15-26250 D).

En revanche, il est admis que pendant le congé de maternité, l'employeur :

- effectue certaines démarches liées à un licenciement économique avec plan de sauvegarde de l'emploi (ex. : proposition de postes de reclassement) (cass. soc. 14 septembre 2016, n° 15-15943, BC V n° 163) ;
- rassemble des éléments de preuve et collecte des attestations pour établir l'insuffisance professionnelle d'une salariée (cass. soc. 6 novembre 2019, n° 18-20909 D).

Durée de la protection - Le licenciement est interdit dès l'instant où la salariée est en état de grossesse médicalement constaté. La protection se poursuit pendant le congé de maternité, même si la salariée n'use pas de ce droit, et pendant les 10 semaines qui suivent la fin de la période de suspension du contrat (c. trav. art. L. 1225-4).

Lorsqu'immédiatement après son congé maternité, une salariée prend ses congés payés, le point de départ de la période de protection de 10 semaines est reporté à la date de la reprise du travail par la salariée.

En revanche, lorsqu'une salariée est en arrêt de travail pour maladie à l'issue de son congé maternité, le point de départ de la période de protection de 10 semaines n'est pas reporté à la date de la reprise du travail. En d'autres termes, le délai de 10 semaines court durant l'arrêt maladie (cass. soc. 8 juillet 2015, n° 14-15979, BC V n° 150 ; cass. soc. 1er décembre 2021, n° 20-13339 FPB).

▶ Attention… Attention toutefois au motif de l'arrêt de travail pour maladie de la salariée. Si celui-ci fait mention d'un état pathologique lié à la maternité, la donne ne serait pas la même. En effet, lorsqu'un état pathologique est attesté par un certificat médical comme résultant de la grossesse ou de l'accouchement, le congé de maternité est augmenté de la durée de cet état pathologique dans la limite de 2 semaines avant la date présumée de l'accouchement et de 4 semaines après la date de celui-ci (c. trav. art. L. 1225-21). L'augmentation de la durée du congé de maternité étend dans les mêmes proportions l'application de la protection absolue contre le licenciement.

Lorsqu'une convention collective prévoit un congé supplémentaire rémunéré que la salariée peut prendre après son congé de maternité, la période de protection court durant ce congé conventionnel supplémentaire (cass. soc. 14 décembre 2016, n° 15-21898, BC V n° 252).

Information de l'employeur par un certificat médical - La salariée est protégée dès que l'employeur sait qu'elle est enceinte.

Dans l'hypothèse où l'employeur n'aurait pas connaissance de l'état de grossesse au moment où il notifie le licenciement, la salariée dispose d'un délai de 15 jours pour lui adresser par LRAR un certificat médical justifiant qu'elle est enceinte et ainsi bénéficier de la protection contre le licenciement (c. trav. art. L. 1225-5 et R. 1225-2).

▶ Attention… La loi exige uniquement que, dans un délai de 15 jours à compter de la notification du licenciement, la salariée envoie à son employeur un certificat médical justifiant qu'elle est enceinte *(voir ci-après)*. En conséquence, la salariée bénéficie de la protection même si elle se retrouve enceinte après le licenciement (cass. soc. 2 juillet 2014, n° 13-12496 D).

Le délai de 15 jours court à compter du moment où la salariée a effectivement connaissance de son licenciement.

Exemple

L'employeur avait notifié son licenciement à une salariée le 14 novembre. Cette lettre lui était revenue avec la mention « non réclamée ». L'employeur avait en conséquence remis à la salariée une nouvelle notification, le 26 novembre. Dès lors qu'il était établi que la salariée n'avait pas eu connaissance de la première notification, le délai de 15 jours n'avait commencé à courir qu'à compter du 26 novembre, date de la seconde notification (cass. soc. 8 juin 2011, n° 10-17022, BC V n° 139).

Dès l'instant où il reçoit le certificat médical attestant de l'état de grossesse de la salariée licenciée, l'employeur doit la réintégrer dans les plus brefs délais. À défaut, il risque de ne plus pouvoir régulariser la situation de la salariée qui sera en droit de réclamer des dommages et intérêts (cass. soc. 9 juillet 2008, n° 07-41927, BC V n° 152 ; cass. soc. 6 octobre 2010, n° 08-43171 D).

L'envoi d'un certificat médical ne constitue pas une formalité substantielle. L'employeur ne peut donc pas prétexter qu'il n'a pas reçu de certificat médical dans les 15 jours pour maintenir le licenciement, alors qu'il avait connaissance de l'état de grossesse de la salariée (cass. soc. 13 octobre 2004, n° 02-44972 D).

Licenciement parfois possible - Le licenciement d'une salariée enceinte est admis en cas de faute grave ou d'impossibilité de maintenir le contrat et à condition que le motif de rupture soit totalement étranger à la maternité (c. trav. art. L. 1225-4).

Même s'il est fondé sur une faute grave ou sur l'impossibilité de maintenir le contrat pour un motif non lié à la maternité, le licenciement ne peut en aucun cas être notifié ou prendre effet pendant le congé de maternité et, le cas échéant, pendant les congés payés pris immédiatement après, sous peine de nullité *(voir ci-après)*. Il s'agit d'une période dite de « protection absolue ».

L'employeur peut notifier le licenciement dès la reprise du travail, y compris pendant la période de protection de 10 semaines qui suit la fin du congé de maternité, sous réserve d'invoquer un motif autorisé (c. trav. art. L. 1225-4 ; cass. soc. 17 février 2010, n° 06-41392, BC V n° 49).

Licenciement pour faute grave - Par exemple, la faute grave peut consister :

- en une mauvaise exécution du travail, dès lors qu'il apparaît que le comportement de la salariée n'est pas lié à son état de grossesse (cass. soc. 13 décembre 2006, n° 05-45325 D) ;

- en des injures proférées par la salariée à un employé qui venait d'être victime d'une chute et qui s'en est pris, quelques instants après, à l'employeur qui était venu sur place calmer la situation (cass. soc. 26 mars 1996, n° 93-40437 D) ;

- par la non-présentation de la salariée à son poste à plusieurs reprises malgré la demande de l'employeur (cass. soc. 17 février 2010, n° 08-45348 D) ;
- pour une salariée, agent de service, à s'être délibérément soustraite aux instructions données par son employeur, tant en ce qui concernait ses horaires de travail qu'en matière de technique de nettoyage et d'utilisation des produits, les faits reprochés n'étant pas liés à son état de grossesse (cass. soc. 10 mai 2012, n° 11-11193 D) ;
- en raison de l'absence prolongée et injustifiée d'une salariée au retour de son congé de maternité suite au refus de l'employeur d'accéder à une demande de modification d'horaire de travail, et malgré des mises en demeure (cass. soc. 12 septembre 2012, n° 11-21494 D).

▶ À noter… Sur les délais de prescription applicables en matière disciplinaire, voir *Prescription (droit disciplinaire)**.

À l'inverse, la faute grave n'a pas été admise :
- quand une salariée quitte son poste de travail pour passer une visite médicale de reprise, liée à sa maternité (cass. soc. 18 avril 2008, n° 06-46119, BC V n° 98) ;
- quand il n'est pas établi que les faits fautifs attribués à la salariée ne sont pas liés à sa grossesse (en l'espèce, une salariée, employée en qualité de coiffeuse, ne prenait aucune initiative, notamment pour nettoyer les lieux, refusait de coiffer les clientes en l'absence de l'employeur, sous prétexte qu'elles n'avaient pas pris de rendez-vous, alors qu'elle était inoccupée, les clientes se plaignant de la mauvaise qualité des colorations ou de ses manières brusques) (cass. soc. 8 mars 2000, n° 97-43797, BC V n° 93).

Licenciement pour impossibilité de maintenir le contrat - L'impossibilité de maintenir le contrat pour un motif étranger à la grossesse peut découler de mesures de restructuration, de réorganisation ou de fermeture entraînant des licenciements collectifs (cass. soc. 4 mai 1972, n° 71-40066, BC V n° 316 ; cass. soc. 26 septembre 2012, n° 11-17420 D). Toutefois, l'existence d'un motif économique ne suffit pas. L'employeur doit indiquer dans la lettre de licenciement non seulement le motif économique mais aussi en quoi ce motif rend impossible le maintien du contrat de travail (cass. soc. 21 mai 2008, n° 07-41179, BC V n° 110 ; cass. soc. 21 janvier 2009, n° 07-41841, BC V n° 22 ; cass. soc. 10 mai 2012, n° 10-28510 D).

▶ À noter… Le fait d'avoir refusé une mesure de mobilité proposée dans le cadre d'un accord de mobilité interne ne caractérisait pas une telle impossibilité (cass. soc. 4 mars 2020, n° 18-19189 FSPB). La solution devrait être la même lorsque la mesure de mobilité résulte d'un *accord de performance collective**.

En cas d'inaptitude de la salariée, le licenciement est possible si l'inaptitude rend impossible la poursuite du contrat de travail et qu'elle est sans lien avec la grossesse. Le motif figurant dans le courrier de licenciement doit alors exposer en quoi l'inaptitude caractérise une impossibilité de maintenir le contrat de travail pour un motif étranger à la grossesse (cass. soc. 7 décembre 2017, n° 16-23190 D).

Nullité du licenciement - Un licenciement est nul s'il est notifié (c. trav. art. L. 1225-4 ; cass. soc. 30 avril 2003, n° 00-44811, BC V n° 152) (voir *Licenciement nul**) :
- alors que la salariée est enceinte, pour un motif non autorisé *(voir ci-avant)* ;
- pendant le congé maternité et, le cas échéant, les congés payés qui le suivent, quel qu'en soit le motif ;
- pendant les 10 semaines qui suivent le congé maternité, pour un motif non autorisé.

La nullité implique que l'employeur qui reçoit le certificat médical attestant de l'état de grossesse de la salariée ne peut pas considérer que le licenciement prononcé est simplement suspendu et prendra effet à l'issue de la période de protection. S'il souhaite rompre le contrat à la fin de cette période, il doit reprendre la procédure de licenciement depuis le début (cass. soc. 7 avril 2004, n° 02-40333, BC V n° 111).

En tout état de cause, le licenciement prononcé en raison de la grossesse est nul car discriminatoire (c. trav. art. L. 1132-1 et L. 1132-4 ; cass. soc. 29 janvier 2020, n° 18-21862 FSPB).

Réintégration de la salariée - La nullité du licenciement entraîne le droit, pour la salariée, à être réintégrée dans son emploi ou, à défaut, dans un emploi équivalent.

En cas de contentieux, sa réintégration est ordonnée par le juge (cass. soc. 30 avril 2003, n° 00-44811, BC V n° 152).

La salariée a droit à la rémunération qu'elle aurait perçue entre la date du licenciement et celle de sa réintégration (cass. soc. 30 septembre 2010, n° 08-44340 D), sans déduction des éventuels revenus de remplacement dont elle a pu bénéficier pendant cette période (c. trav. art. L. 1132-1 et L. 1132-4 ; cass. soc. 29 janvier 2020, n° 18-21862 FSPB). En effet, le licenciement discriminatoire, et donc nul car prononcé en raison de la grossesse, constitue une atteinte au principe d'égalité de droits femme/homme garantie par la Constitution. Il s'agit là d'une violation d'une liberté fondamentale (préambule de la Constitution du 27 octobre 1946, al. 3 ; cass. soc. 29 janvier 2020, n° 18-21862 FSPB).

Par ailleurs, si l'employeur informé de l'état de grossesse d'une salariée qu'il vient de licencier tarde à la réintégrer, celle-ci peut légitimement refuser la réintégration et elle a droit aux salaires qu'elle aurait perçus jusqu'à la fin de la période de protection (cass. soc. 15 décembre 2015, n° 14-10522, BC V n° 261).

▶ À noter… Si la salariée refuse sans justification la réintégration proposée par l'employeur, elle ne peut prétendre qu'aux salaires correspondant à la période comprise entre son licenciement et la date à laquelle elle a refusé de réintégrer l'entreprise (cass. soc. 17 février 2010, n° 08-45640, BC V n° 42).

Non-réintégration : indemnité spécifique - Lorsque le licenciement de la salariée est intervenu notamment en méconnaissance des règles de protection de la maternité et que la salariée ne demande pas la poursuite de son contrat de travail ou que sa réintégration est impossible, le juge lui octroie une indemnité, à la charge de l'employeur.

Cette indemnité ne peut pas être inférieure aux salaires des 6 derniers mois (c. trav. art. L. 1225-71 et L. 1235-3-1).

Cette indemnité se cumule avec le salaire qui aurait été perçu pendant la période couverte par la nullité, lorsqu'il est dû, et le cas échéant, avec l'indemnité de licenciement.

Protection du père

Voir *Paternité (protection)**.

Rupture conventionnelle et maternité

Sur la conclusion d'une *rupture conventionnelle**, voir l'étude correspondante.

Fin de CDD et congé de maternité

Le congé de maternité est sans effet sur l'échéance du contrat à durée déterminée (CDD). Le contrat n'est donc pas prolongé par le congé de maternité (c. trav. art. L. 1243-6).

Dans l'hypothèse d'un CDD conclu pour un terme précis, le contrat prendra fin à la date convenue. S'il s'agit d'un CDD à terme imprécis, il prendra fin avec la réalisation de l'objet pour lequel il a été conclu, dans le respect de la période minimale d'emploi [voir *Contrat de travail à durée déterminée (durée)**].

▶ À noter… Pour les salariés en CDD titulaires d'un mandat de représentant du personnel, voir *Contrat de travail à durée déterminée (salariés protégés)**.

Changement de poste pour nécessité médicale

Une salariée enceinte peut être affectée temporairement dans un autre emploi que le sien, à son initiative ou à celle de l'employeur, si son état de santé médicalement constaté l'exige.

En cas de désaccord entre l'employeur et la salariée ou lorsque le changement intervient à l'initiative de l'employeur, la nécessité médicale du changement d'emploi et l'aptitude de la salariée à occuper le nouvel emploi envisagé ne peuvent être établies que par le médecin du travail.

L'affectation dans un autre établissement est subordonnée à l'accord de l'intéressée. Cette affectation temporaire ne peut pas excéder la durée de la grossesse et prend fin dès que son état de santé lui permet de retrouver son emploi initial.

Le changement d'affectation ne doit entraîner aucune diminution de rémunération (c. trav. art. L. 1225-7).

Changement de poste en cas de risque

Salariées visées - Les salariées enceintes, ayant accouché ou allaitant leur enfant, mais uniquement pendant 1 mois après leur retour de congé postnatal, ne peuvent pas occuper certains postes, par nature incompatibles avec leur état (c. trav. art. L. 1225-12).

Postes à risques - Les femmes enceintes ou allaitantes doivent être affectées temporairement à un autre emploi dès lors qu'elles occupent un poste les exposant aux risques suivants :

- risque biologique : exposition au virus de la rubéole ou au toxoplasme, sauf si la femme enceinte ou allaitante est immunisée (c. trav. art. D. 4152-3) ;
- risque chimique : exposition aux agents toxiques pour la reproduction de catégorie 1 ou 2, aux produits antiparasitaires cancérogènes, mutagènes ou dangereux pour la reproduction, au benzène, au plomb et aux composés du plomb (c. trav. art. R. 1225-4), à certains dérivés des hydrocarbures

aromatiques (c. trav. art. D. 4152-10), travail dans des locaux servant à la préparation et au conditionnement des esters thiophosphoriques ou impliquant l'emploi du mercure et de ses composés pour le secrétage (c. trav. art. D. 4152-9) ;
- exposition interne à des rayonnements ionisants ou exposition excédant un certain niveau (c. trav. art. D. 4152-7 et R. 4453-2) ;
- travaux dangereux : travail en milieu hyperbare (c. trav. art. D. 4152-29).

Par ailleurs, les femmes enceintes ne doivent pas être amenées à manier des engins du type marteau-piqueur, ni à utiliser un diable pour le transport de charges (c. trav. art. D. 4152-8 et D. 4152-12).

Aménagement ou affectation temporaire - L'employeur est tenu, dans un premier temps, de proposer à l'intéressée « un autre emploi compatible avec son état ». Cette proposition doit être faite compte tenu des conclusions écrites et des indications formulées par le médecin du travail.

L'aménagement de poste ou l'affectation temporaire ne doivent entraîner aucune diminution de rémunération (c. trav. art. L. 1225-13).

Affectation impossible - Lorsque l'employeur est dans l'impossibilité de proposer un autre emploi, il fait connaître par écrit à la salariée et au médecin du travail les motifs qui s'opposent au changement d'affectation. Le contrat de travail de la salariée est alors suspendu (c. trav. art. L. 1225-14).

Cette période de suspension doit être distinguée du congé légal de maternité : les 2 périodes s'additionnent mais l'indemnisation n'est pas la même. En effet, en cas de suspension du contrat faute de possibilité de reclassement, la salariée bénéficie d'une garantie de rémunération composée des 2 éléments suivants :
- une allocation journalière spécifique versée par la sécurité sociale [voir *Maladie (indemnisation)**] ;
- et un complément à la charge de l'employeur.

Il s'agit des indemnités prévues en cas de maladie (c. trav. art. L. 1226-1), sans que s'applique la condition de 1 an d'ancienneté prévue pour l'octroi de l'indemnité complémentaire.

Changement de poste en cas de travail de nuit

Affectation à un poste de jour - Lorsqu'elles travaillent de nuit, les salariées en état de grossesse médicalement constaté et les femmes ayant accouché peuvent demander à être affectées à un poste de jour pendant la durée de leur grossesse et pendant la période de congé postnatal. Le médecin du travail peut aussi être à l'initiative de ce changement d'affectation, pendant la durée de la grossesse, lorsqu'il constate par écrit que le poste de nuit est incompatible avec leur état. Cette période peut être prolongée s'il constate par écrit que le poste de nuit est incompatible avec leur état pour une durée n'excédant pas 1 mois. Ce changement d'affectation ne doit entraîner aucune diminution de la rémunération. L'affectation dans un autre établissement est subordonnée à l'accord de la salariée (c. trav. art. L. 1225-9).

Affectation impossible - Si l'employeur est dans l'impossibilité de proposer un autre emploi, il fait connaître par écrit à la salariée ou au médecin du travail les motifs qui s'opposent au reclassement. Le contrat de l'intéressée est alors suspendu avec, jusqu'à la date du début du congé légal de maternité, une garantie de rémunération (c. trav. art. L. 1225-10).

Garantie de rémunération - Elle comprend une allocation journalière versée par la sécurité sociale et un complément versé par l'employeur, calculé selon les modalités prévues par l'article L. 1226-1 du code du travail, étant précisé que la condition d'ancienneté normalement prévue pour l'octroi de l'indemnité complémentaire ne s'applique pas.

Surveillance médicale

Examens médicaux - Dans le cadre de la surveillance médicale de sa grossesse, la femme enceinte doit se soumettre à des examens médicaux périodiques (le premier dans les 3 premiers mois, puis un au cours de chacun des 6 mois suivants), ceux-ci conditionnant ses droits à prestations sociales. L'employeur doit accorder à ce titre des autorisations d'absence, sans perte de salaire. Ces absences sont prises en compte pour le calcul de la durée des congés payés et pour les droits liés à l'ancienneté (c. trav. art. L. 1225-16).

Par ailleurs, la salariée subit obligatoirement une visite médicale à son retour dans l'entreprise [voir *Visite médicale (reprise)**]. Elle bénéficie d'une surveillance médicale renforcée (c. trav. art. R. 4624-18).

Prescription d'arrêts de travail par les sages-femmes - Des arrêts de travail indemnisés au titre de l'assurance maladie peuvent être prescrits par les sages-femmes aux salariées en état de grossesse non pathologique (c. séc. soc. art. D. 331-1).

L'arrêt de travail ainsi prescrit ne peut dépasser 15 jours calendaires, sans possibilité de renouvellement ni de prolongation au-delà de ce délai (c. séc. soc. art. D. 331-2).

Démission sans préavis

Une femme en état de grossesse médicalement attesté peut quitter son travail sans préavis et sans avoir de ce fait à payer une indemnité de brusque rupture (c. trav. art. L. 1225-34). La démission peut également intervenir à l'issue du congé maternité ou d'adoption, sans que la salariée ait de préavis à respecter (c. trav. art. L. 1225-66) (voir *Démission pour élever un enfant**)

☞ *Congé PMA ; Maternité (congé de) ; Paternité (protection).*

➲ Formulaire de Droit Social, « Maternité ».

Médaille d'honneur du travail

Distinction honorifique

Principe - La médaille d'honneur du travail est une distinction honorifique destinée à récompenser l'ancienneté des salariés, la qualité exceptionnelle des services rendus ou leurs efforts pour acquérir une meilleure qualification (décret 84-591 du 4 juillet 1984, art. 1). Elle peut être décernée aux salariés ayant travaillé chez un ou plusieurs employeurs (quel que soit le nombre d'employeurs successifs).

Bénéficiaires - Peuvent obtenir la médaille d'honneur du travail les salariés, qu'ils soient ou non de nationalité française, travaillant sur le territoire de la République pour des employeurs français ou étrangers. La médaille d'honneur du travail peut également être décernée aux salariés, quelle que soit leur nationalité, travaillant à l'étranger (décret 84-591 du 4 juillet 1984, art. 3) :
- chez un employeur français ;
- dans une succursale ou agence d'une entreprise ou d'un établissement dont le siège social est sur le territoire de la République ;
- dans les filiales des sociétés françaises, même si ces filiales ne sont pas constituées selon le droit français.

Cas particuliers

Bon renom de la France - À titre exceptionnel, et sous réserve qu'ils remplissent également les conditions d'ancienneté de services requises, les salariés qu'ils soient ou non de nationalité française résidant à l'étranger et travaillant dans d'autres établissements que ceux visés ci-dessus peuvent obtenir la médaille d'honneur du travail si leurs activités professionnelles ont particulièrement contribué au bon renom de la France (décret 84-591 du 4 juillet 1984, art. 4).

Salariés décédés - La médaille d'honneur du travail peut être décernée à titre posthume au salarié qui, au moment de son décès, comptait le nombre d'années d'ancienneté requis (décret 84-591 du 4 juillet 1984, art. 12).

De même, le salarié victime d'un accident mortel dans l'exercice de sa profession peut recevoir la grande médaille d'or à titre posthume, sans condition de durée de services. Dans les deux cas, la demande doit être formulée dans les 5 ans suivant la date du décès.

Salariés retraités - La médaille d'honneur du travail peut être décernée aux salariés retraités, quelle que soit la date du départ en retraite ou de cessation d'activité.

Conditions d'attribution

Années de travail - Pour obtenir la médaille, le salarié doit justifier d'un certain nombre d'années de travail. Il est décerné (décret 84-591 du 4 juillet 1984, art. 6) :
- une médaille d'argent, après 20 ans de services ;
- une médaille de vermeil, après 30 ans de services ;
- une médaille d'or, après 35 ans de services ;
- une grande médaille d'or, après 40 ans de services.

Cas particuliers - Les emplois à temps partiel ou saisonniers sont pris en considération sous réserve de constituer l'activité principale dont l'intéressé tire l'essentiel de ses revenus et de correspondre, en moyenne, au moins à un travail à mi-temps [voir *Saisonnier**, *Travail à temps partiel (contrat de travail)** et *Travail à temps partiel (statut)**]. Le travail à mi-temps est alors comptabilisé comme du travail à temps complet (rép. Bourguignon n° 119923, JO 27 décembre 2011, AN quest. p. 13752).

Dérogation générale relative à l'ancienneté - Ces différentes médailles sont toutefois susceptibles d'être accordées après respectivement 18, 25, 30 et 35 ans de services pour les salariés dont l'activité présente un caractère de pénibilité et justifie que l'âge minimum d'ouverture du droit à retraite soit inférieur à celui en vigueur au régime général (décret 84-591 du 4 juillet 1984, art. 6).

Par ailleurs, cette ancienneté est réduite du tiers du temps des services salariés effectués hors du territoire métropolitain par les travailleurs de nationalité française résidant dans les départements et territoires d'outre-mer ou à l'étranger. Ces dispositions ne sont toutefois pas applicables aux salariés récompensés pour la qualité exceptionnelle des initiatives prises dans l'exercice de leur profession ou de leurs efforts pour acquérir une meilleure qualification.

Enfin, la durée des services requise pour l'attribution de la médaille d'honneur du travail est réduite de moitié pour les mutilés du travail dont le taux d'incapacité est compris entre 50 et 75 %.

Lorsque le taux d'incapacité est au moins égal à 75 % :

- l'échelon Argent est accordé sans condition de durée de services ;
- l'échelon Vermeil est accordé 5 ans après ;
- l'échelon Or 4 ans après l'échelon Vermeil, et l'échelon Grand Or 2 ans 1/2 après l'échelon Or.

Les mutilés du travail à 100 % reçoivent immédiatement l'échelon Grand Or.

Périodes prises en compte - Sont pris en compte pour le calcul des périodes ci-dessus (décret 84-591 du 4 juillet 1984, art. 6 et 8) :

- le temps passé sous les drapeaux au titre du service national ;
- les stages de formation professionnelle rémunérés ;
- les anciens congés individuels de formation ;
- les périodes d'apprentissage ;
- les congés de conversion ;
- les périodes de contrats à durée déterminée conclus dans le cadre de la politique de l'emploi ;
- la période de congé maternité ou de congé d'adoption, à concurrence d'une année au maximum.

▶ À noter… Les engagés volontaires ont droit à des distinctions honorifiques spécifiques, mais ces années d'engagement ne sont pas prises en compte pour l'octroi de la médaille d'honneur du travail du secteur privé, à l'exception notamment du service national (rép. Fraysse n° 104734, JO 13 février 2007, AN quest. p. 1593).

Formalités - La demande d'attribution doit être formulée sur un imprimé (formulaire Cerfa n° 11796*01) mis à la disposition des candidats soit à la préfecture, soit dans les mairies (ou sur https ://www.demarches.interieur.gouv.fr/). Pour les salariés résidant hors d'un département français, la demande de médaille d'honneur du travail est formulée sur un autre imprimé (Cerfa n° 11797*01) et doit être déposée auprès de l'ambassade.

La demande doit être accompagnée d'une photocopie d'une pièce d'identité, des certificats de travail de chaque employeur et éventuellement d'une photocopie du livret militaire et, pour les mutilés, d'une photocopie du titre de pension. Le dossier est adressé avant le 1er mai (promotion du 14 juillet) ou avant le 15 octobre (promotion du 1er janvier) à la DREETS du lieu de résidence du salarié, ou à la préfecture ou la sous-préfecture, ou encore à l'ambassade ou au consulat à l'étranger (décret 84-591 du 4 juillet 1984, art. 16). Pour Paris en revanche, le dossier doit être adressé à la préfecture de Paris, Service des décorations, Pôle médailles d'honneur du travail (5 rue Leblanc, 75015 Paris).

Un diplôme est délivré à ses titulaires. Les médailles métalliques sont frappées et gravées aux frais des titulaires ou de leurs employeurs sur commande adressée à l'Administration des Monnaies et Médailles (11, quai de Conti, 75006 Paris).

▶ À noter… Dans le cas où il est impossible de produire un certificat de travail, le demandeur pourra faire établir une attestation par deux témoins, sur papier libre et visée par le maire de la commune de résidence qui authentifiera la cause pour laquelle le certificat ne peut être produit. La production des bulletins de salaire est également admise. Ainsi, une période peut ne pas être prise en compte faute pour le salarié de produire pour cette période un certificat de travail (cass. soc. 13 décembre 2011, n° 10-25112 D).

La demande peut également être formulée en ligne sur Internet, sur le site https ://www.demarches-simplifiees.fr/commencer/mhtravail.

Action en paiement de la gratification et délai de prescription - Lorsque l'action en paiement de la gratification d'une médaille du travail est fondée sur des faits de discrimination allégués, elle est soumise au délai de prescription de 5 ans applicable à une action en réparation du préjudice résultant d'une discrimination (c. trav. art. L. 1134-5 ; cass. soc. 30 juin 2021 n° 19-14543 FSB) [voir *Discriminations (contentieux)**].

Exemple

Un salarié avait saisi le conseil de prud'hommes en 2015 pour obtenir le paiement de la médaille de travail or pour 35 ans d'ancienneté. Selon lui, il avait été victime d'une discrimination en raison de l'âge causée par un accord collectif signé en 2011 ayant manifestement modifié les règles de versement de la gratification de la médaille du travail. La prescription applicable était de 5 ans puisque l'action du salarié était fondée sur des faits de discrimination et non pas de 2 ans au titre des actions portant sur l'exécution ou la rupture du contrat de travail. Ce délai de 5 ans courrait à compter de la révélation de la discrimination, à savoir en 2011 lors de la modification de l'accord collectif (c. trav. art. L. 1134-5 ; cass. soc. 30 juin 2021 n° 19-14543 FSB).

Gratification allouée

Selon un accord collectif - L'attribution de la médaille peut donner lieu au paiement par l'employeur d'une gratification (prime ou indemnité, peu importe son appellation) si celle-ci est prévue par la convention collective ou les usages applicables dans l'entreprise (cass. soc. 18 octobre 2006 n° 04-43069 D).

▶ À noter… Le droit à la gratification lié à la médaille du travail naît à la date à laquelle le salarié atteint le nombre d'années de services requis. Si le montant de la gratification évolue après cette date, le salarié ne peut pas bénéficier du nouveau montant de la prime (cass. soc. 28 mars 2018, n° 16-19260, BC V n° 53).

Exonération de charges sociales - Par tolérance, cette gratification est exclue de l'assiette des cotisations de sécurité sociale et exonérée de l'impôt sur le revenu dans la mesure où son montant n'excède pas le salaire de base mensuel du bénéficiaire (lettre-circ. ACOSS 2000-103 du 22 novembre 2000). L'exonération de charges sociales est limitée aux seules gratifications allouées à l'occasion de la remise de la médaille d'honneur du travail. Sont ainsi exclues de l'exonération les gratifications versées à l'occasion de la remise d'autres médailles (ex. : les allocations spéciales pour ancienneté prévues par l'employeur ou en application d'un accord d'entreprise sans rapport avec la remise de la médaille d'honneur officielle du travail).

Ainsi, dès lors que la gratification est versée à l'occasion de la médaille d'honneur du travail dans les conditions d'ancienneté (20, 30, 35, 40 ans ou ancienneté réduite selon les cas particuliers, voir ci-avant) prévues par décret, il y a lieu de considérer que cette remise constitue le fait générateur du versement de la gratification et permet de bénéficier de l'exonération de cotisations s'y rapportant (lettre-circ. ACOSS 2000-103 du 22 novembre 2000).

Le surplus est à assimiler à un complément de salaire.

▶ À noter… Cette tolérance autorisant l'exonération est d'interprétation stricte. Ainsi, une prime « Médaille du travail » versée à l'issue d'une procédure judiciaire ne pouvait faire l'objet d'une exonération puisque son versement n'était pas concomitant à la remise de la médaille (cass. civ., 2e ch., 16 septembre 2010, n° 09-10346 D).

Modulation - Le niveau et le mode de calcul de la gratification retenus sont laissés à la discrétion de l'employeur qui peut moduler ce montant en fonction de l'ancienneté du personnel salarié dans l'entreprise.

Charge de la médaille - L'acquisition de l'insigne métallique est à la charge du candidat, les employeurs n'ayant pas l'obligation d'offrir la médaille.

Perte de la médaille

La médaille d'honneur du travail se perd de plein droit (décret 84-591 du 4 juillet 1984, art. 15) :
- par déchéance de la nationalité française ;
- pour toute condamnation à une peine afflictive ou infamante.

Médecin du travail

Le médecin du travail agit, dans le cadre de l'entreprise, dans l'intérêt exclusif de la santé et de la sécurité des travailleurs dont il assure la surveillance médicale. Son rôle est essentiellement préventif (c. trav. art. L. 4622-3).

L'employeur assure l'intervention d'un médecin du travail celui-ci étant recruté soit par l'entreprise, soit par un service de santé au travail (c. trav. art. L. 4622-1 et R. 4623-4). Il est tenu de suivre ses recommandations [voir *Hygiène et sécurité (obligations de l'employeur)** et *Inaptitude physique (reclassement)**].

Sur le rôle du médecin du travail dans le cadre de la crise sanitaire, voir *Covid-19 (médecine du travail)**.

Recrutement

Entreprise ou SPSTI - Le médecin du travail est salarié de l'entreprise lorsque celle-ci est dotée d'un *service de prévention et de santé au travail** autonome, ou salarié du service prévention et de santé au travail interentreprises (c. trav. art. R. 4623-4).

Qualification - Le médecin du travail doit être titulaire du diplôme d'études spécialisées en médecine du travail français ou d'un diplôme européen de spécialiste en médecine du travail ou d'un diplôme d'un pays hors Union européenne reconnu équivalent (c. trav. art. R. 4623-2 ; circ. DGT 2012-2013 du 9 novembre 2012, p. 33).

Nomination et affectation - La nomination et l'affectation du médecin du travail sont soumises à l'accord du *comité social et économique** (CSE) dans les services de santé au travail autonome ou, dans les SPSTI, à l'accord du comité interentreprises ou de la commission de contrôle ainsi que du conseil d'administration. Ces consultations doivent être effectuées avant la fin de la période d'essai. À défaut d'accord sur la nomination proposée, l'entreprise ou le SPSTI doivent saisir l'inspecteur du travail, qui rendra sa décision dans un délai de 2 mois, après avis du médecin inspecteur du travail (c. trav. art. R. 4623-5 à R. 4623-11 ; circ. DGT 2012-2013 du 9 novembre 2012, p. 34).

▶ À noter… La vaccination contre le covid-19 est obligatoire, sauf contre-indication médicale reconnue, pour les personnes travaillant dans un SPST (loi 2021-1040 du 5 août 2021, JO du 6) [voir *Covid-19 (hygiène et sécurité)**].

Affichage dans l'entreprise - Voir *Affichage et informations**.

Missions

Rôle préventif - Le rôle du médecin du travail est exclusivement préventif. Il consiste à éviter toute altération de la santé des travailleurs du fait de leur travail, notamment en surveillant leurs conditions d'hygiène au travail, les risques de contagion et leur état de santé, ainsi que tout risque manifeste d'atteinte à la sécurité des tiers évoluant dans l'environnement immédiat de travail (c. trav. art. L. 4622-3). Il est le conseiller de l'employeur, des travailleurs, des représentants du personnel et des services sociaux. Il participe à la prévention des risques professionnels et à la protection de la santé des travailleurs, notamment par (c. trav. art. R. 4623-1 ; circ. DGT 2012-2013 du 9 novembre 2012, p. 31) :

- l'amélioration des conditions de vie et de travail dans l'entreprise ;
- l'hygiène générale de l'établissement ;
- l'adaptation des postes, des techniques et des rythmes de travail à la santé physique et mentale, notamment en vue de préserver le maintien dans l'emploi des salariés ;
- la protection des salariés contre l'ensemble des nuisances, et notamment contre les risques d'accidents du travail ou d'exposition à des agents chimiques dangereux ;
- l'hygiène dans les services de restauration ;
- la prévention et l'éducation sanitaire dans le cadre de l'établissement en rapport avec l'activité professionnelle ;
- la construction ou les aménagements nouveaux ;
- les modifications apportées aux équipements ;
- la mise en place ou la modification de l'organisation du *travail de nuit** ;
- l'accompagnement en cas de réorganisation importante de l'entreprise.

Le médecin du travail participe à l'évaluation des risques dans le cadre de l'élaboration de la *fiche d'entreprise**. Il contribue à la veille épidémiologique et à la traçabilité.

▶ À noter… Le médecin du travail ne doit pas révéler les secrets de fabrication et les procédés d'exploitation dont il aurait connaissance dans l'exercice de ses fonctions (c. trav. art. R. 4624-9).

Suivi médical des travailleurs - Le médecin du travail décide du suivi individuel de l'état de santé des travailleurs, à vocation exclusivement préventive [voir *Examens médicaux**, *Visite médicale (information et prévention)**, *Visite médicale (reprise)** et *Visites médicales (périodiques)**]. Ce suivi est réalisé soit par le médecin du travail lui-même soit par les autres professionnels de santé (ex. : collaborateur médecin, infirmier), dans le cadre de protocoles et sous l'autorité du médecin du travail.

▶ À noter… Dès lors qu'il n'enfreint pas les règles déontologiques régissant sa pratique professionnelle, le médecin du travail peut, dans un certificat médical, établir des liens entre les conditions de travail dans l'entreprise et la situation de santé du salarié. Le salarié concerné peut produire ce certificat devant le conseil de prud'hommes dans le cadre d'une action qui l'oppose à l'employeur (Chambre disciplinaire nationale de l'ordre des médecins, décision du 26 juin 2014, n° 11843).

Accès aux lieux de travail - Le médecin du travail peut accéder librement aux lieux de travail. Il s'y rend soit à son initiative, soit à la demande de l'employeur ou du CSE (c. trav. art. R. 4624-3).

Le médecin du travail doit consacrer un tiers de son temps de travail à des missions en milieu de travail (c. trav. art. L. 4623-3-1 ; loi 2021-1018 du 2 août 2021, JO du 3). L'employeur ou le directeur du SPSTI doit prendre toutes les mesures pour permettre au médecin du travail de respecter cette obligation. À compter du 31.03.2022, la participation du médecin du travail aux instances internes de l'entreprise (ex. : CSE) et aux instances territoriales de coordination (ex. : communautés professionnelles territoriales de santé) s'effectue dans le cadre des deux autres tiers de son temps de travail.

Information et consultation du médecin du travail - Chaque médecin du travail est :
- obligatoirement associé à l'étude de toute nouvelle technique de production, à la *formation à la sécurité** des travailleurs et à celle des *secouristes** (c. trav. art. R. 4624-1) ;
- consulté sur les projets de construction ou d'aménagements nouveaux, de modifications apportées aux équipements (c. trav. art. R. 4623-1) ;
- consulté sur la mise en place ou la modification de l'organisation du travail de nuit (c. trav. art. R. 4623-1) ;
- informé, afin d'éviter toute altération de la santé des salariés du fait de leur travail, de la nature et de la composition des produits utilisés et de leurs modalités d'emploi, du résultat de toutes les mesures et analyses effectuées dans le domaine des conditions de travail (c. trav. art. R. 4624-4-1).

Le médecin du travail assiste, avec voix consultative, aux réunions du *comité social et économique** dont les points à l'ordre du jour sont relatifs aux questions relatives à la santé, à la sécurité et aux conditions de travail et, le cas échéant, aux réunions de la *commission santé, sécurité et conditions de travail** [voir *Comité social et économique (santé, sécurité et conditions de travail)**] (c. trav. art. L. 2314-3).

Préconisations médicales en réponse aux questions de l'employeur - Lorsque le médecin du travail est saisi par un employeur d'une question relevant de ses missions, il fait connaître ses préconisations par écrit. Celles-ci doivent être transmises, notamment, au CSE, ainsi qu'aux agents de contrôle tels que l'inspecteur ou le contrôleur du travail (c. trav. art. L. 4624-9).

Propositions médicales en cas de risque - Lorsque le médecin du travail constate la présence d'un risque pour la santé des travailleurs, il propose par un écrit motivé et circonstancié des mesures visant à la préserver. L'employeur prend en considération ces propositions et, en cas de refus, fait connaître par écrit les motifs qui s'opposent à ce qu'il y soit donné suite. Les propositions du médecin ainsi que, le cas échéant, la réponse de l'employeur, doivent être transmises, notamment, au CSE, ainsi qu'aux agents de contrôle tels que l'inspecteur ou le contrôleur du travail (c. trav. art. L. 4624-9).

Expérimentation de prescription d'arrêts de travail - À compter du 31.03.2022 et à titre expérimental pour 5 ans, les pouvoirs publics pourront, par dérogation et dans 3 régions volontaires, autoriser les médecins du travail à (loi 2021-1018 du 2 août 2021, JO du 3) :
- prescrire voire renouveler un arrêt de travail ;
- prescrire des soins, examens ou produits de santé strictement nécessaires à la prévention de l'altération de la santé du travailleur du fait de son travail ou à la promotion d'un état de santé compatible avec son maintien en emploi.

La possibilité de prescrire des soins sera subordonnée à la détention d'un diplôme d'études spécialisées complémentaires, ou à la validation d'une formation spécialisée transversale en addictologie, en allergologie, en médecine du sport, en nutrition ou dans le domaine de la douleur.

Propositions médicales en vue d'aménager un poste de travail - Le médecin du travail peut proposer, par écrit et après échange avec le salarié et l'employeur, des mesures individuelles d'aménagement, d'adaptation ou de transformation du poste de travail ou des mesures d'aménagement du temps de travail justifiées par des considérations relatives notamment à l'âge ou à l'état de santé physique et mental du travailleur (c. trav. art. L. 4624-3). Le médecin du travail peut proposer à l'employeur, l'appui de l'équipe pluridisciplinaire ou celui d'un organisme compétent en matière de maintien en emploi, pour mettre en œuvre son avis et ses indications ou ses propositions (c. trav. art. L. 4624-5).

L'employeur est tenu de prendre en considération les propositions émises par le médecin du travail. En cas de refus, il fait connaître par écrit au travailleur et au médecin du travail les motifs qui s'opposent à ce qu'il y soit donné suite (c. trav. art. L. 4624-6).

Si le salarié ou l'employeur conteste les éléments de nature médicale justifiant les propositions écrites ou indications émises par le médecin du travail, il peut saisir le conseil de prud'hommes, en formation de référé, afin qu'un médecin-expert soit désigné. Le demandeur en informe le médecin du travail (c. trav. art. L. 4623-7 et R. 4624-45).

Avis médicaux concernant la réglementation sur les travailleurs handicapés - Le médecin du travail peut présenter des avis concernant l'application de la législation sur les emplois réservés et les handicapés. L'employeur doit prendre en considération ces avis et lui fait connaître, le cas échéant, les motifs qui s'opposent à ce qu'il y soit donné suite. En cas de difficulté ou de désaccord, la décision est prise par l'inspecteur du travail, après avis du médecin inspecteur du travail (c. trav. art. R. 4624-6).

Rapports annuels établis par le médecin du travail - Voir *Dossier médical en santé au travail** et *Fiche d'entreprise**.

Par ailleurs, le médecin du travail établit un rapport annuel d'activité pour les entreprises dont il a la charge, et, en outre, pour les grandes entreprises un rapport annuel propre à chacune d'entre elles (voir *Service de prévention et de santé au travail**) (c. trav. art. L. 4624-1, R. 4624-51 et R. 4624-54).

À partir du 31.03.2022, le rapport annuel d'activité établi par le médecin du travail, pour les entreprises dont il a la charge, ne comportera plus de données présentées par sexe (loi 2021-1018 du 2 août 2021, art. 21, 3°, JO du 3 ; c. trav. art. L. 4624-1, dans sa version en vigueur au 31 mars 2022). La suppression de cette disposition tiendrait compte du fait qu'il est par ailleurs prévu que les SPSTI devront, sous réserve d'un décret à paraître, communiquer à leurs adhérents et rendre publics leurs rapports annuels d'activité, qui comprendront des données relatives à l'égalité professionnelle entre les hommes et les femmes (rapport Sénat n° 706, p. 112).

Dossier médical partagé - Le médecin du travail pourra accéder et alimenter le dossier médical partagé (DMP) d'un travailleur dès le 31.03.2022, sous réserve du consentement exprès et de l'information préalable de ce dernier quant aux possibilités de restreindre l'accès au contenu de son dossier (loi 2021-1018 du 2 août 2021, art. 15 ; c. santépub. art. L. 1111-17 et L. 1111-18).

▶ À noter… Il s'agit ainsi de renforcer la coordination du parcours de santé du travailleur entre la médecine du travail et la médecine de ville.

Le travailleur sera libre de refuser l'accès à son DMP au médecin du travail en charge de son suivi. Un refus ne constituera pas une faute et ne pourra servir de fondement à un avis d'inaptitude. En outre, le médecin du travail aura l'interdiction de porter un éventuel refus à la connaissance de l'employeur (c. trav. art. L. 4624-8-1, dans sa version en vigueur au 31 mars 2022).

En cas de litige sur un avis du médecin du travail reposant sur des éléments de nature médicale, l'employeur ne pourra pas exiger la communication d'informations du DMP au motif que le salarié aura autorisé le médecin du travail à y avoir accès (c. trav. art. L. 4624-7, dans sa version en vigueur au 31 mars 2022).

Obligations déontologiques et plainte de l'employeur

L'employeur peut introduire une action disciplinaire auprès du Conseil de l'ordre à l'encontre d'un médecin du travail à condition d'être lésé de manière suffisamment directe et certaine par le manquement du médecin à ses obligations déontologiques par un certificat ou une attestation (c. santépub. art. R. 4 26-1 ; CE 11 octobre 2017, n° 403576 ; CE 6 juin 2018, n° 405453).

Délégation d'activité

Le médecin du travail peut confier certaines de ses activités aux infirmiers, assistants de service de santé au travail ou aux membres de l'équipe pluridisciplinaire, dans la limite de leur compétence. Cette délégation d'activité s'effectue sous la responsabilité du médecin et dans le cadre de protocoles écrits (c. trav. art. R. 4623-14).

▶ À noter… La possibilité pour le médecin du travail de déléguer, sous sa responsabilité, certaines de ses missions aux membres de l'équipe pluridisciplinaire du SPST disposant de la qualification nécessaire sera inscrite dans la partie législative du code du travail à compter du 31.03.2022. La possibilité de délégation sera étendue à la mission d'animation et de coordination de l'équipe disciplinaire (loi 2021-1018 du 2 août 2021, art. 35, JO du 3 ; c. trav. art. L. 4622-8, dans sa version en vigueur au 31 mars 2022). Les conditions de ces délégations seront précisées par décret à paraître.

Remplacement

En cas d'absence du médecin du travail de plus de 3 mois, son remplacement est « de droit ». Lorsque l'absence est inférieure à 3 mois, il peut être remplacé par un autre médecin du travail, par un collaborateur médecin, ou par un interne en médecine du travail après autorisation du conseil départemental de l'ordre des médecins *(voir ci-après)* (c. trav. art. R. 4623-15 ; circ. DGT 2012-2013 du 9 novembre 2012, p. 34). Toutefois, le collaborateur médecin n'est pas habilité à exercer l'ensemble des missions du médecin du travail absent, dans la mesure où ce collaborateur est encadré par le médecin du travail qui lui confie certaines missions définies et que les avis d'inaptitude d'un salarié à son poste relèvent de la compétence du seul médecin du travail *(voir ci-après)* (CE 1er juin 2015, n° 368775).

Statut protecteur

Rupture du contrat de travail et transfert - Le médecin du travail est un salarié protégé (circ. DGT 2012-2013 du 9 novembre 2012, pp. 35 à 39). L'employeur doit obtenir l'autorisation de l'inspecteur du travail (ce dernier statuant après avis du médecin inspecteur du travail) avant :

- son licenciement (c. trav. art. L. 4623-5) ;
- la *rupture conventionnelle** de son contrat de travail (c. trav. art. L. 1237-15) ;
- le transfert de son contrat de travail en cas de transfert partiel de service de santé (c. trav. art. L. 4623-5-3) [voir *Transfert partiel d'entreprise ou d'établissement (protection des représentants du personnel)**] ;
- la rupture anticipée de son contrat de travail à durée déterminée (CDD) en raison d'une faute grave ou de son inaptitude médicale (c. trav. art. L. 4623-5-1) ;
- la rupture de son contrat dans le cadre d'une *rupture conventionnelle collective** (c. trav. art. L. 1237-19-2).

Dans l'hypothèse où le CDD du médecin du travail arrive à expiration :

- lorsque le CDD comporte une clause de renouvellement et que l'employeur n'envisage pas de le renouveler, la rupture du contrat ne peut intervenir qu'après autorisation de l'inspecteur du travail, ce dernier statuant après avis du médecin inspecteur du travail (c. trav. art. L. 4623-5-1) ;
- quand le CDD ne contient pas de clause de renouvellement, l'employeur doit saisir, 1 mois avant l'arrivée du terme du CDD, l'inspecteur du travail qui vérifie que la rupture ne constitue pas une mesure discriminatoire et statue avant le terme du contrat, l'avis de l'inspecteur du travail n'étant pas requis dans cette hypothèse (c. trav. art. L. 4623-5-2).

La procédure protectrice s'applique également en cas de mise à la retraite (circ. DGT 2012-2013 du 9 novembre 2012, p. 39).

Date d'application de la protection - Le statut protecteur dont bénéficie le médecin du travail s'applique à compter de la date à laquelle il a été engagé, y compris en cas de rupture de la période d'essai et peu importe que les instances compétentes n'aient pas encore donné leur accord sur cette nomination (cass. soc. 29 octobre 2010, n° 08-70 412 D).

Interdiction temporaire d'activité - Même s'il a été temporairement interdit d'activité, le médecin du travail qui continue néanmoins à exercer ses fonctions bénéficie du statut protecteur. Dans un tel cas, l'employeur doit donc obtenir l'autorisation de l'inspecteur du travail pour le licencier (cass. soc. 6 juillet 2011, n° 10-13 805, BC V n° 189).

Consultation préalable des représentants du personnel - Lorsque le licenciement ou la rupture conventionnelle du contrat de travail d'un médecin du travail est envisagé, ou en cas de rupture de son CDD dans les cas prévus à l'article L. 4 623-5-1 du code du travail *(voir ci-avant)*, le CSE dans le cas d'un SPST autonome, le comité interentreprises ou la commission de contrôle ainsi que le conseil d'administration dans le cas d'un SPST interentreprises, se prononcent après audition de l'intéressé. L'entretien préalable précède la consultation de l'instance (c. trav. art. L. 1232-2 et R. 4623-18).

Cette consultation est également exigée en cas de rupture de la période d'essai et de mise à la retraite (cass. soc. 26 octobre 2005, n° 03-44 751, BC V n° 306 ; cass. crim. 2 février 1982, n° 81-91352, B. crim. n° 38).

▶ **À noter...** Cette consultation n'est pas requise en cas de transfert (c. trav. art. R. 4623-23).

Demande d'autorisation - La demande d'autorisation est adressée à l'inspecteur du travail dont dépend le service de santé au travail qui emploie le médecin. Cette demande s'effectue par tout moyen permettant de lui conférer une date certaine et donc pas obligatoirement par LRAR (c. trav. art. R. 4623-20).

En cas de licenciement, de rupture anticipée ou de non-renouvellement du CDD, la demande en énonce les motifs. Elle est accompagnée, le cas échéant, du procès-verbal de la réunion des instances compétentes *(voir ci-avant)*. Sauf en cas de mise à pied, elle est présentée dans les 15 jours suivant cette délibération.

Mise à pied - En cas de mise à pied, la consultation des instances compétentes a lieu dans un délai de 10 jours à compter de la mise à pied. La demande d'autorisation de licenciement auprès de l'inspecteur du travail est présentée dans les 48 h suivant cette délibération (c. trav. art. R. 4623-20).

Enquête et décision de l'inspecteur du travail - L'inspecteur du travail procède à une enquête contradictoire au cours de laquelle le médecin du travail peut, sur sa demande, se faire assister par une personne de son choix appartenant au personnel du service de santé au travail ou de l'entreprise. L'inspecteur du travail statue dans un délai de 15 jours, réduit à 8 jours en cas de mise à pied (c. trav. art. R. 4623-21).

La décision doit être motivée. Elle est notifiée par tout moyen permettant de lui conférer une date certaine (c. trav. art. R. 4623-22).
- à l'employeur ;
- au médecin du travail ;
- au CSE, dans le cas d'un service de santé au travail autonome ou au conseil d'administration et, selon le cas, soit au comité interentreprises, soit à la commission de contrôle, dans le cas d'un service de santé au travail interentreprises.

L'absence de réponse au bout de 2 mois vaut décision de rejet (voir *Décision de l'administration**).

Recours contre la décision de l'inspecteur du travail - Le ministre du travail peut annuler ou réformer la décision de l'inspecteur du travail, sur recours de l'employeur ou du médecin du travail (introduit dans un délai de 2 mois maximum à compter de la notification de la décision de l'inspecteur du travail). Le silence gardé pendant plus de 4 mois sur ce recours vaut décision de rejet (c. trav. art. R. 4623-24).

Plafond d'indemnisation en cas de violation du statut protecteur - Le médecin du travail a droit à une indemnité égale aux salaires, qu'il aurait dû percevoir entre son éviction et la fin de la période de protection, dans la limite de 30 mois (cass. avis du 15 décembre 2014, n° 14-70 009 ; cass. soc. 14 décembre 2016, n° 15-23 884 D).

Changement d'affectation - Le médecin du travail bénéficie d'une protection dans certains cas de changement d'affectation, qu'il soit salarié d'une entreprise ou d'un SSTI (c. trav. art. R. 4623-12 ; circ. DGT 2012-2013 du 9 novembre 2012, p. 35).

Collaborateur médecin

Mission - Il s'agit d'un médecin qui s'engage à suivre une formation en vue de l'obtention de la qualification en médecine du travail. Il est encadré par le médecin du travail. Un avenant au contrat de travail du médecin du travail tuteur doit être rédigé. Son rôle est d'assister le médecin du travail (c. trav. art. R. 4623-25 ; circ. DGT 2012-2013 du 9 novembre 2012, pp. 39 à 41).

Le collaborateur médecin exerce fonctions dans les conditions suivantes (c. trav. art. R. 4623-25) :
- ses missions lui sont confiées par le médecin du travail qui les encadre, dans le cadre d'un protocole écrit, en fonction de ses compétences et de son expérience (c. trav. art. R. 4623-25-1 et R. 4623-14) ;
- il dispose du temps nécessaire et des moyens requis pour exercer ses missions et suivre sa formation (c. trav. art. R. 4623-25-2) ;
- il ne peut pas subir de discrimination en raison de l'exercice de ses missions (c. trav. art. R. 4623-25-2).

Le protocole établi par le médecin du travail définit notamment les conditions dans lesquelles le collaborateur médecin procède aux examens prévus dans le cadre du suivi individuel de l'état de santé du salarié (voir *Examens médicaux** et *Suivi de l'état de santé des salariés**).

▶ À noter… À compter du 31.03.2022 et à titre expérimental pour 3 ans, les médecins du travail et, sous leur autorité, les collaborateurs médecins, internes en médecine du travail et infirmiers pourront réaliser des actions de prévention collective à destination des salariés d'entreprises de travail temporaire afin de prévenir les risques professionnels auxquels ils sont exposés (loi 2021-1018 du 2 août 2021, art. 24, JO du 3). Ces actions pourront être réalisées en lien avec des intervenants extérieurs qualifiés. Les conditions de cette expérimentation seront déterminées par décret.

Remplacement du médecin - Sur le remplacement du médecin du travail par le collaborateur médecin *(voir ci-avant)*.

Simple faculté - Recruter un collaborateur médecin n'est pas une obligation, ni pour les entreprises dotées d'un service autonome, ni pour les SSTI (c. trav. art. R. 4623-25).

Absence de protection - Le collaborateur médecin ne bénéficie pas du statut protecteur garanti au médecin du travail (procédure d'autorisation administrative pour rompre ou transférer son contrat de travail et libre accès aux lieux de travail) *(voir ci-avant)*.

Étudiants en médecine

Accueil d'un stagiaire - Les SPST agréés, comme lieu de stage, peuvent accueillir des internes en médecine du travail et des étudiants en deuxième cycle de médecine. Ces étudiants ne sont pas habilités à prendre en charge, même sous la responsabilité d'un médecin du travail, un effectif de salariés, ni à remplacer un médecin du travail absent (c. trav. art. R. 4623-26 ; circ. DGT 2012-2013 du 9 novembre 2012, p. 41).

Recrutement d'un interne - Les SPST peuvent recruter un interne (c. trav. art. L. 4623-1 et R. 4623-28 ; circ. DGT 2012-2013 du 9 novembre 2012, p. 41) :
- pour remplacer un médecin du travail temporairement absent ;

- dans l'attente de la prise de fonction d'un médecin du travail.

L'interne peut se voir déléguer, certaines des missions du médecin du travail (c. trav. art. R. 4623-14).

☛ *Médecine du travail ; Service de prévention et de santé au travail ; Dossier médical en santé.*

Médecine du travail

À visée préventive

Exclusivement préventif, le rôle de la médecine du travail, assurée par les services de prévention et de santé au travail avec notamment les médecins du travail, consiste à éviter toute altération de la santé des travailleurs du fait de leur travail, notamment par le biais d'examens médicaux périodiques et ponctuels (c. trav. art. L. 4622-2 et L. 4622-3 ; circ. DGT 2012-2013 du 9 novembre 2012).

Champ d'application

Tous les établissements industriels et commerciaux, de quelque nature que ce soit, ainsi que les établissements publics administratifs lorsqu'ils emploient du personnel dans les conditions du droit privé, les offices publics ou ministériels, les professions libérales, les sociétés civiles, les syndicats professionnels, les associations et groupements sont concernés (c. trav. art. L. 4621-1).

Interne ou externe à l'entreprise

Les services de prévention et de santé au travail peuvent être propres à une seule entreprise (service autonome ou interne) ou communs à plusieurs (service interentreprises) (c. trav. art. L. 4622-5, D. 4622-5 et D. 4622-9).

Le médecin est la figure centrale des services de prévention et de santé, mais d'autres professionnels peuvent ou doivent être présents (voir *Service de prévention et de santé au travail**).

▶ À noter... Le suivi de l'état de santé des travailleurs occupant des emplois identiques auprès d'employeurs différents peut être mutualisé à compter du 31.03.2022 (loi 2021-1018 du 2 août 2021, art. 25 ; c. trav. art. L. 4624-1-1). Un décret, à paraître, doit fixer les modalités de ce suivi.

Télémédecine

Sous réserve de la parution d'un décret d'application et avec l'accord du salarié (loi 2021-1018 du 2 août 2021, art. 21, JO du 3 ; c. trav. art. L. 4624-1), la médecine du travail peut, à compter du 31.03.2022, recourir à la « télémédecine » pour le suivi individuel du salarié. Les professionnels de santé au travail peuvent également proposer au salarié que son médecin traitant, ou un professionnel de santé choisi par le travailleur, participe à la consultation ou à l'entretien à distance.

Salariés « particuliers »

Des dispositions particulières sont prévues pour :
- les intérimaires [voir *Visite médicale (information et prévention)** et *Visites médicales (périodiques)**] (c. trav. art. R. 4625-9 à R. 4625-14) ;
- les salariés d'une *association intermédiaire** (c. trav. art. R. 5132-26-6 à R. 5132-26-8) ;
- les travailleurs saisonniers [voir *Visite médicale (information et prévention)** et *Visites médicales (périodiques)**] (circ. DGT 2012-2013 du 9 novembre 2012, p. 89) ;
- les salariés mis à disposition [voir *Groupement d'employeurs** et *Travail temporaire (statut)**] (circ. DGT 2012-2013 du 9 novembre 2012, p. 90) ;
- les salariés exerçant habituellement leur contrat de travail en dehors de l'établissement qui les emploie (voir *Service de prévention et de santé au travail**) ;
- les travailleurs bénéficiant d'un suivi individuel adapté de leur état de santé (ex. : jeunes, personnes handicapées, travailleurs de nuit) [voir *Visite médicale (information et prévention)** et *Visites médicales (périodiques)**] (c. trav. art. R. 4624-17 à R. 4625-21) ;
- les travailleurs sur des postes à risques bénéficiant d'un suivi individuel renforcé de leur état de santé [voir *Visite médicale (information et prévention)** et *Visites médicales (périodiques)**] (c. trav. art. R. 4624-22 à R. 4625-28).

▶ À noter... À compter du 31.03.2022, le suivi de la santé des intérimaires, des salariés d'entreprises prestataires ou sous-traitantes peut être assuré par le service de prévention et de santé au travail de l'entreprise utilisatrice en cas de convention conclue avec l'entreprise de travail temporaire ou l'entreprise prestataire voire sous-traitantes (loi 2021-1018 du 2 août 2021, art. 23, 1° et art. 23, 3° ; c. trav. art. L. 4622-5-1 et L. 1251-22). Dès lors que des salariés d'entreprises prestataires ou sous-traitantes exercent des activités dont la nature et la durée seront précisées par décret, une responsabilité conjointe avec l'entreprise utilisatrice sera prévue. Une convention conclue entre le SPST de l'entreprise utilisatrice et les SPST dont relèvent les salariés en question fixera les modalités du suivi de la santé de ces travailleurs.

Travailleurs non salariés et chef d'entreprise

Actuellement exclus des dispositions relatives à la santé au travail, dont relèvent les salariés, les travailleurs non salariés ne sont pas suivis par les services de santé au travail.

À compter du 31.03.2022, les travailleurs indépendants peuvent s'affilier au SPST de leur choix. Ils bénéficient alors d'une offre de services en matière de prévention, de suivi individuel et de prévention de la désinsertion professionnelle, adaptée à leur statut (loi 2021-1018 du 2 août 2021, art. 23, 2° ; c. trav. art. L. 4621-3). **Il y aura a priori une cotisation** (rapport AN n° 3718, p. 143).

Le chef de l'entreprise adhérente à un service de prévention et de santé au travail interentreprises (SPSTI) peut aussi bénéficier de l'offre de services proposée aux salariés (loi 2021-1018 du 2 août 2021, art. 23, 2° ; c. trav. art. L. 4621-4).

Financement

Par l'employeur - L'employeur assume les dépenses liées aux services de prévention et de santé au travail. À compter du 31.03.2022, au sein des services communs à plusieurs établissements ou à plusieurs entreprises constituant une unité économique et sociale, ces frais sont répartis proportionnellement au nombre des salariés. En outre, chaque salarié compte pour une unité (loi 2021-1018 du 2 août 2021, JO du 3 ; c. trav. art. L. 4622-6).

▶ À noter… Il n'y a donc plus à proratiser les salariés à temps partiel. Ceux-ci comptent comme les salariés à temps plein, pour une unité.

En cas de recours à un service interentreprises - À compter du 31.03.2022, au sein des SPSTI, l'« ensemble socle » de services obligatoires est financé par une cotisation proportionnelle au nombre de travailleurs suivis, chacun comptant pour une unité (loi 2021-1018 du 2 août 2021, JO du 3 ; c. trav. art. L. 4622-6).

Les services complémentaires proposés, et l'offre spécifique de services aux travailleurs indépendants et aux chefs d'entreprise non salariés, font l'objet d'une facturation sur la base d'une grille tarifaire. Le montant des cotisations et la grille tarifaire des SPSTI doivent être approuvés par l'assemblée générale. Un décret fixera la fourchette de variation maximale autorisée du montant des cotisations, en pourcentage, par rapport au coût moyen national de l'« ensemble socle » de services obligatoires.

▶ À noter… Par dérogation, les frais sont répartis proportionnellement à la masse salariale (c. trav. art. L. 4622-6) pour les journalistes rémunérés à la pige (c. trav. art. L. 7111-3), pour les intermittents du spectacle (c. trav. art. L. 5424-22) et pour les mannequins (c. trav. art. L. 7123-2).

☛ *Médecin du travail.*

Médiation

Médiation employeur/salarié

Mode amiable de règlement des conflits individuels du travail - Un employeur et un salarié peuvent recourir à la médiation conventionnelle pour régler à l'amiable un différend « s'élevant à l'occasion (du) contrat de travail » qui les lie ou qui les liait (c. trav. art. R. 1471-1 ; c. proc. civ. art. 1528 et 1529).

▶ À noter… La médiation est dite « conventionnelle » ou « extrajudiciaire » quand les parties tentent une approche amiable pour régler leur litige avant même qu'un juge ne soit saisi. On parle de médiation judiciaire quand le médiateur est désigné par le juge avec l'accord des parties. Elle est possible au cours d'un procès aux prud'hommes (c. trav. art. R. 1471-2).

Un contentieux qui oppose l'employeur et des représentants du personnel ou un syndicat (ex. : dans le cadre d'un litige relatif à la validité des élections professionnelles) ne peut pas faire l'objet d'une telle médiation, pas plus qu'un conflit qui relève de la compétence du juge pénal (loi 95-125 du 8 février 1995, art. 23 ; cass. soc. 19 décembre 2018, n° 18-60067 FSPB).

Sur les autres médiations, voir *Apprentissage (apprentis)**, *Défenseur des droits** et *Harcèlement moral**.

Voir aussi *Procédure participative**.

Recherche d'un accord avec l'aide d'un médiateur - La médiation conventionnelle est un processus structuré, quelle qu'en soit la dénomination,

par lequel un employeur et un salarié (loi 95-125 du 8 février 1995, art. 21) :

- tentent de parvenir à un accord en vue de la résolution amiable de leurs différends ;
- avec l'aide d'un tiers, le médiateur, choisi par eux.

▶ À noter… Le médiateur doit remplir sa mission avec impartialité, compétence et diligence (loi 95-125 du 8 février 1995, art. 21-2).

Choix du médiateur - L'employeur et le salarié choisissent ensemble le médiateur qui doit remplir les conditions suivantes (c. proc. civ. art. 1530, 1532 et 1533) :

- ne pas avoir fait l'objet d'une condamnation, d'une incapacité ou d'une déchéance mentionnées sur le bulletin n° 3 du casier judiciaire ;
- posséder, par l'exercice présent ou passé d'une activité, la qualification requise eu égard à la nature du différend ou justifier, selon le cas, d'une formation ou d'une expérience adaptée à la pratique de la médiation.

Obligation de confidentialité - Les constatations du médiateur et les déclarations recueillies au cours de la médiation ne peuvent être divulguées aux tiers ni invoquées ou produites notamment dans le cadre d'une instance judiciaire sans l'accord de l'employeur et du salarié, sauf exceptions (loi 95-125 du 8 février 1995, art. 21-3).

Accord de médiation - Le cas échéant, l'accord auquel employeur et salarié parviennent ne peut pas porter atteinte à des droits dont ils n'ont pas la libre disposition (loi 95-125 du 8 février 1995, art. 21-4). Concrètement cela implique qu'employeur et salarié ne peuvent s'accorder que sur des points pour lesquels il est autorisé de négocier [ex. : un avantage inscrit dans le contrat de travail peut être négocié (droit à des jours de congés supplémentaires) mais pas un droit issu d'une loi (nombre de jours de congés prévus par le code du travail)]. Le cas échéant, il doit également s'agir de droits acquis et pas seulement futur.

Homologation de l'accord de médiation - L'employeur et le salarié, ou l'un d'entre eux avec l'accord exprès de l'autre, peuvent faire homologuer leur accord de médiation par le bureau de conciliation et d'orientation (BCO) du conseil de prud'hommes (c. proc. civ. art. 1534). Le juge ne peut pas modifier l'accord qui lui est soumis : il ne peut qu'accepter ou refuser son homologation.

En homologuant l'accord, le conseil de prud'hommes lui donne « force exécutoire » (loi 95-125 du 8 février 1995, art. 21-5, JO du 9 ; c. proc. civ. art. 1565 et 1566), ce qui signifie qu'une des parties pourra en demander l'exécution forcée si l'autre ne respecte pas ses engagements.

En cas de refus d'homologation, la décision du BCO peut faire l'objet d'un appel (c. proc. civ. art. 1566).

Échec de la médiation - Si la médiation échoue, l'employeur ou le salarié peuvent saisir le BCO de leur contentieux [voir *Conseil de prud'hommes (conciliation)**] (c. proc. civ. art. 1529 ; c. civ. art. 2066).

Médiation avec les organismes de sécurité sociale

Cadre commun - Une médiation est possible entre les organismes de sécurité sociale relevant du régime général (CPAM, CARSAT, CAF, URSSAF) et leurs usagers (particuliers, employeurs, travailleurs indépendants), en amont de toute procédure précontentieuse ou contentieuse (c. sec. soc. art. L. 217-7-1 et R. 115-5).

Désignation et formation du médiateur - Toute personne qui justifie d'une formation ou d'une expérience adaptée à la pratique de la médiation et qui possède, par l'exercice présent ou passé d'une activité, une qualification en droit suffisante eu égard à la nature des affaires à connaître, et en particulier en droit de la sécurité sociale peut être désignée en qualité de médiateur par les organismes de sécurité sociale (CPAM, CAF, CARSAT et URSSAF) (c. séc. soc. art. L. 217-1 et R. 115-5).

Caractère alternatif de la médiation - Les usagers peuvent présenter leurs réclamations devant le médiateur, sans préjudice des voies de recours existantes (c. séc. soc. art. L. 217-7-1, I). Il s'agit donc d'un mode de résolution des conflits alternatif aux autres voies de recours (saisine de la commission de recours amiable, recours contentieux devant le tribunal judiciaire, etc.), qui n'empêche pas les administrés de décider à tout moment d'utiliser l'une de ces voies de recours.

▶ À noter… L'engagement d'une procédure contentieuse met fin à la médiation *(voir ci-après)*.

Conditions de saisine du médiateur - Les réclamations portées devant le médiateur ne peuvent être traitées que si elles ont été précédées d'une démarche de l'employeur auprès des services concernés de l'organisme (c. séc. soc. art. L. 217-7-1, II). Pour l'URSSAF, cette démarche préalable peut aussi être effectuée auprès de sa plateforme téléphonique ou par le biais du site internet (www.urssaf.fr).

La saisine du médiateur est gratuite.

Une médiation ne peut avoir lieu si un recours contentieux devant le tribunal compétent a déjà été formé. Et l'engagement d'une procédure contentieuse après ouverture de la médiation met fin à cette dernière (c. séc. soc. art. L. 217-7-1, II).

▶ À noter... La loi excluant la possibilité de recourir à la médiation uniquement si une procédure contentieuse est déjà engagée, il devrait donc, à notre avis, être possible de faire appel au médiateur même si la commission de recours amiable de l'organisme a été saisie.

Suspension des délais de recours - L'engagement d'une médiation suspend les délais de recours prévus pour les réclamations en cause jusqu'à ce que le médiateur ait communiqué ses recommandations aux deux parties (c. séc. soc. art. L. 217-7-1, II).

Réponse du médiateur - Le médiateur formule auprès du directeur ou des services de l'organisme de sécurité sociale des recommandations pour le traitement des réclamations qui lui sont soumises, dans le respect des dispositions législatives et réglementaires en vigueur (c. séc. soc. art. L. 217-7-1, I). Ses décisions n'ont donc aucun caractère contraignant pour l'organisme concerné.

▶ À noter... Le code de la sécurité sociale ne fixe pas le délai dans lequel le médiateur donne sa réponse.

Principe de confidentialité - La médiation est soumise au principe de confidentialité (c. séc. soc. art. R. 115-5). Les constatations du médiateur et les déclarations recueillies au cours de la médiation ne peuvent être divulguées aux tiers ni invoquées ou produites dans le cadre d'une instance judiciaire ou arbitrale sans l'accord des parties, excepté notamment en présence de raisons impérieuses d'ordre public ou lorsque la révélation de l'existence ou la divulgation du contenu de l'accord issu de la médiation est nécessaire pour son exécution.

Impartialité du médiateur - Le médiateur accomplit sa mission en toute impartialité et ne peut recevoir aucune instruction quant au traitement d'une réclamation qui lui est soumise (c. séc. soc. art. R. 115-5).

Le médiateur veille à prévenir toute situation de conflit d'intérêts. Il doit déclarer, s'il y a lieu, qu'il a un lien direct ou indirect, notamment d'ordre familial, professionnel ou financier, avec la personne dont la réclamation est examinée. Lorsque tel est le cas, la réclamation est traitée par le médiateur d'un autre organisme.

☞ *Procédure participative.*

Mensualisation

Il y a mensualisation lorsque la rémunération est mensuelle et indépendante, pour un horaire de travail déterminé, du nombre de jours travaillés dans le mois (c. trav. art. L. 3242-1). La mensualisation donne à la rémunération un caractère forfaitaire (cass. soc. 16 février 1994, n° 92-41372 D).

La mensualisation a fait l'objet d'un accord national interprofessionnel du 10.12.1977, étendu par une loi du 19.01.1978. La plupart des dispositions de cet accord et de cette loi sont intégrées au code du travail.

Salariés concernés

Certains salariés sont exclus du bénéfice de la mensualisation : les travailleurs à domicile, les salariés intermittents, les saisonniers et les travailleurs temporaires (c. trav. art. L. 3242-1) (voir *Personnel horaire**).

En revanche, les salariés en contrat de travail à durée déterminée sont concernés (cass. soc. 9 avril 1996, n° 92-43458, BC V n° 143), sauf exceptions (ex. : saisonniers).

Avantages

Outre le paiement au mois, les salariés mensualisés bénéficient notamment, sous réserve de réunir les conditions exigées :
- du maintien de leur rémunération en cas de chômage des *jours fériés** (c. trav. art. L. 3133-3), sachant que c'est également le cas pour les salariés saisonniers, sous conditions (voir *Saisonnier**) ;
- d'indemnités compensatrices de perte de salaire en cas de maladie ou d'accident du travail, versées par l'employeur et complémentaires aux indemnités journalières de la sécurité sociale (c. trav. art. L. 1226-1) [voir *Maladie (indemnisation)**] ;
- du droit de demander le paiement d'un acompte (c. trav. art. L. 3242-1, al. 3) (voir *Acomptes**).

☞ *Salaire ; Salaire (paiement).*

Mésentente

☞ *Licenciement non disciplinaire.*

Mi-temps thérapeutique

☞ *Accident du travail (indemnisation) ; Maladie (indemnisation) ; Temps partiel thérapeutique.*

Micro-entrepreneur

@ Cette étude est détaillée dans la version en ligne de ce Dictionnaire (voir www.rfsocial.com et www.rfeditions.com).

Minimum garanti

Le minimum garanti varie automatiquement en fonction de l'évolution de l'indice national des prix à la consommation mais, contrairement au *SMIC**, il ne suit pas l'évolution des conditions économiques générales et des revenus.

Il peut toutefois être porté par décret à un niveau supérieur à celui atteint par la procédure normale, si le gouvernement le juge utile (c. trav. art. L. 3231-12).

Il sert de référence, notamment, au calcul de certaines allocations ou indemnités et pour l'évaluation de l'avantage en nature nourriture dans le secteur des hôtels, cafés et restaurants [voir *Avantage en nature (nourriture)** et *Hôtels, cafés, restaurants (HCR)**].

Montant du minimum garanti

Année	Date d'effet	Taux horaire
2015 et 2016	1er janvier	3,52 €
2017	1er janvier	3,54 €
2018	1er janvier	3,57 €
2019	1er janvier	3,62 €
2020	1er janvier	3,65 €
2021	1er janvier 1er octobre	3,65 € 3,73 €
2022	1er janvier	3,76 €

Mise en demeure

☞ *Contrôle URSSAF (mise en demeure) ; Inspection du travail.*

Mise à pied conservatoire

Mesure préventive

L'employeur peut décider la mise à pied conservatoire d'un salarié, dans l'attente de la sanction disciplinaire à intervenir, quand les faits qui lui sont reprochés paraissent d'une gravité telle qu'ils justifient sa mise à l'écart immédiate de l'entreprise (*voir ci-après*).

Il ne s'agit pas d'une sanction disciplinaire mais d'une mesure visant notamment à laisser le temps nécessaire à l'employeur pour choisir la sanction qu'il va prononcer à son encontre et, le cas échéant, pour mener son enquête (voir *Sanctions disciplinaires**). Il convient donc de distinguer mise à pied conservatoire et mise à pied disciplinaire (voir tableau comparatif reproduit dans cette étude).

Exemple

À la suite d'une enquête interne, le contrôleur de gestion d'un supermarché avait été licencié pour des faits de harcèlement. Préalablement au licenciement, pendant la durée de l'enquête interne, l'intéressé avait fait l'objet d'une « mise en disponibilité », avec maintien de salaire. Cette mesure temporaire, qui avait pour objet de permettre le déroulement serein de l'enquête interne rendue indispensable après la révélation de faits de harcèlement, n'avait duré que 3 jours et n'avait pas entraîné de modification durable du contrat de travail de l'intéressé. Enfin, dès les résultats de l'enquête interne, le salarié avait été convoqué à un entretien préalable, puis licencié. Il s'agissait donc bien d'une mise à pied conservatoire et non d'une mise à pied disciplinaire (cass. soc. 8 mars 2017, n° 15-23503 D).

En cas de faute grave ou lourde

D'un salarié - L'employeur ne peut mettre provisoirement à pied un salarié que dans la mesure où il commet une faute suffisamment grave qui rend la mise à pied « indispensable » (c. trav. art. L. 1332-3). Seule une faute grave ou lourde peut justifier une telle mesure (cass. soc. 6 novembre 2001, n° 99-43012, BC V n° 338 ; cass. soc. 27 septembre 2007, n° 06-43867, BC V n° 146). Cependant, l'employeur n'est pas tenu de prendre cette mesure, facultative, avant de licencier un salarié pour faute grave (cass. soc. 24 février 2004, n° 01-47000, BC V n° 60 ; cass. soc. 9 février 2022, n° 20-17140 D).

D'un salarié protégé - L'employeur peut mettre à pied, à titre conservatoire, un salarié protégé (ex. : représentant du personnel) qui a commis une faute grave ou lourde [voir *Licenciement des représentants du personnel (mise à pied préalable)**].

Procédure

Entretien préalable non obligatoire - La mise à pied conservatoire n'étant pas une sanction disciplinaire, l'employeur n'est pas tenu de respecter la procédure d'entretien préalable. La mise à pied conservatoire est d'effet immédiat (c. trav. art. L. 1332-3). Toutefois, le début de la date d'effet de la mise à pied peut être reporté au retour des congés du salarié, dès lors que les congés débutaient dès le lendemain de la commission des faits fautifs (cass. soc. 4 octobre 2011, n° 10-18862, BC V n° 220).

Engagement au début de la procédure disciplinaire - Compte tenu de son objet, la mise à pied conservatoire est, en principe, prononcée au plus tôt dans la procédure disciplinaire, par exemple lors de la convocation à l'entretien préalable. Toutefois, il est possible pour l'employeur de notifier une mise à pied conservatoire à l'issue seulement de l'entretien préalable, dans l'attente de la réception de la lettre de licenciement (cass. soc. 4 mars 2015, n° 13-23228 D).

Dans certaines situations particulières, les juges admettent que l'employeur interrompe la mise à pied et réintègre le salarié dans l'entreprise avant la notification du licenciement (en l'espèce, l'employeur avait réintégré le salarié afin d'assurer la poursuite de l'activité de l'entreprise dont la taille était réduite). La mise à pied garde alors son caractère conservatoire et ne peut être requalifiée en mise à pied disciplinaire (cass. soc. 13 juin 2018, n° 16-27617 D).

▶ À noter… À notre sens, il vaut mieux, autant que faire se peut, que la mise à pied conservatoire se poursuive jusqu'à la notification du licenciement, pour éviter un contentieux sur la nature véritable de la mise à pied.

Écrit indispensable - Un écrit paraît incontournable mais il n'est pas obligatoire de notifier la mise à pied conservatoire par lettre recommandée.

En pratique, l'employeur peut notifier la mise à pied conservatoire soit dans la convocation du salarié à l'entretien préalable à la sanction (cass. soc. 30 septembre 2004, n° 02-44065, BC V n° 241), soit dans une lettre distincte (cass. soc. 20 mars 2013, n° 12-15707 D).

Contenu de la lettre de notification - Il est préférable pour l'employeur de préciser dans la lettre notifiant la mise à pied que celle-ci est prononcée dans l'attente d'une sanction (voir modèle reproduit dans cette étude). À défaut, la mise à pied conservatoire pourrait être considérée comme une mise à pied disciplinaire, avec les conséquences qui en résultent : sanctions pour non-respect de la procédure disciplinaire et impossibilité de prononcer une autre sanction ultérieurement (cass. soc. 3 mai 2001, n° 99-40936, BC V n° 150 ; cass. soc. 21 janvier 2015, n° 13-24145 D).

Durée de la mise à pied

Durée indéterminée ou déterminée - La mise à pied conservatoire est en principe à durée indéterminée, dans la mesure où elle s'applique dans l'attente du prononcé de la sanction (cass. soc. 19 septembre 2007, n° 06-40155 D ; cass. soc. 13 février 2008, n° 06-42969 D). Toutefois, il est admis qu'une mise à pied conservatoire soit prononcée pour un nombre déterminé de jours, correspondant au délai séparant la convocation à l'entretien préalable à un licenciement de la date même de cet entretien (cass. soc. 18 mars 2009, n° 07-44185, BC V n° 81). Qu'elle soit à durée déterminée ou indéterminée, la mise à pied conservatoire ne peut pas excéder la période d'accomplissement de la procédure disciplinaire.

▶ À noter… Dans le cas particulier où un salarié est poursuivi au pénal, des mises à pied conservatoires relativement longues ont été validées par les juges dans la mesure où elles permettent à l'employeur de prendre en compte les résultats de cette action en justice. Ainsi, une mise à pied conservatoire de 4 mois a été admise, l'employeur ayant choisi d'attendre que le salarié, poursuivi au pénal, soit jugé coupable (cass. soc. 4 décembre 2012, n° 11-27508, BC V n° 313). Dans une autre affaire, un salarié était soupçonné de manœuvres frauduleuses (vols, détournement de matériels, souscriptions frauduleuses d'abonnements téléphoniques, etc.). L'employeur avait déposé plainte et mis à pied le salarié. Une mise à pied de 7 semaines n'a pas été jugée excessive compte tenu de la complexité des investigations menées dans le cadre de l'enquête pénale (cass. soc. 6 octobre 2016, n° 15-15465 D). Pour mémoire, le délai de prescription des fautes de 2 mois est interrompu en cas de poursuites pénales [voir *Prescription (droit disciplinaire)**].

Délai entre mise à pied et engagement de la procédure de licenciement - L'employeur n'est pas tenu d'engager immédiatement une procédure de licenciement après avoir notifié une mise à pied conservatoire. Laisser s'écouler un certain délai n'est toutefois possible que si cela est nécessaire pour mener des investigations afin de vérifier l'existence ou la gravité des faits reprochés au salarié. En cas de contentieux, l'employeur doit pouvoir justifier ce délai.

Exemples
Un « bref délai » de 4 jours, justifié par la nécessité d'une enquête, a été jugé acceptable (cass. soc. 14 septembre 2016, n° 14-22225 D). Un délai plus long - mise à pied le 21 mai avec engagement de la procédure le 11 juin (après la remise d'un rapport d'enquête interne le 10 juin) - a également été admis par les juges (cass. soc. 21 janvier 2016, n° 14-22283 D).
En revanche, il a été jugé que des délais de 4 jours, 6 jours, 7 jours et 13 jours, sans justification, étaient excessifs (cass. soc. 30 octobre 2013, n° 12-22962, BC V n° 256 ; cass. soc. 27 novembre 2019, n° 18-15303 D ; cass. soc. 30 septembre 2020, n° 18-25565 D ; cass. soc. 14 avril 2021, n° 20-12920 D).

Une mise à pied conservatoire qui n'est pas suivie immédiatement de l'engagement de la procédure de licenciement, sans nécessité et sans que l'employeur puisse s'en expliquer, est requalifiée par les juges en une mise à pied disciplinaire et l'employeur ne peut pas ensuite sanctionner une nouvelle fois le salarié en prononçant son licenciement (cass. soc. 30 octobre 2013, n° 12-22962, BC V n° 256).

Incidences

Suspension du contrat de travail - La mise à pied conservatoire suspend immédiatement l'exécution du contrat de travail du salarié (c. trav. art. L. 1332-3).

Interruption de la prescription des fautes - La mise à pied conservatoire constitue l'engagement de poursuites disciplinaires qui interrompt la prescription des faits fautifs (cass. soc. 13 janvier 1993, n° 90-45046 D ; cass. soc. 15 avril 1996, n° 93-40113 D) [voir *Prescription (droit disciplinaire)**].

Obligation du salarié de se conformer à la mise à pied - En principe, le salarié mis à pied à titre conservatoire doit se conformer à la mesure que l'employeur prononce. À défaut, le salarié peut être sanctionné, soit au titre du refus de se conformer à la mise à pied, soit par ajout de ce refus à d'autres fautes qui lui sont déjà reprochées (cass. soc. 5 février 2014, n° 12-19518 D).

▶ À noter… Quand une mise à pied n'est pas notifiée par écrit au salarié, celui-ci peut craindre que l'employeur ne lui reproche un abandon de poste et peut l'interroger sur la mesure prise à son encontre. Dans ce cas, il ne commet pas de faute en se rendant sur son lieu de travail avant la confirmation par l'huissier qu'une mise à pied conservatoire a bien été prononcée à son encontre (cass. soc. 17 juin 2009, n° 08-41181 D).

Toutefois, il peut valablement refuser d'exécuter une mise à pied conservatoire lorsque celle-ci n'est justifiée par aucune faute (cass. soc. 12 octobre 2005, n° 03-43935, BC V n° 284), **ou par aucune faute grave** (cass. soc. 3 décembre 2002, n° 00-44080 D ; cass. soc. 24 juin 2003, n° 01-45574 D). **Dans ce cas, il ne peut donc pas être sanctionné pour ne pas s'être conformé à la mise à pied conservatoire puisque celle-ci n'était pas justifiée.**

Conséquence sur la rémunération - Les conséquences sur la rémunération dépendent de la nature du licenciement qui fait suite à la mise à pied conservatoire *(voir ci-après)*.

Pas de congés payés - Le contrat de travail étant suspendu, le salarié ne peut pas prendre ses congés payés pendant cette période, même si les dates de congés avaient été fixées avant la mise à pied (cass. soc. 15 mai 2014, n° 11-22800 D).

Issues de la mise à pied conservatoire

Délai de mise en œuvre de la procédure disciplinaire - Voir ci-avant.

Licenciement pour faute grave ou lourde - Lorsque le licenciement intervient pour faute grave ou lourde, l'employeur n'a pas à rémunérer le temps durant lequel le salarié a été mis à pied à titre conservatoire (cass. soc. 7 décembre 1989, n° 89-45625, BC V n° 700).

Mais si, en cas de litige, le licenciement est finalement jugé sans cause réelle et sérieuse, l'employeur sera redevable des salaires couvrant la période de mise à pied. Et ce, même si le salarié était en arrêt maladie durant cette période. L'employeur ne peut pas déduire de la rémunération les IJSS perçues, quand bien même l'arrêt maladie a débuté avant la mise à pied (cass. soc. 18 février 2016, n° 14-22708 D).

▶ À noter… Une mise à pied conservatoire prononcée à tort, le licenciement pour faute grave ayant été jugé sans cause réelle et sérieuse, ne constitue pas un préjudice distinct ouvrant droit à dommages et intérêts pour le salarié, sauf circonstances vexatoires (cass. soc. 10 janvier 2018, n° 16-14277 D).

Licenciement pour faute simple - Il est possible que l'employeur estime que la faute reprochée au salarié justifie un licenciement pour faute simple. Dans ce cas, l'employeur doit verser au salarié la rémunération correspondant à la période de mise à pied (cass. soc. 5 novembre 1987, n° 84-44971, BC V n° 617 ; cass. soc. 3 février 2004, n° 01-45989 D).

Mise à pied conservatoire

Mises à pied conservatoire et disciplinaire : comparatif				
	Nature	**Procédure**	**Durée**	**Conséquences**
Mise à pied conservatoire	Mesure d'attente permettant d'exclure le salarié immédiatement de l'entreprise, tout en engageant la procédure disciplinaire.	Pas de procédure particulière imposée par les textes légaux. Un écrit est nécessaire pour notifier au salarié son exclusion dans l'attente de l'issue de la procédure disciplinaire.	En pratique, durée de la procédure disciplinaire elle-même.	Période non rémunérée pour le salarié, si la sanction prononcée est un licenciement pour faute grave ou lourde. Si la sanction prononcée est moindre, le salarié doit être indemnisé.
Mise à pied disciplinaire	Sanction à part entière, qui se traduit par l'exclusion temporaire du salarié de l'entreprise, selon les limites posées par le règlement intérieur.	Sanction prononcée après un entretien préalable, dans le respect des règles de la procédure disciplinaire.	Selon les durées prévues par le règlement intérieur.	Période d'exclusion non rémunérée.

▶ À noter… Si une mise à pied n'est pas suivie d'un licenciement pour faute grave ou lourde et que l'employeur s'abstient néanmoins de payer le salaire correspondant à la période de mise à pied, cette mesure présente alors le caractère d'une sanction disciplinaire privant l'employeur de la possibilité de licencier le salarié pour les mêmes faits (cass. soc. 18 décembre 2013, n° 12-18548 D).

De même, si la mise à pied est suivie d'un licenciement pour faute grave, mais que les juges écartent l'existence de celle-ci, l'employeur doit verser au salarié licencié la rémunération correspondant à la période de mise à pied (cass. soc. 26 novembre 1987, n° 85-40367, BC V n° 686).

Sanction moindre - Il arrive que l'employeur prononce une sanction disciplinaire moins importante qu'un licenciement disciplinaire après avoir prononcé une mise à pied conservatoire. Ainsi, l'employeur peut transformer cette mise à pied en mise à pied disciplinaire, auquel cas sa durée s'impute sur celle-ci (cass. soc. 5 juillet 2006, n° 03-46361, BC V n° 235).

Si l'employeur, qui a mis un salarié à pied à titre conservatoire, prononce contre lui une mise à pied disciplinaire couvrant la période de mise à pied conservatoire, celle-ci n'a pas à être rémunérée (cass. soc. 29 mars 1995, n° 93-41863, BC V n° 111).

En revanche, elle doit l'être si elle n'est suivie d'aucune sanction ou si elle est suivie d'une sanction moins importante qu'une mise à pied disciplinaire (cass. soc. 5 novembre 1987, n° 84-44971, BC V n° 617).

Licenciement non disciplinaire - La mise à pied conservatoire peut se solder par un *licenciement non disciplinaire. Ainsi, une mise à pied conservatoire peut être prononcée avant un licenciement pour insuffisance professionnelle** (cass. soc. 3 février 2010, n° 07-44491, BC V n° 32 ; cass. soc. 4 mars 2015, n° 13-26945 D). **À notre sens, l'employeur doit alors verser la rémunération correspondant à la période de mise à pied, car en optant pour un motif non disciplinaire, il reconnaît que la suspension immédiate du contrat n'était pas justifiée.**

▶ À noter… Le fait qu'un salarié soit mis à pied avant d'être licencié pour cause réelle et sérieuse et non pour faute, ou le fait que le juge écarte la faute au profit d'une cause réelle et sérieuse de licenciement, ne transforme pas la mise à pied conservatoire en mise à pied disciplinaire (cass. soc. 4 juillet 2007, n° 05-45293 D ; cass. soc., 16 mai 2018, n° 17-11202 D).

Mise à pied conservatoire

M. … Le …

Nous envisageons de prendre à votre encontre une sanction disciplinaire pour laquelle vous allez être convoqué à un entretien préalable.

Compte tenu de la gravité des faits constatés, nous vous notifions par la présente votre mise à pied à titre conservatoire avec effet immédiat dans l'attente de l'issue de la procédure en cours.

Veuillez agréer, M. …

☞ *Licenciement pour faute ; Licenciement des représentants du personnel (mise à pied préalable) ; Sanctions disciplinaires.*

Mise à pied disciplinaire

☛ *Mise à pied conservatoire ; Sanctions disciplinaires ; Sanctions disciplinaires (procédure).*

Mise à pied des représentants du personnel

☛ *Licenciement des représentants du personnel (mise à pied préalable).*

Mise à la retraite

Initiative de l'employeur

Rupture distincte du licenciement - Aucune disposition légale n'impose la cessation de l'activité professionnelle à partir d'un âge déterminé. La mise à la retraite du salarié sur décision de l'employeur dans les conditions fixées par la loi constitue un mode spécifique de rupture du contrat de travail, distinct du licenciement. Il s'agit d'une rupture du contrat à l'initiative de l'employeur (c. trav. art. L. 1237-5 ; cass. soc. 30 septembre 1992, n° 89-45590, BC V n° 487). L'employeur doit observer un préavis et verser au salarié une indemnité de mise à la retraite.

Rupture distincte du départ volontaire à la retraite - La mise à la retraite et le *départ volontaire à la retraite** sont deux modes de rupture autonomes et distincts. La mise à la retraite résulte de la décision de l'employeur de mettre le salarié à la retraite alors que le départ à la retraite découle de la volonté du salarié de rompre son contrat de travail pour bénéficier de sa pension de vieillesse.

▶ À noter... Ne constitue pas une mise à la retraite la rupture du contrat de travail d'un salarié qui, ayant adhéré à un dispositif conventionnel de cessation progressive d'activité, part à la retraite à l'issue de la période de préretraite définie par l'accord collectif (cass. soc. 15 octobre 2013, n° 12-21765, BC V n° 234).

Mode de rupture autonome - L'employeur n'a pas à motiver sa décision dès lors que le salarié remplit les conditions pour bénéficier d'une retraite à taux plein (cass. soc. 12 janvier 1993, n° 89-43467, BC V n° 4 ; cass. soc. 10 mars 1999, n° 97-40059 D). Ainsi, lorsque la mise à la retraite du salarié est intervenue dans les conditions prévues par le code du travail, l'employeur n'est pas tenu de justifier d'un objectif légitime étranger à toute discrimination (cass. soc. 26 novembre 2013, n° 12-21758, BC V n° 283 ; cass. soc. 20 mai 2014, n° 12-29565, BC V n° 125). Mais la mise à la retraite ne peut être invoquée par l'employeur comme motif de rupture que si elle a été mentionnée dans la lettre de rupture (cass. soc. 9 mars 1999, n° 96-44312, BC V n° 109).

Rétractation possible avec l'accord du salarié - Une mise à la retraite notifiée par l'employeur à son salarié ne peut être rétractée qu'avec l'accord de ce dernier et la rupture du contrat de travail s'analyse en un licenciement sans cause réelle et sérieuse lorsque les conditions prévues par le code du travail ne sont pas remplies à la date de la mise à la retraite (cass. soc. 28 février 2006, n° 04-40303, BC V n° 90).

Sauf détournement de procédure, l'employeur peut mettre un salarié à la retraite après avoir renoncé à poursuivre la procédure de licenciement (cass. soc. 16 janvier 2008, n° 06-44583, BC V n° 3).

Rupture dans des conditions brutales ou vexatoires - Le salarié mis à la retraite dans des conditions brutales ou vexatoires peut obtenir une indemnisation, quand bien même la mise à la retraite est légitime (cass. soc. 3 mars 2010, n° 08-44996 D ; cass. soc. 10 juillet 2013, n° 12-19740, BC V n° 193).

Âge de mise à la retraite

Double condition - L'employeur peut envisager de mettre un salarié à la retraite à la double condition :
- qu'il soit d'accord *(voir ci-après)* ;
- qu'il ait atteint l'âge auquel tout salarié a la possibilité de bénéficier d'une retraite à taux plein quelle que soit sa durée d'assurance (c. trav. art. L. 1237-5 ; c. séc. soc. art. L. 351-8) [voir *Retraite de base (âge de départ)** et *Retraite de base (calcul de la pension)**].

Seul l'âge de droit commun du taux plein (voir tableau reproduit dans cette étude) est pertinent. L'employeur n'a pas à prendre en compte les situations qui permettent aux salariés d'avoir le taux plein avant cet âge (handicap, etc.).

▶ À noter... Pour vérifier si le salarié peut bénéficier d'une pension de vieillesse à taux plein, l'employeur a intérêt à lui demander son relevé de carrière établi par la caisse d'assurance vieillesse. Si le salarié refuse de transmettre son relevé à l'employeur, ce dernier est en droit de saisir le juge des référés, qui peut ordonner au salarié de le communiquer sous astreinte (cass. soc. 13 mai 2009, n° 08-41826, BC V n° 131). En revanche, le secret professionnel interdit aux caisses d'assurance vieillesse de transmettre ces informations directement à l'employeur (circ. CNAV 2008-65 du 18 novembre 2008).

Relèvement progressif de l'âge du taux plein - Depuis le 1.07.2016, l'âge du taux plein augmente progressivement pour les générations nées à partir du 1.07.1951, pour atteindre 67 ans pour les générations nées à compter du 1.01.1955 (voir tableau reproduit dans cette étude). Ce sont les dispositions légales en vigueur à la date de la notification de la mesure de mise à la retraite qui en fixent les conditions (cass. soc. 18 mars 2015, n° 13-27598 D).

Relèvement progressif de l'âge de mise à la retraite (au 1.01.2022)

Date de naissance	Âge de mise à la retraite
1er juillet - 31 décembre 1951*	65 ans et 4 mois
1er janvier 1952*	65 ans et 9 mois
1er janvier 1953*	66 ans et 2 mois
1er janvier 1954*	66 ans et 7 mois
Générations nées à partir de 1955	67 ans

*Âge légal de départ en retraite majoré de 5 ans (c. séc. soc. art. D. 161-2-1-9).

Avant 65 ans en sortie de préretraite - La mise à la retraite avant 65 ans (si l'intéressé est né avant le 1.07.1951) était cependant possible :
- en cas de sortie de préretraite CATS, ayant pris effet avant le 1.01.2010 (voir *Préretraite pour les métiers pénibles**) ;
- en cas de préretraite progressive conclue avant le 1.01.2005 ;
- dans le cadre du bénéfice de tout autre avantage de préretraite défini avant le 22.08.2003 (date de publication de la précédente loi portant réforme des retraites) et à condition que le salarié soit entré en préretraite avant le 1.01.2010.

L'intéressé devait pouvoir bénéficier d'une *pension de vieillesse** à taux plein (c. trav. art. L. 1237-5, 4°).

Maintien à 65 ans pour certains assurés - Pour certains assurés, l'âge du taux plein est maintenu à 65 ans. Il s'agit notamment des assurés handicapés reconnus inaptes au travail et de ceux qui bénéficient de la majoration de la durée d'assurance pour enfant handicapé.

Cela n'affecte pas l'âge minimal de la retraite (c. trav. art. L. 1237-5 ; c. séc. soc. art. L. 351-8). Par conséquent, l'employeur ne peut pas prétexter qu'un salarié a la possibilité de bénéficier d'une retraite à taux plein dès 65 ans pour envisager sa mise à la retraite. Il lui faut attendre que l'intéressé ait atteint l'âge légal de départ sans décote (soit 67 ans en 2023) pour déclencher la procédure.

Mise à la retraite d'un salarié ayant atteint l'âge de 70 ans - À partir de 70 ans, l'employeur peut mettre le salarié à la retraite librement *(voir ci-après)*.

Mise à la retraite d'un nouvel embauché âgé - L'employeur qui embauche un salarié ayant atteint l'âge de la mise à retraite ne peut pas ensuite invoquer cet âge pour rompre le contrat. En d'autres termes, il ne peut pas mettre ce salarié à la retraite sinon la rupture serait requalifiée en licenciement sans cause réelle et sérieuse (cass. soc. 29 juin 2011, n° 09-42165, BC V n° 174 ; cass. soc. 17 avril 2019, n° 17-29017 FSPB).

Sanctions en cas de mise à la retraite irrégulière

Rupture du contrat requalifiée en licenciement - Si les conditions de mise à la retraite ne sont pas remplies, la rupture du contrat par l'employeur constitue un licenciement (c. trav. art. L. 1237-8), avec toutes les conséquences qui en découlent : obligation d'observer la procédure de licenciement [voir *Licenciement personnel (procédure)**], versement de l'*indemnité de licenciement** légale ou conventionnelle et exigence d'une cause réelle et sérieuse, autre que l'âge.

▶ À noter… Les conditions de mise à la retraite s'apprécient à la date de cessation effective du contrat de travail, c'est-à-dire au terme du préavis, qu'il soit exécuté ou non (cass. soc. 31 janvier 1996, n° 91-44143, BC V n° 35 ; cass. soc. 10 octobre 2007, n° 06-42781 D), et non au moment de la notification par l'employeur de la mise à la retraite (cass. soc. 18 janvier 2006, n° 03-45812 D).

Licenciement sans cause réelle et sérieuse - Si l'employeur ne respecte pas ces conditions, il s'expose à une condamnation pour *licenciement sans cause réelle et sérieuse** (cass. soc. 25 mars 1992, n° 90-45494, BC V n° 213 ; cass. soc. 30 septembre 1992, n° 90-45699, BC V n° 488 ; cass. soc. 31 octobre 2007, n° 06-42255 D).

En cas de contentieux, l'employeur, qui a décidé de mettre à la retraite un salarié, doit prouver que les conditions mentionnées à l'article L. 1237-5 du code du travail étaient réunies (circ. min. DRT 87/10 du 8 septembre 1987 ; cass. soc. 2 juillet 2003, n° 01-42035 D ; cass. soc. 17 septembre 2014, n° 13-14944 D). De même, il paraît utile à l'employeur, pour se ménager la preuve du point de départ du préavis, de notifier la rupture par lettre recommandée ou remise en main propre contre décharge.

▶ À noter… Lorsqu'une mise à la retraite irrégulière est requalifiée en licenciement, le salarié ne peut cumuler les avantages liés à la mise à la retraite et les indemnités dues au titre du licenciement (cass. soc. 22 juin 2011, n° 09-70999 FD).

Licenciement nul - Lorsqu'un employeur n'invoque comme cause de rupture que l'âge d'un salarié qui, au moment de la rupture du contrat de travail, ne bénéficiait pas d'une retraite à taux plein, la mise à la retraite constitue un licenciement discriminatoire frappé de nullité, et non un licenciement sans cause réelle et sérieuse. En effet, aucun salarié ne peut être licencié en raison de son âge : toute disposition ou tout acte contraire est nul (c. trav. art. L. 1132-1 et L. 1132-4 ; cass. soc. 21 décembre 2006, n° 05-12816, BC V n° 412 ; cass. soc. 15 janvier 2013, n° 11-15646, BC V n° 8) (voir *Discriminations**).

▶ Attention… Peu importe par exemple que la mise à la retraite anticipée se justifie par un objectif de préservation de la santé et de la sécurité des travailleurs occupant les fonctions physiquement les plus pénibles, il y a discrimination fondée sur l'âge s'il n'est pas prouvé que l'objectif est légitime et l'exigence proportionnée (cass. soc. 9 mars 2016, n° 14-25840, BC V n° 45). Les juges doivent rechercher si cet objectif est étayé par des éléments précis et concrets tenant à la répercussion sur l'état de santé de l'intéressé des travaux accomplis durant ses services actifs lors de sa mise à la retraite (cass. soc. 14 septembre 2017, n° 16-12303, BC V n° 142 ; cass. soc. 14 septembre 2017, n° 15-17714, BC V n° 142).

Un licenciement nul donne en principe droit au salarié qui le demande à une réintégration dans l'entreprise dans son emploi ou à un emploi équivalent, pourvu que cette réintégration soit matériellement possible. Toutefois, pour percevoir sa pension de retraite, le salarié doit rompre tout lien professionnel avec son employeur. Il en résulte que le salarié dont le contrat a été rompu par l'employeur et qui a fait valoir ses droits à la retraite ne peut pas ensuite solliciter sa réintégration dans son emploi ou un emploi équivalent (cass. soc. 14 novembre 2018, n° 17-14932 FSPB).

Lorsqu'il a demandé tardivement sa réintégration et qu'il a atteint l'âge limite, fixé par décret, pour exercer ses fonctions (le salarié n'étant plus en âge d'être réintégré dans l'entreprise qui l'a évincé, en l'occurrence la SNCF mais n'avait pas fait valoir ses droits à la retraite), le salarié dont la mise à la retraite d'office est annulée en raison d'une discrimination fondée sur l'âge a droit à une indemnité égale aux salaires auxquels il pouvait prétendre, déduite des revenus de remplacement perçus, entre sa demande de réintégration et la date à laquelle il a atteint l'âge limite de départ en retraite (cass. soc. 22 janvier 2020, n° 17-31158 FSPB).

Sur l'indemnisation du salarié selon qu'il est réintégré ou pas à la suite d'un *licenciement nul**, voir l'étude correspondante.

Interdiction des clauses « couperet »

Distinction entre les clauses « souples » et les clauses « couperet » - Les dispositions relatives au départ à la retraite des salariés prévues par les conventions collectives, les accords collectifs de travail et les contrats de travail ne sont applicables que si elles sont conformes aux dispositions légales (c. trav. art. L. 1237-4).

Aussi, il importe de distinguer, parmi les dispositions conventionnelles ou contractuelles relatives à la mise à la retraite, les clauses dites « souples » et les clauses dites « couperet », c'est-à-dire celles prévoyant la rupture de plein droit du contrat de travail en cas de survenance d'un événement déterminé.

Validité des clauses « souples » - Les clauses « souples » ne prévoient pas la rupture automatique du contrat de travail mais la possibilité pour l'employeur de mettre le salarié à la retraite à un âge déterminé avec paiement des indemnités spécifiques. Ces clauses « souples » sont valables et s'imposent à l'employeur (cass. soc. 28 février 2006, n° 03-47787 D).

Nullité des clauses « couperet » - Les clauses « couperet » qui prévoient la rupture automatique du contrat de travail lorsque le salarié atteint un certain âge ou est en droit de bénéficier d'une pension de vieillesse sont nulles (c. trav. art. L. 1237-4). Tel est, par exemple, le cas d'une clause qui prévoit une mise à la retraite automatique à l'âge de 65 ans (cass. soc. 1er février 1995, n° 90-42635, BC V n° 48 ; cass. soc. 17 avril 2019, n° 18-10476 D) ou qui prévoit une mise à la retraite d'office une fois la double condition d'âge et d'ancienneté de service remplie (cass. soc. 22 janvier 2020, n° 17-31158 FSPB).

Cependant, l'employeur est irrecevable à se prévaloir de la nullité d'une clause « couperet » pour mettre un salarié à la retraite avant l'âge fixé par la clause : seul le salarié peut le faire (cass. ass. plén. 6 novembre 1998, n° 97-41931, B. plén. n° 3), même si l'intéressé peut prétendre au bénéfice d'une pension de retraite à taux plein (cass. soc. 5 novembre 2003, n° 01-44819 D).

Interrogation annuelle du salarié avant 70 ans

Procédure à suivre - L'employeur ne peut pas rompre d'office le contrat, à l'âge où le salarié a la possibilité de bénéficier d'une pension à taux plein (voir tableau reproduit dans cette étude). Il doit, dans un premier temps, recueillir les souhaits du salarié ayant atteint cet âge mais qui a moins de 70 ans (c. trav. art. L. 1237-5 et D. 1237-2-1).

Formalités à respecter - L'employeur doit interroger par écrit le salarié, au moins 3 mois avant qu'il atteigne l'âge d'obtention automatique du taux plein sur son intention de quitter l'entreprise volontairement pour bénéficier d'une pension de retraite durant l'année à venir. Le salarié dispose de 1 mois pour lui répondre. Si le salarié répond par la négative dans le délai imparti ou si l'employeur ne respecte pas son obligation d'interroger le salarié, la mise à la retraite est impossible pendant l'année qui suit (c. trav. art. L. 1237-5 et D. 1237-2-1).

▶ À noter... Pour des raisons de preuve, il est conseillé d'adresser ce courrier en recommandé avec demande d'avis de réception, même si ce n'est pas obligatoire. L'employeur peut aussi remettre le courrier au salarié contre décharge. Si l'employeur remet en main propre la lettre au salarié, il ne doit pas oublier de lui faire signer et dater le récépissé, précédé de la mention « Lu et pris connaissance ».

Procédure à renouveler - Cette procédure doit être renouvelée au cours des 4 années suivantes, jusqu'au 69e anniversaire du salarié (c. trav. art. L. 1237-5). Elle constitue un passage obligé dès lors que l'employeur envisage de mettre un salarié à la retraite.

À défaut de mettre en œuvre cette procédure, l'employeur ne s'expose à aucune sanction particulière, mais se prive de toute possibilité de mettre l'intéressé à la retraite au cours de l'année à venir. En effet, si l'employeur notifie à un salarié âgé de moins de 70 ans sa mise à la retraite sans avoir respecté la procédure décrite ci-dessus, la rupture du contrat s'analyse en un licenciement dépourvu de cause réelle et sérieuse. Si la rupture n'est motivée que par l'âge, le licenciement peut même être jugé nul, pour discrimination liée à l'âge.

En revanche, une fois que le salarié a atteint 70 ans, l'employeur retrouve la faculté de le mettre à la retraite.

▶ À noter... Le relèvement progressif de l'âge minimal de la mise à la retraite ne se répercutera pas sur l'âge à partir duquel l'employeur peut mettre un salarié à la retraite sans condition. Cet âge restera fixé à 70 ans, même en 2022, quand l'âge minimal de la mise à la retraite aura atteint 67 ans (c. trav. art. L. 1237-5).

Mise à la retraite dans le cadre d'un plan de sauvegarde de l'emploi

Lorsque les conditions de la mise en retraite sont remplies, la rupture ne constitue pas un licenciement. Si l'employeur qui envisage de mettre des salariés à la retraite à l'occasion de difficultés économiques doit observer les dispositions relatives au *licenciement économique** en ce qu'elles impliquent la consultation des représentants du personnel et la mise en place d'un *plan de sauvegarde de l'emploi** (PSE) lorsque les conditions légales en sont remplies, il n'en résulte pas que la décision de mise à la retraite prise par l'employeur entraîne les effets d'un licenciement pour motif économique.

Ainsi, un salarié mis à la retraite dans le cadre d'un PSE a droit à l'indemnité prévue en cas de mise à la retraite mais pas à l'indemnité conventionnelle de licenciement à moins que le PSE ne prévoie un tel versement (cass. soc. 18 mars 2008, n° 07-40269, BC V n° 63).

Mise à la retraite des salariés protégés

Pour mettre à la retraite un salarié protégé (ex. : un représentant du personnel), l'employeur doit mettre en œuvre la procédure spéciale relative au *licenciement des représentants du personnel**, c'est-à-dire :

- convoquer l'intéressé à un entretien préalable (cass. soc. 30 novembre 2004, n° 03-40604, BC V n° 310 ; CE 17 juin 2009, n° 304027 ; CE 13 février 2019, n° 403890 ; CE 17 juin 2009, n° 304027) ;
- consulter le *comité social et économique** (sauf pour les délégués syndicaux et salariés proté-

gés relevant du même régime protecteur) (CE 26 octobre 2011, n° 335755) ;
- et saisir l'inspecteur du travail pour autorisation de la rupture du contrat de travail.

L'employeur doit ainsi transmettre aux membres du comité tous les éléments leur permettant de s'assurer que la mise à la retraite intervient dans les conditions légales (CE 26 octobre 2011, n° 335755).

Il en est ainsi même si l'intéressé remplit les conditions posées par la loi en la matière et, spécialement, les conditions d'ouverture du droit au versement d'une pension de vieillesse à taux plein (cass. soc. 14 novembre 2000, n° 99-43270, BC V n° 373 ; cass. soc. 2 décembre 1998, n° 96-44668, BC V n° 234).

À défaut d'autorisation de l'inspection du travail, la mise à la retraite est considérée comme nulle (cass. soc. 6 avril 2005, n° 03-43629, BC V n° 125 ; cass. soc. 26 septembre 2012, n° 11-13374 D). Sur l'indemnisation du salarié, voir *Licenciement des représentants du personnel (contentieux)**.

Le salarié protégé dont l'autorisation de licenciement a été annulée, qui ne peut donc plus demander sa réintégration s'il a fait valoir ses droits à la retraite, a droit à l'indemnité d'éviction sans aller au-delà de l'âge légal de mise à la retraite d'office (date du 70e anniversaire du salarié) (cass. soc. 8 juillet 2020, n° 17-31291 FSPB).

▶ **À noter…** L'employeur qui attend la fin de la période de protection du salarié pour le mettre à la retraite, après avoir vainement cherché à le licencier dans le cadre d'un *plan de sauvegarde de l'emploi**, doit lui verser les indemnités de licenciement prévues par ce plan (cass. soc. 19 mai 2015, n° 13-27763, BC V n° 97).

Mise à la retraite et arrêt consécutif à un accident du travail

Au cours des périodes de suspension consécutives à un accident du travail ou une maladie professionnelle, l'employeur ne peut résilier le contrat de travail que s'il justifie soit d'une faute grave de l'intéressé, soit de l'impossibilité où il se trouve, pour un motif non lié à l'accident ou à la maladie, de maintenir ledit contrat. Toute résiliation du contrat de travail prononcée en méconnaissance de ces dispositions est nulle (c. trav. art. L. 1226-13). Il en résulte qu'au cours des périodes de suspension consécutives à un accident du travail ou une maladie professionnelle, une mise à la retraite décidée par l'employeur est nulle (cass. soc. 7 mars 2007, n° 05-42279, BC V n° 42 ; cass. soc. 27 janvier 2009, n° 07-45290 D).

Mise à la retraite et inaptitude

Si le salarié est déclaré inapte (voir *Inaptitude physique**), l'employeur doit respecter la procédure applicable dans un tel cas et, notamment, lui proposer un autre emploi approprié à ses capacités, sauf exceptions *(voir ci-après)* (c. trav. art. L. 1226-2, L. 1226-10 et L. 1226-12). Il ne peut rompre le contrat de travail que s'il justifie soit de son impossibilité de proposer un emploi, soit du refus par le salarié de l'emploi proposé dans ces conditions, soit de la mention expresse dans l'avis du médecin du travail que tout maintien du salarié dans un emploi serait gravement préjudiciable à sa santé ou que l'état de santé du salarié fait obstacle à tout reclassement dans un emploi (c. trav. art. L. 1226-2-1). Si le salarié remplit les conditions exigées pour la mise à la retraite, rien n'interdit à l'employeur de choisir ce mode de rupture plutôt que le licenciement.

Quelle que soit l'option retenue, le salarié inapte à la suite d'un accident du travail ou d'une maladie professionnelle a droit à l'indemnité spéciale. L'employeur doit toutefois tenter de reclasser le salarié inapte. Par conséquent, il ne peut pas se contenter de reprendre le paiement des salaires au terme du délai de 1 mois qui suit l'examen médical de reprise pour ensuite attendre que l'intéressé atteigne l'âge auquel il sera possible de le mettre à la retraite (c. trav. L. 1226-4 et L. 1226-11 ; cass. soc. 3 mai 2006, n° 04-40721, BC V n° 159).

Respect du préavis

L'employeur qui met à la retraite un salarié doit observer un *préavis** équivalant à celui applicable en matière de licenciement (cass. soc. 15 mai 2007, n° 05-45234, BC V n° 77), sauf dispositions conventionnelles ou contractuelles plus favorables pour le salarié, c'est-à-dire prévoyant un préavis plus long (c. trav. art. L. 1237-6).

L'inobservation par l'employeur d'un délai de préavis conventionnel n'a pas pour conséquence de transformer la mise à la retraite en un licenciement abusif ; la mise à la retraite est seulement reportée dans le temps de manière que le délai de préavis soit respecté (cass. soc. 18 juillet 2000, n° 97-44215, BC V n° 293).

Si un salarié est mis à la retraite, mais que ce départ s'inscrit en réalité dans un contexte de *harcèlement moral**, le juge peut requalifier cette mise à la retraite en un licenciement nul (c. trav. art. L. 1152-3). Le salarié a alors théoriquement droit, entre autres indemnités, à une indemnité compensatrice de préavis. Encore faut-il qu'il n'ait

pas effectué, dans le cadre de sa mise à la retraite, un préavis dont la durée équivaudrait à celle du préavis de licenciement. En effet, dans ce cas, le salarié perçoit pendant cette période des salaires pour un montant correspondant à celui de l'indemnité compensatrice de préavis de licenciement. Il n'y a donc pas lieu de lui verser cette indemnité (cass. soc. 30 juin 2010, n° 09-41349, BC V n° 153).

▶ Attention… L'ancienneté du salarié s'apprécie au jour où l'employeur envoie la lettre recommandée de licenciement, date à laquelle se situe la rupture du contrat de travail (cass. soc. 26 septembre 2006, n° 05-43841, BC V n° 288). L'analyse devrait, à notre sens, être identique en ce qui concerne la mise à la retraite. En revanche, le code du travail impose de se placer à d'autres dates pour ce qui est du point de départ du *préavis** (cass. soc. 7 novembre 2006, n° 05-42323, BC V n° 327) et pour calculer le montant de l'indemnité légale de licenciement et donc de l'indemnité de mise à la retraite.

Indemnisation

Indemnité de mise à la retraite - Sauf dispositions conventionnelles ou contractuelles instituant une *indemnité de mise à la retraite plus favorable, le salarié mis à la retraite a droit à une indemnité équivalant à l'indemnité légale de licenciement** (c. trav. art. L. 1234-9, L. 1237-7 et R. 1234-2).

Indemnité conventionnelle - Le montant de l'indemnité de mise à la retraite due au salarié est déterminé par les dispositions conventionnelles en vigueur au jour de la rupture du contrat de travail résultant de la mise à la retraite, peu important que celle-ci ait été précédée d'un accord entre l'employeur et le salarié organisant la suspension du contrat de travail et ouvrant droit à des avantages particuliers (cass. soc. 30 septembre 2009, n° 08-40353, BC V n° 214).

▶ À noter… Le versement volontaire par un employeur d'une prime dite « de milieu d'année » postérieurement à la mise à la retraite du salarié entraîne la transformation de la prime versée pendant la période d'activité en un avantage de retraite et, dès lors, la dénonciation de l'usage instituant la prime ne remet pas en cause cet avantage après la liquidation de la retraite (cass. soc. 30 novembre 2004, n° 02-45367, BC V n° 307).

Régimes social et fiscal - Voir *Indemnités de rupture (régimes social et fiscal)**.

☞ *Cumul activité-retraite des salariés ; Indemnité de mise à la retraite ; Indemnités de rupture (régimes social et fiscal) ; Retraite ; Retraite (droit à l'information) ; Retraite de base (âge de départ) ; Retraite de base (calcul de la pension) ; Seniors.*

➲ Formulaire de Droit Social, « Mise à la retraite ».

Mobilité volontaire sécurisée

Entreprises concernées

Dans les entreprises (ou groupes d'entreprises) d'au moins 300 salariés, tout salarié dont l'ancienneté est d'au moins 2 ans, consécutifs ou non, peut demander à bénéficier d'une période de mobilité volontaire sécurisée (c. trav. art. L. 1222-12).

Travail dans une autre entreprise

Mobilité avec un droit de retour - Pendant la période de mobilité, le salarié peut exercer une activité dans une autre entreprise pour développer ses compétences, avec l'assurance de pouvoir retrouver son emploi d'origine une fois la période de mobilité achevée. Durant cette période, le contrat du salarié est suspendu *(voir ci-après)*.

▶ À noter… Malgré la proximité de terminologie, cette période de mobilité volontaire ne doit pas être confondue avec le *congé de mobilité**, qui permet d'organiser des départs volontaires dans le cadre d'un accord de GPEC ou de *rupture conventionnelle collective**, ni avec le *congé de reclassement**, qui est un dispositif d'accompagnement de certains licenciements économiques.

Accord préalable de l'employeur - Le salarié bénéficie de la période de mobilité si son employeur lui a donné son accord (c. trav. art. L. 1222-12).
Lorsque l'employeur oppose deux refus successifs à la demande de mobilité d'un salarié, ce dernier peut accéder « de droit » au congé de transition professionnelle, même s'il ne remplit pas la condition d'ancienneté requise ou si le quota de salariés simultanément absents au titre de ce congé est atteint [voir *Compte personnel de formation (transition professionnelle)]** (c. trav. art. L. 1222-12).

Avenant au contrat de travail

Un avenant au contrat de travail du salarié doit être conclu. Il doit déterminer l'objet, la durée,

la date de prise d'effet et le terme de la période de mobilité, ainsi que le délai dans lequel le salarié informe par écrit l'employeur de son choix éventuel de ne pas réintégrer l'entreprise (c. trav. art. L. 1222-13).

▶ À noter… Cette liste n'est pas limitative. D'autres clauses peuvent être négociées au cas par cas entre l'employeur et le salarié (ex. : la prise en compte de la période de mobilité dans l'ancienneté).

L'avenant doit également prévoir les situations et modalités d'un retour anticipé du salarié (ex. : rupture de la période d'essai dans l'entreprise d'accueil), qui intervient dans un délai raisonnable.

▶ À noter… Un retour anticipé avec l'accord de l'employeur est toujours possible, y compris dans des cas non prévus par l'avenant au contrat de travail.

Informations du CSE

Chaque semestre, l'employeur doit communiquer au *comité social et économique** la liste des demandes de période de mobilité volontaire sécurisée. Il doit également préciser la suite apportée à ces demandes (c. trav. art. L. 1222-16).

Effets de la mobilité

Suspension du contrat de travail - Le contrat de travail avec l'employeur initial est suspendu durant la période de mobilité (c. trav. art. L. 1222-12).

À l'égard de l'entreprise d'origine - Le salarié demeure inclus dans les effectifs de son entreprise d'origine, y conserve ses éventuels mandats en bénéficiant de la même protection notamment en cas de licenciement économique ou de transfert de société.

Le salarié demeure tenu d'une obligation de loyauté, à laquelle tout salarié reste soumis pendant les périodes de suspension du contrat de travail (cass. soc. 30 mars 2005, n° 03-16167, BC V n° 110 ; rapport AN n° 847, p. 122).

À l'égard de l'entreprise d'accueil - S'il en remplit les conditions légales, le salarié se trouve également pris en compte dans les effectifs de l'entreprise d'accueil, y devient électeur et éligible, et peut acquérir un mandat représentatif. La convention collective lui est applicable, ainsi que les protections en cas de licenciement ou de transfert d'entreprise (rapport AN n° 847, p. 122).

Issue de la période de mobilité

Retour dans l'entreprise d'origine - À la fin de la période de mobilité volontaire sécurisée, le salarié revient, en principe, dans son entreprise d'origine. Il retrouve son poste de plein droit, ou un emploi similaire, assorti d'une qualification et d'une rémunération au moins équivalentes. Sa classification doit être également maintenue (c. trav. art. L. 1222-14). Le salarié peut également réintégrer l'entreprise avant la fin de la période de mobilité, dans les cas prévus par l'avenant au contrat ou avec l'accord de l'employeur *(voir ci-avant)*.

Un *entretien professionnel** doit être proposé systématiquement au salarié qui reprend son activité à l'issue d'une période de mobilité volontaire sécurisée (c. trav. art. L. 1222-14 et L. 6315-1).

Décision du salarié de ne pas revenir dans l'entreprise - Si le salarié choisit de ne pas réintégrer l'entreprise au cours ou au terme de la période de mobilité, il doit respecter le délai de prévenance indiqué dans l'avenant à son contrat de travail *(voir ci-avant)*.

Cette décision est assimilée à une *démission**, soumise à aucun autre préavis que celui prévu par l'avenant au contrat *(voir ci-avant)* (c. trav. art. L. 1222-15).

Assurance chômage

Cessation du contrat durant la période de mobilité - Le salarié bénéficiant d'une période de mobilité volontaire sécurisée peut bénéficier d'allocations chômage en cas de cessation du contrat de travail exécuté pendant cette période dans l'entreprise d'accueil, pour l'une des causes admises par la réglementation [voir *Chômage (allocation d'aide au retour à l'emploi)**]. La durée d'affiliation acquise au titre du contrat de travail suspendu avec l'entreprise d'origine est prise en compte pour déterminer la durée et le montant d'indemnisation (décret 2019-797 du 26 juillet 2019, JO du 28, Annexe A, art. 6, § 1 ; circ. Unédic 2021-13 du 19 octobre 2021, fiche 5, § 2.3).

Réintégration ou démission à l'issue de la période de mobilité - Au terme de la période de mobilité volontaire sécurisée (décret 2019-797 du 26 juillet 2019, JO du 28, Annexe A, art. 25, § 3 ; circ. Unédic 2021-13 du 19 octobre 2021, fiche 5, § 2.3) :
- soit le salarié est réintégré dans son entreprise d'origine, ce qui met fin à son indemnisation chômage ;
- soit le salarié refuse de réintégrer son entreprise d'origine. Ce refus rompt le contrat de travail et

constitue une démission, ce qui interrompt son indemnisation chômage. Il en va de même si le salarié rompt son contrat de travail sans attendre la fin de la période de mobilité.

Modification du contrat de travail

L'employeur peut, dans le cadre de son pouvoir de direction, imposer aux salariés un changement de leurs conditions de travail [sauf à un salarié protégé, comme un représentant du personnel ; voir *Modification du contrat de travail (salariés protégés)**]. Cependant, il ne lui est possible de modifier le contrat de travail qu'avec l'accord préalable du salarié concerné.

Sur les aménagements de poste :
- d'une salariée enceinte et sur son retour dans un emploi similaire après un congé maternité, voir *Maternité (protection)** ;
- d'un salarié déclaré inapte, voir *Inaptitude physique (reclassement)** ;
- dans le cadre d'un projet de réduction des effectifs, voir *Licenciement économique (obligation de reclassement)**.

Sur les incidences d'un *accord de performance collective**, voir l'étude correspondante.

Définition d'une modification du contrat de travail

Modification d'un élément essentiel - Il y a modification du contrat de travail lorsqu'un élément du contrat par nature essentiel ou qui a été jugé essentiel par le salarié et l'employeur, au moment de la conclusion du contrat, est affecté.

Les éléments par nature « essentiels » du contrat de travail sont :
- la rémunération contractuelle [voir *Modification du contrat de travail (rémunération)**] ;
- la durée du travail, telle que mentionnée au contrat de travail [voir *Modification du contrat de travail (durée du travail)**] ;
- le lieu de travail, dans la mesure où le nouveau lieu de travail se situe dans un secteur géographique distinct, sous réserve de la clause relative au lieu de travail [voir *Modification du contrat de travail (lieu de travail)**] ;
- la qualification professionnelle [voir *Modification du contrat de travail (fonctions et qualification)**].

Sur la modification de l'horaire de travail, voir *Modification du contrat de travail (horaire)**.

▶ Attention… Quand l'employeur a fait parvenir à un salarié un avenant à son contrat de travail, il admet que sa proposition de nouvelles tâches modifie nécessairement le contrat de travail. Il n'y a donc pas, dans ce cas, de changement des conditions de travail (cass. soc. 6 février 2008, n° 06-42285 D).

Transfert d'entreprise - Il y a modification du contrat de travail en cas de changement d'employeur quand un salarié est transféré d'une entreprise à une autre alors que les conditions de l'article L. 1224-1 du code du travail ne sont pas réunies (cass. soc. 10 octobre 2006, n° 04-46134, BC V n° 294 ; cass. soc. 3 mars 2010, n° 08-41600, BC V n° 51) (voir *Modification de la situation juridique de l'employeur**).

Par ailleurs, lorsque l'application de l'article L. 1224-1 du code du travail entraîne une modification du contrat de travail autre que le changement d'employeur, le salarié est en droit de s'y opposer. Il appartient alors au cessionnaire, s'il n'est pas en mesure de maintenir les conditions antérieures :
- soit de formuler de nouvelles propositions ;
- soit de tirer les conséquences de ce refus en engageant une procédure de licenciement.

Dans ce dernier cas, le licenciement a un motif économique si la modification a été proposée pour un motif non inhérent à la personne du salarié (ex. : le motif de licenciement est économique et non personnel lorsque la proposition de modification du lieu de travail résultait de la réorganisation de la société cessionnaire se traduisant par la volonté de ne conserver qu'un seul lieu de production pour faire des économies) (cass. soc. 17 avril 2019, n° 17-17880 FSPB). En outre, ce motif doit avoir une cause réelle et sérieuse [voir *Licenciement économique (cause économique)**].

▶ À noter… Si l'employeur ne formule pas de nouvelles propositions et n'engage pas une procédure de licenciement, le salarié peut saisir les juges pour obtenir la résiliation judiciaire de son contrat de travail, celle-ci produisant alors les effets d'un licenciement sans cause réelle et sérieuse (cass. soc. 30 mars 2010, n° 08-44227, BC V n° 79).

Procédure en cas de modification non économique

Accord préalable du salarié - L'employeur qui, pour un motif non économique, envisage de modifier un élément essentiel du contrat de travail d'un

salarié doit solliciter son accord, sans qu'aucune forme ne lui soit imposée par le code du travail pour ce faire. En tout état de cause, l'accord du salarié doit être explicite et non équivoque (ex. : signature d'un avenant à son contrat de travail). Le fait que le salarié continue de travailler aux nouvelles conditions ou qu'il garde le silence ne signifie donc pas qu'il a donné son accord (cass. soc. 8 octobre 1987, n°s 84-41902 et 84-41903, BC V n° 541).

▶ À noter… Une clause du contrat de travail ne peut pas réserver la possibilité à l'employeur de modifier unilatéralement le contrat de travail. Une telle clause est nulle et donc inopérante (cass. soc. 27 février 2001, n° 99-40219, BC V n° 60).

Sauf disposition légale contraire, un accord collectif ne peut non plus permettre à un employeur de procéder à la modification du contrat de travail sans recueillir l'accord exprès du salarié (cass. soc. 15 septembre 2021, n° 19-15732 FSB).

Voir ci-après le cas de la modification pour motif économique.

Modification disciplinaire - L'employeur doit solliciter l'accord du salarié, y compris quand la modification est prononcée à titre disciplinaire (cass. soc. 15 novembre 2006, n° 05-42259 D)**, comme dans le cas d'une rétrogradation [voir *Modification du contrat de travail (fonctions et qualification)**]. En outre, l'employeur doit respecter la procédure disciplinaire [voir *Sanctions disciplinaires (procédure)**].**

La qualification inférieure proposée peu de temps après un entretien préalable à une sanction est une rétrogradation. En l'espèce, la rétrogradation a été annulée par le juge faute pour l'employeur d'avoir respecté la procédure requise (cass. soc. 9 mai 2019, n° 17-20706 D).

Exemple

Une gouvernante à temps complet dans le secteur de l'hôtellerie avait été convoquée à un entretien préalable à une sanction disciplinaire. Quelques jours après l'entretien, elle avait accepté un poste de femme de chambre à temps partiel en signant un avenant à son contrat de travail.

Pour la salariée, cette mesure était une sanction disciplinaire que son employeur aurait dû lui notifier en bonne et due forme. Elle a saisi les juges pour la faire annuler, obtenir un rappel de salaires et les congés payés correspondants.

L'employeur s'est défendu en faisant valoir qu'il avait abandonné la procédure disciplinaire. Selon lui, le changement de qualification n'était pas une sanction disciplinaire, mais « seulement » une modification du contrat de travail que la salariée avait acceptée.

Les juges d'appel, approuvés par la Cour de cassation, ont donné gain de cause à la salariée. Selon eux, la modification du contrat de travail avait un caractère disciplinaire, car elle lui avait été proposée après l'entretien préalable à une sanction disciplinaire. Il s'agissait donc d'une rétrogradation.

À notre sens, les juges ont pris en compte le très court délai entre la date de la signature de l'avenant formalisant la modification du contrat (le 28 octobre 2010) et celle de l'entretien préalable à une sanction disciplinaire (le 22 octobre 2010) (cass. soc. 9 mai 2019, n° 17-20706 D).

Refus de la modification - Si le salarié refuse la modification de son contrat de travail, l'employeur a l'obligation soit de maintenir les conditions antérieures, soit de tirer les conséquences de ce refus en prenant l'initiative de la rupture.

Procédure de licenciement applicable - Il appartient à l'employeur, en cas de refus du salarié, d'engager la procédure de licenciement et, le cas échéant, la procédure spéciale concernant les salariés protégés, tels les représentants du personnel (voir *Licenciement des représentants du personnel).**

La procédure à suivre est celle du licenciement pour motif personnel, voire disciplinaire, quand la modification avait été prononcée à titre de sanction et que le salarié l'avait refusée sans que l'employeur ait opté pour une autre sanction.

▶ Attention… La procédure à suivre est la procédure de licenciement économique si la modification a un motif économique *(voir ci-après)*.

Motivation du licenciement - Le licenciement prononcé suite à un refus du salarié n'est justifié que si la proposition de modification était elle-même justifiée. En effet, le seul refus d'un salarié d'accepter une modification ne constitue pas en soi une cause réelle et sérieuse de licenciement (cass. soc. 28 janvier 2005, n° 03-40639, BC V n° 35).

▶ Attention… Le licenciement du salarié qui refuse une modification de son contrat de travail n'est justifié que si cette modification repose elle-même sur un motif personnel ou économique. Si la modification ne repose ni sur un motif personnel, ni sur un motif économique (ex. : modification du lieu de travail proposée en raison de la réorganisation d'un service ne résultant d'aucune cause économique), le licenciement est sans cause réelle et sérieuse (cass. soc. 11 juillet 2018, n° 17-12747 FPPB).

Une modification illicite ou injustifiée rend sans cause réelle et sérieuse le licenciement du salarié prononcé à la suite de son refus de cette modification.

Exemples

La modification qui a pour effet de ramener la rémunération au-dessous du SMIC ou des minima conventionnels est illicite (cass. soc. 27 mai 1997, n° 95-42674, BC V n° 189).

Quand l'employeur ne justifie pas de la nécessité de procéder à la modification du contrat de travail du salarié en raison de ses absences répétées pour maladie, cette modification est jugée « injustifiée » (cass. soc. 26 novembre 2002, n° 00-44517, BC V n° 353).

En cas de litige, les juges apprécient le caractère réel et sérieux des motifs de licenciement que l'employeur invoque (c. trav. art. L. 1235-1). S'ils estiment, en recherchant la véritable cause du licenciement, qu'un salarié a en réalité été licencié du fait de son refus d'accepter une modification de son contrat de travail, ce licenciement est jugé sans cause réelle et sérieuse (cass. soc. 6 avril 2011, n° 09-66818, BC V n° 94).

Pas de modification du contrat pendant le préavis - Pendant le préavis, l'employeur ne peut pas imposer une modification du contrat de travail (cass. soc. 5 octobre 1999, n° 97-42302, BC V n° 364). Jusqu'au licenciement, le salarié a droit au maintien de son salaire (cass. soc. 26 novembre 2002, n° 00-44517, BC V n° 353).

Si l'employeur impose la modification du contrat pendant le *préavis**, le salarié est délié de son obligation de l'exécuter et l'indemnité compensatrice de préavis lui est due.

Procédure en cas de modification économique

Procédure de proposition spécifique - L'employeur qui, pour un motif économique, envisage de modifier un élément essentiel du contrat de travail doit en faire la proposition au salarié par lettre recommandée avec accusé de réception (LRAR) (c. trav. art. L. 1222-6). Le motif économique doit être l'un de ceux énoncés par l'article L. 1233-3 du code du travail : difficultés économiques, etc. (c. trav. art. L. 1233-3 ; cass. soc. 13 septembre 2017, n° 15-28569, BC V n° 135) [voir *Licenciement économique (cause économique)**].

Dans le cas particulier où l'employeur propose un reclassement à un salarié en vue d'éviter son licenciement économique, il n'a pas à respecter cette procédure spécifique de proposition d'une modification du contrat de travail pour motif économique (cass. soc. 9 juillet 1998, n° 96-42805 D ; cass. soc. 17 novembre 2010, n° 09-42311 D) [voir *Licenciement économique (obligation de reclassement)**].

Contenu de la LRAR - L'employeur doit indiquer au salarié en quoi consiste la modification envisagée, l'informer de ses nouvelles conditions d'emploi et des éventuelles mesures accompagnant cette proposition afin de lui permettre de donner sa réponse en mesurant les conséquences de son choix (cass. soc. 30 janvier 2008, n° 06-42000 D).

Il doit aussi l'informer qu'il dispose d'un délai de 1 mois à compter de la réception de la LRAR de proposition de modification de son contrat de travail pour faire connaître son refus et qu'à défaut de réponse dans le mois, il sera réputé avoir accepté la modification proposée (c. trav. art. L. 1222-6).

▶ Attention... Lorsqu'un employeur notifie à un salarié qu'il dispose de 1 mois pour faire connaître son refus d'une modification de son contrat envisagée pour un motif économique, il ne peut plus, ensuite, prétendre que la modification projetée concernait les seules modalités d'exécution du travail et non le contrat. En notifiant au salarié une telle proposition, « l'employeur reconnaît qu'elle a pour objet de modifier le contrat de travail » (cass. soc. 12 juillet 1999, n° 97-41738, BC V n° 346).

Délai de réflexion d'un mois - Le salarié a 1 mois, à compter de la réception de la LRAR de proposition de modification de son contrat de travail, pour faire connaître son refus éventuel. À défaut de réponse dans ce délai, le salarié est réputé avoir accepté la modification proposée (c. trav. art. L. 1222-6).

Ce délai de 1 mois constitue une période de réflexion destinée à permettre au salarié de prendre parti sur la proposition de modification en mesurant les conséquences de son choix. Il en résulte que l'inobservation de ce délai par l'employeur (cass. soc. 10 décembre 2003, n° 01-40225, BC V n° 312 ; cass. soc. 10 décembre 2003, n° 01-44745, BC V n° 313) :

- prive de cause réelle et sérieuse le licenciement fondé sur le refus par le salarié de la modification de son contrat de travail ;
- lui interdit de se prévaloir de l'acceptation ou du refus donné par le salarié à la modification de son contrat moins de 1 mois après la lettre de proposition.

Le salarié ne pourrait, à notre sens, obtenir des dommages-intérêts en réparation du préjudice subi du fait du non-respect de ce délai que s'il le prouve (cass. soc. 13 septembre 2017, n° 16-13578, BC V n° 136).

Délai de quinze jours dans une entreprise en redressement ou en liquidation judiciaires - En cas de redressement ou de liquidation judiciaires, lorsque l'employeur envisage la modification d'un élément essentiel du contrat de travail pour motif économique, il en fait la proposition au salarié par LRAR en l'informant dans ce courrier qu'il dispose d'un délai de 15 jours à compter de sa réception pour faire connaître son refus. À défaut de réponse dans ce délai, le salarié est réputé avoir accepté la modification proposée (c. trav. art. L. 1233-60-1).

Décompte du délai de réflexion - Le salarié devant disposer de 1 mois entier pour se prononcer, le délai de réflexion expire à minuit le jour du mois suivant qui porte le même quantième que le jour de la réception de la lettre recommandée contenant la proposition de modification (cass. soc. 3 mars 2009, n° 07-42850 D).

C'est la date d'envoi de la réponse, par le salarié, qu'il faut prendre en compte pour déterminer si le refus éventuel de l'intéressé a été formulé dans le délai imparti (cass. soc. 27 mars 2008, n° 07-40428 D). Il importe peu que l'employeur la reçoive ultérieurement (cass. soc. 23 septembre 2008, n° 07-42602 D).

Sanction du non-respect de la procédure de proposition spécifique - L'employeur qui n'a pas respecté les formalités prescrites pour la proposition d'une modification du contrat de travail pour motif économique (ex. : proposition de la modification par LRAR, respect du délai de réflexion de 1 mois) ne peut se prévaloir ni d'un refus ni d'une acceptation de la modification du contrat de travail par le salarié (cass. soc. 25 janvier 2005, n° 02-41819, BC V n° 18 ; cass. soc. 27 mai 2009, n° 06-46293, BC V n° 137).

Respect de la procédure pour licenciement économique - En cas de refus par le ou les salariés de la proposition de modification pour motif économique de leur contrat de travail, si l'employeur envisage de licencier le ou les salariés, il doit respecter la procédure de licenciement pour motif économique.

Si plusieurs salariés refusent la modification d'un élément essentiel que l'employeur a proposé pour un motif économique identique, l'employeur doit appliquer la procédure de licenciement collectif adéquate [voir *Licenciement économique collectif (procédure applicable)**] (c. trav. art. L. 1233-25).

La procédure de licenciement pour motif économique n'a à être engagée qu'après le refus des salariés d'accepter la modification de leur contrat de travail. Cette règle vaut également pour la mise en œuvre d'un *plan de sauvegarde de l'emploi** (PSE) : ce dernier n'a à être élaboré, dans les entreprises de 50 salariés ou plus, qu'à partir du moment où le nombre de licenciements envisagés, comprenant les salariés ayant d'ores et déjà refusé la modification de leur contrat, concerne 10 personnes ou davantage.

▶ À noter… L'employeur peut renoncer à des modifications de contrats de travail conduisant à un PSE pour procéder à un « petit » licenciement économique. En l'espèce, l'employeur confronté à des difficultés économiques a pu modifier un projet de déménagement qui aurait impliqué le licenciement de 21 salariés refusant leur mutation et la mise en place d'un PSE pour lui préférer le licenciement de 9 salariés, sans déménagement (cass. soc. 24 janvier 2018, n° 16-22940 FSPB).

Rupture imputable à l'employeur en cas de modification unilatérale

L'employeur qui modifie unilatéralement le contrat de travail d'un salarié sans avoir, au préalable, sollicité et obtenu son accord peut se voir imputer la rupture du contrat quand la modification imposée est d'une importance telle que le manquement de l'employeur empêche la poursuite des relations contractuelles (cass. soc. 12 juin 2014, n° 13-11448, BC V n° 139 ; cass. soc. 12 juin 2014, n° 12-29063, BC V n° 140) (voir *Prise d'acte de la rupture** et *Résiliation judiciaire du contrat de travail**).

Changement des conditions de travail

Refus du salarié justifiant son licenciement - Si le changement concerne les conditions de travail, le salarié est tenu de l'accepter, sauf s'il s'agit d'un salarié protégé [voir *Modification du contrat de travail (salariés protégés)**]. Le refus par le salarié du changement de ses conditions de travail décidé par l'employeur justifie donc son licenciement pour faute sérieuse, sans pour autant constituer à lui seul une faute grave (cass. soc. 23 février 2005, n° 04-45463, BC V n° 64 ; cass. soc. 11 mai 2005, n° 03-41753, BC V n° 156). Il s'agit d'un licenciement disciplinaire, quel que soit le motif de ce changement (cass. soc. 10 octobre 2000, n° 98-41358, BC V n° 316 ; cass. soc. 29 septembre 2016, n° 14-29124 D).

▶ À noter… Si tout en refusant le changement de ses conditions de travail, le salarié commet également des faits caractérisant une faute grave, il peut être licencié pour ce motif (sur la définition de la faute grave, voir *Licenciement pour faute**). À titre d'exemple, le licenciement pour faute grave d'un salarié ayant refusé un changement de ses conditions de travail et abandonné son poste de travail a été jugé justifié (cass. soc. 28 mai 2015, n° 14-13166 D).

Si le salarié, licencié en raison de son refus d'un changement de ses conditions de travail, refuse d'exécuter son *préavis** aux nouvelles conditions, il se rend responsable de cette inexécution. Dans ce cas, l'employeur n'a pas à lui verser l'indemnité compensatrice de préavis (cass. soc. 4 avril 2006, n° 04-43506, BC V n° 132 ; cass. soc. 21 avril 2010, n° 09-40912 D).

▶ À noter… À défaut, pour le salarié, de reprendre le travail ou de démissionner, l'employeur n'est pas tenu de le licencier. Dans cette hypothèse, le contrat n'étant pas rompu, le salarié ne peut réclamer aucune indemnité (cass. soc. 10 juillet 1996, n° 93-41137, BC V n° 278).

Respect de l'exigence de bonne foi - L'employeur doit respecter l'exigence de bonne foi dans la mise en œuvre d'un changement des conditions de travail (c. trav. art. L. 1222-1), à défaut :

- il peut être condamné à verser des dommages et intérêts en réparation du préjudice subi par le salarié (cass. soc. 4 avril 2006, n° 04-43506, BC V n° 132) ;
- le licenciement du salarié qui refuse ce changement peut être jugé sans cause réelle et sérieuse (cass. soc. 28 mars 2006, n° 04-41016, BC V n° 126 ; cass. soc. 12 juillet 2010, n° 08-45516 D).

Bonne foi présumée de l'employeur - Lorsque le refus du changement des conditions de travail fait l'objet d'un litige (en pratique, le salarié conteste le licenciement qui y fait suite), les juges n'ont pas à rechercher si la décision de l'employeur est conforme à l'intérêt de l'entreprise. C'est au salarié de démontrer que cette décision a été prise en réalité pour des raisons étrangères à cet intérêt ou bien qu'elle a été mise en œuvre dans des conditions exclusives de la bonne foi contractuelle (cass. soc. 23 février 2005, n°s 03-42018 et 04-45463, BC V n° 64). Il appartient donc au salarié de prouver que le changement des conditions de travail résulte d'un abus ou d'un détournement du pouvoir de direction ou que la décision a été prise pour d'autres raisons que celles invoquées, ou encore qu'elle a été mise en œuvre dans de mauvaises conditions (légèreté blâmable, conditions vexatoires, etc.).

☞ *Modification du contrat de travail (durée du travail) ; Modification du contrat de travail (fonctions et qualification) ; Modification du contrat de travail (horaire) ; Modification du contrat de travail (lieu de travail) ; Modification du contrat de travail (rémunération) ; Modification du contrat de travail (salariés protégés).*

➲ Formulaire de Droit Social, « Notification d'une modification de nature économique du contrat de travail » et « Notification d'une modification de nature non économique du contrat de travail ».

Modification du contrat de travail (durée du travail)

La durée du travail, telle que mentionnée au contrat de travail, constitue, en principe, un élément essentiel du contrat (cass. soc. 20 octobre 1998, n° 96-40614, BC V n° 433). En conséquence, lorsque l'employeur change celle-ci, il modifie le contrat de travail et ce, y compris dans les cas où la rémunération est modifiée en conséquence (cass. soc. 30 mars 2011, n° 09-70853 D). L'accord préalable du salarié est donc requis.

Sur les effets d'un *accord de performance collective**, voir l'étude correspondante.

Sur les formalités à suivre en cas d'aménagement du temps de travail, voir *Aménagement du temps de travail** et *Aménagement du temps de travail (régime supplétif)**.

Augmentation de la durée du travail

En application d'un accord de performance collective - Voir *Accord de performance collective**.

Par décision unilatérale de l'employeur - L'augmentation de la durée du travail prévue dans le contrat de travail constitue en principe une modification du contrat de travail et ce, y compris dans les cas où elle s'accompagne d'une augmentation de salaire [voir *Modification du contrat de travail (rémunération)**].

▶ Attention… Il ne faut pas étendre cette solution à la demande d'accomplissement d'*heures supplémentaires**. Dans le cadre de son pouvoir de direction, l'employeur peut, en principe, imposer de façon ponctuelle d'effectuer des heures supplémentaires. Dans le cas d'une *convention de forfait**, voir cette étude.

Réduction de la durée de travail

En application d'un accord de performance collective - Voir *Accord de performance collective**.

Par décision unilatérale de l'employeur - La réduction de la durée du travail, en diminuant concomitamment la rémunération, par décision unilatérale de l'employeur, est une modification du contrat de travail qui ne peut intervenir qu'avec l'accord préalable du salarié (cass. soc. 24 mars 2004, n° 02-45130, BC V n° 98 ; cass. soc. 27 septembre 2006, n° 05-41605 D).

Procédure de licenciement personnel ou économique en cas de refus du salarié - En cas de refus d'un salarié de se voir appliquer un *accord de performance collective**, voir l'étude correspondante.

Si la réduction du temps de travail est mise en œuvre unilatéralement par l'employeur, le licenciement du ou des salariés refusant une modification de leur contrat de travail est un licenciement économique. En conséquence, la procédure du licenciement économique doit être respectée, qu'il s'agisse de la procédure individuelle ou collective (cass. soc. 15 mars 2006, n° 05-42946, BC V n° 107).

Suppression d'heures supplémentaires - Si aucune *convention de forfait** de salaire ne précise le nombre d'*heures supplémentaires** à effectuer par le salarié, celui-ci ne peut pas estimer que la suppression d'heures supplémentaires, même accomplies régulièrement, constitue une modification de son contrat (cass. soc. 10 mars 1998, n° 95-44842, BC V n° 124).

Toutefois, si l'employeur ne peut pas justifier au regard des intérêts de l'entreprise la suppression d'heures supplémentaires que des salariés effectuaient régulièrement, il manque à son obligation de bonne foi et peut être condamné à payer ces heures et des dommages-intérêts (cass. soc. 19 juin 2008, n° 07-40874 D ; cass. soc. 19 juin 2008, n° 07-40876 D).

Réduction de la durée du travail pour éviter un dépassement des durées maximales - Un salarié ne peut accomplir des travaux rémunérés au-delà de la *durée du travail** maximale elle qu'elle ressort des dispositions légales applicables à sa profession et un employeur ne peut pas conserver à son service un salarié qui méconnaît cette interdiction (c. trav. art. L. 8261-1 et L. 8261-2).

En cas de cumul par le salarié de deux contrats de travail entraînant un tel dépassement, l'employeur, auquel le salarié demande de réduire son temps de travail, n'est pas tenu d'accepter cette modification du contrat de travail. Dès lors, le licenciement d'un salarié cumulant de façon illicite deux emplois est justifié, le salarié ne pouvant reprocher à l'employeur de ne pas avoir répondu à sa demande de réduire son temps de travail et de ne pas avoir mentionné dans la lettre de licenciement les raisons pour lesquelles il n'avait pas retenu cette proposition (cass. soc. 10 mars 2009, n° 07-43985, BC V n° 70).

Modification de la cadence de travail

Voir *Modification du contrat de travail (fonctions et qualification)**.

Mise en activité partielle

La mise en *activité partielle** ne constitue pas, pendant la période d'indemnisation, une modification du contrat de travail (cass. soc. 18 juin 1996, n° 96-44654, BC V n° 252), sauf pour les représentants du personnel (cass. soc. 18 juin 1996, n° 94-44653, BC V n° 248).

Transformation temps complet/ temps partiel

Voir *Travail à temps partiel**.

☛ *Modification du contrat de travail ; Modification du contrat de travail (horaire).*

Modification du contrat de travail (fonctions et qualification)

Modification du contrat

Cas dans lesquels le contrat est modifié - Le changement d'attributions constitue une modification du contrat de travail dans le cas où il s'accompagne :

- d'une modification de la rémunération [voir *Modification du contrat de travail (rémunération)**] ;
- d'une nouvelle qualification, qu'il s'agisse d'une rétrogradation ou d'une *promotion professionnelle** (cass. soc. 16 décembre 1998, n° 96-41845, BC V n° 557) ;
- d'un retrait de toute fonction ;
- d'une diminution ou d'un retrait de responsabilité, même dans ce cas, avec maintien de la rémunération ou du titre (cass. soc. 26 mai 2010, n° 08-44995 D ; cass. soc. 30 novembre 2010, n° 09-42625 D) ;
- d'un accroissement des responsabilités du salarié (cass. soc. 2 février 2000, n° 98-40176 D).

Quand la nature même des tâches et des fonctions exercées par le salarié est touchée, son contrat de travail est également modifié (cass. soc. 18 janvier 2011, n° 09-42540 D).

Attention également aux cas dans lesquels la définition du poste du salarié est très précise. Dans ce cas, si des tâches nouvelles sont confiées au salarié et ne correspondent pas à celles listées dans cette définition de poste, les juges peuvent considérer que le contrat de travail est modifié (cass. soc. 18 juin 2014, n° 13-16207 D).

Pour des exemples, voir le tableau reproduit dans cette étude.

Rétrogradation suite à un mensonge du salarié sur ses aptitudes professionnelles - La mauvaise foi du salarié lors de la conclusion du contrat de travail ne permet pas de lui imposer la modification de ce contrat, notamment en ce qui concerne la qualification et la rémunération convenues. En l'espèce, un salarié avait été embauché pour être chauffeur dans le cadre d'un contrat prévoyant qu'il détenait le permis de conduire, or, contrairement à ce qu'il avait prétendu, il ne l'avait pas. L'employeur l'avait alors rétrogradé sur un poste ne nécessitant pas de conduire. Il s'agissait là d'une modification du contrat de travail que l'employeur ne pouvait pas imposer au salarié (cass. soc. 24 avril 2013, n° 12-15595 D).

Appréciation de la qualification - L'appréciation de la *qualification professionnelle** d'un salarié doit se faire en prenant en compte les fonctions réellement exercées et non en considération des seules mentions figurant dans son contrat de travail (cass. soc. 17 janvier 2006, n° 04-43228 D ; cass. soc. 27 octobre 2009, n° 08-42707 D).

Changement des conditions de travail

Maintien de la qualification et des avantages salariaux - Il y a changement des conditions de travail, et non modification du contrat, dans le cas de simples aménagements de fonction avec maintien de la qualification et des avantages salariaux (cass. soc. 24 avril 2001, n° 98-44873, BC V n° 128).

Même si les tâches à effectuer sont différentes, il n'y a pas de modification du contrat de travail si elles relèvent de la qualification du salarié (pour des exemples, voir le tableau reproduit dans cette étude).

Il n'y a pas non plus modification du contrat de travail quand l'employeur a seulement changé les outils de travail d'un salarié ou la machine sur laquelle il travaille (cass. soc. 4 avril 2006, n° 04-46361 D ; cass. soc. 6 octobre 2010, n° 09-42324 D).

Nouvelle hiérarchie - L'ajout d'un échelon hiérarchique intermédiaire entre un salarié et son responsable hiérarchique (en l'espèce, le président de la société) n'implique pas en soi une modification du contrat de travail. En effet, dans ce cas, il n'y a ni rétrogradation ni déclassement, dès lors que les fonctions et les responsabilités du salarié ne sont pas affectées (cass. soc. 21 mars 2012, n° 10-12068, BC V n° 100).

Le rattachement à un supérieur hiérarchique de rang inférieur ne modifie pas non plus le contrat de travail du salarié concerné (cass. soc. 3 juin 2009, n° 08-40092 D).

Nouvelle cadence de travail - Si la modification de la cadence de travail n'a pas d'incidence sur la rémunération ou le temps de travail des salariés, il s'agit d'un simple changement de leurs conditions de travail qui s'impose à eux (cass. soc. 20 octobre 2010, n° 08-44594, BC V n° 237).

Changement d'affectation et sanction disciplinaire

Respect de la procédure disciplinaire - Un changement d'affectation peut être décidé par l'employeur en tant que sanction disciplinaire (voir *Modification du contrat de travail**). À titre d'exemple, il peut s'agir d'une rétrogradation (voir *Sanctions disciplinaires**).

▶ À noter… La baisse de rémunération consécutive à une rétrogradation est licite dès lors qu'elle résulte d'une affectation à un niveau inférieur (cass. soc. 17 février 1993, n° 88-45539, BC V n° 55 ; cass. soc. 5 novembre 2015, n° 14-17800 D). Au contraire, la baisse de rémunération qui ne correspond pas à un changement de poste réel, est considérée comme une sanction pécuniaire interdite (voir *Sanctions pécuniaires**) (cass. soc. 23 février 1994, n° 90-45001 D).

Dans ce cas, la procédure disciplinaire doit être respectée. Il s'agit notamment de convoquer le salarié à un entretien préalable. Si ce changement d'affectation modifie le contrat de travail du salarié *(voir ci-avant)*, la notification de la sanction devra en faire état et informer le salarié de sa faculté d'accepter ou de refuser cette modification [voir *Sanctions disciplinaires (procédure)**].

Retrait d'habilitation - Le changement d'affectation d'un salarié consécutif au retrait d'une habilitation constitue ou pas une sanction disciplinaire selon l'objectif poursuivi par l'employeur (cass. ass. plén. 6 janvier 2012, n° 10-14688, B. ass. plén. n° 1) (voir *Sanctions disciplinaires**).

Dans ce cas, il convient aussi de vérifier si ce changement d'affectation modifie le contrat de travail du salarié ou change simplement ses conditions de travail *(voir ci-avant)*.

Modification des fonctions et qualifications : illustrations	
Circonstances	**Modification du contrat de travail**
Nouvelle qualification ou niveau hiérarchique différent	
Les nouvelles fonctions confiées à la salariée, dans le cadre d'un emploi d'assistante de gestion, correspondaient à une qualification inférieure à celle de secrétaire de direction qui était la sienne auparavant. De plus, sa rémunération avait été réduite.	**Oui** (cass. soc. 24 janvier 2007, n° 05-42606 D)
Un salarié avait été engagé en qualité de vendeur, affecté au rayon sanitaire. Il a été promu vendeur qualifié à ce même rayon. Puis, il a été affecté au rayon bois.	**Oui**, car la nouvelle tâche qui était confiée n'était plus en rapport avec la qualification (cass. soc. 21 février 2007, n° 05-43335 D)
Un salarié avait fait l'objet d'une nouvelle affectation en qualité de consultant manager. Les fonctions nouvelles relevaient d'un niveau hiérarchique moins élevé dans l'organigramme de l'entreprise de sorte qu'il : - se trouvait dépassé, voire commandé, par d'autres salariés qui étaient auparavant de son niveau ; - manageait une équipe réduite de 5 collaborateurs, alors qu'il avait auparavant plus de 20 collaborateurs sous sa responsabilité.	**Oui**, peu important que le classement conventionnel et la rémunération aient été maintenus (cass. soc. 16 mai 2007, n° 06-40868 D)
La proposition faite à un salarié avait pour effet de transformer sa qualification de chef de région en celle d'adjoint au chef de région.	**Oui** (cass. soc. 23 janvier 2001, n° 99-40129, BC V n° 18)
Diminution ou retrait de responsabilités	
Les propositions faites à un salarié avaient pour effet de transformer sa qualification et de diminuer le niveau de ses responsabilités ainsi que son rang hiérarchique.	**Oui** (cass. soc. 28 novembre 2006, n° 05-42291 D)
Un employeur avait brutalement diminué le niveau de responsabilités d'une salariée, en ne laissant sous son autorité que 2 à 3 agents, alors qu'auparavant elle en encadrait 14, et en lui imposant de compléter ses tâches d'encadrement par un travail d'agent de propreté.	**Oui** (cass. soc. 28 novembre 2008, n° 05-41178 D)
Un agent d'atelier avait vu ses taches réduites à des tâches d'exécution dans le domaine de la production. Il perdait ainsi l'indépendance dont il jouissait et ne disposait plus des fonctions qui lui étaient attribuées en matière d'achats et de relations avec la clientèle.	**Oui** (cass. soc. 21 novembre 2007, n° 06-40798 D)
Un salarié, engagé en qualité de directeur régional puis de « directeur comptes clés » en relation avec les centrales d'achats de la grande distribution et chargé de la responsabilité des négociations avec les enseignes nationales des grandes et moyennes surfaces, a été remplacé et s'est vu proposer le développement de nouveaux segments de distribution hors grandes et moyennes surfaces. Ses attributions étaient totalement transformées. De plus, le niveau de ses responsabilités passait à un niveau très inférieur car il n'était plus en charge de la grande distribution mais d'enseignes privées.	**Oui** (cass. soc. 28 janvier 2005, n° 03-40639, BC V n° 35)
Un changement d'affectation avait eu pour effet de retirer au salarié l'ensemble des responsabilités qu'il exerçait et de lui faire perdre sa place dans la hiérarchie de l'entreprise.	**Oui** (cass. soc. 3 novembre 2005, n° 03-47628 D)
Un salarié qui avait des responsabilités de management à l'égard de 9 commerciaux est devenu commercial à l'occasion d'une mutation.	**Oui** (cass. soc. 16 septembre 2009, n° 08-43019 D)
Un salarié détenait, depuis l'année de la conclusion de son contrat de travail, une très large délégation de pouvoirs. L'employeur lui avait retiré, sans son accord, la gestion de l'ensemble du personnel et le pouvoir d'engager le financement de la société, ce qui avait eu pour effet de diminuer unilatéralement les responsabilités de l'intéressé.	**Oui** (cass. soc. 6 janvier 2010 n° 08-43256 D)
Un salarié : - s'était vu retirer, notamment, toute responsabilité au niveau de la planification et de l'organisation des ressources humaines et matérielles ; - avait cessé d'avoir les fonctions d'encadrement qu'il assurait depuis de nombreuses années ; - s'était vu interdire d'accéder à l'atelier ; - avait vu confier à un autre salarié la planification des ressources matérielles, le suivi de la fabrication, la formation du personnel de production et la maintenance générale.	**Oui,** une telle diminution des responsabilités et des prérogatives du salarié constituait une modification du contrat de travail (cass. soc. 6 avril 2011, n° 09-66818, BC V n° 94).

Modification du contrat de travail (fonctions et qualification)

Modification des fonctions et qualifications : illustrations	
Circonstances	**Modification du contrat de travail**
Un directeur commercial s'était vu retirer la responsabilité de l'équipe commerciale.	**Oui** (cass. soc. 25 mai 2011, n° 09-71026 D)
Un salarié, initialement « responsable de la maintenance du pôle multitechnique du siège » et encadrant à ce titre une équipe d'ouvriers, était devenu « auditeur ménage », puis « approvisionneur acheteur au service maintenance », sans équipe à gérer. Certes, sa classification et sa rémunération avaient été maintenues, mais ce changement d'affectation s'était accompagné d'un appauvrissement conséquent de ses responsabilités, notamment en matière de gestion du personnel, puisque son équipe lui avait été retirée. De plus, le salarié avait perdu l'essentiel de ses attributions de responsable du pôle de maintenance multitechnique du siège.	**Oui** (cass. soc. 8 juin 2017, n° 16-14244 D)
À la suite de la résiliation d'importants contrats commerciaux sur décision de clients de l'entreprise, un salarié affecté à la gestion de ces contrats avait vu son activité s'effondrer. Dès lors que le salarié s'était vu imposer un appauvrissement de ses missions et de ses responsabilités, au point que son poste ait été vidé de sa substance, il y avait modification du contrat de travail et celle-ci était imputable à l'employeur.	**Oui** (cass. soc. 29 janvier 2014, n° 12-19479, BC V n° 34)
Un salarié avait été engagé en qualité d'entraîneur pour prendre en charge l'entraînement de l'équipe première. Ces fonctions d'entraîneur de l'équipe phare du club lui avaient été retirées au profit d'une affectation, à titre exclusif, relative à la seule gestion du centre de formation des équipes de jeunes de moins de 22 ans. Il s'agissait là d'un déclassement et d'un changement de métier.	**Oui** (cass. soc. 4 février 2015, n° 13-17517 D ; cass. soc. 3 juin 2015, n° 14-10137 D)
Suite à une réorganisation du service achats mise en place par l'employeur et au recrutement d'un nouveau responsable achats et logistique du groupe, un salarié « responsable achats et approvisionnement groupe » s'était vu remettre une nouvelle fiche de poste laquelle réduisait son champ d'activités, lui retirait des responsabilités, notamment la définition de la stratégie achats du groupe, l'analyse des besoins, la recherche des fournisseurs et les négociations avec ceux-ci.	**Oui** (cass. soc. 9 juin 2015, n° 14-13313 D)
Tâches différentes mais qualification identique	
Une salariée, affectée au ménage des appartements d'une copropriété, s'est vue attribuer le nettoyage des parties communes de l'immeuble.	**Non**, car la circonstance que la tâche donnée à un salarié soit différente de celle qu'il effectuait antérieurement, dès l'instant où elle correspond à sa qualification, ne caractérise pas une modification de son contrat de travail (cass. soc. 24 avril 2001, n° 98-44873, BC V n° 128).
Les principales responsabilités du salarié en sa qualité de directeur technique étaient demeurées inchangées lors de la restructuration de la société. Si certaines missions relatives à l'élaboration du budget avaient été supprimées en raison de l'organisation centralisée mise en place, d'autres groupes budgétaires avaient été attribués au salarié, qui conservait par ailleurs à l'identique ses fonctions de directeur d'un autre site.	**Non**, car la substance des fonctions de l'intéressé qui conservait l'essentiel de ses attributions, sa qualification et sa rémunération n'était pas touchée par la réorganisation de l'entreprise, les changements ou les jonctions de tâches constituaient un simple aménagement de ses fonctions (cass. soc. 24 janvier 2007, n° 05-42980 D).
Un cadre devait intervenir, selon son contrat de travail, dans les domaines du contrôle de gestion, de la gestion de la trésorerie, gestion administrative, gestion du personnel, des domaines juridique et fiscal et, ponctuellement, dans les autres domaines de l'entreprise. L'employeur lui avait demandé par écrit « de prendre en charge la gestion administrative du social, y compris la gestion de la paie et le paiement des charges sociales, et de recentrer ses activités sur la gestion du social et l'encadrement du suivi des opérations de trésorerie intégrant le contrôle des agios qui revêt pour la société une particulière importance ».	**Non** (cass. soc. 4 février 2004, n° 02-40527 D)

Modification des fonctions et qualifications : illustrations

Circonstances	Modification du contrat de travail
Une infirmière s'était vue confier des tâches différentes de celles antérieurement exercées, mais qui correspondaient à sa qualification.	**Non** (cass. soc. 18 mai 2005, n° 03-43565 D)
Après avoir vu son poste supprimé suite à une réorganisation de l'entreprise, un salarié s'était vu confier des missions qui entraient pleinement dans les attributions techniques d'un cadre de son niveau au regard de l'étendue et de la nature des actions à réaliser.	**Non** (cass. soc. 8 mars 2006, n° 05-41028 D)
Un employeur avait seulement demandé à une salariée de procéder à l'encaissement des ventes qu'elle effectuait, tâche qui relevait de la définition contractuelle de son poste et de sa qualification, définie par la convention collective applicable à l'entreprise.	**Non** (cass. soc. 25 mars 2009, n° 07-45266 D)
Un salarié, responsable du service clients du marché français, a été affecté à un poste de commercial grands comptes au sein de la direction commerciale. Il conservait le même niveau hiérarchique, le même niveau de rémunération et la même qualification professionnelle. Si le nouveau poste ne comportait pas l'encadrement d'une équipe importante, il représentait une responsabilité considérable en termes de chiffre d'affaires et de stratégie commerciale.	**Non** (cass. soc. 19 novembre 2014, n° 13-23996 D)

Remplacement en interne

Un salarié remplace un collègue - Un employeur peut demander à un salarié d'exercer provisoirement des fonctions inférieures, supérieures ou identiques à sa qualification habituelle pour remplacer un salarié absent (ex. : maladie, maternité, congé sans solde, etc.). Toutefois, avant d'affecter temporairement le salarié dans le nouveau poste, il convient de vérifier si cette nouvelle affectation entraîne ou pas une modification du contrat de travail du salarié remplaçant.

▶ À noter… Les conventions collectives peuvent comporter des dispositions organisant les conditions du remplacement d'un salarié dans un poste supérieur, inférieur ou identique.

Remplacement entraînant une modification du contrat - Si le salarié accepte expressément, par un avenant à son contrat de travail, le caractère temporaire de la modification de ses attributions liée au remplacement d'un collègue de travail et la réintégration dans son emploi antérieur en renonçant, le cas échéant, au maintien du complément de rémunération versée durant cette mission, il ne peut pas refuser de réintégrer son poste tel qu'il était avant ce remplacement. En effet, dans cette hypothèse, la réintégration dans l'emploi antérieur n'est pas une modification du contrat de travail (cass. soc. 31 mai 2012, n° 10-22759, BC V n° 164).

En pratique, cela signifie que l'employeur qui entend faire appel à un salarié pour qu'il remplace un collègue, ce remplacement modifiant temporairement le contrat de ce salarié, doit au préalable lui soumettre un avenant précisant expressément :

- le caractère temporaire de la modification de ses attributions ;
- le retour dans l'emploi antérieur, avec renonciation, le cas échéant, au maintien du complément de rémunération versée durant le remplacement.

Dans le cas où les fonctions du salarié mais aussi la durée du travail prévue à son contrat sont modifiées, une autre solution a été adoptée par les juges dans une décision plus ancienne. Ainsi, quand le remplacement entraîne un passage à temps partiel pour un salarié à temps plein (ou à temps complet pour un salarié à temps partiel), un premier avenant au contrat doit être soumis à l'accord du salarié remplaçant avant le remplacement (l'avenant précise les conditions du remplacement à savoir, notamment, sa durée). Un second avenant devra aussi lui être soumis à la fin du remplacement pour qu'il réintègre ses anciennes fonctions et retrouve sa durée du travail initiale (cass. soc. 11 janvier 2006, n° 03-46698, BC V n° 5). Cette solution s'explique, à notre sens, par le fait qu'il s'agissait d'un changement de durée du travail (passage d'un temps partiel à un temps plein) et que le remplacement avait duré plus de 3 ans

En pratique, l'employeur est donc invité à la plus grande prudence quand non seulement les fonctions ou la qualification du salarié sont affectées mais aussi sa durée du travail.

Remplacement entraînant un changement des conditions de travail - Dans les cas où le remplacement n'entraîne qu'un simple changement des conditions de travail, il n'est pas indispensable de solliciter l'accord du salarié avant le remplacement et avant sa réintégration dans son poste initial. Le salarié remplaçant ne peut ni refuser le remplacement, ni refuser de réintégrer son poste de travail. De tels refus pourraient, compte tenu des circonstances, justifier son licenciement (voir *Modification du contrat de travail**).

Rémunération du remplaçant - Le salarié remplaçant a droit au même niveau de rémunération que le salarié remplacé si les conditions d'application de la règle « à travail égal, salaire égal » sont remplies (cass. soc. 8 juillet 2010, n° 08-45602 D) [voir *Salaire (à travail égal, salaire égal)**].

☛ *Modification du contrat de travail.*

Modification du contrat de travail (horaire)

La situation envisagée ici est celle de la modification de l'horaire de travail d'un salarié. En cas de modification de l'*horaire de travail** collectif, voir cette étude. Si l'employeur envisage une modification de la durée du travail, voir *Modification du contrat de travail (durée du travail)**. Sur les incidences d'un *accord de performance collective**, voir l'étude correspondante.

Changement des conditions de travail ou modification du contrat

Critères d'appréciation - La modification de l'horaire de travail relève, en principe, du pouvoir de direction de l'employeur. Le refus du salarié d'accepter le changement des conditions d'exécution du travail justifie, compte tenu des circonstances, son licenciement (voir *Modification du contrat de travail**).

▶ À noter… Si l'employeur impose de nouveaux horaires de travail à un salarié par ailleurs élu municipal, ceux-ci ne constituant en principe qu'un simple changement de ses conditions de travail, il convient de rechercher si les nouveaux horaires de travail ne font pas obstacle à l'exercice du mandat électif. L'employeur doit, en effet, laisser au salarié membre d'un conseil municipal le temps nécessaire pour se rendre et participer à certaines réunions (c. coll. terr. art. L. 2123-1 et s.). Si les nouveaux horaires sont compatibles avec les fonctions municipales, le salarié ne peut pas les refuser. Son refus justifie son licenciement (cass. soc. 2 avril 2014, n° 13-11060, BC V 93).

Toutefois, si le réaménagement des horaires est important, si les pauses et jours de repos sont affectés, si l'horaire de travail est contractualisé, il peut y avoir une modification du contrat de travail (pour des exemples, voir le tableau reproduit dans cette étude).

Atteinte excessive à la vie privée ou au droit au repos - Si le changement d'horaire (ex. : instauration d'une nouvelle répartition du travail sur la journée, passage de la journée de travail du samedi au mercredi) porte une atteinte excessive au droit du salarié au respect de sa vie personnelle et familiale ou à son droit au repos, il s'agit d'une modification du contrat de travail et non d'un simple changement des conditions de travail.

À l'inverse, si le changement d'horaire ne porte pas une atteinte excessive aux droits du salarié, il relève du pouvoir de direction de l'employeur. Ce dernier peut alors l'imposer au salarié.

En cas de contentieux, il appartient au salarié qui se prévaut d'une telle atteinte de l'établir. Le cas échéant, les juges vérifient si le changement en question porte une atteinte excessive ou non aux droits du salarié (cass. soc. 3 novembre 2011, n° 10-14702, BC V n° 246 ; cass. soc. 10 décembre 2014, n° 13-13644 D).

Réaménagement important des horaires

L'employeur ne peut pas imposer un changement d'horaire s'il entraîne un bouleversement complet des horaires jusque-là pratiqués : il doit obtenir l'accord préalable du salarié. Par exemple, le passage d'un horaire de jour à un horaire de nuit constitue une modification du contrat du salarié nécessitant son accord préalable et ce, peu important une clause contractuelle ou conventionnelle contraire (cass. soc. 20 janvier 2010, n° 08-43236 D ; cass. soc. 24 mars 2010, n° 08-43324 D).

▶ À noter… Le contrat de travail ne peut pas imposer à l'avance le passage à un horaire de jour à des salariés qui travaillent le soir ou la nuit (cass. soc. 14 novembre 2018, n° 17-11757 FSPB).

Cette notion de « bouleversement » des horaires s'est établie au gré de la jurisprudence, les juges l'appréciant au cas par cas. Pour des exemples, voir le tableau reproduit dans cette étude.

Modification des horaires et de la durée du travail : exemples			
Situations concernées	**Situation avant le changement**	**Demande de l'employeur**	**Modification du contrat**
Astreintes	-	Mise en place d'un régime d'astreintes, non prévu par un accord collectif ou le contrat de travail (voir Astreinte*).	**OUI** (cass. soc. 22 octobre 2008, n° 07-43435 D).
	-	Suppression d'une astreinte qui était une sujétion liée à une fonction, le titulaire de cette fonction n'y étant pas systématiquement soumis.	**NON** (cass. soc. 13 juillet 2010, n° 08-44092, BC V n° 173).
Cadre dirigeant	Directeur administratif et financier embauché pour un horaire de 38 h 50 réparties du lundi 7 h 30 au vendredi 12 h.	Présence le vendredi après-midi.	**NON** Un cadre dirigeant qui refuse ce changement commet une faute (cass. soc. 16 mai 2000, n° 97-45256, BC V n° 181).
Activité partielle	Travail selon l'horaire collectif de l'entreprise.	Mise en activité partielle des salariés avec réduction de l'horaire collectif.	**NON** Pour les salariés (cass. soc. 9 mars 1999, n°s 96-43718 et 94-44653, BC V n° 103). **OUI** Pour les représentants du personnel (cass. soc. 18 juin 1996, n° 94-44653, BC V n° 248).
Changement d'horaires	Travail d'un agent de propreté à Marseille dans une entreprise A du lundi au samedi de 4 h à 7 h 30. Le contrat prévoyait le droit pour l'employeur de modifier, en fonction de son organisation, l'horaire et le lieu de travail.	Travail du lundi au vendredi sur les chantiers : parking préfecture 5 h 15 à 6 h 15, une entreprise A 16 h à 16 h 30, une banque 7 h à 9 h 30 et le samedi parking préfecture 5 h 15 à 6 h 15.	**NON** Malgré la clause de mobilité, l'employeur a abusé de son pouvoir de direction car le salarié se trouvait dans l'impossibilité, en l'absence de transport en commun, de se rendre à 5 h 15 sur l'un des nouveaux lieux de travail (cass. soc. 10 janvier 2001, n° 98-46226, BC V n° 3).
	Travail au domicile selon un horaire que la salariée détermine librement.	Exécution du travail au siège de l'entreprise selon un horaire fixe.	**OUI** (cass. soc. 12 décembre 2000, n° 98-44580, BC V n° 417).
	Un salarié ne travaille pas tous les mercredis.	L'employeur impose au salarié de travailler 1 mercredi sur 2.	**OUI** Le salarié, divorcé, avait la garde de ses 2 enfants. L'employeur a commis un abus de pouvoir car le changement pouvait être imposé à un autre salarié n'ayant pas les mêmes contraintes (cass. soc. 12 mars 2002, n° 99-46034 D).
	-	Modification des horaires de travail reposant sur la nécessité de réorganiser le service de la clinique pour, notamment, favoriser l'accueil des patients et des familles.	**NON** Cause réelle et sérieuse pour motif économique (cass. soc. 16 octobre 2002, n° 00-46294 D).
	Salariée travaillant de 10 h 30 à 13 h 30 au nettoyage des locaux.	Refus d'accepter des horaires compris entre 18 h 30 ou 19 h et 22 h motivé par des obligations familiales impérieuses.	**NON** Absence de licenciement pour faute grave (cass. soc. 15 décembre 2004, n° 02-44924, BC V n° 335).
Dimanche	Travail 1 dimanche sur 3.	Changement de la répartition de l'horaire de travail imposant à une salariée de travailler 2 dimanches sur 3.	**OUI** (cass. soc. 17 novembre 2004, n° 02-46100, BC V n° 292).
	Travail du lundi au vendredi	Travail du mercredi au dimanche.	**OUI** (cass. soc. 2 mars 2011, n° 09-43223, BC V n° 56).

Modification du contrat de travail (horaire)

Modification des horaires et de la durée du travail : exemples			
Situations concernées	**Situation avant le changement**	**Demande de l'employeur**	**Modification du contrat**
Heures supplémentaires	Travail 39 h par semaine.	L'entreprise demande au salarié de travailler 42 h 30 par semaine.	**NON** (cass. soc. 9 mars 1999, n° 96-43718, BC V n° 103).
	Selon le contrat de travail, le salarié effectue 39 h de travail par semaine.	Proposition refusée par le salarié de travailler 41 h par semaine, accompagnée d'une augmentation de salaire.	**OUI** La durée du travail mentionnée au contrat ne peut pas être modifiée (cass. soc. 20 octobre 1998, n° 96-40614, BC V n° 433).
	Salarié travaillant 45 h par semaine.	Durée du travail ramenée à 42 h alors que les termes du contrat ne sont ni clairs ni précis.	**NON** (cass. soc. 10 mars 1998, n° 95-44842, BC V n° 124).
	Un mécanicien d'entretien est rémunéré avec un salaire forfaitaire intégrant 23 h 45 supplémentaires.	Le forfait mensuel passe à 32,04 h supplémentaires sans l'accord du salarié.	**OUI** (cass. soc. 6 juillet 1999, n° 96-45787, BC V n° 323).
	Chauffeur routier rémunéré forfaitairement 1 082 € pour une durée de travail effectif de 175 h par mois.	Horaire de travail mensuel porté à 179,83 h pour un même salaire.	**OUI** (cass. soc. 7 février 2001, n° 99-40869 D).
Horaires variables	Travail d'une femme de service de 7 h à 15 h.	Clause de mobilité pour le temps et le lieu de travail selon les horaires suivants : 8 h à 12 h 30 et 18 h à 20 h 30.	**OUI** Le passage d'un horaire fixe à un horaire variable constitue une modification du contrat (cass. soc. 14 novembre 2000, n° 98-43218, BC V n° 365).
Horaires discontinus	-	Passage d'un horaire continu à un horaire discontinu.	**OUI** (cass. soc. 14 novembre 2000, n° 98-43218, BC V n° 365 ; cass. soc. 18 décembre 2000, n° 98-42885, BC V n° 423 ; cass. soc. 3 novembre 2011, n° 10-30033, BC V n° 248).
Horaires fixes	-	Le passage d'un horaire libre à un horaire fixe est un réaménagement important des horaires.	**OUI** (cass. soc. 18 décembre 2000, n° 98-42885, BC V n° 423).
Pause déjeuner	Une secrétaire s'occupait de ses enfants d'âge scolaire pendant l'heure du déjeuner.	Changement de l'horaire avec travail pendant l'heure du déjeuner.	**NON** (cass. soc. 17 octobre 2000, n° 98-42264, BC V n° 328). Mais ce refus n'est pas constitutif d'une faute grave.
Réduction du temps de travail	Infirmière à temps plein.	Travail à temps partiel selon un horaire de 20 h.	**OUI** (cass. soc. 16 janvier 2001, n° 98-41717, BC V n° 5).
	Agent de propreté sous contrat à durée indéterminée à temps plein.	Réduction du temps de travail de 4 h 75 par jour avec perte de salaire.	**OUI** (cass. soc. 2 mai 2000, n° 97-45355 D).
Répartition de l'horaire	Travail d'un ouvrier d'entretien du lundi au samedi de 4 h 30 à 11 h 30, avec une pause d'une demi-heure.	Travailler en deux périodes distinctes de 4 h 30 à 8 h 30, d'une part, et de 14 h 30 à 17 h, d'autre part.	**OUI** Le passage d'un horaire continu à un horaire discontinu entraîne une modification (cass. soc. 18 décembre 2000, n° 98-42885, BC V n° 423).
Travail un jour de plus	Travail pendant 4 jours de la semaine.	Travail pendant 5 jours de la semaine.	**OUI** (cass. soc. 23 janvier 2001, n° 98-44843, BC V n° 19).
Travail de nuit	-	Changement des horaires en imposant deux nocturnes hebdomadaires jusqu'à 21 h 30 ou 22 h.	**OUI** La modification n'était justifiée par aucun motif économique (cass. soc. 19 février 1997, n° 95-41207, BC V n° 74).

Modification des horaires et de la durée du travail : exemples			
Situations concernées	**Situation avant le changement**	**Demande de l'employeur**	**Modification du contrat**
Travail de nuit *(suite)*	Travail par roulement sans horaire fixe dans une station-service ouverte 24 h sur 24.	Passage à un horaire de jour.	**NON** (cass. soc. 12 juillet 1999, n° 97-43045, BC V n° 345).
	Travail selon un horaire de jour.	Travail selon un horaire de nuit.	**OUI** (cass. soc. 27 février 2001, n° 98-43783, BC V n° 61).
	Travail de 5 h à 13 h.	Travail de 16 h à 0 h.	**OUI** (cass. soc. 18 décembre 2001, n° 98-46160, BC V n° 388).
	Un salarié avait été engagé à temps partiel avec des horaires prévoyant une prise de poste à 5 h du matin.	La prise de service avait été avancée à 3 h 30, puis fixée à 4 h 30.	**NON** La réduction d'une heure de la durée du travail de nuit d'une salariée travaillant selon une durée de travail inchangée répartie entre le jour et la nuit ne constituait pas une modification du contrat de travail. La suppression de la majoration conventionnelle correspondant à cette heure était justifiée (cass. soc. 30 mai 2012, n° 11-10087 D).
	Travail de 16 h 30 à 1 h 15.	Accroissement de l'amplitude des horaires de nuit de 19 h à 5 h 15, avec un repos de 0 h 45 à 1 h 30.	**OUI** L'abandon de poste du salarié qui refuse cet accroissement ne constitue pas une faute grave justifiant une rupture anticipée du CDD (cass. soc. 7 septembre 2004, n° 02-42657, BC V n° 223).
	-	Passage partiel d'un horaire de jour à un horaire de nuit ou passage d'un horaire partiellement de nuit à un horaire entièrement de nuit.	**OUI** (cass. soc. 10 mai 2007, n° 05-45690 D ; cass. soc. 7 avril 2004, n° 02-41486, BC V n° 107 ; cass. soc. 1er juillet 2009, n° 08-43650 D).
	Travail de 7 h à 16 h.	Nouveaux horaires comportant des nocturnes jusqu'à 22 h.	**OUI** (cass. soc. 7 avril 2004, n° 02-41486, BC V n° 107).
	Horaires de 23 h à 6 h et de 6 h à 9 h 30	Horaires de 15 h à 21 h et de 21 h à 0 h 30	**NON** L'intéressé continuait à travailler partiellement la nuit (cass. soc. 25 mars 2015, n° 13-27980 D).
Travail le samedi	-	Travail 1 samedi sur 2 par roulement.	**NON** Le refus de la salariée, qui a disposé de son samedi pendant 19 ans, ne constitue pas une faute grave (cass. soc. 17 octobre 2000, n° 98-42264, BC V n° 328).
	-	Participation à une permanence le samedi.	**NON** (cass. soc. 11 juin 1998, n° 96-42386 D).
	Un salarié avait toujours été occupé du lundi au vendredi.	Les nouveaux horaires impliquent une présence 2 samedis par mois impliquant la perte tous les 15 jours du bénéfice du repos hebdomadaire de 2 jours consécutifs.	**OUI** (cass. soc. 22 octobre 2003, n° 01-42651 D).

Modification des horaires et de la durée du travail : exemples			
Situations concernées	Situation avant le changement	Demande de l'employeur	Modification du contrat
Travail le samedi *(suite)*	-	En demandant à une salariée de venir travailler la journée du samedi, à défaut de clause contractuelle excluant le travail ce jour-là, l'employeur n'avait fait qu'user de son pouvoir de direction. En outre, ces changements de conditions de travail décidés dans l'intérêt de l'entreprise n'étaient pas de nature à perturber la vie familiale de l'intéressée, qui conservait le bénéfice de ses 2 jours de repos hebdomadaire.	**NON** (cass. soc. 6 mai 2009, n° 07-41766 D).

Incidence sur les pauses et jours de repos

Quand la nouvelle répartition de l'horaire de travail a une incidence importante sur les pauses, les jours de repos ou prive le salarié du repos dominical, les juges considèrent qu'il y a modification du contrat de travail (cass. soc. 17 novembre 2004, n° 02-46100, BC V n° 292 ; cass. soc. 25 avril 2007, n° 05-45106 D ; cass. soc. 2 mars 2011, n° 09-43223, BC V n° 56).

Pour des exemples, voir le tableau reproduit dans cette étude.

Aménagement du temps de travail

Voir *Aménagement du temps de travail**.

Mise en place ou suppression d'astreintes

Voir *Astreinte**.

Modification des clauses du contrat de travail

En pratique, le contrat renvoie fréquemment aux horaires pratiqués dans l'entreprise. Dans ce cas, ces horaires, qui sont obligatoirement affichés (voir *Horaire de travail**), ne sont logiquement pas compris comme un élément du contrat, dans la mesure où leur détermination relève du pouvoir de direction de l'employeur. Il s'agit alors d'une clause « informative ». L'accord du salarié n'est donc pas indispensable ici, sauf réaménagement important *(voir ci-avant)*.

Exemple

Si le contrat indique que le salarié « devra se conformer aux horaires de travail en vigueur au sein de l'entreprise », sans plus de précision, il s'agit d'une clause informative (cass. soc. 18 février 2015, n° 13-17582 D).

En revanche, si les horaires ont été considérés comme un élément essentiel du contrat, il est impossible d'y toucher sans l'accord du salarié.

Exemple

Si le contrat de travail indique « vos horaires de travail seront, conformément à votre demande, du lundi au vendredi 8 h 30/17 h et le vendredi 8 h 30/16 h », l'employeur ne peut pas modifier ces horaires sans l'accord du salarié (cass. soc. 11 juillet 2001, n° 99-42710, BC V n° 264 ; cass. soc. 9 mars 2005, n° 03-41715 D).

L'horaire de travail peut avoir été un élément déterminant lors de la conclusion du contrat de travail, même en l'absence de clause expresse. Par exemple, le fait que l'horaire ait été fixé en fonction des obligations familiales du salarié pourrait permettre de considérer qu'il a été déterminant (cass. soc. 29 avril 2009, n° 08-40175 D).

Incidence sur les autres éléments du contrat de travail

Incidence sur la durée du travail - Le changement d'horaires qui entraîne une modification directe ou indirecte de la durée du travail est une modification du contrat de travail qui nécessite l'accord du salarié (cass. soc. 10 mars 1998, n° 95-43003, BC V n° 132).

Incidence sur la rémunération - Il en est de même d'un changement d'horaires accompagné d'une modification de la rémunération (cass. soc. 20 février 2007, n° 05-42734 D). Toutefois, si la diminution de rémunération résulte de la réduction des sujétions consécutive au changement d'horaires, le contrat de travail n'est pas modifié. L'employeur n'est alors pas tenu de requérir l'accord du salarié et le refus de ce dernier peut constituer une cause réelle et sérieuse de licenciement (cass. soc. 9 avril 2015, n° 13-27624, BC V n° 70).

▶ Attention… Sur les incidences d'un *accord de performance collective**, voir l'étude correspondante.

Demande de modification par le salarié

Possibilité de refus de l'employeur - Un salarié peut demander à son employeur un aménagement de ses horaires de travail. L'employeur est en droit de refuser cet aménagement, sauf abus, dispositif légal, conventionnel ou résultant d'un usage et imposant un tel aménagement à l'entreprise.

Aménagement d'horaire après un congé maternité - L'employeur peut refuser d'accéder à une demande de modification de l'horaire de travail formulée par une salariée à l'issue de son congé de maternité [voir *Maternité (congé de)**]. Au retour d'un congé de maternité, une salariée peut, certes, réduire son temps de travail dans le cadre des dispositions relatives au *congé parental d'éducation** (c. trav. art. L. 1225-47). Pour autant, le code du travail ne prévoit pas de droit spécifique à un aménagement des horaires. Le refus de l'employeur résulte de l'exercice légitime de son pouvoir de direction et ne porte pas abusivement atteinte au droit à une vie personnelle et familiale. Dès lors, l'absence prolongée et injustifiée de la salariée suite à ce refus, et malgré des mises en demeure, constitue une faute grave justifiant son licenciement (cass. soc. 12 septembre 2012, n° 11-21494 D).

☞ *Modification du contrat de travail.*

Modification du contrat de travail (lieu de travail)

Incidence des clauses contractuelles et conventionnelles

Mention du lieu de travail - La mention du lieu de travail dans le contrat de travail a valeur de simple information, à moins qu'il ne soit stipulé par une clause claire et précise que le salarié exécutera son travail exclusivement dans ce lieu.

Exemple
Il avait été entendu que le salarié travaillerait exclusivement sur le site de Monteux ; une modification de ce lieu de travail ne pouvait donc intervenir qu'avec l'accord du salarié (cass. soc. 22 janvier 2008, n° 06-43376 D).

En l'absence d'une clause précisant que le salarié exécutera son travail exclusivement dans tel lieu, et dès lors que le changement de localisation intervient dans le même secteur géographique (*voir ci-après*), il y a simple changement des conditions de travail, lequel s'impose au salarié, et non une modification du contrat de travail, laquelle requiert l'accord préalable du salarié (cass. soc. 3 juin 2003, n°s 01-43573 et 01-40376, BC V n° 185 ; cass. soc. 21 janvier 2004, n° 02-12712, BC V n° 26 ; cass. soc. 2 avril 2014, n° 13-11922 D).

▶ Attention… Sur les incidences d'un *accord de performance collective**, voir l'étude correspondante.

Clause de mobilité - Le changement du lieu de travail demandé par l'employeur en application d'une *clause de mobilité** s'impose en principe au salarié.

Clause prévoyant le travail à domicile - Une clause du contrat de travail peut prévoir que le salarié travaille, en tout ou partie, à son domicile. Dans ce cas, l'employeur qui souhaite remettre en cause cette modalité doit obtenir l'accord préalable du salarié (*voir ci-après*) (cass. soc. 12 février 2014, n° 12-23051, BC V n° 48).

▶ À noter… Sur les clauses permettant un changement de domicile ou de résidence, voir *Clause de domicile (ou de résidence)**. Sur le *télétravail**, voir cette étude.

Clause de détachement - Dans le cadre d'un détachement, employeur et salarié peuvent aménager le retour d'un salarié envoyé à l'étranger via une clause inscrite dans le contrat de travail. Par conséquent, à l'issue du détachement, la réintégration du salarié dans un poste correspondant à ses responsabilités contractuelles ne modifie pas le contrat de travail du salarié. Il s'agit simplement de la fin du détachement (cass. soc. 24 juin 2015, n° 13-25522, BC V n° 127).

Respect de la convention collective - L'employeur est invité à vérifier la convention collective applicable, celle-ci pouvant instituer un régime plus favorable au salarié en matière de lieu de travail. Le cas échéant, il doit le respecter (cass. soc. 30 novembre 2010, n° 08-43499, BC V n° 273).

Accord de performance collective - Voir *Accord de performance collective**.

Notion de secteur géographique

Appréciation en fonction du secteur géographique - Dans le cas où la mention du lieu de travail dans le contrat de travail a simple valeur informative, il faut déterminer si le nouveau lieu de travail est situé dans un secteur géographique différent du précédent et si, dès lors, ce changement constitue une modification du contrat de travail. Dans ce cas, le salarié peut refuser le changement sans commettre de faute et l'employeur qui entend maintenir sa décision doit alléguer une cause réelle et sérieuse de licenciement qui ne peut pas résider dans le seul refus du salarié.

En revanche, si la nouvelle affectation du salarié se situe dans le même secteur géographique, le changement ne constitue pas une modification du contrat mais un simple changement de ses conditions de travail relevant du pouvoir de direction de l'employeur. En d'autres termes, une directive que le salarié ne peut refuser au risque de voir son licenciement justifié (voir *Modification du contrat de travail**).

Définition du secteur géographique - Sauf mention dans le contrat de travail *(voir ci-avant)*, cette notion est relative. Plusieurs critères peuvent être retenus : la distance séparant les deux secteurs géographiques de l'ancien et du nouveau lieu de travail, l'existence ou non d'un bassin d'emploi homogène, etc. L'état de développement des transports en commun et la possibilité pour le salarié de se déplacer aisément vers le nouveau lieu de travail avec des échanges directs entre les différents moyens de transport sont aussi des éléments déterminants (cass. soc. 15 juin 2004, n° 01-44707 D ; cass. soc. 27 septembre 2006, n° 04-47005 D). En cas de contentieux, les juges du fond apprécient objectivement et souverainement l'existence du secteur géographique (cass. soc. 6 février 2008, n° 06-45421 D).

Pour des exemples, voir le tableau reproduit dans cette étude.

Appréciation du secteur géographique en cas de mutations successives - En cas de mutations géographiques successives, le dernier transfert du lieu de travail doit être apprécié par rapport au lieu de travail résultant du transfert immédiatement précédent et non par rapport au lieu de travail initial mentionné dans le contrat de travail (cass. soc. 3 mai 2006, n° 04-41880, BC V n° 158).

Mutation temporaire - Voir ci-après.

Prise en compte de la situation personnelle du salarié - Le juge n'a pas à prendre en considération la situation du salarié pour déterminer si le secteur géographique reste identique ou non. Le changement du lieu de travail doit en effet être apprécié de manière objective (cass. soc. 4 mai 1999, n° 97-40576, BC V n° 186). Toutefois, la situation personnelle du salarié est prise en compte par les juges quand il s'agit d'apprécier la gravité du refus du salarié d'un simple changement de ses conditions de travail (voir *Modification du contrat de travail**). Ainsi, ils doivent vérifier, quand le salarié en fait état, si la décision d'affectation porte atteinte aux droits du salarié à la santé et au repos et à une vie personnelle et familiale et si une telle atteinte est justifiée par la tâche à accomplir et proportionnée au but recherché (c. trav. art. L. 1121-1 ; cass. soc. 16 novembre 2016, n° 15-23375 D).

Exemple

Le refus du salarié présent dans l'entreprise depuis plus de 15 ans, et pour lequel le changement de ses conditions de travail allongeait encore le temps de trajet qui durait déjà près de 4 h par jour, de se rendre sur son nouveau lieu de travail ne constituait pas une faute grave (cass. soc. 21 janvier 2009, n° 07-41690 D).

Travail à domicile ou télétravail

De l'entreprise au domicile - Un salarié n'est pas tenu d'accepter de travailler à son domicile, ni d'y installer ses dossiers et ses instruments de travail (cass. soc. 2 octobre 2001, n° 99-42727, BC V n° 292).

Du domicile à l'entreprise - Lorsqu'un salarié a accepté de travailler à temps partiel ou complet à son domicile, l'employeur ne peut modifier cette modalité qu'avec l'accord préalable du salarié concerné puisqu'il s'agit alors d'une modification de son contrat de travail et ce, y compris dans les cas où une *clause de mobilité** aurait été insérée dans le contrat de travail de ce salarié (cass. soc. 31 mai 2006, n° 04-43592, BC V n° 196 ; cass. soc. 13 avril 2005, n° 02-47621, BC V n° 137 ; cass. soc. 12 février 2014, n° 12-23051, BC V n° 48).

▶ À noter… Sur les clauses permettant un changement de domicile ou de résidence, voir *Clause de domicile (ou de résidence)**.

Télétravail - Voir *Télétravail**.

Modification du lieu de travail : exemples
Le contrat de travail est modifié quand : - un salarié affecté à Lyon est muté à Paris (cass. soc. 27 mai 1998, n° 96-40929, BC V n° 282) ; - une salariée est mutée de Paris (9e arrondissement) à Roissy (Val-d'Oise) (cass. soc. 15 juin 2004, n° 01-44707 D) ; - un salarié est affecté dans une ville située à une vingtaine de kilomètres de son lieu de travail précédent, ce nouveau lieu ne se situant pas dans le même bassin d'emploi et impliquant un allongement de 5 heures par jour du temps de trajet au moyen de transports en commun en raison de l'absence d'une desserte suffisante (cass. soc. 26 janvier 2011, n° 09-40284 D) ; - un salarié est muté de Châteauneuf-De-Gadagne à Aix-en-Provence (du département du Vaucluse au département des Bouches-du-Rhône, limitrophes mais correspondants à des bassins d'emploi différents ; les lieux de travail étaient distants de 80 km) (cass. soc. 20 février 2019, n° 17-24094 D).
Ne constituent pas une modification du contrat : - l'affectation dans un atelier situé dans un village voisin (cass. soc. 21 mars 2000, n° 98-44005, BC V n° 114) ; - la mutation du salarié d'une agence de Colmar à une autre d'Ensisheim (cass. soc. 3 juin 2009, n° 08-41041 D) ; - le transfert d'un salarié d'un établissement situé à Frévent (département du Pas-de-Calais) à un autre situé à Camon (département de la Somme), distant d'une cinquantaine de kilomètres (cass. soc. 16 septembre 2009, n° 08-41676 D) ; - l'affectation dans un nouveau lieu de travail à Mougins, distant de 19 kilomètres du précédent (Routet), situé dans le même secteur géographique (cass. soc. 25 octobre 2011, n° 10-21191 D ; cass. soc. 12 avril 2012, n° 11-15971 D) ; - la mutation géographique d'un salarié dans un nouveau lieu de travail situé à 12 km de l'ancien et desservi par les transports collectifs, avec une nouvelle répartition horaire acceptée par le salarié et compatible avec ses autres engagements professionnels (cass. soc. 28 mai 2015, n° 14-13166 D) ; - la mutation d'une salariée de Marignane à Toulon, soit à plus de 80 kilomètres, celle-ci disposant d'un véhicule de service (cass. soc. 3 avril 2013, n° 11-23678 D).

Mutation temporaire

L'affectation occasionnelle d'un salarié en dehors du secteur géographique où il travaille habituellement ou des limites prévues par une *clause de mobilité** ne constitue pas nécessairement une modification du contrat de travail. Il s'agit d'un simple changement des conditions de travail lorsque :
- l'affectation occasionnelle est motivée par l'intérêt de l'entreprise ;
- elle est justifiée par des circonstances exceptionnelles ;
- le salarié est informé préalablement, dans un délai raisonnable, du caractère temporaire de l'affectation et de sa durée prévisible.

En revanche, si l'une de ces trois conditions n'est pas remplie, l'affectation constitue une modification du contrat de travail, de sorte que l'employeur doit obtenir l'accord préalable du salarié (cass. soc. 3 février 2010, n° 08-41412, BC V n° 31 ; cass. soc. 22 septembre 2010, n° 08-70368 D).

Déplacements

Quand le déplacement demandé au salarié s'inscrit dans le cadre habituel de son activité, il ne peut pas le refuser sous peine d'être sanctionné, voire licencié, pour non-respect de ses obligations contractuelles (cass. soc. 11 juillet 2012, n° 10-30219, BC V n° 217).

Exemple

Le contrat de travail d'un salarié, consultant international, prévoyait que « dans le cadre de ses activités, le salarié [pouvait] être amené à assurer des missions à l'extérieur de l'entreprise, que ce soit en France ou hors de France pour une durée plus ou moins longue, ce qu'il accepte expressément » et que, « de façon générale, l'employeur et le salarié [reconnaissaient] expressément que la mobilité du salarié dans l'exercice de ses fonctions [constituait] une condition substantielle du présent contrat sans laquelle ils n'auraient pas contracté ». Ayant refusé de se rendre à une réunion à Alger, le salarié a été licencié pour faute grave. Son licenciement a été validé. En effet, le déplacement refusé par le salarié s'inscrivait dans le cadre habituel de son activité de consultant international (cass. soc. 11 juillet 2012, n° 10-30219, BC V n° 217).

Procédure

Voir *Modification du contrat de travail**.

Refus de la mutation

Changement des conditions de travail - Si le changement de lieu de travail ne constitue qu'un simple changement des conditions de travail, le refus par le salarié de sa mutation peut justifier, compte tenu des circonstances, son licenciement (voir *Modification du contrat de travail**).

Pas d'atteinte à la liberté fondamentale du libre choix du domicile - La mutation géographique ne constitue pas, en elle-même, une atteinte à la liberté fondamentale du salarié quant au libre choix de son domicile. Elle ne peut donc pas justifier la nullité d'un licenciement (cass. soc. 28 mars 2006, n° 04-41016, BC V n° 126).

En revanche, si l'employeur a procédé à une mutation géographique dans des conditions exclusives de la bonne foi contractuelle, le licenciement du salarié qui la refuse est sans cause réelle et sérieuse (cass. soc. 28 mars 2006, n° 04-41016, BC V n° 126 ; cass. soc. 12 juillet 2010, n° 08-45516 D).

▶ À noter… Sur les clauses permettant un changement de domicile ou de résidence, voir *Clause de domicile (ou de résidence)**.

Modification du contrat de travail - S'il y a modification du contrat de travail, le salarié n'est pas tenu d'accepter le nouveau lieu de travail. En cas de refus, soit l'employeur revient sur sa décision, soit il licencie le ou les salariés concernés. Le licenciement ne trouve alors son motif que si la modification est elle-même justifiée.

Le licenciement a un motif économique si le transfert s'inscrit dans le cadre de difficultés économiques, de mutation technologique ou d'une restructuration décidée dans l'intérêt de l'entreprise (voir *Licenciement économique**).

Salariés protégés

Voir *Transfert partiel d'entreprise ou d'établissement (protection des représentants du personnel)**.

Mutation demandée par le salarié

En application de la bonne foi contractuelle, l'employeur ne peut pas refuser une demande de mutation (ex. : d'une agence de Valenciennes à une agence en Avignon), fondée sur des raisons familiales, sans donner la raison objective qui justifie son refus. Le cas échéant, il peut être condamné à verser à ce salarié des dommages et intérêts (cass. soc. 24 janvier 2007, n° 05-40639 D).

☛ *Modification du contrat de travail.*

Modification du contrat de travail (rémunération)

La rémunération d'un salarié est principalement fixée par le contrat de travail, mais des avantages résultant d'accords collectifs ou d'usage (s) peuvent aussi s'y ajouter.

Sur les incidences d'un *accord de performance collective**, voir l'étude correspondante.

Contrat de travail

Rémunération contractuelle - La rémunération, contrepartie du travail du salarié, résulte en principe du contrat de travail sous réserve, d'une part, du SMIC et, d'autre part, des avantages résultant des accords collectifs, des usages de l'entreprise ou des engagements unilatéraux de l'employeur (cass. soc. 20 octobre 1998, n° 95-44290, BC V n° 435).

Une clause du contrat de travail peut prévoir une variation de la rémunération du salarié si certaines conditions sont réunies ou que la rémunération dépend en tout ou partie d'objectifs à atteindre par le salarié (voir *Clause d'objectifs** et *Clause de variation du salaire**).

En revanche, une clause du contrat ne peut pas réserver à l'employeur la possibilité de modifier unilatéralement la rémunération et ce, même si la répercussion sur le salaire est indirecte (cass. soc. 16 juin 2004, n° 01-43124, BC V n° 166 ; cass. soc. 26 octobre 2011, n° 10-10243 D), pas plus qu'une disposition conventionnelle (cass. soc. 10 février 2016, n° 14-26147, BC V n° 25).

Rémunération résultant de l'accord employeur/salarié - Le salaire doit résulter d'un accord contractuel. Ainsi, dans le cas où la rémunération du salarié résulte exclusivement d'un usage ou d'un engagement unilatéral de l'employeur, la dénonciation régulière de l'un ou de l'autre ne permet pas à l'employeur de fixer unilatéralement la rémunération (cass. soc. 20 octobre 1998, n° 95-44290, BC V n° 435).

Accord préalable du salarié - La rémunération contractuelle du salarié, le mode de rémunération, le mode de calcul et la structure de la rémunération tels que prévus au contrat constituent des éléments essentiels du contrat de travail qui ne peuvent pas être modifiés, même de manière minime, sans son accord (cass. soc. 19 mai 1998, n° 96-41573, BC V n° 265 ; cass. soc. 18 octobre 2006, n° 05-41643 D ; cass. soc. 23 janvier 2008, n° 06-45257 D ; cass. soc. 7 mai 2002, n° 00-41334 D ; cass. soc. 4 avril 2007, n° 05-45409 D). Peu importe également que :

- le nouveau mode de rémunération soit plus avantageux (cass. soc. 28 janvier 1998, n° 95-40275, BC V n° 40 ; cass. soc. 5 mai 2010, n° 07-45409, BC V n° 102) ;
- l'employeur prétende que le nouveau mode de rémunération est sans effet sur le montant global de la rémunération du salarié (cass. soc. 18 mai 2011, n° 09-69175, BC V n° 117).

▶ À noter… L'employeur ne peut pas supprimer unilatéralement le paiement d'*heures supplémentaires** contractualisées (voir aussi *Convention de forfait**) (cass. soc. 7 mars 2018, n° 17-10870 D).

Un employeur ne peut pas non plus modifier unilatéralement le mode de fixation de la rémunération prévu au contrat de travail au motif de la maladie du salarié (cass. soc. 28 septembre 2004, n° 02-43968, BC V n° 229).

À défaut d'accord du salarié, l'employeur doit soit revenir sur sa décision, soit licencier le salarié et ce, dans la mesure où il peut invoquer une cause réelle et sérieuse (voir *Modification du contrat de travail**).

▶ Attention… Des modifications imposées à un salarié et ayant des conséquences importantes (ex. : sur sa rémunération) peuvent justifier une *résiliation judiciaire du contrat de travail**, celles-ci empêchant alors la poursuite du contrat de travail (cass. soc. 12 juin 2014, n° 13-11448, BC V n° 139 ; cass. soc. 12 juin 2014, n° 12-29063, BC V n° 140).

Modification d'avantages matériels - Un avantage matériel, juridiquement qualifié d'*avantage en nature** et prévu au contrat de travail, est un élément contractuel ne pouvant être modifié qu'avec l'accord préalable du salarié dans la mesure où il s'agit d'un élément de rémunération.

Accords collectifs

Accord de performance collective - Voir *Accord de performance collective**.

Révision d'accords collectifs - Les avenants de révision des accords collectifs se substituent de plein droit aux stipulations de l'accord modifié et ce, même s'ils se révèlent moins favorables aux salariés. Une prime prévue par un accord d'entreprise peut ainsi être réduite de moitié par un autre accord d'entreprise en contrepartie d'un maintien de l'emploi (cass. soc. 19 février 1997, n° 94-45286, BC V n° 70).

Dénonciation d'accords collectifs - Voir *Accord collectif d'entreprise (mise en cause)** et *Accord collectif d'entreprise (révision, dénonciation et renouvellement)**.

Suppression d'un usage

Voir *Usage**.

☞ *Modification du contrat de travail.*

Modification du contrat de travail (salariés protégés)

Accord obligatoire du salarié protégé

Aucune modification de son contrat de travail ou aucun changement de ses conditions de travail ne peut être imposé à un salarié protégé (ex. : un représentant du personnel). Il importe peu que cette modification ou ce changement ait été prévu dans la convention collective ou le contrat de travail : l'accord préalable du salarié protégé est indispensable (cass. soc. 26 octobre 2011, n° 09-66424 D).

▶ Attention… Si un employeur impose à un représentant du personnel une modification de son contrat de travail ou un changement de ses conditions de travail, ce dernier peut prendre acte de la rupture de son contrat de travail. Cette *prise d'acte de la rupture** a les effets d'un *licenciement nul** car non autorisé (cass. soc. 13 mai 2009, n° 08-41675 D).

Refus du salarié protégé

Absence de faute grave - Le salarié protégé qui refuse un changement de ses conditions de travail ne peut pas, de ce seul fait, se voir reprocher une faute grave (cass. soc. 20 juin 2012, n° 10-28516, BC V n° 194). La règle est la même pour tout autre salarié (voir *Modification du contrat de travail**).

L'employeur ne peut pas non plus infliger un avertissement au représentant du personnel qui refuse la modification de son contrat de travail (cass. soc. 9 février 2022, n° 20-13711 D).

Marche à suivre par l'employeur - En cas de refus par le salarié protégé de la modification de son contrat de travail ou du changement de ses conditions de travail, l'employeur doit poursuivre le contrat aux conditions antérieures ou engager la procédure de licenciement en saisissant l'inspection du travail d'une demande d'autorisation (cass. soc. 15 février 2006, n° 03-42510, BC V n° 74 ; cass. soc. 21 novembre 2006, n° 04-47068, BC V n° 350) (voir *Licenciement des représentants du personnel**).

Le cas échéant, la demande d'autorisation de licenciement auprès de l'inspection du travail devra être motivée par les raisons qui ont conduit l'employeur à proposer la modification du contrat [ex. : motif économique ou personnel (disciplinaire, etc.)].

Si la mesure envisagée est un simple changement des conditions de travail, le refus du salarié protégé peut, selon les circonstances, justifier une demande d'autorisation de licenciement pour faute (CE 16 mai 1996, n° 153102 ; guide DGT, septembre 2019, fiche 11a).

Exemples
Le refus d'une mutation d'un salarié dans un poste situé à une vingtaine de kilomètres du précédent a été considéré comme fautif (CE 16 mai 1996, n° 153102).

À l'inverse, le refus d'un salarié protégé de se déplacer plusieurs semaines au Maroc n'était pas une faute justifiant le licenciement disciplinaire puisque son contrat de travail et ses fonctions n'impliquaient pas de mobilité géographique (CE 29 juin 2020, n° 428694).

Incidence sur la rémunération - Si l'employeur impose le changement des conditions de travail ou la modification du contrat, dans l'hypothèse où le salarié protégé refuse de l'accepter et cesse de travailler jusqu'à l'autorisation de licenciement de l'inspection du travail, la rémunération doit être maintenue aussi longtemps que l'inspecteur du travail n'a pas autorisé le licenciement. Il importe peu que le salarié ait refusé un simple changement de ses conditions de travail et que ce refus soit ensuite jugé fautif (cass. soc. 2 décembre 2009, n° 08-43466, BC V n° 272 ; cass. soc. 12 janvier 2016, n° 13-26318, BC V n° 6).

Juge compétent en cas de contentieux - Si le licenciement pour faute grave d'un représentant du personnel est autorisé par l'administration, ce salarié ne peut pas réclamer de dommages-intérêts pour licenciement sans cause réelle et sérieuse devant le juge judiciaire. En effet, en présence d'une autorisation administrative accordée à l'employeur de licencier un salarié protégé, le juge judiciaire ne peut pas apprécier le caractère réel et sérieux des motifs retenus pour justifier le licenciement. Toutefois, ce salarié est en droit d'obtenir l'indemnité de licenciement et de préavis. En effet, le refus par le salarié protégé d'une modification que l'autorité administrative a qualifiée de simple changement de ses conditions de travail, justifiant d'accorder à l'employeur l'autorisation de licenciement, ne caractérise pas à lui seul une faute grave (cass. soc. 20 juin 2012, n° 10-28516, BC V n° 194).

☞ *Modification du contrat de travail.*

Modification de la situation juridique de l'employeur

Transfert prévu par la loi

Transfert des contrats de travail - S'il survient une modification dans la situation juridique de l'employeur, notamment par succession, vente, fusion, transformation du fonds ou mise en société, tous les contrats de travail en cours au jour de la modification subsistent entre le nouvel employeur et le personnel de l'entreprise (c. trav. art. L. 1224-1).

▶ À noter… Sur le cas particulier d'une éventuelle reprise de l'entreprise par les salariés, voir *Cession d'entreprise aux salariés**. Sur l'obligation, dans certains cas et pour certaines entreprises, de chercher un repreneur, voir *Fermeture d'établissement**.

Conditions d'application - Le transfert des contrats de travail ne s'applique qu'en cas de transfert d'une entité économique autonome, c'est-à-dire d'un ensemble organisé de personnes et d'éléments corporels ou incorporels permettant l'exercice d'une activité économique qui poursuit un objectif propre (cass. soc. 7 juillet 1998, n° 96-21451, BC V n° 363 ; cass. soc. 14 mars 2012, n° 10-27809 D).

Cette entité doit conserver son identité et poursuivre son activité (cass. ass. plén. 16 mars 1990, n°s 89-45730 et 86-40686, BC ass. plén. n°s 3 et 4). En substance, il faut que l'entité garde ses moyens d'exploitation : outillage, locaux, clientèle, etc. À défaut, il ne peut pas y avoir de transfert des contrats de travail.

Enfin, l'entreprise, l'établissement ou la partie d'entreprise ou d'établissement à transférer doit se trouver dans l'Union européenne.

Exemple
Une entreprise ayant son siège social dans la Principauté de Monaco cède la commercialisation de ses produits à une entreprise établie en France. La société monégasque est en droit de licencier les salariés affectés à cette activité. Il n'y a pas de transfert automatique au repreneur des contrats de travail de ces salariés (cass. soc. 14 novembre 2019, n° 18-13887 FSPB).

Interdiction de faire échec au transfert - Les employeurs successifs ne peuvent pas :

- convenir qu'une partie seulement des salariés sera transférée (cass. ch. mixte, 7 juillet 2006, n° 04-14788, B. ch. mixte n° 5) ;

- prévoir, dans l'acte de cession, que le transfert des salariés n'interviendra que s'ils consentent à la modification de leur contrat de travail (cass. soc. 28 janvier 2015, n° 13-16719, BC V n° 11) ;
- s'entendre pour limiter le nombre de salariés transférés (ex. : le nouvel employeur pose comme condition à la reprise de l'entité économique autonome le licenciement préalable d'un nombre déterminé de salariés), un tel accord constituant une collusion frauduleuse (cass. soc. 31 mars 1998, n° 94-44798, BC V n° 182 ; cass. soc. 10 octobre 2006, n° 04-43453, BC V n° 296) ;
- organiser le transfert des salariés vers une entité qui a vocation à disparaître (cass. soc. 19 mai 2016, n° 15-13603 D).

▶ Attention… Les employeurs coupables de collusion frauduleuse peuvent être condamnés solidairement à réparer le préjudice subi par les salariés (cass. soc. 15 octobre 1987, n° 84-44314, BC V n° 570 ; cass. soc. 12 novembre 2008, n° 07-42069 D).

Dérogation au transfert en cas de PSE - Par exception, une entreprise d'au moins 50 salariés qui, en vue d'éviter la fermeture d'un ou de plusieurs établissements, cède certaines entités économiques autonomes dans le cadre d'un *plan de sauvegarde de l'emploi** (obligatoire en cas de licenciement d'au moins 10 salariés en 30 jours) peut licencier des salariés appartenant à ces entités pour faciliter leur reprise (c. trav. art. L. 1233-61). Ce dispositif dérogatoire permet donc de faire échec à l'obligation de transfert des contrats de travail.

Contestation par les salariés - Les salariés peuvent contester leur transfert, en invoquant le fait que les conditions d'application de l'article L. 1224-1 du code du travail ne sont pas réunies et que les contrats doivent être maintenus avec l'employeur initial. À l'inverse, ils peuvent revendiquer le transfert des contrats de travail, dans l'hypothèse où l'employeur conteste l'application de l'article L. 1224-1.

Ces actions sont interdites au syndicat mais celui-ci peut se greffer à l'action intentée par un salarié (cass. soc. 23 septembre 2009, n° 08-42109, BC V n° 198 ; cass. soc. 12 juillet 2017, n° 16-10460, BC V n° 121).

Quant au comité social et économique, il ne peut pas exercer une action en justice au nom des salariés ni se joindre à leur action (cass. soc. 14 mars 2007, n° 06-41647, BC V n° 51 ; cass. soc. 4 novembre 2020, n° 19-10626 D).

Cas particuliers de transfert légal des contrats

Externalisation d'une branche d'activité - En pratique, le transfert des contrats de travail intervient souvent à l'occasion de la cession de filiales. Toutefois, la cession d'une activité ou d'un service peut également entraîner le transfert des contrats de travail si l'activité ou le service en question constitue une entité économique autonome. Il est donc nécessaire que le service externalisé possède des moyens particuliers tendant à des résultats spécifiques et à une finalité économique propre (cass. soc. 18 juillet 2000, n° 98-18037, BC V n° 285 ; cass. soc. 2 février 2006, n° 04-41089 D). Par ailleurs, ses responsables doivent disposer d'une certaine marge de manœuvre dans l'organisation du travail (cass. soc. 30 octobre 2013, n° 12-60575 D).

Exemples

La cession d'une activité de recherche et de développement ne s'analyse pas en un transfert d'entité économique dès lors que, d'une part, la cession ne porte que sur une partie de la clientèle et pour certaines références uniquement et, d'autre part, que l'entreprise cédante continue à assurer le fonctionnement de l'entité cédée, au travers de la gestion de la paie et du service informatique, ainsi que la fabrication des produits. L'activité n'ayant pas d'autonomie, le cédant ne peut pas considérer que les salariés qui y étaient affectés sont passés au service du repreneur (cass. soc. 10 juin 2015, n° 13-27144, BC V n° 117).
À l'inverse, si le service informatique possède des moyens particuliers en personnel et en matériel, dispose d'une autonomie de gestion et a une finalité propre, son transfert entraîne celui des salariés qui y sont affectés (cass. soc. 8 juillet 2009, n° 08-44396 D ; cass. soc. 23 janvier 2002, n° 99-46245 D).

Perte de marché - La seule perte d'un marché n'est pas, en elle-même, un cas d'application de l'article L. 1224-1 du code du travail (cass. ass. plén. 16 mars 1990, n° 85-44518, BC ass. plén. n° 4). En d'autres termes, le personnel affecté au marché en question ne passe pas automatiquement au service du nouveau titulaire de ce marché (cass. soc. 18 février 2004, n° 01-46432 D ; cass. soc. 20 décembre 2006, n° 04-19829, BC V n° 389 ; cass. soc. 12 décembre 2013, n° 12-20081 D). Pour qu'il y ait transfert des contrats de travail, il faut que la succession des prestataires de services ou la reprise en gestion directe de l'activité équivaille au transfert d'une entité économique conservant son identité.

Conditions d'application du transfert des contrats de travail : exemples	
Transfert d'entité économique autonome	**Absence de transfert d'entité économique autonome**
Résiliation d'un contrat de location-gérance (cass. soc. 7 mars 1989, n° 85-45173, BC V n° 181)	Résiliation d'un contrat de location-gérance pour un fonds de commerce devenu inexploitable (cass. soc. 7 novembre 1990, n° 88-45196, BC V n° 519)
Externalisation, par une résidence pour personnes âgées, d'un service d'assistance médico-sociale disposant de moyens propres en personnel et jouissant d'une autonomie (cass. soc. 23 mai 2012, n° 10-27265 D)	Externalisation d'un service de fabrication et de réparation de palettes qui n'est qu'un simple démembrement des services centraux et qui ne dispose pas, au sein de l'établissement, d'une autonomie, tant dans ses moyens en personnel que dans l'organisation de sa production (cass. soc. 18 juillet 2000, n° 98-18037, BC V n° 285)
Changement de concessionnaire exclusif de la vente de véhicules automobiles d'une marque (cass. soc. 11 juin 2002, n° 01-43051, BC V n° 197 ; cass. soc. 11 juin 2008, n° 07-41394 D)	Concession exclusive de la vente de plusieurs marques automobiles reprise par plusieurs entreprises, ce qui a entraîné la perte d'identité de l'entité économique (cass. soc. 28 mai 2003, n° 01-41263, BC V n° 177)
Reprise d'un fonds de commerce par une société dans les mêmes locaux et avec la même clientèle que le cédant (cass. soc. 13 avril 1999, n° 97-41450, BC V n° 168) ou avec le même matériel (cass. soc. 12 octobre 1999, n° 97-42850, BC V n° 374)	Cessation des actifs d'un groupement d'intérêt économique (GIE) entre plusieurs sociétés, ce qui a entraîné la perte d'identité de l'entité économique (cass. soc. 4 juin 2014, n° 13-12239 D)
Reprise, par une société, de la totalité de l'activité de distribution de ses propres produits jusque-là assurée par une filiale (cass. soc. 10 octobre 1990, n° 87-40716, BC V n° 437)	Cession d'une activité de recherche et de développement, mais n'incluant qu'une partie de la clientèle et pour certaines références uniquement, avec conservation de la gestion de la paie et du service informatique, ainsi que de la fabrication des produits (cass. soc. 10 juin 2015, n° 13-27144, BC V n° 117)
Reprise, par une compagnie aérienne, d'une activité de réservation-vente, avec les locaux et les moyens matériels et humains dédiés à cette activité (cass. soc. 29 avril 2009, n° 08-40532 D)	Rachat par un hypermarché d'un magasin de bricolage, mais reprise des seuls stocks pour aussitôt les brader. Salariés du magasin de bricolage contraints à une totale permutabilité avec les salariés de l'hypermarché (cass. soc. 24 mars 2021, n° 19-12208 FSPI)
Reprise de la représentation d'une marque en France et de la clientèle y afférente par la filiale du propriétaire de cette marque (cass. soc. 13 avril 1999, n° 96-44254, BC V n° 169)	-
Reprise de la commercialisation des produits d'une marque et de la clientèle qui y est attachée (cass. soc. 23 octobre 2014, n° 13-19727 D)	-

Exemples

La reprise par une maison de retraite de l'activité de restauration, jusqu'alors assurée par une société extérieure, dans les mêmes locaux et en utilisant les mêmes moyens caractérise le transfert d'une entité économique autonome ayant conservé son identité et entraîne l'application de l'article L. 1224-1 du code du travail (cass. soc. 2 décembre 1998, n° 96-44242 D).

Il en est de même lorsque le nouveau titulaire du marché reprend l'ensemble des moyens d'exploitation indispensables à la poursuite de l'activité (cass. soc. 19 novembre 2008, n° 07-42455 D ; cass. soc. 9 avril 2014, n° 12-29037 D).

Dans certains secteurs d'activité (propreté, gardiennage, etc.), la convention collective prévoit expressément que la perte d'un marché s'accompagne du transfert des contrats de travail. Ce dispositif permet donc de compenser le fait que le mécanisme légal de transfert ne s'applique pas ***(voir ci-après)*****.**

Cession de participations - La cession de participations que l'employeur détient dans d'autres sociétés ne suffit pas, à elle seule, à entraîner le transfert au cessionnaire d'une entité économique autonome, y compris dans les cas où la cession d'actions équivaut à une prise de contrôle d'une société par une autre. Ce n'est que si cette cession s'accompagne du transfert de moyens d'exploitation matériels et humains relevant d'une branche ou d'un secteur d'activité autonome que l'article L. 1224-1 du code du travail s'applique (cass. soc. 29 octobre 2002, n° 00-45166, BC V n° 321).

Reprise par une personne morale de droit public - Il arrive qu'un service public administratif (ex. : crèche, activité de loisirs, etc.), dont la gestion était jusqu'alors assurée par une personne privée, soit repris par une personne morale de droit public. Les salariés affectés à ce service passent alors au service de la personne publique, selon des modalités particulières (c. trav. art. L. 1224-3 ; CE, avis du 21 mai 2007, JO du 19 juin ; CE 25 juillet 2013, n° 355804).

Modalités de transfert des contrats

Transfert de plein droit - Tous les contrats de travail des salariés affectés à l'entité transférée se poursuivent auprès du nouvel employeur, sans modification. Ce transfert est opéré par l'effet de la loi, sans aucune notification particulière (cass. soc. 30 mars 2005, n° 02-47380 D ; cass. soc. 27 mai 2015, n° 14-12139 D).

Cas particulier du transfert partiel - Lorsque le salarié est affecté à la fois à l'entité transférée et à un secteur d'activité non repris, il devient en principe titulaire de deux contrats de travail à temps partiel, l'un avec son nouvel employeur, l'autre avec son employeur d'origine, au prorata des fonctions exercées.

Néanmoins, il ne peut y avoir transfert partiel lorsque la scission du contrat de travail (cass. soc. 30 septembre 2020, n° 18-24881 FSPBRI) :
- est impossible ;
- entraîne une détérioration des conditions de travail du salarié ;
- ou porte atteinte au maintien des droits du salarié garantis par la directive 2001/23/CE du Conseil du 12 mars 2001 relative aux transferts d'entreprise.

▶ À noter… L'arrêt de la Cour de cassation du 30.09.2020 précité marque une rupture avec la jurisprudence antérieure, qui n'admettait quasiment aucune exception à la scission du contrat (cass. soc. 30 mars 2005, n° 02-47380 D ; cass. soc. 27 mai 2015, n° 14-12139 D). C'est au gré des décisions à venir que l'on pourra déterminer plus précisément les circonstances dans lesquelles la scission est impossible, entraîne une détérioration des conditions du travail ou porte atteinte au maintien des droits du salarié garantis par la directive européenne du 12.03.2001. De même, les juges n'ont pas indiqué la marche à suivre par l'employeur dans une telle situation. On peut imaginer, par analogie avec le régime de la modification du contrat *(voir ci-après)*, qu'il peut conserver le salarié ou le licencier pour motif économique, mais cela nécessite également d'être précisé par les tribunaux.

En tout état de cause, il ne peut pas y avoir scission du contrat de travail d'un salarié protégé. L'inspecteur du travail doit examiner concrètement où l'intéressé accomplit l'essentiel de ses fonctions pour autoriser ou refuser le transfert. En cas d'autorisation, le contrat de travail du salarié protégé est transféré au nouvel employeur en totalité (CE 15 juin 2005 n° 250747 ; CE 1er août 2013, n° 358257).

Poursuite des contrats dans les mêmes conditions - Les salariés transférés continuent à exercer leur prestation de travail, sans changement. Ils conservent leur rémunération, leur ancienneté et les droits qui y sont attachés (cass. soc. 18 décembre 1991, n° 88-43550, BC V n° 590).

Le nouvel employeur ne peut pas faire effectuer de période d'essai aux intéressés (cass. soc. 31 mars 1998, n° 95-44889, BC V n° 185).

Obligation du salarié d'exécuter sa prestation de travail - Le salarié qui s'oppose au transfert et ne se présente pas au travail commet une faute, pouvant être qualifiée de grave selon le contexte, justifiant la rupture du contrat de travail par le cédant (cass. soc. 25 octobre 2000, n° 98-45422 D ; cass. soc. 4 avril 2006, n° 04-42735 D).

Sort du statut collectif - Le transfert légal des contrats de travail constitue un cas de mise en cause des accords collectifs. Par conséquent, les salariés vont conserver le bénéfice de leur ancien statut collectif (accords d'entreprise et convention collective) pendant 15 mois, tandis que des négociations sont censées s'engager pour faciliter la transition. En l'absence d'accord, les salariés conservent leur rémunération de base [voir *Accord collectif d'entreprise (mise en cause)**].

▶ À noter… Les inégalités de traitement qui peuvent résulter, selon le cas, du maintien de la rémunération ou de la conclusion d'un accord d'adaptation sont justifiées (cass. soc. 11 janvier 2005 n° 02-45608, BC V n° 2 ; cass. soc. 4 décembre 2007, n° 06-44041, BC V n° 203).

Les salariés conservent par ailleurs le bénéfice des usages et des engagements unilatéraux appliqués dans leur ancienne entreprise (cass. soc. 12 mars 2008, n° 06-45147, BC V n° 59). Là encore, les inégalités de traitement qui peuvent en résulter sont justifiées (cass. soc. 11 janvier 2012, n° 10-14614, BC V n° 15).

En revanche, le règlement intérieur applicable dans l'entreprise ne suit pas les salariés transférés. Le nouvel employeur ne peut donc pas invoquer une clause de ce règlement pour sanctionner les intéressés (cass. soc. 17 octobre 2018, n° 17-16465 FSP).

Modification du contrat de travail - Le contrat de travail est censé se poursuivre dans les mêmes conditions. Si le nouvel employeur propose au salarié transféré une modification de son contrat de travail, ce dernier est en droit de s'y opposer. Si l'employeur décide de rompre le contrat de travail du salarié à la suite de son refus, il s'agit d'un licenciement pour motif économique, qui doit naturellement être justifié (cass. soc. 17 avril 2019, n° 17-17880 FSPB).

Novation du contrat de travail - Employeur et salarié peuvent procéder à la novation du contrat de travail, c'est-à-dire ne pas se contenter de modifier certaines clauses du contrat mais en signer un nouveau.

Il est nécessaire que le salarié soit d'accord et que cette novation ne soit pas frauduleuse, c'est-à-dire qu'elle ne soit pas destinée à faire échec au transfert de plein droit du contrat (cass. soc. 17 septembre 2003, n° 01-43687, BC V n° 232 ; cass. soc. 28 mars 2012, n° 11-10109 D).

▶ À noter… La novation du contrat ne se présume pas et doit résulter d'actes manifestant sans équivoque la volonté de l'employeur et du salarié de substituer un contrat de travail à un autre (cass. soc. 12 mars 2008, n° 06-41470 D).

Sort du PEE. - Si l'opération rend impossible la poursuite du *plan d'épargne d'entreprise (PEE)**, les sommes qui y étaient affectées peuvent être transférées dans le PEE de l'entreprise d'accueil. Les sommes détenues au titre de la participation peuvent également y être affectées (c. trav. art. L. 3335-1, L. 3335-2 et D. 3335-1 à D. 3335-3). Toutefois, ces mécanismes de transfert de l'épargne n'entraînent pas l'obligation pour le repreneur de mettre en place un PEE alors qu'il n'en avait pas (cass. soc. 19 mai 2016, n° 14-29786, BC V n° 109).

Limites au pouvoir de licencier

Licenciement par le cédant avant le transfert - Sur le principe, le cédant conserve son pouvoir de licencier (cass. soc. 8 juin 1979, n° 77-41597, BC V n° 502 ; cass. soc. 17 juillet 1990, n° 86-40155, BC V n° 372). Toutefois, la rupture ne doit pas faire faire échec au transfert des contrats de travail. En pratique, licencier juste avant la cession demeure risqué. Le salarié licencié en violation des règles relatives au transfert du contrat de travail peut demander réparation au cédant, au titre d'un licenciement sans cause réelle et sérieuse (cass. soc. 24 janvier 1990, n° 86-41497, BC V n° 23 ; cass. soc. 4 juillet 2012, n° 10-26504 D).

▶ Attention… Par exception, les entreprises qui ferment un établissement et qui ont l'obligation de chercher un repreneur peuvent licencier des salariés de cet établissement pour faciliter sa reprise (voir *Fermeture d'établissement**).

Licenciement par le cédant lors du transfert - Dès lors qu'il est intervenu lors du transfert, le licenciement notifié en violation de l'article L. 1224-1 du code du travail est « sans effet » (cass. soc. 3 avril 2001, n° 98-44778, BC V n° 113). Le salarié peut alors, à son choix, demander au repreneur la poursuite du contrat de travail illégalement rompu ou demander à l'auteur du licenciement illégal la réparation du préjudice en résultant (cass. soc. 20 mars 2002, n° 00-41651, BC V n° 94 ; cass. soc. 23 février 2005, n° 03-41855 D ; cass. soc. 15 février 2006, n° 04-43923, BC V n° 67 ; cass. soc. 26 juin 2012, n° 11-10108 D).

Cependant, si le repreneur a informé le salarié, avant l'expiration du préavis, de son intention de poursuivre le contrat aux mêmes conditions, il n'est plus possible de demander réparation à l'auteur du licenciement (cass. soc. 11 février 2003, n° 01-41842, BC V n° 86 ; cass. soc. 30 janvier 2007, n° 04-45826 D ; cass. soc. 4 mai 2011, n° 10-15393 D ; cass. soc. 31 janvier 2012, n° 10-19880 D). Le salarié doit alors exécuter sa prestation de travail auprès du nouvel employeur.

Licenciement par le repreneur - Le nouvel employeur doit prendre à son service les salariés transférés. À défaut, il s'expose au paiement de dommages et intérêt pour licenciement sans cause réelle et sérieuse (cass. soc. 30 novembre 1978, n° 77-40711, BC V n° 815 ; cass. soc. 15 juillet 1998, n° 96-43869, BC V n° 377).

Cependant, une fois le transfert effectué, le repreneur est bien entendu en mesure de licencier un salarié si un motif réel et sérieux, personnel ou économique, le justifie.

▶ À noter… Le nouvel employeur peut sanctionner une faute commise par le salarié alors qu'il travaillait encore pour le cédant (cass. soc. 29 mai 1990, n° 87-40151, BC V n° 242). Cependant, il doit alors veiller à engager la procédure dans les 2 mois qui suivent la connaissance des faits fautifs par le cédant (cass. soc. 27 mai 2009, n° 06-46293, BC V n° 137 ; cass. soc. 4 février 2014, n° 12-27900 D) [voir *Prescription (droit disciplinaire)**].

Transfert des représentants du personnel

Transfert en principe sans autorisation - En règle générale, et sauf transfert conventionnel *(voir ci-avant)*, le transfert des contrats de travail en application de l'article L. 1224-1 du code du travail s'impose aux salariés protégés, sans que l'employeur ait à demander l'autorisation de l'inspecteur du travail.

Autorisation nécessaire en cas de transfert partiel - Si le transfert n'est que partiel (ex. : cession d'une activité parmi d'autres) et si un salarié protégé est inclus dans ce transfert, l'employeur doit solliciter l'autorisation de l'inspecteur du travail au plus tard 15 jours avant la date arrêtée pour ce transfert [voir *Transfert partiel d'entreprise ou d'établissement (protection des représentants du personnel)**].

Incidence sur le mandat d'un délégué syndical - Le mandat du *délégué syndical** ou du *délégué syndical central** subsiste lorsque l'entreprise qui a fait l'objet de la modification conserve son autonomie juridique. Il en est de même lorsque la modification porte sur un établissement (c. trav. art. L. 2143-10).

Incidence sur le mandat des élus du personnel - Le mandat des élus du *comité social et économique** et des représentants syndicaux auprès du comité subsiste, à condition que l'entreprise conserve son autonomie juridique (c. trav. art. L. 2314-35).

En présence d'une entité économique autonome dépourvue de représentants du personnel, le repreneur n'a pas à organiser d'élections professionnelles, dès lors que l'absence d'élus est justifiée par un procès-verbal de carence et que l'entité a conservé son autonomie juridique (cass. soc. 6 mars 2019, n° 17-28478 FPB).

▶ À noter… Une entité peut conserver son autonomie alors qu'elle a fusionné avec une autre structure ou qu'elle a été cédée (cass. soc. 18 décembre 2000, n° 99-60381, BC V n° 433 ; cass. soc. 21 octobre 2009, n° 08-41764 D). L'essentiel est que les responsables de cette entité conservent le pouvoir d'organiser le travail et de décider de l'emploi des moyens matériels mis à sa disposition (CJUE, 29 juillet 2010, aff. C-151/09).

Ajustement de la durée des mandats - La durée du mandat peut être réduite ou prorogée pour tenir compte de la date habituelle des élections dans l'entreprise d'accueil et ce, par voie d'accord entre le nouvel employeur et les syndicats représentatifs existant dans le ou les établissements absorbés ou, à défaut, les représentants du personnel concernés (c. trav. art. L. 2314-35).

Conditions du transfert des dettes

Dettes à la charge du nouvel employeur - Sauf exceptions *(voir ci-après)*, le nouvel employeur hérite en principe des obligations qui incombaient à l'ancien employeur vis-à-vis des salariés à la date de la modification de la situation juridique de l'entreprise (c. trav. art. L. 1224-2). Par conséquent, si le cédant devait des salaires ou des cotisations sociales, le cessionnaire pourra être obligé de payer ces sommes, à charge pour lui d'en demander ensuite le remboursement auprès de l'ancien employeur.

Exemple

Dans une affaire où le cédant comme le cessionnaire ne respectaient pas le repos dominical, le nouvel employeur a été condamné à réparer l'intégralité du préjudice subi par un salarié, y compris pour la période antérieure au transfert du contrat de travail (cass. soc. 14 mai 2008, n° 07-42341, BC V n° 103).

Exception au transfert des dettes - Le transfert automatique des dettes salariales du premier au second employeur ne s'applique pas dans les cas suivants (c. trav. art. L. 1224-2) :
- changement d'employeur intervenu dans le cadre d'une procédure de redressement judiciaire ou de liquidation des biens ;
- substitution d'employeur intervenue sans qu'il y ait eu de convention entre eux.

Action au choix du salarié - Le transfert des dettes n'implique pas que le salarié soit obligé d'agir contre son nouvel employeur. Il peut aussi exercer son action en paiement ou en indemnisation contre le cédant (cass. soc. 3 avril 1991, n° 88-41786, BC V n° 164 ; cass. soc. 3 mars 1998, n° 95-42609, BC V n° 116). Les deux employeurs sont tenus « in solidum », ce qui signifie que l'un comme l'autre peuvent être condamnés à payer l'intégralité de la dette (cass. soc. 6 avril 2011, n° 10-16203, BC V n° 91).

Transfert imposé par un accord collectif

Modalités du transfert conventionnel - Dans certaines activités de prestation de services, des accords professionnels visent à assurer le maintien des contrats en cas de transfert de marché. On trouve notamment ces accords dans le domaine de la prévention et de la sécurité, de la propreté ou encore de la restauration de collectivités.

▶ Attention… Le mécanisme de transmission des dettes au nouvel employeur *(voir ci-avant)* ne s'applique qu'en cas de transfert des contrats de travail par application de la loi. En cas de transfert conventionnel, l'entreprise entrante n'a donc pas à prendre en charge les dettes des salariés de l'ancien employeur, sauf si la convention collective en dispose autrement (cass. soc. 27 mai 2015, n° 14-11155, BC V n° 107).

Accord des salariés exigé - Contrairement au transfert légal *(voir ci-avant)*, ce mécanisme de transfert conventionnel nécessite de recueillir l'accord exprès des salariés (cass. soc. 2 avril 1998, n° 96-40383 D ; cass. soc. 3 mars 2010, n° 08-41600, BC V n° 51), une *clause de mobilité** ne permettant pas de s'en dispenser. Pour les salariés protégés, l'employeur doit en outre demander à l'inspection du travail d'autoriser le transfert (cass. soc. 16 mars 1999, n° 96-44570, BC V n° 124 ; cass. soc. 28 mai 2003, n° 01-40512, BC V n° 181).

Attention cependant, car l'interdiction de procéder au transfert contre l'avis du salarié a été édictée dans l'intérêt du salarié. En d'autres termes, ce dernier peut agir en justice contre un transfert conventionnel qui lui aurait été imposé, mais l'employeur ne peut pas prendre prétexte du refus du salarié pour le licencier. En tout état de cause, le refus du salarié de passer au service du nouveau titulaire du marché ne constitue pas en lui-même un motif de licenciement (cass. soc. 8 mars 2005, n° 02-45114 D ; cass. soc. 17 mars 2010, n° 08-44026 D). En revanche, l'employeur se trouve alors dans l'obligation de chercher une autre affectation et peut licencier le salarié qui refuse les diverses solutions qui lui sont proposées (cass. soc. 9 novembre 2005, n° 03-45483, BC V n° 315).

Égalité de traitement - À la suite du transfert des contrats de travail, des inégalités de traitement peuvent apparaître entre, d'une part, les salariés transférés et, d'autre part, ceux qui étaient déjà en poste chez le nouveau prestataire. Toutefois, cette différence de traitement est justifiée dans la mesure où elle résulte d'une garantie d'emploi instituée par accord collectif. Les salariés en poste ne peuvent donc pas prétendre aux avantages dont bénéficient les salariés transférés ni inversement (c. trav. art. L. 1224-3-2 ; cass. soc. 30 novembre 2017, n° 16-20532, BC V n° 204).

Pas de transfert des usages - En cas de transfert conventionnel, le repreneur n'est lié que par les clauses des contrats de travail. Sauf stipulations conventionnelles contraires, il n'a donc pas à appliquer les usages en vigueur dans l'entité économique avant son transfert (cass. soc. 17 novembre 2010, n° 09-67918 D ; cass. soc. 18 septembre 2019, n° 18-17018 D).

Conséquence du refus de transfert par le nouvel employeur - Le fait que le nouvel employeur refuse de reprendre les salariés transférés ne permet pas à l'ancien employeur de rompre les contrats de travail. Les licenciements seraient en effet dépourvus de cause réelle et sérieuse (cass. soc. 2 décembre 2009, n° 08-43722, BC V n° 273).

En revanche, l'ancien employeur peut saisir le juge pour contraindre le repreneur à respecter ses obligations, éventuellement en référé. Il peut également réclamer le versement de dommages et intérêts (cass. soc. 17 mars 1998, n° 95-44213, BC V n° 153 ; cass. soc. 12 octobre 2017, n° 16-10120, BC V n° 182).

Application volontaire

Décision des employeurs - Il arrive que deux entreprises décident d'organiser le transfert des contrats de travail alors que les conditions d'application de l'article L. 1224-1 du code du travail ne sont pas réunies (ex. : cession d'un service sans moyens d'exploitation particuliers ou sans personnel propre). On parle alors d'« application volontaire » de l'article L. 1224-1 du code du travail.

Cette décision prend généralement la forme d'une convention écrite, mais elle peut aussi résulter de correspondances (cass. soc. 3 décembre 1987, n° 85-40764 D ; cass. soc. 10 juillet 2007, n° 06-41880 D).

Accord des salariés exigé - Le fait de changer d'employeur à la suite d'un transfert par application volontaire constitue une modification du contrat de travail. Il faut donc recueillir l'accord exprès de chacun des salariés concernés (cass. soc. 5 mai 2004, n° 02-42580, BC V n° 120 ; cass. soc. 10 octobre 2006, n° 04-46134, BC V n° 294 ; cass. soc. 13 décembre 2011, n° 10-25544 D). Pour les salariés protégés, le transfert nécessite l'autorisation de l'inspection du travail.

La procédure de modification du contrat pour motif économique ne s'applique pas (cass. soc. 8 avril 2009, n° 08-41046, BC V n° 104), ce qui implique, d'une part, que le délai de réflexion à laisser au salarié n'est pas nécessairement d'un mois et, d'autre part, qu'il faut une acceptation expresse. L'absence de réponse au terme du délai de réflexion ne vaut pas acceptation tacite.

Égalité de traitement - Les inégalités de traitement qui peuvent apparaître entre, d'une part, les salariés transférés et, d'autre part, ceux qui étaient déjà en poste sont justifiées (cass. soc. 23 juin 2021, n° 18-24809 FSB ; cass. soc. 23 juin 2021, n° 18-24810 FSB).

☛ *Fermeture d'établissement ; Transfert d'entreprise ; Transfert partiel d'entreprise ou d'établissement (protection des représentants du personnel).*

Modulation de la durée du travail

☞ *Aménagement du temps de travail.*

Motif de licenciement

☞ *Licenciement économique (cause économique) ; Licenciement non disciplinaire ; Licenciement pour faute ; Licenciement (notification) ; Licenciement (précision des motifs) ; Licenciement sans cause réelle et sérieuse.*

Mutation

☞ *Modification du contrat de travail (fonctions et qualification) ; Modification du contrat de travail (lieu de travail) ; Période probatoire ; Sanctions disciplinaires.*

Mutation technologique

Cause de licenciement économique

Les mutations technologiques sont expressément citées par le code du travail comme pouvant être une cause de licenciement pour motif économique (c. trav. art. L. 1233-3) [voir *Licenciement économique (cause économique)**]. Elles n'y sont cependant pas définies. Dans la pratique, on peut estimer qu'il s'agit de toute innovation technologique ou de tout changement de technique que commandent l'intérêt de l'entreprise et les nécessités de la production, susceptible d'entraîner des conséquences significatives en termes d'emplois ou de contrats de travail.

Il faut que ces mutations soient susceptibles d'entraîner (c. trav. art. L. 1233-3) :

- une suppression ou une transformation d'emploi ;
- une modification d'un élément essentiel de son contrat de travail refusée par le salarié (voir *Modification du contrat de travail**).

En tout état de cause, une mutation technologique constitue une cause de licenciement qui se suffit, en principe, à elle-même (cass. soc. 15 mars 2012, n° 10-25996 D). Ainsi, une suppression ou une transformation d'emploi peut être justifiée par des mutations technologiques :

- même si la compétitivité de l'entreprise n'est pas menacée (cass. soc. 9 octobre 2002, n° 00-44069 D) ;
- sans qu'il en résulte, globalement, une compression de l'effectif de l'entreprise (*voir ci-après*).

▶ À noter… Bien que les mutations technologiques constituent un motif économique à part entière, elles peuvent, par exemple, interférer avec d'autres causes telles que la recherche de la sauvegarde de la compétitivité ou être rendues nécessaires par des difficultés économiques.

Pas nécessairement de compression de l'effectif

Les mutations technologiques peuvent constituer une cause de licenciement pour motif économique sans qu'il y ait obligatoirement de compression d'effectif dans l'entreprise. Ainsi, le changement de technologie peut justifier le licenciement de salariés dont la qualification devient totalement inadaptée, même si, parallèlement, ce changement se traduit par la création d'emplois nouveaux. Même si l'effectif global n'est pas affecté, les licenciements causés par ces mutations technologiques possèdent bien la qualité de licenciement économique (circ. DE/DRT 89-46 du 1er octobre 1989).

▶ Attention… L'inadaptation d'un salarié à son poste transformé du fait de mutations technologiques peut justifier son licenciement (cass. soc. 15 octobre 1992, n° 91-43632, BC V n° 513). Encore faut-il qu'avant de procéder au licenciement économique, l'employeur ait respecté ses obligations en matière d'adaptation et de formation du salarié à son poste de travail. Il est également tenu de chercher à le reclasser afin d'éviter son licenciement [voir *Adaptation** et *Licenciement économique (obligation de reclassement)**].

Date d'appréciation

En principe, c'est au moment de la mise en œuvre d'un changement de technologie dans l'entreprise qu'il convient de se placer pour apprécier si les licenciements qui en résultent sont ou non justifiés. Cependant, lorsqu'il est certain que l'entreprise va être confrontée, dans un avenir plus ou moins proche, à des évolutions technologiques inéluctables et qu'à défaut de suivre cette évolution, l'entreprise risque de se trouver en difficulté et de faire face à de graves problèmes d'emploi,

Mutations technologiques liées à des changements informatiques (exemples)
Mutations justifiant un licenciement économique (1)
Changement de logiciel dans une entreprise utilisant déjà de la technologie informatique qui avait supprimé la majeure partie des tâches jusque-là effectuées par la salariée secrétaire comptable (cass. soc. 17 mai 2006, n° 04-43022 D) (2). Mise en place d'une gestion informatique des dossiers, la salariée n'ayant pu s'adapter à l'évolution de son emploi malgré la formation dispensée (cass. soc. 9 octobre 2001, n° 99-42310 D). Informatisation de certains services de l'entreprise constituant une modification de la structure de l'entreprise, rendue nécessaire par une mutation technologique (cass. soc. 1er mars 1994, n° 92-43612 D). Mutation technologique ayant entraîné la suppression du poste de travail du salarié (cass. soc. 3 avril 2013, n° 12-11829 D). Mutation technologique résultant de la construction d'une nouvelle cave de production et de stockage qui ne comportait pas de logement de fonction pour des raisons de sécurité, ayant pour conséquence d'entraîner la modification du contrat de travail du salarié pour motif économique (cass. soc. 26 octobre 2017, n° 16-19194 D).
Mutations ne justifiant pas un licenciement économique
Simple changement de progiciel ou de logiciel (cass. soc. 13 mai 2003, n° 00-46766 D). Licenciement de deux salariés employés en qualité de secrétaires administratifs à l'occasion de l'informatisation de leur service et une autre personne est embauchée, non pas pour travailler sur le nouveau matériel, mais pour occuper un emploi de même nature (cass. soc. 25 février 1992, n° 90-40712, BC V n° 121).
(1) Mutations technologiques ayant pu justifier un licenciement économique. L'employeur doit notamment respecter son obligation d'adaptation et de formation du salarié à son poste de travail. (2) En l'espèce, l'embauche d'un contrôleur de gestion n'avait pas eu pour objet de remplacer la salariée licenciée à son poste de travail et l'acquisition de cette qualification ne relevait pas de l'obligation d'adaptation de l'employeur.

la jurisprudence admet que l'employeur puisse anticiper. En d'autres termes, il peut prendre des mesures impliquant d'éventuels licenciements à court terme – y compris, s'il le faut, en nombre significatif – plutôt que de compromettre l'avenir de l'entreprise et d'être ainsi contraint de rompre des contrats en plus grand nombre encore quelques années plus tard (cass. soc. 11 janvier 2006, nos 04-46201 à 04-46229, BC V n° 10).

Cadre d'appréciation

Les mutations technologiques s'apprécient au niveau de l'entreprise si elle n'appartient pas à un groupe et, dans le cas contraire, au niveau du secteur d'activité commun à cette entreprise et aux entreprises du groupe auquel elle appartient, établies sur le territoire national (c. trav. art. L. 1233-3).

Le secteur d'activité permettant d'apprécier la cause économique du licenciement est caractérisé, notamment, par la nature des produits biens ou services délivrés, la clientèle ciblée ainsi que les réseaux et modes de distribution, se rapportant à un même marché.

La notion de groupe désigne le groupe formé par une entreprise appelée entreprise dominante et les entreprises qu'elle contrôle au sens du code de commerce, conformément à la définition retenue pour la création du *comité de groupe**.

Exemples de mutations technologiques

Changement de matériel informatique - Un changement de matériel informatique peut constituer une cause de licenciement pour motif économique s'il rend inévitable des suppressions d'emplois (cass. soc. 14 novembre 2001, n° 99-44686 D). Mais il faut aussi, par exemple, que :

- cette mutation technologique soit suffisamment importante ;
- ou que les tâches remplies jusque-là d'une autre manière par les salariés concernés soient fortement amoindries par l'introduction de la technologie nouvelle et qu'il ne puisse y être remédié par l'adaptation ou le reclassement des intéressés.

Pour des exemples, voir le tableau reproduit dans cette étude.

Autres exemples - Des mutations technologiques pouvant justifier des suppressions d'emploi dans le cadre d'un licenciement économique ont été admises dans les circonstances suivantes :

- la prise en charge de nouveaux secteurs d'activités techniques en plus des activités classiques de l'entreprise, ces activités nouvelles exigeant la transformation de l'emploi de secrétaire dactylographe en un emploi de secrétaire de direction, chargée notamment de la rédaction de devis et du

suivi financier des chantiers, la salariée n'ayant pas acquis la qualification malgré l'effort d'adaptation de l'employeur (cass. soc. 9 juillet 1997, n° 94-43709, BC V n° 262) ;
- l'introduction de nouvelles technologies (cass. soc. 2 juin 1993, n° 90-44956, BC V n° 155) ;
- des mutations technologiques et innovations en matière de gestion (cass. soc. 19 juin 1991, n° 90-40361 D) ;
- la suppression du poste de l'activité d'illustrateur sonore en raison du recours à de nouveaux moyens de reportage (cass. soc. 19 décembre 1990, n° 89-42242, BC V n° 687).

☛ *Licenciement économique (cause économique).*

Mutilés de guerre

☛ *Handicapés ; Handicapés (obligation d'emploi) ; Médaille d'honneur du travail.*

Mutuelle

☛ *Congé de représentation (associations, mutuelles) ; Prévoyance ; Prévoyance (couverture minimale frais de santé) ; Prévoyance (portabilité) ; Ticket modérateur ; Tiers payant.*

N

Naissance

☞ *Assurance maternité ; Congé pour élever un enfant ; Congé pour événement familial ; Congé des jeunes parents ; Congé parental d'éducation ; Congé de paternité et d'accueil de l'enfant ; Congés familiaux ; Maternité (congé de) ; Maternité (protection) ; Paternité (protection) ; Prestations familiales ; Déblocage.*

Négociation obligatoire dans la branche professionnelle

Accord de méthode

Accord pour s'approprier la négociation obligatoire - À intervalles réguliers, les organisations patronales et les syndicats de la branche ont l'obligation d'engager des négociations sur des thèmes déterminés. Un accord de méthode peut fixer le calendrier, la périodicité, les thèmes et les modalités de négociation dans la branche (c. trav. art. L. 2241-4).

En l'absence d'accord de méthode, la négociation obligatoire de branche se déroule selon les règles fixées par le régime supplétif *(voir ci-après).*

Thèmes à aborder au moins tous les 4 ans - L'accord de méthode permet à la branche de définir les thèmes de négociation et leur périodicité, sous réserve d'engager au moins tous les 4 ans des discussions sur (c. trav. art. L. 2241-1 et L. 2241-5) :
- les salaires ;
- les mesures tendant à assurer l'*égalité professionnelle** femmes/hommes et les mesures de rattrapage tendant à remédier aux inégalités constatées, ainsi que la mise à disposition d'outils aux entreprises pour prévenir et agir contre le *harcèlement sexuel** et les *agissements sexistes** ;
- les mesures destinées à faciliter la conciliation entre la vie professionnelle et la vie personnelle des salariés proches aidants ;
- les conditions de travail, la gestion prévisionnelle des emplois et des compétences (GPEC) et la prise en compte des effets de l'exposition aux facteurs de risques professionnels [voir *Prévention des risques professionnels (pénibilité)**] ;
- les mesures tendant à l'insertion professionnelle et au maintien dans l'emploi des travailleurs *handicapés** ;
- les priorités, les objectifs et les moyens de la *formation professionnelle continue** des salariés.

Thèmes à aborder au moins tous les 5 ans - L'accord de méthode doit faire en sorte que la branche négocie au moins tous les 5 ans sur (c. trav. art. L. 2241-1 et L. 2241-5) :
- l'examen de la nécessité de réviser les classifications, en prenant en compte l'objectif d'égalité professionnelle femmes/hommes et de mixité des emplois ;
- l'institution d'un ou plusieurs plans d'épargne interentreprises ou plans d'épargne pour la retraite d'entreprise collectifs interentreprises lorsqu'il n'existe aucun accord conclu à ce niveau en la matière.

Enfin, l'accord doit prévoir une négociation sur les modalités d'organisation du temps partiel lorsque la proportion de salariés à temps partiel atteint un tiers des effectifs de la branche *(voir ci-après).*

Contenu de l'accord de méthode - L'accord de méthode est valable au plus 5 ans (c. trav. art. L. 2241-5). Il précise :
- les thèmes des négociations et leur périodicité ;
- le calendrier et les lieux des réunions ;
- les informations que les organisations professionnelles d'employeurs remettent aux négociateurs sur les thèmes prévus par la négociation qui s'engage et la date de cette remise ;
- les modalités selon lesquelles sont suivis les engagements souscrits par les parties.

Régime supplétif

Négociation annuelle - En l'absence d'accord de méthode, les organisations patronales et les syndicats de la branche se réunissent au moins une fois par an pour négocier sur les salaires, en prenant en compte l'objectif d'égalité professionnelle femmes/hommes, ainsi que les mesures permettant de l'atteindre. L'accord doit également définir et programmer les mesures permettant de supprimer les écarts de rémunération entre les femmes et les hommes (c. trav. art. L. 2241-8 et L. 2241-17). Pour le détail de cette négociation, voir le tableau récapitulatif reproduit dans cette étude.

Négociation obligatoire dans la branche professionnelle

Thèmes de la négociation périodique obligatoire dans la branche (en l'absence d'accord de méthode – régime supplétif)
Négociation annuelle
Salaires (c. trav. art. L. 2241-8)
Salaires avec prise en compte de l'objectif d'égalité professionnelle* femmes/hommes. Mesures permettant de supprimer les écarts de rémunération entre les femmes et les hommes (c. trav. art. L. 2241-17 et L. 2241-18). À l'occasion de la négociation sur les salaires, examen des données suivantes (c. trav. art. L. 2241-9) : - évolution économique, situation de l'emploi dans la branche, évolution et prévisions annuelles ou pluriannuelles établies, notamment pour ce qui concerne les contrats de travail à durée déterminée et les missions de travail temporaire ; - actions éventuelles de prévention envisagées compte tenu de ces prévisions ; - évolution des salaires effectifs moyens par catégories professionnelles et par sexe, au regard, le cas échéant, des salaires minima hiérarchiques.
Négociation triennale
Égalité professionnelle (c. trav. art. L. 2241-11)
Mesures tendant à assurer l'égalité professionnelle femmes/hommes et mesures de rattrapage tendant à remédier aux inégalités constatées. Doivent notamment être abordées : - les conditions d'accès à l'emploi, à la formation et à la promotion professionnelle ; - les conditions de travail et d'emploi, notamment en ce qui concerne les salariés à temps partiel.
Conditions de travail, GPEC et prévention des expositions (c. trav. art. L. 2241-12)
Conditions de travail (1) : - salaires effectifs ; - durée et organisation du temps de travail ; - intéressement, participation et épargne salariale ; - suivi de la mise en œuvre des mesures visant à supprimer les écarts de rémunération entre les femmes et les hommes. Information sur la mise à disposition de salariés après des organisations syndicales ou des associations d'employeurs. Gestion prévisionnelle des emplois et des compétences (GPEC). Depuis le 25.08.2021, la négociation sur la GPEC vise notamment à répondre aux enjeux de la transition écologique. La négociation peut se décliner à l'échelle du territoire, sur la base des travaux de l'observatoire prospectif des métiers et des qualifications mis en place au niveau de chaque branche et en veillant à l'objectif de mixité des métiers. Prise en compte des effets de l'exposition aux facteurs de risques professionnels [voir Prévention des risques professionnels (pénibilité)*].
Travailleurs handicapés (c. trav. art. L. 2241-13)
Mesures tendant à l'insertion professionnelle et au maintien dans l'emploi des travailleurs handicapés*. Doivent notamment être abordées : - les conditions d'accès à l'emploi, à la formation et à la promotion professionnelle ; - les conditions de travail, d'emploi et de maintien dans l'emploi.
Formation professionnelle et apprentissage (c. trav. art. L. 2241-14)
Priorités, objectifs et moyens de la formation professionnelle, notamment : - égal accès à la formation des salariés selon leur catégorie professionnelle et la taille de leur entreprise ; - abondements supplémentaires du compte personnel de formation ; - validation des acquis de l'expérience (VAE), notamment modalités d'information des salariés sur les moyens d'acquérir une qualification, mesures favorisant l'accès des salariés à la VAE et modalités de prise en charge des dépenses entraînées par la participation à un jury d'examen ou de VAE ; - accès aux certifications ; - développement du tutorat et valorisation de la fonction de tuteur ou de maître d'apprentissage (en particulier actions aidant à exercer cette fonction et conditions de son exercice par des salariés âgés de plus de 55 ans). Une liste précise des points à aborder dans le cadre de cette négociation a été fixée par voie réglementaire (c. trav. art. R. 2241-4).
Négociation quinquennale
Classifications (c. trav. art. L. 2241-15)
Révision des classifications, avec prise en compte de l'objectif d'égalité professionnelle femmes/hommes et de mixité des emplois.

Thèmes de la négociation périodique obligatoire dans la branche (en l'absence d'accord de méthode – régime supplétif)
Mesures permettant de supprimer les écarts de rémunération entre les femmes et les hommes (c. trav. art. L. 2241-17 et L. 2241-18). **Vérification du caractère non-discriminatoire des critères d'évaluation retenus dans la définition des différents postes de travail.**
Épargne salariale (c. trav. art. L. 2241-16) Institution d'un ou de plusieurs plans d'épargne interentreprises (PEI) ou plans d'épargne retraite d'entreprise collectifs (PERE-CO) interentreprises lorsqu'il n'existe aucun accord en la matière au niveau de la branche (c. trav. art. L. 2241-8).
(1) Le volet « conditions de travail » de la négociation de branche est calqué sur la négociation annuelle obligation en entreprise sur rémunération, le temps de travail et le partage de la valeur ajoutée (c. trav. art. L. 2241-12, renvoyant à c. trav. art. L. 2242-15 et L. 2242-16) **(voir** Négociations obligatoires dans l'entreprise*)

Afin que les organisations syndicales disposent d'informations leur permettant de négocier en toute connaissance de cause, la partie patronale doit leur remettre un rapport au moins 15 jours avant la date d'ouverture de la négociation (c. trav. art. D. 2241-1).

Négociation triennale - En l'absence d'accord de méthode, les organisations patronales et les syndicats de la branche se réunissent tous les 3 ans pour négocier su les points suivants (c. trav. art. L. 2242-11 à L. 2241-14).

Les mesures tendant à assurer l'égalité professionnelle. La négociation sur ce sujet se déroule sur la base d'un rapport présentant la situation comparée femmes/hommes (c. trav. art. D. 2241-2).

Les conditions de travail et la gestion prévisionnelle des emplois et des compétences (GPEC). Depuis le 25.08.2021, en l'absence d'accord de méthode, cette négociation doit notamment avoir pour objectif de répondre aux enjeux de la transition écologique (loi 2021-1104 du 22 août 2021, JO du 24 ; c. trav. art. L. 2241-12).

Les travailleurs handicapés. Cette négociation se déroule à partir d'un rapport établi par la partie patronale présentant, pour chaque secteur d'activité, la situation par rapport à l'obligation d'emploi des travailleurs handicapés (c. trav. art. D. 2241-3) [voir *Handicapés (obligation d'emploi)**].

La formation professionnelle et l'apprentissage.

Pour le détail de ces négociations, voir le tableau récapitulatif reproduit dans cette étude.

Négociation quinquennale - En l'absence d'accord de méthode, les organisations patronales et les syndicats de la branche se réunissent tous les 5 ans (c. trav. art. L. 2241-15 et L. 2241-16) :

- pour examiner la nécessité de réviser les classifications, en prenant en compte l'objectif d'égalité professionnelle femmes/hommes ;

- pour engager une négociation sur l'institution d'un ou plusieurs plans d'épargne interentreprises ou plans d'épargne retraite d'entreprise collectifs interentreprises lorsqu'il n'existe aucun accord conclu à ce niveau en la matière.

Pour le détail de ces négociations, voir le tableau récapitulatif reproduit dans cette étude.

Incitations à négocier

Thèmes déterminés par les partenaires sociaux - Lorsque les syndicats de branche ont établi leur représentativité, ils fixent, en lien avec les organisations d'employeurs, la liste des sujets qui font l'objet de la négociation collective de branche, ainsi que les modalités de son organisation (c. trav. art. L. 2122-8).

Dans la même logique, les branches professionnelles doivent organiser la prise en compte dans la branche ou l'entreprise des demandes relatives aux thèmes de négociation émanant d'une ou de plusieurs organisations syndicales de salariés représentatives (c. trav. art. L. 2222-3).

Modalités d'organisation du temps partiel - Dès lors qu'au moins un tiers de l'effectif de la branche est à temps partiel, les partenaires sociaux doivent ouvrir une négociation sur les modalités d'organisation du temps partiel. Cette négociation porte notamment sur la durée minimale d'activité hebdomadaire ou mensuelle, le nombre et la durée des périodes d'interruption d'activité, le délai de prévenance préalable à la modification des horaires et la rémunération des heures complémentaires (c. trav. art. L. 2241-2).

Négociations obligatoires dans l'entreprise.

Négociations obligatoires dans l'entreprise

Cadre de la négociation

Entreprises concernées - Les entreprises dotées d'une *section syndicale** doivent régulièrement engager des négociations sur un certain nombre de sujets, répartis en deux blocs (c. trav. art. L. 2242-1) :
- d'une part, la rémunération, le temps de travail et le partage de la valeur ajoutée ;
- d'autre part, l'égalité professionnelle femmes/hommes et la qualité de vie au travail et, depuis le 31.03.2022, la qualité des conditions de travail (loi 2021-1018 du 2 août 2021, art. 4, JO du 3).

▶ À noter... Dans la mesure où il faut un *délégué syndical** pour pouvoir conclure un accord collectif, ces négociations obligatoires s'appliquent aux entreprises de 50 salariés et plus dotées d'un délégué syndical (DS) ou plus ainsi que, le cas échéant, aux entreprises de moins de 50 salariés où un élu du *comité social et économique** (CSE) a été désigné en qualité de délégué syndical (DS).

Par ailleurs, les entreprises et les groupes d'entreprises d'au moins 300 salariés doivent régulièrement engager une négociation sur la gestion des emplois et des parcours professionnels (c. trav. art. L. 2242-2). Cette obligation concerne également les entreprises et les groupes de dimension communautaire comportant au moins un établissement ou une entreprise d'au moins 150 salariés en France [voir *Comité d'entreprise européen (CEE)**].

Au moins tous les 4 ans en présence d'un accord collectif - Les entreprises peuvent définir, par accord collectif, la périodicité et les modalités des négociations obligatoires, sous réserve que chaque thème soit discuté au moins une fois tous les 4 ans (c. trav. art. L. 2242-10 à L. 2242-12). Cet « accord de méthode » est lui-même valable 4 ans.

Négociations annuelles et triennales en l'absence d'accord collectif - Les entreprises qui n'ont pas conclu d'accord de méthode négocient (c. trav. art. L. 2242-13) :
- tous les ans, d'une part, sur la rémunération, le temps de travail et le partage de la valeur ajoutée et, d'autre part, sur l'égalité professionnelle et la qualité de vie au travail et éventuellement, depuis le 31.03.2022, la qualité des conditions de travail ;
- tous les 3 ans sur la gestion des emplois et des parcours professionnels.

Niveau de la négociation - La négociation obligatoire se tient en principe au niveau de l'entreprise. Cependant, si un accord sur un thème de la négociation obligatoire a été conclu au niveau du groupe, les entreprises du groupe n'ont pas à engager de négociation sur le thème en question (c. trav. art. L. 2232-33, al. 3).

Par ailleurs, un accord de groupe peut prévoir que la négociation périodique obligatoire se tiendra, en tout ou partie, au niveau du groupe. Cet accord doit définir les thèmes concernés. Les entreprises du groupe sont alors dispensées de négocier sur les thèmes en question (c. trav. art. L. 2222-3-1 et L. 2232-33, al. 2).

L'employeur peut également négocier par établissement ou par groupe d'établissements si les deux conditions ci-dessous sont réunies :
- la négociation s'engage avec les seuls représentants des syndicats représentatifs (cass. crim. 4 décembre 1990, n° 89-83283, B. crim. n° 416) ;
- aucun des syndicats représentatifs dans l'établissement ou le groupe d'établissements où la négociation doit s'ouvrir ne s'y est opposé (cass. soc. 21 mars 1990, n° 88-14794, BC V n° 139).

Sanctions pénales - L'employeur qui n'engage pas les négociations obligatoires s'expose à une peine d'emprisonnement de 1 an et à une amende de 3 750 € (c. trav. art. L. 2243-1). Ces sanctions pénales viennent s'ajouter aux sanctions administratives qui punissent l'absence de négociation sur les salaires effectifs, ainsi que l'absence d'accord ou, à défaut, de plan d'action relatif à l'égalité professionnelle *(voir ci-après)*.

Rémunération, temps de travail et partage de la valeur ajoutée

Contenu de la négociation - Si l'entreprise a conclu un accord de méthode *(voir ci-avant)*, la négociation obligatoire a lieu au moins tous les 4 ans et porte sur la rémunération, notamment les salaires effectifs, le temps de travail et le partage de la valeur ajoutée, sans autre précision. C'est à l'accord de préciser, à l'intérieur de ce cadre, les points qui seront abordés (c. trav. art. L. 2242-1 et L. 2242-11).

En l'absence d'accord de méthode (régime supplétif), la négociation a lieu chaque année et doit porter sur une liste de thèmes déterminés, recensés dans le tableau reproduit dans cette étude (c. trav. art. L. 2242-15).

Informations connexes - Les entreprises qui ne sont pas couvertes par un accord de méthode doivent, dans le cadre de cette négociation, informer les syndicats des mises à disposition de salariés effectuées auprès des organisations syndicales ou des associations d'employeurs (c. trav. art. L. 2242-16).

P-V d'ouverture des négociations sur les salaires - L'employeur et les syndicats consignent dans un procès-verbal (P-V) spécifique leurs propositions respectives pour réduire les écarts de rémunération entre les femmes et les hommes. Ce P-V est déposé auprès du DREETS, avec l'accord éventuellement conclu, par l'intermédiaire de la plate-forme téléaccords (c. trav. art. L. 2242-6). Cette mesure est d'ordre public : elle s'applique aussi bien dans le cadre d'un accord de méthode que dans le cadre du régime supplétif.

Pénalité à défaut de négociation sur les salaires - L'entreprise qui n'engage pas de négociation sur les salaires effectifs s'expose à une pénalité financière (c. trav. art. L. 2242-7 et D. 2242-12 à D. 2242-16). Pour vérifier si l'employeur est dans les temps, il faut prendre en considération la date à laquelle il a engagé les discussions et non la date à laquelle la négociation s'est achevée par un accord ou un P-V de désaccord.

Exemple

Un employeur qui n'avait pas négocié sur les salaires en 2012 et en 2013 a échappé à la pénalité dès lors qu'il avait engagé des discussions sur le sujet en décembre 2014. Peu importe que ces discussions n'aient abouti qu'en janvier 2015, avec la conclusion d'un protocole d'accord (cass. civ., 2e ch., 7 novembre 2019, n° 18-21499 FSPB).

Dans un premier temps, le DREETS informe l'employeur qu'il est visé par une pénalité et l'invite à présenter ses observations et à justifier des motifs de sa défaillance, dans un délai de 2 mois.

Une fois ce délai expiré, le DREETS notifie à l'employeur le montant de la pénalité, également dans un délai de 2 mois.

Plafond de la pénalité - Le DREETS fixe le taux de la pénalité en prenant en considération :
- les efforts réalisés par l'employeur pour engager des négociations sur les salaires effectifs ;
- sa bonne foi ;
- les motifs de sa défaillance (notamment des difficultés économiques, des restructurations, des fusions ou une procédure collective).

Le montant de la pénalité est plafonné à 10 % de la réduction générale de cotisations patronales mentionnée à l'article L. 241-13 du code de la sécurité sociale (anciennement « réduction Fillon ») au titre des rémunérations versées chaque année où le manquement est constaté, sur une période ne pouvant excéder 3 années consécutives à compter de l'année précédant le contrôle.

Plafond en cas de récidive - Si au moins un manquement relatif à l'obligation de négocier sur les salaires a été constaté lors d'un précédent contrôle au cours des 6 années civiles précédentes, la pénalité est plafonnée à 100 % des exonérations de cotisations sociales mentionnées à l'article L. 241-13 du code de la sécurité sociale au titre des rémunérations versées chaque année où le manquement est constaté, sur une période ne pouvant excéder 3 années consécutives comprenant l'année du contrôle (c. trav. art. L. 2242-7).

▶ À noter... À l'origine, la pénalité couvrait, en plus de la réduction générale de cotisations patronales, d'autres allégements de cotisations : exonération zones franches urbaines, exonération bassin d'emploi à redynamiser, etc. Ainsi, la pénalité était selon les cas plafonnée à 10 % ou à 100 % de la somme de ces allégements. Or, malgré la recodification des dispositions relatives à la pénalité dans le cadre des ordonnances Macron (c. trav. art. L. 2242-7 ; c. trav. art. L. 2242-5-1 dans sa version antérieure au 24.09.2017), les dispositions spécifiques à ces exonérations n'ont pas été actualisées et renvoient toujours à l'ancien article relatif à la pénalité. Il n'est donc pas exclu que ces textes soient un jour corrigés, afin d'actualiser les renvois et remettre le plafond de la pénalité à son niveau initial.

Versement de la pénalité - L'employeur s'acquitte de la pénalité à la première date d'échéance des cotisations et contributions sociales dont il est redevable à l'issue d'un délai de 2 mois suivant la notification du DREETS. Il la verse à l'organisme chargé du recouvrement des cotisations de sécurité sociale du régime dont il dépend.

Égalité professionnelle, qualité de vie et des conditions de travail

Contenu de la négociation - Si l'entreprise a conclu un accord de méthode *(voir ci-avant)*, la négociation sur l'égalité professionnelle, la qualité de vie au travail et, depuis le 31.03.2022, la qualité des conditions de travail a lieu au moins tous les 4 ans et porte notamment sur les mesures visant à supprimer les écarts de rémunération entre les femmes et les hommes. C'est à l'accord de préciser, à l'intérieur de ce cadre, les points qui seront abordés (c. trav. art. L. 2242-1 et L. 2242-11).

En l'absence d'accord de méthode, la négociation, qui a lieu tous les ans, porte plus précisément sur l'articulation entre la vie personnelle et la vie professionnelle, ainsi que sur les objectifs et les mesures permettant d'atteindre l'égalité professionnelle femmes/hommes, notamment en matière de suppression des écarts de rémunération, de formation, de déroulement de carrière, etc. (c. trav. art. L. 2242-17).

Naturellement, la négociation porte également sur la qualité de vie au travail et des conditions de travail, mais, en l'absence d'accord de méthode, le thème des conditions de travail – ajouté par la loi du 2 août 2021, dite « loi santé » à compter du 31.03.2022 – est facultatif. Si les partenaires sociaux décident de l'aborder, les discussions devront notamment porter sur la santé et la sécurité au travail, ainsi que la prévention des risques professionnels (loi 2021-1018 du 2 août 2021, JO du 3 ; c. trav. art. L. 2242-19-1).

Enfin, les discussions abordent un certain nombre de thèmes connexes : lutte contre les discriminations, emploi des handicapés, droit à la déconnexion, mobilité domicile-travail, etc. Le contenu de ces différents thèmes de négociation est détaillé dans le tableau reproduit dans cette étude.

Pénalité à défaut d'accord ou de plan d'action - Une pénalité financière sanctionne les entreprises d'au moins 50 salariés qui n'ont pas conclu d'accord collectif relatif à l'égalité professionnelle ou, à défaut d'accord, qui ne sont pas dotées d'un plan d'action relatif à l'égalité professionnelle. Dans les entreprises d'au moins 300 salariés, le défaut d'accord est attesté par un procès-verbal de désaccord (c. trav. art. L. 2242-8).

Pour permettre à l'entreprise d'échapper à la pénalité, l'accord ou le plan doit fixer des objectifs de progression et les actions permettant de les atteindre parmi les domaines d'action suivants (c. trav. art. R. 2242-2) :
- embauche ;
- formation ;
- promotion professionnelle ;
- qualification ;
- classification ;
- conditions de travail ;
- sécurité et santé au travail ;
- rémunération effective ;
- articulation entre l'activité professionnelle et la vie personnelle et familiale.

Les entreprises dont l'effectif est inférieur à 300 salariés ont à traiter au moins trois de ces domaines. Celles de 300 salariés et plus sont tenues d'en aborder au moins quatre.

Les objectifs et les actions sont accompagnés d'indicateurs chiffrés. La rémunération effective est obligatoirement comprise dans les domaines d'action retenus par l'accord collectif (ou, à défaut, par le plan d'action).

Un mécanisme de rescrit permet à l'entreprise de demander à l'administration de vérifier si l'accord collectif ou le plan d'action est bien conforme aux prescriptions légales.

La procédure de mise en demeure et de notification de la pénalité est détaillée par ailleurs [voir *Égalité professionnelle** et *Égalité professionnelle (pénalité 1 %)**].

Pénalité en cas d'écart persistant de rémunération - Les entreprises de 50 salariés et plus ont l'obligation de mesurer les disparités de rémunération entre les femmes et les hommes. L'écart global (« l'index de l'égalité », selon la terminologie employée par les pouvoirs publics) se traduit par une note, déterminée en fonction d'un barème fixé par les pouvoirs publics, qu'il faut publier sur internet. Si cette note est inférieure à 75 points, l'entreprise a l'obligation de définir, dans le cadre de la négociation sur l'égalité professionnelle et la qualité de vie et des conditions de travail, les mesures permettant de réduire l'écart de rémunération. Si elle n'est pas parvenue à revenir à au moins 75 points dans un délai de 3 ans, elle s'expose à une pénalité financière (c. trav. art. L. 1142-9, L. 1142-10 et D. 1142-2 à D. 1142-14). Ce mécanisme est détaillé par ailleurs [voir *Rémunération (écarts entre les femmes et les hommes)**].

Gestion des emplois et des parcours professionnels

Thèmes liés à la gestion des emplois - La négociation sur la gestion des emplois et des parcours professionnels ne concerne que les entreprises et les groupes d'au moins 300 salariés, ainsi que les entreprises et les groupes d'entreprises de dimension communautaire comportant au moins un établissement ou une entreprise d'au moins 150 salariés en France.

Si l'entreprise a conclu un accord de méthode *(voir ci-avant)*, la négociation a lieu au moins tous les 4 ans et porte sur la gestion des emplois et des parcours professionnels, sans autre précision. C'est à l'accord de méthode de préciser le contenu des discussions (c. trav. art. L. 2242-2 et L. 2242-11).

En l'absence d'accord de méthode, la négociation a lieu tous les 3 ans et porte plus précisément sur la gestion prévisionnelle de l'emploi et des compétences (GPEC) et les mesures d'accompagnement susceptibles de lui être associées. Depuis le

25.08.2021, la GPEC a notamment pour objectif de répondre aux enjeux de la transition écologique (loi 2021-1104 du 22 août 2021, JO du 24).

Le code du travail fixe la liste des thèmes à aborder à défaut d'accord de méthode : orientations à 3 ans de la formation professionnelle, perspectives de recours aux emplois précaires, etc. (c. trav. art. L. 2242-20). La négociation peut également aborder un certain nombre de thèmes associés : qualification des catégories d'emplois menacés par les évolutions économiques ou technologiques, mise en place de congés de mobilité, etc. (c. trav. art. L. 2242-21). Le contenu de ces différents thèmes de négociation est détaillé dans le tableau reproduit dans cette étude.

Épargne salariale - Dans les entreprises dépourvues de délégué syndical, mais dotées d'un *comité social et économique** et où aucun accord de participation ou d'intéressement n'est en vigueur, l'employeur doit proposer tous les 3 ans un examen des conditions dans lesquelles pourraient être mis en œuvre un ou plusieurs dispositifs d'épargne salariale (c. trav. art. L. 3344-3). Il s'agit d'une négociation spécifique, qui ne fait pas partie de la négociation triennale sur la gestion des emplois et des parcours professionnels.

Déroulement de la négociation

Selon les modalités définies par l'accord de méthode - Si l'entreprise a conclu un accord de méthode relatif aux négociations obligatoires, cet accord précise (c. trav. art. L. 2242-11) :
- les thèmes de négociation et leur périodicité ;
- le calendrier et les lieux des réunions ;
- les informations que l'employeur remet aux négociateurs sur les thèmes prévus par la négociation qui s'engage et la date de cette remise ;
- les modalités selon lesquelles sont suivis les engagements souscrits par les parties.

La négociation a donc lieu selon les modalités fixées par l'accord.

▶ Attention… L'employeur qui ne respecte pas les modalités de négociation fixées par l'accord de méthode revient de fait dans le régime supplétif, avec deux négociations annuelles et une négociation triennale (c. trav. art. L. 2242-13, al. 1).

Déclenchement des discussions en l'absence d'accord - C'est à l'employeur qu'il incombe de déclencher les négociations en invitant les syndicats représentatifs à une réunion préalable. Dans le cadre du régime supplétif, à défaut d'initiative de l'employeur depuis plus de 12 mois suivant la précédente négociation annuelle (ou depuis plus de 36 mois pour la négociation triennale), un syndicat représentatif peut réclamer l'ouverture des discussions (c. trav. art. L. 2242-13). Selon l'administration, le point de départ du délai de 12 mois (ou de 36 mois) à l'issue duquel la négociation doit s'engager correspond au début de la dernière négociation (circ. DRT 1986-16 du 23 décembre 1986).

L'employeur transmet la demande aux autres organisations syndicales représentatives dans les 8 jours et ouvre obligatoirement les discussions dans les 15 jours qui suivent la demande. Attention, l'employeur qui persiste à ne pas ouvrir les négociations s'expose à des sanctions pénales.

Réunion préalable - En l'absence d'accord de méthode, les parties tiennent une première réunion, au cours de laquelle elles fixent le lieu et le calendrier des séances de négociation, les informations que l'employeur devra remettre aux DS et aux salariés composant la délégation et la date de cette remise (c. trav. art. L. 2242-14).

▶ Attention… Rappelons que l'ouverture des discussions sur les salaires effectifs nécessite la rédaction d'un P-V spécifique, aussi bien dans le cadre du régime supplétif que lorsque l'employeur négocie en application d'un accord de méthode *(voir ci-avant)*.

Suspension du pouvoir de décision de l'employeur - Tant que la négociation est en cours, l'employeur ne peut pas, dans les matières traitées, prendre unilatéralement une décision concernant la collectivité des salariés, à moins que l'urgence ne le justifie. Cette règle est d'ordre public (c. trav. art. L. 2242-4 ; cass. soc. 28 novembre 2000, n° 98-19594, BC V n° 398).

Procès-verbal de désaccord - Si la négociation n'aboutit pas, les partenaires sociaux sont tenus d'établir un procès-verbal (P-V) de désaccord dans lequel sont consignées, en leur dernier état, leurs propositions respectives et les mesures que l'employeur entend appliquer unilatéralement. Ce P-V doit être déposé auprès de l'administration, par l'intermédiaire de la plateforme téléaccords (c. trav. art. L. 2242-5).

Non-salarié

@ Les études relatives aux non-salariés sont détaillées dans la version en ligne de ce Dictionnaire (voir www.rfsocial.com et www.rfeditions.com).

Organisation de la négociation obligatoire en entreprise (à défaut d'accord de méthode) (1)
Rémunération, temps de travail et partage de la valeur ajoutée (négociation annuelle) (2) (c. trav. art. L. 2242-15)
Salaires effectifs - Salaires bruts par catégorie, y compris les primes et avantages en nature, le cas échéant, lorsque ces primes et avantages résultent de l'application d'une convention ou d'un accord collectif (circ. DRT 1983-8 du 5 mai 1983 ; circ. DRT 1983-15 du 25 octobre 1983). **Pénalité -** En l'absence de négociation sur les salaires effectifs, l'entreprise est sanctionnée par une pénalité financière (c. trav. art. L 2242-7 et D. 2242-12 à D. 2242-16).
Durée du travail - Durée effective, organisation du temps de travail, notamment mise en place du travail à temps partiel. Éventuellement réduction du temps de travail.
Épargne salariale - Intéressement, participation et plans d'épargne dans les entreprises qui ne sont couvertes par aucun de ces dispositifs. En présence d'un PERCO ou d'un PERE-CO, négociation sur l'affectation d'une partie des fonds collectés par le plan d'épargne retraite à un fonds solidaire.
Égalité professionnelle, qualité de vie et conditions de travail (négociation annuelle) (2) (c. trav. art. L. 2242-17 à L. 2242-19)
Égalité professionnelle (3) : - articulation entre la vie personnelle et la vie professionnelle ; - objectifs et mesures permettant d'atteindre l'égalité professionnelle entre les femmes et les hommes, notamment en matière de suppression des écarts de rémunération, d'accès à l'emploi, de formation professionnelle, de déroulement de carrière et de promotion professionnelle, de conditions de travail et d'emploi, en particulier pour les salariés à temps partiel, et de mixité des emplois ; - maintien de l'assiette des cotisations de vieillesse pour les temps partiels. **Pénalités -** Dans les entreprises d'au moins 50 salariés, l'accord doit fixer des objectifs de progression et les actions permettant de les atteindre parmi des domaines d'action limitativement énumérés. En l'absence d'accord, l'entreprise doit se doter d'un plan d'action. À défaut d'accord ou de plan, l'entreprise s'expose à une pénalité financière (c. trav. art. L. 2242-8 et R. 2242-2 à R. 2242-11) [voir Égalité professionnelle (négociation collective et plan d'action)* et Égalité professionnelle (pénalité 1 %)*]. Dans les entreprises d'au moins 50 salariés, si la note obtenue après mesures des écarts de rémunération entre les femmes et les hommes est inférieure à 75 points, la négociation porte sur les mesures à mettre en œuvre pour réduire ces écarts. L'entreprise qui n'est pas parvenue à revenir à au moins 75 points dans un délai de 3 ans s'expose à une pénalité financière (c. trav. art. L. 1142-9 et L. 1142-10) [voir Rémunération (écarts entre les femmes et les hommes)*].
Discrimination - Mesures permettant de lutter contre toute discrimination en matière de recrutement, d'emploi et d'accès à la formation professionnelle. Ces mesures doivent notamment faciliter l'accès à des actions de formation, l'acquisition d'éléments de certification par la formation ou par une validation des acquis de l'expérience et une progression salariale ou professionnelle.
Handicapés (4) : - conditions d'accès à l'emploi, à la formation et à la promotion professionnelles ; - conditions de travail et d'emploi ; - actions de sensibilisation au handicap de l'ensemble du personnel.
Prévoyance - Mise en place d'un régime de prévoyance, en l'absence d'accord de branche ou d'accord d'entreprise définissant les modalités d'un régime de prévoyance, et d'un régime « frais de santé » au moins aussi favorable que le socle minimal.
Droit d'expression directe et collective - Exercice du droit d'expression directe et collective des salariés notamment au moyen des outils numériques disponibles dans l'entreprise.
Droit à la déconnexion - Modalités du plein exercice par le salarié de son droit à la déconnexion et mise en place par l'entreprise de dispositifs de régulation de l'utilisation des outils numériques, en vue d'assurer le respect des temps de repos et de congé, ainsi que de la vie personnelle et familiale.
Prévention des effets de l'exposition aux facteurs de risques professionnels (facultatif) - L'accord conclu dans le cadre de la négociation obligatoire permet à l'entreprise d'échapper à la pénalité qui sanctionne l'absence d'accord ou de plan d'action pour prévenir les effets de l'exposition aux facteurs de risques professionnels [voir Prévention des risques professionnels (pénibilité)*].
Mobilité domicile-travail (entreprises employant au moins 50 salariés sur un même site) - Mesures visant à améliorer la mobilité des salariés entre leur lieu de résidence habituelle et leur lieu de travail, notamment par la réduction du coût de la mobilité, l'incitation à utiliser des modes de transport vertueux et la prise en charge des frais de transport domicile-travail sous la forme de la prime transport et du forfait mobilités durables (voir Participation aux frais de transport*). À défaut d'accord, élaboration d'un « plan de mobilité employeur » (c. transports art. L. 1214-8-2, II bis).
Conditions de travail (facultatif) - Qualité des conditions de travail, notamment santé et sécurité au travail et prévention des risques professionnels (5).

Organisation de la négociation obligatoire en entreprise (à défaut d'accord de méthode) (1)
Gestion des emplois et des parcours professionnels et mixité des métiers (négociation triennale) (6) (c. trav. art. L. 2242-20 et L. 2242-21)
Gestion prévisionnelle des emplois et des compétences : - mise en place du dispositif, notamment pour répondre aux enjeux de la transition écologique (7), et mesures d'accompagnement susceptibles de lui être associées, en particulier en matière de formation, d'abondement du compte personnel de formation, de validation des acquis de l'expérience, de bilan de compétences, ainsi que d'accompagnement de la mobilité professionnelle et géographique des salariés, en dehors des dispositifs de mobilité négociés dans le cadre d'un accord de performance collective* ; - et mesures d'accompagnement susceptibles de lui être associées, en particulier en matière de formation, d'abondement du compte personnel de formation, de validation des acquis de l'expérience, de bilan de compétences, ainsi que d'accompagnement de la mobilité professionnelle et géographique des salariés, en dehors des dispositifs de mobilité négociés dans le cadre d'un accord de performance collective* ; - le cas échéant, chapitre spécifique sur les conditions de la mobilité professionnelle ou géographique interne à l'entreprise prévue par un accord de performance collective* ; - grandes orientations à trois ans de la formation professionnelle dans l'entreprise et objectifs du plan de développement des compétences, en particulier catégories de salariés et d'emplois le plan est consacré en priorité, compétences et qualifications à acquérir pendant la période de validité de l'accord, les critères et modalités d'abondement par l'employeur du compte personnel de formation ; - perspectives de recours par l'employeur aux différents contrats de travail, au travail à temps partiel et aux stages, ainsi que moyens mis en œuvre pour diminuer le recours aux emplois précaires dans l'entreprise au profit des contrats à durée indéterminée ; - conditions dans lesquelles les entreprises sous-traitantes sont informées des orientations stratégiques de l'entreprise ayant un effet sur leurs métiers, l'emploi et les compétences ; - déroulement de carrière des salariés exerçant des responsabilités syndicales et l'exercice de leurs fonctions.
Thèmes facultatifs : - modalités de consultation des institutions représentatives du personnel et cadre de recours à une expertise en cas de licenciement économique d'au moins 10 salariés en 30 jours (c. trav. art. L. 1233-21 et L. 1233-22) ; - qualification des catégories d'emplois menacés par les évolutions économiques ou technologiques ; - modalités de l'association des entreprises sous-traitantes au dispositif de gestion prévisionnelle des emplois et des compétences de l'entreprise ; - conditions dans lesquelles l'entreprise participe aux actions de gestion prévisionnelle des emplois et des compétences mises en œuvre à l'échelle des territoires où elle est implantée ; - mise en place de congés de mobilités (c. trav. art. L. 1237-18) ; - formation et insertion durable des jeunes dans l'emploi, emploi des salariés âgés et transmission des savoirs et des compétences, perspectives de développement de l'alternance, modalités d'accueil des alternants et des stagiaires et amélioration des conditions de travail des salariés âgés.
(1) L'entreprise qui a conclu un accord collectif « de méthode » doit engager les négociations correspondant à chacun des trois blocs (sous réserve qu'elle entre dans leur champ d'application). Cependant, elle détermine librement le détail des sujets à aborder. Chaque thème doit faire l'objet d'une nouvelle négociation selon la périodicité fixée par l'accord et, en tout état de cause, au moins tous les 4 ans (c. trav. art. L 2242-10 à L. 2242-12). (2) Obligatoire dans les entreprises où sont constituées une ou plusieurs sections syndicales d'organisations représentatives (c. trav. art. L. 2242-1). (3) La négociation sur l'égalité professionnelle s'appuie sur le diagnostic et l'analyse de la situation comparée des femmes et des hommes, intégré à la base de données économiques et sociales (c. trav. art. L. 2242-17, 2°, et L. 2312-36, 2°). (4) La négociation sur l'insertion professionnelle et l'emploi des travailleurs handicapés se déroule sur la base d'un rapport établi par l'employeur et présentant la situation de l'entreprise au regard de l'obligation d'emploi des travailleurs handicapés (c. trav. art. L. 2242-18). (5) Thème facultatif de négociation à compter du 31.03.2022 (loi 2021-1018 du 2 août 2021). Les discussions peuvent s'appuyer sur les acteurs régionaux et locaux de la prévention des risques professionnels. (6) Obligatoire dans les entreprises et les groupes d'au moins 300 salariés, ainsi que dans les entreprises et les groupes de dimension communautaire ayant au moins un établissement ou une entreprise d'au moins 150 salariés en France (c. trav. art. L. 2242-20). (7) Les enjeux de la transition écologique font partie intégrante de la négociation sur la GPEC depuis le 25.08.2021 (loi 2021-1104 du 22 août 2021, JO du 24).

Notes de service

Les notes de service sont des communications que l'employeur diffuse dans l'entreprise. Certaines d'entre elles sont assimilées au *règlement intérieur**.

Assimilation au règlement intérieur

Notes de service constituant un ajout au règlement intérieur - Les notes de service, ou tout autre document qui porte des prescriptions générales et permanentes dans les matières relevant du règlement intérieur (c'est-à-dire la discipline, l'hygiène et la sécurité), sont, lorsqu'il existe un règlement intérieur, considérées comme des adjonctions à celui-ci (c. trav. art. L. 1321-5).

Par conséquent, les notes de service, constituant des adjonctions au règlement intérieur, doivent répondre aux mêmes conditions de fond que ce règlement. Ainsi, à titre d'exemple, la restriction apportée par une note de service à une liberté doit être justifiée par la nature des tâches à accomplir et proportionnée au but poursuivi (c. trav. art. L. 1321-3 ; CE 29 décembre 1995, n° 129747).

De plus, ces notes de service sont soumises aux mêmes formalités que le règlement intérieur s'agissant notamment de la consultation des représentants du personnel (c. trav. art. L. 1321-4 ; cass. crim. 26 juin 1990, n° 88-84251, B. crim. n° 261). Si l'employeur ne respecte pas ces formalités et ne consulte pas les représentants du personnel, la note de service est sans effet. Il ne peut pas reprocher à un salarié de ne pas la respecter (cass. soc. 9 mai 2012, n° 11-13687, BC V n° 134 ; cass. soc. 10 novembre 2021, n° 20-12327 D).

Notes de service ne constituant pas un ajout au règlement intérieur - La note de service qui précise les modalités d'application de prescriptions déjà contenues dans le règlement intérieur ne constitue pas une adjonction à ce règlement (cass. soc. 7 octobre 1992, n° 89-45283, BC V n° 506). Un document interne par lequel l'employeur se borne à rappeler les dispositions législatives et réglementaires applicables en matière de sécurité n'est pas non plus une adjonction au règlement intérieur (cass. soc. 23 juin 2021, n° 19-15737 FSP).

Il en est de même d'une circulaire qui se limite à édicter des règles de procédure internes, qui ne fixe par elle-même aucune norme relative à l'hygiène, à la sécurité et aux conditions de travail et qui ne constitue qu'une simple instruction aux services précisant la méthode de recueil des données nécessaires à l'établissement de divers documents et fixant le calendrier à respecter. Elle ne consiste pas en une prescription générale et permanente en matière d'hygiène et de sécurité (CE 5 août 2009, n° 299539).

Entreprises non tenues d'élaborer un règlement intérieur - Dans les établissements ou entreprises qui ne sont pas tenus d'avoir un *règlement intérieur** (ceux de moins de 50 salariés), les notes de service ayant le même objet que le règlement intérieur doivent donner lieu aux mêmes formalités et sont soumises au même contrôle (circ. DRT 1983-5 du 15 mars 1983).

Effet pour les salariés - Les règles contenues dans une note de service s'imposent aux salariés, même si elles n'ont pas été incorporées aux dispositions du règlement intérieur (CE 11 juin 1999, n° 195706).

Chartes d'éthique et informatique - Voir *Charte d'éthique** et *Charte informatique**.

Langue française - Les notes de service comportant des obligations pour le salarié ou des dispositions dont la connaissance est nécessaire à celui-ci pour l'exécution de son travail doivent être rédigées en *langue française**. Elles peuvent être accompagnées de traductions en une ou plusieurs langues étrangères. Ces dispositions ne sont pas applicables aux documents destinés à des étrangers ou reçus de l'étranger (c. trav. art. L. 1321-6).

Hygiène et sécurité

Voir *Consignes d'hygiène et de sécurité**.

☛ *Règlement intérieur.*

Notification du licenciement

☛ *Licenciement (notification).*

Notification d'une sanction disciplinaire

☛ *Licenciement (notification) ; Sanctions disciplinaires (procédure) ; Prescription (droit disciplinaire).*

Nourriture

☛ *Avantage en nature (nourriture) ; Cantine ; Frais professionnels (repas).*

Nouvelles technologies

☛ *Comité social et économique (informations-consultations ponctuelles) ; Comité social et économique (santé, sécurité et conditions de travail) ; Expert habilité ; Mutation technologique ; Surveillance des salariés.*

Nullité du licenciement

☛ *Licenciement nul.*

O

Objectifs

☛ *Clause d'objectifs ; Clause de variation du salaire ; Licenciement non disciplinaire.*

Obligation de confidentialité

☛ *Clause de confidentialité ; Expression (liberté d') ; Licenciement pour faute ; Secret professionnel.*

Obligation de discrétion

☛ *Clause de confidentialité ; Discrétion (obligation de) ; Secret professionnel.*

Obligation de loyauté

☛ *Clause de confidentialité ; Clause d'exclusivité ; Concurrence ; Maladie ; Secret professionnel.*

Obligation de reclassement

☛ *Accident du travail ; Inaptitude physique (reclassement) ; Licenciement économique (obligation de reclassement).*

Obligation de sécurité

☛ *Faute inexcusable (accident du travail ou maladie professionnelle) ; Hygiène et sécurité (obligations de l'employeur) ; Hygiène et sécurité (obligations des salariés).*

Office français de l'immigration et de l'intégration

L'Office français de l'immigration et de l'intégration (OFII) est l'unique opérateur de l'État en charge de l'immigration légale et, notamment, de l'intégration des migrants durant les 5 premières années de leur séjour en France. Il n'est pas compétent en matière d'emploi des Français à l'étranger (voir *Détachement à l'étranger**).

Missions

Accueil des étrangers - L'OFII a notamment pour mission d'accueillir les étrangers titulaires, pour la première fois, d'un titre les autorisant à séjourner durablement en France (CESEDA art. L. 121-1).

Immigration professionnelle - L'OFII accompagne l'entreprise dans la procédure d'introduction en France d'un futur salarié étranger [voir *Travailleurs étrangers (recrutement de)**]. Il constitue le guichet unique pour les bénéficiaires de ce dispositif.

Visite médicale - L'OFII est chargé de faire passer la visite médicale de prévention à l'ensemble des étrangers admis à séjourner durablement en France. Sauf cas de dispense, l'étranger doit passer une visite médicale auprès de l'OFII dans les 3 mois suivant la délivrance de l'autorisation de travail (c. trav. art. L. 5221-5 ; arrêté du 11 janvier 2006, JO du 24, texte n° 5). À défaut de visite médicale, l'autorisation de travail peut être retirée [voir *Travailleurs étrangers (recrutement de)**].

Sommes perçues

Principales sommes perçues - L'OFII perçoit notamment des taxes et redevances dues par les entreprises *(voir ci-après)* (CESEDA art. R. 121-28 ; circ. INTV1243671C du 31 décembre 2012).

Les sommes dues en raison de l'emploi d'un étranger de façon irrégulière sont constatées par l'OFII et recouvrées par les services de l'État (loi de finances pour 2019 2018-1317 du 28 décembre 2018, art. 245, JO du 30, disposition applicable rétroactivement au 1.01.2018) :

- la contribution forfaitaire au réacheminement due par l'entreprise ayant employé un étranger sans titre de séjour (CESEDA art. L. 822-2) ;

- la contribution spéciale due par l'entreprise ayant employé un étranger dépourvu d'autorisation de travail (c. trav. art. L. 8253-1) [voir *Travailleurs étrangers (emploi irrégulier)**].

Taxes dues par les entreprises lors de l'embauche d'un étranger - L'employeur qui embauche un travailleur étranger ou qui accueille un salarié détaché temporairement par une entreprise non établie en France doit s'acquitter d'une taxe au profit de l'OFII (CESEDA art. L. 436-10 ; circ. IOCL1201043C du 12 janvier 2012) :
- à l'occasion de la première entrée en France de cet étranger, dans le cadre d'une première procédure d'introduction en qualité de travailleur salarié ;
- ou lors de sa première admission au séjour en qualité de travailleur salarié, c'est-à-dire à l'occasion d'un changement de statut ou d'une admission exceptionnelle au séjour qui lui permet d'accéder à la qualité de « salarié » (pour une durée supérieure à 3 mois).

Les montants de cette taxe varient selon la nature de l'emploi, la durée de l'embauche et le niveau du salaire (CESEDA art. L. 436-10 et D. 436-1 ; circ. IOCL1201043C du 12 janvier 2012, fiche 10 modifiée par circ. INTV1243671C du 31 décembre 2012, § 5).

Lorsque l'embauche intervient pour une durée supérieure ou égale à 12 mois, elle est de 55 % du salaire brut mensuel, dans la limite de 2,5 fois le *SMIC**.

Pour une embauche temporaire d'une durée supérieure à 3 mois et inférieure à 12 mois, la taxe est de :
- 74 € pour un salaire inférieur ou égal au montant mensuel brut à temps plein du SMIC ;
- 210 € pour un salaire supérieur au montant mensuel brut à temps plein du SMIC et inférieur ou égal à 1,5 fois ce montant ;
- 300 € pour un salaire supérieur à 1,5 fois le montant mensuel brut à temps plein du SMIC.

Si l'embauche concerne un jeune professionnel recruté dans le cadre d'un accord d'échange bilatéral, la taxe est de 72 € (accord bilatéral d'échanges de jeunes professionnels).

Pour les travailleurs saisonniers, la taxe est de 50 € par mois de travail complet ou incomplet, pour chaque embauche du salarié saisonnier.

Pour les embauches inférieures à 3 mois la taxe n'est pas due (sauf travailleur saisonnier).

Elle n'est pas non plus applicable lors de l'embauche de ressortissants des États membres de l'Union européenne (sauf en cas de régime transitoire pour les nouveaux États membres) et assimilés (EEE, Suisse, Andorre) (circ. IOCL1201043C du 12 janvier 2012, fiche 10).

L'employeur dispose d'un délai de 3 mois pour acquitter la taxe, à compter de la remise à l'étranger des documents et visas requis pour entrer en France lors de la première entrée en France du travailleur étranger ou du salarié détaché ou de la délivrance de l'autorisation de travail lors de la première admission au séjour en qualité de salarié (CESEDA art. D. 436-2).

Emploi d'Européens soumis à autorisation de travail pendant une période transitoire - Les ressortissants des États nouvellement adhérents de l'*Union européenne** peuvent rester soumis à autorisation de travail pendant une période transitoire (CESEDA art. R. 233-4). La procédure d'autorisation de travail leur est applicable, mais leur employeur est exonéré des taxes dues à l'OFII à l'occasion de leur embauche (CESEDA art. L. 436-10).

▶ À noter... Au moment où nous rédigeons ces lignes (1.01.2022), aucun État membre de l'Union européenne n'est soumis à un régime transitoire en France.

☞ *Travailleurs étrangers.*

Offre de contrat de travail

☞ *Promesse unilatérale de contrat ; Recrutement.*

Offre publique d'acquisition (consultation du CSE)

Qu'est-ce qu'une OPA ?

Une offre publique d'acquisition (OPA) est une procédure boursière qui permet de prendre le contrôle d'une société cotée en bourse ou de renforcer une participation dans une société cotée déjà contrôlée (AMF, guide « Comprendre les offres publiques d'acquisition : OPA, OPE, etc. », 27 octobre 2020 ; www.amf-france.org). Dans ce contexte, une société fait alors connaître publiquement aux actionnaires d'une société cotée en bourse qu'elle envisage d'acquérir les actions qu'ils détiennent à un prix déterminé.

Compétence du CSE des deux entreprises

Lors du dépôt d'une OPA, l'employeur de l'entreprise sur laquelle porte l'offre et l'employeur qui est l'auteur de cette offre réunissent immédiatement leur *comité social et économique** (CSE) respectif (c. trav. art. L. 2312-42). Le CSE de l'entreprise cible est informé et consulté, tandis que celui de l'entreprise auteur de l'offre est simplement informé.

▶ À noter… En cas d'absence de CSE, dans l'entreprise auteur de l'offre ou dans l'entreprise cible, chaque employeur concerné est chargé d'en informer directement les salariés (c. trav. art. L. 2312-50).

Côté entreprise cible

Première réunion du CSE : information - En cas de dépôt d'une OPA portant sur son entreprise, l'employeur de la société cible doit réunir immédiatement le CSE pour l'en informer. Lors de cette première réunion, l'employeur indique si l'offre a été sollicitée ou non (c. trav. art. L. 2312-42).

▶ À noter… La Cour de cassation s'est prononcée sur la question de savoir si un employeur doit consulter le CSE en cas d'OPA visant la société-mère lorsque cette société est implantée dans un autre État membre de l'Union européenne. Elle répond par l'affirmative si certaines conditions sont réunies (cass. soc. 26 octobre 2010, n° 09-65565, BC V n° 248 ; cass. soc. 19 décembre 2018, n° 18-14520 FSPBRI).

Quant à lui, le CSE décide s'il souhaite :
- procéder à l'audition de l'auteur de l'offre *(voir ci-après)* ;
- désigner un *expert comptable** *(voir ci-après)* ;
- se prononcer sur le caractère amical ou hostile de l'offre.

Deuxième réunion du CSE : audition de l'auteur de l'offre - Si le CSE a décidé d'auditionner l'auteur de l'offre *(voir ci-avant)*, cette audition se tient dans un délai d'une semaine à compter du dépôt du projet d'OPA (c. trav. art. L. 2312-43).

L'auteur de l'offre présente sa politique industrielle et financière, ses plans stratégiques pour la société concernée et les répercussions de la mise en œuvre de l'offre sur l'ensemble des intérêts, l'emploi, les sites d'activité et la localisation des centres de décision de cette société.

Si le CSE a désigné un expert comptable lors de la première réunion *(voir ci-avant)*, il peut se faire assister par lui au cours de cette seconde réunion.

Rapport de l'expert comptable - L'expert comptable désigné, le cas échéant, par le CSE lors de la première réunion *(voir ci-avant)* rédige un rapport qui évalue (c. trav. art. L. 2312-45) :
- la politique industrielle et financière ainsi que les plans stratégiques que l'auteur de l'offre envisage d'appliquer à la société cible ;
- les répercussions de leur mise en œuvre sur l'ensemble des intérêts, l'emploi, les sites d'activité et la localisation des centres de décision de la société cible.

Il dispose d'un délai de 3 semaines à compter du dépôt du projet d'OPA pour rendre son rapport. Il est rémunéré par l'employeur (c. trav. art. L. 2312-42).

Troisième réunion du CSE : consultation - Le CSE est consulté sur le projet d'offre, préalablement à l'avis motivé rendu par le conseil d'administration ou le conseil de surveillance sur l'intérêt de l'offre et sur les conséquences de celle-ci pour la société visée, ses actionnaires et ses salariés (c. trav. art. L. 2312-46). Il peut demander la présence de l'auteur de l'offre.

Au cours de cette réunion, le CSE examine le rapport établi, le cas échéant, par l'expert-comptable.

Un mois pour rendre son avis - Le CSE émet son avis dans un délai d'un mois à compter du dépôt du projet d'OPA (c. trav. art. L. 2312-46).

En l'absence d'avis dans les délais, le CSE est réputé avoir été consulté (c. trav. art. L. 2312-46).

L'avis du CSE et le rapport de l'expert-comptable sont reproduits dans la note en réponse établie par la société cible ou, s'il y a lieu, dans la note d'information commune établie par l'auteur de l'offre et la société cible (c. trav. art. L. 2312-46).

Action en justice du CSE - Les membres élus du CSE peuvent, s'ils estiment ne pas disposer d'éléments suffisants pour se prononcer sur l'OPA, saisir le président du tribunal judiciaire statuant selon la procédure en accélérée au fond pour qu'il ordonne la communication, par la société faisant l'objet de l'offre et par l'auteur de l'offre, des éléments manquants. Il statue, en dernier ressort, dans un délai de 8 jours (c. trav. art. L. 2312-46).

Cette saisine ne prolonge pas le délai d'un mois dont dispose le CSE pour rendre son avis. Toutefois, en cas de difficultés particulières d'accès aux informations nécessaires à la formulation de l'avis du CSE, le juge peut prolonger ce délai, sauf lorsque ces difficultés résultent d'une volonté manifeste de retenir ces informations de la part de la société cible.

Compétence du comité de groupe - Lorsque l'OPA porte sur la société dominante d'un groupe de sociétés, le chef de l'entreprise dominante doit en informer immédiatement le *comité de groupe** et la procédure décrite ci-avant a lieu au niveau du groupe. Le respect de la procédure au niveau du groupe dispense de l'obligation d'information des CSE des sociétés appartenant au groupe (c. trav. art. L. 2332-2).

Côté entreprise auteur de l'OPA

L'employeur, auteur de l'offre, doit réunir le CSE pour l'informer de l'offre d'acquisition dans les 2 jours ouvrables suivant la publication de l'offre. Il doit transmettre aux élus des informations écrites et précises sur le contenu de l'offre et sur ses conséquences en matière d'emploi (c. trav. art. L. 2312-49).

Procédure allégée pour certaines OPA

La procédure se limite à une simple information du CSE au cours d'une unique réunion, lorsque (c. trav. art. L. 2312-52) :
- la société rachète ses propres titres dans le cadre soit d'un rachat réalisé en vue d'une réduction de capital non motivée par des pertes (c. com. art. L. 225-207), soit d'un plan de rachat d'actions par une société admise aux négociations sur un marché réglementé (c. com. art. L. 225-209) ;
- la société fait l'objet d'une offre publique engagée par des entités détenant plus de la moitié du capital ou des droits de vote de la société « cible ».

Dans cette hypothèse, le CSE conserve néanmoins la possibilité d'auditionner l'auteur de l'offre et de désigner un expert comptable (*voir ci-avant*).

Sanctions applicables

Si l'employeur ou son représentant ne se rend pas à la réunion du CSE de l'entreprise cible à laquelle il a été invité, la société qui a déposé l'offre ne peut pas exercer les droits de vote attachés aux titres de la société cible qu'elle détient ou viendrait à détenir (c. trav. art. L. 2312-48). Cette interdiction s'étend aux sociétés qu'elle contrôle ou qui la contrôlent.

Une sanction identique s'applique à l'auteur de l'offre, personne physique, qui ne se rend pas à la réunion du CSE à laquelle il a été invité dans les conditions décrites ci-dessus.

Cette sanction est automatiquement levée dans deux cas (c. trav. art. L. 2312-48) :
- le lendemain du jour où l'auteur de l'offre a été entendu par le CSE de la société faisant l'objet de l'offre ;
- dans les 15 jours qui suivent la réunion à laquelle il avait été préalablement convoqué, si l'auteur de l'offre n'est pas convoqué à une nouvelle réunion du CSE.

☛ *Comité social et économique (informations-consultations ponctuelles).*

Offres et demandes d'emploi

Offres d'emploi

Affichage et diffusion de l'offre - La vente d'offres ou de demandes d'emploi, quel que soit le support utilisé, est interdite. Toutefois, cette interdiction ne fait pas obstacle à l'insertion, à titre onéreux, d'offres ou de demandes d'emploi dans une publication ou un autre moyen de communication payant (ex. : Internet) (c. trav. art. L. 5331-1).

Toute offre d'emploi publiée ou diffusée doit être datée (c. trav. art. L. 5332-1).

Pôle Emploi et APEC - Les employeurs ne sont pas tenus de déposer leurs offres d'emploi auprès du *Pôle Emploi**. Mais l'employeur qui souhaite bénéficier de l'aide liée à une *action de formation préalable au recrutement (AFPR)** ou la *préparation opérationnelle à l'emploi** doit déposer son offre au Pôle Emploi.

Sur le rôle de l'*APEC** en matière de recrutement de cadres, voir cette étude.

Langue française - Les offres d'emploi sont, en principe, rédigées en *langue française** (c. trav. art. L. 5331-4).

Mentions interdites - Les offres d'emploi ou offres de travaux à domicile ne peuvent mentionner (c. trav. art. L. 5331-2, L. 5331-3 et L. 5331-5) :
- une limite d'âge maximale (toutefois, cette interdiction ne concerne pas les offres qui fixent des conditions d'âge imposées par des dispositions légales) ;
- le sexe (sauf si l'emploi à pourvoir est celui de mannequin, modèle, artiste) ;
- la situation de famille du candidat recherché ;

- des allégations fausses ou susceptibles d'induire en erreur (allégations portant sur l'emploi offert, la rémunération, le lieu de travail) ;
- des mentions discriminatoires (cass. crim. 20 janvier 2009, n° 08-83710, B. crim. n° 19) (voir *Discriminations**).

L'emploi proposé doit être effectivement disponible (c. trav. art. L. 5331-3).

L'interdiction ne vise pas les seuls employeurs mais également les annonceurs qui diffusent une offre d'emploi (c. trav. art. L. 1132-1, L. 1142-1, L. 5331-2, L. 5331-3 et L. 5331-5).

Offres d'emploi anonymes - Tout employeur qui diffuse ou fait diffuser dans un journal, revue, écrit périodique ou par tout autre moyen de communication accessible au public une offre anonyme d'emploi est tenu de faire connaître son nom ou sa raison sociale et son adresse au directeur de la publication ou au responsable de tout autre moyen de communication. Lorsque l'insertion est demandée par une agence de publicité, un organisme de sélection ou tout autre intermédiaire, il appartient à ces derniers de fournir au directeur de la publication ou au responsable de tout autre moyen de communication ces mêmes renseignements concernant l'employeur (c. trav. art. L. 5332-2).

Le DREETS et les services du Pôle Emploi peuvent, sur simple demande, obtenir du directeur de la publication ou du responsable du moyen de communication le nom ou la raison sociale et l'adresse de l'employeur (c. trav. art. L. 5332-4).

Offres et services mensongers

Services d'offres d'emploi mensongers - Il est interdit de faire publier dans un journal, revue ou écrit périodique, ou de diffuser par tout autre moyen de communication accessible au public, une annonce de prestation de services concernant les offres d'emploi ou les carrières et comportant des allégations fausses ou susceptibles d'induire en erreur, notamment sur le caractère gratuit de ce service (c. trav. art. L. 5331-5). L'inobservation de cette interdiction est punie d'un emprisonnement d'un an et d'une amende de 37 500 € (c. trav. art. L. 5334-1).

Offres d'emploi mensongères - Est passible des mêmes peines l'insertion d'une offre d'emploi ou d'une offre de travaux à domicile comportant des allégations fausses ou susceptibles d'induire en erreur, en particulier sur l'existence, le caractère effectivement disponible de l'emploi ou du travail, la rémunération, les avantages annexes ainsi que le lieu de travail (c. trav. art. L. 5331-3). Des sanctions pénales sont encourues : un an de prison et 37 000 € d'amende (c. trav. art. L. 5334-1).

Responsabilité de l'annonceur - L'annonceur qui a demandé la diffusion de l'offre est responsable de l'infraction commise. Il en est de même du directeur de la publication ou du responsable du moyen de communication ayant diffusé l'offre au public, lorsqu'il a agi sans demande expresse d'insertion de l'offre émanant de l'annonceur (c. trav. art. L. 5334-1).

Fichiers de candidats

Sur la constitution d'une cv-thèque, voir *Curriculum vitae**.

Par ailleurs, les pratiques consistant en la diffusion d'offres fictives aux fins de constitution de fichiers de CV sont interdites, sous peine de sanctions pénales (c. trav. art. L. 5331-3 et L. 5334-1).

Demandes d'emploi

Les personnes à la recherche d'un emploi doivent être inscrites sur la liste des demandeurs d'emploi pour bénéficier des services du Pôle Emploi [voir *Chômage (demandeur d'emploi)**].

☛ *Embauche ; Recrutement.*

Opérateurs de compétences (OPCO)

Les opérateurs de compétences (OCPO) sont chargés d'accompagner la formation professionnelle, avec pour missions de financer l'apprentissage, d'aider les branches à construire les certifications professionnelles et d'accompagner les PME pour définir leurs besoins en formation.

Agrément

Agrément ministériel - Les OPCO ont remplacé les organismes paritaires collecteurs agréés (OPCA) dans la gestion d'une partie des contributions financières à la formation professionnelle. Ils doivent être agréés par le ministre chargé de la formation professionnelle.

L'agrément est subordonné à l'existence d'un accord conclu entre les organisations syndicales de salariés et les organisations professionnelles d'employeurs représentatives d'une ou plusieurs branches qui composent le champ d'application de l'accord. Toutefois, une branche professionnelle ne peut adhérer qu'à un seul OPCO dans le champ d'application d'une convention collective (c. trav. art. L. 6332-1-1, III).

▶ À noter... S'agissant d'un OPCO interprofessionnel, cet accord est valide et peut être agréé même s'il n'est signé, en ce qui concerne la représentation des employeurs, que par une organisation professionnelle.

L'agrément est délivré par arrêté du ministère du Travail. Il est accordé en fonction (c. trav. art. L. 6332-1-1 et R. 6332-1 à 7 ; arrêté du 21 décembre 2018, JO du 29, modifié par arrêté du 12 juillet 2021, JO du 17) :
- de leur capacité financière (montant des contributions gérées supérieur à 200 M€ ou nombre d'entreprises couvertes d'au moins 200 000) et de leurs performances de gestion (comptabilité analytique) ;
- de la cohérence et de la pertinence économique de leur champ d'intervention (métiers, emplois et compétences proches, etc.) ;
- de leur mode de gestion paritaire ;
- de leur aptitude à assurer leurs missions compte tenu de leurs moyens et de leur capacité à assurer des services de proximité aux entreprises et à leurs salariés sur l'ensemble du territoire national ;
- de l'application d'engagements relatifs à la transparence de la gouvernance et à la publicité des comptes.

Onze OPCO agréés - 11 opérateurs de compétences, regroupant près de 329 branches professionnelles, sont agréés depuis le 1.04 2019 (arrêtés du 29 mars 2019 modifiés, JO du 31) :
- Afdas : culture, industries créatives, médias, sport, tourisme, loisirs ;
- Atlas : assurances, services financiers et conseil ;
- Ocapiat : agriculture, pêche, industrie agroalimentaire et territoires ;
- Opco Cohésion sociale ;
- Opco de la construction ;
- Opco commerce ;
- Essfimo : Opco des services à forte intensité de main-d'œuvre ;
- Opco 2i : Opco interindustriel ;
- Opco Mobilités ;
- Opco Entreprises de proximité ;
- Opco Santé.

Chaque OPCO peut accueillir les entreprises ne relevant pas d'une convention collective nationale ou d'un accord national de branche sur la formation dont l'activité principale relève de son champ d'intervention, selon une notion de cohérence et de pertinence économique (c. trav. art. L. 6332-1-1, II, 2°).

Tables de concordance de France compétences sur les OPCO - *France compétences** établit et actualise des tables de correspondance associant à chaque branche professionnelle, et aux établissements de chaque entreprise, l'OPCO dont ils relèvent, au regard du champ d'intervention de l'OPCO et de l'activité principale des établissements considérés. Ces tables de concordance sont diffusées sur le site Internet de France compétences (c. trav. art. R. 6123-34 et R. 6123-35 ; décret 2021-1916 du 30 décembre 2021, art. 1, 6°).

▶ À noter... Pour permettre à France compétences d'assurer sa mission de répartition des fonds collectés par les URSSAF (voir *Contribution à la formation professionnelle**) auprès des OPCO, les entreprises doivent renseigner en DSN [voir *Déclaration sociale nominative (DSN)**], pour chacun de leurs établissements, l'identifiant de convention collective (IDCC), dans la rubrique S21.G00.11.022 « Code convention collective principale » (guide URSSAF du déclarant des contributions formation et de la taxe d'apprentissage). Pour les établissements ne relevant d'aucun IDCC, l'employeur doit renseigner l'OPCO de rattachement en DSN, dans la rubrique S21.G00.11.023 « Opérateur de compétences (Opco) ». Les tables de concordance mises à disposition par France compétences sur le site www.francecompetences.fr ont vocation à aider au remplissage de cette rubrique.

Missions exercées à titre transitoire

Recouvrement des contributions formation et taxe d'apprentissage au titre de 2019, 2020 et 2021 - À la différence des OPCA, les OPCO n'ont pas pour mission de collecter la contribution à la formation professionnelle, celle-ci revenant à l'URSSAF (voir *Participation à la formation professionnelle continue**).

Par dérogation, avant que le transfert du recouvrement aux URSSAF ne devienne effectif en 2022, les OPCO ont assuré la collecte de la contribution formation, de la taxe d'apprentissage (pour la fraction de 87 % hors Alsace-Moselle, pour la totalité en Alsace-Moselle), du 1 % CPF-CDD et, le cas échéant, de la contribution supplémentaire à la taxe d'apprentissage, pour les sommes dues sur les rémunérations 2019, 2020 et 2021 (loi 2018-771 du 5 septembre 2018, art. 37-III, B, modifié par loi 2019-1479 du 28 décembre 2019 ; 190, IV ; décret 2018-1331 du 28 décembre 2018, art. 4-I ; ord. 2021-797 du 23 juin 2021, JO du 24).

▶ À noter... Au 1.01.2024, le recouvrement des contributions conventionnelles de formation professionnelle et de dialogue social pourra être transféré aux URSSAF, mais uniquement sur option des branches professionnelles concernées. Par contre, les versements volontaires de formation professionnelle des entreprises ne sont pas concernés par la réforme du recouvrement. Ils continueront à être collectés par les OPCO.

Possibilité de financer certains CEP et CPF jusqu'à fin 2021 - Jusqu'au 31.12.2021, les OPCO pouvaient financer des organismes prenant en charge notamment le *conseil en évolution professionnelle**, la formation de demandeurs d'emploi [voir *Chômage (aide à la formation)**] et le *compte personnel de formation** (loi 2018-771 du 5 septembre 2018, art. 39, III, modifié par loi 2019-1479 du 28 décembre 2019, art. 190, IV, 1°, JO du 29 ; décret 2018-1209 du 21 décembre 2018, art. 2, modifié par décret 2019-1326 du 10 décembre 2019, art. 2, JO 11).

Conseils et services aux entreprises

Les OPCO ont notamment pour mission (c. trav. art. L. 6332-1 ; loi 2021-1104 du 22 août 2021, art. 39, 5 et 43, JO du 24) :

- d'assurer le financement des contrats d'apprentissage et de professionnalisation, selon les niveaux de prise en charge fixés par les branches ;
- d'apporter un appui technique aux branches adhérentes pour établir la gestion prévisionnelle de l'emploi et des compétences et pour déterminer les niveaux de prise en charge des contrats d'apprentissage et des contrats de professionnalisation ;
- d'assurer un appui technique aux branches professionnelles pour leur mission de certification professionnelle ;
- d'assurer un service de proximité au bénéfice des très petites, petites et moyennes entreprises, permettant d'améliorer l'information et l'accès des salariés de ces entreprises à la formation professionnelle et d'accompagner ces entreprises dans l'analyse et la définition de leurs besoins en matière de formation professionnelle, notamment au regard des mutations économiques et techniques de leur secteur d'activité ;
- de promouvoir les modalités de formation réalisées en tout ou partie à distance ainsi que les formations en situation de travail (Afest) (voir *Actions de formation**).
- d'informer les entreprises sur les enjeux liés au développement durable et de les accompagner dans leurs projets d'adaptation à la transition écologique, notamment par l'analyse et la définition de leurs besoins en compétences.

Financement de l'alternance et du développement des compétences

L'OPCO prend en charge (c. trav. art. L. 6332-1-3, L. 6332-3, L. 6332-14 et L. 6332-17, D. 6332-39. D. 6332-78 à D. 6332-93, R. 6332-25 ; arrêté du 30 juillet 2019, JO 22 août) :

- les actions concourant au développement des compétences au bénéfice des entreprises de moins de 50 salariés (voir *Plan de développement des compétences**) ;
- les frais de formation des contrats d'apprentissage et de professionnalisation, les dépenses afférentes à la formation du tuteur et du maître d'apprentissage et à l'exercice de leurs fonctions ainsi que les actions de reconversion ou de promotion par l'alternance [voir *Apprentissage (contrat)**, *Apprentissage (maître d')**, *Contrat de professionnalisation** et *Pro-A, reconversion ou promotion par alternance**] ;
- si un accord de branche le prévoit, pendant une durée maximale de 2 ans, les coûts de formation engagés pour faire face à de graves difficultés économiques conjoncturelles.
- les formations en matière de santé, de sécurité et de conditions de travail des membres de la délégation du personnel du CSE [voir *Comité social et économique (santé, sécurité et conditions de travail)**] et du référent en matière de lutte contre le *harcèlement sexuel** et les agissements sexistes au sein des entreprises de moins de 50 salariés (loi 2021-1018 du 2 août 2021, art. 39, 6°, JO du 3, entrée en vigueur le 31 mars 2022).

Contrôle de « service fait »

Les OPCO s'assurent de l'exécution des actions de formation dans le cadre d'un contrôle de service fait (c. trav. art. R. 6332-26). Les pièces nécessaires à ce contrôle sont définies par l'arrêté du 21.12.2018 (JO du 29).

En cas d'anomalie constatée dans l'exécution d'une action concourant au développement des compétences (à l'exception de l'action de formation par apprentissage), l'OPCO peut demander à l'organisme prestataire de formation ou à l'employeur tout document complémentaire nécessaire pour s'assurer de la réalité de l'action qu'il finance et de sa conformité aux dispositions légales, réglementaires et conventionnelles. Lorsque le prestataire de formation ou l'employeur ne fournissent pas l'ensemble des pièces prévues ou demandées, l'OPCO ne prend pas en charge les dépenses liées à ces actions.

Les OPCO effectuent tout signalement utile et étayé auprès des services de l'État chargés du contrôle de la formation professionnelle.

Obligation d'information et de transparence

L'OPCO doit créer un site internet au sein duquel il publie dans une rubrique dédiée et identifiable (c. trav. art. R. 6332-23) :

- la liste des priorités, des critères et des conditions de prise en charge des demandes présentées par les employeurs, des coûts de diagnostics ainsi que les services qu'il propose ;
- les niveaux de prise en charge des contrats en alternance décidés par les branches professionnelles ;
- la liste annuelle des organismes bénéficiaires de ses fonds ainsi que le montant versé pour chacun des organismes ;
- les comptes annuels des OPCO et le rapport du commissaire aux comptes ;

Cette rubrique est actualisée dans les 15 jours suivant la modification de l'une de ces informations.

▶ À noter… La décision de rejet total ou partiel par un OPCO d'une demande de prise en charge formée par un employeur ou un organisme prestataire de formation est motivée et notifiée dans un délai de 2 mois (c. trav. art. R. 6332-24).

☛ *Actions de formation ; Apprentissage ; Compte personnel de formation ; Contrat de professionnalisation ; Contribution à la formation professionnelle ; Formation en alternance ; Formation dans l'entreprise ; France compétences ; Plan de développement des compétences.*

OPPBTP

L'organisme professionnel de prévention du bâtiment et des travaux publics (OPPBTP ; www.oppbtp.com) est un organisme paritaire qui a pour mission de contribuer à la prévention et à l'amélioration des conditions de travail. Il comprend un comité national et des comités régionaux de prévention (c. trav. art. R. 4643-2 et s.).

Pour 2022, le taux de cotisation, que les entreprises du BTP versent à l'OPPBTP, reste fixé à 0,11 % du montant des salaires versés par l'employeur, y compris le montant des indemnités de congés payés pour lesquelles une cotisation est perçue par les caisses de congés payés.

Le taux de contribution due au titre de l'emploi de travailleurs temporaires est fixé à 0,11 % du montant du salaire horaire de référence, à savoir 12,92 €, y compris l'indemnité compensatrice de congés payés (arrêté du 10 décembre 2021, JO du 14).

☛ *Bâtiment et travaux publics.*

Ordinateur

☛ *Avantage en nature (TIC) ; Écran ; Informatique.*

Ordre des départs en congé

☛ *Congés payés (prise et report).*

Ordre des licenciements

Champ d'application

Licenciement économique collectif - En cas de *licenciement économique** collectif, à défaut de convention collective ou d'accord collectif applicable, l'employeur définit, après consultation du *comité social et économique** (CSE), les critères retenus pour fixer l'ordre des licenciements (c. trav. art. L. 1233-5).

Licenciement économique individuel - En cas de licenciement individuel pour motif économique, l'employeur doit prendre en compte les critères d'ordre de licenciement pour le choix du salarié concerné (c. trav. art. L. 1233-7 ; cass. soc. 3 décembre 2014, n° 13-23170 D).

Situations de non-application - L'élaboration de critères d'ordre suppose qu'au moins un licenciement économique soit décidé ce qui n'est, par exemple, pas le cas pour un départ volontaire (cass. soc. 1er juin 2017, n° 16-15456, BC V n° 97).

En outre, par exception, il peut arriver que l'employeur n'ait pas à appliquer un ordre des licenciements, dans la mesure où les circonstances font qu'il n'a aucun choix à opérer parmi les salariés. La Cour de cassation comme le juge administratif, qui est le juge du PSE, se prononcent dans le même sens sur le sujet.

C'est ainsi le cas lorsque le projet de licenciement vise toute une catégorie professionnelle (cass. soc. 14 janvier 2003, n° 00-45700 D). C'est également le cas lorsqu'une modification de leur contrat de travail est proposée à tous les salariés de l'entreprise tandis que les licenciements concernent tous ceux qui ont refusé cette modification. L'employeur n'ayant aucun choix à faire parmi les salariés ayant refusé la modification de leur contrat, il n'a donc pas à appliquer un ordre des licenciements (cass. soc. 27 mars 2012, n° 11-14223, BC V n° 108 ; cass. soc. 28 octobre 2015, n° 14-17712 D). Tel est aussi le cas lorsque le PSE prévoit le licenciement de tous les salariés qui auront refusé la modification, pour motif économique, de leur contrat de travail (CE 10 octobre 2018, n° 395280).

Il n'est pas plus nécessaire d'appliquer ces critères en cas de cessation totale d'activité entraînant le licenciement de tous les salariés (cass. soc. 5 février 2014, n° 12-29703 D).

Critères à prendre en compte

Liste légale non limitative - Les critères de l'ordre des licenciements doivent notamment prendre en compte (c. trav. art. L. 1233-5) :
- les charges de famille et, en particulier, celles des parents isolés ;
- l'ancienneté de service dans l'établissement ou l'entreprise ;
- la situation des salariés qui présentent des caractéristiques sociales rendant leur réinsertion professionnelle particulièrement difficile, notamment les personnes handicapées et les salariés âgés ;
- les qualités professionnelles appréciées par catégorie.

Critère des qualités professionnelles - Lorsque l'entreprise n'a aucun processus d'évaluation, les juges admettent qu'elle puisse substituer au critère des qualités professionnelles un indicateur tiré du montant des primes d'assiduité versées par l'entreprise (CE 22 mai 2019, n° 413342). En revanche, l'entreprise qui dispose d'un tel processus d'évaluation ne peut pas choisir de prendre en compte, en remplacement des qualités professionnelles, le nombre d'absences injustifiées des salariés (CE 22 mai 2019, n° 418090).

L'employeur ne peut pas non plus apprécier les qualités professionnelles en fonction de la seule ancienneté des salariés, ce qui reviendrait à prendre en compte deux fois le critère de l'ancienneté et à exclure celui des qualités professionnelles (CE 27 janvier 2020, n° 426230).

En cas de contentieux à propos du critère relatif aux qualités professionnelles, le juge n'a pas à substituer son appréciation à celle de l'employeur mais il doit vérifier si cette appréciation ne procède pas d'une erreur manifeste ou d'un détournement de pouvoir (ex. : évaluation de l'employeur faussée par sa volonté d'éviter le licenciement d'un salarié moins ancien en raison du coût de ce licenciement pour l'entreprise) (cass. soc. 24 septembre 2014, n° 12-16991, BC V n° 201).

Critères conventionnels ou fixés par l'employeur - Lorsque des critères conventionnels existent, ce sont eux que l'employeur doit appliquer.

À défaut, c'est à l'employeur d'arrêter ces critères. La liste des critères légaux n'étant pas limitative, l'employeur peut la compléter par un ou des critères de son choix, dès lors qu'il a pris en compte chacun des critères légaux. Il ne peut donc pas exclure un des critères légaux, par exemple celui sur les qualités professionnelles (CE 22 décembre 2017, n° 400649), même à la demande des représentants du personnel (cass. soc. 19 décembre 2007, n° 06-43788 D), ni décider qu'un critère a la même valeur pour tous les salariés car cela revient à le neutraliser (CE 1er février 2017, n° 387886 ; cass. soc. 26 février 2020, n° 17-18136 FSPB).

Par exception, l'employeur peut écarter un critère légal lorsque, « dans la situation particulière de l'entreprise et pour l'ensemble des personnes susceptibles d'être licenciées », il est matériellement impossible de le moduler, ce qui le rend en pratique inopérant (CE 27 janvier 2020, n° 426230).

▶ Attention… La convention ou l'accord collectif de travail ou, à défaut, la décision de l'employeur ne peuvent comporter de dispositions établissant une priorité de licenciement à raison des seuls avantages à caractère viager (pension de retraite par réversion notamment) dont bénéficie un salarié (c. trav. art. L. 1233-6).

Pondération des critères - L'employeur peut privilégier un des critères, à condition de tenir compte de l'ensemble des autres critères (c. trav. art. L. 1233-5 ; cass. soc. 2 mars 2004, n° 01-44084, BC V n° 68).

Exemple

Un salarié ayant plus d'ancienneté que ses collègues de la même catégorie professionnelle peut tout de même être licencié si l'employeur a privilégié les critères relatifs à la situation familiale et aux qualités professionnelles, sachant que ce salarié était célibataire, sans charge de famille et moins polyvalent que ses collègues (cass. soc. 23 octobre 2014, n° 13-22008 D).

Appréciation par catégorie professionnelle - Les critères retenus s'appliquent par « catégorie professionnelle », sachant que celle-ci regroupe l'ensemble des salariés qui exercent au sein de l'entreprise des fonctions de même nature supposant une formation professionnelle commune (c. trav. art. L. 1233-5, L. 1233-24-2 et L. 1233-24-4).

Une catégorie professionnelle ne doit pas être définie de façon trop restrictive, car cela reviendrait à identifier précisément les salariés qui seront licenciés et donc à éluder les critères d'ordre des licenciements (CE 30 mai 2016, n° 387798).

Exemple
Des vendeurs de livres et des vendeurs de disques relèvent de la même catégorie professionnelle (CE 30 mai 2016, n° 387798).

Du fait de la nécessité de se placer sur le terrain d'une catégorie professionnelle, l'ordre des licenciements ne trouve pas à s'appliquer lorsqu'il n'existe qu'une personne dans la catégorie concernée par le licenciement (cass. soc. 1er avril 2003, n° 01-41775 D ; cass. soc. 13 septembre 2005, n° 03-43788 D) ou si tous les emplois d'une même catégorie sont supprimés (cass. soc. 14 janvier 2003, n° 00-45700 D). En revanche, cette catégorie ne se résumant pas à un emploi déterminé, il est possible de comparer la situation de tous les cadres d'une entreprise, quels que soient leurs domaines d'intervention (cass. soc. 12 janvier 2006, n° 04-41769, BC V n° 13). De même, si une catégorie professionnelle (ex. : plombier) est représentée dans différents services (ex. : service entretien et service travaux), l'employeur doit appliquer les critères d'ordre à l'ensemble des salariés de cette catégorie, indépendamment du service auquel ils appartiennent (cass. soc. 18 mai 2011, n° 10-13618 D).

▶ **Attention…** Il ne peut pas être opéré de distinction au sein de chaque catégorie professionnelle entre les salariés exerçant à temps plein et ceux occupés à temps partiel : un salarié à temps partiel ne saurait être licencié par préférence à un salarié à temps plein (cass. soc. 3 mars 1998, n° 95-41610, BC V n° 113 ; cass. soc. 4 juillet 2012, n° 11-12045, BC V n° 211).

Contrôle du DREETS sur les catégories professionnelles - En cas de licenciement avec *plan de sauvegarde de l'emploi** décidé unilatéralement par l'employeur, le DREETS exerce un contrôle étroit sur le contenu du plan et donc sur les catégories professionnelles. Le refus d'homologuer l'accord est notamment justifié lorsque :
- le plan va jusqu'à définir 25 catégories professionnelles (18 ne comportant qu'un seul salarié), dans le but de permettre le licenciement de certains salariés au seul motif de leur affectation sur un emploi dont la suppression était recherchée (CE 7 février 2018, n° 407718) ;
- le plan subdivise certaines catégories professionnelles en sous-catégories qui correspondent à l'organisation adoptée par l'entreprise et ne sont donc pas propres à regrouper les salariés par fonctions de même nature supposant une formation professionnelle commune (CE 7 février 2018, n° 409978) ;
- le plan retient un nombre élevé de catégories professionnelles, systématiquement rattachées aux domaines d'activité de l'entreprise (CE 7 février 2018, n° 399838).

À l'inverse, un PSE peut établir une distinction entre les salariés selon qu'ils sont spécialisés dans un procédé industriel de fabrication ou dans un autre car ce critère repose sur la formation nécessaire à l'acquisition de certaines techniques et permet donc de regrouper les salariés exerçant des fonctions de même nature supposant une formation professionnelle commune (CE 7 février 2018, n° 403001).

Définition du périmètre d'application - Un accord collectif (ex. : accord collectif d'entreprise) peut fixer le périmètre d'application des critères d'ordre des licenciements (c. trav. art. L. 1233-5).

En l'absence d'un tel accord, ce périmètre ne peut être inférieur à celui de chaque zone d'emplois dans laquelle sont situés un ou plusieurs établissements de l'entreprise concernés par les suppressions d'emplois. En d'autres termes, à défaut d'accord, l'employeur détermine lui-même le périmètre d'application des critères d'ordre (après consultation du CSE si la procédure de licenciement l'exige), mais il ne doit pas descendre en dessous de la « zone d'emploi » touchée par les licenciements (c. trav. art. L. 1233-5).

▶ **À noter…** Les zones d'emploi concernées sont celles référencées dans l'atlas des zones d'emploi établi par l'INSEE et la DARES (www.data.gouv.fr) (c. trav. art. D. 1233-2). Une zone d'emploi est un espace géographique à l'intérieur duquel la plupart des actifs résident et travaillent, et dans lequel les établissements peuvent trouver l'essentiel de la main-d'œuvre nécessaire pour occuper les emplois offerts (www.insee.fr).

Communication des critères

Les critères retenus doivent être communiqués au CSE pour consultation, ainsi qu'aux salariés qui en font la demande par écrit dans les 10 jours suivant

leur départ de l'entreprise (et ce, que le licenciement soit individuel ou collectif) (c. trav. art. L. 1233-10, L. 1233-17, L. 1233-31, L. 1233-43 et R. 1233-1).

▶ Attention… Si le salarié fait sa demande plus de 10 jours après son départ de l'entreprise, l'employeur n'est pas tenu de lui répondre (cass. soc. 1er juillet 2015, n° 14-10984 D).

L'employeur doit répondre dans les 10 jours de la présentation de la demande (c. trav. art. R. 1233-1).

▶ À noter… Le salarié fait sa demande et l'employeur lui répond par LRAR ou lettre remise contre récépissé. Le délai de 10 jours imparti à chacun n'est pas un délai franc. Il expire le dernier jour à 24 h (c. trav. art. R. 1233-1).

Si le salarié parvient à prouver son préjudice du fait de l'absence de communication des critères d'ordre des licenciements, il peut en obtenir réparation devant les juges (cass. soc. 13 avril 2016, n° 14-28293, BC V n° 72).

Sanctions en cas de non-respect

L'inobservation des règles relatives à l'ordre des licenciements ne prive pas le licenciement de cause réelle et sérieuse (cass. soc. 5 décembre 2006, n° 04-47822 D ; cass. soc. 11 février 2009, n° 07-44396 D).

Elle n'ouvre pas automatiquement droit à réparation pour les salariés. Ceux-ci ne peuvent prétendre à des dommages et intérêts que s'ils démontrent l'existence d'un préjudice (cass. soc. 26 février 2020, n° 17-18136 FSPB).

L'employeur est passible également d'une amende pénale de 4e classe (soit 750 € pour une personne physique et 3 750 € pour une personne morale) (c. trav. art. R. 1238-1).

▶ À noter… L'employeur ne saurait être condamné à rembourser les allocations-chômage (cass. soc. 23 mars 1994, n° 91-43735, BC V n° 104).

L'inobservation de l'ordre des licenciements doit être sanctionnée même si le salarié n'a pas demandé par écrit l'indication des critères retenus (cass. soc. 19 mars 1998, n° 95-45364, BC V n° 162 ; cass. soc. 17 mai 2000, n° 98-41279 D). **En demandant une indemnité pour licenciement sans cause réelle et sérieuse, le salarié licencié pour motif économique demande implicitement réparation du préjudice résultant d'un licenciement prononcé en violation de l'ordre des licenciements** (cass. soc. 27 octobre 1998, n° 96-42493, BC V n° 456).

▶ À noter… Un salarié ayant adhéré à une convention de reclassement personnalisé (devenue depuis le *contrat de sécurisation professionnelle**) conserve le droit de contester l'ordre des licenciements (cass. soc. 5 mars 2008, n° 07-41964, BC V n° 47 ; avis de la Cour de cassation du 7 avril 2008, n° 80002 P), dans un délai de 12 mois après son adhésion (cass. soc. 16 décembre 2020, n° 19-18322 FPB). Il en est de même, concernant le droit de contestation, pour le salarié qui adhère à une convention de préretraite (cass. soc. 13 janvier 2009, n° 07-44398, BC V n° 5).

☞ *Licenciement économique.*

➲ Formulaire de Droit Social, « Demande des critères de l'ordre des licenciements » et « Énonciation des critères de l'ordre des licenciements ».

Organismes de formation (discipline des stagiaires)

☞ *Formation professionnelle (discipline des stagiaires).*

Organismes de sécurité sociale (salariés)

@ Cette étude est détaillée dans la version en ligne de ce Dictionnaire (voir www.rfsocial.com et www.rfeditions.com).

Orientations de la formation professionnelle

☞ *Formation professionnelle (orientations de la).*

Outrage sexiste

Interdiction et définition

Définition - L'outrage sexiste se définit comme le fait « d'imposer à une personne tout propos ou comportement à connotation sexuelle ou sexiste

qui soit porte atteinte à sa dignité en raison de son caractère dégradant ou humiliant, soit crée à son encontre une situation intimidante, hostile ou offensante » (c. pén. art. 621-1, I).

Cette infraction peut être caractérisée dans l'entreprise. En effet, le « Gouvernement n'a pas cantonné (son) champ d'application (...) aux propos et comportements dans l'espace public, afin de permettre la poursuite de ces faits notamment au travail ». L'administration a confirmé ce point (rapport AN n° 398, p. 148 ; circ. CRIM 2018-14 du 3 septembre 2018).

Peuvent notamment être qualifiés d'outrage sexiste (circ. CRIM 2018-14 du 3 septembre 2018, § 4-1) :
- des propositions sexuelles, mais également certaines attitudes non verbales telles que des gestes imitant ou suggérant un acte sexuel, des sifflements ou des bruitages obscènes ou ayant pour finalité d'interpeller la victime de manière dégradante ;
- des commentaires dégradants sur l'attitude vestimentaire ou l'apparence physique de la victime ;
- une poursuite insistante de la victime dans la rue.

Distinction avec le harcèlement - L'outrage sexiste s'applique « hors les cas prévus aux articles 222-13, 222-32, 222-33 et 222-33-2-2 » du code pénal (c. pén. art. 621-1, I).

Par conséquent, cette infraction a vocation à s'appliquer lorsque les faits ne sont constitutifs ni de violences ayant entraîné une incapacité totale de travail (ITT) inférieure ou égale à 8 jours ou n'ayant entraîné aucune incapacité de travail, ni d'une exhibition sexuelle, ni du *harcèlement sexuel** ou du *harcèlement moral**.

L'outrage sexiste se distingue également du harcèlement sexuel dans la mesure notamment où aucune répétition des faits n'est exigée.

Enfin, la qualification d'outrage sexiste ne doit être retenue que dans l'hypothèse où les faits ne pourraient faire l'objet d'aucune autre qualification pénale plus sévère (circ. CRIM 2018-14 du 3 septembre 2018, § 4-1).

Référents

Voir *Harcèlement sexuel**.

Sanctions

Sanctions pénales - L'outrage sexiste est puni de l'amende prévue pour les contraventions de la 4e classe (750 €), celle-ci pouvant être prononcée dans le cadre de la procédure d'amende forfaitaire (c. pén. art. 621-1, II ; c. proc. pén. art. 529 et s.). Si l'outrage sexiste a lieu en entreprise, une plainte de la victime est nécessaire (rapport AN n° 398, pp. 150 et 155).

En cas de circonstances aggravantes, l'outrage sexiste est puni de l'amende prévue pour les contraventions de la 5e classe (1 500 €) (ex. : lorsqu'il est commis par une personne qui abuse de l'autorité que lui confèrent ses fonctions). La récidive est également plus lourdement réprimée (3 000 €) (c. pén. art. 621-1, III).

Peines complémentaires - L'auteur de l'outrage sexiste encourt également des peines complémentaires (ex : obligation d'accomplir à ses frais un stage de lutte contre le sexisme et de sensibilisation à l'égalité entre les femmes et les hommes) (c. pén. art. 621-1, IV).

☛ *Harcèlement sexuel ; Agissements sexistes.*

P

Pacte civil de solidarité (Pacs)

Un pacte civil de solidarité est un contrat conclu par deux personnes physiques majeures, de sexes différents ou de même sexe, pour organiser leur vie commune. Les personnes liées par un Pacs doivent disposer d'une résidence commune (même si le domicile peut éventuellement être séparé).

Assimilation au mariage

Congés payés - Le partenaire d'un salarié est assimilé à un conjoint pour les modalités d'exercice des droits à congés. L'*ordre des départs en congé** est fixé en fonction de la situation du partenaire et le droit à un congé simultané des conjoints travaillant au sein de la même entreprise leur est applicable (c. trav. art. L. 3141-13 à L. 3141-16). Voir aussi, *Chèques-vacances**.

Congés pour raisons familiales - Voir *Congé PMA**, *Congé pour événement familial**, *Congé de proche aidant**, *Congé de paternité et d'accueil de l'enfant** et *Congés familiaux**.

Autres domaines - Dans de nombreux autres domaines que celui des congés, les conjoints sont traités de la même façon, qu'ils soient unis par un Pacs ou par le mariage. Tel est le cas, par exemple :

- du déblocage anticipé de la participation (c. trav. art. R. 3324-22) (voir *Réserve spéciale de participation**), d'un *plan d'épargne d'entreprise (PEE)** (c. trav. art. L. 3332-1) ou d'un *plan d'épargne pour la retraite collectif (PERCO)** (c. trav. art. R. 3334-4) ;
- des conditions d'éligibilité et d'électorat (c. trav. art. L. 2314-19) [voir *Élections professionnelles (candidats)** et *Élections professionnelles (électorat)**] ;
- de la définition des personnes à charge en cas de *saisie des rémunérations** (c. trav. art. R. 3252-3).

▶ À noter… Un salarié pacsé avec un partenaire du même sexe peut prétendre à des congés et à une prime réservés au cas du mariage du salarié par la convention collective (cass. soc. 9 juillet 2014, n° 10-18341, BC V n° 194).

Protection sociale

Ayant droit - Voir *Ayant droit** et *Rente d'ayant droit**.

Capital-décès - En cas de pluralité de bénéficiaires, le capital-décès du régime général de la sécurité sociale est, en premier lieu, versé au conjoint survivant de droit ou de fait de l'assuré décédé. En l'absence de conjoint survivant, il est versé au partenaire d'un assuré lié par un Pacs et, à défaut, aux ascendants et descendants de l'assuré (c. séc. soc. art. L. 361-4).

Rentes AT-MP - Les partenaires liés par un Pacs bénéficient des mêmes conditions d'attribution et de calcul des rentes d'accidents du travail (AT) et maladies professionnelles (MP) que celles servies aux conjoints survivants (c. séc. soc. art. R. 434-5, R. 434-10 à R. 434-14 et R. 434-18).

Pension de réversion - Il n'existe pas à l'heure actuelle de droit à *pension de réversion** pour le partenaire de Pacs d'un salarié décédé (cass. civ., 2e ch., 23 janvier 2014, n° 13-11362, BC II n° 23). Notons qu'en réservant aux conjoints le bénéfice de la pension de réversion, à l'exclusion de facto des partenaires de PACS, le législateur ne méconnaît pas le principe d'égalité (c. constit., décision 2011-155, QPC du 29 juillet 2011).

Assurance chômage - Le chômage consécutif à une démission qui s'explique par un changement de domicile pour conclure un Pacs est réputé involontaire par le régime d'assurance chômage [voir *Chômage (démission légitime)**].

Statut du conjoint-collaborateur - Voir *Conjoint du non-salarié (statut)**.

Panachage

☛ *Élections professionnelles (déroulement du vote).*

Panneaux d'affichage

L'employeur doit mettre des panneaux à la disposition du CSE ou des syndicats dans l'entreprise afin que des communications destinées à l'information du personnel puissent y être apposées.

Sur les obligations d'affichage et d'information dans l'entreprise, voir *Affichage et informations**.

Panneaux d'affichage

Section syndicale

Emplacements réservés - L'affichage des communications syndicales s'effectue librement sur des panneaux réservés exclusivement à cet usage et distincts de ceux affectés aux communications du *comité social et économique** (CSE) (c. trav. art. L. 2142-3).

Chaque panneau est affecté à une seule *section syndicale**. Les modalités de la mise à disposition (et du nombre) de ces panneaux font l'objet d'un accord avec l'employeur (c. trav. art. L. 2142-3).

Contenu des communications - Il n'y a pas d'autorisation préalable à l'affichage mais une transmission à l'employeur d'un exemplaire des documents simultanément à leur affichage (c. trav. art. L. 2142-3). Pour autant, un employeur qui sanctionne des délégués syndicaux ayant procédé à l'affichage de communications syndicales sans avoir simultanément transmis les textes à la direction commet un délit d'entrave (cass. crim. 25 mai 1982, n° 81-93443, B. crim. n° 135).

Le contenu des affiches, tout en étant librement déterminé par l'organisation syndicale, doit être de nature syndicale et respecter les dispositions relatives à la presse. Cela signifie que ce contenu ne doit notamment être ni injurieux ni diffamatoire (c. trav. art. L. 2131-1 et L. 2142-5).

Si l'employeur est en désaccord avec le contenu de l'affichage, il ne peut pas, de sa propre initiative, retirer des panneaux les documents qu'il conteste, sous peine de commettre un délit d'entrave à l'exercice du droit syndical (cass. crim. 11 mai 2004, n° 03-83682 D). Il peut seulement saisir le juge des référés, qui peut ordonner, le cas échéant, le retrait de la communication s'il n'y a aucun doute sur le caractère litigieux des informations affichées (cass. soc. 25 juin 1981, n° 80-12219, BC V n° 614).

Utilisation de l'intranet - Sur la possibilité pour un syndicat d'utiliser l'intranet de l'entreprise, voir *Tracts**.

Comité social et économique

Emplacements réservés - Dans les entreprises de moins de 50 salariés et dans celles d'au moins 50 salariés, les élus peuvent afficher les renseignements qu'ils ont pour rôle de porter à la connaissance du personnel sur (c. trav. art. L. 2142-3 et L. 2315-15) :

- les emplacements obligatoirement prévus et destinés aux communications syndicales mais sur des panneaux distincts ;
- et aux portes d'entrée des lieux de travail.

Les emplacements doivent être choisis de manière à faciliter la lecture des communications (cass. soc. 25 mai 1965, n° 63-12651, BC IV n° 397).

Entreprises d'au moins 50 salariés. - Dans les entreprises d'au moins 50 salariés, le CSE doit :

- porter à la connaissance des salariés ses comptes annuels (ou pour les « petits » CSE, ses documents comptables) ainsi que le rapport de gestion, par tous moyens (ex. : affichage) (c. trav. art. L. 2315-72) [voir *Comité social et économique (ressources)**] ;
- afficher ou diffuser dans l'entreprise le procès-verbal établit après chaque réunion, selon des modalités précisées par son règlement intérieur (c. trav. art. L. 2315-35) [voir *Comité social et économique (réunions)**].

En dehors de ces obligations, le CSE peut, par exemple, diffuser tout ce qui concerne les activités sociales et culturelles (ex. : information sur les spectacles, tarif), informer les salariés de l'ordre du jour des réunions à venir, ou encore leur indiquer certaines informations relatives à la mutuelle d'entreprise.

Limites au droit d'affichage - Le contenu des affiches doit se rapporter strictement à la mission des élus CSE et n'être ni injurieux ni diffamatoire.

Affichage d'éléments relevant de la vie privée d'un salarié - Le respect de la vie personnelle d'un salarié n'interdit pas en lui-même l'affichage d'une information relevant de la vie privée du salarié. Toutefois, cette diffusion doit remplir les deux conditions suivantes (cass. soc. 16 février 2022, n° 20-14416 FSB) :

- être indispensable à la défense du droit à la protection de la santé et de la sécurité des travailleurs (pour rappel, il s'agit d'une compétence légale du CSE) ;
- l'atteinte portée à la vie personnelle du salarié doit être proportionnée au but poursuivi.

Exemple

Le secrétaire du comité d'une entreprise multiétablissements avait affiché, sur le panneau dédié, un extrait des conclusions déposées par le comité dans le cadre d'une action en justice intentée contre la société. Cet extrait reproduisait le contenu d'un mail adressé 3 ans auparavant à un responsable sécurité de l'entreprise par la direction. Dans ce message, le directeur d'établissement reprochait au responsable sécurité d'avoir communiqué avec un représentant du personnel sur le sujet de l'amiante et lui interdisait à l'avenir d'aborder le sujet sans l'aval de sa hiérarchie, laquelle se réservait donc le droit de transmettre aux salariés des informations. Ce mail affiché par le comité, qui relevait de la vie privée d'un salarié, ne remplissait pas les deux conditions requises. Datant de 3 ans, il ne portait que sur les seules modalités de communication en matière de santé et de sécurité entre deux membres de la direction (cass. soc. 16 février 2022, n° 20-14416 FSB).

Aucun contrôle préalable de l'employeur - L'employeur ne peut pas contrôler l'affichage (interdiction ou retrait de communications), mais il peut saisir le juge pour exiger le retrait de renseignements affichés qui sortent du cadre des attributions du CSE (cass. crim. 8 mai 1968, n° 92-65967, B. crim. n° 145).

Utilisation de l'intranet - La faculté d'utiliser l'intranet n'est prévue par le code du travail qu'au profit des syndicats (voir *Tracts**) (c. trav. art. L. 2142-6). Cela étant, un accord collectif peut à notre sens prévoir cette possibilité ou encore, le règlement intérieur du CSE [voir *Comité social et économique (négocié)** et *Comité social et économique (règlement intérieur)**].

☛ *Affichage et informations.*

Parcours emploi compétences

☛ *Contrat d'accompagnement dans l'emploi ; Contrat aidé ; Contrat initiative-emploi (CIE) ; Contrat unique d'insertion.*

Parents d'élèves (congé)

☛ *Congé de représentation (associations, mutuelles).*

Participation à l'effort de construction

Assujettissement

Employeurs de 50 salariés et plus - Les employeurs de 50 salariés et plus au titre d'une année N - 1 doivent consacrer au moins 0,45 % de la masse salariale de l'année en cause à la participation à l'effort de construction. Ces investissements doivent être réalisés durant l'année suivante (année N) (c. constr. et hab. art. L. 313-1 ; loi 2019-486 du 22 mai 2019, art. 11, IX, 1°, JO du 23).

▶ Attention… Hors cas des entreprises nouvelles, l'effectif de l'année N - 1 détermine si l'employeur est soumis à l'obligation d'investissement sur l'année N. En cas d'insuffisance d'investissement au cours de l'année N, une cotisation fiscale de 2 % devra être payée au plus tard le 30.04 de l'année N + 1.

Le seuil d'assujettissement a été relevé de 20 à 50 salariés par la loi PACTE. La mesure étant entrée en vigueur le 1.01.2020 (loi 2019-486 du 22 mai 2019, art. 11, XIV, JO du 23), elle s'est appliquée à notre sens pour la première fois aux investissements à réaliser en 2020, sur la base de l'effectif annuel moyen sécurité sociale et de la masse salariale 2019.

Pour les employeurs agricoles, le seuil d'assujettissement était déjà fixé à 50 salariés avant la loi PACTE (c. rural art. L. 716-2).

Calcul de l'effectif - Depuis la participation 2018 (effectif 2017, cotisation fiscale de 2 % à payer en 2019 en cas d'insuffisance d'investissements), l'effectif est calculé au niveau de l'entreprise, tous établissements confondus, conformément aux règles prévues par le code de la sécurité sociale : effectif annuel moyen, personnes prises en compte, règles propres aux entreprises nouvelles, etc. (voir *Effectif sécurité sociale**) (c. constr. et hab. art. L. 313-1). La loi PACTE a étendu les règles d'application de l'*effectif sécurité sociale** à la participation construction des employeurs agricoles depuis le 1.01.2020 (c. rural art. L. 716-2 ; loi 2019-486 du 22 mai 2019, art. 11, VIII, JO du 23). Hors cas des entreprises nouvelles, le premier effectif annuel moyen concerné a été celui calculée sur l'année 2019 (investissements à réaliser en 2020).

Calcul de la participation

Taux - La participation est égale à 0,45 % des rémunérations brutes soumises à cotisations de sécurité sociale versées sur l'année civile précédente, à savoir l'année sur laquelle l'effectif a été calculé (c. constr. et hab. art. L. 313-1).

Assiette - Les rémunérations versées à des salariés employés dans le cadre d'un contrat d'accompagnement dans l'emploi sont exonérées de la participation à l'effort de construction (c. trav. art. L. 5134-31). L'exonération vaut aussi bien pour un contrat d'accompagnement dans l'emploi, peu important qu'il relève du régime du *contrat unique d'insertion** de droit commun ou de celui des *emplois d'avenir**.

Les ateliers et chantiers d'insertion bénéficient de la même exonération pour leurs embauches en CDD d'insertion ouvrant droit à l'aide au poste (loi 2013-1203 du 23 décembre 2013, art. 20, IV, A).

Lissage des effets de seuil

Depuis la participation 2020 - Le mécanisme de limitation des effets de seuil prévu par le code de la sécurité sociale s'applique aussi à la participation à l'effort de construction depuis le 1.01.2020 (c. constr. et hab. art. L. 313-1), en lieu et place du dispositif d'assujettissement progressif autrefois applicable.

Le franchissement du seuil de 50 salariés à la hausse n'est ainsi pris en compte que si ce seuil est atteint ou franchi pendant 5 années consécutives (voir *Effectif sécurité sociale**) (c. séc. soc. art. L. 130-1, II).

A contrario, lorsqu'une entreprise repasse sous les 50 salariés sur l'effectif d'une année donnée, les compteurs sont remis à zéro. Si par la suite l'entreprise repasse au-dessus du seuil, elle bénéficiera d'un nouveau moratoire de 5 ans avant d'être soumise aux dispositions liées à ce seuil (c. séc. soc. art. L. 130-1, II).

Ainsi, sous réserve de confirmation par l'administration et de la lecture des autorités de contrôle, un employeur qui atteint ou franchi le seuil de 50 salariés au titre de son effectif « sécurité sociale » calculé sur l'année N - 1 ne devient assujetti qu'à partir du 1er janvier de l'année N + 5, à condition de ne pas être redescendu sous les 50 salariés sur l'une des années intercalaires.

Exemple

Début 2021, un employeur a constaté qu'il a atteint ou dépassé les 50 salariés au titre de son effectif « sécurité sociale » 2020. Il ne devra procéder à des investissements au titre de la participation constriction qu'à partir du 1er janvier 2026, à condition d'être resté à 50 salariés et plus sur chacune des années intercalaires (effectifs calculés sur 2021, 2022, 2023, 2024 et 2025). Les investissements à réaliser sur 2026 seront calculés sur la base de la masse salariale 2025.

Jusqu'à la participation 2019 - Jusqu'à la participation 2019 (cotisation fiscale de 2 % à payer pour le 30.04.2020 en cas d'insuffisance d'investissement sur 2019), les entreprises qui atteignaient ou dépassaient le seuil de 20 salariés étaient dispensées de participation pendant 3 ans. Leur participation était ensuite réduite de 75 % la 4e année, de 50 % la 5e année et de 25 % la 6e année. À partir de la 7e année, la participation est calculée au taux normal, sans réduction (c. constr. et hab. art. L. 313-2 abrogé au 1.01.2020).

Ce mécanisme de lissage n'était pas applicable lorsque l'accroissement de l'effectif était dû à la reprise ou à l'absorption d'une entreprise ayant employé 20 salariés ou plus au cours de l'une des 3 années précédentes. Dans ce cas, la participation était due dans les conditions de droit commun dès l'année au cours de laquelle l'effectif de 20 salariés avait été atteint ou dépassé.

Les entreprises ou exploitations nouvelles qui employaient, dès leur première année d'activité, 20 salariés ou plus ne pouvaient pas bénéficier du lissage et étaient, en conséquence, redevables de la participation dans les conditions de droit commun.

Mesure transitoire - Le nouveau mécanisme de gel des effets de seuil (condition de 5 années consécutives pour un franchissement à la hausse) ne s'applique pas aux entreprises ayant au 1.01.2020 un effectif supérieur ou égal à un seuil et qui, au titre de 2019, étaient déjà soumises aux obligations liées au franchissement dudit seuil (loi 2019-486 du 22 mai 2019, art. 11, XIII, 1°).

Les entreprises qui étaient déjà assujetties à la participation construction au taux normal de 0,45 % sur 2019, et dont l'effectif annuel moyen sécurité sociale calculé sur 2019 était toujours supérieur ou égal à 50 salariés, sont restées assujetties et tenues de procéder à des investissements sur 2020.

Les entreprises qui bénéficiaient au 31.12.2019 de l'ancien dispositif de lissage continuent à en relever (loi 2019-486 du 22 mai 2019, art. 11, XII). Pour peu que leur effectif soit de 50 salariés ou plus, les employeurs concernés iront donc jusqu'au bout de l'ancien mécanisme, sans pouvoir basculer dans le nouveau moratoire de 5 ans.

Reste le cas des entreprises de 20 à moins de 50 salariés qui étaient soumises à la participation construction au taux de 0,45 % sur l'année 2019, et qui ont constaté début 2020 qu'elles avaient atteint ou dépassé le seuil de 50 salariés au titre de leur *effectif sécurité sociale** calculé sur 2019. Fallait-il considérer :

- que ces entreprises, déjà assujetties au taux de 0,45 % en 2019 le sont restées sur 2020 ?
- ou au contraire, qu'elles n'étaient pas assujetties

sur 2020, au titre de la première année du nouveau mécanisme d'atténuation du franchissement du seuil de 50 salariés (cette solution permettrait de traiter sur le même plan une entreprise passant de 15 à 52 salariés qu'une entreprise passant de 47 à 52 salariés) ?

Sur ce point, les clarifications des administrations en charge de la participation seraient les bienvenues. Par comparaison, pour ce qui est du FNAL, l'ACOSS penche plutôt pour la 2e solution, selon nos informations [voir *Fonds national d'aide au logement (FNAL)**].

▶ À noter... Les employeurs dont l'*effectif sécurité sociale** calculé sur 2019 était inférieur à 50 salariés, n'ont pas été assujettis à la participation construction sur 2020, même s'ils étaient auparavant engagés dans l'ancien dispositif de lissage.

Année de réalisation de la participation

Quelle que soit la date de clôture de l'exercice comptable, l'année civile constitue la période de référence à retenir pour le calcul de l'investissement.

Le délai d'investissement expire dans tous les cas le 31 décembre de l'année suivant celle du paiement des salaires. Ainsi, sauf application d'un mécanisme de lissage des effets de seuil, un employeur de 50 salariés et plus au titre d'une année N – 1 doit, sur l'année N, procéder des investissements à hauteur de 0,45 % de la masse salariale de l'année N – 1.

Les employeurs qui ont investi au cours d'un exercice une somme supérieure au montant qu'ils sont tenus d'investir peuvent reporter l'excédent sur les exercices postérieurs.

Modalités d'investissements

Versement à un organisme collecteur - Les investissements réalisés au titre de la participation à l'effort de construction peuvent prendre la forme d'un versement à Action Logements Services ou un organisme agréé (c. constr. et hab. art. L. 313-1, al. 2).

Ce versement s'opère sous la forme de prêt sans intérêts ou de subvention. L'organisme collecteur délivre à l'employeur un reçu attestant du caractère libératoire du versement (c. constr. et hab. art. R. 313-6).

Prêts aux salariés - L'employeur peut aussi se libérer de son obligation en accordant à ses salariés des prêts à taux réduit pour le financement de la construction d'un logement affecté à leur résidence principale ou à celle de leur conjoint, de leurs ascendants ou descendants (c. constr. et hab. art. L. 313-1, al. 3 et R. 313-7, 1°).

Plusieurs conditions sont requises :

- ces prêts doivent répondre à des critères de montant, de durée et de taux ;
- le logement doit être conforme à des conditions de performance énergétique définies par arrêté ;
- le ménage auquel le prêt est accordé doit répondre aux conditions de ressources prévues par la législation fiscale pour l'octroi des avances remboursables sans intérêts (CGI art. 244 quater J).

Construction de logements locatifs ou réhabilitation - À titre exceptionnel, et sous réserve de l'autorisation préalable du préfet du département, l'employeur peut procéder à des investissements dans la construction de logements locatifs bénéficiant de certains prêts ou dans des travaux d'amélioration d'immeubles anciens lui appartenant, loués ou destinés à être loués à ses salariés et compris dans un programme d'intérêt général (c. constr. et hab. art. R. 313-7, 2°). Pour ce faire, l'employeur doit signer une convention avec l'État.

Ces investissements dans la construction ou la réhabilitation ne peuvent être réalisés que lorsque les autres formes de participation (versements à des organismes collecteurs, prêts aux salariés) ne permettent pas de répondre aux besoins des salariés.

▶ À noter... Cette forme d'investissements est plafonnée dans son montant (c. constr. et hab. art. R. 313-7). Les limites varient selon les départements, qui sont classés en plusieurs zones par arrêtés (arrêté du 1er août 2014, JO du 6, texte 54, modifié par arrêté du 30 septembre 2014, JO 14 octobre, texte 40, puis par arrêté du 4 juillet 2019, JO du 5, texte 27).

Durée des investissements et sort des excédents

La participation réalisée sous une forme autre que celle de la subvention doit faire l'objet d'investissement pour une durée minimale de 20 ans. Si ces investissements sont faits en plusieurs périodes, aucune d'elle, sauf la dernière, ne peut être inférieure à 5 ans (c. constr. et hab. art. R. 313-8).

En cas de remboursement anticipé, les sommes doivent être réinvesties selon l'une des formes autorisées dans un délai de 3 mois.

Les employeurs qui, au moyen de leurs ressources propres, ont investi au cours d'un exercice une somme supérieure à leur obligation légale (0,45 %) peuvent reporter l'excédent sur les exercices postérieurs (c. constr. et hab. art. L. 313-1). Il n'y a pas de limitation de durée.

Dirigeants

Les dirigeants de société et assimilés (au sens du CGI art. 39, 3 et 211 bis), l'exploitant individuel ainsi que leur conjoint et leurs enfants non émancipés ne peuvent pas bénéficier directement ou indirectement de la participation de l'entreprise, à quelque titre que ce soit (c. constr. et hab. art. R. 313-17). Ceci exclut, entre autres, tout prêt.

En revanche, le conjoint du dirigeant de société, de l'exploitant individuel ainsi que leurs enfants non émancipés peuvent bénéficier, lorsqu'ils sont salariés d'une autre entreprise, d'une aide au titre de la participation des employeurs de cette entreprise.

Information du CSE

Dans le cadre des dispositions supplétives du code du travail relatives à la consultation sur la politique sociale de l'entreprise, les conditions de travail et l'emploi, l'employeur met à la disposition du *comité social et économique** les informations sur l'affectation de la participation à l'effort de construction via la *base de données économiques, sociales et environnementales (BDESE)** (c. trav. art. L. 2312-26, II, 7°).

Déclaration

Les employeurs doivent déclarer s'ils sont assujettis à la participation construction et, si oui, son assiette (c. constr. et hab. art. R. 313-2).

Les employeurs déclarent leurs données via la *déclaration sociale nominative (DSN)**, dans la dernière DSN déposée au titre de l'année concernée (DSN relatives aux salaires de décembre à souscrire pour le 5 ou 15 janvier) (CGI art. 87 et 87 A ; CGI, ann. III, art. 39, 1°, f ; c. séc. soc. art. R. 133-14, IV, 9°).

▶ **À noter…** Selon le site d'information officiel sur la DSN, il est indiqué que par « par tolérance administrative, il est possible de déclarer ces éléments au plus tard avec la DSN de janvier N +1 déposée en février N +1 » (« Participation de l'employeur à l'effort de construction (PEEC) - Assujettissement », fiche 791 à jour au 21 septembre 2021, www.net-entreprises.fr).

Insuffisance d'investissement

Les employeurs n'ayant pas effectué les investissements auxquels ils sont tenus durant l'année suivant celle du paiement des salaires sont assujettis à une cotisation fiscale de 2 %, calculée sur le montant des salaires à raison desquels l'obligation d'investissement n'a pas été respectée (c. constr. et hab. art. L. 313-4 et R. 313-3 ; CGI art. 235 bis).

Ils doivent s'en acquitter auprès du comptable public compétent pour le **30 avril**, accompagné du bordereau **2485** (c. constr. et hab. art. L. 313-4 et R. 313-3).

Exemple

Un employeur assujetti à la participation construction au titre de son effectif calculé sur l'année 2020 devait procéder, en 2021, à des investissements à hauteur de 0,45 % de sa masse salariale 2020. À défaut d'avoir procédé aux investissements requis en 2021, il doit payer la cotisation fiscale de 2 % le 30.04.2022 au plus tard.

Les employeurs ayant procédé à la totalité des investissements requis n'ont aucune obligation déclarative particulière pour la fin avril.

Participation à la formation professionnelle continue

☛ *Contribution à la formation professionnelle.*

Participation à la formation professionnelle continue (travailleurs non salariés)

@ Cette étude est détaillée dans la version en ligne de ce Dictionnaire (voir www.rfsocial.com et www.rfeditions.com).

Participation aux frais de transport

L'employeur, en région parisienne comme en province, doit prendre en charge une partie des frais de transports publics « domicile/lieu de travail » engagés par le salarié. Il peut en outre, sous certaines conditions, mettre en place une prime transport ainsi qu'un forfait mobilités durables.

Frais de transports publics ou de location de vélos

Obligation de prise en charge - L'employeur doit prendre en charge 50 % du prix des titres d'abonnements souscrits par ses salariés pour leurs déplacements entre leur résidence habituelle et leur lieu de travail accomplis au moyen (c. trav. art. L. 3261-2 et R. 3261-1) :

- de transports publics de personnes ;
- ou de services publics de location de vélos (type Vélib').

L'employeur doit également prendre en charge 50 % du prix des titres d'abonnement des stagiaires, y compris pour les stages de moins de 2 mois (c. éduc. art. L. 124-13) (voir *Stages en entreprise**).

▶ À noter... Rien n'interdit à l'employeur de prendre en charge le coût de ces abonnements au-delà de 50 %, mais la prise en charge n'est alors exonérée que dans la limite des frais engagés *(voir plus loin)* (BOSS, Frais professionnels, § 620, 01/01/2022).

L'employeur qui ne respecte pas son obligation de prise en charge s'expose à une amende de 4e classe (c. trav. art. R. 3261-16) (voir *Amendes pénales**).

Trajet concerné - La prise en charge couvre l'intégralité du trajet entre la résidence habituelle du salarié et son lieu de travail, effectué en transports publics.

La résidence habituelle s'entend du lieu où le salarié réside pendant les jours travaillés (BOSS, Frais professionnels, § 780, 01/01/2022). Ainsi, lorsque le salarié a un logement près de son lieu de travail durant la semaine, et un autre où vit sa famille qu'il rejoint le week-end, sa résidence habituelle est celle où il réside en semaine (cass. soc. 22 juin 2016, n° 15-15986, BC V n° 134 ; cass. soc. 12 novembre 2020, n° 19-14818 D).

Aucune distinction ne doit être réalisée selon la situation géographique de la résidence (BOSS, Frais professionnels, § 520, 22/10/2021 ; cass. soc. 12 décembre 2012, n° 11-25089, BC V n° 338). Par conséquent, les salariés dont l'éloignement de la résidence habituelle du lieu de travail relève de la convenance personnelle doivent bénéficier de la prise en charge obligatoire de 50 % des titres d'abonnement aux transports publics (BOSS, Frais professionnels, § 530, 01/01/2022).

Exemples

Un salarié ayant une double résidence (la semaine à Paris où il travaille, le week-end dans la région où réside sa famille) doit être considéré comme ayant sa résidence habituelle à Paris. Il n'ouvre donc pas droit à la prise en charge obligatoire de son titre d'abonnement pour les trajets entre la résidence de sa famille et Paris. Il bénéficie uniquement de la prise en charge de son titre de transport au titre de ses déplacements de son domicile parisien à son lieu de travail.

À l'inverse, un salarié n'ayant pas de double résidence mais qui travaille la semaine en région parisienne et dispose d'une résidence habituelle en province, peut demander un remboursement de ses frais d'abonnement à un service de transports en commun au titre des trajets réalisés le week-end ou pour ses congés entre son lieu de travail et sa résidence en province, qui constitue sa seule résidence habituelle (BOSS, Frais professionnels, § 780, 01/01/2022).

Les travailleurs frontaliers qui résident dans un pays limitrophe et travaillent en France sont aussi susceptibles d'ouvrir droit à la prise en charge obligatoire dans les mêmes conditions que les salariés qui résident et travaillent en France dès lors qu'ils relèvent des législations françaises du travail et de sécurité sociale et qu'ils utilisent des titres d'abonnement visés par le dispositif *(voir ci-dessous)* (BOSS, Frais professionnels, § 540, 01/01/2022).

Titres de transport concernés - L'employeur prend en charge les titres souscrits par les salariés, parmi les catégories suivantes (c. trav. art. R. 3261-2) :

- les abonnements multimodaux à nombre de voyages illimités ainsi que les abonnements annuels, mensuels, hebdomadaires ou à renouvellement tacite à nombre de voyages illimité émis par la SNCF ainsi que par les entreprises de transport public, les régies et les autres personnes mentionnées au II de l'article 7 de la loi n° 82-1153 du 30.12.1982 d'orientation des transports intérieurs ;
- les cartes et abonnements mensuels, hebdomadaires ou à renouvellement tacite à nombre de voyages limité délivrés par la RATP, la SNCF, les entreprises de l'Organisation professionnelle des transports d'Île-de-France ainsi que par les entreprises de transport public, les régies et les autres personnes mentionnées au II de l'article 7 de la loi n° 82-1153 du 30.12.1982 d'orientation des transports intérieurs ;
- les abonnements à un service public de location de vélos.

Les billets à l'unité sont donc exclus de la prise en charge. Ils peuvent être pris en charge dans le cadre du forfait mobilités durables s'il est mis en place *(voir plus loin)*.

S'agissant des abonnements SNCF, l'obligation de prise en charge couvre l'abonnement, mais pas les frais de réservation exposés à chaque voyage (BOSS, Frais professionnels, § 590, 01/01/2022).

▶ À noter… Les abonnements à un service de transport de type taxi collectif sont concernés à condition que la société qui assure ledit transport ait passé une convention avec l'autorité organisatrice de la mobilité territorialement compétente (BOSS, Frais professionnels, § 570, 01/01/2022).

Étendue de la prise en charge - La prise en charge par l'employeur se fait sur la base d'un tarif de 2e classe (c. trav. art. R. 3261-1 et R. 3261-3), y compris si le salarié souscrit un titre d'abonnement de 1ère classe (BOSS, Frais professionnels, § 580, 01/01/2022).

L'employeur n'est tenu de prendre en charge que les titres de transport permettant de réaliser, dans le temps le plus court, les déplacements entre la résidence habituelle et le lieu de travail du salarié (c. trav. art. R. 3261-3). Le trajet n'a donc ni à être le plus court en distance, ni à être le plus direct. Si plusieurs abonnements à des services publics de transport en commun ou de location de vélos sont nécessaires à la réalisation du trajet, il doit prendre en charge 50 % du coût de ces différents titres d'abonnement (BOSS, Frais professionnels, § 600, 01/01/2022).

Salariés à temps partiel - Les salariés à temps partiel bénéficient de la prise en charge à 50 % du titre d'abonnement s'ils travaillent au moins la moitié de la durée légale hebdomadaire (ou conventionnelle si elle lui est inférieure). S'ils travaillent moins, ils ont droit à une prise en charge calculée au prorata du nombre d'heures travaillées par rapport à la moitié de la durée du travail à temps complet (c. trav. art. R. 3261-9).

Salariés multi-employeurs - Les règles fixées pour les salariés à temps partiel *(voir ci-dessus)* s'appliquent à l'identique aux salariés ayant plusieurs employeurs. Un employeur ne peut donc se soustraire à son obligation au motif que la prise en charge du titre d'abonnement a déjà été assumée par un autre employeur. Il ne peut pas non plus minorer la quote-part de la somme qu'il est tenu de rembourser au salarié. Cela peut conduire les intéressés à bénéficier au global d'un remboursement supérieur au taux de 50 % instauré par la loi (BOSS, Frais professionnels, § 650, 01/01/2022).

Salariés en forfait jours - Les salariés dont la durée du travail est fixée par une convention de forfait en jours ne sont pas des salariés à temps partiel au sens du code du travail. Par conséquent, les salariés sous forfait jours qui travaillent moins de 218 jours par an ouvrent droit à la prise en charge de leur titre de transport dans les mêmes conditions que les salariés à temps complet (BOSS, Frais professionnels, § 640, 01/01/2022).

Salariés exerçant leur activité sur plusieurs lieux de travail - Les salariés qui exercent leur activité sur plusieurs lieux de travail au sein d'une entreprise qui n'assure pas le transport entre ces différents lieux de travail, ni entre ces lieux et leur résidence habituelle, peuvent prétendre à la prise en charge de leurs titres de transport permettant de réaliser l'ensemble de leurs déplacements imposés entre leur résidence et les différents lieux de travail, ainsi qu'entre ces lieux de travail (c. trav. art. R. 3261-10).

En cas d'embauche ou de départ de l'entreprise - En cas d'embauche ou de départ du salarié au cours de la période de validité du titre, la prise en charge obligatoire des frais de transport est limitée à la période couverte par le contrat de travail (BOSS, Frais professionnels, § 660, 01/01/2022).

Salariés en télétravail - Dans ses « questions-réponses » sur le télétravail en période de covid-19, le ministère du Travail indique que l'obligation de prise en charge à 50 % des frais d'abonnement aux transports publics s'applique dans les conditions habituelles lorsque le télétravail s'effectue par alternance (ex. : 1 ou 2 jours par semaine ou une semaine sur deux), sans abattement des jours en télétravail.

En revanche, lorsque le salarié est placé en situation de télétravail à domicile « en continu » sur le mois ou la semaine, l'employeur n'est pas tenu à cette obligation de prise en charge, dès lors que le salarié n'a eu aucun trajet à effectuer durant la période considérée. Toutefois, les employeurs sont invités à maintenir la prise en charge pour les salariés titulaires d'un abonnement annuel qui n'ont pas pu procéder à la suspension de leur contrat d'abonnement pour le (s) mois non utilisé (s), et ont donc supporté son coût (questions-réponses « Télétravail en période de Covid-19 », version du 5.01.2022, www.travail-emploi.gouv.fr).

Modalités de remboursement - Le remboursement par l'employeur a lieu sur remise ou, à défaut, sur présentation du titre au plus tard à la fin du mois suivant celui pour lequel il a été validé. Si la validité du titre est annuelle, la prise en charge est répartie mensuellement pendant la période d'utilisation (c. trav. art. R. 3261-4 et R. 3261-5).

Le titre doit permettre d'identifier son utilisateur. Toutefois, une attestation sur l'honneur suffit (c. trav. art. R. 3261-5) :
- pour un titre d'abonnement à un service public de vélos ne comportant pas le nom du bénéficiaire ;
- pour les salariés intérimaires, ceux-ci devant adresser l'attestation à l'entreprise de travail temporaire.

Lorsque les titres de transport sont enregistrés sur une carte magnétique remise au titulaire en échange d'un formulaire de souscription, certains documents valent pièce justificative. Deux cas sont envisagés par l'administration (BOSS, Frais professionnels, § 740, 01/01/2022) :
- les utilisateurs d'abonnements mensuels ou hebdomadaires qui procèdent pour chaque période à l'enregistrement de leur titre de transport sur leur carte magnétique peuvent obtenir du transporteur une facture qui, si elle n'est pas nominative, porte le numéro de leur carte ;
- les titulaires d'abonnement annuel qui procèdent au paiement de leurs frais de transport par prélèvements mensuels reçoivent chaque année du transporteur une attestation nominative de versement. S'ils ne disposent pas de cette attestation, ils peuvent demander au transporteur une facture annuelle faisant apparaître leur nom et le numéro de leur carte.

Est également admise comme pièce justificative l'attestation collective trimestrielle de l'organisme de transports publics pris par la majorité des salariés d'une société, sous réserve que les informations qu'elle mentionne permettent d'identifier salarié par salarié la nature de l'abonnement souscrit et le prix payé (BOSS, Frais professionnels, § 750, 01/01/2022).

▶ À noter... Un accord collectif peut prévoir d'autres modalités de preuve et de remboursement (c. trav. art. R. 3261-6).

Maladie et congés payés - Dans le cadre de l'ancien système de prise en charge qui était applicable uniquement en Île-de-France jusqu'au 31.12.2008, deux précisions avaient été apportées en cas de maladie du salarié (circ. min. du 24 décembre 1982, JO NC du 20 mai 1983) :
- l'employeur devait prendre en charge normalement l'abonnement au titre de transport à partir du moment où il a été utilisé au moins une fois pour un trajet « domicile-lieu de travail », sans aucun abattement pour les jours non travaillés ;
- dans le cas d'un abonnement annuel, l'employeur était tenu d'effectuer le versement pour le mois durant lequel l'arrêt maladie intervenait ; si l'arrêt maladie se prolongeait, le salarié ne pouvait prétendre à aucune prise en charge pour chaque mois durant lequel aucun trajet « domicile-lieu de travail » n'intervenait.

En cas de congés payés, l'employeur devait prendre en charge le titre de transport à partir du moment où il avait été utilisé (« validé ») au moins une fois pour le trajet « domicile-lieu de travail ». En revanche, il n'avait aucune obligation pour un titre d'abonnement dont la période de validité couvrait uniquement des jours de congés payés.

À notre sens, ces interprétations semblent devoir être maintenues, l'obligation de prise en charge actuelle étant très voisine des anciennes règles « Île-de-France ». Soulignons toutefois que le Bulletin officiel de la sécurité sociale (BOSS), entré en vigueur le 1.04.2021, n'a pas repris ces anciennes précisions de l'administration.

Existence d'une prise en charge conventionnelle - L'employeur peut refuser la prise en charge si le salarié perçoit déjà des indemnités représentatives de frais pour ses déplacements entre sa résidence habituelle et son ou ses lieux de travail d'un montant au moins égal à 50 % du coût du titre (c. trav. art. R. 3261-8). Cette disposition a pour objet de tenir compte de l'existence, dans certaines entreprises ou branches professionnelles, de dispositifs de prise en charge des frais de déplacements entre la résidence habituelle et le lieu de travail prévus par convention ou accord collectif (BOSS, Frais professionnels, § 800, 01/01/2022).

Si la prime de transport conventionnelle est d'un montant inférieur à l'obligation légale de remboursement de 50 % des frais de transports publics des salariés, l'employeur, afin de respecter ses obligations légales, doit :
- soit compléter la prime conventionnelle à hauteur de 50 % du montant des frais de transport engagés par le salarié. Cette prise en charge est alors exclue de l'assiette des cotisations dans les conditions prévues pour la prise en charge obligatoire ;
- soit verser la prime conventionnelle et rembourser 50 % des frais de transports publics engagés. Dans cette hypothèse, le total des sommes versées est exclu de l'assiette sociale dans les conditions prévues pour chaque dispositif.

L'employeur doit être en mesure de justifier les frais réellement exposés et notamment, pour la prime conventionnelle versée aux salariés résidant dans une autre région que celle où ils travaillent, que l'éloignement entre le domicile et le lieu de travail ne relève pas de la convenance personnelle mais de contraintes familiales ou liées à l'emploi (BOSS, Frais professionnels, § 810, 01/01/2022).

Participation aux frais de transport

Régimes social et fiscal de la participation patronale - La prise en charge obligatoire par l'employeur de 50 % des frais d'abonnement aux transports publics est exonérée de cotisations et de CSG/CRDS (c. séc. soc. art. L. 136-1-1, III, 4° d et L. 242-1), même en cas d'application d'une déduction forfaitaire spécifique (DFS) pour frais professionnels [voir *Frais professionnels (déduction forfaitaire spécifique)**] (arrêté du 20 décembre 2002, art. 9 modifié, JO du 27 ; arrêté du 25 juillet 2005, JO 6 août, annexe).

En outre, elle est exonérée d'impôt sur le revenu pour le salarié (CGI art. 81, 19° ter a). Le salarié qui opte sur le plan fiscal pour la déduction de ses frais professionnels selon le régime des frais réels doit toutefois ajouter à son revenu brut imposable la contribution obligatoire de son employeur à l'acquisition de son titre de transport. Il peut choisir de ne pas le faire, mais dans ce cas, il ne peut pas déduire ses frais professionnels correspondants aux déplacements entre sa résidence habituelle et son lieu de travail (BOFiP-RSA-CHAMP-20-30-10-20-§§ 200, 230 et 240-28/05/2021).

Si la prise en charge de l'employeur excède le montant de la prise en charge obligatoire, la participation facultative au-delà de 50 % est exonérée de cotisations dans la limite des frais réellement engagés, sous réserve, pour les salariés qui travaillent dans une autre région que celle où ils résident, que l'éloignement de leur résidence de leur lieu de travail ne relève pas de la convenance personnelle mais de contraintes liées à l'emploi (difficulté de trouver un emploi, précarité ou mobilité de l'emploi, mutation suite à une promotion, déménagement de l'entreprise, multi-emplois) ou familiales (prise en compte du lieu d'activité du conjoint, concubin ou partenaire pacsé, état de santé du salarié ou d'un membre de sa famille, scolarité des enfants). Cette condition, qui n'est pas exigée pour la prise en charge obligatoire de 50 %, est appréciée au cas par cas (BOSS, Frais professionnels, § 770, 01/01/2022).

En outre, la prise en charge facultative, exonérée dans la limite des frais réellement engagés, ne se cumule pas avec la déduction forfaitaire spécifique pour frais professionnels.

Si l'employeur prend en charge plus que le minimum obligatoire, le surplus constitue un revenu imposable.

Règles de cumul - La prise en charge obligatoire des frais d'abonnement aux transports publics ou de location de vélos n'est pas cumulable avec la prime transport *(voir ci-après)* (c. trav. art. L. 3261-3).

Elle peut en revanche se cumuler avec le forfait mobilités durables, dans une certaine limite *(voir plus loin)*, mais l'avantage résultant de ces deux prises en charge ne peut dépasser ni 600 € par an, ni le montant de la prise en charge obligatoire lorsque celle-ci excède déjà ce montant (CGI art. 81, 19° ter. b).

Prime de transport (frais de carburant et d'alimentation des véhicules)

Prise en charge facultative - Les employeurs peuvent verser une prime à leurs salariés pour prendre en charge les frais de carburant (essence, diesel), ainsi que les frais d'alimentation de véhicules électriques, hybrides rechargeables ou à hydrogène, exposés pour leurs déplacements entre leur résidence habituelle et leur lieu de travail (c. trav. art. L. 3261-3).

Cette prime, dite « prime transport », peut être versée aux salariés contraints d'utiliser leur véhicule personnel parce que :

- leur résidence habituelle ou leur lieu de travail est situé dans une commune non desservie par un service public de transport collectif régulier ou un service privé mis en place par l'employeur, ou bien n'est pas inclus dans le périmètre d'un plan de mobilité obligatoire ;
- ou leurs horaires de travail ne leur permettent pas d'utiliser les transports collectifs.

Dès lors que l'employeur met en œuvre la mesure, il doit en faire profiter l'ensemble de ses salariés selon les mêmes modalités et en fonction de la distance entre le domicile et le lieu de travail (c. trav. art. R. 3261-11). Rien n'interdit, donc, à l'employeur de moduler cette prise en charge en fonction de la distance séparant le domicile du lieu de travail. En revanche, il ne peut pas totalement exclure les salariés pour lesquels il estimerait la distance trop importante (BOSS, Frais professionnels, § 920, 01/01/2022). L'employeur doit demander aux salariés les éléments justifiant les dépenses engagées, puisqu'il doit être en mesure de les présenter en cas de contrôle (c. trav. art. R. 3261-11).

Le dispositif est ouvert aux travailleurs frontaliers qui résident dans un pays limitrophe et travaillent en France dès lors, d'une part, qu'ils relèvent des législations françaises du droit du travail et de la sécurité sociale et, d'autre part, qu'ils respectent l'un des critères d'éligibilité ci-dessus mentionnés (BOSS, Frais professionnels, § 870, 01/01/2022).

▶ **Attention…** Cette aide n'est pas cumulable avec la prise en charge obligatoire des frais d'abonnement aux transports publics (c. trav. art. L. 3261-3) *(voir ci-avant)*.

Salariés exclus - Sont exclus du bénéfice de la prime transport les salariés (c. trav. art. R. 3261-12) :
- bénéficiant d'un véhicule mis à disposition permanente par l'employeur avec prise en charge par l'employeur des dépenses de carburant ou d'alimentation électrique du véhicule ;
- logés dans des conditions telles qu'ils ne supportent aucun frais de transport pour se rendre à leur travail ;
- dont le transport est assuré gratuitement par l'employeur.

Les stagiaires sont également exclus du bénéfice de la prime transport (BOSS, Frais professionnels, § 1010, 01/01/2022). Toutefois, ils peuvent bénéficier d'indemnités kilométriques pour les frais qu'ils engagent au titre du trajet domicile-lieu de stage [voir *Frais professionnels (transport au lieu de travail)**] et du forfait mobilités durables *(voir plus loin)*.

Salarié à temps partiel et multi-employeurs - Le salarié à temps partiel qui est employé pour un nombre d'heures au moins égal à la moitié de la durée légale hebdomadaire (ou conventionnelle si elle lui est inférieure) a droit à une prise en charge équivalente à celle d'un salarié à temps complet. Le salarié qui est occupé pour une durée du travail moindre ouvre droit à une prise en charge calculée à due proportion du nombre d'heures travaillées par rapport à la moitié de la durée du travail à temps complet (c. trav. art. R. 3261-14).

Les règles fixées pour les salariés à temps partiel s'appliquent à l'identique aux salariés ayant plusieurs employeurs (BOSS, Frais professionnels, § 1030, 01/01/2022).

Salarié sur plusieurs lieux de travail - Le salarié qui exerce son activité sur plusieurs lieux de travail au sein d'une même entreprise qui n'assure pas le transport entre ces différents lieux et entre ces lieux et sa résidence habituelle peut prétendre à la prise en charge des frais de carburant ou d'alimentation électrique d'un véhicule engagés lui permettant de réaliser l'ensemble des déplacements qui lui sont imposés entre sa résidence habituelle et ses différents lieux de travail, ainsi qu'entre ces lieux de travail (c. trav. art. R. 3261-15).

Mise en place - Le montant, les modalités et les critères d'attribution de la prime transport doivent en principe être déterminés par accord d'entreprise ou interentreprises, et à défaut par accord de branche. À défaut d'accord, l'employeur peut procéder par décision unilatérale, après consultation du *comité social et économique**, s'il existe (c. trav. art. L. 3261-4).

▶ À noter… Si des mesures conventionnelles plus favorables au salarié existaient avant le 1.01.2009, date de création de la prime transport, elles doivent subsister (loi 2008-1330 du 17 décembre 2008, art. 20-IV, JO du 18).

Les modalités d'attribution de la prime sont fixées librement par les parties à l'accord collectif ou par l'employeur, qui peuvent décider de prendre en charge tout ou partie des frais exposés. En cas de modification de ces modalités, l'employeur doit avertir les salariés au moins un mois avant la date d'effet du changement (c. trav. art. R. 3261-13 ; BOSS, Frais professionnels, §§ 890 et 910, 01/01/2022).

Maladie, congés payés, embauche ou départ en cours de mois - L'accord collectif ou la décision unilatérale de l'employeur mettant en place la prime transport peut prévoir que le niveau de la prise en charge est réduit dans les situations de congés, congés maladie, embauche ou départ en cours de mois dès lors que ces règles s'appliquent selon les mêmes modalités à l'ensemble des bénéficiaires de cette prise en charge (BOSS, Frais professionnels, § 1050, 01/01/2022).

Règles de cumul - La prime transport n'est pas cumulable avec la prise en charge obligatoire des frais d'abonnement aux transports publics *(voir ci-avant)* (c. trav. art. L. 3261-3). Ce principe de non-cumul concerne aussi la prise en charge facultative des frais d'abonnement aux transports publics au-delà de 50 % (BOSS, Frais professionnels, § 930, 01/01/2022).

La prime transport peut en revanche se cumuler avec le forfait mobilités durables, avec toutefois une limite d'exonération sociale et fiscale *(voir ci-après)*.

L'employeur peut aussi opter pour une prise en charge allant au-delà de la seule prime transport et appliquer le régime des indemnités kilométriques pour frais professionnels [Voir *Frais professionnels (transport au lieu de travail)**]. Mais un plafond d'exonération social et fiscal est applicable *(voir ci-après)*.

▶ À noter… Dans une entreprise qui pratique une durée de travail par cycle (par exemple sur 3 semaines) et dont les horaires ne permettent pas aux salariés d'emprunter systématiquement les transports en commun sur l'ensemble du cycle, l'employeur ne peut accorder simultanément une prise en charge sur une base mensuelle des frais de transports publics pour les périodes pendant lesquelles ceux-ci sont disponibles et la prime transport pour les autres périodes. En revanche, rien ne s'oppose à ce que, au titre des semaines où les salariés empruntent les transports en commun, l'employeur assure la prise en charge d'au moins 50 % de l'abonnement hebdomadaire et accorde, au titre des semaines où les intéressés sont contraints d'utiliser leur véhicule personnel, une indemnisation au titre des frais professionnels (BOSS, Frais professionnels, §§ 940 et 950, 01/01/2022).

Par ailleurs, le bénéfice de la prime transport ne peut pas se cumuler avec la déduction forfaitaire spécifique pour frais professionnels [voir *Frais professionnels (déduction forfaitaire spécifique)**]. Il faut donc réintégrer la prime transport dans l'assiette des cotisations (mais pas dans la base CSG/CRDS) avant d'appliquer la déduction forfaitaire (arrêté du 20 décembre 2002, art. 9 modifié par arrêté du 25 juillet 2005, JO 6 août ; BOSS, Frais professionnels, § 990, 01/01/2022).

Régime social et fiscal - Depuis le 1.01.2021, la prime transport est exonérée d'impôt sur le revenu et de toute cotisation et contribution d'origine légale ou conventionnelle, dans la limite de 500 € par salarié et par an, dont 200 € au maximum pour les frais de carburant (essence, diesel) (c. séc. soc. art. L. 136-1-1, III, 4°, e ; CGI art. 81, 19° ter, b).

La limite de 500 € s'apprécie en cumulant la prime transport avec le forfait mobilités durables *(voir ci-après)*, dans l'hypothèse où l'employeur organise également cette prise en charge.

Lorsque la prime transport est cumulée avec les indemnités kilométriques *(voir ci-avant)*, le total des sommes versées peut être exonéré de cotisations dans la limite des frais réellement engagés par le salarié pour ses trajets domicile habituel-lieu de travail. En outre, l'exonération est subordonnée au respect des conditions attachées à chacun des deux dispositifs (BOSS, Frais professionnels, § 1000, 01/01/2022).

En cas d'application d'une déduction forfaitaire spécifique (DFS) pour frais professionnels [voir *Frais professionnels (déduction forfaitaire spécifique)**], la prime transport et les éventuelles indemnités kilométriques doivent être réintégrées dans l'assiette des cotisations de sécurité sociale (mais pas dans la base CSG/CRDS), la DFS n'étant appliquée que par la suite.

Justificatifs - L'employeur doit demander aux salariés les éléments justifiant les dépenses engagées (résidence en dehors d'un périmètre de transports publics ou utilisation indispensable du véhicule personnel), puisqu'il doit pouvoir les présenter en cas de contrôle (c. trav. art. R. 3261-11 ; BOSS, Frais professionnels, § 980, 01/01/2022). Il doit en outre être en mesure de présenter la photocopie du certificat d'immatriculation (carte grise) du véhicule du salarié. En revanche, il n'est exigé aucun justificatif de dépenses de carburant ou d'alimentation des véhicules électriques, hybrides rechargeables ou hydrogène lorsque la prise en charge n'excède pas la limite d'exonération (respectivement 200 € ou 500 €) (BOSS, Frais professionnels, § 980, 01/01/2022).

Lorsque l'employeur verse aussi des indemnités kilométriques, il doit être en mesure de produire les justificatifs relatifs au moyen de transport utilisé par le salarié, à la distance séparant le domicile du lieu de travail, à la puissance fiscale du véhicule et au nombre de trajets effectués chaque mois (BOSS, Frais professionnels, § 980, 01/01/2022).

Titre de paiement spécifique - Depuis le 1.01.2022, plutôt que de procéder par remboursement, l'employeur peut prendre en charge la prime transport via une solution de paiement dématérialisée et prépayée, intitulée « titre-mobilité » et qui fonctionne sur le modèle des titres-restaurants (c. trav. art. L. 3261-5 à L. 3261-10 et R. 3261-13-3 à R. 3261-13-9 ; décret 2021-1663 du 16 décembre 2021, JO du 17). Ce titre-mobilité permet aussi le paiement du forfait mobilités durables *(voir ci-dessous)*.

Forfait mobilités durables (vélo, covoiturage, trottinette électrique, etc.)

Prise en charge facultative - L'employeur peut, à titre facultatif, prendre en charge, sous la forme d'un forfait mobilités durables, tout ou partie des frais engagés par les salariés se déplaçant, pour le trajet entre leur résidence habituelle et leur lieu de travail (c. trav. art. L. 3261-3-1 et R. 3261-13-1 ; BOSS, Frais professionnels, § 1110, 01/01/2022) :

- avec leur cycle personnel, le cas échéant à pédalage assisté (vélo, vélo électrique, tricycle, etc.) ;
- depuis le 1.01.2022, avec leur engin de déplacement personnel motorisé, de type trottinette électrique ;
- en tant que conducteur ou passager en covoiturage ;
- en transports publics de personnes. Dans ce cas, la prise en charge ne peut pas concerner les frais d'abonnement aux transports publics déjà pris en charge à titre obligatoire *(voir ci-avant)*. Il peut s'agir, en pratique, du cas des salariés qui prennent ponctuellement les transports publics, sans avoir d'abonnement (par exemple, à l'occasion d'un pic de pollution) ;
- avec un cyclomoteur, une motocyclette ou un engin de déplacement personnel motorisé ou

non (ex. : trottinette, gyropode), en location ou en libre-service, avec ou sans station d'attache et accessible sur la voie publique (lorsqu'ils sont motorisés, ces modes de transports doivent être équipés d'un moteur non thermique ou d'une assistance non thermique) ;

- avec un véhicule électrique, hybride rechargeable ou à hydrogène en auto-partage.

Mise en place - Le montant, les modalités et les critères d'attribution du forfait mobilités durables doivent en principe être déterminés par accord d'entreprise ou interentreprises, et à défaut par accord de branche. À défaut d'accord, l'employeur peut procéder par décision unilatérale, après consultation du *comité social et économique**, s'il existe (c. trav. art. L. 3261-4).

Salariés concernés - L'employeur qui décide d'assurer la prise en charge des frais de transports personnels de ses salariés via le forfait mobilités durables doit en faire bénéficier l'ensemble des salariés éligibles selon les mêmes modalités (c. trav. art. R. 3261-13-2).

Toutes les catégories de salariés et assimilés peuvent bénéficier du forfait mobilités durables, y compris les apprentis et les stagiaires (BOSS, Frais professionnels, § 1100, 01/01/2022).

Justificatifs - L'allocation est versée sous réserve de son utilisation effective conformément à son objet. Elle est réputée utilisée conformément à son objet si l'employeur recueille auprès du salarié, pour chaque année civile, un justificatif de paiement ou une attestation sur l'honneur relatifs à l'utilisation effective d'un ou plusieurs des moyens de déplacement visés par le dispositif *(voir ci-avant)* (c. trav. art. R. 3261-13-2).

Salariés à temps partiel - Les salariés à temps partiel employés pour un nombre d'heures égal ou supérieur à 50 % de la durée légale hebdomadaire du travail (ou de la durée conventionnelle, si elle est inférieure) doivent bénéficier du forfait mobilités durables dans les mêmes conditions qu'un salarié à temps complet (c. trav. art. R. 3261-14).

Pour les salariés à temps partiel employés pour un nombre d'heures inférieur à 50 % de la durée du travail à temps complet (à savoir 50 % de la durée légale hebdomadaire du travail ou, si elle est inférieure, de la durée conventionnelle), la prise en charge est proratisée par le rapport « nombre d'heures travaillées/50 % de la durée du travail à temps complet ».

Salarié sur plusieurs lieux de travail - Le salarié qui exerce son activité sur plusieurs lieux de travail au sein d'une même entreprise n'assurant pas le transport entre ces différents lieux et entre ces lieux et la résidence habituelle du salarié peut prétendre au forfait mobilités durables pour les déplacements qui lui sont imposés entre sa résidence habituelle et ses différents lieux de travail, ainsi qu'entre ces lieux de travail (c. trav. art. R. 3261-15).

▶ À noter… Le décret précisant les modalités de mise en œuvre du forfait mobilités durables (décret 2020-541 du 9 mai 2020, JO du 10) devait également en fixer les conditions d'attribution aux salariés ayant plusieurs employeurs (c. trav. art. L. 3261-11). Mais il est muet sur ce point, tout comme le *Bulletin officiel de la sécurité sociale (BOSS)**.

Régime social et fiscal - Depuis le 1.01.2021, le forfait mobilités durables est exonéré d'impôt sur le revenu et de toute cotisation et contribution d'origine légale ou conventionnelle, dans la limite de 500 € par salarié et par an (c. séc. soc. art. L. 136-1-1, III, 4°, e ; CGI art. 81, 19° ter, b).

L'exonération attachée au forfait mobilités durables ne peut pas se cumuler avec la déduction forfaitaire spécifique (DFS) pour frais professionnels [voir *Frais professionnels (déduction forfaitaire spécifique)**]. Dès lors, en cas d'application d'une DFS, le montant du forfait mobilités durables doit être intégré dans l'assiette des cotisations et contributions sociales (mais pas dans la base CSG/CRDS) (arrêté du 20 décembre 2002, art. 9 modifié ; BOSS, Frais professionnels, § 1170, 01/01/2022).

Cumul avec la prime transport - Le forfait mobilités durables est cumulable avec la prime transport *(voir ci-avant)*.

L'avantage résultant des deux prises en charge est exonéré d'impôt sur le revenu, de cotisations et de CSG/CRDS à hauteur d'une limite globale de 500 € maximum par salarié et par an, dont 200 € maximum pour les frais de carburant (essence, diesel) dans le cadre de la prime transport (CGI art. 81, 19° ter b ; c. séc. soc. art. L. 136-1-1, III, 4°, e et L. 242-1 ; BOFiP - RSA-CHAMP-20-30-10-20, § 397-28/05/2021).

Exemple

Un salarié bénéficie de la prise en charge des frais de carburant pour 75 €, du forfait mobilités durables pour 175 €, et des frais d'alimentation d'un véhicule électrique pour 350 €, soit un total de 600 €. L'exonération résultant de la prise en charge de ces différents frais étant limitée à 500 €, l'avantage résultant de leur prise en charge est assujetti et imposé à hauteur de 100 €.

Le remboursement d'éventuels frais de stationnement du véhicule au titre des frais professionnels [voir *Frais professionnels (transport au lieu de travail)**] est aussi pris en compte pour déterminer la limite de 500 € (BOSS, Frais professionnels, § 1150, 01/01/2022).

Cumul avec la prise en charge des frais d'abonnement aux transports publics - Le forfait mobilités durables peut se cumuler avec la prise en charge obligatoire de la moitié des frais de transports publics ou de services publics de location de vélos *(voir plus haut)*. Toutefois, pour les sommes versées à partir de 2021, l'avantage résultant de ces deux prises en charge ne peut être exonéré d'impôt et de cotisations que dans la limite de 600 € (contre 500 € auparavant) ou, s'il est plus élevé, du montant de la prise en charge obligatoire aux frais de transports publics (CGI art. 81, 19° ter. b ; loi 2021-1104 du 22 août 2021, art 128, JO du 24 ; BOSS, Frais professionnels, § 1140, 01/01/2022 ; www.urssaf.fr). Ainsi, la prise en charge au titre du forfait mobilités durables est exonérée de cotisations dans la limite de 600 € par an, déduction faite de la prise en charge obligatoire par l'employeur de l'abonnement au titre des transports publics.

Exemple

Un salarié dépense 700 € par an au titre de son abonnement aux services de transports en commun pour réaliser ses trajets domicile-lieu de travail. L'employeur a l'obligation de prendre en charge 50 % de cet abonnement annuel soit 350 €. Celui-ci souhaite également verser à son salarié qui utilise le vélo pour se rendre à la gare un forfait mobilités durables de 280 € par an. Dans la mesure où il prend déjà en charge 350 € au titre de l'abonnement aux transports en commun, la part du forfait mobilités durables qui peut être exonérée est limitée à 250 € (600 - 350) (BOSS, Frais professionnels, § 1140, 01/01/2022).

Cumul avec les indemnités kilométriques - Le réseau des URSSAF précise sur son site Internet que le cumul entre le forfait mobilités durables et le versement d'indemnités kilométriques [voir *Frais professionnels (transport au lieu de travail)**] est possible dans la limite des frais réellement engagés par le salarié pour effectuer ses trajets entre sa résidence habituelle et son lieu de travail. En pratique, ce cumul ne peut concerner que le conducteur en covoiturage, seule personne éligible au forfait mobilités durables pouvant éventuellement remplir les conditions pour bénéficier d'indemnités kilométriques, à savoir être contraint d'utiliser son véhicule personnel pour se rendre de son domicile à son lieu de travail (www.urssaf.fr).

Titre de paiement spécifique - Depuis le 1.01.2022, plutôt que de procéder par remboursement, l'employeur peut prendre en charge le forfait mobilités durables via une solution de paiement dématérialisée et prépayée, intitulée « titre-mobilité » et qui fonctionne sur le modèle des titres-restaurants (c. trav. art. L. 3261-5 à L. 3261-10 et R. 3261-13-3 à R. 3261-13-9 ; décret 2021-1663 du 16 décembre 2021, JO du 17). Ce titre-mobilité permet aussi le paiement de la prime transport *(voir ci-avant)*.

Maintien possible de l'indemnité kilométrique vélo - À son entrée en vigueur, le 11.05.2020, le forfait mobilités durables a remplacé l'indemnité kilométrique vélo de 25 centimes d'euros par kilomètres qui pouvait être versée aux salariés pour les déplacements qu'ils effectuent avec leur vélo ou leur vélo à assistance électrique entre leur résidence habituelle et leur lieu de travail (c. trav. art. D. 3261-15-1 et D. 3261-15-2 abrogés).

Toutefois, les employeurs qui, au 11.05.2020, versaient cette indemnité dans les conditions prévues par la réglementation antérieure, peuvent continuer à la verser. Ils sont alors regardés comme versant le forfait « mobilités durables » (décret 2020-541 du 9 mai 2020, art. 2, JO du 10).

L'indemnité kilométrique vélo devient alors cumulable avec le remboursement des abonnements de transports publics *(voir ci-avant)*. En outre, le montant des exonérations sociales et fiscales est de 500 € par an et par salarié (au lieu de 200 €), cette limite s'appréciant, le cas échéant, en cumulant l'indemnité avec la prime transport *(voir ci-avant)* dans l'hypothèse où l'employeur met en place les deux modes de prise en charge.

☛ *Frais professionnels (déplacement) ; Frais professionnels (transport au lieu de travail) ; Frais professionnels (véhicule).*

Participation des salariés aux résultats de l'entreprise

Entreprises concernées

Entreprises d'au moins 50 salariés - Les entreprises et les unités économiques et sociales (UES) qui emploient au moins 50 salariés sont tenues d'assurer à leurs salariés une participation aux résultats.

Si l'entreprise est divisée en établissements distincts, l'effectif s'apprécie au niveau de l'entreprise et non au niveau de chaque établissement (cass. soc. 24 janvier 2006, n° 03-43073, BC V n° 20).

Effectif « sécurité sociale » - Depuis le 1.01.2020, en application de la loi PACTE, le seuil de 50 salariés se mesure en fonction des règles d'*effectif sécurité sociale** (c. trav. art. L. 3321-1).

Il s'ensuit que, en dehors du cas des entreprises nouvelles, l'effectif au titre d'une année N dépend de l'effectif annuel moyen « sécurité sociale » calculé sur l'année N-1 (c. séc. soc. art. L. 130-1 et R. 130-1). Ces nouvelles règles se sont appliquées pour la première fois au titre de 2020, sur la base de l'effectif sécurité sociale calculé sur l'année 2019 (instr. intermin. DGT/RT3/DSS/DGT 2019-252 du 19 décembre 2019, Q/R 2).

Gel des effets de seuil sur 5 ans - En application des règles d'*effectif sécurité sociale**, en cas de franchissement du seuil de 50 salariés, celui-ci n'est pris en compte que si ce seuil est atteint ou dépassé pendant 5 années consécutives (en dehors du cas des entreprises nouvelles). L'obligation de mettre en place la participation s'applique au premier exercice ouvert après cette période de 5 années consécutives (c. trav. art. L. 3322-1). Si l'entreprise repasse sous les 50 salariés sur une des années de la période de 5 années consécutives, elle s'ouvre un nouveau moratoire de 5 ans si par la suite elle atteint ou franchit à nouveau les 50 salariés.

Attention, pour le décompte de la période de 5 années, l'année au cours de laquelle le seuil est atteint ou dépassé n'entre pas en considération. Il s'agit de l'année N-1. Le délai commence à courir au 1er janvier de l'année N, année de l'effectif constaté.

Exemple

Un employeur qui a atteint ou dépassé 50 salariés sur la base de son effectif annuel moyen « sécurité sociale » 2021 est réputé avoir atteint ou dépassé ce seuil le 1.01.2022. Il devra mettre en place la participation au titre de l'année 2027 (à condition de ne pas être repassé dans l'intervalle sous les 50 salariés au titre d'une année donnée sur la période 2022-2026). Les entreprises disposant d'un délai d'un an, après la clôture de l'exercice au titre duquel les droits sont nés, pour conclure un accord (c. trav. art. L. 3323-5), l'employeur a, dans notre hypothèse, jusqu'au 31.12.2028 pour conclure un accord couvrant l'année 2027 (instr. intermin. DGT/RT3/DSS/DGT 2019-252 du 19 décembre 2019, Q/R 3).

Unité économique et sociale (UES) - Pour les entreprises constituant une *unité économique et sociale**, la condition d'emploi d'au moins 50 salariés s'apprécie au niveau de cette unité. La mise en œuvre de la participation peut s'effectuer (c. trav. art. R. 3322-2) :

- soit par un accord unique couvrant l'UES ;
- soit par des accords distincts couvrant l'ensemble des salariés de ces entreprises.

Groupes - La participation peut être mise en place au sein d'un groupe constitué par des entreprises juridiquement indépendantes mais ayant établi entre elles des liens financiers et économiques (c. trav. art. L. 3344-1).

Régime d'autorité en cas d'attentisme - Le *comité social et économique** (CSE) n'a pas le pouvoir de contraindre l'employeur à mettre en place un dispositif de participation à la suite d'une hausse de l'effectif (cass. soc. 18 janvier 2011, n° 08-19398 D). Toutefois, l'employeur qui ne prend aucune initiative en la matière alors que l'effectif a atteint ou dépassé le seuil de 50 salariés doit, en tout état de cause, appliquer un régime de participation subsidiaire *(voir ci-après)*.

Entreprises de moins de 50 salariés - Les entreprises de moins de 50 salariés peuvent mettre en place, à titre volontaire, un système de participation. Elles bénéficient alors des mêmes avantages fiscaux que les entreprises de 50 salariés et plus et ne payent pas de forfait social (c. trav. art. L. 3323-6) [voir *Forfait social (contribution patronale)**]. En outre, dans ces entreprises, les *dirigeants de sociétés** peuvent bénéficier de la participation (voir *Réserve spéciale de participation**).

▶ À noter… L'entreprise qui atteint ou franchit le seuil de 50 salariés continue à bénéficier de l'exonération de forfait social pendant la période de 5 ans qui précède son assujettissement à la participation. Par ailleurs, jusqu'au 31.12.2018, les entreprises qui mettaient en place un mécanisme de participation alors qu'elles employaient moins de 50 salariés ne bénéficiaient pas d'une exonération de forfait social, mais d'un taux réduit (8 % au lieu de 20 %) sur une période de 6 ans. L'administration précise qu'une entreprise qui a atteint ou franchi le seuil de 50 salariés avant 2020 et qui relevait du taux réduit en bénéficie jusqu'au terme de la période de 6 ans (instr. intermin. DGT/RT3/DSS/DGT 2019-252 du 19 décembre 2019, Q/R 7 et 8).

La participation volontaire suppose de conclure un accord de participation, selon les mêmes moda-

lités que les entreprises de 50 salariés et plus. Toutefois, il existe, dans certaines circonstances, des possibilités de mise en place unilatérale [voir *Participation des salariés aux résultats de l'entreprise (accord de)**].

Entreprises étrangères - Une entreprise étrangère d'au moins 50 salariés et plus est soumise à la participation lorsqu'elle remplit chacune des deux conditions suivantes (cass. soc. 8 février 2012, n° 10-28526, BC V n° 69 ; cass. soc. 27 février 2013, n° 10-28527 D) :

- elle dispose d'un établissement distinct en France ;
- elle est assujettie à l'impôt sur les sociétés ou à l'impôt sur le revenu (car il ne saurait y avoir de réserve spéciale de participation sans bénéfice imposable).

Entreprises nouvelles - Pour les entreprises nouvelles, les accords de participation doivent être conclus, sous réserve que l'effectif atteigne le seuil de 50 salariés, à partir du troisième exercice clos après leur création (c. trav. art. L. 3322-5). Par « entreprises nouvelles », il faut comprendre celles dont la création ne résulte pas d'une fusion, totale ou partielle, d'entreprises préexistantes.

▶ À noter... Cette disposition relative aux entreprises nouvelles n'a pas été réécrite, malgré la réforme des règles de calcul de l'effectif par la loi PACTE. La question est de savoir si la période de 3 ans remplace la période de 5 ans au titre du gel des effets de seuil *(voir ci-avant)* ou si elle s'ajoute à cette période (à l'instar de ce qui est prévu pour les entreprises dotées d'un accord d'intéressement, *voir ci-dessous*) ou si elle est absorbée dans cette période de 5 ans. Sur les éventuelles précisions à venir de l'administration ou du juge sur cette question, voir RF Social, Revue d'actualité et www.rfsocial.com.

Entreprises dotées d'un accord d'intéressement - Si une entreprise ayant conclu un accord d'*intéressement des salariés** vient à employer au moins 50 salariés, la mise en place de la participation ne s'impose qu'au troisième exercice clos après le franchissement du seuil de 50 salariés, sous réserve que l'accord d'intéressement soit appliqué sans discontinuité pendant cette période (c. trav. art. L. 3322-3). En d'autres termes, une entreprise peut retarder la mise en place de la participation en renouvelant un accord d'intéressement qui était sur le point d'arriver à expiration (instr. DGT/RT3/DSS/DGTRESOR 2016-45 du 18 février 2016, Q/R n° 24).

L'administration considère qu'il faut combiner cette règle avec le délai de 5 ans dont bénéficie toute entreprise qui atteint ou franchi le seuil de 50 salariés avant d'être effectivement assujettie à la participation *(voir ci-avant)*. Ainsi, lorsqu'une entreprise a atteint pour la première fois un effectif de 50 salariés alors qu'elle est déjà couverte par un accord d'intéressement, elle bénéficie dans un premier temps du délai de 5 années civiles, auquel s'ajoutent les 3 exercices clos. Au total, l'assujettissement à la participation peut donc être décalé de 8 ans (instr. intermin. DGT/RT3/DSS/DGT 2019-252 du 19 décembre 2019, Q/R 6).

Exemple

Une entreprise atteint ou franchi 50 salariés en 2020 – effectif mesuré sur l'année 2019 et constaté le 1.01.2020 *(voir ci-avant)* – et est couverte par un accord d'intéressement conclu avant 2020. Cette entreprise sera théoriquement assujettie à la participation à partir de 2025. Toutefois, si l'accord d'intéressement est ensuite renouvelé sans discontinuité, ce n'est qu'à compter de l'exercice 2028 que l'entreprise sera effectivement soumise à la participation, sous réserve d'avoir continué à appliquer l'accord d'intéressement pendant ces 3 exercices supplémentaires (instr. intermin. DGT/RT3/DSS/DGT 2019-252 du 19 décembre 2019, Q/R 6).

Modalités

La participation est, en principe, mise en place par voie d'accord, exception faite des règles spécifiques aux entreprises de moins de 50 salariés [voir *Participation des salariés aux résultats de l'entreprise (accord de)**]. À défaut, un régime subsidiaire, dit « d'autorité », fiscalement plus lourd pour l'employeur et moins avantageux pour les salariés, est automatiquement appliqué (c. trav. art. L. 3323-5).

L'accord de participation peut être dénoncé ou modifié par un de ses signataires dans la même forme que la conclusion. La dénonciation doit être déposée la plateforme de téléprocédure Téléaccords (c. trav. art. D. 3323-8).

La participation est, en principe, indisponible pendant 5 ans, mais le salarié peut demander, à chaque répartition, que les droits lui soient immédiatement versés. Il existe, en outre, des cas de déblocage anticipé (voir *Réserve spéciale de participation**).

Information du personnel

Information des salariés - Les salariés doivent être informés de l'existence et du contenu du dispositif de participation selon les modalités prévues par l'accord de participation (affichage, note Internet, intranet, etc.). Si l'accord est muet sur ce point, l'information des salariés se fait par voie d'affichage (c. trav. art. D. 3323-12).

Les salariés doivent par ailleurs disposer des informations nécessaires pour exercer, le cas échéant, leur droit à versement immédiat (voir *Réserve spéciale de participation**).

Information des représentants du personnel - Dans les 6 mois qui suivent la clôture de chaque exercice, l'employeur remet au CSE ou à la commission spécialisée éventuellement créée par le comité un rapport sur l'application du dispositif de participation [voir *Base de données économiques, sociales et environnementales (BDESE)**] (c. trav. art. D. 3323-13).

Ce rapport comporte notamment :
- les éléments servant de base au calcul du montant de la réserve spéciale de participation pour l'exercice écoulé ;
- des indications précises sur la gestion et l'utilisation des sommes affectées à cette réserve.

Le rapport est soumis au CSE pour consultation. Le comité peut se faire assister d'un *expert comptable** (c. trav. art. L. 2315-80 et D. 3323-14).

▶ À noter… Sur la prise en charge des honoraires de l'*expert** du CSE, l'article D. 3323-14 du code du travail vise toujours l'article L. 2325-35 désormais abrogé. Selon toutes probabilités, c'est désormais l'article L. 2315-80 qui s'applique à ladite expertise. Ce dernier prévoit des frais partagés à hauteur de 20 % pour le CSE et de 80 % pour l'employeur. Toutefois face à l'incertitude liée aux textes, il est conseillé de préciser les modalités de la prise en charge des frais d'expertise dans l'accord de participation.

En l'absence de CSE, l'employeur adresse le rapport à chaque salarié à l'expiration du délai de 6 mois suivant la clôture de l'exercice (c. trav. art. D. 3323-15).

Contentieux

Compétence générale du tribunal judiciaire - Sauf exception *(voir ci-après)*, les litiges relatifs à la participation relèvent du *tribunal judiciaire**, qui est en quelque sorte la juridiction compétente « par défaut » (c. org. jud. art. L. 211-3 ; c. trav. art. L. 3326-1 et R. 3326-1). C'est donc cette juridiction qu'il faut saisir pour, par exemple, contraindre l'employeur à mettre en place la participation, trancher un contentieux sur le montant des salaires à prendre en compte pour le calcul de la réserve spéciale de participation ou remettre en cause le constat de l'inspecteur du travail relatif à l'absence de mise en œuvre d'un accord de participation (CE 18 juin 2003, n° 254727 ; cass. soc. 2 décembre 2008, n° 07-16615, BC V n° 241).

Compétence du conseil de prud'hommes - Par exception, les litiges individuels opposant un ou plusieurs salariés à l'employeur en matière de participation sont tranchés par le conseil de prud'hommes (c. trav. art. L. 1411-1 ; cass. soc. 28 février 2018, n° 16-13682, BC V n° 32).

Compétence du juge administratif - Par exception, les contestations relatives au montant des salaires et au calcul de la valeur ajoutée sont réglées par les procédures stipulées par les accords de participation ou, à défaut, par les juridictions compétentes en matière d'impôts directs, c'est-à-dire par le juge administratif (c. trav. art. L. 3326-1 ; cass. soc. 15 novembre 2006, n° 04-40510 D).

☛ *Participation des salariés aux résultats de l'entreprise (accord de) ; Réserve spéciale de participation ; Supplément d'intéressement ou de participation.*

Participation des salariés aux résultats de l'entreprise (accord de)

Cette étude porte sur l'accord fixant les modalités de la *participation des salariés aux résultats de l'entreprise**.

Modalités et formalités

Conclusion - L'accord peut être conclu (c. trav. art. L. 3322-2 et L. 3322-6) :
- soit selon les règles habituelles de conclusion des accords collectifs avec un délégué syndical (DS) [voir *Accord collectif d'entreprise (conclusion avec délégué syndical)**] ;
- soit entre l'employeur et les représentants des syndicats représentatifs dans l'entreprise ;
- soit avec le *comité social et économique** (CSE) ;
- soit à la suite de la ratification par le personnel (à la majorité des deux tiers) d'un projet d'accord proposé par l'employeur.

L'accord de participation peut être conclu au niveau de l'entreprise, de l'unité économique et sociale (UES) ou du groupe de sociétés (c. trav.

art. L. 3322-7 ; guide intermin. épargne salariale, juillet 2014, dossier 2, fiche 1).

▶ Attention… Il existe des modalités de négociation d'accords collectifs sans DS [voir *Accord collectif d'entreprise (conclusion sans délégué syndical)**]. Cependant, selon l'administration, ces règles ne sont pas applicables à la négociation des accords de participation (guide intermin. épargne salariale, juillet 2014, dossier 2, fiche 2, § I). En l'absence de DS, l'entreprise doit donc recourir aux modes de conclusion spécifiques à la participation, énumérés ci-avant.

Application d'un accord de branche agréé - Les entreprises peuvent également appliquer, le cas échéant, des dispositifs de participation définis par accord de branche agréé (c. trav. art. L. 3322-9, D. 3345-7 et L. 3345-4).

▶ À noter… Les branches sont incitées depuis plusieurs années à négocier un accord afin de proposer aux entreprises des dispositifs d'épargne salariale « prêts à l'emploi » visant plus particulièrement les entreprises de moins de 50 salariés. Cette possibilité a fait l'objet de modifications successives. Nous exposons ici les règles applicables depuis le 9.12.2020 (loi 2020-1525 du 7 décembre 2020, art. 118, JO du 8).

La participation définie au niveau de la branche est mise en place dans l'entreprise (c. trav. art. L. 3322-9) :

- soit par un accord collectif spécifique conclu selon les mêmes modalités de conclusion qu'un accord de participation *(voir ci-dessus)* (c. trav. art. L. 3322-6) ;

- soit si l'entreprise compte moins de 50 salariés, par un document unilatéral d'adhésion de l'employeur (c. trav. art. L. 2232-10-1) si l'accord de branche le prévoit et propose un accord type indiquant les différents choix laissés à l'employeur et des stipulations spécifiques pour ces entreprises. Le document unilatéral indique alors les choix retenus, après information du CSE (si l'entreprise en est dotée) et des salariés, par tout moyen (c. trav. art. L. 2232-10-1, D. 2232-1-6 et D. 3345-7).

L'accord collectif ou le document unilatéral d'adhésion doit être déposé auprès de l'administration par télédéclaration *(voir ci-après)*.

Par dérogation, les exonérations sociales et les fiscales attachées aux différents dispositifs d'épargne salariales sont réputées acquises dès le dépôt et pour la durée d'application de l'accord ou du document d'adhésion à l'accord de branche agréé (c. trav. art. L. 3322-9).

Contenu - L'accord doit notamment déterminer les conditions dans lesquelles les salariés sont informés de la nature et des modalités de gestion des droits qui leur sont reconnus. Il peut en confier le suivi de l'application au CSE.

L'accord précise l'affectation des droits à participation, qui vont vers des comptes ouverts au nom des intéressés en application d'un plan d'épargne salariale : PEE, PEI, PERCO ou PERE-CO (c. trav. art. L. 3323-2).

▶ À noter… Les entreprises peuvent trouver sur le site internet du ministère du Travail un modèle d'accord de participation (https ://travail-emploi.gouv.fr/IMG/pdf/imprime_type_-_accord_participation-2.pdf).

Formule de calcul - Les entreprises et les UES concernées peuvent choisir d'appliquer, dans leur accord, la formule légale de calcul de la *réserve spéciale de participation** (c. trav. art. L. 3324-1). Il est également possible de conclure un accord dérogatoire, à condition que celui-ci respecte les principes définis dans le code du travail et fournisse aux salariés des avantages au moins équivalents (c. trav. art. L. 3324-2).

Dépôt des accords - Pour ouvrir droit aux exonérations sociales, les accords de participation doivent être déposés auprès de l'administration (c. trav. art. L. 3323-4).

Le dépôt s'effectue par téléprocédure sur la plate-forme « TéléAccords » (c. trav. art. D. 3323-1). L'employeur ne dépose qu'un exemplaire au format « pdf ». Il n'y a pas à déposer d'exemplaire au format « docx », car l'accord de participation n'est pas soumis à l'obligation de publicité [voir *Accord collectif d'entreprise (publicité)**].

▶ À noter… L'administration a précisé qu'il n'y avait pas d'autre dépôt que celui effectué auprès de l'administration, ce qui exclut le dépôt auprès du greffe du conseil de prud'hommes (c. trav. art. D. 3345-4 ; circ. DGT 2009-13 du 19 mai 2009, question/réponse 38). Toutefois, cette précision ne semble porter que sur les accords conclus selon des modalités particulières. En présence, d'un accord conclu de façon classique, avec les délégués syndicaux, il paraît préférable de déposer également le texte auprès du greffe du conseil de prud'hommes, conformément aux règles de la négociation collective (c. trav. art. D. 2231-2).

Si l'accord n'a pas été conclu sous la forme d'un accord collectif classique, avec les DS de l'entreprise, l'employeur doit déposer un certain nombre de documents complémentaires : P-V de la séance du CSE si l'accord a été conclu avec le comité, procès-verbal de la consultation le cas échéant, procès-verbal de désaccord en cas d'échec des négociations avec les DS ou le CSE, etc. (c. trav. art. D. 3345-1 à D. 3345-3).

Validation par l'administration : procédure applicable aux accords déposés avant le 1er septembre 2021 - Une fois l'accord déposé, la *DREETS** avait 4 mois pour éventuellement demander le retrait ou la modification de certaines clauses (c. trav. art. L. 3345-2).

Validation par l'administration : procédure applicable aux accords déposés depuis le 1er septembre 2021 - Les accords déposés depuis le 1.09.2021 sont soumis à une procédure en deux temps toujours encadrée dans un délai cumulé de 4 mois qui ne peut être dépassé (loi 2020-1525 du 7 décembre 2020, art. 119, JO du 8 ; décret 2021-1122 du 27 août 2021, JO du 28 ; c. trav. art. L. 3345-2, L. 3345-3 et D. 3345-5) :
- contrôle par l'administration des formalités de négociation et de dépôt ;
- puis contrôle par l'URSSAF du contenu de l'accord.

▶ À noter… Les administrations dépositaires sont les directeurs départementaux de l'emploi, du travail et des solidarités (DDETS), les directeurs départementaux de l'emploi, du travail, des solidarités et de la protection des populations (DDETS-PP) et, en Ile-de-France, les directeurs d'unités départementales de la direction régionale et interdépartementale de l'économie de l'emploi du travail et des solidarités (DRIEETS).

Hors métropole il s'agit des directeurs de l'économie, de l'emploi, du travail et des solidarités (DEETS) en Guadeloupe, en Martinique, à La Réunion, à Mayotte, à Saint-Barthélemy et à Saint Martin ; du directeur général des populations (DGPOP) en Guyane ; du directeur de la cohésion sociale, du travail, de l'emploi et de la population (DCSTEP) à Saint-Pierre-et-Miquelon et du chef du service de l'inspection du travail et des affaires sociales à Wallis-et-Futuna (c. trav. art. D. 3411-2).

L'administration a un délai d'un mois pour délivrer le récépissé attestant du dépôt de l'accord ou du règlement et du contrôle de la validité de ses modalités de conclusion.

À compter de la délivrance du récépissé ou, à défaut de demande de pièces complémentaires ou d'observations, à l'expiration du délai d'un mois, ces documents sont transmis par l'administration à l'URSSAF (ou, le cas échéant, aux CGSS ou aux caisses de MSA).

Cet organisme a alors un délai de trois mois pour demander le retrait ou la modification des clauses contraires aux dispositions légales et réglementaires, à l'exception des règles relatives aux modalités de dénonciation et de révision des accords.

▶ À noter… Si l'employeur emploie des salariés qui relèvent pour partie de l'URSSAF, de la MSA ou de la CGSS, l'organisme compétent est celui du régime auquel la majorité de ses salariés est affiliée. Les effectifs relevant des différents régimes sont calculés selon les modalités de calcul de l'*effectif sécurité sociale** (c. séc. soc. art. L. 130-1).

Sécurisation des exonérations sociales et fiscales à l'issue du processus de contrôle - En l'absence d'observation de la DREETS pour les accords déposés avant le 1.09.2021 ou de l'URSSAF pour les accords déposés depuis le 1.09.2021, à l'issue du processus de contrôle, l'accord est considéré comme conforme aux dispositions légales en vigueur au moment de sa conclusion. En cas de contestation, il est donc impossible de remettre en cause les exonérations fiscales et sociales attachées aux avantages accordés aux salariés au titre des exercices en cours ou antérieurs à la contestation (c. trav. art. L. 3345-2 et L. 3345-3).

▶ À noter… S'il s'agit d'un accord ou document d'adhésion faisant application d'un accord de branche agréé *(voir ci-dessus)* les exonérations sont réputées acquises dès le dépôt et pour leur durée d'application (c. trav. art. L. 3322-9).

Entreprises de moins de 50 salariés

Accord collectif - Les entreprises de moins de 50 salariés ne sont pas assujetties à la participation. Cependant, celles qui le souhaitent peuvent se doter d'un tel dispositif (voir *Participation des salariés aux résultats de l'entreprise**). Elles doivent alors conclure un accord de participation, selon les mêmes modalités que les entreprises de 50 salariés et plus *(voir ci-avant)*. Elles peuvent également appliquer un dispositif négocié au niveau de la branche (c. trav. art. L. 3322-9).

Depuis le 1.01.2019, les entreprises qui mettent volontairement en place un mécanisme de participation ne sont pas assujetties au forfait social [voir *Forfait social (contribution patronale)**].

Mise en place unilatérale - En cas d'échec des négociations, l'employeur peut mettre en place, unilatéralement, un dispositif de participation, sous réserve de consulter préalablement les représentants du personnel. Cette consultation a lieu au moins 15 jours avant le dépôt du texte élaboré par l'employeur auprès de l'administration (c. trav. art. L. 3323-6).

Par ailleurs, si elle entre dans le champ d'application d'un *plan d'épargne interentreprises (PEI)** qui prévoit de recueillir les sommes issues de la participation, l'entreprise peut mettre en place un système de participation sans conclure d'accord (c. trav. art. L. 3333-5).

Bénéficiaires

Tous les salariés de l'entreprise doivent pouvoir bénéficier de la répartition de la réserve spéciale de participation (cass. soc. 20 janvier 2010, n° 08-45018, BC V n° 18). Toutefois, une durée minimale d'ancienneté dans l'entreprise, qui ne doit pas excéder 3 mois, peut être exigée. La participation peut être étendue, sous certaines conditions, aux dirigeants et aux salariés mis à disposition par un groupement d'employeurs (voir *Réserve spéciale de participation**).

Dès lors que les salariés n'en ont pas demandé le versement immédiat, les droits constitués à leur profit sont indisponibles pendant 5 ans.

Mise en cause

Si un événement (fusion, cession, scission, etc.) modifie la situation juridique de l'entreprise et rend inapplicable l'accord de participation, cet accord cesse de produire effet. Deux situations peuvent alors se présenter :
- si la nouvelle structure est elle-même dotée d'un accord de participation (ex. : absorption), cet accord s'applique à tous les salariés, y compris ceux qui ont été transférés ;
- si elle n'a pas d'accord de participation, l'employeur doit engager des négociations en vue de la conclusion d'un tel accord.

Dans ce dernier cas, les négociations s'engagent dans un délai de 6 mois à compter de la clôture de l'exercice au cours duquel est intervenue la modification de la situation juridique de l'employeur (c. trav. art. L. 3323-8).

Absence d'accord

En l'absence d'accord dans une entreprise obligatoirement assujettie, un régime subsidiaire s'applique.

Le calcul de la réserve spéciale de participation est alors établi selon la formule de participation légale et les sommes revenant aux salariés sont versées à des comptes courants bloqués (c. trav. art. L. 3323-5). La durée d'indisponibilité est portée à 8 ans.

Négociations périodiques obligatoires

Dans les entreprises comportant au moins un DS et où aucun accord relatif à l'épargne salariale n'est applicable, cette question doit être abordée lors de la négociation périodique obligatoire dans l'entreprise. Celle-ci est annuelle sauf lorsque l'entreprise a signé un accord de méthode (voir *Négociations obligatoires dans l'entreprise**).

Dans les entreprises dépourvues de DS mais dotées d'un CSE et où aucun accord d'intéressement ou de participation n'est en vigueur, l'employeur doit proposer, tous les 3 ans, un examen des conditions dans lesquelles pourraient être mis en œuvre un ou plusieurs dispositifs d'épargne salariale (c. trav. art. L. 3344-3).

☛ *Participation des salariés aux résultats de l'entreprise ; Réserve spéciale de participation.*

Passe sanitaire ou vaccinal

☛ *Covid-19 (CSE et représentants syndicaux) ; Covid-19 (hygiène et sécurité).*

Passeport de prévention

☛ *Formation à la sécurité.*

Paternité (protection)

Protection contre le licenciement

Pendant dix semaines à compter de la naissance de l'enfant - Le contrat de travail d'un salarié ne peut pas être rompu pendant les 10 semaines suivant la naissance de son enfant (c. trav. art. L. 1225-4-1).

La protection du père n'englobe pas les mesures préparatoires au licenciement (cass. soc. 30 septembre 2020, n° 19-12036 FSPB), à la différence du congé de maternité pendant lequel les actes préparatoires au licenciement sont interdits (CJCE, 11 octobre 2007, aff. C-460/06 ; cass. soc. 14 septembre 2016 n° 15-15943, BC V n° 163 ; c. trav. art. L. 1225-4) [voir *Maternité (protection)**].

▶ À noter… Une *rupture conventionnelle** peut être conclue avec une salariée pendant la période de protection suivant la fin de son congé maternité (cass. soc. 25 mars 2015, n° 14-10149, BC V n° 58). Par analogie, une rupture conventionnelle devrait donc, à notre sens, pouvoir également être conclue avec le père pendant la période de protection de 10 semaines suivant la naissance de son enfant.

Hormis cette protection spécifique, le salarié bénéficie d'une protection plus large contre les *discriminations** en raison de sa situation de famille (c. trav. art. L. 1132-1).

Licenciement autorisé dans certains cas - Deux cas de licenciement demeurent permis (c. trav. art. L. 1225-4-1) :
- la faute grave de l'intéressé ;
- l'impossibilité de maintenir le contrat pour un motif étranger à l'arrivée de l'enfant.

Échéance du contrat à durée déterminée

Le texte instaurant la protection contre la rupture du contrat de travail pendant les 10 semaines suivant la naissance de l'enfant ne précise pas qu'elle ne fait pas obstacle à l'échéance du contrat de travail à durée déterminée (CDD), comme c'est le cas des dispositions relatives à la maternité ou à l'adoption (c. trav. art. L. 1225-6 et L. 1225-38) [voir *Maternité (protection)**]. Il y a tout lieu de penser que la règle devrait être identique s'agissant de la paternité.

Sanctions

Toute convention contraire à la protection de la paternité est nulle (c. trav. art. L. 1225-70).

De plus, le licenciement du père qui interviendrait en dehors des cas autorisés *(voir ci-avant)* serait nul. Sur les conséquences de cette nullité, voir *Licenciement nul** (c. trav. art. L. 1225-71 et L. 1235-3-1).

☞ *Congé de paternité et d'accueil de l'enfant ; Congés familiaux ; Maternité (protection).*

Pauses

La pause est un arrêt de travail de courte durée qui est pris sur le lieu de travail ou à proximité (cass. soc. 5 avril 2006, n° 05-43061, BC V n° 142).

Temps de pause

Durée du temps de pause - Dès que le temps de travail quotidien atteint 6 h, le salarié doit bénéficier d'un temps de pause d'une durée minimale de 20 mn (c. trav. art. L. 3121-16).

▶ À noter… Les 6 h s'apprécient pause non comprise (cass. soc. 13 mars 2001, n° 99-45254, BC V n° 96). Une interruption du travail d'une courte durée (en l'espèce, de 7 mn), fût-elle rémunérée, au cours d'une période de 6 h ne dispense pas l'employeur d'accorder aux salariés les 20 mn de pause obligatoires à partir de 6 h de travail quotidien (cass. soc. 20 février 2013, n° 11-26793, BC V n° 50).

Des dispositions conventionnelles peuvent fixer un temps de pause supérieur. Le cas échéant, le temps de pause défini par accord collectif d'entreprise ou d'établissement prime sur l'accord de branche (c. trav. art. L. 3121-17).

Un temps de pause supérieur au temps imposé légalement peut également résulter d'un usage. L'employeur peut, à tout moment, mettre fin à un tel *usage**, qui ne s'incorpore pas au contrat de travail, dès lors qu'il le dénonce régulièrement (cass. soc. 10 février 1998, n° 95-42543, BC V n° 83).

Pause des moins de dix-huit ans - Les travailleurs ou les stagiaires, qui accomplissent des stages d'initiation ou d'application en milieu professionnel dans le cadre d'un enseignement alterné ou du déroulement de leur scolarité, de moins de 18 ans doivent bénéficier d'une pause d'au moins 30 mn consécutives après 4 h 30 de travail effectif ininterrompu (c. trav. art. L. 3161-1 et L. 3162-3).

Travail sur écran - Voir *Écran**.

Prise de la pause

À la suite immédiate des six heures de travail ou avant - La pause de 20 mn doit être accordée dès qu'un temps de travail quotidien atteint 6 h à la suite immédiate de ce temps ou, le cas échéant, avant que cette durée ne soit entièrement écoulée. Le moment auquel la pause est prise doit être fixé en tenant compte des objectifs de santé et de sécurité, et ceci afin de limiter les risques dus à une

période continue de travail importante (circ. DRT 2000-07 du 6 décembre 2000).

Si la pause peut être prise avant que la durée de 6 h ne soit entièrement écoulée, le droit de pause n'est acquis que si le salarié accomplit 6 h de travail effectif, pause non comprise (cass. soc. 13 mars 2001, n° 99-45254, BC V n° 96).

Vingt minutes de pause consécutives. - Les 20 mn de pause doivent être consécutives. À titre d'illustration, un accord collectif ne peut pas prévoir que des salariés bénéficient d'une pause de 15 mn au bout de 3 h 30 mn de travail, puis de nouveau d'une pause de 15 mn après les 3 h de travail restantes. Dès lors que les salariés ont un temps travail effectif quotidien supérieur à 6 h, ils doivent en effet bénéficier d'une pause de 20 mn consécutives, peu important que ce temps de travail effectif soit fractionné par une interruption de 15 mn. En l'espèce, les salariés ont obtenu la condamnation de l'employeur à leur verser des dommages-intérêts (cass. soc. 20 février 2013, n° 11-28612, BC V n° 49).

▶ Attention… Certains personnels relèvent de dispositions dérogatoires. Par exemple, le temps de pause des personnels roulants des entreprises de transport urbain de voyageurs peut être fractionné si les différentes séquences qui le composent (notamment des temps de repas, des temps de disponibilité, des temps d'attente dans les terminus, des temps d'inactivité ou d'interruption) ont une durée d'au moins cinq minutes consécutives chacune (décret 2000-118 du 14 février 2000, art. 10, JO du 15 ; cass. soc. 3 juin 2020, n° 18-16810 FSPB).

Temps de déjeuner et pause - Le temps du déjeuner, qui s'intercale entre deux périodes de travail effectif, est un temps de pause (cass. soc. 20 juin 2013, n° 12-10127, BC V n° 159), **pourvu que ce temps du déjeuner ne corresponde pas à du temps de travail effectif *(voir ci-après)*.**

Pause et travail effectif

Critères du travail effectif - En principe, les temps de pause ne constituent pas du *temps de travail effectif. Toutefois, si les critères du temps de travail effectif sont réunis, le temps de pause doit être traité comme tel (et donc rémunéré comme tel), sans qu'il soit possible de déroger à cette règle** (c. trav. art. L. 3121-2).

Exemples

Un employeur exigeait de ses salariées qu'elles conservent leur téléphone mobile professionnel dans tous leurs déplacements internes sur le site « afin d'être joignables à tout moment », y compris pendant les pauses pour pouvoir répondre à une information urgente à transmettre au transporteur pour les livraisons. Or, l'obligation d'être joignable à tout moment ne suffit pas à requalifier la pause en temps de travail effectif. Pour qu'il s'agisse de temps de travail effectif, il faudrait établir que les salariées, durant les temps de pause, se trouvaient à la disposition de leur employeur et devaient se conformer à ses directives sans pouvoir vaquer librement à des occupations personnelles (cass. soc. 2 juin 2021, n° 19-15468 D).
Le seul fait que le salarié doive porter sa tenue de travail durant sa pause ne suffit pas à considérer que ce temps constitue un temps de travail effectif (cass. soc. 15 octobre 2014, n° 13-16645 D).

Le fait que le temps de pause initialement prévu remplisse les critères légaux du travail effectif (ex. : en cas d'accomplissement d'un travail) doit conduire l'employeur à accorder une autre vraie pause.

Pause dans l'entreprise - Les salariés qui prennent leur pause dans un local distinct des ateliers et ne sont soumis à aucune intervention de l'employeur de sorte qu'ils peuvent librement vaquer à des occupations personnelles sans avoir à se tenir à la disposition de ce dernier ne sont pas considérés comme étant en temps de travail effectif, peu important qu'ils ne puissent pas quitter l'enceinte de l'entreprise sans autorisation de l'employeur (cass. soc. 3 novembre 2005, n° 04-10935 D ; cass. soc. 18 octobre 2006, n° 03-48382 D).

▶ À noter… Lorsqu'une pause n'est pas assimilée à du travail effectif, les revendications qui ont lieu durant cette période ne constituent pas une grève* (cass. soc. 18 décembre 2001, n° 01-41036, BC V n° 387).

À l'inverse, quand un salarié doit rester à la disposition de l'employeur sans pouvoir vaquer librement à des occupations personnelles, il est en temps de travail effectif et ne bénéficie donc pas de ses pauses.

Exemple

Le fait pour un salarié de travailler seul et de nuit dans une station-service ne lui permettait pas de prendre effectivement ses temps de pause mais l'obligeait à rester à la disposition de l'employeur pour recevoir les clients, de sorte qu'il ne pouvait pas vaquer librement à des occupations personnelles (cass. soc. 13 janvier 2010, n° 08-42716, BC V n° 9).

Dans le même ordre d'idées, le temps pendant lequel un salarié est tenu de rester sur le lieu de travail, dans des locaux déterminés imposés par l'employeur, afin de répondre à toute nécessité

d'intervention sans pouvoir vaquer librement à des occupations personnelles constitue un travail effectif. Les conditions d'occupation de tels locaux sont sans incidence (cass. soc. 20 février 2013, n° 11-26401, BC V n° 53 ; cass. soc. 28 mai 2014, n° 13-10544 D).

Interventions pendant la pause - La pause n'est pas incompatible avec des interventions éventuelles et exceptionnelles demandées durant cette période au salarié en cas de nécessité, notamment pour des motifs de sécurité (cass. soc. 1er avril 2003, n° 01-01395, BC V n° 129). Dans ce cas, seul le temps de l'intervention est du travail effectif.

En revanche, lorsque, durant la pause, les salariés peuvent être appelés en cas d'urgence à reprendre le travail de sorte qu'ils ne disposent, pendant cette période dite « de pause », d'aucune liberté pour vaquer à leurs occupations et doivent rester à la disposition de l'employeur, ce temps constitue du travail effectif (cass. soc. 7 avril 2004, n° 03-42492 D). De même, lorsque des salariés sont tenus de rester dans un local vitré d'où ils doivent surveiller leurs machines pour répondre et intervenir en cas d'alerte des signaux ou s'ils sont munis d'un bipeur (cass. soc. 7 février 2006, n° 04-42648 D), aucun roulement n'étant mis en place pour leur remplacement, le temps considéré s'analyse comme du temps de travail effectif (cass. soc. 12 octobre 2004, n° 03-44084, BC V n° 253).

Temps de trajet entre deux lieux d'exécution du travail - Le temps de déplacement professionnel entre deux lieux d'exécution du travail (ex. : entre deux clients de l'entreprise), au cours d'une même journée, est du temps de travail effectif qui doit être traité comme tel et non un temps de pause, dès lors que les salariés ne sont pas soustraits, au cours de ces trajets, à l'autorité de l'employeur (cass. soc. 12 janvier 2005, n° 02-47505 D ; cass. crim. 2 septembre 2014, n° 13-80665, B. crim. n° 179).

Rémunération éventuelle

Rémunération conventionnelle - Une « vraie » pause n'a pas à être rémunérée. Toutefois, même si les temps de pause ne constituent pas du temps de travail effectif *(voir ci-avant)*, un accord collectif peut prévoir que ces temps sont payés sachant que, le cas échéant, l'accord d'entreprise ou d'établissement prime sur l'accord de branche (c. trav. art. L. 3121-6). Il est donc possible de prévoir par accord d'entreprise ou d'établissement des règles différentes de celles éventuellement prévues dans l'accord de branche, le cas échéant moins favorables aux salariés.

▶ À noter... Lorsque la convention collective prévoit un temps de pause rémunéré, il faut prendre garde à l'interprétation de l'accord. Ainsi, en présence d'un accord collectif prévoyant 10 mn de pause sur une période de 3 h de travail effectif, l'employeur est en droit d'intégrer la pause à la journée de travail, sans augmenter le temps de présence ni donc, la rémunération correspondante (cass. soc. 2 mars 2016, n° 14-25896, BC V n° 44).

Rémunération contractuelle ou résultant d'un usage - En l'absence de dispositions conventionnelles, la rémunération peut être prévue dans le contrat de travail (c. trav. art. L. 3121-8) ou, à défaut, par un usage d'entreprise. Dans ce dernier cas, l'employeur qui voudrait cesser de rémunérer les temps de pause devrait dénoncer l'*usage** en question en bonne et due forme (cass. soc. 11 mai 2017, n° 15-22111 D).

▶ Attention... Les primes rémunérant les pauses sont exclues du salaire devant être comparé au *SMIC** quand celles-ci ne constituent pas du temps de travail effectif (cass. soc. 13 juillet 2010, n° 09-42890, BC V n° 178).

Pause, temps d'habillage et temps de douche

Voir *Habillage**.

Pause et allaitement

Voir *Allaitement**.

Pause et heures d'équivalence

Voir *Heures d'équivalence**.

Preuve du respect du temps de pause

Les règles relatives à la répartition de la charge de la preuve des heures de travail effectuées entre l'employeur et le salarié ne sont pas applicables à la preuve du respect du temps de pause obligatoire [voir *Temps de travail (preuve)**]. La preuve du respect de ses obligations en matière de pause pèse entièrement sur l'employeur (cass. soc. 20 février 2013, n° 11-21599, BC V n° 51 ; cass. soc. 8 avril 2021, n° 19-22700 D).

☛ *Durée du travail.*

Pénalités

☞ *Cadres dirigeants (écarts de répartition entre les femmes et les hommes) ; Égalité professionnelle (pénalité 1 %) ; Majorations et pénalités de retard (URSSAF) ; Négociations obligatoires dans l'entreprise ; Prévention des risques professionnels (pénibilité) ; Rémunération (écarts entre les femmes et les hommes).*

Pénibilité au travail

☞ *Compte professionnel de prévention ; Prévention des risques professionnels (pénibilité) ; Hygiène et sécurité (obligations de l'employeur).*

Pension d'invalidité

☞ *Invalidité.*

Pension de réversion

@ Cette étude est détaillée dans la version en ligne de ce Dictionnaire (voir www.rfsocial.com et www.rfeditions.com).

Pension de vieillesse

☞ *Cumul activité-retraite des salariés ; Départ anticipé à la retraite ; Départ volontaire à la retraite ; Mise à la retraite ; Pension de réversion ; Retraite de base (âge de départ) ; Retraite de base (calcul de la pension).*

PERCO

☞ *Plan d'épargne pour la retraite collectif (PERCO).*

Père

☞ *Adoption ; Congé de deuil ; Congé pour enfant malade ; Congé pour événement familial ; Congé de maternité ; Congé parental d'éducation ; Congé de paternité et d'accueil de l'enfant ; Congé PMA ; Congés familiaux ; Paternité (protection).*

PERE-CO

☞ *Plan d'épargne retraite d'entreprise collectif (PERE-CO).*

PERE-OB

☞ *Plan d'épargne retraite d'entreprise obligatoire (PERE-OB).*

Période d'essai

La période d'essai permet à l'employeur d'évaluer les compétences du salarié dans son travail, notamment au regard de son expérience, et au salarié d'apprécier si les fonctions occupées lui conviennent (c. trav. art. L 1221-20). Pendant cette période, le contrat de travail peut être rompu par l'employeur ou le salarié, sans motif et sans indemnité (c. trav. art. L 1231-1) [voir *Période d'essai (rupture)**].

Il convient de distinguer période d'essai et *essai professionnel**.

Existence

La période d'essai ne se présume pas, ni dans son principe, ni dans sa durée. Elle doit donc être expressément prévue par la lettre d'engagement ou le contrat de travail (c. trav. art. L. 1221-23). Faute de quoi, aucune période d'essai n'est applicable.

▶ À noter… L'absence de mention relative à la période d'essai dans une promesse d'embauche n'interdisait pas d'inscrire cette période dans le contrat de travail signé par la suite (cass. soc. 12 juin 2014, n° 13-14258, BC V n° 138). La promesse d'embauche n'existe plus en tant que telle, les juges établissant une distinction entre l'offre de contrat de travail et la *promesse unilatérale de contrat**. À notre connaissance, l'incidence du défaut de mention de la période d'essai n'a pas encore été tranchée s'agissant de l'une ou de l'autre.

Cas de recours spécifiques

Mobilité au sein d'un groupe - Lorsqu'un salarié démissionne d'une entreprise puis est engagé par une autre entreprise du même groupe avec une personnalité juridique distincte, le nouveau contrat de travail peut prévoir une période d'essai.

Le nouvel employeur peut donc mettre fin à l'essai et le salarié ne peut pas prétendre être réintégré au sein du groupe dans son précédent poste comme c'est le cas en *période probatoire** (cass. soc. 20 octobre 2010, n° 08-40822, BC V n° 239).

CDD puis CDI sur un poste identique ou non - Il est possible de prévoir une période d'essai dans un contrat de travail à durée indéterminée (CDI), même si l'embauche se fait sur le même poste que le salarié a déjà occupé en contrat à durée déterminée (CDD) (cass. soc. 9 octobre 2013, n° 12-12113, BC V n° 228). Dans ce cas, il convient de déduire de la durée de l'essai en CDI, la durée du (ou des) CDD précédent (s) *(voir ci-après)*.

Cas d'interdiction

Changement de poste en cours de contrat - Dans une telle hypothèse (ex. : promotion, rétrogradation), il n'est pas permis de prévoir une période d'essai pour « tester » le salarié sur son nouveau poste. Seule une *période probatoire** peut être prévue (cass. soc. 30 mars 2005, n° 02-46103, BC V n° 107).

À l'issue d'un contrat d'apprentissage - Voir *Apprentissage (contrat)**.

Durée

Contrat à durée indéterminée - La durée maximale de la période d'essai est fixée par le code du travail en fonction des catégories de salariés *(voir tableau reproduit dans cette étude)* (c. trav. art. L. 1221-19).

Contrat à durée déterminée - Pour un CDD, la période d'essai ne peut pas excéder une durée calculée à raison de (c. trav. art. L. 1242-10 et L. 1242-11) :
- 1 jour par semaine, dans la limite de 2 semaines si la durée du contrat ne dépasse pas 6 mois ;
- 1 mois dans les autres cas.

Si des usages ou des dispositions conventionnelles prévoient des durées moindres, elles doivent être appliquées.

▶ À noter… Lorsque le contrat ne comporte pas de terme précis, la période d'essai est calculée par rapport à la durée minimale du contrat [voir *Contrat de travail à durée déterminée (durée)**].

Contrat de travail à temps partiel - S'agissant du travail à temps partiel, la période d'essai des salariés concernés ne peut pas avoir une durée calendaire supérieure à celle des salariés à temps complet [voir *Travail à temps partiel (statut)**].

Convention collective applicable - La validité de la clause fixant la durée de l'essai doit s'apprécier à la date de sa conclusion et en se référant à la convention collective mentionnée dans le contrat de travail, même s'il s'avère ultérieurement qu'elle n'est pas appliquée dans l'entreprise et que cette convention collective a été mentionnée par erreur (cass. soc. 16 mai 2012, n° 11-11100, BC V n° 150).

Articulation des plafonds légaux, conventionnels et contractuels - Les entreprises doivent respecter les durées maximales de période d'essai prévues par le code du travail, sous les réserves suivantes (c. trav. art. L. 1221-22).

CDI : durées maximales de période d'essai

Durées maximales prévues par la loi (1)		
	Période initiale (c. trav. art. L. 1221-19)	**Renouvellement compris** (c. trav. art. L. 1221-21)
Ouvriers et employés	2 mois	4 mois
Agents de maîtrise et techniciens	3 mois	6 mois
Cadres	4 mois	8 mois
Durées prévues par un accord de branche ou une convention collective nationale (1)		
	Signé avant le 26 juin 2008 (c. trav. art. L. 1221-22 ; loi 2008-596, art. 2-II)	**Signé ou modifié après le 26 juin 2008**
Durées > maxima légaux (2)	applicables (3)	inapplicables
Durées maxima légaux	inapplicables depuis le 1.07.2009	applicables (4)

(1) Le contrat de travail ou la lettre d'engagement peut prévoir une durée plus courte. (2) Un accord d'entreprise, signé avant ou après le 26.06.2008, ne peut pas prévoir de durée maximale de période d'essai plus longue que celle prévue par la loi. (3) Sous réserve de respecter une durée « raisonnable » (voir ci-avant). (4) Ces durées plus courtes peuvent aussi être prévues par un accord d'entreprise signé après le 26.06.2008. Par ailleurs, suite aux ordonnances Macron, si l'entreprise est soumise à un accord de branche (postérieur au 26.06.2008) qui prévoit des durées plus courtes que celles du code du travail, cette entreprise pourrait, par accord collectif, fixer des durées plus longues que celles prévues dans l'accord de branche, dans la limite des durées maximales prévues par le code du travail.

Des durées plus courtes que les durées légales peuvent s'appliquer. Il s'agit de celles prévues par :
- le contrat de travail ou la lettre d'engagement ;
- un accord collectif conclu après la date de publication de la loi portant modernisation du marché du travail (loi 2008-596 du 25 juin 2008, JO du 26), à savoir après le 26.06.2008 (c. trav. art. L. 1221-22).

▶ À noter… Les dispositions des accords de branche, antérieures au 26.06.2008 et prévoyant des durées inférieures aux maxima légaux, ne sont restées en vigueur que temporairement, jusqu'au 30.06.2009 (loi 2008-596 du 25 juin 2008, art. 2-II). Les maxima légaux se sont substitués aux maxima conventionnels, sachant que le caractère impératif des durées légales vise tant la durée initiale que le renouvellement de la période d'essai (cass. soc. 31 mars 2016, n° 14-29184, BC V n° 61 ; cass. soc. 30 mars 2017, n° 15-27280 D).

Des durées plus longues que les durées légales peuvent également s'appliquer. Il s'agit de celles prévues par un accord de branche conclu avant la date de publication de cette loi, à savoir avant le 26.06.2008 (c. trav. art. L. 1221-22). En tout état de cause, ces durées plus longues doivent être raisonnables, faute de quoi celles-ci seraient inapplicables (convention OIT n° 158).

Le caractère raisonnable de la durée totale de la période d'essai s'apprécie, au cas par cas, compte tenu de la finalité de la période d'essai et au regard de la catégorie d'emploi occupée (cass. soc. 10 mai 2012, n° 10-28512 FSPB ; cass. soc. 7 juillet 2021, n° 19-22922 FSB).

À titre d'exemple, ont été jugées déraisonnables, et donc inapplicables, les durées suivantes fixées par convention collective :
- 12 mois sans renouvellement pour un chargé d'affaires (cass. soc. 4 juin 2009, n° 08-41359, BC V n° 146) ou un conducteur (cass. soc. 30 septembre 2014, n° 13-21385 D) ;
- 6 mois, la période étant renouvelable une fois pour un directeur de magasin (cass. soc. 11 janvier 2012, n° 10-17945, BC V n° 11) ;
- 6 mois sans renouvellement pour un assistant commercial (cass. soc. 10 mai 2012, n° 10-28512, BC V n° 137).

En revanche, une durée de 9 mois, sans renouvellement, prévue par une convention collective pour le personnel d'encadrement est raisonnable (cass. soc. 24 avril 2013, n° 12-11825, BC V n° 110).

▶ Attention… Les accords d'entreprise prévoyant une durée plus longue ont cessé de s'appliquer depuis le 26.06.2008.

Primauté de l'accord d'entreprise sur l'accord de branche - L'accord collectif d'entreprise prime, dans de nombreux domaines, sur l'accord de branche [voir *Accord collectif d'entreprise (contenu)**]. À notre sens, si l'entreprise est soumise à un accord de branche (postérieur au 26.06.2008) qui prévoit des durées plus courtes que celles du code du travail, cette entreprise pourrait, par accord collectif, fixer des durées plus longues que celles prévues dans l'accord de branche, dans la limite des durées maximales prévues par le code du travail.

Embauche suite à un précédent contrat ou stage

Embauche d'un stagiaire - Voir *Stages en entreprise**.

Embauche en CDI à l'issue d'un CDD - En cas d'embauche d'un salarié en CDI, à la suite d'un CDD ou d'une mission d'intérim, pour un même emploi ou dans des conditions analogues, la durée totale du CDD ou de la mission d'intérim doit être déduite de la durée de la période d'essai prévue par le CDI (c. trav. art. L. 1243-11 et L. 1251-38 ; circ. DRT 92-14 du 29 août 1992, question n° 72 ; cass. soc. 9 octobre 2013, n° 12-12113, BC V n° 228). Par conséquent, il se peut qu'aucune période d'essai ne puisse être prévue.

Il en est de même lorsque le salarié a exécuté des CDD successifs : dès lors que l'embauche en CDI concerne le même poste, il faut déduire de la nouvelle période d'essai la durée totale de ces CDD et pas uniquement la durée du dernier CDD (cass. soc. 9 octobre 2013, n° 12-12113, BC V n° 228).

▶ À noter… Il semble que l'employeur ne doive pas se contenter d'appliquer cette règle (déduction de la durée du ou des CDD antérieurs) uniquement lorsque les CDD et le CDI se sont succédé sans aucune interruption. Dans l'arrêt du 9.10.2013, la Cour de cassation a indiqué que le CDI doit être conclu « à l'échéance » du (dernier) CDD et a validé l'analyse du conseil de prud'hommes qui a déduit la durée des CDD « préalablement conclus ». En l'occurrence, il s'était écoulé 3 jours ouvrés entre les deux premiers CDD et 2 jours calendaires entre le dernier CDD et le CDI. Reste à savoir si l'analyse sera la même si un temps plus long s'écoule entre les CDD.

Embauche à l'issue d'un contrat d'apprentissage - Voir *Apprentissage (contrat)**.

Décompte

Date de début de l'essai - Sauf disposition contraire, la période d'essai commence le jour même de la conclusion du contrat de travail (cass. soc. 15 mars 2006, n° 04-44544, BC V n° 103).

Modalités - Pour un CDI ou un CDD et lorsqu'elle est exprimée en jours, la période d'essai se décompte en jours calendaires et non en jours travaillés sauf disposition conventionnelle ou contractuelle contraire (cass. soc. 28 avril 2011, n° 09-40464, BC V n° 101).

Pour un CDI ou un CDD, quand la période d'essai est fixée en semaines ou en mois, elle se décompte sauf disposition conventionnelle ou contractuelle contraire en semaines civiles ou en mois calendaires, peu important le nombre de jours ouvrés (cass. soc. 28 avril 2011, n° 09-72165, BC V n° 101). Par « semaine civile », il faut entendre toute période de 7 jours consécutifs (cass. soc. 10 juin 1992, n° 88-45755, BC V n° 378 ; cass. soc. 6 juillet 1994, n° 90-43877 D). Il n'y a pas lieu de retrancher les jours fériés ou de repos (cass. soc. 29 juin 2005, n° 02-45701, BC V n° 220).

Par ailleurs, tout essai qui expire normalement un samedi, un dimanche ou un jour férié ou chômé n'est pas prorogé jusqu'au premier jour ouvrable suivant (cass. soc. 10 juin 1992, n° 88-45755, BC V n° 378).

Prolongation

En cas de suspension du contrat de travail - La durée de la période d'essai s'entend d'une période de travail effectif puisque son but est, d'une part, d'apprécier les qualités professionnelles du salarié et, d'autre part, de vérifier que le poste et les conditions de travail conviennent à ce dernier. Par conséquent, si le contrat de travail vient à être suspendu, la période d'essai est prolongée pour une durée équivalant à celle de cette suspension.

Exemple

Les cas de suspension du contrat de travail donnant lieu à une prolongation de la période d'essai sont notamment les suivants :

- arrêt de travail pour maladie (cass. soc. 26 mai 1994, n° 90-45318 D) ;
- fermeture pour congés annuels de l'entreprise à condition que le salarié cesse son activité pendant ce laps de temps (cass. soc. 5 mars 1997, n° 94-40042, BC V n° 94 ; cass. soc. 3 juin 1998, n° 96-40344 D) ;
- congé sans solde (cass. soc. 23 mai 2007, n° 06-41338 D) ;
- RTT (cass. soc. 11 septembre 2019, n° 17-21976 FSPB) ;
- congés payés (cass. soc. 31 janvier 2018, n° 16-11598 D) ;
- désignation du salarié comme mandataire social avec suspension du contrat de travail (cass. soc. 24 avril 2013, n° 12-11825, BC V n° 110).

Calcul de la durée de la prolongation - En l'absence de dispositions conventionnelles ou contractuelles contraires, la prolongation de la période d'essai ne peut être limitée aux seuls jours ouvrables inclus dans le temps d'absence. La prolongation doit ainsi être égale au nombre de jours calendaires inclus dans la période d'absence (cass. soc. 11 septembre 2019, n° 17-21976 FSPB).

Exemple

Une salariée avait pris des jours de RTT pendant la période d'essai : le vendredi 2 mai, la semaine du lundi 19 au vendredi 23 mai puis le vendredi 30 mai 2014. Pour elle, il fallait prendre en compte ces 7 jours ouvrables d'absence. Sa période d'essai avait donc expiré le 23 juin au soir, le renouvellement du 24 juin n'était donc pas valable.
Au contraire, l'employeur avait pris en compte 9 jours calendaires puisque, sur la semaine du 19 au 23 mai, il accolait les 2 jours de week-end du samedi 24 et dimanche 25 mai. Pour lui, la période d'essai se terminait le 25 juin à minuit, son renouvellement le 24 juin était donc valable.
Ce décompte opéré par l'employeur a été validé par les juges (cass. soc. 11 septembre 2019, n° 17-21976 FSPB).

Renouvellement

Renouvellement prévu dans l'accord de branche et le contrat de travail - La période d'essai peut être renouvelée une fois, à la double condition que cette possibilité de renouvellement soit prévue :

- par un accord de branche étendu, ou la convention collective nationale (CCN) étendue, applicables à l'entreprise, qui en fixe les conditions et les durées (c. trav. art. L. 1221-21) ;
- par la lettre d'engagement ou le contrat de travail (c. trav. art. L. 1221-23).

Selon l'administration, les dispositions des accords de branche « étendus » conclus avant le 26.06.2008 et prévoyant la possibilité de renouvellement de la période d'essai restent applicables (circ. DGT 2009-5 du 17 mars 2009, p. 3). **En revanche, le renouvellement prévu par un texte collectif autre qu'un accord de branche étendu ne peut plus être utilisé depuis le 26.06.2008.**

▶ Attention... Si la possibilité de renouveler la période d'essai doit être inscrite dans le contrat de travail, le renouvellement doit seulement être envisagé. Celui-ci ne doit en aucun cas être décidé dès la conclusion du contrat de travail (cass. soc. 19 juillet 1994, n° 91-44335, BC V n° 245 ; cass. soc. 21 décembre 2006, n° 05-44806, BC V n° 415 ; cass. soc. 11 mars 2009, n° 07-44090, BC V n° 77). Ainsi, un avenant renouvelant la période d'essai le même jour que la signature du contrat de travail n'est pas valable (cass. soc. 2 mars 2005, n° 02-47400 D).

Une fois que l'employeur s'est assuré qu'un renouvellement est possible, il lui faut ensuite obtenir l'accord du salarié sur ce point *(voir ci-après)*.

L'employeur peut informer le salarié de ce renouvellement et solliciter son accord par e-mail, si l'accord collectif ne prévoit pas d'autres modalités spécifiques d'envoi (ex. : envoi par courrier recommandé avec accusé de réception) (rép. Reynaud n° 88607, JO 1er mars 2011, AN quest. p. 2088).

Condition posée par une disposition conventionnelle - Dans une affaire où la convention collective nationale (CCN) étendue applicable (CCN des entreprises de la propreté) prévoyait la possibilité de renouveler la période d'essai « en cas de nécessité technique », il a été jugé que l'employeur avait bien répondu à cette condition en motivant le renouvellement de l'essai par « la nécessité d'apprécier l'ensemble des qualités professionnelles du salarié », ainsi que l'indiquait la lettre de renouvellement. En conséquence, le salarié, dont le contrat avait été rompu avant le terme de la période d'essai renouvelée, et qui estimait que sa période d'essai avait été illégitimement renouvelée, n'a pas obtenu la requalification de cette rupture en licenciement sans cause réelle et sérieuse (cass. soc. 27 juin 2018, n° 16-25756 FSPB).

Respect de l'accord de branche - Un accord collectif d'entreprise ne peut pas prévoir des conditions et des durées de renouvellement moins favorables aux salariés que celles prévues par l'accord de branche (c. trav. art. L. 2253-1) [voir *Accord collectif d'entreprise (contenu)**].

Situations où le renouvellement est permis - Si l'employeur dépend d'un accord de branche étendu ou d'une CCN étendue autorisant un renouvellement de l'essai, celui-ci est possible sous réserve qu'il respecte les modalités ainsi prévues.

Exemple

L'employeur peut être tenu de notifier par écrit au salarié les motifs pour lesquels il reconduit l'essai (cass. soc. 31 janvier 1995, n° 91-42862, BC V n° 44).

Cas dans lesquels le renouvellement est interdit - La reconduction de la période d'essai est interdite quand l'employeur ne dépend pas d'un accord de branche étendu ni d'une CCN étendue autorisant et organisant un tel renouvellement. Elle est également impossible quand l'entreprise relève bien d'un accord de branche étendu ou d'une CCN étendue mais que le texte de cet accord n'envisage pas de renouvellement (c. trav. art. L. 1221-21 ; cass. soc. 25 février 2009, n° 07-40155, BC V n° 50 ; cass. soc. 20 décembre 2017, n° 16-17998, BC V n° 222).

Depuis le 27.06.2008, date d'entrée en vigueur de la loi de modernisation du marché du travail (loi 2008-596 du 25 juin 2008, JO du 26), si le renouvellement est organisé, non pas par un accord de branche étendu ou une CCN étendue, mais par un autre texte collectif (ex. : un accord d'entreprise), l'employeur ne peut pas non plus renouveler la période d'essai. La durée de la période d'essai doit alors être considérée comme un maximum (circ. DGT 2009-5 du 17 mars 2009, p. 4).

Accord obligatoire du salarié - L'accord du salarié au renouvellement de sa période d'essai est obligatoire (circ. DGT 2009-5 du 17 mars 2009, p. 3).

Pour des questions de preuve, il est recommandé de formaliser cet accord dans un écrit signé par l'employeur et le salarié. Certaines conventions collectives en exigent d'ailleurs un (cass. soc. 3 juin 2009, n° 08-40276 D).

Le salarié peut donner son accord par e-mail à condition que cet accord soit exprimé dans des termes clairs et non équivoques (rép. Reynaud n° 88607, JO 1er mars 2011, AN quest. p. 2088). La prudence est néanmoins de mise s'agissant notamment de la valeur de ce courriel comme preuve en cas de contentieux (voir *Informatique**).

Accord exprès au cours de la période initiale - L'accord du salarié doit être exprès, résulter d'une manifestation de volonté claire et non équivoque et intervenir au cours de la période initiale (cass. soc. 23 janvier 1997, n° 94-44357, BC V n° 33 ; cass. soc. 11 mars 2009, n° 07-44090, BC V n° 77 ; cass. soc. 25 novembre 2009, n° 08-43008, BC V n° 265). Ainsi, la signature du salarié accompagnée de la mention « lu et approuvé » sur une lettre de renouvellement vaut accord express de sa part (cass. soc. 23 septembre 2014, n° 13-17140 D ; cass. soc. 21 janvier 2015, n° 13-23018 D). Autrement, il a été jugé que le salarié n'avait pas valablement donné son accord.

Exemples

Quand un employeur remet à un salarié une lettre l'informant du renouvellement, il ne peut pas considérer que celui-ci a donné son accord parce qu'il n'a pas protesté et a continué à travailler (cass. soc. 23 mars 1989, n° 86-41102, BC V n° 249 ; cass. soc. 5 mars 1996, n° 93-40080 D ; cass. soc. 4 octobre 2000, n° 98-44458 D).

L'accord du salarié n'est pas acquis quand il a signé un document d'évaluation, à l'issue de sa période d'essai, dans lequel l'évaluateur conseillait un renouvellement de cette période (cass. soc. 15 mars 2006, n° 04-46406, BC V n° 104).

La volonté claire et non équivoque du salarié d'accepter le renouvellement de la période d'essai ne peut pas non plus être déduite de la seule apposition de sa signature sur un document établi par l'employeur. Ce document, contresigné par le salarié, était ainsi rédigé « Je fais suite à notre entretien de ce jour et je vous confirme que nous avons décidé, d'un commun accord et suivant les conditions de votre contrat de travail, de prolonger la période d'essai de trois mois ». Or, le seul contreseing du salarié apposé sur cette lettre que lui a adressée l'employeur restait équivoque et ne manifestait pas clairement son acceptation du renouvellement de la période d'essai (cass. soc. 25 novembre 2009, n° 08-43008, BC V n° 265). Cette règle a été rappelée dans une affaire similaire (cass. soc. 8 juillet 2015, n° 14-11762 D).

Un e-mail aux termes ambigus ne constitue pas non plus l'accord exprès requis pour que la période d'essai soit renouvelée (cass. soc. 16 juin 2010, n° 08-43244, BC V n° 142).

Attention au renouvellement systématique - Selon le contexte, les juges peuvent considérer que le renouvellement systématique de la période d'essai sans explication de l'employeur sur les nécessités techniques de la renouveler n'a pas pour objet d'apprécier les compétences du salarié et dénature la période d'essai de sa finalité. La rupture de la période d'essai s'analyse alors en un licenciement sans cause réelle et sérieuse, et ce même en cas d'accord du salarié sur le renouvellement de sa période d'essai (cass. soc. 27 juin 2018, n° 16-28515 D).

Durée du renouvellement - Jusqu'au 30.06.2009, l'employeur devait appliquer les durées de période d'essai plus courtes que les durées légales quand celles-ci étaient prévues par un accord de branche étendu conclu avant le 26.06.2008 *(voir ci-avant)*. Si ce même accord organise le renouvellement de la période d'essai, l'employeur peut continuer de se prévaloir de cette possibilité de renouvellement au-delà du 30.06.2009, même s'il n'est plus tenu par les durées d'essai plus courtes (circ. DGT 2009-5 du 17 mars 2009, p. 3 ; cass. soc. 31 mars 2016, n° 14-29184, BC V n° 61) *(voir ci-avant)*.

Les périodes d'essai plus longues que les durées légales prévues par un accord de branche, conclu avant le 26.06.2008, restent applicables *(voir ci-avant)*. Si ce même accord autorise le renouvellement, la durée totale de l'essai (période initiale + renouvellement) peut excéder les maxima légaux (circ. DGT 2009-5 du 17 mars 2009, p. 3).

En tout état de cause, la durée de la période d'essai (période initiale et renouvellement) doit être raisonnable *(voir ci-avant)*.

Rupture

Voir *Période d'essai (rupture)**.

Sanction de faits commis pendant l'essai

Le fait que le contrat de travail se soit poursuivi après l'expiration de la période d'essai n'empêche pas de reprocher au salarié des faits intervenus durant cette période et de le *licencier pour faute** en raison des faits en question (cass. soc. 3 décembre 2014, n° 13-19815 D), sous réserve de la prescription des faits fautifs [voir *Prescription (droit disciplinaire)**].

☞ *Période d'essai (rupture).*

➲ Formulaire de Droit Social, « Période d'essai ».

Période d'essai (rupture)

Sauf dispositions conventionnelles particulières, employeur et salarié peuvent mettre fin à la *période d'essai** à tout moment, avec un délai de prévenance, mais sans autre formalité. Concernant l'employeur, la personne de l'entreprise qui a le pouvoir de rompre la période d'essai est celle qui a le pouvoir de licencier [voir *Licenciement (notification)**].

Rupture formalisée dans un écrit

Écrit imposé par la convention collective - Des dispositions conventionnelles peuvent imposer que la rupture de la période d'essai soit formalisée par un écrit. Dans ce cas, le simple envoi au salarié d'une *attestation d'assurance chômage**, quelles qu'en soient les mentions, ne constitue pas la confirmation écrite de cette rupture (cass. soc. 17 octobre 2007, n°s 06-44388 et 06-44564, BC V n° 161).

Écrit recommandé - En l'absence de dispositions conventionnelles, un écrit est recommandé pour des raisons de preuve (notamment du respect du délai de prévenance). Il est même conseillé de passer par une LRAR ou remise en main propre contre décharge. En tout état de cause, la rupture doit être « explicite » (cass. soc. 24 juin 2020, n° 17-28067 D).

Mention relative au motif de la rupture - L'employeur n'est pas tenu d'alléguer, dans le courrier de rupture, les raisons qui le conduisent à mettre fin à la période d'essai. Pour autant, il ne peut pas rompre l'essai pour n'importe quelle raison *(voir ci-après)*.

Délai de prévenance

Délai applicable en cas de rupture d'un CDI ou d'un CDD - L'employeur ou le salarié qui souhaite rompre l'essai doit observer un délai minimal de prévenance (c. trav. art. L. 1221-25 et L. 1221-26), lequel s'applique aux contrats à durée indéterminée (CDI), mais aussi aux contrats à durée déterminée (CDD) comportant une période d'essai de 1 semaine minimum (circ. DGT 2009-5 du 17 mars 2009, p. 2).

Durée du délai de prévenance - La durée du délai de prévenance est fonction du temps de présence du salarié dans l'entreprise *(voir tableau reproduit dans cette étude)*.

Rupture de la période d'essai : calcul de la durée du délai de prévenance

Présence du salarié dans l'entreprise	Délai de prévenance	
	Rupture de l'employeur	Rupture du salarié
7 jours maximum	24 h	24 h
Entre 8 jours et 1 mois	48 h	48 h
Après 1 mois	2 semaines	48 h
Après 3 mois	1 mois	48 h

Le cas échéant, il faut appliquer le délai de prévenance plus favorable au salarié, prévu par la convention collective, un accord collectif ou le contrat de travail. À défaut, l'employeur devra indemniser le salarié pour la partie du délai de prévenance non respecté (cass. soc. 15 avril 2016, n° 15-12588 D). Les juges ont ainsi appliqué la sanction prévue par le code du travail en cas de non-respect du délai de prévenance légal *(voir ci-après)*.

Sanction du non-respect du délai de prévenance par l'employeur - Si l'employeur ne respecte pas le délai de prévenance, le salarié a droit à une indemnité compensatrice, sauf s'il a commis une faute grave. Cette indemnité est égale au montant des salaires et avantages que le salarié aurait perçus s'il avait accompli son travail jusqu'à l'expiration du délai de prévenance, indemnité compensatrice de congés payés comprise (c. trav. art. L. 1221-25).

Sanction en cas de report du terme de l'essai - Le délai de prévenance ne doit pas avoir pour effet de prolonger la période d'essai, renouvellement inclus (c. trav. art. L. 1221-25).

Pour la Cour de cassation, il en résulte que, en cas de rupture pendant la période d'essai, le contrat prend fin au terme du délai de prévenance s'il est exécuté et au plus tard à l'expiration de la période d'essai. La poursuite de la relation de travail au-delà du terme de l'essai donne naissance à un nouveau contrat de travail à durée indéterminée qui ne peut être rompu à l'initiative de l'employeur que par un licenciement (cass. soc. 5 novembre 2014, n° 13-18114, BC V n° 254).

Indemnisation du salarié pour le délai de prévenance non respecté - L'employeur ne peut pas reporter le terme de l'essai pour faire « jouer » le délai de prévenance : à partir du moment où la date d'expiration de la période d'essai est passée, la rupture à l'initiative de l'employeur s'analyse en un licenciement *(voir ci-avant)*, lequel en cas de contentieux sera jugé sans cause réelle et sérieuse.

Si l'employeur, qui souhaite rompre l'essai, constate qu'il est trop tard pour respecter le délai de prévenance, la solution peut être de rompre malgré tout l'essai et de verser une indemnité pour la partie du délai de prévenance qui n'a pas été respectée (c. trav. art. L. 1221-25) *(voir ci-avant)*, voire de tout le délai de prévenance (cass. soc. 16 septembre 2015, n° 14-16713, BC V n° 159).

Procédure disciplinaire

L'employeur doit, lorsqu'il invoque un motif disciplinaire, respecter la procédure disciplinaire. Il doit donc notamment convoquer le salarié concerné à un entretien préalable (cass. soc. 10 mars 2004, n° 01-44750, BC V n° 80) [voir *Sanctions disciplinaires (procédure)**].

Motifs de la rupture

Rupture pour un motif inhérent au salarié - La période d'essai permet à l'employeur d'apprécier la valeur professionnelle du salarié. Elle ne peut

donc être rompue que pour des motifs inhérents à la personne du salarié (cass. soc. 20 novembre 2007, n° 06-41212, BC V n° 194 ; cass. soc. 16 décembre 2020, n° 19-14314 D).

Rupture abusive en cas de motif sans lien avec l'essai - La rupture pendant l'essai est jugée fautive s'il apparaît que les motifs de la rupture sont sans relation avec le but de l'essai.

Exemples

Si la période d'essai est rompue en raison de la suppression du poste, elle n'est pas rompue pour un motif inhérent à la personne du salarié. Cette rupture a donc été jugée abusive (cass. soc. 20 novembre 2007, n° 06-41212, BC V n° 194).

Le contrat de travail d'un salarié a été rompu, au seul motif que ce dernier refusait la diminution de sa rémunération contractuelle. Cette résiliation, intervenue au cours de la période d'essai, était sans rapport avec l'appréciation des qualités professionnelles. Il a été jugé, que l'employeur avait commis un abus dans l'exercice de son droit de résiliation (cass. soc. 10 décembre 2008, n° 07-42445, BC V n° 246).

La rupture de l'essai peut aussi être abusive si elle intervient peu après le début de l'essai, sans que l'employeur ait été en mesure d'apprécier les qualités professionnelles du salarié (cass. soc. 15 mai 2008, n° 07-42289 D). À l'inverse, la rupture de l'essai d'un directeur de maison de retraite à la fin du premier jour a pu être jugée valable car justifiée, au vu des éléments de fait et de preuve examinés par les juges, par des considérations professionnelles portant sur l'aptitude du salarié à assumer ses fonctions (cass. soc. 15 janvier 2014, n° 12-14650 D).

L'abus est également caractérisé si l'employeur a agi avec malveillance ou légèreté blâmable (cass. soc. 5 mai 2004, n° 02-41224, BC V n° 123 ; cass. soc. 6 janvier 2010, n° 08-42826 D).

La rupture de la période d'essai est aussi jugée abusive quand celle-ci est détournée de son objet, notamment lorsqu'elle a été conclue pour remplacer temporairement un salarié absent.

Exemple

Un magasinier avait été recruté pour remplacer un salarié qui, aux dires de l'employeur, allait être muté, laissant ainsi son poste vacant. Le salarié jusqu'à présent titulaire du poste était en congés payés au moment du recrutement. Or, ce salarié était resté dans l'entreprise à son retour de congés et la mutation annoncée n'avait pas eu lieu (l'employeur prétendait l'avoir simplement différée). Le nouvel embauché, dont la période d'essai avait été rompue, estimait que l'employeur n'avait jamais eu l'intention de l'embaucher définitivement : il avait simplement cherché à pourvoir un poste laissé temporairement vacant par une personne en congés payés. Il a été jugé que l'essai avait été rompu pour un motif non inhérent à la personne du salarié, de sorte que la rupture était abusive (cass. soc. 15 décembre 2016, n° 15-21596 D).

Dommages-intérêts - En cas de rupture abusive, l'employeur peut être condamné à payer des dommages-intérêts.

Situations particulières

Rupture avant le début du travail - La rupture du contrat de travail avant tout commencement d'exécution ne s'analyse pas comme une rupture de la période d'essai, puisque la qualité du travail accompli n'a pas pu être appréciée.

En présence d'un CDD, Il s'agit, en fait, d'une rupture anticipée injustifiée, avec les conséquences financières que cela comporte (cass. soc. 26 septembre 2002, n° 00-42581, BC V n° 281) [voir *Contrat de travail à durée déterminée (rupture anticipée)**].

S'agissant d'un CDI, il convient de vérifier s'il s'agit de la rupture d'une offre de contrat de travail ou d'une *promesse unilatérale de contrat**.

Renouvellement systématique - Voir *Période d'essai**.

Rupture en cas de période probatoire - Lorsqu'un salarié en cours de période d'essai signe un avenant, assorti d'une *période probatoire**, à son contrat, pour exercer de nouvelles fonctions, la période d'essai initiale prend fin. Si l'employeur n'est pas satisfait de la période probatoire, il doit réintégrer le salarié dans ses anciennes fonctions. Il ne peut plus invoquer la période d'essai pour rompre le contrat sans motif ni formalité (cass. soc. 20 octobre 2010, n° 08-42805, BC V n° 240).

Incidence d'une désignation comme mandataire social - La désignation du salarié comme mandataire social, avec suspension du contrat de travail pendant la durée de ce mandat, en l'absence de fonctions techniques distinctes, ne met pas fin à la période d'essai en cours, de sorte que celle-ci se poursuit après la révocation du mandat social (cass. soc. 24 avril 2013, n° 12-11825, BC V n° 110).

Protections applicables à la rupture de la période d'essai

Protection contre les discriminations - L'interdiction des *discriminations** est applicable à la période d'essai (c. trav. art. L. 1132-1). Il en résulte que dans le cas où un employeur, qui a rompu une période d'essai, a manifestement souhaité écarter un salarié en raison de ses récents problèmes de santé, la rupture est nulle (cass. soc. 16 février 2005, n° 02-43402, BC V n° 52 ; cass. soc. 12 septembre 2018, n° 16-26333 FSPB). Cela signifie que, en principe, le salarié devrait être réintégré. Celui-ci peut néanmoins choisir l'indemnisation de son préjudice plutôt que la réintégration. Sur les suites d'une rupture nulle, voir *ci-après*.

Protection en cas d'accident du travail - La résiliation du contrat de travail pendant la période de suspension provoquée par un *accident du travail** est nulle même si elle intervient pendant la période d'essai. L'impossibilité de maintenir le contrat pendant cette même période ne peut résulter que de circonstances indépendantes du comportement du salarié (cass. soc. 12 mai 2004, n° 02-44325, BC V n° 132).

Le salarié dont la rupture du contrat de travail est nulle et qui demande sa réintégration a droit au paiement d'une somme correspondant à la réparation de la totalité du préjudice subi au cours de la période qui s'est écoulée entre la rupture et sa réintégration, dans la limite du montant des salaires dont il a été privé (cass. soc. 25 janvier 2006, n° 03-47517, BC V n° 27).

Protection de la maternité - La rupture du contrat de travail pendant l'essai est interdite lorsqu'elle est motivée par l'état de grossesse de l'intéressée (c. trav. art. L. 1225-1) [voir *Maternité (protection)**]. En principe, cette rupture est nulle (c. trav. art. L. 1132-1 et L. 1132-4).

Si la rupture du contrat en violation de cette interdiction de discrimination ouvre droit pour la salariée à des dommages-intérêts, cette dernière ne peut pas, en revanche, prétendre au paiement des salaires prévus à l'article L. 1225-71 du code du travail. En effet, cet article ne sanctionne que la violation des règles protectrices, en cas de licenciement, d'une femme enceinte, règles qui ne s'appliquent pas durant la période d'essai (cass. soc. 15 janvier 1997, n° 94-43755, BC V n° 17 ; cass. soc. 2 février 1983, n° 79-41754, BC V n° 74).

Rupture possible en cas de révélation postérieure de la grossesse - Les dispositions de l'article L. 1225-5 du code du travail relatives à l'annulation du licenciement d'une salariée enceinte, alors que l'employeur a eu une connaissance postérieure de cet état, ne sont pas applicables à la rupture au cours de la période d'essai (cass. soc. 8 novembre 1983, n° 81-41785, BC V n° 546 ; cass. soc. 21 décembre 2006, n° 05-44806, BC V n° 415). Seules les femmes licenciées, au sens strict, peuvent donc demander l'annulation de leur licenciement par l'envoi postérieur d'un certificat médical prouvant leur grossesse [voir *Maternité (protection)**]. Néanmoins, il reste interdit de rompre la période d'essai en raison de la grossesse de la salariée, l'intéressée pouvant alors demander l'annulation de la rupture au motif que celle-ci constitue une discrimination prohibée *(voir ci-avant)*.

Protection des représentants du personnel et autres salariés protégés - Le statut protecteur dont bénéficient certains salariés, en raison du mandat ou des fonctions qu'ils exercent (ex. : un représentant du personnel) (voir *Protection des représentants du personnel**), s'applique à la rupture du contrat de travail à l'initiative de l'employeur pendant la période d'essai. À défaut d'autorisation de l'inspection du travail, la rupture du contrat d'un salarié protégé durant sa période d'essai est donc nulle (cass. soc. 26 octobre 2005, n° 03-44751, BC V n° 306 ; cass. soc. 23 mars 2011, n° 10-13700 D).

Date et suites de la rupture

Date de la rupture du contrat de travail - La rupture d'un contrat de travail se situe à la date où l'employeur a manifesté sa volonté d'y mettre fin, c'est-à-dire au jour de l'envoi de la LRAR notifiant la rupture (cass. soc. 11 mai 2005, n° 03-40650, BC V n° 159 ; cass. soc. 28 novembre 2006, n° 05-42202, BC V n° 354) [voir *Licenciement (notification)**].

Sommes dues - Les dispositions régissant la rupture du CDI ne sont pas applicables pendant la période d'essai (c. trav. art. L. 1231-1). Par conséquent, aucune indemnité de rupture ni aucune indemnité compensatrice de préavis n'est due, à l'exception de l'indemnité compensatrice de congés payés [voir *Congés payés (indemnité compensatrice)**]. Seul l'abus de droit dans la rupture de l'essai peut justifier l'indemnisation du préjudice causé au salarié (cass. soc. 15 avril 2016, n° 14-24930 D).

De même, en cas de nullité de la rupture de la période d'essai fondée sur des motifs discriminatoires, le salarié peut prétendre à des dommages-intérêts mais pas à l'indemnité de préavis (cass. soc. 12 septembre 2018, n° 16-26333 FSPB).

Assurance chômage - Voir *Chômage (allocation d'aide au retour à l'emploi)** et *Chômage (démission légitime)**.

Renonciation à la rupture - l'employeur ne peut revenir sur la rupture d'une période d'essai qu'avec l'accord du salarié (cass. soc. 5 juillet 2017, n° 16-15446 D ; cass. soc. 20 février 2019, n° 17-27089 D).

Prise d'acte de la rupture impossible

Pendant la période d'essai, un salarié ne peut pas prendre acte de la rupture de son contrat de travail en vue de faire condamner son employeur pour licenciement sans cause réelle et sérieuse (cass. soc. 7 février 2012, n° 10-27525, BC V n° 57). Seule la rupture de la période d'essai est possible, avec versement de dommages-intérêts au salarié si la rupture est jugée abusive *(voir ci-avant)* (voir *Prise d'acte de la rupture**).

☞ *Période d'essai.*

➲ Formulaire de Droit Social, « Lettre de rupture de la période d'essai ».

Période probatoire

En cas de changement de fonctions

Les fonctions d'un salarié sont parfois amenées à changer au cours de sa carrière (ex. : nouveau poste, *promotion professionnelle**). Il peut alors apparaître nécessaire :

- à l'employeur d'évaluer les compétences du salarié dans ses nouvelles fonctions ;
- au salarié d'apprécier si le nouveau poste qui lui est confié lui convient.

Pour se faire, il n'est possible de prévoir qu'une période probatoire (cass. soc. 30 mars 2005, n° 02-46103, BC V n° 107 ; cass. soc. 30 mars 2005, n° 02-46338, BC V n° 108 ; cass. soc. 30 mars 2005, n° 03-41797, BC V n° 109). Il est impossible de soumettre le salarié à une *période d'essai** pour le tester sur son nouveau poste.

Une période probatoire est, à notre sens, également envisageable en cas de mobilité géographique, avec les mêmes fonctions, par exemple dans un autre établissement de la même entreprise, sous réserve le cas échéant des dispositions conventionnelles et contractuelles applicables.

Conditions de recours

Respect de la convention collective - Certaines conventions collectives interdisent le recours à la période probatoire, notamment en cas de promotion (cass. soc. 5 décembre 2007, n° 06-43988 D).

En revanche, si la convention ne proscrit pas l'usage de la période probatoire, celle-ci est possible (cass. soc. 11 juillet 2006, n° 04-47552 D), sous réserve de l'acceptation du salarié *(voir ci-après)*.

Si la convention collective applicable à l'entreprise fixe les conditions ou modalités de recours à une période probatoire, l'employeur est également tenu de respecter ces règles (ex. : durée maximale, conditions de renouvellement) (c. trav. art. L. 2254-1).

Exemple

En vertu des dispositions conventionnelles applicables dans une entreprise :

- la durée de la période probatoire ne pouvait excéder 6 mois ;
- la période probatoire était renouvelable une fois si la possibilité du renouvellement était prévue dans l'avenant initial.

En l'espèce, la durée maximale de la période probatoire n'avait pas été respectée et celle-ci ne pouvait pas être considérée comme ayant été renouvelée, faute de mention dans l'avenant au contrat de travail. Ainsi, à l'expiration de la période probatoire, la salariée avait été maintenue dans ses nouvelles fonctions. Il en résultait que l'avenant la nommant dans ces fonctions était devenu définitif (cass. soc. 20 janvier 2021, n° 19-10962 FPB).

Avenant au contrat - En cas de changement d'affectation du salarié entraînant une *modification du contrat de travail**, l'employeur doit recueillir l'accord exprès du salarié pour que la période probatoire puisse être appliquée. Elle ne peut pas être imposée au salarié (cass. soc. 16 mai 2012, n° 10-24308, BC V n° 148 ; cass. soc. 16 mai 2012, n° 10-10623, BC V n° 149), ce qui nécessite, en pratique, de signer avec lui un avenant à son contrat de travail avec mention de son point de départ et de sa durée.

Début de la période probatoire au moment du changement de poste - L'employeur ne peut pas différer une période probatoire, celle-ci devant coïncider avec le changement de poste (voire, éventuellement, intervenir « rapidement » à la suite de ce changement). Ainsi, même si l'accord collectif prévoyant le recours à la période probatoire supposait, pour une telle mise en œuvre, l'existence du changement à la fois de poste et de classe, cela n'autorisait pas l'employeur à différer l'application de la période probatoire de 7 mois suivant le changement de poste et de 4 mois suivant le changement de classe (cass. soc. 20 mai 2015, n° 13-13967, BC V n° 100).

Mobilité dans une autre société du groupe - Voir *Période d'essai**.

Rupture de la période

Retour dans les fonctions antérieures - L'employeur qui met fin à la période probatoire ne doit pas rompre le contrat de travail du salarié, mais le replacer dans ses fonctions antérieures (cass. soc. 30 mars 2005, n° 02-46103, BC V n° 107 ; cass. soc. 30 mars 2005, n° 02-46338, BC V n° 108 ; cass. soc. 30 mars 2005, n° 03-41797, BC V n° 109). Cette décision s'impose au salarié (cass. soc. 19 novembre 2014, n° 13-17631 D), sauf s'il est représentant du personnel *(voir ci-après)*.

L'employeur doit se garder de faire signer au salarié une clause, par laquelle celui-ci accepte par avance, que la rupture d'une phase probatoire (même si elle est injustement qualifiée de période d'essai ou de période d'adaptation dans le contrat de travail) entraîne la rupture de son contrat de travail, sans délai ni indemnité. En effet, un salarié ne peut valablement renoncer pendant la durée de son contrat au droit de se prévaloir des règles légales du licenciement.

En pratique, l'employeur qui, au terme de la période probatoire, souhaite se séparer d'un salarié et qui ne peut pas ou ne veut pas le rétablir dans ses anciennes fonctions n'a donc d'autre choix que de suivre l'ensemble des règles du *licenciement**, ce qui impliquera de trouver un motif de licenciement réel et sérieux autre que l'échec de la période probatoire.

▶ À noter… Le salarié peut-il mettre fin à la période probatoire ? Le cas échéant, l'employeur est-il tenu de le replacer dans ses anciennes fonctions ? À notre connaissance, la Cour de cassation n'a pas encore eu l'occasion de trancher ces questions. Toutefois, la rédaction « généraliste » de la règle posée par les juges (« la rupture de la période probatoire ») incite à répondre positivement à ces questions (voir arrêts précités).

En tout état de cause, à l'expiration de la période probatoire, le salarié qui n'a pas été réintégré dans son ancien emploi ou un emploi similaire à celui antérieurement occupé est promu définitivement dans son nouveau poste (cass. soc. 20 janvier 2021, n° 19-10962 FPB).

Poste initial supprimé - Si le poste initial du salarié a été supprimé, l'employeur doit tenter de le replacer sur un autre poste similaire ou équivalent (cass. soc. 7 juillet 2015, n° 14-10115 D).

Période probatoire durant la période d'essai - Sur le cas particulier de la rupture d'une période probatoire signée alors que le salarié était en *période d'essai**, voir cette étude.

Salarié protégé - En cas d'échec de la période probatoire d'un salarié protégé (ex. : un représentant du personnel), l'employeur doit obtenir l'accord du salarié, pour le replacer dans ses fonctions antérieures, car un changement de ses conditions de travail ne peut pas être imposé à un salarié protégé.

Si le salarié refuse de reprendre ses anciennes fonctions, il appartient à l'employeur soit de le maintenir sur le nouveau poste, soit de saisir l'inspecteur du travail d'une demande d'autorisation administrative de licenciement (cass. soc. 30 septembre 2010, n° 08-43862, BC V n° 210) [voir *Modification du contrat de travail (salariés protégés)**].

Licenciement pour faute pendant la période probatoire

La garantie de retour à l'emploi antérieur ne s'applique qu'en cas d'impossibilité du salarié à occuper le nouveau poste (cass. soc. 30 mars 2005, n° 02-46103, BC V n° 107). Si le salarié commet une ou plusieurs fautes suffisamment importantes, il peut être licencié à titre disciplinaire et ne bénéficie pas du retour à son ancien emploi (cass. soc. 6 avril 2011, n° 09-71302 D).

☛ *Promotion professionnelle.*

Permis de conduire

☛ *Chômage (aides au reclassement) ; Clause illicite ; Compte personnel de formation (utilisation) ; Curriculum vitae ; Données personnelles ; Infraction routière ; Licenciement pour faute ; Modification du contrat de travail (fonctions et qualification) ; Préavis (indemnité compensatrice) ; Questionnaire d'embauche.*

Personnel horaire

Le personnel horaire est celui dont le salaire est calculé en fonction du nombre d'heures et de jours de travail. Il est payé au moins 2 fois par mois et à 16 jours au plus d'intervalle (c. trav. art. L. 3242-3).

Ce personnel ne bénéficie pas des différents avantages attribués au personnel mensuel ou mensualisé (voir *Mensualisation**) (c. trav. art. L. 3242-1). En effet, sauf dispositions conventionnelles plus favorables, le personnel horaire correspond aux catégories de salariés qui sont exclues du champ d'application de l'accord sur la mensualisation

généralisé par la loi du 19.01.1978 (aujourd'hui intégrée dans le code du travail), c'est-à-dire les travailleurs :
- à domicile ;
- saisonniers ;
- intermittents ;
- temporaires.

☛ *Contrat de travail intermittent ; Saisonnier ; Travail à domicile ; Travail temporaire.*

Perte de confiance

☛ *Licenciement non disciplinaire.*

Plafond de sécurité sociale

Principe

Le plafond de la sécurité sociale, fixé tous les ans par arrêté et pour l'année civile, sert à établir la limite maximale de rémunération au-delà de laquelle certaines cotisations cessent d'être appelées (cotisations plafonnées). Ce plafond ne concerne que peu de *cotisations URSSAF** (au 1.01.2022, cotisation salariale d'assurance vieillesse de 6,90 %, cotisation patronale d'assurance vieillesse de 8,55 %, FNAL plafonné de 0,10 %). En revanche, il sert de référence, notamment, au calcul des tranches sur lesquelles sont appelées d'autres cotisations, notamment la *cotisation d'assurance chômage** et de retraite complémentaire (voir *Contributions de retraite et de prévoyance**).

Fixation

Valeur mensuelle et montant annuel - Le montant du plafond de sécurité sociale varie en principe au 1er janvier de chaque année.

La valeur mensuelle du plafond est fixée, pour chaque année civile, à partir du plafond applicable au cours de l'année antérieure. Elle tient compte de l'évolution moyenne estimée des salaires de cette année antérieure (prévue par le dernier rapport sur la situation et les perspectives économiques, sociales et financières de la nation annexé au projet de loi de finances). Le cas échéant, le plafond applicable au cours de l'année civile suivante tient compte de la nouvelle estimation de l'évolution moyenne des salaires de l'année en question (figurant dans le dernier rapport sur la situation et les perspectives économiques, sociales et financières de la nation annexé au projet de loi de finances) (c. séc. soc. art. D. 242-17, I).

Concrètement, l'évolution du plafond est fonction de celle du salaire moyen par tête (SMPT) de l'année précédente dans le secteur marchand non agricole, c'est-à-dire le rapport entre les masses salariales brutes versées par l'ensemble des employeurs et le nombre de salariés personnes physiques.

Du fait de l'épidémie de covid-19, et de ses implications économiques, les pouvoirs publics ont dû prendre des mesures pour éviter une baisse mécanique du plafond. D'une part, le principe a été posé que le plafond ne peut pas être inférieur à celui de l'année précédente (c. séc. soc. art. L. 241-3). D'autre part, il a fallu adapter les paramètres de revalorisation à la situation d'une reconduction du plafond (ex. 2021 par rapport à 2020). Dans cette hypothèse, la revalorisation suivante peut tenir compte des évolutions du SMPT dont il n'a pas été tenu compte en raison de la reconduction, afin d'en neutraliser les effets, ainsi que, le cas échéant, de la correction du dernier SMPT ayant permis une revalorisation de la valeur du plafond (c. séc. soc. art. D. 242-17, III).

Ainsi, au 1.01.2022, le montant annuel du plafond est resté fixé à 41 136 € (comme en 2020 et 2021).

Plafond à passer en paye et régularisation. - Malgré son caractère annuel, le plafond doit être

Date d'application	Plafonds périodiques (en euros)						
	Annuel	Trimestre	Mois	Quinzaine	Semaine	Jour	Heure
1-01-2015	38 040	9 510	3 170	1 585	732	174	24
1-01-2016	38 616	9 654	3 218	1 609	743	177	24
1-01-2017	39 228	9 807	3 269	1 635	754	180	24
1-01-2018	39732	9 933	3 311	1 656	764	182	25
1-01-2019	40 524	-	3 377	-	-	186	25
1-01-2020, 1.01.2021 et 2022	41 136	-	3 428	-	-	189	26

calculé et appliqué en fonction de chaque période de paye. Il donne lieu à régularisation à la fin de la période. La régularisation se fait de manière progressive.

Pour le calcul du plafond à passer en paye, voir Dictionnaire Paye, « Plafond de la sécurité sociale ».

Plan d'action

☛ *Cadres dirigeants (écarts de répartition entre les femmes et les hommes) ; Égalité professionnelle ; Prévention des risques professionnels (pénibilité).*

Plan de développement des compétences

Le plan de développement des compétences assure l'accès à la formation des salariés et ce, que les *actions de formation** qui y sont prévues aient été décidées à l'initiative de l'employeur ou qu'elles répondent à des demandes des salariés. Il permet notamment de remplir l'obligation de formation qui pèse sur l'employeur.

Initiative de l'employeur

Remplir l'obligation de formation - L'accès des salariés à des actions de formation professionnelle est assuré à l'initiative de l'employeur, le cas échéant, dans le cadre d'un plan de développement des compétences (c. trav. art. L. 6312-1).

L'employeur assure l'*adaptation** des salariés à leur poste de travail. Il veille au maintien de leur capacité à occuper un emploi, au regard notamment de l'évolution des emplois, des technologies et des organisations. Il peut proposer des formations qui participent au développement des compétences, y compris numériques, ainsi qu'à la lutte contre l'illettrisme, notamment des actions d'évaluation et de formation permettant l'accès au socle de connaissances et de compétences. Les actions de formation mises en œuvre à ces fins sont prévues, le cas échéant, par le plan de développement des compétences. Elles peuvent permettre d'obtenir une partie identifiée de certification professionnelle, classée au sein du répertoire national des certifications professionnelles (RNCP) et visant à l'acquisition d'un bloc de compétences (c. trav. art. L. 6321-1) [voir *Formation professionnelle (certification professionnelle)**].

Répondre aux objectifs de l'entreprise - Le plan de développement des compétences est construit dans l'intérêt de l'entreprise et en prenant en compte la vision qu'à l'employeur de l'évolution de l'activité de l'entreprise et des métiers et fonctions des salariés qui concourent à cette activité. C'est un outil de pilotage à part entière, qu'il présente aux représentants du personnel. Par exemple, de nouveaux processus de fabrication ou l'ouverture des marchés de l'entreprise à l'international peuvent rendre nécessaire de déterminer quelles connaissances et quels savoir-faire seront indispensables au personnel pour pouvoir suivre l'évolution prévisible des emplois concernés et pour bien maîtriser les technologies choisies. Dans cette perspective, il faut décider quels parcours permettront d'acquérir ces connaissances. Le plan de développement de compétences permet de formaliser les actions et supports de formation correspondants. Mais c'est un document juridiquement facultatif.

Recensement des besoins

En pratique, l'élaboration d'un projet de plan de développement des compétences peut suivre les étapes suivantes :

- dresser un état des lieux des objectifs de l'entreprise et des connaissances et du savoir-faire des salariés afin de définir les actions de formation devant permettre à l'entreprise d'atteindre ces objectifs. Cette analyse se fait au niveau de chaque service. Pour chacun d'entre eux, un point sur les compétences professionnelles des salariés est établi ;
- déterminer si, dans un avenir proche, ces connaissances et ces savoir-faire seront adaptés aux évolutions prévisibles des métiers en cause et aux objectifs retenus par la direction (ex. : utilisation de technologies ou de processus de fabrication non utilisés jusque-là dans l'entreprise). Si tel n'est pas le cas, des actions de formation professionnelle s'avéreront nécessaires soit pour certains salariés, soit pour certaines catégories d'entre eux ;
- définir les parcours de formation appropriés (stage en présentiel, e-learning, formation en situation de travail (FEST), MOOC, mentoring, etc.) au niveau de chaque service ou catégories de salariés concernés.

L'employeur prend notamment en compte :
- les différentes contraintes existantes (périodes favorables ou non à des départs en formation, rythmes de la production) ;
- les aspirations éventuellement exprimées par les salariés (acquisition d'une nouvelle qualification, perfectionnement, VAE, etc.).

Les demandes individuelles de formation de salariés peuvent être intégrées au plan de développement des compétences lorsqu'elles coïncident avec l'intérêt de l'entreprise. Qu'il s'agisse de définir les formations utiles pour l'entreprise ou de désigner les salariés qui les suivront, l'employeur est libre de ses choix, sauf exception.

▶ À noter… L'employeur peut opter pour la formation interne (c'est-à-dire à une formation organisée par l'entreprise elle-même) ou pour la formation externe (c'est-à-dire à une formation confiée à un organisme extérieur).

Formation de tous les salariés

Tous les salariés de l'entreprise peuvent suivre une action prévue dans le plan de développement des compétences. Peu importe la nature ou le type de leur contrat de travail (travail à temps complet, à temps partiel, CDD, etc.). Les stagiaires ou les collaborateurs non salariés de l'employeur en sont exclus car ils n'ont pas la qualité de salarié de l'entreprise.
Les salariés en contrat à durée déterminée (CDD) peuvent suivre des actions figurant dans un plan de développement de compétences. En pratique, cela sera rendu difficile par la durée, limitée, de leur présence dans l'entreprise alors qu'un plan s'inscrit dans une perspective d'avenir. Compte tenu de leur statut particulier, les salariés en CDD peuvent bénéficier d'un dispositif spécifique de formation dans le cadre du compte personnel de formation de transition professionnelle que les entreprises sont tenues de financer lorsqu'elles ont recours à ce type de contrat [voir *Compte personnel de formation (transition professionnelle)**] (c. trav. art. L. 6323-17-2). Toutefois, la formation demandée par le salarié dans le cadre de ce dispositif n'a pas nécessairement une finalité en rapport avec l'intérêt de l'entreprise.

▶ À noter… Les salariés en contrat de travail temporaire ne sont pas salariés de l'entreprise utilisatrice dans laquelle ils travaillent. C'est à l'entreprise intérimaire de décider si un travailleur temporaire relève ou non de son plan de développement des compétences.

S'agissant de la formation des salariés saisonniers, voir *Saisonnier**.

Formations obligatoires et autres formations

Contenu du plan - L'employeur indique dans le plan de développement des compétences :
- les *actions de formation** : actions de formations obligatoires et non obligatoires ;
- les bilans de compétences (voir *Bilan de compétences**) ;
- les actions permettant de faire valider les acquis de l'expérience (voir *Validation des acquis de l'expérience**) ;
- les actions de formation par *apprentissage**.

▶ À noter… Le bilan de compétences inscrit dans le plan de développement des compétences est organisé à l'initiative de l'employeur avec l'accord du salarié (c. trav. art. L. 6313-4). Il suppose la signature d'une convention entre l'employeur, le salarié et un organisme extérieur qui réalise le bilan (c. trav. art. R. 6313-4).

Formations obligatoires - Les actions de formation obligatoires sont celles qui conditionnent l'exercice d'une activité ou d'une fonction, en application d'une convention internationale ou de dispositions légales et réglementaires. En d'autres termes, l'activité ou la fonction ne peut pas être exercée si le salarié n'a pas suivi la formation.

Elles constituent un temps de travail effectif et l'employeur est tenu de maintenir la rémunération du salarié pendant leur réalisation (c. trav. art. L. 6321-2).

Formations non obligatoires : par principe constituent un temps de travail effectif - Les actions de formation non obligatoires sont celles qui ne remplissent les deux conditions précitées. Elles constituent un temps de travail effectif et doivent donner lieu au maintien de la rémunération du salarié pendant leur déroulement (c. trav. art. L. 6321-6).

▶ À noter… Sur le renforcement du rôle du *fonds national de l'emploi (FNE)** durant la crise sanitaire, voir l'étude correspondante.

Formations non obligatoires : hors temps de travail effectif dans deux exceptions - Par exception, les actions de formation non obligatoires peuvent ne pas constituer du temps de travail effectif, et donc ne pas être rémunérées, lorsqu'elles se déroulent hors temps de travail (c. trav. art. L. 6321-6) :

- en application d'un accord collectif d'entreprise ou, à défaut, de branche : l'accord fixe la limite horaire, ou en pourcentage de forfait (pour les salariés en forfait annuel en heures ou en jours), de suivi de la formation hors temps de travail et peut prévoir des contreparties pour compenser les frais de garde d'enfant ;
- en l'absence d'accord collectif, avec l'accord du salarié *(voir ci-après)* : dans ce cas, la limite est fixée à 30 h par an et par salarié (ou à 2 % du forfait, pour les salariés en forfait annuel en heures ou en jours).

Pendant la durée de la formation accomplie en dehors du temps de travail, le salarié bénéficie de la législation de la sécurité sociale relative à la protection en matière d'accidents du travail et de maladies professionnelles (c. trav. art. L. 6321-8).

▶ À noter… Le refus du salarié de participer à des actions de formation hors temps de travail, mêmes prévues par accord collectif, ne constitue ni une faute ni un motif de licenciement (c. trav. art. L. 6321-7).

Formalisation de l'accord du salarié et modalités de rétractation - Lorsqu'il n'existe pas d'accord d'entreprise, ou à défaut, de branche portant sur les actions de formation hors temps de travail, l'employeur doit recueillir l'accord écrit du salarié à la réalisation d'une action de formation en dehors de son temps de travail.

Le salarié peut se rétracter dans un délai de 8 jours (c. trav. art. R. 6321-4). Le cas échéant, la rétractation ne constitue ni une faute ni un motif de licenciement (c. trav. art. L. 6321-7).

Financement par les OPCO

Financement réservé aux petites entreprises - La possibilité d'obtenir des *opérateurs de compétences (OPCO)** des financements pour la mise en œuvre d'un plan de développement des compétences est réservée aux entreprises de moins de 50 salariés (c. trav. art. L. 6332-3 et L. 6332-17).

Calcul de l'effectif - Il convient d'appliquer les modalités de calcul de l'*effectif sécurité sociale** pour déterminer le seuil d'effectif de 50 salariés (c. trav. art. L. 6332-1 A et L. 6332-17 ; c. séc. soc. art. L. 130-1, I). Le mécanisme de lissage des effets de seuil ne concerne pas ce point.

Dépenses prises en charge par les OPCO - Les dépenses qui peuvent être prises en charge par les OPCO au titre du plan de développement des compétences des entreprises de moins de 50 salariés comprennent (c. trav. art. L. 6332-17) :
- les frais pédagogiques (coûts des actions de formation) ;
- la rémunération du salarié en formation et les charges sociales légales et conventionnelles, selon des modalités définies par le conseil d'administration de l'OPCO, dans la limite du coût horaire du SMIC par heure de formation (c. trav. art. D. 6332-39, I) ;
- et les frais annexes (frais de transport, de repas, d'hébergement occasionnés par la formation suivie, frais de garde d'enfants ou de parents à charge en cas de formation hors temps de travail, selon des modalités définies par le conseil d'administration de l'OPCO) (c. trav. art. D. 6332-39, II).

▶ À noter… Une partie des frais de mobilité vers la métropole, vers d'autres collectivités d'outre-mer ou vers l'international peut être prise en charge lorsque l'offre de formation n'existe pas sur le territoire ultramarin concerné par la demande. L'OPCO a la possibilité de demander un cofinancement de la collectivité territoriale (c. trav. art. L. 6523-2-4).

Information par les OPCO sur la prise en charge des formations - Chaque OPCO détermine et publie via un service en ligne les priorités, les critères et les conditions de prise en charge des demandes de formation présentées par les employeurs (c. trav. art. R. 6332-23 et D. 6332-39, II).

Par ailleurs, toute décision de rejet total ou partiel par l'OPCO d'une demande de prise en charge de formation adressée par un employeur doit être motivée et notifiée dans un délai de 2 mois (c. trav. art. R. 6332-24).

Paiement de la formation après exécution sans production de justificatifs - Le paiement des frais de formation pris en charge par l'OPCO est réalisé après l'exécution de l'action. Un paiement échelonné au fur et à mesure du déroulement de l'action est possible, celui-ci pouvant être assorti d'une avance plafonnée à 30 % du prix convenu (c. trav. art. R. 6332-25, I).

▶ À noter… Le paiement n'est plus subordonné à la production de justificatifs, notamment à la transmission d'une attestation d'assiduité du salarié à la formation (c. trav. art. D. 6353-4 abrogé).

Contrôle de la prestation de formation par l'OPCO - L'OPCO doit s'assurer de l'exécution de la formation dans le cadre d'un contrôle dit « de service fait » (c. trav. art. R. 6332-26, I). Ce contrôle est réalisé sur la base des pièces trans-

mises lors de la demande de prise en charge, de l'accord de financement de l'OPCO et des seuls éléments suivants (c. trav. art. R. 6332-26, II ; arrêté du 21 décembre 2018, JO du 29) :
- factures relatives à la prestation réalisée lorsque l'action est dispensée par un organisme de formation ;
- relevés de dépenses supportées par l'employeur précisant les montants des frais pédagogiques, des rémunérations et des frais annexes dont la prise en charge, pour tout ou partie, a été demandée et accordée, accompagnés des pièces comptables permettant d'établir ces montants ;
- certificat de réalisation établi par le dispensateur de la formation.

Les informations relatives à la réalisation de la formation transmises par l'employeur et la personne qui suit cette action sont prises en compte pour le contrôle notamment dans le cadre d'enquêtes de suivi menées par l'OPCO.

▶ À noter... En cas d'anomalie constatée dans l'exécution de l'action, l'OPCO peut demander à l'organisme prestataire de formation ou à l'employeur tout document complémentaire pour s'assurer de la réalité de l'action et de sa conformité. En l'absence de production des pièces prévues ou demandées, l'OPCO peut refuser de prendre en charge les dépenses (c. trav. art. R. 6332-26).

Négociation obligatoire et consultation du CSE

Négociation obligatoire - L'employeur doit coordonner l'élaboration du plan de développement des compétences avec le dialogue social dans l'entreprise sur les sujets de formation professionnelle. Ainsi, dans les entreprises d'au moins 300 salariés soumises à la négociation triennale sur la gestion des emplois et des parcours professionnels (au titre du régime supplétif), les discussions doivent porter sur les objectifs du plan de développement des compétences (c. trav. art. L. 2242-20) (voir *Négociations obligatoires dans l'entreprise** et *Gestion prévisionnelle de l'emploi et des compétences**).

Consultation du CSE - Dans les entreprises d'au moins 50 salariés soumises à la consultation annuelle du *comité social et économique** (CSE) sur les orientations stratégiques de l'entreprise (au titre du régime supplétif), qui porte notamment sur les orientations de la formation professionnelle, le plan de développement des compétences doit être abordé (c. trav. art. L. 2312-24) [voir *Comité social et économique (informations-consultations périodiques)** et voir *Formation professionnelle (orientations de la)**].

La consultation annuelle sur la politique sociale de l'entreprise, les conditions de travail et l'emploi (au titre du régime supplétif) intègre, notamment, les qualifications, le programme pluriannuel de formation, les actions de prévention et de formation envisagées par l'employeur, l'apprentissage, les conditions d'accueil en stage, l'égalité professionnelle entre les femmes et les hommes (c. trav. art. L. 2312-26). Elle porte également sur le bilan social dans les entreprises de 300 salariés et plus, lequel compte des indicateurs relatifs à la formation professionnelle (c. trav. art. L. 2312-28).

La consultation a lieu au niveau de l'entreprise et, en cas de CSE central et de CSE d'établissement, au niveau central et au niveau des établissements lorsque des mesures d'adaptation spécifiques à ces établissements sont prévues (c. trav. art. L. 2312-22).

Le CSE peut se prononcer par un avis unique portant sur l'ensemble des thèmes listés ou par des avis séparés au cours de consultations propres à chacun de ces thèmes (c. trav. art. L. 2312-26).

▶ À noter... Compte tenu de l'ampleur des sujets traités lors de cette consultation, la tenue de plusieurs réunions peut être envisagée, éventuellement en répartissant les thèmes abordés selon les réunions.

Informations via la BDESE - Les éléments d'information se rattachant à ces consultations du CSE sont intégrés dans la *base de données économiques, sociales et environnementales (BDESE)** préalablement aux réunions de consultation (c. trav. art. L. 2312-18, L. 2312-26, L. 2312-27, R. 2312-8, R. 2312-9, R. 2312-18, R. 2312-19 et R. 2312-20).

L'employeur met ainsi notamment à la disposition des élus, les informations sur :
- le plan de développement des compétences ;
- la mise en œuvre des contrats de professionnalisation et du compte personnel de formation ;
- les orientations de la formation professionnelle dans l'entreprise telles qu'elles résultent de la consultation sur les orientations stratégiques ;
- le résultat des éventuelles négociations collectives sur les priorités, les objectifs et les moyens de la formation professionnelle des salariés (c. trav. art. L. 2241-6) ;
- le bilan des actions comprises dans le plan de développement des compétences de l'entreprise pour l'année antérieure et pour l'année en cours comportant la liste des actions de formation, des bilans de compétences et des validations des acquis

de l'expérience réalisés, rapportés aux effectifs concernés répartis par catégorie socioprofessionnelle et par sexe ;

- les informations, pour l'année antérieure et l'année en cours, relatives aux congés de formation rémunérés accordés, notamment leur objet, leur durée et leur coût, aux conditions dans lesquelles ces congés ont été accordés ou reportés ainsi qu'aux résultats obtenus ;
- le nombre des salariés bénéficiaires de l'abondement du compte personnel de formation et des sommes versées à ce titre (c. trav. art. L. 6315-1) ;
- le nombre des salariés bénéficiaires de l'entretien professionnel (c. trav. art. L. 6315-1) ;
- le bilan, pour l'année antérieure et l'année en cours, des conditions de mise en œuvre des contrats d'alternance ;
- le bilan de la mise en œuvre du compte personnel de formation.

Informations sur les contrats de professionnalisation à communiquer dans toutes les entreprises - L'employeur doit communiquer les informations listées par le code du travail en ce qui concerne les salariés en *contrat de professionnalisation** (c. trav. art. D. 2323-6).

Informations à communiquer dans les entreprises de moins de 300 salariés - Dans ces entreprises, l'employeur met à la disposition du CSE (en l'absence d'accords collectifs d'entreprise) dans la BDESE, un certain nombre d'informations en matière de formation réparties dans des thématiques précises (ex. : prévisions en matière d'emploi) (c. trav. art. R. 2312-8) [voir *Base de données économiques, sociales et environnementales (BDESE)**] :

- prévisions en matière d'emploi : indication des actions de prévention et de formation que l'employeur envisage de mettre en œuvre, notamment au bénéfice des salariés âgés, peu qualifiés ou présentant des difficultés sociales particulières ;
- situation comparée des femmes et des hommes : situation respective des femmes et des hommes, par catégorie professionnelle dans les domaines de la formation, la promotion professionnelle ou la qualification ;
- travailleurs handicapés : actions entreprises ou projetées en matière d'embauche, d'adaptation, de réadaptation ou de formation professionnelle.

Informations à communiquer dans les entreprises d'au moins de 300 salariés - Dans ces entreprises, l'employeur met à la disposition du CSE (en l'absence d'accords collectifs d'entreprise) dans la BDESE, un certain nombre d'indicateurs sur la situation de l'emploi et la formation professionnelle. Il insère le bilan social dans la BDESE (c. trav. art. L. 2312-28).

Les informations correspondantes concernent notamment (c. trav. art. R. 2312-9, 1° A) [voir *Base de données économiques, sociales et environnementales (BDESE)**] :

- la formation professionnelle continue : pourcentage de la masse salariale afférent à la formation continue, montant consacré à la formation continue : formation interne ; formation effectuée en application de conventions ; versement à des fonds assurance formation ; versement auprès d'organismes agréés ; total du nombre de stagiaires et du nombre d'heures de stage, rémunérées et non rémunérées ;
- les congés formation : nombre de salariés ayant bénéficié d'un congé formation rémunéré, nombre de salariés ayant bénéficié d'un congé formation non rémunéré et nombre de salariés auxquels a été refusé un congé formation ;
- l'apprentissage : nombre de contrats d'apprentissage conclus dans l'année.

☛ *Actions de formation ; Bilan de compétences ; Compte personnel de formation ; Formation professionnelle (convention) ; Formation professionnelle (discipline des stagiaires) ; Formation hors temps de travail ; Formation professionnelle (certifications professionnelles) ; Formation professionnelle (orientations de la) ; Formation dans l'entreprise ; Opérateurs de compétences (OPCO) ; Participation à la formation professionnelle continue ; Validation des acquis de l'expérience.*

Plan pour l'égalité professionnelle

Plan facultatif

Pour assurer l'*égalité professionnelle** entre les femmes et les hommes dans l'entreprise, des mesures visant à établir l'égalité des chances peuvent faire l'objet d'un plan pour l'égalité professionnelle négocié dans l'entreprise. Elles sont prises au vu notamment des informations contenues dans la *base de données économiques, sociales et environnementales (BDESE)** (c. trav. art. L. 2312-18).

▶ **À noter…** Le principe d'égalité professionnelle entre les femmes et les hommes n'interdit pas de prendre des mesures temporaires au seul bénéfice des femmes et visant à établir l'égalité des chances entre les femmes et les hommes, en particulier en remédiant aux inégalités de fait qui affectent les chances des femmes. Ces mesures résultent notamment de l'application d'un plan pour l'égalité professionnelle (c. trav. art. L. 1142-4).

Si la négociation échoue, l'employeur peut mettre le plan en œuvre sous réserve d'avoir préalablement consulté et recueilli l'avis du *comité social et économique**.

Le DREETS peut s'opposer à l'application du plan (c. trav. art. L. 1143-2, L. 1143-3 et D. 1143-6).

▶ Attention… La négociation d'un plan pour l'égalité professionnelle dont il est ici question est à distinguer de celle à mettre en œuvre par certaines entreprises sous peine d'avoir à s'acquitter d'une pénalité [voir *Égalité professionnelle (pénalité 1 %)**].

Les actions réalisées au titre d'un plan pour l'égalité professionnelle peuvent bénéficier d'une aide financière, sous réserve pour l'employeur de conclure un *contrat pour la mixité des emplois et l'égalité professionnelle entre les femmes et les hommes**

Aides

Toute entreprise de moins de 300 salariés peut conclure avec l'État une convention lui permettant de recevoir une aide financière afin de faire procéder à une étude portant sur (c. trav. art. R. 1143-1) :
- la situation en matière d'égalité professionnelle ;
- les mesures à prendre pour rétablir l'égalité des chances entre les femmes et les hommes.

La convention d'étude est conclue après avis du CSE (c. trav. art. D. 1143-2). Elle fixe (c. trav. art. D. 1143-3) :
- l'objet, le contenu, le délai de réalisation et les conditions de diffusion de l'étude ;
- le montant de l'aide financière de l'État.

Pour chaque convention, l'aide financière de l'État est au plus égale à 70 % des frais d'intervention hors taxes du consultant chargé de l'étude et ne peut pas excéder 10 700 € (c. trav. art. D. 1143-4).

Le CSE est consulté sur l'étude réalisée et les suites à lui donner (c. trav. art. D. 1143-5).

L'étude est communiquée aux délégués syndicaux (c. trav. art. D. 1143-5).

L'étude et les avis recueillis sont communiqués au DREETS) (c. trav. art. D. 1143-5).

☛ *Contrat pour la mixité des emplois et l'égalité professionnelle entre les femmes et les hommes ; Égalité professionnelle.*

Plan d'épargne d'entreprise (PEE)

Le plan d'épargne d'entreprise (PEE) est un système d'épargne collectif ouvrant aux salariés de l'entreprise la faculté de participer, avec l'aide de celle-ci, à la constitution d'un portefeuille de valeurs mobilières (c. trav. art. L. 3332-1).

Mise en place

Par accord - Lorsque l'entreprise comporte au moins un délégué syndical (DS) ou dispose d'un *comité social et économique** (CSE), le PEE doit être négocié selon l'une des modalités prévues pour les accords de participation : accord collectif « classique » avec les DS, accord avec des représentants des syndicats représentatifs dans l'entreprise ou accord avec le comité [voir *Participation des salariés aux résultats de l'entreprise (accord de)**] (c. trav. art. L. 3332-3 et L. 3332-4).

▶ À noter… Par exception, il n'y a pas d'obligation de négocier lorsqu'il s'agit de modifier un PEE mis en place à l'initiative de l'entreprise avant le 11.08.2004 (c. trav. art. L. 3332-4). En d'autres termes, l'employeur peut modifier le plan unilatéralement.

Par décision unilatérale - En l'absence de DS ou de CSE, l'employeur peut mettre le PEE en place par voie unilatérale, c'est-à-dire :
- via un projet d'accord soumis au personnel et ratifié à la majorité des deux tiers ;
- en appliquant directement un PEE élaboré unilatéralement (voie unilatérale « pure »).

Il peut également opter pour la voie unilatérale en cas d'échec des négociations. Il faut alors établir un procès-verbal de désaccord dans lequel sont consignées en leur dernier état les propositions respectives des parties et les mesures que l'employeur entend appliquer unilatéralement (c. trav. art. L. 3332-4).

Mise en place au niveau du groupe - Le PEE peut être institué au niveau d'un groupe d'entreprises juridiquement indépendantes, mais ayant établi entre elles des liens financiers et économiques (c. trav. art. L. 3344-1).

PEE élaboré par la branche - Les branches peuvent négocier des accords, qui doivent être agréés, permettant aux entreprises de mettre en place des PEE « clefs en main » (c. trav. art. L. 3332-6-1, L. 3345-4, D. 3345-6 et D. 3345-7). Ce dispositif permet aux entreprises d'appliquer un dispositif d'épargne d'entreprise prévu au niveau de la branche soit en concluant un accord (selon les modalités indiquées ci-dessus), soit pour les entreprises de moins de 50 salariés par une adhésion unilatérale de l'employeur au dispositif. L'accord (ou l'adhésion) doit être déposé selon les mêmes modalités que les règlements des PEE *(voir ci-après)*. Par dérogation, les exonérations sociales et les fiscales sont réputées acquises dès le dépôt et pour la durée d'application de l'accord ou du document d'adhésion à l'accord de branche agréé (c. trav. art. L. 3332-6-1).

Leur régime est similaire à ce qui est prévu au niveau des accords de branche en matière de participation et d'intéressement [voir *Participation des salariés aux résultats de l'entreprise (accord de)**].

Mise en place entre plusieurs entreprises - Les entreprises peuvent également adhérer à un *plan d'épargne interentreprises (PEI)**.

Du PEE vers d'autres plans - L'entreprise qui a mis en place un PEE depuis plus de 3 ans est tenue d'ouvrir une négociation en vue de la mise en place d'un PERCO ou d'un PERP ou d'un régime de retraite supplémentaire à cotisations définies (c. trav. art. L. 3334-3).

▶ À noter... Le 1.10.2019, la réforme de l'épargne retraite a remplacé le plan d'épargne retraite collectif (PERCO) par le *plan d'épargne retraite d'entreprise collectif (PERE-CO)**. À notre sens, et bien que le code du travail n'ait pas été mis à jour ce point, l'entreprise qui a mis en place un PEE depuis plus de 3 ans est désormais tenue d'ouvrir une négociation en vue de la mise en place d'un PERE-CO et non plus d'un PERCO.

Mise en conformité - La validité d'un PEE s'apprécie par rapport à la législation en vigueur au jour de sa conclusion. Par conséquent, en cas de réforme, l'employeur n'est pas tenu de mettre le PEE en conformité avec les nouvelles règles, sauf si elles relèvent de l'ordre public absolu. En revanche, si l'accord relatif au PEE est dénoncé, le nouveau texte doit être conforme à la législation en vigueur (cass. soc. 21 septembre 2016, n° 13-24437, BC V n° 179).

Information des salariés

Modalités définies par accord - Le règlement du PEE détermine les conditions dans lesquelles le personnel est informé de son existence et de son contenu (c. trav. art. L. 3332-7). L'employeur ne peut donc pas se borner à indiquer aux salariés que l'entreprise est dotée d'un PEE (cass. soc. 5 mars 2008, n° 06-45205, BC V n° 45). Il doit aussi veiller à informer les salariés des modifications apportées au règlement du PEE.

Exemple

L'employeur avait refusé de prendre en compte les versements effectués sur le plan par une salariée car ceux-ci étaient intervenus après la date limite prévue par le règlement du PEE. Or, cette date avait été modifiée, sans que la salariée, absente pour maladie, en ait eu connaissance. Faute d'avoir satisfait à son obligation d'information, l'employeur a donc été condamné à prendre en compte les versements de la salariée, même si ceux-ci étaient tardifs (cass. soc. 17 juin 2009, n° 07-45560, BC V n° 150).

Depuis le 24.05.2019, le plan doit également prévoir les conditions de mise en œuvre d'une aide à la décision, afin que les bénéficiaires puissent choisir en connaissance de cause le placement qui leur convient. Cette aide est dispensée par les gestionnaires d'actifs.

En l'absence d'accord - Si le PEE n'a pas été mis en place par voie d'accord collectif, l'entreprise a deux possibilités (c. trav. art. L. 3332-8).

Elle peut remettre à l'ensemble des salariés une note d'information individuelle sur l'existence et le contenu du plan, prévue par le règlement du PEE.

En l'absence de note d'information individuelle, l'entreprise doit communiquer à l'établissement auquel elle a confié la tenue des comptes des adhérents au plan la liste nominative de la totalité de ses salariés. C'est alors cet établissement qui informe nominativement par courrier chaque salarié de l'existence d'un PEE dans l'entreprise.

▶ À noter... À notre sens, l'établissement qui gère les comptes des adhérents doit les informer non seulement de l'existence d'un plan, mais aussi de son contenu (cass. soc. 5 mars 2008, n° 06-45205, BC V n° 45).

Relevé annuel de situation - Les teneurs de comptes délivrent à tout bénéficiaire d'un plan d'épargne salariale, dans les 3 premiers mois de l'année, un *relevé annuel de situation** (c. trav. art. L. 3332-7-1 et D. 3332-16-1).

Ce relevé s'ajoute au *livret d'épargne salariale** et à l'*état récapitulatif de l'épargne salariale**.

Alimentation et gestion du PEE

Alimentation - Le PEE peut être alimenté par des versements volontaires des salariés, par l'affectation des primes d'intéressement et de participa-

Cas de déblocage anticipé de l'épargne salariale		
PEE et PEI (c. trav. art. R. 3324-22)	**PERCO** (c. trav. art. R. 3334-4)	**PERE-CO** (c. mon. et fin. art. L. 224-4)
Mariage de l'intéressé, pacte civil de solidarité (Pacs).	-	-
Naissance, adoption d'un enfant (dès lors que le foyer compte déjà à sa charge au moins deux enfants).	-	-
Divorce, séparation ou dissolution d'un Pacs (résidence habituelle d'au moins un enfant au domicile de l'intéressé prévue par la convention ou la décision judiciaire) (1).	-	-
Invalidité du salarié ou de son conjoint, de ses enfants ou de la personne qui lui est liée par un Pacs. Il doit s'agir d'une invalidité 2e ou 3e catégorie sécurité sociale ou reconnue par la Commission des droits et de l'autonomie des personnes handicapées.	Invalidité du bénéficiaire, de ses enfants, de son conjoint ou de la personne qui lui est liée par un Pacs (2). Invalidité 2e ou 3e catégorie sécurité sociale ou reconnue par la Commission des droits et de l'autonomie des personnes handicapées.	Invalidité du titulaire, de ses enfants, de son conjoint ou de la personne qui lui est liée par un Pacs (2). Invalidité 2e ou 3e catégorie sécurité sociale.
Décès du salarié, de son conjoint ou de la personne qui lui est liée par un Pacs.	Décès du bénéficiaire, de son conjoint ou de la personne qui lui est liée par un Pacs.	Décès du conjoint du titulaire ou de la personne qui lui est liée par un Pacs. Le décès du titulaire entraîne la clôture du plan.
Salarié victime de violences conjugales (par son conjoint, son concubin ou son partenaire lié par un Pacs, ou son ancien conjoint, concubin ou partenaire lié par un Pacs) (3).	-	-
Salarié : cessation du contrat de travail. Entrepreneur individuel : cessation d'activité. Dirigeant : fin du mandat social. Conjoint du chef d'entreprise : perte du statut de conjoint collaborateur ou de conjoint associé.	Expiration des droits à l'assurance chômage du titulaire.	Expiration des droits à l'assurance chômage du titulaire. Fait pour le titulaire qui a exercé des fonctions d'administrateur, de membre du directoire ou de membre du conseil de surveillance et n'a pas liquidé sa pension dans un régime obligatoire d'assurance vieillesse de ne pas être titulaire d'un contrat de travail ou d'un mandat social depuis deux ans au moins à compter du non-renouvellement de son mandat social ou de sa révocation. Cessation d'activité non salariée du titulaire à la suite d'un jugement de liquidation judiciaire ou toute situation justifiant ce retrait ou ce rachat selon le président du tribunal de commerce auprès duquel est instituée une procédure de conciliation, qui en effectue la demande avec l'accord du titulaire.
Affectation des sommes à la création ou reprise, par le salarié, son conjoint, ses enfants ou la personne qui lui est liée par un Pacs, d'une entreprise industrielle, commerciale, artisanale ou agricole, à titre individuel ou sous forme de société dont il assure le contrôle (4). Installation pour l'exercice d'une profession non salariée, acquisition de parts sociales d'une société coopérative de production.	-	-

Cas de déblocage anticipé de l'épargne salariale		
PEE et PEI (c. trav. art. R. 3324-22)	**PERCO** (c. trav. art. R. 3334-4)	**PERE-CO** (c. mon. et fin. art. L. 224-4)
Affectation des sommes à l'acquisition ou l'agrandissement de la résidence principale emportant création de surface habitable nouvelle (5) sous réserve d'un permis de construire ou d'une déclaration préalable de travaux, ou remise en état à la suite d'une catastrophe naturelle (6).	Affectation des sommes à l'acquisition de la résidence principale ou à sa remise en état si elle est endommagée à la suite d'une catastrophe naturelle (6).	Affectation des sommes à l'acquisition de la résidence principale. Les droits correspondants aux versements obligatoires de l'employeur ou du salarié ne peuvent être liquidés ou rachetés pour ce motif.
Situation de surendettement du salarié (7).	Situation de surendettement du participant au plan (7).	Situation de surendettement du titulaire (7).

(1) Le code du travail fait référence à la résidence de l'enfant et non pas à sa garde. La résidence habituelle doit résulter d'une « décision judiciaire » (jugement définitif ou ordonnance revêtue du caractère exécutoire du juge aux affaires familiales) (décret 2020-683 du 4 juin 2020, JO du 6). (2) Le déblocage pour chacun de ces motifs ne peut intervenir qu'une fois. (3) Applicable aux demandes de déblocage anticipé postérieures au 7.06.2020 (décret 2020-683 du 4 juin 2020, JO du 6). La situation de violences conjugales est caractérisée lorsque : a) soit une ordonnance de protection est délivrée au profit de l'intéressé par le juge aux affaires familiales (c. civ. art. 515-9) ; b) soit les faits relèvent de l'article 132-80 du code pénal et donnent lieu à une alternative aux poursuites, à une composition pénale, à l'ouverture d'une information par le procureur de la République, à la saisine du tribunal correctionnel par le procureur de la République ou le juge d'instruction, à une mise en examen ou à une condamnation pénale, même non définitive. (4) Au sens de l'article R. 5141-2 du code du travail. (5) Notion définie à l'article R. 111-2 du code de la construction et de l'habitation. (6) La catastrophe naturelle doit avoir été reconnue par un arrêté ministériel. (7) Notion définie à l'article L. 711-1 du code de la consommation.

tion (c. trav. art. L. 3332-3) ou par l'abondement de l'entreprise aux versements personnels des salariés (c. trav. art. L. 3332-11).

Indisponibilité - Les sommes versées sont, en principe, indisponibles pendant 5 ans (c. trav. art. L. 3332-25).

Un déblocage anticipé peut intervenir dans certaines situations *(voir tableau reproduit dans cette étude)*.

▶ À noter… Le transfert du contrat de travail à la suite de la *modification de la situation juridique de l'employeur** ne constitue pas un cas de déblocage anticipé.

Gestion - Les sommes recueillies par un PEE peuvent être affectées à l'acquisition de divers produits financiers, limitativement énumérés : titres émis par des SICAV, parts de fonds communs de placement, actions émises par des sociétés créées par les salariés en vue du rachat de leur entreprise, etc. (c. trav. art. L. 3332-15 à L. 3332-17-1).

Tout PEE doit offrir aux adhérents la possibilité d'investir une partie des sommes recueillies dans l'acquisition de parts de fonds communs de placement d'entreprises solidaires (c. trav. art. L. 3332-17 et L. 3332-17-1).

▶ À noter… Le règlement du PEE doit prévoir les conditions de mise en œuvre d'une aide à la décision pour les bénéficiaires du plan (c. trav. art. L. 3332-7).

En l'absence de dispositions conventionnelles, les sommes inscrites au PEE sont obligatoirement affectées à une SICAV ou à un fonds d'épargne salariale (FCPE et SICAV spécialisées d'actionnariat salarié) présentant le profil d'investissement le moins risqué dans le PEE ou, à défaut, dans le plan d'épargne de groupe (PEG) (c. trav. art. R. 3332-13-1).

En l'absence de PEE ou de PEG, les sommes sont affectées dans le plan d'épargne interentreprises (PEI), s'il a été mis en place.

Bénéficiaires

Salariés - Tous les salariés de l'entreprise au sens du droit du travail doivent pouvoir participer au PEE. Toutefois, une condition d'ancienneté dans l'entreprise ou le groupe peut être exigée. Elle ne doit pas excéder 3 mois (c. trav. art. L. 3342-1).

Les anciens salariés ayant quitté l'entreprise à la suite d'un départ à la retraite ou en préretraite peuvent également continuer à effectuer des versements au PEE (c. trav. art. L. 3332-2).

▶ À noter… En cas d'embauche d'un stagiaire à l'issue d'un stage en entreprise d'une durée de plus de 2 mois, la durée du stage est prise en compte pour l'ouverture et le calcul des droits liés à l'ancienneté (c. trav. art. L. 1221-24) (voir *Stages en entreprise**). Cette disposition ne concerne que les stages en entreprises effectués par les étudiants. Elle ne s'applique ni aux stagiaires de la formation professionnelle continue, ni aux stages accomplis par les jeunes de moins de 16 ans (guide intermin. épargne salariale, juillet 2014 dossier 3, fiche 1, § III-A).

Travailleurs indépendants - Le règlement du plan d'épargne peut prévoir d'ouvrir le PEE à certains travailleurs non salariés qui commercialisent leurs produits en vertu d'un contrat individuel. Cette mesure vise essentiellement les agents généraux d'assurances et les agents commerciaux (c. trav. art. L. 3332-2).

Si une condition d'ancienneté est exigée *(voir ci-avant)*, l'ancienneté du travailleur indépendant s'apprécie à compter de la date de conclusion du contrat individuel de commercialisation des produits (c. trav. art. D. 3331-3).

Salariés d'un groupement d'employeurs - Lorsque l'entreprise fait partie d'un *groupement d'employeurs**, le règlement du plan peut prévoir que les salariés mis à disposition par le groupement ont la possibilité de bénéficier du plan d'épargne de l'entreprise utilisatrice. Cette faculté ne peut être exercée que si le groupement d'employeurs n'est pas lui-même doté d'un plan d'épargne (c. trav. art. L. 3332-2 et D. 3331-2).

Si une condition d'ancienneté est exigée *(voir ci-avant)*, celle-ci est réputée satisfaite dès l'instant où le salarié a été mis à la disposition de l'entreprise utilisatrice pendant une durée totale d'au moins 60 jours au cours du dernier exercice (c. trav. art. D. 3342-1).

Dirigeants - Dans les entreprises de 1 à moins de 250 salariés, l'accès au PEE est ouvert aux chefs de ces entreprises (entrepreneurs individuels) ou, s'il s'agit de personnes morales, à leurs présidents, directeurs généraux, gérants ou membres du directoire. Il en est de même du conjoint du chef d'entreprise ou de son partenaire « pacsé » (c. trav. art. L. 3332-2).

Dépôt et contrôle

Dépôt dématérialisé - Les règlements des PEE doivent être déposés en ligne sur la plateforme « TéléAccords » (https ://www.teleaccords.travail-emploi.gouv.fr) (c. trav. art. L. 3332-9, R. 3332-4 et D. 2231-4) [voir *Accord collectif d'entreprise (dépôt)**]. Il faut joindre les annexes au règlement qui donnent, d'une part, la liste des SICAV et FCPE accessibles dans le cadre du plan et, d'autre part, les critères de choix de telle ou telle formule de placement (c. trav. art. R. 3332-4).

Une fois le règlement déposé, une procédure de contrôle est mise en place (c. trav. L. 3345-1 et L. 3332-9).

En cas de modification du règlement, l'avenant doit être déposé dans les mêmes conditions, sauf s'il s'agit d'une modification de pure forme (cass. soc. 16 décembre 2008, n° 07-14610, BC V n° 256).

Contrôle des règlements déposés depuis le 1er septembre 2021 - Pour les règlements déposés à partir du 1.09.2021, l'administration (DDETS ou DDETS-PP ou DRIEETS) contrôle en premier lieu les formalités de négociation et de dépôt de l'accord. Elle a un délai d'un mois pour délivrer le récépissé attestant du dépôt de l'accord ou du règlement et du contrôle de la validité de ses modalités de conclusion. En l'absence d'observations ou de demande de pièces complémentaires, l'accord est réputé valablement conclu.

À compter de la délivrance du récépissé ou, à défaut de demande de pièces complémentaires ou d'observations, à l'expiration du délai d'un mois, les documents sont transmis par l'administration à l'URSSAF (ou, le cas échéant, aux CGSS ou aux caisses de MSA). Cet organisme a alors un délai de 3 mois pour demander le retrait ou la modification des clauses contraires aux dispositions légales et réglementaires, à l'exception des règles relatives aux modalités de dénonciation et de révision des accords.

Délais de déblocage anticipé de l'épargne salariale

PEE et PEI (c. trav. art. R. 3324-23)	**PERCO** (c. trav. art. R. 3334-5)	**PERE-CO** (c. mon. et fin. art. L. 224-4)
La demande de déblocage anticipé doit être adressée dans les 6 mois qui suivent l'événement (1). Par exception, elle peut intervenir à tout moment en cas de cessation du contrat de travail, de décès, d'invalidité, de surendettement ou de violences conjugales (2).	Pas de délai imposé sauf : - cas lié à la résidence principale (délai de 6 mois à compter du fait générateur) (3) ; - décès du participant (2).	Pas de délai imposé (2).

(1) En cas de mariage célébré à l'étranger, le délai de 6 mois devrait courir à compter de la date de la retranscription de ce dernier sur les registres d'État civil en France, ainsi que le recommande le médiateur de l'AMF (www.amf-france.org.fr, Journal de bord du médiateur de l'AMF, 3 mai 2021 ; c. civ. art. 171-5). (2) En cas de décès du bénéficiaire, il est recommandé de demander le déblocage avant le 7e mois suivant le décès pour bénéficier du régime fiscal (c. trav. art. D. 3324-39 ; CGI art. 641). Le décès du titulaire du PERE-CO entraîne la clôture du plan. (3) L'obligation de présenter la demande dans un délai de 6 mois s'applique aux faits générateurs (acquisition ou remise en état) postérieurs au 7.06.2020. Pour les faits générateurs antérieurs, il n'y a pas de délai à respecter (décret 2020-683 du 4 juin 2020, JO du 6).

En l'absence d'observation de l'URSSAF à l'issue du processus de contrôle, l'accord est considéré comme conforme aux dispositions légales en vigueur au moment de sa conclusion. En cas de contestation, il est donc impossible de remettre en cause les exonérations fiscales et sociales attachées aux avantages accordés aux salariés au titre des exercices en cours ou antérieurs à la contestation (c. trav. art. L. 3345-2 et L. 3345-3).

L'accomplissement de la formalité de dépôt conditionne donc et sécurise l'ouverture du droit aux exonérations fiscales et sociales (c. trav. art. L. 3332-27).

▶ À noter… Pour les règlements déposés avant le 1.09.2021, la DREETS avait 4 mois pour éventuellement demander le retrait ou la modification de certaines clauses. En l'absence d'observation dans ce délai, le règlement était considéré comme conforme aux dispositions légales en vigueur au moment de sa conclusion. L'accomplissement de cette formalité de dépôt conditionnait et sécurisait l'ouverture du droit aux exonérations fiscales et sociales (c. trav. art. L. 3345-2, L. 3345-3 et L. 3332-27, au 31 août 2021).

Versements

Montant maximal - Les versements annuels d'un salarié à un PEE ne peuvent pas excéder un quart de sa rémunération annuelle. De même, les versements des dirigeants et des agents commerciaux ou des agents généraux d'assurances ne peuvent pas excéder un quart de leur revenu professionnel soumis à l'impôt sur le revenu au titre de l'année précédente (c. trav. art. L. 3332-10 et D. 3332-9-1). Pour le conjoint du chef d'entreprise et pour le salarié dont le contrat est suspendu, qui n'ont perçu aucune rémunération au titre de l'année précédente, les versements sont limités au quart du plafond annuel de la sécurité sociale (c. trav. art. L. 3332-10).

Par exception, lorsque les sommes sont investies sur un fonds de reprise d'entreprise (c. trav. art. L. 3332-16), les plafonds de versement sont portés respectivement à une fois la rémunération annuelle ou le revenu professionnel et à une fois le plafond annuel de la sécurité sociale.

L'intéressement versé sur le PEE en application du mécanisme d'affectation par défaut n'entre pas en considération pour vérifier si le plafond de versement est respecté (voir *Intéressement des salariés**). En effet, il ne s'agit pas d'un versement « volontaire » (instr. DGT/RT3/DSS/DGTRESOR 2016-45 du 18 février 2016, Q/R n° 12). Les sommes issues de l'intéressement qui sont affectées au PEE à la suite d'un arbitrage du salarié suivraient, selon nos sources, le même régime. Toutefois un éclaircissement sur ce point est toujours attendu.

Montant minimal - Le plan peut prévoir que chacun des versements des salariés devra être d'un montant minimal. Toutefois, celui-ci ne doit pas excéder la somme de 160 € (c. trav. art. R. 3332-9 ; arrêté du 10 octobre 2001, JO du 18).

▶ À noter… Le guide interministériel de l'épargne salariale de juillet 2014 permet de retenir un montant minimum pouvant aller jusqu'à 15 €, par versement et par support de placement, abandonnant ainsi la notion de minimum annuel (guide intermin. épargne salariale, juillet 2014, dossier 3, fiche 3, § I-2). Ce faisant, l'administration anticipe un arrêté modificatif qui vise à résoudre les difficultés pratiques liées à une appréciation annuelle du montant minimum de versement. Cependant, cet arrêté n'est, à notre connaissance, jamais paru.

Aide financière de l'employeur - Le PEE doit comporter une aide financière de l'employeur (c. trav. art. L. 3332-1). Il peut s'agir d'une prise en charge des frais de fonctionnement et/ou d'un abondement. L'abondement vient s'ajouter à un versement volontaire du salarié ou aux sommes provenant de l'intéressement ou de la participation (qui ne peuvent pas être considérées comme une aide de l'entreprise).

Les sommes versées annuellement par l'entreprise, à titre d'abondement, pour chaque salarié, sont limitées à 8 % du plafond annuel de la sécurité sociale sans pouvoir excéder le triple de la contribution du bénéficiaire (c. trav. art. L. 3332-11 et R. 3332-8) (voir *Plafond de sécurité sociale**).

Par exception, l'entreprise peut majorer ces sommes à concurrence du montant consacré par le titulaire du plan à l'acquisition d'actions ou de certificats d'investissement émis par l'entreprise ou une entreprise qui lui est liée, dans la limite de 80 %.

Modulation de l'abondement - Les entreprises peuvent opérer une modulation de l'abondement, mais celle-ci ne peut que suivre des règles à caractère général (c. trav. art. L. 3332-12). Ainsi, le caractère collectif du système d'épargne d'entreprise s'oppose à ce que le montant des versements de l'employeur soit fondé sur des critères de performance individuelle des salariés (cass. soc. 10 décembre 2003, n° 01-21096 D) ou, plus généralement, en dehors de tout critère résultant de l'accord ayant établi le PEE (cass. soc. 10 janvier 2006, n° 04-30048 D).

Pour les PEE investis en actions, l'entreprise peut majorer ces sommes à concurrence du montant consacré par le salarié à l'acquisition d'actions ou de certificats d'investissement émis par l'entreprise, sans que cette majoration puisse excéder 80 % pour les sommes versées depuis le 1.01.2006 (c. trav. art. L. 3332-11).

Versements unilatéraux - L'entreprise peut effectuer des versements unilatéraux dans le PEE sous réserve que le règlement le prévoie et à la condition que ces sommes soient destinées à l'acquisition d'actions ou de certificats d'investissement émis par l'entreprise ou par une entreprise incluse dans le même périmètre de consolidation ou de combinaison des comptes (c. trav. art. L. 3332-11 et D. 3332-8-1).

Ces versements unilatéraux peuvent prendre la forme de sommes d'argent ou d'attributions gratuites d'actions. Ils doivent bénéficier de manière uniforme à l'ensemble des adhérents qui satisfont aux conditions d'ancienneté éventuellement prévues par le règlement du PEE. Le montant total des versements par adhérent ne doit pas excéder, sur une année, 2 % du montant annuel du plafond de la sécurité sociale (PASS).

Par ailleurs, les versements unilatéraux viennent s'ajouter aux abondements pour vérifier si l'employeur respecte bien le plafond d'abondement prévu par le règlement du PEE, ainsi que le plafond annuel d'abondement, fixé à 8 % du montant annuel du plafond de la sécurité sociale.

Ces versements unilatéraux bénéficient du même traitement social et fiscal que les abondements de l'entreprise au PEE. Les actions ou certificats d'investissement ainsi acquis par le salarié sont bloqués pendant 5 ans.

Sommes issues d'un partage des plus-values - Le PEE accueille également, le cas échéant, les sommes réparties entre les salariés en application d'un *contrat de partage des plus-values**, dans la limite de 30 % du montant annuel du plafond de la sécurité sociale (c. trav. art. L. 3332-11, 2°, et D. 3332-8-2).

Non-substitution au salaire

Les versements au PEE ne constituent pas des rémunérations au sens du droit du travail et de la sécurité sociale. De plus, les sommes versées par l'entreprise sur le PEE à titre d'abondement ne peuvent se substituer à aucun des éléments de rémunération en vigueur dans l'entreprise au moment de la mise en place du PEE ou qui deviennent obligatoires en vertu de règles légales ou contractuelles (c. trav. art. L. 3332-13). Ainsi, l'employeur ne peut pas s'acquitter de son obligation de paiement de tout ou partie du salaire sous forme de versement au plan d'épargne d'entreprise (cass. soc. 10 mai 2007, n° 05-45676, BC V n° 72).

Toutefois, la règle de non-substitution ne peut avoir pour effet de remettre en cause les exonérations fiscales et sociales applicables dès lors qu'un délai de 12 mois s'est écoulé entre le dernier versement de l'élément de rémunération en tout ou partie supprimé et la date de mise en place du plan (c. trav. art. L. 3332-13).

Cette règle de non-substitution au salaire est similaire à celle qui s'applique en matière d'intéressement.

Transfert interentreprises

Affectation au PEE du nouvel employeur - Un salarié quittant une entreprise et entrant dans une nouvelle entreprise peut affecter au PEE de son nouvel employeur (c. trav. art. L. 3335-2) :

- les sommes détenues dans un PEE (celui-ci est alors clos) ;
- les sommes détenues au titre de la réserve spéciale de *participation des salariés aux résultats de l'entreprise**.

Transfert à un autre PEE - Les salariés peuvent transférer les avoirs qu'ils détiennent d'un plan d'épargne à un autre, en dehors de toute rupture du contrat de travail. La participation n'est pas concernée par ces transferts volontaires (c. trav. art. L. 3335-2).

Périodes d'indisponibilité - Les périodes d'indisponibilité déjà courues sont prises en compte pour l'appréciation du délai d'indisponibilité des droits, sauf si les sommes sont utilisées pour souscrire à une augmentation de capital réservée aux adhérents du plan (voir *Actionnariat des salariés**).

Prise en compte des sommes transférées - Les sommes transférées ne sont pas prises en compte pour l'appréciation du plafond de versement annuel de l'adhérent. Elles n'ouvrent pas droit à l'abondement de l'entreprise, sauf en cas de (c. trav. art. L. 3334-9 et L. 3335-2, al. 4) :

- transfert d'un PEE ou PEI vers un PERCO ;
- transfert à l'issue du délai d'indisponibilité de 5 ans.

Transfert collectif - L'entreprise peut également être à l'origine d'un transfert, collectif cette fois, du PEE, en cas de *modification de la situation juridique de l'employeur** (c. trav. art. L. 3335-1).

Si l'entreprise d'accueil n'a pas de PEE, les sommes restent dans le PEE de l'entreprise d'origine. Il ne peut pas y avoir de transfert du PEE au nouvel employeur (cass. soc. 19 mai 2016, n° 14-29786, BC V n° 109).

Régime social et fiscal

Pour l'employeur - Les abondements de l'entreprise ne sont pas assujettis à cotisations sociales, sous réserve du respect des plafonds d'abondement *(voir ci-avant)*. Ils sont, en revanche, soumis à la *contribution sociale généralisée (CSG)** et à la *contribution pour le remboursement de la dette sociale (CRDS)** sur les revenus d'activité, ainsi qu'à la taxe sur les salaires (c. trav. art. L. 3332-27). Ils sont également soumis au forfait social, pour la fraction d'abondement exonérée de cotisations de sécurité sociale, mais assujettie à CSG.

Par exception :

- le forfait social est de 10 % (au lieu de 20 %) lorsque l'abondement se rapporte à une contribution du bénéficiaire du PEE à l'acquisition de titres de l'entreprise ou d'une entreprise incluse dans le même périmètre de consolidation ou de combinaison des comptes, toutefois par exception ce forfait social a été supprimé sur les abondements pour les années 2021 et 2022 (loi 2020-1721 du 29 décembre 2020, art. 207, II, JO du 30) ;
- les entreprises de moins de 50 salariés ne payent pas de forfait social sur leur abondement [voir *Forfait social (contribution patronale)**].

Enfin, ces sommes sont admises en déduction des bénéfices imposables de l'entreprise pour le calcul, selon le cas, de l'impôt sur les sociétés ou de l'impôt sur le revenu.

Le versement unilatéral suit le même régime.

Pour les bénéficiaires du plan - Les versements faits par le salarié au titre de la participation et de l'intéressement sont exonérés d'impôt sur le revenu (dans la limite de 3/4 du plafond annuel de sécurité sociale) (c. trav. art. L. 3315-2, L. 3315-3 et D. 3324-12 ; CGI art. 81, 18° bis). Les autres versements des salariés ne sont pas déductibles du revenu imposable.

Les produits du PEE sont passibles de la CSG et de la CRDS (sans abattement d'assiette) ainsi que du prélèvement social appliqué aux produits de placement. Ils sont exonérés d'impôt sur le revenu s'ils sont réinvestis dans le PEE.

☛ *Plan d'épargne interentreprises (PEI) ; Plan d'épargne pour la retraite collectif (PERCO) ; Plan d'épargne retraite d'entreprise collectif (PERE-CO).*

➲ Formulaire de Droit Social, « Demande de déblocage anticipé du plan d'épargne d'entreprise (PEE) ».

Plan d'épargne interentreprises (PEI)

Le plan d'épargne interentreprises (PEI) permet à plusieurs entreprises de se regrouper pour instituer un *plan d'épargne d'entreprise (PEE)** ou un *plan d'épargne retraite d'entreprise collectif (PERE-CO)**.

Participants

Le PEI a vocation à bénéficier (c. trav. art. L. 3332-1, L. 3332-2 et L. 3333-1) :

- aux salariés ;
- aux anciens salariés partis en retraite ou préretraite ;
- aux salariés mis à disposition par un groupement d'employeurs ;
- à certains travailleurs indépendants si le règlement du plan le prévoit ;
- aux dirigeants des entreprises de 1 à moins de 250 salariés ;
- au conjoint du dirigeant ou à son partenaire lié par un PACS, sous réserve qu'il ait le statut de conjoint collaborateur ou de conjoint associé (c. trav. art. L. 3332-2).

Régime

Sauf dispositions particulières, le PEI est soumis au régime des plans d'épargne d'entreprise (c. trav. art. L. 3333-1). Cela signifie notamment une durée d'indisponibilité des droits de 5 ans et une ancienneté exigée de 3 mois maximum pour les salariés.

Mise en place

PEI négocié par les entreprises - Le PEI peut être mis en place par un accord collectif de droit commun conclu au niveau professionnel (par exemple au niveau d'une branche professionnelle), au niveau territorial ou entre plusieurs entreprises.

Dans ce dernier cas (plan institué entre plusieurs employeurs pris individuellement) et depuis le 9.12.2020, l'accord peut également être conclu selon les mêmes modalités qu'un *plan d'épargne d'entreprise (PEE)** (c. trav. art. L. 3333-2 renvoyant à c. trav. L. 3332-3 et L. 3332-4), c'est-à-dire :

- par un accord collectif avec les DS ou avec des représentants des syndicats représentatifs dans l'entreprise ou par accord conclu avec le *comité social et économique** (CSE) ;
- ou en l'absence de DS ou de CSE, ou en cas d'échec des négociations, par voie unilatérale (via un projet d'accord soumis au personnel et ratifié à la majorité des 2/3 ou en appliquant directement un PEE élaboré unilatéralement). Dans ce cas les modalités d'information des salariés sont identiques à celles prévues pour un PEE (c. trav. art. L. 3333-3-1 renvoyant à L. 3332-8).

▶ À noter… Avant le 9.12.2020, le PEI entre plusieurs employeurs pris individuellement ne pouvait pas être mis en place par la voie unilatérale.

Le plan doit être approuvé dans les mêmes termes au sein de chacune des entreprises, et celles qui souhaitent y adhérer ou en sortir doivent le faire suivant l'une de ces modalités (c. trav. art. L. 3333-2).

PEI élaboré par la branche - Les branches peuvent négocier des accords agréés permettant aux entreprises de mettre en place des PEI « clefs en main » (c. trav. art. L. 3333-7-1, L. 3345-4, D. 3345-6 et D. 3345-7). Ce dispositif vise à permettre aux entreprises d'appliquer un dispositif d'épargne interentreprises prévu au niveau de la branche soit en concluant un accord collectif, soit par une adhésion unilatérale de l'employeur au dispositif pour les entreprises de moins de 50 salariés. L'accord (ou l'adhésion) doit être déposé selon les mêmes modalités que les règlements des plans d'épargne *(voir ci-après)*.

Leur régime est similaire à ce qui est prévu au niveau des accords de branche en matière de participation et d'intéressement [voir *Participation des salariés aux résultats de l'entreprise (accord de)**].

Règlement du plan

L'accord doit fixer le règlement du PEI qui détermine notamment (c. trav. art. L. 3333-3) :

- les entreprises signataires ou le champ d'application professionnel et géographique ;
- la nature des sommes qui peuvent être versées et les différentes possibilités d'affectation des sommes recueillies ;
- les conditions dans lesquelles les frais de tenue de compte sont pris en charge par les employeurs ;
- les différentes modalités selon lesquelles les entreprises qui le souhaitent effectuent des versements complémentaires ;
- les conditions dans lesquelles sont désignés les membres des conseils de surveillance des fonds communs de placement et les modalités de fonctionnement des conseils.

Dépôt

Pour ouvrir droit aux exonérations fiscales et sociales, les règlements des plans d'épargne doivent être déposés comme les PEE auprès de l'administration (c. trav. art. L. 3332-9 et L. 3332-27).

Modification du plan

Adoption à l'unanimité - Lorsque le plan est mis en place entre plusieurs entreprises, toute modification doit, en principe, être adoptée à l'unanimité par les entreprises adhérentes (c. trav. art. L. 3333-7, al. 1).

Adoption simplifiée pour certains avenants - Par exception, pour les règlements de plan institués entre plusieurs employeurs pris individuellement et ouverts à l'adhésion d'autres entreprises, certaines modifications peuvent être adoptées après une simple information des entreprises parties prenantes (c. trav. art. L. 3333-7).

Cette procédure simplifiée concerne les avenants relatifs :

- à la mise en conformité du plan à la suite d'une évolution de la législation ou de la réglementation ;
- à la nature des sommes susceptibles d'être versées au plan ;
- aux différentes possibilités d'affectation des sommes recueillies ;
- aux différents taux et plafonds d'abondement proposés.

La procédure consiste à informer les entreprises, parties prenantes au plan, de la modification apportée au plan. L'avenant s'applique à la condition que la majorité des entreprises parties prenantes ne s'y oppose pas dans un délai d'un mois à compter de la date d'envoi de l'information et, pour chaque entreprise, à compter du premier exercice suivant la date d'envoi de l'information. En cas d'opposition, le plan est fermé à tout nouveau versement.

Les avenants adoptés selon ces modalités simplifiées doivent être déposés auprès de l'administration.

Plan d'épargne pour la retraite collectif (PERCO)

Entreprises de moins de 50 salariés

Lorsqu'il prévoit de recueillir les sommes issues de la participation, l'accord instituant un PEI dispense les entreprises de moins de 50 salariés de conclure un accord de participation (c. trav. art. L. 3333-5, al. 2). Son règlement doit alors inclure les clauses prévues aux articles L. 3323-1 à L. 3323-3 et L. 3324-5 du code du travail concernant un accord de participation [voir *Participation des salariés aux résultats de l'entreprise (accord de)**]. Il doit préciser la formule de calcul de la réserve spéciale de participation (c. trav. art. R. 3333-3).

Versements

Alimentation du PEI - Il peut s'agir de la participation ou de l'intéressement, de versements volontaires des participants et de versements complémentaires des entreprises (c. trav. art. L. 3333-4). Sauf choix contraire du salarié, les droits à intéressement sont automatiquement affectés en totalité au PEE (voir *Intéressement des salariés**). En l'absence de PEE ou de plan d'épargne de groupe, les sommes sont affectées dans le PEI, s'il a été mis en place (c. trav. art. R. 3332-13-1).

Non-substitution au salaire - L'abondement éventuel de l'employeur ne peut se substituer à aucun des éléments de rémunération en vigueur dans l'entreprise au moment de la mise en place du plan ou qui deviennent obligatoires en vertu de règles légales ou contractuelles (c. trav. art. L. 3332-13).

Régimes fiscal et social des sommes affectées au plan - Le PEI suit, selon le cas, le régime du *plan d'épargne d'entreprise (PEE)** ou du *plan d'épargne retraite d'entreprise collectif (PERE-CO)**.

Pour bénéficier des exonérations prévues le PEI doit avoir été déposé et respecter la règle de non-substitution évoquée ci-dessus.

☛ *Plan d'épargne d'entreprise (PEE) ; Plan d'épargne pour la retraite collectif (PERCO) ; Plan d'épargne retraite d'entreprise collectif (PERE-CO).*

Plan d'épargne pour la retraite collectif (PERCO)

Le PERCO est un plan d'épargne salariale destiné à la constitution d'un complément de revenus en vue de la retraite, liquidable, en principe, sous forme de rente viagère. Les sommes ou valeurs inscrites aux comptes des participants sont bloquées jusqu'au départ en retraite de l'intéressé, sauf cas de déblocage liés à la situation ou au projet du participant (c. trav. art. L. 3334-14).

Les règles applicables au *plan d'épargne d'entreprise (PEE)** sont applicables, sauf disposition spécifique, au PERCO (c. trav. art. L. 3334-1).

Remplacement par le PERE-CO

Pas de nouveaux PERCO depuis le 1.10.2020 - Le *plan d'épargne retraite d'entreprise collectif (PERE-CO)** remplace le PERCO et depuis le 1.10.2020, aucun nouveau PERCO ne peut être mis en place.

Les PERCO en vigueur à cette date continuent à fonctionner et peuvent accueillir de nouveaux épargnants (ord. 2019-766 du 24 juillet 2019, art. 9, JO du 25 ; décret 2019-807 du 30 juillet 2019, art. 9, JO 1er août).

Sur les anciennes règles de mise en place du PERCO, voir le Dictionnaire Social 2021. Pour mémoire, il pouvait être mis en place soit au niveau d'une entreprise, soit au niveau d'un groupe constitué par des entreprises juridiquement indépendantes mais ayant établi entre elles des liens financiers et économiques, en tant que *plan d'épargne interentreprises (PEI)** (c. trav. art. L. 3334-4).

Transformation ou transfert - Un PERCO peut être transformé en PERE-CO. En outre, les droits en cours d'acquisition peuvent être transférés collectivement sur un PERCO dans un PERE-CO [voir *Plan d'épargne retraite d'entreprise collectif (PERE-CO)**].

▶ Attention... L'entreprise qui a mis en place un *plan d'épargne d'entreprise (PEE)** depuis plus de 3 ans est tenue d'ouvrir une négociation en vue de la mise en place, depuis le 1.10.2019, d'un plan d'épargne retraite d'entreprise (PERE) collectif ou obligatoire (PERE-CO ou PERE-OB) créé par la loi PACTE (c. trav. art. L. 3334-3 ; c. mon. et fin. art. L. 224-9).

Bénéficiaires

Ont vocation à bénéficier du PERCO (c. trav. art. L. 3332-1 et L. 3332-2) :

- les salariés (ancienneté pouvant être exigée : 3 mois maximum) ;
- les anciens salariés qui ne bénéficient pas d'un PERCO (ou, à notre sens, d'un PERE-CO) dans leur nouvelle entreprise ;

- certains travailleurs indépendants, si le règlement du plan le prévoit ;
- les salariés mis à disposition par un groupement d'employeurs, sous certaines conditions ;
- les dirigeants des entreprises de 1 à moins de 250 salariés depuis le 1.01.2020 ;
- le conjoint du dirigeant ou son partenaire lié par un PACS, sous réserve qu'il ait le statut de conjoint collaborateur ou de conjoint associé.

Il revient ensuite à ces bénéficiaires d'adhérer, s'ils le souhaitent, au PERCO. Le règlement peut néanmoins comporter une clause aux termes de laquelle les bénéficiaires adhèrent automatiquement au PERCO. Le salarié doit alors être informé de cette adhésion, selon les modalités prévues par le plan, l'information pouvant être donnée par voie électronique, à condition que l'intégrité des données soit garantie. Le salarié dispose d'un délai de 15 jours pour éventuellement y renoncer. Passé ce délai, il est réputé avoir adhéré au PERCO (c. trav. art. L. 3334-5-1 et D. 3334-3-1). Cette adhésion automatique n'entraîne aucune obligation de versement pour le salarié et pour l'employeur.

▶ Attention… L'adhésion automatique ne s'applique pas aux agents commerciaux, ni aux agents généraux d'assurances qui commercialisent les produits de l'entreprise. Ceux-ci ne peuvent donc adhérer au PERCO que de manière expresse (c. trav. art. R. 3331-1).

Alimentation

Plafonnement des versements - Le salarié peut affecter au PERCO tout ou partie des versements volontaires ou des sommes issues de l'intéressement ou de la participation, voire des sommes provenant d'un compte épargne-temps *(voir ci-après)* (c. trav. art. L. 3334-6). Le salarié doit veiller à ce que ses versements volontaires et ses versements au titre de l'intéressement sur le PERCO, mais également sur tout autre plan d'épargne, ne dépassent pas, au total, 25 % de sa rémunération annuelle (ou, par exception, une fois sa rémunération annuelle lorsque les sommes sont investies sur un fonds de reprise d'entreprise) (c. trav. art. L. 3332-10).

Participation - Le salarié peut notamment affecter au PERCO les sommes qui lui sont attribuées au titre de la participation aux résultats (c. trav. art. L. 3334-6). Ces transferts ne sont pas pris en compte pour vérifier le respect du plafond individuel de versement de 25 % de la rémunération annuelle (guide intermin. épargne salariale, juillet 2014, dossier 5, fiche 2, § I).

La moitié de la quote-part de la réserve de participation est automatiquement affectée au PERCO, sauf si le salarié a fait une demande de versement immédiat ou a opté pour une affectation dans l'un des dispositifs prévus par l'accord (voir *Réserve spéciale de participation**).

Le règlement du plan doit prévoir les modalités d'affectation, par défaut, de la participation au PERCO. Les sommes issues de la participation affectées par défaut au PERCO sont investies sur le profit d'investissement correspondant à la gestion pilotée en fonction de l'âge (c. trav. art. L. 3324-12).

Droits issus du CET - Le salarié peut verser sur un PERCO les droits inscrits sur un *compte épargne-temps** (CET), si l'accord relatif au CET le prévoit (c. trav. art. L. 3334-8). Les avoirs ainsi transférés ne sont pas pris en compte pour vérifier le respect du plafond individuel de versement de 25 % de la rémunération annuelle (c. trav. art. L. 3332-10).

Lorsque les sommes versées sur le PERCO correspondent à un abondement en temps ou en argent de l'employeur au CET, ces sommes sont soumises au même régime social et fiscal qu'un abondement direct de l'employeur au PERCO (c. trav. art. L. 3152-4, 2°) *(voir ci-après)*.

Si le salarié affecte au PERCO des droits issus d'un CET, qui ne proviennent pas d'un abondement de l'employeur, ces droits sont exonérés, dans la limite de 10 jours par an (c. trav. art. L. 3152-4, al. 4), des cotisations salariales et patronales d'assurances sociales (maladie, vieillesse) et d'allocations familiales (c. séc. soc. art. L. 242-4-3). L'ensemble des autres charges salariales et patronales reste dû.

Jours de repos - Dans les entreprises qui ne sont pas dotées d'un compte épargne-temps, les salariés peuvent verser sur le PERCO les sommes correspondant à un maximum de 10 jours par an de repos non pris. Si ces jours correspondent à des congés payés, seule la fraction excédant 24 jours ouvrables peut être utilisée (c. trav. art. L. 3334-8).

Les jours ainsi épargnés sont valorisés sur la base de l'indemnité de congés payés, calculée conformément aux règles légales : règle du 1/10 ou du maintien de salaire, etc. (c. trav. art. R. 3334-1-1). Ces sommes ne sont pas prises en compte dans le calcul du plafond global de versement de 25 % (c. trav. art. L. 3332-10).

Les sommes ainsi épargnées bénéficient du même régime social que celui applicable aux sommes issues d'un compte épargne-temps affectées à un PERCO, lorsque ces sommes ne correspondent pas à un abondement de l'employeur au CET *(voir ci-avant)*.

Plan d'épargne pour la retraite collectif (PERCO)

Abondements courants - L'entreprise peut abonder les versements des participants, y compris les sommes correspondant à des jours de repos non pris (circ. ETST1221 1259C du 19 avril 2012, question-réponse 7).

L'abondement annuel au PERCO ne peut pas dépasser le triple de la contribution du bénéficiaire, sans pouvoir excéder 16 % du plafond annuel de la sécurité sociale (c. trav. art. L. 3332-11, L. 3334-1 et R. 3334-2).

Dans cette limite, l'abondement est exonéré de cotisations de sécurité sociale et de charges ayant la même assiette. En revanche, la CSG, la CRDS, le forfait social et la taxe sur les salaires (pour les employeurs assujettis) sont dus.

Versement unilatéral initial - Par exception, pour tout PERCO mis en place depuis le 5.12.2008, le règlement du plan peut permettre à l'entreprise de procéder, lors de l'adhésion du bénéficiaire, à un abondement initial (ou « versement d'amorce »), sans contribution du salarié (c. trav. art. L. 3334-6).

Le montant de ce versement est fixé par le règlement du plan, dans la limite d'un plafond fixé par décret *(voir ci-après)*. Il ne doit pas se substituer à un élément de rémunération.

Versements unilatéraux périodiques - Les entreprises peuvent effectuer unilatéralement des versements périodiques dans le PERCO, sous réserve d'une attribution uniforme à l'ensemble des salariés. Ces versements, qui bénéficient du même régime social et fiscal que les abondements aux PERCO, ne doivent pas se substituer à un élément de rémunération (c. trav. art. L. 3334-6). Leur montant est plafonné *(voir ci-après)*.

Ces versements périodiques peuvent être prévus pour une durée déterminée ou indéterminée, avec ou sans tacite reconduction (instr. DGT/RT3/DSS/DGTRESOR 2016-45 du 18 février 2016, Q/R n° 44).

Plafonnement des versements unilatéraux - Les versements unilatéraux périodiques – augmentés, le cas échéant, du versement d'amorce – ne doivent pas dépasser 2 % du montant annuel du plafond de la sécurité sociale, par année et par bénéficiaire (c. trav. art. D. 3334-3-2).

En outre, ces versements doivent respecter le plafond annuel global d'abondement au PERCO, qui s'établit à 16 % du plafond annuel de la sécurité sociale, dans la limite du triple de la contribution du bénéficiaire *(voir ci-avant)*.

Gestion du plan

Placements diversifiés - Les participants doivent avoir le choix entre au moins trois organismes de placement collectif en valeurs mobilières présentant différents profils d'investissement (c. trav. art. L. 3334-11).

Placement dans un fonds solidaire - L'accord qui institue le PERCO doit offrir aux participants la possibilité d'investir dans un fonds solidaire (c. trav. art. L. 3334-13). Le choix du plan doit intervenir dès la signature de l'accord.

Les entreprises solidaires sont celles qui entrent dans le champ de l'économie sociale et solidaire et qui sont agréées « entreprise solidaire d'utilité sociale » (c. trav. art. L. 3332-17-1).

Placement sécurisé - Depuis le 1.04.2012, le PERCO doit aussi proposer à ses adhérents une allocation de l'épargne permettant de réduire les risques financiers, à l'approche de la retraite (« gestion pilotée en fonction de l'âge ») (c. trav. art. L. 3334-11).

À partir de son 45e anniversaire, chaque participant est obligatoirement informé par l'établissement chargé de la tenue de compte qu'il peut transférer progressivement une partie de son épargne vers un ou plusieurs OPCVM présentant un profil d'investissement à faible risque. Le participant exerce cette option dans les conditions définies par le règlement du plan (c. trav. art. R. 3334-1-2 et R. 3334-1-3).

Orientation par défaut vers la gestion pilotée - Pour les versements effectués depuis le 1.01.2016, à défaut de choix explicite du participant, les versements dans le PERCO – y compris ceux en provenance de la participation – sont investis dans la gestion pilotée en fonction de l'âge (c. trav. art. L. 3324-12 et L. 3334-11).

Placements interdits - Contrairement au plan d'épargne d'entreprise « classique », le PERCO ne peut pas prévoir l'acquisition (c. trav. art. L. 3334-12) :
- de parts de fonds communs de placement dont plus du tiers de l'actif est composé de titres émis par l'entreprise ou par toute autre société qui lui est liée ;
- d'actions de SICAV ayant pour objet la gestion d'un portefeuille de titres financiers émis par l'entreprise ou par une société qui lui est liée ;
- de titres de l'entreprise ou d'une société qui lui est liée.

Par ailleurs, les sociétés n'ont pas la possibilité de procéder à des augmentations de capital réservées aux adhérents d'un PERCO.

Déblocage

Lors du départ à la retraite - C'est à l'accord collectif qui institue le PERCO de prévoir les conditions de délivrance des sommes ou valeurs inscrites aux comptes des participants. En principe, la délivrance intervient sous forme de rente viagère acquise à titre onéreux.

L'accord peut également prévoir des modalités de délivrance en capital ou de conversion en rente des sommes et valeurs inscrites aux comptes des participants (c. trav. art. L. 3334-15). Dans ce cas, chaque participant exprime son choix lors du déblocage des sommes ou valeurs selon les modalités et dans les conditions définies par l'accord (c. trav. art. R. 3334-3).

Cas de déblocage anticipé - Les circonstances dans lesquelles les droits constitués au profit des participants au PERCO peuvent être débloqués avant leur départ à la retraite sont les suivantes (c. trav. art. L. 3334-14 et R. 3334-4) :

- décès du bénéficiaire, de son conjoint ou de la personne qui lui est liée par un pacte civil de solidarité (Pacs). En cas de décès du participant lui-même, il appartient à ses ayants droit de demander la liquidation de ses droits. Dans ce cas, les intéressés ont intérêt à présenter la demande de déblocage avant la date limite de dépôt de la déclaration de succession (6 mois à compter du décès, en règle générale). En effet, l'exonération d'impôt sur le revenu attachée à ces droits cesse de s'appliquer une fois ce délai écoulé (CGI art. 641 et 150-0-A, III, 4°) ;
- expiration des droits à l'assurance chômage du titulaire ;
- invalidité du bénéficiaire, de ses enfants, de son conjoint ou de la personne qui lui est liée par un Pacs. Le déblocage pour chacun de ces motifs ne peut intervenir qu'une seule fois ;
- situation de surendettement du participant définie à l'article L. 711-1 du code de la consommation ;
- affectation des sommes épargnées à l'acquisition de la résidence principale ou à sa remise en état lorsqu'elle a été endommagée à la suite d'une catastrophe naturelle reconnue par arrêté ministériel.

Il n'y a pas de condition de délai pour le déblocage du PERCO sauf pour les cas liés à la résidence principale où, depuis le 8.06.2020, la demande de déblocage doit intervenir dans les 6 mois à compter de la survenance du fait générateur (acquisition, remise en état) (c. trav. art. R. 3334-5). Toutefois, en cas de décès du participant, il est préférable de présenter la demande dans les 6 mois du décès, sous peine de perdre le bénéfice de l'exonération d'impôt.

Régime social et fiscal

Règles identiques au PEE - Le régime social et fiscal applicable aux sommes versées au PERCO est identique à celui des sommes versées au *plan d'épargne d'entreprise (PEE)**, à l'exception de la possibilité de bénéficier d'un taux réduit de forfait social *(voir ci-après)*.

Forfait social - Depuis le 1.01.2019, l'abondement échappe au forfait social dans les entreprises de moins de 50 salariés.

Dans les entreprises de 50 salariés et plus, l'abondement au PERCO est soumis au forfait social, au taux de 20 % [voir *Forfait social (contribution patronale)**].

Par exception jusqu'au 1.10.2022, ce taux s'établit à 16 % pour les « PERCO plus » (c. séc. soc. art. L. 137-16). Ces PERCO présentent les caractéristiques suivantes :

- d'une part, le plan prévoit que la gestion pilotée en fonction de l'âge est l'option par défaut du PERCO (c. trav. art. L. 3334-11, al. 2) *(voir ci-avant)* ;
- et, d'autre part, l'épargne est affectée à l'acquisition de parts de fonds, dans des conditions fixées par décret, comprenant au minimum 7 % de titres éligibles à un plan d'épargne en actions destiné au financement des petites et moyennes entreprises et des entreprises de taille intermédiaire (PEA-PME) (c. séc. soc. art. D. 137-1).

Ce taux réduit s'applique aux abondements, mais également, le cas échéant, au versement d'amorce et aux versements périodiques de l'employeur *(voir ci-avant)* (c. trav. art. L. 3334-6).

▶ À noter... À la lettre des textes, les PERCO mis en place entre le 1.10.2019 et le 30.09.2020 ne seraient pas éligibles au forfait social au taux réduit même s'ils en respectent les conditions indiquées ci-dessus. Par ailleurs, aucun PERCO quelle que soit sa date de mise en place, ne pourrait bénéficier du taux réduit à compter du 1.10.2022. Au 1.01.2022, l'administration n'a apporté aucune précision sur ce point.

☛ *Plan d'épargne d'entreprise (PEE) ; Plan d'épargne interentreprises (PEI) ; Plan d'épargne retraite d'entreprise collectif (PERE-CO).*

Plan d'épargne retraite d'entreprise collectif (PERE-CO)

La réforme de l'épargne retraite a créé (loi 2019-486 du 22 mai 2019, art. 71, JO du 23 ; ord. 2019-766 du 24 juillet 2019, JO du 25 ; décret 2019-807 du 30 juillet 2019, JO 1er août ; décret 2019-862 du 20 août 2019, JO du 22 ; arrêté du 7 août 2019, JO du 11, texte 8) :

- le plan d'épargne retraite d'entreprise collectif (PERE-CO), objet de cette étude, à rapprocher du *plan d'épargne pour la retraite collectif (PERCO)** « ancienne mouture » ;
- le *plan d'épargne retraite d'entreprise obligatoire (PERE-OB)**, à rapprocher des anciens contrats « art. 83 ».

Ces plans d'épargne retraite d'entreprise (PERE) peuvent être commercialisés depuis le 1.10.2019.

Cadre juridique

Règles du PEE, sauf mentions contraires - Sous réserve des dispositions spécifiques prévues par le code monétaire et financier, le PERE-CO relève des règles du code du travail applicables au *plan d'épargne d'entreprise (PEE)** (c. mon. et fin. art. L 224-13).

Toutefois par exception, la loi exclut certaines dispositions dont en particulier :

- les règles de plafonnement des versements volontaires de l'adhérent à 25 % de sa rémunération annuelle (c. trav. art. L 3332-10) ;
- les règles relatives aux augmentations de capital réservées aux adhérents d'un PEE ainsi que les règles d'indisponibilité, de déblocage anticipé et de liquidation car le PERE-CO obéit, sur ces points, à des règles qui lui sont propres (c. trav. art. L 3332-18 à L. 3332-28).

Négociation obligatoire - L'entreprise qui a mis en place un PEE depuis plus de 3 ans est tenue d'ouvrir une négociation en vue de la mise en place d'un plan d'épargne retraite d'entreprise ouvert à tous les salariés de l'entreprise (à notre sens, soit un PERE-CO, soit un PERE-OB ouvert à toutes les catégories de salariés) (c. mon. et fin. art. L. 224-9).

Mise en place

Modalités autorisées - Le PERE-CO peut être mis en place (c. mon. et fin. art. L. 224-14) :

- soit par la voie négociée avec le personnel : accord collectif de travail, accord avec les représentants d'organisations syndicales représentatives, ou accord conclu au sein du *comité social et économique** (CSE) ;
- soit par ratification à la majorité des 2/3 du personnel d'un projet d'accord proposé par l'employeur (s'il existe dans l'entreprise un ou plusieurs syndicats représentatifs ou un CSE, la ratification doit être demandée conjointement par l'employeur et une ou plusieurs de ces organisations ou le CSE) ;
- soit à l'initiative de l'entreprise (à savoir unilatéralement).

Lorsque l'entreprise a au moins un délégué syndical ou est dotée d'un CSE, l'employeur doit d'abord tenter de négocier un accord (accord collectif de travail, accord avec les représentants d'organisations syndicales représentatives ou accord au sein du CSE) (c. mon. et fin. art. L. 224-14). Ce n'est qu'en cas d'échec des négociations, matérialisé par un procès-verbal de désaccord récapitulant les propositions respectives des parties et les mesures que l'employeur entend appliquer, que le PERE-CO peut être mis en place soit par la procédure de ratification d'un projet d'accord à la majorité des 2/3 du personnel, soit unilatéralement par l'entreprise.

Lorsque l'entreprise n'est dotée ni d'un délégué syndical ni d'un CSE, l'employeur peut opter directement pour une mise en place unilatérale ou pour la ratification à la majorité des 2/3.

▶ À noter… Lorsque le PERE-CO n'est pas établi en vertu d'un accord avec le personnel, l'employeur doit consulter le CSE sur le projet de règlement du plan au moins 15 jours avant son dépôt auprès de l'autorité administrative (c. trav. art. L 3332-5).

PERE-CO interentreprises - Le PERE-CO peut être mis en place sous la forme d'un plan interentreprises (c. mon. et fin. art. L. 224-16). Il est alors possible de passer (c. trav. art. L. 3333-1 à L. 3333-8) :

- soit par un accord collectif de travail ;
- soit, si le plan est institué entre plusieurs employeurs pris individuellement, par accord au sein du CSE de chaque entreprise ou via la ratification à la majorité des 2/3 du personnel de chaque entreprise du projet d'accord instituant le plan.

PERE-CO élaboré par la branche - Les branches peuvent négocier des accords de branche agréés permettant de mettre à la disposition des entreprises des PERE-CO « clefs en main » notamment adaptés aux entreprises de moins de 50 salariés (c. trav. art. L. 3332-6-1) [voir *Plan d'épargne d'entreprise (PEE)**].

Dépôt - Les règlements des PERE-CO doivent être déposés auprès de l'administration en application des règles du *plan d'épargne d'entreprise (PEE)** (c. trav. art. L. 3332-9 et R. 3332-4 à R. 3332-5).

Si le PERE-CO a été mis en place par accord collectif de travail, il faut aussi respecter les formalités attachées au dépôt d'un accord collectif. Toutefois pour des raisons de confidentialité, les PERE-CO ne sont pas versés dans la base de données nationale des accords collectifs (c. trav. art. L. 2231-5-1, al. 4).

Mise en place d'un PERE-CO regroupé - Les employeurs mettant en place un PERE-CO peuvent souhaiter alimenter ce plan par des versements obligatoires du salarié ou de l'employeur, mode d'alimentation en principe réservé au PERE-OB (c. mon. et fin. art. L. 224-27, al. 1). On a alors un plan d'épargne qui, en quelque sorte, fusionne les fonctionnalités des deux dispositifs.

Ce « PERE-CO regroupé » est mis en place selon les règles applicables au PERE-CO *(voir ci-avant)*. Les versements obligatoires sont imposés à tous les salariés ou seulement à certaines catégories choisies en suivant les règles applicables au *plan d'épargne retraite d'entreprise obligatoire (PERE-OB)**. Par exception, si le PERE-CO est mis en place de façon unilatérale par l'employeur, les salariés déjà présents dans l'entreprise peuvent refuser de participer aux versements obligatoires.

Les salariés soumis aux versements obligatoires doivent adhérer à ce PERE-CO regroupé jusqu'à leur âge légal de départ en retraite ou la date de liquidation de leur pension de retraite dans un régime obligatoire de sécurité sociale.

▶ À noter... Inversement, lorsqu'un PERE-OB est mis en place, l'entreprise peut décider de le transformer en PERE-CO regroupé (c. mon. et fin. art. L. 224-27, al. 2). Ce PERE-CO couvre l'ensemble des salariés. Les versements obligatoires du salarié ou de l'employeur peuvent alors être réservés à certaines catégories objectives de salariés, comme pour un PERE-OB « classique » [voir *Plan d'épargne retraite d'entreprise obligatoire (PERE-OB)**].

Bénéficiaires

Salariés - Dès lors qu'un PERE-CO a été mis en place, tous les salariés peuvent en bénéficier, sous réserve d'une éventuelle condition d'ancienneté qui peut être fixée à 3 mois au plus (c. mon. et fin. art. L. 224-17).

Anciens salariés - Un ancien salarié peut continuer à effectuer des versements sur le PERE-CO de son ancienne entreprise, à condition qu'il n'ait pas accès à un PERE-CO dans la nouvelle entreprise où il est employé (c. mon. et fin. art. L. 224-17). Les frais afférents à leur gestion sont à la charge exclusive de l'ancien salarié qui effectue ces versements.

Ces versements effectués par d'anciens salariés ne peuvent pas être abondés par l'entreprise.

Salariés mis à disposition par les groupements d'employeurs - En application des règles du PEE, les salariés mis à disposition par un groupement d'employeurs qui n'a pas mis en place de PERE-CO peuvent bénéficier du PERE-CO de l'entreprise d'accueil si son règlement le prévoit (c. trav. art. L. 3332-2 et D. 3331-2).

Dirigeants et conjoints de chef d'entreprise - En application des règles du PEE, les entreprises dont l'effectif habituel comprend au moins 1 et moins de 250 salariés, les chefs de ces entreprises ou, s'il s'agit de personnes morales, leurs présidents, directeurs généraux, gérants ou membres du directoire, ainsi que le conjoint et le partenaire pacsé du chef d'entreprise, s'il a le statut de conjoint collaborateur ou de conjoint associé, peuvent bénéficier du PERE-CO (c. mon. et fin. art. L. 224-13 ; c. trav. art. L. 3332-2).

Les seuils de 1 et de moins de 250 salariés et les franchissements de seuil s'apprécient au regard des règles de *l'effectif sécurité sociale** (c. trav. art. L. 3331-1 ; c. séc. soc. art. L. 130-1 et R. 130-1). Par exception, le mécanisme de gel des effets de seuil sur 5 ans ne s'applique pas au seuil de 1 salarié (c. trav. art. L. 3332-2).

Modalités d'adhésion au PERE-CO - Il revient à chaque bénéficiaire potentiel d'adhérer, s'il le souhaite, au PERE-CO.

Le règlement peut néanmoins comporter une clause aux termes de laquelle les salariés sont affiliés automatiquement au PERE-CO, sauf opposition de leur part. Le salarié doit être informé de cette adhésion par défaut, selon les modalités prévues par le règlement du plan. Le salarié dispose d'un délai de 15 jours pour y renoncer expressément. Passé ce délai, il est réputé avoir adhéré au PERE-CO (c. mon. et fin. art. L. 224-17 et D. 224-11).

Alimentation

Sources possibles d'alimentation - Un PERE-CO peut être alimenté par (c. mon. et fin. art. L. 224-20) :
- des versements volontaires du titulaire ;

- des abondements de l'entreprise venant compléter les versements volontaires du participant *(voir plus loin)* ;
- des versements unilatéraux de l'employeur, initial ou périodiques, si le règlement du PERE-CO le prévoit *(voir plus loin)* ;
- des sommes versées au titre de la participation aux résultats ou de l'intéressement ;
- des droits inscrits au compte épargne-temps (CET) ;
- en l'absence de CET dans l'entreprise, des sommes correspondant à un maximum de 10 jours de repos non pris, hors jours correspondant aux 4 premières semaines de congés payés (c. mon. et fin. art. D. 224-9).

Les jours de repos que le salarié investit dans un PERE-CO le sont en fonction des règles de valorisation de l'indemnité de congés payés (règle du 1/10e ou du maintien du salaire, selon la plus favorable au salarié) (c. mon. et fin. art. R. 224-8).

▶ À noter... Les versements volontaires du participant ne sont pas limités, à l'inverse de ce qui est prévu dans l'ancienne mouture du PERCO. En effet, la limite de 25 % de la rémunération annuelle ne s'applique pas au PERE-CO (c. mon. et fin. art. L 224-3).

Système d'affectation par défaut de la participation - Lorsqu'un salarié bénéficie de la participation aux résultats, la moitié de la quote-part de réserve de participation lui revenant est automatiquement affectée au PERE-CO s'il en existe un dans l'entreprise, sauf si le salarié a fait une demande de versement immédiat ou a opté pour une affectation dans l'un des dispositifs prévus par l'accord (voir *Réserve spéciale de participation**) (c. trav. art. L. 3324-12).

En cas d'affectation par défaut, le bénéficiaire dispose d'un « droit de repentir » et peut demander la liquidation ou le rachat des droits correspondant à la fraction de participation affectée par défaut dans un délai de 1 mois à compter de la notification de son affectation au plan. Dans ce cas, ces droits sont valorisés à la date de liquidation ou de rachat par le titulaire (c. mon. et fin. art. L. 224-20, al. 3).

Les conséquences d'un tel reversement restent à préciser, notamment sur les éventuels abondements. En outre, la logique voudrait que le titulaire du plan perde le bénéfice de l'exonération d'impôt sur le revenu, puisque la condition de durée de blocage de la participation n'aura pas été respectée.

Pas de versements obligatoires, hors transfert ou plan d'épargne retraite regroupé - Hors cas de transfert entre plans d'épargne retraite, un PERE-CO ne peut pas être alimenté par des versements obligatoires du salarié ou de l'employeur (ce mode d'alimentation est en effet réservé aux PERE-OB) (c. mon. et fin. art. L. 224-20).

Par exception, si l'employeur met en place un plan « regroupé » *(voir plus haut)*, le PERE peut alors être alimenté par des versements obligatoires du salarié ou de l'employeur (c. mon. et fin. art. L. 224-27). Le régime social et fiscal alors applicable à ces versements obligatoires est celui des versements obligatoires à un PERE-OB [voir *Plan d'épargne retraite d'entreprise obligatoire (PERE-OB)**].

Abondements

Abondements complémentaires - Un abondement de l'entreprise s'entend d'un versement complémentaire de l'employeur, s'ajoutant à ceux effectués par les participants. L'entreprise peut abonder les versements des participants au PERE-CO (c. mon. et fin. art. L. 224-2 et L. 224-20), y compris les sommes correspondant à des jours de repos non pris. En pratique, les conditions d'abondement sont prévues par le règlement du PERE-CO (versements du participant éligibles, limites, etc.).

Limite d'abondement par bénéficiaire - Les abondements de l'employeur au PERE-CO sont encadrés par une double limite (c. mon. et fin. art. D. 224-10 ; c. trav. art. L. 3332-11) :
- d'une part, ils sont limités à 16 % du montant annuel du plafond de la sécurité sociale (6 581,76 € en 2022) ;
- d'autre part, ils ne peuvent pas excéder le triple de la contribution du bénéficiaire.

Sources d'alimentation possibles d'un PERE-CO

Compartiment 1 (versements volontaires du bénéficiaire)	Compartiment 2 (épargne salariale, CET, jours de repos)	Compartiment 3 (cotisations obligatoires du salarié ou de l'employeur)
Oui, sans limitation	Intéressement, participation Versements de l'entreprise (abondements, versements unilatéraux) Compte épargne-temps (ou jusqu'à 10 jours de repos en l'absence de CET)	Non, sauf par transfert depuis un autre plan d'épargne (ex. : un PERE-OB)

Le respect de la limite de 16 % s'apprécie en tenant compte des éventuels versements unilatéraux de l'entreprise sur le PERE-CO (versement dit « d'amorce » ou versements périodiques) *(voir plus loin)* (c. mon. et fin. art. D. 224-10).

Modulation de l'abondement - À défaut de précision contraire, les règles prévues pour le PEE doivent être appliquées au PERE-CO (c. mon. et fin. art. L. 224-13).

Dans ces conditions, sous réserve de précisions de l'administration, l'abondement de l'employeur au PERE-CO peut le cas échéant être modulé selon des règles à caractère général, dans les mêmes conditions que pour l'abondement à un PEE [voir *Plan d'épargne d'entreprise (PEE)**].

Non-substitution au salaire - L'abondement de l'entreprise ne peut se substituer à aucun des éléments de rémunération en vigueur dans l'entreprise au moment de la mise en place d'un plan ou qui deviennent obligatoires en vertu de règles légales ou contractuelles (c. mon. et fin. art. L. 224-20 ; c. trav. art. L. 3332-13).

Toutefois, cette règle ne peut pas avoir pour effet de remettre en cause les exonérations fiscales et sociales dès lors qu'un délai de 12 mois s'est écoulé entre le dernier versement de l'élément de rémunération en tout ou partie supprimé et la date de mise en place du plan.

Versements unilatéraux de l'employeur

Versement unilatéral initial (dit versement « amorce ») - Le règlement du plan peut prévoir que, lors de l'adhésion du salarié au PERE-CO, l'employeur effectue de sa propre initiative un versement initial, même en l'absence de contribution de l'intéressé (c. mon. et fin. art. L. 224-20).

Versements unilatéraux périodiques - Le règlement du plan peut aussi prévoir des versements périodiques unilatéraux de l'employeur sur le PERE-CO, sous réserve d'une attribution uniforme à l'ensemble des salariés (la périodicité des versements est précisée par le règlement du PERE-CO) (c. mon. et fin. art. L. 224-20).

Bénéficiaires et limite - Si l'un ou l'autre de ces dispositifs, voire les deux, sont mis en place, ils doivent bénéficier à l'ensemble des titulaires qui satisfont à l'éventuelle condition d'ancienneté prévue par le règlement du plan (c. mon. et fin. art. D. 224-10).

Dans tous les cas, le montant annuel du versement initial et des versements périodiques est limité à 2 % du montant annuel du plafond de la sécurité sociale (822,72 € en 2022).

Ces versements sont en outre pris en compte pour apprécier le respect du plafond d'abondement prévu par le règlement du PERE-CO et du plafond de 16 % fixé par la loi *(voir plus haut)*.

Non-substitution à la rémunération - Le principe de non-substitution à la rémunération *(voir plus haut)* s'applique également aux versements unilatéraux (c. mon. et fin. art. L. 224-20 ; c. trav. art. L. 3332-13).

Gestion du plan

Placements - Le gestionnaire du plan doit proposer aux participants un choix entre divers placements.

Une gestion pilotée par défaut doit être proposée à chaque épargnant en tenant compte du niveau d'exposition aux risques financiers et de l'espérance de rendement pour le titulaire, dans des conditions précisées par un arrêté du ministre chargé de l'économie (c. mon. et fin. art. L. 224-3 et D. 224-3).

Trois profils d'investissement à horizon retraite sont éligibles au PER (« Profil prudent horizon retraite », « Profil équilibré horizon retraite » et « Profil dynamique horizon retraite »). Sauf décision contraire et expresse du titulaire stipulée au gestionnaire, ses versements au PERE-CO sont affectés selon une allocation de l'épargne « équilibrée à horizon retraite » (arrêté du 7 août 2019, art. 1, JO du 11, texte 8).

▶ À noter... Ces différents profils d'investissement garantissent une diminution progressive de la part des actifs à risque élevé ou intermédiaire et une augmentation progressive de la part des actifs présentant un profil d'investissement à faible risque, à mesure que le titulaire du PERE-CO se rapproche de l'âge de la retraite.

Frais de gestion - Le règlement du plan détermine les conditions dans lesquelles les frais liés à la gestion du plan sont pris en charge par l'employeur (c. mon. et fin. art. L. 224-15).

En tout état de cause, l'employeur doit prendre en charge (c. mon. et fin. art. D. 224-12) :

- lorsque le PERE-CO donne lieu à l'ouverture d'un compte-titres, les frais récurrents de toute nature liés à la tenue du compte titres ;
- si le PERE-CO donne lieu à l'adhésion à un contrat d'assurance de groupe, les frais récurrents

de toute nature liés à la gestion du contrat, à l'exception des frais liés à la gestion des engagements exprimés en euros et en parts de provision de diversification.

En dehors des hypothèses expressément visées par les textes, il n'y a donc pas d'obligation de prise en charge. Tout dépend alors du règlement du plan, celui-ci pouvant naturellement prévoir que d'autres frais sont également pris en charge par l'employeur.

En tout état de cause, les frais pris en charge par l'employeur sont facturés par le gestionnaire à l'employeur. Il n'y a pas à les prélever sur les droits individuels en cours de constitution dans le PERE-CO.

Déblocage

Lors du départ à la retraite - Les sommes affectées sur un PERE-CO sont bloquées jusqu'à l'échéance du plan, donc schématiquement, jusqu'à la retraite. En effet, les droits sont disponibles, au plus tôt, à la date de liquidation d'une pension de retraite d'un régime obligatoire de sécurité sociale ou à l'âge légal de départ en retraite (62 ans) (c. mon. et fin. art. L. 224-1).

Selon les cas, le PERE-CO permet au titulaire de choisir entre le versement d'un capital (libéré en une fois ou de manière fractionnée) ou le versement d'une rente viagère (c. mon. et fin. art. L. 224-1 et L. 224-5). Le versement d'un capital est exclu si le titulaire a opté expressément et irrévocablement pour la liquidation de tout ou partie de ses droits en rente viagère dès l'ouverture du plan.

▶ Attention… Les droits qui ont pour origine des cotisations obligatoires de l'employeur ou des salariés au PERE-CO ne peuvent être délivrés que sous forme de rente viagère (c. mon. et fin. art. L. 224-5).

Déblocage anticipé - Les droits constitués au profit des participants au PERE-CO peuvent être débloqués par anticipation dans les situations suivantes (c. mon. et fin. art. L. 224-4, I) :
- le décès du conjoint du titulaire ou de son partenaire lié par un Pacs ;
- l'invalidité du titulaire, de ses enfants, de son conjoint ou de son partenaire lié par un Pacs (invalidité de niveau 2 ou 3) ;
- la situation de surendettement du titulaire ;
- l'expiration des droits à l'assurance chômage du titulaire, ou le fait pour le titulaire d'un plan qui a exercé des fonctions d'administrateur, de membre du directoire ou de membre du conseil de surveillance et n'a pas liquidé sa pension dans un régime obligatoire d'assurance vieillesse de ne pas être titulaire d'un contrat de travail ou d'un mandat social depuis deux ans au moins à compter du non-renouvellement de son mandat social ou de sa révocation ;
- la cessation d'activité non salariée du titulaire à la suite d'un jugement de liquidation judiciaire ;
- l'acquisition de la résidence principale mais dans ce cas l'épargne issue de versements obligatoires de l'employeur ou du salarié au PERE-CO ne peut pas être débloquée *(voir ci-dessus)*.

Le décès du titulaire entraîne la clôture du PERE-CO (c. mon. et fin. art. L. 224-4, II).

Régime social

Abondements et versements unilatéraux - Si les conditions requises sont remplies, les abondements et les versements unilatéraux de l'employeur sont, dans les limites prévues par la législation, exonérés de cotisations de sécurité sociale et de charges ayant la même assiette (c. séc. soc. art. L. 242-1, II, 3°).

Ils restent soumis à la CSG et à la CRDS sur les revenus d'activité, sans abattement d'assiette (c. séc. soc. art. L. 136-1-1, I et L. 136-2, 1°).

Sommes provenant d'un compte épargne-temps - Si les sommes affectées sur le PERE-CO par le salarié correspondent à un abondement de l'employeur au CET, elles sont cumulées avec les abondements directs de l'employeur au PERE-CO et suivent le même régime social (c. trav. art. L. 3152-4, 2°) *(voir ci-dessus)*.

Si les sommes affectées au PERE-CO ne proviennent pas d'un abondement de l'employeur au CET, ces droits sont, dans la limite de 10 jours par an, exonérés des cotisations salariales et patronales d'assurance maladie, d'assurance vieillesse et d'allocations familiales (c. trav. art. L. 3152-4, al. 4 et 5 ; c. séc. soc. art. L. 242-4-3). Les autres charges restent dues (cotisation AT/MP, FNAL, versement mobilité, etc.). Ces sommes ne sont pas assujetties au forfait social, dans la mesure où ses conditions de mise en œuvre ne sont pas réunies.

Sommes correspondant à des jours de repos (entreprises sans CET) - Dans les entreprises où il n'y a pas de CET, les salariés peuvent verser sur le PERE-CO les sommes correspondant à un maximum de 10 jours par an de repos non pris *(voir plus haut)*.

La logique voudrait que ces sommes ouvrent droit au même régime social de faveur que dans le cadre de l'ancien PERCO (c. trav. L. 3334-8). Bien que ce texte ne vise pas le PERE-CO, ces sommes sont, à notre sens, exonérées des cotisations salariales et patronales d'assurance maladie, d'assurance vieillesse et d'allocations familiales (c. séc. soc. art. L. 242-4-3). L'ensemble des autres charges reste dû (cotisation AT/MP, FNAL, versement mobilité, etc.). Ces sommes ne sont pas assujetties au forfait social dans la mesure où ses conditions de mise en œuvre ne sont pas réunies.

Forfait social réduit sur les abondements, participation et intéressement - La fraction des abondements et versements unilatéraux de l'employeur qui est exonérée de cotisations de sécurité sociale mais assujettie à CSG est soumise au forfait social, en principe au taux de 20 % (c. séc. soc. art. L. 137-15 et L. 137-16).

Toutefois les employeurs qui ne sont pas soumis à l'obligation de mettre en place la participation aux résultats (en substance, les « moins de 50 salariés ») ne payent pas de forfait social sur les abondements et versements unilatéraux (c. séc. soc. L. 137-15, al. 12).

De plus, lorsque l'employeur est redevable du forfait social, celui-ci est calculé à un taux de 16 % si le PERE-CO prévoit que l'épargne en « gestion pilotée » par défaut est affectée à l'acquisition de parts de fonds dont au moins 10 % des titres sont éligibles au plan d'épargne en actions destiné au financement des PME et des entreprises de taille intermédiaires (dit PEA-PME) (c. séc. soc. art. L. 137-16). Cette condition de ratio s'applique à une fraction minimale du portefeuille qui se réduit à mesure que le bénéficiaire du PERE-CO approche de la retraite (c. séc. soc. art. D. 137-1).

Régime fiscal

Les abondements et versements unilatéraux de l'employeur sont exonérés d'impôt sur le revenu dans les limites d'abondement et de versements autorisés par le code du travail (CGI art. 81, 18°, a bis). Il en va de même des sommes provenant d'un compte épargne-temps (CET) (ou des jours de repos non pris s'il n'y a pas de CET dans l'entreprise) dans la limite de 10 jours par an (CGI art. 81, 18° b bis).

Transformation ou transfert des anciens PERCO

Transformation d'un ancien PERCO en nouveau PERE-CO - Les anciens PERCO ne sont pas automatiquement transformés en nouveaux PERE-CO.

Si le *plan d'épargne pour la retraite collectif (PERCO)** « ancienne mouture » est conforme aux conditions des nouveaux PERE-CO (gestion pilotée par défaut, modalités de délivrance des droits à l'échéance, prise en charge des frais de gestion, etc.), l'employeur peut décider de transformer son ancien plan d'épargne en nouveau PERE-CO, après consultation du CSE et à condition que les signataires d'origine ne s'y opposent pas. La transformation ne devient effective qu'après information des bénéficiaires du plan, notamment sur les nouvelles dispositions fiscales relatives aux versements volontaires et sur les cas de déblocage anticipé (c. mon. et fin. art. L. 224-40, V).

Si le PERCO d'origine n'est pas conforme, il peut être modifié par avenant.

Transfert collectif d'un ancien PERCO vers un nouveau PERE-CO - Lorsqu'un employeur a mis en place un PERE-CO nouvelle mouture, il peut décider de transférer collectivement les droits en cours d'acquisition sur un ancien PERCO dans le nouveau plan (c. mon. et fin. art. L. 224-40, IV).

Pour cela, il doit procéder selon les règles de mise en place d'un PERCO (c. trav. art. L. 3334-2) [voir *Plan d'épargne pour la retraite collectif (PERCO)**].

Le transfert doit intervenir dans un délai de 6 mois. Les salariés sont informés des conséquences de ce transfert, des caractéristiques du nouveau plan et des différences entre le nouveau plan et le plan transféré.

Transferts individuels - À titre individuel, les épargnants ont la possibilité de transférer leurs droits en cours de constitution sur un PERCO ou sur un contrat « article 83 » vers un des nouveaux plans d'épargne retraite (dont le PERE-CO ou le PERE-OB) (c. mon. et fin. art. L. 224-40, I, 6° et 7°). Le transfert depuis un contrat « article 83 » n'est possible que si le salarié n'est plus tenu d'y adhérer (c. mon. et fin. art. L. 224-40, I, 7°).

Le transfert des droits individuels d'un PERCO vers une des nouvelles formules de plan d'épargne retraite n'est possible que dans la limite d'un transfert tous les 3 ans avant le départ du salarié de l'entreprise (c. mon. et fin. art. L. 224-40, III).

☞ *Compte épargne-temps ; Forfait social (contribution patronale) ; Intéressement des salariés ; Participation des salariés aux résultats de l'entreprise ; Plan d'épargne retraite d'entreprise obligatoire (PERE-OB).*

Plan d'épargne retraite d'entreprise obligatoire (PERE-OB)

La réforme de l'épargne retraite a créé (loi 2019-486 du 22 mai 2019, art. 71, JO du 23 ; ord. 2019-766 du 24 juillet 2019, JO du 25 ; décret 2019-807 du 30 juillet 2019, JO 1er août ; décret 2019-862 du 20 août 2019, JO du 22 ; arrêté du 7 août 2019, JO du 11, texte 8) :

- le *plan d'épargne retraite d'entreprise collectif (PERE-CO)**, qui a vocation à remplacer le PERCO « ancienne mouture » et qui fonctionne sur une logique de plan d'épargne salariale ;
- le plan d'épargne retraite d'entreprise obligatoire (PERE-OB), objet de cette étude, à rapprocher des anciens contrats de retraite supplémentaire « art. 83 ».

Ces plans d'épargne retraite d'entreprise (PERE) peuvent être commercialisés depuis le 1.10.2019.

Cadre général

Présentation - Le plan d'épargne retraite d'entreprise obligatoire (PERE-OB) est davantage à rapprocher d'un régime de retraite supplémentaire à cotisations définies collectif et obligatoire que d'un plan d'épargne salariale.

On retrouve cette caractéristique au niveau de ses modalités de mise en place, d'alimentation (il peut y avoir des cotisations obligatoires, à l'inverse d'un PERE-CO) ou encore du régime social et fiscal de ces cotisations obligatoires.

En outre, alors que le PERE-CO doit couvrir tous les salariés de l'entreprise (sous réserve d'une éventuelle condition d'ancienneté d'au plus 3 mois), le PERE-OB peut, le cas échéant, être réservé à une ou plusieurs catégories objectives de salariés.

Négociation obligatoire - L'entreprise qui a mis en place un PEE depuis plus de 3 ans est tenue d'ouvrir une négociation en vue de la mise en place d'un plan d'épargne retraite d'entreprise ouvert à tous les salariés de l'entreprise (à notre sens, soit un PERE-OB ouvert à toutes les catégories de salariés, soit un PERE-CO) (c. mon. et fin. art. L. 224-9).

Mise en place

Modalités autorisées - Un PERE-OB peut être mis en place selon l'une des modalités suivantes prévues en matière de protection sociale complémentaire (c. mon. et fin. art. L. 224-23 ; c. séc. soc. art. L. 911-1) :

- convention ou accord collectif de travail ;
- ratification à la majorité des intéressés d'un projet d'accord proposé par le chef d'entreprise ;
- décision unilatérale du chef d'entreprise constatée dans un écrit remis par celui-ci à chaque intéressé.

Point de vigilance en cas de décision unilatérale - Si l'employeur décide de mettre en place un PERE-OB par décision unilatérale, les salariés déjà présents dans l'entreprise lors de la mise en place du plan peuvent se dispenser, à leur initiative, de participer aux versements obligatoires qui l'alimentent (c. mon. et fin. art. L. 224-25, 3°).

Rôle du CSE - Dans les entreprises d'au moins 50 salariés, l'employeur doit à notre sens informer et consulter le *comité social et économique** (CSE) préalablement à la mise en place d'un PERE-OB.

En effet, l'employeur doit consulter le CSE à propos d'une garantie collective « mentionnée à l'article L. 911-2 du code de la sécurité sociale » (c. trav. art. R. 2312-22). Or, cette règle, qui vise notamment les garanties de retraite supplémentaire (c. séc. soc. art. L. 911-2), peut à notre sens s'appliquer à un PERE-OB, compte tenu de son objet.

Qui plus est, la mise en place d'un PERE-OB relève à notre sens des attributions générales du CSE, au nom desquelles il doit être informé et consulté sur les questions intéressant l'organisation, la gestion et la marche générale de l'entreprise (c. trav. art. L. 2312-8).

En cas de mise en place par accord collectif, le CSE n'a pas à être préalablement consulté sur le projet d'accord en tant que tel (c. trav. art. L. 2312-14), mais le CSE doit, à notre être sens, être consulté sur le projet global de mise en place d'un tel dispositif.

PERE-OB interentreprises - Le PERE-OB peut être créé en tant que plan d'épargne retraite obligatoire interentreprises (c. mon. et fin. art. L. 224-24 et D. 224-12-1).

Mise en place en tant que PERE-CO regroupé - Les employeurs mettant en place un PERE-OB peuvent le doter également des fonctionnalités du *plan d'épargne retraite d'entreprise collectif (PERE-CO)**, ce qui permet notamment de mettre en place un système d'abondement.

Lorsqu'un PERE-OB est mis en place, l'entreprise peut décider de le transformer en un PERE-CO regroupé (c. mon. et fin. art. L. 224-27, al. 2). Pour ce faire, elle doit procéder en suivant les règles de mise en place d'un PERE-CO, à savoir prioritairement chercher à le mettre en place de manière négociée avant toute mise en place unilatérale ou par ratification à la majorité des 2/3 du personnel [voir *Plan d'épargne retraite d'entreprise collectif (PERE-CO)**] (c. mon. et fin. art. L. 224-27, al. 2 renvoyant à L. 224-14, al. 2).

Ce plan doit couvrir l'ensemble des salariés de l'entreprise et peut être alimenté par des versements volontaires des participants, les abondements de l'entreprise, l'intéressement, la participation, les droits inscrits sur un compte épargne temps (ou, en l'absence de CET, des jours de repos non utilisés dans la limite de 10 jours par an, hors 4 premières semaines de congés payés) et, bien entendu, des versements obligatoires du salarié ou de l'employeur.

Ces versements obligatoires peuvent, le cas échéant, être réservés à une ou plusieurs catégories objectives de personnel, comme pour un PERE-OB « classique ».

Salariés bénéficiaires

PERE-OB universel ou catégoriel - Le PERE-OB obéit à la même logique que les régimes de retraite supplémentaire à cotisations définies collectifs et obligatoires éligibles au régime social de faveur.

Un PERE-OB est donc mis en place au profit (c. mon. et fin. art. L. 224-24) :
- soit de l'ensemble des salariés de l'entreprise ;
- soit d'une ou plusieurs catégories de salariés, dites « catégories objectives ».

Notion de catégories objectives - Si le PERE-OB est réservé à une ou plusieurs catégories objectives de salariés, celles-ci doivent être définies sur la base des critères autorisés par le code de la sécurité sociale pour le régime social de faveur attaché aux contributions patronales finançant des garanties de protection sociale complémentaire (c. mon. et fin. art. L. 224-24, renvoyant à c. séc. soc. art. L. 242-1, II, 4°).

Les catégories objectives de salariés peuvent être établies en matière de protection sociale complémentaire par référence à cinq critères : définitions cadres et non-cadres, seuils de rémunération en référence au plafond annuel de la sécurité sociale, catégories et classifications définies par les conventions de branche, sous-catégories fixées par les conventions de branche, catégories issues d'usages dans la profession ou spécifiques (c. séc. soc. art. R. 242-1-1 ; décret 2021-1002 du 30 juillet 2021, JO du 31) [voir *Contributions de retraite et de prévoyance (régimes collectifs et obligatoires)**].

Condition d'ancienneté - Les régimes de retraite supplémentaire peuvent, le cas échéant, prévoir une condition d'ancienneté d'au plus 12 mois sans perdre leur caractère collectif et leur régime social de faveur (c. séc. soc. art. R. 242-1-2). Reste à confirmer que cette règle peut être transposée au PERE-OB.

Adhésion obligatoire - Le règlement d'un PERE-OB prévoit l'adhésion obligatoire des salariés intéressés. Cette règle s'applique jusqu'à ce que le salarié liquide ses droits, à l'échéance « normale » du plan (horizon retraite) (c. mon. et fin. art. L. 224-24 renvoyant à L. 224-5).

Alimentation

Sources possibles d'alimentation - Un PERE-OB peut être alimenté par (c. mon. et fin. art. L. 224-25) :
- des versements volontaires du titulaire ;
- des versements obligatoires de l'employeur ou du salarié (particularité du PERE-OB) ;
- des droits inscrits au compte épargne-temps (CET) ;
- en l'absence de CET dans l'entreprise, des sommes correspondant à un maximum de 10 jours de repos non pris, hors jours correspondant aux 4 premières semaines de congés payés (c. mon. et fin. art. D. 224-9).

Si le PERE-OB a été mis en place par décision unilatérale de l'employeur, les salariés déjà présents dans l'entreprise au moment de la mise en place du PERE-OB peuvent se dispenser, à leur initiative, de participer aux versements obligatoires qui l'alimentent (c. mon. et fin. art. L. 224-25, 3°).

Les jours de repos que le salarié investit dans un PERE-OB le sont en fonction des règles de valorisation de l'indemnité de congés payés (règle du 1/10e ou du maintien du salaire, selon la plus favorable au salarié) (c. mon. et fin. art. R. 224-8).

▶ À noter... L'alimentation par des versements obligatoires de l'employeur ou du salarié est une des spécificités du PERE-OB par rapport au PERE-CO. En outre, l'entreprise ne peut pas abonder les versements volontaires des salariés dans un PERE-OB (c. mon. et fin. art. L. 224-25, 2°), à moins qu'elle ait mis en place un PERE-CO regroupé.

Alimentation par la participation et l'intéressement - En plus des sources précitées, un PERE-OB peut être alimenté par des versements issus de la participation aux résultats ou de l'intéressement, mais à une condition stricte : que l'entreprise ait mis en place un plan d'épargne retraite d'entreprise

Plan d'épargne retraite d'entreprise obligatoire (PERE-OB)

Sources d'alimentation possibles d'un PERE-OB (1)		
Compartiment 1 (versements volontaires du bénéficiaire)	**Compartiment 2 (épargne salariale, CET, jours de repos)**	**Compartiment 3 (cotisations obligatoires du salarié ou de l'employeur)**
Oui, sans limitation	Compte épargne-temps (ou jusqu'à 10 jours de repos en l'absence de CET) Intéressement, participation : uniquement s'il existe un plan d'épargne retraite bénéficiant à tous les salariés (2)	Oui

(1) Hors cas d'un PERE-CO regroupé. Si un PERE-CO regroupé est mis en place, la condition d'alimentation par l'intéressement et la participation est nécessairement remplie et un système d'abondement peut-être organisé, comme pour un PERE-CO « classique ».
(2) PERE-CO ou PERE-OB couvrant toutes les catégories de personnel.

(PERE) bénéficiant à tous les salariés (c. mon. et fin. art. L. 224-25, 2°).

Sous réserve d'éventuelles précisions de l'administration, le PERE pourrait être soit un PERE-CO, soit d'un PERE-OB visant toutes les catégories de salarié. S'il n'existe dans l'entreprise qu'un PERE-OB réservé à une ou plusieurs catégories objectives de salariés, il ne peut pas être alimenté par des versements provenant de l'intéressement et de la participation.

Déblocage

Lors du départ à la retraite - Les sommes affectées sur un PERE-OB sont bloquées jusqu'à l'échéance du plan donc jusqu'à la retraite. En effet, les droits sont disponibles, au plus tôt, à la date de liquidation d'une pension de retraite d'un régime obligatoire de sécurité sociale ou à l'âge légal de départ en retraite (62 ans) (c. mon. et fin. art. L. 224-1).

Selon les cas, le PERE-OB permet au titulaire de choisir entre le versement d'un capital (libéré en une fois ou de manière fractionnée) ou le versement d'une rente viagère (c. mon. et fin. art. L. 224-1 et L. 224-5).

Le versement d'un capital est exclu si le titulaire a opté expressément et irrévocablement pour la liquidation de tout ou partie de ses droits en rente viagère à compter de l'ouverture du plan.

▶ À noter... Par exception, les droits qui auraient pour origine des cotisations obligatoires de l'employeur ou du salarié à un PERE-OB ne peuvent être délivrés que sous forme de rente viagère (c. mon. et fin. art. L. 224-5).

Déblocage anticipé - Les droits constitués au profit des participants au PERE-OB peuvent être débloqués par anticipation dans les situations suivantes (c. mon. et fin. art. L. 224-4) :
- le décès du conjoint du titulaire ou de son partenaire lié par un Pacs ;
- l'invalidité du titulaire, de ses enfants, de son conjoint ou de son partenaire lié par un Pacs (invalidité de niveau 2 ou 3) ;
- la situation de surendettement du titulaire ;
- l'expiration des droits à l'assurance chômage du titulaire, ou le fait pour le titulaire d'un plan qui a exercé des fonctions d'administrateur, de membre du directoire ou de membre du conseil de surveillance et n'a pas liquidé sa pension dans un régime obligatoire d'assurance vieillesse de ne pas être titulaire d'un contrat de travail ou d'un mandat social depuis deux ans au moins à compter du non-renouvellement de son mandat social ou de sa révocation ;
- la cessation d'activité non salariée du titulaire à la suite d'un jugement de liquidation judiciaire ;
- l'acquisition de la résidence principale.

Pour ce dernier cas (achat de la résidence principale), l'épargne issue de versements obligatoires de l'employeur ou du salarié ne peut pas être débloquée.

Le décès du titulaire entraîne la clôture du plan.

Régime social

Versements obligatoires de l'employeur - Les employeurs peuvent bénéficier pour leurs contributions finançant un PERE-OB du régime social de faveur attaché à la retraite supplémentaire si les différentes conditions requises pour son bénéfice sont bien remplies (caractère collectif, obligatoire, non-substitution à la rémunération, etc.) (c. séc. soc. art. L. 242-1 et D. 242-1) [voir *Contributions de retraite et de prévoyance (régimes collectifs et obligatoires)**].

Si tel est le cas, les versements obligatoires de l'employeur au PERE-OB sont exonérés de cotisations de sécurité sociale et des charges ayant la même assiette dans la limite du montant le plus élevé entre (c. séc. soc. art. L. 242-1 et D. 242-1) :
- 5 % du plafond annuel de la sécurité sociale ;
- ou 5 % de la rémunération soumise à cotisations de sécurité sociale du salarié, retenue dans la limite de 5 fois le plafond de la sécurité sociale.

▶ À noter... L'abondement exonéré de l'employeur à un PERCO « ancienne mouture » ou à un PERE-CO « nouvelle mouture » est pris en compte dans cette limite (c. séc. soc. art. L. 242-1, II, 4° a).

Les cotisations patronales obligatoires aux PERE-OB sont assujetties à la CSG/CRDS au titre des revenus d'activité, sans abattement d'assiette (c. séc. soc. art. L. 136-1-1, I et L. 136-2).

La fraction des contributions patronales obligatoires au PERE-OB exonérée de cotisations de sécurité sociale mais assujettie à CSG est soumise au forfait social au taux de 20 %, sauf bénéfice du taux réduit de 16 % *(voir plus loin pour le détail)*.

Sommes provenant d'un compte épargne-temps - Lorsqu'un salarié utilise les droits inscrits sur un compte épargne-temps (CET) pour alimenter un PERE-OB, le régime des sommes en question varie selon leur origine.

Si les sommes affectées sur le PERE-OB correspondent à un abondement de l'employeur au CET, elles sont assimilées à un versement obligatoire de l'employeur au PERE-OB (c. trav. art. L. 3152-4, 1°). Elles suivent donc le même régime et sont donc exonérées de cotisations de sécurité sociale et des charges ayant la même assiette dans la même limite (c. séc. soc. art. L. 242-1, II, 4° a) *(voir ci-dessus)*.

Lorsque les sommes affectées au PERE-OB ne proviennent pas d'un abondement de l'employeur au CET, ces droits sont, dans la limite de 10 jours par an, exonérés des cotisations salariales et patronales d'assurance maladie, d'assurance vieillesse et d'allocations familiales (c. trav. art. L. 3152-4, al. 4 et 5 ; c. séc. soc. art. L. 242-4-3). Les autres charges restent dues (cotisation AT/MP, FNAL, versement mobilité, etc.). Ces sommes ne sont pas assujetties au forfait social, dans la mesure où ses conditions de mise en œuvre ne sont pas réunies.

Sommes correspondant à des jours de repos (entreprises sans CET) - Dans les entreprises où il n'y a pas de CET, les salariés peuvent verser sur le PERE-OB les sommes correspondant à un maximum de 10 jours par an de repos non pris *(voir plus haut)*.

Ces sommes sont exonérées des cotisations salariales et patronales d'assurance maladie, d'assurance vieillesse et d'allocations familiales (c. séc. soc. art. L. 242-4-3). L'ensemble des autres charges reste dû (cotisation AT/MP, FNAL, versement mobilité, etc.). Ces sommes ne sont pas assujetties au forfait social dans la mesure où ses conditions de mise en œuvre ne sont pas réunies.

Forfait social sur contributions patronales, participation et intéressement - La fraction des versements obligatoires de l'employeur au PERE-OB qui est exonérée de cotisations de sécurité sociale, mais assujettie à CSG, est soumise au forfait social, en principe au taux de 20 % (c. séc. soc. art. L. 137-15 et L. 137-16).

Toutefois, le forfait social est calculé à un taux de 16 % (au lieu de 20 %) si le PERE-OB prévoit que l'épargne en « gestion pilotée » par défaut est affectée à l'acquisition de parts de fonds dont au moins 10 % des titres sont éligibles au plan d'épargne en actions destiné au financement des PME et des entreprises de taille intermédiaires (dit PEA-PME) (c. séc. soc. art. L. 137-16).

Cette condition de ratio s'applique à une fraction minimale du portefeuille qui se réduit à mesure que le bénéficiaire du plan d'épargne approche de la retraite, de façon à ce que le profil de gestion pilotée par défaut du PERE-CO permette de réduire progressivement les risques financiers pour le titulaire (c. séc. soc. art D. 137-1).

Lorsque le PERE-OB répond aux conditions requises, le taux réduit de 16 % concerne les sommes suivantes :

- versements obligatoires de l'employeur aux PERE-OB ;
- participation et intéressement affectés à un PERE-OB.

Toutes ces sommes affectées au PERE-OB bénéficient alors du forfait social à 16 %, et pas uniquement pour celles investies dans le cadre de la gestion pilotée.

Ce taux réduit ne fait bien entendu pas obstacle à l'exonération de forfait social dont l'entreprise peut, le cas échéant, bénéficier depuis le 1.01.2019 à raison de son effectif, sur la participation (« moins de 50 salariés ») et sur l'intéressement (« moins de 250 salariés »).

Régime fiscal

Versements obligatoires du salarié et de l'employeur - Les cotisations obligatoires du salarié et de l'employeur au PERE-OB sont exonérées d'impôt sur le revenu dans la limite de 8 % de la rémunération annuelle brute retenue à concurrence de 8 fois le montant annuel du plafond de la sécurité sociale (CGI art. 83, 2°).

Cette limite d'exonération est à diminuer de l'abondement de l'employeur à un PERE-CO ou à un PERCO et des sommes assimilées (sommes issues d'un compte épargne-temps CET et correspondant à un abondement de l'employeur utilisées pour financer un PERE-CO ou PERCO) (CGI art. 81, 18°, a bis).

Sommes provenant d'un compte épargne-temps - Les sommes provenant d'un CET et correspondant à un abondement de l'employeur au CET sont assimilés à une cotisation de l'employeur au PERE-OB (c. trav. art. L. 3152-4, 1°). Elles sont donc à traiter comme telles et exonérées dans les mêmes limites *(voir ci-dessus)*.

Lorsque les droits affectés au PERE-OB ne proviennent pas d'un abondement de l'employeur au CET, ces droits sont exonérés d'impôt sur le revenu dans la limite de 10 jours par an (CGI art. 81, 18° b bis).

Sommes correspondant à des jours de repos (entreprises sans CET) - Dans les entreprises où il n'y a pas de CET, les salariés peuvent verser sur le PERE-OB les sommes correspondant à un maximum de 10 jours par an de repos non pris *(voir plus haut)*. Elles sont exonérées d'impôt sur le revenu dans la limite de 10 jours par an (CGI art. 81, 18° b bis).

☛ *Compte épargne-temps ; Contributions de retraite et de prévoyance (régimes collectifs et obligatoires) ; Forfait social (contribution patronale) ; Intéressement des salariés ; Participation des salariés aux résultats de l'entreprise ; Plan d'épargne retraite d'entreprise collectif (PERE-CO).*

Plan de sauvegarde de l'emploi

Le plan de sauvegarde de l'emploi (PSE) est le nom donné à l'ensemble des mesures arrêtées par une entreprise afin d'éviter des licenciements pour motif économique qu'elle risque de devoir prononcer ou, pour le moins, en limiter le nombre et faciliter le reclassement sur le territoire national des salariés dont le licenciement ne pourrait être évité, notamment celui des salariés âgés ou présentant des caractéristiques sociales ou de qualification rendant leur réinsertion professionnelle particulièrement difficile (c. trav. art. L. 1233-61).

Entreprises concernées

PSE obligatoire : entreprises d'au moins 50 salariés envisageant un « grand » licenciement - Le PSE est obligatoire dans les entreprises d'au moins 50 salariés qui envisagent de procéder à un « grand » licenciement, c'est-à-dire au licenciement d'au moins 10 salariés sur une période de 30 jours, sous peine de nullité de la procédure de licenciement [voir *Licenciement économique collectif (10 salariés ou plus dans une entreprise d'au moins 50 salariés)** et *Licenciement économique (contentieux collectif)**] (c. trav. art. L. 1233-61 et L. 1235-10).

▶ À noter… L'absence d'un *comité social et économique** (CSE) dans l'entreprise ne libère pas l'entreprise de son obligation.

Sur la date et le niveau d'appréciation de l'effectif (entreprise, groupe, UES) les ruptures pour motif économique concernées, voir *Licenciement économique collectif (procédure applicable)**.

PSE facultatif : entreprises de moins de 50 salariés envisageant un « grand » licenciement - Dans les entreprises qui n'atteignent pas l'effectif de 50 salariés, tout projet de licenciement de 10 salariés ou plus nécessite la mise en œuvre de mesures destinées à éviter les licenciements envisagés ou à en limiter le nombre [voir *Licenciement économique collectif (10 salariés ou plus dans une entreprise de moins de 50 salariés)**] (c. trav. art. L. 1233-32 et L. 1233-53). Toutefois, dans cette hypothèse, le PSE est facultatif. Par conséquent, ces mesures peuvent prendre soit la forme du PSE, soit une autre forme adaptée aux particularités de l'entreprise.

Lorsque l'effectif de l'entreprise est inférieur à 50 salariés, le PSE mis en place volontairement par l'employeur n'a donc pas à satisfaire aux exigences légales. Par exemple, il peut ou non comporter un plan de reclassement. Ce plan ne pouvant pas être jugé insuffisant, les licenciements consécutifs ne peuvent pas être jugés sans cause réelle et sérieuse pour ce motif (c. trav. art. L. 1233-61 et L. 1233-62 ; cass. soc. 10 juin 2015, n° 14-10031, BC V n° 118).

Ruptures pour motif économique concernées

Voir *Licenciement économique collectif (procédure applicable)**.

Accord collectif ou document unilatéral

L'employeur dispose de trois options pour mettre en place un PSE :

- négocier un accord avec les syndicats représentatifs (ou, le cas échéant, avec le *conseil d'entre-*

*prise**), pour déterminer le contenu du PSE et, éventuellement, les conditions de mise en œuvre du licenciement, sachant qu'il doit s'agir d'un accord majoritaire (c. trav. art. L. 1233-24-1) ;
- traiter tous ces points dans un document unilatéral sur lequel le *comité social et économique** (CSE) aura été consulté (c. trav. art. L. 1233-24-4) ;
- ou cumuler les deux premières options avec, d'une part, un accord centré sur le contenu du PSE et, d'autre part, un document unilatéral consacré à la mise en œuvre du licenciement collectif (critères d'ordre des licenciements, calendrier des départs, etc.).

Lorsqu'il prend la forme d'un document unilatéral, le PSE doit tenir compte de tous les critères légaux relatifs à l'*ordre des licenciements**. En d'autres termes, il n'est pas possible de neutraliser l'un de ces critères (ex. : critère des qualités professionnelles des salariés) (CE 27 janvier 2020, n° 426230). Seul un accord collectif permet de s'affranchir des critères légaux (CE 22 décembre 2017, n° 400649).

▶ Attention… En l'absence de délégués syndicaux, il est impossible de conclure un accord collectif « PSE » avec des élus du CSE ou des salariés mandatés.

Sur la négociation d'un accord PSE, l'adoption d'un document unilatéral, la consultation du CSE, le recours à un expert ainsi que pour les clauses obligatoires, facultatives ou interdites d'un accord PSE ou d'un document unilatéral, voir *Licenciement économique collectif (10 salariés ou plus dans une entreprise d'au moins 50 salariés)**.

Sur les mesures de reclassement, voir ci-après.

▶ Attention… Quelle que soit l'option retenue, le DREETS est tenu de vérifier l'accord collectif et/ou le document unilatéral. En l'absence de validation et/ou d'homologation par l'administration, l'employeur ne peut pas, en effet, notifier les licenciements.

Contenu en lien avec l'objet du plan

Éviter des licenciements et faciliter le reclassement - Le code du travail a listé de façon non limitative des mesures de reclassement ayant vocation à figurer dans un PSE. La validité du plan est conditionnée par la crédibilité des mesures de reclassement qui y sont insérées *(voir ci-après)*.

Interdiction de substituer le reclassement par une indemnisation - Un PSE ne peut pas prévoir de substituer aux mesures qu'il comporte, destinées à favoriser le reclassement, une indemnisation subordonnée à la conclusion d'une *transaction** emportant renonciation à toute contestation ultérieure de ces mesures (cass. soc. 20 novembre 2007, n° 06-41410, BC V n° 195 ; CE 12 février 2020, n° 423916).

Mesures de reclassement

Mesures de reclassement internes ou externes
- Le code du travail liste les principales mesures ayant vocation à être incluses dans un PSE, sachant que cette liste n'est pas exhaustive.

Le PSE doit, pour être valable, comprendre un plan de reclassement pouvant notamment prévoir (c. trav. art. L. 1233-61 et L. 1233-62) :
- des actions en vue du reclassement interne sur le territoire national, des salariés sur des emplois relevant de la même catégorie ou équivalant à ceux qu'ils occupent ou, sous réserve de l'accord exprès des salariés concernés, sur des emplois de catégorie inférieure (par « reclassement interne », on entend le reclassement dans l'entreprise même ou encore, si cette dernière appartient à un groupe, dans une autre société du groupe) (cass. soc. 31 mars 2010, n° 08-42718 D) ;
- des actions favorisant la reprise de tout ou partie des activités en vue d'éviter la fermeture d'un ou de plusieurs établissements ;
- des créations d'activités nouvelles par l'entreprise ;
- des actions favorisant le reclassement externe à l'entreprise, notamment par le soutien à la réactivation du bassin d'emploi ;
- des actions de soutien à la création d'activités nouvelles ou à la reprise d'activités existantes par les salariés ;
- des actions de formation, de validation des acquis de l'expérience ou de reconversion de nature à faciliter le reclassement interne ou externe des salariés sur des emplois équivalents ;
- des mesures de réduction ou d'aménagement du temps de travail ainsi que des mesures de réduction du volume des heures supplémentaires effectuées de manière régulière lorsque ce volume montre que l'organisation du travail de l'entreprise est établie sur la base d'une durée collective manifestement supérieure à la durée du travail légale (hebdomadaire ou annuelle) et que sa réduction pourrait préserver tout ou partie des emplois dont la suppression est envisagée.

L'employeur doit mettre en œuvre toutes les mesures possibles : l'énumération légale ci-avant est purement indicative. On ne peut pas considérer qu'une seule mesure suffit, eu égard à son efficacité (cass. soc. 18 novembre 1998, n° 96-22343, BC V n° 501 ; cass. soc. 28 mars 2000, n° 98-21870, BC V n° 131).

Le DREETS vérifie notamment si le PSE comporte les mesures prévues par le code du travail. Si celles-ci sont seulement indicatives, l'absence de certaines d'entre elles (ex. : plan ne comportant aucune mesure de reclassement externe) peut toutefois conduire le DREETS à juger que le PSE est insuffisant (CE 30 mai 2016, n° 384114).

▶ Attention... L'absence de poste de reclassement interne au moment où l'entreprise appartenant à un groupe présente son PSE à l'administration n'est pas de nature, à elle seule, à établir l'absence de sérieux de la recherche de postes de reclassement interne au groupe. Mais le PSE doit recenser les postes disponibles. Le Conseil d'État conçoit que, dans certaines situations, il n'y ait à la date de présentation du plan à l'administration aucune possibilité de reclassement. Ce seul fait n'est pas de nature à faire obstacle à l'homologation du PSE, à condition toutefois que l'employeur ait réellement cherché des solutions de reclassement sur le territoire national dans les autres entreprises du groupe, quelle que soit la durée des contrats susceptibles d'être proposés pour pourvoir à ces postes. Pour l'ensemble des postes de reclassement ainsi identifiés, l'employeur doit avoir indiqué dans le plan leur nombre, leur nature et leur localisation (CE 22 juillet 2021, n° 434362).

Sur les propositions de mesures que peut faire le CSE, voir *ci-après*.

Prise en compte des moyens de l'entreprise - La validité du plan doit être appréciée compte tenu des moyens dont dispose l'entreprise le cas échéant ou encore l'UES ou le groupe auquel elle appartient (cass. soc. 13 avril 2010, n° 09-40230 D ; CE 13 juillet 2016, n° 387448 ; cass. soc. 11 septembre 2019, n° 18-19478 D).

Pour estimer les moyens du groupe, les juges ont la possibilité de se fonder sur un faisceau d'indices (CE 30 mai 2016, n°s 383928 et 384114). Mais le seul débiteur de l'obligation de reclassement des salariés et de l'établissement d'un PSE répondant aux moyens du groupe est l'employeur et non le groupe, dénué de personnalité juridique (cass. soc. 13 janvier 2010, n° 08-15776, BC V n° 5 ; cass. soc. 5 juillet 2011, n° 10-14625 D).

▶ À noter... Sur le cadre géographique du reclassement, voir *Licenciement économique (obligation de reclassement)**.

Plan de départs volontaires - Le plan prévoit parfois des incitations au départ volontaire, sous réserve que le poste libéré permette un reclassement. Mieux vaut alors définir dans le PSE une phase préalable de recueil des candidatures, afin d'identifier les possibilités de reclassement ainsi offertes. Ce n'est qu'au terme de cette étape que le processus de reclassement pourra commencer. L'adhésion à un plan de départs volontaires vaut renonciation au bénéfice d'un engagement unilatéral de maintien de l'emploi (cass. soc. 13 mai 2014, n° 13-10781, BC V n° 116).

Un salarié écarté à tort du bénéfice d'un plan de départ volontaire conserve la possibilité de demander, après avoir démissionné, l'indemnité de départ volontaire dont il a été injustement privé (cass. soc. 12 janvier 2016, n° 13-27776, BC V n° 8).

Les PSE peuvent comporter des incitations au départ volontaire sous la forme d'indemnités. Dans ce cas, l'employeur a toujours intérêt à être le plus précis possible dans la définition des catégories professionnelles visées, du montant et du mode de calcul de cette indemnité (cass. soc. 26 février 2013, n° 11-21553 D). C'est pourquoi, si le plan prévoit une indemnité forfaitaire sans faire de distinction entre les salariés à temps complet et les salariés à temps partiel, l'indemnité ne pourra pas être réduite au prorata pour les salariés à temps partiel (cass. soc. 12 février 2003, n° 02-40526, BC V n° 51 ; cass. soc. 24 avril 2003, n° 02-43320 D).

Lorsque les départs volontaires prévus dans un PSE s'adressent aux salariés dont le licenciement est envisagé en raison de la réduction d'effectifs, sans engagement de ne pas les licencier si l'objectif n'est pas atteint au moyen de ruptures amiables des contrats de travail des intéressés, l'employeur est tenu d'exécuter au préalable l'obligation de reclassement prévue dans le plan vis-à-vis de ces salariés. Les offres de reclassement doivent alors être faites au salarié par écrit et elles doivent être précises (cass. soc. 26 octobre 2010, n° 09-15187, BC V n° 245 ; cass. soc. 19 mai 2016, n° 15-11047, BC V n° 104).

▶ Attention... La nullité d'un plan de départs volontaires entraîne celle des départs volontaires (cass. soc. 17 octobre 2018, n° 17-16869 FSPB). En l'espèce, le plan de départs volontaires avait été annulé en raison de l'insuffisance des mesures de reclassement externe.

Mesures réservées à certains salariés - Le PSE peut contenir des mesures réservées à certains salariés à la condition que tous les salariés de l'entreprise placés dans une situation identique puissent bénéficier de l'avantage accordé

(cass. soc. 16 janvier 2019, n° 17-17475 D). **Une différence de traitement peut toutefois être justifiée sous réserve de raisons objectives et pertinentes. Il est nécessaire que les règles déterminant les conditions d'attribution de cet avantage soient préalablement définies et contrôlables** (cass. soc. 10 juillet 2001, n° 99-40987, BC V n° 255 ; cass. soc. 9 juillet 2015, n° 14-16009, BC V n° 154).

Exemple

À la suite d'une réorganisation de ses fonctions, le poste d'un salarié a été supprimé et l'employeur lui a notifié son licenciement pour motif économique ; le salarié a saisi la juridiction prud'homale en invoquant notamment le principe d'égalité de traitement par rapport aux salariés licenciés à la suite de la fermeture de leur site, dans le cadre de la même procédure de licenciement économique collectif et pour lesquels le PSE prévoyait une indemnité spécifique de 10 000 €. Les juges ont relevé que le salarié dont le poste avait été supprimé avait été exposé, au même titre que les salariés dont le site avait été fermé, à un licenciement économique. Ils ont constaté que l'employeur n'avançait aucune explication objective et pertinente propre à justifier l'attribution aux seuls salariés concernés par la fermeture d'un site de l'indemnité spécifique prévue par le PSE. Il y avait donc possibilité pour ce salarié ne travaillant pas sur ce site mais licencié dans le cadre de la même procédure de licenciement de bénéficier de cette indemnité (cass. soc. 23 octobre 2013, n° 12-23457, BC V n° 243).

Dès lors qu'elle bénéficie à tous les salariés, une indemnité complémentaire de licenciement peut être plafonnée pour tous les salariés afin de privilégier les salariés percevant de bas salaires (cass. soc. 28 octobre 2015, n° 14-16115, BC V n° 206).

En outre, les salariés bénéficiant d'une préretraite ou d'une pension d'invalidité ont pu être exclus du droit à l'indemnité additionnelle mise en place par le PSE car ils se trouvent, après leur licenciement, dans une situation de précarité moindre que les salariés en activité qui perdent, après la rupture de leur contrat de travail, l'intégralité de leur salaire et donc l'essentiel de leurs revenus (cass. soc. 5 décembre 2012, n° 10-24204, BC V n° 321).

Pour la CJUE, si le PSE peut réduire le montant de l'indemnité additionnelle de licenciement en fonction de l'âge, il ne peut pas prendre en compte directement ou non le handicap pour la minorer (CJUE 6 décembre 2012, aff. C-152/11).

▶ À noter... L'égalité de traitement ne joue pas entre les salariés de PSE successifs. Lorsque deux procédures de licenciement économique successives ont lieu dans une même entreprise, les différences de traitement entre les salariés relevant donc de PSE distincts sont valables. Les salariés licenciés ne sont pas, en effet, dans une situation identique d'un PSE à l'autre. En application de cette règle, les salariés d'un premier PSE ne peuvent pas revendiquer le bénéfice d'une indemnité spécifique de « fermeture de site » versée aux salariés d'un second PSE intervenu un peu plus d'un an après. Il en est de même à propos d'une indemnité complémentaire et d'un congé de reclassement plus long (cass. soc. 29 juin 2017, n°s 15-21008 et 16-12007, BC V n° 109) ou d'un mécanisme de reprise d'ancienneté (cass. soc. 28 février 2018, n° 12-22234 D).

Par ailleurs, le PSE doit inclure des mesures visant « notamment [les] salariés âgés ou qui présentent des caractéristiques sociales ou de qualification rendant leur réinsertion professionnelle particulièrement difficile » (c. trav. art. L. 1233-61).

Mesures de mise en œuvre du congé de reclassement ou du CSP - Lorsque l'entreprise est tenue de proposer un *congé de reclassement ou un *contrat de sécurisation professionnelle** (CSP) au salarié licencié pour motif économique, les conditions de mise en œuvre l'un ou l'autre de ces dispositifs sont fixées dans le PSE** (CE 29 juin 2016, n° 389278).

Mesures précises facilitant le reclassement des salariés - Un PSE doit comporter des mesures précises et concrètes pour faciliter le reclassement du personnel et éviter ainsi des licenciements ou en limiter le nombre.

Par exemple, un plan ne comportant pas de précisions sur la nature des postes offerts ni sur le nombre de salariés concernés ou d'indications des entreprises du groupe susceptibles d'entrer dans le périmètre de reclassement interne ne répond pas à cette exigence (cass. soc. 19 mars 2002, n° 00-41614 D ; cass. soc. 3 décembre 2008, n° 07-40789 D). **Il en est de même lorsque l'employeur :**

- se cantonne à collecter les vœux des salariés et ne leur offre que des postes correspondant éventuellement à ces vœux (cass. soc. 4 mars 2009, n° 07-42381, BC V n° 57) ;

- se borne à prévoir la mise en place d'une cellule de reclassement sans indiquer le nombre, la nature et la localisation des postes de reclassement disponibles dans le groupe et à poser le principe d'un reclassement externe sans l'assortir d'aucune offre réelle (cass. soc. 9 avril 2014, n° 13-10437 D).

Cette exigence de précision a pour corollaire l'information du CSE sur le nombre, la nature et la localisation des emplois qui peuvent être proposés à l'intérieur de l'entreprise ou du groupe d'entre-

prises (cass. soc. 12 février 2003, n° 01-40342 D ; CE 4 mai 2016, n° 384094 D). **À défaut, le CSE est fondé à exiger l'annulation du PSE.**

▶ À noter… Tous les emplois disponibles n'ont pas à être mentionnés dans le PSE. Seuls les emplois disponibles en rapport avec les compétences des salariés et nécessitant au besoin une formation doivent y être indiqués (cass. soc. 27 mai 2015, n° 14-10766, BC V n° 104).

À l'inverse, si le plan contient des mesures précises propres à assurer le reclassement dans d'autres établissements (et à l'extérieur de l'entreprise), l'employeur respecte ses obligations, quand bien même, par la suite, le personnel n'accepterait pas les propositions faites (cass. soc. 20 avril 2005, n° 03-44429 D ; cass. soc. 16 décembre 2008, n° 07-45001 D).

Exemples

Des primes de départ volontaire et les dispositions relatives à la priorité de réembauchage ne constituent pas, à elles seules, des mesures de reclassement effectives (cass. soc. 13 février 1997, n° 95-16648, BC V n° 63). Un plan ne contenant que ces catégories de mesures n'est pas conforme à la loi.

Il en va de même d'un plan ne concernant que des dispositions relatives, par exemple, à la prise de congés de longue durée et à l'incitation à des départs volontaires hors de l'entreprise (cass. soc. 28 mars 2000, n° 98-40228, BC V n° 132).

Un PSE qui comprend un investissement important d'aide par le biais d'une cellule de reclassement, de recherche de solutions dans le groupe et dans des sociétés partenaires, de mesures destinées à favoriser le reclassement externe, de l'appel à la formation professionnelle, d'aide à la création d'entreprise est conforme aux exigences légales (cass. soc. 10 février 2010, n° 08-45207 D).

Constitue une mesure licite la mise en situation de recherche de reclassement pendant une période déterminée avec dispense d'activité et maintien de la rémunération dès lors que pendant cette période, l'employeur continue sa recherche d'un reclassement et que le plan prévoit les mesures nécessaires à cet effet (cass. soc. 14 février 2007, n° 05-45887, BC V n° 24).

Quand le reclassement est impossible, l'employeur devra, en cas de contentieux, être à même de prouver que ses recherches ont été vaines.

Catégories professionnelles visées - **Afin de déterminer si les postes de reclassement offerts sont de nature à permettre un reclassement efficace, l'employeur doit préciser les catégories professionnelles concernées par le projet de licenciement collectif** (cass. soc. 28 mars 2000, n° 98-40228, BC V n° 132).

La notion de catégories professionnelles, servant de base à l'établissement de l'*ordre des licenciements, concerne l'ensemble des salariés qui exercent, au sein de l'entreprise, des fonctions de même nature supposant une formation professionnelle commune** (cass. soc. 13 février 1997, n° 95-16648, BC V n° 63).

Caractéristiques des postes de reclassement - Le ou les postes de travail pouvant être proposés ne sont pas nécessairement identiques : ils doivent, en revanche, relever de la même catégorie d'emplois ou il faut qu'il s'agisse d'emplois équivalents, compatibles avec la qualification du salarié concerné.

À défaut d'emplois disponibles dans la même catégorie, il peut être proposé au salarié dont l'emploi est supprimé un emploi de catégorie inférieure, fût-ce par voie de modification d'un élément essentiel des contrats [voir *Licenciement économique (obligation de reclassement)**].

Refus par un salarié des mesures de reclassement - Un salarié menacé de licenciement pour motif économique est en droit de refuser toutes les mesures de reclassement qui lui sont proposées sans commettre de faute (cass. soc. 29 janvier 2003, n° 00-46322, BC V n° 28). Dans ce cas, si le licenciement est inévitable, il ne peut donc s'agir que d'un licenciement pour motif économique.

Pas de mention relative aux salariés licenciés - Le PSE n'a pas à contenir la liste des salariés dont le licenciement est envisagé : en effet, l'*ordre des licenciements** n'est dressé qu'au moment où les licenciements sont décidés, faute de reclassement possible avant leur mise en œuvre (cass. soc. 7 octobre 1998, n° 96-40424, BC V n° 404).

Suivi du plan de reclassement

Le projet de PSE doit déterminer les modalités de suivi de la mise en œuvre effective des mesures contenues dans le plan de reclassement. Ce suivi doit faire l'objet d'une consultation régulière et détaillée du CSE. Le DREETS est associé au suivi de ces mesures, l'employeur devant lui transmettre l'avis du CSE (c. trav. art. L. 1233-63 ; circ. DGEFP/DRT 2005-47 du 30 décembre 2005).

▶ À noter… Un PSE n'a pas à prévoir de modalités particulières de consultation du CSE dans le cadre du suivi des mesures de reclassement. L'absence de telles stipulations n'est pas de nature à justifier un refus de validation de l'accord. La consultation « régulière et détaillée du comité » peut donc intervenir dans le cadre des réunions périodiques habituelles du CSE (CE 7 février 2018, n° 403989). À notre sens, cette solution est transposable au PSE sous forme de document unilatéral (c. trav. art. L. 1233-24-4).

Validation ou homologation par le DREETS

Voir *Licenciement économique collectif (10 salariés ou plus dans une entreprise d'au moins 50 salariés)**.

Bilan de la mise en œuvre effective du PSE

Transmission au DREETS - Le DREETS reçoit un bilan, établi par l'employeur, de la mise en œuvre effective du PSE (c. trav. art. L. 1233-63).

L'employeur élabore ce bilan à la fin de la mise en œuvre des mesures de reclassement prévues au titre des contrats de sécurisation professionnelle ou des congés de reclassement (c. trav. art. L. 1233-65 et L. 1233-71). Il l'adresse au DREETS 1 mois après cette date par voie dématérialisée sur le « Portail RUPCO » (www.ruptures-collectives.emploi.gouv.fr.portail-pse.emploi.gouv.fr) (c. trav. art. D. 1233-14-4 ; arrêté du 21 octobre 2019, JO du 25, texte n° 13).

Contenu du bilan - Le contenu de la fiche descriptive relative au bilan de la mise en œuvre effective du PSE se décompose en trois grands thèmes (arrêté du 3 avril 2014, JO 2 mai) :
- le suivi du plan ;
- les mesures du PSE ;
- la situation des personnes à l'issue du PSE.

Mesures du plan - Concernant le bilan des mesures du PSE, doivent être mentionnés (arrêté du 3 avril 2014, JO 2 mai) :
- le nombre de mobilités/reclassements internes (dans l'entreprise, l'unité économique et sociale ou le groupe auquel l'entreprise appartient) ;
- les modalités de départ ;
- l'adhésion aux dispositifs d'accompagnement (contrat de sécurisation professionnelle, congé de reclassement ou congé de conversion) ;
- les mesures d'accompagnement à la mobilité externe.

Situation des bénéficiaires du plan au regard de l'emploi - Le bilan de la situation professionnelle des personnes à l'issue du PSE est examiné en prenant en compte l'efficience des mesures de reclassement dans les 6 premiers mois de mise en œuvre (arrêté du 3 avril 2014, JO 2 mai). Sont répertoriés le :
- nombre de personnes en CDI ;
- nombre de personnes ayant créé ou repris une entreprise ;
- nombre de personnes en CDD de 6 mois et plus ;
- nombre de personnes en CDD de moins de 6 mois ;
- et les autres situations (formation, retraite, préretraites d'entreprise ou recherche d'un emploi).

Plan insuffisant ou non-respect des engagements

Licenciement sans cause réelle et sérieuse - L'employeur est tenu à une obligation de loyauté envers les salariés et doit respecter les engagements qu'il a pris dans le cadre du PSE (cass. soc. 23 février 1994, n° 92-42896, BC V n° 67 ; cass. soc. 11 juin 2008, n° 07-40414, BC V n° 132). Un licenciement intervenu en méconnaissance de ces engagements peut être jugé sans cause réelle et sérieuse (cass. soc. 6 juin 2000, n° 98-42860, BC V n° 219 ; cass. soc. 21 juin 2006, n° 05-41995 D).

Exemples

L'employeur qui s'engage, dans le cadre d'un PSE, à ne pas licencier les deux membres des couples salariés de son entreprise limite par là même son pouvoir de licencier : il ne se contente pas d'ajouter un critère à l'ordre des licenciements. Dès lors, les licenciements effectués en violation de cet engagement sont sans cause réelle et sérieuse (cass. soc. 3 décembre 2008, n° 07-42473 D).

Il en est de même lorsqu'un délai de réflexion a été fixé dans le plan pour que le salarié se prononce sur les propositions de reclassement qui lui ont été faites et si l'employeur licencie l'intéressé avant la fin de ce délai (cass. soc. 16 mai 2007, n° 05-44085 D).

Versement de dommages-intérêts - L'employeur peut être condamné au versement de dommages-intérêts appréciés souverainement par les juges du fond (cass. soc. 19 janvier 2010, n° 08-44316 D).

Exemple

Un PSE prévoyait l'assistance par une antenne-emploi des salariés partant pour créer leur entreprise, ainsi que leur suivi pendant 2 ans par un cabinet extérieur. Or, une collaboratrice ayant créé son entreprise n'avait bénéficié d'aucune de ces mesures ; les juges ont condamné son ancien employeur à réparer le préjudice qu'elle avait subi (cass. soc. 12 juin 2001, n° 99-43329, BC V n° 218 ; cass. soc. 5 décembre 2007, n° 06-42300 D).

Prise d'acte de la rupture du contrat de travail injustifiée - Le fait pour l'employeur de ne pas répondre dans le délai prévu par le PSE à une demande de départ volontaire dans le cadre de ce plan ne justifie pas une *prise d'acte de la rupture** du contrat de travail. En effet, ce manquement de l'employeur ne faisait pas obstacle à la poursuite du contrat de travail de l'intéressé (cass. soc. 30 mars 2010, n° 08-44236, BC V n° 80).

Interdiction de renoncer aux clauses de non-concurrence - Faute d'avoir été notifié individuellement aux salariés intéressés, l'employeur ne peut pas se prévaloir à l'encontre de ces derniers de son engagement pris dans le cadre d'un PSE de renoncer à faire application des clauses de non-concurrence insérées dans les contrats de travail des salariés licenciés (cass. soc. 21 octobre 2009, n° 08-40828, BC V n° 228) [voir *Clause de non-concurrence (renonciation)**].

Engagements du précédent PSE à respecter - L'employeur demeure lié par les engagements qu'il a pris dans un précédent PSE (cass. soc. 25 novembre 2003, n° 01-17501, BC V n° 294).

Préjudice résultant de la privation des mesures du PSE

Les dommages et intérêts versés à des salariés licenciés en dehors de tout PSE réparent intégralement le préjudice résultant du caractère illicite du licenciement. Ces salariés ne peuvent donc pas demander par ailleurs des dommages et intérêts au titre du préjudice résultant de la privation des mesures du PSE (cass. soc. 14 septembre 2017, n° 16-11563, BC V n° 138).

Par contre, des salariés licenciés pour motif économique avant la mise en place du PSE peuvent demander réparation. Dans le cadre d'une procédure de fusion-absorption avec licenciement économique, les salariés transférés qui ont été licenciés avant d'avoir pu bénéficier du PSE peuvent, sous certaines conditions, demander réparation (cass. soc. 14 avril 2021, n° 19-19050 FSP). Dans le cas particulier de cette affaire, le transfert du contrat de travail du salarié était intervenu alors qu'un PSE était en cours d'élaboration dans l'entreprise absorbante de sorte que celle-ci était concernée par le projet de licenciement économique collectif. Le salarié pouvait donc prétendre à une indemnisation pour avoir été privé des mesures prévues dans le PSE conclu. La solution, en l'espèce, est pragmatique puisque, même si la procédure de licenciement avait été initiée par l'entreprise A (seulement quelques jours avant le transfert), c'est l'entreprise B qui, au final, avait prononcé le licenciement. Cette dernière aurait donc pu simplement attendre pour englober le salarié transféré dans son projet de licenciement collectif plutôt que de mener la procédure individuelle de licenciement à son terme.

Contentieux

Voir *Licenciement économique (contentieux collectif)**.

☞ *Licenciement économique (contentieux collectif) ; Licenciement économique (contentieux individuel) ; Licenciement économique collectif (10 salariés ou plus dans une entreprise d'au moins 50 salariés) ; Licenciement économique collectif (procédure applicable).*

Plateforme collaborative (travailleurs indépendants)

@ Cette étude est détaillée dans la version en ligne de ce Dictionnaire (voir www.rfsocial.com et www.rfeditions.com).

Pointage des salariés

Le pointage est une modalité d'enregistrement du temps de travail notamment utilisé en cas d'*horaires individualisés** [voir aussi *Horaires de travail (justification)**].

Mise en place et utilisation

Modalités - Si le décompte des heures de travail effectuées par chaque salarié est assuré par un système d'enregistrement automatique, celui-ci doit être fiable et infalsifiable (c. trav. art. L. 3171-4). Sur les modalités de mise en place, voir *Surveillance des salariés**.

Sur les obligations issues du *RGPD**, voir *Analyse d'impact des données**, *Données personnelles** et *Registre des activités de traitement**.

S'agissant en particulier de l'*analyse d'impact des données**, celle-ci ne doit être réalisée que si le système de pointage s'appuie sur un contrôle d'accès biométrique. En l'absence d'usage de la biométrie, le système de contrôle des horaires doit néanmoins être inscrit dans le *registre des activités de traitement** de données (www.cnil.fr).

Badgeuses photo - Il est possible d'utiliser des badgeuses photo mais un dispositif de contrôle des horaires de travail, collectant des données personnelles des salariés, doit respecter les principes de protection de ces données dont celui « de minimisation ». Ainsi, les données collectées doivent être adéquates, pertinentes et limitées à ce qui est nécessaire pour procéder à ce contrôle (règlt UE 2016/679 du 27 avril 2016, art. 5 (1, c), JOUE 4 mai 2016). L'employeur ne doit collecter que les données dont il a réellement besoin (référentiel CNIL relatif aux traitements de données à caractère personnel mis en œuvre aux fins de gestion du personnel gestion du personnel, § 5).

La collecte obligatoire et systématique, plusieurs fois par jour, de la photographie des salariés à chacun de leur pointage peut donc être excessive (« Badgeuses photo : mise en demeure de plusieurs employeurs pour collecte excessive de données », www.cnil.fr). Dans une affaire qui lui était soumise, la CNIL a mis des entreprises utilisant des badgeuses photos en demeure de se mettre en conformité avec le RGPD dans un délai de 3 mois.

Emplacement - L'implantation des appareils de pointage relève du pouvoir de direction de l'employeur. Des syndicats ne peuvent donc pas demander la modification de leur emplacement en justice même en raison de l'éloignement entre les pointeuses et les vestiaires ou les salles de pause (cass. soc. 13 juillet 2004, n° 02-15142, BC V n° 205).

Défaut ou refus de pointage - Le défaut de pointage ou des pointages frauduleux peuvent constituer un motif de sanction disciplinaire voire de *licenciement**, sous réserve toutefois que l'ensemble des règles liées à la mise en place d'un tel dispositif ait été respecté (cass. soc. 6 avril 2004, n° 01-45227, BC V n° 103).

Temps de déplacement - Le temps de déplacement entre les vestiaires et la pointeuse, pour des salariés astreints au port d'une tenue de travail, n'est pas un temps de déplacement professionnel au sens du code du travail (c. trav. art. L. 3121-4 ; cass. soc. 13 juillet 2004, n° 02-15142, BC V n° 205).

La circonstance que le salarié soit astreint au port d'une tenue de travail ne permet pas nécessairement de considérer ce temps de déplacement au sein de l'entreprise comme du temps de travail effectif. Il s'agit de temps de travail effectif si les critères sont réunis c'est-à-dire lorsque les salariés sont, pendant ce temps, à la disposition de l'employeur et se conforment à ses directives sans pouvoir vaquer librement à des occupations personnelles (c. trav. art. L. 3121-1 ; cass. soc. 31 octobre 2007, n° 06-13232, BC V n° 182 ; cass. soc. 13 janvier 2009, n° 07-40638 D).

Il est recommandé aux employeurs de se reporter aux conventions et accords collectifs applicables à leur entreprise pour vérifier les dispositions conventionnelles sur ce point.

Élément de preuve

Le fait que l'employeur connaisse, par les fiches de pointage du salarié, les nombreuses *heures supplémentaires** effectuées, sans s'être opposé à leur exécution, peut constituer la preuve de son accord tacite à la réalisation de ces heures (cass. soc. 2 juin 2010, n° 08-40628, BC V n° 124).

Les données issues du pointage ne peuvent en principe servir de preuve du temps de travail que si le dispositif a été mis en place en respectant toutes les règles applicables en la matière (cass. soc. 2 novembre 2016, n° 15-20540 D). Sur la preuve des heures travaillées, voir aussi *Temps de travail (preuve)**.

☞ *Horaires de travail (justification).*

Pôle Emploi

@ Cette étude est détaillée dans la version en ligne de ce Dictionnaire (voir www.rfsocial.com et www.rfeditions.com).

Pont (journée de)

Définition

On parle de pont pour une journée (ou 2 journées) non travaillée comprise entre un jour ou des *jours fériés** chômés et un jour de *repos hebdomadaire** ou un autre jour chômé de la semaine (ex. : samedi ou lundi).

La journée de pont peut être chômée sur décision de l'employeur qui accorde une journée de repos payée ou qui prévoit sa récupération *(voir ci-après)*, au titre d'une journée de congés payés posée par le salarié, avec l'accord de l'employeur.

En revanche, l'employeur ne peut pas imputer sur les congés payés une journée chômée en raison d'un pont (cass. soc. 17 avril 1986, n°s 83-45788 et 83-45809, BC V n° 158).

▶ À noter... La *journée de solidarité** ne peut pas remettre en cause un jour de pont rémunéré en vertu d'un accord collectif (cass. soc. 12 juin 2013, n° 10-26175 D).

Récupération d'un pont

Hypothèse de récupération - Les heures perdues à la suite du chômage d'un ou de 2 jours ouvrables entre un jour férié et un jour de repos hebdomadaire (ou d'un jour précédant les congés payés annuels) peuvent être récupérées (c. trav. art. L. 3121-50). Peu importe que le ou les 2 jours ouvrables précèdent le jour férié.

Un même jour férié, ou un même jour de repos, ne peut permettre la récupération des heures perdues à la fois pour les jours ouvrables qui le précèdent et ceux qui suivent (cass. soc. 18 mai 1999, n° 97-13131, BC V n° 224).

Décision de la récupération - C'est l'employeur qui décide d'accorder « le pont », c'est-à-dire de faire chômer cette journée (c. trav. art. L. 3121-50). Il doit accomplir les mêmes formalités que pour une modification collective de l'*horaire de travail**. Pour ce faire, il est nécessaire que les heures perdues un jour de pont aient eu pour effet de réduire à moins de 35 h la durée hebdomadaire du travail.

Un accord collectif ou une convention collective peut également attribuer un ou plusieurs ponts dans l'année.

Modalités de la récupération - Des dispositions conventionnelles peuvent fixer les modalités de récupération des heures perdues. Ces dispositions sont celles d'un accord collectif d'entreprise ou d'établissement ou, à défaut, d'une convention ou d'un accord de branche : depuis le 1.01.2017, l'accord d'entreprise ou d'établissement prime sur l'accord de branche (c. trav. art. L. 3121-51).

À défaut d'accord, l'entreprise applique les modalités réglementaires (voir *Heures de récupération**).

Incidences

Congés payés - Les jours de pont inclus dans une période de congés payés doivent être considérés comme des *jours ouvrables**.

Maladie - Une décision de récupération régulièrement prise par l'employeur s'impose aux salariés qui, lors de l'interruption collective de travail, étaient absents pour maladie (cass. soc. 5 juillet 1982, n° 80-40029, BC V n° 449).

☛ *Congés payés (prise et report) ; Jours fériés.*

Portage salarial

Le portage salarial correspond à (c. trav. art. L. 1254-1 et L. 1254-7) :

- d'une part, la relation entre une entreprise dénommée « entreprise de portage salarial » effectuant une prestation au profit d'une entreprise cliente, qui donne lieu à la conclusion d'un contrat commercial de prestation de portage salarial ;
- d'autre part, le contrat de travail, à durée déterminée ou indéterminée, conclu entre l'entreprise de portage salarial et un salarié désigné comme étant le « salarié porté », lequel est rémunéré par cette entreprise.

Dès lors qu'elle est exécutée dans les conditions légales, la prestation de portage n'est ni un prêt de main-d'œuvre illicite ni du marchandage prohibé (c. trav. art. L. 1254-6).

Une convention collective nationale, entrée en vigueur à compter du 1.07.2017, régit les relations entre les entreprises de portage salarial et les salariés portés (CCN des salariés en portage salarial du 22 mars 2017, étendue par arrêté du 28 avril 2017, JO du 30).

Sur les sanctions pénales applicables en cas de non-respect des règles relatives au portage salarial, voir le tableau reproduit dans cette étude.

Conditions d'exercice et de recours

Conditions relatives à l'entreprise de portage - L'activité d'entrepreneur de portage salarial :

- nécessite une déclaration préalable auprès de l'inspection du travail (c. trav. art. L. 1254-27, R. 1254-3, R. 1254-4 et R. 1254-5) ;
- doit être exercée à titre exclusif, seule une entreprise de portage salarial pouvant donc conclure des contrats de travail en portage salarial (c. trav. art. L. 1254-24).

L'entreprise de portage est tenue de :

- justifier, à tout moment, d'une garantie financière dont le montant est fixé réglementairement (c. trav. art. L. 1254-26 et D. 1254-1 ; CE 31 mars 2017, n° 400747) ;

- fournir à l'entreprise cliente du salarié porté, sur sa demande, une attestation des organismes de sécurité sociale précisant sa situation au regard du recouvrement des prélèvements dus à ces organismes (c. trav. art. L. 1254-26).

▶ À noter… Le secteur du travail temporaire a conclu, le 24.06.2010, un accord de branche en vue de préciser les modalités de recours au portage salarial (accord relatif à l'activité de portage salarial du 24 juin 2010). L'arrêté d'extension de cet accord collectif a été annulé par le Conseil d'État (arrêté du 24 mai 2013, JO 8 juin ; CE 7 mai 2015, n° 370986). Toutefois, le Conseil d'État estime que, sous réserve des actions contentieuses déjà engagées, les contrats de portage conclus avant le 1.01.2015 sur la base de l'accord étendu étaient valables.

Possibilité de conclure un contrat de professionnalisation - À titre expérimental, du 1.01.2021 au 31.12.2023, une entreprise de portage salarial est autorisée à conclure un contrat de professionnalisation à durée déterminée d'une durée de 6 à 24 mois (loi 2020-1577 du 14 décembre 2020, art. 16, JO du 15). Sur les conditions de cette expérimentation, voir *Contrat de professionnalisation**.

Conditions relatives à l'entreprise cliente - L'entreprise cliente ne peut recourir au portage salarial que pour :
- la réalisation de tâches occasionnelles ne relevant pas de son activité normale et permanente (c. trav. art. L. 1254-3) ;
- ou pour une prestation ponctuelle nécessitant une expertise dont elle ne dispose pas en interne (c. trav. art. L. 1254-3) ;
- une prestation n'excédant pas 36 mois (c. trav. art. L. 1254-4).

Le recours au portage ne peut pas avoir pour objet (c. trav. art. L. 1254-4) :
- de remplacer un salarié gréviste ;
- d'effectuer certains travaux particulièrement dangereux, sauf dérogation dans les conditions prévues par la réglementation (c. trav. art. L. 4154-1).

Le portage salarial ne peut pas non plus être utilisé pour les activités de services à la personne (c. trav. art. L. 1254-5).

▶ Attention… Le *comité social et économique** (CSE) de l'entreprise ayant recours au portage salarial a la possibilité de saisir l'inspection du travail en cas de recours abusif à ce type de prestation (c. trav. art. L. 2312-71).

Conditions relatives au salarié porté - L'accès au portage est réservé aux salariés justifiant d'une expertise, d'une qualification et d'une autonomie qui leur permet de rechercher eux-mêmes leurs clients et de convenir avec eux des conditions d'exécution de leur prestation et de son prix (c. trav. art. L. 1254-2).

L'entreprise de portage n'est pas tenue de fournir du travail au salarié porté (c. trav. art. L. 1254-2).

Contrat commercial entre l'entreprise de portage et l'entreprise cliente

Caractéristiques du contrat - L'entreprise de portage salarial conclut avec l'entreprise cliente du salarié porté un contrat commercial de prestation de portage salarial, au plus tard dans les 2 jours ouvrables suivant le début de la prestation. Ce contrat, nécessairement écrit, reprend les éléments essentiels de la négociation de la prestation entre le salarié porté et l'entreprise cliente (c. trav. art. L. 1254-22). Il doit comporter les clauses et mentions suivantes (c. trav. art. L. 1254-23) :
- identité du salarié porté ;
- descriptif des compétences, des qualifications et des domaines d'expertise du salarié porté ;
- descriptif de la prestation et conditions d'exécution par le salarié porté ;
- date du terme de la prestation et, le cas échéant, durée minimale de la prestation lorsque le terme est incertain et lié à la réalisation de la prestation ;
- prix de la prestation convenu entre le salarié porté et l'entreprise cliente ;
- responsabilité de l'entreprise cliente relative aux conditions d'exécution du travail du salarié porté, en particulier sur les questions liées à sa santé, à sa sécurité et à la durée du travail, pendant l'exécution de sa prestation dans ses locaux ou sur son site de travail ;
- s'il y a lieu, nature des équipements de protection individuelle mis à disposition par l'entreprise cliente ;
- identité du garant financier de l'entreprise de portage salarial ;
- identité de l'assureur et numéro d'assurance garantissant la responsabilité civile souscrite pour le compte du salarié porté pour les dommages provoqués dans l'entreprise cliente pendant l'exécution de la prestation.

Copie communiquée au salarié - L'entreprise de portage adresse au salarié porté par tout moyen une copie du contrat commercial, dans le délai de 2 jours ouvrables suivant le début de la prestation (c. trav. art. L. 1254-22).

Rupture du contrat commercial - La seule rupture du contrat commercial n'entraîne pas la rupture du contrat de travail du salarié porté, que celui-ci soit en contrat à durée déterminée (CDD) ou en contrat à durée indéterminée (CDI) (c. trav. art. L. 1254-8).

Contrat de travail à durée déterminée de portage

Cas de recours - Le CDD de portage salarial est conclu entre l'entreprise de portage salarial et le salarié porté pour la réalisation d'une prestation dans une entreprise cliente (c. trav. art. L. 1254-10).

Règles applicables - Le CDD conclu entre le salarié porté et l'entreprise de portage échappe au droit commun du CDD, à l'exception des dispositions relatives (c. trav. art. L. 1254-18) :
- à la période d'essai (voir *Contrat de travail à durée déterminée**) (c. trav. art. L. 1242-10) ;
- à l'indemnité compensatrice de congés payés (c. trav. art. L. 1242-16) ;
- aux conditions de rupture anticipée [voir *Contrat de travail à durée déterminée (rupture anticipée)**] (c. trav. art. L. 1243-1 à L. 1243-4) ;
- à certaines dispositions relatives à l'échéance du terme (conditions du non-renouvellement en cas de suspension consécutive à un accident du travail ou à une maladie professionnelle, respect de la procédure protectrice pour les titulaires d'un mandat, principe selon lequel la suspension du contrat ne fait pas obstacle à l'échéance du terme) [voir *Contrat de travail à durée déterminée (durée)**] (c. trav. art. L. 1243-5 et L. 1243-6) ;
- à l'indemnité de fin de contrat [voir *Contrat de travail à durée déterminée (indemnité de fin de contrat)**] (c. trav. art. L. 1242-8).

Terme précis - En principe, le terme du CDD doit être fixé avec précision dès sa conclusion (c. trav. art. L. 1254-11). Dans ce cas, le contrat est renouvelable deux fois pour une durée déterminée qui, ajoutée à la durée du contrat initial, ne peut excéder la durée maximale de 18 mois *(voir ci-après)*, sous réserve du report éventuel du terme en fin de contrat. Les conditions de renouvellement sont stipulées dans le contrat ou font l'objet d'un avenant soumis au salarié avant le terme initialement prévu (c. trav. art. L. 1254-17).

Terme imprécis - Par exception, le CDD de portage peut être à terme imprécis lorsque le terme de l'objet pour lequel il a été conclu n'est pas connu. Le contrat est alors conclu pour une durée minimale et il a pour terme la réalisation de l'objet pour lequel il a été conclu (c. trav. art. L. 1254-11). Le renouvellement est impossible en cas de terme imprécis.

Durée maximale - La durée totale du CDD de portage ne peut excéder 18 mois compte tenu, le cas échéant, de son renouvellement.

Par dérogation, pour permettre au salarié porté de prospecter de nouveaux clients, le terme du contrat peut être reporté par accord entre l'entreprise de portage salarial et le salarié porté pour une durée maximale de 3 mois (c. trav. art. L. 1254-13).

Contenu du contrat - Le CDD est établi par écrit avec la mention « contrat de travail en portage salarial à durée déterminée » (c. trav. art. L. 1254-14).

Il comporte des mentions relatives à la relation entre l'entreprise de portage et le salarié, ainsi qu'à la prestation de services objet du contrat (c. trav. art. L. 1254-15) :
- date du terme et, le cas échéant, clause de renouvellement lorsque le contrat comporte un terme précis ;
- modalités de calcul et de versement de la rémunération, de l'indemnité d'apport d'affaire, des charges sociales et fiscales, des frais de gestion et, le cas échéant, des frais professionnels ;
- s'il y a lieu, modalités de déduction des frais professionnels ;
- descriptif des compétences, des qualifications et des domaines d'expertise du salarié porté ;
- durée de la période d'essai éventuellement prévue ;
- modalités d'acquisition, de prise et de paiement des congés payés (c. trav. art. L. 3141-1 et s.) ;
- nom et adresse de la caisse de retraite complémentaire ainsi que, le cas échéant, de l'organisme de prévoyance dont relève l'entreprise de portage salarial ;
- périodicité de l'établissement par le salarié porté de comptes rendus d'activité ;
- identité du garant financier de l'entreprise de portage salarial.

Le CDD comporte également des clauses et des mentions relatives à la réalisation de la prestation de services de portage salarial :
- identité et adresse de l'entreprise cliente ;
- descriptif de l'objet de la prestation et conditions d'exécution par le salarié porté ;
- durée de la prestation ;
- le cas échéant, durée minimale de la prestation et nature de l'événement ou du résultat objec-

tif déterminant la fin de la relation contractuelle, lorsque le terme est incertain et lié à la réalisation de la prestation ;
- prix de la prestation convenu entre le salarié porté et l'entreprise cliente comprenant notamment le montant de la rémunération, de l'indemnité d'apport d'affaire, des prélèvements sociaux et fiscaux, des frais de gestion et, le cas échéant, des frais professionnels ;
- responsabilité de l'entreprise cliente relative aux conditions d'exécution du travail du salarié porté, en particulier sur les questions liées à sa santé, à sa sécurité et à la durée du travail, pendant l'exécution de sa prestation dans ses locaux ou sur son site de travail ;
- s'il y a lieu, nature des équipements de protection individuelle mis à disposition par l'entreprise cliente ;
- identité de l'assureur et numéro d'assurance garantissant la responsabilité civile souscrite pour le compte du salarié porté pour les dommages provoqués dans l'entreprise cliente pendant l'exécution de la prestation.

Transmission au salarié - L'entreprise de portage doit transmettre le CDD au salarié au plus tard dans les 2 jours ouvrables de sa conclusion (c. trav. art. L. 1254-16).

Contrat de travail à durée indéterminée de portage

Objet du contrat - Le contrat de travail de portage salarial à durée indéterminée est conclu entre l'entreprise de portage salarial et le salarié porté pour la réalisation de prestations dans une ou plusieurs entreprises clientes (c. trav. art. L. 1254-19).

Règles applicables - Sous réserve de certaines spécificités *(voir ci-après)*, le contrat de travail de portage salarial à durée indéterminée est soumis à l'essentiel des règles de droit commun qui régissent tout contrat de travail (c. trav. art. L. 1254-19).

Contenu du contrat - En cas d'embauche en CDI, le contrat est établi par écrit avec la mention « contrat de travail en portage salarial à durée indéterminée » (c. trav. art. L. 1254-20). Il comporte des mentions relatives à la relation entre l'entreprise de portage et le salarié (c. trav. art. L. 1254-21) :
- modalités de calcul et de versement de la rémunération due au salarié porté pour la réalisation de la prestation, de l'indemnité d'apport d'affaire, des prélèvements sociaux et fiscaux, des frais de gestion et, le cas échéant, des frais professionnels (ces modalités sont appliquées au prix de chaque prestation convenu entre le salarié porté et l'entreprise cliente) ;
- s'il y a lieu, modalités de déduction des frais professionnels ;
- descriptif des compétences, des qualifications et des domaines d'expertise du salarié porté ;
- modalités d'acquisition, de prise et de paiement des congés payés déterminés en fonction de la prestation réalisée conformément aux dispositions des articles L. 3141-1 et suivants (application du régime de droit commun des congés payés) ;
- durée de la période d'essai éventuellement prévue ;
- nom et adresse de la caisse de retraite complémentaire ainsi que, le cas échéant, de l'organisme de prévoyance dont relève l'entreprise de portage salarial ;
- périodicité de l'établissement par le salarié porté de comptes rendus d'activité ;
- identité du garant financier de l'entreprise de portage salarial.

Rémunération, congé et durée du travail

Rémunération minimale - Le salarié porté bénéficie d'une rémunération minimale définie par la CCN des salariés en salarial (CCN des salariés en portage salarial du 22 mars 2017, étendue par arrêté du 28 avril 2017, JO du 30).

En l'absence d'accord de branche étendu, le montant de la rémunération mensuelle minimale serait fixé à 75 % de la valeur mensuelle du plafond de la sécurité sociale pour une activité équivalant à un temps plein (c. trav. art. L. 1254-2).

Pour le salarié porté en CDI, les périodes sans prestation auprès d'une entreprise cliente ne sont pas rémunérées (c. trav. art. L. 1254-21).

Indemnité d'apport d'affaire - En plus de la rémunération *(voir ci-avant)*, le salarié porté a droit à une indemnité d'apport d'affaire dont le montant est défini par accord de branche étendu. À défaut, ce montant est fixé à 5 % de la rémunération due au salarié porté (c. trav. art. L. 1254-9).

Durée du travail - Le régime légal du portage salarial ne fixe pas de règles spécifiques en matière de durée du travail du salarié porté. À notre sens, les règles de droit commun trouvent donc à s'appliquer.

Congé pour événement familial - Les dispositions du code du travail relatives aux congés sont applicables aux entreprises de portage salarial ainsi qu'aux salariés portés (c. trav. art. L. 3111-1 ; cass. avis 11 février 2021, n° 20-70005 PI).

Le salarié porté, qui effectue une prestation pour une entreprise cliente lorsque survient un des événements familiaux ouvrant droit à une autorisation exceptionnelle d'absence, bénéficie donc de jours d'absence dans les conditions prévues par la loi et sans réduction de sa rémunération (voir *Congé pour événement familial**). Ces jours d'absence, assimilés à du temps de travail effectif, doivent pris en compte pour la détermination de la durée du congé annuel.

Le salarié porté ne pouvant prétendre à un congé à l'occasion d'un événement familial que si cet événement survient alors qu'il effectue une prestation pour une entreprise cliente, les dispositions relatives à la non rémunération des périodes sans prestation à une entreprise cliente de l'article L. 1254-21 du code du travail *(voir ci-avant)* n'ont pas vocation à s'appliquer dans cette hypothèse.

Statut du salarié porté

Compte d'activité - L'entreprise de portage salarial met en place et gère pour chaque salarié porté un compte d'activité (c. trav. art. L. 1254-25). Ainsi, l'employeur informe le salarié porté une fois par mois des éléments imputés sur ce compte, notamment :

- de tout versement effectué par l'entreprise cliente à l'entreprise de portage au titre de la réalisation de sa prestation ;
- du détail des frais de gestion ;
- des frais professionnels ;
- des prélèvements sociaux et fiscaux ;
- de la rémunération nette ;
- du montant de l'indemnité d'apport d'affaire.

Effectif de l'entreprise de portage - Pour calculer l'*effectif** d'une entreprise de portage salarial, il est tenu compte (c. trav. art. L. 1254-29) :

- des salariés permanents fonctionnels de cette entreprise déterminés selon les règles de droit commun (c. trav. art. L. 1111-2) ;
- des salariés portés qui ont effectué des prestations de portage salarial dans le cadre de contrats de travail conclus avec cette entreprise pendant une durée d'au moins 3 mois au cours de la dernière année civile.

Pour la mise en place de la participation à partir de 50 salariés, l'effectif des salariés employés habituellement est calculé en ajoutant au nombre de ses salariés permanents le nombre moyen par jour ouvrable des salariés qui ont effectué des prestations de portage salarial dans le cadre d'un contrat de travail conclu avec cette entreprise au cours de l'exercice (c. trav. L. 3322-4-1).

Calcul de l'ancienneté - Dans l'entreprise de portage salarial, l'ancienneté du salarié porté se calcule en appliquant les règles suivantes :

- pour l'application des dispositions légales qui se réfèrent à une condition d'ancienneté, les périodes pendant lesquelles le salarié a effectué des prestations de portage salarial dans le cadre de contrats de travail conclus avec cette entreprise de portage sont totalisées (c. trav. art. L. 1254-30) ;
- pour l'ouverture du droit à congé de formation, des modalités identiques s'appliquent (c. trav. art. L. 1254-31) ;
- pour les élections professionnelles, l'ancienneté requise est de 3 mois pour être électeur et de 6 mois pour être éligible, l'ancienneté s'appréciant en totalisant les périodes pendant lesquelles le salarié a effectué des prestations de portage dans le cadre de contrats de travail conclus avec l'entreprise de portage au cours des 12 mois précédant l'élection pour l'électorat et des 18 mois pour l'éligibilité (ce délai est réduit à 6 mois en cas de création d'entreprise ou d'ouverture d'établissement) ; de plus, pour être électeur ou éligible à une élection donnée, le salarié doit effectuer une prestation de portage pour l'entreprise lors de l'établissement des listes électorales (c. trav. art. L. 2314-17-1, L. 2314-18-2, L. 2324-16-1 et L. 2324-17-2) ;
- pour l'épargne salariale, le salarié porté est réputé compter 3 mois d'ancienneté dans l'entreprise de portage ou dans le groupe qui l'emploie s'il a réalisé une prestation dans une entreprise cliente pendant une durée totale d'au moins 60 jours au cours du dernier exercice (c. trav. art. L. 3342-1).

Médecine du travail - Les obligations relatives à la médecine du travail (organisation de la visite d'information et de prévention, des visites périodiques, etc.) sont à la charge de l'entreprise de portage salarial (c. trav. art. L. 1254-28).

Attestation d'assurance chômage - En cas de rupture du contrat de travail de portage, le salarié porté se voir remettre une *attestation d'assurance chômage** par l'entreprise de portage salarial.

Rôle du CSE

Dans le cadre de la consultation sur la politique sociale de l'entreprise, les conditions de travail et l'emploi, l'employeur met à la disposition du CSE, via la *base de données économiques, sociales et environnementales (BDESE)**, des informations portant notamment sur le recours aux contrats conclus avec une entreprise de portage salarial (c. trav. art. L. 2323-26).

Non-respect des règles du portage salarial : sanctions pénales	
À l'encontre de l'entrepreneur de portage salarial	
Faits incriminés	**Sanctions (1) (2)**
Exercice de l'activité de portage salarial : Non-respect des conditions d'exercice de l'activité de portage salarial (c. trav. art. L. 1255-14 et L. 1254-24). Absence de déclaration préalable de l'activité ou de garantie financière (c. trav. art. L. 1255-14, L. 1254-26 et L. 1254-27). Pour une entreprise autre qu'une entreprise de portage salarial, conclusion d'un contrat de travail en portage salarial sans remplir les conditions requises pour exercer cette activité (c. trav. art. L. 1255-15, L. 1254-24 à L. 1254-27).	3 750 € d'amende
Obligations à l'égard du salarié porté : Ne pas signer de contrat de travail avec le salarié porté (c. trav. art. L. 1254-7 et L. 1255-14). Ne pas transmettre le contrat au salarié porté au plus tard dans les 2 jours ouvrables suivant sa conclusion (c. trav. art. L. 1255-14 et L. 1254-16). Conclure un contrat de travail en portage salarial (c. trav. art. L. 1255-14) : - pour une activité de services (c. trav. art. L. 1254-5) ; - sans la mention obligatoire « contrat de travail en portage salarial à durée indéterminée (ou déterminée) » (c. trav. art. L. 1255-14 et L. 1254-20) ; - sans les autres clauses et mentions obligatoires (contrat à durée indéterminée ou à durée déterminée) (c. trav. art. L. 1254-15 et L. 1254-21). Conclure un contrat de travail en portage salarial à durée déterminée (c. trav. art. L. 1255-14) : - sans terme précis ou sans durée minimale pour un contrat ne comportant pas un terme précis (c. trav. art. L. 1254-11) (1) ; - sans respecter les durées maximales (c. trav. art. L. 1254-12, L. 1254-13 et L. 1254-17). Absence de mise en place et de gestion du compte d'activité du salarié porté (c. trav. art. L. 1255-14 et L. 1254-25). Non-respect des obligations relatives à la médecine du travail (c. trav. L. 1255-14 et L. 1254-28, L. 4121-1 à L. 4121-5).	3 750 € d'amende
Relations avec l'entreprise cliente : Absence de conclusion du contrat commercial de prestation de portage salarial dans les 2 jours ouvrables suivant le début de la prestation ou absence de fourniture d'une copie de ce contrat au salarié porté dans le même délai (c. trav. art. L. 1255-14 et L. 1254-22). Conclusion d'un contrat commercial de prestation de portage salarial sans les mentions obligatoires (c. trav. art. L. 1255-14 et L. 1254-23).	3 750 € d'amende
À l'encontre de l'entreprise cliente	
Faits incriminés	**Sanctions (1) (2)**
Recours à un salarié porté en dehors des conditions et cas autorisés (c. trav. art. L. 1254-3 à L. 1254-5 et L. 1255-16). Absence de conclusion avec l'entreprise de portage salarial du contrat commercial de prestation de portage salarial dans les 2 jours ouvrables suivant le début de la prestation (c. trav. art. L. 1254-22 et L. 1255-16). Conclusion avec l'entreprise de portage salarial d'un contrat commercial de prestation de portage salarial sans les mentions requises (c. trav. art. L. 1254-23 et L. 1255-16).	3 750 € d'amende

(1) S'agissant d'une entreprise de portage salarial ou d'une entreprise cliente, la récidive est punie de 6 mois d'emprisonnement et de 7 500 € d'amende (c. trav. art. L. 1255-14 et L. 1255-15). S'agissant d'une entreprise de portage salarial, le juge peut en outre prononcer l'interdiction d'exercer l'activité de portage salarial pour une durée de 2 à 10 ans (c. trav. art. L. 1255-14). Le fait de méconnaître cette interdiction est puni de 6 mois d'emprisonnement et de 6 000 € d'amende (c. trav. art. L. 1255-17).
(2) Dans tous les cas, la juridiction peut ordonner des peines complémentaires (ex. : affichage ou diffusion de l'intégralité ou d'une partie de la décision aux frais de l'entrepreneur de portage salarial ou de l'entreprise cliente condamnée et insertion dans la presse) (c. trav. L. 1255-18).

Pourboires

Salaires ou libéralités

Dans certaines professions où les salariés sont en contact avec la clientèle (ex. : hôtels, cafés et restaurants, salons de coiffure, spectacles), les pourboires constituent leur seule rémunération ou s'ajoutent à leur salaire fixe.

Dans les deux cas, ils ont le caractère d'un salaire (salaire principal ou complément de salaire) s'ils sont prévus dans la convention collective ou le contrat de travail ou s'ils résultent d'un usage de la profession.

En revanche, le pourboire « supplémentaire » éventuellement remis par le client en sus du pourboire obligatoire conserve le caractère de libéralité (c. trav. art. L. 3244-1 et L. 3244-2).

Sauf dans le cas où un salaire minimum a été garanti par l'employeur, les pourboires ne doivent pas être confondus avec le salaire fixe, ni lui être substitués (c. trav. art. L. 3244-2). Par conséquent, lorsque l'employeur ne peut justifier d'aucun salaire minimum garanti, il ne peut pas déduire les pourboires du salaire fixe (cass. soc. 16 décembre 2015, n° 14-19073, BC V n° 272).

Contrôle et répartition

Rôle de l'employeur - Lorsque l'employeur centralise les pourboires versés par la clientèle, toutes les perceptions faites « pour le service » ainsi que toutes les sommes remises volontairement par les clients doivent être intégralement versées au personnel en contact avec la clientèle à qui celle-ci avait coutume de les remettre directement (c. trav. art. L. 3244-1 ; cass. soc. 29 septembre 2004, n° 02-43500, BC V n° 235).

La direction ne peut pas se réserver un certain pourcentage (cass. soc. 19 juin 1990, n° 87-41769, BC V n° 292).

Exemple

Les managers ayant pour mission principale l'encadrement et le contrôle des établissements, et dont les fonctions « de service en salle » ne sont qu'accessoires et limitées aux hypothèses de remplacement d'un salarié absent, ne peuvent percevoir un pourcentage de pourboires, à défaut d'être habituellement en contact avec la clientèle (cass. soc. 14 novembre 2013, n° 12-16805, BC V n° 261).

L'employeur est tenu de justifier de l'encaissement et de la remise aux salariés des pourboires (c. trav. art. R. 3244-1).

Salariés concernés - Les catégories de personnel qui doivent prendre part à la répartition sont déterminées par les conventions collectives ou, à défaut, par des décrets (c. trav. art. R. 3244-2).

Ni l'employeur, ni un accord d'entreprise ne peuvent répartir les pourboires entre des salariés qui ne sont pas en contact avec la clientèle (cass. soc. 6 mai 1998, n° 96-40077, BC V n° 227 ; cass. soc. 18 juillet 2001, n° 99-41214, BC V n° 277).

Incidences diverses

Inclusion dans l'assiette des cotisations de sécurité sociale - Les pourboires constituent du salaire soumis aux cotisations sociales, à la CSG, à la CRDS et à l'impôt sur le revenu (c. séc. soc. art. L. 136-1-1, I et L. 242-1, I), ainsi qu'à l'ensemble des cotisations, contributions et taxes calculées sur la même assiette (assurance chômage, AGS, versement mobilité, contribution solidarité autonomie, FNAL, retraite complémentaire, etc.).

▶ Attention… Sur le dispositif exceptionnel d'exonération sociale et fiscale pour 2022 et 2023 applicable à certains salariés, voir Dictionnaire Paye, « Pourboires » (loi 2021-1900 du 30 décembre 2021, JO du 31).

S'ils sont centralisés par l'employeur, ils s'ajoutent à la rémunération soumise aux cotisations sociales, à la CSG et à la CRDS pour la part revenant à chaque salarié (arrêté du 28 mars 1956).

Lorsqu'ils sont perçus directement par le salarié et que l'employeur n'en connaît pas le montant, l'assiette des cotisations ne peut pas être inférieure à l'assiette minimale, c'est-à-dire le SMIC ou le minimum conventionnel augmenté des majorations légales ou conventionnelles. Le salarié a l'obligation de reverser à l'employeur la part salariale des cotisations (c. séc. soc. art. L. 241-7).

▶ À noter… Des règles particulières sont applicables à certains personnels (ex. : hôtels, cafés, restaurants).

Heures supplémentaires - Les salariés payés en pourcentage sur le service peuvent bénéficier du régime des *heures supplémentaires**. Peu importe, en effet, le mode de rémunération (cass. soc. 17 décembre 1996, n° 93-42003, BC V n° 448).

Lorsqu'un salarié est rémunéré en totalité par un « pourcentage service », il ne peut prétendre qu'à la majoration applicable aux heures supplémentaires effectuées, et non au paiement de ces heures, qui sont réputées être payées par les pourboires (cass. soc. 20 janvier 2021, n° 19-21755 FSP).

Indemnité de congés payés - Pour le personnel rémunéré au pourboire, la base de calcul de l'indemnité de *congés payés** doit être évaluée comme en matière de sécurité sociale (c. trav. art. L. 3141-26).

En aucun cas, l'indemnité de congés payés ne peut être prélevée sur la masse des pourboires (c. trav. art. L. 3141-26).

Heures de délégation - Les salariés, rémunérés en partie au pourboire, sont fondés à obtenir le paiement des *heures de délégation** sur la base de leur rémunération effective et non sur celle du salaire minimum conventionnel (cass. soc. 17 novembre 2004, n° 01-40576 D).

▶ À noter... Les heures de délégation des représentants du personnel ne peuvent pas être imputées sur la masse des pourboires (cass. crim. 26 juillet 1989, n° 88-86040, B. crim. n° 302).

☞ *Hôtels, cafés, restaurants (HCR)*.

Préavis

Préavis obligatoire

Principe : le préavis est dû - Le *contrat de travail à durée indéterminée** (CDI) peut être rompu par l'employeur ou le salarié, sous réserve qu'un préavis réciproque, dont la durée diffère selon qu'il s'agit d'un *licenciement** ou d'une *démission**, soit respecté (c. trav. art. L. 1234-1 et L. 1237-1). En cas de *départ volontaire à la retraite** ou de *mise à la retraite**, le préavis applicable est celui prévu en cas de licenciement.

▶ À noter... Un délai de prévenance est à respecter en cas de rupture de la période d'essai [voir *Période d'essai (rupture)**].

Sur l'éventuel respect d'un préavis en cas de prise d'acte de la rupture, voir *Prise d'acte de la rupture (procédure et effets)**.

En cas de *résiliation judiciaire du contrat de travail**, voir l'étude correspondante.

Sur le préavis à respecter par le salarié qui rompt son CDD parce qu'il a été embauché en CDI, voir *Contrat de travail à durée déterminée (rupture anticipée)**.

L'inobservation du préavis expose celui qui en est responsable au paiement d'une indemnité compensatrice, voire à des dommages-intérêts [voir *Préavis (indemnité compensatrice)**].

Exceptions : le préavis n'est pas dû - L'employeur peut dispenser le salarié d'exécuter son préavis, soit de sa propre initiative, soit à la demande de ce dernier [voir *Préavis (dispense)** et *Préavis (indemnité compensatrice)**].

Par ailleurs, certaines ruptures du contrat de travail ne donnent pas lieu à l'exécution d'un préavis, à savoir :

- le *licenciement pour faute** grave ou lourde (sauf disposition contractuelle plus favorable) (cass. soc. 23 juin 2021, n° 19-22823 D) ;
- la rupture du contrat consécutive à la cessation de l'entreprise pour un cas de *force majeure**, sachant que si celle-ci trouve son origine dans un sinistre, le salarié a droit à une indemnité correspondant à l'indemnité compensatrice de préavis (c. trav. art. L. 1234-12 et L. 1234-13) ;
- la rupture liée à l'adhésion à un *contrat de sécurisation professionnelle** ;
- le licenciement consécutif à une inaptitude physique d'origine professionnelle ou non professionnelle (c. trav. art. L. 1226-4 et L. 1226-14) [voir *Inaptitude physique (licenciement)**].

S'agissant plus spécifiquement de la démission :

- les salariées en état de grossesse médicalement constaté peuvent démissionner sans préavis et sans avoir, de ce fait, à payer une indemnité de rupture (c. trav. art. L. 1225-34) ;
- à l'issue du congé de maternité ou d'adoption, ou dans les 2 mois de la naissance ou de l'arrivée d'un enfant au foyer, le salarié (le père comme la mère) peut démissionner sans préavis et sans devoir une indemnité de rupture pour élever son enfant sous réserve d'en informer son employeur au moins 15 jours avant (c. trav. art. L. 1225-66) (voir *Démission pour élever un enfant**) ;
- à la fin du *congé pour création d'entreprise** ou reprise d'entreprise (ou pour exercer des responsabilités de direction au sein d'une jeune entreprise innovante), le salarié peut démissionner sans respecter de préavis, selon des modalités fixées par accord collectif, ou à défaut de dispositions conventionnelles, sous réserve d'en informer son employeur par tout moyen donnant date certaine, au moins 3 mois avant la fin de son congé (c. trav. art. L. 3142-117, L. 3142-119 et D. 3142-67) ;
- les *journalistes** qui démissionnent, en application d'une *clause de conscience**, n'ont pas à respecter de préavis (c. trav. art. L. 7112-5).

Rupture conventionnelle - L'employeur et le salarié qui concluent une rupture conventionnelle peuvent différer le moment de la rupture du contrat de travail à une date qui leur convient, après l'homologation de la convention. Il ne s'agit pas, pour autant, d'un préavis (circ. DGT 2009-4 du 17 mars 2009) [voir *Rupture conventionnelle (procédure)**].

Durée du préavis de licenciement

Durée variable - Sauf disposition plus favorable au salarié prévoyant un préavis plus long ou des conditions d'ancienneté inférieures, la durée du préavis de licenciement varie selon l'*ancienneté** du salarié (c. trav. art. L. 1234-1) :

- ancienneté inférieure à 6 mois : durée prévue par une disposition légale spécifique, la convention ou l'accord collectif ou les usages (cass. soc. 29 mars 2006, n° 04-46499, BC V n° 131 ; cass. soc. 3 juin 2009, n° 08-40981, BC V n° 141) ;
- ancienneté comprise entre 6 mois et moins de 2 ans : le préavis minimal est de 1 mois ;
- ancienneté d'au moins 2 ans : le préavis minimal est de 2 mois.

Des dispositions particulières s'appliquent aux *journalistes** professionnels, aux VRP [voir *VRP (rupture)**] et aux travailleurs *handicapés**.

Clause du contrat de travail - Toute clause d'un contrat de travail fixant un préavis d'une durée inférieure aux durées légales ou une condition d'ancienneté de services supérieure à celle fixée par la loi est nulle (c. trav. art. L. 1234-2).

De plus, la durée contractuelle du préavis ne doit pas être excessive (ex. : 12 mois) (cass. soc. 24 juin 2009, n° 08-40574 D).

Durées de préavis différentes pour les cadres/non cadres - Voir *Avantage catégoriel**.

Calcul de l'ancienneté - Le droit au préavis légal de licenciement est soumis à une condition d'ancienneté « de services continus » (c. trav. art. L. 1234-1). Celle-ci s'apprécie à la date d'envoi de la lettre notifiant le licenciement (cass. soc. 26 septembre 2006, n° 05-43841, BC V n° 288).

Les périodes de suspension du contrat (notamment pour maladie) ne rompent pas l'ancienneté du salarié appréciée pour la détermination de la durée du préavis légal. En revanche, elles ne sont pas prises en compte dans le calcul de l'ancienneté exigée (c. trav. art. L. 1234-8 ; cass. soc. 10 février 1999, n° 95-43561, BC V n° 64 ; cass. soc. 16 septembre 2009, n° 08-41999 D). La même règle d'exclusion prévaut si le préavis est conventionnel, sauf si la convention collective prévoit expressément d'inclure les périodes de suspension du contrat de travail (cass. soc. 30 septembre 2020, n° 18-18265 FSPB).

Par ailleurs, certains congés et absences sont expressément assimilés par la loi ou la jurisprudence à une période de travail effectif pour la détermination des droits et avantages liés à l'ancienneté. Leur durée doit donc être prise en compte pour calculer l'ancienneté au regard du préavis. C'est le cas notamment des arrêts de travail provoqués par un *accident du travail** ou une maladie professionnelle (voir *Maladies professionnelles**), du congé de maternité [voir *Maternité (congé de)**], du congé d'*adoption** et du *congé de solidarité internationale**.

Point de départ du délai - En principe, le préavis court à compter de la date de présentation de la lettre recommandée notifiant le licenciement (c. trav. art. L. 1234-3). Peu importe que le salarié refuse de recevoir cette lettre ou qu'il n'aille pas la chercher.

Délai sans suspension, ni interruption - Le délai de préavis est un délai préfix ne comportant, sauf convention contraire ou accident du travail au cours du préavis (cass. soc. 18 juillet 1996, n° 93-43581, BC V n° 299 ; cass. soc. 15 février 2006, n° 04-42822, BC V n° 68), ni suspension ni interruption, notamment pour *maladie** ou accident non professionnel. L'échéance du préavis ne peut pas être reportée, sauf en cas :

- d'accord des parties ;
- de *congés payés** car, sauf accord entre l'employeur et le salarié, la période de congés payés ne se confond pas avec le préavis ; celui-ci est donc prolongé d'autant (cass. soc. 28 mai 2003, n° 01-11976, BC V n° 182) ;
- de circonstances prévues par la convention collective ;
- d'arrêt pour accident du travail ou de maladie professionnelle *(voir ci-avant)*.

Sur ce dernier point, ce qui vaut pour le licenciement ne vaut pas pour le départ à la retraite. En effet, dans ce cas, le préavis suspendu pendant un arrêt de travail consécutif à un accident du travail n'est susceptible d'aucun report (cass. soc. 25 mai 2016, n° 15-10637, BC V n° 115) (voir *Départ volontaire à la retraite**).

▶ À noter... La fermeture d'une entreprise pour congé annuel n'a pas pour effet de suspendre le préavis (cass. soc. 21 novembre 2001, n° 99-45424, BC V n° 354). Le salarié peut donc prétendre à la rémunération qu'il aurait dû percevoir s'il avait travaillé.

Durée du préavis de démission

Durée prévue par la loi, la convention collective ou un usage - Le salarié et l'employeur doivent respecter le préavis prévu par la loi, par la convention collective ou, à défaut, par les usages pratiqués dans la localité et la profession (c. trav. art. L. 1237-1 ; cass. soc. 27 mai 2020, n° 19-12711 D).

▶ À noter... La loi ne fixe la durée du préavis de démission que pour les *journalistes** (c. trav. art. L. 7112-2), les *VRP** (c. trav. art. L. 7313-9 et L. 7313-10) et les assistantes maternelles (CASF art. L. 423-9).

Le plus souvent, la durée du préavis résultant des usages (dont la preuve revient à celui qui l'invoque) ou des conventions collectives est fixée à :
- 1 semaine pour les ouvriers ;
- 1 mois pour les employés, techniciens et agents de maîtrise ;
- 3 mois pour les cadres, mais la Cour de cassation refuse de reconnaître un tel usage général (cass. soc. 13 février 2002, n° 99-45928 D).

Ni l'employeur ni le salarié ne peuvent imposer à l'autre un délai de préavis différent de celui prévu par la loi, le contrat de travail, la convention collective ou les usages (cass. soc. 1er juillet 2008, n° 07-40109, BC V n° 143).

Durée prévue par le contrat de travail - Lorsque la loi, la convention collective ou, à défaut, les usages pratiqués dans la localité et la profession ne prévoient pas de préavis de démission, le préavis ne peut résulter ni du seul contrat de travail (cass. soc. 3 février 1998, n° 94-44503, BC V n° 59), ni d'un règlement intérieur (cass. soc. 11 décembre 2002, n° 00-46681 D). Dans ce cas, le salarié n'effectue pas de préavis et l'employeur n'a droit à aucune indemnité compensatrice.

▶ Attention... En l'absence de dispositions légales et conventionnelles applicables, il faut rechercher s'il existe des usages pratiqués dans la localité et dans la profession (cass. soc. 25 novembre 2009, n° 08-41219, BC V n° 266).

Pour autant, le contrat de travail peut aménager le préavis de démission prévu par la loi, la convention collective ou les usages. Ainsi, il peut prévoir un préavis de démission plus court que celui fixé par la convention collective (cass. soc. 19 juin 1996, n° 93-44728 D), mais pas une durée plus longue (cass. soc. 1er avril 1992, n° 90-43999, BC V n° 222 ; cass. soc. 18 février 2015, n° 13-27973 D).

▶ À noter... Ni l'employeur, ni le salarié ne peut imposer à l'autre un délai de préavis différent de celui prévu par la loi, le contrat de travail, la convention collective ou les usages (cass. soc. 1er juillet 2008, n° 07-40109, BC V n° 143). En l'espèce, le salarié ne pouvait pas démissionner en annonçant un délai de préavis plus long que celui prévu par son contrat de travail et la convention collective.

Point de départ du délai - En matière de préavis de démission, le préavis court à compter de la notification de la démission. Cependant, le salarié peut différer le point de départ du préavis (cass. soc. 16 décembre 1997, n° 95-42090, BC V n° 443), décision qui s'impose à l'employeur. Il est, par exemple, possible pour un salarié tenu à un mois de préavis de démissionner le 3 juin en précisant que sa démission prend effet le 30 juillet seulement. Dans ce cas, l'employeur doit rémunérer le salarié jusqu'à la date du 30 juillet.

Délai sans suspension, ni interruption - Le délai de préavis de démission est un délai préfix, comme le préavis de licenciement *(voir ci-avant)*.

Situation pendant le préavis

Exécution normale du contrat de travail - Durant le préavis, le contrat de travail est maintenu. L'employeur et le salarié continuent à exécuter normalement leurs obligations. Le salarié bénéficie de tous les droits individuels ou collectifs liés à sa qualité de salarié de l'entreprise. De plus, le salarié peut bénéficier d'*heures pour recherche d'emploi** si un accord le prévoit.

▶ Attention... Lorsqu'un salarié est licencié pour avoir refusé un changement de ses conditions de travail, l'employeur peut lui imposer l'exécution du préavis aux nouvelles conditions (cass. soc. 31 mars 2016, n° 14-19711, BC V n° 62). Cependant, lorsqu'un salarié est licencié suite à son refus d'une modification de son contrat de travail, l'employeur ne peut pas lui imposer cette modification pendant son préavis (cass. soc. 5 octobre 1999, nos 97-42302 et 97-42303, BC V n° 364 ; cass. soc. 3 mai 2016, n° 14-25724 D) (voir *Modification du contrat de travail**).

Changement des règles applicables dans l'entreprise - Pendant le préavis, exécuté ou non, les nouvelles dispositions législatives, réglementaires, conventionnelles s'appliquent au salarié (ex. : réévaluation du SMIC).

Le salarié peut ainsi réclamer le bénéfice des dispositions d'une nouvelle convention collective entrée en vigueur pendant son préavis, mais à l'exception de celles concernant le droit au préavis et aux indemnités de rupture. Ces droits naissent en effet à la date de la notification de la rupture (cass. soc. 19 janvier 1994, n° 89-41245, BC V n° 14 ; cass. soc. 10 mai 2005, n° 03-47488 D).

Faute grave ou lourde pendant le préavis - L'employeur peut interrompre immédiatement le préavis quand une faute grave ou lourde est commise ou découverte pendant le préavis (voir *Licenciement pour faute**). Il n'a pas à recommencer la procédure de licenciement (cass. soc. 22 janvier 1991, n° 86-40617, BC V n° 32).

Le salarié conserve son droit à l'indemnité de licenciement (cass. soc. 7 mars 1990, n° 86-45685, BC V n° 99), mais celle-ci est alors calculée en fonction de l'ancienneté acquise jusqu'à la date d'interruption du préavis (cass. soc. 11 septembre 2019, n° 18-12606 FPB). De plus, l'employeur n'a pas à payer la partie de préavis non effectuée (cass. soc. 4 juillet 2007, n° 05-45221 D ; cass. soc. 11 décembre 2013, n° 12-25149 D).

▶ Attention… En cas de découverte ou de commission, au cours du préavis, d'une telle faute, alors que le salarié a été dispensé de l'exécuter, l'indemnisation du préavis lui est acquise (cass. soc. 9 mai 2000, n° 97-45294, BC V n° 171 ; cass. soc. 31 janvier 2006, n° 04-43141 D).

Événements durant le préavis (congés, maladie, etc.) - Sur les événements pouvant suspendre ou interrompre le cours du préavis, voir ci-avant.

Inexécution du préavis - Voir *Préavis (indemnité compensatrice)**.

Date de fin du préavis

À notre sens, il convient de raisonner de la même façon que pour la période d'essai. Ainsi, sauf disposition conventionnelle ou contractuelle contraire, le préavis exprimé en jours, en semaines ou en mois se décompte respectivement en jours calendaires, en semaines civiles ou en mois calendaires.

Lorsque le préavis est exprimé en mois, il se finit la veille du jour dont le quantième correspond au jour de la notification. Ainsi, un préavis de 1 mois qui a débuté le 19 juillet finit le 18 août à minuit (cass. soc. 15 mars 2006, n° 04-44544, BC V n° 103).

Si le délai expire un samedi, un dimanche ou un jour férié, il est prorogé jusqu'au premier jour ouvrable suivant (c. trav. art. R. 1231-1).

☛ *Préavis (dispense) ; Préavis (indemnité compensatrice).*

➲ Formulaire de Droit Social, « Préavis ».

Préavis (dispense)

En cas de rupture du contrat de travail à durée indéterminée (CDI), l'employeur peut dispenser, partiellement ou totalement, le salarié d'effectuer un préavis. Ce dernier ne peut pas refuser la dispense (cass. soc. 13 juillet 2004, n° 02-14140, BC V n° 208), à moins que la convention collective applicable à l'entreprise le prévoie.

Auteur de la dispense

Employeur - C'est l'employeur qui dispense le salarié d'effectuer son préavis. Il est tenu par la dispense de préavis, une fois qu'il l'a formulée (cass. soc. 22 octobre 2008, n° 07-42140, BC V n ° 199).

▶ À noter… Dispenser un salarié licencié pour faute grave d'exécuter son préavis est risqué pour l'employeur puisque ce licenciement implique le départ immédiat du salarié, sans préavis (voir *Licenciement pour faute**).

Plusieurs situations peuvent se présenter. Ainsi, l'employeur :

- décide cette dispense de sa propre initiative, auquel cas il doit maintenir les salaires et avantages que le salarié aurait perçus s'il avait accompli son travail pendant cette période *(voir ci-après)* ;
- décide cette dispense à la demande du salarié et le contrat de travail cesse à la date convenue avec ce dernier, sans indemnité pour la période de préavis restant théoriquement à courir (cass. soc., 25 septembre 2013, n° 11-20948, BC V n° 212) ;
- peut refuser d'accorder la dispense que le salarié sollicite (cass. soc. 11 octobre 2006, n° 05-45179 D). Ce dernier doit alors effectuer son préavis [sur les sanctions liées à l'inexécution du préavis par le salarié, voir *Préavis (indemnité compensatrice)**].

La dispense ne doit pas s'analyser en une mesure vexatoire : cela pourrait entraîner le versement de dommages et intérêts (cass. soc. 27 février 1996, n° 92-42460 D ; cass. soc. 3 mars 2010, n° 08-44996 D).

Administrateur judiciaire - La dispense peut émaner de l'administrateur judiciaire en cas de redressement judiciaire (cass. soc. 22 octobre 2008, n° 07-42140, BC V n° 199).

Preuve

La preuve pèse sur celui qui se prévaut de la dispense - En cas de contentieux, quand le salarié entend se prévaloir d'une dispense de préavis, c'est à lui de la prouver (cass. soc. 22 février 1995, n° 93-42009 D). La mention « libre de tout engagement » figurant dans le *certificat de travail** ne suffit pas à établir que l'employeur dispense le salarié d'effectuer le préavis (cass. soc. 3 décembre 1987, n° 85-41564, BC V n° 700 ; cass. soc. 10 novembre 1993, n° 90-40008 D).

Dispense écrite recommandée - La dispense de préavis doit être non équivoque. En pratique, il est donc recommandé à l'employeur de rédiger une dispense de préavis (ex. : mention dans la lettre de licenciement) en indiquant si celle-ci a été décidée à l'initiative de l'employeur ou à la demande du salarié.

Modèle de dispense de préavis (à l'initiative de l'employeur)

Mention dans la lettre de licenciement

Votre préavis court à compter du... pour se terminer le..., mais nous vous dispensons de l'effectuer.

Vous percevrez une indemnité compensatrice de préavis qui vous sera réglée... (indiquer la (les) date (s) de paiement).

Date de fin du contrat

L'inexécution du préavis de licenciement n'a pas pour conséquence d'avancer la date à laquelle le contrat de travail prend fin (c. trav. art. L. 1234-4).

Formalités

Des bulletins de paie correspondant aux mois de préavis dont le salarié a été dispensé doivent être remis au salarié. Le *certificat de travail**, l'*attestation d'assurance chômage**, le *reçu pour solde de tout compte** et tout autre document de fin de contrat sont remis au moment où le contrat de travail expire (donc à l'expiration du préavis, que celui-ci soit effectué ou non) et non au moment où le salarié quitte effectivement son emploi.

Incidences

Indemnité compensatrice de préavis - Lorsque l'employeur, de sa propre initiative, dispense le salarié d'exécuter le préavis, il doit lui verser une indemnité compensatrice [voir *Préavis (indemnité compensatrice)**]. Cette dernière équivaut à la rémunération et aux avantages que le salarié aurait perçus s'il avait effectué son préavis (c. trav. art. L. 1234-5).

Elle comprend ainsi le salaire de base, mais aussi, le cas échéant, la rémunération variable, les primes et indemnités inhérentes à la nature du travail, les heures supplémentaires effectuées de manière habituelle (cass. soc. 31 mai 2017, n° 15-25538 D), la prime d'intéressement (cass. soc. 4 février 2009, n° 07-40156 D). En outre, le salarié doit percevoir l'indemnité compensatrice de congés payés pour la période couvrant également l'intégralité du préavis (c. trav. art. L. 1234-5).

Prime annuelle d'objectifs - Le contrat de travail subsistant jusqu'à la date d'expiration du préavis *(voir ci-avant)*, le salarié qui a été dispensé de l'exécuter reste inclus dans l'effectif de l'entreprise à la date de versement de la prime annuelle d'objectifs, de sorte qu'il peut réclamer son versement (ex. : un salarié licencié en mars dispensé de son préavis de 6 mois a droit à la prime versée au mois d'avril) (cass. soc. 17 mai 2017, n° 15-20094, BC V n° 85).

Avantages en nature - Le salarié conserve pendant la dispense les avantages en nature dont il bénéficiait (ex. : téléphone, ordinateur portable). Il en est de même de la voiture de fonction dès lors qu'il pouvait l'utiliser aussi bien à des fins professionnelles que personnelles (cass. soc. 11 juillet 2012, n° 11-15649, BC V n° 219 ; cass. soc. 24 mars 2021, 19-18930 D).

Jours de RTT - Le salarié dispensé d'exécuter son préavis a droit aux jours de RTT auxquels il aurait pu prétendre s'il avait travaillé durant cette période (cass. soc. 8 avril 2009, n° 07-44068, BC V n° 114 ; cass. soc. 14 octobre 2020, n° 19-20399 D). Ces jours de RTT acquis au titre de la période de préavis non exécuté doivent donc être indemnisés.

Délai de renonciation à une clause de non-concurrence - L'employeur qui dispense le salarié de l'exécution de son préavis doit, s'il entend renoncer à l'exécution d'une clause de non-

Préavis (récapitulatif)		
En cas de licenciement	Calcul de l'ancienneté du salarié (pour déterminer la durée du préavis)	À la date d'envoi de la notification du licenciement (cass. soc. 26 septembre 2006, n° 05-43841, BC V n° 288)
	Point de départ du préavis	À la date de présentation de la LRAR au salarié (c. trav. art. L. 1234-3)
En cas de démission	Point de départ du préavis	À la date de la notification de la démission

concurrence, le faire au plus tard à la date du départ effectif de l'intéressé de l'entreprise [voir *Clause de non-concurrence (renonciation)**].

Reprise d'un nouvel emploi - Le salarié est libre de prendre un autre emploi pendant le préavis dont il a été dispensé, même auprès d'une entreprise concurrente, sauf *clause de non-concurrence** (cass. soc. 6 mai 2015, n° 14-11001 D). Même dans ce cas, l'employeur doit lui verser l'indemnité compensatrice de préavis (cass. soc. 26 mars 1997, n° 94-44035 D).

Faute durant le préavis - L'employeur, qui découvre que le salarié a commis une faute avant ou pendant le *préavis** dont il a été dispensé, ne peut pas cesser de verser l'indemnité pour ce motif. Celle-ci est en effet acquise au salarié à la date de notification de son licenciement (cass. soc. 9 mai 2000, n° 97-45294, BC V n° 171 ; cass. soc. 31 janvier 2006, n° 04-43141 D), même en cas de faute lourde (cass. soc. 22 mai 2002, n° 00-40446, BC V n° 173). Sur la définition de la faute grave ou de la faute lourde, voir *Licenciement pour faute**.

Maladie durant le préavis - Peu importe que le salarié soit malade pendant la dispense de préavis et perçoive, à ce titre, des indemnités journalières de sécurité sociale. L'employeur doit lui verser l'intégralité de l'indemnité compensatrice de préavis, sans pratiquer de déduction au titre des indemnités journalières (cass. soc. 31 octobre 2012, n° 11-12810, BC V n° 282 ; cass. soc. 15 mai 2014, n° 12-27666 D).

Droits collectifs - Pendant la période de dispense de préavis, le salarié reste électeur et éligible aux élections des représentants du personnel (cass. soc. 27 janvier 1983, n°s 82-60327 et 82-60357, BC V n° 44 ; cass. soc. 14 mars 2018, n° 17-14028 D). De même, il peut être désigné comme représentant syndical au *comité social et économique** (cass. soc. 29 octobre 2003, n° 02-60638, BC V n° 269). Le mandat du salarié prendra fin au terme de son contrat.

Indemnisation chômage - Un salarié licencié qui demande à être dispensé d'effectuer son préavis en renonçant volontairement au revenu qu'il aurait dû percevoir pendant cette période ne peut pas bénéficier d'allocations de chômage au titre de la période de préavis (cass. soc. 26 juin 2008, n° 07-15478, BC V n° 142). Les jours de préavis non exécutés et non payés ne sont pas pris en compte pour déterminer la durée d'affiliation du salarié (règl ass. chôm., art. 3, § 2 ; circ. Unédic 2021-13 du 19 octobre 2021, fiche 1, § 1.2).

Préavis ; Préavis (indemnité compensatrice).

Formulaire de Droit Social, « Préavis ».

Préavis (indemnité compensatrice)

Cas de paiement

Obligation pour l'employeur et le salarié - Le *préavis** est une obligation réciproque, qui s'impose à l'employeur comme au salarié (cass. soc. 18 juin 2008, n° 07-42161, BC V n° 135). Peu importe l'auteur de la rupture du contrat.

La faute grave ou lourde prive le salarié du droit au préavis (voir *Licenciement pour faute**). En principe, le préavis n'a donc pas à être payé (c. trav. art. L. 1234-5), sauf clause conventionnelle (cass. soc. 25 septembre 2013, n° 12-19487, BC V n° 215) ou clause contractuelle plus favorable (cass. soc. 23 juin 2021, n° 19-22823 D).

Inexécution du préavis d'un commun accord entre l'employeur et le salarié - Si l'employeur accorde au salarié qui le demande une dispense de préavis, aucune indemnité compensatrice n'est due (cass. soc. 25 septembre 2013, n° 11-20948, BC V n° 212).

Inexécution du préavis du fait de l'employeur - L'employeur est redevable d'une indemnité compensatrice de préavis lorsqu'il dispense, à son initiative, le salarié d'effectuer celui-ci ou lorsque l'inexécution du préavis lui est imputable. Il doit alors payer l'indemnité compensatrice de préavis et les congés payés correspondants (cass. soc. 5 octobre 1999, n°s 97-42302 et 97-42303, BC V n° 364).

▶ Attention… L'indemnité compensatrice de préavis est due même lorsque le salarié dispensé de préavis passe au service d'un nouvel employeur avant la date d'expiration du préavis (cass. soc. 26 mars 1997, n° 94-44035 D).

L'inexécution du préavis est imputable à l'employeur lorsque :

- le licenciement est jugé nul car discriminatoire, peu important les motifs de la rupture (c. trav. art. L. 1132-1 ; cass. soc. 30 mars 2005, n° 03-41518, BC V n° 112 ; cass. soc. 17 février 2010, n° 08-45120 D) (voir *Discriminations** et *Licenciement nul**) et que le salarié soit dans l'impossibilité physique d'exécuter son préavis (cass. soc. 25 mai 2011, 09-69641 D) ;
- il impose une *modification du contrat de travail** pendant le préavis (cass. soc. 5 octobre 1999, n°s 97-42302 et 97-42303, BC V n° 364) ;
- le licenciement fait suite à un refus justifié du salarié d'une modification de son contrat de travail (cass. soc. 3 mai 2016, n° 14-25726 D) ;

- l'employeur a commis des faits de *harcèlement moral** ayant contribué à la maladie du salarié, l'empêchant d'effectuer son préavis (cass. soc. 20 septembre 2006, n° 05-41385, BC V n° 274 ; cass. soc. 22 juin 2011, 09-71234 D) ;
- le salarié est licencié à tort pour faute grave, peu important qu'il soit en arrêt maladie au moment de la rupture du contrat (cass. soc. 7 janvier 2015, n° 13-21344 D) ;
- le salarié est licencié pour inaptitude sans que l'employeur ait respecté son obligation de reclassement ou de reprise du paiement du salaire à l'issue du délai de 1 mois (cass. soc. 7 décembre 2017, n° 16-22276, BC V n° 207 ; cass. soc. 24 juin 2009, n° 08-42618, BC V n° 164) ;
- le salarié est licencié à tort pour absence prolongée [voir *Maladie (absences prolongées et répétées)**], peu important qu'il soit en arrêt maladie pendant cette période (cass. soc. 17 novembre 2021, n° 20-14848 FSPB).

En revanche, une rupture de période d'essai, même déclarée nulle car discriminatoire, n'ouvre pas droit à une indemnité compensatrice de préavis (cass. soc. 12 septembre 2018, n° 16-26333 FSPB).

▶ À noter… Sur la mise à la retraite requalifiée en licenciement nul, voir *Licenciement nul**.

Inexécution du préavis du fait du salarié : indemnité compensatrice non due - Sauf disposition conventionnelle contraire (cass. soc. 11 février 2004, n° 01-42976, BC V n° 51), le salarié n'a pas droit à l'indemnité compensatrice de préavis lorsqu'il n'est pas en mesure de l'accomplir. Il en est ainsi, par exemple, en cas de congé parental ou de congé sabbatique à la date du préavis (cass. soc. 23 novembre 2005, n° 04-47653, BC V n° 335 ; cass. soc. 22 septembre 2016, n° 14-26359 D), d'incarcération (cass. soc. 10 juin 1998, n° 96-40708 D), de maladie (cass. soc. 11 mars 2016, n° 15-11443 D), de retrait ou de suspension du permis de conduire (cass. soc. 28 février 2018, n° 17-11334 D), de retrait d'une habilitation administrative nécessaire à l'exercice des fonctions (cass. soc. 28 novembre 2018, n° 17-13199 FPPB), de perte par un salarié étranger de son autorisation de travail (cass. soc. 3 avril 2019, n° 17-17106 FPPB). Cependant, l'incapacité du salarié à effectuer son préavis ne doit pas avoir pour origine un manquement de l'employeur *(voir ci-avant)*.

▶ À noter… Le salarié licencié en raison du refus d'un changement de ses conditions de travail, et qui refuse d'exécuter son préavis aux nouvelles conditions, est responsable de l'inexécution du préavis et ne peut pas réclamer d'indemnité compensatrice (cass. soc. 31 mars 2016, n° 14-19711, BC V n° 62). Et ce, même s'il a été licencié à tort pour faute grave (cass. soc. 4 mars 2020, n° 18-10636 FSPB).

Inexécution du préavis du fait du salarié : indemnité due à l'employeur - Hormis les cas de dispense du préavis, il peut arriver que le salarié décide de ne pas exécuter son préavis sans demander ni obtenir l'accord de l'employeur. Ce dernier peut lui réclamer une indemnité égale au salaire du temps de préavis et, éventuellement, une réparation complémentaire (dommages-intérêts pour brusque rupture), s'il prouve l'intention de nuire du salarié ou un abus manifeste de sa part (cass. soc. 16 novembre 2004, n° 02-46135 D). En revanche, l'employeur ne peut pas prétendre au paiement d'une indemnité au titre des congés payés afférents à l'indemnité de préavis (cass. soc. 22 novembre 2017, n° 16-12524, BC V n° 201 ; cass. soc. 14 février 2018, n° 16-15155 D).

▶ À noter… Cette indemnité a un caractère forfaitaire. Elle est donc due par le salarié en totalité, même si son poste a été pourvu pendant la période du préavis (cass. soc. 17 mars 1999, n° 97-40022 D).

Toutefois, certaines conventions collectives permettent aux salariés licenciés (ex. : en cas de restructuration) qui ont trouvé un nouvel emploi en cours de préavis de quitter l'entreprise avant la fin de celui-ci sans avoir à verser une indemnité.

Lorsque l'inexécution du préavis résulte de l'incapacité du salarié, du fait de sa maladie, aucune indemnité compensatrice ne peut être mise à la charge du salarié (cass. soc. 15 janvier 2014, n° 11-21907, BC V n° 18).

En cas d'interruption du préavis pour faute grave ou lourde lors du préavis, voir *Préavis**.

Préavis et prise d'acte de la rupture - Voir *Prise d'acte de la rupture (procédure et effets)**.

Préavis et contrat de sécurisation professionnelle - Voir *Contrat de sécurisation professionnelle**.

Préavis et congé de reclassement - Voir *Congé de reclassement**.

Préavis et résiliation judiciaire du contrat - Voir *Résiliation judiciaire du contrat de travail**.

Préavis et activité partielle - Voir *Activité partielle**.

Préavis et licenciement pour inaptitude physique - Voir *Inaptitude physique (licenciement)**.

Préavis (indemnité compensatrice)

Préavis et licenciement pour inaptitude physique d'un handicapé - Un salarié handicapé qui a été embauché sans être soumis à la visite médicale d'embauche a droit au versement d'une indemnité compensatrice de préavis en cas de licenciement pour inaptitude physique et impossibilité de reclassement (cass. soc. 10 juillet 2002, n° 00-41238, BC V n° 241) (voir *Handicapés**).

Toutefois, cette indemnité n'est pas due si l'aptitude du salarié a effectivement été contrôlée par le médecin du travail en cours de contrat de travail, peu important dans ce cas le défaut de visite médicale d'embauche (cass. soc. 22 juin 2011, n° 09-42151 D).

Montant

Maintien de la rémunération - L'indemnité compensatrice de préavis doit être égale à la rémunération (la base de calcul étant le salaire brut assujetti au paiement des cotisations sociales) et à tous les avantages que le salarié aurait perçus s'il avait effectué son préavis (c. trav. art. L. 1234-5 ; cass. soc. 14 mai 2014, n° 12-27928, BC V n° 120).

L'employeur (ou les juges en cas de contentieux) ne doit pas se baser sur l'*attestation d'assurance chômage** et ainsi déterminer le montant de l'indemnité compensatrice de préavis à partir de la moyenne des salaires bruts soumis à cotisations des 12 mois précédents, primes et gratifications comprises (cass. soc. 1er février 2017, n° 15-23368 D). Il ne doit pas non plus se baser sur le salaire moyen servant au calcul de l'indemnité de licenciement (cass. soc. 7 février 2018, n° 16-16211 D).

▶ À noter… Une convention collective ne peut pas déroger dans un sens moins favorable aux dispositions d'ordre public de l'article L. 1234-5 du code du travail (cass. soc. 31 mai 2011, n° 09-71458 D).

Calcul de la rémunération - En pratique, l'indemnité doit être fixée compte tenu :

- de la rémunération variable (y compris les commissions ou la régularisation de celles-ci en fin d'année) que le salarié aurait perçue s'il avait travaillé pendant son préavis (cass. soc. 2 mars 2011, n° 09-67025 D ; cass. soc. 17 novembre 2011, n° 09-71340 D), sachant qu'une clause du contrat de travail ne peut pas exclure du calcul une prime d'objectifs (cass. soc. 2 mars 2016, n° 14-13734 D) ;

- des jours de réduction du temps de travail auxquels le salarié aurait pu prétendre s'il avait travaillé pendant le préavis (cass. soc. 8 avril 2009, n° 07-44068, BC V n° 114 ; cass. soc. 14 octobre 2020, n° 19-20399 D) ;

- des augmentations de salaire éventuellement intervenues dans l'entreprise pendant la période de préavis ;

- des heures supplémentaires régulièrement accomplies par le salarié et constituant dès lors un élément constant et stable de sa rémunération (cass. soc. 20 avril 2005, n° 04-45683, BC V n° 151 ; cass. soc. 31 mai 2017, n° 15-25538 D) ;

- des gratifications, des primes et indemnités inhérentes à la nature du travail ;

- de l'avantage en nature prévu par le contrat de travail (en l'espèce, avantage au titre d'une voiture de fonction valorisé à 500 € par mois) (cass. soc. 16 décembre 2020, n° 19-12760 D).

S'agissant des primes dont le versement est subordonné à une condition de présence à un moment donné dans l'entreprise, il en est tenu compte dans la mesure où le salarié aurait été présent à la date de versement s'il avait effectué son préavis (cass. soc. 17 mai 2017, n° 15-20094, BC V n° 85). En revanche, les indemnités représentatives de *frais professionnels** sont exclues.

Par ailleurs, s'agissant de la détermination du montant des commissions à payer, il convient de calculer la part variable à partir de la moyenne annuelle (cass. soc. 24 février 2004, n° 02-40682 D).

Avantages en nature - La dispense d'exécution du préavis n'entraîne pas la disparition des avantages en nature qui étaient octroyés au salarié (voiture, téléphone, etc.). Celui-ci doit continuer à en bénéficier pendant tout son préavis (cass. soc. 8 mars 2000, n° 99-43091, BC V n° 92 ; cass. soc. 24 mars 2021, 19-18930 D), et ce même en présence d'une clause de restitution prévue dans son contrat de travail (cass. soc. 11 juillet 2012, n° 11-15649, BC V n° 219).

Si l'avantage est supprimé, le salarié doit percevoir une indemnité compensant la privation de cet avantage (cass. soc. 4 mars 1998, n° 95-42858, BC V n° 177 ; cass. soc. 25 octobre 2007, n° 06-43201 D).

Indemnités journalières de sécurité sociale (IJSS) - Il peut arriver que le salarié soit malade pendant la durée du préavis. Dans ce cas, son salaire est maintenu et les IJSS sont prises en compte dans les conditions applicables dans l'entreprise (loi, convention collective, etc.).

En revanche, lorsqu'un salarié est malade alors qu'il a été dispensé d'exécuter son préavis, l'employeur doit lui verser le montant intégral de l'indemnité compensatrice de préavis, sans pouvoir déduire les IJSS, même si le salarié est déjà en arrêt de travail lors de la dispense (cass. soc. 31 octobre 2012, n° 11-12810, BC V n° 282 ; cass. soc. 15 mai 2014, n° 12-27666 D).

Lorsque le salarié est privé de la possibilité d'exécuter son préavis en raison d'un manquement de son employeur, les IJSS ne peuvent pas être déduites de l'indemnité compensatrice de préavis. C'est ce qui a été jugé dans une affaire où était en cause une indemnité compensatrice de préavis, due suite à un licenciement pour inaptitude physique non professionnelle, jugé sans cause réelle et sérieuse en raison du manquement de l'employeur à son obligation de reclassement (cass. soc. 9 juillet 2008, n° 06-44240, BC V n° 154).

▶ À noter... Une décision analogue avait déjà été rendue en cas de nullité du licenciement (cass. soc. 10 mai 2006, n° 04-40901, BC V n° 173). De même, si un licenciement pour faute grave est invalidé en justice, l'employeur qui a licencié à tort le salarié sans préavis est tenu de verser le montant intégral de l'indemnité compensatrice, sans déduction des IJSS dont le salarié peut avoir bénéficié (cass. soc. 9 octobre 2001, n° 99-43518, BC V n° 308).

Régime juridique

L'indemnité compensatrice de préavis a le caractère de salaire. Elle est donc saisissable et cessible dans les mêmes limites que le salaire (voir *Cession de rémunération** et *Saisie des rémunérations**). Elle bénéficie en totalité du *privilège** général sur les biens meubles et immeubles de l'employeur, et du *superprivilège** à concurrence d'un plafond mensuel fixé à deux fois le plafond mensuel de sécurité sociale. Elle est assujettie au versement des *cotisations de sécurité sociale** et se prescrit par 3 ans (c. trav. art. L. 3245-1) [voir *Prescription (salaires)**].

☛ *Préavis ; Préavis (dispense).*

➲ Formulaire de Droit Social, « Préavis ».

Préjudice d'anxiété

L'indemnisation du préjudice d'anxiété était initialement ouverte aux salariés ayant été exposés à l'*amiante**, dans les établissements figurant sur une liste ministérielle fixée par arrêté, mais n'ayant pas développé de maladie professionnelle liée à cette exposition. Cette indemnisation permettait de réparer la situation d'inquiétude permanente pour le salarié exposé de déclarer une maladie liée à l'amiante.

En avril 2019, la Cour de cassation a ouvert la possibilité de cette réparation à tous les salariés exposés à l'amiante. En septembre 2019, la Cour a été plus loin en élargissant le périmètre d'indemnisation du préjudice d'anxiété aux cas d'exposition à « une substance nocive ou toxique générant un risque élevé de développer une pathologie grave ». L'amiante n'est plus la seule substance concernée *(voir ci-après)*.

Le préjudice d'anxiété est défini comme une situation d'inquiétude permanente de salariés ayant été exposés à une substance nocive ou toxique générant un risque élevé de développer une pathologie grave mais sans avoir développé de maladie professionnelle. Les salariés ne sont donc pas malades, mais craignent de l'être un jour en raison de cette exposition, ce qui leur ouvre droit à une indemnisation spécifique.

Présomption pour les salariés des établissements classés ACAATA

Préjudice présumé - Les salariés ayant travaillé dans un des établissements figurant sur une des listes d'activités susceptibles d'être exposées à l'amiante pendant une période où l'amiante, ou des matériaux contenant de l'amiante, y étaient fabriqués ou traités se trouvent dans une situation d'inquiétude permanente face au risque de déclaration d'une maladie liée à l'amiante à tout moment (voir *Préretraite amiante**) (cass. soc. 11 mai 2010, n° 09-42241, BC V n° 106). Ces salariés étant amenés à subir des contrôles et examens réguliers susceptibles de réactiver cette angoisse, et étant dans cette situation par le fait de l'employeur, un préjudice spécifique d'anxiété peut donc être caractérisé, que l'employeur doit réparer (cass. soc. 4 décembre 2012, n° 11-26293 D ; cass. soc. 15 octobre 2014, n° 13-15631 D ; cass. soc. 3 mars 2015, n° 13-20474, BC V n° 42).

Le préjudice d'anxiété propre à un établissement ACAATA est ici présumé, de sorte que le salarié n'a pas à justifier de son exposition à l'amiante, d'une faute de l'employeur, ni de son préjudice. L'employeur d'un établissement ACAATA ne peut s'exonérer de la présomption de responsabilité pesant sur lui qu'en établissant un cas de force majeure. Ainsi, l'absence de faute ou le respect de la réglementation ne peuvent valablement être opposés à l'action en réparation du salarié (cass. soc. 8 juillet 2020, n° 19-12340 FSPB). Par exemple, l'employeur ne peut arguer du fait que le salarié exerçait des fonctions administratives d'encadrement sans lien avec la production de pièces contenant de l'amiante, de sorte qu'aucune exposition effective à l'amiante n'était établie. Peu importe la nature de

l'exposition à l'amiante, qu'elle soit fonctionnelle ou environnementale (cass. soc. 18 octobre 2017, n° 16-21709 D).

▶ À noter… L'indemnisation du préjudice d'anxiété qui repose sur l'exposition des salariés au risque créé par leur affectation dans un établissement figurant sur une liste établie par arrêté où étaient fabriqués ou traités l'amiante ou des matériaux contenant de l'amiante n'exclut pas toute cause d'exonération de responsabilité. En outre, l'employeur n'est pas privé d'un recours effectif dès lors notamment qu'il peut remettre en cause devant le juge compétent l'arrêté ministériel. Enfin, il n'y a pas d'atteinte au principe d'égalité en ce que la différence de traitement invoquée est en rapport direct avec l'objet de la loi qui l'établit et ne constitue pas un avantage disproportionné (cass. soc. QPC 22 janvier 2020, n° 19-18343 FSPB).

Ce préjudice d'anxiété étant présumé, un salarié ne peut pas être débouté de sa demande d'indemnisation au prétexte :

- qu'il n'a versé ni document objectif, ni témoignage de tiers sur son anxiété (cass. soc. 2 avril 2014, n° 12-29825, BC V n° 95 ; cass. soc. 2 juillet 2014, n° 13-10644 D),

- ou qu'il n'a produit aucune pièce sur son état de santé, sur une éventuelle anxiété, sur un suivi médical et sur ses conditions d'existence (cass. soc. 2 avril 2014, n° 11-28616, BC V n° 49 ; cass. soc. 3 mars 2015, n° 13-20474, BC V n° 42),

- qu'il a continué à travailler et qu'il n'a pas adhéré au dispositif de l'ACAATA alors qu'il en remplissait les conditions (cass. soc. 3 mars 2015, n° 13-20486, BC V n° 31).

▶ Attention… Le salarié qui a été exposé à l'amiante dans un établissement ACAATA auprès duquel il a été mis à disposition dans le cadre d'une sous-traitance peut agir contre son employeur pour obtenir la réparation de son préjudice d'anxiété. Cependant, à l'inverse des salariés de l'établissement ACAATA, il ne bénéficie pas du régime de preuve dérogatoire. Il devra prouver son exposition à l'amiante, établir l'étendue de son préjudice et démontrer un manquement de son employeur à son obligation de sécurité (cass. soc. 30 septembre 2020, n° 19-10352 FSPB).

Garantie de l'AGS - L'*AGS garantit les dommages-intérêts réparant le préjudice d'anxiété qui résulte du non-respect par l'employeur de son obligation légale de sécurité si l'arrêté de classement sur la liste des établissements permettant la mise en œuvre de l'ACAATA est antérieur à l'ouverture de la procédure collective** (c. trav. art. L. 3253-6 ; cass. soc. 25 septembre 2013, n°s 11-20948 et 12-13307, BC V n° 212 ; cass. soc. 25 mars 2015, n° 13-21716, BC V n° 63).

Incidence d'une transaction - Le salarié ayant signé une *transaction, rédigée en des termes très généraux, après une préretraite amiante ne peut pas ensuite obtenir la réparation de son préjudice d'anxiété et ce, même si ce préjudice n'a été reconnu par la jurisprudence qu'après la signature de cette transaction** (cass. soc. 11 janvier 2017, n° 15-20040, BC V n° 7).

Reconnaissance du préjudice déconnectée d'un travail dans un établissement ACAATA

Même s'il n'a pas travaillé dans l'un des établissements mentionnés à l'article 41 de la loi du 23.12.1998 (voir *Préretraite amiante), un salarié exposé à l'amiante et présentant, de ce fait, un risque élevé de développer une pathologie grave peut agir contre son employeur en vue d'obtenir la réparation du préjudice d'anxiété, tenant à l'inquiétude permanente de développer une pathologie grave liée à l'amiante** (cass. ass. plén. 5 avril 2019, n° 18-17442 PBRI ; cass. soc.19 juin 2019, n° 18-17442 à 18-17550 D ; cass. soc. 20 novembre 2019, n° s18-19578, 18-19579, 18-19581 FSPB ; cass. soc. 2 juin 2021, n° 19-15575 D).

▶ Attention… Il a été précisé, par l'assemblée plénière de la Cour de cassation dans un arrêt relatif au préjudice d'anxiété, qu'une évolution jurisprudentielle permet de contester en cassation une décision non encore définitive de cour d'appel de renvoi. Cela signifie que certains salariés pourront bénéficier d'une réparation de leur préjudice d'anxiété au regard de la nouvelle ligne jurisprudentielle ouverte par l'arrêt du 5 avril 2019 précité (cass. ass. plén. 2 avril 2021, n° 19-18814 PR).

Reconnaissance étendue aux expositions à toute substance nocive ou toxique

La demande de réparation du préjudice d'anxiété est également ouverte à tout salarié exposé à une substance nocive ou toxique générant un risque élevé de développer une pathologie grave. Elle n'est pas uniquement réservée aux salariés exposés à l'amiante. En application du droit commun de l'obligation légale de sécurité de l'employeur, le travailleur exposé à d'autres substances peut en effet poursuivre la réparation de son préjudice d'anxiété

[voir *Hygiène et sécurité (obligations de l'employeur)**] (cass. soc. 11 septembre 2019, n° 17-24879, FPPB ; cass. soc. 11 septembre 2019, n° 17-18311 FPPB ; cass. soc. 11 septembre 2019, n° 17-26879 FPPB).

Éléments à soumettre aux juges

Pour obtenir réparation, le salarié qui n'a pas travaillé dans un établissement classé ACAATA doit démontrer son exposition à une substance nocive ou toxique générant un risque élevé de développer une pathologie grave, et qu'il subit personnellement un préjudice d'anxiété issu de cette exposition (cass. soc. 16 octobre 2019, n° 17-28088 D). **Cette démonstration doit être étayée par des éléments objectifs (ex. : certificats médicaux) qui lui permettent aussi d'agir contre son employeur pour manquement à son obligation de sécurité. À cet effet, le salarié ne peut se contenter d'invoquer des éléments généraux et impersonnels** (cass. soc. 13 octobre 2021, n° 20-16584 et n° 20-16585 FSB). **Les éléments objectifs produits par le salarié sont appréciés souverainement par les conseillers prud'homaux et les juges d'appel.**

Exemples

La seule remise aux salariés d'une attestation d'exposition à un risque, avec un possible suivi post-professionnel, est insuffisante pour prouver un préjudice d'anxiété personnel (cass. soc. 13 octobre 2021, n° 20-16584 et n° 20-16585 FSB).

Le préjudice personnel d'anxiété de salariés qui produisaient des examens médicaux dans le cadre d'un suivi médical a en revanche été admis (cass. soc. 13 octobre 2021, n° 20-16617 D, n° 20-16583 D et n° 20-16593 D). Les juges ont pointé l'inquiétude permanente générée par le risque de déclaration à tout moment d'une maladie liée à l'amiante avec le risque d'une pathologie particulièrement grave pouvant être la cause de son décès, en s'appuyant sur :

- des examens médicaux ayant révélé la présence d'adénopathies médiastinales (confirmées par scanner) et d'un nodule ;
- un suivi médical ayant mis en lumière une évolution négative de l'état de santé et des scanners thoraciques ayant débouché sur la constatation, notamment, de l'apparition d'un épaississement de la coiffe pleurale ;
- une multiplication des nodules justifiant la réalisation d'examens supplémentaires.

« Des attestations de proches faisant état de crises d'angoisse régulières, de peur de se soumettre aux examens médicaux, d'insomnies et d'un état anxio-dépressif » ont également été admises comme preuve du préjudice d'anxiété subi par un salarié (cass. soc. 15 décembre 2021, n° 20-11046 FSPB).

L'employeur peut s'exonérer de sa responsabilité s'il prouve qu'il a pris toutes les mesures nécessaires pour assurer la sécurité et protéger la santé physique et mentale des travailleurs (ex. : actions de prévention des risques professionnels, organisation et moyens adaptés) (c. trav. art. L. 4121-1).

L'employeur doit aussi respecter des principes de prévention : évaluer les risques, remplacer ce qui est dangereux par ce qui ne l'est pas ou ce qui l'est moins, etc. (c. trav. art. L. 4121-2).

Les juges apprécieront tous ces éléments pour vérifier l'existence d'un préjudice d'anxiété subi par le salarié et le respect par l'employeur de son obligation de sécurité [voir *Hygiène et sécurité (obligations de l'employeur)].**

▶ **À noter…** Une différence demeure néanmoins entre les salariés : les anciens salariés d'un établissement classé ACAATA n'ont à justifier ni de leur exposition à l'amiante, ni de la faute de l'employeur, ni de l'étendue de leur préjudice. Les autres salariés doivent, quant à eux, prouver le manquement à l'obligation de sécurité de l'employeur et établir la réalité de leur préjudice d'anxiété.

Ainsi, en résumé, dans les établissements non-classés ACAATA, pour obtenir réparation d'un préjudice d'anxiété, les salariés doivent démontrer cumulativement :

- un manquement de l'employeur à son obligation de sécurité (c. trav. art. L. 4121-1 et L. 4121-2) ;
- une exposition à une substance nocive ou toxique générant un risque élevé de développer une pathologie grave ;
- un préjudice d'anxiété personnel et lié à cette exposition.

La réparation du préjudice d'anxiété des salariés susceptibles de bénéficier d'une préretraite amiante est soumise à un mécanisme dérogatoire. Il en résulte qu'un salarié éligible à la préretraite amiante ne peut pas agir sur le fondement du droit commun régissant l'obligation de sécurité de l'employeur pour obtenir la réparation de son préjudice d'anxiété, lorsque les règles de prescription (voir ci-dessous) ne lui permettent plus d'actionner le mécanisme spécifique d'indemnisation prévu en sa faveur (cass. soc. 8 juillet 2020 n° 17-11468 D).

Indemnisation de l'ensemble des troubles psychologiques

L'indemnisation accordée au titre du préjudice d'anxiété répare l'ensemble des troubles psychologiques, y compris ceux liés au bouleversement

dans les conditions d'existence, résultant du risque de déclaration à tout moment d'une maladie liée à l'amiante (cass. soc. 25 septembre 2013, n°s 12-12110,12-12883 et 12-13307, BC V n° 212). **Dès lors, le salarié ne peut pas demander la réparation du préjudice lié à la perte d'espérance de vie, ni la réparation d'un préjudice lié à la perte de revenus, déjà réparés par l'indemnisation globale accordée au titre du préjudice d'anxiété** (cass. soc. 3 mars 2015, n° 13-21832, BC V n° 40). **Le salarié ne peut pas, non plus, réclamer une réparation du préjudice moral distincte au titre d'un manquement à l'obligation légale de sécurité** (cass. soc. 27 janvier 2016, n° 15-10640, BC V n° 17). **Le préjudice moral résultant pour un salarié du risque de développer une maladie induite par son exposition à l'amiante est constitué par le seul préjudice d'anxiété** (cass. soc. 26 avril 2017, n° 15-19037, BC V n° 71 ; cass. soc. 8 juillet 2020, n° 17-11468 D).

▶ À noter... Le salarié qui présente sa démission et bénéficie de l'ACAATA ne peut pas obtenir de l'employeur fautif que celui-ci répare la perte de revenus résultant de la mise en œuvre du dispositif légal de préretraite-amiante (cass. soc. 25 septembre 2013, n° 11-20948, BC V n° 212). L'employeur ne peut pas, dans ce cas, voir sa responsabilité civile de droit commun mise en cause (cass. soc. 11 mai 2010, n^{os}09-42241 à 09-42257, BC V n° 106 ; cass. soc. 11 mai 2010, n° 08-44952 D). Les bénéficiaires de l'ACAATA ne peuvent donc pas demander réparation de leur préjudice économique (cass. civ., 2ech., 3 février 2011, n^{os}10-11959 et 10-14267, BC II n° 24). Par contre, les salariés licenciés pour motif économique, qui ont demandé postérieurement à la rupture du contrat de travail le bénéfice de l'ACAATA, demeurent recevables à contester la régularité et la cause de leur licenciement (cass. soc. 26 janvier 2012, n° 10-25504 D).

Compétence du juge prud'homal

Les demandes indemnitaires au titre du préjudice d'anxiété résultant du manquement de l'employeur à son obligation légale de sécurité relèvent de la compétence des conseils de prud'hommes (cass. soc. 25 septembre 2013, n°s 12-20157 et 12-13307, BC V n° 212 ; cass. soc. 28 mai 2014, n° 12-12949, BC V n° 127). **Le juge évalue le montant du préjudice** (cass. soc. 30 septembre 2014, n° 13-21416 D).

Délai de prescription

Pour les salariés d'établissements classés ACAATA - L'arrêté d'inscription d'un site sur la liste des établissements ouvrant droit à l'allocation de cessation anticipée d'activité des travailleurs de l'amiante (ACAATA) constitue le point de départ de la prescription de l'action en réparation du préjudice d'anxiété (cass. soc. 19 nov. 2014, n° 13-19263, BC V n° 266). Dès lors, un arrêté postérieur intervenu pour modifier la période d'inscription de l'établissement ou intégrer un nouveau site de l'entreprise n'a pas pour effet de faire bénéficier les salariés déjà engagés lors de l'arrêté initial d'un nouveau délai pour agir (cass. soc. 29 janvier 2020, n° 18-15388 FSPB).

Le délai de prescription de l'action en réparation du préjudice d'anxiété d'un salarié ayant travaillé dans un établissement classé ACAATA est de 2 ans (cass. soc. 12 novembre 2020 n° 19-18490 FSPBI). **Cette action se rattache à l'exécution du contrat de travail. Or, toute action portant sur l'exécution du contrat de travail se prescrit par 2 ans à compter du jour où celui qui l'exerce a connu ou aurait dû connaître les faits lui permettant d'exercer son droit** (c. trav. art. L. 1471-1).

Salariés d'établissements non classés ACAATA - Pour les salariés d'établissements non classés ACAATA, le point de départ de la prescription de l'action en réparation du préjudice d'anxiété correspond à la date à laquelle le salarié a eu connaissance du risque élevé de développer une pathologie grave résultant de son exposition à l'amiante, sans que ce point de départ ne puisse être antérieur à la date à laquelle l'exposition a pris fin. Le délai de prescription est également de 2 ans dans cette situation (cass. soc. 8 juillet 2020, n° 18-26585 FPB).

▶ À noter... Pour les salariés d'un établissement classé puis déclassé ACAATA, le point de départ du délai de prescription de l'action en reconnaissance du préjudice d'anxiété est le jour d'inscription de l'établissement sur la liste ACAATA (cass. soc. 15 décembre 2021, n° 20-11046 FSPB).

☞ *Hygiène et sécurité (obligations de l'employeur) ; Préretraite amiante.*

Prélèvement à la source

Depuis le 1.01.2019, les employeurs sont devenus collecteurs de l'impôt sur le revenu des salariés en le prélevant à la source sur leur rémunération. L'objectif de ce dispositif est de rendre le paiement de l'impôt contemporain de la perception des revenus (loi 2016-1917 du 29 décembre 2016 modifiée, art. 60, JO du 30). **Voir aussi Dictionnaire Paye, « Prélèvement à la source ».**

Mécanisme

L'administration fiscale communique à l'employeur le taux de PAS (prélèvement à la source) du salarié.

L'employeur procède à la retenue des sommes dues au titre du PAS lors du paiement des salaires. Il doit ensuite les reverser au comptable public compétent désigné par arrêté, en principe par télérèglement (CGI art. 1671, 1, 2 et 4).

▶ Attention... Une obligation de secret professionnel s'applique au regard des taux de PAS transmis par l'administration (LPF art. L. 288 A).

Taux de prélèvement

Communiqué par l'administration fiscale - L'administration fiscale communique à l'employeur le taux de PAS du salarié. Ce taux est par principe personnalisé (par foyer fiscal) et calculé à partir de la déclaration de revenus de chaque foyer fiscal (CGI art. 204 H).

Le salarié marié ou lié par un PACS peut demander à l'administration fiscale d'individualiser son taux (CGI art. 204 M) s'il a des ressources supérieures ou inférieures à son conjoint ou partenaire ; au final, le montant total d'impôt réglé est strictement identique, seule la répartition entre les conjoints ou partenaires est différente.

Par ailleurs, tout salarié peut demander à l'administration fiscale de modifier son taux en cours d'année pour tenir compte de certains changements de situation familiale (ex : mariage, décès du conjoint, divorce) (CGI art. 204 I) ou de moduler à la hausse ou à la baisse son taux de PAS (CGI art. 204 J, II et III).

▶ À noter... Pour le cas général, l'administration met les taux de PAS à disposition des employeurs par le biais d'un compte rendu établi chaque mois en retour de la *déclaration sociale nominative (DSN)** (c. séc. soc. art. R. 133-13, V ; CGI, ann. III, art. 46 F). Le taux transmis a une durée de validité de 2 mois (CGI art. 1671, 2).

En l'absence de taux de PAS - Lorsque l'employeur ne dispose pas de taux de PAS (ex : nouvel embauché en début de contrat, contrats de travail très courts, problèmes d'identification du salarié), il doit appliquer la grille de taux par défaut (dits taux neutres) prévue par la législation (CGI art. 204 H, III).

Par ailleurs, chaque contribuable peut s'opposer à ce que l'administration transmette son taux de PAS à son ou ses employeur (s) et opter ainsi pour le taux neutre (CGI art. 204 H, IV).

Assiette

En principe, l'assiette du PAS est constituée par le net imposable du salarié (CGI art. 204 F).

Dans certains cas particuliers, l'assiette du PAS ne correspond pas au net imposable (ex : *indemnités journalières de sécurité sociale** subrogées).

Bulletin de paie

Le *bulletin de paie** comprend certaines mentions impératives relatives au PAS.

Premier Mai

Le 1er Mai est le seul un jour férié obligatoirement chômé et rémunéré pour tous les salariés, quel que soit leur âge. Les règles le concernant sont exposées dans l'étude *Jours fériés**.

Premiers secours

➡ *Hygiène et sécurité (obligations de l'employeur).*

Préparation opérationnelle à l'emploi

@ Cette étude est détaillée dans la version en ligne de ce Dictionnaire (voir www.rfsocial.com et www.rfeditions.com).

Préretraite

Dans certaines hypothèses strictement définies, les salariés qui cessent définitivement ou progressivement leur activité professionnelle avant l'âge légal de départ à la retraite [voir *Retraite de base (âge de départ)**] peuvent ou pouvaient bénéficier d'un revenu de remplacement dans les cas suivants.

Préretraite amiante

Voir *Préretraite amiante**.

Préretraite pour les métiers pénibles

Voir *Préretraite pour les métiers pénibles**.

Préretraites d'entreprise

Plusieurs formules : préretraite, cessation anticipée d'activité « maison », congé de carrière - Indépendamment des préretraites qui étaient financées par l'État, des mécanismes de départ en préretraite ou de cessation anticipée d'activité peuvent être négociés au niveau de l'entreprise ou mis en place unilatéralement par l'employeur.

▶ Attention… La rupture du contrat de travail d'un salarié qui, ayant adhéré à un dispositif conventionnel de cessation progressive d'activité, part à la retraite à l'issue de la période de préretraite définie par l'accord collectif ne constitue pas une mise à la retraite. Dans sa rédaction applicable en l'espèce, antérieure à l'entrée en vigueur de la loi 2003-775 du 21.08.2003, l'article L. 1237-5 du code du travail n'imposait pas que l'adhésion à un dispositif conventionnel de préretraite soit subordonnée au droit pour le salarié de bénéficier d'une pension de vieillesse à taux plein au jour de la rupture effective du contrat de travail (cass. soc. 15 octobre 2013, n° 12-21765, BC V n° 234).

Ces dispositifs sont fondés sur le volontariat des salariés. Ils sont généralement soumis à une condition d'âge et d'ancienneté au sein de l'entreprise. Ils peuvent prendre notamment la forme :
- d'une rente versée mensuellement, trimestriellement, semestriellement ou annuellement, après rupture du contrat de travail par l'employeur, jusqu'à l'âge où l'intéressé est en mesure de partir en retraite ;
- d'un capital versé par l'employeur, après rupture du contrat de travail, permettant de faire la jonction avec la pension de vieillesse.

Attention, même lorsque le salarié représentant du personnel adhère « volontairement » à une préretraite d'entreprise, l'employeur doit demander à l'inspecteur du travail l'autorisation de rompre le contrat de travail, sous peine de voir requalifier la rupture en un licenciement nul (cass. soc. 6 juillet 2011, n° 10-15406, BC V n° 188 ; cass. soc. 2 juin 2017, n° 15-25171 D).

Certaines préretraites d'entreprise peuvent prendre la forme d'une dispense d'activité (congé de fin de carrière), sans que le contrat de travail soit rompu, le salarié percevant tout ou partie de sa rémunération. Les sommes versées sont alors traitées comme du salaire. Dans cette hypothèse, la contribution patronale sur les préretraites d'entreprise n'est pas due, les sommes versées sont intégralement soumises à l'ensemble des charges dues sur les salaires.

▶ À noter… Le salarié bénéficiant d'un congé de fin de carrière, bien qu'absent physiquement de l'entreprise, n'en reste pas moins lié à l'employeur par son contrat de travail jusqu'à la date de son départ à la retraite. Dès lors, le texte du code du travail prohibant le *harcèlement moral** lui est applicable (ex. : refus de la possibilité d'assister aux réunions de délégués du personnel par télé-présence après la reconnaissance de l'état de travailleur handicapé ; erreurs systématiques dans le calcul des cotisations de retraite complémentaire et supplémentaire, ainsi que dans le calcul de l'intéressement et de la participation) (cass. soc. 26 juin 2019, n° 17-28328 FSPB).

Des formules de cessation progressive d'activité (calquées sur le dispositif des anciennes préretraites progressives du FNE), de mise en place de temps partagé ou d'utilisation du *compte épargne-temps** permettent également d'aménager la fin de carrière des salariés âgés jusqu'à l'âge de la retraite.

▶ À noter… Un salarié qui adhère à un dispositif de préretraite ne peut pas invoquer une discrimination liée à son âge par la suite (cass. soc. 20 avril 2017, n° 15-28304, BC V n° 60).

Préretraite dans le cadre d'un plan de sauvegarde de l'emploi - Dans ce cadre, l'*ordre des licenciements** doit être appliqué à un salarié qui a adhéré à une convention de préretraite d'entreprise, dès lors que celui-ci a été licencié (cass. soc. 13 janvier 2009, n° 07-44398, BC V n° 5).

Préretraite d'un salarié protégé - Même lorsque le salarié protégé (ex. : un représentant du personnel) adhère « volontairement » à une préretraite d'entreprise, l'employeur doit demander à l'inspecteur du travail l'autorisation de rompre le contrat de travail. Sans cela, l'intéressé pourra demander à être indemnisé pour licenciement nul (cass. soc. 6 juillet 2011, n° 10-15406, BC V n° 188).

Indemnité de rupture - Les formes de préretraite d'entreprise qui se traduisent par une cessation du contrat de travail voient l'entreprise verser à son ancien salarié une allocation de préretraite (rente ou capital). Ces allocations ont un caractère indemnitaire dès lors que c'est l'employeur qui prend l'initiative de la rupture du contrat de travail, même si le salarié s'est porté volontaire (cass. soc. 10 octobre 1996, n° 94-20161, BC V n° 321).

Le salarié quittant l'entreprise dans le cadre d'un dispositif de préretraite d'entreprise peut se voir verser une indemnité de rupture. Cette indemnité suit le régime de l'indemnité de départ volontaire en retraite [voir *Indemnités de rupture (régimes social et fiscal)**].

▶ **À noter…** L'indemnité de mise à la retraite ou de départ est versée au moment où le bénéficiaire du congé de fin de carrière fait liquider sa retraite. Il convient donc que l'accord d'entreprise ou la décision unilatérale de l'employeur prévoie le mode de calcul de l'indemnité de départ à la retraite (ex. : détermination de la période de référence à compter du dernier jour travaillé et payé). En effet, en l'absence de toute précision, l'indemnité sera calculée sur les 3 ou 12 derniers mois, c'est-à-dire sur la base de l'allocation de congé de fin de carrière. Toutefois, le départ à l'issue d'une période de préretraite d'entreprise n'est pas assimilé à une mise à la retraite (cass. soc. 15 octobre 2013, n° 12-21765, BC V n° 234).

Contribution des employeurs - Afin de décourager ces mécanismes de « préretraites maison », la loi portant réforme des retraites de 2003 a institué une contribution patronale sur les allocations de préretraite ou de cessation anticipée d'activité versées à d'anciens salariés (c. séc. soc. art. L. 137-10). Elle s'applique aux allocations de préretraite versées en vertu d'un dispositif de préretraite résultant d'une convention, d'un accord collectif ou de toute autre stipulation contractuelle conclus après le 27.05.2003 ou d'une décision unilatérale de l'employeur postérieure à cette date. Ces avantages de préretraite d'entreprise sont soumis à cette contribution, à taux plein ou à taux réduit (lettre-circ. ACOSS 2004-11 du 23 janvier 2004 ; circ. DSS-DSDFSS-5B 307-2004 du 1er juillet 2004). Le produit de cette contribution est affecté à la Caisse nationale d'assurance vieillesse des travailleurs salariés (CNAVTS) (lettre-circ. ACOSS 2008-27 du 6 mars 2008).

En visant les « anciens salariés », cette contribution ne concerne donc que les allocations versées dans le cadre de préretraites s'accompagnant d'une rupture du contrat de travail.

▶ **À noter…** Les avantages versés au titre des congés de fin d'activité des conducteurs routiers institués par les accords du 28.03.1997 relatif au congé de fin d'activité à partir de 55 ans et du 2.04.1998 relatif au congé de fin d'activité des conducteurs des entreprises de transport interurbain de voyageur ne sont soumis pas à cette contribution (c. séc. soc. art. L. 137-10 ; loi 2016-1827 du 23 décembre 2016, art. 8 modifié par loi 2017-1836 du 30 décembre 2017, art. 12-I, JO 31). En revanche, le forfait social est dû au taux de droit commun (20 %) sur les sommes correspondant à la part des avantages versés au titre des congés de fin d'activité financées par des contributions des employeurs et correspondant à des départs effectués depuis le 1.01.2018 [voir *Forfait social (contribution patronale)**]. Le forfait social est versé par l'organisme payeur pour le compte de l'employeur (loi 2017-1836 du 30 décembre 2017, art. 12-II).

Préretraite ayant pris effet depuis le 11 octobre 2007 - Pour les préretraites ayant pris effet depuis le 11.10.2007, le taux de la contribution patronale sur les allocations de préretraite d'entreprise versées depuis cette date (régime général de la sécurité sociale) est de 50 %, sans possibilité de taux réduit. La contribution est due quelle que soit la date de la convention, de l'accord collectif, de la stipulation contractuelle ou de la décision unilatérale de l'employeur en vertu duquel les allocations de préretraite d'entreprise ou de cessation anticipée d'activité sont versées (loi 2007-1786 du 19 décembre 2007, art. 16-VI et VII ; circ. DSS/5B 2008-66 du 25 février 2008 ; lettre-circ. ACOSS 2008-27 du 6 mars 2008).

Assiette de la contribution - La rupture anticipée des contrats de travail des salariés qui procède d'une décision unilatérale de l'employeur liée à une transaction implique que les sommes versées par ce dernier en exécution de transactions conclues avec plusieurs de ses salariés entrent bien dans l'assiette de la contribution sur les avantages de préretraite (cass. civ., 2e ch., 30 mars 2017, n° 16-12219 D).

Déclaration annuelle des départs en préretraite

Tout employeur doit adresser à l'organisme chargé du recouvrement de ses cotisations et contributions sociales (URSSAF, CGSS) une déclaration annuelle au plus tard le 31 janvier de chaque année (c. trav. art. L. 1221-18). Cette obligation de déclaration s'applique uniquement aux employeurs dont au moins un salarié ou assimilé est parti en préretraite ou a été placé en cessation anticipée d'activité au cours de l'année civile précédente. Cette déclaration a été intégrée à la *déclaration sociale nominative (DSN)** (c. séc. soc. art. R. 133-14, IV).

☛ *Préretraite amiante ; Préretraite pour les métiers pénibles.*

Préretraite amiante

@ Cette étude est détaillée dans la version en ligne de ce Dictionnaire (voir www.rfsocial.com et www.rfeditions.com).

Préretraite pour les métiers pénibles

Un dispositif de cessation anticipée d'activité institué au profit de certains travailleurs salariés ayant effectué des travaux pénibles (CATS), appelé couramment « préretraite métiers pénibles », est proposé aux entreprises confrontées à une pyramide des âges déséquilibrée (c. trav. art. L. 5123-6 et R. 5123-22 à R. 5123-39 ; circ. DGEFP 2005-22 du 30 mai 2005).

Accord national

Les employeurs peuvent organiser des mesures de cessation partielle d'activité en application d'un accord professionnel national (c. trav. art. L. 5123-6). Celui-ci doit préciser les conditions d'ouverture du droit pour les salariés, le montant de l'allocation et les modalités de son versement, ainsi que les conditions de reprise d'activité dans l'entreprise par les salariés concernés. L'accord doit également fixer la période d'adhésion, l'État ne pouvant s'engager que si la durée de cette période n'excède pas 5 ans (c. trav. art. R. 5123-23 ; circ. DGEFP 2000-23 du 10 octobre 2000).

Accord d'entreprise

Un accord d'entreprise doit être signé et doit fixer notamment le nombre maximal de bénéficiaires (c. trav. art. R. 5123-24).

Par ailleurs, la prise en charge partielle de l'allocation par l'État ne peut intervenir que si l'entreprise a fixé, par convention ou accord collectif, des dispositions relatives à la gestion prévisionnelle de l'emploi, au développement des compétences des salariés et à leur adaptation à l'évolution de leur emploi (c. trav. art. R. 5123-22).

▶ Attention… Les juges disposent d'un pouvoir d'appréciation des conditions de recours à ce dispositif de cessation anticipée d'activité. Ainsi, une cour d'appel, constatant que le dispositif de l'accord de préretraite mis en place dans l'entreprise a été détourné de son objet, peut en déduire que les départs anticipés n'auraient pas dû avoir lieu dans le cadre de cet accord mais dans celui d'une réduction d'effectifs pour motif économique. Elle justifie dès lors sa décision d'allouer aux salariés une somme à titre d'indemnité de départ en retraite calculée par référence à l'indemnité de licenciement économique (cass. soc. 16 septembre 2008, n° 07-41679 D).

Convention tripartite

Une convention est passée entre l'État, l'entreprise et l'organisme gestionnaire désigné par l'accord national. Chaque année, l'entreprise envoie à l'autorité signataire de la convention une déclaration précisant le nombre de salariés répartis par âges susceptibles d'adhérer au dispositif pendant l'année qui suit ainsi que ceux dont l'allocation peut donner lieu à une prise en charge partielle de l'État (c. trav. art. R. 5123-24 à R. 5123-27). Cette convention fixe également les engagements financiers de l'État. Elle est signée par le préfet ou, par délégation, par le DREETS.

L'employeur consulte, avant la conclusion d'une convention de cessation d'activité, selon le cas, le comité d'entreprise, ou à défaut les délégués du personnel, ou le *comité social et économique**. Il s'engage également à leur présenter annuellement un bilan de l'application de la convention relative à la cessation d'activité (c. trav. art. R. 5123-25).

Conditions à remplir par le salarié

Neuf conditions sont à remplir par les salariés pour ouvrir droit à la prise en charge partielle de l'allocation par l'État et à l'exonération de cotisation de sécurité sociale (c. trav. art. R. 5123-29) :

- avoir adhéré au dispositif au plus tôt à 55 ans et au plus tard avant son 65e anniversaire (l'article R. 5123-29 fait toujours référence à l'âge de 65 ans, au 1.01.2022) ;
- avoir accompli 15 ans de travail à la chaîne ou de travail en équipes successives, soit avoir travaillé habituellement 200 nuits ou plus par an pendant 15 ans ; si le salarié est travailleur handicapé à la date d'entrée en vigueur de l'accord national, cette dernière condition ne s'applique pas ; il doit simplement justifier d'au moins 40 trimestres valables pour la retraite, dans un ou plusieurs régimes de sécurité sociale de salariés ;
- être âgé d'au moins 57 ans ;
- avoir adhéré personnellement au dispositif de cessation d'activité au cours de la période définie par l'accord national ;
- avoir son contrat de travail suspendu pendant la durée du versement effectif de l'allocation ;
- avoir été salarié de l'entreprise pendant 1 an continu au moins ;
- ne pas réunir les conditions nécessaires à la validation d'une retraite à taux plein ;
- ne bénéficier ni d'un avantage vieillesse à caractère viager acquis à titre personnel et liquidé après l'entrée dans le dispositif, ni de l'allocation d'aide

au retour à l'emploi [voir *Chômage (allocation d'aide au retour à l'emploi)**], ni de l'allocation de solidarité spécifique [voir *Chômage (allocation de solidarité spécifique)**], ni des allocations versées dans le cadre d'une préretraite-licenciement ASFNE ou d'une préretraite contre embauche ;
- n'exercer aucune autre activité professionnelle.

▶ À noter… Les salariés, qui, au moment où l'adhésion au dispositif CATS est envisagée, peuvent bénéficier d'une retraite à taux plein avant l'âge légal dans le cadre d'une retraite anticipée pour les « longues carrières », ne peuvent pas adhérer à ce dispositif. La vérification du respect de cette condition relève de la responsabilité de l'entreprise (sauf délégation expresse à l'organisme gestionnaire, dans le cadre de la convention de gestion conclue entre l'entreprise et l'organisme gestionnaire désigné par l'accord professionnel dont relève l'entreprise). Cette dernière doit vérifier les conditions d'éligibilité tenant aux conditions d'activité salariée, d'appartenance à l'entreprise et de cumul avec le versement d'une pension de vieillesse à taux plein (arrêté du 28 janvier 2005, JO du 29, art. 2).

Allocation versée au salarié

Versement - Pendant la durée de la suspension du contrat de travail du salarié, l'entreprise lui assure le versement d'une allocation dont le montant minimal est déterminé par l'accord national.

Son versement est interrompu en cas de reprise d'une activité professionnelle ou à partir de l'âge légal de départ à la retraite, lorsque le bénéficiaire remplit les conditions requises pour une retraite à taux plein (c. trav. art. R. 5123-31).

Sous réserve de répondre aux conditions ci-avant exposées, les allocations versées aux salariés en dispositif CATS sont exonérées des cotisations patronales et salariales, de la contribution solidarité autonomie, ainsi que du précompte maladie (L. 5123-6, L. 5422-10 et R. 5123-22 ; lettre-circ. ACOSS 2005-63 du 1er avril 2005). En revanche, la CSG et la CRDS restent dues aux taux de 6,2 % et 0,5 %, comme les allocations de chômage, après abattement d'assiette de 1, 75 % (c. séc. soc. art. L. 136-2 et L. 136-8). Des exonérations partielles ou totales sont toutefois possibles.

Les allocations sont soumises à la contribution additionnelle de solidarité pour l'autonomie de 0,30 % à la charge du bénéficiaire [voir *Contribution additionnelle de solidarité pour l'autonomie (retraite, invalidité et préretraite)**].

▶ À noter… Les adhérents conservent la qualité de salarié, leur contrat de travail étant suspendu durant la période de cessation d'activité et de perception du revenu de remplacement. L'adhésion donne lieu à la signature d'un avenant au contrat de travail du salarié.

Prise en charge par l'État - L'État peut prendre partiellement en charge l'allocation versée aux salariés bénéficiant d'avantages de préretraite en application d'un accord professionnel national ouvrant droit à une exonération des cotisations de sécurité sociale dans les conditions prévues à l'article L. 5428-1 du code du travail (c. trav. art. L. 5123-6). Celui-ci participe au financement de l'allocation versée aux bénéficiaires ayant atteint 57 ans. La participation de l'État est versée trimestriellement à terme échu à l'organisme gestionnaire au vu d'un justificatif du nombre de bénéficiaires.

Délai de carence - La participation de l'État n'est due qu'après l'expiration d'un délai courant à compter de la date de suspension du contrat de travail calculé en fonction de l'indemnité compensatrice de congés payés (c. trav. art. R. 5123-32).

Assiette de la prise en charge - L'assiette prise en compte pour la détermination de la participation de l'État est égale à l'allocation définie par l'accord national, dans la limite de 65 % du salaire de référence pour la part du salaire n'excédant pas le plafond de la sécurité sociale, auxquels s'ajoutent 50 % du salaire de référence pour la part comprise entre une et deux fois ce même plafond. Le salaire de référence est déterminé comme pour l'assurance chômage [voir *Chômage (assurance chômage)**].

Montant de la participation de l'État - Il est égal à une proportion de l'assiette de la prise en charge *(voir ci-dessus)*, déterminée en fonction de l'âge du bénéficiaire à la date d'adhésion au dispositif (c. trav. art. R. 5123-32, 3°). Lorsque celui-ci poursuit ou reprend une activité au sein de l'entreprise, l'âge pris en compte est augmenté de la durée calculée en équivalent temps plein de la ou des périodes de travail postérieures à l'adhésion du salarié (arrêté du 28 janvier 2005, JO du 29).

Préretraite métiers pénibles

Taux de prise en charge par l'État

Âge du bénéficiaire	55 ans	56 ans	57 ans et +
Taux de prise en charge par l'État	20 %	35 %	50 %

☞ *Préretraite.*

Prescription (contentieux)

Le code du travail prévoit différents délais de prescription, selon la nature du litige. En cas de doute sur le délai de prescription applicable, il convient de se référer à la nature de la créance. En effet, la détermination du délai de prescription dépend de la nature de la créance objet de la demande (cass. ass. plén. 10 juin 2005, n° 03-18922, B. ass. plén. n° 6 ; cass. ch. mixte, 26 mai 2006, n° 03-16800, B. ch. mixte n° 3 ; cass. soc. 30 juin 2021, n° 20-12960 FSPB ; cass. soc. 30 juin 2021, n° 19-14543 FSPB ; ; cass. soc. 30 juin 2021, n° 18-23932 FSPB ; cass. soc. 30 juin 2021, n° 19-10161 FSPB).

Contentieux sur l'exécution du contrat de travail

Toute action portant sur l'exécution du contrat de travail se prescrit par 2 ans à compter du jour où celui qui l'exerce a connu ou aurait dû connaître les faits lui permettant d'exercer son droit (c. trav. art. L. 1471-1).

L'action en requalification d'un contrat d'intérim en CDI relève de cette prescription biennale [voir *Travail temporaire (contrat de travail)**] (cass. soc. 30 juin 2021, n° 19-16655 FSPB).

La requalification en CDI de CDD successifs ayant pour objet ou pour effet de pourvoir durablement un emploi lié à l'activité normale et permanente de l'entreprise obéit aux mêmes principes [voir *Contrat de travail à durée déterminée (requalification en CDI)**].

Action en paiement du salaire

L'action en paiement ou en répétition du salaire se prescrit par 3 ans à compter du jour où celui qui l'exerce a connu ou aurait dû connaître les faits lui permettant de l'exercer [voir *Prescription (salaires)**].

Contentieux sur la rupture du contrat de travail

Cas général - Toute action portant sur la rupture du contrat de travail se prescrit par 12 mois à compter de la notification de la rupture (c. trav. art. L. 1471-1).

▶ À noter… Quand le statut applicable à l'entreprise ouvre un recours interne au salarié contre la décision de son employeur, le délai de prescription de l'action en contestation du licenciement court à compter de la notification de la décision de l'employeur statuant sur ce recours gracieux. En l'espèce, ce recours était prévu par le statut national du personnel des industries électriques et gazières, lequel est approuvé par décret (décret 46-1541 du 22 juin 1946, modifié ; cass. soc. 8 septembre 2021, n° 19-22251 FSB). Reste à savoir si cette solution aurait été la même en présence d'une procédure de recours gracieux instaurée par une convention collective nationale ou un accord d'entreprise.

Licenciement économique - Par exception, pour le licenciement économique, les 12 mois se décomptent à partir de la dernière réunion du *comité social et économique** ou de la notification au salarié de son droit individuel à contester le licenciement (c. trav. art. L. 1235-7).

Adhésion à un contrat de sécurisation professionnelle - En cas de *contrat de sécurisation professionnelle**, la prescription court à compter de l'adhésion au CSP (c. trav. art. L. 1233-67).

Rupture conventionnelle - En cas de *rupture conventionnelle**, la date d'homologation de la convention de rupture marque le point de départ de la prescription (c. trav. art. L. 1237-14).

Autres contentieux

Le délai de prescription applicable aux actions en réparation d'un dommage corporel causé à l'occa-

Délais pour saisir le conseil de prud'hommes (exemples)

Délai de…	Pour contester…
10 ans	Action en réparation d'un dommage corporel causé à l'occasion de l'exécution du contrat de travail (c. civ. art. 2226)
5 ans	Une discrimination ou un harcèlement [voir Discriminations (contentieux)*, Harcèlement moral* et Harcèlement sexuel*]
3 ans	Le salaire [voir Prescription (salaires)*]
2 ans	L'exécution du contrat de travail
1 an	La rupture du contrat de travail
6 mois	Le reçu pour solde* de tout compte signé

sion de l'exécution du contrat de travail est de 10 ans (c. civ. art. 2226).

En cas de *discriminations**, *harcèlement moral** ou *harcèlement sexuel**, le délai est de 5 ans (c. trav. art. L. 1471-1).

D'autres délais plus courts (ex. : 6 mois applicable pour contester le *reçu pour solde de tout compte**) ou plus longs (ex. : 5 ans pour l'action en réparation du préjudice résultant d'une discrimination) sont applicables à d'autres actions.

Prescription (cotisations)

URSSAF

Prescription des cotisations - Les cotisations et contributions sociales se prescrivent par 3 ans à compter de la fin de l'année civile au titre de laquelle elles sont dues (c. séc. soc. art. L. 244-3, al. 1).

▶ À noter... Le délai de prescription des cotisations, majorations et pénalités de retard est suspendu pendant la période contradictoire de la procédure de contrôle URSSAF [voir *Contrôle URSSAF (procédure)*]*, de 30 jours au moins, au cours de laquelle l'employeur peut faire valoir ses arguments sur les observations que l'agent chargé du contrôle lui a notifiées (montant du redressement envisagé ou observations pour l'avenir sans redressement) (c. séc. soc. art. L. 244-3, al. 2).

Le délai de prescription est porté à 5 ans en cas de travail illégal (c. séc. soc. art. L. 244-11).

Prescriptions des majorations et pénalités de retard - Les majorations de retard applicables aux cotisations versées tardivement se prescrivent par 3 ans à compter de la fin de l'année au cours de laquelle a eu lieu le paiement ou l'exigibilité des cotisations et contributions qui ont donné lieu à l'application desdites majorations (c. séc. soc. art. L. 244-3, al. 3).

Les pénalités de retard pour production tardive ou défaut de production des déclarations obligatoires de cotisations ou contributions sociales se prescrivent également par 3 ans à compter de la fin de l'année au cours de laquelle a eu lieu la production des déclarations ou, à défaut, la notification de l'avertissement ou de la mise en demeure (c. séc. soc. art. L. 244-3, al. 4).

Le délai de prescription est porté à 5 ans en cas de travail illégal (c. séc. soc. art. L. 244-11).

Prescription de l'action civile en recouvrement - Le délai de prescription de l'action civile en recouvrement des cotisations ou majorations est aligné sur celui des cotisations elles-mêmes, à savoir 3 ans à partir du délai imparti par la mise en demeure (ou l'avertissement) de payer (c. séc. soc. art. L. 244-8-1).

En revanche, le délai de prescription est fixé à 5 ans en cas de travail illégal (c. séc. soc. art. L. 244-11).

▶ À noter... La prescription de l'action en recouvrement des cotisations ne commence à courir qu'à l'expiration du délai imparti par la mise en demeure au redevable des cotisations pour régulariser sa situation. En d'autres termes, le point de départ du délai dont dispose un organisme de recouvrement se situe à l'expiration du délai de 1 mois laissé à l'intéressé par la mise en demeure pour régler les cotisations et majorations réclamées (cass. civ., 2e ch., 12 novembre 2020, n° 19-15239 FPBI).

Prescription du remboursement des cotisations indûment versées - Lorsque l'employeur a versé des cotisations qui n'étaient pas dues, il est en droit d'en réclamer le remboursement. Sa demande de remboursement se prescrit par 3 ans à compter de la date à laquelle les cotisations ont été acquittées (c. séc. soc. art. L. 243-6).

Le délai de prescription est ramené à 1 an pour les trop-perçus inférieurs à 1,27 % du plafond mensuel de la sécurité sociale (arrondi à l'euro supérieur) (c. séc. soc. art. D. 133-1).

▶ À noter... Lorsque l'obligation de remboursement des cotisations naît d'une décision juridictionnelle qui révèle la non-conformité d'une règle de droit dont il a été fait application à une règle de droit supérieure, la demande de remboursement ne peut porter que sur la période postérieure au 1er janvier de la troisième année précédant celle où la décision révélant la non-conformité est intervenue (c. séc. soc. art. L. 243-6, I)

Lorsque l'obligation de remboursement des cotisations naît d'une décision rectificative d'une caisse d'assurance retraite et de la santé au travail (CARSAT) en matière de taux de *cotisation d'accidents du travail** et de maladies professionnelles, la demande de remboursement des cotisations peut porter sur l'ensemble de la période au titre de laquelle les taux sont rectifiés (c. séc. soc. art. L. 243-6), même si cette période excède trois années à partir de la date de versement des cotisations.

Délai de remboursement des cotisations indûment versées - Les URSSAF (ou CGSS dans les

DOM) doivent rembourser les cotisations indues dans un délai de 4 mois à compter de la demande de l'employeur (c. séc. soc. art. L. 243-6, III).

Chômage

Les règles relatives à la prescription des cotisations d'assurance chômage sont identiques à celles applicables aux cotisations de sécurité sociale (c. trav. art. L. 5422-16).

Retraite AGIRC-ARRCO

La prescription des cotisations AGIRC-ARRCO est fixée à 5 ans (c. civ. art. 2224 ; c. com. art. L. 110-4 ; circ. AGIRC-ARRCO 2008-15 du 15 décembre 2008). Ce délai court à compter de la date limite d'exigibilité des cotisations.

Les majorations de retard se prescrivent par 5 ans à compter de la date à laquelle les cotisations ont été payées (cass. soc. 20 février 1992, n° 88-17073, BC V n° 118).

☛ *Contrôle URSSAF (mise en demeure) ; Cotisations URSSAF.*

Prescription (droit disciplinaire)

L'employeur qui entend prononcer une sanction disciplinaire à l'encontre d'un salarié doit respecter un délai de prescription de 2 mois (c. trav. art. L. 1332-4).

Prescription des fautes

Deux mois pour engager les poursuites disciplinaires - Aucun fait fautif ne peut donner lieu, à lui seul, à l'engagement de poursuites disciplinaires au-delà d'un délai de 2 mois à compter du jour où l'employeur en a eu connaissance, à moins que ce fait ait donné lieu dans le même temps à l'exercice de poursuites pénales (c. trav. art. L. 1332-4).

« L'employeur » ne s'entend pas au sens strict du terme. Il s'agit non seulement du titulaire du pouvoir disciplinaire mais également du supérieur hiérarchique du salarié, même non titulaire de ce pouvoir (cass. soc. 18 novembre 2020, n° 19-14511 D ; cass. soc. 23 juin 2021, n° 20-13762 FSB). Le cas échéant, le délai de 2 mois court à compter du moment où le supérieur hiérarchique a connaissance du fait fautif.

▶ À noter… Lorsque l'employeur est une personne morale, le délai de 2 mois court à compter du jour où les faits fautifs sont portés à la connaissance d'une personne détenant un pouvoir disciplinaire à l'égard du salarié (cass. soc. 16 septembre 2003, n° 01-42712 D).

La procédure disciplinaire est considérée comme engagée :

- soit à la date à laquelle la convocation à l'entretien préalable est adressée au salarié (cass. soc. 5 février 1997, n° 94-44538, BC V n° 52), ou le cas échéant, à la date de la *mise à pied conservatoire** (cass. soc. 13 janvier 1993, n° 90-45046 D ; cass. soc. 15 avril 1996, n° 93-40113 D) ;
- soit au jour de la notification de la sanction s'il s'agit d'une sanction mineure (ex. : un avertissement) ne nécessitant pas la tenue d'un entretien préalable [voir *Sanctions disciplinaires (procédure)**].

▶ À noter… L'engagement des poursuites disciplinaires n'est pas marqué par une éventuelle comparution devant un conseil de discipline, mais par la date à laquelle la convocation à l'entretien préalable est adressée au salarié (cass. soc. 18 janvier 2011, n° 09-43079, BC V n° 24).

Point de départ du délai - Le délai de prescription commence à courir à partir du moment où l'employeur a une connaissance exacte de la réalité, de la nature et de l'ampleur des faits reprochés au salarié (CE 20 avril 2005, n° 254909 ; cass. soc. 7 novembre 2006, n° 04-47683, BC V n° 325 ; cass. soc. 13 octobre 2015, n° 14-21926 D).

▶ À noter… En cas de contentieux, lorsque le salarié soutient que les faits sont prescrits, l'employeur doit prouver qu'il en a eu connaissance dans les 2 mois précédant l'engagement des poursuites disciplinaires (cass. soc. 19 mars 1998, n° 96-40079, BC V n° 159 ; cass. soc. 10 juin 2003, n° 01-41798 D).

L'employeur doit parfois procéder à des vérifications avant de déclencher la procédure disciplinaire (ex. : enquête interne, audit). Une fois ces vérifications accomplies, il est alors considéré comme ayant « pleine » connaissance des faits reprochés au salarié. Ce n'est qu'à ce moment-là que le délai de prescription commence à courir (cass. soc. 2 juin 2017, n° 15-29234 D ; cass. soc. 8 décembre 2021 n° 20-15798 D). Par exemple, si l'employeur interroge un salarié à propos d'un vol, le délai de 2 mois ne court qu'à compter du jour où l'employeur sait que ce salarié est l'auteur de ce vol (cass. soc. 13 janvier 2009, n° 07-43282, BC V n° 3).

Néanmoins, pour qu'une enquête interne justifie le délai pris dans le déclenchement de la procédure disciplinaire, il faut qu'elle ait été nécessaire (cass. soc. 17 septembre 2014, n° 13-17382 D) et qu'elle ait été conduite de manière impartiale (cass. soc. 10 juillet 2019, n° 18-11254 D).

▶ À noter… Sur l'enquête déclenchée par l'employeur en cas de suspicion de harcèlement, voir *Harcèlement moral**.

Effet de la maladie ou d'un accident du salarié - La maladie du salarié n'entraîne ni l'interruption ni la suspension de ce délai (cass. soc. 13 juillet 1993, n° 91-42964, BC V n° 202 ; cass. soc. 20 novembre 2014, n° 13-16546 D). Il en est de même en cas d'absence d'un salarié victime d'un accident du travail ou atteint d'une maladie professionnelle (cass. soc. 17 janvier 1996, n° 92-42031, BC V n° 14). Par conséquent, dans ces cas, le délai de 2 mois continue de s'écouler.

Interruption du délai en cas de poursuites pénales - Par exception, lorsqu'une faute donne lieu à l'exercice de poursuites pénales dans le délai de 2 mois, celui-ci est interrompu (c. trav. art. L. 1332-4 ; cass. soc. 29 janvier 2003, n° 01-40412 D) :
- jusqu'à la décision définitive de la juridiction pénale, lorsque l'employeur est partie à la procédure pénale (cass. soc. 6 décembre 2000, n° 98-45772, BC V n° 411) ;
- jusqu'au jour où l'employeur établit avoir eu connaissance de l'issue définitive de la procédure pénale, lorsqu'il n'est pas partie à cette procédure (cass. soc. 15 juin 2010, n° 08-45243, BC V n° 132).

À compter de cette date, un nouveau délai de 2 mois commence alors à courir.

Une enquête préliminaire (en l'espèce, avec audition d'un salarié par la police) ne constitue pas « l'exercice de poursuites pénales » car elle n'a pas pour effet de mettre en mouvement l'action publique, de sorte qu'elle n'interrompt pas le délai de 2 mois (cass. soc. 13 octobre 2016, n° 15-14006, BC V n° 190). L'action publique est déclenchée par le ministère public, par une plainte avec constitution de partie civile ou par une citation directe de la victime (cass. soc. 6 décembre 2000, n° 98-45772, BC V n° 411).

Incidence d'un report de l'entretien préalable - La convocation à l'entretien préalable à la sanction disciplinaire interrompt le délai de 2 mois dans la mesure où elle constitue l' « engagement de la procédure disciplinaire » *(voir ci-avant)*. Elle marque le point de départ d'un nouveau délai de 2 mois. Une demande de report d'entretien faite par le salarié ou une nouvelle convocation à un entretien émise par l'employeur n'a pas pour effet de suspendre ce nouveau délai (cass. soc. 9 décembre 2003, n° 01-44501 D ; cass. soc. 26 octobre 2016, n° 14-26918 D). Cela signifie que, si l'entretien est reporté à une date ultérieure, il doit se tenir dans les 2 mois suivants la première date de convocation. Toutefois, si le salarié ne se présente pas au nouvel entretien et qu'une troisième convocation est envoyée dans ces 2 mois, l'entretien peut avoir lieu après le terme du délai (cass. soc. 17 janvier 2018, n° 16-18172 D).

▶ À noter… Ce délai de 2 mois au bout duquel la faute est prescrite n'autorise pas l'employeur à passer outre le délai de notification de la sanction qui est de 1 mois au maximum après le jour fixé pour l'entretien préalable (c. trav. art. L. 1332-2) [voir *Sanctions disciplinaires (procédure)**].

Incidence d'une mise à pied conservatoire - Le fait que la convocation à l'entretien préalable soit assortie d'une *mise à pied conservatoire** n'a pas pour effet d'interrompre le nouveau délai de 2 mois qui s'ouvre. L'employeur ne peut donc pas envoyer une convocation à un nouvel entretien préalable plus de 2 mois après la première convocation (cass. soc. 28 mai 2019, n° 18-15875 D).

Interruption du délai en cas de sanction nécessitant l'accord du salarié - Lorsque l'employeur opte pour une sanction nécessitant l'accord préalable du salarié (rétrogradation, mutation disciplinaire, etc.), il lui notifie une proposition de modification de son contrat de travail. Cette notification interrompt alors le délai de 2 mois qui courait depuis la convocation à l'entretien préalable. Un délai de 2 mois recommence à courir. Le refus de cette proposition par le salarié interrompt à nouveau le délai et l'employeur dispose d'un nouveau délai de 2 mois pour convoquer le salarié à un entretien préalable en vue d'une autre sanction disciplinaire (cass. soc. 15 janvier 2013, n° 11-28109, BC V n° 7). Toutefois, si l'employeur a accordé un délai au salarié pour exprimer son accord ou son refus de la sanction, au terme duquel son absence de réponse vaudrait refus, c'est à la date d'expiration de ce délai que débute le nouveau délai de 2 mois (cass. soc. 27 mai 2021, n° 19-17587 FSP).

Évocation d'une faute prescrite - L'employeur peut invoquer des faits prescrits (commis il y a plus de 2 mois) de même nature pour sanctionner la persistance du salarié dans son comportement fautif (cass. soc. 23 novembre 2011, n° 10-21740 D ; cass. soc. 4 juillet 2012, n° 11-19540 D).

Ainsi, lorsque le salarié commet plusieurs fois la même faute (ex. : succession d'absences injustifiées, répétition d'« agissements humiliants, discriminants, pouvant s'assimiler pour certains à un véritable harcèlement »), l'employeur peut invoquer l'ensemble des fautes commises, y compris celles dont il a eu connaissance il y a plus de 2 mois (cass. soc. 7 mai 1991, n° 87-43737, BC V n° 218 ; cass. soc. 19 janvier 2017 n° 15-24404 D).

Enfin, le fait qu'il ait déjà sanctionné la faute prescrite ne lui interdit pas d'en faire mention, sauf si la sanction remonte à plus de 3 ans *(voir ci-après)*.

Lorsqu'il s'agit d'une faute « continue » (ex. : cumul d'activités et travail au-delà de la durée maximale du travail), l'employeur peut sanctionner ce comportement, même s'il a débuté il y a plus de 2 mois (cass. soc. 1er avril 2003, n° 01-40507 D).

Faute grave : sanction dans un « délai restreint » - En cas de faute grave, l'employeur doit, en principe, engager la procédure de rupture du contrat de travail dans un « délai restreint » après avoir été informé des faits allégués (voir *Licenciement pour faute**).

Prescription des sanctions

Aucune sanction antérieure de plus de 3 ans à l'engagement des poursuites disciplinaires ne peut être invoquée à l'appui d'une nouvelle sanction (c. trav. art. L. 1332-5 ; cass. soc. 30 septembre 2004, n° 02-44030, BC V n° 243).

☛ *Licenciement pour faute ; Sanctions disciplinaires (procédure).*

Prescription (prestations)

@ Cette étude est détaillée dans la version en ligne de ce Dictionnaire (voir www.rfsocial.com et www.rfeditions.com).

Prescription (salaires)

Prescription triennale

Délai de prescription de trois ans - Un salarié dispose de 3 ans pour déclencher une action en paiement quand il considère que son employeur ne lui a pas payé ce qu'il lui devait. Au-delà, il ne peut plus agir contre l'employeur (c. trav. art. L. 3245-1).

▶ **À noter...** Lorsque l'employeur a involontairement versé à un salarié une somme qu'il ne lui devait pas, il peut lui en réclamer le remboursement, sans avoir à prouver qu'il l'a payée par erreur (cass. soc. 14 décembre 2004, n° 03-46836, BC V n° 332 ; cass. soc. 14 mars 2018, n° 16-13916 D). Il dispose, lui aussi, de 3 ans pour agir si le salarié n'accepte pas un remboursement spontané (c. trav. art. L. 3245-1).

En matière de salaires, l'employeur et le salarié ne peuvent pas se mettre d'accord pour abréger ou allonger le délai de 3 ans. Ils ne peuvent pas non plus ajouter des causes de suspension ou d'interruption de ce délai à celles prévues par les textes (c. civ. art. 2254).

Le salarié ne peut échapper à la prescription triennale en faisant passer sa demande de rappel de salaire pour une demande de dommages et intérêts (cass. soc. 28 mars 2018, n° 12-28606, BC V n° 58).

Régime transitoire avec la prescription de cinq ans - Le délai de prescription de 3 ans s'applique depuis le **17.06.2013**, auparavant il était de 5 ans (loi 2013-504 du 14 juin 2013, JO du 16). Un régime transitoire prévoit que le délai de prescription de 3 ans s'applique aux situations en cours à compter du **16.06.2013**, sans que la durée totale de prescription ne puisse dépasser la durée de 5 ans prévue antérieurement (loi 2013-504 du 14 juin 2013, art. 21-V ; cass. soc. 30 mai 2018, n° 17-10227 et n° 16-25557 FSPB).

Néanmoins, pour bénéficier du régime transitoire, le salarié doit avoir saisi le juge dans les trois années suivant le 16.06.2013. À défaut, les créances nées avant cette date sont prescrites (cass. soc. 9 décembre 2020, n° 19-12788 FSPB). Par exemple, si un salarié a saisi le juge le **7.07.2014**, les créances nées postérieurement au **7.07.2009** n'étaient pas prescrites (cass. soc. 29 janvier 2020, n° 18-15359 FSPBI).

Salaires et sommes assimilées concernées - La prescription triennale s'applique au salaire et aux sommes assimilées, et notamment à :

- un 13e mois (cass. soc. 21 décembre 2006, n° 04-47426, BC V n° 411) ;
- l'indemnisation du repos compensateur pour *heures supplémentaires** (cass. soc. 5 mai 2010, n° 08-45646 D) ;
- les heures supplémentaires en raison de l'invalidité d'une convention de forfait en jours (cass. soc. 30 juin 2021, n° 18-23932 FSPB) ;
- les charges patronales imputées à tort au salarié (cass. soc. 16 septembre 2009, n° 08-40261 D) ;
- la contrepartie financière à une *clause de non-concurrence** (cass. soc. 26 septembre 2002, n° 00-40461, BC V n° 283) ;
- l'indemnité de fin de mission (cass. soc. 8 octobre 2014, n° 13-16840 D) ;

- le paiement d'*heures de délégation** accomplies (cass. soc. 8 octobre 2014, n° 13-16840 D) ;
- la monétisation de jours épargnés sur un *compte épargne-temps** (cass. soc. 30 juin 2021, n° 19-14543 FSPB).

Requalification d'un temps partiel en temps complet - L'action en requalification d'un contrat de travail à temps partiel en contrat à temps complet est considérée comme une action en rappel de salaires, de sorte qu'elle est soumise à la prescription triennale (cass. soc. 30 juin 2021, n° 19-10161 FSPB ; cass. soc. 4 novembre 2021, 19-18908 D).

Inégalité de traitement - La demande de rappel de salaires fondée, non pas sur une discrimination, mais sur une atteinte au principe d'égalité de traitement est soumise à la prescription triennale (cass. soc. 30 juin 2021, n° 20-12960 FSPB ; cass. soc. 29 septembre 2021 n° 20-12592 D). Il en va autrement d'une demande de dommages et intérêts, au titre de laquelle le salarié peut obtenir la réparation intégrale de son préjudice (cass. soc. 27 novembre 2019, n° 16-26209 D).

Exceptions à la prescription triennale

Frais professionnels - Les actions en paiement de sommes correspondant au remboursement de *frais professionnels** relèvent de la prescription biennale (2 ans) applicable aux actions portant sur l'exécution du contrat de travail [voir *Prescription (contentieux)**] (cass. soc. 20 novembre 2019, n° 18-20208 FSPB).

▶ Attention... Lorsque l'employeur a fixé, par une note de service, à 1 mois le délai de production des justificatifs de frais professionnels, il n'est pas tenu de rembourser les frais pour lesquels le salarié n'a pas respecté ce délai (cass. soc. 7 mars 2006, n° 04-40869 D ; cass. soc. 29 septembre 2009, n° 07-45722 D).

Sommes dues au titre de l'épargne salariale et non versées par l'employeur - Le salarié dispose de 5 ans pour obtenir le versement de sommes au titre de la participation ou de l'intéressement lorsque l'employeur ne les a pas versées (c. civ. art. 2224).

Sommes issues de l'épargne salariale en déshérence - Lorsque le salarié a quitté l'entreprise et ne peut pas être joint à la dernière adresse qu'il a indiquée, l'entreprise garde les sommes qui lui sont dues pendant un délai d'un an (à compter, selon les dispositifs d'épargne salariale, de la date limite de versement ou de l'expiration du délai d'indisponibilité). L'employeur les remet ensuite à la Caisse des dépôts et consignations, auprès de laquelle le salarié peut les réclamer pendant encore 20 ans, ou 27 ans en cas de décès du bénéficiaire (c. trav. art. D. 3313-11, D. 3324-37, D. 3324-38, R. 3332-30 ; c. mon. et fin. art. L. 312-20).

▶ À noter... Le délai de 20 ans s'applique uniquement au cas où le salarié ne réclame pas les sommes (fonds en « déshérence »). En revanche, dans les autres cas, par exemple, lorsque l'employeur n'a pas mis en place d'accord de participation, la prescription est quinquennale.

Modalités d'application

Point de départ du délai - Le délai de prescription de l'action en paiement du salaire court à compter de la date à laquelle ce dernier devient exigible (cass. soc. 9 décembre 2009, n° 08-40560 D).

La demande peut porter sur les sommes dues au titre des 3 dernières années à compter de ce jour ou, lorsque le contrat de travail est rompu, sur les sommes dues au titre des 3 années précédant la rupture du contrat (c. trav. art. L. 3245-1).

Le délai se compte en jours et non en heures (c. civ. art. 2228).

Cas du salaire versé mensuellement - Lorsque le salaire est versé mensuellement (cass. soc. 14 novembre 2013, n° 12-17409, BC V n° 271 ; cass. soc. 20 juin 2018, n° 16-20794 D) :
- la date d'exigibilité du salaire correspond à la date habituelle du paiement des salaires en vigueur dans l'entreprise ;
- et l'exigibilité concerne l'intégralité du salaire correspondant au mois considéré.

Exemple

Si la date habituelle de paiement des salaires est le 25 du mois et qu'un salarié a engagé une action en justice le 20 janvier 2022, il pourra remonter jusqu'à 3 années en arrière, soit jusqu'au 20 janvier 2019, et réclamer les salaires de janvier.

Cas de l'indemnité de congés payés - Pour l'indemnité de congés payés, le point de départ du délai correspond à la date d'expiration de la période légale ou conventionnelle au cours de laquelle les congés auraient pu être pris (cass. soc. 14 novembre 2013, n° 12-17409, BC V n° 271 ; cass. soc. 17 mai 2018, n° 17-13444 D).

Conséquence d'une erreur de convention collective sur les bulletins de paie - Lorsque les éléments de salaire sont d'origine conventionnelle, le délai de prescription ne commence à courir qu'à compter du moment où le salarié sait, avec exactitude, quelle convention collective s'applique dans l'entreprise (cass. soc. 25 septembre 2013, n° 11-27693, BC V n° 206). Dans cette affaire, les bulletins de paie délivrés aux salariés mentionnaient une convention collective autre que celle applicable dans l'entreprise. Les salariés n'ayant été en mesure de connaître le statut collectif dont relevait l'entreprise qu'à compter de la décision de justice, le délai de prescription ne pouvait commencer à courir antérieurement.

Interruption de la prescription - La prescription peut être interrompue par différents moyens, notamment par (c. civ. art. 2240 à 2246) :
- la saisine du conseil de prud'hommes (y compris en référé et même s'il est incompétent) ;
- la reconnaissance de dette par l'employeur (cass. soc. 22 octobre 1996, n° 93-44148, BC V n° 340).

Dans ces situations, le délai déjà écoulé est annulé et un nouveau délai commence à courir. Le salarié peut alors encore agir (cass. soc. 8 avril 2010, n° 08-42307, BC V n° 91).

Faits sans incidence sur la prescription - Pour le salarié, le fait de réclamer son dû par lettre simple ou même en LRAR n'interrompt pas la prescription (cass. soc. 16 janvier 1985, n° 83-44720 D).

Pour l'employeur, le fait de répondre au salarié que la situation va être réglée ne constitue pas une véritable reconnaissance de dette (cass. soc. 8 avril 2010, n° 08-43599, BC V n° 94). Cependant, si l'employeur reconnaît partiellement sa dette, la prescription est néanmoins interrompue pour la totalité de la créance invoquée par le salarié (cass. soc. 22 octobre 1996, n° 93-44148, BC V n° 340).

Délai butoir de vingt ans - Le report du point de départ, la suspension ou l'interruption de la prescription ne peuvent pas avoir pour effet de porter le délai de prescription au-delà de 20 ans à compter du jour de la naissance du droit, sauf exceptions (c. civ. art. 2232).

Fin du délai - Le délai de 3 ans prend fin lorsque le dernier jour du terme est accompli (c. civ. art. 2229).

▶ Attention... Lorsque le droit d'un salarié au paiement des salaires dus est éteint en raison de la prescription, son action en paiement des cotisations de retraite assises sur ces salaires est également prescrite (cass. soc. 22 octobre 2014, n° 13-16936, BC V n° 250 ; cass. soc. 22 octobre 2014, n° 13-17209, BC V n° 250).

Prescription (contentieux) ; Salaire.

Président

Comité social et économique ; Dirigeants de sociétés.

Prestation d'aide au conseil en ressources humaines

Aide au conseil RH.

Prestations familiales

@ Les études relatives aux prestations familiales sont détaillées dans la version en ligne de ce Dictionnaire (voir www.rfsocial.com et www.rfeditions.com).

Prestations de sécurité sociale

@ Cette étude est détaillée dans la version en ligne de ce Dictionnaire (voir www.rfsocial.com et www.rfeditions.com).

Prêt de main-d'œuvre

À but lucratif : interdit sauf exceptions

But lucratif et objet exclusif - Sauf exceptions *(voir ci-après)*, toute opération à but lucratif ayant pour objet exclusif le prêt de main-d'œuvre est strictement interdite (c. trav. art. L. 8241-1). On parle de prêt de main-d'œuvre illicite.

Le prêt de main-d'œuvre lucratif et exclusif est en revanche autorisé lorsqu'il a notamment lieu dans le cadre de la réglementation du *travail temporaire** et du *travail à temps partagé** (c. trav. art. L. 8241-1).

▶ À noter... Les entreprises de travail temporaire encourent des sanctions pour prêt de main-d'œuvre illicite si elles ne respectent pas les règles de l'intérim (cass. crim. 13 novembre 2012, n° 10-80862, B. crim. n° 245). Sur la requalification du contrat de mission en CDI à titre de sanction, voir *Travail temporaire (contrat de travail)**.

Dès lors qu'elle est exécutée dans les conditions légales, la prestation de *portage salarial** ne constitue pas non plus un prêt de main-d'œuvre illicite (c. trav. art. L. 1254-6).

But lucratif et objet non-exclusif - Voir *Sous-traitance**.

À but non lucratif : autorisé

Définition - Une opération de prêt de main-d'œuvre est à but non lucratif lorsque l'entreprise prêteuse ne facture à l'entreprise utilisatrice que les salaires versés au salarié prêté, les charges sociales correspondantes et les frais professionnels remboursés à l'intéressé au titre de la mise à disposition (c. trav. art. L. 8241-1).

Groupements d'employeurs et associations intermédiaires - Les opérations de prêt de main-d'œuvre à but non lucratif sont autorisées (c. trav. art. L. 8241-2). Cette activité peut notamment être exercée par un *groupement d'employeurs** ou par une *association intermédiaire**.

Prêt de main-d'œuvre entre entreprises ou associations - En dehors des dispositifs spécifiques de prêt de main-d'œuvre à but non lucratif par lesquels des intermédiaires (groupement d'employeur, association intermédiaire) « fournissent » du personnel à des employeurs *(voir ci-avant)*, toute opération de prêt de main-d'œuvre impose (c. trav. art. L. 8241-2) :

- d'obtenir l'accord du salarié que l'entreprise prêteuse souhaite mettre à disposition ;
- de conclure une convention de mise à disposition entre l'entreprise prêteuse et l'entreprise utilisatrice (la convention doit préciser la durée de la mise à disposition, l'identité et la qualification du salarié, le mode de détermination des salaires, des charges sociales et des frais professionnels qui seront facturés à l'entreprise utilisatrice par l'entreprise prêteuse) ;
- un avenant au contrat de travail signé par le salarié et précisant le travail confié dans l'entreprise utilisatrice, les horaires et le lieu d'exécution du travail, les caractéristiques particulières du poste de travail.

Droit de refus du salarié - Toute opération de prêt de main-d'œuvre nécessite l'accord du salarié. Celui-ci est donc en droit de refuser d'être mis à disposition. Il est interdit de le sanctionner, de le licencier ou de lui infliger toute mesure discriminatoire pour ce motif (c. trav. art. L. 8241-2).

Information et consultation du CSE - Dans l'entreprise prêteuse, l'employeur doit :

- consulter le *comité social et économique** (CSE), préalablement à la mise en œuvre d'un prêt de main-d'œuvre, et l'informer des différentes conventions signées ;
- informer le CSE lorsque le poste occupé dans l'entreprise utilisatrice par le salarié mis à disposition figure sur la liste de postes présentant des risques particuliers pour la santé ou la sécurité prévue à l'article L. 4154-2 du code du travail (c. trav. art. L. 8241-2).

Dans l'entreprise utilisatrice, il faut informer et consulter le CSE si ce dernier a été mis en place, préalablement à l'accueil de salariés mis à disposition dans le cadre d'un prêt de main-d'œuvre (c. trav. art. L. 8241-2).

Période probatoire - L'entreprise prêteuse et le salarié peuvent convenir d'une *période probatoire** (c. trav. art. L. 8241-2) qui peut être prévue, par exemple, dans l'avenant au contrat de travail requis.

Cette période probatoire découle du fait que le prêt de main-d'œuvre entraîne la modification du contrat de travail (c. trav. art. 8241-2) [voir *Modification du contrat de travail**].

Fin du prêt de main-d'œuvre pendant la période probatoire - Durant la période probatoire, l'entreprise prêteuse et/ou le salarié peuvent mettre fin au prêt de main-d'œuvre sur simple demande. Dans ce cas, le salarié doit réintégrer son poste *(voir ci-après)*.

La cessation du prêt pendant la période probatoire ne peut pas constituer un motif de sanction ou de licenciement, sauf si la cessation du prêt est due à une faute grave du salarié (c. trav. art. L. 8241-2).

Continuité du contrat de travail - L'entreprise prêteuse reste l'employeur du salarié mis à disposition, qui demeure donc dans ses effectifs. Le contrat de travail n'est ni rompu ni suspendu. La période de mise à disposition compte pour le calcul de l'*ancienneté**, des heures acquises dans le *compte personnel de formation**, des droits à *congés payés**. L'intéressé conserve, par ailleurs, le bénéfice de l'ensemble des dispositions conventionnelles dont il aurait bénéficié s'il avait exécuté son travail pour son entreprise « d'origine » (c. trav. art. L. 8241-2). Cela signifie qu'il reste soumis à la convention collective applicable à l'entreprise et à ses éventuels accords collectifs, et conserve, en particulier, ses droits (ex. : couverture frais de santé, prévoyance).

Conditions de licéité du prêt de main-d'œuvre		
Nature du prêt	**Prêt de main-d'œuvre à but lucratif**	**Prêt de main-d'œuvre à but non lucratif**
Si prêt exclusif de main-d'œuvre	Interdit (c. trav. art. L. 8241-1), sauf dans certains cas (ex. : dans le cadre d'une ETT, travail à temps partagé, portage salarial)	Autorisé, sauf préjudice occasionné au salarié
Si prêt non exclusif	Autorisé, sauf préjudice occasionné au salarié	Autorisé

Maintien de la protection des salariés protégés - La mise à disposition n'a aucune incidence sur la protection dont bénéficie un salarié protégé (ex. : un représentant du personnel). Cela signifie que durant le prêt, le salarié en question reste protégé et que, le cas échéant, son licenciement nécessite l'autorisation préalable de l'inspecteur du travail (c. trav. art. L. 8241-2).

Conditions de travail - Comme les salariés de l'entreprise utilisatrice, les salariés mis à disposition ont accès aux installations (ex. : restaurant d'entreprise ou interentreprises) et moyens de transport collectifs de cette entreprise (c. trav. art. L. 8241-2 et L. 1251-25).

L'entreprise utilisatrice est responsable des conditions d'exécution du travail applicables au lieu de travail, notamment de l'application de la réglementation relative à la durée du travail, au travail de nuit, à la santé et à la sécurité au travail (c. trav. art. L. 8241-2).

Droit de réintégration - À l'issue de la mise à disposition, le salarié doit retrouver son poste de travail ou un poste équivalent chez son employeur (l'entreprise prêteuse). L'évolution de sa carrière comme sa rémunération ne doivent pas être affectées par la période de prêt (c. trav. art. L. 8241-2).

Expérimentation « contrat passerelle »

Depuis le 1.09.2021 et jusqu'au 15.12.2023, des salariés engagés dans un parcours d'insertion par l'activité économique depuis au moins 4 mois, dans une entreprise d'insertion ou un atelier et chantier d'insertion peuvent être mis à disposition d'une entreprise utilisatrice de droit commun, pour une durée de 3 mois renouvelable une fois (voir *Atelier d'insertion** et *Association intermédiaire**) (c. trav. art. L. 8241-2). Le contrat passerelle ouvre droit à une aide financière versée à l'entreprise prêteuse et non-cumulable avec une autre aide à l'emploi financée par l'État pour un même poste. À l'issue de la mise à disposition, le salarié réintègre la structure d'insertion (loi 2020-1577 du 14 décembre 2020, JO du 15, art. 5 ; décret 2021-1129 du 30 août 2021, JO du 31, art. 2).

Si à l'issue de la période de mise à disposition, l'entreprise utilisatrice embauche le salarié dans un emploi en correspondance avec les activités qui lui avaient été confiées, il est dispensé de toute période d'essai.

Prêt d'une grande entreprise à une jeune entreprise ou une PME

Spécificités - Une grande entreprise peut mettre à disposition pendant 2 ans maximum ses salariés auprès d'une jeune entreprise ou une PME, avec pour finalité d'améliorer la qualification de sa main-d'œuvre, de favoriser les transitions professionnelles ou de constituer un partenariat d'affaires ou d'intérêt commun (c. trav. art. L. 8241-3).

Ces opérations échappent au principe de l'interdiction des prêts de main-d'œuvre à but lucratif, même lorsque le montant facturé par l'entreprise prêteuse à l'entreprise utilisatrice est inférieur aux salaires versés au salarié, aux charges sociales correspondantes et aux frais professionnels remboursés à l'intéressé.

La refacturation peut être égale à zéro, le prêt pouvant ainsi être totalement gratuit.

Ce dispositif ne relève pas de l'article L. 8241-2 du code du travail, qui encadre le prêt de main-d'œuvre « classique » *(voir ci-avant)*. Ainsi, ce type de prêt de main-d'œuvre constitue un régime autonome de celui des autres opérations de prêt main-d'œuvre à but non lucratif.

Entreprises concernées - Ce type de prêt de main-d'œuvre vise (c. trav. art. L. 8241-3) :

- côté entreprises prêteuses, les entreprises d'au moins 5 000 salariés ou les entreprises appartenant à un groupe d'au moins 5 000 salariés ;
- côté entreprises utilisatrices, les entreprises qui ont moins de 8 ans d'existence au moment de la mise à disposition ou qui ont moins de 250 salariés.

La durée maximale de 8 ans d'existence se vérifie à partir de la date d'immatriculation à un registre professionnel ou, le cas échéant, de déclaration par l'entreprise de son activité.

La condition liée au seuil de 5000 salariés s'apprécie au regard de l'*effectif** occupé au dernier jour de l'année précédente, chaque salarié étant décompté conformément aux modalités prévues par le code du travail (c. trav. art. R. 8241-1).

La condition liée au seuil de 250 salariés s'apprécie au regard de l'*effectif sécurité sociale** (L. 8241-3 ; c. séc. soc. art. L. 130-1).

Peuvent également accueillir des salariés prêtés, des structures d'intérêt général ou d'utilité sociale listées par le code général des impôts (fondations et associations reconnues d'utilité publique, certains organismes d'intérêt général, etc.) (CGI art. 238 bis-1, a à g).

▶ Attention… Ce type de mise à disposition ne peut pas être mis en œuvre au sein d'un même groupe, au sens du code du commerce (c. trav. art. L. 8241-3 ; c. com. art. L. 233-1, L. 233-3, I et II et L. 233-16).

Procédure - La mise à disposition ne peut être mise en œuvre qu'avec l'accord exprès et écrit du salarié concerné. Un salarié ne peut être sanctionné, licencié ou faire l'objet d'une mesure discriminatoire pour avoir refusé une proposition de mise à disposition (c. trav. art. R. 8241-2).

Une convention de mise à disposition doit être conclue entre l'entreprise prêteuse et l'entreprise utilisatrice afin de préciser :
- l'identité et la qualification du salarié concerné ;
- le mode de détermination des salaires, des charges sociales et des frais professionnels qui seront facturés le cas échéant à l'entreprise utilisatrice par l'entreprise prêteuse ;
- la durée du prêt de main-d'œuvre ;
- la finalité poursuivie *(voir ci-avant)* ;
- les missions confiées au salarié concerné.

L'employeur doit mettre à disposition du CSE, les informations relatives au nombre de conventions de mise à disposition conclues et aux types de postes occupés dans l'entreprise utilisatrice par les salariés concernés, dans le cadre de la *base de données économiques, sociales et environnementales (BDESE)**.

« Statut » du salarié prêté - Pendant la période de prêt de main-d'œuvre, le contrat de travail qui lie le salarié à l'entreprise prêteuse n'est ni rompu ni suspendu. Le salarié continue d'appartenir au personnel de l'entreprise prêteuse. Il conserve le bénéfice de l'ensemble des dispositions conventionnelles dont il aurait bénéficié s'il avait exécuté son travail dans l'entreprise prêteuse (c. trav. art. R. 8241-2).

À l'issue de sa mise à disposition, le salarié retrouve son poste de travail ou un poste équivalent dans l'entreprise prêteuse sans que l'évolution de sa carrière ou de sa rémunération ne soit affectée par la période de prêt.

La mise à disposition ne peut affecter la protection dont jouit un salarié en vertu d'un mandat représentatif (ex. : élu au CSE).

En matière de conditions de travail, de médecine de travail, de vêtements de protection individuelle et d'avantages collectifs, le salarié prêté dispose des mêmes droits que dans le cadre d'un prêt de main-d'œuvre à but non lucratif « classique » *(voir ci-avant)*.

Effectif

Voir *Effectif**, *Effectif sécurité sociale** et *Salariés mis à disposition**.

Représentation du personnel dans l'entreprise utilisatrice

Sous certaines conditions, un salarié prêté peut être électeur et éligible à un mandat de représentant du personnel dans l'entreprise utilisatrice et/ ou y exercer un mandat de représentant syndical (voir *Salariés mis à disposition**).

Les salariés mis à disposition d'une entreprise utilisatrice peuvent bénéficier d'une délégation de pouvoir de l'employeur de cette entreprise pour y assumer la présidence du CSE (cass. soc. 25 novembre 2020, n° 19-18681 FSPB).

Les salariés mis à disposition doivent avoir accès aux communications syndicales de leur entreprise d'origine. Cela peut se faire via la boîte mail professionnelle ou en permettant l'accès des délégués syndicaux aux locaux de l'entreprise utilisatrice pour déposer les publications et tracts syndicaux (cass. soc. 17 mars 2021, n° 19-21486 FSP).

Action en justice des syndicats

Les syndicats représentatifs peuvent exercer en justice toute action en faveur d'un salarié faisant l'objet d'un prêt de main-d'œuvre illicite sans avoir à justifier d'un mandat de l'intéressé, qui doit cependant avoir été averti par LRAR et ne pas s'y être opposé dans les 15 jours de la notification (c. trav. art. L. 8242-1 et R. 8242-1).

Sanctions du prêt de main-d'œuvre illicite

Les employeurs coupables de prêt de main-d'œuvre illicite - à savoir l'entreprise utilisatrice et celle qui met à disposition le personnel - encourent des sanctions pénales (emprisonnement de 2 ans et amende de 30 000 €) (c. trav. art. L. 8243-1 ; cass. crim. 20 mars 2007, n° 05-85253, B. crim. n° 86). Les peines sont majorées lorsque l'infraction est commise avec des circonstances aggravantes [voir *Travail illégal (répression)**].

Une même opération peut constituer les délits de marchandage et de prêt illicite de main-d'œuvre [voir *Marchandage (délit)**] (cass. crim. 23 janvier 2018 n° 17-81231 D).

Les entreprises, personnes morales, peuvent être reconnues coupables des mêmes faits (c. trav. art. L. 8243-2).

▶ À noter… La responsabilité pénale de la personne morale n'exclut pas nécessairement celle de l'employeur personne physique (c. pén. art. 121-2).

Sur les autres sanctions civiles, administratives et pénales encourues (ex. : affichage ou diffusion de la condamnation, privation de toute aide publique, fermeture temporaire), voir *Travail illégal (répression)**.

☛ *Association intermédiaire ; Groupement d'employeurs ; Marchandage (délit) ; Portage salarial ; Travail illégal (répression) ; Travail à temps partagé ; Travail temporaire ; Salariés mis à disposition ; Sous-traitance.*

Prêt au salarié

Prêt de l'employeur

Conditions d'octroi du prêt - Sauf si l'entreprise est un organisme financier, l'employeur ne peut accorder un prêt à un salarié qu'à titre exceptionnel et pour des motifs d'ordre social (c. mon. et fin. art. L. 511-6). S'il fixe des intérêts, ceux-ci ne peuvent pas dépasser le taux d'usure, publié au Journal officiel (c. consom. art. L. 314-6 et D. 314-15).

Conclusion d'un contrat de prêt - Il est recommandé à l'employeur de passer un contrat de prêt écrit avec le salarié en se référant aux clauses habituelles à ce type de contrat (ex. : taux d'intérêt, tableau d'amortissement, conditions d'exigibilité anticipée).

Cependant, l'écrit est obligatoire :
- pour un prêt avec intérêt, lorsque le taux d'intérêt est différent du taux légal (c. civ. art. 1907) ;
- pour un prêt sans intérêt, lorsque la somme prêtée dépasse 1 500 € (c. civ. art. 1359 ; décret 80-533 du 15 juillet 1980, art. 1 modifié par décret 2004-836 du 20 août 2004, art. 56, JO du 22, puis par décret 2016-1278 du 29 septembre 2016, art. 1, JO du 30).

▶ À noter… Au-delà de 5 000 € par an (CGI, ann. IV, art. 23 L), les prêts doivent être déclarés auprès de l'administration fiscale, selon les cas, par le salarié ou par l'employeur (CGI, ann. III, art. 49 B).

Fixation du terme du contrat de prêt - L'employeur ne peut pas considérer comme fautif le défaut de remboursement par le salarié à la date exigée quand il n'a pas fixé avec lui le terme du prêt au moment de sa conclusion. En effet, l'employeur, qui consent à un salarié un prêt sans qu'un terme ait été convenu dès l'origine, ne peut pas ensuite fixer unilatéralement la date d'échéance de remboursement (cass. soc. 22 janvier 2014, n° 12-23565 D). Il revient dans ce cas aux juges de fixer, selon les circonstances, un délai de remboursement (c. civ. art. 1900 et 1901).

Exonération de cotisations de sécurité sociale - Les secours attribués en considération de situations individuelles particulièrement dignes d'intérêt sont exclus de l'assiette des cotisations de sécurité sociale, peu importe que ce soit l'employeur (et non le comité social et économique) qui les ait versés [voir *Comité social et économique (avantages servis par le)**].

Remboursement du prêt à l'employeur

Modalités liées à la véritable nature du prêt - Si le prêt consenti au salarié correspond en réalité à une avance sur salaire, l'employeur peut retenir de sa propre autorité un maximum de 10 % du salaire net exigible sur le bulletin de paie (cass. soc. 7 décembre 1989, n° 87-42430, BC V n° 701 ; cass. soc. 5 mai 1993, n° 90-40801, BC V n° 125).

Les juges écartent cependant cette assimilation lorsque l'employeur conclut avec le salarié un « véritable » contrat de prêt, distinct du contrat de travail.

Exemple

Constitue un véritable prêt et non une avance sur salaire, un acompte versé au salarié sous la forme d'un crédit ouvert pour l'achat de marchandises au sein du magasin où il travaille (cass. soc. 15 janvier 2014, n° 12-19739 D). Sous réserve d'en remplir les conditions, une *compensation** dans la limite de la fraction saisissable du salaire, calculée conformément au barème de saisie des rémunérations, est alors possible.

Il est ainsi préférable, pour l'employeur, de dissocier les situations dans lesquelles :
- il consent une avance au salarié, auquel cas il la traite comme telle ;
- il conclut un contrat de prêt avec un salarié, auquel cas il gère distinctement ce prêt de son salaire.

Lors de la rupture du contrat de travail - La fin du contrat de travail ne rend pas automatiquement le prêt exigible. La clause prévoyant la résiliation de plein droit du prêt consenti au salarié en cas de rupture du contrat de travail est abusive, car elle crée un déséquilibre significatif entre les droits et obligations des parties au détriment du salarié ainsi exposé à une aggravation soudaine des conditions de remboursement et à une modification substantielle de l'économie du contrat de prêt (CJUE, 19 mars 2019, C-590/17 ; cass. 1ère civ. 5 juin 2019, n° 16-12519, FSPBI).

Prêt du CSE

Octroi de secours et de prêts - Le comité social et économique (CSE) peut, dans le cadre de ses *activités sociales et culturelles**, attribuer des secours ou accorder des prêts aux salariés [voir *Comité social et économique (avantages servis par le)**]. Cependant, il doit veiller à ce que cette attribution ne soit pas discriminatoire.

Le fait, pour le trésorier et le trésorier adjoint du CSE d'avoir outrepassé leur mandat pour attribuer, à l'insu du président, de manière irrégulière et pour un montant global dépassant celui prévu pour l'aide sociale par le règlement intérieur du CSE, des prêts sociaux aux salariés en grève, alors que certains ne pouvaient juridiquement pas y prétendre, constitue un détournement caractérisant un abus de confiance (cass. crim. 30 juin 2010, n° 10-81182, B. crim. n° 121).

Formalisation du prêt - Il est conseillé au CSE de formaliser le prêt auquel il consent par un contrat passé avec le salarié. En tout état de cause, l'employeur reste en dehors de ce contrat et ne prélève rien sur le salaire pour le verser au CSE.

☞ *Compensation ; Comité social et économique (avantages servis par le).*

➲ Formulaire de Droit Social, « Prêt au salarié ou avance sur salaire ».

Preuve

Licéité de la preuve

Preuve obtenue loyalement - La preuve doit être apportée loyalement devant les conseils de prud'hommes. Cette règle implique notamment que la preuve obtenue à partir d'un dispositif de contrôle clandestin de l'activité des salariés est illicite (cass. soc. 4 juillet 2012, n° 11-30266, BC V n° 208) (voir *Surveillance des salariés**).

Preuve obtenue en respectant la vie privée - En principe, la production d'une preuve devant le juge ne doit pas porter atteinte à la vie privée du salarié. En conséquence, une sanction disciplinaire prononcée en se basant sur une preuve obtenue en portant atteinte à la vie privée du salarié peut être annulée (rép. Roubaud n° 103133, JO 20 février 2007, AN quest. p. 1872). Dans le même ordre d'idées, un licenciement qui est décidé à partir de cette preuve peut être jugé sans cause réelle et sérieuse (cass. soc. 23 mai 2012, n° 10-23521, BC V n° 156 ; cass. soc. 6 février 2013, n° 11-23738, BC V n° 31).

Toutefois, le droit à la preuve peut justifier la production d'éléments portant atteinte à la vie personnelle d'un salarié à la condition que cette production soit indispensable à l'exercice de ce droit et que l'atteinte soit proportionnée au but poursuivi (cass. soc. 30 septembre 2020, n° 19-12058 FSPBRI ; cass. soc. 25 novembre 2020, n° 17-19523 FPPBRI ; cass. soc. 10 novembre 2021, n° 20-12263 FSB).

▶ À noter… Sur la preuve obtenue à partir du compte Facebook d'un salarié, voir *Informatique**, ou à partir d'un dispositif de *vidéosurveillance des salariés**, voir l'étude correspondante.

Preuve obtenue en respectant le RGPD - En principe, une preuve illicite au regard des règles de protection des *données personnelles** et des formalités requises par le *RGPD** (ex. : *analyse d'impact des données**, *registre des activités de traitement**) est une preuve irrecevable par le juge.

Toutefois, le juge du fond peut la prendre en compte après avoir vérifié que l'utilisation de cette preuve ne porte pas atteinte au caractère équitable de la procédure dans son ensemble. Pour ce faire, il doit mettre en balance le droit au respect de la vie personnelle du salarié et le droit à la preuve de l'employeur. Or, ce droit à la preuve peut justifier la production d'éléments portant atteinte à la vie personnelle d'un salarié à la condition que cette production soit indispensable à l'exercice de ce droit. En outre, cette atteinte doit être strictement proportionnée au but poursuivi (cass. soc. 25 novembre 2020, n° 17-19523 FPPBRI ; CEDH, 5 septembre 2017, n° 61496/08 ; CEDH, 17 octobre 2019, nos 1874/13 et 8567/13).

Modes de preuve

Attestation de témoignage - Dans le cadre d'un contentieux qui les oppose devant un conseil de prud'hommes, l'employeur et le salarié peuvent recourir à divers modes de preuve et notamment aux attestations. Celles-ci relatent les faits auxquels leurs auteurs ont assisté ou qu'ils ont personnellement constatés (c. proc. civ. art. 201, 202 et 205).

▶ À noter… L'employeur peut fournir au juge des attestations rédigées par des personnes de son entreprise, par exemple des salariés témoignant de l'attitude fautive d'un collègue ou par un salarié qui l'a représenté pendant la procédure de licenciement (cass. soc. 5 mai 2010, n° 09-40737, BC V n° 103 ; cass. soc. 13 novembre 2019, n° 18-13785 D). L'employeur peut aussi produire devant un conseil de prud'hommes une attestation rédigée par son responsable des ressources humaines (RRH), même si celui-ci le représente dans les procédures de licenciement. En l'espèce, le RRH avait témoigné des aveux faits par un salarié au cours de l'entretien préalable à son licenciement (cass. soc. 23 octobre 2013, n° 12-22342, BC V n° 245).

Attention, le juge prud'homal ne peut fonder sa décision uniquement, ou de manière déterminante, sur des témoignages anonymes (cass. soc. 4 juillet 2018, n° 17-18241 FSPB).

Une simple attestation de témoignage ne constitue pas une preuve contraire à un constat d'huissier *(voir ci-après)*.

Constat d'huissier - L'employeur peut faire appel à un huissier pour qu'il constate la faute d'un salarié. Il s'agit d'un mode de preuve licite, à moins qu'il n'ait été obtenu de manière frauduleuse ou déloyale (cass. soc. 5 juillet 1995, n° 92-40050, BC V n° 237).

Si un huissier ne se borne pas à faire des constatations matérielles mais recourt à un stratagème pour confondre un salarié, son constat ne peut pas être retenu comme preuve licite (cass. soc. 18 mars 2008, n° 06-40852, BC V n° 65).

L'huissier doit se contenter d'effectuer des constatations purement matérielles dans un lieu ouvert au public et procéder à d'éventuelles auditions afin d'éclairer ses constatations (cass. soc. 19 janvier 2005, n° 02-44082 D ; cass. soc. 6 décembre 2007, n° 06-43392 D).

▶ Attention… Le constat d'huissier ne constitue pas un procédé clandestin de *surveillance des salariés** nécessitant l'information préalable du salarié (CE 7 juin 2000, n° 191828 ; cass. soc. 10 octobre 2007, n° 05-45898 D).

Le constat d'huissier valablement établi fait foi jusqu'à la preuve du contraire (ord. 45-2592 du 2 novembre 1945, art. 1 modifié). Des attestations de témoignages, sans qu'aucune autre preuve ne soit apportée, ne peuvent pas constituer cette preuve du contraire (CE 8 décembre 2021, n° 439631). Attention toutefois, un tel constat a la valeur d'un simple renseignement en matière pénale (ord. 45-2592 du 2 novembre 1945, art. 1 modifié).

Attestation du médecin du travail - L'employeur ne peut pas établir et produire en justice une attestation du médecin du travail comportant des éléments tirés du dossier médical du salarié, hormis les informations que le médecin du travail est légalement tenu de communiquer à l'employeur. S'il le faisait, il s'agirait d'une faute pour laquelle le salarié pourrait obtenir des dommages-intérêts en réparation de son préjudice (cass. soc. 30 juin 2015, n° 13-28201, BC V n° 134).

Bulletins de paie - Un *bulletin de paie** contient des *données personnelles** du salarié : âge, rémunération, adresse personnelle, domiciliation bancaire, etc. Dans le cadre d'un litige relatif aux élections professionnelles (en l'espèce, le litige portait sur la répartition des salariés dans les collèges électoraux), l'employeur ne peut donc les utiliser comme preuve qu'avec l'accord préalable des salariés, sous peine d'être condamné pour atteinte à leur vie privée. À moins de dissimuler ces mentions pour ne conserver que celles utiles au litige (en l'espèce, la classification) (cass. soc. 7 novembre 2018, n° 17-16799 D).

Écrit électronique - La preuve littérale ou preuve par écrit résulte d'une suite de lettres, de caractères, de chiffres ou de tous autres signes ou symboles dotés d'une signification intelligible, quel que soit leur support (c. civ. art. 1365).

L'écrit sur un support électronique a la même force probante que l'écrit sur un support papier, sous réserve que la personne dont il émane puisse être identifiée et qu'il soit établi et conservé dans les conditions de nature à en garantir l'intégrité (c. civ. art. 1366).

La signature électronique d'un acte manifeste la preuve du consentement des parties aux obligations qui résultent de l'acte en question (c. civ. art. 1367).

▶ À noter... Sur la possibilité d'utiliser un mail, un fichier informatique ou des propos tenus sur Facebook comme élément de preuve, voir *Informatique**.

Autres modes de preuve - Voir *Informatique**, *Surveillance des salariés**, *Téléphone**, *Temps de travail (preuve)** et *Vidéosurveillance des salariés**.

Charge de la preuve

En principe, en cas de contentieux entre un employeur et un salarié, c'est à celui qui se prévaut, par exemple, d'un fait à l'encontre de l'autre d'en apporter la preuve au conseil de prud'hommes (c. proc. civ. art. 9).

Toutefois, la charge de la preuve peut être « renversée ». Par exemple, si un salarié prétend être victime d'une discrimination interdite, ce n'est pas à lui de prouver cette discrimination. Il doit certes présenter au juge des éléments de fait laissant supposer l'existence d'une discrimination, mais c'est à l'employeur, le cas échéant, de prouver que ses décisions sont justifiées par des éléments objectifs étrangers à toute discrimination [voir *Discriminations (contentieux)**]. Il existe d'autres domaines où la charge de la preuve pèse ainsi sur l'employeur [voir *Égalité professionnelle**, *Harcèlement moral**, *Harcèlement sexuel**, *Hygiène et sécurité (obligations de l'employeur)** et *Salaire (à travail égal, salaire égal)**].

Pour d'autres contentieux, la charge de la preuve est « partagée » entre l'employeur et le salarié. Tel est le cas, par exemple, en matière de temps de travail [voir *Temps de travail (preuve)**].

Documents de l'entreprise

Documents produits par le salarié - Lorsque cela est strictement nécessaire à l'exercice des droits de sa défense, le salarié peut produire en justice, pour se défendre dans le procès qui l'oppose à son employeur, les documents de l'entreprise dont il a connaissance à l'occasion de l'exercice de ses fonctions (ex. : copie de fichiers informatiques) (cass. soc. 30 juin 2004, n°s 02-41720 et 02-41771, BC V n° 187 ; cass. crim. 11 mai 2004, n° 03-85521, B. crim. n° 117 ; cass. crim. 25 novembre 2014, n° 13-84414 D ; cass. soc. 31 mars 2015, n° 13-24410, BC V n° 68). Un employeur ne peut donc pas poursuivre un salarié pour vol de documents professionnels, à la double condition (cass. crim. 16 juin 2011, n° 10-85079, B. crim. n° 134) :
- que le salarié ait obtenu ces documents dans l'exercice de ses fonctions ;
- que la production de ces documents devant les juges soit strictement nécessaire pour la défense future du salarié.

À l'inverse, est coupable de vol le salarié qui emporte un nombre de documents important à l'insu de son employeur et sans que cela soit « strictement nécessaire à l'exercice des droits de la défense dans le litige prud'homal l'opposant » à l'entreprise (cass. crim. 21 juin 2011, n° 10-87671, B. crim. n° 149). Si un tel vol est établi, le salarié en cause peut être sanctionné à ce titre voire, selon le contexte, être licencié pour faute grave (cass. soc. 8 décembre 2015, n° 14-17759 D).

En cas de contentieux, il appartient au salarié d'établir que les documents en cause étaient strictement nécessaires à l'exercice des droits de sa défense dans le litige qui l'opposait à son employeur (cass. soc. 31 mars 2015, n° 13-24410, BC V n° 68).

Documents produits par des représentants du personnel - Les élus du *comité social et économique** peuvent consulter les documents de décompte du temps de travail (c. trav. art. L. 3171-2). La copie de ces documents est une preuve licite. En l'espèce, les élus les avaient recueillis dans l'exercice de leurs fonctions. De plus, leur production devant le juge ne portait pas une atteinte disproportionnée au droit au respect de la vie personnelle des salariés concernés au regard du but poursuivi (cass. soc. 9 novembre 2016, n° 15-10203, BC V n° 209).

☞ *Conseil de prud'hommes (procédure prud'homale).*

Prévention des risques professionnels

☞ *Comité social et économique (santé, sécurité et conditions de travail) ; Hygiène et sécurité (obligations de l'employeur).*

Prévention des risques professionnels (pénibilité)

Certains facteurs de risques professionnels font l'objet de mesures de prévention particulières :
- les entreprises concernées doivent être couvertes par un accord collectif ou un plan d'action comportant notamment des mesures visant à

réduire l'exposition à ces facteurs de risques, sous peine d'avoir à acquitter une pénalité financière *(voir ci-après)* ;
- pour les salariés exposés à ces facteurs de risques professionnels au-delà des seuils réglementaires, un *compte professionnel de prévention** est ouvert (ex-compte personnel de prévention de la pénibilité) ;
- le *document unique d'évaluation des risques professionnels** comporte une annexe dédiée à ces facteurs de risques professionnels.

Prévention

L'employeur doit engager des actions de prévention portant sur les 10 facteurs de risques professionnels suivants (c. trav. art. L. 4121-1) :
- manutentions manuelles de charges,
- postures pénibles,
- vibrations mécaniques,
- agents chimiques dangereux,
- risque hyperbare,
- températures extrêmes,
- bruit,
- travail de nuit,
- travail en équipes successives alternantes,
- travail répétitif.

Cette obligation concerne tous les salariés, et pas uniquement ceux exposés à ces facteurs de risques professionnels.

Le *comité social et économique** (CSE) analyse les effets de l'exposition des salariés à ces facteurs de risques (c. trav. art. L. 2312-9).

Pénalité 1 % « prévention des risques professionnels »

Entreprises concernées - En l'absence d'accord ou de plan d'action relatif à la prévention des risques professionnels *(voir ci-après)*, une pénalité est due par les entreprises d'au moins 50 salariés [ou qui appartiennent à une unité économique et sociale (UES) ou à un groupe d'au moins 50 salariés, sachant que la définition du groupe est celle retenue pour la mise en place du *comité de groupe**] (c. trav. art. L. 4162-1, L. 4162-4 et D. 4162-1 ; circ. DGT 2011-8 du 28 octobre 2011) et qui :
- soit emploient au moins 25 % de salariés exposés, au-delà des seuils réglementaires, aux 6 facteurs de risques professionnels relevant du *compte professionnel de prévention** ;
- soit ont un indice de sinistralité au titre des accidents du travail et des maladies professionnelles (AT-MP) supérieur à 0,25.

Appréciation de l'effectif de l'entreprise - L'effectif de l'entreprise est apprécié au 31 décembre, tous établissements confondus, en fonction de la moyenne au cours de l'année civile de l'effectif déterminé chaque mois. Pour la détermination de l'effectif du mois, il est tenu compte des salariés titulaires d'un contrat de travail le dernier jour de chaque mois, y compris les salariés absents. Pour une entreprise créée en cours d'année, l'effectif est apprécié à la date de sa création. Au titre de l'année suivante, l'effectif de cette entreprise est apprécié dans les conditions définies ci-avant, en fonction de la moyenne des effectifs de chacun des mois d'existence de la première année (circ. DGT 2011-8 du 28 octobre 2011).

Appréciation du seuil de salariés exposés aux facteurs de risques - Outre un effectif d'au moins 50 salariés, l'entreprise doit avoir au moins 25 % de son personnel exposé à des facteurs de risques professionnels au-delà des seuils réglementaires. Dans un groupe ou une UES d'au moins 50 salariés, ce seuil de 25 % s'apprécie entreprise par entreprise et non au niveau du groupe ou de l'UES dans son ensemble (circ. DGT 2011-8 du 28 octobre 2011).

Calcul de l'indice de sinistralité - L'indice de sinistralité est égal au rapport, pour les 3 dernières années connues, entre le nombre d'AT/MP imputés à l'employeur (hors accidents de trajet) et l'effectif de l'entreprise, calculé selon les règles du code de la sécurité sociale (voir *Effectif sécurité sociale**) (c. trav. art. D. 4162-1). Dans un groupe ou une UES d'au moins 50 salariés, il s'apprécie, à notre sens, au niveau de chaque entreprise, comme pour la proportion de salariés exposés *(voir ci-avant)*.

▶ À noter... Selon des informations recueillies auprès de la Direction des risques professionnels de la Caisse nationale d'Assurance maladie, pour déterminer l'indice de sinistralité de l'entreprise, il faut :
- prendre en compte l'ensemble des AT/MP, y compris ceux n'ayant pas généré d'arrêt de travail ;
- retenir, au titre des « 3 dernières années connues », les années N-3, N-2 et N-1 ;
- retenir comme effectif celui de l'année N-1.

Accord ou plan d'action de prévention des risques professionnels

Accord collectif ou plan d'action - La pénalité de 1 % n'est pas due si l'employeur (c. trav. art. L. 4162-1 et L. 4162-2) :
- conclut un accord d'entreprise, de groupe ou d'UES de prévention des risques professionnels,

portant sur les 10 facteurs de risques énumérés ci-avant (c. trav. art. L. 4161-1) ;
- ou, à défaut d'accord, élabore un plan d'action d'entreprise, de groupe ou d'UES.

Le défaut d'accord est attesté par un procès-verbal de désaccord.

Application d'un accord de branche étendu - Les entreprises de 50 à moins de 300 salariés, ou qui appartiennent à un groupe se situant dans la même fourchette d'effectif, échappent à la pénalité si elles appliquent un accord de branche étendu relatif à la prévention des risques professionnels, sans avoir à négocier un accord ou à élaborer un plan d'action à leur niveau (c. trav. art. L. 4162-1).

Diagnostic préalable - L'accord collectif ou le plan d'action repose sur un diagnostic préalable des expositions aux facteurs de risques. Cette phase vise notamment à lister les métiers, les emplois ou les postes caractérisés par un ou plusieurs facteurs de risques, à mesurer les niveaux de contraintes, à identifier les situations à risque et à évaluer les niveaux d'exposition (c. trav. art. D. 4162-2 ; circ. DGT 2011-8 du 28 octobre 2011).

Contenu et durée de l'accord collectif ou du plan - L'accord collectif et le plan d'action ont une durée maximale de 3 ans (c. trav. art. L. 4162-3).

Ils prévoient les mesures de prévention qui découlent du diagnostic préalable *(voir ci-avant)* et qui s'appliquent à tous les salariés exposés à un ou plusieurs facteurs de risques professionnels, quel que soit leur degré d'exposition. En outre, ils traitent d'au moins deux des thèmes suivants (c. trav. art. D. 4162-2 et D. 4162-3) :
- adaptation et aménagement du poste de travail ;
- réduction des expositions aux 10 facteurs de risques professionnels, quel que soit le degré d'exposition ;
- réduction des polyexpositions aux 10 facteurs de risques professionnels, quel que soit le degré d'exposition.

L'accord ou le plan d'action doit également aborder au moins deux des thèmes suivants :
- amélioration des conditions de travail, notamment au plan organisationnel ;
- développement des compétences et des qualifications ;
- aménagement des fins de carrière ;
- maintien en activité des salariés exposés aux facteurs de risques professionnels.

Dans ce dernier cas, pour chaque thème retenu, l'accord ou le plan doit préciser les mesures de nature à permettre aux titulaires d'un *compte professionnel de prévention** d'affecter les points qui y sont inscrits pour bénéficier d'une formation ou pour réduire leur durée de travail (c. trav. art. D. 4162-3) (voir *Compte personnel de formation**).

▶ À noter… Chaque thème est assorti d'objectifs chiffrés, dont la réalisation est mesurée au moyen d'indicateurs. L'employeur communique, au moins une fois par an, ces indicateurs au CSE (c. trav. art. D. 4162-2).

L'accord ou le plan prévoit enfin des modalités de suivi, afin de vérifier si les mesures de prévention envisagées sont effectivement mises en œuvre (c. trav. art. D. 4162-2). Ces modalités peuvent consister à mettre en place une commission ad hoc, à établir un calendrier et des échéances ou encore à faire un état des lieux régulier de la situation des expositions aux facteurs de risques (circ. DGT 2011-8 du 28 octobre 2011).

Négociation de l'accord collectif - L'accord de prévention des risques professionnels est élaboré selon les règles de la négociation collective [voir *Accord collectif d'entreprise (conclusion avec délégué syndical)** et *Accord collectif d'entreprise (conclusion sans délégué syndical)**]. Il peut être conclu au niveau du groupe, de l'entreprise ou, selon l'administration, de l'UES (c. trav. art. L. 4162-3 ; circ. DGT 2011-8 du 28 octobre 2011).

Adoption du plan d'action - Le plan d'action, à défaut d'accord collectif, est élaboré de façon unilatérale. Il est soumis pour avis au CSE (c. trav. art. L. 4162-2). Il peut être élaboré au niveau de l'entreprise, du groupe ou de l'UES (circ. DGT 2011-8 du 28 octobre 2011).

Dépôt auprès de la DREETS - L'accord comme le plan (avec dans ce dernier cas, le procès-verbal de désaccord) doivent être déposés auprès de la DREETS dans le ressort de laquelle ils ont été conclus (c. trav. art. R. 4162-4).

Contrôle de l'inspecteur du travail

Absence ou insuffisance de l'accord ou du plan - Si l'inspecteur du travail constate l'absence ou l'insuffisance de l'accord ou du plan, il met en demeure l'employeur de se conformer à ses obligations, dans un délai de 6 mois (c. trav. art. R. 4162-5). L'entreprise communique, selon le cas, l'accord ou le plan dont elle s'est dotée ou les modifications apportées à ces documents. Si, pendant le délai de 6 mois, l'inspecteur estime, compte tenu des documents transmis par l'employeur, que celui-ci n'a toujours pas régularisé sa situation, il l'invite à le faire. Cette demande n'ouvre pas un nouveau délai de 6 mois. L'entreprise peut aussi justifier des motifs pour lesquels elle ne s'est pas acquittée de ses obligations et rendre compte des efforts accomplis en matière de prévention des risques. Pour ce faire, l'employeur adresse à l'inspecteur une demande de prise en compte des motifs de sa défaillance sachant que ne sont pris en compte que les éléments indépendants de la volonté de l'employeur (ex. : survenance de difficultés économiques dans l'entreprise) (circ. DGT 2011-8 du 28 octobre 2011).

Décision de la DREETS - À l'issue du délai de 6 mois *(voir ci-avant)*, la DREETS décide d'appliquer ou non la pénalité et, dans l'affirmative, en fixe le taux. La DREETS tient compte :
- des diligences accomplies pour conclure un accord ou élaborer un plan ;
- des mesures prises pour prévenir les expositions aux facteurs de risques professionnels.

Si l'entreprise emploie moins de 300 salariés, la DREETS prend aussi en considération l'état d'avancement de la négociation collective de branche sur la prévention des risques professionnels (c. trav. art. R. 4162-6).

Application de la pénalité

Notification - La DREETS notifie de façon motivée, par tout moyen conférant date certaine, le taux de la pénalité, dans le délai de 1 mois à compter de l'expiration de la mise en demeure de l'inspecteur du travail *(voir ci-avant)* (c. trav. art. R. 4162-7).

Montant - Le montant de la pénalité ne peut pas excéder 1 % des rémunérations brutes soumises à cotisations de sécurité sociale versées aux salariés exposés aux facteurs de risques professionnels (c. trav. art. L. 4162-4).

Paiement - La pénalité est due pour chaque mois entier au cours duquel l'entreprise ne respecte pas ses obligations, sur une période qui va du terme de la mise en demeure jusqu'à la réception par l'inspection du travail d'un accord ou d'un plan d'action valable (c. trav. art. R. 4162-8). L'employeur déclare et verse la pénalité à l'URSSAF dont il dépend, à la date d'échéance de ses cotisations et contributions sociales.

☛ *Compte professionnel de prévention.*

Prévoyance

Définition

Prévention et couverture de certains risques
Les entreprises peuvent faire bénéficier les salariés de garanties de prévoyance complémentaire, laquelle se définit traditionnellement par référence à la loi Évin. Ainsi, la prévoyance complémentaire recouvre les opérations ayant pour objet la prévention et la couverture du risque décès, des risques portant atteinte à l'intégrité physique de la personne ou liés à la maternité, ou des risques d'incapacité de travail ou d'invalidité (loi 89-1009 du 31 décembre 1989, art. 2).

▶ À noter… Le caractère de « prestations de prévoyance complémentaire » s'apprécie prioritairement par rapport à l'existence d'un lien avec les risques couverts par les régimes de base de la sécurité sociale. Ainsi, une allocation versée à l'occasion d'une naissance constitue bien une prestation de prévoyance complémentaire, puisqu'elle peut être rattachée au risque maternité. Le même raisonnement vaut pour une allocation versée en cas d'adoption. En revanche, une allocation versée en cas de mariage n'est pas une prestation de prévoyance complémentaire (circ. DSS/5B 2009-32 du 30 janvier 2009, fiche 9, § I-A-2).

Différents types de prestations - En pratique, les couvertures de prévoyance complémentaire prennent généralement la forme suivante, selon les risques :
- garantie « frais de santé » : remboursement complémentaire des dépenses de santé en cas de maladie, de maternité, d'accident du salarié et, le cas échéant, de ses ayants droit ;
- incapacité de travail : complément du maintien de salaire imposé par la loi ou les conventions collectives en cas d'arrêt de travail lié à un état de santé ;
- invalidité : complément de rente ;
- décès : octroi d'un capital ou de rentes au conjoint et aux enfants ;
- dépendance : complément financier.

Obligations des employeurs

Risque décès des cadres - L'employeur doit cotiser à hauteur de 1,50 % sur la tranche 1 de rémunération (anciennement tranche A) de ses salariés cadres au sens de l'ancienne convention AGIRC (cadres « art. 4 » et « 4 bis ») (ANI relatif à la prévoyance des cadres du 17 novembre 2017 ;

ANI portant diverses orientations pour les cadres du 28.02.2020).

Cette cotisation est affectée au risque décès (voir *Cotisation d'assurance décès**).

Par ailleurs, tous les salariés doivent bénéficier d'une couverture complémentaire « frais de santé » collective et obligatoire (c. séc. soc. art. L. 911-8) [voir *Prévoyance (couverture minimale frais de santé)**].

Sous ces réserves, les obligations des employeurs en matière de prévoyance complémentaire résultent des dispositions conventionnelles en la matière, lorsqu'il en existe.

En l'absence de disposition conventionnelle en ce sens, les employeurs ne sont juridiquement pas tenus de mettre en place des garanties de prévoyance complémentaire, en dehors de l'assurance décès obligatoire des cadres et du socle minimal « frais de santé ».

Négociation obligatoire - Voir *Négociations obligatoires dans l'entreprise**.

Mise en place d'un régime de prévoyance

Différents modes de mise en place - Un régime de prévoyance complémentaire peut être mis en place en application d'un accord collectif, suite à la ratification par la majorité des salariés intéressés d'un projet d'accord proposé par le chef d'entreprise ou par décision unilatérale de l'employeur (c. séc. soc. art. L. 911-1 à L. 911-5). Cet acte juridique lie l'employeur aux salariés.

Articulation avec les conventions collectives - Les conventions collectives de branche doivent, pour être étendues, contenir des dispositions concernant les modalités d'accès à un régime de prévoyance ou à un régime de remboursements complémentaires de frais occasionnés par une maladie, une maternité ou un accident dans des conditions au moins aussi favorables que celles prévues pour le socle minimal « frais de santé » (c. trav. art. L. 2261-22, II, 14°).

Par ailleurs, en matière de garanties collectives de protection sociale complémentaire, la convention de branche prévaut obligatoirement sur l'accord d'entreprise, quelle que soit sa date de conclusion [voir *Accord collectif d'entreprise (contenu)**] (c. trav. art. L. 2253-1).

Par conséquent, lorsqu'un employeur relevant d'une convention de branche, d'un accord professionnel ou d'un accord interprofessionnel souhaite mettre en place un régime d'entreprise, il doit se conformer aux éventuelles prescriptions de l'accord de branche applicable, quand bien même il instituerait le régime par accord collectif d'entreprise. Il en va de même s'il souhaite mettre en place le régime au moyen d'un accord ratifié par les salariés intéressés ou par décision unilatérale.

Contrat d'assurance - Parallèlement à l'acte fondateur du régime (accord collectif, accord ratifié ou décision unilatérale), l'employeur doit souscrire un contrat d'assurance, qui couvre ses engagements, auprès d'un organisme assureur (mutuelle, institution de prévoyance ou société d'assurances).

▶ À noter... Si l'employeur ne conclut pas de contrat d'assurance avec un organisme assureur en vue d'honorer ses engagements, il reste tenu envers ses salariés par les engagements prévus dans l'acte fondateur du régime. Il doit donc faire coïncider le contenu de l'acte fondateur avec le contrat d'assurance.

Une fois passée la première année de souscription, l'employeur peut résilier à tout moment, sans frais ni pénalité, les contrats de complémentaire santé individuels ou collectifs proposés par les sociétés d'assurance, les institutions de prévoyance et les mutuelles suivants (c. ass. art. L. 113-15-2 et R. 113-11 ; c. séc. soc. art. L. 932-12-1, L. 932-21-2 et R. 932-1-6-2 ; c. mutualité art. L. 221-10-2 et R. 221-5) :

- ceux comportant des garanties pour le remboursement et l'indemnisation des frais occasionnés par une maladie, une maternité ou un accident ;
- ceux comportant des garanties couvrant les risques décès, incapacité de travail ou invalidité, ainsi que des garanties d'assistance, de protection juridique, de responsabilité civile, de nuptialité-natalité ou d'indemnités en cas d'hospitalisation.

Le droit de résiliation s'applique aux contrats et adhésions en cours depuis le 1.12.2020. L'employeur doit suivre une procédure spécifique (décret 2020-1438 du 24 novembre 2020, art. 4, JO du 25).

Clauses de « recommandation » des accords de branche

Des clauses de « désignation » aux clauses de « recommandation » - La loi de financement de la sécurité sociale pour 2014 a remplacé le système des « clauses de désignation » par celui des « clauses de recommandation » (c. séc. soc. art. L. 912-1).

▶ Attention... L'expression « clause de désignation » visait une disposition légale qui permettait jusqu'alors aux accords de branche comportant une mutualisation des risques d'imposer aux entreprises d'adhérer à un ou plusieurs organismes de protection sociale complémentaire (c. séc. soc. art. L. 912-1dans sa version antérieure au 25 décembre 2013). Ce dispositif a été jugé inconstitutionnel et ce, à compter de la date de publication de la décision du Conseil constitutionnel (C. constit., décision 2013-672 DC du 13 juin 2013, JO du 16).

Accords présentant un degré élevé de solidarité - Les accords professionnels ou interprofessionnels peuvent prévoir l'institution de garanties collectives présentant un degré élevé de solidarité et comprenant, à ce titre, des prestations à caractère non directement contributif (c. séc. soc. art. L. 912-1, I).

Les critères du « degré élevé de solidarité » ont été définis par décret. Il peut s'agir d'une prise en charge totale ou partielle de la cotisation pour certains salariés, d'une politique de prévention ou de prestations d'action sociale (c. séc. soc. art. R. 912-1 et R. 912-2).

Clauses de recommandation - Les accords de branche instituant des garanties collectives présentant un degré élevé de solidarité *(voir ci-avant)* peuvent organiser la couverture des risques liés aux opérations de prévoyance complémentaire en recommandant un ou plusieurs organismes assureurs (institutions de prévoyance, mutuelles, sociétés d'assurances), sous réserve de respecter diverses conditions (c. séc. soc. art. L. 912-1, I et II) :

- la recommandation doit être précédée d'une procédure de mise en concurrence des organismes concernés, dans des conditions de transparence, d'impartialité et d'égalité de traitement entre les candidats, dont les modalités sont définies par décret (c. séc. soc. art. D. 912-1 à D. 912-13) ;
- le ou les organismes recommandés ne peuvent refuser l'adhésion d'aucune entreprise relevant du champ de l'accord ; par ailleurs, ils doivent appliquer un tarif unique et offrir des garanties identiques pour toutes les entreprises et salariés concernés.

En outre, les accords de branche doivent également comporter une clause de révision, déterminant dans quelles conditions et selon quelle périodicité (au plus 5 ans) les modalités d'organisation de la recommandation sont réexaminées (c. séc. soc. art. L. 912-1, III).

Les employeurs couverts par une « clause de recommandation » peuvent cependant retenir un autre organisme, sans pénalité d'aucune sorte. Le Conseil constitutionnel a en effet annulé la disposition de la LFSS 2014 qui devait instaurer une majoration du forfait social à compter de 2015 (C. constit., décision 2013-682 DC du 19 décembre 2013, JO du 24).

Régime social des contributions

Régime social de faveur sous conditions - Les contributions patronales aux régimes de prévoyance complémentaire (régimes collectifs et obligatoires), versées par les entreprises au bénéfice de leurs salariés, anciens salariés et de leurs ayants droit, sont exonérées de cotisations dans une limite fixée par décret (c. séc. soc. art. L. 242-1, II, 4° et D. 242-1) [voir *Contributions de retraite et de prévoyance (régimes collectifs et obligatoires)**].

▶ Attention... La généralisation au 1.01.2016 de complémentaires en matière de « frais de santé » a soumis l'employeur à un financement patronal d'au moins 50 % [voir *Prévoyance (couverture minimale frais de santé)**].

Depuis le 1.07.2021 et, en substance, en relais du dispositif légal qui avait été mis en place par la deuxième loi d'urgence sanitaire de 2020 (loi 2020-734 du 17 juin 2020, art. 12, modifié par la loi 2020-1379 du 14 novembre 2020, art. 8), l'administration a posé le principe selon lequel, pour avoir un caractère collectif, les régimes de protection sociale complémentaire doivent prévoir le maintien des garanties durant les périodes de suspension du contrat de travail indemnisées par l'employeur (ex. : arrêts de travail liés à une maladie, un congé de maternité, un accident ou encore périodes d'activité partielle) (instr. DSS/3C/5B 2021-127 du 17 juin 2021) [voir *Contributions de retraite et de prévoyance (régimes collectifs et obligatoires)**].

L'administration avait prévu un temps pour permettre aux acteurs d'adapter leur régime de protection sociale complémentaire (instr. DSS/3C/5B 2021-127 du 17 juin 2021). Lorsque l'acte fondateur du régime est un accord collectif (convention collective, accord de branche, accord d'entreprise) ou un accord référendaire, les employeurs et partenaires sociaux ont jusqu'à la fin 2024 pour mettre à jour l'acte fondateur, à condition qu'au 1.01.2022 le contrat collectif souscrit par l'entreprise avec l'organisme assureur soit à jour du maintien des garanties dans les conditions de l'instruction du 17.06.2021. Pour les garanties mises en place par décision unilatérale de l'employeur (DUE), celles-ci doivent être mises en conformité au plus tard le 1.07.2022, à condition que le contrat d'assurance soit conforme dès le 1.01.2022.

Dans une lettre adressée à l'ACOSS (ou URSSAF Caisse nationale) et à la Caisse centrale de la MSA, l'administration a invité les organismes de recouvrement à la bienveillance, pour tenir compte des difficultés rencontrées par les organismes assureurs liées à la modification d'un grand nombre de contrats collectifs. Aussi, jusqu'au 31.12.2022, le caractère collectif de la couverture n'est pas remis en cause à la condition qu'une information écrite sur le maintien des garanties collective dans l'ensemble des cas de suspension du contrat de travail indemnisée mentionnés par l'instruction du 17.06.2021 soit délivrée par l'organisme complémentaire à ses assurés (lettre DSS/SD3/3C du 19 octobre 2021).

▶ Attention... Une lettre DSS n'est pas juridiquement opposable. Il serait souhaitable que ce report de délai soit intégré dans une circulaire opposable ou dans la future fiche « protection sociale complémentaire » du BOSS.

Par ailleurs, le respect du caractère collectif comme condition du régime social de faveur attaché au financement par l'employeur des régimes de protection sociale complémentaire d'entreprise à adhésion obligatoire, suppose que le régime couvre soit l'ensemble des salariés, soit une ou plusieurs catégories objectives de personnel. Cependant, deux des cinq critères prévus par le code de la sécurité sociale pour définir des catégories objectives (cadres/non-cadres) renvoyaient aux anciens accords ARRCO et AGIRC, abrogés. Ces deux critères ont été adaptés par décret à la réglementation du régime unique AGIRC-ARRCO en vigueur depuis 2019 (décret 2021-1002 du 30 juillet 2021, JO du 31).Même si ces mesures sont entrées en vigueur au 1.01.2022, les entreprises ont toutefois, sous conditions, jusqu'au 31.12.2024 pour adapter leur régime à ces nouveaux critères[voir *Contributions de retraite et de prévoyance (régimes collectifs et obligatoires)**].

Conditions liées aux contrats responsables - Pour ouvrir droit aux exonérations, ces garanties doivent laisser à la charge de l'assuré certaines dépenses et, au contraire, en couvrir d'autres (c. séc. soc. art. L. 242-1 et L. 871-1). C'est ce que l'on appelle les « contrats responsables ».

Les contrats responsables doivent permettre à l'assuré de bénéficier du mécanisme de tiers payant sur les prestations faisant l'objet des garanties destinées au remboursement ou à l'indemnisation des frais occasionnés par une maladie, une maternité ou un accident, au moins à hauteur des tarifs de responsabilité sécurité sociale (c. séc. soc. art. L. 871-1).

Par ailleurs, pour les contrats souscrits ou renouvelés depuis le 1.01.2022, la pratique du tiers payant doit être intégrale, donc y compris au-delà du tarif de responsabilité, pour les équipements et les soins du panier « 100 % santé » (c. séc. soc. art. L. 871-1 ; loi 2020-1576 du 14 décembre 2020, art. 65, I et II, JO du 15).

Le cahier des charges des contrats responsables précise (c. séc. soc. art. R. 871-2) :

- le panier minimal des garanties ;
- les plafonds de prise en charge applicables à certains postes de soins, lorsque le régime en assure la couverture ;
- les interdictions de prise en charge.

Pour rappel, le cahier des charges a été réformé pour se conformer au dispositif du panier de soins « 100 % santé » (décret 2019-21 du 11 janvier 2019, JO du 12) lequel, pour certains frais d'optique, de prothèses dentaires et d'audiologie, permet aux patients d'avoir accès à des prestations entièrement prises en charge par la sécurité sociale et leur organisme de protection complémentaire (c. séc. soc. art. L. 165-1, L. 165-2 et L. 871-1).

▶ À noter... La mise en conformité des cahiers des charges s'est opérée en deux temps. Les contrats souscrits ou renouvelés à partir du 1.01.2020 ont dû se conformer au cahier des charges des contrats responsables les dispositifs médicaux d'optique médicale et, pour certains soins dentaires prothétiques dont la liste a été fixée par arrêté (arrêté du 24 mai 2019, annexe I, JO du 30). Ceux souscrits ou renouvelés depuis le 1.01.2021 doivent être conformes au cahier des charges pour les dispositifs médicaux d'aides auditives et, d'autre part, un ensemble d'autres soins dentaires prothétiques listés par arrêté (arrêté du 24 mai 2019, annexe II, JO du 30 ; instr. DSS 2019-116 du 29 mai 2019, § III). En parallèle, les accords collectifs et les décisions unilatérales d'employeur (DUE) ayant mis en place une couverture complémentaire « frais de santé » ont dû être, respectivement, renégociés ou adaptés avant le 10.01.2020 pour être mis en conformité avec le nouveau cahier des charges des contrats responsables et continuer ainsi à bénéficier du régime social de faveur (loi 2018-1203 du 22 décembre 2018, art. 51-III, B).

Incidence du socle minimal « frais de santé » - Pour les garanties instituées au profit des salariés, les employeurs ne sont pas uniquement liés par les exigences des contrats responsables. Ils doivent également tenir compte du socle minimal « frais de santé » généralisé au 1.01.2016 (c. séc. soc. art. L. 911-7 et D. 911-1) [voir *Prévoyance (couverture minimale frais de santé)**].

Cahier des charges révisé des contrats responsables

I - Ticket modérateur (c. séc. soc. art. R. 871-2, 1°)

Couverture de l'intégralité du ticket modérateur à la charge des assurés sur les consultations, actes et prestations remboursables par l'assurance maladie obligatoire, y compris dans le cadre de la prévention.
Par **exception**, il n'est pas obligatoire de prendre en charge les frais afférents aux cures thermales, aux médicaments dont le service médical rendu a été reconnu comme faible ou modéré et à l'homéopathie (c. séc. soc. art. R. 160-5, 6°, 7°, 10° et 14 °).

II - Forfait journalier hospitalier (c. séc. soc. art. R. 871-2, 6°)

Couverture du **forfait journalier hospitalier, sans limitation de durée**.

III - Frais d'optique (c. séc. soc. art. R. 871-2, 3°)

⇨ **Dans le cadre du panier « 100 % santé »**
Prise en charge à hauteur des frais exposés par l'assuré au-delà des tarifs de responsabilité de la sécurité sociale* pour :
- les verres et les montures ;
- la prestation d'appairage pour des verres d'indices de réfraction différents ;
- le supplément applicable pour les verres avec filtre.

⇨ **Hors panier « 100 % santé », si le régime couvre les frais d'optique**
Minima et maxima de prise en charge (une monture et deux verres, ticket modérateur et prise en charge par l'assurance maladie compris) :

a) **Au minimum 50 € et au maximum 420 €** dans les cas suivants :
- par équipement à verres unifocaux sphériques dont la sphère est comprise entre - 6,00 et + 6,00 dioptries ;
- par équipement à verre unifocaux sphéro-cylindriques dont la sphère est comprise entre - 6,00 et 0 dioptries et dont le cylindre est inférieur ou égal à + 4,00 dioptries ;
- par équipement à verre unifocaux sphéro-cylindriques dont la sphère est positive et dont la somme S (sphère + cylindre) est inférieure ou égale à 6,00 dioptries.

b) **Au minimum 125 € et au maximum 560 €** par équipement comportant un verre mentionné au a) et un verre mentionné au c).

c) **Au minimum 200 € et au maximum 700 €** dans les cas suivants :
- par équipement à verres unifocaux sphériques dont la sphère est hors zone de - 6,00 à + 6,00 dioptries ;
- par équipement à verre unifocaux sphéro-cylindriques dont la sphère est comprise entre - 6,00 et 0 dioptries et dont le cylindre est supérieur à + 4,00 dioptries ;
- par équipement à verre unifocaux sphéro-cylindriques dont la sphère est inférieure à - 6,00 dioptries et dont le cylindre est supérieur ou égal à 0,25 dioptrie ;
- par équipement à verre unifocaux sphéro-cylindriques dont la sphère est positive et dont la somme S est supérieure à 6,00 dioptries ;
- par équipement à verres multifocaux ou progressifs sphériques dont la sphère est comprise entre - 4,00 et + 4,00 dioptries ;
- par équipement à verres multifocaux ou progressifs sphéro-cylindriques dont la sphère est comprise entre - 8,00 et 0,00 dioptries et dont le cylindre est inférieur ou égal à + 4,00 dioptries ;
- par équipement à verres multifocaux ou progressifs sphéro-cylindriques dont la sphère est positive et dont la somme S est inférieure ou égale à 8,00 dioptries.

d) **Au minimum 125 € et au maximum 610 €** par équipement comportant un verre mentionné au a) et un verre mentionné au f).

e) **Au minimum 200 € et au maximum 750 €** par équipement comportant un verre mentionné au c) et un verre mentionné au f).

f) **Au minimum 200 € et au maximum 800 €** dans les cas suivants :
- par équipement à verres multifocaux ou progressifs sphériques dont la sphère est hors zone de - 4,00 à + 4,00 dioptries ;
- par équipement à verres multifocaux ou progressifs sphéro-cylindriques dont la sphère est comprise entre - 8,00 et 0 dioptries et dont le cylindre est supérieur à + 4,00 dioptries ;
- par équipement à verres multifocaux ou progressifs sphéro-cylindriques dont la sphère est inférieure à - 8,00 dioptries et dont le cylindre est supérieur ou égal à 0,25 dioptrie ;
- par équipement à verres multifocaux ou progressifs sphéro-cylindriques dont la sphère est positive et dont la somme S est supérieure à 8,00 dioptries.

Lorsque l'équipement est composé de verres différents appartenant à une même catégorie a), c) ou f) définies ci-dessus, les montants minimum et maximum de prise en charge sont ceux afférents à cette catégorie.
Monture : dans tous les cas, la prise en charge d'une monture est **limitée à 100 €**.

⇨ **Périodicité** : la prise en charge est limitée à **un équipement tous les 2 ans**, sauf pour les cas dans lesquels un renouvellement anticipé est prévu par la liste des produits et prestations remboursables par l'assurance maladie (c. séc. soc. art. L. 165-1), notamment pour les enfants de moins de 16 ans (tous les ans, voire tous les 6 mois dans certains cas pour les moins de 6 ans) ou en cas de dégradation de la vue (tous les ans) (arrêté du 3 décembre 2018, JO du 13).

Cahier des charges révisé des contrats responsables

IV - Frais d'aides auditives (c. séc. soc. art. R. 871-2, 4°)

⇨ **Dans le cadre du panier « 100 % santé »**
Prise en charge des appareils auditifs à hauteur des frais exposés par l'assuré au-delà des tarifs de responsabilité de la sécurité sociale*.
⇨ **Hors panier « 100 % santé »**
Prise en charge maximum de **1 700 € par aide auditive**, incluant la part des dépenses prise en charge par l'assurance maladie et le ticket modérateur.
⇨ **Périodicité** : la prise en charge est limitée à l'acquisition d'**une aide auditive tous les 4 ans.**

V - Frais de soins dentaires prothétiques (c. séc. soc. art. R. 871-2, 5°)

⇨ **Dans le cadre du panier « 100 % santé »**
Prise en charge des frais de soins dentaires prothétiques exposés par l'assuré au-delà des tarifs de responsabilité de la sécurité sociale*, dans la limite des honoraires de facturation fixés par la convention nationale des chirurgiens-dentistes (ou, à défaut, par le règlement arbitral), pour les actes définis par arrêté en fonction du service rendu et des caractéristiques esthétiques.

VI - Dépassements d'honoraires des médecins n'ayant pas adhéré aux dispositifs de pratique tarifaire maîtrisée (1) (c. séc. soc. art. R. 871-2, 2°)

Si le régime couvre les **dépassements tarifaires** des médecins n'ayant pas adhéré aux dispositifs de pratique tarifaire maîtrisée (1), la prise en charge ne peut pas dépasser la plus petite des deux limites suivantes :
- 100 % du tarif de responsabilité de la sécurité sociale* ;
- le montant pris en charge pour les dépassements des médecins ayant adhéré aux dispositifs de pratique tarifaire maîtrisée (1) minoré d'un montant égal à 20 % du tarif de responsabilité.

VII - Interdictions de prise en charge (c. séc. soc. art. L. 871-1 et R. 871-1)

Non-prise en charge des **majorations** supportées par l'assuré en cas de non-respect des règles relatives au parcours de soins avec le médecin traitant (2) (3).
• Non prise en charge du **forfait de 1 €** sur les actes ou consultations pris en charge par l'assurance maladie et réalisés par un médecin, en ville, dans un établissement ou un centre de santé (c. séc. soc. art. L. 160-13, II et R. 160-19).
Non-prise en charge des franchises médicales sur les médicaments, les actes paramédicaux et les transports sanitaires (c. séc. soc. art. L. 160-13, III et D. 160-9) **(3)**.

VIII - Information des assurés (4)

Avant la souscription, puis chaque année, communication par la mutuelle, l'institution de prévoyance ou l'entreprise d'assurances aux assurés (c. séc. soc. art. L. 871-1 ; arrêté du 6 mai 2020, JO 5 juin, texte 12) :
- du ratio, exprimé en pourcentage, entre le montant des prestations versées pour le remboursement et l'indemnisation des frais occasionnés par une maladie, une maternité ou un accident et le montant des cotisations ou primes hors taxes afférentes à ces garanties au titre de l'ensemble de son portefeuille d'affaires directes, brutes de réassurance ;
- du ratio, exprimé en pourcentage, entre le montant total des frais de gestion de l'organisme assureur au titre de ces mêmes garanties et le montant des cotisations ou primes hors taxes afférentes, ainsi que la composition de ces frais de gestion.

IX - Tiers payant (5)

Le régime doit permettre à l'assuré de bénéficier du tiers payant sur les prestations faisant l'objet des garanties, au moins à hauteur des tarifs de responsabilité de la sécurité sociale (c. séc. soc. art. L. 871-1).

* Le tarif de responsabilité est le tarif servant de base au remboursement de l'assurance maladie. Exemple : pour une monture de lunettes, le tarif de responsabilité est de 2,84 €. L'assurance maladie rembourse 60 % de ce montant, soit 1,70 €.
(1) Dispositifs de pratique tarifaire maîtrisée prévus par la convention nationale médicale (OPTAM et OPTAM-CO) dans le cadre de la convention du 25.08.2016, laquelle a été prolongée jusqu'au 31.03.2023 (loi 2020-1576 du 14 décembre 2020, art.62).
(2) Interdiction de prise en charge de la majoration de la participation de l'assuré prévue en cas de non-désignation d'un médecin traitant ou en cas de consultation d'un autre médecin sans prescription du médecin traitant (c. séc. soc. art. L. 162-5-3 et R. 160-6).
(3) Interdiction de prise en charge des dépassements d'honoraires laissés à la charge de l'assuré en cas de consultation de certains spécialistes sans prescription préalable du médecin traitant et hors protocole de soins (c. séc. soc. art. L. 871-1, al. 2 et L. 162-5, 18°).
(4) Depuis le 1.09.2020. L'obligation précontractuelle est « réputée satisfaite » si apparaissent les deux ratios et la composition des frais de gestion négociés avec l'employeur. Ces ratios sont exprimés en pourcentage des cotisations ou primes hors taxes afférentes. L'obligation annuelle est « réputée satisfaite » si le rapport annuel adressé à l'employeur par l'organisme assureur fait apparaître de manière lisible, claire et intelligible, avec la mention type le ratio « prestations/cotisations » du contrat et les frais de gestion du contrat correspondant à la période couverte par le rapport annuel. Notons aussi que l'arrêté prévoit un cadre spécifique d'information si l'organisme assureur est retenu dans le cadre d'une procédure de recommandation (c. séc. soc. art. L. 911-2 ; arrêté du 6 mai 2020, art. 3, JO 5 juin).
(5) Depuis le 1.01.2022, la pratique du tiers payant doit être intégrale, donc y compris au-delà du tarif de responsabilité, pour les équipements et les soins du panier « 100 % santé » (c. séc. soc. art. L. 871-1).

Dans certains cas, en matière d'optique spécialement, cette prise en charge minimale (c. séc. soc. art. D. 911-1) est supérieure au montant plancher fixé par le cahier des charges des contrats responsables. En effet, les planchers sont identiques, sauf pour :

- les verres simple foyer dont la sphère est comprise entre - 6,00 et + 6,00 dioptries et dont le cylindre est inférieur ou égal à + 4,00 dioptries : le socle minimal prévoit un plancher de 100 €, plus élevé que celui du cahier des charges des contrats responsables (50 €) ;
- certains verres « mixtes » (voir tableau récapitulatif) : le socle minimal prévoit un plancher de 150 €, plus élevé que celui du cahier des charges des contrats responsables (125 €).

En revanche, le socle minimal n'a pas d'incidence sur les plafonds de prise en charge des contrats responsables.

▶ À noter... Si un régime collectif et obligatoire « frais de santé » respecte les conditions d'exemption de l'assiette des cotisations [voir *Contributions de retraite et de prévoyance (régimes collectifs et obligatoires)**], mais n'est pas conforme au « socle minimal », l'employeur n'est pas exposé à un redressement (« risque URSSAF »), mais engage sa responsabilité envers les salariés, qui pourraient l'attaquer devant le juge prud'homal (« risque droit du travail ») (questions/réponses DSS du 29 décembre 2015, Q/R 1).

Contributions visant à couvrir une obligation de maintien de salaire - Les primes versées par les employeurs à des organismes assureurs en vue d'assumer l'obligation de maintien de salaire qui leur incombe en vertu du code du travail (c. trav. art. L. 1226-1) ou d'un accord collectif sont considérées comme ne constituant pas une contribution au financement d'un régime de prévoyance complémentaire (circ. DSS 2007-77 du 23 février 2007 ; circ. DSS/5B 2009-32 du 30 janvier 2009, fiche 9, § I.A. 1 ; cass. civ., 2e ch., 23 novembre 2006, n° 04-30208, BC II n° 331).

▶ À noter... Lorsque le maintien de salaire a une origine conventionnelle, la nature de l'accord (convention collective de branche, accord professionnel ou interprofessionnel, convention ou accord d'entreprise ou d'établissement) est sans incidence.

Ces primes sont donc exonérées de cotisations de sécurité sociale et ne doivent pas être prises en compte dans la comparaison avec les limites d'exonération des contributions patronales de prévoyance complémentaire (circ. DSS 2007-77 du 23 février 2007). Elles échappent également :

- à la CSG et à la CRDS ;
- au forfait social de 8 %.

Les obligations de maintien de salaire issues d'une décision unilatérale ou du contrat de travail relèvent de la prévoyance complémentaire, dès lors qu'elles excèdent le minimum fixé par la loi ou l'accord collectif ayant le même objet (lettre-circ. ACOSS 2007-30 du 8 février 2007). Dans ce cas, le financement patronal est assimilé à une contribution patronale de prévoyance complémentaire. Si le régime répond aux conditions requises (caractère collectif, obligatoire, etc.), il est exonéré de cotisations de sécurité sociale dans la limite réglementaire. En revanche, la contribution patronale est assujettie à la CSG et à la CRDS et, pour les employeurs de 11 salariés et plus, au forfait social de 8 %.

Maintien de la couverture « prévoyance » au départ du salarié

Maintien de la couverture maladie - Sous conditions, la loi Évin reconnaît le droit au maintien de la couverture « frais de santé » au profit des anciens salariés bénéficiaires d'une rente d'incapacité ou d'invalidité, d'une pension de retraite, ou d'un revenu de remplacement lorsqu'ils sont privés d'emploi (loi 89-1009 du 31 décembre 1989, art. 4).

Dès lors que les intéressés en font la demande auprès de l'organisme assureur dans les délais requis, la même couverture doit leur être maintenue (cass. civ., 2e ch., 7 février 2008, n° 06-15006, BC II n° 25 ; CA Lyon 13 janvier 2009, 1re ch. civ., RG 08/02875).

En revanche, les tarifs applicables peuvent être supérieurs aux tarifs globaux des salariés actifs. Ils sont toutefois plafonnés sur 3 ans (décret 90-769 du 30 août 1990, art. 1 modifié par décret 2017-372 du 21 mars 2017, JO du 23) :

- la 1re année, ils ne peuvent pas être supérieurs aux tarifs globaux applicables aux salariés actifs ;
- la 2e année, ils ne peuvent pas être supérieurs de plus de 25 % à ces tarifs globaux ;
- et la 3e année, ils ne peuvent pas être supérieurs de plus de 50 % à ces tarifs globaux.

À partir de la 4e année, l'organisme de prévoyance retrouve la possibilité de fixer librement la cotisation.

Portabilité de la couverture prévoyance - Voir *Prévoyance (portabilité)**.

Contributions de retraite et de prévoyance (régimes collectifs et obligatoires) ; Contributions de retraite et de prévoyance ; Prévoyance (couverture minimale frais de santé) ; Prévoyance (portabilité).

Prévoyance (couverture minimale frais de santé)

Généralisation de la complémentaire santé

Obligation générale - Depuis le 1.01.2016, tous les salariés ont accès à une couverture minimale de prévoyance complémentaire en vue de couvrir les frais occasionnés par une maladie, une maternité ou un accident (prévoyance « frais de santé ») (c. séc. soc. art. L. 911-7).

Tous les employeurs sont concernés, quel que soit leur effectif.

▶ À noter… En Alsace-Moselle, le dispositif est entré en vigueur le 1.07.2016 (loi 2016-41 du 26 janvier 2016, art. 197, JO du 27). Les prestations servies au titre de la couverture complémentaire santé sont déterminées après déduction de celles déjà garanties par le régime local (c. séc. soc. art. D. 911-1-1, 1°). Par ailleurs, les cotisations à la charge de l'employeur et du salarié sont réduites à hauteur du différentiel de prestations correspondant, l'employeur assurant au minimum la moitié du financement *(voir ci-après)* de ce différentiel (c. séc. soc. art. D. 911-1-1, 2°).

Aide au financement d'une complémentaire santé individuelle de l'employeur - Certains salariés peuvent bénéficier, en lieu et place de la couverture de l'entreprise, d'une aide de leur employeur (dénommée parfois « versement santé » ou « chèque santé ») pour souscrire une garantie « frais de santé » *(voir ci-après)*.

Caractéristiques du régime

Le régime de prévoyance mis en place pour assurer cette couverture « minimale » doit (c. séc. soc. art. L. 911-7) :

- avoir un caractère collectif et obligatoire ;
- être mis en place selon l'une des procédures autorisées par le code de la sécurité sociale (application d'un accord collectif, ratification à la majorité des salariés intéressés d'un projet d'accord proposé par l'employeur, décision unilatérale de l'employeur) (c. séc. soc. art. L. 911-1) ;
- et répondre au cahier des charges des contrats solidaires et responsables (c. séc. soc. art. L. 871-1). Pour le détail des contrats responsables, voir *Prévoyance**.

Aucune condition d'ancienneté ne peut être opposée aux salariés (lettre-circ. ACOSS 2015-45 du 12 août 2015, § 3). En revanche, la loi n'impose pas une couverture minimale au profit des ayants droit des salariés.

Dans certains cas, le salarié peut se prévaloir d'une dispense d'affiliation, qu'il puisse l'invoquer de droit, ou sous réserve que le régime de l'entreprise le prévoie (c. séc. soc. art. L. 911-7 à L. 911-8, D. 911-2 et s. et R. 242-1-6) [voir *Contributions de retraite et de prévoyance (régimes collectifs et obligatoires)**].

Garanties visées

Pour être conforme au socle minimal, le régime de prévoyance « frais de santé » doit prendre en charge, en tout ou partie, certaines dépenses et en laisser d'autres à la charge de l'assuré (c. séc. soc. art. L. 911-7, II). Compte tenu de la réforme qui a été mise en place progressivement en 2020 et 2021 afin d'instaurer un panier de soins couvert à 100 % en matière d'optique, d'audiologie et de prothèses dentaires (voir *Prévoyance**), un nouveau panier de soins du socle minimal a été fixé (décret 2019-65 du 31 janvier 2019, JO 2 février).

Pour le détail, voir le tableau reproduit dans cette étude.

Financement

Financement employeur - L'employeur doit assurer au moins 50 % du financement de la couverture santé collective à adhésion obligatoire des salariés (c. séc. soc. art. L. 911-7, III).

Cette condition n'est pas liée aux seules garanties correspondant au panier de soins minimal. La participation minimale de 50 % est exigée y compris pour les contributions finançant des garanties collectives et obligatoires d'un niveau supérieur.

Participation du CSE - Si le *comité social et économique** participe au financement d'un régime collectif et obligatoire institué par l'employeur, sa participation peut venir en déduction du financement de la part salariale. Mais l'employeur doit assurer un financement minimal de 50 % de l'ensemble de la couverture collective à adhésion obligatoire (questions/réponses DSS du 29 décembre 2015, Q/R 6).

Appréciation de la conformité au socle minimal

Un régime est regardé comme assurant une couverture conforme au socle minimal s'il réunit l'ensemble des conditions ci-dessus exposées (c. séc. soc. art. L. 911-7, I).

En particulier, le niveau de prise en charge requis doit être atteint dans chacune des catégories de garanties, avec un financement « employeur » au moins égal à 50 %. Une meilleure couverture dans une garantie ne peut donc pas compenser un « moins disant » sur une autre.

▶ À noter... Lorsque l'employeur impose la couverture obligatoire des ayants droit et que ces derniers sont couverts dans le contrat collectif et obligatoire de l'entreprise, la cotisation obligatoire est bien la cotisation famille, en conséquence de quoi l'employeur doit s'engager à financer au moins 50 % de cette cotisation (questions/réponses DSS du 29 décembre 2015, Q/R 7).

Versement santé (ou « chèque santé »)

Objet - Pour certains salariés, une aide de l'employeur au financement d'une couverture individuelle santé se substitue à la couverture santé de l'entreprise (c. séc. soc. art. L. 911-7-1). Elle ne peut en effet se cumuler ni avec une couverture complémentaire collective et obligatoire, ni avec la *complémentaire santé solidaire**, ni avec une couverture complémentaire donnant lieu à la participation financière d'une collectivité publique (c. séc. soc. art. L. 911-7-1, II).

Salariés éligibles - Les salariés titulaires d'un CDD ou d'un contrat de mission dont la durée de la couverture « frais de santé » collective et obligatoire est inférieure à 3 mois (non comprise la période de portabilité après la fin du contrat) bénéficient d'une dispense de droit, à condition de justifier être couverts par une couverture santé « responsable » [voir *Contributions de retraite et de prévoyance (régimes collectifs et obligatoires)**]. Les salariés qui font jouer ce cas de dispense ont d'office droit au « versement santé » (c. séc. soc. art. L. 911-7-1, IV). Pour ce faire, ils doivent à notre sens justifier auprès de leur employeur d'une couverture santé individuelle « responsable ».

Un accord de branche ou, en l'absence d'accord de branche ou si l'accord de branche le permet, un accord d'entreprise peut imposer le « versement santé » comme unique modalité de mise en œuvre de l'obligation d'assurer une couverture « santé » collective et obligatoire des salariés à temps partiel ou dont la durée du contrat de travail est inférieure ou égale à des seuils fixés par l'accord (c. séc. soc. art. L. 911-7-1, III).

L'accord doit déterminer les salariés concernés, en fixant un plafond de quotité de travail (jusqu'à 15 h hebdomadaires pour les salariés à temps partiel) ou de durée du contrat de travail (jusqu'à 3 mois pour les CDD ou contrats de mission) (c. séc. soc. art. D. 911-7).

Les salariés entrant dans le champ de ce type d'accord collectif ne relèvent pas de la couverture santé collective et obligatoire de l'entreprise. Ils ont droit au « versement santé », à condition de justifier d'un contrat d'assurance maladie complémentaire « responsable » auprès de leur employeur.

L'employeur peut aussi procéder par décision unilatérale, sachant que sa décision ne s'applique pas aux salariés qui sont déjà couverts à titre collectif et obligatoire par une couverture complémentaire mise en place par accord collectif, accord ratifié ou décision unilatérale (c. séc. soc. art. L. 911-7-1, III).

Montant du versement - L'aide est calculée mensuellement en déterminant un montant de référence auquel est appliqué un coefficient de majoration (105 % ou 125 % selon le cas), censé représenter la portabilité (c. séc. soc. art. D. 911-8 ; questions/réponses DSS du 29 décembre 2015, Q/R 10). La formule est donc : Montant de référence × 105 % ou 125 %.

Le montant de référence correspond, pour la période concernée, à la contribution que l'employeur aurait versée pour la couverture collective de la catégorie de salariés à laquelle il appartient (c. séc. soc. art. D. 911-8, II). Lorsque le montant de la contribution de l'employeur ne peut pas être déterminé pour la catégorie à laquelle appartient le salarié, le montant de référence est fixé pour 2021 à 17,84 € (5,95 € pour les assurés du régime local d'Alsace-Moselle ; arrêté du 11 mars 2021, JO du 26). Si le montant de la contribution de l'employeur est en tout ou partie forfaitaire (ce qui est fréquent en matière de couverture santé), la part forfaitaire est affectée d'un coefficient égal au rapport entre la durée du travail sur le mois considéré telle qu'elle résulte du contrat de travail du salarié (retenu dans la limite de 151,67 h) et la durée légale mensualisée (151,67 h). Ce coefficient ne peut jamais être supérieur à 1.

En tout état de cause, le montant de référence ne peut pas être inférieur à 17,84 € (ou 5,95 € pour les salariés relevant du régime local d'Alsace-Moselle), ces montants étant proratisés dans les mêmes conditions que lorsque le montant de la contribution de l'employeur est en tout ou partie forfaitaire.

Le montant de référence pour 2022 n'était pas encore fixé au 1.01.2022.

Régime social et fiscal du versement santé - Le versement santé bénéficie, aux mêmes conditions, du même régime social de faveur que les contri-

Panier de soins révisé du socle minimal « frais de santé »	
Pour être conforme au socle minimal « frais de santé », un régime doit couvrir le **panier minimum des contrats dits « responsables et solidaires »**, et notamment les dispositifs d'optique médicale, les aides auditives et les soins prothétiques dentaires du panier de soins « 100 % santé ». Par ailleurs, il doit couvrir **en plus les frais d'optique ainsi que les soins dentaires prothétiques et d'orthodontie qui ne sont pas dans le panier « 100 % santé »**, à hauteur des **minima** indiqués ci-dessous.	
Ticket modérateur (c. séc. soc. art. L. 911-7, II, 1° et D. 911-1)	Intégralité du ticket modérateur à la charge des assurés sur les consultations, actes et prestations remboursables par l'assurance maladie obligatoire. Par exception, il n'est pas obligatoire de prendre en charge les frais afférents aux cures thermales, aux médicaments dont le service médical rendu a été reconnu comme faible ou modéré et à l'homéopathie (c. séc. soc. art. R. 160-5, 6°, 7°, 10° et 14°).
Forfait journalier (c. séc. soc. art. L. 911-7, II, 2° et D. 911-1)	Forfait journalier supporté par les personnes admises dans des établissements hospitaliers, sans limitation de durée (1).
Frais d'optique (c. séc. soc. art. D. 911-1, 1°)	Pour **deux verres et une monture** hors panier de soins « 100 % santé », prise en charge forfaitaire minimum fixée à : - **100 €** par équipement mentionné au a) du cahier des charges des contrats responsables (voir tableau I) ; - **150 €** par équipement mentionné au b) et au d) du cahier des charges des contrats responsables (voir tableau I) ; - **200 €** par équipement mentionné au c), au e) et au f) du cahier des charges des contrats responsables (voir tableau I).
Frais dentaires (c. séc. soc. art. D. 911-1, 2°)	**Soins dentaires prothétiques et soins d'orthopédie dentofaciale** hors panier de soins « 100 % santé » : prise en charge minimum à hauteur de **125 % des tarifs de base « sécurité sociale »**.
Interdictions de prise en charge (c. séc. soc. art. L. 911-7, II, dernier al.)	Non-prise en charge des majorations supportées par l'assuré en cas de non-respect des règles relatives au parcours de soins avec le médecin traitant (2) (3). Non-prise en charge du forfait de 1 € sur les actes ou consultations pris en charge par l'assurance maladie et réalisés par un médecin, en ville, dans un établissement ou un centre de santé (c. séc. soc. art. L. 160-13, II et R. 160-19). Non-prise en charge des franchises médicales sur les médicaments, les actes paramédicaux et les transports sanitaires (c. séc. soc. art. L. 160-13, III et D. 160-9).

(1) L'administration considère que l'obligation de prise en charge minimale vise le forfait journalier facturé par les établissements de santé et non pas celui facturé par les établissements médico-sociaux comme les maisons d'accueil spécialisées (MAS) ou les établissements d'hébergement pour personnes âgées dépendantes (EHPAD) (circ. DSS/SD2A/SD3C/SD5D 2015-30 du 30 janvier 2015, § II-A-2). Cette circulaire est plus restrictive que la stricte lettre du code de la sécurité sociale, qui semble englober également les établissements médico-sociaux (c. séc. soc. art. D. 911-1, renvoyant à R. 871-2). Mais ce faisant, l'administration entend aligner le socle minimal sur le cahier des charges des contrats responsables pour ce qui concerne le forfait journalier.
(2) Interdiction de prise en charge de la majoration de la participation de l'assuré prévue en cas de non-désignation d'un médecin traitant ou en cas de consultation d'un autre médecin sans prescription du médecin traitant (c. séc. soc. art. L. 162-5-3 et R. 160-6).
(3) Interdiction de prise en charge des dépassements d'honoraires laissés à la charge de l'assuré en cas de consultation de certains spécialistes sans prescription préalable du médecin traitant et hors protocole de soins (c. séc. soc. art. L. 871-1, al. 2 et L. 162-5, 18°).

butions patronales destinées au financement d'un régime de prévoyance complémentaire collective et obligatoire (c. séc. soc. art. L. 242-1, al. 8).

☛ *Contributions de retraite et de prévoyance ; Contributions de retraite et de prévoyance (régimes collectifs et obligatoires) ; Prévoyance (portabilité).*

Prévoyance (portabilité)

Portabilité « légale »

Le dispositif légal de portabilité des couvertures de prévoyance complémentaire est généralisé depuis le 1.06.2015 (c. séc. soc. art. L. 911-8). Il permet, sous certaines conditions, aux anciens salariés quittant l'entreprise et ouvrant droit à l'assurance chômage, de bénéficier du maintien de la couverture collective de l'entreprise. À l'issue de cette période de portabilité légale, les intéressés peuvent, le cas échéant, bénéficier du maintien de la couverture, mais à titre individuel cette fois (*voir ci-après*).

▶ Attention… Certains employeurs peuvent être soumis à des accords particuliers prévoyant des mécanismes de maintien des garanties plus favorables que le dispositif légal (ex. : période de portabilité plus longue, portabilité en faveur de retraités). Ils sont alors tenus d'appliquer ces dispositions.

Modalités de la portabilité

Conditions et garanties maintenues - Le dispositif légal de portabilité permet à chaque salarié, en cas de rupture du contrat de travail ouvrant droit à la prise en charge par l'assurance chômage et sauf faute lourde, de continuer à bénéficier pendant sa période de chômage des garanties collectives contre le risque décès, les risques portant atteinte à l'intégrité physique de la personne ou liés à la maternité ou les risques d'incapacité de travail ou d'invalidité (c. séc. soc. art. L. 911-8).

▶ À noter… Les salariés démissionnaires bénéficiant de l'assurance-chômage en cas de projet professionnel de reconversion ou de création/reprise d'entreprise bénéficient également du mécanisme de portabilité [voir *Chômage (démission pour reconversion professionnelle)**].

Le bénéfice du maintien des garanties est subordonné à la condition que les droits à couverture complémentaire aient été ouverts chez le dernier employeur.

Les garanties maintenues au bénéfice des anciens salariés sont celles en vigueur dans l'entreprise.

Le maintien des garanties ne peut pas conduire l'ancien salarié à percevoir des indemnités d'un montant supérieur à celui des allocations-chômage qu'il aurait perçues au titre de la même période.

Par ailleurs, l'intéressé est tenu de justifier auprès de l'organisme assureur, à l'ouverture et au cours de la période de maintien des garanties, des conditions de la portabilité (situation de chômage, etc.).

Lorsqu'une entreprise est placée en liquidation judiciaire, les anciens salariés licenciés doivent pouvoir bénéficier du maintien des garanties « prévoyance » et « frais de santé » souscrites par l'employeur dans le cadre d'un contrat collectif d'assurance. En effet, les dispositions de l'article L. 911-8 du code de la sécurité sociale n'opèrent aucune distinction entre les salariés d'entreprises in bonis et les salariés dont l'entreprise se trouve placée en liquidation judiciaire. De plus, le maintien doit être prévu même s'il n'existe aucun dispositif permettant d'assurer son financement (cass. civ., 2e ch., 5 novembre 2020, n° 19-17164 FSPBI).

Obligations d'information de l'employeur - Lorsqu'un salarié quitte l'entreprise, l'employeur doit lui remettre un *certificat de travail**. L'employeur a l'obligation de signaler le maintien des garanties dans ce certificat (c. séc. soc. art. L. 911-8).

Durée maximale de maintien des garanties - Les garanties de prévoyance sont maintenues à compter de la date de cessation du contrat de travail et pendant une durée égale à la période d'indemnisation du chômage, dans la limite de la durée du dernier contrat de travail ou, le cas échéant, des derniers contrats de travail s'ils sont consécutifs chez le même employeur (cas de CDD successifs, par exemple). Cette durée est appréciée en mois entiers, et arrondie au nombre entier supérieur s'il y a lieu (ex. : on retient 5 mois de maintien des garanties pour 4,2 mois) (c. séc. soc. art. L. 911-8).

Dans tous les cas, la période de portabilité ne peut pas excéder 12 mois.

Financement obligatoirement mutualisé - Le coût de la portabilité prévue par le code de la sécurité sociale est intégré au financement du régime tout au long de l'année, via les contributions patronales et salariales de prévoyance complémentaire acquittées sur les rémunérations versées aux salariés.

Dispositif légal de portabilité

Durée du dernier contrat de travail (1)	Durée maximale du maintien des garanties
moins d'1 mois	1 mois
de 1 mois à moins de 2 mois	2 mois
de 2 mois à moins de 3 mois	3 mois
de 3 mois à moins de 4 mois	4 mois
de 4 mois à moins de 5 mois	5 mois
de 5 mois à moins de 6 mois	6 mois
de 6 mois à moins de 7 mois	7 mois
de 7 mois à moins de 8 mois	8 mois
de 8 mois à moins de 9 mois	9 mois
de 9 mois à moins de 10 mois	10 mois
de 10 mois à moins de 11 mois	11 mois
de 11 mois à moins de 12 mois	12 mois
12 mois et plus	12 mois

(1) Ou « des » derniers contrats de travail s'ils sont consécutifs chez le même employeur.

Il ne peut donc pas reposer sur un financement conjoint, supporté par le salarié quittant l'entreprise et l'employeur via des paiements échelonnés ou en une fois à l'occasion du solde de tout compte.

▶ À noter… La loi ne prévoit pas de droit à renonciation pour le salarié.

Relais à la portabilité : maintien de la couverture au titre de la « loi Évin »

Objet - La loi Évin permet, sous certaines conditions, aux anciens salariés de bénéficier de la couverture « frais de santé » de l'entreprise, à titre individuel (loi 89-1009 du 31 décembre 1989, art. 4 modifié, JO 2 janvier 1990). Ce maintien vient en relais de la portabilité légale *(voir ci-avant)*, les intéressés devant en faire la demande dans les 6 mois suivant l'expiration de celle-ci. L'organisme adresse la proposition de maintien de la couverture dans le délai de 2 mois à compter de la fin de la période de portabilité.

Le nouveau contrat ou la nouvelle convention doit prévoir que la garantie prend effet, au plus tard, le lendemain de la demande (loi 89-1009 du 31 décembre 1989, art. 4).

Modalités - Le maintien de la garantie peut se faire à des tarifs supérieurs, lesquels sont plafonnés sur 3 ans, voir *Prévoyance**.

Le maintien de la couverture est sans limitation de durée pour les anciens salariés. Depuis un arrêt de principe de la Cour de cassation de 2008, l'organisme assureur a l'obligation de maintenir la couverture à l'identique de celle prévue avant la rupture du contrat de travail, et pas simplement une couverture « très proche » (cass. civ., 2e ch., 7 février 2008, n° 06-15006, BC II n° 25).

☛ *Prévoyance.*

Primauté de l'accord d'entreprise

☛ *Accord collectif d'entreprise (contenu).*

Prime

Les primes sont des accessoires de salaire versés aux salariés en vertu du contrat de travail, de la convention collective, d'un *usage**, d'un *engagement unilatéral de l'employeur** ou à titre bénévole par l'employeur.

Libéralités

Une somme dite « bénévole » présente un caractère de libéralité lorsque son versement n'est pas obligatoire pour l'employeur. Le paiement est facultatif dès lors que son versement et son montant dépendent librement de l'employeur (cass. soc. 20 octobre 1982, n° 80-41143, BC V n° 560). Ainsi, lorsqu'un contrat de travail prévoit l'attribution d'une prime laissée à la discrétion de l'employeur, le fait que celle-ci ait été versée trois années consécutives ne la rend pas obligatoire (cass. soc. 28 mars 2018, n° 16-12530 D).

Ces libéralités n'ont pas le caractère de salaire en droit du travail mais sont soumises à cotisations sociales.

▶ Attention… Si l'employeur peut accorder des avantages particuliers à certains salariés, c'est à la condition que tous les salariés de l'entreprise placés dans une situation identique puissent bénéficier de l'avantage ainsi accordé et que les règles déterminant l'octroi de cet avantage soient préalablement définies et contrôlables (cass. soc. 18 janvier 2000, nos 98-44745 et 98-44753, BC V n° 25 ; cass. soc. 25 octobre 2007, n° 05-45710 D) [voir *Salaire (à travail égal, salaire égal)**].

Conditions d'attribution

Conditions posées par la convention collective - Lorsque la convention collective pose une condition pour l'attribution d'une prime, le salarié dont les fonctions ne répondent pas à cette exigence ne peut pas prétendre à cet avantage conventionnel (cass. soc. 1er mars 2017, n° 15-21568, BC V n° 32). Par exemple, une prime de tutorat prévue par une disposition conventionnelle peut n'être valablement versée que si le salarié tuteur exerce effectivement ses fonctions et ne doit donc pas l'être en l'absence de « stagiaires » à encadrer (cass. soc. 31 janvier 2018, n° 16-21436, BC V n° 14).

▶ Attention… Le cas échéant, l'accord collectif d'entreprise prime sur l'accord collectif de branche en matière de primes, dans le respect toutefois des salaires minima hiérarchiques et sous réserve des primes pour travaux dangereux ou insalubres (c. trav. art. L. 2253-2) pour lesquelles l'accord de branche continue à prévaloir sur l'accord d'entreprise si telle est la volonté des partenaires sociaux [voir *Accord collectif d'entreprise (contenu)**]. Ainsi, un accord d'entreprise peut théoriquement réduire le montant d'une prime d'origine conventionnelle, ou, éventuellement la supprimer (en la remplaçant par autre chose, voire sans contrepartie), sous réserve, bien entendu, que l'employeur trouve un interlocuteur pour signer un tel accord.

Conditions posées par le contrat de travail - Le contrat de travail peut prévoir que le salarié bénéficie d'une prime individuelle qualitative annuelle dont le montant dépend de l'appréciation de son travail par son supérieur hiérarchique. S'il est prévu que l'employeur doit engager chaque année des négociations avec le salarié en vue de fixer d'un commun accord les modalités de calcul de ladite prime, alors celui-ci doit effectivement engager ces négociations, et ce, malgré la présence de difficultés économiques dans l'entreprise (cass. soc. 29 mars 2017, n° 16-10251 D).

Condition de présence - L'octroi d'une gratification peut être subordonné à une condition de présence du salarié lors du versement de la prime.

Toutefois, un employeur ne peut pas, sans porter atteinte à la liberté du travail, subordonner le maintien du droit à la prime de fin d'année à la condition de la présence de l'intéressé dans l'entreprise au 30 juin de l'année suivant son versement (cass. soc. 18 avril 2000, n° 97-44235, BC V n° 141).

Exemple

Si l'ouverture du droit à une prime afférente à une période travaillée peut être soumise à une condition de présence à la date de son échéance, ce droit à la rémunération est acquis lorsque cette période a été intégralement travaillée et ne peut donc pas être soumis à une condition de présence à une date postérieure (cass. soc. 29 septembre 2021, n° 19-25549 D). Un employeur ne peut donc pas refuser de verser une prime d'expatriation acquise du fait de la réalisation d'une mission à l'étranger de janvier à juin sous prétexte que la condition d'appartenance aux effectifs de la société le dernier jour du mois de février de l'année civile suivante n'était pas respectée (cass. soc. 27 mars 2013, n° 11-22875 D).

Incidence de certaines situations

Mention de la prime dans la lettre d'embauche - Les anciennes lettres ou promesses d'embauche liaient l'employeur, au même titre qu'un contrat de travail. Dès lors, si la lettre d'embauche mentionnait le versement d'une prime exceptionnelle, l'employeur devait la verser (cass. soc. 19 septembre 2013, n° 12-20852 D). Sur la distinction entre l'offre de contrat de travail de la promesse unilatérale de contrat de travail, voir *Promesse unilatérale de contrat**.

Départ du salarié en cours d'année - Lorsque la gratification a un caractère obligatoire, le salarié quittant l'entreprise en cours d'année n'y a droit, au prorata de sa présence dans l'entreprise, que dans l'hypothèse où une disposition expresse du contrat de travail ou de la convention collective le prévoit, ou encore s'il existe un usage en ce sens (cass. ass. plén. 5 mars 1993, n° 89-43464, BC plén. n° 6).

La prise d'acte par un salarié rompt immédiatement le contrat de travail (cass. soc. 31 octobre 2006, n° 04-46280, BC V n° 321). Par conséquent, l'intéressé ne peut pas prétendre à une prime annuelle versée après son départ, sauf si un accord collectif ou un usage admet un versement prorata temporis (cass. soc. 21 septembre 2017, n° 15-28933, BC V n° 160). Toutefois, un salarié protégé (ex. : un représentant du personnel) dont la prise d'acte produit les effets d'un licenciement nul a droit à une indemnité pour violation du statut protecteur égale à la rémunération qu'il aurait perçue depuis son éviction jusqu'à l'expiration de la période de protection. Cette indemnité doit donc nécessairement intégrer une prime de vacances versée juste après son départ (cass. soc. 21 septembre 2017, n° 15-28932, BC V n° 152).

Par ailleurs, un employeur ne peut pas, sans méconnaître le principe d'égalité de traitement, refuser à un salarié le paiement prorata temporis d'une prime alors qu'il l'a accordé à un autre salarié (cass. soc. 3 novembre 2004, n° 02-44455 D).

▶ Attention… Si la prime est réservée aux salariés présents dans l'entreprise lors du versement, un salarié dispensé d'exécuter son préavis sans qu'aucune faute grave ne lui soit reprochée, y a droit dans la mesure où il aurait été présent à la date du versement s'il avait effectué son préavis (c. trav. art. L. 1234-5).

Salarié à temps partiel - Un salarié à temps partiel bénéficie des droits reconnus à un salarié à temps complet par la loi, les conventions et les accords d'entreprise ou d'établissement sous réserve, en ce qui concerne les droits conventionnels, des modalités spécifiques prévues par une convention ou un accord collectif (c. trav. art. L. 3123-5).

Une convention ou un accord collectif peut donc prévoir des modalités spécifiques d'attribution des primes pour les salariés à temps partiel (voir *Travail à temps partiel**).

La prime est versée intégralement et sans prorata quand la convention ou l'accord collectif :
- prévoit le versement d'une prime forfaitaire sans distinction entre les salariés à temps partiel et les salariés à temps complet (cass. soc. 17 juin 2009, n° 08-41077, BC V n° 155 ; cass. soc. 15 septembre 2010, n° 08-45050, BC V n° 181) ;
- ne contient pas de dispositions spécifiques aux salariés à temps partiel, la prime ayant alors un caractère forfaitaire pour tous les salariés (cass. soc. 11 avril 2018, n° 15-23757 D ; cass. soc. 11 avril 2018, n° 15-23756 D).

Rappel de primes - Lorsque les bulletins de paie délivrés aux salariés mentionnent une convention collective autre que celle applicable dans l'entreprise et que les salariés n'ont été en mesure de connaître le statut collectif dont relève l'entreprise qu'à l'issue d'une procédure judiciaire, le délai de prescription correspondant à un rappel de primes ne peut commencer à courir antérieurement (cass. soc. 25 septembre 2013, n° 11-27693, BC V n° 206) [voir *Prescription (salaires)**].

Primes ayant un objet et une cause identiques - Le principe de non-cumul des avantages prévus à la fois par un accord collectif et le contrat de travail (cass. soc. 13 juin 2012, n° 10-27395, BC V n° 184) est également applicable lorsque les avantages sont issus de textes conventionnels différents. Ainsi, lorsque deux primes conventionnelles ont le même objet et la même cause, seule la plus élevée doit être versée (cass. soc. 11 mars 2015, n° 13-26782 D).

Incidence sur le SMIC - Voir *SMIC**.

Incidence sur le calcul du paiement des heures supplémentaires - Voir *Heures supplémentaires**.

Incidence sur le paiement des heures de délégation - Voir *Heures de délégation**.

Incidence sur les indemnités de rupture - Voir *Préavis (indemnité compensatrice)** et *Indemnité de licenciement**.

Incidence sur l'indemnité de congés payés - Voir *Congés payés (indemnité)**.

Absence du salarié - Lorsque le salarié est absent alors qu'il doit percevoir une prime calculée en fonction du travail effectif, l'employeur doit réduire celle-ci au prorata de la durée de l'absence du salarié.

Néanmoins, si l'employeur peut tenir compte des absences pour le paiement d'une prime (ex. : en cas de grève), c'est à la condition que toutes les absences, hormis celles qui sont légalement assimilées à un temps de travail effectif, entraînent les mêmes conséquences sur son attribution (cass. soc. 11 janvier 2012, n° 10-23139, BC V n° 10 ; cass. soc. 7 novembre 2018, n° 17-15833 FPB).

Exemple

Les absences pour maladie (non assimilées à un temps de travail effectif) n'entraînant pas dans une entreprise d'abattement sur la *prime d'ancienneté**, le non-paiement de cette dernière en cas d'absence pour fait de *grève** est discriminatoire puisqu'il s'agit là aussi d'une période d'absence non légalement assimilée à un temps de travail effectif (cass. soc. 23 juin 2009, n° 07-42677, BC V n° 159). À l'inverse, lorsque toutes les absences (exceptées celles liées à un accident du travail) donnent lieu à réduction ou suppression de congés supplémentaires, la retenue opérée par l'employeur pour absence pour fait de grève n'est pas discriminatoire (cass. soc. 26 mars 2014, n° 12-18125, BC V n° 92).

L'attribution par l'employeur d'une prime aux salariés selon qu'ils ont participé ou non à un mouvement de grève est discriminatoire (cass. soc. 1er juin 2010, n° 09-40144, BC V n° 119). L'employeur peut toutefois attribuer une prime en contrepartie de la surcharge de travail supportée par les non-grévistes du fait de la grève. Cette prime ne peut être versée qu'aux non-grévistes ayant véritablement subi une surcharge de travail (cass. soc. 3 mai 2011, n° 09-68297 D).

Interdiction de certaines primes

Certaines primes sont interdites pour des raisons tenant à la sécurité des salariés. Il en est ainsi, dans le secteur des transports routiers, des primes d'efficacité conduisant à une majoration du salaire en fonction des distances parcourues et des délais de livraison (cass. soc. 24 septembre 2008, n° 07-44847, BC V n° 186). Ainsi, une prime « de bonne organisation » calculée en fonction de la distance parcourue et du temps passé par l'intéressé pour la livraison est illicite (cass. soc. 15 octobre 2014, n° 12-29235, BC V n° 242). Les circonstances du litige peuvent amener les juges à recalculer le « salaire de base réel » en y intégrant les primes litigieuses, ce qui peut conduire à un rappel de salaires (cass. soc. 6 octobre 2010, n° 05-43530 D).

Assiette des cotisations

Les primes entrent dans l'assiette des cotisations dès lors qu'elles ne sont pas expressément exclues par une disposition légale ou réglementaire et qu'elles n'ont pas le caractère de remboursement de *frais professionnels** (c. séc. soc. art. L. 242-1). Peu importe qu'elles soient versées par l'employeur ou un organisme tiers, comme le *comité social et économique**.

Suppression

Prime résultant d'un usage - Le paiement d'une prime est obligatoire pour l'employeur lorsque son versement résulte d'un usage répondant à des caractères de généralité, constance et fixité. En cas de contentieux, il appartient au salarié de démontrer que le versement d'une prime non contractuelle constitue un usage obligatoire remplissant ces caractéristiques (cass. soc. 3 mai 2016, n° 14-29297 D). Ainsi, une prime dont le montant augmente chaque année peut avoir valeur d'usage si elle répond à ces trois conditions (cass. soc. 23 mai 2017, n° 15-24334 D). À l'inverse, l'employeur peut plaider l'erreur d'interprétation de la convention collective (dans cette affaire, 10 mois de versement d'une prime litigieuse) pour démontrer l'absence de volonté de créer un usage (cass. soc. 9 juin 2017, n° 16-17094 D).

L'employeur peut mettre fin à un usage en le dénonçant dans les conditions définies par les juges (voir *Usage**).

Exemple

Une prime sur chiffre d'affaires versée pendant plus de 3 ans alors même que les objectifs sur lesquels elle était assise n'étaient pas atteints ne peut être supprimée qu'en dénonçant l'usage, celle-ci étant devenue un élément constant de la rémunération de l'intéressé sur lequel celui-ci était en droit de compter (cass. soc. 15 octobre 2014, n° 13-14246 D). À l'inverse, une prime dont le montant ou le mode de calcul varie ne peut pas avoir valeur d'usage, et l'employeur n'est donc pas tenu de la payer régulièrement (cass. soc. 11 janvier 2017, n° 15-15819 D).

Par ailleurs, l'employeur ne peut pas maintenir à certains salariés une prime dénoncée s'il ne le justifie pas par des raisons objectives et pertinentes (cass. soc. 8 juin 2010, n° 09-40614 D) [voir *Salaire (à travail égal, salaire égal)**].

Prime résultant d'une convention collective - Dans le cas où une convention ou un accord collectif prévoyant le versement de primes cesse d'être applicable, voir *Accord collectif d'entreprise (mise en cause)**.

Prime résultant du contrat de travail - La suppression d'une prime inscrite dans le contrat de travail constitue une *modification du contrat de travail** nécessitant l'accord préalable du salarié (ex. : décision unilatérale de l'employeur de plafonner des primes annuelles) (cass. soc. 5 mai 2010, n° 07-45409, BC V n° 102 ; cass. soc. 1er février 2012, n° 10-17394, BC V n° 49).

▶ **À noter...** La suppression d'une prime non contractuelle, celle-ci étant liée à une tâche annexe que le salarié n'exécutait plus dans le cadre de sa nouvelle affectation, ne justifie pas la *prise d'acte de la rupture** de son contrat de travail par ce salarié (cass. soc. 16 mars 2011, n° 08-42671, BC V n° 76). Dans ce cas, la prise d'acte a les effets d'une démission.

En revanche, les juges doivent vérifier si une prime versée pendant 13 ans consécutifs et dont l'employeur cesse subitement le versement ne constitue pas un élément du contrat de travail (cass. soc. 17 novembre 2015, n° 14-18972 D).

☛ *Prime d'ancienneté ; Prime d'assiduité ; Prime de fin d'année ou de treizième mois ; Prime de rendement ; Prime de sujétion.*

➲ Formulaire de Droit Social, « Notification de la suppression d'une prime résultant d'un usage ».

Prime d'activité

@ Cette étude est détaillée dans la version en ligne de ce Dictionnaire (voir www.rfsocial.com et www.rfeditions.com).

Prime d'ancienneté

La prime d'ancienneté est une prime résultant du contrat de travail, de la convention collective ou d'un usage, liée à l'*ancienneté du salarié dans l'entreprise.**

Montant

Calcul - La durée de l'ancienneté requise et les modalités de calcul de la prime sont généralement fixées par la convention collective, l'accord d'entreprise ou le contrat de travail qui l'institue.

Les accords collectifs sont d'application immédiate. Il convient donc de tenir compte de la situation des salariés à cette date, y compris de l'ancienneté acquise avant l'entrée en vigueur du texte conventionnel (ex. : en cas d'adhésion de l'employeur à une convention collective, l'ancienneté à prendre en compte est celle acquise à la date de cette adhésion) (cass. soc. 10 octobre 2007, n° 06-43373, BC V n° 157).

Les conventions collectives peuvent préciser les règles d'acquisition de l'ancienneté. À défaut, il s'agit de la durée écoulée depuis la conclusion du contrat de travail, sous déduction des périodes de suspension, certaines absences étant toutefois assimilées à du travail effectif pour les droits liés à l'ancienneté (voir *Ancienneté** et *Congés familiaux**).

Il a été jugé qu'en l'absence de disposition conventionnelle excluant les périodes de suspension du contrat de travail du décompte de l'ancienneté, un arrêt de travail pour maladie non professionnelle n'avait pas à être déduit de la totalité de l'ancienneté, et le salarié pouvait donc prétendre à une prime d'ancienneté (cass. soc. 28 juin 2018, n° 16-28511 FSPB).

▶ À noter... La question de l'interprétation des dispositions conventionnelles ne se pose pas pour un accident du travail ou une maladie professionnelle, puisque le code du travail prévoit, dans ce cas, que l'arrêt de travail est pris en compte pour tous les avantages légaux ou conventionnels liés à l'ancienneté (voir *Accident du travail**).

Enfin, les périodes de congés payés ne sont pas assimilées à du travail effectif pour le calcul des droits liés à l'ancienneté et ne peuvent donc pas être prises en compte dans la détermination de l'assiette de calcul de la prime d'ancienneté, sauf accord collectif ou usage contraire en vigueur dans l'entreprise (cass. soc. 23 novembre 2011, n° 11-11165 D).

▶ Attention... Sur la primauté, le cas échéant, de l'accord collectif d'entreprise sur la convention ou l'accord de branche, voir *Accord collectif d'entreprise (contenu)** et *Prime**.

En cas de *modification de la situation juridique de l'employeur**, il est tenu compte de l'ancienneté acquise au service du précédent employeur.

▶ À noter... En l'absence de convention collective ou d'usage, dans les branches où il existait un arrêté de salaire « Parodi » prévoyant une prime d'ancienneté et où aucune convention collective n'a été signée depuis 1950, ces *arrêtés Parodi** sont encore en vigueur. La prime se calcule alors sur la base du salaire minimal prévu par l'arrêté de l'époque et non sur la base du SMIC (cass. soc. 23 septembre 1982, n° 80-40250, BC V n° 520).

Prime réservée à une catégorie du personnel - La prime d'ancienneté réservée aux non-cadres est présumée justifiée lorsqu'elle est instaurée par une convention collective de branche (voir *Avantage catégoriel**). En conséquence, il appartient au cadre qui réclame devant les juges l'octroi de cet avantage de démontrer que cette différence de traitement entre catégories professionnelles est étrangère à toutes considérations de nature professionnelle (cass. soc. 18 juin 2015, n° 13-22972 D).

Preuve du paiement - Les primes d'ancienneté doivent être mentionnées sur le *bulletin de paie** lorsque la convention collective ou un accord collectif le prévoit. En l'absence d'indication, la prime d'ancienneté peut être intégrée au salaire de base mais, en cas de litige, l'employeur risque d'avoir des difficultés à en apporter la preuve. Il est donc conseillé de la faire figurer sur une ligne distincte. Si l'employeur omet de le faire, il devra prouver que la prime a été versée. Le fait que le salaire payé soit supérieur au total du salaire minimal conventionnel et de la prime ne suffit pas toujours à établir que la prime d'ancienneté a été versée (cass. soc. 29 octobre 2003, n° 01-43286 D).

▶ À noter... Le salarié peut demander un rappel de primes d'ancienneté non versées sur 3 ans (c. trav. art. L. 3245-1) [voir *Prescription (salaires)**].

Le rappel de primes d'ancienneté sur plusieurs mois peut figurer sur un seul *bulletin de paie** (cass. soc. 30 novembre 2010, n° 09-41065, BC V n° 277).

Incidence des absences - Une prime liée à une condition de présence dans l'entreprise peut être réduite du fait d'une absence pour *grève** dès lors que toutes les autres absences, autorisées ou non, ont les mêmes conséquences sur cette prime.

Ainsi, dès lors que les absences pour maladie n'entraînent pas d'abattement de la prime d'ancienneté, le non-paiement de celle-ci en raison d'une absence pour fait de grève est discriminatoire (cass. soc. 23 juin 2009, n° 07-42677, BC V n° 159) (voir *Discriminations* *).

Renonciation - Un salarié ne peut pas renoncer à une prime d'ancienneté conventionnelle par la signature d'un protocole avec son employeur (cass. soc. 15 octobre 2002, n° 00-40728, BC V n° 315).

Litige - Un salarié ne peut pas réclamer le paiement d'une prime d'ancienneté sous couvert de dommages et intérêts pour échapper au délai de prescription des salaires. Celui-ci dispose ainsi de 3 ans pour réclamer la prime contestée (cass. soc. 23 novembre 2017, n° 15-24304 D).

Régime juridique

Lorsqu'elles sont prévues par une convention collective, un accord collectif, le contrat de travail ou un usage professionnel, les primes d'ancienneté constituent un élément de la rémunération quelles que soient leur forme et les modalités de leur versement (cass. soc. 13 janvier 1994, n° 91-10149 D). Elles sont donc soumises à cotisations de sécurité sociale et entrent, sous certaines conditions, dans la base de calcul de l'indemnité de congés payés [voir *Congés payés (indemnité)**]. En revanche, il ne doit pas être tenu compte des primes d'ancienneté pour apprécier si un salarié perçoit une rémunération au moins égale au *SMIC** (cass. soc. 1er juin 1983, n° 80-42378, BC V n° 294).

▶ À noter… À défaut de clause expresse, la prime d'ancienneté n'entre pas, selon l'administration, dans la base de calcul des majorations pour *heures supplémentaires** (circ. DRT 1994-4 du 21 avril 1994).

☛ *Ancienneté ; Prime.*

Prime à l'apprentissage

☛ *Apprentissage (aides et exonérations).*

Prime d'assiduité

La prime d'assiduité résulte du *contrat de travail*, de la convention collective ou de l'*usage** et tend à encourager et à récompenser la présence régulière du salarié.

Réduction ou suppression

Absences - La prime d'assiduité peut être réduite et même supprimée en cas d'*absence** (ex. : absence pour *grève**, maladie, grossesse, paternité ou congé pour événement familial conventionnel) à condition toutefois que (cass. soc. 28 mars 1989, n° 86-43867, BC V n° 260 ; cass. soc. 16 janvier 2008, n° 06-42983, BC V n° 11 ; cass. soc. 8 janvier 2020, n° 18-17553 D) :

- la réduction ne soit pas plus importante pour une absence (ex. : en cas de maladie ou de grossesse) que pour une autre (ex. : en cas de congé pour événement familial conventionnel) ;
- et que toutes les absences, autorisées ou non, entraînent les mêmes conséquences.

Dispense de préavis - La dispense par l'employeur de l'exécution du travail pendant le *préavis** ne doit entraîner, jusqu'à l'expiration de ce délai, aucune diminution des salaires et avantages que le salarié aurait reçus s'il avait accompli son travail. La prime doit donc être incluse dans l'indemnité compensatrice de préavis due au salarié (cass. soc. 27 juin 2001, n° 98-45711 D).

Régime juridique

La prime d'assiduité entre en compte dans l'assiette des cotisations de sécurité sociale et, sous certaines conditions, dans la rémunération servant de base au calcul de l'indemnité de congés payés [voir *Congés payés (indemnité)**].

En revanche, pour apprécier si la rémunération du salarié atteint le niveau du *SMIC**, on ne tient pas compte de la prime d'assiduité si celle-ci a pour but de lutter contre l'absentéisme et si son attribution a un caractère aléatoire (cass. soc. 12 novembre 1992, n° 89-45090 D ; cass. soc. 23 avril 1997, n° 94-41722 D).

Pour les questions d'attribution, de suppression, les cas particuliers, voir *prime**

▶ Attention… La prime d'assiduité entre en compte pour calculer les majorations pour *heures supplémentaires** (cass. soc. 26 octobre 1979, n° 78-41113, BC V n° 796). L'administration a une position contraire (circ. DRT 1994-4 du 21 avril 1994).

☛ *Prime.*

Prime du comité social et économique

☛ *Comité social et économique (avantages servis par le).*

Prime de départ volontaire

☛ *Chômage (point de départ de l'indemnisation) ; Congé de mobilité ; Indemnités de rupture (régimes social et fiscal) ; Plan de sauvegarde de l'emploi ; Rupture conventionnelle collective.*

Prime exceptionnelle de pouvoir d'achat

La prime exceptionnelle de pouvoir d'achat (PEPA) a été mise en place en 2019 et en 2020 (loi 2019-

1446 du 24 décembre 2019, JO du 27, art. 7 ; instr. DSS/5B 2020-11 du 15 janvier 2020). Elle avait été révisée courant 2020 afin de tenir compte des circonstances exceptionnelles de travail liées à l'épidémie de covid-19. Puis en 2021, une nouvelle mouture de la PEPA a été définie, afin de valoriser les « travailleurs de la 2e ligne ». Elle peut être versée jusqu'au 31.03.2022 (loi 2021-953 du 19 juillet 2021, JO du 20 ; instr. DSS/5B 2021-187 du 19 août 2021). Nous en rappelons les grandes lignes ci-dessous.

Exonérations sociales et fiscales

Principe : exonération dans la limite de 1 000 € - La PEPA était exonérée dans la limite de 1 000 € par bénéficiaire :

- d'impôt sur le revenu ;
- de toutes les cotisations et contributions sociales d'origine légale ou conventionnelle (cotisations sociales, CSG/CRDS, AGIRC-ARRCO, assurance chômage, etc.) ;
- de la participation à l'effort de construction, de la taxe d'apprentissage (y inclus contribution supplémentaire) et des contributions à la formation professionnelle ;
- de taxe sur les salaires pour les employeurs concernés.

Le cas échéant, la partie de la prime excédant 1 000 € était assujettie dans les conditions habituelles.

Exonération jusqu'à 2 000 € de droit pour certains employeurs - La limite d'exonération était d'office portée à 2 000 € dans les entreprises de moins de 50 salariés, l'effectif devant être apprécié selon les règles d'*effectif sécurité sociale**, sans l'application du dispositif de gel des effets de seuil sur 5 ans en cas de franchissement à la hausse (c. séc. soc. art. L. 130-1 et R. 130-1).

Il en allait de même dans les associations et fondations reconnues d'utilité publique ou d'intérêt général, ainsi que les associations cultuelles ou de bienfaisance, autorisées à ce titre à recevoir des dons ouvrant droit à réduction d'impôt (CGI art. 200, 1° a et b ; CGI art. 238 bis, 1°, a et b).

Exonération jusqu'à 2 000 € en cas d'accord d'intéressement - La limite d'exonération était portée à 2 000 € pour les employeurs couverts par un accord d'intéressement à la date de versement de la PEPA ou qui avaient conclu, avant la date de versement de la prime, un accord d'intéressement prenant effet avant le 31.03.2022.

L'exonération s'appliquait quand bien même aucune prime d'intéressement n'était versée aux salariés en raison de la formule de calcul de l'accord.

Exonération jusqu'à 2 000 € en cas de valorisation des « travailleurs de la 2e ligne » - La limite d'exonération de 2 000 € était applicable aux employeurs engagés dans des démarches de valorisation des « travailleurs de la 2e ligne », recouvrant trois situations :

- l'employeur était couvert par un accord d'entreprise ou un accord de branche de valorisation des travailleurs de la 2e ligne ;
- l'employeur était couvert par un accord d'entreprise ou un accord de branche de méthode prévoyant l'engagement d'ouvrir des négociations sur la valorisation des travailleurs de la 2e ligne ;
- l'employeur avait engagé une négociation d'entreprise en vue de conclure un accord collectif de valorisation des travailleurs de la 2e ligne ou appartenait à une branche d'activité ayant engagé de telles négociations.

La limite d'exonération de 2 000 € concernait tous les salariés éligibles à la PEPA, et pas seulement les travailleurs de la 2e ligne. En outre, il était impossible de réserver la PEPA aux seuls travailleurs de la 2e ligne, ni de leur attribuer un montant plus élevé.

Conditions communes d'exonération - Des conditions devaient être remplies pour bénéficier d'une PEPA exonérée :

- les salariés devaient avoir une rémunération inférieure à 3 SMIC appréciés sur les 12 mois précédant le versement de la prime (à proratiser en cas de temps partiel ou d'année incomplète) ;
- la prime devait être versée entre le 1.06.2021 et le 31.03.2022.

Employeurs et salariés éligibles

Employeurs éligibles - Tout employeur pouvait mettre en place une PEPA. Elle était totalement facultative.

Salariés éligibles - Tous les salariés étaient éligibles à la PEPA, y compris les apprentis. Les salariés devaient être liés par un contrat de travail (peu importe qu'il soit suspendu) à la date de versement de la prime ou à la date de dépôt de l'accord ou de signature de la décision unilatérale mettant en place la prime.

En étaient exclus les stagiaires et les dirigeants sauf en cas de cumul de leur mandat social avec un contrat de travail.

Les intérimaires bénéficiaient de la PEPA versée par l'entreprise utilisatrice s'ils y étaient présents à sa date de versement ou à la date de dépôt de l'accord ou de la signature de la décision unilatérale instituant la prime. Si l'entreprise de travail temporaire avait mis en place la PEPA, les salariés permanents et intérimaires devaient en bénéficier, ce qui pouvait conduire un intérimaire à bénéficier de plusieurs PEPA.

Plafond de rémunération pour l'attribution - L'employeur pouvait décider d'attribuer la prime à l'ensemble des salariés ou à ceux dont la rémunération était inférieure à un plafond. Le plafond pouvait être calé sur le seuil de 3 SMIC annuels gouvernant les exonérations sociales et fiscales, mais il était possible de prévoir un plafond différent, le cas échéant inférieur. En revanche, l'employeur ne pouvait ni réserver la prime aux salariés dont la rémunération était supérieure à un certain niveau, ni exclure certains salariés sur la base d'un autre critère, quel qu'il soit.

Montant de la prime et modulation

Montant libre et modulable - Le montant de la PEPA était libre, elle pouvait être inférieure ou supérieure à 1 000 € ou 2 000 €. Le montant pouvait être modulé entre les salariés en fonction de critères limitativement énumérés pouvant être combinés :
- rémunération ;
- niveau de classification ;
- présence effective sur l'année écoulée (avec assimilation de certains congés à des durées de présence effective, comme le congé de maternité) ;
- durée contractuelle prévue au contrat en cas de temps partiel.

Interdiction d'une prime nulle - À notre sens, la modulation ne pouvait pas avoir pour conséquence de priver certains salariés de la prime. L'employeur devait veiller à fixer un plancher minimal de versement, quel que soit le critère retenu.

Mise en place de la prime

Décision unilatérale ou accord - L'employeur pouvait mettre en place la PEPA :
- par décision unilatérale, le *comité social et économique** (CSE), s'il existe, devant être informé avant le versement de la prime ;
- par accord d'entreprise ou de groupe selon les modalités prévues pour les accords d'intéressement (voir *Intéressement des salariés**).

Il n'y avait pas de priorité donnée à l'accord sur la décision unilatérale. L'employeur était libre de choisir la méthode qui lui convenait.

Contenu de la décision unilatérale ou de l'accord - La décision unilatérale ou l'accord fixait le montant de la prime ainsi que, le cas échéant, le plafond de rémunération limitant le champ des bénéficiaires et la modulation de son niveau entre les bénéficiaires.

Non-substitution au salaire - Afin de s'assurer qu'elle correspondait à une rémunération supplémentaire, la prime ne pouvait en aucun cas se substituer à des augmentations de rémunération ou à des primes prévues par un accord salarial, le contrat de travail ou les usages en vigueur dans l'entreprise, ni se substituer à des éléments de rémunération.

Prime d'expatriation

Versement

La prime d'expatriation est une prime allouée aux salariés appelés à effectuer temporairement des travaux à l'étranger. Elle est destinée à compenser les sujétions et les conditions d'existence particulières aux lieux d'affectation des salariés. Elle est prévue par la convention collective, un usage ou le contrat de travail.

L'employeur peut subordonner son versement au fait que le salarié mène à son terme la mission à l'étranger, mais pas à la présence du salarié dans les effectifs l'année suivant la mission (cass. soc. 27 mars 2013, n° 11-22875 D). Il a été admis qu'un employeur pouvait verser une prime d'expatriation à ses seuls salariés étrangers (les salariés français n'en bénéficiant pas) si celle-ci servait à compenser les inconvénients de leur installation en France et à contribuer au développement d'un pôle d'excellence (cass. soc. 17 avril 2008, n° 06-45270, BC V n° 95). De son côté, la HALDE (remplacée par le *Défenseur des droits**) avait, au contraire, estimé qu'une telle prime était discriminatoire (délib. HALDE 2007-282 du 22 octobre 2007) (voir *Discriminations**).

Pour les questions d'attribution, de suppression, les cas particuliers, voir *Prime**

Prise en compte

Cette prime constitue un complément de rémunération (c. séc. soc. art. L. 242-1) et donne lieu à *coti-*

*sations de sécurité sociale**. Elle est prise en compte dans le salaire retenu pour le calcul de l'indemnité de congés payés [voir *Congés payés (indemnité)**]. Cette prime serait toutefois à exclure de ces calculs dans le cas où elle représenterait le remboursement de frais inhérents au séjour à l'étranger.

Sous certaines conditions, la prime d'expatriation est exonérée d'impôt sur le revenu (CGI art. 81 A, II).

☛ *Prime.*

Prime de fin d'année ou de treizième mois

Attribution de la prime

Origine de la prime - La *prime** de fin d'année, ou de 13e mois, n'a pas d'origine légale. Elle est généralement prévue par une convention collective ou un accord d'entreprise. Mais il est aussi possible qu'elle soit versée du fait d'un usage, d'une décision unilatérale de l'employeur ou qu'un contrat de travail la prévoie (cass. soc. 5 novembre 2015, n° 14-17138 D).

▶ À noter… L'accord d'entreprise ayant la suprématie sur l'accord de branche, sauf dans des domaines précisément énumérés (c. trav. art. L. 2253-1 à L. 2253-3), il peut remettre en cause le montant ou l'existence d'une prime de fin d'année ou de 13e mois conventionnelle, à la condition d'avoir des partenaires pour signer un tel accord [voir *Accord collectif d'entreprise (contenu)**].

Règles d'attribution - Les conditions d'attribution ou de calcul de la prime sont fixées par la convention, l'usage, l'employeur ou le contrat selon les cas. Ces conditions ne peuvent pas être discriminatoires (voir *Discriminations**).

▶ Attention… Une convention collective ne peut pas priver un salarié de prime de fin d'année car il est licencié pour faute grave. Cela constituerait une sanction pécuniaire prohibée (cass. soc. 11 février 2009, n° 07-42584, BC V n° 42) (voir *Sanctions pécuniaires**).

Lorsqu'un contrat de travail prévoit l'attribution d'une prime laissée à la discrétion de l'employeur, le fait que celle-ci ait été versée trois années consécutives ne la rend pas obligatoire (cass. soc. 28 mars 2018, n° 16-12530 D). Cette solution rendue à propos d'une « prime bonus annuelle discrétionnaire » nous paraît transposable à une prime de fin d'année de même type.

Prime réservée aux cadres - Sur la possibilité de réserver une prime de fin d'année ou de 13e mois aux cadres (cass. soc. 26 septembre 2018, n° 17-15101 FSPB), voir *Avantage catégoriel**.

Salariés à temps partiel - Les salariés à temps partiel ont droit à la prime de fin d'année dans les mêmes conditions que les salariés à temps plein, en proportion de leur durée du travail (cass. soc. 2 décembre 1992, n° 91-40655, BC V n° 582). Toutefois, la convention collective peut donner à la prime un caractère forfaitaire. Cette règle applicable à d'autres primes vaut, à notre sens, pour une prime de fin d'année (cass. soc. 15 septembre 2010, n° 08-45050, BC V n° 181).

Prime conventionnelle et contractuelle - Un 13e mois, inscrit à la fois dans la convention collective et le contrat de travail, n'a pas à être payé deux fois si l'avantage conventionnel et l'avantage contractuel ont le même objet et la même cause. L'employeur verse alors l'avantage dont le montant est le plus élevé. La règle est la même pour des avantages identiques mais issus de textes conventionnels différents (ex. : un accord collectif d'entreprise et la CCN) (cass. soc. 11 mars 2015, n° 13-26782 D).

En revanche, si la gratification conventionnelle et la gratification contractuelle se distinguent par leurs conditions d'ouverture et de règlement, elles se cumulent (cass. soc. 13 juin 2012, n° 10-27395, BC V n° 184).

Exemples

Un contrat de travail instituait une rémunération sur 13 mois, la partie correspondante au 13e mois étant payée en juin et en décembre. Quant à l'accord d'entreprise, il prévoyait que « chaque année, il est versé en décembre à tous les salariés une gratification dite 13e mois (...) ». Pour les juges, le salarié avait droit aux deux avantages, car ceux-ci n'avaient pas le même objet (cass. soc. 13 juin 2012, n° 10-27395, BC V n° 184).

Dans le même ordre d'idées, un 13e mois prévu par le contrat de travail et une prime de vacances inscrite dans la convention collective devaient tous les deux être payés au salarié, dès lors qu'aucune clause contractuelle n'interdisait ce cumul (cass. soc. 26 octobre 1982, n° 80-41066 D).

Calcul de la prime

Modalités de calcul - Le mode de calcul de la prime est celui prévu à l'occasion de sa mise en place. La prime de fin d'année ou de 13e mois peut, par exemple, prendre la forme d'un doublement du salaire en fin d'année ou du versement de 1/12 du montant global de la prime chaque mois. C'est un élément de salaire soumis à cotisations sociales et à impôt sur le revenu.

Conséquence d'une absence - voir *Prime**.

Départ en cours d'année - La prime est calculée pour une année entière. En cas de départ du salarié au cours de l'année, l'employeur est tenu par ce que la convention ou l'accord collectif, l'usage ou le contrat de travail prévoit (cass. soc. 5 mai 2010, n° 08-45646 D).

Le droit au 13e mois prorata temporis ne se présume pas, il doit être prévu par un accord collectif, un usage voire le contrat de travail. En l'absence d'une telle précision, la prime n'est pas due au salarié (cass. soc. 20 février 2007, nos 06-42330 à 06-42332 D ; cass. soc. 28 mai 2015, n° 14-12854 D).

Exemples

Si le contrat de travail prévoit un salaire annuel égal à 13 fois le salaire mensuel, le 13e mois est acquis prorata temporis (cass. soc. 19 décembre 1990, n° 88-41075, BC V n° 684).

En revanche, un paiement du 13e mois pour moitié en juin et pour moitié en décembre n'implique pas le droit au 13e mois au prorata (cass. soc. 21 juin 1989, n° 86-41493 D).

C'est au salarié qui se prévaut du droit à un prorata de prime de prouver l'existence d'une convention collective, d'un usage ou d'une disposition de son contrat de travail allant dans ce sens (cass. soc. 17 juin 2009, n° 07-43068 D).

Condition de présence - L'octroi de la prime peut être soumis à une condition de présence :
- à la date de versement de la prime, sauf cas particuliers tels que l'absence pour accident du travail (cass. soc. 5 novembre 1987, n° 85-40176, BC V n° 623 ; cass. soc. 5 avril 2006, n° 03-48017, BC V n° 140) ;
- continue dans l'entreprise.

Mais il ne peut pas s'agir d'une condition de présence postérieure à la date de versement car cela porterait atteinte à la liberté du travail (cass. soc. 18 avril 2000, n° 97-44235, BC V n° 141). D'ailleurs, lorsqu'un employeur s'est engagé à verser une prime « bonus » au titre d'une année donnée, il ne peut pas refuser d'en verser la dernière échéance, trois ans plus tard, au prétexte que le contrat de travail du salarié a entre-temps été rompu (cass. soc. 28 mars 2018, n° 16-12530 D).

▶ **À noter…** Il a été jugé, à propos d'une prime d'expatriation, que l'ouverture du droit à une prime liée à une période travaillée peut être soumise à une condition de présence à la date de son échéance, mais ce droit est acquis lorsque cette période a été intégralement travaillée et ne peut pas être soumis à une condition de présence à une date postérieure (ex. : l'année suivante) (cass. soc. 27 mars 2013, n° 11-22875 D). À notre sens, cette solution vaut pour une prime de fin d'année ou de 13e mois.

En tout état de cause, l'employeur ne peut pas décider de modalités d'attribution d'une prime moins favorables au salarié que celles de la convention collective. Ainsi, lorsque cette dernière détermine le montant de la prime de 13e mois perçue par les salariés sans condition de durée effective de leur présence dans l'entreprise, l'employeur ne peut pas décider de ne pas l'accorder aux salariés ne remplissant pas une condition de présence effective sur l'année du fait d'un arrêt pour maladie (cass. soc. 21 mars 2012, n° 10-15553, BC V n° 103).

☛ *Prime.*

Prime d'insalubrité

☛ *Prime de sujétion.*

Prime de rendement

La prime de rendement est liée à la productivité du salarié ou d'une équipe de salariés. Elle est versée en vertu de la convention collective, d'un usage ou du contrat de travail. Une prime de rendement dont le montant est aléatoire ne permet pas au salarié d'invoquer un usage d'entreprise pour l'obtenir régulièrement (cass. soc. 3 décembre 2014, n° 13-20053 D).

▶ **À noter…** Sur l'interdiction des primes d'efficacité, voir *Prime**.

Les primes de rendement donnent lieu à *cotisations de sécurité sociale** et entrent dans la base de calcul des majorations pour *heures supplémentaires** dans la mesure où elles ne sont pas liées au rendement général de l'entreprise (c. séc. soc. art. L. 242-1 ; cass. soc. 29 octobre 2007, n° 06-42426 D). Elles sont, sous certaines conditions, prises en compte pour calculer l'*indemnité de congés payés**.

Pour déterminer si le *SMIC** est atteint, on tient compte des primes de rendement individuelles ou collectives (c'est-à-dire calculées sur le rendement global d'une équipe) mais seulement si leur attribution n'est ni aléatoire ni imprévisible.

Pour les questions d'attribution, de suppression, les cas particuliers, voir *Prime**

☛ *Prime.*

Prime de sujétion

Versement

La prime de sujétion est versée en vertu du contrat de travail, de la convention collective ou d'un usage. Elle est destinée à compenser les sujétions particulières résultant du travail du salarié (primes de danger, de froid, d'insalubrité, de situation géographique, de nuit, de dimanche, etc.).

Prise en compte dans certains calculs de paie

Heures supplémentaires - Les primes de danger, d'insalubrité, de froid, de situation géographique sur les chantiers de bâtiment, de polyvalence, de risque ou de salissure sont prises en compte dans la base de calcul des majorations pour *heures supplémentaires** (circ. DRT 1994-4 du 21 avril 1994).

Heures de délégation - En vertu du principe selon lequel la prise d'*heures de délégation** n'entraîne pas de baisse de rémunération, l'employeur doit prendre en compte les primes forfaitaires de sujétion dans le calcul de la rémunération correspondant aux heures de délégation (cass. crim. 4 mai 1979, n° 78-91710, B. crim. n° 162 ; cass. soc. 2 juin 1992, n° 88-45662, BC V n° 365 ; cass. soc. 15 décembre 1993, n° 92-42539 D). Ces décisions ont été rendues dans le cadre des anciennes instances. Toutefois, la jurisprudence demeure applicable même pour le *comité social et économique** (CSE).

Autres calculs - La prime de sujétion entre aussi en compte pour apprécier si le salaire minimal conventionnel est atteint, sauf disposition contraire de la convention collective.

▶ Attention... Les primes de sujétion qui, sans équivoque, correspondent effectivement à des sujétions supplémentaires pour les salariés en raison du caractère ou des conditions particulières de leur travail, n'entrent pas en ligne de compte pour le calcul du *SMIC**. Elles doivent donc être versées en plus du SMIC.

Les primes de sujétion sont aussi prises en compte :
- dans l'assiette des *cotisations de sécurité sociale** (c. séc. soc. art. L. 242-1) ;
- dans la rémunération servant de base au calcul de l'indemnité de congés payés, dans la mesure où elles couvrent une sujétion générale de l'exercice du métier et sont attribuées de façon permanente (cass. soc. 30 mars 1994, n° 90-43161 D) [voir *Congés payés (indemnité)**].

Pour les questions d'attribution, de suppression, les cas particuliers, voir *Prime**

☛ *Prime.*

Priorité de réembauche

Certains salariés de l'entreprise dont le contrat a été rompu bénéficient d'une priorité de réembauche.

Après un licenciement économique

Pendant un an - Tout salarié licencié pour motif économique bénéficie d'une priorité de réembauche pendant 1 an à compter de la date de la rupture de son contrat s'il manifeste le désir d'user de cette priorité au cours de cette année (c. trav. art. L. 1233-45). La date de la rupture est celle de la fin du préavis exécuté ou non (cass. soc. 27 novembre 2001, n° 99-44240, BC V n° 362).

Dans le cas particulier où le salarié a bénéficié d'un *congé de reclassement** (entreprise d'au moins 1000 salariés) (c. trav. art. L. 1233-71), le délai d'un an durant lequel le salarié bénéficie de la priorité de réembauche débute à la date du terme effectif de ce congé car c'est à cette même date que le contrat de travail du salarié prend fin (cass. soc. 11 décembre 2019, n° 18-18653 FPB).

▶ À noter... Bénéficient également de cette priorité les salariés ayant accepté un départ volontaire dans le cadre d'un *plan de sauvegarde de l'emploi** ou d'un accord collectif (cass. soc. 10 mai 1999, n° 96-19828, BC V n° 202 ; cass. soc. 13 septembre 2005, n° 04-40135, BC V n° 252), et ceux ayant adhéré à un contrat de sécurisation professionnelle *(voir ci-après)* (cass. soc. 22 septembre 2015, n° 14-16218, BC V n° 208).

En revanche, les salariés licenciés dans le cadre d'un *accord de performance collective** n'étant pas licenciés pour un motif économique mais pour un motif spécifique tiré du refus d'une modification de leur contrat de travail, ils ne bénéficient pas, à notre sens, d'une priorité de réembauche (c. trav. art. L. 2254-2).

Mention dans la lettre de licenciement - La priorité de réembauche et ses conditions de mise en œuvre doivent être mentionnées dans la lettre de notification du licenciement (c. trav. art. L. 1233-16 et L. 1233-42) [voir *Licenciement (notification)**]. Cette obligation s'applique à tout licenciement pour motif économique, quelle qu'en soit la cause. Elle doit donc être respectée même lorsque le licenciement est justifié par la cessation d'activité de l'entreprise (rép. Dominique, QE 57443, JO AN 10 mai 2005, p. 4883).

▶ Attention… La référence, dans la lettre de licenciement, au seul article du code du travail qui précise les conditions de mise en œuvre de la priorité de réembauche est insuffisante. Il faut donc spécifier que le salarié bénéfice de cette priorité durant un an s'il manifeste le désir d'user de cette faculté au cours de cette année (cass. soc. 16 mai 2013, n° 11-28831 D). Les modèles de lettre de licenciement disponibles permettent d'éviter une erreur sur ce point [voir *Licenciement (notification)**].

L'absence de cette précision rend le licenciement prononcé irrégulier et le salarié concerné peut obtenir des dommages-intérêts à ce titre s'il parvient à prouver en quoi il a subi un préjudice distinct de celui qui résulte du licenciement (cass. soc. 30 janvier 2019, n° 17-27796 D).

Cas du salarié ayant adhéré à un contrat de sécurisation professionnelle - Le salarié ayant adhéré à un *contrat de sécurisation professionnelle** (CSP) bénéficie de la priorité de réembauche. L'employeur doit mentionner l'existence de cette priorité (cass. soc. 30 novembre 2011, n°s 09-43183 et 10-21678, BC V n° 282 ; cass. soc. 22 septembre 2015, n° 14-16218, BC V n° 208) :

- soit dans le document écrit d'information qu'il remet au salarié au moment où il lui propose le CSP ;
- soit dans la lettre qu'il adresse au salarié lorsque le délai de réponse pour accepter ou refuser le CSP expire après le délai d'envoi de la lettre de licenciement ;
- soit, lorsqu'il n'est pas possible à l'employeur d'envoyer la lettre précitée avant l'acceptation par le salarié de la proposition de CSP, dans tout autre document écrit, remis ou adressé au salarié au plus tard au moment de son acceptation.

Demande du salarié et obligation d'information de l'employeur - Le salarié qui souhaite bénéficier de cette priorité doit le faire savoir à l'employeur dans le délai de 1 an à compter de la date de rupture de son contrat de travail, c'est-à-dire celle de la fin du préavis, exécuté ou non (cass. soc. 28 février 2006, n° 03-47860 D). Une demande effectuée avant l'expiration du préavis a été jugée recevable, le salarié ayant précisé dans sa lettre de demande que le délai courrait à compter de la rupture effective de son contrat de travail (cass. soc. 15 janvier 2014, n° 12-23927 D).

La demande du salarié n'est soumise à aucune condition de forme (cass. soc. 6 mai 2003, n° 01-42155 D). Elle peut donc être présentée, soit de manière spontanée, soit en réponse à une sollicitation de l'employeur, pourvu qu'elle soit explicite (cass. soc. 11 avril 2012, n° 11-11037, BC V n° 120).

La priorité de réembauche ne s'impose à l'employeur qu'à compter du jour où le salarié a demandé à en bénéficier (cass. soc. 30 mars 1999, n° 97-41265, BC V n° 146 ; cass. soc. 9 juin 1999, n° 97-41762 D).

À compter de cette date, l'employeur doit informer (c. trav. art. L. 1233-45) :

- le salarié de tout emploi disponible *(voir ci-après)* et compatible avec sa qualification (y compris dans le cas où le salarié a retrouvé un autre emploi) (cass. soc. 5 mars 2002, n° 00-41429, BC V n° 85) ;
- les représentants du personnel des postes disponibles.

Poste correspondant à la qualification du salarié - La priorité de réembauche du salarié s'applique à tout poste qui devient vacant et auquel la qualification du salarié lui permet de prétendre.

▶ À noter… Les emplois disponibles devant être compatibles avec la qualification du salarié, un ancien cadre ne peut donc pas reprocher à l'employeur de ne pas lui avoir proposé un poste d'agent de maîtrise (cass. soc. 29 septembre 2010, n° 09-42265 D).

Le salarié ayant acquis une nouvelle qualification bénéficie également de la priorité de réembauche au titre de celle-ci s'il en informe l'employeur (c. trav. art. L. 1233-45).

Délai pour répondre à une proposition - L'employeur peut assortir ses propositions de réembauche d'un délai de réponse que doit respecter le salarié. Si la réponse du salarié arrive après ce délai, il ne peut pas reprocher à l'employeur d'avoir recruté un autre candidat (cass. soc. 17 avril 2019, n° 17-21175 D).

Priorité de réembauche chez un nouvel employeur - Le droit des salariés, licenciés pour motif économique et qui ont demandé à bénéficier de la priorité de réembauche, subsiste en cas de reprise par un autre employeur (cass. soc. 5 février 2002, n° 99-44558, BC V n° 52 ; cass. soc. 9 juillet 2008, n° 06-40945, BC V n° 156).

Priorité en cas d'embauche sur des emplois disponibles - La priorité de réembauche s'exerce en cas d'embauche et non en cas de recrutement interne (cass. soc. 6 juillet 1999, n° 97-40546, BC V n° 334 ; cass. soc. 22 septembre 2009, n° 08-41679 D).

La priorité de réembauche concerne des emplois « disponibles ». De ce point de vue, ne sont pas considérés comme disponibles les emplois de salariés :
- en congé annuel (cass. soc. 17 juin 1992, n° 91-45458, BC V n° 404) ;
- en arrêt maladie (cass. soc. 12 décembre 1995, n° 94-40827, BC V n° 343) ;
- en congé maternité (cass. soc. 26 novembre 1997, n° 95-44308 D).

Application à des contrats précaires - Lorsqu'un employeur recourt systématiquement, avant comme après des licenciements pour motif économique, à des intérimaires pour un nombre d'heures correspondant à l'emploi de plusieurs salariés, il en résulte que les postes correspondants sont des postes « disponibles » (cass. soc. 1er mars 2000, n° 98-46233, BC V n° 82).

L'obligation pour l'employeur d'informer le salarié de tout emploi devenu disponible et compatible avec sa qualification n'est pas limitée aux emplois pourvus par des contrats de travail à durée indéterminée (cass. soc. 8 avril 2009, n° 08-40125, BC V n° 107).

Application à des postes précédemment refusés - L'obligation d'information de l'employeur s'étend aux postes que le salarié aurait précédemment refusés avant d'être licencié (cass. soc. 21 mai 2014, n° 12-29508 D ; cass. soc. 15 mai 2002, n° 00-41441 D). Ainsi, un employeur risque d'avoir à payer des dommages et intérêts pour non-respect de la priorité de réembauche s'il ne propose pas à un salarié licencié l'emploi vacant et compatible avec sa qualification parce qu'il avait refusé d'être reclassé sur ce poste avant d'être licencié (cass. soc. 21 mai 2014, n° 12-29508 D).

Concurrence entre anciens salariés - Lorsque plusieurs salariés ont demandé à bénéficier de la priorité de réembauche, l'employeur n'a pas à suivre un ordre déterminé et peut choisir ses collaborateurs en fonction de l'intérêt de l'entreprise, sauf à communiquer au juge, en cas de contestation du salarié, les éléments objectifs sur lesquels il s'est appuyé pour arrêter son choix (cass. soc. 2 décembre 1998, n° 96-44416, BC V n° 531).

Sanction en cas de non-respect - En cas de non-respect par l'employeur de la priorité de réembauche et si le salarié a au moins 2 ans d'ancienneté dans une entreprise d'au moins 11 salariés, le tribunal peut condamner l'employeur à verser au salarié une indemnité au moins égale à 1 mois de salaire (c. trav. art. L. 1235-13 et L. 1235-14).

Si le salarié a moins de 2 ans d'ancienneté ou était employé dans une entreprise de moins de 11 salariés, l'indemnisation est fonction du préjudice subi.

Le salarié peut demander le paiement de dommages et intérêts pour non-respect de la priorité de réembauche même si son licenciement pour motif économique est sans cause réelle et sérieuse. En effet, le défaut de cause réelle et sérieuse du licenciement n'enlève pas à celui-ci sa nature juridique de licenciement pour motif économique (cass. soc. 4 mars 2003, n° 00-46742 D).

▶ À noter… En cas de contentieux, il appartient à l'employeur de prouver qu'il a respecté ses obligations à l'égard des salariés licenciés ayant demandé le bénéfice de la priorité de réembauche. Sinon, il peut être condamné pour violation de la priorité de réembauche (cass. soc. 23 juin 2009, n° 07-44640, BC V n° 162).

Salariés élus au Parlement

Voir *Candidats ou élus au Parlement**.

Après une démission pour élever un enfant

Voir *Démission pour élever un enfant**.

CDI de chantier ou d'opération

Voir *Contrat de chantier ou d'opération**.

☛ *Licenciement économique ; Licenciement (notification).*

➲ Formulaire de Droit Social « Proposition d'un poste dans le cadre de la priorité de réembauche ».

Prise d'acte de la rupture

Auteur de la prise d'acte

Salarié en CDI - Seul le salarié en contrat à durée indéterminée (CDI) peut prendre acte de la rupture de son contrat de travail en raison de faits qu'il reproche à son employeur. Qu'il ait été déclaré inapte suite à un accident du travail et qu'il bénéficie à ce titre d'un statut protecteur n'empêchent pas la prise d'acte (cass. soc. 21 janvier 2009, n° 07-41822, BC V n° 18) [voir*Inaptitude physique (licenciement)**].

Un salarié protégé au titre de son mandat de représentant du personnel peut prendre acte de la rupture de son contrat de travail *(voir ci-après)*.

▶ À noter… Sauf *transaction**, la prise d'acte de la rupture est généralement suivie d'une procédure devant le conseil de prud'hommes, souvent à l'initiative du salarié.

Un salarié en contrat à durée déterminée (CDD) ne peut pas prendre acte de la rupture du contrat de travail en invoquant des griefs à l'encontre de son employeur [voir *Contrat de travail à durée déterminée (rupture anticipée)**].

▶ À noter… Une rupture de son CDD pour « prise d'acte » par un salarié, improprement qualifiée donc, a pu valoir rupture pour faute grave de l'employeur (cass. soc. 3 juin 2020, n° 18-13628 FSPB).

Impossible pour l'employeur - L'employeur ne peut pas prendre acte de la rupture du contrat aux torts du salarié. S'il estime qu'un salarié ne respecte pas ses obligations, il peut engager une procédure disciplinaire ou une procédure de licenciement. À défaut de mise en œuvre de la procédure de licenciement, la rupture éventuelle du contrat à l'initiative de l'employeur s'analyse en un licenciement sans cause réelle et sérieuse (cass. soc. 25 juin 2003, n°s 01-41150 et 01-40235, BC V n° 208).

Motivation de la prise d'acte

Non-respect des obligations de l'employeur - Le salarié peut prendre acte de la rupture de son contrat de travail aux torts de l'employeur seulement s'il lui reproche de ne pas respecter ses obligations de façon grave (pour des exemples, voir tableau reproduit dans cette étude). Différentes catégories de faits peuvent être reprochées à l'employeur, et notamment :

- une inexécution de ses obligations contractuelles ou conventionnelles (ex. : non-paiement du salaire, modification de la qualification professionnelle sans l'accord du salarié) ;
- une attitude fautive (ex. : non-respect de règles d'hygiène, harcèlement, etc.).

Un manquement d'ordre professionnel de l'employeur peut justifier une prise d'acte par un salarié même si les faits se sont déroulés en dehors du temps et du lieu de travail (en l'espèce, un employeur avait agressé verbalement, en dehors de l'entreprise, un salarié en arrêt de travail) (cass. soc. 23 janvier 2013, n° 11-20356, BC V n° 16).

Continuité du contrat impossible - Les faits fautifs ou les inexécutions des obligations contractuelles ou conventionnelles de l'employeur doivent être suffisamment graves pour rendre impossible la poursuite de la relation contractuelle (cass. soc. 30 mars 2010, n° 08-44236, BC V n° 80 ; cass. soc. 5 juillet 2017, n° 16-11520 D). Lorsque les manquements reprochés à l'employeur sont anciens, la prise d'acte n'est pas fondée puisque le contrat de travail a pu se poursuivre malgré l'attitude de l'employeur (cass. soc. 26 mars 2014, n° 12-23634, BC V n° 85).

▶ À noter… Les décisions des juges appréciant la gravité des faits justifiant une prise d'acte présentent des similitudes avec celles adoptées en matière de *résiliation judiciaire du contrat de travail**.

Lorsque l'employeur a manqué à son obligation de sécurité (ex. : harcèlement moral ou sexuel), la prise d'acte de la rupture du contrat est légitimée seulement lorsque ce manquement a empêché la poursuite du contrat de travail (cass. soc. 11 mars 2015, n° 13-18603, BC V n° 43 ; cass. soc. 8 juin 2016, n° 14-23465 D) [voir *Harcèlement moral**, *Harcèlement sexuel** et *Hygiène et sécurité (obligations de l'employeur)**]. La prise d'acte de la rupture produit alors les effets d'un licenciement sans cause réelle et sérieuse, si l'impossibilité de poursuivre le contrat en raison du manquement de l'employeur est établie.

La prise d'acte entraîne la rupture du contrat de travail, les conséquences financières étant souvent réglées devant le conseil de prud'hommes [voir *Prise d'acte de la rupture (procédure et effets)**].

Salarié représentant du personnel - Un salarié titulaire d'un mandat protecteur (ex. : représentant du personnel, délégué syndical) peut prendre acte de la rupture de son contrat de travail.

À titre d'exemple, la prise d'acte a été jugée justifiée en cas :

Motifs d'une prise d'acte de la rupture (exemples)
Faits ne justifiant pas la prise d'acte (1)
Non-respect de ses obligations par l'employeur. Le salarié reproche à l'employeur : - son comportement, alors qu'aucun manquement ne lui est imputable, pour passer au service d'une autre entreprise en détournant une partie de la clientèle (cass. soc. 17 février 2004, n° 01-42427 D) ; - d'avoir tardé à valider son projet de reclassement externe, présenté dans le cadre d'un plan de sauvegarde de l'emploi (cass. soc. 30 mars 2010, n° 08-44236, BC V n° 80) ou de lui avoir refusé un départ volontaire dans le cadre d'un plan social prévoyant des mesures d'accompagnement à la mobilité interne ou aux départs volontaires (cass. soc. 5 juillet 2017, n° 16-11520 D) ; - le harcèlement moral subi par un collègue (cass. soc. 20 octobre 2010, n° 08-19748, BC V n° 242 ; cass. soc. 19 janvier 2012, n° 10-20935 D) ; - de ne pas tenir compte de ses obligations en cas de déclaration d'inaptitude alors que le salarié a été déclaré apte avec réserves et qu'il a refusé un poste proposé par l'employeur (cass. soc. 8 juin 2011, n° 09-42261, BC V n° 145) ; - l'absence de fixation des objectifs annuels, le salarié, un cadre de haut niveau, n'ayant justifié d'aucune démarche antérieure pour ce faire (cass. soc. 25 juin 2015, n° 13-27483 D) ; - de l'avoir réaffecté à un autre poste pour tenir compte de l'avis d'inaptitude donné par le médecin du travail (cass. soc. 5 juillet 2018, n° 16-23605 D) ; - d'avoir parfois laissé des clients fumer dans les locaux de l'entreprise, lui-même n'ayant jamais accès aux locaux en question et alors que personne ne fumait en sa présence (cass. soc. 15 mai 2019, n° 18-15175 D). **Non-paiement des salaires et sommes dues (2) :** - retards dans le paiement de salaires, de frais de déplacement et de commissionnements, le décalage d'une journée ou deux de certains paiements s'expliquant par des jours fériés (cass. soc. 19 janvier 2005, n° 03-45018, BC V n° 12) ; - non-paiement du salaire par une association en difficulté, la prise d'acte intervenant au moment de l'élection du nouveau bureau de l'association qui allait permettre le déblocage de la situation (cass. soc. 4 novembre 2003, n° 01-44740 D) ; - non-paiement d'heures supplémentaires dont l'existence n'est pas établie (cass. soc. 8 juin 2011, n° 09-43208, BC V n° 141) ; - contestation des frais professionnels soutenue par aucun élément et reproche d'un seul « incident » de paiement en 30 ans, régularisé avant que le salarié ne prenne acte de la rupture de son contrat de travail (cass. soc. 23 mai 2007, n° 05-45740 D) ; - absence de prise en compte des temps d'habillage et de déshabillage (cass. soc. 21 janvier 2009, n° 07-41822, BC V n° 18) ; - erreur de calcul de la prime d'ancienneté (cass. soc. 3 juin 2009, n° 08-41021 D) ; erreurs dans les taux de commissions (cass. soc. 19 mai 2009, n° 07-41798 D) ; - arrêt du paiement d'une prime variable, non inscrite dans le contrat de travail et liée à une tâche annexe que le salarié n'exécutait plus dans le cadre de sa nouvelle affectation (en l'espèce, pas de modification du contrat de travail) (cass. soc. 16 mars 2011, n° 08-42671, BC V n° 76) ; - défaut de paiement d'une prime et l'absence d'information du salarié sur les modalités de calcul de sa rémunération variable (cass. soc. 9 juillet 2014, n° 13-11756 D) ; - absence de paiement de la rémunération variable sur plusieurs années en raison du caractère irréaliste des objectifs définis, ou de leur absence de fixation (cass. soc. 15 décembre 2021, n° 19-20978). **Modification du contrat de travail :** - modification du contrat non établie (cass. soc. 17 décembre 2003, n° 01-45286 D) ; - tâches supplémentaires ponctuelles demandées au salarié pour pallier la compression des effectifs, correspondant à sa qualification et constituant un simple changement de ses conditions de travail (cass. soc. 21 mars 2007, n° 06-40650 D) ; - création d'un échelon hiérarchique intermédiaire entre le salarié et le président de la société (cass. soc. 21 mars 2012, n° 10-12068, BC V n° 100) ; - proposition d'une modification du contrat de travail refusée par la salariée et non mise en œuvre par l'employeur, la salariée n'ayant pas repris le travail (cass. soc. 16 mai 2012, n° 10-21160 D).
Faits justifiant une prise d'acte (3)
Non-respect des obligations en matière de durée du travail et de droit au repos : - non-respect du droit au repos hebdomadaire (cass. soc. 7 octobre 2003, n° 01-44635 D) ; - imposer des heures de travail non déclarées, c'est-à-dire du travail dissimulé (cass. soc. 2 juin 2010, n° 08-44849 D). **Non-respect des règles d'hygiène, de sécurité ou de l'obligation légale de sécurité (4) :** - non-respect par l'employeur de son obligation d'assurer la protection des non-fumeurs (cass. soc. 29 juin 2005, n° 03-44412, BC V n° 219 ; cass. soc. 6 octobre 2010, n° 09-65103, BC V n° 215) ; - entre autres griefs, manquement par l'employeur à son obligation de sécurité de résultat en ne reconnaissant pas que le salarié avait été victime d'une agression constitutive d'un accident de travail (cass. soc. 3 février 2010, n° 08-40144, BC V n° 30) ; - manquement de l'employeur à son obligation de sécurité, le salarié ayant été victime d'actes de harcèlement moral ou sexuel (cass. soc. 11 mars 2015, n° 13-18603, BC V n° 43) ; - défaut d'organisation des visites médicales obligatoires (cass. soc. 6 octobre 2010, n° 09-66140, BC V n° 222 ; cass. soc. 8 février 2017, n° 15-17874 D ; cass. soc. 19 octobre 2017, n° 15-26950D) **(5)** ; - attitude réitérée de l'employeur refusant d'adapter le poste de travail du salarié et lui confiant de manière habituelle une tâche dépassant ses capacités ; cela entraînait la dégradation des conditions de travail du salarié, mettait en jeu sa santé et caractérisait un harcèlement moral (cass. soc. 7 janvier 2015, n° 13-17602 D).

Motifs d'une prise d'acte de la rupture (exemples)
Non-paiement des salaires et sommes dues (2) : - **non-versement des salaires garantis conventionnellement pendant un arrêt maladie** (cass. soc. 6 juillet 2004, n° 02-42642 D) **ou un arrêt de travail consécutif à un accident du travail** (cass. soc. 12 décembre 2012, n° 10-26324, BC V n° 334), **des heures supplémentaires** (cass. soc. 25 mai 2004, n° 02-43042 D ; cass. soc. 1er décembre 2004, n° 02-46231 D ; cass. soc. 17 septembre 2015, n° 14-10578 D), **de commissions** (cass. soc. 10 juillet 2008, n° 06-45430 D) ; - **absence de reprise du paiement des salaires à l'issue du délai d'un mois, le salarié inapte n'étant ni reclassé ni licencié** (cass. soc. 9 juin 2010, n° 09-40553 D ; cass. soc. 17 octobre 2012, n° 11-20447 D) ; - **non-paiement au salarié de ses rémunérations de juillet et d'août, par le nouvel employeur suite à une cession d'entreprise** (cass. soc. 10 mars 2010, n° 08-44391 D) ; - **défaut de fixation des objectifs par l'employeur alors que la rémunération variable est liée à des objectifs qu'il doit déterminer** (cass. soc. 29 juin 2011, n° 09-65710, BC V n° 173) **ou fixation d'objectifs inatteignables** (cass. soc. 13 juin 2012, n° 11-10391 D) ; - **calcul de la rémunération au vu d'un système de géolocalisation utilisé pour le contrôle du temps de travail** (cass. soc. 3 novembre 2011, n° 10-18036, BC V n° 247) ; - **défaut de remboursement des frais professionnels sur plusieurs années** (cass. soc. 5 octobre 2016, n° 14-28878 D) ; - **paiement tardif du salaire 5 mois consécutifs** (cass. soc. 30 mai 2018, n° 16-28127 D). **Modification du contrat de travail :** - **modification unilatérale de la partie variable de la rémunération** (cass. soc. 22 février 2006, n° 03-47639, BC V n° 81 ; cass. soc. 23 janvier 2008, n° 06-45257 D ; cass. soc. 8 avril 2010, n° 08-42812 D) **et/ou suppression d'un avantage en nature** (cass. soc. 14 juin 2007, n° 06-40877 D) ; - **modification unilatérale de la rémunération en imposant un nouveau mode de calcul de la rémunération, même si, à la suite de cette modification, le salarié perçoit une rémunération globale supérieure à celle versée auparavant** (cass. soc. 5 mai 2010, n° 07-45409, BC V n° 102) ; - **diminution unilatérale du taux horaire prévu au contrat de travail** (cass. soc. 26 avril 2007, n° 05-45867 D) ; - **affectation du salarié sur un service de nuit alors qu'il travaillait de jour depuis 16 ans** (cass. soc. 20 janvier 2010, n° 08-43236 D) ; - **application de la clause de mobilité en raison de l'état de santé du salarié, ce changement d'affectation étant discriminatoire** (cass. soc. 30 mars 2011, n° 09-71542, BC V n° 81) ; - **rétrogradation disciplinaire avec baisse de la rémunération sans l'accord du salarié** (cass. soc. 28 avril 2011, n° 09-70619, BC V n° 97 ; cass. soc. 26 octobre 2011, n° 10-19001, BC V n° 241), **mais seulement si la sanction a été exécutée** (cass. soc. 23 mai 2013, n° 12-15539 D) ; - **changement d'horaires remettant en cause le repos dominical sans que l'employeur ne puisse prouver que le salarié avait accepté cette modification du contrat de travail** (cass. soc. 7 mars 2012, n° 10-12846 D) ; - **réduction unilatérale de la durée du temps partiel convenue dans le contrat de travail et modification de sa répartition** (cass. soc. 27 novembre 2014, n° 13-22121 D) ; - **sanction d'un refus de modification du contrat de travail par la non-fourniture au salarié de travail ni de salaire** (cass. soc. 15 avril 2016, n° 15-11041 D). **Non-respect des obligations de l'employeur (divers) :** - **interdire au salarié l'accès à son lieu de travail pendant 3 jours et ne pas lui avoir fourni de travail** (cass. soc. 10 novembre 2009, n° 08-42769 D) ; - **laisser un salarié remplacé dans ses fonctions sans affectation** (cass. soc. 3 novembre 2010, n° 09-65254, BC V n° 252) ; - **entrave à l'exercice d'une activité syndicale** (cass. soc. 23 mars 2011, n° 09-72733 D) ; - **insuffisance d'un plan de sauvegarde de l'emploi, alors que le salarié s'était vu refuser son projet de départ dans le cadre d'un plan de départs volontaires** (cass. soc. 25 janvier 2012, n° 10-23516, BC V n° 22) ; - **après une expatriation, non-respect de l'obligation de réintégration dans l'entreprise dans un poste et un niveau de rémunération équivalant à ceux dont le salarié bénéficiait auparavant** (cass. soc. 21 novembre 2012, n° 10-17978, BC V n° 299) ; - **agression publique d'un salarié, en arrêt de travail depuis le matin, le soir même à son club de bridge. L'employeur avait fait irruption brutalement dans la pièce où se trouvait ce salarié, remettant en cause avec véhémence son état de santé et exigeant qu'il lui remette son arrêt de travail. Le salarié choqué, s'était trouvé dans un état de sidération nécessitant le secours des personnes présentes** (cass. soc. 23 janvier 2013, n° 11-20356, BC V n° 16) ; - **exercice abusif et déloyal du pouvoir disciplinaire** (cass. soc. 7 avril 2016, n° 14-24388 D) ; - **retrait d'une part essentielle de ses prérogatives au salarié** (cass. soc. 7 mars 2018, n° 15-27458 D) ; - **immixtion de l'employeur, qui sans mettre fin à la délégation de pouvoirs du salarié, s'immisce dans l'exécution de celle-ci, privant le salarié d'une partie de ses prérogatives contractuelles et l'empêchant de mener à bien ses missions** (cass. soc. 1er décembre 2021, n° 20-16851 D).
(1) La prise d'acte produit les effets d'une démission. La gravité des faits empêchant la poursuite ou non du contrat de travail est prise en compte par les juges de façon parfois restrictive. (2) Attention, dans une décision du 9.07.2014, la Cour de cassation a estimé que le défaut de paiement d'une prime et l'absence d'information du salarié sur les modalités de calcul de sa rémunération variable ne constituaient pas des faits suffisamment graves pour empêcher la poursuite du contrat de travail et justifier une prise d'acte (cass. soc. 9 juillet 2014, n° 13-11756 D). (3) La prise d'acte produit les effets d'un licenciement sans cause réelle et sérieuse. La gravité des faits empêchant la poursuite ou non du contrat de travail est prise en compte par les juges de façon parfois restrictive. (4) Même lorsque l'employeur a manqué à son obligation de sécurité, ceci ne légitime la prise d'acte de la rupture du contrat que si ce manquement a empêché la poursuite du contrat de travail (cass. soc. 11 mars 2015, n° 13-18603, BC V n° 43). (5) Les juges apprécient au cas par cas. Ainsi, l'absence de visite médicale due à une négligence ne justifie pas la rupture du contrat car elle ne constitue pas un manquement suffisamment grave de l'employeur (cass. soc. 18 février 2015, n° 13-21804 D).

- d'entrave de l'employeur à l'exercice d'une activité syndicale (cass. soc. 23 mars 2011, n° 09-72733 D) ;
- de manquements de l'employeur aux règles applicables au contrat de travail et aux exigences propres à l'exécution des mandats de représentant du personnel (cass. soc. 4 juillet 2012, n° 11-13346, BC V n° 212).

Par ailleurs, une modification de son contrat de travail ou de ses conditions de travail imposée à un représentant du personnel, sans obtenir son accord, pourrait justifier la prise d'acte de la rupture de son contrat de travail (cass. soc. 13 mai 2009, n° 08-41675 D ; cass. soc. 15 décembre 2021, n° 19-24122 D).

En revanche, la prise d'acte d'un salarié protégé dont le licenciement n'est pas autorisé par l'inspecteur du travail et que l'employeur réintègre sur un autre poste que le sien pour tenir compte de l'avis d'inaptitude donné par le médecin du travail n'est pas justifiée (cass. soc. 5 juillet 2018, n° 16-23605 D).

Distinction avec la rupture de la période d'essai

Le salarié peut rompre son contrat de travail pendant sa *période d'essai** ; cette rupture obéit à des règles qui lui sont propres.

Pendant la période d'essai, un salarié ne peut pas prendre acte de la rupture de son contrat en vue de faire condamner son employeur aux dommages et intérêts prévus en cas de licenciement sans cause réelle et sérieuse. Dans ce cas, les juges restent sur le terrain de la rupture de la période d'essai, quitte à indemniser le salarié si une rupture abusive est imputée à l'employeur (cass. soc. 7 février 2012, n° 10-27525, BC V n° 57 ; CA Paris, Pôle 6, ch. 5, 12 septembre 2013, n° 11/09868).

Prise d'acte et démission

Voir *Démission**.

Prise d'acte et abandon de poste

Une prise d'acte ne se déduit pas d'un *abandon de poste** car le salarié qui ne vient plus travailler ne manifeste pas sa volonté de rompre le contrat. C'est à l'employeur d'agir s'il souhaite mettre fin au contrat de travail en licenciant l'intéressé (cass. soc. 10 juillet 2002, n° 00-45566, BC V n° 240). Il ne peut pas considérer que le salarié a rompu le contrat.

Prise d'acte et départ à la retraite

Le départ à la retraite est une décision volontaire du salarié de mettre fin à son contrat de travail (voir *Départ volontaire à la retraite**). S'il remet en cause sa décision en raison de faits ou de manquements qu'il reproche à son employeur, ce différend rend le départ en retraite équivoque. Ce dernier peut, le cas échéant, être requalifié par les juges en prise d'acte de la rupture du contrat de travail aux torts de l'employeur (cass. soc. 20 octobre 2015, n° 14-17473, BC V n° 198).

Exemple

L'employeur ayant réduit unilatéralement le montant des avances sur commissions du salarié, le départ à la retraite de ce dernier s'analysait en une prise d'acte de la rupture produisant les effets d'un licenciement sans cause réelle et sérieuse (cass. soc. 15 mai 2013, n° 11-26784, BC V n° 120).

Prise d'acte et résiliation judiciaire

Distinction entre prise d'acte et résiliation - Par une demande de *résiliation judiciaire du contrat de travail**, le salarié saisit le conseil de prud'hommes pour qu'il prononce la rupture du contrat de travail. Tant que cette décision n'est pas rendue, le contrat de travail se poursuit et l'employeur comme le salarié doivent continuer à remplir leurs engagements. Le salarié continue donc à travailler.

Une résiliation judiciaire du contrat de travail est distincte de la prise d'acte par le salarié (cass. soc. 21 mars 2007, n° 05-45392, BC V n° 52).

Choix entre résiliation et prise d'acte - Un salarié qui ne veut pas risquer une prise d'acte peut préférer une demande de résiliation judiciaire. En effet, si les griefs qu'il invoque à l'encontre de son employeur ne justifient pas, pour les juges, la rupture du contrat de travail, ce dernier est maintenu et la relation professionnelle poursuit son cours.

Résiliation puis prise d'acte - Si un salarié demande la résiliation judiciaire de son contrat, puis prend acte de la rupture de son contrat de travail avant que les juges se soient prononcés sur la demande de résiliation, celle-ci devient sans objet (cass. soc. 31 octobre 2006, n° 04-46280, BC V n° 321). Le contrat est rompu même si la demande de résiliation avait été introduite avant la prise d'acte (cass. soc. 15 mars 2006, n° 05-41376, BC V n° 108).

Dans ce cas, les effets de la prise d'acte (démission ou licenciement sans cause réelle et sérieuse) dépendront de l'appréciation que porteront les juges sur les griefs invoqués par le salarié en tenant compte, à l'appui de sa prise d'acte, de ceux invoqués lors de la demande de résiliation judiciaire devenue sans objet (cass. soc. 31 octobre 2006, n° 04-46280, BC V n° 321).

Lorsque la prise d'acte de la rupture du contrat de travail par le salarié intervient au cours d'une instance en résiliation judiciaire de ce contrat et qu'elle produit les effets d'un licenciement, les intérêts au taux légal des indemnités de rupture accordées par le juge courent du jour de cette prise d'acte (cass. soc. 3 février 2010, n° 07-42144, BC V n° 34).

Prise d'acte et rupture conventionnelle

Voir *Rupture conventionnelle (contentieux)**.

Prise d'acte de la rupture (procédure et effets).

Prise d'acte de la rupture (procédure et effets)

Un salarié peut prendre acte de la rupture de son contrat de travail en raison de faits qu'il reproche à son employeur. Pour la motivation et la qualification de la rupture, voir *Prise d'acte de la rupture**.

Mise en œuvre de la prise d'acte

Par le salarié - Le salarié peut prendre acte de la rupture de son contrat de travail sans aucun formalisme. La plupart du temps, il envoie une lettre recommandée avec avis de réception (LRAR) ou il remet son courrier directement à l'employeur. Cette précaution permet de dater précisément la prise d'acte et d'éviter tout doute sur le mode de rupture.

Le salarié qui le souhaite peut faire effectuer la prise d'acte, en son nom, par son conseil (ex. : un avocat) (cass. soc. 4 avril 2007, n° 05-42847 D ; cass. soc. 22 novembre 2017, n° 16-12524, BC V n° 201).

La présentation de la prise d'acte par un conseil doit être adressée directement à l'employeur (cass. soc. 16 mai 2012, n° 10-15238, BC V n° 154). Ce qui n'est pas le cas d'une prétention émise devant la formation de référé de la juridiction prud'homale, en cours de contentieux (cass. soc. 14 septembre 2016, n° 15-18189 D).

▶ À noter... Les règles du code civil relatives à la rupture d'un contrat ne s'appliquent pas en matière de rupture du contrat de travail. Le salarié n'a donc pas à demander à l'employeur de régulariser la situation avant de pouvoir prendre acte de la rupture de son contrat de travail (cass. avis. 3 avril 2019, avis n° 19-70001 PBRI).

Procédure indépendante - La prise d'acte peut intervenir indépendamment de toute procédure de licenciement, mais le salarié garde la possibilité de prendre cette décision alors qu'il a déjà été convoqué (cass. soc. 16 novembre 2005, n° 03-45392, BC V n° 324 ; cass. soc. 28 juin 2006, n° 04-43431, BC V n° 232), voire qu'il a déjà assisté, à un entretien préalable à son éventuel licenciement. En revanche, il ne sert à rien que le salarié prenne acte de la rupture de son contrat après la notification de son licenciement son contrat étant déjà rompu.

La prise d'acte peut également intervenir alors que le salarié a déjà engagé, devant les prud'hommes, une action contre son employeur en exécution d'une obligation inhérente au contrat de travail (cass. soc. 21 décembre 2006, n° 04-43886, BC V n° 413).

Réaction de l'employeur - La prise d'acte rompt le contrat de travail. Il est donc inutile que l'employeur constate une démission qui n'en est pas une (cass. soc. 19 janvier 2005, n° 02-41113, BC V n° 11). En cas de contentieux, les juges décident des effets de la prise d'acte : démission ou licenciement *(voir ci-après)*.

Engager une procédure de licenciement en réaction à la prise d'acte de la rupture du salarié est également sans intérêt : le salarié ayant déjà rompu le contrat, le licenciement ultérieur est non avenu (cass. soc. 19 janvier 2005, n° 03-45018, BC V n° 12 ; cass. soc. 28 juin 2006, n° 04-43431, BC V n° 232). L'issue du litige dépend de l'appréciation que les juges portent sur les griefs invoqués par le salarié à l'appui de sa prise d'acte, peu important la procédure mise en œuvre et les motifs de l'employeur justifiant le licenciement (cass. soc. 19 janvier 2005, n° 03-45018, BC V n° 12).

▶ À noter... L'employeur peut accuser réception de la prise d'acte du salarié, mais mieux vaut le faire après avis d'un conseil ce courrier pouvant être produit devant les juges, par la suite. Cette lettre peut constater la rupture et indiquer que l'employeur estime que les griefs reprochés ne justifient pas la rupture et que la prise d'acte produit donc les effets d'une démission.

Rupture immédiate du contrat

Cessation immédiate du contrat - La prise d'acte de la rupture de son contrat de travail par le salarié entraîne la cessation immédiate du contrat (cass. soc. 31 octobre 2006, n° 04-46280, BC V n° 321 ; cass. soc. 25 février 2009, n° 06-46436 D).

Exemple

Peu important que le salarié ait continué à envoyer ses avis d'arrêt maladie à l'employeur, après une prise d'acte, et que ce dernier l'ait licencié 3 mois plus tard pour inaptitude. Le contrat de travail avait déjà été rompu par la prise d'acte (cass. soc. 9 décembre 2009, n° 07-45521, BC V n° 280).

Toute rétractation du salarié est impossible. Lorsque l'affaire a été portée devant le juge, le salarié n'a pas d'autre choix que d'attendre que le juge décide de la légitimité de la prise d'acte et de ses effets (cass. soc. 25 juin 2003, n° 01-42335, BC V n° 209 ; cass. soc. 14 octobre 2009, n° 08-42878, BC V n° 221).

Il en est de même lorsqu'une procédure collective est ouverte concomitamment. Le salarié qui a pris acte de la rupture de son contrat ne peut pas y renoncer afin d'être licencié pour motif économique et d'adhérer à une convention de reclassement personnalisé (cass. soc. 30 juin 2010, n° 09-41456, BC V n° 155).

Exécution du préavis - La prise d'acte rompant immédiatement le contrat de travail, le salarié n'est pas tenu d'exécuter un préavis. S'il l'accomplit spontanément, ou offre de l'accomplir, cela n'a pas d'incidence sur l'appréciation de la gravité des manquements invoqués à l'appui de sa prise d'acte (cass. soc. 2 juin 2010, n° 09-40215, BC V n° 128 ; cass. soc. 9 juillet 2014 n° 13-15832 D).

▶ À noter... En l'espèce, les juges ayant décidé que la prise d'acte d'un salarié produisait les effets d'un licenciement sans cause réelle et sérieuse, l'employeur devait notamment verser au salarié une indemnité compensatrice correspondant au solde du préavis non exécuté.

Ancienneté du salarié - Lorsque cette rupture produit les effets d'un licenciement sans cause réelle et sérieuse *(voir ci-après)*, l'ancienneté dans l'entreprise retenue pour calculer le montant de l'indemnité de licenciement est calculée à la date de la prise d'acte, car c'est la date de rupture du contrat (cass. soc. 28 septembre 2011, n° 09-67510, BC V n° 199).

Quand le salarié effectue un préavis, la date de la rupture est décalée. Cela reporte d'autant le calcul de l'ancienneté du salarié pour calculer le montant de l'indemnité de licenciement.

Pas de réintégration - Voir ci-après les effets de la prise d'acte par un salarié protégé.

Effets de la prise d'acte

Saisine du conseil de prud'hommes - Ce sont les juges qui apprécient si la prise d'acte produit les effets d'une *démission**, d'un *licenciement sans cause réelle et sérieuse* (voir ci-après)* (cass. soc. 25 juin 2003, n° 01-42679, BC V n° 209 ; cass. soc. 16 novembre 2004, n° 02-46048, BC V n° 287), voire d'un licenciement nul *(voir ci-après)*.

Le salarié doit saisir le conseil de prud'hommes dans un délai qui court à compter de la date de sa prise d'acte (cass. soc. 27 novembre 2019, n° 17-31258 D). La date des faits reprochés à l'employeur n'est pas prise en compte. Peu importe que ces faits soient anciens.

▶ À noter... Pour rappel, la prescription des actions portant sur la rupture du contrat est de 12 mois [c. trav. art. L. 1471-1 ; voir *Prescription (contentieux)**]. C'est ce délai qui devrait, à notre sens, s'appliquer dans une telle action.

Effets d'une démission - Si les juges estiment que les griefs invoqués par le salarié ne justifiaient pas la rupture du contrat, les effets de la prise d'acte sont ceux d'une démission.

Le salarié n'a droit ni à l'indemnité de licenciement, ni à une indemnité compensatrice de préavis, ni à des dommages et intérêts pour licenciement sans cause réelle et sérieuse.

En revanche, il perçoit l'indemnité compensatrice de congés payés (s'il n'a pas soldé la totalité de ses congés) ainsi que les divers éléments de rémunération auxquels il peut prétendre en quittant l'entreprise (prorata de primes annuelles, épargne salariale, etc.).

L'employeur peut demander au salarié le paiement de l'indemnité compensatrice de préavis (cass. soc. 4 février 2009, n° 07-44142 D ; cass. soc. 8 juin 2011, n° 09-43208, BC V n° 141 ; cass. soc. 23 janvier 2019, n° 17-19393 FSPB).

Effets d'un licenciement sans cause réelle et sérieuse - Lorsque les juges estiment que les griefs reprochés à l'employeur justifient la rupture du contrat, la prise d'acte produit les effets d'un licenciement sans cause réelle et sérieuse. Le salarié a droit à l'*indemnité de licenciement**, à une indemnité compensatrice de préavis [voir *Préavis (indemnité compensatrice)**] et à des dommages et intérêts pour *licenciement sans cause réelle et sérieuse**.

Le salarié a aussi droit à l'indemnité compensatrice de préavis et à l'indemnité de congés payés sur préavis même s'il a été dispensé de préavis à sa demande (cass. soc. 20 janvier 2010, n° 08-43471, BC V n° 17, arrêt n° 1). Peu importe qu'il ait été malade pendant cette période (cass. soc. 20 janvier 2010, n° 08-43476, BC V n° 17, arrêt n° 2).

Par ailleurs, le fait pour un salarié de prendre acte de la rupture de son contrat de travail n'exclut pas un comportement fautif de l'employeur à l'occasion de la rupture. Le salarié peut obtenir des dommages-intérêts pour licenciement vexatoire et abusif (c. civ. art. 1382 ; cass. soc. 16 mars 2010, n° 08-44094, BC V n° 66).

En revanche, le salarié ne peut pas prétendre à une indemnité pour non-respect de la procédure de licenciement (cass. soc. 19 octobre 2016, n° 14-25067, BC V n° 193).

Effets d'un licenciement nul - Produit les effets d'un licenciement nul, la prise d'acte :
- par un salarié concerné par une procédure de suppression d'emplois pour raisons économiques, lorsqu'elle est justifiée par l'absence ou l'insuffisance du *plan de sauvegarde de l'emploi** que l'employeur est tenu d'établir (cass. soc. 25 janvier 2012, n° 10-23516, BC V n° 22) ;
- intervenue pendant la période de suspension du contrat de travail consécutive à un accident du travail, peu important que le salarié ait ensuite travaillé pour le compte d'un autre employeur (cass. soc. 12 décembre 2012, n° 10-26324, BC V n° 334).

La prise d'acte de la rupture de son contrat de travail par un représentant du personnel peut également produire les effets d'un licenciement nul *(voir ci-après)*.

Barème applicable en cas de licenciement sans cause réelle et sérieuse. - Pour l'application, ou non, du barème applicable en cas de licenciement jugé sans cause réelle et sérieuse, voir *Licenciement sans cause réelle et sérieuse**.

Effets de la prise d'acte par un salarié protégé

Salarié protégé - Un salarié titulaire d'un mandat protecteur (ex. : élu du comité social et économique, représentant syndical) peut prendre acte de la rupture de son contrat de travail aux torts de l'employeur (cass. soc. 10 février 2010, n° 08-43138 D ; cass. soc. 5 mai 2010, n° 08-44895 D).

Effets d'une démission - Si les griefs que le salarié protégé invoque à l'appui de la prise d'acte de son contrat de travail ne justifient pas sa rupture, celle-ci produit les effets d'une démission.

Effets d'un licenciement nul - Si les griefs que le salarié invoque justifient la prise d'acte de son contrat, celle-ci a les conséquences d'un licenciement nul (cass. soc. 5 juillet 2006, n° 04-46009, BC V n° 237 ; cass. soc. 11 février 2009, n° 07-44687 D). Sur les indemnités que l'employeur doit dans ce cas verser au salarié, voir *Licenciement des représentants du personnel (contentieux)**.

En principe, un salarié protégé dont le licenciement a été annulé par le juge peut demander sa réintégration. Cette possibilité disparaît lorsque le salarié a pris acte de la rupture de son contrat de travail aux torts de l'employeur et que le juge fait produire à la prise d'acte les effets d'un licenciement nul, car il l'estime justifiée. En effet, la prise d'acte entraîne la rupture immédiate du contrat de travail et ne peut pas être rétractée (cass. soc. 29 mai 2013, n° 12-15974, BC V n° 138).

Demande d'autorisation de licenciement avant la prise d'acte - Un salarié représentant du personnel peut prendre acte de la rupture de son contrat de travail alors que son employeur a engagé une procédure de licenciement et demandé une autorisation de licencier à l'inspecteur du travail. Cette prise d'acte produit les effets d'un licenciement nul lorsque les faits la justifient, même si l'employeur avait demandé à l'inspecteur du travail l'autorisation de licencier le salarié avant la prise d'acte et l'a obtenue une fois la prise d'acte intervenue (cass. soc. 12 novembre 2015, n° 14-16369, BC V n° 227).

Demande ultérieure d'autorisation de licenciement - Le contrat de travail d'un salarié protégé est rompu dès qu'il prend acte de la rupture de son contrat, sans que les agissements ultérieurs de l'employeur aient une incidence sur cette rupture. Dès lors, l'administration est tenue de se déclarer incompétente pour statuer sur la demande d'autorisation de licenciement de ce salarié sollicitée par l'employeur postérieurement à la prise d'acte (CE 17 décembre 2008, n° 310889).

Gestion de la fin de contrat

Comme pour toute rupture du contrat de travail, l'employeur délivre au salarié un *certificat de travail**, l'*attestation d'assurance chômage**, un *reçu pour solde de tout compte** et, le cas échéant, un *état récapitulatif de l'épargne salariale**.

▶ À noter… Le fait que la prise d'acte produise les effets d'un licenciement sans cause réelle et sérieuse n'oblige pas l'employeur à délivrer une lettre de licenciement (cass. soc. 3 février 2010, n° 08-40338, BC V n° 33).

L'employeur doit mentionner dans l'attestation d'assurance chômage le motif exact de la rupture du contrat, tel qu'il ressort de la prise d'acte du salarié, faute de quoi il s'expose à être condamné à verser des dommages-intérêts (cass. soc. 27 septembre 2006, n° 05-40414, BC V n° 290).

S'il refuse de délivrer un certificat de travail et une attestation d'assurance chômage à un salarié, il peut y être condamné par le juge des référés (cass. soc. 4 juin 2008, n° 06-45757, BC V n° 122).

Saisine du conseil de prud'hommes

Éléments pris en compte par les juges - Saisi d'un litige relatif à une prise d'acte de la rupture du contrat de travail, les prud'hommes examinent les griefs avancés par le salarié. Ils vérifient si ceux-ci justifient la rupture du contrat afin de déterminer les effets de la prise d'acte.

La lettre de prise d'acte ne fixe pas les limites du litige. Cela signifie que le salarié peut faire valoir devant les juges d'autres motifs, qui doivent également être examinés (cass. soc. 29 juin 2005, n° 03-42804, BC V n° 223 ; cass. soc. 24 janvier 2007, n° 05-41670 D). En revanche, les prud'hommes ne peuvent pas y substituer d'autres faits (cass. soc. 19 octobre 2004, n° 02-45742, BC V n° 263).

Par ailleurs, le salarié ne peut pas invoquer des faits connus postérieurement à la prise d'acte (cass. soc. 9 octobre 2013, n° 11-24457, BC V n° 229).

▶ Attention… Quand un salarié, victime d'un accident du travail, a pris acte de la rupture de son contrat de travail en reprochant à son employeur de ne pas avoir respecté son obligation de sécurité, c'est à l'employeur de démontrer que l'accident était étranger à tout manquement à cette obligation (cass. soc. 12 janvier 2011, n° 09-70838, BC V n° 14) [voir *Hygiène et sécurité (obligations de l'employeur)**].

Décision des juges - Lorsque le conseil de prud'hommes est saisi d'une demande de qualification de la prise d'acte de la rupture du contrat de travail à l'initiative du salarié en raison de faits reprochés à son employeur, l'affaire est directement portée devant le bureau de jugement. Celui-ci statue au fond dans un délai d'un mois suivant sa saisine, sans conciliation préalable (c. trav. art. L. 1451-1).

Dès lors que le conseil de prud'hommes fait produire à la prise d'acte les effets d'un licenciement sans cause réelle et sérieuse, le salarié peut faire valoir ses droits aux allocations-chômage. Toutefois, si le conseil de prud'hommes ne précise pas que sa décision est exécutoire à titre provisoire, un appel suspend l'exécution de sa décision et reporte d'autant le bénéfice des allocations-chômage.

☛ *Prise d'acte de la rupture.*

Privilège

Garantie des créances de salaires (AGS)

L'association pour la gestion du régime d'assurance des créances des salariés (AGS) garantit, faute de fonds disponibles de l'employeur, le paiement des créances salariales résultant du contrat de travail en cas de procédure de sauvegarde, de redressement ou de liquidation judiciaires de l'entreprise. Elle intervient sous forme d'avances aux salariés, celles-ci étant remboursées par récupération sur le patrimoine de l'employeur (c. trav. art. L. 3253-6 à L. 3253-21, D. 3253-2 à D. 3253-5 et R. 3253-6 ; c. com. art. L. 625-9) (voir *Garantie des créances salariales**).

Certaines créances bénéficient d'un privilège *(voir ci-après)* ou d'un *superprivilège**.

▶ À noter… Dans le contexte de crise liée au covid-19, l'AGS a adapté et renforcé ses modalités d'intervention afin de soutenir les entreprises en difficulté et leurs salariés. Elle a mis en ligne sur son site un document questions-réponses détaillant les mesures de soutien (« COVID-19 : Questions/Réponses », www.ags-garantie-salaires.org/covid-19-faq-question-reponse, mises en ligne le 14 avril 2020, actualisées le 16 décembre 2021).

Salariés bénéficiaires

Tous les salariés, y compris ceux en contrat d'apprentissage, bénéficient d'un privilège général sur les biens meubles et immeubles de l'employeur, pour assurer le recouvrement de leurs créances de salaires non couvertes par le superprivilège (c. trav. art. L. 3253-1 à L. 3253-5 ; c. civ. art. 2331, 4° et 2375, 2° ; c. com. art. L. 625-7).

▶ À noter… Les créances qui ne relèvent pas du privilège (ou du superprivilège) sont dénommées « créances chirographaires ».

Créances garanties

Les créances privilégiées sont les suivantes (c. civ. art. 2375) :

- rémunérations des 6 derniers mois, peu importe tant que le contrat de travail ait pris fin plus de 6 mois avant le jugement déclaratif (cass. soc. 15 mars 1983, n° 82-11348, BC V n° 159) ;
- indemnité de congés payés légale ou conventionnelle [voir *Congés payés (indemnité)**] ;
- indemnité de *préavis** ;
- indemnité pour *licenciement sans cause réelle et sérieuse** ou indemnité pour *licenciement irrégulier** ;
- indemnité pour licenciement injustifié ou irrégulier de victimes d'*accident du travail** ou de *maladies professionnelles** ;
- indemnité de fin de contrat de travail à durée déterminée et indemnité de rupture anticipée [voir *Contrat de travail à durée déterminée (indemnité de fin de contrat)** et *Contrat de travail à durée déterminée (rupture anticipée)**] ;
- indemnité de fin de mission de travail temporaire [voir *Travail temporaire (statut)**] ;
- *indemnité de licenciement** légale ou conventionnelle, y compris l'indemnité spéciale due aux victimes d'accidents du travail ou de maladies professionnelles (ces indemnités sont privilégiées pour la totalité de la portion inférieure ou égale à 2 fois le *plafond de sécurité sociale** et pour le quart de la portion supérieure à cette limite) ;
- *indemnité de départ à la retraite** ou *indemnité de mise à la retraite** ;
- indemnité complémentaire versée par l'employeur aux jeunes en stage d'initiation à la vie professionnelle.

▶ Attention... L'indemnité de clientèle n'a pas le caractère de créance privilégiée (cass. soc. 7 mai 1996, n° 92-42710 D).

Modalités d'application

Lorsqu'il porte sur les meubles, le privilège vient au 4e rang après les frais de justice, les frais funéraires et de dernière maladie (c. civ. art. 2331, 4°).

Ce privilège des salaires passe après celui du Trésor et vient en concurrence avec celui accordé aux caisses de sécurité sociale (c. civ. art. 2332-2).

Lorsqu'il porte sur les immeubles, il vient au 2e rang après les frais de justice (c. civ. art. 2375). Ce privilège est également primé par celui du Trésor.

☛ *Superprivilège.*

Pro-A, reconversion ou promotion par alternance

La mise en œuvre de la période de Pro-A est subordonnée à la conclusion d'un accord de branche étendu. Pour rappel, la Pro-A a remplacé la période de professionnalisation le 1.01.2019 (loi 2018-771 du 5 septembre 2018, JO du 6 ; décret 2018-1232 du 24 décembre 2018, JO du 26).

Cadre du dispositif

Transition professionnelle - La période de Pro-A permet à un salarié de changer de métier ou de profession, ou de bénéficier d'une promotion sociale ou professionnelle par des actions de formation ou par des actions permettant de faire valider les acquis de l'expérience (c. trav. art. L. 6313-5 et L. 6324-1).

Elle a pour objet de permettre au salarié d'atteindre un niveau de qualification inférieur, identique ou supérieur à celui qu'il détient au moment de sa demande (c. trav. art. D. 6324-1-1 ; décret 2020-262 du 16 mars 2020, JO du 17).

Un accord collectif de branche étendu définit la liste des certifications professionnelles éligibles à la Pro-A (c. trav. art. L. 6324-3).

Bénéficiaires - La période de Pro-A concerne (c. trav. art. L. 6324-1) :

- les salariés en contrat à durée indéterminée (CDI) de droit commun ;
- les salariés en *contrat unique d'insertion** conclu à durée indéterminée ;
- les salariés en activité partielle ;
- les sportifs ou entraîneurs professionnels en CDD relevant du code du sport (c. sport art. L. 222-2-3).

Les salariés dont la qualification est insuffisante au regard de l'évolution des technologies ou de l'organisation du travail sont notamment concernés. Pour bénéficier du dispositif, les salariés doivent avoir une qualification inférieure à un niveau sanctionné par une certification professionnelle enregistrée au Répertoire national des certifications professionnelles (RNCP) et correspondant au grade de la licence (niveau 6 du nouveau cadre national des certifications, anciennement niveau II) (c. trav. art. L. 6324-2 et D. 6324-1-1).

Désignation d'un tuteur - L'employeur désigne, parmi les salariés de l'entreprise, un tuteur chargé d'accompagner chaque bénéficiaire de la période de Pro-A (c. trav. art. D. 6324-2). Les modalités de ce tutorat sont celles fixées pour les salariés en *contrat de professionnalisation** (c. trav. art. D. 6325-6 à D. 6325-10).

Avenant au contrat de travail

Un avenant au contrat de travail précise la durée et l'objet de la reconversion ou de la promotion par alternance (c. trav. art. L. 6324-6). Il est déposé auprès de l'opérateur de compétences (OPCO) dans les 5 jours qui suivent le début de la Pro-A. Ce dépôt déclenche la demande de financement auprès de l'OPCO.

Formation des salariés

Actions de formation - Sauf exception (*voir ci-après*), la durée totale de la formation en Pro-A est comprise entre 6 et 12 mois (c. trav. art. L. 6325-11 et D. 6324-1).

Le salarié alterne des périodes d'enseignement en organismes de formation, ou en entreprise, et des périodes d'activités professionnelles en entreprise (c. trav. art. L. 6324-4).

Il peut s'agir d'enseignements généraux, professionnels ou technologiques, dispensés dans des organismes publics ou privés de formation ou par l'entreprise (si celle-ci a un service de formation).

L'exercice en entreprise d'une ou plusieurs activités professionnelles en relation avec les qualifications recherchées permet l'acquisition d'un savoir-faire en relation avec les qualifications recherchées.

La formation doit représenter une durée comprise entre 15 % et 25 % de la durée de la période de Pro-A, avec un minimum de 150 h. Son volume peut être porté au-delà de 25 % pour certaines catégories de bénéficiaires (c. trav. art. L. 6324-4 et D. 6324-1).

Régime d'exception pour un certificat CléA ou une VAE - Pour l'obtention du certificat CléA (actions d'acquisition du socle de connaissance et de compétences) et la mise en œuvre d'une validation des acquis de l'expérience (VAE), la durée de la Pro-A peut être inférieure à 6 mois ou supérieure à 12 mois et le salarié n'est pas tenu par un contingent minimal d'heures de formation (c. trav. art. D. 6324-1).

Régime de la formation se déroulant pendant le temps de travail - Pour les actions de formation se déroulant pendant le temps de travail, l'employeur maintient la rémunération du salarié (c. trav. art. L. 6324-8). Pour la prise en charge par l'OPCO, voir ci-après.

L'accord de branche étendu peut inclure dans la rémunération prise en charge les charges sociales légales et conventionnelles dues par l'employeur. Cependant, le montant total pris en charge ne peut pas dépasser le coût horaire du SMIC par heure (c. trav. art. D. 6332-89).

Si l'accord de branche étendu prévoit la prise en charge de la rémunération mais sans en préciser le niveau, celui-ci est fixé par l'OPCO. Il peut comprendre les charges sociales légales et conventionnelles dues par l'employeur et le montant total pris en charge ne peut pas dépasser le coût horaire du SMIC par heure (c. trav. art. D. 6332-90).

Régime de la formation se déroulant hors temps de travail - Les actions de formation peuvent se dérouler pour tout ou partie hors du temps de travail soit à l'initiative du salarié, soit à celle de l'employeur à la condition que le salarié donne son accord écrit préalable (c. trav. art. L. 6324-7). Dans ce cas, l'employeur n'a ni à verser d'allocation de formation, ni à souscrire des engagements envers le salarié avant son départ en formation s'il suit celle-ci avec succès.

Protection sociale - Pendant la durée des formations, le salarié relève du régime de la sécurité sociale en matière d'accident du travail et de maladie professionnelle (c. trav. art. L. 6324-9).

Financement de la période de Pro-A

Prise en charge de la rémunération - La rémunération du salarié en Pro-A peut être prise en charge par l'opérateur de compétences (OPCO), si l'accord de branche étendu portant sur le dispositif le prévoit (c. trav. art. L. 6324-5). Cet accord peut couvrir la rémunération et les charges sociales légales et conventionnelles des salariés, dans la limite du coût horaire du SMIC si l'accord le prévoit (c. trav. art. D. 6332-89 et D. 6332-90).

▶ À noter… En l'absence de précision de l'accord collectif, l'OPCO détermine le niveau de prise en charge, qui peut comprendre les charges sociales légales et conventionnelles dues par l'employeur au titre des salariés concernés, dans la limite du coût horaire du SMIC.

Prise en charge des frais pédagogiques, de transport et d'hébergement - L'OPCO finance la

Pro-A sur la base d'un forfait fixé par la branche (ou l'accord constitutif de l'OPCO), qui couvre tout ou partie des frais pédagogiques et des frais de transport et d'hébergement.

En l'absence de forfait fixé par la branche, le niveau de prise est fixé à 9,15 € par heure (c. trav. art. D. 6332-89 et D. 6332-90).

Lorsque le coût de la formation dépasse le montant du forfait de prise en charge, les entreprises de moins de 50 salariés peuvent obtenir un financement par l'OPCO (c. trav. art. D. 6332-91).

Contrat de professionnalisation.

Procédure disciplinaire

Licenciement pour faute ; Licenciement personnel (procédure) ; Licenciement des représentants du personnel (procédure) ; Prescription (droit disciplinaire) ; Sanctions disciplinaires (procédure).

Procédure d'introduction

Office français de l'immigration et de l'intégration.

Procédure participative

Un employeur et un salarié peuvent recourir à la procédure participative pour régler à l'amiable un différend « s'élevant à l'occasion (du) contrat de travail » qui les lie ou qui les liait ou à une *médiation** conventionnelle (c. trav. art. R. 1471-1 ; c. proc. civ. art. 1528).

Convention employeur/salarié

Pour rechercher un accord amiable - Une convention de procédure participative est celle par laquelle un employeur et un salarié, ayant un différend qui n'a pas encore donné lieu à la saisine du conseil de prud'hommes, s'engagent pendant une durée déterminée à œuvrer conjointement et de bonne foi à sa résolution amiable, chacun étant assisté de son avocat (c. civ. art. 2062 et 2064).

▶ Attention... Un contentieux qui oppose l'employeur et des représentants du personnel ou un syndicat (ex. : dans le cadre d'un litige relatif à la validité des élections professionnelles) ne peut pas faire l'objet d'une procédure participative, pas plus qu'un conflit qui relève de la compétence du juge pénal (loi 95-125 du 8 février 1995, art. 23 ; cass. soc. 19 décembre 2018, n° 18-60067 FSPB).

La convention fixe les conditions dans lesquelles employeur et salarié recherchent ensemble, assistés de leurs avocats, un accord mettant fin au différend qui les oppose (c. proc. civ. art. 1544). Elle est écrite, sous peine de nullité, et précise :

- l'objet du différend (c. civ. art. 2063) ;
- son échéance, puisqu'elle a une durée déterminée (c. civ. art. 2062 et 2063) ;
- les noms, prénoms et adresses des parties et de leurs avocats (c. proc. civ. art. 1545) ;
- les modalités selon lesquelles les écritures et pièces sont communiquées entre l'employeur et le salarié par l'intermédiaire de leurs avocats, ceux-ci les portant à la connaissance des intéressés par tous moyens appropriés et un bordereau devant être établi chaque fois qu'une pièce est communiquée (c. proc. civ. art. 1545).

En tout état de cause, elle ne peut porter que sur des droits dont l'employeur et le salarié ont la libre disposition (c. civ. art. 2064).

▶ À noter... Une convention de procédure participative peut être modifiée en suivant les mêmes règles que pour son établissement (c. proc. civ. art. 1546).

Pas de saisine du juge pendant la procédure participative - Tant qu'elle est en cours, la convention de procédure participative rend irrecevable tout recours au juge pour qu'il statue sur le litige. Toutefois, l'inexécution de la convention par l'employeur ou le salarié autorise l'autre partie à saisir le juge prud'homal pour qu'il statue sur le litige. En cas d'urgence, la convention n'empêche pas que les parties demandent des mesures provisoires ou conservatoires (c. civ. art. 2065). Quoi qu'il en soit, elles peuvent y mettre fin avant son terme, par écrit (c. proc. civ. art. 1555).

Accord employeur/salarié

Contenu - Le cas échéant, l'accord auquel parviennent l'employeur et le salarié, pour régler tout ou partie leur différend, est consigné par écrit avec l'aide de leur avocat respectif et détaille les éléments ayant permis la conclusion de cet accord (c. proc. civ. art. 1555).

Ils peuvent ensuite saisir le bureau de conciliation et d'orientation (BCO) du conseil de

prud'hommes, selon les cas (c. proc. civ. art. 1529, 1556 et 1558) :
- pour homologuer l'accord mettant fin en totalité au différend *(voir ci-après)* ;
- pour homologuer leur accord partiel et statuer sur la partie du litige persistant *(voir ci-après)*.

Homologation de l'accord - Quand l'employeur et le salarié ont mis fin à tout leur différend, ils saisissent (l'un ou l'autre, ou ensemble) le BCO du conseil de prud'hommes pour faire homologuer leur accord en lui fournissant la convention de procédure participative (c. proc. civ. art. 1557).

Quand l'employeur et le salarié ne sont parvenus qu'à un accord partiel, ils ont plusieurs possibilités (c. proc. civ. art. 1560) :
- soit, ils saisissent le conseil de prud'hommes uniquement pour faire valider cet accord ;
- soit, ils saisissent le conseil de prud'hommes uniquement pour lui faire trancher les points restant en litige, dans les conditions « classiques » de la procédure prud'homale [voir *Conseil de prud'hommes (procédure prud'homale)**] ;
- soit, ils le saisissent à la fois pour qu'il homologue leur accord partiel et qu'il tranche les points restant en litige, selon des modalités spécifiques.

Le conseil de prud'hommes ne peut pas modifier l'accord qu'il homologue. L'homologation rend l'accord exécutoire (c. proc. civ. art. 1565). Si le conseil de prud'hommes refuse l'homologation, sa décision peut faire l'objet d'un appel (c. proc. civ. art. 1566).

Absence d'accord - Si l'employeur et le salarié ont échoué à résoudre leur contentieux, ils constatent cet échec dans un « acte » écrit (c. proc. civ. art. 1555). Ils peuvent alors saisir le BCO du conseil de prud'hommes pour trancher leur litige, suivant des modalités spécifiques dans la mesure où ils ont tenté au préalable de régler leur différend à l'amiable (c. proc. civ. art. 1556, 1562 à 1564).

☞ *Médiation.*

Procédure de sauvegarde, de redressement et de liquidation judiciaires

@ Les études relatives à cette thématique sont détaillées dans la version en ligne de ce Dictionnaire (voir www.rfsocial.com et www.rfeditions.com).

Procédures de licenciement

☞ *Licenciement économique (procédure du licenciement individuel) ; Licenciement économique collectif (10 salariés ou plus dans une entreprise de moins de 50 salariés) ; Licenciement économique collectif (10 salariés ou plus dans une entreprise d'au moins 50 salariés) ; Licenciement économique collectif (moins de 10 salariés) ; Licenciement économique collectif (procédure applicable) ; Licenciement (notification) ; Licenciement personnel (procédure) ; Licenciement des représentants du personnel (procédure).*

Procès-verbal

☞ *Comité social et économique (réunions) ; Élections professionnelles (protocole d'accord préélectoral) ; Élections professionnelles (résultat du scrutin) ; Inspection du travail.*

Procréation médicalement assistée

☞ *Congé PMA.*

Programme annuel de prévention des risques

☞ *Comité social et économique (santé, sécurité et conditions de travail) ; Document unique d'évaluation des risques professionnels.*

Projet de restructuration et de compression des effectifs

Consultation préalable du CSE

Dans une structure simple - Dans une entreprise d'au moins 50 salariés, le *comité social et économique** (CSE) est saisi en temps utile des projets de restructuration et de compression des effectifs. Cette disposition concerne tout projet de compression des effectifs, excepté les accords de *rupture conventionnelle collective** (c. trav. art. L. 2312-39). La forme empruntée par ce projet n'étant pas essentielle, il peut s'agir d'un licenciement économique collectif ou d'autres formes de rupture de contrat projetées (mise à la retraite de salariés qui en remplissent les conditions, ruptures d'un commun accord, etc.) mais aussi d'incitation aux départs, de non-renouvellement de CDD, de mutations géographiques, etc.

▶ À noter… Sur le rôle du CSE, en cas de licenciement économique collectif, voir *Licenciement économique collectif (10 salariés ou plus dans une entreprise de moins de 50 salariés)**, *Licenciement économique collectif (10 salariés ou plus dans une entreprise d'au moins 50 salariés)** et *Licenciement économique collectif (moins de 10 salariés)**.

Le CSE est obligatoirement saisi sur les projets de la direction et non sur les décisions déjà arrêtées. L'employeur est tenu d'adresser aux membres du comité, préalablement à la réunion et dans un délai suffisant pour en permettre l'examen, une information précise et complète sur le projet.

Le CSE émet un avis sur l'opération projetée et ses modalités d'application dans les conditions et délais requis par le code du travail (c. trav. art. L. 1233-30), lorsqu'un *plan de sauvegarde de l'emploi** doit être établi.

L'avis du CSE doit être transmis au DREETS [voir *Comité social et économique (informations-consultations ponctuelles)**].

Dans une structure complexe - En présence de CSE, le CSE central doit être consulté [voir *Comité social et économique (central)**].

Articulation avec la consultation sur le projet de licenciement collectif

Licenciement de moins de 10 salariés - Le code du travail n'impose dans ce cas qu'un seul avis formel du CSE. L'employeur procède à une consultation globale, portant sur le motif économique (restructuration) et sur les licenciements (c. trav. art. L. 1233-8 et L. 2312-26) [voir *Licenciement économique collectif (moins de 10 salariés)**].

Licenciement d'au moins 10 salariés - Le CSE rend, dans ce cas, deux avis, l'un sur l'opération projetée et ses modalités d'application, l'autre sur le projet de licenciement collectif, à moins qu'un « accord PSE total » n'ait été conclu, auquel cas le CSE rend un seul avis portant sur l'opération projetée. Les deux consultations peuvent être organisées concomitamment ou de façon successive, au choix de l'employeur (c. trav. art. L. 1233-30) [voir *Licenciement économique collectif (10 salariés ou plus dans une entreprise d'au moins 50 salariés)**].

☛ *Comité social et économique (informations-consultations ponctuelles).*

Promesse unilatérale de contrat

Jusqu'à un arrêt de la Cour de cassation du 21.09.2017, les juges considéraient qu'une promesse d'embauche valait contrat de travail dès lors qu'elle était ferme et précise et en précisait les éléments essentiels.

Suite à cet arrêt, il faut distinguer l'offre de contrat de travail de la promesse unilatérale de contrat de travail, seule cette dernière valant contrat de travail (cass. soc. 21 septembre 2017, n° 16-20103 FSPBRI ; cass. soc. 21 septembre 2017, n° 16-20104 FSPBRI).

Certaines règles antérieures au 21.09.2017 pourraient néanmoins être maintenues par les juges.

Distinction offre de contrat/ promesse unilatérale de contrat

Offre de contrat de travail - L'offre de contrat de travail est l'acte par lequel un employeur propose un engagement précisant l'emploi, la rémunération et la date d'entrée en fonction et exprime sa volonté d'être lié en cas d'acceptation. L'employeur conserve la possibilité de retirer son offre avant l'expiration du délai qu'il a fixé au candidat pour manifester sa volonté ou, à défaut, à l'issue d'un délai raisonnable. Il engage sa responsabilité extra-contractuelle s'il a commis un abus, ce qui l'expose à devoir payer des dommages et intérêts. En revanche, l'offre n'ayant à aucun moment entraîné la conclusion du contrat de travail, l'employeur ne peut pas être condamné à indemniser le salarié pour rupture abusive du contrat de travail.

Si, l'offre de contrat qui précise l'emploi, la rémunération et la date d'entrée en fonction est acceptée par le candidat, les parties sont liés par un *contrat de travail** que l'employeur ne peut ultérieurement remettre en cause (cass. soc. 23 septembre 2020, n° 18-22188 D).

▶ À noter… En principe, seules les personnes qui étaient habilitées à faire des promesses d'embauche pouvaient engager l'entreprise (cass. soc. 20 juin 1985, n° 83-40476 D). À notre sens, cette règle perdure pour l'offre de contrat de travail ou la promesse unilatérale de contrat de travail.

Promesse unilatérale de contrat de travail - La promesse unilatérale de contrat de travail est un contrat où le candidat à l'emploi a la possibilité d'opter pour la conclusion d'un contrat de travail, avec un emploi, une rémunération et une date d'entrée en fonction déterminés, s'il donne son consentement. La révocation de la promesse, pendant le temps laissé au candidat pour opter, n'empêche pas la formation du contrat de travail promis, car la promesse unilatérale de contrat de travail vaut contrat de travail et engage l'employeur. En cas de rétractation, celui-ci pourra être condamné pour rupture abusive du contrat de travail (cass. soc. 21 septembre 2017, n° 16-20103 FSPBRI ; cass. soc. 21 septembre 2017, n° 16-20104 FSPBRI).

Exemples

Même si la proposition contient les éléments requis pour former une promesse unilatérale, elle ne vaut pas contrat de travail dès lors, que des pourparlers sur la partie variable de la rémunération se poursuivent après coup (cass. soc. 26 septembre 2018, n° 17-18560 D).

La proposition de l'employeur, qui ne précise pas la rémunération, ni la date d'embauche, ne constitue ni une offre de contrat de travail, ni une promesse unilatérale de contrat de travail (cass. soc. 28 novembre 2018, n° 17-20782 D).

Écrit

Il est recommandé à l'employeur de procéder par écrit.

À notre sens, les règles de forme adoptées par les juges à propos d'une promesse d'embauche sont inchangées. Pour mémoire, une promesse d'embauche pouvait notamment prendre la forme d'une lettre (cass. soc. 16 février 1994, n° 90-18292 D), d'une attestation (cass. soc. 23 avril 1997, n° 95-41882 D ; cass. soc. 10 mars 2004, n° 01-45518 D), d'une convention de stage signée entre le Pôle Emploi et l'entreprise et désignant le demandeur d'emploi comme bénéficiaire d'une promesse d'embauche (cass. soc. 5 avril 2005, n° 02-45636, BC V n° 123). Il avait même été jugé que la clause d'un contrat de travail stipulant que l'employeur sera tenu d'embaucher la personne désignée par le salarié quittant l'entreprise était une promesse d'embauche valable (cass. soc. 14 janvier 2004, n° 01-45894, BC V n° 10).

L'écrit sous forme électronique pouvait être une *preuve** (cass. soc. 2 juin 2004, n° 03-45269, BC V n° 152 ; cass. soc. 11 juillet 2007, n° 06-43154 D). Il a d'ailleurs été confirmé qu'une offre de contrat de travail peut être faite par courriel (cass. soc. 23 septembre 2020, n° 18-22188 D).

Rupture par le salarié

Un candidat s'engageait en acceptant une promesse d'embauche. Si, au dernier moment, il ne se présentait pas dans l'entreprise où il avait accepté un poste, il pouvait être condamné par le juge à indemniser celui qui devait devenir son employeur (cass. soc. 29 mars 1995, n° 91-44288 D). Cette règle devrait rester inchangée en cas d'acceptation d'une offre de contrat ou d'une promesse unilatérale de contrat.

☛ *Embauche.*

Promotion professionnelle

Définition

Évolution des fonctions - Promouvoir un salarié signifie faire évoluer le contenu de ses fonctions de façon significative, ce changement se traduisant par le passage à un niveau de qualification supérieur (cass. soc. 25 juin 2007, n° 05-45298 D). Il n'y a donc de promotion que s'il y a un changement réel dans les fonctions exercées (cass. soc. 13 mars 2002, n° 00-40860 D).

Initiative de l'employeur ou du salarié - L'employeur peut décider de promouvoir un salarié, à la demande de celui-ci ou de sa propre initiative.

▶ Attention… Le salarié qui a demandé sa promotion ne peut pas considérer que celle-ci est acquise du seul fait que la direction s'y est montrée favorable (cass. soc. 13 mars 2002, n° 00-40860 D).

L'employeur peut aussi y être tenu en application de la convention collective en vigueur dans son entreprise. Dans ce cas, il n'aura rempli son obligation que si la promotion se traduit par le changement effectif des fonctions exercées (cass. soc. 25 juin 2007, n° 05-45298 D). Une convention collective peut aussi imposer à l'employeur qui en dépend de proposer une promotion à un salarié, suite à une formation qu'il aurait suivie, pourvu toutefois qu'un emploi correspondant à celle-ci soit disponible (cass. soc. 20 mai 2015, n° 13-25492, BC V n° 101).

▶ À noter… L'employeur peut évaluer le salarié avant de prendre sa décision (voir *Évaluation des salariés**).

Interdiction des discriminations - La décision de l'employeur de promouvoir ou non un salarié ne doit pas être discriminatoire [voir *Discriminations** et *Maternité (protection)**].

Modification du contrat de travail

Nouvelle qualification - La promotion se traduisant par un changement de qualification, l'employeur qui souhaite promouvoir un salarié doit obtenir son accord préalable [voir *Modification du contrat de travail (fonctions et qualification)**].

▶ À noter… Une fois acquis l'accord du salarié, il est conseillé à l'employeur de signer avec lui un avenant au contrat de travail qui décrit les nouvelles fonctions, définit la nouvelle qualification et, le cas échéant, détaille les autres nouveautés (ex. : changement de rémunération).

Augmentation - Une promotion s'accompagne couramment d'une augmentation. S'il ne s'agit pas d'une obligation légale, les deux vont généralement de pair. De plus, les salaires minimaux conventionnels dépendent de la catégorie professionnelle. Le cas échéant, l'employeur modifie les bulletins de paie (c. trav. art. R. 3243-1).

Si l'employeur promeut plusieurs salariés au même type de postes, ceux-ci ne doivent pas nécessairement avoir la même rémunération. En effet, il respecte bien le principe « à travail égal, salaire égal » s'il peut justifier cette différence par un élément objectif comme la différence de parcours professionnel (cass. soc. 3 mai 2006, n° 03-42290, BC V n° 160) [voir *Salaire (à travail égal, salaire égal)**].

Autres modifications - Si la promotion implique d'autres modifications, comme l'insertion d'une *clause d'exclusivité** dans le contrat de travail, l'employeur doit aussi s'assurer de l'accord du salarié sur ces points (cass. soc. 7 juin 2005, n° 03-42080, BC V n° 189).

Formation

L'employeur doit assurer l'*adaptation** des salariés à leur poste de travail (c. trav. art. L. 6321-1). Aussi, quand il promeut un salarié, il lui faut s'assurer que celui-ci a les compétences requises. Il ne s'agit pas d'assurer sa formation initiale mais de lui dispenser, si nécessaire, une formation complémentaire (cass. soc. 6 décembre 2007, n° 06-43346 D).

▶ À noter… Sur l'éventuelle obligation de l'employeur de promouvoir un salarié qui a suivi une formation, voir ci-avant.

Si l'employeur estime que le salarié promu ne remplit pas ses nouvelles fonctions, il peut envisager de le licencier pour insuffisance professionnelle (voir *Licenciement non disciplinaire**). Il doit alors être vigilant car ce licenciement est sans cause réelle et sérieuse si cette insuffisance lui est imputable. Tel est le cas s'il n'a pas satisfait à son obligation d'adaptation.

Exemples

Le licenciement pour insuffisance professionnelle d'une assistante comptable affectée au seul poste de comptable de l'entreprise était sans cause réelle et sérieuse. En effet, la formation personnalisée de 15 jours dispensée à la salariée, titulaire d'un brevet de technicien, était insuffisante pour lui permettre l'exercice de ces fonctions (cass. soc. 29 novembre 2007, n° 05-42004 D).

Il en est de même dans le cas d'une promotion comme chef de service sans que le salarié ait bénéficié de la formation nécessaire (cass. soc. 12 mars 1992, n° 90-46029 D).

Période probatoire

L'employeur qui veut tester les aptitudes professionnelles du salarié promu ne peut pas lui proposer une période d'essai, ni, a fortiori, la lui imposer. Il ne peut que lui proposer une *période probatoire** (cass. soc. 16 mai 2012, n° 10-10623, BC V n° 149 ; cass. soc. 16 mai 2012, n° 10-24308, BC V n° 148).

À l'expiration de la période probatoire, le salarié qui n'a pas été réintégré dans son ancien emploi ou un emploi similaire à celui antérieurement occupé est promu définitivement dans son nouveau poste (cass. soc. 20 janvier 2021, n° 19-10962 FPB).

☛ *Modification du contrat de travail (fonctions et qualification) ; Qualification professionnelle.*

Protection des représentants du personnel

Prévue à l'origine pour le seul cas de licenciement, la procédure protectrice a été étendue à d'autres formes de rupture du contrat de travail ou à l'occasion d'événements affectant le contrat des représentants du personnel sans le rompre. Elle doit, en effet, être mise en œuvre dans tous les cas où l'employeur est à l'initiative de la rupture du contrat de travail d'un salarié investi d'un mandat représentatif ou électif : rupture de la *période d'essai**, *licenciement** quel que soit le motif, refus d'une *modification du contrat de travail** ou des conditions de travail [voir *Modification du contrat de travail (salariés protégés)**], mise en *activité partielle**, *mise à la retraite**, cessation d'un contrat de travail à durée déterminée [voir *Contrat de travail à durée déterminée (salariés protégés)**].

Les représentants du personnel et assimilés bénéficient également du régime protecteur :
- dans les cas de rupture d'un commun accord (dans le cadre d'un accord de GPEC ou d'un *plan de sauvegarde de l'emploi**, en cas de *rupture conventionnelle** ou de *rupture conventionnelle collective**) ;
- lorsqu'ils sont compris dans une opération de transfert partiel d'activité [voir *Transfert partiel d'entreprise ou d'établissement (protection des représentants du personnel)**].

À l'inverse, la protection ne joue pas en cas de *démission** ou en cas de *départ volontaire à la retraite**.

Pour connaître quels sont les bénéficiaires du statut protecteur, voir *Licenciement des représentants du personnel**.

Sur les effets d'une *prise d'acte de la rupture** ou d'une *résiliation judiciaire du contrat de travail** pour un salarié protégé, voir ces études.

S'agissant des sanctions disciplinaires pouvant être prononcées à l'encontre d'un salarié protégé, voir *Sanctions disciplinaires**.

☞ *Comité social et économique ; Contrat de travail à durée déterminée (salariés protégés) ; Licenciement des délégués syndicaux ; Licenciement des représentants du personnel ; Licenciement des représentants du personnel (procédure) ; Modification du contrat de travail (salariés protégés) ; Transfert partiel d'entreprise ou d'établissement (protection des représentants du personnel).*

Protection universelle maladie

@ Cette étude est détaillée dans la version en ligne de ce Dictionnaire (voir www.rfsocial.com et www.rfeditions.com).

Protocole d'accord préélectoral

☞ *Élections professionnelles ; Élections professionnelles (protocole d'accord préélectoral).*

Q

Qualification professionnelle

La qualification professionnelle correspond à l'aptitude du salarié à remplir tel ou tel emploi défini dans la *classification des emplois**. Par exemple : manœuvre, ouvrier spécialisé (OS 1, OS 2), ouvrier qualifié (P 1, P 2, P 3, OHQ). En l'absence de définition légale, et à défaut de stipulations conventionnelles, ce sont les salariés et l'employeur, lors de l'embauche, qui définissent la qualification professionnelle.

Définitions conventionnelles

Certaines qualifications sont soumises à des conditions de diplôme (ex. : CAP, BEP) mais la progression à l'intérieur de la catégorie (ex. : ouvriers professionnels) se fait au sein de l'entreprise grâce à la pratique et à l'expérience.

▶ Attention… Quand la convention collective applicable exige expressément un certain niveau de diplôme pour accéder à un niveau de classification, le salarié qui ne justifie pas de ce niveau de diplôme ne peut pas prétendre à cette classification, peu important les fonctions qu'il exerce (cass. soc. 30 mai 2018, n° 16-21583 FSPB).

Les conventions collectives définissent souvent les conditions d'ancienneté minimale pour qu'un salarié puisse bénéficier de cette progression, qui ne peut être séparée des tâches définies par la classification des emplois en liaison avec la qualification.

▶ À noter… Sur l'incidence de la différence de diplômes entre salariés sur leur rémunération compte tenu du principe « à travail égal, salaire égal », voir *Salaire (à travail égal, salaire égal)**.

Contentieux

La jurisprudence détermine le classement professionnel en recherchant quelles sont les fonctions réellement exercées par le salarié (cass. soc. 11 mars 2009, n° 06-46060 D), sous réserve du cas où la convention collective exige expressément un diplôme *(voir ci-avant)*.

Il en est de même en cas de classement irrégulier par rapport à la convention collective applicable à l'entreprise :

- en cas de sous-classement, le salarié peut demander l'application de la convention collective et éventuellement un rappel de salaire ;
- en cas de surclassement, l'employeur doit respecter la qualification contractuelle, même si les fonctions réellement exercées correspondent à une qualification inférieure (cass. soc. 12 janvier 1989, n° 86-43795, BC V n° 16).

Si, en principe, la qualification du salarié correspond aux fonctions réellement exercées par lui, rien ne s'oppose à ce que l'employeur exprime une volonté claire et non équivoque de lui reconnaître une qualification supérieure à celle résultant de ces fonctions (sur l'attribution du statut de cadre, voir *Cadres**). Dans ce cas, le salarié peut saisir les juges pour obtenir de l'employeur le salaire correspondant à ce surclassement (cass. soc. 12 janvier 2010, n° 08-42835, BC V n° 2).

▶ À noter… Dans le cas d'un surclassement d'un salarié, le nouvel employeur peut exiger de ce dernier qu'il accomplisse les tâches résultant de la qualification qui lui avait été contractuellement reconnue, qu'il n'accomplissait pas auparavant alors qu'il lui avait fait des offres de formation restées sans réponse ou refusées. Il respecte ainsi ses obligations contractuelles. La *prise d'acte de la rupture** de son contrat de travail par le salarié concerné ne peut donc pas, dans cette hypothèse, s'analyser en un licenciement (cass. soc. 3 février 2010, n° 08-41557 D).

Modification

Voir *Modification du contrat de travail (fonctions et qualification)**.

Mention dans un CDD

Voir *Contrat de travail à durée déterminée**.

☛ *Arrêtés Parodi ; Cadres ; Classification des emplois ; Modification du contrat de travail (fonctions et qualification) ; Promotion professionnelle ; Rétrogradation.*

Qualité de vie au travail

☛ *Négociations obligatoires dans l'entreprise.*

Quartier prioritaire de la ville (QPV)

☛ *Emplois francs ; Zone défavorisée.*

Questionnaire d'embauche

Le questionnaire d'embauche permet notamment de compléter le *curriculum vitae** du candidat.

Contenu

Questions ayant un lien avec l'emploi proposé - Les questions posées au candidat ne peuvent avoir comme finalité, que d'apprécier sa capacité à occuper l'emploi proposé ou ses aptitudes professionnelles et doivent présenter un lien direct et nécessaire avec cet emploi ou l'évaluation des aptitudes professionnelles (c. trav. art. L. 1221-6).

Autres questions permises - Elles portent notamment sur l'état civil du candidat, les diplômes (mais pas le dossier scolaire), les antécédents professionnels, l'existence d'une *clause de non-concurrence** ou d'une *clause d'exclusivité**.

Fourniture d'un extrait du casier judiciaire - L'employeur peut demander au candidat à l'embauche de fournir un extrait de son casier judiciaire (B3) afin de vérifier ses antécédents judiciaires. Mais la CNIL estime que l'employeur ne peut pas en conserver une copie (la mention de la vérification du casier judiciaire sous la forme « oui/non » dans le fichier de gestion du personnel est suffisante). Par ailleurs, elle précise que la seule mention d'une condamnation sur le casier judiciaire ne peut justifier un refus d'embaucher. La seule raison qui autorise un employeur à refuser une embauche du fait de l'existence de condamnations dans le casier judiciaire résulte d'une incompatibilité de celles-ci avec l'emploi auquel prétend la personne (« Extrait de casier judiciaire : l'employeur peut-il le demander et le conserver ? » sur « www.cnil.fr »).

Pour certains métiers sensibles, dont l'exercice est subordonné à la délivrance par l'autorité administrative d'une autorisation, d'une habilitation ou d'un agrément (sécurité, transport de fonds par exemple), une enquête administrative peut être diligentée avant l'embauche pour vérifier que le comportement de la personne intéressée n'est pas incompatible avec l'exercice des fonctions ou des missions envisagées (c. séc. int. art. L. 114-1). Dans ce cadre, l'administration peut consulter le Traitement d'Antécédents Judiciaires (TAJ) (c. proc. pén. art. R. 40-29).

Obligation, pour les candidats, de répondre de bonne foi - Les candidats sont tenus de répondre de bonne foi aux questions posées, mais pas à celles sans lien direct avec l'emploi proposé (c. trav. art. L. 1221-6).

En cas d'erreur ou d'omission, les solutions sont, à notre sens, identiques à celles applicables en cas d'informations mensongères contenues dans un *curriculum vitae**.

Questions interdites - Il est interdit de demander à un candidat à un emploi, son numéro de sécurité sociale et de collecter des informations sur son état de santé (cass. soc. 21 septembre 2005, n° 03-44855, BC V n° 262), ses parents, sa fratrie, ses opinions politiques, son appartenance syndicale (cass. soc. 13 mai 1969, n° 68-12206, BC V n° 314), etc. (voir *Discriminations**) (« Le recrutement et la gestion du personnel », www.cnil.fr ; délib. CNIL 2002-17 du 21 mars 2002, JO des 15 et 16 juillet).

Il convient de distinguer les informations, qui peuvent être demandées à un candidat de celles, qui peuvent être demandées au salarié embauché. À l'embauche du candidat, l'employeur peut en effet collecter des informations complémentaires. Outre celles nécessaires au respect d'une obligation légale (ex. : déclarations sociales obligatoires), l'employeur peut collecter des informations utiles à la gestion administrative du personnel (ex. : type de permis de conduire détenu ou coordonnées de personnes à prévenir en cas d'urgence), à l'organisation du travail (ex. : photographie facultative du salarié pour les annuaires internes et organigrammes) et à l'action sociale prise en charge par l'employeur (ex. : les informations concernant les ayants-droit du salarié) (« Le recrutement et la gestion du personnel », www.cnil.fr).

▶ **À noter...** S'agissant des personnes soumises à l'obligation vaccinale ou de présentation d'un pass vaccinal [voir *Covid-19 (hygiène et sécurité)**], il est interdit de demander le statut vaccinal du candidat car cela constitue une *discrimination**. Cependant, si le poste proposé nécessite d'être vacciné, il faut informer le candidat sélectionné (Q/R du ministère du travail, mise à jour au 24 février 2022) :

- de l'obligation de présenter les justificatifs au moment du recrutement ;

- des conséquences sur la poursuite de la relation contractuelle en cas d'impossibilité de remplir cette obligation au jour de la prise de poste.

Mentions obligatoires - Dès lors qu'un questionnaire, manuel ou automatisé, permet de recueillir des données personnelles, il doit notamment mentionner (règlt UE 2016/679 du 27 avril 2016 dit « RGPD », art. 13, JOUE 4 mai 2016 ; loi 78-17 du 6 janvier 1978, art. 48, JO du 7 actualisée au 1er juin 2019 par ord. 2018-1125 du 12 décembre 2018, JO du 13 ; décret 2019-536 du 29 mai 2019, JO du 30 ; délib. CNIL 2019-160 du 21 novembre 2019, JO 15 avril 2020, § 4 ; « Le référentiel relatif à la gestion des ressources humaines en questions », www.cnil.fr) :
- l'identité du responsable du traitement et, le cas échéant, celle de son représentant ;
- la finalité poursuivie par le traitement auquel les données sont destinées (ex. : gestion des candidatures) ;
- le caractère obligatoire ou facultatif des réponses ;
- les conséquences éventuelles d'un défaut de réponse ;
- les destinataires ou catégories de destinataires des données ;
- la durée de conservation des données traitées ;
- l'existence des droits de la personne concernée (ex. : droit d'accès, de rectification et d'effacement des données).

Pour s'assurer de la conformité à la législation des traitements des données personnelles mis en œuvre, l'employeur peut se reporter au référentiel publié par la CNIL (délib. CNIL 2019-160 du 21 novembre 2019, JO 15 avril 2020).

Formalités

Obligations résultant du RGPD - L'employeur doit respecter les obligations résultant du *RGPD** dans la mise en œuvre de ses traitements (voir *Analyse d'impact des données**, *Fichiers RH** et *Registre des activités de traitement**).

Information du candidat - L'employeur doit prévenir le candidat ou futur embauché de l'existence d'un questionnaire d'embauche à remplir (sur les mentions requises dans le questionnaire, voir ci-avant) (c. trav. art. L. 1221-8). Par ailleurs, il ne peut pas collecter d'information concernant personnellement un candidat par un dispositif qu'il n'a pas préalablement porté à sa connaissance (c. trav. art. L. 1221-9).

Le cas échéant, tout candidat a le droit de connaître et de contester la logique qui sous-tend le traitement automatisé utilisé pour la sélection des candidatures (délib. CNIL 2002-17 du 21 mars 2002, JO du 16 juillet ; loi 78-17 du 6 janvier 1978, art. 48, JO du 7 actualisée au 1er juin 2019 par ord. 2018-1125 du 12 décembre 2018, JO du 13 ; décret 2019-536 du 29 mai 2019, JO du 30 ; règlt UE 2016/679 du 27 avril 2016 dit « RGPD », art. 13, JOUE 4 mai 2016).

Cette information doit de préférence être donnée par écrit. Elle peut, par exemple, être jointe au questionnaire d'embauche adressé avant la date de l'entretien. Le salarié devrait en prendre connaissance au plus tard avant le début de l'entretien (circ. DRT 1993-10 du 15 mars 1993).

Information du CSE - Le *comité social et économique** (CSE), est informé, préalablement à leur utilisation, sur les méthodes ou techniques d'aide au recrutement des candidats à un emploi ainsi que sur toute modification de celles-ci. Il est aussi informé, préalablement à leur introduction dans l'entreprise, sur les traitements automatisés de gestion du personnel et sur toute modification de ceux-ci [voir *Comité social et économique (informations-consultations ponctuelles)**] (c. trav. art. L. 2312-38).

☛ *Recrutement.*

➲ Formulaire de Droit Social, « Questionnaire d'embauche ».

Quorum

☛ *Élections professionnelles (déroulement du vote).*

Quotient électoral

☛ *Élections professionnelles (résultat du scrutin).*

R

Rachat de cotisations d'assurance vieillesse

☞ *Assurances volontaires ; Retraite de base (calcul de la pension).*

Rachat d'une entreprise par ses salariés

☞ *Actionnariat des salariés ; Vente de l'entreprise aux salariés.*

Rapports

☞ *Base de données économiques, sociales et environnementales (BDESE) ; Comité social et économique (rapport annuel d'activités) ; Participation des salariés aux résultats de l'entreprise ; Service de prévention et de santé au travail.*

Reclassement

☞ *Inaptitude physique (contrat à durée déterminée) ; Inaptitude physique (reclassement) ; Licenciement économique (obligation de reclassement).*

Recommandations patronales

Définition

Une recommandation patronale peut être définie comme une décision unilatérale d'un groupement ou d'un syndicat d'employeurs qui s'impose à tous ses membres (cass. soc. 29 juin 1999, n° 98-44348, BC V n° 308). Elle est souvent prise après l'échec de négociations salariales ou encore après une grève : la ou les organisations d'employeurs adressent alors à leurs adhérents un barème de salaires ou de primes à verser.

Effets

Pour les adhérents - Une recommandation ne s'impose qu'aux entreprises adhérentes de l'organisation patronale qui l'a diffusée (cass. soc. 13 juillet 2004, n° 02-44160 D ; cass. soc. 31 mars 1981, n° 79-41106, BC V n° 287 ; cass. soc. 29 juin 1999, n° 98-44348, BC V n° 308). Toutefois, les « recommandations » ne sont pas forcément toutes obligatoires. En cas de contentieux, les juges déduisent ce caractère obligatoire de plusieurs types d'indices.

Exemples

Une déclaration formulée par plusieurs employeurs a bien un caractère obligatoire, dans la mesure où elle est diffusée à toutes les entreprises adhérentes. Autre indice : elle est rédigée en termes clairs et précis en ce qui concerne le montant de l'augmentation et les modalités détaillées de son versement (cass. soc. 29 juin 1999, n° 98-44348, BC V n° 308 ; cass. soc. 6 janvier 2011, n° 09-69560 D).

Constitue aussi une recommandation obligatoire une déclaration commune intervenue dans le cadre de mesures destinées à mettre fin à une grève émanant des organisations patronales ayant négocié le protocole de fin de conflit qui prévoit le versement d'une prime d'un montant précisément défini aux salariés remplissant certaines conditions (cass. soc. 4 juillet 2000, n° 98-41757 D ; cass. soc. 9 avril 2002, n° 00-42533 D).

À l'inverse, n'a pas de caractère obligatoire la « recommandation » qui conseille des augmentations de salaire aux entreprises en mesure de les accorder et qui ne donne pas de directives contraignantes (cass. soc. 28 avril 1988, n° 85-44378, BC V n° 258).

Les « recommandations » facultatives s'imposent aux entreprises qui, en les appliquant à tout le personnel (ou à une catégorie de personnel) de façon constante, créent de ce fait un *usage** (cass. soc. 3 juin 1981, n° 79-41876, BC V n° 503).

Pour les non-adhérents - Une recommandation n'a aucune force obligatoire pour les entreprises de la branche qui n'ont pas adhéré à l'organisation patronale à l'origine de cette recommandation.

☞ *Salaire (augmentations de).*

Recours administratif

Le recours administratif est formé soit devant l'autorité administrative qui a rendu la décision contestée (voir *Recours gracieux**), soit devant le supérieur hiérarchique de cette autorité (voir *Recours hiérarchique**), soit devant les juridictions administratives (voir *Recours contentieux**).

En droit du travail, le recours administratif vise essentiellement les décisions de l'inspecteur du travail ou du DREETS.

☛ *Inspection du travail ; Décision de l'administration.*

Recours amiable

☛ *Contentieux de la sécurité sociale.*

Recours contentieux

Le recours contentieux est l'acte par lequel la partie non satisfaite d'une décision de l'inspecteur du travail ou du DREETS peut demander l'annulation de la décision aux juridictions administratives (tribunal administratif et, sur appel, cour administrative d'appel ou Conseil d'État).

Le délai de recours est de 2 mois, à compter de la notification de la décision administrative ou de la réponse au *recours hiérarchique** (Code de justice administrative art. R. 421-1).

À l'égard de la décision initiale, le recours contentieux n'est pas suspensif.

▶ **Attention…** Lorsque le salarié ou l'employeur exerce un *recours gracieux** et un *recours hiérarchique** contre la décision initiale de l'inspecteur du travail dans le délai du recours contentieux (2 mois), ce délai de recours contentieux contre cette décision ne commence à courir qu'à partir de la date à laquelle les deux recours administratifs (à savoir, le recours gracieux et le recours hiérarchique) ont été rejetés (CE 7 octobre 2009, n° 322581 ; circ. DGT 2012-07 du 30 juillet 2012, fiche 20, § 1.1).

Les délais et voies de recours contre la décision de l'inspecteur du travail figurent en principe dans la notification de cette décision. Toutefois, l'administration a l'obligation de délivrer au demandeur un accusé de réception qui mentionne les délais et voies de recours, dans la perspective d'une éventuelle décision implicite de rejet.

À défaut d'avoir été portés à la connaissance du justiciable, les délais de recours contentieux lui sont inopposables (c. justice administrative art. R. 421-5). Toutefois, au nom du principe de sécurité juridique, la saisine doit intervenir dans un délai « raisonnable ». Sauf circonstances particulières ou textes spécifiques, ce délai ne saurait excéder un an à compter de la date à laquelle une décision expresse a été notifiée au requérant ou de la date à laquelle il est établi qu'il en a eu connaissance (CE 13 juillet 2016, n° 387763).

Exemple

Dans une affaire où divers éléments, notamment d'autres actions en justice engagées contre l'employeur, montraient que le salarié protégé avait eu connaissance du rejet de son recours hiérarchique au plus tard en 2005, les juges ont estimé que l'intéressé ne pouvait pas attendre 2009 pour agir (CE 7 février 2018, n° 397247).

☛ *Inspection du travail ; Décision de l'administration ; Recours gracieux ; Recours hiérarchique.*

Recours gracieux

Cas général

Le recours gracieux est l'acte par lequel la partie non satisfaite, employeur ou salarié, d'une décision de l'inspecteur du travail ou du DDREETS, peut demander à celui-ci de revenir sur sa décision.

Le recours est formé par écrit. La lettre recommandée avec AR n'est pas obligatoire mais conseillée.

Lorsque la décision administrative est créatrice de droits (ex. : refus d'autorisation du licenciement d'un salarié protégé qui crée un droit au profit de ce dernier), son retrait est possible tant que le délai de recours contentieux (2 mois) n'est pas écoulé. Si la décision administrative n'est pas créatrice de droits, elle peut être annulée ou réformée à tout moment par son auteur.

Le recours gracieux ne fait pas obstacle à l'exécution de la décision contestée mais il donne un délai supplémentaire de 2 mois pour saisir le juge administratif (voir *Recours contentieux**).

Recours en matière d'autorisation de licenciement d'un salarié protégé

Une fois reçue la notification de la décision de l'inspecteur du travail suite à la demande d'autorisation de licenciement d'un salarié protégé [voir

*Licenciement des représentants du personnel (procédure)**], l'employeur ou le salarié peut demander, par recours gracieux adressé à l'inspecteur du travail, le retrait de cette décision, s'il constate une erreur matérielle, une erreur de fait (ex. : l'inspecteur n'avait pas connaissance d'un élément déterminant pour sa réponse) ou une irrégularité de forme (ex. : une absence de motivation) (circ. DGT 2012-7 du 30 juillet 2012, fiche 21, p. 112).

Si l'auteur du recours veut conserver la possibilité d'agir, par la suite, devant le tribunal administratif, le recours gracieux doit être exercé dans les 2 mois suivant la notification de la décision administrative contestée (circ. DGT 2012-7 du 30 juillet 2012, fiche 20, p. 109). En cas de décision implicite de rejet, le délai de 2 mois court à compter du jour où une telle décision est née.

Le recours n'est pas suspensif de la décision de l'inspecteur du travail. Par conséquent, si celui-ci a donné son feu vert, l'employeur peut licencier le salarié protégé (cass. soc. 2 octobre 1997, n° 94-43483 D).

Le recours gracieux est purement facultatif (CE 5 septembre 2008, n° 303707). Les parties intéressées peuvent directement utiliser la voie du *recours hiérarchique** et/ou du *recours contentieux** (CE 21 avril 1997, n° 157998).

Modèle de recours gracieux

Société …

Adresse …

M. …

Inspecteur du travail (ou DREETS)

Adresse …

À …, le …

Lettre recommandée AR

M. l'inspecteur (ou M. le DREETS),

Après réception de votre décision datée du … et concernant …, nous entendons par la présente exercer auprès de vous un recours gracieux.

Nous espérons que la prise en compte des précisions suivantes vous conduira à revenir sur votre décision (...).

Veuillez agréer, Monsieur …, l'expression de nos sentiments distingués.

Signature

☞ *Inspection du travail ; Décision de l'administration ; Recours contentieux ; Recours hiérarchique.*

Recours hiérarchique

Le recours hiérarchique est l'acte par lequel une personne (employeur, salarié, syndicat) qui s'estime lésée par une décision de l'inspecteur du travail ou du DREETS peut demander au supérieur hiérarchique de celui-ci (ou directement au ministre du Travail) l'annulation ou la modification de la décision.

Délais

La lettre recommandée avec AR est conseillée. Le recours doit, en principe, être formé dans un délai de 2 mois à compter de la notification de la décision, objet du recours (c. trav. art. R. 2422-1).

Certains recours sont toutefois soumis à des délais spécifiques.

Par exemple :

- le recours formé contre une mise en demeure de faire procéder à l'analyse de certaines substances et préparations doit être adressé dans les 8 jours de la mise en demeure (c. trav. art. R. 4723-5) ;
- le recours formé contre une décision refusant un dépassement de la durée quotidienne du travail ou le recours à des équipes de suppléance doit être présenté dans le délai de 1 mois suivant la date à laquelle l'employeur a reçu notification de la décision (c. trav. art. R. 3132-14 et R. 3132-15) ;
- le recours formé contre une mise en demeure en matière d'hygiène et de sécurité doit être introduit par courrier recommandé avant l'expiration du délai fixé pour la mise en conformité et, au plus tard, dans les 15 jours suivant la mise en demeure prononcée (c. trav. art. L. 4723-1 et R. 4723-1).

Modèle de recours hiérarchique

Société …

Adresse …

À …, le …

Lettre recommandée AR

Objet : recours hiérarchique contre …

M. ou Mme le ministre du Travail (ou M. ou Mme le DREETS),

Nous avons l'honneur de solliciter devant vous l'annulation et la réformation d'une décision de …

L'inspecteur du travail (ou le DREETS), par une décision en date du …, a …

Cette décision nous paraît néanmoins injustifiée pour les raisons suivantes : …

Nous espérons que vous prendrez compte de nos arguments pour annuler la décision précitée …

Veuillez agréer, Monsieur …, l'expression de nos sentiments distingués.

Signature

Effets des recours hiérarchiques : exemples		
Objet	**Autorité saisie**	**Effet suspensif**
Mise en demeure de faire procéder à l'analyse de certaines substances et préparations (c. trav. art. R. 4723-5)	DREETS	Oui
Demande de retrait ou de modification de dispositions du règlement intérieur (c. trav. art. L. 1322-3)		Non
Refus d'un dépassement de la durée quotidienne du travail (c. trav. art. R. 3132-14 et R. 3132-15)		Non
Refus d'un recours à des équipes de suppléance (c. trav. art. R. 3132-14 et R. 3132-15)		Non
Mises en demeure en matière d'hygiène et de sécurité (c. trav. art. L. 4723-1 et R. 4723-1)		Oui

Recours en matière d'autorisation de licenciement d'un salarié protégé

La décision de l'inspecteur du travail en matière de licenciement d'un salarié protégé [voir *Licenciement des représentants du personnel (procédure)**] peut être contestée devant le ministre du Travail dans les 2 mois à dater de sa notification (c. trav. art. R. 2422-1). En cas de décision implicite de rejet, le délai de 2 mois court à compter du jour où une telle décision est née.

▶ À noter… Le délai de recours doit être indiqué sur la notification de la décision rendue par l'inspecteur du travail (circ. DGT 2012-7 du 30 juillet 2012, fiche 18, p. 103).

Le recours n'est pas suspensif de la décision de l'inspecteur du travail. Par conséquent, si celui-ci a donné son feu vert, l'employeur peut licencier le salarié protégé (cass. soc. 2 octobre 1997, n° 94-43483 D).

Le ministre dispose d'un délai de 4 mois pour donner sa réponse. Au terme de ce délai, son silence vaut rejet du recours, c'est-à-dire confirmation de la décision de l'inspecteur du travail (qu'il s'agisse d'un refus ou d'une autorisation) (c. trav. art. R. 2422-1).

e ministre du Travail qui, saisi d'un recours hiérarchique, décide d'annuler la décision de l'inspecteur du travail rejetant la demande d'autorisation de licenciement d'un salarié protégé pour inaptitude doit motiver sa décision en précisant, pour chacun des motifs invoqués par l'inspecteur du travail, les raisons pour lesquelles il l'estime illégal (CE 8 décembre 2021, n° 428118).

Effets des recours

Les recours hiérarchiques ont un effet suspensif ou non, selon l'autorité saisie et l'objet de la décision contestée. Pour des exemples, voir le tableau reproduit dans cette étude.

☛ *Décision de l'administration ; Inspection du travail ; Recours contentieux ; Recours gracieux.*

Recrutement

Informations demandées et méthodes utilisées

Pertinence des questions - Les informations demandées, sous quelque forme que ce soit (ex. : *questionnaire d'embauche**), au candidat à un emploi ne peuvent avoir comme finalité que d'apprécier sa capacité à occuper l'emploi proposé ou ses aptitudes professionnelles. Ces informations doivent présenter un lien direct et nécessaire avec l'emploi proposé ou avec l'évaluation des aptitudes professionnelles (c. trav. art. L. 1221-6).

▶ Attention… Un candidat à l'emploi n'est pas tenu de révéler son état de santé ou son handicap. Si cet état ou ce handicap est effectivement découvert après l'embauche, toute rupture consécutive du contrat pour ce motif est nulle (cass. soc. 21 septembre 2005, n° 03-44855, BC V n° 262 ; cass. soc. 16 février 2005, n° 02-43402, BC V n° 52) et le salarié qui porterait l'affaire en justice devrait être indemnisé (voir *Licenciement nul**).

Données personnelles du candidat - Lors d'un recrutement, l'employeur est amené à collecter certaines *données personnelles** du candidat à l'emploi, ce qui implique de respecter l'ensemble des règles de protection de ces données au nombre desquelles la loi informatique et libertés et le *RGPD** (voir aussi *Questionnaire d'embauche**) (loi 78-17 du 6 janvier 1978, JO du 7 ; règlt UE 2016/679 du 27 avril 2016, JOUE 4 mai 2016).

La base légale des traitements des candidatures (CV et lettre de motivation) et de gestion des entretiens est la nécessité d'exécuter des « mesures précontractuelles prises à la demande » de la personne concernée (référentiel relatif aux traitements de données a caractère personnel mis en œuvre aux fins de gestion du personnel, www.cnil.fr). En phase de recrutement, il s'agit des mesures précontractuelles à un contrat de travail et la personne concernée est le candidat. En conséquence de quoi, le consentement du candidat au traitement de ses données personnelles n'est pas ici nécessaire (règlt UE 2016/679 du 27 avril 2016, art. 9).

▶ À noter… Un guide visant à aider les recruteurs à respecter le RGPD est à paraître sur le site de la CNIL courant 2022 (Projet de guide recrutement, www.cnil.fr). Pour suivre l'actualité sur ce guide, voir le fil quotidien sur rfsocial.com et la Revue d'actualité RF Social.

Le candidat à l'embauche peut exercer ses droits d'accès, de rectification et d'effacement. Il peut exercer son droit à la portabilité si les conditions en sont remplies (loi 78-17 du 6 janvier 1978, art. 39 et 40 modifiés par loi 2018-493 du 20 juin 2018, JO du 21 ; RGPD du 27 avril 2016, art. 15 à 17 et 20, JO UE du 4 mai).

▶ À noter… Le cabinet est tenu à une obligation de moyens dont les limites varient selon le type de poste à pourvoir, les ressources financières allouées et la qualité des renseignements fournis. Un cabinet qui ne vérifie pas les informations sur le CV d'un candidat commet une faute (cass. civ., 1re ch., 2 novembre 2005, n° 03-10909, BC I n° 400).

Pertinence des méthodes - Les méthodes et techniques d'aide au recrutement ou d'évaluation des candidats à un emploi doivent être pertinentes au regard de la finalité poursuivie (c. trav. art. L. 1221-8).

La sélection d'une candidature, impliquant une appréciation sur un comportement humain, ne peut pas avoir pour seul fondement un traitement informatisé donnant une définition du profil ou de la personnalité du candidat (logiciels de « systèmes experts », « profilage »). La CNIL recommande, à ce titre, que les outils d'évaluation automatisés à distance excluant toute appréciation humaine de la candidature soient proscrits (délib. CNIL 2002-17 du 21 mars 2002, JO des 15 et 16 juillet).

Essai avant embauche - Sur la possibilité pour l'employeur de faire passer au candidat un *essai professionnel**, voir cette étude.

Information du candidat et du CSE

Le candidat à un emploi est expressément informé, préalablement à leur mise en œuvre, des méthodes et techniques d'aide au recrutement utilisées à son égard. Aucune information concernant personnellement un candidat à un emploi ne peut être collectée par un dispositif qui n'a pas été porté préalablement à sa connaissance.

Les résultats obtenus à la suite des tests doivent rester confidentiels (c. trav. art. L. 1221-8).

Sur les informations à donner aux candidats quant au traitement de ses données personnelles et à inscrire dans le *questionnaire d'embauche**

▶ À noter… S'agissant des personnes concernées par l'obligation vaccinale et le pass vaccinal [voir *Covid 19 (hygiène et sécurité)**], il est interdit de demander le statut vaccinal du candidat car cela constitue une discrimination. Cependant, si le poste proposé nécessite d'être vacciné ou d'avoir un pass vaccinal, il faut informer le candidat sélectionné (Q/R du ministère du travail en date du 18.10.2021) :
- de l'obligation de présenter les justificatifs au moment du recrutement ;
- des conséquences sur la poursuite de la relation contractuelle en cas d'impossibilité de remplir cette obligation au jour de la prise de poste

Le *comité social et économique** est informé, préalablement à leur utilisation, sur les méthodes ou techniques d'aide au recrutement des candidats à un emploi, ainsi que sur toute modification de celles-ci (c. trav. art. L. 2312-38) [voir *Comité social et économique (informations-consultations ponctuelles)**].

Obligation de loyauté du candidat

Le candidat est tenu de répondre de bonne foi (c. trav. art. L. 1221-6). S'il apparaît après embauche, que le candidat a menti sur certaines de ses compétences, l'employeur pourra, sous certaines conditions toutefois, le licencier ou demander l'annulation du contrat de travail (voir *Curriculum vitae**).

En revanche, l'employeur ne peut pas reprocher à un salarié les omissions ou inexactitudes commises par lui lors de son embauche, si les questions n'avaient aucun lien avec l'emploi pour lequel il a postulé.

Interdiction des discriminations

Voir *Discriminations**, *Discriminations (contentieux)** et *Discriminations (sanctions)**.

☞ *Curriculum vitae ; Embauche ; Essai professionnel ; Questionnaire d'embauche.*

Reçu pour solde de tout compte

Document obligatoire pour l'employeur

À la suite de toute rupture du contrat de travail - Le solde de tout compte, établi par l'employeur et dont le salarié lui donne reçu, inventorie les sommes versées au salarié lors de la rupture du contrat de travail (c. trav. art. L. 1234-20).

L'employeur doit établir le reçu pour solde de tout compte à l'occasion de toute rupture du contrat de travail, en double exemplaire dont l'un est remis au salarié et mention doit en être faite sur le reçu (c. trav. art. D. 1234-7 ; circ. DGT 2009-5 du 17 mars 2009). En revanche, le salarié n'a pas l'obligation de le signer (sur les conséquences d'un défaut de signature ou d'une signature avec réserves, voir ci-après).

▶ Attention… La signature du reçu pour solde de tout compte ne constitue pas, de la part du salarié, une volonté claire et non équivoque de démissionner (cass. soc. 9 juillet 2002, n° 00-44417 D).

Mention de toutes les sommes versées - Il convient de détailler l'ensemble des différents éléments de rémunération alloués au salarié (salaire, indemnités diverses, etc.). En effet, un salarié qui signe un reçu pour solde de tout compte partiellement détaillé pourra ensuite demander en justice des sommes non mentionnées sur ce reçu (cass. soc. 18 décembre 2013, n° 12-24985, BC V n° 310).

En outre, l'employeur ne peut pas se contenter de mentionner sur le reçu pour solde de tout compte une somme globale et renvoyer au bulletin de paie annexé pour le détail des sommes versées. Un tel reçu n'a pas d'effet libératoire (cass. soc. 14 février 2018, n° 16-16617, BC V n° 21 ; cass. soc. 26 septembre 2018, n° 17-15384 D).

Date de délivrance - Le reçu doit être établi après la résiliation ou l'expiration du contrat, c'est-à-dire :

- en cas de licenciement, à la fin du *préavis** ;
- après la notification de la *démission**, sauf préavis (le cas échéant, conventionnel) ;
- en cas de rupture conventionnelle, le lendemain du jour de l'homologation (ou de l'autorisation donnée par l'inspecteur du travail pour les salariés protégés), sauf si l'employeur et le salarié ont convenu d'une autre date de rupture [voir *Rupture conventionnelle (procédure)**].

Le reçu pour solde de tout compte peut être délivré le jour du départ de l'entreprise en cas de dispense de préavis (cass. soc. 17 janvier 1996, n° 92-42734 D).

Absence de délivrance - Le salarié qui demande des dommages-intérêts en raison de la remise tardive ou de la non remise du reçu pour solde de tout compte doit prouver le préjudice subi, à défaut de quoi, il ne sera pas indemnisé (cass. soc. 13 avril 2016, n° 14-28293, BC V n° 72).

Valeur du reçu pour solde de tout compte

Dénonciation dans les six mois suivant sa signature - Le reçu pour solde de tout compte peut être dénoncé, par lettre recommandée, dans les 6 mois qui suivent sa signature (c. trav. art. L. 1234-20 et D. 1234-8).

Le salarié peut dénoncer le reçu sans avoir de justification particulière à apporter.

▶ À noter… Cette faculté de dénonciation non motivée n'est contraire ni au principe de sécurité juridique ni au principe d'égalité devant la loi (cass. soc. 18 septembre 2013, QPC n° 13-40042, BC V n° 198).

Le salarié peut aussi dénoncer le reçu pour solde de tout compte en saisissant le bureau de conciliation et d'orientation du conseil de prud'hommes. Dans ce cas, il faut que la convocation devant ce bureau soit reçue par l'employeur dans le délai de 6 mois (cass. soc. 7 mars 2018, n° 16-13194, BC V n° 40).

Pour faire courir le délai de 6 mois, le reçu doit comporter la date de sa signature. Cependant, dès lors que la date est certaine, il n'est pas nécessaire qu'elle soit écrite de la main du salarié (cass. soc. 20 février 2019, n° 17-27600 FSPB).

Mention facultative sur le reçu - Les dispositions légales ne prévoient pas l'obligation pour l'employeur de mentionner sur le reçu pour solde de tout compte le délai de 6 mois pour le dénoncer (cass. soc. 4 novembre 2015, n° 14-10657, BC V n° 218). En pratique, l'employeur peut toujours mentionner ce délai notamment pour établir, en cas de contentieux, que le salarié avait signé le reçu pour solde de tout compte en pleine connaissance de cause, mais sans que cela ne soit une condition de validité du reçu.

Effet libératoire au-delà des six mois - Le reçu pour solde tout compte devient libératoire pour l'employeur concernant les sommes qui y sont mentionnées, lorsque le salarié ne l'a pas dénoncé dans les 6 mois suivant sa signature

(c. trav. art. L. 1234-20). **Cela signifie que l'employeur est définitivement « libéré » de sa dette à l'égard du salarié, pour les sommes visées.**

Exemples

Un reçu pour solde de tout compte faisait état de sommes liées à des heures supplémentaires et de modulation. Faute d'avoir dénoncé ce reçu, le salarié a vu sa demande de rappel de salaires portant sur les sommes en question rejetée (cass. soc. 30 avril 2014, n° 12-29454 D).

De même, lorsque le reçu pour solde de tout compte mentionne une somme de 1 956,40 € se décomposant comme suit : salaire brut : 977,87 € ; indemnités congés payés : 1383,42 € et indemnités repas : 104,80 €, le salarié ne peut pas réclamer le paiement d'heures supplémentaires puisqu'il s'agit d'une demande de rappel de salaire (cass. soc. 13 mars 2019, n° 17-31514 D).

Cet effet libératoire ne concerne que les sommes qui sont précisément inventoriées par le reçu pour solde de tout compte (voir ci-avant). Le salarié peut donc réclamer les sommes qui n'y figurent pas, dans la limite des délais de prescription [voir *Prescription (salaires)]. Les clauses générales sont donc dépourvues d'effet libératoire.**

Le reçu pour solde de tout compte ne vaut pas renonciation, par le salarié, à son droit de contester la légitimité de son licenciement (cass. soc. 2 février 2011, n° 09-40453 D).

Conséquence d'un défaut de signature ou d'une signature avec réserves du salarié - Si le salarié refuse de signer le reçu pour solde de tout compte, ou s'il le signe avec des réserves, ce reçu n'a pas de valeur libératoire (cass. soc. 26 février 1985, n° 82-42807, BC V n ° 117 ; cass. soc. 27 mars 2019, n° 18-12792 D). **Dans l'hypothèse d'un tel refus, la seule formalité qui puisse être demandée au salarié est une signature ou un émargement établissant que celui-ci a reçu le montant net indiqué sur son bulletin de salaire (ex. : photocopie avec mention « reçu le... »)** (c. trav. art. R. 3246-1 et L. 3243-2).

☛ *Salaire.*

➲ Formulaire de Droit Social, « Reçu pour solde de tout compte ».

Récupération

☛ *Heures de récupération.*

Redressement judiciaire

☛ *Procédure de sauvegarde, de redressement et de liquidation judiciaires ; Procédure de sauvegarde, de redressement et de liquidation judiciaires (licenciements).*

Réduction de cotisations (heures complémentaires et supplémentaires)

☛ *Heures supplémentaires (déduction forfaitaire de cotisations patronales).*

Réduction de la durée du travail

Aménagement du temps de travail

La loi du 20.08.2008 a fusionné les différents dispositifs d'*aménagement du temps de travail dans un cadre légal unique** (loi 2008-789 du 20 août 2008, JO du 21). **Un accord collectif de branche ou d'entreprise peut prévoir une réduction de la durée du travail (RTT) dans ce cadre.**

Le temps de travail peut également être aménagé dans le cadre d'un *accord de performance collective.**

▶ À noter… Sur la réduction de la durée du travail prévue par le contrat de travail d'un salarié, voir *Modification du contrat de travail (durée du travail)**.

Réduction de la durée du travail sous forme de repos

RTT sous forme de repos sur l'année - Depuis le 22.08.2008, les employeurs souhaitant recourir à une réduction du temps de travail (RTT) sur l'année sous forme de repos doivent le faire dans le cadre de l'*aménagement du temps de travail.**

Les accords collectifs conclus en application des textes antérieurs au 21.08.2008 restent en vigueur. Mais seuls les vrais accords d'aménagement du temps de travail remplissant les conditions légales requises au moment de leur conclusion survivent (cass. soc. 13 juin 2012, n° 11-12192, BC V n° 186).

Heures supplémentaires - Pour les accords en vigueur au 22.08.2008, les heures effectuées

au-delà d'une durée annuelle de 1 607 h sont des heures supplémentaires soumises à majoration, à la contrepartie obligatoire en repos et déduites du contingent annuel.

▶ À noter… En cas d'aménagement du temps de travail sur l'année, il est impossible de prévoir un seuil supérieur, même pour des salariés qui n'ont pas un droit intégral à congés payés (cass. soc. 14 novembre 2013, n° 11-17644, BC V n° 270). Pour autant, la fixation d'un seuil de déclenchement supérieur à 1 607 heures n'affecte pas la validité de l'accord (cass. soc. 17 décembre 2014, n° 13-13502, BC V n° 305).

Ces dispositions sont également applicables aux heures non déjà décomptées à ce titre et qui auraient été effectuées au-delà de 39 h ou d'un plafond inférieur fixé par la convention ou l'accord.

Réduction des jours de RTT en cas d'absences - La réduction des jours de RTT se fait dans les conditions prévues par l'accord collectif. En tout état de cause, la réduction des jours de RTT doit se faire proportionnellement aux absences non assimilées à du temps de travail effectif, sauf clauses conventionnelles ou usages plus favorables (cass. soc. 16 décembre 2015, n° 14-23731, BC V n° 264).

Régime des jours de RTT - Pour le régime des jours de RTT, leur valorisation et leur indemnisation voir *Aménagement du temps de travail**.

Document de suivi - La loi n'exige pas de faire apparaître les heures correspondant aux jours ou demi-journées de repos sur une ligne spécifique du *bulletin de paie**. Cela étant, l'entreprise doit pouvoir suivre les droits des salariés (ex. : un compteur peut figurer sur une fiche d'information annexe) et un dispositif est parfois prévu par voie conventionnelle.

Preuve des jours de RTT - La mention sur les bulletins de paie des RTT pris n'a qu'une valeur informative. En cas de contestation par le salarié, la charge de la preuve de l'octroi effectif des jours de RTT incombe donc à l'employeur (cass. soc. 9 juin 2010, n° 09-40544 D).

Don de RTT - Voir *Don de jours de repos**.

☛ *Aménagement du temps de travail ; Durée du travail.*

Réduction générale de cotisations patronales

Les entreprises peuvent appliquer, sous certaines conditions, une réduction de cotisations patronales (parfois encore appelée réduction Fillon) sur les rémunérations versées aux salariés titulaires d'un contrat de travail.

Entreprises et salariés visés

Les entreprises concernées sont (c. séc. soc. art. L. 241-13 ; BOSS, Allègements généraux, §§ 30 à 70, 01/10/2021) :

- les employeurs du secteur privé (notamment les entreprises industrielles, commerciales ou artisanales, les associations, les offices professionnels) ;
- les entreprises inscrites au répertoire national des entreprises contrôlées majoritairement par l'État ;
- les établissements publics à caractère industriel et commercial des collectivités territoriales ou les sociétés d'économie mixte dans lesquelles ces collectivités ont une participation majoritaire.

La réduction générale de cotisations patronales s'applique au titre des rémunérations versées aux salariés titulaires d'un contrat de travail dont l'emploi entraîne l'obligation d'affiliation à l'assurance chômage (c. séc. soc. art. L. 241-13, II).

Les salariés relevant des régimes spéciaux de sécurité sociale des marins, des mines et des clercs et employés de notaires ouvrent également droit à la réduction, dès lors que la condition d'affiliation à l'assurance chômage est remplie, selon des modalités particulières.

Les employeurs relevant des autres régimes spéciaux peuvent aussi bénéficier de la réduction générale, mais uniquement pour leurs salariés au titre desquels ils remplissent les critères relatifs à l'assurance chômage et relevant du régime général, du régime agricole ou de l'un des trois régimes spéciaux éligibles (marins, mines, clercs et employés de notaires) (BOSS, Allègements généraux, § 80, 01/10/2021).

▶ À noter… Sont exclus (BOSS, Allègements généraux, §§ 80 à 120, 01/10/2021) : les particuliers employeurs (c. séc. soc. art. L. 241-13, II), l'État, les collectivités territoriales et leurs établissements publics administratifs (EPA), scientifiques ou culturels, pour leurs agents titulaires ou non titulaires, les chambres de commerce et d'industrie, les chambres de métiers et les chambres d'agriculture, pour leurs salariés statutaires ou non, les employeurs relevant de régimes spéciaux autres que ceux des marins, des mines et des clercs et employés de notaire, pour leur personnel relevant du régime spécial (notamment Banque de France, SNCF, RATP, Comédie-Française, Opéra national de Paris, entreprises dont les salariés relèvent du statut national du personnel des industries électriques et gazières).

Par ailleurs, l'exigence d'un contrat de travail implique, notamment, que les dirigeants d'entreprise sans contrat de travail et les stagiaires ne sont pas non plus éligibles, quand bien même des cotisations sont dues à la sécurité sociale (ex. : gérant minoritaire de SARL rémunéré, stagiaire dont la gratification excède le seuil de franchise des cotisations) (BOSS, Allègements généraux, § 170, 01/10/2021). En revanche, un dirigeant qui cumulerait valablement un contrat de travail avec son mandat social est éligible au dispositif, au titre de la rémunération qui lui est versée en raison de ses fonctions salariées.

Cotisations concernées

La réduction générale de cotisations patronales porte sur (c. séc. soc. art. L. 241-13, I) :

- les cotisations patronales d'assurance maladie et maternité, d'assurance vieillesse, d'allocations familiales, le FNAL, la contribution de solidarité pour l'autonomie ainsi qu'une fraction de la cotisation AT/MP (fixée à 0,59 point en 2022) (c. séc. soc. art. D. 241-2-4) **;**

- les contributions patronales AGIRC-ARRCO (6,01 points pour le cas général, dont 4,72 % de contributions retraite et 1,29 % de contribution d'équilibre général en 2022) ;

- les contributions patronales d'assurance chômage (taux de 4,05 % au 1.01.2022).

La cotisation APEC et la contribution d'équilibre technique du régime AGIRC-ARRCO ne sont pas couvertes par la réduction. La contribution AGS reste également en dehors du champ de la réduction.

▶ À noter… La réduction générale de cotisations se calcule en tenant compte des cotisations chômage pour leur taux de droit commun (4,05 %), sans prise en compte de la modulation du taux de la contribution chômage (bonus/malus) (loi 2020-1577 du 14 décembre 2020, art. 12, JO du 15) [voir *Cotisation d'assurance chômage (bonus-malus)**].

Calcul de la réduction

Le montant de la réduction est calculé chaque année civile pour chaque salarié selon la formule suivante :

Rémunération annuelle brute × Coefficient = Réduction

Périmètre de la réduction (cas général 2022) (1)		
	Avec FNAL 0,10 %	Avec FNAL 0,50 %
Maladie	7 %	7 %
Vieillesse plafonnée	8,55 %	8,55 %
Vieillesse déplafonnée	1,90 %	1,90 %
Cotisation allocations familiales	3,45 %	3,45 %
Fraction cotisation AT/MP couverte par la réduction	0,59 %	0,59 %
FNAL	0,10 %	0,50 %
Contribution solidarité autonomie	0,30 %	0,30 %
Retraite AGIRC-ARRCO + CEG* hors cas particuliers (3)	6,01 % (2)	6,01 % (2)
Assurance chômage	4,05 %	4,05 %
Total	31,95 %	32,35 %
Paramètre T à utiliser dans la formule de calcul du coefficient	0,3195	0,3235
Répartition du montant de la réduction entre l'URSSAF et l'AGIRC-ARRCO (3)		
Part du montant de la réduction (R) imputable sur l'URSSAF	R × 25,94/31,95 (environ 81,18 %)	R × 26,34/32,35 (environ 81,42 %)
Montant de la réduction imputable sur l'AGIRC-ARRCO	La fraction de la réduction imputable sur les contributions AGIRC-ARRCO est égale au montant global de réduction diminué de la part URSSAF (c. séc. soc. art. D. 241-7, V, A).	

* CEG = contribution d'équilibre général du régime AGIRC-ARRCO.

(1) Cas général, hors professions ouvrant droit à des taux réduits de cotisations patronales (ex. : journalistes, artistes du spectacle) et hors taux ou répartition dérogatoires en AGIRC-ARRCO.

(2) Le taux de 6,01 % correspond à la part patronale dans le cas général (4,72 % de contributions de retraite proprement dite et 1,29 % au titre de la contribution d'équilibre général). Si des répartitions ou taux dérogatoires sont appliquées, il faut le cas échéant ajuster ce paramètre.

(3) Pour les expatriés et les intermittents du spectacle, les cotisations chômage sont versées à Pôle Emploi, et non aux URSSAF. Le montant de la réduction doit donc être ventilé en trois blocs pour imputation, au regard du poids respectifs des taux des contributions recouvrées par chaque organisme. La part AGIRC-ARRCO est alors égale au montant global de la réduction, diminué de la fraction URSSAF et de la fraction Pôle Emploi (assurance chômage) (c. séc. soc.art. D. 241-7, V, A).

La réduction est maximale au niveau du SMIC. Elle devient ensuite dégressive pour s'annuler au niveau de 1,6 SMIC (c. séc. soc. art. L. 241-13, III, al. 3).

La rémunération brute sur laquelle s'applique le coefficient correspond au brut soumis à cotisations de sécurité sociale (c. séc. soc. art. L. 242-1), y compris, notamment, la rémunération des heures supplémentaires et complémentaires ou encore l'indemnisation ou la rémunération des temps de pause ou d'habillage.

Les remboursements de frais professionnels exonérés de cotisations doivent être exclus de la rémunération brute. En revanche, si l'employeur applique une déduction forfaitaire spécifique (DFS) pour frais professionnels, il faut prendre en compte le brut abattu après réintégration des frais professionnels (BOSS, Allègements généraux, § 660, 01/10/2021). Pour les périodes courant depuis le 1.01.2020, le montant de la réduction générale calculé pour les rémunérations après application de l'abattement forfaitaire lié à la DFS ne peut excéder, pour ces rémunérations, 130 % du montant de réduction calculé sans application de cet abattement (arrêté du 4 décembre 2019, JO du 17, texte 36).

▶ À noter… Les sommes versées par l'employeur, postérieurement à la rupture du contrat de travail, pour l'exécution d'une clause de non-concurrence n'entrent pas dans le champ d'application de la réduction (cass. civ., 2e ch., 30 novembre 2017, n° 16-12403, B II n° 223).

Détermination du coefficient

Principes de calcul - La formule de calcul du coefficient de la réduction générale dépend de plusieurs variables :

- la catégorie dont relève le salarié, puisqu'à côté du cas général, des adaptations sont prévues pour certaines professions (salariés affiliés à titre obligatoire à des caisses de congés payés, intérimaires, certains personnels roulants du secteur du transport routier) ;
- un paramètre « T » ;
- la rémunération brute du salarié ;
- la notion de SMIC, qui fait l'objet de nombreuses précisions.

Formule de calcul générale - Le coefficient se calcule en principe comme suit :

C = (T/0,6) × [(1,6 × SMIC annuel/rémunération annuelle brute) - 1].

La formule de calcul dépend d'un paramètre « T », dont la valeur est fixée par décret dans la limite de la somme des taux des cotisations et des contributions patronales comprises dans le périmètre de la réduction (c. séc. soc. art. L. 241-13, III et D. 241-7, I). De fait, T dépend du taux du FNAL applicable à l'employeur sur l'année.

Le coefficient est arrondi à 4 décimales, au dix millième le plus proche (ex. : 0,12457 est retenu pour 0,1246). Son montant est plafonné à T. Si la formule de calcul conduit à un coefficient supérieur, C est retenu pour le montant plafond applicable (BOSS, Allègements généraux, §§ 400 et 410, 01/10/2021).

Pour un calcul mensuel par anticipation, le SMIC et la rémunération sont retenus pour leurs valeurs mensuelles.

Travailleurs temporaires (sauf CDI intérimaires) - Pour les travailleurs temporaires (hors contrat de travail à durée indéterminée intérimaire), le coefficient de la réduction générale de cotisations patronales est majoré par application à la formule de calcul d'un coefficient de 1,1 (c. séc. soc. art. L. 241-13, IV, 2° et D. 241-10, III ; BOSS, Allègements généraux, § 520, 01/10/2021). Le paramètre T est déterminé selon l'année, conformément aux règles générales. Pour ces personnels, le montant maximal de la réduction est égal à la somme des

Réduction générale de cotisations patronales : cas général		
Montant de la réduction	Calcul annuel	Rémunération annuelle brute* × C
	Calcul mensuel par anticipation	Rémunération mensuelle brute* × C
Coefficient C* **	Calcul annuel	C = (T/0,6) × [(1,6 × SMIC annuel**/ Rémunération annuelle brute*) - 1]
	Calcul mensuel par anticipation	C = (T/0,6) × [(1,6 × SMIC mensuel**/ Rémunération mensuelle brute*) - 1]
Valeur maximale du coefficient C		C est plafonné à T

* Brut soumis à cotisations de sécurité sociale, tous éléments compris.
** SMIC annuel = 1 820 × SMIC horaire ; SMIC mensuel = 1/12 × 1 820 SMIC horaire (ou 151,67 × SMIC horaire). Des prorata sont applicables dans certains cas particuliers (temps partiel, entrée/sortie en cours d'année, etc.). Le nombre d'heures retenu pour le SMIC est augmenté du nombre d'heures supplémentaires ou complémentaires rémunérées, sans prise en compte des majorations de salaire.
*** Le coefficient C est arrondi à 4 décimales, au dix millième le plus proche (ex. : 0,12457 est retenu pour 0,1246).

Travailleurs temporaires (sauf CDI intérimaires)		
Montant de la réduction	Calcul annuel	Rémunération annuelle brute* × C
	Calcul mensuel par anticipation	Rémunération mensuelle brute* × C
Coefficient C* **	Calcul annuel	C = (T/0,6) × [(1,6 × SMIC annuel**/ Rémunération annuelle brute*) - 1] × 1,1
	Calcul mensuel par anticipation	C = (T/0,6) × [(1,6 × SMIC mensuel**/ Rémunération mensuelle brute*) - 1] × 1,1
Valeur maximale du coefficient C		C est plafonné à : T × 1,1

* Brut soumis à cotisations de sécurité sociale, tous éléments compris.
** SMIC annuel = 1 820 × SMIC horaire ; SMIC mensuel = 1/12 × 1 820 SMIC horaire (ou 151,67 × SMIC horaire). Des prorata sont applicables dans certains cas particuliers (temps partiel, entrée/sortie en cours d'année, etc.). Le nombre d'heures retenu pour le SMIC est augmenté du nombre d'heures supplémentaires ou complémentaires rémunérées, sans prise en compte des majorations de salaire.
*** Le coefficient C est arrondi à 4 décimales, au dix millième le plus proche (ex. : 0,12457 est retenu pour 0,1246).

cotisations patronales entrant dans le champ de la réduction, majorée du coefficient de 1,1 (c. séc. soc. art. D. 241-11).

Ces particularités de calcul ne s'appliquent pas aux travailleurs temporaires employés dans le cadre d'un CDI intérimaire, qui relèvent de la formule de calcul général.

Salariés affiliés à une caisse de congés payés - Pour les salariés dont les indemnités de congés payés sont versées par des caisses de congés payés, le coefficient de la réduction générale de cotisations patronales est majoré par application d'un coefficient de 100/90 à la formule de calcul (c. séc. soc. art. L. 241-13, IV, 3° et D. 241-10, IV). Sont ici visés, notamment, les professions du bâtiment et des travaux publics, les intermittents du spectacle, les entreprises de manutention des ports et dockers, les personnels intermittents des entreprises de transport (BOSS, Allègements généraux, § 540, 01/10/2021). S'agissant des personnels « Grands routiers » et « Courtes distances » du transport routier de marchandises, cette règle doit se combiner avec la formule de calcul spécifique applicable (*voir ci-après*).

Le montant maximal de la réduction est égal à la somme des cotisations patronales entrant dans le champ de la réduction, majorée du coefficient de 100/90 (c. séc. soc. art. D. 241-11 ; BOSS, Allègements généraux, § 550, 01/10/2021).

Le paramètre T est déterminé selon l'année conformément aux règles générales.

Transport routier de marchandises : conducteurs « Grands routiers/Longues distances » et « Courtes distances » - L'employeur peut appliquer un paramétrage particulier lorsqu'un salarié est soumis à un régime d'heures d'équivalence payées à un taux majoré en application d'une convention ou d'un accord collectif étendu en vigueur au 1.01.2010 (c. séc. soc. art. L. 241-13, IV, 1°). Sont spécifiquement visés les personnels roulants marchandises « Grands routiers/longues distances » et « Courtes distances » (pour ces derniers, hors transporteurs de fonds et conducteurs de messagerie) (c. séc. soc. art. D. 241-10, I).

Salariés affiliés à une caisse de congés payés		
Montant de la réduction	Calcul annuel	Rémunération annuelle brute** × C
	Calcul mensuel par anticipation	Rémunération mensuelle brute** × C
Coefficient C* **	Calcul annuel	C = (T/0,6) × [(1,6 × SMIC annuel*/ Rémunération annuelle brute**) - 1] × 100/90
	Calcul mensuel par anticipation	C = (T/0,6) × [(1,6 × SMIC mensuel*/ Rémunération mensuelle brute**) - 1] × 100/90
Valeur maximale du coefficient C		C est plafonné à : T × 100/90
Personnels roulants « Grands routiers » et « Courtes distances » du transport routier de marchandises affiliés à une caisse de congés payés		Voir le tableau ci-après

* SMIC annuel = 1 820 × SMIC horaire ; SMIC mensuel = 1 / 12 × 1 820 SMIC horaire (ou 151,67 × SMIC horaire). Des prorata sont applicables dans certains cas particuliers (temps partiel, entrée/sortie en cours d'année, etc.). Le nombre d'heures retenu pour le SMIC est augmenté du nombre d'heures supplémentaires ou complémentaires rémunérées, sans prise en compte des majorations de salaire.
** Brut soumis à cotisations de sécurité sociale, tous éléments compris.
*** Le coefficient C est arrondi à 4 décimales, au dix millième le plus proche (ex. : 0,12457 est retenu pour 0,1246).

Coefficient de correction selon la durée collective du travail									
Durée d'équivalence hebdomadaire	35 h	36 h	37 h	38 h	39 h	40 h	41 h	42 h	43 h
Valeur du coefficient	-	36,25/35	37,5/35	38,75/35	40/35	41,25/35	42,5/35	43,75/35	45/35

En pratique, le paramètre SMIC est affecté d'une majoration particulière, que nous désignons ici comme « A ». En principe égal à 45/35 pour les « Grands routiers/Longues distances » et à 40/35 pour les « Courtes distances », la majoration « A » est parfois ajustée à la baisse ou à la hausse (BOSS, Allègements généraux, § 1080, 01/10/2021).

La structure de la formule de calcul du coefficient de la réduction générale se présente comme suit :

C = (T/0,6) × [(1,6 × ((A × SMIC annuel) + (nbre heures supplémentaires et complémentaires × SMIC horaire)) / rémunération annuelle brute) - 1] (BOSS, Allègements généraux, § 1080, 01/10/2021).

Le paramètre T est déterminé selon l'année conformément aux règles générales.

Si les personnels roulants concernés relèvent d'une caisse de congés payés, il convient en outre d'affecter la formule de calcul d'un coefficient de 100/90.

Pour les « Grands routiers / Longues distances » et les « Courtes distances », la valeur maximale du coefficient est égale à T, comme pour les autres salariés. Lorsque le salarié relève d'une caisse de congés payés, le montant plafond est T × 100/90 (BOSS, Allègements généraux, § 1130 et 1140, 01/10/2021). Si la formule de calcul conduit à un coefficient supérieur, le coefficient est retenu pour son montant plafond (selon les cas, T ou T × 100/90).

Le rapport « SMIC/Rémunération annuelle brute » est affecté d'un coefficient spécifique de 45/35 pour un « Grand routier/longue distance » soumis à une durée d'équivalence de 43 h hebdomadaires et de 40/35 pour un « Courte distance » soumis à une durée d'équivalence de 39 h.

Le rapport 45/35 correspond à la durée d'équivalence de 43 h par semaine fixée par décret (décret 83-40 du 26 janvier 1983, art. 5, 3°, al. 2). Le chiffre de 45 tient compte des majorations applicables aux heures d'équivalence effectuées au-delà de 35 h jusqu'à la 43e heure incluse (43 h + 8 majorations de 25 % = 45 h).

Le rapport 40/35 correspond à la durée d'équivalence de 39 h par semaine fixée par décret (décret 83-40 du 26 janvier 1983, art. 5, 3°, al. 3). Le chiffre de 40 tient compte des majorations applicables aux heures d'équivalence effectuées au-delà de 35 h jusqu'à la 39e heure incluse (39 h + 4 majorations de 25 % = 40 h).

Dès lors, si la rémunération versée, hors heures supplémentaires, n'est pas établie sur la base de la durée équivalant à la durée légale (45 h pour les « Grands routiers » ; 39 h pour les « Courtes distances »), le rapport 45/35 ou 40/35 doit être ajusté dans la même proportion (c. séc. soc. art. D. 241-10, I ; BOSS, Allègements généraux, § 1080, 01/10/2021).

Par exemple, si un « Grand routier » est soumis à une durée du travail de 42 h hebdomadaires, ce qui comprend 42 h + 7 majorations de 25 %, soit l'équivalent de 43,75 h, le coefficient est de « 43,75/35 » au lieu de « 45/35 ». S'il est soumis à une durée du travail de 40 h hebdomadaires, ce qui comprend 40 h + 5 majorations de 25 %, soit l'équivalent de 41,25 h rémunérées, le coefficient est de « 41,25/35 » au lieu de « 45/35 ».

Rémunération prise en compte dans le calcul du coefficient - La rémunération brute à utiliser dans les formules de calcul du coefficient s'entend du brut soumis à cotisations de sécurité sociale (y compris la rémunération des heures supplémentaires ou complémentaires, majorations incluses). L'ensemble des rémunérations versées au titre de temps de pause, de temps d'habillage et de déshabillage, de temps de coupure ou d'amplitude ou encore de temps de douche doit être intégré à la rémunération brute utilisée pour calculer le coefficient de la réduction générale, comme n'importe quel élément de salaire soumis à cotisations (c. séc. soc. art. D. 241-7, II).

Aucun élément de rémunération ne peut être neutralisé de la rémunération prise en compte pour calculer le coefficient de la réduction. Toutefois, les sommes versées à l'occasion de la rupture du contrat de travail ne sont prises en compte pour calculer le coefficient de réduction que pour la part de ces sommes qui n'est pas exclue de l'assiette soumise aux cotisations de sécurité sociale (BOSS, Allègements généraux, § 580, 01/10/2021).

SMIC de référence - Le SMIC annuel est calculé sur la base annuelle de la durée du travail, soit

Personnels roulants marchandises « Grands routiers/Longues distances » et « Courtes distances »	
Montant de la réduction	Rémunération brute* × C
Calcul du coefficient (a)	Formule de calcul : C = (T/0,6) × [(1,6 × ((A × SMIC**) + (nbre HS et HC × SMIC horaire)) / Rémunération brute*) – 1]
	Si le salarié en cause relève à titre obligatoire d'une caisse de congés payés : C = (T/0,6) × [(1,6 × ((A × SMIC**) + (nbre HS et HC × SMIC horaire)) / Rémunération brute*) – 1] × 100/90
Valeur maximale du coefficient C	Cas général : C est plafonné à T
	Si le salarié relève d'une caisse de congés payés : C est plafonné à T × 100/90

HS = Heures supplémentaires ; HC = Heures complémentaires.
A = La majoration « A » est de 45/35 pour les « Grands routiers/Longues distances » soumis à une durée de 43 h hebdomadaires et de 40/35 pour un « Courtes distances » soumis à une durée de 39 h hebdomadaires. Ce rapport fait l'objet d'une correction lorsque la durée du travail est inférieure à la durée de 43 h ou de 39 h équivalant à la durée légale, ou pour certaines heures spécifiques.
* Pour le calcul annuel : rémunération annuelle brute soumise à cotisations. Pour le calcul mensuel par anticipation : rémunération mensuelle brute soumise à cotisations.
** Pour un calcul annuel, SMIC annuel = 1820 × SMIC horaire ; pour le calcul mensuel par anticipation, SMIC mensuel = 1/12 × 1820 × SMIC horaire (ou 151,67 × SMIC horaire). Des prorata sont applicables dans certains cas particuliers (temps partiel, entrée/sortie en cours d'année, etc.).
(a) Le coefficient est C arrondi à 4 décimales, au dix-millième le plus proche (ex. : 0,12455 est retenu pour 0,1246).

1 820 fois le SMIC horaire (c. séc. soc. art. D. 241-7). Pour l'application mensuelle de la réduction, on retient pour chaque mois 1/12 de 1 820 fois le SMIC horaire ou, par simplification, 151,67 SMIC horaire (BOSS, Allègements généraux, §§ 710 et 720, 01/10/2021). En cas de changement de statut ayant un impact sur la réduction (ex. : passage d'un temps plein à un temps partiel), l'année doit être découpée en douzièmes.

La valeur du SMIC doit être ajustée pour tenir compte de la quotité de travail et notamment des temps partiels, de la suspension du contrat de travail avec maintien intégral ou partiel de salaire ou sans maintien de salaire et des salariés qui ne sont pas dans le champ de la mensualisation. Cet ajustement permet également de tenir compte des durées collectives de travail inférieures à la durée légale (BOSS, Allègements généraux, §§ 730, 01/10/2021).

Le nombre d'heures retenu pour calculer le SMIC est augmenté du nombre d'heures supplémentaires ou complémentaires rémunérées au salarié, sans prise en compte des majorations de salaire (c. séc. soc. art. L. 241-13, III et D. 241-7, II ; BOSS, Allègements généraux, § 740, 01/10/2021).

Paramètre « T » à utiliser pour le calcul du coefficient

En 2022, le paramètre T est égal à la somme, au niveau du SMIC, des cotisations patronales entrant dans le champ de la réduction : cotisations d'assurances sociales (maladie, vieillesse) et d'allocations familiales, FNAL, contribution de solidarité pour l'autonomie, fraction de cotisation AT/MP (0,59 point en 2022), contributions patronales AGIRC-ARRCO (dans la limite de 6,01 points) et cotisations patronales d'assurance chômage (hors AGS).

Pour les contributions de retraite complémentaire, les données de la réglementation sont établies au regard des taux de droit commun et de la répartition de principe du régime unifié de retraite complémentaire AGIRC-ARRCO (60 % part employeur/40 % part salarié). Ainsi, les valeurs de principe du paramètre T sont fixées au regard d'une part patronale de 6,01 % au niveau du SMIC (4,72 % de retraite AGIRC-ARRCO + 1,29 % de contribution d'équilibre général).

Pour les employeurs appliquant des répartitions différentes ou des taux de cotisations dérogatoires en tranche 1 AGIRC-ARRCO, la part patronale prise en compte dans le périmètre de la réduction (paramètre T, taux du coefficient maximal) est limitée de 2 façons (circ. AGIRC-ARRCO du 23 décembre 2019, § 1.2) :

- d'une part, elle ne peut en aucun cas dépasser 6,01 points (limite absolue) ;
- d'autre part, les répartitions dérogatoires à la règle des 60/40 sont prises en compte, mais dans la limite d'un maximum de 60 % à la charge de l'employeur (c. séc. soc. art. D. 241-7).

Montant maximal

Le montant maximal de la réduction est égal à la somme des cotisations patronales d'assurances sociales (maladie, vieillesse), d'allocations familiales, du FNAL, de la contribution de solidarité pour l'autonomie, de 0,59 point de cotisation AT (en 2022),

Paramètre T au 1.01.2022 (avec cas général AGIRC-ARRCO) (1)		
	Avec FNAL 0,10 %	Avec FNAL 0,50 %
Cas général	0,3195	0,3235
Journalistes (2)	0,2905	0,2945
Professions médicales à temps partiel (2)	0,2939	0,2979
VRP multicartes (2)	0,3030	0,3070
Répartition du montant de la réduction entre l'URSSAF et l'AGIRC-ARRCO (3)		
Fraction de la réduction imputable sur l'URSSAF	Pour un employeur soumis au taux de droit commun (donc, hors taux ou répartition dérogatoires), le régime AGIRC-ARRCO est pris en compte pour 6,01 points. Dans ce cas, la fraction URSSAF de la réduction est donc égale à : Montant global de la réduction × (T – 0,0601)/T.	
Fraction de la réduction imputable sur l'AGIRC-ARRCO	La fraction de la réduction imputable sur les contributions AGIRC-ARRCO est égale au montant global de réduction diminué de la part URSSAF (c. séc. soc. art. D. 241-7, V, A)	

(1) Cas général, pour une part patronale AGIRC-ARRCO de 6,01 points dans le périmètre de la réduction. Hors taux ou répartition dérogatoires en AGIRC-ARRCO.
(2) Estimation par nos soins.
(3) Pour les expatriés et les intermittents du spectacle, les cotisations chômage sont versées à Pôle Emploi, et non aux URSSAF. Le montant de la réduction doit donc être ventilé en trois blocs pour imputation, au regard du poids respectifs des taux des contributions recouvrées par chaque organisme. La part AGIRC-ARRCO est alors égale au montant global de la réduction, diminué de la fraction URSSAF et de la fraction Pôle Emploi (assurance chômage) (c. séc. soc. art. D. 241-7, V, A).

des contributions patronales AGIRC-ARRCO et des contributions d'assurance chômage dus sur la rémunération du salarié au titre de la période d'emploi rémunérée (c. séc. soc. art. D. 241-11).

Pour les salariés affiliés à des caisses de congés payés et les travailleurs temporaires (sauf CDI intérimaires), cette limite est augmentée de la majoration de 100/90 ou de celle de 1,1 appliquée au coefficient de la réduction.

Calcul annualisé, application mensuelle et régularisation

Principe : calcul par contrat sur l'année civile - Le montant de la réduction est calculé chaque année civile, pour chaque salarié et pour chaque contrat de travail, en fonction de la rémunération annuelle brute (c. séc. soc. art. L. 241-13, III).

Référence à la période d'emploi - On se réfère à la période d'emploi rémunérée pour déterminer les salaires à prendre en compte pour l'annualisation. La réduction relative à l'année N se calcule donc au regard des rémunérations versées au titre des périodes d'emploi de cette année N, y compris en cas de décalage de paye (dans ce cas, le salaire de décembre de l'année N versé en janvier N + 1 est pris en compte dans le calcul de la réduction de l'année N).

Application mensuelle par anticipation - L'employeur applique la réduction par anticipation, mois civil par mois civil (c. séc. soc. art. L. 241-13, V et D. 241-8). Pour ce faire, il suffit de remplacer les paramètres annuels par des paramètres mensuels (SMIC mensuel et rémunération mensuelle, au lieu de SMIC annuel et rémunération annuelle).

Régularisation annuelle - Dans le cadre de la régularisation annuelle, la réduction générale est calculée chaque mois, indépendamment des autres mois. Le calcul de la réduction sur l'année doit être régularisé à l'occasion de la dernière paie de l'année (ou de la paie de départ du salarié s'il quitte l'entreprise en cours d'année).

La régularisation correspond à la différence entre le montant de la réduction calculée selon la formule annuelle et la somme des montants de réduction appliquées par anticipation au titre de chacune des périodes précédentes de l'année (BOSS, Allègements généraux, § 1320, 01/10/2021).

Régularisation progressive - Dans le cadre de la régularisation progressive, la réduction est calculée en cumulant, au fur et à mesure des mois, les différents éléments nécessaires à sa détermination (SMIC, rémunération). Cette méthode permet à l'employeur d'éviter de trop fortes régularisations en fin de période.

En pratique, l'employeur détermine et ajuste, chaque mois ou chaque trimestre, le coefficient et le montant de la réduction, en sommant les valeurs du SMIC et de la rémunération de l'ensemble des périodes d'emploi écoulées depuis le début de l'année, ou depuis le premier jour de l'embauche si elle est postérieure. L'application de cette méthode permet d'aboutir directement lors du calcul de la réduction applicable à la dernière rémunération de l'année au montant de réduction applicable au titre de l'année. Le montant de la réduction pour un mois est égal à la différence entre le montant ainsi déterminé et le montant cumulé de la réduction appliqué sur les périodes d'emploi précédentes de l'année (BOSS, Allègements généraux, § 1310, 01/10/2021).

CDD et intérimaires - Pour les salariés en contrat à durée déterminée (CDD) ou en contrat de travail temporaire (sauf CDI intérimaire), le coefficient est déterminé pour chaque contrat ou pour chaque mission, en respectant le cadre de l'année civile (c. séc. soc. art. D. 241-7, III).

Lorsqu'un CDD ou une mission est renouvelé, il s'agit toujours du même contrat ou de la même mission et la réduction est calculée sur l'ensemble de la période. Si un contrat ou une mission est à cheval sur 2 années civiles, il faut distinguer les périodes correspondant à chaque année (BOSS, Allègements généraux, § 360, 01/10/2021).

Concernant le CDI intérimaire, la réduction ne se calcule pas mission par mission mais « normalement » sur l'année civile (c. séc. soc. art. D. 241-7, III, al. 2).

CDD transformé en CDI - Si un CDD est transformé en CDI, on considère que c'est le même contrat. La réduction se calcule sur l'ensemble de la période couverte par lesdits contrats, dans la limite de l'année civile (BOSS, Allègements généraux, § 340, 01/10/2021).

Succession de CDI - Si au cours d'une année, un salarié fait l'objet d'une nouvelle embauche en CDI après rupture d'un premier CDI avec son employeur, la réduction se calcule contrat par contrat.

Changement de statut du salarié en cours d'année - Lorsqu'un salarié change de statut en cours d'année, les conséquences sur la réduction dépendent de la question de savoir si ce changement a une incidence sur les cotisations couvertes par la réduction générale (BOSS, Allègements généraux, § 460, 01/10/2021).

Si le changement intervenu en cours d'année est sans effet sur la nature et le niveau des cotisations exonérées, le calcul reste annualisé et par contrat. En revanche, lorsque le changement de statut conduit à modifier le niveau des cotisations acquittées par l'employeur (et donc le paramètre T pris en compte pour le calcul du coefficient de la réduction), il faut calculer l'exonération de cotisations afférente à chaque période de travail, comme s'il s'agissait de contrats séparés. Cette situation peut se présenter, par exemple, pour un salarié qui deviendrait cadre en cours d'année, dans l'hypothèse où ce changement entraîne une modification du niveau de prise en charge par l'employeur de la cotisation AGIRC-ARRCO (ex. : passage d'une répartition de « 50/50 » à une répartition de « 60/40 »).

Modalités d'imputation du montant de la réduction générale

Le montant de la réduction calculée doit être imputé sur les cotisations dues à chaque organisme de recouvrement pour la part de cotisations qui lui correspond (c. séc. soc. art. L. 241-13, VII).

En 2022, pour ce qui concerne l'URSSAF, il s'agit de la partie de réduction correspondant aux cotisations patronales d'assurance maladie, d'assurance vieillesse et d'allocations familiales, au FNAL, à la contribution solidarité autonomie, à la fraction de taux AT couverte par la réduction (0,59 point en 2022) et aux contributions d'assurance chômage.

Cette « fraction URSSAF » de la réduction est déterminée par application d'un coefficient égal au rapport « taux des cotisations et contributions versées aux URSSAF couvertes par la réduction/taux maximal du coefficient » (c. séc. soc. art. D. 241-7, V, A, al. 2).

Le solde de la réduction, à savoir le montant global diminué de la part URSSAF, est imputable sur les contributions AGIRC-ARRCO (c. séc. soc. art. D. 241-7, V, A, al. 3).

Pour les expatriés et les intermittents du spectacle dont les contributions chômage sont versées au Pôle Emploi (et non à l'URSSAF), le montant de la réduction doit être ventilée en 3 éléments (fraction imputable sur les cotisations URSSAF, fraction imputable sur les cotisations de retraite complémentaire et fraction à déduire des contributions chômage versées au Pôle Emploi).

Pénalités en l'absence de négociation sur les salaires

L'entreprise qui n'engage pas de négociation sur les salaires effectifs s'expose à une pénalité financière (voir *Négociations obligatoires dans l'entreprise**).

Règles de cumul

Principe de non-cumul - La réduction ne peut pas, sauf exception, être cumulée avec le bénéfice d'une autre exonération totale ou partielle de cotisations patronales ni avec l'application de taux spécifiques, d'assiettes ou de montants forfaitaires de cotisations (c. séc. soc. art. L. 241-13, VI).

Lorsque les employeurs choisissent de ne pas appliquer une exonération totale ou partielle de cotisations et contributions de sécurité sociale dont ils peuvent bénéficier, ils peuvent alors appliquer la réduction générale. Cette décision n'est, depuis le 1.04.2021, plus irrévocable (BOSS, Allègements généraux, § 190, 01/10/2021).

Exception au principe de non-cumul - La réduction générale de cotisations patronales est cumulable avec la déduction forfaitaire de cotisations patronales au titre des heures supplémentaires [voir *Heures supplémentaires (déduction forfaitaire de cotisations patronales)**].

Par tolérance, la réduction peut aussi être cumulée avec les taux réduits de cotisations applicables aux journalistes et aux professions médicales exerçant leur activité à temps partiel pour plusieurs employeurs ainsi qu'avec le taux particulier de cotisation d'assurance vieillesse applicable aux VRP multicartes (BOSS, Allègements généraux, §§ 250 à 280, 01/10/2021). Pour ces professions, le paramètre « T » de la formule de calcul du coefficient est adapté *(voir ci-avant)*.

La réduction se cumule également avec le dispositif de taux réduit de *cotisation d'allocations familiales** et de *cotisations d'assurance maladie-maternité-invalidité**. Dans ce cas, les employeurs appliquent en premier lieu les mesures de réductions proportionnelles (BOSS, Allègements généraux, § 200, 01/10/2021).

▶ À noter… La réduction générale de cotisations patronales est cumulable avec les exonérations de cotisations patronales exceptionnelles mises en place au profit des employeurs les plus touchés par la crise sanitaire liée au covid-19. Ces exonérations « covid-19 » s'appliquent toutefois aux cotisations et contributions sociales restant dues après application de la réduction générale [voir *Covid-19 (exonérations et aides au paiement des cotisations)**].

Formalités

Le nombre de salariés concernés par la réduction et le montant des réductions ou restitutions de cotisations doivent être mentionnés sur les lignes spécifiques de la DSN.

L'employeur n'a pas l'obligation d'établir par établissement et par mois civil un document justificatif du calcul de la réduction. Certains peuvent toutefois choisir de le faire, en tant que récapitulatif des réductions appliquées.

En effet, les employeurs doivent être en mesure, dans l'éventualité d'un contrôle, de mettre à disposition des inspecteurs du recouvrement toutes les informations utiles à cette vérification.

☛ *Heures supplémentaires (déduction forfaitaire de cotisations patronales).*

Réduction du salaire

☛ *Absence ; Accord de performance collective ; Durée du travail ; Grève ; Modification du contrat de travail ; Modification du contrat de travail (fonctions et qualification) ; Modification du contrat de travail (rémunération) ; Sanctions pécuniaires.*

Rééducation professionnelle

Un salarié victime d'un accident du travail (et non d'un accident de trajet) ou d'une maladie professionnelle peut voir son contrat suspendu pendant le délai d'attente et la durée du stage de réadaptation, de rééducation ou de formation professionnelle qu'il est en droit de suivre, conformément à l'avis de la commission des droits et de l'autonomie des personnes handicapées (CDAPH). Il bénéficie en outre d'une priorité en matière d'accès aux actions de formation professionnelle (c. trav. art. L. 1226-7).

Le contrat de travail est également suspendu pendant les périodes au cours desquelles le salarié suit, à sa demande et avec l'accord de son médecin traitant, des actions de formation professionnelle continue ou des actions d'évaluation, d'accompagnement, d'information et de conseil auxquelles la caisse primaire d'assurance maladie (CPAM) participe (c. trav. art. L. 1226-7 ; c. séc. soc. art. L. 323-3-1).

La durée des périodes de suspension est prise en compte pour la détermination de tous les avantages légaux ou conventionnels liés à son *ancienneté** dans l'entreprise (c. trav. art. L. 1226-7).

L'indemnité journalière pour incapacité temporaire ou la *rente d'incapacité permanente** est intégralement maintenue à l'intéressé en cours de rééducation (c. séc. soc. art. L. 432-9).

Si l'indemnité (ou la rente) est inférieure au salaire perçu avant l'accident ou, s'il est plus élevé, au *SMIC**, le salarié reçoit, à défaut de rémunération pendant la durée de la rééducation, un supplément à la charge de la CPAM destiné à porter l'indemnité ou la rente au montant de ce salaire.

☞ *Accident du travail ; Maladies professionnelles.*

Réembauche

☞ *Ancienneté ; Apprentissage (contrat) ; Candidats ou élus au Parlement ; Contrat de travail à durée déterminée ; Démission pour élever un enfant ; Priorité de réembauche ; Travail temporaire (statut).*

Réfectoire

☞ *Cantine ; Local de restauration ; Titre-restaurant.*

Référent handicap

☞ *Handicapés.*

Référent en matière de lutte contre le harcèlement sexuel et les agissements sexistes

☞ *Harcèlement sexuel ; Agissements sexistes.*

Référent sécurité

Dans l'entreprise

Désignation - Quelles que soient la taille de l'entreprise et les modalités retenues en matière de médecine du travail, l'employeur doit désigner un ou plusieurs salariés compétents pour s'occuper des activités de protection et de prévention des risques professionnels de l'entreprise (c. trav. art. L. 4644-1 et R. 4644-1 ; circ. DGT 2012-13 du 9 novembre 2012, § 2-4).

▶ Attention... La désignation d'un référent sécurité ne transfère pas la responsabilité de l'employeur vers ce salarié, sauf à signer avec lui une *délégation de pouvoirs** (circ. DGT 2012-13 du 9 novembre 2012).

Il peut s'agir (circ. DGT 2012-13 du 9 novembre 2012) :
- soit d'une personne déjà présente dans l'entreprise et qui, peut-être, exerçait déjà la mission de responsable sécurité ;
- soit d'une personne recrutée pour mener cette mission.

En tout état de cause, si la personne doit avoir les compétences pour remplir une mission de prévention de risques professionnels - via son expérience professionnelle - il n'est pas nécessaire qu'elle ait un diplôme particulier.

Pour l'administration, l'employeur n'a pas à remettre un écrit au salarié désigné. En pratique, un écrit semble nécessaire ne serait-ce que pour se constituer une preuve de la désignation. Par ailleurs, si le référent sécurité est recruté à l'extérieur, son contrat de travail peut préciser sa mission. S'il s'agit d'un salarié en interne, sa désignation comme référent sécurité peut entraîner une *modification du contrat de travail** nécessitant son accord préalable et un avenant à son contrat de travail (circ. DGT 2012-13 du 9 novembre 2012).

▶ À noter... Le code du travail ne prévoit pas de sanction en l'absence de désignation du référent sécurité.

Consultation préalable du CSE - Qu'il s'agisse d'un salarié déjà présent dans l'entreprise ou d'un futur collaborateur à recruter, l'employeur doit saisir le *comité social et économique** (CSE) pour un avis préalable à la désignation (c. trav. art. R. 4644-1 ; circ. DGT 2012-13 du 9 novembre 2012) [voir *Comité social et économique (informations-consultations ponctuelles)**]. L'administration précise qu'il ne s'agit pas d'un avis conforme.

Par ailleurs, l'employeur communique au CSE le nom de la personne en précisant (circ. DGT 2012-13 du 9 novembre 2012) :
- sa compétence en matière de prévention des risques professionnels, en indiquant notamment ses diplômes et son expérience professionnelle ;
- les missions qui lui seront confiées.

Formation et moyens - Le référent sécurité dispose du temps nécessaire et des moyens requis pour exercer ses missions et, précise l'administration, d'une certaine autonomie (circ. DGT 2012-13 du 9 novembre 2012). Il ne peut pas subir de discrimination en raison de ses activités de prévention (c. trav. art. R. 4644-1).

Référent sécurité

À compter du 31.03.2022, il doit être formé à la santé au travail (loi 2021-1018 du 2 août 2021, art. 39 ; c. trav. art. L. 4644-1). Cette formation suit le même régime que la formation des élus du CSE : 5 jours minimum, prise en charge par l'employeur [voir *Comité social et économique (santé, sécurité et conditions de travail)**].

▶ À noter… La tâche des référents sécurité consiste à élaborer et rédiger des fiches pédagogiques, des avertissements ou encore des consignes de sécurité à l'usage de leurs collègues de travail, à les sensibiliser aux bonnes pratiques (ex. : port de protections, postures) ou encore à proposer certaines améliorations de l'environnement de travail, en lien avec le CSE (rapport AN 3529, p. 39).

Statut - Le référent sécurité n'est pas un salarié protégé. S'il venait à être licencié, l'employeur n'aurait donc pas à obtenir d'autorisation administrative préalable (circ. DGT 2012-13 du 9 novembre 2012).

Intervenant extérieur

À défaut de compétence en interne - Si l'employeur ne dispose pas de salariés aux compétences requises et après avoir recueilli l'avis du CSE, il peut faire appel à certains intervenants extérieurs (c. trav. art. L. 4644-1).

▶ À noter… Il n'est pas exigé que l'avis des représentants du personnel soit conforme (circ. DGT 2012-13 du 9 novembre 2012).

Le recours à des compétences externes est une solution par défaut. Dans la mesure du possible, l'employeur doit d'abord chercher à désigner un salarié de l'entreprise (circ. DGT 2012-13 du 9 novembre 2012).

Différentes solutions - Les intervenants extérieurs auxquels l'employeur peut faire appel sont (c. trav. art. L. 4644-1) :
- les intervenants en prévention des risques appartenant au service de santé au travail interentreprises auquel il adhère (voir *Service de prévention et de santé au travail**) ;
- les intervenants en prévention des risques enregistrés auprès du DREETS (c. trav. art. D. 4644-6 à D. 4644-11) ;
- les services de prévention des caisses de sécurité sociale avec l'appui de l'Institut national de recherche et de sécurité (INRS) dans le cadre des programmes de prévention mentionnés à l'article L. 422-5 du code de la sécurité sociale ;
- l'OPPBTP ;
- l'agence nationale pour l'amélioration des conditions de travail (ANACT).

▶ À noter… Il n'y a pas de hiérarchie entre les solutions alternatives. L'employeur peut directement faire appel à un intervenant en prévention des risques ou à un organisme de prévention (circ. DGT 2012-13 du 9 novembre 2012).

Intervenant en prévention des risques - Pour faire appel à un *intervenant en prévention des risques professionnels** l'employeur conclut une convention avec le DREETS ou le président du service de prévention et de santé au travail interentreprises. Le contenu de cette convention est précisément défini (c. trav. art. R. 4644-2).

L'intervenant en prévention des risques professionnels auquel l'employeur fait appel a vocation à exercer la même mission que celle du salarié qui aurait pu être désigné par l'employeur, à savoir une mission d'évaluation des risques et de définition des actions de prévention. Il doit donc avoir des compétences lui permettant de répondre à cette mission à caractère généraliste (circ. DGT 2012-13 du 9 novembre 2012). Mais attention : cet intervenant ne se substitue pas aux organismes ou prestataires de services techniques qui interviennent à la demande de l'employeur dans le cadre de sa gestion des risques (entreprise de maintenance industrielle, fournisseur de dispositifs de sécurité, d'équipements de travail ou de protection individuelle, etc.).

▶ À noter… L'intervenant en prévention des risques professionnels a accès aux documents hygiène et sécurité rendus obligatoires par le code du travail mais seulement à ceux qui sont non nominatifs. Il est tenu à une obligation de confidentialité et doit respecter notamment les secrets de fabrication (c. trav. art. R. 4644-5).

Organisme de prévention des risques professionnels - L'organisme (INRS, OPPBTP ou ANACT) n'est pas tenu de répondre favorablement à la demande de l'employeur. Il peut choisir d'intervenir ou non dans l'entreprise en fonction de son secteur d'activité, de sa taille ou de ses caractéristiques en matière de risques professionnels et de population salariée (circ. DGT 2012-13 du 9 novembre 2012). Il a aussi la possibilité de conditionner son intervention à des engagements de l'employeur en matière de prévention.

Information du service de santé au travail - Lorsque l'employeur fait appel à un intervenant en prévention des risques professionnels ou aux organismes de prévention mentionnés ci-avant, il informe son *service de prévention et de santé au travail** de cette intervention ainsi que des résultats des études menées dans ce cadre (c. trav. art. R. 4644-3).

☛ *Hygiène et sécurité (obligations de l'employeur).*

Régime social des indépendants (RSI)

☛ *Non-salarié (sécurité sociale).*

Registre des accidents du travail

L'employeur doit déclarer dans les 48 h tout *accident du travail** à la caisse primaire d'assurance maladie dont la victime relève. Pour les accidents bénins sans arrêt de travail ni soins médicaux, pris en charge par la sécurité sociale, il peut remplacer la déclaration des accidents du travail par une inscription sur un registre spécial si certaines conditions sont remplies (c. séc. soc. art. L. 441-4) [voir *Accident du travail (déclaration)**].

Tenue d'un registre

Conditions d'octroi - Depuis le 1.05.2021, l'autorisation de tenir un registre de déclaration des accidents du travail accordée par la CARSAT n'existe plus (décret 2021-526 du 29 avril 2021, JO du 30). Une simple déclaration de l'employeur attestant du respect des conditions exigées suffit pour mettre en place le registre (loi 2020-1576 du 14 décembre 2020, JO du 15 ; c. séc. soc. art. L. 441-4).

Les conditions pour avoir ce registre sont maintenues (c. séc. soc. art. D. 441-1) :

- la présence permanente d'une personne qualifiée (*médecin du travail**, pharmacien, *infirmiers**, personne chargée d'une mission d'hygiène et de sécurité dans l'entreprise détenant un diplôme national de secouriste complété par le diplôme de sauveteur secouriste du travail délivré par l'INRS ou les caisses d'assurance retraite et de la santé au travail) ;
- l'existence d'un poste de secours d'urgence [voir *Hygiène et sécurité (obligations de l'employeur)**] ;
- le respect par l'employeur de ses obligations légales concernant la constitution d'un *comité social et économique**.

L'employeur est tenu d'informer la CARSAT qu'il tient ce registre « sans délai » et par tout moyen lui donnant une date certaine (c. séc. soc. art. D. 441-2).

▶ À noter… L'employeur qui a un tel registre doit en aviser le *comité social et économique** (c. séc. soc. art. L. 441-4).

Employeur propriétaire du registre - Depuis le 1.05.2021, l'employeur est propriétaire du registre (décret 2021-526 du 29 avril 2021, JO du 30).

Il doit le conserver pour chaque année civile, sur le support de son choix, pendant 5 années à compter de la fin de l'exercice considéré (c. séc. soc. art. D. 441-2). Il doit le tenir de façon à pouvoir le présenter, sans difficulté d'utilisation et de compréhension et sans risque d'altération.

Modalités d'inscription - Tout accident bénin doit être inscrit sur le registre dans les 48 h (hors *dimanche** et *jours fériés**) (c. séc. soc. art. D. 441-3). Par accident du travail bénin, il faut entendre un accident n'entraînant ni arrêt de travail, ni soins médicaux pris en charge par les organismes de sécurité sociale.

L'employeur mentionne dans le registre les éléments prévus par la déclaration d'accident du travail : l'identité de la victime, les date, lieu, circonstances détaillées de l'accident, la nature et le siège des lésions, les témoins et les tiers. Le registre doit être signé par la personne ayant donné les soins et par la victime.

▶ Attention… Lorsqu'un accident ayant fait l'objet d'une simple inscription entraîne ultérieurement un arrêt de travail, l'employeur doit faire la déclaration d'accident du travail dans les 48 h qui suivent la survenance de cette aggravation.

Contrôle

Communication du registre - Le registre doit être tenu à la disposition des agents des organismes de sécurité sociale, de l'inspecteur du travail, du CSE, de la victime d'un accident consigné au registre et du médecin du travail (c. séc. soc. art. D. 441-2 et D. 441-4).

▶ À noter… Depuis le 1.05.2021, l'employeur n'a plus à envoyer le registre par lettre recommandée avec accusé de réception à la CARSAT une fois par an (décret 2021-526 du 29 avril 2021, JO du 30 ; c. séc. soc. art. D. 441-2).

Sanctions - En cas de manquement de l'employeur à ses obligations (tenue incorrecte du registre, non-respect des conditions requises pour tenir un registre, refus de présentation aux personnes habilitées dont la victime de l'accident et le CSE), il ne peut plus se voir retirer l'autorisation d'avoir un registre depuis le 1.05.2021 (c. séc. soc. art. D. 441-4).

En revanche, l'employeur peut se voir notifier une obligation de déclarer tous ses accidents dans les conditions habituelles, tant qu'il n'a pas été mis fin au(x) manquement(s) constaté(s). Ce qui revient à ne pas avoir de registre pendant un temps.

De plus, il est passible d'une sanction pénale (c. séc. soc. art. R. 471-3).

☛ *Accident de trajet ; Accident du travail.*

Registre des activités de traitement

Dans les entreprises d'au moins 250 salariés, le responsable du traitement doit tenir un registre des traitements effectués dont les mentions sont précisément définies : coordonnées de l'employeur, finalités, personnes concernées (ex. : candidats, salariés), etc., sachant que la CNIL en propose un modèle sur son site Internet (règlt UE 2016/679 du 27 avril 2016, art. 30, JOUE 4 mai 2016).

Dans les entreprises de moins de 250 salariés, le registre est impératif seulement dans certains cas et notamment quand les traitements sont habituels, ce qui est de fait le cas pour les *fichiers RH** (« Le registre des activités de traitement », www.cnil.fr).

Ainsi, les différents fichiers de recrutement ou de gestion du personnel doivent être inscrits au registre des activités de traitement tenu par l'employeur (« Le recrutement et la gestion du personnel », www.cnil.fr), y compris ceux permettant un contrôle de l'activité des salariés tel un dispositif de géolocalisation des véhicules, un système de contrôle des outils informatiques mis à disposition des salariés, un dispositif de contrôle des locaux et des horaires de travail, des outils de *vidéosurveillance des salariés** ou un système d'écoute et d'enregistrement des conversations téléphoniques sur le lieu de travail (voir *Surveillance des salariés**) (« La géolocalisation des véhicules », « Les outils informatiques au travail », « La vidéosurveillance-vidéoprotection au travail » et « L'écoute et l'enregistrement des appels », www.cnil.fr).

Registre des chantiers temporaires

Tout employeur autre qu'agricole doit tenir à la disposition de l'inspection du travail, au siège de son établissement, une liste de ses chantiers et autres lieux de travail à caractère temporaire. Toute infraction à cette obligation est sanctionnée pénalement (c. trav. art. R. 8113-1). Le fait de ne pas présenter ce registre à l'inspection du travail est également puni par une amende (c. trav. art. R. 8114-1).

Pour rappel, l'employeur informe par écrit l'inspection du travail de l'ouverture de tout chantier ou autre lieu de travail employant 10 salariés au moins pendant plus d'une semaine (voir *Déclaration des chantiers temporaires**).

Registre du CSE

☛ *Comité social et économique (entreprises de moins de 50 salariés) ; Comité social et économique (santé, sécurité et conditions de travail) ; Droit d'alerte et de retrait en cas de danger.*

Registre d'hygiène et de sécurité

L'employeur doit tenir différents registres au titre de ses obligations en matière d'hygiène et de sécurité.

Registre des contrôles et mises en demeure

Registre des vérifications et contrôles - Les attestations, consignes, résultats et rapports relatifs aux vérifications et contrôles mis à la charge des employeurs au titre de l'hygiène et de la sécurité du travail sont datés et mentionnent l'identité de la personne ou de l'organisme chargé du contrôle ou de la vérification et celle de la personne qui a effectué le contrôle ou la vérification (c. trav. art. L. 4711-1 et D. 4711-2).

▶ **À noter...** Des visites et essais sont imposés pour certains matériels ou installations en raison des risques particuliers qu'ils présentent pour les salariés (c. trav. art. R. 4323-23).

Registre des observations et mises en demeure - Les observations et mises en demeure notifiées par l'inspection du travail et relatives à des questions d'hygiène, de sécurité, de médecine du travail et de prévention des risques sont conservées par l'employeur (c. trav. art. L. 4711-2).

▶ Attention... Les employeurs conservent :
- les documents concernant les observations et mises en demeure notifiées par l'inspecteur du travail ;
- ainsi que ceux concernant les vérifications et contrôles des 5 dernières années.

En tout état de cause, ceux des deux derniers contrôles ou vérifications doivent être conservés (c. trav. art. D. 4711-3).

Registre unique - Les employeurs ont la possibilité de réunir ces informations (vérifications, contrôles, observations et mises en demeure) dans un registre unique lorsque cette mesure est de nature à faciliter la conservation et la consultation de ces informations (c. trav. art. L. 4711-5).

Présentation des documents - Les inspecteurs du travail et les agents du service de prévention des organismes de sécurité sociale peuvent se faire présenter les attestations, consignes, résultats, etc. au cours de leurs visites (c. trav. art. L. 4711-3).

Par ailleurs, le médecin du travail ou, dans les services de santé au travail interentreprises, l'équipe pluridisciplinaire a accès à tous les documents hygiène et sécurité non nominatifs (c. trav. art. R. 4624-5).

Communication des documents - Ces documents sont communiqués au CSE, au médecin du travail et, le cas échéant, aux représentants des organismes professionnels d'hygiène, de sécurité et des conditions de travail (c. trav. art. L. 4711-4 et R. 4624-5).

Dans une entreprise de moins de 50 salariés ou d'au moins 50 salariés, les membres du CSE (ou, le cas échéant, de la *commission santé, sécurité et conditions de travail**) peuvent se faire présenter l'ensemble des registres non nominatifs et obligatoires (c. trav. art. R. 2312-3) [voir *Comité social et économique (santé, sécurité et conditions de travail)**].

Sanction - Toute infraction aux obligations de tenir des registres et de conserver certains documents en matière d'hygiène et de sécurité est pénalement sanctionnée (amende prévue pour les contraventions de la 4e classe appliquée autant de fois qu'il y a de personnes employées dans des conditions susceptibles d'être sanctionnées) (c. trav. art. R. 4741-3) (voir *Amendes pénales**).

Registre du CSE

Voir *Droit d'alerte et de retrait en cas de danger**.

☛ *Hygiène et sécurité (obligations de l'employeur).*

Registre du personnel

Tout établissement dans lequel des salariés sont employés doit tenir un registre unique du personnel (c. trav. art. L. 1221-13).

Contenu

Mentions obligatoires - L'employeur fait figurer dans le registre, de façon indélébile et dans l'ordre d'embauche : les nom, prénoms, nationalité, date de naissance, sexe, emploi et qualification, dates d'entrée et de sortie de l'établissement de tous les salariés occupés dans l'établissement à quelque titre que ce soit, même les travailleurs à domicile (c. trav. art. D. 1221-23). Pour l'indication des stagiaires, voir ci-après.

▶ À noter... Lorsqu'une autorisation d'embauche ou de licenciement est requise, la date de cette autorisation ou, à défaut, la date de la demande d'autorisation doit aussi être inscrite sur le registre.

Mentions supplémentaires pour certaines catégories de salariés - Il existe un certain nombre d'indications spécifiques à porter selon les catégories de salariés ou de contrats (c. trav. art. D. 1221-23).

Pour les travailleurs étrangers [voir *Travailleurs étrangers (recrutement de)**], le registre mentionne le type et le numéro d'ordre du titre valant autorisation de travail. Les copies de ces titres doivent être annexées au registre (c. trav. art. D. 1221-24).

Les entreprises « françaises », qui accueillent les salariés détachés depuis l'étranger par des entreprises installées à l'étranger, doivent annexer une copie de chaque déclaration préalable au détachement au registre unique du personnel (c. trav. art. L. 1221-15-1 et D. 1221-24-1) (voir *Détachement international**).

Pour les salariés titulaires d'un contrat d'apprentissage ou de professionnalisation, le type du contrat doit être indiqué.

Pour les salariés en contrat de travail à durée déterminée et les travailleurs à temps partiel, le registre précise leur statut. Pour les travailleurs temporaires et les travailleurs mis à disposition par un *groupement d'employeurs**, il convient d'indi-

Registre du personnel

Extrait du registre unique du personnel (1)								
Mentions relatives aux salariés/travail temporaire/groupements d'employeurs								
Nom et prénom du salarié	Date de naissance	Sexe	Nationalité Type de titre de travail N° du titre de travail Copie jointe de ce titre	Emploi	Qualification	Date d'entrée Date de sortie (2)	Contrats particuliers : CDD, temps partiel, apprentissage, professionnalisation (3), travailleur temporaire, mise à disposition par un groupement d'employeurs	Coordonnées de l'entreprise de travail temporaire Dénomination et adresse du groupement d'employeurs en cas de mise à disposition de personnel (4)
Mentions relatives aux stagiaires (5)								
Noms et prénom du stagiaire						Dates de début et de fin du stage	Lieu de présence du stagiaire	

(1) Les mentions relatives à des événements postérieurs à l'embauche doivent être portées sur le registre au moment où ils surviennent (c. trav. art. D. 1221-25).
(2) Lorsqu'une autorisation d'embauche ou de licenciement est nécessaire, il faut également indiquer à quelle date elle a été obtenue ou, à défaut, demandée (c. trav. art. D. 1221-23).
(3) Même si les textes ne le prévoient pas, il faut, à notre avis, aussi préciser tous les autres contrats particuliers (ex. : contrat aidé*).
(4) Pour les salariés détachés depuis l'étranger, annexer une copie de chaque déclaration préalable au détachement (c. trav. art. L. 1221-15-1 et D. 1221-24-1).
(5) Inscription des stagiaires dans l'ordre d'arrivée (c. trav. art. L. 1221-13 et D. 1221-23-1).

quer le statut des salariés mais également, selon le cas, le nom et l'adresse de l'entreprise de travail temporaire ou la dénomination et l'adresse du groupement d'employeurs.

Mentions relatives aux stagiaires - L'employeur doit inscrire les noms et prénoms des stagiaires accueillis dans l'établissement, dans une partie spécifique du registre unique du personnel (c. trav. art. L. 1221-13) (voir *Stages en entreprise**).

L'employeur spécifie dans le registre du personnel (c. trav. art. D. 1221-23-1) :

- les nom et prénoms du stagiaire et du tuteur ;
- les dates de début et de fin du stage ;
- le lieu de présence du stagiaire.

Mentions relatives aux volontaires en service civique - Les nom et prénoms des personnes volontaires en service civique doivent être inscrits dans le registre du personnel, dans la partie consacrée aux stagiaires (c. trav. art. L. 1221-13). Un décret à paraître doit préciser les mentions à indiquer.

Mentions postérieures à « l'embauche » - Toutes les indications exigées sont inscrites sur le registre au moment de l'embauche ou de l'arrivée en stage, puis éventuellement modifiées en fonction des événements postérieurs (c. trav. art. D. 1221-25).

Registre papier ou informatique

La réglementation prévoit un registre papier (c. trav. art. L. 1221-13). Toutefois, les entreprises peuvent recourir à d'autres moyens, notamment informatiques, si elles maintiennent des garanties de contrôle équivalentes. Préalablement à la mise en place du support de substitution, elles doivent consulter le *comité social et économique** (c. trav. art. L. 1221-14 et L. 8113-6). L'employeur adresse à l'inspecteur du travail l'avis résultant de cette consultation (c. trav. art. D. 8113-2 et D. 8113-3).

▶ **Attention...** Les *fichiers RH** ou de gestion du personnel (papier ou informatique) contenant des *données personnelles** de salariés doivent respecter les principes protecteurs du *RGPD**.

Mise à disposition et sanctions

Le registre du personnel est tenu à la disposition (c. trav. art. L. 1221-15) :

- du *comité social et économique** ;
- des fonctionnaires et agents chargés de veiller à l'application du code du travail et du code de la sécurité sociale (voir *Inspection du travail**).

Un extrait individuel du registre du personnel peut être remis au salarié immédiatement lors de son embauche, à titre d'attestation d'embauche.

▶ À noter... Pendant les négociations préélectorales, l'employeur doit mettre à la disposition des syndicats le registre unique du personnel dans des conditions permettant sa consultation (cass. soc. 6 janvier 2016, n° 15-10975, BC V n° 2).

La non-tenue d'un registre unique du personnel est passible de sanctions pénales (c. trav. art. R. 1227-7).

Délai de conservation

Les mentions obligatoires portées sur le registre doivent être conservées pendant 5 ans à compter de la date à laquelle le salarié ou le stagiaire a quitté l'établissement (c. trav. art. R. 1221-26). Sur la durée de conservation des *données personnelles** des salariés, voir l'étude correspondante.

Registre du repos hebdomadaire

Les établissements dans lesquels le *repos hebdomadaire** n'est pas donné collectivement à tout le personnel sont assujettis à la tenue d'un registre spécifique qui mentionne (c. trav. art. R. 3172-2 à R. 3172-5) :
- les noms des salariés soumis à un régime particulier de repos hebdomadaire ;
- pour chacun des salariés, le jour et éventuellement les fractions de journées choisies pour ce repos.

L'inscription des salariés récemment embauchés devient obligatoire après un délai de 6 jours. Jusqu'à l'expiration de ce délai, et à défaut d'inscription sur le registre, les inspecteurs ou contrôleurs du travail ne peuvent réclamer qu'un cahier régulièrement tenu et indiquant le nom et la date d'*embauche** des salariés (c. trav. art. R. 3172-3).

▶ À noter... Il était admis que le registre soit remplacé par un tableau affiché auprès de l'*horaire de travail** (circ. min. du 10 juillet 1950).

Il convient de tenir constamment à jour ce registre. Il est possible de modifier la mention des journées de repos dont un salarié bénéficie avant que le changement ait lieu. Toutefois, cette modification ne peut pas priver le remplaçant du repos auquel il a droit (c. trav. art. R. 3172-4).

Ce registre doit être laissé à la disposition de l'inspecteur du travail et communiqué aux salariés qui en font la demande (c. trav. art. R. 3172-5).

Toute infraction à sa tenue est passible de sanctions pénales (c. trav. art. R. 3135-2).

▶ À noter... Les *fichiers RH** ou de gestion du personnel (papier ou informatique) contenant des *données personnelles** de salariés doivent respecter le *RGPD**.

Règlement intérieur

Entreprises visées

Entreprises d'au moins 50 salariés - Un règlement intérieur doit être établi dans les entreprises et établissements employant au moins 50 salariés (au moins 20 salariés avant le 1.01.2020) (c. trav. art. L. 1311-2).

Le seuil de 50 salariés doit avoir été atteint pendant 12 mois consécutifs. L'*effectif** est calculé selon les règles de droit du travail (c. trav. art. L 1111-2 et L. 1111-3).

▶ À noter... Les entreprises peuvent établir un règlement intérieur unique applicable à l'ensemble de leurs établissements, à moins que ces établissements présentent des particularités imposant d'édicter des dispositions propres à l'un ou plusieurs d'entre eux (circ. DGT 2009-9 du 17 avril 2009).

Entreprises de moins de 50 salariés - En dessous du seuil légal de 50 salariés, l'établissement d'un règlement intérieur est facultatif. En cas de contentieux, c'est à l'employeur de prouver que l'effectif de l'entreprise est inférieur à ce seuil (cass. soc. 6 janvier 2021, n° 19-14440 D).

Si l'employeur décide d'en établir un, il doit respecter les dispositions relatives à ce document et notamment celles concernant son mode d'élaboration (circ. DRT 1983-5 du 15 mars 1983).

Délai pour les entreprises nouvelles - Les entreprises nouvelles disposent d'un délai de 12 mois, à compter de la date à laquelle le seuil de 50 salariés a été atteint pendant 12 mois consécutifs suivant leur création, pour élaborer leur règlement intérieur (c. trav. art. R. 1321-5).

Contenu

Domaines exclusifs du règlement intérieur - Le règlement intérieur doit contenir exclusivement (c. trav. art. L. 1321-1) :
- les mesures d'application de la réglementation en matière de santé et de sécurité dans l'entreprise ou l'établissement [voir *Boissons**, *Droit d'alerte* et

*de retrait en cas de danger**, *Consignes d'hygiène et de sécurité**, *Interdiction de fumer** et *Hygiène et sécurité (obligations de l'employeur)**] ;

- les conditions dans lesquelles les salariés peuvent être appelés à participer, à la demande de l'employeur, au rétablissement des conditions de travail protectrices de la santé et de la sécurité, quand elles apparaissent compromises ;
- les règles générales et permanentes relatives à la discipline et, notamment, la nature et l'échelle des *sanctions disciplinaires** que peut prendre l'employeur *(voir ci-après)*.

Sanctions disciplinaires - Le règlement intérieur fixe les règles générales et permanentes relatives à la discipline, notamment la nature et l'échelle des *sanctions disciplinaires**.

Il en résulte que dans une entreprise employant au moins 50 salariés (c. trav. art. L. 1321-1, 3° ; cass. soc. 23 mars 2017, n° 15-23090, BC V n° 55 ; cass. soc. 2 décembre 2020, n° 19-21292 D) :

- une sanction autre que le licenciement ne peut être prononcée contre un salarié que si elle est prévue par le règlement intérieur ;
- une mise à pied disciplinaire prévue par le règlement n'est licite que si ce règlement en précise la durée maximale.

En cas de litige à propos d'une sanction autre que le licenciement prononcée en l'absence de règlement intérieur, c'est à l'employeur de prouver que l'effectif de l'entreprise est, au jour du prononcé de la sanction, inférieur à celui imposant un règlement intérieur (cass. soc. 6 janvier 2021, n° 19-14440 D).

Rappels du code du travail - Le règlement intérieur doit rappeler (c. trav. art. L. 1321-2) :

- les dispositions relatives aux droits de la défense des salariés tels qu'ils résultent des articles L. 1332-1 à L. 1332-3 du code du travail ou, le cas échéant, de la *convention collective** applicable ;
- les dispositions du code du travail relatives au *harcèlement moral**, au *harcèlement sexuel** et aux *agissements sexistes**.

Le règlement intérieur devra également rappeler l'existence du dispositif de protection du *lanceur d'alerte** (loi visant à améliorer la protection des lanceurs d'alerte, texte définitif adopté le 16 février 2022, art. 4). Cette disposition entrera en vigueur le 1er jour du 6e mois suivant la promulgation de la loi précitée, cette date n'étant toutefois pas encore connue à la date de mise à jour de cette étude (pour suivre l'actualité sur cette promulgation, voir le fil quotidien sur www.rfsocial.com et la Revue d'actualité RF Social).

Clauses conformes aux dispositions légales et conventionnelles - Le règlement intérieur ne peut pas contenir de clauses contraires aux lois, règlements, dispositions conventionnelles et accords collectifs applicables à l'entreprise ou à l'établissement (c. trav. art. L. 1321-3, 1°).

Clauses respectueuses des droits et libertés - Le règlement intérieur ne peut pas apporter aux droits des personnes et aux libertés individuelles et collectives des restrictions qui ne seraient pas justifiées par la nature de la tâche à accomplir ni proportionnées au but recherché (ex. : droit au respect de la vie privée, droit de *grève**, liberté de se vêtir, liberté religieuse) (c. trav. art. L. 1321-3, 2°). Sur les clauses relatives aux tenues vestimentaires, au port de signes religieux ou encore, à la consommation d'alcool ou à l'interdiction de fumer, voir *Boissons**, *Interdiction de fumer**, *Religion** et *Vêtements**.

Clauses non-discriminatoires - Le règlement intérieur ne peut pas comporter de dispositions discriminant les salariés dans leur emploi ou leur travail (voir *Discriminations**) (c. trav. art. L. 1321-3, 3°).

Dispositifs de contrôle des salariés - Les dispositifs de surveillance des salariés sont, le cas échéant, à inscrire dans le règlement intérieur dans la mesure où ils peuvent déboucher sur une sanction disciplinaire, comme des tests salivaires de détection de drogues (voir *Surveillance des salariés**).

Clauses relatives à l'usage des outils informatiques et à la protection des données personnelles (RGPD) - Voir *Charte informatique** et *Informatique**.

Clause facultative sur la neutralité en entreprise - Le règlement intérieur peut contenir une clause relative au principe de neutralité et restreignant la manifestation des convictions des salariés. Ces restrictions doivent être justifiées par l'exercice d'autres libertés et droits fondamentaux ou par les nécessités du bon fonctionnement de l'entreprise et être proportionnées au but recherché (c. trav. art. L. 1321-2-1).

Sur la mise en œuvre d'une clause de neutralité, voir *Religion**.

Inopposabilité d'une clause illicite - Le salarié n'est pas tenu de respecter la clause illicite d'un règlement intérieur (cass. soc. 10 juin 1982, n° 80-40929, BC V n° 392).

Indication de la date d'entrée en vigueur - Le règlement intérieur doit indiquer la date de son entrée en vigueur. Cette date doit être postérieure de 1 mois à l'accomplissement de la dernière en date des formalités de dépôt et de publicité (c. trav. art. L. 1321-4) *(voir ci-après)*.

Thématiques hors du champ du règlement intérieur - Lorsqu'un règlement intérieur prévoit certains avantages pécuniaires, bien qu'il s'agisse de dispositions n'entrant pas dans la catégorie des thèmes devant y figurer, cette circonstance n'a pas pour effet de contractualiser ces avantages. Ceux-ci ont alors la valeur d'un *engagement unilatéral de l'employeur** (cass. soc. 10 mars 2004, n° 03-40505 à 03-40554, BC V n° 76).

Élaboration

Langue française - Le règlement intérieur doit être rédigé en *langue française**. Il peut être accompagné de traductions en une ou plusieurs langues étrangères (c. trav. art. L. 1321-6).

Consultation du CSE - L'employeur doit soumettre le règlement intérieur à l'avis du *comité social et économique** (CSE) (c. trav. art. L. 1321-4).

Établissement distinct absorbé par l'entreprise - L'entreprise qui absorbe un établissement distinct doit soumettre son règlement intérieur aux représentants du personnel de cet établissement ayant conservé leur mandat. À défaut, l'employeur ne peut pas opposer ce règlement à un représentant du personnel et risque ainsi de ne pas obtenir l'autorisation administrative de le licencier pour une faute qu'il aurait commise en violation de ce règlement (CE 20 mars 2017, n° 391226).

Sort du règlement intérieur en cas de restructuration de l'entreprise - Le transfert des contrats de travail lors d'une restructuration de l'entreprise (scission, cession) (c. trav. art. L. 1224-1) n'emporte pas transfert du règlement intérieur auprès de la nouvelle société. Ainsi, en l'absence de règlement intérieur propre, cette dernière ne peut pas appliquer le règlement intérieur de l'entreprise d'origine pour sanctionner des salariés. Elle doit élaborer son règlement intérieur (cass. soc. 17 octobre 2018, n° 17-16465 FSPB). À l'inverse, le juge ne peut pas reprocher à l'employeur de n'avoir pas appliqué la procédure disciplinaire prévue dans le règlement intérieur de la société rachetée (cass. soc. 31 mars 2021, n° 19-12289 FSP).

Transmission à l'inspection du travail - Le règlement intérieur est transmis, en double exemplaire, avec l'avis du CSE, à l'*inspection du travail** (c. trav. art. L. 1321-4 et R. 1321-4).

Formalités de dépôt et de publicité - Le règlement intérieur doit être déposé au secrétariat-greffe du conseil de prud'hommes, dans le ressort duquel l'entreprise ou l'établissement est situé, ou dans le ressort de son siège social en cas de règlement intérieur unique pour tous les établissements (cass. soc. 26 juin 2019, n° 17-31328 D), et publié dans l'entreprise au moins 1 mois avant la date prévue pour l'entrée en vigueur du règlement (c. trav. art. L. 1321-4 et R. 1321-2).

Il est porté, par tout moyen (ex. : affichage), à la connaissance des personnes ayant accès aux lieux de travail ou aux locaux où se fait l'embauche (c. trav. art. R. 1321-1).

Incidences du non-respect des règles d'élaboration - Le règlement intérieur et les *notes de service** qui le complètent ne peuvent produire effet que si l'employeur a accompli les formalités prévues par le code du travail (c. trav. art. L. 1321-4 ; cass. soc. 9 mai 2012, n° 11-13687, BC V n° 134 ; cass. soc. 1er juillet 2020, n° 18-24556 D). Le règlement intérieur est inopposable aux salariés s'il a été envoyé à l'inspection du travail sans l'avis du CSE (cass. soc. 10 novembre 2021, n° 20-12327 D).

En cas de litige, il revient à l'employeur d'apporter la preuve de leur accomplissement. Le fait que le règlement intérieur spécifie lui-même avoir été déposé au greffe du conseil de prud'hommes et avoir été affiché dans l'entreprise ne permet pas de justifier le respect de ces formalités (cass. soc. 21 juin 2018, n° 16-22803 D).

Modification - Toute modification du règlement intérieur est soumise aux règles exposées ci-dessus. Toutefois, si la modification fait suite à une injonction de l'inspection du travail, l'employeur n'a pas à consulter à nouveau les représentants du personnel sur ces modifications (cass. soc. 26 juin 2019, n° 18-11230 FSPB ; cass. soc. 23 juin 2021, n° 19-15737 FSP ; cass. soc. 19 janvier 2022, n° 20-12196 D).

Par ailleurs, la date initiale d'entrée en vigueur du règlement intérieur peut ne pas être actualisée après une modification. Dans ce cas, le règlement intérieur modifié entre en vigueur après la dernière date d'accomplissement des formalités de dépôt et de publicité (cass. soc. 23 juin 2021, n° 19-15737 FSP).

Documents assimilés au règlement intérieur - Les *notes de service** sont, sous certaines conditions, assimilées au règlement intérieur.

S'agissant d'un code de déontologie imposant à une catégorie de personnel des obligations figurant déjà dans le règlement intérieur, il a été jugé que ce code n'en constituait pas une adjonction mais une simple modalité d'application. Ce code ne devait donc pas faire l'objet des formalités légales relatives à l'entrée en vigueur du règlement intérieur (cass. soc. 28 mai 2008, n° 07-15744, BC V n° 120). De même, un document interne rappelant des dispositions légales et réglementaires en matière de sécurité n'est pas une adjonction au règlement intérieur (cass. soc. 23 juin 2021, n° 19-15737 FSP).

En revanche, un code de conduite et les dispositions ou les annexes d'une *charte d'éthique** ou d'une *charte informatique** comportant des dispositions qui relèvent du champ du règlement intérieur obéissent aux mêmes règles que celui-ci (circ. DGT 2008-22 du 19 novembre 2008). Dès lors qu'un code de déontologie, fixant des règles éthiques passibles de sanction, a été soumis aux représentants du personnel, transmis à l'inspecteur du travail et a fait l'objet des formalités de dépôt et de publicité, il est opposable aux salariés à la date de son entrée en vigueur (cass. soc. 5 mai 2021, n° 19-25699 FSP).

Caractère impératif - Dès lors qu'il a été régulièrement élaboré, le règlement intérieur s'impose à tous les membres du personnel comme à l'employeur. Il s'impose en tant que tel, même si ces destinataires n'ont pas souscrit à ses dispositions, car il s'agit d'un acte réglementaire (cass. soc. 25 septembre 1991, n° 87-42396, BC V n° 381).

Le cas échéant, les clauses du règlement intérieur applicables à un stagiaire sont mentionnées dans la convention de stage (voir *Stages en entreprise**).

Contrôle

Inspection du travail - Le règlement intérieur est soumis au contrôle de l'inspecteur du travail qui peut à tout moment exiger le retrait ou la modification des clauses illicites ou contraires à la convention collective. La décision de l'inspecteur du travail peut faire l'objet d'un recours devant le DREETS. La décision du DREETS peut, à son tour, faire l'objet d'un *recours hiérarchique** devant le ministre chargé du travail et d'un *recours contentieux** pour excès de pouvoir devant le tribunal administratif (c. trav. art. L. 1322-1 et L. 1322-3).

Règlement intérieur unique dans une entreprise à établissements multiples - Dans ce cas, l'inspecteur du travail du siège est compétent pour apprécier la validité du règlement intérieur. En pratique, deux situations peuvent se présenter.

Lorsque l'employeur a directement saisi l'inspecteur du travail du siège sur un règlement intérieur unique, ce dernier statue directement, après, d'une part, avoir sollicité au préalable les observations des inspecteurs du travail des différents établissements et, d'autre part, avoir vérifié que le CSE central a été consulté.

Lorsque l'inspecteur du travail compétent sur un établissement est saisi d'un règlement intérieur, il doit vérifier l'origine et le champ des mesures édictées, et s'assurer que l'établissement ne comporte pas de particularités exigeant l'élaboration d'un règlement intérieur propre à l'établissement. S'il apparaît que le document constitue en réalité un règlement intérieur unique, l'inspecteur du travail de l'établissement doit transmettre le document à l'inspecteur du travail compétent pour le siège de l'entreprise et prévenir la direction de l'établissement (circ. DGT 2009-9 du 17 avril 2009).

Procédure de rescrit - L'employeur peut demander à l'inspecteur du travail de se prononcer de manière explicite sur la conformité de tout ou partie de son règlement intérieur. La décision de l'inspecteur du travail est opposable pour l'avenir à l'administration tant que la situation de fait exposée dans la demande ou la législation au regard de laquelle la situation a été appréciée n'ont pas été modifiées ou jusqu'à ce que l'inspecteur du travail notifie à l'employeur une modification de son appréciation (c. trav. art. L. 1322-1-1).

Dans sa demande, établie par tout moyen donnant date certaine à sa réception, l'employeur doit indiquer la ou les dispositions du règlement pour lesquelles il sollicite l'appréciation de l'inspecteur du travail (avec, le cas échéant, indication des références des articles de la convention collective ou des accords d'entreprise en rapport avec les dispositions). L'inspecteur du travail a 2 mois à compter de la réception de la demande pour répondre, par une décision motivée. Il peut conclure à la conformité, ou à la non-conformité, de tout ou partie des dispositions mentionnées dans la demande. En cas de décision de non-conformité, il précise pour chaque disposition concernée si elle doit être retirée ou modifiée (c. trav. art. L. 1322-2 et R. 1321-6).

La décision de l'inspecteur du travail est communiquée, pour information, au CSE (c. trav. art. L. 1322-2).

Conseil de prud'hommes - Le *conseil de prud'hommes** peut, à l'occasion d'un litige individuel, écarter les clauses qu'il juge contraires aux lois, une copie du jugement étant adressée à l'inspecteur du travail et aux représentants du personnel (c. trav. art. L. 1322-4).

Les dispositions du règlement intérieur relatives aux sanctions disciplinaires ne lient pas le juge. Il appartient à celui-ci d'apprécier si le comportement du salarié constitue une faute, indépendamment des dispositions du règlement intérieur (cass. soc. 2 mai 2000, n° 97-44091, BC V n° 159).

Enfin, le *tribunal judiciaire** peut annuler les clauses illicites du règlement intérieur, mais seulement si l'inspecteur du travail ne s'est pas prononcé sur leur validité (cass. soc. 16 décembre 1992, n° 90-14337, BC V n° 602).

☞ *Notes de service ; Sanctions disciplinaires.*

➲ Formulaire de Droit Social, « Règlement intérieur ».

Règlement intérieur du CSE

☞ *Comité social et économique (règlement intérieur).*

Relevé annuel de situation

Contenu du relevé

Informations relatives à l'épargne - Les teneurs de comptes fournissent à chaque bénéficiaire d'un plan d'épargne salariale un relevé annuel de situation lui indiquant (c. trav. art. L. 3332-7-1 ; instr. DGT/RT3/DSS/DGT 2019-252 du 19 décembre 2019, QR 36) :
- le choix d'affectation de son épargne ;
- le montant de ses valeurs mobilières estimé au 31 décembre de l'année précédente.

Mentions obligatoires - Le relevé annuel de situation comporte (c. trav. art. D. 3332-16-1) :
- l'identification de l'entreprise et du bénéficiaire ;
- le montant global des droits et avoirs inscrits au compte du bénéficiaire, estimé au 31 décembre de l'année précédente ;
- le montant de ses droits et avoirs par support de gestion, avec les dates de disponibilités, ainsi que les modalités de gestion, prévues par défaut dans le règlement du plan ou choisies par le bénéficiaire ;
- un récapitulatif des sommes investies lors de l'année écoulée dans le plan, présentées par type de versements, ainsi qu'un récapitulatif des sommes désinvesties du plan sur la même période, en distinguant celles résultant d'un cas de déblocage anticipé ;
- un récapitulatif des frais à la charge du salarié lors de l'année écoulée, conformément aux dispositions du plan.

Le relevé annuel de situation peut également comporter la mention des frais de tenue de compte-conservation pris en charge par l'entreprise. Cette mention devient obligatoire lorsque cette prise en charge cesse à la suite du départ du salarié de l'entreprise et que les frais de tenue de compte-conservation sont alors perçus par prélèvement sur les avoirs.

Modalités de remise

Au cours du 1er trimestre - Chaque bénéficiaire reçoit son relevé annuel de situation dans les 3 mois suivant le 31 décembre de l'année précédente (c. trav. art. D. 3332-16-1).

Forme du relevé - Le teneur de comptes peut remettre le relevé annuel de situation sous forme électronique, dans des conditions de nature à garantir l'intégrité des données, sous réserve que le bénéficiaire n'ait pas manifesté d'opposition à un tel mode de transmission (c. trav. art. D. 3332-16-1).

☞ *État récapitulatif de l'épargne salariale ; Livret d'épargne salariale ; Plan d'épargne d'entreprise (PEE) ; Plan d'épargne interentreprises (PEI) ; Plan d'épargne pour la retraite collectif (PERCO) ; Plan d'épargne retraite d'entreprise collectif (PERE-CO).*

Religion

Liberté de principe mais restrictions possibles sous conditions

La liberté religieuse est de principe, mais l'employeur peut y apporter des restrictions à condition que celles-ci soient justifiées par la nature de la tâche à accomplir et proportionnées au but recherché. Ce sont les juges qui, au fur et à mesure de leur jurisprudence, indiquent quelles peuvent être ces restrictions selon que la liberté de se vêtir, celle d'expression ou d'autres libertés sont également en jeu *(voir ci-après)* (c. trav. art. L. 1121-1).

L'employeur doit aussi respecter l'interdiction des *discriminations**, sachant que des différences de traitement sont toutefois permises lorsqu'elles répondent à une exigence professionnelle essentielle et déterminante et que l'objectif est légitime et l'exigence proportionnée (c. trav. art. L. 1132-1 et L. 1133-1).

En résumé, les restrictions à la liberté religieuse doivent être justifiées par la nature de la tâche à accomplir, répondre à une exigence professionnelle essentielle et déterminante et proportionnées au but recherché. L'exigence professionnelle essentielle et déterminante est une exigence objectivement dictée par la nature ou les conditions d'exercice de l'activité professionnelle en cause. Des considérations subjectives sont donc exclues (ex. : volonté de l'employeur de tenir compte des souhaits supposés ou exprimés de clients) *(voir ci-après)* (CJUE 14 mars 2017, C-188/15 ; cass. soc. 8 juillet 2020, n° 18-23743 FSPBRI ; cass. soc. 14 avril 2021, n° 19-24079 FSP ; cass. soc. 19 janvier 2022, n° 20-14014 FSP).

L'employeur peut, également sous certaines conditions, inscrire une clause de neutralité *(voir ci-après)* dans le *règlement intérieur** (c. trav. art. L. 1321-2-1).

Libertés religieuse et de se vêtir

Impératifs d'hygiène et de sécurité - Des exigences d'hygiène ou de sécurité peuvent justifier des restrictions à la liberté religieuse ainsi qu'à la liberté de se vêtir (voir *Vêtements**). Elles sont à inscrire dans le *règlement intérieur**.

▶ À noter… Une décision-cadre 2019-205 du 2.10.019 du *Défenseur des droits** rappelle les règles applicables et donne des exemples de pratiques admises ou interdites au regard du droit à la non-discrimination en matière d'apparence physique (www.defenseurdesdroits.com).

Ces impératifs peuvent conduire à interdire le port de certaines tenues ou symboles : couvre-chefs (ex. : voile islamique, kippa ou turban sikh), bijoux, etc.

Exemple

L'employeur peut imposer, si cela est nécessaire, le port d'un équipement de protection, comme une tenue stérile ou un casque de sécurité. Or, cette obligation peut s'avérer incompatible avec celui d'un signe religieux.

Dans ce cas, l'employeur doit être vigilant sur la manière dont il formule cette restriction. Ce n'est pas du fait de son caractère religieux que tel signe ou telle tenue est prohibé mais en raison de sa conséquence en matière de sécurité et d'hygiène au travail. Enfin, l'employeur doit veiller à appliquer les mêmes règles à toutes les religions (Guide du fait religieux dans les entreprises privées, ministère du Travail).

Restrictions liées au contact avec la clientèle inscrites dans le règlement intérieur - Des restrictions peuvent être apportées à la liberté de se vêtir et à la liberté religieuse pour tenir compte des impératifs liés aux contacts avec la clientèle sous réserve de respecter les exigences suivantes.

L'employeur doit inscrire une clause de neutralité dans le *règlement intérieur** (ou dans une note de service qui devra dans ce cas respecter l'ensemble des règles relatives au règlement intérieur). Il n'a pas d'autres voies possibles pour adopter ce genre de restrictions. Pour être valable, ce type de clause doit (cass. soc. 22 novembre 2017, n° 13-19855, BC V n° 200) :

- interdire le port visible de tout signe politique, philosophique ou religieux sur le lieu de travail, en d'autres termes, être générale et indifférenciée ;

- viser uniquement les salariés se trouvant en contact avec les clients.

Si un salarié en contact avec les clients refuse de se conformer à une telle clause de neutralité, l'employeur doit rechercher s'il peut lui proposer un poste de travail n'impliquant pas de contact visuel avec les clients avant de procéder à son licenciement. Il s'agit d'une simple obligation de moyens dans la mesure où l'employeur peut prendre en compte les contraintes inhérentes à l'entreprise. Il n'a pas non plus à subir de charge supplémentaire (cass. soc. 22 novembre 2017, n° 13-19855, BC V n° 200).

▶ À noter… La jurisprudence de la Cour de cassation est conforme à la jurisprudence européenne (CJUE 14 mars 2017, aff. C-157/15 ; CJUE 14 mars 2017, aff. C-188/15).

Restrictions liées au contact avec la clientèle non inscrites dans le règlement intérieur - Dans le cas où le règlement intérieur de l'entreprise ne contient pas de clause de neutralité, l'interdiction faite oralement à une salariée de porter le foulard islamique dans ses contacts avec les clients constitue une discrimination directe fondée sur les convictions religieuses dans la mesure où elle vise un signe religieux déterminé (voir *Discriminations**) (c. trav. art. L. 1132-1 ; cass. soc. 22 novembre 2017, n° 13-19855, BC V n° 200).

Seule une exigence professionnelle essentielle et déterminante peut justifier une telle différence de traitement (c. trav. art. L. 1133-1 ; directive 2000/78 du 27 novembre 2000, 4 § 1 ; CJUE, 14 mars 2017, aff. C-188/15). Il s'agit d'une exigence objectivement dictée par la nature ou les conditions d'exercice de l'activité professionnelle en cause. Elle ne saurait couvrir des considérations subjectives.

La volonté d'un employeur de tenir compte des souhaits d'un client de ne plus voir ses services assurés par une salariée portant un foulard islamique ne constitue donc pas une telle exigence. En l'espèce, le licenciement de la salariée qui avait refusé de se plier à la directive de son employeur avait été jugé nul, car discriminatoire (c. trav. art. L. 1132-4 ; cass. soc. 22 novembre 2017, n° 13-19855, BC V n° 200 ; CA Versailles, 18 avril 2019, RG 18/02189).

L'attente prétendue des clients sur l'apparence physique des vendeuses d'un commerce de détail d'habillement, compte tenu de l'image de l'entreprise, ne constitue pas non plus une exigence professionnelle essentielle et déterminante. En l'espèce, le licenciement de la salariée, prononcé au motif du refus de celle-ci de retirer son foulard islamique lorsqu'elle était en contact avec la clientèle, a pu être jugé discriminatoire (cass. soc. 14 avril 2021, n° 19-24079 FSP).

Restrictions applicables dans les entreprises privées ayant une mission d'intérêt général - Le principe de laïcité est inapplicable aux salariés des employeurs de droit privé qui ne gèrent pas un service public (cass. soc. 19 mars 2013, n° 12-11690, BC V n° 76). À titre d'illustration, une crèche privée ne pouvait pas être considérée comme gérant un service public même si elle exerçait une mission d'intérêt général. La règle selon laquelle la liberté religieuse prévaut sauf restrictions justifiées par la nature de la tâche à accomplir, répondant à une exigence professionnelle essentielle et déterminante, et proportionnées au but recherché est applicable dans ce type de structure (cass. soc. 19 mars 2013, n° 11-28845, BC V n° 75).

Le règlement intérieur de la crèche en question était ainsi rédigé : « le principe de la liberté de conscience et de religion de chacun des membres du personnel ne peut faire obstacle au respect des principes de laïcité et de neutralité qui s'appliquent dans l'exercice de l'ensemble des activités développées par (...), tant dans les locaux de la crèche ou ses annexes qu'en accompagnement extérieur des enfants confiés à la crèche ». Cette clause était valable. En effet, la restriction à la liberté de manifester sa religion ainsi édictée ne présentait pas un caractère général, mais était suffisamment précise, justifiée par la nature des tâches accomplies par les salariés de la crèche et proportionnée au but recherché. Le règlement intérieur était donc licite, de sorte que le refus répété d'une salariée, éducatrice pour jeunes enfants, de s'y conformer (refus de retirer son foulard islamique au travail) justifiait son licenciement pour faute grave (cass. ass. plén. 25 juin 2014, n° 13-28369, BC ass. plén. n° 1).

Obligation de neutralité des salariés participant à une mission de service public - Voir ci-après.

Restrictions applicables dans les espaces publics - Voir *Vêtements**.

Liberté religieuse et apparence physique

Les principes applicables en matière de tenue vestimentaire *(voir ci-avant)* s'appliquent en matière d'apparence physique (cass. soc. 8 juillet 2020, n° 18-23743 FSPBRI). Ainsi, les demandes d'un client relatives au port d'une barbe pouvant être connotée de façon religieuse ne sauraient, par elles-mêmes, être considérées comme une exigence professionnelle essentielle et déterminante justifiant une restriction à la liberté religieuse du salarié concerné.

Exemple

Un salarié était employé comme « consultant sûreté » par une société assurant des prestations de sécurité et de défense pour des gouvernements, des ONG ou des entreprises privées. Spécialiste du Proche et du Moyen-Orient, son employeur souhaitait l'envoyer en mission au Yémen pour sécuriser des déplacements de civils américains. Mais il lui avait fait remarquer que son apparence physique, en l'occurrence sa barbe, gênait les clients américains et qu'il serait préférable de la tailler, ce que le salarié avait refusé. L'employeur l'avait alors licencié pour faute grave, lui reprochant le port d'une barbe « taillée d'une manière volontairement très signifiante aux doubles plans religieux et politique », qui « ne pouvait qu'être comprise que comme une provocation par notre client, et comme susceptible de compromettre la sécurité de son équipe et de [ses] collègues sur place ». Le salarié avait alors saisi les juges pour demander la nullité de son licenciement, considérant qu'il reposait sur un motif discriminatoire. L'employeur ne produisait aucun règlement intérieur ni aucune note de service précisant la nature des restrictions qu'il entendait imposer au salarié en raison des impératifs de sécurité invoqués. Dès lors, l'interdiction faite au salarié, lors de l'exercice de ses missions, du port de la barbe, en tant qu'elle manifesterait des convictions religieuses et politiques, et l'injonction faite par l'employeur de revenir à une apparence considérée par ce dernier comme plus neutre caractérisaient l'existence d'une discrimination directement fondée sur les convictions religieuses et politiques du salarié.

L'employeur considérait la façon dont le salarié portait sa barbe comme une provocation politique et religieuse, mais il ne précisait ni la justification objective de cette appréciation, ni quelle façon de tailler la barbe aurait été admissible au regard des impératifs de sécu-

rité avancés. Ainsi, l'employeur ne démontrait pas les risques de sécurité spécifiques liés au port de la barbe dans le cadre de l'exécution de la mission du salarié au Yémen de nature à constituer une justification à une atteinte proportionnée aux libertés du salarié.
Le licenciement du salarié reposait, au moins pour partie, sur un motif discriminatoire dans la mesure où l'employeur considérait comme l'expression par le salarié de ses convictions politiques ou religieuses au travers du port de sa barbe. Ce licenciement était nul (c. trav. art. L. 1132-4 ; cass. soc. 8 juillet 2020, n° 18-23743 FSPBRI).

En revanche, l'objectif légitime de sécurité du personnel et des clients de l'entreprise peut justifier des restrictions aux droits des personnes et aux libertés individuelles et collectives et, par suite, permet à l'employeur d'imposer aux salariés une apparence neutre, dans le *règlement intérieur, lorsque celle-ci est rendue nécessaire afin de prévenir un danger objectif.**

Libertés religieuse et d'expression

Liberté d'exprimer sa religion - Les salariés s'expriment librement dans l'entreprise sur leur religion [voir *Expression (liberté d')], sous réserve de :**
- respecter les limites édictées par l'employeur dans le règlement intérieur *(voir ci-après)* ;
- ne pas abuser de leur liberté *(voir ci-après)*.

Clause du règlement intérieur - L'employeur a la possibilité de limiter la liberté d'expression religieuse dans l'entreprise mais de façon proportionnée et justifiée par des impératifs tenant à la santé, à la sécurité ou aux nécessités de la tâche à accomplir (c. trav. art. L. 1121-1 ; Guide du fait religieux dans les entreprises privées, ministère du Travail). **Ainsi, il ne peut pas interdire dans le *règlement intérieur** toute discussion d'ordre religieux** (CE 25 janvier 1989, n° 64296).

Sanction des abus - Un salarié peut certes exprimer dans l'entreprise ses convictions religieuses mais dans les limites de sa liberté d'expression. Il ne doit pas en abuser en tenant des propos injurieux, diffamatoires ou excessifs, au risque d'être sanctionné [voir *Expression (liberté d')].**

Interdiction du prosélytisme - Une des limites à ne pas franchir par un salarié est le prosélytisme (Guide du fait religieux dans les entreprises privées, ministère du Travail). **Ainsi, il ne peut ni tenter d'imposer ses convictions, ni chercher à convertir. L'employeur peut donc sanctionner un salarié ayant une attitude prosélyte vis-à-vis :**
- de ses collègues, en raison de la perturbation que cette attitude entraîne sur le bon fonctionnement de l'entreprise (CA Basse-Terre, 6 novembre 2006, n° 06/00095) ;
- des clients, pour non-respect de l'obligation de loyauté ou de neutralité attachée à certaines fonctions comme celles d'un formateur (CA Versailles, 3e ch., 23 janvier 1998, n° 9736-95).

L'employeur est invité à agir avec précaution car ce n'est pas l'expression d'une croyance religieuse en elle-même qui est en question mais les conséquences de l'attitude du salarié (c. trav. art. L. 1132-1).

Liberté religieuse et contrat de travail

Refus d'une mutation pour convictions religieuses - La mutation disciplinaire d'un salarié, qui a refusé sa mutation initiale en application d'une *clause de mobilité eu égard à ses convictions religieuses, n'est pas discriminatoire lorsqu'elle est justifiée par une exigence professionnelle essentielle et déterminante** (cass. soc. 19 janvier 2022, n° 20-14014 FSP).

Exemple

L'employeur a muté un salarié, engagé comme agent de nettoyage puis promu chef d'équipe, sur le site d'un cimetière. Le salarié a refusé cette mutation en invoquant ses convictions religieuses hindouistes lui interdisant de travailler dans un cimetière. Après convocation à un entretien préalable, le salarié s'est vu notifier une mutation disciplinaire sur un autre site. Le salarié a de nouveau refusé cette mutation. Après avoir été mis en demeure de rejoindre son poste, le salarié a été licencié pour cause réelle et sérieuse. Cette mutation disciplinaire était justifiée par une exigence professionnelle essentielle et déterminante au regard :
- d'une part, de la nature et des conditions d'exercice de l'activité du salarié, chef d'équipe dans le secteur de la propreté, affecté sur un site pour exécuter ses tâches contractuelles en vertu d'une clause de mobilité légitimement mise en œuvre par l'employeur ;
- d'autre part du caractère proportionné au but recherché de la mesure, laquelle permettait le maintien de la relation de travail par l'affectation du salarié sur un autre site de nettoyage.
La mutation disciplinaire du salarié ne constituait donc pas une discrimination directe injustifiée en raison de ses convictions religieuses (cass. soc. 19 janvier 2022, n° 20-14014 FSP).

Prestation de serment - Dans les professions (ex. : magistrats, avocats, notaires) ou entre-

prises (ex. : la RATP pour les agents de contrôle) où une prestation de serment est prévue avant l'entrée en fonction, un salarié ne commet aucune faute en proposant une formule alternative à celle prévue. Ainsi, la personne qui prête serment peut substituer à la formule « je le jure » une formule équivalente d'engagement solennel comme « je m'engage » ou « je promets ». Il s'agit ainsi de respecter la liberté de conscience et de religion du salarié concerné (CEDH, art. 9).

Dans cette situation, le licenciement pour faute grave du salarié qui a refusé pour des motifs religieux de prêter serment sous la forme prescrite, tout en proposant une formule alternative, est sans cause réelle et sérieuse (cass. soc. 7 juillet 2021, n° 20-16206 FSB).

Entreprises dites « de tendance » - Quand l'entreprise prône ou défend une religion (ex. : école catholique, association cultuelle), les contraintes imposées aux salariés peuvent être plus larges que dans une entreprise ordinaire. Ainsi, il est admis qu'un salarié, engagé pour accomplir une tâche impliquant une communion de pensée et de foi avec son employeur, soit sanctionné, voire licencié, s'il méconnaît les obligations résultant de cet engagement (cass. soc. 20 novembre 1986, n° 84-43243, BC V n° 555).

Neutralité des salariés participant à une mission de service public

Obligations pour les organismes de droit public ou de droit privé et leurs salariés - L'organisme de droit public ou de droit privé, qui s'est vu confier directement l'exécution d'un service public légalement ou réglementairement, est tenu à la fois (loi 2021-1109 du 24 août 2021, art. 1) :

- d'assurer l'égalité des usagers devant le service public ;
- de veiller au respect des principes de laïcité et de neutralité du service public.

À ce titre, l'employeur concerné doit veiller à ce que les salariés qui participent à l'exécution du service public :

- s'abstiennent notamment de manifester leurs opinions politiques ou religieuses ;
- traitent de façon égale toutes les personnes et respectent leur liberté de conscience et leur dignité.

L'employeur a la même obligation à l'égard des personnes sur lesquelles il exerce une autorité hiérarchique ou un pouvoir de direction et qui participent également à l'exécution du service public.

Il doit également veiller à ce que les sous-traitants auxquels il confie, en tout ou partie, l'exécution du service public respectent les mêmes obligations.

Un décret précisera les modalités de contrôle et de sanction de toutes ces obligations.

Autres entreprises visées - D'autres entreprises sont visées par les obligations d'assurer l'égalité des usagers devant le service public, de veiller au respect des principes de laïcité et de neutralité du service public et de faire respecter ces principes par leurs salariés et les personnes sur lesquelles l'employeur exerce une autorité hiérarchique ou un pouvoir de direction fois (loi 2021-1109 du 24 août 2021, art. 1). Il s'agit des :

- organismes d'habitations à loyer modéré (c. constr. et hab. art. L. 411-2) et des sociétés d'économie mixte de construction et de gestion de logements sociaux agréées (c. constr. et hab. art. L. 481-1), lorsqu'ils participent à l'exécution du service public ;
- entreprises ferroviaires, lorsqu'elles assurent des services librement organisés de transport ferroviaire de voyageurs (c. transp. art. L. 2121-12), à l'exception des services de transport international de voyageurs.

Le titulaire d'un contrat de commande publique (c. comm. pub. art. L. 2) qui a pour objet en tout ou partie l'exécution d'un service public a les mêmes obligations. Il doit aussi :

- veiller à ce que toute autre personne à laquelle il confie pour partie cette exécution s'assure du respect de ces obligations ;
- communiquer à l'acheteur chacun des contrats de sous-traitance ou de sous-concession ayant pour effet de faire participer le sous-traitant ou le sous-concessionnaire à l'exécution de la mission de service public.

Les clauses du contrat rappellent ces obligations et précisent les modalités de contrôle et de sanction du cocontractant lorsque celui-ci n'a pas pris les mesures adaptées pour les mettre en œuvre et faire cesser les manquements constatés.

▶ Attention… Attention, les organismes qui n'entrent pas dans le champ de la loi 2021-1109 du 24 août 2021 ne « sont pas pour autant exonérés du respect des principes de laïcité et de neutralité qui s'appliquent à eux à raison de leur participation à l'exécution du service public, principes dégagés par la jurisprudence qui doit demeurer » (cass. soc. 19 mars 2013, n° 12-11690, BC V n° 76 ; étude d'impact, p. 35).

Mise en œuvre dans une entreprise privée chargée de l'exécution d'un service public -

Concernant les employeurs privés, la mise en œuvre du principe de neutralité implique, si ce n'est pas déjà le cas, l'inscription d'une clause de neutralité dans le *règlement intérieur** ou une note de service soumise aux mêmes dispositions que le règlement intérieur (c. trav. art. L. 1321-2-1 ; étude d'impact, p. 36).

Compte tenu des précédents jurisprudentiels en la matière (cass. soc. 22 novembre 2017, n° 13-19855, BC V n° 200), les employeurs devront également veiller à ce que seuls les salariés affectés à l'exécution de la mission de service public soient liés par l'obligation de neutralité (étude d'impact, p. 37).

En outre, le refus d'un salarié de se conformer à l'interdiction de manifester ses convictions doit conduire l'employeur, avant toute procédure de licenciement, à chercher, dans les limites du possible, une affectation qui n'est pas soumise à cette règle (cass. soc. 22 novembre 2017, n° 13-19855, BC V n° 200).

En revanche, le non-respect de l'égalité de traitement due aux usagers et plus généralement à toute personne constitue en soi une faute professionnelle susceptible de sanction, non soumise à la nécessité de rechercher un poste de reclassement selon l'étude d'impact de la loi 2021-1109 du 24 août 2021 confortant le respect des principes de la République (p. 37).

Remplacement

☛ *Comité social et économique (remplacement) ; Contrat de travail à durée déterminée (cas de recours) ; Modification du contrat de travail (fonctions et qualification) ; Travail temporaire (contrat de travail).*

Rémunération annuelle garantie

La rémunération annuelle garantie correspond au minimum annuel, fixé par certains accords ou par la *convention collective** applicable à l'entreprise, auquel aucune rémunération ne peut être inférieure.

Les dispositions conventionnelles déterminent les éléments à prendre en compte pour comparer la rémunération effective à la rémunération garantie.

L'employeur qui paie des salaires inférieurs à ceux fixés par la convention ou l'accord de branche étendu auquel il est lié est passible d'une amende maximale de 750 €, et ce autant de fois qu'il y a de salariés concernés (c. trav. art. R. 2263-3).

☛ *Salaire.*

Rémunération (écarts entre les femmes et les hommes)

Champ d'application

Entreprises d'au moins 50 salariés - Les entreprises et les unités économique et sociale (UES) d'au moins 50 salariés ont l'obligation de mesurer l'écart global de rémunération femmes/hommes sur une période de 12 mois. Cet écart prend la forme d'un « index », c'est-à-dire d'une note sur 100, que les entreprises doivent publier chaque 1er mars. En cas d'écart significatif, il faut redresser la situation dans un délai de 3 ans, sous peine de pénalité financière.

Détermination de l'effectif d'assujettissement - Pour déterminer si l'entreprise entre dans le champ d'application de l'obligation, l'effectif se mesure selon les règles habituelles (voir *Effectif**) (c. trav. art. L. 1111-3, L. 1111-2, L. 1251-54 et D. 1142-8).

En présence d'une UES, l'effectif d'assujettissement s'apprécie à ce niveau.

L'administration préconise d'évaluer l'effectif à la date de l'obligation de publication, donc chaque 1er mars (instr. DGT 2019-3 du 25 janvier 2019). Une entreprise qui atteint ou dépasse le seuil de 50 salariés dispose d'un délai de 3 ans avant de publier son premier index (c. trav. art. D. 1142-8).

Paramètres de calcul

Quatre ou cinq indicateurs selon l'effectif - L'écart global de rémunération se calcule à partir :

- de 4 indicateurs pour les entreprises de 50 à 250 salariés ;
- et de 5 indicateurs pour celles de plus de 250 salariés *(voir tableau I reproduit dans cette étude)*.

Seul le premier indicateur mesure l'écart de rémunération stricto sensu. Les autres portent sur des thèmes connexes (augmentations, promotions, etc.). Chaque indicateur ouvre droit à un certain nombre de points, qu'il faut additionner pour obtenir « l'index de l'égalité professionnelle », qui sera publié sur le site internet de l'entreprise.

Tableau I : indicateurs et score maximal possible (c. trav. art. D. 1142-2 et D. 1142-2-1 ; décret 2019-15 du 8 janvier 2019, annexes I et II)		
Effectif		
50 à 250 salariés (4 indicateurs)	**Plus de 250 salariés (5 indicateurs)**	**Score maximal possible**
Écart de rémunération entre les femmes et les hommes (1)		40 points
Écart de taux d'augmentations individuelles de salaire entre les femmes et les hommes (promotions comprises) (2) : 35 points	Écart de taux d'augmentations individuelles de salaire entre les femmes et les hommes (hors promotions) (2) : 20 points	35 points (comme indiqué, en deux indicateurs pour les « + de 250 salariés » et en un seul indicateur pour les « 50 à 250 salariés »)
	Écart de taux de promotion entre les femmes et les hommes : 15 points	
Pourcentage de salariées ayant bénéficié d'une augmentation dans l'année suivant leur retour de congé de maternité (3)		15 points
Nombre de salariés du sexe sous-représenté parmi les 10 salariés ayant perçu les plus hautes rémunérations		10 points
Score total maximal possible (index de l'égalité professionnelle) :		**100 points**

(1) Écart calculé à partir de la moyenne de la rémunération des femmes comparée à celle des hommes, par tranche d'âge et par catégorie de postes équivalents.
(2) Il s'agit de comparer les proportions de femmes et d'hommes augmentés, et non le niveau des augmentations.
(3) Sous réserve que des augmentations soient intervenues au cours de la période pendant laquelle le congé a été pris.

Sur 12 mois consécutifs - L'employeur mesure l'écart de rémunération femmes/hommes sur 12 mois consécutifs (ex. : année civile ; du 1er septembre au 31 août) (décret 2019-15 du 8 janvier 2019, annexes I et II, § 1). La date limite de publication de l'index correspond au 1er mars qui suit l'année civile au cours de laquelle s'est achevée la période de référence.

Exemples

Une entreprise a opté pour une période de référence correspondant à l'année civile. L'index correspondant à la période allant du 1.01.2021au 31.12.2021 a dû être publié au plus tard le 1.03.2022.
Une entreprise a choisi une période de référence qui va du 1er juin au 31 mai. L'index correspondant à la période allant du 1.06.2020 au 31.05.2021 a dû être publié au plus tard le 1.03.2022.

Période pluriannuelle - Par exception, les entreprises de 50 à 250 salariés peuvent opter pour une période de référence pluriannuelle, dans la limite de 3 ans, pour le critère des augmentations individuelles *(voir ci-après)*. Le caractère pluriannuel de la période de référence peut être révisé tous les 3 ans.

Au niveau de l'entreprise ou de l'UES - L'écart de rémunération se mesure toujours au niveau de l'entreprise, jamais au niveau des établissements ou du groupe (Q/R 1).

Par exception, en cas de constitution d'un comité social et économique (CSE) au niveau d'une UES, reconnue par accord collectif ou par décision de justice, les indicateurs sont calculés au niveau de l'UES (c. trav. art. D. 1142-2 et D. 1142-2-1).

Salariés à prendre en compte - Pour calculer l'écart de rémunération, l'entreprise prend en considération tous ses salariés, à l'exception des apprentis, des titulaires d'un contrat de professionnalisation et des expatriés. Les salariés mis à disposition (y compris les intérimaires) ne sont pas pris en compte non plus (décret 2019-15 du 8 janvier 2019, annexes I et II, § 2 ; Q/R 6).

Par ailleurs, il faut avoir été présent au moins 6 mois (continus ou discontinus) au cours de la période de référence (sauf pour le calcul de l'indicateur relatif aux congés de maternité ; *voir ci-après*). Cela conduit donc à exclure les salariés absents plus de la moitié de la période de référence : arrivée ou départ en cours de période de référence, CDD, salariés en congé maladie, en congé de maternité, en congé sans solde, etc. Les congés payés sont en revanche considérés comme du temps de présence (Q/R 8 et Q/R 9).

Rémunération à prendre en compte - Pour mesurer l'écart de rémunération, l'employeur prend en considération le salaire contractuel de base, mais également tous ses accessoires : primes de transport ou de vacances, bonus, commissions, etc.

Il exclut en revanche les indemnités de licenciement et de départ à la retraite, les primes d'ancienneté, les heures supplémentaires, les heures complémentaires et les versements effectués au titre de la participation et de l'intéressement (décret 2019-15 du 8 janvier 2019, annexes I et II, § 3 ; Q/R 10 à 15).

Les primes liées à une sujétion particulière qui ne concerne pas la personne du salarié n'entrent pas non plus en considération (ex. : prime de salissure, de froid, d'astreinte, etc.).

Dans certaines hypothèses (CDD, congé sabbatique, départ ou arrivée en cours d'année, etc.), l'employeur doit reconstituer le salaire en équivalent temps plein sur la période de référence de 12 mois considérée (décret 2019-15 du 8 janvier 2019, annexes I et II, § 3).

Indicateur relatif aux rémunérations (50 et plus)

Constitution des groupes - Pour déterminer les écarts de rémunération stricto sensu, l'employeur répartit le personnel selon quatre tranches d'âge : moins de 30 ans, 30 à 39 ans, 40 à 49 ans et 50 ans et plus (c. trav. art. D. 1142-2 et D. 1142-2-1).

Puis, au sein de chaque tranche, il effectue une nouvelle répartition, selon les catégories socioprofessionnelles (CSP) habituelles : ouvriers, employés, techniciens/agents de maîtrise, ingénieurs/cadres. L'employeur peut préférer répartir le personnel par niveau ou coefficient hiérarchique, en application de la classification de branche ou d'une autre méthode de cotation des postes, sous réserve de consulter au préalable le comité social et économique (CSE).

▶ À noter... Les caractéristiques des salariés (âge et catégorie professionnelle) s'apprécient le dernier jour de la période de référence annuelle choisie par l'employeur ou, en cas de départ du salarié (et sous réserve que celui-ci ait été présent plus de 6 mois au cours de la période de référence), le dernier jour de présence dans l'entreprise (Q/R 7).

Exclusion des groupes « non pertinents » - Tout groupe ne comportant pas au moins 3 femmes et au moins 3 hommes est écarté.

Tableau II : indicateur relatif à l'écart global de rémunération entre les femmes et les hommes (entreprises de 50 salariés et plus)
(décret 2019-15 du 8 janvier 2019, annexes I et II, § 4.1)

Résultats obtenus	Nombre de points
Égal à 0 %	40 points
> à 0 % et à 1 %	39 points
> à 1 % et à 2 %	38 points
> à 2 % et à 3 %	37 points
> à 3 % et à 4 %	36 points
> à 4 % et à 5 %	35 points
> à 5 % et à 6 %	34 points
> à 6 % et à 7 %	33 points
> à 7 % et à 8 %	31 points
> à 8 % et à 9 %	29 points
> à 9 % et à 10 %	27 points
> à 10 % et à 11 %	25 points
> à 11 % et à 12 %	23 points
> à 12 % et à 13 %	21 points
> à 13 % et à 14 %	19 points
> à 14 % et à 15 %	17 points
> à 15 % et à 16 %	14 points
> à 16 % et à 17 %	11 points
> à 17 % et à 18 %	8 points
> à 18 % et à 19 %	5 points
> à 19 % et à 20 %	2 points
> à 20 %	0 point

▶ À noter… Si compte tenu de ces exclusions, la proportion de salariés représente moins de 40 % de l'effectif total des salariés entrant dans le champ d'application du dispositif, l'indicateur des écarts de rémunération est considéré comme « incalculable » *(voir ci-après)*.

Écart au sein de chaque groupe - Pour chaque groupe « pertinent », l'employeur calcule la rémunération moyenne des femmes et des hommes, en équivalent temps plein.

Ensuite, toujours au sein de chaque groupe, il mesure l'écart entre les hommes et les femmes, en pourcentage : (rémunération moyenne des hommes – rémunération moyenne des femmes)/ rémunération moyenne des hommes.

Seuil de pertinence - Il faut ensuite appliquer aux écarts un « seuil de pertinence » de 5 %. Un écart positif (femmes moins bien payées que les hommes) est donc réduit de 5 %, tandis qu'un écart négatif (femmes mieux payées que les hommes) est augmenté de 5 %.

Si l'employeur a choisi de constituer des groupes par niveau ou coefficient hiérarchique et non par CSP, le seuil de pertinence est de 2 % (et non de 5 %).

En tout état de cause, le seuil de pertinence ne doit pas inverser la tendance et transformer un écart négatif en écart positif et vice-versa. Dans un tel cas, il faut considérer que l'écart est de zéro.

Écart global et calcul de l'index - La dernière étape consiste, pour chaque groupe, à multiplier l'écart par le ratio de l'effectif du groupe à l'effectif total des groupes pris en compte.

La somme des écarts ainsi pondérés permet de mesurer l'écart global. À partir de ce chiffre, arrondi à la deuxième décimale, l'employeur détermine le nombre de points acquis par l'entreprise, en fonction du barème fixé par décret *(voir tableau II reproduit dans cette étude)*.

Indicateur relatif aux augmentations (plus de 250)

Constitution des groupes - Pour déterminer l'écart en matière d'augmentations dans les entreprises de plus de 250 salariés, l'employeur répartit le personnel selon les catégories socioprofessionnelles (CSP) habituelles : ouvriers, employés, techniciens/agents de maîtrise, ingénieurs/cadres.

▶ À noter… Si aucune augmentation n'a été accordée durant la période de référence, l'indicateur est considéré comme « incalculable » *(voir ci-après)*.

Exclusion des groupes « non pertinents » - Tout groupe ne comportant pas au moins 10 femmes et au moins 10 hommes est écarté.

▶ À noter… Si compte tenu de ces exclusions, la proportion de salariés représente moins de 40 % de l'effectif total des salariés entrant dans le champ d'application du dispositif, l'indicateur des augmentations est considéré comme « incalculable » *(voir ci-après)*.

Écart au sein de chaque groupe - Pour chaque groupe « pertinent », l'employeur détermine, en pourcentage, la proportion de femmes et la proportion d'hommes qui ont bénéficié d'une augmentation au cours de la période de référence (Q/R 20).

▶ Attention… Il ne s'agit pas de comparer le montant ou le pourcentage des augmentations (Q/R 20).

Il ne faut tenir compte que des augmentations individuelles du salaire de base, quel qu'en soit le montant mais en excluant celles qui correspondent à des promotions.

▶ À noter… Les promotions sont prises en compte par un autre indicateur *(voir ci-après)*.

Ensuite, il faut mesurer l'écart, en points de pourcentage, entre la proportion de femmes et la proportion d'hommes augmentés.

Tableau III : indicateurs relatifs à l'écart de taux d'augmentation individuelle et de promotion (entreprises de plus de 250 salariés)
(décret 2019-15 du 8 janvier 2019, annexe I, § 4.2)

Résultats obtenus	Nombre de points	
	Indicateur des écarts d'augmentations	**Indicateur des écarts de promotions**
à 2 points de %	20 points	15 points
> à 2 et à 5 points de %	10 points	
> à 5 et à 10 points de %	5 points	
> à 10 points de %	0 point	

Écart global et calcul de l'index - Enfin, l'employeur multiplie l'écart observé dans chaque groupe par le ratio de l'effectif du groupe à l'effectif total des groupes pris en compte. La somme des écarts donne l'écart global. À partir de ce chiffre, en valeur absolue, arrondi à la première décimale, l'employeur détermine le nombre de points acquis par l'entreprise, en fonction du barème fixé par décret *(voir tableau III reproduit dans cette étude)*.

La somme des écarts ainsi pondérés permet de mesurer l'écart global. À partir de ce chiffre, arrondi à la deuxième décimale, l'employeur détermine le nombre de points acquis par l'entreprise, en fonction du barème fixé par décret.

Note maximale en cas de mesure corrective - Par exception, si les augmentations individuelles accordées favorisent la population ayant la rémunération la plus faible, telle qu'identifiée par l'indicateur relatif aux écarts de rémunération, l'entreprise bénéficie de la note maximale, soit 20 points.

Le but de cette mesure est de ne pas pénaliser les entreprises qui connaissent des disparités de rémunération femmes/hommes, mais qui se sont justement engagées dans une démarche de réduction de ces écarts et qui, à cette fin, pratiquent une politique d'augmentation inégalitaire.

Ce mécanisme ne s'applique qu'à condition que l'entreprise n'ait pas eu la note maximale à l'indicateur relatif aux écarts de rémunération.

Indicateur relatif aux promotions (plus de 250)

Les entreprises de plus de 250 salariés doivent également mesurer les écarts en matière de taux de promotion, c'est-à-dire de passage à un niveau ou à un coefficient hiérarchique supérieur pendant la période de référence.

Le calcul est identique à celui applicable aux augmentations *(voir ci-avant)*, à ceci près qu'il repose sur l'écart entre la proportion de femmes promues et la proportion d'hommes promus.

Comme en matière d'augmentations, l'absence de promotion sur la période de référence ou le fait de ne prendre en compte que 40 % de l'effectif du fait de la constitution des groupes rend l'indicateur incalculable.

Enfin, si les promotions accordées favorisent la population ayant la rémunération la plus faible, telle qu'identifiée par l'indicateur relatif aux écarts de rémunération *(voir ci-avant)*, l'entreprise bénéficie de la note maximale, soit 15 points.

Indicateur relatif aux augmentations (50 à 250)

Augmentations et promotions dans un même indicateur - Contrairement aux entreprises de plus de 250 salariés, celles de 50 à 250 salariés ne mesurent que les écarts d'augmentation, pas les écarts de promotion. Cependant, les augmentations prises en compte intègrent celles qui résultent d'une promotion.

▶ À noter… Si aucune augmentation n'a été accordée durant la période de référence, l'indicateur est considéré comme « incalculable » *(voir ci-après)*.

Pas de groupe - L'employeur n'a pas à répartir le personnel en groupes : il prend en considération tous les salariés ayant bénéficié d'une augmentation individuelle de leur salaire de base au cours de la période de référence, toutes catégories professionnelles confondues.

L'effectif servant de base aux calculs doit comporter au moins 5 femmes et 5 hommes. À défaut, l'indicateur est considéré comme incalculable.

Mesure de l'écart et calcul de l'index - L'employeur se livre à deux calculs :
- d'une part, il détermine « l'écart absolu de taux d'augmentations », c'est-à-dire l'écart, en points de pourcentage et en valeur absolue, entre la proportion de femmes et la proportion d'hommes augmentés (proportion de femmes augmentées – proportion d'hommes augmentés) ;

Tableau IV : indicateur relatif à l'écart de taux d'augmentation individuelle (entreprises de 50 à 250 salariés)
(décret 2019-15 du 8 janvier 2019, annexe II, § 4.2)

Résultats obtenus		Nombre de points
En points de pourcentage	**En nombre de salariés**	
à 2 points de %	à 2 salariés	35 points
> à 2 et à 5 points de %	> à 2 et à 5 salariés	25 points
> à 5 et à 10 points de %	> à 5 et à 10 salariés	15 points
> à 10 points de %	> à 10 salariés	0 point

- d'autre part, il détermine l'écart en nombre de salariés, en choisissant, parmi le nombre de femmes et le nombre d'hommes pris en compte, le plus petit de ces deux nombres et en le multipliant par le taux d'augmentation.

Chacun de ces deux résultats permet d'acquérir un certain nombre de points. L'employeur choisit le paramètre le plus avantageux pour lui, c'est-à-dire celui qui offre le plus grand nombre de points *(voir tableau IV reproduit dans cette étude)*.

Note maximale en cas de mesure corrective - Par exception, si les augmentations individuelles accordées favorisent la population ayant la rémunération la plus faible, telle qu'identifiée par l'indicateur relatif aux écarts de rémunération, l'entreprise bénéficie de la note maximale, soit 35 points. Ce mécanisme est identique à celui applicable aux entreprises de plus de 250 salariés *(voir ci-avant)*.

Indicateur relatif aux congés de maternité (50 et plus)

Les entreprises d'au moins 50 salariés doivent mesurer le pourcentage de salariées ayant bénéficié d'une augmentation dans l'année suivant leur retour de congé de maternité, sous réserve que des augmentations soient intervenues au cours de la période pendant laquelle le congé a été pris (c. trav. art. D. 1142-2 et D. 1142-2-1). L'entreprise obtient 15 points si ce pourcentage est égal à 100 %. Elle n'a en revanche aucun point si ce pourcentage est inférieur à 100 %.

▶ À noter... S'il n'y a eu aucun retour de congé de maternité pendant la période de référence ou si aucune augmentation individuelle n'a été accordée pendant les éventuels congés de maternité, l'indicateur est, par hypothèse, incalculable *(voir ci-après)*.

Pour rappel, un mécanisme légal garantit aux salariées de retour de congé de maternité le bénéfice des augmentations générales, ainsi que de la moyenne des augmentations individuelles accordées pendant leur congé (c. trav. art. L. 1225-26) (voir *Égalité professionnelle**). Toute entreprise qui respecte la loi obtiendra donc les 15 points correspondant à cet indicateur.

Indicateur relatif aux plus hautes rémunérations (50 et plus)

Les entreprises d'au moins 50 salariés doivent enfin identifier, parmi les 10 salariés percevant les plus hautes rémunérations, le sexe sous-représenté. On retient ici le plus petit du nombre de femmes ou du nombre d'hommes parmi les salariés ayant les 10 plus hautes rémunérations (ce nombre va donc de 0 à 10) (décret 2019-15 du 8 janvier 2019, annexes I et II, § 4.4).

Plus le sexe sous-représenté est minoritaire, moins l'entreprise a de points. À l'inverse, plus la répartition est équilibrée, plus le nombre de points accordés est important *(voir tableau V reproduit dans cette étude)*.

Traitement des indicateurs incalculables

Calcul sur 100 points - En présence d'indicateurs incalculables *(voir ci-avant)*, l'employeur calcule les autres indicateurs, puis ramène le total des points obtenus sur 100 par une règle de proportionnalité (décret 2019-15 du 8 janvier 2019, annexes I et II, § 5.1).

Exemple

Si l'indicateur relatif au congé de maternité (qui vaut 15 points) ne peut pas être calculé, il n'y a que 85 points possibles. Dans l'hypothèse où l'entreprise en obtient 68, on considère qu'elle totalise 80 points (68 × 100/85).

Note indéterminée - Lorsque, compte tenu des indicateurs ne pouvant être calculés, le nombre maximal de points est, avant application de la règle de proportionnalité, nécessairement inférieur à 75, il n'y a pas lieu de fixer de résultat. L'entreprise échappe alors à la pénalité due à défaut de publication des indicateurs ou de mise en place de mesures de correction (voir ci-après). Le DREETS ne peut non plus prononcer la pénalité prévue en

Tableau V : nombre de salariés du sexe sous-représenté parmi les 10 salariés ayant perçu les plus hautes rémunérations (entreprises de 50 salariés et plus)
(décret 2019-15 du 8 janvier 2019, annexes I et II, § 4.4)

Résultats obtenus	Nombre de points
4 ou 5 salariés	10 points
2 ou 3 salariés	5 points
0 ou 1 salarié	0 point

l'absence de rattrapage des écarts de salaire (instr. DGT 2019-3 du 25 janvier 2019).

Cependant, même dans ce cas, l'employeur doit mettre les indicateurs qui peuvent être calculés à disposition du CSE, ainsi que du ministère du Travail *(voir ci-après)*.

Publicité des résultats

Publication de l'index et des résultats sur internet - Chaque année, au plus tard le 1er mars, l'entreprise publie sur son site internet l'index (note sur 100) correspondant à la dernière période de référence connue, ainsi que le résultat obtenu pour chaque indicateur, de manière « visible et lisible ». Ces éléments sont donc accessibles à tous. À défaut de site internet, l'entreprise porte ces informations à la connaissance des salariés par tout moyen (c. trav. art. D. 1142-4).

Publication des mesures de correction. - À compter de 2022, les entreprises qui sont en dessous de 75 points doivent également publier les mesures de correction qu'elles mettent en place, à la fois au sein de l'entreprise et par une communication externe (loi 2020-1774 du 24 décembre 2021, JO du 26 ; c. trav. art. L. 1142-9).

▶ **À noter…** Au 1.01.2022, le décret qui doit préciser les modalités publication des mesures de correction n'est pas encore paru. Pour suivre l'actualité sur ce sujet, voir le fil quotidien d'actualités sur www.rfsocial.com et la Revue d'actualité RF Social.

Publication des objectifs de progression. - À compter de 2022, les entreprises dont la note globale est inférieure à un certain seuil doivent également publier les objectifs de progression qu'elles se sont fixées pour chaque indicateur (loi 2020-1774 du 24 décembre 2021, JO du 26 ; c. trav. art. L. 1142-9-1).

▶ **À noter…** Au 1.01.2022, le décret qui doit préciser les modalités publication des objectifs de progression n'est pas encore paru. Pour suivre l'actualité sur ce sujet, voir le fil quotidien d'actualités sur www.rfsocial.com et la Revue d'actualité RF Social.

Information détaillée du CSE - L'employeur communique au comité social et économique (CSE), par l'intermédiaire de la *base de données économiques et sociales et environnementales (BDESE)**, les résultats obtenus, présentés par catégorie socioprofessionnelle, niveau ou coefficient hiérarchique ou selon les niveaux de la méthode de cotation des postes de l'entreprise.

Il transmet également toutes les précisions utiles à la compréhension de ces résultats.

Le cas échéant, l'employeur communique aussi les éléments relatifs aux indicateurs qui n'ont pas pu être calculés, en précisant les raisons pour lesquelles il n'a pas été possible de mesurer le résultat de l'entreprise (c. trav. art. D. 1142-5).

Information détaillée de l'administration - L'employeur transmet à l'administration l'ensemble des éléments communiqués au CSE, par télédéclaration, sur un site internet dédié : https://index-egapro.travail.gouv.fr/declaration/presentation.html (c. trav. art. D. 1142-5 ; arrêté du 31 janvier 2019, JO 21 février).

Pénalité en l'absence de publication - L'entreprise qui n'a pas publié et communiqué ses résultats au plus tard le 1er mars s'expose à une pénalité financière. Il s'agit de la même pénalité que celle prévue en l'absence d'accord collectif ou de plan d'action relatif à l'égalité professionnelle (c. trav. art. L. 2242-8, al. 2) [voir *Égalité professionnelle (pénalité 1 %)**].

Chaque année, le ministère du Travail publie ensuite sur son site internet l'index et les résultats de l'ensemble des indicateurs de toutes les entreprises d'au moins 50 salariés, selon des modalités qui, au jour où nous écrivons, restent à préciser par décret (c. trav. art. L. 1142-8).

Réaction obligatoire en deçà de 75 points

Mesures de correction par accord collectif - Si l'index est inférieur à 75, l'entreprise élabore des mesures de correction et de rattrapage salarial pour revenir à au moins 75 points dans un délai de 3 ans (c. trav. art. L. 1142-9).

L'employeur met à profit la négociation périodique sur l'égalité professionnelle femmes/hommes (voir *Négociations obligatoires dans l'entreprise**). Les discussions portent alors sur « les mesures adéquates et pertinentes de correction et, le cas échéant, sur la programmation, annuelle ou pluriannuelle, de mesures financières de rattrapage salarial » (c. trav. art. L. 2242-1, 2°).

Mesures de correction par décision unilatérale - À défaut d'accord prévoyant de telles mesures (la négociation a échoué, l'entreprise n'a pas de délégué syndical avec qui conclure un accord), l'employeur détermine lui-même les actions à entreprendre pour réduire les écarts de salaire, après consultation du CSE. Il doit déposer les mesures envisagées auprès de l'administration, selon les mêmes modalités que le plan d'action relatif à l'égalité professionnelle (c. trav. art. L. 1142-9 et L. 2242-3) [voir *Égalité professionnelle (pénalité 1 %)**].

Pénalité en l'absence de réaction - Les mesures de correction et, le cas échéant, la programmation des mesures financières de rattrapage salarial doivent être mises en œuvre dès que le résultat est inférieur à 75 points (c. trav. art. D. 1142-6). L'entreprise qui ne prend aucune initiative à la suite de la publication de ce résultat s'expose à la pénalité prévue en matière d'égalité professionnelle (c. trav. art. L. 2242-8, al. 2) [voir *Égalité professionnelle (pénalité 1 %)**].

Assistance des pouvoirs publics

Tableurs - Le ministère du Travail met à la disposition des entreprises, sur son site internet, des tableurs qui permettent de mesurer les écarts femmes/hommes, selon les différents indicateurs (https://travail-emploi.gouv.fr/droit-du-travail/egalite-professionnelle-discrimination-et-harcelement/indexegapro).

Simulateur-calculateur - Le ministère du Travail propose un « simulateur-calculateur » en ligne, qui permet d'accompagner l'utilisateur au fur et à mesure qu'il renseigne les données nécessaires au calcul des différents indicateurs (https://index-egapro.travail.gouv.fr/).

Référents pour les PME - Les entreprises de 50 à 250 salariés peuvent demander au DREETS de bénéficier de l'accompagnement d'un référent, afin de les aider à calculer les indicateurs, mais également à élaborer les mesures de correction en cas de résultat inférieur à 75 points (c. trav. art. D. 1142-7). La liste de ces référents est consultable sur le site internet du ministère du Travail (https://travail-emploi.gouv.fr/IMG/xlsx/referents_egalite_professionnelle.xlsx).

Formation - Le ministère du Travail met à la disposition des entreprises de 50 à 250 salariés une formation gratuite en ligne (MOOC) (https://www.fun-mooc.fr/fr/cours/tout-savoir-sur-lindex-de-legalite-professionnelle-femmes-hommes/).

Pénalité en cas d'index inférieur à 75 points pendant 3 ans

Demande de justification par le DREETS - Si, après 3 ans, l'entreprise est toujours en deçà de 75 points, elle s'expose à une pénalité financière.

▶ À noter... L'entreprise qui parvient à revenir à au moins 75 points avant l'expiration du délai de 3 ans est en quelque sorte « blanchie » : si par la suite elle repasse en dessous de 75 points, elle bénéficie d'un nouveau délai de 3 ans pour rétablir la situation (c. trav. art. D. 1142-8).

Le DREETS en informe l'employeur et l'invite à présenter ses observations (c. trav. art. D. 1142-10). L'employeur présente ses justifications dans un délai d'un mois : difficultés économiques, restructuration ou fusion en cours, redressement judiciaire, etc. (c. trav. art. D. 1142-11). Il peut demander à bénéficier d'un délai supplémentaire d'un mois pour présenter ses observations, si les circonstances ou la complexité de la situation le justifient. Il peut également demander à être entendu.

Délai supplémentaire d'un an ou notification de la pénalité - Une fois expiré le délai laissé à l'entreprise pour justifier des raisons de sa défaillance, le DREETS notifie sa décision dans les 2 mois.

Il peut :
- accorder à l'entreprise un délai supplémentaire d'un an pour revenir à 75 points (c. trav. art. D. 1142-12) ;
- ou lui appliquer la pénalité, en précisant son taux et en motivant sa décision (c. trav. art. D. 1142-14).

Montant de la pénalité - La pénalité consiste en une fraction des rémunérations soumises à cotisations de sécurité sociale versées aux salariés au cours de l'année civile précédant l'expiration du délai de 3 ans. Elle est donc assise sur un an de masse salariale. Son taux est fixé par le DREETS, avec un maximum de 1 % (c. trav. art. L. 1142-10 et D. 1142-13).

Lorsqu'il notifie à l'employeur le taux de la pénalité, le DREETS lui demande également de communiquer en retour les revenus d'activité servant de base au calcul de la pénalité, dans un délai de 2 mois. À défaut de réponse de l'employeur, l'administration calcule la pénalité, pour chaque salarié, sur la base de deux fois la valeur du plafond mensuel de sécurité sociale (c. trav. art. D. 1142-14).

Le DREETS établit ensuite un titre de perception et le transmet à l'administration fiscale. Ce n'est donc pas l'URSSAF qui assure le recouvrement de la pénalité.

☛ *Égalité professionnelle.*

Rémunération mensuelle minimale

Les salariés dont l'horaire de travail est réduit, notamment en cas de sinistres, intempéries, manque de débouchés, etc., bénéficient d'une rémunération mensuelle minimale (RMM). Le cas échéant, l'employeur peut être amené à verser un complément de rémunération aux salariés à ce titre (c. trav. art. L. 3232-1 à L. 3232-7 et R. 3232-1 à R. 3233-1).

Salariés concernés

La RMM ne concerne que les salariés dont l'horaire de travail habituel est au moins égal à la durée légale hebdomadaire du travail, soit 35 h hebdomadaires.

Sont exclus les salariés à temps partiel, les apprentis, les travailleurs intérimaires, les travailleurs saisonniers pendant la morte saison, les assistantes maternelles, les employés de maison et les VRP (c. trav. art. L. 3232-1, L. 7221-2 et R. 3232-10 ; CASF art. L. 423-2).

Sur l'extension provisoire du bénéfice de la garantie de la RMM aux salariés à temps partiel et aux travailleurs temporaires des entreprises d'intérim, voir *Activité partielle**.

Montant de la RMM

La RMM est égale au produit du SMIC par le nombre d'heures correspondant à la durée légale hebdomadaire du travail pour le mois considéré, dans la limite de la rémunération nette qui aurait été perçue pour un travail effectif de même durée payé au taux du SMIC (c. trav. art. L. 3232-3).

La RMM est réduite à due concurrence lorsque (c. trav. art. L. 3232-4) :

- au cours du mois considéré, le salarié a accompli un nombre d'heures inférieur à celui qui correspond à la durée légale hebdomadaire en cas de suspension du contrat de travail ;
- le contrat de travail a débuté ou s'est terminé au cours du mois considéré.

La RMM ne s'applique pas en cas de fermeture de l'établissement pour congé annuel.

Dans tous les autres cas de réduction d'horaire en dessous de la durée légale du travail, la RMM a vocation à intervenir.

Allocation complémentaire

Ouverture du droit - Lorsque le total du salaire net et des indemnités nettes d'*activité partielle** (ou *chômage-intempéries**) est inférieur à la RMM, le salarié a droit à une allocation complémentaire à due concurrence.

Les avantages en nature et les majorations de salaire sont pris en compte dans le salaire à l'exclusion des remboursements de frais et de transport.

L'allocation complémentaire est égale à la différence entre la RMM et le total des sommes effectivement perçues par le salarié.

Charges sociales et fiscales - L'allocation complémentaire est exclue de l'assiette des cotisations ainsi que de la taxe sur les salaires (c. trav. art. L. 3232-6). Elle est en revanche assujettie à la CSG et à la CRDS aux taux respectifs de 6,20 % et de 0,50 % selon le régime applicable aux revenus de remplacement, et après abattement d'assiette de 1,75 %.

Dans la mesure où cette allocation vise à assurer le SMIC net, ces contributions ne seront pas précomptées, en application du dispositif d'écrêtement de CSG/CRDS. Pour plus de détails sur ce dispositif, nous invitons les lecteurs à consulter l'étude « Rémunération mensuelle minimale » du Dictionnaire Paye, sur www.rfpaye.com.

Versement - L'allocation complémentaire est versée par l'employeur au salarié en même temps que le salaire et les allocations d'*activité partielle**.

L'employeur doit également remettre au salarié un document indiquant (c. trav. art. R. 3232-2) :

- le taux du SMIC ;
- le nombre d'heures correspondant à la durée légale du travail ;
- les déductions obligatoires ayant permis de déterminer le montant de la RMM ;
- les montants du salaire et des allocations constituant les éléments de la RMM versée.

Remboursement - L'employeur n'est pas remboursé par l'État et est donc seul redevable de cette allocation (loi 2013-504 du 14 juin 2013, art. 16-V, JO du 16).

☛ *Activité partielle*.

Rémunération
(représentants du personnel)

Discrimination interdite

Un représentant du personnel ou syndical doit avoir un salaire égal à tout autre salarié de l'entreprise qui a un travail similaire [voir *Salaire (à travail égal, salaire* *égal)**]. Ce principe n'interdit cependant pas une individualisation des salaires. Toutefois, celle-ci doit se faire en appliquant des critères objectifs (qualification, compétence, capacité, responsabilité, productivité, etc.) et non discriminatoires (ex. : un salarié ne peut pas faire l'objet d'une mesure discriminatoire en matière notamment de rémunération en raison de ses activités syndicales) (voir *Discriminations**) (c. trav. art. L. 1132-1 et L. 1132-2).

Un représentant du personnel ou syndical ne peut pas non plus être exclu d'un avantage versé à l'ensemble des salariés (ex. : une prime) au prétexte de son activité de représentant du personnel ou syndicale, sous peine d'une condamnation pour discrimination interdite (c. trav. art. L. 1132-1 et L. 1132-2).

Ainsi, l'exercice de mandats représentatifs ou syndicaux ne doit avoir aucune incidence défavorable sur la rémunération du salarié.

Exemple

Dans le cas d'une prime variable subordonnée à la réalisation d'objectifs fixés en termes de nombre d'entretiens commerciaux réalisés par les salariés avec une clientèle qu'ils sont chargés de suivre, il a été jugé que, pour éviter toute discrimination, un représentant du personnel a le droit de percevoir, au titre de cette prime, une somme fixée en tenant compte (cass. soc. 6 juillet 2010, n° 09-41354, BC V n° 157) :

- pour la partie de son activité correspondant à ses mandats, du montant moyen de cette prime versée, pour un temps équivalent, aux autres salariés ;
- et, pour la partie correspondant à son temps de production, d'une somme calculée sur la base d'objectifs réduits à la mesure de ce temps.

Rémunération des heures de délégation

Voir *Heures de délégation**.

Garantie d'évolution de la rémunération

Nombre d'heures de délégation important - Certains représentants du personnel ou syndicaux bénéficient d'une garantie d'évolution de leur rémunération, lorsque leurs *heures de délégation** sur l'année dépassent 30 % de la durée de travail fixée dans leur contrat de travail ou, à défaut, de la durée applicable dans l'établissement, sauf si un accord collectif de branche ou d'entreprise détermine des garanties d'évolution de la rémunération des salariés concernés au moins aussi favorables (c. trav. art. L. 2141-5-1).

Mandats concernés - La garantie d'évolution concerne les salariés protégés qui exercent leur mandat dans l'entreprise (c. trav. art. L. 2411-1, 1° à 7°, L. 2411-2 et L. 2142-1-1).

Parmi eux, l'on recense notamment :

- le *délégué syndical** (DS) ;
- les élus du *comité social et économique** (CSE) ;
- le *représentant syndical auprès du CSE** ;
- les membres de la délégation du personnel du CSE interentreprises [voir *Comité social et économique (interentreprises)**] ;
- le *représentant de la section syndicale** ;
- le représentant de proximité s'il a été mis en place dans l'entreprise [voir *Comité social et économique (représentants de proximité)**].

À l'inverse, un salarié mandaté pour négocier un accord collectif dans une entreprise dépourvue de DS ne bénéficie pas de la garantie, de même que les représentant des salariés au conseil d'administration ou de surveillance des sociétés anonymes et des sociétés en commandite par actions, les conseillers prud'hommes, les conseillers extérieurs assistant les salariés lors d'un entretien préalable au licenciement, etc.

Calcul - L'évolution de la rémunération doit au moins être égale, sur l'ensemble de la durée du mandat, aux augmentations générales et à la moyenne des augmentations individuelles perçues pendant cette période par les salariés relevant de la même catégorie professionnelle et dont l'ancienneté est comparable. À défaut de salariés comparables, l'évolution de la rémunération est au moins égale aux augmentations générales et à la moyenne des augmentations individuelles perçues dans l'entreprise (c. trav. art. L. 2141-5-1). Cette garantie s'applique sans limite de durée en cas de mandats successifs.

☛ *Heures de délégation.*

Rendez-vous de liaison

☛ *Examens médicaux.*

Renouvellement d'un accord collectif

☛ *Accord collectif d'entreprise (révision, dénonciation et renouvellement).*

Renouvellement d'un CDD

☞ *Contrat de travail à durée déterminée (renouvellement).*

Rente d'ayant droit

@ Cette étude est détaillée dans la version en ligne de ce Dictionnaire (voir www.rfsocial.com et www.rfeditions.com).

Rente d'incapacité permanente

@ Cette étude est détaillée dans la version en ligne de ce Dictionnaire (voir www.rfsocial.com et www.rfeditions.com).

Repas

☞ *Accident de trajet ; Accident du travail ; Avantage en nature (nourriture) ; Cantine ; Frais d'entreprise ; Frais professionnels (déplacement) ; Frais professionnels (déplacement BTP, ETT, tôlerie) ; Frais professionnels (repas) ; Local de restauration ; Titre-restaurant.*

Repos compensateur de remplacement

Le paiement de tout ou partie des *heures supplémentaires** effectuées au-delà de la 35e heure hebdomadaire et des majorations correspondantes peut être remplacé en tout ou partie par un repos compensateur de remplacement.

Mise en place

Par accord collectif - Le recours au repos compensateur de remplacement (RCR) peut intervenir en application d'une convention ou d'un accord collectif d'entreprise ou d'établissement ou, à défaut, d'une convention ou d'un accord de branche (c. trav. art. L. 3121-33).

Par décision unilatérale de l'employeur - Dans les entreprises dépourvues de délégué syndical (DS), l'employeur peut mettre en place le repos compensateur de remplacement, si le *comité social et économique** (CSE) (s'il existe) ne s'y oppose pas (c. trav. art. L. 3121-37).

▶ À noter… Dans le cadre de la loi Aubry II, l'administration avait admis la mise en place directe par l'employeur du repos compensateur de remplacement, y compris dans les entreprises dépourvues de CE ou de DP (circ. MES/CAB 2000-3 du 3 mars 2000, fiche 5). Cette tolérance devrait subsister.

La décision par laquelle l'employeur instaure le repos compensateur de remplacement, en l'absence de DS, devient caduque lorsque les conditions prévues par le code du travail pour une mise en place unilatérale ne sont plus réunies.

Lorsque l'entreprise est assujettie à l'obligation de négocier (du fait de la désignation d'un DS), le dispositif de RCR instauré par l'employeur n'est plus applicable si la décision unilatérale n'a pas été relayée par un accord collectif dans le délai imparti pour les *négociations obligatoires dans l'entreprise** (cass. soc. 24 juin 2014, n° 13-10301, BC V n° 155).

Modalités d'application

Heures supplémentaires concernées - Le RCR concerne les heures supplémentaires effectuées au-delà de la 35e heure hebdomadaires. Peu importe qu'il s'agisse d'heures supplémentaires « classiques » ou d'heures accomplies au titre d'*heures de délégation** (cass. soc. 9 octobre 2012, n° 11-23167, BC V n° 256).

▶ À noter… Le RCR ne s'applique pas aux *heures complémentaires**.

Sort du contingent annuel - Si un repos compensateur de remplacement se substitue en totalité au paiement des heures supplémentaires effectuées et de leurs majorations, les heures supplémentaires en cause ne s'imputent pas sur le contingent annuel d'heures supplémentaires (c. trav. art. L. 3121-30).

Contrepartie obligatoire en repos - Lorsque les *heures supplémentaires** ouvrent droit à une *contrepartie obligatoire en repos**, l'employeur doit octroyer cette contrepartie au salarié en plus du RCR.

Prise du repos

Information du salarié - L'employeur informe le salarié de son droit à repos compensateur de remplacement par une annexe à son bulletin de paie (c. trav. art. D. 3171-11).

Modalités de prise - Une convention ou un accord collectif d'entreprise ou d'établissement (à défaut, une convention ou un accord de branche) peut adapter les conditions et les modalités d'attribution et de prise du RCR (c. trav. art. L. 3121-33).

▶ Attention... La convention ou l'accord collectif d'entreprise (ou d'établissement) prime sur la convention ou l'accord de branche.

L'employeur peut adapter à l'entreprise les modalités d'attribution et de prise du RCR après avis du CSE, s'il existe (c. trav. art. L. 3121-37).

Effets du RCR - L'absence pour RCR est assimilée à du temps de travail effectif pour le décompte de la durée du travail et les majorations pour heures supplémentaires, pour l'ancienneté, pour l'ouverture et l'acquisition des congés payés et, le cas échéant, pour l'acquisition de jours de RTT (circ. DRT 2000-7 du 6 décembre 2000).

L'employeur maintient le salaire pendant la prise du repos compensateur de remplacement.

☞ *Contrepartie obligatoire en repos ; Heures supplémentaires.*

➲ Formulaire de Droit Social, « Repos compensateur ».

Repos hebdomadaire

Repos accordé le dimanche

Les salariés ont droit à un repos hebdomadaire d'une durée minimale de 24 h consécutives, accordé en principe le *dimanche** (c. trav. art. L. 3132-1 à L. 3132-3).

▶ À noter... Lorsque des conjoints salariés (concierges) ont droit à un repos hebdomadaire simultané, il leur appartient de faire savoir à leur employeur qu'ils souhaitent utiliser ce droit (cass. soc. 16 février 2012, n° 10-24421, BC V n° 73). À défaut, l'employeur n'est pas tenu de leur verser de dommages-intérêts.

Les heures consécutives de repos quotidien s'ajoutent aux heures de repos hebdomadaire (c. trav. art. L. 3132-2). À défaut de dérogation, ce repos est de 11 h (c. trav. art. L. 3131-1).

En conséquence, la durée hebdomadaire de repos est de 35 h dans toutes les entreprises.

Dérogations au repos hebdomadaire

Des dérogations sont possibles au principe du repos hebdomadaire *(voir tableau reproduit dans cette étude)*.

▶ À noter... Des dérogations au principe du repos dominical existent également (voir *Dimanche**).

Les organisations syndicales de salariés et les organisations d'employeurs d'une profession et d'une zone géographique déterminées peuvent conclure un accord fixant les conditions dans lesquelles le repos hebdomadaire est donné aux salariés. Le préfet peut alors, sur la demande des syndicats intéressés, ordonner par arrêté la fermeture au public des établissements de la profession ou de la zone géographique concernée pendant toute la durée de ce repos (c. trav. art. L. 3132-29). Ces dispositions ne s'appliquent pas aux activités dont les modalités de fonctionnement et de paiement sont automatisées.

À la demande des organisations syndicales représentatives des salariés ou des organisations représentatives des employeurs de la zone géographique concernée exprimant la volonté de la majorité des membres de la profession de cette zone géographique, le préfet abroge cet arrêté. Cette abrogation ne peut pas prendre effet avant un délai de 3 mois.

▶ À noter... Un arrêté préfectoral permettant d'octroyer le repos dominical le lundi ou le dimanche n'autorise pas pour autant les commerces concernés à ouvrir le dimanche toute la journée. Il convient de rester dans le cadre des dérogations légales (cass. soc. 17 octobre 2012, n° 11-24315, BC V n° 266).

Fermeture de l'entreprise

L'obligation d'accorder le repos hebdomadaire collectivement au personnel n'implique pas la nécessité de fermer l'établissement le jour de repos, l'employeur pouvant le laisser ouvert à condition d'y travailler seul ou avec des membres de sa famille ou des auxiliaires occasionnels.

La réglementation du repos hebdomadaire n'obéit pas seulement à la nécessité de préserver la santé des salariés. Elle est aussi dictée par le souci de garantir une concurrence saine entre les entreprises. Les actions en justice pour violation du

Principales dérogations au repos hebdomadaire		
Activités ou établissements concernés	**Objet de la dérogation**	**Formalités nécessaires**
Personnel d'entretien (établissement industriel et commercial)	Le repos hebdomadaire peut être réduit à une demi-journée pour les personnes employées au nettoyage des locaux industriels et à la maintenance qui doivent être nécessairement réalisés le jour de repos collectif (c. trav. art. L. 3132-8).	Dérogation permanente non soumise à autorisation.
Équipes de suppléance (industrie, entreprises industrielles)	Une convention ou un accord collectif étendu peut prévoir que les entreprises industrielles fonctionnant à l'aide d'un personnel d'exécution composé de deux groupes dont l'un a pour seule fonction de remplacer l'autre pendant le ou les jours de repos accordés à celui-ci sont autorisées à donner le repos hebdomadaire un autre jour que le dimanche (c. trav. art. L. 3132-16).	Trois conditions doivent être respectées : 1°) conclusion d'une convention ou d'un accord de branche étendu ; 2°) un accord d'entreprise doit prévoir la mise en place des équipes de suppléance ; 3°) en l'absence d'accord de branche ou d'entreprise, il faut obtenir une autorisation de l'inspecteur du travail.
Établissements dont la fermeture est préjudiciable au public ou en gêne le fonctionnement	Lorsqu'il est établi que le repos simultané, le dimanche, de tout le personnel d'un établissement serait préjudiciable au public ou compromettrait le fonctionnement normal de cet établissement, le repos peut être donné (toute l'année ou à certaines époques de l'année) : un autre jour que le dimanche à tous les salariés de l'établissement, ou du dimanche midi au lundi midi, ou le dimanche après-midi avec un repos compensateur d'une journée par roulement et par quinzaine ou enfin par roulement à tout ou partie des salariés (c. trav. art. L. 3132-20).	Les autorisations sont accordées pour une durée limitée sur demande au préfet (c. trav. art. R. 3132-16). L'autorisation accordée à un établissement peut être étendue.
Établissements pouvant donner le repos par roulement	Certains établissements dont le fonctionnement ou l'ouverture est rendu nécessaire par les contraintes de la production, de l'activité ou les besoins du public (dont la liste figure dans le code du travail) sont admis à donner de droit le repos hebdomadaire par roulement (c. trav. art. L. 3132-12 et R. 3132-5).	Aucune autorisation n'est nécessaire.
Commerces de détail alimentaire	Le repos hebdomadaire peut être donné le dimanche à partir de 13 h (c. trav. art. L. 3132-13). Les salariés bénéficient d'un repos compensateur, par roulement et par quinzaine, d'une journée entière. Ceux âgés de moins de 21 ans, qui sont logés chez leurs employeurs, ont un repos compensateur, par roulement et par semaine, un autre après-midi. Les supermarchés et hypermarchés (surface de vente supérieure à 400 m^2) appliquant cette dérogation doivent accorder aux salariés privés de repos dominical une majoration de salaire d'au moins 30 % par rapport à la rémunération normalement due pour une durée équivalente.	Dérogation permanente non soumise à autorisation.
Gardiens et concierges des établissements industriels et commerciaux	Lorsque le repos dominical ne peut pas être donné, les intéressés doivent avoir un repos compensateur (inapplicable aux jeunes de moins de 18 ans) (c. trav. art. L. 3132-11).	Il s'agit d'une dérogation permanente non soumise à autorisation.
Industries saisonnières	Le repos hebdomadaire peut être en partie différé sous réserve que chaque travailleur bénéficie de 2 jours de repos par mois autant que possible le dimanche (c. trav. art. L. 3132-7).	La liste des industries concernées est fixée par décret (c. trav. art. R. 3132-3 et R. 3132-4).

Principales dérogations au repos hebdomadaire		
Activités ou établissements concernés	**Objet de la dérogation**	**Formalités nécessaires**
Industries traitant des matières périssables ou ayant un surcroît exceptionnel de travail	Le repos hebdomadaire peut être suspendu deux fois au plus par mois sans que le nombre de ces suspensions dans l'année soit supérieur à 6 (c. trav. art. L. 3132-5 et R. 3132-1), la liste de ces industries étant déterminée par décret. Les heures de travail accomplies le jour du repos hebdomadaire sont considérées comme des heures supplémentaires et sont imputées sur le crédit d'heures supplémentaires prévu par les décrets d'application des dispositions relatives à la durée du travail.	Il s'agit d'une dérogation permanente (c. trav. art. R. 3132-8).
Zones commerciales et zones touristiques	Les établissements de vente au détail mettant à disposition des biens et des services situés dans les zones commerciales, caractérisées par une offre commerciale et une demande potentielle particulièrement importantes, ou des zones touristiques, caractérisées par une affluence particulièrement importante de touristes, peuvent donner le repos hebdomadaire par roulement pour tout ou partie du personnel (c. trav. art. L. 3132-25 et L. 3132-25-1) (1).	Modalités d'application à fixer par décret (2).
Travail en continu (établissements industriels)	Le repos hebdomadaire des salariés affectés aux travaux en continu dans les usines à feu continu ou à marche continue peut être en partie différé (c. trav. art. L. 3132-10) : - chaque salarié bénéficie, dans une période de travail donnée, d'un nombre de repos de 24 heures consécutives au moins égal au nombre de semaines comprises dans cette période ; - chaque salarié bénéficie le plus possible de repos le dimanche.	Les modalités d'application sont déterminées par décret.
Travaux urgents	Le repos hebdomadaire peut être suspendu pour le personnel nécessaire à l'exécution de certains travaux urgents (c. trav. art. L. 3132-4 et R. 3132-7).	L'inspecteur du travail doit être avisé, sauf cas de force majeure, avant le commencement des travaux (c. trav. art. R. 3172-6).

(1) Les zones touristiques et les périmètres d'usage de consommation exceptionnelle (PUCE) ont été transformés respectivement en zones touristiques et en zones commerciales (loi 2015-990 du 6 août 2015, JO du 7). Pour plus de détails, voir Dimanche*.
(2) Dans le cadre des zones commerciales, les établissements n'ont pas à solliciter d'autorisation individuelle de dérogation auprès du préfet, contrairement à l'ancien dispositif des PUCE. La mise en œuvre du travail dominical dans ces zones suppose des contreparties pour les salariés concernés fixées par accord collectif (voir Dimanche*). Seuls les salariés volontaires peuvent être amenés à travailler le dimanche.

repos hebdomadaire ne sont donc pas réservées aux salariés et aux syndicats qui les représentent :
- les syndicats d'employeurs ont le droit de saisir le juge des référés pour obtenir le respect de la réglementation et le versement de dommages et intérêts par les entreprises contrevenantes (cass. ass. plén. 7 mai 1993, n° 91-12611, B. ass. plén. n° 10 ; cass. soc. 17 février 1994, n° 90-11037 D) ;
- un employeur peut attaquer en référé les entreprises concurrentes qui ne respectent pas le repos hebdomadaire (c. proc. civ. art. 873 ; cass. soc. 30 mai 2012, n° 10-25349, BC V n° 162).

Formalités

Si le repos est donné collectivement le dimanche, aucune formalité n'est à accomplir. Si le repos est donné collectivement un autre jour, il convient :
- d'afficher un avis indiquant les jours et heures du repos collectif ;
- d'en envoyer le double à l'inspecteur du travail.

Si le repos n'est pas donné collectivement, il faut tenir un *registre du repos hebdomadaire** où sont mentionnés les noms des salariés soumis à un régime particulier de repos et leur régime, cela indépendamment des demandes de dérogation à présenter le cas échéant.

Repos hebdomadaire des jeunes

Jeunes de moins de 18 ans - Les jeunes travailleurs de moins de 18 ans, et notamment ceux qui accomplissent des stages d'initiation ou d'application en milieu professionnel dans le cadre d'un enseignement alterné ou d'un cursus scolaire, bénéficient de 2 jours de repos consécutifs (c. trav. art. L. 3161-1 et 3164-2).

Lorsque les caractéristiques particulières de l'activité le justifient, une convention ou un accord d'entreprise ou d'établissement (à défaut, une convention ou un accord collectif de travail étendu) peut définir les conditions dans lesquelles il peut être dérogé à ces dispositions pour les jeunes libérés de l'obligation scolaire. Ils doivent alors bénéficier d'une période minimale de repos de 36 h consécutives.

À défaut d'accord, un décret, restant à paraître au 1.01.2021, définira les conditions dans lesquelles cette dérogation peut être accordée par l'inspecteur du travail (c. trav. art. L. 3164-2).

Jeunes de moins de 16 ans (spectacle) - Une convention ou un accord d'entreprise ou d'établissement (à défaut, une convention ou un accord collectif de travail étendu) peut définir les conditions dans lesquelles il peut être dérogé aux 2 jours de repos consécutifs pour les jeunes travailleurs de moins de 16 ans employés par un entrepreneur du spectacle, à condition (c. trav. art. L. 3164-2) :

- qu'ils bénéficient d'une période minimale de repos de 36 h, dont au moins 24 h consécutives ;
- et que leur participation à une répétition ou à un spectacle soit de nature à contribuer à leur développement et s'effectue dans des conditions garantissant la préservation de leur santé.

À défaut d'accord et si les conditions sont remplies, cette dérogation peut être accordée par l'inspecteur du travail.

Apprentis - Les apprentis âgés de moins de 18 ans ne peuvent être tenus à aucun travail de leur profession le dimanche [voir *Apprentissage (apprentis)**].

Ces dispositions ne sont pas applicables aux apprentis âgés de moins de 18 ans employés dans les secteurs pour lesquels les caractéristiques particulières de l'activité le justifient et dont la liste est fixée par décret en Conseil d'État.

Ces activités concernent l'hôtellerie, la restauration, les traiteurs et organisateurs de réception, les cafés-tabacs et débits de boissons, la boulangerie, la pâtisserie, la boucherie, la charcuterie, la fromagerie-crèmerie, la poissonnerie, les magasins de vente de fleurs naturelles, les jardineries et graineteries et les établissements des autres secteurs assurant, à titre principal, la fabrication de produits alimentaires destinés à la consommation immédiate ou dont l'activité exclusive est la vente de denrées alimentaires au détail (c. trav. art. R. 3164-1).

Repos hebdomadaire des conducteurs routiers

Des règles spécifiques s'appliquent aux conducteurs routiers en matière de repos hebdomadaire (c. transports art. L. 3313-1, L. 3315-4-1 et L 3315-6).

Exemple

L'employeur doit assurer aux conducteurs de véhicules qui n'excèdent pas un poids maximum autorisé de 3,5 tonnes des conditions d'hébergement leur permettant de ne pas dormir dans leur véhicule dès qu'ils effectuent une opération de transport routier suffisamment éloignée du centre opérationnel de l'entreprise pour qu'il ne puisse pas y retourner à la fin de sa journée de travail (décret 2020-1104 du 31 août 2020, JO 2 septembre).

L'employeur doit aussi mettre ces conducteurs en mesure de prouver par tout moyen que les périodes de repos quotidien ou hebdomadaire ont également été prises dans des conditions d'hébergement compatibles avec la dignité humaine et des conditions d'hygiène respectueuses de la santé (décret 2020-1104 du 31 août 2020, JO 2 septembre).

Absence de repos hebdomadaire

Astreinte - Pour les cas où le salarié est d'astreinte le jour de son repos hebdomadaire, voir *Astreinte**.

Action en paiement - Un salarié peut saisir les juges pour obtenir le versement de la rémunération qu'il aurait dû percevoir pour tous les jours de repos hebdomadaire non pris. Il a 3 ans pour agir [voir *Prescription (salaires)**].

Action en dommages-intérêts - La privation du repos hebdomadaire génère pour les salariés un trouble dans leur vie personnelle et engendre des risques pour leur santé et leur sécurité. Cela caractérise un préjudice spécifique qui leur ouvre droit à des dommages-intérêts (cass. soc. 8 juin 2011, n° 09-6705, BC V n° 142).

Résiliation judiciaire ou prise d'acte de la rupture - En cas de non-respect du repos par l'employeur, le salarié peut prendre acte de la rupture de son contrat de travail si cela rend impossible la continuité du contrat de travail. Cette *prise d'acte de la rupture** produit les effets d'un licenciement sans cause réelle et sérieuse (cass. soc. 7 octobre 2003, n° 01-44635 D).

Le salarié pourrait également demander la résiliation de son contrat de travail aux torts de son employeur (voir *Résiliation judiciaire du contrat de travail**).

Sanction pénale - L'employeur qui ne respecte pas les dispositions relatives au repos hebdomadaire encourt l'amende prévue pour les contraventions de la 5e classe. Il devra autant d'amendes qu'il y a de salariés illégalement employés (c. trav. art. R. 3135-2) (voir *Amendes pénales**).

Dimanche.

➲ Formulaire de Droit Social, « Repos hebdomadaire ».

Repos quotidien

Onze heures de repos

Tout salarié a droit à un repos quotidien d'une durée minimale de 11 h consécutives (c. trav. art. L. 3131-1 ; circ. min. du 24 juin 1998, fiche 9).

Une convention ou un accord d'entreprise ou d'établissement (à défaut, une convention ou un accord de branche) peut déroger à ces dispositions, sous certaines conditions, notamment pour des activités caractérisées par la nécessité d'assurer une continuité du service ou par des périodes d'intervention fractionnées *(voir ci-après)* (c. trav. art. L. 3131-2). Les accords d'entreprise et d'établissement priment sur les accords de branche.

▶ Attention... Lorsque les périodes de repos font l'objet d'un décret spécifique à la branche d'activité ou à la profession, il est possible d'y déroger par accord de branche étendu ou par accord d'entreprise ou d'établissement (c. trav. art. L. 3121-68).

Dérogation par accord collectif

Une convention ou un accord d'entreprise ou d'établissement ou, à défaut, une convention ou un accord de branche peuvent déroger à la période minimale de 11 h de repos quotidien pour (c. trav. art. D. 3131-4) :

- les activités caractérisées par l'éloignement entre le domicile et le lieu de travail du salarié ou par l'éloignement entre les différents lieux de travail du salarié ;
- les activités de garde, de surveillance et de permanence caractérisées par la nécessité d'assurer la protection des biens et des personnes ;
- les activités caractérisées par la nécessité d'assurer la continuité du service ou de la production, notamment pour les établissements ou parties d'établissements pratiquant le mode de travail par équipes successives, chaque fois que le salarié change d'équipe ou de poste et ne peut pas bénéficier, entre la fin d'une équipe et le début de la suivante, d'une période de repos quotidien de 11 h consécutives ;
- les activités de manutention ou d'exploitation qui concourent à l'exécution des prestations de transport ;
- les activités qui s'exercent par périodes de travail fractionnées dans la journée.

Un minimum de 9 h de repos quotidien reste néanmoins dû au salarié (c. trav. art. D. 3131-6). L'employeur ne peut pas imposer un repos journalier inférieur au repos conventionnel. Le salarié peut refuser de signer l'avenant au contrat instaurant des horaires limitant ce repos à 8 heures 30 (cass. soc. 8 juin 2010, n° 08-45577 D).

De plus, une période de repos au moins équivalente doit être accordée aux salariés concernés (c. trav. art. D. 3131-2). S'il est impossible d'attribuer ce repos, un accord collectif doit prévoir une contrepartie équivalente.

Surcroît d'activité

Une convention ou un accord d'entreprise ou d'établissement (à défaut, une convention ou un accord de branche) peut prévoir la réduction de la durée du repos quotidien en cas de surcroît d'activité (c. trav. art. D. 3131-5).

Ces accords ne peuvent pas avoir pour effet de réduire la durée du repos quotidien en deçà de 9 h (c. trav. art. D. 3131-6). De plus, une période de repos au moins équivalente doit être accordée aux salariés concernés (c. trav. art. D. 3131-2). S'il est impossible d'attribuer ce repos, un accord collectif doit prévoir une contrepartie équivalente.

En l'absence d'accord collectif, la dérogation peut être mise en œuvre après une autorisation de l'inspection du travail (c. trav. art. D. 3131-7) (voir *Décision de l'administration**).

Travaux urgents

L'employeur peut, sous sa seule responsabilité et en informant l'inspecteur du travail, déroger à la période minimale de 11 h de repos quotidien par salarié : travaux urgents dont l'exécution immédiate est nécessaire pour (c. trav. art. L. 3131-1 et D. 3131-1) :

- en cas de travaux urgents dont l'exécution immédiate est nécessaire pour organiser des mesures de sauvetage ;
- pour prévenir des accidents imminents ;
- pour réparer des accidents survenus au matériel, aux installations ou aux bâtiments.

Il faut alors accorder une période de repos au moins équivalente aux salariés (c. trav. art. D. 3131-2). En cas d'impossibilité d'attribuer ce repos, un accord collectif doit prévoir une contrepartie équivalente.

Salariés sans horaire collectif

Pour assurer le respect du repos quotidien minimum de 11 h consécutives des salariés qui ne sont pas occupés selon l'horaire collectif, l'employeur peut fixer pour l'établissement, un atelier, un service ou une équipe une période quotidienne correspondant au moins à la durée de ce repos. Les heures auxquelles commence et finit cette période sont affichées dans l'entreprise.

Si des salariés sont occupés durant la ou les périodes fixées par l'employeur ou lorsque celui-ci n'a pas fixé de période de repos quotidien, le respect de ce dernier doit être démontré par tous les moyens (c. trav. art. D. 3131-3).

Transport

Des dispositions particulières s'appliquent aux personnels roulants ou navigants du secteur des transports.

▶ À noter… L'employeur doit mettre les conducteurs de véhicules utilitaires, n'excédant pas un poids maximum autorisé de 3,5 tonnes, en mesure de prouver par tout moyen que les périodes de repos quotidien ont été prises dans des conditions d'hébergement compatibles avec la dignité humaine et des conditions d'hygiène respectueuses de la santé (décret 2020-1104 du 31 août 2020, JO 2 septembre).

Dans les établissements soumis au contrôle technique du ministère des Transports, en l'absence d'accord collectif, des décrets particuliers définissent les conditions dans lesquelles la dérogation au repos quotidien peut être mise en œuvre (ancien article D. 220-4 du code du travail ; non repris dans la nouvelle codification).

Cette disposition est restée en vigueur dans sa rédaction à la date du 12.03.2008 (décret 2008-244 du 7 mars 2008, JO du 12).

☛ *Durée du travail ; Repos hebdomadaire.*

Repreneur

☛ *Vente de l'entreprise aux salariés ; Fermeture d'établissement ; Modification de la situation juridique de l'employeur.*

Représentant de la section syndicale

Entreprises concernées

Au moins 50 salariés - Tout syndicat non représentatif dans l'entreprise ou l'établissement qui a constitué une *section syndicale** dans une entreprise ou un établissement d'au moins 50 salariés peut désigner un représentant de la section syndicale (RSS) (c. trav. art. L. 2142-1-1).

La condition d'effectif d'au moins 50 salariés doit avoir été respectée pendant les 12 mois consécutifs qui précèdent la désignation du RSS. À défaut, le syndicat n'a d'autre choix que de désigner un élu du personnel en tant que RSS. Il ne peut pas choisir un simple salarié pour occuper cette fonction (cass. soc. 29 mai 2019, n° 18-19890 FPB) *(voir ci-après)*.

En cas de contentieux, l'employeur qui soutient que l'effectif de l'entreprise est inférieur à 50 salariés doit en rapporter la preuve, notamment s'agissant des salariés à temps partiel (cass. soc. 25 septembre 2019, n° 18-60206 FPB).

Moins de 50 salariés - Dans les entreprises de moins de 50 salariés, le syndicat non représentatif qui a constitué une section syndicale peut désigner un membre de la délégation du personnel au *comité social et économique** (CSE) (c. trav. art. L. 2142-1-4 ; circ. DGT 2008-20 du 13 novembre 2008, fiche 4). Toutefois, il ne peut pas s'agir d'un élu suppléant, seul un élu titulaire peut être désigné RSS (cass. soc. 27 mars 2013, n° 12-20369, BC V n° 94).

Par ailleurs, un accord collectif qui autorise le libre choix du délégué syndical (DS) dans les entreprises de moins de 50 salariés ne vaut pas pour la désignation d'un RSS (cass. soc. 26 mai 2010, n° 09-60243, BC V n° 115).

Désignation du RSS

Cadre de désignation - Le cadre de désignation du RSS est identique à celui du délégué syndical [voir *Délégué syndical (désignation)**]. Il faut qu'une section syndicale ait été constituée dans l'entreprise ou l'établissement de 50 salariés ou plus (cass. soc. 14 décembre 2010, n° 10-60221, BC V n° 292). À ce titre, lorsque la désignation des DS s'effectue au niveau de l'entreprise, il en est de même pour le RSS.

Lorsque l'entreprise est composée d'établissements distincts d'au moins 50 salariés chacun, un syndicat non représentatif peut créer une section syndicale et désigner un représentant de cette section

(cass. soc. 31 mai 2011, n° 10-25688, BC V n° 135 ; cass. soc. 4 décembre 2013, n° 13-10754 D) :
- soit au niveau de l'entreprise ;
- soit au niveau de chacun des établissements distincts de cette entreprise.

Le syndicat est libre de prendre l'une ou l'autre de ces deux options (cass. soc. 20 juin 2012, n° 11-60202, BC V n° 195) mais ne peut pas choisir les deux *(voir ci-après)*.

En outre, dans une entreprise composée de plusieurs établissements, un syndicat représentatif au niveau de l'entreprise peut constituer une section syndicale et désigner un RSS dans celui des établissements où il n'a pas pu désigner un DS faute d'avoir présenté un candidat aux élections des représentants du personnel (cass. soc. 14 décembre 2015, n° 14-26517, BC V n° 258).

Syndicat non représentatif ayant au moins deux adhérents - À la date de la désignation du RSS, le syndicat doit avoir une section syndicale dans l'entreprise ou l'établissement en cause, ce qui suppose qu'il y ait au moins deux adhérents et que le syndicat n'y soit pas représentatif (c. trav. art. L. 2142-1 et L. 2142-1-1 ; cass. soc. 5 avril 2011, n° 10-60290 D ; cass. soc. 8 juillet 2009, n° 08-60599, BC V n° 181). L'un des deux adhérents peut être désigné en qualité de RSS (cass. soc. 26 mai 2010, n° 09-60278, BC V n° 117).

Si la section syndicale n'a qu'un adhérent sur les deux à jour de ses cotisations lors de la désignation du RSS, celle-ci peut être annulée (cass. soc. 13 juin 2019, n° 18-15442 D).

▶ À noter… En pratique, la constitution de la section syndicale n'a pas obligatoirement à précéder la désignation du RSS. Elle peut intervenir de façon concomitante.

Autres conditions à remplir par le syndicat - Pour constituer ladite section, le syndicat doit aussi :
- satisfaire aux critères de respect des valeurs républicaines et d'indépendance, être légalement constitué depuis au moins 2 ans et avoir un champ professionnel et géographique qui couvre l'entreprise concernée (c. trav. art. L. 2142-1) ;
- satisfaire au critère de transparence financière, en principe réservé aux syndicats représentatifs (cass. soc. 22 février 2017, n° 16-60123, BC V n° 29), sachant que cette exigence est conforme à la constitution (cass. soc. 29 janvier 2020, n° 19-40034 FSPB ; cons. const. 30 avril 2020, n° 2020-835 QPC).

La transparence financière du syndicat est satisfaite si, sur le dernier exercice clos avant la désignation d'un RSS, un audit contractuel établi par un expert-comptable atteste de la régularité et de la sincérité des comptes et que l'approbation de ces comptes par l'assemblée générale du syndicat était bien en cours d'accomplissement (cass. soc. 10 février 2021, n° 19-18040 FSP). Il n'y a donc pas d'obligation d'avoir accompli toutes les formalités de publication des comptes lors de la désignation. En outre, le contrôle porte sur le dernier exercice clos et non sur des exercices précédents, contrairement à ce que le Cour de cassation avoir admis par le passé (cass. soc. 17 octobre 2018, n° 17-19732 FSPB).

Par ailleurs, le syndicat n'a pas à être présent dans tous les sites d'un établissement pour désigner un RSS (cass. soc. 8 juillet 2009, n° 09-60048, BC V n° 178).

▶ Attention… Un syndicat ne peut désigner qu'un seul RSS par section syndicale, quel que soit l'effectif de l'entreprise ou de l'établissement (cass. soc. 14 décembre 2010, n° 10-60263, BC V n° 293).

Conditions propres au salarié - Pour être désigné RSS, le salarié doit remplir les conditions suivantes (c. trav. art. L. 2142-1-2, L. 2143-1 et L. 2143-2) :
- avoir 18 ans révolus ;
- travailler dans l'entreprise depuis un 1 an au moins (4 mois en cas de création d'entreprise ou d'ouverture d'établissement), des dispositions spécifiques s'appliquant dans les entreprises de travail temporaire ;
- avoir la capacité électorale.

Par ailleurs, le salarié ne doit pas avoir, au jour de sa désignation, de délégation écrite particulière d'autorité lui permettant d'être assimilé à l'employeur ou de représenter effectivement ce dernier devant les institutions représentatives du personnel (cass. soc. 7 novembre 2012, n° 11-25653 D).

▶ À noter… Aucune disposition n'exige que le RSS soit salarié de l'entreprise dans laquelle il est désigné. Un salarié mis à la disposition d'une entreprise ou d'un établissement qui remplit les conditions légales peut donc y être désigné en tant que RSS (cass. soc. 29 février 2012, n° 11-10904, BC V n° 84).

Lettre de désignation du RSS - Comme pour le *délégué syndical**, c'est la lettre de désignation du RSS qui fixe le cadre de cette désignation et, par conséquent, celui d'un éventuel litige (cass. soc. 8 juillet 2009, n° 09-60048, BC V n° 178). Le juge ne peut donc pas apprécier la validité de cette nomination en dehors de ce cadre.

Exemple
Le juge ne peut pas décider que le RSS a été désigné au niveau de l'entreprise alors que la lettre

fait clairement apparaître que la désignation a eu lieu au niveau d'un établissement distinct (cass. soc. 18 novembre 2009, n° 09-60033 D).

Auteur de la désignation - Le RSS est généralement désigné par le syndicat qui a constitué la section syndicale.

Toutefois, il peut aussi être désigné par l'union ou la fédération à laquelle le syndicat est affilié.

Cette union ou cette fédération doit alors répondre aux conditions exigées pour la constitution d'une *section syndicale**, ce qui implique notamment que son champ professionnel et géographique couvre l'entreprise en question (cass. soc. 8 février 2012, n° 11-15342, BC V n° 68), qu'elle satisfasse aux critères de respect des valeurs républicaines et d'indépendance et qu'elle soit légalement constituée depuis au moins 2 ans. Elle peut se prévaloir des adhérents du syndicat qui lui est affilié (cass. soc. 13 janvier 2010, n° 09-60155, BC V n° 13). Enfin, les statuts de l'union ou de la fédération ne doivent pas interdire une telle désignation.

▶ À noter... L'organe ou la personne habilitée, au sein de l'union ou de la fédération, à désigner les DS est, par principe, en droit de désigner des RSS (cass. soc. 18 novembre 2009, n° 09-65639, BC V n° 263).

Groupement de syndicats - Une confédération syndicale et les organisations syndicales qui lui sont affiliées ne peuvent pas ensemble désigner un nombre de RSS supérieur à celui prévu par la loi ou par un accord collectif plus favorable. Il ne peut donc y avoir qu'un RSS pour une confédération et ses syndicats affiliés. Notons que si deux syndicats se présentent comme adhérents à une même confédération, il faut les traiter comme tels, car c'est sans doute sur la base de cette affiliation revendiquée que les salariés ont voté. Ainsi, dans ces circonstances, c'est l'affiliation apparente qui prévaut sur l'affiliation réelle (cass. soc. 17 février 2016, n° 14-23854, BC V n° 988).

Pas de RSS « central » - Lorsqu'une entreprise compte plusieurs établissements distincts, un syndicat non représentatif peut désigner un RSS soit au niveau des établissements distincts, soit au niveau de l'entreprise, mais ne peut pas cumuler des RSS au niveau des établissements et un RSS au niveau de l'entreprise à l'image du DS central (cass. soc. 29 octobre 2010, n° 09-60484, BC V n° 251).

Néanmoins, un syndicat peut cumuler un DS central au niveau de l'entreprise et, dans le même temps, un RSS dans un établissement où il n'a pas été reconnu représentatif (cass. soc. 13 février 2013, n° 12-19662, BC V n° 43).

Contestation - Les règles de contestation de la désignation d'un RSS sont identiques à celles applicables au délégué syndical [voir *Délégué syndical (contentieux)**]. La demande doit donc être présentée dans un délai de 15 jours, par simple déclaration au greffe du tribunal judiciaire (c. trav. art. L. 2142-1-2 et L. 2143-8).

Le délai de contestation court, pour l'employeur informé par LRAR, à compter du lendemain du jour de la signature de l'avis de réception par l'entreprise (cass. soc. 7 novembre 2012, n° 11-61189 D).

Ce délai court, à l'égard des organisations syndicales et des salariés de l'entreprise, du jour où le nom du RSS a été porté à leur connaissance par affichage sur les panneaux réservés aux communications syndicales ou par tout autre moyen (cass. soc. 10 octobre 2012, n° 11-60225 D).

Cependant, lorsque le syndicat à l'origine de la désignation a fraudé, le point de départ du délai de contestation est reporté au jour où l'auteur de la contestation a eu connaissance de cette fraude (cass. soc. 27 février 2013, n° 11-28084, BC V n° 64).

La contestation par télécopie ou par courrier électronique n'est pas recevable (cass. soc. 18 novembre 2009, n° 09-60047, BC V n° 262).

Statut du RSS

Protection - Le RSS bénéficie de la même protection que le DS (voir *Licenciement des délégués syndicaux**) (c. trav. art. L. 2142-1-2). Cette protection s'applique à compter de la réception par l'employeur de la lettre du syndicat lui notifiant la désignation du salarié comme RSS (cass. soc. 29 février 2012, n° 10-24041 D).

▶ À noter... Si l'employeur obtient l'annulation de la désignation du RSS, le salarié ne perd son statut protecteur qu'à la date du jugement. Par conséquent, si le salarié a fait entre-temps l'objet d'une procédure de licenciement, l'employeur doit avoir demandé l'autorisation préalable de l'inspecteur du travail (cass. soc. 11 octobre 2017, n° 16-11048, BC V n° 180).

Moyens - La loi ne prévoit pas de moyens matériels ou financiers spécifiques pour le RSS. Dans la mesure où sa mission consiste à représenter l'organisation syndicale auprès des salariés et de l'employeur, on peut penser qu'il bénéficie de ceux de sa *section syndicale**.

Heures de délégation - Le RSS dispose d'un temps nécessaire à l'exercice de ses fonctions avec un minimum de 4 h par mois (c. trav. art. L. 2142-1-3). S'il est en forfait annuel en heures, un crédit d'heures inférieur à 4 heures est converti en une demi-journée qui vient en déduction du nombre annuel de jours travaillés (c. trav. art. R. 2142-1).

Dans les entreprises de moins de 50 salariés, si un membre du CSE a été désigné comme RSS, l'intéressé ne dispose pas d'un crédit d'heures spécifique qui viendrait s'ajouter à celui dont il bénéficie pour ses fonctions de représentant du personnel (voir *Heures de délégation**), sauf disposition conventionnelle plus favorable.

Entretiens avec l'employeur en début et en fin de mandat - Voir *Entretien avec les représentants du personnel**.

Rôle du RSS

Dans le cadre de son rôle de représentation de la section syndicale, le RSS dispose des mêmes prérogatives que le DS, excepté, le pouvoir de négocier des accords collectifs sauf dans certaines situations (c. trav. art. L. 2142-1-1).

▶ À noter… Contrairement au DS, le RSS n'acquiert pas automatiquement le statut de représentant syndical au CSE dans les entreprises et les établissements de moins de 300 salariés. Dans ces entreprises ou établissements, un syndicat non représentatif n'a pas la légitimité électorale lui permettant d'avoir un représentant au comité ; c'est pourquoi, le RSS ne saurait être, de droit, représentant syndical au comité (cass. soc. 14 décembre 2011, n° 11-14642, BC V n° 302) (voir *Représentant syndical auprès CSE**).

Sur la négociation et la signature d'un accord collectif ou d'un protocole d'accord préélectoral, voir *Accord collectif d'entreprise (conclusion sans délégué syndical)** et *Élections professionnelles (protocole d'accord préélectoral)**.

Fin du mandat

Principe - Le mandat du RSS prend automatiquement fin lorsque le syndicat qu'il représente n'est pas reconnu représentatif dans l'entreprise aux premières élections professionnelles qui suivent sa désignation (c. trav. art. L. 2142-1-1). Le salarié qui a perdu son mandat de RSS dans ces conditions ne peut pas être immédiatement désigné à nouveau en tant que RSS (cass. soc. 4 juin 2014, n° 13-60205, BC V n° 136) :

- ni au niveau de l'entreprise ;
- ni au niveau d'un établissement.

Il ne pourra être à nouveau désigné RSS que dans les 6 mois qui précèdent les élections professionnelles suivantes (c. trav. art. L. 2142-1-1).

Le syndicat, qui tente de contourner cette règle en retirant son mandat de RSS à un salarié puis en désignant à nouveau ce même salarié en tant que RSS à l'issue des élections, commet une fraude ayant pour effet de vicier cette nouvelle désignation (cass. soc. 27 février 2013, n° 11-28084, BC V n° 64).

L'interdiction ne concerne que le RSS déchu. Le syndicat reste en droit de désigner, immédiatement après les élections, un autre salarié en qualité de RSS (cass. soc. 4 novembre 2009, n° 09-60039, BC V n° 243), et notamment un salarié qui exerçait avant les élections les fonctions de DS (cass. soc. 20 mars 2013, n° 11-26836, BC V n° 81).

▶ À noter… Le mandat du RSS peut aussi cesser en raison de la réduction de l'effectif en dessous de 50 salariés (c. trav. art. L. 2142-1).

Exceptions - Deux exceptions sont admises à la non-désignation d'un même salarié comme RSS à deux élections professionnelles consécutives.

En cas de modification du périmètre électoral (ex. : suite à une opération de fusion-absorption), un syndicat peut désigner à nouveau le même salarié en qualité de RSS immédiatement après les élections (cass. soc. 25 septembre 2013, n° 12-26612, BC V n° 219), alors même que ce dernier exerçait déjà ses fonctions sur une partie du nouveau périmètre (cass. soc. 6 janvier 2016, n° 15-60138, BC V n° 3).

En cas d'annulation des élections professionnelles par les juges, un salarié qui était RSS avant cette décision peut à nouveau être désigné comme RSS à l'issue des nouvelles élections professionnelle, celles-ci ayant été organisées « en exécution du jugement d'annulation » (cass. soc. 4 novembre 2020, n° 19-13151 FSPB).

☞ *Section syndicale.*

➲ Formulaire de Droit Social, « Représentant de la section syndicale ».

Représentant syndical auprès du CSE

Le représentant syndical auprès du *comité social et économique** (CSE) est nommé une fois le comité mis en place dans l'entreprise (ord. 2017-1386 du 22 septembre 2017, JO du 23).

Représentant syndical auprès du CSE

Désignation

Distinction selon la taille de l'entreprise - Les règles de désignation d'un représentant syndical (RS) au CSE diffèrent selon que l'entreprise compte 300 salariés ou moins de 300 salariés.

Dans les entreprises d'au moins 300 salariés, les syndicats peuvent désigner un RS au CSE, choisi parmi les membres du personnel éligibles au CSE (c. trav. art. L. 2314-2).

Dans les entreprises de moins de 300 salariés, c'est le *délégué syndical** (DS) qui est, de droit, RS au CSE (c. trav. art. L. 2143-22).

Mais dans les entreprises de moins de 50 salariés (cass. soc. 8 septembre 2021, n° 20-13694 FSB) :

- la règle selon laquelle le DS est de droit désigné comme RS au CSE ne s'applique pas (c. trav. L. 2143-22) ;
- la possibilité de désigner comme RS au CSE un salarié qui n'est pas DS ne s'applique pas non plus ;
- la possibilité de désigner un élu du CSE comme DS n'emporte pas la possibilité de désigner un RS au CSE.

Ainsi, il n'est pas possible de désigner un RS au CSE dans les entreprises de moins de 50 salariés, même si un salarié non DS et non élu est volontaire pour être désigné, voire s'il existe un DS qui ne serait pas également élu du CSE (arrêt précité).

Conditions propres au salarié - Les conditions propres au salarié sont prévues pour les entreprises d'au moins 300 salariés, puisque dans les autres, c'est le délégué syndical (DS) qui est de droit représentant syndical au CSE *(voir ci-avant)*.

Le représentant syndical au CSE est obligatoirement choisi parmi le personnel de l'entreprise et doit remplir les conditions d'éligibilité au comité (c. trav. art. L. 2314-2).

Le représentant syndical au CSE central est soit un représentant au comité d'établissement, soit un membre élu du comité désigné par chaque organisation syndicale représentative dans l'entreprise (c. trav. art. L. 2316-7).

Les salariés mis à la disposition d'une entreprise ne peuvent pas être désignés pour occuper cette fonction (circ. DGT 2008-20 du 13 novembre 2008, fiche 6).

▶ À noter… La désignation du représentant au CSE peut intervenir après son licenciement pendant toute la période de préavis (cass. soc. 29 octobre 2003, n° 02-60638, BC V n° 269).

Contestation de la désignation - La contestation de la désignation est portée devant le *tribunal judiciaire** par simple déclaration au secrétariat-greffe dans les 15 jours suivant la désignation du représentant syndical (c. trav. art. L. 2143-8 et R. 2143-5 ; c. org. jud. art. R. 211-3-16).

▶ À noter… La date lisible sur le cachet du service courrier de l'entreprise figurant sur l'avis de réception de la lettre recommandée fait courir le délai de contestation de la désignation (cass. soc. 29 octobre 2008, n° 08-60016, BC V n° 208). Par ailleurs, si une entreprise reconnaît avoir reçu la lettre simple portant désignation du délégué syndical à une certaine date, le recours introduit plus de 15 jours après cette date est irrecevable (cass. soc. 6 décembre 1978, n° 78-60739, BC V n° 840). Ces solutions, adoptées par les juges à propos d'un délégué syndical, sont à notre sens transposables à un représentant syndical auprès du CSE.

Le délai de 15 jours s'applique aussi à la contestation d'un représentant syndical au CSE « de droit » dans les entreprises de moins de 300 salariés *(voir ci-avant)* (cass. soc. 25 janvier 2012, n° 11-10978, BC V n° 34).

▶ À noter… Dans l'attente de la décision des juges, l'employeur doit convoquer le représentant syndical aux réunions du CSE. Cela s'explique par le fait qu'il n'est pas juge de la validité de la désignation d'un représentant syndical (cass. soc. 24 octobre 2012, n° 11-20346, BC V n° 281).

Élu au CSE ou représentant syndical auprès du CSE

Un salarié ne peut pas siéger dans le même CSE en qualité à la fois de membre élu, titulaire ou suppléant, et de représentant syndical auprès de celui-ci. En effet, il ne peut pas, au sein d'une même instance et dans le même temps, exercer les fonctions délibératives qui sont les siennes en sa qualité d'élu, et les fonctions consultatives liées à son mandat de représentant syndical lorsqu'il est désigné par un syndicat. Dans ces circonstances, le juge enjoint au salarié d'opter entre l'une ou l'autre de ces fonctions. Si le salarié ne choisit pas, le juge annule la désignation comme représentant syndical (cass. soc. 17 juillet 1990, n° 89-60729, BC V n° 374 ; cass. soc. 11 septembre 2019, n° 18-23764 FSPB ; cass. soc. 22 janvier 2020, n° 19-13269 FPB).

▶ À noter… Un accord collectif ne peut pas déroger à la règle de non-cumul entre les fonctions d'élu du CSE et de RS auprès du CSE (cass. soc. 22 janvier 2020, n° 19-13269 FPB).

Formalités

Lettre de désignation adressée ou remise à l'employeur - La désignation est portée à la connaissance de l'employeur par lettre remise contre récépissé ou lettre recommandée avec avis de réception (et transmise à l'inspecteur du travail) (c. trav. art. L. 2143-7 et D. 2143-4).

▶ À noter… Ces formalités ne sont prévues que pour faciliter la preuve de la désignation et non pour sa validité (cass. soc. 5 mars 2008, n° 07-60305, BC V n° 52). Cette solution, adoptée par les juges à propos d'un délégué syndical, est à notre sens transposable à un représentant syndical auprès du CSE.

Informations contenues dans la désignation - Un seul représentant est désigné par organisation syndicale. Le syndicat qui mandate un salarié doit indiquer en quelle qualité ce dernier est désigné, ses fonctions exactes et l'établissement pour lequel il est désigné. Une désignation imprécise serait nulle (cass. soc. 29 mars 2005, n° 04-60166, BC V n° 103). Si le représentant syndical est désigné en remplacement d'un autre, le syndicat doit le préciser dans la désignation notifiée à l'employeur. À défaut, la désignation d'un représentant syndical surnuméraire n'est pas valable, peu importe que, comme dans cette affaire, il s'agisse de remplacer un représentant syndical dont le contrat de travail est suspendu pour cause d'arrêt de travail (cass. soc. 14 mars 2018, n° 17-16110 D).

Mission

Le représentant syndical représente avec voix consultative le syndicat au sein du CSE, des comités mis en place dans les établissements distincts ou du CSE central, à savoir, avec la possibilité de donner des avis sur les questions débattues [voir *Comité social et économique (informations-consultations)**]. L'employeur a donc l'obligation de le convoquer à toutes les réunions du comité, sauf à se rendre coupable d'un *délit d'entrave**.

Le représentant syndical est soumis aux mêmes obligations de discrétion et de *secret professionnel** que les membres élus du CSE [voir *Discrétion (obligation de)**].

Le temps passé aux réunions du CSE est rémunéré comme temps de travail. Ce temps n'est pas déduit des heures de délégation dans les entreprises d'au moins 501 salariés (c. trav. art. L. 2315-12). Selon le ministère du Travail, le temps passé aux réunions des commissions du CSE n'est pas rémunéré comme du temps de travail, mais les RS peuvent utiliser leurs heures de délégation. L'accord d'entreprise définissant, le cas échéant, les moyens alloués aux membres des commissions pour l'exercice de la mission peut, de fait, prévoir des moyens spécifiques pour les membres non élus (« Comité social et économique : 117 questions-réponses », Q/R n° 89).

▶ À noter… Dans les entreprises employant au moins 501 salariés, le représentant syndical bénéficie d'un crédit de 20 *heures de délégation** par mois, indépendamment du temps passé aux séances du comité (c. trav. art. L. 2315-7 et R. 2315-4).

Dans les entreprises de moins de 300 salariés, le représentant syndical, qui est de droit le délégué syndical, peut utiliser le crédit d'heures dont il dispose au titre de ce mandat.

Protection spéciale

Les représentants syndicaux bénéficient de la même protection contre la rupture de leur contrat de travail que les membres du CSE [voir *Licenciement des représentants du personnel** et *Licenciement des représentants du personnel (procédure)**] (c. trav. art. L. 2411-5).

À ce titre, le régime protecteur peut leur être appliqué s'il est prouvé que l'employeur avait connaissance de l'imminence d'une désignation à la date d'envoi de la lettre de convocation à un entretien préalable au licenciement (cass. soc. 6 décembre 2011, n° 10-18071 D).

L'ancien représentant syndical est protégé pendant 6 mois après la fin de son mandat, à condition d'avoir été désigné depuis 2 ans.

Fin du mandat

Dans les entreprises d'au moins 300 salariés, le mandat du représentant syndical au CSE prend fin lors du renouvellement des membres de cette institution. Si le représentant ne renonce pas de lui-même à ses fonctions, tout intéressé peut faire constater l'expiration du mandat en question, sans être tenu de respecter le délai de 15 jours *(voir ci-avant)* (cass. soc. 10 mars 2010, n° 09-60347, BC V n° 58 ; cass. soc. 9 novembre 2011, n° 11-12312 D).

Dans les entreprises de moins de 300 salariés dans lesquelles le délégué syndical est de droit le représentant syndical au CSE, le mandat de ce dernier prend fin en même temps que celui de délégué syndical.

Les syndicats peuvent par ailleurs mettre fin aux fonctions de leur représentant quand ils le désirent. En outre, dans le cas particulier où un syndicat se désaffilie de la fédération syndicale après les élections, celle-ci peut nommer un nouveau RS au CSE. Cette nomination met automatiquement fin au mandat du RS au CSE qui avait été désigné par le syndicat désaffilié (cass. soc. 6 mars 2019, n° 18-15238 FPB).

Le mandat du représentant syndical au CSE peut aussi prendre fin si le salarié démissionne de son mandat ou si une des conditions personnelles ayant permis la désignation change (ex. : salarié condamné à une peine privative du droit d'être désigné).

En revanche, dans le cas particulier où des élections complémentaires ont lieu, le représentant syndical auprès du CSE ne peut pas perdre son mandat dans la mesure où la représentativité des organisations syndicales est établie pour toute la durée du cycle électoral (cass. soc. 13 juin 2019, n° 18-14981 FPB).

L'entretien professionnel est proposé systématiquement à l'issue d'un mandat syndical (voir *Entretien professionnel avec les représentants du personnel**) (c. trav. art. L. 6315-1).

Représentants de commerce

La notion de « représentant de commerce » englobe des représentants salariés ou non salariés. En effet, les représentants de commerce sont :

- soit des salariés de droit commun ;
- soit des *VRP** liés à l'employeur par un contrat de travail et bénéficiant d'un statut particulier ;
- soit des représentants mandataires exerçant leur activité en toute indépendance, c'est-à-dire en dehors de tout lien de subordination et le plus souvent en qualité d'agents commerciaux.

Mode de rémunération

Sous forme de commissions, en principe - Les représentants de commerce sont le plus souvent rémunérés par des commissions qui constituent un pourcentage sur les affaires traitées. En principe, les commissions sont dues dès que la commande est prise et acceptée.

Mode de calcul - Selon les stipulations du contrat, donnent lieu à commissions soit les commandes directes seules, soit à la fois les commandes directes et indirectes. Le chiffre d'affaires habituellement retenu est le montant de la facture adressée au client, y compris la TVA et les frais de port et d'emballage. Le taux et le mode de commissionnement prévus au contrat ne peuvent être ultérieurement modifiés par l'employeur sans l'accord du représentant.

Clauses particulières - Les commissions sont dues, en principe, dès acceptation de la commande, mais certaines clauses dites « de paiement après encaissement » ou « de vente menée à bonne fin » subordonnent le paiement de la commission à la réalisation effective de la vente. Si ces clauses sont licites, elles sont inopposables au VRP lorsque la résiliation de la vente provient d'une faute imputable à l'employeur.

Clause ducroire

Il s'agit d'une clause par laquelle les représentants de commerce ou les agents commerciaux se portent garants du paiement du prix de la marchandise et s'engagent à le verser à la maison qu'ils représentent en cas de défaillance de l'acheteur. Les « clauses de bonne fin » (qui visent à régler aux représentants leurs commissions au titre des transactions menées à bonne fin) ne constituent pas des clauses ducroire interdites (cass. soc. 15 mars 2006, n° 03-43858 D).

▶ Attention... Le contrat de travail d'un VRP ne peut, en aucun cas, comporter une telle clause (ANI du 3 octobre 1975, art. 5-3 ; cass. soc. 26 juin 1980, n° 77-40878, BC V n° 583).

Clause de survente

Il s'agit d'une clause par laquelle les représentants de commerce ou les agents commerciaux sont autorisés à vendre à un prix supérieur à celui du tarif fixé et leur accorde une commission supplémentaire consistant dans un tantième de la survente.

La survente est compatible avec le statut de VRP dans la mesure où elle ne constitue pas une opération personnelle mais s'effectue sous le contrôle de l'employeur.

☛ *Agent commercial ; VRP (contrat) ; VRP (rémunération) ; VRP (rupture).*

➲ Formulaire de Droit Social, « CDI de représentant non statutaire ».

Représentants de proximité

☞ *Comité social et économique (représentants de proximité).*

Représentants des salariés

☞ *Comité social et économique (représentants dans les organes sociaux) ; Conseil d'administration ou de surveillance (administrateurs élus par les salariés) ; Conseil d'administration ou de surveillance (représentants des salariés).*

Représentativité

☞ *Syndicats ; Syndicats catégoriels (représentativité) ; Syndicats d'employeurs (représentativité) ; Syndicats (représentativité) ; Syndicats (représentativité dans les TPE).*

Reprise d'entreprise

☞ *Congé pour création d'entreprise ; Création d'entreprise ; Création d'entreprise (aides) ; Modification de la situation juridique de l'employeur ; Vente de l'entreprise aux salariés.*

Rescrit de branche

Le rescrit de branche est ouvert depuis le 1.01.2016 aux organisations professionnelles d'employeurs et à toute organisation syndicale reconnue représentative au niveau des branches.

Demande

Objet - Le rescrit permet aux organisations professionnelles d'employeurs et à toute organisation syndicale reconnue représentative au niveau des branches d'interroger directement l'ACOSS (ou URSSAF Caisse nationale) sur une application spécifique à la situation de la branche de dispositions du code de la sécurité sociale (c. séc. soc. art. L. 243-6-3, I et R. 243-43-2, I). Il peut s'agir de dispositions en vigueur ou en projet.

Ce dispositif permet de sécuriser les accords collectifs, antérieurement à leur conclusion et à leur extension.

Formalisme - La demande doit être adressée à l'ACOSS par tout moyen permettant de rapporter la preuve de sa date de réception en faisant part (c. séc. soc. art. R. 243-43-2, I) :
- du nom et de l'adresse de l'organisation ;
- d'une présentation précise et complète des dispositions du projet de convention, ou d'accord collectif, ou des dispositions de la convention ou de l'accord collectif de nature à permettre à l'ACOSS d'apprécier si les conditions requises par la réglementation sont satisfaites.

Procédure et effets

Examen des pièces - L'ACOSS dispose de 20 jours pour procéder à un examen formel des pièces et de 4 mois pour statuer sur la demande (c. séc. soc. art. R. 243-43-2, I et II).

Elle informe aussi le ministre de la réponse apportée à l'organisation.

Pendant le temps de l'instruction (c'est-à-dire au cours du délai de 4 mois), la procédure d'extension engagée à la demande d'une des organisations d'employeurs ou de salariés représentatives est suspendue dès réception de la demande de rescrit (c. trav. art. D. 2261-3).

Si l'organisation ayant présenté la demande est différente de celle qui a présenté la demande d'extension, le ministre compétent informe cette dernière de la suspension de la procédure d'extension. Il lui communique la réponse de l'ACOSS.

L'organisation à l'initiative de la demande d'extension dispose d'un délai de 15 jours suivant la notification de la réponse de l'ACOSS - ou de la date de réception de la communication faite par le ministre - pour indiquer si elle maintient sa demande d'extension. À défaut de réponse dans ce délai, la demande est réputée maintenue (c. trav. art. D. 2261-3).

Réponse de l'ACOSS - La réponse de l'ACOSS doit :
- être motivée et signée par le directeur de l'ACOSS ou son délégataire ;
- mentionner qu'elle est susceptible de recours (voies et délais) (c. séc. soc. art. R. 243-43-2, II, dernier al.).

▶ **À noter...** Une sélection de rescrits, rendus anonymes, qui présentent une portée générale est publiée (c. séc. soc. art. R. 243-43-2, VII).

Effets - La réponse de l'ACOSS est opposable aux organismes de recouvrement, tant que la situation ou la législation n'a pas changé.

Elle est aussi opposable, dans les mêmes conditions, aux caisses de retraite AGIRC-ARRCO si elle porte sur la législation relative à la *réduction générale de cotisations patronales**, sur les exonérations spécifiques applicables en outre-mer ou aux structures privées d'aide à domicile pour l'intervention auprès de public fragile (c. séc. soc. art. L. 241-10), ou sur tout point de droit susceptible d'avoir une incidence sur les allégements portant sur les cotisations à la charge de l'employeur dues aux titres du régime AGIRC-ARRCO (c. séc. soc. art. L. 243-6-3, III).

▶ **À noter...** Compte tenu de l'extension du champ de recouvrement des cotisations AGIRC-ARRCO par les URSSAF programmée pour le 1.01.2023, l'opposabilité d'une décision de rescrit aux caisses AGIRC-ARRCO sur les points précités deviendra sans objet à compter de cette date (c. séc. soc. art. L. 243-6-2, II abrogé au 1.01.2023 ; décret 2021-1532 du 26 novembre 2021, JO du 28).

Si l'ACOSS entend modifier sa position, elle ne peut le faire qu'en notifiant au demandeur sa nouvelle décision, de façon motivée, et en lui indiquant les voies de recours (c. séc. soc. art. L. 243-6-3, III). Celles-ci relèvent du *contentieux de la sécurité sociale** (c. séc. soc. art. R. 243-43-2, III et VII)

Rescrit social

Les employeurs et travailleurs indépendants peuvent solliciter l'URSSAF ou l'administration pour savoir si certaines de leurs pratiques sont conformes à la législation.

L'employeur peut aussi effectuer un rescrit sur son obligation d'emploi de travailleurs handicapés.

Rescrit « cotisants »

Demande de rescrit - Les URSSAF doivent se prononcer de manière explicite sur toute demande d'un cotisant (ou futur cotisant) posant une « question nouvelle et non dépourvue de caractère sérieux » ayant pour objet de connaître l'application à une situation précise de la législation relative aux cotisations et contributions de sécurité sociale qu'elles contrôlent ou qui ont la même assiette (ex : cotisations URSSAF, cotisations d'assurance chômage). La question peut aussi porter sur les conditions d'affiliation au régime général des personnes non salariées (c. séc. soc. art. L. 243-6-3).

Par « nouvelle », il faut entendre une question n'ayant ni été présentée précédemment, ni été tranchée dans le cadre d'une décision de portée générale ayant fait l'objet d'une publication. Par décision « non dépourvue de caractère sérieux », il faut comprendre que la demande ne doit pas présenter un caractère abusif ou poursuivre un objectif dilatoire.

Recevabilité de la demande - Une demande de rescrit ne peut être formulée si un *contrôle URSSAF** a été engagé (avis de contrôle notifié) ou lorsqu'un contentieux en rapport avec cette demande est en cours, à savoir qu'un recours a été formé dans les délais sur la situation en cause sans qu'une décision de justice définitive ne soit intervenue (c. séc. soc. art. L. 243-6-3 et R. 243-43-2).

Formalisme - La demande de rescrit peut être adressée par tout moyen permettant de rapporter la preuve de sa date de réception, à l'URSSAF (CGSS dans les DOM) auprès de laquelle le cotisant ou futur cotisant est tenu de souscrire ses déclarations ou est tenu de s'affilier. La demande doit comporter (c. séc. soc. art. R. 243-43-2) :
- le nom et l'adresse du cotisant ou futur cotisant ;
- le numéro d'immatriculation du cotisant ou du futur cotisant lorsqu'il est déjà inscrit au régime général de sécurité sociale ;
- les indications relatives aux dispositions législatives et réglementaires au regard desquelles il demande que la situation soit appréciée ;
- une présentation précise et complète de la situation de nature à permettre à l'organisme de recouvrement d'apprécier les conditions dans lesquelles s'applique la réglementation.

▶ **À noter...** Le site du réseau des URSSAF liste aussi le secteur d'activité de l'entreprise (code APE), le cas échéant, les coordonnées du tiers s'il a formulé la demande pour le compte de l'employeur et, si l'entreprise appartient à un groupe, les références et coordonnées des entreprises concernées.

La réponse de l'URSSAF acquiert valeur de rescrit social (et non de simple décision explicite) si la demande mentionne (c. séc. soc. art. R. 243-43-2, I) :
- les nom et adresse du demandeur ;
- et une présentation précise et complète de sa situation, dès lors qu'elle permet à l'URSSAF d'ap-

préciser les conditions dans lesquelles la réglementation s'applique.

En opportunité, l'URSSAF est autorisée à se saisir d'une demande qui ne respecte pas le formalisme exigé pour le rescrit social et à lui faire néanmoins bénéficier de ce statut (c. séc. soc. art. L. 243-6-3, II). En ce cas, l'URSSAF informe le cotisant (futur cotisant ou, le cas échéant, le tiers déclarant) de cette requalification. Elle lui indique alors les garanties dont il bénéficie à ce titre (c. séc. soc. art. R. 243-43-2, I dernier al.).

▶ À noter... Pour faciliter le recours à la procédure de rescrit social, le réseau des URSSAF met à la disposition des cotisants, sur son site Internet, un formulaire de demande de rescrit, accompagné d'une notice (www.urssaf.fr, rubrique « Vous accompagner », « Rescrit social », « Le rescrit social cotisant » puis, « Liens utiles »).

Examen des pièces - À réception de la demande, l'URSSAF vérifie que celle-ci est complète. Elle dispose de 20 jours pour le faire. Si, dans ce délai, elle ne réclame aucune pièce au demandeur, la demande est réputée complète.

Autrement, l'URSSAF doit lui envoyer la liste des pièces manquantes. Le demandeur dispose alors d'un délai de 1 mois pour les faire parvenir. S'il satisfait à cette obligation, l'URSSAF lui notifie que sa demande est complète.

À défaut, sa demande est caduque (c. séc. soc. art. R. 243-43-2, II).

3 mois pour statuer - L'URSSAF a 3 mois pour statuer sur la demande de rescrit, dès lors que celle-ci est complète. Elle notifie dans ce délai sa réponse au demandeur. Si elle ne notifie aucune décision à l'issue de ce délai, le demandeur est toutefois protégé d'un redressement de cotisations fondé sur le point de législation faisant l'objet de la demande. Cette interdiction vaut jusqu'à la décision explicite en réponse de l'URSSAF. Cette décision explicite doit être motivée et signée par le directeur de l'URSSAF ou son délégataire. En outre, elle doit mentionner qu'elle est susceptible d'être contestée et indiquer, à cette fin, les délais et voies de recours (c. séc. soc. art. R. 243-43-2, II).

▶ À noter... Une sélection de rescrits, rendus anonymes, qui présentent une portée générale, est publiée sur le site www.securite-sociale.fr (c. séc. soc. art. R. 243-43-2, VII).

Effets - La réponse de l'URSSAF est opposable aux organismes de recouvrement, tant que la situation ou la législation n'a pas changé. Elle est aussi opposable, dans les mêmes conditions, aux caisses de retraite AGIRC-ARRCO si elle porte sur la législation relative à la *réduction générale de cotisations patronales**, sur les exonérations spécifiques applicables en outre-mer ou aux structures privées d'aide à domicile pour l'intervention auprès de public fragile (c. séc. soc. art. L. 241-10), ou sur tout point de droit susceptible d'avoir une incidence sur les allègements portant sur les cotisations à la charge de l'employeur dues aux titres du régime AGIRC-ARRCO (c. séc. soc. art. L. 243-6-3, III).

▶ À noter... Compte tenu de l'extension du champ de recouvrement des cotisations AGIRC-ARRCO par les URSSAF désormais programmée au 1.01.2023, l'opposabilité de la décision de rescrit aux caisses AGIRC-ARRCO sur les points précités deviendra sans objet à compter de cette date. Pour rappel, cette mesure était initialement programmée au 1.01.2022, mais elle a finalement été reportée d'un an (loi 2019-1446 du 24 décembre 2019, art. 18, XII, 3°, JO du 27 ; décret 2021-1532 du 26 novembre 2021, art. 1, JO du 28).

L'URSSAF peut revenir sur sa position, mais uniquement pour l'avenir, et à condition d'en informer expressément le cotisant ou futur cotisant. Elle doit lui notifier sa nouvelle décision, nécessairement motivée, par tout moyen permettant de rapporter la preuve de sa date de réception. Cette nouvelle décision doit préciser que l'employeur peut la contester dans les 2 mois devant la commission de recours amiable (CRA) et qu'il peut saisir l'URSSAF Caisse nationale (ou ACOSS) pour intervention (ou arbitrage) (c. séc. soc. art. R. 142-1 et R. 243-43-2, II).

Intervention de l'URSSAF Caisse nationale (ou ACOSS) - La demande d'intervention de l'URSSAF Caisse nationale est réputée complète si dans le mois de sa réception, celle-ci n'a pas fait connaître au demandeur la liste des pièces ou informations manquantes. Si elle est complète, l'URSSAF Caisse nationale le notifie au demandeur et lui précise (c. séc. soc. art. R. 243-43-2, IV et V) :

- qu'elle dispose de 40 jours pour communiquer à l'URSSAF la position à retenir, mais aussi pour la lui transmettre, pour information ;
- que l'URSSAF lui notifiera cette position dans le délai de 1 mois suivant sa réception.

La demande (complète et dans les délais impartis) d'intervention de l'URSSAF Caisse nationale interrompt le délai de saisine de la CRA, mais n'interrompt pas les délais de prescription. Si le cotisant saisit la CRA pendant que l'URSSAF Caisse nationale instruit sa demande, c'est-à-dire avant qu'elle ne lui ait transmis sa position, sa demande d'intervention devient caduque (c. séc. soc. art. R. 243-43-2, V).

Si l'URSSAF Caisse nationale prend une position qui ne satisfait pas l'employeur, ce dernier peut la contester devant le pôle social du tribunal judiciaire (c. séc. soc. art. R. 243-43-2, VI).

▶ À noter… Les professions libérales peuvent s'adresser à la CNAVPL (lorsqu'elles relèvent de cette caisse) ou, pour les (futurs) avocats, à la CNBF, pour qu'elles se prononcent, dans les mêmes conditions que les caisses du régime de sécurité sociale pour les indépendants, sur toute demande relative aux conditions d'affiliation à la CNAVPL ou à la CNBF, ou à l'une des sections professionnelles de la CNAVPL (c. séc. soc. art. L. 643-1A).

Rescrit handicap

L'URSSAF examine les demandes de rescrit portant sur l'obligation des travailleurs handicapés, à compter de l'obligation d'emploi 2020 (c. séc. soc. art. L. 243-6-3), voir [*Handicapés (obligation d'emploi)**].

La demande obéit aux mêmes règles que celles du rescrit « cotisants » *(voir ci-avant)*.

Autres rescrits sociaux

Mesures en faveur de l'emploi - L'employeur peut interroger le préfet pour connaître l'application à sa situation de dispositions relatives à certains dispositifs en faveur de l'emploi. Celui-ci doit répondre de façon motivée (c. trav. art. R. 5112-23).

La demande de l'employeur doit concerner (c. trav. art. D. 5112-24) :
- l'aide à l'élaboration d'un plan GPEC (c. trav. art. L. 5121-3) ;
- les aides aux actions de reclassement et de reconversion professionnelle (c. trav. L. 5123-1 à L. 5123-9) ;
- l'aide aux salariés en *activité partielle** (c. trav. art. L. 5122-1) ;
- les aides à l'insertion par l'activité économique (c. trav. art. L. 5132-1 à L. 5132-17) ;
- les aides liées au contrat relatif aux activités d'adulte-relais (c. trav. art. L. 5134-100 à L. 5134-109) ;
- l'aide aux actions de formation pour l'adaptation des salariés (c. trav. art. L. 5121-4).

Autres rescrits - Voir *Dirigeants de société**, *Égalité professionnelle (pénalité 1 %)**, *Rescrit de branche** et *Stages en entreprise**.

Réseaux sociaux

☛ *Expression (liberté d') ; Informatique.*

Réservation d'un siège aux élections

☛ *Élections professionnelles ; Élections professionnelles (résultat du scrutin).*

Réserve spéciale de participation

L'accord de participation conduit à affecter une partie du bénéfice réalisé par l'entreprise à la constitution d'une réserve spéciale de participation (RSP) destinée à être répartie entre les salariés [voir *Participation des salariés aux résultats de l'entreprise (accord de)**].

Calcul

Formule légale de calcul - Le montant de la RSP est donné par la formule suivante (c. trav. art. L. 3324-1, L. 3324-3 et D. 3324-1 et s.) :

$$R = (1/2) \times [B - (5\ C/100)] \times (S/VA)$$

Dans cette formule :
- B représente le bénéfice imposable, déduction faite de l'impôt correspondant mais augmenté de la provision pour investissement ;
- C représente les capitaux propres de l'entreprise ;
- S représente les salaires bruts ;
- VA représente la valeur ajoutée.

Le bénéfice s'obtient en déduisant du bénéfice l'impôt correspondant. Il n'y a pas lieu de retrancher un éventuel crédit d'impôt du montant de l'impôt pour le calcul de la RSP (CE 20 mars 2013, n° 347633 ; cass. soc. 10 janvier 2017, n° 14-23888, BC V n° 4).

Le montant du bénéfice pris en compte pour le calcul de la RSP résulte d'une attestation établie par l'inspecteur des impôts ou le commissaire aux comptes. Cette attestation ne peut pas être contestée dans le cadre d'un litige relatif à la participation (c. trav. art. L. 3326-1 ; cass. soc. 11 mars 2009, n° 08-41140, BC V n° 80 ; cass. soc. 28 février 2018, n° 16-50015, BC V n° 36). Une attestation de principe, qui indique simplement que le calcul de la réserve « respecte les dispositions légales et réglementaires », n'est pas valable (cass. soc. 30 janvier 2013, n° 12-11875, BC V n° 26).

Salaires à prendre en compte - Les salaires à retenir pour le calcul de la RSP sont les rémunérations au sens du code la sécurité sociale (c. trav. art. D. 3324-1 ; c. séc. soc. art. L. 242-1). Peu importe que, par exception, ces sommes ne soient pas soumises aux cotisations de sécurité sociale, comme les rémunérations versées à des expatriés (cass. soc. 29 octobre 2013, n° 12-23866, BC V n° 254).

Si les salariés bénéficient d'une déduction au titre de frais professionnels, l'employeur doit en tenir compte et diminuer d'autant la rémunération qui sert au calcul de la réserve spéciale (cass. soc. 17 mai 2011, n° 10-10957, BC V n° 114).

Rémunération des dirigeants - Dans l'hypothèse où la participation s'applique aux dirigeants *(voir ci-après)*, leur rémunération ou leur revenu professionnel ne doit pas être pris en compte dans la RSP (seuls les salaires des dirigeants titulaires d'un contrat de travail salarié sont à prendre en compte). Il ne s'ajoute donc pas aux salaires bruts. S'agissant en revanche des salariés mis à disposition par un *groupement d'employeurs** qui bénéficieraient de l'accord de participation *(voir ci-après)*, leur rémunération est prise en compte à hauteur du montant correspondant à leur activité dans l'entreprise (c. trav. art. D. 3324-1).

Accords « dérogatoires » - Les accords de participation peuvent, dans certaines conditions, prévoir un mode de calcul différent de la formule légale. Ces accords dits « dérogatoires » doivent cependant garantir aux salariés des droits équivalant à ceux qui auraient résulté de l'application du régime légal (guide intermin. épargne salariale, juillet 2014, dossier 2, fiche 3, § II). Dans les entreprises n'excédant pas un certain seuil d'effectif, ces accords permettent d'ouvrir la participation aux dirigeants *(voir ci-après)*.

Bénéficiaires

Salariés - Tous les salariés de l'entreprise doivent pouvoir bénéficier de la répartition de la RSP, quel que soit leur statut (cass. soc. 20 janvier 2010, n° 08-45018, BC V n° 18). De même, le fait qu'un salarié soit détaché à l'étranger ou en congé de reclassement ne le prive pas de participation (cass. soc. 6 juin 2018, n° 17-14372, BC V n° 102 ; cass. soc. 7 novembre 2018, n° 17-18936 FSPB). Toutefois, une durée minimale d'ancienneté au cours de l'exercice, qui ne doit pas excéder 3 mois, peut être exigée (c. trav. art. L. 3342-1).

▶ À noter… En cas d'embauche d'un stagiaire à l'issue d'un stage en entreprise d'une durée de plus de 2 mois, la durée du stage est prise en compte pour l'ouverture et le calcul des droits liés à l'ancienneté (c. trav. art. L. 1221-24). Cette disposition ne concerne que les stages en entreprises effectués par les étudiants. Elle ne s'applique ni aux stagiaires de la formation professionnelle continue, ni aux stages accomplis par les jeunes de moins de seize ans (guide intermin. épargne salariale, juillet 2014, dossier 2, fiche 1, § II-B).

Salariés d'un groupement d'employeurs - Lorsque l'entreprise fait partie d'un *groupement d'employeurs**, l'accord de participation peut prévoir que les salariés mis à disposition par le groupement ont la possibilité de bénéficier de la participation dans l'entreprise utilisatrice. Cette faculté ne peut être exercée que si le groupement d'employeurs n'est pas lui-même doté d'un accord de participation (c. trav. art. L. 3322-2 et D. 3321-2).

Si une condition d'ancienneté est exigée *(voir ci-avant)*, celle-ci est réputée satisfaite dès l'instant où le salarié a été mis à disposition auprès de l'entreprise utilisatrice pendant une durée totale d'au moins 60 jours au cours du dernier exercice (c. trav. art. D. 3342-1).

Dirigeants - Les dirigeants peuvent bénéficier de la participation lorsqu'ils sont à la tête d'une entreprise se trouvant dans l'une ou l'autre des situations suivantes :

- l'entreprise emploie moins de 50 salariés, mais est dotée d'un dispositif de participation (c. trav. art. L. 3323-6) ;
- l'entreprise emploie 1 à moins de 250 salariés et est dotée d'un dispositif de participation assorti d'une formule de calcul dérogatoire, c'est-à-dire plus avantageuse que celle prévue par la loi (c. trav. art. L. 3324-2 ; loi 2019-486 du 22 mai 2019, JO du 23).

La notion de « dirigeant » englobe les chefs d'entreprise, les présidents-directeurs généraux et les gérants ou les membres du directoire, ainsi que le conjoint du chef d'entreprise ou le partenaire qui lui est lié par un PACS, s'il a le statut de conjoint collaborateur ou de conjoint associé (c. trav. art. L. 3324-2).

L'ouverture de la participation aux dirigeants n'est pas automatique et nécessite de modifier l'accord (circ. DGT 2009-13 du 19 mai 2009, question/réponse 28).

▶ À noter… Depuis le 1.01.2020, en application de la loi PACTE, ces seuils d'effectif sont calculés selon les règles d'*effectif sécurité sociale* *. Selon ces règles, le franchissement à la hausse du seuil de 250 salariés n'est pris en compte que s'il a été atteint ou dépassé pendant 5 années consécutives. Par exception, cette exigence ne s'applique pas au seuil de 1 salarié. De plus, le calcul de l'effectif sécurité sociale s'évalue en équivalent temps plein, un salarié à temps partiel ne pourrait donc pas être considéré comme valant 1 salarié. Toutefois selon nos sources, la DGT et la Direction de la sécurité sociale considèrent que le seuil de 1 salarié sera atteint dès lors qu'un salarié aura été employé à temps partiel pendant au moins 6 mois, consécutifs ou non, au cours de l'année civile précédente. Une confirmation officielle de ces organismes est toutefois encore attendue pour sécuriser la lecture à retenir.

Répartition des droits

Salariés - Les accords de participation peuvent décider que la répartition entre les salariés est uniforme, proportionnelle aux salaires ou à la durée de présence dans l'entreprise au cours de l'exercice ou retenir conjointement plusieurs des critères précités. Ils peuvent en outre fixer un salaire plancher servant de base de calcul à la part individuelle (c. trav. art. L. 3324-5 et D. 3324-10 à D. 3324-15 ; guide intermin. épargne salariale, juillet 2014, dossier 2, fiche 4).

▶ À noter… Les modalités de répartition de la réserve spéciale doivent s'appliquer de manière identique aux salariés expatriés et aux salariés établis en France (cass. soc. 6 décembre 2007, n° 06-10858 D).

Incidence des absences - Les absences pour congé de maternité et d'adoption [voir *Maternité (congé de)], pour *accident du travail** (ou *maladies professionnelles**) ou *congé de deuil** et depuis le 12 05.2020, les périodes de mise en quarantaine liées à l'existence d'un état d'urgence sanitaire déclaré (tel que le covid-19) sont assimilées à du temps de présence ou à des périodes travaillées** (c. trav. art. L. 3324-6 ; loi 2020-546 du 11 mai 2020, art. 6, 2° et 3° et art. 13, JO du 12). **En cas de répartition proportionnelle au salaire, il faut reconstituer la rémunération qu'aurait perçue le salarié concerné s'il n'avait pas été absent** (c. trav. art. D. 3324-11 ; décret 2021-1122 du 27 août 2021, JO du 28). **En cas de répartition en fonction de la durée de présence, il faut assimiler ces absences à du temps de présence.**

▶ À noter… Les périodes non travaillées dans le cadre d'un temps partiel thérapeutique consécutif à un accident du travail ont été assimilées à des périodes de présence en matière d'intéressement aux résultats (cass. soc. 16 juin 2011, n° 08-44616 D). Sous réserve de l'interprétation des juges, il pourrait en aller de même en matière de réserve spéciale de participation.

Incidence de l'activité partielle - En cas de répartition en fonction des salaires, l'employeur doit neutraliser les éventuelles périodes d'*activité partielle et prendre en considération les salaires qui auraient été perçus si les salariés n'avaient pas été en activité partielle. Selon la même logique, en cas de répartition en fonction de la durée de présence, les périodes d'activité partielle sont prises en compte** (c. trav. art. R. 5122-11).

▶ À noter… Ces dispositions s'appliquent également dans le cadre de l'*activité partielle de longue durée** (décret 2020-926 du 28 juillet 2020 modifié, art. 9, II).

Attribution d'un supplément au titre d'un exercice clos - Un supplément de RSP peut aussi être attribué aux salariés au titre d'un exercice clos, sur décision du conseil d'administration ou du directoire ou, à défaut, de l'employeur, dans le respect des plafonds ci-après (voir *Supplément d'intéressement ou de participation)** (c. trav. art. L. 3324-9).

Dirigeants - Lorsque la participation est répartie proportionnellement au salaire, la part revenant au dirigeant ou au conjoint est calculée proportionnellement à la rémunération annuelle ou au revenu professionnel soumis à l'impôt sur le revenu au titre de l'année précédente (c. trav. art. L. 3324-5).

Lorsque le dirigeant bénéficie de la participation en raison de l'application d'une formule de calcul dérogatoire *(voir ci-avant)*, seule la part de la RSP excédant le montant qui aurait résulté de l'application de la formule légale est répartie entre le dirigeant et les salariés (c. trav. art. L. 3324-2). **La part résultant de l'application de la formule légale n'est donc répartie qu'entre les salariés.**

Incidence d'un redressement fiscal - Si l'entreprise fait l'objet d'un redressement fiscal et que celui-ci se traduit par un complément à la RSP, les salariés ont droit à la répartition du complément en question, sous réserve d'être présents lors de l'exercice au cours duquel les rectifications opérées par l'administration ou par le juge de l'impôt sont devenues définitives ou ont été formellement acceptées par l'entreprise. Les salariés qui ont quitté l'entreprise ne peuvent donc pas

y prétendre. Ils ne peuvent pas non plus réclamer à ce titre des dommages et intérêts à l'employeur (cass. soc. 18 février 2016, n° 14-12614, BC V n° 41 ; cass. soc. 22 juin 2016, n° 14-28175, BC V n° 131).

Plafonds des droits

Salaire ou revenu à retenir - Le salaire à retenir pour la répartition des droits ne peut pas excéder une somme fixée par l'accord et au plus égale à 3 fois le plafond annuel de la sécurité sociale (au lieu de 4 fois le plafond avant le 24.05.2019) (c. trav. art. L. 3324-5 et D. 3324-10 ; loi 2019-486 du 22 mai 2019, JO du 23). La limite de 3 plafonds s'applique aux exercices de calcul en cours au moment de la publication de la loi, c'est-à-dire depuis l'exercice de calcul 2019 pour les sommes servies dès 2020 (instr. intermin. DGT/RT3/DSS/DGT du 19 décembre 2019, Q/R 17 et 18).

S'agissant des salariés mis à disposition par un *groupement d'employeurs** qui bénéficieraient de l'accord de participation *(voir ci-avant)*, leur rémunération est prise en compte à hauteur du montant correspondant à leur activité dans l'entreprise.

Lorsque la participation est ouverte au dirigeant ou au conjoint/partenaire pacsé du chef d'entreprise, la rémunération annuelle ou le revenu professionnel pris en compte est plafonné à hauteur :

- du salaire le plus élevé dans l'entreprise ;
- et du plafond applicable à la rémunération des salariés, soit au plus 3 fois le *plafond de sécurité sociale**.

Montant des droits - Les droits attribués à un salarié ne peuvent pas excéder, pour un même exercice, 3/4 du plafond annuel de la sécurité sociale. L'accord de participation ne peut pas déroger à ce plafond, que ce soit à la hausse ou à la baisse (c. trav. art. L. 3324-5 et D. 3324-12). Cette règle est d'ordre public absolu (cass. soc. 23 mai 2007, n° 04-20157, BC V n° 83).

Les droits servis, le cas échéant, au dirigeant ou au conjoint/partenaire pacsé du chef d'entreprise sont soumis à la même limite.

Nouvelle répartition des sommes non distribuées - Les sommes non attribuées du fait du plafond légal de versement doivent faire l'objet d'une nouvelle répartition, sans attendre l'exercice suivant. Cette seconde distribution doit bénéficier à tous les salariés auxquels ont été versées des sommes inférieures au plafond légal. Le plafond des droits individuels ne peut pas être dépassé du fait de cette répartition supplémentaire (c. trav. art. L. 3324-7).

Si des sommes subsistent encore après cette deuxième répartition, il est procédé à une nouvelle répartition entre tous les salariés n'ayant pas atteint le plafond, et ainsi de suite (guide intermin. épargne salariale, juillet 2014, dossier 2, fiche 4, § IV). Les sommes qui, en dépit de la nouvelle répartition, ne peuvent pas être distribuées du fait de l'application du plafond continuent à demeurer dans la réserve spéciale, en vue d'une répartition au cours des exercices ultérieurs.

Cas particulier de l'accord conclu au niveau d'une UES - Lorsque l'accord de participation est conclu au niveau d'une unité économique et sociale (UES), la répartition des sommes est effectuée entre tous les salariés employés dans les entreprises constituant l'UES sur la base du total des réserves de participation constituées dans chaque entreprise (c. trav. art. L. 3324-8).

Gestion des droits

Affectation à un plan d'épargne - Les sommes issues de la participation sont affectées à des comptes ouverts au nom des intéressés en application d'un plan d'épargne salariale [voir *Plan d'épargne d'entreprise (PEE)**, *Plan d'épargne interentreprises (PEI)**, *Plan d'épargne pour la retraite collectif (PERCO)**, *plan d'épargne retraite d'entreprise collectif (PERE-CO)**] (c. trav. art. L. 3323-2).

Pour tout accord de participation conclu à compter du 24.05.2019, sauf cas particulier (ScoP et régime d'autorité), il n'est plus possible d'affecter une partie de la participation à un compte courant bloqué. Néanmoins, les entreprises qui, au 23.05.2019, ainsi que le permettait le régime antérieur, dirigeaient une partie de la participation vers un compte courant bloqué peuvent continuer à le faire (loi 2019-486 du 22 mai 2019, JO du 23).

Règles d'affectation dans les SCoP - Par exception, les sociétés coopératives de production (SCoP) peuvent prévoir l'emploi de la totalité de la RSP (c. trav. art. L. 3323-3) :

- soit en parts sociales ;
- soit à des comptes courants bloqués.

Alimentation du PERCO par défaut - Dans les entreprises dotées d'un *plan d'épargne pour la retraite collectif (PERCO)**, ou d'un *plan d'épargne retraite d'entreprise collectif (PERE-CO)**, la moitié de la quote-part de la RSP alimente automatiquement ce plan, sauf choix contraire du salarié (c. trav. art. L. 3324-12). Il n'y a donc affectation automatique d'une partie des sommes au PERCO ou PERE-CO que si :

- le salarié n'a pas choisi d'affecter ses droits dans l'un des dispositifs prévus par l'accord *(voir ci-avant)* ;
- le salarié n'a pas demandé le versement immédiat de ses droits *(voir ci-après)*.

Cette fraction de la participation est automatiquement orientée, au sein du PERCO ou du PERE-CO, vers le support d'investissement le moins risqué.

▶ À noter… Le supplément de participation n'est pas concerné par le mécanisme d'affectation par défaut au PERCO ou au PERE-CO. Il n'est donc investi dans l'un de ces plans d'épargne retraite que si le salarié en fait la demande (circ. ETST1221259C du 19 avril 2012, question-réponse 34).

Exceptions à l'indisponibilité

Principe - Dès lors qu'ils n'ont pas fait l'objet d'un versement immédiat, les droits constitués au profit des salariés sont en principe indisponibles pendant une période de 5 années (c. trav. art. L. 3324-10).

Versement immédiat - Par exception au principe d'indisponibilité, les salariés ont la possibilité de demander le versement immédiat des droits qui leur sont attribués au titre du dernier exercice clos (c. trav. art. L. 3323-5 et L. 3324-10).

Il s'agit d'un droit auquel les accords de participation ne peuvent pas, en principe, apporter de restriction, sauf dans les deux cas suivants.

Les accords appliquant une formule dérogatoire peuvent limiter le versement immédiat aux sommes correspondant à ce que les salariés auraient théoriquement perçu en application de la formule légale, le surplus demeurant bloqué dans les conditions habituelles d'indisponibilité (c. trav. art. L. 3324-10).

Les accords de participation conclus dans les sociétés coopératives de production (SCoP), les coopératives agricoles et les entreprises publiques peuvent interdire le versement immédiat (c. trav. art. L. 3323-9).

Délai pour la demande de versement - À partir du moment où le salarié est informé du montant de sa participation, il a 15 jours pour formuler une éventuelle demande de versement immédiat (c. trav. art. R. 3324-21-1).

▶ À noter… L'accord précise en principe la date à laquelle le salarié est présumé avoir connaissance du montant qui lui est attribué *(voir ci-après)*. À défaut, le point de départ du délai de 15 jours correspond à la date de réception de la LRAR ou de la lettre remise contre récépissé l'informant du montant qui lui est attribué et du montant dont il peut demander le versement immédiat.

Date limite du versement - Si le salarié demande le versement immédiat, l'employeur doit effectuer ce versement avant le premier jour du sixième mois suivant la clôture de l'exercice au titre duquel la participation du salarié est attribuée (comme pour les droits à intéressement) (c. trav. art. L. 3324-10 et D. 3324-21-2).

En cas de versement hors délai, l'entreprise s'expose au versement d'intérêts de retard, à hauteur de 1,33 fois le taux moyen de rendement des obligations des sociétés privées (TMOP).

En l'absence de versement immédiat - Si le salarié n'a pas demandé le versement immédiat, ses droits sont bloqués dans les conditions habituelles. Ils sont donc indisponibles pendant 5 ans, voire 8 ans si l'entreprise relève du régime d'autorité. Quant aux sommes inscrites sur un PERCO ou un PERE-CO, l'indisponibilité va jusqu'au départ en retraite (c. trav. art. R. 3324-21-1).

Si le salarié n'a en outre formulé aucune préférence quant à l'affectation de sa participation, la moitié de la quote-part va automatiquement dans le PERCO ou le PERE-CO si l'entreprise en est dotée.

▶ À noter… Si le salarié n'a décidé de l'affectation que d'une partie des sommes qui lui ont été attribuées, il est considéré comme ayant effectué un choix. Le mécanisme d'affectation par défaut au PERCO ne joue donc pas (circ. ETST1221259C du 19 avril 2012, question-réponse 28). À notre sens, il en est de même en présence d'un PERE-CO.

Déblocage anticipé - Le bénéficiaire de la participation est autorisé à débloquer ses droits pendant la période d'indisponibilité dans les cas suivants (c. trav. art. R. 3324-22) :

- cessation du contrat de travail (salarié), cessation d'activité (entrepreneur individuel), fin du mandat social (dirigeant) ou perte du statut de conjoint collaborateur ou de conjoint associé (conjoint/partenaire pacsé du chef d'entreprise) ;
- mariage de l'intéressé ou conclusion d'un Pacs par l'intéressé ;
- naissance ou arrivée au foyer en vue de son adoption d'un 3e enfant, puis de chaque enfant suivant ;
- affectation des sommes à la création ou reprise par le bénéficiaire, son conjoint, ses enfants ou la

personne qui lui est liée par un Pacs d'une entreprise soit à titre individuel, soit sous la forme d'une société dont il exerce le contrôle, à l'installation en vue de l'exercice d'une autre profession non salariée ou encore à l'acquisition de parts sociales d'une société coopérative de production ;
- divorce, séparation ou dissolution d'un Pacs lorsqu'ils sont assortis d'une convention ou d'une décision judiciaire prévoyant la résidence habituelle unique ou partagée d'au moins un enfant au domicile de l'intéressé ;
- violences commises contre l'intéressé par son conjoint, son concubin ou son partenaire pacsé ou son ancien conjoint, concubin ou partenaire (pour les demandes de déblocage anticipé postérieures au 07.06.2020) (décret 2020-683 du 4 juin 2020, JO du 6) ;
- affectation des sommes à l'acquisition ou à l'agrandissement, sous réserve d'un permis de construire, d'un logement principal ou à la remise en état de la résidence principale endommagée à la suite d'une catastrophe naturelle reconnue par arrêté ministériel ;
- invalidité du bénéficiaire, de son conjoint, de ses enfants ou de la personne qui lui est liée par un Pacs ;
- décès du bénéficiaire, de son conjoint ou de la personne qui lui est liée par un Pacs ;
- situation de surendettement du salarié définie à l'article L. 331-2 du code de la consommation.

Pour le détail des conditions, délais et modalités de déblocage, voir *Plan d'épargne d'entreprise (PEE)**.

Les entreprises sont autorisées à payer directement aux salariés les sommes leur revenant lorsqu'elles n'atteignent pas 80 € (arrêté du 10 octobre 2001, JO du 18).

Information des salariés

Information générale - L'accord de participation définit les modalités d'information de chaque bénéficiaire, afin, notamment, que celui-ci puisse exercer son droit à versement immédiat. Chaque salarié doit ainsi avoir connaissance, dans les conditions prévues par l'accord (c. trav. art. R. 3324-21-1) :
- des sommes qui sont attribuées au titre de la participation ;
- du montant dont il peut demander en tout ou partie le versement ;
- du délai dans lequel il peut formuler sa demande, soit 15 jours *(voir ci-avant)* ;
- du point de départ de ce délai, qui correspond à la date à laquelle le salarié est présumé avoir été informé du montant qui lui est attribué *(voir ci-avant)*.

Pour les entreprises dotées d'un *plan d'épargne pour la retraite collectif (PERCO)** ou d'un *plan d'épargne retraite d'entreprise collectif (PERE-CO)**, le salarié doit aussi être informé du fait que, en l'absence de demande de versement immédiat ou d'affectation de sa quote-part dans l'un des dispositifs prévus par l'accord de participation, la moitié des sommes ira alimenter le PERCO ou le PERE-CO.

Information lors de la répartition - L'employeur délivre à chaque salarié une fiche distincte du bulletin de paie, qui mentionne (c. trav. art. D. 3323-16) :
- le montant total de la RSP pour l'exercice écoulé ;
- le montant des droits attribués à l'intéressé ;
- la retenue opérée au titre de la CSG et de la CRDS ;
- s'il y a lieu, l'organisme auquel est confiée la gestion de ces droits ;
- la date à partir de laquelle ces droits sont négociables ou exigibles ;
- les cas dans lesquels ces droits peuvent être exceptionnellement liquidés ou transférés avant l'expiration du délai d'indisponibilité ;
- le cas échéant, les modalités d'affectation par défaut au PERCO ou au PERE-CO des sommes attribuées au titre de la participation.

Cette fiche comporte également, en annexe, une note rappelant les règles de calcul et de répartition prévues par l'accord de participation.

L'employeur peut remettre cette fiche par voie électronique, sous réserve que le salarié ne s'y oppose pas et que le dispositif retenu garantisse l'intégrité des données (c. trav. art. D. 3323-16 ; décret 2020-795 du 26 juin 2020, JO du 28).

Régime social et fiscal

Entreprise - Les sommes affectées à la RSP (c. trav. art. L. 3325-1 et L. 3325-2) :
- sont déductibles de l'assiette de l'impôt sur les sociétés ou de l'impôt sur le revenu ;
- sont exonérées des charges résultant de la législation du travail et de la sécurité sociale.

En revanche, la CSG et la CRDS sont dues, ainsi que, pour les employeurs concernés, la taxe sur les salaires.

Une provision pour investissement peut être constituée en franchise d'impôt (c. trav. art. L. 3325-3).

Forfait social - Les sommes versées au titre de la participation sont soumises au forfait social, au taux de 20 % (c. séc. soc. art. L. 137-15). Un taux réduit de forfait social s'applique sous certaines conditions.

Depuis le 1.01.2019, les entreprises qui ont mis en place un mécanisme de participation alors qu'elles emploient moins de 50 salariés ne sont pas assujetties au forfait social [voir *Forfait social (contribution patronale)**].

Bénéficiaires - Les sommes distribuées au titre de la participation sont définitivement exonérées de l'impôt sur le revenu à l'issue des 5 ans d'indisponibilité ou en cas de déblocage anticipé autorisé (c. trav. art. L. 3325-2).

En revanche, les revenus de ces sommes sont soumis à l'impôt sur le revenu lorsque :
- ils ont fait l'objet d'un versement immédiat (CGI art. 158-5 b) ;
- ils sont perçus pendant la période de blocage, en dehors des cas de déblocage anticipé, sauf à être ensuite réinvestis pendant la période d'indisponibilité, dans les mêmes conditions que le principal, et bloqués comme celui-ci (c. trav. art. L. 3325-2) ;
- ils ont été versés directement car les droits à participation n'atteignaient pas 80 € *(voir ci-avant)*.

Les sommes versées au titre de la participation sont exonérées de cotisations sociales. En revanche, elles demeurent assujetties à la CSG et à la CRDS. Attention, l'employeur doit précompter ces contributions dès la répartition de la RSP, et non lors du versement des sommes aux salariés (cass. civ., 2e ch., 13 février 2014, n° 13-11603, BC II n° 43).

☛ *Participation des salariés aux résultats de l'entreprise.*

Réservistes

☛ *Congé des réservistes.*

Résiliation judiciaire du contrat de travail

Rupture du contrat de travail

L'employeur ne peut pas demander la résiliation judiciaire d'un contrat à durée indéterminée (CDI), sauf dans le cas où la loi en dispose autrement (cass. soc. 13 mars 2001, n° 98-46411, BC V n° 89 ; cass. soc. 22 mars 2006, n° 03-47478 D).

En revanche, le salarié peut saisir le conseil de prud'hommes d'une demande en résiliation judiciaire. Lorsque l'employeur a commis un manquement rendant impossible la poursuite du contrat de travail, cette résiliation judiciaire a les effets d'un licenciement sans cause réelle et sérieuse ou nul *(voir ci-après)* (cass. soc. 26 mars 2014, n° 12-21372, BC V n° 86). Tout dépend de savoir si le manquement de l'employeur empêche ou non la poursuite du contrat de travail. Tel n'est pas le cas lorsque le manquement invoqué par le salarié repose sur des faits anciens (cass. soc. 9 décembre 2015, n° 14-25148 D ; cass. soc. 21 avril 2017, n° 15-28340 D). Si une *modification du contrat de travail** imposée à un salarié constitue systématiquement un manquement de l'employeur à ses obligations contractuelles, ce manquement n'empêche pas toujours la poursuite du contrat de travail (cass. soc. 12 juin 2014, n° 13-11448, BC V n° 139 ; cass. soc. 12 juin 2014, n° 12-29063, BC V n° 140).

Pour des exemples, voir le tableau reproduit dans cette étude.

▶ À noter… Sur l'articulation entre une demande de résiliation judiciaire et une prise d'acte de la rupture, voir *Prise d'acte de la rupture**.

Un salarié en *contrat de professionnalisation** à durée indéterminée peut obtenir la résiliation judiciaire de son contrat lorsque l'employeur manque à son obligation de formation (cass. soc. 12 avril 2012, n° 11-13182 D).

Sur la résiliation judiciaire du contrat de travail d'un salarié protégé (ex. : représentant du personnel), voir ci-après.

Voir aussi *Apprentissage (résiliation)**.

Procédure à suivre

Action devant le CPH - L'action en résiliation judiciaire doit être portée devant le conseil de prud'hommes (CPH). Les juges apprécient si la poursuite du contrat de travail est mise en cause du fait des manquements de l'employeur (cass. soc. 26 mars 2014, n° 12-35040, BC V n° 87). Ils doivent examiner l'ensemble des griefs invoqués par le salarié, quelle que soit leur ancienneté, et en particulier, ils ne peuvent pas rejeter certains faits au motif qu'ils seraient prescrits (cass. soc. 30 juin 2021, n° 19-18533 FSB).

C'est au jour de leur décision que les juges doivent apprécier les manquements imputés à l'employeur (cass. soc. 29 janvier 2014, n° 12-24951, BC V n° 37). L'employeur peut donc régulariser ses manquements jusqu'à cette date. Est ainsi rejetée la demande de résiliation judiciaire du salarié dès lors que l'employeur avait réglé en cours de procédure l'arriéré dû au titre des heures supplémentaires (cass. soc. 28 novembre 2018, n° 17-22724 D).

Action fondée sur des faits déjà jugés - Des faits de discrimination retenus dans une précédente décision de justice peuvent constituer un manquement grave de l'employeur à ses obligations justifiant le prononcé de la résiliation judiciaire, peu important que ces faits ne se soient pas poursuivis (cass. soc. 23 mai 2013, n° 12-12995, BC V n° 127).

Durant la procédure - L'employeur et le salarié doivent maintenir leurs relations contractuelles durant la procédure. Le contrat ne prend fin qu'au jour du prononcé de la résiliation judiciaire, sauf si le contrat de travail a été rompu avant cette date ou si le salarié n'est plus au service de l'employeur *(voir ci-après)* (cass. soc. 21 septembre 2016, n° 14-30056, BC V n° 169 ; cass. soc. 4 septembre 2019, n° 18-10541 D).

Décès du salarié - Le décès du salarié en cours d'instance ne rend pas sans objet la demande de résiliation du contrat de travail qui peut être reprise en appel par ses ayants droit (cass. soc. 12 février 2014, n° 12-28571, BC V n° 50).

Interactions avec un licenciement

Licenciement en cours d'instance - Lorsque l'employeur licencie le salarié postérieurement à sa demande de résiliation judiciaire, le juge doit d'abord rechercher si la demande de résiliation du contrat est justifiée, sauf si le salarié y a expressément renoncé (cass. soc. 13 janvier 2009, n° 07-42465, BC V n° 6 ; cass. soc. 14 avril 2016, n° 15-10173 D).

Si la demande de résiliation judiciaire est justifiée, le contrat sera résilié aux torts de l'employeur (cass. soc. 6 février 2019, n° 17-26562 D). Sur la date d'effet de la résiliation judiciaire, voir ci-après.

Si le juge estime la demande de résiliation infondée, il se prononce sur le licenciement (cass. soc. 7 février 2007, n° 06-40250, BC V n° 20 ; cass. soc. 31 octobre 2012, n° 11-19915 D). Les juges ont par exemple validé le licenciement pour faute grave d'un salarié, après avoir rejeté sa demande de résiliation du contrat, au motif que depuis son action en justice il s'était totalement désinvesti de ses fonctions, n'avait plus respecté les procédures internes, n'avait pas suivi des formations internes obligatoires et avait adopté un comportement inacceptable à l'égard de ses collègues et de sa hiérarchie (cass. soc. 6 octobre 2017, n° 16-11682 D).

Le salarié qui demande, au cours d'une même instance, la résiliation judiciaire de son contrat et la nullité du licenciement prononcé postérieurement, ne peut pas exiger sa réintégration dans l'entreprise si le licenciement nul est reconnu, après rejet de sa demande de résiliation (cass. soc. 27 janvier 2021, n° 19-21200 FP).

▶ À noter… Le transfert du contrat de travail du salarié qui intervient entre la demande de résiliation judiciaire et le licenciement par le nouvel employeur est sans effet sur la date de rupture du contrat (cass. soc. 7 décembre 2011, n° 07-45689, BC V n° 290).

Licenciement après le prononcé d'une résiliation - Lorsque la résiliation judiciaire a été prononcée, le licenciement notifié ultérieurement est sans effet (cass. soc. 5 avril 2005, n° 02-46634, BC V n° 122).

Demande de résiliation postérieure au licenciement - Le contrat est rompu par l'envoi de la lettre de licenciement. Dès lors, la demande postérieure du salarié tendant à obtenir la résiliation judiciaire de son contrat est sans objet.

▶ À noter… Pour déterminer si la demande de résiliation judiciaire du contrat est postérieure à l'envoi de la lettre de licenciement, il faut prendre en compte la date de saisine du tribunal compétent et non, le cas échéant, la date de saisine d'une commission de conciliation (cass. soc. 7 mars 2012, n° 10-17090, BC V n° 89).

Toutefois, pour vérifier le bien-fondé du licenciement, les juges prennent en considération les griefs invoqués par le salarié dans sa demande de résiliation s'ils sont de nature à avoir une influence sur cette appréciation (cass. soc. 7 mars 2012, n° 10-17090, BC V n° 99 ; cass. soc. 31 janvier 2018, n° 16-19902 D).

Licenciement nul suivi d'une résiliation - Les indemnités versées à un salarié dont le licenciement a été annulé, et la réintégration refusée, sont à déduire des indemnités de préavis et de licenciement dues postérieurement en raison de la résiliation judiciaire du contrat de travail (cass. soc. 11 juillet 2012, n° 10-15905, BC V n° 218).

Interactions avec une rupture conventionnelle

Un salarié qui a demandé la résiliation judiciaire de son contrat de travail peut conclure une *rupture conventionnelle**. La demande de résiliation judiciaire du salarié devient alors sans objet dès lors que la rupture conventionnelle est homologuée (cass. soc. 10 avril 2013, n° 11-15651, BC V n° 98).

Interactions avec une démission

Lorsqu'un salarié démissionne au cours d'une action en résiliation judiciaire, celle-ci devient sans objet. Le salarié peut toutefois, si les griefs qu'il invoquait à l'encontre de son employeur sont justifiés, demander la réparation du préjudice en résultant (cass. soc. 30 avril 2014, n° 13-10772, BC V n° 108).

Le salarié peut également demander la requalification de sa *démission** en *prise d'acte de la rupture**. Pour apprécier les effets de la prise d'acte, le juge prendra en considération les manquements de l'employeur invoqués par le salarié tant à l'appui de la demande de résiliation judiciaire que postérieurement à celle-ci (cass. soc. 30 avril 2014, n° 13-10772, BC V n° 108).

Interactions avec un départ ou une mise à la retraite

Un salarié qui a demandé la résiliation judiciaire de son contrat de travail peut, si les conditions sont remplies, décider de prendre sa retraite ou être mis à la retraite par son employeur. La demande de résiliation judiciaire du salarié devient alors sans objet. Le salarié peut toutefois, si les griefs qu'il invoquait à l'encontre de son employeur sont justifiés, demander la réparation du préjudice en résultant (cass. soc. 12 avril 2005, n° 02-45923, BC V n° 131).

Effets de la résiliation judiciaire

Licenciement sans cause réelle et sérieuse - Lorsque la résiliation judiciaire est prononcée aux torts de l'employeur, elle produit, en principe, les mêmes effets qu'un *licenciement sans cause réelle et sérieuse** (cass. soc. 20 janvier 1998, n° 95-43350, BC V n° 21). Le salarié ne peut donc pas prétendre à l'indemnité pour non-respect de la procédure de licenciement (cass. soc. 20 octobre 2010, n° 08-70433, BC V n° 241 ; cass. soc. 19 juin 2013, n° 12-18294 D).

Le barème d'indemnisation du *licenciement sans cause réelle et sérieuse** (dit « barème Macron ») s'applique aux résiliations judiciaires qui ont pris effet depuis le 24.09.2017, même si la date de demande de résiliation était antérieure (c. trav. art. L. 1235-3 ; cass. soc. 16 février 2022, n° 20-16184 FSB). Sur la date d'effet de la résiliation judiciaire, voir ci-après.

Licenciement nul - La résiliation judiciaire du contrat de travail prononcée aux torts de l'employeur produit les effets d'un licenciement nul quand elle est intervenue pour l'un des motifs entraînant une nullité (voir *Licenciement nul**).

Toutefois, à notre sens, elle n'ouvre pas droit dans ce cas à la réintégration du salarié dans l'entreprise, mais seulement à l'indemnité pour licenciement nul. Cette solution applicable à la résiliation judiciaire du contrat d'un salarié protégé produisant les effets d'un licenciement nul *(voir ci-après)* peut, selon nous, être transposée au salarié non protégé. Par ailleurs, le salarié n'a pas droit à réintégration quand son licenciement est jugé nul après rejet de sa demande de résiliation *(voir ci-avant)*.

Exemples

Produit les effets d'un licenciement nul la résiliation judiciaire :
- fondée sur des faits de harcèlement moral (cass. soc. 20 février 2013, n° 11-26560, BC V n° 47) ;
- prononcée en raison d'une discrimination liée à l'état de santé (cass. soc. 28 juin 2018, n° 16-28511 FSPB) ;
- liée au non-respect par l'employeur de son obligation de réintégrer la salariée à son retour de congé maternité sur son précédent emploi ou sur un emploi similaire (cass. soc. 18 mars 2016, n° 14-21491 D).

En revanche, si au jour de la demande de résiliation judiciaire, la salariée enceinte n'a pas informé l'employeur de son état de grossesse, la résiliation du contrat prononcée aux torts de ce dernier a les effets d'un licenciement sans cause réelle et sérieuse et non d'un licenciement nul (cass. soc. 28 novembre 2018, n° 15-29330 PB).

Elle produit également les effets d'un licenciement nul quand elle concerne un salarié protégé *(voir ci-après)*.

Indemnité compensatrice de préavis - Le salarié, dont la demande de résiliation judiciaire du contrat de travail aux torts de l'employeur a été acceptée, peut prétendre à une indemnité compensatrice de préavis, y compris s'il est dans l'incapacité d'exécuter son préavis en raison d'un arrêt maladie (cass. soc. 28 avril 2011, n° 09-40708, BC V n° 102 ; cass. soc. 13 mai 2015, n° 13-28792 D).

Rejet de la demande du salarié - Lorsque le salarié demande la résiliation judiciaire de son contrat de travail, le juge doit rejeter sa demande s'il l'estime non justifiée (cass. soc. 7 juillet 2010, n° 09-42636, BC V n° 160 ; cass. soc. 4 septembre 2019, n° 18-19739 D). Dans ce cas, salarié et employeur doivent, en principe, continuer d'exécuter le contrat de travail.

Renonciation à une clause de non-concurrence - Voir *Clause de non-concurrence (renonciation)**.

Demande de résiliation antérieure à l'adhésion à un CSP - Voir *Contrat de sécurisation professionnelle**.

Date d'effet de la résiliation judiciaire

Jour du prononcé de la résiliation - La date d'effet de la résiliation est fixée au jour de la décision qui la prononce dès lors qu'à cette date le contrat de travail n'a pas été rompu et que le salarié est toujours au service de son employeur (cass. soc. 21 septembre 2016, n° 14-30056, BC V n° 169 ; cass. soc. 4 septembre 2019, n° 18-10541 D).

C'est donc à cette date qu'il faut se placer pour :
- apprécier les manquements imputés à l'employeur (cass. soc. 29 janvier 2014, n° 12-24951, BC V n° 37) ;
- calculer les indemnités et salaires dus au salarié.

Jour du prononcé du jugement en cas d'appel - Si le conseil de prud'hommes a prononcé la résiliation judiciaire du contrat de travail et qu'en appel cette décision est confirmée, la date de rupture du contrat est, en principe, celle du jugement prud'homal. Il en va cependant autrement lorsque l'exécution du contrat s'est poursuivie après cette décision. Les juges d'appel doivent donc rechercher si le salarié n'est pas resté au service de son employeur après le jugement prononçant la résiliation judiciaire du contrat de travail (cass. soc. 21 janvier 2014, n° 12-28237, BC V n° 26 ; cass. soc. 3 février 2016, n° 14-17000, BC V n° 880).

Date d'effet en cas de licenciement en cours de procédure - En cas de licenciement du salarié au cours de la procédure de résiliation judiciaire *(voir ci-avant)*, le juge recherche au préalable si la demande de résiliation est justifiée. Si tel est le cas, il fixe la date de la rupture à la date d'envoi de la lettre de licenciement (cass. soc. 15 mai 2007, n° 04-43663, BC V n° 76 ; cass. soc. 12 mai 2015, n° 13-26190 D).

▶ Attention... Si le licenciement en question est un licenciement pour inaptitude professionnelle, compte tenu du fait que la résiliation du contrat est prononcée à la date du licenciement, le salarié bénéficie au titre des indemnités de rupture de l'indemnité spéciale de licenciement (cass. soc. 20 février 2019, n° 17-17744 FSPB ; cass. soc. 15 septembre 2021, n° 19-24498 FSB) [voir *Inaptitude physique (licenciement)**].

Nouvel emploi avant la décision judiciaire - Lorsque le salarié a retrouvé un nouvel emploi avant la date du prononcé de la résiliation judiciaire, la résiliation prend effet à la date à laquelle le salarié a bénéficié de son nouveau contrat de travail (cass. soc. 21 septembre 2016, n° 14-30056, BC V n° 169).

Décès du salarié en cours d'instance - En cas de décès du salarié en cours d'instance, la date de résiliation judiciaire du contrat de travail est fixée au jour du décès (cass. soc. 12 février 2014, n° 12-28571, BC V n° 50).

Résiliation judiciaire du contrat d'un salarié protégé

Demande de résiliation judiciaire - L'employeur ne peut pas demander la résiliation judiciaire du contrat de travail d'un salarié protégé (ex. : un représentant du personnel) (cass. soc. 11 décembre 2001, n° 99-42586, BC V n° 378).

En revanche, le salarié protégé peut solliciter la résiliation judiciaire de son contrat de travail aux torts de l'employeur en cas de manquement, par ce dernier, aux obligations relevant du contrat de travail (cass. soc. 16 mars 2005, n° 03-40251, BC V n° 94). Ainsi, il peut la demander lorsque l'employeur lui impose une modification de son contrat de travail sans avoir obtenu son accord préalable (cass. soc. 1er décembre 2010, n° 09-42078 D) ou un simple changement des conditions de travail (cass. soc. 15 février 2006, n° 03-42510, BC V n° 74) (voir *Modification du contrat de travail**).

Il peut aussi la demander lorsque l'employeur ne respecte pas les obligations qui lui incombent au regard de son mandat ou de son statut protecteur (cass. soc. 27 mai 2009, n° 08-42555, BC V n° 136).

Pour des exemples, voir le tableau reproduit dans cette étude.

Effet d'un licenciement nul - La résiliation judiciaire du contrat de travail d'un salarié protégé prononcée aux torts de l'employeur a les effets d'un licenciement nul (cass. soc. 4 mars 2009, n° 07-45344, BC V n° 58). Dans ce cas, le salarié ne peut pas demander sa réintégration dans l'entreprise. Il peut seulement obtenir l'indemnisation prévue en cas de licenciement nul (cass. soc. 3 octobre 2018, n° 16-19836 FPB) et en particulier une indemnité pour violation de son statut protecteur, égale à la rémunération qu'il aurait dû percevoir jusqu'à l'expiration de la période de protection en cours au jour de sa demande en résiliation (cass. soc. 8 avril 2021, n° 18-21901 D).

Sur la date d'effet de la résiliation, voir ci-avant.

▶ À noter... Lorsque le salarié a plusieurs mandats, il a droit à l'indemnisation qu'il aurait dû percevoir jusqu'à l'expiration de la période de protection du mandat le plus long en cours

Résiliation judiciaire du contrat de travail : exemples
Faits justifiant une résiliation judiciaire (1)
Modification ou suspension du contrat de travail imposée à un salarié : - rétrogradation imposée à un salarié au retour d'une longue absence pour maladie (cass. soc. 26 mai 2010, n° 08-43152, BC V n° 111) ; - nouveau lieu de travail (de Nice à Melun) imposé à un salarié (cass. soc. 29 janvier 2014, n° 12-27724 D) ; - suspension du contrat de travail imposée à un salarié en dehors de toute disposition légale (cass. soc. 26 mars 2014, n° 12-21372, BC V n° 86) ; - suppression brutale d'une prime contractuelle et réduction du nombre de vendeurs de l'équipe dont le salarié avait la charge (cass. soc. 15 octobre 2014, n° 13-14246 D). **Manquement de l'employeur à son obligation de fournir le travail convenu**(cass. soc. 4 décembre 2019, n° 18-15947 D). **Mise à l'écart** d'un salarié après son refus d'un nouveau poste dans le cadre d'une réorganisation (cass. soc. 14 décembre 2011, n° 10-13542, BC V n° 297). **Harcèlement moral** dont un salarié a été victime sur son lieu de travail (cass. soc. 20 février 2013, n° 11-26560, BC V n° 47 ; cass. soc. 3 février 2016, n° 14-25843 D) **(2)**. **Atteinte à la dignité** d'un salarié. En l'espèce, propos indélicats tenus à un salarié aux termes desquels l'employeur lui reprochait de dégager des odeurs nauséabondes en évoquant « une gangrène, une incontinence » (cass. soc. 7 février 2012, n° 10-18686, BC V n° 58) ou encore réitération de propos irrespectueux (cass. soc. 18 mars 2020, n° 18-25168 D). **Discrimination** subie par un salarié du fait de son état de santé (cass. soc. 23 mai 2013, n° 12-12995, BC V n° 127 ; cass. soc. 28 juin 2018, n° 16-28511 FSPB) ou discrimination syndicale (cass. soc. 25 mai 2018, n° 16-25141 D) **(2)**. **Manquement de l'employeur à son obligation de sécurité**, pour ne pas avoir pris de mesure visant à remédier à la situation de souffrance psychologique d'une salariée, pourtant exprimée par celle-ci et attestée par la forte dégradation du climat de l'entreprise (cass. soc. 8 juin 2017, n° 16-10458 D). **Manquements de l'employeur à l'égard d'une salariée enceinte** : propos menaçants à l'annonce de la grossesse, défaut d'organisation d'un examen par le médecin du travail à la demande de la salariée, défaut de transmission à l'assurance maladie des attestations de salaire entraînant un retard de versement des indemnités journalières (cass. soc. 23 mai 2017, n° 16-15968 D). **Comportement déloyal de l'employeur** qui, d'une part, avait exposé un salarié à l'**amiante sans équipement de protection** ni information spécifique pendant un chantier de plusieurs semaines, et qui, d'autre part, avait exercé à l'encontre de ce salarié, pendant son arrêt de travail suite à un accident du travail, des **manœuvres d'intimidation** aux fins de le contraindre à reprendre son poste de travail sans tenir compte de son état de santé (cass. soc. 11 mai 2017 n° 16-13437 D). **Défaut de paiement** : - de l'intégralité des commissions dues à un salarié, celles-ci constituant une part importante de sa rémunération (cass. soc. 29 janvier 2014, n° 12-23789 D) ; - des heures supplémentaires (cass. soc. 4 mai 2011, n° 10-14586 D) ; - de la prime d'ancienneté (cass. soc. 8 avril 2010, n° 09-41134, BC V n° 93) ; - d'une partie des bonus annuels pendant 3 ans, sachant que ces bonus constituaient une partie importante de la rémunération du salarié (cass. soc. 15 décembre 2016, n° 15-15046 D) ; - de plusieurs éléments de rémunération et accumulation de manquements en paye : réduction puis suppression d'une prime, saisine tardive de l'assureur en vue de la prise en charge de l'arrêt de travail, retard dans le versement des indemnités de prévoyance et dans l'établissement de l'attestation de salaire en vue du versement des IJSS (cass. soc. 19 mai 2021, n° 20-14062 D). **Défaut de fixation des objectifs** lorsque le contrat de travail prévoit que la rémunération variable dépend d'objectifs fixés annuellement par l'employeur (cass. soc. 9 novembre 2011, n° 10-11658 D). **Fermeture « sauvage » d'un établissement** en réponse à une grève (cass. soc. 14 octobre 2015, n° 14-10145 D). Suite au **transfert de son contrat de travail** chez un nouvel employeur, **retard dans la définition de la mission** du salarié employé comme commercial et mise à disposition de moyens défaillants (cass. soc. 8 janvier 2020, n° 18-17966 D). **Pour un salarié protégé (2) (3)** : - pour un élu du personnel, en congé sans solde, suppression de son nom de la liste des élus et défaut de convocation aux réunions (cass. soc. 27 mai 2009, n° 08-42555, BC V n° 136) ; - pour un candidat aux élections professionnelles, imposer un changement de ses conditions de travail (en l'espèce, des nouvelles tâches) (cass. soc. 15 février 2006, n° 03-42510, BC V n° 74) ; - pour un élu du personnel, non-réintégration dans l'entreprise après que l'autorisation administrative de rupture conventionnelle ou de licenciement a été annulée (cass. soc. 15 mai 2019, n° 17-28547 FPB ; cass. soc. 17 mars 2021, n° 19-19446 D) ; - pour un conseiller prud'hommes, entrave à l'exercice normal des fonctions par une DRH qui lui avait demandé « de ne pas assurer de remplacement d'autres conseillers et de respecter le rôle en début d'année judiciaire » (cass. soc. 5 décembre 2018, n° 17-11223 D).

Résiliation judiciaire du contrat de travail : exemples
Demande de résiliation judiciaire injustifiée (4)
L'employeur n'avait pas failli à son **obligation de sécurité** pour des faits de **harcèlement moral** commis par un autre salarié. Une fois mis au courant de ces faits (collègue ayant envoyé des mails à caractère raciste à la victime), l'employeur avait réagi avec diligence et efficacité en sanctionnant l'auteur de ces messages et lui demandant de présenter des excuses. Les faits ne s'étaient plus reproduits par la suite (cass. soc. 21 juin 2017, n° 15-24272 D). Alerté de faits de **harcèlement sexuel**, l'employeur avait rapidement réagi en licenciant dès le mois suivant l'auteur du harcèlement. La saisine du conseil de prud'hommes pour demander la résiliation judiciaire du contrat, 5 mois plus tard, alors que la situation de harcèlement n'existait plus, était infondée (cass. soc. 3 mars 2021, n° 19-18110 D). **Carence fautive** de l'employeur n'accomplissant pas les diligences nécessaires pour l'**élection de représentants du personnel** (cass. soc. 30 novembre 2011, n° 09-67798, BC V n° 281). Le seul engagement d'une **procédure disciplinaire**, qui n'est pas menée à son terme, en l'absence de légèreté blâmable ou d'une intention malveillante de l'employeur (cass. soc. 25 septembre 2013, n° 12-11832, BC V n° 205). **Défaut de visite médicale d'embauche** puis de **visites périodiques** pendant 30 ans. L'unique visite dont avait bénéficié le salarié était la visite de reprise organisée à l'issue de son arrêt maladie de 7 mois, au demeurant organisée après l'introduction de la demande de résiliation judiciaire du contrat de travail. Dans la mesure où le salarié n'avait invoqué ce manquement de l'employeur que très tardivement et avait gardé le silence pendant ces 30 années, il a été jugé que la faute de l'employeur ne faisait pas obstacle à la poursuite du contrat de travail (cass. soc. 29 mars 2017, n° 16-10545 D). **Défaut de visite médicale de reprise** alors que l'absence de cette visite procédait d'une erreur des services administratifs de l'employeur qui n'avait pas été commise lors des précédents arrêts de travail, et que cela n'avait pas empêché la poursuite du contrat de travail pendant plusieurs mois (cass. soc. 26 mars 2014, n° 12-35040, BC V n° 87). **Modification du taux de commissionnement d'un VRP** qui ne représente qu'une faible partie de la rémunération et n'empêche pas la poursuite du contrat de travail (cass. soc. 12 juin 2014, n° 12-29063, BC V n° 140). **Modificationdu calcul de la rémunération** d'un attaché commercial qui n'a pas « d'influence défavorable sur le montant de la rémunération » et n'est donc pas de nature à empêcher la poursuite du contrat de travail (cass. soc. 12 juin 2014, n° 13-11448, BC V n° 139). **Non-paiement** des sommes dues au titre des **repos compensateurs** (cass. soc. 27 novembre 2014, n° 13-17179 D). **Non-paiement** des jours de travail supérieurs au forfait-jours (cass. soc. 21 octobre 2014, n° 13-19786, BC V n° 244).
(1) La résiliation prononcée aux torts de l'employeur a les effets d'un licenciement sans cause réelle et sérieuse, voire nul, selon les cas. (2) Dans ce cas, la résiliation a les effets d'un licenciement nul. (3) Quand un représentant du personnel demande la résiliation judiciaire de son contrat de travail, le juge apprécie les manquements reprochés à l'employeur compte tenu de l'ensemble des règles applicables au contrat de travail mais aussi des exigences propres à l'exécution du mandat dont il est investi (cass. soc. 27 mai 2009, n° 08-42555, BC V n° 136). (4) Si le juge rejette la demande du salarié parce qu'il l'estime injustifiée, le contrat de travail doit, en principe, se poursuivre.

au jour de sa demande (cass. soc. 9 juillet 2014, n° 13-13860 D). En revanche, le nouveau mandat obtenu postérieurement à l'introduction de la demande de résiliation judiciaire n'est pas pris en compte pour le calcul de l'indemnité (cass. soc. 4 mars 2009, n° 07-45344, BC V n° 58 ; cass. soc. 9 juillet 2014, n° 13-13860 D). Pour aller plus loin sur l'indemnisation du salarié protégé, voir *Licenciement des représentants du personnel (contentieux)**.

Statut protecteur acquis au jour de la demande de résiliation - Pour que la rupture soit qualifiée de licenciement nul et que le salarié bénéficie de l'indemnité pour violation du statut protecteur [voir *Licenciement des représentants du personnel (contentieux)**], il faut que l'intéressé soit déjà « protégé » au jour où il introduit sa demande de résiliation judiciaire. À défaut, la résiliation judiciaire aux torts de l'employeur doit s'analyser en un licenciement sans cause réelle et sérieuse (cass. soc. 26 octobre 2016, n° 15-15923, BC V n° 196).

Pas de résiliation judiciaire après un licenciement autorisé - Compte tenu du principe de séparation des pouvoirs, le juge judiciaire ne peut pas se prononcer sur une demande de résiliation judiciaire postérieurement au licenciement autorisé par l'administration, même s'il a été saisi avant la rupture du contrat (cass. soc. 5 mars 2014, n° 12-16833 D ; cass. soc. 8 janvier 2020, n° 17-27940 D). Toutefois, le juge judiciaire peut octroyer au salarié des dommages et intérêts s'il constate que la cause du licenciement résulte de manquements de l'employeur (en l'espèce, licenciement pour inaptitude résultant d'un harcèlement moral) (cass. soc. 17 octobre 2018, n° 17-17985 FSPB).

▶ À noter… À l'inverse, lorsque l'inspecteur du travail refuse d'autoriser le licenciement d'un salarié protégé estimant les griefs non établis, le juge judiciaire ne peut pas par la suite rejeter la demande de résiliation du salarié en se fondant sur ces mêmes griefs (cass. soc. 8 avril 2014, n° 13-10969, BC V n° 101).

Même si l'autorisation de licenciement est par la suite annulée, le juge judiciaire ne peut pas se prononcer sur la demande de résiliation judiciaire. En effet, le contrat de travail du salarié protégé, licencié sur le fondement d'une autorisation administrative ensuite annulée, et qui ne demande pas sa réintégration, est rompu par l'effet du licenciement (cass. soc. 11 octobre 2017, n° 16-14529, BC V n° 177 ; cass. soc. 10 novembre 2021, n° 20-12604 FSB).

Neutralisation d'une autorisation administrative de transfert du contrat - L'existence d'une autorisation administrative de transfert du contrat de travail du salarié protégé, accordée à l'employeur dans le cadre d'une cession de marché, n'empêche pas le juge judiciaire de se prononcer sur la demande de résiliation judiciaire formée par le salarié antérieurement à cette autorisation (cass. soc. 24 janvier 2018, n° 16-12733 D).

Responsabilité pénale du chef d'entreprise

Qualité de chef d'entreprise

La responsabilité pénale en matière de droit du travail est celle du chef d'entreprise qui détient le pouvoir et l'autorité dans l'entreprise.

Par chef d'entreprise, il faut entendre, de façon générale, la personne physique désignée par les statuts de la société comme son plus haut représentant. En pratique, il peut donc s'agir du dirigeant de droit (ex. : le gérant pour une SARL), mais aussi du dirigeant de fait (cass. crim. 23 novembre 2004, n° 04-80830 D).

▶ À noter… Sur les conséquences d'une *délégation de pouvoirs**, voir cette étude.

Infractions commises par les salariés

La jurisprudence fait peser sur l'employeur une obligation générale de sécurité et de protection de la santé des travailleurs placés sous son autorité [voir *Hygiène et sécurité (obligations de l'employeur)**].

Le juge pénal considère, en effet, que l'employeur ou son délégataire doit veiller personnellement à l'application des règles de sécurité édictées par le code du travail et, plus généralement, qu'il commet une faute personnelle lorsqu'il ne prend pas les mesures nécessaires pour assurer la sécurité et protéger la santé des salariés, comme le prévoient les articles L. 4121-1 à L. 4121-5 du code du travail.

En pratique, le chef d'entreprise peut donc être sanctionné pénalement en raison d'infractions commises par ses salariés car, si l'infraction a été « matériellement » réalisée par un salarié et non par le dirigeant, c'est ce dernier qui a commis une faute en ne veillant pas au respect des lois et des réglementations dans l'entreprise.

Responsabilité pénale du dirigeant et du salarié

La responsabilité pénale du chef d'entreprise n'exclut pas celle du salarié qui a matériellement commis la faute. Le tribunal correctionnel peut condamner tout à la fois le salarié, qui a matériellement commis l'infraction, et le dirigeant comme deux coauteurs ou comme auteur et complice. Le dirigeant et le salarié délégataire peuvent aussi être, tous deux, poursuivis et condamnés si plusieurs infractions ont été commises dont les unes sont le fait du salarié et les autres celui du dirigeant (cass. crim. 15 mai 2007, n° 06-84318, B. crim. n° 126).

Responsabilité pénale du dirigeant et de la personne morale

La *responsabilité pénale des personnes morales** peut être engagée sous certaines conditions. De fait, la responsabilité pénale du chef d'entreprise n'exclut pas celle de la personne morale. Un cumul de responsabilités est possible (c. pén. art. 121-2).

Sanctions

Contraventions - Les peines contraventionnelles encourues par une personne physique sont, pour l'essentiel, une amende dont le montant varie selon la classe de la contravention (c. pén. art. 131-13) (voir *Amendes pénales**). Des peines complémentaires peuvent aussi être prévues par les textes (c. pén. art. 131-12, 131-14 à 131-18).

Délits - En matière correctionnelle, la personne physique encourt principalement une peine d'emprisonnement ou une amende (c. pén. art. 131-3). Parmi les peines complémentaires encourues le plus fréquemment en droit du travail, l'on peut citer l'affichage ou la diffusion de la sanction prononcée ainsi que l'interdiction pour une durée de 5 ans au plus d'exercer l'activité professionnelle liée à l'infraction commise (ex. : peine complémentaire encourue en cas de travail dissimulé) (c. pén. art. 131-10).

☞ *Délégation de pouvoirs ; Infractions à la législation du travail ; Responsabilité pénale des personnes morales ; Sanctions pénales.*

Responsabilité pénale des personnes morales

En droit pénal du travail, la responsabilité pénale des personnes morales vise les sociétés commerciales, ainsi que les associations, groupements d'employeurs ou tout autre organisme ayant la personnalité civile, employant du personnel salarié.

Elle vise aussi les organisations syndicales et les institutions représentatives du personnel dans l'entreprise ayant la personnalité civile, et notamment le *comité social et économique** dans les entreprises d'au moins 50 salariés, le CSE central, ainsi que le comité de groupe.

▶ À noter… Dans les entreprises de 11 à moins de 50 salariés, le CSE n'étant pas doté de la personnalité civile, sa responsabilité pénale ne peut donc pas être engagée (ord. 2017-1386 du 22 septembre 2017, JO du 23).

Modalités

Conditions - Une personne morale peut uniquement être tenue responsable pénalement des infractions commises (c. pén. art. 121-2) :

- pour son compte, d'une part ;
- par une personne physique ayant la qualité d'organe ou de représentant de ladite personne morale, d'autre part.

Exemple

Une société exploitante d'une discothèque a été reconnue coupable de discrimination pour avoir refusé l'entrée à des personnes d'origine maghrébine. Contestant cette condamnation, le gérant de la société faisait valoir que l'infraction avait été commise par les portiers de l'établissement qui n'exerçaient aucun pouvoir de direction et ne disposaient d'aucune délégation de pouvoir expresse. Agissant de leur seule initiative et non pas pour le compte de la société, les deux salariés ne pouvaient en engager la responsabilité pénale. L'argument du gérant a été rejeté : les portiers disposaient d'une délégation de pouvoirs de fait, de la compétence et des moyens nécessaires pour sélectionner, au nom de la société et pour son compte, les clients de celle-ci, en agissant avec une large marge de manœuvre conformément à la politique de la société, telle qu'elle était rappelée par son gérant lors de fréquentes réunions auxquelles participaient les portiers. Par conséquent, l'infraction avait donc bien été commise pour le compte de la société par ses représentants (cass. crim. 28 février 2017, n° 15-87378 D).

Les juges du fond doivent rechercher si ces conditions sont remplies avant de déclarer la personne morale coupable, le cas échéant, de l'infraction commise (cass. crim. 6 mai 2014, n° 13-82677, B. crim. n° 126).

Le salarié titulaire d'une *délégation de pouvoirs**, représentant de la personne morale, engage la responsabilité de celle-ci en cas d'infraction trouvant sa cause dans un manquement aux règles qu'il était tenu de faire respecter en vertu de sa délégation (cass. crim. 25 mars 2014, n° 13-80376, B. crim. n° 94).

▶ Attention… Pour être considérée comme représentante de la personne morale, et donc engager sa responsabilité pénale, la personne physique auteur des faits doit être identifiée et investie d'une délégation de pouvoirs valable (cass. crim. 13 mai 2014, n° 13-81240, B. crim. n° 132).

Si la faute pénale de l'organe ou du représentant est caractérisée, il n'y a pas à établir de faute distincte à la charge de la personne morale pour engager sa responsabilité (cass. crim. 26 juin 2001, n° 00-83466, B. crim. n° 161).

Cumul de responsabilités - La responsabilité pénale des personnes morales n'exclut pas celle des personnes physiques auteurs ou complices des mêmes faits (c. pén. art. 121-2).

Par ailleurs, il est possible de retenir la responsabilité pénale d'une personne morale lorsque celle des personnes physiques qui la représentent ne peut pas être retenue. Cela concerne, en pratique, les infractions d'homicides et de blessures involontaires en matière d'hygiène et de sécurité (c. pén. art. 121-3, al. 4 ; cass. crim. 24 octobre 2000, n° 00-80378, B. crim. n° 308 ; cass. soc. 4 septembre 2018, n° 17-82633 D).

Infractions routières - Voir *Infraction routière**.

Sanctions

Contraventions - Les peines contraventionnelles encourues par une personne morale sont, pour l'essentiel, des *amendes pénales** égales à 5 fois le taux maximal des amendes applicables aux personnes physiques pour les mêmes contraventions. Pour chaque infraction, des peines complémentaires peuvent être prévues par les textes (ex. : affichage de la décision prononcée, interdiction d'exercer une ou plusieurs activités professionnelles ou sociales) (c. pén. art. 131-37 et 131-38).

Délits - En matière correctionnelle, la personne morale encourt une amende dont le montant maximal est égal au quintuple de celui prévu pour les personnes physiques (c. pén. art. 131-38).

☛ *Responsabilité pénale du chef d'entreprise.*

Restaurant d'entreprise

☛ *Avantage en nature ; Cantine ; Local de restauration.*

Retraite

☛ *Départ anticipé à la retraite ; Départ volontaire à la retraite ; Indemnité de départ à la retraite ; Mise à la retraite ; Retraite (droit à l'information) ; Retraite de base (âge de départ) ; Retraite de base (calcul de la pension) ; Retraite complémentaire ; Retraite progressive ; Retraite supplémentaire.*

Retraite de base (âge de départ)

Tout salarié justifiant d'au moins un trimestre d'assurance au régime général d'assurance vieillesse peut demander, à partir d'un âge légal (62 ans pour les assurés nés à partir du 1.01.1955), la liquidation de sa pension de vieillesse (c. séc. soc. art. L. 351-1) [voir *Retraite de base (calcul de la pension)**]. Dans certains cas, un départ à la retraite avant l'âge légal est possible (voir *Départ anticipé à la retraite** et *retraite progressive**).

Âge légal de départ

L'âge légal de départ à la retraite a été progressivement relevé depuis le 1.07.2011, de façon à atteindre 62 ans au 1.01.2017 (c. séc. soc. art. L. 161-17-2).

Les assurés ayant atteint l'âge légal de départ à la retraite bénéficient du taux plein pour le calcul de leur pension s'ils justifient d'un certain nombre de trimestres d'assurance. À défaut, le taux applicable est minoré [voir *Retraite de base (calcul de la pension)**].

Départ avant l'âge légal

Dans certains cas, un départ à la retraite avant l'âge légal est possible (voir *départ anticipé à la retraite**). Sont concernés, sous certaines conditions, les assurés :

- ayant débuté leur activité très jeunes et ayant accompli une longue carrière ;
- lourdement handicapés ;
- atteints d'une incapacité permanente liée à la pénibilité au travail ;
- ayant droit à des trimestres de majoration de durée d'assurance en contrepartie des points inscrits sur leur *compte professionnel de prévention** ;
- bénéficiaires de l'allocation des travailleurs de l'amiante qui totalisent la durée d'assurance pour une retraite à taux plein, c'est-à-dire au taux maximum de 50 %.

Par ailleurs, les assurés peuvent également partir en *retraite progressive** deux ans avant l'âge légal, et au plus tôt à 60 ans.

Âge d'attribution du taux plein automatique

Les assurés qui atteignent l'âge légal de la retraite augmenté de 5 ans peuvent partir à la retraite au taux plein même s'ils ne justifient pas de la durée requise d'assurance ou de périodes équivalentes dans le régime général et un ou plusieurs autres régimes obligatoires (c. séc. soc. art. L. 351-8, 1°).

Cet âge auquel le taux plein est attribué automatiquement a été progressivement relevé depuis le 1.07.2016, de façon à atteindre 67 ans au 1.01.2022 pour les assurés nés à partir du 1.01.1955.

Ce relèvement s'effectue dans les mêmes conditions que l'âge d'ouverture du droit à retraite, de façon progressive.

Catégories particulières

Les assurés qui relèvent d'une catégorie particulière peuvent, sous certaines conditions, bénéficier du taux plein automatique dès l'âge légal de départ à la retraite, même s'ils ne totalisent pas la durée d'assurance maximale requise. Sont concernés :

- les assurés reconnus inaptes au travail (c. séc. soc. art. L. 351-8, 2°) ;
- les anciens déportés ou internés titulaires de la carte de déporté ou interné de la Résistance ou de la carte de déporté ou interné politique (c. séc. soc. art. L. 351-8, 3°) ;
- les mères de famille salariées justifiant d'une durée minimale d'assurance qui ont élevé au moins 3 enfants et qui ont exercé un travail manuel ouvrier pendant 5 ans dans les 15 ans précédant leur demande de pension (c. séc. soc. art. L. 351-8, 4°) ;
- les travailleurs handicapés admis à demander la liquidation de leur pension de retraite avant l'âge

légal de la retraite (c. séc. soc. art. L. 351-8, 4° bis) ;
- les anciens combattants ou prisonniers de guerre sous certaines conditions de durée de service ou de captivité (c. séc. soc. art. L. 351-8, 5°).

Pour les pensions prenant effet depuis le 1.01.2015, le taux plein est applicable à partir de l'âge légal de la retraite (62 ans pour les assurés nés à partir de 1955) aux assurés justifiant d'une incapacité permanente au moins égale à 50 %, même s'ils ne justifient pas de la durée requise d'assurance ou de périodes équivalentes dans le régime général et un ou plusieurs autres régimes obligatoires (c. séc. soc. art. L. 351-8, 1° ter et R. 351-24-3).

▶ À noter… La *pension d'invalidité** est remplacée, à partir de l'âge légal de départ en retraite, par la retraite d'inaptitude au travail. La substitution est automatique, sauf si l'assuré exerce une activité professionnelle (c. séc. soc. art. L. 341-15 et L. 341-16).

Maintien du taux plein automatique à 65 ans

Personnes concernées - Pour les pensions prenant effet depuis le 1.07.2011, l'âge d'attribution du taux plein automatique est maintenu à 65 ans pour :
- les assurés ayant interrompu leur activité professionnelle au moins 30 mois consécutifs en raison de leur qualité d'aidant familial (CASF art. L. 245-12 ; c. séc. soc. art. L. 351-8, 1° bis et R. 351-24-2) ;
- les assurés qui bénéficient d'au moins un trimestre au titre de la majoration de la durée d'assurance pour enfant handicapé (loi 2010-1330 du 9 novembre 2010, art. 20-III ; décret 2010-1734 du 30 décembre 2010, art. 7) ;
- les assurés qui ont apporté une aide effective à leur enfant bénéficiaire de la prestation de compensation du handicap (loi 2010-1330 du 9 novembre 2010, art. 20-III ; décret 2010-1734 du 30 décembre 2010, art. 7). Dans ce cas, ils doivent établir qu'ils ont été le salarié ou l'aidant familial de leur enfant pendant au moins 30 mois.

Le titulaire de l'allocation des travailleurs de l'amiante, qui ne totalise pas la durée d'assurance exigée, a droit à sa retraite à taux plein au plus tard à 65 ans (loi 98-1194 du 23 décembre 1998, art. 41, II modifié par loi 2010-1330 du 9 novembre 2010, art. 87).

Assurés nés entre le 1er juillet 1951 et le 31 décembre 1955 - Sont également concernés par le taux plein automatique à 65 ans, les assurés sociaux nés entre le 1.07.1951 et le 31.12.1955 ayant eu ou élevé au moins 3 enfants.

Pour cela, ils doivent remplir deux conditions.

D'une part, ils doivent avoir interrompu ou réduit leur activité professionnelle après la naissance ou l'adoption d'au moins un de ces enfants, pour se consacrer à l'éducation de cet ou de ces enfants. Sont considérés comme remplissant cette condition les assurés ayant validé (décret 2011-620 du 2 juin 2011, art. 2, 1°) :
- au plus 8 trimestres au titre de l'année civile de la naissance ou de l'adoption de l'enfant et des 2 années civiles suivantes (ou, si l'enfant est né ou a été adopté au cours d'un second semestre, au titre des 3 années civiles suivant celle de cette naissance ou adoption) ;
- et au moins 8 trimestres au titre des 2 années précédant l'année de la naissance ou de l'adoption.

▶ À noter… Pour apprécier la durée d'assurance validée au titre de l'année civile de la naissance ou de l'adoption de l'enfant et des années civiles suivantes, il n'est pas tenu compte des trimestres validés au titre de l'assurance vieillesse des parents au foyer (c. séc. soc. art. L. 381-1) ou des périodes d'assurance acquises au titre de l'invalidité, ou encore, pour les bénéficiaires de la législation sur les accidents du travail, au titre d'une rente pour incapacité permanente au moins égale à 66 % (c. séc. soc. art. R. 351-12, 3° et 5°).

Pour apprécier la durée d'assurance validée au titre des 2 années civiles précédant celle de la naissance ou de l'adoption de l'enfant, sont pris en compte les trimestres validés en contrepartie de cotisations

Âge légal de départ en retraite et âge d'attribution « automatique » du taux plein

Date de naissance	Âge légal de départ en retraite (1)	Âge du taux plein (2)
Avant le 1.07.1951	60 ans	65 ans
Du 1.07.1951 au 31.12.1951	60 ans et 4 mois	65 ans et 4 mois
1952	60 ans et 9 mois	65 ans et 9 mois
1953	61 ans et 2 mois	66 ans et 2 mois
1954	61 ans et 7 mois	66 ans et 7 mois
Générations nées à partir de 1955	62 ans	67 ans

(1) Sous réserve des cas permettant un départ anticipé (voir Départ anticipé à la retraite*).
(2) Âge d'attribution du taux plein, sous réserve des dérogations admises.

à la charge de l'assuré ou au titre de périodes d'arrêt maladie, de maternité, de chômage, de formation ou de rééducation professionnelle.

D'autre part, les assurés doivent avoir validé, avant l'interruption ou la réduction de leur activité professionnelle, au moins 8 trimestres à raison de l'exercice d'une activité professionnelle, dans un régime de retraite légalement obligatoire d'un État membre de l'Union européenne ou partie à l'accord sur l'Espace économique européen ou de la Confédération suisse (décret 2011-620 du 2 juin 2011, art. 2, 2°).

Entrée en vigueur - En pratique, ces possibilités de départ dès 65 ans au taux plein sans condition de durée d'assurance s'appliquent depuis le 1.07.2016, date à laquelle l'âge d'attribution automatique du taux plein a commencé à être relevé.

☛ *Retraite de base (calcul de la pension).*

Retraite de base (calcul de la pension)

Le montant de la retraite d'un salarié est calculé compte tenu de la durée d'assurance (d) du salarié dans le régime concerné, du taux applicable (T) et du salaire annuel moyen de base (SAM). Il est déterminé selon la formule suivante :

T × SAM × (d/Durée d'assurance maximale).

Taux de la pension de vieillesse

Taux plein automatique - Les assurés qui atteignent l'âge légal de la retraite augmenté de 5 ans (67 ans pour les assurés nés à partir de 1955) bénéficient du taux plein de 50 %, quelle que soit la durée d'assurance (ou les périodes équivalentes) acquise dans le régime général et un ou plusieurs autres régimes obligatoires. Certains assurés peuvent toutefois bénéficier du taux plein automatique avant cet âge [voir *Retraite de base (âge de départ)**].

Taux plein en fonction de la durée d'assurance - Les assurés qui ne remplissent pas les conditions pour bénéficier automatiquement du taux plein doivent justifier à partir de l'âge légal (62 ans pour les assurés nés à partir de 1955) d'un certain nombre de trimestres d'assurance (ou de périodes reconnues équivalentes), tous régimes confondus, pour bénéficier de ce taux plein (c. séc. soc. art. L. 351-1 et R. 351-27).

▶ À noter… Les périodes d'assurance au régime général retenues pour le taux sont notamment (c. séc. soc. art. R. 351-3) : les périodes de cotisations obligatoires ou volontaires, les périodes assimilées à des périodes d'assurance, les périodes d'activité en Algérie validées gratuitement, les périodes de versement pour la retraite, les périodes de cotisations au titre des stages d'études en entreprise, les périodes validées par présomption, les majorations de durée d'assurance pour enfant, pour congé parental, pour charge d'enfant handicapé, pour charge d'un adulte handicapé et au titre du *compte professionnel de prévention**, ainsi que les périodes reconnues équivalentes.

Pour les assurés nés en 1953 et 1954, le nombre de trimestres requis pour bénéficier du taux plein est fixé à 165 trimestres. Il est de 166 pour ceux nés en 1955, 1956 et 1957 (décret 2013-1155 du 13 décembre 2013, JO du 15).

La durée d'assurance requise pour bénéficier d'une retraite à taux plein est fixée à 167 trimestres pour les assurés nés en 1958 et augmente d'un trimestre tous les 3 ans afin d'atteindre 172 trimestres (43 ans) pour ceux nés à partir de 1973 (c. séc. soc. art. L. 161-17-3).

Durée d'assurance requise pour le taux plein pour les assurés nés à partir de 1958

Année de naissance	Nombre de trimestres requis
1958, 1959 et 1960	167
1961, 1962 et 1963	168
1964, 1965 et 1966	169
1967, 1968 et 1969	170
1970, 1971 et 1972	171
1973 et après	172

La durée d'assurance est fixée par la loi.

Les assurés remplissant les conditions d'âge légal de départ en retraite bénéficient des règles en vigueur à la date à laquelle ils remplissent cette condition.

Exemple

Pour un salarié né en mars 1959, qui liquide sa pension en avril 2022, la durée d'assurance requise pour l'obtention du taux plein de sa pension est fixée à 167 trimestres.

Minoration du taux - Le taux plein de la pension d'assurance vieillesse est fixé à 50 %. Lorsque l'assuré ne justifie pas du nombre de trimestres requis, celui-ci est affecté d'un coefficient de minoration, fixé à 1,25 % pour les assurés nés après 1952. La diminution du taux par trimestre manquant est donc de 0,625 point.

La minoration est déterminée soit par la différence entre le nombre de trimestres acquis et ceux requis, soit par la différence entre le nombre de trimestres qui sépare l'assuré de l'âge du taux plein automatique (67 ans pour les assurés nés à partir de 1955), la solution la plus avantageuse pour l'assuré étant retenue (c. séc. soc. art. R. 351-27).

Le taux minimum de la pension correspond au nombre de trimestres maximal de décote, soit 20 trimestres. Par exemple, pour un assuré né en 1955, il convient de déduire 12,50 (20 x 0,625) au taux de 50 %, soit un taux minoré égal à 37,50 %.

Taux de la retraite en fonction des trimestres manquants (assurés nés à partir de 1952)

Trimestres manquants	Taux de la retraite
1	49,375 %
2	48,750 %
3	48,125 %
4	47,500 %
5	46,875 %
6	46,250 %
7	45,625 %
8	45,000 %
9	44,375 %
10	43,750 %
11	43,125 %
12	42,500 %
13	41,875 %
14	41,250 %
15	40,625 %
16	40,000 %
17	39,375 %
18	38,750 %
19	38,125 %
20	37,500 %

Durée d'assurance requise

Durée d'assurance maximale - La durée d'assurance (d) est le nombre de trimestres pris en compte par le régime de retraite considéré. Dès lors que la durée d'assurance dans le régime (d) est inférieure à la durée d'assurance maximale, la pension est proratisée.

La durée d'assurance maximale retenue varie selon l'année de naissance de l'intéressé :

- 150 trimestres pour les assurés nés avant 1944 ;
- 152 trimestres pour les assurés nés en 1944 ;
- 154 trimestres pour les assurés nés en 1945 ;
- 156 trimestres pour les assurés nés en 1946 ;
- 158 trimestres pour les assurés nés en 1947 ;
- 160 trimestres pour les assurés nés en 1948 ;
- 161 trimestres pour les assurés nés en 1949 ;
- 162 trimestres pour les assurés nés en 1950 ;
- 163 trimestres pour les assurés nés en 1951 ;
- 164 trimestres pour les assurés nés en 1952 ;
- 165 trimestres pour les assurés nés en 1953 et 1954 ;
- 166 trimestres pour ceux nés en 1955, 1956 et 1957 ;
- 167 trimestres pour ceux nés en 1958, 1959 et 1960 ;
- 168 trimestres pour ceux nés en 1961, 1962 et 1963 ;
- 169 trimestres pour ceux nés en 1964, 1965 et 1966 ;
- 170 trimestres pour ceux nés en 1967, 1968 et 1969 ;
- 171 trimestres pour ceux nés en 1970, 1971 et 1972 ;
- 172 trimestres pour ceux nés en 1973 et après.

Trimestres retenus - On tient compte notamment des trimestres cotisés, des périodes assimilées, des périodes validées par présomption, des périodes de validation gratuite, des rachats sous certaines conditions et des majorations de durée d'assurance.

▶ À noter... Les périodes d'interruption de l'activité professionnelle peuvent être assimilées sous certaines conditions à des trimestres d'assurance. Sont concernées les périodes de maladie, maternité, invalidité et accident de travail, les périodes de chômage, les périodes de service national ainsi que les périodes de guerre.

Les périodes d'activité partielle indemnisée depuis le 1.03.2020 sont retenues comme périodes assimilées à des trimestres d'assurance pour les pensions de retraite prenant effet à compter du 12.03.2020. Ainsi, 220 heures indemnisées permettent la validation d'un trimestre assimilé, dans la limite de 4 par année civile. Les trimestres ainsi validés sont retenus pour le taux de la retraite et la durée d'assurance totale. En revanche, l'indemnité partielle n'est pas retenue pour le calcul du revenu annuel moyen (c. séc. soc. art. L. 351-3, 2°, R. 351-12, 10 ° et D. 351-1-2, 3° ; circ. CNAV 2021-24 du 10 août 2021).

Validation d'un trimestre - Les périodes d'assurance ne peuvent être retenues, pour la détermination du droit à pension ou rente, que si elles ont donné lieu au versement d'un minimum de cotisations au titre de l'année civile au cours de laquelle ces périodes ont été acquises. Ce minimum est déterminé par décret (c. séc. soc. art. L. 351-2).

Le salaire minimal qui donne lieu à validation d'un trimestre est fixé à 150 fois le SMIC horaire en vigueur au 1er janvier de l'année considérée, soit 1 585,50 € en 2022 (c. séc. soc. art. R. 351-9, dernier al.). Du 1.02.1972 au 31.12.2013, ce salaire minimal était égal à 200 fois le SMIC horaire.

▶ À noter... C'est le montant du salaire qui donne lieu à l'attribution de trimestres et non la durée du travail. Une année entière (4 trimestres maximum par année civile) peut être validée, même avec un temps partiel ou une période de travail discontinue dès lors que les salaires perçus sur la totalité d'une année, équivalent à 4 × 150 SMIC horaire, soit 6 342 € en 2022.

Majorations au titre de la naissance et de l'éducation - Les femmes assurées sociales bénéficient d'une majoration de durée d'assurance de 4 trimestres pour chacun de leurs enfants, au titre de l'incidence de la maternité, notamment la grossesse et l'accouchement, sur leur vie professionnelle (c. séc. soc. art. L. 351-4, I).

Une majoration de 4 trimestres supplémentaires est également attribuée, selon les cas, aux parents biologiques ou adoptifs (c. séc. soc. art. L. 351-4, II et III) :
- pour chaque enfant mineur au titre de son éducation pendant les 4 années suivant sa naissance ou son adoption ;
- pour chaque enfant adopté durant sa minorité au titre de l'incidence sur leur vie professionnelle de l'accueil de l'enfant et des démarches préalables à celui-ci.

Concernant ces deux dernières majorations (adoption et éducation), les parents désignent d'un commun accord le bénéficiaire de la majoration ou, le cas échéant, définissent la répartition entre eux de cet avantage. En cas de désaccord exprimé par l'un ou l'autre des parents dans le délai de 6 mois à compter du 4e anniversaire de la naissance de l'enfant ou de son adoption, la caisse d'assurance vieillesse :
- désigne celui des parents qui, pour la majoration « éducation », établit avoir contribué à titre principal à l'éducation de l'enfant pendant la période la plus longue ou qui, pour la majoration « adoption » établit avoir contribué à titre principal à l'accueil et aux démarches ;
- ou, à défaut, décide que la majoration est partagée par moitié entre les deux parents.

En l'absence de désaccord exprimé, le défaut d'option dans le délai de 6 mois est réputé valoir décision conjointe implicite de désignation de la mère. Lorsque les deux parents sont de même sexe, la majoration est partagée pour moitié entre eux.

▶ À noter... Pour les enfants nés avant 2010, les majorations d'éducation et d'adoption sont attribuées à la mère. Si la mère décède avant la majorité de l'enfant, le père qui a élevé l'enfant pendant tout ou partie des 4 années suivant la naissance ou d'adoption peut bénéficier de la majoration éducation et/ou de la majoration adoption (lettre ministérielle du 16 janvier 2014, § 6).

Les tiers éduquant ont également droit à la majoration pour éducation de l'enfant mineur pendant les 4 ans qui suivent la décision de justice. Sont concernées les personnes qui ont reçu la délégation totale de l'autorité parentale par jugement (c. civ. art. 377-1, al. 1), les personnes auxquelles le juge confie l'enfant dans le cadre d'une mesure d'assistance éducative (c. civ. art. 373-3, al. 2 et 375-3, 2°) ainsi que celles désignées comme tuteur (c. civ. art. 403 et s.).

▶ À noter... Ces majorations s'appliquent non seulement aux assurés relevant du régime général et des régimes alignés (tels que les régimes des salariés agricoles, des artisans, industriels et commerçants), mais également aux professionnels libéraux (c. séc. soc. art. L. 643-1-1), aux avocats (c. séc. soc. art. L. 723-10-1-1) et aux assurés relevant du régime d'assurance vieillesse applicable à Saint-Pierre-et-Miquelon (loi 1987-563 du 17 juillet 1987, art. 9, 2e al.).

Majoration pour congé parental - Les salariés ayant bénéficié d'un *congé parental d'éducation** ont droit à une majoration de leur durée d'assurance équivalant à la durée effective du congé parental. La période de congé parental est décomptée de date à date, le nombre de trimestres correspondant étant arrondi au chiffre immédiatement supérieur. Un trimestre est accordé pour chaque période de 90 jours.

Cette majoration ne se cumule pas avec la majoration au titre de la naissance et de l'éducation (c. séc. soc. art. L. 351-5).

Majoration pour enfant handicapé - La personne qui élève ou a élevé un enfant handicapé, dont le taux d'incapacité permanente est au moins égal à 80 % et ouvrant droit soit à l'allocation d'éducation de l'enfant handicapé et à son complément, soit à la prestation de compensation du handicap, soit à l'une des allocations équivalentes antérieure, bénéficie d'une majoration de sa durée d'assurance, dans la limite de 8 trimestres (c. séc. soc. art. L. 351-4-

1). Cette majoration est cumulable avec la majoration au titre de la naissance et de l'éducation ou la majoration pour congé parental (circ. CNAV 2005-21 du 17 mai 2005, § 11).

L'assuré doit avoir assumé la charge effective et permanente de l'enfant handicapé. Il peut s'agir de l'allocataire ou de toute personne ayant assumé la charge effective et permanente de l'enfant au même titre que l'allocataire.

Un trimestre d'assurance est attribué à la date d'attribution initiale de l'allocation pour l'allocataire (ou, pour les autres bénéficiaires, soit à la date d'attribution initiale de l'allocation, soit à la date de prise en charge effective de l'enfant). Un trimestre d'assurance supplémentaire est attribué, dans la limite de 7, pour chaque période de 30 mois civils de versement de l'allocation pour l'allocataire (ou bien de prise en charge effective de l'enfant, pour les autres bénéficiaires).

Majoration pour les assurés ayant atteint l'âge du taux plein automatique - La durée d'assurance (d) peut être majorée pour les assurés ayant dépassé l'âge du taux plein automatique (entre 65 et 67 ans selon les générations) qui n'ont pas accompli dans le régime général et, le cas échéant, dans un ou plusieurs autres régimes obligatoires une durée d'assurance au moins égale à la durée d'assurance maximale (c. séc. soc. art. L. 351-6).

La majoration est fonction du nombre de trimestres écoulés postérieurement (circ. CNAV 2012-6 du 25 janvier 2012) :

- à l'âge d'obtention du taux plein fixé en fonction de la génération de l'assuré (soit, par exemple, 67 ans pour l'assuré né en 1955) ;
- à l'âge de 65 ans pour les assurés nés à compter du 1.07.1951 pouvant bénéficier des dispositifs dérogatoires de maintien de l'âge légal du taux plein à 65 ans [voir *Retraite de base (âge de départ)**].

La majoration de la durée d'assurance est égale à 2,50 % par trimestre postérieur à l'âge de départ au taux plein automatique au titre des périodes accomplies dans ce régime et, le cas échéant, dans un ou plusieurs autres régimes obligatoires postérieurement au 31.12.2003.

Elle ne peut, toutefois, avoir pour effet de porter la durée totale d'assurance au-delà de la durée maximale d'assurance (par exemple, 166 trimestres pour les assurés nés en 1955).

Majoration pour charge d'un adulte handicapé - L'assuré social assumant, au foyer familial, la prise en charge permanente d'un adulte handicapé, ayant au minimum 20 ans, dont l'incapacité permanente est égale ou supérieure à 80 %, bénéficie d'une majoration de durée d'assurance (c. séc. soc. art. L. 351-4-2 et D. 351-1-7 ; circ. CNAV 2015-56 du 19 novembre 2015). La personne prise en charge doit être son conjoint, son concubin, la personne avec laquelle elle a conclu un Pacs ou son ascendant, descendant ou collatéral ou bien l'ascendant, descendant ou collatéral d'un des membres du couple. Cette majoration est égale à 1 trimestre par période de 30 mois, dans la limite de 8 trimestres.

Elle s'applique aux périodes de prise en charge intervenues depuis le 1.02.2014 (loi 2014-40 du 20 janvier 2014, art. 38-V). Toutefois, compte tenu de la publication tardive du décret d'application (décret 2014-1702 du 30 décembre 2014, JO du 31), le décompte des périodes de prise en charge de la personne adulte handicapée a débuté au plus tôt au 1.01.2015 (circ. CNAV 2015-56 du 19 novembre 2015).

Salaire annuel moyen de base

Il s'agit du salaire ayant donné lieu à cotisations, c'est-à-dire du salaire plafonné. Les salaires de base sont périodiquement revalorisés.

▶ À noter... Depuis le 1.01.2004, les salaires qui n'ont pas pu permettre de valider un trimestre ne sont pas retenus.

Pour les assurés nés après le 31.12.1947, le salaire servant de base de calcul pour la pension de retraite de base est déterminé en fonction des salaires versés au cours des 25 années civiles les plus avantageuses pour l'assuré (c. séc. soc. art. R. 351-29).

Les salaires les plus élevés sont retenus par ordre décroissant jusqu'à concurrence d'un nombre d'années qui est fonction de l'année de naissance de l'assuré.

▶ À noter... Si la retraite est attribuée dans le cadre de la liquidation unique des régimes alignés (LURA) *(voir ci-après)*, le revenu annuel moyen de base est calculé en tenant compte des salaires soumis à cotisations au régime général des salariés et au régime des salariés agricoles ainsi que des revenus cotisés à la sécurité sociale des indépendants (intégrée au régime général). Pour chaque année civile, les salaires et revenus sont totalisés. La somme des salaires et revenus est limitée au plafond de la sécurité sociale de l'année considérée, quelle que soit l'année. Le nombre d'années à prendre en compte n'est pas proratisé (c. séc. soc. art. L. 173-1-2).

Retraite de base (calcul de la pension)

Calcul du salaire annuel moyen	
Année de naissance de l'assuré	**Nombre d'années servant au calcul**
Avant le 1.01.1934	10
1934	11
1935	12
1936	13
1937	14
1938	15
1939	16
1940	17
1941	18
1942	19
1943	20
1944	21
1945	22
1946	23
1947	24
À partir de 1948	25

Les indemnités journalières de maternité, versées dans le cadre des congés de maternité débutant depuis le 1.01.2012, sont assimilées à un salaire et prises en compte dans le calcul du salaire moyen de base à hauteur de 125 % de leur montant (c. séc. soc. art. R. 351-29).

▶ Attention... Le compte d'un assuré est arrêté le dernier jour du trimestre civil précédant la date de départ à la retraite. Aussi, si un assuré doit travailler l'année entière pour valider 4 trimestres, il a intérêt à différer son départ au 1er janvier de l'année suivante.

Rachat de cotisations d'assurance vieillesse

Versement rétroactif de cotisations d'assurance vieillesse - Certaines personnes peuvent procéder au versement rétroactif de cotisations d'assurance vieillesse afin d'améliorer leurs droits à la retraite (dispositif de rachat de cotisations). Parallèlement à ce premier dispositif de rachat, les assurés ont la possibilité de racheter leurs périodes d'études supérieures ou les périodes qui n'ont pas donné lieu à validation de 4 trimestres : on appelle ce second dispositif le versement pour la retraite.

Rachat de cotisations - Peuvent notamment racheter des cotisations, sous certaines conditions :
- les salariés dont l'affiliation au régime général ou au régime algérien a été rendue obligatoire à une date postérieure au 1.07.1930 (c. séc. soc. art. L. 351-14) ;
- les Français exerçant ou ayant exercé une activité professionnelle (salariée ou non salariée) hors de France (c. séc. soc. art. L. 742-2) ;
- les personnes qui assurent les fonctions de tierce personne bénévole auprès d'un conjoint ou d'un membre de leur famille invalide (c. séc. soc. art. L. 742-1) ;
- les personnes qui ont effectué un travail pénal avant le 1.01.1977 ;
- certaines personnes ayant perçu l'indemnité de soins aux tuberculeux ;
- les rapatriés.

Versement pour la retraite - Les assurés du régime général ainsi que ceux dépendant des régimes alignés peuvent racheter certaines annuités de cotisations manquantes.

Cette possibilité de rachat concerne les années d'études supérieures ainsi que les années civiles pendant lesquelles les cotisations versées n'ont pas permis de valider 4 trimestres. Elle est ouverte aux personnes âgées d'au moins 20 ans et de moins de 67 ans à la date à laquelle elles déposent leur demande (c. séc. soc. art. D. 351-3).

Pour le rachat des années d'études auprès du régime général, la demande n'est recevable que si ce régime a été le premier régime d'affiliation du salarié après la fin de ses études (ayant donné lieu à l'obtention d'un diplôme). L'assuré doit avoir validé au moins un trimestre postérieurement à l'obtention du diplôme.

▶ À noter... La faculté de rachat d'années d'études supérieures est également ouverte dans le régime de retraite complémentaire AGIRC-ARRCO.

Les intéressés peuvent racheter des trimestres au titre des années civiles pour lesquelles moins de 4 trimestres ont été validés à condition qu'au titre de l'année considérée (c. séc. soc. art. D. 351-4) :
- un report de salaire à la suite d'une affiliation obligatoire ou volontaire ait été effectué sur leur compte individuel ;
- ou bien une période assimilée ou une période reconnue équivalente à une période d'assurance ait été validée.

Chaque caisse indique à l'assuré si une possibilité de rachat lui est ouverte.

Le rachat est limité à 12 trimestres et, en tout état de cause, ne donne pas lieu à l'attribution de plus de 4 trimestres par an. Il permet soit d'atténuer la décote (option pour le taux), soit d'atténuer la décote et d'augmenter la durée d'assurance (option taux + proratisation).

Rachats à tarif préférentiel pour certains actifs - Les jeunes actifs ont la possibilité de racheter leurs années d'études supérieures réalisées dans le cadre de leur formation initiale à tarif préférentiel (c. séc. soc. art. L. 351-14-1). Le montant du rachat d'années d'études supérieures est abaissé selon des limites et conditions fixées par décret (décret 2015-14 du 8 janvier 2015, JO du 10). Pour être recevable, la demande doit être présentée par les intéressés au plus tard le 31 décembre de la 10e année civile suivant la fin des études auxquelles cette période de formation se rattache (c. séc. soc. art. D. 351-14-1, I). Le montant du rachat est moins onéreux que le versement pour la retraite au titre des années d'études supérieures « classique » car ce dernier est minoré d'un abattement forfaitaire (c. séc. soc. art. D. 351-14-1, II). Cet abattement est limité à 4 trimestres, sachant qu'il est minoré de l'éventuelle validation de trimestres présentée au titre d'un stage en entreprise (limité à 2 trimestres ; *voir ci-après*) (c. séc. soc. art. D. 351-14-1, III).

Le montant du versement pour la retraite peut également, sous certaines conditions, être abaissé pour certains assurés qui n'ont pas pu valider 4 trimestres par année civile. Sont concernés :

- les assistants maternels ayant exercé leur activité au titre des années comprises entre le 1.01.1975 et le 31.12.1990 (cette activité doit être démontrée par des justificatifs probants tels que le contrat de travail, un certificat de travail ou les bulletins de salaires) (c. séc. soc. art. D. 351-14-2) ;

▶ À noter… Ce rachat sert à la fois à minorer la décote et à augmenter la durée d'assurance pour le montant de la pension, sans option pour la seule minoration de la décote. Pour le décompte des trimestres rachetables, 1 trimestre équivaut à 90 jours consécutifs d'exercice de l'activité d'assistant maternel. L'assistant maternel peut racheter autant de trimestres qu'il le souhaite pour ces périodes comprises entre 1975 et 1990.

- les assurés qui étaient en situation d'apprentissage (c. trav. art. L. 6211-1), dans le cadre d'un contrat conclu entre le 1.07.1972 et le 31.12.2013 (c. séc. soc. art. D. 351-14-3).

▶ À noter… Ce rachat ne peut porter que sur 4 trimestres au maximum, dans la limite générale des 12 trimestres rachetables au titre du versement pour la retraite. Il compte pour minorer la décote et augmenter la durée d'assurance pour le montant de la pension, sans option pour la seule minoration de la décote. Pour le décompte des trimestres rachetables, toute période d'apprentissage de 90 jours consécutifs accomplie dans le cadre d'un contrat conclu entre le 1.07.1972 et le 31.12.2013 équivaut à 1 trimestre.

Calcul et paiement - Les règles de calcul des cotisations (assiette, taux) varient selon qu'il s'agit d'un rachat prévu dans le cadre du régime des salariés ou des non-salariés et selon qu'il s'agit d'un rachat de cotisations ou du versement pour la retraite. La demande de rachat doit être faite auprès des caisses d'assurance vieillesse.

▶ À noter… Les enfants de harkis ont également la possibilité, sous certaines conditions, de racheter des trimestres au titre des périodes passées dans des camps militaires d'hébergement et de transit, afin de compléter leurs droits à retraite. Une aide forfaitaire spécifique au rachat, à la charge de l'État, a également été créée afin de diminuer le coût du rachat de ces trimestres (loi 2014-1554 du 22 décembre 2014, art. 79 ; décret 2015-772 du 29 juin 2015, JO du 30). Le versement effectué est pris en compte uniquement pour le taux de la retraite (circ. CNAV 2015-39 du 11 août 2015).

Validation des périodes de stage

Les stages réalisés en entreprise depuis le 15.03.2015 peuvent donner lieu à validation de 2 trimestres, au maximum, de retraite de base dans le régime général, moyennant un versement de cotisations. Pour être admise, la demande de validation des périodes de stage doit être réalisée dans les 2 ans de la fin du stage (c. séc. soc. art. L. 351-17 et D. 351-16) (voir *Stages en entreprise**). Les périodes de stage sont uniquement prises en compte dans la durée d'assurance pour le calcul du taux de la pension (circ. CNAV 2016-23 du 18 avril 2016).

Montant de la pension

Montant maximal de la pension - Le montant de la retraite est au maximum égal à 50 % du *plafond de la sécurité sociale**. En pratique, ce montant n'est pas atteint car les salaires pris en compte pour le calcul de la retraite sont déjà limités au plafond des années correspondantes et les coefficients de revalorisation de ces salaires sont inférieurs à la progression du plafond.

Minimum contributif - La pension de retraite à taux plein ne peut être inférieure à un minimum appelé « minimum contributif ». Ce minimum est majoré au titre des périodes réellement cotisées.

Retraite de base (calcul de la pension)

Le bénéfice de ce minimum contributif majoré est subordonné à l'accomplissement d'une durée d'assurance cotisée au moins égale à 120 trimestres (c. séc. soc. art. L. 351-10 et D. 351-2-2).

▶ À noter… Le minimum contributif et le minimum contributif majoré ne sont servis que si l'assuré a préalablement fait valoir les droits à retraite auxquels il peut prétendre au titre des régimes de retraite de base et complémentaire français et étrangers et des régimes des organisations internationales (c. séc. soc. art. L. 351-10-1).

Pour les pensions prenant effet depuis le 1.01.2012, le versement du minimum contributif ne peut avoir pour conséquence de porter le total des pensions personnelles au-delà d'un plafond maximum (c. séc. soc. art. D. 173-21-0-1-2). Ce plafond est revalorisé comme le SMIC.

Proratisation - Depuis le 1.01.2004, si l'assuré n'a été affilié qu'au régime général et n'y a pas accompli la durée d'assurance requise, le minimum contributif est proratisé compte tenu de celle-ci.

Allocation de solidarité aux personnes âgées - Les personnes qui n'ont pas cotisé sur l'ensemble de leur carrière ont droit, sous condition de ressources, à l'*allocation de solidarité aux personnes âgées**. Cette allocation est versée à partir d'un âge minimal (abaissé en cas d'inaptitude au travail) et permet de porter leur pension à un minimum, sous réserve que les personnes concernées résident sur le territoire français.

Reversement des cotisations d'assurance vieillesse - L'assuré qui a relevé, au cours de sa carrière, d'un seul régime de retraite de base et qui justifie d'un nombre de trimestres inférieur ou égal à 8, peut demander un versement égal au montant des cotisations versées à son régime de retraite, auxquelles sont appliqués les coefficients de revalorisation en vigueur au 1er janvier de l'année de la demande applicables aux salaires et cotisations servant de base au calcul des pensions (c. séc. soc. art. L. 161-22-2 et R. 161-19-1).

Majorations diverses - L'assuré peut, sous certaines conditions, voir le montant de sa pension augmenté des majorations suivantes :

- majoration pour enfants, lorsque l'assuré a eu au moins 3 enfants ou encore lorsque lui-même ou son conjoint a élevé 3 enfants recueillis ou adoptés pendant au moins 9 ans avant leur 16e anniversaire. Cette majoration est, dans ces cas, octroyée tant au père qu'à la mère (c. séc. soc. art. L. 351-12 et R. 351-30) ;

- majoration pour conjoint à charge pour les pensionnés qui en bénéficiaient au 31.12.2010 (tant qu'ils en remplissent les conditions), lorsque le conjoint à la charge de l'assuré est âgé d'au moins 65 ans (60 ans si inapte) et n'est titulaire d'aucun avantage de vieillesse servi par la sécurité sociale, et que ses ressources personnelles sont inférieures à un plafond. Son montant annuel est fixé à 609,80 €. Cette majoration n'est plus attribuée depuis le 1.01.2011 mais son paiement est poursuivi pour ceux qui en bénéficiaient au 31.12.2010 (c. séc. soc. art. L. 351-13) ;

- majoration pour tierce personne, lorsque l'assuré se trouve dans l'obligation de recourir à l'assistance d'une tierce personne et qu'il en fait la demande, auprès de la caisse qui sert sa pension, sous certaines conditions (c. séc. soc. art. L. 355-1 et R. 355-1) ;

▶ Attention… La majoration pour tierce personne n'est attribuée qu'aux titulaires d'une pension pour inaptitude, d'une pension substituée à une pension d'invalidité ou encore d'une pension d'ancien combattant, déporté ou prisonnier de guerre. Il est nécessaire que la pension ait été demandée et obtenue à ce titre. La nécessité d'une tierce personne doit être établie avant un âge déterminé.

- majoration de pension pour les assurés qui continuent de cotiser après l'âge légal de la retraite (62 ans pour les assurés nés à partir de 1955) alors qu'ils ont le nombre de trimestres requis pour obtenir une pension à taux plein (surcote) (c. séc. soc. art. L. 351-1-2) ;

▶ À noter… Pour les périodes accomplies depuis le 1.01.2009, le taux de majoration est fixé à 1,25 % par trimestre. Pour celles accomplies avant cette date, la majoration est progressive (0,75 % la première année, 1 % au-delà ou, quel que soit son rang, 1,25 % pour chaque trimestre accompli après 65 ans) (c. séc. soc. art. D. 351-1-4).

- majoration si l'intéressé remplit les conditions pour avoir droit à la retraite anticipée pour travailleur handicapé (c. séc. soc. art. L. 351-1-3).

Liquidation et paiement de la pension

Demande de la retraite - Pour percevoir sa pension de retraite, l'assuré doit en demander la liquidation à sa caisse. Il doit le faire soit à l'aide d'un formulaire qu'il peut télécharger sur le site Internet de l'Assurance retraite soit directement en ligne.

La demande de retraite en ligne est 100 % dématérialisée et est ouverte à tous les assurés du régime général, qui peuvent ainsi effectuer l'ensemble des démarches pour l'attribution de leur retraite de base (et complémentaire) à partir de leur espace personnel (www.lassuranceretraite.fr ou www.info-retraite.fr). S'appuyant sur les informations déjà connues, ce service permet de personnaliser la démarche de demande de retraite (le formulaire de demande est personnalisé et prérempli avec les données de l'assuré qui n'a plus qu'à compléter). Le nombre de pièces réclamées est limité au strict nécessaire et l'assuré a la possibilité de transmettre ces pièces de manière dématérialisée. Les dossiers complets déposés 4 mois avant la date de départ bénéficient, comme les dossiers sous format papier, de la garantie de versement *(voir ci-après)*.

Liquidation unique des retraites - La liquidation unique des régimes alignés (LURA) simplifie les modalités de demande et de calcul de la pension de retraite de base des assurés qui relèvent ou ont relevé successivement, alternativement ou simultanément d'au moins 2 des régimes suivants : le régime général des salariés, le régime des salariés agricoles et le régime d'assurance vieillesse des travailleurs indépendants géré par le régime général (ex-RSI) (c. séc. soc. art. L. 173-1-2).

Ainsi, lorsqu'un polyassuré demande à liquider ses droits à pension de vieillesse auprès de l'un de ces 3 régimes, il est réputé avoir demandé à liquider l'ensemble de ses pensions de base auprès de ces régimes. Sa pension est alors calculée et servie comme s'il avait relevé d'un seul régime de retraite, et non plus au sein de chaque régime en fonction des seules périodes qui y étaient validées. Le régime compétent pour la liquidation unique calcule la retraite selon ses propres règles, en prenant en compte les périodes d'assurance validées et communiquées par les autres régimes (c. séc. soc. art. L. 173-1-2, II).

▶ À noter… À l'initiative du régime saisi le premier d'une demande de liquidation de retraite, les régimes concernés par la LURA se coordonnent et échangent toutes les données nécessaires à la détermination du régime compétent pour calculer et verser la pension. L'assuré doit être informé de la désignation de ce régime compétent (c. séc. soc. art. R. 173-4-5). Ce dernier est apprécié à la date de la demande de la retraite (circ. CNAV 2017-27 du 21 juillet 2017).

Le revenu annuel moyen servant de base au calcul de la retraite unique est déterminé à partir de la somme des salaires et revenus correspondant aux cotisations versées au cours d'une même année civile, au titre des activités relevant des 3 régimes concernés. Le taux applicable au revenu annuel moyen est déterminé selon les règles habituelles (c. séc. soc. art. L. 173-1-2, I et R. 173-4-4-1), c'est-à-dire principalement en fonction de l'âge de l'assuré ou de la durée d'assurance dont il justifie. Lorsque le taux est déterminé en fonction de la durée d'assurance, sont pris en compte les trimestres d'assurance et les périodes reconnues équivalentes accomplis au titre des 3 régimes visés par la LURA, mais aussi au titre des autres régimes obligatoires auxquels l'assuré a été affilié (circ. CNAV 2017-27 du 21 juillet 2017).

La LURA est applicable aux assurés nés à compter de 1953 (c. séc. soc. art. L. 173-1-2, III bis). Elle s'applique aux pensions ayant pris effet depuis le 1.07.2017 (loi 2014-40 du 20 janvier 2014, art. 43 modifié ; décret 2017-737 du 3 mai 2017, art. 4). Sont concernées (c. séc. soc. art. L. 173-1-2, I et III ter) :

- les retraites de base personnelles (retraite personnelle à titre normal, retraite au titre de l'inaptitude, retraite substituée à une pension d'invalidité, retraite anticipée au titre d'une carrière longue ou d'un handicap, retraite pour pénibilité, retraite progressive, retraite à titre d'ancien combattant, de prisonnier de guerre, de déporté ou d'interné et retraite au titre de mère de famille ouvrière) ;
- les retraites de base de réversion, dès lors que l'assuré décédé bénéficiait ou aurait pu bénéficier de la LURA.

La LURA ne s'applique pas si l'assuré a déjà obtenu une retraite personnelle (y compris une retraite progressive) ou une retraite de réversion dans l'un des régimes visés avant le 1.07.2017 ou a été affilié à l'ex régime social des indépendants (ex-RSI) et a effectué une partie de sa carrière dans un pays ayant conclu avec la France un accord international de sécurité sociale qui n'inclut pas les travailleurs indépendants (circ. CNAV 2017-27 du 21 juillet 2017).

Date d'effet et paiement - Le point de départ de la retraite est choisi par l'assuré. Il est fixé le 1er jour d'un mois et ne peut pas se situer avant la date de dépôt de la demande et l'âge auquel il a droit à une retraite. Si la demande est déposée le 1er jour d'un mois, le point de départ peut être fixé le jour du dépôt sur demande de l'assuré. Si ce dernier n'indique pas le point de départ, il est fixé le 1er jour du mois qui suit la date de réception de la demande.

Les pensions sont payées mensuellement et à terme échu, après déduction des différents prélèvements sociaux.

Les assurés ayant déposé une demande complète de liquidation de pension de retraite au moins 4 mois civils avant la date prévue d'entrée en jouissance de celle-ci bénéficient d'une garantie de versement de la pension le mois suivant cette date. Ces dispositions s'appliquent aux demandes de pensions de retraite relevant du régime général déposées depuis le 1.09.2015 (décret 2015-1015 du 19 août 2015, JO du 20).

Prélèvements sur les retraites - La CSG est précomptée sur les pensions de retraite en principe au taux de 8,30 %. Le retraité est soumis au prélèvement de la CSG s'il est domicilié fiscalement en France (sauf à Mayotte) et à la charge d'un régime obligatoire d'assurance maladie français. Toutefois, dans certains cas, il peut en être partiellement ou totalement exonéré (c. séc. soc. art. L. 136-8) [voir *Contribution sociale généralisée (CSG)**].

Les pensions de vieillesse sont également soumises à la CRDS au taux de 0,50 % lorsqu'elles sont assujetties à la CSG.

Le retraité peut être soumis au prélèvement d'une cotisation d'assurance maladie s'il est domicilié fiscalement hors de France et relève à titre obligatoire d'un régime français d'assurance maladie (c. séc. soc. art. L. 131-9) (voir *Cotisations d'assurance maladie-maternité-invalidité**).

Par ailleurs, une contribution additionnelle de solidarité pour l'autonomie (CASA) est due, sous certaines conditions, sur les avantages de retraite et d'invalidité ainsi que sur les allocations de préretraite versés depuis le 1.04.2013 [voir *Contribution additionnelle de solidarité pour l'autonomie (retraite, invalidité et préretraite)**]. Son taux est fixé à 0,30 % (CASF art. L. 14-10-4).

Prélèvement à la source - Depuis le 1.01.2019, pour les titulaires de pensions de retraite imposables, l'impôt sur le revenu est prélevé à la source par les caisses de retraite, en fonction d'un taux calculé et transmis par l'administration fiscale.

▶ À noter… Le retraité peut, en se connectant à son espace personnel sur www.lassuranceretraite.fr, consulter tous les détails du paiement de sa retraite en utilisant le service « Demander un relevé des paiements de ma retraite ». Il aura notamment connaissance de son montant d'impôt sur le revenu prélevé à la source et de son montant de pension net versé. Il peut également, à tout moment, composer le 39 60 (service gratuit + prix appel) et accéder à un serveur vocal, qui lui indiquera son montant net à payer avant et après prélèvement à la source de l'impôt sur le revenu.

Revalorisation des pensions - Les pensions de retraite sont en principe revalorisées chaque année sur la base d'un coefficient égal à l'évolution de la moyenne annuelle des prix à la consommation, hors tabac, calculée sur les 12 derniers indices mensuels de ces prix publiés par l'INSEE l'avant-dernier mois qui précède la date de revalorisation. Si ce coefficient est inférieur à un, il est porté à cette valeur (c. séc. soc. art. L. 161-23-1 et L. 161-25).

▶ À noter… Les retraites prises en compte pour apprécier l'atteinte du seuil sont les pensions de vieillesse de droit direct et dérivé des régimes de base, complémentaires et additionnels légalement obligatoires, y compris leurs majorations, accessoires et suppléments à l'exception de la majoration pour tierce personne (circ. CNAV 2020-8 du 30 janvier 2020).

Depuis le 1.01.2019, la revalorisation des retraites a lieu au 1er janvier de chaque année (c. séc. soc. art. L. 161-23-1).

Couverture sociale

Les bénéficiaires d'une pension de vieillesse ont droit aux prestations en nature de l'*assurance maladie**.

☛ *Retraite de base (âge de départ) ; Retraite (droit à l'information).*

Retraite complémentaire

Régime unifié AGIRC-ARRCO

Les anciens régimes ARRCO (Association pour le régime de retraite complémentaire des salariés) et AGIRC (Association générale des institutions de retraite des cadres) ont fusionné pour un régime unifié AGIRC-ARRCO, au 1.01.2019. Les anciens accords AGIRC et ARRCO qui les organisaient ont été abrogés (ANI du 17 novembre 2017, art. 155). Il n'y a donc plus de distinction entre cadres et non-cadres pour la retraite complémentaire des salariés relevant du régime unifié.

Entreprises concernées

Champ d'application professionnel - La généralisation de la retraite complémentaire par voie législative à toutes les entreprises dont le personnel relève de l'assurance vieillesse du régime général de sécurité sociale et des assurances sociales agricoles, fait que les employeurs de salariés relevant du régime général de sécurité sociale sont dans le champ de la retraite complémentaire, à quelques exceptions près (loi 72-1223 du 29 décembre 1972, JO du 30 ; ANI du 17 novembre 2017, art. 6).

▶ À noter… L'ANI du 17.11.2017 s'applique aussi aux entreprises soumises à un régime spécial de sécurité sociale pour leur personnel non contractuel qui ne relève pas de l'IRCANTEC (ANI du 17 novembre 2017, art. 6).

Champ d'application territorial - Les entreprises exerçant leur activité sur le territoire métropolitain, dans les départements d'outre-mer, Saint-Martin et Saint-Barthélemy, doivent affilier leurs salariés aux régimes de retraite complémentaire AGIRC-ARRCO. L'ANI du 17.11.2017 s'y applique de plein droit (ANI du 17 novembre 2017, art. 8).

Il en va de même à Saint-Pierre-et-Miquelon, en Nouvelle-Calédonie et dans la principauté de Monaco, mais selon des conditions particulières.

En outre, les salariés régis par un contrat de droit public, non fonctionnaires, travaillant en Nouvelle-Calédonie relèvent du régime unifié (ANI du 17 novembre 2017, art. 8).

▶ À noter… À Mayotte, la retraite complémentaire doit s'appliquer « dans des conditions fixées par un accord entre les partenaires sociaux » (ord. 2011-1923 du 22 décembre 2011, art. 22, JO du 23). Au 1.01.2022, cet accord n'était pas paru. Aussi, les salariés de Mayotte continuent à relever des extensions territoriales [voir *Expatriation (protection sociale)**].

Adhésion - Toute entreprise, lors de l'embauche de son premier salarié, adhère à une institution AGIRC-ARRCO (ANI du 17 novembre 2017, art. 17 à 20).

Pour déterminer l'institution de retraite compétente (IRC) pour l'adhésion d'une entreprise nouvelle, il faut tenir compte de l'activité principale de l'entreprise (ou d'un établissement distinct), sauf cas d'une entreprise nouvelle ayant des liens avec une entreprise préexistante.

Depuis le 1.01.2021, la compétence catégorielle concernant les salariés intermittents du spectacle est supprimée. Leur affiliation relève donc des règles d'adhésion de droit commun, sauf pour les salariés déclarés via le guichet unique du spectacle occasionnel (GUSO) [voir *Guichet unique (artistes et techniciens du spectacle)**]. Les entreprises qui déclarent via le GUSO, doivent ainsi adhérer pour leurs salariés intermittents du spectacle, auprès d'Alliance professionnelle Retraite AGIRC-ARRCO (section Audiens) (circ. AGIRC-ARRCO 2020-12-DRJ du 9 décembre 2020 ; ANI du 17 novembre 2017, art. 19 et 20 bis).

D'autres cas d'adhésions particulières sont prévus depuis le 1.01.2021 (circ. AGIRC-ARRCO 2020-12-DRJ du 9 décembre 2020) :

- les entreprises déclarant leurs cotisations de sécurité sociale en versement en un lieu unique (VLU) (voir *Cotisations URSSAF**), doivent adhérer à une seule institution de retraite complémentaire, désignée par la commission paritaire ;
- les entreprises dont les salariés relèvent de la Mutualité sociale agricole (MSA) doivent adhérer pour ces salariés auprès d'Alliance professionnelle Retraite AGIRC-ARRCO (section Agrica). Cela s'applique également pour l'affiliation des enseignants des établissements d'enseignement agricole privés sous contrat ;
- les entreprises relevant de la convention collective nationale (CCN) des Espaces de loisirs, d'attractions et culturels (IDCC 1790) doivent adhérer auprès d'Alliance professionnelle Retraite AGIRC-ARRCO (section Audiens).

Par dérogation également, certaines IRC sont seules compétentes pour recevoir l'adhésion des entreprises et employeurs dans certains territoires (ex. : CRR AGIRC-ARRCO à la Réunion).

▶ À noter… Sous conditions, l'employeur étranger qui n'a pas d'établissement en France peut procéder à la déclaration et au paiement des cotisations sociales pour leurs salariés employés en France avec le dispositif ESEF (employeurs étrangers sans établissement en France).

Bénéficiaires

Les bénéficiaires de l'AGIRC-ARRCO comprennent les personnes exerçant une activité salariée au sens du code de la sécurité sociale, quels que soient leur fonction ou leur niveau hiérarchique (ANI du 17 novembre 2017, art. 5). Sont également affiliés au régime AGIRC-ARRCO la quasi totalité des salariés du régime agricole et du régime spécial des mines.

Des dispositions spécifiques s'appliquent aux *dirigeants de société**, qui relèvent du régime en tant qu'affiliés au régime général (salariés) (ex. : DG, PDG de SA, gérants minoritaires de SARL etc.).

Âge de départ

Principe - L'âge normal pour percevoir une retraite complémentaire est de 67 ans pour les assurés nés à partir de 1955. Avant cet âge, des coefficients d'anticipation sont appliqués à l'allocation de retraite complémentaire si les participants n'ont pas obtenu de pension du régime de base à taux plein (ANI du 17 novembre 2017, art. 84).

▶ À noter… Les cadres qui avaient des points constitués sur la tranche C des rémunérations avant 2016 dans l'ancien régime AGIRC peuvent demander le report de la liquidation de ces points, sans abattement, à l'âge du taux plein (65 ou 67 ans) (ANI du 17 novembre 2017, art. 102).

Incitation à reculer l'âge de départ - Deux dispositifs sont mis en œuvre pour inciter les salariés à différer la liquidation de leur allocation de retraite complémentaire :
- sous conditions, l'application temporaire d'un coefficient de solidarité qui minore leur pension s'ils liquident leur pension avant 67 ans ;
- l'application d'un coefficient majorant leur pension (coefficient de majoration), s'ils décalent leur départ en retraite.

Ils s'appliquent aux allocations de droits directs pour les personnes nées en 1957 et après. Ils fonctionnent selon une logique de bonus-malus.

Coefficient de solidarité - Le coefficient de minoration (dit coefficient de solidarité) s'applique lorsque les salariés (de moins de 67 ans), nés en 1957 et après, liquident leur allocation de retraite AGIRC-ARRCO (ANI du 17 novembre 2017, art. 98).

Il se traduit par une décote de 10 % (coefficient de 0,90) sur la pension de retraite complémentaire, appliquée pendant les 3 premières années de retraite, et au maximum jusqu'à 67 ans. La valeur du coefficient reste identique durant toute la durée de son application (circ. AGIRC-ARRCO 2020-02-DRJ du 20 janvier 2020, fiche 4).

Dès que le salarié décale d'au moins 1 an (au moins 4 trimestres calendaires) son départ en retraite au-delà de la date à laquelle il remplit les conditions d'obtention du taux plein (soit principalement la condition de l'âge et de la durée d'assurance) dans un régime de base (circ. AGIRC-ARRCO 2020-02-DRJ du 20 janvier 2020, fiche 4), il perçoit 100 % de sa retraite (annulation du coefficient de solidarité).

▶ À noter… Le coefficient de solidarité ne s'applique pas si le salarié diffère de 4 trimestres à la fois la liquidation de sa pension du régime de base et de retraite complémentaire ou, uniquement, la liquidation de sa retraite complémentaire (circ. AGIRC-ARRCO 2020-02-DRJ du 20 janvier 2020, fiche 4).

Le coefficient de solidarité ne s'applique pas aux retraités ayant liquidé leur pension de retraite de base au taux plein et qui sont exonérés de CSG sur leur pension de retraite complémentaire. Un coefficient de solidarité de 0,95 s'applique aux retraités ayant liquidé leur pension de retraite de base au taux plein et qui sont soumis à la CSG au taux réduit (3,80 %), voir *Contribution sociale généralisée (CSG)**. Enfin, un coefficient de 0,90 s'applique aux retraités ayant liquidé leur pension de retraite de base au taux plein et qui sont soumis à la CSG au taux de 8,30 % ou de 6,60 % (circ. AGIRC-ARRCO 2020-02-DRJ du 20 janvier 2020, fiche 4).

Le coefficient de solidarité ne s'applique pas non plus aux retraités ayant liquidé leur pension de retraite de base au taux plein dans le régime de base [voir *Retraite de base (âge de départ)** et *Retraite de base (calcul de la pension)**] :
- avant l'âge légal, dans le cadre des dispositifs de retraite anticipée « handicap » et « préretraite amiante » ;
- à l'âge légal de départ en retraite, mais avec le taux plein automatique en raison de leur appartenance à certaines catégories (incapacité permanente au moins égale à 50 %, inaptitude au travail, anciens déportés ou internés, mères de famille ouvrières, travailleurs handicapés admis à demander la liquidation de leur pension avant l'âge légal ou encore anciens prisonniers de guerre) ;
- à 65 ans, en raison de leur qualité d'aidant familial, ou s'ils bénéficient d'au moins 1 trimestre au titre de la majoration de la durée d'assurance pour enfant handicapé ou ont apporté une aide effective à leur enfant bénéficiaire de la prestation de compensation du handicap ;
- à 65 ans, s'ils sont nés entre le 1.07.1951 et le 31.12.1955, ont eu ou élevé au moins 3 enfants et ont interrompu ou réduit leur activité professionnelle après la naissance ou l'adoption d'au moins un de ces enfants.

Le coefficient de solidarité ne s'applique pas non plus aux personnes (ANI AGIRC-ARRCO du 10 mai 2019, art. 7) :
- ayant bénéficié, à la veille de leur retraite à taux plein, de l'allocation de solidarité spécifique (ASS) ;
- qui se sont vues reconnaître une incapacité permanente partielle de 20 % ou plus à la suite d'un accident du travail, ou de trajet, ou d'une maladie professionnelle ;
- bénéficiaires d'une pension d'invalidité de 2e ou 3e catégorie ;
- ayant bénéficié de l'allocation adulte handicapé (AAH).

Coefficient de majoration - Un coefficient de majoration (ANI du 17 novembre 2017, art. 99) s'applique si les salariés décalent la liquidation de leur retraite complémentaire d'au moins 8 trimestres calendaires (2 ans) au-delà de la date à laquelle ils ont rempli les conditions du taux plein dans le régime de base. Ils bénéficient d'une majoration de leur pension de retraite complémentaire de 10 % pendant 1 an.

Ce coefficient de majoration est porté à 20 % si l'assuré a décalé la liquidation de sa pension de retraite complémentaire de 12 trimestres (3 ans), et à 30 % s'il l'a décalée de 16 trimestres (4 ans).

Le coefficient est supprimé le premier jour du mois qui suit les 12 mois de son application (circ. AGIRC-ARRCO 2020-02-DRJ du 20 janvier 2020, fiche 4).

▶ À noter... Les coefficients de minoration et de majoration sont appréciés à la date de liquidation définitive de la retraite de base d'un salarié en *retraite progressive** (ANI du 17 novembre 2017, art. 100).

Condition de cessation d'activité

Le salarié doit cesser toute activité salariée et non salariée et s'engager à avertir son institution de retraite complémentaire de toute reprise d'activité salariée ou non salariée (ANI du 17 novembre 2017, art. 86).

Pour les travailleurs non-salariés (professions artisanales, industrielles et commerciales et professions libérales), l'obligation de cessation d'activité est assouplie afin de pouvoir bénéficier de la pension. En effet, cette condition n'a pas à être nécessairement remplie lorsque la personne concernée peut bénéficier du cumul emploi-retraite (voir *Cumul activité-retraite des salariés**). Le travailleur indépendant peut donc percevoir sa pension de retraite complémentaire au titre de ses anciennes activités en tant que salarié (circ. AGIRC-ARRCO 2020-02-DRJ du 20 janvier 2020, fiche 3).

Cette condition de cessation d'activité ne s'applique pas pour certaines activités (circ. AGIRC-ARRCO 2020-02-DRJ du 20 janvier 2020, fiche 3), notamment :

- les artistes du spectacle et les mannequins affiliés au régime général de la sécurité sociale au titre de leur activité ;
- les activités à caractère artistique, littéraire ou scientifique, exercées accessoirement avant la liquidation de la pension de retraite ;
- les activités correspondant à des vacations accomplies dans des établissements de santé ou dans des établissements ou services sociaux et médico-sociaux ;
- les activités des nourrices, gardiennes d'enfants et assistants maternels ;
- les activités de faible importance (selon le revenu annuel).

▶ Attention... Un départ en *retraite progressive** est également possible ainsi que le cumul activité-retraite (voir *Cumul activité-retraite des salariés**).

Calcul et montant de l'allocation de retraite complémentaire

Formule de calcul - L'allocation annuelle de retraite complémentaire est égale au produit du nombre de points attribués à l'intéressé pour l'ensemble de sa carrière par la valeur du point en vigueur lors du versement (ANI du 17 novembre 2017, art. 92).

Pendant 4 ans (2019 à 2022), les allocations de retraite sont indexées sur les prix (pour autant que l'évolution des prix ne soit pas supérieure à celle des salaires, sans que l'écart entre l'évolution des prix et l'évolution de la valeur de service du point ne dépasse 0,2 point) (ANI AGIRC-ARRCO du 10 mai 2019, art. 1).

Toutefois, la trajectoire de retour à l'équilibre du régime AGIRC-ARRCO ayant été compromise par la crise sanitaire et économique, un avenant n° 1 à l'accord du 10.05.2019 donne au conseil d'administration une marge de manœuvre plus importante (+/- 0,5 point) que celle prévue initialement dans l'accord (+/-0,2 point) pour déterminer l'évolution des pensions de retraite complémentaire par rapport à l'indice des prix à la consommation (circ. 2021-07-DT du 18 novembre 2021 ; circ. AGIRC-ARRCO 2021-06 du 22 octobre 2021).

Au 1.11.2021, la valeur du point de retraite complémentaire AGIRC-ARRCO a augmenté de 1 % : il est de 1,2841 € (circ. AGIRC-ARRCO 2021-06 du 22 octobre 2021).

Acquisition des points - Le nombre de points acquis au cours d'une année est obtenu en divisant le montant global des cotisations patronales et salariales par le salaire de référence, c'est-à-dire le prix d'achat du point, fixé annuellement par l'AGIRC-ARRCO.

Pour l'exercice 2022, la valeur d'achat du point AGIRC-ARRCO est de 17,4316 € (circ. AGIRC-ARRCO 2021-06 du 22 octobre 2021).

▶ À noter... Les points acquis au 31.12.2018 dans les anciens régimes AGIRC et ARRCO, ont été repris au 1.01.2019 dans le régime unifié. Les comptes de points ARRCO ont été convertis en points AGIRC-ARRCO. Les points AGIRC, y compris ceux acquis au titre de l'ancienne garantie minimale de points des cadres et assimilés, ont été convertis en points AGIRC-ARRCO.

Points sans contrepartie de cotisations - Des points de retraite complémentaire peuvent, sous conditions, être attribués sans versement de cotisations aux personnes qui, notamment :

- ont été en incapacité de travail pour maladie, maternité ou accident pendant plus de 60 jours consécutifs (ANI du 17 novembre 2017, art. 57 et 58) ;
- ont bénéficié d'allocations versées par l'assurance chômage, y compris les allocations de sécurisation professionnelle, ou ont été indemnisés au titre de l'*activité partielle** (ANI du 17 novembre 2017, art. 59, 60, 62, 67) ;

▶ À noter... Pour que les salariés placés en *activité partielle** puissent obtenir ces points de retraite complémentaire AGIRC-ARRCO, l'employeur doit déclarer les heures d'activité partielle indemnisées dans la déclaration sociale nominative (DSN) mensuelle ; dans ce cas, il n'a pas à transmettre une attestation d'indemnisation. Cette dernière reste en revanche nécessaire pour tout employeur qui n'est pas en DSN (circ. AGIRC-ARRCO 2020-08-DRJ du 2 juin 2020).

- ont bénéficié de préretraites financées par l'État : conventions d'allocations spéciales du FNE et conventions de préretraite progressive (ANI du 17 novembre 2017, art. 61 et 63) ;
- ont bénéficié de congés de conversion (ANI du 17 novembre 2017, art. 64).

▶ À noter... En raison de la crise sanitaire liée à l'épidémie de Covid-19, les pouvoirs publics ont été amenés à poser les bases d'un nouveau mécanisme spécifique d'activité partielle, dit « *activité partielle de longue durée** » (APLD). Le mécanisme de validation des périodes d'activité partielle de droit commun dans le régime AGIRC-ARRCO a été étendu aux bénéficiaires de l'APLD, pour la durée d'application du dispositif.
Ainsi, les salariés concernés bénéficient d'une attribution de points AGIRC-ARRCO dans les mêmes conditions que pour l'activité partielle de droit commun visée à l'article 67 de l'ANI du 17 novembre 2017 (délibération 3 à l'ANI du 17 novemre 2017 ; circ. AGIRC-ARRCO 2020-21 du 23 décembre 2020). Les périodes d'indemnisation au titre de l'APLD permettent, au-delà de la 60e heure indemnisée, d'obtenir des points de retraite complémentaire AGIRC-ARRCO.

Pour apprécier le seuil de 60 heures dans l'année civile, l'AGIRC-ARRCO ne distingue pas entre les périodes d'APLD et d'activité partielle de droit commun.

Rachat optionnel de points - Certaines périodes peuvent donner lieu à l'attribution de points de retraite complémentaire moyennant le versement de cotisations. Il s'agit notamment des périodes de congé parental d'éducation, de congé de présence parentale pour enfant malade, de congé de solidarité familiale et de proche aidant (ANI du 17 novembre 2017, art. 78).

Les périodes d'études supérieures et les années incomplètes (au cours desquelles, par ses cotisations, un salarié n'a pas pu obtenir le nombre maximal de points) peuvent faire l'objet d'un rachat. Le nombre de points rachetés ne peut pas excéder 140 par année concernée, dans la limite de 3 ans (ANI du 17 novembre 2017, art. 46 à 48).

▶ À noter... Le barème applicable aux rachats de points de retraite complémentaire intervenant en 2022 au titre des périodes d'études supérieures ou des années incomplètes est diffusé par circulaire AGIRC-ARRCO du 14 janvier 2022 (circ. AGIRC-ARRCO 2022-03 DRJ du 14 janvier 2022).

Majorations de la pension - L'allocation de retraite complémentaire peut faire l'objet d'une majoration :
- pour enfant à charge de 5 % ;
- pour enfant né ou élevé de 10 % pour la carrière à compter de 2012 (règles spécifiques pour la partie de carrière antérieure) si le participant justifie avoir eu ou élevé pendant 9 ans au moins 3 enfants de moins de 16 ans (ANI du 17 novembre 2017, art. 94). La majoration est de 15 % pour 4 enfants, de 20 % pour 5 enfants, de 25 % pour 6 enfants et de 30 % pour 7 enfants ou plus.

Les majorations ne se cumulent pas (la plus élevée est servie). Lorsque le participant cesse de bénéficier de la majoration pour enfant à charge, il bénéficie, s'il en remplit les conditions, de la majoration pour enfants élevés (ANI du 17 novembre 2017, art. 96).

Sur la majoration applicable en cas de décalage de l'âge de départ en retraite, voir plus haut.

Paiement - L'allocation est versée mensuellement (trimestriellement dans certains États principalement situés hors Union européenne) (ANI du 17 novembre 2017, art. 94).

▶ À noter... Si le montant des droits du participant est supérieur à une somme équivalant à plus de 100 et moins de 200 points, il perçoit une allocation annuelle. S'il est équivalent à 100 points ou moins, l'allocation est remplacée par un versement forfaitaire unique (circ. AGIRC-ARRCO 2020-02-DRJ du 20 janvier 2020, fiche 5).

L'allocation donne lieu, en principe, au paiement d'une cotisation d'assurance maladie spécifique de 1 % dès lors que le retraité est fiscalement domicilié en France métropolitaine ou dans les départements d'outre-mer.

Sauf cas d'exonération ou d'application d'un taux réduit, l'allocation est également assujettie à la

CSG au taux de 8,30 %, et à la CRDS au taux de 0,50 % [voir *Contribution pour le remboursement de la dette sociale (CRDS)** et *Contribution sociale généralisée (CSG)**]. Enfin, une contribution additionnelle de solidarité pour l'autonomie est due au taux de 0,30 % sur les avantages de retraite et d'invalidité ainsi que sur les allocations de préretraite [voir *Contribution additionnelle de solidarité pour l'autonomie (retraite, invalidité et préretraite)**].

Prélèvement à la source - La caisse de retraite applique le *prélèvement à la source** sur l'allocation des retraités imposables.

Décès du participant - Le décès du participant ouvre droit pour son conjoint, sous conditions, à une *pension de réversion**.

Demande de pension

L'assuré doit demander sa pension de retraite complémentaire (ANI du 17 novembre 2017, art. 102). Pour cela, il peut s'adresser à un CICAS (Centre d'information, conseil et accueil des salariés) ou à sa caisse de retraite complémentaire ou formuler sa demande sur le site « www.agirc-arrco.fr » (en accédant à son espace personnel). Il lui est conseillé de réaliser ses démarches au moins 4 mois avant la date de départ en retraite souhaitée.

▶ À noter… Le régime général (pour la retraite de base) et les régimes AGIRC-ARRCO (pour la retraite complémentaire) se signalent réciproquement le dépôt d'une demande de retraite personnelle (circ. CNAV 2015-50 du 28 octobre 2015).

☛ *Contributions de retraite et de prévoyance ; Cumul activité-retraite des salariés ; Retraite de base (âge de départ) ; Retraite de base (calcul de la pension) ; Retraite supplémentaire.*

Retraite (droit à l'information)

Les assurés bénéficient d'un droit à l'information sur leur retraite. Plusieurs dispositifs leur permettent ainsi d'obtenir des éléments d'information générale et individuelle aussi bien sur la retraite obligatoire de base que sur la retraite complémentaire.

Relevé de situation individuelle

Contenu - Le relevé de situation individuelle est un document qui permet de faire le point sur l'ensemble des droits à retraite qu'un assuré a acquis dans tous les régimes de retraite de base et complémentaires (c. séc. soc. art. L. 161-17, III).

Il doit fournir un certain nombre d'éléments obligatoires (c. séc. soc. art. R. 161-11 et D. 161-2-1-4 ; www.legislation.cnav.fr) :

- la liste de l'ensemble des régimes dans lesquels l'assuré a acquis des droits à retraite, avec l'indication de la date de début et de fin de passage dans chaque régime ;
- les éléments de rémunération pris en compte ou susceptibles d'être pris en compte pour le calcul de la retraite ;
- la durée d'assurance ou le nombre de points acquis (selon les régimes concernés), les informations relatives à des périodes ou à des événements qui ne peuvent être rattachés à une année donnée ou qui sont susceptibles d'avoir une influence sur l'âge nécessaire pour la liquidation (versement) ou le montant de la pension. Il peut s'agir, par exemple, des enfants ou de la période de service militaire.

Le relevé doit également mentionner qu'il est délivré à titre de renseignement, que les données y figurant ont un caractère provisoire et que l'organisme expéditeur ne s'engage pas à calculer la retraite sur la base de ces données (c. séc. soc. art. D. 161-2-1-4).

▶ À noter… Les bénéficiaires du droit à l'information sur leur retraite sont les personnes qui relèvent ou ont relevé d'un régime de retraite obligatoire et n'ont pas demandé l'attribution définitive (ou provisoire en cas de retraite progressive) de leur retraite dans ces régimes (c. séc. soc. art. D. 161-2-1-2).

Modalités de délivrance - Les régimes de retraite légalement obligatoires sont tenus d'adresser le relevé de situation individuelle périodiquement. Depuis le 1.07.2010, tout assuré qui atteint l'âge de 35, 40, 45 ou 50 ans doit recevoir ce relevé (c. séc. soc. art. D. 161-2-1-6). Il le reçoit ensuite tous les 5 ans jusqu'à son départ en retraite (www.legislation.cnav.fr).

Le relevé est mis à la disposition du bénéficiaire, par tout moyen de communication électronique sécurisé, par l'organisme ou le service compétent, sauf option contraire de sa part. Dans ce cas, le relevé lui est adressé à l'adresse postale personnelle connue par cet organisme ou service ou qui lui a été communiquée par l'un des organismes ou services en charge de l'un des régimes dont il a relevé (c. séc. soc. art. D. 161-2-1-6, III).

Le relevé de situation individuelle peut également être délivré, une fois par an, sur demande du bénéficiaire soit par courrier soit par tout moyen de communication électronique sécurisé. Le relevé est en principe dématérialisé, sauf option contraire de sa part. Dans ce dernier cas, le relevé lui est adressé à son adresse postale personnelle. Le délai d'un an pour effectuer la demande est décompté de date à date à partir de la réception par la caisse de retraite de la précédente demande.

Le relevé est par ailleurs accessible en ligne pour tous (c. séc. soc. art. D. 161-2-1-5). Il peut notamment être consulté sur le compte retraite *(voir ci-après)*.

Estimation indicative globale

À partir d'un certain âge et selon une périodicité déterminée, chaque personne reçoit, d'un des régimes auquel elle est ou a été affiliée, une estimation indicative globale du montant des pensions de retraite auxquelles les durées d'assurance, de services ou les points qu'elle totalise lui donnent droit, à la date à laquelle la liquidation pourra intervenir, eu égard aux dispositions législatives, réglementaires et conventionnelles en vigueur (c. séc. soc. art. L. 161-17, IV).

Cette estimation indicative globale complète le relevé de situation individuelle et apporte donc une information supplémentaire : l'évaluation du montant total des retraites dans les régimes obligatoires de base et complémentaires à différents âges (c. séc. soc. art. D. 161-2-1-7).

Tout assuré qui atteint l'âge de 55 ans reçoit une estimation indicative globale du montant de sa pension de retraite. Cette estimation lui est, par la suite, envoyée tous les 5 ans jusqu'à son départ en retraite. Celle-ci comporte le montant total et le montant de chacune des pensions susceptibles d'être versées à l'assuré à différents âges. Elle est, en principe, envoyée par tout moyen de communication électronique sécurisé, sauf demande contraire. Elle est, dans ce cas, envoyée par courrier (c. séc. soc. art. D. 161-2-1-8).

L'estimation est accompagnée d'une information sur les dispositifs de cumul emploi-retraite et de retraite progressive ainsi que sur la possibilité de cotiser sur la base d'une rémunération à temps plein lorsque l'assuré travaille à temps partiel ou exerce un travail dont la rémunération ne peut pas être établie selon un nombre d'heures déterminées (c. séc. soc. art. L. 161-17, IV).

Compte personnel de retraite

Un compte personnel de retraite, accessible via le site www.info-retraite.fr, permet à chaque assuré de connaître ses droits à retraite (période validée, date éventuelle de départ à taux plein, etc.), ses interlocuteurs (régimes et caisses de retraite), de comprendre les spécificités de son régime de retraite, de réaliser certaines démarches administratives et d'échanger des documents dématérialisés (c. séc. soc. art. L. 161-17, III). Ce compte permet notamment d'obtenir une estimation de la future retraite en fonction de différentes hypothèses d'évolution de carrière à partir de 45 ans.

Dès 55 ans, l'assuré n'a plus besoin de transmettre ses demandes de correction relatives à sa carrière par courrier postal ou électronique : en quelques clics sur le compte retraite, il peut solliciter ses régimes pour qu'ils fassent les rectifications. Par ailleurs, certaines anomalies de carrière sont automatiquement détectées et signalées à l'intéressé. Ces services sont disponibles sur le compte retraite dans l'onglet « Ma carrière ».

La retraite peut être demandée directement depuis le compte retraite. En utilisant le service de demande de retraite en ligne, l'assuré n'a plus besoin d'envoyer un formulaire et des pièces jointes à chaque régime. Le formulaire est pré-rempli et la demande transmise à tous les régimes concernés.

Les salariés du régime général peuvent également effectuer leur demande en ligne sur leur espace personnel du site de l'assurance retraite (www.lassuranceretraite.fr). Il est ainsi possible de transmettre des pièces justificatives par mail. Par ailleurs, un « web entretien » peut être sollicité à partir de l'espace personnel. Il permet d'organiser un entretien personnalisé et privilégié avec un conseiller par webcam, depuis son domicile ou son lieu de travail. Il offre la même qualité qu'un rendez-vous en agence (par exemple, il est possible de procéder à des échanges de documents dématérialisés pendant l'entretien).

Point d'étape retraite à 45 ans

Les assurés peuvent demander à bénéficier, à partir de 45 ans, d'un entretien sur les droits qu'ils se sont constitués dans les régimes de retraite obligatoires et sur les perspectives d'évolution de ces droits compte tenu des choix et des aléas de carrière éventuels (tels que les périodes d'études et de formation, de chômage, de travail pénible, d'emploi à temps partiel, de maladie, d'accident du travail ou de maladie professionnelle, de congé de maternité).

▶ **À noter…** Les intéressés ne doivent pas avoir obtenu la liquidation de leur pension ou, en cas de retraite progressive, la liquidation provisoire de celle-ci (c. séc. soc. art. D. 161-2-1-8-3).

L'entretien porte également sur les possibilités de cumuler un emploi et une retraite, ainsi que sur les dispositifs pour améliorer le montant futur de la pension (c. séc. soc. art. L. 161-17, II).

L'assuré se voit communiquer des simulations du montant potentiel de sa pension à l'âge légal d'ouverture de ses droits à retraite, à l'âge auquel il obtiendra automatiquement le taux plein et selon d'autres hypothèses à sa demande (c. séc. soc. art. L. 161-17, II). Ces simulations lui sont remises lors de l'entretien ou dans un délai maximum de 3 mois après la transmission par l'assuré des justificatifs relatifs aux données du relevé de situation individuelle.

Cet entretien est réalisé dans un délai maximal de 6 mois suivant la demande de l'assuré.

Les assurés ayant bénéficié d'un entretien ne peuvent bénéficier d'un nouvel entretien avant l'expiration d'un délai de 6 mois à compter de celui-ci. À la demande de l'assuré, de l'organisme ou du service, l'entretien peut se dérouler par téléphone ou, avec l'accord de l'organisme ou du service et celui de l'assuré, par tout moyen de communication électronique (c. séc. soc. art. D. 161-2-1-8-3).

Information des jeunes travailleurs

Dans l'année qui suit celle au cours de laquelle il valide au moins deux trimestres d'assurance dans un régime de retraite légalement obligatoire, l'assuré est informé de manière générale sur le système de retraite par répartition, et notamment sur les règles d'acquisition des droits à pension et l'incidence, sur ces derniers, des événements susceptibles d'affecter la carrière (c. séc. soc. art. L. 161-17, II).

Il reçoit ainsi un document d'information générale qui comporte notamment (c. séc. soc. art. D. 161-2-1-8-2) :
- une présentation générale du système de retraite par répartition, des règles d'acquisition de droits à pension et du mode de calcul des pensions ;
- une information sur l'impact potentiel sur la constitution de droits à retraite que peut avoir une activité professionnelle réduite, exercée à temps partiel ou donnant lieu à versement de cotisations forfaitaires, ainsi que sur la possibilité de cotiser à un régime de retraite légalement ou réglementairement obligatoire sur une assiette correspondant à une activité exercée à temps plein en cas d'emploi à temps partiel ;
- une information sur les modalités de prise en compte des activités professionnelles accomplies dans l'Union européenne ou dans un État tiers, pour autant que celui-ci ait conclu une convention bilatérale de sécurité sociale avec la France.

▶ **À noter...** Selon le site « service-public.fr », ce document d'information générale prévu pour tout assuré qui a validé au moins 2 trimestres d'assurance retraite n'est plus fourni. Une nouvelle offre serait en cours de réalisation.

Information en cas d'expatriation

À sa demande, et en amont de tout projet d'expatriation, l'assuré peut obtenir un entretien afin de s'informer sur les règles d'acquisition des droits à pension de retraite et l'incidence de l'exercice d'une activité à l'étranger. L'entretien permet également d'aviser l'intéressé sur les dispositifs lui permettant d'améliorer le montant futur de sa pension de retraite (c. séc. soc. art. L. 161-17, V).

Cet entretien doit être réalisé dans un délai maximal de 3 mois suivant la demande de l'assuré (c. séc. soc. art. D. 161-2-1-8-4, III).

Une information est également apportée au conjoint du futur expatrié (c. séc. soc. art. L. 161-17, V). Si ce conjoint a un projet d'expatriation, il peut également demander à bénéficier d'un entretien dans les 3 mois (c. séc. soc. art. D. 161-2-1-8-4, IV).

Simulation de la retraite

Les assurés disposent également d'un simulateur en ligne dénommé M@rel, accessible sur le site info retraite (www.info-retraite.fr), le cas échéant via leur compte personnel de retraite *(voir plus haut)*.

S'appuyant sur les données réelles de carrière de l'assuré, cet outil de simulation lui permet d'évaluer le montant de sa future retraite tous régimes confondus, à différents âges, en fonction de ses choix personnels ou professionnels (ex : passage à temps partiel ; congé sabbatique) et de différents scénarios d'évolution des revenus futurs.

☞ *Retraite de base (âge de départ) ; Retraite de base (calcul de la pension) ; Retraite complémentaire.*

Retraite progressive

Poursuite d'un travail à temps partiel

La retraite progressive permet au salarié qui a au moins 60 ans de poursuivre une activité à temps partiel ou à temps réduit, tout en bénéficiant d'une fraction de sa pension de vieillesse compte tenu de la durée travaillée. Le salarié continue, en outre, à améliorer ses droits à retraite définitifs puisqu'il cotise au titre de son activité rémunérée. La liquidation de la pension de l'assuré en retraite progressive est provisoire. La pension complète et définitive est liquidée compte tenu du montant de la pension initiale et de la durée d'assurance accomplie depuis l'entrée en jouissance de la retraite progressive.

Le régime AGIRC-ARRCO s'est aligné sur le régime de base (ANI du 17 novembre 2017, art. 85.2 et 86 ; circ. AGIRC-ARRCO 2020-2 DRJ du 20 janvier 2020, fiche 3).

Bénéficiaires

Sont concernés les assurés dépendant des régimes suivants :
- le régime général des salariés ;
- le régime des salariés agricoles ;
- les régimes des non-salariés des professions industrielles, commerciales, artisanales, libérales et agricoles.

En sont exclus les assurés des régimes spéciaux.

Depuis le 1.01.2018, la retraite progressive est ouverte aux salariés ayant plusieurs employeurs (décret 2017-1645 du 30 novembre 2017, JO 2 décembre ; circ. CNAV 2018-31 du 21 décembre 2018).

Pour les pensions de retraite progressive liquidées à titre provisoire prenant effet à partir du 1.01.2022, le bénéfice de la retraite progressive a été étendu aux assurés exerçant une activité à « temps réduit par rapport à la durée légale, réglementaire ou conventionnelle exprimée en jours » (c. séc. soc. art. L. 351-15). Cette formulation permet de couvrir le cas des salariés en forfaits jours exclus jusqu'à cette date du dispositif, ce qui avait été jugé inconstitutionnel par le Conseil constitutionnel (C. constit., décision 2020-885 QPC du 26 février 2021) [voir *Convention de forfait (annuel)**].

Par ailleurs, à cette même date, l'accès au dispositif a été ouvert aux assurés exerçant à titre exclusif une activité non salariée parmi celles mentionnées à l'article L. 311-3 du code de la sécurité sociale. Cela recouvre les mandataires sociaux dits « assimilés salariés » (gérants minoritaires ou égalitaires de SARL, présidents du conseil d'administration, directeurs généraux et directeurs généraux délégués des SA, etc.) (c. séc. soc. art. L. 351-15) et, plus largement, les personnes exerçant une activité non salariée parmi celles visées à l'article L. 311-3 du code de la sécurité sociale, telles que les vendeurs à domicile, les colporteurs de presse, etc. (rapp. AN n° 4568, p. 464).

Un décret, non paru au 1.01.2022, doit préciser les conditions de mise en œuvre de la mesure.

▶ À noter… Les salariés dont le contrat de travail est intermittent ouvrent droit à la retraite progressive, au même titre que les salariés dont le temps de travail est annualisé (circ. CNAV 2018-31 du 21 décembre 2018, § 1.3.2).

Durée de l'activité à temps partiel

La durée de l'activité à temps partiel ne peut pas être (c. séc. soc. art. R. 351-41 ; circ. CNAV 2018-31 du 21 décembre 2018, § 1.3.5) :
- inférieure à 40 % de la durée légale ou conventionnelle applicable à l'entreprise pour laquelle l'assuré exerce cette activité ;
- supérieure à 80 % de cette même durée.

Exemple

Pour une durée légale du travail applicable à l'entreprise de 35 h hebdomadaires, la durée du travail à temps partiel ouvrant droit à la retraite progressive doit être d'au moins 14 h et d'au plus 28 h.

Précisons notamment que :
- la durée légale du travail ne peut pas intégrer les heures d'équivalence ;
- la durée de travail à temps partiel s'entend de celle prévue au contrat, heures complémentaires non comprises.

Un décret, non paru au 1.01.2022, doit fixer « une quotité de travail comprise entre deux limites », en référence à la durée minimale et maximale de temps partiel pour l'appréciation du « temps réduit », et les règles relatives à la diminution des ressources pour les assurés assimilés salariés (c. séc. soc. art. L. 351-15).

Conditions d'accès

Trois conditions à remplir - Les personnes qui exercent une activité à temps partiel (ou réduit) peuvent obtenir une retraite progressive, sous réserve de remplir des conditions relatives à l'âge, à la durée d'assurance et à l'activité professionnelle (c. séc. soc. art. L. 351-15 et R. 351-39 ; ANI du 17 novembre 2017, art. 85.2).

Avoir au moins 60 ans - Pour ouvrir droit à la retraite progressive, le salarié doit avoir atteint l'âge légal de départ en retraite applicable selon sa génération [voir *Retraite de base (âge de départ)**] diminué de 2 ans, sans pouvoir être inférieur à 60 ans (c. séc. soc. art. L. 351-15, 1° et L. 351-1, al. 1 ; ANI du 17 novembre 2017, art. 85.2).

Trimestres requis - L'assuré doit également justifier d'une durée déterminée d'assurance et de périodes reconnues équivalentes (c. séc. soc. art. L. 351-15, 2°). Cette durée est fixée à 150 trimestres, entendus tous régimes de retraite de base obligatoires, y compris les régimes spéciaux (c. séc. soc. art. L. 351-15 et R. 351-39 ; ANI du 17 novembre 2017, art. 85.2).

Concrètement, la durée d'assurance et de périodes reconnues équivalentes à retenir est celle prise en compte pour déterminer le taux de la pension [voir *Retraite de base (calcul de la pension)**].

Exercice d'une activité à temps partiel - Depuis le 1.01.2018, l'activité à temps partiel n'a plus à être exercée à titre exclusif (c. séc. soc. art. L. 351-16 ; circ. CNAV 2018-31 du 21 décembre 2018, § 1.3.6 ; ANI du 17 novembre 2017, art. 85.2).

L'accès à la retraite progressive est ouvert aux assurés exerçant plusieurs activités salariées à temps partiel, ainsi qu'aux retraites progressives déjà attribuées avant le 1.01.2018 et révisées à partir de cette date (circ. CNAV 2018-31 du 21 décembre 2018, § 1.3.6).

▶ À noter… La CNAV avait précisé, avant la réforme ouvrant la retraite progressive aux mandataires sociaux et personnes non salariées assimilées salariées *(voir plus haut)* que les assurés qui cumulent une activité non salariée et une activité salariée ne peuvent pas prétendre au dispositif (circ. CNAV 2018-31 du 21 décembre 2018, § 1.3.6).

Compte tenu de l'ouverture du droit à retraite progressive aux mandataires sociaux et personnes non salariées « assimilées salariées » *(voir plus haut)*, l'activité peut être « à temps réduit par rapport à la durée maximale légale, réglementaire ou conventionnelle exprimée en jours » ou impliquer une « diminution des revenus professionnels » (c. séc. soc. art. L. 351-15), selon des conditions fixées par décret, non paru au 1.01.2022.

Par ailleurs, une activité non rémunérée, c'est-à-dire exercée à titre bénévole et ne donnant pas lieu à affiliation à un régime obligatoire de sécurité sociale, peut être poursuivie parallèlement à l'activité à temps partiel ouvrant droit à la retraite progressive (circ. CNAV 2018-31 du 21 décembre 2018, § 1.3.6).

▶ À noter… L'activité à temps partiel doit faire l'objet d'un contrat de travail écrit. Le salarié travaillant à temps plein, candidat à la retraite progressive, doit alors faire modifier son temps de travail. Celui qui travaillait à temps partiel avant la retraite progressive peut accéder à cette dernière sans modifier son temps de travail. Le contrat de travail à temps partiel est valable qu'il ait pris effet avant la retraite progressive ou qu'il prenne effet à la même date que la retraite progressive (circ. DSS/3A 2006-419 du 26 septembre 2006).

Salariés à employeurs multiples - L'appréciation de l'exercice des activités à temps partiel pour les salariés ayant plusieurs employeurs est déterminée par l'addition des rapports entre le nombre d'heures de travail et la durée de travail à temps complet applicable dans chacun des emplois. La quotité de travail à temps partiel globale est définie comme la somme des quotités de travail à temps partiel par rapport à la durée du travail à temps complet applicable dans chacun des emplois. Elle ne peut être inférieure à 40 % et supérieure à 80 % (c. séc. soc. art. R. 351-41 ; circ. CNAV 2018-31 du 21 décembre 2018, § 2.3.2).

Des règles particulières s'appliquent aux salariés de particuliers employeurs, ainsi qu'aux assistants maternels.

▶ À noter… L'assuré peut aussi exercer plusieurs activités salariées à temps réduit, dans des conditions déterminées par décret, non paru au 1.01.2022 (c. séc. soc. art. L. 351-15).

Demande de retraite progressive

Retraite de base - Le salarié qui souhaite obtenir une retraite progressive doit adresser sa demande à la CARSAT de son lieu de résidence 4 mois avant la date choisie comme point de départ de la retraite progressive. Cette demande doit être formulée au moyen d'un imprimé intitulé « demande de retraite progressive » (disponible sur le site Internet www.lassuranceretraite.fr).

▶ À noter… Les caisses d'assurance vieillesse doivent informer les assurés exerçant une activité à temps partiel et ouvrant droit à retraite progressive de la possibilité de cotiser au titre de l'assurance vieillesse sur la base d'une activité à temps plein (c. séc. soc. art. L. 351-15). Cette dérogation ne peut s'effectuer qu'avec l'accord de l'employeur (c. séc. soc. art. L. 241-3-1). L'assuré doit s'adresser à ce dernier pour toute précision à ce sujet (circ. CNAV 2011-14 du 3 février 2011,2012-20 du 21 février 2012 et 2018-31 du 21 décembre 2018, § 12.1).

L'assuré doit produire à l'appui de sa demande (c. séc. soc. art. R. 351-40 ; circ. CNAV 2018-31 du 21 décembre 2018, § 1.4) :

- son ou ses contrats de travail à temps partiel en cours d'exécution à la date d'entrée en jouissance de la pension de vieillesse ;
- une déclaration de son employeur indiquant la durée légale ou conventionnelle de travail à temps complet applicable à l'entreprise (Cerfa n° 13362*02, disponible sur le site « www.lassuranceretraite.fr ») ;

- les bulletins de paye des 12 mois civils précédant la date de dépôt de la demande ;
- une déclaration sur l'honneur attestant qu'il n'exerce plus aucune autre activité professionnelle que celle (s) faisant l'objet du contrat de travail.

La déclaration sur l'honneur doit être accompagnée, lorsqu'il a exercé une ou plusieurs activités non salariées, des attestations ou certificats suivants :
- un certificat de radiation du registre du commerce et des sociétés, du répertoire des métiers ou du registre des entreprises des départements du Haut-Rhin, du Bas-Rhin et de la Moselle, ou un certificat de cessation d'activité de chef d'entreprise délivré par la chambre des métiers ;
- une attestation de radiation du tableau de l'ordre professionnel dont il relevait ;
- une attestation de radiation des rôles de la taxe professionnelle ;
- une attestation de radiation du répertoire national des agents commerciaux ;
- une attestation de cessation d'activité délivrée par la caisse de mutualité sociale agricole à laquelle il était affilié en qualité de personne non salariée des professions agricoles.

Retraite complémentaire - Les salariés ayant fait liquider leur retraite progressive dans le régime de base doivent demander leur retraite progressive AGIRC-ARRCO (ANI du 17 janvier 2017, art. 85.2). Ils peuvent le faire via leur espace personnel AGIRC-ARRCO (rubrique « demander ma retraite »). Ils peuvent aussi en téléphonant à un conseiller retraite ou encore prendre directement contact avec leur caisse de retraite complémentaire.

▶ À noter... La liquidation est également provisoire et le salarié peut, avec l'accord de son employeur, cotiser à la retraite complémentaire sur la base du salaire correspondant à un taux plein si les conditions d'assurance vieillesse sont calculées sur cette base.

Liquidation provisoire de la pension

La demande de retraite progressive entraîne la liquidation provisoire et le service de la même fraction de pension dans chacun des régimes de base dans lesquels l'intéressé a acquis des droits à pension (c. séc. soc. art. L. 351-15). La date du point de départ de la retraite progressive est fixée selon les règles habituelles de la retraite de base, sans pouvoir être antérieure :
- au premier jour du mois suivant la date où l'intéressé a atteint l'âge légal de départ à la retraite ;
- au premier jour du mois suivant le dépôt de la demande.

Les caisses de retraite doivent informer l'assuré qui demande sa retraite progressive avant l'âge légal de départ en retraite que, si ses contrats de travail à temps partiel ouvrant droit à retraite progressive prennent fin avant l'âge légal, le paiement de la retraite sera suspendu. Il ne sera repris qu'à partir du moment où un nouveau contrat de travail à temps partiel ouvrant droit à retraite progressive y ouvrira droit. En outre, la retraite normale ne pourra pas prendre effet avant l'âge légal. Si, avant l'âge légal, l'intéressé vient à remplir les conditions pour bénéficier d'une retraite anticipée, le service de cette retraite anticipée pourra prendre le relais de la retraite progressive (circ. CNAV 2018-31 du 21 décembre 2018, art. 12.2.1).

Assuré polypensionné (LURA) - Si l'assuré est polypensionné (c'est-à-dire qu'il a relevé de plusieurs régimes de retraite différents) et entre dans le dispositif de « liquidation unique de retraite » (LURA), le calcul et le service de la pension de retraite progressive incombent à son dernier régime d'affiliation (circ. CNAV 2018-31 du 21 décembre 2018, § 2.4) [voir *Retraite de base (calcul de la pension)**].

Calcul et versement

Montant - La retraite progressive consiste en un versement partiel de la pension (ou des pensions résultant d'activités diverses) à laquelle l'assuré a droit au moment de la demande. Cette dernière est calculée selon les règles habituelles [voir *Retraite de base (calcul de la pension)**], en tenant compte éventuellement de la surcote, de la majoration pour enfants, ou de la majoration de pension des assurés lourdement handicapés (circ. CNAV 2018-31 du 21 décembre 2018, § 2.1).

Le versement partiel, c'est-à-dire la fraction de retraite progressive servie, dépend de l'activité conservée. En effet, la fraction de retraite de retraite progressive à servir est égale à : 100 % – la quotité de travail à temps partiel. Le coefficient de minoration du taux plein ne peut excéder 25 % (c. séc. soc. art. R. 351-41).

Exemple

Pour une durée du travail à temps partiel de 25 h hebdomadaires et une durée légale applicable à l'entreprise de 35 h hebdomadaires, la quotité de travail est de : 25/35 × 100 = 71,4285 arrondis à l'entier le plus proche, soit 71 %.

Le pourcentage de fractionnement à appliquer au montant entier de la retraite progressive est de : 100 – 71 = 29 %.

Pour un salarié multi employeurs, la fraction de pension à servir est égale à la différence entre 100 % et la somme des quotités de travail à temps partiel, par rapport à la durée du travail à temps complet applicable dans chacun des emplois. Cette quotité de travail à temps partiel ne peut pas être inférieure à 40 % et supérieure à 80 % (circ. CNAV 2018-31 du 21 décembre 2018, § 2.3.2).

Pour les assurés ouvrant droit à retraite progressive compte tenu de leur « temps réduit » ou de la « diminution de leurs revenus professionnels » (voir plus haut)**, un décret, non paru au 1.01.2022 doit préciser les modalités de mise en œuvre de la mesure.**

▶ À noter... Le calcul de la retraite progressive dans les régimes AGIRC-ARRCO est calqué sur celui du régime de base. Le montant de la pension est donc égal à : nombre de points × % de la retraite × (valeur du point). Si l'assuré n'a pas le nombre de trimestres exigés pour bénéficier du taux plein, le montant de sa pension est minoré compte tenu d'un coefficient d'anticipation (spécifique). Il se monte alors à : total des points × % de la retraite × coefficient de minoration × valeur du point retraite.

Pour les pensions prenant effet en 2022, la table des coefficients spécifiques a été diffusée par circulaire (circ. AGIRC-ARRCO 2022-02 DRJ du 14 janvier 2022).

Suspension ou suppression de la pension provisoire - La reprise d'une activité à temps complet entraîne la suppression de la pension provisoire. L'absence de réunion des autres conditions de bénéfice (ex. : quotité de temps de travail) entraîne la suspension de cette pension (c. séc. soc. art. L. 351-16).

Liquidation de la pension complète - La pension complète est liquidée compte tenu du montant de la pension initiale et de la durée d'assurance accomplie depuis son entrée en jouissance (c. séc. soc. art. L. 351-15 et L. 351-16 ; ANI du 17 janvier 2017, art. 85.2).

▶ À noter... Pour les assurés polypensionnés qui bénéficient d'une retraite progressive depuis l'entrée en vigueur de la LURA (1.07.2017), la liquidation s'effectue selon les mêmes modalités en mode LURA que ce soit à l'attribution, au cours du service ou au moment du calcul définitif (une seule pension en retraite progressive et une seule pension définitive) (circ. CNAV 2018-31 du 21 décembre 2018, § 8).

La pension complète (de base et complémentaire) est liquidée dans les conditions de droit commun.

Dans le régime de base, l'ensemble des éléments de calcul de la retraite sont à nouveau examinés : salaire annuel moyen, taux de la pension, durée d'assurance, autres avantages dont l'assuré peut bénéficier (minimum de pension tous régimes, majoration pour enfants, majoration de pension pour les assurés lourdement handicapés).

Toutefois, elle ne peut être inférieure au montant entier ayant servi de base au calcul de la fraction de pension provisoire, le cas échéant revalorisé, calculé en fonction de la durée du travail à temps partiel par rapport à la durée du travail à temps complet dans l'entreprise (c. séc. soc. art. D. 351-15).

Le montant de la pension initiale et celui de la fraction de retraite progressive (revalorisé) sont comparés. Le montant le plus élevé est servi, sachant qu'à celui-ci la majoration pour tierce personne et l'*allocation de solidarité aux personnes âgées peuvent s'ajouter, si les conditions sont remplies** (circ. CNAV 018-31 du 21 décembre 2018, § 8.2).

L'examen de la demande de retraite définitive s'effectue au moyen de l'imprimé servant aux demandes de retraite personnelle de droit commun.

▶ À noter... Si l'intéressé peut accéder à une retraite anticipée, cette dernière peut prendre le relais de la retraite progressive (circ. CNAV 018-31 du 21 décembre 2018, § 8.3.1).

Le service de la pension (de base) liquidée à titre définitif ne peut donc prendre effet que le premier jour du mois suivant celui au cours duquel l'assuré aura produit les pièces justifiant la cessation définitive de son activité. La pension de retraite complémentaire est service aux assurés qui ont liquidé leur pension du régime de base.

☛ *Retraite de base (âge de départ) ; Retraite complémentaire.*

Retraite supplémentaire

Des dispositifs de retraite supplémentaire, non légalement obligatoires et qui fonctionnent par capitalisation, sont proposés aux employeurs.

Le choix patronal est très souvent fonction du nombre et de la catégorie de salariés à avantager :
- soit l'employeur privilégie une poignée de salariés déterminés subjectivement : il conclut alors un contrat individuel d'assurance-vie et fait figurer, le cas échéant, cet avantage dans le contrat de travail du salarié ;

- soit il octroie un avantage retraite à la collectivité des salariés ou à une catégorie d'entre eux déterminée objectivement : il mettra alors en place un régime de retraite supplémentaire.

▶ À noter... Rappelons également que d'autres produits d'épargne-retraite sont également ouverts. Voir *Plan d'épargne pour la retraite collectif (PERCO)**, *Plan d'épargne retraite d'entreprise collectif (PERE-CO)**, *Plan d'épargne retraite d'entreprise obligatoire (PERE-OB)**.

Régime de retraite collectif à prestations définies

Caractéristiques générales - Le régime de retraite à prestations définies est, en principe, un régime de retraite supplémentaire collectif à adhésion obligatoire qui garantit aux salariés de l'entreprise, ou à une catégorie d'entre eux déterminée de manière objective, un niveau de retraite prédéterminé.

En mettant en place un tel régime, l'entreprise garantit, quelle que soit sa situation financière à la date du départ du salarié à la retraite, soit le versement d'un montant déterminé à l'avance, soit un niveau de prestation exprimé en pourcentage du dernier salaire.

Les régimes à prestations définies doivent, en principe, être à droits certains, voir *Contribution sur les régimes de retraite à prestations définies**.

▶ À noter... Des modifications unilatérales apportées par l'employeur à un régime de retraite supplémentaire à prestations définies et garanties (dit « à droits certains ») ne peuvent être opposables aux anciens salariés. Seules celles issues d'un accord collectif permettent cette opposabilité (cass. soc. 19 janvier 2022, n° 19-23272 FSB).

Gestion du régime - Les régimes de retraite à prestations définies sont proposés par un fonds de retraite professionnelle supplémentaire, des entreprises d'assurance, des mutuelles et unions de retraite professionnelles supplémentaires, des mutuelles et unions, des institutions de retraite professionnelle supplémentaire et institutions de prévoyance (c. ass. art. L. 143-0 ; c. mutualité art. L. 222-2-1 ; c. séc. soc. art. L. 932-39-1).

Types de régime proposés - Il existe plusieurs types de régime de retraite à prestations définies :
- le régime différentiel (dit « régime chapeau ») : dans ce type de régime, l'entreprise garantit un niveau global de retraite exprimé en pourcentage du dernier salaire, tous régimes confondus. Le montant que l'entreprise doit verser au retraité correspond donc à la différence entre le niveau global garanti et les prestations de retraite servies par les régimes obligatoires ;
- le régime additif : dans ce cas, l'entreprise garantit un niveau de retraite s'ajoutant aux prestations des autres régimes. Le montant de la prestation est donc indépendant des pensions servies par le régime de base et les régimes complémentaires de retraite. Il vient s'y ajouter ;
- le régime mixte : l'entreprise garantit à la fois un niveau global de retraite et un montant. Le régime combine les deux régimes précédents.

Contribution sur les régimes de retraite à prestations définies - Une contribution patronale est due sur les régimes à prestations définies dont les droits (c. séc. soc. art. L. 137-11-2) :
- sont payables au plus tôt à la date de liquidation de la pension de retraite de base ou à l'âge légal de départ en retraite ;
- et restent acquis au bénéficiaire en cas de départ de l'entreprise, (voir *Contribution sur les régimes de retraite à prestations définies**).

▶ À noter... Les contributions patronales finançant ces régimes sont en contrepartie totalement exonérées de cotisations de sécurité sociale, du forfait social, de CSG et de CRDS.

Les régimes à prestations définies, à droits aléatoires, fermés à de nouvelles affiliations depuis au moins le 20.05.2014 relèvent d'un autre régime, et d'une autre contribution patronale sur les régimes à prestations définies (c. séc. soc. art. L. 137-11). Les entreprises ont l'obligation de sécuriser les engagements qu'elles ont pu prendre dans ce cadre, selon un calendrier progressif, sachant qu'à partir du 1.01.2030 elles doivent nécessairement avoir sécurisé au moins 50 % des droits acquis par leurs anciens salariés (ord. 2015-839 du 9 juillet 2015).

Exonérations de cotisations - Les régimes de retraite à prestations définies qui n'entrent pas dans le champ d'une contribution patronale spécifique (c. séc. soc. art. L. 137-11 et L. 137-11-2) bénéficient d'exonérations de cotisations (voir *Contributions de retraite et de prévoyance**), à condition qu'ils :
- aient été institués avant le 1.01.2005 ;
- n'acceptent plus de nouveaux adhérents depuis le 30.06.2008 ;
- soient gérés par un organisme externe ;
- respectent l'ensemble des conditions requises (caractères collectif et obligatoire du régime, non-substitution à un élément de rémunération, mise en place selon des modalités particulières).

Prestations servies - La prestation servie par un régime de retraite à prestations définies se présente sous forme de rente viagère.

Mode de financement - En principe, le financement du régime est pris en charge par l'entreprise. L'employeur alimente le régime en fonction des capacités financières de son entreprise et de son choix de provisionnement du coût.

Régime de retraite collectif à cotisations définies

Caractéristiques générales - L'entreprise a la possibilité de mettre en place un régime de retraite supplémentaire à cotisations définies. Ce régime peut s'imposer à l'ensemble du personnel ou à une catégorie de salariés (on dit que le régime est fermé) ou présenter une simple faculté pour les salariés visés qui sont libres d'y adhérer ou non (on dit alors que le régime est ouvert). Que le régime soit ouvert ou fermé, sa gestion est toujours externalisée (l'employeur souscrit un contrat d'assurance-groupe avec un organisme assureur) et son mode de financement est toujours le même.

En mettant en place un régime de retraite supplémentaire à cotisations définies, l'entreprise s'engage uniquement à verser une cotisation pour financer le système ; elle ne garantit pas le niveau de la prestation de retraite. L'employeur ne s'engage donc que sur le niveau du financement et le risque financier est supporté par le salarié.

Types de régime proposés - Trois types de régime sont généralement proposés :

- contrat d'épargne bloquée (dit « régime de rente viagère immédiate ») : ce régime comprend une phase d'épargne (un compte, ouvert pour chaque salarié, est alimenté par le versement de cotisations qui font l'objet de placements sur les marchés financiers) et une phase de service de rente (l'épargne bloquée jusqu'au départ en retraite du salarié est transformée en rente viagère lors du départ à la retraite de ce dernier) ;
- contrat de rente viagère différée : à chaque exercice, le salarié rachète, par le versement des cotisations, des droits à retraite exprimés en euros (les cotisations sont donc immédiatement transformées en acquisition de droits à rente). Ces droits à retraite sont cumulés et valorisés à chaque exercice (ce qui permet d'évaluer immédiatement le montant de la rente à obtenir) mais ne sont liquidés qu'à la date de départ en retraite du salarié ;
- contrat d'acquisition d'unités de rente : le salarié rachète, par le versement des cotisations, des droits à rente exprimés en points (les éléments de rente sont cumulés et valorisés à chaque exercice mais ne sont liquidés qu'au moment du départ à la retraite).

Prestations servies - Le régime de retraite à adhésion obligatoire entraîne nécessairement le versement du capital épargné sous forme de rente viagère et uniquement au moment du départ à la retraite du bénéficiaire : la rente viagère est donc différée. Au moment du départ en retraite, le capital acquis est transféré sur un fonds de gestion des rentes et va servir à payer les arrérages de rente. La rente versée au salarié est nécessairement exprimée en euros.

▶ Attention… En revanche, le régime de retraite à adhésion facultative est plus souple. Les prestations peuvent être servies en capital ou sous forme de rente. Leur montant est déterminé en fonction des cotisations accumulées et des revenus de placement. La date de versement de la prestation peut ne pas correspondre à la date de départ en retraite : si les prestations sont servies sous forme de rente, celle-ci peut donc être immédiate.

Mode de financement - Le financement du régime repose principalement sur des cotisations versées par l'entreprise qui les prend en charge en totalité ou en partie seulement. Généralement, les cotisations sont réparties entre employeur et salarié.

En principe, les contributions patronales doivent être fixées à un taux ou à un montant uniforme pour l'ensemble des salariés ou pour tous ceux d'une même catégorie, sauf exceptions (c. séc. soc. art. R. 242-1-4).

Les contributions patronales de retraite supplémentaire peuvent être exclues de l'assiette des cotisations de sécurité sociale et des charges ayant la même assiette dans certaines limites et sous certaines conditions [voir *Contributions de retraite et de prévoyance (régimes collectifs et obligatoires)**].

Mise en place

L'instauration d'un régime de retraite supplémentaire doit se fonder sur un acte juridique. Cet acte peut être soit une convention ou un accord collectif, soit une ratification par référendum, soit une décision unilatérale du chef d'entreprise (c. séc. soc. art. L. 911-1).

☞ *Contributions de retraite et de prévoyance (régimes collectifs et obligatoires) ; Contributions de retraite et de prévoyance ; Retraite de base (âge de départ) ; Retraite complémentaire.*

Rétrogradation

☛ *Modification du contrat de travail (fonctions et qualification) ; Sanctions disciplinaires ; Sanctions disciplinaires (procédure).*

Réunions

☛ *Comité social et économique (réunions).*

Revenu de solidarité active

@ Cette étude est détaillée dans la version en ligne de ce Dictionnaire (voir www.rfsocial.com et www.rfeditions.com).

Révision d'un accord collectif

☛ *Accord collectif d'entreprise (révision, dénonciation et renouvellement).*

Révocation

☛ *Commissaires aux comptes (convocation par le CSE) ; Comité social et économique (mandat) ; Délégué syndical (désignation).*

RGPD

Les services ressources humaines (RH) (de gestion du personnel ou de la paie) collectent, traitent et conservent des *données personnelles** des candidats à l'embauche, des salariés et des anciens salariés.

À ce titre, ils doivent respecter les dispositions :
- du RGPD (règlt UE 2016/679 du 27 avril 2016, art. 4, JOUE 4 mai 2016) ;
- de la loi informatique et libertés et de son décret d'application (loi 78-17 du 6 janvier 1978, JO du 21 ; décret 2005-1309 du 20 octobre 2005, JO du 22).

☛ *Analyse d'impact des données ; CNIL ; Délégué à la protection des données ; Données personnelles ; Fichiers RH ; Recrutement ; Registre des activités de traitement ; Surveillance des salariés.*

Ristournes sur cotisations

☛ *Cotisations d'accidents du travail.*

Rupture amiable

L'employeur et le salarié qui entendent mettre fin à la relation de travail d'un commun accord doivent, en principe, mettre en œuvre une *rupture conventionnelle** individuelle homologuée. En d'autres termes, la rupture conventionnelle individuelle est le seul mode de rupture amiable du contrat de travail, sauf dispositions légales contraires (cass. soc. 15 octobre 2014, n° 11-22251, BC V n° 241). La rupture amiable reste ainsi autorisée dans des cas précis *(voir ci-après)*.

Champ de la rupture amiable « classique »

Cas autorisés - La rupture amiable n'est possible, que lorsque le code du travail la prévoit expressément ou interdit le recours à la rupture conventionnelle, à savoir, en cas de (cass. soc. 15 octobre 2014, n° 11-22251, BC V n° 241) :
- rupture anticipée d'un CDD (c. trav. art. L. 1243-1) [voir *Contrat de travail à durée déterminée (rupture anticipée)**] ;
- rupture d'un contrat d'apprentissage (c. trav. art. L. 6222-18) [*Apprentissage (résiliation)**] ;
- rupture intervenant dans le cadre d'un accord de *gestion prévisionnelle de l'emploi et des compétences** (GPEC), d'un *plan de sauvegarde de l'emploi** (PSE) ou d'un accord de *rupture conventionnelle collective** (c. trav. art. L. 1237-16).

En dehors de ces cas exceptionnels, la rupture amiable « hors rupture conventionnelle » n'est pas autorisée et doit s'analyser en un licenciement sans cause réelle et sérieuse (cass. soc. 21 décembre 2017, n° 16-12780 D).

Salariés protégés - Une *rupture conventionnelle** peut être conclue avec un salarié protégé, étant entendu que l'autorisation préalable de l'inspection du travail est requise.

La rupture amiable du contrat d'un salarié protégé dans le cadre d'un accord de GPEC ou d'un PSE est également envisageable si l'employeur a préalablement obtenu l'autorisation de l'inspecteur du travail (cass. soc. 27 mars 2007, n° 05-45310, BC V n° 58).

Dans l'hypothèse de la rupture d'un commun accord, suite à l'adhésion au *contrat de sécurisation professionnelle**, l'autorisation préalable de l'inspecteur du travail de rupture est aussi requise. Il en va de même de la rupture amiable du CDD d'un salarié protégé [voir *Contrat de travail à durée déterminée (salariés protégés)**].

Situations particulières

Une *rupture conventionnelle** est admise (et pas une rupture amiable), sauf fraude ou vice du consentement :

- avec un salarié déclaré inapte (cass. soc. 9 mai 2019, n° 17-28767 FSPB) ;
- avec une salariée enceinte (cass. soc., 25 mars 2015, n° 14-10149, BC V n° 58) ;
- avec un salarié en arrêt suite à un accident du travail ou une maladie professionnelle (cass. soc. 30 septembre 2014, n° 13-16297, BC V n° 219).

Modalités de conclusion d'une rupture amiable « classique »

Écrit recommandé - Lorsqu'elle est autorisée, la rupture amiable n'est soumise à aucune condition de forme particulière. Un écrit est toutefois recommandé.

Consentement de l'employeur et du salarié - L'accord de rupture doit être exempt de tout vice de consentement (erreur, dol et violence), sous peine de nullité de la rupture. Sur les indemnités dues, voir ci-après.

Absence de litige sur la rupture - La conclusion d'un tel accord suppose également l'absence de litige sur la rupture. Tel n'est pas le cas lorsque la volonté de l'employeur ou du salarié est équivoque. Il en est ainsi lorsqu'un salarié adresse le jour même de la conclusion de l'accord une lettre à son employeur pour contester avoir donné son accord à la rupture du contrat (cass. soc. 31 octobre 2007, n° 06-43570 D).

▶ Attention… Un licenciement de complaisance ne peut pas valoir rupture amiable. En effet, l'employeur, qui licencie pour motif économique, doit pouvoir justifier d'un tel motif. Or, l'accord du salarié, pour quitter l'entreprise, ne peut pas justifier son licenciement (cass. soc. 6 juillet 2011, n° 09-43130, BC V n° 187).

Application des règles de procédure du licenciement économique - Sur le plan procédural, les dispositions légales relatives aux licenciements économiques (ex. : consultation du CSE et, selon l'ampleur des licenciements envisagés, mise en place d'un plan de sauvegarde de l'emploi, respect de la priorité de réembauche) sont applicables à toutes les ruptures du contrat de travail, donc également aux ruptures amiables et autres départs négociés ayant un motif économique (c. trav. art. L. 1233-1).

S'agissant, en cas de plan de départs volontaires, de l'obligation de prévoir un plan de reclassement interne au sein du *plan de sauvegarde de l'emploi**, voir cette étude.

Le salarié doit agir devant les prud'hommes. Il dispose de 12 mois pour ce faire [voir *Prescription (contentieux)**].

Indemnités à verser au salarié

Motif personnel - Ayant conclu un accord de rupture amiable de son contrat de travail (CDD et apprentissage), le salarié ne peut juridiquement pas prétendre au versement des indemnités prévues en cas de licenciement. Néanmoins, les parties peuvent prévoir le versement d'une indemnité.

Motif économique - La rupture d'un commun accord conclue dans le cadre d'un *plan de sauvegarde de l'emploi** n'est pas un licenciement économique mais une rupture amiable (cass. soc. 2 décembre 2003, n° 01-46176, BC V n° 308 ; cass. soc. n° 01-46540, BC V n° 309). La rupture négociée reste ainsi un mode autonome de rupture même si :

- la procédure de licenciement économique s'applique (c. trav. art. L. 1233-1) *(voir ci-avant)* ;
- les droits du salarié aux indemnités de rupture doivent être préservés (cass. soc. 13 juillet 1993, n° 90-43532, BC V n° 204 ; cass. soc. 22 février 2006, n° 04-41314 D) ;
- l'indemnité de préavis est due (cass. soc. 25 janvier 2012, n° 10-26887, BC V n° 23).

Régimes social et fiscal - Voir *Indemnités de rupture (régimes social et fiscal)**.

Documents à remettre au salarié

L'employeur doit communiquer au salarié dont le contrat de travail a été rompu d'un commun accord les mêmes documents qu'au salarié licencié ou démissionnaire, à savoir : *certificat de travail**, *attestation d'assurance chômage**, *reçu pour solde de tout compte** et *livret d'épargne salariale**.

Allocations de chômage

Le demandeur d'emploi dont la rupture du contrat de travail a un motif économique peut bénéficier des allocations de chômage [voir *Chômage (allocation d'aide au retour à l'emploi)**].

Contestation de la validité de la rupture amiable

Si le contrat a été valablement rompu à l'amiable, le salarié ne peut plus ensuite contester la rupture et réclamer les indemnités prévues en cas de licenciement, voire de licenciement injustifié, sauf cas de vice du consentement ou d'inexécution de ses obligations par l'employeur.

En cas de rupture amiable pour motif économique, conforme aux clauses d'un accord collectif (ou d'un plan de sauvegarde de l'emploi soumis au CSE), la cause de la rupture ne peut pas être contestée, sauf à démontrer la fraude ou le vice de consentement (cass. soc. 8 février 2012, n° 10-27176, BC V n° 64).

Exemple

Un salarié a obtenu la nullité de la rupture amiable qu'il avait signée, car celle-ci n'indiquait pas le motif réel de résiliation. Le consentement du salarié, qui avait accepté la rupture amiable en raison de la menace d'un licenciement économique, avait ainsi été vicié (cass. soc. 27 janvier 1998, n° 94-44951 D).

Transaction

La rupture amiable ne doit pas être confondue avec la *transaction**, qui n'est pas un mode de rupture du contrat.

➨ *Rupture conventionnelle.*

➲ Formulaire de Droit Social, « Rupture amiable pour motif économique » ; « Rupture anticipée d'un commun accord d'un CDD ».

Rupture du contrat à durée déterminée

➨ *Contrat de travail à durée déterminée (rupture anticipée).*

Rupture conventionnelle

La rupture conventionnelle dont il est question ici est parfois qualifiée d'individuelle pour la distinguer de la *rupture conventionnelle collective** qui correspond à un autre dispositif.

Rupture amiable du contrat de travail

Procédure impérative pour une rupture amiable - Si un employeur et un salarié sont d'accord pour rompre le contrat de travail, seule la voie de la rupture conventionnelle leur est ouverte, sauf dispositions légales contraires (cass. soc. 15 octobre 2014, n° 11-22251, BC V n° 241 ; cass. soc. 21 décembre 2017, n° 16-12780 D). En pratique, cela signifie que la *rupture amiable** dite « classique » n'est possible que dans des cas très limités.

L'employeur qui conclut avec un salarié une rupture d'un commun accord hors du cadre de la rupture conventionnelle risque de voir celle-ci requalifiée par les juges en un *licenciement sans cause réelle et sérieuse** avec toutes les conséquences financières que cela implique.

Sur la possibilité, ou pas, de conclure une rupture conventionnelle dans certains contextes particuliers (contexte conflictuel, situation de harcèlement, mobilité intragroupe, etc.), voir ci après.

Procédure en plusieurs étapes - La rupture conventionnelle est une rupture amiable du contrat de travail à durée indéterminée (CDI) qui nécessite une procédure en plusieurs étapes [voir *Rupture conventionnelle (procédure)**].

Consentement libre et mutuel de l'employeur et du salarié - La rupture conventionnelle ne peut pas être imposée par l'employeur ou le salarié (sur le cas particulier d'une rupture intervenant dans un contexte conflictuel, voir ci-après) (c. trav. art. L. 1237-11). Elle doit reposer sur le consentement libre et mutuel de chacun (c. civ. art. 1128, 1130 et 1131).

Pour autant, l'employeur est en droit de proposer au salarié, lors d'un entretien, de négocier une rupture conventionnelle. Cela ne constitue pas, en soi, une forme de pression susceptible de vicier le consentement du salarié (cass. soc. 15 janvier 2014, n° 12-23942, BC V n° 19).

Si le consentement de l'un ou de l'autre est vicié, la rupture conventionnelle est nulle et a alors les effets d'un licenciement sans cause réelle et sérieuse (cass. soc. 16 septembre 2015, n° 14-13830, BC V n° 123) [voir *Rupture conventionnelle (contentieux)**].

Exemple

Ont été invalidées pour vice du consentement du salarié les ruptures conventionnelles signées dans les conditions suivantes :

- un employeur avait, dans la lettre de notification d'un avertissement, précédant la rupture conventionnelle, incité le salarié à prendre l'initiative de rompre son contrat de travail. Il avait aussi indiqué au salarié, lors des entretiens précédant la rupture conventionnelle, qu'il lui verserait la contrepartie financière à la clause de non-concurrence pour ensuite renoncer à l'application de cette clause [voir *Clause de non-concurrence (renonciation)**] (cass. soc. 9 juin 2015, n° 14-10192 D) ;
- un employeur ayant proposé une rupture conventionnelle à un salarié, un entretien avait eu lieu sans qu'aucune convention ne soit ensuite signée. Le salarié avait ensuite reçu des lettres d'avertissement et une convocation à un entretien préalable à son licenciement avec mise à pied à titre conservatoire. C'est dans ce contexte, qu'une rupture conventionnelle a finalement été signée avec une indemnité de départ inférieure de moitié à celle envisagée dans le cadre des pourparlers initiaux (cass. soc. 16 septembre 2015, n° 14-13830, BC V n° 123) ;
- une salariée avait produit des documents médicaux attestant qu'elle avait un trouble mental dû à une tumeur lorsqu'elle avait signé la convention de rupture (cass. soc. 16 mai 2018, n° 16-25852 D) ;
- un employeur avait fait pression sur une salariée déjà fragile psychologiquement, en lui notifiant deux avertissements injustifiés pour l'inciter à conclure une rupture conventionnelle (cass. soc. 8 juillet 2020, n° 19-15441 D) ;
- un employeur avait dissimulé au salarié la survenance d'un futur licenciement économique collectif avec PSE, entraînant la suppression de son poste. Il s'agissait là d'un dol rendant la rupture conventionnelle nulle (cass. soc. 6 janvier 2021, n° 19-18549 D).

La liberté de consentement des parties étant une condition de validité de la rupture conventionnelle, la nullité est aussi encourue lorsque l'employeur envoie une demande d'homologation modifiée sans l'accord du salarié. Dans cette affaire, le DREETS ayant refusé d'homologuer la rupture conventionnelle, l'employeur avait corrigé lui-même le formulaire, puis l'avait renvoyé à l'administration. Il y avait donc absence de consentement du salarié pour défaut de signature du formulaire modifié (cass. soc. 24 juin 2020, n° 18-17262 D).

Indemnité de rupture - Le salarié a droit à une indemnité de rupture spécifique [voir *Rupture conventionnelle (indemnité)**].

Salariés concernés

Salarié en contrat à durée indéterminée - Employeur et salarié ne peuvent envisager de se séparer dans le cadre d'une rupture conventionnelle que s'ils sont liés par un CDI (c. trav. art. L. 1237-11).

Salarié dont le contrat est suspendu - Une rupture conventionnelle peut être négociée avec un salarié dont le contrat de travail est suspendu et qui ne bénéficie d'aucune protection particulière à ce titre (ex. : congé parental d'éducation, arrêt de travail pour maladie non professionnelle), à condition que le consentement du salarié soit libre et éclairé (cass. soc. 30 septembre 2013, n° 12-19711 D).

L'employeur peut aussi conclure une rupture conventionnelle avec un salarié en arrêt de travail imputable à un accident du travail ou à une maladie professionnelle, sauf fraude ou vice du consentement *(voir ci-après)* (cass. soc. 30 septembre 2014, n° 13-16297, BC V n° 219 ; cass. soc. 16 décembre 2015, n° 13-27212, BC V n° 600).

Salariée enceinte, en congé maternité ou revenant de congé - L'administration admet qu'une rupture conventionnelle soit signée avec une salariée enceinte (www.teleRC.travail.gouv.fr) mais la rupture ne doit pas être motivée par ladite maternité, sous peine de nullité pour discrimination interdite [voir *Discriminations (sanctions)**].

La rupture conventionnelle conclue avec une salariée pendant le congé de maternité ou la période de protection des 10 semaines qui suivent la fin de ce congé est valable [voir *Maternité (protection)**], sauf fraude ou vice du consentement (cass. soc. 25 mars 2015, n° 14-10149, BC V n° 58). La fraude pourrait être celle de l'employeur qui tenterait, par le biais d'une rupture conventionnelle, de contourner la protection contre le licenciement liée à la maternité. Il y aurait vice du consentement si une salariée donnait son accord à une rupture conventionnelle, par erreur, parce qu'elle aurait subi une « violence » ou encore du fait d'un dol (c'est-à-dire d'une manœuvre de l'employeur destinée à la tromper) (c. civ. art. 1130).

Salarié inapte - Une rupture conventionnelle peut être signée avec un salarié déclaré inapte à la suite d'un accident du travail.

▶ À noter… À notre sens, la solution est identique pour un salarié déclaré inapte à la suite d'un accident (ou d'une maladie) non professionnel.

Ce n'est que si le salarié réussit à prouver un vice de son consentement (erreur, dol ou violence) ou une fraude de l'employeur que les juges annulent cette rupture (cass. soc. 9 mai 2019, n° 17-28767 FSPB). À notre sens, la fraude consisterait pour l'employeur à imposer une RCI pour échapper à ses obligations légales.

▶ Attention… Un salarié licencié à la suite d'une inaptitude professionnelle a droit à une indemnité spéciale de licenciement, qui s'élève, sauf dispositions conventionnelles plus favorables, au double de l'indemnité légale [voir *Inaptitude physique (licenciement)**] (c. trav. art. L. 1226-14). À notre sens, en cas de rupture conventionnelle conclue avec un salarié déclaré inapte à titre professionnel, le salarié a droit au minimum au montant de cette indemnité.

Salarié apte avec réserves - La rupture conventionnelle signée avec un salarié déclaré apte avec réserves suite à un accident du travail est valable. Cette rupture peut, toutefois, être invalidée si le salarié prouve que son consentement n'était pas libre ou que l'employeur a contourné son obligation de le réintégrer dans le même emploi ou dans un emploi similaire (cass. soc. 28 mai 2014, n° 12-28082, BC V n° 129).

Salarié protégé - L'employeur peut conclure une convention de rupture avec un salarié protégé (ex. : délégué syndical, élu du *comité social et économique**), à condition de suivre une procédure spécifique [voir *Rupture conventionnelle (procédure)**] (c. trav. art. L. 1237-15 ; guide DGT, septembre 2019, fiche 14). Sur les bénéficiaires du statut protecteur, voir *Licenciement des représentants du personnel**.

CDI avec une entreprise étrangère - Une entreprise étrangère peut conclure une rupture conventionnelle avec un salarié français, à la condition qu'il travaille pour elle en France, en vertu d'un CDI de droit français (circ. DGT 2009-4 du 17 mars 2009).

Salariés exclus

Salarié en CDD - Un contrat à durée déterminée ne peut pas être rompu par cette voie (circ. DGT 2009-4 du 17 mars 2009) [voir *Contrat de travail à durée déterminée (rupture anticipée)**].

Contrat d'apprentissage - Le contrat d'apprentissage ne peut pas être rompu par une rupture conventionnelle (circ. DGT 2009-4 du 17 mars 2009) [voir *Apprentissage (résiliation)**].

Rupture conventionnelle et contexte conflictuel

Existence d'un différend - L'existence, au moment de la conclusion d'une rupture conventionnelle, d'un différend entre l'employeur et le salarié n'affecte pas, par elle-même, la validité de la convention de rupture (cass. soc. 26 juin 2013, n° 12-15208, BC V n° 167 ; cass. soc. 3 juillet 2013, n° 12-19268, BC V n° 178 ; cass. soc. 15 janvier 2014, n° 12-23942, BC V n° 19). Pour autant, la rupture conventionnelle ne peut pas être imposée par l'une ou l'autre des parties (c. trav. art. L. 1237-11). Dès lors, s'il est avéré qu'un employeur a imposé une rupture conventionnelle de son contrat de travail à un salarié, celle-ci n'est pas valable. Les juges la requalifient en un licenciement sans cause réelle et sérieuse (cass. soc. 23 mai 2013, n° 12-13865, BC V n° 128).

Sanction du salarié après l'échec de la rupture conventionnelle - L'employeur peut signer une rupture conventionnelle avec un salarié alors qu'il envisageait de sanctionner son comportement fautif. En effet, cette rupture est valable même si un différend existait entre eux au moment de sa signature *(voir ci-avant)*. Si le salarié se rétracte de la rupture conventionnelle qu'il vient ainsi de signer [voir *Rupture conventionnelle (procédure)**], l'employeur peut (cass. soc. 3 mars 2015, n° 13-15551, BC V n° 36 ; cass. soc. 3 mars 2015, n° 13-23348, BC V n° 34) :
- engager ou reprendre contre lui la procédure disciplinaire ;
- puis prononcer une sanction, y compris un licenciement pour faute grave.

Toutefois, l'employeur doit respecter le délai de 2 mois de prescription des fautes [voir *Prescription (droit disciplinaire)**] (c. trav. art. L. 1332-4). Pour ce faire, deux situations sont à distinguer :
- celle où l'employeur convoque le salarié à un premier entretien préalable à une sanction puis, signe une rupture conventionnelle, et enfin le convoque à un second entretien préalable du fait de l'échec de la rupture conventionnelle ;
- celle où la procédure disciplinaire n'est déclenchée qu'après la rupture conventionnelle, le salarié ayant exercé son droit de rétractation.

Dans le premier cas, le respect du délai de 2 mois de prescription s'apprécie, à notre sens, entre la convocation au premier entretien préalable et celle au second entretien préalable (cass. soc. 9 octobre 2001, n° 99-41217, BC V n° 304).

Dans le second cas, le délai de 2 mois de prescription des fautes s'écoule entre la date des faits fautifs (ou celle à laquelle l'employeur a eu connaissance de la faute du salarié) et celle de la convocation à l'entretien préalable. Il n'est pas interrompu par la signature de la rupture conventionnelle (cass. soc. 3 mars 2015, n° 13-23348, BC V n° 34).

Rupture conventionnelle et harcèlement

Si un salarié est, au moment de la signature de la rupture conventionnelle, dans une situation de violence morale du fait du *harcèlement moral** ou du *harcèlement sexuel** dont il est victime et des troubles psychologiques qui en résultent, son consentement est très certainement vicié (c. civ. art. 1140 à 1143). À cet égard, l'employeur, qui n'agit pas quand une salariée l'informe qu'elle est victime d'un harcèlement sexuel, la place dans une situation de violence morale qui l'empêche de consentir librement à une rupture conventionnelle. (cass. soc. 4 novembre 2021, n° 20-16550 D).

Pour autant, un contexte de harcèlement moral ne justifie pas en soi l'annulation d'une rupture conventionnelle par le juge. Il faut que le salarié fasse le lien entre le contexte de harcèlement et un consentement vicié au moment de la conclusion de la rupture conventionnelle. Ainsi, le salarié devra non seulement invoquer un vice du consentement, mais aussi le prouver devant le juge (cass. soc. 23 janvier 2019, n° 17-21550 FSPB).

Lorsque l'existence d'un vice du consentement - à savoir la violence morale - et son lien avec un harcèlement sont actés, les juges annulent la rupture conventionnelle si elle a tout de même été homologuée par le DREETS (cass. soc. 30 janvier 2013, n° 11-22332, BC V n° 24 ; cass. soc. 29 janvier 2020, n° 18-24296 D).

Rupture conventionnelle et mobilité intragroupe

Une convention tripartite peut organiser la mobilité d'un salarié au sein d'un groupe. Cette convention organise d'une part, la rupture amiable du contrat de travail avec le premier employeur et d'autre part, la poursuite de la relation de travail du salarié avec le deuxième employeur. Cette convention a pour objet d'organiser non pas la rupture du contrat, mais la continuité de la relation de travail. Les règles relatives à la rupture conventionnelle ne s'y appliquent donc pas (cass. soc. 8 juin 2016, n° 15-17555, BC V n° 129). La procédure de rupture conventionnelle et le droit à l'indemnité de rupture correspondante ne bénéficient donc pas au salarié en cas de mutation au sein d'un groupe.

Rupture conventionnelle et licenciement pour motif personnel

Procédure de licenciement engagée - L'employeur et le salarié peuvent conclure une rupture conventionnelle alors qu'une procédure de licenciement a été engagée. De fait, même si cela n'est pas conseillé, un entretien préalable au licenciement peut se transformer en entretien préparatoire à la rupture conventionnelle (cass. soc. 19 novembre 2014, n° 13-21979 D).

Dans ces circonstances, l'administration invite les DREETS saisis d'une demande d'homologation à vérifier que l'employeur n'a pas contourné les procédures et garanties légales quand la rupture conventionnelle intervient alors qu'une procédure de licenciement avait déjà été engagée (circ. DGT 2008-11 du 22 juillet 2008). Pour des juges d'appel, il convient alors de vérifier que le salarié a librement consenti à la rupture conventionnelle de son contrat de travail (CA Limoges 9 septembre 2013, n° RG 12/01357).

Rupture conventionnelle emportant renonciation à un licenciement - L'employeur et le salarié peuvent conclure une rupture conventionnelle alors qu'un licenciement a déjà été notifié au salarié. Dans ce cas, la rupture conventionnelle emporte renonciation commune au licenciement (cass. soc. 3 mars 2015, n° 13-20549, BC V n° 35).

En pratique, il est préférable de ne pas attendre trop longtemps pour signer une rupture conventionnelle dans de telles circonstances. Il vaut mieux agir alors que le salarié est encore en période de préavis.

Rupture conventionnelle et démission

La conclusion d'une rupture conventionnelle après une rupture unilatérale du contrat de travail (ex. : démission du salarié) peut valoir renonciation commune de l'employeur et du salarié à cette rupture antérieure (cass. soc. 3 mars 2015, n° 13-20549, BC V n° 35). En revanche, la simple proposition de conclure une rupture conventionnelle faite à un salarié qui vient de démissionner ne prive pas d'effet cette démission en l'absence de signature effective d'une convention de rupture (cass. soc. 16 septembre 2015, n° 14-10291, BC V n° 121).

Rupture conventionnelle et licenciement économique

Dispositions relatives au licenciement économique inapplicables - En principe, les dispositions relatives au licenciement pour motif économique ne s'appliquent pas à la rupture conventionnelle (c. trav. art. L. 1233-3).

Détournement des règles relatives au licenciement économique - L'ANI du 11.01.2008 a précisé que les ruptures conventionnelles ne doivent pas porter atteinte aux procédures de licenciement collectif pour cause économique engagées par l'entreprise (ANI du 11 janvier 2008, art. 12).

De son côté, l'administration a souligné que les ruptures conventionnelles ne doivent pas conduire à contourner les règles du licenciement collectif pour motif économique. Pour elle, tout contournement de ces règles doit entraîner un refus d'homologation de la rupture conventionnelle concernée. Elle a notamment indiqué que les demandes de rupture conventionnelle seraient jugées suspectes dès lors que leur nombre, augmenté le cas échéant des licenciements économiques, atteindrait le seuil de 10 demandes en 30 jours (instr. DGT 2010-2 du 23 mars 2010).

Pour le ministre du Travail, « une rupture conventionnelle peut tout à fait intervenir alors même que l'entreprise rencontre des difficultés économiques qui l'amènent à se séparer de certains de ses salariés ». Pour autant, elle ne peut pas être utilisée comme moyen de contourner les règles du licenciement économique collectif et donc priver, de ce fait, les salariés des garanties attachées aux plans de sauvegarde de l'emploi (rép. Braillard n° 29982, JO 3 septembre 2013, AN quest. p. 9339).

Pour les juges, dissimuler au salarié la survenance d'un futur licenciement économique collectif avec PSE, entraînant la suppression de son poste, peut constituer un dol et rendre la rupture conventionnelle nulle (cass. soc. 6 janvier 2021, n° 19-18549 D).

Prise en compte des ruptures conventionnelles - Les ruptures conventionnelles qui ont une cause économique et qui s'inscrivent dans un processus de réduction d'effectifs doivent être prises en compte pour déterminer (cass. soc. 9 mars 2011, n° 10-11581, BC V n° 70 ; cass. soc. 19 janvier 2022, n° 20-11962 D) :

- d'une part, la procédure d'information et de consultation des représentants du personnel à respecter ;
- d'autre part, les obligations en matière de plan de sauvegarde de l'emploi (selon le nombre de salariés licenciés, l'élaboration d'un PSE s'impose dans les entreprises de plus de 50 salariés).

En pratique, cela signifie que l'employeur doit additionner le nombre de ruptures conventionnelles homologuées au nombre de salariés qu'il envisage de licencier pour motif économique sur la même période. Ce chiffre doit ensuite lui permettre de déterminer s'il atteint ou non les seuils d'effectifs l'obligeant à respecter la procédure des « petits » ou des « grands » licenciements et à élaborer, le cas échéant, un PSE.

Seules comptent les ruptures conventionnelles effectivement homologuées, puisque, en l'absence d'homologation, le contrat de travail n'est pas rompu (cass. soc. 29 octobre 2013, n° 12-15382, BC V n° 253).

Rupture conventionnelle collective, accords de GEPP, PSE

Une rupture conventionnelle ne peut pas être conclue dans le cadre (c. trav. art. L. 1237-16) :

- d'accords collectifs de gestion des emplois et des parcours professionnels (GEPP) (c. trav. art. L. 2242-20 et L. 2242-21) ;
- d'un *plan de sauvegarde de l'emploi** (PSE) (c. trav. art. L. 1233-61) ;
- d'accords collectifs portant *rupture conventionnelle collective** (c. trav. art. L. 1237-19).

Les ruptures négociées intervenant dans le cadre de ces dispositifs relèvent des garanties prévues pour ces procédures spécifiques.

☛ *Rupture conventionnelle (contentieux) ; Rupture conventionnelle (indemnité) ; Rupture conventionnelle (procédure).*

Rupture conventionnelle collective

La rupture conventionnelle collective (RCC) permet à toute entreprise de négocier un mécanisme de départ volontaire collectif sécurisé, car validé par l'administration. En s'inscrivant dans ce cadre, l'entreprise a notamment la garantie de ne pas basculer dans le régime du licenciement collectif pour motif économique, avec tout ce que cela implique, par exemple en termes de recherches de reclassement.

Le ministère du travail a publié 25 questions/réponses sur la RCC [questions/réponses (Q/R) sur la rupture conventionnelle collective, ministère du Travail, 13 avril 2018 ; www.travail.gouv.fr].

Sécurisation des départs volontaires

Un accord collectif portant RCC peut définir les conditions et modalités de la rupture d'un commun accord du contrat de travail qui lie l'employeur et le salarié. Les ruptures intervenant dans ce cadre, exclusives du licenciement ou de la démission, ne peuvent pas être imposées par l'une ou l'autre des parties (c. trav. art. L. 1237-17, L. 1237-19 à L. 1237-19-14).

Selon le ministère du Travail, ce dispositif pourrait être mis à profit, par exemple, par les entreprises qui n'ont pas besoin de réduire leurs effectifs, mais veulent renouveler leurs compétences en raison de l'évolution des technologies (SSII, banques), en cas de lancement d'une nouvelle activité, ou encore afin de rajeunir leurs pyramides des âges (ex. : pour 4 départs quel que soit l'âge, l'entreprise embauche 3 jeunes).

▶ Attention… Une entreprise avait obtenu la validation d'un accord de RCC couvrant l'un de ses quatorze établissements. Un syndicat non signataire a cependant obtenu l'annulation de la décision de validation par le juge administratif, après avoir mis en évidence que, avant même la conclusion de l'accord, l'employeur avait l'intention de fermer le site en question. En effet, on ne peut pas parler de départs « volontaires » si les salariés savent que leur emploi est voué à disparaître (CAA Versailles 20 octobre 2021, n° 21VE02220). Cette décision rejoint la position de l'administration dans ses questions/réponses.

Départs excluant tout licenciement économique

Les accords de RCC ne doivent pas être associés à un ou plusieurs licenciements. En quelque sorte, il doit s'agir d'un guichet de départ volontaire. Ces accords ne sont pas non plus des pré-PSE, puisque les RCC ne sont pas censées être utilisées dans un contexte de difficultés économiques. À la différence du *plan de sauvegarde de l'emploi** (PSE), ces accords n'empêchent pas l'entreprise de recruter par la suite.

▶ À noter… Si une entreprise d'au moins 50 salariés détourne le mécanisme de RCC de sa finalité pour éviter la mise en place d'un PSE (ex. : en exerçant des pressions sur les salariés pour qu'ils signent la convention individuelle de départ volontaire), le DREETS ne devrait pas en principe valider l'accord. Si l'accord est malgré tout validé, les juges saisis du contentieux pourraient considérer qu'un licenciement économique a été « déguisé ». Auquel cas, l'employeur s'expose à la nullité des licenciements (c. trav. art. L. 1235-10 et L. 1235-11). Il encourt également des sanctions pénales, faute d'avoir notifié à l'administration un projet de licenciement pour motif économique d'au moins 10 salariés en 30 jours (c. trav. art. L. 1238-4 ; Q/R n° 3).

Les ruptures intervenant dans le cadre d'un accord de RCC ne sont pas soumises aux dispositions du code du travail relatives au licenciement pour motif économique et sont exclues des modalités d'information-consultation prévues pour un *plan de sauvegarde de l'emploi**, puisque les deux régimes sont distincts (c. trav. art. L. 1233-3 et L. 1237-17). La RCC est également exclue du champ de la *rupture conventionnelle** individuelle (c. trav. art. L. 1237-16).

Accord collectif validé par l'administration

Information de l'administration - L'employeur engageant une négociation en vue d'un accord de RCC doit en informer sans délai l'administration par voie dématérialisée (c. trav. art. L. 1237-19, L. 1237-19-3 et D. 1237-7).

Ces informations sont transmises par le portail RUPCO, dont l'adresse internet est www.ruptures-collectives.emploi.gouv.fr, ou, en cas de dysfonctionnement de ce système, par tout autre moyen permettant de conférer une date certaine (arrêté du 21 octobre 2019, JO du 25).

▶ À noter… En cas d'accord collectif de RCC, le CSE n'a pas à être consulté au titre d'un projet de restructuration et de compression des effectifs (c. trav. art. L. 2312-39) [voir *Comité social et économique (informations-consultations ponctuelles)**].

Contenu de l'accord collectif - L'accord collectif détermine (c. trav. art. L. 1237-19-1 ; Q/R n° 12 à 16) :
- les modalités et conditions d'information du *comité social et économique** (CSE) s'il existe ;
- le nombre maximal de départs envisagés, de suppressions d'emplois associées, et la durée pendant laquelle des ruptures de contrat de travail peuvent être engagées sur le fondement de l'accord ;
- les conditions que le salarié doit remplir pour en bénéficier ;
- les modalités de présentation et d'examen des candidatures au départ des salariés, comprenant les conditions de transmission de l'accord écrit du salarié au dispositif prévu par l'accord collectif ;
- les modalités de conclusion d'une convention individuelle de rupture entre l'employeur et le salarié et d'exercice du droit de rétractation des parties ;
- les critères de départage entre les potentiels candidats au départ ;
- les modalités de calcul des indemnités de rupture garanties au salarié, qui ne peuvent être inférieures aux indemnités légales dues en cas de licenciement ;

- des mesures visant à faciliter l'accompagnement et le reclassement externe des salariés sur des emplois équivalents, telles que le *congé de mobilité**, des actions de formation, de validation des acquis de l'expérience ou de reconversion ou des actions de soutien à la création d'activités nouvelles ou à la reprise d'activités existantes par les salariés ;
- les modalités de suivi de la mise en œuvre effective de l'accord portant RCC.

Négociation de l'accord collectif - L'entreprise qui souhaite mettre en place une RCC négocie un accord avec ses délégués syndicaux (DS), lorsqu'elle en est pourvue (accord majoritaire ou accord minoritaire à 30 % validé par référendum) [voir *Accord collectif d'entreprise (conclusion avec délégué syndical)**] (c. trav. art. L. 2232-12).

Faute d'avoir des DS, l'accord peut être signé avec des élus du CSE mandatés ou non par une organisation syndicale représentative, certains de ces accords nécessitant une validation par référendum. Enfin, il est possible de soumettre un « accord » aux salariés par référendum (majorité des 2/3) dans les entreprises de moins de 11 salariés, et dans celles de 11 à 20 n'ayant pas d'élus du personnel [voir *Accord collectif d'entreprise (conclusion sans délégué syndical)**].

Accord à faire valider par l'administration - Une fois conclu, l'accord est transmis pour validation à l'administration, qui doit vérifier sa conformité, la présence des mesures prévues ci-dessus et la régularité de la procédure d'information du CSE. Le contrôle exercé par le DREETS porte également sur le caractère précis et concret des mesures d'accompagnement et de reclassement externe des salariés (c. trav. art. L. 1237-19-3).

La demande de validation de l'accord collectif est transmise par voie dématérialisée au DREETS via le site www.ruptures-collectives.emploi.gouv.fr (c. trav. art. D. 1237-8 ; arrêté du 21 octobre 2019, JO du 25).

Le dossier de demande de validation que l'employeur adresse au DREETS par Internet doit être complet (c. trav. art. D. 1237-9 ; Q/R n° 21).

Le délai de 15 jours dont dispose le DREETS pour valider l'accord collectif *(voir ci-après)* commence à courir à partir de la réception d'un dossier complet, à savoir comprenant : l'accord collectif, les différentes informations permettant de vérifier la régularité des conditions dans lesquelles il a été conclu, la mise en œuvre effective de l'information des représentants du personnel. En l'absence de comité liée à un constat de carence, l'employeur est tenu de joindre le PV de carence à sa demande de validation.

Une fois le dossier complet, le DREETS en informe sans délai et par tout moyen l'employeur, les signataires de l'accord et, le cas échéant, les représentants du personnel (c. trav. art. D. 1237-9).

DREETS compétent - Le DREETS compétent pour prendre la décision de validation est celui du lieu où l'entreprise ou l'établissement concerné par le projet de RCC est établi (c. trav. art. R. 1237-6).

Si le projet d'accord porte sur des établissements relevant de la compétence de DREETS différents, le ministre chargé de l'emploi désigne l'autorité compétente (c. trav. art. L. 1237-19-5). Dans ce cas, l'employeur est tenu d'informer de son intention d'ouvrir une négociation le DREETS du siège de l'entreprise, à charge pour ce dernier de demander au ministre de désigner le DREETS compétent dans un délai de 10 jours. À défaut de décision expresse au terme de ce délai, le DREETS compétent est celui du siège.

Le DREETS finalement compétent sur le dossier (soit sur décision du ministre, soit par défaut) en informe l'employeur par tout moyen permettant de donner une date certaine. L'employeur a pour sa part l'obligation d'informer sans délai et par tout moyen le CSE ainsi que les syndicats représentatifs (c. trav. art. R. 1237-6-1).

Notification de la décision du DREETS - Pour valider l'accord collectif, le DREETS se prononce dans un délai de 15 jours, à compter de la réception de l'accord (c. trav. art. L. 1237-19-4). C'est dans ce délai qu'il doit adresser sa décision motivée à l'employeur, au CSE et aux signataires, par tout moyen permettant de donner date certaine (c. trav. art. L. 1237-19-4 et D. 1237-10). Il peut s'agir d'une décision de validation ou de refus.

Le silence gardé par le DREETS à l'issue de ce délai vaut décision d'acceptation de validation. Dans ce cas, l'employeur transmet une copie de la demande de validation, accompagnée de son accusé de réception par l'administration, au CSE et aux signataires de l'accord (c. trav. art. L. 1237-19-4 ; Q/R n° 20 à 23).

Refus de validation - En cas de refus de validation, un nouvel accord peut être négocié, qui tient compte des éléments de motivation accompagnant la décision de l'administration. Le CSE, est informé de la reprise de la négociation. Le cas échéant, le nouvel accord conclu est transmis au DREETS, par voie dématérialisée (www.ruptures-collectives.emploi.gouv.fr), qui se prononce pour validation dans les mêmes conditions que pour le premier accord *(voir ci-avant)* (c. trav. art. L. 1237-19-6 et D. 1237-11 ; arrêté du 21 octobre 2019, JO du 25).

Information des salariés de la décision de validation - La décision de validation ou, à défaut, la copie de la demande de validation, accompagnée de son accusé de réception par l'administration, et les voies et délais de recours sont portés à la connaissance des salariés par voie d'affichage sur leurs lieux de travail ou par tout autre moyen permettant de donner date certaine à cette information (c. trav. art. L. 1237-19-4).

Suivi et bilan de l'accord - Le suivi de la mise en œuvre de l'accord collectif fait l'objet d'une consultation régulière et détaillée du CSE s'il existe. Les avis faisant suite à ces consultations sont transmis à l'administration qui est également associée au suivi de ces mesures et reçoit un bilan, établi par l'employeur, de la mise en œuvre de l'accord collectif (c. trav. art. L. 1237-19-7).

Le contenu de ce bilan a été fixé par arrêté (arrêté du 8 octobre 2018, JO du 13). Il doit être réalisé à la fin des mesures visant à faciliter le reclassement externe des salariés. L'employeur doit l'adresser au DREETS via « www.ruptures-collectives.emploi.gouv.fr » dans le délai d'un mois après cette date (c. trav. art. L. 1237-19-1, 7° et D. 1237-12 ; arrêté du 21 octobre 2019, JO du 25).

▶ À noter… Ce bilan impose notamment d'identifier les « bénéficiaires » de l'accord selon la tranche d'âge à laquelle ils appartiennent (moins de 35 ans, 36 à 45 ans, 46 à 57 ans et 57 ans et plus). Les entreprises doivent en outre indiquer, pour chaque mesure d'accompagnement mise en place, le nombre de salariés concernés (arrêté du 8 octobre 2018, JO du 13).

Rupture d'un commun accord, le cas échéant dans le cadre d'un congé de mobilité

L'acceptation par l'employeur de la candidature du salarié dans le cadre de la RCC emporte rupture du contrat de travail d'un commun accord des parties, le cas échéant dans les conditions prévues dans le cadre du *congé de mobilité** (c. trav. art. L. 1237-19-2).

Les salariés protégés – élus du personnel, délégués syndicaux, etc. – peuvent bénéficier des RCC sous réserve de l'autorisation de l'inspecteur du travail sachant que la rupture ne pourra intervenir que le lendemain du jour de l'autorisation administrative. Pour un *médecin du travail**, la rupture du contrat sera soumise à l'autorisation de l'inspecteur du travail, après avis du médecin inspecteur du travail (c. trav. art. L. 1237-19-2).

Régime fiscal et social de l'indemnité de rupture

Voir *Indemnités de rupture (régimes social et fiscal)**.

Contentieux

Tout litige, quel qu'en soit l'objet (contenu de l'accord de RCC ou régularité de la procédure), prend la forme d'une contestation de la décision de validation, à soumettre au tribunal administratif.

Le recours doit être présenté dans un délai de 2 mois à compter de la notification de la décision de validation pour l'employeur et à compter de la date à laquelle la décision a été portée à leur connaissance pour les syndicats et les salariés.

L'appel est formé dans un délai de 3 mois et la décision également rendue dans un délai de 3 mois (c. trav. art. L. 1237-19-8 renvoyant à L. 1235-7-1).

En revanche, les litiges relatifs à la rupture du contrat de travail sont du ressort du conseil de prud'hommes. Les salariés ont 12 mois à compter de la rupture du contrat pour saisir le juge (c. trav. art. L. 1237-19-8).

Chômage

Le départ de l'entreprise dans le cadre d'une RCC permet de bénéficier d'une ouverture de droits aux allocations d'assurance chômage, celle-ci étant considérée comme involontaire (c. trav. art. L. 5422-1) [voir *Chômage (allocation d'aide au retour à l'emploi)**].

Revitalisation du ou des bassins d'emplois affectés

Entreprises de 1 000 salariés ou plus - Le régime juridique de la RCC n'exonère pas l'employeur de l'obligation de revitalisation du basin d'emploi [voir *Licenciement économique (équilibre du bassin d'emploi)**] (c. trav. art. L. 1237-19-9).

Convention avec l'État - Une convention est signée avec le préfet dans les 6 mois de la validation de l'accord collectif (c. trav. art. L. 1237-19-10, D. 1233-37 à D. 1233-41). Elle détermine, le cas échéant sur la base d'une étude d'impact social et territorial prescrite par l'autorité administrative, la nature ainsi que les modalités de financement et de mise en œuvre des actions visant à contribuer à la création d'activités et au développement des emplois et d'atténuer les effets de l'accord. Ces actions sont déterminées après consultation des collectivités territoriales intéressées, des organismes consulaires et des partenaires sociaux membres de la commission paritaire interprofessionnelle régionale.

Leur exécution fait l'objet d'un suivi et d'une évaluation, sous le contrôle de l'administration (c. trav. art. L. 1237-19-12). Le ou les préfets dans le ou les départements du ou des bassins d'emploi concernés peuvent demander à l'entreprise de réaliser l'étude d'impact social et territorial dès la notification de l'ouverture de la négociation, qui doit lui ou leur être adressée au plus tard le jour de la transmission de l'accord pour validation (c. trav. art. D. 1237-33, dem. al.).

▶ À noter... La convention tient compte des actions de même nature éventuellement mises en œuvre par anticipation dans le cadre d'un accord collectif relatif à la gestion prévisionnelle des emplois et des compétences ou prévues dans le cadre d'un accord collectif de RCC établi par l'entreprise ou prévues dans le cadre d'une démarche volontaire de l'entreprise faisant l'objet d'un document-cadre conclu entre l'État et l'entreprise (c. trav. art. L. 1237-19-10 et D. 1233-41, II). Lorsqu'un accord collectif de groupe, d'entreprise ou d'établissement prévoit des actions de telle nature, assorties d'engagements financiers de l'entreprise au moins égaux au montant de la contribution cet accord tient lieu, à la demande de l'entreprise, de la convention exigée entre l'entreprise et l'administration, sauf opposition de cette dernière motivée et exprimée dans les deux mois suivant la demande.

Conventions-cadres nationales - Une convention-cadre nationale de revitalisation est conclue entre le ministre chargé de l'emploi et l'entreprise lorsque les suppressions d'emplois concernent au moins 3 départements (c. trav. art. L. 1237-19-14). Il est tenu compte, pour la détermination du montant de la contribution, du nombre total des emplois supprimés. La convention-cadre doit être signée dans un délai de 6 mois à compter de la validation de l'accord collectif de RCC. Cette convention donne lieu, dans un délai de 4 mois à compter de sa signature, à une ou plusieurs conventions locales conclues entre le représentant de l'État et l'entreprise. Ces conventions doivent se conformer au contenu de la convention-cadre nationale.

Contribution à la revitalisation du bassin d'emploi - Le montant de la contribution versée par l'entreprise ne peut être inférieur à deux fois la valeur mensuelle du SMIC par emploi supprimé (c. trav. art. L. 1237-19-10). Le nombre d'emplois supprimés est égal au nombre de ruptures de contrat de travail prévues dans le cadre de l'accord de RCC, duquel est déduit le nombre d'emplois pourvus sur le même poste de travail en remplacement des salariés dont le contrat de travail a été rompu sur le ou les bassins d'emplois concernés (c. trav. art. D. 1233-43).

Rupture conventionnelle (contentieux)

Rupture conventionnelle avec un salarié non protégé

Compétence du conseil de prud'hommes - Le conseil de prud'hommes est seul compétent pour tout litige concernant la convention, l'homologation ou le refus d'homologation. Aucun autre recours contentieux ou administratif n'est possible concernant l'homologation (c. trav. art. L. 1237-14).

Le conseil de prud'hommes peut annuler un refus d'homologation mais il n'est pas compétent pour accorder, ensuite, l'homologation de la rupture conventionnelle (cass. soc. 14 janvier 2016, n° 14-26220, BC V n° 10). En cas d'annulation du refus d'homologation par le conseil de prud'hommes, le DREETS doit donc être ressaisi, dans les conditions du droit commun, pour statuer en tenant compte de l'autorité de la chose jugée, c'est-à-dire de la décision du conseil de prud'hommes (circ. DGT 2009-4 du 17 mars 2009).

▶ À noter... Par exception, lorsque le salarié est avocat, tout litige né à l'occasion de la convention de rupture conventionnelle du contrat de travail est soumis à l'arbitrage du bâtonnier, à charge d'appel devant la cour d'appel siégeant en chambre du conseil (loi 71-1130 du 31 décembre 1971, art. 7 ; loi 2008-596 du 25 juin 2008, art. 5-III). Cette règle n'interdit pas, pour autant, les voies de recours devant le conseil de prud'hommes (circ. DGT 2009-4 du 17 mars 2009).

Délai de recours - L'employeur ou le salarié qui souhaite exercer un recours dispose d'un délai de 12 mois à compter de la date d'homologation de la convention pour saisir le conseil de prud'hommes. Passé ce délai, le recours est irrecevable et plus aucune contestation n'est donc possible.

En l'absence d'homologation expresse du DREETS, le délai commence à courir à l'issue des 15 jours ouvrables dont dispose cette autorité pour instruire la demande, l'homologation étant réputée acquise dans le silence du DREETS passé ce délai d'instruction (c. trav. art. L. 1237-14). Le salarié ne peut pas prétendre qu'il n'a pas été informé de la date de début de l'écoulement du délai de contestation en cas d'homologation implicite (cass. soc. 6 décembre 2017, n° 16-10220, BC V n° 205).

Report du délai en cas de fraude - En cas de fraude, le délai de prescription de 12 mois peut être écarté à condition, toutefois, que la fraude ait eu pour but d'empêcher un recours devant le juge dans le délai requis. Ce n'est pas le cas si la fraude reprochée à l'employeur est d'avoir eu recours à des ruptures conventionnelles pour se soustraire à la mise en place d'un plan de sauvegarde de l'emploi dans un contexte de difficultés économiques (cass. soc. 22 juin 2016, n° 15-16994, BC V n° 133).

En tout état de cause, si une fraude est reconnue, elle a uniquement pour effet de reporter le point de départ du délai de prescription au jour où celui qui l'invoque en a connaissance. Si le salarié introduit son recours plus de 12 mois après avoir eu connaissance de la fraude, il sera donc hors délai.

Clause de renonciation à tout recours interdite - Une clause de renonciation à tout recours contenue dans un accord de rupture conventionnelle est réputée non écrite, sans que cela remette en cause la validité de la convention elle-même (cass. soc. 26 juin 2013, n° 12-15208, BC V n° 167). En l'espèce, il s'agissait d'une rupture conventionnelle qui comportait une clause de renonciation irrévocable à toute action ou prétention, de quelque nature que ce soit, qui résulterait de l'exécution ou de la cessation du contrat de travail. Cette clause n'était pas valable. Pour autant, la convention de rupture restait valable.

Demande de complément d'indemnité - Le salarié peut saisir le juge prud'homal pour obtenir le montant minimal de l'indemnité spécifique de rupture conventionnelle qu'il estime lui être dû sans pour autant remettre en cause la rupture conventionnelle en tant que telle (cass. soc. 10 décembre 2014, n° 13-22134, BC V n° 286).

Effets d'un licenciement sans cause réelle et sérieuse - Quand une rupture conventionnelle est invalidée par les juges (ex. : lorsque le salarié ayant signé la convention de rupture avait été victime d'un harcèlement moral, lorsque l'une ou l'autre des parties n'a pas consenti librement à la rupture conventionnelle, lorsqu'un second exemplaire de la convention de rupture n'a pas été remis au salarié), la rupture a les effets d'un licenciement sans cause réelle et sérieuse (cass. soc. 30 janvier 2013, n° 11-22332, BC V n° 24).

Dans ces circonstances, l'employeur doit payer à son ancien salarié une indemnité pour licenciement sans cause réelle et sérieuse. Pour autant, la nullité de la convention de rupture impose au salarié de restituer les sommes qu'il a perçues en exécution de cette convention. L'employeur n'aura pas à payer double. Le juge peut alors ordonner la compensation entre la somme due par l'employeur suite à cette requalification en licenciement sans cause réelle et sérieuse et l'indemnité spécifique de rupture conventionnelle perçue par le salarié (cass. soc. 30 mai 2018, n° 16-15273, BC V n° 89).

Demande de résiliation judiciaire et rupture conventionnelle

Un salarié qui a demandé la *résiliation judiciaire du contrat de travail** peut conclure une rupture conventionnelle. Sa demande de résiliation devient alors sans objet, sauf si l'annulation de la rupture conventionnelle est demandée dans les temps (cass. soc. 10 avril 2013, n° 11-15651, BC V n° 98).

Prise d'acte et rupture conventionnelle

Prise d'acte entre la fin du délai de rétractation et la date d'effet de la rupture - Un salarié ne peut prendre acte de la rupture du contrat de travail, entre la date d'expiration du délai de rétractation [voir *Rupture conventionnelle (procédure)**] et la date d'effet de la rupture conventionnelle, que pour les motifs suivants (cass. soc. 6 octobre 2015, n° 14-17539, BC V n° 297) :

- en cas manquements de l'employeur commis au cours de cette période et donc nécessairement nouveaux ;

- en cas de manquements de l'employeur antérieurs à cette période, mais dont il a seulement eu connaissance après l'expiration du délai de rétractation.

Les juges considèrent qu'une fois la rupture conventionnelle acquise faute de rétractation, le salarié a, d'une certaine manière, consenti à « passer l'éponge » sur les griefs qu'il avait à l'encontre de l'employeur.

▶ À noter… Sur les manquements de l'employeur pouvant justifier, ou pas, une *prise d'acte de la rupture**, voir cette étude.

Prise d'acte exercée après une rétractation valable - Un salarié qui a valablement exercé son droit de rétractation peut, à notre sens, prendre acte de la rupture du contrat de travail aux torts de son employeur sans aucune restriction concernant les griefs qu'il invoque à l'appui de sa demande. La voie de la rupture conventionnelle ayant été abandonnée par le salarié, la *prise d'acte de la rupture** mettra donc immédiatement fin au contrat de travail sans qu'il y ait le moindre conflit avec ladite rupture conventionnelle.

Rupture conventionnelle avec un salarié protégé

La décision de l'inspecteur du travail, autorisant ou refusant la rupture conventionnelle, peut être contestée selon les règles de droit commun (guide DGT, septembre 2019, fiche 14) :

- dans le cadre d'un recours gracieux adressé à l'inspecteur du travail lui-même (ce recours étant purement facultatif, employeur et salarié protégé peuvent directement utiliser les deux autres voies de recours) ;
- dans le cadre d'un recours hiérarchique devant le ministre du Travail (c. trav. art. R. 2422-1) ;
- devant le tribunal administratif.

▶ Attention… Seul le juge administratif est compétent pour apprécier la validité d'une rupture conventionnelle autorisée par l'inspection du travail, y compris lorsque la contestation porte sur la liberté du consentement du salarié. Un salarié protégé ne peut donc pas contester la validité de cette rupture devant le conseil de prud'hommes au titre d'un vice de son consentement (cass. soc. 26 mars 2014, n° 12-21136, BC V n° 91 ; cass. soc. 15 avril 2015, n° 13-22148 D ; cass. soc. 20 décembre 2017, n° 16-14880, BC V n° 226).

☛ *Rupture conventionnelle ; Rupture conventionnelle (procédure).*

Rupture conventionnelle (indemnité)

Montant

Négociation entre l'employeur et le salarié - Le montant de l'indemnité de rupture due au salarié est fixé d'un commun accord entre l'employeur et le salarié sous réserve de respecter le minimum légal ou, le cas échéant, conventionnel prévu pour l'indemnité de licenciement.

▶ Attention… Le montant de l'indemnité doit figurer dans la convention et sur le formulaire de demande d'homologation de la rupture.

Montant minimal légal - Le montant légal de l'indemnité spécifique de rupture conventionnelle homologuée est a minima celui de l'*indemnité de licenciement** légale (c. trav. art. L. 1237-13 et R. 1234-2). C'est à l'indemnité légale de droit commun qu'il faut se référer, même s'il existe des dispositions réglementaires spécifiques prévoyant une indemnité de licenciement plus élevée (cass. soc. 30 septembre 2020, n° 19-15675 FSPB).

De même, l'indemnité minimale de rupture conventionnelle signée par un journaliste doit être calculée conformément aux dispositions de l'indemnité légale de licenciement de droit commun et non à celles de l'indemnité de rupture spécifique aux journalistes (c. trav. art. L. 7112-3 et D. 7112-1 ; cass. soc. 3 juin 2015, n° 13-26799, BC V n° 109).

Salariés ayant moins de 8 mois d'ancienneté - L'indemnité légale de licenciement n'est versée qu'aux salariés ayant au moins 8 mois d'ancienneté dans l'entreprise (c. trav. art. L. 1234-9). L'administration estime que l'indemnité légale est quand même due en cas de rupture conventionnelle concernant un salarié ayant une ancienneté inférieure, mais au prorata du nombre de mois de présence du salarié dans l'entreprise (circ. DGT 2009-4 du 17 mars 2009). Les intéressés ont donc toujours droit à une indemnité minimale de rupture conventionnelle homologuée.

Exemple

Pour un salarié ayant 7 mois d'ancienneté qui signe une rupture conventionnelle de licenciement, l'indemnité de rupture conventionnelle doit être au moins égale au salaire brut mensuel moyen × 1/4 × 7/12.

Montant conventionnel - Les employeurs entrant dans le champ de l'accord national interprofessionnel (ANI) du 11.01.2008 doivent se baser sur l'indemnité conventionnelle de licenciement dès lors que cette dernière est plus élevée que l'indemnité légale de licenciement (avenant n° 4 du 18 mai 2009, étendu par arrêté du 26 novembre 2009, JO du 27). La règle reste identique lorsque l'accord applicable dans l'entreprise renvoie aussi en partie à l'indemnité légale pour certains motifs de licenciement. Même dans ce cas, l'employeur doit verser au salarié une indemnité au moins égale à l'indemnité conventionnelle de licenciement (cass. soc. 5 mai 2021, n° 19-24650 FSP).

En revanche, un salarié à qui seule l'indemnité légale a été versée ne peut pas prétendre à un complément au titre d'une indemnité conventionnelle plus favorable alors que son employeur n'est pas membre d'une des organisations signataires de l'accord et que son activité (l'audiovisuel) ne relève pas du champ d'application d'une convention collective de branche signée par une fédération patronale adhérente de syndicats patronaux signataires (cass. soc. 27 juin 2018, n° 17-15948 D).

▶ À noter... L'avenant s'applique (instr. DGT 2009-25 du 8 décembre 2009) :
- depuis le 17.06.2009 (lendemain du dépôt de l'avenant), pour les employeurs adhérents aux syndicats patronaux signataires (MEDEF, CPME, U2P) ;
- depuis le 28.11.2009, pour les autres employeurs entrant dans le champ de l'ANI du 11.01.2008 (sachant que l'arrêté indique que l'extension produit ses effets à dater de la publication au JO, soit depuis le 27.11.2009).

Une convention collective peut prévoir deux sortes d'indemnité conventionnelle de licenciement : l'une en cas de licenciement pour motif personnel, l'autre en cas de licenciement économique. Le minimum à respecter est alors (instr. DGT 2009-25 du 8 décembre 2009) :
- l'indemnité légale si au moins une des indemnités conventionnelles est inférieure à l'indemnité légale ;
- l'indemnité conventionnelle la plus faible si les deux indemnités conventionnelles sont supérieures à l'indemnité légale.

▶ À noter... Dans son rapport annuel 2018 présenté le 27.09.2019, la Cour de cassation suggère de modifier le code du travail afin de prévoir que l'indemnité spécifique de rupture conventionnelle ne puisse être inférieure à l'indemnité de licenciement prévue par un accord collectif ou des dispositions légales plus favorables. Une telle réforme mettrait fin à la différence de régime entre salariés selon que leur employeur est ou non lié par l'ANI du 11.01.2008.

Erreur sur le montant de l'indemnité - Lorsque le montant de l'indemnité versée est inférieur au minimum exigé (légal ou conventionnel), le salarié peut réclamer devant les juges la rectification de ce montant sans remettre en cause, par ailleurs, la validité de la rupture conventionnelle (cass. soc. 10 décembre 2014, n° 13-22134, BC V n° 286). En tout état de cause, une erreur sur le montant de l'indemnité n'entraîne pas, en elle-même, la nullité de la convention de rupture sauf si le salarié peut prouver une fraude ou un vice du consentement (cass. soc. 8 juillet 2015, n° 14-10139, BC V n° 39 ; cass. soc. 4 novembre 2015, n° 13-27873 D).

En cas de montant insuffisant de l'indemnité, le juge condamne l'employeur à compenser l'écart entre l'indemnité versée au salarié et la somme qui lui était normalement due (cass. soc. 8 juillet 2015, n° 14-10139, BC V n° 144).

Remboursement de l'indemnité en cas de licenciement sans cause réelle et sérieuse - Voir *Rupture conventionnelle (contentieux)**.

Sommes incluses dans l'indemnité de rupture - L'employeur et le salarié peuvent décider que l'indemnité de rupture comprend l'indemnité compensatrice correspondante au solde de RTT et de congés payés, mais si cela n'est pas clairement mentionné dans la convention de rupture le salarié peut en réclamer le paiement indépendamment de l'indemnité de rupture conventionnelle (CA Paris, 5 septembre 2013, n° 11/09737).

Régime social et fiscal - Voir *Indemnités de rupture (régimes social et fiscal)**.

Base de calcul

La base de calcul de l'indemnité de rupture conventionnelle est identique à celle utilisée pour l'*indemnité de licenciement** prévue par la loi (circ. DGT 2009-4 du 17 mars 2009 ; c. trav. art. R. 1234-4).

➡ *Rupture conventionnelle.*

Rupture conventionnelle (procédure)

La *rupture conventionnelle** nécessite une procédure en plusieurs étapes. Le salarié a droit à une indemnité spécifique [voir *Rupture conventionnelle (indemnité)**].

Entretiens employeur/salarié

Convocation et déroulement de l'entretien - Lors de la première étape, l'employeur et le salarié élaborent ensemble le principe et les modalités de la rupture conventionnelle au cours d'entretiens (c. trav. art. L. 1237-12).

Aucune forme particulière n'est imposée concernant la convocation aux entretiens et la tenue de ces entretiens, ni même sur la manière dont le salarié pourrait être avisé qu'il a le droit de s'y faire assister. Pour autant, l'administration a relevé que la tenue des entretiens devait être organisée de bonne foi, ce qui impose, selon elle, à l'employeur d'informer le salarié de la date et du lieu de l'entretien, ainsi que de la possibilité de se faire assister (guide DGT septembre 2019, fiche n° 14, § 2.2.1).

À notre sens, il est donc préférable que l'employeur informe par écrit le salarié de ses droits, notamment à assistance, et de la manière dont l'ensemble de la procédure va se dérouler. Il conserve ainsi la preuve, en cas de litige, que le consentement du salarié n'a pas été vicié.

Toutefois, si l'employeur n'informe pas le salarié de son droit à assistance pendant les entretiens ou de son droit de prendre contact auprès de Pôle Emploi pour envisager la suite de son parcours professionnel, cela n'entraîne pas en soi la nullité de la convention de rupture. Le salarié doit prouver que son consentement n'était pas libre et éclairé à cause de ce défaut d'information (cass. soc. 29 janvier 2014, n° 12-27594, BC V n° 39 ; cass. soc. 29 janvier 2014, n° 12-25951, BC V n° 38).

Il en est de même si l'employeur n'a pas informé (ou a mal informé) le salarié de ses droits à chômage : la rupture conventionnelle ne sera a priori remise en cause que si cela a vicié le consentement du salarié (ex. : le salarié découvre que son allocation-chômage est bien inférieure à ce qu'il pouvait espérer compter tenu des informations erronées fournies par son employeur avant la signature de la rupture conventionnelle) (cass. soc. 5 novembre 2014, n° 13-16372 D).

▶ À noter… Un entretien préalable au licenciement peut se transformer en unique entretien préparatoire à la rupture conventionnelle même si, à notre sens, cela est à déconseiller car la question d'un éventuel vice du consentement du salarié pourrait ensuite se poser (cass. soc. 19 novembre 2014, n° 13-21979 D).

Assistance du salarié - Le salarié peut se faire assister :

- si l'entreprise a des représentants du personnel (RP) : par une personne de son choix qui appartient au personnel de l'entreprise (un représentant du personnel ou n'importe quel autre salarié qui est volontaire pour l'assister) ;
- si l'entreprise n'a pas de RP : par une personne de son choix qui appartient au personnel de l'entreprise ou par un conseiller choisi sur une liste dressée par l'administration et qui est disponible en Mairie ou dans les sections d'inspection du travail.

▶ À noter… L'assistance du salarié par un conseiller s'effectue dans les conditions habituelles relatives à cette mission [voir *Conseiller du salarié (entretien préalable au licenciement)**]. Il en ressort, pour le conseiller extérieur, que son intervention s'impute sur son crédit de 15 h par mois maximum, qu'elle est comptabilisée dans le seuil d'au moins 4 interventions qui lui donne droit à une indemnité forfaitaire annuelle, et que le remboursement de ses frais nécessite une attestation du salarié assisté (circ. DGT 2009-4 du 17 mars 2009).

Assistance de l'employeur - Si le salarié se fait assister, l'employeur pourra également demander assistance à un salarié ou, dans les entreprises de moins de 50 salariés, à une personne appartenant à son organisation syndicale ou à un employeur de sa branche (c. trav. art. L. 1237-12).

Pour autant, le fait pour l'employeur de se faire assister pendant le(s) entretien(s) organisé(s) en vue de la signature d'une rupture conventionnelle alors que le salarié se présente seul n'est pas en soi une cause de nullité de la convention de rupture. Bien que ce déséquilibre soit contraire à la lettre du code du travail, la Cour de cassation considère que le salarié doit prouver en quoi cela a engendré une pression ou une contrainte pour lui s'il veut pouvoir remettre en cause la validité de la rupture (cass. soc. 5 juin 2019, n° 18-10901 FSPB).

Effet d'un défaut d'entretien - En l'absence d'entretien, la rupture conventionnelle ne devrait pas être homologuée. Si elle l'est, le juge annule la convention à la demande du salarié si celui-ci a pu prouver qu'aucun entretien n'avait eu lieu alors que la convention signée et homologuée indiquait le contraire. Dans ce cas, la charge de la preuve pèse en effet sur le salarié et non sur l'employeur (cass. soc. 1er décembre 2016, n° 15-21609, BC V n° 227).

Signature d'une convention

Contenu - La deuxième étape est formalisée par la signature d'une convention qui fixe, notamment :

- la date de fin du contrat *(voir ci-après)* ;
- le montant de l'indemnité due au salarié qui ne peut pas être inférieur à celui de l'indemnité de licenciement (c. trav. art. L. 1237-13) [voir *Rupture conventionnelle (indemnité)**].

Il n'est pas permis d'inscrire dans la convention de rupture une clause de renonciation à tout recours [voir *Rupture conventionnelle (contentieux)**].

Fixation de la date de la rupture - L'employeur et le salarié fixent la date de rupture du contrat de travail dans la convention de rupture, celle-ci ne pouvant intervenir avant le lendemain du jour de l'homologation (c. trav. art. L. 1237-13). Ils peuvent ainsi différer le moment de la rupture du contrat de travail après l'homologation de la convention de rupture, jusqu'à une date qui leur convient, tout en la fixant précisément (CA Rouen, 2 octobre 2012, n° 11-03752). Il ne s'agit pas d'un préavis (circ. DGT 2009-4 du 17 mars 2009).

Lorsque la date de la rupture est fixée trop tôt (ex. : 3 jours avant l'homologation par le DREETS), cela n'entraîne pas en soi la nullité de la convention de rupture, sauf fraude ou vice du consentement prouvé par le salarié. Dans ces circonstances, le juge rectifie la date de la rupture (cass. soc. 8 juillet 2015, n° 14-10139, BC V n° 39).

▶ À noter... Durant l'intervalle entre l'homologation de la convention et la rupture effective du contrat, la situation du salarié doit correspondre aux modalités habituelles d'exercice du contrat de travail, droits et obligations de chaque partie compris (circ. DGT 2009-4 du 17 mars 2009).

La date de rupture sur laquelle employeur et salarié se sont mis d'accord, inscrite dans la convention de rupture, est celle à mentionner sur les documents de fin de contrat (ex. : certificat de travail) (cass. soc. 18 février 2015, n° 13-23880 D).

Convention datée et signée - La convention doit être datée et signée précédée de la mention « lu et approuvé » par l'employeur et le salarié. Des litiges peuvent survenir s'il manque une de ces mentions. La convention de rupture est ainsi susceptible d'être annulée :

- en l'absence de date de la signature (cass. soc. 27 mars 2019, n° 17-23586 D). Si le salarié signe uniquement, sans dater ni faire précéder sa signature de la mention « lu et approuvé », le libre consentement ne serait pas garanti et la convention de rupture nulle (CA Lyon, ch. soc. C, 23 septembre 2011, n° 10 09122). En revanche si seule la mention « lu et approuvé » manque, cela pourrait ne pas remettre en cause la validité de la convention de rupture, sachant que cette mention inscrite au bas d'un écrit sous seing privé constitue une formalité dépourvue de portée (cass. civ., 1re ch., 30 octobre 2008, n° 07-20001 D ; CA Reims, ch. soc., 9 mai 2012, n° 10/01501) ;
- en l'absence de signature de l'employeur (cass. soc. 3 juillet 2019, n° 17-14232 FSPB). La signature du salarié sur l'acte de rupture conventionnelle doit être apposée le même jour que celle de l'employeur. À défaut, les parties risquent un refus d'homologation de la rupture conventionnelle (CA Orléans, ch. soc., 8 février 2011, n° 10/02280).

L'employeur et le salarié peuvent procéder à la signature le même jour que celui de l'entretien au cours duquel l'un et l'autre sont convenus de la rupture du contrat de travail. En effet, le code du travail n'instaure pas de délai entre, d'une part, cet entretien et, d'autre part, la signature de la convention de rupture (c. trav. art. L. 1237-11 et L. 1237-12 ; cass. soc. 3 juillet 2013, n° 12-19268, BC V n° 178 ; cass. soc. 19 novembre 2014, n° 13-21979 D).

Convention remise impérativement au salarié - En pratique, la convention de rupture est établie en trois exemplaires : un pour l'employeur, un pour le salarié et un pour le DREETS.

L'exemplaire remis par l'employeur au salarié permet à celui-ci d'exercer son droit de rétractation en toute connaissance de cause. Cette remise permet également au salarié de demander l'homologation de la convention de rupture, s'il souhaite accomplir cette formalité (c. trav. art. L. 1237-14 ; CA Lyon, ch. soc. C, 23 septembre 2011, n° 10-09122).

L'employeur ne doit pas attendre la rupture du contrat de travail pour remettre son exemplaire au salarié (cass. soc. 26 septembre 2018, n° 17-19860 D).

Lorsqu'aucun exemplaire n'a été remis au salarié, ce dernier peut obtenir la nullité de la convention de rupture. La rupture du contrat de travail a alors les effets d'un *licenciement sans cause réelle et sérieuse**, avec toutes les conséquences financières que cela implique pour l'employeur (cass. soc. 6 février 2013, n° 11-27000, BC V n° 29 ; cass. soc. 7 mars 2018, n° 17-10963 D).

En cas de litige relatif à la remise (ou non) d'un exemplaire au salarié, c'est à l'employeur de prouver la remise de son exemplaire au salarié (cass. soc. 23 septembre 2020, n° 18-25770 FSPB). Or, il ne suffit pas que la convention de rupture rédigée sur le formulaire cerfa mentionne qu'elle a été établie en plusieurs exemplaires (cass. soc. 3 juillet 2019, n° 18-14414 FSPB).

En pratique, l'employeur a tout intérêt à se constituer une preuve de la remise de son exemplaire au salarié (ex. : remise en main propre contre décharge).

Droit de rétractation

L'employeur et le salarié ont chacun un délai de 15 jours calendaires pour se rétracter, sachant que ce délai débute le lendemain du jour de la signature et s'achève le 15e jour à minuit (c. trav. art. L. 1237-13 ; circ. DGT 2008-11 du 2 juillet 2008). L'employeur qui antidate une rupture conventionnelle pour passer outre ce délai risque, en cas d'action en justice du salarié, l'annulation de la rupture conventionnelle et sa requalification en licenciement injustifié (CA Montpellier, 8 janvier 2020, RG 16/02955).

▶ Attention… Lorsque la convention de rupture n'est pas homologuée par l'administration, l'employeur et le salarié peuvent signer une nouvelle convention dans laquelle le point ayant motivé le refus est corrigé. Dans ces circonstances, le salarié doit bénéficier d'un nouveau délai de rétractation de 15 jours calendaires. À défaut, la convention de rupture est nulle (cass. soc. 13 juin 2018, n° 16-24830 FPB).

Celui qui use de ce droit doit en informer l'autre partie par courrier. La rétractation n'est donc pas valable si elle est adressée uniquement à l'administration (cass. soc. 6 octobre 2015, n° 14-17539, BC V n° 297).

En cas de rétractation, pour apprécier le respect du délai, il convient de se référer à la date d'envoi du courrier de rétractation, peu important qu'il soit reçu par l'autre partie après le délai de 15 jours (cass. soc. 14 février 2018, n° 17-10035, BC V n° 22 ; cass. soc. 19 juin 2019, n° 18-22897 D).

Le courrier de rétractation doit être adressé par tout moyen attestant de sa date de réception par l'autre partie (c. trav. art. L. 1237-13). Un courrier recommandé avec AR ou une lettre remise en main propre contre décharge sont donc conseillés, même si un e-mail est admis (CA Bourges, ch. soc. 16 septembre 2011, n° 10-01735).

Sur l'engagement ou la poursuite d'une procédure disciplinaire après qu'un salarié a exercé son droit de rétractation, voir *Rupture conventionnelle**.

Homologation de la convention

Compétence du DREETS - La dernière étape consiste à demander l'homologation de la convention au DREETS, lequel s'assure du respect des conditions de forme et de la liberté de consentement des parties (c. trav. art. L. 1237-14 et R. 1237-3).

Envoi de la demande d'homologation à l'issue du délai de rétractation - À l'issue du délai de rétractation, la partie la plus diligeante (en pratique, l'employeur) adresse une demande d'homologation au DREETS.

À partir du 1.04.2022, toute demande d'homologation de la convention de rupture devra être réalisée par téléservice (www.teleRC.travail.gouv.fr). Pour autant, il sera possible à l'employeur (ou au salarié) d'indiquer au DREETS qu'il n'est pas en mesure d'utiliser le téléservice. Dans ce cas, la démarche pourra toujours s'effectuer par le dépôt d'un formulaire auprès du DREETS (décret 2021-1639 du 13 décembre 2021, JO du 15 ; c. trav. art. D. 1237-3-1).

Jusqu'à cette date, la demande d'homologation peut toujours être adressée au DREETS à l'aide du formulaire prévu à cet effet (arrêté du 8 février 2012, JO du 17 ; modèle de formulaire CERFA 14598*01 ; www.travail-solidarité.gouv.fr, Formulaires), qui peut être déposé en main propre au DREETS ou adressé par courrier (simple ou par lettre recommandée avec AR). L'employeur peut aussi déjà saisir le formulaire directement en ligne sur le site dédié et télétransmettre sa demande d'homologation.

Conséquence du non-respect du délai de rétractation - Pour l'administration, le non-respect du délai de réflexion vicie substantiellement la procédure et justifie à lui seul le refus d'homologation (guide DGT, septembre 2019, fiche n° 14, § 2.2.2 ; cass. soc. 6 décembre 2017, n° 16-16851 D).

Si la rupture est quand même homologuée, l'employeur qui adresse une demande d'homologation avant la fin du délai de rétractation (même s'il l'a fait le dernier jour de ce délai) risque de voir la rupture conventionnelle annulée par les juges (cass. soc. 14 janvier 2016, n° 14-26220, BC V n° 10). S'il se rend compte de son erreur, il ne peut pas la corriger en envoyant une seconde demande d'homologation antidatée (CA Lyon, ch. soc. C, 26 août 2011, n° 11-00551).

Pour autant, une erreur de l'employeur dans la date d'expiration du délai de rétractation n'entraîne pas nécessairement la nullité de la rupture conventionnelle. Le salarié doit prouver en quoi cette erreur a vicié son consentement (cass. soc. 29 janvier 2014, n° 12-24539, BC V n° 40).

Délai pour se prononcer - À compter du lendemain de la réception de la demande d'homologation, le DREETS a 15 jours ouvrables pour se prononcer. Si l'employeur et le salarié adressent chacun une demande d'homologation, le délai d'instruction court à compter de l'arrivée de la première demande.

Une fois passé le délai d'instruction, l'absence de décision explicite du DREETS vaut acceptation de la convention de rupture conventionnelle.

▶ À noter… La date d'échéance de ce délai d'instruction est celle à laquelle l'employeur et le salarié reçoivent, de manière effective, le courrier de l'administration (cass. soc. 16 décembre 2015, n° 13-27212, BC V n° 600).

Remise en cause d'un refus d'homologuer - Le DREETS peut homologuer une rupture conventionnelle qu'il avait initialement refusé de valider, sur le fondement de pièces complémentaires communiquées par l'employeur à sa demande. Le refus d'homologation ne créant pas de droits acquis au profit des parties à la convention ou au profit des tiers, le DREETS peut revenir sur sa décision initiale (cass. soc. 12 mai 2017, n° 15-24220, BC V n° 81).

Remise des documents de fin de contrat - L'employeur doit attendre l'homologation par l'administration avant de délivrer au salarié les documents de fin de contrat (reçu pour solde de tout compte, certificat de travail, attestation Pôle emploi). Pour les juges, si cette remise a lieu avant la décision du DREETS, il y a rupture du contrat au moment de la remise, laquelle s'analyse en un licenciement non motivé et donc sans cause réelle et sérieuse (cass. soc. 6 juillet 2016, n° 14-20323 D).

Refus d'homologation - Un salarié ne peut pas demander la résiliation judiciaire de son contrat de travail au motif que son employeur n'a pas obtenu l'homologation de la rupture conventionnelle qu'ils ont antérieurement conclue (CA Aix-en-Provence, 8 octobre 2013, n° 12/20620).

Date de la rupture - Voir ci-avant.

Procédure disciplinaire

Voir *Rupture conventionnelle**.

Clause de non-concurrence

L'employeur ne peut pas minorer le montant de l'indemnité de non-concurrence lorsque le contrat est rompu par une rupture conventionnelle (cass. soc. 9 avril 2015, n° 13-25847, BC V n° 71) [voir *Clause de non-concurrence (indemnité)**].

Si la renonciation par l'employeur à la clause de non-concurrence est prévue [voir *Clause de non-concurrence (renonciation)**], l'employeur qui souhaite utiliser cette possibilité doit renoncer à l'application de la clause au plus tard à la date de la rupture fixée par la convention de rupture, quelles que soient les stipulations ou dispositions contraires (cass. soc. 26 janvier 2022, n° 20-15755 FSB).

La règle devrait être la même quand la rupture conventionnelle vaut renonciation à un licenciement notifié précédemment (cass. soc. 3 mars 2015, n° 13-20549, BC V n° 35).

▶ Attention... L'employeur ne peut pas garantir au salarié pendant les entretiens qu'il percevra l'indemnité de non-concurrence pour ensuite le délier de cette clause. En agissant de la sorte, l'employeur risque une annulation de la rupture conventionnelle pour vice du consentement du salarié (cass. soc. 9 juin 2015, n° 14-10192 D).

Transaction après l'homologation

Voir *Transaction**.

Chômage

Une fois la rupture consommée, le salarié a droit, s'il remplit les conditions requises, à l'assurance *chômage** (c. trav. art. L. 5421-1 et L. 5422-1).

Contentieux

Voir *Rupture conventionnelle (contentieux)**.

Résiliation judiciaire et prise d'acte

Voir *Rupture conventionnelle (contentieux)**.

Salarié protégé

Procédure - Lorsque la convention de rupture est conclue avec un salarié protégé, la *rupture conventionnelle** est soumise à l'autorisation de l'inspecteur du travail [sur la procédure à suivre, voir *Licenciement des représentants du personnel (procédure)**].

Si la consultation du *comité social et économique** (CSE) s'impose (elle vise tous les salariés bénéficiaires de la protection contre le licenciement, à l'exception des délégués syndicaux), l'avis du CSE doit précéder la signature de la convention de rupture. En outre, un exemplaire du procès-verbal de la réunion au cours de laquelle le CSE donne son avis doit être joint à la demande d'autorisation (guide DGT, septembre 2019, fiche n° 14, § 2.1.2).

La rupture du contrat de travail ne peut intervenir que le lendemain du jour de l'autorisation (c. trav. art. L. 1237-15).

▶ À noter... Lorsque le salarié a le statut de salarié protégé pour des fonctions exercées à l'extérieur de l'entreprise (ex. : conseiller prud'hommes), la procédure spécifique impliquant l'autorisation de l'inspecteur du travail n'est pas requise si l'employeur ignore l'existence de ce mandat ou, le cas échéant, son renouvellement, au plus tard, au moment de la rupture conventionnelle (cass. soc. 30 septembre 2015, n° 14-17748, BC V n° 255).

Autorisation par l'inspecteur du travail - L'inspecteur du travail prend sa décision dans un délai de 2 mois. S'il garde le silence pendant 2 mois, cela équivaut à une décision implicite de rejet (c. trav. art. R. 2421-4, R. 2421-5, R. 2421-19 et R. 2421-22 ; décret 2017-1819 du 29 décembre 2017, art. 2, JO du 30) (voir *Décision de l'administration**).

L'inspecteur du travail vérifie que les règles de procédure ont bien été respectées (organisation et tenue des entretiens, assistance du salarié, consultation du CSE). Il s'assure aussi de la liberté de consentement du salarié.

En revanche, l'inspecteur du travail n'a pas à apprécier l'existence de la validité d'un motif qui justifierait la rupture conventionnelle. Cette recherche n'a pas lieu d'être puisque la conclusion de la rupture conventionnelle n'est pas subordonnée à l'existence d'un motif de nature à la justifier (circ. DGT 2008-11 du 22 juillet 2008 ; guide DGT, septembre 2019, fiche n° 14, § 2.2.2).

Dans les faits, l'inspection du travail valide quasi systématiquement les ruptures conventionnelles conclues avec des salariés protégés. Sur la période 2010-2014, près de 95 % des ruptures conventionnelles ont ainsi été autorisées (DARES Résultats, mars 2017, n° 018).

▶ Attention… L'employeur qui conclut une rupture conventionnelle avec un ancien salarié protégé doit respecter la procédure réservée aux salariés protégés pendant toute la période de protection prévue par le code du travail (circ. DGT 2009-4 du 17 mars 2009).

Annulation de l'autorisation - Le salarié peut exercer un recours hiérarchique contre l'autorisation qu'a donné l'inspecteur du travail. Si

Schéma de la procédure de rupture conventionnelle

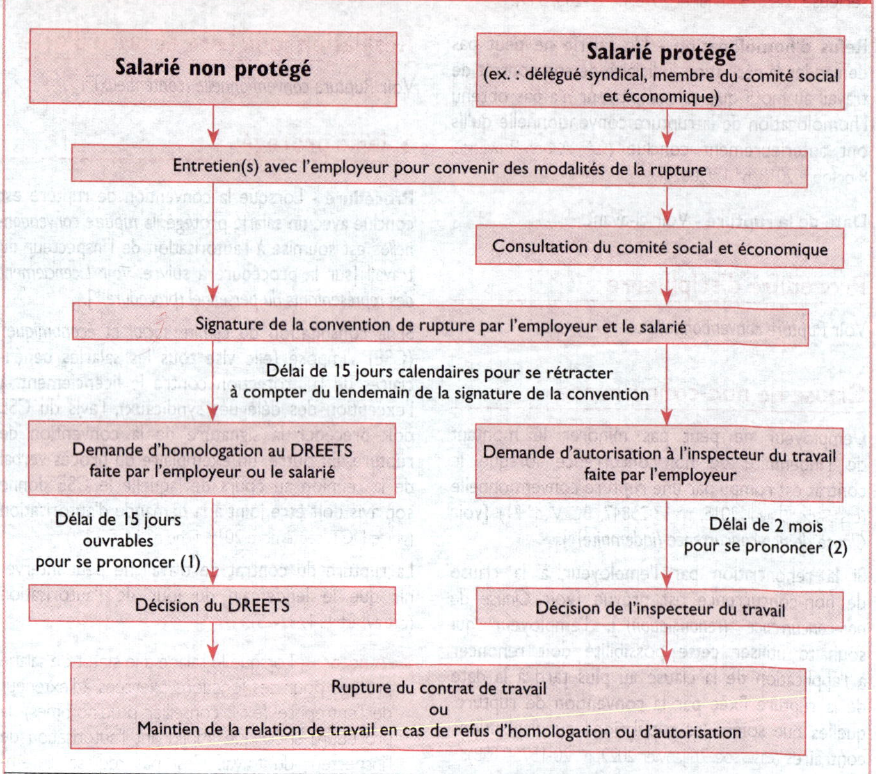

(1) Le délai commence à courir à compter de la réception de la demande d'homologation et a pour échéance la date de réception effective de la décision par l'employeur et le salarié (cass. soc. 16 décembre 2015, n° 13-27212 FSPB).
(2) L'inspecteur du travail prend sa décision dans un délai de 2 mois. S'il garde le silence pendant 2 mois, cela équivaut à une décision implicite de rejet (c. trav. art. R. 2421-4, R. 2421-5, R. 2421-19 et R. 2421-22).

cette autorisation est annulée, le salarié a le droit de demander sa réintégration dans son emploi ou dans un emploi équivalent. Il en ressort que (cass. soc. 15 mai 2019, n° 17-28547 FPB) :

- d'une part, si l'employeur ne respecte pas son obligation de réintégration, le salarié protégé pourra saisir les juges d'une demande en réalisation judiciaire ;
- d'autre part, si la résiliation judiciaire est effectivement prononcée par les juges, faute pour l'employeur d'avoir pu justifier en quoi la réintégration du salarié était impossible, elle produira alors les effets d'un licenciement nul pour violation du statut protecteur.

Dans ces circonstances particulières, le salarié peut alors prétendre à une indemnité au titre de la méconnaissance du statut protecteur égale à la rémunération qu'il aurait perçue depuis la date de son éviction jusqu'à la fin de la période de protection dans la limite de 30 mois.

☛ *Rupture conventionnelle ; Rupture conventionnelle (contentieux) ; Rupture conventionnelle (indemnité).*

➲ Formulaire de droit social « Employeur informant qu'il sera assisté pendant les entretiens relatifs à la rupture conventionnel » ; « Invitation du salarié à un entretien relatif à une rupture conventionnelle » ; « Rupture conventionnelle » ; « Rupture conventionnelle avec un représentant du personnel » ; « Demande d'homologation de la rupture conventionnelle d'un contrat de travail à durée indéterminée » ; « Salarié informant qu'il sera assisté pendant les entretiens relatifs à la rupture conventionnelle ».

S

Saisie des rémunérations

Les sommes dues à titre de rémunération sont saisissables ou cessibles dans les proportions et selon des seuils de rémunération affectés d'un correctif pour toute personne à charge, fixés par décret (c. trav. art. L. 3252-2, R. 3252-2 et R. 3252-3).

La saisie des rémunérations est soumise aux dispositions du code du travail, que le contrat de travail soit ou non en cours d'exécution (cass. ass. plén. 9 juillet 2004, n° 02-21040, B. ass. plén. n° 11).

Procédure

Le créancier privé (ex. : le propriétaire contre son locataire) qui souhaite saisir les rémunérations d'un salarié doit obligatoirement recourir à la procédure de saisie.

Ainsi, l'entreprise se voit notifier par le greffe du tribunal judiciaire un acte de saisie des rémunérations (c. trav. art. R. 3252-22 et R. 3252-23), par LRAR. Le débiteur (par hypothèse, le salarié) en reçoit une copie.

Dans les 15 jours de la notification de la saisie, l'employeur précise par écrit, au greffe du tribunal judiciaire, la situation de droit liant le salarié à l'entreprise (ex. : salarié sous contrat à durée indéterminée) et éventuellement les autres cessions ou saisies de rémunération, saisies administratives à tiers détenteur ou paiements directs de pension alimentaire déjà en cours (c. trav. art. L. 3252-9 et R. 3252-24).

▶ À noter… L'employeur doit prévenir par LRAR dans les 8 jours le greffe du tribunal judiciaire de tout événement suspendant la saisie ou y mettant fin (c. trav. art. R. 3252-26).

Chaque mois, l'employeur doit adresser au secrétariat-greffe du tribunal judiciaire une somme égale au plus à la quotité saisissable de la rémunération du salarié (c. trav. art. R. 3252-27).

Créances d'aliments

Le prélèvement direct du terme mensuel courant et des 6 derniers mois impayés des créances relatives au paiement des pensions alimentaires (ou des 24 derniers mois lorsque l'organisme débiteur des prestations familiales agit pour le compte du créancier) peut être poursuivi sur l'intégralité de la rémunération (c. trav. art. L. 3252-5).

Il est d'abord imputé sur la fraction insaisissable et, s'il y a lieu, sur la fraction saisissable.

Toutefois, une somme égale à la partie forfaitaire du *revenu de solidarité active** (RSA) pour un allocataire est, dans tous les cas, laissée à la disposition du salarié (565,34 € depuis le 1.04.2021), quel que soit le type de créance (décret 2021-530 du 29 avril

Saisies sur rémunération : barème applicable au 1.01.2022 (1) (2) (3)

Tranche mensuelle de salaire (4)	Quotité saisissable sur la tranche	Fraction mensuelle saisissable maximale (cumul) (5)
jusqu'à 328,33 €	1/20	16,42 €
au-delà de 328,33 € et jusqu'à 640,83 €	1/10	47,67 €
au-delà de 640,83 € et jusqu'à 955,00 €	1/5	110,50 €
au-delà de 955,00 € et jusqu'à 1 266,67 €	1/4	188,42 €
au-delà de 1 266,67 € et jusqu'à 1 579,17 €	1/3	292,59 €
au-delà de 1 579,17 € et jusqu'à 1 897,50 €	2/3	504,81 €
au-delà de 1 897,50 €	en totalité	504,81 € + totalité au-delà de 1 897,50 €

(1) Les seuils déterminés ci-dessus doivent être augmentés d'un montant de 126,66 € par personne à la charge du débiteur, sur justification (c. trav. art. R. 3252-3).

(2) Dans tous les cas, un montant égal au RSA pour une personne seule doit être laissé au salarié (565,34 € par mois, hors Mayotte, au 1.04.2021).

(3) Barème applicable depuis le 1.01.2022 (décret 2021-1607 du 8 décembre 2021, JO du 10).

(4) Les tranches mensuelles sont calculées par la rédaction, dans la mesure où le décret fixe des tranches annuelles.

(5) Ce barème fractionne la rémunération en tranches. À chaque tranche correspond une fraction saisissable, les différentes retenues s'additionnant. La colonne « Fraction mensuelle saisissable maximale » indique les fractions cumulées de chaque tranche. Ainsi, le montant mensuel saisissable de la deuxième ligne (47,67 €) s'obtient en additionnant le montant de la première ligne (16,42 €) et le 1/10 de la fraction du salaire mensuel comprise entre 328,33 € et 640,83 €, soit : (640,83 – 328,33) × 1/10 = 31,25 €. Les montants indiqués s'entendent pour un salarié sans personne à charge. Ils doivent donc être recalculés si le salarié à une ou plusieurs personnes à charge.

2021, JO du 30 ; circ. CNAV 2005/20 du 27 avril 2005, § 1114). **Ce montant n'est pas applicable à Mayotte, qui se voit appliquer un montant spécifique de 282,67 € depuis le 1.04.2021** (décret 2021-531 du 29 avril 2021, JO du 30).

Ce montant de la fraction insaisissable est égal au montant du RSA pour une personne seule (décret 2009-716 du 18 juin 2009).

▶ À noter… La caisse d'allocations familiales (CAF) peut, pour le compte du parent qui n'obtient pas le versement de la pension alimentaire à laquelle il a droit, engager la procédure de paiement direct auprès de l'employeur du parent débiteur (c. trav. art. L. 3252-5 ; c. séc. soc. art. L 523-1 et L. 581-2). Par ce biais, le parent peut obtenir jusqu'aux 24 derniers mois d'impayés de pension alimentaire (contre les 6 derniers mois lorsque la procédure de paiement direct est mise en œuvre sans intervention de la CAF) (c. proc. civ. d'exécution, art. L. 213-4). Dans ce cas, le règlement de ces sommes s'effectue sur une période maximale de 24 mois dans des conditions définies par décret.

Fraction saisissable

Rémunération prise en compte - Il est tenu compte du montant de la rémunération, de ses accessoires ainsi que, le cas échéant, de la valeur des avantages en nature, après déduction des cotisations obligatoires et du montant du prélèvement à la source (c. trav. art. L. 3252-3).

▶ Attention… Les sommes versées à la réserve spéciale de participation ne sont pas de nature salariale : elles n'obéissent pas, par conséquent, aux barèmes de quotités saisissables et peuvent être saisies en totalité (cass. soc. 1er février 2005, n° 02-14452 D).

Sommes non saisissables - Les sommes allouées à titre de remboursement de frais exposés par le salarié ainsi que les allocations familiales et les indemnités pour charges de famille ne sont pas saisissables (c. trav. art. L. 3252-3).

Sommes saisissables - À l'inverse, l'indemnité de départ volontaire à la retraite, élément de rémunération, est soumise aux règles de saisie-arrêt (cass. soc. 30 janvier 2008, n° 06-17531, BC V n° 29).

▶ À noter… Lorsqu'un salarié perçoit de plusieurs employeurs des sommes saisissables, la fraction saisissable est calculée sur l'ensemble de ces sommes. Les retenues sont opérées selon des modalités fixées par le greffier (c. trav. art. L. 3252-4 et R. 3252-40).

Prélèvement à la source - Le *prélèvement à la source (PAS) modifie la quotité saisissable sur la rémunération du salarié. Cette quotité saisissable se calcule déduction faite des cotisations sociales et du PAS *(voir ci-avant)*** (c. trav. art. L. 3252-3).

Versement mensuel des retenues - L'employeur a l'obligation de verser mensuellement les retenues pour lesquelles la saisie est opérée (c. trav. art. L. 3252-10).

Particularités

Priorité aux créances les plus faibles - Les créances les plus faibles, jusqu'à 500 €, sont payées prioritairement en cas de pluralité de saisies (c. trav. art. L. 3252-8 et D. 3252-34-1).

Informations demandées par le juge - En l'absence d'éléments fournis par l'employeur, le juge ne retient pas obligatoirement le SMIC comme référence, mais peut saisir les organismes fiscaux et sociaux pour obtenir des indications plus précises et exactes sur la rémunération du salarié saisi et la composition de sa famille (c. trav. art. L. 3252-10).

Pluralité d'employeurs - Lorsque des salariés travaillent pour plusieurs employeurs, et qu'ils perçoivent en conséquence différentes rémunérations, le greffier fixe, au cas par cas, les modalités des retenues effectuées au titre de la saisie (c. trav. art. L. 3252-4 et R. 3252-40). **Si l'un des employeurs est en mesure de verser la totalité de la fraction saisissable, la saisie peut être pratiquée entre ses mains.**

Contentieux - Depuis le 1.01.2020, le contentieux des saisies des rémunérations est confié au président du *tribunal judiciaire, qui exerce les fonctions de juge de l'exécution** (c. org. jud. art. L. 215-5 et L. 216-6 ; c. trav. art. R. 3252-7 et R. 3252-10).

☛ *Salaire.*

Saisonnier

Contrat de travail

Exécution d'un travail saisonnier - Les emplois à caractère saisonnier sont ceux dont les tâches sont appelées à se répéter chaque année selon une périodicité à peu près fixe, en fonction du rythme des saisons ou des modes de vie collectifs (c. trav. art. L. 1242-2).

Exemple

Un employeur qui faisait valoir l'existence d'une saison de la pizza correspondant à la période du printemps n'avait pas obtenu gain de cause. Il s'appuyait sur des statistiques relatives aux ventes mensuelles qui confirmaient, selon lui, à la fois le caractère cyclique de cette activité (connaissant des accroissements ponctuels plus ou moins importants en janvier, mars, mai et juillet à septembre) et le fait que cette périodicité tenait aux habitudes de la clientèle. Les juges ont au contraire estimé que cet employeur, qui fabriquait et commercialisait des pizzas surgelées en toutes saisons et connaissait seulement un accroissement périodique de production, n'avait pas d'activité saisonnière (cass. soc. 5 décembre 2007, n° 06-41313, BC V n° 206).

Conclusion - L'employeur a la possibilité soit de recruter un salarié par *contrat de travail à durée déterminée**, soit de recourir à une entreprise de *travail temporaire**.

▶ À noter… Un *contrat de travail intermittent** peut également être conclu.

Le contrat doit être conclu par écrit.

Période d'essai - Un contrat saisonnier peut comporter une *période d'essai**.

▶ Attention… Un employeur ne peut pas rompre un contrat saisonnier en cours de période d'essai au motif qu'il a dû fermer l'hôtel en raison de l'absence de neige. Une telle rupture est abusive, puisqu'elle est justifiée par un motif non inhérent à la personne du salarié (cass. soc. 15 décembre 2010, n° 09-42273 D).

Visite médicale - Voir *Visite médicale (information et prévention)**.

Durée du contrat

À terme imprécis avec une durée minimale - À moins qu'employeur et salarié ne lui aient fixé un terme précis, ce contrat peut être à terme imprécis avec, dans ce dernier cas, une durée minimale (c. trav. art. L. 1242-7 et L. 1251-11).

Exemple

Des contrats saisonniers qui se bornaient à indiquer qu'ils se termineraient « à la fin » de certains travaux et « au plus tard » à une certaine date, ne comportaient ni terme précis, ni durée minimale. Ces contrats encouraient donc la requalification en contrat à durée indéterminée (cass. soc. 30 septembre 2014, n° 13-13522, BC V n° 218).

Durée maximale - Le législateur n'a pas fixé de durée maximale à ce type de contrat. Toutefois, l'administration ayant estimé que la durée d'une saison ne peut excéder 8 mois par an, un contrat saisonnier ne doit pas en principe dépasser cette durée. Des emplois d'une durée supérieure se répétant sur plusieurs années pourraient être, en cas de litige, requalifiés en contrats à durée indéterminée (CDI) (rép. min., JO AN 11 juillet 1983, Q et R, p. 3059).

Lorsque les salariés recrutés sont des *travailleurs étrangers**, la durée totale du ou des contrats saisonniers ne doit pas excéder 6 mois sur 12 mois consécutifs (Code de l'entrée et du séjour des étrangers et du droit d'asile art. L. 313-10).

Fin du contrat - Le contrat cesse lorsque l'objet pour lequel il a été conclu est réalisé. S'il s'agit d'un contrat à durée déterminée, l'indemnité de fin de contrat n'est pas due [voir *Contrat de travail à durée déterminée (indemnité de fin de contrat)**].

À l'inverse, l'indemnité de fin de mission est en principe due pour les missions d'intérim visant à pourvoir des contrats saisonniers. Par exception, elle n'a pas à être versée si un accord collectif étendu entre les organisations professionnelles d'employeurs et de salariés de la branche du travail temporaire prévoit qu'elle ne soit pas due (c. trav. art. L. 1251-33).

Succession et reconduction

Contrats successifs - Dès lors que l'emploi en question est saisonnier et que la durée de chaque contrat correspond à une saison, l'employeur a la possibilité de conclure des contrats saisonniers successifs avec le même salarié sans risquer une requalification en CDI. En effet, « la faculté pour un employeur de conclure des CDD successifs avec le même salarié afin de pourvoir cet emploi n'est assortie d'aucune limite au-delà de laquelle ces contrats deviendraient un CDI » (cass. soc. 26 octobre 2011, n° 09-43205, BC V n° 239).

Exemple

Un salarié employé chaque année pendant 16 ans durant la période de mi-juillet à mi-septembre, en qualité de saisonnier pour le conditionnement du maïs doux, n'a pas obtenu la requalification en CDI de sa succession de contrats saisonniers renouvelés systématiquement jusqu'à ce que l'employeur mette fin à cette collaboration (cass. soc. 26 octobre 2011, n° 09-43205, BC V n° 239).

Les durées des contrats successifs dans une même entreprise sont cumulées pour calculer l'ancienneté du saisonnier (c. trav. art. L. 1244-2).

Dispositifs spécifiques relatifs à la succession et à la reconduction des contrats : branches d'activité visées (1)
• Sociétés d'assistance (IDCC 1801) • Casinos (IDCC 2257) • Détaillants et détaillants-fabricants de la confiserie, chocolaterie, biscuiterie (IDCC 1286) • Activités de production des eaux embouteillées et boissons rafraîchissantes sans alcool et de bière (IDCC 1513) • Espaces des loisirs, d'attractions et culturels (IDCC 1790) • Hôtellerie de plein air (IDCC 1631) • Hôtels, cafés, restaurants (IDCC 1979) • Centres de plongée (Sport IDCC 2511) • Jardineries et graineteries (IDCC 1760) • Personnels des ports de plaisance (IDCC 1182) • Entreprises du négoce et de l'industrie des produits du sol, engrais et produits connexes (IDCC 1077) • Remontées mécaniques et domaines skiables (IDCC 454) • Commerce des articles de sports et d'équipements de loisirs (IDCC 1557) • Thermalisme (IDCC 2104) • Tourisme social et familial (IDCC 1316) • Transports routiers et activités auxiliaires du transport (IDCC 16) • Vins, cidres, jus de fruits, sirops, spiritueux et liqueurs de France (IDCC 493)
(1) arrêté du 5 mai 2017, JO du 6.

Dispositif relatif à la succession applicable dans certaines branches d'activité - Des règles spécifiques s'appliquent dans certaines branches d'activités où l'emploi saisonnier est particulièrement développé, mais où aucune stipulation conventionnelle (au niveau de la branche ou de l'entreprise) ne prévoit de mesures relatives à la prise en compte de l'ancienneté (voir la liste dans le tableau reproduit dans cette étude).

Dans ce cadre, les contrats de travail à caractère saisonnier dans une même entreprise sont considérés comme successifs lorsqu'ils sont conclus sur une ou plusieurs saisons, y compris lorsqu'ils ont été interrompus par des périodes sans activité dans cette entreprise (c. trav. art. L. 1244-2-1). Tous ces contrats sont donc pris en compte dans l'ancienneté du saisonnier (c. trav. art. L. 1244-2).

Clause de reconduction - Les contrats de travail à caractère saisonnier peuvent comporter une clause de reconduction pour la saison suivante. La reconduction peut également résulter de la convention collective (c. trav. art. L. 1244-2).

Ainsi, une convention ou un accord collectif peut prévoir que l'employeur ayant occupé un salarié dans un emploi saisonnier lui propose, sauf motif réel et sérieux, un emploi de même nature, pour la même saison de l'année suivante. La convention ou l'accord définit les modalités de cette proposition : délai dans lequel la proposition est faite au salarié avant le début de la saison, montant minimum de l'indemnité due au salarié n'ayant pas reçu de proposition de réemploi (appelée indemnité « de non-reconduction »), etc. (c. trav. art. L. 1244-2).

La reconduction de contrats saisonniers en application de dispositions conventionnelles n'entraîne pas une requalification en CDI. En effet, ce type de clause inscrite dans une convention ou un accord collectif a seulement pour effet d'imposer à l'employeur une priorité d'emploi en faveur du salarié (cass. soc. 8 juillet 2015, n° 14-16330, BC V n° 142 ; cass. soc. 20 novembre 2019, n° 18-14118 FSPB). Si l'employeur ne fait pas jouer cette priorité, mais qu'il a un motif réel et sérieux justifiant la non-reconduction, il n'aura pas à payer de dommages-intérêts au salarié.

Attention, il convient de distinguer ce type de disposition conventionnelle de la clause qui prévoit une reconduction automatique pour la saison suivante. Dans ce cas, il pourrait y avoir requalification en CDI (cass. soc. 1er février 2000, n° 97-41304, BC V n° 51 ; cass. soc. 18 novembre 2003, n° 01-43549, BC V n° 289).

En tout état de cause, la reconduction systématique du contrat sur une longue période en application d'une clause de reconduction n'est pas en elle-même de nature à caractériser une relation de travail à durée indéterminée.

▶ **À noter…** Dans le cadre de la CCN des hôtels-cafés-restaurants (HCR), il est prévu que les contrats saisonniers conclus pendant 3 années et couvrant toute la période d'ouverture de l'établissement pourront être considérés comme établissant avec le salarié une relation de travail d'une durée indéterminée sur la base des périodes effectives de travail. Pour les juges, cette clause s'analyse en une simple faculté, dépourvue de force obligatoire (cass. soc. 24 juin 2015, n° 13-25761, BC V n° 833).

Dispositif relatif à la reconduction applicable dans certaines branches - En présence d'une convention collective ou d'un accord d'entreprise contenant des dispositions relatives au droit à la reconduction, ce sont elles qui doivent être appliquées.

Ce n'est qu'à défaut de telles dispositions et dans certaines branches d'activité (voir la liste dans le tableau reproduit dans cette étude) que le dispositif légal du droit à la reconduction s'applique. Dans ce cas, un salarié ayant été embauché sous contrat saisonnier dans la même entreprise bénéficie d'un droit à la reconduction de son contrat dès lors que (c. trav. art. L. 1244-2-2) :

- le salarié a effectué au moins deux mêmes saisons dans cette entreprise sur deux années consécutives
- l'employeur a un emploi saisonnier à pourvoir compatible avec la qualification du salarié.

L'employeur doit, tout d'abord, informer chaque saisonnier, par tout moyen permettant de donner date certaine à cette information (ex. : courrier recommandé), des conditions de reconduction de son contrat avant l'échéance de ce dernier (c. trav. art. L. 1244-2-2, I).

Dans un second temps, si les conditions du droit à reconduction sont réunies, l'employeur informe le salarié de l'existence de ce droit, par tout moyen permettant de donner date certaine à cette information. Seul un motif dûment fondé permettrait à l'employeur de ne pas informer le salarié de son droit à reconduction (c. trav. art. L. 1244-2-2, II).

Statut

Exclusion de la mensualisation - Les saisonniers ne bénéficient pas des avantages liés à la *mensualisation** (c. trav. art. L. 1226-1), mis à part le maintien de la rémunération en cas de jours fériés chômés *(voir ci-après)*.

▶ À noter... Sur le *bulletin de paie**, voir l'étude correspondante.

Heures supplémentaires et repos compensateur - Dans les branches d'activité à caractère saisonnier, il peut être dérogé aux dispositions légales relatives à la détermination des périodes de référence pour le décompte des heures supplémentaires et des repos compensateurs par (c. trav. art. L. 3121-34) :

- une convention ou un accord d'entreprise ou d'établissement organisant la reconduction des contrats saisonniers *(voir ci-avant)* (c. trav. art. L. 1244-2), sachant que, le cas échéant, l'accord d'entreprise ou d'établissement prime sur l'accord de branche ;
- ou, à défaut, une convention de branche ou un accord professionnel ou interprofessionnel.

La convention ou l'accord organise également des procédures contradictoires de décompte des temps et périodes de travail.

Repos hebdomadaire - Sur les possibilités de dérogation dans les industries saisonnières, voir *Dimanche**et *Repos hebdomadaire**.

Jours fériés - Les salariés saisonniers peuvent bénéficier du maintien de leur rémunération pour les *jours fériés** chômés dès lors qu'ils ont une ancienneté totale d'au moins 3 mois dans l'entreprise, compte de leurs divers contrats, successifs ou non (c. trav. art. L. 3133-3).

Formation - Lorsqu'une disposition conventionnelle ou contractuelle prévoit la reconduction du contrat saisonnier pour la saison suivante, l'employeur peut conclure un contrat à durée déterminée (CDD) avec le salarié afin de lui permettre de bénéficier du plan de développement des compétences, le motif du contrat étant l'accès à un complément de formation professionnelle (c. trav. art. L. 1242-3), sa durée celle de la formation et la rémunération celle correspondant aux fonctions prévues pour le salarié pour la saison suivante (c. trav. art. L. 6321-9).

Les saisonniers pour lesquels l'employeur s'engage à reconduire le contrat la saison suivante peuvent également bénéficier d'un abondement du *compte personnel de formation** par accord de branche ou d'entreprise.

Organisation de la formation - Il appartient à l'employeur de proposer au salarié de participer à une formation.

Les conditions dans lesquelles il doit procéder à une action de formation, et notamment le délai dans lequel la proposition doit être faite avant la formation, sont fixées par la convention ou l'accord collectif étendu (c. trav. art. L. 6321-10).

Le salarié peut refuser cette formation, sans que cela remette en cause la reconduction de son contrat saisonnier pour la saison suivante : l'employeur reste tenu par son engagement d'embauche (c. trav. art. L. 6321-11).

Ancienneté - Sur le calcul de l'ancienneté en cas de contrats successifs, voir ci-avant.

Prise en compte dans l'effectif - Voir *Effectif**.

Salarié protégé - Voir *Contrat de travail à durée déterminée (salariés protégés)**.

Chômage - Voir *Chômage** et *Chômage (allocation d'aide au retour à l'emploi)**.

➲ Formulaire de droit social, « Contrats saisonniers ».

Salaire

En contrepartie du travail qu'il fournit, le salarié perçoit une rémunération en espèces et/ou en nature qui est, en principe, fixée librement par l'employeur et le salarié sous réserve du respect des minima conventionnels et du SMIC.

Salaire minimal

La rémunération ne peut être inférieure ni au *SMIC** ni au minimum conventionnel.

Certains éléments de rémunération sont ainsi à retenir, ou non, pour apprécier le respect de ce minimum conventionnel. Il convient en priorité de se reporter à la convention collective qui prévoit généralement les éléments à prendre en compte pour vérifier que le salaire minimum est respecté. Dans ce cas, pour les juges, les éléments de rémunération qui ne sont pas exclus par la convention collective du minimum conventionnel doivent y être inclus, quel que soit leur objet (cass. soc. 7 mai 2002, n° 00-40354, BC V n° 152). Lorsque la convention collective ne donne pas de précision, il faut tenir compte des éléments fixes et constants de la rémunération qui représentent la contrepartie du travail, pour s'assurer que le minimum conventionnel est attribué au salarié.

Exemples

Des sommes consacrées par l'employeur pour l'acquisition par le salarié de titres-restaurant non versées en contrepartie du travail n'entrent pas dans le calcul de la rémunération à comparer avec le salaire minimum conventionnel (cass. soc. 3 juillet 2019, n° 17-18210 FSPB).

À l'inverse, une prime d'objectifs versée périodiquement doit être prise en compte même si son montant est variable (cass. soc. 3 juillet 2019, n° 17-18210 FSPB).

Enfin, un 13e mois doit être pris en compte uniquement le mois de son versement, sauf si la convention collective en dispose autrement (cass. soc. 12 janvier 2022, n° 20-12542 D).

Une convention collective nationale (CCN) peut inclure une prime annuelle dans l'assiette du minimum conventionnel. Il n'y a là aucune atteinte à la négociation d'entreprise (CE 7 octobre 2021, n° 433053).

Exemple

Peu importe que la CCN prévoie que le minimum conventionnel s'élève à 25 000 € par an pour un niveau hiérarchique donné, y inclus la prime annuelle définie par ailleurs par la CCN. L'entreprise a toute liberté pour négocier le versement d'autres compléments de salaire en remplacement de cette prime annuelle. L'essentiel est que, pour le niveau hiérarchique en question, les salariés perçoivent bien 25 000 € par an au minimum.

Sur le salaire des représentants du personnel, voir *Rémunération (représentants du personnel)**.

Différence de salaire

Voir *Salaire (à travail égal, salaire égal)**.

Salaires brut et net

Salaire brut - Le salaire brut est la rémunération totale due au salarié avant déduction des cotisations salariales. Il comprend tous les éléments de salaire, c'est-à-dire le salaire de base mais aussi les compléments de salaire (primes, gratifications et indemnités diverses).

Le salaire brut sert de base pour le calcul des *cotisations de sécurité sociale**.

Salaire net à payer - Le salaire net à payer est le salaire perçu par le salarié après déduction des cotisations de sécurité sociale du salaire brut, des indemnités non soumises (ex. : *acomptes**, *avantage en nature**, part salariale du *titre-restaurant**) et de l'ajout des indemnités non soumises à cotisations (ex. : indemnités de licenciement).

Prélèvement à la source - Voir *Prélèvement à la source** (PAS).

Net fiscal - Le salaire net fiscal correspond au salaire imposable du salarié. Il est constitué de l'ensemble des éléments de salaire imposables (salaire brut), majoré des contributions patronales aux régimes de prévoyance « frais de santé » et déduction faite, notamment, des cotisations salariales déductibles.

Dans le cas général, l'assiette du PAS est égale au net imposable. Mais ce n'est pas systématique.

Formes de rémunération et calcul

Différentes formes de rémunération - Plusieurs formes de rémunération sont à distinguer.

Le salaire au temps (à l'heure, au mois) qui est fixé par référence à un temps de base pendant lequel le salarié se tient à la disposition de l'employeur.

▶ Attention… En l'absence de fixation par le contrat de travail du temps relatif à la tâche, le salarié doit être rémunéré au taux du salaire minimal conventionnel pour le nombre d'heures qu'il a effectuées (cass. soc. 13 octobre 2004, n°s 02-43656 et 02-43987, BC V n° 254).

Le salaire au rendement qui varie selon les quantités produites (salaire aux pièces ou à la tâche) ou selon l'économie de temps réalisée.

▶ Attention… La rémunération au rendement est interdite pendant la période de 2 semaines qui suit une modification du poste de travail pour des raisons de sécurité. Ni les contrats de travail ni les conventions collectives ne peuvent prévoir de rémunération au rendement pour les travaux dangereux, pénibles et insalubres (c. trav. art. L. 4142-4 ; cass. soc. 24 septembre 2008, n° 07-44847, BC V n° 186 ; cass. soc. 6 octobre 2010, n° 05-43530 D).

Le salaire en fonction du chiffre d'affaires, qui prend alors généralement la forme de commissions, notamment pour les VRP, mais peut également, sous le nom de « guelte », constituer une partie de la rémunération de certains salariés en contact avec la clientèle [voir *Représentants de commerce** et *VRP (rémunération)**].

Quand la rémunération est en tout ou partie variable ou dépend d'objectifs à réaliser par le salarié, voir *Clause de variation du salaire** et *Clause d'objectifs**.

Calcul de la rémunération - Un salarié doit pouvoir vérifier que le calcul de sa rémunération a été effectué conformément aux modalités prévues par le contrat de travail (ex. : rémunération sur la base de commissions calculées, selon une annexe au contrat, en pourcentage sur un chiffre d'affaires) (cass. soc. 18 juin 2008, n° 07-41910, BC V n° 134). En pratique, les juges exigent de l'employeur seul qu'il produise les éléments sur lesquels il se fonde pour calculer la rémunération variable par exemple (cass. soc. 24 septembre 2008, n° 07-41383, BC V n° 173). Ils peuvent ainsi lui demander de justifier des éléments permettant de calculer les primes et rémunérations éventuellement mises en cause par un salarié (cass. soc. 9 avril 2014, n° 12-21821 D).

Modification de la rémunération

Voir *Modification du contrat de travail (rémunération)**.

Autres éléments de salaire

Heures supplémentaires - Au salaire de base déterminé par la loi (voir *SMIC**), par les dispositions conventionnelles ou le contrat individuel, s'ajoutent éventuellement des majorations pour *heures supplémentaires** et divers accessoires du salaire.

Accessoires du salaire - Les accessoires du salaire sont des compléments de salaire, à distinguer des remboursements de frais ou des libéralités de l'employeur. Il peut s'agir :
- d'une gratification, d'une *prime** ou d'indemnités ;
- d'un *avantage en nature** (c. trav. art. D. 3231-6, D. 3231-9 à D. 3231-14) ;
- de *pourboires** (c. trav. art. L. 3244-2).

Certains accessoires de salaire entrent en ligne de compte pour le calcul de l'indemnité de congés payés, de l'indemnité de préavis, de la part cessible et saisissable du salaire.

D'autres accessoires sont pris en compte pour vérifier si le *SMIC** est atteint ou compris dans l'assiette de calcul des *heures supplémentaires**.

Retenues sur salaires

Voir *Absence**.

☛ *Salaire (abattements) ; Salaire (à travail égal, salaire égal) ; Salaire (augmentations de) ; Salaire (avances sur) ; Salaire (paiement) ; SMIC.*

Salaire (abattements)

Sauf accord collectif ou usage plus favorable, le taux du *SMIC** applicable aux jeunes de moins de 18 ans est réduit de (c. trav. art. D. 3211-1 et D. 3231-3) :
- 20 % avant 17 ans ;
- 10 % entre 17 et 18 ans.

Les avantages en nature sont évalués sans application de l'abattement.

Cet abattement est supprimé si les intéressés justifient de 6 mois de pratique professionnelle dans la branche d'activité de leur emploi.

Des abattements sont aussi prévus sur la rémunération des apprentis [voir *Apprentissage (apprentis)**] et des bénéficiaires de *contrat de professionnalisation**.

☛ *Jeunes (emploi des) ; SMIC.*

Salaire (augmentations de)

Origine des augmentations

Les augmentations de salaire peuvent résulter :
- soit d'une obligation légale (relèvement du *SMIC** qui entraîne automatiquement la majoration des salaires devenus inférieurs à ce dernier, en les portant au minimum au niveau du nouveau taux du SMIC) ;
- soit d'une obligation conventionnelle (accord collectif ou *recommandations patronales**) majorant les salaires d'un pourcentage proportionnel au salaire minimal ou au salaire effectif ou d'un montant fixé en valeur absolue ;
- soit d'une décision unilatérale de l'employeur.

Ces augmentations prennent effet à la date fixée par le texte réglementaire ou conventionnel ou par l'employeur. Elles peuvent éventuellement être décidées avec effet rétroactif (notamment, les augmentations accordées par l'employeur).

▶ **À noter…** Les salariés de retour de congé maternité ou d'adoption bénéficient, sous certaines conditions, des mêmes augmentations que celles accordées à leurs collègues durant leur absence, voir *Égalité professionnelle**.

L'*indexation des salaires** sur le SMIC, sur le niveau général des prix de l'INSEE ou des salaires et sur le prix des biens et services sans rapport avec l'activité de l'entreprise est interdite.

Augmentations collectives

Augmentation des minima conventionnels - Les augmentations des salaires minima conventionnels par avenant à la convention collective ne s'appliquent pas, en principe, aux salariés dont la rémunération réelle est supérieure à ces minima (cass. soc. 8 mars 1979, n° 77-41218, BC V n° 222 ; cass. soc. 15 mai 2014, n° 12-24667 D), sauf dispositions conventionnelles, contractuelles ou usages contraires (cass. soc. 24 juin 1970, n° 69-40373).

En revanche, si un avantage peut être accordé individuellement à certains salariés pour récompenser ou encourager leurs qualités professionnelles, sans que les autres puissent se plaindre d'avoir subi une sanction, l'exclusion de certains salariés du bénéfice de l'avantage consenti sous la forme d'une mesure générale applicable à l'ensemble du personnel est une sanction pécuniaire illicite fondée sur un comportement jugé fautif (cass. soc. 19 juillet 1995, n° 91-45401 D). Par ailleurs, le principe général « à travail égal, salaire égal » doit également être respecté [voir *Salaire (à travail égal, salaire égal)**].

Négociation obligatoire - Voir *Négociations obligatoires dans l'entreprise**.

Augmentations individuelles et générales

Égalité de traitement et interdiction des discriminations - Les augmentations individuelles de salaire ne peuvent être accordées de manière purement discrétionnaire et doivent correspondre à des critères objectifs et vérifiables et sans intention discriminatoire (cass. soc. 2 octobre 2001, n° 99-17577 D) [voir *Discriminations** et *Salaire (à travail égal, salaire égal)**].

En cas de contentieux relatif à une différence de rémunération entre salariés, l'employeur doit justifier l'attribution, ou non, d'augmentations individuelles par des éléments objectifs et précis. Ainsi, l'absence d'augmentation individuelle ne peut reposer uniquement sur une performance insatisfaisante du salarié et du service auquel il appartient, sans éléments objectifs pour justifier cette insatisfaction (cass. soc. 6 mai 2015, n° 13-25821 D ; cass. soc. 20 mai 2015, n° 13-13967, BC V n° 100). En revanche, il n'y a pas de discrimination si l'absence d'augmentation individuelle et d'évolution de carrière est justifiée par des faits objectifs, par exemple lorsque le salarié est parmi les mieux rémunérés de sa catégorie professionnelle, tableaux comparatifs entre des salariés de la même qualification à l'appui, et que l'employeur dispose d'attestations de collaborateurs et de supérieurs hiérarchiques ainsi que d'entretiens d'évaluation faisant état d'un manque d'investissement, d'autonomie et de capacité de décision du salarié, permettant d'objectiver l'absence d'augmentation individuelle (cass. soc. 13 juillet 2017, n° 15-22757 D).

Prise en compte des augmentations individuelles - S'il est constaté que les promotions accordées à un salarié lui ont toutes été notifiées à des époques différentes de celles des augmentations collectives de salaires, sans que l'employeur les ait assorties de réserves en vue de leur imputation sur les majorations de salaires de caractère général à intervenir, la rémunération réelle de l'intéressé, telle qu'elle résulte des promotions individuelles antérieures, doit être augmentée chaque fois qu'une majoration à caractère général intervient, sans qu'il y ait lieu à réduction du fait de ces promotions (cass. soc. 3 février 1972, n° 71-40214, BC V n° 95).

▶ **À noter…** Le refus de faire bénéficier un salarié d'une promotion prévue au choix ne peut donner lieu, en cas d'abus, qu'à une action en dommages-intérêts (cass. soc. 7 mai 2003, n° 01-41828 D).

Revalorisation d'un coefficient - Lorsqu'un salarié obtient une promotion et change de coefficient, il doit recevoir la rémunération correspondant au minimum de ce même coefficient prévu dans la grille de salaires. Mais tel n'est pas le cas si le salarié a déjà une rémunération supérieure au minimum conventionnel (cass. soc. 1er juillet 2009, n° 07-42691, BC V n° 169).

Garantie d'évolution de la rémunération des représentants du personnel - Sur la garantie d'évolution de la rémunération des représentants du personnel, voir *Rémunération (représentants du personnel)**.

Salaire ; Salaire (à travail égal, salaire égal) ; SMIC.

➲ Formulaire de Droit social, « Notification d'une augmentation de salaire ».

Salaire (avances sur)

L'avance sur salaire représente le versement par l'employeur d'une somme qui correspond à un travail non encore effectué par le salarié. Elle n'est pas un droit pour le salarié : l'employeur peut refuser de lui verser tout ou partie du salaire avant l'exécution du travail.

Formalités et remboursement

Signature d'un reçu - Si l'employeur accepte de consentir à une avance, il est conseillé de faire signer un reçu au salarié précisant le montant de l'avance et la date de versement.

Retenues limitées au dixième - L'employeur ne peut se rembourser des avances en espèces consenties au salarié qu'au moyen de retenues successives ne dépassant pas le dixième du montant des salaires exigibles (c. trav. art. L. 3251-1 à L. 3251-3).

Les retenues par dixièmes s'imposent également lorsqu'il s'agit, pour l'entreprise, de procéder à une régularisation annuelle sur le salaire en raison d'un trop-perçu par le salarié. Ce trop-perçu s'analyse en effet comme une avance en espèces (cass. soc. 3 novembre 2011, n° 10-16660, BC V n° 252). En pratique, ce type de situation peut se rencontrer par exemple dans les dispositifs d'annualisation du temps de travail s'accompagnant d'un lissage de la rémunération (voir *Aménagement du temps de travail**).

La retenue ainsi opérée ne se confond pas avec la partie saisissable ou cessible (voir *Saisie des rémunérations**), ni avec les *acomptes**.

Exception au remboursement du dixième - L'employeur peut se rembourser intégralement sur les sommes ayant un caractère de dommages et intérêts (ex. : indemnités de licenciement), sans avoir à respecter la règle du dixième.

De même, le versement effectué par l'employeur en exécution d'une ordonnance de référé infirmée lui confère un caractère indu. Dans ces conditions, ces sommes ne constituent pas des avances en espèces et la règle des retenues successives limitées au dixième du salaire ne s'applique pas. La compensation peut donc s'opérer dans la limite de la fraction saisissable du salaire (cass. soc. 19 octobre 2017, n° 16-11617, BC V n° 187).

Preuve du remboursement

En cas de contentieux, la preuve que l'avance a bien été remboursée incombe au salarié, celui-ci ne pouvant demander à l'employeur de rapporter la preuve de la créance dont il réclame le paiement (cass. soc. 15 janvier 2015, n° 13-21355 D).

Modèle de convention portant avance sur salaire

M. ... sollicite de la société ..., son employeur, une avance sur salaire d'un montant de ... qui lui est accordée.

Elle est remboursable sans intérêt, par prélèvements successifs lors de chaque paie, jusqu'à extinction de la dette, du dixième du salaire exigible.

M. ... pourra se libérer à son gré par remboursements anticipés. En cas de rupture du contrat pour quelque cause que ce soit, les sommes restant dues deviennent immédiatement exigibles.

Fait à ..., le ..., en deux exemplaires.

Signature du salarié et de l'employeur (*)

(*) Précédée de la mention « Lu et approuvé ».

Acomptes ; Salaire.

Salaire (paiement)

Périodicité

Le *salaire** doit être payé au moins :

- 1 fois par mois, pour les salariés mensualisés (c. trav. art. L. 3242-1) ;
- 2 fois par mois, à 16 jours au plus d'intervalle, aux salariés non bénéficiaires de la *mensualisation** (c. trav. art. L. 3242-3) ;

- tous les 3 mois, aux VRP réglés par des commissions [voir *Représentants de commerce** et *VRP (rémunération)**] (c. trav. art. L. 7313-7).

Sur le paiement du salaire en cas de *travail aux pièces**, voir cette étude.

Versement du salaire

Mode de paiement - Il existe plusieurs modes de paiement des salaires : en espèces, par chèque barré ou par virement à un compte bancaire ou postal (c. trav. art. L. 3241-1).

Les salaires et traitements doivent être réglés par chèque ou virement lorsque leur montant dépasse 1 500 € (c. mon. et fin. art. L. 112-6 ; décret 85-1073 du 7 octobre 1985).

Un *bulletin de paie** doit par ailleurs être délivré au salarié.

Preuve du paiement - La remise du bulletin de paie ne prouve pas le paiement du salaire (cass. soc. 22 septembre 2010, n° 09-42289 D). En cas de contentieux, il appartient à l'employeur de prouver qu'il a effectivement payé les sommes en cause et ce, même s'il a délivré le bulletin de paie correspondant (c. civ. art. 1353 ; cass. soc. 11 janvier 2006, n° 04-41231, BC V n° 6 ; cass. soc. 2 mars 2017, n° 15-22759 D). Ce n'est donc pas au salarié de démontrer qu'il n'a pas reçu ses salaires et un juge ne peut pas lui demander de produire ses relevés de comptes personnels (cass. soc. 10 avril 2013, n° 12-15259 D).

Le simple débit du compte de l'employeur n'est pas une preuve suffisante (cass. soc. 13 janvier 2010, n° 08-41356 D). De même, de simples tableaux conformes aux mentions du bulletin de paie ne sont pas suffisants pour prouver le paiement du salaire : l'employeur doit, par exemple, produire des pièces comptables (cass. soc. 9 juillet 2014, n° 13-17315 D). Par ailleurs, la seule preuve d'une remise de chèques à l'ordre du salarié (par production de photocopies des chèques) est insuffisante : l'employeur doit en effet établir que le chèque a été encaissé (cass. soc. 18 juin 2015, n° 13-27049 D).

Versement au salarié - L'employeur doit verser la rémunération au salarié ou à une personne expressément mandatée à cet effet (autorisation écrite) (c. civ. art. 1342-2). À défaut, l'employeur qui remet la paye du salarié à un tiers (ex. : un parent) risque de devoir payer une deuxième fois le salaire à son bénéficiaire (cass. soc. 22 octobre 1996, n° 93-46087 D).

Il en est de même dans les couples, y compris mariés. Un employeur ne peut pas en principe verser la rémunération d'un (e) salarié (e) sur le compte de son conjoint, dès lors qu'il (elle) n'y a pas accès. Un conjoint ne peut pas en effet être présumé mandataire de l'autre (cass. soc. 4 février 1976, n° 74-40387, BC V n° 65).

À compter du **26.12.2022**, le versement du salaire par chèque barré ou par virement devra se faire sur un compte bancaire « dont le salarié est le titulaire ou le cotitulaire » (loi 2021-1774 du 24 décembre 2021, art. 1, JO du 26 ; c. trav. art. L. 3241-1, al. 1 et 3). En outre, le salarié ne pourra pas désigner un tiers pour recevoir son salaire (c. trav. art. L. 3241-1, al. 1).

Jour de paiement - Le salaire est versé un jour ouvrable. En cas de paiement par virement, il n'y a pas de restriction (c. trav. art. R. 3241-1).

Lieu de paiement - Lorsque l'employeur ne paie pas le salaire par virement, il n'est pas tenu d'envoyer un chèque au salarié. Le salaire est en effet quérable et non portable (cass. soc. 10 novembre 2009, n° 08-42856 D). Cela signifie qu'il doit être remis au salarié sur le lieu de travail. L'employeur n'a pas l'obligation de l'adresser au domicile du salarié. Il ne peut dès lors être tenu au paiement de dommages-intérêts de retard lorsque le salarié ne vient pas chercher son salaire pendant plusieurs mois (cass. soc. 11 avril 1991, n° 89-43337, BC V n° 186).

Action en paiement - L'action en paiement du salaire se prescrit par 3 ans [voir *Prescription (salaires)**].

Retard de paiement - Selon les circonstances, un retard dans le paiement du salaire peut justifier ou pas une prise d'acte de la rupture du contrat de travail (pour des exemples, voir *Prise d'acte de la rupture**). Ainsi, à titre d'exemple, un paiement tardif du salaire, à plusieurs reprises, sur une période de 5 mois, peut justifier une prise d'acte (cass. soc. 30 mai 2018, n° 16-28127 D).

En tout état de cause, lorsqu'un salarié accepte un retard dans le paiement de son salaire pour aider l'entreprise, il ne peut pas, par la suite, invoquer une rupture du contrat de travail à la charge de l'employeur (cass. soc. 16 mars 1995, n° 91-40547 D).

▶ Attention… Tout retard dans le versement du salaire est sanctionné pénalement (c. trav. art. R. 3246-1 à R. 3246-3).

Il en va de même pour le paiement des primes afférentes au salaire (ex. : *prime de sujétion**) : l'employeur ne peut pas reporter au mois suivant le paiement de certains éléments de rémunération exigibles à la date de paiement du salaire (cass. soc. 19 octobre 2016, n° 15-18162 D).

Le versement de dommages et intérêts compense le retard de paiement [intérêts moratoires (c. civ. art. 1231-6)] et éventuellement le préjudice indépendant du retard, causé par la mauvaise foi de l'employeur (cass. soc. 16 février 2012, n° 10-18162 D). Ce préjudice doit toutefois être caractérisé, distinct du retard de paiement par l'employeur et causé par la mauvaise foi de celui-ci (cass. soc. 22 septembre 2016, n° 15-13135 D).

Défaut de paiement - Le non-paiement réitéré par l'employeur d'un élément de la rémunération contractuelle peut constituer un manquement d'une gravité suffisante pour empêcher la poursuite du contrat de travail et justifier la prise d'acte de la rupture du contrat de travail aux torts de l'employeur. Toutefois, si l'employeur a régularisé, avant la prise d'acte, le paiement des éléments de salaire qui restaient dus (ici des primes), ce manquement ne rend pas impossible la poursuite du contrat de travail (cass. soc. 21 avril 2017, n° 15-19353 D).

L'employeur ne peut pas faire échec à son obligation de verser la rémunération que s'il démontre que le salarié a refusé d'exécuter son travail ou ne s'est pas tenu à sa disposition (cass. soc. 13 octobre 2021, n° 20-18903 D).

Trop versé - Si les sommes ont été versées pendant plusieurs années, « l'erreur inexcusable » de l'employeur peut être retenue, ce qui lui interdit de réclamer la somme litigieuse au salarié (cass. soc. 7 décembre 1999, n° 97-40888 D). Toutefois, la notion d'erreur inexcusable doit être analysée dans chaque cas d'espèce. Ainsi, une erreur de calcul de paie, même grossière (paiement en net de ce qui était prévu en brut), durant une longue période (7 ans) n'est pas constitutive pour l'employeur d'une faute inexcusable interdisant l'engagement d'une procédure en « répétition de l'indu » (action en remboursement du trop versé) (cass. soc. 30 septembre 2010, n° 09-40114, BC V n° 208).

Héritiers et conjoint survivant - Les héritiers et conjoint survivant sont saisis de plein droit des biens, droits et actions du défunt (c. civ. art. 724).

Ainsi, est recevable l'action intentée par la veuve d'un salarié en paiement de salaires (ex. : heures supplémentaires, repos compensateur, prime d'ancienneté) et de rappel sur le capital décès. Ces droits sont entrés dans le patrimoine du salarié avant son décès, et il importe peu que le salarié n'ait pas intenté d'action avant son décès pour réclamer les sommes dues (cass. soc. 29 octobre 2002, n° 00-41269, BC V n° 323).

☞ *Bulletin de paie ; Prescription (salaires) ; Salaire ; Salaire (avances sur).*

Salaire (à travail égal, salaire égal)

Salariés à « comparer »

Principe applicable à tous les salariés - L'employeur est tenu d'assurer l'égalité de rémunération entre tous les salariés, de l'un ou l'autre sexe, quand ils sont placés dans une situation identique (cass. soc. 29 octobre 1996, n° 92-43680, BC V n° 359 ; cass. soc. 15 décembre 1998, n° 95-43630, BC V n° 551).

Ainsi, les différences de traitement entre des salariés placés dans des situations identiques non fondées sur un élément objectif sont interdites *(voir ci-après)*, sous peine pour l'employeur d'être condamné, notamment, à verser des rappels de salaire.

Principe applicable entre les femmes et les hommes - L'employeur doit assurer, pour un même travail ou pour un travail de valeur égale, l'égalité de rémunération entre les femmes et les hommes (c. trav. art. L. 3221-2).

▶ À noter… Sur les mesures visant à supprimer les écarts de rémunération femmes/hommes (index de l'égalité femmes/hommes, etc.), voir *Rémunération (écarts entre les femmes et les hommes)**.

Transaction hors du champ de l'égalité de traitement - Un salarié ne peut invoquer le principe d'égalité de traitement pour revendiquer les droits et avantages d'une *transaction** conclue par l'employeur avec d'autres salariés (cass. soc. 12 mai 2021, n°s 20-10796, 20-10797, 20-10798, 20-10799, 20-10800 FP). En effet, même si toutes les transactions conclues présentent des analogies, la transaction reste un acte « personnalisé » entre l'employeur et chaque salarié. Les droits et avantages consentis dans le cadre du protocole transactionnel sont liés à la contestation soulevée par le salarié et au risque contentieux que l'employeur souhaite éviter. De plus, le choix de conclure une transaction relève de la liberté contractuelle (c. civ. art. 1102).

Le principe d'égalité de traitement ne peut pas non plus être invoqué par un salarié signataire d'une transaction, pour bénéficier des avantages consentis à d'autres salariés dans le cadre de transactions antérieures (cass. soc. 30 novembre 2011, n° 10-21119, BC V n° 283).

Appréciation du travail « égal » et du salaire « égal »

Appréciation du travail « égal » en matière d'égalité femmes/hommes - S'agissant de l'*égalité professionnelle** entre les femmes et les hommes, ont une valeur égale les travaux exigeant des salariés un ensemble comparable de (c. trav. art. L. 3221-4) :
- connaissances professionnelles consacrées par un titre, un diplôme ou une pratique professionnelle ;
- capacités découlant de l'expérience acquise ;
- responsabilités ;
- charge physique ou nerveuse.

Un travail de « valeur égale » n'est pas forcément un travail avec les mêmes fonctions (cass. soc. 22 octobre 2014, n° 13-18362, BC V n° 252).

Exemple

Une salariée DRH exécutait un travail de « valeur égale » à celui de ses collègues masculins, directeurs commerciaux, membres comme elle du comité de direction, car leurs fonctions respectives :
- relevaient d'un même niveau hiérarchique, de classification et de responsabilités ;
- avaient une importance comparable dans le fonctionnement de l'entreprise ;
- exigeaient en outre des capacités comparables et représentaient une charge nerveuse du même ordre.

La salariée a obtenu un rappel de salaire car, pour une ancienneté plus importante et un niveau d'études similaire, elle percevait une rémunération inférieure à celles de ses collègues masculins. Elle avait été victime d'une inégalité de traitement, l'employeur ne rapportant pas la preuve d'éléments étrangers à toute discrimination justifiant cette inégalité (cass. soc. 6 juillet 2010, n° 09-40021, BC V n° 158).

Appréciation du travail égal entre les salariés de l'un ou l'autre sexe - S'agissant du principe général « à travail égal, salaire égal » applicable entre tous les salariés de l'un ou l'autre sexe, les juges apprécient le travail égal compte tenu, notamment, de la qualification, du niveau de responsabilité et de la charge de travail (cass. soc. 28 novembre 2006, n° 05-41414, BC V n° 353 ; cass. soc. 1er juillet 2009, n° 07-42691, BC V n° 169).

L'identité de fonctions n'est pas exigée pour apprécier un travail égal entre des salariés de l'un ou l'autre sexe (cass. soc. 4 juin 2014, n° 12-23759 D). La règle est identique en matière d'égalité femmes-hommes *(voir ci-avant)* (cass. soc. 6 juillet 2010, n° 09-40021, BC V n° 158).

Appréciation du salaire égal - En matière d'égalité de traitement femmes/hommes, on entend par « rémunération » le salaire ou traitement ordinaire de base ou minimal et tous les autres avantages et accessoires payés, directement ou indirectement, en espèces ou en nature, par l'employeur au salarié, en raison de l'emploi de ce dernier (c. trav. art. L. 3221-3 ; cass. soc. 10 avril 2002, n° 00-42935 D). À notre sens, il en est de même en matière d'égalité de traitement entre tous les salariés.

L'employeur doit aussi comparer les salaires compte tenu, le cas échéant :
- des parties fixe et variable de la rémunération (cass. soc. 12 juillet 2006, n° 04-46420 D) ;
- des majorations pour heures supplémentaires (cass. soc. 7 juin 2006, n° 04-45592 D).

La question s'est posée de savoir si les parts de carried interest constituent un élément de rémunération. L'affaire reste à trancher par une autre cour d'appel que celle qui avait répondu positivement mais qui a été censurée par la Cour de cassation faute d'avoir bien motiver son arrêt (cass. soc. 12 novembre 2020, n° 18-23986 FSPB).

▶ À noter... Les revenus issus des parts de « carried interest » proviennent d'une participation dans un fonds commun de placement géré par l'employeur plus importante que la part attribuée aux investisseurs ordinaires. Il s'agit d'une forme d'actionnariat salarié.

Individualisation des salaires

Différences de salaire justifiées par des éléments objectifs - Le principe « à travail égal, salaire égal » n'interdit pas des différences entre des salariés qui effectuent un même travail ou un travail de valeur égale dès lors que celles-ci reposent sur des éléments objectifs matériellement vérifiables et étrangers à toute discrimination (voir *Discriminations**). Au fil de la jurisprudence, les juges ont défini ces éléments de différenciation.

Sur l'application du principe d'égalité de traitement en matière d'augmentation de salaire, voir *Salaire (augmentations de)**.

▶ À noter... Une différence de rémunération, même faible, doit reposer sur ces éléments objectifs (cass. soc. 6 octobre 2010, n° 09-42324 D).

Expérience, ancienneté, quantité et qualité du travail - Pour justifier d'une différence de salaire, l'entreprise peut se fonder sur des critères objectifs et matériellement vérifiables comme :
- l'expérience acquise chez d'autres employeurs, étant précisé qu'elle ne peut justifier une différence de salaire qu'au moment de l'embauche et que si

elle est en relation avec les exigences du poste et les responsabilités effectivement exercées (cass. soc. 15 novembre 2006, n° 04-47156, BC V n° 340 ; cass. soc. 23 janvier 2013, n° 10-18636 D) ;

- l'ancienneté, à condition qu'elle ne soit pas prise en compte dans une prime spéciale (cass. soc. 17 février 2010, n° 08-44375 D) ;

- la charge de travail (cass. soc. 5 mars 2014, n° 12-28303 D) ou encore, la volonté de récompenser une satisfaction particulière donnée dans le travail (cass. soc. 30 avril 2003, n° 00-46439 D).

▶ À noter… Un accord collectif de branche peut intégrer le critère de l'expérience dans le calcul du salaire minimum conventionnel. Par exemple, un accord peut autoriser les entreprises à procéder à un abattement de 5 %, pendant 2 ans, sur le minimum salarial conventionnel des cadres débutants sans expérience professionnelle, lequel impose, par ailleurs, de tenir des entretiens réguliers avec les salariés concernés (CE 16 octobre 2017, n° 390011).

Les qualités professionnelles ou la différence de qualité de travail ne justifient pas, lors de l'embauche, une différence de traitement entre deux salariés occupant le même emploi. En effet, l'employeur n'a pas encore pu apprécier les qualités professionnelles de ces salariés. En revanche, ces éléments objectifs sont susceptibles de justifier des augmentations de salaires plus importantes ou une progression plus rapide dans la grille indiciaire, pour le salarié plus méritant (cass. soc. 13 novembre 2014, n° 12-20069, BC V n° 264).

▶ Attention… L'employeur qui fournit comme seule explication la prétendue médiocre qualité du travail n'apporte pas la preuve que l'inégalité de traitement repose sur un critère objectif tenant à la différence de travail fourni (cass. soc. 26 novembre 2002, n° 00-41633, BC V n° 354).

Un salarié peut lui aussi se prévaloir de la qualité de son travail, reconnue lors d'une évaluation (voir *Évaluation des salariés**), pour revendiquer l'augmentation obtenue par ses collègues (cass. soc. 20 février 2008, n° 06-40085, BC V n° 38).

Différence de diplômes - La seule différence de diplômes ne justifie pas une différence de rémunération entre des salariés qui exercent les mêmes fonctions à moins que la possession d'un diplôme spécifique atteste de connaissances particulières utiles à l'exercice de la fonction occupée. En cas de contentieux, la preuve devra en être apportée (cass. soc. 13 novembre 2014, n° 12-20069, BC V n° 264 ; cass. soc. 6 novembre 2019, n° 18-13235 D).

Circonstances de l'embauche - L'employeur peut fixer des salaires différents pour des salariés ayant les mêmes fonctions si les circonstances de l'embauche le justifient (ex. : recrutement en urgence) (cass. soc. 21 juin 2005, n° 02-42658, BC V n° 206 ; cass. soc. 5 mars 2014, n° 12-28303 D).

Différence de catégorie professionnelle - Voir *Avantage catégoriel**.

Différence de statut juridique - La seule différence de statut juridique ne suffit pas, à elle seule, à justifier une différence de rémunération entre des salariés effectuant un travail de valeur égale au service d'un même employeur (cass. soc. 12 juin 2013, n° 12-17273, BC V n° 153). Toutefois, l'employeur qui emploie à la fois des fonctionnaires, des agents de droit public et des agents de droit privé peut rémunérer différemment ces catégories de personnels dès lors que la rémunération de base et certains éléments sont calculés en fonction, soit de règles de droit public, soit de dispositions conventionnelles de droit privé. Il en va autrement s'agissant d'un complément de rémunération applicable à l'ensemble du personnel, par décision de l'employeur, sur le critère de la fonction ou du poste de travail occupé (cass. ass. plén. 27 février 2009, n° 08-40059, B. ass. plén. n° 2 ; cass. soc. 28 novembre 2018, n° s 17-2007 et 17-2008 FPPB).

Disparité du coût de la vie - Un employeur peut appliquer des barèmes de rémunération distincts selon la localisation des établissements, si cette différence de traitement est justifiée par une raison objective comme la disparité du coût de la vie entre les zones en question (ex. : entre l'Île-de-France et la province). En cas de contentieux, l'employeur doit être en mesure de prouver les éléments démontrant cette disparité (coûts respectifs de l'immobilier, des transports, etc.) (cass. soc. 14 septembre 2016, n° 15-11386, BC V n° 168).

Attribution d'un avantage, de primes ou de gratifications

Application du principe « à travail égal, salaire égal » à l'attribution d'un avantage - L'employeur qui veut accorder un avantage seulement à certains salariés doit définir des règles d'attribution objectives et contrôlables. Le cas échéant, la différence de traitement entre les salariés placés dans la même situation au regard de cet avantage doit reposer sur des raisons objectives, dont le juge contrôle la réalité et la pertinence en cas de contentieux (cass. soc. 18 janvier 2000, n° 98-44745, BC V n° 25).

Salaire (à travail égal, salaire égal)

Différence de traitement reposant sur la catégorie professionnelle - Voir *Avantage catégoriel**.

Avantage attribué en contrepartie d'une sujétion - Des salariés soumis à une même sujétion doivent bénéficier du même avantage versé en contrepartie de celle-ci, l'employeur ne pouvant pas invoquer une différence de catégorie professionnelle entre eux. Le degré de sujétion permet néanmoins de moduler le niveau de cet avantage (cass. soc. 7 avril 2010, n° 08-44865, BC V n° 86).

De plus, les contreparties versées à des salariés soumis à une même sujétion doivent être « égales ». Celles versées à des salariés soumis à des sujétions différentes peuvent donc varier (cass. soc. 5 juin 2013, n° 11-21255, BC V n° 146).

Exemple

Une majoration de salaire différente peut être accordée pour les heures exceptionnellement travaillées la nuit et pour celles des salariés travaillant habituellement la nuit en continu par équipes successives (cass. soc. 5 juin 2013, n° 11-21255, BC V n° 146).

Application à l'attribution de gratifications ou primes - L'employeur est libre d'accorder ponctuellement des gratifications, dont le montant peut varier d'un salarié à l'autre. Le fait que ces primes soient accordées de manière discrétionnaire ne le dispense cependant pas de respecter le principe « à travail égal, salaire égal ».

En cas de contentieux, l'employeur doit donc pouvoir expliquer, de manière objective, pour quelles raisons un salarié n'a pas eu de prime ou a reçu une gratification sensiblement inférieure à ses collègues se trouvant dans une situation comparable (cass. soc. 10 octobre 2000, n° 98-41389, BC V n° 317 ; cass. soc. 30 avril 2009, n° 07-40527, BC V n° 121).

À titre d'illustration, verser une prime aux seuls salariés qui ont accepté de signer un avenant à leur contrat de travail ne constitue pas une justification objective (cass. soc. 5 juin 2013, n° 11-28934 D). En l'espèce, un employeur, souhaitant mettre en place un système de rémunération variable, avait soumis aux salariés concernés un avenant à leur contrat de travail prévoyant notamment le versement d'une prime pour les inciter à signer l'avenant en question. Pour les juges, il ne s'agissait pas là d'un critère valable. L'employeur a donc été condamné à verser cette prime aux signataires comme aux non-signataires de l'avenant.

Situation spécifique des salariés en équipe de suppléance - Le régime salarial spécifique aux salariés des équipes de suppléance écarte toute comparaison avec d'autres salariés, au regard d'un avantage salarial tel qu'une prime de nuit. En effet, les salariés des équipes de suppléance relèvent d'un régime salarial spécifique (voir *Équipes de fin de semaine**). Dans la mesure où ils travaillent uniquement les week-ends, et donc en décalage des rythmes de vie collectif, ils bénéficient d'une majoration salariale d'au minimum 50 % (c. trav. art. L. 3132-16, L. 3132-17 et L. 3132-19). Ils ne sont donc pas, au regard de l'avantage considéré, dans une situation identique à celle des salariés de l'équipe de semaine (cass. soc. 5 mai 2021, n° 19-20547 FSP).

Égalité dans l'application d'avantages conventionnels

Date d'embauche par rapport à l'entrée en vigueur ou à la dénonciation d'un accord collectif - Le seul fait que des salariés aient été embauchés avant ou après l'entrée en vigueur d'un accord collectif ne suffit pas, en principe, à justifier les différences de salaire entre eux (cass. soc. 4 février 2009, n° 07-41406, BC V n° 35 ; cass. soc. 10 octobre 2013, n° 12-21106 D).

Exemple

Un salarié engagé avant la date d'entrée en vigueur d'un nouvel accord sur la classification des emplois exerçait les mêmes fonctions qu'un salarié embauché après cette date. Il avait la même ancienneté mais s'était vu attribuer un coefficient inférieur à ce dernier, l'employeur ayant donné pour seule explication l'application de cet accord. Les juges lui ont attribué un rappel de salaire car le salarié engagé avant l'entrée en vigueur de cet accord devait bénéficier du coefficient attribué au salarié engagé après sa date d'entrée en vigueur et placé dans une situation identique (cass. soc. 21 février 2007, n° 05-43136, BC V n° 27).

Il en est de même pour des salariés engagés avant ou après la dénonciation d'un accord collectif, d'un engagement unilatéral de l'employeur ou d'un usage (cass. soc. 12 février 2008, n° 06-45397, BC V n° 36 ; cass. soc. 18 mars 2009, n° 07-43789 D).

À titre d'exception, la date d'embauche peut justifier des différences de salaire entre les salariés engagés avant ou après l'entrée en vigueur d'un accord collectif :

- si celui-ci compense un préjudice subi par les salariés en poste au moment de son application (ex. : un accord sur la structure des rémunérations, qui compense pour les seuls salariés présents à la date de sa mise en œuvre la perte de salaire résultant de son application) (cass. soc. 31 octobre 2006, n° 03-42641, BC V n° 320) ;

- si l'employeur, tenu de maintenir le niveau contractuel de rémunération d'un salarié avant l'entrée en vigueur d'un accord d'entreprise instaurant une nouvelle grille salariale, lui a attribué un complément, ce qui a créé une différence justifiée avec les salariés embauchés ultérieurement (cass. soc. 7 décembre 2017, n° 16-15109, BC V n° 213) ;
- de substitution ; en effet, les salariés engagés postérieurement à l'entrée en vigueur d'un accord de substitution ne peuvent revendiquer, au titre du principe d'égalité de traitement, le bénéfice des dispositions prévues par l'accord collectif antérieur (cass. soc. 28 juin 2018, n° 17-16499 FSPB).

Par ailleurs, des salariés embauchés après l'entrée en vigueur d'un nouveau barème conventionnel peuvent avoir à l'avenir une évolution de carrière plus rapide, dès lors qu'ils ne bénéficient à aucun moment d'une classification ou d'une rémunération plus élevée que celle des salariés embauchés avant l'entrée en vigueur du nouveau barème et placés dans une situation identique ou similaire (cass. soc. 7 décembre 2017, n° 16-14235, BC V n° 212).

Date de rupture du contrat et avantages conventionnels rétroactifs - La seule circonstance que le contrat de travail d'un salarié ait été rompu avant la date de signature d'un accord collectif ne justifie pas que ce salarié soit exclu, à la différence des salariés placés dans une situation identique ou similaire et dont le contrat de travail n'était pas rompu à la date de signature de l'accord, des avantages salariaux institués par celui-ci, de façon rétroactive, pour la période antérieure à la cessation du contrat de travail. Une différence de traitement ne peut en effet être instaurée entre des salariés occupant le même emploi selon que leur contrat de travail était ou non rompu à la date de signature de cet accord (cass. soc. 13 janvier 2021, n° 19-20736 FSPRI).

Exemple

Un accord salarial avait été conclu le 8 octobre 2015 à l'issue de la négociation annuelle obligatoire. Cet accord prévoyait l'augmentation des salaires de base et l'octroi d'une prime du samedi, de manière rétroactive au 1er janvier 2015. Un salarié qui avait été licencié le 28 janvier 2015 réclamait le versement de ces avantages salariaux pour la période de janvier à mars 2015, correspondant à son préavis. Même si le salarié ne faisait plus partie du personnel à la date de conclusion de l'accord le 8 octobre 2015, il pouvait bénéficier des avantages salariaux versés rétroactivement à partir du 1er janvier 2015 pour la période de son contrat restant à courir jusqu'en mars 2015 (cass. soc. 13 janvier 2021, n° 19-20736 FSPRI).

Différences de traitement instituées par accord collectif

Différences de traitement présumées justifiées : en cas de contentieux, la preuve pèse sur le salarié - La Cour de cassation considère justifiées les disparités de traitement prévues par des accords collectifs conclus avec des syndicats représentatifs :
- entre des salariés appartenant à des catégories professionnelles différentes (voir *Avantage catégoriel**) (cass. soc. 27 janvier 2015, n° 13-22179, BC V n° 9) ;
- entre des salariés exerçant, au sein d'une même catégorie professionnelle, des fonctions différentes (voir *Avantage catégoriel**) (cass. soc. 8 juin 2016, n° 15-11324, BC V n° 130) ;
- entre des salariés appartenant à la même entreprise mais à des établissements différents, que l'inégalité de traitement résulte d'un accord d'établissement ou d'un accord d'entreprise *(voir ci-après)* (cass. soc. 3 novembre 2016, n° 15-18444, BC V n° 206 ; cass. soc. 4 octobre 2017, n° 16-17517 FSPBRI) ;
- entre des salariés appartenant à la même entreprise, mais affectés à des sites distincts (cass. soc. 30 mai 2018, n° 17-12782 FPPB).

Conséquence de la présomption de justification : c'est au salarié qui conteste la différence de traitement de démontrer qu'elle est étrangère à toute considération de nature professionnelle.

▶ À noter… Sont visés par la Cour de cassation les accords conclus avec des syndicats représentatifs. Qu'en est-il des accords conclus avec les élus du comité social et économique ou les salariés mandatés (entreprises d'au moins 11 salariés sans délégué syndical) ou des accords conclus par la voie du référendum (entreprises de moins de 11 salariés, par hypothèse dépourvues d'élus et de délégué syndical) ? Ceux-ci peuvent-ils bénéficier de la présomption de justification ? Pour l'heure, la question reste entière, la Cour de cassation ne s'étant pas encore prononcée sur ce sujet.

Différences de traitement non présumées justifiées : en cas de contentieux, la preuve pèse sur l'employeur - La présomption de justification ne s'applique pas à toutes les différences de traitement instituées par les conventions et accords collectifs conclus avec des syndicats représentatifs. La reconnaissance d'une telle présomption générale de justification de toute différence de traitement serait contraire au principe d'égalité de traitement tel que prévu par le droit de l'Union européenne pour deux raisons (cass. soc. 3 avril 2019, n° 17-11970 FPPBRI) :

- elle ferait reposer sur le seul salarié la charge de la preuve de l'atteinte au principe d'égalité ;
- en outre, un accord collectif n'est pas en soi de nature à justifier une différence de traitement.

Toutes les distinctions opérées entre les salariés par voie d'accord collectif ne sont donc pas justifiées a priori.

Les différences de traitement citées ci-avant sont présumées justifiées, de sorte qu'il appartient au salarié qui les conteste de démontrer qu'elles sont étrangères à toute considération de nature professionnelle.

En revanche, pour les autres différences de traitement établies par le salarié (ex. : différence de traitement basée sur la date de présence sur un site), il appartient à l'employeur de justifier de raisons objectives dont le juge contrôlera concrètement la réalité et la pertinence. En outre, une différence de traitement reposant sur un motif discriminatoire prohibé (ex. âge), même si elle est prévue par un accord collectif, ne peut être présumée justifiée au regard du principe de non-discrimination (voir *Discriminations**) (cass. soc. 9 octobre 2019, n° 17-16642 FSPB).

Périmètre d'application

Établissements/entreprise - Il ne peut pas y avoir de différences de traitement entre les salariés d'établissements distincts d'une même entreprise exerçant un travail égal ou de valeur égale, sauf si ces différences reposent sur des raisons objectives (ex. : contraintes horaires, pénibilité des conditions de travail, etc.) (cass. soc. 21 janvier 2009, n° 07-43452, BC V n° 15 ; cass. soc. 8 juin 2011, n° 10-30162, BC V n° 154 ; cass. soc. 14 septembre 2016, n° 15-11386, BC V n° 168).

Les différences de traitement entre des salariés d'une même entreprise appartenant à des établissements ou affectés à des sites distincts, issues d'accords d'établissement ou d'entreprise conclus par des syndicats représentatifs, sont présumées justifiées (cass. soc. 3 novembre 2016, n° 15-18444, BC V n° 206 ; cass. soc. 4 octobre 2017, n° 16-17417 et 16-17418 FSPBRI ; cass. soc. 30 mai 2018, n° 17-12782 FPPB). Il n'appartient donc pas à l'employeur de démontrer que la différence de traitement instituée par l'accord d'établissement ou d'entreprise repose sur des critères objectifs et pertinents. C'est à celui qui conteste les différences de traitement de démontrer qu'elles sont étrangères à toute considération de nature professionnelle.

▶ À noter… Les inégalités qui résultent d'un accord de fin de conflit, conclu au niveau d'un établissement avec des syndicats représentatifs, sont également présumées justifiées (cass. soc. 30 mai 2018, n° 17-12782 FPPB).

Entreprises/groupe - La comparaison n'est à effectuer qu'entre des salariés qui travaillent pour la même entreprise. Ainsi, le principe d'égalité de traitement ne s'applique pas entre des salariés d'entreprises relevant d'un même groupe (cass. soc. 16 septembre 2015, n° 13-28415, BC V n° 158).

Par ailleurs, un salarié qui intervient dans une entreprise dans le cadre d'un contrat de prestation de services et qui ne relève pas des mêmes accords collectifs ne peut pas demander le même traitement que les salariés de cette entreprise (cass. soc. 28 juin 2006, n° 05-40672 D).

Unité économique et sociale - Au sein d'une *unité économique et sociale** (UES), composée de personnes juridiques distinctes, il ne peut y avoir de comparaison entre les conditions de rémunération d'un salarié et celles d'autres salariés compris dans l'UES que si ces conditions sont fixées par la loi, une convention ou un accord collectif commun, ainsi que dans le cas où le travail de ces salariés est accompli dans un même établissement (cass. soc. 1er juin 2005, n° 04-42143, BC V n° 185 ; cass. soc. 11 juillet 2012, n° 11-14349 D).

Faute de relever de la même convention collective, des salariés appartenant à différentes entreprises formant une UES ne peuvent pas se voir appliquer la règle « à travail égal, salaire égal » (cass. soc. 2 juin 2010, n° 08-44152 D).

« À travail égal, salaire égal » et transfert des contrats de travail

Avantage résultant d'un accord collectif - Quand des salariés transférés dans le cadre d'une *modification de la situation juridique de l'employeur** réclament le paiement d'avantages conventionnels dont bénéficient les salariés de leur nouvel employeur, le contentieux est tranché en articulant le principe « à travail égal, salaire égal » avec les règles sur le transfert des contrats de travail.

La seule circonstance que les salariés aient été engagés avant ou après l'entrée en vigueur d'un accord collectif ne suffit pas à justifier des différences de traitement entre eux, sauf exception *(voir ci-avant)*. Ainsi, quand un accord collectif a pour objet de compenser un préjudice subi par les salariés présents dans l'entreprise lors de l'entrée en vigueur de l'accord collectif, des différences de traitement sont permises.

Par ailleurs, en cas de modification de la situation juridique de l'employeur, le transfert des contrats de travail s'opère au jour du transfert de l'entité économique dont relève le salarié (c. trav. art. L. 1224-1). Il en résulte que le salarié dont le contrat de travail est repris ne peut pas prétendre avoir été présent dans l'entreprise exploitée par le cessionnaire avant la date d'effet du transfert (cass. soc. 4 février 2009, n° 07-42024, BC V n° 37).

Avantage résultant d'un usage - Les salariés transférés doivent continuer de bénéficier des avantages résultant d'un *usage** en vigueur chez l'ancien employeur au jour du transfert (ex. : une prime d'ancienneté), à moins que le nouvel employeur ne le dénonce. Il n'a pas à l'appliquer aux autres salariés, ni à ceux recrutés ultérieurement au transfert (cass. soc. 23 septembre 1992, n° 89-45656, BC V n° 479 ; cass. soc. 7 décembre 2005, n° 04-44594, BC V n° 356 ; cass. soc. 11 janvier 2012, n° 10-14614, BC V n° 15 ; cass. soc. 30 mai 2018, n° 17-12782 FPPB).

Transfert conventionnel ou volontaire de salariés - Voir *Modification de la situation juridique de l'employeur**.

Règles de preuve en cas de contentieux

Au salarié de démontrer l'identité de situation - Le salarié qui invoque devant le juge une inégalité de traitement doit démontrer qu'il se trouve dans une situation identique ou similaire à celui auquel il se compare (cass. soc. 4 avril 2018, n° 16-27703 PBRI), sachant qu'il ne peut pas comparer sa situation avec des non-salariés (cass. soc. 16 décembre 2015, n° 14-11294, BC V n° 270).

▶ À noter... Lorsque la différence de traitement entre des salariés placés dans une situation identique au regard de l'avantage considéré résulte des termes mêmes de l'accord collectif, il y a lieu de faire application du principe d'égalité de traitement sans recourir nécessairement à une comparaison entre salariés de l'entreprise effectuant le même travail ou un travail de valeur égale (cass. soc. 23 mars 2011, n° 09-42666, BC V n° 79).

À l'employeur de se justifier dans certains cas - Certaines disparités de traitement prévues par des accords collectifs conclus avec des syndicats représentatifs sont présumées justifiées *(voir ci-avant)*.

Dans ces cas, il appartient au salarié qui conteste la différence de traitement de démontrer qu'elle est étrangère à toute considération de nature professionnelle.

En dehors de ces cas, la charge de la preuve pèse sur l'employeur. Si le salarié a soumis aux juges les éléments de fait susceptibles de caractériser une inégalité de rémunération (ou plus largement, si le salarié a établi des différences de traitement), l'employeur doit alors prouver que la disparité de la situation constatée est justifiée par des éléments objectifs étrangers à toute discrimination (cass. soc. 13 janvier 2004, n°s 01-46407 et 03-41825, BC V n° 1 ; cass. soc. 20 octobre 2010, n° 08-19748, BC V n° 242 ; note explicative relative à cass. soc. 3 avril 2019, n° 17-11970 FPPBRI).

Si besoin, le salarié peut demander au juge qu'il ordonne à l'employeur de produire les éléments en sa possession qui pourraient servir de preuve (cass. soc. 12 juin 2013, n° 11-14458, BC V n° 156).

☞ *Avantage catégoriel ; Salaire.*

Salariés mis à disposition

Prêt de main-d'œuvre

La mise à disposition de personnel auprès d'une autre entreprise consiste en un *prêt de main-d'œuvre** à une tierce entreprise.

Par salariés mis à disposition par une entreprise extérieure, il faut entendre les salariés qui participent aux activités nécessaires au fonctionnement de l'entreprise utilisatrice, sachant que cette participation n'est pas restreinte au seul métier de l'entreprise ou à la seule activité principale de celle-ci (cass. soc. 26 mai 2004, n° 03-60125, BC V n° 140 ; cass. soc. 12 juillet 2006, n° 05-60384, BC V n° 257). En principe, aucun lien de subordination n'existe entre le salarié mis à disposition et l'entreprise d'accueil.

Ces salariés sont à distinguer des salariés en contrat de *travail temporaire** et des salariés en *contrat de travail intermittent** (circ. DGT du 13 novembre 2008).

Prise en compte dans les effectifs

Conditions à remplir - Les travailleurs mis à la disposition de l'entreprise par une entreprise extérieure sont pris en compte dans l'effectif de l'entreprise d'accueil au prorata de leur temps de

présence au cours des 12 mois précédents, mais à deux conditions (c. trav. art. L. 1111-2) :
- être présent dans les locaux de l'entreprise utilisatrice au moment du décompte de l'effectif *(voir ci-après)* ;
- et y travailler depuis au moins 1 an.

Si ces conditions sont remplies, les salariés mis à disposition doivent être pris en compte pour vérifier si les seuils d'effectifs qui déclenchent l'obligation d'organiser des *élections professionnelles** sont atteints. Le fait que certains aient choisi d'être électeurs dans l'entreprise qui les emploie ne change rien *(voir ci-après)*. Cette circonstance ne permet pas de les exclure de l'effectif de l'entreprise d'accueil (cass. soc. 19 janvier 2011, n° 10-60296, BC V n° 27).

Ces règles s'appliquent, à notre avis, aux salariés mis à disposition par une entreprise de *travail à temps partagé** (c. trav. art. L. 1252-1).

Dès lors qu'un salarié mis à disposition remplit les conditions légales d'intégration au sein d'une entreprise utilisatrice (c. trav. art. L. 1111-2), la nature du lien juridique entre eux importe peu (cass. soc. 15 avril 2015, n° 14-20200 D). Ainsi, un salarié d'une entreprise sous-traitante peut être considéré comme un salarié mis à disposition dans une entreprise utilisatrice.

Exceptions - Les salariés mis à disposition sont exclus du décompte de l'effectif :
- lorsqu'ils remplacent un salarié absent ou dont le contrat de travail est suspendu (c. trav. art. L. 1111-2 ; cass. soc. 1er avril 2008, n° 07-60287, BC V n° 77) ;
- lorsqu'ils se rendent de façon ponctuelle sur le site de la société (cass. soc. 23 septembre 2015, n° 14-26262, BC V n° 178). Si la présence des salariés mis à disposition peut se caractériser par un temps partiel dans l'entreprise utilisatrice, il n'en est pas de même, en effet, de celle des salariés mis à disposition qui ne partagent pas les conditions de travail des salariés de l'entreprise utilisatrice lorsqu'ils se rendent seulement ponctuellement sur le site de ladite entreprise.

Obligations des entreprises - L'employeur, responsable de l'organisation des élections, doit fournir aux syndicats les éléments nécessaires au contrôle des effectifs (cass. soc. 13 mai 2009, n° 08-60530, BC V n° 130 ; cass. soc. 8 décembre 2010, n° 10-60126, BC V n° 284 ; cass. soc. 9 octobre 2019, n° 19-10780 FSPB) [voir *Élections professionnelles (protocole d'accord préélectoral)**]. S'agissant des salariés mis à disposition par des entreprises extérieures, il doit interroger celles-ci et fournir aux syndicats les éléments dont il dispose.

Pour ce faire, l'entreprise utilisatrice doit établir la liste exacte des salariés d'entreprises prestataires qui interviennent dans ses locaux et qui remplissent les conditions de présence et d'ancienneté nécessaires pour leur prise en compte dans l'effectif et leur inscription sur les listes électorales. L'employeur doit donc solliciter par écrit les entreprises prestataires afin qu'elles lui fournissent la liste des salariés mis à sa disposition. Ce document doit contenir la liste de ceux qui répondent aux critères de présence dans les locaux et d'ancienneté. Il doit également indiquer si le salarié a fait ou non le choix de voter aux élections de l'entreprise utilisatrice (circ. DGT 2008-20 du 13 novembre 2008, fiche 6, annexe).

L'employeur ne peut pas se retrancher derrière l'inertie ou le refus des entreprises prestataires de transmettre les informations requises. Si le prestataire est « défaillant », il faut alors l'assigner en justice par la voie du référé (cass. soc. 26 mai 2010, n° 09-60400, BC V n° 114 ; cass. soc. 26 mai 2010, n° 09-60400, BC V n° 114).

Conditions d'électorat

Entreprise d'accueil - Sous réserve de satisfaire aux conditions d'âge et de capacité électorale, un salarié mis à disposition peut être électeur dans l'entreprise utilisatrice s'il remplit, à la date de l'élection, les deux conditions suivantes (c. trav. art. L. 2314-23) [voir *Élections professionnelles (électorat)**] :
- répondre aux conditions de prise en compte dans l'*effectif** ;
- justifier d'une présence de 12 mois continus.

Chaque salarié mis à disposition remplissant les conditions requises pour voter dans l'entreprise utilisatrice doit choisir s'il exerce son droit de vote dans l'entreprise qui l'emploie ou dans l'entreprise utilisatrice (c. trav. art. L. 2314-23).

Sur les obligations des entreprises, *voir ci-avant*.

Entreprise d'origine - Sous réserve d'en remplir les conditions, un salarié mis à disposition peut choisir d'exercer son droit de vote dans son entreprise d'origine (c. trav. art. L. 2314-23) *(voir ci-avant)*.

▶ Attention… Les salariés mis à disposition d'une autre entreprise sont électeurs et éligibles lors des élections du CSE dans leur entreprise d'origine même s'ils avaient précédemment décidé de voter dans leur entreprise d'accueil lors des élections des délégués du personnel. En effet, le droit d'option des salariés mis à disposition décidé sous l'empire des anciens textes ne peut les priver du droit de vote et d'éligibilité au CSE de leur entreprise d'origine. Ce choix antérieur ne peut pas leur être opposé alors que les règles ont changé et qu'elles interdisent aux salariés mis à disposition d'être éligibles aux élections du CSE de l'entreprise d'accueil *(voir ci-après)* (cass. soc. 13 février 2019, n° 16-60149 FPB).

Conditions d'éligibilité

Entreprise d'accueil - Dans le cadre de l'élection du *comité social et économique**, les salariés mis à disposition ne sont pas éligibles dans l'entreprise utilisatrice (c. trav. art. L. 2314-23).

Entreprise d'origine - Sous réserve d'en remplir les conditions [voir *Élections professionnelles (candidats)**], les salariés mis à disposition peuvent être éligibles dans leur entreprise d'origine. Sur les conséquences du droit d'option, *voir ci-avant*.

Présidence du CSE

Le fait d'être mis à disposition par une entreprise extérieure n'exclut pas la possibilité d'être délégué pour présider le *comité social et économique** dans l'entreprise utilisatrice, dès lors que les conditions de validité et d'efficacité de la délégation formalisée sont remplies (cass. soc. 25 novembre 2020, n° 19-18681 FSPB). Sur les conditions de validité de la délégation de pouvoirs de l'employeur pour présider le CSE, voir *Comité social et économique**.

Informations et fonctions syndicales

Accès aux informations syndicales - Les salariés mis à disposition d'une entreprise extérieure doivent pouvoir accéder aux informations syndicales diffusées dans leur entreprise d'origine. C'est l'employeur – l'entreprise d'origine – qui doit prendre les mesures nécessaires pour que la diffusion des communications syndicales puisse être assurée auprès d'eux (cass. soc. 17 mars 2021, n° 19-21486 FSP).

Représentant d'une section syndicale - Un salarié mis à disposition d'une entreprise peut être désigné *représentant de la section syndicale** s'il remplit les conditions pour être inclus dans l'effectif de l'entreprise considérée (cass. soc. 29 février 2012, n° 11-10904, BC V n° 84).

Délégué syndical - Un salarié mis à disposition doit, pour être désigné DS [voir *Délégué syndical (désignation)**], remplir les conditions suivantes :
- être présent de manière continue dans l'entreprise depuis au moins 24 mois ;
- être candidat au premier tour des élections professionnelles et obtenir au moins 10 % des suffrages exprimés (cass. soc. 28 septembre 2011, n° 11-10601, BC V n° 211).

☛ *Comité social et économique ; Délégué syndical (désignation) ; Effectif ; Élections professionnelles (candidats) ; Élections professionnelles (électorat).*

Salariés protégés

☛ *Accident du travail ; Congé pour événement familial ; Congé de deuil ; Conseil de prud'hommes (conseillers prud'hommes) ; Conseiller du salarié (entretien préalable au licenciement) ; Contrat de travail à durée déterminée (salariés protégés) ; Licenciement des représentants du personnel ; Licenciement des représentants du personnel (contentieux) ; Licenciement des représentants du personnel (mise à pied préalable) ; Licenciement des représentants du personnel (motif) ; Licenciement des représentants du personnel (procédure) ; Maternité (congé de) ; Maternité (protection) ; Médecin du travail ; Mise à la retraite ; Modification du contrat de travail (salariés protégés) ; Prise d'acte de la rupture (procédure et effets) ; Protection des représentants du personnel ; Résiliation judiciaire du contrat de travail ; Rupture conventionnelle (procédure) ; Sanctions disciplinaires ; Transfert partiel d'entreprise ou d'établissement (protection des représentants du personnel).*

Samedi

Sauf dérogation, le repos hebdomadaire doit être donné le *dimanche**. Des accords collectifs et des usages accordent souvent la 2e journée de repos de la semaine, le samedi.

Sur le point de savoir si demander à des salariés de travailler, ou de ne plus travailler, le samedi modifie le contrat de travail ou change les conditions de travail, voir *modification du contrat de travail** et *modification du contrat de travail (horaire)**.

☛ *Repos hebdomadaire.*

Sanctions disciplinaires

Définition

Sanctions mineures et sanctions plus « lourdes » - Toute mesure, autre que les observations verbales, prise par l'employeur à la suite d'un agissement du salarié qu'il considère comme fautif est une sanction disciplinaire. Peu importe que cette mesure soit de nature à affecter immédiatement ou non sa présence dans l'entreprise, sa fonction, sa carrière ou sa rémunération (c. trav. art. L. 1331-1).

Sanctions « classiques » et sanctions atypiques - La qualification légale de la sanction disciplinaire est particulièrement large puisqu'il s'agit de « toute mesure » prise à la suite d'un agissement du salarié considéré comme fautif par l'employeur. Cette formule permet de considérer comme une sanction disciplinaire tout acte de nature à affecter la relation de travail, à savoir, non seulement les mesures classiques telles que l'avertissement *(voir ci-après)*, mais aussi des mesures qui ne constituent pas intrinsèquement des sanctions mais peuvent, le cas échéant, le devenir. L'utilisation disciplinaire d'une *clause de mobilité** est un exemple de sanction atypique (cass. soc. 11 juillet 2001, n° 99-41574, BC V n° 265 ; cass. soc. 19 octobre 2017, n° 16-11343 D).

Nature et échelle des sanctions - Voir *Règlement intérieur** et *Sanctions disciplinaires (procédure)**.

Choix de la sanction

Sanction prévue par le règlement intérieur - Dans les entreprises tenues d'élaborer un *règlement intérieur**, l'employeur ne peut prononcer une sanction disciplinaire autre que le licenciement que si le règlement intérieur prévoit cette sanction (cass. soc. 23 mars 2017, n° 15-23090, BC V n° 55 ; cass. soc. 2 décembre 2020, n° 19-21292 D). À notre sens, en l'absence de précision des juges sur ce point, la prudence recommande aux entreprises qui auraient choisi d'avoir un règlement intérieur, alors qu'elles n'y sont pas tenues du fait de leur effectif, de suivre elles aussi cette règle.

Dans les entreprises non soumises au règlement intérieur et n'en disposant pas, l'employeur recourt aux sanctions disciplinaires dans le respect des règles générales : proportionnalité, non-discrimination, etc.

Une sanction pour une faute - voir ci-après.

Sanction proportionnée et non discriminatoire - Une sanction disciplinaire doit être proportionnée à la faute et non discriminatoire ; sinon, elle peut être annulée par le juge *(voir ci-après)* (voir *Discriminations**).

Individualisation des sanctions - Si l'employeur ne peut pas pratiquer de discrimination entre les salariés, il lui est néanmoins permis, dans l'intérêt de l'entreprise et dans le cadre de son pouvoir d'individualisation des mesures disciplinaires, de sanctionner différemment des salariés qui auraient participé à une même faute (cass. soc. 1er février 1995, n° 91-44908, BC V n° 45), ou même de ne pas sanctionner l'un d'entre eux (cass. soc. 17 décembre 1996, n° 95-41858, BC V n° 445). Une telle différence de traitement doit néanmoins ne pas être discriminatoire et être justifiée par l'existence de situations individuelles différentes.

Délai à respecter

Voir *Prescription (droit disciplinaire)**.

Remarques verbales

Les observations verbales ne sont pas des sanctions disciplinaires. En effet, une sanction suppose au minimum un écrit (c. trav. art. L. 1331-1). Par observations verbales, il faut entendre les réprimandes, rappels à l'ordre et autres remarques orales adressés à un salarié par sa hiérarchie (cass. soc. 19 septembre 2018, n° 17-20193 D).

Demande d'explication

Une demande d'explication peut être qualifiée de sanction disciplinaire, par exemple, quand elle :

- est formulée à la suite de faits qualifiés de refus d'obéissance et est versée au dossier du salarié, avec les réponses de l'intéressé (cass. soc. 30 janvier 2013, n° 11-23891, BC V n° 22) ;
- est mise en œuvre à la suite de faits considérés comme fautifs, que le salarié est dans l'obligation de répondre aux questions qui lui sont posées et que les réponses écrites du salarié sont conservées dans son dossier individuel (cass. soc. 19 mai 2015, n° 13-26916, BC V n° 96).

Avertissement

À la différence de la simple observation verbale, l'avertissement constitue une sanction disciplinaire.

Un courriel ou une lettre de mise au point, ou de reproche, adressé au salarié peut être considéré comme une sanction disciplinaire (cass. soc. 18 mars 2015, n° 13-28481 D ; cass. soc. 10 février 2021 n° 19-18903 D). De même, une lettre dans laquelle l'employeur expliquait que les faits en cause avaient largement entamé la confiance qu'il portait au salarié n'a pas été considérée par les juges comme un simple moyen d'informer le salarié de sa déception mais comme un avertissement (cass. soc. 3 février 2017, n° 15-11433 D).

Toutefois, tel n'est pas toujours le cas. Ainsi, par exemple, les lettres de l'employeur qui se bornent à demander à un salarié de se ressaisir et qui contiennent des propositions à cette fin (ex. : une proposition de changement d'affectation) ne constituent pas des sanctions disciplinaires (cass. soc. 13 décembre 2011, n° 10-20135 D).

De même, dans une affaire où l'employeur avait adressé au salarié un compte-rendu d'entretien dans lequel il énumérait divers griefs et insuffisances qu'il lui imputait, sans toutefois manifester la volonté de les sanctionner, il a été jugé que ce compte-rendu ne constituait pas une sanction (cass. soc. 12 novembre 2015, n° 14-17615, BC V n° 225 ; cass. soc. 27 mai 2021, n° 19-15507 D). Attention toutefois, un compte rendu d'entretien d'évaluation, dans lequel des griefs précis sont formulés à l'encontre du salarié avec la demande qu'il y remédie sans délai, vaut avertissement (cass. soc. 2 février 2022, n° 20-13833 D).

L'avertissement constitue, dans la plupart des cas, la sanction la plus légère prévue par le *règlement intérieur**. L'employeur doit alors respecter la procédure disciplinaire simplifiée [voir *Sanctions disciplinaires (procédure)**].

Toutefois, si, compte tenu des dispositions du règlement intérieur ou de la convention collective, l'avertissement est susceptible d'avoir une influence sur la présence du salarié dans l'entreprise, l'employeur doit suivre la procédure normale notamment en convoquant le salarié à un entretien préalable (cass. soc. 3 mai 2011, n° 10-14104, BC V n° 104 ; cass. soc. 22 septembre 2021, n° 18-22204 FPB).

Modèle de notification d'un avertissement

M. ..., À ..., le ...

Le ..., nous avons relevé les faits suivants (énoncer avec précision les faits reprochés au salarié).

Ces faits constituent un manquement aux dispositions de notre règlement intérieur (1).

Nous vous adressons par conséquent un avertissement et vous demandons de veiller à ce que de tels faits ne se reproduisent pas.

Veuillez agréer, M. ...

Signature de l'employeur ou de son représentant

(1) Variante, en cas de faute contractuelle : « Ces faits constituent un manquement fautif aux obligations issues de votre contrat de travail. »

Blâme

Sanction disciplinaire - Dès lors qu'il est formulé par écrit, le blâme constitue une sanction disciplinaire à part entière. Cependant, la jurisprudence nécessite d'en distinguer deux catégories.

Blâme sans inscription au dossier - Lorsqu'il n'est pas destiné à être inscrit au dossier du salarié, le blâme relève de la procédure disciplinaire simplifiée (simple notification écrite et motivée de la sanction). En effet, dans ce cas, cette sanction est considérée comme n'étant pas susceptible d'avoir une incidence sur la situation du salarié dans l'entreprise.

Blâme avec inscription au dossier - Lorsqu'il est prévu de l'inscrire au dossier de l'intéressé, le blâme risque, au contraire, d'avoir des incidences sur la situation ultérieure du salarié dans l'entreprise. C'est la raison pour laquelle ce type de blâme relève de la procédure disciplinaire normale avec entretien préalable (cass. soc. 7 décembre 1999, n° 97-43059, BC V n° 476).

Mise à pied disciplinaire

Définition - Une mise à pied disciplinaire est une suspension provisoire du contrat de travail sans rémunération décidée par l'employeur à titre de sanction. Bien qu'ayant une incidence sur le salaire, ce n'est pas une sanction pécuniaire : en effet, la perte de salaire est, dans cette hypothèse, une conséquence de la suspension du contrat de travail inhérente à la mise à pied.

▶ À noter... Il ne faut pas confondre la mise à pied disciplinaire avec la *mise à pied conservatoire**. La première est une sanction. La seconde est une mesure provisoire dans l'attente d'une éventuelle sanction.

Sanction prévue par le règlement intérieur - Le cas échéant, l'employeur ne peut prononcer une mise à pied disciplinaire que si le *règlement intérieur** prévoit cette sanction et pour une durée inférieure ou égale à la durée maximale prévue par le règlement intérieur.

Le règlement intérieur doit être précis. Ainsi, il doit prévoir une durée maximale pour la mise à pied disciplinaire. Faute de quoi l'employeur ne peut pas utiliser cette sanction (cass. soc. 26 octobre 2010, n° 09-42740, BC V n° 243 ; cass. soc. 3 février 2016, n° 14-22218 D). Le fait que la convention collective prévoie une durée maximale ne permet pas de pallier l'absence de précision du règlement intérieur (cass. soc. 7 janvier 2015, n° 13-15630 D).

Dès lors que la durée maximale de la mise à pied est respectée, l'employeur peut fixer les dates d'exécution de la sanction de façon discontinue. Ce faisant, il use des modalités d'exécution de la mise à pied sans que cela remette en cause le caractère unique de la sanction (cass. soc. 12 avril 2012, n° 11-13768 D) [voir *Sanctions disciplinaires (procédure)**].

Effets de la mise à pied - Lorsqu'une mise à pied disciplinaire est prononcée, le salarié doit s'y conformer (il peut toutefois saisir les prud'hommes). Quand l'intéressé est en arrêt de travail pour maladie le jour où doit commencer une mise à pied décidée antérieurement, l'employeur ne peut pas en différer l'exécution, sauf fraude du salarié (cass. soc. 21 octobre 2003, n° 01-44169, BC V n° 256).

Lorsque le salarié est un représentant du personnel, la mise à pied disciplinaire (ou conservatoire) ne suspend pas son mandat (cass. soc. 2 mars 2004, n° 02-16554, BC V n° 71) [voir *Licenciement des représentants du personnel (mise à pied préalable)**].

Modèle de notification d'une mise à pied disciplinaire

M. ... À ..., le ...

Le ..., vous avez commis les faits suivants ... Ces faits sont constitutifs d'un manquement à la discipline de l'entreprise (1). Vous avez été convoqué pour un entretien préalable qui a eu lieu le ...

Nous persistons à considérer ce fait comme fautif et vous notifions par la présente une mise à pied de ... jours, à compter du ..., avec retenue correspondante de salaire.

Veuillez agréer, M. ...

Signature de l'employeur ou de son représentant.

(1) Variante : « Ces faits sont constitutifs d'un manquement à vos obligations contractuelles. »

Mutation disciplinaire

Une mutation disciplinaire consiste en un changement d'affectation ou de lieu de travail, décidé par l'employeur pour sanctionner une faute du salarié.

Si la mutation disciplinaire implique une *modification du contrat de travail**, l'employeur doit informer le salarié qu'il peut l'accepter ou la refuser. En cas de refus, l'employeur peut prononcer une autre sanction à l'encontre de l'intéressé (voir ci-après « sanction de substitution »). Il peut ainsi engager une procédure de licenciement en lieu et place de la mutation disciplinaire (cass. soc. 2 mars 2010, n° 08-44902 D). Sur la procédure applicable, voir *Sanctions disciplinaires (procédure)**.

Cependant, la mutation consécutive à une faute du salarié ne constitue pas toujours une sanction disciplinaire. En effet, le changement d'affectation consécutif, entre autres, à la violation par le salarié d'une consigne de sécurité ne constitue pas une sanction disciplinaire dès lors qu'il a pour seul objet, conformément au règlement de sécurité applicable, d'assurer la sécurité des usagers, du personnel d'exploitation et des tiers (cass. ass. plén. 6 janvier 2012, n° 10-14688, B. ass. plén. n° 1). Dans cette affaire, aucune réprimande n'avait été adressée au salarié suite à la violation de la consigne de sécurité et le changement d'affectation en cause ne constituait pas une modification du contrat de travail du salarié, mais un simple changement de ses conditions de travail.

Et même lorsque le contrat de travail est provisoirement modifié, une mutation consécutive à une faute peut ne pas constituer une sanction disciplinaire. Ainsi, le changement d'affectation provisoire d'un salarié dans l'attente de l'engagement d'une procédure disciplinaire ne constitue pas une sanction disciplinaire dans la mesure où cette décision vise simplement à assurer la sécurité des clients, des salariés et des tiers et qu'elle ne modifie pas de façon durable le contrat de travail (cass. soc. 8 octobre 2014, n° 13-13673, BC V n° 226).

Rétrogradation

Définition - La rétrogradation constitue une mesure de déclassement hiérarchique prise à titre disciplinaire.

Une telle sanction, accompagnée d'une diminution de salaire, est licite dès lors que celle-ci est logiquement la conséquence de la rétrogradation dans un emploi différent ou de la perte de responsabilités d'encadrement (cass. soc. 17 février 1993, n° 88-45539, BC V n° 55 ; cass. soc. 5 novembre 2015, n° 14-17800 D). Si la rétrogradation se concrétise par une diminution de salaire sans déclassement, elle est alors assimilée à une sanction pécuniaire interdite (cass. soc. 28 avril 1993, n° 89-41688 D).

Refus du salarié - La rétrogradation impliquant une modification du contrat de travail, le salarié est en droit de la refuser [sur la procédure à suivre, voir *Sanctions disciplinaires (procédure)**].

L'employeur peut alors prononcer une autre sanction (cass. soc. 7 juillet 2004, n° 02-44476, BC V n° 193). Cela ne constitue pas une double sanction interdite *(voir ci-après)* (cass. soc. 9 octobre 2019, n° 18-18146 D).

▶ À noter… L'employeur qui notifie au salarié une rétrogradation disciplinaire doit l'informer qu'il peut l'accepter ou la refuser.

Sanction de substitution - La sanction de substitution peut être un licenciement, y compris un licenciement pour faute grave (cass. soc. 11 février 2009, n° 06-45897, BC V n° 41 ; cass. soc. 10 février 2021, n° 19-20918 D). Toutefois, la rupture du contrat ne peut être motivée que par les faits ayant justifié la rétrogradation (et non par le refus du salarié d'accepter une modification de son contrat) qui doivent, en outre, être suffisamment sérieux pour justifier un licenciement.

Un nouvel entretien préalable doit être organisé (cass. soc. 27 mars 2007, n° 05-41921, BC V n° 57), l'employeur disposant d'un nouveau délai de 2 mois, à compter du refus par le salarié de sa rétrogradation, pour le convoquer à cet entretien (cass. soc. 28 avril 2011, n° 10-13979, BC V n° 98 ; cass. soc. 15 janvier 2013 n° 11-28109, BC V n° 7). Toutefois, si l'employeur a accordé un délai au salarié pour exprimer son accord ou son refus de la sanction, au terme duquel son absence de réponse vaudrait refus, c'est à la date d'expiration de ce délai que débute le nouveau délai de 2 mois (cass. soc. 27 mai 2021, n° 19-17587 FSP).

Le défaut d'entretien ne prive pas le licenciement de cause réelle et sérieuse (cass. soc. 16 septembre 2015, n° 14-10325, BC V n° 160). Signalons toutefois que l'absence d'entretien expose l'employeur à une condamnation pour *licenciement irrégulier**.

La lettre de licenciement doit faire état de la faute du salarié, l'employeur ne pouvant pas se contenter de renvoyer aux motifs indiqués dans la notification de la rétrogradation (cass. soc. 1er avril 2003, n° 00-41428 D) [voir *Sanctions disciplinaires (procédure)**].

La sanction de substitution peut aussi être autre qu'un licenciement, comme une mise à pied disciplinaire. Dans ce cas, l'employeur peut notifier au salarié la sanction de substitution sans le convoquer préalablement à un nouvel entretien (cass. soc. 25 mars 2020, n° 18-11433 FSPB).

Contestation possible après une acceptation - Même si le salarié a accepté la mesure de rétrogradation par avenant contractuel, il conserve la possibilité de contester la régularité et le bien-fondé de la sanction en saisissant le conseil de prud'hommes (cass. soc. 14 avril 2021, n° 19-12180 FSP).

Licenciement disciplinaire

Voir *Licenciement pour faute** et *Licenciement personnel (procédure)**.

Rupture d'un CDD pour faute grave

Voir *Contrat de travail à durée déterminée (rupture anticipée)**.

Sanctions interdites

Sanctions discriminatoires ou liées au harcèlement - Voir *Discriminations**, *Harcèlement moral** et *Harcèlement sexuel**.

Sanction pour un fait de la vie personnelle - Voir *Licenciement pour faute** et *Vie privée**.

Sanctions pécuniaires - Voir *Sanctions pécuniaires**.

Pas de sanction préventive - Aucune sanction disciplinaire ne peut être prise à titre préventif. Ainsi, un employeur ne peut pas licencier un salarié au motif que celui-ci lui a indiqué qu'il serait absent à une certaine date (cass. soc. 18 février 2004, n° 02-41622, BC V n° 54).

Sanction d'un salarié protégé

Faute commise dans le cadre de l'exécution du contrat de travail - Dans l'exécution de son contrat de travail, un salarié protégé (ex. : un représentant du personnel) qui commet une faute peut être sanctionné comme tout autre salarié (Guide DGT, « rupture ou transfert du contrat des salariés protégés », septembre 2019, fiche 6). S'il s'agit d'un licenciement, l'autorisation préalable de l'inspecteur du travail est requise. Sur les motifs pouvant justifier un licenciement, voir *Licenciement des représentants du personnel (motif)**.

▶ À noter… Pour savoir quels sont les salariés protégés, voir *Licenciement des représentants du personnel**.

Faits survenus dans le cadre du mandat - Des faits survenus à l'occasion de l'exercice d'un mandat représentatif ou syndical ne relèvent pas du domaine disciplinaire sauf si les faits reprochés au salarié protégé caractérisent un abus constitutif d'un manquement à ses obligations professionnelles

(Guide DGT, septembre 2019, fiche 6 ; cass. soc. 30 juin 2010, n° 09-66792, BC V n° 152 ; CE 27 mars 2015, n° 371174 ; cass. soc. 13 janvier 2021, n° 19-20781 D).

Exemple
Un représentant du personnel avait adopté un comportement violent pendant une réunion du comité d'entreprise (CE) en s'en prenant de façon agressive et réitérée à la directrice des ressources humaines (DRH). Il l'avait empêchée de présenter les dossiers à l'ordre du jour en éteignant de force le rétro-projecteur à plusieurs reprises, en lui arrachant ses dossiers des mains et en lui hurlant aux oreilles (cass. soc. 2 juillet 2015, n° 14-15829 D). Un délégué syndical avait commis des actes de violence physique et d'intimidation envers un autre représentant syndical (cass. soc. 24 novembre 2021, n° 19-25145 D).

Sur les faits pouvant justifier un licenciement disciplinaire, voir *Licenciement des représentants du personnel (motif).**

▶ Attention… Les actes fautifs commis au cours d'une *grève** licite relèvent du domaine disciplinaire et leurs auteurs peuvent être licenciés en cas de faute lourde (Guide DGT, septembre 2019, fiche 6).

Non-cumul des sanctions

Une seule sanction pour une même faute - Les mêmes faits ne peuvent faire l'objet de plusieurs sanctions. Par exemple, en l'absence de fait nouveau, l'employeur ne peut invoquer un fait déjà sanctionné par un avertissement ou une mise à pied disciplinaire pour justifier le licenciement du salarié (cass. soc. 18 février 2004, n° 02-41622, BC V n° 54 ; cass. soc. 14 novembre 2013, n° 12-21113 D).

Exemple
Un employeur soupçonnait un de ses salariés d'abus en matière de remboursements de frais professionnels, en l'occurrence des « frais de bouche ». Il lui avait adressé une lettre dans laquelle il lui expliquait que son attitude avait largement entamé la confiance qu'il lui portait. Un mois plus tard, il avait finalement décidé de le licencier. Le licenciement a été jugé sans cause réelle et sérieuse : la lettre de reproches adressée au salarié devait être vue comme un avertissement, donc comme une sanction. Il était dès lors impossible de licencier l'intéressé sur la base des faits relatés dans cette lettre (cass. soc. 3 février 2017, n° 15-11433 D).

Adresser une sanction en l'assortissant de pressions ou de menaces constitue également une double sanction interdite. Tel est le cas lorsque l'employeur notifie un avertissement au salarié, puis le menace de poursuites pénales et l'incite à démissionner (cass. soc. 21 décembre 2017, n° 16-14405 D).

Licencier un salarié pour faute après lui avoir appliqué une sanction pécuniaire illicite, en raison d'un vol, constitue également une double sanction interdite. Le fait que la première sanction soit illicite ne permet pas de la remplacer par une nouvelle sanction (cass. soc. 9 octobre 2019, n° 18-15593 D).

En revanche, si la première sanction n'a pas été mise à exécution (rétrogradation refusée), le licenciement pour faute prononcé par la suite ne constitue pas une double sanction (cass. soc. 9 octobre 2019, n° 18-18146 D).

Annulation de la double sanction - En présence de plusieurs sanctions prises pour les mêmes faits, le juge doit toutes les annuler. Il ne peut ainsi pas annuler une sanction consistant en un changement d'équipe et d'horaires, au motif qu'elle n'est pas prévue par le règlement intérieur, sans remettre en cause la mise à pied disciplinaire qui a été prononcée pour les mêmes faits (cass. soc. 31 mars 2021, n° 19-25538 D).

Sanction aggravée en cas de récidive - En cas de récidive, l'employeur peut invoquer une faute de même nature déjà sanctionnée pour prononcer une sanction aggravée (cass. soc. 30 septembre 2004, n° 02-44030, BC V n° 243).

Enchaînement des sanctions - Pour qu'une nouvelle sanction puisse être prononcée, il faut qu'une nouvelle faute ait été commise après la notification de la première sanction. À cet égard, il faut prendre en compte la date de notification de la première sanction et non la date de réception de la notification par le salarié (cass. soc. 12 février 2013, n° 12-15330, BC V n° 35).

Ainsi, lorsque l'employeur est informé de plusieurs faits commis par le salarié et qu'il choisit de n'en sanctionner que certains, il ne peut plus ultérieurement prononcer une nouvelle mesure disciplinaire pour sanctionner les autres faits antérieurs à la première sanction (cass. soc. 25 septembre 2013, n° 12-12976, BC V n° 203 ; cass. soc. 16 janvier 2019, n° 17-22557 D).

▶ Attention… « L'employeur » s'entend non seulement du titulaire du pouvoir disciplinaire mais également du supérieur hiérarchique du salarié, même non titulaire de ce pouvoir. En l'espèce, le responsable hiérarchique du salarié avait eu connaissance d'un fait fautif, mais n'en avait informé l'employeur qu'après que celui-ci ait prononcé un avertissement pour d'autres faits. Cependant, l'employeur devait être regardé comme informé de l'ensemble des faits fautifs, de sorte qu'il avait épuisé son pouvoir disciplinaire en prononçant l'avertissement et ne pouvait pas par la suite prononcer un licenciement pour le fait fautif antérieur (cass. soc. 23 juin 2021, n° 19-24020 FSB).

Nouvelle sanction à la suite d'une enquête révélant des faits nouveaux - Dans certains cas, l'employeur qui, après avoir notifié un avertissement à un salarié, a connaissance de nouveaux faits fautifs à la suite d'une enquête, peut licencier l'intéressé sur la base de ces faits, même si les faits « nouveaux » sont étroitement liés à ceux qui avaient justifié l'avertissement. Mais attention, l'enquête doit révéler des faits réellement nouveaux. En l'occurrence, le salarié avait fait l'objet d'un avertissement pour son attitude provocatrice et son non-respect de la position fonctionnelle de sa collègue, mais l'enquête avait mis en évidence un certain nombre d'éléments supplémentaires (appels téléphoniques, SMS et courriers électroniques) qui avaient révélé que le comportement du salarié vis-à-vis de sa collègue constituait en réalité un harcèlement moral (cass. soc. 16 avril 2015, n° 13-27271 D).

Sanction et réaction du salarié

Si la sanction est licite et justifiée, le salarié est tenu de l'accepter.

Cependant, si la sanction entraîne une *modification du contrat de travail**, le salarié peut la refuser. Si l'employeur impose une rétrogradation malgré le refus légitime du salarié, il perd toute possibilité de prononcer ultérieurement un licenciement disciplinaire (cass. soc. 17 juin 2009, n° 07-44570, BC V n° 152).

Contentieux

En cas de litige, le conseil de prud'hommes vérifie le respect du délai de prescription [voir *Prescription (droit disciplinaire)**], la régularité de la procédure suivie et apprécie si les faits reprochés au salarié sont de nature à justifier une sanction. Le conseil de prud'hommes peut annuler une sanction irrégulière en la forme, injustifiée ou disproportionnée à la faute commise [voir *Sanctions disciplinaires (procédure)**].

▶ Attention… Invoquer un motif disciplinaire oblige l'employeur à respecter la procédure disciplinaire, y compris pendant la période d'essai (cass. soc. 10 mars 2004, n° 01-44750, BC V n° 80).

En cas d'annulation de la sanction, le salarié est rétabli dans ses droits antérieurs. Par exemple, le salarié rétrogradé est réintégré dans son ancien poste ou, si celui-ci n'est plus disponible, dans un emploi de la même catégorie.

Le juge ne peut pas, en revanche, modifier la sanction, par exemple en abaissant la durée d'une mise à pied de 10 jours à 5 jours (cass. soc. 24 janvier 2018, n° 16-22594 D), sauf s'il s'agit de réduire la durée de la mise à pied dans la limite fixée par le règlement intérieur (cass. soc. 27 février 1985, n°s 83-44955 et 83-44956, BC V n° 122).

▶ À noter… En cas d'annulation d'une sanction pour disproportion par rapport à la faute commise, l'employeur peut prononcer une nouvelle sanction sans avoir à réitérer la procédure. En revanche, il doit notifier cette sanction dans le mois suivant la notification du jugement annulant la sanction disproportionnée (cass. soc. 4 février 1993, n° 88-42599, BC V n° 42).

☞ *Prescription (droit disciplinaire) ; Sanctions disciplinaires (procédure) ; Sanctions pécuniaires.*

Sanctions disciplinaires (procédure)

Pour connaître la procédure à suivre pour prononcer une sanction disciplinaire, deux situations doivent être distinguées selon qu'il s'agit d'une sanction mineure ou non (voir *Sanctions disciplinaires**). Le licenciement décidé pour un motif disciplinaire (voir *Licenciement pour faute**) doit par ailleurs suivre les règles du licenciement pour motif personnel [voir *Licenciement personnel (procédure)**].

Sanctions mineures : procédure simplifiée

Procédure légale - Lorsque la sanction est une observation écrite, un blâme sans inscription au dossier, un avertissement *(voir ci-après)* ou toute autre sanction non susceptible d'avoir une incidence sur la relation contractuelle, la seule formalité requise est la notification de la sanction, avec l'indication du ou des motifs de cette dernière.

Pour ce type de sanction, il n'y a pas d'obligation de notifier la sanction par lettre recommandée ou par remise en main propre contre décharge. Dans la pratique cependant, et notamment pour des raisons de preuve, l'employeur a intérêt à procéder de la sorte.

Sanctions disciplinaires (procédure)

L'employeur doit, en principe, engager la procédure disciplinaire dans les 2 mois suivant le jour où il a eu connaissance de la faute du salarié [voir *Prescription (droit disciplinaire)**].

Pas d'entretien préalable sauf exception - En principe, l'employeur n'a pas à organiser d'entretien préalable pour une sanction mineure comme un avertissement (c. trav. art. L. 1332-2). Sauf dispositions conventionnelles ou clause du règlement intérieur *(voir ci-après)*, l'employeur n'a pas à convoquer le salarié à un entretien préalable quand bien même l'avertissement comporterait la menace, en cas de renouvellement des faits, d'une sanction susceptible d'avoir une incidence sur la présence du salarié dans l'entreprise, sa fonction, sa carrière ou sa rémunération (cass soc. 19 janvier 1989, n° 85-46575, BC V n° 50 ; cass. soc. 13 novembre 1990, n° 87-42812, BC V n° 545). Dans le même sens, l'employeur peut sanctionner un salarié d'un avertissement sans entretien préalable et ultérieurement le licencier en invoquant dans la lettre de licenciement l'avertissement infligé 6 mois plus tôt (cass. soc. 18 juin 2014, n° 13-14764 D).

En revanche, un entretien préalable doit être organisé lorsque :
- la convention collective ou le règlement intérieur le prévoit « directement » quand ce type de sanction est envisagé (cass. soc. 3 décembre 2008, n° 07-43582 D) ;
- la convention collective ou le règlement intérieur l'impose « indirectement », par exemple en subordonnant le licenciement à l'existence de deux sanctions antérieures pouvant être constituées notamment par un avertissement ; dans ce cas, l'avertissement a une incidence sur le maintien du salarié dans l'entreprise, de sorte qu'il doit être précédé d'un entretien préalable (cass. soc. 3 mai 2011, n° 10-14104, BC V n° 104 ; cass. soc. 22 septembre 2021, n° 18-22204 FPB).

En l'absence d'entretien préalable, la sanction peut être annulée par les juges (cass. soc. 22 septembre 2021, n° 19-12538 FPB), ce qui peut remettre en cause le bien-fondé du licenciement prononcé postérieurement (cass. soc. 30 juin 2004, n° 02-41993, BC V n° 184).

Choix de faire passer un entretien préalable - Si l'employeur a décidé de convoquer un salarié à un entretien préalable, alors qu'il n'y est pas tenu ni par la loi ni par la convention collective, il doit respecter tous les termes de la procédure disciplinaire, quelle que soit la sanction finalement infligée. Dès lors, même si la sanction finale est un avertissement, l'employeur doit la prononcer dans le mois suivant l'entretien (cass. soc. 16 avril 2008, n° 06-41999, BC V n° 86 ; cass. soc. 9 octobre 2019, n° 18-15029 FPB).

Procédure conventionnelle - Les conventions collectives ou le règlement intérieur peuvent prévoir une procédure particulière pour ces sanctions dites « mineures », des conditions de forme ou de procédure, qui obligent l'employeur à s'y conformer. Par exemple, une convention collective peut imposer qu'un avertissement ou un blâme soit prononcé sur le rapport écrit établi par le responsable hiérarchique après un complément d'enquête associant les représentants du personnel (cass. soc. 18 janvier 2017, n° 15-24599 D). Sur la tenue d'un entretien préalable *(voir ci-avant)*.

Autres sanctions : procédure normale

Convocation à un entretien préalable - L'employeur qui envisage de prendre une sanction ayant une incidence, immédiate ou non, sur la présence dans l'entreprise, la fonction, la carrière ou la rémunération du salarié doit convoquer ce dernier par écrit à un entretien préalable (c. trav. art. L. 1332-2).

La convocation doit indiquer l'objet, la date, l'heure et le lieu de l'entretien, et rappeler que le salarié peut se faire assister par une personne de son choix appartenant au personnel. La convocation doit être soit remise en main propre contre décharge, soit adressée au salarié par lettre recommandée (c. trav. art. R. 1332-1).

▶ À noter… La procédure du licenciement disciplinaire obéit à des règles spécifiques, comme la possibilité, en cas d'absence de représentant du personnel, d'assistance du salarié par un conseiller extérieur à l'entreprise [voir *Licenciement personnel (procédure)**].

Envoi de la convocation dans un délai de deux mois - La convocation doit être envoyée dans un délai de 2 mois à compter du jour où l'employeur a eu connaissance du fait fautif. « L'employeur » s'entend non seulement du titulaire du pouvoir disciplinaire mais également du supérieur hiérarchique du salarié, même non titulaire de ce pouvoir. Le cas échéant, le délai de 2 mois court à compter du moment où le supérieur hiérarchique a eu connaissance du fait fautif (cass. soc. 18 novembre 2020, n° 19-14511 D ; cass. soc. 23 juin 2021, n° 20-13762 FSB) [voir *Prescription (droit disciplinaire)**].

En tout état de cause, le délai de 2 mois court à compter du moment où l'employeur (ou le supérieur hiérarchique) a eu une exacte connaissance de la nature et de l'ampleur des faits fautifs (cass. soc. 7 novembre 2006, n° 04-47683, BC V n° 325).

Si l'employeur est une personne morale, le délai de 2 mois court à compter du jour où le fait fautif a été porté à la connaissance d'une personne détenant un pouvoir hiérarchique sur le salarié (cass. soc. 16 septembre 2003, n° 01-42712 D).

▶ Attention… Sur l'obligation pour l'employeur d'agir dans un délai « restreint » quand un licenciement pour faute grave est envisagé, voir *Licenciement pour faute**.

Nouveau délai de deux mois en cas de refus du salarié d'une première sanction - Lorsque le salarié refuse une rétrogradation disciplinaire (voir *Sanctions disciplinaires**), l'employeur qui, en substitution de cette sanction, envisage de le licencier, a 2 mois pour le convoquer à un nouvel entretien. Ce délai court à compter du refus du salarié (cass. soc. 28 avril 2011, n° 10-13979, BC V n° 98 ; cass. soc. 15 janvier 2013, n° 11-28109, BC V n° 7).

Toutefois, si l'employeur a accordé un délai au salarié pour exprimer son accord ou son refus de la sanction, au terme duquel son absence de réponse vaudrait refus, c'est à la date d'expiration de ce délai que débute le nouveau délai de 2 mois (cass. soc. 27 mai 2021, n° 19-17587 FSP).

Délai de deux mois et procédure pénale - Voir *Prescription (droit disciplinaire)**.

Déroulement de l'entretien - Les règles applicables au déroulement de l'entretien préalable à une sanction disciplinaire sont identiques à celles applicables en matière d'entretien préalable au licenciement, qu'il soit disciplinaire ou non [voir *Entretien préalable au licenciement (déroulement)**].

▶ À noter… Lors de l'entretien, l'employeur doit exposer au salarié les motifs de la sanction envisagée, mais il n'est pas tenu de lui communiquer les éléments de preuve qu'il détient (cass. soc. 18 février 2014, n° 12-17557, BC V n° 52).

Procédure conventionnelle - Certaines conventions collectives, ou certains règlements intérieurs, instituent, en plus de la procédure disciplinaire légale, une procédure particulière [voir *Licenciement personnel (procédure)**].

▶ À noter… Sur l'incidence d'une comparution devant le conseil de discipline sur le délai de 2 mois de prescription des fautes, voir *Prescription (droit disciplinaire)**.

Motivation et notification de la sanction - L'employeur doit motiver et notifier la sanction par écrit dans un délai de 2 *jours ouvrables** au minimum et de 1 mois au maximum après le jour fixé pour l'entretien (c. trav. art. L. 1332-2 et R. 1332-2) :
- soit sous la forme d'une lettre remise en main propre au salarié contre décharge ;
- soit par l'envoi, dans le même délai, d'une lettre recommandée.

▶ Attention… Dans le cas particulier où l'employeur décide de licencier un salarié après qu'il a refusé une rétrogradation, la notification de la rupture doit être faite dans le mois suivant l'entretien préalable au licenciement et non dans le mois suivant l'entretien préalable à la rétrogradation refusée (cass. soc. 27 mars 2007, n° 05-41921, BC V n° 57).

Le délai de 1 mois expire à 24 h le jour du mois suivant qui porte le même quantième que le jour fixé pour l'entretien. À défaut d'un quantième identique, le délai expire le dernier jour du mois suivant, à 24 h (c. trav. art. R. 1332-3).

Le fait que le contrat de travail soit suspendu à la suite, par exemple, d'un accident du travail ou d'une maladie professionnelle ou non professionnelle n'a pas d'incidence sur le délai de 1 mois, qui continue donc de s'écouler (cass. soc. 21 novembre 2007, n° 06-44993, BC V n° 196 ; cass. soc. 27 février 2013, n° 11-27130, BC V n° 58).

En revanche, la saisine d'une instance disciplinaire, par exemple instaurée par une convention collective ou un accord d'entreprise, interrompt le délai de 1 mois et le suspend pendant toute la durée de cette saisine (cass. soc. 12 novembre 2015, n° 14-18169, BC V n° 226 ; cass. soc. 18 janvier 2017, n° 15-24599 D).

Modèle de notification d'une sanction requérant la procédure avec entretien préalable

À … le …

M. …,

Le …, nous avons relevé le fait suivant : … (énoncer le fait avec précision).

Nous vous avons convoqué (e) pour un entretien le … à … heures, dans le bureau de M. … en présence d'un membre du personnel, M. …, pour recueillir vos explications.

Nous persistons à considérer ce fait comme fautif et, par conséquent, nous prononçons à votre encontre la sanction suivante :

…

Veuillez agréer, M. …

Signature de l'employeur ou de son représentant.

Délai de notification de la sanction en cas de report de l'entretien préalable - Si le salarié sollicite le report de l'entretien et que l'employeur accède à cette demande (cass. soc. 26 mai 2004, n° 02-40681 D), il faut que l'entretien ait lieu dans le mois qui suit la date initialement fixée. Cet entretien fera ensuite courir un nouveau délai de 1 mois à l'intérieur duquel l'employeur devra notifier la sanction (cass. soc. 16 mars 2004, n° 01-43111 D ; cass. soc. 7 juin 2006, n° 04-41819, BC V n° 210). Il en est de même si l'employeur a pris l'initiative de ce report après avoir été informé de l'impossibilité pour le salarié, malade, de se présenter à l'entretien préalable (cass. soc. 7 juin 2006, n° 04-43819, BC V n° 210).

En revanche, en cas de report de l'entretien à l'initiative de l'employeur, le délai de 1 mois commence à courir à compter de la date du premier entretien et non du deuxième entretien. La sanction doit donc être prononcée dans le mois suivant le premier entretien (cass. soc. 23 janvier 2013, n° 11-22724 D ; cass. soc. 20 mai 2014, n° 12-28463 D). Le report de l'entretien résulte de l'initiative de l'employeur, et non de celle du salarié, lorsque l'employeur ne s'est pas rendu à l'entretien à l'heure fixée initialement et que le salarié n'a pas pu l'attendre au-delà de 30 minutes (cass. soc. 27 novembre 2019, n° 18-15195 D).

Abandon de la procédure initiale et notification d'une nouvelle sanction - Lorsque l'employeur abandonne une première procédure disciplinaire pour sanctionner d'autres faits dont il a eu connaissance après l'entretien préalable, il n'a pas à engager la nouvelle procédure dans un délai spécifique par rapport à la procédure abandonnée. Il doit respecter le délai de 2 mois entre la connaissance des nouveaux faits fautifs et la convocation à l'entretien préalable et le délai d'1 mois entre ce deuxième entretien et la notification de la sanction (cass. soc. 12 mars 2014, n° 12-28610 D). Mais il faut que ces faits fautifs soient réellement distincts. L'employeur, qui a renoncé à une procédure disciplinaire, ne peut relancer une nouvelle procédure plus d'1 mois après l'entretien préalable en s'appuyant sur les faits fautifs à l'origine de la première procédure (cass. soc. 26 octobre 2017, n° 15-19105 D).

Notification d'une sanction entraînant une modification du contrat - Lorsque l'employeur notifie au salarié une sanction emportant *modification du contrat de travail** (ex. : une rétrogradation), il doit l'informer de sa faculté d'accepter ou de refuser cette modification (cass. soc. 28 avril 2011, n° 09-70619, BC V n° 97).

Si le salarié refuse la modification de son contrat de travail, l'employeur peut prononcer une autre sanction disciplinaire, y compris un licenciement pour faute grave (cass. soc. 11 février 2009, n° 06-45897, BC V n° 41 ; cass. soc. 10 février 2021, n° 19-20918 D). S'il s'agit d'un licenciement disciplinaire, l'employeur doit organiser un nouvel entretien préalable (cass. soc. 27 mars 2007, n° 05-41921, BC V n° 57). En revanche, un nouvel entretien préalable n'est pas exigé si la sanction de substitution est autre qu'un licenciement (ex. : mise à pied disciplinaire) (cass. soc. 25 mars 2020, n° 18-11433 FSPB) (voir *Sanctions disciplinaires**).

Lorsque l'employeur impose au salarié une modification de son contrat à titre disciplinaire, ce dernier peut soit exiger de revenir à son statut antérieur (cass. soc. 15 juin 2000, n° 98-43400, BC V n° 233), soit prendre acte de la rupture de son contrat de travail. Cette *prise d'acte de la rupture** a les effets d'un licenciement sans cause réelle et sérieuse (cass. soc. 28 avril 2011, n° 09-70619, BC V n° 97).

☛ *Prescription (droit disciplinaire) ; Sanctions disciplinaires.*

Sanctions pécuniaires

Sanctions interdites

Les amendes et autres sanctions pécuniaires sont interdites (c. trav. art. L. 1331-2).

Exemple

Constituent des sanctions pécuniaires interdites :

- la suppression d'une prime d'objectifs en raison du licenciement de l'intéressé (cass. soc. 20 décembre 2006, n° 05-45365, BC V n° 392) ;
- la retenue sur le salaire d'une somme forfaitaire ne correspondant pas au temps d'absence injustifiée du salarié (cass. soc. 7 janvier 1988, n° 84-42448, BC V n° 10) ;
- la réduction ou la suppression d'une prime dont le versement est obligatoire, sous prétexte d'une faute disciplinaire (cass. soc. 7 mai 1991, n° 87-43350, BC V n° 219) ;
- une réduction d'horaire utilisée comme sanction disciplinaire (cass. soc. 24 octobre 1991, n° 90-41537 D) ;
- une retenue sur salaire pour exécution volontairement défectueuse du travail (cass. soc. 16 mars 1994, n°s 91-43349 et 91-43350, BC V n° 92) ;
- une retenue sur salaire faisant suite au détournement par le salarié d'un chèque d'un client d'un montant de 23 879 € (cass. soc. 9 octobre 2019, n° 18-15593 D) ;

- la retenue sur le salaire d'une somme au seul motif du dépassement du forfait du téléphone professionnel du salarié (dans cette hypothèse, l'employeur peut recouvrer sa créance par les voies du droit commun) (cass. soc. 18 février 2003, n° 00-45931, BC V n° 58 ; cass. soc. 15 mai 2014, n° 12-30148 D) ;
- le refus de payer des heures supplémentaires pour compenser un abus non démontré du salarié dans l'utilisation du téléphone de l'entreprise (cass. soc. 31 janvier 2018, n° 16-14619 D) ;
- la suppression d'une prime de « non-accident » fondée sur la responsabilité du salarié lors d'accidents de la circulation, même si cette suppression est prévue par un accord collectif (cass. soc. 3 mars 2015, n° 13-23857 D).

Toute disposition ou stipulation contraire à l'interdiction des sanctions pécuniaires est réputée non écrite (c. trav. art. L. 1331-2). Dès lors, une sanction pécuniaire qui serait prononcée en dépit de cette interdiction serait nulle. L'employeur serait en outre passible d'une amende de 3 750 €, portée à 7 500 € en cas de récidive (c. trav. art. L. 1334-1 ; c. pén. art. 132-10).

Une sanction pécuniaire illicite épuise le pouvoir disciplinaire de l'employeur à l'encontre de la faute commise, en raison de l'interdiction de sanctionner deux fois les mêmes faits (voir *Sanctions disciplinaires**). Par exemple, un employeur ne pouvait pas licencier un salarié pour faute grave après avoir procédé à une retenue sur salaire en raison d'un détournement de fonds commis par celui-ci (cass. soc. 9 octobre 2019, n° 18-15593 D).

Retenues autorisées

L'interdiction des sanctions pécuniaires ne remet pas en cause le droit de procéder à une retenue sur salaire proportionnelle à la durée d'une absence ou, encore, le droit de réduire ou de supprimer une prime en cas de retard ou d'absence (hors absence assimilée à du temps de travail effectif), à condition que tous les salariés dans cette situation soient traités de la même manière, quel que soit le motif de leur absence (cass. soc. 26 mars 2014, n° 12-18125, BC V n° 92 ; cass. soc. 7 novembre 2018, n° 17-15833 FPB).

Dans le même ordre d'idées, le refus d'une augmentation de salaire ou d'une promotion professionnelle ne peut pas être considéré comme une sanction pécuniaire prohibée dès lors qu'il ne s'agit pas de la conséquence d'un comportement du salarié jugé fautif par l'employeur (cass. soc. 29 mai 1990, n°s 87-40512, 87-40522 et 87-40525, BC V n° 243).

Certaines sanctions licites peuvent entraîner une diminution de la rémunération du salarié (ex. : une rétrogradation). Une telle conséquence ne saurait changer la nature de la sanction et la rendre illicite.

Enfin, l'employeur peut prélever sur le salaire des sommes dues par le salarié à titre de *compensation**.

☞ *Compensation ; Sanctions disciplinaires.*

Sanctions pénales

La législation du travail impose de nombreuses obligations assorties de sanctions pénales. Les *infractions à la législation du travail** constituent soit des contraventions, soit des délits.

Par ailleurs, la législation de la sécurité sociale met à la charge de l'employeur un certain nombre d'obligations, dont le paiement des cotisations à la date limite d'exigibilité avec fourniture de déclarations récapitulant les salaires versés. L'employeur qui ne remplit pas ses obligations est passible de poursuites devant les tribunaux répressifs.

Législation du travail

Personnes physiques - Les infractions contraventionnelles sont punies par une peine d'amende dont le montant varie en fonction de la classe de la contravention (c. pén. art. 131-13) (voir *Amendes pénales**).

En matière de délits, l'amende est au minimum de 3 750 € (c. proc. pén. art. 381). Une peine d'emprisonnement cumulable avec l'amende peut également être prononcée par le juge. Sa durée varie de 2 mois à 10 ans (c. pén. art. 131-4).

Personnes morales - Pour les contraventions, la personne morale est passible d'une amende dont le taux maximal est égal à 5 fois le taux de l'amende applicable aux personnes physiques (c. pén. art. 131-41).

Pour les délits, la personne morale encourt également une amende dont le taux maximal est égal à 5 fois celui prévu pour les personnes physiques (c. pén. art. 131-38). Les textes peuvent prévoir d'autres peines spécifiques comme la dissolution ou l'interdiction d'exercer une ou plusieurs activités (c. pén. art. 131-39).

Rôle du juge - Celui-ci ne peut prononcer que des peines prévues par la loi. C'est le principe de légalité.

Il module la peine prévue par le texte, compte tenu des circonstances de l'infraction et de la personnalité de son auteur. Pour les amendes, les ressources et les charges de l'auteur de l'infraction sont prises en compte (c. pén. art. 132-24).

Sécurité sociale

Non-paiement des cotisations patronales - L'employeur est passible d'une amende prévue pour les contraventions de 3e classe appliquée autant de fois qu'il y a de personnes employées dans des conditions contraires aux prescriptions relatives à l'immatriculation et au paiement des cotisations sociales, sans que le total ne puisse dépasser 1 500 € (c. séc. soc. art. R. 244-4).

Rétention indue du précompte salarial - L'employeur qui a retenu indûment la contribution des salariés aux assurances sociales précomptée sur le salaire est passible des peines prévues pour les contraventions de 5e classe (c. séc. soc. art. R. 244-3). La récidive (c'est-à-dire une 2e infraction réalisée dans un délai de 3 ans) est punie d'une peine d'emprisonnement de 2 ans au plus et d'une amende de 3 750 € au plus ou de l'une de ces deux peines (c. séc. soc. art. L. 244-6).

Incitation au refus de se conformer à la législation de sécurité sociale - Le fait d'inciter une personne, par quelque moyen que ce soit, à ne pas s'affilier à un organisme de sécurité sociale ou à ne pas lui régler les cotisations et, de manière plus générale, à « refuser de se conformer aux prescriptions de la législation de sécurité sociale » est puni par un emprisonnement de 24 mois et/ou une amende de 30 000 € (c. séc. soc. art. L. 114-18, al. 1).

Refus délibéré de s'affilier à un régime de sécurité sociale - Toute personne qui, en méconnaissance de la législation de la sécurité sociale, refuse délibérément de s'affilier à un régime de sécurité sociale ou persiste à ne pas engager les démarches en vue de son affiliation obligatoire est passible d'une peine d'emprisonnement de 6 mois et/ou d'une amende de 15 000 € (c. séc. soc. art. L. 114-18, al. 2).

Travail dissimulé - Voir *Travail dissimulé**.

Obstacle à contrôle - Voir *Contrôle URSSAF (obstacle à contrôle)**.

☛ *Amendes pénales ; Contentieux de la sécurité sociale ; Délégation de pouvoirs ; Infractions à la législation du travail ; Responsabilité pénale du chef d'entreprise ; Responsabilité pénale des personnes morales.*

Sanitaires

☛ *Local de travail.*

Sapeurs-pompiers volontaires

Par son engagement, le sapeur-pompier volontaire participe, sur l'ensemble du territoire, aux missions de sécurité civile de toute nature, confiées principalement aux services d'incendie et de secours. Il peut également exercer des missions ou remplir des fonctions particulières dans le cadre de l'organisation des services (c. séc. int. art. L. 723-4 ; c. gén. collect. terr. art. L. 1424-2) (www.pompiers.fr). Il concourt notamment aux actions de prévention, de prévision, de formation et aux opérations de secours que requiert, en toutes circonstances, la sauvegarde des personnes, des biens et de l'environnement.

L'engagement du sapeur-pompier volontaire est régi par des règles spécifiques (c. séc. int. art. L. 723-8 ; loi 96-370 du 3 mai 1996, JO du 4). Ni le code du travail ni le statut de la fonction publique ne lui sont applicables, sauf dispositions législatives contraires (loi 96-370 du 3 mai 1996, art. 6-1 et 8). En effet, l'activité de sapeur-pompier volontaire, qui repose sur le volontariat et le bénévolat, n'est pas exercée à titre professionnel mais dans des conditions qui lui sont propres (c. séc. int. art. L. 723-5). Toutefois, les sapeurs-pompiers volontaires sont soumis aux mêmes règles d'hygiène et de sécurité que les sapeurs-pompiers professionnels.

Autorisations d'absence et don de jours de repos

Activités donnant droit à absence - Les activités ouvrant droit à autorisation d'absence du sapeur-pompier volontaire pendant son temps de travail sont (c. séc. int. art. L. 723-12) :

- les missions opérationnelles concernant les secours d'urgence aux personnes victimes d'accident, de sinistre ou de catastrophe et leur évacuation, ainsi que la protection des personnes, des biens et de l'environnement, en cas de péril ;
- les actions de formation adaptées aux missions qui leur sont confiées ;
- et depuis le 27.11.2021, la participation aux réunions des instances dont il est membre et, pour le sapeur-pompier volontaire exerçant des respon-

sabilités, aux réunions d'encadrement aux niveaux départemental ou de groupement organisées par le service d'incendie et de secours (loi 2021-1520 du 25 novembre 2021, art. 35).

Refus de l'autorisation d'absence - L'employeur peut refuser d'accorder une autorisation d'absence pour des raisons liées aux nécessités du fonctionnement de l'entreprise (c. séc. int. art. L. 723-12).

Tout refus doit être motivé, notifié à l'intéressé et transmis au service départemental d'incendie et de secours (SDIS) (c. séc. int. art. L. 723-12).

Régime des absences - L'employeur ne peut prononcer aucun *licenciement**, aucun déclassement professionnel, ni aucune sanction disciplinaire (voir *Sanctions disciplinaires**) à l'encontre d'un salarié en raison d'absences liées à son activité de sapeur-pompier volontaire (c. séc. int. art. L. 723-16).

Par ailleurs, le temps passé hors du lieu de travail, pendant les heures de travail, par le sapeur-pompier volontaire pour participer aux missions à caractère opérationnel et aux activités de formation est assimilé à une durée de travail effectif pour la détermination de la durée des congés payés, des droits aux prestations sociales et pour les droits qu'il tire de son ancienneté (c. séc. int. art. L. 723-14).

Don de jours de repos au profit du sapeur-pompier - Depuis le 27.11.2021, les salariés peuvent donner des jours de repos non pris (5e semaine de congés payés, RTT, jours de repos conventionnels, etc.) à un de leur collègue engagé en tant que sapeur-pompier volontaire, pour lui permettre de participer aux missions ou activités du SDIS (c. séc. int. art. L. 723-12-1 ; loi 2021-1520 du 25 novembre 2021, art. 36).

Le sapeur-pompier volontaire bénéficiaire de jours de repos cédés bénéficie du maintien de sa rémunération pendant sa période d'absence, laquelle est assimilée à du travail effectif pour la détermination des droits liés à l'ancienneté.

Convention avec le SDIS

Les employeurs de sapeurs-pompiers volontaires peuvent conclure une convention avec le SDIS afin de préciser les modalités de la disponibilité opérationnelle et de la disponibilité pour la formation des sapeurs-pompiers (c. séc. int. art. L. 723-11).

Lorsqu'une telle convention est conclue, les parties fixent le seuil d'absences au-delà duquel les nouvelles autorisations d'absence donnent lieu à une compensation financière et en précisent les conditions (c. séc. int. art. L. 723-12).

▶ À noter… Les employeurs ayant conclu cette convention peuvent se voir attribuer le label « employeur partenaire des sapeurs-pompiers » (c. séc. int. art. L. 723-11 ; loi 2021-1520 du 25 novembre 2021, art. 45).

Indemnisation et rémunération

Indemnisation horaire - L'activité de sapeur-pompier volontaire est à but non lucratif. Elle ouvre droit à des indemnités horaires ainsi qu'à des prestations sociales et de fin de service (c. séc. int. art. L. 723-9). Le montant de l'indemnité varie en fonction du grade et est fixé par arrêté ministériel, régulièrement actualisé (arrêté du 9 juin 2021, JO du 16).

▶ À noter… Les missions à caractère opérationnel (ex. : centre de traitement de l'alerte) donnent lieu à la perception d'indemnités calculées en fonction du temps passé en service (décret 2012-492 du 16 avril 2012, JO du 17).

Prestation de fidélisation et de reconnaissance - Le sapeur-pompier volontaire, âgé d'au moins 55 ans, qui cesse son activité en ayant effectué une certaine durée de services a droit à la prestation de fidélisation et de reconnaissance (PFR). La durée de service requise est abaissée depuis le 28.11.2021 (loi 96-370 du 3 mai 1996, modifiée en dernier lieu par loi 2021-1520 du 25 novembre 2021, JO du 26 ; décret 2017-912 du 9 mai 2017, JO du 10). La PFR est accordée :

- après au moins 20 ans de services (15 ans en cas d'incapacité opérationnelle reconnue médicalement), s'il a cessé définitivement le service entre le 1.01.2016 et le 27.112021 ;
- après au moins 15 ans de services (10 ans en cas d'incapacité opérationnelle reconnue médicalement), s'il a cessé définitivement le service après le 27.11.2021.

Cumul - Les indemnités horaires et la PFR perçue, le cas échéant, par le sapeur-pompier volontaire ne sont assujetties à aucun impôt ni soumises aux prélèvements prévus par la législation sociale.

Elles sont incessibles et insaisissables. Elles sont cumulables avec tout revenu ou toute prestation sociale (loi 96-370 du 3 mai 1996, art. 11 et 15-13).

Pas de maintien de rémunération - L'employeur n'est pas tenu de maintenir la rémunération pendant l'absence du sapeur-pompier volontaire.

Il peut toutefois le faire. Dans ce cas, l'employeur est subrogé, à sa demande, dans le droit du sapeur-pompier volontaire à percevoir les indemnités de fonction. Si ces dernières sont supérieures à la rémunération maintenue, le surplus doit être reversé au salarié (loi 96-370 du 3 mai 1996, art. 7).

▶ À noter… Les indemnités perçues alors par l'employeur ne sont assujetties à aucun impôt, ni soumises aux prélèvements prévus par la législation sociale. Par ailleurs, elles sont incessibles et insaisissables (loi 96-370 du 3 mai 1996, art. 7).

Compte d'engagement citoyen et CPF

Les sapeurs-pompiers volontaires qui inscrivent leurs activités de volontariat dans leur *compte d'engagement citoyen** acquièrent des droits à formation comptabilisés en euros sur leur *compte personnel de formation** [voir *Compte personnel de formation (mise en place et alimentation)** et *Compte personnel de formation (utilisation)**].

Protection en cas d'accident de service

Les sapeurs-pompiers volontaires bénéficient d'une protection sociale particulière en cas d'accident survenu ou de maladie contractée en service (loi 91-1389 du 31 décembre 1991, JO du 3 janvier 1992, modifiée par loi 2021-1520 du 25 novembre 2021, JO du 26).

De plus, ils bénéficient des dispositions du code du travail sur la protection contre le licenciement des salariés victimes d'un *accident du travail** (loi 96-370 du 3 mai 1996, art. 6-1).

Scrutin

☛ *Élections professionnelles ; Élections professionnelles (résultat du scrutin).*

Secouristes

Les salariés secouristes ont reçu la formation nécessaire pour donner les premiers secours en cas d'urgence.

La présence d'un secouriste est obligatoire lorsque des travaux dangereux sont effectués soit dans un atelier, quel que soit le nombre des personnes employées, soit sur un chantier occupant 20 personnes au moins pendant plus de 15 jours.

Les travailleurs ainsi formés ne peuvent pas remplacer les infirmiers (c. trav. art. R. 4224-15).

☛ *Hygiène et sécurité (obligations de l'employeur).*

Secours

Obligations de l'employeur

Premiers secours - En l'absence d'infirmières ou d'*infirmiers**, ou lorsque leur nombre ne permet pas d'assurer une permanence, l'employeur prend, après avis du médecin du travail, les dispositions nécessaires pour assurer les premiers secours aux accidentés et aux malades. Ces dispositions sont prises en liaison avec les services de secours d'urgence extérieurs à l'entreprise. L'employeur les consigne dans un plan d'organisation des secours à tenir à la disposition de l'inspecteur du travail (c. trav. art. R. 4224-16).

▶ À noter… Sont ici décrites les prescriptions générales. Il existe aussi des dispositions spécifiques à certains risques ou activités (ex. : travaux effectués dans un établissement par une entreprise extérieure) (c. trav. art. R. 4512-8).

Matériel de premiers secours - L'employeur doit équiper les lieux de travail d'un matériel de premiers secours adapté à la nature des risques, facilement accessible et signalé par panneaux (c. trav. art. R. 4224-14 et R. 4224-23). La liste du matériel nécessaire est établie, après avis du médecin du travail, en fonction des risques de l'entreprise (ex. : brancards). Elle est portée dans le plan d'organisation des secours (c. trav. art. R. 4224-16 ; arrêté du 12 janvier 1984, JO du 21).

Local de soins - Lorsque l'effectif prévu des salariés est au moins égal à 200 dans les établissements industriels ou à 500 dans les autres établissements, l'employeur doit prévoir un local destiné aux premiers secours, facilement accessible avec des brancards et pouvant contenir les installations et le matériel de premiers secours. Celui-ci doit comporter les signalisations de sécurité nécessaires (ex. : panneau signalant l'emplacement de la trousse de secours) (c. trav. art. R. 4214-23).

Appel des secours - L'employeur doit afficher, dans les locaux normalement accessibles aux salariés, l'adresse et le numéro d'appel (c. trav. art. D. 4711-1) :
- du médecin du travail ou du service de santé au travail compétent pour l'établissement ;

- des services de secours d'urgence ;
- de l'inspection du travail compétente et le nom de l'inspecteur compétent.

À proximité du matériel de secours, il doit installer un dispositif d'appel destiné à alerter le personnel infirmier ou, à défaut, les pompiers ou le SAMU (arrêté du 12 janvier 1984, JO du 21).

Consignes d'urgence - Voir *Consignes d'hygiène et de sécurité**.

Responsabilité de l'employeur - Voir *Hygiène et sécurité (obligations de l'employeur)**.

Autres acteurs des secours dans l'entreprise

Voir *Comité social et économique (santé, sécurité et conditions de travail)**, *Infirmiers**, *Médecin du travail** et *Secouristes**.

Secours du CSE

Comité social et économique (avantages servis par le).

Secret professionnel

Salariés

Les salariés sont tenus à une obligation de loyauté et de discrétion et également au secret professionnel, s'agissant des procédés de fabrication dont ils pourraient avoir connaissance.

▶ À noter… Sur l'inscription dans une charte d'éthique des obligations de discrétion et de secret professionnel, voir *Charte d'éthique**.

De manière générale, les salariés sont tenus de ne pas divulguer les informations dont ils ont connaissance dans l'exercice de leurs fonctions. Plus particulièrement, la violation d'un secret de fabrique par un directeur ou un salarié de l'entreprise est passible de 2 ans d'emprisonnement et de 30 000 € d'amende (c. trav. art. L. 1227-1).

▶ À noter… Lorsque la violation par le salarié de ses obligations de discrétion est justifiée par la nécessité de remettre à ses défenseurs des documents couverts par le secret professionnel, dans le cadre d'un contentieux avec son employeur, il ne commet pas de faute pouvant justifier son licenciement (cass. soc. 30 juin 2004, n° 02-41720, BC V n° 187).

Représentants du personnel

Membres du CSE et représentants syndicaux - Ils sont tenus au secret professionnel pour toutes les questions relatives aux procédés de fabrication (c. trav. art. L. 2315-3).

Sur les obligations des représentants du personnel s'agissant de la *base de données économiques, sociales et environnementales (BDES)**, voir cette étude.

Conseillers des salariés - Le conseiller du salarié, choisi pour assister celui-ci lors de l'entretien préalable à son licenciement dans les entreprises dépourvues de représentants du personnel, est tenu, sous peine de radiation des listes, au secret

Obligation de discrétion et secret professionnel : comparatif

	Obligation de discrétion	Secret professionnel
Personnes visées	Membres des CSE ; experts de ces comités ; représentants syndicaux auprès de ces comités ; représentants du CSE au conseil d'administration ; cadres assistant aux réunions de la commission économique et de la procédure d'alerte	Les représentants du personnel et leurs experts ; les inspecteurs du travail ; les médecins du travail
	Conseillers du salarié lors de l'entretien préalable au licenciement	Conseillers du salarié lors de l'entretien préalable au licenciement
Objet de l'obligation	Informations présentant par nature un caractère confidentiel (ex. : la situation de l'actif réalisable et disponible ; la situation du passif exigible ; le compte de résultat prévisionnel ; le tableau de financement ; le plan de financement prévisionnel ; les informations communiquées dans le cadre d'une procédure d'alerte) et informations présentées comme telles par l'employeur.	Toutes les questions relatives aux procédés de fabrication
Sanctions	Action en dommages-intérêts	Action pénale
	Sanctions disciplinaires	Action en dommages-intérêts Sanctions disciplinaires

professionnel pour toutes les questions relatives aux procédés de fabrication (c. trav. art. L. 1232-13) [voir *Conseiller du salarié (entretien préalable au licenciement)** et *Entretien préalable au licenciement**].

Autres personnes

Inspecteurs du travail - Voir *Inspection du travail**.

Experts - Sont également tenus au secret professionnel :
- l'*expert comptable** qui assiste le comité social et économique en vue de l'examen annuel des comptes (c. trav. art. L. 2315-76) ;
- l'*expert** auquel le CSE peut avoir recours dans les entreprises d'au moins 300 salariés (c. trav. art. L. 2315-94) ;
- tout expert auquel le CSE fait appel pour la préparation de ses travaux et dont le recours donne lieu à délibération du comité ;
- les techniciens et les experts appartenant à l'entreprise et choisis en dehors du CSE (c. trav. art. L. 2315-84) ;
- l'*expert habilité** auquel le CSE peut faire appel en cas de risque grave constaté dans l'établissement (c. trav. art. L. 2315-94).

Médecins du travail - Les médecins du travail sont tenus au secret du dispositif industriel et technique de fabrication et de composition des produits employés ou fabriqués ayant un caractère confidentiel (c. trav. art. R. 4624-9).

☛ *Discrétion (obligation de).*

Secrétaire

☛ *Comité social et économique.*

Section syndicale

Constitution

Syndicats concernés - La possibilité de constituer une section syndicale est ouverte aux syndicats suivants (c. trav. art. L. 2142-1).

• *Les syndicats représentatifs dans l'entreprise ou l'établissement* [voir *Syndicats (représentativité)**].

• *Les syndicats affiliés à une organisation syndicale représentative aux niveaux national et interprofessionnel.*

• *Les syndicats « non représentatifs », s'ils remplissent les conditions suivantes* : remplir les critères cumulatifs de respect des valeurs républicaines et d'indépendance, être légalement constitués depuis au moins 2 ans et avoir un champ professionnel et géographique couvrant l'entreprise ou l'établissement. La Cour de cassation a ajouté à ces critères légaux l'obligation de satisfaire au critère de transparence financière, en principe réservé aux syndicats représentatifs (cass. soc. 22 février 2017, n° 16-60123, BC V n° 29). Cette exigence a été jugée conforme à la constitution (cass. soc. 29 janvier 2020, n° 19-40034 FSPB ; c. constit., décision 2020-835 QPC du 30 avril 2020, JO 2 mai).

▶ **À noter…** Pour l'appréciation du respect du critère de transparence financière par un syndicat, l'approbation des comptes de ce syndicat pour un exercice clos doit avoir lieu au plus tard à la clôture de l'exercice suivant. Le seul défaut d'approbation des comptes du syndicat avant cette date ne peut donc entraîner l'annulation de la désignation d'un représentant de section syndicale* pour non-respect du critère de transparence financière (cass. soc. 2 février 2022, n° 21-60046 FB).

Dans tous les cas, il faut que le syndicat ait plusieurs adhérents dans l'entreprise ou l'établissement pour pouvoir y constituer une section syndicale. L'un d'entre eux peut être le *représentant de la section syndicale* * (cass. soc. 26 mai 2010, n° 09-60278, BC V n° 117).

Une union de syndicats peut constituer une section dans les mêmes conditions (cass. soc. 8 juillet 2009, n° 09-60012, BC V n° 182 ; cass. soc. 26 mai 2010, n° 09-60370 D).

▶ **À noter…** Faute d'un nombre d'adhérents suffisant à jour du paiement de leurs cotisations, une section syndicale n'est pas légalement constituée (cass. soc. 13 juin 2019, n° 18-15442 D).

Syndicats non représentatifs - L'employeur qui conteste le respect des valeurs républicaines et d'indépendance doit le prouver (cass. soc. 8 juillet 2009, n° 08-60599, BC V n° 181 ; cass. soc. 13 octobre 2010, n° 10-60130, BC V n° 235).

La condition relative aux champs professionnel et géographique ne signifie pas que le syndicat doive comporter des adhérents dans l'ensemble des sites de l'établissement ou des établissements de l'entreprise (cass. soc. 8 juillet 2009, n° 09-60048, BC V n° 178 ; communiqué de la Cour de cassation du 8 juillet 2009).

En outre, la modification par le syndicat de son champ statutaire n'a pas pour effet de remettre en cause l'ancienneté qu'il a acquise à compter du dépôt initial de ses statuts (cass. soc. 14 novembre 2012, n° 11-20391, BC V n° 293). Dans le même sens, un changement d'affiliation n'entraîne pas la perte de l'ancienneté acquise (cass. soc. 3 mars 2010, n° 09-60283, BC V n° 54).

Constitution par autoproclamation - La création d'une section syndicale n'est soumise à aucune condition de forme ou de publicité (cass. soc. 2 juillet 1981, n° 81-60554, BC V n° 639). Les salariés adhérents d'un syndicat qui souhaitent obtenir les moyens d'action auxquels une section syndicale peut prétendre (ex. : panneau d'affichage) doivent néanmoins se faire connaître de l'employeur.

▶ À noter… L'employeur ne peut pas s'opposer à la création d'une section syndicale au sein de son entreprise. S'il exerce des pressions sur le personnel pour le dissuader de constituer une section syndicale, il commet un délit d'entrave (c. trav. art. L. 2141-8 ; cass. crim. 11 mai 1995, n° 94-83574 D).

Preuve - Le syndicat doit prouver la présence d'au moins deux adhérents (cass. soc. 8 juillet 2009, n° 08-60599, BC V n° 181), mais il ne peut pas être contraint à donner des éléments permettant leur identification. En effet, seul le juge peut prendre connaissance de telles informations (cass. soc. 14 novembre 2012, n° 11-20391, BC V n° 293 ; cass. soc. 25 juin 2014, n° 13-60282 D). À ce titre, un syndicat ne peut révéler le nom d'un salarié adhérent qu'avec l'accord exprès de celui-ci (cass. soc. 8 juillet 2009, n° 09-60032, BC V n° 180 ; communiqué de la Cour de cassation du 8 juillet 2009 ; cass. soc. 1er décembre 2010, n° 10-60138 D).

Mission

Représentation des intérêts des adhérents - La section syndicale représente les intérêts matériels et moraux des salariés adhérents du syndicat qui l'a constituée (c. trav. art. L. 2142-1). En pratique, la section syndicale fait part à l'employeur des revendications des salariés.

Dans les entreprises d'au moins 50 salariés, ce rôle de représentation est souvent exercé par les délégués syndicaux (DS) lorsque le syndicat est représentatif [voir *Délégué syndical (missions)**]. Les DS sont les interlocuteurs de l'employeur dans le cadre des négociations collectives [voir *Accord collectif d'entreprise (conclusion avec délégué syndical)**].

Les syndicats non représentatifs peuvent, sous certaines conditions, désigner un *représentant de la section syndicale**.

Absence de personnalité juridique - Simple émanation du syndicat, la section syndicale n'est dotée ni de la personnalité civile (cass. soc. 19 décembre 1990, n° 89-14576, BC V n° 698), ni de la personnalité morale. Elle ne peut donc pas présenter une liste de candidats aux élections professionnelles (cass. soc. 30 mai 2001, n° 00-60159, BC V n° 188), ni intenter une action en justice (cass. soc. 13 février 2008, n° 07-60171 D). Sur le rôle des syndicats dans ces domaines, voir *Élections professionnelles (candidats)** et *Syndicats**.

Absence de protection - Les salariés membres d'une section syndicale n'entrent pas dans le champ de la protection spéciale des représentants du personnel (cass. crim. 29 octobre 1996, n° 94-85028, B. crim. n° 379). Toutefois, ils bénéficient, comme tout autre salarié, de la protection contre les *discriminations** fondées sur l'appartenance ou l'activité syndicale (c. trav. art. L. 1132-1).

▶ Attention… Le *représentant de la section syndicale** bénéficie, quant à lui, de la même protection que les délégués syndicaux.

Local

Moins de 200 salariés - Dans les entreprises (ou établissements) de moins de 200 salariés, l'employeur n'a pas l'obligation de mettre un local à la disposition de la section syndicale. Une telle obligation peut toutefois résulter des dispositions conventionnelles applicables dans l'entreprise.

Au moins 200 salariés - Dans les entreprises (ou établissements) d'au moins 200 salariés, le chef d'entreprise est tenu de mettre à la disposition des sections syndicales un local commun convenant à l'exercice de la mission de leurs délégués, dont les modalités d'aménagement et d'utilisation sont fixées par accord avec le chef d'entreprise. Cet accord doit permettre à chaque section syndicale une utilisation par roulement. En tout état de cause, chaque section syndicale devra disposer d'un meuble fermant à clé (c. trav. art. L. 2142-8 et L. 2142-9).

Au moins 1000 salariés - Dans les entreprises (ou établissements) d'au moins 1 000 salariés, l'employeur doit mettre un local convenable, aménagé et doté du matériel nécessaire à son fonctionnement à la disposition de chaque section syndicale constituée par une organisation syndicale représentative dans l'entreprise ou l'établissement (c. trav. art. L. 2142-8).

Déménagement - L'employeur ne peut pas déplacer le local syndical contre la volonté des syndicats.

En cas de désaccord, il doit solliciter une autorisation du juge. Par ailleurs, le déménagement du local ne doit pas porter atteinte à l'activité syndicale.

Exemple
Il y a atteinte à l'activité syndicale lorsque le nouvel emplacement du local implique que les salariés se soumettent à des mesures de contrôle pour aller de leur lieu de travail au local ou en revenir (cass. soc. 13 janvier 2010, n° 08-19917, BC V n° 11).

Moyens

Affichage - L'employeur doit mettre à la disposition des syndicats dans l'entreprise des *panneaux d'affichage** pour leur permettre d'y apposer des communications destinées à l'information du personnel (c. trav. art. L. 2142-3).

Tracts - Les membres de la section syndicale peuvent, sous certaines conditions, diffuser des *tracts** dans l'enceinte de l'entreprise aux heures d'entrée et de sortie du travail (c. trav. art. L. 2142-4), mais aussi hors de l'entreprise. Ces publications peuvent, le cas échéant, être diffusées au moyen des outils numériques disponibles dans l'entreprise après conclusion d'un accord d'entreprise (c. trav. art. L. 2142-6).

Réunions

Réunions mensuelles - Les adhérents de chaque section syndicale peuvent se réunir une fois par mois dans l'enceinte de l'entreprise, en dehors des lieux de travail et du temps de travail des participants (c. trav. art. L. 2142-10 et L. 2142-11). À l'inverse, les représentants du personnel peuvent se réunir pendant leurs *heures de délégation**.

Modalités de la réunion - Les modalités des réunions sont fixées par accord avec le chef d'entreprise (c. trav. art. L. 2142-10). L'accord prévoit, par exemple, les dates, heures et lieux de réunion ainsi que les délais de prévenance.

Personnalités extérieures - Les sections syndicales peuvent inviter (c. trav. art. L. 2142-10) :
- des personnalités syndicales extérieures à l'entreprise à participer à des réunions organisées dans le local syndical ou, avec l'accord du chef d'entreprise, dans des locaux mis à leur disposition ;
- des personnalités extérieures autres que syndicales, sous réserve de l'accord du chef d'entreprise.

Exemple
Les locaux mis à la disposition d'un syndicat par l'employeur pour tenir une réunion ne peuvent pas être assimilés au local syndical à proprement parler. Un accord de l'employeur est donc nécessaire pour y recevoir des personnalités syndicales extérieures à l'entreprise (cass. soc. 12 avril 2016, n° 15-60190 D).

☛ *Délégué syndical ; Panneaux d'affichage ; Tracts ; Représentant de la section syndicale ; Syndicats ; Syndicats (représentativité).*

➲ Formulaire de droit social, « Demande d'autorisation pour inviter une personnalité non syndicale ».

Sécurité

☛ *Comité social et économique (santé, sécurité et conditions de travail) ; Hygiène et sécurité (obligations de l'employeur) ; Hygiène et sécurité (obligations des salariés).*

Semaine de 4 jours

La durée hebdomadaire de travail de 35 h peut être répartie sur 4 jours ouvrables ou sur 4 jours et demi si cela est prévu par un décret d'application de la loi du 21.06.1936 ou de l'article L. 3121-67 du code du travail (c. trav. art. L. 3121-67).

▶ **Attention…** En principe, les jeunes de moins de 18 ans ne peuvent pas être employés à un travail effectif excédant 8 h par jour et 35 h par semaine [voir *Jeunes (emploi des)**]. La mise en œuvre de la semaine de 4 jours ne peut pas, à notre sens, faire échec à l'application de ces dispositions.

Dans les entreprises où aucun décret d'application de la loi du 21.06.1936 ou de l'article L. 3122-46 du code du travail ne s'applique, une convention ou un accord collectif de travail étendu ou une convention ou un accord d'entreprise ou d'établissement peut permettre d'arriver au même résultat (c. trav. art. L. 3121-68).

En revanche, dans les entreprises où un décret d'application de la loi du 21.06.1936 ou de l'article L. 3122-67 du code du travail ou un accord collectif s'applique, qui ne prévoit pas cette organisation du travail sur la semaine, l'employeur ne pourra pas organiser l'horaire collectif de travail sur 4 jours ou 4,5 jours (cass. crim. 8 novembre 1983, n° 82-94136 ; cass. crim. 12 juin 1987, n° 86-91737).

☛ *Aménagement du temps de travail.*

Seniors

Un accord national interprofessionnel (ANI) relatif à l'amélioration de l'emploi des seniors a été signé le 9.03.2006 (ANI du 9 mars 2006, étendu par arrêtés du 12 juillet 2006, du 26 juillet 2006 et du 15 décembre 2006). Les employeurs disposent ainsi d'outils ou de dispositifs favorisant le maintien dans l'emploi des seniors et permettant également d'anticiper et de faciliter la fin de carrière de leurs salariés. D'autres dispositions s'appliquent spécifiquement aux seniors.

Maintien dans l'emploi

Gestion anticipative des emplois et des compétences - Les entreprises sont incitées à mettre en place, après consultation des représentants élus du personnel, un dispositif de gestion anticipative des emplois et des compétences adapté à leur taille (ANI du 9 mars 2006, art. 4). Sur la négociation d'un accord de *gestion prévisionnelle de l'emploi et des compétences** (gestion des emplois et des parcours professionnels), voir cette étude.

Sur la gestion des emplois et des parcours professionnels (GEPP) et sur la mixité des métiers, voir *Négociations obligatoires dans l'entreprise**.

Transmission des savoirs et des savoir-faire par le tutorat - L'ANI du 9.03.2006 souligne l'importance du tutorat et du parrainage ou de toute autre modalité de transmission des savoirs et des savoir-faire. Les entreprises peuvent confier cette mission à des salariés volontaires, ayant une légitimité professionnelle fondée sur une expérience reconnue en se référant, lorsqu'elles existent, aux dispositions conventionnelles de branche en vigueur.

Si une telle mission est confiée à un salarié de plus de 50 ans, il convient de la prendre en considération dans l'appréciation de ses résultats individuels. Par exemple, le tutorat peut être mis en place dans le cadre d'un *contrat de professionnalisation**

De même, compte tenu de l'expérience, des compétences et du savoir-faire exigés, la fonction de maître d'apprentissage [voir *Apprentissage (maître d')**] est très majoritairement assumée par des salariés seniors.

Cumul emploi-retraite - Voir *Cumul activité-retraite des salariés**.

Validation des acquis de l'expérience - Voir *Validation des acquis de l'expérience**.

Attribution d'une médaille d'honneur du travail - Voir *Médaille d'honneur du travail**.

Retour dans l'emploi

Les entreprises ne doivent pas utiliser de méthodes de recrutement qui font de l'âge un critère de choix, mais chercher davantage à valoriser les aptitudes de chacun (ANI du 9 mars 2006, art. 7). En tout état de cause, les *discriminations** fondées sur l'âge sont interdites.

Depuis le 1.07.2021, les *associations intermédiaires** peuvent conclure des contrats à durée déterminée à destination des publics seniors sans solution à l'issue d'un délai minimal de 12 mois après le début de leur parcours d'inserion par l'activité économique (IAE).

Voir aussi *Contrat de travail à durée déterminée (senior)** et *Contrat de professionnalisation**.

Fin de carrière

Point d'étape retraite à partir de 45 ans - Voir *Retraite (droit à l'information)**.

Bilan retraite - Le salarié de 55 ans et plus qui s'est renseigné sur sa retraite peut, à sa demande, faire le point avec son responsable hiérarchique des modalités de sa fin de carrière, à l'occasion de l'entretien professionnel de seconde partie de carrière (ANI du 9 mars 2006, art. 18).

▶ À noter... Les informations fournies au salarié par les régimes de sécurité sociale auxquels il a cotisé et ses caisses de retraite complémentaire sont strictement personnelles dans la mesure où il en est le seul propriétaire.

Aménagement des horaires de travail - Les salariés âgés de 55 ans et plus qui le souhaitent peuvent bénéficier, en accord avec leur employeur, d'aménagements de leurs horaires de travail, y compris sous forme de temps partiel organisés sur la semaine, le mois ou l'année. Les entreprises doivent s'efforcer de limiter l'impact de ces aménagements d'horaires sur les droits à retraite à taux plein des intéressés (ANI du 9 mars 2006, art. 18).

Sensibilisation aux gestes qui sauvent avant le départ à la retraite - Voir *Départ volontaire à la retraite**.

Retraite progressive - Voir *Retraite progressive**.

Déclaration de départ de l'entreprise - L'employeur doit signaler annuellement à l'URSSAF, via la *déclaration sociale nominative (DSN)**, les départs intervenus l'année civile précédente en préretraite, cessation anticipée d'activité, mise à la retraite ainsi que les licenciements et ruptures conventionnelles homologuées des salariés âgés d'au moins 55 ans (c. trav. art. L. 1221-18).

Si cette déclaration n'est pas produite dans les temps, l'employeur est redevable d'une pénalité égale à 600 fois le taux horaire du SMIC. Cette pénalité est recouvrée par l'URSSAF dont relève l'employeur.

Chômage des seniors - Voir *Chômage (allocation d'aide au retour à l'emploi)**.

Contrat de travail à durée déterminée (senior) ; Départ anticipé à la retraite ; Départ volontaire à la retraite ; Mise à la retraite ; Préretraite ; Retraite (droit à l'information) ; Retraite de base (âge de départ) ; Retraite de base (calcul de la pension) ; Retraite complémentaire ; Retraite progressive ; Retraite supplémentaire.

Service civique

Le service civique permet à des volontaires de réaliser certaines missions d'intérêt général (ex. : revêtant un caractère éducatif ou humanitaire) auprès d'une personne morale agréée (c. serv. nat. art. L. 120-1 ; arrêté du 12 mai 2010, JO du 13 ; lettre-circ. ACOSS 2011-105 du 7 novembre 2011 ; www.service-civique.gouv.fr).

Formes du service civique

Engagement de service civique pour les 16-25 ans - Pour les volontaires de 16 à 25 ans, le service civique peut prendre la forme d'un engagement de service civique pour une durée de 6 à 12 mois continus. La limite d'âge est repoussée à 30 ans pour les personnes reconnues handicapées (c. serv. nat. art. L. 120-1 ; lettre-circ. ACOSS 2011-105 du 7 novembre 2011). Celui-ci est effectué, par exemple, auprès d'un organisme sans but lucratif de droit français ou d'une personne morale de droit public agréés par l'Agence du service civique. Certaines structures ne peuvent pas être agréées (ex. : un *comité social et économique**, une fondation d'entreprise) (c. serv. nat. art. L. 120-1 et L. 120-2).

▶ À noter... Les organismes sans but lucratif de droit français agréés peuvent percevoir une aide de l'Agence du service civique pour couvrir une partie des frais d'accueil et d'accompagnement du volontaire (c. serv. nat. art. L. 120-31).

Volontariat associatif pour les plus de 25 ans - Le service civique peut aussi prendre la forme d'un volontariat associatif, d'une durée continue de 6 à 24 mois. Ce dernier est ouvert aux personnes âgées de plus de 25 ans (c. serv. nat. art. L. 120-1). Il s'effectue auprès d'une association de droit français ou d'une fondation reconnue d'utilité publique agréées.

▶ À noter... La durée cumulée des contrats de volontariat associatif pour un même individu ne peut excéder 36 mois (c. serv. nat. art. L. 120-18).

Autres formes du service civique - Mis à part l'engagement de service civique et le volontariat associatif, il existe d'autres formes particulières de service civique, dont notamment le volontariat international en entreprise ou en administration (c. serv. nat. art. L. 122-1 à L. 122-9) ou le volontariat de solidarité internationale (loi 2005-159 du 23 février 2005, art. 1). Celles-ci obéissent à des règles spécifiques (www.civiweb.com et www.france-volontaires.org) (pour en savoir plus notamment sur les aides liées au volontariat de solidarité internationale, voir Dictionnaire paye, « Volontariat de solidarité internationale »).

A également été institué le service civique des sapeurs-pompiers. Il comporte une phase de formation initiale d'une durée maximale de 2 mois dispensée sur le temps de mission du volontaire, au sein de son unité d'affectation ou dans une structure adaptée, à la charge de l'organisme d'accueil du volontaire (c. trav. art. L. 120-1 ; www.pompiers.fr).

Contrat d'engagement de service civique ou de volontariat associatif

Nature du contrat - Pour tout engagement de service civique ou tout volontariat associatif, l'organisme d'accueil et le volontaire signent un contrat spécifique. Il ne s'agit pas d'un contrat de travail ; il n'est donc pas régi par le code du travail (c. serv. nat. art. L. 120-3 et L. 120-7).

Conditions - Pour pouvoir conclure un contrat, le volontaire doit avoir plus de 16 ans (le cas échéant, il doit détenir une autorisation parentale) et avoir passé une visite médicale préalable (c. serv. nat. art. L. 120-4 et L. 120-5). Par ailleurs, il doit satisfaire à une condition de nationalité, sachant que plusieurs cas de figure sont possibles.

▶ À noter... Un contrat de service civique ou de volontariat associatif ne peut pas être conclu dans certains contextes, notamment lorsque les missions confiées au volontaire ont été exercées par un salarié de l'organisme d'accueil dont le contrat de travail a été rompu depuis moins de 1 an avant la date de signature du contrat de service civique (c. serv. nat. art. L. 120-9).

Mentions obligatoires - Le contrat de service civique ou de volontariat associatif doit comporter un certain nombre de mentions, notamment : l'identité des parties et leur adresse, la description et la durée de la mission confiée au volontaire, le régime des congés applicables, le montant de l'indemnité due au volontaire et ses modalités de versement ainsi que les conditions d'une rupture anticipée (c. serv. nat. art. L. 120-12, L. 120-18 et R. 121-10).

▶ À noter… Le cas échéant, le contrat doit comporter des mentions supplémentaires spécifiques aux missions de service civique réalisées par les mineurs (c. serv. nat. art. R. 121-11).

Rupture anticipée - Le contrat peut être rompu avant son terme, sans préavis (c. serv. nat. art. L. 120-16) :
- en cas de force majeure ;
- en cas de faute grave de l'organisme d'accueil ou du volontaire ;
- pour permettre au volontaire d'être embauché en CDI ou en CDD d'au moins 6 mois.

Dans les autres cas, il peut être rompu par anticipation moyennant un préavis de 1 mois.

▶ À noter… Lorsque la personne morale agréée envisage de mettre un terme au contrat avant son échéance normale, elle doit appliquer une procédure particulière (c. serv. nat. art. L. 120-16). En effet, elle doit alors informer le volontaire de son intention en lui adressant une notification motivée par lettre recommandée avec AR ou par lettre remise en main propre contre décharge, en respectant, s'il y a lieu, le délai de 1 mois.

Registre du personnel

Les personnes morales agréées accueillant des volontaires en service civique doivent inscrire dans leur registre du personnel les noms et prénoms de ces personnes, selon leur ordre d'arrivée et dans la même partie spécifique du registre que pour les stagiaires (c. trav. art. L. 1221-13).

Déroulement de la mission de service civique

Statut du volontaire - Le volontaire est soumis aux règles de l'organisme d'accueil. Il est tenu à la discrétion pour les faits et informations dont il a connaissance dans l'exercice de ses missions ainsi qu'aux obligations de convenance et de réserve inhérentes à ses fonctions (c. serv. nat. art. L. 120-15).

Mission des mineurs - Les mineurs bénéficient de dispositions protectrices particulières en matière de travaux interdits, de travail de nuit, de durée quotidienne et hebdomadaire des missions, de pause, de congés et de repos (c. serv. nat. art. L. 120-8, R. 121-12 et R. 121-18).

Durée de service hebdomadaire - En principe, les missions doivent représenter, sur la durée du contrat, une durée minimale de 24 heures hebdomadaires, sans dépasser un maximum de 48 heures, réparties sur un maximum de 6 jours (c. serv. nat. art. L. 120-8).

Congés - Toute personne effectuant un engagement de service civique ou un volontariat associatif bénéficie notamment d'un droit à congé dès lors qu'elle a exercé la mission définie par son contrat au minimum durant 10 jours ouvrés. Elle a droit à un congé annuel d'une durée fixée à 2 jours ouvrés par mois de service effectif, y compris dans le cadre d'une pluralité de missions (c. serv. nat. art. R. 121-17 à R. 121-20).

Par ailleurs, les volontaires ont droit, le cas échéant, à des congés exceptionnels pour événements familiaux (c. serv. nat. art. D. 121-21).

Indemnisation - Dans le cadre d'un volontariat associatif, la personne morale agréée doit verser une indemnité mensuelle au volontaire (c. serv. nat. art. L. 120-18). L'indemnité mensuelle brute doit être comprise entre 8,22 % et 55,04 % de la rémunération mensuelle afférente à l'indice brut 244 de la fonction publique. Son montant tient compte du temps de service effectif de la personne volontaire. Le montant servi en nature ne peut excéder 50 % de l'indemnité (c. serv. nat. art. R. 121-22).

Dans l'engagement de service civique, l'Agence de services et de paiement (ASP) verse directement à l'engagé une indemnité mensuelle, pour le compte de l'Agence du service civique (c. serv. nat. art. L. 120-18). Cette indemnité est égale à 36,11 % de la rémunération mensuelle afférente à l'indice brut 244 de la fonction publique (c. serv. nat. art. R. 121-23). Elle peut être majorée lorsque les difficultés de nature sociale ou financière rencontrées par la personne volontaire le justifient (c. serv. nat. art. R. 121-24).

▶ À noter… Le volontaire perçoit cette indemnisation pendant ses congés annuels, ses congés de maladie, de maternité ou d'adoption, ou en cas d'incapacité temporaire liée à un accident imputable au service ou à une maladie professionnelle (c. serv. nat. art. L. 120-13 et L. 120-23).

Par ailleurs, la personne volontaire peut bénéficier de titres-repas ainsi que des prestations nécessaires à sa subsistance, son équipement, son logement et son transport (c. serv. nat. art. L. 120-19, L. 120-22 et R. 121-27 à R. 121-32).

Protection sociale - Lorsque le service civique ou le volontariat associatif est effectué en métropole ou dans un DOM, le volontaire est obligatoirement affilié aux assurances sociales du régime général. Lorsque la personne volontaire effectue son service civique à l'étranger, l'organisme qui l'accueille est tenu de souscrire des assurances de base et complémentaire couvrant les risques maladie, maternité, invalidité, accidents du travail et maladies professionnelles (c. serv. nat. art. L. 120-25 à L. 120-29).

▶ À noter… Certains volontaires bénéficient, sous conditions, d'une couverture complémentaire (arrêté du 28 avril 2011, JO du 6 mai).

Fin de la mission - À l'issue de la mission de service civique, l'Agence du service civique remet au volontaire une attestation de service civique ainsi qu'un document décrivant les activités exercées et évaluant notamment les compétences qu'il a acquises pendant sa mission (c. serv. nat. art. L. 120-1).

La rupture de son contrat de travail, à l'initiative du salarié, pour souscrire un contrat de service civique ou de volontariat associatif, ne le prive pas de ses droits à l'assurance chômage à l'issue de son service civique (c. serv. nat. art. L. 120-10).

Formation professionnelle

Compte d'engagement citoyen et compte personnel de formation - Le volontaire peut recenser ses activités de service civique dans son *compte d'engagement citoyen** (CEC) afin d'acquérir des droits à formation comptabilisés en euros sur son *compte personnel de formation**. Les droits acquis au titre du CEC peuvent financer des actions de formation destinées à acquérir des compétences nécessaires à l'exercice de ses missions de service civique [voir *Compte personnel de formation (utilisation)**].

Le service civique peut être pris en compte dans le passeport d'orientation, de formation et de compétences du volontaire (c. serv. nat. art. L. 120-1 ; c. trav. art. L. 6323-8) [voir *Compte personnel de formation (mise en place et alimentation)**].

Validation des acquis de l'expérience - Le cas échéant, l'ensemble des compétences acquises dans l'exécution d'un service civique en rapport direct avec le contenu d'un diplôme, d'un titre à finalité professionnelle ou d'un certificat de qualification est pris en compte au titre de la *validation des acquis de l'expérience** (c. serv. nat. art. L. 120-1).

Service emploi-association

Toute association employant moins de 20 salariés peut utiliser un service d'aide à l'accomplissement de ses obligations déclaratives en matière sociale, dénommé « service emploi-association » (c. séc. soc. art. L. 133-5-1). Ce service, également appelé « dispositif impact emploi », permet une prise en charge globale des formalités de gestion d'un salarié dans une association. Les associations peuvent, par ailleurs, avoir recours au *chèque-emploi associatif**.

▶ À noter… Ce service est organisé par les URSSAF, les CGSS et les CMSA dans leur champ respectif de compétences. L'offre s'appuie sur un réseau de « tiers de confiance », évoluant souvent au sein d'une fédération (fédération profession sports et loisirs, comité national olympique et sportif français, fédération famille rurale, fédération sports pour tous, ligue de l'enseignement…).

Les relations entre l'association employeur et le « tiers de confiance » sont régies par une convention qui peut prévoir une participation financière de l'association au fonctionnement du service, dans une limite fixée par décision de l'autorité administrative. En pratique, il faut contacter l'URSSAF compétente pour connaître le nom et les coordonnées de l'organisme tiers conventionné.

Rôle

Le « tiers de confiance » réalise pour le compte de l'association employeur, les formalités liées à l'embauche, les bulletins de salaire et l'ensemble des déclarations sociales et fiscales. Il permet notamment à l'association :

- de recevoir les documents ou modèles de documents nécessaires au respect de certaines obligations liées à l'embauche ou au départ du salarié ;

▶ À noter… Il s'agit notamment des obligations liées :

- à l'établissement par écrit du contrat de travail (c. trav. art. L. 1221-1 et L. 1221-3), y compris d'un

contrat de travail à durée déterminée (c. trav. art. L. 1242-12) ou d'un contrat de travail à temps partiel (c. trav. art. L. 3123-6) ;
- à la remise du certificat de travail en fin de contrat (c. trav. art. L. 1234-19) ;
- à la déclaration préalable à l'embauche (c. trav. art. L. 1221-10) ;
- à l'établissement du bulletin de paie (c. trav. art. L. 3243-2).

- d'obtenir le calcul des rémunérations dues aux salariés ainsi que de l'ensemble des cotisations et contributions d'origine légale et des cotisations et contributions conventionnelles rendues obligatoires par la loi ;
- d'effectuer les déclarations obligatoires relatives aux cotisations et contributions sociales qui doivent être adressées aux différents organismes de recouvrement (URSSAF, CMSA, caisses de retraite complémentaire et Pôle emploi notamment).

Un logiciel, régulièrement actualisé, est mis gratuitement à la disposition du tiers de confiance par l'URSSAF.

▶ À noter... Le réseau des URSSAF a annoncé la mise en œuvre courant mars 2022 d'une nouvelle version du dispositif impact emploi-association visant à automatiser le traitement de certaines données nécessaires au calcul de la paye. De nouvelles fonctionnalités permettront aux tiers de confiance notamment de créer une déclaration préalable à l'embauche (DPAE), de récupérer automatiquement les fiches de paramétrage des organismes complémentaires et de calculer les bulletins de salaires de manière groupée (www.urssaf.fr, information du 20.01.2022).

Versement des cotisations

Les cotisations et contributions sociales des associations ayant recours au service emploi-association doivent être réglées par virement ou par tout autre mode de paiement dématérialisé proposé par l'organisme de recouvrement (c. séc. soc. art. L. 133-5-1).

☛ *Chèque-emploi associatif.*

Service de prévention et de santé au travail

À compter du 31.03.2022, les services de santé au travail sont renommés « services de prévention et de santé au travail » (SPST) et les services de santé au travail interentreprises deviennent les « services de prévention et de santé au travail interentreprises » (SPSTI) (loi 2021-1018 du 2 août 2021, JO du 3).

Missions

Les SPST ont pour mission d'éviter toute altération de la santé des travailleurs du fait de leur travail. À ce titre, ils conduisent différentes actions : conseil des employeurs, des salariés et de leurs représentants, surveillance de l'état de santé des salariés, etc. (c. trav. art. L. 4622-2 ; circ. DGT 2012-13 du 9 novembre 2012, p. 53).

À compter du 31.03.2022, leurs missions sont étendues avec (c. trav. art. L. 4622-2 ; loi 2021-1018 du 2 août 2021, JO du 3) :
- l'aide aux entreprises dans l'évaluation et la prévention des risques professionnels ;
- l'accompagnement des employeurs, des salariés et de leurs représentants dans l'analyse de l'impact des changements organisationnels importants dans l'entreprise sur les conditions de santé et de sécurité (c. trav. art. L. 4622-2, 2°) ;
- des actions de promotion de la santé sur le lieu de travail (dont les campagnes de vaccination et de dépistage), de sensibilisation aux bénéfices de la pratique du sport et d'information et de sensibilisation aux situations de handicap au travail.

Dans leur mission de conseil, les SPST doivent, le cas échéant, tenir compte de l'impact du télétravail sur la santé et l'organisation du travail.

▶ À noter... La vaccination contre le covid-19 est obligatoire, sauf contre-indication médicale reconnue, pour les personnes travaillant dans un SPST (loi 2021-1040 du 5 août 2021, JO du 6) [voir *Covid-19 (hygiène et sécurité)**].

Interne ou externe à l'entreprise

Le SPST est organisé sous la forme (c. trav. art. L. 4622-5 et D. 4622-1 ; circ. DGT 2012-13 du 9 novembre 2012, p. 19) :
- d'un service autonome (c'est-à-dire un service de groupe, d'entreprise, d'établissement, ou en cas de pluralité d'établissements un service interétablissements, ou enfin en cas d'*unité économique et sociale** (UES) un service commun aux entreprises constituant l'UES) ;
- ou d'un service interentreprises.

Mise en place d'un SST autonome

Une faculté à partir de 500 salariés - La création d'un SPST « en interne » (ou SPST autonome) est une simple possibilité pour les groupes, entreprises ou établissements, dont l'effectif de salariés suivis atteint ou dépasse 500 salariés.

Ces derniers ont le choix entre mettre en place leur propre SPST ou adhérer à un SPST interentreprises (c. trav. art. D. 4622-5).

Ce seuil est également applicable pour la mise en place facultative d'un SPST interétablissements et d'un SST commun aux entreprises constituant une UES (c. trav. art. D. 4622-9 et D. 4622-12).

Le décompte de l'*effectif** s'effectue selon les règles habituelles en droit du travail (c. trav. art. L. 1111-2 et L. 1111-3).

Les « salariés suivis » sont :
- les salariés liés par contrats de travail aux employeurs concernés par la mise en place d'un SPST autonome ;
- et l'éventuel personnel employé par les prestataires de services ou autres entreprises et travaillant chez le ou les employeurs en question.

Enfin, le franchissement du seuil des 500 salariés suivis doit s'apprécier sur une certaine durée, de sorte que l'entité qui a mis en place un SPST autonome ne doit pas automatiquement adhérer à un SPSTI dès l'instant qu'elle passe sous le seuil en question (circ. DGT 2012-13 du 9 novembre 2012, pp. 19 et 20).

Consultation du CSE - Le choix entre SPST autonome et SPTT interentreprises est préalablement soumis au *comité social et économique** (CSE), qui doit être consulté et peut s'opposer de façon motivée (c. trav. art. D. 4622-2).

Le choix de créer un SPST autonome au niveau d'une UES doit quant à lui recevoir l'accord du CSE commun (c. trav. art. D. 4622-12).

Saisine de l'administration en cas d'opposition du CSE - Lorsque le CSE s'est opposé à la décision de l'employeur, celui-ci doit saisir le DREETS, qui se prononcera sur la forme SPST, après avis du médecin inspecteur du travail (c. trav. art. D. 4622-3). L'employeur peut considérer que son choix a été approuvé par l'administration s'il n'a reçu aucune décision d'opposition dans le délai d'un mois à la réception de la saisine du DREETS (c. trav. art. R. 4622-4).

SPST de groupe - Un SPST, au niveau du groupe, peut être créé par accord entre tout ou partie des entreprises du groupe, sachant que la notion de groupe est la même que celle applicable pour la mise en place d'un *comité de groupe** (c. trav. art. D. 4622-1 et D. 4622-5).

L'accord en question doit être conclu entre les responsables des entreprises concernées et le responsable de la société mère. Il ne s'agit pas d'un accord collectif de groupe au sens strict du terme (c. trav. art. L. 2232-31). Lorsqu'une entreprise a le choix d'adhérer soit à un SPSTI, soit au SPST de groupe, tous les CSE doivent être consultés, avec possibilité pour chacun d'eux de s'opposer à la décision de chaque employeur, lequel devra alors saisir le DREETS (circ. DGT 2012-13 du 9 novembre 2012, p. 20).

Recours au SPST autonome d'une autre entreprise - Une entreprise ou un établissement, quel que soit son effectif peut faire suivre ses salariés par un service autonome d'une autre entreprise, lorsque cette entreprise ou cet établissement :
- appartient au même groupe et s'il n'y a pas de SPST de groupe ;
- intervient régulièrement en tant qu'entité extérieure auprès d'une autre entreprise utilisatrice (c. trav. art. R. 4511-1).

Dans les deux cas, une convention doit être conclue entre, d'une part, l'entreprise ou l'établissement concerné et, d'autre part, l'entreprise qui a organisé le SPST (c. trav. art. D. 4622-14). Le CSE doit être préalablement consulté et peut s'opposer de manière motivée à cette organisation du suivi des salariés (circ. DGT 2012-13 du 9 novembre 2012, p. 21).

Mise en place ou adhésion à un SPST interentreprises

Absence de SPST autonome - Les entreprises et établissements qui ne disposent pas d'un SPST autonome doivent organiser ou adhérer à un SPST interentreprises (c. trav. art. D. 4622-14).

Le CSE doit être consulté sur le choix du SST interentreprises (c. trav. art. R. 4622-17).

SPSTI de site - Lorsqu'ils ont conclu un accord de coopération pour la mise en œuvre des mesures de prévention relatives à la santé et à la sécurité de leurs salariés, des établissements travaillant sur un même site et appartenant à des entreprises différentes peuvent constituer un SSTI spécifique à ce site. Un site peut être une zone d'activité, une plate-forme industrielle, un centre commercial, un immeuble ou un ensemble d'immeubles. Il n'est pas nécessaire que les établissements appartiennent au même secteur d'activité (circ. DGT 2012-13 du 9 novembre 2012, p. 23).

La création de ce service est autorisée par le DREETS, après consultation des CSE intéressés et lorsque l'effectif des salariés suivis atteint ou dépasse 500 salariés (c. trav. art. D. 4622-16).

Suivi des travailleurs éloignés - Les travailleurs éloignés relèvent des dispositions générales du code du travail relatives au suivi de l'état de santé des salariés, sous réserve des particularités suivantes (c. trav. art. L. 4625-1, D. 4625-23 à D. 4625-32). Ainsi, pour les salariés exerçant habituellement leur contrat de travail en dehors de l'établissement qui les emploie, qu'ils soient itinérants ou non, l'employeur peut adhérer à un SPST interentreprises dit « service de santé au travail de proximité », situé dans le département où ses salariés éloignés travaillent à titre principal.

Cette possibilité est ouverte dans l'un ou l'autre des cas suivants :

- l'affectation des travailleurs éloignés en dehors de l'établissement qui les emploie est suffisamment durable ;
- les travailleurs éloignés ne se rendent pas habituellement au sein de l'établissement qui les emploie.

L'employeur peut adhérer à plusieurs services de santé au travail de proximité, ceux-ci étant alors compétents sur des secteurs géographiques distincts.

Le CSE doit être informé et consulté sur le recours à un ou plusieurs services de proximité.

Dans le mois suivant la ou les adhésions, l'employeur est tenu d'en faire part au service de santé dit « principal » (chargé du suivi des travailleurs de l'établissement), en lui communiquant certaines informations (coordonnées du service de proximité, liste des travailleurs suivis par ce service, etc.).

Relation entre l'adhérent et le SPSTI - Un SPSTI ne peut pas rejeter l'adhésion d'une entreprise dès lors que celle-ci relève de son secteur géographique professionnel ou interprofessionnel, sauf dans les cas particuliers des SPSTI à compétence fermée et des SPSTI de site (circ. DGT 2012-13 du 9 novembre 2012, pp. 22 et 23).

L'entreprise qui formule une demande d'adhésion doit recevoir de la part du SPSTI ses statuts et son règlement intérieur, avec la grille des cotisations et un document détaillant les contreparties individualisées de l'adhésion.

L'employeur doit, quant à lui, adresser au président du SPSTI, un document précisant le nombre et la catégorie des salariés à suivre et les risques auxquels ils sont exposés. Il établit ce document après avis du ou des médecins du travail intervenant dans l'entreprise et le soumet au CSE. L'employeur dispose d'un délai de 6 mois, à compter de son adhésion, pour accomplir cette formalité. Ce document doit être mis à jour chaque année, selon la même procédure (avis préalable du médecin du travail, avant d'être soumis au CSE).

Enfin, le SPSTI doit informer ses adhérents dès l'instant où il fait l'objet d'un retrait d'agrément ou d'un refus de renouvellement de son agrément (c. trav. art. D. 4622-22 et D. 4622-51 ; circ. DGT 2012-13 du 9 novembre 2012, pp. 23 et 24).

Responsabilité du SPSTI envers l'entreprise adhérente - Un SPSTI qui ne remplit pas ses missions peut être condamné à verser des dommages-intérêts à l'entreprise adhérente à laquelle il a porté préjudice (cass. civ., 1re ch., 19 décembre 2013, n° 12-25056 P).

Agrément et certification

Chaque SPST fait l'objet d'un agrément, pour une période de 5 ans, par le DREETS, après avis du médecin inspecteur du travail (c. trav. art. L. 4622-6-1 et L. 4622-9-1, D. 4622-48 à D. 4622-53 ; circ. DGT 2012-13 du 9 novembre 2012, pp. 66 à 73).

Pour les SPSTI, l'agrément tiendra compte, le cas échéant, du résultat de la future procédure de certification (décret à paraître au plus tard le 30.06.2022) (loi 2021-1018 du 2 août 2021, art. 11, I, 2° ; c. trav. art. L. 4622-9-3).

Cette certification sera obtenue compte notamment de la qualité et de l'effectivité des services rendus dans le cadre de l'« ensemble socle » de services obligatoires (établis par le comité national de prévention et de santé au travail - instance paritaire créée par la loi – ou à défaut, dans un délai fixé par décret, par le Gouvernement). Cet « ensemble socle » devra couvrir l'intégralité des missions des SPST en matière de prévention des risques professionnels, de suivi individuel des travailleurs et de prévention de la désinsertion professionnelle.

Fonctionnement des SPST

SPST autonomes - Les SPST autonomes sont animés par les médecins du travail en toute indépendance. Ils mènent leurs actions en coordination avec les employeurs, le CSE et les personnes ou organismes chargés de la prévention des risques professionnels (c. trav. art. L. 4622-4).

SPST interentreprises - Les missions des SPST interentreprises sont assurées par une équipe pluridisciplinaire de santé au travail, comprenant des médecins du travail, des collaborateurs médecins, des internes en médecine du travail, des intervenants en prévention des risques professionnels et des infirmiers, et éventuellement, des assistants et des professionnels (toxicologues, ergonomes, psychologues, etc.) recrutés après avis des médecins du travail. Ces équipes peuvent être complétées par des assistants de services de santé au travail et des professionnels recrutés après avis des médecins du travail. Ces derniers animent et coordonnent l'équipe pluridisciplinaire (c. trav. art. L. 4622-8).

Le SPSTI pourra s'adjoindre le concours d'un « médecin praticien correspondant », disposant d'une formation en médecine du travail, pour assurer le suivi médical du travailleur, à l'exception du suivi médical renforcé. Un protocole devra être signé entre le médecin praticien, le directeur du SPSTI et les médecins du travail de l'équipe pluridisciplinaire. Le recours à ce dispositif ne sera autorisé que dans les seules zones caractérisées par une insuffisance (ou une disponibilité insuffisante) de médecins du travail, identifiées par le directeur général de l'agence régionale de santé. Ce dispositif sera précisé par décret et entrera en vigueur au plus tard le 1.01.2023 (loi 2021-1018 du 2 août 2021, art. 31 ; c. trav. art. L. 4623-1).

De plus, les SPST interentreprises comprennent un service social du travail ou, à défaut, coordonnent leurs actions avec celles des *services sociaux du travail** « autonomes » qui doivent être, le cas échéant, obligatoirement mis en place (c. trav. art. L. 4622-9).

Cellule dédiée à la prévention de la désinsertion professionnelle - À compter du 31.03.2022, une cellule pluridisciplinaire dédiée à la prévention de la désinsertion professionnelle est créée au sein des SPSTI (loi 2021-1018 du 2 août 2021, art. 18, JO du 3 ; c. trav. art. L. 4622-8-1). Chargée notamment d'identifier les situations individuelles, de proposer, en lien avec l'employeur et le salarié, des mesures individuelles d'aménagement, d'adaptation ou de transformation du poste de travail ou du temps de travail, la cellule, animée et coordonnée par un médecin du travail (ou un membre de l'équipe pluridisciplinaire désigné par lui), exerce ses missions en collaboration avec les professionnels de santé en charge des soins, le service du contrôle médical de l'assurance maladie, les organismes locaux et régionaux d'assurance maladie, le service social de la CARSAT et divers autres organismes (acteurs chargés de l'emploi accompagné, acteurs de la compensation du handicap et ceux de la préorientation et de la réadaptation professionnelle, etc.).

Administration du SST

SST autonome - Le SPST autonome est administré par l'employeur. Le contrôle social est assuré par (circ. DGT 2012-13 du 9 novembre 2012, p. 22) :

- le CSE s'il s'agit d'un SPST d'établissement (c. trav. art. D. 4622-6) ;
- le CSE s'il s'agit d'un SPST d'entreprise (c. trav. art. D. 4622-6) ;
- le CSE central et les CSE d'établissement intéressés s'il s'agit d'un SPST interétablissements (c. trav. art. D. 4622-10 et D. 4622-11) ;
- le CSE commun s'il s'agit du SPST d'un UES, sauf s'il est administré paritairement en application de l'accord conclu par l'employeur (c. trav. art. D. 4622-13).

SPST interentreprises - Le SPST interentreprises est administré paritairement par un conseil composé à parts égales de représentants des employeurs (désignés par les entreprises adhérentes) et de représentants des salariés d'entreprises adhérentes (désignés par des organisations syndicales de salariés représentatives aux plans national et interprofessionnel). Le président du SPST interentreprises est élu parmi les représentants des employeurs (c. trav. art. L. 4622-11 et D. 4622-19 ; circ. DGT 2012-13 du 9 novembre 2012, p. 25).

L'organisation et la gestion du SPST interentreprises sont placées sous la surveillance (c. trav. art. L. 4622-12 et D. 4622-31 à D. 4622-43 ; circ. DGT 2012-13 du 9 novembre 2012, pp. 25 et 26) :

- soit d'un CSE interentreprises constitué par les CSE intéressés ;
- soit d'une commission de contrôle composée pour un tiers de représentants des employeurs et pour deux tiers de représentants des salariés. Son président est élu parmi les représentants des salariés.

La commission de contrôle est constituée puis renouvelée à la diligence du président du service de santé au travail. Lorsque, par défaut de candidatures, la commission de contrôle n'a pas été constituée ou renouvelée, un procès-verbal est établi par le président. Celui-ci communique, par tout moyen, le procès-verbal (PV) aux salariés. Le président le transmet dans les 15 jours au DREETS (c. trav. art. D. 4622-34).

▶ **À noter...** À compter du 30.03.2022, les SPST autonomes et les SPST interentreprises peuvent, par convention, coopérer et mutualiser leurs compétences pour assurer l'ensemble de leurs missions (loi 2021-1018 du 2 août 2021, art. 12 et 35, JO du 3 ; c. trav. art. L. 4622-4 et L. 4622-8).

Dépenses afférentes aux SPST

Voir *Médecine du travail**.

Rapports annuels

Rapport annuel sur le SPST établi par l'employeur ou le président du SPSTI - L'employeur en cas de SPST autonome ou le président du SPSTI doivent établir et présenter à l'instance de surveillance *(voir ci-avant)*, avant le 1er mai, un rapport relatif à l'organisation, au fonctionnement et à la gestion financière du SPST (c. trav. art. D. 4622-54). Dans le délai d'un mois, un exemplaire de ce rapport accompagné des observations formulées par l'instance de surveillance doit être communiqué au DREETS (c. trav. art. D. 4622-55).

Rapport annuel d'activité établi par le médecin du travail - Le médecin du travail doit établir avant le 1er mai de chaque année un rapport d'activité pour les entreprises dont il a la charge (c. trav. art. R. 4624-51). Ce document devra comporter des données présentées par sexe, une fois paru l'arrêté ministériel qui fixera les modèles de rapport annuel d'activité du médecin du travail et de synthèse annuelle de l'activité du SPST *(voir ci-après)* (c. trav. art. L. 4624-1).

Le médecin du travail remet ce document soit au comité d'entreprise ou d'établissement (ou au CSE) compétent (service autonome), soit au conseil d'administration et, selon les cas, au comité interentreprises ou à la commission de contrôle (service interentreprises) (c. trav. art. R. 4624-52).

Dans le délai d'un mois suivant la présentation du rapport à l'organe compétent, l'employeur ou le président du SPST interentreprises doit transmettre un exemplaire de ce rapport, accompagné éventuellement des observations de l'organe de surveillance, au DREETS et au médecin inspecteur du travail (c. trav. art. R. 4624-53).

Dans les entreprises ou établissements employant plus de 300 salariés, le médecin du travail établit, en outre, un rapport annuel propre à l'entreprise, transmis au comité d'entreprise ou d'établissement dans les conditions prévues ci-dessus ainsi qu'au CSE (c. trav. art. R. 4624-54). Lorsque l'entreprise ou l'établissement emploie des salariés travaillant hors des locaux, dits « travailleurs éloignés » *(voir ci-avant)*, ce rapport est élaboré par le médecin du service de santé dit « principal », mais doit tenir compte des informations communiquées par le ou les services de santé dit « de proximité » (c. trav. art. D. 4625-31).

Synthèse annuelle de l'activité du SPSTI établie par le directeur du SPSTI - Le directeur du SPSTI doit établir une synthèse annuelle de l'activité du service de santé, notamment à partir du rapport annuel établi par chaque médecin du travail pour les entreprises dont il a la charge *(voir ci-avant)*.

▶ À noter… À compter du 31.03.2022, le directeur d'un SPSTI rend compte de ses actions dans un rapport annuel d'activité qui comprend des données relatives à l'égalité professionnelle entre les femmes et les hommes (loi 2021-1018 du 2 août 2021, art. 14, JO du 3 ; c. trav. art. L. 4622-16). Les SPSTI doivent de plus communiquer à leurs entreprises adhérentes ainsi qu'au comité régional de prévention et de santé au travail, et rendre public leur offre de services relevant de l'« ensemble socle » obligatoire et leur offre de services complémentaires, le montant des cotisations, la grille tarifaire et leur évolution ainsi qu'un ensemble de documents listés par décret (c. trav. art. L. 4622-16-1). Les conditions de transmission et de publicité de ces documents seront précisées par décret.

La commission médico-technique émet un avis sur ce document. Il est prévu qu'un modèle de synthèse annuelle soit fixé par arrêté (c. trav. art. R. 4624-51). Un exemplaire doit être remis aux organes de surveillance, dans les mêmes conditions que le rapport annuel d'activité du médecin du travail (c. trav. art. R. 4624-52). Dans le délai d'un mois suivant la présentation du rapport aux organes compétents, le président du SPST interentreprises doit transmettre un exemplaire de cette synthèse, accompagné éventuellement des observations des organes de surveillance, au DREETS et au médecin inspecteur du travail (c. trav. art. R. 4624-53).

☞ *Médecin du travail ; Médecine du travail.*

Services sociaux du travail

Internes à l'entreprise

Au moins 250 salariés - Un service social doit être mis en place dans tout établissement employant habituellement au moins 250 salariés (c. trav. art. L. 4631-1 et s. et D. 4631-1 et s.). À défaut, l'employeur encourt l'amende prévue pour les contraventions de la 4ème classe, soit 750 € au plus (c. trav. art. R. 4745-4 ; c. pén. art. 131-13).

Missions - Le service social du travail agit sur les lieux mêmes du travail, pour suivre et faciliter la vie personnelle des salariés. Il collabore étroitement avec le *service de prévention et de santé au travail**. Il peut éventuellement agir en dehors des lieux de travail, pour seconder l'action des services sociaux sur les questions en rapport avec l'activité professionnelle (c. trav. art. D. 4631-1).

Il se tient en liaison constante avec les organismes de prévoyance, d'assistance et de placement en vue de faciliter aux travailleurs l'exercice des droits que leur confère la législation sociale (c. trav. art. L. 4631-2).

Par ailleurs, le *comité social et économique** (CSE) s'appuie sur le service social, dans l'exercice de ses missions dans le domaine social. Le comité établit chaque année un rapport sur l'organisation, le fonctionnement et la gestion financière du service social. Ce rapport est communiqué, à sa demande, à l'agent de contrôle de l'inspection du travail dont dépend l'entreprise (c. trav. art. D. 4632-1).

Fonctionnement - Le service social est assuré par un conseiller du travail, titulaire du diplôme spécial délivré par le ministre chargé du travail (c. trav. art. D. 4632-7 ; décret 46-2656 du 9 novembre 1946, titre II). Le conseiller du travail est désigné et maintenu en fonction après accord, selon le cas, entre l'employeur et le CSE ou entre les employeurs et le comité interentreprises. En cas de désaccord, la décision est prise par l'inspecteur du travail (c. trav. art. D. 4632-7). Il exerce les fonctions de conseiller technique pour les questions sociales auprès du CSE, qui peut le charger de l'organisation et de la direction des institutions sociales de l'entreprise. Il assiste de droit, avec voix consultative, à toutes les réunions du comité ou des commissions spéciales consacrées, selon leur ordre du jour, à des questions sociales. Il assure les tâches d'ordre social dévolues par l'employeur au service social sur le lieu de travail. Il réalise, tous les trois mois, un compte rendu de son activité au CSE et à l'employeur (c. trav. art. D. 4632-4 à D. 4632-11).

Moyens - L'employeur doit mettre à disposition du service social au moins un bureau (c. trav. art. D. 4632-3).

Communs à plusieurs entreprises

Lorsque plusieurs entreprises possèdent déjà, ou envisagent de créer un service social commun et ont créé un comité interentreprises chargé de sa gestion, celui-ci établit chaque année un rapport sur l'organisation, le fonctionnement et la gestion financière du service social. Ce rapport est communiqué, sur sa demande, à l'inspecteur du travail. Les difficultés pouvant naître notamment entre les employeurs et la délégation des salariés siégeant au comité, ou entre plusieurs entreprises ou des CSE, sont portées devant l'inspecteur du travail (c. trav. art. D. 4632-2).

Dans les services de prévention et de santé au travail interentreprises

Les services de prévention et de santé au travail interentreprises sont tenus (c. trav. art. L. 4622-9) :

- soit de comprendre leur propre service social du travail ;
- soit de coordonner leurs actions avec celles des services sociaux du travail internes à certaines entreprises *(voir ci-avant)*.

SMIC

Le salaire minimum de croissance (SMIC) assure aux salariés dont les rémunérations sont les plus faibles la garantie de leur pouvoir d'achat et une participation au développement économique de la nation (c. trav. art. L. 3231-2).

Fixation

Revalorisation au 1er janvier – En principe, le SMIC est revalorisé par décret une fois par an, au 1er janvier, en fonction des conditions économiques générales et de l'évolution des revenus, après avis de la Commission nationale de la négociation collective (c. trav. art. L. 3231-6 et L. 3231-7). La revalorisation se fait sur la base de la moitié du gain de pouvoir d'achat du salaire horaire moyen des ouvriers et des employés (c. trav. art. R. 3231-2-1). En aucun cas, l'accroissement annuel du pouvoir d'achat du SMIC ne peut être inférieur à la moitié de l'augmentation du pouvoir d'achat des salaires horaires moyens enregistrés par l'enquête trimestrielle du ministère chargé du travail (c. trav. art. L. 3231-8).

Indexation automatique - Le SMIC est automatiquement relevé par arrêté si l'inflation, mesurée par l'indice mensuel des prix à la consommation hors tabac des ménages du premier quintile de la distribution des niveaux de vie (ménages ayant les revenus les plus faibles), enregistre une hausse de 2 % par rapport à l'indice constaté lors de l'établissement du salaire minimum de croissance antérieur (c. trav. art. L. 3231-4 et R. 3231-2).

Montants bruts SMIC		
Périodes d'application	**à l'heure**	**au mois (151,67)**
1er janvier 2016	9,67 €	1 466,62 €
1er janvier 2017	9,76 €	1 480,27 €
1er janvier 2018	9,88 €	1 498,47 €
1er janvier 2019	10,03 €	1 521,22 €
1er janvier 2020	10,15 €	1 539,42 €
1er janvier 2021	10,25 €	1 554,58 €
1er octobre 2021	10,48 €	1 589,47 €
1er janvier 2022	10,57 €	1 603,12 €

▶ À noter… C'est en application de ce mécanisme que le SMIC a augmenté de 2,2 % au 1.10.2021 (il a par la suite été revalorisé au 1.01.2022).

« Coup de pouce » - En cours d'année, le SMIC peut être porté à un niveau supérieur à celui qui résulte de l'indexation sur l'inflation *(voir ci-avant)*. Cette augmentation intervient par décret, après avis de la Commission nationale de la négociation collective, étant entendu qu'il en sera tenu compte lors de la revalorisation au 1er janvier (c. trav. art. L. 3231-10 et L. 3231-11).

Impact sur les salaires - Le relèvement du SMIC entraîne automatiquement la majoration des salaires qui lui sont devenus inférieurs et qui doivent être portés, au minimum, au niveau du nouveau taux du SMIC.

Si l'employeur manque à son obligation de paiement d'une rémunération au moins égale au SMIC, il cause nécessairement un préjudice au salarié, lequel peut alors lui réclamer des dommages-intérêts (cass. soc. 17 mars 2016, n° 14-22121 D).

Vérification du SMIC et de la garantie de rémunération			
Sommes concernées	**Prise en compte**	**Précisions particulières**	**Références**
Avantages en nature	oui	Il convient cependant de déterminer l'équivalent en espèces de la nourriture, du logement, etc.	c. trav. art. D. 3231-6
Compensations de réduction d'horaire	oui	La compensation pécuniaire de réduction d'horaire constitue une majoration de salaire La compensation pécuniaire de réduction d'horaire constitue une majoration de salaire	cass. soc. 15 octobre 1987, n° 85-41535, BC V n° 576
Complément de salaire versé au titre de la RTT	oui pour vérifier la garantie de rémunération en cas de RTT	Maintien de la rémunération au moins au niveau du SMIC en cas de diminution du temps de travail	loi 2000-37 du 19 janvier 2000, art. 32
Gueltes	oui	Sommes qui représentent un pourcentage imprévisible et aléatoire du montant des ventes	cass. soc. 30 mars 1994, n° 92-40531 D
Indemnité compensatrice d'amplitude	oui	Rémunération forfaitaire versée aux chauffeurs des entreprises de transports routiers	cass. crim. 18 juillet 1991, n° 89-83128, B. crim. n° 303
Majoration pour heures supplémentaires	non	Majorations légales	c. trav. art. D. 3231-6
Majorations pour travail du dimanche, des jours fériés et de nuit	non	Primes qui compensent des sujétions particulières	cass. soc. 29 mars 1995, n° 93-41906 D
Participation et intéressement	non	La loi ne soumet pas ces sommes au régime des salaires	c. trav. art. L. 3312-4 et L. 3325-1

Vérification du SMIC et de la garantie de rémunération

Sommes concernées	Prise en compte	Précisions particulières	Références
Pourboires	oui	Il en est ainsi des pourboires centralisés par l'employeur ou perçus directement	cass. soc. 10 juin 1960, BC IV n° 611
Primes d'ancienneté	non	Primes liées à la présence du salarié dans l'entreprise en raison de son ancienneté	cass. soc. 12 novembre 1992, n° 89-45090 D
Primes d'assiduité	non	Primes pour lutter contre l'absentéisme et dont l'attribution revêt un caractère aléatoire	cass. soc. 12 novembre 1992, n° 89-45090 D
Primes de bonus	oui	Primes déterminées en fonction du tonnage produit auquel participe le salarié, de sorte qu'elles constituent la contrepartie d'un travail	cass. soc. 4 février 2015, n° 13-18523, BC V n° 24
Primes de chauffage	oui	Primes allouées aux agents des exploitations minières	cass. soc. 9 mars 1989, n° 86-40834, BC V n° 204
Primes de conditions de travail	non	Primes liées à des conditions particulières de travail ou correspondant à des sujétions imposées aux salariés (ex. : primes de danger, de froid, d'insalubrité)	circ. min. 3-81 du 29 juillet 1981
Primes d'enquêtes	oui	Primes versées aux hôtesses enquêtrices pour chaque rendez-vous pris	cass. soc. 13 mars 1990, n° 87-41726, BC V n° 116
Primes de fin d'année	oui	Seulement pour les mois où elles sont payées	cass. soc. 2 mars 1994, n° 89-45881, BC V n° 76
Primes et gratifications aléatoires	non	Sommes dites bénévoles lorsque leur paiement n'est pas obligatoire	cass. soc. 23 avril 1997, n° 94-41701 D
Primes de non-accident	non	Primes ayant un caractère aléatoire dès lors qu'un simple accident entraîne la suppression de son paiement, même si l'intéressé n'a commis aucun manquement à ses obligations	cass. soc. 3 juillet 2001, n° 99-42758, BC V n° 243
Primes de performance	oui	Primes versées en contrepartie des performances dans le travail	cass. soc. 29 mars 1995, n° 93-41906 D
Primes de polyvalence	oui	Primes qui compensent la formation du salarié à plusieurs postes de travail	cass. soc. 29 mars 1995, n° 93-41906 D
Primes rémunérant les pauses	non	Primes rémunérant des pauses* ne constituant pas du travail effectif. Elles ne sont donc pas la contrepartie du travail. Leur détermination dépend de facteurs généraux sur lesquels les salariés n'influent pas	cass. soc. 13 juillet 2010, n° 09-42890, BC V n° 178 Cass. soc. 31 octobre 2012, n° 11-25678 D
Primes de rendement et de productivité	oui	Elles peuvent être individuelles ou collectives lorsqu'elles sont calculées sur le rendement global d'un groupe de travailleurs dont le rendement individuel ne peut être mesuré	circ. min. 3-81 du 29 juillet 1981 ; cass. ass. plén. 6 février 1976, n° 74-40223, B. plén. n° 2 ; cass. soc. 25 novembre 1997, n° 95-41234 D
Primes de résultats	non	Primes qui ne sont pas fonction de la prestation de travail de chaque salarié ou qui reposent sur des résultats financiers, de sorte qu'elles peuvent être suspendues ou supprimées en cas de mauvais résultats (cass. soc. 2 avril 2003, n° 00-46320 D)	cass. crim. 5 novembre 1996, n° 95-82994, B. crim. n° 393 ; cass. soc. 7 avril 2004, n° 02-41616 D
Primes de rythme	non	Primes liées au caractère contraignant du travail	cass. soc. 29 mars 1995, n° 93-41906 D
Primes de transport	oui	Primes de transport pour la région parisienne, remplacées par la prise en charge partielle des frais de transport	c. trav. art. D. 3231-6
Primes de vacances	non	Seulement pour les mois où elles sont versées	cass. soc. 2 mars 1994, n° 89-45881, BC V n° 76
Remboursements de frais	non	Primes qui compensent des frais exposés	c. trav. art. D. 3231-6

Bénéficiaires

Tous les salariés - Le SMIC est garanti aux salariés de l'un ou l'autre sexe, âgés de 18 ans révolus et d'aptitude physique normale, travaillant dans le secteur privé, y compris :
- les salariés rémunérés à la tâche ou aux pièces ;
- les travailleurs à domicile (c. trav. art. L. 7422-7) ;
- les travailleurs rémunérés aux *pourboires** lorsque les sommes reçues de la clientèle sont centralisées par l'employeur ;
- sauf faute lourde de leur part, les gérants salariés de magasins ainsi que les gérants non salariés des succursales des maisons d'alimentation de détail ;
- les concierges et gardiens d'immeubles ;
- les employés de maison (avenant du 1er février 1983 à la conv. collect. du 3 juin 1980).

▶ À noter... Sauf les cas où la loi en dispose autrement, un salarié a droit à une rémunération au moins égale au SMIC, même s'il n'est pas soumis dans l'organisation du travail à un horaire déterminé et quel que soit le mode de rémunération pratiqué (cass. soc. 10 novembre 2004, n° 02-41881, BC V n° 282 ; cass. soc. 25 mai 2005, n° 03-44301, BC V n° 179).

Abattement - Le SMIC subit des abattements lorsqu'il s'applique aux apprentis et aux jeunes travailleurs [voir *Salaire (abattements)**].

Salariés exclus - Les VRP dont l'activité échappe à un horaire précis sont exclus du champ d'application du SMIC (cass. soc. 20 octobre 1971, n° 7012735, BC V n° 576). Toutefois, les représentants exclusifs travaillant à temps plein ont droit à une rémunération minimale garantie [voir *VRP (rémunération)**].

Éléments constitutifs du SMIC

Pour savoir si le SMIC est atteint, le salaire à prendre en considération est celui qui correspond au travail effectif auquel on ajoute chaque *avantage en nature** et les majorations diverses ayant le caractère de fait d'un complément de salaire. Sont également prises en compte les sommes résultant d'une promotion. En revanche, les primes pour frais professionnels ne sont pas retenues, sauf si elles ne présentent pas le caractère de frais professionnels. Le tableau reproduit dans cette étude et intitulé « Vérification du SMIC et de la garantie de rémunération » donne des exemples d'éléments à prendre en compte ou non.

L'employeur qui verse certains mois une rémunération supérieure au minimum mensuel ne se libère pas pour autant de sa dette relative aux périodes pendant lesquelles une rémunération insuffisante a été acquittée (cass. soc. 29 janvier 2002, n° 99-44842, BC V n° 36).

☞ *Salaire*.

Sommes et avantages attribués aux salariés d'autres employeurs

Certaines entreprises accordent à des salariés d'autres employeurs des sommes ou avantages particuliers pour les récompenser d'une activité exercée dans leur intérêt. Ces avantages versés par un tiers à des salariés d'autres employeurs sont assujettis à cotisations depuis le 1.11.2011 (c. séc. soc. art. L. 242-1-4 ; lettre-circ. ACOSS 2011-39 du 29 mars 2011 ; circ. DSS/5B 2012-56 du 5 mars 2012 ; décret 2011-1387 du 25 octobre 2011, JO du 29), avec un régime de faveur dans le secteur commercial.

Pratiques visées

Il peut s'agir de sommes ou d'avantages (cadeaux, bons d'achat) octroyés à un salarié par une entreprise tierce pour récompenser la réalisation d'objectifs commerciaux (ex. : placement de tel produit ou de telle marque). Ces systèmes peuvent se rencontrer dans les parfumeries, l'automobile, les banques pour le placement d'assurances, la parapharmacie, pour certains portiers d'hôtel, etc.

Le régime particulier d'assujettissement repose ainsi sur deux critères :
- la somme ou l'avantage est accordé au salarié par une personne tierce qui n'est pas son employeur (personne physique ou morale attribuant un avantage à une personne qui n'appartient pas à son personnel, mais qui est salarié ou assimilé quel que soit son régime de sécurité sociale) ;
- le versement est la contrepartie d'une activité exercée dans l'intérêt de cette personne tierce (ex. : opération ayant pour objet d'augmenter le volume des ventes ou des parts de marché ou une opération de sensibilisation du salarié aux produits ou services de l'entreprise tierce afin qu'il puisse, le cas échéant, les prescrire à l'extérieur, directement ou non) (circ. DSS/5B 2012-56 du 5 mars 2012).

La forme et le mode de paiement de ces avantages importent peu (ex. : avantages en argent, en nature).

Sommes et avantages attribués aux salariés d'autres employeurs

Pratiques non concernées

En raison du statut du salarié ou de sa situation personnelle - Est exclu du champ de la mesure l'octroi de sommes ou d'avantages versés à raison du statut du salarié ou de sa situation personnelle, et non du fait qu'il exerce une activité susceptible de faire de lui un prescripteur des biens ou services du tiers, par exemple (circ. DSS/5B 2012-56 du 5 mars 2012) :

- le versement d'avantages par un comité d'entreprise (ou CSE), comité de groupe ou un organisme à caractère social (fonds d'action sociale) ;
- l'octroi d'avantages tarifaires généraux négociés par un employeur pour tous ses salariés quelle que soit leur forme (ex. : catalogue cadeaux) ;
- l'octroi d'avantages tarifaires généraux sur des biens ou services produits au sein du groupe à des salariés d'entreprises appartenant à ce groupe ;
- la participation à un programme de fidélisation libellé en points (type « miles ») accordés à l'ensemble des clients ou usagers de l'entreprise tierce et non ciblé sur des salariés susceptibles d'être prescripteurs des produits ou services de l'entreprise tierce ;
- l'octroi de sommes ou avantages par un fournisseur à un salarié de la société cliente de cette entreprise tierce : les relations clients/fournisseurs, en tant que telles, ne sont pas concernées par le dispositif d'assujettissement à la condition que le salarié gratifié n'exerce pas une activité dans l'intérêt du tiers.

Exclusion des avantages assimilés à des frais - Les sommes ou avantages qui auraient été qualifiés de frais professionnels ou de frais d'entreprise s'ils avaient été versés par l'employeur direct du salarié sont également exclus du dispositif particulier d'assujettissement (circ. DSS/5B 2012-56 du 5 mars 2012).

Régime de droit commun

Règles d'application - Le régime de droit commun s'applique lorsque l'activité du salarié n'ouvre pas droit au régime de la contribution libératoire du secteur commercial et pour la fraction de la somme ou de l'avantage qui excède la limite de la contribution forfaitaire libératoire *(voir ci-après)* (circ. DSS/5B 2012-56 du 5 mars 2012).

Dans ce cas, la somme ou l'avantage est assujetti dès le premier euro aux cotisations de sécurité sociale, à la contribution solidarité autonomie, à la CSG et la CRDS (c. séc. soc. art. L. 242-1-4). Les cotisations d'assurance vieillesse plafonnées (parts salariale et patronale) s'appliquent sur une assiette maximale égale à une fois le plafond mensuel de la sécurité sociale (circ. DSS/5 B 2012-56 du 5 mars 2012). Lorsque les sommes ou avantages entrent dans le champ de la contribution libératoire, les cotisations d'assurance vieillesse plafonnées s'appliquent au-delà d'un montant de 1,5 SMIC mensuel, jusqu'à un montant égal à la somme de 1,5 SMIC mensuel brut et d'une fois le plafond mensuel de la sécurité sociale (circ. DSS/5 B 2012-56 du 5 mars 2012).

L'administration estime que l'avantage n'est pas soumis aux contributions d'assurance chômage et de retraite complémentaire (circ. DSS/5B 2012-56 du 5 mars 2012). À rebours, l'AGIRC-ARRCO estime que les cotisations de retraite complémentaire sont dues. Pour leur calcul, les avantages et sommes doivent être traités de façon distincte, dans les limites annuelles des tranches T1 et T2 sans tenir compte des durées d'emploi (ANI du 17 novembre 2017, ann. A, art. 6).

Par ailleurs, la cotisation AT/MP est fixée forfaitairement (arrêté du 12 octobre 2011, JO du 29). Au 1.01.2022, le taux est de 2,23 %, c'est-à-dire le taux moyen net de cotisations (arrêté du 24 décembre 2021, JO du 30, texte 66).

Par ailleurs, l'entreprise tierce ne peut pas bénéficier de dispositifs d'exonération, d'abattement d'assiette ni de réduction de taux sur les sommes ou avantages attribués, même si elle en bénéficie pour ses salariés (circ. DSS/5B 2012-56 du 5 mars 2012). Inversement, si un employeur bénéficie de la *réduction générale de cotisations patronales** pour un de ses salariés, cela ne donne aucun droit à l'entreprise tierce qui octroie une somme ou un avantage à ce salarié.

Avantages en nature uniquement - Lorsque le tiers n'accorde que des avantages en nature, aucune cotisation ni contribution salariale n'est due.

Pour les avantages en nature, y compris pour les avantages choisis dans un catalogue cadeaux, les modalités d'évaluation sont celles prévues pour les employeurs à l'égard de leurs salariés. Dans le cas particulier des voyages de groupe, la valeur réelle est appréciée sur la base du prix facturé par l'entreprise de voyages à l'entreprise tierce (circ. DSS/5B 2012-56 du 5 mars 2012).

▶ À noter... L'assujettissement dans les conditions du droit commun suppose l'application des règles de proratisation prévues en cas de pluralité d'employeurs (c. séc. soc. art. L. 242-3).

Régime de la « contribution libératoire » dans le secteur commercial

Activités commerciales ou en lien direct avec la clientèle - Un régime social de faveur s'applique aux activités commerciales ou en lien direct avec la clientèle lorsqu'il est d'usage qu'une personne tierce à l'employeur alloue des sommes ou avantages aux salariés au titre de ces activités (c. séc. soc. art. L. 242-1-4, al. 2).

▶ À noter… Lorsque l'octroi sur l'année de sommes ou d'avantages à un même salarié relève à la fois des modalités d'assujettissement à la contribution libératoire et du régime de droit commun, le tiers peut verser et déclarer la totalité des sommes ou avantages une seule fois, au plus tard dans la dernière déclaration de cotisations de l'année au cours de laquelle les sommes ou avantages ont été versés (circ. DSS/5B 2012-56 du 5 mars 2012).

En pratique, est considéré comme relevant du « secteur commercial » le salarié dont l'activité habituelle est de faire des actes de commerce au nom et pour le compte d'un employeur, peu important que son contrat de travail ne le qualifie pas de commercial.

Les salariés dont l'activité s'exerce en lien direct avec la clientèle sont également concernés.

La clientèle peut être constituée de personnes physiques et/ou morales. Le lien direct peut être dématérialisé, notamment s'agissant de personnels de télémarketing.

Sont concernés par ce régime de faveur :
- les personnels de vente du secteur des cosmétiques, parfumerie, parapharmacie ;
- les personnels de vente du secteur de la distribution, spécialisé ou non, et des grands magasins ;
- les portiers d'hôtel ;
- les employés du secteur bancaire en lien direct avec la clientèle ;
- les personnels de vente des concessionnaires ;
- les salariés auxquels sont octroyés des avantages sous forme de titres cadeaux (chèques-cadeaux, cartes cadeaux, coffrets cadeaux, accès à un catalogue cadeaux, le cas échéant dématérialisés, etc.) fournis par des tiers approvisionnés auprès de sociétés spécialisées dans l'émission de ces titres cadeaux, dans le cadre d'opérations de stimulation ou de promotion des ventes, quelle que soit la nature de l'activité ;
- les salariés plaçant des financements en support à la vente des produits et services proposés par leur employeur.

Pour les autres secteurs, l'entreprise tierce est invitée à se rapprocher de l'URSSAF pour s'informer. L'URSSAF donnera une réponse selon des modalités similaires à celles du *rescrit social** lorsque le tiers en fait la demande (circ. DSS/5B 2012-56 du 5 mars 2012).

Dans le cas d'opérations consistant en l'octroi par un tiers de sommes ou avantages à une équipe de salariés, qui concernent à la fois des salariés entrant dans le champ de la contribution libératoire et d'autres salariés (affectés aux fonctions support par exemple), l'administration tolère de faire entrer dans le champ de la contribution libératoire les gratifications versées à l'ensemble des personnes participant à cette opération si cette dernière a un cadre formalisé (les règles sont écrites et diffusées aux intéressés) et si la part des salariés ayant une activité n'entrant pas dans le champ de la contribution libératoire est minoritaire.

Contribution proportionnelle globale - La contribution libératoire est une contribution proportionnelle globale, uniquement à la charge du tiers. Cette contribution est exclusive de tout autre versement, notamment de cotisations salariales de sécurité sociale. Les autres cotisations d'origine légale ou conventionnelle ne sont donc pas dues.

▶ À noter… Lorsque la personne tierce appartient au même groupe que l'employeur au sens de l'article L. 2331-1 du code du travail, elle ne peut s'acquitter de ses cotisations et contributions sociales par le versement de la contribution libératoire (c. séc. soc. art. L. 242-1-4, al. 3).

Système de cotisation à trois tranches - Trois tranches de rémunérations annuelles sont fixées, par référence au SMIC mensuel calculé sur la base de la durée légale du travail (151,67 h/mois) *(voir tableau reproduit dans cette étude)*. Le SMIC horaire à retenir est celui en vigueur au 1er janvier de l'année. Pour apprécier ces tranches, il faut tenir compte de l'ensemble des sommes et avantages octroyés au bénéficiaire au cours de l'année (circ. DSS/5B 22012-56 du 5 mars 2012).

Pas d'exonération de cotisations - L'entreprise tierce ne peut pas bénéficier de dispositifs d'exonération, d'abattement d'assiette ni de réduction de taux sur les sommes ou avantages attribués, même si elle en bénéficie pour ses salariés (circ. DSS/5B 2012-56 du 5 mars 2012). Inversement, si un employeur bénéficie de la *réduction générale de cotisations patronales** pour un de ses salariés, cela ne donne aucun droit à l'entreprise tierce qui octroie une somme ou un avantage à ce salarié.

Sommes et avantages attribués aux salariés d'autres employeurs

Déclaration et paiement des cotisations

Contribution libératoire - L'entreprise tierce versant les sommes ou avantages doit déclarer et payer les cotisations (c. séc. soc. art. L. 242-1-4), sauf accord écrit et préalable avec l'employeur du salarié. Si un tel accord existe, il doit être tenu à disposition de l'URSSAF (circ. DSS/5B 2012-56 du 5 mars 2012).

L'entreprise tierce déclare et paie la contribution libératoire de 20 %, soit à l'issue de chaque opération avec les cotisations et contributions dues par l'entreprise pour ses propres salariés, soit une fois par an. En tout état de cause, la déclaration et le paiement doivent intervenir avant la fin du premier trimestre de l'année qui suit celle du versement de ces sommes (circ. DSS/5B 2012-56 du 5 mars 2012).

Régime de droit commun - L'entreprise tierce déclare et paie les cotisations dues sur les sommes ou avantages octroyés aux salariés d'autres employeurs selon les mêmes modalités que les cotisations versées pour son propre personnel (mêmes dates, même périodicité, même organisme de recouvrement) (circ. DSS/5B 2012-56 du 5 mars 2012).

Recueil des informations nécessaires - L'entreprise tierce qui attribue les sommes ou avantages doit recueillir auprès des bénéficiaires les éléments nécessaires à la déclaration et au paiement des cotisations et contributions, notamment ceux permettant de les identifier (nom, prénom, numéro de sécurité sociale, adresse, date et lieu de naissance, etc.).

▶ **À noter...** Les avantages accordés par des tiers sont déclarés via la *déclaration sociale nominative (DSN)** (www. dsn-info.fr ; base de connaissances, fiche n° 1942).

Information du bénéficiaire et de son employeur L'entreprise tierce communique à chaque salarié concerné l'information relative aux sommes ou avantages versés ainsi que le montant des cotisations et contributions dues. Cette communication peut notamment prendre la forme d'une notification adressée lors de la remise de l'avantage ou consister en la signature d'une feuille d'émargement par le salarié. La transmission s'opère, au plus tard, au choix du tiers (circ. DSS/5B 2012-56 du 5 mars 2012) :

- le premier jour du mois qui suit l'allocation des sommes et avantages ;

Régime social des sommes ou avantages servis à des salariés par des tiers

Situation	Valeur annuelle des sommes ou avantages octroyés à un salarié par une entreprise tierce	Régime de cotisations applicable
Règle de droit commun	Quel que soit le montant	Assujettissement aux cotisations de sécurité sociale (1), à la contribution solidarité autonomie, à la CSG et à la CRDS.
Salarié exerçant une activité commerciale ou en lien direct avec la clientèle, lorsqu'il est d'usage qu'une personne tierce alloue des sommes ou avantages au salarié	Jusqu'à 15 % du SMIC mensuel brut (2)	Franchise (pas de cotisations).
	De 15 % à 150 % du SMIC mensuel brut (2)	- franchise de cotisations sur la tranche allant jusqu'à 15 % du SMIC mensuel ; - contribution libératoire de 20 % sur la partie excédant 15 % du SMIC mensuel (3).
	Valeur supérieure à 150 % du SMIC mensuel brut (2)	- franchise de cotisations sur la fraction allant jusqu'à 15 % du SMIC mensuel ; - contribution libératoire de 20 % sur la tranche comprise entre 15 % et 150 % du SMIC mensuel (3) ; - assujettissement de la fraction supérieure à 150 % au SMIC mensuel, aux cotisations de sécurité sociale (1), à la contribution solidarité autonomie, à la CSG et à la CRDS.
	Cas des titres cadeaux versés dans le cadre d'opérations notamment de stimulation ou de promotion des ventes ; valeur appréciée par couple salarié/entreprise tierce et par opération	La tolérance administrative sera-t-elle reconduite en l'état (seuil de 70 % du SMIC maintenu ou relevé) ?

(1) La cotisation accidents du travail applicable aux sommes et avantages attribués par des tiers à l'employeur habituel est fixée forfaitairement chaque année par arrêté.
(2) SMIC mensuel calculé sur la base de la durée légale du travail (SMIC horaire × 35 × 52/12).
(3) Contribution de 20 % à la charge de l'entreprise tierce. Les autres cotisations sociales d'origine légale ou conventionnelle rendues obligatoires par la loi ne sont pas dues.

- ou le 31 janvier de l'année civile qui suit celle de cette allocation.

La preuve de cette information doit pouvoir être fournie aux organismes de recouvrement.

L'entreprise tierce doit adresser une copie de ce document à l'employeur du salarié bénéficiaire des sommes ou avantages (c. séc. soc. art. D. 242-2-2). Le tiers doit tenir à disposition des agents de contrôle un récapitulatif des sommes et avantages et des éléments d'identification des salariés (circ. DSS/5B 2012-56 du 5 mars 2012).

☞ *Cotisations URSSAF.*

Sous-traitance

La sous-traitance est « l'opération par laquelle un entrepreneur confie par un sous-traité et sous sa responsabilité à une autre personne appelée sous-traitant, l'exécution de tout ou partie du contrat d'entreprise, ou d'une partie du marché public conclu avec le maître de l'ouvrage » (loi 75-1334 du 31 décembre 1975, art. 1, JO 3 janvier 1976). En cas de changement de sous-traitant, voir *Modification de la situation juridique de l'employeur**.

Sur les contrats de sous-traitance conclus avec des entreprises adaptées, des établissements ou services d'aide par le travail, des travailleurs indépendants handicapés ou des entreprises de portage salarial dont le salarié porté est reconnu bénéficiaire de l'OETH, voir *Handicapés (contribution Agefiph)** et *Handicapés (obligation d'emploi)**.

Pratique autorisée sous conditions

Prêt de main-d'œuvre illicite - Toute opération à but lucratif ayant pour objet exclusif la fourniture de main-d'œuvre est interdite, dès lors qu'elle est exercée en dehors des règles du travail temporaire ou travail à temps partagé (voir *Prêt de main-d'œuvre**) (c. trav. art. L. 8241-1). Par ailleurs, si la prestation de *portage salarial** est exécutée dans les conditions légales, elle n'est ni un prêt de main-d'œuvre illicite ni du marchandage prohibé (c. trav. art. L. 1254-6).

En conséquence, le contrat de sous-traitance doit avoir pour objet essentiel la réalisation d'une activité et non la « fourniture » de main-d'œuvre. Ainsi, le prêt de personnel ne doit être qu'une des prestations comprises dans le contrat. En d'autres termes, l'entreprise sous-traitante ne doit pas uniquement fournir de la main-d'œuvre, elle doit assurer avant tout une prestation de services. À défaut, le prêt de main-d'œuvre est illicite. La jurisprudence a défini des critères permettant de vérifier qu'un contrat de sous-traitance ne dissimule pas un prêt de main-d'œuvre illicite (cass. soc. 4 mars 2020 n° 18-10636 FSPB).

Ainsi, pour ne pas être constitutif d'un prêt de main-d'œuvre illicite, le contrat de sous-traitance doit avoir pour objet la réalisation d'une tâche précisément définie, en utilisant les moyens mis à disposition par l'entreprise sous-traitante, laquelle conserve toute autorité sur le personnel qui accomplit la prestation contractualisée et perçoit en contrepartie une rémunération de type forfaitaire (rép. Deprez n° 29546, JO 20 mars 2000, AN quest. p. 1834) *(voir ci-après)*.

Délit de marchandage - Le contrat de sous-traitance ne doit pas dissimuler une opération de marchandage, à savoir, une opération à but lucratif de fourniture de main-d'œuvre qui a pour effet de causer un préjudice au salarié ou d'éluder l'application de la loi, de la convention collective ou d'un accord collectif (c. trav. art. L. 8231-1) [voir *Marchandage (délit)**].

Critères de licéité

Exécution d'une tâche précisément définie - Le contrat de sous-traitance a pour objet l'exécution d'une tâche bien définie et identifiable : l'activité sous-traitée doit être distincte de celle de l'entreprise donneuse d'ordres (cass. crim. 3 mai 1994, n° 93-83104 D ; cass. soc. 8 avril 2009, n° 07-45200 D). Tel est le cas lorsque le sous-traitant est très spécialisé et qu'il effectue une activité qui n'est pas essentielle pour le donneur d'ordres (cass. crim. 19 mars 1985, n° 84-90417, B. crim. n° 117). Ainsi, le contrat de sous-traitance doit avoir pour objet l'exécution d'une tâche nettement définie que le donneur d'ordres ne veut ou ne peut pas accomplir lui-même avec son personnel, pour des raisons d'opportunité économique ou de spécificité technique (rép. Deprez n° 29546, JO 20 mars 2000, AN quest. p. 1834 ; cass. soc. 19 décembre 2019, n° 18-16462 D).

Absence de lien de subordination avec le donneur d'ordres - Le personnel du sous-traitant détaché dans l'entreprise utilisatrice, pour effectuer une tâche définie doit conserver, pendant l'exécution de la mission, une totale autonomie par rapport aux salariés de l'utilisateur. Le sous-traitant doit donc assurer lui-même l'encadrement de ses salariés. À ce titre, il doit décider seul :

- du choix des salariés affectés aux tâches objets du contrat de sous-traitance ;

- de l'organisation du travail des salariés sur lesquels il exerce pleinement son autorité hiérarchique (ex. : fixation des horaires).

L'entreprise donneuse d'ordres ne doit avoir, en principe, de relations qu'avec la hiérarchie de l'entreprise sous-traitante. Elle ne peut donc pas donner d'ordres aux salariés exécutant la tâche (cass. crim. 3 mai 1994, n° 93-83104 D).

▶ Attention… Le contrat de sous-traitance peut être requalifié en *contrat de travail**, lorsqu'un lien de subordination est constaté entre les salariés de l'entreprise sous-traitante et l'entreprise donneuse d'ordre, avec toutes les conséquences qui s'ensuivent (cass. soc., 22 mars 2018, n° 16-28641 D ; cass. crim. 5 février 2013, n° 11-87206 D). Le donneur d'ordres, condamné pour *travail dissimulé**, doit alors verser des cotisations et contributions sociales qu'il aurait dû acquitter en tant qu'employeur (c. trav. art. L. 8221-6).

Utilisation par le sous-traitant de son matériel - L'entreprise sous-traitante est responsable des moyens matériels à mettre en œuvre pour la réalisation des travaux. Sauf exception, c'est donc à elle de fournir à son personnel les outils nécessaires pour réaliser les travaux, objets du contrat, et non à l'entreprise donneuse d'ordres (rép. Deprez n° 29546, JO 20 mars 2000, AN quest. p. 1834).

▶ À noter… Le salarié sous-traitant mis à disposition dans un établissement ACAATA peut demander la réparation de son *préjudice d'anxiété** à son employeur s'il parvient à prouver son exposition à l'amiante, à établir l'étendue de son préjudice et démontrer un manquement de son employeur à son obligation de sécurité (cass. soc. 30 septembre 2020, n° 19-10352 FSPB).

Rémunération forfaitaire du sous-traitant - La rémunération du sous-traitant est fixée forfaitairement, en fonction du résultat à obtenir (exécution d'une tâche déterminée) et non du nombre d'heures de travail effectuées (cass. crim. 25 juin 1985, n° 84-91628, B. crim. n° 250 ; cass. crim. 5 février 2013, n° 11-87206 D). Peu importe également le nombre de salariés utilisés. Le risque de l'opération doit être assuré par le sous-traitant (rép. Deprez n° 29546, JO 20 mars 2000, AN quest. p. 1834).

Obligations de vigilance du donneur d'ordres

Travail dissimulé ou emploi de salariés étrangers sans titre de travail - L'entreprise qui recourt à la sous-traitance doit s'assurer que son cocontractant satisfait à ses obligations légales au risque d'être condamnée solidairement avec lui au paiement de diverses sommes pour travail dissimulé ou pour emploi irrégulier de travailleurs étrangers (c. trav. art. L. 8222-1 et L. 8254-2). Il doit, à ce titre, réclamer au sous-traitant certains documents (ex. : une attestation de vigilance) [voir *Travail dissimulé** et *Travailleurs étrangers (recrutement de)**].

Sous-traitant détachant des salariés en France - Le donneur d'ordres (ou le maître d'ouvrage), qui contracte avec un prestataire de services établi à l'étranger et détachant des salariés en France, doit vérifier auprès de ce dernier, avant le détachement, qu'il a effectivement procédé à la déclaration préalable au détachement et à la désignation d'un représentant de l'entreprise sur le territoire national [voir *Détachement international (formalités)**]. Cette vérification doit être effectuée, quel que soit le montant du contrat (c. trav. art. L. 1262-4-1).

Ainsi, le donneur d'ordres (ou le maître d'ouvrage) qui passe un contrat avec un employeur établi à l'étranger doit lui demander, avant le début de chaque détachement d'un ou plusieurs salariés (c. trav. art. R. 1263-12) :

- l'accusé de réception de la déclaration préalable de détachement (effectuée sur le télé-service « SIPSI » du ministère chargé du Travail) (c. trav. art. R. 1263-5 et R. 1263-7) ;
- une attestation sur l'honneur certifiant que le cocontractant s'est, le cas échéant, acquitté du paiement des sommes dues au titre des amendes prévues aux articles L. 1263-6, L. 1264-1, L. 1264-2 et L. 8115-1 du code du travail.

Dès lors qu'il s'est fait remettre ces deux documents, le donneur d'ordres (ou le maître d'ouvrage) est réputé avoir rempli ses obligations de vérification des procédures de déclaration préalable de détachement et de désignation d'un représentant.

De plus, le maître d'ouvrage doit vérifier que chacun des sous-traitants directs ou indirects de ses cocontractants et que chacune des entreprises de travail temporaire avec laquelle un de ces sous-traitants ou un de ces cocontractants a traité s'est acquitté de la déclaration préalable au détachement (c. trav. art. L. 1262-4-1). À cet effet, le maître d'ouvrage doit demander à chaque sous-traitant, avant le début de chaque détachement d'un ou de plusieurs salariés sur le territoire national, une copie de la déclaration de détachement. Cette vérification doit également être opérée auprès des entreprises de travail temporaire avec lesquelles son cocontractant ou un sous-traitant a contracté (c. trav. art. R. 1263-12-1).

À défaut de vérification, et si le prestataire n'a pas rempli une de ces deux obligations, le donneur d'ordres (ou le maître d'ouvrage) est passible d'une amende administrative pouvant aller jusqu'à 4 000 € par salarié détaché (8 000 € en cas de réitération dans un délai de 2 ans), dans la limite d'un montant total de 500 000 € (c. trav. art. L. 1264-2 et L. 1264-3) [voir *Détachement international (contrôle et sanctions)**].

S'il ne s'est pas fait remettre la déclaration préalable de détachement par son prestataire, le donneur d'ordre (ou le maître d'ouvrage) doit adresser, dans les 48 h suivant le début du détachement, une déclaration subsidiaire de détachement à l'inspection du travail du lieu où débute la prestation. Cette déclaration subsidiaire doit être réalisée par voie électronique en utilisant le téléservice « SIPSI » sur www.sipsi.travail.gouv.fr (c. trav. art. L. 1262-4-1, R. 1263-13 et R. 1263-14).

Lorsque le prestataire de services n'a pas déclaré le détachement de ses salariés [voir *Détachement international (formalités)**], le donneur d'ordre (ou le maître d'ouvrage) qui n'effectue pas la déclaration subsidiaire est passible d'une amende administrative pouvant aller jusqu'à 2 000 € par salarié détaché (4 000 € en cas de réitération dans un délai d'un an) dans la limite de 500 000 € (c. trav. art. L. 1264-2 et L. 1264-3) *(voir ci-avant)*.

▶ À noter… L'entreprise qui accueille des salariés détachés par un prestataire établi hors de France doit annexer la copie de la déclaration préalable au détachement au *registre du personnel** (c. trav. L. 1221-15-1). Cette copie doit être rendue accessible au *comité social et économique** (CSE) et aux agents de contrôle habilités. Elle est tenue à leur disposition soit dans l'établissement, soit sur chaque chantier ou lieu de travail distinct de l'établissement pour ceux des travailleurs détachés qui y sont employés (c. trav. art. D. 1221-24-1). De plus, que le prestataire soit établi à l'étranger ou non, l'entreprise doit inscrire dans son *bilan social** (obligatoire dans les entreprises d'au moins 300 salariés) les informations relatives au nombre de travailleurs détachés accueillis (c. trav. art. L. 2323-22).

Obligations d'injonction et d'information du donneur d'ordres

Travail dissimulé commis par le sous-traitant - Voir *Travail dissimulé**.

Infraction du sous-traitant à un socle de règles minimales - Lorsqu'un agent de contrôle habilité constate qu'un sous-traitant direct ou indirect ne respecte pas un socle de règles minimales (listées par le code du travail) à l'égard de ses salariés, il en informe par écrit le donneur d'ordres (ou le maître d'ouvrage) (c. trav. art. L. 8271-1-2 et L. 8281-1). La lettre d'observations adressée par l'URSSAF à une société donneuse d'ordre dont la solidarité financière est engagée à la suite d'un procès-verbal de travail dissimulé établi à l'égard d'un de ses sous-traitants doit préciser année par année le montant des sommes dues (cass. civ., 2e ch., 13 février 2020, n° 19-11645 FPBI).

Celui-ci enjoint le sous-traitant, dans un délai de 24 h à compter de son information, de faire cesser immédiatement cette situation (c. trav. art. R. 8281-1). Dès réception de l'injonction, l'employeur informe dans un délai de 15 jours le donneur d'ordres (ou le maître d'ouvrage) des mesures prises pour faire cesser la situation. Le donneur d'ordres (ou le maître d'ouvrage) transmet aussitôt cette réponse à l'agent de contrôle auteur du signalement (c. trav. art. R. 8281-2). En l'absence de réponse de l'employeur à son injonction, le donneur d'ordres (ou le maître d'ouvrage) informe l'agent auteur du signalement dans les 2 jours suivant l'expiration du délai de réponse de 15 jours (c. trav. art. R. 8281-3).

En cas de non-respect de ses obligations d'injonction et d'information, le donneur d'ordres (ou le maître d'ouvrage) est passible de l'amende prévue pour les contraventions de la 5e classe, soit 7 500 € pour une personne morale (c. trav. art. R. 8282-1).

Salariés du sous-traitant hébergés dans des conditions indignes - Lorsqu'un donneur d'ordres (ou le maître d'ouvrage) est informé par écrit par un agent de contrôle habilité (c. trav. art. L. 8271-1-2) que des salariés de son cocontractant ou d'une entreprise sous-traitante directe ou indirecte sont soumis à des conditions d'hébergement collectif incompatibles avec la dignité humaine, il doit lui enjoindre par écrit de faire cesser sans délai cette situation (c. trav. art. L. 4231-1). L'agent de contrôle apprécie notamment la vétusté manifeste des locaux ou des installations d'hébergement collectif, leur salubrité, leur taille, leur nombre ou leur équipement (c. trav. art. R. 4231-1).

Dès réception de l'injonction, l'employeur sous-traitant informe dans un délai de 24 h le donneur d'ordres (ou le maître d'ouvrage) des mesures prises pour faire cesser la situation. Si l'employeur répond, le donneur d'ordres (ou le maître d'ouvrage) transmet aussitôt cette réponse à l'agent de contrôle auteur du signalement. Si l'employeur ne répond pas, le donneur d'ordres informe l'agent de contrôle dès l'expiration du délai de réponse de 24 h de l'absence de réponse (c. trav. art. R. 4231-2).

À défaut de régularisation de la situation signalée, le donneur d'ordres (ou le maître d'ouvrage) est tenu de prendre sans délai à sa charge l'hébergement collectif des salariés, dans des locaux respectant les normes d'hygiène et de sécurité prévues par le code du travail (c. trav. art. L. 4231-1 et R. 4231-3, R. 4228-26 à R. 4228-37).

▶ À noter… Ce dispositif à charge du donneur d'ordres ou du maître d'ouvrage a été jugé constitutionnel, sous réserve toutefois de deux conditions (décision 2015-517 QPC du 22 janvier 2016) :
- cette responsabilité doit être subordonnée au constat formel par les agents de contrôle (procès-verbal d'infraction) que le sous-traitant a commis l'infraction pénale d'hébergement incompatible avec la dignité humaine (c. pén. art. 225-14) ;
- elle doit être limitée aux salariés qui sont employés à l'exécution du contrat en cause (ex. : les salariés occupés sur le chantier du maître d'ouvrage) et à la durée d'exécution de ce contrat.

Salariés du sous-traitant payés en dessous du salaire minimum - Lorsqu'un donneur d'ordres (ou un maître d'ouvrage) est informé par écrit par un agent de contrôle habilité du non-paiement partiel ou total du SMIC ou du salaire minimum conventionnel dû au salarié de son cocontractant, d'un sous-traitant direct ou indirect ou d'un cocontractant d'un sous-traitant, il doit lui enjoindre aussitôt par écrit de faire cesser sans délai cette situation (c. trav. art. L. 3245-2 et L. 8271-1-2).

Le sous-traitant ou cocontractant doit répondre au donneur d'ordres (ou au maître d'ouvrage) en l'informant dans un délai de 7 jours des mesures prises pour faire cesser la situation. Le donneur d'ordres (ou le maître d'ouvrage) transmet aussitôt cette information à l'agent de contrôle auteur du signalement (c. trav. art. L. 3245-2 et R. 3245-1). **Si le sous-traitant ne répond pas, le donneur d'ordres (ou le maître d'ouvrage) doit informer l'agent de contrôle de l'absence de réponse dès l'expiration du délai imparti de 7 jours** (c. trav. art. R. 3245-1).

S'il manque à son obligation d'injonction et d'information, le donneur d'ordres (ou le maître d'ouvrage) est tenu responsable solidairement au paiement des rémunérations et indemnités dues à chaque salarié et des cotisations et contributions sociales y afférentes (c. trav. art. L. 3245-2 et R. 3245-2). **Cette solidarité concerne également l'indemnité pour travail dissimulé des salariés employés par des entreprises de travail temporaire et détachés en France pour le compte de l'entreprise utilisatrice** (cass. soc. 4 novembre 2020, n° 18-24451 PBRI).

▶ À noter… Les obligations d'injonction et d'information mises à la charge du donneur d'ordres (ou du maître d'ouvrage) doivent être effectuées par tout moyen leur conférant une date certaine (ex. : LRAR) (c. trav. art. R. 3245-4, R. 4231-4, R. 8281-4 et R. 1263-19).

Une procédure d'injonction spécifique est applicable, lorsque le donneur d'ordres (ou le maître d'ouvrage) recourt à des salariés détachés par un employeur établi à l'étranger (c. trav. art. L. 1262-4-3 et R. 1263-15) **(voir *Détachement international**). Le donneur d'ordres (ou le maître d'ouvrage), informé par écrit par un agent de contrôle habilité (inspecteur du travail, contrôleur URSSAF, etc.), du non-paiement partiel ou total du salaire minimum légal ou conventionnel dû au salarié détaché, par son cocontractant, un sous-traitant direct ou indirect ou un cocontractant d'un sous-traitant, enjoint aussitôt, par écrit, à ce dernier, ainsi qu'au donneur d'ordres immédiat de ce dernier, de faire cesser sans délai cette situation.**

Dès qu'il a reçu l'injonction, l'employeur détachant des salariés et, le cas échéant, le donneur d'ordres cocontractant de ce dernier a 7 jours, pour informer le maître d'ouvrage ou le donneur d'ordres, des mesures prises pour faire cesser la situation. Ce dernier doit ensuite aussitôt transmettre l'information à l'agent de contrôle (c. trav. art. R. 1263-16).

Passé le délai de 7 jours, s'il n'a reçu aucune information, le maître d'ouvrage ou le donneur d'ordres doit aviser l'agent de contrôle de l'absence de réponse. En l'absence de régularisation de la situation, le maître d'ouvrage ou le donneur d'ordres, doit dénoncer le contrat de prestation de service. S'il ne le fait pas, il est alors tenu solidairement avec l'employeur, au paiement des rémunérations et indemnités dues à chaque salarié détaché ainsi que, lorsque ce salarié relève d'un régime français de sécurité sociale, des cotisations et contributions sociales afférentes dues aux organismes chargés de leur recouvrement (c. trav. art. R. 1263-17). **De son côté, l'agent de contrôle, qui a signalé la situation au donneur d'ordres ou au maître d'ouvrage, informe par écrit les salariés concernés, qu'à défaut de paiement de leurs rémunérations, ils peuvent saisir le conseil de prud'hommes, pour recouvrer les sommes dues** (c. trav. art. R. 1263-18).

Effets sur les contrats de travail

La sous-traitance peut entraîner le transfert des contrats de travail des salariés, qui étaient affectés à l'activité sous-traitée, si les conditions de ce transfert sont réunies (c. trav. art. L. 1224-1 à L. 1224-4) **(voir *Modification de la situation juridique de l'employeur**).**

Information du sous-traitant

Lorsqu'un *projet de restructuration et de compression des effectifs** soumis au CSE d'une entreprise donneuse d'ordres est de nature à affecter le volume d'activité ou d'emploi d'une entreprise sous-traitante, l'entreprise donneuse d'ordres doit en informer immédiatement l'entreprise sous-traitante. Le CSE est immédiatement informé et reçoit toute explication utile sur l'évolution probable de l'activité et de l'emploi (c. trav. art. L. 2312-58).

☛ *Détachement international ; Marchandage (délit) ; Prêt de main-d'œuvre ; Salariés mis à disposition ; Travail dissimulé.*

Sport en entreprise

Les salariés peuvent, compte tenu des possibilités de l'entreprise, bénéficier d'aménagements de leur horaire de travail pour la pratique contrôlée et régulière d'un sport (c. sport art. L. 100-4).

Par ailleurs, dans le cadre des *activités sociales et culturelles**, le *comité social et économique** (CSE), assure ou contrôle la gestion des activités physiques ou sportives. À ce titre, il peut décider de contribuer au financement de ces activités pour favoriser leur développement (c. sport art. L. 121-7 à L. 121-9).

Pour encourager la pratique du sport en entreprise, les avantages que représentent pour ses salariés la mise à disposition par l'employeur d'équipements sportifs à usage collectif et le financement de prestations sportives ne constituent pas un avantage soumis à cotisations et contributions sociales, dans des conditions suivantes (c. séc. soc. art. L. 136-1-1, III, 4° f ; c. séc. soc. art. D. 136-2 ; BOSS, Avantages en nature, §§ 1100 à 1120, 01/01/2022) :

- la mise à disposition par l'employeur d'équipements à usage collectif dédiés à la réalisation d'activités physiques et sportives, tels qu'une salle de sport appartenant à l'entreprise ou un espace géré par elle ou dont elle prend en charge la location aux fins d'une pratique d'activité physique et sportive ;
- le financement par l'employeur de prestations d'activités physiques et sportives, tels que des cours collectifs d'activités physiques et sportives ou des événements ou compétitions de nature sportive, dans une limite annuelle égale à 5 % du plafond mensuel de la sécurité sociale (soit 171,40 € en 2022) multipliée par l'effectif de l'entreprise.

Le nombre de salariés correspond à l'*effectif sécurité sociale** de l'entreprise au cours de l'année précédente (BOSS, Avantages en nature, § 1110, 01/01/2022).

Les activités physiques et sportives doivent être organisées par l'employeur qui informe l'ensemble des salariés de l'entreprise (quelles que soit la nature et la durée de leur contrat de travail) des conditions d'organisation de ces prestations (présentation des cours proposés, lieux, horaires, modalités d'inscription, etc.).

Cet avantage est cumulable avec les avantages sociaux et culturels (notamment sportifs) éventuellement proposés par un comité social et économique (BOSS, Avantages en nature, § 1110, 01/01/2022).

▶ **Attention…** La participation de l'employeur contribuant au financement d'abonnements ou inscriptions individuels à des cours constitue un *avantage en nature** soumis à cotisations.

☛ *Congé de formation de cadres et d'animateurs pour la jeunesse ; Sportif professionnel.*

Sportif professionnel

Les sportifs de haut niveau et les sportifs professionnels relèvent de dispositions spécifiques.

Apprentissage

Les personnes inscrites en tant que sportif de haut niveau peuvent conclure un contrat d'apprentissage [voir *Apprentissage (contrat)**]. La limite d'âge de 29 ans au début de l'apprentissage ne s'applique pas à eux. Des aménagements particuliers sont prévus (ex. : contrat d'apprentissage pouvant être porté à 4 ans, engagement de l'employeur à libérer l'apprenti pour ses activités sportives) (c. trav. art. L. 6222-2, L. 6222-7 et L. 6222-7-1, L. 6222-24, L. 6222-40, R. 6222-59 à R. 6222-65).

CDD spécifique

Seul contrat possible - Afin d'assurer la protection des sportifs et entraîneurs professionnels et de garantir l'équité des compétitions, tout contrat par lequel une association sportive ou une société sportive s'assure, moyennant rémunération, le concours de l'un de ces salariés est un *contrat de travail à durée déterminée** (CDD) (c. sport art. L. 222-2-3).

Ce CDD est le seul contrat susceptible d'être conclu entre une association une ou société sportive et un sportif ou un entraîneur professionnel.

Durée du CDD - La durée du CDD ne peut être inférieure à la durée d'une saison sportive fixée à 12 mois (c. sport art. L. 222-2-4).

Toutefois, un contrat conclu en cours de saison sportive peut avoir une durée inférieure à 12 mois, dans des conditions définies par les partenaires sociaux ou à défaut par le règlement de la fédération sportive ou de la ligue professionnelle, dès lors qu'il court au minimum jusqu'au terme de la saison sportive. Il doit être conclu pour assurer le remplacement :

- soit d'un sportif ou d'un entraîneur professionnel absent ou dont le contrat de travail est suspendu ;
- soit d'un sportif ou d'un entraîneur professionnel mis à disposition de la fédération sportive délégataire intéressée en qualité de membre d'une équipe de France.

▶ À noter… Dans le contexte particulier lié au covid-19, qui a conduit à la suspension ou à l'arrêt de beaucoup de compétitions sportives professionnelles, une ordonnance a adapté la réglementation pour la saison sportive 2019/2020 étant donné que la fin de certaines compétitions prévues sur cette saison avait été décalée. Le contrat de travail des sportifs et entraîneurs professionnels salariés qui participaient à des compétitions au titre de cette saison sportive, et dont le terme était initialement prévu à la date de fin de ladite saison, pouvait être prorogé pour une durée maximale de 6 mois à compter de cette date. Un avenant au contrat de travail était alors nécessaire (ord. 2020-777 du 24 juin 2020, JO du 25).

La durée du CDD spécifique ne peut, en principe, être supérieure à 5 ans. La durée maximale est réduite à 3 ans pour les sportifs ayant bénéficié d'une formation et dans l'obligation de conclure un CDD, avec l'association ou la société dont relève le centre. Cette durée maximale à ne pas dépasser n'exclut pas le renouvellement du contrat ou la conclusion d'un nouveau contrat avec le même employeur (c. sport art. L. 222-2-4).

Contrat écrit transmis au salarié - Le CDD est établi par écrit en au moins 3 exemplaires. Il est transmis par l'employeur au sportif ou à l'entraîneur professionnel au plus tard dans les 2 jours ouvrables suivant l'embauche (c. sport art. L. 222-2-5).

Mentions obligatoires - Le CDD doit comporter des mentions obligatoires dont l'identité et l'adresse des parties, la date d'embauche et la durée pour laquelle il est conclu, la désignation de l'emploi occupé et les activités auxquelles participe le salarié, le montant de la rémunération et de ses différentes composantes (c. sport art. L. 222-2-5).

Homologation du contrat de travail - Le règlement de la fédération sportive ou, le cas échéant, de la ligue professionnelle peut prévoir une procédure d'homologation du CDD du sportif et de l'entraîneur professionnels. Ce règlement détermine alors les modalités de l'homologation ainsi que les conséquences sportives en cas d'absence d'homologation du contrat (c. sport art. L. 222-2-6).

Absence de discrimination - Les employeurs doivent offrir aux sportifs professionnels en CDD des conditions de préparation et d'entraînement équivalentes à celles de leurs autres sportifs professionnels salariés (c. sport art. L. 222-2-9).

Sanctions - En cas de méconnaissance d'une règle de fond ou de forme, le contrat de travail est réputé à durée indéterminée. L'employeur encourt, en outre, une amende de 3750 € (c. sport art. L. 222-2-8). En cas de récidive, l'amende encourue est de 7500 € et peut être assortie d'une peine de prison de 6 mois.

Entreprise facilitant l'emploi d'un sportif, d'un arbitre ou d'un juge

Le ministre chargé des sports peut conclure avec une entreprise une convention destinée à faciliter l'emploi d'un sportif, arbitre ou juge de haut niveau et sa reconversion professionnelle. Il faut, au préalable obtenir l'avis du *comité social et économique** (c. trav. art. L. 2312-80 ; c. sport art. L. 221-8).

Stages en entreprise

Les stages s'inscrivent dans le cadre d'un enseignement scolaire ou universitaire. Dans le premier cas, il s'agit d'une « période de formation en milieu professionnel » [voir *Stages en entreprise (jeunes de moins de 16 ans)**] et, dans le second cas, de « stages » (c. éduc. art. L. 124-1).

▶ À noter… À partir du 1.03.2022, un *contrat d'engagement jeune** est mis en place par le service public de l'emploi en vue de renforcer l'accompagnement des jeunes en risque d'exclusion professionnelle dans leur parcours d'insertion (c. trav. art. L. 5131-6 en vigueur au 1.03.2022 ; loi 2021-1900 du 30 décembre 2021, art. 208, JO du 31). Il ne s'agit ni d'un contrat de travail, ni d'un stage en entreprise stricto sensu.

Mise en situation en milieu professionnel

Le stage correspond à une période temporaire de mise en situation en milieu professionnel au cours de laquelle l'étudiant acquiert des compétences professionnelles qui mettent en œuvre les acquis de sa formation en vue notamment de l'obtention d'un diplôme ou d'une certification.

Le stagiaire se voit confier une ou des missions conformes au projet pédagogique défini par son établissement d'enseignement et approuvées par l'organisme d'accueil (c. éduc. art. L. 124-1).

Le stage ne peut pas avoir pour objet l'exécution d'une tâche régulière correspondant à un poste de travail permanent de l'entreprise, de faire face à un accroissement temporaire de son activité, d'occuper un emploi saisonnier ou de remplacer un salarié en cas d'absence ou de suspension de son contrat de travail (c. éduc. art. L. 124-7).

▶ À noter… Les offres de stage publiées sur Internet doivent être distinguées des offres d'emploi et référencées spécifiquement dans les outils de recherche (loi 2014-788 du 10 juillet 2014, art. 1-IV).

Stages étudiants autorisés

Stages dits « intégrés » - Tout stage étudiant en entreprise doit s'inscrire dans un cursus pédagogique scolaire ou universitaire. Ses finalités et ses modalités doivent être définies dans l'organisation de la formation (c. éduc. art. L. 124-3 et D. 124-1).

Volume pédagogique minimal de formation - Le volume pédagogique minimal est fixé à 200 h par an, période de stage non comprise (c. éduc. art. D. 124-2).

▶ À noter… Dans l'enseignement scolaire, le volume pédagogique d'enseignement de 200 h est dispensé en présence des élèves.

Dans l'enseignement supérieur, le volume pédagogique d'enseignement de 200 h comporte un minimum de 50 h dispensées en présence des étudiants. Par ailleurs, à compter de l'année universitaire 2021-2022, le recteur de région académique, à la demande de l'établissement et en lien avec l'autorité dont relève l'établissement lorsque le cursus de formation retenu est dispensé par un établissement ne relevant pas des ministres chargés de l'éducation nationale ou de l'enseignement supérieur, peut accorder une dérogation pour permettre à l'établissement de dispenser ce volume minimum d'enseignement soit à distance, y compris sous forme numérique, soit selon des dispositifs associant, en même temps, présence des étudiants et de l'enseignant dans l'établissement et enseignement à distance. Lorsque le cursus de formation retenu est dispensé par un établissement relevant du ministre chargé de l'agriculture, l'autorité académique compétente exerce les compétences attribuées au recteur de région académique (c. éduc. art. D. 124-2).

Durée maximale des stages - Un stagiaire ne peut pas effectuer, par année d'enseignement, plus de 6 mois de stage dans une même entreprise, peu important que ce soit au titre d'un ou de plusieurs stages (c. éduc. art. L. 124-5).

La durée d'un stage s'apprécie en fonction du temps de présence effective du stagiaire dans l'entreprise, en considérant que (c. éduc. art. D. 124-6) **:**

- chaque période au moins égale à 7 h de présence, consécutives ou non, dans l'entreprise équivaut à une journée ;

- chaque période au moins égale à 22 jours de présence, consécutifs ou non, vaut 1 mois.

▶ À noter… Ce mode de calcul s'applique aussi bien à la condition de durée impliquant l'obligation de verser une gratification (soit plus de 2 mois) que pour la durée maximale totale du stage (Guide des stages étudiants, par le ministère de l'éducation nationale, de l'enseignement supérieur et de la recherche).

Quota maximal de stagiaires - Le nombre de stagiaires dont la convention de stage est en cours sur une même semaine civile dans l'entreprise ne peut pas être supérieur à (c. éduc. art. L. 124-8 et R. 124-10) **:**

- 15 % de l'effectif arrondis à l'entier supérieur pour les organismes d'accueil dont l'effectif est supérieur ou égal à 20 ;

- 3 stagiaires, pour les organismes d'accueil dont l'effectif est inférieur à 20.

Ce quota maximal de stagiaires doit être calculé, dans les entreprises comportant plusieurs établissements, non pas au niveau de chaque établissement mais au regard de l'effectif global de l'entreprise, c'est-à-dire tous établissements confondus (rép. Rabault n° 3043, JO 9 janvier 2018, AN quest. p. 225).

Pour l'application des limites, il n'y a pas à tenir compte des périodes de prolongation convenues

entre les parties à la convention de stage et liées, notamment, à l'état de santé du stagiaire (c. éduc. art. L. 124-15).

▶ À noter… En pratique, cette règle impose un suivi hebdomadaire du nombre de conventions de stage en cours.

Par dérogation, pour les « périodes de formation en milieu professionnel » intégrées dans des enseignements du second degré conduisant à un diplôme technologique ou professionnel, le recteur de région académique peut fixer par arrêté un quota maximum supérieur aux règles de droit commun, dans la limite de (c. éduc. art. L. 124-8 et R. 124-11) :
- 20 % de l'effectif lorsque celui-ci est supérieur ou égal à 30 ;
- 5 stagiaires lorsque l'effectif est inférieur à 30.

Le cas échéant, l'arrêté peut limiter cette dérogation à des secteurs d'activités qu'il détermine.

▶ À noter… Pour l'appréciation des limites de 20 % ou 5 stagiaires, il est tenu compte de l'ensemble des personnes accueillies au titre des stages et des périodes de formation en milieu professionnel.

L'effectif de référence pour apprécier les seuils précités (15 ou 20 % de l'effectif, 3 ou 5 stagiaires) correspond au chiffre le plus élevé entre :
- le nombre des personnes physiques employées dans l'organisme d'accueil au dernier jour du mois civil précédant la période sur laquelle le respect du quota est apprécié ;
- et la moyenne de ce même nombre sur les 12 mois civils précédant la période sur laquelle le respect du quota est apprécié (c. éduc. art. R. 124-12).

▶ Attention… Le non-respect du quota peut entraîner une amende (maximum de 2 000 € par stagiaire, doublée en cas de récidive dans un délai d'un an) (c. éduc. art. L. 124-17).

Rescrit « quota de stagiaires » autorisés - L'employeur peut interroger l'administration sur les modalités de prise en compte des effectifs servant de base au calcul du plafond des stagiaires autorisés (c. éduc. art. L. 124-8-1).

La demande de rescrit doit préciser le nom ou la raison sociale de son auteur, son adresse et les catégories de personnes que l'entreprise envisage de prendre en compte pour déterminer l'effectif qui servira à calculer le quota de stagiaires autorisés (c. éduc. art. R. 124-12-1). Elle n'est pas recevable si l'inspection du travail a déjà engagé un contrôle sur le respect de ces règles (c. éduc. art. L. 124-8-1).

L'employeur doit la présenter au DREETS de la région du siège de l'entreprise, par tout moyen donnant date certaine à sa réception (c. éduc. art. R. 124-12-1). Si elle est incomplète, il est invité à fournir les éléments complémentaires nécessaires.

Le DREETS a 3 mois à compter de la date de réception de la demande, ou des éléments complémentaires demandés, pour se prononcer (c. éduc. art. R. 124-12-1). Sa réponse est opposable à l'employeur pour l'avenir, sauf changement de la situation de fait exposée dans la demande ou de la législation au regard de laquelle la situation a été appréciée, ou notification d'une modification de son appréciation (c. éduc. art. L. 124-8-1).

Nombre maximal de stagiaires par tuteur - Une même personne ne peut être désignée en qualité de tuteur dans un organisme d'accueil que pour 3 conventions de stage en cours d'exécution (c. éduc. art. L. 124-10 et R. 124-13).

Restitution par l'étudiant - Les stages doivent faire l'objet d'une restitution par l'étudiant donnant lieu à évaluation de la part de l'établissement (c. éduc. art. D. 124-1). Celle-ci peut prendre la forme d'un rapport de stage, d'une synthèse de travaux ou de l'étude d'une question (rép. Demuynck n° 11748, JO 15 juillet 2010, Sén. quest. p. 1864).

Attestation de fin de stage - L'organisme d'accueil doit délivrer à l'élève ou à l'étudiant une attestation en fin de stage qui mentionne la durée effective totale du stage et le montant total de la gratification versée au stagiaire, le cas échéant (c. éduc. art. D. 124-9). Un modèle officiel a été établi (arrêté du 29 décembre 2014, JO 10 février 2015).

Délai de carence entre deux stages - Les entreprises qui accueillent successivement des stagiaires sur un même poste, au titre de conventions de stage différentes, doivent respecter un délai de carence égal au tiers de la durée du stage précédent, à moins que ce dernier ait été interrompu à l'initiative du stagiaire (c. éduc. art. L. 124-11).

Convention de stage obligatoire

Signataires - Une convention de stage doit être signée entre le stagiaire, l'entreprise d'accueil et l'établissement d'enseignement pour les stages ne relevant ni de la formation des moins de 16 ans (visite d'information organisée ou formation en alternance) ni de la formation professionnelle (c. éduc. art. L. 124-1). L'enseignant référent de l'établissement d'enseignement et le tuteur dans l'organisme d'accueil sont également signataires (c. éduc. art. D. 124-4).

Contenu de la convention - Les conventions de stage sont élaborées par les établissements d'enseignement public et privés en concertation avec les organismes d'accueil intéressés, sur la base d'une convention type définie par les ministres concernés (c. éduc. art. D. 124-5).

Les conventions doivent comporter les clauses suivantes (c. éduc. art. L. 124-2 et D. 124-4) :
- les dates de début et de fin du stage, ainsi que la durée totale prévue, calculée selon les règles fixées par la réglementation *(voir ci-avant)* ;
- la durée hebdomadaire de présence effective du stagiaire dans l'organisme d'accueil, tout en précisant, le cas échéant, si le stagiaire doit être présent la nuit, le dimanche ou les jours fériés ;
- les clauses du règlement intérieur applicables au stagiaire ;
- les compétences à acquérir ou à développer ;
- les activités confiées au stagiaire en fonction des objectifs de formation et des compétences à acquérir ;
- le nom de l'enseignant référent et le nom du tuteur ;
- les conditions dans lesquelles l'enseignant référent et le tuteur assurent l'encadrement et le suivi du stagiaire ;
- la liste des avantages offerts par l'organisme d'accueil au stagiaire [restauration (accès à la cantine ou aux titres-restaurant), prise en charge des frais de transport (c. trav. art. L. 3262-1), activités sociales et culturelles] ;
- le régime de protection sociale dont le stagiaire bénéficie, y compris la protection en cas d'accident du travail, ainsi que, le cas échéant, l'obligation faite au stagiaire de justifier d'une assurance couvrant sa responsabilité civile ;
- le montant de la gratification versée au stagiaire et les modalités de son versement ;
- les conditions dans lesquelles le stagiaire est autorisé à s'absenter, notamment dans le cadre d'obligations attestées par l'établissement d'enseignement ou dans le cadre des absences autorisées *(voir ci-après)* ;
- les modalités de suspension et de résiliation de la convention de stage ;
- les modalités de validation du stage en cas d'interruption dans les cas prévus par la loi *(voir ci-après)* ;
- les conditions de délivrance de l'attestation de stage par l'organisme d'accueil.

Elle peut faire l'objet d'avenants, notamment en cas de report ou de suspension du stage.

Une convention-type de stage dans l'enseignement supérieur a été publiée au Journal officiel (arrêté du 29 décembre 2014, JO 10 février 2015).

Indemnisation et cotisations sociales

Voir *Stages en entreprise (gratification)**.

Statut du stagiaire

Étudiant - Le stagiaire conserve, en principe, pendant le stage son statut d'élève ou d'étudiant. Dans la mesure où il ne se trouve pas sous la subordination juridique de l'entreprise (le stage s'effectuant sous la direction et la surveillance de l'établissement d'enseignement) et où il n'effectue pas un travail au profit de cette dernière moyennant une rémunération, mais une étude pour obtenir un diplôme, le stagiaire n'est pas considéré comme un salarié (cass. soc. 5 décembre 1991, n° 89-17153, BC V n° 559), à moins que les critères du *contrat de travail** (exécution d'un travail sous la subordination d'un employeur en contrepartie d'un salaire) ne soient en réalité remplis. Il a cependant été admis que l'accomplissement de tâches professionnelles sous l'autorité de l'entreprise d'accueil n'est pas en soi contraire à la finalité du stage et n'entraîne donc pas forcément sa requalification en contrat de travail dans la mesure où la convention de stage est respectée (cass. soc. 17 octobre 2000, n° 98-40986, BC V n° 336).

▶ Attention… L'entreprise d'accueil n'a pas, à l'égard du stagiaire, les obligations d'un employeur. Elle n'a donc pas l'obligation d'adresser à l'URSSAF une *déclaration préalable à l'embauche**, le stagiaire en entreprise n'étant pas titulaire d'un contrat de travail.

L'employeur doit toutefois rester vigilant car le stagiaire peut se voir reconnaître la qualité de salarié s'il exécute un véritable travail sous sa subordination quand aucune convention n'a été signée ou si celle-ci est détournée de son objet (cass. soc. 27 octobre 1993, n° 90-42620 D). En effet, la conclusion d'une convention ne met pas l'employeur à l'abri d'un examen par l'URSSAF des conditions dans lesquelles s'effectue réellement le stage et, le cas échéant, d'une requalification (lettre-circ. ACOSS 2007-069 du 5 avril 2007).

Reconnaissance de la qualité de travailleur handicapé - Voir *Handicapés** et *Handicapés (obligation d'emploi)**.

Durée de présence - Les stagiaires bénéficient des règles applicables aux salariés de l'entreprise d'accueil en matière de (c. éduc. art. L. 124-14) :
- présence de nuit ;
- durées maximales de présences quotidienne et hebdomadaire ;
- repos quotidien, repos hebdomadaire et jours fériés.

L'entreprise d'accueil a l'obligation d'établir, « selon tous moyens », un décompte des durées de présence du stagiaire (c. éduc. art. L. 124-14).

▶ Attention... L'entreprise d'accueil contrevenant à ces dispositions encourt une amende (maximum : 2 000 € par stagiaire, doublée en cas de récidive dans l'année qui suit) (c. éduc. art. L. 124-17).

Congés et autorisations d'absence - Les stagiaires ont droit à des congés et autorisations d'absence d'une durée équivalente à celles prévues en faveur des salariés en cas de grossesse, de paternité ou d'adoption (c. éduc. art. L. 124-13). Sont ici visés :
- les autorisations d'absence pour suivre les examens médicaux obligatoires au titre de la surveillance de la grossesse et des suites de l'accouchement (c. trav. art. L. 1225-16) ;
- le congé de maternité (c. trav. art. L. 1225-17 à L. 1225-28) ;
- le congé de paternité et d'accueil de l'enfant (c. trav. art. L. 1225-35) ;
- le congé d'adoption (c. trav. art. L. 1225-37) ;
- le congé en vue de l'adoption, en cas d'adoption internationale ou extra-métropolitaine (c. trav. art. L. 1225-46).

Pour les stages d'une durée supérieure à 2 mois et dans la limite de la durée maximale de 6 mois, la convention de stage doit prévoir la possibilité de congés et d'autorisations d'absence au bénéfice du stagiaire au cours de cette période (c. éduc. art. L. 124-13).

▶ À noter... Pour l'administration, il faut tenir compte, pour le calcul de la durée du stage, des jours de congés et autorisations d'absence légaux en cas de grossesse, de paternité ou d'adoption, ainsi que les congés et autorisations d'absence prévus dans la convention de stage. Ces jours sont comptabilisés dans le calcul des 2 mois *(voir ci-avant)*, mais ils ne donnent pas obligatoirement lieu à gratification. En revanche, il n'y a pas lieu de tenir compte des jours fériés dès lors que le salarié n'est pas présent (par exception, le lundi de Pentecôte n'est pas assimilé à un jour férié) (Guide des stages étudiants, par le ministère de l'éducation nationale, de l'enseignement supérieur et de la recherche).

Validation du stage en cas d'interruption - Si un stagiaire interrompt son stage en raison d'une maladie, d'un accident, d'une grossesse, d'une paternité ou d'une adoption, le stage peut être validé, même s'il n'a pas atteint la durée prévue dans le cursus. Une modalité alternative de la formation peut aussi être proposée (c. éduc. art. L. 124-15). Il en va de même si le stage a été interrompu, en accord avec l'établissement d'enseignement, du fait du non-respect des dispositions pédagogiques de la convention de stage, ou en cas de rupture de la convention par l'entreprise d'accueil. Dans ces différentes situations, les parties à la convention de stage (établissement d'enseignement, stagiaire, entreprise d'accueil) peuvent aussi décider de reporter la période de stage qui n'a pas pu être accomplie.

Hygiène et sécurité - Les stagiaires relèvent dans l'entreprise des dispositions du code du travail relatives à la santé et à la sécurité au travail et bénéficient de la formation à la sécurité, voire d'une formation renforcée en cas d'affectation à un poste présentant des risques particuliers pour la santé ou la sécurité (c. trav. art. L. 4111-5, L. 4141-2 et L. 4154-2) (voir *Hygiène et sécurité**). Sur le rôle de l'inspection du travail en la matière, voir ci-après.

Le stagiaire doit quant à lui respecter les conditions d'hygiène et de sécurité qui lui sont notifiées.

Protection contre l'atteinte aux libertés et le harcèlement - Les stagiaires bénéficient comme les salariés et dans les mêmes conditions du principe de proportionnalité en matière de restrictions aux libertés individuelles et collectives et de la protection contre les harcèlements moral et sexuel (c. éduc. art. L. 124-12 ; c. trav. art. L. 1152-1 et L. 1153-1).

Avantages divers - Les stagiaires ont accès dans les mêmes conditions que les salariés de l'entreprise d'accueil (c. éduc. art. L. 124-13) :
- au restaurant d'entreprise ou aux titres-restaurant ;
- à la prise en charge des abonnements aux transports publics pour le trajet « domicile-lieu de stage » ;
- au dispositif forfait mobilités durables (voir *Participation aux frais de transport**) s'il est mis en place dans l'entreprise (BOSS, Frais professionnels, § 1100, 01/01/2022).

Tous les stagiaires bénéficient de ces droits, y inclus ceux ayant des stages inférieurs à 2 mois.

Accès aux activités sociales et culturelles - Les stagiaires ont le droit de bénéficier des *activités sociales et culturelles** du *comité social et économique**, dans les mêmes conditions que les salariés (c. éduc. art. L. 124-16).

Tuteur dans l'entreprise et enseignant référent

Tuteur - L'entreprise doit désigner un tuteur chargé de l'accueil du stagiaire, de son accompagnement et de s'assurer du respect des aspects pédagogiques de la convention de stage (c. éduc. art. L. 124-9).

▶ À noter... L'entreprise qui ne désigne pas de tuteur encourt une amende (maximum de 2 000 € par stagiaire, doublée en cas de récidive dans l'année qui suit) (c. éduc. art. L. 124-17).

Un accord d'entreprise peut préciser les tâches confiées au tuteur et d'éventuelles modalités de valorisation de cette fonction (c. éduc. art. L. 124-9).

Un tuteur peut encadrer au maximum 3 stagiaires *(voir ci-avant)*.

Enseignant référent - L'établissement d'enseignement doit désigner un enseignant référent qui est notamment chargé du suivi du stage et du respect de la convention (c. éduc. art. L. 124-2).

Un enseignant référent peut suivre simultanément, au maximum, jusqu'à :
- 16 stagiaires dans l'enseignement scolaire ;
- et 24 stagiaires dans l'enseignement supérieur (c. éduc. art. D. 124-3).

Couverture « accidents du travail »

Bénéfice de la couverture AT - Que le stage soit obligatoire ou non, les stagiaires bénéficient de la couverture « accidents du travail et maladies professionnelles » du régime général, à l'exception des indemnités journalières et de l'indemnité en capital (c. séc. soc. art. L. 412-8).

▶ À noter... Sont visés par la couverture « accidents du travail et maladies professionnelles » (c. séc. soc. art. L. 412-8) :
- les étudiants ou les élèves des établissements d'enseignement technique pour les accidents survenus au cours de cet enseignement ainsi que par le fait ou à l'occasion des stages auxquels il donne lieu ;
- les élèves des établissements d'enseignement secondaire ou d'enseignement spécialisé et les étudiants autres que ceux qui sont mentionnés ci-dessus pour les accidents survenus au cours d'enseignements dispensés en ateliers ou en laboratoires ainsi que par le fait ou à l'occasion des stages effectués dans le cadre de leur scolarité ou de leurs études ;
- les personnes, non mentionnées ci-dessus, qui effectuent, dans un organisme public ou privé, un stage d'initiation, de formation ou de complément de formation professionnelle ne faisant pas l'objet d'un contrat de travail et n'entrant pas dans le cadre de la formation professionnelle continue.

Cotisation « accidents du travail » et formalités déclaratives - Lorsque la gratification du stagiaire est inférieure ou égale au seuil de franchise de cotisations, l'établissement d'enseignement signataire de la convention de stage paye la cotisation AT, calculée selon des règles particulières. Pour un accident qui survient par le fait ou à l'occasion du stage en entreprise, l'entreprise doit déclarer l'accident du travail. Une copie de la déclaration envoyée à la CPAM doit par ailleurs être adressée sans délai à l'établissement d'enseignement (c. séc. soc. art. R. 412-4, I et R. 444-7).

S'agissant des stagiaires dont la gratification est supérieure au seuil de franchise, la cotisation AT est due par l'entreprise sur la fraction excédentaire, comme les autres cotisations de sécurité sociale. Les formalités déclaratives d'un accident du travail incombent par principe à l'entreprise. Toutefois, si l'accident survient du fait ou à l'occasion de l'enseignement ou de la formation dispensés par l'établissement dont relève l'élève ou l'étudiant, l'obligation de déclaration incombe à l'établissement, qui doit adresser à l'entreprise une copie de la déclaration d'accident envoyée à la CPAM (c. séc. soc. art. R. 412-4, II).

▶ À noter... Le seuil de franchise de cotisations est fixé à 15 % du plafond horaire de la sécurité sociale par le nombre d'heures effectuées en stage dans le mois considéré pour une convention de stage conclue depuis le 1.09.2015. Pour plus de détails, voir *Stages en entreprise (gratification)**.

Faute inexcusable de l'entreprise d'accueil - Lorsqu'un stagiaire engage une action en reconnaissance d'une faute inexcusable contre l'établissement d'enseignement, celui-ci est tenu d'appeler en la cause l'entreprise d'accueil. Le but est qu'il soit statué dans la même instance judiciaire sur la demande du stagiaire et sur la garantie des conséquences financières d'une reconnaissance éventuelle de faute inexcusable (c. séc. soc. art. L. 452-4).

Validation au titre de la retraite

Les étudiants peuvent demander la prise en compte par le régime général, pour leur retraite (de base) des périodes de stages en entreprise intégrés à un cursus pédagogique scolaire ou universitaire et éligibles à la gratification. Cette validation est limitée à 2 trimestres de retraite au plus et moyennant un versement de cotisations (c. séc. soc. art. L. 351-17 ; circ. CNAV 2016-23 du 18 avril 2016). Ce dernier est égal, pour 1 trimestre de retraite, à 12 % du plafond mensuel de la sécurité sociale en vigueur au 1er janvier de l'année au cours de laquelle la demande est déposée (c. séc. soc. art. D. 351-18). L'intéressé doit présenter à sa caisse de retraite une demande de versement, accompagnée de diverses pièces, dans les 2 ans de la fin du stage (c. séc. soc. art. D. 351-16 et D. 351-17). Si la caisse ne lui répond pas dans les 2 mois suivant la réception de sa demande, cette dernière est réputée rejetée (c. séc. soc. art. D. 351-19).

▶ À noter… Le rachat des périodes de stage en entreprise permet de réduire la décote (coefficient de minoration) applicable faute de taux plein (c. séc. soc. art. D. 351-18). Il est déduit du nombre de trimestres éligibles au rachat à tarif préférentiel d'années d'études supérieures pour les périodes de formation initiale [voir *Retraite de base (calcul de la pension)**] (c. séc. soc. art. L. 351-17).

Inscription dans le registre du personnel

L'employeur doit inscrire les noms et prénoms des stagiaires accueillis dans l'établissement, dans une partie spécifique du *registre du personnel** (c. trav. art. L. 1221-13). Il faut également y indiquer (c. trav. art. D. 1221-23-1) :
- les noms et prénoms du tuteur ainsi que ceux du stagiaire ;
- les dates de début et de fin du stage ;
- le lieu de présence du stagiaire.

Ces mentions doivent être conservées pendant 5 ans à compter de la date à laquelle le stagiaire quitte l'établissement (c. trav. art. R. 1221-26).

Information du CSE

La consultation du CSE sur la politique sociale de l'entreprise, les conditions de travail et l'emploi porte notamment sur les conditions d'accueil en stage (c. trav. art. L. 2312-26) [voir *Comité social et économique (informations-consultations périodiques)**].

Rôle de l'inspection du travail

L'inspecteur du travail informe le stagiaire, l'établissement d'enseignement dont il relève, ainsi que les représentants du personnel de l'entreprise d'accueil, quand (c. trav. art. L. 8223-1-1) :
- un « véritable » poste est pourvu par le stagiaire *(voir ci-avant)* ;
- le quota de stagiaires dans l'entreprise n'est pas respecté *(voir ci-avant)* ;
- les règles relatives à la durée de présence du stagiaire ne sont pas respectées *(voir ci-avant)*.

Par ailleurs, l'inspection du travail peut également intervenir en cas de risque pour la santé et la sécurité du stagiaire (ex. : suspension de la convention de stage en cas de risque sérieux d'atteinte à la santé, à la sécurité ou à l'intégrité physique ou morale du jeune dans l'entreprise) (c. trav. art. L. 4753-1) [voir *Jeunes (travaux interdits et réglementés)**].

Document d'évaluation du stage par le stagiaire

Tout élève ou étudiant ayant achevé son stage transmet aux services de son établissement d'enseignement chargés de l'accompagner dans son projet d'études et d'insertion professionnelle un document dans lequel il évalue la qualité de l'accueil dont il a bénéficié au sein de l'organisme. Ce document n'est pas pris en compte dans son évaluation ou dans l'obtention de son diplôme (c. éduc. art. L. 124-4), car il se distingue de la restitution du stage donnant lieu à évaluation par l'établissement d'enseignement. Il a pour objectif d'inciter les entreprises à éviter les abus dont il est fait publicité.

Requalification en contrat de travail

Lorsqu'un stagiaire saisit le conseil de prud'hommes d'une demande de requalification du stage en contrat de travail, l'affaire est directement portée devant le bureau de jugement, qui statue au fond dans un délai d'un mois suivant la saisine (c. trav. art. L. 1454-5).

Accueil de stagiaires étrangers et stages à l'étranger

Règles spécifiques - L'accueil de stagiaires étrangers obéit à des règles spécifiques (CESEDA art. R. 426-16 e t s.).

Par ailleurs, quand les stages sont effectués à l'étranger, les questions relatives au déroulement du stage et à son encadrement doivent faire l'objet d'un échange préalable entre l'établissement d'enseignement, le stagiaire et l'organisme d'accueil (c. éduc. art. L. 124-19). De plus, la convention de stage comporte en annexe une fiche d'information présentant la réglementation du pays d'accueil sur les droits et devoirs du stagiaire (c. éduc. art. L. 124-20).

Accueil de stagiaires handicapés

Voir *Handicapés (obligation d'emploi)**.

Embauche d'un stagiaire

Durée de la période d'essai - En cas d'embauche d'un ancien stagiaire dans les 3 mois suivant la fin du stage réalisé lors de la dernière année d'études, la durée de ce stage est déduite de la *période d'essai**.

En principe, la période d'essai ne doit pas être réduite de plus de 50 %, sauf dispositions conventionnelles plus favorables. Toutefois, la durée du stage est intégralement déduite de la période d'essai si l'embauche porte sur un emploi en correspondance avec les activités qui avaient été confiées au stagiaire (c. trav. art. L. 1221-24).

Calcul de l'ancienneté - Lorsque le stagiaire est embauché par l'entreprise à l'issue d'un stage ayant duré plus de 2 mois, la durée de ce stage est prise en compte pour le calcul et l'ouverture des droits liés à l'ancienneté (c. trav. art. L. 1221-24).

☞ *Stages en entreprise (gratification)* ; *Stages en entreprise (jeunes de moins de 16 ans)*.

Stages en entreprise (gratification)

Indemnisation obligatoire

Pour les stages d'une durée supérieure à deux mois - L'entreprise d'accueil doit verser une gratification au stagiaire lorsque la durée du stage (c. éduc. art. L. 124-6) :

- est supérieure à 2 mois consécutifs ;
- ou, au cours d'une même année scolaire ou universitaire, à 2 mois consécutifs ou non.

Il en est de même pour une personne en période de formation en milieu professionnel.

Concrètement, la gratification est due lorsque le stage a une durée supérieure à 308 heures, même s'il est effectué de façon non continue (base 7 h par jour, soit 22 jours × 7 h × 2 mois) (lettre-circ. ACOSS 2015-42 du 2 juillet 2015, § II-A).

Cette gratification n'a pas le caractère d'un salaire.

▶ Attention... Pour les stages réalisés dans le cadre de formations du second cycle secondaire dispensées par certains établissements d'enseignement agricole (c. rural art. L. 813-9), la gratification n'est obligatoire que pour les stages d'une durée supérieure à 3 mois, consécutifs ou non, au cours de la même année d'enseignement (c. rur. art. D. 813-55-1).

La durée du stage est décomptée en fonction de la durée de présence du stagiaire (voir *Stages en entreprise**).

▶ À noter... À propos des stages se déroulant à l'étranger, l'administration précise que le principe de territorialité de la législation française interdit de soumettre une entreprise étrangère à la loi française. La gratification éventuelle du stagiaire est donc laissée à l'appréciation de l'organisme d'accueil, quelle que soit la durée du stage. En revanche, au sein d'une entreprise française implantée à l'étranger, le droit français s'applique (Guide des stages étudiants, par le ministère de l'éducation nationale, de l'enseignement supérieur et de la recherche).

Durée initiale inférieure à deux mois se prolongeant - Si un stage d'une durée initiale inférieure à 2 mois vient à dépasser cette durée, l'employeur doit effectuer un « rattrapage », puisque la gratification est due depuis le début du stage (lettre-circ. ACOSS 2008-91 du 29 décembre 2008, question/réponse 15).

▶ À noter... Pour les stages dont la durée initiale est inférieure à 2 mois, l'entreprise peut prévoir de verser une gratification (c. éduc. art. D. 124-8). Par exemple, il peut être inséré une clause dans la convention indiquant que l'employeur se réserve la possibilité, en cas de stage satisfaisant, de rémunérer le stagiaire. En ce cas, la gratification versée à l'issue du stage sera rapportée à la durée du stage pour l'appréciation de la franchise de cotisations (*voir ci-après*).

Calcul et modalités de versement de la gratification

Heures de présence payées - La gratification est due pour chaque heure de présence du stagiaire dans l'entreprise, à partir du premier mois de la période de stage ou de formation en milieu professionnel (c. éduc. art. D. 124-8).

Pour calculer le montant de la gratification, l'entreprise doit prévoir le nombre d'heures de présence effective du stagiaire. À ce temps de présence, elle peut rajouter les périodes de congés payés qu'elle envisage éventuellement d'octroyer au stagiaire (lettre-circ. ACOSS 2015-42 du 2 juillet 2015, § II-B).

Par ailleurs, la durée de présence d'un stagiaire mentionnée dans la convention peut être supérieure à la durée légale du travail, si la durée du travail conventionnelle applicable dans l'entreprise est supérieure à celle-ci (ex. : 37 h hebdomadaires). La gratification minimale est augmentée d'autant (lettre-circ. ACOSS 2008-91 du 29 décembre 2008, question/réponse 8).

Éléments de calcul de la gratification - La gratification est due au stagiaire sans préjudice du remboursement des frais engagés pour effectuer le stage et des avantages offerts, le cas échéant, pour la restauration, l'hébergement et le transport (c. éduc. art. D. 124-8).

Montant fixé conventionnellement - Le montant de la gratification est fixé par convention de branche ou accord professionnel étendu (c. éduc. art. L. 124-6).

Montant à défaut de dispositions conventionnelles - À défaut de convention de branche ou d'accord professionnel étendu fixant un montant plus favorable, la gratification est égale à 15 % du plafond horaire de la sécurité sociale (c. éduc. art. L. 124-6), soit 26 € × 15 % = 3,90 €/ h en 2022 (voir *Plafond de sécurité sociale**).

Les participations patronales éventuelles liées aux avantages en nature et aux remboursements de frais professionnels accordés au stagiaire ne doivent pas être prises en compte dans l'appréciation de ce montant minimal (lettre-circ. ACOSS 2008-91 du 29 décembre 2008).

Le montant minimal forfaitaire n'est pas fonction du nombre de jours ouvrés dans le mois (c. éduc. art. L. 124-6).

Modalités de versement - La gratification doit être versée mensuellement (c. éduc. art. L. 124-6 et D. 124-8). Elle ne peut pas être versée en fin de stage, même si celui-ci ne dure que 1 ou 2 jours par mois (lettre-circ. ACOSS 2008-91 du 29 décembre 2008, question/réponse 15).

L'entreprise peut choisir de la verser (lettre-circ. ACOSS 2015-42 du 2 juillet 2015, § II-E) :
- en tenant compte des heures effectuées sur le mois par le stagiaire ;
- ou en lissant son versement en fonction du nombre d'heures qui seront effectuées durant le stage, de façon à effectuer un paiement identique chaque mois.

Dans ce dernier cas, la convention prévoit une moyenne d'heures mensuelle pour la gratification et la franchise de cotisations. En tout état de cause, la modalité de versement retenue doit être précisée dans la convention de stage.

Tout stage interrompu temporairement donnera lieu à un réajustement du montant de la gratification et de la franchise de cotisations sur la base du nombre d'heures effectuées. Tout stage définitivement interrompu fera l'objet d'une régularisation globale selon le nombre d'heures effectuées.

Régime social et fiscal

Conditions pour bénéficier de la franchise de cotisation - Pour bénéficier de l'exonération de cotisations sur la gratification (c. séc. soc. art. L. 136-1-1, III, 1°, b), le stagiaire doit être élève ou étudiant des établissements privés ou publics d'enseignement technique, secondaire, spécialisé ou supérieur (c. séc. soc. art. L. 412-8, 2°, a et b). Sont également visées les personnes qui effectuent, dans un organisme public ou privé, un stage d'initiation, de formation ou de complément de formation professionnelle ne faisant pas l'objet d'un contrat de travail et n'entrant pas dans le cadre de la formation professionnelle continue (c. séc. soc. art. L. 412-8, 2°, f).

En revanche, ne sont pas concernés par le dispositif de franchise :
- les bénéficiaires de la formation à la recherche et par la recherche (c. de la recherche, art. L. 412-1 et L. 412-2) ;
- les stagiaires des associations à caractère pédagogique relevant de l'arrêté du 20 juin 1988 (ex. : « junior-entreprise ») (lettre-circ. ACOSS 2015-42 du 2 juillet 2015, § III-A-I).

La franchise de cotisations s'applique également aux gratifications versées à titre purement facultatif par l'organisme d'accueil (ex. : stage d'une durée inférieure ou égale à 2 mois).

Seuil de la franchise de cotisations - La fraction de la gratification, en espèces ou en nature, versée aux stagiaires n'est pas considérée comme une rémunération si elle n'excède pas, au titre d'un mois civil, le nombre d'heures de stage effectuées au cours du mois considéré multiplié par 15 % du plafond horaire de la sécurité sociale (soit 26 € × 15 % = 3,90 €/ h en 2022) (c. séc. soc. art. L. 136-1-1, III, 1°, b et D. 136-1).

Ce montant est apprécié au moment de la signature de la convention de stage compte tenu de la gratification, des avantages en nature et en espèces et du temps de présence mensuel prévu au cours du stage (c. séc. soc. art. D. 136-1, I, al. 2).

Le montant de la franchise n'est pas arrondi à l'euro le plus proche (lettre-circ. ACOSS 2015-42 du 2 juillet 2015, § III-A-2).

Concrètement, si le seuil de franchise n'est pas dépassé, aucune cotisation n'est due :
- ni les cotisations patronales et salariales de sécurité sociale, y compris la cotisation accidents du travail, prise en charge par l'établissement ;
- ni le versement mobilité ;
- ni le FNAL ;
- ni la contribution solidarité autonomie ;
- ni la CSG et la CRDS (circ. DSS 2007-236 du 14 juin 2007 ; circ. DSS 2008-27 du 30 janvier 2008 ; BOSS, Règles d'assujettissement, § 190, 01/04/2021).

En outre, l'employeur n'est pas redevable de la cotisation de retraite complémentaire ou de celle d'assurance chômage, le stagiaire n'étant pas lié par un contrat de travail. Il en va de même pour la contribution au dialogue social (lettre-circ. ACOSS 2015-44 du 31 juillet 2015).

Dépassement du seuil de la franchise - Si le montant de la gratification dépasse le seuil de franchise, la fraction excédentaire est assujettie aux cotisations et contributions (cotisations de sécurité sociale, CSG, CRDS, contribution solidarité autonomie, FNAL, s'il y a lieu versement mobilité). L'entreprise est redevable de la cotisation accidents du travail au taux applicable à l'entreprise. La contribution au dialogue social n'est pas due, même au-delà du seuil de franchise (lettre-circ. ACOSS 2015-42 du 2 juillet 2015, § III-A-4). De même, il n'y a pas de contributions de retraite complémentaire ou d'assurance chômage, dans la mesure où un stagiaire n'a pas la qualité de salarié.

Le dépassement de la franchise s'apprécie sur la durée du stage, et non mois par mois. En effet, un stagiaire peut être au-dessus du seuil un mois et en dessous un autre mois, le lissage permettant de déterminer les éventuels dépassements du seuil de franchise (lettre-circ. ACOSS 2015-42 du 2 juillet 2015, § III-A-4).

▶ Attention… La part de gratification dépassant le seuil de franchise ne peut pas bénéficier du taux réduit d'allocations familiales, puisque le stagiaire n'est pas titulaire d'un contrat de travail. La cotisation patronale d'allocations familiales se calcule donc au taux de 5,25 %.

Application compte tenu de la modalité de versement de la gratification - La franchise de cotisations s'appliquera selon la modalité de versement de la gratification déterminée dans la convention, soit en tenant compte du nombre d'heures réellement effectuées sur chaque mois, soit de la moyenne d'heure mensuelle prévue pour la gratification en cas de lissage du versement de la gratification (lettre-circ. ACOSS 2015-42 du 2 juillet 2015, § III-A-3).

Légalement, il n'y a aucune obligation de verser une gratification au titre des jours de congés et d'autorisations d'absence ouverts de droit aux stagiaires, ou des jours des congés et d'autorisations d'absence prévus dans la convention de stage, quand bien même celles-ci sont assimilées à une durée de présence pour le calcul de la durée du stage. Cependant, si une gratification est versée au titre de ces périodes, elle bénéficie de la franchise de cotisation puisque ces périodes sont assimilées à du temps de présence pour le calcul de la durée du stage. Mais pour bénéficier de cette franchise, la gratification sur ces périodes doit être explicitement prévue initialement à la signature de la convention de stage (lettre-circ. ACOSS 2015-42 du 2 juillet 2015, § III-A-3).

Avantages en nature et en espèces - Pour l'appréciation du montant de la gratification donnant lieu à franchise de cotisations, les avantages en espèces et en nature sont pris en compte.

Si la gratification en espèces est inférieure au seuil de franchise, les sommes normalement soumises à cotisations en tant qu'avantages en nature pourront être exonérées au titre de la franchise, dans la limite du différentiel entre le montant de la gratification et le seuil de la franchise. Si la gratification en espèces est supérieure ou égale au seuil de la franchise, les sommes correspondant aux avantages en nature accordés en plus de la gratification ne sont pas exonérées au titre de la franchise (lettre-circ. ACOSS 2008-91 du 29 décembre 2008).

▶ À noter… Si la gratification est exclusivement sous forme d'avantages en nature, il n'y a ni cotisations salariales, ni CSG, ni CRDS.

Titre-restaurant et cantine - La participation de l'employeur à l'acquisition du *titre-restaurant** est exclue de fait de l'assiette des cotisations de sécurité sociale si elle respecte la réglementation relative à ces titres, indépendamment du montant de la gratification versée au stagiaire (lettre-circ. ACOSS 2015-42 du 2 juillet 2015, § III-B-1-b).

Lorsque le stagiaire bénéficie du restaurant d'entreprise, l'avantage en nature est négligé si sa participation personnelle au prix du repas est au moins égale à 50 % du forfait avantage en nature repas. Dans le cas contraire, il y a, pour chaque repas, un avantage en nature égal à la différence entre la valeur du forfait avantage en nature repas et la participation du salarié. Cet avantage sera ou non soumis à cotisations selon que le seuil de franchise est ou non dépassé.

▶ À noter… Les élèves ou étudiants qui effectuent un stage d'une durée inférieure ou égale à 2 mois et qui ne perçoivent pas de gratification accèdent néanmoins à la cantine ou aux titres-restaurant dans les mêmes conditions que les salariés de l'entreprise (c. éduc. art. L. 124-13). Dans la mesure où ils bénéficient de ces avantages sans contrepartie aucune, leur valeur devrait être assujettie à cotisations. Toutefois, comme la valeur de ces avantages ne dépasse pas le montant de la franchise de cotisations, aucune cotisation ni contribution sociale n'est due (lettre-circ. ACOSS 2015-42 du 2 juillet 2015, § III-B-1-c).

Frais professionnels - Les sommes versées aux stagiaires au titre des remboursements de frais professionnels sont exclues de l'assiette des cotisations sous réserve d'utilisation conforme à leur objet des sommes versées (arrêté du 20 décembre 2002 modifié, JO du 27). Les frais engagés ne doivent pas non plus être d'un niveau exagéré (BOSS, Frais professionnels, § 70, 01/01/2022).

Remboursement des frais de transport - L'employeur doit rembourser au stagiaire ses frais de transport (domicile/lieu de travail) dans les mêmes conditions que pour les salariés, c'est-à-dire au moins 50 % du coût d'un abonnement à un transport en commun (ou location de vélos) sur la base des tarifs de 2e classe, s'il est au moins à mi-temps (lettre-circ. ACOSS 2015-42 du 2 juillet 2015) (voir *Participation aux frais de transport**).

▶ À noter… En cas d'utilisation du véhicule personnel pour le trajet domicile/lieu de travail, les stagiaires, qui ne sont pas liés à l'entreprise d'accueil par un contrat de travail, ne sont pas concernés par la prise en charge facultative des frais de carburant ou d'alimentation des véhicules électriques, hybrides rechargeables ou hydrogène (prime de transport) (BOSS, Frais professionnels, § 1010, 01/01/2022).

Cependant, la prise en charge sous forme d'indemnités kilométriques des frais qu'ils engagent au titre du trajet domicile-lieu de stage est exonérée de cotisations et de contributions de sécurité sociale (arrêté du 20 décembre 2002 modifié, JO du 27 ; BOSS, Frais professionnels, § 1010, 01/01/2022).

Cette prise en charge n'est toutefois pas prise en compte pour l'appréciation de la franchise de cotisations sociales.

Par ailleurs, les stagiaires profitent du forfait mobilités durables s'il est mis en place dans l'entreprise, comme les autres salariés (BOSS, Frais professionnels, § 1100, 01/01/2022).

Cotisation « accidents du travail » - L'organisme d'accueil est redevable de la cotisation accidents du travail sur la fraction de la gratification excédant le seuil de franchise (voir *Stages en entreprise**).

DSN - La *déclaration sociale nominative (DSN)** contient des rubriques spécifiques pour les conventions de stage. En particulier, le montant de la gratification de stage soumis à cotisations doit être déclaré via la DSN.

Exonération fiscale - La gratification est exonérée d'impôt sur le revenu dans la limite du montant annuel du SMIC, sans proratisation en cas d'entrée ou de fin de stage en cours d'année (CGI art. 81 bis ; BOFiP-RSA-CHAMP-20-30-10-10-§ 205-17/02/2017).

▶ À noter… Seule la fraction de rémunération dépassant le seuil d'exonération fiscale (SMIC annuel) est soumise au *prélèvement à la source** (www.dsn-info.fr ; base de connaissance, fiche n° 1897, actualisée le 17.05.2021).

☛ *Stages en entreprise.*

Stages en entreprise (jeunes de moins de 16 ans)

Les différentes formes de stages que peuvent accomplir les jeunes de moins de 16 ans sont répertoriées. Sont ainsi visés (c. trav. art. L. 4153-1) :

- les élèves de l'enseignement général : ces derniers peuvent faire des « visites d'information organisées par leurs enseignants » ou, durant les deux dernières années de leur scolarité obligatoire, suivre des « séquences d'observation » ;
- les élèves suivant un enseignement alterné ou professionnel : ces élèves peuvent accomplir, durant les deux dernières années de leur scolarité obligatoire, des « stages d'initiation, d'application ou des périodes de formation en milieu professionnel ».

Dans tous les cas, une convention doit être passée entre l'établissement d'enseignement dont relève l'élève et l'entreprise d'accueil (c. trav. art. L. 4153-2).

Mais aucune convention ne peut être conclue aux fins d'admettre ou d'employer un élève dans un établissement lorsqu'il est établi, par les services de contrôle, que les conditions de travail sont de nature à porter atteinte à la sécurité, à la santé ou à l'intégrité physique et morale des personnes qui y sont présentes (c. trav. art. L. 4153-2).

▶ À noter… Les entreprises peuvent aussi accueillir en stage des jeunes dans le cadre du dispositif de la *troisième prépa-métiers**.

Par ailleurs, des périodes d'observation en entreprise (ou dans une association) d'une durée maximale d'une semaine peuvent être proposées aux élèves de 4e, 3e et des lycées, durant leurs vacances scolaires, en vue de l'élaboration de leur projet d'orientation professionnelle (c. éduc. art. L. 332-3-1).

Sur la couverture accidents du travail, voir *Stages en entreprise**.

Stock-options

@ Cette étude est détaillée dans la version en ligne de ce Dictionnaire (voir www.rfsocial.com et www.rfeditions.com).

Stress au travail

L'accord national interprofessionnel (ANI) du 2.07.2008 fournit un cadre pour faire face aux problèmes de stress lié au travail (étendu par arrêté du 23 avril 2009, JO 6 mai).

Obligation de prévention

Employeurs concernés - Tous les employeurs doivent appliquer les dispositions de l'ANI sur le stress au travail quels que soient la taille de l'entreprise et son domaine d'activité (ANI du 2 juillet 2008 étendu par arrêté du 23 avril 2009, JO 6 mai).

▶ À noter… Tous les salariés sont concernés, quel que soit leur contrat de travail (CDD, CDI, etc.) ou le type de relation de travail dans lequel ils se trouvent (ex. : intérimaires, salariés des entreprises sous-traitantes).

Définition - Des individus peuvent réagir de manière différente à des situations identiques, et un même individu peut réagir différemment à des situations similaires selon les moments de sa vie. Le stress n'est pas une maladie mais une exposition prolongée au stress peut réduire l'efficacité au travail et causer des problèmes de santé. Le stress survient lors d'un déséquilibre entre la perception qu'une personne a des contraintes que son environnement lui impose et la perception qu'elle a de ses propres ressources pour y faire face. La personne peut gérer la pression à court terme, mais a de grandes difficultés face à une exposition prolongée ou répétée à des pressions intenses. Attention, toute situation de stress n'est pas nécessairement liée au travail (ANI 2 juillet 2008, art. 3).

Actions de prévention

Première étape : identification - L'employeur identifie le stress lié au travail en mettant en place différents indicateurs. Il peut s'agir, par exemple (ANI du 2 juillet 2008, art. 4) :
- de l'absentéisme et du turn-over ;
- de l'existence de conflits personnels ou de plaintes des salariés ;
- du taux de fréquence des accidents du travail ;
- du nombre de visites spontanées auprès du médecin du travail.

L'augmentation significative de ces indicateurs peut révéler du stress au travail, tout comme des actes violents même peu nombreux.

Deuxième étape : analyse des causes du stress - Après avoir détecté le stress dans son entreprise, l'employeur doit en analyser les facteurs, à savoir :
- l'organisation et les processus de travail (ex. : aménagement du temps de travail, dépassements excessifs et systématiques d'horaires, degré d'autonomie, mauvaise adéquation du travail à la capacité ou aux moyens mis à la disposition des salariés, charge de travail réelle manifestement excessive, objectifs disproportionnés ou mal définis, mise sous pression systématique) ;
- les conditions et l'environnement de travail (ex. : exposition à un environnement agressif, à un comportement abusif, au bruit, à une promiscuité trop importante pouvant nuire à l'efficacité, à la chaleur) ;
- la communication (ex. : incertitude quant à ce qui est attendu au travail, perspectives d'emploi, changement à venir, mauvaise communication concernant les orientations et les objectifs de l'entreprise, communication difficile entre les acteurs).

Dans son analyse, l'employeur prend aussi en compte les facteurs subjectifs (ex. : pressions émotionnelles et sociales, impression de ne pas pouvoir faire face à la situation, perception d'un manque de soutien, difficulté de concilier vie personnelle et vie professionnelle) (ANI du 2 juillet 2008, art. 4).

▶ À noter… Comme pour toute autre action en matière de sécurité et de santé, l'employeur associe à sa lutte contre le stress le CSE [voir *Comité social et économique (santé, sécurité et conditions de travail)**].

Troisième étape : adoption de mesures nécessaires - Dès que l'employeur a identifié puis analysé un problème de stress au travail, c'est à lui de prendre les mesures pour le prévenir, l'éliminer ou à défaut le réduire (ANI du 2 juillet 2008, art. 5 et 6).

▶ À noter… L'employeur doit suivre des principes généraux en matière de prévention des risques professionnels (c. trav. art. L. 4121-1, L. 4121-2 et L. 4121-3) [voir *Hygiène et sécurité (obligations de l'employeur)**].

L'employeur peut, notamment, prendre des mesures visant à :
- améliorer l'organisation, les processus et les conditions de travail ;
- assurer un soutien adéquat de la direction aux salariés ;
- donner à tous les acteurs de l'entreprise des possibilités d'échanger à propos de leur travail ;
- assurer une bonne adéquation entre responsabilité et contrôle du travail.

Il peut aussi prendre des mesures de gestion et de communication pour clarifier ses objectifs et le rôle de chacun.

La lutte contre le stress passe aussi par l'information et la formation des salariés (en particulier de l'encadrement et de la direction) pour développer notamment leur compréhension du stress.

Quatrième étape : évaluation de l'efficacité de l'action - L'employeur évalue l'efficacité de ses mesures de lutte contre le stress en utilisant les mêmes indicateurs que dans l'étape d'identification (la première).

☛ *Hygiène et sécurité (obligations de l'employeur).*

Subrogation

☛ *Indemnités journalières de sécurité sociale.*

Subvention de fonctionnement

☛ *Comité social et économique (ressources).*

Succession de CDD

☛ *Contrat de travail à durée déterminée (succession).*

Superprivilège

En cas de *procédure de sauvegarde, de redressement et de liquidation judiciaires**, les salariés et les apprentis bénéficient, pour assurer le recouvrement de leurs créances de salaires, d'un superprivilège qui prime toute autre créance privilégiée jusqu'à concurrence d'un plafond mensuel identique pour toutes les catégories de bénéficiaires (c. trav. art. L. 3253-1 à L. 3253-5 et L. 7313-8 ; c. com. art. L. 622-17).

L'association pour la gestion du régime d'assurance des créances des salariés (AGS) garantit, faute de fonds disponibles de l'employeur, le paiement des créances salariales résultant du contrat de travail en cas de procédure de sauvegarde, de redressement ou de liquidation judiciaires de l'entreprise. Elle intervient sous forme d'avances aux salariés, celles-ci étant remboursées par récupération sur le patrimoine de l'employeur (c. trav. art. L. 3253-6 à L. 3253-21, D. 3253-2 à D. 3253-5 et R. 3253-6 ; c. com. art. L. 625-9) (voir *Garantie des créances salariales**).

▶ À noter… Dans le contexte de crise liée au covid-19, l'AGS a adapté et renforcé ses modalités d'intervention afin de soutenir les entreprises en difficulté et leurs salariés impactés par la crise du covid-19. Elle a mis en ligne sur son site un questions-réponses détaillant les mesures de soutien (« COVID-19 : Questions/Réponses », www.ags-garantie-salaires.org/covid-19-faq-question-reponse, mises en ligne le 14 avril 2020, actualisées le 16 décembre 2021).

Certaines créances bénéficient d'un *privilège** ou d'un superprivilège *(voir ci-après)*.

Sans remettre en cause l'ordre des créances, l'ordonnance du 15.09.2021 a synthétisé et clarifié les règles de classement des créances en cas de liquidation judiciaire, avec effet au 1.10.2021 (ord. 2021-1193 du 15 septembre 2021, art. 54 et 62 ; c. com. art. L. 641-13 et L. 643-8).

Créances garanties

Créances visées - Le superprivilège garantit notamment les créances suivantes (c. trav. art. L. 3253-2 à L. 3253-5) :
- les rémunérations de toute nature dues aux salariés et aux apprentis pour les 60 derniers jours

de travail ou d'apprentissage, pour les 90 derniers jours de travail en ce qui concerne les VRP [voir *VRP (rémunération)**], l'expression « rémunérations de toute nature » couvrant les salaires, appointements, commissions, primes, pourboires, gratifications, indemnités de préavis (correspondant au préavis légal ou conventionnel ou usuel) (cass. soc. 29 octobre 2003, n° 01-12129, BC V n° 266 ; cass. soc. 21 juin 2004, n° 02-15296, BC V n° 173). ;

- les indemnités compensatrices de *préavis** ;
- l'indemnité de congés payés [voir *Congés payés (indemnité compensatrice)**] ;
- l'indemnité de fin de contrat à durée déterminée [voir *Contrat de travail à durée déterminée (indemnité de fin de contrat)**] (c. trav. art. L. 1243-8) ;
- l'indemnité de fin de mission des salariés en contrat de *travail temporaire** (c. trav. art. L. 1251-32).

▶ À noter... Les 60 ou 90 derniers jours de travail à retenir sont les derniers jours de travail non payés, sans qu'il y ait à tenir compte du fait que le contrat de travail a pris fin plus de 6 mois avant le jugement déclaratif (cass. soc. 15 mars 1983, n° 82-11348, BC V n° 159).

Créances non garanties - Les sommes tendant au remboursement de frais engagés par les salariés (frais professionnels ou de déplacement), l'indemnité de licenciement, l'indemnité de rupture abusive du contrat à durée indéterminée et l'indemnité pour rupture anticipée du contrat à durée déterminée sont exclues.

Procédure à suivre - Nonobstant l'existence de toute autre créance, ces créances doivent être payées par l'administrateur sur ordonnance du juge-commissaire, dans les 10 jours du prononcé du jugement ouvrant la procédure de sauvegarde, si l'administrateur dispose des fonds nécessaires.

Par ailleurs, avant tout établissement du montant de ces créances, l'administrateur doit, avec l'autorisation du juge-commissaire et dans la mesure des fonds disponibles, verser immédiatement aux salariés, à titre provisionnel, une somme égale à un mois de salaire impayé, sur la base du dernier bulletin de salaire, et sans pouvoir dépasser 2 fois le plafond mensuel pour le calcul des cotisations de sécurité sociale (voir *Plafond de sécurité sociale**). À défaut de disponibilités, ces sommes doivent être acquittées sur les premières rentrées de fonds (c. com. art. L. 625-8).

Plafonds mensuels

Coexistence de deux plafonds - Les rémunérations garanties par le superprivilège doivent, déduction faite des acomptes déjà perçus, être payées, nonobstant l'existence de toute autre créance privilégiée, jusqu'à concurrence d'un plafond mensuel égal à 2 fois le plafond mensuel de sécurité sociale (c. trav. art. L. 3253-2 et D. 3253-1).

S'agissant de l'indemnité de congés payés, il faut retenir un plafond distinct [voir *Congés payés (indemnité)**]. En effet, le superprivilège s'applique jusqu'à concurrence d'un plafond identique à celui d'une période de 30 jours de rémunération (c. trav. art. L. 3253-4).

Application - Il existe donc :

- un superprivilège pour les salaires et les créances assimilées ainsi que pour l'indemnité de congés payés (c. trav. art. L. 3253-3 et L. 3253-4) ;
- un plafond calculé sur 2 ou 3 mois pour les créances de salaires et assimilées (1 mois pour l'indemnité de congés payés).

Il doit y avoir un calcul séparé pour chacune de ces deux catégories de créances.

Pour le calcul du superprivilège des salaires, un calcul unique doit être fait (cass. soc. 6 mars 1968, BC V n° 138), en tenant compte, d'une part, des salaires et de leurs accessoires (y compris l'indemnité de préavis), d'autre part, de la période de travail pour laquelle joue le superprivilège : autrement dit, selon le cas, une fois (période de travail non payée d'un mois), deux fois (période de travail non payée de 60 jours) ou trois fois pour les VRP (période de travail non payée de 90 jours).

Les *acomptes** déjà versés aux salariés doivent être déduits du plafond (cass. soc. 29 avril 1975, n° 73-13712, BC V n° 217).

▶ À noter... Le superprivilège s'applique au fixe et aux commissions dus aux VRP. Les commissions à prendre en considération sont celles qui correspondent à l'activité déployée pendant le dernier trimestre de travail, et non le montant, divisé par 4, de celles dues pour l'année entière (c. trav. art. L. 7313-8 ; cass. soc. 27 mars 1968, BC V n° 183) [voir *VRP (rémunération)**].

Pour le calcul du superprivilège de l'indemnité de congés payés, un calcul distinct doit être fait dans le cadre du plafond mensuel qui lui est applicable (cass. soc. 6 mars 1968, BC V n° 138).

☞ AGS ; Garantie des créances de salaires ; Privilège ; Procédure de sauvegarde, de redressement et de liquidation judiciaires.

Suppléants

☛ *Comité social et économique (nombre d'élus) ; Comité social et économique (remplacement).*

Supplément d'intéressement ou de participation

Décision d'attribution

Le conseil d'administration d'une entreprise ou son directoire, ou, encore, en l'absence de telles structures, le chef d'entreprise, peuvent décider d'attribuer aux salariés un supplément de participation ou un supplément d'intéressement versé au titre de l'exercice clos (c. trav. art. L. 3314-10 et L. 3324-9 ; circ. DSS 5B/DGT/RT3 2007-199 du 15 mai 2007).

En tout état de cause, le terme de « supplément » employé par le législateur implique que l'entreprise a déjà attribué de l'intéressement ou de la participation au titre de l'exercice considéré (cass. civ. 2e ch., 4 avril 2013, n° 12-11976 D ; cass. civ., 2e ch., 11 juillet 2019, n° 18-16412 D).

Supplément de participation

Modalités de répartition - Les modalités de répartition du supplément de réserve spéciale de participation sont en principe celles prévues dans l'accord de participation applicable dans l'entreprise. À défaut, elles doivent être prévues par un accord spécifique déposé (guide intermin. épargne salariale, juillet 2014, dossier 2, fiche 7). Les plafonds de répartition de la participation doivent être respectés (c. trav. art. L. 3324-9) (voir *Réserve spéciale de participation**).

Montant global - Le montant global de la réserve spéciale de participation, y compris le supplément, est limité à la moitié du bénéfice net comptable. L'accord peut aussi opter pour l'un des trois plafonds suivants : le bénéfice net comptable diminué de 5 % des capitaux propres, le bénéfice net fiscal diminué de 5 % des capitaux propres ou la moitié du bénéfice net fiscal (c. trav. art. L. 3324-2 ; lettre-circ. ACOSS 2007-48 du 6 mars 2007).

▶ Attention… Si l'entreprise applique un accord de participation dérogatoire à la formule légale, la réserve spéciale de participation, y compris le supplément, ne peut excéder le plafond prévu par l'accord dérogatoire (c. trav. art. L. 3324-2).

Affectation - Sauf demande de versement immédiat, le bénéficiaire décide de l'affectation de ses droits, en fonction des possibilités de placement offertes par l'accord (voir *Réserve spéciale de participation**).

▶ À noter… Le supplément de participation n'est pas concerné par le mécanisme d'affectation par défaut au PERCO. Ce supplément n'est donc investi dans un PERCO que si le salarié en fait la demande (circ. ETST12211259C du 19 avril 2012, question-réponse 34). À notre sens, cette règle s'applique également au nouveau *plan d'épargne retraite d'entreprise collectif (PERE-CO)**.

Supplément d'intéressement

Modalités de répartition - Les modalités de répartition du supplément d'intéressement sont en principe celles de l'accord d'intéressement applicable dans l'entreprise. À défaut, elles doivent être prévues par un accord spécifique déposé. Le versement de ce supplément doit se faire dans le respect des plafonds individuels et collectifs de répartition de l'intéressement (c. trav. art. L. 3314-10).

Montant global - Le montant global des primes d'intéressement (supplément inclus) ne doit pas dépasser annuellement 20 % du total des salaires bruts (et des rémunérations des dirigeants et de leurs conjoints ou partenaires pacsés, s'ils sont aussi bénéficiaires de l'intéressement). Au plan individuel, le montant des primes distribuées à un même bénéficiaire ne peut, au titre d'un même exercice, excéder 75 % du plafond annuel de la sécurité sociale (c. trav. art. L. 3314-8) (voir *Intéressement des salariés**).

Affectation - Les règles d'affectation du supplément d'intéressement sont celles applicables à l'intéressement (c. trav. art. L. 3314-10 ; instr. DGT/RT3/DSS/DGTRESOR 2016-45 du 18 février 2016, Q/R n° 17). Sauf choix contraire, le supplément est donc affecté par défaut au PEE ou, le cas échéant, au PEI et bloqué pendant 5 ans. Le bénéficiaire qui souhaite faire échec à ce dispositif, par exemple pour obtenir le versement direct de tout ou partie de son intéressement, doit effectuer une demande d'arbitrage, dans un délai de 15 jours (voir *Intéressement des salariés**).

Régimes fiscal et social

Le supplément d'intéressement ou de participation est soumis aux mêmes régimes fiscal et social que les sommes versées au titre des accords de base (c. trav. art. L. 3312-4 et L. 3325-1 à L. 3325-4).

Le supplément d'intéressement et le supplément de participation peuvent être soumis au forfait social [voir *Forfait social (contribution patronale)**].

☛ *Intéressement des salariés ; Participation des salariés aux résultats de l'entreprise ; Réserve spéciale de participation.*

Surveillance des salariés

Formalités préalables aux contrôles

Information et consultation du CSE - Dans une entreprise d'au moins 50 salariés, le *comité social et économique** (CSE) doit être informé et consulté sur les moyens ou techniques permettant un contrôle de l'activité des salariés, préalablement à la décision de sa mise en œuvre dans l'entreprise (c. trav. art. L. 2312-38).

Cette consultation est obligatoire même si :
- le dispositif mis en place ne constitue pas un traitement de *données personnelles** (cass. soc. 19 mars 2008, n° 06-42284 D) [voir *Comité social et économique (informations-consultations ponctuelles)** et *Comité social et économique (santé, sécurité et conditions de travail)**] ;
- le contrôle des salariés n'est pas l'objectif premier et exclusif du dispositif, étant précisé que l'information-consultation doit précisément porter sur le contrôle de l'activité des salariés que permet le dispositif en cause (cass. soc. 11 décembre 2019, n° 18-11792 FSPB).

L'employeur qui ne consulterait pas le CSE ne pourrait pas se servir de ce dispositif pour apporter la *preuve** de la faute d'un salarié (cass. soc. 11 décembre 2019, n° 18-11792 FSPB).

Exercice du droit d'alerte - Dans une entreprise de moins de 50 salariés ou dans une entreprise d'au moins 50 salariés, le CSE a un droit d'alerte, notamment en cas d'atteinte aux libertés individuelles [voir *Droit d'alerte (CSE)**]. Par exemple, les représentants du personnel peuvent exercer leur droit d'alerte s'agissant des conditions de consultation des messageries électroniques de certains salariés (cass. soc. 17 juin 2009, n° 08-40274, BC V n° 153).

Information préalable des salariés sur le dispositif de contrôle - Aucune information concernant personnellement un salarié ne peut être collectée par un dispositif qui n'a pas été porté préalablement à sa connaissance (c. trav. art. L. 1222-4). Cette prescription vise notamment les systèmes de *vidéosurveillance des salariés** et de *pointage des salariés**, détecteurs magnétiques, autocommutateurs téléphoniques, etc. (voir *Informatique** et *Téléphone**).

Ainsi, l'employeur a certes le pouvoir de contrôler et de surveiller l'activité de son personnel pendant le temps de travail, mais il ne peut pas mettre en œuvre un dispositif de contrôle clandestin et, à ce titre, déloyal. Le moyen de *preuve** ainsi obtenu est illicite (cass. soc. 4 juillet 2012, n° 11-30266, BC V n° 208).

Attention, cette règle ne s'applique pas aux dispositifs de surveillance « humaine » mis en place dans l'entreprise *(voir ci-après)*.

Information des salariés en application du RGPD - Les salariés doivent être également informés en application de la loi informatique et libertés et du *RGPD** (loi 78-17 du 6 janvier 1978, JO du 21 ; règlt UE 2016/679 du 27 avril 2016, JOUE 4 mai).

À ce titre, la CNIL préconise qu'ils soient informés, via une *charte informatique** (annexée ou non au *règlement intérieur**), une note individuelle ou une note de service, par exemple, notamment des points suivants (« Les outils informatiques au travail », éd. 2018, www.cnil.fr) :
- des finalités poursuivies ;
- de la base légale du dispositif (obligation issue du code du travail par exemple, ou intérêt légitime de l'employeur) ;
- des destinataires des données personnelles ;
- de la durée de conservation de ces données ;
- de leur droit d'opposition pour motif légitime ;
- de leurs droits d'accès et de rectification ;
- de la possibilité de faire une réclamation auprès de la CNIL.

Registre des activités de traitement et analyse d'impact des données - Les différents traitements permettant un contrôle de l'activité des salariés (ex. : dispositif de *géolocalisation** des véhicules, système de contrôle des outils informatiques mis à disposition des salariés, dispositif de contrôle des locaux et des horaires de travail, outils de *vidéosurveillance des salariés**, système d'écoute et d'enregistrement des conversations téléphoniques sur le lieu de travail) doivent être inscrits au *registre des activités de traitement** tenu par l'employeur.

De plus, en cas de surveillance systématique de l'activité des salariés, y compris leur poste de travail, leur activité sur Internet, etc., le traitement en cause doit faire l'objet d'une *analyse d'impact des données** (AIPD). Si un dispositif de contrôle des locaux et des horaires de travail utilise la biométrie, il doit aussi faire l'objet d'une AIPD (délib. CNIL 2018-326 du 11 octobre 2018, JO du 6 ; délib. CNIL 2018-327 du 11 octobre 2018, JO du 6 ; délib. CNIL 2019-001 du 10 janvier 2019, JO 28 mars).

Inscription dans le règlement intérieur - Certains dispositifs de contrôle des salariés sont à inscrire dans le *règlement intérieur**, dans la mesure où ceux-ci s'apparentent notamment à des règles générales et permanentes relatives à la discipline susceptibles de donner lieu à des sanctions disciplinaires. Dans ce cas, la procédure spécifique de modification du règlement intérieur doit être respectée, en plus des étapes ici décrites (circ. DGT 2008-22 du 19 novembre 2008).

Respect des libertés et de la vie privée

L'employeur ne peut apporter aux droits des salariés et à leurs libertés individuelles et collectives des restrictions qui ne seraient pas justifiées par la nature de la tâche à accomplir, ni proportionnées au but recherché (c. trav. art. L. 1121-1). Tout système de surveillance des salariés doit donc répondre à ces deux conditions.

Quel que soit le dispositif de contrôle mis en place, la *vie privée** des salariés doit être respectée.

Surveillance des télétravailleurs

Droits et obligations identiques à ceux des autres salariés - Le salarié en *télétravail** a les mêmes droits que le salarié qui exécute son travail dans les locaux de l'entreprise. De son côté, l'employeur a vis-à-vis des télétravailleurs les mêmes obligations « de droit commun » que celles qu'il a à l'égard de tout autre salarié (c. trav. art. L. 1222-9 et L. 1222-10).

Les règles de forme et de fond décrites dans la présente étude sont donc identiques pour les salariés en présentiel ou les salariés en télétravail. L'accord national interprofessionnel (ANI) du 26 novembre 2020 « pour une mise en œuvre réussie du télétravail » rappelle toutes ces règles (§ 3.1.3).

Interdiction des dispositifs de surveillance constante et permanente - Aucun dispositif ne doit conduire à une surveillance constante et permanente de l'activité du salarié, en particulier du télétravailleur, sauf dans des cas exceptionnels dûment justifiés au regard de la nature de la tâche (« Les questions-réponses de la CNIL sur le télétravail », www.cnil.fr).

Les dispositifs suivants sont illicites :

- les keyloggers qui permettent d'enregistrer à distance toutes les actions accomplies sur un ordinateur, sauf circonstance exceptionnelle liée à un fort impératif de sécurité (Document questions/réponses, « Télétravail en période de covid-19 », www.travail-emploi.gouv.fr) ;
- demander à un salarié de se mettre en visioconférence tout au long de son temps de travail pour s'assurer de sa présence derrière son écran (« Les questions-réponses de la CNIL sur le télétravail », www.cnil.fr) ;
- le partage permanent de l'écran (« Les questions-réponses de la CNIL sur le télétravail », www.cnil.fr) ;
- l'obligation pour le salarié d'effectuer très régulièrement des actions pour démontrer sa présence derrière son écran comme cliquer toutes les x minutes sur une application ou prendre des photos à intervalles réguliers (« Les questions-réponses de la CNIL sur le télétravail », www.cnil.fr).

Dispositifs pouvant être mis en place - Le recours à la webcam ou à des appels téléphoniques est possible mais il ne doit pas conduire à une surveillance excessive. Selon la CNIL, l'employeur peut, par exemple, mettre en place un contrôle de la réalisation par objectifs pour une période donnée. Ces objectifs devraient être raisonnables, susceptibles d'être objectivement quantifiés, et contrôlables à des intervalles réguliers (« Les questions-réponses de la CNIL sur le télétravail », www.cnil.fr). Toujours selon la CNIL, un compte rendu régulier du salarié est également un moyen de contrôle de l'activité pouvant être mis en place.

Sur le contrôle du temps de travail des télétravailleurs, voir *Télétravail**.

Surveillance « humaine » et audits

Information préalable du salarié non requise - La simple surveillance d'un salarié faite sur les lieux du travail par son supérieur hiérarchique est possible, même en l'absence d'information préalable du salarié (cass. soc. 26 avril 2006, n° 04-43582, BC V n° 145).

Le contrôle de l'activité d'un salarié, au temps et au lieu de travail, par un service interne à l'entreprise chargé de cette mission peut également être mis en œuvre en l'absence d'information préalable du salarié. Il s'agit là d'un mode de preuve licite (cass. soc. 5 novembre 2014, n° 13-18427, BC V n° 255).

Dans le même ordre d'idées, les résultats d'un audit réalisé à la demande de l'employeur par un cabinet d'expertise comptable afin d'appréhender les fonctions d'un salarié ont pu servir de preuve dans le cadre d'un contentieux relatif à son licenciement et ce, même s'il n'avait pas été informé de la mission confiée aux auditeurs. Toutefois, il avait été associé à leurs travaux (cass. soc. 26 janvier 2016, n° 14-19002, BC V n° 13 ; cass. soc. 28 février 2018, n° 16-19934 D).

Attention toutefois, au respect de la vie privée en cas d'enquête sur un salarié *(voir ci-après)*.

Information préalable du CSE non obligatoire - La simple surveillance humaine ne nécessite pas non plus la consultation préalable du comité social et économique (CE, 13 juillet 2020, n° 417972).

Cas du salarié représentant du personnel - Les principes évoqués ci-avant valent aussi dans le cas où le salarié faisant l'objet d'une surveillance humaine est un représentant du personnel (CE, 13 juillet 2020, n° 417972).

Alcootest

Les dispositions d'un règlement intérieur permettant d'établir sur le lieu de travail l'état d'ébriété d'un salarié en recourant à un contrôle de son alcoolémie sont licites, dès lors que (cass. soc. 22 mai 2002, n° 99-45878, BC V n° 176 ; cass. soc. 31 mars 2015, n° 13-25436, BC V n° 69) :

- les modalités de ce contrôle en permettent la contestation ;
- il s'agit d'éviter, compte tenu de la nature du travail confié au salarié, que son état d'ébriété puisse exposer les personnes ou les biens à un danger.

Si ces conditions sont réunies, un contrôle positif peut justifier un licenciement pour faute, éventuellement pour faute grave (cass. soc. 24 février 2004, n° 01-47000, BC V n° 60 ; cass. soc. 31 mars 2015, n° 13-25436, BC V n° 69).

En cas de litige, l'employeur doit prouver qu'il a effectivement accompli les formalités d'affichage et de dépôt au greffe du conseil de prud'hommes nécessaires à l'entrée en vigueur du *règlement intérieur** (c. trav. art. L. 1231-4). Si ces mesures de publicité n'ont pas été prises, le règlement intérieur est inopposable aux salariés (cass. soc. 9 mai 2012, n° 11-13687, BC V n° 134 ; cass. soc. 4 novembre 2015, n° 14-18574 D).

Test salivaire de détection de drogues

Le *règlement intérieur** peut interdire l'usage et la possession de drogues dans l'entreprise et mettre en place des tests salivaires de détection de drogues, si les restrictions ainsi apportées aux droits et libertés des salariés sont justifiées et proportionnées (c. trav. art. L. 1121-1 et L. 1321-3).

Tel est le cas quand l'objectif poursuivi est d'assurer la santé et la sécurité des salariés. Le contrôle ainsi institué est justifié dans la mesure où aucune autre méthode ne permet d'établir directement l'incidence d'une consommation de drogue sur l'aptitude à effectuer une tâche. En l'espèce, le règlement intérieur avait pris en compte le risque d'erreur des tests salivaires en prévoyant la faculté pour le salarié contrôlé de demander une contre-expertise, à la charge de l'employeur. Il indiquait également que le salarié serait informé avant le contrôle d'une part, sur la nécessité de recueillir son accord et d'autre part, sur le fait qu'un refus de sa part l'exposerait à une sanction disciplinaire pouvant aller jusqu'au licenciement.

La condition de proportionnalité est également remplie si le contrôle est « réservé » à certains salariés (ex. : ceux occupant des postes « hypersensibles ») pour lesquels la consommation de drogues constitue un danger particulièrement élevé pour le salarié et pour les tiers.

Enfin, le droit à la vie privée des salariés contrôlés doit également être préservé. Tel est le cas lorsque le règlement intérieur prévoit que l'employeur et le supérieur hiérarchique sont tenus au secret professionnel sur les résultats du test.

Par ailleurs, il peut être prévu que le test de dépistage soit pratiqué par un supérieur hiérarchique. En l'espèce, le règlement intérieur qui avait été soumis au contrôle de l'administration était valable (CE 5 décembre 2016, n° 394178).

Badgeuse

Dispositif conforme au RGPD - Pour la CNIL, le contrôle d'accès sans biométrie est à privilégier, dès lors qu'un système de badge est suffisant ou que les locaux ne sont pas particulièrement sensibles (« L'accès aux locaux et le contrôle des horaires », éd. 2018, www.cnil.fr).

Le cas échéant, le dispositif mis en place doit répondre aux règles de mise en place d'un dispositif de contrôle des salariés et être conforme au *RGPD** (loi 78-17 du 6 janvier 1978, JO du 21 ; règlt UE 2016/679 du 27 avril 2016, JOUE 4 mai).

Selon la CNIL, cela signifie notamment que (« L'accès aux locaux et le contrôle des horaires », éd. 2018, www.cnil.fr) :

- le dispositif soit mis en place pour sécuriser l'entrée dans les bâtiments, les locaux faisant l'objet d'une restriction de circulation et pour gérer les horaires et le temps de présence des employés (dans la mesure où le dispositif n'est pas biométrique pour ce dernier objectif) ;
- le dispositif ne doit pas permettre de contrôler les déplacements à l'intérieur des locaux ;
- le dispositif ne doit pas entraver la liberté d'aller et venir des représentants du personnel dans l'exercice de leur mandat (il ne doit pas non plus être utilisé pour contrôler le respect de leurs heures de délégation) ;
- les informations issues du système ne doivent être accessibles qu'aux membres habilités des services gérant le personnel, la paie, ou la sécurité ;
- les salariés et leurs représentants doivent être préalablement informés ;
- le dispositif doit être inscrit dans le *registre des activités de traitement**.

▶ À noter… Avant le 25.05.2018, date d'entrée en vigueur du *RGPD**, il avait été jugé qu'aucune sanction ne pouvait être exercée à l'encontre d'un salarié qui avait refusé d'utiliser la badgeuse alors que le système n'avait pas été déclaré à la CNIL (cass. soc. 6 avril 2004, n° 01-45227, BC V n° 103). À notre sens, cette règle reste vraie, de sorte que rien ne pourra être reproché au salarié si le dispositif ne respecte pas le cadre posé par la CNIL en application des principes généraux du RGPD.

Détérioration du badge - La responsabilité pécuniaire d'un salarié à l'égard de l'employeur ne peut résulter que de sa faute lourde. En dehors de ce cas, l'employeur ne peut pas retenir sur le salaire le prix du nouveau badge qui a été détérioré par le salarié (cass. soc. 20 avril 2005, n° 03-40069, BC V n° 148).

Badgeuse photo contrôlant les horaires de travail - La collecte obligatoire et systématique, plusieurs fois par jour, de la photographie des salariés à chacun de leur pointage peut être excessive selon la CNIL. Et ce, en application du principe « de minimisation » issue du *RGPD**. En effet, les données collectées doivent être adéquates, pertinentes et limitées à ce qui est nécessaire pour procéder à un contrôle des horaires de travail (règlt UE 2016/679 du 27 avril 2016, art. 5 (1, c), JOUE 4 mai 2016). En d'autres termes, « l'employeur ne doit collecter que les données dont il a réellement besoin » (référentiel CNIL relatif aux traitements de données à caractère personnel mis en œuvre aux fins de gestion du personnel gestion du personnel, § 5).

Biométries

Les employeurs peuvent mettre en place des traitements portant sur des données biométriques mais seulement pour contrôler l'accès aux lieux de travail (ou aux appareils et aux applications utilisés par les salariés) et sous certaines conditions. Ces traitements doivent notamment être conformes au règlement type de la CNIL (loi 78-17 du 6 janvier 1978, JO du 7 ; délib. CNIL 2019-001 du 10 janvier 2019, JO 28 mars).

▶ À noter… Les données biométriques sont des *données personnelles** dites sensibles.

Pour la CNIL, la biométrie est un moyen disproportionné de contrôle des horaires des salariés (« L'accès aux locaux et le contrôle des horaires », éd. 2018, www.cnil.fr).

Le système biométrique doit être inscrit dans le *registre des activités de traitement**. En outre, une *analyse d'impact des données** (AIPD) s'impose pour un nouveau dispositif biométrique (délib. CNIL 2019-001 du 10 janvier 2019, JO 28 mars).

Chronotachygraphe

Avant le 25.05.2018 (date d'entrée en vigueur du RGPD), il avait été jugé que lorsque l'employeur était tenu d'assurer la mise en place et l'utilisation d'un chronotachygraphe, une absence de déclaration à la CNIL ne le privait pas de la possibilité de se prévaloir, à l'égard du salarié, des informations fournies par ce matériel de contrôle (ex. : procédure disciplinaire à l'encontre du salarié qui avait manipulé frauduleusement cet appareil), dont le salarié ne pouvait pas ignorer l'existence (cass. soc. 14 janvier 2014, n° 12-16218, BC V n° 4).

Depuis le 25.05.2018, cette solution devrait à notre sens rester similaire dans le cas où le dispositif n'aurait pas été inscrit au *registre des activités de traitement** ou n'aurait pas fait l'objet d'une *analyse d'impact des données** (AIPD).

Courrier dans l'entreprise (envoi au salarié)

Aucune disposition législative ou réglementaire n'autorise ou n'interdit pour les salariés de recevoir du courrier personnel dans l'entreprise. Toutefois, selon l'administration, le *règlement intérieur** peut prévoir que le salarié ne devra pas se faire adresser de courrier personnel sur son lieu de travail. Le salarié qui ne respecterait pas une telle clause s'exposerait à des sanctions disciplinaires. Aussi, afin de prévenir tout différend, le salarié susceptible de recevoir du courrier, fût-ce malgré lui, aura-t-il intérêt à solliciter l'accord préalable de son employeur.

En revanche, l'employeur ne peut pas procéder ou faire procéder à l'ouverture de ce courrier dès lors qu'il apparaît clairement que celui-ci est personnel. Une clause d'un règlement intérieur prévoyant l'ouverture du courrier adressé aux salariés doit être considérée comme illégale en raison de la violation du principe du secret de la correspondance (c. pén. art. 226-15 ; QE 25053, JO AN 15 novembre 1999, p. 6586).

Reste à déterminer dans quels cas un courrier reçu dans l'entreprise doit être considéré comme un courrier privé et donc protégé par le secret des correspondances. Les enveloppes qui parviennent au lieu du travail avec les seules mentions du nom du destinataire et de l'adresse de l'entreprise, sans indication externe du caractère privé de leur contenu, sont à considérer comme professionnelles et non personnelles (cass., ch. mixte, 18 mai 2007, n° 05-40803, B. ch. mixte n° 3 ; cass. crim. 16 mars 2004, n° 03-82261 D).

Accès aux documents de travail

Les documents que le salarié détient dans le bureau que l'entreprise met à sa disposition sont présumés avoir un caractère professionnel, sauf s'il les a identifiés comme étant personnels (cass. soc. 18 octobre 2006, n° 04-47400, BC V n° 308). L'employeur a donc accès à ces documents professionnels sans qu'il soit nécessaire que le salarié concerné soit présent. Cela l'autorise, le cas échéant, à se servir de ces documents pour prouver une faute du salarié sans qu'il soit nécessaire, pour la validité de cette preuve, que le salarié ait été présent au moment où l'employeur a accédé à ces documents.

À l'inverse, si le salarié a identifié comme personnels les documents qu'il détient, l'employeur n'y a accès que si le salarié est présent ou, du moins, a été appelé.

Fichiers informatiques, Internet et courrier électronique

Voir *Informatique**.

Géolocalisation

Voir *Géolocalisation**.

Fouilles

Impératif de sécurité - La fouille des salariés peut être organisée pour des raisons de sécurité. De plus, elle doit être effectuée en respectant une décence élémentaire et en privilégiant l'utilisation d'appareils de détection (circ. DRT 1983-5 du 15 mars 1983, BOMT n° 83-16).

Des circonstances exceptionnelles à la suite d'attentats et d'alerte à la bombe peuvent aussi justifier des mesures exceptionnelles de sécurité. Dans ce cas, une société peut valablement exiger, après avoir informé le personnel par note, l'ouverture des sacs, à titre temporaire, devant les agents de sécurité, après consultation du *comité social et économique** (cass. soc. 3 avril 2001, n° 98-45818, BC V n° 115).

Rechercher d'objets volés - La fouille liée à la recherche d'objets volés relève normalement de la seule compétence des officiers de police judiciaire. Toutefois, l'employeur peut organiser une fouille des sacs des salariés dans un contexte de disparitions renouvelées et rapprochées d'objets ou de matériels appartenant à l'entreprise. Néanmoins, il ne peut, sauf circonstances exceptionnelles, ouvrir les sacs appartenant aux salariés pour en vérifier le contenu qu'avec leur accord et après les avoir avertis de leur droit de s'y opposer et d'exiger la présence d'un témoin (cass. soc. 11 février 2009, n° 07-42068, BC V n° 40 ; circ. DRT 1983-5 du 15 mars 1983). Faute de quoi, la fouille ne serait pas une preuve valable.

▶ **À noter…** Les « circonstances exceptionnelles » qui pourraient dispenser l'employeur d'obtenir l'accord des salariés et de les informer sur leurs droits ne sont pas définies. L'employeur est donc invité à se montrer prudent.

Il est conseillé, pour éviter des contestations ultérieures, de recueillir l'accord du salarié en présence d'autres salariés. En toute hypothèse, la vérification doit s'effectuer dans des conditions qui préservent l'intimité des salariés à l'égard de personnes étrangères à l'opération de fouille (circ. DRT 1983-5 du 15 mars 1983). Si le salarié refuse que son sac soit contrôlé, l'employeur peut faire appel à un officier de police judiciaire. En pratique, l'opération est délicate, l'employeur ne pouvant pas retenir le salarié en attendant l'arrivée de cet officier sauf en cas de flagrant délit (c. proc. pén. art. 73 ; c. pén. art. 311-3).

Le règlement intérieur peut prévoir l'éventualité d'une ouverture des sacs des salariés pour rechercher des objets volés s'il précise :

- qu'il sera procédé à une telle vérification uniquement en cas de nécessité (ex. : à la suite de la disparition de matériel, risques particuliers de vol dans l'entreprise) ;

- que le salarié doit être averti de son droit de s'opposer à un tel contrôle et d'exiger la présence d'un témoin (ex. : un autre membre du personnel) (cass. soc. 8 mars 2005, n° 02-47123 D) ;

- que ce contrôle sera effectué dans des conditions préservant la dignité et l'intimité de la personne (ex. : dans un local hors de vue du personnel) (circ. DRT 1983-5 du 15 mars 1983 ; CE 11 juillet 1990, n° 86022 ; CE 26 novembre 1990, n° 96565).

Exemple

Le règlement intérieur d'un magasin précisait notamment que le contrôle des sacs devait être fait par le directeur du magasin, en présence d'un tiers appartenant à l'entreprise ou d'un représentant du personnel. Or, un agent de sécurité avait pris l'initiative de fouiller le cabas d'une hôtesse de caisse après que celle-ci eut déclenché l'alarme des portiques de détection en quittant le magasin. Peu importe que l'agent ait alors trouvé un lecteur DVD portable d'une valeur de 150 €. Les garanties posées par le règlement intérieur n'ayant pas été respectées, le licenciement pour vol de la salariée était dénué de cause réelle et sérieuse (cass. soc. 2 mars 2011, n° 09-68546 D).

Vestiaires et armoires individuels - L'employeur ne peut procéder à l'ouverture de l'armoire individuelle d'un salarié :

- que dans les cas et aux conditions prévus par le règlement intérieur, la fouille devant être justifiée par un risque ou un événement particulier (ex. : nettoyage, impératif de sécurité) ;

- qu'en présence de l'intéressé ou une fois celui-ci prévenu (cass. soc. 11 décembre 2001, n° 99-43030, BC V n° 377). **Le salarié peut exiger la présence d'un témoin** (CE 22 avril 1988, n° 72908 ; CE 26 novembre 1990, n° 95565).

S'agissant de vestiaires non identifiés, leur ouverture par l'employeur est licite si :

- le salarié a été personnellement avisé par affichage sur son propre vestiaire de la date d'ouverture de tout vestiaire ni identifié ni revendiqué (en l'espèce, 3 semaines) ;

- l'ouverture des vestiaires non identifiés a lieu, en présence d'un représentant du personnel et d'un agent de sécurité, dans les conditions prévues par un accord collectif (cass. soc. 15 avril 2008, n° 06-45902, BC V n° 85).

▶ **Attention...** Contrairement aux vestiaires et armoires individuels, l'employeur peut procéder à l'ouverture du coffre individuel du salarié, affecté à un usage exclusivement professionnel, comme cela est prévu par le règlement intérieur, même en l'absence de celui-ci et en dehors de son information préalable quand il s'agit de coffres permettant le dépôt, par chaque salarié, de fonds de caisse. La vérification du coffre est alors régulière et la sanction prononcée à l'encontre du salarié contrevenant est justifiée (cass. soc. 21 octobre 2008, n° 07-41513, BC V n° 193).

Téléphone et SMS

Voir *Téléphone**.

Vidéosurveillance

Voir *Vidéosurveillance des salariés**.

Preuves issues des contrôles

Validité de la preuve - Dans le cas où l'employeur n'a pas respecté les règles de mise en place des dispositifs de contrôle (ex. : le salarié est surveillé à son insu), la *preuve tirée de ces dispositifs de contrôle est en principe illicite. Cela signifie que l'employeur ne peut pas l'invoquer pour établir la faute du salarié. Le licenciement qui serait prononcé sur ce fondement serait sans cause réelle et sérieuse** (cass. soc. 20 novembre 1991, n° 88-43120, BC V n° 519 ; cass. soc. 4 juillet 2012, n° 11-30266, BC V n° 208).

Exemple

Il en est ainsi lorsque l'employeur contrôle ses salariés sans information ni consultation préalable des représentants du personnel (cass. soc. 7 juin 2006, n° 04-43866, BC V n° 206 ; cass. soc. 11 décembre 2019, n° 18-11792 FSPB).

Sur le tempérament apportée à cette règle quand le dispositif mis en place n'est pas respectueux des règles de protection des données personnelles, voir *Preuve.**

Détective privé ou filature - Un employeur ne peut pas recourir aux services d'un détective privé pour recueillir la preuve de la faute d'un de ses salariés sans l'en avoir préalablement informé (cass. soc. 23 novembre 2005, n° 03-41401, BC V n° 333). **Il ne peut donc pas s'appuyer sur le rapport d'un détective privé pour obtenir du juge une mesure d'instruction consistant, en l'espèce, à faire saisir des documents au domicile du salarié par un huissier** (c. proc. civ. art. 145). **L'atteinte à la vie privée est en effet disproportionnée** (cass. civ., 2e ch., 17 mars 2016, n° 15-11412 P).

Dans le même ordre d'idées, l'employeur ne peut pas organiser la filature d'un salarié dans la mesure où un tel procédé implique nécessairement une atteinte à la vie privée, insusceptible d'être justifiée, eu égard à son caractère disproportionné, par les intérêts légitimes de l'entreprise. Les résultats de cette filature constituent un moyen de preuve illicite (cass. soc. 26 novembre 2002, n° 00-42401, BC V n° 352).

Enquête interne - La recherche de la *preuve** doit toujours se faire en respectant la vie privée du salarié. Ainsi, « lorsqu'un employeur diligente une enquête interne visant un salarié à propos de faits, venus à sa connaissance, mettant en cause ce salarié, les investigations menées dans ce cadre doivent être justifiées et proportionnées par rapport aux faits qui sont à l'origine de l'enquête et ne sauraient porter d'atteinte excessive au droit du salarié au respect de sa vie privée » (CE 2 mars 2020, n° 418640).

À propos de l'enquête portant sur des faits de harcèlement, voir *Harcèlement moral**.

Huissier - Voir *Preuve**.

☛ *Géolocalisation ; Informatique ; Téléphone ; Vidéosurveillance des salariés.*

Syndicats

Il s'agit d'associations de personnes exerçant la même profession, des métiers similaires ou des métiers connexes. Les personnes employant sans but lucratif des salariés peuvent se grouper en syndicat pour la défense des intérêts qu'elles ont en commun en tant qu'employeurs de ces salariés. Sur la représentativité des syndicats, voir *Syndicats (représentativité)**, *Syndicats (représentativité dans les TPE)**, *Syndicats catégoriels (représentativité)** et *Syndicats d'employeurs (représentativité)**.

Objet

Les syndicats ont pour rôle l'étude et la défense des droits ainsi que des intérêts matériels et moraux, tant collectifs qu'individuels, des personnes visées par leurs statuts (c. trav. art. L. 2131-1). À ce titre, les syndicats ont des attributions professionnelles. Ils participent également à des organismes (publics, tripartites ou paritaires). Ils ont, enfin, des attributions au sein des entreprises.

Exemples

Lorsqu'un syndicat n'est que l'instrument d'un parti politique qui est à l'origine de sa création et dont il sert exclusivement les intérêts et les objectifs en prônant des distinctions fondées sur la race, la couleur, l'ascendance, l'origine nationale ou ethnique, il n'a pas un objet conforme aux dispositions légales et ne peut se prévaloir de la qualité de syndicat (cass., ch. mixte, 10 avril 1998, B. ch. mixte n° 1).

De même, une organisation qui a exclusivement pour objet de proposer des services rémunérés d'assistance et de conseil juridiques à destination, notamment, des salariés précaires n'est pas un syndicat professionnel, surtout si les prestations d'assistance et de conseil juridiques sont subordonnées à une participation financière des adhérents (cass. soc. 15 novembre 2012, n° 12-27315, BC V n° 296).

Création et fonctionnement

Formalités de constitution - Les statuts sont déposés à la mairie de la localité où le syndicat est établi. Le maire doit donner communication des statuts au procureur de la République. En même temps que les statuts, sont déposés les noms des administrateurs et dirigeants du syndicat (c. trav. art. L. 2131-3 et R. 2131-1). Le renouvellement de ce dépôt en cas de changement de direction ou de statut ne constitue qu'une formalité dont l'absence ne prive pas, à elle seule, le syndicat d'une des conditions essentielles de son existence (cass. soc. 11 mai 2004, n° 03-60158, BC V n° 131 ; cass. soc. 7 mai 2002, n° 00-60487, BC V n° 144).

Organisation - Au sein des grandes organisations syndicales, les syndicats sont organisés professionnellement et interprofessionnellement. Sur le plan professionnel, les syndicats sont organisés en fédérations professionnelles regroupant les syndicats d'une même profession ou d'une même branche (ex. : métallurgie, bâtiment, chimie). Les fédérations peuvent être elles-mêmes organisées au niveau national, régional ou départemental. Sur le plan interprofessionnel, il existe, au sein des syndicats, des unions aux niveaux local, départemental et régional (c. trav. art. L. 2133-2 et L. 2133-3). Enfin, les confédérations rassemblent, au niveau national, l'ensemble des fédérations, unions et syndicats d'une même tendance.

Dissolution - Elle peut être volontaire (prononcée par l'assemblée générale), statutaire ou prononcée par la voie judiciaire à titre de sanction. Cette décision de justice ne peut être prise que pour des infractions aux règles régissant la constitution et le fonctionnement des syndicats et seulement à la diligence du procureur de la République.

Protection

L'employeur (ou ses représentants) a l'interdiction d'employer un moyen quelconque de pression en faveur ou à l'encontre d'une organisation syndicale (c. trav. art. L. 2141-7). **Toute mesure contraire à cette interdiction, qui est d'ordre public, prise par l'employeur est abusive et donne lieu à dommages et intérêts** (c. trav. art. L. 2141-8).

Exemple

Un employeur qui reproche aux élus à l'origine d'un mouvement social, dans une « lettre ouverte », la concomitance de leurs congés payés avec la grève organisée, et ainsi leur volonté de préserver leurs intérêts personnels (le maintien de leur salaire) au détriment de leurs collègues grévistes, exerce un moyen de pression illicite à l'encontre d'une organisation syndicale (cass. soc. 15 décembre 2021, n° 19-26107 D).

Adhérents

Tout salarié, quels que soient son sexe, son âge et sa nationalité, peut librement adhérer au syndicat professionnel de son choix (c. trav. art. L. 2141-1).

Le syndicat peut, dans le cadre de sa discipline propre, prononcer la suspension ou l'exclusion d'un de ses adhérents.

Les personnes qui ont cessé l'exercice de leurs fonctions ou de leur profession peuvent soit continuer à faire partie d'un syndicat professionnel de salariés, soit adhérer à un syndicat professionnel de leur choix (c. trav. art. L. 2141-2).

Information des salariés

L'employeur doit informer chaque année les salariés, par tout moyen (ex. : courrier, mail, affichage, message sur l'Intranet, etc.), de la disponibilité des adresses des syndicats représentatifs dans la branche dont relève l'entreprise sur le site Internet du ministère du travail. Il ne s'agit pas de donner directement les adresses des syndicats concernés (c. trav. L. 2141-7-1).

Capacité juridique

Les syndicats jouissent de la personnalité civile et peuvent donc ester en justice, acquérir et gérer des biens meubles et immeubles, créer et administrer des œuvres professionnelles ou de type social, constituer des caisses spéciales de secours mutuel et de retraites, subventionner des sociétés coopératives, etc. (c. trav. art. L. 2111-2 et L. 2132-1 à L. 2132-6).

▶ À noter... Les syndicats ont la capacité d'agir en justice dès qu'ils ont déposé leurs statuts en mairie (cass. soc. 13 octobre 2010, n° 09-14418, BC V n° 223).

Action en justice

Domaines d'action - Les syndicats peuvent agir en justice pour la défense (c. trav. art. L. 2131-1 et L. 2132-3) **:**

- de leurs biens et droits propres ;

- des intérêts professionnels individuels ;

- des intérêts collectifs de la profession ;

- des conventions et accords collectifs qu'ils ont signés.

Exemples

Les syndicats peuvent saisir les juges en cas de défaut de réunion, d'information ou de consultation des institutions représentatives du personnel lorsqu'elles sont légalement obligatoires. Pour autant, ils ne sont pas recevables à agir pour demander communication à leur profit de documents qui, selon eux, auraient dû être transmis au comité social et économique (cass. soc. 11 septembre 2012, n° 11-22014, BC V n° 226).

Ils peuvent aussi, dans le cadre de la protection des intérêts collectifs de la profession, agir au côté d'un salarié qui se plaint de discrimination syndicale même si ce salarié n'est pas un salarié protégé (cass. soc. 13 janvier 2021, n° 19-17182 FPB).

Défense des intérêts professionnels individuels - Voir *Défenseur syndical**.

Actions sans mandat - À l'exception de l'assistance devant les tribunaux, le syndicat peut, sous certaines conditions, exercer les actions en justice suivantes sans avoir à justifier d'un mandat de l'intéressé, pourvu que celui-ci ait été averti et n'ait pas déclaré s'y opposer :

- assurer, en faveur de leurs membres, l'exécution d'une *convention collective ou d'un *accord collectif**** (c. trav. art. L. 2262-9) **;**

- faire respecter les droits des travailleurs temporaires (c. trav. art. L. 1247-1)**, des travailleurs à domicile** (c. trav. art. L. 7423-2)**, des *travailleurs étrangers**** (c. trav. art. L. 8255-1)**, l'*égalité professionnelle** entre les femmes et les hommes** (c. trav. art. L. 1144-2) **;**

- exercer toutes les actions en faveur d'un salarié détaché temporairement (c. trav. art. L. 1265-1) **;**

- exercer un recours en cas de *discriminations ;**

- exercer toutes les actions naissant des dispositions régissant le *licenciement économique et les conventions de conversion** (c. trav. art. L. 1235-8) **;**

- agir en justice en faveur des salariés sous *contrat de travail à durée déterminée, sous contrat de *travail***

*temporaire**, ou des salariés qui sont victimes d'un prêt de main-d'œuvre illicite (c. trav. art. L. 8242-1) ;

- agir en justice en faveur d'un salarié victime ou témoin d'un *harcèlement sexuel** ou d'un *harcèlement moral* *, à condition de justifier de l'accord écrit de l'intéressé (c. trav. art. L. 1154-2) ;
- exercer toutes les actions en faveur d'un salarié faisant l'objet de travail dissimulé (c. trav. art. L. 8223-4, D. 1265-1, D. 8223-4, D. 8233-1, D. 8255-1 et R. 8242-1).

Défense des intérêts collectifs de la profession - Les syndicats professionnels peuvent exercer devant toutes les juridictions tous les droits réservés à la partie civile, relativement aux faits portant un préjudice direct ou indirect à l'intérêt collectif de la profession qu'ils représentent (c. trav. art. L. 2132-3).

Cette prérogative a des limites : un syndicat ne peut pas demander en justice à ce qu'une des deux sociétés composant une unité économique et sociale soit reconnue comme employeur des salariés de l'autre. En effet, la reconnaissance d'un contrat de travail est un droit exclusivement attaché à la personne de celui qui se prétend salarié (cass. soc. 23 janvier 2008, n° 05-16492, BC V n° 22). De la même manière, un syndicat ne peut pas attaquer pour diffamation l'employeur ayant mis en cause la légalité de certaines dépenses du CSE car seule la personne diffamée peut solliciter en justice la réparation de son préjudice (cass. civ., 1re ch., 11 juillet 2018, n° 17-21757 FPB). Enfin, le syndicat ne peut pas plus, au nom de l'intérêt collectif, demander l'annulation ou l'inopposabilité de conventions individuelles de forfait en jours et en conséquence le décompte du temps de travail selon les règles du droit commun. Dans ce contexte, chaque salarié doit engager une action individuelle et justifier de la réalité des droits invoqués (Cass. soc. 15 décembre 2021, n° 19-18226 FSB).

En revanche, au nom de l'intérêt collectif de la profession, un syndicat peut notamment c

- demander au juge qu'il ordonne à l'employeur de réunir, informer et consulter les représentants du personnel (cass. soc. 24 juin 2008, n° 07-11411, BC V n° 140) ;
- contester la régularité d'élections auxquelles il n'a pas présenté de candidat (cass. soc. 24 septembre 2008, n° 07-60461 D) ;
- réclamer le paiement d'une prime de temps de repas à l'ensemble des salariés en application du principe d'égalité de traitement (cass. soc. 12 février 2013, n° 11-27689, BC V n° 36) ;
- demander au juge des dommages et intérêts pour violation des dispositions légales ou conventionnelles relatives au CDD (cass. soc. 10 février 2016, n° 14-26304, BC V n° 925 ; cass. soc. 23 mars 2016, n° 14-22250, BC V n° 54) ou des dispositions relatives au travail temporaire (cass. soc. 23 mars 2016, n° 14-23276, BC V n° 55) ;
- agir en justice à raison d'un règlement intérieur illicite (cass. soc. 20 juin 2018, n° 16-20796 D).

Les syndicats de salariés d'une branche, qu'ils soient ou non représentatifs, et les syndicats professionnels peuvent aussi exercer en justice les droits reconnus à la partie civile en cas de travail illégal même si l'action publique n'a pas été mise en mouvement par le ministère public ou la victime. Seules les organisations syndicales régulièrement déclarées depuis au moins 2 ans à l'époque des faits peuvent bénéficier de cette prérogative (c. proc. pén. art. 2-21-1).

Actions relatives aux conventions et accords collectifs de travail - Les syndicats signataires ou non d'une convention ou d'un accord collectif qui lie leurs membres adhérents peuvent intervenir à l'action en justice intentée en exécution de cette convention ou de cet accord, à raison de l'intérêt collectif que la solution du litige peut présenter pour leurs membres (cass. soc. 9 avril 2002, nos 99-45963 et 99-46001, BC V n° 124 ; cass. soc. 11 juin 2013, n° 12-12818, BC V n° 151 ; c. trav. art. L. 2262-10). Par ailleurs, l'inapplication d'une convention ou d'un accord collectif de travail, même non étendu, cause nécessairement un préjudice à l'intérêt collectif de la profession. Tout syndicat, même non-signataire, peut donc réclamer des dommages et intérêts à un employeur qui ne respecte pas les termes d'une convention ou d'un accord collectif qui lui est applicable (cass. soc. 30 novembre 2010, n° 09-42990, BC V n° 276).

Enfin, les syndicats liés par une convention ou un accord collectif de travail peuvent, en leur nom propre, intenter une action en exécution des engagements contractés ou en dommages et intérêts contre les autres organisations ou groupements, leurs propres membres ou toute personne liée par la convention ou l'accord (c. trav. art. L. 2262-11).

Ressources

Diversité des ressources - Les ressources des syndicats sont constituées par les cotisations des adhérents, les revenus des biens mobiliers et immobiliers, éventuellement les subventions publiques, tous les dons (en numéraire ou en biens) qui peuvent leur être faits.

Prise en charge partielle des cotisations par l'employeur - Par accord collectif, des moyens

supplémentaires peuvent être accordés aux syndicats pour exercer leurs droits (c. trav. art. L. 2141-10). À cet égard, un accord collectif peut instituer des mesures de nature à favoriser l'activité syndicale dans l'entreprise en vue d'encourager l'adhésion des salariés aux organisations syndicales. Une prise en charge des cotisations syndicales des salariés est possible, sous réserve de répondre à plusieurs conditions cumulatives (cass. soc. 27 janvier 2021, n° 18-10672 FPPR) :
- le dispositif ne doit pas porter pas atteinte à la liberté du salarié d'adhérer ou de ne pas adhérer au syndicat de son choix ;
- il ne doit pas permettre pas à l'employeur de connaître l'identité des salariés adhérant aux organisations syndicales ;
- il doit bénéficier à tous les syndicats et ne pas viser les seuls syndicats représentatifs dans l'entreprise.

Dans tous les cas, la prise en charge par l'employeur ne doit pas être totale.

Fonds paritaire dédié au financement des syndicats - Un fonds paritaire spécifique est dédié au financement des organisations syndicales et patronales. Il est alimenté par diverses ressources, principalement une contribution des employeurs *(voir ci-après)*, une participation volontaire d'organisations paritaires à vocation nationale et interprofessionnelle et une subvention de l'État (c. trav. art. L. 2135-9 à L. 2135-17).

Contribution au dialogue social - La contribution des employeurs a un taux fixé à 0,016 % et se calcule sur une assiette alignée sur celle des cotisations de sécurité sociale (c. trav. art. D. 2135-34 et L. 2135-10).

Elle est due quel que soit l'effectif de l'entreprise.

▶ À noter… La contribution s'applique à la rémunération versée à un salarié détaché au sens de la sécurité sociale. Les bénéficiaires de contrats aidés entrent également dans le champ de la contribution. Par ailleurs, si le mandataire social cumule son mandat avec un contrat de travail, la rémunération qu'il perçoit au titre de son contrat de travail - et uniquement celle-ci - est assujettie à la contribution. En revanche, certains personnels sont exclus et notamment les stagiaires en entreprise, les salariés expatriés et les travailleurs handicapés accueillis dans un établissement et service d'aide par le travail (lettre-circ. ACOSS 2015-49 du 20 octobre 2015).

Elle est recouvrée et contrôlée par les organismes chargés du recouvrement des cotisations de sécurité sociale (URSSAF, CGSS, CMSA) (c. trav. art. L. 2135-10, II).

▶ À noter… Dans l'hypothèse où un salarié (titulaire d'un contrat de travail) travaille pour plusieurs employeurs, chaque employeur soumis au code du travail doit la contribution sur la totalité de la rémunération versée entrant dans l'assiette des cotisations de sécurité sociale. Il n'y a pas lieu à prorata de plafond (lettre-circ. ACOSS 2015-49 du 20 octobre 2015).

Collecte des cotisations syndicales - La collecte des cotisations syndicales peut être effectuée à l'intérieur de l'entreprise, pendant le temps et sur le lieu de travail. Elle peut être effectuée par les délégués syndicaux eux-mêmes ou par toute personne adhérente ou non du syndicat (c. trav. art. L. 2142-2).

Locaux

Les collectivités territoriales ou leurs groupements peuvent mettre des locaux à la disposition des syndicats, lorsque ceux-ci en font la demande (c. gén. collect. terr. art. L. 1311-18). De leur côté, les employeurs qui dépassent un certain seuil d'effectif ont l'obligation de mettre un local à la disposition des sections syndicales et non pas des syndicats en eux-mêmes (voir *Section syndicale**).

Concernant plus spécifiquement le siège social d'un syndicat, une entreprise qui a mis un local à sa disposition peut leur permettre de s'y domicilier. Pour autant, l'employeur peut, par la suite, librement dénoncer cet usage à condition de ne pas porter une atteinte injustifiée et disproportionnée à l'exercice du droit syndical en agissant de la sorte (cass. soc. 6 juin 2018, n° 16-25527 FSPB).

Élections professionnelles

Voir *Élections professionnelles** et *Élections professionnelles (résultat du scrutin)**.

Obligations comptables

Il est essentiel pour un syndicat d'établir des comptes annuels, de les faire certifier et de les publier (c. trav. art. L. 2135-1). **Un syndicat qui ne satisfait pas à ce critère de transparence financière ne peut pas être considéré comme représentatif** (c. trav. art. L. 2121-1). **Il ne peut pas non plus constituer de section syndicale et, de ce fait, il ne peut pas désigner de représentant de cette section** (cass. soc. 22 février 2017, n° 16-60 123, BC V n° 29).

▶ À noter… Pour apprécier le respect du critère de transparence financière par un syndicat, l'approbation des comptes de ce syndicat pour un exercice clos doit avoir lieu au plus tard à la clôture de l'exercice suivant. Le seul défaut d'approbation des comptes du syndicat avant cette date ne peut donc entraîner l'annulation de la désignation d'un représentant de section syndicale pour non-respect du critère de transparence financière (cass. soc. 2 février 2022, n° 21-60046 FB).

Pour la tenue des comptes, le régime à appliquer dépend des ressources annuelles du syndicat (c. trav. art. L. 2135-1, D. 2135-2, D. 2135-3, D. 2135-7, D. 2135-8 et D. 2135-9 ; CRC, règlt. 2009-10 du 3 décembre 2009).

Si ces ressources sont inférieures ou égales à 230 000 € à la clôture de l'exercice, les comptes annuels peuvent être établis sous la forme d'un bilan, d'un compte de résultat et d'une annexe simplifiés, selon des modalités fixées par règlement de l'Autorité des normes comptables. Le syndicat a en outre la possibilité de n'enregistrer ses créances et ses dettes qu'à la clôture de l'exercice (c. trav. art. D. 2135-3).

Si les ressources annuelles du syndicat sont supérieures à 230 000 €, il faut nommer un commissaire aux comptes (c. trav. art. L. 2135-6 et D. 2135-9). Par ailleurs, les comptes annuels comprennent un bilan, un compte de résultat et une annexe selon des modalités définies par règlement de l'Autorité des normes comptables (c. trav. art. D. 2135-3). Il n'est donc plus possible de présenter les comptes de manière simplifiée. Enfin, le syndicat se trouve soumis à une obligation de publicité renforcée : ses comptes et le rapport du commissaire aux comptes doivent être publiés le site internet de la direction de l'information légale et administrative (c. trav. art. D. 2135-7).

▶ À noter… Il existe un régime spécifique aux syndicats dont les ressources ne dépassent pas 2 000 € (c. trav. art. D. 2135-4).

Un syndicat ne peut plus appliquer le régime simplifié lorsqu'il a atteint ou dépassé le seuil de 230 000 € pendant deux exercices consécutifs (c. trav. art. D. 2135-3). Lorsque le syndicat a dépassé le seuil de ressources de 230 000 € pendant un seul exercice, la faculté d'établir les comptes annuels sous la forme d'un bilan, d'un compte de résultat et d'une annexe simplifiés et de n'enregistrer ses créances et ses dettes qu'à la clôture de l'exercice reste donc ouverte (cass. soc. 23 juin 2021, n° 20-10544 FB).

Salariés mis à disposition de syndicats

Conditions - Des salariés peuvent être mis à disposition auprès d'un syndicat si un accord de branche étendu ou un accord d'entreprise le prévoit et dans les conditions prévues par ces dispositions conventionnelles (c. trav. art. L. 2135-8). L'accord exprès du salarié est nécessaire (c. trav. art. L. 2135-7).

Situation du salarié - Pendant la mise à disposition, l'employeur doit respecter toutes ses obligations vis-à-vis du salarié (paiement du salaire, notamment). À l'issue de la mise à disposition, le salarié retrouve son précédent emploi ou un emploi similaire avec une rémunération au moins équivalente (c. trav. art. L. 2135-7).

▶ À noter… Les éventuelles indemnités de fonction payées par le syndicat au salarié mis à disposition sont assimilées à des salaires. Les cotisations et charges afférentes à ces indemnités doivent être acquittées par le syndicat (c. trav. art. L. 2135-7).

Obligation d'information - La mise à disposition de salariés auprès de syndicats doit donner lieu à une information par l'employeur (c. trav. art. L. 2242-16) :

- cette information est en principe donnée aux syndicats lors de la négociation annuelle obligatoire ;
- pour les entreprises qui n'entrent pas dans le champ de la négociation annuelle obligatoire, l'information est communiquée aux seuls salariés qui en font la demande.

☛ *Délégué syndical ; Représentant de la section syndicale ; Représentant syndical auprès du CSE ; Section syndicale ; Syndicats (représentativité) ; Syndicats (représentativité dans les TPE) ; Syndicats catégoriels (représentativité) ; Syndicats d'employeurs (représentativité) ; Tracts.*

Syndicats catégoriels (représentativité)

Les syndicats catégoriels sont ceux dédiés à la défense des intérêts d'une ou de plusieurs catégories particulières de salariés. Pour pouvoir être considéré comme catégoriel, un syndicat doit non seulement disposer de statuts visant exclusivement la représentation d'une catégorie professionnelle, mais aussi s'abstenir de présenter des candidats dans d'autres collèges, même au second tour des élections (cass. soc. 27 mars 2013, n° 12-22733, BC V n° 93 ; cass. soc. 31 janvier 2012, n° 11-60135, BC V n° 42).

Représentativité à l'égard des personnels relevant de leurs collèges

Syndicats affiliés CFE-CGC - Les syndicats catégoriels ne bénéficient plus d'une présomption de représentativité pour la catégorie que leurs statuts leur donnent vocation à représenter. Sauf présomption temporaire, ils doivent prouver leur représentativité à l'égard des personnels relevant de leurs collèges.

Il s'agit en règle générale de syndicats « de cadres » (cadres, ingénieurs, chefs de service, techniciens, agents de maîtrise), relevant du 2e collège et/ou du 3e collège.

Au niveau de l'entreprise ou de l'établissement, les syndicats catégoriels doivent (c. trav. art. L. 2122-2) :
- comme les syndicats « généralistes », répondre aux critères de représentativité et en particulier justifier de l'audience minimale de 10 %, cette audience étant toutefois mesurée dans les seuls collèges concernés ;
- mais également être affiliés à une confédération syndicale catégorielle interprofessionnelle nationale (à savoir, à l'heure actuelle, la CFE-CGC) (cass. soc. 24 septembre 2013, n° 12-27647, BC V n° 199).

Par conséquent :
- un syndicat catégoriel représentant des cadres mais affilié à une confédération nationale interprofessionnelle autre que la CFE-CGC (ex. : CGT cadres) n'est pas en droit de mesurer son score électoral dans le seul collège cadre ;
- un syndicat catégoriel représentant des employés, qui n'est pas affilié à la CFE-CGC, ne peut pas mesurer son audience dans le seul collège employés.

▶ À noter... La différence de mesure de représentativité entre syndicats catégoriels affiliés à une confédération syndicale catégorielle nationale (CFE-CGC) et syndicats généralistes est conforme au principe d'égalité (C. constit., décision 2010-42, QPC du 7 octobre 2010, JO du 8). Cette règle dérogatoire de représentativité ne méconnaît pas non plus les normes sociales européennes et internationales (cass. soc. 28 septembre 2011, n° 10-19113, BC V n° 216).

Deux catégories dérogatoires - Hormis le cas des syndicats définis comme « catégoriels » par le code du travail, il existe deux autres cas de syndicats qui constituent également des dérogations légales au principe selon lequel l'audience syndicale se mesure tous collèges confondus : les journalistes et les pilotes de ligne.

Mais, à la différence des syndicats catégoriels « au sens strict », ces syndicats dits « de métiers » n'ont pas à satisfaire à l'une des deux conditions exigées pour remplir le critère de l'audience électorale : en effet, ils n'ont pas à être affiliés à une confédération syndicale catégorielle interprofessionnelle nationale.

Représentativité à l'égard des autres catégories de salariés

Un syndicat peut présenter des candidats dans les collèges que ses statuts lui donnent vocation à représenter. Ainsi, un syndicat affilié à la CFE-CGC peut présenter des candidats dans le collège cadres et également dans le collège employés, dès lors que ses statuts l'autorisent à représenter également les salariés relevant du collège employé (cass. soc. 28 septembre 2011, n° 10-26693, BC V n° 215).

L'audience du syndicat affilié CFE-CGC est calculée sur la base des suffrages recueillis dans le ou les collèges où il a, en conformité avec ses statuts, présenté des candidats. S'il a présenté des candidats dans les collèges cadres et employés, il lui faut recueillir 10 % des suffrages dans l'ensemble de ces 2 collèges pour être déclaré représentatif (c. trav. art. L. 2122-2).

Ainsi, le score d'un syndicat CFE-CGC qui présente des candidats dans plusieurs collèges n'est plus seulement calculé dans le seul collège cadres (cass. soc. 7 avril 1993, n° 90-22043, BC V n° 114). Mais en contrepartie, s'il atteint les 10 % sur l'ensemble des collèges concernés, il sera représentatif à l'égard des cadres mais aussi à l'égard des employés et assimilés.

Élections dans un collège unique

Un syndicat catégoriel doit prouver sa représentativité lorsque les élections sont organisées au sein d'un collège unique réunissant toutes les catégories professionnelles. Dans ce cas, un syndicat affilié à la CFE-CGC peut valablement y présenter des candidats. Lorsque l'entreprise est divisée en établissements distincts, la représentativité de ce syndicat dans l'entreprise tout entière doit être appréciée sur l'ensemble des suffrages exprimés dans les collèges où il pouvait présenter des candidats. Le fait qu'il n'ait pas usé de cette faculté dans les établissements comportant un collège unique et n'ait présenté de candidats que dans ceux en comportant plusieurs est sans incidence (cass. soc. 4 juillet 2012, n° 11-60239, BC V n° 213).

☛ *Syndicats ; Syndicats (représentativité) ; Syndicats (représentativité dans les TPE).*

Syndicats d'employeurs (représentativité)

Les organisations professionnelles d'employeurs doivent justifier d'une audience minimale pour pouvoir participer au dialogue social, tant au niveau des branches qu'au niveau national et interprofessionnel ou multi-professionnel. Cette audience est fondée notamment sur le nombre d'entreprises adhérentes, avec un seuil de représentativité fixé à 8 % (c. trav. art. L. 2151-1 et R. 2151-1 et s.).

Tous les 4 ans, un arrêté du ministre du Travail fixe la liste des organisations patronales représentatives au niveau national et interprofessionnel ou multi-professionnel (c. trav. art. L. 2152-6). D'autres arrêtés identifient les organisations patronales représentatives dans chaque branche (c. trav. art. L. 2152-1).

Pour connaître les derniers résultats de la mesure d'audience, voir https ://www.representativite-patronale.travail.gouv.fr/les-resultats-de-la-mesure-daudience-2021.

Sur la faculté d'opposition à l'extension d'une convention collective, voir *Convention collective (application)**.

Syndicats (représentativité)

Preuve

Pour être représentatif, un syndicat doit en apporter la preuve (c. trav. art. L. 2121-1). Ainsi, tous les syndicats, dont les cinq grandes confédérations (CFDT, CFE-CGC, CFTC, CGT et CGT-FO), sont tenus d'établir leur représentativité au niveau où ils entendent exercer leurs prérogatives : établissement, entreprise, groupe, branche, national et interprofessionnel.

Sur la représentativité des syndicats dans les entreprises de moins de 11 salariés, voir *Syndicats (représentativité dans les TPE)** et des syndicats catégoriels, voir *Syndicats catégoriels (représentativité)**.

Critères de représentativité

Critères légaux - Tout syndicat doit réunir sept critères pour établir sa représentativité (c. trav. art. L. 2121-1) :

- le respect des valeurs républicaines ;
- l'indépendance (vis-à-vis de l'employeur et des groupements politiques, indépendance financière) (cass. soc. 26 février 2020, n° 19-19397 FPB) ;
- la transparence financière (*voir ci-après*) ;
- une ancienneté minimale de 2 ans dans le champ professionnel et géographique couvrant le niveau de négociation, à apprécier à partir de la date de dépôt légal des statuts, sachant qu'un changement d'affiliation n'entraîne pas la perte de l'ancienneté acquise (cass. soc. 3 mars 2010, n° 09-60283, BC V n° 54 ; cass. soc. 14 mars 2018, n° 17-21434, BC V n° 41) ;
- l'audience établie selon les niveaux de négociation en cause (*voir ci-après*) ;
- l'influence, prioritairement caractérisée par l'activité et l'expérience ;
- les effectifs d'adhérents et les cotisations.

▶ À noter… Le champ professionnel tel que déterminé par les statuts d'un syndicat, et lui donnant vocation à représenter les salariés d'une UES, s'apprécie par référence à l'activité principale de cette UES (cass. soc. 26 septembre 2012, n° 11-60147, BC V n° 244).

Critères cumulatifs - Les syndicats doivent réunir les sept critères pour prouver leur représentativité (c. trav. art. L. 2121-1).

Pour autant, certains critères doivent être appréciés de manière « autonome et permanente » (respect des valeurs républicaines, indépendance et transparence financières) et les autres de manière « globale, pour toute la durée du cycle électoral ». Cela signifie que si les premiers ne sont pas individuellement remplis, la représentativité n'est pas reconnue. En revanche, si, par exemple, le syndicat remplit les critères de l'ancienneté et de l'audience, cela peut compenser un déficit des critères d'influence et d'adhérents (cass. soc. 29 février 2012, n° 11-13748, BC V n° 83 ; cass. soc. 14 novembre 2013, n° 12-29984, BC V n° 268).

Si les critères appréciés de manière « autonome » doivent perdurer dans le temps, ce n'est pas le cas des critères appréciés de manière « globale ». Si ces derniers existent au jour des élections, le syndicat est réputé les remplir pendant toute la durée du cycle électoral. De fait, lorsqu'un syndicat perd une grande partie de ses électeurs entre les élections et la désignation d'un délégué syndical (DS), il ne perd pas pour autant sa représentativité et la désignation du DS est donc valable (cass. soc. 14 novembre 2013, n° 12-29984, BC V n° 268).

Critère de la transparence financière - La représentativité ne peut pas être reconnue à un syndicat qui ne remplit pas ce critère qualifié d'« autonome » par la jurisprudence : il doit être satisfait indépendamment des autres critères. Si la représentativité syndicale repose notamment sur l'indépendance financière du syndicat. les soutiens financiers qu'il reçoit de sa confédération, y compris pendant une procédure de redressement judiciaire, et la modicité des cotisations de ses membres, n'écartent pas cette indépendance financière (cass. soc. 26 février 2020, n° 19-19397 FPB).

L'obligation de transparence financière s'apprécie au titre du dernier exercice clos de l'organisation syndicale (cass. soc. 10 février 2021, n° 19-18040 FSP) (voir *Section syndicale**).

Pour apprécier le respect du critère de transparence financière par un syndicat, l'approbation des comptes de ce syndicat pour un exercice clos doit avoir lieu au plus tard à la clôture de l'exercice suivant. Le seul défaut d'approbation des comptes du syndicat avant cette date ne peut donc entraîner l'annulation de la désignation d'un représentant de section syndicale pour non-respect du critère de transparence financière (cass. soc. 2 février 2022, n° 21-60046 FB).

Critère prédominant : audience électorale - L'audience est mesurée par des éléments objectifs et quantifiés. Les résultats obtenus aux élections des représentants du personnel constituent le facteur central, mais non exclusif, de l'accession à la qualité représentative d'un syndicat.

À chaque niveau de représentativité, un seuil d'audience en dessous duquel la représentativité d'un syndicat ne peut pas être reconnue est fixé de la manière suivante.

10 % au niveau de l'entreprise, de l'établissement et du groupe (c. trav. art. L. 2122-1, L. 2122-2 et L. 2122-4), ces 10 % s'apprécient tous collèges confondus, y inclus les voix recueillies dans des collèges spécifiques (cass. soc. 12 avril 2012, n° 11-22289, BC V n° 125), peu important que le syndicat n'ait pas présenté de candidat dans chacun des collèges (cass. soc. 22 septembre 2010, n° 10-10678, BC V n° 195).

▶ À noter... Un accord d'entreprise ou un engagement unilatéral de l'employeur ne permet pas de déroger à l'obligation pour les syndicats d'atteindre le score minimal de 10 % des suffrages aux élections (cass. soc. 6 janvier 2011, n° 10-18205, BC V n° 9 ; cass. soc. 18 mai 2011, n° 10-60406, BC V n° 116).

8 % au niveau des branchesainsi qu'aux niveaux national et interprofessionnel (c. trav. art. L. 2122-5, L. 2122-7, L. 2122-9 et L. 2122-10).

Le premier tour des dernières élections des représentants du personnel titulaires sert d'instrument de mesure de l'audience électorale.

Dans les branches professionnelles et aux niveaux national et interprofessionnel, les résultats électoraux sont additionnés à chacun de ces niveaux. Le Haut Conseil du dialogue social est chargé de recueillir et de consolider ces résultats au niveau des branches et aux niveaux national et interprofessionnel, selon des modalités fixées par décret (c. trav. art. L. 2122-12).

Mesure de l'audience dans un établissement - Dans un établissement, le calcul de l'audience s'apprécie en fonction des résultats obtenus au premier tour des élections des membres titulaires du CSE d'établissement. Ainsi, le syndicat qui a recueilli une audience inférieure au seuil minimal de 10 % aux élections d'un CSE d'établissement ne peut pas désigner de délégué syndical (DS) au sein de cet établissement. Peu importe qu'il ait atteint ce seuil au niveau « global » de l'entreprise ou de l'UES, tous établissements confondus (cass. soc. 14 décembre 2010, n° 10-14751, BC V n° 291).

Mesure de l'audience dans une UES - Dans une *unité économique et sociale** (UES), le calcul de l'audience tient compte de l'ensemble des suffrages obtenus par les syndicats affiliés à la même confédération syndicale. Par conséquent, si plusieurs syndicats affiliés à la même confédération totalisent 10 % des suffrages en cumulant leurs résultats respectifs dans les différentes entités qui composent l'UES, ils peuvent désigner ensemble des délégués syndicaux (cass. soc. 22 septembre 2010, n° 09-60435, BC V n° 188 ; cass. soc. 5 avril 2011, n° 10-18523, BC V n° 89).

Mesure de l'audience au premier tour de scrutin - Les suffrages pris en compte sont ceux exprimés au premier tour des élections professionnelles, quel que soit le nombre de votants. Tout bulletin exprimé en faveur d'un syndicat est pris en compte pour une unité, quand bien même le nom de certains candidats aurait été rayé (cass. soc. 6 janvier 2011, n° 10-17653, BC V n° 10 ; cass. soc. 6 janvier 2011, n° 10-60168, BC V n° 11). Ainsi, même lorsque le quorum n'est pas réuni (lorsque le nombre de votants est inférieur à 50 % des électeurs inscrits), il est impératif de dépouiller le premier tour.

▶ Attention... Les élections professionnelles servent deux buts : prouver l'audience d'un syndicat et mettre en place les représentants du personnel. Leur dépouillement est soumis à deux régimes distincts : l'audience des syndicats est prise en compte au premier tour, quel que soit le quorum, alors que les représentants du personnel restent élus au scrutin de liste à deux tours si le quorum n'est pas réuni.

Syndicats affiliés à la même confédération - Sauf accord collectif plus favorable, les syndicats affiliés à la même confédération ne peuvent pas désigner ensemble un nombre de délégués syndicaux (DS) supérieur à celui prévu par la loi pour un seul syndicat (cass. soc. 10 mai 2012, n° 11-21356, BC V n° 145).

Lorsqu'un accord d'entreprise autorise des syndicats affiliés à la même confédération à désigner chacun leur propre DS, chacun de ces syndicats présentant sa propre liste doit atteindre « individuellement » un score électoral de 10 % (tous collèges confondus, sauf en cas de syndicats affiliés CFE-CGC) pour être reconnu représentatif et ainsi être en droit de désigner son propre DS (cass. soc. 28 septembre 2011, n° 10-25279, BC V n° 214).

Des syndicats de même confédération ne peuvent pas présenter de listes concurrentes dans les mêmes collèges. Si des syndicats passent outre cette interdiction et qu'aucune contestation n'est soulevée devant le tribunal judiciaire avant le scrutin, les élections restent valables. En revanche, les syndicats concernés ne peuvent pas totaliser, au profit de l'un ou de l'autre, leurs suffrages (cass. soc. 26 octobre 2011, n° 11-10290, BC V n° 245).

Première mesure de l'audience, puis périodicité - Dans les entreprises, l'audience est établie à partir des résultats aux élections des représentants du personnel (tous les 4 ans, sauf dispositions conventionnelles autres ; voir *Élections professionnelles**).

Dans les branches professionnelles et aux niveaux national et interprofessionnel, l'audience est mesurée tous les 4 ans (c. trav. art. L. 2122-5 et L. 2122-9).

La représentativité syndicale ainsi établie est alors valable jusqu'aux prochaines élections professionnelles générales, en principe 4 ans plus tard. Elle n'est pas remise en cause par des élections partielles ou intermédiaires. Il en va ainsi quelle que soit la structure de l'entreprise, monoétablissement ou multiétablissement (cass. soc. 13 février 2013, n° 12-18098, BC V n° 42). Dans le cas particulier d'une cession d'établissement, il n'y a donc pas lieu de recalculer l'audience électorale d'un syndicat en cours de cycle électoral (cass. soc. 19 février 2014, n° 12-29354, BC V n° 58 ; cass. soc. 19 février 2014 n° 13-20069, BC V n° 61). Dans le même ordre d'idées, un syndicat ne peut pas plus acquérir la représentativité en cours de cycle électoral à la suite de l'absorption d'établissements (cass. soc. 19 février 2014, n°s 13-16750, BC V n° 59 ; cass. soc. 19 février 2014 n° 13-17445, BC V n° 60).

Cycle électoral - La représentativité des syndicats est établie pour toute la durée du cycle électoral, sans que cela ne porte atteinte à la liberté syndicale (cass. soc. 16 juin 2021, n° 21-13141 FSB).

La règle reste la même lorsque le périmètre électoral varie (ex. : en cas de modification de la situation juridique de l'employeur) (cass. soc. 5 janvier 2022, n° 21-13141 FB).

À cet égard, la représentativité ne peut pas s'acquérir après les élections en s'affiliant à un syndicat représentatif pour pouvoir ensuite désigner des DS (cass. soc. 4 juillet 2018, n° 17-20710 FSPB).

Niveau de la représentativité

Entreprise ou établissement - Le syndicat qui souhaite prouver sa représentativité au niveau de l'entreprise ou de l'établissement doit (c. trav. art. L. 2122-1) :

- avoir satisfait aux critères légaux de représentativité ;
- et avoir atteint le seuil minimal d'audience de 10 % *(voir ci-avant)*.

▶ À noter... Le critère de l'audience électorale est conforme à la Constitution et aux droits européen et international (cass. ass. plén. QPC 18 juin 2010, n° 10-40005 ; cass. soc. 14 avril 2010, n° 09-60426, BC V n° 100).

Si une liste commune est établie par des syndicats, la répartition entre elles des suffrages exprimés se fait sur la base indiquée par les syndicats concernés lors du dépôt de leur liste. La répartition doit être portée à la connaissance de l'employeur mais aussi des électeurs (cass. soc. 13 janvier 2010, n° 09-60208, BC V n° 6 ; cass. soc. 2 mars 2011, n° 10-17603, BC V n° 59).

Si les syndicats n'ont pas précisé la répartition ou n'ont pas valablement informé l'employeur et les électeurs avant les élections, les suffrages sont répartis à parts égales entre les syndicats concernés (c. trav. art. L. 2122-3 ; cass. soc. 24 octobre 2012, n° 11-61166, BC V n° 275).

Groupe - Le syndicat qui souhaite être reconnu représentatif au niveau de tout ou partie du groupe doit réunir les critères de représentativité conformément aux règles applicables au niveau des entreprises (c. trav. art. L. 2122-4).

Cependant, au niveau de tout ou partie du groupe, l'audience est mesurée en additionnant l'ensemble des suffrages obtenus dans les entreprises ou établissements concernés.

▶ À noter… Le projet de loi portant « diverses mesures d'ordre social » prévoit une simplification des règles d'appréciation de la représentativité syndicale au niveau du groupe et leur mise en adéquation avec les conditions de validité des accords de groupe. Pour suivre l'actualité sur ce projet, voir RF Social, Revue d'actualité et www.rfsocial.com.

Branche - Le syndicat qui souhaite prouver sa représentativité au niveau d'une branche professionnelle doit (c. trav. art. L 2122-5) :
- avoir satisfait aux critères légaux de représentativité ;
- avoir atteint le seuil minimal d'audience de 8 %, sachant que les suffrages sont additionnés au niveau de la branche ;
- disposer d'une implantation territoriale équilibrée au sein de la branche.

▶ À noter… Au niveau de chaque branche professionnelle, le ministre du Travail a fixé début 2017 la liste des syndicats ayant prouvé leur représentativité (communiqué DGT du 31 mars 2017). Ces listes ont vocation à s'appliquer pendant 4 ans, jusqu'à la prochaine mesure d'audience (c. trav. art. L. 2122-5). La liste des syndicats représentatifs dans les branches professionnelles est fixée par arrêté.

Niveaux national et interprofessionnel - Les syndicats qui souhaitent être représentatifs aux niveaux national et interprofessionnel doivent (c. trav. art. L. 2122-9) :
- satisfaire aux critères rénovés de représentativité ;
- être représentatives à la fois dans des branches de l'industrie, de la construction, du commerce et des services ;
- avoir atteint le seuil minimal d'audience de 8 %, sachant que les suffrages doivent être additionnés aux niveaux national et interprofessionnel. Les suffrages exprimés aux scrutins organisés dans les entreprises de moins de 11 salariés [voir *Syndicats (représentativité dans les TPE)**] et ceux exprimés aux élections des membres représentant les salariés aux chambres départementales d'agriculture doivent aussi être pris en compte.

▶ À noter… Les syndicats représentatifs aux niveaux national et interprofessionnel sont : la CFDT, la CGT, FO, la CFE-CGC et la CFTC (arrêté du 22 juin 2017, JO du 30). Cette liste a vocation à s'appliquer pendant 4 ans, jusqu'à la prochaine mesure d'audience (c. trav. art. L. 2122-9).

Changement d'affiliation

Perte des suffrages obtenus lors des dernières élections professionnelles - Pour la Cour de cassation, lors des élections professionnelles, les électeurs votent avant tout pour une confédération (CGT, CFDT, CFTC, FO). Il s'ensuit qu'un syndicat d'entreprise qui change d'affiliation ne peut plus se prévaloir des suffrages obtenus au premier tour des dernières élections professionnelles pour se prétendre représentatif, car ces votes ont d'abord été exprimés en faveur de la confédération (cass. soc. 18 mai 2011, n°s 10-21705, 10-60069, 10-60264, 10-60273 et 10-60300, BC V n° 121 et n°s 123 à 126 ; cass. soc. 28 novembre 2012, n° 12-14528, BC V n° 311). Ce principe a différentes conséquences.

Perte de la présomption de représentativité - Un syndicat qui change d'affiliation perd automatiquement le bénéfice de son éventuelle présomption temporaire de représentativité et ne peut pas désigner de délégué syndical (DS) (cass. soc. 18 mai 2011, n° 10-60264, BC V n° 126). Il en est de même si c'est la confédération qui a pris l'initiative de désaffilier le syndicat (cass. soc. 28 novembre 2012, n° 12-14528, BC V n° 311).

Pour redevenir représentatif, le syndicat doit :
- d'une part, réaliser un score d'au moins 10 % au premier tour des élections suivantes, sous sa nouvelle affiliation ;
- d'autre part, satisfaire aux autres critères de représentativité sachant qu'à propos de celui de l'influence, il convient de prendre en compte les actions que le syndicat a menées sous son ancienne affiliation (cass. soc. 28 septembre 2011, n° 10-26545, BC V n° 213).

Perte du délégué syndical - Un syndicat qui perd sa représentativité ne peut plus se faire représenter par un DS. Le délégué initialement désigné perd automatiquement son mandat (cass. soc. 18 mai 2011, n° 10-21705, BC V n° 124), sans que le syndicat puisse en désigner un nouveau (cass. soc. 18 mai 2011, n° 10-60069, BC V n° 125).

Délégué syndical désigné par la confédération - En cas de désaffiliation, la confédération peut désigner elle-même un DS, sous réserve qu'il existe dans l'entreprise une section syndicale constituée sous son étiquette (cass. soc. 18 mai 2011, n° 10-60300, BC V n° 121).

Commissaire aux comptes

Les *syndicats** de salariés et les organisations d'employeurs doivent nommer au moins un commissaire aux comptes et, lorsque certaines conditions sont réunies, un suppléant lorsque leurs ressources dépassent 230 000 € (c. trav. art. D. 2135-9).

Contestation de la représentativité

Auteurs de la contestation - La représentativité d'un syndicat peut être contestée par un autre syndicat, représentatif ou non. En revanche, un DS, dépourvu de tout pouvoir spécial émanant de son syndicat, n'a pas qualité pour contester la représentativité d'un autre syndicat (cass. soc. 31 janvier 2001, n° 99-60392, BC V n° 34).

L'employeur n'a pas le droit de se faire juge de la représentativité d'un syndicat, mais il peut en revanche la contester en justice. Tant que les juges ne se sont pas prononcés sur la représentativité du syndicat, l'employeur ne peut pas l'écarter du processus électoral (cass. soc. 13 octobre 2004, n° 03-60236 D).

Tribunal compétent - Les contestations relatives à la représentativité d'un syndicat sont de la compétence du *tribunal judiciaire** qui statue en dernier ressort (c. trav. art. L. 2143-8 et L. 2314-32).

Délais de contestation - Lorsque la contestation porte sur la participation d'un syndicat à un processus électoral ou lorsqu'elle fait suite à la désignation d'un DS ou d'un représentant syndical, le recours doit être introduit dans les 15 jours suivant, selon le cas, les élections ou la désignation (c. trav. art. R. 2314-24).

L'action en contestation de la mesure de la représentativité doit être engagée dans un délai de 15 jours suivant le premier tour des élections (cass. soc. 26 mai 2010, n° 09-60453, BC V n° 113).

▶ À noter… Le délai de 15 jours suivant l'élection pour contester la présentation des listes de candidats ou la régularité du scrutin ne s'applique pas aux contestations qui portent uniquement sur la prétention d'un syndicat à la qualité de syndicat représentatif (cass. soc. 31 janvier 2012, n° 10-25429, BC V n° 39).

En cas de saisine du tribunal judiciaire par écrit, la date à prendre en compte est celle de l'envoi de la lettre de saisine. Autrement dit, celle-ci peut être postée le dernier jour du délai maximal requis pour contester les élections. Peu importe que le courrier arrive à destination le 16e jour (cass. soc. 6 janvier 2011, n° 09-60398, BC V n° 113).

Régime de la preuve - C'est au syndicat dont la représentativité est contestée de prouver qu'il est représentatif (cass. soc. 24 février 1993, n° 92-60003, BC V n° 69). En revanche, la charge de la preuve est inversée pour le critère d'indépendance et de respect des valeurs républicaines : c'est à la personne qui invoque l'absence d'indépendance d'un syndicat ou le non-respect des valeurs républicaines de prouver ces manquements au regard des actions réellement menées. Le demandeur ne peut pas se contenter d'invoquer les statuts ou les déclarations faites par le syndicat en cause (cass. soc. 8 juillet 2009, n° 08-60599, BC V n° 181 ; cass. soc. 13 octobre 2010, n° 10-60130, BC V n° 235 ; cass. soc. 12 décembre 2016, n° 16-25793, BC V n° 247).

☞ *Syndicats ; Syndicats (représentativité dans les TPE) ; Syndicats catégoriels (représentativité) ; Syndicats d'employeurs (représentativité).*

Syndicats (représentativité dans les TPE)

La représentativité des syndicats est appréciée en fonction de l'audience électorale. Les entreprises de moins de 11 salariés n'ayant pas à organiser d'élections professionnelles, des modalités spécifiques existent pour que les salariés de ces très petites entreprises (TPE) puissent faire entendre leurs voix (loi 2010-1215 du 15 octobre 2010, JO du 16).

Organisation des élections

Rôle des pouvoirs publics - Les pouvoirs publics établissent les listes électorales, recueillent les candidatures et dépouillent les résultats (décret 2011-771 du 28 juin 2011, JO du 30).

Syndicats candidats - Les syndicats habilités à se présenter sont (c. trav. art. L. 2122-10-6) :
- ceux qui sont affiliés à une organisation représentative aux niveaux national et interprofessionnel ;
- ceux qui satisfont aux critères de respect des valeurs républicaines et d'indépendance, légalement constitués depuis au moins 2 ans et dont les statuts leur donnent vocation à être présents dans le champ géographique concerné.

En tout état de cause, les syndicats doivent se déclarer candidats auprès du ministère du Travail.

▶ Attention… Un syndicat ne peut pas se présenter au scrutin TPE en qualité d'organisation interprofessionnelle s'il n'est pas constitué en union de syndicats ou en confédération (cass. soc. 21 octobre 2020, n° 20-18669 FSPBRI).

Syndicats (représentativité dans les TPE)

Propagande des syndicats - Les syndicats peuvent diffuser des documents de propagande dans le respect de certaines conditions. Elles peuvent y faire figurer les nom, prénom, profession et photographie des salariés qu'elles envisagent de désigner dans les commissions paritaires régionales interprofessionnelles (c. trav. art. R. 2122-52-1). Dans ce cas, elles notifient aux employeurs concernés, par tout moyen permettant de donner date certaine, l'identité des salariés qui figurent sur ces documents (c. trav. art. R. 2122-52-2).

Scrutin tous les quatre ans - Les salariés des TPE votent tous les 4 ans pour le syndicat de leur choix, dans le cadre de scrutins régionaux organisés par l'État (c. trav. art. L. 2122-10-1).

Les résultats du scrutin qui s'est déroulé du 22.03 au 6.04.2021 ont été proclamés le 16.04.2021. Pour accéder aux résultats, consulter election-tpe.travail.gouv.fr.

Salariés concernés - Ce scrutin est réservé aux salariés des entreprises employant moins de 11 salariés au 31 décembre de l'année qui précède le vote. Ces salariés doivent (c. trav. art. L. 2122-10-2) :

- avoir un contrat de travail au cours de ce mois de décembre ;
- être âgés d'au moins 16 ans révolus ;
- ne faire l'objet d'aucune interdiction, déchéance ou incapacité relative à leurs droits civiques.

Vote électronique ou par correspondance - Le salarié vote par voie électronique ou par correspondance. Dans le premier cas, il se connecte à un site Internet dédié, s'identifie, donne son code d'accès et exprime son vote (c. trav. art. R. 2122-65). Dans le second cas, il renvoie le bulletin de vote glissé dans son enveloppe, en utilisant l'enveloppe retour qui lui a été envoyée (c. trav. art. R. 2122-74).

Les entreprises n'ont donc aucune obligation concernant l'organisation matérielle de l'élection (pas de bureau de vote, pas d'urne, etc.). Si l'entreprise n'est pas dotée du matériel permettant le vote électronique, elle n'a pas à s'équiper pour ce scrutin, les salariés voteront alors par correspondance (c. trav. art. L. 2122-10-7).

En revanche, l'employeur doit laisser aux salariés le temps nécessaire pour voter, tout en garantissant la confidentialité de leur vote. Lorsque le vote a lieu pendant les horaires de travail, il paie ce temps comme du temps de travail (c. trav. art. L. 2122-10-9).

Salarié délégué - Chaque syndicat candidat peut désigner au sein de l'entreprise un salarié en qualité d'assesseur, de délégué ou de mandataire. L'employeur doit laisser à ces salariés le temps nécessaire à l'exercice de leurs fonctions, qui consistent pour l'essentiel à préparer et à superviser le scrutin. Le temps consacré à ces fonctions pendant les horaires de travail est payé comme du temps de travail, y compris si le salarié est en dehors de l'entreprise (c. trav. art. L. 2122-10-10).

☛ *Syndicats ; Syndicats (représentativité) ; Syndicats catégoriels (représentativité).*

T

Tarification des risques d'accidents du travail

☞ *Contentieux de la sécurité sociale ; Cotisations d'accidents du travail ; Faute inexcusable (accident du travail ou maladie professionnelle) ; Faute intentionnelle (accident du travail ou maladie professionnelle) ; Tribunal judiciaire.*

Taxation provisionnelle

Lorsque l'employeur n'a pas versé ses cotisations dans les délais prescrits, l'organisme créancier peut fixer à titre provisionnel le montant de ces cotisations.

Pour les périodes de travail réalisées depuis le 1.01.2019, le calcul se fait sur la base des dernières rémunérations connues, majorées de 25 % pour la première échéance non déclarée ; ce taux est augmenté de 5 points à chaque échéance non déclarée consécutive (c. séc. soc. art. R. 243-15, I, 1°).

Si les rémunérations ne sont pas connues, la taxation provisionnelle est égale à : plafond mensuel de la sécurité sociale × nombre de salariés ou assimilés connus, le tout majoré de 50 % pour la première échéance non déclarée. Le taux de 50 % est augmenté de 5 points à chaque échéance non déclarée consécutive (c. séc. soc. art. R. 243-15, I, 2°).

La taxation ainsi déterminée est notifiée au cotisant dans le délai de 1 mois suivant la date limite de déclaration. Ce délai est porté à 3 mois maximum pour les employeurs de moins de 11 salariés ayant opté pour le versement trimestriel des cotisations (c. séc. soc. art. R. 243-15, II).

Lorsque le cotisant effectue sa déclaration postérieurement à cette notification, le montant des cotisations dues est régularisé en conséquence. Dans ce cas, le montant de la majoration de retard applicable est porté à 8 % des cotisations régularisées (contre 5 % selon le droit commun) (c. séc. soc. art. R. 243-15).

▶ **À noter…** La taxation provisionnelle ne peut pas s'appliquer lorsque l'URSSAF a admis la demande préalable de l'employeur de ne plus adresser de déclaration en raison de l'absence d'emploi salarié (c. séc. soc. art. R. 243-15, III).

La majoration pour déclaration régularisatrice postérieure à une taxation provisionnelle n'entre pas dans le champ du *droit à l'erreur.**

☞ *Cotisations URSSAF.*

Taxe d'apprentissage

☞ *Apprentissage (taxe).*

Taxe sur les CDD d'usage

☞ *Contrat de travail à durée déterminée (d'usage).*

Taxe sur les salaires

Sur cette thématique, nous invitons nos lecteurs à se reporter aux Dictionnaires RF Paye et RF Fiscal.

Téléphone

Mise à disposition

Tolérance d'un usage à titre privé - Quand l'employeur met à la disposition des salariés des téléphones fixes ou mobiles, il fournit un outil pour l'exécution du travail. Toutefois, la CNIL l'invite à tolérer une utilisation personnelle du téléphone professionnel pourvu que cet usage personnel demeure raisonnable et ne soit pas préjudiciable à l'entreprise (délib. CNIL 2005-19 du 3 février 2005).

▶ **À noter…** Les principes généraux de protection des données personnelles étant globalement inchangés à la suite du RGPD, mises à part, notamment, les formalités requises, les préconisations de la CNIL en la matière énoncées avant le 25.05.2018, date d'entrée en vigueur du *RGPD**, restent à notre sens d'actualité.

Une interdiction totale d'un usage à titre personnel pourrait être disproportionnée, sauf situation très spécifique comme des lignes d'appel d'urgence. En effet, l'employeur ne peut pas apporter, aux droits et libertés des salariés, des restrictions qui ne seraient pas justifiées par la nature de la tâche à accomplir ni proportionnées au but recherché (c. trav. art. L. 1121-1).

Retenue sur salaire - L'entreprise a la possibilité, en vertu d'un contrat régulièrement conclu entre l'employeur et le salarié, de refacturer à ce dernier le coût de ses communications téléphoniques personnelles excédant le forfait et de recouvrer sa créance par les voies du droit commun. Il est impossible, en revanche, de procéder à une retenue sur la rémunération de l'intéressé (cass. soc. 18 février 2003, n° 00-45931, BC V n° 58).

Avantage en nature ou frais professionnels - Voir *Avantage en nature (TIC)** et *Frais professionnels (TIC)**.

Modification du contrat - Lorsque l'utilisation d'un portable imposée par l'employeur s'accompagne d'un accroissement des responsabilités du salarié, il pourrait y avoir, compte tenu des circonstances, une *modification du contrat de travail** que l'intéressé serait en droit de refuser (cass. soc. 2 février 2000, n° 98-40176 D).

Restitution du portable - L'employeur qui n'a pas réclamé la restitution du téléphone portable lors du départ du salarié de l'entreprise ne peut pas demander le paiement des communications s'il n'est pas démontré que celui-ci avait utilisé le téléphone pour son usage personnel (cass. soc. 12 mars 2002, n° 99-45293 D).

Contrôles

Garanties à respecter - L'employeur peut mettre en place une *surveillance des salariés** pour s'assurer du caractère non abusif de l'utilisation à titre privé du téléphone par les salariés. Il doit respecter :

- le principe de proportionnalité, à savoir qu'un tel contrôle doit être pertinent, non excessif et strictement nécessaire à l'objectif poursuivi (c. trav. art. L. 1121-1) ;
- la vie privée des salariés, ceux-ci ayant en effet droit au respect de l'intimité de celle-ci, même au temps et au lieu de travail (cass. soc. 2 octobre 2001, n° 99-42942, BC V n° 291).

Respect du RGPD - L'employeur qui met à la disposition des salariés une ligne téléphonique peut ainsi avoir à gérer des *données personnelles**. Il doit alors respecter les règles relatives à la protection de ces données (durée de conservation, droit d'accès et de rectification, identification des destinataires, etc.) (règlt UE 2016/679 du 27 avril 2016, JOUE 4 mai 2016 ; loi 78-17 du 6 janvier 1978, JO du 7).

Si les conditions en sont remplies, l'employeur procède à une *analyse d'impact des données** (AIPD) et inscrit le traitement dans le *registre des activités de traitement**.

Sur les écoutes et enregistrement des conversations téléphoniques sur les lieux de travail, voir ci-après.

Information des salariés et consultation du CSE - Avant de mettre en place le contrôle de l'activité des salariés, l'employeur informe et consulte le *comité social et économique** (CSE) sur les moyens ou techniques permettant ce contrôle [voir *Comité social et économique (informations-consultations ponctuelles)**] (c. trav. art. L. 2312-38).

Il est aussi tenu d'informer les salariés concernés sur le dispositif qu'il souhaite mettre en place si celui-ci permet la collecte d'informations personnelles (voir *Surveillance des salariés**) (c. trav. art. L. 1222-4).

S'il procède à des écoutes des conversations téléphoniques des salariés sans les en avoir informés préalablement, il est condamnable au pénal (c. pén. art. 226-1 et 226-15).

Écoute et enregistrement des conversations téléphoniques

La CNIL rappelle les prescriptions à appliquer pour les dispositifs d'écoute et d'enregistrement des conversations téléphoniques sur le lieu de travail installés à des fins de formation ou d'évaluation (Fiche pratique CNIL, « L'écoute et l'enregistrement des appels », éd. 2018 ; www.cnil.fr).

Elle indique notamment que le dispositif d'enregistrement ou d'écoute doit être inscrit au *registre des activités de traitement** quand il est tenu par l'employeur. Si les conditions en sont remplies, l'employeur doit procéder à une *analyse d'impact des données** (AIPD).

Dispositif de couplage

Le couplage des actions informatiques et des conversations téléphoniques consiste à enregistrer l'image de ce qui apparaît à l'écran d'ordinateur d'un salarié, sous la forme de captures d'écran ou d'une vidéo, parallèlement à l'enregistrement des conversations téléphoniques.

S'agissant d'un dispositif de couplage enregistrement des conversations téléphoniques/capture d'écran, la CNIL considère qu'en principe il ne doit pas être utilisé. Quelle que soit la finalité poursuivie (formation, évaluation, etc.), la CNIL indique qu'une capture d'écran est susceptible de n'être ni pertinente ni proportionnée puisqu'il s'agit d'une image figée d'une action isolée du salarié, qui ne reflète pas fidèlement son travail.

S'agissant d'un dispositif de couplage enregistrement des conversations téléphoniques/enregistrement vidéo de l'écran, la CNIL considère que ce type de dispositif peut être utilisé dans le seul objectif de former les salariés. En outre, elle définit toutes les garanties que l'employeur doit respecter pour être en conformité avec les règles protectrices des *données personnelles** issues notamment du *RGPD** (actualité CNIL, 17 septembre 2019, www.cnil.fr).

Accès de l'employeur aux SMS professionnels

Les messages écrits (SMS) envoyés ou reçus par le salarié au moyen du téléphone mis à sa disposition par l'employeur pour les besoins de son travail sont présumés avoir un caractère professionnel. Dès lors, l'employeur est en droit de les consulter en dehors de la présence de l'intéressé, sauf s'ils sont identifiés comme étant personnels. Ces SMS peuvent donc être produits à titre de preuve devant un juge *(voir ci-après)* (cass. com. 10 février 2015, n° 13-14779, BC IV n° 20).

Accès à la messagerie installée sur le téléphone professionnel

L'employeur qui consulte la messagerie personnelle que le salarié a installée sur son téléphone professionnel en dépit du règlement intérieur, commet le délit de violation du secret des correspondances privées électroniques (c. pén. art. 226-15 ; cass. crim. 24 mars 2020 n° 19-82069 D).

▶ À noter... La règle est similaire à celle applicable aux messages échangés avec une messagerie personnelle depuis un ordinateur professionnel (voir *Informatique**).

En effet, le fait que le règlement intérieur de l'entreprise interdise l'usage personnel du téléphone professionnel et que le salarié ait enfreint cette règle en y installant sa messagerie personnelle, n'exonère pas l'employeur de son obligation de respecter le secret des correspondances personnelles.

Exemple

Un salarié avait été licencié pour faute lourde. L'employeur avait ensuite saisi le conseil de prud'hommes pour atteinte à la clause de non-concurrence inscrite dans le contrat de travail. L'employeur avait produit la copie de messages échangés grâce au téléphone portable professionnel que le salarié lui avait rendu après son départ de l'entreprise et qui démontraient manifestement l'atteinte à sa clause de non-concurrence. Mais ces messages étaient issus de la messagerie personnelle que le salarié avait mise sur son téléphone professionnel et qu'il avait oublié de désinstaller lorsqu'il l'avait rendu. Le salarié a donc porté plainte contre son ancien employeur pour atteinte au secret des correspondances émises par voie électronique (c. pén. art. 226-15). L'employeur aurait dû être condamné. En l'espèce, le salarié n'avait pas identifié sa messagerie comme personnelle mais elle devait être considérée comme telle dans la mesure où l'adresse électronique personnelle était distincte de l'adresse professionnelle qui lui avait été attribuée pour exercer son activité professionnelle. Cette messagerie était donc bien couverte par le secret des correspondances (cass. crim. 24 mars 2020 n° 19-82069 D).

Preuve

En cas de contentieux - L'employeur peut, certes, sanctionner un salarié qui a utilisé abusivement son téléphone professionnel ou commis toute autre faute. Toutefois, en cas de contentieux, il devra être en mesure de prouver cette faute.

Utilisation des relevés d'appel - L'employeur peut demander à son opérateur de téléphonie de recevoir une facturation détaillée. Il peut aussi éditer à partir d'un autocommutateur la liste des numéros appelés par les salariés. Dans les deux cas, le relevé ne doit pas, en principe, laisser apparaître les quatre derniers chiffres des numéros appelés. À titre d'exception et seulement dans certains cas, l'employeur peut accéder à l'intégralité des numéros composés, par exemple s'il constate l'utilisation manifestement anormale d'un téléphone au regard de l'utilisation moyenne constatée dans son entreprise (Norme simplifiée n° 47 ; délib. CNIL 2005-19 du 3 février 2005).

▶ À noter... Suite à l'entrée en application du *RGPD**, les normes simplifiées adoptées par la CNIL n'ont plus de valeur juridique depuis le 25.05.2018. Dans l'attente de la production de référentiels RGPD, la CNIL a décidé de les maintenir accessibles sur son site Internet afin de permettre aux employeurs d'orienter leurs actions de mise en conformité. En effet, les normes simplifiées constituent toujours des « bonnes pratiques » (« Règlement européen : que vont devenir les dispenses, normes simplifiées et autorisations uniques de la CNIL ? », www.cnil.fr).

La vérification des relevés de la durée, du coût et des numéros des appels téléphoniques passés à partir de chaque poste, édités au moyen d'un autocommutateur, peut être faite sans information préalable des salariés (cass. soc. 29 janvier 2008, n° 06-45279 D). Ces données ne constituent pas des « informations personnelles » nécessitant une information préalable des salariés *(voir ci-avant)*. De même, la vérification par l'employeur d'un relevé des communications téléphoniques d'un salarié transmis à titre confidentiel par l'opérateur de téléphonie reste licite, même si elle n'a pas été préalablement portée à sa connaissance (cass. soc. 15 mai 2001, n° 99-42937, BC V n° 168).

Utilisation des écoutes téléphoniques - Il est exigé qu'un dispositif d'écoute ait été préalablement porté à la connaissance des salariés pour que l'employeur puisse s'en servir comme mode de preuve (cass. soc. 14 mars 2000, n° 98-42090, BC V n° 101).

La pièce produite par un employeur contenant le témoignage d'un tiers à l'entreprise ayant entendu à l'insu du salarié une conversation téléphonique entre ce salarié et son interlocuteur n'a pas été admise comme mode de preuve (cass. soc. 16 mars 2011, n° 09-43204 D).

Utilisation de messages téléphoniques - L'utilisation par le destinataire de messages téléphoniques vocaux dont l'auteur ne peut pas ignorer qu'ils sont enregistrés par l'appareil récepteur n'est pas un procédé déloyal. Ces messages constituent une preuve licite des propos tenus. En l'espèce, les messages en question établissaient que le salarié avait été licencié verbalement. Le licenciement du salarié était donc sans cause réelle et sérieuse (cass. soc. 6 février 2013, n° 11-23738, BC V n° 31).

Utilisation de SMS - L'enregistrement d'une conversation téléphonique privée, effectué à l'insu de l'auteur des propos invoqués, est un procédé déloyal rendant irrecevable en justice la preuve ainsi obtenue (cass. civ. 7 octobre 2004, BC II, n° 447). Un SMS ne relève pas de cette règle : il ne tombe pas sous le coup de la preuve déloyale car son auteur ne peut pas ignorer qu'il est enregistré sur le téléphone portable de son interlocuteur. Le SMS peut donc être utilisé devant un juge (cass. soc. 23 mai 2007, n° 06-43209, BC V n° 85).

Par ailleurs, le SMS laissé par le salarié sur le téléphone portable professionnel d'un collègue, envoyé aux temps et lieu du travail et qui est en rapport avec son activité professionnelle, n'est pas privé. N'étant pas couvert par le secret des correspondances, l'employeur peut s'en servir pour prouver une faute du salarié (cass. soc. 28 septembre 2011, n° 10-16995 D).

Téléphone des salariés protégés

L'employeur doit mettre à la disposition des représentants du personnel, des délégués syndicaux, et des autres salariés protégés, un matériel ou procédé excluant l'interception de leurs communications téléphoniques et l'identification de leurs correspondants, pour remplir leur mission et préserver la confidentialité qui s'y attache. Ainsi, il doit non seulement mettre à leur disposition un téléphone mais il doit aussi s'assurer que celui-ci n'est pas connecté à l'autocommutateur de l'entreprise (cass. soc. 6 avril 2004, n° 02-40498, BC V n° 104). L'employeur ne doit pas non plus prendre connaissance des relevés téléphoniques puisque ceux-ci permettent l'identification des correspondants (cass. soc. 4 avril 2012, n° 10-20845, BC V n° 117).

☛ *Surveillance des salariés.*

Télétravail

Présentation

Définition - Le télétravail est une forme d'organisation du travail dans laquelle un travail qui aurait également pu être exécuté dans les locaux de l'employeur est effectué par un salarié hors de ces locaux (ex. : au domicile du salarié ou dans des lieux tiers comme des bureaux en coworking) de façon volontaire en utilisant les technologies de l'information et de la communication (c. trav. art. L. 1222-9).

Il repose sur l'accord du salarié et de l'employeur (à savoir, un « double volontariat », selon les termes de l'ANI du 26.11.2020), sauf cas de force majeure ou circonstances exceptionnelles *(voir ci-après)*.

▶ Attention… Un salarié ne peut pas s'autoproclamer télétravailleur au motif qu'il manquerait d'espace sur son lieu de travail et qu'il doit consacrer une pièce de son domicile à son activité professionnelle (cass. soc. 17 février 2021, n° 19-13783 D). Un accord entre l'employeur et le salarié est nécessaire pour permettre le télétravail et ouvrir droit, le cas échéant, à des remboursements de frais à ce titre [voir *Frais professionnels (télétravail)**].

Il peut être recouru au télétravail soit dès l'embauche, soit ultérieurement et ce, de façon régulière, occasionnelle ou en cas de force majeure *(voir ci-après)*.

Sur la pratique du télétravail pendant la crise sanitaire liée au covid-19, voir *Covid-19 (télétravail)**.

Code du travail et accords nationaux interprofessionnels - Le télétravail relève à la fois :
- du code du travail dont les dispositions s'imposent à tous les employeurs ;
- de l'accord national interprofessionnel (ANI) du 19.07.2005, obligatoire pour les employeurs relevant d'un secteur professionnel représenté par les organisations patronales signataires (Medef, CGPME, UPA) (étendu par arrêté du 30 mai 2006, JO du 9 juin) ;
- de l'ANI du 26.11.2020 « pour une mise en œuvre réussie du télétravail » (étendu par arrêté du 2 avril 2021, JO du 13).

▶ À noter... L'ANI du 26.11.2020 a pour objet d'« expliciter l'environnement juridique applicable au télétravail et [de] proposer aux acteurs sociaux dans l'entreprise, et dans les branches professionnelles, un outil d'aide au dialogue social, et un appui à la négociation, leur permettant de favoriser une mise en œuvre réussie du télétravail ». Il propose donc un cadre pour le télétravail, sans être normatif, tout en précisant que « c'est au niveau de l'entreprise que les modalités précises de mise en œuvre du télétravail sont définies ».

Par ailleurs, un accord collectif d'entreprise peut écarter l'application des dispositions d'un ANI, dans la mesure où il prime notamment sur les ANI, à l'exception de certains domaines [voir *Accord collectif d'entreprise (contenu)**].

S'il y a lieu, les dispositions du code du travail sur le *travail à domicile** à domicile doivent être appliquées (c. trav. art. L. 1222-9).

Rôle du CSE - Le CSE doit être consulté sur les décisions de l'employeur relatives à l'organisation du travail ayant un impact sur la marche générale de l'entreprise [voir *Comité social et économique (informations-consultations périodiques)**]. Parmi ces décisions figurent, selon l'ANI, « les conditions de mise en œuvre et le périmètre du télétravail » (ANI du 26 novembre 2020, art. 2.1).

Accord collectif ou charte unilatérale

Possibilité de recours au télétravail - Le télétravail peut être exécuté dans le cadre (c. trav. art. L. 1222-9).
- d'un accord collectif ;
- ou, à défaut, d'une charte élaborée par l'employeur après avis du *comité social et économique** (CSE), s'il existe.

Aucune disposition légale ne contraint les employeurs à négocier un accord collectif ou à mettre en place une charte. Cela étant, L'ANI du 26.11.2020 invite les employeurs à faire du télétravail un thème de dialogue social et de négociation au niveau de l'entreprise. Celle-ci peut prendre place dans les négociations périodiques sur la qualité de vie au travail ou sur le *droit à la déconnexion** (c. trav. art. L. 2242-13 et L. 2242-17). Faute de partenaires dans l'entreprise (délégués syndicaux ou CSE), l'employeur est incité à se concerter avec les salariés en se référant à un accord de branche conclu sur ce thème s'il en existe un.

Sur le recours au télétravail de gré à gré entre l'employeur et le salarié, voir ci-après.

Contenu de l'accord ou de la charte - L'accord collectif ou, à défaut, la charte contient les clauses décrites ci-après.

Conditions de passage et postes éligibles au télétravail - L'accord collectif ou, à défaut la charte, définit les conditions de passage en télétravail, en particulier en cas d'épisode de pollution ayant conduit le préfet à prendre des mesures pour en limiter l'ampleur et les effets (c. envir. art. L. 223-1), ou en cas de circonstances particulières (ex. : personnes en situation de handicap, salariées enceintes) (c. trav. art. L. 1222-9 ; rapport relatif à l'ord. 2017-1387 du 22 septembre 2017).

▶ À noter... Sur la période d'adaptation préconisée par l'ANI du 26.11.2020 en cas de passage à un télétravail régulier, voir ci-après.

À ce titre, les postes éligibles au télétravail peuvent utilement être définis dans l'accord collectif ou la charte. En effet, tous ne le sont pas selon les tâches demandées, les responsabilités exercées, etc. Cela implique, selon les partenaires sociaux, la définition préalable de critères d'éligibilité « lisibles » et « objectifs » (fonctions, autonomie, responsabilités, etc.) [Conclusions de la concertation sur le « développement du télétravail et du travail à distance », Rapport conjoint des partenaires sociaux (document du 23 mai 2017)].

L'ANI du 26.11.2020 indique que « l'identification des activités de l'entreprise pouvant faire l'objet de télétravail [...] relève [...] nécessairement de la responsabilité de l'employeur et de son pouvoir de direction », sous réserve des règles légales et conventionnelles applicables dans l'entreprise. La définition des postes éligibles au télétravail dans l'entreprise constitue donc une prérogative de l'employeur. Cela étant, « la définition des critères d'éligibilité peut utilement alimenter le dialogue social » (ANI du 26 novembre 2020, § 2.1).

L'ANACT conseille les employeurs dans ce domaine (www.anact.fr).

▶ Attention... L'employeur doit s'assurer que le poste de travail des personnes handicapées est accessible en télétravail (c. trav. art. L. 5213-6).

Conditions de retour à une exécution du contrat de travail sans télétravail - L'accord collectif ou, à défaut, la charte définit les conditions de retour à une exécution du contrat de travail sans télétravail (c. trav. art. L. 1222-9).

Modalités relatives à l'accord du salarié - L'accord ou la charte décrit aussi les modalités d'acceptation par le salarié des conditions de mise en œuvre du télétravail (c. trav. art. L. 1222-9).

Durée et plage du télétravail - L'accord ou la charte précise également (c. trav. art. L. 1222-9) :
- les modalités de contrôle du temps de travail ou de régulation de la charge de travail ;
- la détermination des plages horaires durant lesquelles l'employeur peut habituellement contacter le télétravailleur.

Modalités d'accès des travailleurs handicapés à une organisation en télétravail - L'accord ou la charte définit les modalités d'accès des travailleurs handicapés à une organisation en télétravail dans le cadre des mesures appropriées que l'employeur doit prendre pour permettre aux travailleurs handicapés d'accéder à un emploi ou de conserver un emploi (c. trav. art. L. 1222-9 et L. 5213-6).

Modalités d'accès des salariées enceintes au télétravail - L'accord ou la charte doit préciser les modalités d'accès des salariées enceintes à une organisation en télétravail (loi 2021-1774 du 24 décembre 2021, art. 5 ; c. trav. art. L. 1222-9, II).

Prise en charge des coûts - Il est recommandé que l'accord ou charte définisse les modalités de prise en charge des coûts découlant de l'exercice du télétravail [voir ci-après et *Frais professionnels (télétravail)**] (ANI du 26 novembre 2020, § 2.2).

Substitution aux clauses contraires des contrats de travail - L'accord collectif ou la charte se substitue aux clauses contraires ou incompatibles des contrats de travail signés avant le 24.09.2017, date d'entrée en vigueur de la réforme du télétravail.

Le salarié concerné peut refuser cette substitution en informant son employeur dans le mois suivant la date de la communication dans l'entreprise de l'accord ou de la charte (ord. 2017-1387 du 22 septembre 2017, art. 40, JO du 23). Il est recommandé que, le cas échéant, les salariés expriment leur refus par écrit, ne serait-ce que pour des raisons de preuve.

▶ À noter... Cette règle de substitution et la possibilité pour chaque salarié concerné de la refuser dans un délai restreint devront, à notre sens, être rappelées dans l'accord ou la charte.

Recours en l'absence d'accord ou de charte

Accord écrit de l'employeur et du salarié - En l'absence d'accord collectif ou de charte *(voir ci-avant)*, lorsque le salarié et l'employeur conviennent de recourir de manière occasionnelle ou régulière au télétravail, ils formalisent leur accord par tout moyen (c. trav. art. L. 1222-9). Un avenant au contrat de travail n'est donc pas requis pour formaliser le télétravail occasionnel ou régulier en l'absence d'accord collectif ou de charte. Dans ce cas, il suffit que l'employeur et le salarié en conviennent et que leur accord soit constaté « par tout moyen ». Un échange de mails pourrait, à notre sens, suffire. Cela étant, l'écrit, « quel qu'il soit », est recommandé par l'ANI du 26.11.2020 pour des questions de preuves.

Information du salarié - L'ANI du 26.11.2020 prévoit que le salarié qui accède, d'un commun accord avec l'employeur, au télétravail régulier est informé par écrit sur le fonctionnement du télétravail. Les informations portent notamment sur les équipements, leurs coûts, les assurances et les règles de prise en charge des frais professionnels, « telles que définies dans l'entreprise », ainsi que sur les modalités d'articulation entre le présentiel et le distanciel.

Recours en cas de force majeure

En cas de circonstances exceptionnelles, notamment de menace d'épidémie, ou en cas de force majeure, le recours au télétravail peut être nécessaire pour permettre la continuité de l'activité de l'entreprise et garantir la protection des salariés (c. trav. art. L. 1222-11).

La situation visée ici est celle où le télétravail est considéré comme un aménagement du poste du travail pouvant être imposé unilatéralement par l'employeur au(x) salarié(s), cela afin d'assurer la continuité de l'entreprise et de protéger les salariés, en cas de circonstances exceptionnelles ou de force majeure [c. civ. art. 1218 ; avis n° 214 (2011-2012) de Mme Catherine Procaccia, fait au nom de la commission des affaires sociales, déposé le 20 décembre 2011 ; www.senat.fr].

Sur la pratique du télétravail pendant la crise sanitaire, voir *Covid-19 (télétravail)**.

Refus du salarié ou de l'employeur

Refus non fautif du salarié - Le refus d'accepter un poste de télétravailleur n'est pas un motif de rupture du contrat de travail (c. trav. art. L. 1222-9).

Refus motivé de l'employeur - L'employeur qui refuse d'accorder le télétravail à un salarié qui occupe un poste qui y est éligible dans les conditions prévues par l'accord collectif ou la charte doit motiver sa réponse (c. trav. art. L. 1222-9). Il est également tenu de motiver son refus si le salarié est travailleur handicapé ou proche aidant *(voir ci-après)*.

▶ À noter... La rédaction de l'article L. 1222-9 du code du travail implique que l'employeur n'a pas à motiver son refus au salarié dont le poste est incompatible avec du télétravail compte tenu de l'accord ou de la charte. À notre sens, l'employeur n'a pas non plus à motiver son refus au salarié qui demande du télétravail, régulier ou occasionnel, en l'absence d'un accord ou d'une charte.

Cela étant, l'ANI du 26.11.2020 invite l'employeur à préciser les raisons de son refus dans tous les cas.

Motiver sa réponse implique, à notre sens, de donner au salarié une raison objective s'appuyant sur des considérations tenant à l'intérêt de l'entreprise et non discriminatoire (c. trav. art. L. 1222-1 et L. 1132-1).

▶ À noter... Aucune forme particulière n'est imposée à l'employeur pour formuler son refus. En pratique, un écrit est recommandé, ne serait-ce que pour une question de preuve. Aucun délai n'est prévu, pas plus qu'une voie de recours spécifique contre la décision de l'employeur. À notre sens, il peut être pertinent de régler ces points dans l'accord collectif ou la charte.

Travailleur handicapé et salarié proche aidant - En l'absence d'accord collectif ou de charte et lorsque le salarié est un travailleur handicapé bénéficiaire de l'obligation d'emploi (c. trav. art. L. 5212-13), l'employeur qui refuse le télétravail doit motiver son refus. L'obligation de motivation s'impose aussi lorsque la demande de télétravail est formulée par un proche aidant d'une personne âgée (c. trav. art. L. 1222-9 ; CASF art. L. 113-1-3).

Statut du télétravailleur

Identique à celui du salarié en interne - Le télétravailleur a les mêmes droits que le salarié qui exécute son travail dans les locaux de l'entreprise (c. trav. art. L. 1222-9).

De son côté, l'employeur a vis-à-vis des télétravailleurs les mêmes obligations « de droit commun » que celles qu'il a à l'égard de tout autre salarié (c. trav. art. L. 1222-10).

Période d'adaptation - L'ANI du 26.11.2020 prévoit qu'en cas d'accord du salarié et de l'employeur pour recourir au télétravail de manière régulière, une période d'adaptation est aménagée pendant laquelle chacune des parties peut mettre un terme à cette forme d'organisation du travail en respectant un délai de prévenance préalablement défini soit par l'accord collectif relatif au télétravail, soit par la charte, soit de gré à gré entre l'employeur et le salarié, en fonction des règles applicables dans l'entreprise. Le salarié retrouve alors son poste dans les locaux de l'entreprise.

▶ À noter... Sur ce point notamment, l'ANI du 26.11.2020 remplace les dispositions de celui du 19.07.2005.

Retour dans l'entreprise - En application du code du travail, l'employeur doit (c. trav. art. L. 1222-10) :
- donner priorité au télétravailleur pour occuper ou reprendre un poste sans télétravail et correspondant à ses qualifications et compétences professionnelles ;
- porter à sa connaissance la disponibilité de tout poste de cette nature.

L'ANI du 26.11.2020 précise également que si l'employeur et le salarié conviennent de cesser le télétravail, le salarié retrouve dans les locaux de l'entreprise « l'emploi tel qu'il résulte de son contrat de travail ». Si le télétravail faisait partie des conditions d'embauche, le salarié bénéficie d'une priorité d'accès à tout emploi vacant s'exerçant dans les locaux de l'entreprise et correspondant à sa qualification.

Par ailleurs, l'ANI ajoute qu'en tout état de cause, « l'employeur peut organiser les conditions du retour ponctuel du salarié en télétravail dans les locaux de l'entreprise en cas de besoin particulier, de sa propre initiative ou à la demande du salarié ».

Hygiène et sécurité - Les obligations de l'employeur en matière de sécurité à l'égard des salariés s'appliquent que le salarié soit en présentiel ou en télétravail, dans la mesure où le télétravailleur a les mêmes droits que tout autre salarié (c. trav. art. L. 1222-9) [voir *Hygiène et sécurité (obligations de l'employeur)**].

L'ANI du 26.11.2020 souligne que « l'employeur ne peut avoir une complète maîtrise » du lieu de télétravail qui relève de la sphère privée. Il souligne l'importance de prendre en compte le télétravail dans l'évaluation des risques professionnels, et notamment « les risques liés à l'éloignement » de la communauté de travail et à « la régulation de l'usage des outils numériques ». L'ANI préconise que les risques d'isolement et de rupture du lien social soient pris en compte. En matière de risques psycho-sociaux, voir aussi *Covid-19 (télétravail)**.

Temps de travail et plages horaires de contact - La *durée du travail** du salarié est identique qu'il soit sur site ou en télétravail. Les dispositions relatives notamment à la durée maximale quotidienne, aux durées maximales hebdomadaires, au temps de repos, au temps de pause, au décompte des heures de travail et au *droit à la déconnexion** s'appliquent ainsi que celles concernant les salariés sous convention de forfait jours.

C'est l'accord ou la charte qui précise les modalités de contrôle du temps de travail ou de régulation de la charge de travail et qui détermine les plages horaires durant lesquelles l'employeur peut habituellement contacter le télétravailleur *(voir ci-avant)* (c. trav. art. L. 1222-9).

En l'absence d'accord ou de charte, l'ANI du 26.11.2020 précise que l'employeur fixe en concertation avec le salarié les plages horaires où il peut le contacter, celles-ci devant être cohérentes avec les horaires de travail en vigueur dans l'entreprise.

Si le contrôle de l'activité et du temps de travail du salarié en télétravail passe par des dispositifs numériques spécifiques, l'ANI rappelle qu'il faut consulter préalablement le CSE et informer préalablement les salariés (voir *Surveillance des salariés**).

Coûts du télétravail - Il est recommandé de régler la question des coûts dans l'accord collectif ou la charte *(voir ci-avant)*.

Le cas échéant, L'ANI du 19.07.2005 s'applique *(voir ci-avant)* : il contient des dispositions imposant une prise en charge de certains coûts en cas de télétravail régulier.

En outre, l'ANI du 26.11.2020 rappelle les règles applicables aux frais professionnels [voir *Frais professionnels (télétravail)**]. Il indique qu'il appartient à l'entreprise de prendre en charge les dépenses qui sont engagées par le salarié pour les besoins de son activité professionnelle et dans l'intérêt de l'entreprise. Il précise que cette prise en charge se fait après validation de l'employeur (ANI du 26 novembre 2020, art. 3.1.5). Toutefois, l'arrêté d'extension de l'ANI indique que cette disposition est étendue sous réserve du respect du principe général de prise en charge des frais professionnels tel qu'interprété par la jurisprudence de la Cour de cassation « selon lequel la validation de l'employeur soit interprétée comme étant préalable, et non postérieure, à l'engagement des dépenses par le salarié » (cass. soc. 25 février 1998, n° 95-44096, BC V n° 106 ; ANI du 26 novembre 2020, art. 3.1.5 ; étendu sous réserve par arrêté du 2 avril 2021, JO du 13).

▶ À noter… Pour rappel, la Cour de cassation indique qu'il « est de principe que les frais qu'un salarié justifie avoir exposés pour les besoins de son activité professionnelle et dans l'intérêt de l'employeur doivent lui être remboursés sans qu'ils ne puissent être imputés sur la rémunération qui lui est due, à moins qu'il n'ait été contractuellement prévu qu'il en conserverait la charge moyennant le versement d'une somme fixée à l'avance de manière forfaitaire et à la condition que la rémunération proprement dite du travail reste au moins égale au SMIC » (cass. soc. 25 février 1998, n° 95-44096, BC V n° 106).

Indemnité d'occupation du domicile - Un salarié peut prétendre à une indemnité au titre de l'occupation de son *domicile** à des fins professionnelles dès lors qu'un local professionnel n'est pas mis effectivement à sa disposition (cass. soc. 12 décembre 2012, n° 11-20502, BC V n° 339 ; cass. soc. 8 novembre 2017, n° 16-18501, BC V n° 192).

Titres-restaurant - Voir *Titre-restaurant**.

Information sur les restrictions à l'usage d'équipements - L'employeur a l'obligation d'informer le salarié de toute restriction à l'usage d'équipements ou outils informatiques ou de services de communication électronique et des sanctions encourues en cas de non-respect de ces restrictions (c. trav. art. L. 1222-10).

Entretien annuel - L'employeur doit organiser chaque année un entretien qui porte notamment sur les conditions de l'activité du télétravailleur et sa charge de travail (c. trav. art. L. 1222-10).

Contrôle des télétravailleurs - voir *Surveillance des salariés**.

Accident du travail ou de trajet

L'accident survenu sur le lieu et au temps du télétravail est présumé être un accident de travail (c. trav. art. L. 1222-9 ; c. séc. soc. art. L. 411-1). Ainsi, le domicile ou le tiers lieu où s'exerce le télétravail est assimilé, de ce point de vue, aux locaux de l'entreprise. La présomption s'applique aussi bien au télétravail régulier qu'occasionnel.

Télétravail, TIC et RGPD

Obligation d'assurer la sécurité des données personnelles - L'employeur doit, en application du *RGPD**, assurer la sécurité et préserver la confidentialité des *données personnelles** qu'il traite (ex. : données personnelles des clients, des salariés en présentiel ou en télétravail).

La CNIL recommande notamment d'élaborer une charte de sécurité dédiée au télétravail (« Les conseils de la CNIL pour mettre en place du télétravail », www.cnil.fr). À notre sens, l'employeur peut élaborer cette charte en la distinguant de sa *charte informatique** ou choisir de l'incorporer à sa charte informatique.

De son côté, l'ANI télétravail du 26.11.2020 rappelle la responsabilité de l'employeur en matière de sécurité des données personnelles (ANI télétravail du 26 novembre 2020 § 3.1.4). Comme la CNIL, il invite les employeurs à établir un socle de consignes minimales à respecter en télétravail, s'agissant de l'usage des outils numériques et de la protection des données, et à communiquer ce document à l'ensemble des salariés.

Il est également recommandé aux employeurs de mettre à la disposition des salariés des outils de communications et de travail collaboratif appropriés au travail distant, qui garantissent la confidentialité des échanges et des données partagées (ANI télétravail, § 3.1.4 ; « Salariés en télétravail : quelles sont les bonnes pratiques à suivre ? », www.cnil.fr).

Utilisation de l'équipement personnel - L'accord collectif relatif au télétravail, la charte télétravail ou encore, l'employeur et le salarié en cas de télétravail de gré à gré, peuvent prévoir que le télétravailleur utilise son équipement personnel (ex. : téléphone portable, ordinateur, tablette), mais cela ne doit pas être une obligation selon le ministère du Travail (Document questions/réponses, « Télétravail en période de covid-19 », www.travail-emploi.gouv.fr).

La CNIL rappelle que la réglementation en matière de protection des données personnelles impose que le niveau de sécurité et de confidentialité des données personnelles traitées soit le même, quel que soit l'équipement utilisé. L'employeur reste en effet responsable de la sécurité des données personnelles de son entreprise, y compris lorsqu'elles sont stockées sur des terminaux dont il n'a pas la maîtrise physique ou juridique, mais dont il a autorisé l'utilisation pour accéder aux ressources informatiques de l'entreprise (« Les questions-réponses de la CNIL sur le télétravail », www.cnil.fr).

Par ailleurs, la CNIL rappelle que si l'employeur est en principe libre d'accéder aux données présentes sur l'équipement professionnel confié au salarié, qui sont présumées avoir un caractère professionnel, ce n'est pas le cas pour les données figurant sur l'équipement personnel de ses salariés. En effet, les dossiers et fichiers présents sur l'ordinateur professionnel des salariés ont nécessairement un caractère professionnel quand ils ne les ont pas identifiés comme personnels. Il en résulte que l'employeur a légitimement accès à ces fichiers, sans qu'il soit nécessaire que le salarié concerné soit présent (voir *Informatique**).

Visioconférence, respect du RGPD et de la vie privée - De manière générale, la CNIL recommande aux employeurs de ne pas imposer l'activation de leur caméra aux salariés en télétravail qui participent à des visioconférences. Cette recommandation découle du principe de minimisation des données personnelles, inscrit dans le RGPD (règlt UE 2016/679 du 27 avril 2016, art. 5.1 c, JOUE 4 mai 2016). Selon ce principe, les données traitées doivent être « adéquates, pertinentes et limitées à ce qui est nécessaire au regard des finalités pour lesquelles elles sont traitées ». Or, selon la CNIL, dans la plupart des cas, une participation via le micro est suffisante (« Les questions-réponses de la CNIL sur le télétravail », www.cnil.fr). Bien que la diffusion de l'image puisse participer à la convivialité notamment dans une période d'éloignement de ses collègues, il peut y avoir une atteinte au droit au respect de la vie privée, tout particulièrement, en cas de télétravail à domicile, aux autres personnes présentes au domicile. Dès lors, un salarié doit pouvoir en principe refuser la diffusion de son image lors d'une visioconférence en mettant en avant les raisons tenant à sa situation particulière. Seules des circonstances très particulières, dont il appartiendrait à l'employeur de justifier, pourraient selon la CNIL rendre nécessaire la tenue de la visioconférence à visage découvert.

☞ *Frais professionnels (télétravail).*

Témoins

Témoins cités à comparaître

La personne citée comme témoin devant un tribunal doit, en principe, assumer cette fonction. Le régime des absences du salarié et de leurs indemnisations est similaire à celui qui s'applique aux *jurés**.

Témoignage contre l'employeur et information de l'administration ou du ministère public

Salarié témoignant contre l'employeur - Le témoignage en justice d'un salarié en faveur d'un collègue, dans un litige opposant ce dernier à l'employeur, n'est ni une faute ni une cause réelle et sérieuse de licenciement, sauf mauvaise foi de l'auteur. Le licenciement prononcé en raison du contenu d'une attestation délivrée par un salarié au bénéfice d'un autre est atteint de nullité, car prononcé en violation de la liberté fondamentale de témoigner (cass. soc. 29 octobre 2013, n° 12-22447, BC V n° 252).

▶ À noter… Même si le salarié a signé une transaction dans laquelle il s'engage à ne pas témoigner contre son ancien employeur, le juge peut ordonner l'audition du salarié en qualité de témoin dans le cadre d'un litige opposant l'employeur à un autre salarié de l'entreprise, dès lors que les faits en cause (manquements à l'obligation de sécurité et agissements discriminatoires) prévalent sur la protection des intérêts privés de l'entreprise (CA Paris 5 juillet 2018, pôle 6, ch. 5, n° RG S 16/08500).

Sanction en cas de mauvaise foi du témoin - En cas de mauvaise foi, le salarié peut être sanctionné voire licencié, si les circonstances le justifient.

▶ Attention… L'employeur ne pourra pas se contenter de faire valoir, à l'appui d'une sanction, le contenu mensonger de l'attestation. Il devra alléguer et étayer la mauvaise foi du salarié (cass. soc. 29 octobre 2013, n° 12-22447, BC V n° 252).

Information de l'administration ou du ministère public - Le fait pour un salarié de porter à la connaissance de l'inspecteur du travail ou du procureur de la République des faits concernant l'entreprise et lui paraissant anormaux, qu'ils soient ou non susceptibles de qualification pénale, ne constitue pas en soi une faute (cass. soc. 14 mars 2000, n° 97-43268, BC V n° 104 ; cass. soc. 30 juin 2016, n° 15-10557, BC V n° 140).

Témoins d'une corruption, d'un délit ou d'un crime

Voir *Lanceur d'alerte**.

Témoins de faits de harcèlements ou de discriminations

Voir *Harcèlement moral**, *Harcèlement sexuel** et *Discriminations (contentieux)**.

Attestation de témoignage

Voir *Preuve**.

Temps partiel thérapeutique

Définition

Dispositif à durée déterminée - Le temps partiel thérapeutique, communément appelé « mi-temps thérapeutique », est un dispositif qui permet à un salarié d'avoir une activité partielle ou non tout en continuant à bénéficier des indemnités journalières de sécurité sociale (IJSS). Le terme de « mi-temps thérapeutique » n'est pas tout à fait exact. L'aménagement du poste ne se traduit pas forcément par une activité à mi-temps, mais plus généralement par une activité à temps partiel (inférieur, égal ou supérieur à un mi-temps).

Le temps partiel thérapeutique est, par nature, à durée déterminée.

Statut hybride - La notion de temps partiel thérapeutique relève de la législation de sécurité sociale, dans le cadre de l'indemnisation soit des maladies et accidents non professionnels (c. séc. soc. art. L. 323-3), soit des accidents du travail et des maladies professionnelles (c. séc. soc. art. L. 433-1, al. 3).

Dans le cadre d'une maladie non professionnelle - Le travail à temps partiel thérapeutique doit être de nature à favoriser soit l'amélioration de l'état de santé du salarié, soit sa rééducation ou sa réadaptation professionnelle pour recouvrer un emploi compatible avec son état de santé (c. séc. soc. art. L. 323-3). Il peut être décidé dans le cadre d'un maintien au travail ou d'une reprise du travail à temps partiel.

Depuis le 1.01.2019, il n'a pas à être obligatoirement précédé d'un arrêt de travail à temps complet indemnisé (c. séc. soc. art. L. 323-3, 1°).

Sur le versement d'indemnités journalières de sécurité sociales (IJSS), voir ci-après.

Dans le cadre d'un accident du travail ou d'une maladie professionnelle - Depuis le 1.01.2020, le dispositif de temps partiel thérapeutique est dénommé dans le cadre d'un accident du travail ou d'une maladie professionnelle (AT/MP) « travail aménagé ou travail à temps partiel » (c. séc. soc. L. 433-1).

Depuis le 1.01.2020, le temps partiel thérapeutique n'a pas à être obligatoirement précédé d'un arrêt de travail à temps complet indemnisé (c. séc. soc. art. L. 433-1). Ainsi, le salarié, victime d'AT/MP peut bénéficier du temps partiel thérapeutique dans le cadre d'une reprise du travail mais aussi d'un maintien au travail.

Sur le versement d'indemnités journalières de sécurité sociales (IJSS), voir ci-après.

Procédure à suivre

Trois médecins pour statuer - Le médecin traitant du salarié est, en principe, à l'initiative de la mise en place du temps partiel thérapeutique, le prescrivant via un certificat médical.

Suite à son envoi à la caisse primaire d'assurance maladie (CPAM), le médecin-conseil examine le salarié et donne son avis sur l'appréciation faite par le médecin traitant de l'état de santé et de la capacité de travail du malade. Le médecin-conseil de la CPAM est le seul médecin compétent pour autoriser ou refuser le temps partiel thérapeutique (c. séc. soc. art. L. 323-3, L. 433-1 et R. 433-15).

En cas de réponse favorable de la CPAM, l'employeur doit organiser une visite médicale par le médecin du travail [voir *Visite médicale (reprise)**], afin d'obtenir l'avis du médecin du travail (c. trav. art. R. 4624-31 et R. 4624-32).

Le médecin du travail, qui n'est pas lié par l'avis du médecin traitant, doit formuler par écrit son avis d'aptitude (ou d'*inaptitude physique**), donner son accord aux aménagements thérapeutiques et en préciser les modalités en liaison avec l'employeur et, le cas échéant, le médecin traitant. Il peut, au contraire, considérer que le salarié est apte sans qu'il soit nécessaire d'organiser la reprise de son travail dans le cadre d'un temps partiel thérapeutique.

Compétence du conseil des prud'hommes en cas de contestation - En cas de contestation (difficulté ou de désaccord sur l'appréciation émise par le médecin du travail sur l'état de santé ou la nature des postes que l'état de santé du salarié lui permet d'occuper), le conseil des prud'hommes statuant selon la procédure accélérée au fond est compétent (c. trav. art. R. 4624-45) (pour la procédure à suivre, voir *Inaptitude physique**).

Décision de l'employeur - L'employeur est tenu de prendre en compte les propositions du médecin du travail au titre de son obligation de reclassement à l'égard d'un salarié déclaré inapte ou, plus largement, au titre de son obligation légale de sécurité (c. trav. art. L. 4624-6 ; cass. soc. 7 décembre 1993, n° 90-44626 D ; cass. soc. 13 mai 2015, n° 13-28792 D) [voir *Hygiène et sécurité (obligations de l'employeur)**].

Toutefois, l'employeur peut s'opposer au temps partiel thérapeutique pour un motif légitime lié à l'intérêt de l'entreprise. Dans ce cas, il doit faire connaître au médecin du travail et au salarié les motifs qui s'opposent à ce qu'il y soit donné suite (c. trav. art. L. 4624-6). Le refus peut ainsi résulter de l'impossibilité d'organiser une reprise aménagée sur le poste occupé par le salarié et de l'absence de tout autre poste compatible avec l'état de santé ou avec les contraintes d'organisation de l'entreprise.

▶ Attention… Aucun salarié ne peut faire l'objet d'une mesure discriminatoire, directe ou indirecte, en matière d'affectation, de qualification, de mutation en raison de son état de santé. Aussi, l'employeur ne peut pas prendre l'initiative de changer d'affectation, en raison de son état de santé, un salarié qui a repris son poste de travail en temps partiel thérapeutique : la mesure serait discriminatoire, et ce, quelle que soit l'intention bienveillante de l'employeur (cass. soc. 30 mars 2011, n° 09-71542, BC V n° 81).

Décision du salarié - Dans la mesure où le passage temporaire à temps partiel constitue une *modification du contrat de travail**, le salarié peut à notre sens le refuser sans que cela constitue un motif réel et sérieux de licenciement. Il en est de même lorsque le salarié conteste la compatibilité du poste auquel il est affecté, dans le cadre du temps partiel, avec les recommandations du médecin (cass. soc. 6 février 2008, n° 06-44413, BC V n° 33). L'employeur doit, dans ce cas, solliciter à nouveau l'avis du médecin du travail.

▶ À noter… Si l'employeur n'est pas en mesure d'apporter la preuve de l'impossibilité de reclassement du salarié dans un poste adapté à ses capacités, le salarié peut envisager une action en dommages et intérêts devant la juridiction prud'homale à l'encontre de l'entreprise (cass. soc. 23 février 2000, n° 97-44947 D).

Avenant au contrat de travail - La visite médicale au cours de laquelle le médecin du travail déclare le salarié apte à reprendre dans le cadre d'un temps partiel thérapeutique met fin à la suspension du contrat de travail du salarié (cass. soc. 12 décembre 2000, n° 98-43036, BC V n° 415 ; cass. soc. 22 juin 2011, n° 10-17421 D). Le contrat doit, en conséquence, être modifié par avenant afin de préciser la nature des mesures envisagées, leur durée ainsi que les modalités de rémunération. Les clauses obligatoires d'un contrat de *travail à temps partiel** doivent ainsi être reprises.

Rémunération

L'employeur doit verser au salarié une rémunération en fonction du temps de travail exercé dans l'entreprise. Le salarié a droit notamment :
- aux primes versées dans l'entreprise (ancienneté, etc.) ;
- aux titres-restaurant (si le temps de travail comporte une pause déjeuner) ;
- aux remboursements des frais de transport dans les conditions applicables dans l'entreprise ;
- à la participation ou à l'intéressement, compte tenu des critères de répartition applicables.

Le contrat de travail n'étant pas suspendu *(voir ci-avant)*, le salarié ne peut pas, en principe, bénéficier du maintien de salaire prévu par la loi ou les conventions collectives en cas d'arrêt de travail pour maladie ou accident du travail.

Pour autant, il peut avoir droit à des IJSS.

Droit à IJSS

Versement sous conditions - Lorsque les conditions du temps partiel thérapeutique sont remplies, la CPAM peut verser les IJSS (c. séc. soc. art. L. 323-3 et L. 433-1).

▶ À noter… Le salarié en temps partiel thérapeutique ne peut pas, en principe, percevoir une rémunération supérieure au salaire normal des travailleurs de la même catégorie professionnelle, compte tenu de son salaire d'activité et des IJSS servies par la sécurité sociale (c. séc. soc. art. L. 323-3 et L. 433-1).

Dans le cadre d'une maladie non professionnelle - Dans le cadre d'une maladie non professionnelle, le temps partiel thérapeutique peut être indemnisé sans avoir à justifier d'un arrêt de travail à temps complet préalable (depuis le 1.01.2019) (c. séc. soc. art. L. 323-3, 1°).

Depuis le 1.01.2020, le délai de carence de 3 jours relatifs aux IJ maladie n'est plus applicable dans le cadre d'un temps partiel thérapeutique (c. séc. soc. art. L. 323-3). Autrement dit, le salarié est pris en charge par la sécurité sociale dès son premier jour de temps partiel thérapeutique.

▶ À noter… Cette mesure ne s'applique, à notre avis, qu'aux temps partiels thérapeutiques prescrits depuis le 1.01.2020.

L'indemnité journalière versée en cas de temps partiel thérapeutique est calculée selon les mêmes modalités que les *indemnités journalières de sécurité sociale de maladie** versées en cas d'arrêt de travail pour maladie. Toutefois, le montant de l'indemnité journalière ne peut pas être supérieur à la perte de gain journalière liée à la réduction de l'activité résultant du travail à temps partiel pour motif thérapeutique (c. séc. soc. art. R. 323-3).

La durée de versement des IJSS pour temps partiel thérapeutique ne peut pas excéder d'un an le délai maximal de perception des IJSS (3 ans) (c. séc. soc. art. R. 323-3).

Dans le cadre d'un accident du travail ou d'une maladie professionnelle - Depuis le 1.01.2020, si le travail, effectué par le salarié dans le cadre du temps partie thérapeutique, est reconnu par le médecin-conseil de la caisse primaire comme de nature à favoriser la guérison ou la consolidation de la blessure, le salarié peut continuer à percevoir ses indemnités journalières de sécurité sociale (IJSS) en tout ou partie (c. séc. soc. art. L. 433-1).

Aucune durée maximale de versement d'IJSS n'a été fixée en cas de temps partiel thérapeutique à la suite d'un accident du travail ou de maladie professionnelle (c. séc. soc. art. L. 433-1). Toutefois, selon nos informations, des contrôles médicaux sont opérés afin de s'assurer de la justification de la poursuite de l'indemnisation du travail léger ou de la capacité de l'assuré à reprendre un travail à temps complet.

Droits du salarié et prise en compte dans l'effectif

Le temps partiel thérapeutique est considéré comme du travail effectif tant pour les droits liés à l'ancienneté que pour les congés payés et autres droits sociaux. Le salarié est pris en compte dans l'*effectif** de l'entreprise.

Il bénéficie des droits applicables aux salariés dans l'entreprise et reste électeur et éligible comme tout salarié, dans les conditions applicables dans l'entreprise.

Fin du temps partiel thérapeutique

À l'issue du temps partiel thérapeutique et même si cela n'est pas obligatoire, le salarié passe un nouvel examen médical avec le médecin du travail (c. trav. art. R. 4624-31).

En cas d'avis d'inaptitude, l'employeur doit respecter la procédure de reconnaissance de l'*inaptitude** ainsi que la recherche d'un reclassement.

▶ À noter… Un contrat à durée déterminée (CDD) peut être conclu pour assurer le remplacement d'un salarié en temps partiel thérapeutique. Dans ce cas, si le salarié remplacé conserve un temps de travail partiel à l'issue du temps partiel thérapeutique, le terme du CDD de remplacement correspond au terme du temps partiel thérapeutique (c. trav. art. L. 1242-2 ; cass. soc. 23 novembre 2016, n° 14-10652, BC V n° 220).

☛ *Indemnités journalières de sécurité sociale ; Travail à temps partiel.*

Temps de travail effectif

Définition légale

La durée du travail effectif est le temps pendant lequel le salarié est à la disposition de l'employeur et doit se conformer à ses directives sans pouvoir vaquer librement à des occupations personnelles (c. trav. art. L. 3121-1).

Exemple

Il n'y a pas de travail effectif lorsqu'un salarié choisit de rester sur son lieu de travail la nuit et que, pendant cette période, il peut vaquer librement à des occupations personnelles sans être tenu de se conformer à des directives de l'employeur (cass. soc. 16 juin 2011, n° 09-68753 D).

La notion de travail effectif permet de déterminer la durée du travail effectuée par un salarié et de calculer, notamment, son nombre d'*heures supplémentaires** ou ses droits à *congés payés**.

Les différentes durées maximales du travail énoncées par le code du travail se décomptent, elles aussi, en temps de travail effectif. Les temps non travaillés, mais considérés comme temps de travail effectif, doivent être inclus dans ces durées. En revanche, les temps non assimilés à du temps de travail effectif sont exclus du calcul des durées maximales.

Temps de travail assimilés par la loi

La loi assimile à du temps de travail effectif certains temps non travaillés. L'administration a également

Situations assimilées à du temps de travail effectif pour la durée du travail (1)
Absences : NON. Sont exclues les absences pour pont, maladie, accident, grève, les heures pour recherche d'emploi en cours de préavis (note DRT du 2 juin 1997) et celles pour convenances personnelles.
Apprentis : OUI. Le temps consacré par l'apprenti aux enseignements et activités pédagogiques est compris dans l'horaire de travail et peut générer des heures supplémentaires (cass. soc. 11 juillet 2000, n° 98-41825 D).
Astreinte : OUI-NON. Une période d'astreinte s'entend comme une période pendant laquelle le salarié, sans être sur son lieu de travail et sans être à la disposition permanente et immédiate de l'employeur, doit être en mesure d'intervenir pour effectuer un travail au service de l'entreprise, la durée de cette intervention étant considérée comme un temps de travail effectif (c. trav. art. L. 3121-9). Ainsi, il faut distinguer : - les périodes d'astreintes, qui sont obligatoirement indemnisées, non comme du temps de travail effectif, mais dans les conditions prévues par un accord ou, à défaut, par l'employeur ; - le trajet effectué par le salarié au terme de sa journée de travail, entre l'entreprise et son domicile où il est placé en astreinte étant précisé, qu'en l'espèce, ce temps a été considéré comme du temps de travail effectif car le trajet devait impérativement être réalisé dans le véhicule de l'entreprise mis à la disposition du salarié pour effectuer le trajet le plus court, sans pouvoir transporter une quelconque personne étrangère à l'entreprise (cass. soc. 14 décembre 2016, n° 15-19723 D) ; - les périodes d'intervention lorsque le salarié est appelé pendant les astreintes et qui doivent être rémunérées, en principe, comme du temps de travail effectif ; - le temps de déplacement accompli lors de périodes d'astreinte, qui fait partie intégrante de l'intervention et constitue un temps de travail effectif qui doit être rémunéré comme du temps de travail effectif à part entière (cass. soc. 31 octobre 2007, n°s 06-43834 et 06-43835, BC V n° 183). Voir **téléphone portable**, ci-après.

Situations assimilées à du temps de travail effectif pour la durée du travail (1)
Casse-croûte : NON. Le temps nécessaire au casse-croûte n'est pas assimilé à du temps de travail effectif sauf si les critères de la définition légale du temps de travail effectif sont réunis (c. trav. art. L. 3121-2 ; cass. soc. 25 mars 1998, n°s 96-40800 et 96-45139 D) (voir Pauses*).
Congés payés : NON. En l'absence de dispositions légales ou conventionnelles, les jours de congés payés ne sont pas assimilés à du temps de travail effectif (cass. soc. 1er décembre 2004, n° 02-21304, BC V n° 318). La même solution doit être retenue, à défaut d'usage plus favorable, pour les autres congés légaux pour convenances personnelles (bilan de compétences, congé sabbatique, etc.) et pour les congés familiaux (congé parental, mariage, maternité, naissance, événements familiaux, etc.). Des accords collectifs peuvent prévoir les conditions dans lesquelles la période d'absence des salariés dont le contrat est suspendu à plein-temps est prise en compte.
Contrepartie obligatoire en repos : OUI en général. La contrepartie obligatoire en repos est prise en compte pour le paiement des heures supplémentaires (circ. DRT 2000-07 du 6 décembre 2000 ; c. trav. art. L. 3121-30).
Convention de forfait : OUI. Le nombre d'heures (ou de jours sur l'année) indiquées dans une convention de forfait constitue du temps de travail effectif.
CPF de transition professionnelle : NON. Le temps consacré par un salarié à une formation dans le cadre du CPF de transition professionnelle est du temps correspondant à une période de suspension du contrat de travail.
Défenseurs syndicaux (formation) : OUI. Les absences pour formation du défenseur syndical sont assimilées à du temps de travail effectif dans la limite de 2 semaines par période de 4 ans (c. trav. art. L. 1453-7).
Douche : NON. En général, le temps passé à la douche est exclu du travail effectif même s'il est rémunéré en vertu d'un accord. Pour les travaux insalubres ou salissants, le temps est légalement rémunéré au tarif normal des heures de travail sans être décompté dans la durée du travail effectif (c. trav. art. R. 3121-1).
Formation professionnelle : OUI. Pour les actions de formation, obligatoires ou non, suivies par les salariés sur le temps de travail (c. trav. art. L. 6321-2 et L. 6321-6). **NON.** Pour les actions de formation non obligatoire réalisées hors temps de travail (c. trav. art. L. 6321-6).
Habillage : OUI-NON. Le temps nécessaire aux opérations d'habillage* et de déshabillage n'est pas, légalement, du temps de travail effectif. Mais lorsque le port d'une tenue de travail est imposé par des dispositions législatives ou réglementaires, par des clauses conventionnelles, par le règlement intérieur ou le contrat de travail et que l'habillage et le déshabillage doivent être réalisés dans l'entreprise ou sur le lieu de travail, le temps nécessaire aux opérations d'habillage et de déshabillage fait l'objet de contreparties soit sous forme de repos, soit financières (c. trav. art. L. 3121-3 ; cass. soc. 26 mars 2008, n° 05-41476, BC V n° 73 ; cass. soc. 3 juin 2009, n° 07-42646 D ; cass. soc. 28 octobre 2009, n° 08-41953, BC V n° 238 ; cass. soc. 17 février 2010, n° 08-44343 D). Lorsque le salarié doit porter une tenue de travail et qu'il ne bénéficie pas de contrepartie pour le temps nécessaire à l'habillage et au déshabillage, l'employeur doit apporter la preuve qu'il a rémunéré ces temps comme du temps de travail effectif (cass. soc. 12 juillet 2006, n° 04-45441, BC V n° 264).
Heures de délégation (crédit d'heures) : OUI. Les heures de fonction des représentants du personnel dans la limite des crédits d'heures attribués par les textes (voir Heures de délégation*). Les heures prises en dehors de l'horaire hebdomadaire de travail au-delà de la durée légale, en raison des nécessités du mandat, sont payées comme des heures supplémentaires (cass. soc. 18 mai 1993, n° 96-43453 D).
Heures d'équivalence : NON. Pour certaines professions, en raison du caractère intermittent de l'activité, les salariés sont payés selon la durée légale du travail pour une présence supérieure. Ce temps n'est pas rémunéré (c. trav. art. L. 3121-13).
Heures de récupération : NON. Ces heures constituent des heures normales déplacées compensant des heures de travail perdues en dessous de la durée légale hebdomadaire (c. trav. art. L. 3121-50).
Jours fériés : NON. En l'absence de dispositions légales ou conventionnelles, les jours fériés ne peuvent pas être assimilés à du temps de travail effectif (cass. soc. 1er décembre 2004, n° 02-21304, BC V n° 318). Il convient donc de ne pas tenir compte des heures correspondant au jour férié chômé pour savoir si le salarié a ou non effectué des heures supplémentaires (cass. soc. 4 avril 2012, n° 10-10701, BC V n° 115).
Jours de réduction du temps de travail : NON. Les journées ou demi-journées prises sur une période de 4 semaines ou sur l'année ne constituent pas du temps de travail effectif (circ. DRT 2000-07 du 6 décembre 2000).
Mise à pied disciplinaire : NON. La période de mise à pied non indemnisée n'entre pas, en principe, dans le temps de travail effectif.
Pannes du matériel : OUI. Certaines conventions collectives stipulent que les temps d'arrêt de travail provoqués par les incidents ou la maintenance du matériel de production doivent être assimilés à du temps de travail effectif. À notre avis, cette solution doit être étendue en l'absence de dispositions conventionnelles, lorsque les salariés restent sur leur lieu de travail, à la disposition de l'employeur et sous sa subordination. En revanche, l'assimilation n'a plus lieu d'être quand l'employeur libère les salariés, notamment en cas de panne prolongée.

Situations assimilées à du temps de travail effectif pour la durée du travail (1)
Pauses : OUI-NON. Les temps consacrés aux pauses deviennent du temps de travail effectif lorsque les critères légaux sont réunis (c. trav. art. L. 3121-2). Sur la requalification de pauses en temps de travail effectif, voir Pauses*. On notera que pour les formateurs, les temps d'accueil et de pause sont du temps de travail effectif, dans la mesure où sur ces périodes le formateur reste au service des stagiaires (cass. soc. 14 septembre 2016, n° 14-2610, BC V n° 166).
Permanence dans l'entreprise : OUI. Les heures de permanence dans l'entreprise constituent une période de travail effectif. Cette période peut éventuellement être décomptée selon un horaire d'équivalence, à la condition d'être prévue par un décret (voir Astreinte*). Une permanence assurée en continuité par des médecins contraints de demeurer sur place ou de se tenir dans un local de garde prévu à cet effet, afin de rester pendant toute la durée de leur garde à la disposition immédiate de l'employeur sur leur lieu de travail, constitue du temps de travail effectif (cass. soc. 8 juin 2011, n° 09-70324, BC V n° 153). Un salarié qui effectue des permanences de nuit comprenant des « périodes d'inaction », prises en compte via un système d'équivalence, doit bénéficier d'un temps de pause d'au moins 20 minutes après 6 heures de présence. Ce temps de pause ne doit pas être considéré comme compris dans les périodes d'inaction (cass. soc. 29 juin 2011, n° 10-14743, BC V n° 184).
Permanence téléphonique dans un logement de fonction : OUI. Dans des professions telles que les gardiens d'immeubles ou les surveillants de copropriété, les salariés peuvent bénéficier d'un logement de fonction et se trouver tenus, durant certaines périodes, de rester dans ce logement afin d'intervenir en cas de nécessité. Une permanence téléphonique assurée le soir et la nuit, dans un tel logement de fonction qui nécessitait une disponibilité de tous les instants a été reconnue comme du temps de travail (cass. soc. 9 novembre 2010, n° 08-40535, BC V n° 255).
Réceptions-cocktails : OUI. Le temps passé à des « cocktails dînatoires de nature professionnelle » constitue du temps de travail effectif. Le salarié y était à la disposition de l'employeur et devait se conformer à ses directives (cass. soc. 5 mai 2010, n° 08-44895 D). Le fait que les salariés disposaient d'une certaine liberté de mouvement (discussions, consommation de boissons, etc.) au cours de ces cocktails était sans incidence.
Repos compensateur de remplacement : OUI. Le repos compensateur de remplacement est assimilé à du temps de travail (c. trav. art. L. 3121-24 et circ. DRT 2000-07 du 6 décembre 2000).
Représentants du personnel (formation) : OUI-NON. Le temps de formation des membres du comité social et économique* est, en principe, du temps de travail effectif (c. trav. art. L. 2315-16 et L. 2315-18). L'employeur n'a pas à rémunérer les heures de formation excédant le temps de travail hebdomadaire contractuel du salarié (cass. soc. 15 juin 2010, n° 09-65180, BC V n° 138). Il en est de même de la formation suivie hors temps de travail (cass. soc. 21 septembre 2011, n° 10-13681 D).
Représentants du personnel (réunions) : OUI. Les heures utilisées par les représentants du personnel au cours des réunions légales des institutions représentatives sont payées et assimilées à du temps de travail effectif. Le temps passé dans les trajets pour assister à ces réunions est rémunéré comme du temps de travail effectif lorsque le trajet n'est pas effectué pendant une période de travail et qu'il dépasse, en durée, le temps normal de déplacement entre le domicile du salarié et le lieu de son travail (cass. soc. 30 septembre 1997, n° 95-40125, BC V n° 299 ; cass. soc. 12 juin 2013, n° 12-15064, BC V n° 154).
Restauration et temps de repas : OUI-NON. Le temps nécessaire à la restauration est considéré comme du temps de travail effectif lorsque les critères légaux sont réunis (c. trav. art. L. 3121-2). Même s'il n'est pas reconnu comme du temps de travail, il peut faire l'objet d'une rémunération par voie conventionnelle ou contractuelle. En principe, le temps de repas ne constitue pas du temps de travail effectif. Il en va autrement lorsque le salarié ne peut pas s'éloigner de son poste de travail et qu'il doit rester à la disposition de l'employeur pendant les temps de repas (cass. soc. 10 mars 1998, n° 95-43003, BC V n° 132) ou si le salarié ne dispose d'aucune liberté pendant ce temps (cass. soc. 14 novembre 2000, n°s 97-45001 et 98-43314, BC V n° 364).
Téléphone portable : OUI-NON. Les appels professionnels par téléphone portable peuvent, le cas échéant, être justifiés s'ils répondent à une nécessité de l'entreprise. Les interventions professionnelles que le salarié serait amené à faire à la suite de ces appels doivent être décomptées comme temps de travail effectif, dans des conditions identiques à une astreinte* (rép. QE 3307, JO AN du 12 janvier 1998, p. 198). Lorsque le salarié doit être joignable en dehors de ses heures de travail, cela peut s'analyser, dans certaines circonstances, en une astreinte de fait (cass. soc. 10 juillet 2002, n° 00-18452, BC V n° 238 ; cass. soc. 2 mars 2016, n° 14-14919 D ; cass. soc. 16 mars 2016, n° 14-27971 D). **(2)**
Télétravail : OUI en général. L'accord collectif d'entreprise relatif au télétravail* ou, à défaut, la charte élaborée par l'employeur précise notamment les modalités de contrôle du temps de travail (ANI du 19 juillet 2005 ; ANI du 26 novembre 2020 ; arrêté du 30 mai 2006, JO 9 juin ; c. trav. art. L. 1222-9).
Temps d'attente : OUI-NON. Les heures d'attente d'un chauffeur routier ne sont pas du temps de travail effectif dans la mesure où il n'est pas appelé à participer aux opérations de déchargement et de chargement de son camion et qu'il n'est pas prouvé qu'il se trouvait à la disposition de l'employeur et tenu de se conformer à ses directives (cass. soc. 7 avril 2010, n° 09-40020, BC V n° 88). À l'inverse, le temps d'attente durant lesquels le chauffeur routier est contraint de rester dans son camion pour le surveiller constitue du temps de travail effectif à rémunérer comme tel (cass. soc. 8 février 2017, n° 15-11372 D).

Situations assimilées à du temps de travail effectif pour la durée du travail (1)
Temps de déplacement pour se rendre sur le lieu de travail : OUI-NON. Le temps de déplacement professionnel pour se rendre sur le lieu d'exécution du contrat de travail n'est pas du temps de travail effectif. Toutefois, s'il dépasse le temps normal de trajet entre le domicile et le lieu habituel de travail, il doit faire l'objet d'une contrepartie soit sous forme de repos, soit financière (3) (c. trav. art. L. 3121-4). Pour que la contrepartie soit due, le salarié doit prouver l'existence de ce temps de trajet inhabituel (cass. soc. 15 mai 2013, n° 11-28749, BC V n° 124). Pour autant, il ne s'agit pas de temps de travail effectif (cass. soc. 14 novembre 2012, n° 11-18571, BC V n° 295). La part de ce temps de déplacement professionnel coïncidant avec l'horaire de travail ne doit pas entraîner de perte de salaire (c. trav. art. L. 3121-4). Cas particulier : le temps de déplacement du salarié dans l'enceinte d'un site sécurisé (en l'espèce, aéroport d'Orly) supposant le passage de contrôles pour rejoindre son poste de travail ne constitue du temps de travail effectif sauf à démontrer que le salarié se trouve à la disposition de son employeur et doit se conformer à ses directives sans pouvoir vaquer librement à des occupations personnelles (cass. soc. 9 mai 2019, n° 17-20740 FSPB). Cas particulier : Un salarié - chauffeur livreur - regagnait son domicile dans le véhicule d'entreprise avec les colis non distribués. Le lendemain, en partant de son domicile, il transportait ces colis avant d'aller au dépôt de la société. Le salarié devant utiliser, pour effectuer le trajet entre les locaux du client de son employeur et son domicile, un véhicule de l'entreprise contenant parfois des colis appartenant à ce client il s'agissait de temps de travail effectif (cass. soc. 3 juin 2020, n° 18-16920 D). **Salariés itinérants (jurisprudence de la Cour de cassation).** Pour la Cour de cassation, le temps consacré par les salariés itinérants à leurs déplacements entre plusieurs sites d'intervention d'une même journée de travail est rémunéré comme du temps de travail effectif (c. trav. art. L. 3121-1). En revanche, le temps de déplacement quotidien entre le domicile et les sites du premier et dernier client, n'est pas payé en temps de travail effectif mais doit faire l'objet d'une contrepartie quand il dépasse un trajet normal (c. trav. art. L. 3121-4). Il n'est pas non plus pris en compte dans le calcul des durées quotidiennes et hebdomadaires maximales (cass. soc. 30 mai 2018, n° 16-20634 FPPB). Sur ce dernier point, la Cour ne suit pas la CJUE (voir ci-après). **Salariés itinérants (jurisprudence européenne).** La Cour de justice de l'Union européenne (CJUE) a qualifié, au regard de la directive 2003/88/CE du 4 novembre 2003, le temps de déplacement que les salariés sans lieu de travail fixe ou habituel consacrent à leurs déplacements quotidiens entre leur domicile et les sites du premier et du dernier client (désignés par leur employeur) de temps de travail effectif. Pour la CJUE, ces temps sont à prendre en compte pour déterminer les périodes minimales de repos et la durée maximale de travail. Mais cette directive ne s'applique pas à la rémunération du temps de travail, cette question relevant des dispositions du droit national (CJUE 10 septembre 2015, n° C-266/14, § 48). Les employeurs ne sont donc pas tenus, à notre sens, de déduire de cette jurisprudence qu'il faut payer ces temps de trajet comme temps de travail.
Temps de déplacement entre divers lieux de travail : OUI. Le temps de trajet entre différents lieux de travail doit être considéré comme du temps de travail effectif (cass. soc. 5 novembre 2003, n° 01-43109, BC V n° 275 ; cass. soc. 8 mars 2005, n° 02-43414 D) dès lors que le salarié reste à la disposition de l'employeur sans pouvoir vaquer à des occupations personnelles (cass. soc. 26 mai 2016, n° 14-30098 D). Ainsi, le temps de déplacement professionnel entre le domicile d'un client et celui d'un autre client, au cours d'une même journée, est du temps de travail effectif dès lors que les salariés ne sont pas soustraits, au cours de ces trajets, à l'autorité de l'employeur (cass. crim. 2 septembre 2014, n° 13-80665, B. crim. n° 179). Il ne peut pas être rémunéré sous forme de prime (cass. soc. 16 juin 2004, n° 02-43685, BC V n° 171)
Temps de déplacement dans l'entreprise : OUI-NON. Le temps passé par les salariés en raison de l'éloignement entre les pointeuses, les vestiaires et les salles de repos constitue, en principe, du temps de travail effectif dès lors que les salariés sont obligés de se déplacer en tenue de travail et qu'ils doivent se conformer aux directives de l'employeur. Cela étant, les juges apprécient au cas par cas. Ils ont ainsi décidé qu'il importait peu que l'employeur impose aux salariés (cass. soc. 31 octobre 2007, n° 06-13232, BC V n° 182 ; cass. soc. 13 janvier 2009, n° 07-40638 D) : - de se mettre en tenue dans un vestiaire de l'entreprise avant d'occuper leur poste ; - un temps incompressible de déplacement en tenue (même insignifiant), dans la mesure où les pointeuses n'étaient pas situées à proximité immédiate des vestiaires. Il faut souligner que le juge ne peut pas imposer à l'employeur la modification de l'implantation des appareils de pointage (cass. soc. 13 juillet 2004, n° 02-15142, BC V n° 205). Enfin, le trajet entre l'entrée dans l'entreprise et la pointeuse n'est pas comptabilisé comme du temps de travail effectif (cass. soc. 7 juin 2006, n° 04-43456 D).
Temps de transport sur les chantiers : OUI-NON. En principe, les temps de trajet ne sont pas décomptés comme temps de travail effectif lorsque le salarié a la possibilité de se rendre directement sur le chantier sans avoir à passer obligatoirement par l'entreprise pour bénéficier de moyens de transport assurés par l'employeur. En revanche, quand les salariés sont tenus de se rendre au siège de l'entreprise à la demande expresse de l'employeur avant d'être transportés sur les chantiers, le temps de trajet doit être considéré comme étant du temps de travail effectif et être rémunéré comme tel (cass. soc. 27 février 2002, n° 00-40618 D ; rép. QE 1361, JO Sén. 6 février 2003, p. 430 ; rép. QE 10655, JO Sén. 18 mars 2004, p. 644).

Situations assimilées à du temps de travail effectif pour la durée du travail (1)
Il en est de même lorsque le salarié est à la disposition de l'employeur et exécute une prestation, à sa demande, en partant de l'entreprise. Ainsi, constituent du temps de travail effectif : - le temps passé par des salariés, au siège de l'entreprise, pour effectuer divers chargements avant d'être transportés sur les chantiers et en revenir en fin d'après-midi (cass. soc. 31 mars 1993, n° 89-40865 D) ; - les périodes pendant lesquelles les salariés sont tenus de se rendre au siège de l'entreprise avant l'heure d'embauche sur les chantiers, afin de prendre et ramener le camion et les matériels (cass. soc. 27 février 2002, n° 00-40618 D) ; - la présence d'un salarié dans l'entreprise une demi-heure avant l'heure d'embauche afin de procéder au chargement d'outils et d'être ensuite transporté sur le lieu du chantier (cass. soc. 9 mars 1999, n° 96-44643 D) ; - le temps passé par un salarié qui conduit, à la demande de son employeur, un véhicule pour transporter du personnel ou du matériel de l'entreprise sur un chantier ou entre les différents chantiers (rép. QE 17478, JO AN 10 mai 1999, p. 2853).
Travaux de préparation : OUI. Le temps passé à la mise en train de machines, à l'affûtage, au rangement des outils ou à des travaux de nettoyage doit être considéré comme du temps de travail effectif.
Visites et examens médicaux : OUI. La visite d'information et de prévention réalisée à l'embauche et les examens médicaux obligatoires sont pris en compte (c. trav. art. R. 4624-39).
(1) OUI : assimilation à du travail effectif ; NON : temps non assimilé à du travail effectif. Solutions applicables à défaut de convention collective ou d'usage plus favorable. (2) Sur la base de l'ancienne définition de l'astreinte, il a été jugé que le salarié devait rester à son domicile ou à proximité pour que l'on puisse parler d'astreinte (cass. soc. 25 janvier 2017, n° 15-26235 D). (3) Dans un cas d'espèce, il a été jugé qu'un salarié muté dans un établissement de l'entreprise plus éloigné de son domicile que le siège de l'entreprise auquel il était jusqu'alors affecté, devait percevoir cette contrepartie (cass. soc. 4 décembre 2013, n° 12-20155 D).

Absences du salarié assimilées à du travail effectif

(circ. DRT 2000-7 du 6 décembre 2000)

	Mêmes conséquences que du travail effectif pour…						
	Majorations pour heures supplémentaires (c. trav. art. L. 3121-36)	**Imputation sur le contingent** (c. trav. art. L. 3121-30)	**Contrepartie obligatoire en repos** (c. trav. art. L. 3121-30)	**Durées maximales du travail**	**Ouverture du droit à congés payés (1)**	**Calcul du droit à congés payés** (c. trav. art. L. 3141-4 et L. 3141-5)	**Droit à jours de repos de RTT (2)**
Jour férié chômé	OUI-NON (3)	NON	NON	NON	NON	NON	NON
Contrepartie obligatoire en repos	OUI	NON	NON	NON	OUI	OUI	OUI
Repos compensateur de remplacement	OUI	NON	NON	NON	OUI	OUI	OUI
Congés payés	NON	NON	NON	NON	NON	OUI	NON
Maladie non professionnelle	NON	NON	NON	NON	NON	NON (4)	NON
Jours de RTT (5)	NON	NON	NON	NON	NON	OUI	NON
Absence sans solde	NON	NON	NON	NON	NON	NON	NON
Congés pour événements familiaux	OUI	NON	NON	NON	NON	OUI	NON

(1) Pour les contrats à durée indéterminée, le droit à congés payés est ouvert si le salarié justifie d'un mois de travail effectif sur la période de référence.
(2) Un salarié peut bénéficier de jours de réduction du temps de travail (RTT) dans le cadre d'une RTT organisée par journées ou demi-journées de repos (dans le système légal mis en place avant la loi 2008-789 du 20 août 2008, JO du 21).
(3) Non, selon la Cour de cassation (cass. soc. 1er décembre 2004, n° 02-21304, BC V n° 318 ; cass. soc. 4 avril 2012, n° 10-10701, BC V n° 115) ; oui selon la circulaire du 6.12.2000.
(4) Sauf cas prévus à l'article L. 3141-5 du code du travail.
(5) Dans le dispositif d'aménagement du temps de travail mis en place avant l'application de la loi du 20.08.08 (loi 2008-789 du 20 août 2008, JO du 21).

pris position sur certaines interprétations (voir tableaux reproduits dans cette étude) (note DRT du 2 juin 1997 ; circ. min. du 24 juin 1998 ; circ. DRT 2003-6 du 14 avril 2003).

Ces temps non travaillés devront donc non seulement être payés mais inclus dans le temps de travail décompté pour le calcul des heures supplémentaires et des durées maximales (voir *Durée du travail**).

☛ *Temps de travail (preuve).*

Temps de travail (preuve)

En cas de litige relatif à l'existence ou au nombre d'heures de travail effectuées, la charge de la « preuve » de la réalisation des heures de travail relève de l'employeur et du salarié, sauf exception (c. trav. art. L. 3171-4).

Champ d'application du mode spécifique de preuve

Heures supplémentaires, complémentaires ou forfait jours : preuve partagée - Les dispositions du code du travail relatives à la répartition de la charge de la preuve des heures de travail effectuées, entre l'employeur et le salarié, s'appliquent aux contentieux relatifs (c. trav. art. L. 3171-4) :

- aux heures supplémentaires (cass. soc. 30 septembre 2003, n° 02-42730, BC V n° 248) ;
- aux heures complémentaires (cass. soc. 10 mai 2007, n° 05-45932, BC V n° 71) ;
- au temps de travail réalisé dans le cadre d'un forfait annuel en jours (cass. soc. 23 septembre 2009, n° 08-41377, BC V n° 200 ; cass. soc. 2 juin 2021, 19-16067 D).

▶ **À noter...** La preuve du contrôle de la charge de travail et de l'amplitude du temps de travail des salariés en forfait annuel en jour pèse exclusivement sur l'employeur (cass. soc. 19 décembre 2018, n° 17-18725 FPB) [voir *Convention de forfait (annuel)**].

Respect des seuils et plafonds : preuve à la charge de l'employeur - Les dispositions du code du travail relatives à la répartition de la charge de la preuve des heures de travail effectuées, entre l'employeur et le salarié, ne sont pas applicables à la preuve du respect des seuils et plafonds, prévus par la directive européenne sur le temps de travail, et en particulier (c. trav. art. L. 3171-4 ; cass. soc. 17 octobre 2012, n° 10-17370, BC V n° 267) :

- la durée maximale hebdomadaire de travail de 48 heures, heures supplémentaires comprises (dir. 2003/88/CE du 4 novembre 2003, art. 6) ;
- le temps de pause obligatoire après 6 heures de travail (dir. 2003/88/CE du 4 novembre 2003, art. 4 ; cass. soc. 20 février 2013, n° 11-21599, BC V n° 51 ; cass. soc. 8 avril 2021, n° 19-22700 D) ;
- le repos quotidien minimal de 11 heures consécutives par 24 heures (dir. 2003/88/CE du 4 novembre 2003, art. 3 ; cass. soc. 23 mai 2013, n° 12-13015 D) ;
- le repos hebdomadaire minimal de 24 heures sans interruption durant chaque période de 7 jours de travail (dir. 2003/88/CE du 4 novembre 2003, art. 5).

Il en est de même pour les repos et congés auxquels un salarié peut prétendre au titre de dispositions spécifiques (ex. : code de l'aviation civile) (directive 2003/88/CE du Parlement européen et du Conseil du 4 novembre 2003 ; cass. soc. 23 octobre 2013, n° 11-16032, BC V n° 247).

Dans ces domaines, en cas de litige, il appartient à l'employeur et à lui seul de prouver que le salarié a, par exemple, été mis en situation de prendre ses congés et repos.

▶ **À noter...** Lorsque l'employeur ne prouve pas que ses salariés ont bénéficié du temps de pause contractuellement prévu, ce temps de pause devient du travail effectif. Il peut donc générer des heures supplémentaires que l'employeur doit payer (cass. soc. 8 avril 2021, n° 19-22700 D).

Temps de trajet domicile-lieu de travail : preuve à la charge du salarié - Quand le temps de déplacement professionnel excède le temps normal de trajet entre le domicile et le lieu habituel de travail, l'employeur doit accorder au salarié une contrepartie en repos et/ou sous forme financière (voir *Temps de travail effectif**) (c. trav. art. L. 3121-4). L'octroi de cette contrepartie est conditionné par la preuve du caractère excessif de ce temps de trajet. Et en cas de litige, c'est au salarié qu'il appartient d'apporter cette preuve (ex. : en produisant des fiches de frais de déplacement) (cass. soc. 15 mai 2013, n° 11-28749, BC V n° 124).

Preuve partagée

Premiers éléments apportés par le salarié - Le salarié n'a pas à prouver la réalisation des heures non rémunérées qu'il considère avoir travaillées (cass. soc. 24 mars 2004, n° 02-40426 D). Il doit « présenter, à l'appui de sa demande, des éléments suffisamment précis quant aux heures non rémunérées qu'il prétend avoir accomplies » (cass. soc. 18 mars 2020, n° 18-10919 FPPBRI ; cass. soc. 24 novembre 2010, n° 09-40928, BC V n° 266).

Ces éléments doivent être « suffisamment précis quant aux horaires effectivement réalisés pour permettre à l'employeur de répondre en fournissant ses propres éléments » (cass. soc. 24 novembre 2010, n° 09-40928, BC V n° 266). Cependant, les juges ne peuvent pas exiger du salarié de produire un décompte hebdomadaire pour appuyer sa demande (cass. soc. 17 mai 2017, n° 15-22768 D). Cette exigence de précision ne doit pas non plus conduire à exiger du salarié qu'il indique dans ses décomptes les éventuelles pauses méridiennes qui auraient interrompu le temps de travail. Ce n'est pas à lui mais à l'employeur de prouver la prise des temps de pause (cass. soc. 20 février 2013, n° 11-28811, BC V n° 52 ; cass. soc. 20 février 2013, n° 11-21848 et 11-21599, BC V n° 51 ; cass. soc. 27 janvier 2021, n° 17-31046 FPPBRI, premier moyen).

Si le salarié ne présente pas des éléments suffisamment précis, le juge rejette sa demande (cass. soc. 31 mai 2006, n° 04-47376, BC V n° 200 ; cass. soc. 25 janvier 2017, n° 15-28973 D ; cass. soc. 25 janvier 2017, n° 15-26502 D).

▶ À noter… Les mêmes règles s'appliquent lorsque le salarié souhaite apporter la preuve de l'alimentation de son *compte épargne-temps** (cass. soc. 22 mars 2012, n° 11-11529 D).

Réponse de l'employeur - Dans un second temps, l'employeur fournit au juge des éléments de nature à justifier les horaires effectivement réalisés par le salarié (cass. soc. 10 mai 2007, n° 05-45932, BC V n° 71).

Exemple

Produire des fiches horaires sur lesquelles les salariés sont tenus de faire figurer leurs horaires théoriques ne suffit pas (cass. soc. 24 janvier 2007, n° 05-41360 D).

Ainsi, face aux éléments produits par le salarié, l'employeur, qui assure le contrôle des heures de travail effectuées, doit répondre utilement en produisant ses propres éléments. Il doit être en mesure de produire les documents de contrôle imposés par la loi pour démontrer la réalité des heures de travail effectuées par le salarié (cass. soc. 18 mars 2020, n° 18-10919 FPPBR).

Si l'employeur fournit des éléments insuffisants, sa carence bénéficie au salarié qui de son côté a fourni des éléments suffisants (cass. soc. 13 octobre 1998, n° 96-42373 D ; cass. soc. 12 février 2015, n° 13-17900 D). Lorsque l'employeur n'apporte aucun élément de nature à justifier les horaires réalisés par le salarié et se borne à contester globalement le décompte fourni par l'intéressé, sans en proposer un autre, il pourra être condamné à payer un rappel de salaire (cass. soc. 6 avril 2005, n° 03-42082 D).

Rôle du juge - Le juge se prononce sur la base de l'ensemble des éléments présentés par le salarié et de ceux produits par l'employeur (cass. soc. 18 mars 2020, n° 18-10919 FPPBR). En cas de besoin, il peut ordonner toutes les mesures d'instruction qu'il estime utiles (c. trav. art. L. 3171-4).

La Cour de cassation vérifie si le régime de la preuve partagée a bien été respecté. En revanche, l'appréciation du nombre d'heures à payer, et du rappel de salaire qui y est lié, relève de la compétence des juges du fond (conseil de prud'hommes et cour d'appel) (cass. soc. 4 décembre 2013, n° 12-22344, BC V n° 299 ; cass. soc. 4 décembre 2013, n° 12-11886, BC V n° 296 ; cass. soc. 4 décembre 2013, n° 11-28314, BC V n° 298 ; cass. soc. 4 décembre 2013, n° 12-17525, BC V n° 297).

Elle sanctionne les décisions prises sur la base des seuls éléments présentés par le salarié, sans que l'employeur ait eu à apporter ses propres éléments, car ce faisant, les juges du fond font peser la charge de la preuve des heures supplémentaires exclusivement sur le salarié (cass. soc. 18 mars 2020, n° 18-10919 FPPBR).

Éléments de preuve admis

Recevabilité devant les juges - Les éléments avancés par le salarié et l'employeur peuvent être très divers (décomptes de temps de travail, relevés de présence, agendas, etc.). Pour constituer des preuves recevables devant le juge, ils doivent notamment être conformes aux règles relatives à la protection des données personnelles (voir *Preuve**, *RGPD** et *Surveillance des salariés**). Ce n'est pas le cas de tickets de cantine qui ne respectent pas ces règles (cass. soc. 27 mars 2019, n° 17-31715 FPB).

Documents légaux - Il est possible de s'appuyer sur les documents obligatoires : fiche annexe en cas de modulation des horaires, etc.

Relevés d'heures établis par le salarié à la demande de l'employeur - Les juges acceptent les relevés établis par le salarié à la demande de l'employeur (cass. soc. 19 janvier 1999, n° 96-45628, BC V n° 26).

Exemple

Un salarié a pu appuyer sa demande en paiement d'heures supplémentaires en produisant des fiches « horaires de travail » établies par ses soins à la demande de l'employeur sur des modèles types fournis par l'entreprise et remises à celui-ci sans remarques de sa part (cass. soc. 10 mai 2000, n° 98-40736 D).

Si un salarié a fourni des éléments de nature à appuyer sa demande, le fait qu'il n'ait pas signé le registre des heures supplémentaires tenu par l'employeur ne suffit pas à écarter sa demande (cass. soc. 14 septembre 2005, n° 03-40574 D).

En revanche, les feuilles de temps réalisées par le salarié mais sur lesquelles l'employeur exige de voir porter les heures prévues au contrat de travail indépendamment des heures réellement travaillées n'ont pas de valeur alors que le salarié a pu prouver qu'il travaillait plus (cass. soc. 24 janvier 2007, n° 05-41360 D).

Relevés de temps de travail établis par le salarié à son initiative - Les juges admettent la validité de relevés établis par le salarié de sa propre initiative. En pratique, ce sont ces supports qui lui permettent d'appuyer sa demande.

Exemple

Les juges ont accepté que le salarié produise pour appuyer sa demande :

- un décompte d'heures de travail « établi au crayon, calculé mois par mois, sans autre explication ni indication complémentaire » (cass. soc. 24 novembre 2010, n° 09-40928, BC V n° 266) ;
- un document autodéclaratif du nombre de jours travaillés par lui (preuve d'un dépassement d'une convention de forfait annuel en jours) même si ce document n'avait pas été contresigné par un supérieur hiérarchique, procédure cependant exigée par la convention collective (cass. soc. 7 décembre 2010, n° 09-42626, BC V n° 281) ;
- un document récapitulatif dactylographié anonyme et non circonstancié (cass. soc. 15 décembre 2010, n° 08-45242, BC V n° 297) ;
- un relevé des heures (cass. soc. 26 septembre 2012, n° 10-27508, BC V n° 248) ;
- un journal de pointage informatique indiquant les heures d'entrée et de sortie de l'entreprise sans discontinuité (cass. soc. 19 septembre 2012, n° 11-18546 D) ;
- un tableau, dressé a posteriori, dans lequel il avait récapitulé les heures supplémentaires qu'il affirmait avoir accomplies, sans préciser ses horaires de travail (cass. soc. 29 janvier 2014, n° 12-24858 D) ;
- un carnet de feuilles de route pour une période d'environ 6 mois, des plannings et un décompte des heures supplémentaires (par semaine ou quinzaine) (cass. soc. 11 juin 2014, n° 12-28308 D) ;
- des relevés établis à son initiative et indiquant, par exemple, ses heures de début et de fin de journée (cass. soc. 30 septembre 2015, n° 14-17748 D).

La demande du salarié ne peut pas être rejetée au seul motif :

- **qu'il produit des tableaux récapitulatifs établis par ses soins et ne comportant pas le visa de l'employeur** (cass. soc. 10 mai 2007, n° 05-45932, BC V n° 71) ;
- **qu'il ne fournit qu'un simple décompte informatisé fait a posteriori par tableur sans aucune référence à un agenda ou à un document établi en temps réel** (cass. soc. 23 novembre 2011, n° 09-72045 D) ;
- **qu'il a simplement produit une liste des heures réclamées mentionnant un travail quotidien de 8 h 30 à 20 h, 20 h 15 ou 20 h 30 selon les jours « sans coupure ni pause » et que sa seule mention manuscrite sur un document du nombre d'heures supplémentaires qu'il a effectuées ne suffit pas à appuyer sa demande** (cass. soc. 30 mai 2012, n° 11-10247 D).

Les juges ne peuvent pas rejeter ces documents dans la mesure où l'employeur peut y répondre.

En revanche, si les copies des pages d'un agenda du salarié sont des éléments suffisants pour appuyer une demande de paiement d'heures supplémentaires, les juges peuvent refuser de reconnaître l'existence des heures supplémentaires lorsqu'une attestation fournie par l'employeur contredit ces éléments (cass. soc. 8 juin 2011, n° 09-43208, BC V n° 141).

▶ À noter… L'admission de l'autodéclaration comme élément appuyant la demande du salarié a ses limites. En pratique, les juges exigent que les « fiches de décompte » produites par le salarié soient précises (dates, années, etc.) et non floues et invérifiables (cass. soc. 16 juin 2011, n° 09-69250 D).

Les juges ont également écarté :

- **la demande d'un salarié produisant un cahier récapitulant les heures de travail qu'il prétendait avoir accomplies ; les pages du cahier étant présentées de la même façon et écrites avec le même stylo alors qu'elles couvraient la période 2002-2006, les juges ont considéré que les éléments produits n'étaient pas suffisants** (cass. soc. 11 juillet 2012, n° 10-27888, BC V n° 221) ;
- **des messages électroniques régulièrement envoyés en dehors des heures d'ouverture de l'entreprise** (cass. soc. 16 mai 2013, n° 11-28903 D).

Système d'enregistrement automatique - Le décompte des heures de travail effectuées par chaque salarié assuré par un système d'enregistrement automatique fiable et infalsifiable (ex. : pointeuse) est accepté comme moyen de preuve (c. trav. art. L. 3171-4) (voir *Pointage des salariés**).

Feuilles de présence - Pour contester des heures supplémentaires, l'employeur peut s'appuyer sur des feuilles de présence émargées par les salariés (cass. soc. 6 octobre 2015, n° 13-27657 D).

Exemple

Il peut s'appuyer sur le système de pointage qu'il a mis en place (cass. soc. 29 mai 2002, n° 00-42048 D).

Captures d'écrans et courriels - Un salarié peut appuyer une demande en paiement d'heures supplémentaires en produisant des courriels envoyés depuis son domicile et des captures d'écran à la condition que ces éléments permettent de déterminer quelles étaient ces heures et qu'il mette ainsi l'employeur en mesure de répondre (cass. soc. 15 janvier 2015, n° 13-27072 D).

Attestations - Les attestations de clients, de salariés ou de conseillers de salariés sont recevables si elles sont crédibles. Elles sont écartées lorsqu'elles émanent :

- de salariés ne travaillant pas aux mêmes horaires ou si elles sont contredites par d'autres témoignages (cass. soc. 27 mars 2001, n° 98-44666 D ; cass. soc. 15 décembre 2004, n° 03-40238 D) ;
- de proches du salarié (cass. soc. 13 janvier 2016, n° 14-25527 D).

P-V de l'inspection du travail - Le décompte détaillé et circonstancié des heures du salarié corroboré par un procès-verbal de l'inspection du travail constatant les dépassements d'horaires est recevable (cass. soc. 6 avril 2005, n° 03-42082 D).

Réparation du préjudice

Le juge ne peut pas, lorsqu'il est saisi d'une demande de paiement d'heures supplémentaires, y substituer des dommages-intérêts (cass. soc. 23 février 2005, n° 02-42552, BC V n° 69).

Les dispositions légales qui régissent les litiges relatifs à l'existence ou au nombre d'heures de travail effectuées excluent la possibilité de réparer un préjudice pour perte de chance de prouver le nombre d'heures supplémentaires effectuées, notamment en raison d'une carence de l'employeur dans la production des éléments d'appréciation qui lui incombe (c. trav. art. L. 3171-4 ; cass. soc. 15 octobre 2002, n° 00-40728, BC V n° 315).

☛ *Horaires de travail (justification) ; Preuve ; Temps de travail effectif.*

Tenue vestimentaire

☛ *Frais professionnels (vêtements de travail) ; Habillage ; Religion ; Vêtements.*

Territoires zéro chômeur de longue durée

☛ *Aide à l'embauche (secteur de l'économie sociale et solidaire).*

Ticket modérateur

☛ *Maladie (remboursement de).*

Tiers payant

☛ *Maladie (remboursement de).*

Titre emploi-service entreprise

Le titre emploi-service entreprise (TESE) permet aux entreprises de remplir, de façon simplifiée, leurs obligations liées à l'embauche et à l'emploi (c. séc. soc. art. L. 133-5-6).

Employeurs concernés

Le TESE concerne toutes les entreprises relevant du régime général, quel que soit leur effectif. L'employeur qui souhaite adhérer au TESE, doit utiliser exclusivement ce dispositif pour l'ensemble de ses salariés (c. séc. soc. art. L. 133-5-6).

▶ À noter… À compter du 1.01.2024, l'employeur pourra utiliser le TESE pour une partie du personnel seulement (c. séc. soc. art. L. 133-5-6 au 1.01.2024).

Les entreprises relevant du régime général (ou agricole) situées en Guadeloupe, Martinique, Guyane, à La Réunion et à Saint-Martin peuvent également bénéficier du TESE (www.letese.urssaf.fr).

En revanche, certaines situations particulières ne peuvent pas être gérées par le TESE. Sont concernés :

- les salariés dont les cotisations sont calculées sur des taux réduits (artistes, intermittents du spectacle, journalistes, certains médecins…) ;

- les intermittents du spectacle dépendant du Guso (c. trav. art. D. 1272-3) ;
- les VRP multicartes, les vendeurs à domicile et les travailleurs à domicile ;
- les stagiaires dont la gratification est supérieure à la franchise de cotisations sociales, soit une gratification de stage dont le taux horaire se situe au-delà de 15 % du plafond horaire de la sécurité sociale par heure de stage ;
- les exonérations liées à l'aide à domicile, au service civique, aux jeunes entreprises innovantes (JEI), au contrat d'appui au projet d'entreprise et aux bassins d'emploi à redynamiser (BER).

Sont également exclues de ce dispositif, les entreprises relevant du régime agricole en Métropole (admis en Outre-mer) ou de régimes spéciaux (EDF, GDF, les mines…), ainsi que les entreprises de travail temporaire, les groupements d'employeurs, les comités sociaux et économiques et pour l'Outre-mer les entreprises relevant des secteurs de la pêche et de l'aquaculture (www.letese.urssaf.fr).

Adhésion au dispositif

Tout employeur utilisant le TESE est tenu de procéder à son adhésion par voie dématérialisée. L'adhésion au TESE s'effectue en ligne sur le site Internet « www.letese.urssaf.fr ». À partir de son espace sécurisé, l'employeur peut déclarer ses salariés, éditer les documents transmis par son centre TESE, modifier son mot de passe, ses coordonnées bancaires, etc.

L'employeur adhère au dispositif par voie dématérialisée au moyen d'un formulaire qui comporte les mentions suivantes (c. séc. soc. art. D. 133-13) :
- l'identification de l'entreprise, à savoir : sa raison et dénomination sociale, l'adresse du siège social et le numéro d'identité de l'établissement employeur ;
- le cas échéant, une autorisation de prélèvement automatique sur un compte bancaire.

Le non-respect de cette obligation entraîne l'application de la pénalité prévue en cas de défaut de production de la *déclaration sociale nominative (DSN)**, c'est-à-dire une pénalité égale, par salarié concerné, à 1,50 % du plafond mensuel de la sécurité sociale (c. séc. soc. art. L. 133-5-8 et R. 133-14, III).

▶ À noter… L'adhésion au dispositif TESE n'a pas valeur d'affiliation auprès des organismes de retraite complémentaire et de prévoyance obligatoires ou des caisses de congés payés : l'entreprise utilisant le TESE doit, préalablement à cette utilisation, se faire connaître auprès de ces organismes.

La demande d'adhésion des entreprises est transmise à l'organisme compétent pour le secteur professionnel auquel elles appartiennent. Les secteurs d'activité gérés dans le cadre du TESE sont répartis entre l'URSSAF d'Aquitaine et l'URSSAF d'Île France (c. séc. soc. art. L. 133-5-10 et D. 133-13 ; arrêté du 9 septembre 2019, JO du 15, texte 13).

▶ À noter… Ces centres nationaux sont désignés pour assurer l'adhésion des associations au dispositif, la réception des déclarations sociales, le calcul des cotisations, contributions sociales et de la retenue à la source de l'impôt sur le revenu, ainsi que l'émission du bulletin de paie et du décompte des cotisations, contributions sociales et retenue à la source.
Le recouvrement des cotisations, contributions sociales et de la retenue à la source est, quant à lui, de la compétence de l'URSSAF (ou de la CGSS dans les DOM) dont relève territorialement l'entreprise (arrêté du 9 septembre 2019, JO du 15, texte 13).

Déclaration d'identification du salarié

Avant toute transmission de la première déclaration d'activité, les employeurs utilisant le TESE doivent transmettre à l'organisme gestionnaire, la déclaration d'identification du salarié (c. séc. soc art. D. 133-13-1). Cette déclaration – qui se substitue au « volet social » - comporte, outre la signature de l'employeur et du salarié (c. trav. art. D. 1272-1) :
- les mentions relatives au salarié (nom, prénoms, sexe, date et lieu de naissance et numéro national d'identification s'il est déjà immatriculé à la sécurité sociale, date et heure d'embauche) (c. trav. art. R. 1221-1, 2° et 3°) ;
- les mentions relatives à l'emploi.

Ces dernières ont trait à la nature du contrat de travail (contrat à durée indéterminée ou à durée déterminée, avec, dans ce cas, indication du motif de recours et de la date de fin de contrat), la durée du travail, la durée de la période d'essai, la catégorie d'emploi, la nature de l'emploi et, le cas échéant, le niveau d'emploi (niveau hiérarchique et coefficient), le cas échéant, l'intitulé de la convention collective applicable, le montant de la rémunération et de ses différentes composantes, y compris, s'il en existe, les primes et accessoires de salaire, les particularités du contrat de travail s'il y a lieu, le taux de la cotisation accidents du travail et des maladies professionnelles si plusieurs taux sont applicables dans l'établissement, la pratique éventuelle d'un abattement sur l'assiette ou le taux des cotisations, etc.

Le non-respect par l'employeur de cette obligation de transmission est sanctionné par la pénalité correspondant à 300 fois le taux horaire du minimum garanti (1 128 € en 2022) (c. trav. art. L. 1221-11).

Cette transmission ne dispense pas l'employeur de l'obligation de remise de la déclaration d'identification au salarié (c. séc. soc. art. D. 133-13-1 ; c. trav. art. D. 1272-1). La transmission tardive de ce volet équivaut à une absence d'écrit, ce qui pour un salarié en CDD peut entraîner la requalification de la relation de travail en contrat à durée indéterminée (cass. soc. 3 mai 2016, n° 14-29317, BC V n° 850). Si un contrat de travail est rédigé à part, les clauses du contrat ainsi rédigé priment sur les mentions correspondantes du volet d'identification (c. trav. art. D. 1272-4).

Déclaration d'activité du salarié

Lorsque la déclaration d'identification du salarié a été opérée, l'employeur peut procéder à la déclaration d'activité de ce dernier (c. séc. soc. art. L. 133-5-8).

Pour ce faire, l'employeur transmet par voie dématérialisée les données relatives au salarié et à la période d'activité concernée en précisant les mentions relatives au salarié (nom de famille, nom d'usage et prénoms, numéro d'inscription au répertoire des personnes physiques s'il en dispose, date et lieu de naissance, sexe, adresse) ainsi que la période d'activité qui ne peut s'étendre sur plus d'un mois civil (c. séc. soc. art. D. 133-13-2).

Le cas échéant, les employeurs, doivent également déclarer à l'organisme gestionnaire (c. séc. soc. art. D. 133-13-4) : le début et la fin de l'arrêt de travail pour cause d'accident ou de maladie d'origine professionnelle ou non professionnelle, de congé de maternité, d'adoption ou de paternité et d'accueil de l'enfant de leur salarié ou encore la fin du contrat de travail.

▶ À noter… Cette transmission permet de satisfaire aux obligations suivantes : établissement de l'attestation de salaire servant à déterminer le revenu d'activité journalier pour le calcul des prestations en espèces de l'assurance maladie, maternité et paternité ou le salaire journalier servant au calcul des indemnités journalières dues au titre du risque accident du travail et maladies professionnelles, et fourniture des éléments couverts par l'attestation Pôle emploi (c. séc. soc. art. D. 133-13-4, II).

En plus de ces mentions générales, la déclaration d'activité du salarié comporte les mentions (c. séc. soc. art. D. 133-13-5) relatives à l'activité exercée et à la rémunération :

- nombre de jours ou d'heures rémunérés, éléments constituant la rémunération ainsi que le choix pour déclarer celle-ci sur la base de son montant brut ou de son montant net des cotisations et contributions sociales à la charge du salarié, en précisant la nature et le montant des accessoires de salaires soumis aux cotisations et contributions sociales ainsi que, le cas échéant, la nature et le montant des autres éléments non soumis à cotisations et contributions sociales (notamment au titre de la prise en charge des frais de transport ou des autres frais professionnels) ;
- base forfaitaire retenue ;
- dates de congés et, éventuellement, montant de l'indemnité de congés payés ;
- total des jours d'absence ainsi que le détail, par nature, de ces absences.

La déclaration d'activité du salarié comporte aussi (c. séc. soc. art. D. 133-13-5) :

- les mentions de la date de paiement de la rémunération ;
- l'indication, le cas échéant, que le salarié est un bénéficiaire de l'obligation d'emploi des travailleurs handicapés.

Cette déclaration, effectuée sur le site www.letese.urssaf.fr, doit être transmise au plus tard le 5e jour suivant la période d'activité (c. séc. soc. art. D. 133-13-6).

▶ À noter… En cas de défaut, d'omission ou d'inexactitude des déclarations de rémunérations et, le cas échéant, de modification de la déclaration dans le mois suivant, l'employeur est redevable de la pénalité prévue pour défaut de production de la DSN, c'est-à-dire une pénalité égale, par salarié concerné, à 1,50 % du plafond mensuel de la sécurité sociale (c. séc. soc. art. R. 133-15, I).

Objet du TESE

Le recours au TESE permet notamment à l'entreprise (c. trav. art. L. 1273-3 ; c. séc. soc. art. L. 133-5-7) :

- d'obtenir le calcul des rémunérations conformément aux dispositions légales et conventionnelles applicables ainsi que de l'ensemble des cotisations et contributions sociales obligatoires ;
- de souscrire les déclarations obligatoires relatives aux cotisations et contributions sociales, y inclus s'il y a lieu aux caisses de congés payés.

▶ À noter… Le TESE permet d'effectuer les déclarations et les paiements afférents aux cotisations et contributions dues (c. trav. art. D. 1272-2) :

- au régime général de la sécurité sociale ;
- au régime d'assurance chômage ;
- aux régimes de retraite complémentaire et de prévoyance obligatoires ;

- aux caisses de congés payés pour les secteurs du BTP et des transports.

Le TESE se charge du calcul des contributions de formation professionnelle concernées par le transfert au réseau des URSSAF des contributions de formation professionnelle et de la taxe d'apprentissage depuis 2022.

Il incombe à l'entreprise de s'acquitter des autres contributions directement auprès des organismes concernés (ex. : service de santé au travail, régimes de protection sociale facultatifs).

Plus précisément, le recours à ce dispositif permet à l'employeur de respecter ses obligations en matière de formalités relatives aux services de santé au travail et à l'examen d'embauche, d'effectuer les diverses déclarations administratives (attestation d'emploi, auprès de l'assurance chômage, déclaration des rémunérations, congés payés) (c. trav. art. D. 1272-2).

Il permet également de déclarer et de reverser les montants liés au prélèvement à la source de l'impôt sur le revenu (c. séc. soc. art. L. 133-5-7).

Le centre de traitement du TESE compétent dans le secteur professionnel concerné calcule le montant de l'impôt sur le revenu qui est prélevé à la source pour les salariés concernés en appliquant le taux transmis par l'administration fiscale.

Il est également chargé, pour le compte des employeurs, d'établir les formalités et déclarations auxquelles la déclaration sociale nominative se substitue (c. séc. soc. art. L. 133-5-9).

Sur la base des informations communiquées par les employeurs, l'organisme gestionnaire établit, pour le compte de ces personnes, au maximum 4 jours après la réception de la déclaration d'activité, un bulletin de paie qui est mis à disposition de l'employeur et du salarié, sauf certaines exceptions, et qui comporte les mentions obligatoires prévues à l'article R. 3243-1 du code du travail. Il est accompagné, pour l'employeur, d'un relevé global des sommes dont il est redevable (c. séc. soc. art. D. 133-13-3).

▶ À noter… Est nulle de plein droit toute demande de données ou d'informations déjà produites par une entreprise au titre du TESE, effectuée auprès de cette dernière par les organismes auxquels sont reversées les cotisations et contributions sociales (c. trav. art. L. 1273-3).

Calcul et paiement des cotisations

Sur la base des déclarations de l'employeur, l'organisme gestionnaire du TESE calcule les cotisations et contributions dues au titre de l'emploi du salarié ainsi que le montant du prélèvement de l'impôt sur le revenu qui doit être prélevé à la source si le salarié est imposable. Les employeurs doivent s'acquitter auprès de cet organisme, au cours du deuxième mois qui suit celui de la période d'activité déclarée du salarié (c. séc. soc. art. D. 133-13-6) **:**
- de l'intégralité des cotisations et contributions sociales ;
- du reversement de la retenue à la source.

En cas de paiement hors délai, des majorations de retard sont appliquées (c. séc. soc. art. R. 243-16).

En outre, si l'employeur a effectué sa déclaration après la fin du premier mois suivant la période d'activité, le paiement doit être effectué « sans délai » (c. séc. soc. art. D. 133-13-6). **Certaines autres contributions (service de santé au travail, taxe d'apprentissage, etc.) sont prélevées directement par l'organisme de recouvrement en même temps que les cotisations et contributions légales** (c. séc. soc. art. D. 133-13-7).

▶ À noter… Les employeurs de moins de 11 salariés qui utilisent le TESE ne peuvent pas opter pour le versement trimestriel des cotisations (c. séc. soc. art. R. 243-6-1).

☛ *Bulletin de paie ; Déclaration sociale nominative (DSN) ; Embauche.*

Titre-restaurant

Les titres-restaurant sont des titres spéciaux de paiement « des repas » remis par l'employeur ou par le *comité social et économique au personnel salarié de l'entreprise.**

Attribution

Facultatif - Il n'y a aucune obligation légale de mettre en place un système de titres-restaurant.

▶ Attention… L'employeur ne peut pas décider de remplacer une indemnité conventionnelle de repas à laquelle il est tenu pour certains salariés (en l'espèce, il s'agissait de la convention collective nationale des transports routiers et des activités auxiliaires de transport) par l'octroi de titres-restaurant dont bénéficiaient tous les autres salariés de l'entreprise et d'une prime de panier (cass. soc. 4 février 2015, n° 13-28034, BC V n° 21).

À la place d'un local de restauration - L'employeur peut-il se dégager de l'obligation de mettre à disposition des salariés un *local de restauration** en leur attribuant des titres-restaurant ?

Il a été admis qu'une entreprise attribuant des titres-restaurant soit dispensée de l'obligation d'aménager un local de restauration si trois conditions cumulatives sont remplies (rép. Ebrard n° 8300, JO 27 mai 1964, AN quest. p. 1406) :

- difficultés matérielles d'installer un local ;
- accord de tous les salariés ;
- et existence, à proximité, d'un ou de plusieurs restaurants acceptant les titres-restaurant.

Cette tolérance n'ayant pas de valeur juridique, le principe veut que l'attribution de titres-restaurant n'exonère pas l'entreprise de son obligation (CE 11 décembre 1970, n° 75398).

Bénéficiaires - Tout salarié peut recevoir un titre-restaurant par repas compris dans son horaire de travail journalier (c. trav. art. R. 3262-7). Voir ci-après pour les télétravailleurs.

Les titres-restaurant sont également attribués aux salariés intérimaires (cass. soc. 29 novembre 2006, n° 05-42853, BC V n° 366) et aux stagiaires (c. éduc. art. L. 124-3) (voir *Stages en entreprise**).

Les salariés absents (ex. : maladie, congés payés) ne bénéficient pas des titres-restaurant. Il en est de même :

- pour les travailleurs à domicile (cass. soc. 13 janvier 1999, n° 97-40187 D) ;
- pour les travailleurs à temps partiel dont la journée de travail se termine avant ou débute après le déjeuner (rép. Sublet, n°s 59483 et 68221, JO 1er juillet 1985, AN quest. p. 3078) [voir *Travail à temps partiel (statut)**].

▶ À noter… Les *heures pour recherche d'emploi** pour lesquelles la convention collective prévoit qu'elles ne doivent pas entraîner de réduction de salaire ouvrent droit à des titres-restaurant (cass. soc. 18 décembre 2013, n° 12-22752 D). Dans ce cas, l'employeur doit attribuer au salarié des titres restaurant pour les repas compris dans les heures pour recherche d'emploi.

Attribution aux télétravailleurs - La crise sanitaire en intensifiant le recours au *télétravail** a fait émerger la question de l'attribution des titres-restaurant aux télétravailleurs et des contentieux aux solutions opposées :

- le tribunal judiciaire de Nanterre, a jugé qu'il était possible de ne pas attribuer de titres-restaurant aux télétravailleurs, leur situation n'étant pas comparable à celle d'un salarié sur site puisque les télétravailleurs peuvent se restaurer à leur domicile et éviter le surcoût d'une restauration prise hors de chez eux (tribunal judiciaire Nanterre, 10 mars 2021, n° RG 20/09616) ;
- le tribunal judiciaire de Paris, a estimé que les conditions d'utilisation des titres-restaurant sont compatibles avec l'exécution des fonctions en télétravail puisqu'elles ont pour principe directeur de permettre au salarié de se restaurer lorsque son temps de travail comprend un repas et qu'à ce titre les télétravailleurs se trouvent dans une situation équivalente à celle des salariés sur site (tribunal judiciaire de Paris, 30 mars 2021, n° RG 20/09805).

Attention cependant, il s'agit de décision de 1re instance, l'avenir dira ce qu'il adviendra de ces affaires en appel, voire devant la Cour de cassation.

▶ À noter… L'ANI du 26 novembre 2020 « pour une mise en œuvre réussie du télétravail » ne contient aucune mention expresse relative à la restauration des salariés en télétravail. Mais pour le tribunal judiciaire de Paris, cela ne permet en rien de conclure que l'employeur n'est pas tenu d'attribuer des titres-restaurant aux salariés en télétravail.

Selon l'administration, dans les entreprises où les salariés bénéficient de titres-restaurant, il peut en être de même pour les télétravailleurs (à domicile, nomades ou en bureau satellite). Ces titres restaurants ouvrent droit aux mêmes exonérations, sous les mêmes conditions *(voir ci-après)*, que pour les salariés sur site (BOSS, Avantages en nature, § 130, 01/01/2022).

Attribution sans discrimination - L'employeur peut définir des critères d'attribution des titres-restaurant pourvu que ceux-ci soient objectifs et non discriminants, sachant que la seule différence de catégorie professionnelle n'est pas un critère valable. Par exemple, l'employeur ne peut pas traiter différemment :

- les cadres et les non-cadres placés dans la même situation (cass. soc. 20 février 2008, n° 05-45601, BC V n° 39) ;
- les salariés selon qu'ils sont sédentaires ou non (cass. soc. 16 novembre 2007, n° 05-45438 D) ;
- ni les non-sédentaires entre eux selon l'emploi de chacun (cass. soc. 4 février 2009, n°s 07-41291 et 07-41858 D).

En revanche, il est possible de réserver les titres-restaurant aux salariés ayant une durée minimale de travail au cours du mois (cass. soc. 16 septembre 2009, n° 08-42040 D).

Titre-restaurant

Caractéristique des titres

Émission - L'émetteur des titres peut être l'employeur, le comité social et économique (CSE) ou une entreprise spécialisée qui les vend à l'employeur. Tout émetteur doit ouvrir un compte spécial où seuls les fonds perçus en contrepartie de la cession des titres sont versés. Les titres sont remis aux salariés par l'employeur ou le CSE.

Dématérialisation des titres-restaurant - Les titres-restaurant peuvent être émis et utilisés sous forme dématérialisée (cartes rechargeables ou applications sur téléphone mobile) (c. trav. art. R. 3262-1).

▶ À noter... L'employeur est libre de passer à la formule dématérialisée ou de continuer d'attribuer des titres-restaurant « papier ».

Mentions obligatoires - Certaines informations doivent figurer sur le titre-restaurant (c. trav. art. R. 3262-1) :
- les nom et adresse de l'émetteur et de l'établissement bancaire à qui les titres doivent être présentés en remboursement (par les restaurateurs ou les détaillants en fruits et légumes) ;
- le montant de la valeur libératoire du titre (les salariés payant la différence, s'il y a lieu) ;
- les indications de l'année civile d'émission et de la période d'utilisation par les salariés (de 1 à 3 mois) ;
- un numéro par série de nombres caractérisant l'émission.

En cas de titres dématérialisés, la mention des nom et adresse de l'émetteur et ceux de la personne ou de l'établissement bancaire figurent de façon très apparente sur le support physique du paiement dématérialisé (c. trav. art. R. 3262-1-2).

▶ À noter... Ces mentions sont apposées au recto du titre par l'émetteur. Au moment de la réception du titre, le restaurateur doit y apposer ses nom et adresse. Pour bénéficier des exonérations fiscales et sociales prévues par les textes, l'employeur et le salarié doivent, si cela n'a pas été fait, apposer sur le titre leurs nom et adresse (décret 67-1165 du 14 octobre 1967). Cette mention n'est pas exigée pour les titres-restaurant sous la forme dématérialisée (BOFiP-RSA-CHAMP-20-50-30-11/03/2015).

Modalités d'utilisation

Lieu d'utilisation - Les titres-restaurant ne peuvent être utilisés que dans le département du lieu de travail du salarié bénéficiaire et dans les départements limitrophes, sauf indication contraire, très apparente, apposée sous sa responsabilité par l'employeur, au bénéfice exclusif des salariés appelés par leurs fonctions à effectuer des déplacements à longue distance (c. trav. art. R. 3262-9).

Paiement par titre-restaurant - Ces titres ne peuvent être délivrés qu'aux salariés de l'entreprise et ne sont pas utilisables le *dimanche** et les *jours fériés**, sauf mention contraire portée par l'employeur au bénéfice exclusif des salariés travaillant ces jours-là. En cas de titres-restaurant dématérialisés, l'employeur devra informer les salariés de sa décision, avant l'émission du titre (c. trav. art. R. 3262-8 et R. 3262-10).

Un même repas ne peut être payé avec plusieurs titres. Le plafond quotidien d'utilisation des titres-restaurant est de 19 € (c. trav. art. R. 3262-10 ; BOFiP-RSA-CHAMP-20-50-30-11/03/2015).

En pratique, le titre-restaurant permet de payer en tout ou partie (c. trav. art. L. 3262-1 et R. 3262-4) :
- un repas au restaurant ;
- des préparations alimentaires directement consommables (ex. : plat cuisiné ou sandwich), le cas échéant à réchauffer ou à décongeler, notamment des produits laitiers ;
- des fruits et légumes qu'ils soient ou non directement consommables.

▶ À noter... Le salarié qui utilise un titre-restaurant dématérialisé sera débité de la somme exacte à payer, dans la limite du plafond quotidien de 19 €.

Utilisation durant la crise sanitaire liée à l'épidémie de covid-19 - En principe, l'utilisation des titres-restaurant (TR) - papier ou dématérialisés - est limitée à un montant maximum de 19 € par jour *(voir ci-avant)*.

Dans le cadre de la crise sanitaire, le montant maximum des titres-restaurant a été relevé à 38 € par jour, pour une utilisation dans les restaurants, les hôtels-restaurants ou les débits de boissons assimilés à ceux-ci, le click and collect et les livraisons jusqu'au **28.02.2022** (décret 2020-706 du 10 juin 2020, art. 1 et 2, JO du 11 ; décret 2021-104 du 2 février 2021, JO du 23 ; décret 2021-1368 du 20 octobre 2021, JO du 21).

Par ailleurs, ils pouvaient être utilisés le dimanche et les jours fériés, par dérogation avec le principe général d'interdiction pendant ces jours (sauf volonté contraire de l'employeur) (décret 2020-706 du 10 juin 2020, art. 1 et 2, JO du 11 ; décret 2021-104 du 2 février 2021, JO du 23 ; décret 2021-1368 du 20 octobre 2021, JO du 21).

Enfin, les titres restaurants 2020 sont restés valides jusqu'au 31.08.2021. De plus, les titres 2020 non utilisés durant cette période et rendus par les salariés bénéficiaires à leur employeur au plus tard au cours de la quinzaine suivante sont échangés gratuitement contre un nombre égal de titres émis pour l'année civile 2021 (décret 2021-104 du 2 février 2021, JO du 23 ; décret 2021-104 du 2 février 2021, JO du 3).

Exonération

De la part de l'employeur - La participation patronale au financement des titres-restaurant est exonérée de cotisations et d'impôt sur le revenu lorsque son montant (c. séc. soc. art. L. 136-1-1, III, 4° a et L. 242-1, I ; c. trav. art. L. 3262-6 ; loi 2020-1721 du 29 décembre 2020, JO du 30) :

- est compris entre 50 % et 60 % de la valeur libératoire du titre (CGI, ann. IV, art. 6 A) ;
- et ne dépasse pas une valeur forfaitaire maximale par titre-restaurant (valeur de 5,69 € en 2022) (CGI art. 81, 19° ; www.urssaf.fr).

▶ À noter… Pendant la crise sanitaire liée au covid-19, les employeurs dans l'impossibilité de distribuer des titres-restaurants « papier » ont pu choisir de verser à leurs salariés une indemnité repas égale au montant de la participation patronale au financement de ces titres. Cette indemnité a été exonérée de cotisations sociales le temps que la reprise de la distribution des titres « papier » soit de nouveau possible.

En cas de dépassement de la limite d'exonération, l'excédent réintégré dans l'assiette des cotisations de sécurité sociale est limité à la partie indûment exonérée ou réduite, sauf mauvaise foi de l'employeur ou agissements répétés (c. séc. soc. art. L. 133-4-3).

▶ À noter… L'employeur peut prélever la participation du salarié aux titres-restaurant sur le salaire de celui-ci (cass. soc. 1er mars 2017, n° 15-18333, BC V n° 36).

Éléments retenus pour apprécier les limites d'exonération - Une prime dont l'objet est de couvrir les frais de repas revêt la même nature que la contribution patronale aux titres-restaurant et doit être ajoutée à cette dernière pour apprécier les limites d'exonération (cass. soc. 14 juin 1990, n° 87-18536, BC V n° 287). De même, lorsque le CSE participe, conjointement avec l'employeur, au financement des titres-restaurant, il doit être fait masse des deux participations pour apprécier le droit à l'exonération.

☛ *Avantage en nature (nourriture) ; Local de restauration.*

Tracts

Les publications et tracts de nature syndicale peuvent être librement diffusés aux salariés de l'entreprise (c. trav. art. L. 2142-4). Tout salarié peut diffuser des publications et tracts. Il n'est pas nécessaire que l'intéressé dispose d'un mandat de représentant du personnel. Pour autant, la propagande électorale antérieure au premier tour des élections professionnelles dans l'entreprise est réservée aux syndicats représentatifs [voir *Élections professionnelles (campagne électorale)**]. Un employeur manque donc à son devoir de neutralité s'il laisse diffuser un tract anonyme mettant en cause les élus et appelant à ne pas voter au premier tour (cass. soc. 7 novembre 2012, n° 11-60184 D).

La diffusion s'entend aussi bien des distributions gratuites que de la vente de documents.

Diffusion des tracts

Lieu et heure de diffusion - La diffusion a lieu (c. trav. art. L. 2142-4) :

- dans l'enceinte de l'entreprise (le choix du lieu appartient à la *section syndicale** d'entreprise et l'employeur ne saurait rien imposer en la matière, un accord peut cependant être conclu) ;
- aux heures d'entrée et de sortie du travail (il convient de noter que des accords de branche, des conventions collectives ou des accords d'entreprise peuvent admettre la distribution de tracts pendant les heures de travail).

Un usage peut autoriser que la distribution des tracts se fasse pendant le temps de travail. Si cet usage a été dénoncé mais que les habitudes de distribution ne changent pas, l'employeur peut obtenir du juge des référés que cela cesse (cass. soc. 20 septembre 2018, n° 17-21099 D).

▶ À noter… Les règles relatives à la distribution des tracts dans l'enceinte de l'entreprise ne s'appliquent pas à la distribution de tracts portant l'en-tête d'un syndicat à l'extérieur de l'entreprise (cass. soc. 28 février 2007, n° 05-15228, BC V n° 37). À ce titre, ni la voie publique, ni les parties communes de l'immeuble où l'entreprise occupe des locaux, ni l'établissement d'un client au sein duquel des salariés de l'entreprise effectuent des missions ne sont considérés comme faisant partie de « l'enceinte » de l'entreprise (cass. soc. 18 janvier 2011, n° 09-12240 D)

Horaires variables - Dans les entreprises pratiquant les horaires variables, la diffusion peut se faire à tout moment durant les plages fixes, y compris si cela correspond à l'heure du déjeuner (cass. soc. 5 janvier 2022, n° 20-15005 FB). En cas de travail par équipes, le syndicat peut diffuser ses publications au moment du changement d'équipe (rép. QE 6750, JO AN 16 mars 1998, p. 1505).

Dépôt de tracts - Le dépôt d'une partie des tracts sur le bureau du personnel absent en dehors des horaires de travail et la distribution d'une autre partie au personnel d'un service ayant commencé le travail depuis une demi-heure n'est pas conforme aux dispositions légales (cass. soc. 27 mai 1997, n° 95-14850, BC V n° 193).

Pauses et repas - Les pauses et temps de repas pris dans un local situé dans l'enceinte de l'entreprise ne sauraient, sauf accord ou usage dérogatoire, être assimilés à des heures d'entrée et de sortie de travail auxquelles la diffusion de tracts est autorisée (cass. soc.9 juin 1983, n° 82-11087, BC V n° 316). La donne n'est pas la même lorsque l'heure du déjeuner est sur une plage d'horaires variables (voir ci-avant).

Règles sanitaires - Dans le contexte de la crise sanitaire liée au covid-19, le ministère du Travail a souligné que l'ensemble de ces distributions et communications devra se faire dans le respect strict des règles sanitaires applicables au sein de l'entreprise (Q/R « Dialogue social » du ministère du Travail du 17 avril 2020, actualisé le 27 novembre 2020).

Salariés mis à disposition. - Les salariés mis à disposition d'une entreprise extérieure doivent pouvoir accéder aux informations syndicales diffusées dans leur entreprise d'origine. C'est l'employeur – l'entreprise d'origine – qui doit prendre les mesures nécessaires pour que la diffusion des communications syndicales puisse être assurée auprès d'eux. Par exemple, il peut être envisagé que les salariés mis à disposition aient accès aux communications via leurs boîtes mails individuelles professionnelles, que les publications et tracts syndicaux soient déposés sur des présentoirs dédiés dans les locaux de l'entreprise utilisatrice avec l'accord de celle-ci (cass. soc. 17 mars 2021, n° 19-21486 FSP).

Utilisation d'Internet

Accord collectif - La diffusion des communications syndicales sur le site intranet de l'entreprise se fait (c. trav. art. L. 2142-6) :

- soit par accès direct, sous réserve de la conclusion d'un accord d'entreprise sur les conditions et les modalités de diffusion des informations syndicales au moyen des outils numériques disponibles dans l'entreprise ;
- soit par accès indirect via un site syndical (accessible sur l'intranet de l'entreprise), et ce, sans accord collectif.

Toutefois, sont seuls éligibles à l'accès indirect (donc sans accord collectif préalable) les syndicats présents dans l'entreprise, qui satisfont « aux critères de respect des valeurs républicaines et d'indépendance », constitués depuis au moins 2 ans et dont le champ professionnel et géographique couvre celui de l'entreprise.

Conditions à respecter - L'utilisation par les organisations syndicales des outils numériques mis à leur disposition doit (c. trav. art. L. 2142-6) :

- être compatible avec les exigences de bon fonctionnement et de sécurité du réseau informatique de l'entreprise ;
- ne pas avoir de conséquences préjudiciables à la bonne marche de l'entreprise ; cela peut, par exemple, être le cas si des informations confidentielles figurent sur le site Internet crée par le syndicat et sont accessibles à tous, notamment aux concurrents et aux clients (cass. soc. 5 mars 2008, n° 06-18907, BC V n° 55) ;
- préserver la liberté de choix des salariés d'accepter ou de refuser un message.

Les salariés doivent donc être clairement et préalablement informés afin de pouvoir, le cas échéant, s'opposer à l'envoi de tout message syndical sur leur messagerie professionnelle. Pour la CNIL, ce droit ainsi que ses modalités d'exercice devraient être systématiquement rappelés dans tout message ultérieur afin que les salariés aient, à tout moment, la possibilité de s'opposer à la réception de messages syndicaux (CNIL, note du 22 mars 2017).

▶ À noter... Les adresses électroniques professionnelles des salariés doivent être considérées comme des *données personnelles**. À ce titre, elles doivent être collectées de manière loyale et les personnes démarchées doivent avoir le droit de s'opposer à recevoir un courrier de prospection syndicale (délib. CNIL 2012-048 du 16 février 2012). En outre, ces adresses ne peuvent pas être utilisées par les syndicats ou par l'employeur pour d'autres raisons que la mise à disposition de publications et tracts de nature syndicale (CNIL, note du 22 mars 2017). Ces préconisations de la CNIL bien qu'antérieures au 25.05.2018, date d'entrée en vigueur du *RGPD**, demeurent valables puisqu'elles se réfèrent à des principes inchangés.

Limites et sanction pour violation de l'accord - L'accord d'entreprise relatif à l'utilisation des outils numériques par les syndicats peut poser des limites à cette utilisation et prévoir une sanction s'il y a manquement. Il peut, par exemple, limiter l'usage de la messagerie à des envois uniquement en réponse à une question individuelle posée par un salarié via cette messagerie. En cas de manquement, l'accord peut alors envisager la fermeture de l'accès à la messagerie pendant une durée limitée (cass. soc. 12 juillet 2017, n° 15-27742, BC V n° 122).

Contenu des tracts

Application des dispositions relatives à la presse - Le contenu des tracts est librement déterminé par l'organisation syndicale, sous réserve de l'application des dispositions relatives à la presse (c. trav. art. L. 2142-5).

Ces dispositions prohibent la diffamation, les fausses nouvelles, les injures et les provocations à commettre ces infractions.

Diffamation - Toute allégation ou imputation qui porte atteinte à l'honneur ou à la considération de la personne ou du corps auquel le fait est imputé est une diffamation. La publication directe ou par voie de reproduction de cette allégation ou de cette imputation est punissable, même si elle est faite sous forme dubitative ou si elle vise une personne ou un corps non expressément nommé, mais dont l'identification est rendue possible par les termes des discours, cris, menaces, écrits ou imprimés, placards ou affiches incriminés.

La bonne foi, dans les propos tenus, peut permettre à l'auteur de ceux-ci d'écarter l'infraction de diffamation si quatre conditions cumulatives sont respectées (cass. civ., 1re ch., 17 mars 2011, n° 10-11784, BC I, n° 58) :
- l'absence d'animosité personnelle ;
- la légitimité du but poursuivi ;
- la prudence et la mesure dans l'expression ;
- le sérieux de l'enquête.

Injures - L'injure est une expression outrageante, terme de mépris ou invective, qui ne renferme l'imputation d'aucun fait. Une poursuite devant le tribunal correctionnel peut être engagée dans les 3 mois à compter du jour où la diffamation ou l'injure ont été commises.

Fausses nouvelles - La publication, la diffusion ou la reproduction, par quelque moyen que ce soit, de nouvelles fausses, de pièces fabriquées, falsifiées ou mensongèrement attribuées à des tiers, lorsque, faite de mauvaise foi, elle aura troublé la paix publique ou aura été susceptible de la troubler, sera punie.

Provocations - Sont considérés comme complices ceux qui auront directement provoqué l'auteur ou les auteurs à commettre ladite action, si la provocation a été suivie d'effet, notamment :
- soit par des écrits, imprimés, dessins, gravures, peintures, emblèmes, images ou tout autre support de l'écrit, de la parole ou de l'image vendus ou distribués, mis en vente ou exposés dans des lieux ou réunions publics ;
- soit par des affiches exposées au regard du public ;
- soit par tout moyen de communication audiovisuelle.

Sanctions disciplinaires - Lorsqu'il n'y a aucun lien entre la situation sociale de l'entreprise et le contenu d'un courriel diffusé sur le réseau intranet d'une entreprise par un représentant du personnel, ce dernier peut être valablement sanctionné par l'employeur (cass. soc. 22 janvier 2008, n° 06-40514, BC V n° 14). De même, l'employeur peut mettre à pied un délégué syndical ayant diffusé par voie électronique des tracts syndicaux au-delà du quota autorisé par l'accord collectif (cass. soc. 19 mai 2010, n° 09-40279 D).

Sanctions pénales - L'auteur d'un tract contenant des propos ne respectant pas les dispositions relatives à la presse peut être poursuivi pénalement. Il peut s'agir du délégué syndical, d'un autre membre de la section syndicale ou de tout auteur du tract dès lors qu'il s'agit d'une personne physique.

En revanche, les syndicats et, de façon plus générale, les personnes morales, ne peuvent pas être poursuivis au titre des infractions relatives à la presse, qu'il s'agisse de délits ou de contraventions (loi du 29 juillet 1981, art. 43-1 ; cass. crim. 19 juin 2001, n° 00-86667 D ; cass. crim. 10 septembre 2013, n° 12-83672, B. crim. n° 178).

L'action publique et l'action civile résultant des infractions aux dispositions relatives à la presse (crimes, délits ou contraventions) se prescrivent après 3 mois révolus, à compter du jour où elles auront été commises (ex. : jour de la distribution du tract) (loi du 29 juillet 1881, art. 65).

Section syndicale.

Trajet

Accident de trajet ; Heures de délégation ; Participation aux frais de transport ; Frais professionnels (déplacement BTP, ETT, tôlerie) ; Frais professionnels (véhicule) ; Temps de travail effectif.

Transaction

L'employeur et le salarié peuvent valablement conclure une transaction pour mettre fin à un différend concernant soit l'exécution même du contrat de travail, soit les conséquences de la rupture de ce dernier.

Pour une transaction conclue devant le bureau de conciliation du conseil de prud'hommes, voir *Conseil de prud'hommes (conciliation)**.

Conditions de validité

Une transaction est un contrat conclu entre l'employeur et le salarié pour résoudre leur différend en évitant d'aller devant les juges. Pour conclure une transaction, il faut donc respecter les conditions de validité applicables à tout contrat. L'employeur et le salarié doivent donc avoir la capacité de transiger et consentir de façon libre et éclairée. Enfin, la transaction doit avoir un objet certain et une cause licite *(voir ci-après)*.

Des conditions plus spécifiques liées à la conclusion d'une transaction pour résoudre un litige lié à la rupture d'un contrat de travail viennent s'ajouter à ces conditions générales. Ainsi, une telle transaction doit être conclue :
- une fois la rupture du contrat intervenue et définitive *(voir ci-après)* ;
- pour mettre fin, moyennant les concessions réciproques, à une contestation née ou à naître entre l'employeur et le salarié à l'occasion de la rupture du contrat de travail *(voir ci-après)*.

Si l'une ou l'autre de ces conditions n'est pas respectée, la transaction est nulle *(voir ci-après)*.

▶ **Attention…** La transaction n'entre pas dans le champ d'application de l'égalité de traitement [voir *Salaire (à travail égal, salaire égal)**] (cass. soc. 12 mai 2021, n° 20-10796 FP).

Respect des conditions de validité des contrats

Capacité de transiger de l'employeur et du salarié - Pour transiger, il faut avoir la capacité de disposer des objets compris dans la transaction (c. civ. art. 2045).

▶ **À noter…** La transaction peut être conclue entre l'employeur et le salarié par l'intermédiaire de leurs avocats respectifs, dûment mandatés à cet effet, à la suite de pourparlers minutieux et précis (cass. soc. 21 janvier 2003, n° 00-43568, BC V n° 11).

Dans le cas particulier d'une liquidation judiciaire, le représentant des salariés, auquel ses fonctions ne confèrent pas un pouvoir général de représentation de chaque membre du personnel, doit avoir reçu de chaque salarié un mandat spécial pour conclure une transaction en son nom, faute de quoi la transaction est nulle (cass. soc. 31 mars 2009, n° 06-46378, BC V n° 98).

Consentement « libre et éclairé » et délai de réflexion - La transaction n'est valable que si l'employeur et le salarié y ont consenti de manière libre et éclairée.

Exemple

Sont nulles pour défaut de consentement :
- la transaction signée par un salarié qui ne sait ni lire ni écrire le français et qui, par conséquent, n'est pas en mesure d'apprécier la signification et la portée de l'acte (cass. soc. 14 janvier 1997, n° 95-40287 D) ;
- la transaction signée à l'hôpital le surlendemain d'une opération chirurgicale alors que le salarié n'est pas apte à prendre une décision, peu important que cet acte ait été soumis à sa signature par un délégué du personnel (cass. soc. 18 juin 1996, n° 94-43749 D).

Il est nécessaire que l'employeur laisse au salarié un délai de réflexion suffisant, afin de s'assurer que le consentement de celui-ci a été libre et éclairé (cass. soc. 19 mars 1991, n° 87-44470 D). En pratique, ce délai varie notamment selon l'importance des concessions réciproques à consentir.

Exemple

Une transaction est valable quand il apparaît, notamment, que le salarié concerné, un cadre de très haut niveau, a longuement examiné les diverses questions pécuniaires et matérielles soulevées par son départ de l'entreprise avant de signer cette transaction (cass. soc. 5 janvier 1984, n° 81-42045, BC V n° 3).

Consentement non vicié - Pour que la transaction soit valable, il faut non seulement que l'employeur et le salarié y aient consenti, mais aussi que leur consentement ne soit pas vicié (c. civ. art. 1130 et s.). Ainsi, une transaction peut être annulée quand il y a eu :
- dol ou violence (c. civ. art. 1137, 1138 et 1140) ;
- erreur sur la personne ou sur l'objet de la contestation.

C'est à celui qui se prévaut de ce que son consentement a été vicié d'en apporter la preuve (cass. soc. 14 mars 2001, n° 99-40925 D).

L'erreur de droit ou de fait, à moins qu'elle ne soit inexcusable, est une cause de nullité du contrat lorsqu'elle porte sur les qualités essentielles de la prestation due ou sur celles du cocontractant (c. civ. art. 1132).

Une transaction ne peut pas être remise en cause en cas de lésion. En effet, si la transaction doit comporter des concessions réciproques *(voir ci-après)*, les juges n'ont pas à en apprécier l'importance relative (cass. soc. 13 mai 1992, n° 89-40844, BC V n° 307).

Objet certain de la transaction - La transaction doit avoir un objet certain (cass. soc. 18 mai 1999, n° 97-40439, BC V n° 222).

Exemples

La transaction prévoyant le versement par l'employeur d'une somme forfaitaire à condition que le bénéficiaire n'ait pas retrouvé un emploi dans une entreprise concurrente a été jugée dépourvue d'objet certain et, en conséquence, nulle (cass. soc. 28 janvier 1998, n° 95-45029 D).

Une transaction comportant des contradictions quant à l'obligation de reclassement contractée par l'employeur a été jugée nulle. Il était en effet question de fournir à la salariée, selon l'article 2 de cette transaction, un emploi de quelque nature que ce soit et, selon son article 3, un emploi de même nature (cass. soc. 18 mai 1999, n° 97-40439, BC V n° 222).

Dans le cadre d'une affaire entre une chaîne de télévision et un ancien présentateur télévision, les parties souhaitant mettre fin à un conflit entre elles ont pu s'engager réciproquement de cesser tout propos critique et dénigrant à l'égard l'une de l'autre dans le cadre d'une transaction. En l'espèce, cette transaction était précise dans son objet et quant aux personnes physiques et morales ainsi qu'aux programmes que le salarié s'engageait à ne pas critiquer ni dénigrer. De plus, elle était limitée à 18 mois (cass. soc. 14 janvier 2014, n° 12-27284, BC V n° 6).

Objet et cause de la transaction licites - **Une transaction n'est valable que si sa cause et l'objet sur lequel elle porte ne sont pas illicites, c'est-à-dire qu'ils ne tendent pas vers un résultat prohibé par la loi ou contraire à l'ordre public.**

Exemples

Une transaction ne peut pas avoir pour objet la requalification rétroactive et artificielle en période d'essai d'une période pendant laquelle l'employeur et le salarié étaient liés définitivement par un contrat de travail à durée indéterminée (CDI). Un tel acte a un objet illicite, dans la mesure où il vise à faire échec aux règles d'ordre public régissant la rupture unilatérale d'un CDI (cass. soc. 18 juin 1996, n° 92-44729, BC V n° 251).

L'employeur et un salarié, victime d'un accident du travail ou d'une maladie professionnelle, ne peuvent pas conclure un accord par lequel ce dernier renonce, moyennant indemnisation, à une action en reconnaissance de la faute inexcusable. Une telle convention est nulle de plein droit (c. séc. soc. art. L. 482-4 ; cass. civ., 2e ch., 1er juin 2011, n° 10-20178, BC II n° 127) [voir *Faute inexcusable (accident du travail ou maladie professionnelle)**].

Condition liée à la date de la transaction

Transaction conclue après la rupture du contrat de travail - **Une transaction ne peut pas avoir pour objet de mettre fin au contrat de travail. Négociée pour régler un litige lié à la rupture du contrat de travail, elle doit être conclue après la cessation des relations de travail, faute de quoi elle est nulle. Elle ne peut, en effet, régler les conséquences de la rupture qu'une fois celle-ci « intervenue et définitive »** (cass. soc. 29 mai 1996, n° 92-45115, BC V n° 215 ; cass. soc. 7 janvier 2003, n° 00-46471 D).

La transaction doit donc faire l'objet d'un document spécifique, distinct de celui qui a rompu le contrat de travail (cass. soc. 21 juin 1995, n° 91-45806, BC V n° 206 ; cass. soc. 6 mai 1998, n° 96-40610, BC V n° 236 ; cass. soc. 28 janvier 1998, n° 95-41369, BC V n° 49 ; cass. soc. 5 décembre 2012, n° 11-15471, BC V n° 329).

Attention aux négociations engagées avant la rupture - **En cas de contentieux, les juges annulent la transaction quand bien même elle n'aurait été signée qu'après la rupture du contrat de travail si** (cass. soc. 17 octobre 2007, n° 06-41846 D ; cass. soc. 13 mai 2015, n° 14-10116 D ; cass. soc. 13 mai 2015, n° 14-10116 D) :

- il est avéré qu'employeur et salarié s'étaient en réalité mis d'accord non seulement sur le principe d'une transaction mais également sur son contenu (et notamment sur son aspect financier) avant la rupture effective du contrat de travail ;

- le salarié a pu prouver que le projet de transaction correspondait au contenu de celle signée après la rupture du contrat de travail.

En revanche, s'il ressort que l'employeur a avant la rupture effective du contrat de travail, seulement proposé une transaction sans en dévoiler le contenu concernant notamment l'indemnité transactionnelle, la transaction est validée par les juges (cass. soc. 13 mai 2015, n° 14-10116 D).

En conclusion, s'il peut arriver qu'employeur et salarié commencent à échanger sur les grandes lignes de la transaction avant que la rupture du contrat de travail ne soit effective, une telle négociation ne doit pas aboutir à un accord de fait sur la transaction avant la rupture du contrat de

travail, sinon, celle-ci risque d'être annulée quand bien même elle n'aurait été signée qu'après cette rupture.

▶ À noter... La preuve d'un accord antérieur au licenciement ne peut pas résulter de la mention sur l'attestation d'assurance chômage de l'existence d'une transaction en cours et de la référence à une indemnité transactionnelle dans la mesure où il était par ailleurs établi que la transaction avait été signée postérieurement à la notification de la lettre de licenciement reçue par le salarié (cass. soc. 12 mai 2017, n° 16-13195 D).

Transaction postérieure à un licenciement - En cas de transaction postérieure à un licenciement, l'absence de notification préalable de ce dernier par lettre recommandée avec AR entraîne la nullité de la transaction (cass. soc. 18 février 2003, n° 00-42948, BC V n° 61 ; cass. soc. 12 février 2020, n° 18-19149 D).

L'envoi d'une feuille blanche ne constitue pas une notification valable du licenciement, pas plus qu'une remise en main propre de la lettre de licenciement. Dans ce cas, la transaction est nulle (cass. soc. 24 janvier 2007, n° 05-42135, BC V n° 10 ; cass. soc. 10 octobre 2018, n° 17-10066 FSPB).

▶ À noter... La solution est identique quand l'enveloppe censée contenir la lettre de licenciement est vide (cass. soc. 21 janvier 2015, n° 13-22079 D).

De plus, il est indispensable d'attendre la réception effective de la lettre de licenciement par le salarié. En effet, ce dernier ne peut valablement conclure une transaction que s'il connaît les motifs de la rupture de son contrat de travail (cass. soc. 14 juin 2006, n° 04-43123 BC V n° 215).

▶ À noter... Seule la signature par le salarié de l'accusé de réception est de nature à établir la réception par lui de la lettre recommandée de licenciement. Aucun autre mode de preuve n'est autorisé à l'employeur pour établir la réception par le salarié de sa lettre recommandée de licenciement (cass. soc. 25 juin 2014, n° 13-12672 D).

En cas de contentieux, suite à la demande d'un salarié faisant valoir que la transaction qu'il a signée est antidatée, s'il est en effet constaté que la date indiquée sur la transaction n'est en réalité pas celle à laquelle elle a été signée, c'est aux juges de déterminer à quelle date la transaction a été conclue précisément. À défaut de pouvoir le faire, ils doivent en déduire que l'employeur ne prouve pas, alors que c'est à lui de le faire, que la transaction a été conclue postérieurement au licenciement (cass. soc. 1er juillet 2009, n° 08-43179, BC V n° 171).

Transaction avec un salarié ayant accepté un contrat de sécurisation professionnelle - La transaction a pour objet de mettre fin à toute contestation résultant de la rupture du contrat de travail à l'initiative de l'employeur. Elle est donc valablement conclue par le salarié licencié lorsqu'il a eu connaissance effective des motifs de cette rupture par la réception de la lettre recommandée lui notifiant son licenciement. Cette règle s'applique y compris lorsque l'effet de la rupture est différé du fait de la signature d'un *contrat de sécurisation professionnelle** (anciennement, convention de reclassement personnalisé) (cass. soc. 31 mai 2011, n° 10-14313, BC V n° 137).

Transaction après une démission - Aucune disposition légale n'exige que la lettre de *démission** soit notifiée par lettre recommandée avec AR. Aussi, les dispositions du contrat de travail prévoyant une telle notification n'instituent qu'une règle de forme qui ne peut être sanctionnée par la nullité de la transaction (cass. soc. 1er décembre 2004, n° 02-46341, BC V n° 317).

Transaction après une rupture conventionnelle - Un salarié et un employeur peuvent conclure une *rupture conventionnelle** et une transaction, mais à deux conditions :
- d'une part, la transaction doit être postérieure à l'homologation de la rupture conventionnelle (ou à la notification de l'autorisation de rupture s'il s'agit d'un salarié protégé) ;
- d'autre part, la transaction ne doit pas avoir pour objet de régler un différend relatif à la rupture du contrat de travail, mais un différend relatif à son exécution, sur des éléments non compris dans la convention de rupture.

À défaut, la transaction est nulle (cass. soc. 26 mars 2014, n° 12-21136, BC V n° 91 ; cass. soc. 25 mars 2015, n° 13-23368, BC V n° 59 ; Rép. Dubois n° 55914, JO 2 septembre 2014, AN quest. p. 7472).

Exemples

La transaction conclue après une rupture conventionnelle homologuée qui vise « l'exécution et (...) la rupture du (...) contrat de travail » et prévoit que le salarié renonce « à exercer tout droit, ou à entamer toute poursuite contre la société découlant directement ou indirectement tant de l'exécution que de la rupture du contrat de travail » est nulle (cass. soc. 5 novembre 2014, n° 12-28260 D).
La transaction qui porte sur un élément inhérent et essentiel de la rupture du contrat de travail - à savoir l'indemnité de rupture conventionnelle - et non sur les conditions d'exécution de la relation de travail est nulle (cass. soc. 16 juin 2021, n° 19-26083 D).

Condition liée à la légalité de la rupture

Le caractère frauduleux de licenciements notifiés pour motifs personnels alors que la cause réelle en est économique entraîne la nullité des transactions qui y ont fait suite. Dans ce cas, les salariés sont tenus de restituer les sommes perçues en exécution des transactions annulées, sauf s'il y avait une cause immorale (cass. soc. 10 novembre 2009, n° 08-43805, BC V n° 251).

Exigence de concessions réciproques

Concessions réelles et appréciables - L'employeur et le salarié doivent se faire des concessions pour que la transaction soit valable. S'il n'est pas nécessaire que ces concessions soient strictement proportionnelles, il n'en reste pas moins que celles-ci doivent être réelles et appréciables. Des concessions dérisoires rendent nulle la transaction (cass. soc. 28 novembre 2000, n° 93-43635, BC V n° 399). Il s'agit d'une nullité relative (cass. soc. 5 juin 2008, n° 07-41710 D) [voir *Prescription (contentieux)**].

Exemples

Un employeur a licencié pour motif économique un salarié, qui comptait 30 ans d'ancienneté et qui était âgé de 51 ans. Puis il a signé avec lui une transaction prévoyant le versement d'une indemnité transactionnelle correspondant à plus de 3 mois de salaire, en contrepartie de quoi le salarié renonçait à contester le bien-fondé de son licenciement. Pour les juges, la concession consentie par l'employeur n'était pas dérisoire (cass. soc. 27 janvier 2009, n° 07-41657 D).

Un salarié, engagé en qualité d'agent de service hospitalier, a été licencié pour faute grave à la suite du vol d'une boîte de médicaments. Il a signé une transaction selon laquelle il renonçait à contester son licenciement. Quant à l'employeur, il renonçait à déposer plainte pour vol et à réclamer l'indemnisation du préjudice subi. Or la renonciation à un dépôt de plainte et à une indemnisation ne constituait pas, de la part de l'employeur, une véritable concession au regard de la renonciation du salarié, privé de toute indemnité, à contester son licenciement (cass. soc. 13 octobre 2011, n° 09-71829 D).

Clause de non-concurrence objet d'une concession - Un employeur peut renoncer à se prévaloir de la faute grave d'un salarié tout en lui versant une indemnité transactionnelle, en contrepartie de quoi le salarié accepte une *clause de non-concurrence** (cass. soc. 5 janvier 1994, n° 89-40961, BC V n° 1).

▶ À noter... Dans ce cas, la contrepartie financière à l'obligation de non-concurrence peut être comprise dans l'indemnité transactionnelle forfaitaire (cass. soc. 24 janvier 2007, n° 04-43121 D). Il a même été jugé qu'un salarié n'était pas en droit d'obtenir le paiement d'une indemnité compensatrice à la clause de non-concurrence qu'il avait consentie dans le cadre d'une transaction faisant suite à son licenciement pour faute grave, dans la mesure où cette clause de non-concurrence constituait la contrepartie des concessions faites par l'employeur (en l'espèce, celui-ci avait versé une « indemnité forfaitaire transactionnelle définitive et globale d'un montant de 160 000 euros ») et était expressément mentionnée comme telle dans l'acte de transaction (cass. soc. 1er juillet 2009, n° 08-40252 D).

Les concessions de l'employeur peuvent consister dans sa renonciation à l'application d'une clause de non-concurrence (cass. soc. 29 novembre 2007, n° 04-45211 D).

Date d'appréciation des concessions - La réalité et la consistance des concessions réciproques s'apprécient en fonction des prétentions de l'employeur et du salarié au moment de la signature de la transaction (cass. soc. 11 octobre 1994, n° 90-46017 D ; cass. soc. 28 mars 2007, n° 04-41063 D ; cass. soc. 15 novembre 2007, n° 06-41224 D).

Vérification de la motivation du licenciement dans la lettre de notification - En cas de litige, si le juge appelé à vérifier la validité d'une transaction réglant les conséquences d'un licenciement n'a pas à se prononcer sur la réalité et le sérieux du ou des motifs énoncés dans cette lettre, il doit, pour apprécier si des concessions réciproques ont été faites et si celles de l'employeur ne sont pas dérisoires, vérifier que la lettre de licenciement est motivée conformément aux exigences légales. Cela signifie que si cette lettre n'est pas suffisamment motivée, ou encore si elle ne contient aucun motif, l'indemnité transactionnelle ne doit pas être inférieure aux indemnités auxquelles aurait pu prétendre le salarié en cas de licenciement injustifié. S'il s'avère que tel est le cas, les concessions consenties par l'employeur sont considérées comme dérisoires. La transaction est donc nulle (cass. soc. 23 janvier 2001, n° 98-41992, BC V n° 21 ; cass. soc. 7 février 2007, n° 05-41623 D ; cass. soc. 26 avril 2007, n° 06-40718, BC V n° 64).

Exemples

Le licenciement motivé par un « problème de collaboration avec le supérieur hiérarchique » était trop vague et n'était donc pas justifié. Les concessions consenties par l'employeur étaient dérisoires, puisqu'elles étaient inférieures aux indemnités que le salarié aurait pu obtenir pour licenciement injustifié (cass. soc. 23 janvier 2001, n° 98-41992, BC V n° 21).

Il en était de même dans le cas d'une lettre de licenciement comportant le motif :

- « suppression de poste » (cass. soc. 7 février 2007, n° 05-41623 D) ;
- « disputes avec son supérieur hiérarchique » (cass. soc. 13 juillet 2010, n° 09-40984, BC V n° 175).

Vérification de la concordance entre la qualification des motifs et les faits reprochés - Si les juges ne peuvent pas trancher le litige que la transaction qui leur est soumise avait pour objet de clore en se livrant à l'examen des éléments de fait et de preuve, ils peuvent, en revanche, restituer aux faits énoncés dans la lettre de licenciement leur véritable qualification (cass. soc. 21 mai 1997, n° 95-45038, BC V n° 185 ; cass. soc. 27 mai 2009, n° 08-41084 D).

Exemple

Un salarié a été licencié pour faute grave en raison de son incompétence. La transaction prévoyait le versement de l'indemnité de préavis en contrepartie de la renonciation du salarié à toute autre prétention. Un manque de compétences n'étant pas une faute grave, le salarié avait droit à l'indemnité de licenciement. Dès lors, l'employeur qui n'avait consenti que l'indemnité de préavis n'avait, en réalité, fait aucune concession (cass. soc. 27 mars 1996, n° 92-40448, BC V n° 124).

Indemnité transactionnelle - Voir *Chômage (allocation d'aide au retour à l'emploi)** et *Indemnités de rupture (régimes social et fiscal)**.

Impossible de lier l'application d'un accord collectif ou d'un PSE à une transaction

La mise en œuvre d'un accord collectif ou d'un plan de sauvegarde de l'emploi (PSE) dont les salariés tiennent leurs droits ne peut pas être subordonnée à la conclusion de transactions. La nullité des transactions en cause ne prive pas les salariés des avantages qu'ils tiennent de l'accord (cass. soc. 5 avril 2005, n° 04-44626 à 04-44634, BC V n° 124 ; cass. soc. 15 octobre 2013, n° 12-22911, BC V n° 236).

▶ À noter… La solution est la même en cas d'accord atypique ou d'engagement unilatéral. En l'espèce, l'employeur avait conclu avec le comité d'entreprise (CE) un accord selon lequel les salariés licenciés pour motif économique dans le cadre du PSE ou ayant quitté l'entreprise à la suite d'une rupture amiable recevraient une indemnité « transactionnelle », sous réserve de renoncer à toute action en justice. Les transactions conclues dans ce contexte n'étaient pas valables (cass. soc. 5 juin 2019, n° 17-28377 FSPB).

Une transaction signée par un salarié emportant renonciation au PSE n'est pas non plus valable (cass. soc. 20 novembre 2007, n° 06-41410, BC V n° 195).

Transaction écrite

Il n'est pas imposé, pour la validité de la transaction, de la consigner dans un écrit (cass. civ., 1re ch., 18 mars 1986, n° 84-16817, BC I n° 74). **Toutefois, pour des questions de preuve, il paraît indispensable que la transaction soit écrite, signée par l'employeur et par le salarié, qu'elle soit établie en double exemplaire et qu'elle indique nettement la nature et les éléments du litige, ainsi que les concessions réciproques des parties. Elle doit faire l'objet d'un document distinct de celui qui a rompu le contrat de travail** ***(voir ci-avant).***

Transaction avec un salarié protégé

La transaction conclue avant la notification du licenciement d'un salarié protégé (ex. : un représentant du personnel), lequel ne peut avoir lieu qu'après obtention de l'autorisation administrative, est nulle. Il s'agit d'une nullité absolue d'ordre public (cass. soc. 16 mars 2005, n° 02-45293, BC V n° 98) **(voir** ***Licenciement des représentants du personnel******).**

Effets

Transaction limitée au différend qu'elle règle - Les transactions ne règlent que les différends qui s'y trouvent compris, à savoir ici : un différend sur la rupture du contrat de travail (c. civ. art. 2048). La portée de la transaction dépend de sa rédaction *(voir ci-après).*

Transaction rédigée en termes généraux - Une transaction peut porter sur des éléments qui n'y sont pas expressément inclus, dans la mesure où les termes employés par l'employeur et le salarié sont suffisamment généraux pour qu'il n'y ait pas d'ambiguïté à ce sujet (cass. ass. plén. 4 juillet 1997, n° 93-43375, B. ass. plén. n° 10 ; cass. soc. 5 novembre 2014, n° 13-18984, BC V n° 260).

Exemples

Lorsqu'aux termes de la transaction conclue après un licenciement pour faute grave, le salarié a déclaré n'avoir plus rien à réclamer à l'employeur à « quelque titre que ce soit et pour quelque cause que ce soit, tant en raison de l'exécution que de la rupture du contrat de travail », il ne peut pas obtenir devant les juges le paiement d'une indemnité compensatrice de préavis (cass. soc. 5 novembre 2014, n° 13-18984, BC V n° 260).

Les juges ont dénié à un salarié le droit à une indemnité en réparation du préjudice d'anxiété en lien avec l'exposition à l'amiante (son ancienne société venait d'être inscrite sur la liste des établissements ouvrant droit à l'allocation de cessation anticipée des travailleurs de l'amiante), dans la mesure où il avait signé une transaction dans laquelle il déclarait être rempli de tous ses droits et ne plus avoir aucun grief à l'encontre de l'employeur (cass. soc. 11 novembre 2017, n° 15-20040 FSPB).

Une transaction qui vise à mettre fin à toute action ultérieure du salarié pour quelque motif que ce soit lui interdit de réclamer par la suite le versement d'une retraite supplémentaire (cass. soc. 30 mai 2018, n° 16-25426 FSPB).

Une transaction faisant suite au licenciement d'un salarié qui avait été reconnu invalide était ainsi rédigée : le salarié s'était déclaré « en contrepartie de la somme reçue, entièrement rempli de ses droits et avait renoncé à toute autre prétention en nature ou en argent relative tant à l'exécution qu'à la rupture de son contrat de travail, ainsi qu'à exercer une action quelconque, directe ou indirecte, à l'encontre de la société à la suite de son activité professionnelle en son sein ». En conséquence de quoi, le salarié ne pouvait pas réclamer à son employeur les sommes correspondant à la capitalisation de la rente invalidité complémentaire qu'il aurait dû percevoir et des dommages-intérêts (cass. soc. 19 juin 2019, n° 18-13269 D).

Dans le même ordre d'idées, une transaction rédigée dans des termes généraux peut valoir renonciation à un droit futur, comme l'application de la priorité de réembauche dans le cas d'une transaction conclue après un licenciement économique dans le cadre d'une procédure de licenciement collectif assorti d'un plan de sauvegarde de l'emploi (cass. soc. 20 février 2019, n° 17-19676 FSPB).

En résumé, la transaction formulée en termes généraux fait obstacle à toute demande ultérieure du salarié.

Transaction rédigée en termes généraux et clause de non-concurrence - Lorsque l'employeur et le salarié ont rédigé une transaction en termes généraux, l'employeur est délié du paiement de l'indemnité de non-concurrence, et le salarié est libéré de l'interdiction de concurrence (cass. soc. 17 février 2021, n° 19-20635 FSPI). La transaction qui a cet effet est celle aux termes de laquelle l'employeur et le salarié :

- reconnaissent que leurs concessions réciproques sont réalisées à titre transactionnel, forfaitaire et définitif, ceci afin de les remplir de tous leurs droits et pour mettre fin à tout différend né ou à naître des rapports de droit ou de fait ayant pu exister entre eux,
- et déclarent être totalement remplies de leurs droits respectifs et renoncer réciproquement à toute action en vue de réclamer quelque somme que ce soit.

Avec l'arrêt précité du 17.02.2021, la chambre sociale de la Cour de cassation a mis fin à la jurisprudence selon laquelle une transaction n'affectait pas les clauses contractuelles destinées à s'appliquer après la rupture du contrat de travail, comme une clause de non-concurrence, sauf disposition expresse contraire (cass. soc. 6 mai 1998, n° 96-40234, BC V n° n° 228 ; cass. soc. 5 avril 2006, n° 03-47802 D).

Transaction ne visant que certains éléments - À l'inverse d'une transaction rédigée en termes généraux *(voir ci-avant)*, s'il résulte expressément des termes de la transaction qu'elle ne porte que sur certains éléments, les juges ne peuvent pas refuser au salarié d'examiner ses autres prétentions (cass. soc. 5 février 1992, n° 88-44794, BC V n° 71 ; cass. soc. 15 mars 2006, n° 03-43509 D).

Exemple

Une transaction conclue entre l'employeur et le salarié avait pour seul objet de fixer le montant du préjudice subi par le salarié résultant de la rupture de son contrat de travail. Dès lors, rien n'empêchait celui-ci de demander un complément d'indemnité conventionnelle de licenciement (cass. soc. 2 décembre 2009, n° 08-41665, BC V n° 274).

De la même façon, la transaction peut exclure de son champ un préjudice particulier. Dans ce cas, une demande devant les juges par l'employeur ou le salarié portant sur cet élément particulier reste possible (cass. soc. 20 février 2019, n° 17-19676 FSPB).

Incidence sur les stock-options - Les droits éventuels que le salarié peut tenir du bénéfice de *stock-options** ne sont pas affectés par une transaction destinée à régler les conséquences d'un licenciement, sauf stipulation expresse contraire (cass. soc. 8 décembre 2009, n° 08-41554, BC V n° 279 ; cass. soc. 11 mars 2015, n° 13-25828 D). Cela étant, compte tenu de la jurisprudence de la Cour de cassation sur les effets d'une transaction rédigée en termes généraux, en particulier sur la clause de non-concurrence *(voir ci-avant)*, cette règle pourrait être mise en cause.

Effet à l'égard du repreneur de l'entreprise - En vertu de l'effet relatif des contrats, il est impossible de se prévaloir d'une transaction à laquelle on est tiers. Le nouvel employeur peut néanmoins invoquer la renonciation à un droit prévue par une transaction signée entre les salariés et leur ancien employeur (cass. civ., 1re ch., 25 février 2003, n° 01-00890, BC I n° 60 ; cass. soc. 14 mai 2008, n° 07-40946 à 07-41061, BC V n° 106).

Exemple

Des salariés avaient expressément renoncé, moyennant une contrepartie transactionnelle versée par leur employeur initial, à toute demande en justice visant à l'obtention d'indemnités de licenciement. Cette transaction avait mis un terme au litige concernant leur licenciement. Ces salariés ne pouvaient donc pas demander de dommages-intérêts supplémentaires pour le même objet à leur nouvel employeur (cass. soc. 14 mai 2008, n° 07-40946 à 07-41061, BC V n° 106).

Le nouvel employeur peut également refuser de réintégrer un représentant du personnel dont l'autorisation de licenciement avait été annulée mais qui avait renoncé, par transaction conclue avec le précédent employeur, à remettre en cause son licenciement (cass. soc. 20 novembre 2013, n° 10-28582, BC V n° 277).

Effet d'une transaction homologuée - Employeur et salarié peuvent faire homologuer leur transaction, selon la même procédure que pour un accord de *médiation** conventionnelle, une convention de *procédure participative** ou une transaction conclue dans le cadre de la médiation prud'homale [voir *Conseil de prud'hommes (conciliation)**]. Il incombe alors à l'employeur et/ou au salarié de saisir le bureau de conciliation (c. trav. art. R. 1471-1). L'homologation rend la transaction exécutoire (c. proc. civ. art. 1565).

Contentieux de la transaction

Autorité de la chose jugée - En dehors des cas où une transaction peut être mise en cause *(voir ci-après)*, la transaction valablement intervenue a un caractère immédiatement définitif et ne peut pas être dénoncée. Elle a, entre l'employeur et le salarié, l'autorité de la chose jugée. Cela signifie que la transaction rend irrecevable toute action ultérieure devant le juge, de l'employeur ou du salarié, fondée sur le différend qu'elle règle.

Une action en justice sans lien avec le différend réglé par la transaction en cause reste toujours possible.

▶ À noter… Le principe d'égalité de traitement ne peut pas être invoqué par un salarié pour remettre en cause les droits et avantages d'une transaction ayant autorité de la chose jugée et dont il ne conteste pas la validité (cass. soc. 30 novembre 2011, n° 10-21119, BC V n° 283).

Action en résolution pour inexécution - La transaction peut faire l'objet d'une action en résolution auprès du conseil de prud'hommes lorsque l'employeur, ou le salarié, n'exécute pas les obligations qui lui incombent en vertu de celle-ci (c. civ. art. 1224 ; cass. soc. 23 novembre 1994, n° 90-40380 D). En cas de résolution pour inexécution, l'employeur et le salarié se retrouvent dans la situation où ils étaient avant la conclusion de la transaction (cass. soc. 30 janvier 1996, n° 92-45050 D).

▶ À noter… Le non-respect de l'engagement pris dans une transaction de donner des missions à un ancien salarié n'est sanctionné que par des dommages-intérêts, car il s'agit d'une promesse de porte-fort, et non par la nullité de la transaction (c. civ. art. 1204 ; cass. civ., 1re ch., 7 mars 2018, n° 15-21244 FPB).

Action en nullité et prescription - La transaction peut faire l'objet d'une action en nullité :

- en cas de consentement obtenu par dol (cass. soc. 7 juin 1995, n° 91-44294, BC V n° 183), ou encore par la violence ;
- lorsqu'elle est destinée à réaliser une fraude à la loi *(voir ci-avant)* ;
- lorsqu'elle ne remplit pas les conditions de validité et notamment, en cas de concessions dérisoires *(voir ci-avant)*.

La nullité d'une transaction résultant de ce qu'elle a été conclue avant la notification du licenciement est une nullité relative instituée dans l'intérêt du salarié. Dès lors, elle ne peut pas être invoquée par l'employeur (cass. soc. 28 mai 2002, n° 99-43853, BC V n° 182 ; cass. soc. 14 janvier 2003, n° 00-41880, BC V n° 6).

En revanche, quand la transaction est nulle, notamment en cas d'erreur sur la personne ou sur l'objet de la contestation ainsi que dans tous les cas où il y a dol ou violence, cette nullité peut être invoquée par le salarié mais aussi par l'employeur (cass. soc. 23 janvier 2008 n° 06-45856 D).

▶ Attention… Le juge des référés ne peut pas être saisi pour prononcer l'annulation d'une transaction. Il n'a pas, en effet, la compétence pour le faire (cass. soc. 14 mars 2006, n° 04-48322, BC V n° 100).

➲ Formulaire de Droit Social, « Transaction consécutive à un licenciement » et « Transaction consécutive à une rupture conventionnelle ».

Transaction (inspection du travail)

Objet de la transaction

Le DREETS peut proposer une transaction aux personnes physiques ou morales qui ont commis certaines infractions constituant une contravention ou un délit. La transaction pénale permet donc à l'employeur d'échapper aux poursuites pénales et aux sanctions qu'elles impliquent (amende et/ou emprisonnement).

Situations visées

La transaction pénale est possible pour les contraventions et les délits relevant des domaines suivants (c. trav. art. L. 8114-4) :

- contrat de travail (licenciement collectif pour motif économique sans consultation des représentants du personnel, violation des conditions de recours au CDD, etc.) ;
- règlement intérieur et droit disciplinaire (défaut d'établissement ou d'affichage du règlement intérieur, prononcé d'une sanction pécuniaire, etc.) ;
- application des conventions et accords collectifs, en l'occurrence infractions à des clauses conventionnelles dérogatoires à la loi (c. trav. art. L. 2263-1) ;
- durée du travail (méconnaissance du contingent annuel d'heures supplémentaires, défaut de versement des contreparties aux heures supplémentaires, omission de certaines mentions obligatoires du contrat de travail à temps partiel, etc.), sauf exception *(voir ci-après)* ;
- repos et congés (défaut d'octroi des congés payés, violation du 1er mai, etc.), sauf exception *(voir ci-après)* ;
- salaire et avantages divers (défaut de délivrance du bulletin de paie, violation du régime des pourboires, etc.), sauf exception *(voir ci-après)* ;
- santé et sécurité au travail, sauf exception *(voir ci-après)* ;
- apprentissage (défaut de formation pratique, absence de maître d'apprentissage, etc.) ;
- prescriptions spécifiques à certaines professions et activités (artistes du spectacle, concierges et employés d'immeubles, VRP, etc.).

Exceptions

Délits punis par un an d'emprisonnement - La transaction pénale est exclue pour les délits punis d'une peine d'emprisonnement d'un an ou plus (c. trav. art. L. 8114-4).

Infractions ouvertes à amende administrative - Le DREETS n'a pas la possibilité de proposer une transaction pénale lorsque l'infraction peut faire l'objet d'une amende administrative (voir *Inspection du travail**). Il faut donc exclure de la liste des infractions ouvertes à transaction :

- en matière de *durée du travail**, la violation des durées maximales, du *repos quotidien** et du *repos hebdomadaire**, ainsi que l'absence de décompte de la durée du travail ;
- en matière de *salaire**, le non-respect du *SMIC** ou du salaire minimal conventionnel ;
- en matière d'*hygiène et sécurité**, le refus de se conformer à une demande de vérification, de mesure ou d'analyse, le non-respect d'une décision d'arrêt temporaire des travaux ou de l'activité, l'affectation d'un jeune à des travaux interdits ou réglementés en dehors des cas prévus par la loi et le refus de se conformer à une décision de retrait d'affectation des travaux pour un jeune de moins de 18 ans [voir *Inspection du travail** et *Jeunes (travaux interdits et réglementés)**] ;
- toujours en matière de santé et de sécurité, le non-respect des obligations relatives aux installations sanitaires, à la restauration et à l'hébergement.

Procédure

Proposition de transaction - Pour décider s'il est opportun de proposer ou non une transaction et à quelles conditions, le DREETS prend en considération les circonstances et la gravité de l'infraction, la personnalité de son auteur, ainsi que ses ressources et ses charges (c. trav. art. L. 8114-5).

Le DREETS adresse la proposition de transaction dans un délai de (c. trav. art. R. 8114-5) :

- 4 mois pour les contraventions ;
- 1 an pour les délits.

Le délai s'écoule à compter de la date de clôture du procès-verbal de constatation de l'infraction.

La proposition de transaction, adressée en double exemplaire, mentionne (c. trav. art. R. 8114-4) :

- la nature des faits reprochés et leur qualification juridique ;
- le montant des peines encourues ;
- le montant de l'amende transactionnelle ;
- les délais impartis pour le paiement et, s'il y a lieu, pour l'exécution des obligations ;
- le cas échéant, la nature et les modalités d'exécution des obligations imposées en vue de faire cesser l'infraction, d'éviter son renouvellement ou de remettre en conformité les situations de travail ;

- l'indication que la proposition, une fois acceptée par l'auteur de l'infraction, doit être homologuée par le procureur de la République.

Acceptation ou refus - Une fois la proposition reçue, l'employeur a 1 mois pour retourner au DREETS un exemplaire signé. À défaut, la proposition de transaction est réputée refusée (c. trav. art. R. 8114-5).

Homologation - Une fois acceptée par l'auteur de l'infraction, la proposition de transaction est soumise au procureur de la République, pour homologation (c. trav. art. R. 8114-6).

L'homologation interrompt la prescription de l'action publique. Ce n'est qu'une fois que l'auteur a exécuté dans les délais impartis les obligations prévues par la transaction (paiement de l'amende transactionnelle et, éventuellement, mesures correctives) que l'action publique est éteinte (c. trav. art. L. 8114-6). En d'autres termes, l'employeur ne peut plus être poursuivi pour l'infraction qui a donné lieu à transaction.

Par ailleurs, l'autorité administrative compétente transmet la décision d'homologation au *comité social et économique** (c. trav. art. L. 8114-7).

☛ *Inspection du travail.*

Transaction (URSSAF)

Les URSSAF (et les caisses générales de sécurité sociale outre-mer) peuvent conclure une transaction avec les cotisants sur des créances limitativement énumérées pour mettre un terme à un litige les opposant, moyennant des concessions réciproques (c. séc. soc. art. L. 243-6-5, I).

Objet de la transaction

La transaction, conclue entre le cotisant et le directeur de l'URSSAF, peut porter, pour une période limitée à 4 ans, uniquement sur (c. séc. soc. art. L. 243-6-5, II et R. 243-59-2) :

- le montant des majorations de retard et des pénalités notamment appliquées en cas de production tardive ou d'inexactitude des déclarations obligatoires relatives aux cotisations et contributions sociales [voir *Majorations et pénalités de retard (URSSAF)**] ;

- l'évaluation d'éléments d'assiette des cotisations ou contributions dues, relative aux avantages en nature (voir *Avantage en nature**), aux avantages en argent et aux *frais professionnels** lorsque cette évaluation présente une difficulté particulière ;

- les montants des redressements calculés en application soit de méthodes d'évaluation par extrapolation, autres que celles organisées par l'article R. 243-59-2 du code de la sécurité sociale [voir *Contrôle URSSAF (échantillonnage et extrapolation)**], soit d'une fixation forfaitaire du fait de l'insuffisance ou du caractère inexploitable des documents administratifs et comptables.

Les sommes dues ne doivent pas avoir un caractère définitif (c. séc. soc. art. L. 243-6-5, I).

La transaction a pour objectif de terminer une « contestation déjà née », ou prévenir une « contestation à naître », et doit comporter des concessions réciproques de la part de chaque partie (c. séc. soc. art. R. 243-45-1, I).

▶ Attention… Aucune transaction ne peut être conclue en cas de *travail dissimulé** (c. trav. art. L. 8221-3 et L. 8221-5) ou lorsque le cotisant a mis en œuvre des manœuvres dilatoires visant à nuire au bon déroulement du contrôle (c. séc. soc. art. L. 243-6-5, I).

Moment de la transaction

Le cotisant peut recourir à la transaction qu'il ait déjà contesté le bien-fondé des sommes réclamées (« contestation déjà née ») ou non (« contestation à naître »), et que la mise en demeure fasse suite à un contrôle diligenté par l'URSSAF ou non (ex : mise en demeure suite à un retard de paiement des cotisations) (c. séc. soc. art. L. 243-6-5, III et R. 243-45-1).

Lorsqu'un *contrôle URSSAF** a été engagé, la transaction doit être conclue avant que la commission de recours amiable (CRA) ne soit saisie. Si la décision de la CRA ne lui donne pas satisfaction, le cotisant peut alors présenter une demande de transaction à partir du moment où il saisit le *tribunal judiciaire** (c. séc. soc. art. L. 243-6-5, III).

D'une manière plus générale, si le cotisant demande à transiger avant d'engager un recours gracieux, et afin de ne pas être forclos pour engager un tel recours, le délai de 1 mois pour saisir la CRA est interrompu à partir de la réception par l'URSSAF de sa demande et jusqu'à la notification, le cas échéant, de la décision de l'URSSAF de ne pas transiger (c. séc. soc. art. R. 243-45-1, III, al. 1). Enfin, si le cotisant a déjà formé un recours gracieux devant la CRA en contestation du bien-fondé de la créance et n'a pas obtenu gain de cause, il peut demander à transiger tant que la justice ne s'est pas définitivement prononcée (c. séc. soc. art. R. 243-45-1, I al. 1).

▶ À noter… Afin de garantir les URSSAF d'une éventuelle prescription, la demande de transaction par le cotisant interrompt le délai de 1 mois dont elles disposent pour recouvrer les cotisations et contributions faisant suite à une mise en demeure (c. séc. soc. art. R. 243-45-1, III, al. 2).

Procédure

Demande du cotisant - Le cotisant ou, pour son compte, un tiers-déclarant (c. séc. soc. art. L. 243-6-8), peut présenter une demande de transaction au directeur de l'organisme de recouvrement auprès duquel le cotisant est tenu de souscrire ses déclarations. Cette demande n'est recevable qu'après réception de la mise en demeure de payer les sommes réclamées (c. séc. soc. art. R. 243-45-1, II).

▶ À noter… Pour pouvoir présenter une demande de transaction, le cotisant doit être à jour de ses obligations déclaratives et de paiement à l'égard de l'URSSAF dont il dépend, à l'exception de l'objet de la demande (condition réputée remplie s'il a souscrit et respecte, à la date de la demande, un plan d'apurement) (c. séc. soc. art. R. 243-45-1, II).

Présentée par écrit et adressée par tout moyen permettant de prouver sa date de réception, la demande, motivée, doit comporter (c. séc. soc. art. R. 243-45-1, II) :
- le nom et l'adresse du demandeur ;
- son numéro d'inscription lorsqu'il est déjà inscrit au régime général de sécurité sociale ;
- tous documents et supports d'information utile à l'identification des montants qui font l'objet de la demande ;
- les références de la mise en demeure couvrant les sommes faisant l'objet de la demande.

Réponse de l'URSSAF - Le directeur de l'URSSAF a 30 jours à compter de la réception de la demande, complète, du cotisant, pour lui notifier sa réponse par tout moyen lui conférant date certaine (le délai est repoussé à la réception des documents manquants que le directeur doit demander si la demande est incomplète) (c. séc. soc. art. R. 243-45-1, III, al. 3).

▶ Attention… En l'absence de réception par le directeur de l'URSSAF des éléments manquants dans un délai de 20 jours suivant sa demande de complément, la demande de transaction est réputée caduque.

Si le directeur n'a pas porté à la connaissance du demandeur sa réponse dans un délai de 30 jours, cette réponse est réputée négative (c. séc. soc. art. R. 243-5-1, III, al. 4).

La réponse du directeur est laissée à sa libre appréciation et il n'est pas tenu de la motiver, même si elle est négative (c. séc. soc. art. R. 243-45-1, III, al. 4).

Si la réponse est positive, elle n'emporte pas droit à la transaction (c. séc. soc. art. R. 243-45-1, III, al. 5), mais le directeur convient alors, avec le cotisant, d'une proposition de protocole transactionnel, conforme à un modèle (fixé par arrêté du 8.10.2020, JO du 20, texte 12), qui sera soumis à la mission nationale de contrôle des organismes de sécurité sociale (MNC), (c. séc. soc. art. R. 155-1, R. 243-45-1, III, al. 4 et 5). Il fournit à la mission tous documents et supports d'information utiles à l'exercice de sa mission (c. séc. soc. art. R. 243-45-1, IV).

Étude du protocole transactionnel par la MNC - La MNC a 30 jours à compter de la réception de la proposition pour approuver la transaction. Ce délai, prorogeable une fois, est interrompu si la MNC demande au directeur de l'organisme du recouvrement des informations complémentaires, jusqu'à réception de celles-ci (c. séc. soc. art. R. 243-45-1, IV, al. 2).

La MNC vérifie (c. séc. soc. art. R. 243-45-1, IV, al. 3) :
- la conformité du protocole aux exigences fixées, à savoir qu'il porte bien sur des créances susceptibles de transaction (majorations et pénalités de retard, redressements calculés en application d'une taxation forfaitaire, etc.) ;
- la réciprocité des concessions faites par les parties.

La MNC notifie sa décision au directeur. Si elle ne s'est pas prononcée à l'issue du délai de 30 jours, son silence vaut approbation de la proposition de transaction (c. séc. soc. art. R. 243-45-1, IV, al. 4).

▶ À noter… À tout moment, les parties peuvent abandonner la procédure. Chacune informe l'autre de cet abandon, par tout moyen conférant date certaine à cette information, sans avoir à motiver sa décision (c. séc. soc. art. R. 243-45-1, III, al. 5).

Effets de la transaction

Transaction conclue - La transaction signée n'emporte pas d'effet sur l'interprétation en droit concernant les motifs mentionnés dans la lettre d'observations que l'URSSAF a notifiée à l'issue d'un contrôle (c. séc. soc. art. R. 243-45-1, VII).

Par ailleurs, le manquement par le cotisant à des obligations prévues dans la transaction entraîne la caducité de cette dernière (c. séc. soc. art. R. 243-45-1, VI, al. 1) et l'engagement (ou la poursuite) de la procédure de recouvrement des sommes notifiées dans la mise en demeure selon les règles, garanties et sanctions applicables au recouvrement des cotisations et contributions de sécurité sociale (c. séc. soc. art. R. 243-45-1, VI, al. 2).

▶ À noter… Si le cotisant change d'organisme de recouvrement (à sa demande, ou en cas de changement d'implantation géographique de l'entreprise ou de l'un de ses établissements), il peut se prévaloir de la transaction, laquelle demeure applicable (c. séc. soc. art. L. 243-6-5, VI).

Transaction non conclue - En l'absence de conclusion de la transaction, ou en cas de caducité de celle-ci *(voir ci-avant)*, la procédure de recouvrement des sommes notifiées dans la mise en demeure est engagée ou poursuivie selon les règles, garanties et sanctions applicables au recouvrement des cotisations et contributions de sécurité sociale (c. séc. soc. art. R. 243-45-1, VI, al. 2).

☛ *Contrôle URSSAF.*

Transfert d'entreprise

☛ *Accord collectif d'entreprise (mise en cause) ; Fermeture d'établissement ; Modification de la situation juridique de l'employeur ; Sous-traitance ; Transfert partiel d'entreprise ou d'établissement (protection des représentants du personnel).*

Transfert partiel d'entreprise ou d'établissement (protection des représentants du personnel)

Si des salariés protégés sont compris dans un transfert partiel d'entreprise ou d'établissement, leur transfert doit être soumis à l'autorisation préalable de l'inspecteur du travail qui vérifie que le salarié ne fait pas l'objet d'une mesure discriminatoire (c. trav. art. L. 2414-1 ; guide DGT, septembre 2019, fiche 15).

Lorsque l'entreprise passe entièrement sous le contrôle d'une autre entreprise, contrats de travail compris, le régime protecteur ne joue pas, ce qui signifie que l'autorisation de l'inspecteur du travail n'est pas nécessaire pour transférer les représentants du personnel.

Application de la procédure protectrice sous conditions

Transfert partiel d'entreprise ou d'établissement - Il s'agit du cas où une partie seulement d'une entreprise (ex. : un établissement ou un service) ou d'un établissement est reprise par une autre entreprise, dans le cadre de l'article L. 1224-1 du code du travail (voir *Modification de la situation juridique de l'employeur**).

Transfert de la totalité du personnel d'un établissement - Lorsque l'établissement transféré n'a pas de comité d'établissement, on doit raisonner en termes de transfert partiel, ce qui suppose de respecter la procédure protectrice (cass. soc. 15 novembre 2011, n° 10-15294, BC V n° 265 ; cass. soc. 23 mars 2017, n° 15-24005, BC V n° 58) [voir *Comité social et économique (établissement)**].

À l'inverse, lorsque l'établissement transféré est doté d'un comité d'établissement, il s'agit d'un transfert total, de sorte qu'il n'y a pas à demander d'autorisation à l'inspecteur du travail pour les salariés protégés *(voir ci-après)*.

▶ À noter… Les arrêts de la Cour de cassation indiqués dans nos développements ci-après (rendus à propos des instances représentatives qui ont disparu au 31.12.2019) sont ceux qui gardent, à notre avis, toute leur valeur compte tenu de la similitude des textes. Ils sont donc, en toute vraisemblance, transposables au CSE.

Protection seulement en cas de transfert d'une entité économique autonome - La procédure protectrice ne s'applique que lorsqu'il y a transfert d'une entité économique conservant son identité et dont l'activité est poursuivie ou reprise (c. trav. art. L. 1224-1 ; cass. soc. 18 décembre 2000, n° 99-60381, BC V n° 433 ; cass. soc. 3 mai 2007, n° 06-40119 D). S'il n'y a pas eu transfert d'une telle entité économique, l'employeur ne peut pas se voir reprocher de ne pas avoir respecté la procédure spéciale de transfert.

Salariés concernés

Le champ de la protection prévu par le code du travail en cas de transfert est plus restreint que celui de la protection contre les licenciements : tous les salariés protégés ne sont pas concernés. Les principaux bénéficiaires sont les suivants : *délégué syndical** (DS), ancien DS, quelle que soit son ancienneté dans l'exercice de ses fonctions, membre élu du *comité social et économique** (CSE), représentant syndical au CSE, représentant de proximité, *défenseur syndical**, etc. (c. trav. art. L. 2414-1). S'agissant du salarié mandaté ou d'un ancien salarié mandaté en vue de négocier un accord collectif, sa protection continuer de jouer durant les 6 mois suivant la date à laquelle son mandat a pris fin (c. trav. art. L. 2414-1).

Toutefois, la jurisprudence et l'administration élargissent cette protection à tous salariés protégés contre le licenciement dont les salariés candidats aux élections professionnelles (cass. soc. 8 juin 1999, n° 96-45045, BC V n° 272), aux salariés ayant demandé l'organisation d'élections professionnelles (cass. soc. 28 octobre 2016, n° 14-12598, BC V n° 204), aux anciens représentants du personnel (guide DGT, septembre 2019, fiche 15, § 1).

La protection s'apprécie à la date d'effet de la cession, et non à celle de la signature de l'acte (cass. soc. 18 juin 2014, n° 13-10204, BC V n° 150).

Procédure à suivre

Autorisation préalable de l'inspecteur du travail - Le transfert du représentant du personnel dans le contexte d'un transfert partiel d'entreprise (ou d'établissement) est obligatoirement soumis à l'autorisation préalable de l'inspecteur du travail, qui s'assure que l'intéressé n'est pas victime d'une discrimination (c. trav. art. L. 2414-1 et L. 2421-9 ; guide DGT, septembre 2019, fiche 15).

▶ Attention... Le projet de transfert d'un salarié protégé n'a pas à faire l'objet d'une consultation spécifique du CSE. Celui-ci est consulté uniquement dans le cadre de ses attributions générales (c. trav. art. L. 2312-8).

La demande d'autorisation préalable de transfert est adressée à l'inspecteur du travail au moins 15 jours avant la date arrêtée pour le transfert. Elle est transmise par voie électronique selon les modalités du code des relations entre le public et l'administrationou par LRAR en deux exemplaires (CRPA, art. R. 112-9 à R. 112-9-2 ; c. trav. art. L. 2421-9 et R. 2421-17).

Observations du salarié et enquête contradictoire de l'inspecteur du travail - L'inspecteur du travail peut simplement mettre chaque salarié en mesure de présenter des observations écrites. Le salarié qui en fait la demande peut également présenter à l'inspecteur des observations orales. À cette occasion, le salarié peut, sur sa demande, se faire assister d'un représentant de son syndicat. Toutefois, l'inspecteur du travail peut mener une enquête contradictoire si cela lui semble préférable (c. trav. art. R. 2421-17).

▶ Attention... Par exception, l'inspecteur du travail n'a pas à diligenter une enquête contradictoire en cas de transfert partiel d'entreprise ou d'établissement d'au moins 25 salariés protégés. Il peut simplement mettre chaque salarié en mesure de présenter des observations écrites. Le salarié qui en fait la demande peut également présenter à l'inspecteur du travail des observations orales. À cette occasion, il a la faculté de se faire assister, toujours à sa demande, par un représentant de son syndicat (c. trav. art. R. 2421-11).

Décision de l'inspecteur du travail - À compter de la réception de la demande de transfert, l'inspecteur du travail dispose de 2 mois pour prendre sa décision, ce délai ne pouvant pas être prolongé.

L'inspecteur du travail doit motiver sa décision et la communiquer par LRAR à l'employeur, au salarié et à l'organisation syndicale intéressée lorsque le salarié est un représentant syndical (c. trav. art. R. 2421-12).

▶ À noter... La demande d'autorisation de transfert n'a plus d'objet (CE 21 septembre 2020, n° 425216) :
- si le salarié protégé prend acte de la rupture de son contrat entre la décision de l'inspecteur du travail statuant sur son transfert et la décision du ministre statuant sur le recours hiérarchique formé contre cette décision ;
- et si le ministre annule la décision de l'inspecteur du travail.

Le silence de l'administration vaut rejet - Pour une demande d'autorisation de transfert, l'absence de réponse de l'inspecteur du travail au bout de 2 mois vaut rejet de la demande d'autorisation (c. trav. art. R. 2421-11 et R. 2421-17).

Procédure d'ordre public - Le salarié ne peut pas renoncer à la procédure d'autorisation en cas de transfert partiel d'entreprise (cass. soc. 6 avril 2004, n° 02-41953 D).

En cas de succession de prestataires de services sur un marché

Lorsqu'un représentant du personnel est transféré dans une autre entreprise en application d'une

convention collective (ex. : en cas de perte d'un marché), ce transfert est soumis :
- à l'accord exprès du salarié protégé (cass. soc. 3 mars 2010, nos 08-41600 et 08-44120, BC V n° 51) ;
- à l'autorisation préalable de l'inspecteur du travail (cass. soc. 20 novembre 2002, n° 00-44498, BC V n° 349).

Il en est de même en cas de transfert partiel d'un salarié protégé qui n'est affecté que pour une partie de son temps de travail à l'activité transférée (cass. soc. 28 mai 2003, n° 01-40512, BC V n° 181).

▶ À noter... La procédure d'autorisation s'applique donc aussi bien en cas de transfert des contrats de travail relevant de l'article L. 1224-1 du code du travail que d'un transfert prévu conventionnellement (ex. : en cas de succession de prestataires de services sur un marché) (voir *Modification de la situation juridique de l'employeur**).

Autorisation ou refus de transfert

Autorisation de transfert - Dès la date de la notification de l'autorisation, le transfert s'effectue de plein droit. Le salarié ne peut pas demander au juge des référés la suspension de son transfert (CE 27 juin 2005, n° 277048).

Les recours possibles contre la décision de l'inspecteur du travail sont les mêmes qu'en cas de demande d'autorisation de licenciement [voir *Licenciement des représentants du personnel (procédure)**].

Refus d'autorisation de transfert - L'employeur doit proposer au salarié un emploi similaire assorti d'une rémunération équivalente dans un autre établissement ou une autre partie de l'entreprise (c. trav. art. L. 2421-9).

Annulation de l'autorisation de transfert - Le représentant du personnel peut agir en contestation sur le fond de l'autorisation de transfert. Si celle-ci est annulée, l'employeur doit proposer au salarié un emploi similaire assorti d'une rémunération équivalente dans un autre établissement ou une autre partie de l'entreprise non transférée (c. trav. art. L. 2421-9). Le représentant dont l'autorisation de transfert a été annulée doit aussi être réintégré dans son mandat si l'institution n'a pas été renouvelée. Mais si celle-ci a été renouvelée, le salarié doit bénéficier de la protection en tant qu'ancien représentant du personnel pendant 6 mois à compter du jour où il retrouve sa place dans l'entreprise (cass. soc. 13 janvier 2009, n° 06-46364, BC V n° 8).

Sanctions applicables

Le non-respect de la procédure protectrice peut, selon le cas de figure, entraîner les sanctions suivantes :
- la mesure de transfert est nulle (cass. soc. 24 novembre 1992, n° 89-44977, BC V n° 571) ; le salarié demeure au service de l'entreprise d'origine *(voir ci-avant)* ;
- le *délit d'entrave** au fonctionnement régulier des institutions représentatives du personnel est constitué ;
- l'employeur ne peut pas demander une autorisation de licencier le salarié intéressé pour un motif économique (CE 28 février 1997, n° 164235).

Lorsque la mesure de transfert est nulle, faute d'autorisation administrative, le contrat de travail entre le salarié et le cédant doit donc se poursuivre. À défaut, il est possible d'en constater la rupture et ce, sans autorisation administrative de licenciement. Cette rupture ouvre droit pour le salarié à une indemnité dont le montant est déterminé selon les règles prévues à l'article L. 1235-3 du code du travail (cass. soc. 18 juin 2014, n° 13-10204, BC V n° 150).

☛ *Modification de la situation juridique de l'employeur ; Protection des représentants du personnel.*

➲ Formulaire de Droit Social, « Transfert des représentants du personnel ».

Transitions collectives

Le dispositif « Transitions collectives » (ou « Transco ») vise les salariés peu qualifiés dont l'emploi est menacé. Son but est de leur permettre de s'engager dans un cycle de formation long pour se reconvertir vers des métiers porteurs localement en évitant un licenciement. Il est déployé sur l'ensemble du territoire depuis le 15.01.2021 (Instr. DGEFP/2022/35 du 7 février 2022).

Élaboration des listes des métiers porteurs

Les premières listes de métiers prioritaires ont été établies le 28.12.2020 au niveau régional, avec la possibilité d'être complétées ou amendées pour être adaptées à une maille territoriale plus fine. On peut les retrouver sur les sites des DREETS et des préfectures.

Ces listes identifient les métiers porteurs sur les territoires. Il peut notamment s'agir des métiers pour lesquels les entreprises du territoire peinent à recruter. Elles doivent permettre, d'une part, au salarié d'être rassuré sur ses perspectives d'embauche à l'issue de la formation et, d'autre part, à l'État de s'assurer que la formation financée permettra une embauche rapide (Instr. DGEFP/2022/35 du 7 février 2022).

Identification des emplois fragilisés

Inscription des emplois fragilisés dans un accord GEPP ou une décision unilatérale - La mobilisation du dispositif repose sur l'identification des emplois fragilisés au sein de l'entreprise.

▶ À noter… Les emplois que l'entreprise envisage de supprimer dans le cadre d'un plan de sauvegarde de l'emploi (PSE) ne sont pas éligibles au dispositif.

Les entreprises de plus de 300 salariés, qui sont soumises à l'obligation de négocier sur la *gestion prévisionnelle de l'emploi et des compétences** (GEPP) (c. trav. art. L. 2242-20 et L. 2242-21), concluront un accord contenant non seulement la liste des emplois fragilisés, mais tous les éléments imposés par l'article L. 2242-20 du code du travail : mesures d'accompagnement, orientations à 3 ans de la formation professionnelle dans l'entreprise, objectifs du plan de développement des compétences, etc. Lorsque l'entreprise dispose déjà d'un accord de GEPP, elle n'aura pas à engager de nouvelle négociation si cet accord comporte déjà une liste des emplois fragilisés.

Les entreprises de moins de 300 salariés ont le choix entre :

- soit conclure un accord de GEPP simplifié consistant en la simple formalisation de la liste des emplois fragilisés. Elles peuvent, pour cela, s'appuyer sur l'accord type figurant en annexe de l'instruction, disponible également sur le site internet du ministère du Travail, sur la fiche pratique consacrée au dispositif (https ://travail-emploi.gouv.fr/formation-professionnelle/formation-des-salaries/transitions-collectives) ;
- soit prendre une décision unilatérale après information-consultation du comité social et économique (CSE). En l'absence de CSE, l'employeur informe, par tout moyen, tous les salariés de sa décision.

Appui technique et financier - L'entreprise peut solliciter l'appui technique de la DREETS ou de l'opérateur de compétences (OPCO) dont elle dépend pour l'aider à réaliser un diagnostic RH, construire un GEPP et identifier des emplois fragilisés.

Le financement de ces prestations peut être pris en charge intégralement par l'OPCO pour les entreprises de 1 à 50 salariés. Pour celles de 50 à 250 salariés, le financement peut être pris en charge par l'État au titre de la prestation conseil en ressources humaines (voir *Aide au conseil RH**) (instr. DGEFP/MADEC 2020-90 du 4 juin 2020). Et, pour les entreprises de plus de 250 salariés, le financement peut être pris en charge sur les fonds conventionnels ou volontaires versés à l'OPCO par la branche ou l'entreprise.

Les conseils régionaux peuvent aussi mettre en place des mesures pour accompagner les entreprises et les salariés en amont ou en aval du dispositif (ex. : appui au diagnostic RH, appui à la stratégie de l'entreprise, etc.).

Accord transmis au DREETS - Lorsque l'accès au dispositif repose sur la conclusion d'un accord, il doit être déposé auprès de l'administration par téléprocédure (https ://www.teleaccords.travail-emploi.gouv.fr/PortailTeleprocedures/). Un récépissé est ensuite transmis à l'entreprise.

Consultation du CSE - Lorsque l'entreprise s'inscrit dans le dispositif « Transitions collectives », l'employeur doit consulter le comité social et économique (c. trav. art. L. 2312-17).

Salariés éligibles

Information des salariés occupant un emploi fragilisé - Dans un premier temps, l'employeur informe par tout moyen, selon des modalités définies par ses soins, les salariés qui occupent un emploi fragilisé identifié dans l'accord de type GEPP ou, pour les entreprises de moins de 300 salariés, dans la liste établie par l'employeur après information- consultation du CSE lorsqu'il existe. Il peut alors leur proposer d'être formés à des métiers porteurs sur le territoire, dans le cadre d'un parcours de transition collective assis sur un projet de transition professionnelle.

Les salariés doivent bénéficier d'une réunion d'information collective assurée par l'un des opérateurs de *conseil en évolution professionnelle**.

L'ensemble des parties prenantes, dont les entreprises, sont invitées à favoriser les actions de découverte et d'immersion en entreprise pour permettre au salarié de confirmer son projet.

Volontariat du salarié doublé d'un accord de l'employeur - L'engagement dans une démarche de transition collective repose sur le volontariat.

Les salariés occupant un emploi fragilisé n'ont donc aucune obligation d'accepter de participer à un parcours de Transition collective. L'engagement d'un salarié dans cette démarche suppose aussi l'accord de l'employeur.

Conditions à remplir - Pour pouvoir bénéficier du financement d'un parcours de transition collective, le salarié volontaire doit respecter un certain nombre de conditions.

Il doit occuper un emploi identifié comme fragilisé par l'accord de GEPP ou la décision de l'entreprise.

Il doit remplir les conditions d'éligibilité au CPF de transition [voir *Compte personnel de formation (transition professionnelle)**]. Le salarié doit ainsi être titulaire d'un contrat de travail (CDI non concerné par une décision de rupture, CDD, contrat de travail temporaire) et justifier, sauf exception, d'une ancienneté en qualité de salarié d'au moins 24 mois consécutifs ou non dans la même entreprise (c. trav. art. L. 6323-17-1, L. 6323-17-2, R. 6323-9-1 et D. 6323-9).

L'absence du salarié doit être autorisée par son employeur, au titre d'un congé de transition professionnelle (c. trav. art. R. 6323-10 à R. 6323-10-4).

Un accord doit être conclu entre l'employeur et le salarié, dans lequel l'employeur s'engage aussi à financer le reste à charge, le cas échéant.

Enfin, l'instruction souligne que le salarié ne sera éligible aux financements du dispositif que s'il a bénéficié d'une action de positionnement préalable à sa formation auprès du prestataire qui la délivre afin d'en adapter la durée.

En outre, l'accompagnement des bénéficiaires par un opérateur du CEP est obligatoire.

Projets de reconversion éligibles - Pour pouvoir bénéficier d'un parcours de transition collective, le projet de reconversion du salarié doit viser une formation certifiante visant à changer de métier ou de profession et délivrée par un organisme de formation capable de délivrer une formation de qualité (c. trav. art. L. 6313-1).

Les actions de formations doivent aboutir (c. trav. art. L. 6323-17-1) :
- à une certification professionnelle enregistrée au répertoire national des certifications professionnelles (RNCP) ;
- ou à l'acquisition d'un ou plusieurs blocs de compétences d'une certification enregistrée ;
- ou à une certification enregistrée au répertoire spécifique ;
- ou à la validation des acquis et de l'expérience (VAE).

La certification doit permettre une reconversion vers un métier dit « porteur » issu d'une liste validée par les CREFOP.

L'action de formation ne doit pas excéder 24 mois ou 2 400 heures au maximum.

Enfin, la formation ne peut pas avoir pour objectif de remplir l'obligation d'*adaptation** au poste de travail qui incombe à l'employeur ni de participer au développement de compétences en lien avec le poste qu'occupe le salarié (c. trav. art. L. 6313-3, 2°).

Demande de prise en charge financière

Contenu du dossier de demande - L'entreprise constitue le dossier de demande de prise en charge pour ses salariés, qui comprend :
- l'accord de type GEPP ou la décision de l'employeur identifiant la liste des emplois fragilisés dans l'entreprise et le récépissé de dépôt de l'accord délivré par la DREETS ;
- le cas échéant, des éléments de contexte relatifs à l'entreprise qui s'est engagée dans la démarche ;
- éventuellement une promesse d'embauche d'une entreprise en besoin de recrutement ;
- les éléments personnels fournis par le salarié dans les mêmes conditions que pour le CPF de transition (la formation sollicitée, le programme, la présentation du projet professionnel du salarié, etc.) (c. trav. art. R. 6323-13) ;
- un document attestant de l'accompagnement du salarié au titre du conseil en évolution professionnelle ;
- le document formalisant l'accord du salarié pour mobiliser le dispositif et celui de son employeur pour financer un éventuel reste à charge.

Dépôt du dossier - Une fois le dossier complet, l'entreprise doit le déposer auprès de l'ATPro compétente pour sa région et qui est en charge de l'instruction dudit dossier.

Lorsque l'entreprise intègre plusieurs de ses établissements au projet de transition collective, un dossier distinct doit être déposé pour chaque établissement à l'ATPro de la région dont il relève.

Financement du parcours de transition collective

Financement par les ATPro - Les parcours de transition collective sont pris en charge financièrement par les ATPro, via des fonds issus de l'enveloppe FNE-Formation, avec un éventuel cofinancement de l'employeur selon la taille de l'entreprise d'origine. L'ATPro prend en charge les frais pédagogiques, les frais de validation des compétences et des connaissances, les frais annexes, la rémunération du salarié, les cotisations de sécurité sociale et les charges assises sur cette rémunération, selon les mêmes modalités que pour les projets de transition professionnelle.

Financement par l'employeur - L'employeur doit s'engager à financer un reste à charge dépendant de l'effectif de son entreprise, sachant que les entreprises de moins de 300 salariés n'ont aucun reste à charge.

Les modalités opérationnelles de versement du complément de financement par l'entreprise à l'ATPro sont définies par l'accord de prise en charge et peuvent tenir compte d'une déduction des remboursements dus par l'ATPro à l'entreprise au titre de la rémunération du salarié. Enfin, il ressort de l'instruction qu'une entreprise d'accueil peut aussi participer au cofinancement de parcours de transition collective.

Déroulé du parcours de transition collective

Situation pendant le parcours - Le contrat de travail du salarié est suspendu durant la durée de la formation. Sa rémunération est maintenue dans les conditions applicables au projet de transition professionnelle.

L'employeur doit maintenir le lien avec le salarié pendant son parcours. Il peut nommer un référent chargé de suivre la mise en œuvre des parcours de transition collective engagés par les salariés de l'entreprise.

Le conseiller en évolution professionnelle assure le suivi du salarié pendant la construction et la réalisation de son projet de transition professionnelle dans le cadre d'un parcours de transition collective. Ce suivi est formalisé dans un document remis au salarié qui contient toutes les actions mises en œuvre.

Situation à l'issue du parcours - À l'issue de la formation, le salarié :
- soit réintègre son poste ou un poste équivalent ;
- soit intègre une nouvelle entreprise après avoir rompu son contrat de travail.

Au terme de la formation, Pôle emploi peut contribuer à la mise en réseau entre les entreprises confrontées à des mutations et les entreprises qui ont des besoins en recrutement. Il peut aussi proposer au salarié les offres d'emploi correspondant aux nouvelles compétences acquises sur les métiers porteurs.

Transco - congé de mobilité

Élargissement aux RCC - Le dispositif a été élargi aux ruptures conventionnelles collectives (RCC), afin de permettre l'accompagnement de restructurations à plus court terme. Il peut être utilisé pour soutenir les reconversions de salariés ayant opté pour un *congé de mobilité** dans le cadre d'un accord de RCC ou d'un accord de GEPP (c. trav. art. L. 1237-18). Ce volet du dispositif est nommé « Transco - Congé de mobilité ». (Instr. DGEFP/2022/35 du 7 février 2022).

Beaucoup de ses modalités de mise en œuvre sont identiques à celles prévues dans le cadre des Transco. L'élaboration de la liste des métiers « porteurs » et l'identification des emplois fragilisés sont notamment réalisées dans les mêmes conditions.

Modalités - L'employeur, quel que soit l'effectif de son entreprise, doit avoir conclu :
- soit un accord de RCC dans les conditions prévues par le code du travail (c. trav. art. L. 1237-19-1 et s.) ;
- soit un accord de GEPP dans les conditions prévues par le code du travail (c. trav. art. L. 2242-20 et s.).

Contenu des accords - Les accords doivent remplir les conditions cumulatives suivantes :
- autoriser les salariés à se porter volontaires pour « Transco - Congé de mobilité » ;
- prévoir un congé de mobilité, notamment au bénéfice des salariés qui feraient le choix de s'inscrire dans le dispositif « Transco - Congé de mobilité » ;
- énumérer les emplois fraglisés au sein de l'entreprise.

Information des salariés - Les salariés doivent être informés, par tout moyen, du fait qu'ils occupent un emploi fragilisé, mais l'employeur n'est pas tenu d'organiser une réunion d'information. Au surplus, les salariés ne sont pas obligés de bénéficier du conseil en évolution professionnelle.

Éligibilité des salariés - Les salariés bénéficiant de « Transco – Congé de mobilité » peuvent, comme les autres bénéficiaires de « Transco », suivre une formation certifiante, avec maintien de leur rému-

Financement du parcours de transition collective		
Taille de l'entreprise	**Financement FNE Relance**	**Reste à charge de l'entreprise**
Entreprises de moins de 300 salariés	100 %	Aucun reste à charge
Entreprises de 300 à 1 000 salariés	75 %	25 %
Entreprises de plus de 1 000 salariés	40 %	60 %

nération, pendant une durée de 24 mois maximum les préparant à des métiers porteurs (la durée de la formation ne pouvant pas excéder la durée du congé de mobilité).

Les conditions d'éligibilité des salariés sont adaptées au cadre du congé de mobilité. Seuls ceux qui sont en contrat à durée indéterminée sont concernés et l'employeur n'a pas à autoriser l'absence du salarié ou son engagement dans le dispositif. Les salariés doivent occuper un emploi identifié comme fragilisé par l'accord de RCC ou de GEPP et faire le choix de bénéficier du congé de mobilité pour s'engager dans un parcours de reconversion vers un métier « porteur ». L'accord doit prévoir les conditions d'expression du consentement écrit du salarié qui se porte volontaire au départ de son entreprise.

Formation - Les conditions tenant à la formation certifiante réalisée sont similaires à celles prévues pour Transco. Cependant, le parcours Transco-congé de mobilité ne peut être proposé que pour une durée maximale de 24 mois et la durée du cycle de formation ne peut pas être plus importante que la durée du congé de mobilité prévue dans l'accord.

L'instruction et la validation du parcours Transco-congé de mobilité du salarié sont réalisées par l'ATPro dans les meilleurs délais et répondent aux mêmes conditions de cohérence du projet, de pertinence du parcours et de perspective d'emploi que celles prévues dans le cadre des Transco.

Financement - Les taux de financement des formations sont identiques à ceux prévus pour Transco mais les frais couverts ne sont pas les mêmes. Les coûts pédagogiques des formations de reconversion et les frais de validation des compétences sont pris en charge. Les frais annexes peuvent être pris en charge sous forme d'aides à la mobilité et à l'hébergement, qui nécessitent de remplir certaines conditions spécifiques. L'ATPro prend aussi en charge la part de l'allocation de congé de mobilité normalement prise en charge par l'État.

Situation du salarié - Le salarié inscrit dans un parcours Transco-congé de mobilité se voit appliquer les règles relatives au congé de mobilité.

Sa rémunération est donc soumise au régime social propre à ce dispositif.

Son contrat de travail est suspendu pendant la durée de ce congé.

La fin du congé de mobilité donne lieu à la rupture du contrat d'un commun accord des parties.

Transport (frais de)

☛ *Participation aux frais de transport.*

Travail dissimulé

Interdictions

Le travail dissimulé est interdit et sanctionné *(voir ci-après)*. On distingue la dissimulation d'activité (impliquant une présomption de travail dissimulé) et la dissimulation d'emploi salarié (c. trav. art. L. 8221-1 ; fiche pratique URSSAF « Les risques du travail dissimulé », www.urssaf.fr).

La publicité visant à favoriser, en toute connaissance de cause, le travail dissimulé est également interdite et passible de sanctions. Il en est de même pour le recours volontaire, directement ou par personne interposée, aux services de celui qui exerce une activité de travail dissimulé (c. trav. art. L. 8221-1).

En revanche, les travaux d'urgence dont l'exécution immédiate est nécessaire pour prévenir les accidents imminents ou organiser des mesures de sauvetage sont exclus de l'interdiction (c. trav. art. L. 8221-2).

Dissimulation d'activité

Est réputé travail dissimulé par dissimulation d'activité l'exercice à but lucratif d'une activité de production, de transformation, de réparation ou de prestation de services ou l'accomplissement d'actes de commerce par toute personne physique ou morale qui, se soustrayant intentionnellement à ses obligations (c. trav. art. L. 8221-3) :

- n'a pas requis son immatriculation au registre national des entreprises en tant qu'entreprise du secteur des métiers et de l'artisanat ou au registre du commerce et des sociétés, lorsque celle-ci est obligatoire, ou a poursuivi son activité après refus d'immatriculation, ou postérieurement à une radiation ;
- ou n'a pas procédé aux déclarations qui doivent être faites aux organismes de protection sociale (ex. : URSSAF) (cass. crim. 30 mars 2016, n° 15-80761, B. crim. n° 116) ou à l'administration fiscale en vertu des dispositions légales en vigueur, notamment lorsque le travailleur indépendant ne déclare pas une partie de son chiffre d'affaires ou de ses revenus, ou encore lorsqu'il continue son activité après avoir été radié par les organismes de protection sociale pour absence présumée de son activité professionnelle ;
- ou encore, s'est prévalue des dispositions applicables au *détachement international** de salariés lorsque l'employeur de ces derniers exerce, dans l'État dans lequel il est établi, des activités relevant uniquement de la gestion interne ou administrative, ou lorsque son activité est réalisée sur le territoire national de façon habituelle, stable et continue (loi 2018-771 du 5 septembre 2018, art. 99, JO du 6).

Dissimulation d'emploi salarié

Définition - Est réputé travail dissimulé par dissimulation d'emploi salarié le fait pour l'employeur de se soustraire intentionnellement à l'accomplissement (c. trav. art. L. 8221-5 ; cass. soc. 23 octobre 2013, n° 12-13899 D) :
- de certaines formalités telle que la *déclaration préalable à l'embauche** (cass. civ. 2e ch., 10 octobre 2013, n° 12-26123, BC II n° 188 ; cass. civ., 2e ch., 21 septembre 2017, n° 16-22307 D), la remise des bulletins de paie avec mention du nombre d'heures de travail réellement accomplies ;
- des déclarations relatives aux salaires ou aux cotisations sociales auprès des organismes de recouvrement des contributions et cotisations sociales ou de l'administration fiscale.

La dissimulation peut n'être que partielle, notamment lorsque figure sur le bulletin de paie un nombre d'heures de travail inférieur à celui réellement effectué.

L'omission doit être volontaire pour qu'il y ait travail dissimulé (cass. soc. 24 mars 2004, n° 01-43875, BC V n° 96 ; cass. soc. 23 mai 2012, n° 11-20638 D).

Le caractère intentionnel de l'omission de déclaration à l'URSSAF ne peut pas être écarté au motif que l'employeur rencontre des difficultés financières pour s'acquitter de ces cotisations (cass. soc. 21 mai 2014, n° 13-14088 D). De même, un employeur allemand implanté depuis plus de 20 ans en France ne peut pas faire valoir sa méconnaissance de la législation française relative à la déclaration préalable à l'embauche pour systématiquement déclarer des salariés après la période d'essai (cass. crim. 20 janvier 2015, n° 14-80532, B. crim. n° 19).

Le fait d'avoir imposé à un salarié en forfait jours de travailler au-delà du volume prévu dans la convention de forfait, sans mentionner les jours de travail sur les bulletins de paie, suffit à caractériser l'élément intentionnel de la dissimulation d'emploi salarié (cass. soc. 1er décembre 2016, n° 15-15805 D).

En revanche, s'agissant de la dissimulation d'heures de travail, le caractère intentionnel de l'infraction ne peut se déduire ni de la seule absence de mention des heures supplémentaires sur les bulletins de paie (cass. soc. 29 juin 2005, n° 04-40758, BC V n° 222 ; cass. soc. 5 janvier 2022 n° 20-14927 D), ni de la seule application d'une convention de forfait illicite (cass. soc. 16 juin 2015, n° 14-16953, BC V n° 124), ni de la seule application erronée du taux de majoration des heures supplémentaires (cass. soc. 1er février 2017, n° 15-23039 D). En d'autres termes, l'erreur ou l'oubli sont admis.

Il faut établir que l'employeur a, de manière intentionnelle, mentionné sur le bulletin de paie un nombre d'heures de travail inférieur à celui réellement effectué (cass. soc. 27 mars 2018, n° 16-87585 FSPB ; cass. soc. 23 mai 2012, n° 11-20638 D ; cass. soc. 5 juin 2019, n° 17-23228 FPB).

L'élément intentionnel pourra être caractérisé quand l'employeur :
- refuse de prendre en considération la réclamation du salarié alors que l'inspecteur du travail avait constaté l'existence de dépassement d'horaires dans son service (cass. soc. 6 avril 2005, n° 03-42082 D ; cass. crim. 4 septembre 2001, n° 01-80094 D) ;
- mentionne sur le bulletin de paie, durant plusieurs années, un nombre d'heures de travail inférieur à celui réellement exécuté alors qu'il connaissait les heures supplémentaires effectuées puisqu'il disposait d'un logiciel de décompte du temps de travail (cass. soc. 18 mai 2017, 15-23645 D) ;
- a appelé un salarié à effectuer de multiples tâches sans procéder au moindre enregistrement des horaires effectués (cass. soc. 12 février 2015, n° 13-17900 D).

▶ **À noter…** Le temps de déplacement professionnel entre le domicile de clients, au cours d'une même journée, est du temps de travail effectif, dès lors que les salariés restent soumis à l'autorité de l'employeur. Si ces heures de trajet ne sont pas mentionnées sur le bulletin de paie, il y a donc un risque de condamnation pour travail dissimulé (cass. crim. 2 septembre 2014, n° 13-80665, B. crim. n° 179).

« Faux » bénévolat - L'activité exercée par des parents ou des amis dans le cadre d'un rapport de subordination peut être qualifiée de travail dissimulé d'emploi salarié (cass. crim. 22 octobre 2002, n° 02-81859, B. crim. n° 192 ; cass. civ., 2e ch., 9 mars 2017, n° 16-10117 D ; cass. crim. 26 mai 2021, n° 20-85118 D).

Recours à de « faux » indépendants - Les personnes régulièrement immatriculées (ex. : au RCS, au répertoire des métiers) sont présumées être des travailleurs non salariés. Toutefois, la présomption de non-salariat tombe si l'existence d'un *contrat de travail est établie lorsque ces personnes fournissent, directement ou par personne interposée, des prestations à un donneur d'ordres qui les placent dans un lien de subordination juridique permanente à l'égard de celui-ci** (c. trav. art. L. 8221-6 ; cass. 2e civ. 28 novembre 2019, n° 18-15333 FPPBI).

Dans ce cas, il y a dissimulation d'emploi salarié lorsque le donneur d'ordres s'est intentionnellement soustrait, par ce moyen, à l'accomplissement des obligations incombant à l'employeur en matière de déclaration préalable à l'embauche, de délivrance du bulletin de paie ou de mention sur ce dernier du nombre d'heures de travail réellement accomplies et de déclarations relatives au salaire ou aux cotisations sociales (cass. crim. 19 février 2002, n° 01-85774 D ; cass. soc. 17 juin 2003, n° 02-84224 D).

Exemples

L'employeur, qui fait travailler dans les mêmes conditions des anciens salariés comme auto-entrepreneurs, se rend coupable de travail dissimulé. Compte tenu d'un faisceau d'indices (ex. : exercice des mêmes fonctions assorties des mêmes modalités d'exécution imposées par la société, contrats types commun à tous et selon un mode de rémunération identique), un lien de subordination juridique à l'égard de l'ancien employeur était caractérisé. Ce dernier avait donc détourné de son objet le statut d'auto-entrepreneur dans le but d'échapper au paiement des charges sociales (cass. crim. 15 décembre 2015, n° 14-85638, B. crim. n° 302 ; cass. crim. 26 novembre 2019, n° 19-80516 D).

Un livreur qui avait conclu un contrat de prestation de services avec une société utilisant une plate-forme numérique et une application pour mettre en relation des restaurateurs partenaires et leurs clients est en fait un salarié du fait du pouvoir de sanction de la plate-forme et d'un système de géolocalisation permettant de contrôler le coursier en temps réel (cass. soc. 28 novembre 2018, n° 17-20079 FPPBRI ; cass. soc. 24 juin 2020, n° 18-26088 D). Cette dissimulation d'activité salariée pourra aussi être source d'une *concurrence déloyale** du fait du préjudice causé aux autres sociétés du même secteur d'activité (cass. com 12 janvier 2022, n° 20-11139 FSB).

Il en va de même d'un chauffeur présumé indépendant qui utilise une plateforme pour trouver des clients, quand cette plateforme donne des directives, contrôle l'application et sanctionne en cas de non-respect des consignes (cass. soc. 4 mars 2020, n° 19-13316 FPPBRI).

Un avocat, engagé comme collaborateur libéral, ne peut pas prétendre qu'il était salarié du cabinet d'avocat s'il ne prouve pas qu'il s'est trouvé dans l'impossibilité de développer une clientèle personnelle. Le cabinet d'avocat qui l'a recruté ne saurait, en dehors de ces circonstances, être condamné pour travail dissimulé par dissimulation d'emploi salarié (c. trav. art. L. 8221-5 ; cass. crim. n° 14-85328 du 15 mars 2016, B. crim. n° 77).

Contrôles

Inspection du travail - Les agents de contrôle (ex. : inspecteur du travail) peuvent obtenir copie immédiate des documents auxquels la loi leur donne accès, quels que soient leur forme ou leur support (c. trav. art. L. 8271-9). **Ils sont également investis d'un pouvoir d'audition [voir *Travail illégal (répression)**].**

Contrôle URSSAF - Lorsque le contrôle est effectué en vue de rechercher des infractions aux interdictions de travail dissimulé, l'organisme effectuant le contrôle des cotisations et contributions de sécurité sociale n'est pas tenu d'envoyer un avis de contrôle, contrairement à ce qui se passe pour un *contrôle Urssaf « classique ». Ce n'est que si l'organisme entend poursuivre le contrôle sur d'autres points de la réglementation qu'il devra faire parvenir à l'employeur un avis de contrôle** (c. séc. soc. R. 243-59, I).

Procès-verbaux de travail dissimulé - Les infractions aux interdictions du travail dissimulé sont constatées au moyen de procès-verbaux (P-V) qui font foi jusqu'à preuve du contraire et sont transmis directement au procureur de la République (c. trav. art. L. 8271-8). **Et ce, sans qu'il soit besoin d'informer la personne visée, des faits susceptibles de constituer l'infraction pénale et des sanctions encourues** (cass. crim. 12 janvier 2021, n° 20-80647 FSPBI).

Les agents de contrôle communiquent leurs P-V de travail dissimulé aux organismes de recouvrement (URSSAF et caisses MSA) qui procèdent à la mise en recouvrement des cotisations et contributions qui leur sont dues sur la base des informations contenues dans ces P-V (c. trav. art. L. 8271-6-4).

Document constatant le travail dissimulé notifié à la personne contrôlée - Lorsqu'un P-V de travail dissimulé a été établi par les inspecteurs du recouvrement ou transmis aux URSSAF ou aux caisses MSA *(voir ci-avant)*, l'inspecteur du recouvrement remet à la personne contrôlée un document constatant cette situation et comportant l'évaluation du montant des redressements à prévoir, ainsi que du montant des réductions ou exonérations de cotisations ou contributions sociales dont a pu bénéficier le débiteur, et qui doivent être annulées. De plus, ce document fait état de l'ensemble des dispositions légales applicables à cette infraction, notamment des majorations et pénalités correspondantes. Il mentionne notamment les dispositions relatives aux saisies-conservatoires ainsi que les voies et délais de recours applicables (c. séc. soc. art. L. 133-1, I). Il mentionne également la période concernée, les faits constatés et, lorsque le PV a été transmis aux URSSAF et caisses MSA, l'auteur du constat. Ce document est établi et signé par l'agent de contrôle qui a constaté les infractions ou a exploité les informations transmises aux URSSAF et caisses MSA. Il est notifié à la personne contrôlée par tout moyen permettant de rapporter la preuve de sa date de réception (c. séc. soc. art. R. 133-1).

Garanties et mesures conservatoires - Après que le document constatant le P-V de travail dissimulé lui a été remis *(voir ci-avant)*, la personne contrôlée doit produire des éléments justifiant de l'existence de garanties suffisant à couvrir les montants évalués. À défaut, le directeur de l'organisme de recouvrement peut procéder, sans solliciter l'autorisation du juge de l'exécution, à une ou plusieurs des saisies-conservatoires, dans la limite des sommes dont il est redevable au titre du redressement (c. séc. soc. art. L. 133-1, II).

Lorsque l'inspecteur du recouvrement a remis à la personne contrôlée le document *(voir ci-avant)*, celle-ci adresse au directeur de l'URSSAF, par tout moyen permettant de rapporter la preuve de sa date de réception, les éléments justifiant de l'existence de garanties suffisantes pour couvrir le montant évalué dans le document et dont l'estimation de la valeur a été établie dans les 3 mois qui précèdent sa réception par le directeur de l'organisme de recouvrement (c. séc. soc. art. R. 133-1-1, I).

En l'absence de production de garanties ou lorsque le directeur de l'organisme de recouvrement constate que les garanties produites sont insuffisantes au regard de l'estimation qu'il en a faite, il peut procéder sur tous les biens du débiteur à une ou plusieurs mesures conservatoires, selon la procédure prévue aux articles R. 521-1 à R. 534-1 du code des procédures civiles d'exécution (saisies-conservatoires, hypothèques judiciaires). Afin d'obtenir la mainlevée des mesures prises, la personne contrôlée peut présenter ou compléter les garanties au plus tard jusqu'à obtention par l'organisme de recouvrement d'un titre exécutoire définitif. Lorsque le directeur constate que les garanties nouvellement produites sont suffisantes, il procède sans délai à la mainlevée de la mesure conservatoire et en informe la personne contrôlée (c. séc. soc. art. R. 133-1-1, III).

Les mesures conservatoires sont prises dans un délai de 3 mois à compter de la décision du directeur de faire procéder à une ou plusieurs mesures conservatoires, à peine de caducité. L'URSSAF risque également la caducité des mesures conservatoires si la mise en demeure n'est pas adressée dans les 4 mois qui suivent leur exécution (c. séc. soc. art. R. 133-1-1, VI).

Lettre d'observations adressée à la personne contrôlée - À l'issue d'un contrôle URSSAF ou lorsqu'un constat d'infraction de travail dissimulé a été transmis afin qu'il soit procédé à un redressement des cotisations et contributions dues *(voir ci-avant)*, les inspecteurs du recouvrement communiquent au représentant légal de la personne morale contrôlée ou au travailleur indépendant, une lettre d'observations. Cette lettre doit être datée et signée par eux et mentionner l'objet du contrôle réalisé par eux ou par d'autres agents de contrôle, le ou les documents consultés, la période vérifiée, le cas échéant, la date de la fin du contrôle et les observations faites au cours de celui-ci (c. séc. soc. art. R. 243-59 III). La lettre d'observations mentionne par ailleurs :

- la référence au document constatant le travail dissimulé (c. séc. soc. art. R. 133-1) ou les différentes mentions figurant dans ce document, lorsque l'infraction a été constatée à l'occasion du contrôle réalisé par les inspecteurs du recouvrement ;
- la référence au document constatant le travail dissimulé (c. séc. soc. art. R. 133-1), ainsi que les faits constatés par les agents de contrôle, lorsque le constat d'infraction de travail dissimulé a été établi par ces autres agents qui l'ont ensuite transmis aux organismes de recouvrement (URSSAF ou caisses MSA) *(voir ci-avant)*.

L'URSSAF n'est pas tenue de joindre à la lettre d'observations le procès-verbal constatant le délit de travail dissimulé à l'origine du redressement (cass. civ., 2e ch., 14 février 2019, n° 18-12150 FPB).

Le montant des redressements, indiqué dans la lettre d'observations, peut être différent du montant évalué, le cas échéant, dans le document constatant le travail dissimulé (c. séc. soc. art. R. 133-1) *(voir ci-avant)*. S'il est inférieur, il est procédé sans délai à la mainlevée des éventuelles mesures conservatoires à hauteur de la différence entre ces deux montants. S'il est supérieur, l'organisme peut engager des mesures conservatoires complémentaires à hauteur de la différence entre ces deux montants (c. séc. soc. art. R. 243-59 III).

Sur la procédure en cas de lettre d'observations, voir *Contrôle URSSAF**.

Sanctions

Outre des amendes et peines de prison (3 ans d'emprisonnement et 45 000 € d'amende), l'employeur, en tant que personne physique coupable de l'infraction de travail dissimulé, encourt les peines complémentaires suivantes (c. trav. art. L. 8224-1 et L. 8224-3) :

- l'interdiction d'exercer, définitivement ou temporairement (maximum 5 ans), l'activité professionnelle dans l'exercice ou à l'occasion de laquelle l'infraction a été commise ;
- la confiscation des objets sur lesquels le travail dissimulé a porté ;
- l'exclusion des marchés publics, définitivement ou temporairement (maximum 5 ans) ;
- l'interdiction des droits civiques, civils et de famille ;
- l'affichage ou la diffusion de la condamnation sur un site Internet dédié du ministère du Travail.

▶ Attention… La personne coupable de travail dissimulé à l'encontre de mineurs, de personnes vulnérables ou en état de dépendance, ou en bande organisée est condamnée à la peine complémentaire d'affichage ou de diffusion de la décision. L'affichage ou la diffusion est effectif pour maximum un an, sur un site internet dédié. Toutefois, le juge peut décider, par une décision spécialement motivée, de ne pas prononcer cette peine complémentaire en considération des circonstances dans lesquelles l'infraction a été commise et de la personnalité de son auteur (c. trav. art. L. 8224-3 et R. 8211-1).

Si le contrevenant est étranger, il peut être condamné à une interdiction du territoire français.

Sur les autres sanctions pénales encourues non seulement en cas de travail dissimulé mais également dans les autres hypothèses de travail illégal, voir *Travail illégal (répression)**.

Le cas échéant, la responsabilité pénale de la personne morale n'exclut pas la responsabilité pénale des personnes physiques, auteurs ou complices des mêmes faits (voir *Responsabilité pénale des personnes morales**).

Sur les sanctions administratives, voir *Travail illégal (répression)** et sur les sanctions civiles (cotisations sociales), voir ci-après.

Indemnisation des salariés « dissimulés »

Indemnité forfaitaire - Le salarié auquel un employeur a eu recours sans être déclaré a droit, en cas de rupture de la relation de travail, à une indemnité forfaitaire égale à 6 mois de salaire, à moins que l'application d'autres règles légales ou conventionnelles ne conduise à une solution plus favorable (c. trav. art. L. 8223-1 ; cass. soc. 26 novembre 2015, n° 14-17976 D).

Cette indemnisation est due quel que soit le mode de rupture du contrat de travail (cass. soc. 7 novembre 2006, n° 05-40197, BC V n° 328).

Sans rupture du contrat de travail, l'indemnité pour travail dissimulé n'est pas due (cass. soc. 2 mars 2016, n° 14-15611 D).

▶ À noter… En cas de transfert du contrat de travail, c'est le nouvel employeur qui doit verser, le cas échéant, l'indemnité pour travail dissimulé (c. trav. art. L. 1224-1 ; cass. soc. 11 mai 2016, n° 14-17496, BC V n° 850).

Régime social - L'indemnité forfaitaire n'a pas la nature d'un salaire et n'est, en conséquence, pas soumise à cotisations sociales (cass. soc. 20 février 2008, n° 06-44964, BC V n° 42).

Cumul - L'indemnité forfaitaire se cumule avec toutes les indemnités de rupture du contrat, c'est-à-dire avec :

- l'indemnité pour *licenciement sans cause réelle et sérieuse** (cass. soc. 12 janvier 2006, n° 03-46800, BC V n° 13), y compris après une prise d'acte de la rupture du contrat de travail produisant les effets d'un licenciement sans cause réelle et sérieuse (cass. soc. 18 février 2015, n° 11-10892 D) ;
- l'indemnité pour irrégularité de la procédure de licenciement (cass. soc. 12 janvier 2006, n° 04-43105, BC V n° 13) ;
- les dommages et intérêts pour violation de l'ordre des licenciements (cass. soc. 12 janvier 2006, n° 04-41769, BC V n° 13) ;

- l'indemnité compensatrice de préavis et l'indemnité compensatrice de congés payés (cass. soc. 12 janvier 2006, n°s 04-40991 et 04-42190, BC V n° 13) ;
- l'indemnité de licenciement, légale ou conventionnelle (cass. soc. 6 février 2013, n° 11-23738, BC V n° 31 ; cass. soc. 11 mai 2016, n° 10-30325 D).

Le salarié peut également prétendre à des dommages et intérêts destinés à compenser les conséquences dommageables du défaut de déclaration aux organismes sociaux, en particulier pour les droits à l'allocation de chômage et les indemnités journalières de sécurité sociale (cass. soc. 14 avril 2010, n° 08-43124, BC V n° 101).

Salarié étranger sans titre - Lorsqu'un salarié étranger voit son contrat de travail rompu alors qu'il est en situation de travail dissimulé et qu'il n'a pas de titre de travail, il a droit à l'indemnité la plus favorable entre l'indemnité pour travail dissimulé (6 mois de salaire) et l'indemnité pour travail illicite (3 mois de salaire) (cass. soc. 14 février 2018, n° 16-22335 FSPB ; cass. soc.18 mars 2020, n° 18-24982 FPB) [voir *Travailleurs étrangers (emploi irrégulier)**].

Action en justice des syndicats - Voir *Syndicats**.

Obligations des donneurs d'ordres, maîtres d'ouvrage et sous-traitants

Obligation de vérification - Afin de prévenir le travail dissimulé, la responsabilité du donneur d'ordres (ou du maître d'ouvrage) peut être engagée s'il ne s'est pas assuré du respect, par son cocontractant (sous-traitant), des règles du droit du travail (voir *Sous-traitance**). Ainsi, toute personne qui conclut un contrat portant sur un montant d'au moins 5 000 € HT doit vérifier, lors de la conclusion du contrat et tous les 6 mois jusqu'à la fin de l'exécution du contrat, que son cocontractant a effectué toutes les formalités et démarches énumérées aux articles L. 8221-3 et L. 8221-5 du code du travail, et est à jour de ses obligations de déclaration et de paiement auprès des URSSAF (c. trav. art. L. 8222-1 à L. 8222-5, R. 8222-1 ; c. séc. soc. art. L. 243-15).

Sont concernés par cette obligation les contrats portant sur l'exécution d'un travail, la fourniture d'une prestation de services ou l'accomplissement d'un acte de commerce : contrats de production, de fabrication, de transformation, de réparation, de construction, de fourniture, de vente, de travaux agricoles, de prestations de services, matérielles, intellectuelles ou artistiques, de transport, de sous-traitance industrielle ou de travaux.

Attestation de vigilance à réclamer au cocontractant - Le donneur d'ordres (ou le maître d'ouvrage) doit se faire remettre par son sous-traitant, lors de la conclusion du contrat et tous les 6 mois jusqu'à la fin de son exécution, un document (« attestation de vigilance »), délivré au sous-traitant par l'organisme chargé du recouvrement des cotisations et contributions sociales (URSSAF, CGSS ou CMSA), attestant que le sous-traitant (c. trav. art. D. 8222-5 ; c. séc. soc. art. L. 243-15 et L. 114-22-1 ; circ. DSS/SD5C/2012/186 du 16 novembre 2012) :
- a effectué ses déclarations sociales ;
- a payé ses cotisations et contributions de sécurité sociale.

▶ Attention… Ne peuvent pas remplacer l'attestation de vigilance et les autres documents imposés par l'article D. 8222-5 du code du travail :
- une autorisation préfectorale, un extrait Kbis non à jour ou une attestation établie par les sous-traitants eux-mêmes certifiant qu'ils respectent leurs obligations sociales (cass. civ., 2e ch., 11 février 2016, n° 15-10168, BC II n° 928) ;
- le bilan social du cocontractant et l'engagement de ce dernier à respecter la législation du travail (cass. civ. 2e ch, 11 février 2016, n° 14-10614, BC II n° 928) ;
- l'obligation pour une entreprise de travail temporaire (ETT) d'obtenir auprès d'un organisme assureur (mutuelle, assurance, banque…) la garantie financière prévue pour assurer, en cas de défaillance de leur part, le paiement des salaires et des cotisations sociales des salariés intérimaires (c. trav. art. L. 1251-49).

Vérification de l'authenticité de l'attestation - Le donneur d'ordres (ou le maître d'ouvrage) doit s'assurer de l'authenticité de l'attestation délivrée par son sous-traitant. Ce contrôle s'effectue auprès de l'organisme de recouvrement compétent soit par voie dématérialisée (c'est-à-dire sur le site Internet de l'organisme - URSSAF, MSA ou Sécurité sociale des indépendants -, en saisissant le numéro de sécurité mentionné sur l'attestation), soit sur demande auprès de l'URSSAF concernée (c. trav. art. D. 8222-5 ; c. séc. soc. art. D. 243-15 ; www.urssaf.fr).

▶ Attention… Le donneur d'ordres « n'est pas en règle » en cas d'incohérence entre les différents documents sur l'identité du sous-traitant. Tel est le cas lorsque l'extrait du registre du commerce et des sociétés indique un nom d'exploitant individuel, alors que les attestations sur l'honneur, les déclarations uniques d'embauche et les attestations de versement de cotisations indiquent un nom de société. En l'occurrence, les juges ont considéré que le donneur d'ordre avait conclu un contrat de sous-traitance avec une entreprise n'ayant aucune existence juridique, de sorte que ce sous-traitant ne pouvait pas être enregistré à l'URSSAF comme employeur ni être à jour de ses cotisations. Au vu des documents manifestement erronés, le donneur d'ordre aurait dû se rendre compte de cette anomalie (cass. civ. 2e ch., 11 juillet 2013, n° 12-21554, BC II n° 164).

Autres documents à réclamer - Lorsque l'immatriculation du sous-traitant au registre du commerce et des sociétés ou au répertoire des métiers est obligatoire ou, pour les professions réglementées, le donneur d'ordres (ou le maître d'ouvrage) doit se faire délivrer, en plus de l'attestation de vigilance, l'un des documents suivants (c. trav. art. D. 8222-5) :
- soit un extrait de l'inscription au registre du commerce et des sociétés ;
- soit une carte d'identification justifiant de l'inscription au répertoire des métiers ;
- soit un devis, document publicitaire ou correspondance professionnelle, à condition qu'y soient mentionnés le nom ou la dénomination sociale, l'adresse complète et le numéro d'immatriculation au registre des métiers, ou à une liste ou un tableau d'un ordre professionnel, ou la référence de l'agrément délivré par l'autorité compétente ;
- soit un récépissé du dépôt de déclaration auprès d'un centre de formalités des entreprises pour les personnes physiques ou morales en cours d'inscription.

Si le sous-traitant emploie des salariés, l'attestation relative aux obligations déclaratives et de paiement indique le nombre de salariés employés par le sous-traitant et l'assiette des rémunérations déclarée sur le dernier bordereau récapitulatif des cotisations sociales adressé à l'organisme de recouvrement par le sous-traitant (c. séc. soc. art. D. 243-15).

Sous-traitant établi à l'étranger - Dans ce cas, le donneur d'ordres (ou le maître d'ouvrage) doit se faire remettre un certain nombre de documents (c. trav. art. L. 8222-4 et D. 8222-7). Parmi eux, figure un document attestant la régularité de la situation sociale du sous-traitant au regard du règlement (CEE) 883/2004 du 29 avril 2004 ou d'une convention internationale de sécurité sociale. En pratique, ce document est le « formulaire A1 » permettant de démontrer que les salariés du sous-traitant étranger demeurent affiliés au régime de sécurité sociale de leur pays d'origine (cass. ass. plén. du 6 novembre 2015, n° 14-10182 PBRI ; cass. ass. plén. du 6 novembre 2015, n° 14-10193 PBRI ; cass. soc. 4 novembre 2020, n° 18-24451 PBRI).

Sanctions encourues - Toute personne qui ne procède pas aux vérifications exigées ainsi que toute personne condamnée pour avoir recouru directement ou par personne interposée aux services de celui qui exerce un travail dissimulé est tenue solidairement avec celui qui a fait l'objet d'un procès-verbal pour délit de travail dissimulé (c. trav. art. L. 8222-2 ; cass. civ. 2e ch., 26 novembre 2015, n° 14-23851, BC II n° 543) :
- au paiement des impôts, taxes et cotisations obligatoires dus au Trésor public et aux organismes de protection sociale ;
- au paiement des rémunérations et charges dues au titre de l'emploi de travailleurs dissimulés ;
- le cas échéant, au remboursement des sommes correspondant au montant des aides publiques reçues.

De plus, l'organisme de recouvrement procède à l'annulation des réductions ou exonérations des cotisations ou contributions dont le donneur d'ordre a bénéficié au titre des rémunérations versées à ses salariés. L'annulation s'applique pour chacun des mois au cours desquels la situation est vérifiée. Le montant de l'annulation est plafonné à 15 000 € pour une personne physique et à 75 000 € pour une personne morale (c. séc. soc. art. L. 133-4-5).

Le donneur d'ordre n'a pas à avoir communication préalable du PV de travail dissimulé établi à l'encontre du co-contractant mais l'URSSAF doit produire ce PV devant la juridiction de sécurité sociale en cas de contestation de l'existence ou du contenu de ce document par le donneur d'ordre (cass. civ., 2e ch., 8 avril 2021, n° 19-23728 et n° 20-11126 FSPR).

Obligation d'injonction - Tout donneur d'ouvrage ou maître d'ouvrage qui a été informé par écrit, par un agent de contrôle ou par un syndicat ou une association professionnels, ou par une institution représentative du personnel, de l'intervention du cocontractant, d'un sous-traitant ou d'un subdélégataire en situation irrégulière (dissimulation d'activité ou d'emploi) doit aussitôt enjoindre, par LRAR, à son cocontractant de régulariser sans délai sa situation. À défaut, il est tenu solidairement avec son cocontractant au paiement des impôts, taxes, cotisations, rémunérations et charges dues, et encourt l'annulation de ses propres exonérations ou réductions de cotisations *(voir ci-après)* (c. trav. art. L. 8222-5 et R. 8222-2 ; c. séc. soc. art. L. 133-4-5).

Emploi d'étrangers sans titre de travail - Toute personne qui conclut un contrat pour une prestation d'au moins 5 000 € HT doit s'assurer, lors de la conclusion du contrat et tous les 6 mois jusqu'à la fin de son exécution, que son cocontractant n'emploie pas d'étrangers sans titre de travail (c. trav. art. L. 8254-1 à L. 8254-2-2 et D. 8254-1). Pour cela, le cocontractant doit lui communiquer la liste nominative des salariés étrangers soumis à l'autorisation de travail qu'il emploie (c. trav. art. D. 8254-3). Le donneur d'ordres qui ne procède pas à ces vérifications risque des sanctions financières (c. trav. art. L. 8254-2).

Cotisations sociales

Redressement URSSAF - L'employeur à l'encontre duquel est constaté le délit de travail dissimulé fait l'objet d'un redressement de cotisations et contributions de sécurité sociale dues sur la rémunération du salarié, que cette dernière ait été versée ou reste due.

Si, à la suite du constat du travail dissimulé, les rémunérations versées (ou dues) au salarié sont réintégrées dans l'assiette des cotisations, elles ne peuvent faire l'objet d'aucune mesure de réduction ou d'exonération de cotisations de sécurité sociale, ni de minoration de l'assiette de ces cotisations (c. séc. soc. art. L. 242-1-1 ; circ. DSS/5C/SG/SAFSL/SDTPS/BACS/2008-254 du 28 juillet 2008).

Lorsqu'un redressement est lié à l'omission de déclarations préalables à l'embauche, l'URSSAF peut procéder à un rappel des cotisations. Celui-ci est calculé sans tenir compte de la réduction Fillon au titre des périodes concernées par le travail dissimulé. Peu importe qu'aucune poursuite pénale n'ait été engagée contre cet employeur (cass. civ., 2e ch., 10 octobre 2013, n° 12-26123, BC II n° 188).

▶ À noter... Dès lors que l'URSSAF procède au constat d'infraction de travail dissimulé par dissimulation d'emploi salarié, le redressement a pour objet exclusif le recouvrement des cotisations afférentes à cet emploi, sans qu'il soit nécessaire que l'intention frauduleuse de l'employeur soit établie (cass. civ., 2e ch., 9 octobre 2014, n° 13-22943, BC II n° 206 ; cass. civ., 2e ch., 21 septembre 2017, n° 16-22307 D ; cass. soc. 9 juillet 2020, n° 19-11860 D).

Redressement sur la base des P-V de travail dissimulé - Les URSSAF et les caisses générales de sécurité sociale (en outre-mer) peuvent procéder au redressement des cotisations et contributions sociales dues sur la base des informations contenues dans les P-V de travail dissimulé (établis par l'ensemble des corps de contrôle) (c. séc. soc. art. L. 242-1-2 et L. 243-7-5). Hors cas de flagrance (à savoir le constat de la commission en cours d'une infraction), les enquêteurs ne peuvent pas rester, ni effectuer des actes, s'il n'y a finalement aucune activité professionnelle en cours (cass. crim. 1er septembre 2020, n° 19-87449 FSPBI).

Redressement sur une base forfaitaire - En dehors du cas des informations contenues dans les P-V de travail dissimulé *(voir ci-avant)*, les cotisations de sécurité sociale ne peuvent pas être assises sur la rémunération exacte du salarié dissimulé, faute de connaître, en particulier, sa durée d'emploi. À défaut de preuve contraire en termes de durée effective d'emploi et de rémunération versée (ou due) au salarié, les rémunérations sont forfaitairement évaluées à 25 % du montant annuel du plafond de la sécurité sociale (c. séc. soc. art. L. 242-1-2).

L'employeur peut échapper à cette évaluation forfaitaire dès lors qu'il prouve non seulement la durée réelle d'emploi du travailleur dissimulé, mais aussi le montant exact de la rémunération versée à ce dernier pendant cette période (cass. civ., 2e ch., 19 décembre 2013, n° 12-27513, BC II n° 241). Il doit apporter les éléments de preuve nécessaires à la détermination de l'assiette des cotisations lors des opérations de contrôle (cass. civ., 2e ch., 9 novembre 2017, n° 16-25690 FSPB ; cass. civ., 2e ch., 3 juin 2021, n° 19-26262 D).

Majorations du redressement en cas de travail dissimulé - Le montant du redressement des cotisations et contributions sociales mises en recouvrement à la suite d'un *contrôle URSSAF** ou après exploitation des P-V de travail dissimulé *(voir ci-avant)* est majoré de 25 % en cas de constat d'une infraction de travail dissimulé (c. séc. soc. art. L. 243-7 et L. 243-7-7).

Cette majoration est portée à 40 % en cas de circonstances aggravantes, c'est-à-dire, lorsque le délit est constitué à l'égard d'un mineur soumis à l'obligation scolaire, ou de plusieurs personnes ou d'une personne dont la vulnérabilité ou l'état de dépendance sont apparents ou connus de l'auteur, ou lorsque cette infraction est commise en bande organisée (c. trav. art. L. 8224-2 ; c. séc. soc. art. L. 243-7-7).

Cette pénalité s'ajoute à la majoration de retard pour paiement tardif des cotisations, laquelle ne peut pas faire l'objet d'une remise de l'URSSAF (c. séc. soc. art. R. 243-18 et R. 243-20). Elle se cumule aussi avec les peines d'amende, de dissolution de la personne morale ou d'interdiction d'exercice de l'activité professionnelle issues de l'article L. 8224-5 du code du travail (C. constit., décision 2021-937 QPC du 7 octobre 2021).

Par ailleurs, une majoration de 10 % est encourue en cas de constat d'absence de prise en compte des observations notifiées lors d'un contrôle précédent (c. séc. soc. art. L. 243-7-6). Cette majoration s'applique lorsque les observations effectuées dans le cadre de ce précédent contrôle ont été notifiées moins de 5 ans avant la date de notification des nouvelles observations constatant le manquement aux mêmes obligations (c. séc. soc. art. R. 243-18-1) [voir *Majorations et pénalités de retard (URSSAF)**].

▶ **À noter…** La personne contrôlée bénéficie d'une réduction de 10 points du taux de ces majorations de redressement si, dans le délai de 30 jours à compter de la notification de la mise en demeure (c. séc. soc. art. L. 243-7-7, II) :

- elle procède au règlement intégral des cotisations, pénalités et majorations de retard notifiées ;
- ou présente un plan d'échelonnement du paiement au directeur de l'URSSAF et que ce dernier l'accepte.

La réduction de taux de majoration est notifiée par le directeur de l'URSSAF une fois le paiement intégral constaté. Pour bénéficier de ces taux réduits de majoration, la personne contrôlée ne doit pas avoir été sanctionnée pour le même type de faits dans les 5 années précédentes (c. séc. soc. art. L. 243-7-7, II).

En cas de nouvelle constatation de travail dissimulé dans les 5 ans suivant la notification d'une première constatation de travail dissimulé ayant donné lieu à redressement auprès de la même personne morale ou physique, la majoration est portée à (c. séc. soc. art. L. 243-7-7, III) :

- 45 % lorsque la majoration de redressement prononcée lors de la constatation de la première infraction était de 25 % ;
- 60 % lorsque la majoration de redressement prononcée lors de la constatation de la première infraction était de 40 %.

Poursuite devant le tribunal correctionnel - Lorsqu'un employeur a un redressement de cotisations pour travail dissimulé et est poursuivi devant le tribunal correctionnel pour ce même motif, l'issue de la poursuite pénale peut « invalider » le redressement : si l'employeur a été relaxé du chef de travail dissimulé par une décision définitive du tribunal correctionnel, l'URSSAF ne peut plus exiger le redressement. Et ce, en application du principe selon lequel ce qui a été définitivement jugé par le juge pénal s'impose au juge civil (cass. civ., 2e ch., 31 mai 2018, n° 17-18142 FSPB).

Procédure de flagrance sociale - Voir ci-avant.

Perte des exonérations et réductions - L'employeur verbalisé au titre du travail dissimulé peut perdre en tout ou partie, selon les cas, les exonérations ou les réductions de cotisations ou de contributions dont il a bénéficié (c. séc. soc. art. L. 133-4-2 et L. 243-7-7, I ; c. trav. art. L. 8224-2). Sauf décision de justice irrévocable, l'annulation des réductions et exonérations de cotisations et de contributions est partielle dans le cadre d'un dispositif de modulation, lorsque (c. séc. soc. art. L. 133-4-2, III) :

- la dissimulation d'activité ou de salarié résulte uniquement de la requalification de prestations de services fournies à un donneur d'ordre en contrat de travail ;
- les sommes assujetties à la suite du constat de travail dissimulé n'excèdent pas 10 % des rémunérations déclarées au titre de la période d'emploi faisant l'objet du redressement pour les employeurs de moins de 20 salariés et 5 % dans les autres cas (c. séc. soc. art. R. 133-8). De même, s'il s'agit d'une proportion limitée des salariés régulièrement déclarés (c. séc. soc. art. L. 133-4-2).

▶ **Attention…** La modulation n'est pas applicable aux trois cas suivants (c. séc. soc. art. L. 133-4-2, III, al. 1) :

- l'emploi dissimulé d'un mineur soumis à l'obligation scolaire ;
- l'emploi dissimulé d'une personne dont la vulnérabilité ou la dépendance est apparente ou connue de l'auteur du délit.
- travail dissimulé commis en bande organisée.

La modulation s'applique également au donneur d'ordre qui subit un redressement dans le cadre de son obligation de vigilance lorsqu'elle est accordée à son sous-traitant (loi 2019-1446 du 24 décembre 2019, art. 21, JO du 27).

Sanction en cas de recours à de faux indépendants - Le donneur d'ordres coupable de travail dissimulé dans le cadre d'une fausse relation de sous-traitance *(voir ci-avant)* est tenu au paiement des cotisations et contributions sociales qu'il aurait dû acquitter comme employeur pour la période pendant laquelle la dissimulation d'emploi salarié a été établie (c. trav. art. L. 8221-6).

Sous-traitant recourant au travail dissimulé - Le donneur d'ordre qui ne vérifie pas la situation de ses sous-traitants qui recourent au travail dissimulé encourt une annulation des réductions ou exonérations des cotisations dont il a bénéficié (c. séc. soc. art. L. 133-4-5) *(voir ci-avant)*.

Dans ce cas, l'intéressé est informé par un courrier de l'URSSAF lui rappelant notamment les références du P-V de travail dissimulé établi à l'encontre du sous-traitant, le délai de 30 jours pour présenter à l'URSSAF ses observations et la possibilité de se faire assister par une personne ou un conseil de son choix (c. séc. soc. art. R. 133-8-1).

Responsabilité solidaire du dirigeant - Lorsqu'un dirigeant d'une société verbalisée pour travail dissimulé est responsable des manœuvres frauduleuses ou de l'inobservation grave et répétée des obligations sociales qui ont rendu impossible le recouvrement des cotisations, contributions et sanctions pécuniaires dues par la société, il peut être déclaré solidairement responsable du paiement de ces cotisations, contributions et sanctions pécuniaires par le président du tribunal judiciaire (c. séc. soc. art. L. 243-3-2).

Responsabilité solidaire de la société « mère » - Si une infraction de travail dissimulé est constatée par P-V à l'encontre d'une entreprise appartenant à un groupe, la société « mère » (ou la société holding) de ce groupe est tenue solidairement et subsidiairement au paiement des contributions et cotisations sociales, ainsi qu'au paiement des majorations et pénalités dues à la suite de ce constat (c. séc. soc. art. L. 243-7-3).

En cas d'accident du travail - Lorsque la victime d'un accident du travail se trouve en situation de travail dissimulé (dissimulation d'emploi ou d'activité), l'employeur doit rembourser à la branche accidents du travail-maladies professionnelles le montant des dépenses occasionnées par cet accident. Il est également passible de la pénalité financière prévue en cas de fraude à l'assurance maladie-accidents du travail (c. séc. soc. art. L. 471-1).

☛ *Travail illégal (répression).*

Travail à domicile

Un employeur peut faire effectuer certains travaux à l'extérieur de l'entreprise par des travailleurs à domicile ayant la qualité de salarié. L'employeur est le donneur d'ouvrage. Dans le cadre du *télétravail** le salarié peut travailler à son domicile mais aussi dans d'autres lieux, voir cette étude.

Donneur d'ouvrage

Définition - Tout chef d'établissement occupant (régulièrement ou non) un ou plusieurs travailleurs à domicile est un donneur d'ouvrage.

Le simple particulier qui, pour faire effectuer un travail, s'adresse à une personne travaillant à son domicile n'est pas un donneur d'ouvrage.

Obligations - Le donneur d'ouvrage communique, à sa demande, à l'inspecteur du travail une déclaration d'emploi de travailleurs à domicile lorsqu'il commence ou cesse de faire effectuer du travail à domicile, consigne dans un carnet de travail et de salaires les temps d'exécution des travaux à domicile, les prix de façon et les frais d'atelier, et les affiche dans les locaux d'attente et dans ceux où s'effectuent la remise aux travailleurs des matières premières ou objets ainsi que la réception des articles après exécution (c. trav. art. L. 7413-3).

Le donneur d'ouvrage doit également tenir une comptabilité distincte des matières premières et des fournitures destinées aux travailleurs à domicile (c. trav. art. R. 7413-1).

Responsabilités - Le donneur d'ouvrage est responsable de l'application des dispositions législatives et réglementaires applicables aux salariés, même s'il utilise un intermédiaire (c. trav. art. L. 7413-1).

Il est également responsable du paiement des cotisations si le sous-traitant insolvable n'est inscrit ni au registre du commerce ni au répertoire des métiers et s'il n'est pas propriétaire d'un fonds de commerce (c. trav. art. L. 7413-4, L. 8232-2 et R. 7413-3).

Statut des travailleurs à domicile

Définition - Le travailleur à domicile est un travailleur qui, moyennant une rémunération forfaitaire fixée à l'avance, sur la base d'un tarif horaire et d'un temps d'exécution, exécute à son domicile des travaux pour un ou plusieurs établissements industriels, commerciaux ou artisanaux, seul ou avec l'aide de son conjoint ou sa conjointe et/ou de ses enfants à charge ou avec l'aide d'un auxiliaire. Il n'y a pas lieu de rechercher, notamment, s'il existe un lien de subordination entre le travailleur à domicile et le donneur d'ouvrage (c. trav. art. L. 7412-1).

Prise en compte dans l'effectif - Voir *Effectif**.

Application des dispositions conventionnelles - Les travailleurs à domicile bénéficient des dispositions conventionnelles liant le donneur d'ouvrage, sauf stipulations contraires dans les conventions ou accords collectifs de travail en cause (c. trav. art. L. 7413-2).

Rémunération minimale - Elle est égale au produit du salaire horaire par les temps d'exécution. Salaires et temps sont fixés soit par la *convention collective**, soit par arrêté préfectoral. Le salaire horaire ne peut pas être inférieur au *SMIC**. S'y ajoutent les frais d'atelier (c. trav. art. L. 7422-1 et s.).

Heures supplémentaires - Lorsque le travailleur à domicile est contraint de prolonger son travail en raison des délais de livraison qui lui ont été imposés, au-delà de 8 h par jour ouvrable, le tarif d'exécution est majoré au minimum de 25 % pour les deux premières *heures supplémentaires** et de 50 % pour les heures suivantes. Le décompte des heures supplémentaires se fait donc dans le cadre de la journée (c. trav. art. L. 7422-9 et R. 7422-10).

Premier Mai - Quel que soit le jour de la semaine où tombe le 1er mai, une indemnité égale au 1/6 du salaire hebdomadaire moyen correspondant à la période de paie antérieure est due au travailleur à domicile (rép. QE 24414, JO AN 28 juin 1972, p. 2896).

Repos hebdomadaire et jours de fêtes légales - Lorsque le donneur d'ouvrage remet un travail à livrer dans des délais tels que celui-ci ne peut être terminé qu'en travaillant le dimanche ou un jour de fête légale, le travailleur bénéficie des majorations prévues par la convention ou l'accord collectif de travail applicable pour le travail exécuté le jour de repos hebdomadaire ou les jours fériés (c. trav. art. L. 7422-10 et R. 7422-11).

Congés payés - Le donneur d'ouvrage s'acquitte de ses obligations en matière de *congés payés** en versant au travailleur à domicile, lors de chaque paie, une indemnité égale à 10 % de la rémunération brute du travailleur, déduction faite des frais d'atelier engagés uniquement pendant le temps de travail (arrêté du 18 février 1982, JO du 21).

Les frais d'atelier permanents (le loyer, par exemple) demeurent inclus dans la rémunération.

Congés pour événements familiaux - Les dispositions du code du travail relatives aux congés pour événements familiaux s'appliquent aux travailleurs à domicile (voir *Congé pour événement familial**).

Mensualisation - La *mensualisation** ne s'applique pas aux travailleurs à domicile (c. trav. art. L. 1226-1).

Utilisation d'un auxiliaire - Le travailleur à domicile qui utilise le concours d'un auxiliaire est responsable, à l'égard de ce dernier, de l'application de l'ensemble des dispositions législatives et réglementaires applicables au salarié. Sa responsabilité est celle d'un donneur d'ouvrage vis-à-vis d'un travailleur à domicile ou celle d'un chef d'entreprise industrielle vis-à-vis d'un ouvrier, suivant que l'auxiliaire est occupé à son propre domicile ou à celui du travailleur à domicile (c. trav. art. L. 7413-4).

Sécurité sociale - Les travailleurs à domicile sont assujettis au régime général de sécurité sociale (c. séc. soc. art. L. 311-3) (voir *Cotisations de sécurité sociale** et *Plafond de sécurité sociale**).

Chômage - Les travailleurs à domicile relèvent de règles spécifiques en matière d'assurance chômage.

Carnets de travail et de salaires

Deux exemplaires - Lors de la remise à un travailleur à domicile de travaux à exécuter, le donneur d'ouvrage établit en double exemplaire au moins un bulletin ou carnet. Un des exemplaires est remis au travailleur et reste sa propriété, l'autre doit être conservé pendant au moins 5 ans par l'employeur et, le cas échéant, présenté à toute réquisition de l'inspecteur du travail (c. trav. art. L. 7421-1 et R. 7421-1). Ces documents tiennent lieu de *bulletin de paie**.

Lors de la remise de l'ouvrage - Lors de la remise de l'ouvrage, il faut indiquer (c. trav. art. R. 7421-1) :

- le nom et l'adresse de l'établissement ou les nom, prénoms et adresse du donneur d'ouvrage ;
- la référence de l'organisme ou des organismes auxquels le donneur d'ouvrage verse les *cotisations de sécurité sociale** et le numéro d'immatriculation sous lequel ces cotisations sont versées ;
- le numéro d'inscription au registre du commerce et des sociétés ou au registre des métiers ;
- la nature du travail et sa quantité, la date à laquelle il est donné, les temps d'exécution ainsi que les prix de façon ou les salaires applicables ;
- la nature et la valeur des fournitures imposées au travailleur ainsi que les frais d'atelier et accessoires ;
- le cas échéant, la date à laquelle le travail doit être livré.

Lors de la livraison de l'ouvrage - Lors de la livraison de l'ouvrage, il faut indiquer (c. trav. art. R. 7421-2) :

- la date de la livraison ;
- le montant :
- a) des prix de façon acquis par le travailleur,

- b) des frais d'atelier qui s'y ajoutent,
- c) de l'allocation de congés payés,
- d) des retenues que la loi fait obligation aux employeurs d'opérer,
- e) le cas échéant, des divers frais accessoires laissés à la charge de l'intéressé par le donneur d'ouvrage, dans les limites prévues dans le code du travail ;
- la somme nette payée ou à payer au travailleur, compte tenu des éléments énumérés aux alinéas a), b) et c) ci-dessus, et après déduction des frais et retenues visés aux alinéas d) et e) ci-dessus.

Les inscriptions relatives à chaque travail sont portées sous un numéro d'ordre qui doit figurer sur tous les exemplaires du carnet.

Sanction - Le donneur d'ouvrage qui manque à ses obligations est passible de l'amende prévue pour les contraventions de la 3e classe appliquée autant de fois qu'il y a de personnes à l'égard desquelles ces prescriptions n'ont pas été observées (c. trav. art. R. 7421-4).

Frais d'atelier

Définition - Ce sont les frais engagés par les travailleurs à domicile et correspondant, notamment, au loyer, au chauffage, à l'éclairage du local de travail, à la force motrice ainsi qu'à l'amortissement normal des moyens de production (c. trav. art. L. 7422-11).

Détermination des frais d'atelier - Ils sont fixés par les conventions collectives ou, à défaut, par arrêté préfectoral. En l'absence de convention collective et d'arrêté préfectoral, le montant des frais est déterminé par accord entre l'employeur et le travailleur à domicile ou, en cas de litige, par le juge (cass. soc. 18 janvier 1995, n° 91-40605, BC V n° 84 ; cass. soc. 17 mai 2000, n° 98-41461 D).

En général, ils sont calculés en pourcentage du temps d'exécution. Si celui-ci est majoré au titre des *heures supplémentaires**, le pourcentage porte sur le tarif normal, à l'exclusion de la majoration.

☞ *Télétravail.*

➲ Formulaire de Droit Social, « CDI de travail à domicile ».

Travail sur écran

☞ *Écran.*

Travail en équipes successives

Définition

Système selon lequel des équipes de salariés se succèdent aux mêmes postes de travail ; il est également appelé « travail posté ». On distingue :
- le travail en continu (équipes fonctionnant 24 h sur 24 sans interruption, parfois 7 jours sur 7) qui déroge à la règle du repos dominical, le repos hebdomadaire étant donné par roulement. Le travail en continu se justifie en cas d'impératifs techniques ou pour des raisons économiques lorsque cela est prévu par accord ;
- le travail en semi-continu (ex. : 3 × 8, trois équipes se succèdent pour couvrir la journée de 24 h de travail avec un arrêt hebdomadaire) ;
- le travail en discontinu (ex. : 2 × 8, deux équipes se succèdent pour couvrir 16 h de travail avec un arrêt hebdomadaire).

Mise en place

Le recours à ce mode de travail est possible sur la base :
- d'un texte réglementaire qui résulte souvent des décrets d'application dans les branches de la durée légale du travail ;
- d'une convention ou d'un accord de branche étendu (c. trav. art. L. 3121-68) ;
- d'une convention ou d'un accord d'entreprise ou d'établissement (c. trav. art. L. 3121-68).

▶ À noter... En l'absence d'accord collectif, une autorisation administrative est parfois nécessaire lorsque le travail en équipes successives suppose le travail de nuit (c. trav. art. L. 3122-15 et L. 3122-21).

De plus, l'entreprise doit consulter les représentants du personnel (c. trav. art. L. 2312-8) et avoir obtenu une dérogation à la règle du repos hebdomadaire par roulement (c. trav. art. L. 3132-12 et R. 3132-5).

Durée du travail

Heures de travail - Lorsque les salariés travaillent de façon permanente en équipes successives selon un cycle continu, la durée du travail ne doit pas être supérieure, en moyenne sur une année, à 35 h par semaine travaillée (ordonnance du 16 janvier 1982, art. 26).

Ces dispositions se suffisent à elles seules et ne sont pas subordonnées à la parution d'un décret (cass. soc. 7 juin 1995, n°s 91-43470 et 91-43471, BC V n° 190). Elles sont applicables aux salariés affectés à l'une des équipes en continu mais soumis, par intermittence, à un horaire normal (cass. soc. 7 décembre 1999, n° 97-45792, BC V n° 477).

Toute heure supplémentaire effectuée au-delà de cette durée de 35 h supporte les majorations pour heures supplémentaires (25 % et 50 %) et ouvre droit au repos compensateur (cass. soc. 7 décembre 1999, n° 96-43987, BC V n° 478).

Repos - Voir *Repos quotidien**

Contrôle de la durée du travail - Lorsque les salariés d'une équipe ne travaillent pas selon le même horaire collectif de travail affiché, la durée du travail de chaque salarié concerné est décomptée (c. trav. art. D. 3171-8) :

- quotidiennement, par enregistrement, selon tous moyens, des heures de début et de fin de chaque période de travail ou par le relevé du nombre d'heures de travail accomplies ;
- chaque semaine, par récapitulation selon tous moyens du nombre d'heures de travail accomplies par chaque salarié.

Publicité des horaires - En cas d'organisation du travail par relais, par roulement ou par équipes successives, la composition nominative de chaque équipe, y compris les salariés mis à disposition par une entreprise de travail temporaire, est indiquée (c. trav. art. D. 3171-7) :

- soit par un tableau affiché dans les mêmes conditions que l'horaire ;
- soit par un registre tenu constamment à jour et mis à la disposition de l'inspection du travail et des représentants du personnel.

Interdiction du doublage des postes

Dans les établissements ou parties d'établissements industriels pratiquant le mode de travail par équipes successives selon un cycle continu, l'affectation d'un salarié à deux équipes successives est interdite. Cela n'est possible qu'à titre exceptionnel et pour des raisons impératives de fonctionnement. Une prolongation de travail de plus de 2 h doit être justifiée et les raisons sont communiquées dans les 48 h à l'inspecteur du travail (c. trav. art. R. 3121-26).

Obligations spécifiques

Les salariés travaillant en équipes alternantes qui incluent un poste de nuit bénéficient d'une surveillance médicale dite « adaptée » [voir *Travail de nuit**, *Visite médicale (information et prévention)** et *Visites médicales (périodiques)**].

Voir aussi *Compte professionnel de prévention**, *Départ anticipé à la retraite** et *Pénibilité au travail**.

☛ *Travail par relais et par roulement.*

Travail illégal (répression)

Infractions

Par travail illégal, il faut entendre (c. trav. art. L. 8211-1) :

- le *travail dissimulé** (ex. : non-respect par l'employeur de ses obligations déclaratives) ;
- le délit de marchandage [voir *Marchandage (délit)**] ;
- le *prêt de main-d'œuvre**illicite ;
- l'emploi de *travailleurs étrangers** sans titre de travail ;
- le *cumul d'emplois** irréguliers ;
- les fraudes ou les fausses déclarations dans le cadre de l'assurance chômage [voir *Chômage (assurance chômage)**].

Sur l'action en justice des syndicats, voir *Syndicats**.

Recherche et constat des infractions

Agents de contrôle - Les fonctionnaires compétents pour rechercher les infractions relevant du travail illégal sont notamment (c. trav. art. L. 8271-1-2 et L. 8271-7) :

- les inspecteurs et les contrôleurs du travail ;
- les agents des organismes de sécurité sociale et des caisses de mutualité sociale agricole agréés à cet effet et assermentés ;
- les agents du Pôle Emploi chargés de la prévention des fraudes, agréés et assermentés à cet effet ;
- les agents agréés à cet effet et assermentés des URSSAF (c. séc. soc. art. L. 213-1 et L. 243-7) ;
- les officiers et agents de police judiciaire, agents des impôts et des douanes.

Secteurs spécifiques - Des règles particulières de contrôle ont été aménagées dans le secteur du spectacle, de l'action culturelle, de l'audiovisuel, de la production cinématographique et de l'édition phonographique. Ainsi, les inspecteurs du travail comme les agents du Centre national du cinéma et de l'image animée, des directions régionales des affaires culturelles et du Pôle Emploi se communiquent réciproquement, sur demande écrite, tous renseignements et documents nécessaires à la recherche et à la constatation des infractions aux règles de recours au contrat de travail à durée déterminée d'usage (c. trav. art. L. 1246-1).

Auditions - Tout agent chargé de lutter contre le travail illégal peut entendre, en quelque lieu que ce soit et avec son consentement, toute personne rémunérée, ayant été rémunérée ou présumée être ou avoir été rémunérée par l'employeur ou par un travailleur indépendant, afin de connaître la nature des activités de cette personne, ses conditions d'emploi et le montant des rémunérations s'y rapportant, y compris les avantages en nature.

Les agents de contrôle peuvent aussi entendre, dans les mêmes conditions, l'employeur ou son représentant, ainsi que toute personne susceptible de fournir des informations utiles à l'accomplissement de leur mission de lutte contre le travail illégal (c. trav. art. L. 8271-6-1).

Il est fait mention au procès-verbal (P-V) d'audition du consentement de la personne entendue. La signature du P-V d'audition par la personne entendue vaut consentement de sa part à l'audition (c. séc. soc. R. 243-59, II). L'exigence du consentement de la personne auditionnée n'est requise que dans le cas où le contrôle est engagé dans le cadre de la lutte contre le travail illégal. En revanche, en cas de contrôle par l'URSSAF, si la recherche du travail dissimulé s'opère dans le cadre d'un contrôle « classique », les agents de l'URSSAF n'ont pas à recueillir au préalable le consentement des salariés auditionnés (cass. civ., 2e ch., 9 octobre 2014, n° 13-19493, BC II n° 204).

Obtention de documents - Les agents de contrôle peuvent se faire présenter et obtenir copie immédiate des documents justifiant du respect de la réglementation en matière de travail illégal (c. trav. art. L. 8271-6-2). Notamment, ils peuvent exiger la présentation des documents relatifs au détachement temporaire de salariés par une entreprise non établie en France et en obtenir copie immédiate (voir *Détachement international**).

Concernant la recherche et la constatation des infractions aux interdictions du *travail dissimulé**, les agents de contrôle peuvent se faire présenter et obtenir copie immédiate des documents suivants, quels que soient leur forme et leur support (c. trav. art. L. 8271-9) :
- les documents justifiant que l'immatriculation, les déclarations et les formalités fiscales et sociales requises ont été effectuées, telles que l'immatriculation au registre des métiers ou la déclaration préalable à l'embauche (c. trav. art. L. 8221-3 et L. 8221-5) ;
- les documents relatifs à l'autorisation d'exercice de la profession ou à l'agrément lorsqu'une disposition particulière l'a prévu ;
- les documents justifiant que l'entreprise a vérifié que son ou ses cocontractants ont accompli les formalités d'immatriculation et de déclaration (c. trav. art. L. 8221-3 et L. 8221-5 ou réglementations d'effet équivalent du pays d'origine) ;
- les devis, les bons de commande ou de travaux, les factures et les contrats ou documents commerciaux relatifs aux prestations exécutées en méconnaissance des dispositions de l'article L. 8221-1 du code du travail (ex. : interdiction de pratiquer le travail dissimulé, interdiction de recourir aux services de celui qui exerce un travail dissimulé) ;
- les attestations d'assurances professionnelles détenues par les travailleurs indépendants lorsque ces assurances répondent à une obligation légale.

▶ **À noter…** Les agents de contrôle de l'inspection du travail peuvent obtenir communication de tout document comptable ou professionnel ou de tout autre élément d'information, y compris les données informatisés (accès aux logiciels, etc.) et les documents ou informations détenus par des tiers ayant des relations juridiques ou économiques avec l'entreprise contrôlée (fournisseurs, clients, opérateurs de téléphonie ou d'internet, administrations, etc.) (c. trav. art. L. 8113-5-1, L. 8113-5-2 R. 8113-3-2 et R. 8113-3-3 ; décret 2019-555 du 4 juin 2019, JO du 5).

Communication entre administrations - Les agents de contrôle sont habilités à se communiquer réciproquement tous les renseignements et documents nécessaires à l'accomplissement de leur mission de lutte contre le travail illégal (c. trav. art. L. 8271-2 ; c. séc. soc. art. L. 114-16-1 et L. 114-19).

Sanctions

Personnes visées - Plusieurs personnes peuvent être sanctionnées au titre du travail illégal : l'auteur du délit (ex. : le prêteur de main-d'œuvre) et les personnes qui en ont profité en connaissance de cause ou qui ont aidé à sa réalisation (les complices).

Sanctions et indemnités - Le travail illégal est notamment sanctionné, à l'égard des personnes physiques et des personnes morales, par :
- des sanctions pénales, soit, selon les cas, par une amende, un emprisonnement, une interdiction de

sous-traiter de la main-d'œuvre, l'exclusion des marchés publics, etc. [voir *Marchandage (délit)**, *Prêt de main-d'œuvre**, *Travail dissimulé** et *Travailleurs étrangers (emploi irrégulier)** et ci-après] ;

- des sanctions civiles, telles que l'annulation de réductions ou d'exonérations de cotisations, le redressement de cotisations (voir *Sous-traitance** et *Travail dissimulé**) ;
- des sanctions administratives, telles que le refus et le remboursement d'aides publiques, la fermeture temporaire de l'établissement, l'inéligibilité temporaire aux marchés publics (voir *Sous-traitance**, *Travail dissimulé** et ci-après) ;
- le versement d'indemnités au salarié [voir *Travail dissimulé** et *Travailleurs étrangers (emploi irrégulier)**].

▶ À noter... L'annulation de réductions ou d'exonérations de cotisations est encourue en cas de marchandage, de prêt de main-d'œuvre illicite et d'emploi d'étrangers non autorisés à travailler (c. séc. soc. art. L. 133-4-2 et L. 242-1-1). Les agents de contrôle chargés de la lutte contre le travail illégal transmettent les P-V aux organismes de recouvrement, afin qu'ils procèdent à la mise en recouvrement des cotisations et contributions qui leur sont dues, sur la base des informations contenues dans ces P-V (c. trav. art. L 8271-6-4).

Circonstances aggravantes (personnes physiques) - Lorsque l'infraction (travail dissimulé, marchandage ou prêt de main-d'œuvre illicite) a été commise à l'égard d'un mineur soumis à l'obligation scolaire, la peine de prison et le montant de l'amende sont alourdis (5 ans de prison et 75 000 € d'amende) (c. trav. art. L. 8224-2, L. 8234-1 et L. 8243-1).

Les infractions de travail dissimulé (ou de recours aux services de celui qui exerce un travail dissimulé), de marchandage et de prêt illicite de main-d'œuvre, lorsqu'elles sont commises en bande organisée, sont plus durement sanctionnées. Ainsi, les peines encourues en cas d'infraction en bande organisée peuvent aller jusqu'à 10 ans d'emprisonnement et 100 000 € d'amende (au lieu de 3 ans de prison et 45 000 € d'amende pour le travail dissimulé et 2 ans de prison et 30 000 € pour le marchandage et le prêt illicite de main-d'œuvre) (c. trav. art. L. 8224-2, L. 8234-1 et L. 8243-1).

Il y a également circonstance aggravante lorsque le délit a lieu à l'égard de plusieurs personnes, ou d'une personne dont la vulnérabilité ou l'état de dépendance sont apparents ou connus de leur auteur. Dans ce cas, les faits sont punis de 5 ans d'emprisonnement et de 75 000 € d'amende (c. trav. art. L. 8224-2, L. 8234-1 et L. 8243-1).

« Liste noire » des employeurs et entreprises condamnés - Le juge pénal peut prononcer une peine complémentaire aux sanctions existantes en inscrivant les employeurs et les entreprises condamnés pour travail illégal sur une « liste noire » accessible sur le site Internet du ministère du travail pendant une durée pouvant aller jusqu'à 2 ans (c. trav. art. L. 8234-1, L. 8234-2, L. 8243-1, L. 8243-2, L. 8256-3, L. 8256-7 et R. 8211-1 à R. 8211-6), et jusqu'à 1 an dans le cas du travail dissimulé (c. trav. art. L. 8224-3, L. 8224-5).

Privation temporaire d'aides publiques (personnes morales) - À l'encontre des entreprises condamnées pénalement pour travail dissimulé, marchandage, prêt illicite de main-d'œuvre ou emploi d'étrangers sans titre de travail, le juge peut interdire la perception, pendant une durée maximale de 5 ans, de toute aide publique (c. pén. art. 131-39 ; c. trav. art. L. 8224-5, L. 8234-2, L. 8243-2 et L. 8256-7). Il s'agit d'une des sanctions prévues par ces articles, parmi d'autres (ex. : amende), à l'égard des personnes morales reconnues pénalement responsables.

Refus temporaire d'aides publiques - Face à une infraction constitutive de travail illégal, l'autorité compétente qui a eu connaissance d'un procès-verbal (P-V) peut refuser d'accorder aux personnes physiques et morales qui ont été verbalisées à ce titre certaines aides publiques (ex. : en matière d'emploi et de formation professionnelle, allocation d'activité partielle) (c. trav. art. D. 8272-1 ; décret 2019-555 du 4 juin 2019, JO du 5). Ce refus peut couvrir une durée maximale de 5 ans (c. trav. art. L. 8272-1). La sanction administrative est indépendante des poursuites pénales qui peuvent être engagées (c. trav. art. L. 8272-1).

Fermeture temporaire de l'établissement ou de l'activité - Lorsque l'administration a connaissance d'un procès-verbal relevant une infraction de travail dissimulé, de marchandage, de prêt de main-d'œuvre illicite ou d'emploi d'étranger sans titre de travail, elle peut ordonner la fermeture temporaire (3 mois maximum) de l'établissement ayant servi à commettre l'infraction. Les conditions et les modalités de la fermeture administrative pour travail illégal sont précisément définies (c. trav. art. L. 8272-2, L. 8272-3, R. 8272-7 et R. 8272-8).

Lorsque l'activité de l'entreprise est exercée sur des chantiers de bâtiment ou de travaux publics ou dans tout lieu autre que son siège ou l'un de ses établissements (ex. : établissements dans lesquels travaillent des salariés de la propreté ou du gardiennage), la fermeture temporaire prend la forme d'un arrêt de l'activité de l'entreprise sur le site dans lequel a été commis l'infraction ou le manquement. Lorsque l'arrêt de l'activité est devenu sans objet parce que l'activité est déjà achevée ou a été interrompue, l'administration peut prononcer l'arrêt de l'activité de l'entreprise sur un autre site.

Inéligibilité temporaire aux marchés publics - L'employeur verbalisé pour travail dissimulé, marchandage, prêt illicite de main-d'œuvre ou emploi d'un étranger sans titre de travail peut être exclu des marchés publics, pour une durée maximale de 6 mois (c. trav. art. L. 8272-4 et R. 8272-7).

Sanction pénale pour non-respect de sanctions administratives - Les employeurs visés par un P-V relevant une infraction pour travail illégal et qui ne respectent pas une décision préfectorale de fermeture temporaire d'établissement, d'exclusion de certains contrats administratifs ou de remboursement de tout ou partie des aides publiques perçues au cours des 12 derniers mois encourent une peine de 2 mois de prison et une amende de 3750 € (c. trav. art. L. 8272-5).

☞ *Marchandage (délit) ; Travail dissimulé.*

Travail intermittent

☞ *Contrat de travail intermittent.*

Travail de nuit

La réglementation spécifique au travail de nuit concerne toutes les entreprises du secteur industriel, du secteur commercial et de l'agriculture. Elle s'applique à tous les salariés susceptibles de travailler de nuit mais il existe des dispositions particulières pour les moins de 18 ans [voir *Jeunes (travaux interdits et réglementés)**].

Il faut tenir compte du fait que le *travail en soirée** s'articule avec le travail de nuit.

Cadre du travail de nuit

Recours exceptionnel et justifié - Le recours au travail de nuit doit être exceptionnel et justifié par la nécessité d'assurer la continuité de l'activité économique ou des services d'utilité sociale (c. trav. art. L. 3122-1).

Le travail de nuit ne peut pas constituer un mode normal d'organisation du travail. Il ne doit être mis en œuvre que lorsqu'il est indispensable au fonctionnement de l'entreprise (cass. soc. 24 septembre 2014, n° 13-24851, BC V n° 2015 ; cass. soc. 30 janvier 2019, n° 17-22018 D).

Cette exigence vaut y compris pour les salariés qui ne bénéficient pas du statut protecteur prévu par le code du travail en raison du trop faible nombre d'heures de nuit effectuées *(voir ci-après)*. À défaut, l'employeur peut être condamné au pénal pour recours illégal au travail de nuit (cass. crim. 2 septembre 2014, n° 13-83304 D).

▶ À noter… Les dispositions restreignant le recours au travail de nuit sont conformes à la Constitution (c. constit., décision 2014-373 QPC du 4 avril 2014).

Sécurité et santé des salariés - Le recours au travail de nuit prend en compte les impératifs de protection de la santé et de la sécurité des travailleurs (c. trav. art. L. 3122-1).

▶ À noter… Pour les spécificités du travail de nuit des jeunes, voir *Jeunes (travaux interdits et réglementés)**.

Périodes de travail de nuit - Tout travail effectué au cours d'une période d'au moins 9 h consécutives comprenant l'intervalle entre minuit et 5 h est considéré comme du travail de nuit. La période de travail de nuit commence au plus tôt à 21 h et s'achève au plus tard à 7 h (c. trav. art. L. 3122-2).

Un accord d'entreprise ou d'établissement (à défaut, une convention ou un accord collectif de branche) peut définir la période de travail de nuit, dans ces limites (ou celles posées dans certaines activités citées ci-après). L'accord d'entreprise ou d'établissement prime sur la convention ou l'accord collectif de branche (c. trav. art. L. 3122-15).

À défaut de convention ou d'accord collectif, tout travail accompli entre 21 h et 6 h est du travail de nuit (c. trav. art. L. 3122-20).

À défaut de stipulation conventionnelle définissant la période de travail de nuit, l'inspecteur du travail peut autoriser la définition d'une période différente de la période légale fixée par défaut après consultation des délégués syndicaux et avis du *comité social et économique**, lorsque les caractéristiques particulières de l'activité de l'entreprise le justifient (c. trav. art. L. 3122-22).

▶ À noter… Le silence de l'inspecteur du travail pendant 15 jours vaut acceptation (décret 2014-1290 du 23 octobre 2014, JO du 1er novembre).

Presse, radio, télévision, cinéma, etc. - Pour les activités de production rédactionnelle et industrielle de presse, de radio, de télévision, de production et d'exploitation cinématographiques, de spectacles vivants et de discothèque, la période de nuit est d'au moins 7 h consécutives comprenant l'intervalle compris entre minuit et 5 h du matin (c. trav. art. L. 3122-3).

À défaut d'accord collectif définissant cette période, tout travail accompli entre minuit et 7 h est un travail de nuit (c. trav. art. L. 3122-20). L'inspecteur du travail peut, dans les mêmes conditions que pour les autres activités autoriser un déplacement de la période de nuit *(voir ci-avant)*.

Zones touristiques internationales - Dans les zones touristiques internationales (ZTI) pour les établissements de vente au détail qui mettent à disposition des biens et des services, la période de travail de nuit, si elle débute après 22 h, est d'au moins 7 h consécutives comprenant l'intervalle entre minuit et 7 h du matin (c. trav. art. L. 3122-4). Voir aussi *Travail en soirée**.

Dans les ZTI, un accord collectif d'entreprise ou d'établissement (à défaut, un accord collectif de branche) ou un accord conclu à un niveau territorial peut prévoir la faculté d'employer des salariés entre 21 h et minuit. Cet accord prévoit notamment, au bénéfice des salariés employés entre 21 h et le début de la période de travail de nuit (c. trav. art. L. 3122-19) :

- la mise à disposition d'un moyen de transport pris en charge par l'employeur qui permet au salarié de regagner son lieu de résidence ;
- des mesures destinées à faciliter l'articulation entre la vie professionnelle et la vie personnelle des salariés, en particulier des mesures de compensation des charges liées à la garde d'enfants ou à la prise en charge d'une personne dépendante ;
- la fixation des conditions de prise en compte par l'employeur de l'évolution de la situation personnelle des salariés, en particulier de leur souhait de ne plus travailler après 21 h sachant que, pour les salariées enceintes, le choix de ne plus travailler entre 21 h et le début de la période de nuit est d'effet immédiat.

Mise en place du travail de nuit

Convention ou accord collectif préalable - Un accord d'entreprise ou d'établissement (à défaut, une convention ou un accord collectif de branche) peut mettre en place, dans une entreprise ou un établissement (c. trav. art. L. 3122-15). L'accord d'entreprise ou d'établissement prime sur l'accord de branche.

L'accord collectif doit notamment comporter les justifications du recours au travail de nuit et la définition de la période de travail de nuit (c. trav. art. L. 3122-15) *(voir détail dans le tableau reproduit dans cette étude)*.

Depuis le 24.09.2017, l'accord est présumé négocié et conclu conformément aux exigences de l'article L. 3122-1 du code du travail (ord. 2017-1387 du 22 septembre 2017, JO du 23). Le motif de recours au travail de nuit mentionné dans l'accord collectif est ainsi présumé conforme aux motifs prévus par la loi, c'est à celui qui en contesterait la conformité d'apporter la preuve que l'accord n'est pas conforme.

▶ À noter… La présomption de légalité de l'accord mettant en place le travail de nuit ne signifie pas pour autant que, en cas de contentieux, les juges ne doivent exercer aucun contrôle sur la régularité du recours au travail de nuit dans la situation donnée. À ce titre, il revient aux juges du fond de vérifier si le principe d'ordre public de recours exceptionnel et justifié au travail de nuit est rempli ou non. Au besoin, les juges peuvent écarter les clauses de l'accord qui seraient non conformes (cass. soc. 30 janvier 2019, n° 17-22018 D ; cass. crim. 7 janvier 2020, n° 18-83074 FPBI).

Consultation du CSE - Le *comité social et économique** est consulté préalablement à la mise en œuvre du travail de nuit et en cas de modification de ses modalités (c. trav. art. L. 2312-8, L. 2312-27 et R. 2312-9).

▶ À noter… Lorsque le CHSCT et le CE n'avaient pas été consultés, un salarié ne pouvait pas obtenir de dommages et intérêts au prétexte qu'il avait travaillé de nuit. La solution devrait être identique si le CSE n'a pas été consulté. En revanche, le salarié peut obtenir la suspension du projet de l'employeur si la procédure de consultation n'est pas finie. Le CSE pourrait demander la réparation du préjudice subi (cass. soc. 8 novembre 2017, n° 16-15584, BC V n° 190).

Par ailleurs, le rapport annuel soumis par l'employeur pour avis au CSE traite spécifiquement du travail de nuit (c. trav. art. L. 4612-16) [voir *Comité social et économique (informations-consultations périodiques)**].

Consultation du médecin du travail - Le médecin du travail est consulté avant toute décision importante relative à la mise en place ou à la modification de l'organisation du travail de nuit (c. trav. art. L. 3122-10).

Autorisation administrative - À défaut de convention ou d'accord collectif, et à condition que l'employeur ait engagé sérieusement et loyalement des négociations en vue de la conclusion de cet accord, les salariés peuvent être affectés à des postes de nuit sur autorisation de l'inspecteur du travail. Cette autorisation est accordée notamment après vérification des contreparties qui leur sont dues *(voir ci-après)* (c. trav. art. L. 3122-21).

▶ À noter… L'engagement de négociations loyales et sérieuses implique pour l'employeur d'avoir :
- convoqué à la négociation les syndicats représentatifs dans l'entreprise et fixé le lieu et le calendrier des réunions ;
- communiqué les informations nécessaires leur permettant de négocier en toute connaissance de cause ;
- et répondu aux éventuelles propositions des organisations syndicales.

Demande d'autorisation - La demande d'autorisation d'affectation dérogatoire de travailleurs à des postes de nuit, présentée à l'inspecteur du travail par l'employeur, justifie de façon circonstanciée, les contraintes propres à la nature de l'activité ou au fonctionnement de l'entreprise qui rendent nécessaire le travail de nuit eu égard aux exigences de continuité de l'activité économique ou des services d'utilité sociale (c. trav. art. R. 3122-9).

La demande est aussi accompagnée des éléments permettant de vérifier le caractère loyal et sérieux de l'engagement préalable de négociations dans le délai maximal de 12 mois précédant la demande, l'existence de contreparties et de temps de pause, la prise en compte des impératifs de protection de la sécurité et de la santé des travailleurs. L'employeur joint à sa demande l'avis des délégués syndicaux et du CSE.

En l'absence de délégué syndical et de CSE, la demande est accompagnée d'un document attestant une information préalable des salariés.

▶ Attention… Le passage au travail de nuit est une modification du contrat de travail *(voir ci-après)*.

Décision de l'administration - Dans le délai de 30 jours à compter de la date de réception de la demande, l'inspecteur du travail fait connaître sa décision à l'employeur et, s'il y a lieu, aux représentants du personnel. Son silence vaut acceptation (décret 2014-1290 du 23 octobre 2014, JO du 1er novembre).

Définition du travailleur de nuit

Doit être considérée comme travailleur de nuit toute personne qui accomplit (c. trav. art. L. 3122-5) :
- soit, au moins deux fois par semaine, selon son horaire de travail habituel, au moins 3 h de son temps de travail quotidien durant la plage horaire de travail de nuit ;
- soit, au cours d'une période de référence, un nombre minimal d'heures de travail de nuit au sens légal.

Dans la deuxième hypothèse, une convention ou un accord collectif de travail étendu peut fixer le nombre minimal d'heures entraînant la qualification de travailleur de nuit sur une période de référence (c. trav. art. L. 3122-16). À défaut d'accord collectif sur ce point, le nombre minimal d'heures entraînant la qualification de travailleur de nuit est de 270 h sur une période de 12 mois consécutifs (c. trav. art. L. 3122-23).

Il convient pour apprécier ces seuils :
- de cumuler les heures effectuées sur les plages d'horaire de nuit mais également dans le cadre du *travail en soirée** (c. trav. art. L. 3122-4) ;
- de considérer toutes les heures comprises dans l'horaire de travail habituel du salarié et non le total des heures effectivement réalisées la nuit (cass. soc. 7 mars 2012, n° 10-21744, BC V n° 93).

Contreparties et compensations

Contreparties obligatoires - L'employeur a l'obligation d'accorder des contreparties aux salariés qui ont le statut de travailleur de nuit sous forme de repos compensateur ou, le cas échéant, de compensations salariales (c. trav. art. L. 3122-8). L'accord collectif mettant en place le travail de nuit doit prévoir ces contreparties (c. trav. art. L. 3122-15).

Il y a une hiérarchie entre les contreparties. Les travailleurs de nuit doivent obligatoirement se voir attribuer une contrepartie en repos ; la contrepartie salariale vient en plus. Un système « salaire ou repos » est impossible, c'est nécessairement « repos » ou « repos + salaire » (cass. soc. 26 octobre 2010, n° 08-70468 D).

Lorsqu'un accord d'entreprise ne contient pas de définition du travail de nuit, la définition légale, plus favorable que celle retenue par l'accord d'entreprise, s'applique jusqu'au lendemain de la date de dépôt de cet accord. L'employeur est alors tenu de payer, pour cette période, les majorations de nuit pour les heures travaillées sur la période de nuit légale (cass. soc. 24 janvier 2007, n° 04-45585, BC V n° 14).

▶ Attention… Lorsqu'usage accorde aux salariés travaillant la nuit une contrepartie plus favorable que celle prévue par la convention collective, les avantages ayant le même objet, ils ne se cumulent pas (cass. soc. 4 novembre 2015, n° 14-11172, BC V n° 222).

Contreparties salariales - S'agissant des contreparties salariales, les plages horaires définies par les accords antérieurs à la loi du 9.05.2001 restent en vigueur, même si elles ne correspondent pas aux plages légales (cass. soc. 21 juin 2006, n° 05-42307, BC V n° 227). Ainsi, la définition légale du travail de nuit (21 h - 6 h) ne modifiait pas les dispositions d'une convention collective qui prévoit une compensation salariale pour les seules heures effectuées entre 22 h et 5 h. Les salariés concernés ne pouvaient donc pas prétendre à l'octroi de contreparties en salaire pour les périodes « 21 h - 22 h » et « 5 h - 6 h », non couvertes par la convention collective (cass. soc. 20 mars 2007, n° 05-44602 D).

La majoration salariale des heures de nuit peut être différente pour les heures exceptionnellement travaillées la nuit et celles correspondant à un travail habituel de nuit. Cet écart ne rompt pas l'égalité entre les salariés et respecte le principe « à travail égal, salaire égal », qui ne concerne que les salariés placés dans une situation identique. En effet, dans cette hypothèse la majoration compense une sujétion différente (cass. soc. 5 juin 2013, n° 11-21255, BC V n° 246) [voir *Salaire (à travail égal, salaire égal)**].

Lorsqu'un salarié est dispensé de la tranche nocturne de son cycle de travail, il peut perdre les primes conventionnelles inhérentes à son travail de nuit (cass. soc. 3 mai 2018, n° 16-17915 FSPB).

Autres compensations - Les signataires de l'accord collectif instaurant le travail de nuit doivent aussi prévoir (c. trav. art. L. 3122-15) :
- des mesures destinées à améliorer les conditions de travail des salariés travaillant la nuit ;
- des mesures facilitant l'articulation de leur activité nocturne avec l'exercice de responsabilités familiales et sociales, notamment en ce qui concerne les moyens de transport ;
- des mesures tendant à assurer l'égalité professionnelle entre les femmes et les hommes, notamment par l'accès à la formation ;
- l'organisation des temps de pause.

Contreparties dans les activités de production rédactionnelle et industrielle de presse, de radio, etc. - Dans les activités de production rédactionnelle et industrielle de presse, de radio, de télévision, de production et d'exploitation cinématographiques, etc. précitées, lorsque la durée effective du travail de nuit est inférieure à la durée légale de 35h hebdomadaires, les contreparties ne sont pas obligatoirement données sous forme de repos compensateur (c. trav. art. L. 3122-9).

Zones touristiques internationales - Dans les établissements de vente au détail, mettant à disposition des biens et des services, qui sont situés dans les ZTI (voir *Dimanche**), chacune heure de travail effectuée durant la période fixée entre 21 h et le début de la période de travail de nuit est rémunérée au moins le double de la rémunération normalement due et donne lieu à un repos compensateur équivalent en temps (c. trav. art. L. 3122-4).

Jour férié chômé et travail habituel de nuit - voir *Jours fériés**.

Durée du travail quotidienne

Durée maximale quotidienne du travail - La durée quotidienne du travail exigée d'un travailleur de nuit ne peut pas, en principe, excéder 8 h (c. trav. art. L. 3122-6).

Des autorisations de dépassement sont possibles :
- par accord d'entreprise ou d'établissement (à défaut, convention ou accord collectif de branche) prévoyant ce dépassement *(voir ci-dessous)* (c. trav. art. L. 3122-17) ;
- pour les *équipes de suppléance** dans les conditions qui leur sont propres ;
- en cas de circonstances exceptionnelles, sur autorisation de l'inspecteur du travail donnée après consultation des DS et avis du CSE (c. trav. art. L. 3122-6).

Dépassement prévu par accord collectif - L'accord collectif peut prévoir le dépassement de la durée maximale quotidienne de 8 h pour les salariés qui exercent (c. trav. art. R. 3122-7) :
- des activités caractérisées par l'éloignement entre le domicile et le lieu de travail du salarié ou par l'éloignement entre différents lieux de travail du salarié ;
- des activités de garde, de surveillance et de permanence caractérisées par la nécessité d'assurer la protection des biens et des personnes ;
- des activités caractérisées par la nécessité d'assurer la continuité du service ou de la production.

Autorisation de dépassement par l'inspecteur du travail - L'autorisation peut être accordée en cas de faits résultants de circonstances étrangères à l'employeur, anormales et imprévisibles ou en cas d'événements exceptionnels dont les conséquences n'auraient pu être évitées (c. trav. art. R. 3122-1).

La demande d'autorisation de dépassement est accompagnée des justifications utiles, de l'avis du CSE, et du P-V de consultation des DS. En l'absence de DS et de CSE, la demande est accompagnée d'un document attestant d'une information préalable des salariés (c. trav. art. R. 3122-2).

Dépassement sur décision de l'employeur - L'employeur peut décider de dépasser, sous sa propre responsabilité, la durée quotidienne de 8 h lorsque les circonstances citées ci-dessus, pour la demande de dépassement à l'inspecteur du travail, impliquent (c. trav. art. R. 3122-5) :
- l'exécution de travaux urgents en vue d'organiser des mesures de sauvetage ;
- la prévention d'accidents imminents ;
- la réparation d'accidents survenus au matériel, aux installations ou aux bâtiments.

S'il n'a pas encore adressé de demande de dépassement, l'employeur présente immédiatement à l'inspecteur du travail une demande de régularisation accompagnée des pièces citées ci-avant, (justifications, avis du CSE, etc.) et de toutes explications nécessaires sur les causes ayant nécessité une prolongation de la durée quotidienne du travail sans autorisation préalable. S'il se trouve dans l'attente d'une réponse à une demande de dépassement, il informe immédiatement l'inspecteur de l'obligation où il s'est trouvé d'anticiper la décision attendue et donne ses raisons.

▶ À noter... Dans tous les cas de demande de dépassement, l'inspecteur du travail fait connaître sa décision, dans un délai de 15 jours à compter de la date de réception de la demande, à l'employeur et, s'il y a lieu, aux représentants du personnel (c. trav. art. R. 3122-6).

Contrepartie en repos - Les dépassements à la durée quotidienne du travail de nuit ne sont possibles que si les périodes de repos d'une durée au moins équivalente au nombre d'heures accomplies au-delà de la durée maximale quotidienne sont attribuées aux salariés intéressés. Ce repos est pris dans les plus brefs délais à l'issue de la période travaillée (c. trav. art. R. 3122-3).

Lorsque, dans des cas exceptionnels, le bénéfice de ce repos n'est pas possible pour des raisons objectives, un accord collectif peut prévoir une contrepartie équivalente permettant d'assurer une protection appropriée au salarié (c. trav. art. R. 3122-8).

Durée hebdomadaire de travail de nuit

Durée maximale hebdomadaire - La durée maximale hebdomadaire des salariés travaillant la nuit, calculée sur une période quelconque de 12 semaines consécutives, ne peut pas dépasser 40 h (c. trav. art. L. 3122-7).

Dépassement prévu par accord collectif - Un accord d'entreprise ou d'établissement (à défaut, une convention ou un accord de branche) peut si les caractéristiques propres à l'activité d'un secteur le justifient, prévoir le dépassement de cette durée maximale, ce dépassement ne devant pas avoir pour effet de porter cette durée à plus de 44 h sur 12 semaines consécutives (c. trav. art. L. 3122-18).

Dépassement prévu par décret- Faute d'accord collectif, un décret peut fixer la liste des secteurs pour lesquels la durée maximale hebdomadaire de travail est fixée entre 40 et 44 h.

Statut du travail de nuit

Du travail de jour vers le travail de nuit - Le passage d'un horaire de jour à un horaire de nuit constitue une modification du contrat de travail, qui doit être acceptée par le salarié (c. trav. art. L. 3122-12 ; cass. soc. 10 mai 2007, n° 05-45690 D ; cass. soc. 7 avril 2004, n° 02-41486, BC V n° 107). Peu importe que cela soit une conséquence de la mise en œuvre d'une clause de mobilité (cass. soc. 14 octobre 2008, n° 07-40092, BC V n° 190) [voir *Modification du contrat de travail (horaire)**].

Lorsqu'un employeur souhaite transformer un horaire de travail partiellement de nuit en un horaire entièrement de nuit, il doit recueillir l'accord du salarié concerné (cass. soc. 1er juillet 2009, n° 08-43650 D).

Une clause du contrat de travail ne peut pas prévoir que le salarié peut travailler de jour et de nuit, l'employeur se réservant la possibilité de modifier unilatéralement les horaires du salarié (cass. soc. 14 novembre 2018, n° 17-11757 FSPB).

Obligations de famille impérieuses - Lorsque le travail de nuit est incompatible avec des obligations familiales impérieuses, notamment avec la garde d'un enfant ou la prise en charge d'une personne dépendante, le salarié peut demander un poste de jour. Cela ne constitue ni une faute ni un motif de licenciement (c. trav. art. L. 3122-12).

Priorité pour l'attribution d'un travail de jour ou de nuit - Les travailleurs de nuit souhaitant occuper ou reprendre un poste de jour dans le même établis-

Travail de nuit

Travail de nuit

Mise en place du travail de nuit et droits spécifiques

Ordre public

• **Caractère exceptionnel** du travail de nuit (c. trav. art. L. 3122-1).
• Droit à des **contreparties** (repos compensateur, le cas échéant, majoration salariale) (1) (c. trav. art. L. 3122-8).
• **Surveillance médicale individualisée** (c. trav. art. L. 3122-11).
• **Priorité** pour occuper ou reprendre un poste de jour (c. trav. art. L. 3122-13).
• **Garanties spécifiques** (droit de refus en cas d'obligations familiales impérieuses, transfert temporaire ou définitif sur un poste de jour lorsque l'état de santé du travailleur de nuit, constaté par le médecin du travail, l'exige) (c. trav. art. L. 3122-12 et L. 3122-14).

Champ de la négociation collective (c. trav. art. L. 3122-15)	**Règles supplétives** (c. trav. art. L. 3122-21)
•Accord collectif d'entreprise ou d'établissement ou, à défaut, convention ou accord de branche. (2) Contenu de l'accord : - justifications du recours au travail de nuit (c. trav. art. L. 3122-1) ; - définition de la période de travail de nuit, dans les limites fixées par l'ordre public (voir ci-après) ; - contrepartie sous forme de repos compensateur et, le cas échéant, sous forme de compensation salariale ; - mesures destinées à améliorer les conditions de travail des salariés ; - mesures destinées à faciliter l'articulation de l'activité professionnelle nocturne avec leur vie personnelle et avec l'exercice de responsabilités familiales et sociales, concernant notamment les moyens de transport ; - mesures destinées à assurer l'égalité professionnelle entre les femmes et les hommes ; - organisation des temps de pause.	À défaut d'accord collectif, mise en place du travail de nuit sur autorisation de l'inspecteur du travail (à condition d'avoir engagé des négociations loyales et sérieuses), après vérification des contreparties accordées et de l'existence de temps de pause.

Période de travail de nuit (1)

Ordre public (c. trav. art. L. 3122-2)

Période d'au moins 9 h consécutives comprenant l'intervalle entre minuit et 5 h (1) (3), étant entendu que :
- le début de la période de travail de nuit peut être fixé au plus tôt à 21 h ;
- la fin de la période de travail de nuit peut être fixée au plus tard à 7 h.

Champ de la négociation collective (c. trav. art. L. 3122-15)	**Règles supplétives** (c. trav. art. L. 3122-20 et L. 3122-22)
Accord collectif d'entreprise ou d'établissement ou, à défaut, convention ou accord de branche. Définition de la période de travail de nuit, dans les limites fixées par l'ordre public (voir ci-dessus).	• Période allant de 21 h à 6 h (1). • Si les caractéristiques de l'activité de l'entreprise le justifient, l'inspecteur du travail peut autoriser la définition d'une autre période, après consultation des DS et avis du CSE.

Définition du travailleur de nuit

Ordre public (c. trav. art. L. 3122-5)

Salarié accomplissant :
- A) soit au moins 2 fois par semaine, selon son horaire de travail habituel, au moins 3 h de travail de nuit quotidiennes ;
- B) soit au cours d'une période de référence, un nombre minimal d'heures de travail de nuit (période et nombre d'heures fixé par accord collectif ou dispositions supplétives ; voir ci-dessous).

Champ de la négociation collective (c. trav. art. L. 3122-16)	**Règles supplétives** (c. trav. art. L. 3122-23)
Pour le cas (B), une convention ou un accord collectif de travail étendu peut fixer le nombre minimal d'heures entraînant la qualification de travailleur de nuit sur une période de référence à définir.	Pour le cas (B), à défaut de stipulation conventionnelle, le nombre minimal d'heures conditionnant le statut de travailleur de nuit est de 270 h sur 12 mois consécutifs.

Durée maximale du travail d'un travailleur de nuit

Ordre public (c. trav. art. L. 3122-6 et L. 3122-7)

• **Durée quotidienne maximale** : 8 h/jour, sauf dérogations autorisées : accord collectif (voir ci-dessous), équipes de suppléance ou sur autorisation (4).
• **Durée hebdomadaire maximale** : 40 h/semaine en moyenne sur 12 semaines consécutives, sauf dérogations autorisées.

Travail de nuit	
Champ de la négociation collective (c. trav. art. L. 3122-17 et L. 3122-18)	**Règles supplétives** (c. trav. art. L. 3122-24)
Un accord d'entreprise ou d'établissement ou, à défaut, une convention ou un accord collectif de branche peut : - prévoir le dépassement de la durée maximale quotidienne de 8 h/jour dans des conditions fixées par décret ; - prévoir, lorsque les caractéristiques propres à l'activité d'un secteur le justifient, le dépassement de la durée maximale hebdomadaire de 40 h/semaine en moyenne sur 12 semaines consécutives, dans la limite de 44 h sur 12 semaines consécutives.	À défaut d'accord, la durée hebdomadaire maximale peut dépasser 40 h/semaine en moyenne sur 12 semaines consécutives, dans la limite de 44 h, mais uniquement dans des secteurs visés par décret.

(1) Pour les activités de production rédactionnelle et industrielle de presse, de radio, de télévision, de production et d'exploitation cinématographiques, de spectacles vivants et de discothèque (c. trav. art. L. 3122-3) :
- période de travail de nuit : la période définie par accord collectif doit être d'au moins 7 h consécutives comprenant l'intervalle entre minuit et 5 h du matin (c. trav. art. L. 3122-3) ; à défaut de disposition conventionnelle, la période de travail de nuit va de minuit à 7 h (c. trav. art. L. 3122-20) ;
- les contreparties peuvent être exclusivement financières si la durée effective du travail de nuit est inférieure à la durée légale du travail (c. trav. art. L. 3122-9).

(2) Depuis le 24.09.2017, l'accord est présumé négocié et conclu conformément aux exigences de l'article L. 3122-1 du code du travail (ord. 2017-1387 du 22 septembre 2017, JO du 23).

(3) Par dérogation, dans les ZTI, pour les établissements de vente au détail qui mettent à disposition des biens et des services, la période de travail de nuit, si elle débute après 22 h, est d'au moins 7 h consécutives comprenant l'intervalle entre minuit et 7 h du matin (c. trav. art. L. 3122-4).

(4) En cas de circonstances exceptionnelles, l'inspecteur du travail peut autoriser le dépassement après consultation des délégués syndicaux et après avis du CSE (modalités fixées par décret).

sement ou, à défaut, dans la même entreprise ont priorité pour l'attribution d'un emploi ressortissant à leur catégorie professionnelle ou d'un emploi équivalent (c. trav. art. L. 3122-13). Il en est de même pour les salariés occupant un poste de jour souhaitant occuper ou reprendre un poste de nuit.

L'employeur porte à la connaissance de ces salariés la liste des emplois disponibles correspondants.

Zones touristiques internationales - Dans les établissements de vente au détail, mettant à disposition des biens et des services, qui sont situés dans les ZTI (voir *Dimanche**), seuls les salariés volontaires ayant donné leur accord par écrit à leur employeur peuvent travailler entre 21 h et minuit. L'entreprise ne peut pas :
- prendre en considération le refus de travailler entre 21 h et le début de la période de travail de nuit pour refuser de l'embaucher ;
- décider d'une mesure discriminatoire envers le salarié qui refuse de travailler entre 21 h et le début de la période de travail de nuit ne peut faire l'objet d'une mesure discriminatoire dans le cadre de l'exécution de son contrat de travail.

Le refus de travailler entre 21 h et le début de la période de travail de nuit pour un salarié ne constitue pas une faute ou un motif de licenciement (c. trav. art. L. 3122-4).

Suivi médical

Transfert de poste - Le travailleur de nuit, lorsque son état de santé, constaté par le médecin du travail, l'exige, est transféré à titre définitif ou temporaire sur un poste de jour. Ce poste doit correspondre à sa qualification et être aussi comparable que possible à l'emploi précédemment occupé (c. trav. art. L. 3122-14).

L'employeur ne peut pas prononcer la rupture du contrat de travail de ce salarié du fait de son inaptitude au poste comportant le travail de nuit, sauf à justifier par écrit soit de l'impossibilité dans laquelle il se trouve de proposer un poste (remplissant les conditions citées ci-avant) soit du refus du salarié d'accepter le poste proposé dans ces mêmes conditions (c. trav. art. L. 3122-14).

Suivi médical - Le travailleur de nuit bénéficie d'un suivi individuel régulier et adapté de son état de santé (c. trav. art. L. 3122-11 et R. 4624-17) [voir *Visite médicale (information et prévention)** et *Visites médicales (périodiques)**].

▶ À noter… Le médecin du travail informe les travailleurs de nuit, en particulier les femmes enceintes et les travailleurs vieillissants, des incidences potentielles du travail de nuit sur la santé (c. trav. art. R. 3122-14).

Pénibilité et retraite

Le travail de nuit fait partie des facteurs de risques qui permettent à un salarié d'accumuler des points au titre du *compte personnel de prévention de la pénibilité**. Sur la possibilité d'un *départ anticipé à la retraite**, voir cette étude.

Sur l'obligation pour certaines entreprises de se doter d'un accord ou d'un plan d'action relatif à la prévention de la pénibilité au travail, sous peine d'avoir à verser une pénalité, voir *Pénibilité au travail**.

☛ *Travail en soirée.*

Travail aux pièces

Le travail aux pièces (ou « à la tâche ») est un travail pour lequel le salarié est rémunéré selon les quantités produites.

Les salariés payés à la pièce bénéficient des avantages liés à la *mensualisation**, sauf s'il s'agit de travailleurs à domicile (voir *Travail à domicile**).

La réglementation relative au *SMIC** est applicable.

Pour tout travail aux pièces dont l'exécution dure plus d'une quinzaine de jours, les dates de paiement peuvent être fixées d'un commun accord. Toutefois, le salarié doit recevoir des *acomptes** chaque quinzaine et être intégralement payé dans la quinzaine qui suit la livraison de l'ouvrage (c. trav. art. L. 3242-4).

☛ *Travail au rendement.*

Travail par relais et par roulement

Aménagement du temps de travail

Travail par relais - Le travail par relais est une forme d'organisation du travail (ex. : travail par équipes) (c. trav. art. L. 3121-67 et L. 3121-68).

Il peut s'agir d'équipes alternantes : une équipe en remplace une autre dont le temps de travail comporte dans la journée une coupure importante :
- équipe A : de 6 h à 10 h et de 14 h à 18 h ;
- équipe B : de 10 h à 14 h et de 18 h à 22 h.

L'employeur peut aussi envisager des équipes chevauchantes. Une équipe commence à travailler avant que la précédente ait terminé et finit après qu'une troisième équipe a commencé :
- équipe A : de 6 h à 14 h ;
- équipe B : de 9 h à 17 h ;
- équipe C : de 12 h à 20 h.

Enfin, il peut aussi s'agir d'équipes supplémentaires, successivement appelées à remplacer les équipes régulières pendant leur temps de repos.

Travail par roulement - En cas de travail par roulement, il s'agit de répartir différemment les journées de travail entre les membres du personnel qui ne bénéficient pas des mêmes jours de repos. Une entreprise peut ainsi fonctionner 6 ou 7 jours/7. Toutefois ce dernier cas est réservé aux entreprises autorisées à donner le repos hebdomadaire par roulement. Une dérogation à l'attribution du repos dominical peut s'avérer nécessaire (voir *Dimanche** et *Repos hebdomadaire**).

Mise en place

Autorisation par décret ou accord collectif - Le travail par relais ou par roulement doit être prévu par décret, convention ou accord collectif de branche étendu, ou par convention ou accord d'entreprise (ou d'établissement).

Exemple

Des décrets autorisent le travail par relais dans les secteurs des banques, du commerce de détail alimentaire et non alimentaire s'agissant du personnel de vente. D'autres décrets autorisent le travail par roulement dans les blanchisseries, ainsi que dans les hôtels-cafés-restaurants.

Affichage spécifique - En cas de travail par relais ou par roulement, la composition nominative de chaque équipe doit être indiquée soit par un tableau affiché selon les mêmes modalités que l'horaire collectif (voir *Horaires de travail**), soit par un registre tenu à jour et mis à disposition de l'inspecteur du travail et du *comité social et économique** (c. trav. art. L. 3171-2 et D. 3171-7).

Suivi médical et pénibilité au travail

Les salariés travaillant par relais ou roulement bénéficient d'un suivi médical régulier et adapté s'ils travaillent la nuit [voir *Travail de nuit**, *Visite médicale (information et prévention)** et *Visites médicales (périodiques)**].

Voir aussi *Compte professionnel de prévention**, *Départ anticipé à la retraite** et *Pénibilité au travail**.

☛ *Travail en équipes successives.*

Travail au rendement

En cas de travail au rendement, le salarié est rémunéré selon les quantités produites ou selon l'économie de temps réalisée (*travail aux pièces**, à la tâche). En tout état de cause, la réglementation relative au *SMIC** est applicable.

Les salariés payés au rendement bénéficient des avantages liés à la *mensualisation**, sauf s'il s'agit de travailleurs à domicile (voir *Travail à domicile**).

☞ *Travail aux pièces*

Travail en soirée

Les établissements de vente au détail situés dans les zones touristiques internationales (ZTI) peuvent ouvrir au public jusqu'à minuit. Le travail en soirée de leurs salariés relève de règles spécifiques.

Cadre du travail en soirée

Définition des ZTI - Les zones touristiques internationales (ZTI) sont des zones de rayonnement international disposant d'une offre commerciale particulièrement importante et attractive pour les touristes (ex. : les Champs-Élysées à Paris).

Elles sont délimitées par les ministres du travail, du tourisme et du commerce, après avis du maire et, le cas échéant, du président de l'établissement public de coopération intercommunale (EPCI) dont la commune est membre, ainsi que des syndicats d'employeurs et de salariés intéressés, compte tenu de leur rayonnement international et de l'affluence exceptionnelle de touristes, notamment résidant hors de France (c. trav. art. L. 3132-24). Un décret a déterminé les critères de ces zones (décret 2015-1173 du 23 septembre 2015, JO du 24), plusieurs zones ont été définies pour Paris et pour la province (voir *Dimanche**).

▶ À noter… Le régime du repos hebdomadaire peut être aménagé dans les établissements de vente au détail situés dans les ZTI (voir *Repos hebdomadaire**).

Ouverture jusqu'à minuit - Les établissements de vente au détail situés dans les ZTI peuvent ouvrir au public jusqu'à minuit. Le début de la période de nuit peut ainsi être reporté jusqu'à minuit (au lieu de 21 h). La période de travail de nuit, si elle débute après 22 h, est d'au moins 7 h consécutives comprenant l'intervalle entre minuit et 7 h (c. trav. art. L. 3122-4). Le début de la plage horaire entraînant l'application de la législation relative au *travail de nuit** se trouve ainsi décalé.

Régime du travail en soirée

Accord collectif prévoyant des contreparties - Un accord collectif d'entreprise ou d'établissement (à défaut, un accord collectif de branche) ou un accord conclu à un niveau territorial peut prévoir la faculté d'employer des salariés entre 21 h et minuit (c. trav. art. L. 3122-19).

Cet accord collectif doit prévoir au bénéfice des salariés employés entre 21 h et le début de la période de nuit :

- la mise à disposition d'un moyen de transport pris en charge par l'employeur leur permettant de regagner leur domicile ;
- des mesures destinées à faciliter la conciliation entre la vie professionnelle et la vie personnelle (en particulier, les mesures de compensation des charges liées à la garde d'enfants ou à la prise en charge de personnes dépendantes) ;
- des conditions de prise en compte par l'employeur de l'évolution de la situation personnelle des salariés et, en particulier, de leur souhait de ne plus travailler après 21 h.

▶ Attention… Pour les salariées enceintes ou ayant récemment accouché et qui travaillent de nuit (c. trav. art. L. 1225-9), le choix de ne plus travailler entre 21 h et le début de la période de nuit est d'effet immédiat (c. trav. art. L. 3122-29-1, II).

Certains salariés bénéficient de garanties supplémentaires *(voir ci-après)*.

Travail sur la base du volontariat - L'employeur doit demander l'accord écrit des salariés pour travailler entre 21 h et minuit (c. trav. art. L. 3122-4). Le refus de travail sur cette plage horaire ne peut ni constituer une faute ou un motif de licenciement, ni conduire à des mesures discriminatoires par exemple au moment de l'embauche.

Rémunération majorée - Chaque heure de travail effectuée durant la période entre 21 h et minuit est rémunérée au moins le double de la rémunération normalement due et donne lieu à un repos compensateur équivalent en temps (c. trav. art. L. 3122-19). Cette disposition est d'ordre public.

Garanties supplémentaires pour certains salariés

Salariés concernés - Lorsque le nombre d'heures de travail en soirée atteint un certain seuil, les salariés concernés bénéficient de certaines des garanties accordées aux travailleurs de nuit (c. trav. art. L. 3122-4) *(voir ci-après)*. Sont visés les salariés qui :

- soit accomplissent, au moins deux fois par semaine, selon leur horaire de travail habituel, au moins 3 heures de travail entre 21 h et minuit ;
- soit accomplissent, pendant 12 mois consécutifs, au moins 270 heures de travail entre 21 h et minuit (à défaut de stipulations conventionnelles).

Pour les salariés qui effectuent des heures en soirée et des heures de nuit, il faut additionner ces deux catégories d'heures pour vérifier si l'un des seuils visés ci-avant est atteint.

▶ Attention… Pour déterminer si le salarié dépasse l'un des seuils déclenchant l'application du statut spécifique de travailleur de nuit, les heures effectuées en soirée sont cumulées avec celles effectuées sur la plage de nuit (c. trav. art. L. 3122-4 et L. 3122-5) (voir *Travail de nuit**).

Garanties supplémentaires accordées - Les salariés dont le nombre d'heures de travail en soirée atteint un certain seuil *(voir ci-avant)* bénéficient des garanties suivantes :
- droit de refuser de travailler en soirée en cas d'incompatibilité avec des obligations familiales impérieuses, comme la garde d'un enfant ou la prise en charge d'une personne dépendante (c. trav. art. L. 3122-12) ;
- consultation du médecin du travail avant toute décision importante relative à la mise en place ou à la modification de l'organisation du travail en soirée (c. trav. art. L. 3122-10) ;
- suivi médical renforcé (c. trav. art. L. 3122-11) ;
- possibilité de reprendre un travail de jour dans certains cas (c. trav. art. L. 3122-13 et L. 3122-14).

☛ *Travail de nuit.*

Travail temporaire

Les travailleurs temporaires sont des salariés recrutés par des entreprises de travail temporaire (ETT) pour être mis, provisoirement et à titre onéreux, à la disposition d'une entreprise utilisatrice.

Ils sont liés à l'ETT par un contrat de travail écrit, dit « contrat de mission » [voir *Travail temporaire (contrat de travail)** et *Travail temporaire (contrat de travail à durée indéterminée)**].

L'ETT et l'entreprise utilisatrice sont liées pour un contrat de mise à disposition [voir *Travail temporaire (contrat de mise à disposition)**].

Sur les cas et conditions de recours aux travailleurs temporaires, voir *Travail temporaire (contrat de travail)** et *Travail temporaire (statut)**.

Enfin, les ETT peuvent conclure des contrats d'apprentissage [voir *Apprentissage (travail temporaire)**].

☛ *Apprentissage (travail temporaire) ; Travail temporaire (contrat de mise à disposition) ; Travail temporaire (contrat de travail) ; Travail temporaire (contrat de travail à durée indéterminée) ; Travail temporaire (entreprise de) ; Travail temporaire (statut).*

Travail temporaire (apprentissage)

☛ *Apprentissage (travail temporaire).*

Travail temporaire (contrat de mise à disposition)

Contrat commercial

Le contrat de mise à disposition est un contrat commercial, conclu entre un entrepreneur de travail temporaire (ETT) et une entreprise utilisatrice, par lequel le premier met un salarié à la disposition de la seconde (c. trav. art. L. 1251-1). Il doit être conclu par écrit et en double exemplaire au plus tard dans les 2 jours ouvrables suivant la mise à disposition (c. trav. art. L. 1251-42).

Il est à distinguer du contrat de travail, appelé « contrat de mission », conclu entre l'ETT et le salarié intérimaire [voir *Travail temporaire (contrat de travail)**].

Clauses obligatoires

Le contrat de mise à disposition doit indiquer (c. trav. art. L. 1251-43) :
- le motif justifiant le recours au travail temporaire ;
- le terme de la mission ;
- les caractéristiques particulières du poste à pourvoir (et notamment si celui-ci figure sur la liste des postes présentant des risques particuliers pour la santé ou la sécurité des salariés, la qualification professionnelle exigée, le lieu de la mission et l'horaire) (c. trav. art. L. 4154-2) [voir *Prévention des risques professionnels (pénibilité)** et *Travail temporaire (entreprise de)**] ;
- le montant de la rémunération, y compris les primes et accessoires de salaire que percevrait

La relation triangulaire du travail temporaire

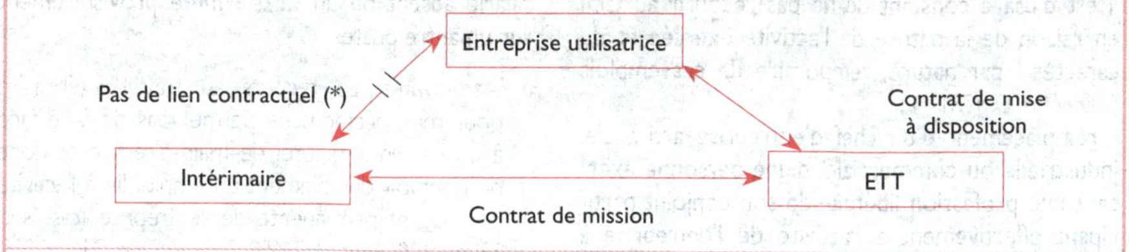

(*) Les rapports entre l'intérimaire et l'entreprise utilisatrice sont toutefois strictement encadrés par la loi (conditions de travail, droits individuels et collectifs, protection, etc.).

dans l'entreprise utilisatrice, après une période d'essai, un salarié de qualification équivalente occupant le même poste de travail ;

- la nature des équipements individuels éventuellement utilisés par le salarié ;
- le nom et l'adresse du garant de l'ETT (c. trav. art. R. 1251-15) [voir *Travail temporaire (entreprise de)**].

S'agissant d'un surcroît temporaire d'activité, la simple mention de celui-ci dans le contrat de mise à disposition et dans le contrat de mission est suffisante [voir *Travail temporaire (contrat de travail)**]. Il n'est pas nécessaire de détailler, dans ces contrats, les raisons de cet accroissement (cass. soc. 9 avril 2014, n° 12-28329 D). Toutefois, en cas de litige, l'entreprise utilisatrice doit être en mesure de prouver la réalité de ce surcroît d'activité (cass. soc. 20 février 2013, n° 11-20206 D).

▶ Attention... Toute clause interdisant l'embauche par l'entreprise utilisatrice du travailleur intérimaire à l'issue de la mission est interdite (c. trav. art. L. 1251-44).

Clause de responsabilité

Parmi les clauses fixant les conditions des prestations fournies par l'ETT, les contrats de mise à disposition contiennent parfois une clause de responsabilité pour les dommages causés par l'intérimaire. Généralement, cette clause limite la responsabilité de l'ETT à une erreur de choix ou de qualification du personnel fourni. Parfois, elle exonère totalement l'ETT.

Par exception, elle prévoit la prise en charge, par l'ETT, de la réparation des dommages que l'intérimaire pourrait causer à l'utilisateur.

Il est donc primordial pour l'utilisateur d'en prendre connaissance afin de connaître les responsabilités qu'il prend en charge et celles que l'ETT accepte d'encourir.

☞ *Travail temporaire (entreprise de).*

Travail temporaire (contrat de travail)

Le contrat de travail temporaire ne peut avoir ni pour objet ni pour effet de pourvoir durablement un emploi lié à l'activité normale et permanente de l'entreprise utilisatrice. L'employeur ne peut recourir aux travailleurs temporaires que pour l'exécution d'une tâche précise et temporaire, dénommée « mission », et seulement dans certains cas prévus par la loi (c. trav. art. L. 1251-5 et L. 1251-6).

La négociation collective peut aménager certaines règles prévues par le code du travail. Les adaptations conventionnelles ne doivent toutefois pas conduire à pourvoir durablement un emploi lié à l'activité normale et permanente des entreprises concernées (c. trav. art. L. 1251-5, L. 1251-12, L. 1251-35, L. 1251-36 et L. 1251-37).

Sur le CDI « travail temporaire », voir *Travail temporaire (contrat de travail à durée indéterminée)**.

Cas de recours autorisés

Liste limitative - Le recours aux intérimaires n'est autorisé que dans les cas suivants (c. trav. art. L. 1251-6) :

- remplacement d'un salarié en cas d'absence, de suspension de son contrat de travail, de départ définitif précédant la suppression de son poste de travail ayant fait l'objet d'une saisine du *comité social et économique**, d'attente de l'entrée en service effective du salarié recruté par contrat à durée indéterminée (CDI) appelé à le remplacer, ou en cas de passage provisoire à temps partiel dans le cadre d'un avenant à son contrat de travail ou par échange écrit avec l'employeur ;
- accroissement temporaire de l'activité de l'entreprise ;
- emplois à caractère saisonnier ou pour lesquels, dans certains secteurs définis par décret ou par

voie de convention ou d'accord collectif étendu, il est d'usage constant de ne pas recourir au CDI en raison de la nature de l'activité exercée et du caractère, par nature, temporaire de ces emplois (c. trav. art. D. 1251-1) ;
- remplacement d'un chef d'entreprise artisanale, industrielle ou commerciale, d'une personne exerçant une profession libérale, de son conjoint participant effectivement à l'activité de l'entreprise à titre professionnel et habituel ou d'un associé non salarié d'une société civile professionnelle, d'une société civile de moyens ou d'une société d'exercice libéral ;
- remplacement du chef d'une exploitation agricole ou d'une entreprise agricole, d'un aide familial, d'un associé d'exploitation ou de leur conjoint dès lors qu'il participe effectivement à l'activité de l'entreprise ou de l'exploitation agricole (c. rural art. L. 722-1 et L. 722-10) ;
- embauche dans le cadre de la politique de l'emploi soit pour faciliter l'embauche de personnes sans emploi rencontrant des difficultés sociales et professionnelles, soit pour assurer un complément de formation professionnelle au salarié (c. trav. art. L. 1251-7), ces deux cas de recours devant être prévus par des dispositions législatives ou réglementaires, ou par un accord de branche étendu. Ce dernier est en vigueur depuis le 1.01.2006 (accord étendu du 7 septembre 2005, JO 9 novembre).

▶ À noter… En cas de litige sur le motif du recours au travail temporaire, il incombe à l'entreprise utilisatrice de prouver la réalité du motif énoncé dans le contrat (cass. soc. 28 novembre 2007, n° 06-44843, BC V n° 202).

Motif de recours autorisé à titre expérimental - À titre expérimental, une entreprise peut recourir, du 1.01.2019 au 31.12.2023, à un intérimaire au seul motif qu'il s'agit d'un bénéficiaire de l'obligation d'emploi des travailleurs handicapés (loi 2018-771 du 5 septembre 2018, art. 67-VI, JO du 6 ; loi 2022-217 du 21 février 2022, art. 142, JO du 22).

▶ À noter… À titre expérimental, un employeur a pu conclure, du 1.1.2019 au 31.12.2020, un contrat d'intérim unique pour remplacer plusieurs salariés (loi 2018-771 du 5 septembre 2018, art. 53, JO du 6), sachant que cette possibilité était réservée à certains secteurs d'activité définis par décret (décret 2019-1388 du 18 décembre 2019, JO du 19).

Cas particulier du remplacement - La possibilité de recourir au travail intérimaire en cas d'absence temporaire d'un salarié s'entend de son absence aussi bien de l'entreprise que de son poste habituel de travail (cass. soc. 25 février 2009, n° 07-43513, BC V n° 53). Ainsi, un intérimaire peut remplacer un salarié absent ou un salarié muté provisoirement sur un autre poste.

▶ Attention… Le recours au travail intérimaire pour remplacement ne permet pas de faire face à un besoin structurel de main-d'œuvre et donc de pourvoir durablement un emploi lié à l'activité normale et permanente de l'entreprise (cass. soc. 13 mars 2013, n° 11-26658 D ; cass. soc. 3 juin 2015, n° 14-17705, BC V n° 114).

Cas particulier de l'accroissement temporaire d'activité - Le recours à des salariés intérimaires ne peut être autorisé que pour les besoins d'une ou de plusieurs tâches résultant du seul accroissement temporaire (ex. : variations cycliques de production), sans qu'il soit nécessaire que cet accroissement présente un caractère exceptionnel, ni que le salarié recruté soit affecté à la réalisation même de ces tâches (cass. soc. 21 janvier 2004, n° 03-42769 à 03-42784, BC V n° 27).

Cas particulier du contrat d'apprentissage - Voir *Apprentissage (travail temporaire)**.

Cas de recours interdits

Cas non liés au licenciement économique - Il ne peut pas être fait appel à des intérimaires pour :
- remplacer un salarié dont le contrat de travail est suspendu par suite d'une grève (c. trav. art. L. 1251-10 ; cass. soc. 2 mars 2011, n° 10-13634, BC V n° 54 ; cass. crim. 1er mars 2016, n° 14-86601 D) ;
- effectuer certains travaux particulièrement dangereux faisant l'objet d'une surveillance médicale spéciale, sauf dérogation administrative (c. trav. art. L. 1251-10, L. 4154-1 et D. 4154-1) ;
- remplacer un médecin du travail (c. trav. art. L. 1251-10).

▶ À noter… Une ETT a l'interdiction de mettre des travailleurs étrangers à la disposition de quiconque si la prestation de services s'effectue hors du territoire français (c. trav. art. L. 5221-4).

Cas liés au licenciement économique - Dans les établissements où il a été procédé à un licenciement pour motif économique et dans les 6 mois qui suivent ce licenciement, un salarié ne peut pas être embauché en intérim pour les motifs suivants (c. trav. art. L. 1 251-9) :
- accroissement temporaire de l'activité de l'entreprise ;
- exécution d'une tâche occasionnelle, précisément définie et non durable, ne relevant pas de l'activité normale de l'entreprise.

Cette interdiction s'applique aux postes concernés par le licenciement dans l'établissement (c. trav. art. L. 1251-9).

L'interdiction ne s'applique pas lorsque :
- la durée du contrat non susceptible de renouvellement n'excède pas 3 mois ;
- le contrat est lié à la survenance dans l'entreprise, qu'il s'agisse de l'entrepreneur principal ou d'un sous-traitant, d'une commande exceptionnelle à l'exportation dont l'importance nécessite la mise en œuvre de moyens quantitativement ou qualitativement exorbitants.

Ces deux dérogations n'exonèrent pas l'employeur de respecter la priorité de réembauche dont bénéficient les salariés licenciés pour motif économique (c. trav. art. L. 1233-45 et L. 1251-9).

Forme et contenu du contrat

Contrat écrit - Le contrat de travail temporaire (dénommé aussi contrat de mission) est signé entre l'intérimaire et l'ETT. Il doit être écrit et comporter la reproduction des clauses et mentions figurant dans le contrat de mise à disposition conclu entre l'ETT et l'entreprise utilisatrice [voir *Travail temporaire (contrat de mise à disposition)**].

Il doit également mentionner les points suivants (c. trav. art. L. 1251-16) :
- la qualification du salarié ;
- les modalités de la rémunération due au salarié, y compris celles de l'indemnité de fin de mission [voir *Travail temporaire (statut)**] ;
- la période d'essai éventuelle ;
- la mention que l'embauche du salarié par l'utilisateur à l'issue de la mission n'est pas interdite ;
- en cas de détachement à l'étranger, une clause de rapatriement du salarié à la charge de l'ETT (cette clause devient caduque en cas de rupture du contrat à l'initiative du salarié) ;
- le nom et l'adresse de la caisse de retraite complémentaire et de l'organisme de prévoyance dont relève l'ETT.

▶ À noter... La mention de la qualification ne peut pas se limiter à la description de l'emploi occupé. Elle doit préciser la catégorie d'emploi et la classification auxquelles correspond le poste occupé par l'intérimaire (cass. soc. 21 mars 2007, n° 06-40370, BC V n° 55).

Contrat signé - Faute de comporter la signature du salarié, le contrat de mission ne saurait être considéré comme ayant été établi par écrit. Il doit par conséquent être requalifié en CDI (cass. soc. 7 mars 2000, n° 97-41463, BC V n° 90), sauf refus du salarié de le signer dans une intention frauduleuse (cass. soc. 24 mars 2010, n° 08-45552, BC V n° 74).

Contrat transmis au salarié - Le contrat doit être adressé au salarié dans un délai de 2 jours ouvrables suivant sa mise à disposition (c. trav. art. L. 1251-17). À défaut, le salarié peut exiger de l'ETT une indemnité d'un mois de salaire maximum (c. trav. art. L. 1251-40).

Période d'essai - Le contrat de travail temporaire peut prévoir une *période d'essai**, dont la durée est fixée par convention ou accord de branche étendu ou par convention ou accord d'entreprise ou d'établissement. À défaut, cette durée ne peut pas excéder (c. trav. art. L. 1251-14) :
- 2 jours si la durée du contrat est inférieure ou égale à 1 mois ;
- 3 jours si la durée du contrat est comprise entre 1 et 2 mois ;
- 5 jours si la durée du contrat est supérieure à 2 mois.

Sanctions pénales - L'ETT qui embauche un travailleur temporaire sans lui adresser dans le délai prescrit un contrat écrit reproduisant les clauses du contrat de mise à disposition, ou en lui adressant un contrat comportant des mentions volontairement inexactes, peut être sanctionnée par une amende de 3 750 € et, en cas de récidive, par une amende de 7 500 € et un emprisonnement de 6 mois (c. trav. art. L. 1255-2).

Le fait de conclure un contrat ne mentionnant pas la qualification du salarié, la période d'essai éventuelle et, le cas échéant, la clause de rapatriement est passible d'une amende pouvant aller jusqu'à 450 € (c. trav. art. R. 1255-1).

Contrats à terme précis

Durée maximale - Le contrat de travail temporaire doit, en principe, comporter un terme précis (c. trav. art. L. 1251-11).

La durée totale du contrat de mission peut être fixée par la convention ou l'accord de branche étendu dont relève l'entreprise utilisatrice (c. trav. art. L. 1251-12). Faute de convention ou d'accord de branche étendu, les règles supplétives prévues par le code du travail sont applicables (c. trav. art. L. 1251-12-1) :
- 18 mois, renouvellement compris ;
- 9 mois dans certains cas (travaux urgents nécessités par la sécurité, attente d'un salarié recruté par contrat à durée indéterminée) ;

- 24 mois dans d'autres cas (remplacement d'un salarié parti définitivement avant la suppression de son poste, commande exceptionnelle à l'exportation, mission exécutée à l'étranger) ;
- 36 mois lorsqu'une ETT conclut un contrat d'apprentissage, et ce, afin de respecter le cycle de formation.

Renouvellement - Le nombre de renouvellement d'un contrat de mission peut être fixé par la convention ou l'accord de branche étendu dont relève l'entreprise utilisatrice (c. trav. art. L. 1251-35).

Faute de convention ou d'accord de branche étendu, le contrat peut être renouvelé deux fois, pour une durée déterminée, dans la limite de la durée maximale autorisée (c. trav. art. L. 1251-35-1).

Aménagement du terme - Lorsqu'il a été fixé avec précision, le terme de la mission peut être avancé ou reporté à raison de 1 jour pour 5 jours de travail. Toutefois, cet aménagement ne doit avoir pour effet (c. trav. art. L. 1251-30) :
- ni de réduire la durée initialement prévue de plus de 10 jours de travail ;
- ni de conduire à un dépassement des durées maximales des missions.

Le terme des missions inférieures à 10 jours de travail peut être avancé ou reporté de 2 jours (c. trav. art. L. 1251-30).

▶ À noter... L'éventualité de l'aménagement du terme doit avoir été prévue dans le contrat de mise à disposition ou dans l'avenant prévoyant son renouvellement (c. trav. art. L. 1251-35).

Contrats sans terme précis

Cas où le contrat peut être conclu sans terme précis - Le contrat de travail temporaire peut ne pas comporter de terme précis, mais seulement une durée minimale lorsqu'il est conclu (c. trav. art. L. 1251-11) :
- pour remplacer un salarié absent ou dont le contrat de travail est suspendu ;
- pour remplacer un chef d'entreprise *(voir ci-avant)* ;
- dans l'attente de l'entrée en service d'un salarié recruté en CDI ;
- pour des emplois à caractère saisonnier ;
- pour des emplois pour lesquels, dans certains secteurs d'activité, il est d'usage constant de ne pas recourir au CDI en raison de la nature de l'activité exercée et du caractère, par nature, temporaire de cet emploi (la liste de ces secteurs d'activité est fixée par le code du travail, celle-ci pouvant être complétée par voie de convention ou d'accord collectif étendu) (c. trav. art. D. 1251-1) [voir *Contrat de travail à durée déterminée (d'usage)**].

Le contrat a alors pour terme, selon le cas, la fin de l'absence de la personne remplacée ou la réalisation de l'objet pour lequel il est conclu (c. trav. art. L. 1251-11).

▶ Attention... Un contrat temporaire dit d'usage ne peut pas pourvoir durablement un emploi (cass. soc. 12 novembre 2020, n° 19-11402 FSPBI), comme tout autre contrat de travail temporaire (c. trav. art. L. 1251-5). Dans cette affaire, le fait que l'activité portuaire ait un caractère fluctuant n'était pas suffisant à prouver le caractère temporaire par nature de l'emploi. Les contrats temporaires (contrats d'intérim et CDD) étaient, en effet, liés ici à l'activité normale et permanente de la société.

Aménagement de la durée en cas de remplacement d'un salarié - Lorsqu'il est conclu pour remplacer un salarié ou un employeur absent, le contrat peut prendre effet avant l'absence (c. trav. art. L. 1251-13). En outre, le terme de la mission peut être reporté jusqu'au surlendemain du jour où le salarié de l'entreprise utilisatrice reprend son emploi (c. trav. art. L. 1251-31).

Succession de contrats précaires sur le même poste de travail

Délai de carence - À l'expiration d'un contrat de mission, il ne peut être recouru, pour occuper le poste du salarié dont le contrat a pris fin, ni à un contrat à durée déterminée, ni à un contrat de mission [voir *Contrat de travail à durée déterminée (succession)**], avant l'expiration d'un délai de carence calculé en fonction de la durée du contrat de mission, renouvellement inclus.

La convention ou l'accord de branche étendu de l'entreprise utilisatrice peut fixer les modalités de calcul de ce délai de carence (c. trav. art. L. 1251-36).

Faute de convention ou d'accord de branche étendu, ce délai de carence est égal (c. trav. art. L. 1251-36-1) :
- au tiers de la durée du contrat de mission venu à expiration si la durée du contrat, renouvellement inclus, est de 14 jours ou plus ;
- à la moitié de la durée du contrat de mission venu à expiration si la durée du contrat, renouvellement inclus, est inférieure à 14 jours.

▶ À noter... Les jours pris en compte pour apprécier le délai devant séparer les deux contrats sont les jours d'ouverture de l'entreprise ou de l'établissement utilisateurs (c. trav. art. L. 1251-36).

Cas de non-application du délai de carence - La convention ou l'accord de branche étendu de l'entreprise utilisatrice peut déterminer les situations où aucun délai de carence ne s'applique entre deux contrats précaires (c. trav. art. L. 1251-37).

Faute de convention ou d'accord de branche étendu, le délai de carence n'est pas applicable lorsque (c. trav. art. L. 1251-37-1) :
- le contrat de mission est conclu pour assurer le remplacement d'un salarié absent, en cas de nouvelle absence du salarié remplacé ;
- le contrat de mission est conclu pour l'exécution de travaux urgents nécessités par des mesures de sécurité ;
- le contrat de mission est conclu afin de pourvoir un emploi à caractère saisonnier ou pour lequel, dans certains secteurs d'activité, il est d'usage constant de ne pas recourir au CDI en raison de la nature de l'activité exercée et du caractère par nature temporaire de cet emploi ;
- le contrat est conclu pour assurer le remplacement du chef d'entreprise, dans les cas où cela est permis *(voir ci-avant)* ;
- le salarié est à l'initiative d'une rupture anticipée du contrat ;
- le salarié refuse le renouvellement de son contrat de mission, pour la durée du contrat non renouvelé restant à courir.

Succession de contrats avec le même salarié

Une ETT peut conclure avec un même salarié des contrats de travail temporaire successifs, sous réserve de respecter les dispositions relatives au délai de carence s'il s'agit du même poste de travail *(voir ci-avant)*.

▶ À noter... Le non-respect des règles fixées par la convention ou l'accord collectif de branche étendu entraîne les mêmes sanctions que le non-respect des règles légales applicables en leur absence (c. trav. art. L. 1251-40, L. 1255-7, L. 1255-8 et L. 1255-9).

Information du CSE

Dans le cadre de la consultation sur la politique sociale de l'entreprise, les conditions de travail et l'emploi, le CSE reçoit des informations préalables relatives notamment au recours au travail temporaire (c. trav. art. L. 2312-26) [voir *Comité social et économique (informations-consultations périodiques)**].

Requalification du contrat à l'encontre de l'entreprise utilisatrice

Motifs de requalification - Lorsque le recours à l'intérim a lieu hors des cas autorisés *(voir ci-avant)*, le contrat peut être requalifié en CDI à l'égard de l'entreprise utilisatrice. Les motifs de requalification d'un contrat de travail temporaire en CDI sont limitativement énumérés dans le code du travail, les irrégularités devant ainsi concerner (c. trav. art. L. 1251-39 et L. 1251-40) :
- les cas de recours au travail temporaire (c. trav. art. L. 1251-5 à L. 1251-7) ;
- la fixation du terme et la durée du contrat (c. trav. art. L. 1251-10 à L. 1251-12) ;
- l'aménagement du terme de la mission (c. trav. art. L. 1251-30) ;
- le renouvellement du contrat (c. trav. art. L. 1251-35).

Exemples

Le contrat de travail temporaire peut être requalifié en CDI lorsque le contrat :
- a eu pour objet de pourvoir durablement un emploi lié à l'activité normale et permanente de l'entreprise utilisatrice (ex. : 200 missions d'intérim dans la même entreprise utilisatrice entre juin 2002 et décembre 2009, avec une interruption de 27 mois entre février 2006 et avril 2008 pour congés de maternité et parental d'éducation) (cass. soc. 3 juin 2015, n° 14-17705, BC V n° 114) ;
- a été conclu pour faire face à un besoin structurel de main-d'œuvre (ex. : contrat d'intérim sur le même emploi de manutentionnaire durant presque 4 années consécutives, aux motifs de remplacement de salariés absents ou d'accroissement temporaire) (cass. soc. 13 juin 2012, n° 10-26387, BC V n° 189).

Un intérimaire ne peut pas, en revanche, se prévaloir de l'absence de mention de la qualification du salarié qu'il remplace dans son contrat pour demander à l'entreprise utilisatrice la requalification de celui-ci en CDI (cass. soc. 17 mars 2010, n° 08-41880 D).

Prescription - L'action en requalification qui s'inscrit dans les actions « portant sur l'exécution du contrat de travail » est soumise à un délai de prescription de 2 ans, à compter du jour où l'intérimaire a connu ou aurait dû connaître les faits lui permettant d'exercer son droit (c. trav. art. L. 1471-1, al. 1). Le salarié fait alors valoir auprès de l'entreprise utilisatrice les droits correspondant à un CDI, prenant effet au premier jour de sa mission (c. trav. art. L. 1251-40).

▶ À noter... Si la succession de contrats aboutit à pourvoir durablement un emploi lié à l'activité normale et permanente de l'entreprise utilisatrice, le délai de prescription de 2 ans débute au terme du dernier contrat d'intérim et la requalification remonte au premier contrat irrégulier (cass. soc. 13 juin 2012, n° 10-26387, BC V n° 189 ; cass. soc. 30 juin 2021, n° 19-16655 FSB, 1er moyen).

Responsabilité de l'entreprise utilisatrice - En cas de non-respect des cas de recours autorisés, seule l'entreprise utilisatrice peut être condamnée.

▶ À noter... L'entreprise utilisatrice peut faire obstacle à cette requalification sous réserve d'apporter la preuve de la réalité des motifs mentionnés dans les contrats de mission (cass. soc. 12 novembre 2020, n° 18-18294 FSPBI).

Le salarié ne peut pas intenter une action en requalification contre l'ETT, car, sauf concert frauduleux avec l'entreprise utilisatrice, elle ne saurait être tenue pour responsable de la violation des cas de recours (cass. soc. 17 juin 1998, n° 96-41165 D ; cass. soc. 19 juin 2013, n° 11-26620 D).

Le salarié concerné peut faire valoir les droits correspondants dès la première mission irrégulière (cass. soc. 21 janvier 2004, n° 03-42769, BC V n° 27 ; cass. soc. 15 mars 2006, n° 04-48548, BC V n° 113).

Lorsque l'entreprise utilisatrice continue de faire travailler un salarié temporaire après la fin de sa mission sans avoir conclu avec lui un contrat de travail ou sans nouveau contrat de mise à disposition, ce salarié est réputé lié à l'entreprise utilisatrice par un CDI. Dans ce cas, l'ancienneté du salarié est appréciée en tenant compte du premier jour de sa mission au sein de cette entreprise. Elle est déduite de la période d'essai éventuellement prévue (c. trav. art. L. 1251-39).

L'ETT qui met un intérimaire à disposition d'une entreprise utilisatrice doit respecter les délais de carence entre les missions *(voir ci-avant)*. Faute de quoi, elle engage sa responsabilité contractuelle et l'entreprise utilisatrice peut l'appeler en garantie en cas de condamnation suite à la requalification des contrats en CDI (cass. soc. 14 février 2018, n° 16-21940, BC V n° 29).

Requalification du contrat à l'encontre de l'ETT

Le contrat de mission, établi entre l'ETT et le salarié intérimaire, doit comporter des mentions obligatoires *(voir ci-avant)* (c. trav. art. L. 1251-16). Le code du travail n'a pas prévu la possibilité d'une demande de requalification du contrat de travail temporaire en CDI à l'encontre de l'ETT si l'une de ces mentions est manquante ou incomplète. La jurisprudence de la Cour de cassation précise, toutefois, que dans ce cas, le salarié intérimaire peut obtenir la requalification de son contrat en un CDI auprès de l'ETT, sous réserve d'une intention frauduleuse de sa part (cass. soc. 11 mars 2015, n° 12-27855, BC V n° 48).

Exemples

Le non-respect du délai de carence entre deux contrats de travail temporaire successifs sur un même poste peut entraîner la requalification de la relation de travail en CDI à l'encontre de l'ETT (cass. soc. 12 juin 2014, n° 13-16362, BC V n° 145).

En revanche, le fait pour un salarié intérimaire de supporter la charge financière des équipements de protection individuelle (EPI) pour effectuer sa mission dans l'entreprise utilisatrice n'entraîne pas la requalification du contrat d'intérim en un CDI auprès de l'ETT (cass. soc. 17 février 2021, n° 19-14812 FSP). C'est l'absence des mentions contractuelles légalement obligatoires qui entraîne la requalification (c. trav. art. L. 1251-16). Or, dans cette affaire, le contrat comportait ces clauses. On ne pouvait donc pas conclure à la requalification du seul fait que le contrat comportait par ailleurs une clause nulle.

Procédure de requalification

L'intérimaire qui demande la requalification en CDI doit agir contre l'entreprise utilisatrice ou l'ETT. La demande de requalification peut toutefois être formulée concomitamment à l'encontre de l'entreprise utilisatrice et envers l'ETT mais pas sur les mêmes fondements (cass. soc. 13 avril 2005, n° 03-41967, BC V n° 139 ; cass. soc. 4 décembre 2013, n° 11-28314, BC V n° 298). Chaque action doit avoir, en effet, un fondement différent de l'autre (cass. soc. 15 décembre 2010, n° 09-40472 D).

Les syndicats représentatifs peuvent demander la requalification du contrat de travail temporaire. Un mandat de l'intéressé n'est pas requis mais celui-ci ne doit pas s'y être opposé (c. trav. art. L. 1251-59).

▶ À noter... Les syndicats peuvent également agir en cas de préjudice direct ou indirect à l'intérêt collectif de la profession qu'ils représentent (c. trav. art. L. 2132-3).

Indemnité de requalification

Montant de l'indemnité - Le montant de l'indemnité de requalification ne peut pas être inférieur à 1 mois de salaire (c. trav. art. L. 1251-41). L'indemnité de requalification ne peut pas être arrondie à la baisse (cass. soc. 29 septembre 2016, n° 14-24296 D).

Base de calcul - L'indemnité de requalification doit être calculée sur le salaire de base mais aussi sur les accessoires du salaire (ex. : indemnités d'outillage et de déplacement) (cass. soc. 17 juin 2005, n° 03-44900, BC V n° 204 ; cass. soc. 3 mai 2016, n° 14-29739, BC V n° 88).

Indemnité à la charge de l'entreprise utilisatrice - Compte tenu du principe de responsabilité de la seule l'entreprise utilisatrice *(voir ci-avant)*, celle-ci est seule redevable de l'indemnité de requalification (cass. soc. 1er décembre 2005, n° 04-41005, BC V n° 355 ; cass. soc. 20 décembre 2017, n° 15-29519, BC V n° 228).

Lorsque le juge requalifie des missions d'intérim successives en un CDI conclu avec le même salarié, il ne doit accorder qu'une seule indemnité de requalification dont le montant est au moins égal à un mois de salaire (c. trav. art. L. 1251-41 ; cass. soc. 13 avril 2005, n° 03-44996, BC V n° 140 ; cass. soc. 6 mai 2015, n° 13-26539 D).

Quand le salarié intérimaire a obtenu la requalification en CDI auprès de l'entreprise utilisatrice *(voir ci-avant)*, celle-ci doit lui verser l'indemnité de requalification y compris dans le cas où leurs relations contractuelles se poursuivraient dans le cadre d'un CDI et ce, sans interruption de la rémunération entre la fin des contrats de mission et ce CDI (cass. soc. 19 février 2014, n° 12-24929, BC V n° 64).

Rappel de salaire - L'entreprise utilisatrice peut être condamnée à verser au salarié intérimaire dont la relation de travail a été requalifiée, les salaires dus pour les périodes d'inactivité entre les différentes missions, dès lors que l'intérimaire s'est tenu à la disposition de l'entreprise utilisatrice (cass. soc. 10 novembre 2009, n° 08-40088, BC V n° 254 ; cass. soc. 9 décembre 2009, n° 08-41737, BC V n° 282).

Recours de l'ETT contre l'entreprise utilisatrice

L'ETT peut, en cas de manquement de l'entreprise utilisatrice à ses obligations, se retourner contre elle dès lors qu'elle a commis une faute. Dans ce cas, l'"ETT doit apporter la preuve de la faute commise par l'entreprise utilisatrice (cass. soc. 30 mars 2005, n° 02-20406, BC V n° 117).

Sanctions pénales

L'entreprise utilisatrice encourt des sanctions pénales en cas de non-respect de certaines règles du travail temporaire (ex. : recours à un intérimaire pour pourvoir un emploi permanent) (c. trav. art. L. 1255-3 à L. 1255-10).

L'ETT encourt aussi des sanctions pénales (ex. : en cas de conclusion d'un contrat incomplet) (c. trav. art. L. 1255-1 et L. 1255-2).

☛ *Travail temporaire (contrat de mise à disposition) ; Travail temporaire (contrat de travail à durée indéterminée) ; Travail temporaire (statut).*

Travail temporaire (contrat de travail à durée indéterminée)

Les entreprises de travail temporaire (ETT) peuvent embaucher des intérimaires en contrat à durée indéterminée (CDI) pour les mettre à disposition d'entreprises utilisatrices (c. trav. art. L. 1251-58-1 à L. 1251-58-8).

Ainsi, une ETT peut conclure un CDI avec un travailleur intérimaire pour l'exécution de missions successives, sachant que la durée totale maximale de la mission du travailleur intérimaire est de 36 mois (c. trav. art. L. 1251-58-1 et L. 1251-58-6).

Chaque mission donne lieu à un contrat de mise à disposition entre l'ETT et l'entreprise utilisatrice et à l'établissement d'une lettre de mission par l'ETT pour le salarié concerné (c. trav. art. L. 1251-58-1).

Le CDI peut prévoir des périodes sans mission, assimilées à du temps de travail effectif pour les congés payés et l'ancienneté (c. trav. art. L. 1251-58-2). Il est établi par écrit et contient, outre les mentions habituelles (identité des parties, durée du travail, période d'essai, rémunération, etc.), des stipulations spécifiques (horaires pendant lesquels le salarié est joignable lors des périodes d'intermission, périmètre de mobilité des missions, emplois correspondant aux qualifications du salarié, etc.).

Le salarié a droit à une rémunération mensuelle minimale garantie au moins égale au niveau du SMIC (c. trav. art. L. 1251-58-3).

Les périodes de mission comme d'intermission sont prises en compte pour le calcul de l'ancienneté requise pour être électeur ou éligible aux élections professionnelles de l'ETT (c. trav. art. L. 1251-58-8).

☛ *Travail temporaire.*

Travail temporaire (entreprise de)

Personne physique ou morale dont l'activité exclusive est de mettre à la disposition provisoire d'entreprises utilisatrices des salariés qu'elle embauche et rémunère à cet effet (c. trav. art. L. 1251-2). L'activité d'entrepreneur de travail temporaire est soumise à une déclaration préalable auprès de l'inspecteur du travail (c. trav. art. L. 1251-45 et R. 1251-5).

Formalités incombant à l'ETT

Contrats de travail écrits - Le contrat liant l'entreprise de travail temporaire (ETT) à l'entreprise utilisatrice et celui la liant à chacun des salariés temporaires doivent être écrits (c. trav. art. L. 1251-16) [voir *Travail temporaire (contrat de travail)** et *Travail temporaire (contrat de mise à disposition)**].

Relevé des contrats d'intérim - L'ETT doit adresser avant le 20 de chaque mois au Pôle Emploi le relevé des contrats de mission, conclus durant le mois précédent et ayant pris fin ou en cours d'exécution durant le mois précédent (c. trav. art. R. 1251-7).

Ces relevés tiennent également lieu d'*attestation d'assurance chômage** pour les salariés en contrat de travail temporaire, sous réserve que leur employeur produise les informations complémentaires figurant dans le modèle de l'attestation (c. trav. art. R. 1234-12).

Garantie financière

Assurance pour le paiement des salaires et indemnités - Toute ETT est tenue, à tout moment, de justifier d'une garantie financière assurant, en cas de défaillance de sa part, le paiement des salaires et indemnités dus aux intérimaires ainsi que des charges sociales correspondantes (c. trav. art. L. 1251-49 et L. 1251-51).

Montant - Le montant de la garantie financière est calculé, pour chaque ETT en pourcentage du chiffre d'affaires hors taxes réalisé au cours du dernier exercice social et certifié par un expert comptable, dans les 6 mois de la clôture de l'exercice (c. trav. art. L. 1251-50 et R. 1251-12).

Si le dernier exercice social a une durée inférieure ou supérieure à 12 mois, le chiffre d'affaires enregistré au cours de cet exercice est proportionnellement augmenté ou réduit pour être évalué sur 12 mois (c. trav. art. R. 1251-12).

Le montant de la garantie ne peut être inférieur à 8 % du chiffre d'affaires ni à un minimum fixé annuellement par décret, soit 133 146 € en 2021 (décret 2021-1815 du 24 décembre 2021, JO du 28).

Modalités d'application - Les entrepreneurs de travail temporaire sont tenus de faire figurer sur tous les documents concernant leur entreprise, notamment sur le contrat de travail qui les lie à chacun des salariés temporaires et sur chaque contrat de mise à disposition qu'ils concluent avec les entreprises utilisatrices, le nom et l'adresse de leur garant ainsi que la référence à l'article L. 1251-49 du code du travail (c. trav. art. R. 1251-15) [voir *Travail temporaire (contrat de mise à disposition)**].

Non-souscription de la garantie - Si la caution est insuffisante, l'entreprise utilisatrice est substituée à l'ETT pour le paiement des sommes qui restent dues aux salariés temporaires et aux organismes sociaux (URSSAF, Pôle Emploi, etc.) pour la durée de la mission accomplie dans l'entreprise (c. trav. art. L. 1251-52).

▶ À noter… Les ETT sont tenues de fournir aux entreprises utilisatrices, sur leur demande, une attestation des organismes de sécurité sociale précisant leur situation au regard du recouvrement des cotisations dues (c. trav. art. L. 1251-51). L'attestation, délivrée sur la base des déclarations faites par l'ETT, ne libère pas définitivement l'entreprise utilisatrice (cass. soc. 7 mars 1984, n° 83-10382, BC V n° 90). Elle ne fait pas obstacle à une substitution pour le recouvrement des cotisations dont des contrôles ultérieurs auraient révélé l'exigibilité.

Rôle de l'URSSAF - L' activité de l'entreprise de travail temporaire est subordonnée à l'obtention d'une garantie financière. L'entrepreneur de travail temporaire doit adresser à l'URSSAF une attestation de garantie délivrée par son garant dans les 10 jours de son obtention ou de son renouvellement (c. trav. art. R. 1251-14). En l'absence de transmission, l' URSSAF doit informer les sociétés utilisatrices de l'absence de garantie financière de l'ETT à laquelle elles ont recours. À défaut, elle commet une faute (cass. soc. 8 mars 2001, n° 99-17306, BC V n° 76).

Sanctions pénales - L'ETT qui omet de souscrire une garantie financière encourt des sanctions pénales (c. trav. art. L. 1254-2).

Rémunération de l'intérimaire

Voir *Travail temporaire (statut)**.

Contribution à la formation professionnelle

Voir *Contribution à la formation professionnelle**.

Apprentissage

Voir *Apprentissage (travail temporaire)**.

Réduction générale de cotisations

Voir *Réduction générale de cotisations patronales**.

☛ *Travail temporaire* ; *Travail temporaire (contrat de travail)* ; *Travail temporaire (statut)*.

Travail temporaire (statut)

Conditions d'exécution du travail

L'intérimaire est régi, en ce qui concerne les conditions d'exécution du travail pendant la durée de sa mission auprès de l'entreprise utilisatrice, par les mesures législatives, réglementaires et conventionnelles qui sont applicables au lieu de travail. Cependant, l'application en est limitée aux domaines suivants (c. trav. art. L. 1251-21) :

- *durée du travail** ;
- *travail de nuit** ;
- *repos hebdomadaire** et *jours fériés** ;
- *hygiène et sécurité** ;
- travail des femmes, des enfants et des jeunes ;
- *médecine du travail**, mais uniquement dans la mesure où l'activité exercée au service de l'utilisateur nécessite une surveillance médicale renforcée (c. trav. art. L. 1251-22).

L'entreprise utilisatrice est responsable de l'application de ces dispositions.

Rémunération

ETT : seule débitrice du paiement du salaire - L'obligation de verser un salaire à l'intérimaire pèse sur la seule entreprise de travail temporaire (ETT).

En cas de manquement à cette obligation de verser des salaires conformes à la réglementation, l'intérimaire doit demander le rappel de salaire à l'ETT, son employeur. L'ETT peut se retourner contre l'entreprise utilisatrice lorsque cette dernière a commis une faute (cass. soc. 31 octobre 2012, n° 11-21293, BC V n° 285).

Égalité avec les salariés de l'entreprise utilisatrice - La rémunération que doit percevoir l'intérimaire ne peut pas être inférieure à celle que percevrait dans l'entreprise utilisatrice, après période d'essai, un salarié de même ancienneté et d'une qualification équivalente occupant le même poste de travail (c. trav. art. L. 1251-18 et L. 1251-43). Ce principe s'applique à la rémunération de base et aux compléments de rémunération prévus par les accords applicables dans l'entreprise (cass. soc. 30 mars 2005, n° 02-20406, BC V n° 117).

Le régime de preuve est identique à celui applicable en cas de contentieux entre une entreprise et un salarié en contrat de travail classique (cass. soc. 12 juin 2013, n° 11-14458, BC V n° 156) [voir *Salaire (à travail égal, salaire égal)**].

▶ **À noter…** Le *titre-restaurant** doit être octroyé au salarié intérimaire dans les mêmes conditions que pour les salariés de l'entreprise utilisatrice (cass. soc. 29 novembre 2006, n° 05-42853, BC V n° 366 ; cass. soc. 14 février 2007, n° 05-42037 D).

Congés et jours fériés

Congés payés - Une indemnité compensatrice de congés payés est due pour chaque mission effectuée, quelle qu'en ait été la durée. Son montant, calculé en fonction de la durée de la mission, ne peut pas être inférieur au 1/10 de la rémunération totale (c. trav. art. L. 1251-19). Comme pour les autres salariés, il ne faut pas tenir compte des primes annuelles (c'est-à-dire ayant pour objet de rémunérer à la fois les périodes de travail et celles de congés). En conséquence, une prime annuelle (ex. : prime de 13ème mois, prime de vacances) ne doit pas être incluse dans l'assiette de calcul de l'indemnité compensatrice de congés payés (cass. soc. 1er mars 2017, n° 15-16988, BC V n° 37).

L'indemnité de fin de mission est, par contre, prise en compte dans l'assiette de calcul de l'indemnité compensatrice de congés payés (c. trav. art. D. 3141-8 ; cass. soc. 5 avril 2018, n° 16-25428, BC V n° 66).

Jours fériés - Le paiement des *jours fériés** et des ponts (sauf récupération effectuée en dehors de la durée de la mission) est dû à l'intérimaire indépendamment de son *ancienneté**, dès lors que les salariés de l'utilisateur en bénéficient (c. trav. art. L. 1251-18) [voir *Pont (journée de)**].

Protection sociale

Les intérimaires relèvent du régime général de la sécurité sociale (c. séc. soc. art. L. 311-4). Ils doivent être affiliés par l'ETT à une institution de retraite complémentaire agréée (c. séc. soc. art. L. 921-1). Ils relèvent d'un régime de prévoyance obligatoire (accord collectif du 10 juillet 2009, étendu par arrêté du 22 décembre 2009, JO du 26).

▶ Attention… Le règlement d'assurance *chômage** a été aménagé afin de tenir compte des spécificités professionnelles propres aux intérimaires.

Maladie et accident

Maladie - La suspension du contrat de travail de l'intérimaire ne fait pas obstacle à l'échéance du terme (c. trav. art. L. 1251-29).

Déclaration d'accident - L'entreprise utilisatrice est tenue de déclarer à l'ETT, au service de prévention de la CARSAT et à l'inspection du travail tout *accident du travail** ou *accident de trajet** survenu à un intérimaire mis à sa disposition dans les 24 h où il en a eu connaissance (c. séc. soc. L. 412-4 et R. 412-2).

Si cette obligation n'a pas été remplie et si, par ailleurs, l'accident n'a pas été déclaré aux organismes de sécurité sociale par l'ETT, la caisse de sécurité sociale peut réclamer le reversement des prestations servies, aussi bien à l'ETT qu'à l'utilisateur (c. séc. soc. L. 471-1).

Prise en charge - Le coût de l'accident est mis, pour partie, à la charge de l'entreprise utilisatrice, si celle-ci cotise déjà au titre des accidents du travail et, pour partie, à la charge de l'ETT. Le partage du coût s'effectue, sauf appréciation différente des juges, en fonction des données de l'espèce, sur la base de 1/3 pour l'entreprise utilisatrice, 2/3 pour l'ETT. Si l'entreprise utilisatrice est défaillante ou en redressement judiciaire, la charge totale est imputée à l'ETT (c. séc. soc. L. 241-5-1 et R. 242-6-1).

L'entreprise utilisatrice ne peut pas contester la décision fixant le taux d'incapacité permanente du salarié, victime d'un accident du travail ou d'une maladie professionnelle à l'occasion d'une mission (cass. civ., 2e ch., 15 mars 2018, n° 16-19043, B. II n° 57). Seule l'ETT peut contester la prise en charge d'une maladie ou d'un accident au titre de la législation professionnelle, en raison tant du caractère non contradictoire de la procédure d'instruction, que de l'absence de caractère professionnel de l'accident ou de la maladie (cass. civ., 2e ch., 15 mars 2018, n° 17-10640, B. II n° 56).

Lorsque l'accident est dû à une faute inexcusable de l'utilisateur (ou de l'un de ses préposés), l'ETT peut exercer contre l'utilisateur une action en remboursement de la cotisation supplémentaire mise à sa charge en qualité d'employeur de la victime (c. séc. soc. art. L. 412-6).

Si des cotisations supplémentaires sont imposées à l'ETT en raison de risques exceptionnels que présente l'entreprise utilisatrice, l'ETT dispose peut agir en remboursement contre l'utilisateur (c. séc. soc. art. L. 412-3).

Si des ristournes sur cotisations ont été consenties compte tenu des mesures de prévention ou de soins prises par l'entreprise utilisatrice, l'utilisateur peut agir en remboursement contre l'ETT qui en a bénéficié (voir *Cotisations d'accidents du travail**).

Sécurité et médecine du travail

L'entreprise utilisatrice doit organiser une formation pratique et appropriée à la sécurité au bénéfice des salariés temporaires (c. trav. art. L. 4141-2) (voir *Formation à la sécurité**). Les salariés temporaires auxquels il est fait appel pour exécuter des travaux urgents nécessités par des mesures de sécurité et déjà dotés de la qualification nécessaire à cette intervention n'ont pas à recevoir cette formation (c. trav. art. L. 4141-2). Toutefois, l'entreprise utilisatrice leur donne toutes les informations nécessaires sur les particularités de l'entreprise et de son environnement susceptibles d'avoir une incidence sur leur sécurité (c. trav. art. L. 4154-4). Enfin, les salariés temporaires affectés à des postes de travail présentant des risques particuliers pour leur santé ou leur sécurité bénéficient d'une formation renforcée à la sécurité ainsi que d'un accueil et d'une information adaptés dans l'entreprise dans laquelle ils sont employés (c. trav. art. L. 4154-2).

▶ Attention… Faute de formation appropriée d'un salarié en mission, l'entreprise utilisatrice risque une amende pénale, appliquée autant de fois qu'il y a de salariés concernés (c. trav. art. L. 4741-1 ; cass. crim. 10 mai 2016, n° 15-80925 D).

L'entreprise utilisatrice doit par ailleurs fournir aux intérimaires les équipements collectifs de sécurité et assurer la surveillance médicale de l'intérimaire lorsque l'activité exercée l'exige (c. trav. art. L. 1251-22 et L. 1251-23). Sur le suivi médical des intérimaires, voir aussi *Visite médicale (information et prévention)**.

▶ À noter… Lorsque des intérimaires mis à disposition sont soumis à un risque grave et actuel, sans que l'entreprise utilisatrice ne prenne de mesures ni que ses élus du personnel ne réagissent, les élus de l'entreprise de travail temporaire (ETT) peuvent faire appel à un expert pour étudier la réalité du risque et les moyens d'y remédier (voir *Expert habilité**) (cass. soc. 26 février 2020, n° 18-22556 FSPBRI).

Sur l'obligation de sécurité de l'ETT et l'entreprise utilisatrice, voir *Hygiène et sécurité (obligations de l'employeur)**.

Frais de transport

Les salariés temporaires bénéficient de la prise en charge de leurs frais de transport domicile-lieu de travail (voir *Participation aux frais de transport**).

Prise en compte dans l'effectif

Entreprise utilisatrice - Les intérimaires sont pris en compte dans l'*effectif** au prorata de leur temps de présence au cours des 12 mois précédents. Ils sont toutefois exclus du décompte lorsqu'ils remplacent un salarié absent ou dont le contrat est suspendu (c. trav. art. L. 1111-2).

Ils ne sont pas pris en compte pour le calcul des effectifs de l'entreprise utilisatrice s'agissant de l'application des dispositions relatives à la formation professionnelle et à la tarification des risques d'accident du travail et de maladie professionnelle (c. trav. art. R. 1111-1).

ETT - Pour calculer les effectifs des ETT, il est tenu compte, d'une part, des salariés permanents de ces entreprises, d'autre part, des travailleurs qui ont été liés à elles par des contrats de travail temporaire pendant une durée totale d'au moins 3 mois au cours de la dernière année civile (c. trav. art. L. 1251-54).

Formation

Les périodes passées par les intérimaires en stage de formation, à l'initiative de l'employeur ou du salarié sont notamment assimilées à des missions de travail temporaire (c. trav. art. L. 1251-57).

CPF de transition professionnelle

Voir *Compte personnel de formation (transition professionnelle)**.

Représentation du personnel

Les intérimaires ne sont ni électeurs, ni éligibles dans l'entreprise utilisatrice (cass. soc. 2 mai 1978, n° 78-60022, BC V n° 315 ; cass. soc. 28 février 2007, n° 06-60171, BC V n° 34). Ils peuvent être, en revanche, électeurs et éligibles dans l'ETT pour les élections professionnelles dès lors qu'ils sont liés à celle-ci par un contrat de travail temporaire au moment de la confection des listes et dès lors qu'ils remplissent la condition d'ancienneté (c. trav. art. L. 2314-20 et L. 2314-22).

L'appréciation des conditions d'électorat doit être faite à la date de l'élection, c'est-à-dire à la date du premier tour de scrutin. Un protocole d'accord préélectoral ne peut donc pas retenir, pour l'appréciation de ces conditions, une date antérieure au premier tour du scrutin (cass. soc. 26 septembre 2012, n° 11-25420, BC V n° 238).

▶ À noter… Les intérimaires peuvent faire présenter par le *comité social et économique** (CSE) de l'entreprise utilisatrice leurs réclamations en matière de rémunération, de conditions de travail et d'accès aux moyens de transports collectifs et aux installations collectives (c. trav. art. L. 2312-6).

Droit syndical

Dans les ETT, les communications syndicales portées sur le panneau d'affichage doivent être remises aux intérimaires en mission ou adressées par voie postale, aux frais de l'ETT, au moins une fois par mois (c. trav. art. L. 2142-7).

Les heures de délégation utilisées entre deux missions, conformément à des dispositions conventionnelles, par un délégué syndical salarié temporaire pour l'exercice de son mandat sont considérées comme des heures de travail. Elles sont réputées rattachées, pour ce qui concerne leur rémunération et les charges sociales y afférentes, au dernier contrat de travail avec l'ETT au titre de laquelle il avait été désigné comme délégué syndical (c. trav. art. L. 2143-19).

Un accord national du 8.11.1984, étendu par arrêté du 6.06.1985, a adapté l'exercice du droit syndical aux particularités de la profession.

▶ À noter… Un salarié intérimaire peut devenir représentant de la section syndicale entre deux missions d'intérim (cass. soc. 11 mai 2016, n° 15-17200, BC V n° 94).

Accès aux équipements collectifs

Les intérimaires ont accès, dans l'entreprise utilisatrice et dans les mêmes conditions que les salariés permanents, aux moyens de transport collectif et aux installations collectives dont peuvent bénéficier ses salariés : douches, vestiaires, bibliothèques, crèches, installations sportives (c. trav. art. L. 1251-24 ; circ. DRT

1990-18 du 30 octobre 1990). Par contre, ils n'ont pas accès, sauf dispositions plus favorables, aux activités sociales et culturelles de l'entreprise utilisatrice qui ne sont pas directement liées à l'exécution du travail et à l'activité professionnelle (ex. : les voyages).

▶ À noter… Si des dépenses supplémentaires incombent au *comité social et économique** (CSE), celles-ci lui sont remboursées suivant des modalités définies dans le contrat de mise à disposition (c. trav. art. L. 1251-24).

Rupture anticipée

À l'initiative de l'ETT - L'ETT qui rompt le contrat d'un intérimaire avant le terme prévu (terme initialement prévu ou terme du report en cas de renouvellement) doit lui proposer un nouveau contrat dans un délai maximal de 3 jours ouvrables, sauf rupture due à une faute grave ou à une faute lourde du salarié ou à la *force majeure** (c. trav. art. L. 1251-26).

À défaut, ou si le nouveau contrat est d'une durée inférieure à celle qui restait à courir en vertu du premier contrat, l'ETT doit assurer à l'intérimaire une rémunération, y compris l'indemnité de précarité d'emploi, équivalant à celle qu'il aurait perçue jusqu'au terme du contrat.

Si l'intérimaire est représentant du personnel ou *délégué syndical**, l'interruption de la mission est soumise à la procédure prévue pour ces salariés en cas de licenciement (c. trav. art. L. 2421-10) (voir *Protection des représentants du personnel**).

À l'initiative du salarié - La rupture anticipée du contrat par l'intérimaire ouvre droit, pour l'ETT, à des dommages et intérêts correspondant au préjudice subi, sauf justification par le salarié de la conclusion d'un CDI (c. trav. art. L. 1251-28). Toutefois, sauf accord avec l'employeur, il doit alors respecter un préavis de 1 jour par semaine, compte tenu :
- de la durée totale du contrat, renouvellement inclus, si celui-ci comporte un terme précis ;
- de la durée déjà effectuée, dans le cas contraire.

En tout état de cause, le préavis ne peut pas être inférieur à 1 jour ni supérieur à 2 semaines.

Indemnité de fin de mission

Cas de versement - L'indemnité de fin de mission doit être versée par l'ETT (c. trav. art. L. 1251-32 et L. 1251-33) :
- en cas de cessation du contrat, à l'échéance du terme ;
- en cas de non-renouvellement du contrat, à l'initiative de l'entreprise ou à celle du salarié (circ. DRT 1992-14 du 29 août 1992) ;
- en cas de rupture anticipée du contrat par l'ETT, en l'absence de faute grave du salarié ou de force majeure.

En principe, l'indemnité est également due pour les missions d'intérim visant à pourvoir des contrats saisonniers ou des contrats pour lesquels il est d'usage constant de ne pas recourir au CDI. Par exception, elle n'a pas à être versée, dans ces deux cas, si un accord collectif étendu entre les organisations professionnelles d'employeurs et de salariés de la branche du travail temporaire prévoit qu'elle ne le soit pas (c. trav. art. L. 1251-33).

Le jeune en mission d'intérim pendant les vacances scolaires ou universitaires bénéficie aussi de l'indemnité de fin de mission dans les conditions prévues à l'article L. 1251-32 du code du travail (accord d'interprétation relatif au versement de l'indemnité de fin de mission, 9 juin 1998).

▶ À noter… Le fait que l'entreprise utilisatrice interrompe la mission n'exonère pas de payer l'indemnité de fin de mission au salarié (circ. DRT 1990-18 du 30 octobre 1990, § 4.3.2).

Cas de non-versement - L'indemnité n'est pas due notamment dans les cas suivants (c. trav. art. L. 1251-33) :
- lorsque, à l'issue de la mission, l'intérimaire est embauché immédiatement par l'utilisateur sous contrat à durée indéterminée (CDI). Si la prise d'effet du CDI n'est pas concomitante avec sa signature, elle doit intervenir dans un délai raisonnable pour que l'indemnité de fin de mission ne soit pas due (cass. soc. 8 décembre 2004, n° 01-46877, BC V n° 330). En revanche, l'indemnité de fin de mission est due à un intérimaire auquel l'entreprise utilisatrice a fait une promesse d'embauche avant la fin de sa mission, dès lors que le salarié signe son CDI le jour de sa prise de fonction, 9 jours après la fin de sa mission d'intérim (cass. soc. 5 octobre 2016, n° 15-28672, BC V n° 186) ;
- en cas de rupture anticipée du contrat à l'initiative du salarié, d'une rupture due à une faute grave de celui-ci ou à un cas de force majeure.

L'indemnité n'est pas due pour les contrats conclus afin d'assurer un complément de formation ni pour les périodes de formation des intérimaires par l'ETT (c. trav. art. L. 1251-7, L. 1251-33 et L. 1251-57).

▶ À noter… En cas de refus d'un CDI proposé pour l'emploi précédemment occupé ou pour un emploi similaire, assorti d'une rémunération au moins équivalente, le paiement de l'indemnité de fin de mission n'est pas expressément exclu.

Montant de l'indemnité - L'indemnité de fin de mission est égale à 10 % de la rémunération totale brute due au salarié, c'est-à-dire primes et accessoires divers compris, à l'exclusion toutefois de l'*indemnité de congés payés** et des sommes ayant le caractère de remboursements de frais (c. trav. art. L. 1251-32).

Nature juridique - L'indemnité de fin de mission est un complément de salaire (c. trav. art. L. 1251-32). En conséquence, elle est soumise aux cotisations sociales, à la CSG et à la CRDS et elle est imposable. Elle entre dans le calcul de l'indemnité de congés payés *(voir ci-après)*. Par ailleurs, versée en sus de la rémunération totale brute due au salarié, elle ne peut pas être prise en compte pour comparer le montant de la rémunération due à l'intérimaire avec celui des salariés sous CDI dans le cadre de l'application du principe d'égalité de traitement posé par la loi.

Indemnité acquise en cas de requalification en CDI - L'indemnité de fin de mission reste acquise à l'intérimaire dont la mission a été requalifiée en CDI dans l'entreprise utilisatrice (cass. soc. 19 janvier 1999, n° 96-45583, BC V n° 36 ; cass. soc. 13 avril 2005, n° 03-41967, BC V n° 139).

Embauche de travailleurs temporaires

Tout utilisateur peut, à l'expiration de la mission, embaucher l'intérimaire mis à sa disposition.

La durée des missions effectuées chez l'utilisateur au cours des 3 mois précédents est prise en compte pour le calcul de l'*ancienneté**. Elle est également déduite de la période d'essai, mais seulement si les fonctions exercées sont les mêmes (c. trav. art. L. 1251-38).

☞ *Travail temporaire ; Travail temporaire (contrat de travail).*

Travail à temps partagé

Le travail à temps partagé est une modalité de mise à disposition de personnel (voir *Salariés mis à disposition**).

Entreprises

Mise à disposition de personnel - L'entreprise de travail à temps partagé est une personne physique ou morale. Elle a pour activité exclusive la mise à disposition, à titre lucratif, de personnes qualifiées à des entreprises clientes qui ne peuvent les recruter elles-mêmes en raison de leur taille ou de leurs moyens (c. trav. art. L. 1252-2).

Conseil aux entreprises clientes - Accessoirement, l'entreprise de travail à temps partagé peut aussi apporter des conseils en matière de gestion des compétences et de la formation, mais uniquement à ses entreprises clientes (c. trav. art. L. 1252-12).

Garantie financière - L'entreprise de travail à temps partagé est tenue, à tout moment, de justifier d'une garantie financière assurant, en cas de défaillance de sa part, le paiement (c. trav. art. L. 1252-13) :

- des salaires et accessoires ;
- des cotisations obligatoires dues aux organismes de sécurité sociale et aux institutions sociales.

Entreprises de travail temporaire (ETT) - Les ETT peuvent aussi exercer l'activité de travail à temps partagé dans les mêmes conditions qu'une entreprise dédiée à cette activité (c. trav. art. L. 1252-3) [voir *Travail temporaire (entreprise de)**].

Deux contrats

Contrat commercial - Un contrat est signé, pour chaque mise à disposition individuelle de salarié, entre l'entreprise de travail à temps partagé et l'entreprise cliente (c. trav. art. L. 1252-1). Dans l'hypothèse où plusieurs personnes sont mises à disposition d'une seule entreprise cliente, autant de contrats doivent donc être signés que de mises à disposition.

Contenu - Le contrat commercial précise (c. trav. art. L. 1252-10) :

- le contenu et la durée estimée de la mission ;
- la qualification professionnelle ;
- les caractéristiques particulières du poste de travail ou des fonctions occupées ;
- le montant de la rémunération et ses différentes composantes.

Toute clause tendant à interdire l'embauchage par l'entreprise cliente à l'issue de la mission est interdite (c. trav. art. L. 1252-11).

Contrat de travail - Un contrat de travail est signé entre le salarié mis à disposition et l'entreprise de travail à temps partagé. Il s'agit nécessairement d'un contrat à durée indéterminée (c. trav. art. L. 1252-4).

Clause de rapatriement - Dans le cas où la mise à disposition s'effectue hors du territoire métropolitain, le contrat de travail inclut une clause de rapatriement du salarié à la charge de la société de travail à temps partagé. Cette clause devient caduque en cas de rupture du contrat à l'initiative du salarié (c. trav. art. L. 1252-5).

Rupture - La rupture du contrat de travail entre l'entreprise de travail à temps partagé et le salarié mis à disposition relève de l'ensemble des dispositions du code du travail relatives à la résiliation d'un CDI (c. trav. art. L. 1252-9). Cela signifie que l'ensemble des règles relatives notamment à la rupture de la période d'essai, au licenciement et à la démission sont applicables.

Modalités de la mise à disposition

Temps plein ou temps partiel - Les salariés mis à disposition le sont pour des missions qui peuvent être à temps plein ou à temps partiel (c. trav. art. L. 1252-2).

Rémunération - La rémunération versée au salarié mis à disposition ne peut pas être inférieure à celle d'un salarié de niveau de qualification identique ou équivalent occupant le même poste ou les mêmes fonctions dans l'entreprise cliente (c. trav. art. L. 1252-6).

Avantages collectifs - Les salariés mis à disposition ont accès, dans l'entreprise cliente, dans les mêmes conditions que les salariés de cette entreprise (c. trav. art. L. 1252-8) :
- aux moyens de transport collectif ;
- aux installations collectives, notamment de restauration, dont peuvent bénéficier ces salariés.

Lorsque, de ce fait, des dépenses supplémentaires incombent au *comité social et économique**, celles-ci doivent lui être remboursées selon des modalités définies dans le contrat passé entre l'entreprise de travail à temps partagé et l'entreprise cliente.

Exécution du contrat de travail - Pendant toute la durée de la mise à disposition, l'entreprise cliente est responsable des conditions d'exécution du contrat de travail telles qu'elles sont déterminées par celles des mesures législatives, réglementaires et conventionnelles qui sont applicables au lieu de travail (c. trav. art. L. 1252-7). Cela signifie que l'entreprise cliente est responsable, notamment en matière d'hygiène et de sécurité.

Prise en compte dans les effectifs - Les dispositions qui concernent les *salariés mis à disposition** sont applicables (voir *Effectif**).

▶ Attention… Ces salariés doivent aussi être inscrits sur le *registre du personnel**.

Contrat de travail à temps partagé aux fins d'employabilité

Expérimentation - Le travail à temps partagé a été étendu, à titre expérimental jusqu'au 31.12.2023, aux personnes rencontrant des difficultés particulières d'insertion professionnelle. Un entrepreneur de travail à temps partagé pourra ainsi leur proposer un contrat de travail à temps partagé aux fins d'employabilité *(voir ci-après)* (loi 2018-771 du 5 septembre 2018, art. 115, JO du 6 ; loi 2020-1577 du 14 décembre 2020, art. 15, JO du 15).

Salariés concernés - Peuvent être engagées les personnes inscrites à Pôle emploi depuis au moins 6 mois, bénéficiaires de minima sociaux, handicapées, âgées de plus de 50 ans ou de niveaux de formation V, V bis ou VI.

Contrat à durée indéterminée et salaire - Le contrat de travail à temps partagé aux fins d'employabilité est à durée indéterminée (loi 2018-771 du 5 septembre 2018, art. 115).

Pendant les périodes d'intermissions, le dernier salaire horaire de base est garanti au salarié.

Formation du salarié - Le salarié bénéficie durant son temps de travail d'actions de formation prises en charge par l'entrepreneur de travail à temps partagé et sanctionnées par une certification professionnelle ou par l'acquisition d'un bloc de compétences. L'employeur doit abonder le compte personnel de formation à hauteur de 500 € supplémentaires par salarié à temps complet et par année de présence. Lorsque le salarié n'a pas effectué une durée de travail à temps complet sur l'ensemble de l'année, l'abondement est calculé à due proportion du temps de travail effectué. L'employeur doit s'assurer de l'effectivité de la formation (loi 2018-771 du 5 septembre 2018, art. 115).

Information de l'administration - L'entrepreneur de travail à temps partagé aux fins d'employabilité doit communiquer à l'administration, tous les 6 mois, les contrats signés, les caractéristiques des personnes recrutées, les missions effectuées et les formations suivies ainsi que leur durée, le taux de sortie dans l'emploi et tout document permettant d'évaluer l'impact du dispositif en matière d'insertion professionnelle (loi 2018-771 du 5 septembre 2018, art. 115).

☛ *Salariés mis à disposition.*

Travail à temps partiel

Durée du travail inférieure à la durée légale ou conventionnelle

Définition - Est un salarié à temps partiel, celui dont la durée du travail est inférieure à (c. trav. art. L. 3123-1) :
- la durée légale du travail (35 h) ou, lorsque cette durée est inférieure, à la durée fixée conventionnellement pour la branche ou l'entreprise ou aux durées du travail applicables dans l'établissement ;
- la durée mensuelle légale du travail (151,67 h) ou, si elle est inférieure, à la durée du travail fixée conventionnellement pour la branche ou l'entreprise ou de la durée du travail applicable dans l'établissement ;
- la durée de travail annuelle légale, soit 1 607 h, ou si elle est inférieure, à la durée du travail fixée conventionnellement pour la branche ou l'entreprise ou de la durée du travail applicable dans l'établissement.

Prise en compte de la durée du travail et pas de la durée du contrat - La qualification de travail à temps partiel est liée à la seule durée de travail du salarié et pas à la durée du contrat de travail.

Ainsi, pour estimer si un CDD dont la durée est inférieure à la semaine est à temps partiel, il faut calculer sa durée normale de travail (sur une base hebdomadaire ou en moyenne sur une période d'emploi pouvant aller jusqu'à un an) et vérifier qu'elle est inférieure (cass. soc. 9 décembre 2020, n° 19-20319 FSPB ; cass. soc. 9 décembre 2020 19-16138 FSPB) :
- à celle d'un travailleur à temps plein du même établissement, ayant le même type de contrat ou de relation de travail et occupant un travail ou un emploi identique ou similaire ;
- ou à défaut, à celle de la convention collective applicable ou, en l'absence de convention collective applicable, à la législation et aux conventions collectives ou aux pratiques nationales.

Durée du travail en cas de requalification - En cas de requalification d'un contrat de travail à temps partiel en un contrat à temps complet, la durée de travail en résultant correspond à la durée légale ou, si elle est inférieure, à la durée fixée conventionnellement (cass. soc. 3 juin 2015, n° 13-21671, BC V n° 113).

Durée minimale - Sur la durée minimale du travail, voir *Travail à temps partiel (contrat de travail)**.

À l'initiative de l'employeur

Sur le fondement d'un accord collectif - Une convention ou un accord d'entreprise ou d'établissement ou, à défaut, une convention ou un accord de branche étendu peut prévoir la mise en œuvre d'horaires de travail à temps partiel à l'initiative de l'employeur, sachant que la convention ou l'accord d'entreprise ou d'établissement prime sur l'accord de branche étendu (c. trav. art. L. 3123-17).

De plus, une convention ou un accord d'entreprise ou d'établissement ou, à défaut, une convention ou un accord de branche étendu peut prévoir la possibilité pour l'employeur de proposer au salarié à temps complet un emploi à temps partiel ne ressortissant pas à sa catégorie professionnelle ou un emploi à temps partiel non équivalent (c. trav. art. L. 3123-18).

▶ À noter... Les formalités de mise en place du temps partiel (consultation du *comité social et économique** (CSE), information de l'inspecteur du travail en l'absence de CSE) doivent être effectuées à l'occasion de l'introduction dans l'entreprise de la pratique du temps partiel. Elles n'ont pas à être renouvelées lors de chaque embauche à temps partiel ou transformation d'emploi à temps plein en emploi à temps partiel (rép. Evin n° 43669, JO du 4 mai 1981, AN quest. p. 1966).

En l'absence d'accord collectif - L'employeur doit dans ce cas (c. trav. art. L. 3123-26 et D. 3123-2) :
- consulter le *comité social et économique** (CSE) et adresser son avis à l'inspecteur du travail si ce dernier en fait la demande, sachant que cet avis n'est que consultatif et ne lie donc pas l'employeur ;
- soit, en l'absence de CSE, informer préalablement l'agent de contrôle de l'inspection du travail de sa décision de pratiquer le temps partiel.

Passage du temps complet au temps partiel - L'employeur ne peut pas contraindre des salariés travaillant à temps plein à passer à temps partiel, car il s'agit d'une *modification du contrat de travail**

qui nécessite l'accord préalable des intéressés (cass. soc. 29 juin 1999, n° 97-42248, BC V n° 306). Le salarié qui refuserait cette mesure ne pourrait être ni sanctionné ni licencié (c. trav. art. L. 3123-4).

Passage d'un temps partiel à un temps complet - Voir *Travail à temps partiel (statut)**.

À la demande de salariés

Sur le fondement d'un accord collectif - Les conditions d'un passage d'un temps complet vers un temps partiel à l'initiative des salariés peuvent être prévues par une convention ou un accord d'entreprise ou d'établissement ou, à défaut, une convention ou un accord de branche étendu, sachant que la convention ou l'accord d'entreprise ou d'établissement prime sur l'accord de branche étendu (c. trav. art. L. 3123-17).

Lorsqu'une telle convention ou un tel accord existe, il doit prévoir :
- les modalités selon lesquelles les salariés à temps complet peuvent occuper un emploi à temps partiel (et les salariés à temps partiel occuper un emploi à temps complet) dans le même établissement ou, à défaut, dans l'entreprise ;
- la procédure devant être suivie par les salariés pour faire part de leur demande ;
- le délai dont dispose l'employeur pour apporter « une réponse motivée », en particulier en cas de refus.

▶ À noter... Lorsque l'accord collectif prévoyant le passage à temps partiel n'impose pas à l'employeur d'accepter les modalités d'organisation du temps partiel demandées, l'employeur peut accorder le temps partiel tout en refusant le mode de temps partiel sollicité. Dans cette affaire, le salarié était bien en droit de passer à temps partiel, mais l'employeur n'était pas obligé d'accepter le temps partiel annualisé (cass. soc. 16 mars 2016, n° 14-17538, BC V n° 51).

En l'absence d'accord collectif - À défaut d'accord collectif, le salarié qui souhaite passer à temps partiel est tenu de suivre un formalisme fixé par le code du travail (c. trav. art. L. 3123-26 et D. 3123-3). Il doit ainsi :
- formuler sa demande auprès de son employeur par LRAR ;
- préciser la durée du travail souhaitée et la date envisagée pour la mise en œuvre de l'horaire à temps partiel ;
- adresser sa demande au moins 6 mois avant la date éventuelle de passage à temps partiel.

La réponse de l'employeur doit être donnée dans les 3 mois suivant la réception de la demande, par lettre recommandée avec AR (c. trav. art. D. 3123-3).

Dans les entreprises dépourvues d'institutions représentatives du personnel, il faut informer l'agent de contrôle de l'inspection du travail.

▶ À noter... Le formalisme spécifique que doit respecter un salarié effectuant une demande pour passer à temps partiel en l'absence d'accord collectif n'est pas applicable au salarié à temps partiel qui souhaite retravailler à temps plein (cass. soc. 2 juin 2010, n° 09-41395, BC V n° 129).

L'employeur ne peut refuser la demande de passage à temps partiel qu'à condition soit de justifier de l'absence d'emploi disponible dans la catégorie professionnelle du salarié ou de l'absence d'emploi équivalent, soit de démontrer que le changement d'emploi demandé aurait des conséquences préjudiciables à la bonne marche de l'entreprise (c. trav. art. L. 3123-26).

Priorité d'accès au temps partiel - Voir *Travail à temps partiel (statut)**.

Temps partiel « en raison des besoins de la vie familiale » - Les salariés qui en font la demande peuvent bénéficier d'une réduction de la durée de leur travail sous forme d'une ou de plusieurs périodes d'au moins une semaine en raison des besoins de leur vie familiale (c. trav. art. L. 3123-2).

Un avenant au contrat de travail doit être établi à cet effet. Cet avenant précise la ou les périodes non travaillées dans l'année. Il peut aussi prévoir une rémunération mensualisée indépendante de l'horaire réel du mois.

L'avenant prévoit les précisions suivantes :
- la durée du travail des salariés concernés doit être déterminée dans une limite annuelle ;
- pendant les périodes travaillées, l'intéressé doit être occupé selon l'horaire collectif applicable ;
- les heures effectuées au cours d'une semaine au-delà de la durée légale (ou, en cas de modulation, les heures effectuées au-delà des limites fixées par accord) sont soumises à la réglementation relative aux heures supplémentaires.

Autres motifs de passage à temps partiel - Les salariés peuvent demander à passer à temps partiel dans le cadre d'un *congé parental d'éducation**, d'un *congé de solidarité familiale**, d'un *congé de proche aidant**, d'une *retraite progressive** ou d'un congé pour *création d'entreprise** (voir ces études), suivant des modalités propres à chaque dispositif.

Passage d'un temps partiel à un temps complet - Voir *Travail à temps partiel (statut)**.

Contrat écrit

Un contrat de travail écrit est obligatoirement établi. À défaut d'écrit, le contrat de travail est présumé à temps complet, sauf preuve contraire à la charge de l'employeur [voir *Travail à temps partiel (contrat de travail)**]. Cependant, même si l'employeur ne parvient pas à prouver que le salarié travaille des jours fixes de la semaine, il peut échapper à la requalification en temps complet si, par ailleurs, il réussit à prouver que la souplesse de la répartition du travail résultait d'un commun accord avec le salarié (cass. soc. 18 décembre 2019, n° 18-12643 D).

Avenant pour complément d'heures et heures complémentaires

Voir *Travail à temps partiel (avenant pour complément d'heures)** et *Heures complémentaires**.

Aménagement sur une période supérieure à la semaine

Voir *Travail à temps partiel (sur tout ou partie de l'année)**.

Pas d'horaire d'équivalence

En l'absence de disposition légale le prévoyant, il n'est pas possible d'appliquer un horaire d'équivalence aux salariés à temps partiel, de sorte que chaque heure de présence vaut pour une heure de travail à rémunérer en tant que tel (voir *Heures d'équivalence**).

Rôle du CSE

En vue de la consultation récurrente (annuelle, à défaut d'une autre périodicité fixée par accord) sur la politique sociale de l'entreprise, les conditions de travail et l'emploi (c. trav. art. L. 2312-26), l'employeur met à la disposition du CSE, dans la *base de données économiques, sociales et environnementales (BDESE)** [voir *Comité social et économique (informations-consultations périodiques)**] :

- le bilan du travail à temps partiel réalisé dans l'entreprise (c. trav. art. L. 3123-15, R. 2312-8 et R. 2312-9) ;
- le nombre de demandes individuelles formulées par les salariés à temps partiel pour déroger à la durée hebdomadaire minimale fixée par la convention ou un accord de branche étendu, à défaut, à la durée légale de 24 h minimum (c. trav. art. L. 3123-16) [voir *Travail à temps partiel (contrat de travail)**] ;
- les conditions d'application du travail à temps partiel sur tout ou partie de l'année (c. trav. art. L. 2312-26).

Cotisations sociales

Voir *Travail à temps partiel (abattement d'assiette)** et *Travail à temps partiel (maintien de l'assiette des cotisations)**.

☛ *Heures complémentaires ; Travail à temps partiel (annualisé) ; Travail à temps partiel (avenant pour complément d'heures) ; Travail à temps partiel (contrat de travail) ; Travail à temps partiel (statut) ; Travail à temps partiel (sur tout ou partie de l'année).*

➲ Formulaire de Droit Social, « Avenant modifiant un contrat de travail à plein temps en contrat à temps partiel ».

Travail à temps partiel (abattement d'assiette)

Les employeurs de salariés à temps partiel peuvent bénéficier d'un abattement d'assiette, appelé également proratisation du plafond (c. séc. soc. art. L. 242-8). Cet abattement est destiné à compenser la différence entre le montant des cotisations dues au titre de chacun de ces salariés et celui des cotisations qui seraient dues pour une durée de travail identique dans le cas où chacun d'eux travaillerait à temps complet. En pratique, la proratisation du plafond n'a d'intérêt en termes de montant de cotisations que si la rémunération du salarié est supérieure au plafond proratisé.

Conditions

Salariés concernés - Sont considérés à temps partiel les salariés dont la durée de travail est inférieure à la durée légale du travail ou, si elle lui est inférieure, à la durée du travail fixée conventionnellement par la branche ou l'entreprise ou à la durée du travail applicable dans l'établissement (c. trav. art. L. 3123-1) (voir *Travail à temps partiel**).

Ne peut donner lieu à abattement l'emploi de :

- salariés dont l'emploi donne lieu à des taux, assiettes ou montant de cotisations spécifiques (c. séc. soc. art. L. 242-10, 1° ; BOSS, Assiette générale, § 1130, 01/04/2021) ;
- salariés intérimaires des entreprises de travail temporaire (c. séc. soc. art. L. 242-10, dernier. al. ; BOSS, Assiette générale, § 1140, 01/04/2021) ;

- salariés en activité partielle *activité partielle** (c. séc. soc. art. L. 242-10, dernier. al.) ;
- salariés rémunérés au pourboire (lettre-circ. ACOSS 86-57 du 16 décembre 1986 ; BOSS, Assiette générale, § 1130, 01/04/2021) ;
- travailleurs à domicile : pour ces salariés, s'ils ne sont pas mensualisés, le plafond applicable dépend uniquement de la périodicité de la paye (BOSS, Assiette générale, § 1130, 01/04/2021) ;
- salariés à employeurs multiples (en principe, les salariés qui travaillent régulièrement et simultanément pour le compte de plusieurs employeurs se voient déjà appliquer un prorata de plafond tenant compte des rémunérations versées par chacun d'eux. On ne peut donc pas leur appliquer l'abattement d'assiette pour temps partiel, sauf si l'employeur a pris l'option d'appliquer ce dispositif en lieu et place du prorata de plafond « employeurs multiples »).

Le BOSS a rendu éligibles les salariés soumis à un régime de forfait annuel en jours dont la durée est inférieure à 218 jours sur l'année, à la proratisation du plafond, selon la formule suivante : valeur mensuelle du plafond x (durée du forfait en jours/ 218 jours) (BOSS, Assiette générale, § 830, 01/04/2021).

Pour les artistes du spectacle et les mannequins dont la période d'engagement est inférieure à 5 jours consécutifs, le plafond applicable à cette période est égal à 12 fois le plafond horaire par jour d'engagement (c. séc. soc. art. L. 242-10 ; BOSS, Assiette générale, § 1150, 01/04/2021).

▶ À noter… En cas de fermeture pour *activité partielle**, le plafond doit être réduit au prorata du nombre de jours de fermeture, en appliquant les règles de droit commun prévues en cas d'absence non rémunérée (BOSS, Assiette générale, § 1100, 01/04/2021). En cas de réduction de la durée du travail, le plafond est réduit en application des règles du prorata de plafond pour temps partiel (BOSS, Assiette générale, § 1120, 01/04/2021).

Les mandataires sociaux ne bénéficient pas non plus de l'abattement pour temps partiel.

Contrat de travail - Le contrat de travail à temps partiel doit, en principe, faire l'objet d'un écrit (c. trav. art. L. 3123-6).

Calcul du plafond réduit

Le plafond de référence est, depuis le 1.01.2018, proratisé par le rapport entre (c. séc. soc. art. R. 242-2, I, al. 7 ; BOSS, Assiette générale, § 800, 01/04/2021) :
- d'une part, la durée de travail inscrite au contrat de travail au titre de la période où les salariés à temps partiel sont présents dans l'entreprise, majorée du nombre d'heures complémentaires effectuées dans le mois ;
- et d'autre part, la durée sur la période correspondant à la durée légale du travail (ou, si elle est inférieure, à la durée conventionnelle du travail ou à la durée du travail applicable dans l'établissement).

La formule à appliquer est la suivante (BOSS, Assiette générale, § 800, 01/04/2021) :

plafond mensuel × (durée contractuelle + heures complémentaires)/durée légale du travail ou durée conventionnelle si inférieure

Exemple

Un salarié mensualisé a un contrat de travail à temps partiel de 32 h/semaine (soit 138,67 h/mois) dans une entreprise où la durée collective du travail est de 35 h hebdomadaires (soit 151,67 h/mois). En 2022, le plafond applicable à sa paie est calculé comme suit : plafond mensuel × 138,67 h/151,67 h.

Si au cours d'un mois, il fait 10 heures complémentaires majorées de 10 %, le plafond de cette paie est égal à : plafond mensuel × (138,67 h + 10 h)/151,67 h.

La proratisation du plafond ne peut pas conduire à augmenter la valeur mensuelle du plafond (c. séc. soc. art. R. 242-2, I, al. 7).

Cotisations concernées

Le plafond réduit s'applique aux cotisations plafonnées de sécurité sociale (cotisation d'assurance vieillesse plafonnée) et à la cotisation au FNAL de 0,10 % pour les entreprises de moins de 50 salariés. Sont également concernées :
- les cotisations AGIRC-ARRCO : dans tous les cas où le plafond de la tranche 1 a fait l'objet d'une proratisation, le plafond de la tranche 2 doit être déterminé en multipliant par 8 le plafond de la tranche 1 ainsi proratisé (circ. AGIRC-ARRCO 2019-1 DRJ du 9 janvier 2019) ;
- les cotisations chômage : l'abattement s'applique aux cotisations patronales chômage en tranche A et en tranche B, la limite supérieure de cette dernière s'obtenant en multipliant le plafond réduit par 4.

Application de l'abattement et régularisation

Le prorata de plafond pour temps partiel doit être pratiqué à chaque échéance de versement des cotisations (c. séc. soc. art. L. 242-9). À défaut, l'employeur n'est pas en droit de le pratiquer en fin d'année (cass. soc. 1er avril 1999, n° 97-17562 D).

L'employeur doit procéder à une régularisation progressive des cotisations d'une paye à l'autre (c. séc. soc. art. R. 243-10).

En présence, au cours d'un même exercice, de périodes à temps plein et de périodes à temps partiel ouvrant droit à réduction de plafond, l'assiette plafonnée est déterminée en totalisant les plafonds applicables au cours de chaque période (lettre-circ. ACOSS 86-57 du 16 décembre 1986, § 3.1).

☛ *Plafond de sécurité sociale ; Travail à temps partiel ; Travail à temps partiel (maintien de l'assiette des cotisations).*

Travail à temps partiel (annualisé)

Les dispositions concernant le travail à temps partiel annualisé ont été abrogées. Les employeurs ne peuvent donc plus conclure de tels contrats. Toutefois, les contrats à temps partiel annualisé existant au 31.01.2000 demeurent en vigueur (loi 2000-37 du 19 janvier 2000, art. 14 II, JO du 20).

☛ *Travail à temps partiel (sur tout ou partie de l'année).*

Travail à temps partiel (avenant pour complément d'heures)

Augmentation temporaire de la durée du travail

Conditions à remplir - Les entreprises peuvent augmenter temporairement la durée du travail des salariés à temps partiel à deux conditions (c. trav. art. L. 3123-22) :

- cette possibilité doit être autorisée par une convention ou un accord de branche étendu ;
- un avenant au contrat de travail doit être signé, ce qui implique par définition l'accord du salarié (s'agissant d'un avenant à durée déterminée, la réduction de la durée du travail en fin de période ne nécessitera pas un nouvel avenant).

▶ Attention... Une question reste posée : le système des avenants de complément d'heures permet-il d'amener temporairement la durée du travail d'un salarié à temps partiel au niveau d'un temps plein ? La loi n'envisage que les éventuelles *heures complémentaires** accomplies au-delà de la durée déterminée par l'avenant, ce qui souligne à notre sens que le temps partiel demeurerait avec l'avenant (c. trav. art. L. 3123-22) *(voir ci-après)*. À ce jour, le risque encouru par l'employeur qui atteindrait ou dépasserait la durée du temps plein avec l'avenant étant la requalification du contrat à temps partiel en un temps plein, la prudence est de mise en attendant une réponse officielle à cette question.

Contenu de l'accord collectif - La convention ou l'accord de branche étendu (c. trav. art. L. 3123-22) :

- fixe le nombre maximal d'avenants pouvant être conclus, dans la limite de 8 par an et par salarié, en dehors des cas de remplacement d'un salarié nommément désigné ;
- peut prévoir la majoration salariale des heures effectuées dans le cadre de cet avenant ;
- détermine les modalités selon lesquelles les salariés peuvent bénéficier prioritairement des compléments d'heures.

Mentions de l'avenant au contrat de travail - L'avenant au contrat de travail doit mentionner les modalités selon lesquelles les compléments d'heures peuvent être accomplis au-delà de la durée fixée par le contrat (c. trav. art. L. 3123-6) [voir *Travail à temps partiel (contrat de travail)**].

Rémunération du complément d'heures

Aucune majoration pour le complément d'heures n'est imposée. La convention ou l'accord de branche étendu fixe les règles applicables *(voir ci-avant)*.

En revanche, les éventuelles *heures complémentaires** accomplies au-delà de la durée déterminée par l'avenant donnent lieu à une majoration de salaire d'au moins 25 % (c. trav. art. L. 3123-22).

Exemple

Un salarié passe de 18 à 25 h hebdomadaires, dans le cadre d'un avenant de complément d'heures. Les heures, de 18 à 25, ne sont pas des heures complémentaires, mais au-delà de 25 h, des heures complémentaires peuvent être réalisées à hauteur de 2 h 30 (1/10) ou de 8 h 20 (1/3).

☛ *Travail à temps partiel ; Travail à temps partiel (contrat de travail) ; Heures complémentaires.*

Travail à temps partiel (contrat de travail)

Sur la définition du *travail à temps partiel**, voir cette étude.

Durée minimale de travail

Fixée par accord de branche étendu - Une convention ou un accord de branche étendu fixe la durée minimale de travail des salariés à temps partiel.

▶ À noter… Sur les règles applicables selon que le contrat a été conclu avant ou après le 9.08.2016, voir le tableau reproduit dans cette étude.

Lorsqu'elle est inférieure à 24 h par semaine *(voir ci-après)*, cette convention ou cet accord détermine les garanties, quant à la mise en œuvre d'horaires réguliers ou permettant au salarié de cumuler plusieurs activités, afin d'atteindre une durée globale d'activité correspondant à un temps plein ou au moins égale à la durée minimale légale de 24 h par semaine *(voir ci-après)* (c. trav. art. L. 3123-19).

▶ Attention… En matière de durée minimale de travail des salariés à temps partiel, un accord d'entreprise ne peut pas déroger aux dispositions de la convention ou de l'accord de branche étendu dans un sens défavorable aux salariés (c. trav. art. L. 2253-1) [voir *Accord collectif d'entreprise (contenu)**].

Par ailleurs, une convention ou un accord d'entreprise ou d'établissement, ou à défaut, une convention ou un accord de branche étendu détermine les modalités, selon lesquelles les horaires de travail, des salariés effectuant une durée de travail inférieure à 24 h par semaine, sont regroupés sur des journées ou des demi-journées régulières ou complètes (c. trav. art. L. 3123-19).

Fixée à 24 h par semaine, à défaut d'accord - À défaut de durée minimale conventionnelle *(voir ci-avant)*, la durée minimale de travail du salarié à temps partiel est fixée à 24 h par semaine, ou le cas échéant, à l'équivalent mensuel de cette durée ou à l'équivalent calculé sur la période prévue par un accord collectif conclu en application de l'article L. 3121-44 (répartition de la durée du travail sur une période supérieure à la semaine) (c. trav. art. L. 3121-27).

Contrats exclus de la durée minimale

Étudiants de moins de 26 ans - Une durée hebdomadaire inférieure à 24 h, compatible avec ses études, est de droit pour un salarié âgé de moins de 26 ans poursuivant ses études (c. trav. art. L. 3123-7).

Associations intermédiaires et ETT d'insertion - Les entreprises de travail temporaire (ETT) d'insertion ainsi que les associations intermédiaires peuvent proposer aux personnes sans emploi rencontrant des difficultés sociales et professionnelles particulières, ainsi qu'à leurs salariés, une durée de travail hebdomadaire inférieure à 24 h, lorsque le parcours d'insertion le justifie (c. trav. art. L. 5132-6 et L. 5132-7).

Particulier employeur - La durée minimale ne s'applique pas aux salariés employés par le particulier employeur à son domicile (c. trav. art. L. 7221-2).

Durée du travail applicable aux contrats de travail à temps partiel selon la date de conclusion du contrat

Date de conclusion du contrat à temps partiel	Régime applicable
Avant le 1er janvier 2014	Pas de durée minimale légale ou conventionnelle, mais le salarié bénéficie d'une priorité d'emploi (1).
Entre le 1er et le 21 janvier 2014	Durée minimale légale ou conventionnelle, sauf exceptions ou dérogations sous conditions (2).
Entre le 22 janvier et le 30 juin 2014	Pas de durée minimale légale ou conventionnelle, mais le salarié bénéficie d'une priorité d'emploi (1).
Entre le 1er juillet 2014 et le 9 août 2016	Durée minimale légale ou conventionnelle, sauf exceptions ou dérogations sous conditions (2).
Depuis le 10 août 2016	Durée minimale fixée par un accord de branche étendu, à défaut, durée légale (3).

(1) c. trav. art. L. 3123-8, version en vigueur avant le 10 août 2016.
(2) c. trav. art. L. 3123-14 à L. 3121-14-6, version en vigueur avant le 10 août 2016.
(3) c. trav. art. L. 3123-7, L. 3132-19 et L. 3123-27.

Contrats aidés - Selon le ministère du Travail, la durée minimale ne s'applique pas en présence d'une disposition spécifique prévoyant une autre durée. Cela concerne notamment le *contrat initiative-emploi (CIE)** et le *contrat d'accompagnement dans l'emploi** (CAE) à temps partiel, qui sont soumis à une durée plancher de 20 heures (rép. Rousset n° 50900, JO 27 mai 2014, AN quest. p. 4376).

▶ À noter… Sous réserve de la parution de décrets, de nouvelles dérogations aux durées minimales sont créées (loi 2020-1577 du 14 décembre 2020, JO du 15, art. 6 ; c. trav. art. L. 3123-7, L. 5122-5, L. 5132-11-1 et L. 5132-15-1) :
- en cas de conclusion d'un CDI à temps partiel avec un salarié qui cumule un contrat aidé, la durée légale de 24 h hebdomadaires ne s'appliquera pas au CDI si la durée cumulée des 2 contrats permet d'atteindre le niveau d'un temps plein ou d'au moins 24 h hebdomadaires ;
- en cas de cumul de CDD d'insertion, chacun pourra être conclu pour une durée inférieure à la durée plancher de 20 h hebdomadaires *(voir ci-avant)*.

CDD d'au plus 1 semaine - La durée minimale ne s'applique pas aux contrats dont la durée est au plus égale à 7 jours et conclus depuis le 31.01.2015 (c. trav. art. L. 3123-7). Il n'y a donc pas d'horaire plancher lorsque le contrat dure une semaine ou moins (rapport au Président de la République joint à l'ordonnance 2015-82 du 29 janvier 2015, art. 2, JO du 30, consultable sur www.legifrance.fr).

CDD et contrats de mission de remplacement - La durée minimale ne s'applique pas aux CDD et aux missions d'intérim qui visent à remplacer un salarié et conclus depuis le 31.01.2015 (c. trav. art. L. 1242-2, 1°, L. 1251-6, 1° et L. 3123-7). Par conséquent, si la personne absente travaillait, par exemple, 20 h par semaine, l'employeur peut embaucher son remplaçant sur la base du même horaire.

Dérogations sous conditions à la durée minimale

Demande individuelle du salarié - Un salarié peut demander à travailler en dessous de la durée hebdomadaire minimale de 24 h ou autre durée fixée par la branche (c. trav. art. L. 3123-7) :
- soit pour faire face à des contraintes personnelles ;
- soit pour lui permettre de cumuler plusieurs activités afin d'atteindre une durée globale correspondant à un temps plein ou au moins égale à 24 h par semaine.

De plus, cette dérogation n'est possible que sous certaines conditions protectrices du salarié *(voir ci-après)*.

Pour bénéficier de cette dérogation, le salarié doit formuler une demande écrite et motivée. Selon le ministère du Travail, un salarié, porteur d'un handicap, peut solliciter auprès de son employeur une dérogation individuelle s'il souhaite travailler moins de 24 h (rép. Cochet n° 50400, JO 5 août 2014, AN quest. p. 6783).

Par ailleurs, l'employeur doit informer chaque année le *comité social et économique** du nombre de demandes de dérogations individuelles (c. trav. art. L. 3123-16).

▶ À noter… Pour le ministère du Travail, le salarié peut aussi demander à travailler en dessous de la durée minimale conventionnelle, pas seulement en dessous du plancher de 24 h, comme le laisse penser une lecture à la lettre de l'article L. 3123-7 *(voir ci-avant)* (rapport au Président de la République joint à l'ordonnance 2015-82 du 29 janvier 2015, art. 2, JO du 30, consultable sur www.legifrance.fr).

« Priorité d'accès » pour un retour à la durée minimale - Les salariés à temps partiel, qui souhaitent occuper ou reprendre un emploi d'une durée au moins égale à la durée minimale conventionnelle ou légale *(voir ci-avant)*, dans le même établissement, ou à défaut dans la même entreprise, ont priorité, pour l'attribution d'un emploi ressortissant à leur catégorie professionnelle ou d'un emploi équivalent, ou si une convention ou un accord d'entreprise ou d'établissement, ou à défaut, une convention ou un accord de branche étendu le prévoit, d'un emploi présentant des caractéristiques différentes. L'employeur porte à la connaissance de ces salariés la liste des emplois disponibles correspondants (c. trav. art. L. 3123-3).

▶ À noter… Sur la possibilité, pour un salarié à temps partiel de revenir ou d'accéder à un emploi à temps complet ou vice versa, [voir *Travail à temps partiel (statut)**].

Contrat écrit avec mentions obligatoires

Contrat de travail initial - Le contrat de travail à temps partiel peut être conclu pour une durée déterminée ou indéterminée. Il doit être écrit et mentionner (c. trav. art. L. 3123-6 ; cass. soc. 4 décembre 2013, n° 12-19143 D) :
- la qualification du salarié ;
- les éléments de sa rémunération ;

- la durée de travail hebdomadaire ou, le cas échéant, mensuelle de base prévue (un contrat de travail à temps partiel ne peut pas prévoir une durée du travail variable) (cass. soc. 4 décembre 2002, n° 00-40255, BC V n° 369) ;
- les limites dans lesquelles peuvent être effectuées des *heures complémentaires** au-delà de la durée du travail fixée par le contrat ;
- la répartition de la durée du travail entre les jours de la semaine ou entre les semaines du mois (sauf pour les salariés des associations et entreprises d'aide à domicile, les VRP et les salariés dont l'horaire est aménagé sur une période supérieure à la semaine).

En outre, le contrat doit :
- définir par avance les cas dans lesquels une modification éventuelle de la répartition du travail peut intervenir, ainsi que la nature de cette modification (étant entendu que toute modification doit être notifiée en respectant un délai de prévenance) *(voir ci-après)* ;
- déterminer également à l'avance les modalités selon lesquelles les horaires de travail, pour chaque journée travaillée, seront communiqués par écrit, au salarié.

Une clause accordant à l'employeur le pouvoir de modifier la répartition du travail en fonction des nécessités du service ou des besoins de l'entreprise est illicite car trop générale (cass. soc. 6 avril 1999, n° 96-45790, BC V n° 166 ; cass. soc. 15 septembre 2010, n° 09-40473, BC V n° 179).

▶ À noter… La qualification de *travail à temps partiel** est liée à la seule durée de travail du salarié et pas à la durée du contrat de travail (cass. soc. 9 décembre 2020, n° 19-20319 FSPB ; cass. soc. 9 décembre 2020, n° 19-16138 FSPB).

Avenants au contrat de travail - Les éventuels avenants au contrat de travail à temps partiel initial modifiant la durée du travail ou sa répartition doivent, comme le contrat initial, faire l'objet d'écrits indiquant les mentions obligatoires (cass. soc. 20 juin 2013, n° 10-20507, BC V n° 161 ; cass. soc. 23 novembre 2016, n° 15-18093, BC V n° 225). À défaut, le contrat peut être requalifié à temps complet, et ce, à compter du premier avenant irrégulier, le cas échéant.

Sur les avenants permettant d'augmenter temporairement la durée du travail d'un salarié à temps partiel, voir *Travail à temps partiel (avenant pour complément d'heures)**.

Associations et entreprises d'aide à domicile - Si le contrat de travail à temps partiel des salariés des associations et entreprises d'aide à domicile peut ne pas mentionner la répartition de la durée du travail entre les jours de la semaine, ou les semaines du mois, il doit néanmoins mentionner la durée hebdomadaire, ou mensuelle de travail, sinon le contrat est requalifié en contrat à temps plein (c. trav. art. L. 3123-6 ; cass. soc. 16 septembre 2015, n° 14-10291, BC V n° 160).

Mentions facultatives

Il n'est pas obligatoire d'indiquer les horaires journaliers dans le contrat de travail à temps partiel (cass. soc. 18 mars 2003, n° 01-41726 D ; cass. soc. 14 décembre 2016, n° 15-16131, BC V n° 257). En revanche, une clause du contrat doit préciser les modalités selon lesquelles les horaires de travail pour chaque journée travaillée sont communiqués par écrit au salarié *(voir ci-avant)*.

Exemple

Un avenant au contrat de travail réduisant la durée du travail du salarié de 20 % et déterminant les deux demi-journées non travaillées et les 8 demi-journées travaillées remplit les conditions exigées d'une clause de temps partiel (cass. soc. 14 décembre 2016, n° 15-16131, BC V n° 257).

Absence de contrat écrit avec mentions obligatoires

Présomption de travail à temps plein - L'absence de contrat de travail à temps partiel écrit, mentionnant la durée du travail et sa répartition fait présumer que l'emploi est à temps complet (cass. soc. 15 octobre 2002, n° 01-46240, BC V n° 311 ; cass. soc. 11 mai 2016, n° 14-17496, BC V n° 100 ; cass. soc. 3 juillet 2019, n° 17-15884 FSPB).

Ainsi, un contrat de travail à temps partiel qui ne mentionne pas la répartition de la durée du travail entre les jours de la semaine ou les semaines du mois n'est pas conforme (cass. soc. 17 novembre 2021, n° 20-10734 FSB).

Il faut fixer la répartition de la durée du travail entre les jours de la semaine ou les semaines du mois mais il n'est pas nécessaire d'indiquer un horaire exact (cass. soc. 18 mars 2003, n° 01-41726 D ; cass. soc. 14 décembre 2016, n° 15-16131, BC V n° 46).

▶ À noter… En cas de requalification d'un contrat de travail à temps partiel en un contrat à temps complet, la durée de travail en résultant correspond à la durée légale ou, si elle est inférieure, à la durée fixée conventionnellement (cass. soc. 3 juin 2015, n° 13-21671, BC V n° 113).

En revanche, le seul fait de ne pas indiquer le volume maximal d'heures complémentaires *(voir ci-avant)* n'entraîne pas la requalification du contrat en contrat à temps complet (cass. soc. 30 novembre 2010, n° 09-68609, BC V n° 269 ; cass. soc. 25 janvier 2017, n° 15-16708 D).

Preuve du temps partiel par l'employeur - **Pour écarter la présomption de travail à temps complet, l'employeur doit prouver cumulativement** (cass. soc. 21 novembre 2012, n° 11-10258, BC V n° 304 ; cass. soc. 20 juin 2013, n° 10-20507, BC V n° 161 ; cass. soc. 17 décembre 2014, n° 13-20627, BC V n° 308) :

- qu'une durée hebdomadaire ou mensuelle de travail était établie. Des variations importantes dans la durée du travail d'un salarié suffisent pour considérer que la durée de travail n'était pas établie et entraîner la requalification du contrat en temps complet (cass. soc. 30 juin 2010, n° 08-45400 D ; cass. soc. 9 janvier 2013, n° 11-11808, BC V n° 5 ; cass. soc. 11 mai 2016, n° 14-17496, BC V n° 100) ;

- que le salarié n'était pas dans l'impossibilité de prévoir, à quel rythme il devait travailler sans se tenir constamment à la disposition de l'employeur (cass. soc. 27 mars 2019, n° 16-28774 FPB).

Exemples

Si le contrat de travail n'indique pas les modalités de communication de l'horaire de travail, l'employeur doit notamment prouver que le salarié avait effectivement connaissance de ses horaires à l'avance, par affichage du planning sur le lieu de travail (cass. soc. 13 janvier 2009, n° 07-41937 D).

Le temps de travail d'une salariée était passé de 9 heures à 6 heures par semaine, à sa demande, du fait de son embauche chez un autre employeur. Par ailleurs, bien que disposant d'horaires prédéfinis affichés sur son lieu de travail, elle prenait l'initiative d'effectuer son travail à sa convenance. Sa demande de requalification en contrat à temps plein a été rejetée (cass. soc. 14 décembre 2016, n° 15-26136 D).

Le contrat de travail d'une salariée ne mentionnait ni la durée du travail ni sa répartition. L'employeur a réussi à prouver la durée exacte de travail (86,67 h/mois), notamment grâce aux relevés de décompte du temps de travail établis par la salariée elle-même. En outre, cette durée était confirmée par les bulletins de paie. L'employeur a aussi apporté la preuve que la salariée n'avait pas à se tenir en permanence à sa disposition du fait d'une organisation du travail d'une grande souplesse, tenant compte de ses impératifs familiaux. Et ce, grâce à des attestations de collègues de la salariée, mais aussi à la production de ses échanges de mails avec la salariée et des plannings de travail. Le contrat n'a pas été requalifié en un temps complet (cass. soc. 18 décembre 2019, n° 18-12643 D).

Le contrat de travail d'une salariée ne mentionnait ni la durée du travail ni sa répartition. Il aurait dû être requalifié en un temps complet, peu important qu'il prévoie une durée minimale garantie de 4 heures par mois et qu'il spécifie que la salariée déterminait elle-même ses horaires (cass. soc. 3 juillet 2019, n° 17-15884 FSPB).

Clause permettant au salarié de refuser des missions - **La clause contractuelle, par laquelle, le salarié à temps partiel a la faculté de refuser les missions qui lui sont confiées, est sans effet sur les exigences légales relatives à la mention dans le contrat de travail de la durée de travail et de sa répartition. En l'absence de ces indications, le contrat est, en tout état de cause, présumé à temps complet.**

De même, une telle clause n'exonère pas l'employeur, qui souhaite établir la preuve contraire, de son obligation de démontrer « d'une part, la durée exacte convenue et, d'autre part, que le salarié n'était pas placé dans l'impossibilité de prévoir à quel rythme il devait travailler et qu'il n'avait pas à se tenir constamment à la disposition de l'employeur » (cass. soc. 26 janvier 2011, n° 09-71349, BC V n° 40).

Action en reconnaissance d'un temps partiel en l'absence d'écrit - **Plutôt que d'engager une action en requalification d'un contrat de travail à temps partiel en temps plein *(voir ci-avant)*, le salarié qui ne dispose pas de contrat écrit peut préférer revendiquer l'existence d'un contrat de travail à temps partiel avec une durée de travail convenue et demander un rappel de salaire correspondant. En effet, si un salarié sans contrat écrit demande la reconnaissance d'un horaire de travail à temps partiel, le juge doit examiner cette demande. Il ne peut pas la rejeter, au prétexte que la seule action possible serait une action en requalification** (cass. soc. 30 avril 2014, n° 12-21041, BC V n° 110).

Conséquences de la requalification en temps plein

Le salarié qui obtient en justice la requalification de son contrat à temps partiel en contrat à temps plein a droit à des rappels de salaire sur la base d'un temps plein. En revanche, les heures non travaillées, mais payées comme temps de travail au titre de la requalification, ne donnent pas droit à remboursement de frais professionnels.

▶ À noter... Lorsqu'une demande de rappel de salaire est fondé sur une demande de requalification en temps plein, l'action est soumise à la prescription de 3 ans [voir *Prescription (salaires)**] (cass. soc. 30 juin 2021, n° 19-10161 FSB).

Les juges peuvent prononcer la requalification de CDD à temps partiel en CDI à temps complet et dans le même temps condamner l'employeur à verser des dommages et intérêts pour non-respect des interruptions d'activité (sur les règles relatives à la répartition des horaires sur la journée, voir ci-après). En effet, cette requalification ne fait pas rétroactivement disparaître les obligations auxquelles l'employeur était tenu envers le salarié engagé à temps partiel (cass. soc. 13 juin 2018, n° 17-14658 FPB).

Dépassement de la durée du travail prévue

Voir *Heures complémentaires**, *Travail à temps partiel (avenant pour complément d'heures)** et *Travail à temps partiel (sur tout ou partie de l'année)**.

Changement de la répartition du travail

Délai de prévenance du salarié - La répartition du travail entre les jours de la semaine, ou entre les semaines du mois, ne peut être modifiée, qu'après une notification au salarié, en respectant un délai de prévenance (c. trav. art. L. 3123-11).

Une convention ou un accord d'entreprise ou d'établissement, ou à défaut, une convention ou un accord de branche étendu, peut déterminer ce délai qui ne peut être inférieur à 3 jours ouvrés. Dans les associations et entreprises d'aide à domicile, ce délai peut être inférieur, pour les cas d'urgence définis par convention ou accord de branche étendu ou par convention ou accord d'entreprise ou d'établissement. La convention ou l'accord d'entreprise ou d'établissement, ou à défaut, la convention ou l'accord de branche étendu, prévoit les contreparties apportées au salarié, lorsque le délai de prévenance est inférieur à 7 jours ouvrés (c. trav. art. L. 3123-24).

▶ Attention… Le cas échéant, l'accord d'entreprise ou d'établissement prime sur l'accord de branche.

Cette convention ou cet accord comporte des garanties relatives à la mise en œuvre, pour les salariés à temps partiel, des droits reconnus aux salariés à temps complet, notamment du droit à un égal accès aux possibilités de promotion, de carrière et de formation, ainsi qu'à la fixation d'une période minimale de travail continue et à la limitation du nombre des interruptions d'activité au cours d'une même journée (c. trav. art. L. 3123-25).

À défaut de convention ou d'accord, toute modification de la répartition de la durée du travail entre les jours de la semaine ou les semaines du mois est notifiée au salarié au moins 7 jours ouvrés avant la date à laquelle elle doit avoir lieu (c. trav. art. L. 3123-31).

▶ À noter… Le non-respect du délai de prévenance entraîne la requalification du contrat à temps partiel en contrat à temps complet, mais sous réserve que le salarié soit empêché de prévoir le rythme auquel il doit travailler et se trouve dans l'obligation de se tenir à la disposition constante de l'employeur (cass. soc. 27 mars 2019, n° 17-21543 FSPB).

Le délai de prévenance n'est applicable qu'en cas de décision unilatérale de l'employeur, et non lorsque la modification intervient avec l'accord exprès du salarié (cass. soc. 9 novembre 2016, n° 15-19401, BC V n° 215 ; cass. soc. 21 octobre 2020, n° 18-26850 D).

Refus du salarié de changer la répartition de son travail - Lorsque le contrat n'a pas prévu les cas et la nature des modifications, le refus de l'intéressé ne constitue ni une faute ni un motif de licenciement (c. trav. art. L. 3123-12 ; cass. soc. 26 novembre 2008, n° 07-43102 D).

Ne constitue pas davantage une faute ou un motif de licenciement le fait de refuser une modification de la répartition des heures de travail, dès lors que ce changement est incompatible avec (c. trav. art. L. 3123-12) :

- des obligations familiales impérieuses ;
- le suivi d'un enseignement scolaire ou supérieur ;
- une période d'activité fixée chez un autre employeur (cass. soc. 28 septembre 2011, n° 09-70329, BC V n° 217) ;
- ou encore une activité professionnelle non salariée.

Il en est ainsi, même si l'on se trouve dans une hypothèse de changement prévue par le contrat de travail et même si le délai de notification requis a été respecté.

▶ Attention… La rupture du contrat de travail, résultant du refus d'un changement de la répartition de l'horaire, s'analyse en un licenciement sans cause réelle et sérieuse, en l'absence de respect du délai contractuel de prévenance par l'employeur (cass. soc. 16 février 1999, n° 96-45407, BC V n° 75 ; cass. soc. 4 avril 2006, n° 04-42672, BC V n° 133).

Changement de la durée du travail

La durée du travail ne peut être modifiée qu'avec l'accord préalable du salarié (cass. soc. 27 novembre 2014, n° 13-22121 D) [voir *Modification du contrat de travail (durée du travail)**]. Peu importe, dans l'hypothèse d'une baisse de cette durée, que l'employeur garantisse au salarié le maintien de sa rémunération. Même dans ce cas, il lui faut obtenir l'accord de l'intéressé (cass. soc. 30 mars 2011, n° 09-70853 D).

Répartition des horaires journaliers

Une convention ou un accord d'entreprise ou d'établissement ou, à défaut, une convention ou un accord de branche étendu (ou agréé en application de l'article L. 314-6 du code de l'action sociale et des familles) peut définir la répartition des horaires de travail dans la journée de travail.

▶ À noter… Le cas échéant, l'accord d'entreprise ou d'établissement prime sur l'accord de branche.

Si cette répartition comporte plus d'une interruption d'activité ou une interruption supérieure à deux heures, la convention ou l'accord définit les amplitudes horaires pendant lesquelles les salariés peuvent exercer leur activité et prévoit des contreparties spécifiques en tenant compte des exigences propres à l'activité exercée (c. trav. art. L. 3123-23).

À défaut de convention ou d'accord, l'horaire de travail ne peut comporter, au cours d'une même journée, plus d'une interruption d'activité ou une interruption supérieure à 2 heures (c. trav. art. L. 3123-30).

Changement des horaires journaliers

L'employeur n'est pas obligé d'indiquer les horaires journaliers de travail du salarié à temps partiel dans le contrat de travail *(voir ci-avant)*. En revanche, il doit prévoir les modalités selon lesquelles les horaires de travail pour chaque journée travaillée sont communiqués au salarié (c. trav. art. L. 3123-6) *(voir ci-avant)*.

À défaut de clause contractuelle fixant un horaire de travail quotidien, le changement de l'horaire de la journée de travail d'un salarié à temps partiel relève du pouvoir de direction de l'employeur (cass. soc. 18 juillet 2001, n° 99-45076, BC V n° 276).

Toutefois, le salarié qui s'oppose au changement de ses horaires quotidiens de travail, tels que fixés dans le document d'information écrit que lui a remis l'employeur, ne commet pas de faute et ne peut être licencié pour ce motif dès lors que ce changement n'est pas compatible avec certaines de ses obligations (c. trav. art. L. 3123-12). Il s'agit des mêmes possibilités de refus qu'en cas de modification de la répartition de la durée du travail *(voir ci-avant)*.

Clause d'exclusivité

Voir *Clause d'exclusivité**.

Sanctions pénales

Est passible de la peine d'amende prévue pour les contraventions de la 5e classe, l'employeur qui occupe un salarié à temps partiel sur une base hebdomadaire, mensuelle ou annuelle qui :

- a omis d'établir un contrat de travail écrit, comportant les mentions obligatoires, y compris les limites dans lesquelles peuvent être effectuées des heures complémentaires, lorsqu'elles sont prévues (c. trav. art. R. 3124-5 et R. 3124-8) ;
- n'a pas respecté le nombre ou la durée des interruptions quotidiennes (c. trav. art. R. 3124-9) ;
- n'a pas majoré de 25 % (ou d'un pourcentage moindre fixé par convention ou accord de branche étendu), les heures complémentaires réalisées au-delà de 10 % de la durée du contrat (c. trav. art. R. 3124-10).

Les contraventions donnent lieu à autant d'amendes qu'il y a de salariés indûment employés.

☞ *Heures complémentaires ; Travail à temps partiel ; Travail à temps partiel (avenant pour complément d'heures).*

➲ Formulaire de Droit Social, « CDI à temps partiel ».

Travail à temps partiel (création d'entreprise)

☞ *Congé pour création d'entreprise ; Création d'entreprise.*

Travail à temps partiel (maintien de l'assiette des cotisations)

Maintien de l'assiette des cotisations vieillesse

Conditions d'application - Un maintien d'assiette des cotisations d'assurance vieillesse à hauteur du salaire correspondant à l'activité exercée à temps plein est ouvert à tous les salariés à temps partiel (c. séc. soc. art. L. 241-3-1).

Pour que le dispositif puisse jouer, un accord écrit entre l'employeur et le salarié est nécessaire. Il doit figurer dans le contrat de travail ou dans son avenant (c. séc. soc. art. R. 241-0-3, I).

▶ À noter… L'accord peut être dénoncé par le salarié ou l'employeur. En cas de dénonciation patronale, l'employeur doit attendre au minimum 1 an à compter de la date d'effet de l'accord (ou davantage s'il s'est engagé sur un délai plus long). Dans tous les cas, la dénonciation doit être notifiée à l'autre partie et faire l'objet d'un avenant au contrat de travail. Il n'est pas possible de conclure un nouvel accord sur ce maintien d'assiette, au titre d'un même contrat de travail, avant l'écoulement d'un délai de 5 ans à compter de la date d'effet de la dénonciation (c. séc. soc. art. R. 241-0-5).

Si la transformation d'un contrat à temps plein en contrat à temps partiel constitue une alternative à un licenciement économique, le maintien d'assiette doit être proposé par l'employeur, dans les mêmes termes, à tous les salariés passés à temps partiel. Le salarié peut refuser cette proposition par mention expresse dans l'avenant à son contrat de travail (c. séc. soc. art. R. 241-0-4).

Salariés concernés - Sont concernés les salariés qui relèvent du régime général au titre de l'assurance vieillesse, qu'ils aient été embauchés directement à temps partiel ou qu'ils soient passés d'un temps complet à un temps partiel.

▶ À noter… Ce dispositif est également applicable aux salariés dont la rémunération ne peut pas être déterminée selon un nombre d'heures travaillées (salariés sous convention de forfait annuel en heures ou en jours, travailleurs à domicile, concierges, employés d'immeubles à usage d'habitation), à condition que cette rémunération soit inférieure à celle considérée comme correspondant à une activité à temps plein (c. séc. soc. art. R. 241-0-1, I, 2°).

Les salariés dont les cotisations sont calculées sur la base d'assiettes ou de cotisations forfaitaires ne peuvent pas bénéficier de ce dispositif (c. séc. soc. art. R. 241-0-2, IV).

Cotisations concernées - Seules les cotisations d'assurance vieillesse (part patronale et part salariale) sont calculées au taux de droit commun sur un salaire reconstitué. Les autres cotisations ou contributions restent assises sur le salaire réel. Ce salaire fictif est retenu comme assiette lors de chaque paie.

▶ À noter… L'employeur peut prendre en charge le surplus de cotisations salariales (différence entre les cotisations calculées sur le temps partiel et celles calculées au même taux sur le salaire reconstitué). Dans ce cas, cette prise en charge est exonérée de cotisations : elle n'est pas assimilée à un complément de rémunération (c. séc. soc. art. L. 241-3-1).

Reconstitution du salaire à temps plein - L'assiette totale des cotisations vieillesse est égale à :

Rémunération × (durée du travail à temps plein* / nombre d'heures rémunérées sur le mois**)

▶ À noter… * La durée du travail à temps plein correspond à la durée légale du travail calculée sur le mois ou, si elle lui est inférieure, à la durée conventionnelle.

** Le nombre d'heures rémunérées correspond à l'ensemble des heures rémunérées au cours du mois, y compris les heures complémentaires.

Pour les salariés non rémunérés en fonction d'un nombre d'heures de travail, il faut retenir un « nombre d'heures rémunérées sur le mois » égal (c. séc. soc. art. D. 241-1-1) :
- pour un forfait annuel en heures : à 52/12 du rapport entre ce forfait et 45,7 ;
- pour les travailleurs à domicile, concierges et employés d'immeubles à usage d'habitation : à la rémunération mensuelle du mois civil/SMIC horaire ;
- pour les autres : à la rémunération mensuelle du mois civil/170 % du SMIC horaire.

Modalités déclaratives - L'option de maintien d'assiette des cotisations vieillesse conduit à distinguer les cotisations d'assurance vieillesse calculées sur le supplément d'assiette (lettre-circ. ACOSS 2005-176 du 14 décembre 2005). Cette distinction doit apparaître sur la *déclaration sociale nominative (DSN)**.

Articulation avec d'autres dispositifs - L'option pour le maintien de l'assiette des cotisations vieillesse entraîne le renoncement (c. séc. soc. art. R. 241-0-2, V) :

- à l'abattement de plafond pour les salariés exerçant leur activité à temps partiel [voir *Travail à temps partiel (abattement d'assiette)**] (c. séc. soc. art. L. 242-8) ;
- à l'abattement de plafond pour les salariés à employeurs multiples, déterminé comme si le salarié occupait un emploi à temps partiel (c. séc. soc. art. L. 242-3, al. 2).

Retraite progressive - Le dispositif de maintien d'assiette peut s'appliquer aux salariés en situation de *retraite progressive**, ceux-ci travaillant à temps partiel. Dans le cadre de la retraite progressive, le salarié est informé qu'il peut cotiser sur un salaire à temps plein, même s'il travaille à temps partiel (c. séc. soc. art. L. 351-15).

Maintien de l'assiette des cotisations AGIRC-ARRCO

Principe - Les salariés pour lesquels les cotisations d'assurance vieillesse de base sont calculées sur la base de la rémunération correspondant au temps plein peuvent obtenir auprès du régime AGIRC-ARRCO des points de retraite complémentaire calculés sur la même base (ANI du 17 novembre 2017, art. 75 ; circ. AGIRC-ARRCO 2020-02 DRJ du 20 janvier 2020, § IV. 1.4).

Conditions d'application - La décision, visant à cotiser sur la base des rémunérations reconstituées à temps plein, a un caractère individuel et nécessite donc l'accord de l'employeur et de chaque salarié concerné.

Prise en charge du surplus de cotisations salariales - Si l'employeur prend en charge le supplément de la part salariale de cotisation de retraite complémentaire lié au maintien des cotisations AGIRC-ARRCO, cette prise en charge est exclue de l'assiette des cotisations de sécurité sociale et de la base CSG/CRDS (circ. DSS/5B 2009-31 du 30 janvier 2009, § I-D). Si, à la lettre des textes, elle aurait dû être soumise au forfait social (c. séc. soc. art. L. 137-15), le BOSS indique que « la prise en charge par l'employeur de la part salariale de la cotisation de retraite complémentaire, lorsque les cotisations de retraite complémentaire sont calculées sur un temps plein alors que le salarié est employé de manière continue à temps partiel, n'est pas assujettie à forfait social » (BOSS, Assiette générale, § 400, 01/04/2021).

▶ À noter… En cas de suspension du contrat de travail pour congé parental d'éducation (c. trav. art. L. 1225-47), congé de solidarité familiale (c. trav. art. L. 3142-6), congé de proche aidant (c. trav. art. L. 3142-16) et congé de présence parentale (c. trav. art. L. 1225-62), les cotisations et contributions de retraite complémentaire peuvent être versées par l'employeur et par le salarié dans des conditions déterminées par accord collectif (ANI du 17 novembre 2017, art. 78 ; circ. AGIRC-ARRCO 2019-1 du 9 janvier 2019, § 1.2.4.3). La part salariale de ces cotisations ou contributions n'est pas non plus assimilable, lorsqu'elle est prise en charge par l'employeur, à une rémunération pendant les 6 premiers mois à compter du début du congé (c. séc. soc. art. L. 241-3-2).

Retraite progressive - Lorsque le salarié en *retraite progressive** bénéficie du dispositif de maintien de cotisations d'assurance vieillesse de base, il peut également bénéficier du mécanisme équivalent prévu par le régime de retraite complémentaire AGIRC-ARRCO (circ. AGIRC-ARRCO 2011-1 du 10 janvier 2011).

☛ *Travail à temps partiel (abattement d'assiette).*

Travail à temps partiel (statut)

Égalité de traitement avec les salariés à temps plein

Principe - Les salariés à temps partiel bénéficient des mêmes droits que les salariés à temps plein, sous réserve pour les droits conventionnels, des modalités spécifiques prévues par une convention ou un accord collectif (c. trav. art. L. 3123-5).

Période d'essai - La durée de la *période d'essai** des salariés à temps partiel ne peut pas être supérieure à celle des salariés à temps complet (c. trav. art. L. 3123-5).

Ancienneté - Le décompte de l'ancienneté pour les salariés à temps partiel est effectué comme pour les salariés à temps complet : les périodes de travail à temps partiel entrent dans l'ancienneté comme si elles avaient été travaillées à temps plein (c. trav. art. L. 3123-5).

Ainsi, un usage consistant à revaloriser le salaire après 5 ou 10 ans s'applique aux salariés travaillant à temps partiel (cass. soc. 29 janvier 2002, n° 99-44376, BC V n° 40). De même, lorsque la convention collective prévoit qu'une classification déterminée s'obtient après un certain nombre d'années de pratique professionnelle, les années accomplies par un salarié à temps partiel doivent être intégralement prises en compte (cass. soc. 7 mai 2008, n° 07-40289, BC V n° 100).

Congés payés : acquisition et rémunération - Le salarié à temps partiel a droit à un congé dont la durée, qui ne doit pas être réduite à proportion de l'horaire de travail, est égale à celle du congé d'un salarié à plein temps (cass. soc. 4 juin 1987, n° 84-41754, BC V n° 367 ; cass. soc. 10 mai 2001, n° 99-42566 D). La rémunération est égale au 1/10e de la rémunération totale, qu'il a perçue au cours de la période de référence ou, si elle est plus favorable, au montant de la rémunération qu'il aurait perçue s'il avait continué à travailler [voir *Congés payés (indemnité)**].

Congés payés : décompte - L'employeur doit procéder au calcul du nombre de jours de congés pris par le salarié et ne pas retenir uniquement les seuls jours où il devait effectivement travailler. Si le point de départ des congés est le premier jour où le salarié aurait dû travailler s'il n'était pas parti, tous les jours ouvrables jusqu'à la reprise doivent être décomptés comme jours de congés (cass. soc. 22 février 2000, n° 97-43515, BC V n° 74 ; cass. soc. 31 janvier 2012, n° 10-30935, BC V n° 46).

La règle applicable pour le décompte en jours ouvrables *(voir ci-avant)* vaut également pour le décompte en jours ouvrés. Ainsi, le décompte des congés en jours ouvrés débute le premier jour où le salarié aurait dû travailler s'il n'était pas parti et intègre tous les jours habituellement ouvrés dans l'établissement, et les seuls jours ouvrés qui auraient été travaillés par le salarié s'il avait été présent. Il est possible de prévoir un autre mode d'acquisition et de décompte des droits à congés en jours ouvrés, par accord collectif, sous réserve que cet accord respecte le principe d'égalité entre les salariés à temps plein et ceux à temps partiel (cass. soc. 12 mai 2015, n° 14-10509, BC V n° 93 ; cass. soc. 24 juin 2020, n° 18-19086 D).

Jours fériés - Les salariés à temps partiel ont droit, dans les mêmes conditions que les autres salariés, au maintien de leur salaire pendant les *jours fériés** chômés, s'ils ont travaillé la veille et le lendemain du jour férié (c. trav. art. L. 3133-3).

Titre-restaurant - Voir *Titre-restaurant**.

Rémunération

La rémunération des salariés à temps partiel doit être proportionnelle, compte tenu de la *durée du travail** et de l'*ancienneté** dans l'entreprise, à celle du salarié qui, à qualification égale, occupe à temps complet un emploi équivalent dans l'établissement ou l'entreprise (c. trav. art. L. 3123-5).

Le principe de proportionnalité s'applique, dès lors que des dispositions conventionnelles ne comportent pas de mention contraire à ce principe (cass. soc. 24 octobre 2018, n° 16-15898 D). Ainsi, en l'absence de disposition contraire dans un accord collectif instaurant un complément de salaire, celui-ci doit être proratisé pour les salariés à temps partiel en fonction de leur temps de travail (cass. soc. 7 septembre 2017, n° 16-19528, BC V n° 129).

En revanche, en l'absence de modalités spécifiques pour les salariés à temps partiel, une prime conventionnelle forfaitaire n'a pas à être proratisée en cas de temps partiel (cass. soc. 17 juin 2009, n° 08-41077, BC V n° 155 ; cass. soc. 15 septembre 2010, n° 08-45050, BC V n° 181 ; cass. soc. 11 avril 2018, n° 15-23756 D à 15-23760 D).

Indemnités de rupture

Pour les salariés occupés tantôt à temps plein, tantôt à temps partiel, l'*indemnité de licenciement** et l'*indemnité de départ à la retraite** sont calculées proportionnellement aux rémunérations perçues pendant ces différentes périodes d'emploi dans l'entreprise (c. trav. L. 3123-5).

Si le salarié est à temps partiel dans le cadre d'un *congé parental d'éducation**, son indemnité de licenciement, doit être calculée en fonction de sa rémunération à temps complet (cass. soc. 11 juillet 2018, n° 16-27825 FPPB ; CJUE 8 mai 2019, aff. C-486/18 ; cass. soc. 18 mars 2020, n° 16-27825 FPB ; cass. soc. 14 avril 2021, n° 19-21508 D).

Coupures quotidiennes

Une convention ou un accord d'entreprise ou d'établissement ou, à défaut, une convention ou un accord de branche étendu (ou agréé dans le secteur social et médico-social) peut définir la répartition des horaires de travail dans la journée de travail.

Si cette répartition comporte plus d'une interruption d'activité ou une interruption supérieure à 2 h, la convention ou l'accord définit les amplitudes horaires pendant lesquelles les salariés peuvent exercer leur activité et prévoit des contreparties spécifiques en tenant compte des exigences propres à l'activité exercée (c. trav. art. L. 3123-23).

▶ Attention... Le cas échéant, l'accord d'entreprise ou d'établissement prime sur l'accord de branche.

À défaut d'accord ou de convention, l'horaire de travail du salarié à temps partiel ne peut comporter, au cours d'une même journée, plus d'une interruption d'activité ou une interruption supérieure à 2 h (c. trav. art. L. 3123-23 et L. 3123-30).

Conventions et accords collectifs

S'il est possible de prévoir des modalités spécifiques d'application des droits conventionnels pour les salariés à temps partiel, il est, en revanche, interdit de les exclure du bénéfice d'un accord ou d'une convention collective (cass. soc. 15 janvier 2002, n° 99-42546, BC V n° 17 ; cass. soc. 16 mars 2011, n° 09-70893 D).

Accès à la durée minimale ou passage à temps plein

Modification du contrat de travail - Le passage d'un temps partiel à un temps plein, ou inversement, constitue une *modification du contrat de travail** qui requiert l'accord préalable du salarié et de l'employeur. L'employeur doit respecter les priorités d'emploi *(voir ci-après)*.

▶ À noter... En l'absence de dispositions conventionnelles, le salarié à temps partiel qui souhaite travailler à temps complet n'a aucune règle de forme à respecter pour faire sa demande à l'employeur. Il peut le solliciter oralement, même si une LRAR est toujours plus sécurisante en matière de preuve (cass. soc. 2 juin 2010, n° 09-41395, BC V n° 129).

Priorités d'accès - Bénéficient de priorité :
- les salariés à temps partiel qui souhaitent occuper ou reprendre un emploi d'une durée au moins égale à la durée minimale de travail définie par la branche, à défaut par le code du travail, (soit 24 h par semaine) [voir *Travail à temps partiel (contrat de travail)**], ou un emploi à temps complet ;
- les salariés à temps complet qui souhaitent occuper ou reprendre un emploi à temps partiel dans le même établissement, ou à défaut, dans la même entreprise.

Ces salariés ont priorité pour l'attribution (c. trav. art. L. 3123-3) :
- d'un emploi ressortissant à leur catégorie professionnelle ou d'un emploi équivalent ;
- ou, si une convention ou un accord d'entreprise ou d'établissement ou, à défaut, si une convention ou un accord de branche étendu le prévoit, d'un emploi présentant des caractéristiques différentes *(voir ci-après)*.

▶ À noter... Dès l'instant qu'un salarié remplit les conditions prévues pour bénéficier de la priorité d'emploi sur un poste disponible, l'employeur a l'obligation d'accéder à sa demande (cass. soc. 29 mars 1995, n° 91-45378, BC V n° 116 ; cass. soc. 9 juin 2004, n° 01-45463 D).

L'employeur porte à la connaissance de ces salariés la liste des emplois disponibles correspondants, y compris les contrats à durée déterminée (c. trav. art. L. 3123-3 ; cass. soc. 24 septembre 2008, n° 06-46292, BC V n° 189).

▶ Attention... La mise en ligne, via intranet, de la liste des emplois disponibles dans l'entreprise ne constitue pas un mode d'information suffisant permettant aux salariés à temps partiel d'exercer leur priorité sur un emploi à temps plein ou inversement (cass. soc. 20 avril 2005, n° 03-41802, BC V n° 152).

Thèmes ouverts à la négociation d'entreprise - Une convention ou un accord d'entreprise ou d'établissement ou, à défaut, une convention ou un accord de branche étendu peut prévoir la possibilité pour l'employeur de (c. trav. art. L. 3123-18) :
- proposer au salarié à temps partiel un emploi à temps complet ou d'une durée au moins égale à la durée minimale de travail (définie par la branche, à défaut par le code du travail) ne ressortissant pas à sa catégorie professionnelle ou un emploi à temps complet non équivalent ;
- proposer au salarié à temps complet un emploi à temps partiel ne ressortissant pas à sa catégorie professionnelle ou un emploi à temps partiel non équivalent.

Formalités des demandes de passage à temps partiel - Voir *Travail à temps partiel**.

Prise en compte dans l'effectif

Les salariés à temps partiel, quelle que soit la nature de leur contrat de travail, sont pris en compte dans l'*effectif** en divisant la somme totale des horaires inscrits dans leurs contrats de travail par la durée légale ou conventionnelle du travail (c. trav. art. L. 1111-2).

En cas de contentieux, le juge vérifie que la prise en compte de ces heures correspond à la durée du travail mensuelle effectivement accomplie par les salariés à temps partiel (cass. soc. 25 septembre 2019, n° 18-60206 FPB).

Toutefois, un accord ou une convention collective peut prévoir que les salariés à temps partiel sont comptabilisés comme des salariés à temps complet, et valent, ainsi, une unité (cass. soc. 25 janvier 2012, n° 11-60092, BC V n° 35).

Compte personnel de formation

Voir *Compte personnel de formation (mise en place et alimentation)**.

Représentation du personnel

Principe d'égalité - Les salariés à temps partiel sont électeurs et éligibles aux mandats de représentants du personnel dans les conditions de droit commun [voir *Élections professionnelles (candidats)** et *Élections professionnelles (électorat)**].

Salariés cumulant des temps partiel - Les salariés à temps partiel occupés dans plusieurs entreprises sont électeurs dans chacune d'elles. Ils ne sont éligibles que dans l'une d'elles et choisissent celle où ils font acte de candidature. Cette règle a été maintenue pour le *comité social et économique** (c. trav. art. L. 2314-19).

Crédit d'heures - Les salariés à temps partiel bénéficient d'un crédit d'heures qui n'est pas proratisé, mais qui ne peut réduire leur temps de travail de plus d'un tiers, les heures restantes devant être utilisées hors temps de travail (voir *Heures de délégation**) (c. trav. art. L. 3123-14).

Sanctions pénales

Voir *Travail à temps partiel (contrat de travail)**.

➡ *Heures complémentaires ; Travail à temps partiel.*

Travail à temps partiel (sur tout ou partie de l'année)

Le travail à temps partiel sur tout ou partie de l'année est un mode d'aménagement du temps de travail qui permet de faire fluctuer l'horaire de travail sur une période supérieure à la semaine. Il s'est substitué au travail à temps partiel modulé abrogé par la loi portant réforme du temps de travail. Les accords collectifs mettant en place le temps partiel modulé et conclus avant le 21.08.2008 continuent de s'appliquer tant qu'ils ne sont pas dénoncés (loi 2008-789 du 20 août 2008, art. 20, V, JO du 21).

Mise en place

Nécessité d'un accord collectif - Le travail à temps partiel sur tout ou partie de l'année s'inscrit dans le cadre de l'*aménagement du temps de travail** sur une période supérieure à la semaine. Une entreprise ne peut donc y recourir que si l'accord d'aménagement du temps de travail indique qu'il s'applique aux salariés à temps partiel (c. trav. art. L. 3121-44). Ce dispositif implique que l'horaire à temps partiel sera amené à évoluer tout au long de la période de référence, en fonction des semaines hautes, basses ou moyennes prévues par l'accord.

Contenu de l'accord - L'accord doit indiquer les modalités de communication et de modification de la répartition de la durée et des horaires de travail à temps partiel (c. trav. art. L. 3121-44). Selon l'administration (circ. DGT 2008-20 du 13 novembre 2008), l'accord peut ainsi prévoir :
- la répartition de la durée du travail entre les jours de la semaine ou les semaines du mois ;
- les cas dans lesquels une modification éventuelle de cette répartition peut intervenir, ainsi que la nature de cette modification ;
- les modalités selon lesquelles les horaires de travail pour chaque journée travaillée sont communiqués par écrit au salarié.

« Lissage » de la rémunération - La convention ou l'accord collectif peut prévoir que la rémunération versée chaque mois aux salariés concernés sera indépendante de l'horaire réellement effectué. Aux signataires du texte conventionnel de prévoir alors les modalités de calcul de la rémunération « lissée » (c. trav. art. L. 3121-44).

Contrat de travail

Mentions obligatoires - Le contrat de travail du salarié embauché à temps partiel sur tout ou partie de l'année doit indiquer (c. trav. art. L. 3123-6) :
- la qualification du salarié ;
- les éléments de la rémunération ;
- la durée hebdomadaire ou mensuelle du travail ;
- les limites dans lesquelles peuvent être accomplies des heures complémentaires au-delà de la durée du travail fixée par le contrat.

Dérogation au contrat de droit commun - Contrairement au contrat de travail à temps partiel sur la semaine ou sur le mois [voir *Travail à temps partiel (contrat de travail)**], le contrat de travail à temps partiel sur tout ou partie de l'année ne précise pas la répartition de la durée du travail entre les jours de la semaine ou les semaines du mois (c. trav. art. L. 3123-6). Selon l'administration, il n'indique pas non plus les cas dans lesquels l'horaire peut être modifié, ni les modalités de communication des horaires, ces informations figurant en principe dans l'accord collectif (circ. DGT 2008-20 du 13 novembre 2008).

Durée minimale - La durée de travail d'un salarié à temps partiel ne peut pas être inférieure à l'équivalent de 24 h hebdomadaires sur la période d'aménagement du temps de travail (c. trav. art. L. 3123-27).

Exemple

En cas d'aménagement sur 4 semaines, la durée minimale s'établit à 96 heures. Sur 8 semaines, elle s'élève à 192 heures. Sur l'année, sous réserve de certains paramètres (nombre de jours de congés payés, nombre de jours fériés tombant un samedi ou un dimanche, etc.), la durée minimale de travail s'établit à environ 1 100 heures.

Sur les contrats de travail auxquels s'applique cette durée minimale, en fonction de leur date de signature, ainsi que sur les cas de dérogations autorisés, voir *Travail à temps partiel (contrat de travail)**.

Modification des horaires

L'accord fixe les conditions dans lesquelles la répartition de la durée ou des horaires peut être modifiée, ce qui nécessite notamment de définir un délai de prévenance. Si l'accord n'aborde pas ce point, le délai de prévenance est fixé à 7 jours (c. trav. art. L. 3121-44 et L. 3121-47).

Heures complémentaires

Nombre d'heures complémentaires - Le salarié à temps partiel sur tout ou partie de l'année peut effectuer des heures complémentaires dans les mêmes conditions que les salariés à temps partiel à la semaine ou au mois, sous réserve que le contrat le prévoie.

Le nombre d'*heures complémentaires** est en principe limité au 1/10 de la durée hebdomadaire ou mensuelle de travail prévue dans le contrat et calculée sur la période de travail (c. trav. art. L. 3123-28).

Le nombre d'heures complémentaires peut aller jusqu'au 1/3 de la durée contractuelle si l'accord collectif le prévoit (c. trav. art. L. 3123-20). Dans ce cas, celui-ci doit comporter des garanties relatives à la mise en œuvre, pour les salariés à temps partiel, des droits reconnus aux salariés à temps complet et notamment de l'égalité d'accès aux possibilités de promotion, de carrière et de formation, ainsi qu'à la fixation d'une période minimale de travail continue et à la limitation du nombre des interruptions d'activité au cours d'une même journée (c. trav. art. L. 3123-25).

Exemple

Un salarié embauché sur la base d'un horaire hebdomadaire moyen de 25 h dans le cadre d'un aménagement du temps de travail sur 4 semaines pourra effectuer 10 h complémentaires sur la période. Si l'accord a porté cette limite au 1/3 de la durée contractuelle, le salarié pourra accomplir jusqu'à 33,33 h complémentaires (33 h 20), toujours sur 4 semaines.

Le seul dépassement du volume maximal d'heures complémentaires n'est pas de nature à entraîner la requalification du contrat à temps partiel en contrat à temps complet, sous réserve que la durée de travail du salarié n'ait pas atteint la durée légale hebdomadaire de travail ou, si elle lui est inférieure, la durée fixée conventionnellement (cass. soc. 17 février 2021, n° 18-16298 FSPI). En revanche, le salarié peut à notre sens prétendre à des dommages et intérêts s'il parvient à prouver un préjudice.

Majoration de salaire - Les *heures complémentaires** sont majorées dans les mêmes conditions que celles effectuées dans le cadre du temps partiel classique. La majoration s'établit donc à (c. trav. art. L. 3123-21 et L. 3123-29) :

- 10 % pour les heures accomplies dans la limite de 1/10 de l'horaire contractuel ;
- 25 % pour les heures effectuées au-delà de 1/10 (sauf taux différent défini par convention ou accord de branche étendu, avec un plancher de 10 %).

Interdiction d'atteindre la durée légale - L'accomplissement d'heures complémentaires ne doit pas amener l'horaire du salarié à temps partiel à hauteur de la durée légale de travail ou de la durée fixée conventionnellement (c. trav. art. L. 3123-9). Une durée moyenne de travail supérieure ou égale sur l'année à celle d'un salarié à temps complet entraîne la requalification du contrat de travail.

Selon l'administration, le salarié peut malgré tout travailler 35 h, voire plus, une semaine donnée. L'essentiel est que, en moyenne sur la période, la durée de travail n'atteigne pas 35 h ou la durée fixée conventionnellement (circ. DGT 2008-20 du 13 novembre 2008).

Exemple de répartition d'un horaire à temps partiel sur une période de 8 semaines

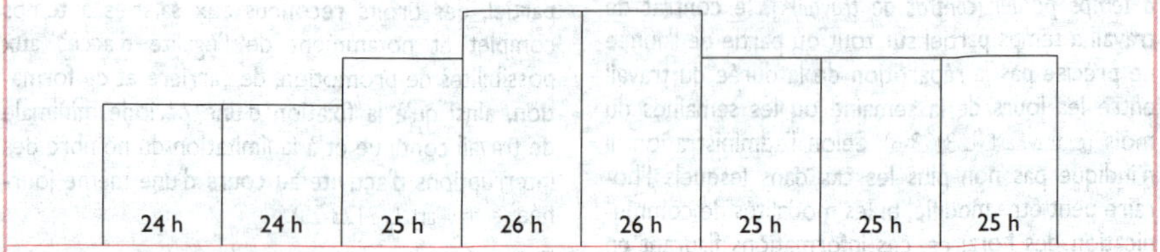

Durée du travail sur la période : 200 h.
Durée moyenne hebdomadaire : 25 h.
Volume d'heures complémentaires autorisé (en l'absence d'accord collectif prévoyant un plafond supérieur) : 20 h sur la période (1/10 de 200 h).

Réajustement du contrat

Hypothèse de réajustement - Lorsque le salarié accomplit régulièrement des heures complémentaires de sorte que, en moyenne, il travaille au-delà de la durée prévue au contrat, cette durée doit être réajustée en conséquence (c. trav. art. L. 3123-13).

Si la période de référence est inférieure ou égale à 15 semaines, le réajustement devra être envisagé dès lors que, sur 12 semaines consécutives ou pendant 12 semaines au cours d'une période de 15 semaines, l'horaire réellement accompli par le salarié a dépassé de 2 heures au moins par semaine - ou de l'équivalent mensuel de cette durée, soit 8,67 h - la durée prévue au contrat.

Si la période de référence est supérieure à 15 semaines, le dépassement est évalué sur la durée de cette période. Le seuil de réajustement est là encore de 2 heures par semaine ou de l'équivalent mensuel de cette durée.

Exemple

Le contrat de travail est aménagé sur une période de 20 semaines. Il prévoit une durée mensuelle de travail de 120 h. Le salarié a travaillé 600 h au cours de la période, soit en moyenne 130 h par mois, alors que le seuil de réajustement prévu par la loi est de 128,67 h (120 h + 8,67 h). Le réajustement doit, dès lors, être envisagé.

Modalités du réajustement - L'employeur doit informer le salarié qu'il est sur le point de modifier son horaire contractuel de travail pour le porter à hauteur de l'horaire moyen réellement accompli. Le salarié dispose alors d'un délai de 7 jours pour éventuellement s'opposer à cette modification. En l'absence de refus dans le délai imparti, le contrat est modifié.

Interruptions d'activité

La journée de travail d'un salarié à temps partiel sur tout ou partie de l'année ne doit, en principe, pas comporter plus d'une interruption d'activité, laquelle ne doit pas excéder 2 h, sauf dérogation prévue par un accord collectif (c. trav. art. L. 3123-23 et L. 3123-30). Sur ce point, les salariés à temps partiel sur tout ou partie de l'année sont soumis aux mêmes règles que les salariés à temps partiel à la semaine ou au mois [voir *Travail à temps partiel (statut)**].

☛ *Aménagement du temps de travail ; Heures complémentaires ; Travail à temps partiel ; Travail à temps partiel (contrat de travail) ; Travail à temps partiel (statut).*

Travailleurs étrangers

Pour accéder au territoire français, les ressortissants étrangers doivent généralement disposer d'un passeport accompagné d'un titre de séjour à l'exception des ressortissants de certains États de l'Union européenne, de l'Espace économique européen (Islande, Norvège, Liechtenstein), de la Suisse, de la république de Saint-Marin et des principautés de Monaco et d'Andorre. Si leur titre de séjour n'autorise pas à travailler, ils doivent en outre disposer d'une autorisation de travail.

▶ Attention… Dans le contexte d'une législation particulièrement évolutive et à laquelle de lourdes sanctions civiles et pénales sont attachées, il est, à notre sens, vivement recommandé, avant toute décision en la matière, de se rapprocher des organismes institutionnels de référence, et notamment :
- de l'*Office français de l'immigration et de l'intégration** (www.ofii.fr) ;

- des services déconcentrés du ministère du Travail (DREETS ; www.immigration-professionnelle.gouv.fr, etc.).

☞ *Office français de l'immigration et de l'intégration ; Travailleurs étrangers (emploi irrégulier) ; Travailleurs étrangers (recrutement de) ; Travailleurs étrangers (statut) ; Union européenne (UE).*

Travailleurs étrangers (emploi irrégulier)

Sanctions pénales

Interdiction - Nul ne peut, directement ou indirectement, embaucher, conserver à son service ou employer pour quelque durée que ce soit un étranger non muni d'un titre l'autorisant à exercer une activité salariée en France. Il est également interdit d'engager ou de conserver à son service un étranger dans une catégorie professionnelle, une profession ou une zone géographique autres que celles qui sont mentionnées, le cas échéant, sur le titre lui permettant d'exercer une activité salariée (c. trav. art. L. 8251-1).

Emploi irrégulier - L'emploi d'un étranger non muni d'un titre de travail est passible d'une amende de 15 000 € et d'un emprisonnement de 5 ans. Lorsque l'infraction d'emploi irrégulier est commise en bande organisée, les peines sont portées à 10 ans d'emprisonnement et à 100 000 € d'amende (c. trav. art. L. 8256-2). L'amende est appliquée autant de fois qu'il y a d'étrangers concernés. La fermeture des locaux ou établissements tenus ou exploités où les faits se sont produits est aussi encourue (c. trav. art. L. 8256-4).

L'employeur peut aussi se voir condamné à rembourser les frais médicaux de la CPAM si le salarié a eu un accident de travail (cass. crim. 8 août 2018, n° 17-84920 P).

Fausse déclaration - Le fait de se rendre coupable de fraude ou de fausse déclaration pour obtenir, faire obtenir ou tenter de faire obtenir à un étranger le titre de séjour permettant l'activité salariée est puni d'un an d'emprisonnement et de 3 000 € d'amende (c. trav. art. L. 8256-1).

Interdiction d'activité - L'employeur personne physique poursuivi pour emploi irrégulier encourt notamment pour 5 ans au plus (c. trav. art. L. 8256-3) :
- l'interdiction d'exercer, directement ou par personne interposée, l'activité professionnelle dans l'exercice, ou à l'occasion de l'exercice, de laquelle l'infraction a été commise ;
- l'exclusion des marchés publics.

▶ À noter... Pour toutes les infractions liées à l'emploi d'un étranger, la responsabilité pénale de la personne morale peut être engagée (c. trav. art. L. 8256-7).

Interdiction de séjour - S'il est lui-même étranger, l'employeur peut être condamné à :
- une interdiction de séjour pour une durée de 5 ans au plus (c. trav. art. L. 8256-3) ;
- l'interdiction du territoire français pour une durée de 10 ans au plus ou à titre définitif (c. trav. art. L. 8256-6).

Rôle de l'inspecteur du travail - Les inspecteurs du travail sont habilités à constater les infractions relatives aux conditions d'entrée et de séjour des étrangers en France (c. trav. art. L. 8112-2). À cet effet, ils peuvent demander aux employeurs et aux personnes occupées dans tous les établissements soumis au code du travail de justifier de leur identité et de leur adresse (c. trav. art. L. 8113-2).

Sanctions pécuniaires

Contributions calculées par l'OFII et recouvrées par l'État - L'employeur d'un salarié étranger en situation irrégulière doit, en plus des sanctions pénales, verser à l'État deux contributions calculées par l'*Office français de l'immigration et de l'intégration** :
- une contribution forfaitaire représentative des frais de réacheminement de l'intéressé dans son pays d'origine (CESEDA art. L. 822-2 à L. 822-4) ;
- une contribution spéciale due pour chaque étranger employé de façon irrégulière. Le montant de cette contribution spéciale s'élève à 5 000 fois le taux horaire du *minimum garanti**. En cas de non-cumul d'infractions ou de paiement spontané par l'employeur des salaires et indemnités dus au salarié, ce montant est réduit à 2 000 fois ce taux. Dans ce dernier cas, s'il n'y a qu'un seul étranger employé sans titre de travail, ce montant est réduit à 1 000 fois ce taux. En revanche, en cas de récidive, il est porté à 15 000 fois ce même taux (c. trav. art. L. 8253-1, R. 8253-1 et R. 8253-2).

▶ Attention... Depuis le 1er mai 2021, le code de l'entrée et du séjour des étrangers et du droit d'asile (CESEDA) a été recodifié (ord. 2020-1733 du 16 décembre 2020, JO du 30 ; décret 2020-1734 du 16 décembre 2020, JO du 30).

Le taux du *minimum garanti** pris en compte est celui en vigueur à la date de constatation de l'infraction.

Le Conseil constitutionnel considère que le cumul éventuel de sanctions pécuniaires et de sanctions pénales dont la nature est différente est conforme à la constitution (c. trav. art. L. 8253-1 et L. 8256-2 ; c. constit. décision 2016-621 QPC du 30 mars 2017).

L'administration doit communiquer le P-V constatant l'infraction à l'employeur qui en fait la demande. Néanmoins, elle peut occulter les mentions étrangères à cette infraction et susceptibles de donner lieu à des poursuites pénales (CE 29 juin 2016, n° 398398). De plus, si l'administration entend imposer à un employeur le versement de la contribution, elle doit l'avoir informé de la possibilité de se voir communiquer le P-V (CE 30 décembre 2021, n° 437653).

Rôle de l'OFII - La procédure de perception est initiée par l'OFII et ouvre à l'employeur la possibilité de faire valoir ses observations (CESEDA art. R. 822-4).

▶ À noter… Le versement de la contribution spéciale ne fait pas obstacle aux poursuites judiciaires pouvant être engagées à l'encontre de l'employeur (c. trav. art. L. 8253-1).

Sanctions applicables au salarié

Le salarié étranger qui exerce une activité salariée sans titre de travail peut se voir retirer sa carte de séjour temporaire ou sa carte de séjour pluriannuelle [voir *Travailleurs étrangers (recrutement de)**] (CESEDA art. L. 432-6, L. 432-7 et R. 432-4).

Sort du salarié

Information du salarié - Lorsqu'un agent de l'administration constate qu'un travailleur étranger est irrégulièrement employé, il lui remet un document l'informant de ses droits au titre de l'exécution et de la rupture du contrat de travail (c. trav. art. R. 8252-1 et R. 8252-2).

Assimilation à un salarié régulièrement engagé - À compter de la date de son embauche, le salarié étranger employé sans titre de travail doit bénéficier :

- des garanties du code du travail relatives à la maternité, à la durée du travail, aux repos et congés, à la santé et la sécurité au travail et à la prise en compte de l'ancienneté dans l'entreprise (c. trav. art. L. 8252-1) ;

- du salaire et de ses accessoires (salaire de base, primes, majorations, etc.) restant dus pour la période de travail effectuée, la relation de travail devant être rémunérée est présumée avoir duré 3 mois, sauf preuve contraire apportée par le salarié par tous moyens (c. trav. art. L. 8252-2).

▶ À noter… Le transfert du contrat de travail au nouveau titulaire d'un marché, en vertu de dispositions conventionnelles applicables en cas de changement de prestataire de services (voir *Modification de la situation juridique de l'employeur**), ne s'applique pas au travailleur étranger non muni du titre l'autorisant à exercer une activité salariée en France (cass. soc. 17 avril 2019, n° 18-15321 FSPB).

Irrégularité de la situation justifiant en elle-même le licenciement - Le travailleur étranger en situation irrégulière, que ce soit dès l'origine ou lors d'une absence ou d'un refus de renouvellement d'un titre valable, peut être licencié pour ce seul motif. Le licenciement échappe alors aux règles « classiques » applicables en matière de licenciement pour ce qui concerne :

- l'exigence d'une cause réelle et sérieuse, en effet, l'irrégularité de la situation d'un travailleur étranger est une cause objective justifiant en elle-même la rupture du contrat. En conséquence de quoi, l'intéressé n'a pas droit aux dommages-intérêts pour licenciement sans cause réelle et sérieuse (cass. soc. 4 juillet 2012, n° 11-18840, BC V n° 209 ; cass. soc. 1er octobre 2014, n° 13-17745 D) ;
- le respect de la procédure (ainsi, l'employeur n'est pas tenu d'organiser un entretien préalable à la rupture du contrat) (cass. soc. 13 novembre 2008, n° 07-40689, BC V n° 221).

Il convient de noter que la maternité d'une salariée étrangère sans autorisation de travail ne rend pas son licenciement impossible, en effet l'interdiction d'employer des étrangers sans titre de travail l'emporte sur la protection de la maternité (cass. soc. 15 mars 2017, n° 15-27928, BC V n° 51).

▶ À noter… La rupture du contrat fondée sur la situation irrégulière du salarié est possible, autant lorsque la situation du travailleur est irrégulière depuis son embauche, que lorsqu'elle l'est devenue du fait du non-renouvellement de son titre de séjour et de travail. Toutefois, dans ce dernier cas, si le travailleur a demandé le renouvellement d'une carte de résident ou d'un titre de séjour d'une durée supérieure à 1 an et valant autorisation de travail salarié ou d'une carte de séjour pluriannuelle d'une durée de 4 ans, il continue à bénéficier du droit d'exercer une activité professionnelle attaché au titre en cause, entre la date d'expiration du titre et la décision de renouvellement, dans la limite de 3 mois (CESEDA art. L. 433-3). Une rupture du contrat de travail dans ce délai ne serait donc pas justifiée.

Toutefois, la rupture du contrat de travail du salarié étranger fondée sur l'irrégularité de sa situation ne le prive pas de toute indemnisation *(voir ci-après)*.

Indemnisation de la rupture du contrat - L'employeur doit verser une indemnité forfaitaire de rupture égale à 3 mois de salaire ou les indemnités de rupture légales, conventionnelles ou contractuelles si elles sont plus favorables au salarié (c. trav. art. L. 8252-2 ; cass. soc. 29 janvier 2008, n° 06-44983 BC V n° 27 ; cass. soc. 28 septembre 2011, n° 09-70543 D).

Les indemnités de rupture à prendre en compte dans cette comparaison avec l'indemnité forfaitaire sont les suivantes (c. trav. art. L. 8252-2) :

- indemnité de licenciement (c. trav. art. L. 1234-9) et indemnité compensatrice de préavis (c. trav. art. L. 1234-5) pour un salarié en contrat à durée indéterminée. Dans ce cadre, quand l'indemnité de préavis est due (salarié engagé irrégulièrement), elle doit être versée même si le préavis ne peut pas être exécuté en raison de l'impossibilité pour le salarié de travailler en France (cass. soc. 13 février 2013, n° 11-23920, BC V n° 37) ;
- indemnité pour rupture anticipée et injustifiée par l'employeur (c. trav. art. L. 1243-4) et indemnité de précarité (c. trav. art. L. 1243-8), pour un salarié en contrat à durée déterminée.

▶ À noter... En revanche, l'employeur qui diligente la procédure de licenciement d'une salariée (embauchée régulièrement) après qu'elle l'ait informé qu'elle ne bénéficiait plus d'une autorisation de travail, n'a pas à verser l'indemnité compensatrice de préavis (cass. soc. 3 avril 2019, n° 17-17106 FPPB).

Les autres indemnités de toute nature (ex. : de congés payés, etc.) peuvent se cumuler avec l'indemnité forfaitaire (cass. soc. 12 janvier 2006, n° 03-46800, BC V n° 13).

En cas de préjudices particuliers, l'employeur peut avoir à verser des dommages-intérêts au salarié (c. trav. art. L. 8252-2 ; cass. soc. 22 novembre 1995, n° 92-42070 D).

Ce n'est qu'en cas de fraude du salarié et en l'absence de toute faute de l'employeur dans la vérification du titre de travail apparemment régulier, que ce dernier peut procéder à un licenciement pour faute grave privatif des indemnités de rupture et de l'indemnité forfaitaire (cass. soc. 18 février 2014, n° 12-19214, BC V n° 56) [Voir *Travailleurs étrangers (statut)**]. L'irrégularité de la situation du salarié ne constitue pas à elle seule une faute grave privant le salarié de ces indemnités de rupture. Ainsi l'employeur qui invoque dans la lettre de rupture le fait que le salarié ne possédait pas d'autorisation de travail valable sur le territoire français, sans invoquer la production d'un faux titre de séjour, ne peut pas se dispenser de verser les indemnités de rupture (cass. soc. 4 juillet 2012, n° 11-18840, BC V n° 209 ; cass. soc. 1er octobre 2014, n° 13-17745 D) [Voir *Travailleurs étrangers (statut)**]. Enfin l'employeur étant tenu légalement de s'assurer avant son engagement de la nationalité du salarié et de la détention par celui-ci d'un titre l'autorisant à exercer une activité professionnelle, il ne peut donc pas invoquer un dol (vice du consentement) et réclamer l'annulation du contrat alors qu'il s'était contenté de la seule production d'une carte de sécurité sociale (cass. soc. 25 septembre 2012, n° 11-19712 D).

Emploi irrégulier et travail dissimulé - Si le travailleur en situation irrégulière a par ailleurs été employé dans le cadre du *travail dissimulé**, il peut prétendre à l'indemnité la plus favorable entre l'indemnisation telle que calculée ci-dessus et l'indemnité forfaitaire de 6 mois prévue en cas de travail dissimulé, en sachant que cette dernière peut se cumuler avec toutes les autres indemnités de rupture du contrat de travail, y compris avec l'indemnité légale ou conventionnelle de licenciement (c. trav. art. L. 8223-1 et L. 8252-2 ; cass. soc.14 février 2018, n° 16-22335, BC V n° 28 ; cass. soc. 6 février 2013, n° 11-23738, BC V n° 31).

L'appréciation de l'indemnisation la plus favorable est faite par le juge en cumulant toutes les sommes devant être versées dans chaque hypothèse, y compris les rappels de salaire et les indemnités forfaitaire de rupture (cass. soc. 18 mars 2020, n° 18-24982 FPB).

Cas du représentant du personnel - L'employeur n'a pas à solliciter d'autorisation administrative de licenciement auprès de l'inspection du travail pour rompre le contrat de travail d'un représentant du personnel étranger irrégulièrement embauché, car celui-ci ne peut pas bénéficier de la protection spéciale des représentants du personnel (CE 13 avril 1988, n° 74346). Il en va de même lorsque son autorisation de travail n'a pas été renouvelée car le salarié ne bénéficie plus de la protection spéciale (cass. soc. 10 octobre 1990, n° 88-43683, BC V n° 453 ;

cass. soc. 17 novembre 2021, n° 20-11911 D ; Guide DGT, septembre 2019, fiche 4, § 1.4).

☛ *Office français de l'immigration et de l'intégration ; Travailleurs étrangers (recrutement de) ; Travailleurs étrangers (statut).*

Travailleurs étrangers (recrutement de)

Autorisation de travail sauf exceptions

Autorisation de travail exigé - Un étranger autorisé à séjourner en France doit en principe disposer d'une autorisation de travail et le cas échéant un certificat médical, pour pouvoir exercer une activité professionnelle (c. trav. art. L. 5221-2, L. 5221-5 et R. 5221-1 ; CESEDA art. L. 414-10, L. 421-1 à L. 421-4 et R. 431-18 ; www.ofii.fr ; www.immigration-professionnelle.gouv.fr).

La délivrance de cette autorisation suppose que le demandeur soit par ailleurs titulaire d'un titre de séjour (c. trav. art. R. 5221-3).

▶ Attention… Le code de l'entrée et du séjour des étrangers et du droit d'asile (CESEDA) a été recodifié depuis le 1.05.2021 (ord. 2020-1733 du 16 décembre 2020, JO du 30 ; décret 2020-1734 du 16 décembre 2020, JO du 30).

Titres valant autorisation de travail - Les principaux documents constitutifs d'une autorisation de travail sont énumérés par le code du travail (voir tableau reproduit dans cette étude) (c. trav. art. R. 5221-3). Ils sont valables soit sur l'ensemble du territoire métropolitain, départements d'outre-mer, soit sur une zone déterminée en fonction de la situation de l'emploi (c. trav. art. R. 5221-8-1 à R. 5221-9).

La demande d'autorisation de travail des catégories 4, 8, 9, 13 et 14 ci-dessous est faite par l'employeur ou une personne mandaté par lui (c. trav. art. R. 5221-11).

Elle est adressée au préfet du département de résidence si l'étranger est déjà sur le territoire national, ou du département de l'établissement où il sera rattaché accompagnée des pièces justificatives nécessaires (c. trav. art. R. 5221-15 et R. 5221-16 ; arrêté du 28 octobre 2016, JO 30).

Dispenses pour certains ressortissants (UE, EEE et Suisse) - Pour exercer une activité salariée en France, les ressortissants de l'*Union européenne (UE)**, de l'Espace économique européen (EEE) (Islande, Norvège, Liechtenstein) et de Suisse n'ont pas à justifier d'une autorisation de travail. Par exception, les ressortissants des pays nouvellement adhérents doivent détenir une autorisation de travail pendant une période transitoire (c. trav. art. R. 5221-1 et R. 5221-2). Ce régime dérogatoire a de plus été étendu par des accords bilatéraux aux ressortissants de la république de Saint-Marin et des principautés de Monaco et d'Andorre.

▶ À noter… Depuis le 1.01.2022, du fait de la finalisation du « brexit », tout ressortissant britannique doit justifier d'une autorisation de travail.

Dispense d'autorisation de travail pour certaines catégories de travailleurs étrangers - Sont également dispensés d'autorisation de travail (c. trav. art. L. 5221-2-1, R. 5221-2 et D. 5221-2-1) :
- les salariés détachés travaillant de façon régulière et habituelle pour le compte d'un employeur établi sur le territoire d'un État membre de l'*Union européenne (UE)** ;
- certains praticiens de santé titulaire d'un titre permettant d'exercer dans le pays d'obtention ou affectés à titre transitoire dans un établissement de santé ;
- les titulaires d'une carte de résident, de certaines cartes de séjour temporaire ou pluriannuelle ou d'une autorisation provisoire de séjour ;
- les étrangers exerçant une activité salariée, pour une durée inférieure ou égale à 3 mois, dans certains domaines fixés par décret (à savoir, les manifestations sportives, culturelles, artistiques et scientifiques ; les colloques, séminaires et salons professionnels ; la production et la diffusion cinématographiques, audiovisuelles, du spectacle et de l'édition phonographique, pour les artistes du spectacle ou le personnel technique attaché directement à la production ou à la réalisation ; le mannequinat et la pose artistique ; les services à la personne et les employés de maison pendant le séjour en France de leurs employeurs particuliers ; les missions d'audit et d'expertise en informatique, gestion, finance, assurance, architecture et ingénierie en cas de détachement (c. trav. art. L. 1262-1) ; les activités d'enseignement dispensées, à titre occasionnel, par des professeurs invités) (c. trav. art. D. 5221-2-1 ; L. 1262-1 ; information INTV1631339 du 2 novembre 2016 et INTV1637301 du 19 décembre 2016).

▶ À noter… Dans le cadre de la conclusion d'un contrat de sous-traitance, le donneur d'ordres est également tenu de procéder à certaines vérifications (voir *Travail dissimulé**).

Principaux documents constituant une autorisation de travail
1/ Carte de résident (CESEDA art. L. 414-10)
La carte de résident est délivrée pour une durée de 10 ans, renouvelable. Elle permet d'exercer toute activité salariée sans limitation d'activité.
2/ Carte de séjour pluriannuelle « passeport talent » et « passeport talent (famille) »(CESEDA art. L. 421-9 à L. 421-13 et L. 421-22) **(1)**
Cette carte vise à renforcer l'attractivité de la France envers les talents internationaux. Elle est octroyée au ressortissant étranger et à sa famille et concerne une dizaine de catégories de travailleurs hautement qualifiés, talentueux, de renommée nationale ou internationale, etc. (chercheurs, artistes, domaines scientifiques, artistiques, intellectuels, éducatifs, sportifs, artisanaux…). Sa délivrance est facilitée pour des salariés visant à travailler pour des entreprises innovantes ou susceptibles de participer au développement ou au rayonnement de la France. Elle est délivrée pour la durée du contrat de travail qui en justifie la délivrance ou dans les autres cas pour une durée de 4 ans. Elle permet d'exercer l'activité pour laquelle elle a été délivrée ou toute activité salariée selon les cas (c. trav. art. R. 5221-3).
3/ Carte de séjour temporaire « stagiaire ICT (famille) »(CESEDA art. L. 421-32) **(2)**
Cette carte concerne les familles des étrangers employés par un groupe situé hors de France qui viennent effectuer un stage dans un établissement ou une entreprise du groupe situé en France et qui sont à ce titre titulaires de la carte de séjour « stagiaire ICT ». Elle est délivrée pour la durée de la convention de stage du titulaire de la carte de séjour et donne droit à l'exercice d'une activité professionnelle.
4/ Carte de séjour pluriannuelle « travailleur saisonnier »(CESEDA art. L. 421-34)
Cette carte attribuée pour une durée d'au plus 3 ans est délivrée à l'étranger pour l'exercice d'emplois à caractère saisonnier*. Elle donne à son titulaire le droit de séjourner et de travailler en France pendant la ou les périodes qu'elle fixe et qui ne peuvent dépasser une durée cumulée de 6 mois par an.
5/ Carte de séjour pluriannuelle « salarié détaché ICT »(CESEDA art. L. 421-26)
Cette carte de séjour pluriannuelle « salarié détaché ICT » et « salarié détaché mobile ICT » vise le cas de l'étranger détaché en France par le groupe qui l'emploie pour effectuer une mission (c. trav. art. L. 1262-1, 2°). Il occupe un poste d'encadrement supérieur ou d'expertise dans un établissement ou une entreprise du groupe qui l'emploie. Cette mission ne peut excéder 3 ans. Le salarié peut exercer la mission prévue dans le cadre du détachement. Les personnes de sa famille titulaires de la carte « salarié détaché ICT (famille) » ou « salarié détaché mobile ICT (famille) » peuvent exercer une activité professionnelle. Si le salarié détaché ne peut bénéficier de cette carte car il n'occupe pas de fonctions d'encadrement supérieur, il doit être titulaire de la carte de séjour « travailleur temporaire » (circ. précité, § 1.3.2.3.2).
6/ Carte de séjour pluriannuelle générale « salarié »(CESEDA art. L. 433-4)
Cette carte est délivrée pour 4 ans. Elle permet l'exercice de toute activité professionnelle salariée. Elle est généralement attribuée après un séjour régulier d'1 an en France.
7/ Carte de séjour temporaire ou pluriannuelle « étudiant » ou « étudiant-programme de mobilité » (CESEDA art. L. 422-1, L. 422-6)
La carte de séjour délivrée à l'étranger qui suit des études en France donne droit à l'exercice, à titre accessoire, d'une activité professionnelle salariée dans la limite dans la limite d'une durée annuelle de travail égale à 964 heures (c. trav. art. R. 5221-26).
8/ Carte de séjour temporaire « salarié »(CESEDA art. L. 426-11)
Cette carte est d'une durée maximale d'un an est délivrée sur le fondement du 1° de l'article L. 313-10 à l'étranger qui justifie d'un contrat à durée indéterminée.
9/ Carte de séjour temporaire « travailleur temporaire »(CESEDA art. L. 426-11)
Cette carte est délivrée à l'étranger qui justifie d'un contrat à durée déterminée, quelle que soit la durée de celui-ci ou relève des cas de détachement prévus aux articles L. 1262-1 et L. 1262-2 du code du travail ou des salariés détachés qui ne relèvent pas de la carte de « séjour passeport talent » ou « salarié détaché ICT ». Elle est délivrée pour une durée identique à celle du contrat de travail ou du détachement, dans la limite d'un an. Elle peut être renouvelée.
10/ Carte de séjour temporaire ou pluriannuelle « vie privée et familiale »(CESEDA art. L. 423-14, L. 425-1, L. 425-6)
Cette carte permet l'exercice de toute activité professionnelle salariée.
11/ Carte de séjour temporaire « vie privée et familiale » / visa long séjour « vie privée et familiale » (CESEDA art. L. 423-14, L. 425-1, R. 431-16)

Principaux documents constituant une autorisation de travail
Cette carte concerne les ressortissants étrangers justifiant d'attaches personnelles et familiales en France. Les différents cas sont énumérés dans le CESEDA. Il peut s'agir par exemple d'un enfant d'étranger résidant en France, du conjoint d'un français ou encore du conjoint d'un étranger résidant en France. Cette carte est délivrée pour une durée d'un an, renouvelable. **À noter :** La carte délivrée au conjoint d'un étranger ayant acquis dans un autre État membre le statut de résident de « longue durée – communauté européenne » ne lui donne pas le droit de travailler pendant l'année qui suit la première délivrance (CESEDA art. L. 426-12).
12/ Récépissé de première demande ou de demande de renouvellement d'un titre de séjour portant la mention « autorise son titulaire à travailler »
Le récépissé confère à son détenteur le droit d'exercer une activité salariée lorsqu'il porte la mention « autorise son titulaire à travailler » (CESEDA art. R. 425-3).
13/ Carte de séjour temporaire portant la mention « recherche d'emploi ou création d'entreprise » (CESEDA art. L. 422-10, L. 422-14)
Elle est délivrée aux étrangers qui ont été titulaires d'une carte de séjour « étudiant » et qui ont obtenu un diplôme au moins équivalent au grade de master ou figurant sur une liste fixée par décret ou aux étrangers titulaires du « passeport talent mention chercheur » ayant achevé leurs travaux de recherche, qui entendent compléter leur formation par une première expérience professionnelle ou justifient d'un projet de création d'entreprise dans un domaine correspondant à leur formation ou à leurs recherches. En principe elle est délivrée pour 12 mois et n'est pas renouvelable.
14/ Carte de séjour délivrée au ressortissant d'un État membre de l'Union européenne soumis à des mesures transitoires ou au membre de sa famille portant la mention « Toutes activités professionnelles »
Elle permet l'exercice d'une activité professionnelle salariée dans le respect des termes de l'autorisation de travail accordée ou dans certains cas toute activité professionnelle salariée (c. trav. art. R. 5221-3, 13°).
16/ Autorisation provisoire de travail
D'une durée maximale de 12 mois renouvelable, délivrée soit à l'étranger salarié qui, par la nature de son séjour ou de son activité, ne relève pas du champ d'application des autorisations de travail précitées, soit à l'étudiant qui, en raison de son cursus, dépasse la durée annuelle de travail prévue par le CESEDA (CESEDA art. L. 422-1). Elle permet l'exercice de l'activité professionnelle salariée dans le respect des termes de l'autorisation provisoire de travail accordée.
17/ Autorisation provisoire de séjour (APS) des parents d'enfants soignés en France(CESEDA art. L. 311-12)
Elle est délivrée aux parents d'un enfant étranger malade soigné en France et permet l'exercice de toute activité professionnelle salariée. Elle est délivrée pour 6 mois et peut être renouvelée pendant la durée de la prise en charge médicale de l'enfant mineur.
18/ Formulaire de demande d'autorisation de travail revêtu du visa accordée par le préfet
Délivré ne donne pas droit à l'exercice d'une activité professionnelle dans l'année qui dans l'attente de la délivrance des cartes de séjour mentionnées aux 8° et 9° ci-dessus. Il permet l'exercice de l'activité professionnelle salariée dans le respect des termes de l'autorisation de travail accordée.
18/ Visa d'une durée supérieure à trois mois (CESEDA art. R. 431-6)
Il permet l'exercice d'une activité professionnelle salariée (c. trav. art. R. 5221-3, 17°).
19/ Carte de séjour portant la mention « Carte de séjour de membre de la famille d'un citoyen de l'Union/ EEE/ Suisse-toutes activités professionnelles »(CESEDA art. R. 233-11)
Elle est délivrée au salarié non ressortissant d'un État membre de l'Union européenne, d'un autre État partie à l'Espace économique européen ou de la Confédération suisse (CESEDA art. R. 233-15). Elle permet l'exercice de toute activité professionnelle salariée.
20/ Carte de séjour pluriannuelle portant la mention « bénéficiaires de la protection subsidiaire » ou « du statut d'apatride »
Elle est délivrée aux personnes réfugiées en France s'étant vu reconnaître le bénéfice de la protection subsidiaire ou du statut d'apatride (CESEDA art. L. 424-9 à L. 424-11 et art. L. 424-18 à L. 424-20). Elle permet l'exercice d'une activité professionnelle salariée
1) Une directive européenne (dir. 2021/1883 du 20 octobre 2021, JOUE du 28) imposera, au plus tard le 18 novembre 2023, d'assouplir les conditions d'obtention de la carte de séjour pluriannuelle « passeport talent, carte bleue européenne » (CESEDA, art. L. 421-11 et R. 421-21 à R. 421-25 nouveaux). 2) ICT : Intra Corporate Transfer

Procédures à respecter par l'employeur

Vérification de l'existence d'une autorisation de travail - Si l'étranger (qui ne relève pas des cas de dispenses d'autorisation de travail) indique être titulaire d'une autorisation de travail, l'employeur doit s'assurer auprès des administrations territorialement compétentes de l'existence du titre l'autorisant à exercer une activité salariée en France, sauf si cet étranger (c. trav. art. L. 5221-8, R 5221-41, R. 5221-43 et R. 5221-44) :

- est inscrit sur la liste des demandeurs d'emploi tenue par Pôle emploi ;
- ou s'il s'agit d'un intérimaire (et que l'entreprise d'intérim s'est assurée que le travailleur étranger disposait d'une autorisation de travail).

Pour cela, l'employeur saisit le préfet du département du lieu d'embauche ou du préfet de police à Paris pour faire authentifier le titre présenté par l'étranger (c. trav. art. R. 5221-42). Il doit envoyer une lettre datée, signée et recommandée avec avis de réception ou un courrier électronique, comportant la transmission d'une copie du document produit par l'étranger, au moins 2 jours ouvrables avant la date d'effet de l'embauche (c. trav. art. R. 5221-41 et R. 5221-42).

Le préfet répond (par courrier ou courrier électronique) dans les 2 jours ouvrables à compter de la réception de la demande.

La déclaration nominative de l'employeur établie pour l'emploi de certains étrangers étudiants vaut accomplissement de la vérification de l'existence des autorisations de travail à défaut de réponse du préfet dans un délai de 2 jours ouvrables à compter de la réception de cette déclaration (c. trav. art. L. 5221-9 et R. 5221-45).

Demande de changement de statut - Si le candidat étranger est titulaire d'un titre de séjour n'autorisant pas à travailler en France, l'employeur dépose lui-même la demande d'autorisation de travail auprès du préfet compétent (c. trav. art. R. 5221-1, R. 5221-3 et R. 5221-14).

▶ À noter… Si la demande concerne un salarié détaché temporairement par une entreprise qui n'est pas établie en France ou, s'il s'agit de travail temporaire, la démarche incombe au donneur d'ordre établi en France ou à l'entreprise utilisatrice.

La liste des documents à fournir dépend du type d'autorisation de travail nécessaire (arrêté du 1er avril 2021, JO du 2, texte n° 17) et certaines conditions encadrent cette possibilité de demander une autorisation de travail :

- l'emploi doit relève de la liste des « métiers en tension » (arrêté du 1er avril 2021, JO du 2, texte n° 16) ou avoir fait l'objet d'une offre d'emploi publiée pendant 3 semaines auprès d'un organisme du service public de l'emploi (ex. : Pôle emploi, missions locales) sans recueillir de candidature adéquate ;
- l'employeur doit respecter la législation sociale (entreprise à jour de ses déclarations sociales, pas de condamnation pénale ni de sanctions administratives en matière de travail illégal ou de manquement à l'obligation de sécurité) (c. trav. art. L. 1264-3, L. 4741-1 et L. 8272-2 à L. 8272-4) ;
- la rémunération proposée doit être conforme au SMIC ou à la rémunération minimale prévue par la convention collective applicable.

Lorsque l'étranger est titulaire d'une carte de séjour portant les mentions « étudiant » ou « étudiant-programme de mobilité » et qu'il a achevé son cursus en France ou lorsqu'il est titulaire de la carte de séjour portant la mention « recherche d'emploi ou création d'entreprise », l'emploi proposé doit aussi être en adéquation avec les diplômes et l'expérience acquise en France ou à l'étranger (c. trav. art. R. 5221-20 ; décret 2021-360 du 31 mars 2021, JO 1er avril).

▶ À noter… Depuis le 6.04.021, la demande s'effectue, via un téléservice (https ://administration-etrangers-en-france.interieur.gouv.fr ; c. trav. art. R. 5221-15).

Au final, la décision du préfet est notifiée à l'employeur ou à son mandataire, ainsi qu'à l'étranger concerné (c. trav. art. R. 5221-17).

En cas d'accord, le préfet adresse les autorisations de travail portant sur des contrats d'une durée supérieure à 3 mois ou sur des contrats de travail saisonniers à l'*Office français de l'immigration et de l'intégration** (c. trav. art. R. 5221-18). L'autorisation de travail est accordée de droit pour la conclusion d'un contrat d'apprentissage ou de professionnalisation à durée déterminée (c. trav. art. L. 5221-5).

L'autorisation peut être limitée à une zone géographique donnée (c. trav. art. L. 5221-7).

▶ À noter… Le site www.immigration-professionnelle.gouv.fr met à disposition les formulaires Cerfa nécessaires. L'OFII propose aussi un accompagnement de l'employeur dans la démarche de recrutement.

Demande d'introduction sur le territoire français - Si le candidat étranger réside à l'étranger et ne relève pas des cas de dispenses d'autorisation de travail, l'employeur doit demander son introduction en France ainsi qu'une autorisation de travail pour pouvoir le recruter (c. trav. art. R. 5221-14). Les modalités et les conditions pour l'obtenir sont similaires à celles d'une demande de changement de statut d'un salarié ayant un titre de séjour ne permettant pas de travailler *(voir ci-avant)*.

Une fois l'autorisation de travail reçue, le travailleur étranger la joint à son dossier de demande de titre de séjour auprès de la préfecture (CESEDA art. R. 431-2 et R. 431-3).

Autres démarches nécessaires

Taxe OFII - L'employeur doit s'acquitter d'une taxe à l'*Office français de l'immigration et de l'intégration** lors de la première entrée en France d'un travailleur étranger ou lors de sa première admission au séjour en qualité de salarié. Le montant de cette taxe varie selon la nature de l'emploi, la durée de l'embauche et le niveau du salaire (CESEDA art. L. 436-10 et D. 436-1).

Obligations du travailleur étranger - Sauf cas de dispense, le travailleur étranger doit passer une visite médicale auprès de l'OFII dans les 3 mois suivant la délivrance de cette autorisation (c. trav. art. L. 5221-5 ; CESEDA art. R. 431-18 ; arrêté du 11 janvier 2006, JO du 24, texte n° 5).

À défaut de visite médicale, l'autorisation de travail peut être retirée.

Dans certains cas, le travailleur étranger doit suivre un parcours personnalisé d'intégration républicaine, c'est-à-dire signer le contrat d'intégration républicaine comprenant une formation civique, linguistique et un accompagnement pour faciliter son autonomie et son intégration dans la société française (CESEDA art. L. 413-1 à L. 413-6). Une rubrique du site Internet de l'Office français de l'immigration et de l'intégration est consacrée à l'intégration en France et au contrat d'intégration (www.ofii.fr).

☛ *Office français de l'immigration et de l'intégration ; Travailleurs étrangers.*

Travailleurs étrangers (statut)

Tout travailleur étranger régulièrement embauché en France a en principe les mêmes droits que les travailleurs français au regard des dispositions légales, réglementaires et conventionnelles (c. trav. art. L. 1132-1). Il existe cependant quelques particularités. Sur la langue de rédaction du contrat de travail, voir *Langue française**. Sur la protection contre les *discriminations**, voir cette étude.

Informations sur les travailleurs étrangers

Le *registre du personnel** doit comprendre des informations sur les travailleurs étrangers (c. trav. art. D. 1221-23, 8° et D. 1221-24). Il en va de même pour les informations contenues dans le *bilan social** (c. trav. art. R. 2312-9).

Des informations sur les conditions de logement des travailleurs étrangers doivent être fournies lors de la consultation du *comité social et économique** (CSE) sur la politique sociale de l'entreprise (c. trav. art. L. 2312-26, 7°) [voir *Comité social et économique (informations-consultations périodiques)**].

Salaire

L'employeur a l'interdiction de se faire rembourser ou de retenir du salaire la redevance forfaitaire qu'il a versée à l'*Office français de l'immigration et de l'intégration**, ou les frais de voyage qu'il a réglés pour la venue du travailleur étranger en France, sous peine de sanctions pénales pouvant aller jusqu'à 2 ans d'emprisonnement et 3 000 € d'amende (c. trav. art. L. 5222-2 et L. 5224-4).

L'employeur est tenu d'assurer l'égalité de rémunération entre le travailleur étranger et les salariés placés dans une situation identique [voir *Salaire (à travail égal, salaire égal)**].

Congés

Par dérogation à la règle du fractionnement, les salariés qui justifient de contraintes géographiques particulières peuvent prendre d'affilée leurs 5 semaines de *congés payés** annuels (c. trav. art. L. 3141-17).

Par ailleurs, le salarié et son conjoint ont droit à un *congé pour acquisition de la nationalité** non rémunéré, en général d'une demi-journée, pour assister à la « cérémonie d'accueil dans la citoyenneté française » (c. trav. art. L. 3142-75 à 78).

Rupture du contrat de travail

Si la rupture du contrat de travail du salarié étranger est motivée par l'irrégularité de sa situation (ex. : absence de titre de séjour dès l'embauche ou non-renouvellement du titre de séjour), elle échappe partiellement aux règles classiques du licenciement [voir *Travailleurs étrangers (emploi irrégulier)**]. La fraude du salarié au titre de travail constitue quant à elle une faute grave privative des indemnités de rupture, dans la mesure où l'employeur n'a pas commis lui-même une faute dans la vérification du titre de séjour et de travail du salarié (cass. soc. 18 février 2014, n° 12-19214, BC V n° 56). Si l'employeur invoque une autre cause de rupture, par exemple une faute du salarié, les règles de *licenciement** valables pour tout salarié ont vocation à s'appliquer (exigence d'une cause réelle et sérieuse, procédure et éventuelles indemnités).

Droits collectifs

Tout travailleur étranger peut accéder aux fonctions de *délégué syndical** (c. trav. art. L. 2143-1), de *représentant de la section syndicale** (c. trav. art. L. 2142-1-2), de *représentant syndical auprès du CSE** (c. trav. art. L. 2314-2) et d'administration ou de direction d'un syndicat (c. trav. art. L. 2131-5) dans les mêmes conditions qu'un travailleur français.

Par ailleurs, les salariés étrangers sont électeurs et éligibles aux élections professionnelles dans l'entreprise dans les mêmes conditions que les salariés français (c. trav. art. L. 2314-18 et L. 2314-19) [voir *Élections professionnelles (électorat)** et *Élections professionnelles (candidats)**].

☞ *Office français de l'immigration et de l'intégration ; Travailleurs étrangers.*

Travaux dangereux

En principe, il est impossible de recruter des salariés en contrat de travail à durée déterminée (CDD) ou des travailleurs temporaires pour effectuer des travaux dangereux (liste des travaux requérant une surveillance médicale renforcée fixée réglementairement) (c. trav. art. L. 4154-1 et D. 4154-1), sous peine pour l'employeur de voir sa responsabilité engagée au nom de son obligation de sécurité (cass. soc. 23 octobre 2013, n° 12-20760 D) [voir *Hygiène et sécurité (obligations de l'employeur)**].

Des dérogations sont toutefois prévues sous réserve de recueillir l'avis du *comité social et économique** et du médecin du travail puis d'obtenir l'autorisation du DREETS (c. trav. art. D. 4154-2 à D. 4154-6).

Les intérimaires affectés à des postes de travail présentant des risques particuliers pour la santé et la sécurité doivent recevoir de l'entreprise utilisatrice une formation renforcée à la sécurité. Il en est de même des salariés en CDD ou des stagiaires en entreprise affectés à de tels postes (voir *Formation à la sécurité**).

Pour certaines formations professionnelles, l'employeur peut confier à un apprenti tous les travaux nécessités par sa formation, sans avoir besoin d'obtenir au préalable une autorisation de l'inspecteur du travail. En revanche, il lui faut adresser une déclaration au DREETS (c. trav. art. L. 6222-31).

Sur l'emploi des jeunes, voir *Jeunes (travaux interdits et réglementés)** et sur le suivi médical, voir *Visite médicale (information et prévention)** et *Visites médicales (périodiques)**.

Travaux interdits

L'interdiction de certains travaux est liée :
- soit à la protection de certaines catégories de travailleurs : jeunes, femmes enceintes, venant d'accoucher ou allaitant ou salariés en contrat à durée déterminée ou temporaires [voir *Jeunes (travaux interdits et réglementés)**, *Maternité (protection)** et *Travaux dangereux**] ;
- soit à leur nature même.

Exemple

Lorsque le recours à la manutention manuelle est inévitable et que des aides mécaniques ne peuvent pas être mises en œuvre, un travailleur ne peut être admis à porter d'une façon habituelle des charges supérieures à 55 kg qu'à condition d'y avoir été reconnu apte par le médecin du travail, sans que ces charges puissent être supérieures à 105 kg. Toutefois, les femmes ne sont pas autorisées à porter des charges supérieures à 25 kg ou à transporter des charges à l'aide d'une brouette supérieures à 40 kilogrammes, brouette comprise (c. trav. art. R. 4541-9).

Travaux urgents

Définition

Les travaux urgents sont ceux dont l'exécution immédiate est nécessaire pour prévenir des accidents imminents, organiser des mesures de sauvetage ou réparer les insuffisances du matériel des installations ou des bâtiments de l'entreprise présentant un danger pour les travailleurs (c. trav. art. L. 3132-4).

L'exécution de travaux urgents permet, notamment, de suspendre le *repos hebdomadaire**, de déroger à la durée légale du travail et à l'interdiction du *travail de nuit** des jeunes, et de recourir au *travail temporaire** et à des salariés sous contrat de travail à durée déterminée (c. trav. art. L. 1242-8-1 et L. 3132-4 ; circ. min. DRT 90-18 du 30 octobre 1990) [voir *Contrat de travail à durée déterminée (cas de recours)**] (c. trav. art. L. 3132-4).

Dérogations aux temps de repos

Suspension du repos hebdomadaire - Le repos hebdomadaire peut être suspendu pour le personnel (sauf pour les jeunes salariés de moins de 18 ans) nécessaire à l'exécution de travaux urgents : mesures de sauvetage, prévention d'accidents imminents, réparation d'accidents survenus au matériel, aux installations ou aux bâtiments. Cette possibilité concerne également les salariés d'une entreprise faisant des réparations pour le compte de celle où les travaux urgents s'imposent (c. trav. art. L. 3132-4 et L. 3164-3).

Les salariés habituellement préposés au service d'entretien et de réparation doivent bénéficier d'un repos compensateur d'une durée égale au repos supprimé, tout comme les salariés de l'entreprise effectuant les réparations pour le compte de l'entreprise sinistrée.

Dérogation au repos quotidien - En cas de travaux urgents, il peut être dérogé au repos quotidien de 11 h sous la seule responsabilité de l'employeur qui doit en informer l'inspecteur du travail (c. trav. art. D. 3131-1). Une période de repos au moins équivalente doit être accordée aux salariés concernés (c. trav. art. D. 3131-2). Ce temps de repos doit être accordé dans un délai raisonnable afin de remplir son rôle réparateur.

▶ À noter... Lorsque l'attribution de ce repos est impossible, un accord collectif prévoit une contrepartie équivalente.

Dépassement de la durée légale du travail

Heures supplémentaires - Des *heures supplémentaires** peuvent être accomplies pour effectuer des travaux urgents dans les circonstances précitées. Ces heures supplémentaires ne s'imputent pas sur le contingent annuel d'heures supplémentaires (c. trav. art. L. 3121-30).

Durée maximale quotidienne - La durée maximale journalière reste, en principe, applicable malgré les travaux urgents.

L'employeur (sauf entreprise de transport) peut néanmoins dépasser la durée quotidienne du travail en s'appuyant sur des dispositions qui ne sont pas spécifiques à sa situation, mais qui visent le surcroît temporaire d'activité imposé par des travaux devant être exécutés dans un délai déterminé en raison de leur nature. Le seuil de 10 h par jour peut ainsi être porté à 12 h sur autorisation de l'inspecteur du travail, après avis du *comité social et économique** (CSE) s'il existe (c. trav. art. D. 3121-4 et D. 3121-5).

En cas d'urgence, l'employeur peut dépasser la durée de travail quotidienne, sous sa propre responsabilité, dans l'attente de la décision de l'inspecteur du travail (c. trav. art. D. 3121-6) :
- s'il n'a pas encore adressé de demande de dépassement, il présente immédiatement à l'inspecteur du travail une demande de régularisation accompagnée des justifications et avis du CSE et de toutes les explications nécessaires sur les causes nécessitant ce dépassement ;
- s'il attend une réponse à une demande de dépassement, il informe immédiatement l'inspecteur du travail de son obligation d'anticiper sa décision attendue et en donne les raisons.

L'inspecteur du travail fait connaître sa décision dans les 15 jours.

Durée maximale hebdomadaire - En principe, la durée maximale hebdomadaire reste applicable malgré les travaux urgents.

Aucun dépassement à la limite hebdomadaire de 48 h n'est réservé aux travaux urgents. L'employeur peut cependant s'appuyer sur les dérogations pouvant être accordées par l'inspecteur du travail en cas de circonstances exceptionnelles et permettant de repousser la limite hebdomadaire à 60 h (c. trav. art. L. 3121-21) [voir *Durée du travail (dépassement)**].

▶ À noter... Le CSE donne son avis sur cette demande d'autorisation. Cet avis est transmis à l'agent de contrôle de l'inspection du travail.

Dérogations à l'interdiction du travail de nuit

Des dérogations à l'interdiction du travail de nuit des jeunes de 16 à 18 ans, en vue de prévenir les accidents imminents ou de réparer les accidents survenus sont admises sur simple préavis [voir *Jeunes (travaux interdits et réglementés)**].

Treizième mois

☛ *Prime de fin d'année ou de treizième mois.*

Trésorier

☛ *Comité social et économique.*

Tribunal judiciaire

Le *conseil de prud'hommes** est le juge du contrat de travail.

Cela étant, les tribunaux judiciaires sont compétents pour certains contentieux du travail ou certains *contentieux de la sécurité sociale**. Ils remplacent depuis le 1.01.2020 les tribunaux d'instance (TI) et les tribunaux de grande instance (TGI) (c. org. jud. art. L. 121-1, L. 211-16 et D. 211-1 ; loi 2019-222 du 23 mars 2019, JO 24 ; décrets 2019-912, 2019-913 et 2019-914 du 30 août 2019, JO 1er septembre ; ord. 2019-964 du 18 septembre 2019, JO 19).

Troisième prépa-métiers

La classe de 3e « prépa-métiers » permet à des élèves de découvrir et d'explorer plusieurs métiers pour construire leur projet d'orientation vers la voie professionnelle ou par l'apprentissage. Elle remplace l'ancien dispositif d'initiation aux métiers en alternance (« DIMA », aussi appelé « préapprentissage »).

Préparation à l'apprentissage

Transition entre la scolarité et l'apprentissage - La classe de 3e « prépa-métiers » permet aux élèves de 3e volontaires de découvrir un ensemble d'environnements professionnels et de les accompagner dans la poursuite de l'élaboration de leur projet d'orientation, en particulier vers la voie professionnelle sous statut scolaire ou par l'apprentissage (c. éduc. art. L. 337-3-1 et arrêté du 10 avril 2019, art. 1).

Stages en milieu professionnel - Les élèves découvrent des métiers et se préparent à l'apprentissage par (c. éduc. art. D. 337-174, D. 337-175 et arrêté du 10 avril 2019, art. 5) :

- des périodes d'immersion en milieu professionnel, qui comprennent la séquence d'observation obligatoire en classe de 3e et des stages d'initiation durant lesquels les élèves effectuent des activités pratiques variées et, sous surveillance, des travaux légers autorisés aux mineurs [voir *Jeunes (travaux interdits et réglementés)**] ;
- des périodes d'immersion dans des lycées professionnels ou polyvalents, des centres de formations des apprentis (CFA) ou des unités de formation par apprentissage.

Dans le cadre de la personnalisation de son parcours, à l'appréciation de l'équipe pédagogique, chaque élève doit effectuer 1 à 4 semaines au total de stages et de périodes d'immersion durant l'année scolaire.

Encadrement de l'élève - Le chef d'établissement désigne, au sein de l'équipe pédagogique, des référents chargés d'effectuer le suivi personnalisé de 2 à 4 élèves, comprenant des visites sur les lieux de stages et de périodes d'immersion (arrêté du 10 avril 2019, art. 5).

Protection sociale de l'élève

Lorsque le « DIMA » était en vigueur, il avait été précisé que l'élève demeurait, durant les stages, sous statut scolaire et relevait de la responsabilité du chef d'établissement (circ. MEN 2011-009 du 19 janvier 2011).

À notre sens, dans l'attente de précision, cette règle perdure avec la 3e « prépa-métiers ». En conséquence, l'élève demeure ayant droit de ses parents au regard de la législation sur l'assurance maladie et protégé contre les accidents du travail comme tout élève (c. séc. soc. art. L. 412-8).

Trop-perçu (cotisations)

Les cotisations versées à tort par l'employeur aux organismes peuvent lui être remboursées, sous réserve qu'il en fasse la demande dans un certain délai.

URSSAF

Prescription de la demande - La demande de remboursement des cotisations de sécurité sociale et d'allocations familiales indûment versées se prescrit en principe par 3 ans à compter de la date à laquelle ces cotisations ont été versées.

Toutefois, lorsque l'obligation de remboursement résulte d'une décision juridictionnelle (annulation d'une disposition parce qu'elle n'était pas conforme à une règle de droit supérieure), la demande de remboursement doit porter sur la période postérieure au 1er janvier de la troisième année précédant celle où la décision relevant la non-conformité a été prise (c. séc. soc. art. L. 243-6, I).

Elle peut être demandée :
- par l'employeur ;
- par le salarié pour la part salariale des cotisations.

Des dispositions particulières s'appliquent lorsque l'obligation de remboursement des cotisations naît d'une décision rectificative de la CARSAT en matière de taux de cotisation d'accidents du travail [voir *Prescription (cotisations)**].

Les URSSAF (CGSS en outre-mer) doivent effectuer le remboursement des cotisations indues dans un délai de 4 mois à compter de la demande (c. séc. soc. art. L. 243-6, III).

Conséquences - Le remboursement des cotisations indues peut entraîner le remboursement des prestations correspondantes. La demande doit être faite dans les 2 ans à compter du remboursement des cotisations. Toutefois, lorsque la demande de remboursement des cotisations indûment versées n'a pas été formulée dans le délai de 3 ans, le bénéfice des prestations reste acquis à l'assuré, sauf cas de fraude ou de fausse déclaration (c. séc. soc. art. L. 243-6, II).

Assurance chômage

Les contributions d'assurance chômage et d'AGS sont recouvrées selon les règles et sous les garanties et sanctions applicables au recouvrement des cotisations de sécurité sociale (c. trav. art. L. 5422-16).

Le remboursement des cotisations d'assurance chômage versées à tort se prescrit donc par 3 ans à compter de la date de leur versement.

AGIRC-ARRCO

Le délai de prescription des cotisations de retraite complémentaire est fixé à 5 ans tant pour les non-commerçants que pour les commerçants (c. civ. art. 2224 ; c. com. art. L. 110-4).

☛ *Prescription (cotisations).*

Tuteur

☛ *Apprentissage (maître d') ; Contrat d'accompagnement dans l'emploi ; Contrat initiative-emploi (CIE) ; Contrat de professionnalisation ; Emplois d'avenir ; Période de Pro-A ; Stages en entreprise.*

U

Unédic

@ Cette étude est détaillée dans la version en ligne de ce Dictionnaire (voir www.rfsocial.com et www.rfeditions.com).

Uniforme

☞ *Vêtements.*

Union européenne (UE)

L'Union européenne (UE) comporte 27 États membres : Allemagne, Autriche, Belgique, Bulgarie, Chypre, Croatie, Danemark, Espagne, Estonie, Finlande, France, Grèce, Hongrie, Irlande, Italie, Lettonie, Lituanie, Luxembourg, Malte, Pays-Bas, Pologne, Portugal, République tchèque, Roumanie, Slovaquie, Slovénie et Suède.

Le Royaume-Uni est sorti de l'UE le 31.01.2020 avec une période de transition finalisée depuis le 31.12.2020. Depuis le 1.01.2021, l'accord du 24.12.2020 organise les relations entre l'Union européenne et le Royaume-Uni (décret 2020-1417 du 19 novembre 2020, JO du 20 ; circ. min. du 20 novembre 2020 ; www.brexit.gouv.fr).

Bénéficiaires de la libre circulation

Ressortissants de l'UE visés - Les ressortissants de UE bénéficient de la libre circulation (traité sur le fonctionnement de l'Union européenne, art. 45, JOUE C 326 du 26 octobre 2012 ; CESEDA art. L. 233-1). Les ressortissants des États nouvellement adhérents de l'UE peuvent être soumis à autorisation de travail pendant une période transitoire *(voir ci-après)*.

Autres ressortissants européens - Les ressortissants de l'*Espace économique européen (EEE)** ou de Suisse bénéficient de la libre circulation, notamment pour ce qui est du séjour et de l'emploi (accord UE-Suisse du 4 avril 2002, JOUE n° L 114 du 30 avril 2002 ; accord sur l'Espace économique européen, JOUE L du 3 janvier 1994 ; CESEDA art. L. 233-1).

▶ À noter… Du fait d'accords bilatéraux, les ressortissants de Monaco, d'Andorre et de la république de Saint-Marin peuvent travailler en France sans devoir justifier d'une autorisation de travail.

Liberté de circulation, droit au séjour et au travail

La libre circulation permet à un ressortissant d'un État membre (sauf exception) de se déplacer et séjourner dans un autre État de l'UE et de pouvoir librement y exercer un emploi, sans avoir à détenir de titre de séjour sauf exception pour les ressortissants des États nouvellement adhérents (traité sur le fonctionnement de l'Union européenne, art. 45, JOUE C 326 du 26 octobre 2012 ; CESEDA art. L. 233-2).

Remises en cause du droit de séjour - Le droit de séjour des citoyens de l'UE, des ressortissants d'un autre État partie à l'accord sur l'Espace économique européen ou de Suisse (et des membres de leur famille) peut être remis en cause (CESEDA art. L. 233-1 et L. 233-2) :

- s'ils deviennent une charge déraisonnable pour le système d'assistance sociale (ex. : pour l'assurance maladie et l'aide sociale) ;
- ou si leur présence en France constitue une menace pour l'ordre public.

Séjour inférieur à trois mois - En principe, les ressortissants de l'UE, d'un autre État partie à l'accord sur l'Espace économique européen ou de Suisse ont le droit de séjourner en France pour une durée maximale de 3 mois, sans autre condition ou formalité que celles prévues pour l'entrée sur le territoire français (CESEDA art. L. 233-2).

▶ À noter… Les personnes concernées peuvent séjourner 3 mois en France dès lors qu'elles possèdent une carte d'identité ou un passeport en cours de validité (CESEDA art. R. 233-1 ; circ. IMIM1000116C du 10 septembre 2010).

Dès lors, les ressortissants des États européens cités ci-dessus, non soumis à une période transitoire, bénéficient du droit d'exercer une activité professionnelle dans les mêmes conditions que les nationaux, quelle que soit la durée de celle-ci (circ. IMIM1000116C du 10 septembre 2010). Ils ne sont donc pas tenus de détenir un titre de travail, ni de solliciter d'autorisation de travail [voir *Travailleurs étrangers (recrutement de)**].

Ainsi, l'employeur qui souhaite recruter un ressortissant de l'un de ces États doit seulement vérifier la nationalité du candidat avec la production d'un document d'identité.

Situation à l'égard de l'emploi en France		
États concernés	Situation par rapport à l'emploi	Obligation d'un titre de séjour
Membres de l'Union européenne : Allemagne, Autriche, Belgique, Bulgarie, Chypre, Croatie, Danemark, Espagne, Estonie, Finlande, Grèce, Hongrie, Irlande, Italie, Lettonie, Lituanie, Luxembourg, Malte, Pays-Bas, Pologne, Portugal, République tchèque, Roumanie, Slovaquie, Slovénie, Suède	Liberté d'accès à l'emploi	Non
États de l'EEE : Islande, Liechtenstein, Norvège	Liberté d'accès à l'emploi	Non
Suisse	Liberté d'accès à l'emploi	Non
Royaume-Uni	Autorisation de travail pour tout ressortissant depuis le 1.01.2022	Le titre de séjour est requis pour tout citoyen britannique depuis le 1.10.2021

▶ À noter… L'exercice d'une activité salariée par un ressortissant communautaire n'est pas subordonné à la justification d'un titre de séjour en cours de validité. La non-présentation de ce document ne constitue donc pas une faute (cass. soc. 12 juin 2007, n° 05-45320, BC V n° 95).

Séjour supérieur à trois mois - Les ressortissants européens ne relevant pas du régime transitoire ont le droit de séjourner en France pendant une durée supérieure à 3 mois s'ils satisfont à l'une des conditions requises, notamment s'ils exercent une activité professionnelle en France (CESEDA art. L. 233-1).

Ils doivent posséder une carte d'identité ou un passeport en cours de validité (CESEDA art. L. 233-1). Par ailleurs, les personnes concernées qui souhaitent établir leur résidence habituelle en France sont tenues d'effectuer une déclaration de résidence auprès du maire de leur commune dans les 3 mois suivant leur arrivée (CESEDA art. L. 233-2).

Restrictions temporaires à l'égard des nouveaux États membres

Les ressortissants des États nouvellement adhérents de l'UE peuvent être soumis à autorisation de travail et titre de séjour pendant une période transitoire (c. trav. art. R. 5221-1 ; CESEDA art. L. 233-2 et R. 233-4) [voir *Travailleurs étrangers (recrutement de)**].

Au moment où nous rédigeons cette étude, aucun État membre de l'UE n'est soumis à un régime transitoire en France.

Détachement

Voir *Détachement transnational**.

☛ *Travailleurs étrangers.*

Unité économique et sociale

Regroupement d'entreprises

Regroupement d'entreprises juridiquement distinctes - L'unité économique et sociale (UES) permet de regrouper des entreprises juridiquement distinctes, mais qui présentent des liens étroits entre elles.

Il ne peut y avoir d'UES reconnue par convention ou par décision de justice qu'entre des personnes juridiquement distinctes prises dans l'ensemble de leurs établissements et de leurs personnels (cass. soc. 7 mai 2002, n° 00-60424, BC V n° 150). Une partie d'une entreprise ne peut pas entrer seule dans une UES.

Cela étant, une UES peut être reconnue au sein d'un groupe entre des entités juridiquement distinctes, « qu'elles soient dotées ou non de la personnalité morale » (cass. soc. 21 novembre 2018, n° 16-27690 FSPBRI).

Notion distincte de celle du groupe - La notion d'UES ne se confond pas avec la notion de groupe. Ainsi, lorsque l'existence d'une UES était reconnue entre les sociétés d'un groupe, un CE commun aux sociétés devait être constitué indépendamment de l'existence d'un éventuel *comité de groupe** (cass. soc. 22 octobre 1984, n° 83-63121, BC V n° 395). La solution pourrait être transposable au CSE.

La réunion des divers critères nécessaire à l'existence d'une UES n'impose pas que la holding, commune à plusieurs sociétés de l'UES, soit intégrée dans cette dernière (cass. soc. 15 avril 2015, n° 13-24253, BC V n° 83).

Comité social et économique commun - L'UES constitue une seule entité au niveau de laquelle la représentation du personnel est organisée. En présence d'une UES regroupant au moins 11 salariés, c'est à ce niveau qu'un *comité social et économique** commun est mis en place (c. trav. art. L. 2313-8) [voir *Comité social et économique (unité économique et sociale)**].

▶ À noter… La notion d'UES existe aussi pour les délégués syndicaux (DS).

Pas de personnalité morale - Si la reconnaissance d'une UES permet l'expression collective de l'intérêt des travailleurs appartenant à cette collectivité, elle ne se substitue pas aux entités juridiques qui la composent. Elle n'en a pas la personnalité morale (cass. soc. 16 décembre 2008, n° 07-43875, BC V n° 255).

Exemple

Une UES ne peut pas faire une requête en annulation de la désignation d'un DS en son sein car elle n'a pas de personnalité juridique. Peu importe que les sociétés qui la composent interviennent volontairement à l'instance (cass. soc. 23 juin 2010, n° 09-60341, BC V n° 148).

Critères de l'UES

UES pour le CSE et les DS - La notion d'UES n'est pas relative. Sa reconnaissance par le juge, selon des critères propres indépendants de la finalité des institutions représentatives comprises dans son périmètre, n'implique pas de sa part une appréciation de l'opportunité de la demande présentée par un syndicat représentatif, même si cette reconnaissance modifie la configuration des institutions représentatives (cass. soc. 19 septembre 2007, n° 06-60199 D ; cass. soc. 13 juillet 2004, n°s 03-60412 et 03-60413, BC V n° 218).

Les critères de l'UES sont identiques pour toutes les instances représentatives mises en place (cass. soc. 7 octobre 1998, n° 97-60292 D ; cass. soc. 3 mai 2007, n° 06-60042 D). Ainsi, lorsqu'une UES a été retenue pour la désignation d'un DS, c'est dans ce périmètre que les élections professionnelles se déroulent (cass. soc. 3 mai 2007, n° 06-60117 D ; cass. soc. 13 février 2008, n° 07-60182 D).

Critères utilisés par les juges - Pour décider que plusieurs entreprises juridiquement distinctes constituent entre elles une UES, les juges retiennent notamment la similitude ou, du moins, la complémentarité de leurs activités, les identités de leurs dirigeants, de leurs sièges sociaux, de leurs locaux, l'utilisation de services et moyens de production communs.

▶ À noter… À notre sens, les décisions des juges rendues alors que les anciennes institutions représentatives du personnel étaient encore en place, demeurent vraies en présence d'un CSE.

L'identité des conditions de travail (mêmes horaires, mêmes rémunérations, mêmes locaux de travail, mais pas forcément mêmes statut et convention collective) et l'interchangeabilité des personnels des différentes sociétés caractérisent aussi l'UES.

Exemples

Une UES avait été reconnue pour la mise en place d'un comité commun à deux sociétés (cass. soc. 23 septembre 2009, n° 08-60521 D). En effet, il ressortait que :

- les deux sociétés avaient des activités complémentaires, à savoir la production vinicole, sous la direction effective de leur gérant unique, comme le démontraient notamment les procès-verbaux des assemblées générales de chacune des sociétés en cause ;
- le personnel était permutable (tel était le cas, par exemple, des femmes de ménage et des salariés du service comptable pour l'établissement des paies) ;
- des services, avantages et formations étaient communs ;
- la gestion du personnel, et notamment celle des paies, était en partie centralisée.

À l'inverse, une UES n'avait pas été reconnue entre différentes sociétés. La permutabilité du personnel entre les différentes entités n'était pas démontrée. En l'espèce, seuls les directeurs administratif, commercial et des ressources humaines avaient vocation à intervenir auprès des différentes sociétés. De plus, il n'était pas établi que les salariés partageaient les mêmes avantages et conditions de travail (cass. soc. 23 septembre 2009, n° 08-60526 D).

En revanche, l'existence d'un accord de méthode permettant d'harmoniser le régime social de l'ensemble des personnels ne permet pas, à lui seul, de justifier d'une UES (cass. soc. 5 mai 2004, n° 03-60057, BC V n° 126).

▶ À noter… Une UES peut être reconnue alors même qu'une des sociétés n'a pas de salarié (cass. soc. 5 janvier 2005, n° 04-60169 D ; cass. soc. 24 novembre 2004, n° 03-60329, BC V n° 297).

Sur un autre plan, si la désignation d'un DS dans le périmètre d'une UES, et sa non-contestation, constitue un élément que le juge doit prendre en considération dans l'action en reconnaissance de cette unité, elle n'établit pas à elle seule son existence (cass. soc. 4 mars 2009, n° 08-60497, BC V n° 61).

Unité économique et sociale

Reconnaissance de l'UES

Accord des partenaires sociaux ou décision de justice - La reconnaissance de l'UES intervient par un accord entre les partenaires sociaux ou par décision de justice (c. trav. art. L. 2313-8) [voir *Comité social et économique (unité économique et sociale)**].

Accord collectif - À la suite de l'instauration du CSE, il convient de distinguer les clauses des accords collectifs relatives à la reconnaissance de l'UES de celles relatives à la détermination du nombre et du périmètre des établissements distincts pour les anciennes élections des membres des comités d'établissements, des délégués du personnel ou des membres des CHSCT au sein de l'UES.

Les dispositions conventionnelles portant reconnaissance d'une UES demeurent valables.

En revanche, les clauses des accords qui ont défini le nombre et le périmètre des établissements distincts pour les élections des membres des comités d'établissements, des DP ou des membres des CHSCT au sein de l'UES ont cessé de produire effet. Elles ne peuvent pas être maintenues lors de l'élection du CSE (ord. 2017-1386 du 22 septembre 2017, art. 9, VII ; cass. soc. 25 mars 2020, n° 18-18401 FSPB).

▶ Attention... L'existence d'un accord d'intéressement de groupe n'implique pas la reconnaissance conventionnelle d'une UES (cass. soc. 13 octobre 2010, n° 09-60473, BC V n° 226).

Décision de justice - Les parties intéressées peuvent agir en reconnaissance de l'UES avant la mise en place des institutions représentatives (cass. soc. 2 juin 2004, n° 03-60135, BC V n° 157).

Tous les syndicats représentatifs doivent être invités à la négociation portant sur la reconnaissance de l'UES (cass. soc. 10 novembre 2010, n° 09-60451, BC V n° 256).

La demande en justice peut émaner d'un syndicat représentatif dans l'une des entreprises (cass. soc. 3 mai 2007, n° 06-60117 D), de l'employeur ou d'une organisation syndicale représentative sur le plan national, même si celle-ci n'a pas d'adhérent dans les entreprises de l'UES (cass. soc. 26 novembre 2003, n° 02-60732 D).

▶ À noter... Le CE ou une personne mandatée par lui pouvait saisir le juge (cass. soc. 29 janvier 2003, n°s 01-60848 et 01-60849, BC V n° 33 ; cass. soc. 27 juin 1990, n° 89-60003, BC V n° 324). Il devrait en être de même pour le CSE.

En revanche, un ancien salarié licencié pour motif économique ne peut pas demander la reconnaissance judiciaire d'une UES puisqu'il est étranger à la collectivité de travail dont il s'agit d'assurer la représentation (cass. soc. 16 novembre 2010, n° 09-40555, BC V n° 261).

Mise en place d'institutions représentatives appropriées - La reconnaissance judiciaire d'une UES impose la mise en place des institutions représentatives du personnel qui lui sont appropriées et les mandats en cours cessent au jour des élections organisées au sein de l'UES, quelle que soit l'échéance de leur terme (cass. soc. 26 mai 2004, n° 02-60935, BC V n° 142).

Détermination de l'UES à chaque élection - La détermination initiale de l'UES ne suffit pas. Le périmètre de l'UES dans lequel les élections doivent être organisées doit faire l'objet d'un protocole d'accord préélectoral ou d'une décision de justice préalable à l'occasion de chaque élection organisée dans l'entreprise (cass. soc. 31 mars 2009, n° 08-60494, BC V n° 96).

Contentieux de l'UES

Les litiges sont de la compétence du *tribunal judiciaire** (c. trav. art. R. 1422-4 ; c. org. jud. art. L. 121-1 et D. 211-1).

Exécution du contrat de travail dans l'UES

L'UES n'est pas employeur - L'UES ne se substitue pas aux entités juridiques qui la composent : elle n'a pas la personnalité morale et ne peut être employeur à part entière. Un accord reconnaissant une UES entre des sociétés juridiquement distinctes ne peut donc :

- ni transférer les contrats de travail d'une des sociétés de l'UES à une autre (cass. soc. 12 juillet 2006, n° 04-40331, BC V n° 254) ;
- ni instituer l'UES « employeur unique » des salariés des structures la composant (cass. soc. 16 décembre 2008, n° 07-43875, BC V n° 255).

Le salarié a un seul employeur : celui avec qui il a signé son contrat de travail et non l'UES ou un autre employeur de celle-ci.

« À travail égal, salaire égal » - Voir *Salaire (à travail égal, salaire égal)**.

Entretien préalable à un licenciement - Pour les personnes pouvant assister le salarié lorsque l'entreprise appartient à une UES, voir *Entretien préalable au licenciement (déroulement)**.

Mise en œuvre d'un licenciement économique - En cas de licenciement pour motif économique au niveau d'une UES, la direction peut décider d'appliquer les critères d'ordre des licenciements à l'échelle de cette UES plutôt qu'au niveau de chaque entreprise. Elle doit alors respecter son engagement, sans faire d'exception : elle ne peut pas réserver un traitement spécifique aux salariés d'une entreprise en particulier (cass. soc. 19 janvier 2011, n° 09-41171 D).

Par ailleurs, en cas de licenciement économique, individuel ou collectif, l'employeur doit rechercher un poste pour reclasser le ou les salariés licenciés (c. trav. art. L. 1233-4) [voir *Licenciement économique (obligation de reclassement)**]. Cette recherche concerne l'UES (circ. DGEFP/DRT/DSS 2002-1 du 5 mai 2002).

Mise en œuvre d'un plan de sauvegarde - Dès lors que la décision de réduire les effectifs est prise au niveau de l'UES, c'est à ce niveau qu'il convient de se placer pour vérifier si, compte tenu du nombre de salariés employés et du nombre de licenciements envisagés, un *plan de sauvegarde de l'emploi** (PSE) doit être mis en place (cass. soc. 16 novembre 2010, n° 09-69485, BC V n° 258 ; cass. soc. 9 mars 2011, n° 10-11581, BC V n° 70).

Le cas échéant, la validité d'un PSE doit être appréciée au regard des moyens dont l'UES dispose (c. trav. art. L. 1233-57-3 et L. 1235-10).

Accords collectifs dans l'UES

Les différentes sociétés qui composent l'UES peuvent conclure des accords collectifs communs avec le DS désigné à ce niveau. En revanche, les accords collectifs propres à chaque société conservent leurs champs d'application respectifs. La reconnaissance d'une UES ne permet donc pas aux salariés des entreprises concernées de bénéficier d'un même statut collectif (cass. soc. 2 décembre 2003, n° 01-47010, BC V n° 310).

Représentation du personnel dans l'UES

Mandats des élus en cours - Lorsqu'une UES est reconnue, l'employeur organise les *élections professionnelles**. Les mandats en cours des représentants du personnel cessent au jour de ces élections, quelle que soit leur échéance. C'était le cas pour les mandats des DP et des élus du CE (cass. soc. 26 mai 2004, n° 02-60935, BC V n° 142). Il en est de même lors de la mise en place d'un CSE au niveau d'une UES [voir *Comité social et économique (unité économique et sociale)**].

L'organisation des élections a lieu partout à la même date (cass. soc. 5 avril 1995, n° 94-60324, BC V n° 124). Cette décision rendue pour les DP et le CSE paraît transposable au CSE.

Lors de chaque élection, employeurs et organisations syndicales fixent la composition et le périmètre de l'UES dans le protocole électoral (cass. soc. 31 mars 2009, n° 08-60494, BC V n° 96).

Recours à un expert comptable - Dans le cadre d'un établissement faisant partie d'une société appartenant elle-même à une UES, un comité d'établissement pouvait recourir à un expert comptable afin de l'assister notamment dans l'analyse des comptes annuels de l'établissement en question. Le déclenchement d'une expertise de même nature par le comité central d'entreprise (CCE) de l'UES était sans incidence (cass. soc. 8 avril 2014, n° 13-10541, BC V n° 100) (voir *Expert comptable**). En effet, les comités d'établissement avaient les mêmes attributions que les comités d'entreprise, dans les limites des pouvoirs confiés aux chefs de ces établissements (cass. soc. 14 décembre 1999, n° 98-16810, BC V n° 487).

Il devrait en être de même pour les CSE d'établissement et d'entreprise [voir *Comité social et économique (établissement)**].

Mandats des délégués syndicaux - Lorsqu'une UES est reconnue, tous les mandats des DS deviennent caducs et les syndicats représentatifs doivent désigner des DS dans ce nouveau cadre (cass. soc. 29 avril 2009, n° 07-19880, BC V n° 117) [voir *Délégué syndical (désignation)** et *Syndicats (représentativité)**].

S'agissant de l'audience nécessaire à la désignation d'un DS dans une UES, si plusieurs syndicats affiliés à la même confédération parviennent à totaliser 10 % des suffrages en cumulant leurs résultats respectifs dans les différentes entités qui composent l'UES, ils peuvent désigner ensemble des DS (cass. soc. 22 septembre 2010, n° 09-60435, BC V n° 188). Une seule condition cependant : ces syndicats ne doivent pas dépasser le nombre de DS prévus par la loi (c. trav. art. R. 2143-2).

▶ À noter... L'UES n'ayant pas la personnalité juridique, elle ne peut pas demander l'annulation de la désignation d'un DS (cass. soc. 23 juin 2010, n° 09-60341, BC V n° 148).

Par ailleurs, un syndicat ne peut désigner un DS que dans le champ d'application géographique et professionnel déterminé par ses statuts. Le champ professionnel tel que déterminé par les statuts d'un syndicat, et lui donnant vocation à représenter les salariés d'une UES, s'apprécie par référence à l'activité principale de cette UES (cass. soc. 26 septembre 2012, n° 11-60147, BC V n° 244).

De plus, il est impossible de désigner un DS au niveau d'une UES tant que les *élections professionnelles** n'ont pas eu lieu (cass. soc. 29 mai 2013, n° 12-60262, BC V n° 141).

Transfert d'un salarié protégé - Sur les salariés protégés compris dans un transfert partiel d'entreprise ou d'établissement, voir *Transfert partiel d'entreprise ou d'établissement (protection des représentants du personnel)**.

Action en justice du CSE - Le comité social et économique (CSE) de la société cédée peut saisir le juge pour contester l'autorisation par l'Autorité de la concurrence de la prise de contrôle exclusif d'une société par une autre. Il y a bien dans ce cas un intérêt à agir du CSE (CE 9 mars 2021, n° 433214).

☛ *Comité social et économique (unité économique et sociale) ; Délégué syndical.*

Urnes

☛ *Élections professionnelles (matériel de vote).*

URSSAF

☛ *Organismes de sécurité sociale (salariés) ; Non-salarié (sécurité sociale).*

Usage

Définition de l'usage

Pratique caractérisée par trois critères - L'usage est une pratique qui consiste à octroyer régulièrement un avantage déterminé aux salariés (ex. : prime, jours de congés supplémentaires, etc.). Il peut aussi se manifester par des aménagements en faveur des représentants du personnel, par exemple en admettant un nombre d'élus supérieur à celui prévu par le code du travail (cass. soc. 10 juillet 2013, n° 12-23924 D ; cass. soc. 30 septembre 2015, n° 14-25775, BC V n° 184).

L'usage concerne généralement une entreprise, mais il existe aussi des usages propres à une région, une localité ou une profession (cass. soc. 27 mars 2001, n° 98-44292, BC V n° 106 ; cass. soc. 8 avril 2010, n° 08-43599, BC V n° 94).

Une pratique n'acquiert la valeur d'un usage que si elle répond aux trois critères suivants : constance, généralité et fixité (cass. soc. 3 avril 1990, n° 87-40706 D ; cass. soc. 10 octobre 2013, n° 12-21631 D).

Constance - La notion de constance implique que l'avantage est accordé régulièrement (ex. : une prime de fin d'année est effectivement accordée chaque année sans exception, avec la paye de décembre). Ce critère interdit de considérer comme un usage un acte occasionnel de l'employeur (cass. soc. 3 octobre 1991, n° 89-41759 D ; cass. soc. 20 octobre 1994, n° 93-42800 D).

Généralité - Pour qu'un avantage soit considéré comme un usage, il faut en outre qu'il soit accordé à tous les salariés de l'entreprise ou à tous les membres d'une catégorie déterminée du personnel (cass. soc. 26 octobre 1979, n° 78-41113, BC V n° 796). Si l'employeur décide, de façon discrétionnaire, d'accorder une prime à certains salariés et pas à d'autres, il ne peut pas s'agir d'un usage.

Fixité - Il n'y a d'usage que si l'employeur accorde l'avantage en fonction de critères précis. Cela suppose, par exemple, qu'une prime soit attribuée selon un mode de calcul déterminé (cass. soc. 26 novembre 1987, n° 85-42946 D ; cass. soc. 27 juin 2007, n° 06-42987 D ; cass. soc. 17 octobre 2012, n° 11-12517 D). À l'inverse, si le montant de la prime varie de façon aléatoire ou dépend, par exemple, des capacités financières de l'entreprise, elle ne constitue pas un usage (cass. soc. 1er mars 1989, n° 86-44978 D ; cass. soc. 11 janvier 2017, n° 15-15819 D).

Tolérance, erreur et pratiques illicites - En général, une tolérance ne constitue pas un usage (cass. soc. 9 juillet 1986, n° 82-40934, BC V n° 365 ; cass. soc. 6 décembre 1990, n° 88-45261 D). Toutefois, lorsqu'elle prend la forme d'une pratique généralisée, à l'œuvre depuis plusieurs années, une tolérance peut parfois s'analyser en un usage (cass. soc. 26 novembre 2008, n° 07-43123 D).

De même, une erreur, même répétée, ne constitue pas un usage (cass. soc. 26 mars 1981, n° 79-41610, BC V n° 264 ; cass. soc. 22 mars 1982, n° 80-40445, BC V n° 196), sauf lorsqu'elle est commise de manière systématique depuis plusieurs années (cass. soc. 28 octobre 1998, n° 96-44470 D).

Enfin, une pratique illicite ne peut pas constituer un usage, même si elle répond aux critères de constance, de généralité et de fixité. L'employeur peut, voire doit, y mettre fin sans respecter la procédure de dénonciation. Quant aux salariés, ils ne peuvent se prévaloir de cette pratique. Un « usage » illicite consiste, par exemple, à indexer les salaires sur le *SMIC** (cass. soc. 7 juin 2000, n° 98-45547 D).

Caractère obligatoire

Pas de renonciation par le salarié - Dès lors qu'une pratique est considérée comme un usage, elle revêt un caractère obligatoire pour l'employeur. Celui-ci doit donc accorder l'avantage en question. Peu importe que le salarié ait renoncé, dans son contrat de travail, à bénéficier d'un usage. Une telle clause n'a aucun effet (cass. soc. 27 mars 2001, n° 98-44292, BC V n° 106).

Pas de suppression sans dénonciation - L'employeur ne peut pas revenir sur un usage, sans autre formalité. S'il veut le supprimer, il doit mettre en œuvre la procédure de dénonciation *(voir ci-après)*.

Il ne peut pas non plus modifier d'autorité un usage (ex. : nouveaux paramètres de calcul d'une prime) ni lui substituer un autre avantage (ex. : remplacement d'une prime par des jours de congé supplémentaires). Là encore, il doit passer par la procédure de dénonciation avant de modifier ou de remplacer l'usage (cass. soc. 11 juin 2003, n° 01-42138 D ; cass. soc. 14 juin 2006, n° 04-44777 D ; cass. soc. 15 septembre 2010, n° 09-40606 D).

Il existe néanmoins une alternative à la dénonciation : l'employeur peut conclure un accord collectif ayant le même objet que l'usage, ce qui a pour effet de supprimer automatiquement l'usage en question *(voir ci-après)*.

Dénonciation de l'usage

Principes de la dénonciation - L'employeur est libre de mettre fin à un usage. Il n'a pas à justifier sa décision. Il est néanmoins interdit de dénoncer un usage pour un motif illicite, par exemple à titre de mesure de rétorsion (cass. soc. 13 février 1996, n° 92-42066, BC V n° 54 ; cass. soc. 26 novembre 1996, n° 95-60987 D ; cass. soc. 5 novembre 2003, n° 01-45207 D).

La seule contrainte réside dans la nécessité de respecter une procédure précise, dite « de dénonciation ». Cette procédure s'articule autour de trois principes (cass. soc. 18 mars 1997, n° 93-43989, BC V n° 110) :

- information préalable du *comité social et économique** (CSE) ;
- information préalable des salariés ;
- respect d'un délai de prévenance suffisant pour permettre d'éventuelles négociations.

La dénonciation d'un *engagement unilatéral de l'employeur** s'effectue selon les mêmes modalités.

▶ À noter... Par exception, lorsque l'usage consiste en un avantage de retraite, sa dénonciation nécessite de conclure un accord collectif de substitution (cass. soc. 30 novembre 2004, n° 02-45367, n° 307 ; cass. soc. 20 mai 2014, n° 12-26322, BC V n° 124).

Information du CSE - L'employeur informe le *comité social et économique** (CSE) de son projet de dénonciation en réunion, après inscription à l'ordre du jour (cass. soc. 5 janvier 2005, n° 02-42819, BC V n° 1).

Lorsque l'entreprise comporte un comité central et des comités d'établissement, l'employeur doit seulement informer le comité central si l'engagement unilatéral est d'application générale et que les chefs d'établissement n'ont aucun rôle à jouer dans sa mise en œuvre (cass. soc. 13 octobre 2010, n° 09-13110, BC V n° 234). À l'inverse, il faut informer les comités d'établissement si les chefs d'établissement interviennent dans l'application de l'engagement unilatéral.

Dans une entreprise de moins de 50 salariés, il paraît plus prudent de donner cette information non seulement lors de la réunion mensuelle, mais aussi individuellement, par écrit.

En l'absence d'institutions représentatives du personnel, il n'y a pas d'obligation d'information. Cependant, dans les entreprises de 11 salariés et plus, l'employeur doit pouvoir présenter un procès-verbal de carence. À défaut, l'information du CSE reste obligatoire, ce qui revient à imposer à l'employeur d'organiser des élections professionnelles s'il veut pouvoir dénoncer régulièrement un usage (cass. soc. 16 novembre 2005, n° 01-10339, BC V n° 329).

▶ À noter... L'employeur qui envisage de modifier ou de supprimer un usage est en principe seulement tenu d'informer les représentants du personnel, mais pas de les consulter. Cela étant, dans la mesure où le CSE doit être informé et consulté sur les questions intéressant l'organisation, la gestion et la marche générale de l'entreprise [voir *Comité social et économique (informations-consultations périodiques)**], l'employeur peut avoir à le consulter sur des questions liées à la disparition d'avantages résultant d'usages qu'il prévoit de dénoncer.

Information des salariés - L'employeur doit informer les salariés de son intention de dénoncer l'usage, s'il s'agit d'une mesure qui leur profite (cass. soc. 13 février 1996, n° 93-42309, BC V n° 53 ; cass. soc. 27 mars 2008, n° 07-40437 D).

Toutefois, dans le cas où l'avantage en question est subordonné à une condition d'ancienneté, l'employeur ne peut pas se borner à informer les salariés qui satisfont à cette condition : il faut informer tous ceux qui étaient susceptibles de bénéficier de l'avantage en question, même s'ils n'ont pas l'ancienneté requise au jour de la dénonciation (cass. soc. 13 octobre 2010, n° 09-13110, BC V n° 234). Selon la même logique, si l'avantage est accordé au moment du départ en retraite, tous les salariés doivent être informés de la dénonciation, puisqu'ils sont tous des bénéficiaires potentiels de cet avantage (cass. soc. 30 mars 2011, n° 09-68723 D). Enfin, s'agissant d'un avantage qui ne concerne que les représentants du personnel, il n'est pas nécessaire d'informer les salariés du projet de dénonciation (cass. soc. 28 janvier 2015, n° 13-24242, BC V n° 16). Toutefois, les juges semblent imposer d'informer les représentants du personnel à la fois en tant qu'élus et, individuellement, en tant que salariés (cass. soc. 29 janvier 2014, n° 12-28236 D).

L'employeur délivre cette information à chaque salarié concerné, par écrit. Un affichage, une annonce faite lors d'une réunion du personnel ou une mention portée sur le bulletin de paie ne suffisent pas (cass. soc. 27 novembre 1990, n° 87-42404, BC V n° 591 ; cass. soc. 4 juillet 1995, n° 92-40076 D ; cass. soc. 12 juillet 1999, n° 97-41637 D ; cass. soc. 9 avril 2002, n° 00-41783 D). En revanche, une note comportant une date certaine adressée à l'ensemble du personnel est valable, dans la mesure où chaque salarié a pu en prendre connaissance (cass. soc. 4 juillet 2012, n° 10-24082 D). En pratique, afin de limiter les risques de contentieux, une information individuelle par courriel ou par lettre recommandée paraît préférable.

Préavis suffisant - Lorsqu'il informe les salariés et les représentants du personnel de son projet de dénonciation, l'employeur indique à quelle date ou dans quel délai l'usage cessera effectivement de s'appliquer. Il doit laisser un délai suffisant pour négocier éventuellement des contreparties à la disparition de l'usage.

▶ À noter… Contrairement à la procédure de dénonciation applicable aux accords collectifs [voir *Convention collective (révision, dénonciation et renouvellement)**], l'employeur n'est pas obligé de négocier pendant le délai de prévenance (cass. soc. 9 juillet 1987, n° 86-60384, BC V n° 458 ; cass. soc. 16 mars 1989, n° 85-45934, BC V n° 221).

Il n'existe pas de préavis type. Sa durée varie selon les circonstances.

Exemples

L'employeur respecte un délai de prévenance suffisant lorsqu'il informe les salariés en mai et les représentants du personnel en juin de la suppression du 13e mois, dont le solde doit être versé au mois de décembre suivant (cass. soc. 27 avril 1989, n° 86-45468 D).

En revanche, s'il dénonce une prime qui devait être versée à la fin du mois ou le mois suivant, les juges considèrent généralement ce délai comme insuffisant (cass. soc. 22 décembre 1988, n° 86-42715 D ; cass. soc. 5 février 1992, n° 88-41643 D ; cass. soc. 24 octobre 1997, n° 96-40927 D ; cass. soc. 3 mai 2012, n° 10-20738 D).

Respect du principe « à travail égal, salaire égal » - L'employeur ne peut pas, en principe, limiter les effets de la dénonciation aux salariés nouvellement embauchés, à moins que cette différence de traitement soit justifiée par des raisons objectives et matériellement vérifiables [voir *Salaire (à travail égal, salaire égal)**].

Effets d'une dénonciation régulière - Dès lors que l'employeur a respecté la procédure de dénonciation, l'usage cesse de s'appliquer au terme du délai de prévenance. Les salariés ne peuvent donc plus prétendre au maintien de l'avantage en question (cass. soc. 25 février 1988, n° 85-40821, BC V n° 139).

Par ailleurs, dans la mesure où l'usage ne s'incorpore pas au contrat de travail, les salariés ne peuvent pas non plus invoquer une modification de leur contrat pour faire échec à la dénonciation (cass. soc. 10 février 1998, n° 95-42543, BC V n° 83). Encore faut-il que l'usage n'ait pas été contractualisé *(voir ci-après)*.

▶ À noter… Bien que cette situation soit, à notre connaissance, relativement rare, il peut arriver que la rémunération soit fixée par un usage et non par le contrat de travail. Dans ce cas, par exception, l'employeur ne peut pas se contenter de dénoncer l'usage pour fixer unilatéralement le nouveau montant du salaire. Il doit obtenir l'accord du salarié sur ce montant (cass. soc. 20 octobre 1998, n° 95-44290, BC V n° 435).

Les salariés protégés ne font pas exception à la règle : la dénonciation régulière d'un usage s'impose à eux dans les mêmes conditions (cass. soc. 1er juin 1994, n° 91-43936 D ; CE 9 mars 2005, n° 257768).

Conséquence d'une dénonciation irrégulière - Si l'employeur n'a pas respecté la procédure de dénonciation, l'usage n'a, de fait, jamais été supprimé. Les salariés sont en droit d'exiger le bénéfice de l'avantage prévu par cet usage (cass. soc. 16 décembre 1998, n° 95-40385, BC V n° 570 ; cass. soc. 4 décembre 2019, n° 18-20763 D).

Contractualisation de l'usage

Cas de contractualisation - L'usage est contractualisé si le contrat de travail des salariés y fait référence (cass. soc. 22 janvier 1992, n° 89-42840, BC V n° 24). La contractualisation résulte donc d'un acte explicite.

Ainsi, le fait de remettre au salarié, lors de son embauche, un document résumant les usages et les engagements unilatéraux de l'employeur n'a pas pour effet de contractualiser les avantages qui y sont décrits (cass. soc. 11 janvier 2000, n° 97-44148, BC V n° 17). Dans le même sens, ce n'est pas parce que l'employeur cherche à modifier un usage avec l'accord des salariés qu'il contractualise cet usage (cass. soc. 26 avril 2006, n° 05-43005 D ; cass. soc. 18 septembre 2013, n° 12-15328 D).

Effets de la contractualisation - Dès lors que l'avantage est contractualisé, il disparaît en tant qu'usage, sans que l'employeur ait à le dénoncer, et devient un élément du contrat de travail (cass. soc. 11 juillet 2006, n° 05-41177 D).

▶ À noter... L'employeur doit veiller à ne pas réserver la contractualisation à certains salariés sans raison objective, car cela pourrait caractériser une violation du principe d'égalité salariale [voir *Salaire (à travail égal, salaire égal)**].

Toute modification ou suppression de l'avantage en question ne peut alors intervenir qu'avec l'accord des salariés. La dénonciation de l'ex-usage ou la conclusion d'un accord collectif ayant le même objet n'ont aucun effet (cass. soc. 1er février 2012, n° 10-17394, BC V n° 49).

Accord collectif ayant le même objet

Lorsque l'employeur conclut avec les syndicats un accord collectif qui a le même objet qu'un usage, cet accord se substitue automatiquement à l'usage en question. Celui-ci disparaît, sans que l'employeur ait à le dénoncer (cass. soc. 26 janvier 2005, n° 02-47507, BC V n° 31 ; cass. soc. 26 septembre 2012, n° 10-24529, BC V n° 247).

En matière d'avantage de retraite, la conclusion d'un accord de substitution est impérative *(voir ci-avant)*.

Transfert des contrats de travail

Transfert légal - En cas de *modification de la situation juridique de l'employeur** (ex. : cession), l'usage est opposable au nouvel employeur (cass. soc. 31 janvier 1995, n° 91-43822 D ; cass. soc. 16 septembre 2015, n° 14-16158 D). Celui-ci n'est cependant tenu d'appliquer les usages et engagements unilatéraux pris par l'ancien employeur qu'à l'égard des salariés dont le contrat était en cours au jour du transfert (cass. soc. 7 décembre 2005, n° 04-44594 D).

Le nouvel employeur ne peut pas demander aux salariés transférés de renoncer aux droits qu'ils tenaient d'usages ou d'engagements unilatéraux en vigueur dans leur entreprise d'origine pour pouvoir bénéficier du statut collectif (accords collectifs, usages, engagements unilatéraux) applicable dans l'entreprise d'accueil (cass. soc. 13 octobre 2016, n° 14-25411, BC V n° 189).

Peu importe que le maintien des usages et des engagements unilatéraux occasionne des inégalités entre les salariés transférés et ceux de l'entreprise d'accueil. Il s'agit en effet d'une différence de traitement justifiée [voir *Salaire (à travail égal, salaire égal)**].

▶ À noter... Un usage bénéficiant au CSE de l'entreprise d'origine (ex. : montant de la contribution de l'employeur aux activités sociales et culturelles) ne continue de s'appliquer que si le comité se maintient dans la nouvelle entreprise (cass. soc. 13 mai 2009, n° 08-12514, BC V n° 132).

Transfert par accord collectif - Lorsque le transfert des contrats de travail intervient en application d'un accord collectif, à la suite de la reprise d'un marché par un nouveau prestataire, celui-ci n'a pas à appliquer aux salariés transférés les usages dont ils bénéficiaient chez leur ancien employeur, sauf clause conventionnelle contraire (cass. soc. 17 novembre 2010, n° 09-67918 D).

☞ *Engagement unilatéral de l'employeur.*

V

Vaccin

☞ *Covid-19 (hygiène et sécurité).*

Validation des acquis de l'expérience

Toute personne engagée dans la vie active (ex. : salariés, non-salariés, demandeurs d'emploi) est en droit de faire valider les acquis de son expérience (VAE), notamment professionnelle, en vue de l'acquisition d'une certification professionnelle enregistrée dans le répertoire national des certifications professionnelles (RNCP) [voir *Formation professionnelle (certifications professionnelles)**] (c. trav. art. L. 6411-1).

L'employeur est tenu, à l'occasion de l'*entretien professionnel**, d'informer le salarié sur la VAE (c. trav. art. L. 6315-1).

Expérience requise

Pour l'obtention d'un diplôme ou d'un titre délivré, au nom de l'État, par un établissement d'enseignement supérieur, l'ensemble des compétences professionnelles acquises par une personne dans l'exercice de certaines activités peut être pris en compte au titre de la validation du moment que ces compétences sont en rapport direct avec le contenu du diplôme ou du titre visé. Il s'agit des activités suivantes (c. éduc. art. L. 335-5, L. 613-3 et R. 335-5 et s.) :

- activité professionnelle salariée, non salariée, bénévole, de volontariat ou exercées par une personne inscrite sur la liste des sportifs de haut niveau (c. sport art. L. 221-2) ;
- mandat électoral local ou fonction élective locale ;
- exercice de responsabilités syndicales.

La VAE a les mêmes effets que ceux résultant des autres modes de contrôle des connaissances et aptitudes.

L'ensemble des activités requises doit avoir une durée minimale de 1 an (c. éduc. art. L. 335-5) :

- peu importe que l'activité ait été exercée de façon continue ou non ;
- plusieurs activités de nature différente, exercées sur une même période, peuvent se compléter pour atteindre 1 an, dès lors qu'elles ont été exercées simultanément.

Pour apprécier cette durée, l'organisme compétent prend également en compte toutes les périodes de formation initiale ou continue en milieu professionnel.

▶ À noter... Lorsqu'il s'agit d'activités réalisées en formation initiale ou continue, peuvent être prises en compte les périodes de formation en milieu professionnel, de mise en situation en milieu professionnel, de *stages en entreprise**, de *préparation opérationnelle à l'emploi** et de périodes de formation pratique de contrat d'*apprentissage**, de *contrat de professionnalisation** ou de *contrat unique d'insertion** (c. éduc. art. R. 335-6-1, I).

La durée de 1 an est calculée sur un nombre d'heures correspondant à la durée de travail effectif à temps complet en vigueur dans l'entreprise en fonction, le cas échéant, de la période de référence du dispositif d'aménagement du temps de travail appliqué. La durée des activités réalisées hors formation doit être supérieure à celle des activités réalisées en formation (c. éduc. art. R. 335-6-1, II).

Diplômes et titres visés

La VAE permet l'acquisition des diplômes (ex. : diplôme de l'enseignement supérieur) et titres à finalité professionnelle délivrés par l'État ainsi que des diplômes, titres et certificats de qualification de branche, dans la mesure où les uns et les autres figurent au répertoire national des certifications professionnelles (RNCP) [voir *Formation professionnelle (certifications professionnelles)**] (c. éduc. art. L. 613-3 à L. 613-6, R. 613-32 à R. 613-37 et D. 613-38 à D. 613-38).

▶ À noter... Les établissements d'enseignement supérieur mettent en œuvre un enseignement modulaire capitalisable (c. éduc. art. L. 613-5).

Un diplôme ou un titre peuvent être validés en totalité ou partiellement (c. éduc. art. L. 335-5).

Procédure de validation

Demande de validation - La procédure de VAE comprend une étape de recevabilité de la demande et une autre d'évaluation par le jury, organisées par l'autorité administrative, l'établissement ou l'organisme qui délivre la certification (dénommés « organisme certificateur ») (c. éduc. art. R. 335-7).

L'organisme certificateur peut proposer au candidat une aide gratuite à la constitution de son dossier de recevabilité.

▶ À noter… Un site Internet dédié a été mis en place par le ministère chargé de l'emploi : www.vae.gouv.fr (c. trav. art. L. 6111-3 et D. 6111-7).

Sous réserve de dérogations (CRPA art. L. 231-4 à L. 231-6), le ministère ou l'organisme certificateur se prononce, dans un délai de 2 mois à compter de la réception de la demande, sur la recevabilité du candidat à la VAE. À l'expiration de ce délai, l'absence de réponse vaut recevabilité de la demande (c. trav. art. L. 6412-2).

Une seule demande par an - Au cours d'une même année civile, un candidat ne peut déposer qu'une seule demande pour l'obtention d'un diplôme, d'un titre ou d'un certificat de qualification.

Si l'intéressé vise l'obtention de plusieurs diplômes ou titres différents, il ne peut pas déposer plus de trois demandes au cours de la même année civile. Ces obligations et l'engagement sur l'honneur du candidat à les respecter sont rappelés sur chaque formulaire de candidature à une validation (c. éduc. art. R. 335-7).

Envoi d'un dossier - La demande doit être accompagnée d'un dossier constitué par le candidat lequel comprend en tout état de cause (c. éduc. art. R. 335-7) :

- un formulaire de candidature (modèle CERFA 12818* 02 et sa notice 51260#02 fixé par arrêté du 29 novembre 2017), ces documents pouvant être obtenus auprès des organismes en charge de délivrer les certifications professionnelles (ils sont également disponibles sur les sites : www.service-public.fr, www.vae.gouv.fr et www.travail-emploi.gouv.fr pour remplissage à l'écran et/ou impression) ;
- les documents justifiant de la durée des activités exercées par le candidat et le cas échéant, les certifications ou parties de certifications obtenues ;
- les attestations de formations suivies antérieurement distinguant la durée des périodes de formation initiale ou continue réalisées en situation de travail, en rapport direct avec la certification ciblée ;
- les documents spécifiques éventuels, nécessaires à l'examen de la demande, fixés par l'organisme certificateur délivrant la certification professionnelle.

Le candidat adresse le dossier de recevabilité à l'organisme certificateur, dans les conditions que ce dernier a préalablement fixées et rendues publiques, notamment sur son site internet ou sur le portail www.vae.gouv.fr.

▶ À noter… L'examen du dossier de recevabilité est réalisé par l'organisme certificateur. Il consiste d'une part, à contrôler la conformité de la durée effective d'activité par rapport à la durée requise et, d'autre part, à vérifier le rapport direct des activités déclarées par le candidat avec les activités du référentiel de la certification. L'organisme certificateur notifie sa décision au candidat par tout moyen donnant date certaine à la réception de cette décision (c. éduc. art. R. 335-7).

Examen par un jury - Le candidat, ayant reçu une décision favorable à sa demande de recevabilité, constitue son dossier de validation comprenant la description de ses aptitudes, compétences et connaissances mobilisées au cours de son expérience dans les différentes activités exercées et, le cas échéant, au cours de formations complémentaires.

Il l'adresse à l'organisme certificateur dans les délais et les conditions que ce dernier lui aura préalablement fixés et communiqués (c. éduc. art. R. 335-8).

La validation est effectuée par un jury (voir *Congé de participation aux instances d'emploi et de formation ou à un jury d'examen**).

Décision du jury - Le jury statue au vu du dossier constitué par le candidat, à l'issue d'un entretien et, le cas échéant, d'une mise en situation professionnelle lorsque cette procédure est prévue par l'autorité délivrant la certification. Il décide de l'attribution ou de la non-attribution du diplôme, du titre ou du certificat de qualification (c. éduc. art. L. 335-5, R. 335-9 et R. 335-10).

Il peut délivrer une ou plusieurs parties identifiées de certification professionnelle classée au RNCP et visant à l'acquisition d'un ou plusieurs blocs de compétences. Dans ce cas, il identifie les aptitudes, compétences et connaissances qui feront l'objet de l'évaluation complémentaire nécessaire à l'obtention du diplôme, titre ou certificat de qualification postulé.

La décision du jury est notifiée au candidat par l'organisme certificateur. Les parties de certification obtenues de manière définitive font l'objet de la délivrance au candidat, soit :

- d'attestations de compétences
- d'un livret de certification.

Accompagnement à la VAE

Le candidat à une VAE peut bénéficier d'un accompagnement lequel peut être renforcé dans certains cas (c. trav. art. L. 6423-1 et R. 6423-2 et s. ; c. éduc. art. L. 335-5 et L. 613-4, al. 2).

▶ À noter... L'accompagnement à la VAE est éligible au *compte personnel de formation** (CPF) (c. trav. art. L. 6323-6).

Modalités pour la VAE dans l'entreprise

Actions concourant au développement des compétences - Les actions permettant de faire valider les acquis de l'expérience font partie des actions concourant au développement des compétences qui entrent dans le champ d'application des dispositions relatives à la formation professionnelle (voir *Actions de formation**) (c. trav. art. L. 6313-1°).

Les actions permettant de faire valider les acquis de l'expérience ont pour objet l'acquisition d'une certification professionnelle enregistrée au RNCP (c. trav. art. L. 6313-5).

Dans le cadre du plan de développement des compétences - L'employeur peut insérer de telles actions dans le *plan de développement des compétences** de l'entreprise. Toutefois, ces actions de VAE ne peuvent être réalisées qu'avec le consentement du salarié : un refus ne saurait être qualifié de faute ou de motif de licenciement (c. trav. art. L. 6421-1, L. 6421-2 et R. 6422-13).

Lorsqu'un salarié accepte la proposition de l'employeur, l'action de formation correspondante peut être inscrite dans le plan de développement des compétences (ANI du 5 octobre 2009, art. 9, non étendu).

Dans le cadre d'un congé de VAE - Un congé pour VAE peut être demandé en vue (c. trav. art. R. 6422-1) :
- de participer à la session d'évaluation organisée par le ministère ou l'organisme certificateur ;
- de se préparer à cette validation.

Le salarié qui fait valider, à son initiative, les acquis de son expérience en tout ou partie pendant le temps de travail bénéficie d'un congé de 24 h, continues ou discontinues, par session d'évaluation (c. trav. art. L. 6422-1 et R. 6422-8).

Toutefois, cette limite peut être augmentée par convention ou accord collectif de travail pour les travailleurs n'ayant pas atteint un niveau 4 de qualification, au sens du cadre national des certifications professionnelles [voir *Formation (niveaux de qualification)**], ou dont l'emploi est menacé par les évolutions économiques ou technologiques (c. trav. art. L. 6422-2 et R. 6422-8).

Le salarié doit obtenir une autorisation préalable d'absence de son employeur qui suit la même règle que celle prévue pour le *compte personnel de formation**.

La demande d'autorisation d'absence est transmise à l'employeur au plus tard jours 60 avant le début des actions de VAE par tout moyen donnant date certaine à sa réception (c. trav. art. R. 6422- 2 et R. 6422-3).

L'employeur doit lui notifier par écrit sa réponse dans les 30 jours calendaires suivant la réception de la demande d'autorisation d'absence. Son silence dans ce délai vaut acceptation (c. trav. art. L. 6422-1 renvoyant à L. 6323-17 et R. 6422-4).

L'employeur ne peut refuser le congé que pour des raisons de services, motivant son report qu'il doit faire connaître par écrit à l'intéressé. Ce report ne peut excéder six mois à compter de la demande (c. trav. art. R. 6422-4).

Les heures consacrées à ce congé après autorisation de l'employeur sont considérées comme du temps de travail effectif et sont, à ce titre, rémunérées par l'employeur. Elles donnent lieu au maintien de la protection sociale en matière d'accident du travail et de maladie professionnelle (c. trav. art. L. 6422-3).

Au terme d'un congé de VAE, le bénéficiaire du congé présente sur demande de l'employeur ou d'un organisme financeur [*opérateurs de compétences (OPCO)**], tout justificatif attestant de sa participation aux actions de VAE fourni par le ministère ou l'organisme certificateur et le cas échéant, par l'organisme accompagnateur (c. trav. art. R. 6422-5).

▶ À noter... Le salarié ayant bénéficié d'une autorisation d'absence pour accomplir des actions de VAE ne peut prétendre, dans la même entreprise, au bénéfice d'une nouvelle autorisation dans le même but avant un an, à l'exception des candidats ayant obtenu une ou plusieurs parties de certification pour le passage de l'évaluation complémentaire (c. trav. art. R. 6422-6).

Actions de VAE pendant le temps de travail - Lorsque les actions de VAE se déroulent pendant le temps de travail, dans le cadre du plan de développement des compétences, de la mobilisation du compte personnel de formation, d'un congé de VAE ou de la reconversion ou promotion par alternance (voir *Pro-A, reconversion ou promotion par alternance**), les heures qui y sont consacrées constituent un temps de travail effectif et donnent lieu au maintien de la rémunération (c. trav. art. R. 6422-8-1).

▶ À noter… L'autorisation d'absence n'est pas prise en compte dans le calcul du délai de franchise applicable au congé spécifique dans le cadre d'un projet de transition professionnelle [voir *Formation (niveaux de qualification)**] (c. trav. art. R. 6422-7).

Actions de VAE hors temps de travail - Lorsque les actions de VAE se déroulent en dehors du temps de travail, au titre du plan de développement des compétences, du compte personnel de formation ou de la reconversion ou promotion par alternance, le salarié bénéficie de la législation de la sécurité sociale relative à la protection en matière d'accidents du travail et de maladies professionnelles (c. trav. art. R. 6422-8-1).

Congé de VAE des CDD - Le congé VAE CDD se déroule en dehors de la période d'exécution du CDD. Il débute au plus tard 12 mois après le terme du contrat. Par dérogation, le congé pour VAE peut être pris, à la demande du salarié et après accord de l'employeur, en tout ou partie avant le terme du contrat de travail (c. trav. art. R. 6422-7-1).

Financement de la VAE

Dans le cadre du plan de développement des compétences - Le financement des actions de VAE organisées à l'initiative de l'employeur est assuré sur le budget formation correspondant ou par l'opérateur de compétences dont l'entreprise relève si son effectif est inférieur à 50 salariés [voir *opérateurs de compétences (OPCO)**] (c. trav. art. L. 6332-1-3).

Les frais afférents aux actions permettant de faire valider les acquis de l'expérience comprennent les frais de procédure et d'accompagnement (c. trav. art. L. 6332-1-3 et R. 6422- 9), c'est-à-dire les frais :
- de transport, de repas et d'hébergement ;
- d'examen du dossier de recevabilité ;
- d'accompagnement du candidat ;
- occasionnés par les formations obligatoires ou complémentaires recommandées, le cas échéant, au candidat par le ministère ou l'organisme certificateur au terme de l'analyse de la recevabilité de sa demande ;
- de session d'évaluation organisée par le ministère ou l'organisme certificateur.

Les motifs de refus des demandes de prise en charge de ces frais sont déterminés par décret (c. trav. art. L. 6332-1-3 et R. 6422- 10).

Lorsque les actions permettant de faire valider les acquis de l'expérience font l'objet d'une prise en charge par l'employeur ou par un ou plusieurs organismes, en l'absence de mobilisation du compte personnel de formation, une convention est conclue entre le candidat à une VAE, le ou les financeurs des actions permettant de faire valider les acquis de l'expérience et l'organisme ou chacun des organismes intervenant dans la procédure de VAE (c. trav. art. R. 6422- 11 et R. 6422- 12).

Dans le cadre d'un congé de VAE à l'initiative du salarié - Les heures consacrées à ce congé après autorisation de l'employeur sont rémunérées par ce dernier, ces heures étant considérées comme du temps de travail effectif. Les frais liés à la démarche de VAE et à l'accompagnement peuvent être pris en charge dans le cadre du compte personnel de formation [voir *Compte personnel de formation (utilisation)**].

Représentants du personnel

Un dispositif national de valorisation des compétences vise à permettre aux salariés titulaires d'un mandat de représentant du personnel ou d'un mandat syndical d'améliorer leurs chances d'évoluer vers des emplois plus qualifiés ou mieux rémunérés à l'issue de leur mandat. Après avis de la commission de France compétences en charge de la certification professionnelle, les compétences correspondant à l'exercice du mandat peuvent ainsi faire l'objet d'une certification inscrite au répertoire spécifique (c. trav. art. L. 6112-4 ; arrêtés du 26 juin 2018, JO du 27, textes 8 et 9 ; Guide du Ministère du travail de certification des compétences des représentants du personnel et des mandataires syndicaux).

La certification est enregistrée en blocs de compétences qui permettent d'obtenir des dispenses dans le cadre notamment d'une démarche de validation des acquis de l'expérience permettant, le cas échéant, l'obtention d'une autre certification.

Les actions de formation certifiantes nécessaires à l'obtention de la certification, notamment les actions de positionnement, d'accompagnement et d'évaluation des compétences, constituent un temps de travail effectif et donnent lieu pendant leur déroulement au maintien par l'entreprise de la rémunération, dès lors qu'elles ne relèvent pas des exceptions permettant d'organiser la formation ou tout ou partie en dehors du temps de travail (c. trav. art. L. 6321-6, 1° et 2° et D. 6112-2).

Aide aux demandeurs d'emploi

Une aide financière peut être attribuée par Pôle Emploi au demandeur d'emploi qui entreprend une démarche de VAE [voir *Chômage (aides au reclassement)**] (instr. Pôle Emploi 2009-305 du 8 décembre 2009, fiche 6 ; BO Pôle Emploi n° 101 du 15 décembre 2009).

Vapotage

☞ *Interdiction de fumer.*

Vendeurs-colporteurs de presse

Les vendeurs-colporteurs de presse et porteurs de presse non inscrits au registre du commerce ou au registre des métiers sont assujettis au régime général de sécurité sociale (loi 91-1 du 3 janvier 1991, parties I et II).

Personnes concernées

Sont visées les personnes effectuant, sur la voie publique ou par portage à domicile, la vente ou la distribution de publications quotidiennes et assimilées et, pour les entreprises de presse, les éditeurs de quotidiens ou d'hebdomadaires nationaux, régionaux et départementaux d'information politique et générale (c. séc. soc. art. L. 311-3).

Cotisations

Les cotisations sont assises sur des assiettes forfaitaires. Elles sont calculées par application des taux de droit commun sur une base forfaitaire.

Dans l'attente d'un arrêté à paraître (modifiant l'arrêté du 13.08.2003), l'assiette des cotisations des vendeurs-colporteurs de presse et porteurs de presse écrite est déterminée conformément à une lettre ministérielle du 30.01.2006. Selon le réseau des URSSAF, la base forfaitaire au 1.01.2022, par tranche de 100 journaux vendus ou distribués par mois civil et par personne, est de (www.urssaf.fr, rubrique Employeurs, Barème) :

- 6,81 € pour la presse départementale, régionale, nationale ;
- 12,26 € pour la presse dite de rue.

La vente ou la distribution de journaux portant sur des quantités inférieures ou égales à 100 journaux par tournée ne donne, en revanche, pas lieu au versement de cotisations.

▶ **À noter…** La loi de financement de la sécurité sociale pour 2015 a fixé de nouvelles règles de calcul des cotisations forfaitaires (c. séc. soc. art. L. 242-4-4, al. 2, modifié par loi 2014-1554 du 22 décembre 2014, art. 13, JO du 24), applicables en principe, à partir du 1.01.2016. Un décret aurait dû préciser ces règles, mais faute de parution du texte, l'ACOSS, le 17.10.2017, via le site Internet du réseau des URSSAF, a diffusé une information aux termes de laquelle une partie de la réforme est entrée en vigueur au 1.09.2017, malgré l'absence de décret. En ce qui concerne les vendeurs colporteurs de presse, l'assiette forfaitaire applicable avant loi de financement de la sécurité sociale pour 2015 est maintenue, mais avec application, le cas échéant, d'un mécanisme d'encadrement prévu par ladite loi. Ainsi, lorsque la rémunération est égale ou supérieure à 1,5 plafond de la sécurité sociale correspondant à la durée de travail, l'assiette forfaitaire retenue pour le calcul des cotisations ne peut pas être inférieure à 70 % de cette rémunération.

Exonération de cotisations

Les cotisations de sécurité sociale à la charge de l'employeur, du mandant ou de l'éditeur au titre des assurances sociales et des allocations familiales, dues pour les rémunérations versées au cours d'un mois civil aux vendeurs-colporteurs de presse et aux porteurs de presse, font l'objet d'une exonération. Le montant de cette dernière est calculé chaque mois civil, pour chaque porteur de presse ou vendeur-colporteur de presse. Il ne peut excéder le montant des cotisations patronales dues au titre des assurances sociales et des allocations familiales pour une rémunération égale au SMIC calculé pour un mois (loi 91-1 du 3 janvier 1991, art. 22 bis).

▶ **À noter…** Si l'employeur renonce à l'application des bases forfaitaires et calcule les cotisations sur une base réelle en retenant le droit commun, il est susceptible d'être éligible au bénéfice de la réduction générale de cotisations pour les salariés qu'il est tenu d'assurer contre le risque chômage. Il a alors le choix entre le bénéfice de la *réduction générale de cotisations patronales** et le bénéfice de l'exonération (lettre-circ. ACOSS 2009-87 du 20 novembre 2009).

Vendeurs à domicile

Non salariés au regard du droit du travail, ils sont assimilés à des salariés vis-à-vis de la sécurité sociale (sauf s'ils sont inscrits au registre du commerce ou au registre spécial des agents commerciaux).

Personnes visées ou exclues

Personnes concernées - Les personnes visées sont celles qui exercent une activité de vente de produits et de services à domicile, par démarchage de personne à personne ou par réunions.

Les VRP multicartes ainsi que les personnes effectuant des offres de vente par téléphone ou par tout moyen technique assimilable et par téléachat sont exclus.

Les opérations de ventes effectuées par réunions à domicile, dites « ventes à temps choisi » sont, en revanche, concernées par les opérations de vente effectuées par réunions à domicile.

Catégories d'assujettis - Ces dispositions combinées créent trois catégories de vendeurs-démarcheurs au regard du droit de la sécurité sociale, à savoir ceux qui :
- n'exercent pas leur activité pour leur propre compte : ils sont salariés de droit commun et assujettis à la sécurité sociale (c. séc. soc. art. L. 311-2) ;
- exercent pour leur propre compte sans être inscrits au registre du commerce ou à celui des agents commerciaux : non salariés au regard du droit du travail, ils sont assimilés aux salariés pour la sécurité sociale (c. séc. soc. art. L. 311-3, 20°) ;
- exercent en leur nom propre et sont inscrits à l'un des deux registres précités : ils sont non salariés tant au regard du droit du travail que vis-à-vis de la sécurité sociale.

▶ Attention… Pour cette avant-dernière catégorie de vendeurs à domicile, les obligations incombant à l'employeur sont prises en charge par l'entreprise partie au contrat conclu avec le vendeur à domicile, à l'exception toutefois de la demande d'immatriculation (c. séc. soc. art. R. 312-5).

Calcul des cotisations

Calcul forfaitaire - Les cotisations de sécurité sociale des vendeurs à domicile sont fixées forfaitairement ou calculées à partir d'assiettes forfaitaires.

Encadrement de l'assiette forfaitaire - La loi de financement de la sécurité sociale pour 2015 a fixé de nouvelles règles de calcul des cotisations forfaitaires (c. séc. soc. art. L. 242-4-4, al. 2, modifié par loi 2014-1554 du 22 décembre 2014, art. 13, JO du 24), applicables en principe, à partir du 1.01.2016. Un décret aurait dû préciser ces règles, mais faute de parution du texte, l'ACOSS, le 17.10.2017, via le site Internet du réseau des URSSAF, a diffusé une information aux termes de laquelle une partie de la réforme est entrée en vigueur au 1.09.2017, malgré l'absence de décret.

En ce qui concerne les vendeurs à domicile, l'assiette forfaitaire applicable avant loi de financement de la sécurité sociale pour 2015 est maintenue, mais avec application, le cas échéant, d'un mécanisme d'encadrement prévu par ladite loi. Ainsi, lorsque la rémunération est égale ou supérieure à 1,5 plafond de la sécurité sociale correspondant à la durée de travail, l'assiette forfaitaire retenue pour le calcul des cotisations ne peut pas être inférieure à 70 % de cette rémunération.

Assiette forfaitaire - Aucune cotisation n'est due si les rémunérations brutes trimestrielles sont inférieures, avant abattement de 10 %, à 3 plafonds journaliers de la sécurité sociale (lettre-circ. ACOSS 2001-93 du 13 août 2001).

Les cotisations de sécurité sociale, la CSG et la CRDS ainsi que les autres contributions recouvrées par les URSSAF sont fixées forfaitairement par référence au plafond horaire de la sécurité sociale lorsque le montant des rémunérations brutes allouées au cours d'un trimestre civil est inférieur à 8 plafonds journaliers de sécurité sociale (la fraction de la cotisation à la charge du vendeur à domicile est égale à 33 % de la cotisation forfaitaire) (arrêté du 31 mai 2001, JO 23 juin).

▶ Attention… L'administration, dans un but de simplification, précise que les contributions au titre du *versement mobilité** (ex-versement de transport) et du FNAL supplémentaire (devenu FNAL 0,50 %) ne sont pas dues pour les rémunérations donnant lieu à cotisations forfaitaires (lettre-circ. ACOSS 2001-093 du 13 août 2001).

Lorsque la rémunération brute trimestrielle est égale ou supérieure à 8 plafonds journaliers de sécurité sociale et inférieure à 27 plafonds journaliers, les cotisations sont calculées sur la base d'assiettes forfaitaires avec application des taux de droit commun.

Pour les rémunérations dont le montant est égal ou supérieur à 27 plafonds journaliers, les cotisations sont calculées sur la rémunération réelle selon les règles de droit commun.

▶ À noter… Les tranches de rémunération, les cotisations et assiettes forfaitaires sont arrondies à l'euro le plus proche.

Exception - Par accord entre le vendeur à domicile et l'entreprise, les cotisations et charges recouvrées par les URSSAF peuvent être calculées selon les règles de droit commun, c'est-à-dire en appliquant les taux de droit commun à la rémunération réelle.

Cotisations chômage et AGIRC-ARRCO - Elles ne sont dues que si le vendeur est titulaire d'un contrat de travail.

Travailleur indépendant

Les vendeurs à domicile indépendants qui ont exercé l'activité de vente à domicile durant 3 années civiles complètes et consécutives dont le revenu tiré chaque année de cette activité est supérieur à 50 % du plafond annuel de sécurité sociale sont tenus de s'inscrire au registre du commerce ou au registre spécial des agents commerciaux à compter du 1er janvier qui suit cette période (arrêté du 31 mai 2001, JO 23 juin ; lettre-circ. ACOSS 2001-93 du 13 août 2001).

Vendredi saint

En Alsace (Bas-Rhin, Haut-Rhin), en Moselle et dans les communes ayant une église protestante ou une église mixte, le Vendredi saint est un jour férié (ordonnance du 16 août 1892).

Ce jour est obligatoirement chômé (loi 2005-296 du 31 mars 2005, art. 1, JO 1er avril).

Dans le département de la Moselle, l'autorité administrative peut autoriser ou interdire l'ouverture des établissements commerciaux le Vendredi Saint, de manière uniforme dans le département, indépendamment de la présence d'un temple protestant ou d'une église mixte dans les communes (c. trav. art. L. 3134-14).

☞ *Jours fériés.*

Vente de l'entreprise aux salariés

@ Cette étude est détaillée dans la version en ligne de ce Dictionnaire (voir www.rfsocial.com et www.rfeditions.com).

Versement mobilité

Le versement mobilité (anciennement appelé versement de transport) est une contribution patronale destinée au financement des services de mobilité en province, dans les zones où il a été institué, et en région parisienne. Seuls les employeurs occupant au moins 11 salariés y sont assujettis.

Employeurs assujettis et exonérés

Employeurs assujettis - Les employeurs de 11 salariés et plus sont assujettis au versement mobilité.

L'effectif s'apprécie :

- en Île-de-France, au regard du nombre de salariés dont le lieu de travail est situé dans la région (c. gén. collect. terr. art. L. 2531-2 et D. 2531-7) ;
- en dehors de l'Île-de-France, au regard du nombre de salariés dont le lieu de travail se situe dans une zone où le versement mobilité a été institué (c. gén. collect. terr. art. L. 2333-64 et D. 2333-87).

Une entreprise composée de plusieurs établissements peut donc être assujettie au versement mobilité dans certaines zones et pas dans d'autres.

Employeurs exonérés - Les fondations et associations reconnues d'utilité publique à but non lucratif, dont l'activité est de caractère social, sont exonérées de versement mobilité sur décision expresse de l'autorité organisatrice des mobilités en province (c. gén. collect. terr. art. L. 2333-64, L. 2531-2 et D. 2333-85). En Île-de-France, les associations et fondations concernées n'ont pas besoin d'obtenir une décision expresse d'exonération de Île-de-France Mobilités (ex-STIF) (cass. civ., 2e ch., 9 septembre 2021, n° 20-11056 FB).

▶ À noter... Le caractère social de l'activité doit être apprécié au regard de l'activité effectuée par la fondation ou l'association dans le ressort de l'autorité organisatrice des mobilités (AOM) qui a institué le versement mobilité (cass. civ., 2e ch., 9 mai 2018, n° 17-14705, BC II n° 97).

Les associations intermédiaires sont aussi exonérées du versement mobilité (c. gén. collect. terr. art. L. 2333-64 et L. 2531-2).

Par tolérance, d'autres cas d'exonération ont été admis : les représentations d'États étrangers, les organismes internationaux si leur statut particulier tel qu'il résulte des accords constitutifs contient des dispositions les exonérant d'impôts directs ainsi que les particuliers employeurs au titre des emplois familiaux (lettre-circ. ACOSS 2005-87 du 6 juin 2005).

Communes concernées

Le versement mobilité est dû par les employeurs de la région parisienne.

Il en est également ainsi pour certaines agglomérations de province de plus de 10 000 habitants.

▶ À noter… Il est possible d'instituer un versement mobilité dans les communes ou communautés urbaines de moins de 10 000 habitants, dès lors qu'une ou plusieurs des communes concernées sont classées « communes touristiques » (c. gén. collect. terr. art. L. 2333-64).

Concrètement, Île-de-France mobilités (anciennement STIF) détermine le taux de versement effectivement applicable en Île-de-France *(voir ci-après)*. Dans les autres régions, le taux est fixé par l'autorité organisatrice de la mobilité (AOM) (c. gén. collect. terr. art. L. 2333-67).

Modalités de calcul de l'effectif d'assujettissement

Zone par zone - L'effectif d'assujettissement s'apprécie zone par zone et, pour la région parisienne, au niveau de l'Île-de-France (c. gén. collect. terr. art. D. 2333-87 et D. 2531-7).

L'employeur qui a plusieurs établissements dans une même zone de versement est assujetti au versement mobilité dès lors que l'effectif total, compte tenu de tous ses établissements, atteint 11 salariés et plus. Celui qui a des établissements implantés dans différentes zones de versement est assujetti au versement dans les seules zones où il emploie 11 salariés et plus. Pour ce qui est de l'Île-de-France, l'effectif s'apprécie sur l'ensemble des départements de la région, et non département par département (c. gén. collect. terr. art. D. 2333-87 et D. 2531-9).

Appréciation de l'effectif - Depuis 2018, l'assujettissement au versement mobilité dépend d'un effectif de référence calculé selon les règles de l'effectif « sécurité sociale », avec une particularité, puisqu'il est apprécié zone par zone de versement mobilité et, pour la région parisienne, au niveau de l'Île-de-France (c. gén. collect. terr. art. L. 2333-64 et L. 2531-2).

Hors cas des entreprises nouvelles, l'effectif calculé sur l'année N – 1 dans une zone de versement mobilité (en Île-de-France pour la région parisienne) détermine si l'employeur est assujetti au versement mobilité l'année suivante (année N) dans la zone concernée (ou en Île-de-France). En cas de franchissement de seuil à la hausse, l'entreprise peut bénéficier d'un mécanisme d'atténuation des effets de seuil *(voir ci-après)*.

En pratique, il convient d'appliquer les règles d'effectif sécurité sociale (moyenne annuelle, effectifs mensuels, décompte des salariés, entreprises nouvelles, etc.) au niveau de chaque zone de versement mobilité (ou de l'Île-de-France en région parisienne), en tenant compte des règles de rattachement des salariés propres au versement mobilité (voir *Effectif sécurité sociale**).

Règle de principe - En principe, il faut retenir les salariés affectés au sein de l'établissement situé dans une zone de versement mobilité inscrits au registre unique du personnel (RUP). Rappelons, sur ce point, que la *déclaration sociale nominative (DSN)** effectuée par établissement doit comprendre les salariés qui y sont rattachés (c. séc. soc. art. R. 130-2 et R. 133-13, I).

Le réseau des URSSAF précise sur son site Internet que cette règle s'applique quel que soit le lieu de travail effectif du salarié, y compris pour les salariés sédentaires ou itinérants (sauf cas dérogatoires).

Exemple

Un employeur est redevable du versement mobilité si son effectif de référence sur une zone donnée est de 15 salariés inscrits au registre unique du personnel, même si 11 sont itinérants et 4 sédentaires.

Elle s'applique aussi pour un salarié travaillant en alternance dans 2 établissements de l'employeur ou pour une durée déterminée dans un autre établissement de l'employeur.

Salarié travaillant hors établissement de l'employeur - Pour les salariés qui exercent en dehors d'un établissement de l'employeur, il est tenu compte du lieu où est exercée cette activité plus de 3 mois consécutifs dans chacune des zones où a été institué le versement mobilité (au niveau de l'Île-de-France en région parisienne) (c. gén. collect. terr. art. D. 2333-87, al. 3 et D. 2531-7, al. 3).

▶ À noter… La situation de travail « en dehors » d'un établissement ne doit pas être confondue avec celle du salarié qui travaille « dans un autre établissement » de son employeur, laquelle relève du principe général de rattachement *(voir ci-avant)*.

Selon le site Internet du réseau des URSSAF, la durée de plus de 3 mois s'apprécie de date à date, sans que les absences pour maladie, congés payés ou activité partielle ne soient susceptibles d'interrompre ce délai. Le cas échéant, il faut procéder à un prorata en fonction du temps de travail passé sur chaque zone d'exercice de l'activité.

Cette règle vaut pour le calcul de l'effectif et pour la détermination de l'assiette du versement mobilité. Elle suppose, selon le réseau des URSSAF, que le salarié exerce son activité plus de 3 mois consécutifs dans la même zone de versement mobilité. Concrètement, le salarié est retenu sur la zone à compter du premier jour du 4e mois d'exercice de son activité en dehors d'un établissement de l'employeur.

Lorsque le salarié, sur « plus de 3 mois consécutifs », exerce son activité dans plusieurs zones de mobilité, il reste pris en compte au niveau de l'établissement tenant le registre unique du personnel sur lequel il est inscrit.

Lorsque le salarié, sur plus de 3 mois consécutifs, exerce son activité en dehors de toute zone de versement mobilité, il n'est plus pris en compte dans l'effectif pour l'assujettissement au versement. Sa rémunération n'est pas soumise au versement mobilité pour la durée dépassant les 3 mois.

Conséquences : lorsque les conditions sont remplies (activité exercée en dehors d'un établissement de l'employeur, durée de plus de 3 mois consécutifs), les modifications induites par le changement de zone prennent effet au 1er jour du 4e mois de la mission.

Lorsque l'activité est exercée dans le ressort d'une autre zone de versement mobilité :

- le salarié est décompté sur cette autre zone ;
- sa rémunération est soumise au taux applicable sur cette nouvelle zone, sous réserve que l'employeur soit assujetti à la contribution au titre de cette zone au regard de son effectif de l'année précédente (N – 1) dans la zone.

Lorsque l'activité est exercée en dehors de toute zone de transport, le salarié n'est plus décompté sur aucune zone de versement mobilité. La contribution n'est pas due sur la rémunération versée au salarié.

▶ À noter… Lorsque le salarié exerce son activité en Île-de-France hors d'un établissement de l'employeur pour une durée supérieure à 3 mois consécutifs, le taux applicable est celui de la commune ou du département d'Île-de-France sur laquelle l'activité est exercée. Il n'y a pas de distinction à faire entre entreprises mono-établissement ou pluri-établissements en région Île-de-France.

Salarié en mission mis en télétravail - Sur son site internet, le réseau des URSSAF explique que pour le cas de la mise en télétravail d'un salarié qui était en mission de plus de 3 mois dans un établissement d'accueil ou hors établissement, il faut envisager deux hypothèses (www.urssaf.fr).

Si le lieu de télétravail est dans la même zone que le lieu d'activité hors de l'établissement, le décompte des 3 mois n'est pas interrompu, et le salarié demeure décompté dans l'effectif de cette zone et, le cas échéant, ses rémunérations sont assujetties au versement mobilité selon le taux de cette zone (si l'activité était déjà exercée depuis plus de 3 mois et que l'employeur est assujetti au versement mobilité dans cette zone).

Exemple

Un salarié inscrit au registre unique du personnel d'un établissement en Ile-de-France est envoyé en mission chez un client à Lyon à compter du 1er avril. Le 20 juin, il commence à télétravailler depuis son domicile situé à Lyon également.

Le lieu de télétravail étant dans la même zone que le lieu d'exercice de l'activité, le décompte de la période de 3 mois n'est pas interrompu. Par conséquent, le salarié est décompté dans l'effectif de la zone Ile-de-France jusqu'au 30 juin, et dans l'effectif de la zone de Lyon à compter du 1er juillet.

Si le lieu de télétravail est situé dans une zone différente de celle du lieu de la mission hors de l'établissement, le décompte des 3 mois se trouve interrompu, et le salarié est alors rattaché aux effectifs de l'établissement tenant le registre unique du personnel sur lequel il est inscrit, le décompte de la durée de 3 mois recommençant éventuellement à courir, si son lieu de télétravail se trouve hors de la zone de l'établissement qui détient le registre unique du personnel auquel il est inscrit.

Exemple

Un salarié inscrit au registre unique du personnel d'un établissement en Ile-de-France est envoyé en mission chez un client à Lyon à compter du 1er avril. Le 20 juin, il commence à télétravailler depuis son domicile situé en Ile-de-France. Le lieu de télétravail étant dans une zone différente de celle du lieu d'exercice de l'activité, le décompte de la période de trois mois est interrompu. Par conséquent, le salarié est toujours décompté dans l'effectif de la zone Ile-de-France (son lieu de télétravail étant également situé en Ile-de-France).

Transport routier ou aérien - Les salariés affectés aux véhicules des entreprises de transport routier ou aérien qui exercent leur activité à titre principal en dehors d'une zone de versement mobilité ne sont pas pris en compte dans la détermination de l'effectif servant au calcul de la contribution (c. gén. collect. terr. art. D. 2333-87 et D. 2531-7). Sont visés, selon l'ACOSS :

- les personnels navigants des compagnies aériennes ;
- les conducteurs de véhicules des entreprises de transport routier (camion, autobus, autocar, ambulance).

Salarié travaillant hors établissement de l'employeur (principes) (1)		
Durée de mission	**Principe applicable**	**Effets**
Hors établissement employeur > 3 mois consécutifs dans une même zone de versement mobilité.	Prise en compte du lieu de travail effectif (changement de zone de versement mobilité).	À partir du 1er jour du 4e mois (2) : - décompte du salarié sur l'autre zone de versement mobilité ; - rémunération soumise au versement mobilité au taux de la zone si l'employeur est assujetti au titre de cette zone.
Hors établissement de l'employeur 3 mois consécutifs dans une même zone de versement mobilité.	Application du principe général de rattachement à l'établissement tenant le RUP.	La mission ne change rien aux règles habituelles d'assujettissement du salarié au versement mobilité.
Hors établissement de l'employeur > 3 mois consécutifs sur plusieurs zones de versement mobilité.	Application du principe de rattachement à l'établissement tenant le RUP.	La mission ne change rien aux règles habituelles d'assujettissement du salarié au versement mobilité.
Hors établissement tenant le RUP > 3 mois consécutifs mais en dehors d'une zone de versement mobilité.	Prise en compte du lieu de travail effectif (changement de zone de versement mobilité).	À partir du 1er jour du 4e mois (2) : - salarié non pris en compte dans l'effectif d'assujettissement au versement mobilité ; - rémunération non soumise au versement mobilité pour la durée concernée.

(1) Tableau récapitulatif établi par nos soins. (2) Pendant les 3 premiers mois, application du principe général (rattachement à l'établissement tenant le registre unique du personnel, RUP).

Selon l'ACOSS (ou URSSAF Caisse nationale), par « activité principale », il faut entendre celle exercée à plus de 50 % hors d'une zone de versement mobilité. L'entreprise doit pouvoir justifier du lieu d'activité des intéressés.

Ces salariés ne sont pas pris en compte dans l'effectif d'assujettissement au versement mobilité et leur rémunération n'est pas soumise à la contribution.

L'ACOSS ou (URSSAF Caisse nationale) admet que les jours où un chauffeur routier d'une entreprise de transport routier passe par plusieurs zones de versement mobilité, ou bien ne passe dans aucune zone de versement mobilité, sont considérés comme des jours où il exerce son activité principale en dehors d'une zone de versement. Si ces jours sont majoritaires sur le mois, le salarié n'est pas pris en compte dans l'effectif.

▶ Attention… S'agissant d'une dérogation, cette règle est appréciée strictement. Selon le site Internet du réseau des URSSAF, les salariés affectés aux véhicules des entreprises de transport ferroviaire, par exemple, ne sont pas visés par la dérogation. Ils restent rattachés à l'établissement qui tient le registre unique du personnel sur lequel ils sont inscrits. Il en va de même pour les salariés affectés aux véhicules des entreprises de commerce de gros ou de dépannage.

Entreprises de travail temporaire : spécificités - L'assujettissement des entreprises de travail temporaire est déterminé en tenant compte, d'une part, des salariés permanents, et d'autre part, des salariés intérimaires qui ont été liés à l'entreprise par des contrats de mission pendant une durée totale d'au moins 3 mois au cours de l'année de décompte des effectifs dans chaque zone (ou en Île-de-France pour la région parisienne) (c. gén. collect. terr. art. D. 2333-91 et D. 2531-9).

La durée de 3 mois s'apprécie par année civile, en cumulant la durée totale des contrats de mission, sans qu'il soit nécessaire que ces 3 mois soient consécutifs.

Il convient de tenir compte également des salariés en CDI intérimaire (c. gén. collect. terr. art. D. 2333-91).

▶ À noter… Pour ce qui concerne la partie d'assiette correspondant aux intérimaires, le versement mobilité est dû au titre de l'ensemble des salariés intérimaires qui y sont employés au cours de l'année d'assujettissement, à compter du premier jour de leur mission et quelle que soit la durée de celle-ci (c. gén. collect. terr. art. D. 2333-91 et D. 2531-9).

Groupement d'employeurs - L'effectif des groupements d'employeurs comprend :

- les salariés permanents ;

- et les salariés mis à disposition des différents membres du groupement.

▶ À noter… Pour les salariés titulaires d'un contrat de mission avec une entreprise de travail temporaire (ETT) ou d'un contrat de travail avec un groupement d'employeurs, leur employeur (l'ETT ou le groupement) doit tenir compte du lieu d'exécution de leur mission ou de leur activité dans chacune des zones où le versement a été institué (au niveau de l'Île-de-France pour la région parisienne) (c. gén. collect. terr. art. D. 2333-87 et D. 2531-7). Lorsque le salarié exerce auprès d'entreprises situées dans des zones de mobilité différentes, il est pris en compte au prorata de son temps de travail sur chacune des zones où il exerce son activité.

Dispositif de gel des effets de seuils

Depuis l'assujettissement 2020 - La loi PACTE a créé un mécanisme unifié et pérenne de limitation des effets de seuil qui s'applique lors du franchissement d'un niveau d'effectif, voir *Effectif sécurité sociale**.

Depuis le 1.01.2020, le franchissement à la hausse du seuil de 11 salariés ne produit ainsi d'effet que s'il a été atteint ou dépassé durant 5 années civiles consécutives (c. séc. soc. art. L. 130-1, II ; c. gén. collect. terr. art. L. 2333-64 et L. 2531-2).

Ce n'est qu'ensuite que les entreprises sont effectivement soumises à leurs nouvelles obligations (ici, versement mobilité).

A contrario, lorsqu'une entreprise repasse sous les 11 salariés sur l'effectif d'une année donnée, les compteurs sont remis à zéro. Si par la suite l'entreprise repasse au-dessus du seuil, elle bénéficiera d'un nouveau moratoire de 5 ans avant d'être soumise aux dispositions liées à ce seuil (c. séc. soc. art. L. 130-1, II).

Selon le site Internet du réseau des URSSAF, cette règle doit se lire comme suit : si un employeur constate début 2022 qu'il a atteint ou dépassé les 11 salariés au titre de son effectif « sécurité sociale » 2021 sur une zone de versement mobilité, le franchissement de seuil ne produira effet que s'il est vérifié pendant 5 années civiles consécutives (de 2022 à 2026 inclus), soit à compter du 1.01.2027. Autrement dit, un franchissement de seuil constaté sur la base de l'effectif annuel moyen calculé sur l'année N – 1 ne produit effet qu'au 1er janvier N + 5, à condition que l'entreprise ne repasse pas sous les 11 salariés sur l'une des années intercalaires.

Jusqu'à l'assujettissement 2019 (rappel) - Avant la loi PACTE, les employeurs bénéficiaient d'un mécanisme d'assujettissement progressif. Lorsque le seuil d'assujettissement était atteint ou dépassé pour la première fois dans une zone (ou au niveau de l'Île-de-France en région parisienne) en raison d'un accroissement de l'effectif, l'employeur bénéficiait d'abord d'une dispense totale de versement pendant 3 ans, puis d'un abattement dégressif les 3 années suivantes (c. gén. collect. terr. art. L. 2333-64 et L. 2531-2 dans leur version au 31.12.2019). Le versement mobilité était ensuite réduit de 75 % la 4e année, de 50 % la 5e année et de 25 % la 6e année. La contribution était due était dû au taux normal à partir de la 7e année.

Règles transitoires - Les employeurs qui bénéficiaient au 31.12.2019 de l'ancien dispositif de lissage dans certaines zones continuent à en relever (loi 2019-486 du 22 mai 2019, art. 11, XII). S'ils restent à 11 salariés ou plus dans les zones concernées, ces employeurs iront donc jusqu'au bout de l'ancien mécanisme, sans pouvoir basculer dans le nouveau moratoire de 5 ans.

Exemple

Un employeur a un effectif annuel moyen « sécurité sociale » 2019 de 11 salariés ou plus dans une zone de versement mobilité. S'il a atteint ou franchi le seuil de 11 salariés au titre de l'effectif calculé sur l'année 2017, il n'est pas redevable du versement mobilité en 2020 sur cette zone (3e année de l'ancien dispositif de lissage). Si son effectif reste de 11 salariés ou plus dans la zone concernée, il sera redevable du versement mobilité avec une réduction de 75 % en 2021, de 50 % en 2022, de 25 % en 2023, avant d'être assujetti au taux normal à partir de 2024.

À notre sens et sous réserve de l'appréciation des autorités de contrôle, si l'effectif d'un employeur de 11 salariés et plus engagé dans l'ancien dispositif de lissage vient à passer sous le seuil des 11 salariés au titre d'une année donnée, il sort de l'ancien mécanisme de lissage. Il bénéficierait ensuite de la nouvelle mesure de franchissement de seuil sur 5 ans consécutifs s'il atteint ou franchit à nouveau le seuil de 11 salariés.

Taux

Île-de-France - Les communes d'Île-de-France sont classées en trois catégories. À chaque catégorie correspond un taux maximal de versement mobilité.

Île-de-France mobilités (anciennement STIF) détermine, dans la limite des maxima (c. gén. collect. terr. art. L. 2531-4), les taux effectivement applicables.

Les taux de versement mobilité (taux effectif) sont fixés depuis le 1.01.2021 à (c. gén. collect. terr. art. L. 2531-4 ; délibérations STIF 2017/2 du 11 janvier 2017 et 2018-14 du 14 février 2018) :

- 2,95 % à Paris, dans les Hauts-de-Seine, en Seine-Saint-Denis et dans le Val-de-Marne ;
- 2,01 % dans certaines communes de Seine-et-Marne, des Yvelines, de l'Essonne et du Val-d'Oise dont la liste est fixée par décret (c. gén. collect. terr. art. R. 2531-6 ; lettre-circ. ACOSS 2013-46 du 30 mai 2013) ;
- 1,60 % dans les autres communes de la région.

Autres régions - En dehors de la région Île-de-France, le taux maximal est de (c. gén. collect. terr. art. L. 2333-67) :
- 0,55 % des salaires lorsque la population de la commune ou de l'établissement public est comprise entre 10 000 et 100 000 habitants ;
- 0,55 % des salaires dans les communes ou communautés urbaines de moins de 10 000 habitants, dès lors qu'une ou plusieurs des communes concernées sont classées communes touristiques ;
- 0,85 % des salaires lorsque la population de la commune ou de l'établissement public est comprise entre 50 000 et 100 000 habitants et que l'autorité organisatrice de la mobilité a décidé de réaliser une infrastructure de transport collectif en site propre ;
- 1 % des salaires lorsque la population de la commune, de la métropole de Lyon ou de l'établissement public est supérieure à 100 000 habitants ;
- 1,75 % des salaires lorsque la population de la commune, de la métropole de Lyon ou de l'établissement public de coopération est supérieure à 100 000 habitants et que l'autorité organisatrice de la mobilité a décidé de réaliser une infrastructure de transport collectif en mode routier ou guidé.

Les communautés de communes et les communautés d'agglomération peuvent augmenter ces taux de 0,05 %. Cette faculté est aussi ouverte aux communautés urbaines, aux métropoles, à la métropole de Lyon (sous conditions), aux autorités organisatrices de la mobilité auxquelles a adhéré une communauté de communes, une communauté d'agglomération, une communauté urbaine, ainsi qu'à l'autorité organisatrice de transports urbains, qui s'est substituée à la métropole de Lyon.

Par ailleurs, les taux maxima de versement mobilité jusqu'où les autorités organisatrices sont autorisées à aller peuvent être majorés de 0,20 % dans les territoires comprenant une ou plusieurs communes classées comme touristiques (c. gén. collect. terr. art. L. 2333-67).

▶ **À noter...** Un versement mobilité additionnel peut aussi être institué par certains syndicats mixtes de transport. Son taux ne peut excéder 0,50 % (c. gén. collect. terr. art. L. 5722-7).

Changement de taux - Toute modification du taux de versement mobilité entre en vigueur au 1er janvier ou au 1er juillet de chaque année (c. gén. collect. terr. art. L. 2333-67 et L. 2531-4).

Dans un premier temps, l'autorité organisatrice de la mobilité (ou Île-de-France mobilités) transmet la délibération fixant le nouveau taux aux organismes de recouvrement avant le 1er mai pour une application au 1er juillet ou avant le 1er novembre pour une application au 1er janvier.

Dans un second temps, les organismes de recouvrement communiquent le nouveau taux aux assujettis au plus tard un mois après ces dates, c'est-à-dire le 1er juin ou le 1er décembre au plus tard.

▶ **À noter...** Les employeurs disposent d'un module de recherche par code postal ou code commune depuis les sites Internet de l'URSSAF (ou de la MSA). Les taux applicables sont, par ailleurs, mis à la disposition des assujettis, avec leur date d'effet, dans les comptes cotisants accessibles sur ces mêmes sites.

En revanche, les décisions d'extension de périmètre ou de création de zones de versement mobilité peuvent intervenir, selon le site Internet du réseau des URSSAF, à tout moment de l'année.

Assiette

Principe : assiette sécurité sociale - Le versement mobilité est calculé sur l'ensemble des rémunérations soumises à cotisations de sécurité sociale (c. gén. collect. terr. art. L. 2333-65 et L. 2531-3).

Si l'employeur applique une déduction forfaitaire spécifique pour frais professionnels, le versement mobilité est donc calculé sur la rémunération abattue après réintégration des frais professionnels.

Si les cotisations de sécurité sociale sont déterminées à partir d'une assiette forfaitaire, il en va de même pour le versement mobilité.

Stagiaires - À supposer que l'entreprise soit assujettie au versement mobilité, cette contribution n'est due que sur la fraction de la gratification qui excède le seuil de franchise des cotisations (voir *Stages en entreprise**).

Attention aux règles de rattachement des salariés : des règles à clarifier - Les règles de rattachement des salariés définies pour le calcul de l'effectif semblent également prises comme références pour la détermination de l'assiette du versement mobilité (c. gén. collect. terr. art. D. 2333-87 visant L. 2333-65 ; c. gén. collect. terr. art. D. 2531-7 visant L. 2531-3). Ces règles prévoient de rattacher les salariés à leur établissement d'affectation, sous réserve de quelques cas particuliers : entreprises de travail temporaire et groupements d'employeurs pour les salariés qu'ils mettent à disposition, salariés exerçant leur activité hors d'un établissement, etc.

Incidence des exonérations - Les mesures d'exonération de cotisations patronales de sécurité sociale ne s'étendent pas au versement mobilité, qui reste dû normalement.

Seuls 4 mécanismes ouvrent droit à exonération :
- l'exonération « zone franche urbaine » [voir *Zone franche urbaine (secteur marchand)** et *Zone franche urbaine (secteur non marchand)**] ;
- l'exonération ouverte à certains organismes établis en ZRR [voir *Zone de revitalisation rurale (organismes d'intérêt général)**] ;
- l'exonération applicable dans les bassins d'emploi à redynamiser (voir *Bassin d'emploi à redynamiser**).

▶ À noter… Sur les aides en soutien aux entreprises pour faire face à la crise sanitaire et ses conséquences économiques, voir *Covid-19 (exonérations et aides au paiement des cotisations)**.

Déclaration et paiement

Cas général - L'entreprise doit déclarer et payer le versement mobilité dans les mêmes conditions et aux mêmes dates que les cotisations de sécurité sociale [voir *Cotisations URSSAF** et *Déclaration sociale nominative (DSN)**].

Caisses de congés payés - Dans les professions relevant de *caisses de congés payés**, les employeurs (et non plus les caisses) des salariés concernés payent le versement mobilité (comme le FNAL) dû sur les indemnités de congés payés qu'elles versent. Chaque employeur s'en acquitte auprès de son organisme de recouvrement, sous la forme d'une majoration de 11,50 % du versement mobilité dont il est redevable sur les rémunérations versées à ses salariés (c. séc. soc. art. L. 243-1-3 et D. 243-0-2). Pour calculer le montant à acquitter, il convient de majorer l'assiette (et non le taux) du versement de transport de 11,50 %. Cette majoration (lettre-circ. ACOSS 2013-19 du 28 mars 2013) :
- concerne uniquement les rémunérations des salariés que l'employeur est tenu de déclarer obligatoirement à une caisse de congés payés ;
- s'applique lorsque les cotisations sont calculées sur une assiette forfaitaire.

Si l'employeur applique une déduction forfaitaire spécifique pour frais professionnels [voir *Frais professionnels (déduction forfaitaire spécifique)**], cette dernière ne doit pas avoir pour conséquence de ramener la rémunération soumise à cotisations à un montant inférieur à l'assiette minimale (c. séc. soc. art. R. 242-1, al. 6). Aussi, lorsque l'employeur est contraint de calculer les cotisations de sécurité sociale sur la base de l'assiette minimale, la majoration de 11,50 % s'applique à l'assiette minimale (lettre-circ. ACOSS 2013-19 du 28 mars 2013).

Remboursement

Logement permanent sur les lieux de travail ou transport collectif des salariés à titre gratuit - Le versement mobilité peut être remboursé aux employeurs qui assurent à titre gratuit le logement permanent sur les lieux de travail ou le transport collectif de leurs salariés, au prorata des effectifs logés ou transportés (c. gén. collect. terr. art. L. 2333-70 et L. 2531-6).

Villes nouvelles et zones d'activité industrielle ou commerciale - Le remboursement du versement mobilité est accordé aux employeurs d'Île-de-France qui emploient des salariés à l'intérieur des périmètres d'urbanisation des villes nouvelles (c. gén. collect. terr. art. L. 2531-6). Le remboursement est total s'ils y sont établis depuis moins de 5 ans et partiel dans le cas contraire (remboursement réduit chaque année de 1/5 à partir de la 5e année).

En province (c. gén. collect. terr. art. L. 2333-70), un remboursement peut également être accordé aux entreprises qui emploient des salariés à l'intérieur des périmètres d'urbanisation des villes nouvelles ou de certaines zones d'activité industrielle ou commerciale, désignés par une délibération de l'Autorité organisatrice de la mobilité (AOM).

Demande de remboursement - L'employeur doit adresser sa demande à l'AOM pour laquelle le versement a été payé auprès de l'URSSAF. La demande doit être présentée dans les 2 ans à compter de la date à laquelle la contribution a été payée.

Vestiaires

☛ *Local de travail ; Pointage des salariés ; Surveillance des salariés ; Temps de travail effectif.*

Vêtements

Liberté de se vêtir

Limites à la liberté de se vêtir - L'employeur peut apporter des limites à la liberté de se vêtir s'il peut invoquer une raison légitime quant à la tâche à accomplir et si cette limitation est proportionnée au but recherché (c. trav. art. L. 1121-1). L'interdiction des *discriminations** doit aussi être respectée (cass. soc. 11 janvier 2012, n° 10-28213, BC V n° 12).

▶ À noter… Le *Défenseur des droits** a rappelé les règles et la jurisprudence applicables concernant notamment l'interdiction de prendre en considération l'apparence physique au moment de l'embauche et pendant l'évolution de carrière et les restrictions en matière d'apparence physique qui peuvent être permises (ex. : pour des considérations tenant aux règles d'hygiène et de sécurité, d'image de l'entreprise) et les sanctions qui peuvent être prises en cas de non-respect (décision-cadre du défenseur des droits 2019-205 du 2 octobre 2019).

Ce sont les juges qui, au fil de la jurisprudence, permettent de délimiter ce qui est permis à l'employeur de ce qui lui est interdit. En cas de contentieux, les juges vérifient si les restrictions apportées à la liberté de se vêtir des salariés sont légitimes (cass. soc. 18 février 1998, n° 95-43491, BC V n° 90).

Sur les questions liées à la *religion** ainsi que sur la possibilité d'inscrire une clause de neutralité dans le *règlement intérieur**, voir les études correspondantes.

Contact avec la clientèle et port d'un uniforme - Le contact des salariés avec la clientèle relève des nécessités professionnelles justifiant des restrictions en matière vestimentaire. Ainsi, dans les entreprises commerciales ou de prestations de services, le port d'un uniforme ou d'un insigne de fonction peut être justifié. Si nécessaire, l'employeur doit pouvoir démontrer que cette exigence est liée, dans l'intérêt de la clientèle, à l'exercice de certaines fonctions (circ. DRT 1983-5 du 15 mars 1983, BO TR 83-16).

Exemples

Un employeur peut imposer à une assistante responsable des réservations dans un grand hôtel de porter un uniforme (cass. soc. 13 février 2008, n° 06-43784 D).

À l'inverse, un employeur ne peut pas exiger d'une salariée, agent de propreté, de porter la tenue de travail de l'ensemble du personnel de l'entreprise travaillant sur le site du centre commercial où elle est affectée (cass. soc. 20 juin 2006, n° 04-43067 D).

Si une convention collective (en l'espèce, la CCN des entreprises de prévention et de sécurité) prévoit le port obligatoire de l'uniforme pour les agents de maîtrise affectés à certains postes fixes ou itinérants, cette obligation ne concerne, selon les juges, que les salariés en contact avec la clientèle. Dans cette affaire, l'uniforme en question était représentatif de la société employeur. Le port de celui-ci ne pouvait pas être imposé à des salariés qui, en leur qualité d'agents vidéo, n'avaient pas pour mission de procéder à des interpellations et n'étaient pas, même occasionnellement, en contact avec la clientèle (cass. soc. 3 juin 2009, n° 08-40346, BC V n° 144).

Contact avec la clientèle et tenue correcte exigée - À titre d'exemple, un employeur peut interdire à une salariée en contact avec la clientèle d'une agence immobilière de se présenter au travail en survêtement (cass. soc. 6 novembre 2001, n° 99-43988, BC V n° 337). Pour la même raison, un employeur peut imposer à des agents techniques de porter le pantalon, au lieu du bermuda, sous leur blouse de travail (cass. soc. 12 novembre 2008, n° 07-42220 D ; cass. soc. 28 mai 2003, n° 02-40273, BC V n° 178).

Nécessité d'avoir une tenue décente - L'employeur peut exiger de ses salariés une tenue décente, même s'ils ne sont pas en contact avec la clientèle.

Exemples

Un employeur a pu licencier une salariée qui persistait à travailler vêtue d'un chemisier transparent sans soutien-gorge car sa tenue suggestive pouvait susciter un trouble dans l'entreprise (cass. soc. 22 juillet 1986, n° 82-43824 D).

En revanche, un employeur ne peut rien reprocher à une salariée qui porte des vêtements moulants dans la mesure où son comportement ne caractérise pas un abus préjudiciable à l'entreprise (CA Versailles 19 décembre 1994, 5e ch. B, RG n° 93/6568).

De simples négligences vestimentaires ne justifient pas non plus un licenciement (cass. soc. 24 janvier 1991, n° 89-40761 D).

Protection en matière d'hygiène et de sécurité des salariés - L'employeur doit, dans certains cas (ex. : travaux insalubres ou salissants), imposer aux salariés le port de vêtements de travail et d'équipements de protection individuelle pour préserver leur santé et leur sécurité (c. trav. art. R. 4321-1 et R. 4321-4). S'il ne le faisait pas, il contreviendrait à son obligation de sécurité. De son côté, si le salarié ne porte pas sa tenue de protection, il méconnaît sa propre obligation de sécurité et peut donc être sanctionné à ce titre (cass. soc. 23 mars 2005, n° 03-42404, BC V n° 99) [voir *Hygiène et sécurité (obli-*

*gations de l'employeur)** et *Hygiène et sécurité (obligations des salariés)**].

Exemples

Des salariés installant des ascenseurs doivent porter une tenue de chantier avec un casque et des gants de manutention (CE 16 décembre 1994, n° 112855).

Le port d'un vêtement isolant peut être justifié pour des manipulations de produits dangereux (circ. DRT 1983-5 du 15 mars 1983, BO TR 83-16).

Vêtements et liberté religieuse - Voir *Religion**.

Limites à la liberté de se vêtir dans le règlement intérieur - Le cas échéant, l'employeur inscrit dans le règlement intérieur les règles relatives à la tenue vestimentaire dans l'entreprise, à condition de respecter les principes évoqués ci-dessus selon lesquels les restrictions apportées doivent être justifiées par la nature de la tâche à accomplir et proportionnées au but recherché. Il peut aussi y inscrire une clause de neutralité (voir *Règlement intérieur** et *Religion**).

Exemples

Imposer à tous de porter un uniforme sans aucune raison objective ou interdire de porter tout badge et tout insigne serait disproportionné.

Les clauses imposant le port d'une tenue vestimentaire, une coiffure ou le maquillage pour des raisons d'ordre purement esthétique seraient aussi illicites (c. trav. art. L. 1321-3 ; circ. DRT 1983-5 du 15 mars 1983, BO TR 83-16 ; circ. DRT 1991-17 du 10 septembre 1991, BO TR 91-20).

L'employeur doit veiller à ce que le règlement intérieur ne soit pas plus exigeant que la convention collective applicable à l'entreprise.

Exemple

Un règlement intérieur qui impose à des ambulanciers le port obligatoire d'une cravate, en précisant « pas de jeans ni de baskets », va au-delà de la convention collective qui, elle, ne prévoit qu'une tenue soignée et le port obligatoire d'une blouse blanche. Dans ce cas, la disposition du règlement intérieur est inapplicable (cass. soc. 19 mai 1998, n° 96-41123 D).

Limites à la liberté de se vêtir dans le contrat de travail - Avant de prévoir une tenue vestimentaire dans le contrat de travail, l'employeur doit vérifier sa convention collective. Ainsi, en l'absence de disposition expresse de la convention collective sur l'obligation de porter un uniforme, il ne peut pas en imposer un dans le contrat de travail (cass. soc 16 janvier 2001, n°s 98-44252 et 98-44253, BC V n° 7).

Tenue vestimentaire et motif de licenciement - Si le droit de se vêtir à sa guise est bien une liberté individuelle, il ne s'agit pas d'une liberté fondamentale pour un salarié qui se trouve au temps et au lieu de son travail. Dès lors, si le salarié licencié en raison de sa tenue vestimentaire considère les restrictions imposées par l'employeur injustifiées ou excessives, il ne peut pas obtenir l'annulation de son licenciement et sa réintégration dans l'entreprise. Il peut seulement demander l'indemnisation pour *licenciement sans cause réelle et sérieuse** (cass. soc. 28 mai 2003, n° 02-40273, BC V n° 178).

Tenues dissimulant le visage

Interdiction dans l'espace public - Il est interdit à quiconque de porter dans l'espace public une tenue « destinée à » dissimuler son visage (loi 2010-1192 du 11 octobre 2010, JO du 12).

▶ Attention… Le contrevenant s'expose à une amende (150 € maximum) et/ou à l'accomplissement d'un stage de citoyenneté. L'employeur qui impose par menace, violence, contrainte, abus d'autorité ou de pouvoir à un salarié, en raison de son sexe, de dissimuler son visage est passible d'une peine de 1 an d'emprisonnement et de 30 000 € d'amende (c. pén. art. 225-4-10).

Application sur le lieu de travail - Dans le cadre professionnel, les salariés exerçant leur activité dans un espace public sont concernés par l'interdiction légale. Il s'agit des personnes travaillant dans les cafés, restaurants, transports collectifs, salles de spectacles, commerces, parcs d'attractions, etc. (rapport AN, p. 501).

La loi ne concerne pas les lieux dont l'accès est réservé à certaines personnes, tels que les locaux de l'entreprise, auxquels seul son personnel a accès (bureaux, etc.). Dans ce cas, l'employeur ne peut pas se fonder sur la loi du 11.10.2010 pour interdire aux salariés y travaillant le port d'une tenue cachant le visage. Mais il lui reste possible d'imposer des contraintes vestimentaires justifiées par la nature des tâches à accomplir et proportionnées *(voir ci-avant)*.

Tenues interdites ou autorisées - L'interdiction concerne l'ensemble des vêtements portés par une personne (hors lunettes, barbe ou maquillage) qui la rende non reconnaissable (rapport AN 2648, p. 48). Ainsi, les yeux, le nez et la bouche doivent être visibles.

L'administration a précisé que les tenues visées sont celles destinées à dissimuler le visage, c'est-à-dire celles qui rendent impossible l'identification de la personne et qu'il n'est pas nécessaire que le visage soit intégralement dissimulé pour être interdites.

À titre d'exemple, l'administration cite le port de cagoules, de voiles intégraux (ex. : burqa, niqab), de masques ou de tout autre accessoire ou vêtement ayant pour effet, pris isolément ou associé avec d'autres, de dissimuler le visage (circ. min. du 2 mars 2011, JO du 3).

L'interdiction ne vise pas les tenues qui dissimulent le visage sans y être destinées, que ce soit pour des raisons de santé ou des motifs professionnels. Un salarié peut donc porter une tenue dissimulant son visage dès lors qu'elle est rendue nécessaire pour des impératifs de sécurité au travail, des contraintes professionnelles ou une obligation réglementaire (ex. : masques de protection pour des travaux de soudage).

Coût pour l'employeur

Fourniture gratuite - L'employeur peut être amené à fournir les vêtements de travail si une convention collective le lui impose. De même, certaines dispositions légales imposent à l'employeur de les fournir.

Ainsi, les équipements de protection individuelle (EPI) et les vêtements de travail appropriés au caractère particulièrement insalubre ou salissant des travaux exigés doivent être fournis gratuitement par l'employeur (c. trav. art. R. 4323-95).

Frais d'entretien - L'employeur doit prendre en charge les frais d'entretien des tenues qu'il impose aux salariés pour des raisons de sécurité, d'hygiène et de santé au travail (c. trav. art. L. 4122-2). Ainsi, il est tenu d'assurer, par des entretiens, réparations et remplacements nécessaires, le bon fonctionnement et le maintien dans un état hygiénique satisfaisant des équipements de protection individuelle et des vêtements de travail qu'il fournit gratuitement (c. trav. art. R. 4323-95).

S'agissant d'autres tenues de travail dont l'employeur imposerait le port (ex. : pour les salariés en contact avec la clientèle), il est tenu de prendre en charge « les frais qu'un salarié expose pour les besoins de son activité professionnelle et dans l'intérêt de son employeur, dès lors qu'ils résultent d'une sujétion particulière », et seulement ceux-là (cass. soc. 3 mai 2016, n° 15-12549, BC V n° 87).

L'employeur définit, dans l'exercice de son pouvoir de direction, les modalités de prise en charge de cet entretien (cass. soc. 12 décembre 2012, n° 11-26585, BC V n° 331).

➠ *Frais professionnels (vêtements de travail) ; Hygiène et sécurité (obligations de l'employeur).*

Vidéosurveillance des salariés

Conditions à respecter

Principes généraux - Sur les principes généraux à respecter pour tout type de dispositif de *surveillance des salariés**, voir l'étude correspondante.

Intérêt légitime de l'entreprise - Des caméras ne peuvent être installées que dans un objectif « légal et légitime ». Par exemple, elles peuvent être installées sur le lieu de travail à des fins de sécurité des biens et des personnes, à titre dissuasif ou pour identifier les auteurs de vols, de dégradations ou d'agressions (c. trav. art. L. 1121-1 ; « La vidéosurveillance-vidéoprotection au travail », www.cnil.fr).

L'objectif ne peut donc pas être d'instaurer une surveillance généralisée et permanente du personnel.

Exemples

Une entreprise gérait des commerces de détail. Selon l'employeur, le dispositif de vidéosurveillance était uniquement lié à la sécurisation des biens et des salariés, qui dans certains cas manipulaient des espèces, et n'avait pas pour finalité de contrôler les salariés. Il faisait notamment état des cambriolages dont les établissements avaient été victimes et de la dimension réduite de certains magasins. Pour la CNIL, les explications apportées par l'employeur étaient insuffisantes pour justifier l'atteinte disproportionnée faite à la vie privée des salariés et leur mise sous surveillance constante. De plus, l'entreprise avait persisté à filmer des zones qui ne devaient plus l'être malgré la mise en demeure de la CNIL. D'autres dysfonctionnements entraînant un non-respect de la loi informatique et libertés venant s'ajouter, l'entreprise a été condamnée à payer une sanction pécuniaire (délib. CNIL 2014-307 du 17 juillet 2014 ; Communiqué CNIL, 1er août 2014).

Un employeur avait mis en place un système de vidéosurveillance qui filmait en permanence les salariés, y compris dans des lieux où aucune marchandise n'était stockée et dans des lieux fermés au public. Il avançait pourtant un objectif de lutte contre les vols. Il avait par ailleurs manqué à nombre d'obligations (absence d'information des salariés, etc.). Le dispositif étant manifestement disproportionné au regard de sa finalité, la CNIL a mis en demeure l'employeur de régulariser cette situation, mais l'intéressé, malgré des modifications partielles, a maintenu son système de vidéosurveillance en l'état. La CNIL a condamné la société à une amende (délib. CNIL 2009-201 du 16 avril 2009, www.cnil.fr).

La CNIL a jugé disproportionné un dispositif de vidéosurveillance installé dans les locaux d'un centre commercial. Étaient filmés les accès aux toilettes, aux vestiaires, au cabinet médical, aux salles de pause des salariés et à la porte d'accès aux locaux du comité d'entreprise. De plus, le dispositif était utilisé pour contrôler les horaires des salariés (décision CNIL 2013-29 du 12 juillet 2013, délibération 2013-217).

Un salarié cuisinier dans une pizzeria était soumis à la surveillance constante d'une caméra enregistreuse installée dans la cuisine où il était seul à travailler. Les juges ont estimé que ce dispositif était attentatoire à la vie personnelle du salarié et disproportionné au but allégué par l'employeur de sécurité des personnes et des biens. En conséquence, les enregistrements issus de cette surveillance n'étaient pas opposables au salarié, de sorte que l'employeur ne pouvait pas s'en prévaloir pour licencier le salarié (cass. soc. 23 juin 2021, n° 19-13856 FSB).

Installation des caméras - Les caméras peuvent être installées au niveau (« La vidéosurveillance-vidéoprotection au travail », www.cnil.fr) :

- des entrées et sorties des bâtiments ;
- des issues de secours et des voies de circulation ;
- les zones où de la marchandise ou des biens de valeur sont entreposés.

▶ À noter… Des caméras peuvent aussi être installées dans des locaux où les salariés ne travaillent pas (cass. soc. 31 janvier 2001, n° 98-44290, BC V n° 28). Les conditions de fond et de forme à respecter pour mettre en place un dispositif de contrôle des salariés n'ont donc pas dans ce cas à être respectées.

Compte tenu du droit au respect de la vie privée (c. civ. art. 9), les caméras ne doivent pas filmer :

- les salariés sur leur poste de travail, sauf circonstances particulières (ex. : hôte/hôtesse de caisse, mais à condition que la caméra filme davantage la caisse que le caissier(e), entrepôt stockant des biens de valeurs au sein duquel des manutentionnaires travaillent, vols et dégradations dont l'employeur peut justifier en cas de contrôle de la CNIL) (décision CNIL n° MED-2018-041 du 8 octobre 2018) ;
- les zones de pause ou de repos des salariés, ni les toilettes ;
- les locaux syndicaux ou des représentants du personnel, ni leur accès lorsqu'il ne mène qu'à ces seuls locaux.

▶ À noter… Pour la CNIL, si des dégradations sont commises sur des distributeurs alimentaires, les caméras ne doivent filmer que les distributeurs et pas toute la pièce (« La vidéosurveillance-vidéoprotection au travail », www.cnil.fr).
En outre, ces distributeurs ne peuvent être pas surveillés à l'insu du personnel par une société de surveillance (cass. soc. 15 mai 2001, n° 99-42219, BC V n° 167).

Consultation des images - Seules les personnes habilitées par l'employeur, dans le cadre de leurs fonctions, peuvent visionner les images enregistrées (ex. : le responsable de la sécurité de l'entreprise) (loi 78-17 du 6 janvier 1978, JO du 7 ; règlt UE 2016/679 du 27 avril 2016, art. 5 ; « La vidéosurveillance-vidéoprotection au travail », www.cnil.fr).

Exemple

Tout le personnel administratif d'une école qui avait installé des caméras de vidéosurveillance, filmant les salariés et les étudiants, avait accès aux images. Pour la CNIL, il s'agissait là d'un manquement caractérisé au *RGPD** (décision CNIL n° MED-2018-041 du 8 octobre 2018).

L'accès aux images doit être sécurisé pour éviter que tout le monde ne puisse les visionner.

Durée de conservation des images - Voir *Données personnelles**.

Formalités

Lieux ouverts au public - L'installation de la vidéoprotection dans des lieux et établissements ouverts au public (ex. : un commerce) est soumise à l'obtention d'une autorisation préfectorale (www.interieur.gouv.fr/Videoprotection/Tele-procedure) (c. séc. int. art. L. 251-2 et R. 252-1 et s.).

Lieux non ouverts au public - Selon la CNIL, le dispositif doit être inscrit dans le *registre des activités de traitement**. Si les conditions en sont remplies, l'employeur doit procéder à une *analyse d'impact des données** (AIPD) avant d'installer son dispositif (« La vidéosurveillance-vidéoprotection au travail », www.cnil.fr).

Exemple

Une AIPD doit être faite pour une vidéosurveillance portant sur des salariés manipulant de l'argent ou pour la vidéosurveillance d'un entrepôt stockant des biens de valeur au sein duquel des manutentionnaires travaillent (délib. CNIL 2018-327 du 11 octobre 2018, JO du 6).

Information préalable du CSE - Le *comité social et économique** doit être informé et consulté avant toute décision d'installer des caméras (c. trav. art. L. 2312-38).

Information des salariés - Avant de mettre en place la vidéosurveillance, l'employeur doit en informer les salariés (c. trav. art. L. 1222-4).

Une fois les caméras installées, il doit aussi leur fournir certaines informations en application du *RGPD** : l'identité du responsable du traitement, les coordonnées du *délégué à la protection des données**, la finalité du traitement, les destinataires des données, la durée de conservation, l'existence du droit d'accès, etc. (règlt UE 2016/679 du 27 avril 2016, art. 14).

La CNIL préconise deux niveaux d'information. Un premier niveau sous forme de panneau d'affichage dans les locaux sous vidéosurveillance pour informer les salariés et les visiteurs notamment (« La vidéosurveillance - vidéoprotection au travail », www.cnil.fr) :
- de l'existence du dispositif ;
- du nom de son responsable ;
- de la base légale du dispositif (ex. : l'intérêt légitime de l'employeur de sécuriser les locaux) ;
- de la durée de conservation des images ;
- de la possibilité d'adresser une réclamation à la CNIL ;
- de la procédure à suivre pour demander l'accès aux enregistrements visuels les concernant.

La CNIL recommande de compléter ce panneau d'affichage par un second niveau d'information en rédigeant une note de service, une clause du *règlement intérieur** (ou de la *charte informatique**) ou en utilisant l'intranet de l'entreprise. Elle propose des exemples d'information (« Exemple d'informations pour un dispositif de vidéosurveillance sur les lieux de travail », www.cnil.fr).

▶ **À noter...** Si l'employeur doit informer les salariés, à notre sens, il n'a pas à obtenir leur accord pour les filmer quand le système mis en place répond à son intérêt légitime, par exemple, sécuriser les locaux de l'entreprise (règlt UE 2016/679 du 27 avril 2016, art. 6).

Preuve issue de la vidéosurveillance

Dispositifs de contrôle des salariés - S'agissant d'un dispositif de contrôle des salariés, si les caméras ont été installées dans le respect de la vie privée, dans un but légitime et en respectant la procédure de consultation du CSE, d'information des salariés ainsi que les formalités imposées par le *RGPD** (voir *Surveillance des salariés**), les enregistrements constituent des preuves acceptables, par exemple, d'une faute d'un salarié, en cas de contentieux prud'homal.

À l'inverse, l'employeur ne peut pas produire des enregistrements d'images si le procédé avait été installé sans que la procédure obligatoire ait été respectée *(voir ci-avant)* et, notamment, sans que les salariés aient été informés de l'existence d'un dispositif de vidéosurveillance (en l'espèce, il s'agissait d'un dispositif de vidéosurveillance installé chez un client) (cass. soc. 10 janvier 2012, n° 10-23482, BC V n° 2). Ce mode de preuve est en principe illicite (cass. soc. 15 mai 2001, n° 99-42219, BC V n° 167 ; cass. soc. 7 juin 2006, n° 04-43866, BC V n° 206 ; cass. soc. 20 septembre 2018, n° 16-26482 D).

Exemple

Les images et les paroles recueillies grâce à une caméra, dissimulée dans une caisse de manière à surveiller le comportement des salariés sans qu'ils s'en doutent, ne sont pas des preuves valables (cass. soc. 20 novembre 1991, n° 88-43120, BC V n° 519).

Attention toutefois, le droit à la preuve peut justifier, sous certaines conditions, la production d'éléments portant atteinte à la vie personnelle du salarié (voir *Preuve**) (cass. soc. 25 novembre 2020, n° 17-19523 FPPBRI ; cass. soc. 10 novembre 2021, n° 20-12263 FSB).

Dispositifs n'ayant pas pour but de contrôler les salariés - Il est admis que ces dispositifs puissent constituer des modes de preuve licites d'une faute d'un salarié même s'ils n'ont pas été mis en place pour contrôler les salariés.

Dans un lieu ouvert au public, si l'employeur a bien respecté les règles de mise en place de caméras dans de tels lieux (affiches et autorisation préfectorale), les images issues de la vidéosurveillance sont des preuves valables même s'il n'avait pas préalablement informé les salariés de ce que les caméras pouvaient servir à les surveiller. Dans cette situation, « le salarié ne pouvait ignorer que son image pouvait faire l'objet d'une captation au moyen d'un dispositif de surveillance, qui n'était ni clandestin ni déloyal ». En l'espèce, les représentants du personnel avaient tout de même été informés et consultés sur la mise en place du dispositif (cass. soc. 7 novembre 2018, n° 16-26126 D).

Exemple

Un salarié d'un hypermarché s'était rendu en tenue de travail au guichet billetterie du magasin situé dans la galerie marchande, à la fin de sa journée de travail. Il s'y est alors approprié un téléphone portable oublié par un client et a quitté le magasin. Identifié grâce à la vidéosurveillance, il a été licencié pour faute grave. Le salarié a contesté son licenciement en faisant notamment valoir que la bande d'enregistrement vidéo n'était pas une preuve valable. Selon lui, le système en cause avait en effet été mis en place sans que les dispositions du code du travail relatives aux conditions de mise en œuvre, dans une entreprise, des moyens et techniques de contrôle de l'activité des salariés soient respectées. Les juges ne lui ont pas donné gain de cause : ils ont validé son licenciement. Le système de vidéosurveillance avait été installé pour assurer la sécurité du magasin et n'avait pas été utilisé pour contrôler le salarié dans l'exercice de ses fonctions. De ce fait, il avait pu être mis en place sans que les dispositions légales invoquées par le salarié n'aient à être respectées (information et consultation préalable des représentants du personnel, information des salariés, etc.) (cass. soc. 26 juin 2013, n° 12-16564 D).

Dans un lieu non ouvert au public, l'employeur n'a pas à porter préalablement à la connaissance des salariés un dispositif qui n'a pas pour but de les contrôler mais de surveiller des locaux où ils ne travaillent pas. Dans ce cas, l'employeur peut utiliser les enregistrements vidéos pour prouver la faute d'un salarié même s'il n'avait pas informé les salariés de la présence de caméras (cass. soc. 19 avril 2005, n° 02-46295, BC V n° 141 ; cass. soc. 22 septembre 2021, n° 20-10843 D).

Vidéosurveillance par un salarié

Un salarié ne peut pas filmer ses collègues à leur insu, sous peine d'être licencié pour faute grave (cass. soc. 5 février 2020, n° 19-10154 D).

Exemple

Un technicien chargé de la maintenance par une maison d'arrêt avait mis en place une caméra dans les ateliers de maintenance, à l'insu de ses collègues et sans autorisation de sa hiérarchie. Cette caméra était reliée à un enregistreur numérique qui permettait de conserver les images filmées. Moins de 2 mois après la découverte par des salariés de cette caméra dissimulée sur une étagère, l'employeur a convoqué le salarié à un entretien préalable à son licenciement et l'a ensuite licencié pour faute grave. Les juges ont décidé que ce licenciement était fondé (cass. soc. 5 février 2020, n° 19-10154 D).

☛ *Surveillance des salariés.*

Vie privée

Chacun a droit au respect de sa vie privée (c. civ. art. 9). **L'expression « vie personnelle » est également usitée.**

La vie privée des salariés doit être respectée dans l'entreprise et leur vie personnelle peut interagir avec leur vie professionnelle, notamment :

- au moment de la conclusion du contrat de travail, à propos de clauses spécifiques, ou encore, lors d'une modification de celui-ci [voir *Clause de domicile (ou de résidence), *Modification du contrat de travail (horaire)** et *Modification du contrat de travail (lieu de travail)**] ;**

- lorsque l'employeur met en place un dispositif de surveillance des salariés (ex. : contrôle de l'usage des divers outils informatiques mis à disposition des salariés) (voir *Informatique, *Surveillance des salariés** et *Téléphone**) ;**

- en cas de licenciement lié à un fait relevant de la vie personnelle du salarié [voir *Condamnation pénale (motif de licenciement), *Incarcération** et *Licenciement pour faute**].**

▶ À noter… Le droit à l'image est un droit rattaché au droit au respect de la vie privée. Les salariés conservent leur droit à l'image au sein de l'entreprise. De ce fait, l'employeur ne peut la capter et la diffuser sans leur consentement préalable. Si l'employeur utilise cette image sans le consentement du salarié ou alors que ce dernier s'y oppose, une action en justice est possible pour obtenir des dommages et intérêts. Le cas échéant, la seule constatation de l'atteinte au droit à l'image ouvre droit à réparation (cass. soc. 19 janvier 2022, n° 20-12420 D).

Sur le respect de la vie privée dans la recherche de *preuve, voir cette étude.**

Violences

Différentes formes de violence au travail

Définition - La violence au travail s'exprime par des comportements inacceptables d'un ou de plusieurs individus, étant précisé que l'environnement de travail peut avoir une influence sur l'exposition des personnes à la violence (ANI du 26 mars 2010, étendu par arrêté du 23 juillet 2010, JO du 31).

▶ À noter… La France est autorisée à ratifier la convention 190 de l'OIT, relative à l'élimination de la violence et du harcèlement au travail, sous réserve toutefois d'une autorisation européenne préalable (loi 2021-1458 du 8 novembre 2021, JO du 9 ; Convention OIT n° 190 sur la violence et le harcèlement, adoptée le 21 juin 2019). Selon l'étude d'impact de la loi précitée, la législation française est déjà conforme aux dispositions de cette convention.

Violences

La violence au travail se produit lorsqu'un ou plusieurs salariés sont agressés dans des circonstances liées au travail. Elle va du manque de respect à la manifestation de la volonté de nuire, de détruire, de l'incivilité à l'agression physique. Elle peut prendre la forme d'agression verbale, d'agression comportementale, notamment sexiste, d'agression physique, etc. (ANI du 26 mars 2010, art. 2, étendu par arrêté du 23 juillet 2010, JO du 31).

▶ À noter… Les phénomènes de *stress au travail**, lorsqu'ils découlent de facteurs tenant à l'organisation du travail, à l'environnement de travail ou à une mauvaise communication dans l'entreprise, peuvent conduire à des situations de violence au travail plus difficiles à identifier (ANI du 26 mars 2010, art. 2, étendu par arrêté du 23 juillet 2010, JO du 31).

Violence interne ou externe - La violence au travail interne est celle qui se manifeste entre les salariés, y compris le personnel d'encadrement.
La violence au travail externe est celle qui survient entre les salariés, le personnel d'encadrement et toute personne extérieure à l'entreprise présente sur le lieu de travail (ANI du 26 mars 2010, art. 3, étendu par arrêté du 23 juillet 2010, JO du 31).

Conséquences pour les victimes - La violence au travail peut être exercée par un ou plusieurs salariés ou par des tiers, avec pour but ou pour effet de porter atteinte à la dignité d'un salarié, affectant sa santé et sa sécurité et/ou créant un environnement de travail hostile (ANI du 26 mars 2010, art. 2, étendu par arrêté du 23 juillet 2010, JO du 31).

Obligation de prévention

Rôle de l'employeur - Aucun salarié ne doit subir des agressions ou des violences dans des circonstances liées au travail, qu'il s'agisse de violence interne, ou externe. Les entreprises, quel que soit leur effectif, ont donc l'obligation de prévenir les problèmes de violence au travail. Les modalités retenues doivent être adaptées à la taille des entreprises (ANI du 26 mars 2010, étendu par arrêté du 23 juillet 2010, JO du 31).

Par ailleurs, en cas de violence avérée dans l'entreprise, le salarié qui s'est rendu coupable de tels agissements encourt une sanction disciplinaire, voire un licenciement pour faute, selon les circonstances *(voir ci-après)*.

▶ À noter… L'ANI du 26.03.2010 porte aussi sur le *harcèlement moral** et le *harcèlement sexuel**.

Recensement et étude des phénomènes de violence - L'employeur est invité à recenser les phénomènes de violence au travail pour rechercher les mesures de prévention adéquates [voir *Hygiène et sécurité (obligations de l'employeur)**].

Il procède, en concertation avec les salariés ou le *comité social et économique**, à l'examen de telles situations lorsqu'elles sont constatées, y compris au regard de l'ensemble des éléments de l'environnement de travail : comportements individuels, modes de management, relations avec la clientèle, mode de fonctionnement de l'entreprise, etc. (ANI du 26 mars 2010, art. 4 et 5, étendu par arrêté du 23 juillet 2010, JO du 31).

Adoption de mesures de prévention - L'employeur doit affirmer que la violence au travail n'est pas admise, par exemple, sous la forme d'une « charte de référence » ou d'un document écrit qui précise les procédures à suivre si un cas survient. Il diffuse cette information en annexant ce document écrit ou cette « charte de référence » au *règlement intérieur** s'il y est assujetti.

Les autres mesures de prévention consistent notamment à sensibiliser et à former les salariés et leurs responsables hiérarchiques (ANI du 26 mars 2010, art. 4, étendu par arrêté du 23 juillet 2010, JO du 31).

▶ À noter… Lorsqu'une situation de violence est repérée ou risque de se produire, le salarié peut recourir à la procédure d'alerte prévue en cas d'atteinte au droit des personnes (voir *Droit d'alerte* et *Droit d'alerte et de retrait en cas de danger**).

L'employeur prend ces mesures de prévention en concertation avec les salariés et/ou le *comité social et économique** (ANI du 26 mars 2010, art. 3, étendu par arrêté du 23 juillet 2010, JO du 31).

Gestion des problèmes de violence - L'employeur est invité à mettre en place une procédure pour traiter les phénomènes de violence au travail.

▶ À noter… L'ANI du 26 mars 2010 liste les éléments sur lesquels cette procédure doit être fondée, au titre desquels figure l'obligation de discrétion nécessaire à la protection de la dignité et de la vie privée des salariés (ANI du 26 mars 2010, art. 4, étendu par arrêté du 23 juillet 2010, JO du 31).

Dans ce cadre, il peut notamment mettre en place une procédure de médiation en concertation avec les salariés et leurs représentants (ANI du 26 mars 2010, art. 4, étendu par arrêté du 23 juillet 2010, JO du 31).

Sanctions des auteurs de violence

Faute disciplinaire - S'il est établi qu'il y a eu violence, des mesures adaptées sont prises à l'égard du ou des auteurs (ANI du 26 mars 2010, art. 5, étendu par arrêté du 23 juillet 2010, JO du 31). Il peut s'agir de *sanctions disciplinaires** pouvant aller jusqu'au *licenciement pour faute**, selon les circonstances.

▶ À noter... Le *règlement intérieur** précise les sanctions applicables aux auteurs de violence (ANI du 26 mars 2010, art. 5, étendu par arrêté du 23 juillet 2010, JO du 31).

Gravité de la faute - Le fait pour un salarié d'agresser physiquement un collègue ou un supérieur hiérarchique constitue une cause réelle et sérieuse de licenciement voire une faute grave (cass. soc. 20 juillet 1987, n° 86-40697 D ; cass. soc. 2 octobre 1997, n° 95-44006 D).

▶ À noter... Sur la définition des fautes selon leur degré de gravité, voir *Licenciement pour faute**.

Toutefois, la gravité de la faute est moindre lorsqu'il s'agit, notamment, d'un fait unique ou que le comportement antérieur du salarié a toujours été irréprochable (cass. soc. 9 décembre 2003, n° 01-43979 D). Il en est de même lorsque le salarié a été victime d'une provocation (cass. soc. 11 juin 2002, n° 00-42629 D).

La gravité de la faute du salarié est également atténuée lorsqu'il n'a fait que riposter à l'agression de l'un de ses collègues (cass. soc. 13 juin 1989, n° 86-43405 D ; cass. soc. 30 juin 2010 n° 09-66213 D). Toutefois, si la riposte est disproportionnée, celle-ci peut constituer une faute grave (cass. soc. 14 mai 1998, n° 96-41755, BC V n° 250). De même, si la riposte n'est pas concomitante à la première agression, la faute grave peut être caractérisée (cass. soc. 9 juin 2021, n° 20-14365 D).

Un salarié ne peut pas non plus faire l'objet d'un licenciement disciplinaire quand son comportement violent est lié à un état pathologique avéré ayant altéré son discernement au moment des faits. En effet, aucun salarié ne peut être sanctionné ou licencié en raison de son état de santé ou de son handicap (c. trav. art. L. 1132-1 ; CE 3 juillet 2013, n° 349496 ; cass. soc. 28 janvier 1998, n° 95-41491, BC V n° 43).

Enfin, la faute lourde est caractérisée en cas de violences physiques préméditées sur le gérant de la société (cass. soc. 28 mars 2018, n° 16-26013 FSPB).

Protection des victimes

Discriminations interdites - Aucun salarié ne peut être sanctionné, licencié ou faire l'objet d'une mesure discriminatoire, directe ou indirecte, notamment en matière de rémunération, de formation, de reclassement, d'affectation, de qualification, de classification, de promotion professionnelle, de mutation ou de renouvellement de contrat pour avoir subi, ou refusé de subir, des agissements de violence, ou pour avoir témoigné de tels agissements ou les avoir relatés (ANI du 26 mars 2010, art. 5, étendu par arrêté du 23 juillet 2010, JO du 31).

Mesures d'accompagnement et de soutien - La ou les victimes bénéficient d'un soutien et, si nécessaire, d'une aide à leur maintien, à leur retour dans l'emploi ou à leur réinsertion.

Des mesures d'accompagnement prises en charge par l'entreprise sont mises en œuvre en cas de violence, pouvant porter atteinte à la santé.

S'agissant des agressions par des tiers, l'entreprise pourra prévoir des mesures d'accompagnement, notamment juridiques, du salarié agressé (ANI du 26 mars 2010, art. 5, étendu par arrêté du 23 juillet 2010, JO du 31).

Rupture du contrat de travail dans un contexte de violence

Une *rupture conventionnelle** signée par un salarié alors qu'il était dans une situation de violence morale a les effets d'un licenciement sans cause réelle et sérieuse (cass. soc. 30 janvier 2013, n° 11-22332, BC V n° 24).

Par ailleurs, un salarié victime de violence du fait de son employeur ou d'un collègue peut prendre acte de la rupture de son contrat de travail. La *prise d'acte de la rupture** a les effets d'un licenciement sans cause réelle et sérieuse si les faits en cause ont rendu impossible la poursuite du contrat de travail (cass. soc. 23 janvier 2013, n° 11-20356, BC V n° 16 ; cass. soc. 23 janvier 2013, n° 11-18855, BC V n° 15).

Enfin, un salarié qui démissionnerait alors qu'il est victime de violence dans le cadre de son activité professionnelle pourrait, à notre sens, remettre en cause cette *démission** dans la mesure où sa volonté de rompre son contrat de travail n'était pas claire et non équivoque.

☞ *Hygiène et sécurité (obligations de l'employeur).*

Visite médicale
(fin de carrière)

Salariés sous surveillance médicale renforcée

La visite médicale de fin de carrière a lieu avec le médecin du travail et est organisée (décret 2021-1065 du 9 août 2021, JO du 11 ; c. trav. art. L. 4624-2, L. 4624-2-1, R. 4624-2 et R. 4624-28-1) :
- pour les travailleurs bénéficiant ou ayant bénéficié d'un suivi individuel renforcé de leur état de santé [voir *Visites médicales (périodiques)**] ;
- pour les travailleurs ayant bénéficié d'un suivi médical spécifique du fait de leur exposition à un ou plusieurs risques antérieurement à la mise en œuvre du dispositif de suivi individuel renforcé, soit antérieurement au 1.01.2017, date de son entrée en vigueur (décret 2016-1908 du 27 décembre 2016, JO du 29).

Date de la visite médicale de fin de carrière

La visite de fin de carrière doit être organisée avant le départ ou la mise à la retraite du salarié (décret 2021-1065 du 9 août 2021, art. 3).

▶ À noter… En pratique, elle va concerner les salariés dont le départ ou la mise à la retraite intervient à compter du 1.10.2021

À compter du 31.03.2022, la visite médicale de fin de carrière peut être anticipée et avoir lieu « dans les meilleurs délais » après la fin de l'exposition des salariés au (x) risque (s) ayant justifié la surveillance renforcée si cette exposition cesse avant la fin de carrière. Dans le cas contraire, elle a lieu avant le départ ou la mise à la retraite (loi 2021-1018 du 2 août 2021, art. 5, 2° ; c. trav. art. L. 4624-2-1).

Organisation de la visite

En vue de la tenue de la visite, l'employeur doit informer son service de prévention et de santé au travail (SPST) du départ ou de la mise à la retraite du salarié dès qu'il en a connaissance. Il avise également sans délai le salarié concerné de la transmission de cette information au SPST (c. trav. art. R. 4624-28-2).

Si le salarié estime être bénéficiaire de cette visite mais qu'il n'a pas été avisé par l'employeur, il peut, durant le mois précédant son départ, directement contacter le SPST pour demander à passer la visite. Il doit alors en informer l'employeur.

▶ À noter… Au 1.01.2022, un projet de décret prévoit que le salarié pourrait demander à bénéficier de la visite durant le mois précédant la cessation de l'exposition et jusqu'à 6 mois après (projet de décret relatif à la surveillance post-exposition, aux visites de préreprise et de reprise ainsi qu'à la convention de rééducation professionnelle en entreprise).

Le SPST qui a été informé du départ ou de la mise à la retraite détermine, par tout moyen, si le salarié remplit les conditions et organise le cas échéant la visite.

Surveillance post-professionnelle

La visite médicale de fin de carrière doit permettre au médecin du travail d'établir un état des lieux des expositions du salarié aux facteurs de risques professionnels mentionnés à l'article L. 4161-1 du code du travail (anciens facteurs dits « de pénibilité » : agents chimiques dangereux, bruit, postures pénibles, travail de nuit, etc.), qu'il dresse dans un document (c. trav. art. L. 4624-2-1et R. 4624-28-3 ; décret 2021-1065 du 9 août 2021, JO du 11).

S'il constate une exposition du salarié à ces facteurs de risques, ou si l'examen fait apparaître d'autres risques professionnels, le médecin du travail préconise, le cas échéant, la surveillance post-professionnelle du salarié, en lien avec le médecin traitant (c. trav. art. R. 4624-28-3).

▶ Attention… À compter du 31.03.2022, cette surveillance post-professionnelle devient systématique et associe également le médecin-conseil des organismes de sécurité sociale. Elle s'appelle également « surveillance post-exposition » si elle intervient dès la fin de l'exposition aux risques (loi 2021-1018 du 2 août 2021, JO du 5).

Le médecin du travail transmet, s'il le juge nécessaire et avec l'accord du salarié, le document d'état de lieux des expositions et toute autre information complémentaire au médecin traitant, et y ajoute des préconisations et informations utiles à la prise en charge médicale ultérieure.

▶ À noter… Selon un projet de décret, cet état des lieux des expositions serait versé au dossier médical en santé au travail du salarié, afin d'assurer un meilleur suivi du salarié (projet de décret précité).

Si le salarié remplit les conditions pour bénéficier du dispositif de surveillance post-professionnelle, le médecin du travail l'informe des démarches à effectuer.

Visite médicale (information et prévention)

Visite obligatoire

Organisation - Tout salarié nouvel embauché doit être soumis à une visite d'information et de prévention dans les 3 mois qui suivent la prise effective de son poste de travail (c. trav. art. L. 4624-1 et R. 4624-10). Peu importe qu'il s'agisse d'un contrat à durée déterminée même de courte durée (c. trav. art. R. 4625-1 ; cass. soc. 11 juillet 2012, n° 11-11709 D).

▶ Attention... Sur les mesures dérogatoires et temporaires mises en place dans le cadre de l'épidémie de covid-19, voir *Covid-19 (médecine du travail)**.

La visite d'information et de prévention a obligatoirement lieu avant l'embauche notamment pour les travailleurs de nuit et les salariés âgés de moins de 18 ans (c. trav. art. R. 4624-18).

En principe, un nouvel examen d'information et de prévention n'est pas obligatoire si, dans les 5 ans précédant l'embauche le salarié a déjà bénéficié d'une telle visite d'information et de prévention, et que (c. trav. art. R. 4624-15 et R. 4624-17) :

- le salarié est appelé à occuper un emploi identique à celui qu'il a quitté, présentant les mêmes risques d'exposition ;
- le professionnel de santé (ex. : médecin du travail) dispose de la dernière attestation de suivi du salarié ou de sa fiche d'aptitude ;
- aucune mesure particulière concernant le poste ou le temps de travail (ex. : aménagement, adaptation) ou aucun avis d'inaptitude n'a été émis par le médecin du travail dans les 5 dernières années [3 ans en cas de suivi individuel adapté dû pour certains salariés, voir *Visites médicales (périodiques)**].

Pour les salariés qui bénéficient d'un suivi médical adapté, les règles de dispense décrites ci-dessus s'appliquent mais le délai de 5 ans précité est réduit à 3 ans. Il s'agit des salariés dont l'état de santé, l'âge, les conditions de travail ou les risques professionnels auxquels ils sont exposés le nécessitent (notamment les travailleurs handicapés, les travailleurs qui déclarent être titulaires d'une pension d'invalidité et les travailleurs de nuit) (c. trav. art. R. 4624-17).

En tout état de cause, le salarié peut demander à bénéficier d'un examen par le médecin du travail (c. trav. art. R. 4624-34), l'employeur ou le médecin du travail peuvent aussi en prendre l'initiative.

Défaut de visite - L'employeur est tenu d'une obligation de sécurité [voir *Hygiène et sécurité (obligations de l'employeur)**]. Il ne peut donc pas laisser travailler un salarié au-delà des 3 mois de sa prise de poste effective sans s'assurer de la réalisation, par un professionnel de santé *(voir ci-après)*, d'une visite d'information et de prévention.

Il avait été jugé pour l'ancienne visite d'embauche qu'en son absence, le salarié subissait un préjudice dont il pouvait obtenir réparation en demandant des dommages et intérêts (cass. soc. 18 décembre 2013, n° 12-15454, BC V n° 309). L'employeur en était redevable même s'il avait demandé au service de santé au travail de programmer la visite d'embauche via la *déclaration préalable à l'embauche** (cass. crim. 12 janvier 2016, n° 14-87695, B. crim. n° 6), quitte à se retourner contre ce service (cass. soc. 18 décembre 2013, n° 12-15454, BC V n° 309).

Visite assurée par un professionnel de santé - La visite peut être effectuée par le médecin du travail ou par un des professionnels de l'équipe pluridisciplinaire de santé au travail (infirmier, un interne en médecine du travail ou un collaborateur médecin) (c. trav. art. L. 4624-1 et R. 4624-10).

Finalité de la visite d'information et de prévention

Information et prévention - Le but de la visite d'information et de prévention est de (c. trav. art. R. 4624-11) :

- interroger le salarié sur son état de santé ;
- l'informer sur les risques éventuels auxquels l'expose son poste de travail ;
- le sensibiliser sur les moyens de prévention à mettre en œuvre ;
- identifier si son état de santé ou les risques auxquels il est exposé nécessitent une orientation vers le médecin du travail ;
- l'informer sur les modalités de suivi de son état de santé par le service et sur la possibilité dont il dispose, à tout moment, de bénéficier d'une visite à sa demande avec le médecin du travail.

Orienter sur une visite avec le médecin du travail - À l'issue de la visite d'information et de prévention réalisée par un professionnel de santé, celui-ci peut, s'il l'estime nécessaire, orienter le salarié sans délai vers le médecin du travail. Cette nouvelle visite a notamment pour objet de proposer des adaptations du poste ou l'affectation à d'autres postes, si elles sont nécessaires (c. trav. art. R. 4624-13).

Le professionnel de santé doit également orienter vers le médecin du travail les femmes enceintes, venant d'accoucher ou allaitantes, les travailleurs handicapés, ainsi que ceux qui déclarent être titulaires d'une pension d'invalidité (c. trav. art. R. 4624-19 et R. 4624-20).

▶ À noter… Une femme enceinte, venant d'accoucher ou allaitante peut d'ailleurs être orientée sans délai vers le médecin du travail à tout moment si elle le souhaite.

Dossier médical - Le *dossier médical en santé au travail** du salarié est ouvert à l'occasion de la visite d'information et de prévention. Une attestation de suivi est également remise au salarié et à son employeur à l'issue de toutes les visites d'information et de prévention (c. trav. art. R. 4624-12 et R. 4624-14).

Suivi médical renforcé : examen d'aptitude à l'embauche

Examen obligatoire - Les salariés occupant des postes « à risques » font l'objet d'un suivi renforcé. Il s'agit notamment des salariés exposés à l'amiante, au plomb ou au risque de chute (c. trav. art. L. 4624-2 et R. 4624-23). En revanche, les jeunes de moins de 18 ans ne relèvent pas de cette catégorie mais leur visite d'information et de prévention doit se dérouler avant leur embauche *(voir ci-avant)*.

▶ À noter… L'employeur peut compléter cette liste, sous certaines conditions : consultation du *comité social et économique**, motivation de l'inscription de tout poste sur cette liste, etc. Il peut l'actualiser tous les ans (c. trav. art. R. 4624-23).

Le salarié affecté à un poste à risques est, préalablement à l'affectation sur le poste, soumis à un examen médical d'aptitude par le médecin du travail qui se substitue à la visite d'information et de prévention. Cette visite a notamment pour objectifs de (c. trav. art. R. 4624-24) :
- s'assurer que le travailleur est médicalement apte au poste de travail (notamment en vérifiant la compatibilité du poste avec l'état de santé du salarié, afin de prévenir tout risque grave d'atteinte à sa santé ou à sa sécurité ou à celles de ses collègues ou des tiers évoluant dans l'environnement immédiat de travail) ;
- rechercher si le salarié n'est pas atteint d'une affection comportant un danger pour les autres travailleurs ;
- proposer éventuellement les adaptations du poste ou l'affectation à d'autres postes ;
- informer le travailleur sur les risques des expositions au poste de travail et le suivi médical nécessaire ;
- sensibiliser le travailleur sur les moyens de prévention à mettre en œuvre.

Dispense d'examen - L'examen d'aptitude à l'embauche n'a pas à être effectué si dans les 2 ans qui précèdent l'embauche, le salarié a déjà passé un tel examen pour un poste identique, sous réserve que trois conditions soient réunies (c. trav. art. R. 4624-27) :
- le salarié est appelé à occuper un emploi identique présentant des mêmes d'exposition équivalents ;
- le médecin est en possession du dernier avis d'aptitude ;
- aucune mesure n'a été prise concernant son poste ou son temps de travail ou aucun avis d'inaptitude n'a été émis par le médecin du travail au cours de ces 2 années.

Avis d'aptitude - Le médecin du travail constitue un dossier médical en santé au travail et à l'issue de chaque visite, il délivre au salarié et à l'employeur un avis d'aptitude ou d'inaptitude (c. trav. art. R. 4624-25 et R. 4624-26).

Pour le reste du suivi médical renforcé voir *Visites médicales (périodiques)**.

Suivi médical des travailleurs temporaires

Visite d'information et de prévention - La visite d'information et de prévention effectuée par tout salarié nouvellement embauché peut, s'agissant des travailleurs temporaires, être effectuée pour plusieurs emplois dans la limite de 3 (c. trav. art. R. 4625-10).

Cette visite n'est pas nécessaire avant une nouvelle mission lorsque (c. trav. art. R. 4625-11) :
- le personnel de santé a pris connaissance d'une attestation de suivi délivrée pour un même emploi dans les 2 années précédant l'embauche ;
- le travailleur est appelé à occuper un emploi identique présentant des risques d'exposition équivalents ;
- aucun avis médical n'a été formulé concernant le poste ou le temps de travail (ex. : aménagement, adaptation) du salarié ou aucun avis d'inaptitude n'a été émis par le médecin du travail au cours des 2 dernières années.

Les entreprises d'intérim peuvent faire effectuer la visite d'information et de prévention par leur médecin du travail, par celui d'un service de santé au travail interentreprises ou par celui du service autonome de santé au travail de l'entreprise utilisatrice (c. trav. art. R. 4625-8). Elles doivent notamment informer le médecin-inspecteur du travail de leur choix.

Examen médical d'aptitude - Le travailleur temporaire affecté à un poste à risques doit passer un examen médical d'aptitude auprès du médecin du travail de l'entreprise de travail temporaire (c. trav. art. R. 4625-12).

Cet examen médical peut être effectué pour plusieurs emplois dans la limite de 3. Il n'est pas effectué avant la nouvelle mission si les 3 conditions citées ci-dessus pour la visite d'information et de prévention sont remplies (c. trav. art. R. 4625-13).

Lorsqu'un travailleur est affecté, le cas échéant en cours de mission, à un poste à risque pour lequel il n'a pas bénéficié d'un suivi individuel renforcé, l'entreprise utilisatrice doit organiser un examen médical d'aptitude pour ce poste (c. trav. art. R. 4625-9). Le médecin du travail de l'entreprise de travail temporaire est alors informé du résultat de cet examen.

Examen d'embauche des salariés saisonniers

Un examen médical d'embauche est obligatoire pour les salariés saisonniers recrutés pour une durée au moins égale à 45 jours de travail effectif affectés à des emplois présentant des risques particuliers (c. trav. art. L. 4625-1 et D. 4625-22). Il n'est pas obligatoire pour les salariés recrutés pour un emploi équivalant à ceux précédemment occupés si aucune inaptitude n'a été reconnue lors du dernier examen médical intervenu au cours des 24 mois précédents (c. trav. art. D. 4625-22 ; circ. DGT 2012-13 du 9 novembre 2012, 1re partie, § 3.2.2).

☛ *Visite médicale (reprise) ; Visites médicales (périodiques).*

Visite médicale (mi-carrière)

Visite l'année des 45 ans

À compter du 31.03.2022, une visite médicale de mi-carrière durant l'année civile des 45 ans, ou à une autre échéance définie par accord de branche, doit être organisée (loi 2021-1018 du 2 août 2021, art. 22, JO du 3 ; c. trav. art. L. 4624-2-2).

Cette visite se déroule auprès du médecin du travail, sachant qu'elle peut également être assurée par un infirmier de santé au travail exerçant en pratique avancée.

Elle peut être anticipée et être organisée en même temps qu'une autre visite médicale, quand le salarié est examiné par le médecin du travail dans les 2 ans précédant l'échéance prévue.

Exemple

La visite peut avoir lieu au cours d'une visite médicale effectuée durant l'année civile des 43 ans ou des 44 ans, pour une visite de mi-carrière l'année des 45 ans.

La visite peut intervenir dès le retour à l'emploi du salarié dès lors qu'il est âgé d'au moins 45 ans ou, le cas échéant, qu'il satisfait aux conditions déterminées par l'accord de branche. Cette précision vise notamment les salariés en arrêt de travail à l'échéance « normale » de la visite de mi-carrière, laquelle peut dans ce cas être organisée dès leur retour.

Objet de la visite

Cette visite médicale permet :
- d'établir un état des lieux de l'adéquation entre le poste de travail et l'état de santé du salarié (à la date de la visite) en tenant compte des expositions aux facteurs de risques auxquels il a été soumis ;
- d'évaluer les risques de désinsertion professionnelle, en prenant en compte l'évolution des capacités du salarié en fonction de son parcours professionnel, de son âge et de son état de santé ;
- de sensibiliser le salarié aux enjeux du vieillissement au travail et à la prévention des risques professionnels.

Le médecin du travail peut proposer, par écrit et après échange avec le salarié et l'employeur, des mesures individuelles d'aménagement, d'adaptation ou de transformation du poste de travail ou des mesures d'aménagement du temps de travail. Le cas échéant, l'infirmier de santé au travail *(voir ci-avant)* n'est pas habilité à proposer lui-même des mesures d'aménagement, mais quand il l'estime nécessaire, il peut orienter sans délai le salarié vers le médecin du travail (c. trav. art. L. 4624-2-2).

▶ À noter… Le salarié peut demander que le *référent handicap** (entreprises de 250 salariés et plus) participe à ces échanges. Celui-ci est tenu à une obligation de discrétion quant aux informations à caractère personnel (c. trav. art. L. 5213-6-1).

☛ *Visites médicales (périodiques).*

Visite médicale (reprise)

Sur les mesures dérogatoires et temporaires mises en place dans le cadre de l'épidémie de covid-19, voir *Covid-19 (médecine du travail)**.

Examen de reprise du travail jusqu'au 31.03.2022

Examen obligatoire - L'examen de reprise du travail est obligatoire après :

- une absence pour maladie professionnelle (voir *Maladies professionnelles**) ;
- un *congé de maternité** ;
- une absence d'au moins 30 jours pour *maladie** ou accident non professionnel ;
- une absence d'au moins 30 jours pour *accident du travail**.

L'employeur saisit le médecin du travail afin qu'il organise cet examen dès qu'il a connaissance de la date de la fin de l'arrêt de travail (c. trav. art. R. 4624-31).

▶ À noter… L'examen de reprise du travail a remplacé la « visite de reprise », terminologie citée dans nombre des décisions de justice citées dans cette étude.

À distinguer de l'examen périodique - L'examen de reprise est un examen à part entière distinct de l'examen périodique. L'employeur doit organiser un examen de reprise, même si celle-ci se situe à une date proche de la visite périodique (CA Versailles, 5e ch. B, 21 décembre 2006, RG n° 05/05539).

Organisation de l'examen - L'examen de reprise doit avoir lieu le jour de la reprise du travail et au plus tard dans un délai de 8 jours à compter de cette reprise (c. trav. art. R. 4624-31). L'initiative de la visite médicale de reprise appartient à l'employeur (cass. soc. 18 janvier 2000, nos 96-45545 et 97-44633, BC V n° 29). Mais il n'est pas obligé de procéder par lettre recommandée AR, une lettre simple suffit (cass. soc. 28 avril 2011, n° 09-40487, BC V n° 99).

Cet examen peut également être sollicité par le salarié auprès de son employeur ou du médecin du travail, en avertissant l'employeur de cette demande (cass. soc. 12 novembre 1997, n° 94-43839, BC V n° 365).

Si le salarié n'a pas prévenu l'employeur, l'examen médical ne vaut pas examen de reprise (cass. soc. 4 février 2009, n° 07-44498, BC V n° 38 ; cass. soc. 16 décembre 2010, n° 09-66132 D).

Exemple

Un salarié avait, à l'issue d'un arrêt maladie, pris l'initiative, sans en informer son employeur, d'être reçu par un médecin du travail. Celui-ci avait, suite à cette visite, émis un avis déclarant le salarié inapte à son poste (responsable assurance qualité), avec « danger immédiat ». Il précisait aussi être incapable de faire des propositions de reclassement ou d'aménagement de poste compte tenu des informations portées à sa connaissance. Cette visite ne valait pas visite de reprise (cass. soc. 4 février 2009, n° 07-44498, BC V n° 38).

En revanche, un examen médical demandé par le salarié en arrêt pour maladie peut être qualifié de visite de reprise s'il a informé l'employeur de son initiative. Un courrier du salarié dans lequel il l'informe d'un « rendez-vous à la sécurité sociale de la médecine du travail » suffit (cass. soc. 26 janvier 2011, n° 09-68544, BC V n° 31).

Défaut d'organisation - Si l'employeur n'organise pas l'examen de reprise du travail, il ne respecte pas son obligation légale de sécurité (c. trav. art. L. 4121-1 ; cass. soc. 16 juin 2009, n° 08-41519, BC V n° 147) [voir *Hygiène et sécurité (obligations de l'employeur)**].

Le défaut de visite ouvre droit à réparation pour le salarié seulement s'il a subi un préjudice (cass. soc. 17 mai 2016, n° 14-23138 D).

Cela étant, l'employeur ne peut organiser la visite médicale de reprise que s'il a connaissance de la date d'expiration de l'arrêt de travail ou que le salarié manifeste sa volonté de reprendre son emploi (cass. soc. 13 mai 2015, n° 13-23606 D). Ce n'est pas le cas lorsque le salarié n'envoie plus d'arrêts de travail et ne répond pas aux demandes de l'employeur de justifier de son absence.

Visite obligatoire pour le salarié - Le salarié qui ne se présente pas à l'examen de reprise organisé par l'employeur commet une faute (cass. soc. 17 octobre 2000, nos 97-45286 et 98-42379 D ; cass. soc. 28 avril 2011, n° 09-40487, BC V n° 99).

Exemple

Une faute grave a été reconnue alors qu'un employeur avait envoyé plusieurs mises en demeure au salarié afin qu'il lui transmette ses justificatifs d'absence ainsi que cinq convocations successives à se présenter devant le médecin de travail pour la visite de reprise. Le tout était resté sans réponse (cass. soc. 29 novembre 2006, n° 04-47302, BC V n° 361).

Examen de reprise du travail après le 31.03.2022

Après le 31.03.2022, le salarié bénéficie d'un examen de reprise par un médecin du travail dans un délai déterminé par décret après un congé de maternité ou un arrêt de travail résultant d'une maladie ou d'un accident, et répondant à des conditions également fixées par décret (loi 2021-1018 du 2 août 2021, art. 27, 2°, JO du 3 ; c. trav. art. L. 4624-2-3).

Un projet de décret prévoit, au 1.01.2022, que la visite de reprise s'imposerait (projet de décret relatif à la surveillance post-exposition, aux visites de préreprise et de reprise ainsi qu'à la convention de rééducation professionnelle en entreprise) :
- après un arrêt de travail d'au moins 60 jours pour cause de maladie ou d'accident non professionnel pour que le médecin du travail puisse « se concentrer sur les cas les plus à risque de désinsertion » (ex. : troubles musculo-squelettiques) (notice des projets de décrets) ;
- après un arrêt de travail d'au moins 30 jours pour cause d'accident du travail (sans changement) ;
- après un arrêt de travail pour cause de maladie professionnelle, sans condition de durée (sans changement) ;
- après un congé de maternité, uniquement pour les salariées en suivi médical renforcé, c'est-à-dire celles affectées à un poste à risques (ex. : amiante, risque chimique), qui peuvent avoir des impacts sur l'allaitement. Néanmoins, toute salariée pourrait bénéficier d'une visite de reprise si elle ou son employeur en fait la demande ou si le médecin du travail l'estime nécessaire.

Ces nouvelles règles concerneraient les arrêts de travail débutant après le 31.03.2022.

Modalités de l'examen de reprise

Objet de l'examen - La visite médicale de reprise permet (c. trav. art. R. 4624-32) :
- de vérifier si le poste de travail que doit reprendre le salarié ou le poste de reclassement auquel il doit être affecté est compatible avec son état de santé ;
- de préconiser l'aménagement, l'adaptation du poste ou le reclassement du salarié ;
- d'examiner les propositions d'aménagement, d'adaptation du poste ou de reclassement faites par l'employeur à la suite des préconisations émises par le médecin du travail lors de la visite de préreprise *(voir ci-après)* ;
- d'émettre, le cas échéant, un avis d'inaptitude.

▶ À noter... Le médecin ne remet plus d'avis d'aptitude, mais il peut en revanche émettre un avis d'inaptitude.

Compétences du médecin du travail - Le médecin du travail est seul compétent pour assurer l'examen de reprise (c. trav. art. R. 4624-31 ; cass. soc. 21 mai 2002, n° 00-41012, BC V n° 167). L'avis du médecin traitant et celui du médecin-conseil de la caisse de sécurité sociale sont sans portée juridique.

Fin de la suspension du contrat de travail - Seule la visite de reprise met fin à la période de suspension du contrat de travail (circ. DGT. 2012-13 du 9 novembre 2012, 1re partie ; § 3.2.3). Lorsqu'un salarié, de retour d'un arrêt de travail, est déclaré inapte lors d'une visite médicale de reprise, cela met fin à la période de suspension du contrat de travail. Le fait que le salarié soit ensuite de nouveau en arrêt de travail n'entrave pas la procédure d'inaptitude (cass. soc. 19 janvier 2005 n° 03-41479, BC V n° 8). Le régime de l'inaptitude continue de s'appliquer malgré la prolongation d'arrêt de travail (cass. soc. 5 décembre 2012, n° 11-17913, BC V n° 320). L'employeur ne peut donc pas changer de procédure et invoquer un motif de licenciement « applicable » uniquement dans l'hypothèse d'un salarié en arrêt de travail [voir *Maladie (absences prolongées et répétées)**].

À défaut d'examen de reprise, le contrat de travail reste suspendu et le salarié :
- n'a pas à reprendre le travail (cass. soc. 6 mai 2015, n° 13-22459 D) ;
- ne peut pas prétendre au paiement des salaires (cass. soc. 7 octobre 2015 n° 14-10573 D ; cass. soc. 13 février 2019, n° 17-17492 D).

Examen de préreprise jusqu'au 31.03.2022

À l'initiative du médecin traitant, du médecin-conseil des organismes de sécurité sociale ou du salarié, le médecin du travail organise une visite de préreprise afin de favoriser le maintien dans l'emploi des salariés en arrêt de travail d'une durée de plus de 3 mois (c. trav. art. R. 4624-29).

Au cours de cet examen, le médecin du travail peut recommander (c. trav. art. R. 4624-30) :
- des aménagements et adaptations du poste de travail ;
- des préconisations de reclassement ;
- des formations professionnelles à organiser en vue de faciliter le reclassement du salarié ou sa réorientation professionnelle.

Pour ce faire, il s'appuie sur le service social du travail du service de santé au travail interentreprises ou sur celui de l'entreprise. Les recommandations du médecin du travail à l'issue de cet examen doivent permettre à l'employeur d'anticiper la recherche de reclassement du salarié dont l'état de santé ne lui permettra sans doute plus de reprendre son poste (circ. DGT 2012-13 du 9 novembre 2012, 1re partie, § 3.2.3).

Sauf si le salarié s'y oppose, le médecin du travail informe l'employeur et le médecin-conseil de ces recommandations afin que toutes les mesures soient mises en œuvre en vue de favoriser le maintien dans l'emploi du salarié.

À l'issue de cet examen spécifique, le médecin du travail n'établit pas de fiche d'aptitude.

▶ À noter… L'examen de préreprise pratiqué par le médecin du travail au cours d'un arrêt de travail de moins de 3 mois est facultatif (rép. Warsmann n° 19880, JO 3 septembre 2013, AN quest. p. 9331).

Examen de préreprise après le 31.03.2022

Après le 31.03.2022, en cas d'arrêt de travail supérieur à une durée fixée par décret, le salarié peut bénéficier d'un examen de préreprise par le médecin du travail dès lors que le retour du salarié à son poste est anticipé (loi 2021-1018 du 2 août 2021, art. 27, 2°, JO du 3).

Cet examen de préreprise peut toujours être organisé à l'initiative du médecin traitant, des services médicaux de l'assurance maladie ou du salarié, mais également sur initiative du médecin du travail. Par ailleurs, l'employeur doit informer le salarié que celui-ci peut demander un examen de préreprise.

Selon un projet de décret, la visite de préreprise serait, à l'avenir, obligatoire pour tout arrêt de travail de plus de 30 jours, alors qu'auparavant elle était organisée pour les arrêts de travail de plus de 3 mois (projet de décret précité).

▶ À noter… Il s'agit de « à la fois d'identifier toutes les situations porteuses d'un risque de désinsertion professionnelle et d'imaginer des solutions adaptées suffisamment en amont de la reprise pour qu'elles aient le temps d'être mises en place » (notice du projet de décret).

Accident du travail et maladie professionnelle

Après une absence pour AT de 30 jours - L'obligation relative à l'examen de reprise du travail joue, en cas d'accident du travail (AT), lorsque l'absence du salarié a duré au moins 30 jours (c. trav. art. R. 4624-31). Le médecin du travail est informé de tout arrêt de travail d'une durée inférieure à 30 jours pour cause d'AT afin de pouvoir apprécier, notamment, l'opportunité d'un nouvel examen médical et, avec l'équipe pluridisciplinaire, de préconiser des mesures de prévention des risques professionnels (c. trav. art. R. 4624-33).

Maladie professionnelle - L'employeur doit organiser un examen de reprise du travail après tout arrêt lié à une maladie professionnelle (c. trav. art. R. 4624-31).

Sanction du défaut d'examen de reprise - Lorsque l'employeur omet d'organiser l'examen de reprise, il méconnaît son obligation légale de sécurité (c. trav. art. L. 4121-1 ; cass. soc. 28 février 2006, n° 05-41555, BC V n° 87) [voir *Hygiène et sécurité (obligations de l'employeur)**]. Le contrat de travail reste suspendu ; l'employeur ne peut le résilier que s'il justifie soit d'une faute grave du salarié, soit de l'impossibilité où il se trouve, pour un motif non lié à l'accident, de maintenir ce contrat.

De plus, l'absence du salarié entre la fin de l'arrêt de travail et l'examen de reprise n'est pas une cause de licenciement puisque seule l'examen de reprise du travail met fin à la suspension du contrat de travail (cass. soc. 21 mai 2008, n° 07-41102 D).

L'employeur qui n'organise pas l'examen de reprise ne cause pas nécessairement un préjudice au salarié concerné (cass. soc. 17 mai 2016, n° 14-23138 D). Le cas échéant, c'est au salarié de le prouver.

Maternité

L'examen de reprise du travail après un congé maternité a pour objet d'apprécier la capacité de l'intéressée à reprendre son ancien emploi, la nécessité d'une adaptation des conditions de travail ou d'une réadaptation de la salariée. Il n'a pas pour effet de différer, jusqu'à la date de l'examen, la période de protection contre les licenciements (cass. soc. 29 septembre 2004, n° 02-42461, BC V n° 239) [voir *Maternité (protection)**].

Invalidité

Un employeur informé du classement en invalidité de deuxième catégorie d'un salarié, qui n'a pas manifesté sa volonté de ne pas reprendre le travail, doit prendre l'initiative d'organiser la visite médicale de reprise (cass. soc. 25 janvier 2011, n° 09-42766, BC V n° 30).

L'employeur qui n'organise pas l'examen de reprise du travail ou tarde trop à le faire, risque d'être condamné à verser des dommages-intérêts au salarié pour préjudice subi à cause du retard dans l'organisation de cette visite. Le salarié peut aussi demander la résiliation judiciaire de son contrat de travail, avec les effets d'un licenciement sans cause réelle et sérieuse (cass. soc. 15 février 2011, n° 09-43172, BC V n° 47).

Rémunération

Le temps nécessité par l'examen de reprise du travail est :
- pris sur le temps de travail sans retenue de salaire ;
- ou pris hors du temps de travail et rémunéré comme temps de travail normal.

Les frais de transport éventuellement engagés par les salariés à l'occasion de la visite médicale sont remboursés par l'employeur (c. trav. art. R. 4624-39).

Prise d'acte et résiliation judiciaire

Il peut être admis que l'absence d'organisation de l'examen de reprise du travail par l'employeur justifie la rupture du contrat de travail à ses torts via une prise d'acte ou une résiliation judiciaire à la demande du salarié (voir *Prise d'acte de la rupture** et *Résiliation judiciaire du contrat de travail**).

☛ *Visite médicale (information et prévention) ; Visites médicales (périodiques).*

Visites médicales (périodiques)

Sur les mesures dérogatoires et temporaires mises en place dans le cadre de la crise sanitaire, voir *Covid-19 (médecine du travail)**.

Visite périodique obligatoire

Objet - Les salariés bénéficient du renouvellement de la visite initiale d'information et de prévention [voir *Visite médicale (information et prévention)**], par un professionnel de santé (médecin du travail, collaborateur médecin, interne en médecine du travail et infirmier) afin notamment (c. trav. art. L. 4624-1, R. 4624-11 et R. 4624-16) :
- d'être interrogés sur leur état santé ;
- d'être informés des risques éventuels auxquels les expose leur poste de travail ;
- d'être sensibilisés sur les moyens de prévention à mettre en œuvre ;
- d'identifier si leur état de santé ou les risques auxquels ils sont exposés nécessitent une orientation vers le médecin du travail ;
- d'être informés sur les modalités de suivi de leur état de santé par le service et sur la possibilité dont ils disposent, à tout moment, de bénéficier d'une visite à leur demande avec le médecin du travail.

Périodicité - Le travailleur bénéficie d'un renouvellement de la visite d'information et de prévention initiale, selon une périodicité fixée par le médecin du travail en fonction des conditions de travail, de l'âge et de l'état de santé du salarié, ainsi que les risques auxquels il est exposé, dans le cadre d'un protocole. Cette périodicité ne peut excéder pas 5 ans (c. trav. art. R. 4624-16).

En tout état de cause, et indépendamment des examens périodiques, le salarié bénéficie d'un examen par le médecin du travail à la demande de l'employeur ou à sa propre demande. Cette dernière ne peut d'ailleurs pas motiver de sanction (c. trav. art. R. 4624-34).

Visite spécifique - La visite périodique ne peut pas tenir lieu d'examen de reprise du travail, qui est imposé par la loi après certains arrêts de travail [voir *Visite médicale (reprise)**].

Attestation de suivi - Une attestation de suivi est remise au salarié et à son employeur à l'issue de toutes les visites d'information et de prévention (c. trav. art. R. 4624-14).

Visite de mi-carrière et de fin carrière - Voir *Visite médicale (mi-carrière)** et *Visite médicale (fin de carrière)**.

Rendez-vous de liaison

À partir du 31.03.2022, un « rendez-vous de liaison » peut être organisé à l'initiative de l'employeur ou du salarié pendant un arrêt de travail d'origine professionnelle ou non et supérieur à une certaine durée (voir *Examens médicaux**).

Suivi médical adapté

Les salariés dont l'état de santé, l'âge, les conditions de travail ou les risques auxquels ils sont exposés nécessitent un suivi adapté, dont notamment les travailleurs handicapés, les travailleurs de nuit et les travailleurs qui déclarent être titulaires d'une pension d'invalidité bénéficient de modalités de suivi médical adaptées au moins tous les 3 ans (c. trav. art. R. 4624-17). Le médecin du travail fixe ces modalités dans le cadre d'un protocole.

Visites médicales (périodiques)

Surveillance médicale renforcée

Salariés concernés - Tout travailleur affecté à un poste présentant des risques particuliers pour sa santé ou sa sécurité ou pour celles de ses collègues ou des tiers évoluant dans l'environnement immédiat de travail bénéficie d'un suivi individuel renforcé de son état de santé (c. trav. art. R. 4624-22).

Les postes à risques sont ceux exposant les salariés exposés (c. trav. art. R. 4624-23) :
- à l'amiante ;
- au plomb dans les conditions prévues à l'article R. 4412-160 ;
- aux agents cancérogènes, mutagènes ou toxiques pour la reproduction mentionnés à l'article R. 4412-60 ;
- aux agents biologiques des groupes 3 et 4 mentionnés à l'article R. 4421-3 ;
- aux rayonnements ionisants ;
- au risque hyperbare ;
- au risque de chute de hauteur lors des opérations de montage et de démontage d'échafaudages.

Il s'agit également de ceux travaillant sur un poste pour lequel l'affectation est conditionnée à un examen d'aptitude spécifique prévu par le code du travail (c. trav. art. R. 4624-23), comme les jeunes en formation affectés à certains travaux dangereux (c. trav. art. R. 4153-40) ou les salariés titulaires de l'autorisation de conduite de certains équipements de travail (c. trav. art. R. 4323-56).

Un suivi particulier est prévu pour les salariés exposés au bruit (c. trav. art. R. 4434-7 et s.).

S'il le juge nécessaire, l'employeur peut compléter cette liste, sous certaines conditions : consultation du *comité social et économique** s'il existe, motivation de l'inscription de tout poste sur cette liste, etc. (c. trav. art. R. 4624-23). Il doit ensuite l'actualiser tous les ans.

Examen à l'embauche - Voir *Visite médicale (information et prévention)**.

Suivi médical durant la carrière - Une fois l'examen initial effectué, un renouvellement a lieu selon une périodicité déterminée par le médecin du travail, sachant qu'elle ne peut pas excéder 4 ans (c. trav. art. R. 4624-28). De plus, une visite intermédiaire est effectuée par un professionnel de santé au plus tard 2 ans après l'examen initial.

Avis d'aptitude ou d'inaptitude - Chaque examen médical donne lieu à la délivrance, par le médecin du travail, d'un avis d'aptitude ou d'inaptitude (c. trav. art. R. 4624-25). Cet avis est transmis au salarié et à l'employeur et versé au dossier médical en santé au travail du salarié.

Visite de fin de carrière - Voir *Visite médicale (fin de carrière)**.

Salariés éloignés

Les salariés éloignés qui exercent habituellement leur contrat de travail en dehors de l'établissement qui les emploie, itinérants ou non, relèvent d'une organisation particulière pour leur suivi médical (c. trav. art. L. 4625-1 et D. 4625-23 à D. 4625-34). Cette organisation avec l'adhésion à un *service de santé au travail** spécifique doit permettre la tenue des visites périodiques.

Examens complémentaires

Des examens complémentaires peuvent être prescrits (c. trav. art. R. 4624-35) :
- pour déterminer la compatibilité entre le poste de travail et l'état de santé du salarié ;
- pour dépister une maladie professionnelle ou à caractère professionnel susceptible de résulter de l'activité professionnelle du travailleur ;
- pour dépister d'éventuelles maladies à caractère professionnel ou dangereuses pour l'entourage du salarié.

Ils doivent être réalisés dans des conditions garantissant le respect de leur anonymat (c. trav. art. R. 4624-36).

Ils sont à la charge de l'employeur lorsqu'il dispose d'un service autonome de santé au travail et à celle du service de santé au travail interentreprises dans les autres cas.

Rendez-vous de liaison en cas d'arrêt de travail de longue durée

Voir *Examens médicaux**.

Rémunération des salariés

Le temps passé par les salariés pour subir les différentes visites et examens, y compris les examens complémentaires, doit être soit pris sur le temps de travail sans retenue sur le salaire, soit rémunéré comme temps de travail normal si les visites doivent avoir lieu en dehors du temps de travail.

Les frais de transport nécessités par les *examens médicaux** sont à la charge par l'employeur (c. trav. art. R. 4624-39).

Principales visites médicales	
Visite	**Descriptif**
Visite d'information et de prévention (c. trav. art. L. 4624-1 et R. 4624-10 à R. 4624-15, R. 4624-18)	**Cas général :** La visite doit avoir lieu dans les 3 mois qui suivent la prise effective du poste de travail (avant l'embauche pour les moins de 18 ans et les salariés prenant un poste de nuit). Il s'agit notamment d'informer le salarié sur les risques éventuels auxquels l'expose son poste de travail et de le sensibiliser sur les moyens de prévention à mettre en œuvre. La visite d'information et de prévention n'est pas obligatoire, lorsque le salarié a passé une telle visite dans les 5 ans et que les conditions suivantes sont réunies : - le salarié exerce un emploi identique à l'emploi précédent et présentant des risques d'exposition équivalents ; - le professionnel de santé a la dernière attestation de suivi ou fiche d'aptitude du salarié ; - aucune mesure particulière concernant le poste ou le temps de travail (ex. : aménagement, adaptation) ou aucun avis d'inaptitude n'a été émis au cours des 5 dernières années.
Examen d'aptitude à l'embauche (c. trav. art. L. 4624-2 et R. 4624-22 à R. 4624-27)	**Salariés sous surveillance médicale renforcée :** pour les salariés occupant des postes « à risques », par exemple les salariés exposés à l'amiante, au plomb, au risque de chute, etc. Il s'agit notamment de s'assurer que le travailleur est médicalement apte au poste de travail et de proposer éventuellement les adaptations du poste ou l'affectation à d'autres postes. L'examen n'a pas à être effectué si dans les 2 ans qui précèdent l'embauche, le salarié a déjà passé un tel examen pour un poste identique, sous réserve que les trois conditions citées ci avant dans le cas général soient réunies.
Renouvellement de la visite d'information et de prévention (c. trav. art. R. 4624-16)	**Objet :** identique à celui de la visite passée à l'embauche. **Périodicité :** Renouvellement de la visite d'information et de prévention initiale, selon une périodicité fixée par le médecin du travail ne pouvant pas excéder 5 ans.
Renouvellement de l'examen d'aptitude à l'embauche (c. trav. art. R. 4624-28)	**Objet :** identique à celui de la visite passée à l'embauche. **Périodicité :** Renouvellement selon une périodicité déterminée par le médecin du travail laquelle ne peut pas excéder 4 ans. Une visite intermédiaire est effectuée par un professionnel de santé au plus tard 2 ans après l'examen initial.
Visite de préreprise (c. trav. art. R. 4624-29 et R. 4624-30)	**Objet :** favoriser le retour à l'emploi des salariés en arrêt de travail pendant plus de 3 mois, le cas échéant via diverses recommandations du médecin du travail (aménagement et adaptation du poste de travail, préconisations de reclassement, formations professionnelles) **Organisation de la visite :** visite organisée par le médecin du travail pour chaque salarié en arrêt de travail pour plus de 3 mois, sur demande de l'intéressé, de son médecin traitant ou du médecin-conseil des organismes de sécurité sociale.
Examen de reprise après un arrêt de travail jusqu'au 31.03.2022 (c. trav. art. R. 4624-31 et R. 4624-32)	**Objet :** vérifier l'aptitude du salarié à reprendre son poste après : - une absence pour cause de maladie professionnelle ; - une absence d'au moins 30 jours pour cause d'accident du travail, de maladie non professionnelle ou d'accident non professionnel ; - un congé maternité. **Organisation :** l'examen doit avoir lieu dans les 8 jours de la reprise du travail à l'initiative de l'employeur.
Visite médicale de mi-carrière	Voir Visite médicale (mi-carrière)*
Visite médicale de fin de carrière	Voir Visite médicale (fin de carrière)*
Visites liées à des situations particulières (exemples)	
Travail de nuit (c. trav. art. L. 3122-11, L. 4624-1, R. 4624-18 et R. 4624-17)	Visite de prévention et d'information avant la prise de poste de nuit. Suivi médical adapté les travailleurs de nuit selon des modalités de suivi adaptées déterminées dans le cadre du protocole écrit prévu par le médecin du travail et selon une périodicité qui n'excède pas 3 ans.

Principales visites médicales	
Visite	**Descriptif**
Travail temporaire (c. trav. art. L. 4111-6, R. 4625-10 à R. 4625-20)	**Organisation des visites :** Les visites sont réalisées par le SST de l'entreprise de travail temporaire (ETT). l'ETT peut aussi s'adresser, à certaines conditions et sous réserve de leur accord, au service interentreprises de santé au travail proche du lieu de travail du salarié temporaire, d'un autre secteur ou professionnel, au service autonome de l'entreprise utilisatrice auprès de laquelle est détaché le travailleur temporaire. Les visites peuvent être effectuées pour plusieurs emplois, dans la limite de 3. **Suivi médical renforcé :** si les travaux comportent des exigences, des risques spéciaux ou ressortent d'une surveillance spécifique, celle-ci est assurée par l'entreprise de travail temporaire sauf cas particulier.
Travail bruyant (c. trav. art. R. 4435-2)	Un salarié dont l'exposition au bruit dépasse certains seuils bénéficie à sa demande, ou à celle du médecin du travail, d'un examen audiométrique préventif. **Objet :** permettre le diagnostic précoce de toute perte auditive due au bruit et la préservation de la fonction auditive, lorsque l'évaluation et les mesurages révèlent un risque pour la santé du travailleur.
Travail sur écran (c. trav. art. R. 4542-17 à R. 4542-19)	Examen et approprié des yeux et de la vue à l'occasion de la visite d'information et de prévention avant l'affectation à un poste muni d'un écran de visualisation. L'examen est renouvelé dans le cadre de la visite périodique. L'employeur fait examiner, par le médecin du travail, tout travailleur se plaignant de troubles pouvant être dus au travail sur écran de visualisation.
Travaux exposant à des agents chimiques dangereux (c. trav. art. R. 4412-44 à R. 4412-53)	Visites d'information et de prévention et examens complémentaires. L'employeur fait examiner par le médecin du travail tout travailleur exposé à des agents chimiques mentionnés à l'article R. 4412-44 qui se déclare incommodé par des travaux qu'il exécute.

(1) Ces dispositions visent à confier au médecin du travail le soin de déceler les risques particuliers à certains salariés. Elles n'impliquent pas que le médecin du travail garantisse au salarié l'absence de tout risque ou de toute dangerosité de l'exposition aux agents visés et ne transfèrent pas au médecin du travail la responsabilité qui incombe à l'employeur en matière de protection de la santé des salariés (CE 9 octobre 2002, n°s 231869 et 236838).

▶ À noter… La visite médicale d'un salarié travaillant la nuit ne doit pas le priver de ses 11 heures de repos quotidien. Il ne peut pas être sanctionné pour ne pas s'être rendu à cette visite médicale (cass. soc. 27 juin 2012, n° 10-21306, BC V n° 201).

Responsabilité de l'employeur

Si, en principe, c'est au service de santé au travail de convoquer le salarié, il semble cependant préférable pour l'employeur de s'assurer, auprès du SST auquel il adhère, que le salarié sera effectivement bien convoqué (circ. DGT 2012-13 du 9 novembre 2012, 1re partie, § 3.2.2). À notre sens, l'employeur pourrait voir sa responsabilité civile engagée pour non-respect de son obligation légale de sécurité [voir *Hygiène et sécurité (obligations de l'employeur)**].

▶ À noter… Lorsque le salarié d'une entreprise extérieure travaille dans une entreprise utilisatrice, c'est généralement le médecin du travail de l'entreprise utilisatrice qui assure l'examen médical périodique de l'intéressé. En effet, il a la meilleure connaissance des lieux de travail et des risques professionnels de cette entreprise. Un accord entre les deux entreprises et les médecins du travail intéressés est néanmoins exigé (circ. DGT 2012-13 du 9 novembre 2012, 3e partie, IV).

Prise d'acte et résiliation judiciaire

Il peut être admis que l'absence d'organisation de la visite de périodique par l'employeur justifie la rupture du contrat de travail à ses torts via une prise d'acte ou une résiliation judiciaire à la demande du salarié (voir *Prise d'acte de la rupture** et *Résiliation judiciaire du contrat de travail**).

☛ *Examens médicaux ; Visite médicale (fin de carrière) ; Visite médicale (information et prévention) ; Visite médicale (mi-carrière) ; Visite médicale (reprise).*

Vol

Surveillance des salariés

Voir *Surveillance des salariés** et *Vidéosurveillance des salariés**.

Sanction du salarié fautif

Quelles que soient les circonstances, le salarié ne peut pas s'approprier les biens d'autrui. Selon le contexte et compte tenu notamment de l'ancienneté du salarié, de la modicité du vol ou du caractère isolé de l'incident (cass. soc. 29 janvier 2008, n° 06-43501 D ; cass. soc. 6 mars 2007, n° 05-44569 D), le vol constitue ou non une faute disciplinaire pouvant justifier une sanction pouvant aller jusqu'au licenciement pour faute. Si le salarié est en contrat de travail à durée déterminée, le vol peut, selon les circonstances, justifier la rupture anticipée du contrat pour faute grave [voir *Contrat de travail à durée déterminée (rupture anticipée)**].

Différentes catégories de vol

Catégories	Qualification	Remarques
Vols de biens de l'entreprise	Vol le plus souvent qualifié de faute (simple ou grave). Avant de sanctionner : tenir compte des pratiques admises dans la profession qui peuvent excuser certains comportements (ex. : consommation de marchandises tolérées pour certaines boutiques alimentaires).	Un salarié ne commet pas de vol, ni d'abus de confiance quand, avisé du projet de son employeur de rompre son contrat de travail, il appréhende des documents de l'entreprise ou des fichiers informatiques, dont (1) (cass. crim. 16 juin 2011, n° 10-85079 B. crim. n° 134 ; cass. soc. 31 mars 2015, n° 13-24410, BC V n° 68) : - il a eu connaissance à l'occasion de l'exercice de ses fonctions ; - la production est strictement nécessaire à l'exercice de sa défense dans la procédure prud'homale qu'il a engagée peu après (voir Preuve*).
Vols de collègues	Seuls les vols au préjudice d'autres salariés relevant de la vie professionnelle sont fautifs au sens du droit disciplinaire. Il peut s'agir de vol dans les armoires ou dans les poches de vêtements dans le vestiaire de l'entreprise (cass. soc. 12 janvier 2000, n° 97-43513 D).	Un salarié qui vole un collègue en dehors de l'entreprise ne peut pas être licencié pour faute grave pour ce fait de sa vie personnelle (cass. soc. 19 septembre 2007, n° 05-45294 D).
Vols de clients	Le vol, même de faible valeur, commis par un salarié est fautif lorsqu'il se réalise au préjudice d'un client de l'entreprise (2) (cass. soc. 16 janvier 2007, n° 04-47051, BC V n° 8). Peu importe l'ancienneté du salarié.	Si le vol constitue un fait de la vie personnelle et ne se rattache pas à la vie professionnelle, l'employeur peut seulement invoquer le trouble éventuel créé dans l'entreprise (ex. : discrédit porté à sa réputation) (cass. soc. 23 juin 2009, n° 07-45256, BC V n° 160).

(1) Mais, un salarié ayant démissionné pour rejoindre une société concurrente a pu être condamné pour vol pour avoir emporté, à l'insu de son employeur, un nombre de documents bien plus important que le seul document strictement nécessaire pour assurer son éventuelle défense en justice (cass. crim. 21 juin 2011, n° 10-87671, B. crim. n° 149).

(2) Peu d'indulgence de la part des tribunaux : un tel vol peut nuire « gravement à la réputation » de l'entreprise (cass. soc. 3 décembre 2002, n° 00-44321, BC V n° 361).

Vol : exemples

	Faute simple	Faute grave	Faute lourde
Vols de marchandises à plusieurs reprises, facilités par la pratique de l'entreprise de vendre sans facture. De plus, l'intéressé était déstabilisé par une situation financière et familiale difficile (cass. soc. 25 janvier 1995, n° 93-42172 D).	-	-	Non
Vol d'une paire de lunettes (39 €), fait isolé sur 14 ans d'ancienneté (cass. soc. 6 mars 2007, n° 05-44569 D).	Non, ni faute ni cause réelle et sérieuse	-	-
Vols répétés de carburant aux dépens de l'employeur (cass. soc. 5 mai 2011, n° 09-43338 D), même avec 12 ans d'ancienneté (cass. soc. 14 octobre 2015, n° 14-16104 D).	-	Oui	-
Vol d'une batterie de tracteur, ultérieurement remboursée, par un salarié qui n'avait jamais fait l'objet de reproche pour comportement défavorable en 17 ans (cass. soc. 21 septembre 2011, n° 09-72975 D).	-	Non	-
Vol de la recette correspondant à la pose de deux pneus. Le salarié n'avait commis aucune autre faute en plus de 10 années de présence (cass. soc. 6 avril 2011, n° 10-15286 D).	-	Non	-

Vol : exemples	Faute simple	Faute grave	Faute lourde
Vol de 2 pneus usagés appartenant à la concession automobile où le salarié travaillait (cass. soc. 24 janvier 2018, n° 16-21340 D).		Non	
Malversations et détournements répétés d'un salarié ayant un poste de responsable adjoint (cass. soc. 17 février 2010, n° 08-45033 D).	-	Oui, malgré la modicité des sommes	-
Vol de pain pour une valeur de 25,25 € : acte isolé et salarié ayant plus de 12 ans d'ancienneté (cass. soc. 22 juin 2011, n° 10-14494 D).	-	Non	-
Vol de trois produits alimentaires d'une valeur totale de 6 € que le salarié avait dissimulés dans un carton à l'accueil du magasin : acte isolé et ancienneté de plus de 6 ans (cass. soc. 6 octobre 2016, n° 15-14597 D).	-	Non	-
Vol par une vendeuse d'un débit de tabac de 6 ou 7 pièces de 2 €, défaut d'enregistrement sur une seule journée de quelques achats d'une valeur indéterminée, et ayant une ancienneté de 9 ans (cass. soc. 21 juin 2011, n° 10-10833 D).	-	-	Non

Sur le cas du salarié qui s'approprie des documents de l'entreprise à titre de preuve dans le cadre d'un litige avec son employeur, voir *Preuve**.

☛ *Contrat de travail à durée déterminée (rupture anticipée) ; Licenciement pour faute ; Sanctions disciplinaires.*

Vote

☛ *Élections professionnelles (déroulement du vote) ; Élections professionnelles (vote par correspondance).*

VRP

Un VRP (voyageur, représentant ou placier) est un salarié qui exerce une activité de représentant de commerce et qui bénéficie d'un statut légal lui conférant des avantages particuliers. Il ne doit pas être confondu avec l'agent commercial.

☛ *Agent commercial ; VRP (contrat) ; VRP (protection sociale) ; VRP (rémunération) ; VRP (rupture) ; VRP (contrat).*

VRP (contrat)

Contrat de travail VRP

Contenu du contrat de travail - Le contrat de travail du VRP conclu avec son employeur doit comprendre les éléments suivants (c. trav. art. L. 7311-3) :

- la nature des marchandises ou des prestations offertes à la vente ou à l'achat ;
- le secteur ou les catégories de clients à visiter ;
- le taux des rémunérations.

VRP à temps partiel - Le contrat de travail à temps partiel doit, en principe, indiquer un certain nombre de mentions obligatoires [voir *Travail à temps partiel (contrat de travail)**]. Par exception, les salariés VRP bénéficient de règles particulières liées notamment à l'indépendance dont ils jouissent dans l'organisation de leur travail (cass. soc. 5 juin 2001, n° 98-46371, BC V n° 213 ; cass. soc. 18 janvier 2011, n° 09-41073 D).

S'agissant d'un VRP à temps partiel, l'employeur n'a donc pas à mentionner :
- la répartition de la durée du travail entre les jours ou, le cas échéant, les semaines du mois ;
- les conditions d'une modification éventuelle de cette répartition ;
- les limites dans lesquelles des heures complémentaires peuvent être effectuées.

En revanche, l'employeur doit impérativement indiquer dans le contrat la durée hebdomadaire, ou le cas échéant, la durée mensuelle du travail, qui seule permet de qualifier le contrat à temps partiel. À défaut, et lorsque l'employeur ne rapporte pas la preuve de la durée exacte du travail convenue, le contrat à temps partiel peut être requalifié à temps complet (cass. soc. 18 janvier 2011, n° 09-41073 D).

Application du statut de VRP

Conditions d'application - Le statut spécifique s'applique au VRP (c. trav. art. L. 7311-2 et L. 7311-3) :

- qui travaille pour le compte d'un seul employeur (VRP exclusif ou unicarte) ou de plusieurs (VRP multicarte) ;
- qui n'effectue aucune opération commerciale pour son compte personnel ;
- dont le contrat détermine la nature des prestations de services ou des marchandises offertes, la région où s'exerce l'activité ou les catégories de clients à visiter ainsi que le taux de la rémunération.

▶ À noter... Depuis le 29.03.2004, les salariés bénéficiant du statut de VRP ne sont plus tenus de posséder la carte d'identité professionnelle pour exercer leur profession (ord. 2004-279 du 25 mars 2004).

Quels que soient les termes du contrat, tout représentant exerçant en fait son activité dans les conditions ci-dessus bénéficie du statut. Les juges ne sont, en effet, pas liés par la dénomination de la profession stipulée dans le contrat de travail (cass. soc. 8 mars 2006, n° 04-44951 D).

À l'inverse, lorsque les conditions légales d'application du statut de VRP ne sont pas réunies, le salarié ne peut se voir opposer ce statut. Peu importe que son contrat de travail fasse référence au statut de VRP (cass. soc. 17 décembre 2002, n° 00-44375, BC V n° 398 ; cass. soc. 9 mars 2011, n° 09-66535 D).

▶ Attention... En l'absence de contrat écrit, les personnes exerçant la représentation sont présumées être des représentants statutaires (c. trav. art. L. 7313-3).

Autres activités - Pour bénéficier du statut de VRP, le représentant de commerce doit exercer sa profession de façon exclusive et constante (c. trav. art. L. 7311-3). Il peut toutefois se voir confier d'autres tâches par son employeur mais la représentation doit demeurer l'activité prépondérante du représentant pour que celui-ci puisse bénéficier du statut.

Articles représentés

Le contrat de représentant statutaire doit indiquer l'objet de la représentation, c'est-à-dire, notamment, la nature des marchandises offertes à la vente ou à l'achat (c. trav. art. L. 7311-3).

Sauf possibilité prévue initialement dans le contrat, l'employeur ne peut retirer certains articles du catalogue ou imposer à un VRP la vente d'articles différents ou de produits similaires mais d'une marque différente.

Clientèle

Activité essentielle - L'activité d'un VRP consiste, pour l'essentiel, à rechercher des clients et à visiter la clientèle de l'entreprise afin d'obtenir des commandes.

Le contrat de VRP doit déterminer avec précision soit le secteur géographique qui lui est confié, soit les catégories de clients qu'il est chargé de visiter.

Prospection de la clientèle - Le VRP doit visiter personnellement les clients ou les personnes susceptibles de le devenir. Ses visites peuvent être contrôlées par l'employeur.

Rupture du contrat - Le VRP dont le contrat est rompu du fait de l'employeur bénéficie, à certaines conditions, d'une indemnité de clientèle destinée à réparer le préjudice résultant de la perte d'une clientèle qu'il a apportée, développée ou créée.

Convention collective

Les VRP relèvent en principe de l'accord national interprofessionnel du 3.10.1975.

La convention collective à laquelle leur employeur est assujetti en vertu de son activité principale peut toutefois leur être applicable sous réserve qu'elle ne les exclue pas de son champ d'application (cass. soc. 13 janvier 2021, n° 19-12522 FSPI).

Par le passé, la jurisprudence précisait que si la convention collective de l'entreprise prévoyait une stipulation expresse relative aux VRP, elle pouvait leur être applicable (cass. soc. 10 mars 2004, n° 02-40668, BC V n° 82).

Échantillons

Principe - Le VRP doit prendre le plus grand soin des échantillons et collections qui lui sont confiés (ANI du 3 octobre 1975, art. 6). En cas de négligence de sa part entraînant la perte ou le vol de ces objets, une faute grave peut être retenue contre lui.

Obligation de conservation et de restitution - Le représentant qui n'est pas tenu d'acheter les échantillons ou la collection qui lui sont confiés a l'obligation de les présenter à l'employeur sur simple demande de celui-ci et de les lui restituer lorsqu'ils sont périmés ou s'il est en fin de contrat (ANI du 3 octobre 1975, art. 6).

Pendant la durée du *préavis**, le VRP a le droit de disposer de la collection dans les mêmes conditions que pendant le contrat (cass. soc. 28 mars 1979, n° 78-40085, BC V n° 288).

▶ À noter… Lorsque l'employeur ne met pas à disposition du salarié un espace pour y réaliser ses tâches administratives et y stocker son matériel (échantillons et collections), le VRP a droit à une compensation pour les sujétions et frais liés à l'utilisation de son domicile personnel à des fins professionnelles (cass. soc. 14 avril 2016, n° 14-13305 D).

Assurance - L'employeur est tenu d'assurer les échantillons et collections contre les risques de vol, de détérioration ou de destruction. Toutefois, la clause mettant l'assurance à la charge du représentant reste valable lorsque le contrat a été conclu avant l'entrée en vigueur de la convention collective des VRP (ANI du 3 octobre 1975, art. 6).

Ordres directs ou indirects

Les ordres directs sont les commandes résultant de l'intervention du VRP. Il s'agit concrètement des commandes :

- prises directement par le représentant et transmises à son employeur ;
- transmises directement par le client à l'employeur mais qui émanent d'un client visité par le VRP et ayant traité un certain nombre d'affaires avec lui.

Les ordres indirects sont les commandes adressées par la clientèle du secteur du VRP en l'absence de toute intervention de sa part.

Selon les stipulations du contrat, les commissions des représentants de commerce sont calculées soit sur l'ordre direct seul, soit sur l'ordre direct et l'ordre l'indirect.

En l'absence de clause expresse du contrat ou d'usage professionnel, les commissions ne sont dues que sur l'ordre direct, même si le VRP bénéficie d'une clause d'exclusivité.

Rapport d'activité

Une obligation pour le VRP - Le VRP doit rendre compte de son travail en adressant à l'employeur un rapport d'activité. Cette obligation peut être prévue par une disposition expresse du contrat ou être imposée en cours du contrat de travail.

Rôle de l'employeur - L'employeur doit préciser la périodicité et le contenu du rapport d'activité. Les manquements du VRP peuvent constituer, selon les circonstances, une cause réelle et sérieuse de licenciement ou une faute grave.

Mesures de contrôle envisageable - L'employeur est en droit d'équiper la voiture de fonction du VRP d'un contrôlographe, enregistrant ses horaires et ses déplacements.

Il peut également envoyer dans le secteur du VRP des préposés chargés d'effectuer des sondages sur les possibilités d'accroître la clientèle.

Secteur de prospection

Le contrat de VRP statutaire doit indiquer le secteur géographique de prospection ou les catégories de clients à visiter.

Le secteur doit être nettement déterminé et d'une fixité suffisante, et les catégories de clients définies avec précision. En revanche, il n'est pas exigé que le secteur de prospection soit réservé à un seul représentant (voir *Clause d'exclusivité**).

L'employeur ne peut ni modifier, ni réduire le secteur du VRP ou les catégories de clients sans l'accord du représentant (cass. soc. 23 janvier 2001, n° 98-46377, BC V n° 23 ; cass. soc. 3 juin 2009, n° 08-40275 D). La rupture du contrat consécutive à un refus du VRP s'analyse en un *licenciement**.

☛ *Représentants de commerce ; VRP ; VRP (protection sociale) ; VRP (rémunération) ; VRP (rupture).*

➲ Formulaire de Droit Social, « Contrats spécifiques ».

VRP (protection sociale)

Si les voyageurs représentants placiers (VRP) bénéficient parfois d'un statut de protection sociale identique à celui des salariés de droit commun, certaines particularités relatives à leur affiliation aux organismes et aux taux de cotisations demeurent.

Affiliation des VRP

Affiliation à l'assurance maladie - Les VRP sont affiliés à la caisse primaire d'assurance maladie (CPAM) du lieu de leur résidence habituelle (c. séc. soc. art. L. 311-3, 2° et R. 312-1).

Affiliation à la retraite complémentaire - Le régime AGIRC-ARRCO a supprimé, au 1.01.2020, les compétences catégorielles des caisses de retraite complémentaire (circ. AGIRC-ARRCO 2019-18 DRJ du 23 décembre 2019). Depuis cette date, la caisse d'affiliation des salariés concernés par la suppression de ces compétences catégorielles (dont les VRP) est déterminée dans les conditions de droit commun par le répertoire professionnel ou par le répertoire géographique de l'AGIRC-ARRCO, sauf application des règles de compétence territoriale (voir *Retraite complémentaire**). Les salariés VRP relèvent donc de la même institution que les autres salariés de l'entreprise.

▶ À noter… Le répertoire professionnel AGIRC-ARRCO énumère les conventions collectives, par code IDCC, relevant de la compétence professionnelle de certaines institutions de retraite complémentaire. Les entreprises nouvelles appliquant ces conventions collectives doivent adhérer aux institutions AGIRC-ARRCO désignées (circ. AGIRC-ARRCO 2019-18 DRJ du 23 décembre 2019). Par exemple, concernant les VRP, c'est le groupe Malakoff Humanis AGIRC-ARRCO qui est désigné pour recevoir les adhésions des entreprises relevant de l'accord national interprofessionnel des VRP (ANI des VRP du 3 octobre 1975).

Taux des cotisations

Pour les VRP exclusifs - Les taux des cotisations concernant les VRP exclusifs sont les mêmes que ceux appliqués aux salariés de droit commun.

Pour les VRP multicartes - Les employeurs de VRP multicartes doivent déclarer, depuis le 1.01.2019, les cotisations afférentes aux VRP multicartes qu'ils emploient, via la DSN, auprès de l'URSSAF dont ils relèvent.

Les cotisations salariales sont fixées comme pour l'ensemble des salariés. Les cotisations patronales sont décomptées aux taux habituels, sous réserve d'une particularité. En effet, la part patronale de la cotisation plafonnée d'assurance vieillesse est calculée selon un taux particulier fixé par arrêté. Ce taux est de 6,90 % pour les cotisations dues au titre des périodes courant depuis le 1.01.2019 (arrêté du 1er février 2019, JO du 16).

Cotisations de retraite complémentaire - Les modalités de calcul des cotisations sont les mêmes pour toutes les institutions de retraite complémentaire relevant du régime AGIRC-ARRCO.

La cotisation *APEC** étant appelée pour tous les participants affiliés au régime AGIRC-ARRCO cadres au titre des « art. 4 » et « 4 bis » de l'ancienne Convention collective nationale du 14.03.1947, elle est due seulement par les VRP cadres à ce titre (www.agirc-arrco.fr, rubrique « Ressources documentaires », puis « Informations réglementaires », partie « cotisations », § V. 2.1.4.2, 3).

Prévoyance complémentaire

Les partenaires sociaux ont conclu un accord national interprofessionnel (ANI) sur la prévoyance. Celui-ci maintient la *cotisation d'assurance décès** des cadres qui s'appliquait au 31.12.2018 (ANI du 17 novembre 2017 relatif à la prévoyance des cadres, étendu et élargi par arrêté du 27 juillet 2018, JO 14 août).

Cet accord reprend en effet la liste des bénéficiaires des anciens articles 4 et 4 bis de la convention AGIRC de 1947.

En revanche, si les VRP annexe IV de l'ancienne convention AGIRC sont bien mentionnés en préambule de l'ANI précité, ils ne figurent pas dans son article 2 qui pérennise l'obligation pour les employeurs de cotiser pour le risque décès. Des précisions concernant les VRP exclusifs non-cadres et les VRP multicartes seraient donc les bienvenues.

Au 1.01.2022, dans l'attente d'une clarification du dispositif, l'INPR (qui n'est plus le seul organisme pouvant proposer une couverture prévoyance décès pour les VRP) commercialise une offre prévoyance pour l'ensemble des VRP respectant l'ANI de 2017.

▶ À noter… La négociation relative à l'encadrement a abouti à un accord national interprofessionnel. Cet d'accord du 28.02.2020 sécurise la notion de cadre, ainsi que la cotisation prévoyance spécifique de 1,50 %. Il précise que les ANI du 17.11.2017 relatif à la prévoyance des cadres et du 12.07.2011 relatif à l'Association pour l'emploi des cadres (APEC) demeurent en vigueur. Les salariés bénéficiaires de ces accords sont définis par les dispositions des articles 4 et 4 bis de la CCN du 14.03.1947, auxquelles il est fait référence dans l'ANI du 30.10.2015 relatif aux retraites complémentaires AGIRC-ARRCO-AGFF et reprises par les articles 2.1 et 2.2 de l'ANI du 17 novembre 2017 précité.

☛ *VRP (contrat) ; VRP (rémunération).*

VRP (rémunération)

Le VRP statutaire peut être rémunéré au choix des parties soit au fixe, soit à la commission (voir *Représentants de commerce**), soit à la fois au fixe et à la commission. Les dispositions concernant le *SMIC** sont inapplicables aux VRP dès lors que ne leur est imposée aucune durée de travail et qu'ils sont libres d'organiser leur activité à leur gré. Toutefois, les représentants exclusifs travaillant à temps plein ont droit à une rémunération minimale.

Fixation dans le contrat de travail

La rémunération d'un VRP peut prendre la forme d'un fixe, de commissions ou de la combinaison des deux. Le montant de la rémunération fixe éventuelle ainsi que le taux des commissions doivent être précisés dans le contrat.

VRP (rémunération)

S'agissant de la rémunération variable, si le contrat de travail prévoit une renégociation des objectifs chaque année entre le salarié et sa direction et lorsque les objectifs d'un salarié n'ont pas pu être fixés faute d'accord avec l'employeur, les juges déterminent le montant de la prime d'objectif. Ils peuvent attribuer le montant maximal prévu au contrat de travail, sans être tenu de prendre en référence les primes des années précédentes (cass. soc. 14 avril 2016, n° 14-13305 D).

La persistance du versement d'une rémunération fixe pendant plusieurs mois (en l'espèce, pendant 22 mois) ne peut à elle seule établir la volonté claire et non équivoque des parties d'en faire un élément contractuel de rémunération (cass. soc. 31 mars 2016, n° 14-26368 D).

▶ À noter... L'acceptation sans protestation ni réserve par un VRP de ses bulletins de paye ne vaut pas accord sur le montant de ses commissions (cass. soc. 14 février 2018, n° 16-17996 D).

Rémunération garantie

Rémunération minimale garantie - La convention collective des VRP prévoit que les représentants exclusifs travaillant à temps plein ont droit, au titre de chaque trimestre, à une rémunération minimale garantie (RMG) (ANI du 3 octobre 1975, art. 5 ; cass. soc. 25 mars 2010, n° 08-43156, BC V n° 76).

Montant de la RMG - La rémunération minimale garantie ne peut être inférieure à 520 fois le taux horaire du *SMIC**. Cette rémunération minimale s'entend nette des frais professionnels. Si cela est nécessaire, le VRP doit en plus bénéficier du remboursement de ses frais professionnels soit réels, soit calculés forfaitairement par rapport à cette ressource minimale (cass. ass. plén. 2 mai 1997, n° 94-42521, B. ass. plén. n° 6). Le taux du SMIC applicable est celui en vigueur à la fin du dernier mois échu pris en compte à chaque paiement.

Le complément versé par l'employeur au titre de la rémunération minimale garantie pourra être récupéré par l'employeur durant les 3 trimestres suivants, sur la partie de la rémunération excédant la rémunération minimale garantie.

▶ Attention... Dans certaines entreprises, les démarcheurs à domicile bénéficient d'une rémunération minimale dont le montant et les conditions d'attribution ont été fixés par l'avenant 3 du 12.01.1982 à la convention collective des VRP.

Indemnité pour perte de salaire en cas d'arrêt maladie, maternité ou accident - En cas d'absence pour maladie, maternité ou accident, le VRP peut prétendre, après 2 ans d'ancienneté dans l'entreprise, à des indemnités complémentaires aux indemnités journalières de sécurité sociale prévues par la convention collective des VRP (ANI du 3 octobre 1975, art. 8).

Frais professionnels

C'est à l'employeur de prendre à sa charge les *frais professionnels**, peu important les modalités de prise en charge prévues par le contrat de travail du VRP (cass. soc.14 janvier 2015, n° 13-16229 D).

▶ À noter... Ni le code du travail, ni la convention collective des VRP n'ont prévu les modalités selon lesquelles les frais professionnels sont pris en charge par l'employeur. La question doit être réglée par le contrat de travail.

Si le contrat de travail n'aborde pas la question de la prise en charge des frais professionnels, la règle de principe veut que les frais qu'un salarié justifie avoir exposés pour les besoins de son activité professionnelle et dans l'intérêt de l'employeur doivent lui être remboursés. Ils ne peuvent pas être imputés sur la rémunération qui lui est due, à moins que cela soit prévu par le contrat de travail et sous de strictes conditions (versement d'une somme fixée à l'avance de manière forfaitaire et à la condition, d'une part, que cette somme forfaitaire ne soit pas manifestement disproportionnée au regard du montant réel des frais engagés, et, d'autre part, que la rémunération proprement dite du travail reste chaque mois au moins égale au SMIC) (cass. soc. 25 mars 2010, n° 08-43156, BC V n° 76).

L'indemnisation des frais professionnels peut être incluse dans le montant des commissions perçues par le VRP ou effectuée par des versements distincts calculés forfaitairement ou au réel sur justifications.

▶ À noter... Les VRP peuvent bénéficier d'une déduction forfaitaire spécifique pour frais professionnels de 30 %, plafonnée à 7 600 € par an, sur l'assiette des cotisations de sécurité sociale (arrêté du 20 décembre 2002, JO du 27) [voir *Frais professionnels (déduction forfaitaire spécifique)**].

Indemnité d'utilisation du domicile pour raisons professionnelles

En cas d'utilisation du *domicile** personnel pour raisons professionnelles, le VRP peut prétendre à une indemnité lorsqu'un local professionnel n'est pas mis effectivement à sa disposition (cass. soc. 7 avril 2010, n° 08-44865, BC V n° 86 ; cass. soc. 27 mars 2019, n° 17-21014 FSPB).

Sanction pécuniaire interdite

L'employeur qui reproche à un VRP exclusif à temps plein de ne pas exécuter ses obligations contractuelles ne peut pas sanctionner pécuniairement le salarié, et a fortiori, pratiquer de retenue de salaire. Il peut seulement user à son encontre de son pouvoir disciplinaire (cass. soc. 13 décembre 2006, n° 05-40969, BC V n° 379).

Prescription

L'action du VRP en paiement des commissions ou de toute autre rémunération ayant la nature juridique d'un salaire se prescrit, en principe, par 3 ans (c. trav. art. L. 3245-1) [voir *Prescription (salaires)**].

☞ *VRP (contrat).*

VRP (rupture)

Préavis

En cas de rupture du contrat à durée indéterminée à la suite d'un *licenciement** ou d'une *démission**, la durée du préavis ne peut être inférieure à (c. trav. art. L. 7313-9 ; ANI du 3 octobre 1975, art. 14) :

- 1 mois pendant la 1re année d'application du contrat ;
- 2 mois durant la 2e année ;
- 3 mois au-delà de la 2e année.

Pour les VRP employés hors de France, le délai-congé est augmenté de la durée normale du voyage de retour lorsque la rupture du contrat entraîne leur retour en France (c. trav. art. L. 7313-10).

Commissions de retour sur échantillonnage

Dans tous les cas de cessation du contrat, le VRP a droit, à titre de salaire, aux commissions et remises sur les ordres non encore transmis à la date de son départ de l'établissement, mais qui sont la suite directe de l'activité (remise d'échantillon ou accord sur le prix) qu'il a déployée antérieurement à l'expiration du contrat (c. trav. art. L. 7313-11 ; ANI du 3 octobre 1975, art. 8).

Lorsque le contrat est suspendu pour maladie, maternité ou accident du travail, la convention collective des VRP prévoit que les commissions sur les ordres passés depuis le premier jour d'absence indemnisé sont déduites du montant de l'indemnité garantie au VRP (ANI du 3 octobre 1975, art. 8).

▶ À noter… Les commissions de retour sur échantillonnages, qui sont fonction des résultats produits par le travail personnel du salarié, entrent dans l'assiette de calcul de l'indemnité de congés payés (cass. soc. 27 mars 2019, n° 17-21014 FSPB).

Indemnité de clientèle

Cas d'ouverture du droit à l'indemnité - Pour avoir droit à l'indemnité de clientèle, il faut que le VRP cesse son activité pour l'un des motifs suivants (c. trav. art. L. 7313-13 et L. 7313-14) :

- rupture du contrat de travail à durée indéterminée du fait de l'employeur, sauf faute grave du représentant ;
- cessation du contrat à durée indéterminée par suite d'accident ou de maladie entraînant une incapacité permanente totale de travail ;
- rupture anticipée ou non-renouvellement d'un contrat de travail à durée déterminée.

▶ Attention… Le VRP licencié sans avoir commis de faute grave peut prétendre à l'indemnité de clientèle, peu important que l'inaptitude au travail, faisant suite à un accident du travail et invoquée comme cause de licenciement, ait été totale ou seulement partielle (cass. soc. 8 juin 2005, n° 03-43398, BC V n° 198 ; cass. soc. 19 novembre 2014, n° 13-15775, BC V n° 273).

Conditions d'attribution - Pour bénéficier de l'indemnité de clientèle, le VRP doit en outre avoir subi un préjudice résultant de la perte d'une clientèle qu'il a apportée, créée ou développée (c. trav. art. L. 7313-13).

Le critère essentiel de l'attribution de l'indemnité est le développement en nombre et en valeur de la clientèle. La seule progression du chiffre d'affaires ne suffit pas à démontrer un tel développement (cass. soc. 11 mars 2009, n° 07-43344 D).

Montant - Le montant de l'indemnité de clientèle doit être calculé en tenant compte des rémunérations spéciales accordées en cours de contrat « pour le même objet » (c'est-à-dire la création ou le développement de clientèle). Il ne doit pas être déterminé à l'avance, mais seulement à la date de la rupture du contrat (c. trav. art. L. 7313-16 ; cass. soc. 22 janvier 1976, n° 74-40576, BC V n° 46). L'indemnité est égale à un certain nombre de mois ou d'années de commissions des représentants de

commerce, déduction faite des frais professionnels.
L'évaluation tient compte :
- de la part personnelle du VRP dans l'accroissement de la clientèle compte tenu des rémunérations spéciales déjà accordées en cours de contrat pour le même objet ;
- de la diminution éventuelle de la clientèle initiale, sous réserve qu'elle soit imputable au VRP ;
- du préjudice réel subi par le VRP.

À défaut d'accord amiable entre les parties, les tribunaux apprécient souverainement le montant de l'indemnité (cass. soc. 3 mai 2001, n° 99-40912 D).

Non-cumul avec l'indemnité de licenciement - L'indemnité de clientèle ne se cumule ni avec l'indemnité légale de licenciement (cass. soc. 20 mars 1980, n° 78-40363, BC V n° 287), ni avec l'indemnité de licenciement conventionnelle (voir *Indemnité de licenciement**), ni avec les indemnités conventionnelles de rupture ou de mise à la retraite *(voir ci-après)*.

▶ À noter… Il faut déduire les rémunérations spéciales ayant le même objet versées en cours de contrat pour la comparaison avec l'indemnité de licenciement (cass. soc. 26 octobre 2017, n° 13-24118 D).

Indemnités substitutives - À défaut d'indemnité de clientèle, les VRP peuvent prétendre à l'indemnité conventionnelle de licenciement prévue par la convention collective applicable dans l'entreprise, dans la mesure où celle-ci les vise expressément (c. trav. art. L. 7313-17).

La convention collective des VRP prévoit que les représentants peuvent bénéficier, selon l'âge auquel la rupture du contrat intervient, soit d'une indemnité conventionnelle de rupture (ANI du 3 octobre 1975, art. 13), soit d'une indemnité conventionnelle de départ à la retraite (ANI du 3 octobre 1975, art. 15), éventuellement remplacée par l'indemnité conventionnelle de licenciement si celle-ci est plus élevée (c. trav. art. L. 7313-17 ; cass. soc. 8 octobre 1987, n° 85-46261 D).

Par ailleurs, une indemnité spéciale de rupture ou de mise à la retraite peut se substituer à l'indemnité de clientèle (ANI du 3 octobre 1975, art. 14 et 16).

Départ à la retraite

Conditions d'attribution - Pour bénéficier de l'indemnité conventionnelle de départ à la retraite, le VRP doit (ANI du 3 octobre 1975, art. 15) :
- s'il est mis à la retraite par l'employeur, être âgé d'au moins 65 ans, se trouver dans l'un des cas de cessation du contrat donnant droit à l'indemnité de clientèle et ne pas avoir commis de faute grave ;
- s'il part à la retraite de sa propre initiative, être âgé soit d'au moins 65 ans, soit d'au moins 60 ans s'il est ancien déporté, interné ou prisonnier de guerre, ou déclaré inapte au travail (voir *Pension de vieillesse**).

Calcul - L'indemnité est calculée sur la rémunération moyenne mensuelle des 12 derniers mois, déduction faite des frais professionnels. Son montant varie en fonction de l'ancienneté du VRP dans l'entreprise.

▶ Attention… Après 15 ans d'ancienneté, l'indemnité est établie sur la base de 2 mois et demi de salaire (avenant n° 4 du 12 janvier 1982).

En ce qui concerne les charges sociales, l'indemnité suit le même régime que celle versée lors du départ à la retraite.

Application - Lorsque la rupture du contrat est le fait de l'employeur, l'indemnité conventionnelle de départ à la retraite (ANI du 3 octobre 1975, art. 15) :
- est versée au VRP uniquement rémunéré par un salaire fixe ;
- est calculée sur la seule partie fixe de la rémunération lorsque le représentant est rémunéré par un salaire fixe et des commissions ;
- peut remplacer l'indemnité spéciale de mise à la retraite et l'indemnité de clientèle lorsque le VRP, uniquement rémunéré par des commissions, ne peut bénéficier de ces deux indemnités.

▶ Attention… Cette indemnité ne se cumule ni avec l'indemnité légale de licenciement, ni avec l'indemnité de clientèle.

Indemnité conventionnelle

Principe - En cas de rupture du contrat, le VRP âgé de moins de 65 ans peut bénéficier de l'indemnité de rupture prévue par la convention collective des VRP. Cette indemnité ne se cumule ni avec l'indemnité légale de licenciement, ni avec l'indemnité de clientèle (ANI du 3 octobre 1975, art. 13). En revanche, l'indemnité conventionnelle de rupture peut se cumuler avec des rémunérations versées en cours de contrat ayant le même objet que l'indemnité de clientèle (cass. soc. 25 juin 2003, n° 01-43717, BC V n° 207).

Conditions d'attribution - L'indemnité conventionnelle est due au VRP qui :
- a au moins 2 ans d'ancienneté dans l'entreprise ;
- se trouve dans l'un des cas de cessation du contrat donnant droit à l'indemnité de clientèle (ANI du 3 octobre 1975, art. 13).

Calcul - L'indemnité est calculée sur la rémunération moyenne mensuelle des 12 derniers mois, déduction faite des *frais professionnels**. Son montant varie en fonction de l'ancienneté du VRP dans l'entreprise, mais ne peut être supérieur à 6 mois et demi de rémunération (ANI du 3 octobre 1975, art. 13).

Application - Lorsque le VRP est uniquement rémunéré par des commissions (voir *Représentants de commerce**), l'indemnité conventionnelle est due si l'employeur, ou le salarié, écarte le principe de l'indemnité spéciale de rupture et si l'indemnité de clientèle à laquelle peut prétendre le VRP est d'un montant faible ou insignifiant.

Lorsque le VRP est rémunéré par un salaire fixe et des commissions, l'indemnité conventionnelle est calculée sur la seule partie fixe de la rémunération.

Indemnité spéciale de rupture

Principe - En cas de rupture du contrat, le VRP âgé de moins de 65 ans qui renonce à l'indemnité de clientèle, au plus tard dans les 30 jours suivant l'expiration du contrat, peut bénéficier de l'indemnité spéciale de rupture prévue par la convention collective des VRP, sous réserve que l'employeur ne s'oppose pas au versement de l'indemnité spéciale de rupture (ANI du 3 octobre 1975, art. 14).

Ce principe de renonciation s'applique que le VRP remplisse ou non les conditions d'accès à l'indemnité de clientèle (cass. soc. 2 juin 2021, n° 18-22016 FSP).

C'est à la date de notification de la mise en retraite du salarié qu'il convient de se placer pour apprécier si un VRP remplit la condition d'âge requise pour bénéficier de cette indemnité (cass. soc. 9 mai 2006, n° 03-47564, BC V n° 166).

Cette indemnité ne peut pas se cumuler avec l'indemnité légale de licenciement.

Conditions d'attribution - Pour bénéficier de l'indemnité spéciale, il faut que (ANI du 3 octobre 1975, art. 14) :
- le VRP se trouve dans l'un des cas de cessation du contrat ouvrant droit à l'indemnité de clientèle ;
- le VRP renonce, au plus tard dans les 30 jours suivant l'expiration du contrat, à l'indemnité de clientèle à laquelle il pourrait avoir droit ;
- l'employeur ne s'oppose pas au versement de l'indemnité spéciale de rupture.

Base de calcul et montant - L'indemnité est calculée sur la rémunération moyenne mensuelle des 12 derniers mois, déduction faite des frais professionnels. Son montant varie en fonction de l'ancienneté du VRP dans l'entreprise mais ne peut pas être supérieur à 10 mois de rémunération (ANI du 3 octobre 1975, art. 14).

Mise à la retraite

Conditions d'attribution - Le VRP mis à la retraite par l'employeur et qui renonce à l'indemnité de clientèle peut bénéficier de l'indemnité spéciale de mise à la retraite (ANI du 3 octobre 1975, art. 16).

Cette indemnité ne peut pas se cumuler avec l'indemnité légale de licenciement. L'indemnité spéciale est due au VRP :
- qui se trouve dans l'un des cas de cessation du contrat ouvrant droit à l'indemnité de clientèle ;
- qui est âgé d'au moins 65 ans, ou 60 ans s'il est atteint d'une incapacité permanente totale de travail ;
- qui renonce, au plus tard dans les 30 jours suivant l'expiration du contrat, à l'indemnité de clientèle à laquelle il pourrait avoir droit ;
- dont l'employeur ne s'oppose pas au versement de l'indemnité spéciale de mise à la retraite.

▶ Attention… Les dispositions conventionnelles n'ont pas encore été modifiées pour tenir compte de l'abaissement de l'âge de la retraite à 60 ans. Toutefois, la mise à la retraite par l'employeur ayant le caractère d'un licenciement, le VRP mis à la retraite à 60 ans peut bénéficier, à défaut d'une indemnité de licenciement conventionnelle plus avantageuse prévue par la convention collective de l'entreprise, de l'indemnité spéciale de rupture et/ou de l'indemnité conventionnelle de rupture prévue par l'ANI du 3 octobre 1975.

S'il n'a pas le droit à ces indemnités, il bénéficie de l'indemnité légale de licenciement prévue par la loi sur la mensualisation.

Base de calcul et montant - L'indemnité est calculée sur la rémunération moyenne mensuelle des 12 derniers mois, déduction faite des *frais professionnels**. Elle est fixée, dans la limite d'un maximum de 5 mois de rémunération, compte tenu de l'ancienneté du VRP dans la fonction de représentant.

Obligation de non-concurrence

Conditions de validité - Le contrat de VRP peut contenir une *clause de non-concurrence**.

La convention collective des VRP fixe les modalités d'application suivantes.

Deux conditions sont requises (ANI du 3 octobre 1975, art. 17) :
- la durée de l'interdiction ne dépasse pas 2 ans ;
- l'interdiction concerne seulement le secteur ou les catégories de clients que le représentant était chargé de visiter au moment de la notification de la rupture.

La clause de non-concurrence joue quelles que soient les causes de la rupture (y compris la mise à la retraite). Mais elle ne s'applique pas si le VRP est licencié au cours des 3 premiers mois du contrat ou s'il démissionne au cours des 45 premiers jours.

Contrepartie pécuniaire - Pendant la durée de l'interdiction, l'employeur verse au représentant une indemnité mensuelle égale à deux tiers de mois si la durée est supérieure à 1 an et à un tiers de mois si la durée est inférieure ou égale à 1 an (montant réduit de moitié en cas de *démission**).

▶ Attention... La contrepartie pécuniaire ne peut pas prendre la forme d'une majoration de salaire versée en cours de contrat. Son paiement ne peut, en conséquence, intervenir avant la rupture du contrat (cass. soc. 7 mars 2007, n° 05-45511, BC V n° 44).

Renonciation à la clause de non-concurrence - L'employeur peut renoncer à se prévaloir de la clause de non-concurrence, à condition de prévenir par lettre recommandée avec avis de réception dans les 15 jours suivant la notification de la rupture (ANI du 3 octobre 1975, art. 17 ; cass. soc. 31 janvier 2007, n°s 04-47842 et 04-47843, BC V n° 18). Le délai court à compter de la réception de la lettre de rupture du contrat et expire à la réception de la lettre dispensant le salarié d'exécuter la clause (cass. soc. 16 juillet 1997, n° 95-45265, BC V n° 276). Dans ce cas, il n'a pas à verser de contrepartie pécuniaire.

Clause pénale - Lorsque l'interdiction de concurrence est assortie d'une *clause pénale**, le montant de la pénalité prévue ne peut être supérieur à celui des rémunérations versées par l'employeur durant les 24 derniers mois (ou pendant la durée de l'emploi si celle-ci a été inférieure).

▶ Attention... La clause de non-concurrence peut ne pas s'appliquer dans certains cas de rupture du contrat (redressement ou liquidation judiciaires, ou encore cessation des activités de l'entreprise) (ANI du 3 octobre 1975, avenant 4 du 12 janvier 1982).

Cession de clientèle

Lors de la rupture du contrat, il n'est pas interdit au VRP de céder son portefeuille à un successeur préalablement proposé à l'employeur et accepté par lui. Le VRP cédant est indemnisé par le cessionnaire et ne perçoit pas l'indemnité de clientèle (cass. soc. 28 octobre 1992, n° 89-43805, BC V n° 527), ni l'indemnité conventionnelle de départ à la retraite (VRP) (cass. soc. 12 novembre 1987, n° 85-40279, BC V n° 647).

En effet, un VRP peut être autorisé à céder la valeur de la clientèle qu'il a apportée, créée ou développée pour son entreprise, sous réserve de respecter deux conditions cumulatives :
- le salarié doit renoncer au bénéfice de l'indemnité de clientèle à laquelle il peut prétendre ;
- l'employeur doit avoir donné son accord à ladite cession, la clientèle demeurant la propriété de la société (cass. soc. 17 décembre 2002, n° 01-01188, BC V n° 397).

Dans la mesure où l'employeur a donné son accord à la cession de carte, l'indemnité de clientèle due au successeur lors de la rupture du contrat est évaluée en tenant compte de la clientèle apportée par lui, mais aussi de celle dont il a indemnisé son prédécesseur (cass. soc. 6 mars 1980, n° 78-41074, BC V n° 240).

La clause du contrat prévoyant, au profit des représentants de commerce, le droit de présenter un successeur à l'agrément de l'employeur les exclut automatiquement du bénéfice du statut de VRP.

▶ À noter... Un représentant de commerce ne peut être valablement tenu par une clause de son contrat de travail, dite « de rachat de carte clientèle », lui imposant de payer la valeur de la clientèle qu'il est chargé de visiter pour le compte de son employeur (cass. soc. 3 octobre 2007, n° 06-42320, BC V n° 152). La mise à disposition de la clientèle est, en effet, une contrepartie du contrat de travail à la charge de l'employeur.

Chômage

Certaines dispositions du règlement d'assurance chômage ont été aménagées afin de tenir compte des spécificités professionnelles propres aux VRP [voir *Chômage (assurance chômage)** et *Chômage (allocation d'aide au retour à l'emploi)**].

☞ *VRP*.

Z

Zone défavorisée

Une politique de la ville, spécifique, est mise en place dans certaines zones.

Champ d'application

L'État met en œuvre des politiques renforcées et différenciées de développement dans les zones caractérisées par des handicaps géographiques, économiques ou sociaux. Ces zones comprennent les zones d'aménagement du territoire, les territoires ruraux de développement prioritaire, les quartiers prioritaires de la politique de la ville, les zones franches urbaines - territoires entrepreneurs, les bassins d'emploi à redynamiser, les zones de restructuration de la défense et les régions ultrapériphériques françaises (voir *Bassin d'emploi à redynamiser** et *Zone de restructuration de la défense**) (loi 95-115 du 4 février 1995 modifiée, art. 42, JO du 5).

Les quartiers prioritaires de la ville (QPV) ont remplacé les « zones urbaines sensibles » (ZUS), lesquelles étaient caractérisées par la présence de grands ensembles ou de quartiers d'habitat dégradé (et par un déséquilibre accentué entre l'habitat et l'emploi).

Ces ZUS comprenaient :
- les zones de redynamisation urbaine (ZRU), supprimées par la loi de programmation pour la ville et la cohésion urbaine (loi 2014-173 du 21 février 2014, art. 19, JO du 22) ;
- et les zones franches urbaines (ZFU) qui, si elles n'ont pas disparu en tant que telles, ne permettent plus aux employeurs qui s'implantent depuis 2015 de bénéficier de l'exonération de cotisations sociales auparavant applicable.

Signalons aussi que, pour certains territoires ruraux souffrant de handicaps géographiques, économiques ou sociaux, un dispositif d'exonération de cotisations sociales est mis en place dans le cadre des zones de revitalisation rurale [voir *Zone de revitalisation rurale (organismes d'intérêt général)** et *Zone de revitalisation rurale (secteur marchand)**].

Par ailleurs, un dispositif « emplois francs » s'applique, à titre expérimental, du 1.01.2020 au 31.12.2022. Il permet aux employeurs qui embauchent en CDI ou en CDD d'une durée d'au moins 6 mois un demandeur d'emploi résidant dans l'un des QPV de bénéficier d'une aide bonifiée pour les contrats conclus jusqu'au 31.12.2022 (voir *Emplois francs**).

▶ **À noter...** La liste des « quartiers prioritaires de la ville » (QPV) a été fixée par décrets (décrets 2014-1750 et 2014-1751 du 30 décembre 2014, JO du 31 ; décret 2015-1138 du 14 septembre 2015, JO du 16). Ces quartiers, en matière sociale, interviennent dans l'appréciation de la condition de résidence parfois exigée des salariés pour le bénéfice de l'exonération de cotisations attachée aux zones franches urbaines. La liste des QPV sera actualisée d'ici au 1.01.2024 (loi 2021-1900 du 30 décembre 2020, art. 68, JO du 31).

Rescrit social

Dans le cadre de la procédure du *rescrit social**, un employeur peut interroger l'organisme de recouvrement sur l'applicabilité du dispositif à sa situation. Une telle décision de rescrit social est opposable en cas de redressement et ne pourra être modifiée que pour l'avenir (c. séc. soc. art. L. 243-6-3).

☛ *Bassin d'emploi à redynamiser ; Zone franche urbaine (non-salariés) ; Zone franche urbaine (secteur marchand) ; Zone franche urbaine (secteur non marchand) ; Zone franche urbaine (situation) ; Zone de restructuration de la défense ; Zone de revitalisation rurale (organismes d'intérêt général) ; Zone de revitalisation rurale (secteur marchand).*

Zone franche urbaine

@ Les études relatives à cette thématique sont détaillées dans la version en ligne de ce Dictionnaire (voir www.rfsocial.com et www.rfeditions.com).

Zone de restructuration de la Défense

Un dispositif d'exonération de cotisations patronales de sécurité sociale est accordé aux entreprises qui s'implantent dans une zone de restructuration de la Défense (ZRD) ou qui s'y créent pour y exercer une nouvelle activité (loi 95-115 du 4 février 1995, modifiée par loi 2020-1721 du 29 décembre 2020, art. 223, JO du 30).

Définition de la zone

Les zones de restructuration de la Défense se répartissent en deux catégories (BOSS, Exonérations zonées, § 560, 01/10/2021) :

1) Les territoires dans lesquels la majorité des actifs réside et travaille, incluant une ou plusieurs communes, caractérisées par :
- une perte d'au moins 50 emplois directs du fait de la réorganisation des unités militaires et des établissements du ministère de la Défense sur le territoire national ;
- et dont le territoire (caractérisé par un taux de chômage élevé et une déperdition de la population et de l'emploi) est couvert par un contrat de redynamisation de sites de Défense (CRSD).

Les références statistiques utilisées pour la détermination de ces territoires sont réglementairement fixées (décret 2009-555 du 19 mai 2009, JO du 21).

2) Les communes, le cas échéant visées ci-dessus, caractérisées par la perte d'au moins 50 emplois directs du fait de la réorganisation des unités militaires et des établissements du ministère de la Défense sur le territoire national, et dont le territoire est couvert par un contrat de redynamisation de sites de Défense (CRSD) (loi 95-115 du 4 février 1995, art. 42, 3 ter).

La liste de ces zones est fixée par arrêté (arrêté du 1er septembre 2009, JO du 17 modifié par arrêté du 1er février 2013, JO du 14, arrêté du 28 mai 2015, JO du 30, arrêté du 8 février 2016, JO du 12 et arrêté du 2 novembre 2016, JO du 11 ; arrêté du 20 août 2021, JO 5 septembre, texte 17). Le texte précise, pour chaque zone, l'année au titre de laquelle la zone est reconnue comme ZRD (loi 95-115 du 4 février 1995, art. 42 ter modifié par loi 2020-1721 du 29 décembre 2020, art. 223, JO du 30 ; arrêté du 1er septembre 2009 modifié).

Entreprises bénéficiaires

Activités exercées - L'exonération est réservée aux établissements des entreprises exerçant une activité industrielle, commerciale ou artisanale (CGI art. 34), ou une activité de location d'un établissement industriel ou commercial muni du matériel ou du mobilier nécessaire à l'exploitation (CGI art. 35-I-5°), à l'exception des activités de crédit-bail mobilier et de location d'immeubles à usage d'habitation. Elle est aussi réservée aux entreprises exerçant une activité professionnelle non commerciale (CGI art. 92-1 ; BOSS, Exonérations zonées, § 540, 01/10/2021).

L'établissement en question doit présenter une réalité économique caractérisée par (décret 2011-1113 du 16 septembre 2011, art. 1, JO du 18 ; BOSS, Exonérations zonées, § 590, 01/10/2021) :
- une implantation ou une création réelle dans la zone ou dans les emprises foncières libérées ;
- la présence des éléments d'exploitation ou de stocks nécessaires à la réalisation, au sein de l'établissement, d'une activité économique effective.

L'activité économique effective des employeurs ayant une activité non sédentaire est présumée dès lors que l'établissement emploie un salarié sédentaire en équivalent temps plein, effectuant la totalité de son temps de travail dans ledit local (BOSS, Exonérations zonées, § 590, 01/10/2021).

Date d'implantation ou de création en ZRD - Pour les ZRD reconnues depuis le 1.01.2015, l'exonération peut s'appliquer au titre des implantations et créations réalisées pendant une période de 6 ans (loi 2008-1443 du 30 décembre 2008, art. 34 VI modifié) :
- débutant à la date de publication de l'arrêté reconnaissant la ZRD ;
- ou, si cette date est postérieure, au 1er janvier de l'année précédant celle au titre de laquelle le territoire ou la commune est reconnu comme zone de restructuration de la défense par cet arrêté.

Pour les ZRD reconnues avant le 1.01.2015, l'exonération peut s'appliquer au titre des implantations et créations réalisées pendant une période de 3 ans débutant à la date de publication de l'arrêté délimitant les ZRD (ou, si cette seconde date est postérieure, au 1er janvier de l'année précédant celle au titre de laquelle le territoire ou la commune est reconnu comme ZRD par cet arrêté) (loi 2008-1443 du 30 décembre 2008, art. 34 VI ; décret 2011-1113 du 16 septembre 2011, art. 4).

Exemple

Pour les communes reconnues en ZRD par l'arrêté du 2 novembre 2016, la période de 6 ans débute au 11.11.2016 si elles sont reconnues en ZRD à compter des années 2016 ou 2017. La période de 6 ans débute à compter du 1.01.2017 si elles sont reconnues en ZRD à compter de 2018. Enfin, elle débute à compter du 1.01.2018 si elles sont reconnues en ZRD à compter de 2019 (BOSS, Exonérations zonées, § 580, 01/10/2021).

Entreprises réellement nouvelles - L'exonération ne peut pas bénéficier aux entreprises créées dans le cadre d'une concentration, d'une restructuration ou d'une extension d'activités préexistantes, non plus que dans le cadre d'une reprise de telles activités (sauf exceptions : plan de sauvegarde de l'emploi, procédure collective, entreprise bénéficiaire du dispositif) (BOSS, Exonérations zonées, § 550, 01/10/2021).

À jour des obligations URSSAF - L'employeur doit être à jour de ses obligations déclaratives ou de paiement à l'égard de l'URSSAF.

Pour apprécier cette condition, sont pris en compte les cotisations et les contributions de sécurité sociale (parts patronale et salariale), le FNAL, le versement mobilité, ainsi que les pénalités et majorations de retard dues sur les gains et rémunérations versés aux salariés de l'établissement échus :
- à la date à laquelle l'établissement applique l'exonération pour la première fois ;
- puis pour chaque semestre civil.

Cette condition est vérifiée chaque semestre civil qui suit la date d'exigibilité du versement de ces prélèvements (décret 2011-1113 du 16 septembre 2011, art. 7).

L'exonération n'est pas applicable aux gains et rémunérations versés à compter du premier jour du mois suivant la date à laquelle la condition n'est pas remplie.

Lorsque l'établissement est à nouveau « à jour », l'exonération peut être appliquée aux rémunérations versées à compter du premier jour du mois suivant. Dans ce cas, l'établissement peut bénéficier des exonérations liées aux rémunérations versées pendant la période au cours de laquelle il n'était pas à jour.

▶ À noter... L'établissement qui a souscrit et respecte un plan d'apurement des cotisations dues est considéré comme à jour de ses paiements et peut également bénéficier des exonérations applicables aux cotisations intégrées dans ce plan (décret 2011-1113 du 16 septembre 2011, art. 7).

Plafonds communautaires - L'employeur doit respecter des plafonds communautaires *(voir ci-après)*.

Salariés concernés

En ZRD - L'employeur ne peut bénéficier de l'exonération que pour les salariés dont l'activité réelle, régulière et indispensable à l'exécution du contrat de travail s'exerce en tout ou partie dans une ZRD (BOSS, Exonérations zonées, § 600, 01/10/2021).

Ainsi, l'exonération s'applique aux rémunérations versées aux salariés suivants (décret 2011-1113 du 16 septembre 2011, art. 2-I ; BOSS, Exonérations zonées, § 620, 01/10/2021) :
- salarié dont l'activité est exercée exclusivement dans un établissement implanté dans les ZRD ;
- salarié dont l'activité s'exerce en partie dans un établissement implanté dans une ZRD, si l'exécution de son contrat de travail rend indispensable l'utilisation régulière des éléments d'exploitation ou de stocks présents dans l'établissement, ou lorsque son activité dans cet établissement est réelle, régulière et indispensable à l'exécution de son contrat de travail ;
- salarié dont l'activité s'exerce en dehors d'un établissement en ZRD, mais dans une ZRD, dès lors que cette activité est régulière et indispensable à l'exécution de son contrat de travail.

La preuve de la régularité de l'activité incombe à l'employeur. Elle est réputée telle dès lors que le salarié est présent, chaque mois, dans l'établissement ou dans une des ZRD pendant une durée au moins égale à la moitié de la durée de travail figurant à son contrat et que sa présence est indispensable à l'exécution de son contrat de travail.

Lorsqu'un salarié est transféré dans un établissement situé en dehors d'une ZRD *(voir ci-après)*, ou en cas de changement d'activité du salarié qui le place en dehors de la zone de l'exonération, l'employeur perd le droit à l'exonération pour ce salarié à compter du premier jour du mois suivant (décret 2011-1113 du 16 septembre 2011, art. 2-II ; BOSS, Exonérations zonées, § 630, 01/10/2021).

Salariés transférés en ZRD - Par ailleurs, une entreprise qui transfère des emplois dans une ZRD ne peut pas bénéficier de l'exonération sur les rémunérations versées aux salariés concernés si l'employeur a déjà bénéficié, au titre d'une ou de plusieurs des 5 années précédant le transfert :
- soit de l'exonération sur 50 embauches maximum en zones de revitalisation rurale [ou en zones de redynamisation urbaine ; ces dernières zones sont désormais supprimées (loi 2014-173 du 21 février 2014, art. 19, JO du 22)] ;
- soit de l'exonération applicable en zones franches urbaines ;
- soit du versement d'une prime d'aménagement du territoire.

L'exonération n'est pas applicable non plus aux rémunérations afférentes aux emplois transférés dans une emprise foncière libérée par la réorganisation d'unités militaires ou d'établissements de la défense située dans une commune reconnue ZRD, depuis des établissements situés dans le reste du territoire de la commune ou celui des communes limitrophes (BOSS, Exonérations zonées, § 650, 01/10/2021).

La période des 5 années en question est décomptée de date à date, à partir (décret 2011-1113 du 16 septembre 2011, art. 8 ; BOSS, Exonérations zonées, § 940, 01/10/2021) :

- du premier jour du mois au titre duquel l'exonération en cause a été appliquée pour la dernière fois ;
- de l'emploi dans une ZRD.

Exonération

Montant - L'exonération porte sur les cotisations patronales d'assurances sociales (vieillesse, maladie) et d'allocations familiales. Elle est totale pour les rémunérations horaires des salariés inférieures à 140 % du SMIC. À partir de ce seuil, elle décroît de manière linéaire, jusqu'à s'annuler à hauteur d'une rémunération de 240 % du SMIC.

Le montant de l'exonération est égal au produit de la rémunération mensuelle brute versée au salarié, par un coefficient calculé selon la formule suivante (BOSS, Exonérations zonées, § 730, 01/10/2021):

T × [(2,4 × SMIC × 1,4 × nbre d'heures rémunérées/rémunération mensuelle brute) – 1,4].

« T » est égal à la somme des taux des cotisations patronales d'assurances sociales (maladie, vieillesse) et d'allocations familiales au niveau du SMIC (décret 2014-1688 du 29 décembre 2014, art. 12 et 13, JO du 31).

Si le résultat obtenu par application de cette formule est supérieur à « T », il est pris en compte pour une valeur égale à « T ».

La valeur du SMIC horaire à prendre en compte est celle en vigueur pour la période d'emploi au titre de laquelle la rémunération du salarié est éligible à l'exonération (décret 2011-1113 du 16 septembre 2011, art. 6).

En cas de suspension du contrat de travail avec maintien partiel de la rémunération du salarié, le nombre d'heures rémunérées pris en compte au titre de ces périodes de suspension est égal au produit de la durée de travail que le salarié aurait effectuée s'il avait continué à travailler par le pourcentage de la rémunération demeurée à la charge de l'employeur et soumise à cotisations (décret 2011-1113 du 16 septembre 2011, art. 6).

Pour les salariés dont la rémunération ne peut être déterminée au cours du mois en fonction d'un nombre d'heures de travail rémunérées, il est fait application des dispositions prévues à l'article D. 241-27 du code de la sécurité sociale (décret 2011-1113 du 16 septembre 2011, art. 6).

Les 3 premières années, l'exonération est à taux plein. La 4e année, elle est réduite de 1/3 et la 5e année, de 2/3.

Pendant cinq ans maximum - L'employeur peut bénéficier de l'exonération pendant une période de 5 ans à compter de l'implantation ou de la création.

La date d'effet de l'embauche qui donne lieu aux gains et rémunérations sur lesquels s'applique l'exonération n'a pas pour effet de prolonger cette période de 5 ans ni de retarder son début (décret 2011-1113 du 16 septembre 2011, art. 4-II).

Exemple

Si un établissement s'implante en ZRD le 1.04.2019, le droit à l'exonération vaut jusqu'au 31.03.2024. Si un salarié est embauché au 1.01.2021, le droit à l'exonération vaut également jusqu'au 31.03.2024 (BOSS, Exonérations zonées, § 770, 01/10/2021).

Par ailleurs, s'il survient une modification dans la situation juridique de l'employeur (notamment par succession, vente, fusion, transformation du fonds, mise en société de l'entreprise), le nouvel employeur reprend le ou les droits à l'exonération ZRD dont a bénéficié le précédent employeur, dans les conditions et pour la durée d'application de l'exonération restant à courir (décret 2011-1113 du 16 septembre 2011, art. 3).

Enfin, en cas de suspension du contrat de travail, la durée d'application de l'exonération n'est pas prolongée (décret 2011-1113 du 16 septembre 2011, art. 2-II).

Règle de cumul - L'exonération ne peut pas être cumulée, pour l'emploi d'un même salarié, avec une aide de l'État à l'emploi, une exonération totale ou partielle de cotisations patronales de sécurité sociale ou l'application d'assiettes, de montants ou de taux de cotisations spécifiques, à l'exception de la déduction forfaitaire patronale au titre des heures supplémentaires [voir *Heures supplémentaires (déduction forfaitaire de cotisations patronales)**].

Les taux réduits de cotisations applicables aux journalistes professionnels, pigistes et assimilés, aux VRP à cartes multiples et membres des professions médicales à employeurs multiples ne sont pas considérés comme des taux spécifiques. Ceux-ci ne sont donc pas concernés par la règle de non-cumul (BOSS, Exonérations zonées, § 670, 01/10/2021).

▶ À noter… Sur les mesures en soutien des entreprises pour faire face aux conséquences économiques de la crise sanitaire, voir *Covid-19 (exonérations et aides au paiement des cotisations)**.

Exonérations placées sous les plafonds communautaires

Plafond des aides de minimis - Le bénéfice des exonérations dans les ZRD est placé sous le plafond des aides de minimis (règlt CE 1998/2006 du 15 décembre 2006). Le montant brut total des aides de minimis octroyées à une même entreprise ne peut pas excéder 200 000 € sur une période de 3 exercices fiscaux. Ce plafond est fixé à 100 000 € pour les entreprises du secteur du transport routier de personnes ou de marchandises (BOSS, Exonérations zonées, § 700, 01/10/2021).

Zone d'aide à finalité régionale - Lorsque les entreprises effectuent des opérations qui ouvrent droit aux exonérations dans une ZRD et que cette ZRD est également située dans une zone d'aide à finalité régionale (ZAFR), elles peuvent choisir de placer les aides et allègements (BOSS, Exonérations zonées, § 700, 01/10/2021) :

- soit sous le plafond des aides de minimis ;
- soit sous le plafond prévu dans les zones d'aides à finalité régionale.

L'option est irrévocable pour la durée de l'exonération et doit être exercée, pour l'exonération des cotisations sociales, dans les 6 mois qui suivent les implantations ou créations.

☛ *Zone défavorisée.*

Zone de revitalisation rurale (organismes d'intérêt général)

@ Cette étude est détaillée dans la version en ligne de ce Dictionnaire (voir www.rfsocial.com et www.rfeditions.com).

Zone de revitalisation rurale (secteur marchand)

L'embauche d'un salarié dans une zone de revitalisation rurale (ZRR) qui n'a pas pour effet d'accroître l'effectif total de l'entreprise à 50 salariés ou au-delà ouvre droit à une exonération de cotisations sociales, sous certaines conditions (c. séc. soc. art. L. 241-19 ; décret 97-127 du 12 février 1997 modifié par décret 2018-821 du 27 septembre 2018). Les entreprises intéressées peuvent interroger l'organisme de recouvrement sur l'applicabilité du dispositif à leur situation. Une telle décision de *rescrit social** est opposable en cas de redressement et ne pourra être modifiée que pour l'avenir.

Un mécanisme spécifique d'exonération s'applique aux organismes d'intérêt général installés en ZRR [voir *Zone de revitalisation rurale (organismes d'intérêt général)**].

Définition

Les ZRR comprennent les communes membres d'un établissement public de coopération intercommunale (EPCI) à fiscalité propre, incluses dans un arrondissement ou un canton caractérisé par (BOSS, Exonérations zonées, § 60, 01/10/2021) :

- une faible densité de population ;
- ou une faible densité de population et l'un des trois critères socio-économiques suivants : déclin de la population, déclin de la population active, forte proportion d'emplois agricoles.

▶ À noter... Un arrêté du 16 mars 2017 (JO du 29) a dressé la liste des communes classées en zone de revitalisation rurale (ZRR) à partir du 1.07.2017 (voir liste en Annexe I de l'arrêté). Son annexe II précise les communes de montagne sortant de la liste du classement en ZRR au 1.07.2017 mais continuant à bénéficier des effets du dispositif pendant une période transitoire allant jusqu'au 31.12.2023 (loi 2016-1888 du 28 décembre 2016 modifiée par loi 2021-1900 du 30 décembre 2021, art. 68, JO du 31).

Un arrêté du 22 février 2018 (JO 31 mars 2018, texte 24) a complété la liste des communes classées en ZRR à partir du 1.04.2018 (Annexe I de l'arrêté). Son annexe II précise les communes de montagne. La loi de finances pour 2018 (loi 2017-1837 du 30 décembre 2017, art. 27, JO du 31) a étendu à toutes les communes sortant du régime au 1.07.2017 les effets du dispositif ZRR pendant une période transitoire, portée jusqu'au 31.12.2023 par la loi de finances pour 2022 (loi 2021-1900 du 30 décembre 2021, art. 68, JO du 31). L'annexe II de l'arrêté du 22 février 2018 (complétant l'arrêté du 16 mars 2017) dresse la liste des communes pouvant également bénéficier du régime dérogatoire, en plus des communes de montagne.

Entreprises bénéficiaires

Ouvrent droit à l'exonération de cotisations les entreprises et groupements d'employeurs exerçant une activité artisanale, industrielle, commerciale

Zone de revitalisation rurale (secteur marchand)

(CGI art. 34), **une activité agricole** (CGI art. 63) **ou non commerciale** (CGI art. 92-1) (BOSS, Exonérations zonées, § 30, 01/10/2021).

En revanche, les associations, les syndicats et les mutuelles, notamment, sont exclus du dispositif.

Les employeurs doivent (CGI art. 92-1 ; BOSS, Exonérations zonées, §§ 50, 140, 160, 01/10/2021) :

- avoir un effectif inférieur à 50 salariés ;

- avoir au moins un établissement dans la zone concernée ;

- ne pas avoir procédé à un licenciement économique dans les 12 mois qui précèdent l'embauche (décret 97-127 du 12 février 1997 modifié, art. 3).

Embauche concernée

Pour ouvrir droit à l'exonération, l'embauche, au titre de laquelle est appliquée l'exonération, ne doit pas avoir pour effet de porter l'effectif total de l'entreprise à au moins 50 salariés (c. séc. soc. art. L. 241-19 ; BOSS, Exonérations zonées, § 160, 01/10/2021). **Elle doit concerner un salarié** (décret 97-127 du 12 février 1997 modifié, art. 4) :

- pour lequel l'employeur est tenu de cotiser à l'assurance chômage ;

- titulaire d'un CDI ou d'un CDD de 12 mois au moins afin de faire face à un accroissement d'activité ;

- exerçant partiellement ou en totalité son activité dans un ou plusieurs établissements situés en ZRR. L'activité exercée doit être réelle, régulière et indispensable à la bonne exécution du contrat de travail (BOSS, Exonérations zonées, § 90, 01/10/2021).

▶ À noter... Depuis le 1.01.2020, il faut retenir les règles de l'*effectif sécurité sociale**, conformément à la loi PACTE (c. séc. soc. art. L. 241-19, II ; décret 97-127 du 12 février 1997 modifié, art. 4).

Exonération de cotisations

Rémunération limitée à 1,5 SMIC - L'exonération des cotisations patronales d'assurance maladie, d'assurance vieillesse et d'allocations familiales est totale pour les rémunérations limitées à 1,5 fois le SMIC horaire (loi 2007-1822 du 24 décembre 2007, art. 133 ; c. séc. soc. art. L. 241-19 ; BOSS, Exonérations zonées, § 250, 01/10/2021).

▶ À noter... Restent dues les cotisations salariales et les autres cotisations patronales (de retraite complémentaire, d'assurance chômage, etc.).

Rémunérations comprises entre 1,5 et 2,4 SMIC - Pour les rémunérations comprises entre **1,5 et 2,4 fois le SMIC horaire, le montant de l'exonération est égal à la rémunération mensuelle brute soumise à cotisations versée au salarié, multipliée par un coefficient** (BOSS, Exonérations zonées, §§ 250 et 260, 01/10/2021).

Ce coefficient est égal, pour les rémunérations à (décret 97-127 du 12 février 1997 modifié, art. 6) :

(T/0,9) × [(2,4 × SMIC horaire × 1,5 × nbre d'heures rémunérées/rémunération mensuelle brute) - 1,5].

T est la somme des taux de cotisations à la charge de l'employeur dues au niveau du SMIC au titre des assurances sociales et des allocations familiales.

Le résultat obtenu par application de la formule est arrondi à trois décimales, au millième le plus proche. S'il est supérieur à T, il est pris en compte pour une valeur égale à T.

Le SMIC est pris en compte pour sa valeur la plus élevée au cours de la période d'emploi rémunérée.

Remboursement de l'aide en cas de délocalisation

Lorsque l'entreprise cesse volontairement son activité en ZRR, en la délocalisant dans une autre lieu, après avoir bénéficié des exonérations liées aux ZRR, moins de 5 ans après la perception de ces aides, elle est tenue de verser les sommes qu'elle n'a pas acquittées en vertu des exonérations qui lui ont été consenties et, le cas échéant, de rembourser les concours qui lui ont été attribués (loi 2005-157 du 23 février 2005, art. 6 ; décret 2007-94 du 24 janvier 2007, modifié par décret 2012-114 du 27 février 2012 ; BOSS, Exonérations zonées, § 220, 01/10/2021).

La délocalisation « s'entend de l'abandon de l'ensemble de l'activité industrielle, commerciale, agricole ou artisanale implantée en ZRR qui ne serait pas dû à un événement de force majeure ». Aussi, la délocalisation d'une ZRR vers une autre ZRR ou la cessation volontaire d'activité sans délocalisation de l'entreprise n'entraînent pas le reversement des cotisations exonérées, lesquelles sont limitées aux dispositifs spécifiques aux ZRR (la réduction générale des cotisations, par exemple, n'est pas concernée par le reversement) (lettre-circ. ACOSS 2007-66 du 3 avril 2007).

Formalités

L'employeur doit adresser une déclaration par écrit à la direction régionale de l'économie, de l'emploi, du travail et des solidarités (DREETS) dans les 30 jours suivant la date d'effet du contrat.

☛ *Zone de revitalisation rurale (organismes d'intérêt général).*

Annexe

Modèles de contrats de travail

Pour d'autres modèles prêts à l'emploi de contrats, procès verbaux, courriers types pour toutes les formalités de la vie sociale de l'entreprise, voir www.rfsocial.com ou https://fds.grouperf.com.

CONTRAT DE TRAVAIL À DURÉE INDÉTERMINÉE

ENTRE LES SOUSSIGNÉS :

– l'entreprise … n° d'identification … (1), dont le siège social est situé à … représenté par M. … agissant en sa qualité de …, d'une part, ci-après dénommée « la société »,

– et M. … (nom, prénoms) né(e) le…, n° de sécurité sociale…, demeurant à…, ci-après dénommée « le salarié » d'autre part,

IL A ÉTÉ CONVENU CE QUI SUIT :

Article 1. - Le salarié se déclare libre de tout engagement incompatible avec le présent contrat. Il est engagé à compter du… pour une durée indéterminée.

Article 2. - Le salarié est employé en qualité de…, avec la qualification professionnelle de…, au coefficient hiérarchique… (2), sous réserve des résultats de la visite d'information et de prévention.

Article 3. - Le présent contrat est régi par les dispositions de la convention collective… applicable à l'entreprise. En outre, le salarié s'engage à respecter les dispositions du règlement intérieur dont un exemplaire lui est remis (3).

Article 4. - Le contrat ne deviendra définitif qu'à l'issue d'une période d'essai de… au cours de laquelle chacune des parties pourra rompre le contrat sans indemnité, dans le respect du délai de prévenance (4).

Article 5. - Le salarié est soumis à la durée légale du travail. Il pourra être amené à effectuer des heures supplémentaires selon les conditions légales et conventionnelles en vigueur. Les horaires de travail sont fixés conformément à l'horaire collectif affiché dans l'entreprise (5).

Article 6. - Le salarié exercera ses fonctions à … (6).

Article 7. - Le salarié bénéficiera de congés payés annuels dans les conditions prévues par la convention collective … (ou, à défaut, par le code du travail).

Article 8. - À titre de rémunération, le salarié percevra un salaire mensuel brut de … euros, qui lui sera versé avant le 30 de chaque mois civil.

Article 9. - Le présent contrat est résiliable par l'une ou l'autre des parties, sous réserve du respect d'un délai de préavis de … (7).

Article 10. - La déclaration préalable à l'embauche du salarié est effectuée à l'URSSAF de … (8).

Article 11. - La caisse de retraite complémentaire est… L'organisme de prévoyance est … (9).

Fait à …, le … en deux exemplaires — Signatures …

(1) Code NAF attribué par l'INSEE à l'entreprise (www.insee.fr). (2) Voir la convention applicable à l'entreprise. (3) La mention du règlement intérieur est facultative mais conseillée. (4) Voir « *Période d'essai** ». (5) D'autres formules sont possibles en fonction de l'organisation de l'entreprise. (6) Indiquer le lieu de travail. Voir aussi « *Clause de mobilité** ». (7) Voir « *Préavis** ». (8) Facultatif si le récépissé de la déclaration a été remis au salarié (c. trav. art. R. 1221-9). (9) Ces mentions sont obligatoires pour un CDD (c. trav. art. L. 1242-12). S'agissant d'un CDI, elles sont conseillées. En matière de prévoyance, les assurés se voient remettre une notice d'information.

CDD POUR SURCROÎT TEMPORAIRE D'ACTIVITÉ (1)

ENTRE LES SOUSSIGNÉS :

– la société… dont le siège est situé… représentée par M.… agissant en qualité de…, d'une part,

– et M. …, demeurant…, d'autre part.

IL A ÉTÉ CONVENU ET ARRÊTÉ CE QUI SUIT :

Article 1. - La société… engage à compter du… M. … en qualité de… (2) pour l'emploi de… (3), sous réserve des résultats de la visite d'information et de prévention.

Article 2. - Le présent contrat est conclu pour faire face à un accroissement temporaire d'activité (4).

Article 3. - Le présent contrat, qui prend effet le …, à … heures, est conclu pour une durée déterminée de … et prendra fin le …, à … heures (5).

Facultatif : **Article 4. -** Ce contrat est conclu sous réserve de l'exécution d'une période d'essai durant laquelle chacune des parties pourra rompre le contrat sans motif ni indemnités. La durée de cette période d'essai est fixée à … (6).

Uniquement si période d'essai d'au moins une semaine : La partie qui déciderait de rompre le contrat durant la période d'essai devra respecter le délai de prévenance fixé par les articles L. 1221-25 et L. 1221-26 du code du travail (7).

Facultatif (8) : **Article 5. -** Le présent contrat pourra être renouvelé... pour une durée au plus égale à … (5) si les parties en sont d'accord, moyennant un délai de prévenance de … jours avant l'échéance du terme.

Article 6. - À titre de rémunération, M. … recevra un traitement fixe de … euros par mois, qui lui sera versé à la fin de chaque mois civil.

En outre, à la cessation du contrat, au terme convenu, M. … percevra une indemnité de fin de contrat conformément aux dispositions légales en vigueur (Variante : conformément aux dispositions conventionnelles applicables dans l'entreprise) (9). Cette indemnité ne sera toutefois pas due en cas de rupture au cours de la période d'essai.

Article 7. - M. … aura droit à des congés payés calculés selon les dispositions légales (Variante : selon les dispositions conventionnelles). Au cas où M. … n'aurait pas soldé ses congés au terme de son contrat, il lui sera versé une indemnité compensatrice de congés payés calculée dans les conditions légales (Variante : selon les dispositions conventionnelles).

Article 8. - M. … exercera ses fonctions à …

Article 9. - M. … devra respecter les horaires en vigueur dans l'entreprise. Sa durée hebdomadaire de travail est fixée à …

Article 10. - M. … s'engage à se conformer aux dispositions du règlement intérieur.

Article 11. - La convention collective applicable à l'entreprise est la CCN …

Article 12. - La caisse de retraite complémentaire est… L'organisme de prévoyance est … (10).

Article 13. - La déclaration préalable à l'embauche sera effectuée à l'URSSAF de … (11).

Fait à …, le … Signatures … (12)

(1) Contrat obligatoirement écrit, établi en double exemplaire et transmis au salarié au plus tard dans les 2 jours ouvrables pleins suivant l'embauche (c. trav. art. L. 1242-12 et L. 1242-13).

Attention : le CDD ne doit comporter qu'un seul motif (cass. soc. 23 janvier 2008, n° 06-41536, BC V n° 17).

(2) Préciser la qualification.

(3) Désigner le poste de travail. Préciser éventuellement la nature des tâches confiées au salarié.

❹ Il est préférable de détailler les raisons du surcroît de travail (cass. soc. 4 avril 2012, n° 10-21118 D), sachant que l'accroissement temporaire d'activité recouvre les cas suivants (circ. DRT 1990-18 du 30 octobre 1990) :
- augmentation temporaire de l'activité habituelle de l'entreprise (hausse des commandes, période de soldes, etc.) ;
- exécution d'une tâche occasionnelle, précise et temporaire (mise en place d'un nouveau logiciel, audit, etc.) ;
- travaux urgents nécessités par des mesures de sécurité ;
- commande exceptionnelle à l'exportation.

Attention : dans ce dernier cas, obligation d'information et de consultation préalable du comité social et économique (c. trav. art. L. 1242-5, 2°).

❺ Contrat obligatoirement à terme précis (c. trav. art. L. 1242-7). Sur la durée des CDD, voir *Contrat de travail à durée déterminée (durée)**.

❻ Un jour par semaine, dans la limite de (c. trav. art. L. 1242-10) :
- 2 semaines pour un CDD de 6 mois au plus ;
- 1 mois pour un CDD de plus de 6 mois.

Respecter, le cas échéant, les durées maximales prévues par la convention collective ou par les usages.

Pour le décompte de la période d'essai, voir « *Période d'essai** ».

❼ Délai de prévenance en cas de rupture par l'employeur (c. trav. art. L. 1221-25) :
- en deçà de 8 jours de présence : 24 h ;
- entre 8 jours et 1 mois de présence : 48 h ;
- après 1 mois de présence : 2 semaines ;
- après 3 mois de présence : 1 mois.

Délai de prévenance en cas de rupture par le salarié (c. trav. art. L. 1221-26) :
- en deçà de 8 jours de présence : 24 h ;
- à partir de 8 jours de présence : 48 h.

❽ Renouvellement interdit si licenciement économique sur ce type de poste au cours des 6 derniers mois (c. trav. art. L. 1242-5).

❾ Dispositions légales : 10 % de la rémunération totale brute (c. trav. art. L. 1243-8).

Dispositions conventionnelles : variable (c. trav. art. L. 1243-9).

Attention : un accord collectif ne peut prévoir une indemnité inférieure à 10 % et au minimum de 6 % que s'il offre des contreparties aux salariés en CDD, notamment sous la forme d'un accès privilégié à la formation professionnelle. L'employeur doit alors se conformer à ce que prévoit l'accord et faire des propositions de formation au salarié. À défaut, ce dernier a droit à l'indemnité de précarité au taux légal de 10 % (cass. soc. 11 juillet 2007, n° 06-41765, BC V n° 118 ; cass. soc. 23 janvier 2008, n° 06-44190, BC V n° 21 ; cass. soc. 3 juillet 2012, n° 11-16269, BC V n° 203).

❿ Nom et adresse de la caisse de retraite et, le cas échéant, de l'organisme de prévoyance (c. trav. art. L. 1242-12).

⓫ En principe, l'employeur doit donner au salarié une copie de la déclaration préalable à l'embauche (ou de l'accusé réception de cette déclaration, adressé par l'URSSAF). Il en est dispensé quand le salarié dispose d'un contrat de travail écrit où figure la mention de l'organisme destinataire de la déclaration, à savoir l'URSSAF (c. trav. art. R. 1221-9).

⓬ La signature du salarié est essentielle. Celui-ci peut demander la requalification du CDD en CDI si le contrat ne porte pas sa signature (cass. soc. 31 mai 2006, n° 04-47656, BC V n° 195). Cependant, la requalification n'est pas accordée s'il apparaît que le salarié a délibérément refusé de signer de mauvaise foi ou dans une intention frauduleuse (cass. soc. 7 mars 2012, n° 10-12091, BC V n° 85 ; cass. soc. 30 novembre 2016, n° 15-23905 D).

En l'absence de signature de l'employeur, le salarié peut demander la requalification du CDD en CDI (cass. soc. 6 octobre 2016, n° 15-20304 D ; cass. soc. 14 novembre 2018, n° 16-19038 FSPB).

CDD DE REMPLACEMENT (1)

ENTRE LES SOUSSIGNÉS :
- la société..., dont le siège est situé... représentée par M. ..., agissant en qualité de ..., d'une part,
- et M. ... demeurant à ..., d'autre part.

IL A ÉTÉ CONVENU ET ARRÊTÉ CE QUI SUIT :

Article 1. - La Société ... engage à compter du ... M. ... dans le cadre d'un contrat à durée déterminée pour assurer le remplacement provisoire de M. ..., employé en qualité de ... (2) et actuellement absent pour cause de... (3).

Variante, en cas de remplacement « en cascade » (4) : La société ... engage à compter du ... M. ..., pour assurer le remplacement provisoire de M. ..., employé en qualité de ... (2), temporairement chargé de remplacer M. ..., actuellement absent pour cause de ... (3).

Variante, en cas de remplacement partiel : La société ... engage à compter du ... M. ..., pour assurer le remplacement provisoire et partiel de M. ..., employé en qualité de ... (2), actuellement absent pour cause de ... (3).

Le remplacement portera sur la partie suivante des fonctions de M. ... : ...

M. ... ne sera donc pas chargé d'effectuer les tâches suivantes : ...

Article 2. - M. ... est embauché en qualité de... (2) pour l'emploi de... (5), sous réserve des résultats de la visite d'information et de prévention, correspondant au poste occupé par M. ...

Article 3. - Le présent contrat, qui prend effet le ..., à ... heures, aura une durée minimale de ... mois (6).

Il prendra fin à l'issue de... (7) de M. ... (8).

Variante : Il prendra fin au retour ... (9) de M. ... dans l'entreprise.

Facultatif : **Article 4. -** Ce contrat est conclu sous réserve de l'exécution d'une période d'essai durant laquelle chacune des parties pourra rompre le contrat sans motif ni indemnité. La durée de cette période d'essai est fixée à ... (10).

Uniquement si période d'essai d'au moins une semaine : La partie qui déciderait de rompre le contrat durant la période d'essai devra respecter le délai de prévenance fixé par les articles L. 1221-25 et L. 1221-26 du code du travail (11).

Article 5. - À titre de rémunération, M. ... recevra un traitement fixe de... euros par mois, qui lui sera versé à la fin de chaque mois civil.

En outre, à la cessation du contrat, au terme convenu, M. ... percevra une indemnité de fin de contrat conformément aux dispositions légales en vigueur (Variante : conformément aux dispositions conventionnelles applicables dans l'entreprise) (12). Cette indemnité ne sera toutefois pas due en cas de rupture au cours de la période d'essai.

Article 6. - M. ... aura droit à des congés payés calculés selon les dispositions légales (Variante : selon les dispositions conventionnelles). Au cas où M. ...n'aurait pas soldé ses congés au terme de son contrat, il lui sera versé une indemnité compensatrice de congés payés calculée dans les conditions légales (Variante : selon les dispositions conventionnelles).

Article 7. - M. ... exercera ses fonctions à ...

Article 8. - M. ... devra respecter les horaires en vigueur dans l'entreprise. Sa durée hebdomadaire de travail est fixée à ...

Article 9. - M. ... s'engage à se conformer aux dispositions du règlement intérieur.

Article 10. - La convention collective applicable à l'entreprise est la CCN ...

Article 11. - La caisse de retraite complémentaire est... L'organisme de prévoyance est ... (13).

Article 12. - La déclaration préalable à l'embauche sera effectuée à l'URSSAF de ... (14).

Fait à ..., le ... Signatures ... (15)

CDD DE REMPLACEMENT *(suite)*

❶ Contrat obligatoirement écrit, établi en double exemplaire et transmis au salarié au plus tard dans les 2 jours ouvrables pleins suivant l'embauche (c. trav. art. L. 1242-12 et L. 1242-13).

Ce type de CDD peut aussi être conclu pour assurer le remplacement du chef d'entreprise artisanale, industrielle ou commerciale, d'une personne exerçant une profession libérale, de son conjoint participant effectivement à l'activité de l'entreprise à titre professionnel et habituel ou d'un associé non salarié d'une société civile professionnelle, d'une société civile de moyens d'une société d'exercice libéral ou de toute autre personne morale exerçant une profession libérale (c. trav. art. L. 1242-2 ; c. rural art. L. 722-1 et L. 722-10 ; cass. soc. 31 octobre 2012, n° 11-21714 D).

Attention : le CDD ne doit comporter qu'un seul motif (cass. soc. 23 janvier 2008, n° 06-41536, BC V n° 17 ; cass. soc. 17 décembre 2014, n° 12-21147, BC V n° 299).

❷ Préciser la qualification (cass. soc. 3 juin 2009, n° 08-41543 D ; cass. soc. 17 mars 2010, n° 08-42305 D ; cass. soc. 16 février 2012, n° 10-20113 D). Si le CDD contient une mention relative à la fonction du salarié remplacé et que celle-ci renvoie à une qualification professionnelle précisément définie par la grille de classification de la convention collective applicable à l'entreprise, le contrat est conforme aux exigences légales (cass. soc. 3 mai 2018, n° 16-20636 FSPB). En revanche, la seule mention de la catégorie professionnelle, qui englobe plusieurs qualifications, est insuffisante (cass. soc. 20 janvier 2021, n° 19-21535 FSPI).

❸ Indiquer le motif de l'absence : congés payés, arrêt maladie, affectation à un autre poste, etc.

Attention : le salarié recruté en CDD ne peut pas remplacer plusieurs personnes absentes, que ce soit simultanément ou successivement (cass. soc. 28 juin 2006, n° 04-40455, BC V n° 228 ; cass. soc. 18 janvier 2012, n° 10-16926, BC V n° 17 ; cass. soc. 11 juillet 2012, n° 11-12243, BC V n° 216).

❹ L'employeur peut avoir recours à un CDD pour remplacer un salarié présent dans l'entreprise mais simplement absent de son poste habituel de travail (cass. soc. 4 avril 2012, n° 10-20007 D). Lorsqu'un salarié absent de l'entreprise est remplacé par un collègue de travail, lui-même remplacé par une personne engagée en CDD, on parle alors de remplacement « en cascade » (circ. DRT 90-18 du 30 octobre 1990).

Le salarié remplacé par la personne embauchée en CDD peut, par exemple, être absent de son poste de travail :
- parce qu'il remplace un collègue absent de l'entreprise pour cause de maladie, de congés payés, de congé maternité, etc. ;
- pour faire face à une surcharge de travail (cass. soc. 13 juillet 2010, n° 09-40600, BC V n° 171).

❺ Désigner le poste de travail. Préciser éventuellement la nature des tâches confiées au salarié.

❻ Le contrat peut prendre effet avant le départ de la personne remplacée, afin de faciliter la transition (c. trav. art. L. 1242-9). Selon nous, cette période de « chevauchement » ne doit pas excéder quelques jours.

Le CDD de remplacement peut être conclu pour un terme précis ou un terme imprécis (c. trav. art. L. 1242-7).

Le contrat conclu avec un terme imprécis doit comporter une durée minimale pendant laquelle le contrat ne peut pas être rompu, même si le salarié remplacé revient dans l'entreprise (c. trav. art. L. 1242-7) [voir *Contrat de travail à durée déterminée (durée)**].

❼ Reprendre le motif d'absence (du congé maternité, de l'arrêt maladie, etc.). Cette formulation est à appliquer pour un contrat à terme précis : elle implique que le CDD ne se poursuivra pas si l'absence se prolonge pour un autre motif (ex. : congé maternité suivi d'un congé parental d'éducation). Un nouveau CDD pourra néanmoins être conclu [voir *Contrat de travail à durée déterminée (renouvellement)**].

❽ Le terme du contrat peut être fixé au surlendemain du jour où la personne remplacée reprend son emploi (c. trav. art. L. 1243-7).

❾ Cette formulation est à appliquer pour un CDD à terme imprécis : elle implique que le CDD se poursuivra pendant la totalité de l'absence, même si celle-ci se prolonge pour un autre motif (ex. : congé maternité suivi d'un congé parental d'éducation).

❿ Un jour par semaine, dans la limite de (c. trav. art. L. 1242-10) :
- 2 semaines pour une durée minimale de 6 mois au plus ;
- 1 mois pour une durée minimale de plus de 6 mois.

Respecter, le cas échéant, les durées maximales prévues par la convention collective ou par les usages.

Pour le décompte de la période d'essai, voir « *Période d'essai** ».

⓫ Délai de prévenance en cas de rupture par l'employeur (c. trav. art. L. 1221-25) :
- en deçà de 8 jours de présence : 24 h ;
- entre 8 jours et 1 mois de présence : 48 h ;
- après 1 mois de présence : 2 semaines ;
- après 3 mois de présence : 1 mois.

Délai de prévenance en cas de rupture par le salarié (c. trav. art. L. 1221-26) :
- en deçà de 8 jours de présence : 24 h ;
- à partir de 8 jours de présence : 48 h.

CDD DE REMPLACEMENT *(suite)*

⑫ **Dispositions légales : 10 % de la rémunération totale brute** (c. trav. art. L. 1243-8).

Dispositions conventionnelles : variable (c. trav. art. L. 1243-9).

Attention : un accord collectif ne peut prévoir une indemnité inférieure à 10 % et au minimum de 6 % que s'il offre des contreparties aux salariés en CDD, notamment sous la forme d'un accès privilégié à la formation professionnelle. L'employeur doit alors se conformer à ce que prévoit l'accord et faire des propositions de formation au salarié. À défaut, ce dernier a droit à l'indemnité de précarité au taux légal de 10 % (cass. soc. 11 juillet 2007, n° 06-41765, BC V n° 118 ; cass. soc. 23 janvier 2008, n° 06-44190, BC V n° 21 ; cass. soc. 3 juillet 2012, n° 11-16269, BC V n° 203).

⑬ **Nom et adresse de la caisse de retraite et, le cas échéant, de l'organisme de prévoyance** (c. trav. art. L. 1242-12).

⑭ **En principe, l'employeur doit donner au salarié une copie de la déclaration préalable à l'embauche (ou de l'accusé de réception de cette déclaration, adressé par l'URSSAF). Il en est toutefois dispensé lorsque le salarié dispose d'un contrat de travail écrit où figure la mention de l'organisme destinataire de la déclaration, à savoir l'URSSAF** (c. trav. art. R. 1221-9).

⑮ **La signature du salarié est essentielle. Celui-ci peut demander la requalification du CDD en CDI si le contrat ne porte pas sa signature** (cass. soc. 31 mai 2006, n° 04-47656, BC V n° 195). **Cependant, la requalification ne sera pas accordée s'il apparaît que le salarié a délibérément refusé de signer de mauvaise foi ou dans une intention frauduleuse** (cass. soc. 7 mars 2012, n° 10-12091, BC V n° 85 ; cass. soc. 30 novembre 2016, n° 15-23905 D).

En l'absence de signature de l'employeur, le salarié peut demander la requalification du CDD en CDI (cass. soc. 6 octobre 2016, n° 15-20304 D ; cass. soc. 14 novembre 2018, n° 16-19038 FSPB).